교학

한국어사전

문학박사 유 목 상 감수

(주)교학사

머 리 말

말의 형식은 여러 가지인데 그것들을 언어 형식(言語形式)이라 한다. 언어 형식의 기본은 가장 작은 자립 형태인 단어(單語)이다. 이것이 모체(母體)가 되어 어휘가 불어난다. 단어와 단어가 어울리어 복합어(複合語)가 되고, 단어에 접사가 붙어 파생어(派生語)를 낳고, 단어에 조사가 붙어 어절(語節)을 이루고, 덩이의 말이 어울리어 구절(句節)을 이룬다. 언어 구조(構造)의 완결체는 문(文)으로 실현된다. 살아 있는 한국말을 바르게 부려 쓰기 위해서는 이런 여러 형식을 올바르게 이해하여야 한다.

옛적에는 글이 일부 사람들의 전유물이었으나 오늘날은 그 말을 쓰는 모든 사람의 것이다. 21세기를 고비로 문화의 공유화・보편화가 더욱 가속화할 것이다. 이런 전환의 시점(時點)에서 이 사전은 한국말의 제 모습을 바르게 기술(記述)하여 언어 생활을 푸짐하게 하는 길잡이로 삼고자 편찬하였다.

이 사전의 편찬 방침은 '일러두기'에서 밝힌 그대로이다. 말은 생물체와 같은 것이어서 생성・변화・사멸의 과정을 거듭하면서 발전한다. 이런 측면에서 사전 편찬을 내다 보면 만년 과도기적(過渡期的)이라 할 수 있다. 그러기에 그 시대와 호흡을 함께 하는 체재의 사전이 늘 요구되는 것이다.

이에 획기적인 새로운 모습의 사전을 세상에 내놓지 못한 것이 못내 아쉬우나 이것은 어제와 오늘을 토대로 내일이 열린다는 점진적 발전론에 기댄 의도된 결과이다. 앞으로 고치고 다듬어야 할 사항들이 한두 곳이 아니다. 이 작업은 영원히 이어질 민족의 크나큰 과업의 하나이다.

이 사전은 한국말을 쓰고 가르치고 배우는 모든 이들에게 좋은 반려(伴侶)가 될 것으로 자부하며, 아울러 우리말을 소중히 여기고 애용하는 문화 환경을 조성하는 데 이바지하게 되기를 기대한다.

2004년 1월 5일

감수 유 목 상

■ 감수(監修) 문학박사 유 목 상(柳穆相)

■ 편찬 주간 서덕수(徐德洙)

■ 정리·교정 김석만(金錫萬)/김선미(金善美)
손은정(孫銀靜)/김재국(金載局)
이희연(李熙淵)/이향헌(李香憲)
김찬형(金燦亨)/김재하(金載河)
손승호(孫承浩)

일 러 두 기

1. 편찬 방침(編纂方針)

(1) 현대 국어를 주체로 삼고 신어(新語), 외래어〔외국어〕, 학술 용어, 기술 용어, 국학 용어 등 백과적(百科的) 사항도 아울러 실어 생활 국어 사전으로 엮었다.

(2) 일반 단어는 쉬운 말로 간결·명료하게 정의(定義)하고, 백과적 사항은 알기 쉽게 설명하였다.

(3) 현대 국어의 말뜻과 용법을 이해할 수 있도록 풀이 끝에 적절한 용례를 보였다.

(4) 각 항에는 여러 가지 관련어(동의어, 상대어, 참고 사항 등)를 챙겨 둠으로써 언어 생활에 효율적으로 활용할 수 있게 하였다.

(5) 붙여 쓰기를 허용하는 어문 규정에 따라 학술 용어, 기술 용어 등 전문 용어는 붙여 쓸 수 있음을 보였다.

(6) 품사 표시가 적절치 않은 표제어는 달리 분별하여 정리하였다.

(7) 뜻으로 찾아보는 상용 한자 항을 두어 생활 한자를 쉽게 익힐 수 있게 하였다.

(8) 일부 표제어와 관련된 참고 사항과 다양한 부록으로 사전 이용에 재미를 느낄 수 있게 하였다.

(9) '고어(古語)' 편을 따로 두어 고전 학습이나 강독(講讀)에 도움이 되게 하였다.

2. 표제어(標題語)와 여러 사항

(1) 일반 단어는 실질어(實質語)와 형식어(形式語)로 구분하여 실었다.

(2) 백과적 사항으로는 신어, 외래어〔외국어〕, 정치·경제·법률·의학·컴퓨터 등 여러 분야의 용어들을 실었다.

(3) 고사 성어(故事成語)와 한자어 관용구(慣用句)는 독립된 표제어로 싣되 성구로 표시하였다.

(4) 관용어(관용), 속담(속담)은 그 첫 단어 항에서 찾아볼 수 있게 하였다.

(5) 고유 명사로는 국학(國學) 관련 문헌, 작품명, 산 이름, 지명 등을 제한되게 실었다.

(6) 잘못 쓰기 쉬운 단어나 비표준어를 들어 바로잡는 데 도움이 되게 하였다.

3. 표제어의 배열 순서

표제어의 배열은 한글 맞춤법의 자모 배열 순서에 따랐다. 동의어(同義語)·관련어(關聯語)·관용어·속담 등도 이에 따랐다.

(1) 자모(字母)의 배열

① 자음(子音) : ㄱ ㄲ ㄴ ㄷ ㄸ ㄹ ㅁ ㅂ ㅃ ㅅ ㅆ ㅇ ㅈ ㅉ ㅊ ㅋ ㅌ ㅍ ㅎ

② 모음(母音) : ㅏ ㅐ ㅑ ㅒ ㅓ ㅔ ㅕ ㅖ ㅗ ㅘ ㅙ ㅚ ㅛ ㅜ ㅝ ㅞ ㅟ ㅠ ㅡ ㅢ ㅣ

③ 받침〔終聲〕 : ㄱ ㄲ ㄳ ㄴ ㄵ ㄶ ㄷ ㄹ ㄺ ㄻ ㄼ ㄽ ㄾ ㄿ ㅀ ㅁ ㅂ ㅄ ㅅ ㅆ ㅇ ㅈ ㅊ ㅋ ㅌ ㅍ ㅎ

(2) 표제어의 배열

① 표제어의 배열은 자모의 배열 순서에 따르되 실질어를 먼저 실었다.

② 같은 소리의 말인 경우 고유어(固有語)·한자어·외래어〔외국어〕의 순서로 실었다.

③ 표기가 같고 뜻이 다른 표제어는 표제어의 어깨 번호로써 구별하였다.

④ 단어는 명사·의존 명사·대명사·수사·자동사·타동사·형용사·관형사·부사·감탄사의 순서로 실었다.

⑤ 고사 성어, 한자어 관용구, 국어처럼 쓰인 문자 투의 글말〔文語〕, 용언의 어기(語基), 일부 명사 앞에서만 쓰이는 말〔앞말〕 등은 명사에 준하여 실었다.

⑥ 형식어는 조사·접두사·접미사·선행 어미·어미의 차례로 실었다.

4. 표제어의 표기(表記)

(1) 이 사전의 모든 표기는 1988.1.19.에 문교부에서 고시한 '한글 맞춤법', '표준어 규정', 1990.9.에 고시한 '표준어 모음', 1986.1.7.에 고시한 '외래어 표기법'에 따라 표기하였다.

(2) 표제어는 한글로 표기하되 해당 한자나

외국어는 ( ) 안에 표기하였다.

(3) 한자는 정자(正字)를 씀을 원칙으로 하되, 획수가 많은 일부 한자만 속자(俗字)로 표기하였다.

(4) 외래어〔외국어〕는 띄어쓰기를 적용하지 않았으며, 영어 이외의 경우 그 언어명을 약어로 나타내었다.

(5) 본딧말에서 바뀐 외래어〔외국어〕나 외국어식 조어에는 그 구성 배경을 보였다.

5. 표제어의 구성 표시

(1) 붙임표 표시

① 복합어나 파생어는 모두 붙임표로써 그 구성을 보였다.

예 눈-길[-낄] 명
산-기슭(山-)[-끼-] 명
돌아-앉다[-안따] 자
가까워-지다 자
헛-소리[헏-] 명 -하다 자

② 전문 용어는 붙여 쓸 수 있다는 어문 규정〔한글 맞춤법 제50항〕에 따라 겹 붙임표로써 그 허용 형태를 보였다.

예 신장=결석(腎臟結石)[-썩] 명
원자핵=분열(原子核分裂) 명

③ 조사나 접사(接辭)는 그 놓이는 자리를 보아 붙임표를 두었다.

예 -과 조 / 풋- 접두 / -질 접미
평(平)-《접두사처럼 쓰이어》
-관(館)《접미사처럼 쓰이어》

(2) 붙임표가 없는 표제어

① 단일어나 어근을 밝히어 적지 않는 말에는 붙임표를 두지 않았다.

예 무덤 명 / 주검 명

② 고사 성어, 한자어 관용구, 문자 투의 글말에는 붙임표를 두지 않았다.

예 어부지리(漁夫之利) 성구 / 막설(莫說)

③ 문헌명(文獻名)·작품명 등 고유 명사에는 붙임표를 두지 않았다.

예 훈:민정음(訓民正音) 명
악장가사(樂章歌詞) 명
삼국유사(三國遺事) 명

6. 표제어의 발음 표시

표제어의 발음 표시는 '어문 규정'의 '표준 발음법'에 따라 필요한 표제어에만 표시하였다.

(1) 장음(長音) 표시 : 표제어의 장음 표시는 해당 글자의 오른쪽에 :표로 나타내었다.

(2) 받침의 발음

① 겹받침 'ㄳ·ㄵ·ㄼ·ㄽ·ㄾ·ㅄ'은 자음 앞에서 'ㄱ·ㄴ·ㄹ·ㅂ'으로, 'ㄺ·ㄻ·ㄿ'은 자음 앞에서 'ㄱ·ㅁ·ㅂ'으로 소리 나는 대로 나타내었다.

예 넋두리[넉-] 명 없:다[업-] 형
앉다[안따] 자 맑다[막-] 형
넓다[널따] 형 젊:다[점따] 형
핥다[할따] 타 읊다[읍-] 타

② 받침 'ㅎ(ㄶ·ㅀ)' 뒤에 모음으로 시작되는 접미사나 어미가 이어지는 경우 'ㅎ'이 발음되지 않는 것으로 나타내었다.

예 놓이다[노-] 자
쌓이다[싸-] 자
끊어-지다[끈-] 자
뚫리다[뚤-] 자

③ 실사(實辭)와 이어지는 앞선 말의 받침 소리는 대표음으로만 나타내었다.

예 겉-옷[걷-] 명
맛-없:다[만업-] 형
헛-웃음[헏-] 명
〈예외〉
맛-있다[맏인-/마싣-] 형
멋-있다[먿인-/머싣-] 형

④ 구개음화(口蓋音化)하는 말에는 해당 부분의 발음만 나타내었다.

예 굳이[구지] 부
굳히다[구치-] 타
미:-닫이[-다지] 명

⑤ 한자어에서 'ㄴ'과 'ㄹ'이 이어져 'ㄸ'으로 발음되는 경우에는 'ㄹ'이 'ㄴ'으로 동화함을 나타내었다.

예 상견-례(相見禮)[-녜] 명
생산-량(生產量)[-냥] 명
이:원-론(二元論)[-논] 명

⑥ 어간(語幹) 받침 'ㄴ(ㄵ)·ㅁ(ㄻ)·ㄼ·ㄾ'에 이어지는 어미의 첫소리 'ㄱ·ㄷ·

ㅅ·ㅈ'은 된소리로 발음함을 나타내었다.

예 앉다[안따] 타
닮다[담따] 타
넓다[널따] 형
핥다[할따] 타

⑦ 한자어에서 'ㄹ' 받침 뒤에 이어지는 'ㄷ·ㅅ·ㅈ'은 된소리로 발음함을 나타내었다.

예 갈등(葛藤)[-뜽] 명
물질(物質)[-찔] 명
실습(實習)[-씁] 명 -하다 타

⑧ 표기상으로 사이시옷이 없지만, 관형어 기능을 지니고 있는 경우에는 뒤 단어의 첫소리 'ㄱ·ㄴ·ㄷ·ㅂ·ㅅ·ㅈ'을 된소리로 발음함을 나타내었다.

예 문-고리(門-)[-꼬-] 명
손-재주[-째-] 명
신-바람[-빠-] 명

⑨ 앞 단어나 접두사의 끝이 자음이고 뒤 단어나 접미사의 첫 음절이 '이·야·여·요·유'인 경우에는 'ㄴ' 소리를 첨가하여 발음하며, 'ㄹ' 받침 뒤에 첨가되는 'ㄴ' 소리는 'ㄹ'로 발음함을 나타내었다.

예 홑-이불[혼니-] 명
내:복-약(內服藥)[-냑] 명
신-여성(新女性)[-녀-] 명
물-약(-藥)[-략] 명
들:-일[-릴] 명

⑩ 무성음과 무성음이 만나 된소리로 발음되는 것과 자음 동화, 연음(連音)은 표시하지 않았다.

7. 표제어의 어원(語源), 속음(俗音)·취음(取音) 표시

(1) 한자어나 외래어 가운데서 원어(原語) 음과 많이 달라진 단어는 그 원어 앞에 '∠' 표시를 하였다.

예 관디(∠冠帶) 명
남포(∠lamp) 명
바라문(∠婆羅門. brāhmaṇa 범) 명
프로(∠professional) 명
프락치(∠fraktsiya 러) 명

(2) 한자어 가운데서 속음으로 읽는 단어는 속음으로 표기하고 해당 한자에는 속음을 뜻하는 시옷(ㅅ) 표시를 하였다.

예 승낙(承諾) 명 -하다 타
수락(受^諾) 명 -하다 타
만:난(萬難) 명
곤:란(困^難) 명 -하다 형

(3) 고유어 가운데서 한자음을 빌려 쓴 단어에는 취음(取音)을 뜻하는 치읓(ㅊ) 표시를 하였다.

예 사:당(*寺黨) 명 / 타:령(*打令) 명

8. 표제어의 어법(語法) 표시

(1) 표제어에는 통일된 학교 문법에 따라 품사 표시를 하였다. 다만, 품사로써 분류될 수 없는 표제어는 별도로 분별하여 정리하였다.

(2) 명사에 '-하다'가 붙어 용언으로 되는 말은 약어로써 나타내었다.

예 개:혁(改革) 명 -하다 타
발전(發展)[-쩐] 명 -하다 자

(3) 불규칙 용언의 경우는 그 활용의 불규칙 형태를 보였다.

예 걷:다³(걷고·걸어) 자 타 ㄷ

다만, 옛 문법에서 'ㄹ 불규칙, 으 불규칙'으로 다루었던 말은 그 활용 형태만 보였다.

예 살:다¹(살고·사니) 자
쓰다¹(쓰고·써) 타

(4) 하나의 표제어를 두 품사로 구별할 경우와 다른 품사 구실로도 쓰임을 보일 때, 그 갈래를 달리하였다.

예 오늘 명 ①지금의 이 날. 금일(今日)…
②'오늘날'의 준말.
부 지금의 이 날에. ¶ - 할 일.
보다¹ 타 눈으로 물체의 존재나 모양…
조동 본용언(本用言) 다음에 …
조형 본용언(本用言) 다음에 …
건성 명 ①속마음은 그렇지 않으면서 겉으로만 하는 일. ¶ -으로 반기다. ②〔부사처럼 쓰임〕 속뜻이 없이 겉으로만. ¶ - 알아듣는체 하다.

통³ 명 ①속이 차게 자란 배추・수박・호박 같은 것의 몸피. ¶ ―이 굵다./―이 들다. ②〔의존 명사로도 쓰임〕 배추・수박・호박 따위를 세는 단위. ¶ 배추 세 ―./수박 한 ―.

(5) 표제어 가운데서 두 어절(語節) 이상이 줄어든 말은 품사 표시 자리에 준으로 나타내고 줄어든 본딧말을 보였다.

예 걜: 준 '그 아이를'이 줄어든 말.
걘: 준 '그 아이는'이 줄어든 말.
그렇잖다 준 '그러하지 않다'가 줄어든 말.
얘:² 준 '이 아이'가 줄어든 말.

다만, 한 단어를 줄여 이르는 경우에는 줄기 전의 품사로 나타내었다.

예 요-새 명 '요사이'의 준말.
맟다[맏―] 타 '마치다²'의 준말.

(6) 한자가 제 뜻을 그대로 지니면서 자립하지 못하고 덧붙어 쓰이는 것에는《접두사처럼 쓰이어》,《접미사처럼 쓰이어》로 나타내었다.

예 본(本)-《접두사처럼 쓰이어》'근본'・'본디'의 뜻을 나타냄. ¶ 본마음/본바탕/본고장
-선(船)《접미사처럼 쓰이어》'배'의 뜻을 나타냄. ¶ 연락선(連絡船)/경비선(警備船)/우주선(宇宙船)

9. 표제어의 새로운 분류

(1) 한자어로서 단독으로는 쓰이지 못하고 '-하다'가 붙어서 형용사를 이루는 말은 어기로 표시하여 정리하였다.

예 격렬(激烈) 어기 '격렬(激烈)하다'의 어기(語基).
격렬-하다(激烈―) 형여 몹시 세차다.

(2) 한자어로서 단독으로는 쓰이지 못하고 일부 명사 앞에서만 쓰이는 말에는 앞말로 표시하여 정리하였다.

예 국제(國際) 앞말 나라와 나라 사이에 관련이 있음을 뜻하는 말. ¶ ― 교류/…
지대공(地對空) 앞말 … ¶ ― 미사일

(3) 고사에서 연유한 성어(成語)나 한자어 관용구에는 품사가 아닌 성구로 표시하여 정리하였다.

예 남가일몽(南柯一夢) 성구
토사구팽(兔死狗烹) 성구
금:의환향(錦衣還鄕) 성구
동문서답(東問西答) 성구

(4) 속담을 한문식으로 옮긴 구에도 성구 표시를 하였다.

예 동가홍상(同價紅裳)[―까―] 성구 '같은 값이면 다홍치마'라는 말을 한문식으로 옮긴 구(句)로, 같은 조건이면 좋은 것을 가려서 한다는 뜻.
오비이락(烏飛梨落) 성구 '까마귀 날자 배 떨어진다'는 말을 한문식으로 옮긴 구(句)로, 어떤 일이 공교롭게 같은 때에 일어나서 남의 의심을 받게 된다는 뜻.

(5) 외기 쉽도록 사자 성구(四字成句)처럼 만들어 쓴 말에는 품사 표시를 하지 않았다.

예 홍동백서(紅東白西) 제상에 제물을 차리는 격식의 하나. 붉은빛의 과실은 동쪽에, …

(6) 우리말처럼 써 온 문자 투의 글말〔文語〕에는 품사 표시를 하지 않았다.

예 고소원(固所願) '본디 바라던 바임'의 뜻.
망사:생(忘死生) '죽고 사는 일을 돌보지 않음'의 뜻.
면:무식(免無識) '겨우 무식을 면함, 또는 그 정도의 학식'의 뜻.

(7) 단일 한자에 토를 단 형태로 된 동사와 형용사 가운데서 국어화하지 못하고 드물게 쓰이는 말에는 문어 투라는 뜻으로《文》표시를 하였다.

예 각-하다(刻―) 타여《文》
격-하다(激―)² 형여《文》

10. 표제어의 뜻 풀이

(1) 말뜻이 여럿일 경우에는 ① ② ③의 기호로써 구별하되 필요에 따라서 ㉠ ㉡ ㉢으로 그 아래에 다시 갈래를 지은 경우도 있다.

(2) 뜻 풀이 다음에는 동의어(同義語)를 보

이고, 적절한 용례를 달았다. 풀이 끝에는 관련 단어를 ☞ 표로 보였다.

예 속등(續騰) 명 -하다 자 물가나 시세 따위가 계속 오름. 연등(連騰) ¶주가(株價)가 －하다. ☞속락(續落)

(3) 말뜻을 분명히 하기 위하여, 먼저 본디 뜻을 보이거나 보조적인 풀이를 더한 경우가 있다. 고사(故事)가 있는 성어에는 그 유래를 밝히고, 뜻하는 바를 풀이하였다.

예 기탄-없:다(忌憚－)[－업－] 형 어렵게 여기거나 거리낌이 없다.〔주로, '기탄없이'·'기탄없는'의 꼴로 쓰임.〕

어서 부 ①'빨리'·'곧'의 뜻으로 … ②〔'오다'와 함께 쓰이어〕 찾아온 손을 …

견묘지간(犬猫之間) 성구 개와 고양이 사이라는 뜻으로, 서로 좋지 못한 관계를 비유하여 이르는 말.

남가일몽(南柯一夢) 성구 당나라의 순우분(淳于棼)이 …

견:문발검(見蚊拔劍) 성구 '모기 보고 칼 빼기'라는 말을 한문식으로 옮긴 구(句)로, …

(4) 동의어가 멀리 떨어진 면에 있을 경우에는 각각 풀이를 하여 일일이 찾아가는 번거로움을 덜게 하였다.

(5) 외국어 약어(略語)에는 풀이 끝에 본디 표기를 보였다.

예 아이티:(IT) 명 정보 기술(情報技術) [information technology]

11. 상용 한자와 참고 사항

(1) 상용 한자(常用漢字) 2,000여 자를 뜻〔새김〕으로 찾아볼 수 있도록 정리하여 부수(部首)·획수(畫數)·용례 들을 보였다. 그리고 부록에는 독음(讀音)으로도 찾아볼 수 있도록 정리하였다.

(2) 상용 한자 가운데서 흔히 쓰이는 속자(俗字)·약자(略字)를 상용 한자 난에 보였다.

본문의 빈 자리에도 간간이 표제 한자의 속자·본자 등을 보였다.

(3) 어법(語法)과 각종 참고 사항을 해당 표제어 아래에 네모로 에워 정리해 두었다.

12. 부록(附錄)

① 한글 맞춤법
② 표준어 규정
③ 표준어 모음
④ 한문 교육용 기초 한자
⑤ 뜻〔새김〕으로 찾아보는 상용 한자
⑥ 음으로 찾아보는 상용 한자
⑦ 동자이음(同字異音) 한자
⑧ 잘못 읽기 쉬운 한자어
⑨ 상용 한자의 속자(俗字)·약자(略字)
⑩ 주요 성구 찾아보기
⑪ 참고 사항 찾아보기

13. 약호(略號)·약어(略語)

(1) 품사(品詞)·기타

자모 자모	관용 관용어
명 명사	속담 속담
의 의존 명사	조동 보조 동사
대 대명사	조형 보조 형용사
수 수사	접두 접두사
자 자동사	접미 접미사
타 타동사	선미 선행 어미
형 형용사	어미 어미
관 관형사	-하다 자 '-하다' 자동사
부 부사	-하다 타 '-하다' 타동사
감 감탄사	-하다 자타 '-하다' 자동사·타동사
조 조사	-하다 형 '-하다' 형용사
준 준말	《접두사처럼 쓰이어》 준 접두사
앞말 앞말	《접미사처럼 쓰이어》 준 접미사
어기 어기	〈어〉 어법
성구 성구	《文》 문어 투 용언

(2) 불규칙 활용 약호

ㄷ ㄷ 불규칙 활용	르 르 불규칙 활용
ㅂ ㅂ 불규칙 활용	여 여 불규칙 활용
ㅅ ㅅ 불규칙 활용	우 우 불규칙 활용
ㅎ ㅎ 불규칙 활용	거라 거라 불규칙 활용
러 러 불규칙 활용	너라 너라 불규칙 활용

(3) 관련어(關聯語)

본 본딧말	속 속된말
준 준말	높 높임말

㉯ 원말　　　　　㉰ 낮춤말
㉱ 변한말　　　　☞ 참조
㉲ 비슷한 말

(4) 각종 기호(記號)

[ ] 발음 표시
( ) 불규칙 활용례
〔 〕 보충 설명 기타
〘 〙 (풀이 갈래에서) 어법
– 표제어 글자 생략
∠ 원음·어원 앞에
× 비표준어 앞에
⌐ 바른 표기 표시
+ 외래어 조어(造語) 구성
ㅅ 속음(俗音)으로 읽는 한자
ㅊ 취음(取音)으로 쓴 한자

(5) 외국어 약어

그	그리스어	에	에스파냐어
네	네덜란드어	이	이탈리아어
독	독일어	일	일본어
라	라틴어	중	중국어
러	러시아어	포	포르투갈어
범	범어	프	프랑스어
아	아랍어	히	히브리어

차 례

ㄱ

ㄱ 훈민정음 자모 ㄱ 훈몽자회 자모 ㄱ

ㄱㄴ-순(－順)[기역니은－] 명 한글 자모(字母)의 자음(字音) 차례로 배열한 것. 기역니은순 ¶회원의 이름을 －으로 적다. 유 가나다순 ☞자모순(字母順)

ㄱ자-자(－字－)[기역－] 명 목공(木工)에서 쓰는 'ㄱ'자 모양으로 된 자. 곱자. 구척(矩尺). 기역자자

ㄱ자-집(－字－)[기역－] 명 ①건물의 평면(平面)을 'ㄱ'자 모양으로 지은 집. ②용마루가 'ㄱ'자 모양으로 된 집. 기역자집

ㄱ자촉-홈(－字鏃－)[기역－] 명 ㄱ자홈

ㄱ자-홈(－字－)[기역－] 명 나무나 돌을 이을 부분에 'ㄱ'자 모양의 촉이 끼이게 파낸 홈. ㄱ자촉홈. 기역자촉홈. 기역자홈

가[1] 명 서양 음악의 장음계(長音階) 여섯째(단음계의 첫째) 음계 이름 '에이(A)'에 해당하는 우리말 음계 이름. 이탈리아 음계 이름 '라(la)'에 해당함.

가:[2] 명 ①어떤 바닥의 가장자리, 또는 그 언저리. ¶책상 －/철로 －를 걷다. ②어떤 것을 가운데로 한, 그 둘레나 가까운 곳. ¶난로 －에 둘러앉다.

한자 **가 변**(邊) 〔辵部 15획〕 ¶강변(江邊)/노변(路邊)/무변(無邊)/천변(川邊)/해변(海邊) ▷ 속자는 辺

가(加) 명 '가법(加法)'의 준말. ☞감(減)

가:(可) 명 ①'허락함' 또는 '가능함'의 뜻으로 줄여 쓰는 한자말. ¶중학생 관람 －./분할 지급 －. ☞불가(不可) ②찬성과 반대를 결정하는 표결에서, '찬성'을 뜻하는 말. ¶－ 15표, 부(否) 9표로 의안이 가결되다. ☞부(否) ③성적을 수(秀)·우(優)·미(美)·양(良)·가(可)의 다섯 등급으로 평가할 때의 다섯째 등급.

-가 조 ①받침 없는 체언에 붙어, 주어가 되게 하는 주격 조사. ¶아이가 운다./나무가 자란다./마음씨가 착하다./다리가 예쁘다./우리가 장학생이다. ②주어를 서술하는 체언에 붙어, 보어가 되게 하는 보격 조사. ¶속새는 새가 아니다./구름이 비가 된다. ③부사나 부사형에 붙어, 강조의 뜻을 나타내는 보조 조사. ¶우리는 모두가 찬성이다./물건들이 대개가 불량품이다./우리들이 거의가 반대하였다./그의 말을 따르기가 어렵다./꽃이 곱지가 않다. ☞-이[1]

가:(假)- 접두 ①'임시적', '일시적'의 뜻을 나타냄. ¶가건물(假建物)/가석방(假釋放) ②'가짜'의 뜻을 나타냄. ¶가문서(假文書)/가수요(假需要)

가(加)-《접두사처럼 쓰이어》'더 보탬', '더함'의 뜻을 나타냄. ¶가속도(加速度)/가일층(加一層)

-가(家) 접미 ①'그 일을 전문으로 하거나 직업으로 삼는 사람'임을 나타냄. ¶발명가(發明家)/예술가(藝術家)/수필가(隨筆家)/건축가(建築家) ②'그 일에 능숙한 사람'임을 나타냄. ¶사교가(社交家)/운동가/웅변가 ③'그것을 많이 가진 사람'임을 나타냄. ¶장서가(藏書家)/자본가(資本家)/재산가(財産家) ④'그러한 기질이나 경향이 강한 사람'임을 나타냄. ¶낙천가(樂天家)/애처가(愛妻家)

-가(哥)《접미사처럼 쓰이어》①성(姓)의 갈래를 나타냄. ¶김가(金哥) ②성씨를 낮추어 이르는 말. ¶박가(朴哥)라는 사람.

-가(街)《접미사처럼 쓰이어》'큰 길이나 구역(區域)'의 뜻을 나타냄. ¶번화가(繁華街)/주택가(住宅街)/대학가(大學街)/유흥가(遊興街)

-가(歌)《접미사처럼 쓰이어》노래의 이름이나 노래의 종류를 나타냄. ¶애국가(愛國歌)/유행가(流行歌)/주제가(主題歌)

-가(價)《접미사처럼 쓰이어》①'값'의 뜻을 나타냄. ¶도매가(都賣價)/판매가(販賣價)/생산가(生産價) ②'값어치', '가치(價値)', '수치(數値)'의 뜻을 나타냄. ¶영양가(營養價)/원자가(原子價)

가:가(假家) 명 가건물(假建物) ▷ 假의 속자는 仮

가가-례(家家禮) 명 집안에 따라 다르게 전해 내려오는 예절의 법도.

가가호:호(家家戶戶) 명 집집 ¶－를 방문하다.
부 집집이. 집집마다 ¶－ 태극기를 내걸었다.

가각(街角) 명 거리의 모퉁이.

가:각(苛刻) 어기 '가각(苛刻)하다'의 어기(語基).

가각-고(架閣庫) 명 고려·조선 시대, 도서와 문서 등을 보관하는 일을 맡아보던 관아.

가:각-하다(苛刻－) 형여 가혹하고 무자비하다.
가각-히 부 가각하게

가간-사(家間事) 명 ①집안의 일. ¶－에 무관심하다. ②가까운 일가 사이의 일. 집안일

가감(加減) 명-하다 타 ①더하거나 덞. ¶약간의 －은 허용된다. ②더하기와 빼기. ☞승제(乘除) ③알맞게 조절함. ¶약의 분량을 －하다. ④'가감법'의 준말.

가:감(可堪) 어기 '가감(可堪)하다'의 어기(語基).

가감-례(加減例) 명 형벌을 더하거나 더는 경우, 그 정도에 기준으로 삼는 원칙.

가감-법(加減法)[－뻡] 명 ①가법(加法)과 감법(減法). ②덧셈과 뺄셈을 하는 방법. 준 가감(加減)

가감-승제(加減乘除) 명 가법(加法)·감법(減法)·승법(乘法)·제법(除法), 곧 덧셈·뺄셈·곱셈·나눗셈을 아울러 이르는 말. ☞사칙(四則). 사칙산(四則算)

가:-감역관(假監役官) 명 조선 시대, 선공감(繕工監)에 딸려 토목 건축에 관한 일을 맡아보던 종구품의 임시 관직.

가:감지인(可堪之人) 명 어떤 일을 맡아서 잘 해낼만 한 사람.

가:감-하다(可堪－) 형여 ①맡아서 잘 해낼만 하다. ②잘 견딜 수 있을만 하다.

가감-형(加減刑) 명 법률에서 정한 형벌의 범위를 벗어나서 무겁거나 가볍게 매긴 형.

가객(佳客) 명 반가운 손. 가빈(佳賓)

가객(歌客) 명 지난날, 시조를 잘 짓거나 창(唱)을 잘하는 사람을 이르던 말. 유 가인(歌人)

가갸 명 한글을 '가갸거겨고교…'로 배열한 반절본문(反切本文)의 첫 두 글자인 '가'와 '갸'.
속담 **가갸 뒷자도 모른다** : 글자라고는 한 자도 모른다는 말로, 아주 무식하고 사리에 어두움을 이르는 말.

가:거(假居) 명-하다 자 임시로 자리잡아 지냄, 또는 그렇게 지내는 곳. 가우(假寓)

가거(街渠) 명 길바닥의 빗물 따위가 흘러 들어가도록, 길 양쪽에 만들어 놓은 도랑.

가:거지지(可居之地) 명 사람이 머물러 살만 한 곳.

가:-건:물(假建物) 명 임시로 쓰려고 지은 건물. 가가(假家) ¶－을 헐고, 새 집을 짓다.

가:-건:축(假建築) 명 임시로 쓰려고 건물을 짓는 일, 또는 지은 그 건물.

가:-검물(可檢物) 명 병자에 대한 의학적인 검사를 위해 거둔 체액이나 배설물 따위.

가:게 명 ①작은 규모로 상품을 파는 집. 가겟방. 가겟집

¶ 동네 어귀에 과일 ―를 내다. ②장터 같은 데에서 임시로 물건을 늘어놓고 파는 곳.

한자 가게 점(店) 〔广部 5획〕 ¶ 매점(賣店)/상점(商店)/점원(店員)/점주(店主)/점포(店鋪)

가:게-채 명 가게로 쓰는 집채, 또는 가게가 있는 집채.
가:겟-방(―房) 명 ①'가게'를 달리 이르는 말. ②가게로 쓰는 방.
가:겟-집 명 ①'가게'를 달리 이르는 말. ¶ ― 아들 ②가게로 쓰는 집. 점포(店鋪)
가격(加擊) 명 -하다 타 경기나 싸움 등에서 상대편의 몸을 침. ¶ 상대편의 복부를 ―하다.
가격(家格) [-껵] 명 집안 대대로 지켜 오는 예법(禮法)이나 규범(規範).
가격(價格) 명 돈으로 나타낸 물건의 값어치. 값. 금² ¶ 상품의 ―./―을 내리다. ▷ 價의 속자는 価
가격=경기(價格景氣) 명 상품의 판매량이 늘어나는 것이 아니고, 가격이 오름으로써 기업의 수입이 늘고 경기가 좋아지는 상태. ☞수량 경기
가격=경쟁(價格競爭) 명 같은 종류의 상품을 파는 기업들이 생산비나 유통 경비를 줄여 서로 가격을 내림으로써 상품의 판매를 촉진하는 일.
가격=메커니즘(價格mechanism) 명 수요와 공급의 관계에 따라 가격이 결정된다는 경제상의 원리. 수요가 늘면 가격이 오르고, 공급이 늘면 가격이 내리는 따위.
가격=선도(價格先導) 명 과점(寡占) 시장에서, 시장 점유율이 높은 어떤 기업이 시장 가격을 결정하거나 변경하면, 다른 기업들이 그 기업의 결정에 수동적으로 따라가는 가격 형성 방식.
가격=연동제(價格連動制) 명 생산비의 변화에 따라 상품 가격을 올리거나 내리거나 하는 제도. 석유 값의 변동에 따른 석유 제품 가격의 조정 따위.
가격=자유화(價格自由化) 명 물가를 국가에서 통제하지 않고 시장 기능에 맡기는 일.
가격=지수(價格指數) 명 어떤 시기의 가격을 기준으로 하여 다른 시기의 가격의 변동을 나타낸 지수. 물가 지수, 주가 지수 따위.
가격=차익(價格差益) 명 물건을 살 때와 팔 때의 값의 차이에서 생기는 이익.
가격=카르텔(價格Kartell) 명 가격 협정
가격=탄:력성(價格彈力性) 명 가격의 변동에 따라 수요량이나 공급량이 바뀌는 정도. 수량의 변화율을 가격의 변화율로 나눈 비율로 나타냄.
가격=파:괴(價格破壞) 명 대형 유통 업체 등에서 물류(物流) 투자 확대와 판매 관리비 축소 등의 방식으로 소비자에게 싼값에 물건을 공급하는 일, 또는 그런 일로 말미암아 시장의 가격 체계가 무너지는 현상.
가격-표(價格表) 명 상품들의 가격을 적은 일람표.
가격-표(價格票) 명 상품에 붙이거나 매단, 가격을 적은 쪽지. ☞정가표
가격=표기=우편물(價格表記郵便物) 명 특수 우편물의 한 가지. 안에 들어 있는 돈의 액수나 물건의 가격을 겉에 적은 우편물. 잃거나 상할 경우에 손해 배상을 청구할 수 있음.
가격=협정(價格協定) 명 상품 가격을 유지하거나 올리려고, 관계 기업끼리 판매 가격의 최저 한도를 협정하는 일. 가격 카르텔
가격=효:과(價格效果) 명 재화(財貨), 용역(用役)의 가격 변화나 환시세의 변화가 생산과 수요에 미치는 영향. ☞소득 효과(所得效果)
가:결(可決) 명 -하다 타 회의에 내놓은 의안(議案)을 좋다고 인정하여 결정함, 또는 그 결정. ¶ ―을 선포하다./예산안을 ―하다. ☞부결(否決)
가결(加結) 명 -하다 자 조선 시대, 토지에 매기는 세금의 비율을 올리던 일, 또는 그 올린 결복(結卜). 가복(加卜) ☞감결(減結)
가경(佳景) 명 좋은 경치. 아름다운 경치. 유 호경(好景)
가경(佳境) 명 ①경치가 좋은 곳. ②아주 재미 있는 장면. 흥미진진한 고비. ☞점입가경(漸入佳境)
가경자(嘉慶子) 명 자두
가경-전(加耕田) 명 지난날, 새로 일구어 토지 대장에 올리지 않은 논밭을 이르던 말.
가:경-지(可耕地) 명 농사를 지을만 한 땅.
가계(加階) 명 -하다 타 지난날, 관원의 품계를 올리던 일.
가계(加笄) 명 조선 시대, 성년(成年)이 되면 남자는 상투를 틀고 여자는 쪽을 찌던 일.
가계(加髻) 명 조선 시대, 부인이 쪽찔 때 머리 숱이 많게 보이게 하려고 다리를 덧드려 땋던 일. ☞가체(加髢)
가계(家系) 명 한 집안의 계통. 가통(家統) ¶ ―를 잇다.
가계(家計) 명 ①가정의 살림을 꾸려 가는 방도나 형편. 유 가도(家道) ②가족이 살아가는 데 드는 돈의 수입과 지출의 상태. ¶ ―에 여유가 생기다.
가계(家契) 명 조선 시대, 한성부(漢城府)에서 발급하던, 가옥의 소유권을 증명하는 문서. ☞가권(家券)
가계(家鷄) 명 집에서 기르는 닭. ☞가금(家禽). 멧닭. 야계(野鷄)
가계=경제(家計經濟) 명 가정 경제
가계=보:험(家計保險) 명 가정 생활에 위험이 닥칠 때를 대비하여 드는 보험. 생명 보험, 화재 보험 따위.
가계-부(家計簿) 명 가정의 살림을 잘 꾸려 가기 위하여 수입과 지출을 챙기어 적어 두는 장부.
가계=부기(家計簿記) 명 가정 살림의 수입과 지출, 재산의 늘고 줆을 적어 두는 부기.
가계-비(家計費) 명 살림에 드는 돈.
가계=소:득(家計所得) 명 가족이 일하여 얻은 근로 소득, 사업을 하여 얻은 사업 소득, 집세·땅세·이자·배당금 등의 재산 소득을 합친 가족의 총소득.
가계=수표(家計手票) 명 가계 종합 예금을 한 개인이, 자기의 예금에서 지급해 줄 것을 은행에 요구하기 위하여 발행하는 소액 수표.
가:-계:약(假契約) 명 정식 계약에 앞서 임시로 맺는 계약.
가:-계:정(假計定) 명 부기에서, 가수금(假受金) 등을 임시로 적어 두는 계정 과목.
가계=조사(家計調査) 명 나라에서, 국민의 생활 실태를 알아보려고 각 가구의 수입이나 지출 등을 조사하는 일.
가계=종합=예:금(家計綜合預金) [-녜-] 명 봉급으로 생활하는 사람이나 작은 규모로 장사하는 사람이 가계 수표를 발행하는 조건으로 은행에 예금하는 요구불 예금.
가고(家故) 명 집안의 일, 또는 집안의 사정.
가곡(歌曲) 명 ①노래, 또는 노래의 곡조. ②서양 음악의 성악(聲樂)을 위한 악곡. 주로 독창곡을 이름. ☞리트(Lied) ③국악에서, 시조(時調)에 곡을 붙여 관현악의 반주로 노래하는 성악곡.
가곡선(歌曲選) 명 우리 나라의 가곡집. 1913년에 최남선(崔南善)이 남악주인(南岳主人)이라는 필명으로 엮음. 모두 596수의 가곡을 수록하여 음조(音調)·장단(長短)·곡명(曲名) 등을 설명함.
가곡원류(歌曲源流) 명 조선 고종 13년(1876)에 박효관(朴孝寬)과 안민영(安玟英)이 엮은 시가집(詩歌集). 작품을 곡조에 따라 배열함.
가:골(假骨) 명 뼈가 부러지거나 상한 자리에 새로 생겨나는 불완전한 뼈의 조직.
가공(加工) 명 -하다 타 원료나 재료 등에 사람의 기술과 공을 들여, 새로운 물건을 만드는 일. ¶ 과일을 통조림으로 ―하다.
가공(架空) 명 ①공중에 건너지름. ¶ ― 케이블 ②실재하지 않는, 상상으로 지어 낸 것. ¶ ― 인물 ☞허구
가:공(可恐) 어기 '가공(可恐)하다'의 어기(語基).
가공=망:상(架空妄想) 명 아무런 근거가 없는, 터무니없는 상상(想像).
가공=무:역(加工貿易) 명 원료나 반제품(半製品)을 수입하여 그 가공품을 수출하는 무역. 가공 수출
가공-물(加工物) 명 가공품
가공-비(加工費) 명 가공하는 데 드는 비용.

가공-사(加工絲)명 원사(原絲)를 화학적·기계적으로 가공한 실. 금실·실켓 따위.
가공=삭도(架空索道)명 계곡이나 산비탈 등에 기둥을 세워 공중에 강철선을 건너질러 매고, 거기에 운반 도구를 달아 사람이나 물건을 나르는 시설. 가공 케이블. 고가 삭도. 공중 삭도. 로프웨이. 케이블카 준 삭도(索道)
가공-선(架空線)명 콘크리트 기둥이나 철탑 등을 세워서 공중에 가설한 전선이나 전화선. 가선(架線)
가공=수입(加工輸入)명 가공해서 수출하기 위하여 원료나 반제품(半製品)을 수입하는 일.
가공=수출(加工輸出)명 가공 무역
가공=식품(加工食品)명 농·축·수산물 등을, 맛·영양·보존 등 여러 면에서 이용 가치를 높이기 위하여 가공한 식품. 두부·치즈·통조림 따위.
가공-업(加工業)명 가공하는 일을 전문으로 하는 산업.
가공=의:치(架工義齒)명 빠진 이의 양쪽에 있는 이에 금속관(金屬冠)을 씌우고, 이를 기둥 삼아 그 사이에 다리처럼 걸쳐 놓은 가짜 이. 브리지(bridge) 준 가공치(架工齒) ☞가치(假齒). 의치(義齒). 틀니
가공=이:익(架空利益)명 실질적인 이익이 아닌, 계산상으로 나타난 이익. 자산의 과대 평가 등으로 생김.
가공-적(架空的)명 사실이 아닌 것. 근거 없는 것. ¶－인물/－인 현실.
가공-지(加工紙)명 쓰임새에 따라 가공하여 착색하거나 윤을 내거나 한 종이. 색종이·아트지·인화지 따위.
가공-치(架工齒)명 '가공 의치'의 준말.
가공=케이블(架空cable)명 가공 삭도
가공-품(加工品)명 원료나 반제품을 가공한 제품.
가:공-하다(可恐－)형여 두려워할만 하다. 놀랄만 하다. 〔주로 '가공할'의 꼴로 쓰임.〕 ¶가공할 음모(陰謀).
가:과(假果)명 꽃턱·꽃줄기·꽃받침 등이 씨방과 함께 붙어서 자란 과일. 배·사과·무화과 따위. 부과(副果). 위과(僞果). 헛열매 ☞진과(眞果)
가곽(街廓)명 가로(街路)와 가로로 구획된 그 사이의 지역. 가확(街廓) ☞블록
가관(加冠)명-하다자 지난날, 관례(冠禮)를 치른 남자에게 상투를 틀어 갓을 씌우던 일. ☞계례(笄禮)
가:관(可觀)명 ①볼만 한 것. ¶내장산의 단풍은 참으로 －이다. ②말이나 하는 짓이 꼴불견인 것. ¶분수없이 날뛰는 꼴이 －이다.
가:관(假官)명 ①조선 시대, 임시로 임명하던 관원. 가승지(假承旨)·가감역관(假監役官) 따위. ②사변가주서
가:관-스럽다(可觀－)(－스럽고·－스러워)형ㅂ 제법 볼 만 하다. ¶노는 모습이 －.
 가관-스레부 가관스럽게
가교(架橋)명 ①건너질러 놓은 다리. ②-하다자 다리를 놓음.
가:교(駕轎)명 ①지난날, 임금이 타던 탈것의 한 가지. 두 필의 말이 앞뒤에서 가마채를 안장의 양편에 걸고 가던 가마. ☞공가교(空駕轎). 정가교(正駕轎) ②쌍가마[2]
가:교-마(駕轎馬)명 가교를 메는 말.
가:교=봉:도(駕轎奉導)명 지난날, 임금이 가교를 타고 거둥할 때, 별감(別監)이 큰 소리로 외치며, 가교를 편안히 모시도록 지휘 감독을 하던 일. ☞봉도(奉導)
가:-교:사(假校舍)명 임시로 쓰는 학교 건물.
가교=은행(架橋銀行)명 부실 금융 기관의 인수나 청산을 위해, 정부 또는 정부 기관이 출자해 설립하는 정리 금융 기관. 부실 금융 기관을 인수할 제삼자가 나타날 때까지 파산한 금융 기관의 자산과 부채를 일시적으로 떠맡고 예금·출금·송금 등의 업무를 제한적으로 맡아봄.
가구(佳句)[－꾸]명 잘 지은 글귀.
가구(架構)명 뼈대가 되는 재료를 얽어 만든 구조물.
가구(家口)명 ①생계를 같이하는 독립된 한 가정. ②〖의존 명사로도 쓰임〗 주거(住居)와 생계를 같이하는 사람들의 집단을 세는 단위. ¶이 집에는 세 －가 살고 있다.
가구(家具)명 가정 살림에 쓰이는 옷장·탁자·의자·침대 등 비교적 큰 세간.
가구(街衢)명 ①사방으로 통하는 큰 길. ②시정(市井)
가구-경행(街衢經行)명 고려 시대, 중들이 불경을 외면서 백성들의 복을 빌며 개경(開京)의 거리를 돌아다니던 의식. 준 경행(經行)
가구자(家韭子)명 한방에서, 부추의 씨를 약재로 이르는 말. 야뇨증·몽설·요통 등에 쓰임. 구자(韭子)
가구-장이(家具－)명 가구 만드는 일을 직업으로 하는 사람. ☞칠장이
가구-재(家具材)명 가구를 만드는 데 쓰이는 목재.
가구-점(家具店)명 가구를 파는 가게.
가구-주(家口主)명 독립된 한 가정을 이끄는 중심이 되는 사람. ☞호주(戶主)
가국(佳局)명 ①재미 있는 장면. 흥미를 돋우는 국면. ②바둑이나 장기의 좋은 대국.
가국(家國)명 ①집안과 나라. ②국가(國家) ③'고향'을 달리 이르는 말.
가군(家君)명 ①글에서, 남에게 자기의 아버지를 이르는 말. 가대인(家大人). 가부(家父) ②글에서, 남에게 자기의 남편을 이르는 말. 가부(家夫)
가권(家券)[－꿘]명 ①집문서 ②조선 시대, 집안의 땅이나 노비 등의 소유권을 증명하던 문서. ☞가계
가권(家眷)명 ①호주(戶主)에게 딸리어 한 집에서 생활하는 사람들. ②남에게 자기의 아내를 낮추어 이르는 말. 가속(家屬). 권속(眷屬)
가권(家權)[－꿘]명 집안을 거느려 다스리는 권리.
가:귀명 골패(骨牌)나 투전(鬪牋) 따위의 노름에서 '다섯 끗'을 이르는 말.
가:귀-노름명-하다자 가귀대기
가:귀-대:기명-하다자 투전 노름에서, 열다섯 끗을 뽑기로 하는 내기. 가귀노름
가규(家規)명 집안의 규율이나 예법.
가극(加棘)명-하다자 지난날, 귀양살이하는 죄인의 거처를 가시나무로 둘러쳐서, 외부와 왕래를 못하게 하던 일. 천극(栫棘) ☞위리안치(圍籬安置)
가극(暇隙)명 겨를. 짬[1]
가극(歌劇)명 오페라(opera)
가극-장(歌劇場)명 오페라하우스
가:근(假根)명 가는 뿌리처럼 생겨 수분을 빨아들이고 식물을 달라붙게 하는 기관. 이끼류 따위에서 볼 수 있음. 헛뿌리
가금(家禽)명 집에서 기르는 닭·오리 따위 날짐승. ☞가축(家畜). 야금(野禽)
가:금(假金)명 가짜 금.
가급(加給)명-하다타 급여 따위를 늘려 더 지급함. ☞가봉(加俸). 감급(減給)
가-급유(加給由)명-하다자 지난날, 관원의 휴가를 늘려주던 일. 준 가유(加由)
가급인족(家給人足)성구 집집마다 생활 형편이 부족함이 없이 넉넉함을 이르는 말.
가급=임:금(加給賃金)명 기본 임금 외에 더 지급하는 임금. 잔업 수당 따위.
가:급-적(可及的)부 될 수 있는 대로. 되도록 ¶－ 빨리 끝내도록 하자.
가:긍(可矜)어기 '가긍(可矜)하다'의 어기(語基).
가:긍-스럽다(可矜－)(－스럽고·－스러워)형ㅂ 보기에 딱하고 가엾다.
 가긍-스레부 가긍스럽게
가:긍-하다(可矜－)형여 딱하고 가엾다.
 가긍-히부 가긍하게
가기(佳妓)명 아름다운 기생.
가기(佳氣)명 상서로운 기운. 서기(瑞氣)
가기(佳期)명 ①좋은 시절. 가절(佳節). 양신(良辰) ②사랑하는 사람을 처음으로 만나게 되는 좋은 때. ③'혼인날'을 달리 이르는 말.
가기(佳器)명 좋은 그릇이라는 뜻으로, 훌륭한 인물을 비유하여 이르는 말.
가기(家忌)명 집안 조상에 대해, 삼년상(三年喪)을 마친

뒤에 해마다 세상을 떠난 날에 지내는 제사. ☞기제사(忌祭祀). 차례(茶禮)

가기(家基)명 가대(家垈)

가기(嫁期)명 시집갈만 한 나이. ☞혼기(婚期)

가기(歌妓)명 소리를 잘하는 기생.

가까스로부 간신히. 겨우 ¶ — 끝냈다.

가까워-지다자 ①가깝게 되다. ¶설날이 —./목적지에 —. ②사이가 친밀하여지다. ¶두 사람이 차차 —.

가까이-하다타여 ①친하게 사귀다. ¶동네 아이들을 —. ②늘 대하며 즐기거나 좋아하다. ¶그림을 —./바둑을 —. ☞멀리하다

가깝다(가깝고·가까워)형ㅂ ①거리가 짧다. ¶지하철역이 —. ②어느 때까지의 동안이 오래지 않다. ¶졸업 날이 —./가까운 미래. ③어떤 수량이 정도에 미칠듯 하다. ¶100명 가까운 참석자./회갑(回甲)에 가까운 나이. ④관계가 깊다. 친밀하다 ¶그들은 가까운 사이이다. ⑤촌수 등이 멀지 않다. ¶가까운 친척. ⑥성질이나 내용이 비슷하다. ¶불가능에 —./천재에 —. ⑦신변에서 멀지 않다. ¶가까운 예를 들어 보자. ☞멀다²

가까이부 가깝게 ¶ — 사귀는 벗.

속담 **가까운 남이 먼 일가보다 낫다** : 가까이 지내는 이웃이 먼데 있는 일가보다 더 도움이 된다는 말.

한자 **가까울 근**(近)〔辵部 4획〕¶근간(近刊)/근경(近景)/근교(近郊)/근방(近方)/근해(近海)

> ▶ '가깝다'와 '가까워'
> '가깝다'의 활용형 '가까워'는 모음 조화 법칙에 따라 '가깝-'에서 어미 '-아'가 따르게 마련이지만, 한글 맞춤법에서는 현실 발음에 따라 '가깝-어→가까워'로 적도록 규정되어 있다. '반갑다, 새롭다, 외롭다, 애처롭다' 등도 같다. 다만 한 음절로 된 어간 아래에서는 모음 조화를 지키도록 규정되어 있는데, '곱다→고와', '돕다→도와'가 그 예이다.

가꾸다타 ①식물이 잘 자라도록 손질하고 보살피다. ¶채소를 —./논밭을 —. ②잘 매만져 거두거나 꾸미다. ¶몸을 —./얼굴을 —.

가꾸러-뜨리다(트리다)타 가꾸러지게 하다. ☞거꾸러뜨리다. 까꾸러뜨리다

가꾸러-지다자 ①가꾸로 넘어지거나 엎어지다. ¶발을 헛디뎌 가꾸러지고 말았다. ②세력 따위가 힘을 잃고 무너지다. ③사람이나 동물 따위가 '죽다'를 속되게 이르는 말. ☞거꾸러지다. 까꾸러지다

가꾸로부 방향이나 차례가 반대로 되게. ¶ — 매달리다./— 가고 있다. ☞거꾸로. 까꾸로

가꾸로 박히다관용 머리가 바닥을 향한 채 떨어지다.

가끔부 얼마큼씩 동안을 두고. 때때로. 이따금. 종종 ¶ — 만나는 사이.

가끔-가끔부 '가끔'의 힘줌말. ¶ — 생각나다.

가끔-가다부 '가끔가다가'의 준말.

가끔-가다가부 어쩌다가 드문드문. ¶ — 산에도 오른다. 준가끔가다

가나(かな. 假名 일)명 한자에 바탕을 두고 만든 일본의 독특한 표음 문자.

가나다(加那陀)명 '캐나다'의 한자 표기.

가나다-순(—順)명 한글의 '가·나·다…'의 차례로 매긴 순서. 가나다차례 ¶각국 선수들이 —으로 입장했다. 유ㄱㄴ순 ☞자모순(字母順)

가나다-차례명 가나다순

가나안(∠Canaan)명 팔레스티나의 요르단 강 서쪽 땅의 옛이름. 구약성서(舊約聖書)에서, 여호와가 아브라함에게 약속한 이상향(理想鄕)으로, 젖과 꿀이 흐르는 곳이라고 함.

가나-오나부 어디로 가든지 다 마찬가지로. 오나가나 ¶ — 자식 걱정.

가난명-하다형 살림살이가 넉넉하지 못함, 또는 그러한 상태. ¶ —에서 벗어나다./—한 집안.

가난에 찌들다관용 가난으로 온갖 고생을 겪어 몹시 지치다. ¶가난에 찌든 살림.

가난이 들다관용 ①가난하게 되다. ¶흉작으로 온 마을에 가난이 들었다. ②귀하여져 구하기 어렵게 되다. ¶노동 시장에도 가난이 들어 일꾼을 구하기가 어렵다.

속담 **가난 구제는 나라도 못한다** : 가난한 사람을 구제하는 일은 한이 없으므로 나라의 큰 힘으로도 어려우니, 개인의 힘으로는 엄두도 못 낸다는 말./**가난도 비단 가난** : 아무리 가난해도 깨끗한 인품을 더럽히지 않는다는 말./**가난한 집 제삿날 돌아오듯** : 괴롭거나 힘겨운 일이 잇달아 닥쳐옴을 비유하여 이르는 말.

한자 **가난할 빈**(貧)〔貝部 4획〕¶빈곤(貧困)/빈궁(貧窮)/빈농(貧農)/빈민(貧民)/청빈(清貧)

가난(家難)명 집안의 재난. 유가란(家亂)

가난-뱅이명 가난한 사람을 낮잡아 이르는 말.

가난-살이명 가난한 살림살이.

가납(加納)명-하다타 조선 시대에 조세(租稅)나 공물(貢物) 등을 정해진 것보다 더 바치던 일.

가:납(假納)명-하다타 ①돈이나 물품 등을 임시로 냄. ②세금·벌금·과료 등을 미리 냄.

가납(嘉納)명-하다타 헌상품(獻上品)이나 진언(進言) 따위를 윗사람이 기꺼이 받아들임.

가:납사니명 쓸 소리 못 쓸 소리를 함부로 하여 말수가 많은 사람.

가:납사니-같다형 쓸 소리 못 쓸 소리를 함부로 하여 수다스럽다.

가:-납세(假納稅)명 납세자가 세금의 액수에 대해 이의가 있을 때, 그에 대한 당국의 재정(裁定)이 있기 전에 우선 세금을 내는 일.

가내(家內)명 ①집안 ¶ —가 두루 탈없이 지내다. ②집의 안. ¶ — 공장

가내=공업(家內工業)명 단순한 기술과 기구로 집 안에서 하는 소규모의 생산 공업. 가정 공업 ☞수공업(手工業). 공장 공업(工場工業)

가내=노동(家內勞動)명 업자로부터 필요한 자금이나 기구·재료 등을 제공받아 가정에서 가공·제조하여 다시 업자에게 납품하는 노동 형태.

가내-사(家內事)명 가사(家事). 집안일

가냘프다(가냘프고·가냘퍼)형 ①생김새가 가늘고 연약하다. ¶몸매가 —. ②목소리가 가늘고 약하다. ¶가냘픈 음성. 유가녀리다

가녀리다형 ①생김새가 가늘고 여리다. ¶가녀린 어깨./가녀린 코스모스 줄기. ②목소리가 가늘고 힘이 없다. ¶새끼 고양이의 가녀린 울음 소리. 유가냘프다

가년(加年)명-하다자타 ①나이를 속여 올림. 나이를 덧거리함. ②가령(加齡)

가년-스럽다(—스럽고·—스러워)형ㅂ 형편이 펴이지 못하고 몹시 군색해 보이다. ☞거년스럽다

가년-스레부 가년스럽게

가노(家奴)명 가복(家僕)

가누다타 ①몸을 겨우 바로 가지다. ¶가까스로 몸을 —. ②기운이나 정신을 겨우 가다듬어 차리다. ¶잠시 기력을 —. ③일을 휘잡아 처리하다. ¶어려운 살림을 혼잣손으로 —. ☞거누다

가느다랗다(가느다랗고·가느다란)형ㅎ ①꽤 가늘다. ¶가느다란 철사. ②여린 느낌이 있다. ¶가느다란 몸매. ☞굵다랗다

가느다래-지다자 가느다랗게 되다.

가느스레-하다형여 가느스름하다

가느스름-하다형여 조금 가늘다. 가느스레하다 ¶초승달 같은 가느스름한 눈썹.

가느스름-히부 가느스름하게

가:-늑골(假肋骨)명 좌우 각 열두 개의 갈비뼈 중에서 명치뼈에 붙지 않은 아래쪽 좌우 다섯 쌍의 갈비뼈. 부늑골(浮肋骨) ☞진늑골(眞肋骨)

가는-귀명 작은 소리를 잘 듣지 못하는 귀.

가는귀(가) 먹다 관용 작은 소리는 잘 알아듣지 못할 정도로 귀가 조금 먹다.

가는-눈 명 ①가늘게 조금만 뜬 눈. 실눈 ¶ -으로 지그시 바라보다. ②가늘게 생긴 눈.

가는-대 명 ①아기살 ②지난날, 적진에 격서(檄書)를 보낼 때에 쓰던 화살.

가는-대나물 명 석죽과(石竹科)의 여러해살이풀. 줄기는 곧고, 줄기 높이 1m 안팎으로 가지가 많음. 7~9월에 보랏빛 꽃이 가지 끝에 핌. 우리 나라 중부와 북부 산지에 자람.

가는-모래 명 곱고 보드라운 모래. 모새. 세사(細沙). 시새. 잔모래

가는-베 명 가는 올로 촘촘하게 짠 고운 베. ☞굵은베

가는-실 명 보통 실보다 올이 가는 실.

가는-장대[-때] 명 겨잣과의 두해살이풀. 줄기 높이 60 cm 안팎이고 6~7월에 줄기 끝과 가지 끝에 엷은 홍자색 꽃이 핌. 어린잎과 줄기는 먹을 수 있음.

가는-체 명 쳇불의 올이 가늘고 그물눈이 촘촘한 체. ☞어레미

가는-톱니 명 이가 잘고 촘촘히 박힌 톱니.

가는-허리 명 잔허리

가늘다(가늘고·가느니) 형 ①줄 모양이나 막대 모양의 것이, 둘레의 길이나 너비가 작다. ¶가는 실./가는 물줄기. ②가루나 모래 따위의 알갱이가 아주 잘다. ¶가늘게 빻은 옥돌. ③직물이나 체 따위의 발이 곱고 올이 촘촘하다. ¶가는 모시./쳇불이 -. ④소리나 바람 같은 것이 약하다. ¶가는 바람./가는 목소리. ☞굵다

한자 **가늘 섬**(纖) 〔糸部 17획〕 ¶섬도(纖度)/섬모(纖毛)/섬세(纖細)/섬약(纖弱) ▷ 속자는 纎
가늘 세(細) 〔糸部 5획〕 ¶세관(細管)/세우(細雨)

가늘디-가늘다(-가늘고·-가느니) 형 매우 가늘다. ¶가늘디가는 거미줄. ☞굵디굵다. 잘디잘다

가늠 명 -하다 타 ①어떤 목표나 기준에 맞고 안 맞음을 헤아리는 일, 또는 그 헤아려 보는 기준. ¶목표물의 거리를 -하다. /-을 정확히 하다. ②체험이나 관찰, 또는 궁리 끝에 얻은 짐작. ¶내 -으로는 아주 희망적이다.
가늠(을) 보다 관용 ①목표를 겨누어 거기에 맞도록 하다. ¶표적을 가늠 보아 쏘다. ②시세나 형편 등을 헤아리다. ¶시세가 유동적이어서 가늠 보기가 쉽지 않다./그의 속마음이 어떠한지 -. ③물건을 달 때에 저울눈의 바르고 아니 바름을 보다. 가늠(을) 잡다.
가늠(을) 잡다 관용 가늠(을) 보다.
가늠(이) 가다 관용 짐작이 가다.

가늠-구멍[-꾸-] 명 총의 가늠자 윗부분에 뚫려 있는 구멍. 조문(照門)

가늠-쇠 명 총의 가늠을 볼 수 있도록 총열 끝 윗부분에 붙어 있는 삼각형의 쇳조각. 조성(照星) ☞가늠자

가늠-자 명 총의 가늠을 볼 수 있도록 총열 앞 약실 윗부분에 붙여 놓고 가늠구멍을 만들어 놓은 장치. 조척(照尺) ☞가늠쇠

가늠-좌(-座) 명 총포(銃砲)에서, 가늠자가 달려 있는 바탕 부분.

가늣-하다[-늗-] 형여 좀 가늘어 보이다. ¶가늣한 허리./가늣한 목.

가:능(可能) 명 -하다 형 할 수 있거나 될 수 있음. ¶혼자의 힘으로도 -하다. ☞불가능(不可能)

가:능-성(可能性)[-썽] 명 ①일이 그렇게 될성부른 상태. ¶성공할 -이 있다. ② 무엇을 할 수 있을 것이라는 잠재적인 발전성. ¶무한한 -을 지닌 젊은이.

가닐-가닐 부 가닐거리는 상태를 나타내는 말. ¶등이 - 한 게 개미가 들어간 모양이다. ☞그닐그닐

가닐-거리다(대다) 자 살갗에 간지러우면서 자릿자릿한 느낌이 일어나다. ☞그닐거리다

가:능=수력(可能水力) 명 아직 이용되지 않고 있으나 시설을 갖추면 이용할 수 있는 수력.

가다(가거라) 자거라 ①이곳에서 다른 곳으로 옮아 움직이다. ¶우체국에 -./서울로 가는 사람들./버스를 타고 가지. ②있던 자리에서 떠나다. ¶잘 먹고 갑니다./갈테면 가거라. ③직업·학업·병역 등으로 말미암아 자리를 옮기다. ¶군대에 -./내년에는 대학에 가게 되겠지. ④소식이나 소문 따위가 전하여지다. ¶발 없는 말이 천리를 간다./곧 기별이 갈 거야. ⑤시간 또는 세월이 지나다. ¶달이 가고 해가 -./가는 봄이 아쉽다. ⑥음식이 상하다. ¶맛이 가 버렸구나. ⑦이어지다 ¶오래 못 갈 목숨. ⑧뭀으로 돌아가다. ¶복남이에게는 세 개나 갔구나. ⑨시선·관심·추측 따위가 어떤 곳으로 향하다. ¶눈길이 -./어쩐지 그에게 동정이 간다. /호감이 가는 사람. ⑩어떤 곳으로 통하다. ¶동해안으로 가는 길./선진국으로 가는 길. ⑪어떤 지경에 이르다. ¶막판에 가서야 정신을 차리다./임종에 가서도 입을 열지 않다. ⑫금·얼룩·주름 같은 것이 생기다. ¶그릇에 금이 -./옷에 주름이 -. ⑬차례나 등급 따위가 그쯤 되다. ¶반에서 첫째 가는 성적./둘째 가라면 서럽지. ⑭값이 그 정도에 이르다. ¶값이 얼마나 가느냐./시가(時價)로 만 원은 갈 거야. ⑮비용이나 노력이 들다. ¶품이 많이 간다./손이 많이 가는 일. ⑯등불 따위가 꺼지다. ¶전깃불이 -. ⑰얼룩이나 때가 지워지다. ¶때가 잘 가지 않는다. ⑱피해나 손해를 입게 되다. ¶손해 갈 일은 하지 않겠지./남에게 피해가 가지 않도록 해라. ⑲물체가 한쪽으로 기울어지거나 치우치다. ¶기둥이 그쪽으로 좀 간듯 하다. ⑳사람이 죽다. ¶저 세상으로 -./이렇게 허무하게 가실 줄이야. ㉑'까무러치다'의 속된말. ¶주먹 한 방에 그대로 갔다. ㉒〖타동사처럼 쓰임〗 ㉠어떤 일을 하려고 어디로 움직이다. ¶구경을 -. /문병을 -./해외로 여행을 -. ㉡어떤 길을 통하여 옮아 움직이다. ¶후미진 산길을 -./밤길을 -. ☞오다
조동 본용언(本用言) 다음에 쓰이어, 그 동작이나 상태가 앞으로 진행됨을 나타냄. ¶날이 저물어 -./가을이 깊어 -./시간을 차츰 줄여 -.
간 데 족족 관용 가는 곳마다 모두.
속담 **가는 년이 물 길어다 놓고 갈까** : 일이 다 틀어져서 그만두는 판에 뒷일을 생각할 리가 없다는 말.〔가는 년이 보리방아 찧어 놓고 가랴〕/**가는 말이 고와야 오는 말이 곱다** : 먼저 내가 남에게 잘 대해 주어야 남도 나에게 잘 대해 주게 된다는 말./**가는 방망이 오는 홍두깨** : 남에게 해를 끼치면 그보다 더한 화가 자기에게 돌아온다는 말./**가는 토끼 잡으려다가 잡은 토끼 놓친다** : 너무 욕심을 부려 한꺼번에 여러 가지를 하려다가, 도리어 이미 이루어 놓은 일까지 실패로 돌아간다는 말./**가던 날이 장날이라** : 우연히 갔다가 뜻하지 않은 일을 공교롭게 만났을 때를 이르는 말./**간다 간다 하면서 아이 셋 낳고 간다** : 그만두겠다고 말을 하면서도, 실행하지 못하고 질질 끌게 됨을 이르는 말./**갈수록 태산(泰山)이라** : 갈수록 어려운 처지에 빠지게 됨을 이르는 말.

한자 **갈 거**(去) 〔厶部 3획〕 ¶거국(去國)/거래(去來)/거류(去留)/거취(去就)/퇴거(退去)
갈 왕(往) 〔彳部 5획〕 ¶왕래(往來)/왕진(往診)
갈 정(征) 〔彳部 5획〕 ¶원정(遠征)/장정(長征)

> ▶ **복합어로 쓰인 동사 '가다'의 예**
> ¶걸어-가다/기어-가다/날아-가다/내려-가다
> 다녀-가다/달려-가다/돌아-가다/찾아-가다
> ▶ **보조 동사 '가다'의 쓰임**
> 본용언의 부사형 '-아, -어' 아래에서 그 움직임의 진행(進行)을 나타내는 말로 쓰인다.
> ¶굳어 가다/높아 가다/늙어 가다/맑아 가다
> 썩어 가다/줄어 가다/짙어 가다

가다가 부 이따금 ¶- 한 번씩 고장 난다.

가다-가다 부 동안을 두고 이따금. 어쩌다가 ¶아직도 - 그때의 애틋한 느낌이 되살아난다.

가다귀 명 참나무 따위의 잔가지를 꺾어 말린 땔나무.

▶ 가다귀 · 검부나무 · 마들가리 · 물거리
○검부나무 : 마른풀이나 낙엽 따위 검불로 된 땔감.
○마들가리 : 나무의 잔가지나 줄기를 말린 땔나무.
○물거리 : 싸리 따위 잡목의 우죽을 베어 말린 땔나무.

가다듬다[-따] 타 ①느즈러진 정신을 바로 차리거나 다잡다. ¶마음을 -. ②몸가짐이나 옷차림을 바르게 하다. ¶자세를 -. ③목소리를 고르다. ¶목청을 -.
가다랑어 명 고등엇과의 바닷물고기. 몸길이 1m 안팎. 몸은 방추형이고 주둥이가 뾰족함. 등은 짙은 청자색, 배는 은백색이며, 4~10줄의 검은 띠가 있음. 횟감이나 통조림용으로 쓰임.
가:다루다 타 논밭을 갈아서 다루다.
가:다리 명 -하다 자 모낸 논을, 삯을 받고 갈아주는 일.
가:다리-맡다[-맏-] 자 가다리할 일을 맡다.
가닥 명 ①하나로 묶인 것의, 또는 하나에서 갈려 나온, 하나하나의 올이나 줄. ¶-이 지다./여러 -으로 꼬다. ②〔의존 명사로도 쓰임〕 ¶한 -을 뽑아 쓰다.
가닥-가닥[1] 명 여러 가닥.
가닥-가닥[2] 부 가닥가닥이
가닥-가닥[3] 부 -하다 형 물기나 풀기가 있던 물체의 거죽이 좀 빳빳할 정도로 말라 있는 상태를 나타내는 말. ¶빨래가 -하게 마르다. ☞거덕거덕. 까닥까닥
가닥가닥-이 부 ①가닥마다. 따로따로 ②여러 가닥으로. 가닥가닥[2]
가단(歌壇) 명 가인(歌人)들의 사회.
가:단-성(可鍛性)[-썽] 명 충격이나 압력에도 파괴되지 않고 변형할 수 있는 고체의 성질.
가-단:조(-短調)[-쪼] 명 '가' 음을 으뜸음으로 하는 단조. 에이단조 ☞가장조
가:단-주철(可鍛鑄鐵) 명 가열 처리를 해서 탄소를 없애거나 함으로써 가단성을 지니게 한 주철. 가단철
가:단-철(可鍛鐵) 명 가단주철
가담(加擔) 명 -하다 자 한편이 되어 힘을 보탬. ¶범죄에 -하다./시위에 -하다.
가담(街談) 명 거리에 떠도는 소문. 가설(街說)
가담-범(加擔犯) 명 방조범(幇助犯)
가담항:설(街談巷說) 성구 세상에 떠도는 소문을 이르는 말. 가담항의
가담항:의(街談巷議) 성구 가담항설(街談巷說)
가:당(可當) 어기 '가당(可當)하다'의 어기(語基).
가당=연:유(加糖煉乳)[-년-] 명 우유에 설탕을 섞고 가열하여 농축한 것. 당유(糖乳)
가:당찮다(可當-) 형 〔'가당하지 아니하다'가 줄어든 말로〕 도무지 사리에 맞지 않고 엉뚱하다. ¶사실과는 거리가 먼 가당찮은 말.
가당찮이 부 가당찮게
가:당-하다(可當-) 형여 ①사리에 맞다. ¶가당한 처리 방법. ②능력이나 수준 따위가 엇비슷해 당해 낼만 하다. ¶그와 맞서 싸우는 일이 가당하긴 할까?
가대(架臺) 명 ①무엇을 얹으려고 시렁처럼 만들어 놓은 것. ②철도나 교량 등을 떠받치는 시설물. ③화학 실험 때 레토르트(retort) 등을 받치는 기구.
가대(家垈) 명 ①집터 ②집터와 그에 딸린 논밭 등의 땅. 가기(家基)
가:대(假貸) 명 -하다 타 ①물건을 너그럽게 빌려 줌. ②잘못을 너그럽게 용서함.
가대기 명 가까운 거리에서, 인부들이 갈고리로 쌀가마니 따위의 윗부분을 찍어 당겨서 어깨에 메고 나르는 일.
가-대:인(家大人) 명 가군(家君)
가댁-질 명 아이들이 서로 잡으려고 쫓기도 하고 달아나기도 하며 뛰노는 놀이.
가덕(嘉德) 명 훌륭한 덕.
가덕-대:부(嘉德大夫) 명 조선 시대, 종일품 종친(宗親)에게 내린 품계의 하나. 스물두 등급 중 넷째 등급임. ☞숭헌대부(崇憲大夫)
가도(加賭) 명 -하다 자 지난날, 도조(賭租)의 부과율을 더 올려서 매기던 일.
가도(家道) 명 ①집안의 살림살이. 유 가계(家計) ¶-가 막막하다. ②집안에서 지켜야 할 도덕이나 규율.
가:도(呵導) 명 갈도(喝道)
가:도(假渡) 명 -하다 타 운송업자나 창고업자 등이 선화 증권(船貨證券)이나 창고 증권과 맞바꾸지 않고 먼저 운송물이나 수탁물을 내주는 일.
가:도(假道) 명 ①도로 공사 등의 필요에 따라 임시로 낸 길. ②-하다 자 길을 빌려 씀.
가:도(假賭) 명 '가도조(假賭租)'의 준말.
가도(街道) 명 ①시가지의 도로. 가로(街路) ②도시와 도시를 잇는 큰 길. ¶경춘 -
가:-도:관(假導管) 명 헛물관
가도-교(架道橋) 명 육교(陸橋)
가:-도:련 명 -하다 타 종이의 가장자리를 도련하는 일.
가:-도조(假賭租) 명 우선 어림하여 미리 받아들이는 도조. 준 가도(假賭)
가독(家督) 명 ①한 집의 대를 잇는 사람, 또는 그 신분. ②지난날, 민법(民法)에서 이르던 호주(戶主)의 지위, 또는 그 권리와 의무.
가:독-성(可讀性) 명 인쇄된 활자나 지면(紙面)의 읽기 편한 정도. ¶-이 좋은 편집.
가돈(家豚) 명 편지 글 등에서, 남에게 자기의 아들을 낮추어 이르는 말. 가아(家兒). 돈아(豚兒). 미돈(迷豚)
가돌리늄(gadolinium) 명 란탄족 원소의 하나. 백색의 금속으로 단단하며 산에 녹음. 수은과 합금을 만들어 이의 구멍을 메우는 데 씀. 〔원소 기호 Gd/원자 번호 64/원자량 157.25〕
가동(家僮) 명 지난날, 집안에서 심부름을 하는 사내아이 종을 이르던 말.
가동(街童) 명 거리에서 노는 아이.
가동(歌童) 명 조선 시대, 장악원(掌樂院)에 딸리어 대궐 잔치 때 노래를 부르던 아이.
가동(稼動) 명 -하다 자타 사람이 일을 하거나 기계를 움직여 일하게 함. ¶- 인원/기계를 —하다.
가:동(可動) 앞말 움직일 수 있음을 뜻하는 말. ¶- 교량
가동-가동 부 어린아이의 겨드랑이를 치켜들고 올렸다 내렸다 할 때, 아이가 다리를 오그렸다 폈다 하는 모양을 나타내는 말.
감 어린아이를 가동질하여 어를 때 하는 말.
가:동가:서(可東可西) 성구 이렇게 할만도 하고 저렇게 할만도 함을 이르는 말.
가동-거리다(대다) 자타 ①자꾸 가동가동 하다. ②가동질을 시키다.
가:동=관절(可動關節) 명 움직일 수 있는 관절. 곧, 동물의 신체 운동을 맡은 관절. ☞부동 관절
가:동-교(可動橋) 명 배가 지나다닐 수 있도록 다리의 일부나 전체를 움직일 수 있게 만든 다리. 개폐교(開閉橋)
가:동-댐(可動dam) 명 가동언(可動堰)
가동-률(稼動率) 명 기업의 생산 설비가 실제로 얼마만큼 가동하고 있는가를 나타내는 비율. ☞실동률(實動率)
가:동-성(可動性)[-썽] 명 움직일 수 있거나 움직이기 쉬운 성질. ☞기동성(機動性)
가:동-언(可動堰) 명 물의 양을 자유로이 조절할 수 있도록 가동 장치를 한 둑. 가동댐. 가동 언제
가:동=언제(可動堰堤) 명 가동언(可動堰)
가동이-치다 자 힘차게 가동거리다.
가동주:졸(街童走卒) 성구 길거리에서 노는 철없는 아이들이나, 쓸데없이 떠돌아다니는 무리를 이르는 말.
가동-질 명 -하다 자타 어린아이를 치켜들고 올렸다 내렸다 하며 어를 때, 아이가 다리를 오그렸다 폈다 하는 짓.
가:두(假痘) 명 종두(種痘)의 면역성 때문에 가벼운 발진으로 끝나는 천연두.
가두(街頭) 명 도시의 길거리. ¶- 행진
가두=검:색(街頭檢索) 명 범법자를 찾아내려고 길거리에서 행인이나 차량을 조사하는 일.
가두=녹음(街頭錄音) 명 방송국 등에서, 어떤 문제에 관

하여 거리에서 사람들의 의견을 물어 녹음하는 일.

가두다 타 ①사람이나 짐승을 일정한 곳에 넣어 나들지 못하게 하다. ¶돼지를 우리에 －. ②물 따위를 일정한 곳에 담겨 있게 하다. ¶논에 물을 －.

한자 **가둘 수**(囚) 〔口部 2획〕 ¶구수(拘囚)/수금(囚禁)

가:-두리 명 물건 가에 둘린 언저리. ¶－에 테가 둘러 있다.

가두=모금(街頭募金) 명 길거리에서 오가는 사람에게 호소하여 기부금을 모으는 일.

가두=시:위(街頭示威) 명 거리를 행진하며 하는 시위.

가두=연:설(街頭演說) 명 거리에서 하는 연설.

가두=판매(街頭販賣) 명 거리에서 물건을 파는 일. 준 가판(街販)

가:드(guard) 명 ①지키는 일, 또는 그 사람. 파수(把守). 호위(護衛) ②농구 등에서, 방어하는 일, 또는 그 사람. ③권투나 펜싱 등에서, 방어 자세를 취하는 일, 또는 그 자세. 방어

가드락-가드락 부 가드락거리는 모양을 나타내는 말. ☞거드럭거드럭. 까드락거리다. 까뜨락대다. 까드락까드락. 까뜨락까뜨락

가드락-거리다(대다) 자 젠체하며 채신없이 행동하다. ☞거드럭거리다. 까드락거리다. 까뜨락거리다

가:드레일(guardrail) 명 차도와 인도 사이에 설치한, 사고 방지를 위한 철책.

가:드펜스(guard fence) 명 차도와 인도 사이나 고속 도로의 중앙 분리대 등에 설치한, 사고 방지를 위한 철망이나 방호벽.

가득 부 가득하게. 가득히 ¶술잔에 술을 － 따르다./가슴이 희망으로 － 차 있다. ☞가뜩[2]. 그득

가득-가득 부-하다 형 여럿이 다 가득한 모양을 나타내는 말. ¶사발마다 밥을 － 담다. ☞가뜩가뜩. 그득그득

가득가득-히 부 가득가득하게

가득-하다 형여 ①그릇 따위에 무엇이 차 있거나 많이 담겨 있다. ¶바구니에 딸기가 －./물동이에 물이 －. ②넓은 공간에 무엇이 널리 퍼져 있다. ¶방 안에 햇볕을 가득히 들이다. ③어떤 생각이 차 있다. ¶가슴에 가득히 품은 왕성한 의욕./기쁨으로 가득한 가슴. ☞가뜩하다. 그득하다

가득-히 부 가득하게 ¶술을 － 따르다. ☞그득히

한자 **가득할 만**(滿) 〔水部 11획〕 ¶만원(滿員)/만조(滿潮)/충만(充滿)/포만(飽滿) ▷ 속자는 満

가든-가든 부-하다 형 ①차리거나 꾸린 것이 다 가볍고 간편한 모양을 나타내는 말. ¶짐들을 － 꾸려 여행을 떠나다. ②마음이 매우 가벼운 느낌을 나타내는 말. ¶마음이 － 가볍다. ☞가뜬가뜬. 거든거든

가든가든-히 부 가든가든하게 ☞거든거든히

가든그-뜨리다(트리다) 타 매우 가든하게 거두어 싸다. ☞거든그뜨리다

가든-그리다 타 가든하게 거두어 싸다. ¶등산 장비를 －. ☞거든그리다

가:든파:티(garden party) 명 원유회(園遊會)

가든-하다 형여 ①차리거나 꾸린 것이 가볍고 간편하다. ¶가든한 운동복 차림./가든해 보이는 가방. ②마음이 가볍다. ¶일을 끝내고 나니 마음이 －. ☞가뜬하다. 거든하다

가든-히 부 가든하게 ☞가뜬히. 거든히

가들-가들 부 가들거리는 모양을 나타내는 말. ☞거들거들. 까들까들

가들-거리다(대다) 자 젠체하며 경망하게 행동하다. ☞거들거리다. 까들거리다

가들막-가들막 부 가들막거리는 모양을 나타내는 말. ☞거들먹거들먹. 까들막까들막

가들막-거리다(대다) 자 젠체하며 우쭐하여 뽐내다. ¶분수도 모르고 －. ☞거들먹거리다. 까들막거리다

가들막-하다 형여 거의 가득하다. ¶주머니가 －. ☞그들먹하다

가등(加等) 명-하다 타 ①등급을 높임. ②조선 시대, 형벌의 등급을 본디 정한 것보다 무겁게 매기던 일.

가등(街燈) 명 '가로등'의 준말.

가:-등기(假登記) 명 본등기를 할 절차 요건이 갖추어지지 않았을 때, 임시로 하는 등기.

가뜩[1] 부 '가뜩이나'의 준말.

가뜩[2] 부 가뜩하게. 가뜩이 ☞가득. 그뜩

가뜩-가뜩 부-하다 형 여럿이 다 가뜩한 모양을 나타내는 말. ¶짐을 － 싣다. ☞가득가득. 그뜩그뜩

가뜩-에 부 가뜩이나 ¶－ 몸도 약한데 큰일까지 맡다니.

가뜩-이 부 '가뜩이나'의 준말.

가뜩-이나 부 그러지 아니하여도 매우. 가뜩에 ¶－ 바쁜데 놀기만 하다니. 준 가뜩[1]. 가뜩이

가뜩-하다 형여 그릇 따위에 무엇이 잔뜩 차 있거나 많이 담겨 있다. ☞가득하다. 그뜩하다

가뜩-이 부 가뜩하게. 가뜩[2] ☞가득히. 그뜩이

가뜩-한데 부 지금의 형편도 힘에 겹거나 견디기 어려운데. ¶－ 흉년이 들다니.

가뜬-가뜬 부-하다 형 ①차리거나 꾸린 것이 다 매우 가볍고 간편한 모양을 나타내는 말. ②물체가 들기에 힘들지 않을 정도로 매우 가벼운 느낌을 나타내는 말. ③몸이 찌뿌드드하지 않고 매우 가벼운 느낌을 나타내는 말. ¶－한 발걸음. ☞가든가든. 거뜬거뜬

가뜬가뜬-히 부 가뜬가뜬하게 ☞가든가든히

가뜬-하다 형여 ①차리거나 꾸린 것이 매우 가볍고 간편하다. ¶가뜬한 옷차림. ②물체가 들기에 힘들지 않을 정도로 가볍다. ¶쌀자루를 가뜬하게 들다. ③몸이 찌뿌드드하지 않고 가볍다. ¶목욕을 했더니 몸이 －. ☞가든하다. 거뜬하다

가뜬-히 부 가뜬하게 ☞가든히. 거뜬히

가라-마(加羅馬) 명 가라말 ☞백다마

가라-말 명 털빛이 검은 말. 가라마(加羅馬) ☞절따말

가라빈가(迦羅頻伽) 명 가릉빈가(迦陵頻伽)

가라사대 자 '가로되'의 높임말로 '말씀하시되', '말씀하시기를'의 뜻으로, 직접 인용을 뒤따르게 하는 예스러운 말. '왈(曰)'의 뜻으로 쓰인 고유어. ¶공자(孔子) －. ☞가로되

가라-앉다[－안따] 자 ①물 속으로 해서 바닥으로 내려앉다. ¶배가 －./밑바닥에 가라앉은 앙금. ☞뜨다[1] ②마음이 안정되다. ¶흥분이 －./노여움이 －. ③증세가 없어지다. ¶통증이 －. ④바람이나 파도가 잠잠하여지다. ¶파도가 －. ☞자다 ⑤차분해지다. ¶들뜬 분위기가 －./가라앉은 목소리. ☞들뜨다 준 갈앉다

가라-앉히다 타 가라앉게 하다. ¶설레는 가슴을 －. 준 갈앉히다

가라지[1] 명 밭에 나는 강아지풀. 준 가랒

가라지[2] 명 전갱잇과의 바닷물고기. 몸길이 30cm 안팎. 등은 파란빛이고 배는 흰빛임.

가라치 명 ①지난날, 정이품 이상의 관원이 출입할 때 중요 문서를 담아 가지고 다니던 제구. 기름을 먹인 직사각형의 종이를 접어 만들었음. ②가라치를 끼고 앞서서 다니던 하인.

가락[1] 명 ①물레로 실을 자을 때, 실이 감기는 쇠꼬챙이. ②가늘고 길게 토막진 물건의 낱개. ¶국수의 －./－이 굵다. ③〔의존 명사로도 쓰임〕 가락으로 된 낱낱의 물건을 세는 말. ¶엿 열 －.

가락을 내다 관용 윷가락을 잘 던져 마음먹은 대로 엎어지게 하기도 하고 잦혀지게 하기도 하다.

가락[2] 명 ①소리의 길이와 높낮이, 또는 그 어울림. 선율(旋律). 멜로디 ¶흥겨운 －./－을 맞추다. ②일하는 솜씨나 능률 또는 기분. ¶옛날 －이 나오다./손발이 맞아 －이 절로 나다.

가락을 떼다 관용 ①흥이 나는 일에 첫 몸놀림을 시작하다. ②풍류를 치다.

가락이 나다 관용 일의 능률이 오르다.

가락이 맞다 관용 ①율동이나 장단이 맞다. ②하는 일이 척척 들어맞다.

가락-가락 부 가락마다. 가락가락이 ¶ — 흩어진 윷.
가락가락-이 부 가락가락
가락-고동 명 물레의 두 괴머리 기둥에 가락을 걸치기 위하여 박은 두 고리.
가락-국 (駕洛國) 명 가야(伽倻)
가락-국수 명 ①밀가루로 굵게 뽑은 국수의 한 가지, 또는 그것을 삶아 맑은장국에 만 음식. ②우동
가락-엿 [-녇] 명 가래엿
가락-옷 명 물레로 실을 자을 때, 실이 감기는 가락의 아랫몸에 입히는 종이나 지푸라기.
가락-윷 [-늇] 명 곧고 둥글며 가는 나무토막을 반으로 쪼개어 네 개의 가락으로 만든 윷짝.
가락-잡이 명 ①굽은 물렛가락을 바로잡아 주는 사람. ②'애꾸눈이'를 놀리어 이르는 말.
가락지 명 ①주로 여자가 손가락에 치레로 끼는, 금·은·옥 등으로 만든 두 짝의 고리. 지환(指環) ☞반지 ②기둥머리나 막대기 따위에 둘러 감는 쇠테. 편철(片鐵)
가락지-나물 명 장미과의 여러해살이풀. 줄기 높이 20~60cm. 잎은 다섯 장의 작은 잎으로 된 손바닥 모양의 겹잎임. 5~7월에 노란 꽃이 피며, 애순은 먹을 수 있음. 사함초(蛇含草)
가락지-매듭 명 겹줄로 꼬아 가락지 모양으로 만든 매듭.
가락짓-벌 명 상투의 가장 큰 고.
가락-토리 명 물레로 실을 겹으로 드릴 때, 가락의 두 고동 사이에 끼우는 대통.
가란 (家亂) 명 집안의 분란. 유 가난(家難)
가람 (伽藍) 명 '승가람마(僧伽藍摩)'의 준말.
가람-당 (伽藍堂) 명 불교에서, 가람신을 모신 집.
가람-신 (伽藍神) 명 불교에서, 절을 지킨다는 신.
가람-조 (伽藍鳥) 명 '사다새'의 딴이름.
가랑-가랑[1] 부 ①목구멍이나 기도에 있는 묽은 가래가 끓는 소리를 나타내는 말. ②숨이 거의 끊어질듯 한 상태에서 가늘게 내는 숨소리를 나타내는 말. ¶ — 숨이 붙어 있다. ③잘 울리는 쇠붙이 따위가 구르거나 끌릴 때 나는 소리를 나타내는 말. ☞그렁그렁[1]. 카랑카랑[1]
가랑-가랑[2] 부-하다 형 ①액체가 가득 차서 거의 넘칠듯 한 모양을 나타내는 말. ¶잔에 —하게 술을 따르다. ②눈에 눈물이 가득 괴어 있는 모양을 나타내는 말. ¶눈물이 금세 — 고이다. ③건더기는 적고 국물이 많은 모양을 나타내는 말. ¶—한 수제비. ④물 따위를 많이 마셔서 뱃속에 물이 가득 차 있는 느낌을 나타내는 말. ☞그렁그렁[2]. 카랑카랑[2]
가랑-거리다(대다) 자 가랑가랑 소리가 나다. ¶목구멍에서 가래가 —. ☞그렁거리다. 카랑거리다
×**가랑-나무** 명 → 떡갈나무
가랑-눈 명 아주 잘게 내리는 눈. 세설(細雪) ☞가루눈
가랑-니 명 서캐에서 깬 새끼 이.
가랑-머리 명 두 가랑이로 갈라 땋은 머리.
가랑-무 명 밑동이 가랑이진 무.
가랑-비 명 가늘게 내리는 비. 이슬비보다 좀 굵음. 세우(細雨) ☞실비
속담 **가랑비에 옷 젖는 줄 모른다** : 아무리 대수롭지 않은 것이라도 자꾸 거듭되면 무시하지 못하게 된다는 말.

> ▶ **가랑비 · 보슬비 · 이슬비**
> ○ 가랑비 — 세우(細雨)
> ○ 보슬비 — 가늘고 성기게 내리는 가랑비.
> ○ 이슬비 — 이슬이 맺힐 정도로 내리는, 가랑비보다 가는 비.

가랑이 명 ①끝이 갈라진 부분. ②바지 따위에서 다리가 들어가게 되어 있는 부분. ¶바짓— ③'다리'의 속된말.
가랑이가 찢어지다 관용 ①살림이 가난하여 몹시 부대낌을 비유하여 이르는 말. ¶가랑이가 찢어지게 가난하다. ②힘이 모자라거나 하여 일을 해 나가기에 몹시 부대낌을 비유하여 이르는 말.
가랑이-지다 자 아래 부분이나 끝이 갈라지다. ¶가랑이 진 인삼.
가랑-잎 [-닙] 명 ①활엽수에서 절로 떨어진 마른 잎. ②떡갈잎
속담 **가랑잎에 불 붙듯** : 성미가 급하고 도량이 좁아서 걸핏하면 발끈 화를 잘 내는 일을 이르는 말. /**가랑잎으로 눈 가리고 아웅 한다** : 속이 빤히 들여다보이는 일을 감추려 함을 이르는 말. 〔귀 막고 방울 도둑질한다/머리카락 뒤에서 숨바꼭질한다〕/**가랑잎이 솔잎더러 바스락거린다고 한다** : 자기의 큰 허물은 생각지 아니하고 도리어 남의 작은 허물만 나무란다는 말.
가랖 명 '가라지[1]'의 준말.
가래[1] 명 ①흙을 떠서 던지는 기구. 긴 자루 끝에 삽 모양의 쇠날을 끼우고 양편 구멍에 줄을 매어, 한 사람이 자루를 잡고 두 사람이 줄을 잡아당김. ②〔의존 명사로도 쓰임〕 가래로 흙을 떠서 던진 횟수를 세는 말. ¶흙 열다섯 —.
가래[2] 명 가래나무의 열매. 호두와 비슷하나 먹지는 못함. 추자(楸子)
가래[3] 명 ①떡이나 엿 따위를 둥글고 길게 늘이어 놓은 토막. ②〔의존 명사로도 쓰임〕 ¶떡 다섯 —.
가래[4] 명 목구멍이나 기관(氣管)에서 나오는 끈적끈적한 분비물. 담(痰) ¶—가 끓다.
가:래[5] 명 가랫과의 여러해살이풀. 논이나 늪에 나는데 줄기는 가늘고 50~60cm임. 뿌리줄기는 진흙 속에서 가로 뻗으며 번식함. 여름에 황록색 꽃이 핌. 준 갈[4]
가래-꾼 명 '가래질꾼'의 준말.
가래-나무 명 가래나뭇과의 낙엽 활엽 교목. 높이 20m 안팎. 5월경에 꽃이 피고 열매는 10월경에 익음. 재목은 가구재, 뿌리 껍질은 약재로 씀. 추목(楸木) ☞가래[2]
가래다 타 맞서서 옳고 그름을 따지다.
가래-떡 명 멥쌀가루를 쪄서 둥글고 길게 뽑은 흰떡.
가래-상어 명 가래상엇과의 바닷물고기. 몸길이 1m 안팎. 등은 담갈색이며 배는 백색임. 가오리와 비슷하나 상어 무리에 딸리며 태생(胎生)임.
가래-엿 명 가늘고 길게 뽑아 알맞은 길이로 자른 엿. 가락엿
가래-질 명-하다 자 가래로 흙을 떠서 던지는 일.
가래질-꾼 명 가래질을 하는 사람. 준 가래꾼
가래-침 명 가래가 섞인 침.
가래-톳 명 허벅지와 아랫배 사이의 림프절이 부어서 생기는 멍울. ☞림프절염

> ▶ **가래톳이 서다**
> '댕기를 드리다.', '솜을 두어 지은 옷'과 같이 서로 짝이 되어 쓰이는 말들이 있다. '가래톳'의 경우도 '가래톳이 부었다.'로 하지 않고, '가래톳이 섰다.'라고 말한다.

가랫-날 명 가랫바닥에 끼우는, 삽 모양의 둥글넓적한 쇠날.
가랫-바닥 명 가래의 몸인 넓죽한 부분. 위에 긴 자루가 달리고 아래 끝에는 가랫날을 끼움.
가랫-밥 명 가래로 뜬 흙.
가랫-장구 명 가래질을 하면서 부르는 노래. 가래를 잡은 사람이 앞소리를 하면, 줄을 당기는 사람이 뒷소리를 함.
가랫-장부 명 가래 자루와 가랫바닥을 함께 이르는 말.
가랫-줄 명 가랫바닥의 양 옆에 맨 줄.
가:량 (假量)[1] 명-하다 타 어림짐작 ¶얼마나 될지 —할 수가 없다.
가:량 (假量)[2] 의 어떤 수량이 어림짐작임을 나타내는 말. ¶다섯 줄 —. /마흔 살 — 된 사람.
가량 (佳良) 어기 '가량(佳良)하다'의 어기(語基).
가량가량-하다 형여 보기에는 야윈듯 하면서도 탄력성 있고 부드럽다.
가량가량-히 부 가량가량하게
가:량-맞다 [-맏-] 형 조촐하지 못하여 격에 조금 어울리지 아니하다. ¶가량맞은 옷차림. ☞거령맞다
가:량-스럽다 (—스럽고·—스러워) 형ㅂ 보기에 가량맞

은 데가 있다. ☞거령스럽다
가량-스레 부 가량스럽게
가:량-없:다(假量-)[-업-] 형 ①어림이 없다. ¶가량없는 소리 좀 작작 해라. ②어림짐작도 할 수 없다. ¶그 넓이가 가량없는 바다.
가량-없이 부 가량없게
가:량-통(假量-) 명 지난날, 벼를 평말로 되어 대두 열 말이 되게 담던 섬통. ☞마당통
가량-하다(佳良-) 형여 아름답고 착하다.
가려(佳麗) 어기 '가려(佳麗)하다'의 어기(語基).
가려-내:다 타 ①여럿 가운데서 골라내다. ¶불량품을 -./덜 익은 고추를 -. ②잘잘못을 밝혀내다. ¶흑백을 -.
가려-먹다 자타 입에 맞는 음식만 골라 먹다. 편식하다
가려워-하다 자여 가려움을 느끼어 긁고 싶어하다.
가려-잡다 타 골라잡다 ¶마음대로 -.
가려-지다 자 '가리어지다'의 준말. ¶베일에 -.
가려-하다(佳麗-) 형여 ①자연의 경치가 아름답다. ②여자의 모습이 아름답다.
가력(家力) 명 집안 살림의 형편. 가세(家勢). 터수
가:련(可憐) 어기 '가련(可憐)하다'의 어기(語基).
가:련-하다(可憐-) 형여 가엾고 불쌍하다. ¶신세가 -./가련한 처지.
가련-히 부 가련하게
가렴(加斂) 명-하다 타 지난날, 조세(租稅) 따위를 정하여진 것보다 더 거두어들이던 일.
가:렴(苛斂) 명-하다 타 조세(租稅) 따위를 가혹하게 거두어들이는 일.
가:렴주구(苛斂誅求) 성구 조세(租稅) 따위를 가혹하게 거두어들이고, 백성의 재물을 빼앗음을 이르는 말.
가렵다(가렵고·가려워) 형ㅂ 피부에 긁고 싶은 느낌이 있다. ¶등이 -.
속담 **가려운 데를 긁어 주다** : 조금도 불편한 데가 없도록 잘 알아서 욕구를 만족시켜 준다는 뜻.
가령(加齡) 명-하다 자 해가 바뀌어 나이를 한 살 더 먹음. 가년(加年)
가:령(苛令) 명 가혹한 명령.
가령(家令) 명 ①지난날, 대갓집에 딸리어 그 집의 고용인을 감독하고 집안일을 관리하는 사람을 이르던 말. ②가법(家法)
가:령(假令) 부 가정하여 말한다면. 예컨대. 이를테면. 가사(假使) ¶- 그가 그런 말을 했다고 하자./- 갈수 있다 해도 그는 가지 않을 것이다.
가례(家禮) 명 한 집안의 예법.
가례(嘉禮) 명 임금의 즉위와 성혼(成婚), 왕세자·왕세손의 책봉과 성혼 따위의 예식.
가례-색(嘉禮色) 명 왕이나 왕세자·왕세손의 가례 때에 두던 관원.
가례언:해(家禮諺解) 명 주희(朱熹)의 '주자가례(朱子家禮)'를 조선 인조 10년(1632)에 신식(申湜)이 한글로 번역한 책. 5권 5책.
가로 명 수직의 방향에 상대하여 수평의 방향, 또는 그 길이. ¶-가 세로보다 길다.
부 가로의 방향을 따라. 옆으로. 좌우로. ¶머리를 - 젓다./줄을 - 긋다. ☞세로
가로 뛰고 세로 뛰다 관용 흥분하여 이리저리 날뛰다.
가로 지나 세로 지나 관용 이렇게 되나 저렇게 되나.

한자 **가로 횡**(橫) 〔木部 12획〕 ¶횡단(橫斷)/횡대(橫隊)/횡도(橫道)/횡렬(橫列)/횡문(橫紋)/횡서(橫書)

가로(街路) 명 시가지의 도로. 가도(街道)
가로-거치다 자 방해가 되게 거칫거리다.
가로-결 명 가로로 나 있는 결. ☞세로결
가로-금 명 가로로 그은 금. 가로줄. 횡선 ☞세로금
가로-길이 명 ①불교에서, 공간적·시간적인 것을 이르는 말. ②불교에서, 수행(修行)에 필요한 자력(自力)과 타력(他力)을 이르는 말. 횡수(橫竪)
가로-꿰:지다 자 ①물건이 옆으로 꿰지다. ②말이나 행동이 빗나가다. ¶가로꿰진 젊은이. ③일이 중도에서 잘못되다. ¶순조롭던 사업이 가로꿰지기 시작하다.
가로-놓다 타 가로질러 놓다. ¶장애물을 -.
가로-놓이다[-노-] 자 ①가로질러 놓이다. ¶운하에 가로놓인 다리. ②어려움이나 장애가 되는 일이 생기거나 앞에 있다. ¶많은 난관들이 가로놓여 있다.
가로-누이다 타 가로눕게 하다. ¶아기를 -.
가로-눕다(-눕고·-누워) 자ㅂ ①가로의 방향으로 눕다. ¶가로누워 잠을 자다. ②바닥에 기다랗게 누운 것처럼 놓이다. ¶한길에 가로누운 전봇대.
가로-다지 명 ①가로로 된 방향. ¶-로 놓이다. ②가로지른 물건.
가로-닫이[-다지] 명 가로의 방향으로 여닫게 된 창이나 문. ¶-와 내리닫이.
가로-대 명 ①가로지른 막대기. ②가로축 ☞세로대
가로되 자 '말하되', '말하기를'의 뜻으로, 직접 인용을 뒤따르게 하는 예스러운 말. '왈(曰)'의 뜻으로 쓰인 고유어. ☞가라사대

> ▶ **가로되**
> '가로되'는 한자어 '왈(曰)'의 뜻의 우리말로서, '가로되', '가라사대' 등으로만 활용되는 불구 동사의 한 가지이다.

가로-등(街路燈) 명 거리를 밝히기 위하여 길을 따라 설치한 전등. 준 가등(街燈) ☞옥외등(屋外燈)
가로-딴죽 명 씨름이나 태권도에서, 발로 상대편의 다리를 옆으로 쳐서 쓰러뜨리는 동작.
가로-막(-膜) 명 흉강(胸腔)과 복강(腹腔) 사이에 있는 근육성(筋肉性)의 막. 폐의 호흡 작용을 도움. 횡격막(橫膈膜)
가로-막다 타 ①앞을 가로질러 막다. ¶강물을 가로막아 댐을 쌓다. ②무슨 일을 못 하게 방해하거나 막다. ¶말을 -./국가 발전을 가로막는 일.
가로-막히다 자 가로막음을 당하다. ¶휴전선으로 가로막힌 국토.
가로-망(街路網) 명 가로세로 복잡하게 뻗은 길의 체계를 그물에 비유한 말. ¶사통팔달(四通八達)의 -.
가로-맡다[-맏-] 타 ①남의 할 일을 대신 맡다. ¶남의 어려운 일을 가로맡고 나서다. ②남의 일에 참견하다. ¶남의 일을 가로맡고 나서다.
가로-무늬 명 가로로 난 무늬. 횡문(橫紋) ☞세로무늬
가로무늬-근(-筋) 명 가로무늬가 있는 근육. 골격을 움직이는 골격근과 심근(心筋)이 있음. 가로무늬살. 횡문근(橫紋筋) ☞민무늬근
가로무늬-살 명 가로무늬근
가로-변(街路邊) 명 도시의 큰길가.
가로-새:다 자 ①중도에서 딴 곳으로 빠져 나가다. ¶강의를 듣다가 -. ②비밀이 밖으로 알려지다. ¶작전 계획이 -. ③이야기의 줄거리 따위가 딴 방향으로 빗나가다. ¶본디의 취지에서 가로샌 토론.
가로-서다 자 가로의 방향으로 나란히 서다.
가로-세:로 명 ①가로와 세로. ¶줄을 -로 긋다./-로 도로가 뻗다. ②〔부사처럼 쓰임〕 이리저리 여러 방향으로. ¶- 얽힌 복잡한 사건.
가로-수(街路樹) 명 거리의 미관과 환경 보전 등을 위하여, 길을 따라 줄지어 심은 나무.
가로-쓰기 명 글줄이 가로가 되게 글씨를 써 나가는 형식. 횡서(橫書) ☞세로쓰기
가로-왈(-曰) 명 한자 부수(部首)의 한 가지. '曲'·'書' 등에서 '曰'의 이름.
가로-원(街路園) 명 네거리 등에 정원같이 나무를 심어 놓은 곳.
가로-장 명 가로 건너지른 나무. ☞가로대
가로-줄 명 ①가로 그은 줄. 가로금. 횡선(橫線) ☞세로줄 ②줄모로 모를 심을 때 가로 대는 못줄.
가로-지 명 ①종이를 뜬 자국이 가로로 된 종잇결, 또는

그 종이. ②종이나 피륙 등의 가로로 넓은 조각. ☞세로지

가로-지르기 명 태견에서, 발질의 한 가지. 발을 옆으로 뻗어서 발바닥으로 상대편의 아랫배를 차는 공격 기술.

가로-지르다(—지르고·—질러) 타르 ①가로로 건너지르다. ¶빗장을 가로질러 잠그다. ②가로로 지나가다. ¶들판을 가로질러 흐르다.

가로-질리다 자 가로지름을 당하다.

가로-짜기 명 조판에서, 가로쓰기가 되게 판(版)을 짜는 방식. 횡조(橫組) ☞세로짜기

가로-차다 타 가로채다[1]

가로-채다[1] 타 ①남이 가진 것을 옆에서 갑자기 쳐서 빼앗다. ¶공을 —. ②남의 것을 불법으로 빼앗다. ¶공금을 —. ③남의 말을 중간에서 가로막고는 자기가 말하다. ¶남의 말을 —. 가로차다

가로-채:다[2] 타 '가로채이다'의 준말.

가로-채이다 타 가로챔을 당하다. 준 가로채다[2]

가로-축(—軸) 명 직교 좌표(直交座標)에서 가로로 잡은 좌표축. 가로대. 엑스축. 횡축(橫軸) ☞세로축

가로-타다 타 ①길 따위를 가로질러 가다. ¶가파른 능선(稜線)을 가로타고 넘어가다. ②몸을 모로 하고 타다. ¶말 등을 가로타고 가다.

가로-퍼:지다 자 ①옆으로 자라다. ¶가로퍼진 나뭇가지. ②살이 쪄서 퉁퉁해지다. ¶키는 그대로인 채 가로퍼지기만 한다.

가로-획(—畫) 명 글자에서, 가로로 긋는 획. ☞세로획

가록(加錄) 명-하다 타 ①장부에 금액 따위를 추가로 적어 넣음. ②조선 시대, 홍문관(弘文館) 관원을 추천할 때, 빠진 사람을 의정부에서 추가로 적어 넣던 일.

가:롱성진(假弄成眞) 성구 농가성진(弄假成眞)

가뢰 명 ①가룃과의 곤충을 통틀어 이르는 말. 길쭉하고 광택 있는 검은 갑충으로 뒷날개가 없음. 농작물의 해충임. 먹가뢰·목람가뢰·왕가뢰 따위. 한방에서, 가뢰 말린 것을 '반묘(斑猫)'라 하여 약재로 씀. 반모(斑蝥) ②길앞잡이[2]

가료(加療) 명-하다 자 병이나 상처를 치료함. ¶병원에 입원하여 —하다.

가루 명 아주 잘게 부스러진 알갱이. 분말(粉末) ¶—를 내다./체로 —를 치다.

속담 **가루 가지고 떡 못 만들랴** : 누구든지 할 수 있는 일을 가지고 잘했느니 잘못했느니 하며 여러 말을 할 경우에 이르는 말./**가루는 칠수록 고와지고, 말은 할수록 거칠어진다** : 말이 많으면 사단이 생기기 쉬우니 말을 삼가라고 경계하는 말.

> 한자 **가루 분**(粉) 〔米部 4획〕 ¶골분(骨粉)/분말(粉末)/분쇄(粉碎)/분유(粉乳)/분진(粉塵)

가루-눈 명 가루 모양의 눈. ☞가랑눈

가루다 자타 ①함께 나란히 하다. ¶자리를 가루어 앉다. ②맞서서 견주다. ¶어깨를 가루어 보다.

가루라(迦樓羅 ∠Garuda 범) 명 불경에 나오는 상상의 새. 날개는 금빛이며 머리는 매, 몸은 사람을 닮고, 부리에서 불을 내뿜으며 용을 잡아먹는다고 함. 금시조(金翅鳥). 묘시조(妙翅鳥)

가루-모이 명 곡식·생선 등의 가루를 알맞게 섞어서 만든 닭이나 오리의 먹이.

가루-받이[—바지] 명 종자식물(種子植物)에서, 수술의 꽃가루가 암술머리에 붙는 일. 수분(受粉)

가루-분(—粉) 명 가루로 된 분. ☞물분

가루-붙이[—부치] 명 ①음식의 재료가 되는 여러 가지 곡식의 가루. ②밀가루·쌀가루 등, 가루를 재료로 하여 만든 음식.

가루-비누 명 ①가루로 된 비누. ②가루로 된 합성 세제를 흔히 이르는 말.

가루-약(—藥) 명 가루로 된 약. 분말약(粉末藥). 산약(散藥) ☞탕약(湯藥). 환약

가루-우유(—牛乳) 명 수분을 증발시켜 가루로 만든 우유. 분유(粉乳)

가루-자:반(—*佐飯) 명 자반의 한 가지. 메밀가루에 밀가루를 섞어 소금물로 반죽하여, 잣가루·후춧가루 등을 소로 넣고, 기름에 지진 반찬. 분자반

가루-좀 명 삭은 나무나 메주 따위에 구멍을 뚫어 가루를 내는 벌레.

가루-즙(—汁) 명 밀가루나 녹말 따위를 묽게 푼 물.

가루지기-타:령(—*打令) 명 조선 고종 때, 신재효(申在孝)가 고쳐 지은, 판소리 여섯 마당의 하나. 옹녀가 난봉꾼 변강쇠를 장사지내는 과정에서 일어나는 괴이한 일들을 다루었음. 변강쇠전. 변강쇠타령. 횡부가(橫負歌)

가루-집 명 곡식 가루나 약재 등에서 생기는 벌레가 거미줄 같은 것을 분비하여 가루를 묻히고 들어 사는 집.

가루-체 명 가루를 치는 데 쓰는 체.

가룻-국 명 밀가루를 묽게 푼 물. 풋김치를 담글 때 풋내가 나지 않도록 넣음.

가르다(가르고·갈라) 타르 ①나누어 서로 구별되게 하다. ¶편을 —. ②칼 따위로 쪼개다. ¶수박을 —./물고기의 배를 —. ③양쪽으로 헤쳐서 열다. ¶물살을 가르며 나아가는 배. ④사람 사이를 떨어지게 하다. ¶둘 사이를 갈라놓다.

> 한자 **가를 석**(析) 〔木部 4획〕 ¶부석(剖析)/분석(分析)

가르랑 부 목구멍이나 기도에 있는 묽은 가래가 숨을 쉴 때마다 가치작거려 나는 소리를 나타내는 말. ☞그르렁

가르랑-가르랑 부 가르랑거리는 소리를 나타내는 말. ☞그르렁그르렁

가르랑-거리다(대다) 자 자꾸 가르랑 소리가 나다. ☞그르렁거리다

가르마 명 머리털을 양쪽으로 갈라붙일 때 생기는 금.

가르마를 타다 관용 가르마꼬챙이로 머리를 양쪽으로 갈라붙이다.

가르마-꼬챙이 명 가르마를 탈 때 쓰는 가는 꼬챙이.

가르새 명 베틀의 양쪽 채 어중간에 맞춘 나무.

가르치다 타 ①지식이나 학문, 또는 기술 따위를 전하여 알게 하다. ¶외국어를 —./붓글씨 쓰는 법을 —. ②도리를 깨닫도록 일깨우다. ¶올바른 생활 태도를 —./자식의 도리를 —. ③그릇된 버릇 따위를 바로잡아 주다. ¶나쁜 버릇을 바르게 —.

> 한자 **가르칠 교**(教) 〔攴部 7획〕 ¶교과(教科)/교본(教本)/교사(教師)/교육(教育)/교훈(教訓) ▷ 속자는 教
> **가르칠 훈**(訓) 〔言部 3획〕 ¶훈계(訓戒)/훈몽(訓蒙)/훈민(訓民)/훈시(訓示)/훈유(訓諭)

가르친-사위 명 남이 시키는 대로만 하는 어리석은 사람을 놀리어 이르는 말.

가르침 명 ①가르치는 일. ¶—과 배움. ②올바른 길을 일깨우는 일. ¶부모님의 —. ☞교훈(教訓) ③종교의 교의(教義). ¶부처의 —.

가름 명-하다 타 따로따로 가르는 일. ☞구별(區別). 구분

> ▶ **가름**
> '가름'은 '가르다〔分〕'의 명사형 또는 이에서 전성(轉成)된 명사이다. ¶둘로 가름./가름대

가름-대[—때] 명 수판의 윗알과 아래알을 갈라 가로지른 나무.

가름-솔[—쏠] 명 솔기를 중심으로 하여 시접을 좌우 양쪽으로 갈라붙인 솔기. ☞통솔

가름-장[—짱] 명 건축에서, 인방이나 장여 등과 같이 기둥에 박히는 촉을 두 갈래로 갈라지게 다듬은 것.

가릉빈가(迦陵頻伽 ∠Kalavinka 범) 명 불교에서, 극락정토에 살고 있다는 상상의 새. 미녀의 얼굴에 목소리가 아름답다고 함. 가라빈가(迦羅頻伽). 묘음조(妙音鳥). 빈가조(頻伽鳥). 선조(仙鳥). 준 빈가(頻伽) ☞가루라(迦樓羅)

가리[1] 명 단으로 묶은 곡식이나 땔나무 따위를 쌓아 둔 큰

더미. ¶장작 —
가리² 명 강이나 내에서 물고기를 잡는 도구의 한 가지. 대오리로 통발 비슷하게 결어 만든 것으로, 밑이 없음.
가리³ 명 '가리새¹'의 준말.
가리⁴ 명 삼을 벗겨 말릴 때, 벗긴 삼을 몇 꼭지씩 모아 한 줌 남짓하게 엮은 것.
×가리⁵ 명 →갈비
가리(加里) 명 '칼리(Kali)'의 한자 표기.
가:리(苛吏) 명 가혹한 관리. 혹리(酷吏)
가:리(假吏) 명 지난날, 그 고장에서 대를 이은 아전이 아닌, 다른 고을에서 온 아전을 이르던 말. ☞향리(鄕吏)
가리-가리 부 여러 가닥으로 찢거나 찢어진 모양을 나타내는 말. ¶편지를 — 찢다. 준 갈가리 ☞갈기갈기
가리개 명 ①무엇을 가리기 위해 세우거나 치거나 하는 물건. ②사랑방 같은 데 장식으로 치는 두 폭으로 된 병풍.
가리끼다 자 사이에 가리어서 거리끼다.
가리-나무 명 솔가리를 긁어 모은 땔나무.
가리다¹ 자 가리어지다. 막히다. 가로막히다 ¶바위에 가려서 볼 수가 없다.
가리다² 타 보이거나 통하지 않게 막다. ¶눈을 —.

한자 **가릴 차**(遮) 〔辵部 11획〕 ¶차광(遮光)/차면(遮面)/차양(遮陽)/차일(遮日)/차폐(遮蔽)

가리다³ 타 ①여럿 가운데서 골라내다. ¶좋은 책을 가려 읽는다./쓸만 한 물건을 —. ②옳고 그름을 구별하다. ¶잘잘못을 —. ③일의 결판을 짓다. ¶승패를 —. ④마음에 드는 것만 좋아하고 그 밖의 것은 꺼리다. ¶음식을 —./그는 친구를 가리는 성미다. ⑤헝클어진 머리를 대강 빗다. ¶얼른 머리를 가리고 손을 맞다. ⑥어린아이가 낯선 사람을 대하기를 싫어하다. ¶아기가 벌써 낯을 가리는구나. ⑦어린아이가 똥오줌을 싸지 않고 눌 자리에 누게 되다. ¶오줌을 못 가리는 아이.
가리다⁴ 타 곡식단이나 나뭇단 따위를 쌓아 더미를 짓다. ¶볏단을 —.
가리다⁵ 타 갚아야 할 돈을 치르다. ¶빚을 —.
가리륵(訶梨勒 ∠Haritaki 범) 명 사군자과의 낙엽 교목. 줄기 높이 15~30m. 길둥근 잎이 마주나며, 봄에 이삭 모양의 흰 꽃이 피고, 초가을에 열매를 맺음. 열매는 '가자(訶子)'라 하여 이질 등에 약재로 쓰이고, 재목은 가구를 만드는 데 쓰임.
가리마 명 지난날, 부녀자들이 예복을 갖추어 입을 때 큰머리 위에 덮어 쓰던 검은 헝겊. 차액(遮額)
가리-맛 명 가리맛조개 준 갈맛
가리맛-살[—맏—] 명 가리맛조개 속에 든 회백색 살. ☞맛살
가리맛-저:냐[—맏—] 명 가리맛살에 밀가루를 묻히고 달걀을 풀어 입혀 기름에 지진 저냐.
가리맛-조개[—맏—] 명 작두콩가리맛조갯과의 바닷조개. 조가비는 길이 10cm, 폭 2cm 안팎의 길쭉한 모양임. 갯벌 속에 사는데, 살은 먹을 수 있음. 가리맛. 맛². 토어(土魚). 토화(土花)
가리비 명 가리빗과의 바닷조개를 통틀어 이르는 말. 조가비의 모양은 원형에 가까운 부채 모양임. 가리비에는 여러 종류가 있으나 우리 나라에는 큰가리비·국자가리비·비단가리비 따위가 있음. 해선(海扇)
가리사니 명 사물의 갈피를 헤아릴 실마리. ¶일이 얽히어 —를 잡을 수가 없다.
가리산-지리산 부 갈피를 잡지 못해 갈팡질팡 하는 모양을 나타내는 말. ¶— 헤매다가 꿈에서 깨어났다.
가리-새¹ 명 일의 갈피와 조리. ¶어찌 해야 할지 —를 찾지 못하다. 준 가리³
가리-새² 명 도자기를 빚을 때 모양을 내려고 몸을 긁는 데 쓰는 꼬부라진 쇠.
가리-새³ 명 노랑부리저어새
가리어-지다 자 무엇이 사이에 가리게 되다. ¶고층 건물이 서는 바람에 전망이 —. 준 가려지다
가리온 명 몸빛은 희고 갈기가 검은 말. 낙(駱)
가리-질 명-하다 자 가리로 물고기를 잡는 일.

가리키다 타 ①손가락이나 표정, 물건 따위로 어떤 지점이나 방향을 보이다. ¶손가락으로 산봉우리를 —./시계 바늘이 세 시를 —./자침(磁針)이 가리키는 방향. ②'가리켜'의 꼴로 쓰이어, 그 대상을 특별히 지정하여 강조하는 뜻을 나타냄. ¶그를 가리켜 영웅이라 한다.

한자 **가리킬 지**(指) 〔手部 6획〕 ¶지남(指南)/지로(指路)/지명(指名)/지목(指目)/지시(指示)

가리-틀다(—틀고·—트니) 타 ①잘되어 가는 일을 잘못되도록 헤살놓다. ②횡재에 대하여 무리하게 한몫을 청하다.
가린-나무 명 재목을 쓰임에 따라 일정하게 켜 놓은 것.
가린-병아리 명 암수를 가려 놓은 병아리.
가린-스럽다(∠慳吝—) (—스럽고·—스러워) 형ㅂ 다랍게 인색한 데가 있다.
　가린-스레 부 가린스럽게
가린-주머니[—쭈—] 명 가린스러운 사람을 놀리어 이르는 말.
가림-색(—色) 명 보호색(保護色)
가마¹ 명 ①사람의 머리에 머리털이 소용돌이 모양으로 난 자리. ¶쌍으로 있는 —. ②소나 말 따위의 짐승 대가리에 털이 소용돌이 모양으로 난 자리. 선모(旋毛)
가마² 명 ①질그릇·기와·벽돌·숯 따위를 굽는 구덩이. ②해탄로(骸炭爐)나 용광로 등을 달리 이르는 말. ③〔의존 명사로도 쓰임〕 ¶숯 두 —를 굽다.
가마³ 명 '가마솥'의 준말.
　속담 **가마가 검기로 밥도 검을까**: 겉모양만 보고 속의 내용을 지레짐작함을 탓하는 말./**가마 밑이 노구솥 밑을 검다 한다**: 제 흉은 모르고, 남의 흉을 들먹인다는 말. 〔가랑잎이 솔잎더러 바스락거린다고 한다〕
가마⁴ 명 ①'가마니'의 준말. ②〔의존 명사로도 쓰임〕 ¶쌀 열 —를 실어 오다.
가:마⁵ 명 지난날의 탈것의 한 가지. 한 사람이 들어 앉고, 앞뒤에서 두 사람이나 네 사람이 가마채에 멜빵을 걸어 메고 다니게 된 것. 교군(轎軍). 승교(乘轎)
가마⁶ 의 갈모나 쌈지 따위의 백 개를 단위로 이르는 말. ¶갈모 세 —.
가마(加麻) 명-하다 자 ①소렴(小殮) 때, 상제가 처음으로 수질(首絰)을 머리에 두르는 일. ②스승 등 존경하는 이의 상을 당했을 때, 장사 때까지 복을 입는 일.
가마-굽 명 가마솥의 운두를 이룬 굽.
가마-꾼 명 가마를 메는 사람. 교군꾼
가마노르께-하다 형여 가만 빛을 띠면서 노르께하다. ☞거머누르께하다
가마니(∠かます 일) 명 ①곡식 따위를 담기 위하여 볏짚으로 돗자리 치듯이 쳐서 자루 모양으로 만든 것. ¶쌀 —/소금 —/—를 치다. ②〔의존 명사로도 쓰임〕 ¶쌀 한 —. 준 가마⁴

▶ **'가마니'를 세는 말**
짚으로 쳐서 만든 '가마니', 왕골이나 골풀 줄기로 쳐서 만든 '돗자리', 짚으로 결어 만든 '멍석' 등을 세는 말은 '닢'이다.
¶가마니 두 닢./돗자리 한 닢./멍석 세 닢.

가마니-때기 명 한 가마니 조각, 또는 낡은 가마니의 낱개를 이르는 말. 준 가마때기
가마니-틀 명 가마니를 치는 기구.
가마득-하다 형여 '가마아득하다'의 준말.
　가마득-히 부 가마득하게 ☞까마득히
가마-때기 명 '가마니때기'의 준말.
가:마-뚜껑 명 타는 가마 위에 씌운 덮개.
가마리 명 감이 될만 한 대상. ¶놀림 받을 —./야단맞을 —./책망을 들을 —.
가:마-멀미 명 가마를 타면 일어나는 멀미.
가마무트름-하다 형여 얼굴이 가무스름하고 토실토실하다. ☞거머무트름하다. 까마무트름하다

가마무트름-히 [부] 가마무트름하게 ☞거머무트름히. 까마무트름히

가마반드르-하다 [형여] 가맣고 반드르르하다. ☞거머번드르하다. 까마반드르하다

가마반지르-하다 [형여] 가맣고 반지르르하다. ☞거머번지르하다. 까마반지르하다

가마-소 [명] 강이나 내의, 물이 소용돌이치며 지나가는 깊은 곳.

가마-솥 [명] 크고 우묵한 솥. [준]가마[3]

[속담] **가마솥에 든 고기** : 꼼짝없이 죽게 된 처지를 이르는 말. /**가마솥이 검기로 밥도 검을까** : 겉모양만 보고 속을 지레짐작함을 경계하여 이르는 말.

가마아득-하다 [형여] ①거리가 멀어서 아득하다. ¶가마아득한 이국땅. ②시간이 오래되어서 아득하다. ¶가마아득한 옛이야기. ③앞날이 걱정스럽고 막막하다. ¶내일 해야 할 일을 생각하니 ―. [준]가마득하다

가마아득-히 [부] 가마아득하게 ☞까마아득히

가마우지 [명] ①가마우짓과의 새를 통틀어 이르는 말. 민물가마우지·쇠가마우지 따위가 있음. ②가마우짓과의 겨울 철새. 몸길이 85cm 안팎. 호수나 해안 등에 떼를 지어 사는데, 몸빛은 검으며 목이 길고, 부리 끝이 갈고랑이처럼 굽어 있음. 발가락 사이에 물갈퀴가 있으며 물속으로 들어가서 물고기를 잡아먹음. [준]우지

가:마-채 [명] 가맛바탕의 양쪽 밑에 앞뒤로 지른 기다란 나무. 가마를 멜 때 멜빵을 걸고 손으로 잡음.

가:마-타기 [명] 아이들 놀이의 한 가지. 두 사람이 두 손을 맞잡고, 한 사람이 그 위에 걸터앉아 노는 놀이.

가마-터 [명] 질그릇·사기그릇·기와 등을 굽는 가마가 있던 자리. 요지(窯址)

가마-통 [명] ①지난날, 한 가마니에 드는 곡식의 분량을 이르던 말로, 대두(大斗) 닷 말 분량이 표준이었음. ②빈 가마니.

가마푸르레-하다 [형여] 가만 빛을 띠면서 좀 푸르스름하다. ☞거머푸르레하다

가마-호:수(―戶首) [명] 도자기를 굽는 가마에 불을 때는 일을 하는 사람.

가막-베도라치 [명] 먹도라칫과의 바닷물고기. 암초가 많은 연안에 사는데, 몸길이 6cm 안팎. 세 개의 등지느러미와 큰 빗비늘이 있는 것이 특징임. 수컷은 검은빛에 연한 갈색, 암컷은 노란색에 암갈색의 줄무늬가 있음.

가막-부리 [명] 제도(製圖) 기구의 한 가지. 끝을 까마귀부리 모양으로 만들어, 먹물 따위를 먹여 줄을 긋는 데 씀. 강필(鋼筆). 오구(烏口)

가막-사리 [명] 국화과의 한해살이풀. 줄기 높이는 60~90cm. 8~10월에 노란 꽃이 줄기와 가지 끝에 피며, 열매에는 갈고리 같은 가시털이 있어 다른 물체에 잘 달라붙음. 어린잎은 먹을 수 있음. 낭파초(狼把草)

가막-소(∠監獄署) [명] '감옥'을 속되게 이르는 말.

가막-쇠 [명] ①한 끝을 감아 고리못을 달고, 다른 끝을 갈고리 모양으로 구부려 배목에 걸게 만든 쇠. 재래식 한옥의 문짝을 잠글 때 걸어 끼움. ②편경(編磬)이나 편종(編鐘)을 거는 틀에 경쇠를 걸기 위해 박아 놓은 쇠고리.

가막-조개 [명] '재첩'의 딴이름.

가만[1] [부] ①건드리거나 손을 쓰거나 상관하지 않고 그냥 그대로. ¶있는 그대로 ― 두다. ②'가만히'의 준말. ¶대답도 않고 ― 있다.

가만[2] [감] 남의 말이나 행동을 제지할 때 하는 말. ¶―, 저 소리가 무슨 소리지.

가만-가만 [부] ①조용조용히 하는 모양을 이르는 말. ¶귀에다 대고 ― 속삭이다. ②살그머니 하는 모양을 이르는 말. ¶잠자리를 잡으러 ― 다가가다.

가만가만-히 [부] ①조용조용히 ②살그머니

가만-사뿐 [부] 발걸음 소리가 나지 않게 아주 사뿐히. ¶조심스레 ― 다가가다.

가만-있자 [감] 입말에서, 무슨 생각이 갑자기 떠오르지 않을 때, 그것을 생각하느라고 하는 말. ¶―, 그때가 언제더라. /―, 네 이름이 무엇이더라.

가만-하다 [형여] 움직임 따위가 매우 조용하여 잘 드러나지 않다. 대개 '가만한'의 꼴로 쓰임. ¶가만한 몸놀림.

가만-히 [부] ①움직이지 아니하고. ¶꼼짝 말고 ― 앉아 있거라. ②말없이 ¶― 쳐다보기만 한다. ③드러나지 아니하게 조용히. ¶집에만 ― 틀어박혀 있다. ④살그머니 몰래. ¶― 자리를 떴다. ⑤곰곰이 ¶오늘 하루를 ― 되돌아본다. ⑥손도 써 보지 못하고. ¶― 앉아서 당하기만 했다. [준]가만[1]

[속담] **가만히 먹으라니까 뜨겁다고 한다** : 비밀히 하라는 일을 눈치 없이 드러내어 어긋나는 짓을 함을 비유하여 이르는 말. [무섭다니까 바스락거린다]

가:말다(가말고·가마니) [타] 일을 잘 헤아려 처리하다.

가맛-바가지 [명] 쇠죽 가마에서 쇠죽 따위를 푸는 데 쓰는 자루바가지.

가:맛-바탕 [명] 사람이 들어가 앉게 된, 가마의 밑바탕.

가:맛-방석(―*方席) [명] 가맛바탕에 까는 방석.

가:망 [명] 무당굿의 열두 거리 가운데서 둘째 거리를 할 때 무당이 부르는 노래.

가망(加望) [명] [-하다] [타] 조선 시대, 관원을 추천할 때, 그 벼슬에 해당하는 품계보다 한 등급 낮은 사람을 삼망(三望)에 올리거나 삼망 밖에 더하여 추천하던 일.

가:망(可望) [명] 될성부른 희망. ¶살아날 ―이 있다.

가:맣다[1](가맣고·가만) [형ㅎ] 빛깔이 좀 감다. ¶가만 머리털. /가맣게 물들이다 ☞거멓다. 까맣다[1]

가:맣다[2](가맣고·가만) [형ㅎ] ①거리나 동안이 아득하다. ¶가맣게 먼 거리. /가맣게 오래된 일. /기술자가 되려면 아직 ―. ②('가맣게'의 꼴로 쓰이어) 모르거나 잊은 정도가 심하다. ¶가맣게 모르는 일. ☞까맣다[2]

가:매(假埋) [명] [-하다] [타] 송장을 임시로 묻음. 가매장

가:매(假寐) [명] [-하다] [자] ①잠자리를 제대로 보지 않고 자는 일, 또는 그러한 잠. ②거짓으로 자는체 함. 가수(假睡) ③조선 시대, 궁중에서 '낮잠'을 이르던 말.

가:-매장(假埋葬) [명] [-하다] [타] ①송장을 임시로 묻음. 가매(假埋) ②행려병사자(行旅病死者)의 시체를 찾아갈 사람이 없을 때, 관청에서 임시로 묻는 일.

가:매-지다 [자] 빛깔이 가맣게 되다. ☞거메지다

가맹(加盟) [명] [-하다] [자] 단체나 연맹(聯盟) 등에 가입함. ¶국제 연합에 ―하다.

가:면(假面) [명] ①종이나 나무 따위로 사람이나 동물의 얼굴을 본떠 만든 물건. 탈 ②속마음이나 참모습이 아닌 것을 비유하는 말. ¶그의 언행은 모두 ―이야.

가면을 벗다 [관용] 속마음을 그대로 드러내다.

가면을 쓰다 [관용] 속마음을 숨기고 다른 것으로 보이게 하다. ¶가면을 쓴 행동.

가:면-극(假面劇) [명] 연기자가 가면을 쓰고 하는 연극. 가면희(假面戲). ☞탈놀음. 탈놀이

가:면-무(假面舞) [명] 탈춤

가:면=무:도회(假面舞蹈會) [명] 가장 무도회(假裝舞蹈會)

가:면-적(假面的) [명] 속마음을 숨기고 거짓으로 꾸며서 하는 것. ¶―인 행동.

가:-면:제(假免除) [명] 법률에서, 어떠한 조건 아래에서 의무와 부담을 면제하는 일.

가:-면:허(假免許) [명] 일정한 자격을 얻은 이에게 정식으로 면허하기까지 임시로 인정하는 면허.

가:면-희(假面戲) [명] ①가면을 쓰고 하는 놀이. ②가면극

가:멸다(가멸고·가며니) [형] 살림이 넉넉하다. ¶가면 집안에 태어난 외동딸.

가명(佳名) [명] ①좋은 이름. ②좋은 평판이나 명성. 가명(嘉名)

가명(家名) [명] 한 집안의 명예나 명성. 가성(家聲) ¶―을 더럽히지 아니하다.

가:명(假名) [명] ①가짜 이름. ☞실명(實名) ②임시로 지어 부르는 이름. ③불교에서, 실체가 없는 사물에 붙여진 이름을 이르는 말.

가명(嘉名) [명] 가명(佳名)

가모(家母) [명] ①한 집안의 주부. ②남에게 자기의 어머니를 이르는 말. 자친(慈親) ☞가부(家父)

가:모(假母)명 자기와 핏줄이 다른 어머니. 계모(繼母)·서모(庶母)·양모(養母) 등을 이르는 말.
가:모(假冒)명-하다타 남의 이름을 제 이름인 것처럼 거짓으로 말함.
가모(嫁母)명 개가(改嫁)한 어머니.
가모(嘉謀)명 지난날, 나라 일에 대하여 임금에게 아뢰는 좋은 의견을 이르던 말.
가:모-기(假母器)명 어미닭 없이 병아리를 기르는 장치.
가목(櫃木·榎木)명 '개오동나무'의 딴이름.
가묘(家猫)명 집고양이
가묘(家廟) 명 한 집안의 사당(祠堂).
가:묘(假墓)명 생전에 미리 만들어 놓은 무덤.
가무(家務)명 가사(家事)
가무(歌舞)명 ①노래와 춤. ②-하다자 노래하고 춤을 춤.
가무끄름-하다형여 좀 칙칙하게 가무스름하다. ☞거무끄름하다. 까무끄름하다
가무끄름-히부 가무끄름하게 ☞거무끄름히
가무대대-하다형여 산뜻하지 아니하게 가무스름하다. ☞거무데데하다. 까무대대하다
가무댕댕-하다형여 고르지 아니하게 가무스름하다. ☞거무뎅뎅하다. 까무댕댕하다
가무-뜨리다(트리다)타 아주 가무려 버리다.
가무라기명 가무락조개
가무락-조개명 백합과(白蛤科)의 바닷조개. 길이 5cm 안팎의 둥근 모양으로, 조가비의 빛깔은 갈색이고 가장자리는 자색을 띰. 가무라기. 모시조개. 황합(黃蛤)
가무러-지다자 ①정신이 가물가물 흐려지다. ②불빛이 차차 약해지면서 꺼질듯 말듯 하게 되다. ☞까무러지다
가무러-치다자 한동안 정신을 잃고 죽은 것처럼 되다. ☞까무러치다
가무레-하다형여 엷게 가무스름하다. ☞거무레하다. 까무레하다
가무리다타 ①가뭇없이 먹어 버리다. ¶마파람에 게눈 감추듯 ─. ②감추다 ¶손에 쥔 것을 얼른 품속에 ─. ③남의 물건을 슬그머니 제것으로 가지다.
가무속속-하다형여 수수하게 가무스름하다. ☞거무숙숙하다. 까무속속하다
가무스레-하다형여 가무스름하다 ☞거무스레하다. 까무스레하다
가무스름-하다형여 좀 감은듯 하다. 가무스레하다 ☞거무스름하다. 까무스름하다
가무-연(歌舞宴)명 노래와 춤으로 흥겹게 즐기는 잔치.
가무=음곡(歌舞音曲)명 노래와 춤과 음악.
가무잡잡-하다형여 살빛이 곱게 좀 감다. ☞거무접접하다. 까무잡잡하다
가무족족-하다형여 칙칙하게 감다. ☞거무죽죽하다. 까무족족하다
가무칙칙-하다형여 가맣고 칙칙하다. ☞거무칙칙하다. 까무칙칙하다
가무퇴퇴-하다형여 빛깔이 탁하게 가무스름하다. ☞거무튀튀하다. 까무퇴퇴하다
가문(佳文)명 잘 지은 문장.
가:문(苛問)명-하다타 호되게 따져서 물음.
가문(家門)명 ①집안. 문중(門中) ¶너는 ─의 기둥이다. ②대대로 이어 오는 그 집안의 사회적 지위. ¶좋은 ─에 태어나다.
속담 **가문 덕에 대접 받는다** : 사람됨이 변변치 못하지만 좋은 가문에 태어난 덕택으로 대우를 받게 된다는 말.
가문(家紋)명 한 가문의 표지(標識)로 삼는 문장(紋章). 유럽의 귀족 사회나 일본 등에서 볼 수 있음.
가문비명 '가문비나무'의 준말.
가문비-나무명 소나뭇과의 상록 침엽 교목. 높이는 40m 안팎. 나무껍질은 검은 갈색에 비늘 모양임. 암수한그루로 잎은 바늘 모양이며, 6월경에 황갈색 수꽃과 자홍색 암꽃이 핌. 건축재나 펄프 용재 등으로 쓰임. 준가문비
가:-문서(假文書)명 ①가짜 문서. ②정식 문서를 꾸미기에 앞서 임시로 꾸민 문서.
가물명 오랜 시일에 걸쳐 비나 눈이 내리지 않는 상태, 또는 그런 날씨. 가뭄. 염발(炎魃). 천한(天旱). 한기(旱氣). 한발(旱魃)
가물을 타다관용 농작물이 가물의 영향을 받아서 잘 자라지 못하다.
가물이 들다관용 ①오랫동안 가물다. ②가물 때문에 농작물이 잘 자라지 못하다.
속담 **가물 끝은 있어도 장마 끝은 없다** : 가물은 아무리 심한 경우라도 다소의 농작물은 건질 수 있지만, 장마로 물난리가 나면 다 쓸어 가 버리므로 아무 것도 남지 않는다는 말./**가물에 도랑 친다** : 물이 없을 때에 도랑을 치라는 뜻으로, 무슨 일이든지 미리 대비하는 것이 하기도 쉽고 효과도 크다는 말.〔가물에 돌 친다〕/**가물에 콩 나듯** : 물건이 드문드문 있는 경우를 이르는 말.

한자 **가물 한**(旱)〔日部 3획〕¶한기(旱氣)/한발(旱魃)/한염(旱炎)/한재(旱災)/한해(旱害)

가물-가물부 가물거리는 모양을 나타내는 말. ☞거물거물. 까물까물
가물가물-하다형여 의식이나 기억 따위가 또렷하지 아니하고 희미하다. ¶가물가물한 옛 기억. ☞거물거물하다. 까물까물하다
가물-거리다(대다)자 ①작은 불빛 따위가 자꾸 꺼질듯 말듯 약하게 비치다. ②멀리 있는 물체가 자꾸 아렴풋이 보이다 말다 하다. ③의식이나 기억 따위가 또렷하지 아니하고 점점 희미해지다. ¶의식이 ─. ☞거물거리다. 까물거리다
가물다(가물고·가무니)자 오래도록 비나 눈이 내리지 않아 땅이 메마르게 되다.
가물-못자리명 가물 때에 겨우 물을 실어 만든 못자리.
×가물음명 →가물. 가뭄
가물-철명 ①가물이 계속되는 철. ②일년 절기 중에서 해마다 으레 가물이 드는 철.
가물치명 가물칫과의 민물고기. 몸길이는 60cm 안팎. 몸이 둥글며 등은 짙은 청갈색, 배는 백색 또는 황백색이고 비늘은 뱀의 비늘 비슷하며, 성질이 사나움. 산모(産母)의 보혈에 약으로 쓰임. 동어(鮦魚)
가뭄명 가물
가뭄-더위명 여름철에 가뭄으로 말미암아 더 덥게 느껴지는 더위.
가뭇-가뭇[-묻-]부-하다형 ①군데군데 가뭇한 모양을 나타내는 말. ¶─ 기미가 끼다. ②매우 가뭇한 모양을 나타내는 말. ☞거뭇거뭇. 까뭇까뭇
가뭇-없:다[-묻업-]형 ①보이지 않아 찾을 길이 감감하다. ②시야에서 사라지는 것이 감쪽같다. ¶비바람은 모래 위의 발자국을 가뭇없게 지워 버렸다. ③소식이 감감하다.
가뭇-없이부 가뭇없게 ¶안개가 ─ 걷혔다.
가뭇-하다[-묻-]형여 좀 가무스름하다. ☞거뭇하다. 까뭇하다
가미(加味)명-하다타 ①음식에 양념 따위를 넣어 맛을 더함. ¶비빔밥에 참기름을 ─하다. ②어떤 것에 다른 성질의 것을 곁들임. ¶주관이 ─되어서는 안 된다. ③한 방에서, 정해진 약재에 다른 약재를 더함.
가미(佳味·嘉味)명 ①좋은 맛. ②맛이 좋은 음식. 유진미(珍味)
가:박(假泊)명-하다자 항해 중이던 배가 예정에 없던 항구 등에 임시로 머묾. ¶폭풍우를 피해 가까운 항구에 ─하다.
가반(加飯)명-하다자타 절에서, 음식을 몫몫이 도르고 남은 것을 다시 더 도름, 또는 더 도르는 그 음식. 더도리
가:반교(可搬橋)명 다리의 부분품을 날라다 손쉽게 가설하기도 하고 해체하기도 하는 다리. ☞부교(浮橋)
가:발(假髮)명 머리에 덧얹어 쓰는, 본래의 자기 머리가 아닌 가짜 머리. 분장(扮裝)을 하거나 대머리를 감추기 위해 씀. 덧머리
가방명 물건을 넣어 들고 다니게 만든 용구.
가방(加枋)명 '가지방(加地枋)'의 준말.

가방(佳芳)[명] 좋은 향기. 가향(佳香). 방향(芳香)

가:방(假房)[명] 재래식 한옥에서, 겨울에 외풍을 막으려고 방 안에 장지를 들이어 조그맣게 막은 아랫방. 방옥

가:-방면(假放免)[명] 유죄의 증거가 불충분할 때, 일시적으로 방면했다가 새로 증거가 나타나면 다시 공소를 제기하는 제도.

가배(佳配)[명] 좋은 배우자.

가배(嘉俳·嘉排)[명] 신라 유리왕 때, 음력 팔월 보름에 궁중에서 길쌈 겨루기를 하면서 놀던 놀이. ☞가위²

가배-일(嘉俳日)[명] 가윗날

가배-절(嘉俳節)[명] 가위². 한가위.

가백(家伯)[명] 남에게 자기의 맏형을 이르는 말. 사백(舍伯) [유]가형(家兄) ☞가제(家弟)

가-백작약(家白芍藥)[명] 한방에서, 집에서 심어 기른 백작약의 뿌리를 약재로 이르는 말.

가벌(家閥)[명] 대대로 내려오는 가문의 사회적 신분이나 지위. 문벌(門閥)

가법(加法)[-뻡][명] 덧셈법 [준]가(加) ☞감법(減法)

가:법(苛法)[명] 지나치게 엄한 법령.

가법(家法)[명] ①한 집안의 법도, 또는 규율. ¶ -이 엄격하다. 가헌(家憲). 가령(家令) ②한 집안에 대대로 내려오는 법식.

가변(家變)[명] 집안의 변고(變故).

가:변(可變)[앞말] 바뀔 수 있음, 또는 달라질 수 있음을 뜻하는 말. ¶ - 차선/- 축전기 ☞불변(不變)

가:변=비:용(可變費用)[명] 생산비 중 생산량의 증감에 따라 변하는 비용. 원료비 따위. 변동비 ☞고정 비용

가:변-성(可變性)[-썽][명] 일정한 조건 아래서 변할 수 있는 성질.

가:변익-기(可變翼機)[명] 날아가면서 주익(主翼)의 넓이나 각도를 바꿀 수 있게 설계된 항공기.

가:변=자:본(可變資本)[명] 생산에 들인 자본 중에서 노동력에 대한 임금으로 지출되는 자본. ☞불변 자본

가:변=저:항기(可變抵抗器)[명] 전기 저항의 값을 가감(加減)할 수 있는 저항기. 전류나 전압의 조정에 쓰임.

가:변=축전기(可變蓄電器)[명] 전극의 한쪽을 움직여 전기 용량을 가감할 수 있는 축전기. 무선 송신, 라디오 등에 쓰임. 동조 바리콘. 바리콘

가볍다(가볍고·가벼워)[형ㅂ] ①무게가 적다. ¶공기보다 가벼운 가스. ②조심성이 없거나 진득하지 못하다. 경솔하다 ¶입이 -./가볍게 행동하다. ③병이나 상처 따위가 대단하지 않다. ¶가벼운 상처./증상이 가볍다. ④비중이나 값어치 따위가 대단하지 아니하다. ¶우리의 임무는 결코 가볍지 않다. ⑤움직임이 날렵하다. ¶물 위를 미끄러지듯 가볍게 나아갔다./가벼운 손놀림. ⑥홀가분하다. 가뿐하다 ¶마음이 가볍다./가벼운 옷차림. ⑦움직임이나 소리가 약하다. ¶가볍게 스치고 지나가는 바람. ⑧손쉽다 ¶문제를 가볍게 해결하다. ⑨번거롭거나 심각하지 않다. ¶가벼운 대화를 나누다. ⑩매끄럽고 재치가 있다. ¶짓궂은 질문을 가볍게 받아 넘기다. ☞거볍다. 무겁다

가벼-이[부] 가볍게 ¶주변의 충고를 - 듣지 마라.

[한자] **가벼울 경**(輕)〔車部 7획〕¶경금속(輕金屬)/경량(輕量)/경망(輕妄)/경범(輕犯) ▷ 속자는 軽

가볍디-가볍다(-가볍고·-가벼워)[형ㅂ] 매우 가볍다. ☞거볍디거볍다

가:병(假病)[명] 꾀병. 작병(作病)

가보[명] 민어의 부레 속에 쇠고기·오이·두부 같은 것으로 순대처럼 소를 넣어 삶아 익힌 음식.

가보(家譜)[명] 씨족(氏族)의 계통을 적은 책의 한 가지. 한 집안의 시조(始祖)로부터 직계 존속(直系尊屬)과 비속(卑屬)의 혈통을 나타낸 기록임. 가승(家乘). 가첩(家牒) ☞족보(族譜). 파보(派譜)

가보(家寶)[명] 대를 이어서 전하여 오는 한 집안의 보물.

가보(∠かぶ 일)[명] 화투 따위 노름에서 최고 끗수인 '아홉 끗'을 이르는 말.

가보(를) 잡다[관용] 화투 따위로 하는 가보잡기 노름에서, 자기에게 아홉 끗이 들어오다.

가보-낭청[감] 화투 따위로 하는 가보잡기 노름에서, 자기에게 들어온 아홉 끗을 내놓으면서 하는 말.

가보-잡기[명] 화투 따위에서, 두 장 또는 석 장으로 아홉 끗을 만드는 노름.

가복(加卜)[명]-하다[타] ①조선 시대, 정승을 천거할 때 임금의 뜻에 맞는 이가 없을 경우에 다른 한두 사람을 더 천거하던 일. ②가결(加結)

가복(家僕)[명] 지난날, 사삿집에서 데리고 있으면서 천한 일을 시키던 사내종. 가노(家奴)

가:본(假本)[명] 옛 책이나 글씨·그림 따위를 가짜로 만든 것. [유]위본(僞本)

가봉(加俸)[명]-하다[타] 봉급의 액수를 늘려서 더 지급함, 또는 그 봉급. ☞가급(加給). 감봉(減俸)

가:봉(假縫)[명]-하다[타] 양복의 시침바느질. 본 바느질에 앞서 대강 시쳐서 몸에 맞추어 보는 일. ▷ 假의 속자는 仮

가봉-녀(加捧女)[명] 의붓딸

가봉-자(加捧子)[명] 의붓아들

가:부(可否)[명] ①옳음과 그름. 가불가(可不可) ¶ -를 논하다. ②가결과 부결. 찬성과 반대. ¶ -가 동수이다.

가부(家父)[명] 글에서, 남에게 자기의 아버지를 이르는 말. 가군(家君). 가친(家親) ☞가자(家慈)

가부(家夫)[명] 글에서, 남에게 자기의 남편을 이르는 말. 가군(家君)

가부(跏趺)[명] '가부좌(跏趺坐)'의 준말.

가부(葭莩)[명] 갈대청

가:부-간(可否間)[부] 옳거나 그르거나. 찬성이거나 반대이거나. ¶ - 태도를 분명히 하게. ☞좌우간

가:-부자(假夫子)[명] 가짜 공자(孔子)의 뜻으로, 지난날 성균관의 유생(儒生)들이 지나치게 공부에 열심이거나 점잔을 빼는 유생을 비꼬아 일컫던 말.

가부장-제(家父長制)[명] 가장(家長)인 남자가 가족 전체에 대하여 절대적인 권력을 가지는 가족 형태.

가부-좌(跏趺坐)[명]-하다[자] 결가부좌(結跏趺坐) [준]가부

가부지친(葭莩之親)[성구] 촌수가 먼 친척을 이르는 말.

가:부-취:결(可否取決)[명] 회의에서 절차에 따라 의안의 가부를 결정함.

가부키(かぶき. 歌舞伎 일)[명] 일본에서, 근세 초기에 생겨나 발달한 일본 고유의 연극. 무용극·음악극·대사극(臺詞劇)의 여러 요소가 어울린 서민적 종합 연극임.

가분-가분[부]-하다[형] ①여럿이 다 가분한 모양을 나타내는 말. ¶발걸음이 - 가볍다. ②매우 가분한 모양을 나타내는 말. ¶짐들이 -하다. ☞거분거분

가분가분-히[부] 가분가분하게 ☞거분거분히

가:분=급부(可分給付)[명] 성질이나 가치를 상하게 함이 없이 나눌 수 있는 급부. 돈으로 하는 급부 따위.

가:분-물(可分物)[명] 성질이나 가치를 상하게 함이 없이 나눌 수 있는 물건. 돈·곡식·토지 따위. ☞불가분물(不可分物)

가:분-성(可分性)[-썽][명] 아주 미세한 형태로까지 나눌 수 있는 물질의 성질. 분성(分性)

가:-분수(假分數)[명] ①수학에서, 분모와 분자가 같거나 분자가 분모보다 큰 분수. ☞진분수(眞分數) ②몸집에 비하여 머리가 유난히 큰 사람을 놀리어 이르는 말.

가:분=채권(可分債權)[명] 여러 번에 나누어 받을 수 있는 빚. ☞가분 채무

가:분=채무(可分債務)[명] 여러 번에 나누어 갚을 수 있는 빚. ☞가분 채권

가분-하다[형여] ①물체의 무게가 가볍다. ¶짐이 -. ②몸놀림이 가볍다. ¶가분한 손놀림./발걸음이 -. ③몸이나 마음 상태가 가볍고 상쾌하다. ¶몸이 -./가분한 기분. ☞가뿐하다. 거분하다

가분-히[부] 가분하게 ☞가뿐히. 거분히

가:불(假拂)[명]-하다[타] 가지급(假支給)

가:-불가(可不可)[명] ①옳음과 그름. 가부(可否) ②가능함과 불가능함.

가불-가불 부 ①불꽃이나 연기 따위가 가볍게 자꾸 흔들리는 모양을 나타내는 말. ②키 따위를 조금씩 자꾸 까부르는 모양을 나타내는 말. ¶ — 키질을 하다. ③버릇없이 가볍게 행동하는 모양을 나타내는 말. ¶ 채신머리없이 — 놀다. ☞거불거불. 까불까불

가불-거리다(대다) 자타 ①불꽃이나 연기 따위가 가볍게 자꾸 흔들리다. ¶ 등불이 —. ②키 따위를 조금씩 자꾸 까부르다. ¶ 키를 —. ③버릇없이 가볍게 행동하다. ☞거불거리다. 까불거리다

가:불-금(假拂金) 명 가지급금(假支給金)

가붓-가붓[—붇—] 부-하다 형 ①여럿이 다 가붓한 모양을 나타내는 말. ②매우 가붓한 모양을 나타내는 말. ☞가뿟가뿟. 거붓거붓

가붓가붓-이[—붇—] 부 가붓가붓하게 ☞거붓거붓이

가붓-하다[—붇—] 형여 좀 가벼운듯 하다. ¶ 보따리가 —. ☞가뿟하다. 거붓하다

가붓-이 부 가붓하게 ☞가뿟이

가붕(佳朋) 명 좋은 벗. 양우(良友)

가빈(佳賓·嘉賓) 명 반가운 손. 가객(佳客)

가빈(家殯) 명-하다 자 집 안에 빈소(殯所)를 차림, 또는 집 안에 차린 그 빈소.

가빈(家貧) 어기 '가빈(家貧)하다'의 어기(語基).

가빈-하다(家貧—) 형여 집안이 가난하다.

가빠(capa 포) 명 ①비옷. 우의(雨衣) ②비가 내릴 때 물건을 덮는 방수포(防水布).

가빠-지다 자 힘에 겨워서 숨쉬기가 어려워지다. ¶ 숨이 점점 —.

가뿐-가뿐 부-하다 형 ①여럿이 다 가뿐한 모양을 나타내는 말. ②매우 가뿐한 모양을 나타내는 말. ☞가분가분

가뿐가뿐-히 부 가뿐가뿐하게 ☞가분가분히

가뿐-하다 형여 ①물체의 무게가 매우 가볍다. ¶ 보따리가 —. ②몸놀림이 매우 가볍다. ¶ 걸음거리가 —. ③몸이나 마음의 상태가 매우 가볍고 상쾌하다. ¶ 더운물에 목욕을 하니 몸이 —. ☞가분하다. 거뿐하다

가뿐-히 부 가뿐하게 ¶ 쌀 포대를 — 들어올리다. ☞가분히. 거뿐히

가뿟-가뿟[—뿓—] 부-하다 형 ①여럿이 다 가뿟한 모양을 나타내는 말. ②매우 가뿟한 모양을 나타내는 말. ☞가붓가붓. 거뿟거뿟

가뿟가뿟-이[—뿓—] 부 가뿟가뿟하게 ☞가붓가붓이

가뿟-하다[—뿓—] 형여 매우 가벼운듯 하다. ☞가붓하다. 거뿟하다

가뿟-이 부 가뿟하게 ☞가붓이. 거뿟이

가쁘다(가쁘고·가빠) 형 ①숨이 몹시 차다. ¶ 가쁜 숨을 몰아쉬다. ②힘에 겹다. ¶ 몸은 가빠도 마음은 가볍다.

가삐 부 가쁘게 ¶ — 쉬는 숨.

가사(家舍) 명 사람이 사는 집.

가사(家事) 명 ①가정 생활에서 해야 하는 여러 가지 일들. 가무(家務) ¶ —에 바쁜 주부. ②집안의 일. 집안의 사정. 집안일. 가내사 ¶ —로 말미암아 휴직하다.

가:사(假死) 명 한동안 의식이 없어지고 호흡이 멎고 맥박이 약해져서 보기에 죽은 것같이 된 상태. ¶ — 상태에서 깨어나다.

가사(袈裟 ∠Kasaya 범) 명 중이 입는 법의(法衣). 장삼 위에 왼쪽 어깨에서 오른쪽 겨드랑이 아래로 걸쳐 입음. 종파에 따라 그 빛깔과 형태가 구별됨. 수전의(水田衣)

가사(嘉事) 명 좋은 일. 경사스러운 일.

가사(歌詞) 명 ①노래의 내용이 되는 글. 노래말 ¶ 가곡(歌曲)의 —. ②가사(歌辭)

가사(歌辭) 명 고려 말엽부터 나타난 시가 형식. 3·4조 또는 4·4조로 된 긴 형식임. 가사(歌詞)

가사(稼事) 명 농사일

가:사(假使) 부 가령(假令)

가사=경제(家事經濟) 명 집안 살림에 관한 경제. 가정 경제(家庭經濟)

가사=노동(家事勞動) 명 주부가 하는 육아·세탁·청소 등의 온갖 집안일.

가사-대(袈裟—)[—때] 명 가사를 걸어 두는 횃대.

가사리 명 ①'우뭇가사리'의 준말. ②'풀가사리'의 준말.

가사리-밭 명 바닷가에 풀가사리가 많이 난 곳.

가사=불사[—싸](袈裟佛事) 명 절에서 가사를 짓는 일.

가사=사:건(家事事件)[—껀] 명 가정 법원에서 가사 심판법에 따라 조정하거나 심판하게 되는, 가족이나 친족 사이의 사건이나 분쟁.

가사=시:주(袈裟施主) 명 가사 불사에 드는 비용을 내는 일, 또는 그 비용을 낸 사람.

가사=심판(家事審判) 명 가족이나 친족 사이의 분쟁에 대한 가정 법원의 심판.

가사=조정(家事調停) 명 가족이나 친족 사이의 분쟁에 대한 가정 법원의 조정.

가사-체(歌辭體) 명 가사의 문체. 4·4조를 기본으로 한 우리 나라 고유의 문체임.

가산(加算) 명-하다 타 ①일정한 수에 일정한 수를 더하여 셈함. 보탬 ¶ 이자를 —하다./세금이 —된 요금. ②더하기. 덧셈 ☞감산(減算)

가산(家山) 명 ①고향의 산천(山川). ②한 집안의 묘지(墓地). 선산(先山)

가산(家產) 명 집안의 재산. 가자(家資) ¶ 부지런히 일하여 —을 늘리다.

가:산(假山) 명 '석가산(石假山)'의 준말.

가:산(假算) 명-하다 타 어림셈

가산=국가(家產國家) 명 영토와 국민을 모두 군주의 소유물로 치던 국가. 봉건 시대의 국가가 이에 해당함.

가산-금(加算金) 명 공공 요금 등에 보태어 내게 하는 돈. 납부일이 지났을 때에 부과됨.

가산-세(加算稅)[—쎄] 명 납세 의무자에게 정해진 세액에 더 보태어 내게 하는 세금. 납세자가 세법상 신고 의무를 다하지 않거나 세금을 체납한 경우에 부과됨.

가산=제:도(家產制度) 명 농민의 생활을 보장하기 위해 생활의 기반인 농토 등 부동산을 특별 재산으로 보호하며, 그 처분이나 채권자의 강제 집행을 금지한 제도. 19세기 후반부터 미국·스위스 등에서 시행되었음.

가:-산호(假珊瑚) 명 인공으로 만든 산호.

가:살 명 교활하고 얄미운 태도.

가살(을) 떨다 관용 경망스레 가살을 부리다.

가살(을) 부리다 관용 가살스러운 말이나 행동을 일부러 하다.

가살(을) 빼다 관용 거만하게 가살스러운 태도를 짓다.

가살(을) 피우다 관용 가살스러운 태도를 나타내다.

가:살-스럽다(—스럽고·—스러워) 형ㅂ 보기에 교활하고 얄미운 데가 있다.

가살-스레 부 가살스럽게

가:살-이 명 '가살쟁이'의 준말.

가:살-쟁이 명 가살스러운 사람. 준 가살이

가:살-지다 형 가살을 부리는 태도가 있다.

가삼(家蔘) 명 삼포(蔘圃)에서 기른 인삼을 산삼과 구별하여 이르는 말. ☞산양삼(山養蔘)

가상(家相) 명 민속에서, 집의 위치·방향·구조 등으로 그 집에 사는 사람의 길흉을 판단하는 지술(地術)의 한 가지. 음양 오행설에 바탕을 둠.

가:상(假相) 명 ①불교에서, 현세(現世)의 덧없고 헛된 모습을 이르는 말. ②실제로 존재하지 않는 거짓 모습. ☞실상(實相)

가:상(假象) 명 객관적 실재성이 없는 주관적인 환상. ☞실재(實在)

가:상(假想) 명-하다 타 사실이 아닌 것을 가정하여 생각함. ¶ 지진을 —한 대피 훈련.

가:상(假像) 명 ①거짓의 현상. ②어떤 광물이 전혀 다른, 딴 광물의 결정형(結晶形)을 가지는 일.

가상(街上) 명 길거리. 노상(路上)

가상(嘉祥) 명 경사로운 일이 있을 조짐.

가상(嘉尙) 어기 '가상(嘉尙)하다'의 어기(語基).

가:상-계(可想界) 명 최고의 의식 능력인 예지(叡智)로만 파악할 수 있는 초감각적인 세계. ☞감성계

가:상=공간(假想空間)명 통신망으로 연결된 컴퓨터를 통하여 대량의 정보가 교환·공유되는 보이지 않는 공간이나 영역.
가:상-극(假想劇)명 가상적인 제재(題材)로 꾸민 연극.
가:상=기억(假想記憶)명 컴퓨터에서, 용량이 큰 보조 기억 장치를 사용하여 주기억 장치가 확대된 것과 같은 효과를 얻는 방식.
가:상=기억=장치(假想記憶裝置)명 프로그램의 사용자로 하여금 보조 기억 장치를 주기억 장치의 확장으로 생각하게 하여, 큰 주기억 장치가 있다고 여기게 하는 기억 장치.
가:상=운:동(假象運動)명 심리학에서 이르는 운동 지각의 한 가지. 실제로는 운동이 없는데도 잇달아 비슷한 자극을 받으면 운동이 있는 것처럼 느끼는 현상. 영화는 이 현상을 이용한 것임. 가현 운동(假現運動)
가:상-적(假想敵)명 가상 적국
가:상-적(假想的)[-쩍]명 가정해 생각하는 것.
가:상=적국(假想敵國)명 국방 계획 등을 세우는 경우에 적국으로 상정(想定)하는 나라. 가상적(假想敵)
가상-하다(嘉尙-)형여 착하고 기특하다. 갸륵하다. 보통, 윗사람이 아랫사람을 칭찬할 때 쓰임. ¶부모에 대한 지극한 효성이 -.
가상-히부 가상하게 ¶심청이의 효심을 - 여기다.
가:상=현:실(假想現實)명 컴퓨터를 이용하여 만들어 낸 가상의 영상(映像) 속에서 마치 실제로 행동하고 있는 것같이 느낄 수 있게 하는 컴퓨터의 응용 기술.
가새-모춤명 볏모를 찔 때, 네 웅큼의 모를 가위다리 모양으로 어긋매끼게 하여 묶은 모춤.
가새-붙이기[-부치-]명 택견에서, 손질의 한 가지. 두 팔을 어긋나게 몸 앞으로 모아 상대편의 발 공격을 막는 방어 기술.
가새-뽕명 잎의 양 옆이 가위다리 살처럼 터진 뽕.
가새-염(-簾)명 한시(漢詩)의 염의 한 가지. 안짝과 바깥짝의, 짝수 글자의 음운(音韻)의 높낮이가 가위다리 모양으로 섞바뀌게 되도록 하는 법.
가새-주리명 지난날의 형벌의 한 가지. 두 다리를 동여매고 정강이 사이에 두 개의 주릿대를 넣어, 가위처럼 벌려 가며 잡아 젖히던 형벌. 전도주리
가새-지르다(-지르고·-질러)타르 어긋매껴 걸치다.
가새-풀명 '톱풀'의 딴이름.
가:색(假色)명 광물에 들어 있는 불순물 따위로 말미암아 나타나는 빛깔. 수정(水晶)이 검은빛이나 보랏빛을 나타내는 따위.
가색(稼穡)명-하다자 곡식을 심어 거두어들이는 일.
가서감 '가설랑은'의 준말.
가서(加敍)명-하다자타 계급이 오름, 또는 계급을 올림.
가서(家書)명 ①자기의 집에서 온 편지. 가신(家信) ②자기 집의 장서(藏書).
가서(家壻·家婿)명 글 따위에서, 남에게 자기의 사위를 겸손하게 이르는 말.
가서는감 '가설랑은'의 준말.
가서만:금(家書萬金)성구 집에서 온 편지는 만금의 값어치가 있다는 뜻으로, 집에서 보내 온 편지의 반가움을 나타내는 말.
가:석(可惜)어기 '가석(可惜)하다'의 어기(語基).
가:-석방(假釋放)명 징역 또는 금고형을 치르고 있는 사람을, 개전(改悛)의 정(情)이 뚜렷하다고 인정하여, 형기가 끝나기 전에 일정한 조건을 붙여 석방하는 일. 가출소(假出所). 가출옥(假出獄)
가:석-하다(可惜-)형여 애틋하게 아깝다. 안타깝다
가석-히부 가석하게
가:선명 눈시울의 쌍꺼풀진 금.
가선(이) 지다관용 쌍꺼풀이 져서 금이 생기다.
가선(加線)명 덧줄
가선(加縇)명 의복의 소매 끝이나 섶·깃 따위에 다른 색 천으로 선(縇)을 두르는 일.
가선(架線)명-하다자타 ①송전선이나 전화선 따위를 가설함, 또는 그 선. 가공선(架空線) ②전동차에 전기를 공급하기 위하여 궤도 위에 높이 가설하는 전선.
가선-대:부(嘉善大夫)명 조선 시대, 종이품 문관에게 내린 품계의 하나. 서른 등급 중 여덟째 등급임. ☞통정대부(通正大夫)
가설(加設)명-하다타 더 설치함.
가설(架設)명-하다타 전선이나 다리 따위를 이쪽에서 저쪽으로 건너질러 설치함. ¶철교를 -하다.
가:설(假設)명 ①필요에 따라 임시로 설치함. ¶- 무대 ②실제로 없는 것을 있는 것으로 침. 가정(假定) ③수학에서, '가정(假定)'의 구용어.
가:설(假說)명 어떤 현상을 합리적으로 설명하기 위하여 임시로 세워 두는 설(說). 실험이나 관찰 등으로 검증하여 사실과 합치되면 '정설(定說)'이 됨. 가언(假言). 가정(假定)
가설(街說)명 거리에 떠도는 소문. 가담(街談) 유항설(巷說)
가:설=공사(假設工事)명 건설 공사에 앞서, 그 공사의 추진을 위한 사무소·창고 등의 임시 시설물을 짓는 공사.
가:설=극장(假設劇場)명 임시로 쓰기 위하여 간략하게 꾸며 놓은 극장.
가설랑감 '가설랑은'의 준말.
가설랑-은감 글을 읽거나 말을 하다가 잘 이어지지 않고 막힐 때 버릇으로 내는 군소리. 준가서. 가서는. 가설랑
가성(家聲)명 한 집안의 명성(名聲). 가명(家名)
가:성(假聲)명 ①남성(男聲)에서, 보통의 성역(聲域)보다 높은 목소리로 부르는 창법(唱法), 또는 그 성역. ②일부러 지어 내는 목소리. ¶-으로 부르는 노래.
가성(歌聲)명 노래를 부르는 소리. 노랫소리
가:성(苛性)앞말 동식물의 조직 따위를 심하게 부식(腐蝕)시키는 성질을 뜻하는 말. ¶-알칼리/-소다
가:성(假性)앞말 병(病)의 원인은 다르지만 증세가 진성(眞性)과 비슷한 것임을 뜻하는 말. ¶- 근시(近視)/-뇌막염 ☞진성(眞性)
가:성=근:시(假性近視)명 장시간의 독서 등 지나치게 가까이 있는 것을 보는 상태가 계속되었을 때 일어나는 일시적인 근시. 위근시(僞近視)
가:-성대(假聲帶)명 진성대(眞聲帶) 위에 있는 좌우 한 쌍의 점막. 소리는 내지 않고 분비액을 내어 성대를 촉촉하게 하는 구실을 함.
가:-성:명(假姓名)명 거짓으로 일컫는 성명.
가:-성문(假聲門)명 가성대(假聲帶) 사이에 있는 틈.
가:성-석회(苛性石灰)명 수산화칼슘
가:성-소:다(苛性soda)명 수산화나트륨
가:성-알칼리(苛性alkali)명 수산화나트륨·수산화칼륨 등 알칼리 금속의 수산화물을 통틀어 이르는 말.
가:성-알코올(苛性alcohol)명 무수(無水) 알코올에 금속 나트륨을 섞어 만든 흰빛의 결정(結晶).
가:성-칼리(苛性kali)명 수산화칼륨
가:성-크루:프(假性croup)명 주로 홍역을 앓을 때 걸리는 병으로, 바이러스의 감염 등으로 목 안의 점막이 부어 개 짖는 소리 같은 기침을 하거나 호흡 곤란을 일으키거나 하는 유아(幼兒)의 병.
가성=화:합물(加成化合物)명 어떤 화합물의 구조에 분자 또는 이온이 부가된 화합물.
가세(加勢)명-하다자 힘을 보태어 도움. ¶세력이 약한 편에 -하다. ☞역성들다
가:세(苛稅)명 가혹하게 매긴 세금.
가세(家貰)명 집세
가세(家勢)명 집안 살림의 형편. 터수 ¶-가 기울다.
가세(嫁稅)명-하다자 지난날, 홍수 등으로 논밭이 묻혀 조세를 물릴 수 없게 되었을 때, 다른 논밭에 그만큼 더 조세를 물리던 일.
가:세(苛細)어기 '가세(苛細)하다'의 어기(語基).
가:세-하다(苛細-)형여 성질이 까다롭고 하는 짓이 잘다. ☞잔달다
가소(佳宵)명 ①아름다운 저녁. ②가인(佳人)을 만나는

좋은 저녁.
가:소(假笑)명-하다자타 거짓으로 웃음, 또는 그런 웃음.
가:소-롭다(可笑-)(-롭고·-로워)형ㅂ 같잖아서 우습다. ¶큰소리치는 꼴이 -.
가소-로이부 가소롭게
가:소-물(可塑物)명 천연 수지나 합성 수지처럼 온도나 압력을 가하여 변형시키거나 일정한 모양으로 만들 수 있는 물질. 가소성 물질
가:소-성(可塑性)[-썽]명 고체에 어떤 힘을 가하여 변형시킨 다음에 그 힘을 제거하여도 본디의 모양으로 되돌아가지 않는 성질. 소성(塑性)
가:소성=물질(可塑性物質)[-썽-찔]명 가소물
가:소-제(可塑劑)명 플라스틱 등에 가소성을 가지게 하거나 가소성을 더하게 하는 데 쓰는 화학 재료.
가속(加速)명-하다자타 ①속도가 더해짐. ②속도를 더함. ¶- 페달 ☞감속(減速)
가속(家屬)명 가권(家眷)
가속-기(加速器)명 전자나 양자 등의 하전 입자(荷電粒子)를 전장(電場)이나 자장(磁場)의 작용으로 가속하여, 높은 에너지의 입자로 만드는 장치.
가속-도(加速度)[1]명 일정 시간 내에서 속도가 변화하는 비율을 이르는 말.
가-속도(加速度)[2]명 속도가 더해지는 일, 또는 더해지는 그 속도. ¶유전자 공학 진보에 -가 붙다.
가속도-계(加速度計)명 운동체에 생기는 가속도를 재는 계기. 용수철이나 점성 액체(粘性液體)로 떠받친 추의 변위로 잼.
가속도-병(加速度病)[-뼝]명 자동차·항공기 등의 동요와 가속도 자극에 따라 일어나는 식은땀이나 구역질 등의 병적 반응. 차멀미나 뱃멀미 따위.
가속도=원리(加速度原理)명 소비재에 대한 수요의 증가가 가속도적으로 투자재에 대한 수요의 증가를 가져온다는 이론.
가속도-적(加速度的)명 속도나 추세 등이 급속히 더해지는 것. ¶-인 변화.
가속=운:동(加速運動)명 시간의 경과에 따라 그 속도를 더하는 물체의 운동. ☞감속 운동(減速運動)
가속=입자(加速粒子)명 가속 장치로써 가속된 양자·중성자·전자 등의 입자.
가속=장치(加速裝置)명 ①내연 기관에서, 기화기(氣化器)로부터 실린더로 들어가는 혼합 가솔린의 양을 조정하는 장치. ②가속기
가속=펌프(加速pump)명 내연 기관의 기화기(氣化器)의 부속품. 급속한 가속 운전 때 연료 보급의 부족이 일어나지 않도록 자동으로 작동하게 되어 있음.
가속=페달(加速pedal)명 액셀러레이터
가솔(家率)명 집안 식구.
가솔린(gasoline)명휘발유(揮發油)
가솔린=기관(gasoline機關)명 가솔린을 연료로 쓰는 내연 기관. 주로 자동차나 항공기에 쓰임. 가솔린엔진
가솔린엔진(gasoline engine)명 가솔린 기관
가솔린탱크(gasoline tank)명 가솔린을 저장하는 탱크.
가솔-송명 철쭉과의 낙엽 소관목. 높이 10~25cm. 밑동이 가로로 눕고 가지를 많이 침. 빽빽히 나는 바늘 모양의 잎은 끝이 뭉툭함. 여름에 자홍색 꽃이 늘어져 피며, 열매는 동근 삭과(蒴果)로 가을에 익음. 우리 나라 북부의 고산 지대와 일본·중국 등지에 분포함.
가쇄(枷鎖)명 ①불교에서 이르는 번뇌(煩惱)의 속박. ②지난날, 죄인의 목에 칼을 씌우고 발목에 쇠사슬을 채우던 형벌.
가:쇄(假刷)명-하다타 교정용이나 시안용(試案用)으로 찍는 인쇄, 또는 그 인쇄물. ☞교정쇄(校正刷)
가수(加修)명-하다타 수리(修理)를 함.
가수(加數)[1][-쑤]명 어떤 수에 더하는 수. 덧수
가수(加數)[2]명-하다자타 수가 늚, 또는 수를 늘림. ☞감수
가수(枷囚)명-하다타 죄인의 목에 칼을 씌워 가두는 형벌.
가수(家數)명 ①집안의 사회적 지위. ②가운(家運)
가:수(假受)명-하다타 임시로 받아 둠.
가:수(假睡)명-하다자 ①잠자리를 제대로 보지 않고 잠, 또는 그러한 잠. ②거짓으로 자는체 함. 가매(假寐)
가:수(假需)명 '가수요(假需要)'의 준말. ☞실수(實需)
가:수(假數)명 로그의 값에서 소수점 아래의 수를 통틀어 이르는 말. ☞정수(整數)
가수(歌手)명 노래부르는 일을 직업으로 삼는 사람. ¶대중 가요 -
가:수-금(假受金)명 임시로 받아 두는 돈.
가수=분해(加水分解)명 화합물이 물과 반응하여 일어나는 분해. 산(酸)·알칼리·효소가 촉매가 됨. 가수 해리
가수=분해=효소(加水分解酵素)명 가수 분해 반응의 촉매가 되는 효소를 통틀어 이르는 말. 동식물의 조직에 분포하여 소화나 발효 등에 중요한 구실을 함.
가수알-바람명 '서풍'의 뱃사람 말. ☞하늬바람
가:-수요(假需要)명 물자가 귀해지고 가격이 오를 것을 예상한 투기적인 수요. 준가수(假需) ☞실수요
가:-수요자(假需要者)명 가수요로 몰리는 수요자. ☞실수요자(實需要者)
가수=해:리(加水解離)명 가수 분해
가숙(家叔)명 남에게 자기의 숙부(叔父)를 이르는 말.
가숙(家塾)명 지난날, 개인이 경영하는 글방을 이르던 말. ☞사숙(私塾)
가:-숭어(假-)명 숭엇과의 바닷물고기. 몸길이 50~100cm로 숭어와 비슷하며, 온몸에 검은 가로띠가 있음. 산란기인 9~10월경에 강어귀에 모임.
가스(gas)명 ①기체(氣體)[1] ②연료로 쓰는 기체. 도시 가스, 프로판가스 따위. 기체 연료 ③위(胃)나 장(腸) 따위의 소화기 안에 괸 기체.
가스=계:량기(gas計量器)명 연료 가스의 사용량을 재는 계기. 가스미터
가스-관(gas管)명 가스를 보내는 강철관. 실내의 가스 기구에 쓰이는 고무관을 이르기도 함. 가스파이프
가스=기관(gas機關)명 연료 가스를 사용하는 내연 기관. 공기와 혼합하여 압축한 다음에 점화하고, 그 폭발과 연소로써 동력을 일으킴. 가스 발동기. 가스엔진
가스=난:로(gas煖爐)명 프로판가스 따위를 연료로 사용하는 난로. 가스스토브
가스=누:출=경:보기(gas漏出警報器)명 감지기로 가스의 누출을 알아내어 경보를 내는 장치.
가스-등(gas燈)명 석탄 가스를 이용한 등불. 가스램프
가스라이트-지(gaslight紙)명 염화은의 유제(乳劑)를 바른 인화지. 감광도가 낮으며 밀착 인화에 쓰임.
가스램프(gas lamp)명 가스등
가스러-지다자 ①성질이 거칠어지다. ②잔털 등이 거칠게 일어나다. ☞거스러지다
가스레인지(gas range)명 가스를 연료로 쓰는 조리(調理) 기구.
가스-로(gas爐)명 가스를 연료로 써서 물질을 녹이는 노(爐). 화학 실험에 쓰임.
가스마스크(gas mask)명 독가스 따위로부터 호흡기나 눈 등을 보호하기 위하여 얼굴에 쓰는 기구. 방독면(防毒面)
가스맨틀(gas mantle)명 가스등의 점화구(點火口)에 씌우는 그물 모양의 기구. 가열하면 새빨갛게 달아 빛을 냄. 백열투(白熱套)
가스미:터(gas meter)명 가스 계량기
가스=발동기(gas發動機)[-똥-]명 가스 기관
가스=발생로(gas 發生爐)[-쌩-]명 석탄·코크스·숯·장작 등을 불완전 연소시켜, 일산화탄소를 주성분으로 하는 가연성 가스를 내는 장치.
가스버:너(gas burner)명 가스를 태워 열이나 빛을 내는 장치.
가스봄베(Gasbombe 독)명 프로판가스나 산소 등 고압 가스나 액화 가스를 넣는, 강철제의 원통형 용기.
가스=분석(gas分析)명 가스 상태의 시료(試料)나, 고체·액체 속의 가스 성분을 분석하는 방법.

가스상=성운(gas狀星雲)명 희박한 기체로 이루어진 은하계(銀河界) 성운을 통틀어 이르는 말. 중심부인 항성(恒星)으로부터 나오는 자외선을 받아 빛을 냄. 가스 성운. 산광 성운(散光星雲)

가스=성운(gas星雲)명 가스상 성운

가스스토:브(gas stove)명 가스 난로

가스-실(gas-)명 주란사실

가스-실(gas室)명 ①방독면을 실험하거나 화생방전(化生放戰) 훈련을 하기 위하여 독가스를 채워 둔 방. ②지난날, 독가스로 사형수를 처형하던 방.

가스-액(gas液)명 석탄 가스를 냉각·응축할 때 생기는 수용액. 암모니아·암모늄염·페놀류·피리딘·게르마늄 등이 들어 있음.

가스엔진(gas engine)명 가스 기관

가스=연료(gas燃料)명 천연 가스, 프로판가스, 석탄 가스 등의 기체 연료.

가스=온도계(gas溫度計)명 가스의 팽창 또는 압력의 변화에 따라 온도를 잴 수 있게 만든 온도계. 가스 한란계

가스-전(gas田)명 가연성(可燃性)의 천연 가스가 매장되어 있는 곳.

가스=전:구(gas電球)명 전구 속에 질소나 아르곤 등의 불활성(不活性) 가스를 넣은 전구.

가스=전:지(gas電池)명 기체 전지(氣體電池)

가스-정(gas井)명 천연 가스를 뿜어내는 갱정(坑井).

가스=중독(gas中毒)명 일산화탄소 등 유독 가스를 들이마셔서 일어나는 중독.

가스-지지미(gasちぢみ 일)명 주란사실로 짠 오글오글한 직물.

가스카:본(gas carbon)명 석탄 가스를 만들 때 생기는 순수한 탄소. 전극(電極)에 쓰임. 가스탄

가스코:크스(gas cokes)명 석탄을 건류(乾溜)하여 석탄 가스를 만들 때 생기는 코크스.

가스-탄(gas炭)명 가스카본

가스-탄(gas彈)명 '독가스탄'의 준말.

가스탱크(gas tank)명 도시 가스나 화학 공업용 가스를 담아 두는 큰 통.

가스터:빈(gas turbine)명 기체의 열에너지를 동력으로 바꾸는 원동기. 압축 공기에 연료를 섞어 폭발, 연소시켜서 생긴 고온·고압의 기체로 터빈을 회전시킴. 항공기나 발전(發電) 등에 쓰임.

가스트로스코:프(gastroscope)명 위경(胃鏡)

가스트로카메라(gastrocamera)명 위(胃) 카메라

가스파이프(gas pipe)명 가스관

가스펠(gospel)명 ①복음(福音) ②신약성서에 실린 네 복음서를 아울러 이르는 말.

가스펠송(gospel song)명 미국의 흑인들 사이에서 불리는 종교적인 노래. 1920년대 중반기에 흑인 영가와 재즈가 혼합하여 이루어짐.

가스=폭탄(gas爆彈)명 독가스와 화약을 함께 넣어 만든 폭탄.

가스=한란계(gas寒暖計)명 가스 온도계

가스=회저(gas壞疽)명 흙 속에 있는 가스 회저균이 상처에 들어가서 일어나는 회저. 조직이 회사(壞死)하고 가스가 생김.

가슬-가슬부-하다형 ①거스러미 따위가 일어나 살갗이 매끄럽지 아니하고 좀 가칠가칠한 느낌을 나타내는 말. ¶ -한 손등. ②빳빳한 짧은 털에 스치는 느낌을 나타내는 말. ¶ -한 턱수염. ③옷감의 결이 매끄럽지 아니하고 약간 깔깔한 느낌을 이르는 말. ④성질이 좀 모나고 까다로운 모양을 나타내는 말. ¶ 성미가 -하니까 친구가 없지. ☞거슬거슬. 까슬까슬

가슴명 ①척추동물의 배와 목 사이의 앞 부분. ②곤충의 머리와 배 사이의 부분. ③심장 ¶ -이 두근거린다. ④폐(肺) ¶ -을 앓다. ⑤마음. 감정. 생각 ¶ -이 아프다./-에 묻어 두다. ⑥'옷가슴'의 준말. ¶ -을 여미다. ⑦'젖가슴'을 에둘러 이르는 말. ¶ -이 풍만하다.

가슴에 맺히다관용 슬픔이나 원한이 두고두고 잊혀지지 아니하다.

가슴에 멍이 들다관용 충격이나 좌절감으로 큰 슬픔을 가지게 되다.

가슴에 못을 박다관용 마음을 몹시 아프게 하다.

가슴에 불이 붙다관용 어떤 감정이 걷잡을 수 없이 세차게 일어나다.

가슴에 새기다관용 잊지 않게 마음속 깊이 간직하다. 마음에 새기다.

가슴에 짚이다관용 짐작이 가다. 마음에 짚이다.

가슴에 칼을 품다관용 앙갚음하겠다는 등 상대편에 대한 모진 생각을 늘 지니다.

가슴을 앓다관용 ①마음이 편치 않다. 괴로워하다. ②폐병을 앓다.

가슴을 저미다관용 슬프거나 간절한 감정으로 고통을 겪다. ¶ 슬픈 기별을 받고 -.

가슴을 치다관용 뜻대로 되지 않아 억울하고 분하여 한탄하다.

가슴을 털어놓다관용 마음속의 생각을 다 말하다.

가슴이 내려앉다관용 크게 놀라다. 절망에 사로잡히다.

가슴이 무너져 내리다관용 큰 불행을 당하거나 하여, 심한 충격과 슬픔에 몸과 마음을 가눌 수 없게 되다.

가슴이 뭉클하다관용 몹시 눈물겹다. 크게 감동하다.

가슴이 미어지다관용 가슴이 꽉 막혀 터질듯 몹시 안타깝고 슬프다.

가슴이 부풀다관용 희망에 넘쳐 마음이 흐뭇해지다.

가슴(이) 뿌듯하다관용 일이 뜻대로 잘 되거나 하여 크게 만족스럽다.

가슴이 서늘하다관용 두려움으로 마음속에 찬 바람이 이는 것같이 선득하다.

가슴이 섬뜩하다관용 갑자기 놀라운 일을 당하여, 몹시 무서운 느낌이 들다.

가슴(이) 설레다관용 기쁨이나 불안 따위로 마음이 들떠서 종처럼 가라앉지 아니하다.

가슴이 찔리다관용 마음에 가책을 받다.

한자 **가슴 흉**(胸) 〔肉部 6획〕 ¶ 흉곽(胸廓)/흉부(胸部)/흉상(胸像)/흉위(胸圍)/흉중(胸中)

가슴-걸이명 ①말의 가슴에 걸어 안장에 매는 가죽끈. ②소의 가슴에 걸어 멍에에 매는 끈.

가슴검은-도요명 도욧과에 딸린 철새. 편 날개 길이 17 cm 안팎. 부리는 검고 등은 흑갈색에 회백색의 무늬가 있으며, 가슴과 배는 검으나 겨울에는 흰빛으로 바뀜. 여름에는 시베리아나 알래스카에서 번식하고 우리 나라와 일본·중국 등지에서 여름을 남.

가슴-동[-똥]명 활터에서 '가슴통'을 이르는 말.

가슴-둘레명 사람의 가슴 부분의 둘레 길이. 젖꼭지 자리에서 둘레를 잼. 흉위(胸圍)

가슴-등뼈명 목등뼈와 허리등뼈 사이에 있는 열두 개의 등골뼈. 흉추(胸椎)

가슴-속[-쏙]명 ①가슴의 속. 흉강(胸腔) ②마음에 두고 있는 생각. 흉중(胸中) ¶ -을 털어놓다.

가슴-앓이[-알-]명 위카타르 따위의 원인으로 가슴속이 쓰리고 아픈 병.

가슴-지느러미명 물고기의 가슴에 붙은 지느러미. 헤엄을 치거나 몸의 균형을 잡는 구실을 함. 협기(頰鰭) ☞배지느러미. 복기(腹鰭)

가슴츠레부 가슴츠레하게 ☞게슴츠레

가슴츠레-하다형여 졸리거나 술에 취하여, 눈의 정기가 풀리어 하리망당하다. ☞거슴츠레하다

가슴-통명 ①가슴둘레 전체. ②가슴의 앞쪽 부분. ¶ 풍만한 -.

가슴-팍명 '가슴'의 속된말. 가슴패기

가슴-패기명 '가슴'의 속된말. 가슴팍

가습-기(加濕器)명 실내의 습도를 알맞게 조절하는 데 쓰는, 물을 수증기처럼 뿜어 내는 전기 기구.

가승(加升)명-하다자 조선 시대, 세곡(稅穀)을 거둘 때, 나중에 축날 것을 예상하여 한 섬에 석 되씩 더 받던 일.

가승(家乘)명 가보(家譜) ☞족보(族譜). 파보(派譜)

가:승(假僧)명 중이 아닌 사람이 중인양 행세하는 사람. 가짜 중. ▷假의 속자는 仮

가시[1]명 ①식물의 거죽에 돋아 있는 바늘과 같은 것. 줄기나 잎, 턱잎 따위가 변한 것임. 선인장의 잎바늘 따위. 극침(棘針) ¶ -에 찔리다. ☞엽침(葉針) ②물고기의 잔뼈. ¶ -가 목에 걸리다. ③살갗에 박힌 거스러미. ¶ 손바닥에 -가 박히다. ④몹시 미운 사람을 비유하여 이르는 말. ¶눈에-지. ⑤남의 마음을 찌르는 날카로운 감정을 비유하여 이르는 말. ¶- 돋친 말.

가시(가) 돋치다관용 하는 말에 상대편에 대한 불만의 감정이 담겨 있다.

가시가 세다관용 고집이 세고 앙칼지다.

가시[2]명 가시나무의 열매.

가시[3]명 된장과 같은 음식에 생기는 구더기. ¶된장에 -가 슬다.

가:시(可視)앞말 맨눈으로 볼 수 있음을 뜻하는 말. ¶가시거리(可視距離)/가시광선(可視光線)

가:시-거:리(可視距離)명 ①맨눈으로 대상을 볼 수 있는 수평 거리. ②텔레비전 전파가 방해를 받지 않고 수상기(受像機)에 이를 수 있는 거리

가시-고기명 큰가시고깃과의 민물고기. 몸길이 9cm 안팎. 등지느러미 앞쪽에 여러 개의 가시가 톱날을 이루고 있고, 배지느러미가 퇴화해 생긴 한 개의 가시가 있음. 집을 짓고 알을 낳는 습성이 있음. 우리 나라의 동해안으로 흐르는 하천과 중국, 일본 등지의 하천에 널리 분포함.

가시-관(-冠)명 '가시 면류관'의 준말.

가:시-광선(可視光線)명 사람이 맨눈으로 느낄 수 있는 광선. 파장이 약 380~780나노미터의 범위. 태양 광선의 많은 양이나 전기의 빛이 이에 포함됨. 준가시선(可視線) ☞비가시광선(非可視光線)

가:시-권(可視圈)[-꿘]명 보이는 범위, 또는 볼 수 있는 범위.

가시-나무명 ①가시가 돋은 나무를 통틀어 이르는 말. ②돌가시나무·종가시나무·참가시나무를 통틀어 이르는 말. ③참나뭇과의 상록 활엽 교목. 높이 16~20m. 잎은 길둥근꼴이며 톱니가 있고, 겉면은 녹색으로 윤이 나며 뒷면은 백색임. 암수한그루로, 봄에 황갈색 단성화(單性花)가 피고, '가시'라고 하는 도토리 비슷한 열매는 10월경에 익는데 먹을 수 있음. 가시목 ④'민둥인가목'의 딴이름.

속담 **가시나무에 가시가 난다** : 원인이 있어야 결과가 따르는 법이며, 전혀 동떨어진 일은 있을 수 없다는 말. [콩 심은 데 콩 나고 팥 심은 데 팥 난다]

가시-눈명 날카롭게 쏘아보는 눈. ¶ -을 곤두세우다.

가시다[1]자 변하여 없어지거나 달라지다. ¶통증이 -./더위가 -.

가시다[2]타 물 따위로 씻은 것을 다시 헹구다. ¶그릇을 -./입 안을 -.

가시-덤불명 ①가시가 많은 덤불. ②가시밭

가시-딸기명 장미과의 낙엽 활엽 소관목. 높이 50cm 안팎. 잎과 줄기에 갈색의 털과 가시가 나 있으며, 꽃은 가지 끝에 한 송이씩 핌. 동근 열매는 황홍색으로 익는데 먹을 수 있음.

가시랭이명 풀이나 나무의 가시의 부스러기.

▶ **'가시랭이·거스러미·까끄라기'의 뜻 구별**
- ㅇ 가시랭이 — 풀이나 나무에 돋은 가시 부스러기.
- ㅇ 거스러미 — 손톱 뿌리 자리의 가장자리에 얇고 가늘게 갈라져 일어난 살갗./나무의 결이 얇게 터져 가시처럼 일어난 것.
- ㅇ 까끄라기 — 벼나 보리 따위의 낟알 겉껍질에 붙어 있는 수염처럼 생긴 것, 또는 그 동강.

가시리명 작자와 연대를 모르는 고려 가요(高麗歌謠)의 하나. 이별의 안타까움을 노래한 네 연(聯)의 서정시. '귀호곡(歸乎曲)'이라고도 하며 '악장가사(樂章歌詞)'에 실려 전함.

가시=면:류관(-冕旒冠)명 예수가 십자가에 못박힐 때 로마 병정이 예수를 조롱하려고 씌웠던 가시나무로 만든 관. 형관(刑冠) 준가시관

가시-목(-木)명 '가시나무'의 딴이름.

가시-방석(-*方席)명 가시가 돋친 방석이라는 뜻으로, 마음이 편치 않은 괴로운 자리를 비유하여 이르는 말. ¶ -에 앉은 것 같다.

가시-밭명 ①가시덤불이 얽혀 있는 곳. ②고생이 많음을 비유하여 이르는 말.

가시밭-길[-받-]명 ①가시덤불이 이어지는 험한 길. ②어려움에 거듭되는 인생을 비유하여 이르는 말.

가시-버시명 '부부(夫婦)'를 속되게 이르는 말.

가시-복명 가시복과의 바닷물고기. 몸길이 30cm 안팎. 온몸에 억센 가시가 있고, 배는 흼. 배를 불리면 밤송이 모양으로 둥글게 됨.

가시-새명 벽 속을 얽을 때, 중깃에 가로 대는 가는 나무오리.

가:시-선(可視線)명 '가시광선(可視光線)'의 준말.

가시-성(-城)명 탱자나무나 장미 등 가시나무로 친 울타리를 비유하여 이르는 말.

가시-섶명 땔감으로 쓰는 가시나무.

가:시=스펙트럼(可視spectrum)명 가시광선(可視光線)의 스펙트럼.

가:시=신:호(可視信號)명 기(旗)나 신호등 따위로 눈에 보이게 하는 신호. ☞음향 신호

가시-아비명 '장인(丈人)'을 속되게 이르는 말.

가시-어미명 '장모(丈母)'를 속되게 이르는 말.

가시-연(-蓮)명 수련과의 한해살이풀. 우리 나라 중부 이남의 못이나 늪에서 자라며, 몸에 가시가 있음. 여름에 자줏빛 꽃이 낮에만 핌. 땅속줄기는 먹을 수 있고, 열매는 '가시연밥'이라 하며, 한방에서 약재로 쓰임.

가시연-밥(-蓮-)[-빱]명 가시연의 열매. 한방에서 '감실(芡實)'이라 하여 약재로 씀.

가:시-적(可視的)명 눈으로 확인할 수 있는 성질의 것. ¶ -인 성과를 기대한다.

가시-철(-鐵)명 가시철사에 끼우는 가시 모양의 쇠.

가시-철사(-鐵絲)[-싸]명 가시철을 끼워서 꼰 철사.

가:시-화(可視化)명-하다자타 보이지 않던 것이 실제로 드러나게 됨, 또는 실제로 드러나게 함. ¶그 동안 유명무실했던 일이 비로소 -하다.

가:식(假植)명-하다타 모종 따위를 제자리에 심을 때까지 임시로 모판 등에 심는 일. 한때심기 ☞정식(定植)

가:식(假飾)명-하다타 말이나 행동을 거짓으로 꾸밈. ¶그의 친절은 -인 때가 많다.

가:식-상(假植床)명 모종 따위를 제자리에 심을 때까지 임시로 심어 가꾸는 모판. 한때모판

가신(佳辰·嘉辰)명 좋은 날. 경사스러운 날. 가일(佳日)

가신(家臣)명 지난날, 공경대부(公卿大夫)의 집에 딸리어 그들을 섬기던 사람. 배신(陪臣)

가신(家信)명 자기 집에서 보내 온 편지. 가서(家書)

가신(家神)명 민속에서, 집에 딸리어 그 집을 지킨다는 귀신. 성주·지신(地神)·조왕(竈王)·측신(廁神)·조상신·삼신(三神) 따위.

가신-제(家神祭)명 민간에서 가신(家神)을 받드는 제사를 이르는 말.

가실(家室)명 ①한집안 사람. 가족 ②아내

가심명-하다타 깨끗이 가시는 일.

가심-끌명 목재에 뚫은 구멍을 다듬는 데 쓰이는, 날이 얇고 긴 끌.

가심-질명-하다타 ①깨끗이 가시는 일. ②가심끌로 목재의 구멍 안을 다듬는 일.

가십(gossip)명 흥미 본위의 소문.

가십-난(gossip欄)명 가십 기사를 싣는 신문 따위의 지면.

가아(家兒)명 편지 글 등에서, 남에게 자기의 아들을 낮추어 이르는 말. 가돈(家豚). 돈아(豚兒)

가:아(假我)명 불교에서, 오온화합(五蘊和合)으로 말미

암아 된 임시의 육신(肉身)인 '나'를 이르는 말.

가악(家岳)명 편지 글 등에서, 남에게 자기의 장인을 겸손하게 이르는 말.

가악(歌樂)명 노래와 음악을 아울러 이르는 말.

가안(家雁)명 '거위'의 딴이름.

가압(加壓)명-하다자 압력을 줌. 압력을 더함. ☞감압

가압(家鴨)명 '집오리'의 딴이름.

가:-압류(假押留)명-하다타 민사 소송법에서, 법원이 채권자를 위해 뒷날 강제 집행을 할 목적으로 채무자의 재산을 임시로 확보하는 일.

가애(加愛)명-하다자 편지 글 등에서, 상대편을 높이어 '스스로 몸을 돌봄'의 뜻으로 쓰는 한문 투의 말. ¶부디 -하시어 하루빨리 쾌차(快差)하시기를 바랍니다.

가애(嘉愛)명-하다타 귀하게 여기어 사랑함.

가:애(可愛)어기 '가애(可愛)하다'의 어기(語基).

가:애-하다(可愛-)형여 사랑스럽다.

가액(加額)[1]명-하다자타 돈의 액수가 더해지거나 액수를 더함, 또는 더해지거나 더한 액수.

가액(加額)[2]명-하다자 손을 이마에 대고 먼 곳을 바라본다는 뜻으로, 사람을 몹시 기다림을 이르는 말.

가액(家厄)명 집안의 재액(災厄).

가액(價額)명 값 ▷ 價의 속자는 価

가야(伽倻)명 ①낙동강 하류 지역에 있었던 우리 나라 고대 부족 국가. 금관가야(金官伽倻)·대가야(大伽倻)·고령가야(古寧伽倻)·소가야(小伽倻)·아라가야(阿羅伽倻)·성산가야(星山伽倻)의 여섯 가야로 이루어짐. 가라(加羅). 가락국(駕洛國). 가야국. 육가야(六伽倻) ②금관가야

가야-국(伽倻國)명 가야(伽倻)

가야-금(伽倻琴)명 국악기 사부(絲部) 현악기의 한 가지. 오동나무로 만든 긴 공명통 위에 열두 줄의 명주 줄을 매어 손가락으로 뜯기어 연주함. 신라 때, 본디 가야 사람인 우륵(于勒)이 만들었다고 함. ☞거문고

가약(可約)명-하다타 약분(約分)할 수 있음.

가약(佳約)명 ①좋은 언약. ②가인(佳人)과 만날 언약. ③혼약(婚約) ¶백년 -을 맺다.

가:약(假藥)명 플라세보(placebo)

가양(家樣)명 집안 살림살이의 형편. 가세(家勢). 터수

가양(家釀)명 ①'가양주(家釀酒)'의 준말. ②-하다타 집에서 술을 빚음.

가양-주(家釀酒)명 집에서 빚은 술. 준가양(家釀)

가어(加魚)명 '가자미'의 딴이름.

가어(嘉魚)명 '곤들매기'의 딴이름.

가언(佳言·嘉言)명 본받을만 한 좋은 말. 유창언(昌言)

가:언(假言)명 가설(假說)

가:언-적(假言的)명 논리학에서, 어떤 명제가 가설(假說)에 근거하여 이루어지는 것. ☞정언적(定言的)

가:언적=명:제(假言的命題)명 논리학에서, 어떤 조건이나 가정에서 성립되는 명제. '오늘이 섣달 그믐날이라면, 내일은 정월 초하룻날이다' 따위. 가언적 판단 ☞정언적 명제

가:언적=삼단=논법(假言的三段論法)[-뻡]명 논리학에서, 삼단 논법의 한 가지. 소전제와 결론이 정언적(定言的)인 반가언적(半假言的) 삼단 논법과, 대전제·소전제·결론이 모두 가언적인 순수 가언적 삼단 논법으로 구분됨. ☞정언적 삼단 논법

가:언적=판단(假言的判斷)명 가언적 명제

가:엄(家嚴)명 가군(家君). 엄군(嚴君)

가:엄(苛嚴)어기 '가엄(苛嚴)하다'의 어기(語基).

가:엄-하다(苛嚴-)형여 가혹하고 엄격하다.

가업(家業)명 ①그 집안의 직업. 가직(家職) ②대대로 물려 내려 오는 직업. 세업(世業) ¶-을 물려받다.

가업(街業)명 길거리에서 하는 영업.

가업(稼業)명-하다자 가행(稼行)

가:-없:다[-업-]형 끝닿는 데 없다. 다함이 없다. 그지없다 ¶가없는 부모의 은혜.

가-없이부 가없게 ¶- 너른 하늘.

> ▶ **'가없는 하늘', '가없은 하늘'**
> 형용사의 활용에서 관형사형 어미 '-는'은 없다. 다만, 예외로 '있다, 없다'의 경우는 '-는'이 붙는다. 그러므로 '가없는 하늘'이라 적는 것이 옳다.
> ¶ 깊다 → 깊은(○)/깊는(×)
> 밝다 → 밝은(○)/밝는(×)
> 끝없다 → 끝없는(○)/끝없은(×)
> 철없다 → 철없는(○)/철없은(×)

가:역(苛役)명 매우 힘드는 일. ☞고역(苦役)

가역(家役)명 사는 집을 짓거나 고치는 일.

가:역(可逆)앞말 본디의 상태로 돌이킬 수 있는 것을 뜻하는 말. ¶가역 반응/가역 전지

가:역=반:응(可逆反應)명 정방향의 반응과 역방향의 반응이 동시에 일어나는 화학 반응.

가:역=변:화(可逆變化)명 물질계의 상태를 변화하기 전의 상태로 돌이킬 수 있는 변화. ☞비가역 변화

가:역=전:지(可逆電池)명 전지에서 전류를 다 쓴 다음, 충전하여 다시 본디의 상태로 돌이킬 수 있는 전지.

가연(佳宴)명 경사스러운 잔치.

가연(佳緣)명 ①좋은 인연. ②서로 사랑하게 되는 남녀 간의 연분(緣分).

가:연(可燃)앞말 불에 잘 타는 성질을 뜻하는 말. ¶가연물/가연성/가연체

가:연-물(可燃物)명 불에 탈 수 있는 물질이나 물체.

가:연-성(可燃性)[-썽]명 불에 타기 쉬운 성질.

가:연-체(可燃體)명 불에 잘 타는 물체.

가열(加熱)명-하다자타 ①어떤 물질에 열기를 줌. ¶-하여 살균하다. ②열을 더 세게 함. ¶- 장치

가:열(假熱)명 한방에서, 신열이 양증(陽證)이 아니어서, 더운 성질의 약을 써야 내리는 열을 이르는 말.

가열(苛烈)어기 '가열(苛烈)하다'의 어기(語基).

가열-기(加熱器)명 가스·증기·전기 등으로 열을 가하는 장치. 히터(heater)

가열-로(加熱爐)명 단조(鍛造)나 압연(壓延) 등을 하려고 금속을 가열할 때 쓰는 노(爐).

가열-하다(嘉悅-)타여 손아랫사람의 착한 행실이나 경사에 대하여 대견스러워하고 기뻐하다.

가:열-하다(苛烈-)형여 가혹하고 격렬하다.

가열-히부 가열하게

가:엽(假葉)명 잎자루가 잎처럼 납작하게 변하여 잎의 구실을 하는 것. 헛잎

가:엽다(가엽고·가여워)형ㅂ 가엾다

가:엾다[-엽-]형 딱하다. 불쌍하다. 가엽다 ¶가엾은 처지./가엾게도 어린 나이에 부모를 여의다.

가엾이부 가엾게 ¶- 여기다.

가영(歌詠)명-하다자 시가를 읊음.

가:-영업(假營業)명 본격적이 아닌, 임시로 하는 영업.

가:-영업소(假營業所)명 임시로 차린 영업소.

가:-예:산(假豫算)명 회계 연도 개시까지 예산안의 통과가 불가능할 때, 연도 개시 후 일정 기간의 집행을 위해 편성하는 잠정적 예산. 잠정 예산(暫定豫算)

가오리명 가오릿과의 연골 어류인 바닷물고기를 통틀어 이르는 말. 몸이 가로 넓적한 마름모꼴이고 꼬리가 길며, 배에는 아감구멍이 있음. 해요어(海鷂魚)

가오리-연(-鳶)명 꼬빡연

가옥(家屋)명 사람이 사는 집.

가:옥(假玉)명 인공으로 만든 옥. 가짜 옥.

가:옥(假屋)명 임시로 지은 집. 판잣집 따위.

가옥=대장(家屋臺帳)명 가옥의 소재·종류·구조·면적과 소유자의 이름·주소를 적은 장부. 구청이나 읍, 면사무소에 있음.

가옥분=재산세(家屋分財産稅)명 집을 가진 사람에게 물리는 지방세의 한 가지.

가온음자리-표(-音-標)명 다음자리표

가외(加外)명 일정한 표준이나 한도의 밖. ¶-로 내는 돈./-의 수입.

가:외(可畏) '두려워할만 함'의 뜻. ¶후생(後生)이 -라고, 참으로 대단한 젊은이군.
가욋-돈(加外-)명 가외로 드는 돈.
가욋-일(加外-)[-닐]명 일정한 일 외에 따로 하는 일. ¶-을 떠맡다.
가요(歌謠)명 ①민요·속요·동요·유행가 따위를 통틀어 이르는 말. ②'교방가요'의 준말. ☞대중 가요
가요-계(歌謠界)명 대중 가요에 관계되는 일을 직업으로 삼는 사람들의 사회.
가요-곡(歌謠曲)명 ①지난날, 악장(樂章)에 맞춰 부르던 속요의 가락. ②대중 가요. 유행가
가요-문(哥窯紋)명 문편(紋片)
가요-제(歌謠祭)명 가요를 공연하거나 경연하거나 하는 행사.
가용(家用)명 ①집안 살림에 드는 비용. ②-하다타 집에서 필요하여 씀, 또는 그 물건.
가:용(可溶)앞말 액체에 잘 녹음을 뜻하는 말. ¶가용물/-성 녹말.
가:용(可鎔)앞말 금속 따위가 열에 잘 녹음을 뜻하는 말. 가융(可融) ¶-금
가:용-금(可鎔金)명 비교적 저온에서 녹는 합금. 가융금(可融金)
가:용-물(可溶物)명 액체에 잘 녹는 물질.
가:용-성(可溶性)[-썽]명 액체에 잘 녹는 성질. ☞불용성(不溶性)
가:용=인구(可容人口)명 지구상에서 생산되는 식량으로 먹여 살릴 수 있는 인구의 총수.
가:우(假寓)명-하다타 임시로 자리잡아 지냄, 또는 그렇게 지내는 곳. 가거(假居)
가우스(gauss)의 자화(磁化)의 강도, 또는 자기력선속(磁氣力線束)의 밀도를 나타내는 CGS 전자(電磁) 단위. 독일의 수학자 가우스의 이름에서 유래함. 기호 G
가운(家運)명 집안의 운수. 가수(家數) ¶-이 펴이다.
가운(gown)명 ①법관·교수·성직자 등이 입는 직무용의 겉옷. ②의사·간호사·과학자 등이 입는 위생복. ③실내에서 입는 여자용의 긴 겉옷.
가운데명 ①선이나 막대 따위의 양끝에서 같은 거리에 있는 부분. ¶철사의 -를 자르다./직선 -에 표를 하다. ②둘의 사이. ¶두 사람 -로 끼어들다. ③어떤 공간의 안이나 속. ¶물 -로 헤엄쳐 들어가다./무대 -에 서다. ④여럿 있는 그 범위 안. ¶너희 -에 그를 아는 사람 있니? ⑤무슨 일이 진행되는 동안. ¶박수 소리가 요란한 -에 막이 내리다.

한자 **가운데 앙**(央)〔大部 2획〕¶중앙(中央)
가운데 중(中)〔丨部 3획〕¶중간(中間)/중급(中級)/중류(中流)/중매(中媒)/중순(中旬)
가운데 중(仲)〔人部 4획〕¶중개(仲介)/중재(仲裁)/중추절(仲秋節)

가운데-뜰명 집 안의 집채와 집채 사이의 뜰, 또는 집채로 에워싸여 있는 뜰. 중정(中庭)
가운데-치마명 갈퀴의 아래위 두 치마 사이에 가로질러 갈퀴코를 잡아매는 나무.
가운데-톨명 세톨박이 밤송이의 가운데 있는 밤톨. ☞가톨. 쌍동밤
가운뎃-골명 중뇌(中腦)
가운뎃-귀명 중이(中耳)
가운뎃-다리명 곤충의 세 쌍의 다리 중 가운데에 있는 한 쌍의 다리. 중지(中肢)
가운뎃-발가락[-까-]명 다섯 발가락 가운데서 한가운데의 발가락.
가운뎃-소리명〈어〉중성(中聲) ☞첫소리. 끝소리
가운뎃-손가락[-까-]명 다섯 손가락 가운데서 한가운데의 손가락. 장지(長指). 중지(中指)
가운뎃-점(-點)명〈어〉문장 부호의 한 가지. ①반점으로 열거된 어구(語句)가 다시 여러 단위로 나누어질 때 쓰임. ¶개나리·진달래, 국화·코스모스 따위. ②특정한 의미가 있는 날을 나타내는 숫자에 쓰임. ¶8·15 광복/3·1 운동 ③같은 계열의 단어 사이에 쓰임. ¶종이·먹·벼루·붓을 문방사우라 한다.
가운뎃-줄명 ①여러 줄에서 가운데에 있는 줄. ②큰 연에서, 연살이 엇걸린 중심에 하나 더 매는 줄.
가운뎃-집명 각살림하는 세 형제 가운데서 둘째네 집. ☞맏집
가웃의 되·말·자 따위로 되거나 잴 때, 그 단위의 절반 남짓에 해당하는 분량. 되거나 재고 남은 분량에 대하여 이름. ¶서 말 -./닉 되 -./두 자 -.
가:-웅예(假雄蕊)명 수술이 꽃잎같이 변화하여 꽃밥이 생기지 않은 수꽃술. 난초과의 꽃에서 볼 수 있음. 헛수술
가월(佳月)명 아름다운 달. ☞명월(明月)
가월(嘉月)명 '음력 삼월'을 달리 이르는 말.
가위[1]명 ①옷감·종이·가죽·머리털 따위를 자르거나 오리는 데 쓰는, 날이 엇걸려 있는 기구. 교도(交刀). 전도(剪刀). 협도(鋏刀) ②가위바위보에서, 집게손가락과 가운뎃손가락 또는 엄지손가락을 벌려 내민 것. '보'에 이기고 '바위'에는 짐.
가위[2]명 음력 팔월 보름의 명절. 추석(秋夕). 한가위. 가배절(嘉俳節)
가위[3]명 잠결에 무서운 꿈에 질려, 무엇에 눌린 것처럼 몸이 마음대로 움직이지 않는 상태. ¶-에 눌리다.
가:위(可謂)부 ①가히 이르자면. ②말 그대로. 과연 ¶-천하일색이로구나.
가위-눌리다자 ①잠결에 무서운 꿈에 질려서 괴롭게 몸짓을 하거나 소리를 지르다. ②힘에 벅찬 일을 맡거나 엄청난 일을 당하여 어쩔 줄 몰라 하다.
가위-다리명 ①가위의 손잡이. ②가위의 다리처럼 서로 어긋매끼어 '×'자로 걸친 모양.
가위다리(를) 치다관용 길이가 있는 두 물건을 '×' 모양으로 어긋매끼게 걸쳐 놓다.
가위다리-양:자(-養子)명 두 형제 중 하나만 외아들이 있을 때, 그 외아들이 두 아들을 낳으면 그 중 하나를 아들이 없는 종조부(從祖父)의 양손(養孫)으로 삼는 일, 또는 그 양자.
가위다리-차(-車)명 장기에서, 상대편 궁(宮)에 대하여 연거푸 장군을 부르게 된 자리에 있는 두 차(車).
가위-바위-보명 한 손으로 가위나 바위, 보의 다른 모양을 만들어 서로 동시에 내밀어서 승패를 겨루는 놀이. 가위는 보에, 바위는 가위에, 보는 바위에 각각 이김.
가위-벌명 가위벌과의 곤충. 꿀벌과 비슷하나 더 크고 몸빛이 짙음. 장미나무 따위의 잎을 뜯어 집을 지음.
가위-좀명 일자좀나비의 애벌레. 1년에 두 번 발생하며 애벌레로 겨울을 남. 볏잎을 갉아먹는 해충이며, 아시아 각지에 분포함.
가위-질명-하다자타 가위를 써서 자르거나 오리는 일.
가위-춤명 가위를 장단에 맞추어 벌렸다 오므렸다 하는 짓을 이르는 말. ¶-을 추다.
가위-톱명 포도과의 낙엽 활엽 덩굴나무. 잎은 겹잎이며 잎자루에 날개 같은 살이 붙어 있음. 초여름에 황록색의 꽃이 피고, 장과(漿果)가 가을에 흰빛으로 익음. 우리나라 북부와 중국 동북 지방 등의 산지에 자람. 뿌리는 '백렴(白蘞)'이라 하여 한방에서 약재로 쓰임.
가위-표(-標)명 ①문장 부호인 '×'표의 이름. 글 가운데서 짐짓 드러내지 않음을 나타낼 때에나 비밀로 해야 할 경우에 쓰임. ¶이 ××, 하면서 마구 대들다. ②틀린 것을 나타낼 때 쓰는 표. ¶틀린 답에는 ×표를 하시오. 횡십자(橫十字) ☞동그라미표
가윗-날명 한가윗날. 추석날. 가배일(嘉俳日)
가윗-밥명 가위질할 때 생긴 부스러기.
가윗-집명 바느질에서, 옷의 곡선 부분의 시접을 알맞게 사이를 두고 가위로 조금씩 자르는 일. ¶-을 넣다.
가유(加由)명-하다자 '가급유(加給由)'의 준말.
가:유(假有)명 불교에서, 현실로 나타나 있는 만유(萬有)를 이르는 말.
가율(加律)명-하다자타 지난날, 형벌을 더하는 일을 이

르던 말. ☞가죄(加罪). 가형(加刑)

가:융(可融)[앞말] 가용(可鎔)

가:융-금(可融金)[명] 가용금(可鎔金)

가:융=합금(可融合金)[명] 이융 합금(易融合金)

가으-내[부] 가을철 내내. ¶ ― 추수하느라 쉴 겨를이 없었다. [원]가을내 ☞여름내

가을[명] 네 철의 하나. 여름과 겨울 사이의 철. 양력으로는 8월에서 10월까지이며, 음력으로는 7월에서 9월까지임. 절기로는 입추(立秋)에서 입동(立冬)까지를 이름. [준]갈²

[속담] **가을볕에는 딸을 쬐이고 봄볕에는 며느리를 쬐인다** : 봄볕에 살갗이 더 거칠어지고 잘 타므로, 며느리보다 딸을 더 생각한다는 말. /**가을 식은 밥이 봄 양식이라** : 넉넉할 때일수록 아껴 써야 한다는 말.

[한자] **가을 추**(秋) 〔禾部 4획〕 ¶ 추경(秋景)/추계(秋季)/추곡(秋穀)/추상(秋霜)/추수(秋收)/추풍(秋風)

가을-갈이[명][-하다][자타] 가을에 논을 미리 갈아 두는 일. 추경(秋耕) [준]갈갈이 ☞봄갈이

가을-걷이[-거지][명][-하다][자타] 가을에 익은 곡식을 거두는 일. 추수(秋收). 추확(秋穫) [준]갈걷이

가을-날[명] ①가을철의 날. ②가을철의 날씨. 추일(秋日) ☞여름날

가을-내[부] '가으내'의 원말.

가을-누에[명] 가을에 치는 누에. 추잠(秋蠶) ☞봄누에. 춘잠(春蠶)

가을-바람[-빠-][명] 가을철에 부는 바람. 상풍(商風). 추풍(秋風) [준]갈바람 ☞봄바람

가을-밤[-빰][명] 가을철의 밤. 추소(秋宵). 추야(秋夜)

가을-볕[-뼏][명] 가을철의 따갑게 쬐는 볕. 추양(秋陽)

가을-보리[-뽀-][명] 가을에 씨를 뿌려 이듬해 초여름에 거두는 보리. 추맥(秋麥) [준]갈보리 ☞봄보리

가을-봄[명] 가을과 봄. [준]갈봄

가을-비[-삐][명] 가을철에 내리는 비. 추우 ☞여름비

[속담] **가을비는 떡 비라** : 가을에 비가 오면 밖에 나가 일을 할 수 없고, 곡식은 넉넉하니 집에서 떡이나 해 먹는다는 말.

가을-빛[-삗][명] 눈으로 보아 가을을 느끼게 하는 자연의 기운, 또는 자연의 경치. 추색 ¶ ―이 완연하다.

가을-일[-릴][명][-하다][자] 가을걷이하는 일.

가을-장마[-짱-][명] 가을철에 여러 날 계속하여 내리는 비. 추림(秋霖)

가을-철[명] 가을인 철. 추계(秋季). 추절 ☞여름철

×**가을-카리**[명][-하다][자타] →가을갈이

가을-하다[자타][여] 가을걷이하다. 추수하다 [준]갈하다

가의(加衣)[명] 책가위

가의(加意)[명][-하다][자] 특별히 마음에 둠.

가의(歌意)[명] 노래의 뜻. 시가(詩歌)의 뜻.

가의(嘉儀)[명] 좋은 의식. 경사스러운 의식.

가:의(可疑)[어기] '가의(可疑)하다'의 어기(語基).

가:의-하다(可疑―)[형][여] 의심할만 하다.

가이거=계:수관(Geiger計數管)[명] 가이거뮐러 계수관

가이거뮐러=계:수관(Geiger-Müller計數管)[명] 방사선의 입자(粒子)의 수를 세는 검출기(檢出器). 가이거 계수관.

가이던스(guidance)[명] '지도(指導)'의 뜻으로, 학생의 개성이나 능력에 따라 학습이나 진로 등을 지도하는 일.

가이드(guide)[명] ①안내(案內). 지도(指導) ②안내서. 가이드북 ③관광객·여행자·등산객 등의 안내자. ④[-하다][타] 관광 여행이나 등산 등을 안내하는 일.

가이드라인(guideline)[명] 지표(指標)나 지침(指針). 특히 정책의 지침. ¶ 예금 금리에 대한 정부의 ―.

가이드로:프(guide rope)[명] 기구(氣球)나 비행선 등을 유도하는 밧줄.

가이드북(guidebook)[명] 안내서(案內書). 가이드

가이드포:스트(guidepost)[명] 도로 표지(道路標識)

가이디드미사일(guided missile)[명] 무선유도탄(無線誘導彈).

가이슬러-관(Geissler管)[명] 진공 방전관(眞空放電管)의 한 가지. 음극선(陰極線)이나 엑스선 따위를 발견하는 실마리가 되었음. 독일의 가이슬러가 만들었으며, 진공 방전의 실험과 스펙트럼의 연구 등에 쓰임.

가이아(Gaea)[명] 그리스 신화에 나오는 대지(大地)의 여신. 게(Ge)

가인(佳人)[명] ①아름다운 여자. 미인(美人) ②사랑의 대상인 이성(異性).

가인(家人)¹[명] ①한집안 사람. ②집안에 딸린 사람. ③남에게 자기의 아내를 이르는 말.

가인(家人)²[명] '가인괘(家人卦)'의 준말.

가인(歌人)[명] 노래를 잘 짓거나 잘 부르는 사람. [유]가객

가인-괘(家人卦)[명] 육십사괘(六十四卦)의 하나. 손괘(巽卦) 아래 이괘(離卦)가 놓인 괘로 바람이 불에서 남을 상징함. [준]가인(家人)² ☞규괘(睽卦)

가인박명(佳人薄命)[성구] 소식(蘇軾)의 '박명가인시(薄命佳人詩)'에 나오는 말로, 아름다운 여자는 수명이 짧다는 뜻으로 이르는 말. [유]미인박명(美人薄命)

가인재자(佳人才子)[성구] 아름다운 여자와 재주 있는 젊은 남자를 이르는 말. 재자가인(才子佳人)

가일(佳日·嘉日)[명] 경사스러운 날. 좋은 날. 가신(佳辰)

가:일(暇日)[명] 한가한 날.

가-일과(加一瓜)[명][-하다][타] 지난날, 임기(任期)가 찬 관원을 다시 한 임기 더 근무하게 하던 일.

가-일층(加一層)[부] 더욱더. 한층 더. ¶ ― 노력하자.

가입(加入)[명][-하다][자] ①단체나 조직 따위에 들어감. ¶ 국제 기구에 ―하다. ☞탈퇴(脫退) ②돈을 내고 계약자가 되다. ¶ 보험에 ―하다.

가입-자(加入者)[명] 가입한 사람.

가입=전:화(加入電話)[명] 개인이나 회사가 통신 사업자와 계약하여 설치한 전화.

가자(加資)[명][-하다][자타] 지난날, 정삼품 통정대부(通政大夫) 이상인 당상관(堂上官)의 품계, 또는 그 품계를 올리던 일. ☞초자(超資)

가자(架子)[명] ①처진 나뭇가지를 받치는, 시렁같이 만든 물건. ② 편경(編磬)이나 편종(編鐘) 등의 악기를 달아 놓는 틀. ③갸자

가자(家資)[명] 가산(家產)

가자(家慈)[명] 글에서, 남에게 자기의 어머니를 이르는 말. ☞가엄(家嚴)

가:자(假子)[명] ①양아들 ②의붓자식

가자(嫁資)[명] 시집보낼 때 드는 비용.

가자(歌者)[명] 조선 시대, 정재(呈才)의 한 가지, 또는 그 정재에서 노래 부르는 사람을 이르던 말.

가자미[명] 가자밋과와 둥글넙칫과의 바닷물고기를 통틀어 이르는 말. 몸은 넙치처럼 위아래로 납작하여 타원형에 가깝고, 두 눈은 오른쪽에 몰리어 붙음. 눈이 있는 쪽을 위로 하여 바다 밑바닥에서 삶. 가어(加魚). 접어(鰈魚)

가-자제(佳子弟)[명] 남을 높이어 그의 아들을 이르는 말.

가자-체(加資帖)[명] 지난날, 가자를 내릴 때 주는 교지(敎旨)를 이르던 말.

가작(佳作)[명] ①잘 지은 작품. ☞가편(佳篇) ②당선작, 또는 입선작에 버금가는 작품.

가작(家作)[명][-하다][자타] 자기의 땅에서 손수 농사를 지음. 자작(自作)

가:작(假作)[명][-하다][타] ①거짓 행동. ②완전하지 않게 임시로 만드는 일, 또는 그렇게 만든 것.

가-작약(家芍藥)[명] 한방에서, 집에서 재배한 작약의 뿌리를 약재로 이르는 말.

가잠(家蠶)[명] 집에서 치는 누에. 집누에 ☞작잠(柞蠶)

가잠-나룻[명] 짧고 숱이 적은 구레나룻.

가장[부] 여럿 가운데 어느 것보다 더. 으뜸으로. 첫째로 ¶ ― 크다. /그분이 ― 아끼는 제자.

[한자] **가장 최**(最) 〔曰部 8획〕 ¶ 최강(最強)/최고(最高)/최다(最多)/최상(最上)/최선(最善)

가장(架藏) 명 -하다 타 시렁 위에 갈무리해 둠. 주로 책을 서가(書架)에 간직해 둠을 이름.

가장(家長) 명 ①집안의 어른. ②가족의 생계를 맡은 가구주(家口主). ③남에게, 자기의 남편을 달리 이르는 말.

가장(家狀) 명 한 집안의 조상의 행적에 대한 기록.

가장(家藏) 명 -하다 타 물건 따위를 집에 간직함, 또는 집에 간직한 물건.

가:장(假葬) 명 -하다 타 ①격식을 차리어 시체를 매장하지 아니하고 임시로 묻음. ②어린아이의 시체를 묻음.

가:장(假裝) 명 -하다 자타 ①가면을 쓰거나 분장을 하여 다른 모습으로 차림. ¶ - 무도회/- 행렬 ②태도나 행동을 거짓 꾸밈. ¶짐짓 태연한척 -하다.

가장-권(家長權) [-꿘] 명 가부장제(家父長制)에서, 가장이 가지는 지배적인 권리. 자식에 대한 친권(親權), 아내에 대한 부권(夫權) 등.

가장귀 명 나뭇가지의 아귀.

가장귀-지다 자 나뭇가지가 갈라져서 가장귀가 생기다.

가:장=무:도회(假裝舞蹈會) 명 가장하여 춤을 추는 모임. 가면 무도회(假面舞蹈會)

가:장-분면(假裝粉面) 명 거짓으로 꾸미는 말과 태도.

가장이 명 나뭇가지의 몸.

가:장자리 명 물건의 둘레나 그 가에 가까운 부분. ¶눈 -가 발그레하다./책상의 -.

가:장=자:본(假裝資本) 명 의제 자본(擬制資本)

가장=제:도(家長制度) 명 가장이 절대 권력을 가지고, 그 가족을 거느리는 대가족 제도.

가-장조(-長調) [-쪼] 명 '가' 음을 으뜸음으로 하는 장조. 에이장조 ☞가단조

가장-질 명 -하다 자 노름판에서 패를 속이는 짓.

가장-집물(家藏什物) 명 집 안에서 쓰는 온갖 세간. 준 가집(家什)

가:장=행렬(假裝行列) 명 축하 행사나 운동회 따위에서 가장을 하고 줄지어 가는 일, 또는 그 행렬.

가:장=행위(假裝行爲) 명 ①없는 일을 있는 것처럼 꾸며 만드는 행위. ②제삼자를 속이려고 상대편과 짜고 거짓으로 의사 표시를 함으로써 성립되는 법률 행위. 증여(贈與)를 매매(賣買)로 가장하는 따위.

가:재 명 갑각류의 절지동물. 새우와 게의 중간형. 몸길이 3～6cm. 큰 앞발은 집게발로 되어 있고 긴 촉각이 있음. 개울 상류의 돌 밑에 살며 뒷걸음질을 잘하는 습성이 있음. 먹을 수 있으며 맛은 게와 비슷하나 폐디스토마의 중간 숙주임. 석해(石蟹)

속담 **가재는 게 편이다** : 서로 형편이 비슷하고 인연이 있는 사람끼리 한편이 되거나 편들기 쉽다는 말. [가재는 게 편이요 초록은 한 빛이라]

가재(家財) 명 ①한 집안의 재산. ¶ -가 넉넉하다. ②집안에 있는 모든 세간. ¶ - 도구

가재(歌才) 명 노래를 짓거나 부르거나 하는 재주.

가:재-걸음 명 ①뒤로 걷는 걸음. 뒷걸음질 ②발전이 없고 퇴보하는 상태를 비유하여 이르는 말.

가재걸음(을) 치다 관용 ①뒷걸음치다. 뒷걸음질하다. ②발전하지 못하고 도리어 퇴보하다.

가재기 명 튼튼하게 만들지 못한 물건.

가재=기물(家財器物) 명 가재 도구

가재=도:구(家財道具) 명 집 안에서 쓰는 온갖 기구. 가재 기물

가:재-수염(-鬚髥) 명 가재의 큰 촉각처럼 코 밑에서 양옆으로 갈라져 뻗은 수염.

가:재-지짐이 명 가재의 등딱지와 발목을 떼어 버리고 쇠고기·파·새앙·고추장·기름 등과 한데 버무려 물을 치고 지진 반찬.

가저(家猪) 명 집돼지 ☞야저(野猪)

가적(家嫡) 명 집안의 적자(嫡子).

가전(加錢) 명 웃돈

가전(家傳) 명 -하다 자 한 집안에 대대로 전해 내려옴, 또는 그 물건. ¶ -하는 서화(書畫).

가전(家電) 명 '가전 제품(家電製品)'의 준말.

가전(嘉典) 명 경사스러운 전례(典禮).

가전(駕前) 명 ①임금의 거둥 때, 그 수레 앞에 서는 시위병(侍衛兵). ②임금의 행차 앞. ☞가후(駕後)

가전(價錢) 명 값

가전=별초(駕前別抄) 명 지난날, 가전(駕前) 외에 따로 앞세우던 군대.

가전=비:방(家傳祕方) 명 그 집안에만 대대로 전해 내려오는 약의 처방. ¶ -의 보약.

가:전-성(可展性) [-썽] 명 금·은·주석 등의 금속을 두드리거나 세게 누르면 얇게 펴지는 성질. 전성(展性) ☞연성(延性)

가-전:자(價電子) 명 원자의 가장 바깥에 있는 전자. 원자의 화학적 성질을 결정하고 결합에 관여함.

가전=제:품(家電製品) 명 가정용 전기 제품. 냉장고·세탁기·텔레비전·선풍기 따위. 준 가전(家電)

가:전-체(假傳體) 명 사물을 의인화(擬人化)하여 전기(傳記) 형식으로 쓴 문학의 한 양식.

가:전체=소:설(假傳體小說) 명 사물을 의인화하여 창작한 소설. 국순전(麴醇傳)·죽부인전(竹夫人傳) 따위.

가절(佳節) 명 ①좋은 명절. 가신(佳辰) ¶중추(仲秋) - ②좋은 시절. 가기(佳期) ¶양춘(陽春) -

가절(價折) 명 -하다 타 물건의 값을 깎음. 절가(折價)

가절(佳絕) 어기 '가절(佳絕)하다'의 어기(語基).

가절-하다(佳絕-) 형 여 빼어나게 아름답다.

가점(加點) [-쩜] 명 -하다 자타 ①점수를 올림, 또는 그 점수. ☞감점 ②특별히 드러나도록 글자 곁에 점을 찍음.

가정(加定) 명 -하다 타 물품이나 비용, 인원 등을 정한 수 이상으로 늘림.

가:정(苛政) 명 가혹한 정치. 학정(虐政) ☞관정(寬政)

가정(家丁) 명 지난날, 집에 데리고 있으면서 잡일을 시키는 남자 일꾼을 이르던 말. ☞하인(下人)

가정(家政) 명 모든 집안 살림을 다스리며 꾸려 나가는 일, 또는 그 방법이나 기술.

가정(家庭) 명 가족이 함께 생활하는, 사회의 가장 작은 집단. ¶ -을 꾸미다./- 주부

가:정(假定) 명 -하다 자타 ①임시로 정함. ②가설(假設) ③가설(假說)

가:정(假晶) 명 광물이 본디의 결정형(結晶形)을 나타내지 않고 다른 형으로 나타나는 것.

가정(駕丁) 명 가마를 메는 사람. 가마꾼

가정=간호(家庭看護) 명 가족이 하는 응급 간호, 또는 만성적인 병자를 가족이 가정에서 간호하는 일.

가정=경제(家庭經濟) 명 집안 살림을 합리적으로 잘 꾸려 나가기 위한 경제. 가계 경제. 가사 경제

가정=공업(家庭工業) 명 가내 공업(家內工業)

가정-관(加定官) 명 지난날, 임시로 부과하는 조세를 거두어들이는 관원을 이르던 말.

가:-정:관(假定款) 명 아직 주주 총회의 의결을 거치지 아니한 회사의 정관.

가정=교:사(家庭教師) 명 남의 집에서 일정한 보수를 받고 개인적으로 학습을 지도하는 사람.

가정=교:육(家庭教育) 명 가정에서 일상 생활 가운데 이루어지는 교육. 말·생각·행동 등에 걸쳐 인격 형성에 깊은 영향을 미치게 됨.

가정=교:훈(家庭教訓) 명 집안 어른이 자녀들에게 일러 주는 교훈. 가훈(家訓)

가정-극(家庭劇) 명 연극·영화·방송극 따위에서 가정 생활을 소재로 한 것. 홈드라마

가정-대:부(嘉靖大夫) 명 조선 시대, 종이품 문관에게 내린 품계의 하나. 서른 등급 중 일곱째 등급임. ☞가선대부(嘉善大夫)

가정-란(家庭欄) 명 신문 따위에서, 주로 여성을 대상으로 의식주 등 가정 생활에 관한 기사를 싣는 난(欄)이나 지면(紙面). 가정면

가:정맹:어호(苛政猛於虎) 가혹한 정치는 범보다 더 무섭다는 말.

가정-면(家庭面) 명 가정란(家庭欄)

가정=방:문(家庭訪問)명 교사 등이 학생의 가정 환경 등을 알아보기 위하여 그 가정을 찾아보는 일.
가정=법원(家庭法院)명 이혼이나 상속, 재산 관리 등 가정의 사건과 소년 범죄 등에 관계되는 사건을 심판하고 조정하는 하급 법원.
가정-부(家政婦)명 보수를 받고 남의 집안 살림 등을 맡아 해 주는 여자. ☞식모(食母)
가:-정부(假政府)명 임시 정부(臨時政府)
가정=부인(家庭婦人)명 가정에서 살림하는 부인.
가정=생활(家庭生活)명 ①가족이 가정을 이루어 사는 생활. ②사회 생활이나 직장 생활 등에 상대하여 가정에서 지내는 생활을 이르는 말.
가정=소:설(家庭小說)명 가정 생활을 소재로 한 소설.
가정-의(家庭醫)명 한 가족의 건강 관리나 질병에 대한 초기 진료를 맡으며, 필요할 때는 다른 전문의에게 소개하는 등의 일을 맡는 의사.
가정=의례(家庭儀禮)명 혼례(婚禮)·상례(喪禮)·제례(祭禮)·수연(壽宴) 등 가정에서 치르는 의례.
가정=의례=준:칙(家庭儀禮準則)명 가정 의례의 의식이나 절차에서 허례허식과 낭비를 규제한 규칙. '가정 의례에 관한 법률'에 따름.
가정=자동화(家庭自動化)명 일반 가정에서 일어나는 일들을 컴퓨터를 응용하여 자동화하는 일. 방재(防災)·방범(防犯) 시설이나 홈뱅킹 등이 대표적인 것임. 에이치에이(HA) ☞공장 자동화
가정=쟁의(家庭爭議)명 가정이 화목하지 못하여 일어나는 다툼. 가족 쟁의(家族爭議)
가정-적(家庭的)명 ①가정을 소중히 여기는 것. ¶－인 남자. ②가족과 함께 있는 것 같은 아늑한 느낌인 것. ¶－인 분위기에서 일하다. 유가족적(家族的)
가정=통신(家庭通信)명 교육 효과를 높이기 위하여 교사와 학부모 사이에 주고받는 통신.
가정-학(家政學)명 합리적인 가정 생활을 해 나가기 위한 지식과 기술을 연구하는 학문.
가정=학습(家庭學習)명 주로 학교 공부에 대비하기 위하여, 가정에서 하는 예습이나 복습.
가제(加除)명-하다타 ①더하거나 빼거나 함. ¶원고 내용을 －하다. ②덧셈과 나눗셈.
가제(家弟)명 남에게 자기의 아우를 이르는 말. 사제(舍弟) ☞가백(家伯). 가형(家兄)
가:제(假製)명-하다타 제대로 만들지 않고 대강 만듦, 또는 임시로 만든 물건.
가:제(假題)명 임시로 붙인 제목.
가:제(假諦)명 불교에서 이르는 삼제(三諦)의 하나. 만물은 모두 실체(實體)가 없는 공(空)이나, 그 형상은 뚜렷하다는 진리.
가제(歌題)명 노래의 제목.
가:제(Gaze 독)명 외올로 성기게 짠 부드러운 무명베. 의료용이나 젖먹이의 배내옷감으로도 쓰임. 거즈
가:-제본(假製本)명 정식으로 제본하기에 앞서 임시로 해 보는 제본, 또는 그렇게 제본한 책.
가제-식(加除式)명 책이나 장부 따위의 낱장을 필요에 따라 갈아 끼울 수 있게 만든 제책 방식. 법령집 등에 흔히 이용됨.
가져-가다타 어떤 상태로 이끌어 가다. ¶해결의 실마리를 찾는 방향으로 －.
가져-오다타 어떤 결과가 나타나게 하다. ¶노력 끝에 성공적인 결과를 －.
가조(家祖)명 ①집안의 조상. ②글에서, 남에게 자기의 할아버지를 이르는 말.
가조(佳兆)명 좋은 일이 있을 징조. 길조(吉兆) ☞흉조(凶兆)
가:-조각(假爪角)명 비파(琵琶)를 탈 때, 줄을 짚는 손톱을 보호하기 위해 왼손의 둘째·셋째·넷째 손가락에 끼우는, 뿔로 만든 두겁.
가:조기명 싱싱한 조기의 배를 갈라 넓적하게 펴서 소금을 치지 않고 말린 것. 건석어(乾石魚)
가:조-시(可照時)명 가조 시간(可照時間)
가:조=시간(可照時間)명 해가 돋아서 질 때까지의 시간. 가조시(可照時) ☞일조 시간(日照時間)
가:-조약(假條約)명 정식 조약을 체결하기 전에 임시로 체결하는 영구성이 없는 조약. 잠정 조약(暫定條約)
가:조-율(可照率)명 일조 시간(日照時間)에 대한 가조 시간의 비율. ☞일조율(日照率)
가:-조인(假調印)명-하다타 외교 교섭에서, 조약이나 협정의 내용이 거의 확정되었을 때 하는 약식(略式)의 서명(署名). 정부 대표가 자기 이름의 머리글자를 씀.
가족(家族)명 ①혼인 관계나 혈연 관계 등으로 한 집안을 이룬 사람들. ②법률에서, 같은 호적 내의 친족을 이르는 말. ☞식구
가족=경제(家族經濟)명 생산에서 소비에 이르는 모든 경제 행위가 가족 안에서 이루어지는 경제 상태.
가족=계:획(家族計畫)명 부부가 자녀의 수효나 터울을 계획적으로 조절하는 일.
가족=국가(家族國家)명 국가는 하나의 큰 가족이라고 주장하여, 가정을 국가 지배의 바탕으로 삼는 국가 유형.
가족-법(家族法)명 가족의 생활 관계를 규정한 법. 흔히 민법의 친족법과 상속법을 이름.
가족-석(家族席)명 극장이나 모임 같은 데서, 가족끼리 모여 앉게 마련된 자리.
가족=수당(家族手當)명 사용자가 종업원의 부양 가족에 대하여 지급하는 일정액의 수당.
가족=쟁의(家族爭議)명 가정 쟁의(家庭爭議)
가족-적(家族的)명 ①한 가족에 관한 것. ②가족처럼 친밀한 것. ¶－인 분위기. 유가정적(家庭的)
가족=제:도(家族制度)명 사회 제도에 따라 규정하는 가족의 형태. 가부장이 거느리는 대가족 제도, 부부와 그 자녀로 구성되는 소가족 제도 등이 있음.
가족-주의(家族主義)명 ①가족을 제일로 여기는 생각. ②가족 제도 아래의 가족 관계나 행동 양식이 가족 밖의 사회 집단에까지 확대되는 가치 체계.
가족-탕(家族湯)명 온천장 따위에서, 가족끼리만 함께 쓰게 되어 있는 유료 목욕탕.
가존(家尊)명 ①글에서, 남에게 자기의 아버지를 높이어 이르는 말. ②남의 아버지를 높이어 이르는 말.
가좌(家座)명 집터의 위치.
가죄(加罪)명-하다자타 ①죄에 죄가 더함. ②형벌을 더하여 매김. ☞가율. 가형
가죄(嫁罪)명-하다자 죄를 남에게 넘겨씌움.
가주(佳酒·嘉酒)명 맛이 좋은 술. 미주(美酒)
가주(家主)명 집주인
가:주(假主)명 신주(神主) 대신으로 만든 신위(神位).
가:주(假株)명 '가주권(假株券)'의 준말.
가:-주권(假株券)[－꿘]명 나중에 정식 주권(株券)을 주기로 하고 회사에서 주주(株主)에게 주는 임시 증서. 준가주(假株)
가:-주:소(假住所)명 ①임시 주소. ②거짓으로 대는 주소. ③법률에서, 어느 특정 행위의 당사자가 그 행위에 대하여 주소에 대신할 곳으로 선정한 곳.
가죽명 ①사람이나 동물의 몸을 싸고 있는 껍질을 이룬 물질. ②소·말·양·토끼 따위 짐승의 껍질을 벗겨 털을 없애고 무두질한 물건. 구두·가방·옷 따위의 원료로 쓰임. 다룸가죽. 숙피. 피혁(皮革)

한자 가죽 피(皮)〔皮部〕¶피부(皮膚)/피하(皮下)
가죽 혁(革)〔革部〕¶피혁(皮革)/혁대(革帶)

가죽-구두명 가죽으로 만든 구두.
가:-죽나무(假－)명 소태나뭇과의 낙엽 활엽 교목. 높이는 10m 안팎. 잎은 깃꼴 겹잎인데 어긋맞게 남. 6월경에 녹색을 띤 백색 꽃이 피고, 가늘고 긴 모양의 시과(翅果)가 열림. 뿌리 껍질은 한방에서 약재로 쓰임. 저목(樗木)
가죽-띠명 가죽으로 만든 띠 또는 허리띠. 혁대(革帶)
가죽-숫돌[－숟－]명 면도칼의 날을 세우는 데 숫돌 삼

아 쓰는 가죽띠. 혁지(革砥)

가죽-신 [명] 가죽으로 만든 신. [준]갖신

가죽-옷 [명] 가죽으로 지은 옷. [준]갖옷

가죽-위(—韋)[명] 다룬가죽위

가죽-피(—皮)[명] 한자 부수(部首)의 한 가지. '皰'·'皺' 등에서 '皮'의 이름.

가죽-혁(—革)[명] 한자 부수(部首)의 한 가지. '靴'·'鞍' 등에서 '革'의 이름.

가중(加重)[명]-하다[자타] ①무거워지거나 부담이 더해짐, 또는 무게를 더하거나 부담을 더함. ¶책임이 —되다. ②누범(累犯) 등의 경우에 형벌을 더 무겁게 하는 일. ¶— 처벌 ③신경이나 근육에 둘 이상의 자극이 겹쳐서 주어졌을 때, 낱낱의 자극이 주어졌을 때보다 큰 효과가 나타나는 현상. ☞경감(輕減)

가중(家中)[명] ①온 집안. ②한 집의 안.

가:중(苛重)[어기] '가중(苛重)하다'의 어기(語基).

가중=감:경(加重減輕)[명] 법정형(法廷刑)을 법률상 또는 재판상 가중하거나 경감하는 일.

가중=산:술=평균(加重算術平均)[명] 각 수치에 가중치를 더하였을 때의 평균. 가중 평균 ☞단순 산술 평균(單純算術平均)

가중=처:벌(加重處罰)[명] 형(刑)의 선고에서, 그 형량을 가중하는 처벌.

가중-치(加重值)[명] ①평균치를 산출할 때 개별치(個別值)에 부여되는 중요도. ②어떤 상품이 경제 생활에서 차지하는 중요도.

가중=평균(加重平均)[명] 가중 산술 평균 ☞단순 평균

가:중-하다(苛重—)[형여] 부담이 가혹하게 무겁다.
　가중-히[부] 가중하게

가중-형(加重刑)[명] 누범(累犯)이나 특정 범죄의 경우, 법으로 정한 범위를 넘어 더 무겁게 지우는 형벌. ☞가중 처벌(加重處罰)

가즈럽다(가즈럽고·가즈러워)[형ㅂ] 가진 것도 없으면서 온갖 것을 다 가진체 하며 거드름을 피우는 티가 있다.

가증(加症)[명]-하다[자타] ①어떤 병을 앓고 있는데 다른 증세가 또 일어남. ②어떤 병이 이제까지와는 다른 증세를 나타냄.

가증(加增)[명]-하다[자타] 더 보탬, 또는 더 보태어짐.

가:증(可憎)[어기] '가증(可憎)하다'의 어기(語基).

가증-률(加增率)[명] 유가 증권의 액면 또는 납입 금액과 그 이상의 매매 가격의 차이.

가:증-맞다(可憎—)[—맏—][형] 몹시 괘씸하고 얄밉다. ¶그의 배신 행위가 —.

가:증-스럽다(可憎—)(—스럽고·—스러워)[형ㅂ] 보기에 괘씸하고 얄밉다. ¶배은망덕한 행위가 —.
　가증-스레[부] 가증스럽게

가:증-하다(可憎—)[형여] 괘씸하고 얄밉다. ¶사리사욕을 채우는 꼴이 —.

가지[1][명] ①식물의 줄기에서 갈라져 나간 부분. ¶버드나무의 —. ②원줄기에서 갈라져 나간 것을 비유하여 이르는 말. ¶생물학은 자연과학의 한 —이다.
　가지(를) 치다[관용] ①가지가 돋아서 자라다. ②가지를 자르다.
　[속담]**가지 많은 나무에 바람 잘 날이 없다**: 가지 많은 나무가 잠잠할 적 없듯이, 자식을 많이 둔 부모에게는 근심이 그칠 날이 없다는 말.

[한자] **가지 지**(枝)〔木部 4획〕¶전지(剪枝)/접지(椄枝)/지경(枝莖)/지엽(枝葉)/지절(枝節)/지접(枝椄)

가지[2][명] ①가짓과의 한해살이풀. 줄기 높이 60~100cm. 줄기와 잎은 검은 자줏빛이고, 잎은 달걀꼴이며 어긋맞게 남. 잎겨드랑이에 엷은 자줏빛의 통꽃이 피며, 여름에서 가을에 걸쳐 검은 자줏빛의 길둥근 열매를 맺음. 인도 원산으로 채소로 재배됨. ②가지의 열매.

가:지[3][명] 남을 천대하고 멸시하는 뜻으로 욕하는 말. ¶— 같은 너석. ☞거지

가지[4][의] ①사물을 종류에 따라 구별하여 세는 말. ¶여러 — 무늬./두 —의 의문. ②제기차기에서, 차기 시작해서부터 땅에 떨어지기까지의 동안. ¶한 —에 몇이나 찼느냐?

가지(加持)[명] ①불교에서, 부처나 보살이 중생(衆生)을 지키는 일, 또는 그 힘을 이르는 말. ②민간에서, 병이나 재앙을 면하려고 올리는 기도를 이르는 말.

가지-가지[1][명] ①여러 가지. ¶살아가는 방법도 —로구나. ☞각양각색(各樣各色) ②〔관형사처럼 쓰임〕여러 가지의. ¶— 꽃이 피어 있다. [준]갖가지.

가지-가지[2][부] 나무의 가지마다. ¶사과가 — 열렸다.

가지가지-로[부] 여러 가지로. 온갖 종류로. ¶— 차린 큰 상./— 의견을 말한다. [준]갖가지로

가지-각색(—各色)[명] 여러 가지. ¶취미도 —이다./—의 꽃들이 만발했다. ☞각양각색. 종종색색. 형형색색

가지-고비고사리[명] 고사릿과의 여러해살이 양치류. 고비고사리와 비슷하나, 잎이 단단하고 그물맥이 있음. 줄기 높이 50~60cm. 뿌리 줄기에서 나는 깃꼴 겹잎 뒷면에 홀씨주머니가 있음. 산이나 들의 나무 그늘에서 자라는데, 우리 나라와 일본·중국 등지에 분포함.

가:-지급(假支給)[명]-하다[타] 정식으로 지급하기 전에 임시로 미리 지급하는 일.

가:-지급-금(假支給金)[명] 가지급한 돈.

가지기[명] 혼례를 치르지 아니하고 다른 남자와 사는 과부나 이혼녀를 이르는 말. 가직(家直)

가지-김치[명] 김치의 한 가지. 가지에 칼집을 내어 끓는 물에 데쳐서 물기를 꼭 짠 다음, 파·마늘·고추 다진 것을 소금으로 간을 하여 소로 넣어 그릇에 담고 김칫국을 부어 익힌 김치.

가지-나물[명] 가지를 찌거나 데쳐서 간장·참기름·고춧가루·식초 등과 파·마늘 다진 것으로 무친 나물.

가지-누름적(—炙)[명] 데친 가지를 잘게 쪼개어 꼬챙이에 꿰어 밀가루를 묻히고 달걀을 풀어 씌워서 번철에 지진 음식.

가지다[타] ①몸에 지니다. ¶늘 수첩을 가지고 다닌다./가진 돈이 없다. ②제 것으로서 지니다. 소유(所有)하다. 보유(保有)하다 ¶집을 —./놀라운 힘을 가지고 있다. ③마음에 지니다. ¶희망을 —./관심을 가지고 있다./자신을 —. ④뱃속에 지니다. 배다. 잉태(孕胎)하다 ¶아이를 —./새끼를 —. ⑤두다 ¶유능한 부하를 —./두 딸을 —. ⑥관련을 맺다. ¶좋은 관계를 —./긴밀한 유대(紐帶)를 —. ⑦행사(行事)나 교섭 따위를 벌이다. ¶모임을 —./좌담회를 —./여러 차례 회담을 가졌으나 실패로 끝났다. ⑧'—을(를) 가지고'의 꼴로 쓰이어 ㉠'—으로'의 뜻을 나타냄. ¶공을 가지고 놀이를 한다./나무를 가지고 집을 짓는다. ㉡'—을 대상으로 하여'의 뜻을 나타냄. ¶왜 그 말 한마디를 가지고 시비하는가? [준]갖다[1]
[조동] 본용언(本用言) 다음에 쓰이어, 그 동작이나 상태가 그대로 이어지고 있음의 뜻을 나타냄. ¶확실히 알아 가지고 가르쳐 주마./여간 똑똑해 가지고는 할 수 없는 일이다. [준]갖다[1]

[한자] **가질 지**(持)〔手部 6획〕¶견지(堅持)/소지(所持)/지병(持病)/지분(持分)/지참(持參)
　가질 취(取)〔又部 6획〕¶쟁취(爭取)/취거(取去)/취득(取得)/탈취(奪取)

▶ **'가지다'와 '갖다'의 활용**
　'갖다'는 '가지다'의 준말이다. 활용(活用)에서 '갖고, 갖는'으로는 쓰이지만 모음으로 시작되는 어미와 어울려 활용된 꼴인 '갖어, 갖어서, 갖었다'는 표준어가 아니다. 따라서, 활용형은 '가져, 가져서, 가졌다'로 적어야 한다.

가지런-하다[형여] 끝이 들쭉날쭉하지 않고 고르다. ¶가지런한 하얀 이.
　가지런-히[부] 가지런하게

가지런할-제(—齊)[명] 한자 부수(部首)의 한 가지. '齋'나 '齎' 등에서 '齊'의 이름.

한자 가지런할 정(整) 〔攴部 12획〕 ¶ 정돈(整頓)/정렬(整列)/정리(整理)/정제(整齊)
가지런할 제(齊) 〔齊部〕 ¶ 균제(均齊) ▷ 속자는 斉

가-지방(加地枋) 명 문설주 안으로 덧댄 문지방. 준 가방(加枋)
가지-번호(-番號) 명 차례로 매겨 나간 번호에서 다시 가지치듯 갈라져 나가는 번호. 39-1, 859-2에서 '1'과 '2' 따위.
가지-선 명 선의 한 가지. 가늘고 연한 가지에 길이로 칼집을 내고 데친 다음, 양념한 표고와 석이, 볶은 쇠고기를 칼집 사이에 넣고 재워 두었다가 먹는 음식.
가지-접(-椄) 명 식물의 접붙이기의 한 가지. 대목(臺木)에 다른 우량종의 접가지를 깎기접 등의 방법으로 접붙이는 일. 지접(枝椄) ☞눈접. 순접(筍椄)
가지-찜 명 가지를 세 갈래로 가르고 그 속에 고기소를 넣어 찐 음식.
가지-치기 명-하다 타 나뭇가지의 일부를 잘라 내어 나무의 모양을 고르는 일. 나무의 웃자람을 막고, 개화나 결실을 조절하기 위한 일임. 전정(剪定). 전지(剪枝). ☞정지(整枝)
가직(家直) 명 가지기
가직(家職) 명 그 집안의 직업. 가업(家業)
가:직(假織) 명 날실을 날염할 때, 실이 흐트러지지 않고 가장자리 부분이 쉬 풀리지 않도록 씨실을 성글게 짜는 직조 방법. ▷ 假의 속자는 仮
가직다 형 '가직하다'의 준말.
가직-하다 형여 거리가 좀 가깝다. 준 가직다
가직-이 부 가직하게
가질(家姪) 명 글에서, 남에게 자기의 조카를 이르는 말.
가집(家什) 명 '가장집물(家藏什物)'의 준말.
가집(家集) 명 조상이나 가족의 시문(詩文) 따위를 모아 엮은 책.
가집(歌集) 명 시가(詩歌)를 모아 엮은 책.
가:-집행(假執行) 명-하다 타 판결이 확정되기 전에 법원의 직권이나 소송 관계자의 신청에 따라 임시로 강제 집행을 하는 일, 또는 그 강제 집행.
가:짓-말[-짇-] 명-하다 자 사실과 다르게 약게 꾸며대어 하는 말. ☞거짓말
가:짓말-쟁이[-짇-] 명 가짓말을 잘하는 사람. ☞거짓말쟁이
가:짓-부렁[-짇-] 명 '가짓부렁이'의 준말.
가:짓-부렁이[-짇-] 명 '가짓말'의 속된말. 준 가짓부렁 ☞거짓부렁. 거짓부렁이
가:짓-부리[-짇-] 명 '가짓말'의 속된말. 준 가짓불 ☞거짓부리
가:짓-불[-짇-] 명 '가짓부리'의 준말.
가짓-수(-數) 명 여러 가지의 수효. ¶ 옷의 -가 많다.
가징(加徵) 명-하다 타 더 늘리어 징수함.
가:짜(假-) 명 ①진짜인양 속여 만든 물건. ¶ - 보석/- 상품 ②진짜인체 행세하는 사람. ¶ - 형사 ☞진짜
가:차(假借) 명-하다 타 ①임시로 빌리거나 꿈. ②사정을 보아줌. ¶ 법에 따라 -없이 처벌하다. ③한자(漢字)의 구성을 설명하는 여섯 가지 분류의 하나. 어떤 말을 나타내는 한자가 없는 경우, 뜻과는 관계 없이 같은 음을 가진 다른 한자를 빌려서 나타내는 방법. 세상을 떠난 아버지를 뜻하는 '考(고)'자를 '생각하다'의 뜻으로 쓰는 따위. ☞육서(六書). 상형(象形)
가:차-없:다(假借-)[-업-] 형 조금도 사정을 보아주거나 용서하는 일이 없다. ¶ 가차없는 조처를 하다.
가차-없이 부 가차없게 ¶ - 처단하다.
가찬(佳饌·嘉饌) 명 맛좋은 반찬이나 음식.
가:찰(苛察) 명-하다 타 까다롭게 따지고 살핌.
가창(街娼) 명 거리에서 손을 꾀는 매춘부.
가창(歌唱) 명-하다 자 노래를 부름, 또는 그 노래.
가창-오리 명 오릿과의 겨울 철새. 몸길이 40cm 안팎. 수컷의 머리는 노랑과 녹색이 반반인데, 검은 띠가 그 경계를 이루고 있음. 생김새가 오리와 비슷하나 가운데꽁지가 특별히 긺. 가을에 시베리아로부터 우리 나라와 중국·일본 등지로 날아옴. 태극오리
가:채(可採) 앞말 채굴하거나 채취할 수 있음을 뜻하는 말. ¶ - 광물(鑛物)
가:책(呵責·苛責) 명-하다 타 잘못을 심하게 꾸짖음. ¶ 양심의 -으로 괴로워하다.
가:-처:분(假處分) 명-하다 타 ①임시로 어떤 사물을 처분함. ②법률에서, 당사자의 신청에 따라 법원이 판결에 앞서서 내리는 잠정적인 처분을 이르는 말. 재판에 걸려 있는 물건이나 권리 등에 대하여, 그 판결이 확정되기 전에 불이익이 생기거나 권리를 잃거나 하는 일을 막기 위한 일임.
가:처분=소:득(可處分所得) 명 개인 소득 가운데서 자기의 마음대로 쓸 수 있는 소득. 세금이나 건강 보험 등의 사회 보험료를 뺀 나머지 소득을 이름. 실소득(實所得)
가:철(假綴) 명-하다 타 서류 따위를 임시로 책처럼 맴.
가:철-본(假綴本) 명 정식으로 제책(製冊)하기 전에 임시로 해 보는 제책, 또는 그런 책.
가첨(加添) 명-하다 타 이미 있는 것에 덧붙이거나 보탬. 첨가(添加)
가첨-밥(加添-)[-빱] 명 먹을 만큼 먹은 뒤에 더 먹는 밥. ☞가첨잠
가첨-석(加檐石) 명 비석 위에 지붕 모양으로 만들어 얹는 돌. 개두(蓋頭). 개석(蓋石). 비개석(碑蓋石)
가첨-잠(加添-)[-짬] 명 잘 만큼 잔 뒤에 더 자는 잠.
가첩(家牒) 명 씨족(氏族)의 계통을 적은 책의 한 가지. 한 집안의 시조(始祖)로부터 직계 존속(直系尊屬)과 비속(卑屬)의 혈통을 나타낸 기록임. 가보(家譜). 가승(家乘) ☞족보(族譜). 파보(派譜)
가:청(可聽) 앞말 들을 수 있음을 뜻하는 말. ¶ - 주파수(周波數)/- 지역(地域)
가:청-음(可聽音) 명 사람의 귀로 들을 수 있는 소리.
가체(加髢) 명-하다 자 조선 시대, 부녀자가 화려하게 차려입을 때 큰머리나 어여머리를 얹던 일.
가촌(街村) 명 큰길을 따라 집이 길게 줄지어 늘어선 마을.
가-추렴(加出斂) 명-하다 타 추렴한 돈이나 물건이 모자랄 때, 다시 더 추렴하는 일.
가:축 명-하다 타 ①세간을 알뜰하게 손질하며 잘 간직함. ¶ 장롱을 잘 -하다. ②매만져서 잘 가꿈. ¶ 몸을 잘 -하다.
가축(家畜) 명 소·말·돼지·양·닭 등 집에서 기르는 짐승. 집짐승 ¶ - 병원/- 사료(飼料) ☞가금(家禽)
가:축-성(可縮性) 명 오그라지거나 줄어들 수 있는 성질.
가출(家出) 명-하다 자 돌아오지 않을 작정으로 몰래 집을 떠남. ¶ - 소년
가:-출소(假出所)[-쏘] 명-하다 자 교도소에서 가석방(假釋放)으로 나옴. 가출옥
가:-출옥(假出獄) 명-하다 자 가출소(假出所)
가취(加取) 명-하다 타 물건을 살 때 덤으로 받음, 또는 덤으로 받은 그 물건.
가취(佳趣) 명 ①멋있는 흥취. ②좋은 취미.
가취(嫁娶) 명-하다 자 시집가고 장가드는 일. 취가(娶嫁)
가취(歌吹) 명-하다 자 노래를 부르고 관악기를 연주함.
가:취(可取) 어기 '가취(可取)하다'의 어기(語基).
가취지례(嫁娶之禮) 명 혼인의 예식. 혼례(婚禮)
가:취-하다(可取-) 형여 쓸만 하다. 주로 '가취할'의 꼴로 쓰임. ¶ 겉보기보다는 가취할 점이 많다.
가:측-치(可測値) 명 실제로 측정(測定)할 수 있는 수치.
가:치(假齒) 명 의치(義齒)
가치(價値) 명 ①어떤 사물이 지니고 있는, 쓸모 있는 성질이나 정도. ¶ 탐구해 볼 -가 있는 문제./읽어 볼 -가 있는 책. ☞값어치 ②경제학에서, 상품이 인간의 욕망을 충족시키는 정도를 이름. ③철학에서, 인간의 기본적인 욕구나 관심의 대상이 되는 성질. 진(眞)·선(善)·미(美) 등과 같이 보편 타당성과 절대성을 지닌 성질을 이름.

가치=공학(價値工學)[명] 원가 절감과 제품이나 서비스 가치를 동시에 추구하는 경영 기법의 한 가지. 제품이나 서비스의 가치를 떨어뜨리지 않고 최저의 비용으로 생산할 수 있는 방법을 연구하는 학문임. 브이이(VE)
가치-관(價値觀)[명] 어떠한 일, 어떠한 물건에 어떠한 가치를 인정하는가 하는 평가의 판단.
가치-론(價値論)[명] ①철학에서, 가치나 가치 판단의 본질이나 기준 따위를 다루는 이론. ②경제학에서, 가치란 무엇인가, 무엇을 원천(源泉)으로 하느냐에 대하여 설명하는 이론.
가치=법칙(價値法則)[명] 상품의 가치는 사회의 평균적인 생산 조건을 기초로 한, 필요 노동 시간에 따라 결정된다는 법칙.
가치=분석(價値分析)[명] 제품의 제조 공정을 합리화하여 비용을 줄이고, 제품의 기능이나 사용 가치를 높이기 위한 요인을 분석 검토하는 조직적·기술적인 방법.
가치=비:판(價値批判)[명] 진(眞)·선(善)·미(美) 등의 가치에 대하여 그것의 보편 타당성의 근거를 묻는 일.
가치-설(價値說)[명] 가치 학설(價値學說)
가치작-가치작[부] 가치작거리는 모양을 나타내는 말. ☞거치적거치적. 까치작까치작
가치작-거리다(대다)[자] ①작은 물체가 살갗에 자꾸 걸리거나 닿다. ¶발가락에 생긴 티눈이 ―. ②자꾸 귀찮게 굴거나 방해를 하다. ☞거치적거리다
가치-주(價値株)[명] 기업의 이익 수준에 비해 낮은 가격으로 거래되는 주식. ☞성장주(成長株)
가치=척도(價値尺度)[명] 경제학에서, 상품이 지닌 교환 가치를 재는 기준을 이르는 말. 화폐의 기본적 기능임.
가치=철학(價値哲學)[명] 진·선·미 등의 절대적 가치의 탐구나 확립을 대상으로 하는 철학.
가치=판단(價値判斷)[명] ①어떤 사물의 값어치나 효용을 평가하는 일. ②철학에서, 어떤 대상에 대하여 주관이 그 가치 평가에 개입되는 판단을 이르는 말. '이 꽃은 아름답다'라고 하는 따위.
가치=학설(價値學說)[명] 경제적 가치의 본질을 설명하는 학설. 가치설(價値說)
가치=형태(價値形態)[명] 경제학에서, 어떤 상품의 교환 가치가 다른 상품과의 관계로 표현되는 형태를 이름.
가친(家親)[명] 글에서, 남에게 자기의 아버지를 이르는 말. 가부(家父). 엄친(嚴親) ☞가모(家母). 선친(先親)
가칠(加―)[명]-하다[자타] 칠한 위에 더 하는 칠. 덧칠
가:칠(假―)[명]-하다[타] 단청에서, 애벌로 채색함, 또는 그 채색.
가:칠(假漆)[명]-하다[타] 옻칠 대신에 쓰는 칠. 바니스 따위.
가칠-가칠[부]-하다[형] 매우 가칠한 모양을 나타내는 말. ☞거칠거칠. 까칠까칠
가:칠-장이(假―)[명] 단청에서, 애벌 칠을 전문으로 하는 사람.
가칠-하다[형여] ①앓거나 야위어 살갗이 윤기가 없고 좀 거친듯 하다. ¶얼굴이 ―. ②물체의 거죽이 반드럽지 아니하고 좀 거친듯 하다. ③빳빳하고 짧은 수염 따위에 닿는 느낌이 있다. ☞거칠하다. 까칠하다
가칫-가칫[―칟―][부] 가칫거리는 느낌을 나타내는 말. ☞거칫거칫. 까칫까칫
가칫-거리다(대다)[―칟―][자] 짧은 수염이나 작은 가시 따위에 스치는 느낌이 나다. ☞거칫거리다
가칫-하다[―칟―][형여] 야윈 살갗이 보드랍지 아니하고 가칠하다. ☞거칫하다. 까칫하다
가칭(佳稱)[명] 좋은 이름.
가:칭(假稱)[명]-하다[타] ①이름을 임시로 정하여 일컬음, 또는 그 이름. ¶신당을 ― 신민주당이라고 일컫다. ②거짓으로 이름을 정하여 일컬음, 또는 그 이름.
가쾌(家儈)[명] 집주릅
가타(伽陀∠gāthā 범)[명] 부처의 공덕이나 교리를 찬미하는 게송(偈頌). 법회 등에서 선율을 붙여 읾. 게(偈)
가:타-부:타(可―否―)[부] 옳다느니 그르다느니. 좋다느니 싫다느니. ¶― 말이 없다.
가:탁(假託)[명]-하다[타] ①거짓 핑계를 댐, 또는 그 핑계. ¶병을 ―하여 사임하다. ②다른 사물을 빌려 생각이나 감정을 나타냄. ¶고사(故事)를 ―하여 훈계하다.
가탄(嘉歎)[명]-하다[타] 가상하게 여기어 감탄함.
가:탄(可歎)[어기] '가탄(可歎)하다'의 어기(語基).
가:탄가:탄(可歎可歎) '매우 탄식할만 함'의 뜻.
가:탄-스럽다(可歎―)(―스럽고·―스러워)[형ㅂ] 보기에 탄식할만 하다. ¶가탄스러운 부정 선거.
　가탄-스레[부] 가탄스럽게
가:탄-하다(可歎―)[형여] 탄식할만 하다. 주로 '가탄할'의 꼴로 쓰임. ¶가탄할 퇴폐 풍조.
가탈[1][명] ①하는 일이 순조로이 되지 않게 방해가 되는 일. ¶―이 많은 일. ②하는 일에 트집을 잡아 까다롭게 행동하는 일. ¶협력은커녕 ―만 부린다. ☞까탈
가탈[2][명] 타고 앉아 있기가 거북스러운, 말이나 나귀의 걸음걸이.
가탈-가탈[부] 가탈거리는 모양을 나타내는 말.
가탈-거리다(대다)[자] 말이나 나귀의 걸음걸이가 고르지 못하여 탄 사람을 불편하게 하다.
가탈-걸음[명] 말이나 나귀가 가탈거리며 걷는 걸음걸이.
가탈-지다[자] 가탈이 생기다. ☞까탈지다
가:태(假態)[명] 거짓 태도나 상태.
가택(家宅)[명] 사람이 사는 집. ¶― 방문
가택=수색(家宅搜索)[명] 검사나 경찰관이 범죄의 증거물이나 용의자를 찾기 위해 피고인이나 피의자의 집 안을 뒤지는 일. 판사가 발부한 압수 수색 영장에 따름.
가:터-뜨기(garter―)[명] 대바늘 뜨개질법의 한 가지. 통으로 뜰 때에는 겉뜨기 한 줄, 안뜨기 한 줄을 되풀이하여 뜨며, 한 판으로 뜰 때에는 겉뜨기만으로 떠서 안팎 구별이 없이 뜨는 방법임. ☞고무뜨기
가토(加土)[명]-하다[자] ①초목의 뿌리가 묻힌 위에 흙을 북돋아 줌, 또는 그 흙. ☞북주기 ②무덤 위에 흙을 더 얹음, 또는 그 흙.
가토(家兎)[명] '집토끼'의 딴이름. ☞야토(野兎)
가:-톨[명] 세톨박이의 양쪽 가에 있는 밤톨. ☞가운데톨
가톨릭(Catholic)[명] ①가톨릭교 ②가톨릭 교회, 또는 가톨릭 교도.
가톨릭-교(Catholic敎)[명] ①크리스트교의 한 파. 로마 교황을 수장으로 하는 로마가톨릭교. 가톨릭(Catholic). 천주교(天主教) ☞개신교(改新教) ②넓은 뜻으로, 로마가톨릭교와 그리스 정교를 아울러 이르는 말.
가통(加痛)[명]-하다[자] 병이 더침.
가통(家統)[명] 한 집안의 계통. 가계(家系) ¶―을 잇다.
가:통(可痛)[어기] '가통(可痛)하다'의 어기(語基).
가:통-하다(可痛―)[형여] 통탄할만 하다. 〔주로 '가통할'의 꼴로 쓰임.〕 ¶참으로 가통할 일이다.
　가통-히[부] 가통하게
가투(歌鬪)[명]-하다[자] 시조나 노래를 적은 딱지, 또는 그것으로 하는 놀이. 화가투(花歌鬪)
가트(GATT)[명] 관세의 차별 등을 없애기 위해 1947년에 맺은 국제 협정. 1995년 이래 업무의 대부분을 세계 무역 기구(WTO)에 이관하였음. 관세 무역 일반 협정(關稅貿易一般協定)
[General Agreement on Tariffs and Trade]
가파르다(가파르고·가팔라)[형르] 산이나 길이 몹시 비탈지다. ¶가파른 고갯길.
가판(街販)[명] '가두 판매(街頭販賣)'의 준말.
가팔막[명] '가풀막'의 원말.
가팔막-지다[형] '가풀막지다'의 원말. [준]가팔지다
가팔-지다[형] '가팔막지다'의 준말.
가패(歌唄)[명] 범패(梵唄)를 부르는 일.
가편(加鞭)[명]-하다[자] 걸음을 재촉하느라고 말에게 채찍질을 더함.
가편(佳篇)[명] 잘된 시문이나 책. ☞가작(佳作)
가:평(苛評)[명]-하다[타] 혹평(酷評)
가평(嘉平)[명] '음력 섣달'을 달리 이르는 말.
가평-절(嘉平節)[명] '납일(臘日)'을 명절로 이르는 말.

가포(價布)[명] 지난날, 부역에 나가지 않는 대신으로 군포에 준하여 바치던 베.
가:포(苛暴)[어기] '가포(苛暴)하다'의 어기(語基).
가:포-하다(苛暴－)[형여] 가혹하고 사납다. 〔주로 '가포한'의 꼴로 쓰임.〕 ¶가포한 처사.
가:표(可票)[명] 찬성표(贊成票) ☞부표(否票)
가표(加標)[명] 덧셈표 ☞감표(減標)
가풀막[명] 가파르게 비탈진 곳. [원]가팔막
가풀막-지다[형] 땅이 가파르게 비탈져 있다. [원]가팔막지다 [준]가풀지다
가풀-지다[형] '가풀막지다'의 준말.
가품(佳品)[명] 좋은 물건.
가품(家品)[명] ①한집안 사람들의 공통적인 품성. ②가풍(家風)
가풍(家風)[명] 한 집안에 전해 내려오는 범절이나 풍습. 가품(家品) ¶－이 엄한 편이다.
가풍(歌風)[명] 어떤 작가 또는 어떤 시대의 노래에 나타나는 기풍이나 품격.
가피(加被)[명]-하다[타] 부처나 보살이 자비를 베풀어 중생을 이롭게 하는 일. ¶관세음보살의 －를 입다.
가피(痂皮)[명] 부스럼 딱지.
가피-력(加被力)[명] 부처나 보살이 중생에게 베푸는 자비의 힘.
가피-병(痂皮病)[－뼝][명] 부스럼 딱지가 앉는 피부병.
가필(加筆)[명]-하다[자타] 글이나 그림에 붓을 대어 보태거나 해서 고침.
가필(呵筆)[명]-하다[자] 언 붓을 입김으로 녹임.
가하(加下)[명]-하다[타] 지난날, 관원이 공금을 사사로이 쓰는 일을 이르던 말.
가-하다(加－)[타여] ①어떤 작용을 미치다. 주다 ¶압력을 －./열을 －./타격을 －. ②수량이나 정도를 더하다. ¶속력을 －./더욱 박차를 －. ☞감하다 ③고치려고 손쓰다. ¶검토를 －./수정을 －./수술을 －.
가:-하다(可－)[형여] ①토의하는 안건 등이 뜻에 맞다. 좋다 ¶－고 하는 사람이 많다. ②도리에 맞다. 옳다 ③해도 좋다. 괜찮다 ¶미성년자의 입장도 －.
가학(加虐)[명]-하다[타] 학대하며 괴롭힘.
가:학(苛虐)[명]-하다[타] 가혹하게 학대함.
가학(家學)[명] ①집안에 대대로 전하여 내려오는 학문. ②집에서 배운 학문.
가학-애(加虐愛)[명] 사디즘(sadism)
가합(加合)[명]-하다[자타] 더하여 합침.
가:합(可合)[어기] '가합(可合)하다'의 어기(語基).
가:합-하다(可合－)[형여] 무던하여 합당하다.
가합-히[부] 가합하게
가:항(可航)[앞말] 항행할 수 있음을 뜻하는 말.
가항(街巷)[명] 길거리
가:항-성(可航性)[－썽][명] 배가 항행할 수 있는 가능성.
가해(加害)[명]-하다[자타] ①해를 끼침. ②사람을 다치게 하거나 죽임. ☞피해(被害)
가해-자(加害者)[명] ①해를 끼친 사람. ②사람을 다치게 하거나 죽인 사람. ☞피해자(被害者)
가행(加行)[명]-하다[자] 불교에서, 힘을 더하여 마음과 계행(戒行)을 닦음을 이르는 말.
가행(家行)[명] 한집안의 품행.
가행(嘉行)[명] 갸륵한 행동.
가행(稼行)[명]-하다[자타] 광산에서, 채광 작업을 함. 가업(稼業) ¶－ 갱도
가행=탄전(稼行炭田)[명] 현재 채광 작업을 하고 있는 탄전. ☞봉쇄 탄전(封鎖炭田)
가향(佳香)[명] 좋은 향기. 가방(佳芳) ¶난초의 －이 새해를 반기는듯 하다.
가향(家鄕)[명] 자기 집이 있는 고향.
가향-주(加香酒)[명] 술에 꽃잎 등을 넣어 향기가 나도록 빚은 술.
가헌(家憲)[명] 가법(家法)
가:현(假現)[명]-하다[자] 신이나 부처가 잠시 사람의 모습으로 이 세상에 나타나는 일.
가:현=운동(假現運動)[명] 가상 운동(假象運動)
가형(加刑)[명]-하다[자타] 형벌을 더함. ☞가율(加律)
가형(家兄)[명] 남에게 자기의 형을 이르는 말. 사형(舍兄) [유]가백(家伯). ☞가제(家弟). 사백(舍伯)
가형(家形)[명] 집꼴 ¶－ 토기(土器)
가호(加號)[명] 덧셈표 ☞감호(減號)
가호(加護)[명]-하다[타] ①보살피고 돌봄. ②신이나 부처가 돌보아 줌. ¶신의 －를 빌다.
가호(家戶)[명] ①호적상의 집. ②〔의존 명사로도 쓰임〕 집 수를 세는 단위. ¶수십 －의 농가가 있는 마을.
가호(家號)[명] 택호(宅號)
가:-호적(假戶籍)[명] 본적지 아닌 곳에 임시로 본적지를 정하여 만든 호적.
가:혹(苛酷)[어기] '가혹(苛酷)하다'의 어기(語基).
가:혹-하다(苛酷－)[형여] 몹시 모질거나 심하다. ¶가혹한 시련.
가혹-히[부] 가혹하게 ¶－ 벌하다.
가화(佳話)[명] 감동적인 좋은 이야기.
가화(家禍)[명] 집안의 재앙.
가:화(假花)[명] ①조선 시대에 광대나 무녀(巫女)들의 모자를 꾸미기 위해 종이나 헝겊으로 만들어 쓰던 꽃. ②조화(造花) ☞생화(生花)
가화(嫁禍)[명]-하다[자] 화를 남에게 넘겨씌움.
가화(嘉禾)[명] 낟알이 많이 달린 벼나 곡식. 대화(大禾)
가:-화류(假樺榴)[명] 화류 빛과 비슷하게, 붉게 칠한 목재.
가화만:사성(家和萬事成) 집안이 화목하면 모든 일이 잘 되어 나감을 이르는 말.
가:-화합(假和合)[명] 불교에서, 우주 만상이 인연에 따라 임시로 화합하게 되는 일을 이르는 말.
가확(街廓)[명] 가곽(街廓)
가환(家患)[명] 집안의 우환.
가:환(假鬟)[명] ①어여머리 ②큰머리
가:-환부(假還付)[명]-하다[타] 법원에서 압수한 물건을 소유자나 보관자의 청구에 따라, 법의 결정에 따라서 임시로 돌려주는 일.
가:-환:지(假換地)[명] 토지 구획 정리 사업을 시행하는 도중에 공사를 하거나 환지 처분을 하기 위하여, 임시로 하는 환지.
가황(加黃)[명]-하다[자] ①생고무에 황을 섞어서 처리하는 일. 고무의 탄성과 내열성을 향상시킴. ②넓은 뜻으로, 약품 등을 써서 플라스틱 등 가소성 재료를 탄성 물질로 변화시키는 처리.
가황-고무(加黃－)[명] 생고무에 황을 섞어 처리한, 탄성도가 높은 고무.
가회(佳會·嘉會)[명] 좋은 모임. 즐거운 모임.
가획(加畫)[명]-하다[자] 글자를 쓸 때 글자의 본디 획에 획을 더하는 일. ☞감획(減畫)
가효(佳肴·嘉肴)[명] 맛좋은 안주. 미효(美肴)
가:후(駕後)[명] 임금의 거둥 때 수레 뒤에 따르는 시위병(侍衛兵). ☞가전(駕前)
가훈(家訓)[명] ①집안 어른이 자녀들에게 일러 주는 가르침. 가정 교훈 ②한 집안에 전하여 오는 교훈.
가휘(家諱)[명] 자기의 부모나 조상의 이름을 직접 부르기를 꺼리어 피하는 일, 또는 부르기를 피하는 그 이름. 사휘(私諱)
가흥(佳興)[명] 좋은 흥취.
가희(佳姬)[명] 아리따운 여자. 미희(美姬)
가희(歌姬)[명] 여자 가수. 여류 성악가
가:-히(可－)[부] ①'-ㄹ만하다', '-ㄹ 수 있다', '-ㅁ직하다' 등의 말과 더불어 쓰이어, '능히', '넉넉히'의 뜻을 나타냄. ¶공사의 어려움을 － 짐작할만 하다. ②부정의 뜻을 지닌 말과 더불어 쓰이어, '과연', '마땅히' 등의 뜻을 나타냄. ¶저러고도 － 문화인이라 할 수 있겠는가?
각(角)[1][명] ①모[2] ¶－이 나다. ②'각도(角度)'의 준말. ¶－이 크다. ③수학에서, 두 직선이 만나서 생기는 도형. ¶－을 이루다.

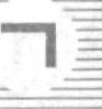

각(角)²명 ①뿔 ¶코뿔소의 -. ②뿔로 만든 나발.
각(角)³명 '각수(角宿)'의 준말.
각(角)⁴명 동양 음악의 오음(五音) 음계의 셋째 음. ☞궁상각치우(宮商角徵羽)
각(刻)¹명-하다타 글자나 그림을 새기는 일. ¶-을 하다.
각(刻)²명 '각루(刻漏)'의 준말.
각(刻)³명 국악에서, 일정한 박자 수에 따라 되풀이되는 한 장단. ¶반(半)-.
각(脚)명 ①다리 ②짐승을 잡아 몸통을 나눌 때, 그 나눈 한 토막을 이르는 말.
각(을) 뜨다관용 잡은 짐승의 몸을 몇 개의 부분으로 가르다. 각뜨다
각(殼)명 껍데기
각(閣)명 높은 집.
각(覺)명 불교에서, 삼라만상(森羅萬象)의 실상(實相)을 깨달아 앎을 이르는 말.
각(刻)⁴의 하루 십이시(十二時)의 한 시를 여덟으로 나눈 15분. ☞일각(一刻)
각(各)관 각각의. 하나하나의. ¶- 가정./- 부서.

한자 각각 각(各) 〔口部 3획〕 ¶각계(各界)/각국(各國)/각방(各方)/각자(各自)/각지(各地)/각층(各層)

각-가속도(角加速度)명 물리에서, 단위 시간에 나타나는 각속도의 변화 정도를 이르는 말.
각-가지(各-)명 갖가지. 가지가지. 각종(各種). 각항(各項) ¶- 물건/- 풍설이 나돌다.
각각(各各)부 저마다 다 따로. 제각기 ¶- 따로 앉다. 명 하나하나 ¶-의 장점을 따다.
각각-으로(刻刻-)부 시간의 일각일각마다. ¶시시 - 위기가 닥쳐오다.
각간(角干)명 이벌찬(伊伐飡)
각감(閣監)명 조선 시대에 규장각(奎章閣)에서 역대 임금의 글·글씨·초상화 등을 지키던 잡직(雜職)의 하나.
각개(各個)명 하나하나. 개별적 ¶- 동작.
각개=격파(各個擊破)명 적이 조직적으로 통합되어 있지 않은 틈을 타서, 따로따로 분산시켜 격파하는 일.
각개=교:련(各個教鍊)명 각개 훈련(各個訓練)
각개=약진(各個躍進)명 지형(地形) 등을 이용하여 병사가 개별적으로 돌진하는 일.
각-개:인(各個人)명 저마다의 개인. ¶-의 역량.
각개=전:투(各個戰鬪)명 각개인의 전투력을 기준으로 하는 전투.
각개=점:호(各個點呼)명 군인 한 사람 한 사람을 상대로 하는 점호.
각개=훈:련(各個訓練)명 군대나 체육에서, 집체적 훈련을 하기에 앞서 개별적 동작을 익히는 훈련. 각개 교련
각거(各居)명-하다자 각각 따로 거처함. ¶내외가 -하다. ☞각살림. 별거(別居)
각거(覺擧)명-하다타 지난날, 관원이 잘못을 저질렀을 때, 들키기 전에 스스로 깨닫고 자수하는 일을 이르던 말.
각-거:리(角距離)명 관측자로부터 두 물체에 이르는 두 직선이 이루는 각도.
각건(角巾)명 ①대궐 잔치 때, 무동(舞童)이 쓰던 건. ②향교 등에 딸린 사내종이 행례(行禮) 때 쓰던 건.
각경-증(脚硬症)[-쯩]명 한방에서, 아랫도리가 냉하여 운동이 자유롭지 못한 병을 이르는 말. '각경'이라고도 함. ☞각연증(脚軟症)
각계(各界)명 사회의 여러 방면. ¶-의 인사.
각계-각층(各界各層)명 사회의 여러 방면과 여러 계층. ¶-의 의견을 듣다.
각고(刻苦)명-하다자 고생을 견디며 몹시 애씀. ¶-의 노력.
각고면:려(刻苦勉勵)성구 고생을 무릅쓰고 부지런히 힘씀을 이르는 말.
각곡(各穀)명 여러 가지 곡식.
각골(刻骨)명-하다자 원한 등이 뼈에 사무치도록 마음속 깊이 새겨짐.
각골(脚骨)명 다리뼈
각골난:망(刻骨難忘)성구 남에게서 입은 은혜의 고마움이 뼈에 사무쳐 결코 잊혀지지 아니함을 이르는 말.
각골명심(刻骨銘心)성구 마음속 깊이 새겨서 잊지 아니함을 이르는 말.
각골분:한(刻骨憤恨)성구 뼈에 사무치도록 분하고 한스럽거나 그러한 일을 이르는 말.
각골지통(刻骨之痛)성구 각골통한(刻骨痛恨)
각골통:한(刻骨痛恨)성구 뼈에 사무치도록 깊이 맺힌 원한을 이르는 말. 각골지통(刻骨之痛)
각공(刻工)명 새김질을 전문으로 하는 사람. 각수(刻手)
각과(殼果)명 견과(堅果)
각광(脚光)명 무대의 앞쪽 아래에서 배우를 비추는 조명(照明). ☞백라이트
각광(을) 받다관용 ①무대에 서다. ②사회에서 주목을 받다. ¶각광을 받는 만화가.
각국(各國)명 각 나라. 모든 나라.
각궁(角弓)명 쇠뿔이나 양뿔, 물소뿔 따위로 꾸민 활. ☞국궁(國弓)
각궁반:장(角弓反張)명 한방에서, 몸이 뒤로 젖혀지는 증세를 이르는 말. 등이 가슴 쪽으로 휘어서 반드시 누웠을 때 머리와 발뒤꿈치만 바닥에 닿고 등이 들리는 상태.
각근(恪勤)명-하다자 정성을 다해 힘씀.
각급(各級)명 ①여러 급으로 이루어진 조직의 각각의 급. ¶정부의 - 기관. ②여러 급. ¶- 학교 학생들이 모두 참가한 대회.
각기(各其)명 각각 저마다. ¶-의 갈 길을 가다. 부 각각 저마다. ¶- 다른 생각을 품고 있다.
각기(角旗)명 조선 시대에 진중(陣中)에 세워서 방위(方位)를 나타내던 대기치(大旗幟)의 한 가지.
각기(刻期)명-하다자 기한을 정함. 각한(刻限)
각기(脚氣)명 비타민 B_1의 부족으로 말미암아 일어나는 병. 손발이 저리거나 다리가 붓기도 하고 심하면 말초 신경(末梢神經)의 마비나 심장 쇠약 증세도 나타남. 각기병(脚氣病). 각질(脚疾)
각-기둥(角-)명 한 직선에 평행하는 셋 이상의 평면과, 이 직선과 만나는 두 평행 평면과를 각으로 하는 다면체. 각도(角墻). 각주(角柱). 모기둥. 주체(柱體)
각기-병(脚氣病)[-뼝]명 각기(脚氣)
각기소:장(各其所長)성구 각각 저마다 지닌 장기(長技).
각기입복(脚氣入腹)명 한방에서, 각기가 심해져 심장에 탈이 생긴 상태를 이르는 말. ☞각기충심
각기충심(脚氣衝心)명 한방에서, 각기병이 심해져서 가슴이 답답해지는 증세를 이르는 말. ☞각기. 각기입복(脚氣入腹)
각내(閣內)명 나라의 내각(內閣)의 안. 내각을 구성하고 있는 여러 장관의 범위 안. ☞각외(閣外)
각다귀명 ①각다귓과의 곤충. 모기보다 좀 크고 몸빛은 회색이며 동물이나 사람의 피를 빨아먹음. 대문(大蚊) ②남의 것을 착취하는 사람을 비유하여 이르는 말.
각다귀-판명 서로 남의 것을 뜯어먹으려고 덤비는 판.
각다분-하다형여 일을 해 나가기가 고되고 힘들다.
각단명 사물의 갈피와 실마리. ¶-을 짓다.
각단(角端)명 코 위에 뿔이 있고, 사람의 말을 한다는 전설상의 짐승.
각담명 논밭을 일굴 때 나온 돌을 모아 쌓아 놓은 무더기.
각담(咯痰)명-하다자 객담(喀痰)
각대(角帶)명 각띠
각대(角臺)명 '각추대(角錐臺)'의 준말.
각대(脚帶)명 닭이나 오리 따위의 가금(家禽)이나 연구 대상으로 삼은 날짐승의 다리에 둘러 매는 띠. 알루미늄판 따위에 번호나 일정한 표지를 한 것임.
각댁(各宅)명 각각의 집 또는 각각의 집안을 높이어 이르는 말.
각도(角度)명 ①각의 크기. 준 각(角)¹ ¶-를 재다. ②사물을 보는 방향, 또는 생각하는 처지. 관점(觀點) ¶여러 -에서 관찰하다./남과 다른 -에서 생각하다.

각도(角墻)명 각기둥
각도(刻刀)명 새김칼
각도(閣道)명 복도(複道)
각도(覺道)명 불교에서, 큰 깨달음의 길을 이르는 말.
각도-계(角度計)명 각도를 재는 데 쓰는 계기.
각도-기(角度器)명 각도를 재는 자.
각-도장(角圖章)명 ①뿔로 만든 도장. ②네모난 도장.
각동(閣童)명 조선 시대에 규장각(奎章閣)에서 심부름하는 아이를 이르던 말.
각두(殼斗)명 깍정이[1]
각두-정(角頭釘)명 대가리가 네모난 큰 쇠못.
각-둘(各-)명 윷놀이에서, 양편이 각각 두 동임을 이르는 말. ☞각막. 각석
각득(覺得)명-하다타 깨달아 터득하게 됨. ☞오득(悟得)
각등(角燈)명 들고 다니게 만든 네모진 등.
각-뜨다(脚-)타 잡은 짐승의 몸을 몇 개의 부분으로 가르다. ☞각(脚)
각-띠(角-)명 고려·조선 시대, 관원이 예복에 띠던, 짐승의 뿔로 꾸민 띠를 이르는 말. 각대(角帶)
각려(刻勵)명-하다자타 고생을 무릅쓰고 부지런히 힘씀. ¶오랜 — 끝에 이룩한 업적.
각력(角力)명 ①-하다자 서로 힘을 겨룸. ②지난날, '씨름'을 이르던 말.
각력(脚力)명 ①다리의 힘. 다릿심 ②걷는 힘. ③지난날, '각부(脚夫)'를 달리 이르던 말.
각력-암(角礫岩)명 모난 자갈들로 이루어진 역암(礫岩).
각령(閣令)[1]명 법률의 위임에 따라, 또는 법률의 시행을 위하여 내각(內閣)에서 공포하는 명령. 시행령 따위.
각령(閣令)[2]명 지난날, 도자기를 만드는 공방(工房)이나 가마터를 이르던 말.
각로(却老)명 ①-하다자 늙음을 물리치고 젊어짐. ②'구기자나무'를 달리 이르는 말.
각로(脚爐)명 지난날, 이불 속에 넣어 발을 따뜻하게 하던 난로. 나무나 오지그릇 속에 화로를 넣어 썼음.
각론(各論)명 각 항목으로 나눈 하나하나의 논설. ¶행정법(行政法) — ☞총론(總論)
각료(閣僚)명 내각을 이루는 각부 장관. 각원(閣員)
각루(刻漏)명 물시계. 누각(漏刻) 준각(刻)[2]. 누(漏) ☞앙부일구(仰釜日晷)
각루(刻鏤)-하다타 나무나 쇠붙이에 글자나 무늬, 그림 등을 새기는 일. 누각(鏤刻)

> ▶ '각(刻)'과 '누(鏤)'
> 각(刻)은 나무에 새기는 일, 누(鏤)는 쇠붙이에 새기는 일을 뜻한다.

각리(各離)명-하다자 이리저리 흩어짐.
각립(各立)명-하다자 ①서로 갈라져 따로 섬. ②지난날, 관아의 하인들이나 단체에 딸린 장사치들이 불평을 품고 함께 이탈하던 일.
각립대:좌(角立對坐)성구 마주 앉아 서로 굽히지 않고 버팀을 이르는 말.
각립독행(各立獨行)성구 저마다 따로따로 행동함을 이르는 말.
각-막(各-)명 윷놀이에서, 양편이 각각 넉 동임을 이르는 말. ☞각둘. 각석
각막(角膜)명 눈알의 앞면에 있는 둥글고 투명한 막. 안막(眼膜) ¶—을 기증하다.
각막(殼膜)명 곡식의 낟알을 덮고 있는 얇은 꺼풀.
각막=궤:양(角膜潰瘍)명 각막의 겉껍질이 헐고 충혈되는 병. 세균이나 트라코마 병원체로 말미암아 일어나는 경우가 많음.
각막=백반(角膜白斑)명 각막에 생기는 흰 반점. 빛이 통과하지 못하게 함. 각막의 염증이나 궤양으로 말미암아 생김.
각막-염(角膜炎)[—념]명 각막에 생기는 염증.
각막-예(角膜翳)[—네]명 각막이 뿌옇게 흐려지는 눈병.
각막=이식(角膜移植)명 각막이 흐려져서 시력 장애가 심할 때, 그 각막을 잘라 내고 남의 투명한 각막을 이식하는 수술.
각면-병(角面甁)명 몸체가 모난 병.
각명(刻銘)명-하다자타 ①나무·돌·쇠붙이 따위에 글을 새기는 일, 또는 새긴 그 글. 명각(銘刻) ②화살의 깃 사이에 임자의 이름을 새기는 일, 또는 그 이름.
각모(角帽)명 '사각모자'의 준말.
각모(脚毛)명 다리에 난 털.
각목(角木)명 네모지게 켠 나무. 절단면이 네모난 나무.
각목(刻木)명-하다자 나무를 오리어 새기거나 깎는 일.
각목=문자(刻木文字)[—짜]명 원시 시대에 쓰던 글자의 한 가지. 나무에 간단한 수효나 표 따위를 새겼음.
각문(閣門)명 합문(閤門)
각물(各物)명 갖가지 물건.
각물(殼物)명 조가비를 가진 연체동물.
각박(刻薄)어기 '각박(刻薄)하다'의 어기(語基).
각박성가(刻薄成家)성구 몰인정하도록 인색한 짓을 하여 부자가 됨을 이르는 말.
각박-하다(刻薄-)형여 인심이 사납고 인색하다. ¶각박하고 메마른 인정(人情).
 각박-히부 각박하게
각반(各般)명 여러 가지. 제반(諸般)
각반(脚絆)명 걸음을 걸을 때 가든히 하려고 바짓가랑이의 무릎 아래를 돌려 감거나 싸는 긴 헝겊. ¶—을 치다.
×**각반**(攪拌)명 → 교반(攪拌)
각반-병(角斑病)[—뼝]명 식물의 잎에 갈색 혹은 회색의 다각형 반점(斑點)이 생기는 병. 주로 오이·감나무·우엉 등의 잎에 생김.
각방(各方)명 ①여러 방면. ¶—에 알아보다. ②'각방으로'의 꼴로 쓰여, '여러모로'의 뜻을 나타냄. ¶—으로 힘쓰다. ☞백방(百方)
각-방(各坊)명 지난날, 서울을 행정상 여러 방(坊)으로 나누었던 때의 각각의 방.
각방(各房)명 ①각각의 딴 방. ¶—을 쓰다. ②여러 방.
각방-거처(各房居處)명 각각 딴 방에서 지냄.
각-배(各-)명 ①어미는 같으나 낳은 시기가 다른, 짐승의 새끼. ②'이복(異腹)'을 속되게 이르는 말. ☞한배[1]
각배(各拜)명-하다자 ①각 사람에게 따로따로 절함. ②불교에서, 시왕(十王)이나 나한(羅漢)의 각위(各位)에게 따로따로 절하는 일.
각배(角杯)명 뿔로 만든 잔.
각-벌(各-)명 옷이나 서류 등의 각각의 한 벌.
각별(各別)어기 '각별(各別)하다'의 어기(語基).
각별-하다(各別-)형여 유달리 특별하다. ¶각별한 배려./각별한 사이.
 각별-히부 각별하게 ¶— 주의하다.
각본(刻本)명 조각한 판목으로 인쇄한 책. 판본(板本). 판각본(板刻本)
각본(脚本)명 ①연극이나 영화의 대사와 동작, 무대 장치 등을 글로 적은 대본(臺本). 극본(劇本) ②어떤 일을 하기 위하여 미리 꾸며 놓은 계획을 비유하여 이르는 말. ¶—대로 처리하다.
각본-가(脚本家)명 각본 쓰기를 전문으로 하는 사람. ☞시나리오라이터
각봉(各封)명-하다타 각각 따로 봉함, 또는 따로 봉한 그것. ¶선거구별 투표함을 —하다. ☞동봉(同封)
각-봉투(角封套)명 네모진 봉투.
각부(各部)명 ①각 부분. ¶곤충의 — 구조. ②각각의 부. ¶— 장관
각부(刻符)명 팔체서(八體書)의 한 가지. 중국 진(晉)나라 때 부신(符信)에 쓰던 글씨체임.
각부(脚夫)명 지난날, 걸어서 먼 길의 심부름을 하는 사람을 이르던 말. 각력(脚力)
각부(脚部)명 다리 부분.
각분(各分)명-하다타 따로따로 나눔.
각불-때:다(各-)자 각각 따로 아궁이에 불을 지핀다는 뜻에서, '각살림하다'를 에둘러 이르는 말.

각-뿔(角－)명 평면 다각형과 그 각 변을 밑변으로 하고 동일한 점을 정점으로 하는 여러 삼각형으로 에워싸인 다면체. 모뿔

각뿔-대(角－臺)명 각뿔을 밑면에 평행되는 평면으로 잘라 내고 난 나머지 입체. 모뿔대

각사(各司)명 '경각사(京各司)'의 준말. 경사(京司)

각-사탕(角砂^糖)명 각설탕

각삭(刻削)명 -하다 타 새기고 깎는 일.

각산(各産)명 -하다 자 각살림

각산(各散)명 -하다 자 저마다 흩어짐.

각산진:비(各散盡飛)성구 저마다 뿔뿔이 흩어져 가 버림을 이르는 말.

각-살림(各－)명 -하다 자 한 가족이면서 저마다 따로 차린 살림. 각산(各産) ☞각거(各居). 별거(別居)

각-삽(角－)명 날이 모가 진 삽. 석탄이나 모래 따위를 뜨는 데 씀.

각상(各床)명 ①한 사람마다 따로 차려 내는 음식상. ¶ －을 차리다. ☞겸상(兼床). 독상(獨床) ②각각의 음식상. ¶ －에 네 사람씩 앉다.

각상(角狀)명 뿔 모양. ¶ － 돌기

각색(各色)명 ①갖가지 빛깔. ¶ － 물감 ②여러 가지. 각종(各種) ¶ － 상품

각색(脚色)명 -하다 타 소설이나 사건 등을 영화·연극용의 각본으로 고쳐 쓰는 일. ¶ 외국 소설을 －하다.

각색-가(脚色家)명 각색을 전문으로 하는 사람. ☞각본가(脚本家)

각색-각양(各色各樣)명 각양각색(各樣各色)

각생(各生)명 -하다 자 바둑에서, 서로 잡으려다가 양편이 다같이 살아나는 일.

각생-약(脚生葯)[－냑]명 수술의 줄기 끝에 붙어 있는 꽃밥. ☞정자형약(丁字形葯)

각서(覺書)명 ①상대편에게 전할 의견이나 희망 따위를 적은 간단한 문서. ②상대편에게 약속하는 내용을 적어 주는 문서. ③조약에 딸린, 상대국 국명이나 서명이 없는 약식 외교 문서. 조약의 해석과 보충 또는 자국의 의견이나 희망을 적은 문서. ¶ 양해(諒解) －

각-석(各－)명 윷놀이에서, 양편이 각각 석 동임을 이르는 말. ☞각둘. 각막

각석(角石)명 네모나게 떠내거나 자른 석재(石材).

각석(刻石)명 -하다 타 글이나 그림을 돌에 새김. 또는 새긴 그 돌.

각선-미(脚線美)명 여성의 다리 모양에 나타나 있는 곡선의 아름다움.

각설(各設)명 -하다 타 ①따로따로 베풂. ②각각 따로 설치함.

각설(却說)명 -하다 자 말머리를 돌림. 차설(且說)
부 말머리를 돌려 다른 이야기를 꺼내려 할 때 쓰는 한문투의 말. ¶ － 길동이는 부모를 이별하고….

각설-이명 '장타령꾼'을 속되게 이르는 말.

각설이-타:령(－*打令)명 '장타령'을 속되게 이르는 말.

각-설탕(角雪^糖)명 작은 정육면체로 굳힌 설탕. 각사탕. 모당. 모사탕

각섬-석(角閃石)명 나트륨·칼슘 등이 들어 있는 규산염 광물. 흑갈색이나 어두운 녹색의 긴 기둥 모양이며 단면은 마름모꼴임.

각성(各姓)명 ①각각 다른 성씨. ②성이 각각 다른 사람. 각성바지 ¶ －이 모여 사는 마을.

각성(角星)명 각수(角宿)

각성(覺醒)명 -하다 자 ①잠에서 깨어남. ②정신이 헷갈린 상태에서 깨어나 잘못 등을 깨달음. ¶ 환경 보호에 대해 모두의 －과 노력이 필요하다.

각-성:바지(各姓－)명 ①성이 각각 다른 사람. 각성(各姓) ☞타성바지 ②어머니는 같으나 아버지가 다른 자식들. 각아비자식. ¶ － 형제

각성-제(覺醒劑)명 중추 신경을 흥분시켜 잠이나 피로를 일시적으로 억제하는 약. 중독성·습관성이 있음.

각-세:공(角細工)명 뿔로 물품을 만드는 세공.

각소(各所)명 여러 군데.

각소(角素)명 케라틴(keratin)

각-속도(角速度)명 물체의 회전 운동에서, 회전의 중심과 물체의 한 점을 연결한 선분이 기선(基線)과 이루는 각의 시간적 변화의 율(率).

각수(角宿)명 이십팔수(二十八宿)의 하나. 동쪽의 첫째 별자리. 각성(角星) 준 각(角)[3]

각수(刻手)명 새김질을 전문으로 하는 사람. 각공(刻工). 조각사(彫刻師)

각수(角數)의 돈을 '원' 단위로 셀 때 남는 몇 전이나 몇 십 전을 이르는 말. ¶ 천 원 －.

각수-장이(刻手－)명 '각수(刻手)'를 낮추어 이르는 말.

각승(角勝)명 -하다 자 승패를 겨룸.

각시명 ①새색시 모양으로 만든 작은 인형. ②새색시

각-시계(角時計)명 사각형이나 육각형 따위로 둘레를 모나게 만든 시계.

각시-노리명 가래의 양편 군둣구멍을 꿴 군두새끼가 장부의 목을 감아 돌아간 부분.

각시-놀음명 -하다 자 각시 인형을 가지고 노는 여자 아이들의 놀음.

각시-방(－房)명 새색시가 거처하는 방.

각시-붓꽃[－붇－]명 붓꽃과의 여러해살이풀. 산에서 흔히 자라며, 줄기 높이 10~30cm로 4~5월에 보랏빛 또는 흰빛의 꽃이 핌. 관상용으로 심기도 함. 산난초(山蘭草)

각시-붕:어명 납자루아과의 민물고기. 몸길이는 4~5cm이며 마름모꼴임. 몸빛은 엷은 갈색에 옆구리는 푸른 빛을 띤 은백색임. 수컷은 산란기에 선홍빛 혼인색을 띰. 조개의 몸 속에 알을 낳아 번식하는 우리 나라 고유종으로, 서·남해로 흐르는 하천에 널리 분포함. 관상어로도 기름.

각시-씨(－氏)명 한자 부수(部首)의 한 가지. '民'·'氐'·'氓' 등에서 '氏'의 이름.

각-시:차(角視差)명 물체의 보이는 방향과 실제 방향 사이에서 생기는 각.

각식-기뢰(角式機雷)명 여러 개의 뿔이 달려, 함선이 여기에 충돌하면 뿔이 부러지면서 폭발하게 된 기뢰.

각심(各心)명 ①각각 서로 다른 마음. ②-하다 자 각각 마음을 달리함.

각심소:원(各心所願)성구 각각 서로 다른 마음으로 원하는 일을 이르는 말.

각심소:위(各心所爲)성구 각각 서로 다른 마음을 가지고 하는 일이나 짓을 이르는 말.

각아비-자식(各－子息)명 어머니는 같으나 아버지가 다른 자식들. 각성바지

각안(擱岸)명 -하다 자 배가 해안에 좌초함.

각암(角岩)명 석영질의 짙은 잿빛 또는 갈색의 수성암.

각암(擱岩)명 -하다 자 배가 암초에 좌초함. 각좌(擱坐)

각양(各樣)명 여러 가지 모양.

각양-각색(各樣各色)명 ①서로 다른 갖가지 모양과 색채. ¶ －의 여성복. ☞형형색색 ②서로 다른 여러 가지. ¶ －의 의견이 나오다. 각색각양

각양-각식(各樣各式)명 각각 서로 다른 모양과 형식.

각양-각태(各樣各態)명 서로 다른 각가지 모양과 상태.

각역(刻役)명 -하다 자 조각하는 일. 새김일

각연-증(脚軟症)[－쯩]명 한방에서, 어린이가 다리에 힘이 없어 걷기 힘들어하는 병증을 이르는 말. 행지증(行遲症) ☞각경증(脚硬症)

각-연초(刻煙草)명 살담배

각염-법(榷塩法)[－뻡]명 고려 시대에 소금을 전매(專賣)하던 법.

각오(覺悟)명 -하다 타 ①앞으로 부닥칠 일에 대하여 미리 깨달아 마음을 단단히 먹음, 또는 그 마음. ¶ 새로운 －로 다시 시작하다. ②불교의 도리를 깨달음.

각왕(覺王)명 '불타(佛陀)'를 달리 이르는 말.

각외(閣外)명 내각(內閣) 밖. ¶ － 협력 ☞각내(閣內)

각우(角隅)명 구석이나 모퉁이.

각운(脚韻)명 운율의 수사법의 한 가지. 시 따위의 행이나 구의 끝마다 같은 운의 말을 두어 음조를 고르는 기법. ☞두운(頭韻)

각-운:동(角運動)명 물체가 한 직선의 수직되는 주위를 항상 같은 거리를 유지하며 도는 운동.

각운동-량(角運動量)명 회전하는 물체의 회전 운동의 세기. 회전체의 질량과 속도, 그리고 회전축까지의 거리를 서로 곱한 양임.

각원(各員)명 구성원 각각의 사람.

각원(閣員)명 내각을 구성하는 각부 장관. 각료(閣僚)

각위(各位)명 ①여러분 ¶회원 —에게 알립니다. ②각각의 지위. ③각각의 신위(神位).

각유소:장(各有所長)성구 사람마다 각각 장점이나 재간을 지니고 있음을 이르는 말.

각유일능(各有一能)성구 사람마다 각각 한 가지 재간을 지니고 있음을 이르는 말.

각의(閣議)명 의원 내각제 국가에서 내각이 직권을 행사하기 위하여 가지는 회의.

각이(各異)어기 '각이(各異)하다'의 어기(語基).

각이-하다(各異—)형여 각각 다르다.

각인(各人)명 각 사람. ¶—의 판단에 맡기다.

각인(刻印)명-하다자 도장을 새김, 또는 새긴 도장.

각인-각색(各人各色)명 사람마다 각각 태도나 행동 등이 다름. 각인각양(各人各樣)

각인-각성(各人各姓)명 사람마다 성(姓)이 각각 다름을 이르는 말.

각인-각양(各人各樣)명 각인각색

각-일각(刻一刻)부 시각이 흐름에 따라 점점 더. ¶강물은 — 위험 수위에 육박한다.

각자(各自)명 각각의 자기. 개별적인 사람. ¶—가 의무를 다하다./—의 판단에 맡기다.
부 각각의 사람이 따로따로. ¶사람들은 — 집으로 갔다.

각자(刻字)명-하다재타 글자를 새김, 또는 새긴 글자.

각자(覺者)명 ①불교에서, 스스로 깨닫고 남을 깨닫게 하는 사람. 곧, 부처를 이름. ②우주와 인생의 진리를 깨달아 마음이 안정되어 흔들리지 않는 사람.

각자도생(各自圖生)성구 제각기 살아나갈 길을 꾀함을 이르는 말.

각자무치(角者無齒)성구 뿔이 있는 자는 이가 없다는 뜻으로, 한 사람이 모든 복이나 재주를 겸하지 못함을 이르는 말.

각자-병:서(各自竝書)명 〈어〉훈민정음 합자해(合字解)에서 같은 자음을 가로로 나란히 쓴 것을 이르는 말. 'ㄲ·ㄸ·ㅃ·ㅉ·ㆅ' 따위. ☞합용병서(合用竝書)

각자위심(各自爲心)성구 제각기 딴마음을 먹거나 서로 다르게 생각함을 이르는 말.

각잠(角簪)명 뿔로 만든 비녀.

각잠(刻簪)명 무늬를 새긴 비녀.

각장(各狀)명 각각의 편지.

각장(各葬)명-하다타 죽은 부부를 각각 딴 자리에 묻는 일. ☞합장(合葬)

각장(角壯)명 보통 것보다 두꺼운 장판지.

각재(角材)명 모가 지게 켠 재목. ☞통나무

각저(角抵·角觝)명-하다자 ①옛날 유희(遊戲)의 한 가지. 두 사람이 씨름하듯이 맞붙어 힘을 겨루거나, 활쏘기·말타기 등의 기예로 승패를 겨룸. 각희(角戲) ②각희(脚戲)

각적(角笛)명 뿔로 만든 피리.

각-전:궁(各殿宮)명 왕과 왕비·동궁(東宮)·빈(嬪) 등을 두루 이르는 말.

각종(各種)명 여러 가지 종류. 여러 가지. 각가지. 각색(各色). 갖가지 ¶— 부분품/— 기구

각-좆(角—)명 뿔이나 가죽 따위로 남자의 생식기처럼 만든 물건.

각좌(擱坐)명-하다자 각암(擱岩)

각주(角柱)명 ①네모진 기둥. ②'각기둥'의 구용어.

각주(脚註·脚注)명 책의 본문 아래쪽에 따로 적어 놓은 풀이. 주각(註脚) ☞두주(頭註)

각주구검(刻舟求劍)성구 배에서 물 속에 칼을 떨어뜨렸는데 그 떨어뜨린 뱃전에 표를 하였다가 칼을 찾는다는 뜻에서, 미련하고 융통성이 없음을 비유하여 이르는 말.

각죽(刻竹)명 무늬를 새긴 담뱃대.

각준(恪遵)명-하다타 정성으로 따르고 지킴.

각지(各地)명 각 지방. 여러 곳. 각처(各處) ¶전국 —에서 모여드는 농산물.

각지(各紙)명 각 신문. 여러 신문. ¶—에 보도되다.

각지(各誌)명 각 잡지. 여러 잡지.

각지(角指)명 깍지²

각지(覺知)명-하다타 깨달아 앎.

각-지기(閣—)명 조선 시대에 규장각(奎章閣)에서 심부름하던 사람. 각직(閣直)

각직(閣直)명 각지기

각질(角質)명 동물의 몸을 보호하는 손톱·발톱·뿔·부리·털 등을 이루는, 각소(角素)로 된 물질. ☞케라틴

각질(脚疾)명 ①다리를 앓는 병. ②각기(脚氣)

각질-층(角質層)명 표피의 맨 거죽의 각질화한 층. 준각층(角層)

각질-판(角質板)명 각질로 이루어진 판.

각질-화(角質化)명-하다자 각화(角化)

각책(角柵)명 각재로 만든 울짱.

각처(各處)명 여러 곳. 각지(各地) ¶—에서 모여들다.

각-청령(角蜻蛉)명 '뿔잠자리'의 딴이름.

각체(各體)명 글씨체·자체·문체 등의 여러 가지 체.

각촌(各村)명 각 마을. 여러 마을.

각추(角錐)명 '각뿔'의 구용어.

각추-대(角錐臺)명 '각뿔대'의 구용어. 준각대(角臺)

각-추렴(各出斂)명-하다타 각기 돈이나 물품을 얼마씩 내어 거둠. ¶불우 이웃 돕기 성금을 —하다.

각축(角逐)명-하다자 서로 이기려고 다툼. 추축(追逐) ¶내로라 하는 강자들이 —을 벌이다.

각축-장(角逐場)명 각축을 벌이는 곳. ¶서양 열강의 —이 되다.

각축-전(角逐戰)명 승패를 겨루는 싸움. ¶우승을 노리는 치열한 —.

각출(各出)명-하다재타 ①각각 나옴. ②각각 내놓음. ¶위문품을 —하다.

각출(咯出)명-하다타 객출(喀出)

각출-물(咯出物)명 내어 뱉는 침이나 가래.

각층(各層)명 ①각각의 층. 여러 층. ¶—마다 서는 승강기. ②여러 계층 중의 개개의 층. ¶각계—의 대표들.

각층(角層)명 '각질층(角質層)'의 준말.

각치다 타 ①할퀴다 ②이러니저러니 말질을 하여 화를 돋우다.

각칙(各則)명 ①여러 가지 법칙. ②법률·명령·규칙·조약 따위에서, 다른 부분에는 적용되지 아니하고 특정한 경우에만 적용되는 것으로 규정한 부분. ☞총칙(總則)

각침(刻針)명 지난날, '분침(分針)'을 이르던 말.

각타(覺他)명-하다타 불교에서 이르는 삼각(三覺)의 하나. 스스로 깨달은 불법(佛法)을 남에게도 일깨워 깨닫게 하는 일. ☞각행(覺行). 자각(自覺)

각태(角胎)명 뿔 속의 살.

각-테(角—)명 뿔로 만든 안경테. ¶— 안경

각통(各通)명 서류나 편지 따위의 각 벌. ¶매일 전달되는 —의 문서.

각통(脚痛)명 다리의 아픈 증세.

각통-질 명-하다자 소장수가 소의 배를 크게 보이게 하기 위해 먹이와 물을 억지로 먹이는 짓.

각퇴(角槌)명 아악기(雅樂器)인 편종(編鐘)이나 편경(編磬) 등의 악기를 치는 데 쓰는 뿔방망이.

각파(各派)명 유파(流派)·당파(黨派)·학파(學派) 등의 각각의 파. ¶당내의 —.

각파(脚婆)명 탕파(湯婆)

각판(角板)명 모난 널빤지.

각판(刻板)명 ①글씨나 그림을 새기는 데 쓰는 널조각. ②

-하다 타 글씨나 그림 등을 널조각에 새김, 또는 새긴 글씨나 그림. 판각(板刻)

각판(刻版) 명 '각판본(刻版本)'의 준말.

각판-본(刻版本) 명 판각본(板刻本) 준 각판(刻版)

각패(角牌) 명 조선 시대에 정삼품 이하의 문무관이 차던, 검은 뿔로 만든 호패(號牌).

각피(角皮) 명 생물의 몸의 거죽을 싸고 있는 얇고 단단한 막. 수분의 증발을 억제하고 몸을 보호하는 구실을 함. 절지동물의 경우는 경단백질(硬蛋白質)이 주성분임. 큐티쿨라(cuticula)

각피-소(角皮素) 명 식물의 표면을 보호하는 각피의 주성분. 불포화 지방산이 중합(重合)한 유기물임. 큐틴(cutin)

각필(閣筆·擱筆) 명 -하다 자 글을 다 쓰고 붓을 놓음, 또는 글 쓰기를 마침.

각하(却下) 명 -하다 타 ①관청이나 공공 단체 등에서, 신청이나 소송 따위를 받지 아니하고 물리치는 일. ②민사 소송에서, 형식적인 면에서 부적법하다고 재판을 물리치는 일, 또는 그 처분. ☞기각(棄却)

각하(閣下) 명 일정한 고급 관료에 대한 경칭.

각-하다(刻-) 타여 《文》돌이나 나무 따위에 글씨나 그림을 새기다.

각한(刻限) 명 -하다 자 기한을 정함. 각기(刻期)

각항(各項) 명 ①각 항목. ②각가지

각해(覺海) 명 불교의 세계.

각행(覺行) 명 불교에서 이르는 삼각(三覺)의 하나. 스스로 깨달은 바를 설파하고 자비를 행함으로써 남으로 하여금 깨닫게 하는 일.

각혈(咯血) 명 -하다 자 객혈(喀血)

각형(角形) 명 ①각(角)이 진 모양. ②'사각형(四角形)'의 준말. ③뿔 모양.

각형-토기(角形土器) 명 팽이토기

각호(各戶) 명 ①각 집. ②각 가구(家口).

각-혼(各-) 명 윷놀이에서, 양편이 각각 혼동임을 이르는 말. ☞혼동

각혼(覺魂) 명 가톨릭에서, 사람이나 동물의 감각 기능을 이르는 말.

각화(角化) 명 -하다 자 ①동물 조직의 일부, 특히 표층(表層)의 세포가 각질(角質)로 변하는 일. 각질화 ②식물의 잎·줄기·열매 따위의 겉껍질이 굳어지는 일.

각화(刻花) 명 -하다 자 도자기에 꽃무늬를 새김, 또는 새긴 그 꽃무늬.

각화-증(角化症)[-쯩] 명 피부의 각질층이 두껍고 단단하게 굳어지는 증세.

각희(角戲) 명 -하다 자 각저(角抵)

각희(脚戲) 명 -하다 자 ①'택견'을 달리 이르는 말. ②지난날, '씨름'을 이르던 말. 각저(角抵)

간[1] 명 ①소금이나 간장과 같이 음식에 짠맛을 내는 데 쓰는 재료를 통틀어 이르는 말. ¶ -을 하다./-을 치다. ②음식의 짠맛의 정도. ¶ -을 맞추다./-이 맞다.

간도 모르다 관용 일의 속내를 짐작도 하지 못하다.

간을 보다 관용 음식의 간이 맞는지 어떤지 맛을 보다. 간보다

간을 하다 관용 ①생선이나 채소를 소금으로 절이다. ②음식에 간을 치다.

간[2] 의 '깐'의 원말.

간(干)[1] 명 ①지난날, 간척무(干戚舞)나 일무(佾舞)에서 악생(樂生)들이 무무(武舞)를 출 때 왼손에 들던, 널조각에 용을 그린 방패 모양의 기구. ②방패

간(干)[2] 명 한방에서, 약방문이나 약봉지에 '새앙'이란 뜻으로 쓰는 말. ☞간삼조이(干三召二)

간:(艮) 명 ①'간괘(艮卦)'의 준말. ②'간시(艮時)'의 준말.

간:(肝) 명 ①'간장(肝臟)'의 준말. ②식품으로서 이르는, 짐승의 간장. ③'담력(膽力)'의 뜻으로 쓰이는 말. ¶보기보다 -이 큰 놈이야.

간 떨어지다 관용 간이 떨어질 만큼 몹시 놀라다. ¶아이고머니, 간 떨어지겠다.

간에 기별도 아니 가다 관용 먹은 음식의 양이 너무 적어서 먹은 것 같지 않다.

간에도 차지 않다 관용 ①먹은 음식의 양이 너무 적다. ②만족스러운 느낌을 전혀 느끼지 못하다.

간에 바람(이) 들다 관용 ①실없이 자꾸 웃다. ②마음이 들뜨고 행실이 단정하지 못하다. 허파에 바람 들다.

간(을) 녹이다 관용 ①몹시 애타게 하다. ②사람을 홀딱 반하게 하다.

간(을) 졸이다 관용 몹시 걱정이 되고 불안스러워 속을 태우다. ¶간을 졸이며 합격자 발표를 기다리다.

간(이) 붓다 관용 '분에 넘치게 대담해지다'의 뜻으로 속되게 이르는 말.

간이 오그라들다 관용 매우 놀라다.

속담 **간에 가 붙고 쓸개에 가 붙는다** : 자기에게 조금이라도 이로운 일이면 체면을 가리지 않고 아무에게나 빌붙는 짓을 두고 이르는 말.

한자 **간 간**(肝) 〔肉部 3획〕 ¶간담(肝膽)/간장(肝腸)

×**간**(間)[1] 명 →칸[1]

간(間)[2] 의 ①'동안'을 뜻하는 말. ¶십여 년 -을 함께 지낸 친구. ②'사이'를 뜻하는 말. ¶서울과 부산 -을 잇는 철도./부모와 자식 -의 대화.

간(間)[3] 의 어느 경우든지 관계없이. ¶오나가나 -에.

간(澗) 수 수의 단위. 구(溝)의 만 곱절. 정(正)의 1만분의 1.

-간(刊) 《접미사처럼 쓰이어》 '간행(刊行)'의 뜻을 나타냄. ¶격월간(隔月刊)

-간(間) 《접미사처럼 쓰이어》 '사이'의 뜻을 나타냄. ¶형제간(兄弟間)/한미간(韓美間)

간가(間架) 명 ①집의 칸살의 얽이. ②시문의 짜임새.

간각 명 사물을 깨닫는 힘. 이해(理解)하는 힘.

간각(刊刻) 명 -하다 타 글자나 그림을 새김.

간:간(間間) 부 간간이[2] ¶ - 안부를 묻곤 한다.

간:간(侃侃) 어기 '간간(侃侃)하다'의 어기(語基).

×**간간-이**(間間-)[1] 부 →칸칸이

간:간-이(間間-)[2] 부 ①시간적인 사이를 두고서 때때로. 이따금 ¶ - 소식을 전하며 지내다./- 딱따구리가 나무를 쪼는 소리가 들린다. ②공간적인 거리를 두고서 듬성듬성. 띄엄띄엄 ¶ - 노란 장미꽃도 피어 있군./- 초가가 눈에 띄다. 간간(間間)

간간짭짤-하다 형여 간이 입맛 당길 정도로 감칠맛 있게 좀 짜다. ¶간간짭짤한 굴비. ☞건건찝찔하다

간간-하다[1] 형여 간이 감칠맛 있게 좀 짜다. ¶간간하게 담근 짠지. ☞건건하다

간간-히[1] 부 간간하게

간간-하다[2] 형여 ①심심찮게 아기자기하고 재미 있다. ②아슬아슬하게 위태롭다.

간간-히[2] 부 간간하게

간:간-하다(侃侃-) 형여 성품이나 행실이 꼬장꼬장하다.

간간-히 부 간간하게

간객(看客) 명 구경꾼. 관객(觀客)

간:-거르다(間-) (-거르고·-걸러) 타르 하나씩 사이를 거르다.

간:-거리(間-) 명 -하다 타 차례에서 일정한 사이를 거름. ¶이틀 -로 장을 보러 가다.

간:거리-장사(間-) 명 지난날, 장을 한 차례씩 걸러 하는 장사를 이르던 말.

간:걸(懇乞) 명 -하다 타 간절하게 빎.

간검(看檢) 명 -하다 타 두루 살피어 검사함.

간:격(間隔) 명 ①물건과 물건이 떨어져 있는 거리. 칸살 ¶ -을 좁히다./차와 차 사이의 -. ②어떤 일과 일 사이의 동안. ¶10분 -으로 버스가 도착하다. ③사람 사이에서 느끼는 거리감. ¶그와는 까닭 없이 -을 느끼게 된다. ④두 현상이나 대상에 차이가 있어 생기는 틈. ¶자유와 방종은 상당한 -이 있다.

간:결(簡潔) 어기 '간결(簡潔)하다'의 어기(語基).

간:결-미(簡潔美) 명 간결한 데서 느껴지는 아름다움.

간:결-성(簡潔性)[-썽] 명 간단하고 깔끔한 특성. 간결한 특성. ¶문체의 -.

간:결-체(簡潔體)명 문장의 길이에 따라 구별한 문체의 한 가지. 글의 내용을 적은 말수로 간결하고 짜임새 있게 나타낸 문체. ☞만연체(蔓衍體)

간:결-하다(簡潔—)형여 ①글 등이 깔끔하면서 조리가 있다. ¶간결한 표현. ②간단하면서도 분명하다. ¶요지를 간결하게 말하다.
　간결-히부 간결하게

간경(刊經)명-하다타 불경(佛經)을 펴냄.

간:경(肝經)명 ①간에 붙은 인대(靭帶)를 통틀어 이르는 말. ②한방에서, 간에 딸린 경락(經絡)을 이르는 말.

간경(看經)명-하다자 불경을 소리내지 않고 읽음. ☞독경(讀經)

간:경(間頃)명 이마적. 요사이

간경-도감(刊經都監)명 1461년(세조 7)에 한문으로 된 불경(佛經)을 한글로 번역하여 펴내기 위해 설치하였던 국가 기관.

간:-경변증(肝硬變症)[—쯩]명 간세포의 파괴와 결합 조직의 증식으로 간이 굳어지면서 오그라드는 병.

간:경-풍(肝經風)명 한방에서, 간경의 열(熱)과 허(虛)로 말미암아 일어나는 병을 이르는 말. 손발이 뒤틀리고 눈이 뒤집히는 따위의 경련을 일으킴.

간계(奸計)명 간사한 꾀. 간모(奸謀). 간책(奸策) ¶—에 빠지다.

간고(艱苦)명-하다형 ①가난하고 고생스러움. ¶—를 이겨 내다./—한 생활. ② 몹시 어렵고 힘듦. 고간(苦艱) ¶—한 투쟁.
　간고-히부 간고하게

간고-스럽다(艱苦—)(—스럽고·—스러워)형ㅂ 몹시 어렵고 고생스러운 데가 있다.
　간고-스레부 간고스럽게

간:곡(懇曲)어기 '간곡(懇曲)하다'의 어기(語基).

간:곡-하다(懇曲—)형여 지극히 간절하고 곡진(曲盡)하다. ¶간곡한 부탁.
　간곡-히부 간곡하게 ¶— 당부하다.

간곤(艱困)어기 '간곤(艱困)하다'의 어기(語基).

간곤-하다(艱困—)형여 가난하여 생활하기가 어렵다.
　간곤-히부 간곤하게

간곳-없:다[—곧업—]형 갑자기 자취를 감추어 어디로 갔는지 알 수 없다. 간데없다
　간곳-없이부 간곳없게

간과(干戈)명 ①방패와 창이라는 뜻에서, '병장기(兵仗器)' 곧 무기를 이르는 말. ②'전쟁(戰爭)'을 비유하여 이르는 말.

간:과(諫果)명 충고하는 말의 맛과 같은 과실이라는 뜻으로, '감람(橄欖)'을 달리 이르는 말. 처음에는 맛이 쓰고 떫지만 오래 씹으면 단맛이 나는 것이, 마치 간언(諫言)과 같다는 뜻에서 이름.

간과-하다(看過—)타여 관심을 두지 않고 예사로이 보아 넘기다. ¶결코 간과할 수 없는 문제.

간:관(肝管)명 간에서 만들어지는 쓸개즙을 쓸개로 나르는 간장 조직 안의 가는 관(管).

간:관(諫官)명 조선 시대, 임금에게 간하는 일을 맡은 사간원(司諫院)과 사헌부(司憲府)의 관원을 통틀어 이르던 말. 간신(諫臣). 언관(言官)

간:-괘(艮卦)명 ①팔괘(八卦)의 하나. 상형은 ☶, 산을 상징함. ②육십사괘(六十四卦)의 하나. 간괘(艮卦) 아래 간괘가 놓인 괘로 산 위에 산이 거듭됨을 상징함. 준간(艮) ☞손괘(巽卦)

간교(刊校)명-하다타 교정(校正)

간교(奸巧)명-하다형 간사하고 교활함. ¶—를 부리다./—한 계책.
　간교-히부 간교하게 ¶— 일을 꾸미다.
　간교(를) 피우다관용 간사하고 교활한 짓을 하다.

간교-스럽다(奸巧—)(—스럽고·—스러워)형ㅂ 간사하고 교활한 데가 있다. ¶간교스러운 짓.
　간교-스레부 간교스럽게

간구(干求)명-하다타 바라고 구함.

간:구(懇求)명-하다타 간절히 구함.

간-국[—꾹]명 짠맛이 우러난 국물. 간물

간국(幹局)명 일을 처리하는 재간과 국량.

간군(艱窘)어기 '간군(艱窘)하다'의 어기(語基).

간군-하다(艱窘—)형여 가난하고 군색하다.

간:권(諫勸)명-하다타 잘못을 간(諫)하여 고치기를 권함. ¶—을 받아들이다.

간균(桿菌)명 막대 또는 원통 모양의 세균을 통틀어 이르는 말. 장티푸스균·결핵균 따위. ☞구균(球菌)

간:극(間隙)명 ①물건과 물건의 사이, 또는 시간적인 사이나 틈. ¶벽과 기둥 사이에 —이 나다. ②사람 사이의 관계에서 생기는 틈.

간:극-률(間隙率)명 공극률(孔隙率)

간근(幹根)명 줄기와 뿌리. 근간(根幹)

간:급(間級)명 규정된 급(級)과 급 사이에 임시로 매긴 중간의 급.

간-기(—氣)[—끼]명 짠 기운. 짠맛 ¶—가 없는 맹물.

간기(刊記)명 간행물의 간행한 때나 곳, 지은이 등을 적은 부분.

간:기(肝氣)명 한방에서, 어린아이가 젖에 체하여 토하고 푸른 똥을 누며, 자꾸 우는 증세를 이르는 말.

간:기(間氣)명 여러 세대를 통하여 드물게 있는 기품(氣稟). 세상에 드문 뛰어난 기품.

간:기(懇祈)명-하다타 간절히 빎.

간:기(癎氣)[—끼]명 간질(癎疾)

간:기=인물(間氣人物)명 세상에 드물게 뛰어난 기품을 타고난 인물.

간나위명 간사한 사람을 낮잡아 이르는 말.

간난(艱難)명-하다형 견디기가 몹시 힘들고 고생스러움. ¶—을 견디어 내다.

간난-신고(艱難辛苦)명 살아가는 데 겪게 되는 온갖 어려움과 괴로움을 뜻하는 말. ¶— 끝에 마침내 행복한 삶을 누리다.

간:납(干納·肝納)명 제물로 쓰는, 쇠간·처녑·어육(魚肉) 따위로 만든 저냐. 변간랍

간녀(奸女)명 간악한 여자.

간:년(間年)명-하다자 한 해를 거름. ¶— 경작(耕作)

간:년-경(間年耕)명-하다타 일정한 농토에 작물을 한 해씩 걸러 경작하는 일. 간년작

간:년-작(間年作)명-하다타 간년경(間年耕)

간:념(懇念)명 간절한 생각. 간절한 염원.

간녕(奸佞)어기 '간녕(奸佞)하다'의 어기(語基).

간녕-하다(奸佞—)형여 간사하고 아첨기가 많다.

간:-농양(肝膿瘍)명 대장균이나 포도상구균의 감염으로 간장이 곪는 병.

간:뇌(肝腦)명 간장과 뇌수라는 뜻으로, 육체와 정신을 달리 이르는 말.

간:뇌(間腦)명 척추동물의 뇌의 한 부분. 대뇌 반구와 중뇌 사이의 부분으로, 자율 신경의 기능을 조절하며, 의식과 신경 활동의 중추 구실을 함.

간:뇌도지(肝腦塗地)성구 〔간장과 뇌가 터져 흙과 뒤범벅이 된 상태라는 뜻으로〕 ①전쟁터 등에서 참혹하게 죽음을 당하는 모습을 비유하여 이르는 말. ②피투성이가 되어 싸우는 싸움을 비유하여 이르는 말.

간:능(幹能)명 ①재간과 능력. ②-하다형 재간 있게 능청스러움. ¶—한 데가 있다. 변간릉
　간능(을) 부리다관용 간능한 짓을 하다.

간:능-스럽다(幹能—)(—스럽고·—스러워)형ㅂ 하는 짓이 간능한 데가 있다.
　간능-스레부 간능스럽게

간:-니명 젖니가 빠진 다음에 그 자리에 나는 이. 영구치

간다개명 말 머리에서 고삐에 매는 끈.

간닥-간닥부 작은 물체가 약하게 자꾸 흔들리는 모양, 또는 그렇게 흔드는 모양을 나타내는 말. ¶나뭇잎이 바람에 — 흔들리다. ☞근덕근덕

간닥-거리다(대다)자타 간닥간닥 흔들리다, 또는 간닥간닥 흔들다. 간닥이다 ☞근덕거리다. 깐닥거리다

간닥-이다 자타 간닥거리다 ☞근덕이다. 깐닥이다

간:단(間斷)명-하다자 계속되지 아니하고 한동안 끊어짐, 또는 끊어진 그 동안.

간:단(簡單)어기 '간단(簡單)하다'의 어기(語基).

간:단간단-하다(簡單簡單−)형여 ①매우 간단하다. ②여럿이 다 간단하다. ¶연습은 간단간단하게 끝냅시다.

간단간단-히부 간단간단하게

간:단명료-하다(簡單明瞭−)형여 간단하고 분명하다. ¶답변이 −.

간:단=반:응(簡單反應)명 단일한 자극에 대하여 단일한 동작을 하는 반응. 감각 반응, 근육 반응, 자연 반응의 세 가지가 있음. ☞복잡 반응

간:단-없:다(間斷−)[−업−]형 그칠 사이가 없다. 끊임없다. ¶간단없는 자동차의 왕래.

간단-없이부 간단없게 ¶물이 − 솟다.

간:단-하다(簡單−)형여 ①복잡하지 않고 단순하다. ¶간단한 기계 구조./간단한 옷차림. ②말이나 글 따위가 쉽고 짤막하다. ¶간단한 설명. ③일이 손쉽고 단순하다. ¶간단한 일.

간단-히부 간단하게 ¶− 잘라 답하다.

간:담(肝膽)명 ①간과 쓸개. ②'깊은 속마음'을 달리 이르는 말.

간담을 서늘케 하다관용 몹시 놀라게 하여 섬뜩한 느낌을 가지게 하다.

간담이 내려앉다관용 몹시 놀라다. 간담이 떨어지다.

간담이 떨어지다관용 간담이 내려앉다.

간담이 서늘하다관용 몹시 놀라서 마음이 섬뜩해지다.

간:담(懇談)명 ①-하다자 정답게 서로 이야기를 나눔. ②간곡한 이야기.

간:담상조(肝膽相照)성구 서로 깊은 속마음을 터놓고 가까이 사귐을 이르는 말.

간:담-회(懇談會)명 어떤 일에 대하여 여러 사람이 서로 터놓고 정답게 이야기를 나누는 모임.

간당(奸黨)명 간사한 무리. 간도(奸徒)

간당(看堂)명-하다자 선당(禪堂)에서, 참선을 시작할 때 참선하는 사람의 마음을 다잡고, 참선을 마칠 때 자유로이 행동할 수 있게 하는 의식.

간대[−때]명 '간짓대'의 준말.

간:대(懇待)명-하다타 정성껏 대접함. ☞환대(歡待)

간대로부 그리 쉽사리. ¶− 물러설 사람이 아니다.

간댕-간댕부 ①약하게 매달린 작은 물체가 가볍게 흔들리는 모양을 나타내는 말. ¶나뭇잎이 − 흔들리다. ②약하게 박힌 작은 물체를 건드릴 때 힘없이 흔들리는 모양을 나타내는 말. ¶이가 빠질듯이 − 흔들리다./말뚝이 − 흔들리다. ③거의 다 써서 조금 남은 모양을 나타내는 말. ¶양식이 − 하다./용돈이 − 하다. ④숨이 거의 넘어가는 모양을 나타내는 말. ¶숨이 − 하다. ☞근뎅근뎅

간댕-거리다(대다)자 간댕간댕 흔들리다. 간댕이다 ☞근뎅거리다

간댕-이다자 간댕거리다 ☞근뎅이다

간:-덩이(肝−)[−떵−]명 '간(肝)'을 속되게 이르는 말.

간덩이(가) 붓다관용 '분수에 맞지 않게 대담해지다'의 뜻으로 속되게 이르는 말.

간덩이(가) 크다관용 '대담하다', '배짱이 두둑하다'의 뜻으로 속되게 이르는 말.

간데-없:다[−업−]형 간곳없다

간데-없이부 간데없게

간도(奸徒)명 간당(奸黨)

간도(奸盜)명 간악한 도둑. 간적(奸賊)

간:도(間道)명 샛길

간:독(簡牘)명 ①옛날 중국에서 종이가 없던 때에 글씨를 쓰던 대쪽과 얇은 나무쪽. ②편지틀

간독(奸毒)어기 '간독(奸毒)하다'의 어기(語基).

간:독(懇篤)어기 '간독(懇篤)하다'의 어기(語基).

간독-하다(奸毒−)형여 간사하고 독살스럽다.

간독-히부 간독하게

간:독-하다(懇篤−)형여 정성이 대단하고 정이 도탑다.

간독-히부 간독하게

간동-간동부 간동그리는 모양을 나타내는 말. ☞건둥건둥. 깐동깐동

간동-그리다타 일을 간동하게 마무르다. ☞건둥그리다. 깐동그리다

간:-동:맥(肝動脈)명 내장 동맥으로부터 간장 안으로 들어간 동맥망(動脈網).

간동-하다형여 흐트러지지 않게 매만지어 깔끔하다. ¶머리를 뒤로 간동하게 묶다. ☞건둥하다. 깐동하다

간동-히부 간동하게

간두(竿頭)명 ①장대나 막대기의 끝. ②'백척간두(百尺竿頭)'의 준말.

간:-두다타 '그만두다'의 준말.

간두지세(竿頭之勢)성구 장대 끝에 선 형세라는 뜻으로, 매우 위태로운 형세를 이르는 말.

간드랑-간드랑부 작은 물체가 천천히 부드럽게 흔들리는 모양을 나타내는 말. ¶전등이 − 흔들리다. ☞건드렁건드렁. 근드렁근드렁

간드랑-거리다(대다)자 간드랑간드랑 흔들리다. ☞건드렁거리다. 근드렁거리다

간드러-지다형 목소리나 몸놀림 따위가 애교 있고 멋들어지다. ¶웃음소리가 −./노래를 간드러지게 부르다./간드러진 몸놀림. ☞건드러지다

간드작-간드작부 바닥에 놓인 물체를 조금 기울였다 바로 놓았다 하면서 움직이는 모양을 나타내는 말. ¶책상을 둘이서 − 옮기다. ☞건드적건드적. 근드적근드적

간드작-거리다(대다)타 물체를 간드작간드작 움직이다. ☞건드적거리다. 근드적거리다

간들-간들부 간들거리는 모양을 나타내는 말. ☞건들건들. 근들근들

간들-거리다(대다)자타 ①박히거나 심긴 작은 물체가 요리조리 가볍게 흔들리다, 또는 그렇게 되게 하다. ¶이가 −./상체를 간들거리며 걸어오다. ②약한 바람이 보드랍게 불어오다. ¶봄바람이 간들거리는 들판. ③경망스러운 태도로 되바라지게 행동하다. ¶간들거리며 말하다. ☞건들거리다. 근들거리다

간:-디스토마(肝distoma)명 흡충류의 편형동물. 몸길이 6~20mm. 사람·개·고양이·돼지 등의 간에 기생하며, 유충은 우렁이·민물고기 따위의 중간 숙주에 기생함. 간장 디스토마. 간흡충(肝吸蟲)

간:-디스토마증(肝distoma症)[−쯩]명 디스토마가 간에 기생하여 일으키는 병. 간이 비대(肥大)해지고 조직이 파괴되며 복수(腹水)가 차는 등의 증세가 나타남. 간장 디스토마병

간디이즘(Gandhiism)명 인도의 간디가 민족 해방과 독립을 위해 반영(反英) 항쟁의 방법으로 내세웠던, 불복종(不服從)·비폭력(非暴力)의 무저항주의.

간랍(∠干納)명 '간납(干納)'의 변한말.

간:략(簡略)어기 '간략(簡略)하다'의 어기(語基).

간:략-하다(簡略−)형여 간단하고 짤막하다. ¶간략한 표현./간략한 절차.

간략-히부 간략하게 ¶문장을 − 요약하다.

> 한자 **간략할 간**(簡) 〔竹部 12획〕 ¶간결(簡潔)/간단(簡單)/간략(簡略)/간이(簡易)/간편(簡便)
> **간략할 략**(略) 〔田部 6획〕 ¶개략(槪略)/약도(略圖)/약력(略歷)/약술(略述)/약식(略式) ▷ 畧은 동자

간련(干連)명-하다자 다른 사람의 범죄에 관련됨.

간:로(間路)명 샛길

간류(幹流)명 주류(主流)

간:릉(∠幹能)명 '간능(幹能)'의 변한말.

간리(奸吏·姦吏)명 간사한 관리.

간린(慳吝)어기 '간린(慳吝)하다'의 어기(語基).

간린-스럽다(慳吝−)(−스럽고·−스러워)형ㅂ 다랍게 인색한 데가 있다.

간린-스레부 간린스럽게

간린-하다(慳吝—)[형여] 다랍게 인색하다.
간막-국[명] 국의 한 가지. 소의 머리·꼬리·볼기·뼈·족·등·가슴·염통·허파·간·처녑·콩팥 따위를 한 도막이나 한 점씩 고루 넣어서 끓인 국.
×**간-막이**(間—)[명] →칸막이
간만(干滿)[명] 간조(干潮)와 만조(滿潮). 밀물과 썰물. 만간(滿干) ¶ —의 차가 심하다.
간:망(懇望)[명]-하다[타] 간절히 바람.
간:명(肝銘)[명]-하다[타] 마음에 깊이 간직하여 잊지 아니함.
간:명(簡明)[어기] '간명(簡明)하다'의 어기(語基).
간:명-하다(簡明—)[형여] 간단하고 분명하다. ¶ 간명한 대답./표현이 —.
간명-히[부] 간명하게 ¶ 요점만 — 적다.
간모(奸謀)[명] 간계(奸計)
간목(刊木)[명]-하다[타] 벌목(伐木)
간목수생(乾木水生)[성구] 마른 나무에서 물을 짜 낸다는 뜻으로, 아무 것도 없는 사람에게서 무엇을 무리하게 바람을 이르는 말. 강목수생(剛木水生). 건목수생
간:묵(簡默)[어기] '간묵(簡默)하다'의 어기(語基).
간:묵-하다(簡默—)[형여] 말수가 적고 태도가 신중하다.
간묵-히[부] 간묵하게
간:문-맥(肝門脈)[명] 척추동물의 위·장·췌장·비장에서 나온 혈액을 모아 간장(肝臟)으로 보내는 정맥(靜脈).
간-물[명] ①소금기가 섞인 물. ②간국
간물(奸物·姦物)[명] 간사한 사람. 간인(奸人)
간물(乾物)[명] '건물(乾物)'의 원말.
간물-때[명] 썰물의 가장 낮은 때. ☞찬물때
간:박(簡朴·簡樸)[어기] '간박(簡朴)하다'의 어기(語基).
간:박-하다(簡朴—)[형여] 간소하고 꾸밈이 없다.
간박-히[부] 간박하게
간:반(肝斑)[명] 병이나 괴로움 등으로 말미암아 눈언저리나 볼에 끼는 갈색의 얼룩점. 기미
간:발(簡拔)[명]-하다[타] 여러 사람 가운데서 골라 뽑음. 간탁
간-밤[명] 지난밤 ¶ —에는 비가 내렸다.
간:방(艮方)[명] ①팔방(八方)의 하나. 북동(北東)을 중심으로 한 45도 범위 안의 방위. ②이십사 방위(二十四方位)의 하나. 북동(北東)을 중심으로 한 15도 범위 안의 방위. 축방(丑方)과 인방(寅方)의 사이. ㊣간(艮) ☞곤방(坤方)
간:방(間方)[명] 정동·정서·정남·정북의 각 사이의 방위.
간:벌(間伐)[명]-하다[타] 나무를 잘 자라게 하려고 알맞게 사이를 두고 쓸모 없는 나무를 베어내는 일. 솎아베기 ☞주벌(主伐)
간벌찬(干伐飡)[명] 이벌찬(伊伐飡)
간범(干犯)[명] ①-하다[타] 간섭하여 남의 권리를 침범함. ②남의 죄에 관련된 범죄.
간:법(簡法)[—뻡][명] 간단한 방법.
간:벽(癎癖)[명] 버럭 신경질을 잘 내는 버릇.
간병(看病)[명]-하다[타] 환자를 보살핌. ☞간호(看護). 병구완. 병시중. 시병(侍病)
간:병(癎病)[명] 한방에서, 어린아이의 경련을 병으로 이르는 말. 경기(驚氣). 경풍(驚風) ▷癎과 癇은 동자
간-보다[타] 음식의 간이 알맞은지 먹어 보다. ¶ 국물을 —.
간본(刊本)[명] '간행본(刊行本)'의 준말.
간:봉(杆棒·桿棒)[명] 몽둥이
간부(姦夫)[명] 아내 몰래 다른 여성과 성적 관계를 맺은 남자. ☞간부(姦婦)
간부(姦婦)[명] 남편 몰래 다른 남성과 성적 관계를 맺은 여자. ☞간부(姦夫)
간부(奸婦)[명] 간악한 여자. ☞독부(毒婦)
간:부(間夫)[명] 남편 있는 여자가 몰래 성적 관계를 맺고 지내는 남자. 샛서방
간부(幹部)[명] ①회사나 단체 등 조직의 중심이 되는 사람. ②군대에서, '장교'를 이르는 말.
간부=후보생(幹部候補生)[명] 정규 사관 학교 이외의 군사 학교에서 장교가 될 일정한 교육을 받고 있는 생도.
간:불용발(間不容髮)[성구] 〔머리카락 한 올도 들어갈만 한 틈이 없다는 뜻으로〕 ①사태가 매우 위급함을 이르는 말. ②매우 치밀하여 빈틈이 없음을 이르는 말.
간:빙-기(間氷期)[명] 빙하기(氷河期)와 빙하기 사이의, 기후가 비교적 온난하여 빙하가 고위도(高緯度) 지방까지 물러가는 시기. 지질 연대학상 오늘날은 제4 간빙기에 해당함.
간사(奸詐)[명]-하다[형] 거짓으로 알랑거리며 살살 비위를 맞추는 솜씨가 교활함. ¶ —한 마음./—한 행위로 남의 마음을 사로잡다.
간사-히[부] 간사하게
간사(를) 떨다[관용] 경망하게 간사스러운 짓을 하다.
간사(를) 부리다[관용] 간사스러운 짓을 하다.
간사(幹事)[명] 어떤 모임이나 단체에서 사무를 맡아 처리하는 사람, 또는 그 직무. ¶ 후원회의 —.
간사(奸邪)[어기] '간사(奸邪)하다'의 어기(語基).
간사-스럽다(奸邪—)(—스럽고·—스러워)[형ㅂ] 행실이 바르지 못하고 간교한 데가 있다.
간사-스레[부] 간사스럽게
간사-스럽다(奸詐—)(—스럽고·—스러워)[형ㅂ] 보기에 간사한 데가 있다.
간사-스레[부] 간사스럽게
간:-사위[명] ①면밀하고 융통성 있는 솜씨. ②어떤 일을 이루기 위하여 쓰는 교묘한 수단. ¶ —가 뛰어난 사람.
간사-하다(奸邪—)[형여] 행실이 바르지 못하고 간교하다. ¶ 간사한 행동.
간사-히[부] 간사하게

[한자] **간사할 간**(奸)〔女部 3획〕 ¶ 간사(奸詐)/간신(奸臣)
간사할 간(姦)〔女部 6획〕 ¶ 간신(姦臣)
간사할 사(邪)〔邑部 4획〕 ¶ 사귀(邪鬼)/사념(邪念)/사악(邪惡)/요사(妖邪)

간:삭(間朔)[명]-하다[자] 격월(隔月)
간산(看山)[명]-하다[자] ①묏자리를 잡으려고 산을 둘러봄. ②'성묘(省墓)'를 달리 이르는 말. 참묘(參墓)
간살[명] 간사스럽게 아양을 떠는 짓.
간살(을) 부리다[관용] 간사스레 아양을 떨다.
×**간살**[명] →칸살
간살-쟁이[명] 간살을 잘 부리는 사람.
간삼조이(干三召二) 한방에서, 약방문이나 약봉지에 탕약을 달일 때 새앙 세 쪽과 대추 두 개를 넣으라는 뜻으로 적는 말. ☞조(召)
간상(奸狀)[명] 간사한 짓을 한 진상.
간상(奸商)[명] 간사한 방법으로 부당하게 이익을 챙기는 장사, 또는 그러한 장수.
간:-상련(艮上連)[명] 팔괘 가운데, 간괘(艮卦)는 위의 막대가 이어졌다는 뜻으로 ☶의 모양을 이르는 말. ☞태상절(兌上絕)
간상-배(奸商輩)[명] 간사한 방법으로 부당하게 이익을 챙기는 장사치, 또는 그 무리.
간:상=세:포(桿狀細胞)[명] 척추동물의 눈의 망막에 있는 막대 모양의 세포. 빛의 밝고 어두움을 분간하는 작용을 함. 간상체(桿狀體). 간체(桿體)
간:상-체(桿狀體)[명] 간상 세포
간색(看色)[명] ①-하다[타] 물건의 품질의 좋고 나쁨을 알아보기 위하여 본보기로 삼아 그 일부를 봄. 감색(監色) ②상품 등의 품질이나 모양 등을 살 사람에게 보이기 위해 내어 놓는 물건. ☞견본(見本)
간:색(間色)[명] ①중간색(中間色) ②화면에서 조화를 이루려고 밝은 데와 어두운 데를 부드럽게 이어 주는 색.
간색-대(看色—)[명] 섬이나 가마니 등에 든 곡식 따위를 찔러서 빼내어 보는 연장. 색대
간서(刊書)[명]-하다[자] 책을 간행함, 또는 간행한 책.
간서(看書)[명]-하다[자] 책을 읽음.
간:서(簡書)[명] 편지
간:-서리목(肝—)[명] 소의 간을 넓게 저며 꼬챙이에 꿰어 갖은양념을 하여 재었다가 구운 음식.
간서-벽(看書癖)[명] 책 읽기를 지나칠 정도로 좋아하는 성

벽(性癖).

간석(竿石) 명 장명등(長明燈)의 밑돌과 가운뎃돌 사이의 기둥 모양의 돌.

간:-석기(－石器) 명 신석기 시대 이후의 돌을 갈아서 만든 도구. 돌칼·돌도끼·돌살촉 따위. 마제 석기(磨製石器) ☞뗀석기

간석-지(干潟地) 명 밀물과 썰물이 드나드는 개펄.

간-선(看－) 명 -하다 타 선을 봄.

간:선(間選) 명 -하다 타 '간접 선거'의 준말. ☞직선(直選)

간:선(揀選) 명 -하다 타 가려서 뽑음.

간선(幹線) 명 도로·철로·전신 등의 지선(支線)에 상대하여, 원줄기가 되는 중요한 선. 본선(本線) ¶－ 철도

간선-거(幹線渠) 명 여러 하수가 모여 드는, 복개된 큰 하수도.

간선=도:로(幹線道路) 명 원줄기가 되는 주요한 큰 도로.

간:선-제(間選制) 명 '간접 선거 제도'의 준말. ☞직선제

간섭(干涉) 명 -하다 타 ①직접 관계 없는 일에 부당하게 참견함. ¶사생활을 －하다. ②음파나 광파 등의 둘 이상의 파동이 한 점에서 만날 때, 그 점에서 서로 겹쳐져서 강해지거나 약해지는 현상. ③종(種)이 같거나 다른 바이러스가 한 세포에 감염되었을 때, 한쪽 또는 양쪽의 증식이 방해되는 현상.

간섭-계(干涉計) 명 간섭 현상을 이용하여 빛의 파장 등을 재는 장치.

간섭=굴절계(干涉屈折計)[－쩔－] 명 빛의 굴절률을 간섭을 이용하여 측정하는 장치.

간섭=무늬(干涉－) 명 빛의 간섭으로 말미암아 명암이 생겨 이루는 무늬.

간섭=분광기(干涉分光器) 명 간섭 무늬를 이용하여 분광하는 장치.

간섭-색(干涉色) 명 두 개의 백색광(白色光)이 간섭할 때, 광파의 조성(組成)이 변하기 때문에 나타나는 빛깔.

간성(干城) 명 방패와 성새(城塞)의 뜻으로, 나라를 지키는 군사를 이르는 말. ¶나라의 －.

간:성(間性) 명 ①성징(性徵)이 암수의 중간형을 나타내는 이상(異常) 개체나 형질. ②종(種)이 다른 동물이 교배하여 생긴 동물. 노새 따위. 중성(中性)

간성지재(干城之材) 명 방패와 성새처럼 나라를 지키는 믿음직한 인재.

간세(奸細)[1] 명 간사하고 좀스러운 짓, 또는 그런 사람.

간:세(間世) 명 -하다 자 여러 세대를 통하여 드물게 남. ¶－의 통치자.

간:세(間稅) 명 '간접세(間接稅)'의 준말.

간세(奸細)[2] 어기 '간세(奸細)하다'의 어기(語基).

간세지배(奸細之輩) 명 간사한 짓을 하는 무리.

간:세지재(間世之材) 명 여러 세대를 통하여 드물게 나는 인재.

간:-세:포(間細胞) 명 동물체의 고유한 세포 조직에 섞여 있는 이질적인 세포. 분화되지 않은 세포인 경우가 많음. 간질 세포(間質細胞). 중간 세포(中間細胞)

간세-하다(奸細－) 형여 하는 짓이 간사하고 좀스럽다.
 간세-히 부 간세하게

간:소(諫疏) 명 -하다 타 간(諫)하여 상소(上疏)함.

간:소(簡素) 어기 '간소(簡素)하다'의 어기(語基).

간:소-하다(簡素－) 형여 규모나 내용이 간략하고 수수하다. ¶간소한 차림새./간소한 살림살이.
 간소-히 부 간소하게

간:소-화(簡素化) 명 -하다 타 복잡한 것을 간소하게 함. ¶사무를 －하다./절차를 －하다.

간:솔(簡率) 어기 '간솔(簡率)하다'의 어기(語基).

간:솔-하다(簡率－) 형여 단순하고 솔직하다.
 간솔-히 부 간솔하게

간수 명 -하다 타 물건을 잘 거두어 간직함. 건사 ¶선조의 유품을 잘 －하다.

간수(－水) 명 소금이 습기에 녹아 흐르는 쓰고 짠 물. 두부를 응고시키는 데 쓰임. 고염(苦塩). 노수(滷水)

간수(澗水) 명 산골짜기에 흐르는 물.

간:승(間繩) 명 주로 모를 심을 때 쓰는, 일정한 사이를 두고 눈표를 붙인 노끈.

간:-승법(簡乘法)[－뻡] 명 곱셈을 쉽게 하는 방법. ☞간제법(簡除法)

간:시(艮時) 명 하루를 스물넷으로 가른, 넷째 시(時). 지금의 오전 두 시 삼십 분부터 세 시 삼십 분까지의 동안. 준 간(艮) ☞인시(寅時)

간:시(間時) 명 십이지(十二支)로 나타내는 십이시(十二時)를 이십사시(二十四時)로 가를 때, 십이지 사이사이에 들어가는 각 시(時). 곧 계(癸)·간(艮)·갑(甲)·을(乙)·손(巽)·병(丙)·정(丁)·곤(坤)·경(庚)·신(辛)·건(乾)·임(壬)의 열두 시.

간:식(間食) 명 -하다 자타 ①끼니 아닌 때에 군음식을 먹음, 또는 그 음식. ¶－으로 군고구마를 먹다. ②사이참. 새참

간식(墾植) 명 -하다 타 새로 땅을 일구어 작물을 심음.

간신(奸臣·姦臣) 명 육사(六邪)의 하나. 간사한 신하.

간:신(諫臣) 명 ①임금에게 간하는 신하. ②간관(諫官)

간신(艱辛) 명 힘들고 고생스러움, 또는 간난(艱難)과 신고(辛苦).

간신-히(艱辛－) 부 매우 힘겹게. 가까스로. 겨우 ¶－ 어려운 고비를 벗어나다.

간신적자(奸臣賊子) 성구 간악(奸惡)한 신하와 어버이에게 불효한 자식을 이르는 말.

간실-간실 부 남에게 비위를 맞추려고 자꾸 간살을 부리는 모양을 나타내는 말. ¶상사에게 － 비위를 맞추다. ☞깐실깐실

간실-거리다(대다) 자 남에게 비위를 맞추려고 자꾸 간살을 부리다. ☞깐실거리다

간심(奸心·姦心) 명 간악한 마음.

간악(奸惡) 어기 '간악(奸惡)하다'의 어기(語基).

간:악-골(間顎骨) 명 위턱의 앞 부분에 있는 한 쌍의 뼈.

간악무도(奸惡無道) 성구 간악하고 무지막지함을 이르는 말. ¶－한 도적의 무리.

간악-스럽다(奸惡－)(－스럽고·－스러워) 형ㅂ 간악한 데가 있다. ¶간악스러운 술책.
 간악-스레 부 간악스럽게

간악-하다(奸惡－) 형여 간사하고 악독하다.
 간악-히 부 간악하게

간:암(肝癌) 명 간에 생기는 암. 간장암(肝臟癌)

간:어제초(間於齊楚) 성구 중국의 주(周)나라 말엽, 등(滕)나라가 두 큰 나라인 제(齊)·초(楚) 사이에 끼어 괴로움을 받았다는 데서, 약한 이가 강한 이들 틈에 끼어 괴로움을 받는 일을 이르는 말.

간:언(間言) 명 이간(離間)하는 말.
 간언(을) 놓다 관용 두 사람 사이를 이간하는 말을 하다.
 간언(이) 들다 관용 잘 어울리는 일에 이간하는 말이 끼어들다.

간:언(諫言) 명 간(諫)하는 말.

간여(干與) 명 -하다 자 어떤 일에 관계하여 참여함. 관여(關與) ☞간예(干預)

간역(看役) 명 -하다 자 지난날, 토목이나 건축 등의 공사를 감독함을 이르던 말.

간:열(肝熱) 명 한방에서, 간(肝)의 탈로 열이 나는 병을 이르는 말.

간:열(簡閱) 명 -하다 타 낱낱이 가려서 검열함.

간:염(肝炎) 명 간에 염증이 생기는 질병을 통틀어 이르는 말. 황달, 식욕 부진 등의 증세가 나타남. A형 간염, B형 간염, C형 간염, 비A비B형 간염 등이 있음. 간장염(肝臟炎)

간:엽(肝葉) 명 간잎

간:엽(間葉) 명 척추동물의 발생 초기에 외배엽(外胚葉)과 내배엽(內胚葉) 사이를 채우도록 형성되는 조직. 간충직(間充織)

간예(干預) 명 -하다 자 관계하여 참견함. ☞간여(干與)

간:옹(肝癰) 명 한방에서, 습열(濕熱)과 열독(熱毒)으로 말미암아 간에 생긴 종기를 이르는 말.

간요(奸妖)[어기] '간요(奸妖)하다'의 어기(語基).
간:요(肝要)[어기] '간요(肝要)하다'의 어기(語基).
간:요(簡要)[어기] '간요(簡要)하다'의 어기(語基).
간요-하다(奸妖—)[형여] 간사하고 요망하다.
간요-히[부] 간요하게
간:요-하다(肝要—)[형여] 썩 요긴하다. 매우 중요하다.
간요-히[부] 간요하게
간:요-하다(簡要—)[형여] 간단하고 요긴하다.
간요-히[부] 간요하게
간운보:월(看雲步月)[성구] 낮에는 구름을 바라보고 밤에는 달빛 아래 거닌다는 뜻으로, 객지에서 가족과 고향을 그리워함을 이르는 말.
간웅(奸雄·姦雄)[명] 간사한 꾀로써 영웅이 된 사람.
간:원(諫院)[명] '사간원(司諫院)'의 준말.
간:원(懇願)[명]-하다[타] 간절히 원함.
간:월(間月)[명]-하다[자] 한 달씩 거름. 간삭(間朔). 격월
간위(奸僞)[어기] '간위(奸僞)하다'의 어기(語基).
간:-위축증(肝萎縮症)[명] 간 조직이 급격하고 심하게 파괴되어 간이 위축하는 증세.
간위-하다(奸僞—)[형여] 간사하고 거짓되다.
간:유(肝油)[명] 대구·명태·상어 따위 생선의 간에서 추출한 노란 기름. 비타민 A와 D가 많이 들어 있음. 어간유(魚肝油)
간음(姦淫·姦婬)[명]-하다[자] 부부가 아닌 남녀가 음란한 성적(性的) 관계를 가지는 일. ☞간통(姦通)

[한자] **간음할 간**(姦) 〔女部 6획〕 ¶간부(姦夫)/간음(姦淫)/간죄(姦罪)/간통(姦通)

간:음(間音)[명] 〈어〉'사잇소리'의 한자말.
간:음(幹音)[명] 온음계의 기초가 되는 음. '다·라·마·바·사·가·나'로 나타냄. 건반 악기의 흰 건반의 음이 이에 해당함. 원음(原音)
간음-범(姦淫犯)[명] 간음죄가 되는 범죄, 또는 그 범인.
간음-죄(姦淫罪)[—쬐][명] 강간죄·간통죄, 혼인을 빙자한 간음죄 등을 통틀어 이르는 말. [준]간죄(姦罪)
간:의(簡儀)[명] 1432년(조선 세종 14)에 이천(李蕆)과 장영실(蔣英實) 등이 만든, 천체의 운행과 현상을 관측하던 기계.
간:의-대(簡儀臺)[명] 조선 시대, 간의를 설치하고 천문을 관측하던 대(臺).
간:이(簡易)¹[앞말] '간단하고 손쉬움'을 뜻하는 말. ¶— 침대/— 화장실
간:이(簡易)²[어기] '간이(簡易)하다'의 어기(語基).
간:이=계:산서(簡易計算書)[명] 부가 가치세가 면제된 재화나 용역을 공급할 때, 공급자가 주는 계산서의 한 가지. 주로 소매업자, 보험업자, 용역업자 등이 발행함. 간이 세금 계산서
간:이=세:금=계:산서(簡易稅金計算書)[명] 간이 계산서
간:이-식(簡易食)[명] 간단하게 조리하거나 그냥 먹을 수 있는 음식, 또는 그런 음식을 먹는 일. ¶아침 끼니는 —으로 하다.
간:이=식당(簡易食堂)[명] 간편한 시설만을 갖추고, 간단하고 값싼 음식을 파는 식당. ¶역 구내의 —.
간:이-역(簡易驛)[명] 열차 운행에 필요한 설비를 간단하게 갖춘 작은 역.
간:이-하다(簡易—)[형여] 간단하고 손쉽다. ¶간이한 시설./사용법이 —.
간:이-화(簡易化)[명]-하다[자타] 간이하게 함. 간이하게 됨.
간인(刊印)[명]-하다[타] 간행물을 찍어 냄.
간인(奸人)[명] 간사한 사람. 간물(奸物)
간:인(間人)[명] 간첩(間諜)
간:인(間印)[명]-하다[자] 한데 맨 서류의 종잇장 사이에 도장을 걸쳐 찍음, 또는 찍은 그 도장. ☞계인. 사잇도장
간:일(間日)[명]-하다[자] ①격일(隔日) ②며칠씩 거름.
간:일-학(間日瘧)[명] 하루거리
간:-잎(肝—)[—닙][명] 간장의 좌우 두 개의 잎 모양으로 된 조직의 그 한쪽 부분. 간엽(肝葉)
간자[명] ①남을 높이어 그의 숟가락을 이르는 말. ②'간자 숟가락'의 준말.
간:자(間者)¹[명] 간첩(間諜). 스파이(spy)
간:자(間者)²[명] 이사이. 이마적
간:자(諫子)[명] 어버이에게 옳지 못한 일을 고치도록 말하는 자식.
간자-말[명] 이마와 뺨이 흰 말.
간자미[명] 가오리의 새끼.
간자-숟가락[명] 곱고 두껍게 만든 숟가락. [준]간자 ☞잎숟가락
간:작(間作)[명]-하다[자타] 농사에서, 주된 작물(作物) 사이에 딴 작물을 심어 가꾸는 일. 사이짓기 ☞부룩. 대우
간잔지런-하다[형여] ①매우 가지런하다. ¶잔디가 간잔지런하게 자란다. ②눈이 거슴츠레하여 아래위 눈시울이 맞닿을듯 하다. ¶졸려서 간잔지런해진 눈.
간잔지런-히[부] 간잔지런하게 ¶— 눈을 뜨다.
간장(—醬)[명] 음식의 간을 맞추는 데 쓰는, 짠맛이 나는 검붉은 액체. 장유(醬油) ¶—을 치다. [준]장(醬)
간:장(肝腸)[명] ①간과 창자. ②몹시 애타는 마음. 애 ¶—이 타다.
간장을 끊다[관용] 간장이 끊어질듯이 몹시 마음이 아프다. 애를 끊다. ¶간장을 끊는 울음소리.
간장을 녹이다[관용] ①아양 따위로 환심을 사거나 남의 마음을 혹하게 하다. ¶간장을 녹일듯 한 간드러진 목소리. ②몹시 애타게 하다.
간장을 태우다[관용] 남의 애를 타게 하다. 애를 태우다.
간:장(肝臟)[명] ①내장 기관의 하나. 사람의 경우에 복강의 오른쪽 위, 횡경막 아래에 있음. 담즙을 분비하며, 영양분의 대사(代謝)와 저장, 유독물의 해독 작용을 함. [준]간(肝) ②한방에서 이르는 오장(五臟)의 하나.
간:장(諫長)[명] 지난날, 간관(諫官)의 으뜸 관직이라는 뜻으로, 대사간(大司諫)을 이르던 말.
간:장=디스토마(肝臟distoma)[명] 간디스토마
간:장=디스토마병(肝臟distoma病)[명] 간디스토마증
간장-비지(—醬—)[명] 간장을 달인 뒤에 남은 찌꺼기.
간:장-암(肝臟癌)[명] 간암(肝癌)
간:장=엑스(肝臟∠extract)[명] 짐승이나 어류의 간장에서 유효 성분을 추출하여 농축한 것. 빈혈 치료제로 쓰임. 간정(肝精)
간:장-염(肝臟炎)[—념][명] 간염(肝炎)
간:장=제:제(肝臟製劑)[명] 동물의 간장을 저온으로 건조하여 만든 가루로 된 약제. 빈혈 치료제나 강장제 등으로 쓰임.
간:장=종:창(肝臟腫脹)[명] 간장이 병적으로 커지는 증세. ☞간위축증(肝萎縮症)
간:-장지(∠間障子)[명] 샛장지
간:-장:지(簡壯紙)[명] 간지(簡紙)를 만드는 장지(壯紙).
간장-쪽박(—醬—)[명] 장독 안에 늘 띄워 놓고 쓰는 쪽박. [준]장쪽박
간재(奸才)[명] ①간사한 재주. ②간사한 재주를 가진 사람.
간:쟁(諫爭·諫諍)[명]-하다[타] 강력히 간(諫)함.
간적(奸賊)[명] 간악한 도둑. 간도(奸盜)
간:전(墾田)[명]-하다[자] 생땅을 일구어 밭을 만듦, 또는 새로 일구어 만든 밭.
간:절(懇切)[어기] '간절(懇切)하다'의 어기(語基).
간:절-하다(懇切—)[형여] 지성스럽고 절실하다. ¶보고 싶은 마음이 —./간절한 소원.
간절-히[부] 간절하게 ¶— 바라다.

[한자] **간절할 간**(懇) 〔心部 13획〕 ¶간곡(懇曲)/간구(懇求)/간절(懇切)/간청(懇請)

간:점-선(間點線)[명] 사이사이에 점을 찍어 가면서 그은 선. 절취선이나 지도의 경계선 등에 쓰이는 '+·+·+', '—·—·—' 따위.
간:접(間接)[명] 바로 대하지 않고 사이에 무엇을 거쳐서 일을 하게 되는 것, 또는 그런 관계. ¶의사를 —으로 전하다./—으로 부탁하다. ☞직접(直接)

간:접=강:제(間接強制)명 채무자가 채무를 이행하지 않는 경우, 법원이 이를 이행하도록 명함으로써 채무자를 심리적으로 강제하여 채무 이행을 하게 하는 일. ☞직접 강제

간:접=국세(間接國稅)명 간접세의 성질을 띤 국세. ☞직접 국세(直接國稅)

간:접=금융(間接金融)[-늉]명 자금의 수요자와 공급자 사이에 금융 기관이 개재하는 금융 방식. ☞직접 금융(直接金融)

간:접=기관(間接機關)명 직접 기관에서 위임받은 권한을 행사하는 국가 기관. ☞직접 기관(直接機關)

간:접=논증(間接論證)명 귀류법(歸謬法)

간:접=대:리(間接代理)명 위탁자의 계산에서, 자기의 이름으로 법률 행위를 하는 일. 중상(中商)의 거간에 관한 일 따위. ☞직접 대리(直接代理)

간:접=매매(間接賣買)명 대리업자나 중개업자를 통한 매매. ☞직접 매매(直接賣買)

간:접=목표(間接目標)명 간접 사격 등에서, 산이나 언덕 따위의 장애물이 있을 때 간접으로 설정하게 되는 목표.

간:접=무:역(間接貿易)명 ①제삼국을 통하거나, 외국인 또는 외국 상사를 통하여 하는 무역. ②외국에 상품의 조립 공장을 마련해 두고 필요한 부품을 보내어, 그곳에서 조립하여 수출하는 무역. ☞직접 무역(直接貿易)

간:접=민주제(間接民主制)명 유권자가 선출한 대표를 통하여 국민이 간접적으로 정치에 참여하는 민주 정치 제도. 대표 민주제(代表民主制) ☞직접 민주제

간:접=발생(間接發生)명 곤충 등이 변태(變態)를 거치는 발생. ☞직접 발생(直接發生)

간:접=발행(間接發行)명 유가 증권을 발행할 때, 발행자가 모집이나 그에 따른 일체의 사무를 제삼자인 증권 회사 등에 위임하는 방법. ☞직접 발행(直接發行)

간:접-범(間接犯)명 스스로 범죄를 실행하지 않고 남을 이용하여 간접적으로 실행한 범죄, 또는 그런 범죄자. 교사범(敎唆犯), 간접 정범(間接正犯), 공모에 따른 간접 정범 등.

간:접=분석(間接分析)명 화학 분석에서, 목적으로 삼은 물질을 분석하거나 정량(定量)할 때, 다른 물질과 반응시켜 생긴 물질을 이용하여 간접적으로 분석 또는 정량하는 방법.

간:접=분열(間接分裂)명 유사 분열(有絲分裂) ☞직접 분열(直接分裂)

간:접-비(間接費)명 여러 가지 제품의 제조나 판매 과정에서 공통으로 발생하여 어떤 특정한 제품에만 관련지을 수가 없는 비용. ☞직접비(直接費)

간:접=비:료(間接肥料)명 작물이 자라는 데 직접적으로 양분이 되지는 않고, 땅 속에서 유기물의 분해를 빠르게 하거나, 양분의 흡수를 촉진시켜 간접적으로 작물의 성장을 돕는 비료. 석회·소금·숯가루·망간·요오드 따위. ☞직접 비료(直接肥料)

간:접=사격(間接射擊)명 건조물이나 언덕 등 장애물이 있어서 목표물을 직접 조준할 수 없는 경우, 관측하는 사람의 지시에 따라서 조준하여 대포를 쏘는 일. ☞직접 사격(直接射擊)

간:접=사:인(間接死因)명 죽음과 관계 있는 간접 원인. ☞직접 사인(直接死因)

간:접=선:거(間接選擧)명 유권자가 선출한 선거 위원이 대표자를 뽑는 선거 제도. 준간선(間選) ☞직접 선거

간:접=선:거=제:도(間接選擧制度)명 간접 선거 방식으로 대표자를 뽑는 선거 제도. 준간선제(間選制) ☞직접 선거 제도(直接選擧制度)

간:접-세(間接稅)명 법률상의 납세 의무자와 실제로 세금을 부담하는 조세 부담자가 다른 조세. 주세(酒稅)와 같이 상품을 소비하는 사람이 간접으로 세금을 부담하는 따위. 준간세(間稅) ☞직접세(直接稅)

간:접=소권(間接訴權)[-꿘]명 채권자 대위권(債權者代位權) ☞직접 소권(直接訴權)

간:접=심리주의(間接審理主義)명 소송을 심리하는 법원이 직접 변론을 듣거나 증거를 조사하지 않고, 다른 기관이 행한 변론과 증거 조사의 결과를 소송 판결의 자료로 삼는 주의. ☞직접 심리주의

간:접-적(間接的)명 간접으로 하는 것. ¶-인 방법./-으로 전하다. ☞직접적(直接的)

간:접=전염(間接傳染)명 병원체(病原體)가 물이나 공기 따위를 매개로 하여 전염하는 일.

간:접=점유(間接占有)명 임대인이 임차인에게 물건을 점유하게 한 경우와 같이, 본인이 물건을 직접 가지고 있지 않고 다른 사람에게 물건을 가지고 있게 한 경우의 점유. 대리 점유(代理占有) ☞직접 점유(直接占有)

간:접=정:범(間接正犯)명 형법상 책임 능력이 없거나 범의(犯意)가 없는 사람을 이용하여 자기의 범죄를 실행하는 일, 또는 그 범인. ☞직접 정범(直接正犯)

간:접=조:명(間接照明)명 광원(光源)에서 나오는 빛을 천장이나 벽 등에 비추어서 그 반사 광선을 이용하는 조명. ☞직접 조명(直接照明)

간:접=조:준(間接照準)명 목표물을 바로 조준할 수 없을 때, 따로 조준점을 정하여 겨냥하는 조준.

간:접=책임(間接責任)명 유한 회사의 사원이 회사 자본에 대한 출자 의무만을 지고, 채권자에 대해서는 간접으로만 지게 되는 책임.

간:접=추리(間接推理)명 두 개 또는 그 이상의 판단을 전제로 하여 그 상호 관계에서 하나의 결론을 이끌어 내는 추리. ☞직접 추리(直接推理)

간:접=침략(間接侵略)명 외국에 간첩을 보내거나 반정부 단체를 은밀히 도와서 소요나 내란, 무장 봉기 등을 일으키게 하는 일. ☞직접 침략(直接侵略)

간:접=투자(間接投資)명 대외 투자 가운데 경영 참여나 기술 제휴 따위를 목적으로 하지 않는 증권 투자. 외국의 유가 증권 취득 따위. ☞직접 투자(直接投資)

간:접=화법(間接話法)[-뻡]명〈어〉화법(話法)의 한 가지. 다른 사람이 한 말을, 말하는 이가 자기의 처지에서 표현하는 방법. '그는 나를 좋다고 했다.'라고 하는 따위. ☞직접 화법(直接話法)

간:접-환(間接換)명 두 나라 사이에서 직접 환거래를 하지 않고 다른 나라와 환거래를 거쳐 그 두 나라의 대차(貸借)를 결제하는 방식. ☞직접환(直接換)

간:접=효:용(間接效用)명 사람의 욕망을 직접 만족시키지는 못하나, 다른 것과 교환함으로써 만족시킬 수 있는 재화(財貨)의 효용. ☞직접 효용(直接效用)

간:접=흡연(間接吸煙)명 담배를 피우지 않는 사람이 남이 피우는 담배 연기를 들이마시게 되는 일.

간:정(肝精)명 간장 엑스

간정(姦情)명 간통한 정상(情狀).

간정(艱貞)명-하다자 어려움을 참고 정절을 지킴.

간:정(懇情)명 친절하고 정다운 마음.

간정-되다자 소란하던 일이나 앓던 병이 진정되다. ¶약기운으로 통증이 -.

간:-정맥(肝靜脈)명 간장 안에 분포하는 정맥.

간:-제법(簡除法)[-뻡]명 나눗셈을 쉽게 하는 방법. ☞간승법(簡乘法)

간조(干潮)명 썰물로 해면의 높이가 가장 낮아진 상태. 저조(低潮) ☞만조(滿潮)

간조-선(干潮線)명 간조 때 바다와 육지의 경계선. 저조선(低潮線) ☞만조선(滿潮線)

간종-간종부 간종그리는 모양을 나타내는 말. ¶원고지를 - 정리하다. ☞건중건중

간종-그리다타 흐트러진 일이나 물건을 가닥가닥 골라서 마무르다. 간종이다 ¶서류를 간종그려 놓다. ☞건중그리다

간종-이다타 간종그리다 ☞건중이다

간:좌(艮坐)명 묏자리나 집터 등이 간방(艮方)을 등진 좌향(坐向).

간:좌-곤향(艮坐坤向)명 ①묏자리나 집터 등이 간방(艮方)을 등지고 곤방(坤方)을 향한 좌향(坐向). ②약간 비뚜로 잡은 자리나 방향을 비유하여 이르는 말.

간죄(姦罪)[-쬐] 명 '간음죄(姦淫罪)'·'간통죄(姦通罪)'의 준말.

간주(看做) 명 -하다 자타 그렇다고 봄. ¶불법으로 -가 되다./훌륭한 작품으로 -되다.

간:주(間柱) 명 두 기둥 사이에 좀 가는 나무로 세운 기둥.

간:주(間奏) 명 ①한 악곡을 연주하는 도중에 끼워 연주하는 부분, 또는 그 연주. ②'간주곡(間奏曲)'의 준말.

간:주-곡(間奏曲) 명 ①극이나 악극(樂劇)의 막간에 연주하는 짧은 악곡. ②두 악곡 사이에 삽입된 짧은 악곡. 간주악(間奏樂). 인테르메초(intermezzo) 준 간주(間奏)

간:주-악(間奏樂) 명 간주곡(間奏曲)

간:-주지(簡周紙) 명 편지지로 쓰는 두루마리.

간:죽(竿竹·簡竹) 명 담배설대

간증(干證) 명 ①-하다 타 크리스트교에서, 교인이 신앙 생활에서 겪은 특별한 종교적 경험을 고백하는 일. ②지난날, 범죄에 관계 있는 증인을 뜻하던 말.

간:증(癎症)[-쯩] 명 간질의 증세.

간지(干支) 명 ①천간(天干)과 지지(地支). ②십간(十干)과 십이지(十二支).

간지(奸智·姦智) 명 간사한 지혜.

간:지(間紙) 명 ①한 장 한 장 접어서 맨 책의 종이가 얇아 힘이 없을 때, 그 접은 각 장 속에 끼워 받치는 딴 종이. ②책장과 책장 사이에 끼워 두는 종이. ③속장

간지(幹枝) 명 ①나무의 줄기와 가지. ②산맥 등의 원줄기와 거기서 갈라진 갈래.

간:지(諫止) 명 -하다 타 간하여 말림.

간:지(懇志) 명 간절한 뜻.

간:지(簡紙) 명 두껍고 질이 좋은 편지지의 한 가지. 흔히 장지(壯紙)로 만듦.

간지다 형 ①붙은 데가 가늘어 곧 끊어질듯 하다. ¶가는 덩굴에 박이 간지게 매달렸다. ②간들간들 간드러진 멋이 있다. ¶간지게 넘어가는 노랫가락.

간지라기 명 남의 몸이나 마음을 잘 간질이는 사람.

간지럼 명 간지러운 느낌. ¶-을 느끼다.

간지럼(을) 타다 관용 간지럼을 잘 느끼다.

간지럽다(간지럽고·간지러워) 형ㅂ ①무엇이 살에 가볍게 닿을 때, 견디기 어렵게 몸이 가닐거리는 느낌이 있다. ¶등이 -. ☞근지럽다 ②멋쩍고 쑥스럽다. ¶지나치게 추어올리니 낯이 -. ③간살스레 말하는 태도가 속 보이는듯 하여 좀 거북살스럽다. ¶귀 간지러운 소리.

×**간지르다** 타르 →간질이다

간:지-봉(簡紙封) 명 간지를 넣는 봉투.

간:지-석(間知石) 명 석축을 쌓는 데 쓰는, 앞면이 판판한 방추형(方錐形)의 석재.

×**간지-숟가락** 명 →간자숟가락

간직-하다 타여 잘 간수하여 두다. ¶기념품을 소중히 -./마음속 깊이 간직해 오다.

간:질(肝蛭) 명 간질과의 기생충. 주로 소나 염소, 양 등 초식 동물의 간에 기생하는 길이 2~3cm의 디스토마의 한 가지임.

간질(艱疾) 명 고치기 어려운 병.

간:질(癎疾) 명 의식 장애나 경련 따위가 일어나는 발작성 질환. 간기(癎氣). 전간(癲癎). 전질(癲疾). 지랄병

간질-간질 부 -하다 형 간질거리는 느낌을 나타내는 말. ¶얼굴이 -하다. ☞근질근질

간질-거리다(대다) 자타 자꾸 간지러운 느낌이 들거나, 자꾸 간질이다. ¶귀가 -./등을 -. ☞근질거리다

간질밥[-빱] 명 남의 살갗을 건드리거나 하여 간지럽게 하는 짓.

간질밥(을) 먹이다 관용 간질이다

간:질-병(肝蛭病)[-뼝] 명 간질(肝蛭)이 소나 양의 간에 기생하여 생기는 가축의 병. 간장이 커지고 빈혈·수종(水腫)·복수(腹水) 따위의 증세가 나타남.

간:질=세:포(間質細胞) 명 간세포(間細胞)

간질-이다 타 남의 살갗을 건드리거나 하여 간지럽게 하다. ¶자꾸 목을 -.

간짓-대 명 긴 장대. 준 간대

간:찰(簡札) 명 ①간지(簡紙)에 쓴 편지. ②편지

간책(奸策) 명 간사한 꾀. 간계(奸計) ¶-을 쓰다.

간:책(簡册·簡策) 명 ①옛날에 글을 적는 데 쓰던 대쪽, 또는 그것으로 엮어 맨 책. ②서책(書册)

간:-처녑(肝-) 명 소의 간과 처녑.

간처녑-회(肝-膾) 명 회의 한 가지. 신선한 간과 처녑을 얇게 저며 참기름·후춧가루·소금으로 무친 다음, 한 장씩 실백을 넣고 말아서 만든 회.

간척(干拓) 명 -하다 타 호수나 바닷가를 둘러막아 그 안의 물을 빼고 육지나 경지(耕地)를 만드는 일. ¶- 공사

간척-지(干拓地) 명 간척하여 이룬 땅.

간:첩(間諜) 명 적대(敵對) 관계인 나라나 단체의 내부 사정이나 비밀을 몰래 알아내어 자기 편에 알리는 사람. 간인(間人). 간자(間者)[1]. 세인(細人). 세작(細作). 첩자(諜者). 스파이

간:첩(簡捷) 어기 '간첩(簡捷)하다'의 어기(語基).

간:첩-죄(間諜罪)[-쬐] 명 간첩 노릇을 하거나 간첩을 방조한 범죄.

간:첩-하다(簡捷-) 형여 간편하고 빠르다.

간:청(懇請) 명 -하다 타 간절히 청함, 또는 그 청. 간촉(懇囑) ¶부탁을 들어 달라고 -하다.

간체(桿體) 명 간상 세포(桿狀細胞)

간초(艱楚) 어기 '간초(艱楚)하다'의 어기(語基).

간초-하다(艱楚-) 형여 고생이 심하다.

간:촉(懇囑) 명 -하다 타 간청(懇請)

간추(看秋) 명 -하다 자 지난날, 지주(地主)가 병작(竝作)한 소작인의 추수 상황을 살펴보던 일.

간추리다 타 ①흐트러진 것들을 모아 가지런히 하다. ¶여러 꽃줄기를 간추려 다발로 묶다. ②중요한 것만 추려 정리하다. ¶글의 요점을 간추려 적다.

간출(刊出) 명 -하다 타 책 따위를 간행함.

간:출(簡出) 명 -하다 타 여럿 중에서 가려 뽑음.

×**간충**(肝蟲) 명 →간질(肝蛭)

간:충-직(間充織) 명 간엽(間葉)

간취(看取) 명 -하다 타 보아서 알아차림.

간:측(懇惻) 어기 '간측(懇惻)하다'의 어기(語基).

간:측-하다(懇惻-) 형여 ①간절하고 지성스럽다. ¶간측하게 타이르다. ②몹시 딱하고 가엾다. ¶간측한 사정을 알게 되다.

간측-히 부 간측하게

간:친(懇親) 명 -하다 자 다정하고 친하게 지냄.

간:친-회(懇親會) 명 서로 다정하고 친하게 사귈 목적으로 조직한 모임. 친목회(親睦會)

간:탁(簡擢) 명 -하다 타 간발(簡拔)

간:탄(懇歎) 명 -하다 타 간절히 탄원함.

간:태(杆太) 명 강원도 간성(杆城) 앞바다에서 잡히는 명태를 이르는 말.

간:택(揀擇) 명 -하다 타 ①분간하여 고름. ②지난날, 왕이나 왕자, 왕녀의 배우자를 고르는 일을 이르던 말.

간:택(簡擇) 명 -하다 타 여럿 중에서 골라냄.

간:-토질(肝土疾) 명 한방에서, '간디스토마증'을 달리 이르는 말.

간:통(姦通) 명 -하다 자 배우자가 있는 남자나 여자가 배우자가 아닌 이성(異性)과 성적 관계를 가지는 일. 통간(通姦) ☞간음(姦淫)

간:통=쌍벌주의(姦通雙罰主義) 명 간통한 남녀를 똑같이 처벌하는 주의.

간:통-죄(姦通罪)[-쬐] 명 간통으로 성립되는 죄. 친고죄(親告罪)로서 배우자의 고소가 있는 경우에만 성립됨. 준 간죄(姦罪)

간특(奸慝·姦慝) 어기 '간특(奸慝)하다'의 어기(語基).

간특-하다(奸慝-) 형여 간사하고 능갈치다. ¶간특한 계교./간특한 무리.

간파(看破) 명 -하다 타 속내를 꿰뚫어 보고 알아차림. ¶상대의 약점을 -하다./그들의 속셈을 -하다.

간-판(幹-) 명 일을 맡아 처리하는 배포.

간판(看板) 명 ①상점이나 조직체의 이름, 업종, 상품명

등을 사람의 눈에 잘 뜨이게 밖에 내어 건 물건. ¶극장 ─. ②남에게 내세울만 한 학벌이나 자격, 외모 따위를 속되게 이르는 말. ¶명문대 출신이라는 ─./─은 좋은데 실력이 없다. ③대표적으로 내세울만 한 사람이나 사물을 비유하여 이르는 말. ¶우리 팀의 ─ 선수./─ 스타.

간판(을) 내리다 관용 상점이나 조직체 등의 영업이나 활동을 그만두다.

간:편(簡便) 어기 '간편(簡便)하다'의 어기(語基).

간:편-산(簡便算) 명 '간편셈'의 구용어.

간:편-셈(簡便─) 명 간편하게 하는 셈.

간:편-하다(簡便) 형여 간단하고 편리하다. ¶다루기에 간편한 기구./간편한 옷차림을 하다.

간편-히 부 간편하게

간평(看坪) 명 -하다 타 지난날, 지주가 도조(賭租)를 매기기 위해 추수하기 전에 농작물의 작황(作況)을 살펴보던 일. 검견(檢見) ☞간추(看秋)

간평-도조(看坪賭租) 명 잡을도조

간포(刊布) 명 -하다 타 간행하여 널리 폄.

간품(看品) 명 -하다 타 물건의 품질의 좋고 나쁨을 살펴봄. ☞간색(看色)

간:풍(癎風) 명 한방에서, 간질을 일으키는 풍증(風症)을 이르는 말.

간필(簡筆) 명 편지를 쓰기에 알맞은 굵기의 붓. 초필(抄筆)보다 조금 굵음.

간:핍(艱乏) 어기 '간핍(艱乏)하다'의 어기(語基).

간:핍-하다 (艱乏─) 형여 가난하여 없는 것이 많다.

간-하다 타여 ①생선이나 채소를 소금으로 절이다. ¶배추를 ─./간해 놓은 갈치. ②음식에 간을 치다. ¶좀 싱겁게 간한 국.

간:-하다(諫─) 타여 윗사람에게 잘못한 일을 고치도록 말하다. ¶죽음을 무릅쓰고 ─.

간-하다(奸─) 형여 《文》간사하다 ¶성품이 ─.

간:하-수(澗下水) 명 육십갑자의 병자(丙子)와 정축(丁丑)에 붙이는 납음(納音). ☞성두토(城頭土)

간한(奸漢) 명 간악한 놈.

×간-해 명 →지난해

간행(刊行) 명 -하다 타 인쇄하여 펴냄. 인행(印行). 쇄행(刷行) ¶학보를 ─하다.

간행(奸行) 명 간사한 행동.

간:행(間行) 명 -하다 자 미행(微行)

간행-물(刊行物) 명 간행한 인쇄물.

간행-본(刊行本) 명 간행한 책. 준 간본(刊本) ☞고본(稿本). 필사본(筆寫本)

간:허(肝虛) 명 한방에서, 간의 기혈이 부족하여 허해진 증세를 이르는 말. 어지럽고 머리가 아프며 청력 장애와 시력 장애가 일어남.

간:헐(間歇) 명 -하다 자 얼마간의 동안을 두고 일이 일어났다 멈추었다 함.

간:헐-류(間歇流) 명 큰비가 내릴 때나 우기(雨期)에만 물이 흐르는 내. 간헐천(間歇川)

간:헐성=파행증(間歇性跛行症) [─썽─쯩] 명 걸음을 좀 걸으면 다리가 아프고, 다시 쉬면 곧 낫곤 하는 병증. 동맥의 피가 잘 돌지 못하여 일어남. 간헐 파행증

간:헐-열(間歇熱) [─렬] 명 일정한 동안을 두고 오르내리는 신열(身熱). 말라리아열 따위.

간:헐=온천(間歇溫泉) 명 일정한 동안을 두고 주기적으로 분출하는 온천. 준 간헐천(間歇泉)

간:헐=유전(間歇遺傳) 명 격세 유전(隔世遺傳)

간:헐-적(間歇的) [─쩍] 명 일정한 동안을 두고 일어나는 것. ¶─으로 솟는 온천. ☞연속적(連續的)

간:헐-천(間歇川) 명 간헐류(間歇流)

간:헐-천(間歇泉) 명 '간헐 온천(間歇溫泉)'의 준말.

간:헐=파행증(間歇跛行症) [─쯩] 명 간헐성 파행증

간험(姦險) 어기 '간험(姦險)하다'의 어기(語基).

간험(艱險) 어기 '간험(艱險)하다'의 어기(語基).

간험-하다(姦險─) 형여 간악하고 음험하다.

간험-하다(艱險─) 형여 몹시 험난하다.

간협(姦俠) 명 간악한 불량배.

간호(看護) 명 -하다 타 병자나 부상자를 보살핌. ☞간병

간호-법(看護法) [─뻡] 명 간호하는 방법.

간호-사(看護師) 명 간호학을 전공하여 일정한 법정 자격을 갖춘 사람으로서 의사의 진료를 돕고 환자를 간호하는 일을 주로 하는 사람.

간:혹(間或) 부 어쩌다가. 때로. 혹간(或間) ¶─ 그때가 생각이 나곤 한다. 준 혹(或)

간:혹-가다(間或─) 부 어쩌다가. 이따금씩. 간혹가다가 ¶그가 ─ 찾아오곤 한다.

간:혹-가다가(間或─) 부 간혹가다

간:혼(間婚) 명 -하다 자 남의 혼사를 중간에서 이간질함.

간:화-자(簡化字) 명 중국에서, 문자 개혁 정책에 따라 1964년에 재정한, 자획을 간략화한 한자. '广(廣)·云(雲)·动(動)' 따위.

간활(奸猾·姦猾) 어기 '간활(奸猾)하다'의 어기(語基).

간활-하다(奸猾─) 형여 간사하고 교활하다.

간활-히 부 간활하게

간:회(諫誨) 명 -하다 타 타일러 가르침.

간휼(奸譎) 어기 '간휼(奸譎)하다'의 어기(語基).

간휼-하다(奸譎─) 형여 간사하고 음흉하다.

간흉(奸凶·姦凶) 명 -하다 형 간사하고 흉악함, 또는 그런 사람. ¶천인공노할 ─들의 음모.

간:-흡충(肝吸蟲) 명 간디스토마

간힐(奸黠) 어기 '간힐(奸黠)하다'의 어기(語基).

간힐-하다(奸黠─) 형여 간사하고 꾀바르다.

간힘 명 내쉬는 숨을 억지로 참으면서 고통을 견디려고 애쓰는 힘. ☞안간힘

간힘(을) 쓰다 관용 간힘을 내어 쓰다.

간힘(을) 주다 관용 간힘을 아랫배에 모아 내리밀다.

갇히다 자 가둠을 당하다. ¶새장에 갇힌 새.

갈[1] 명 '갈대'의 준말.

갈[2] 명 '가을'의 준말.

갈[3] 명 기둥의 사개나 인방(引枋)의 가름장 등의 갈래.

갈(을) 켜다 관용 사개나 가름장의 갈을 만들기 위하여 톱으로 켜다.

갈(을) 타다 관용 사개나 가름장을 만들다.

갈:[4] 명 '가래[5]'의 준말.

갈:[5] 명 '갈나무'의 준말.

갈(碣) 명 가첨석(加檐石)을 얹지 않고 머리 부분을 둥글게 만든 작은 비석.

갈:-가리 부 '가리가리'의 준말. ¶종이를 ─ 찢다.

갈가위 명 몹시 인색하며 실속만 차리는 사람.

갈:갈 부 얌치 없이 몹시 갈근거리는 모양을 나타내는 말. ☞걸걸

갈:갈-거리다(대다) 자 얌치 없이 몹시 갈근거리다. ☞걸걸거리다

갈:-갈이[1] 명 -하다 자타 '가을갈이'의 준말.

×갈-갈이[2] 부 →갈가리

갈강-갈강 부 목구멍이나 기도에 있는 갈쭉한 가래가 끓는 소리를 나타내는 말. ☞걸겅걸겅. 글겅글겅

갈강-거리다(대다) 자 자꾸 갈강갈강 소리를 내다. ☞걸겅거리다. 글겅거리다

갈강-병(褐殭病) [─뼝] 명 누에의 전염병의 한 가지. 병균이 붙은 자리가 검어지면서 입으로 수분을 흘리고 설사를 하다가 몸이 누렇게 변하여 죽음.

갈개 명 얕게 판 작은 도랑.

갈개-꾼 명 ①종이의 원료인 닥나무 껍질을 벗기는 사람. ②남의 일을 훼방하는 사람.

갈개-발 명 ①연 아래 양 귀퉁이에 붙이는 종이. ②권세 있는 사람에게 붙어서 세도를 부리는 사람을 놀리어 이르는 말.

갈강갈강-하다 형여 몸은 여윈듯 하면서 강기가 있고 가량가량하다. ¶갈강갈강한 몸매.

갈건(葛巾) 명 갈포(葛布)로 만든 두건.

갈건야복(葛巾野服) [─냐─] 성구 갈건과 베옷이란 뜻으

로, 은사(隱士)의 소박한 차림새를 이르는 말.

갈:-걷이[-거지] 명 -하다 자타 '가을걷이'의 준말.

갈-게 명 강가의 갈대가 자라는 개펄에 사는 방게.

갈겨니 명 피라미아과의 민물고기. 피라미와 비슷하나 비늘이 작고 눈이 크며, 몸에 희미한 세로 띠가 있음. 몸길이 14~16cm. 5~6월 산란기가 되면 수컷의 혼인색이 두드러짐. 우리 나라와 일본, 중국 등지의 하천에 삶.

갈겨-먹다 타 ①남의 음식을 가로채어 먹다. ②남의 재물을 가로채어 가지거나 써 버리다.

갈겨-쓰다 타 글씨를 되는 대로 막 쓰다. ¶급하게 갈겨 쓴 메모.

갈고(羯鼓) 명 국악기 혁부(革部) 타악기의 한 가지. 장구와 비슷하나 양쪽 마구리를 말 가죽으로 메우고, 두 개의 채로 치는 것이 다름.

갈-고등어 명 전갱잇과의 바닷물고기. 몸길이 40cm 안팎이며 유선형임. 등은 청록색, 배는 은백색이며 몸 옆으로 적갈색 넓은 세로 띠가 있음.

갈고랑-막대기 명 한쪽 끝이 갈고랑이처럼 된 막대기.

갈고랑-쇠 명 ①갈고랑이 모양으로 된 쇠. ②성질이 꼬부장한 사람을 비유하여 이르는 말.

갈고랑이 명 ①끝이 뾰족하게 꼬부라진 물건. 물건을 걸어서 잡아당기는 데 씀. ②나무 자루에 갈고랑쇠를 박은 무기. 준 갈고리

갈고리 명 '갈고랑이'의 준말.

갈고리-궐(-亅) 명 한자 부수(部首)의 한 가지. '了'·'事' 등에서 '亅'의 이름.

갈고리-달 명 몹시 이지러진 초승달이나 그믐달을 달리 이르는 말.

갈고리-바늘 명 미늘이 없는 낚싯바늘.

갈고리-쇠 명 장구의 양편 가죽을 북통에 걸어 매도록 하는 쇠갈고리.

갈고리-촌충(-寸蟲) 명 촌충과의 기생충. 몸길이 2~3 m. 마디 수가 800~900개나 되며 머리에 크고 작은 두 가지의 갈고리가 나 있음. 돼지를 중간 숙주(宿主)로 하여 사람의 창자에 기생함. 유구촌충(有鉤寸蟲)

갈고쟁이 명 가장귀진 나무의 옹이 밑과 우듬지를 잘라 버리고 만든 갈고랑이. 준 갈고지

갈고지 명 '갈고쟁이'의 준말.

갈골(渴汨) 어기 '갈골(渴汨)하다'의 어기(語基).

갈골-하다(渴汨-) 형 여 일에 파묻혀 몹시 바쁘다.
갈골-히 부 갈골하게

갈구(渴求) 명 -하다 타 애타게 바라고 구함.

갈-구슬(葛-) 명 칡의 열매.

갈그랑-갈그랑 부 목구멍이나 기도에 있는 갈쭉한 가래가 숨을 쉴 때마다 가치작거려 나는 소리를 나타내는 말. ¶목구멍에서 - 가래 끓는 소리가 나다. ☞걸그렁걸그렁. 글그렁글그렁

갈그랑-거리다(대다) 자 자꾸 갈그랑갈그랑 소리를 내다. ☞걸그렁거리다. 글그렁거리다

갈근(葛根) 명 칡뿌리. 한방에서, 갈증·두통·요통(腰痛)·상한(傷寒) 등의 해열제로 쓰임. 건갈(乾葛)

갈근-갈근 부 갈근거리는 모양을 나타내는 말. ☞걸근걸근

갈근-거리다(대다) 자 ①남의 음식이나 재물을 얻으려고 단작스레 욕심을 부리다. ②목구멍에 가래가 걸리어 간질간질하게 가치작거리다. ☞걸근거리다

갈근-차(葛根茶) 명 칡차

갈급(渴急) 명 -하다 형 ①목이 타는듯이 마를 지경으로 몹시 조급함. ¶자금 마련에 -이 나다.
갈급-히 부 갈급하게

갈급령-나다(渴急令-) 자 몹시 조급한 마음이 일어나다. 갈급증이 나다.

갈급-증(渴急症) 명 몹시 조급해 하는 마음. ¶-을 내다. 준 갈증(渴症)

갈:기 명 말·사자 따위의 목덜미에 난 긴 털. ¶말이 -를 휘날리며 달리다.

갈기-갈기 부 여러 가닥으로 심하게 찢거나 찢기는 모양을 나타내는 말. 촌촌이 ¶편지를 - 찢다./슬픔으로 가슴이 - 찢어지는듯 하다. ☞가리가리

갈기다 타 ①후려치다 ¶따귀를 -. ②총을 냅다 쏘다. ¶적진을 향해 기관총을 -. ③글씨를 빨리 쓰거나 마구 쓰다. ¶갈겨 쓴 이름. ④연장으로 나뭇가지를 단번에 쳐서 베다. ¶나뭇가지며 덩굴을 칼로 갈기면서 나아가다. ⑤똥·오줌을 함부로 아무데나 누다. ¶개가 전봇대에 오줌을 -.

갈깃-머리 명 상투나 낭자, 땋은 머리 등에서 껴 잡히지 않고 밑으로 처지는 머리.

갈-까마귀 명 까마귓과의 겨울 철새. 까마귀보다 좀 작으며 목에서 가슴·배까지는 희고 나머지 부분은 검음. 중국 동북 지방이나 시베리아에 사는데 늦가을부터 봄에 걸쳐 우리 나라에 날아와 겨울을 남. 비거(鵯鶋)

갈-꽃 명 '갈대꽃'의 준말.

갈:-나무 명 '떡갈나무'의 준말. 준 갈[5]

갈다[1](갈고·가니) 타 전부터 있던 것 대신에 다른 것으로 바꾸다. ¶전구를 -.

갈:다[2](갈고·가니) 타 ①문질러 날이 서게 하다. ¶숫돌에 식칼을 -. ②문질러 닳게 하다. ¶먹을 -. ③가루를 만들다. ¶맷돌에 콩을 -./무를 강판에 -. ④문질러서 광채를 내다. ¶옥을 -. ⑤이를 악물다시피 하여 소리를 내다. ¶바드득바드득 이를 -. ⑥노력하여 더 훌륭해지다. ¶인격을 갈고 닦다.

한자 갈 마(磨) 〔石部 11획〕 ¶마멸(磨滅)/마애불(磨崖佛)/마제(磨製)/탁마(琢磨) ▷磨은 동자
갈 연(研) 〔石部 6획〕 ¶연마(研磨)

갈다[3](갈고·가니) 타 ①논밭을 쟁기 따위로 파 뒤집어 흙을 부드럽게 하다. ¶밭을 갈고 씨를 뿌리다. ②작물의 씨앗을 심다. ¶보리를 -.

갈-대[-때] 명 볏과의 여러해살이풀. 줄기 높이 1~3m로 곧고 단단하며 잎은 가늘고 긴데, 끝이 뾰족하며 매우 억셈. 습지나 물가에 자라며 뿌리는 한방에서 열성(熱性) 질환 등에 약재로 쓰임. 준 갈

갈대-꽃[-때-] 명 갈대의 꽃. 노화(蘆花) 준 갈꽃

갈대-발[-때-] 명 갈대의 줄기로 엮어 만든 발.

갈대-밭[-때-] 명 갈대가 우거진 벌. 노전(蘆田) 준 갈밭 ☞노장(蘆場)

갈대-청[-때-] 명 갈대의 줄기 속에 붙어 있는 얇고 흰 막. 준 갈청

갈도(喝道)[-또] 명 -하다 자 ①지난날, 지체 높은 사람이 행차할 때, 구종(驅從)이 소리를 질러 일반인이 다니지 못하게 하던 일. ②조선 시대, 사간원(司諫院)이나 사헌부(司憲府)의 관원이 길을 갈 때, 하례(下隷)가 앞에 서서 큰 소리로 외치면서 일반인이 다니지 못하게 하던 일, 또는 그 하례. 가도(呵導) 변 알도

갈도-성(喝道聲)[-또-] 명 갈도하는 소리.

갈-돔 명 갈돔과의 바닷물고기. 몸길이는 50cm 안팎. 몸빛은 노란빛을 띤 회갈색이고 배는 담갈색이며 지느러미는 황색임. 바위가 많은 곳이나 산호초 주변에서 삶.

갈동(褐銅) 명 청동(青銅)

갈등(葛藤)[-뜽] 명 ①사람 사이에 서로 양보하지 않고 맞서서 풀기 어렵게 된 상태를 이르는 말. ¶두 파의 -은 풀릴 기미가 보이지 않는다. ②마음속에 상충되는 동기나 욕구·감정 등이 있어, 그 어느 쪽으로도 결단을 내리지 못하는 상태. ¶마음의 -을 가라앉히다.

갈등-나다(葛藤-)[-뜽-] 자 서로 갈등이 생기다.

갈라-내:다 타 ①여럿 가운데서 가려서 내놓다. ¶밤 속에서 도토리를 -. ②한 덩이에서 일부를 떼어내다. ¶쇠고기에서 심줄을 -.

갈라-놓다 타 ①서로의 사이를 떼어놓다. ¶신구 세력을 -. ②일정한 부류로 나누다. ¶항목별로 -.

갈라디아서(-書) 명 신약성서 중의 한 편. 사도 바울이 갈라디아 지방의 여러 교회에 보낸 편지. ☞빌레몬서. 히브리서

갈라-붙이다[-부치-] 타 둘로 갈라서 이쪽과 저쪽으로 붙이다. ¶가르마를 타서 머리를 양쪽으로 -.

갈라-서다 자 ①서로 관계를 끊고 따로따로 되다. ¶부부가 ―. ②서로 다른 방향으로 따로따로 헤어지다. ¶두 사람은 갈림길에 이르자 말없이 갈라섰다.
갈라-지다 자 ①깨어져 조개지거나 금이 가다. ¶논이 갈라지도록 오래 가물다. ②서로의 사이가 멀어지다. ¶돈 문제로 두 사람 사이가 갈라졌다. ③둘 또는 그 이상의 여럿으로 나누어지다. ¶의견이 둘로 갈라졌다.
갈락토오스(galactose) 명 젖당 등의 가수 분해로 생기는 단당류의 한 가지. 무색의 결정상 물질이며, 단맛이 있고 물에 잘 녹음. 동물의 뇌나 신경 조직에 있는 당지류(糖脂類)의 중요한 구성 성분임.
갈래 명 ①하나에서 둘 이상으로 갈라진 가닥이나 부분. ¶―가 많은 미로. ②〔의존 명사로도 쓰임〕¶세 ― 길.

한자 **갈래 파**(派)〔水部 6획〕¶교파(敎派)/유파(流派)/종파(宗派)/파벌(派閥)/파생(派生)

갈래-갈래 부 ①여러 갈래로 갈라지는 모양을 나타내는 말. ¶구름이 ― 갈라지더니 곧 사라졌다. ②갈래마다
갈래-꽃 명 꽃잎이 하나하나 따로 떨어져 있는 꽃. 매화·벚꽃·패랭이꽃 따위. 이판화(離瓣花) ☞통꽃
갈래-꽃받침[―꼳―] 명 꽃잎이 하나하나 따로 떨어져 있는 꽃의 꽃받침. 이판화악(離瓣花萼) ☞통꽃받침
갈래-꽃부리[―꼳―] 명 꽃잎이 하나하나 따로 떨어져 있는 꽃의 꽃부리. 이판화관(離瓣花冠) ☞통꽃부리
갈래다 자 ①길이 이리저리 섞갈리어 망설여지다. ②정신이 섞갈리어 종잡기 어려워지다. ③짐승이 갈 바를 모르고 왔다갔다 하다.
갈려-가다 자 이제까지 일하던 일자리를 떠나 다른 일자리로 옮아가다. ¶상급 관청으로 ―.
갈려-오다 자 본디 있던 일자리를 떠나 이쪽 일자리로 옮아오다.
갈력(竭力) 명-하다 자 있는 힘을 다함, 또는 그 힘. 진력(盡力)
갈륨(gallium) 명 금속 원소의 하나. 광택이 있는 회백색의 무른 고체로, 성질은 알루미늄과 비슷함.〔원소 기호 Ga/원자 번호 31/원자량 69.72〕
갈리다[1] 자 ①가른 상태가 되다. ¶의견이 ―./두 파로 ―. ②가름을 당하다. ¶청군과 홍군으로 ―./길이 갈리는 곳에서 헤어지다.

한자 **갈릴 지**(支)〔支部〕¶지류(支流)/지부(支部)/지선(支線)/지파(支派)

갈리다[2] 자 목이 쉬어 소리가 거칠어지다. ¶갈린 목소리.
갈리다[3] 자 전부터 있던 것 대신에 다른 것으로 바뀌다. ¶장관이 ―.
갈리다[4] 자 ①문질러 갊을 당하다. ¶이가 ―./이 숫돌은 칼이 잘 갈린다. ②갈이칼에 나무 그릇이 잘 깎이다.
갈리다[5] 자 땅이 갊을 당하다. ¶비가 와서 땅이 잘 갈린다.
갈리다[6] 타 다른 것으로 갈아 대게 하다. ¶말굽을 ―.
갈리다[7] 타 ①문질러 갈게 하다. ¶식칼을 한번 갈려야겠다. ②갈이칼로 나무 그릇을 깎아 만들게 하다.
갈리다[8] 타 땅을 갈게 하다.
갈림-길[―낄] 명 ①둘 이상의 갈래로 갈린 길. 기로(岐路) ¶동네 어귀의 ―. ②두 가지 이상의 일 가운데서 어느 한쪽을 선택해야 할 처지. ¶성패의 ―./인생의 ―에 이르다.
갈림-목 명 여러 갈래로 갈라지는 길목.
갈마(∠羯磨. karma 범) 명 ①불교에서 이르는, 업(業). ②불교에서, 수계(受戒)나 참회 때의 의식을 이르는 말.
갈마-들다(―들고·―들어) 자 갈음하여 들다. 번갈아 나타나다. ¶당번이 ―.

한자 **갈마들 체**(遞)〔辵部 10획〕¶체대(遞代)

갈마-들이다 타 갈마들게 하다.
갈마-바람 명 '남남서풍'의 뱃사람말. ☞가수알바람. 서마바람. 하늬바람
갈마-보다 타 번갈아 보다. ¶두 물건을 갈마보면서 잠시 망설인다.
갈마-쥐다 타 ①한 손에 쥔 것을 다른 손으로 바꾸어 쥐다. ¶오른손의 짐을 왼손으로 ―. ②쥐고 있는 것을 놓고 다른 것으로 갈아 쥐다.
갈맛 명 '가리맛'의 준말.
갈망 명-하다 타 감당하여 처리함. ¶일을 맡아 놓고는 제대로 ―을 못한다.
갈망(渴望) 명-하다 타 간절히 바람. ¶국토의 통일을 ―하다. 유 열망(熱望)
갈매 명 ①짙은 초록빛. ¶― 빛의 들과 산. ☞청록(青綠) ②갈매나무의 열매. 콩알만 한 동근 검은빛 열매인데 한방에서 하제(下劑)로 쓰임.
갈매기 명 ①갈매깃과의 물새를 통틀어 이르는 말. 괭이갈매기·제비갈매기·제갈매기 따위가 전세계에 걸쳐 널리 분포함. ②갈매깃과의 대표적인 새. 몸길이 45cm 안팎에 편 날개의 길이는 115cm 가량임. 몸빛은 대체로 흰빛인데 등은 엷은 잿빛이고 다리와 부리는 푸른 빛을 띤 황색임. 조개·물고기 등을 먹으며 해안에 모여 삶. 백구(白鷗)

한자 **갈매기 구**(鷗)〔鳥部 11획〕¶백구(白鷗)

갈매-나무 명 갈매나뭇과의 낙엽 활엽 관목. 높이 2m 안팎으로 5월경에 꽃이 피고, 9월경에 열매가 검게 익음. 나무껍질은 염료로, 열매는 '갈매' 또는 '서리자(鼠李子)'라 하여 한방에서 약재로 쓰임. 서리(鼠李). 저리(楮李)
갈-멍덕 명 갈대로 엮어 만든 삿갓의 한 가지.
갈모 명 갓 위에 덮어쓰는, 기름종이로 만든 우비. 접었다 폈다 할 수 있음. 입모(笠帽)
속담 **갈모 형제라** : 위가 뾰족하고 아래가 넓은 갈모 모양에서, '동생이 형보다 잘난 형제'를 이르는 말.
갈모-지(―紙) 명 갈모를 만드는 데 쓰는 기름종이.
갈모-테 명 갓이 없이 갈모를 쓸 때에 갓 대신 받쳐 쓰는 물건.
갈-목 명 갈대의 이삭.
갈목-비 명 갈목을 매어서 만든 비. 준 갈비[3]
갈무리 명-하다 타 ①물건을 잘 챙기어 간수함. ¶귀중품을 ―하다. ②일의 끝을 맺음. ¶뒷일을 ―하다.
갈:-묻이[―무지] 명-하다 자타 논밭을 갈아엎어 묵은 그루터기 따위를 묻히게 하는 일.
갈:-물 명 떡갈나무 껍질에서 우려낸 검붉은 물감.
갈:미 명 갈밋과의 극피동물. 얕은 바다에 사는데 모양은 해삼과 비슷함. 광삼(光蔘). 금해서(金海鼠)
갈민대:우(渴民待雨) 성구 가뭄에 농민들이 비를 간절하게 기다림을 이르는 말.
갈바니=전기(Galvani電氣) 명 두 종류의 금속이 닿을 때, 또는 금속과 전해질 용액이 닿을 때 일어나는 전기.
갈-바람[1] 명 '남서풍'의 뱃사람말. ☞샛바람
갈:-바람[2][―빠―] 명 '가을 바람'의 준말.
갈:-바래다 타 흙 속에 있는 해충의 알을 죽이려고 논이나 밭을 갈아엎어 바람과 햇볕에 쐬다.
갈반(褐斑) 명 갈색의 반점.
갈반-병(褐斑病)[―뼝] 명 ①누에의 병의 한 가지. ②작물이나 과수의 잎에 갈색 점이 생기는 병. 팥·땅콩·국화·사과나무·포도나무 등에 생김. 갈색점무늬병
갈-밭 명 '갈대밭'의 준말.
갈백-색(褐白色) 명 갈색을 띤 흰빛.
×**갈-범** 명 → 칡범
갈병(暍病)[―뼝] 명 일사병(日射病)
갈보 명 돈을 받고 몸을 파는 여자. 매춘부
갈:-보리 명 '가을보리'의 준말.
갈:-봄 명 '가을봄'의 준말.
갈분(葛粉) 명 칡뿌리를 짓찧어 물에 가라앉은 앙금을 말린 가루. 갈증과 주독을 푸는 데 쓰임.
갈분-국수(葛粉―) 명 갈분을 주재료로 하여 만든 국수. 감자 녹말이나 녹둣가루 따위를 섞기도 함.

갈분-응이(葛粉-)명 갈분을 묽게 쑤어 생강즙과 꿀을 탄 음식. 갈분의이(葛粉薏苡)
갈분-의이(葛粉薏苡)명 갈분응이
갈분-죽(葛粉粥)명 갈분에 쌀무리 따위를 섞어 쑨 죽.
갈-붙이다[-부치-]타 남을 헐뜯어 이간질하다.
갈비[1]명 ①갈비뼈. 늑골 ②쇠갈비나 돼지갈비를 고기로 이르는 말. ③'몹시 마른 사람'을 속되게 이르는 말.
갈비[2]명 앞 추녀 끝에서 뒤 추녀 끝까지의 지붕의 너비.
갈비[3]명 '갈목비'의 준말.
×갈비[4]명 →솔가리
갈비-구이명 소나 돼지의 갈비에 갖은양념을 하여 구운 음식.
갈비-볶음명 소나 돼지의 갈비에 갖은양념을 하여 볶은 음식.
갈비-뼈명 늑골(肋骨)
갈비-새김명 소나 돼지 따위의 갈비에서 발라 낸 고기.
갈비-조림명 소나 돼지의 갈비에 갖은양념을 하여 조린 음식.
갈비-찜명 소나 돼지의 갈비에 갖은양념을 하여 찐 음식.
갈비-탕(-湯)명 국의 한 가지. 토막친 쇠갈비를 칼로 에어 무와 함께 푹 고은 다음 식혀서 기름을 걷어 내고, 파, 마늘 다진 것으로 양념하여 국물에 넣어 끓인 국.
갈빗-국명 갈비탕
갈빗-대명 갈비의 낱낱의 뼈대.
갈사(暍死)[-싸]명-하다자 더위를 먹어 죽음.
갈-산(-酸)명 몰식자(沒食子)·차(茶)·오배자(五倍子) 등 여러 식물의 뿌리·줄기·잎 등에 들어 있으며, 타닌을 가수 분해하여 만드는 바늘 모양의 결정체. 떫은 맛이 있고 환원성이 강함. 의약을 비롯하여 잉크, 염료, 사진 현상제 등의 원료로 쓰임. 몰식자산(沒食子酸)
갈-삿갓[-삳-]명 쪼갠 갈대를 결어 만든 삿갓. 노립(蘆笠). 우립(雨笠) ☞대삿갓
갈색(褐色)[-쌕]명 우리 나라의 기본색 이름의 하나. 거무스름한 주황빛. 다색(茶色). 밤색
갈색-고미(褐色苦味)[-쌕-]명 꿀벌이 애벌레의 먹이로 삼아 벌집 속에 재어 놓은 꽃가루.
갈색=목탄(褐色木炭)[-쌕-]명 아주 검기 전에 불을 꺼서 갈색이 되게 구운 숯. 갈색 화약의 원료로 쓰임.
갈색점무늬-병(褐色點-病)[-쌕-]명 갈반병(褐斑病)
갈색=인종(褐色人種)[-쌕-]명 살빛이 갈색인 인종. 머리털은 검고, 코가 납작하며 턱은 앞으로 나왔음. 말레이인 등이 이에 딸림.
갈색-제비(褐色-)[-쌕-]명 제빗과의 새. 여름새로 우리 나라에서는 4~10월에 볼 수 있음. 날개 길이 10 cm 안팎. 깃은 갈색이고 꽁지와 어깨깃은 흼. 개천가의 둔덕 등에 구멍을 뚫고 삶. 개천제비
갈색=조류(褐色藻類)[-쌕-]명 갈조류(褐藻類)
갈색-쥐(褐色-)[-쌕-]명 쥣과의 동물. 이집트 원산으로 세계 각지에 살며, 페스트균을 옮김.
갈색=화약(褐色火藥)[-쌕-]명 갈색 목탄과 초석·황 등으로 만든 갈색의 화약.
갈-서다자 ①나란히 서다. ②어떤 기준점과 삼각을 이루는 위치에 마주 서다.
갈수(渴水)[-쑤]명 오래 가물어 하천·저수지·댐 등의 물이 마르는 일. ☞풍수(豊水)
갈수-기(渴水期)[-쑤-]명 가뭄으로 하천·저수지·댐 등의 물이 마르거나 줄어드는 시기. ☞풍수기(豊水期)
갈-수록[-쑤-]부 점점 더. 더욱더 ¶- 힘이 든다.
갈수록 태산이다관용 점점 더 어려움이 많아지다.
갈수-위(渴水位)[-쑤-]명 한 해 동안에 하천의 물이 가장 적을 때의 수면의 높이.
갈신-들리다[-씬-]자 굶주려서 음식에 대한 욕심이 몹시 나다. ¶갈신들린 사람처럼 게걸스럽게 먹다. ☞걸신들리다
갈신-쟁이[-씬-]명 갈신들린 사람. ☞걸신쟁이
갈쌍-갈쌍부-하다형 갈쌍거리는 모양을 나타내는 말. ☞글썽글썽
갈쌍-거리다(대다)자타 눈에 눈물이 넘칠듯이 가득 고이다, 또는 그리 되게 하다. 갈쌍이다 ☞글썽거리다
갈쌍-이다자타 갈쌍거리다 ☞글썽이다
갈쌍-하다형여 눈에 눈물이 넘칠듯이 가득하다. ☞글썽하다
갈씬-갈씬부 간신히 닿을락말락 하는 모양을 나타내는 말. ¶치맛자락이 - 땅에 닿을듯 하다. ☞걸씬걸씬
갈씬-거리다(대다)자 간신히 닿을락말락 하다. ¶발돋움을 해야 갈씬거릴 높이. ☞걸씬거리다
갈씬-하다자 간신히 조금 닿고 말다. ☞걸씬하다
갈아-내:다타 새것을 쓰기 위해 오래된 것을 치우다. ¶마루에 깐 깔개를 -.
갈아-넣다타 오래된 것을 꺼내고 그 대신 새것을 넣다. ¶건전지를 -.
갈아-대:다타 오래된 것을 새것으로 바꾸어 대다. ¶구두창을 -.
갈아-들다자 이제까지 있던 것의 자리에 다른 것이 새로 들어오다. ¶기숙사에 신입생이 -.
갈아-들이다타 이제까지 있던 것의 자리에 다른 것을 대신 들이다. ¶하숙생을 -./냉장고를 -.
갈아-붙이다[1][-부치-]타 분한 마음에서 이를 세게 갈다. ¶이를 갈아붙이며 벼르다.
갈아-붙이다[2][-부치-]타 오래 붙여 두었던 것을 떼어내고 새것을 붙이다. ¶포스터를 -.
갈아-서다자 묵은 것 대신 새것이 들어서다. ¶선거에서 압승한 새 회장단이 -.
갈아-세우다타 갈아서게 하다. ¶간사를 -.
갈아-엎다[-업-]타 논밭의 흙을 갈아서 뒤집어 엎어 놓다. ¶밭을 갈아엎어 씨앗을 뿌리다.
갈아-입다타 다른 옷으로 바꾸어 입다. ¶옷을 -.
갈아-주다타 ①다른 것으로 바꾸어 주다. ¶어항의 물을 -./기저귀를 -. ②장수에게 이익이 되도록 물건을 사 주다. ¶삼베 한 필을 -.
갈아-타다타 이제까지 타고 있던 것에서 내려 다른 탈것으로 바꾸어 타다. ¶전철을 -.
갈-앉다[-안따]자 '가라앉다'의 준말.
갈-앉히다타 '가라앉히다'의 준말.
갈앙(渴仰)명-하다타 ①목마르게 우러러 믿음. ②불도를 깊이 숭상하는 일.
갈애(渴愛)명-하다타 ①몹시 사랑하거나 좋아함. ②불교에서, 범부(凡夫)가 목마르게 오욕(五慾)에 애착하는 일을 이르는 말.
갈연-광(褐鉛鑛)명 바나듐이 들어 있는 연광. 기둥 모양이나 실 모양의 결정체이며, 주로 갈색임.
갈열(渴熱)명 젖먹이에게 일과성(一過性)으로 일어나는, 수분 결핍으로 말미암은 발열(發熱) 증세.
갈-옷명 감물로 물들인 옷. 감옷
갈음명-하다타 본래 것 대신에 다른 것으로 바꾸는 일. ¶-으로 입는 옷./자작시 낭송으로 축사를 -하다.
갈음-옷명 나들이할 때나 특별한 경우에 갈아입는 옷.
갈음-질명-하다자타 연장 따위를 숫돌에 가는 일.
갈이[1]명 논밭을 가는 일. ¶가을-
의 하루 동안에 소 한 마리가 갈만 한 논밭의 넓이를 나타내는 단위. ¶사흘 - 논.
갈이[2]명 묵은 것을 새것으로 바꾸어 대는 일.
갈이[3]명-하다타 ①돌·유리·쇠붙이 따위를 갈아서 매끄럽게 하는 일. ②갈이틀이나 갈이 기계로 나무 그릇 따위를 깎아 만드는 일.
갈이-공장(-工場)명 갈이틀을 갖추고 나무 그릇 따위를 깎아 만드는 공장.
갈이-그릇명 갈이틀 따위로 깎아 만든 나무 그릇.
갈이-기계(-機械)명 갈이틀을 개량하여 만든 공작 기계. 선반(旋盤)
갈이-박명 갈이틀로 깎아서 만든 나무 바가지.
갈이-방(-房)명 갈이틀을 갖추고 나무 그릇 따위를 만드는 집.
갈이-소리명〈어〉마찰음(摩擦音)

갈이-장이 명 갈이틀로 나무 그릇 따위를 만드는 일을 직업으로 삼는 사람.
갈이-질[1] 명 -하다 타 갈이칼로 나무 그릇 따위를 깎는 일.
갈이-질[2] 명 -하다 자타 논밭을 가는 일.
갈이-칼 명 갈이틀의 부속품의 한 가지. 나무 그릇을 갈이할 때 쓰는 쇠 연장.
갈이-틀 명 ①굴대에 고정시킨 재료를 돌리면서 둥글게 갈이하는 틀. 목선반(木旋盤) ②도자기를 만들 때, 반죽한 질흙 덩어리를 올려 놓고 돌리면서 손으로 원하는 모양을 만드는 틀. 녹로(轆轤)
갈:-잎[-립] 명 '떡갈잎'의 준말.
갈:잎-나무[-립-] 명 가을에 잎이 떨어지고 이듬해 봄에 새잎이 나는 나무. 낙엽수(落葉樹)
갈:잎-떨기나무[-립-] 명 가을에 잎이 떨어지고 이듬해 봄에 새잎이 나는 떨기나무. 낙엽 관목
갈:잎-큰키나무[-립-] 명 가을에 잎이 떨어지고 이듬해 봄에 새잎이 나는 큰키나무. 낙엽 교목(落葉喬木)
갈장(渴葬)[-짱] 명 -하다 타 지난날, 예월(禮月)을 기다리지 않고 서둘러 장사지내던 일. ☞과장(過葬)
갈-전갱이(褐-) 명 전갱잇과의 바닷물고기. 몸길이 30 cm 안팎이고, 몸빛이 등 쪽은 청색, 배 쪽은 백색임.
갈조-류(褐藻類)[-쪼-] 명 원생생물계의 한 문(門). 주로 바다 속에서 자라는 조류(藻類)로, 엽록소 외에 갈조소(褐藻素)를 가지고 있음. 무성 생식을 하는 포자체 시기와 유성 생식을 하는 배우체 시기의 세대 교번을 함. 미역·다시마·모자반 따위. 갈색 조류 ☞녹조류(綠藻類)
갈조-소(褐藻素)[-쪼-] 명 갈조류의 색소체 속에 엽록소와 함께 많이 들어 있는 적갈색의 색소. 조갈소
갈증(渴症)[-쯩] 명 ①목이 말라 물을 마시고 싶은 느낌. 목마름 ¶짜게 먹었더니 -이 난다. ②'갈급증(渴急症)'의 준말.
갈증-나다(渴症-)[-쯩-] 자 갈증이 일어나다. 목이 말라 물을 마시고 싶어지다.
갈지개 명 '초지니'를 달리 이르는 말. ☞수지니
갈지자-걸음(-之字-)[-짜-] 명 좌우로 비틀거리며 걷는 걸음. ¶술에 취하여 -으로 걸어간다.
갈지자-형(-之字形)[-짜-] 명 직선이 갈지자〔之〕처럼 좌우로 빗꺾여 나간 모양. ¶-으로 오르는 산길.
갈진(竭盡)[-찐] 명 -하다 자 다하여 없어짐.
갈쭉-하다 형여 액체가 묽지 아니하고 좀 걸다. ¶탁주가 -. ☞걸쭉하다
갈쭉-히 부 갈쭉하게
갈-참나무 명 너도밤나뭇과의 낙엽 활엽 교목. 잎 등에 별 모양의 털이 배게 있음. 재목은 가구재로 쓰이며 열매는 먹을 수 있음.
갈채(喝采) 명 -하다 자 크게 외치며 칭찬하거나 환영함. ¶관중이 박수 -를 보내다. /-를 받다.
갈철(褐鐵) 명 누른 갈색 또는 거무스름한 갈색을 띤 쇠. 채료(彩料)로 쓰임.
갈철-광(褐鐵鑛) 명 광택이 없는 누른 갈색 또는 거무스름한 갈색의 광석.
갈-청 명 '갈대청'의 준말.
갈:-초(-草) 명 겨울 동안의 마소의 먹이로 가을에 베어 말린 풀. 준 초(草)[2]
갈충보:국(竭忠報國) 성구 충성을 다하여 나라의 은혜에 보답하는 일을 이르는 말.
갈:-충이 명 가래나무 잎을 먹는 해충.
갈취(喝取) 명 -하다 타 으름장을 놓아 억지로 빼앗음. ¶힘으로 남의 재물을 -하다.
갈치 명 갈칫과의 바닷물고기. 긴 칼 모양으로 홀쭉하고 납작하며, 몸길이는 1.5m 안팎임. 몸빛은 은백색이며 배지느러미, 꼬리지느러미가 없음. 도어(刀魚)
갈치-구이 명 토막 친 갈치를 그대로 굽거나 갖은양념을 발라 구운 반찬.
갈치-자:반(-*佐飯) 명 소금에 절인 갈치를 토막쳐 굽거나 찌거나 한 반찬. 자반갈치
×갈-카리 명 -하다 타 →갈갈이
갈:-켜다 타 사개나 가름장의 갈을 만들려고 톱질을 하다.
갈퀴 명 낙엽 따위를 긁어 모으는 데 쓰는, 대나 철사로 엮어 만든 기구. ¶-로 낙엽을 긁어 모으다.
갈퀴-나무 명 갈퀴로 긁어 모은 낙엽이나 솔가리 따위의 땔나무.
갈퀴-나물 명 콩과의 여러해살이 덩굴풀. 6~9월에 나비 모양의 자줏빛 꽃이 피고 타원형의 협과(莢果)가 열림. 어린잎과 줄기는 가축의 먹이로 쓰임.
갈퀴-눈 명 화가 나서 눈시울에 모가 난 험상궂은 눈.
갈퀴다 타 갈퀴로 긁어 모으다.
갈퀴-덩굴 명 꼭두서닛과의 두해살이 덩굴풀. 잎은 가늘고 길며 5~6월에 옅은 연두색 꽃이 피고, 길둥근 열매를 맺음. 털 같은 잔 가시가 있어 다른 물체에 잘 붙는 성질이 있음.
갈퀴-지다 형 갈퀫발처럼 구부정하다. ¶갈퀴진 손.
자 성이 나서 눈이 모가 지다. ¶갈퀴진 눈초리.
갈퀴-질 명 -하다 자 갈퀴로 낙엽이나 솔가리 따위를 긁어 모으는 일.
갈퀫-발 명 갈퀴에서, 낙엽 따위를 그러모으기 위해 끝이 갈고리진 하나하나의 대오리를 이르는 말.
갈:-타다 타 사개나 가름장 따위의 갈을 톱질하여 만들다.
갈탄(褐炭) 명 황갈색 또는 흑갈색의 석탄. 탄화 정도가 낮아 화력이 약함.
갈택이어(竭澤而漁) 성구 연못의 물을 말려서 물고기를 잡는다는 뜻으로, 장래를 생각하지 않고 눈앞의 이익만을 얻으려 함을 이르는 말.
갈-통(-筒) 명 굵은 갈대 줄기로 결어 만든 상자.
갈파(喝破) 명 -하다 타 ①크게 꾸짖어 억누름. ②그릇된 이론을 물리치고 참된 이치를 밝혀 말함. ¶석가가 -한 진리.
갈-파래 명 갈파랫과의 바닷말. 김과 비슷하나 더 푸른빛을 띰. 물결이 잔잔한 바닷가에서 남. 청태(青苔)
갈-판 명 염전의 판에서 긁어 모은 흙을 쌓는 곳.
갈팡-질팡 부 ①방향을 정하지 못하여 이리저리 헤매는 모양을 나타내는 말. ¶불이 나자 비상구를 찾지 못해 -하다. ②일의 갈피를 잡지 못하여 헤매는 모양을 나타내는 말. ¶- 하는 시책.
갈포(葛布) 명 칡의 섬유로 짠 베. ¶- 벽지(壁紙)
갈:-풀 명 모낼 논에 거름으로 베어 넣는 부드러운 나뭇잎이나 풀 따위. 준 풀[3]
갈:풀-하다 자여 ①거름으로 쓰려고 나뭇잎이나 풀을 베다. ②갈풀을 베어다가 논에 넣다. 준 풀하다
갈-품 명 막 피려고 하는 갈꽃. 아직 꽃피지 않은 갈대.
갈피 명 ①겹치거나 포갠 물건의 하나하나의 사이. ¶책의 -에 끼워 둔 은행 잎. ②일의 갈래가 구별되는 어름. ¶일의 -를 잡을 수 없다.
갈피(葛皮) 명 칡의 껍질.
갈피-갈피 명 낱낱의 여러 갈피. ¶삶의 -가 모진 일의 연속이었다.
부 갈피마다 ¶지난날의 추억을 - 들추어 본다.
갈필(渴筆) 명 ①그림에 쓰는 빳빳한 붓. ②서예나 동양화에서, 붓에 먹물을 많이 묻히지 않고 글씨를 쓰거나 그림을 그리는 일.
갈필(葛筆) 명 칡뿌리 끝을 두드려 붓 대신으로 쓰는 것.
갈:-하다 자타여 '가을하다'의 준말.
갈-하다(渴-) 형여 《文》목마르다
갈호(葛戶) 명 칡덩굴로 엮은 문짝을 단 집. 사냥꾼이 머무르려고 지은 산막을 이름.
갈화(葛花) 명 칡의 꽃. 주독(酒毒)을 풀며 하혈(下血)을 그치게 하는 데 쓰임.
갉다[각-] 타 ①날카롭고 뾰족한 날이나 이 따위로 바닥이나 거죽을 박박 긁거나, 긁어서 조금씩 뜯어내다. ¶쥐가 나무 상자를 -. ②갈퀴 따위로 흩어진 것을 살살 긁어 모으다. ¶검불을 갉아 모으다. ③남의 잘못을 좀스럽게 헐뜯다. ④남의 것을 교활하게 빼앗거나 훑어 들이다. ☞긁다

갉아-대:다 타 잇달아 자꾸 갉다. ☞긁어대다
갉아-먹기 명 돈치기를 할 때, 맞히는 대로 따 먹는 내기. ☞모두먹기
갉아-먹다 타 ①이로 조금씩 갉아서 먹다. ¶쥐가 비누를 ─. ②남의 재물을 다랍게 뜯어먹다. ☞긁어먹다
갉이 명 금속 세공을 할 때, 갉아서 윤이 나게 하는 연장.
갉이-질 명 금속 세공품에 윤을 내려고 갉이로 갉는 일.
갉작-갉작[각-각-] 부 ①잇달아 갉는 모양을 나타내는 말. ¶쥐가 ─ 나무를 갉아대다. ②실없이 남의 비위를 건드리는 모양을 나타내는 말. ¶옆에서 은근히 ─ 화를 돋우다. ☞긁적긁적
갉작-거리다(대다)[각-] 자타 ①잇달아 갉다. ¶이로 손톱을 ─. ②실없이 남의 비위를 건드리다. 갉작이다 ☞긁적거리다
갉작-이다[각-] 자타 갉작거리다 ☞긁적이다
갉죽-갉죽[각-각-] 부 ①끝이 좀 무딘 것으로 잇달아 갉는 모양을 나타내는 말. ②짓궂게 남의 비위를 건드리는 모양을 나타내는 말. ¶─ 하여 싸움을 부추기다. ☞긁죽긁죽
갉죽-거리다(대다)[각-] 자타 갉죽거리다. 갉죽이다
갉죽-이다[각-] 자타 갉죽거리다 ☞긁죽이다
갉히다[1] 자 갉음을 당하다. ☞긁히다
갉히다[2] 타 갉게 하다.
감:[1] 명 감나무의 열매. 모양은 둥근 것, 동글납작한 것, 기름하고 끝이 뾰족한 것 등 여러 가지임. ☞홍시
감:[2] 명 ①어떤 물건을 만드는 데 쓰이는 재료. ¶옷을 만들 ─. ②〔의존 명사로도 쓰임〕 무엇을 만드는 데 쓰이는 재료의 수량을 세는 단위. ¶치마 한 ─.
속담 **감이 재간이라** : 어떤 감을 쓰느냐에 따라 일의 성과가 좌우되는만큼, 감이 좋아야 한다는 말.

> ▶ **'감(柿)'과 '감(材料)'의 성조**(聲調)
> 과실인 '감'과 물건을 만드는 재료인 '감'은 다 같게 발음하는 단어이다, 그런데, 두 단어의 성조에는 다소 차이가 있다. 과실인 '감'은 소리의 높낮이가 없이 길게 발음하고, 재료인 '감'의 발음은 처음에는 낮게 발음하기 시작하여 높게 발음을 끝맺는 점이 다르다.

감:[3] 명 ①'감돌'의 준말. ②'감흙'의 준말.
감:(坎) 명 ①'감괘(坎卦)'의 준말. ②'감방(坎方)'의 준말.
감(疳) 명 '감병(疳病)'의 준말.
감:(減) 명 '감법(減法)'의 준말. ☞가(加)
감:(感) 명 ①느낌. 생각 ¶잘 이루어질 것 같은 ─이 든다./미안한 ─이 들다. ②'감도(感度)'의 준말.
감(龕) 명 '감실(龕室)'의 준말.
-감(監) 《접미사처럼 쓰이어》 '그 부서(部署)의 으뜸 직위(職位)에 있는 사람'임을 나타냄. ¶교육감(敎育監)/헌병감(憲兵監)
감:가(減價) [-까] 명-하다 타 값을 깎거나 줄임, 또는 그 값. ☞증가(增價)
감:가=상각(減價償却) [-까-] 명 시간의 경과나 사용으로 말미암아 생기는 고정 자산(토지 제외)의 가치의 감소를 각 회계 연도마다 비용으로 셈에 넣는 일. 감가 소각 준 상각(償却)
감:가=소각(減價消却) [-까-] 명 감가 상각
감:각(減却) 명-하다 타 덜어 버림.
감:각(感覺) 명-하다 타 ①눈·귀·코·혀·피부 등을 통하여 느끼게 되는 느낌. ¶예민한 ─./추위로 손의 ─이 없어지다. ②사물에 대한 가치 등을 알아보고 분간하는 능력. ¶현대적인 ─./새로운 ─으로 설계한 건축물.
감:각=감정(感覺感情) 명 감각에 따라 일어나는 상쾌하거나 불쾌한 감정.
감:각-기(感覺器) 명 '감각 기관'의 준말.
감:각=기관(感覺器官) 명 외부로부터 받은 자극을 신경계로 전하는 기관. 시각 기관, 청각 기관, 후각 기관 따위. 준 감관. 감각기
감:각-령(感覺領) 명 감각을 일으키는 감각 중추가 퍼져 있는 대뇌 피질의 영역.
감:각-론(感覺論) 명 철학에서, 모든 인식의 근원은 감각에 있다고 주장하는 학설.
감:각=마비(感覺痲痹) 명 신경계의 장애로 일부 또는 모든 감각이 없어지는 병. 지각 마비(知覺痲痹)
감:각-모(感覺毛) 명 외부의 자극을 수용하는 기능을 가진 털. 고양이의 수염이나 파리지옥풀의 잎에 있는 털 등.
감:각=묘:사(感覺描寫) 명 문학이나 미술 등에서, 특히 감각적인 인상을 중시하는 묘사.
감:각=상실(感覺喪失) 명 감각 탈실(感覺脫失)
감:각=세:포(感覺細胞) 명 감각 자극을 수용할 수 있도록 특수화된 상피 세포(上皮細胞).
감:각=식물(感覺植物) 명 외부의 자극에 바로 반응하여 운동을 일으키는 기능이 있는 식물. 미모사 따위.
감:각=신경(感覺神經) 명 감각 기관에 자극이 있을 때 그것을 감각 중추에 전달하는 신경. 지각 신경(知覺神經)
감:각=온도(感覺溫度) 명 체감 온도(體感溫度)
감:각=잔류(感覺殘留) 명 자극이 없어진 뒤에도 그 감각이 계속되는 현상. 잔상(殘像) 따위.
감:각-적(感覺的) 명 ①감각하는 대로 반응하는 것. ¶─인 인상. ②감각에 작용하는 것. ¶─인 묘사.
감:각적=인식(感覺的認識) 명 감각 또는 감성(感性)에 따른 인식. 감관적 인식(感官的認識)
감:각-점(感覺點) 명 피부에 분포되어 압력이나 온도, 아픔 따위에 반응을 나타내는 감각 기관. 온점·냉점·촉점·압점·통점 따위.
감:각=중추(感覺中樞) 명 감각 기관이 받은 자극을 지각하여 감각을 일으키는 곳.
감:각=탈실(感覺脫失) [-씰] 명 자극을 받아도 감각이 일어나지 않는 상태. 감각 상실(感覺喪失)
감감 부-하다 형 ①시간적으로나 공간적으로 아주 멀어 아득한 모양을 나타내는 말. ¶─ 멀리 빛나는 은하수. ②어떤 일을 전혀 모르거나 가맣게 잊어버리고 있는 모양을 나타내는 말. ¶그가 결혼한 학생이라는 사실을 모두 ─ 모르고 있었다. ③응답이나 소식이 전혀 없는 상태를 나타내는 말. ¶헤어진 이후 소식이 ─하다. ④할 일이 너무 많거나 하여 막막하고 답답한 모양을 나타내는 말. ¶밀린 일을 생각하니 ─하구나. ⑤〔명사처럼 쓰임〕 ¶그 후로는 소식이 ─이다. ☞깜깜
감감-히 부 감감하게
감감-무소식(-無消息) 명 아주 소식이 없는 상태. 감감소식 ¶출장을 가더니 ─이다. ☞깜깜무소식. 일무소식(一無消息)
감감-소식(-消息) 명 감감무소식 ☞깜깜소식
감:개(感慨) 명-하다 자 마음속 깊이 우러나는 느낌. ¶40년 만에 조국 땅을 밟으니 ─가 새롭다. ☞감회(感懷)
감:개무량(感慨無量) 성구 감개가 그지 없음을 이르는 말. ¶분단 반세기 만의 상봉이라 ─하다.
감:격(感激) 명-하다 자 ①너무 고마워서 감동함. ¶─의 눈물을 흘리다. ② 마음속에 깊이 느껴 크게 감동함. ¶북받치는 ─으로 말을 잇지 못하다.
감:격-스럽다(感激-) (-스럽고·-스러워) 형ㅂ 감격할 만 하다. ¶감격스러운 가족 상봉의 장면.
감격-스레 부 감격스럽게
감:격-적(感激的) 명 감격스러운 것. ¶─인 순간./─인 장면.
감결(甘結) 명 조선 시대에 상급 관아에서 하급 관아에 보내던 공문(公文).
감:결(減結) 명-하다 자 조선 시대, 토지에 매기는 세금의 비율을 내리던 일, 또는 그 내린 결복(結卜). ☞가결(加結)
감:경(減輕) 명-하다 타 ①지난날, 본형(本刑)보다 가벼운 형벌로 벌하던 일. ②줄여서 가볍게 함. 경감
감계(鑑戒) 명 ①교훈으로 삼을만 한 본보기. ②지난 잘못을 거울 삼아 다시는 그런 잘못을 되풀이하지 않도록 하는 경계.
감고(甘苦) 명 ①단맛과 쓴맛. ②즐거움과 괴로움. 고락(苦樂) ③-하다 타 고생을 달게 여김.

감고(監考)명 ①감관(監官) ②'말감고'의 준말.
감공(嵌工)명 상감(象嵌) 세공, 또는 그 일을 전문으로 하는 사람.
감공(嵌空)명 ①속이 깊은 굴. ②깊은 산골짜기.
감과(甘瓜)명 '참외'의 딴이름.
감과(坩堝)명 도가니
감과(柑果)명 내과피(內果皮)의 일부가 주머니 모양이며, 속에 액즙(液汁)이 있고, 외과피와 중과피가 해면 모양인 과실. 귤·유자 따위.
감곽(甘藿)명 '미역'의 딴이름.
감:관(感官)명 '감각 기관(感覺器官)'의 준말.
감관(監官)명 조선 시대에 궁가(宮家)나 관아에서 돈·곡식 등의 출납을 맡아보던 관원. 감고(監考)
감:관적=인식(感官的認識)명 감각적 인식
감:광(減光)명-하다자타 빛의 세기를 줄임.
감:광(感光)명-하다자 물질이 광선에 감응하여 화학적 변화를 일으키는 일.
감:광-계(感光計)명 감광도를 재는 계기.
감:광-도(感光度)명 감광 재료가 빛에 감응하는 정도를 나타내는 수치(數値). ¶-가 높은 필름.
감:광-막(感光膜)명 사진 건판이나 필름·인화지의 표면에 칠해 놓은 감광제의 얇은 막.
감:광-성(感光性)[-썽]명 물질이 빛을 받아 화학 변화를 일으키는 성질. ¶- 물질
감:광성=수지(感光性樹脂)명 빛이나 방사선에 감응하여 구조 변화가 일어나서, 용해성이나 전기 전도성이 변하는 고분자 화합물.
감:광-약(感光藥)[-냑]명 감광제(感光劑)
감:광=유리(感光瑠璃)[-뉴-]명 금·은·구리와 같은 감광성 금속 원소를 이온 상태로 유리에 섞어 방사선을 쬔 다음 가열한 유리.
감:광=유제(感光乳劑)명 감광제(感光劑)
감:광=재료(感光材料)명 사진 건판이나 필름·인화지 등 빛에 감응하는 성질을 가진 재료.
감:광-제(感光劑)명 브롬화은 따위의 입자를 젤라틴 속에 고루 분산시킨 약제. 사진 건판이나 필름·인화지의 표면에 발라 감광막의 층을 만듦. 감광약. 감광 유제
감:광-지(感光紙)명 감광제를 바른 종이.
감:광-판(感光板)명 감광제를 바른 유리판이나 셀룰로이드판. 건판·습판·필름 등.
감:광=필름(感光film)명 얇은 셀룰로이드판에 감광제를 바른 사진 촬영용 필름.
감:-괘(坎卦)명 ①팔괘(八卦)의 하나. 상형은 ☵로 물을 상징함. ②육십사괘의 하나. 감괘 아래 감괘가 놓인 괘로 물이 거듭됨을 상징함. 준 감(坎) ☞이괘(離卦)
감:구(感球)명 촉각을 느끼는 감각 세포.
감:구(感舊)명-하다자 지난 일을 돌이켜보며 생각함.
감:구지회(感舊之懷)성구 지난 일을 돌이켜보며 느끼는 회포를 이르는 말. ¶-를 느끼다. 준 감회(感懷)
감국(甘菊)명 국화과의 여러해살이풀. 줄기 높이 30~60 cm, 다섯 갈래로 갈라진 잎은 서로 어긋맞게 남. 가을에 노란 꽃이 핌. 한방에서, 말린 꽃을 해열·진통, 눈을 밝게 하는 데 약재로 씀.
감:군(減軍)명-하다자 군사력을 줄임. ☞증군(增軍)
감:군은(感君恩)명 조선 초기 악장(樂章)의 하나. 임금의 은덕을 사해(四海)와 태산(泰山)에 비유하여 칭송한 내용으로, '악장가사(樂章歌詞)'와 '고금가곡(古今歌曲)'에 실려 전함. 작자와 연대는 알 수 없음.
감:-궂다[-굳-]형 감사납고 험상궂다.
감귤(柑橘)명 밀감과 귤 종류를 통틀어 이르는 말.
감금(監禁)명-하다타 가두어 자유를 속박하고 감시함. ¶불법하게 -하다.
감금-죄(監禁罪)[-쬐]명 불법으로 사람을 감금한 죄.
감:급(減給)명-하다타 급여금 따위를 줄여서 지급하는 일. ☞가급(加給). 감봉(減俸)
감기명 '신감기'의 준말.
감기(疳氣)명 감병(疳病)
감:기(感氣)명 주로 바이러스의 감염으로 말미암아 일어나는 코·목 등 호흡기 계통의 카타르성 염증. 재채기·콧물·코막힘·기침·가래·두통·발열(發熱) 등의 증세가 나타남. 고뿔. 감모(感冒). 외감(外感)
감기다[1]자 ①실 따위가 감아지다. ¶실이 돌돌 -. ②옷자락 따위가 걸려 거치적거리다. ¶춤추는 치맛자락이 휘휘 감기는듯 하다. ③사람이나 동물이 가깝게 달라붙어 떨어지지 않다. ¶어린애는 어머니의 팔에 감기어 떨어질 줄 모른다. ④음식 따위를 너무 많이 먹어서 몸을 가누지 못하다. ¶술에 감기어 걷지도 못한다.
감기다[2]자 눈이 감아지다.
감기다[3]타 실 따위를 감게 하다. ¶동생에게 실을 -.
감기다[4]타 ①머리나 몸을 물로 씻어 주다. ¶아기의 머리를 -. ②머리나 몸을 물로 씻게 하다. 감게 하다. ¶아이들에게 멱을 -.
감기다[5]타 눈을 감게 하다. ¶죽은 이의 눈을 -.
감:-꼬치명 곶감을 꿰는 나무 꼬챙이.
감:-나무명 감나뭇과의 낙엽 활엽 교목. 높이 10m 안팎이고, 잎은 넓은 타원형임. 열매는 가을에 등황색 또는 적황색으로 익음.
속담 **감나무 밑에 누워도 삿갓 미사리를 대어라** : 비록 좋은 기회가 온다 하더라도 그 기회를 놓치지 않으려면 그만한 노력이나 준비를 해야 한다는 말. /**감나무 밑에 누워서 홍시 떨어지기를 기다린다** : 아무런 노력도 하지 않고 좋은 결과가 이루어지기만 바란다는 말. [감나무 밑에 누워 연시 입안에 떨어지기 바란다]
감낙(甘諾)명-하다타 기꺼이 승낙함.
감:낙(感諾)명-하다타 감동하여 승낙함.
감:납(減納)명-하다타 납부금이나 세금 따위를 정액보다 줄여서 냄.
감내(堪耐)명-하다타 어려움을 참고 견딤. ¶오랜 역경을 -하다.
감:-노랗다(-노랗고·-노란)형ㅎ 감은빛을 띠면서 노랗다. ☞검누렇다
감:-노르다(-노르니·-노르러)형러 감은빛을 띠면서 노르다. ☞검누르다
감능(堪能)명 일을 감당할 수 있는 재능, 또는 그런 재능을 가진 사람.
감:다[1][-따]타 ①실 따위를 무엇에 빙 두르다. ¶다친 다리에 붕대를 -. /②서리서리 사리다. ¶구렁이가 먹이를 감아 죈다. ③씨름 따위에서, 다리를 상대편의 다리에 걸다. ¶다리를 감아서 넘어뜨리다. ④옷을 '입다', '걸치다'를 속되게 이르는 말. ¶비단옷을 몸에 감고 다니다.
감:다[2][-따]타 머리·몸 따위를 물에 씻다. ¶멱을 -.
감:다[3][-따]타 위아래 눈시울을 맞닿게 붙이다. ¶눈을 감고 잠을 청하다. ☞뜨다[6]
감:다[4][-따]형 빛깔이 좀 새뜻하게 검다. ¶감은 머리.
감당(堪當)명-하다타 맡아서 능히 당해 냄. ¶혼자서 -하다. /-하기 어려운 시련.
감:대(感戴)명-하다타 감사히 여기어 높이 떠받듦.
감:도(感度)명 ①자극에 대하여 느끼는 정도. 준 감(感) ②라디오·텔레비전 따위의 수신기가 전파에 반응하는 정도, 또는 그 재생 능력. ¶수신 -가 나쁜 지역. ③필름 따위가 빛에 감응하는 정도. ¶-가 높은 필름.
감독(監督)명-하다타 ①일이나 사람을 보살피고 단속함, 또는 그런 일을 하는 사람. ☞현장 감독 ②영화 제작이나 연극의 상연 등에서, 구성원을 지휘하고 지도하는 사람. ☞무대 감독. 영화 감독 ③운동 경기 단체를 지휘하고 지도·단속하는 사람. ¶한국 축구 팀의 -. ④법률에서, 사람이나 기관의 행위가 잘못되지 않도록 감시하고, 필요한 경우에는 명령하거나 지시하는 일.

한자 **감독할 독**(督) [目部 8획] ¶감독(監督)/감독권(監督權)/독려(督勵)/독학(督學)

감독-관(監督官)명 감독하는 직권을 가진 관리.
감독=관청(監督官廳)명 감독하는 직권을 가진 상급 관청.

ㄱ

㊟감독청
감독=교회(監督敎會)㊔ 감독을 두어 교회를 관할하는 조직의 크리스트 교회. 감리 교회나 성공회 따위.
감독-권(監督權)㊔ ①감독하는 권능. ②상급 관청이 하급 관청을 지휘·명령하고 그 비리를 시정하게 하는 권리. ③국가가 은행·회사·거래소 또는 개인의 영업을 감독하고 단속하는 권리. ④ 친권자 또는 후견인이 자식 또는 피후견인에 대하여 감독하는 권리.
감독=기관(監督機關)㊔ 감독권을 가진 기관.
감독=서기(監督書記)㊔ 검찰청·법원에 서기가 둘 이상인 때의, 으뜸 서기.
감독-청(監督廳)㊔ '감독 관청'의 준말.
감돈(嵌頓)㊔ 창자 따위 내장 기관의 일부가 복벽(腹壁) 틈으로 빠져나와 본디 상태로 되돌아가지 않는 증세.
감:-돌[-똘]㊔ 유용 광물이 일정한 정도 이상 들어 있는 광석. ㊟감³ ☞버력
감:-돌다(-돌고·-도니)㉶㉷ ①빙빙 감듯이 돌다. ¶마을을 감돌아 흐르는 시내. ②떠나지 않고 머무르다. ¶화기(和氣)가 감도는 분위기./긴장감이 -.
감:돌아-들다㉶ 감돌아서 들어오다.
감:돌-이㊔ 자그만 잇속을 보고 감돌아드는 사람.
감:동(感動)㊔-하다㉶ 깊이 느끼어 마음이 움직임. ¶-을 자아내는 연기./그의 희생 정신에 -하다.
감동-유(-油)[-뉴]㊔ 곤쟁이젓에서 짜낸 기름. 노하유(滷蝦油)
감:동-적(感動的)㊔ 감동할만 한 것. 감동을 자아내는 것. ¶-인 연설./-인 재회 장면.
감동-젓㊔ 푹 삭힌 곤쟁이젓. 감동해
감동-해(*甘冬醢)㊔ 감동젓
감:득(感得)㊔-하다㉷ ①느끼어 알게 됨. ¶자연의 섭리를 -하다. ②영감(靈感)으로 깨달아 앎. ③믿는 마음이 신불(神佛)에 통하여 바라는 바를 이루는 일.
감:등(減等)㊔-하다㉷ ①등수(等數)나 등급을 낮춤. ¶한 등급을 -하다. ②지난날, 임금이 내린 특전(特典) 등으로 형벌을 가볍게 하던 일.
감:디-감:다[-띠-따]㊎ 몹시 감다. ☞검디검다
감:때-사납다(-사납고·-사나워)㊎ⓑ 성질이 몹시 억세고 거칠다. 몹시 감사납다.
감:-떡㊔ 찹쌀가루에 다진 곶감을 섞어서 찐 떡, 또는 거기에 잣·호두를 함께 으깨어 경단처럼 만들어 꿀을 바른 떡.
감:-또개㊔ 꽃과 함께 떨어진 어린 감. ㊟감똑
감똑㊔ '감또개'의 준말.
감란(戡亂)㊔-하다㉶ 난리를 평정함. 감정(戡定)
감람(甘藍)㊔ '양배추'의 딴이름.
감:람(橄欖)㊔ 감람나무의 열매. 빛깔은 푸르며 맛이 약간 떫고 씀. 감람과. 충과(忠果)
감:람-과(橄欖果)㊔ 감람(橄欖)
감:람-나무(橄欖-)㊔ ①감람과의 상록 교목. 높이 10m 안팎으로 봄에 황백색의 꽃이 피고 열매는 길이 3cm의 핵과(核果)로 열림. 아시아 열대 지방의 산야에 자람. 열매는 먹을 수 있으며 수지(樹脂)는 약재로 씀. 감람수 ②'올리브'를 잘못 이르는 말.
감:람-녹색(橄欖綠色)㊔ 감람나무의 잎과 같이 누른빛을 띤 녹색. ㊟감람색
감:람-색(橄欖色)㊔ '감람녹색'의 준말.
감:람-석(橄欖石)㊔ 사방정계(斜方晶系)의 기둥 모양이거나 알갱이 모양의 결정체로 된, 철과 마그네슘의 규산염 광물. 빛이 유난히 곱고 투명한 것은 보석으로 침.
감:람-수(橄欖樹)㊔ 감람나무
감:람-암(橄欖岩)㊔ 주성분이 감람석인 암석.
감:람-유(橄欖油)[-뉴]㊔ ①감람의 씨로 짠 기름. 식용·약용 외에도 기계유·등유(燈油) 등으로 쓰임. ②'올리브유'를 잘못 이르는 말.
감:량(減量)㊔-하다㉶㉷ ①분량이나 무게가 줆, 또는 분량이나 무게를 줄임. ②물건을 매매할 때 전체 수량에서 빼야 할 포장(包裝) 등의 분량이나 무게. ☞증량(增量)
감:량(感量)㊔ 물건의 무게를 달 때, 저울이나 계기의 침이 반응하는 가장 적은 양.
감:량=경영(減量經營)㊔ 불황 등에 대처하기 위해 기업 규모를 알맞게 줄이는 경영.
감로(甘露)㊔ ①천하가 태평할 때 하늘이 상서(祥瑞)로 내린다는 달콤한 이슬. ②불교에서, 마시면 번뇌를 잊고 오래 산다는 도리천(忉利天)의 영검한 물. ③여름에 단풍나무나 떡갈나무 등의 나뭇잎에서 떨어지는 달콤한 즙. ④'감로수'의 준말.
감로(疳勞)㊔ 한방에서, 어린아이의 감병을 이르는 말. 설사가 나고 식은땀을 흘리면서 얼굴빛이 창백해지는 증세가 나타남.
감로-다(甘露茶)㊔ 부처 앞에 올리는 달고 정한 찻물.
감로-수(甘露水)㊔ ①설탕을 달게 타서 끓인 물. ②깨끗하고 맛이 좋은 물. ㊟감로
감로-주(甘露酒)㊔ 소주에 용안육·대추·포도·살구 씨·구기자·두충·숙지황 등을 넣어 우린 달콤한 술.
감루(疳瘻)㊔ 한방에서, 잔 구멍이 생기고 고름이 나는 부스럼을 이르는 말. 누창(漏瘡)
감:루(感淚)㊔ 감동하여 흘리는 눈물.
감류(甘榴)㊔ 단맛이 많고 신맛이 적은 석류의 한 품종.
감류(柑類)㊔ 밀감이나 등자나무 열매 등의 종류.
감률(甘栗)㊔ ①단밤 ②뜨겁게 달군 모래 속에 넣고 저어서 익힌 밤.
감리(疳痢)㊔ 한방에서, 감병으로 말미암아 생긴 이질을 이르는 말.
감리(監吏)㊔ 감독하는 일을 맡은 아전.
감리(監理)㊔ ①-하다㉷ 감독하고 관리함. ②조선 말기의 감리서의 으뜸 관직, 또는 그 관직의 관원.
감리-교(監理敎)㊔ 개신교의 한 교파. 1720년대에 영국의 웨슬리가 창시함. 감독을 두어 신자를 감독, 관리하는 것이 특징임. 성서에 교시된 방법대로 신앙 생활을 하도록 가르침. 우리 나라에는 1885년 이후 퍼졌음.
감리-사(監理師)㊔ 감리 교회에서, 산하 교회와 관련된 모든 일을 감리하는 교직, 또는 그 교직자.
감리-서(監理署)㊔ 조선 말, 개항장(開港場)이나 개시장(開市場)의 통상 사무를 맡아보던 관아.
감림(監臨)㊔-하다㉷ 감독하기 위해 현지에 나감.
감:마(減磨)㊔ ①-하다㉶ 닳아서 줄어듦. ②-하다㉷ 마찰을 줄임.
감마(gamma)㊔ 그리스어 자모의 셋째 글자 'Γ·γ'의 이름. ㊞ ①질량 단위의 한 가지. 1감마는 100만분의 1그램임. 기호는 γ ②자속(磁束) 밀도를 나타내는 단위. 기호는 γ
감마글로불린(gamma globulin)㊔ 혈청 단백질의 한 가지. 항체가 많아 홍역·백일해와 유행성 간염 등의 예방에 쓰임.
감마=붕괴(γ崩壞)㊔ 방사성 원소의 원자핵이 감마선을 방출하는 현상.
감마-선(γ線)㊔ 방사성 원소의 감마 붕괴로 방출되는 파장이 X선보다 짧은 전자파. X선보다 투과력이 강함.
감마-성(γ星)㊔ 어떤 별자리 중에서 셋째로 밝은 별. ☞알파성. 베타성
감:마-유(減磨油)㊔ 윤활유(潤滑油)
감:마-제(減磨劑)㊔ 윤활제(潤滑劑)
감:마=합금(減磨合金)㊔ 주석이나 납을 주성분으로 하는 화이트메탈 및 아연이나 구리를 주성분으로 하는 합금. 베어링 등의 재료로 쓰임.
감:면(減免)㊔-하다㉷ ①감하거나 면제함. ¶세금 -의 혜택. ②등급을 낮추거나 면제함.
감:면=소:득(減免所得)㊔ 국책상 중요한 물산(物產)의 증산을 목적으로 전액 또는 일부에 대하여 과세가 면제됨으로써 얻는 소득.
감:명(感銘)㊔-하다㉶ 깊이 느끼어 마음에 새김, 또는 그런 느낌. ¶소설을 - 깊게 읽다./깊은 -을 받다.
감:명-적(感銘的)㊔ 감명을 받아 마음에 새길만 한 것. ¶-인 연주.
감:모(減耗)㊔-하다㉶ 줄어듦.

감:모(感冒)명 감기(感氣)
감:모(感慕)명-하다타 마음에 끌리어 그리워함.
감:모=상각(減耗償却)명 광산이나 유전(油田), 산림 등과 같이 쓸수록 양이 줄어드는 자원에 대한 원가 또는 가치의 감소분을 상각하는 일.
감목(監牧)명 ①조선 시대, 나라의 목장을 관리하던 지방관. 감목관(監牧官) ②가톨릭에서, 임시 교구를 맡아보는 교구장(教區長)을 일컫는 말. ☞주교(主教)
감목-관(監牧官)명 감목(監牧)
감:-물명 날감의 떫은 즙. 염료로 쓰임.
감미(甘味)명 단맛 ☞고미(苦味)
감미(가) 돌다관용 단맛이 입 안에 느껴지다.
감미-롭다(甘味-)(-롭고·-로워)형ㅂ 단맛이 있다. 달콤하다 ¶감미로운 과실.
감미-로이부 감미롭게
감미-롭다(甘美-)(-롭고·-로워)형ㅂ 달콤한 느낌이 있다. ¶감미로운 음악.
감미-로이부 감미롭게
감미-료(甘味料)명 단맛을 내는 데 쓰이는 조미료. 설탕·물엿·사카린 따위.
감:바리명 감발저뀌
감:-발명-하다자 ①발감개 ②발감개를 한 차림새.
감:발(感發)명-하다자 감동하여 분발함. 감분(感奮)
감:발저뀌명 이익을 노리고 약삭빠르게 달라붙는 사람. 감바리
감:방(坎方)명 팔방(八方)의 하나. 정북(正北)을 중심으로 한 45도 범위 안의 방위. 준감(坎) ☞이방(離方)
감방(監房)명 교도소에서 죄수를 가두어 두는 곳, 또는 그 건물.
감:배(減配)명-하다타 배당이나 배급 등의 액수나 분량을 줄임. ☞증배(增配)
감:법(減法)[-뻡]명 뺄셈법 준감(減) ☞승법(乘法)
감벽(紺碧)명 감은빛을 띤 남색. ¶-의 바다.
감별(鑑別)명-하다타 ①사물의 참과 거짓, 좋고 나쁨 또는 종류 등을 판단하여 분별함. ¶고대 미술품의 -./병아리의 암수를 -하다. ②비행 소년에 대한 보호의 필요성 등을 판단하고, 그 교정(矯正) 치료의 구체적 방법 따위를 밝히는 절차.
감별-사(鑑別師)[-싸]명 감별을 할 수 있는 지식과 자격을 갖춘 사람. ¶병아리 -
감별-추(鑑別雛)명 암수를 가린 병아리. 가린병아리
감병(疳病)[-뼝]명 한방에서, 체증으로 생기는 어린이의 병을 이르는 말. 감기(疳氣). 감질(疳疾) 준감(疳)
감:보-율(減步率)명 토지 구획 정리의 결과, 토지 소유자의 몫이 줄어드는 비율.
감복(甘鰒)명 전복을 꿀·기름·간장 등에 재운 음식.
감:-복숭아명 장미과의 낙엽 교목. 높이 6m 안팎, 잎은 갸름한데 톱니가 있음. 이른봄에 담홍색 꽃이 피고, 열매는 납작감과 비슷한데 갈라짐. 씨는 기름을 짜서 화장품 원료나 진해제로 씀. 고편도(苦扁桃)
감:복-하다(感服-)자여 마음에 깊이 느끼어 탄복하다. ¶그 불굴의 투지에 -.
감:봉(減俸)명-하다타 ①봉급의 액수를 줄여서 지급함. ☞가봉(加俸). 감급(減給). 증봉(增俸) ②공무원에 대한 징계 처분의 한 가지. 일정 기간 봉급의 3분의 1 이하를 줄여서 지급하는 일. 벌봉(罰俸) ③군인·군속에 대한 중징계(重懲戒)의 한 가지. 1개월 이상 3개월 이내, 봉급의 3분의 2를 줄여서 지급하는 일.
감:분(感憤)명-하다자 분함을 느낌.
감:분(感奮)명-하다자 감격하여 분발함. 감발(感發)
감:불생심(敢不生心)성구 감히 엄두도 내지 못함을 이르는 말. 감불생의(敢不生意)
감:불생의(敢不生意)성구 감불생심(敢不生心)
감:-빛[-삗]명 ①익은 감과 같은 빛. ②감의 빛.
감:-빨다(-빨고·-빠니)타 ①감칠맛이 있게 빨다. 맛있게 먹다. ②이익을 탐내다.
감:-빨리다자 ①입맛이 당기다. ②이익에 탐이 나다. ☞감빨다

감사(甘死)명-하다자 죽기를 달게 여김.
감사(疳瀉)명 한방에서, 어린아이의 소화불량증을 이르는 말.
감:사(敢死)명-하다자 죽음을 두려워하지 아니하고 기꺼이 죽기를 각오함. ¶의(義)를 위한 -의 정신.
감:사(減死)명-하다타 지난날, 사형수의 형을 감해 주던 일.
감:사(感謝)명 ①-하다형 고마움 ¶참석해 주셔서 -합니다. ②-하다자타 고맙게 여김. ¶스승의 은혜에 -하다. ③고마움을 나타내는 인사. ¶-를 드리다.
감사-히부 감사하게 ¶- 여기다.
감사(監司)명 관찰사(觀察使) ¶평양 -
감사(監寺)명 선종(禪宗)에서, 절에서 사무를 도맡아 보는 중. 감주(監主)
감사(監事)명 ①단체의 사무를 맡아보는 직책, 또는 그 직책의 사람. ¶장학회의 -. ②법인의 재산과 업무 집행 상황을 감독하는 사람. ¶상임 -
감사(監査)명-하다타 감독하고 검사함. ¶국정을 -하다.
감사(瞰射)명-하다타 활이나 총 따위를 높은 데서 내려다보고 쏨. ☞앙사(仰射)
감사(鑑査)명 잘 살펴서 적부(適否)·우열(優劣)·진위(眞僞) 등을 가리는 일.
감:-사:납다(-사납고·-사나워)형ㅂ ①억세고 사나워서 휘어잡기 어렵다. ¶감사나운 일꾼. ②바탕이 거칠어서 일하기에 힘들다. ¶감사나운 밭.
감:사=도배(減死島配)명 지난날, 죽일 죄인을 죽이지 않고 섬으로 귀양보내던 일. ☞감사 정배
감:사만:만(感謝萬萬)성구 헤아릴 수 없을 정도로 매우 감사함을 뜻하는 말.
감:사-송(感謝頌)명 가톨릭에서, 하느님에게 찬양과 감사를 드리는 기도.
감:사-심(敢死心)명 죽기를 두려워하지 않는 마음.
감사-역(監査役)명 주식 회사의 '감사(監事)'를 이전에 이르던 말.
감사-원(監査院)명 국가의 세입 결산, 법률에 정한 단체의 회계 감사와 행정 기관 및 공무원의 직무에 대한 감찰을 주요 임무로 하는 대통령 직속의 행정 기관.
감:사-일(感謝日)명 크리스트교에서, 하느님의 은혜에 감사를 드리는 날.
감:사-장(感謝狀)[-짱]명 감사의 뜻을 적어 주는 글장. ¶-과 감사패를 수여하다.
감:사-절(感謝節)명 '추수 감사절(秋收感謝節)'의 준말.
감:사=정:배(減死定配)명 지난날, 죽일 죄인을 죽이지 않고 머물 곳을 지정하여 귀양보내던 일. ☞감사 도배
감:사-패(感謝牌)명 이룩한 성과에 대하여 감사의 뜻을 적어서 주는 패.
감:삭(減削)명-하다타 삭감(削減)
감산(甘酸)명 ①-하다형 달고 심. ②즐거운 일과 괴로운 일. ¶인생의 -을 두루 맛보다.
감:산(減産)명-하다자타 ①생산이 줄어듦, 또는 생산을 줄임. ¶누에고치를 -하다. ☞증산(增産) ②자산(資産)이 감소함.
감:산(減算)명-하다타 ①일정한 수에서 일정한 수를 덜어 셈함. ②빼기. 뺄셈 ☞가산(加算)
감:상(感傷)명 하찮은 일에도 곧잘 쓸쓸해 하거나 슬퍼하거나 하는 마음의 경향. ¶-에 잠기다.
감:상(感想)명 보거나 듣거나 겪은 일에 대해서 느끼는 생각. ¶여행의 -을 일기에 적다.
감:상(感賞)명-하다타 감동하여 칭찬함.
감상(監床)명-하다타 귀인에게 올릴 음식상을 미리 살펴봄.
감상(鑑賞)명-하다타 예술 작품 등을 음미하며 이해함. ¶영화 -/음악을 -하다.
감:상-록(感想錄)명 감상을 적은 글이나 책.
감:상-문(感想文)명 겪은 일에 대해서 느낀 바를 적은 글. ¶독서 -
감:상-벽(感傷癖)명 하찮은 일에도 곧잘 쓸쓸해 하거나

슬퍼하거나 하는 버릇.
감상=비:평(鑑賞批評)명 감상을 중심으로 하는 예술 작품의 비평.
감상-안(鑑賞眼)명 예술 작품 따위를 감상하는 안목.
감:상-적(感傷的)명 하찮은 일에도 곧잘 쓸쓸해 하거나 슬퍼하는 경향인 것. ¶ -인 노래. ☞감정적(感情的)
감:상-주의(感傷主義)명 마음을 이성적으로 다스리지 못하고, 쉽게 감상에 빠지는 심리적 경향이나 태도. ☞합리주의(合理主義)
감상-회(鑑賞會)명 예술 작품 등을 감상하고 그 느낌을 발표하는 모임. ¶음악 -
감색(紺色)명 검은빛을 띤 짙은 남빛. 반물
감:색(減色)명-하다자 빛이 바램.
감색(監色)명 ①간색(看色) ②조선 시대, 감관(監官)과 색리(色吏)를 아울러 이르던 말.
감:색-성(感色性)명 사진 건판이나 필름이 여러 가지 빛에 대하여 감응하는 성질.
감:생(減省)명-하다타 덜어서 줄임. ¶절차를 -하다.
감:선(減膳)명-하다타 지난날, 나라에 변고가 있을 때, 임금이 몸소 삼가는 뜻으로 수라상의 음식 가짓수를 줄이게 하던 일.
감선(監膳)명-하다자 지난날, 수라상의 그릇이나 음식 따위를 미리 살피던 일.
감:선-철악(減膳撤樂)명 지난날, 나라에 변고가 있을 때, 임금이 몸소 삼가는 뜻으로 수라상의 음식 가짓수를 줄이게 하고 노래하고 춤추는 일을 금지하던 일.
×**감성**(減省)명 →감생(減省)
감:성(感性)명 ①사물의 자극이나 인상(印象)을 느끼는 능력. 감수성(感受性) ¶ -이 풍부하다. ②철학에서, 외부의 자극에 대해 지각과 감각이 일어나는 감각 기관의 감수 능력을 이름. ☞오성(悟性). 이성(理性)
감:성-계(感性界)명 감성적 지각을 통하여 느끼고 알게 되는 사물을 통틀어 이르는 말. ☞가상계(可想界)
감성-돔명 도밋과의 바닷물고기. 몸은 길둥근꼴이며 길이 40cm 안팎임. 몸빛은 은빛 윤이 나는 어두운 잿빛인데 배 쪽은 좀 연한 빛임. 육식성 어류로 얕은 바다에 사는데, 알에서 깬 지 2~4년까지는 암수한몸이었다가 4~5년째부터는 암수딴몸으로 변함. 먹도미
감:성=소비(感性消費)명 느낌이나 기분에 따라 재화나 서비스를 소비하는 일. ☞충동 구매(衝動購買)
감:성-적(感性的)명 감성이 작용하는 것, 또는 감성이 예민한 것. ¶현실에 대한 - 반응. ☞이성적(理性的)
감:성=지수(感性指數)명 자기의 감정을 다스리고 남의 감정을 이해하며, 남과 협력할 수 있는 사회적 능력 등을 나타낸 수치. 이큐(EQ) ☞지능 지수(知能指數)
감:세(減稅)명-하다자 조세의 액수를 줄이거나 세율을 낮춤. 감조(減租) ¶갑근세를 -하다. ☞증세(增稅)
감:세(減勢)명-하다자 ①기세 따위가 줄어듦. ②병세(病勢)가 덜해짐.
감:세=국채(減稅國債)명 감세의 특전이 붙은 국채.
감:소(減少)명-하다자타 ①줄어들어서 적어짐. ②덜어서 적게 함. ¶인원을 -하다. ☞증가(增加)
감:속(減速)명-하다자타 ①속도를 줄임. ¶안전을 위해 -하다. ②속도가 줄어듦. ☞가속(加速)
감:속-동(減速動)명 '감속 운동'의 준말.
감:속=운:동(減速運動)명 갈수록 속도가 줄어드는 운동. 준감속동(減速動) ☞가속 운동(加速運動)
감:속=장치(減速裝置)명 기계나 기구의 속도를 늦추는 장치. ☞가속 장치(加速裝置)
감:속-재(減速材)명 열중성자(熱中性子)를 사용하는 원자로에서, 우라늄 235의 핵분열로 생긴 고속 중성자와 충돌, 감속시켜 열중성자로 만들기 위한 물질. 감속체(減速體). 완속체(緩速體)
감:속-체(減速體)명 감속재(減速材)
감:손(減損)명-하다자타 ①덜리어 줄어듦, 또는 덜어서 줄임. ②줄어서 손실을 입음.
감:쇄(減殺)명-하다자타 ①덜리어 없어짐. ②덜어서 없앰.
감:쇠(減衰)명-하다자 힘이나 세력이 줄어서 약해짐.
감:쇠-기(減衰器)명 전기 신호의 전압이나 전류를 줄어들게 하는 장치.
감:쇠=전도(減衰傳導)명 민무늬근이나 무척추동물의 근육의 한 끝을 자극하였을 때, 자극부에서 멀어질수록 흥분의 크기가 줄어서 전달되는 현상.
감:쇠=진:동(減衰振動)명 시간이 지날수록 점점 진폭이 줄어드는 진동.
감수(甘水)명 단물
감수(甘受)명-하다타 책망이나 굴욕, 괴로움 따위를 달갑게 받아들임. ¶정신적인 고통을 -하다.
감수(甘遂)명 대극과의 여러해살이풀. 줄기 높이 30cm 안팎. 줄기는 홍자색을 띠고, 자르면 흰 즙이 나옴. 여름에 녹황색 꽃이 핌. 한방에서 말린 뿌리를 피부병·부종 등에 약재로 씀. 개감수
감수(淦水)명 뱃바닥에 괴는 물.
감수(酣睡)명-하다자 숙면(熟眠)
감:수(減水)명-하다자 강이나 호수 따위의 물이 줄어듦. ☞증수(增水)
감:수(減收)명-하다자 수입이나 수확이 줄어듦. ¶농작물의 -. ☞증수(增收)
감:수(減壽)명-하다자 수명이 줄어듦.
감:수(減數)[1]명 어떤 수에서 빼내려는 수. ☞피감수
감:수(減數)[2]명-하다자타 수가 줆, 또는 수를 줄임. ☞가수(加數)
감:수(感受)명-하다타 ①외부의 자극이나 인상(印象) 등을 마음으로 느낌. ②외부의 자극을 감각 기관을 통하여 받아들임.
감:수(感祟)명 감기에 걸릴 빌미.
감수(監守)명-하다타 감독하고 지킴, 또는 그 사람.
감수(監修)명-하다타 책의 저술이나 편찬을 살펴봄.
감:수=분열(減數分裂)명 염색체 수가 반감(半減)되는 세포 분열. 생식 세포인 정자나 난자가 형성될 때에 일어남. 이형 분열(異形分裂)
감:수-성(感受性)[-썽]명 외부의 자극에 대하여 느끼고 받아들이는 성질, 또는 능력. 감성(感性) ¶ -이 예민한 아이. /풍부한 -.
감수=펌프(淦水pump)명 뱃바닥에 괴는 물을 배 밖으로 퍼내는 펌프.
감숭-감숭부-하다형 ①여럿이 다 감숭한 모양을 나타내는 말. ¶턱과 코 밑에 수염이 - 돋아나 있다. ②매우 감숭한 모양을 나타내는 말. ¶코 밑에 수염이 - 날 나이. ☞검숭검숭
감숭-하다형여 담상담상 난 짧은 털 따위가 가무스름하다. ¶감숭한 털. ☞검숭하다
감승(堪勝)명-하다타 잘 견디어 냄.
감시(甘柿)명 단감
감시(監視)명-하다타 경계하며 살핌, 또는 그 사람. ¶ -의 눈을 피해 달아나다. /적진을 -하다.
감시(監試)명 ①소과(小科) ②'국자감시'의 준말.
감시(瞰視)명-하다타 높은 곳에서 내려다봄. 부감(俯瞰)
감시-관(監試官)명 고려·조선 시대에 과장(科場)을 감독하던 관원.
감시-대(監視臺)명 감시자가 올라가 감시하게 만들어 놓은 망대(望臺).
감시-병(監視兵)명 감시하는 임무를 맡은 병사.
감시-원(監視員)명 감시하는 사람.
감시-초(監視哨)명 적의 동정을 살피는 초소, 또는 초소에서 적의 동정을 살피는 초병(哨兵).
감식(甘食)명-하다타 음식을 맛있게 먹음.
감:식(減食)명-하다자타 먹는 음식의 양을 줄임. ¶단식을 하기에 앞서 차차 -하다.
감식(鑑識)명-하다타 ①감정(鑑定)하여 식별함. ¶발굴 유물을 -하다. ②감정하는 식견(識見). ③범죄 수사에서 필적(筆跡)·지문(指紋)·혈흔(血痕) 따위의 진위를 가려냄. ¶지문의 -을 의뢰하다.
감식-력(鑑識力)명 감정하여 식별하는 능력. ¶높은 -.

감식-안(鑑識眼)명 감정하여 식별하는 안목.
감:식=요법(減食療法)[-뇨뻡]명 식이 요법의 한 가지. 음식의 섭취량을 알맞게 줄여서 병을 치료하는 방법.
감:실(∠芡實)명 한방에서 '가시연밥'을 이르는 말. 알맹이를 '감인'이라 하여 약재로 씀.
감:실(龕室)명 ①사당에 신주를 모시어 두는 작은 장. 준 감(龕) ②단집 ③가톨릭에서, 성체(聖體)를 모시어 두는 작은 방.
감실-감실[1]부 물체가 멀리서 아렴풋이 자꾸 움직이는 모양을 나타내는 말. ☞검실검실[1]
감실-감실[2]부-하다형 다문다문 난 잔털 따위가 조금 가무스름한 모양을 나타내는 말. ¶ - 난 털. ☞검실검실[2]
감실-거리다(대다)자 물체가 멀리서 아렴풋이 자꾸 움직이다. ¶배가 수평선에 -. ☞검실거리다
감심(甘心)명-하다자 괴로움이나 책망을 달게 여김, 또는 그런 마음.
감:심(感心)명-하다자타 마음에 깊이 느낌.
감:싸고-돌:다(-돌고·-도니)타 불리한 처지에서 벗어나도록 돕기 위해 지나치게 편들고 두둔하다. ¶자기 편만 -. ☞싸고돌다
감:-싸다타 ①휘감아 싸다. ¶아기를 포대기로 -. ②흉이나 약점 따위를 덮어 주면서 두둔하다. ¶친구의 허물을 -. ③어떤 기운이 둘레를 가득 채우다. ¶훈훈한 정이 그를 -.
감:-싸이다자 어떤 기운에 둘레가 가득 채워지다. ¶화락한 분위기에 감싸인 가정.
감안(疳眼)명 헐어서 짓무른 눈.
감안(勘案)명-하다타 참작하여 헤아림.
감:압(減壓)명-하다자타 ①압력이 줄어듦. ②압력을 줄임.
감:압=반:사(減壓反射)명 신체 각 부분의 자극에 따라 반사적으로 혈압이 내려가는 일.
감:압=증류(減壓蒸溜)명 대기압보다 낮은 압력에서 하는 증류. 진공 증류 ☞상압 증류(常壓蒸溜)
감:액(減額)명-하다타 금액을 줄임, 또는 줄인 액수. ¶세금 -의 혜택. ☞증액(增額)
감언(甘言)명 듣기 좋게 하는 달콤한 말. ¶-에 귀가 솔깃하다. ☞고언(苦言)
감언-이:설(甘言利說)[-니-]명 남의 비위를 맞추는 달콤한 말과 이로운 조건들을 내세워 그럴듯하게 꾸미는 말. ¶-에 마음이 이끌리다./-로 환심을 사다./-에 넘어가다.
감:언지지(敢言之地)성구 거리낌없이 말할만 한 자리, 또는 그럴만한 처지를 이르는 말.
감여(堪輿)명 하늘과 땅. 천지(天地). 건곤(乾坤)
감여-가(堪輿家)명 풍수지리(風水地理)에 밝은 사람.
감역(監役)명 ①'감역관'의 준말. ②-하다자 조선 시대, 역사(役事)를 감독하는 일을 이르던 말.
감역-관(監役官)명 조선 시대, 선공감(繕工監)에 딸리어 역사(役事)를 맡아보던 종구품 관직. 준 감역(監役)
감:연(欿然)어기 '감연(欿然)하다'의 어기(語基).
감:연(敢然)어기 '감연(敢然)하다'의 어기(語基).
감:연-하다(欿然-)형여 마음에 차지 않아 좀 언짢다.
감연-히부 감연하게
감:연-하다(敢然-)형여 과단성이 있고 용감하다.
감연-히부 감연하게 ¶불의(不義)를 보고 - 일어서다.
감:열(感咽)명-하다자 감동하여 목메어 욺.
감:열(感悅)명-하다자 감동하거나 감격하여 기뻐함.
감:염(感染)명-하다자 ①병원체가 몸 안에 침입함. ¶결핵에 -되다. ②남의 나쁜 버릇이나 다른 풍습 등의 영향을 받아 그대로 따라 하게 됨. ☞전염(傳染)
감:염=면:역(感染免疫)명 동물이 몸 안에 병원체를 지니고 있는 동안, 그 병원체의 침입에 대하여 면역의 힘을 가지는 일.
감:염-식(減塩食)명 병을 치료하기 위해 소금의 양을 줄인 음식물.
감:염식=요법(減塩食療法)[-뇨뻡]명 감염식으로 병을 치료하는 요법.
감:염-증(感染症)[-쯩]명 병원 미생물(病原微生物)이 사람이나 동식물의 체내 또는 표면에 옮아서 일어나는 병을 통틀어 이르는 말.
감영(監營)명 조선 시대, 감사(監司)가 직무를 보던 관아. 순영(巡營). 영문(營門) ¶충청 -
감영-도(監營道)[-또]명 지난날, 감영이 있던 곳.
감:오(感悟)명-하다타 마음에 깊이 느껴 깨달음.
감옥(監獄)명 ①죄수를 가두는 곳. 뇌옥(牢獄). 영어(囹圄) 준 옥(獄) ②'교도소'를 이전에 이르던 말. ③조선 말, 형벌의 집행을 맡았던 '감옥서(監獄署)'를 고친 이름.
감옥-살이(監獄-)명-하다자 ①감옥에 갇혀 지내는 생활. 준 옥살이 ②행동의 자유를 구속당한 생활을 비유하여 이르는 말.
감옥-서(監獄署)명 조선 말, 죄인을 가두어 두며 형벌을 집행하던 관아. ☞감옥(監獄)
감옥-소(監獄所)명 '감옥'을 속되게 이르는 말.
감-옷명 갈옷
감우(甘雨)명 때맞추어 알맞게 내리는 비. 단비 ☞감패(甘霈). 희우(喜雨). 호우(好雨). 자우(慈雨)
감:원(減員)명-하다타 ①인원을 줄임. ¶경영이 어려워서 -하다. ☞증원(增員) ②지난날, 현직 관원(官員)의 수를 줄이던 일. 감하(減下)
감:은(感恩)명-하다자 은혜에 감사함.
감은-빛[-삗]명 감은 빛깔. ☞검은빛
감은-약(-藥)[-냑]명 '아편'의 변말.
감을-현(-玄)명 한자 부수(部首)의 한 가지. '玆'·'率' 등에서 '玄'의 이름.
감음(酣飮)명-하다자타 한창 흥겹게 술을 마심.
감:-음정(減音程)명 완전 음정이나 단음정에서 반음이 줄어든 음정. ☞증음정(增音程)
감:읍(感泣)명-하다자 감격하여 욺. ¶하해(河海) 같은 은총에 -하다.
감:응(感應)명-하다타 ①느낌을 받아 마음이 따라 움직임. ¶자극에 -하다. ②신심(信心)이 신령이나 부처에 통함. ¶신(神)의 -. ③유도(誘導)
감:응=기전기(感應起電機)명 유도 기전기
감:응=기전력(感應起電力)명 유도 기전력
감:응=도:체(感應導體)명 감응 전류가 통하는 도체.
감:응=유전(感應遺傳)명 동물의 한 암컷이 다른 계통의 수컷과 교미하여 수태(受胎)한 경험이 있으면, 그 뒤 같은 계통의 수컷과 교미하여 수태하더라도 먼젓번의 수컷의 특징이 새끼에게 유전된다는 설.
감:응=전:류(感應電流)명 유도 전류
감:응-초(感應草)명 '미모사(mimosa)'의 딴이름.
감:응=코일(感應coil)명 유도 코일
감이-상투명 상투를 틀 때, 아랫벌부터 감아 올리다가 그 끝을 고 속으로 넣어 아래로 빼내어 짜는 상투.
감인(∠芡仁)명 한방에서, 가시연의 씨를 약재로 이르는 말. 정력을 돕고, 요통·유정(遺精)·대하(帶下) 따위에 약으로 쓰임. ☞감실
감:인(堪忍)명-하다타 참고 견딤. 감내(堪耐)
감입(嵌入)명-하다타 장식을 새겨 넣거나 박아 넣음.
감자명 가짓과의 여러해살이풀. 줄기 높이 60~100cm. 초여름에 흰빛 또는 자줏빛 꽃이 핌. 땅 속의 덩이줄기는 녹말이 많아 식품이나 알코올 원료로 쓰임. 남미 칠레 원산으로, 세계 각지에서 재배됨. 마령서(馬鈴薯). 북감저(北甘藷) 원 감저(甘藷)
감자(甘蔗)명 '사탕수수'의 딴이름.
감자(柑子)명 한방에서, 감자나무의 열매를 약재로 이르는 말. 위장병·갈증·주독(酒毒) 따위에 약으로 쓰임.
감:자(減資)명-하다자타 기업이 자본금의 액수를 줄이는 일. ☞증자(增資)
감자-나무(柑子-)명 운향과의 상록 활엽 교목. 높이는 2m 안팎. 잎은 길둥근꼴인데 가장자리에 톱니가 있음. 6월경에 흰 꽃이 피며, 열매는 '감자'라 하여, 한방에서 약재로 쓰임. 홍귤나무
감자-당(甘蔗糖)명 사탕수수로 만든 설탕.

감자-밥 명 감자를 네모나게 썰어 쌀과 함께 지은 밥.
감자-죽 (-粥) 명 감자와 쌀, 보리 등을 섞어 쑨 죽. 흰죽이나 보리죽을 쑤다가 감자를 썰어 넣고 더 쑴.
감:작 (減作) 명 -하다 자 작물의 수확이 줄어듦.
감:작 (感作) 명 생체(生體)를 어떤 항원(抗原)에 대해서 민감한 상태로 되게 만드는 일.
감작-감작 부 -하다 형 감은 얼룩이 여기저기 잘게 박히거나 물들어 있는 모양을 나타내는 말. ☞검적검적
감:작=백신 (感作vaccine) 명 배양한 세균을 죽이거나 독을 약하게 한 것에 면역 혈청을 넣어 만든 백신.
감:-잡이[1] 명 ①재래식 한옥에서, 기둥과 들보를 검쳐 박는 쇳조각. ②재래식 한옥에서, 대문 장부에 감아서 박는 쇠. ③해금(奚琴)의 원산 밑에 구부려 붙인 쇠붙이. ④'낫'의 심마니말.
감:-잡이[2] 명 잠자리할 때 쓰는 수건.
감:-잡히다 자 남과 시비할 때, 약점을 잡히다.
감잣-국 명 맑은장국이나 된장을 푼 국물에 감자를 썰어 넣고 끓인 국.
감장[1] 명 -하다 타 남의 힘을 빌리지 않고 일을 제 힘으로 꾸려 감. ¶제 앞 -도 못하다.
감장[2] 명 ①감은 빛깔. ②감은 물감. ☞검정. 깜장
감장 (甘醬) 명 맛이 단 간장.
감장 (勘葬) 명 -하다 타 장사(葬事)를 끝내는 일.
감장-이 명 감은 빛깔의 물건. ☞검정이. 깜장이
감저 (甘藷) 명 ①'고구마'의 딴이름. ②'감자'의 원말.
감적 (疳積) 명 한방에서, 어린아이가 젖이나 음식을 잘 먹지 않고 헛배가 부르고 소화가 잘 안 되며 얼굴빛이 푸르스름해지고 여위는 병.
감적 (監的) 명 -하다 자 화살이나 총알이 표적에 맞고 안 맞음을 살피는 일.
감적-관 (監的官) 명 지난날, 무과(武科)의 활쏘기 시험장에서 화살의 맞고 안 맞음을 감사(監査)하던 관원.
감적-수 (監的手) 명 사격장에서, 총알이 표적에 맞고 안 맞음을 알려 주는 사람.
감적-호 (監的壕) 명 사격장에서, 감적수가 들어가 있는 구덩이.
감:전 (敢戰) 명 -하다 자 감투(敢鬪)
감전 (酣戰) 명 -하다 자 한창 치열하게 벌어진 싸움.
감:전 (感傳) 명 -하다 자 감응하여 전하여짐.
감:전 (感電) 명 -하다 자 전류가 몸에 흘러 충격을 받음. ¶전선에 몸의 일부가 닿아 -되다.
감:전-사 (感電死) 명 -하다 자 감전으로 죽음.
감:전=전:류 (感電電流) 명 유도 전류(誘導電流)
감:점 (減點) [-쩜] 명 -하다 타 점수를 줄임, 또는 줄이는 그 점수. ¶-을 받다. ☞가점(加點)
감:-접이 명 피륙을 짤 때, 양쪽 끝의 올이 풀리지 않도록 휘갑친 부분.
감정 (甘精) 명 사카린
감정 (戡定) 명 -하다 자타 난리를 평정함. 감란(戡亂). 평란(平亂)
감:정 (感情) 명 외부의 자극에 대한 감각이나 관념에 따라 변화하는 마음의 상태나 움직임. 기쁨·노여움·슬픔·즐거움·두려움·쾌감·불쾌감 따위. ¶-을 자극하다./-을 그대로 드러내다./-을 억제하다./-에 호소하다.
감:정 (憾情) 명 불만이 있어 원망하거나 언짢게 여기는 마음. ¶-이 풀리다./-을 사다.
감정 (鑑定) 명 -하다 타 ①사물의 진짜와 가짜, 좋고 나쁨 등을 가려내어 판정하는 일. ¶보석 -/골동품을 -하다. ②범죄의 성질이나 결과 또는 진위(眞僞)를 밝히기 위하여 법원의 명령에 따라 전문가가 판단하는 일. ¶필적을 -하다./지문을 -하다.
감:정-가 (感情家) 명 감정에 좌우되기 쉬운 사람, 또는 감정을 겉으로 잘 드러내는 사람.
감정-가 (鑑定家) 명 감정을 잘하거나 전문적으로 하는 사람. 감정인
감정=가격 (鑑定價格) [-까-] 명 은행이나 보험 회사 등에서 대출 담보가 될 물건을 평가하여 매기는 가격.
감정-관 (鑑定官) 명 감정하는 일을 맡은 관리.
감:정-나다 (憾情-) 자 언짢은 일로 하여 성이 나다.
감:정-내:다 (憾情-) 자 언짢은 일로 하여 성을 내다.
감:정=논리 (感情論理) 명 논리적인 것처럼 보이지만 실제로는 생각이나 판단이 감정에 좌우되는 일.
감:정=능력 (感情能力) 명 쾌감·불쾌감 등을 느끼는 정신 능력. ☞인식 능력(認識能力)
감:정=도:착 (感情倒錯) 명 감정이 여느 때와 다르거나, 또는 보통 사람과 다른 상태. 불쾌감을 느껴야 할 때에 쾌감을 느끼는 따위.
감:정-론 (感情論) 명 이성을 떠나 감정에 치우친 견해나 주장. ¶-에 빠지다.
감정-사 (鑑定士) 명 부동산이나 골동품 따위의 감정을 전문으로 하는 사람.
감:정-사다 (憾情-) 자 남으로 하여금 감정나게 만들다.
감정-서 (鑑定書) 명 ①감정한 결과를 적은 문서. ¶-가 있는 고서화. ②감정인(鑑定人)이 법원에 보고하려고 작성하는, 감정의 경과 및 결과를 기록한 문서.
감:정=수입 (感情收入) 명 감정 이입(感情移入)
감:정=실금 (感情失禁) 명 감정 조절 장애의 한 가지. 대수롭지 않은 자극에도 곧잘 울고 웃고 하며 본인 자신도 지나친 줄 알면서 억제하지 못하는 상태.
감정-아이 명 여자가 첫 월경 전에 밴 아이. 곧, 첫 배란(排卵) 때 수정되어 밴 아이. 준 감정애
감정-애 명 '감정아이'의 준말.
감:정=이입 (感情移入) 명 예술 작품이나 자연물에 자신의 감정이나 정신을 투사하여 자기와 대상과의 융화를 의식하는 심적 작용. 감정 수입(感情收入)
감정-인 (鑑定人) 명 ①감정가(鑑定家) ②범죄의 성질이나 방법 또는 증거의 진위(眞僞)를 감정하는 사람.
감:정-적 (感情的) 명 이성을 잃고 감정에 치우치는 것. ¶-인 표현./-으로 판단하다. ☞감상적. 이성적
감제 (監製) 명 -하다 타 감독하여 제조함.
감제=고지 (瞰制高地) 명 내려다보고 적의 동태를 감시할 수 있는 고지.
감제-풀 명 '호장근(虎杖根)'의 딴이름.
감:조 (減租) 명 -하다 자 감세(減稅)
감:조=하천 (感潮河川) 명 밀물과 썰물의 영향을 받는 하천이나 시내.
감종 (疳腫) 명 한방에서, 감병에 걸린 어린아이가 얼굴이 붓고 배가 불러지는 증세를 이르는 말.
감죄 (勘罪) 명 -하다 타 죄인을 문초하여 처단함.
감:죄 (減罪) 명 -하다 타 죄를 가볍게 덜어 줌.
감주 (甘酒) 명 엿기름 우린 물에 지에밥을 넣어 따뜻한 방에 두어 밥알이 몇 알 뜨도록 삭힌 다음, 달여서 차가운 곳에 두고 마시는 음료. 감차(甘茶). 단술 ☞식혜(食醯)
감주 (監主) 명 감사(監寺)
감죽 (甘竹) 명 '솜대'의 딴이름.
감:-중련 (坎中連) 명 팔괘(八卦) 중, 감괘(坎卦)는 가운데의 막대만 이어졌다는 뜻으로 ☵의 모양을 이르는 말. ☞이중절(離中絕)
감:지 (感知) 명 -하다 타 느끼어 앎. ¶위험을 -하다.
감:지덕지 (感之德之) 성구 매우 고맙게 여김을 뜻하는 말. ¶빈말이라도 -지./적은 양이지만 - 받았다.
감:진-기 (感震器) 명 지진의 발생과 발생 시각을 기록하는 간단한 지진계.
감진-사 (監賑史) 명 감진어사
감진-어:사 (監賑御史·監賑御使) 명 조선 시대, 진휼(賑恤)을 감독하기 위하여 보내던 어사. 감진사
감질 명 간절히 바라거나 하고 싶어 몹시 애타는 마음. ¶-이 나다.
감질 (疳疾) 명 감병(疳病)
감질-나다 자 간절히 바라거나 하고 싶어 몹시 애타는 마음이 생기다. ¶감질나게 비를 기다리다.
감질-내:다 자 감질을 일으키다.
감-쪼으다 (鑑-) (-쪼으고·-쪼아) 타 웃어른이 보시게

하다.

감쪽-같다[-갇-] 형 꾸민 일이나 고친 물건 따위가 알아차릴 수 없을 만큼 티가 나지 아니하다. ¶고친 자리가 -./감쪽같은 속임수.

감쪽-같이 부 감쪽같게 ¶- 속이다.

감차(甘茶) 명 절에서 '단술'을 이르는 말.

감:차(減差) 명 -하다 자 병이 조금씩 나아져 차도가 있음, 또는 그 차도.

감찰(監察) 명 -하다 타 ①감시하고 감독함, 또는 그 직무. ②공무원의 비위(非違)에 관한 조사와 정보 수집, 고발 따위를 내용으로 하는 정부 감사 기관의 직무 행위. ③조선 시대, 사헌부(司憲府)의 정육품 관직.

감찰(鑑札) 명 관청에서, 어떤 영업을 허가한 표로 내어 주는 면허증이나 허가증. ¶영업 -

감찰(鑑察) 명 -하다 타 '살펴보심'의 뜻으로, 편지에 쓰는 한문 투의 말.

감찰-관(監察官) 명 감찰의 임무를 맡은 관리.

감찰-료(鑑札料) 명 감찰에 대한 수수료.

감참(監斬) 명 -하다 타 지난날, 죄인을 참형(斬刑)할 때 감독·검사하던 일.

감:-참외 명 속살이 잘 익어 감빛 같고 맛이 좋은 참외.

감창(疳瘡) 명 ①한방에서, 매독으로 음부에 부스럼이 나는 병을 이르는 말. ②한방에서, 감병으로 피부에 헌데가 생기는 어린아이의 병을 이르는 말.

감:창(感愴) 어기 '감창(感愴)하다'의 어기(語基).

감:창-하다(感愴-) 형여 몹시 느껍고 슬프다. ¶얼굴에 감창한 빛이 역력하다.

감채(甘菜) 명 '사탕무'의 딴이름.

감:채(減債) 명 -하다 자 부채를 조금씩 갚아서 줄임.

감:채=기금(減債基金) 명 국채나 사채(社債)를 상환하기 위한 기금.

감:채=적립금(減債積立金) 명 부채를 갚을 목적으로 조금씩 모으는 돈.

감천(甘泉) 명 물맛이 좋은 샘.

감:천(感天) 명 -하다 자 정성이 지극하여 하늘이 감동함. ¶지성이면 -이라.

감청(紺靑) 명 파랑과 남색(藍色)의 중간색, 또는 그런 색의 물감. ☞남보라

감:청(敢請) 명 -하다 타 어려움을 무릅쓰고 감히 청함.

감:체(感滯) 명 한방에서, 감기와 함께 걸린 체증을 이르는 말.

감쳐-물다(-물고·-무니) 타 아래위 입술이 겹쳐지게 입을 꼭 다물다. ¶마음을 굳힌듯이 입술을 감쳐물었다.

감초(甘草) 명 ①콩과의 여러해살이풀. 줄기 높이 1.5m 안팎으로, 잎은 깃꼴 겹잎이고 여름에 나비 모양의 연한 자주색 꽃이 핌. 뿌리는 적갈색인데 감미제나 약용으로 쓰임. ②한방에서, 감초의 뿌리를 약재로 이르는 말. 약의 작용을 순하게 하는 데 두루 쓰임. 국로(國老)

감:촉(感觸) 명 -하다 타 ①사물을 보거나 자극을 받아 느끼는 현상, 또는 그 느낌. ②무엇이 살갗에 닿았을 때의 느낌. 촉감(觸感) ¶보드라운 -.

감추다 타 ①남이 찾아내지 못하도록 갈무리하다. ¶귀중품을 -. ②남이 보지 못하게 가리다. ¶손을 뒤로 -. ③감정이나 어떤 사실을 남이 알지 못하게 하다. ¶기쁨을 감추지 못하다./엄연한 사실을 -. ④없어지거나 사라져서 자취를 모르게 하다. ¶종적을 -.

속담 **감출 줄은 모르고 훔칠 줄만 안다** : 물건을 훔칠 줄 알면 감출 줄도 알아야 하는데 그렇지 못하다는 뜻으로, 하나만 알고 둘은 모르는 어리석음을 이르는 말.

한자 감출 장(藏) 〔艸部 14획〕 ¶비장(祕藏)/소장(所藏)/수장(收藏)/장서(藏書)/저장(貯藏)

감:축(減縮) 명 -하다 자타 덜리어서 줄어듦, 또는 덜어서 줄임. 축감(縮減) ¶예산이 -되다./병력 -

감:축(感祝) 명 -하다 타 ①경사로운 일을 축하함. ¶회임을 -하옵니다. ②은혜를 입은 데 대하여 고맙게 여김. ¶위기에서 벗어나게 해 준 데 대하여 -하다.

감취(酣醉) 명 -하다 자 술기운이 올라 한창 취함.

감치(監置) 명 -하다 타 법정의 질서를 어지럽힌 사람을 유치장이나 구치소에 가두는 일.

감:치다[1] 자 늘 잊히지 아니하고 마음에 떠오르곤 하다. ¶고향의 정경이 자꾸만 눈에 -.

감:치다[2] 자 음식이 입에 당기다. ¶혀끝에 착 감치는 어리굴젓.

감:치다[3] 타 ①두 헝겊의 가장자리를 마주 대고 감아 꿰매다. ¶찢어진 옷을 감쳐 꿰매다. ②헝겊의 시접을 접어 다른 천에 덧대고 감아 꿰매다. ¶버선볼을 대고 -. ☞휘갑치다

감:칠-맛 명 ①음식을 먹은 뒤에도 입 안에 오래 감쳐 도는 맛깔진 맛. ¶- 나는 김치. ②사람의 마음을 끌어당기는, 사물에 담긴 묘미. ¶구수하고 - 나는 이야기.

감:침-질 명 -하다 타 바늘로 감치는 일. ¶곱게 -하여 이은 조각보.

감:탄(感歎) 명 -하다 타 마음에 깊이 느끼어 탄복함. ¶-을 금치 못하다./장인(匠人)의 솜씨에 -하다.

감탄고토(甘呑苦吐) 성구 '달면 삼키고 쓰면 뱉는다'라는 말을 한문식으로 옮긴 구(句)로, 자기에게 이로우면 좋아하고 그렇지 않으면 싫어한다는 뜻.

감:탄-문(感歎文) 명 〈어〉감탄의 뜻을 나타내는 종결 서술어미로 끝맺는 문장. 보통 감탄 부호 '!'가 따름. '벌써 가을이로구나!'라고 하는 따위. ☞의문문

감:탄=부:호(感歎符號) 명 느낌표

감:탄사(感歎詞) 명 〈어〉품사의 하나. 느낌·놀람·부름·대답을 나타내는 단어. 형태가 변하지 않고, 문장에서 독립어로 쓰임. '아, 아이구, 여보, 네' 따위. 느낌씨

감:탄-형(感歎形) 명 〈어〉용언의 활용형의 한 형태. 감탄의 뜻을 나타냄. '예쁘구나, 장하도다, 첩첩산중이로다' 따위. ☞감탄문(感歎文)

감:탄형=어미(感歎形語尾) 명 〈어〉감탄의 뜻을 나타내는 종결 어미. '예쁘구나, 장하도다, 첩첩산중이로다'에서 '-구나, -도다, -로다' 따위.

감탕[1] 명 새를 잡거나 나무를 붙이는 데 쓰이는, 갖풀과 송진을 한데 끓여서 만든 풀.

감탕[2] 명 물에 풀어져 아주 곤죽같이 된 흙. ☞진흙

감탕(甘湯) 명 ①엿을 곤 솥을 가시어 낸, 단맛이 나는 물. ②메주를 쑤어 낸 솥에 남은 진한 콩물.

감탕-나무(甘湯-) 명 감탕나뭇과의 상록 활엽 교목. 높이 10m 안팎. 잎은 길둥근꼴로 두껍고 윤이 나며 4~5월에 황록색 꽃이 핌. 나무껍질에서 끈끈이를 채취하며, 재목은 도장이나 조각품을 만드는 데 쓰임. 제주도와 울릉도에 분포함.

감탕-밭 명 곤죽같이 된 진흙 땅. ☞진흙탕

감탕-질 명 -하다 자 성교할 때, 여자가 음탕한 몸짓을 하며 울부짖는 짓. ☞요분질

감태(甘苔) 명 김[2]

감태 같다 관용 머리털이 검고 윤기가 있다.

감태기 명 '감투'의 속된말.

감:통(感通) 명 -하다 자 마음에 느끼어 통함.

감:퇴(減退) 명 -하다 자 기세나 체력 따위가 줄어듦. ¶기억력이 -되다./식욕이 -하다. ☞증진(增進)

감투 명 ①지난날, 관례를 치른 남자가 머리에 쓰던 의관(衣冠)의 한 가지. 결은 말총이나 가죽·헝겊 등으로 만들며, 탕건과 비슷하나 턱이 지지 아니하고 민틋함. 속 감태기 ②'탕건'의 속된말. ③'복주감투'의 준말. ④'관직'이나 '직위'를 속되게 비유하는 말.

감투를 벗다 관용 '관직에서 물러나다'를 속되게 이르는 말.

감투를 쓰다 관용 '관직에 오르다'를 속되게 이르는 말.

감:투(敢鬪) 명 -하다 자 운동 경기나 전투에서, 용감하게 싸움. 감전(敢戰) ¶- 정신

감투-거리 명 -하다 자 남자가 반듯이 눕고 여자가 그 위에서 하는 성교 자세를 이르는 말. ☞빗장거리

감투-밥 명 밥그릇 위로 수북하게 올라오도록 담은 밥. 고봉밥

감투-싸움 명 -하다 자 관직을 놓고 서로 다투는 짓.
감투-장이 명 감투를 만들어 파는 사람.
감투-쟁이 명 감투를 쓴 사람을 얕잡아 이르는 말.
감:-파랗다 (-파랗고·-파란) 형ㅎ 감은빛을 조금 띠면서 파랗다. ☞검퍼렇다
감:-파르다 (-파르니·-파르러) 형러 감은빛을 조금 띠면서 파르스름하다. ☞검푸르다
감:파르잡잡-하다 형여 감은빛을 띠면서 곱게 파르스름하다. ☞검푸르접접하다
감:파르족족-하다 형여 감은빛을 띠면서 칙칙하게 파르스름하다. ☞검푸르죽죽하다
감패(甘霈) 명 흡족하게 내리는 단비. ☞감우(甘雨)
감:패(感佩) 명 -하다 타 고맙게 여기어 오래도록 잊지 아니함.
감:-편 명 껍질을 벗긴 침감을 짜 낸 즙에 녹말과 꿀을 섞고 조리어 굳힌 떡. 시병(柿餠)
감:편(減便) 명 -하다 타 항공기·선박·열차·버스 등 교통편의 정기 운행 횟수를 줄임. ☞증편(增便)
감:표(減標) 명 뺄셈표 ☞가표(加標)
감표(監票) 명 -하다 자 투표나 개표를 감시·감독함.
감표(鑑票) 명 -하다 타 어떤 표의 진위(眞僞)를 감정함.
감표-인(監票人) 명 투표나 개표를 감시·감독하는 사람.
감풀 명 밀물 때는 보이지 않고 썰물 때만 보이는, 좀 넓고 평평한 모래톱.
감피(柑皮) 명 밀감이나 감자(柑子)의 껍질. 한방에서 진피(陳皮) 대용으로 쓰는데 대변을 무르게 하고 기침과 담을 다스리는 데 씀.
감:필(減筆) 명 -하다 자타 ①한자를 쓸 때, 글자의 획을 줄여서 씀. ②동양화에서, 사물의 세부를 생략하고 본바탕을 간결하게 그리는 화법(畫法).
감:하(減下) 명 -하다 타 ①분량이나 수량, 또는 정도를 줄이거나 낮춤. ②감원(減員)
감:하(感荷) 명 -하다 타 은혜를 고맙게 여김.
감:-하다(減-) 자타여 ①줄다 ¶소득이 -. ②줄이다 ¶비용을 -. ☞가하다. 덜다

한자 **감할 쇄**(殺) 〔殳部 7획〕 ¶감쇄(減殺)/상쇄(相殺)

감-하다(鑑-) 타여 《文》'살펴보다'의 높임말.
감합(勘合) 명 조선 시대, 공문서를 보낼 때 공문서의 한 끝을 원부(原簿)에 대고 그 위에 얼러 찍던 도장. ☞계인(契印)
감합(嵌合) 명 -하다 타 기계 따위를 짜 맞출 때, 여러 부분품이 잘 맞물리도록 끼워 맞추는 일.
감:행(敢行) 명 -하다 타 과감하게 실행함. ¶비상 착륙을 -하다./총공격을 -.
감:형(減刑) 명 -하다 자타 ①형벌을 덜어 가볍게 함. ¶상고심에서 -되다. ②대통령의 사면권에 따라 범죄자의 확정된 형의 일부를 줄이는 일.
감:호(減號) 명 뺄셈표 ☞가호(加號)
감호(監護) 명 -하다 타 감독하여 보호함. ☞보호 감호. 치료 감호
감호=조치(監護措置) 명 소년 사건을 조사, 심판 할 때까지 그 소년을 보호자나 학교장, 또는 소년원·병원 등에 맡겨 두는 일.
감홍(甘汞) 명 염화제일수은
감홍-로(甘紅露) 명 ①평양에서 나는, 붉은빛의 소주. 지치 뿌리와 꿀을 넣고 내려서 빛이 붉고 맛이 닮. ②소주에 여러 가지 약재를 넣어 우린 술. 감홍주(甘紅酒)
감홍=전:극(甘汞電極) 명 감홍을 넣어 만든 전극의 하나. 유리 그릇에 수은을 넣고 그 위에 끈적끈적한 감홍과 포화시킨 염화칼륨을 차례로 채움. 칼로멜 전극
감홍-주(甘紅酒) 명 감홍로(甘紅露)
감:화(感化) 명 -하다 자타 좋은 영향을 받아 감동하여 마음이나 행동이 변화함, 또는 그렇게 변화하게 함. ¶선생님의 가르침에 -되다.
감:화(鹼化) 명 -하다 자타 비누화
감:화=교:육(感化敎育) 명 죄를 저지를 우려가 있는 소년·소녀를 일정 시설에 수용, 감화시키는 보호 교육.
감:화-력(感化力) 명 감화하는 힘.
감화문-기(嵌花文器·嵌花紋器) 명 꽃무늬 따위 그림을 상감(象嵌)한 도자기.
감:화-원(感化院) 명 보호 처분을 받은 비행 소년·소녀를 수용하여 감화, 선도(善導)하는 시설.
감:환(感患) 명 남을 높이어, 그가 앓는 감기를 이르는 말. ¶할머니께서 -을 앓으시다.
감:회(感懷) 명 ①마음에 느끼어 일어나는 회포. ¶모교의 교정을 둘러보니 -가 새롭다./-에 젖다. ☞감개(感慨) ②'감구지회(感舊之懷)'의 준말.
감:회(憾悔) 명 -하다 타 한탄하고 뉘우침.
감:획(減畫) 명 -하다 타 글자, 특히 한자의 획수를 줄임. ☞가획(加畫)
감:흙 명 사금광에서 파낸, 금이 섞인 흙. 준 감³
감흥(酣興) 명 한창 무르익은 흥취.
감:흥(感興) 명 깊이 감동되어 일어나는 흥취. ¶-을 불러일으키는 '아리랑'의 선율.
감:희(感喜) 명 ①-하다 자 고맙게 여기어 기뻐함. ②-하다 형 고맙고 기쁨.
감:히(敢-) 부 ①송구함을 무릅쓰고. ¶소인이 - 아뢰옵니다. ②주제넘게. 분수없이 ¶네가 - 나와 맞서다니.
갑(甲) 명 ①십간(十干)의 첫째. ②십간의 차례로 등급을 매길 때의 첫째. ③둘 이상의 사물이나 사람이 있을 때, 그 하나의 이름 대신 쓰이는 말. ¶이하 채권자를 -, 채무자를 을(乙)이라 한다. ④'갑방(甲方)'의 준말. ⑤'갑시(甲時)'의 준말. ⑥'갑각(甲殼)'의 준말.

한자 **첫째 천간 갑**(甲) 〔田部〕 ¶갑년(甲年)/갑방(甲方)/갑시(甲時)/갑오(甲午)/갑자(甲子)

갑(匣) 명 ①물건을 담는 작은 상자. ②성형된 도자기를 구울 때 담아 넣는 큰 그릇. 내화토로 만듦. ③〔의존 명사로도 쓰임〕 작은 상자를 세는 단위. ¶담배 한 -.
갑(岬) 명 곶
갑가(甲家) 명 문벌이 높은 집안.
갑각(甲殼) 명 게·새우·가재 따위의 단단한 껍데기. 준 갑(甲)
갑각-류(甲殼類) 명 절지동물문의 한 강(綱). 대체로 물에서 살며, 몸이 단단한 껍데기로 덮였음. 게·새우·가재 따위. 개각류(介殼類). 개갑류(介甲類) ☞곤충류
갑각-소(甲殼素) 명 키틴(chitin)
갑각-질(甲殼質) 명 키틴질
갑갑궁금-하다 형여 몹시 갑갑하고 궁금하다.
갑갑-증(-症) 명 지루하고 답답한 마음. ¶-이 나다.
갑갑-하다 형여 ①시원히 풀리거나 훤히 트이지 못하여 답답하다. ¶원인을 몰라서 -./뜰이 좁아서 -. ②너무 더디거나 지루하여 견디기 괴롭다. ¶교통이 복잡하여 운전하기가 -. ③속이 무지근하여 답답하다. ¶음식이 체했는지 속이 -. ④상대편이 말을 알아듣지 못하여 답답하다. ¶아무리 가르쳐도 모르니 갑갑하기 짝이 없다.
갑갑-히 부 갑갑하게

속담 **갑갑한 놈이 송사(訟事)한다** : 제 일이 답답하여야 송사를 한다는 말로, 아쉬운 사람이 움직인다는 뜻.

갑계(甲契) 명 '동갑계'의 준말.
갑골(甲骨) 명 거북의 등딱지와 짐승의 뼈.
갑골(胛骨) 명 '견갑골(肩胛骨)'의 준말.
갑골=문자(甲骨文字) [-짜] 명 거북의 등딱지나 짐승의 뼈에 새긴 중국 고대의 상형 문자(象形文字). 은허 문자(殷墟文字)
갑골-학(甲骨學) 명 갑골 문자를 연구하는 학문.
갑과(甲科) 명 조선 시대, 전시(殿試)를 보여 성적에 따라 구분하던 세 등급의 첫째 등급. 갑과의 첫째는 장원(壯元), 둘째는 방안(榜眼), 셋째는 탐화(探花)의 세 사람임. ☞을과(乙科). 병과(丙科)
갑근-세(甲勤稅) [-쎄] 명 '갑종 근로 소득세(甲種勤勞所得稅)'의 준말.
갑남을녀(甲男乙女) 성구 갑이라는 남자와 을이라는 여자라는 뜻으로, 특별히 알려지지 아니한 평범한 사람들을

이르는 말. ☞필부필부(匹夫匹婦)

갑년(甲年)명 예순한 살이 되는 해, 곧 회갑(回甲)이 되는 해.

갑-독(閘dock)명 입구에 물문을 설치하여 수면의 높이가 늘 일정하도록 한 독. 갑선거(閘船渠)

갑론을박(甲論乙駁)성구 이 사람이 말하고 저 사람이 반박한다는 뜻에서, 서로 자기 주장을 내세우고 남의 의견을 반박함을 이르는 말. ¶ －으로 떠들썩한 회의장.

갑리(甲利)명 갑변(甲邊)

갑문(閘門)명 운하나 항만·선거(船渠) 등에서, 배가 지나다닐 수 있도록 수위를 조절하는 장치. 물문

갑문식=운:하(閘門式運河)명 갑문으로 수위를 조절하여 배가 지나다니게 하는 방식의 운하. 파나마 운하가 그 대표적인 것임.

갑문-항(閘門港)명 갑문 시설이 되어 있는 항구.

갑반(甲班)명 갑족(甲族)

갑방(甲方)명 이십사 방위(二十四方位)의 하나. 정동(正東)에서 북쪽으로 15도 되는 방위를 중심으로 한 15도 범위 안의 방위(方位). 인방(寅方)과 묘방(卯方)의 사이. 준갑(甲) ☞경방(庚方)

갑배(甲褙)명-하다타 배접한 종이로 바름.

갑번(甲番)명 지난날, 두 편이 번갈아 일할 때 먼저 드는 번을 이르던 말. ☞을번(乙番)

갑변(甲邊)명 곱쳐서 받는 높은 이자. 갑리(甲利)

갑병(甲兵)명 갑옷을 입은 병사. 갑사(甲士). 갑졸(甲卒)

갑부(甲部)명 경부(經部)

갑부(甲富)명 으뜸가는 부자. 수부(首富)

갑사(甲士)명 ①갑병(甲兵) ②조선 시대, 오위(五衛)의 하나인 의흥위(義興衛)에 딸린 군사를 이르던 말.

갑사(甲紗)명 얇고 성기게 짠 품질이 좋은 사(紗). ¶ －치마에 은조사 저고리.

갑사-댕기(甲紗－)명 갑사로 만든 댕기.

갑-삼팔(甲三八)명 품질이 매우 좋은 삼팔주(三八紬).

갑상(甲狀)명 갑옷처럼 생긴 모양.

갑상(甲裳)명 갑옷의 한 가지. 쇠 미늘로 만들어 허리 아래에 치마처럼 두르게 되어 있는데 양쪽 다리를 보호하는 구실을 함.

갑상-선(甲狀腺)명 내분비선의 한 가지. 후두의 앞 아래쪽으로 뻗쳐 기관의 위쪽까지 닿음. 신진 대사에 필요한 갑상선 호르몬인 티록신을 분비함. 목밑샘

갑상선-염(甲狀腺炎)[－념]명 갑상선에 생기는 염증. 후두나 상부 기도의 감염으로 말미암아 생김.

갑상선-종(甲狀腺腫)명 갑상선이 붓는 병.

갑상선=호르몬(甲狀腺hormone)명 갑상선에서 분비되는 티록신이라는 호르몬. 신진 대사를 촉진하며, 과잉되면 바제도병(Basedow病)이 됨.

갑상=연:골(甲狀軟骨)[－년－]명 후두의 앞쪽을 이루는 넓적하고 모난 연골. 후두 결절(喉頭結節)

갑-생초(甲生綃)명 곡생초(曲生綃)

갑석(－石)명 돌 위에 뚜껑처럼 올려 놓은 납작한 돌.

갑-선거(閘船渠)명 갑독

갑술(甲戌)명 육십갑자의 열한째. ☞을해(乙亥)

갑술-년(甲戌年)명 육십갑자로 해를 이를 때, 갑술(甲戌)이 되는 해. 곧 천간(天干)이 갑(甲)이고 지지(地支)가 술(戌)인 해. ☞을해년(乙亥年). 술년(戌年)

갑시(甲時)명 하루를 스물넷으로 가른, 여섯째 시. 지금의 오전 네 시 삼십 분부터 다섯 시 삼십 분까지의 동안. 준갑(甲)

갑시다자 바람이나 물 따위가 갑자기 목구멍으로 들어갈 때 숨이 막히다. ☞사레들리다

갑신(甲申)명 육십갑자의 스물한째. ☞을유(乙酉)

갑신-년(甲申年)명 육십갑자로 해를 이를 때, 갑신(甲申)이 되는 해. 곧 천간(天干)이 갑(甲)이고 지지(地支)가 신(申)인 해. ☞을유년(乙酉年). 신년(申年)

갑야(甲夜)명 지난날, 하루의 밤 시간을 다섯으로 등분한 첫째 시간. 지금의 오후 일곱 시부터 오후 아홉 시까지의 동안. 초경(初更) ☞오야(五夜). 을야(乙夜)

갑연(甲宴)명 '회갑연(回甲宴)'의 준말.

갑엽(甲葉)명 갑옷미늘

갑오(甲午)명 육십갑자의 서른한째. ☞을미(乙未)

갑오-년(甲午年)명 육십갑자로 해를 이를 때, 갑오(甲午)가 되는 해. 곧 천간(天干)이 갑(甲)이고 지지(地支)가 오(午)인 해. ☞갑신년(甲申年). 을미년(乙未年). 오년(午年)

갑옷(甲－)명 지난날, 전투할 때에 화살이나 창검을 막기 위하여 입던 옷. 쇠나 가죽의 미늘을 붙여 만들었음. 갑의(甲衣). 개갑(介甲). 혁갑(革甲) ☞투구

> 한자 **갑옷 갑**(甲)〔田部〕¶ 갑병(甲兵)/갑사(甲士)/갑의(甲衣)/갑주(甲冑)/철갑(鐵甲)

갑옷-미늘(甲－)[－옫－]명 갑옷에 단, 비늘 모양의 가죽 조각이나 쇳조각. 갑엽(甲葉) 준미늘

갑을(甲乙)명 ①십간(十干)에서, 갑(甲)과 을(乙). ②순서나 우열을 나타내어 가리킬 때, 첫째와 둘째. ③이름을 모르는 사람이나 사물을 가정해서 이를 때의 이 사람 저 사람 또는 이것저것.

갑의(甲衣)명 갑옷

갑-이별(－離別)[－니－]명-하다자타 서로 사랑하다가 갑자기 하는 이별.

갑인(甲寅)명 육십갑자의 쉰한째. ☞을묘(乙卯)

갑인-년(甲寅年)명 육십갑자로 해를 이를 때, 갑인(甲寅)이 되는 해. 곧 천간(天干)이 갑(甲)이고 지지(地支)가 인(寅)인 해. ☞을묘년(乙卯年). 인년(寅年)

갑인-자(甲寅字)[－짜]명 1434년(조선 세종 16·갑인년)에 만든 구리 활자.

갑일(甲日)명 환갑날

갑자(甲子)명 육십갑자의 첫째. ☞을축(乙丑)

갑자기부 생각할 사이도 없이 급히. 돌연. 별안간 ¶ －소나기가 내리다. ☞급자기

> 한자 **갑자기 돌**(突)〔穴部 4획〕¶ 돌발(突發)/돌변(突變)/돌연(突然)/돌출(突出)/돌풍(突風)
> **갑자기 홀**(忽)〔心部 4획〕¶ 홀연(忽然)

갑자-년(甲子年)명 육십갑자로 해를 이를 때, 갑자(甲子)가 되는 해. 곧 천간(天干)이 갑(甲)이고 지지(地支)가 자(子)인 해. ☞을축년(乙丑年). 자년(子年)

갑작(匣作)명 도자기를 굽는 데 쓰는 갑(匣)을 만드는 공장. 모기작(冒器作)

갑작-스럽다(－스럽고·－스러워)형ㅂ 뜻밖의 일이 갑자기 일어난 느낌이 있다. ¶ 갑작스러운 변란으로 시민들이 우왕좌왕하다. ☞급작스럽다

갑작-스레부 갑작스럽게

갑잡-골명 골패로 하는 가보잡기 노름.

갑장(甲仗)명 병갑(兵甲)

갑장(甲匠)명 조선 시대, 갑옷 만드는 일을 직업으로 삼던 공장(工匠).

갑장지(∠甲障子)명 '用' 자 모양으로 결은 살 위에 질긴 종이를 겹쳐 바른 두껍닫이.

갑-장지문(∠甲障子門)명 갑장지로 드린 문.

갑저-창(甲疽瘡)명 한방에서, 손톱눈이나 발톱눈이 상하여 곪는 부스럼을 이르는 말.

갑절명 ①어떤 수량을 두 번 합친 것. 배(倍) ¶ 나보다 －이나 많은 나이. ②〖부사처럼 쓰임〗 두 번 합친 만큼. ¶ 가로등의 설치로 － 밝아진 밤거리. ☞곱절

> 한자 **갑절 배**(倍)〔人部 8획〕¶ 배가(倍加)/배량(倍量)/배수(倍數)/배승(倍勝)/배판(倍版)

갑제(甲第)명 크고 너르게 아주 잘 지은 집.

갑족(甲族)명 문벌이 좋은 집안. 갑반(甲班)

갑졸(甲卒)명 갑병(甲兵)

갑종(甲種)명 차례나 등급을 갑종·을종·병종 등으로 매길 때, 그 첫째. ¶ － 합격

갑종=근로=소:득(甲種勤勞所得)명 정부에서 세금을 원천 징수하는 근로 소득. 봉급·급료·보수·수당·상여·

연금·퇴직금 등이 이에 해당함. ☞을종 근로 소득

갑종=근로=소:득세(甲種勤勞所得稅)명 갑종 근로 소득에 대하여 원천 징수하는 세금. 준갑근세

갑좌(甲坐)명 묏자리나 집터 등이 갑방(甲方)을 등진 좌향(坐向).

갑좌-경향(甲坐庚向)명 묏자리나 집터 등이 갑방(甲方)을 등지고 경방(庚方)을 향한 좌향(坐向).

갑주(甲冑)명 갑옷과 투구를 아울러 이르는 말.

갑주(甲紬)명 품질이 아주 좋은 명주.

갑주-어(甲冑魚)명 고생대 데본기에 살던, 화석으로 남아 있는 물고기의 한 가지. 머리와 몸이 석회질의 껍데기로 덮였음.

갑진(甲辰)명 육십갑자의 마흔한째. ☞을사(乙巳)

갑진-년(甲辰年)명 육십갑자로 해를 이를 때, 갑진(甲辰)이 되는 해. 곧, 천간(天干)이 갑(甲)이고 지지(地支)가 진(辰)인 해. ☞을사년(乙巳年). 진년(辰年)

×**갑짜기**부 →갑자기

갑찰(甲刹)명 가장 큰 절.

갑창(甲窓)명 미닫이의 한 가지. 추위나 햇빛을 막기 위하여 문살 안팎에다 두꺼운 종이를 겹쳐 발라 미닫이 안쪽에 덧끼운 미닫이.

갑철(甲鐵)명 ①화살이나 탄환을 막기 위하여 물건의 겉에 입히는 쇠판. ②병갑(兵甲)

갑철-판(甲鐵板)명 군함이나 포대 등을 장갑하는 강철판.

갑철-함(甲鐵艦)명 강철판으로 장갑한 군함. 장갑함(裝甲艦)

갑충(甲蟲)명 딱정벌레목에 딸린 곤충을 통틀어 이르는 말. 온몸이 단단한 껍데기로 싸여 있고, 앞날개가 단단함. 풍뎅이·하늘소·딱정벌레 따위. 개충(介蟲)

갑판(甲板)명 큰 배 위의, 나무나 철판으로 깔아 놓은 넓고 평평한 바닥. ☞상갑판

갑판-실(甲板室)명 갑판 위에 있는 방.

갑판-원(甲板員)명 갑판에 딸린 일을 맡아 하는 선원.

갑판-장(甲板長)명 갑판원을 지휘하고 감독하며 갑판 관리를 책임지는 직위, 또는 그 사람.

갑피(甲皮)명 창을 대지 아니한 구두의 울.

×**갑화**(-火)명 →도깨비불

갑회(甲膾)명 육회의 한 가지. 소의 간, 처녑을 넓적하게 썰어 잣 한 개씩을 넣고 말아 접시에 담고, 깨소금·참기름·후춧가루·소금을 한데 섞은 것을 곁들인 회.

값명 ①사고 파는 물건의 금. 가격(價格). 가액(價額) ¶ ―이 비싸다./―을 깎다./―을 매기다. ②어떤 사물이 지니고 있는 중요성. 가치(價値) ¶ ― 있는 일을 한 다음에는 보람도 크다. ③사람이나 사물의 구실이나 됨됨이. ¶체통 ―을 못하다./반장이면 반장 ―을 해야지. ④물건을 사고 팔 때 주고받는 돈. ¶ ―을 치르다./달라는 ―을 다 주다. ⑤대가나 보람. ¶애쓴 ―으로 얻는 결과. ⑥수치(數値) ¶주어진 식의 ―을 구하여라.

값을 놓다관용 값이 정해지지 않은 물건을 살 사람이나 제삼자가 값을 지정하여 말하다.

값을 보다관용 ①값이 정해지지 않은 물건을 어림하여 값을 말하다. ②값을 알아보다.

값을 부르다관용 사거나 팔거나 할 값을 얼마로 하자고 말하다.

속담 **값도 모르고 싸다 한다**: 실지 사정은 잘 알지 못하면서 이러니저러니 말함을 비유하여 이르는 말.

한자 **값 가**(價)〔人部 13획〕¶가격(價格)/가액(價額)/염가(廉價)/저가(低價) ▷속자는 価
값 치(値)〔人部 8획〕¶가치(價値)/수치(數値)

값-가다[갑-]자 '값나가다'의 준말.

값-나가다[갑-]자 물건이 좋거나 귀해서 값이 많은 액수에 이르다. ¶값나가는 물건. 준값가다

값-나다[갑-]자 물건을 사고 팔 값이 정해지다. 금나다

값-비싸다[갑-]형 ①값이 비싸다. ②어떤 일의 뜻이나 가치가 크다. ¶값비싼 희생으로 남의 생명을 구하다.

값-싸다[갑-]형 ①값이 싸다. ②어떤 일의 뜻이나 가치가 보잘것없다. ¶값싼 동정은 삼가라.

속담 **값싼 갈치 자반**: 값이 싸고도 쓸만 한 것을 비유한 말./**값싼 갈치 자반 맛만 좋다**: 값이 싼 것이 제법 좋을 때 이르는 말./**값싼 비지떡**: 값이 싼 물건치고 좋은 것이 없다는 말.〔싼 것이 비지떡〕

값-어치[갑-]명 일정한 값에 해당하는 분량이나 가치. ¶투자할만 한 ―가 있다.

> ▶ **'값어치'의 표기**
> 한글 맞춤법에서는 명사에 '-이' 이외의 모음으로 시작된 접미사가 붙어서 된 말은 그 명사의 원형을 밝혀 적지 않는다고 규정되어 있다. 규정에 따른다면 '값어치'는 마땅히 '갑서치'로 적거나 '가버치'로 적어야 할 단어이다.
> 그러나 사람들은 '-어치'가 붙는 명사의 형태를 분명히 인식하고 쓰는 터이므로, 이 말을 예외로 다루어 '값어치'로 적기로 한 것이다.
> '벼슬아치', '반빗아치'도 같은 예이다.

값-없:다[갑업-]형 ①너무 귀하여 값을 칠 수 없다. ②너무 흔하거나 천하여 값이 나가지 아니하다. ¶값없는 청풍이요, 임자 없는 명월이라.

값-없이부 값없게

값-있다[갑읻-]형 소중한 가치가 있다. ¶조국을 위해 값있는 희생을 치르다. 유값지다

값-지다[갑-]형 값이 많이 나갈만 한 가치가 있다. ¶값진 희생을 하다./값진 물건. 유값있다

값-치다[갑-]자타 값을 매기거나 정하다. ¶고추 한 근에 천 원씩 값쳐서 팔다.

갓[1]명 ①지난날, 관례를 치른 남자가 쓰던 쓰개의 한 가지. 주로 말총으로 만들며 갓모자와 갓양태로 이루어짐. 입자(笠子) ②균산(菌傘) ③갓 모양의 물건. 전등의 갓 따위.

속담 **갓 사러 갔다 망건 산다**: ①사려고 하는 물건이 없으므로 그와 비슷하기는 하나 전혀 쓰임이 다른 것을 산다는 말. ②제 목적을 바꾸어 남의 권유를 따를 때 쓰는 말./**갓 쓰고 자전거 탄다**: 어울리지 않아 어색하고 우습다는 말.

한자 **갓 관**(冠)〔冖部 7획〕¶관대(冠帶)/관례(冠禮)/관옥(冠玉)/금관(金冠)/의관(衣冠)

갓[2]명 겨잣과의 두해살이풀. 재배 식물로 줄기 높이는 1m 안팎이며, 봄부터 여름에 걸쳐 노란색 꽃이 핌. 잎과 줄기와 씨는 매운 맛이 있으며 먹을 수 있음.

갓[3]명 '말림갓'의 준말.

갓[4]의 굴비나 비웃 같은 것의 열 마리, 말린 고사리나 고비 따위의 열 모숨을 한 줄로 엮은 단위. ¶조기 한 ―./고사리 두 ―.

갓[5]부 금방. 이제 막. ¶ ― 구워 낸 빵./― 결혼한 새색시./― 서른이 되다.

속담 **갓 마흔에 첫 버선**: 오래 기다리던 일이 마침내 이루어졌을 때 쓰는 말.

갓걸이[갇-]명 불가사릿과의 극피동물. 팔이 다섯 개로 별 모양이며 길이 8cm 안팎임. 몸빛은 잿빛을 띤 청색 또는 연한 갈색이며, 얕은 바다의 모래나 진흙에 삶.

갓-골[갇-]명 갓을 만드는 데 쓰는 골.

갓-길명 포장 도로의 구조에서, 차도(車道)에 이어져 있는 가장자리의 비스듬한 노면(路面). 일정한 폭으로 설계된 것으로 차도에는 포함되지 않음.

갓-김치[갇-]명 김치의 한 가지. 갓을 소금에 절여 고춧가루·멸치젓국·파·마늘, 생강 다진 것을 섞고 간을 하여 담근 김치.

갓-끈[갇-]명 갓에 다는 끈. 헝겊이나 구슬을 꿰거나 하여 만듦. 입영(笠纓)

갓-나다[갇-]자 이제 막 태어나다. ¶갓난 망아지.

갓-나무[갇-]명 의자 뒷다리 맨 위에 가로질러 댄 나무.

갓난-아기[갇-]명 '갓난아이'를 귀엽게 이르는 말.

갓난-아이[갇-]명 낳은 지 얼마 되지 않은 아이. 신생

아(新生兒). 적자(赤子) ㊄갓난애. 갓난이
갓난-애[갇-] 명 '갓난아이'의 준말.
갓난-이[갇-] 명 '갓난아이'의 준말.
갓-대[갇-] 명 벼과의 여러해살이풀. 줄기 높이는 1~2 m이고, 가름한 잎의 겉면은 윤기가 있으며 뒷면은 흰빛을 띰. 우리 나라 특산종으로 전라 남도와 지리산에서 자라는데, 조리 따위를 만드는 데 쓰임.
갓-도래[갇-] 명 갓양태의 둘레.
갓-돌[갇-] 명 성벽이나 돌담 위에 지붕같이 덮은 돌.
갓-두루마기[갇-] 명 ①갓과 두루마기. ②-하다 타 갓을 쓰고 두루마기를 갖추어 입은 차림새. ¶할아버지께서 -하시고 출타하시다.
갓-망건(-網巾)[갇-] 명 ①갓과 망건. ②-하다 자 망건에 갓을 갖추어 쓴 차림새.
갓-머리[갇-] 명 한자 부수(部首)의 한 가지. '字'·'宰' 등에서 '宀'의 이름.
×**갓모**[1] 명 →갈모
갓모[2][갇-] 명 사기그릇을 만드는 물레 밑구멍에 끼우는, 사기로 만든 고리.
갓-모자(-帽子)[갇-] 명 갓양태에서 불인, 위로 솟은 부분. ㊄모자(帽子)
×**갓모-테** 명 →갈모테
갓-무[갇-] 명 무의 한 품종. 잎은 갓 잎 비슷하고, 뿌리는 배추꼬랑이 비슷함.
갓-밝이[갇-] 명 날이 밝을 무렵. 여명(黎明)
갓-방(-房)[1] [갇-] 명 갓을 만들어 파는 집. 입방
속담 **갓방 인두 달듯** : 갓을 만드는 집의 인두가 늘 달아 있는 것처럼 저 혼자 애태우며 안타까워함을 이르는 말.
갓:-방(-房)[2] 명 나란히 있는 여러 개의 방 중에서, 가에 있는 방.
갓-버섯[갇-] 명 송이과의 버섯. 갓은 갈색이고 줄기는 가느스름하며 속이 빔. 8~10월에 산이나 들에서 자라는데, 먹을 수 있음.
갓-벙거지[갇-] 명 갓모자의 위가 평평하지 않고 벙거지 모양으로 둥글게 된 갓. 융복(戎服)을 입을 때 씀.
갓-봉[갇-] 명 삿갓 모양의 낚싯봉.
갓-상자(-箱子)[갇-] 명 갓을 넣어 두는 상자. 갓집
갓-싸개[갇-] 명 ①갓의 겉을 바르는 얇은 모시베. ☞저모립(猪毛笠) ②-하다 타 얇은 모시베로 갓의 겉을 바르는 일.
갓-양[갇냥] 명 '갓양태'의 준말.
갓-양태[갇냥-] 명 갓모자가 박힌, 둥글넓적하게 된 부분. ㊄갓양. 양태[1]. 양
갓-장이[갇-] 명 갓을 만드는 일을 직업으로 하는 사람.
속담 **갓장이 헌 갓 쓰고, 무당 남 빌어 굿하고** : 남의 일은 잘해 주면서 제 일은 하지 못할 때 이르는 말.
갓-쟁이[갇-] 명 갓을 쓴 사람을 얕잡아 이르는 말.
갓-전(-廛)[갇-] 명 갓을 파는 가게.
갓-집[갇-] 명 갓을 넣어 두는 상자. 갓상자
갓-창옷[갇-] 명 ①갓과 소창옷. ②-하다 자 갓을 쓰고 소창옷을 입은 차림새.
갓-철대[갇-때] 명 갓양태의 가에 두른 테. ㊄철대
갓-털[갇-] 명 꽃받침의 변형으로 씨방 꼭지에 붙은 솜털 같은 것. 민들레·버들개지 따위에서 볼 수 있음. 관모(冠毛)
강(江) 명 넓고 길게 흐르는 내. ¶노를 저어 -을 건너다.
강 건너 불 보듯 관용 자기와 아무 상관도 없다 하여 방관함을 이르는 말.

한자 **강 강**(江) 〔水部 3획〕 ¶강변(江邊)/강사(江砂)/강산(江山)/강안(江岸)/강촌(江村)/강풍(江風)

강(炕) 명 중국 가옥의 온돌 비슷한 난방 장치.
강(腔) 명 몸 안의 빈 곳. 구강(口腔)·복강(腹腔) 따위.
강(綱) 명 생물 분류상의 한 단계. 문(門)의 아래, 목(目)의 위. 포유강 따위. ☞아강(亞綱)
강:(講) 명 -하다 타 ①지난날, 배운 글을 스승이나 시관(試官) 앞에서 외던 일. ②'강의(講義)'의 준말.
강을 바치다 관용 배운 글을 스승이나 시관 앞에서 외다.
강을 받다 관용 글방 스승이나 시관이 자기가 듣는 앞에서 글을 외게 하다.
강- 접두 ①'억지의', '자연스럽지 않은', '호된'의 뜻을 나타냄. ¶강기침/강울음/강더위 ②'그것만으로 이루어지는'의 뜻을 나타냄. ¶강굴/강된장
강(強)-(접두사처럼 쓰이어) '센'의 뜻을 나타냄. ¶강행군(強行軍)/강염기(強塩基) ▷強의 속자는 强
-강(強) 접미 '약간 넘침'의 뜻을 나타냄. ¶인기 66%강. ☞-약(弱)
강-가(江-)[-까] 명 강의 가장자리에 잇닿은 땅, 또는 그 부근. 강변(江邊) ¶-를 거닐다.
강:가(降嫁) 명 -하다 자 ①왕족의 딸이 신하의 집안으로 시집감. ②지체가 높은 집안의 딸이 지체가 낮은 집안으로 시집감.
강:간(強姦) 명 -하다 타 협박하거나 폭력을 써서 강제로 여성을 욕보임. 강음(強淫). 겁간(劫姦). 겁탈(劫奪)
강:간-죄(強姦罪)[-쬐] 명 부녀자를 강간함으로써 성립되는 죄.
강강(剛剛) 어기 '강강(剛剛)하다'의 어기(語基).
강강술래 명 전라도 지방에 전해 오는 민속 춤, 또는 그 춤에 맞추어 부르는 노래. 부녀자들이 손을 잡고 원을 그려 돌며, 메김소리에 따라 '강강술래'를 후렴으로 부르며 춤을 춤.
강강-하다(剛剛-) 형여 ①마음이나 기력이 굽힘이 없이 단단하다. ¶강강한 의지. ②날씨가 매우 차다. ③목소리가 새되다. ¶강강한 음성.
강강-히 부 강강하게
강:개(慷慨) 명 -하다 자 사회의 옳지 못한 일에 대하여 원통해 하고 한탄함.
강:개지사(慷慨之士) 명 사회의 옳지 못한 일에 대하여 의분을 느끼어 한탄하는 사람.
강건(剛健) 어기 '강건(剛健)하다'의 어기(語基).
강건(剛蹇) 어기 '강건(剛蹇)하다'의 어기(語基).
강건(剛謇) 어기 '강건(剛謇)하다'의 어기(語基).
강건(強健) 어기 '강건(強健)하다'의 어기(語基).
강건(康健) 어기 '강건(康健)하다'의 어기(語基).
강건-체(剛健體) 명 문장 표현의 문세(文勢)에 따라 구별한 문체의 한 가지. 표현이 웅장하고 호방하며 강직한 문체. ☞우유체(優柔體)
강건-하다(剛健-) 형여 ①기상이나 뜻이 굳세고 건전하다. ②필력(筆力)이나 문체가 강하고 씩씩하다.
강건-히 부 강건하게
강건-하다(剛蹇-) 형여 마음이 꼿꼿하여 굽힘이 없다.
강건-히 부 강건하게
강건-하다(剛謇-) 형여 강직하여 거리낌이 없다.
강건-히 부 강건하게
강건-하다(強健-) 형여 몸이 튼튼하고 다부지다.
강건-히 부 강건하게
강건-하다(康健-) 형여 (윗사람의) 기력이 좋고 몸이 튼튼하다. ¶고령이신데도 늘 강건하시다.
강건-히 부 강건하게
강:겁(強劫) 명 -하다 타 강탈(強奪)
강격(強擊) 명 -하다 타 세게 침.
강견(強肩) 명 매우 힘센 어깨. 〔주로 야구에서, 선수가 공을 멀리까지 빠르게 던질 수 있는 능력을 이름.〕
강견(強堅·剛堅) 어기 '강견(強堅)하다'의 어기(語基).
강견-하다(強堅-) 형여 굳세고 단단하다.
강견-히 부 강견하게
강경(強硬·強勁) 어기 '강경(強硬)하다'의 어기(語基).
강:경(講經) 명 -하다 자 ①지난날 과거에서, 강경과에 응시한 사람이 시관(試官)이 지정한 대목을 강송(講誦)하던 일. 명경(明經) ②불교에서, 경전(經典)을 강독(講讀)하는 일.
강경(疆境) 명 강계(疆界)
강:경-과(講經科) 명 조선 시대, 경서에 정통한 사람을 뽑던 과거. ㊄강과(講科). 경과(經科)

강:경=급제(講經及第)명 강경과에 급제하는 일.
강:경-꾼(講經-)명 '강경생'을 낮잡아 이르는 말.
강:경=문관(講經文官)명 강경과에 급제한 문관.
강:경-생(講經生)명 강경과에 응시한 유생. 준강생
강경-책(強硬策)명 강경한 방책이나 대책.
강경-파(強硬派)명 자기네의 의견이나 주의를 강하게 주장하며 끝까지 관철하려 하는 당파(黨派), 또는 그런 파에 딸린 사람. 경파(硬派) ☞온건파
강경-하다(強硬-)형여 자기의 견해나 주장을 굽힘이 없이 굳세다. ¶강경한 태도.
강경-히부 강경하게 ¶- 대응하다.
강:계(降階)명-하다타 지난날, 관직의 품계(品階)를 낮추던 일. 강자(降資)
강계(疆界)명 강토의 경계. 강경(疆境)
강고(強固)어기 '강고(強固)하다'의 어기(語基).
강고도리명 물치의 살을 삶아 오이 모양으로 뭉쳐 훈연한 다음에 햇볕에 말린 식품. 조미료로 쓰임.
강고-하다(強固-)형여 굳세고 튼튼하다.
강고-히부 강고하게 ¶방어 진지를 - 구축하다.
강골(強骨)명 ①단단하고 꿋꿋한 기질. ②'강골한(強骨漢)'의 준말.
강골-한(強骨漢)명 단단하고 꿋꿋한 기질을 가진 사나이. 준강골(強骨)
강공(強攻)명-하다타 적극적으로 공격함. ¶-이야말로 최선의 방어이다.
강공-책(強攻策)명 적극적인 공격을 주로 하는 방책(方策). ¶-으로 경기를 승리로 이끌다.
강:과(講科)명 '강경과(講經科)'의 준말.
강과(剛果)어기 '강과(剛果)하다'의 어기(語基).
강과-하다(剛果-)형여 굳세고 과감하다.
강과-히부 강과하게
강관(鋼管)명 강철로 만든 관.
강:관(講官)명 지난날, 임금 앞에서 경서(經書)를 강의하던 관원. ☞시강관(侍講官)
강괴(鋼塊)명 거푸집에 부어서 굳힌 강철 덩어리. 압연 등의 가공에 쓰임.
강교(江郊)명 강이 있는 도시의 변두리.
강교(鋼橋)명 주된 골조가 강철로 이루어진 다리. ☞목교(木橋). 석교(石橋)
강:교-점(降交點)[-쩜]명 행성·위성·혜성 등이 북쪽에서 남쪽을 향해 황도(黃道)의 면을 통과하는 점. 중교점(中交點) ☞승교점(昇交點)
강구(江口)명 ①하구(河口) ②나루
강구(江鷗)명 강에서 노는 갈매기.
강:구(強求)명-하다타 ①구하기 어려운 것을 억지로 구함. ②강요(強要) ☞강청(強請)
강구(康衢)명 여러 군데로 갈래가 진 큰 길거리.
강구(鋼球)명 강철로 만든 알.
강:구(講究)명-하다타 대책이나 방법을 찾도록 연구함. ¶귀성객 수송 대책을 -하다.
강구연월(康衢煙月)성구 ①태평한 시대의 평화로운 큰 거리 풍경을 이르는 말. ②태평한 세월을 이르는 말.
강국(強國)명 세력이 강한 나라. 강방(強邦) ☞강대국(強大國). 약국(弱國)
강군(強軍)명 ①강한 군대. ②실력이 있는 센 경기 단체. 강한 팀.
강군(強群)명 ①강한 무리. ②양봉에서, 무리를 지은 형세가 왕성한 꿀벌 떼를 이르는 말. ☞약군(弱群)
강-굴명 물을 타지 않은 살만 모은 굴.
강궁(強弓)명 ①탄력이 강한 활. ②탄력의 세기에 따라 구별한 활의 한 가지. 탄력이 가장 센 활. ☞연궁(軟弓)
강:권(強勸)명-하다타 억지로 권함. ¶-에 못 이겨 하다.
강권(強權)[-꿘]명 ①강한 권력. ②국가가 사법적·행정적으로 행사할 수 있는 강력한 권력.
강권=발동(強權發動)[-꿘-똥]명 법령이 잘 시행되지 않을 때, 강제적으로 사법권이나 행정권을 행사하는 일.
강권-주의(強權主義)[-꿘-]명 강권으로 일을 처리하려는 주의.
강근지족(強近之族)성구 강근지친(強近之親)
강근지친(強近之親)성구 도와 줄만 한 가까운 친척을 이르는 말. 강근지족(強近之族)
강기(剛氣)명 굳센 기상.
강기(強記)명-하다타 오래도록 잘 기억함.
강기(綱紀)명 나라를 다스리는 법률과 규율.
강기숙정(綱紀肅正)성구 나라의 규율이나 질서를 바로잡음을 이르는 말.
강-기슭(江-)[-끼-]명 강물에 잇닿은 가장자리의 땅. 강반(江畔). 강안(江岸). 하안(河岸)
강-나루명 강의 나룻배가 닿고 떠나고 하는 곳. 나루
강남(江南)명 ①강의 남쪽 지역. ②중국에서, 양쯔 강(揚子江) 하류의 남쪽 지방을 이르는 말. ☞강북
강남-상어(江南-)명 강남상엇과의 바닷물고기. 몸길이 1m 안팎의 소형 상어임. 수심 300m 전후에서 활동하는 심해성 상어로서 지느러미는 요리의 재료로 쓰임.
강남-조명 개맨드라미의 씨. 한방에서 '청상자(青葙子)'라 하여 강장제로 씀.
×**강남-콩**(江南-)명 →강낭콩
강낭-콩(∠江南-)명 콩과의 한해살이풀. 줄기는 덩굴지며, 여름에 나비 모양의 흰빛 또는 자줏빛 꽃이 핌. 열매는 긴 꼬투리로 맺는데, 먹을 수 있음.
강냉이명 옥수수
강녕(康寧)어기 '강녕(康寧)하다'의 어기(語基).
강녕-하다(康寧-)형여 (윗사람이) 건강하고 평안하다. ¶연세가 높으신데도 강녕하시다.
강녕-히부 강녕하게
강노(強弩)명 센 쇠뇌.
강-놈(江-)명 지난날, 서울 주변 강가의 마을에 사는 사람을 얕잡아 이르던 말. ☞강대
강:님-도:령명 무당이 섬기는 신(神)의 하나.
강다리[1]명 ①물체가 넘어지지 않도록 어긋맞게 괴는 나무. ②도리 바깥쪽으로 내민 추녀 끝이 처지지 않도록, 추녀 안쪽 위 끝에 비녀장을 꽂는 단단한 나무.
강다리[2]의 쪼갠 장작을 셀 때, 백 개비를 단위로 이르는 말. ¶장작 두 -.
강-다짐명-하다타 ①밥을 먹을 때, 술적심이 없이 그냥 먹음. ②까닭 없이 남을 억누르며 꾸짖음. ③품삯도 주지 않고 남을 억눌러 부림. ④억지로 함. ¶-으로 재촉하다.
강:단(降壇)명-하다자 단(壇)에서 내려옴. 하단(下壇) ¶청중의 박수를 받으며 -하다. ☞등단(登壇)
강단(剛斷)명 ①강기 있게 결단하는 힘. ②어려움을 꿋꿋이 견디어 내는 힘. ¶몸은 연약하지만 -이 있다.
강:단(講壇)명 강의·연설·설교 등을 할 때, 사람이 올라서도록 약간 높게 만든 단.
강단에 서다관용 선생이 되어 학생들을 가르치다.
강단-성(剛斷性)[-썽]명 강단이 있는 성질.
강단-지다(剛斷-)형 강단성이 있다.
강달-어(江達魚)명 '강달이'의 딴이름.
강달이(江達-)명 민어과의 바닷물고기. 몸길이 10cm 안팎. 눈이 크고 등이 밋밋함. 강을 거슬러 올라가 산란하는 특성이 있음. 서해안 일대에 분포하는데 어유(魚油)는 눈병에 약으로 씀. 강달어(江達魚)
강-담명 흙을 쓰지 아니하고 돌로만 쌓은 담.
강담(剛膽)명-하다형 담력이 강함.
강:담(講談)명-하다자 강연이나 강의처럼 하는 담화.
강:당(講堂)명 ①학교 등에서 강연이나 의식 등을 하기 위해 지어 놓은 건물이나 큰 방. ②불교에서, 불경을 학습하거나 연구하는 곳을 이르는 말. 강원(講院) ③가톨릭에서, 교당을 대신하여 교회의 사무를 보는 집.
강-대(江-)명 지난날, 서울 주변의 '강가의 마을'을 이르던 말.
강대(強大)어기 '강대(強大)하다'의 어기(語基).
강대-국(強大國)명 국력이 강하고 영토가 큰 나라. ☞강국(強國). 약소국(弱小國)

강대-하다(強大-)형여 강하고 크다. ¶국력이 -./세력이 강대한 부족. ☞약소하다
강대-히부 강대하게 ▷強의 속자는 强
강-더위명 비는 내리지 않고 여러 날 볕만 내리쬐는 대단한 더위. ☞강추위
강도(剛度)명 쇠붙이의 단단한 정도. ☞경도(硬度)
강도(強度)명 ①강한 정도. ¶- 높은 훈련./콘크리트의 -를 실험하다. ②경도(硬度)
강:도(強盜)명 협박·폭행 등 강제 수단으로 남의 재물을 빼앗는 행위, 또는 그런 도둑. ☞절도(竊盜)
강:도(講道)명-하다타 ①여러 사람 앞에서, 도(道)에 대하여 강의하거나 설명함. ②종교의 교리(教理)에 대하여 설명함.
강-도끼잽이(江-)명 지난날, 강대에서 뗏목을 젓거나 장작을 패 주는 일을 직업으로 삼던 사람.
강-도래(江-)명 강도랫과의 곤충을 통틀어 이르는 말. 몸은 납작하고 연약하며, 긴 더듬이가 있음. 애벌레는 돌이 많은 하천이나 연못 등에 살며, 성충은 늦봄에서 여름에 걸쳐 물가 근처에 보이는데, 애벌레는 낚시의 미끼로 쓰임. 물도래
강:도-범(強盜犯)명 강도질을 한 범죄, 또는 그 범인.
강:도-죄(強盜罪)[-쬐]명 강도질한 죄.
강:독(講讀)명-하다타 책이나 문장 등을 읽어 가면서 그 내용을 설명하며 가르침. ¶용비어천가를 -하다.
강동부 짧은 다리로 가볍게 한 번 뛰는 모양을 나타내는 말. ☞겅둥. 깡동. 깡똥
강동(江東)명 강의 동쪽 지역.
강동-강동부 강동거리는 모양을 나타내는 말. ☞겅둥겅둥. 깡동깡동. 깡똥깡똥
강동-거리다(대다)자 ①짧은 다리로 자꾸 가볍게 뛰다. ¶강아지가 강동거리며 주인을 반기다. ②채신없이 가볍게 행동하다. ¶강동거리며 음식을 먹다. ☞겅둥거리다. 깡동거리다. 깡똥거리다
강동-하다형여 겉에 입은 옷이 속이 드러날 정도로 짧은 듯 하다. ¶강동한 통치마./강동한 바지. ☞겅둥하다. 깡동하다. 깡똥하다
강-된:장(-醬)명 된장찌개를 끓일 때, 건더기를 조금 넣고 된장을 많이 풀어서 바특하게 끓인 음식.
강된:장-찌개(-醬-)명 찌개의 한 가지. 된장을 담은 뚝배기에 양념한 쇠고기와 속뜨물을 넣고 밥솥에서 찐 다음, 풋고추를 넣고 잠시 끓인 찌개.
강두(江頭)명 강가의 나루 근처.
강-둑(江-)[-뚝]명 강물이 넘치지 않도록 강가에 흙과 돌 등으로 쌓아 놓은 둑. ☞제방(堤防)
강:등(降等)명-하다자타 직위(職位)의 등급이나 계급이 낮아짐, 또는 등급이나 계급을 낮춤. 유낙등(落等) ☞승진(昇進). 특진(特進)
강-똥명 몹시 된 똥.
강락(康樂)어기 '강락(康樂)하다'의 어기(語基).
강락-하다(康樂-)형여 몸이 편안하고 마음이 즐겁다.
강력(強力)어기 '강력(強力)하다'의 어기(語基).
강력-범(強力犯)명 폭행이나 협박을 수단으로 하는 범죄, 또는 그 범인. 강도범·폭력범 따위. 실력범
강력-분(強力粉)명 경질(硬質)의 밀로 제분한 밀가루. 글루텐의 함량이 많아서 빵이나 마카로니를 만드는 데 알맞음. ☞박력분(薄力粉). 중력분(中力粉)
강력=인견(強力人絹)명 비스코스레이온의 섬유 가운데서 강도가 특히 큰 화학 섬유의 한 가지. 낙하산·벨트·천막 따위를 만드는 데 쓰임.
강력-하다(強力-)형여 ①힘이 세다. ¶강력한 추진력. ②효과나 작용이 크다. ¶강력한 살균력.
강력-히부 강력하게 ¶소신대로 - 추진하다.
강렬(強烈)어기 '강렬(強烈)하다'의 어기(語基).
강렬=비:료(強烈肥料)명 효력이 강한 비료. 황산암모늄 따위.
강렬-하다(強烈-)형여 힘이나 작용, 또는 자극 등이 강하고 세차다. ¶강렬한 타격./강렬한 자극.
강렬-히부 강렬하게 ¶- 반발하다.

강:령(降靈)명-하다자 천도교에서, 한울님의 영(靈)이 내림을 이르는 말.
강령(綱領)명 ①어떤 일의 바탕이 되는 가장 중요한 점. ②정당이나 단체 등이 그들의 이념이나 정책, 활동 방침 등 기본이 되는 주요 내용을 나타낸 것, 또는 그것을 적은 문서.
강:론(講論)명-하다타 ①학술이나 도의의 뜻을 풀이하고 토론함. ②가톨릭에서, 교리를 설교하는 일.
강류(江流)명 강의 흐름. 하류(河流)
강류석부전(江流石不轉)성구 강물은 흘러도 돌은 구르지 않는다는 뜻으로, 유행이나 환경의 변화 등에 쉽사리 휩쓸리지 아니함을 이르는 말.
강:류-어(降流魚)명 강하어(降河魚)
강리(江蘺)명 강리과의 홍조류(紅藻類). 길이는 20~30 cm로 흩어진 머리카락 모양이며, 빛깔은 암적색인데 끓이면 암녹색으로 변함. 난해(暖海)의 얕은 곳에서 남.
강린(強隣)명 강한 이웃 나라.
강:림(降臨)명-하다자 신이 인간 세상으로 내려옴. 하림(下臨) ☞승천(昇天)
강:림-절(降臨節)명 크리스트교에서, '대림절(待臨節)'을 이전에 이르던 말.
강:마(講磨)명-하다타 학문이나 기술을 연구하고 닦음.
강-마르다(-마르고·-말라)형르 ①물기가 없이 바싹 마르다. ¶강마른 논바닥. ②살이 없이 매우 여위어 있다. ¶강마른 체격. ☞깡마르다
강만(江灣)명 강(江)과 만(灣)을 아울러 이르는 말.
강:매(強買)명-하다타 물건을 팔 뜻이 없는 사람에게서 물건을 억지로 삼. 억매(抑買) ☞강매(強賣)
강:매(強賣)명-하다타 물건을 살 뜻이 없는 사람에게 물건을 억지로 떠맡겨 팖. 억매(抑賣) ☞강매(強買)
강:명(講明)명-하다타 강구(講究)하여 밝힘.
강명(剛明)어기 '강명(剛明)하다'의 어기(語基).
강명-하다(剛明-)형여 성품이 꼿꼿하고 사리에 밝다.
강명-히부 강명하게
강-모명 마른논에 호미나 꼬챙이로 논바닥을 파면서 심는 모. ☞호미모. 꼬창모
강모(剛毛)명 ①빳빳한 털. 억센 털. ②절지동물(節肢動物)이나 환형동물(環形動物)에 나 있는 털 모양의 빳빳한 돌기. ③식물의 표피 세포가 변하여 생긴 끝이 뾰족하고 빳빳한 털.
강-모래(江-)명 강에서 나는 모래. 강사(江砂) ☞바닷모래. 해사(海砂)
강목명 ①광석을 캐려고 파 들어갔다가 감돌이 나오지 아니하여 헛수고하는 일. ②아무 소득 없이 허탕만 침을 비유하여 이르는 말.
강목(綱目)명 어떤 일의 중요한 요지(要旨)와 세세한 조목(條目).
강:목(講目)명 불교에서, 강독(講讀)하는 경전의 제목을 이르는 말.
강목수생(剛木水生)성구 간목수생(乾木水生)
강목-치다자 ①광석을 캐려고 파 들어갔다가 감돌이 나오지 아니하여 헛수고만 하다. ②아무 소득이 없이 허탕만 치다.
강:무(講武)명-하다자 ①무예를 강습함. ②조선 시대, 임금의 주관으로 군사와 백성을 일정한 곳에 모이게 하고, 임금이 몸소 지휘하여 사냥하며 무예를 닦던 일.
강-물(江-)명 강에서 흐르는 물. 강수(江水)
속담 **강물도 쓰면 준다**: 끊임없이 흐르는 강물도 자꾸 쓰면 줄어든다는 뜻으로, 흔하다고 하여 헤프게 쓰지 말고 아껴 써야 한다는 말.

한자 **강물 하**(河)〔水部 5획〕¶산하(山河)/하구(河口)/하류(河流)/하천(河川)/하해(河海)

강:미(講米)명 지난날, 글방 선생에게 보수로 주는 곡식을 이르던 말. 공량(貢糧). 학세(學稅). 학채(學債)
강:밋-돈(講米-)명 지난날, 글방 선생에게 강미 대신 내

는 돈을 이르던 말.
강-바닥(江-)[-빠-] 명 강의 밑바닥. 하저(河底)
강-바람 명 눈이나 비는 내리지 않고 몹시 불어대는 바람.
강-바람(江-)[-빠-] 명 강물 위에 부는 바람, 또는 강에서 불어오는 바람. 강풍(江風)
강:박(強拍) 명 센박 ☞약박(弱拍)
강:박(強迫) 명-하다 타 무리하게 남의 의사를 내리누르거나 억지로 따르게 함.
강박(強薄) 어기 '강박(強薄)하다'의 어기(語基).
강:박=관념(強迫觀念) 명 생각지 않으려고 아무리 떨쳐 버리려 해도 자꾸 머리에 떠올라 떠나지 않는 생각.
강:박=사고(強迫思考) 명 자기 스스로 생각하는 것이 아니라, 억눌러도 자꾸 떠오르는 생각.
강:박=상태(強迫狀態) 명 어떤 불쾌한 생각이나 감정 따위가 의식에 박혀 있어서 그것을 떨쳐 버리려 하면 할수록 의식에 되살아나는 정신 상태.
강:박=신경증(強迫神經症)[-쯩] 명 신경증의 한 가지. 스스로도 불합리하다고 여기는 생각이나 행위에 사로잡혀서 그것을 떨쳐 버리지 못하는 증세.
강박-하다(強薄-) 형여 딱딱하고 인정머리 없다.
강박-히 부 강박하게
강반(江畔) 명 강기슭
강-밥 명 술적심이나 반찬도 없이, 강다짐으로 먹는 밥. ☞맨밥
강방(強邦) 명 강국(強國)
강밭다[-받-] 형 몹시 야박하고 인색하다.
강:백(講伯) 명 불교에서, 경스승을 높이어 일컫는 말.
강변(江邊) 명 강가
강:변(強辯) 명-하다 타 ①자기의 의견을 억지로 주장함. ②이유를 대어 굳이 변명함.
강변=도:로(江邊道路) 명 강변을 따라 낸 도로. 준 강변로
강변-로(江邊路) 명 '강변 도로'의 준말.
강-병(-病) 명 꾀병
강병(剛兵) 명 강병(強兵)
강병(強兵) 명 강한 병사나 강한 군대. 강병(剛兵). 부병
강병(薑餠) 명 새앙편
강보(襁褓) 명 포대기 ¶-에 싸인 아기.
강:복(降服) 명-하다 자 복제(服制)에 따라 상복을 입는 등급이 낮아짐, 또는 그 복. [양자(養子)로 간 아들이나 시집간 딸이 생가(生家)나 친정 부모에 대하여 입는 복이 이에 해당함.]
강:복(降福) 명-하다 자 가톨릭에서, 하느님이 인간에게 복을 주는 일을 이르는 말.
강복(康福) 어기 '강복(康福)하다'의 어기(語基).
강복-하다(康福-) 형여 편안하고 행복하다.
강북(江北) 명 ①강의 북쪽 지역. ②중국에서, 양쯔 강[揚子江] 하류의 북쪽 지방을 이르는 말. ☞강남
강분(薑粉) 명 생강즙의 앙금을 말린 가루.
강분-다식(薑粉茶食) 명 강분에 녹말을 조금 섞고 꿀로 반죽하여 박아 낸 다식.
강비(糠粃) 명 겨와 쭉정이라는 뜻으로, 거친 음식을 비유하여 이르는 말.
강사(江砂) 명 강모래
강:사(講士) 명 강연하는 사람. ☞연사(演士)
강:사(講師) 명 ①학원에서, 원생(院生)을 가르치는 사람. ②강연회·강습회 등에서 강연하는 사람. ③대학교나 대학 등에서, 촉탁을 받아 강의를 맡은 사람. 시간 강사와 전임 강사의 구별이 있음. ④경스승
강:사-포(絳紗袍) 명 조선 시대, 임금이 조하(朝賀)를 받을 때 입던 붉은빛의 예복.
강삭(鋼索) 명 여러 가닥의 강철선을 꼬아 만든 굵은 쇠줄. 와이어로프 유 삭조(索條)
강삭=철도(鋼索鐵道)[-또] 명 차량(車輛)을 강삭에 연결하여 감아 올리는 장치로써 비탈진 산을 오르내리게 만든 철도. 케이블카 ☞가공 삭도(架空索道)
강산(江山) 명 ①강과 산, 또는 강과 산이 있는 자연. 산하(山河) ¶아름다운 -. ②국토(國土) ¶삼천리 -
강산(強酸) 명 해리도(解離度)가 크고 수소 이온을 많이 내는 산. 염산·질산·황산 따위. ☞약산(弱酸)
×**강살**(降殺) 명 →강쇄(降殺)
강삼(江蔘) 명 강원도에서 생산되는 인삼. 관동삼 ☞경삼
강상(江上) 명 ①강의 위. ¶-에 떠 있는 고깃배. ②강의 기슭. ¶-에 서 있는 정자.
강:상(降霜) 명 서리가 내리는 일, 또는 내린 서리.
강상(綱常) 명 삼강(三綱)과 오상(五常). 곧, 사람으로서 지켜야 할 도리.
강:상(講床)[-쌍] 명 절에서 불경을 강독(講讀)할 때에 쓰는 책상.
강상-죄:인(綱常罪人) 명 지난날, 삼강(三綱)과 오상(五常)의 도리에 어긋난 짓을 한 죄인을 이르던 말.
강상지변(綱常之變) 성구 삼강(三綱)과 오상(五常)에 어그러진 변고.
강색(鋼色) 명 '강청색(鋼青色)'의 준말.
강-샘 명-하다 자 부부간이나 사랑하는 이성 사이에서, 자기가 사랑하는 사람이 다른 사람을 사랑함을 몹시 미워하는 마음. 투기(妬忌) ¶-을 내다./-이 심한 아내. 속 강짜 ☞샘[2]. 질투(嫉妬)
강:생(降生) 명-하다 자 신이 인간으로 태어남. 강세(降世). 강탄(降誕)
강:생(講生) 명-하다 자 '강경생(講經生)'의 준말.
강:생=구:속(降生救贖) 명 크리스트교에서, 예수가 인류 사회에 강생하여 십자가에 못 박혀 인류의 죄를 대신 씻음으로써 인류를 구원한 일을 이르는 말.
강서(江西) 명 강의 서쪽 지역.
강:서(講書) 명-하다 타 글의 뜻을 강론함.
강:석(講席) 명 강의·강연·설교 등을 하는 자리. 강연(講筵). 강좌(講座)
강:석(講釋) 명-하다 타 책의 내용이나 어구의 뜻을 설명함.
강선(腔綫·腔線) 명 총열이나 포신(砲身) 안쪽 면에 새겨진 나사 모양의 홈. 발사되는 탄환에 회전 운동을 일으키게 하는 구조임.
강선(鋼船) 명 강철판으로 만든 배.
강선(鋼線) 명 강철로 만든 줄.
강선-포(鋼線砲) 명 강철선으로 포신(砲身)을 감아, 포강(砲腔) 안에 생기는 가스의 압력에 충분히 저항할 수 있도록 만든 포.
강:설(降雪) 명 눈이 내리는 일, 또는 내린 눈.
강설(強雪) 명 세차게 내리는 눈.
강:설(講說) 명-하다 타 강의하여 설명함.
강:설-량(降雪量) 명 일정한 동안 일정한 곳에 내린 눈의 양. ☞강우량(降雨量)
강-섬(江-) 명 강에 있는 섬.
강성(剛性) 명 물체가 외부의 압력에 대하여 그 모양이나 부피가 변하지 아니하는, 단단한 성질. 고성(固性)
강성(強性) 명 물질의 강한 성질.
강:성(講聲) 명 글을 외는 소리.
강성(強盛) 어기 '강성(強盛)하다'의 어기(語基).
강성-률(剛性率) 명 물체의 탄성률의 한 가지. 외부의 압력에 대한 물체의 저항의 크기를 수치로 나타낸 것.
강성-하다(強盛-) 형여 세력이 강하고 왕성하다.
강성=헌:법(剛性憲法)[-뻡] 명 경성 헌법(硬性憲法)
강:세(降世) 명-하다 자 강생(降生)
강세(強勢)[1] 명 ①강한 세력, 또는 강력한 기세. ¶상대 팀의 -에 위축되다. ②물가나 시세가 올라가는 기세. ¶일부 주가는 -를 보이다. ☞약세(弱勢)
강세(強勢)[2] 명 〈어〉①한 단어에서, 어떤 음절의 발음을 세게 하는 일. '가맣다'를 '까맣다'로 하는 따위. ②어떤 단어의 뜻을 더 강하게 하기 위하여 음절이나 음소(音素)를 첨가하는 일. '부딪다'를 '부딪치다'로, '깨다'를 '깨뜨리다'로 하는 따위. ☞악센트(accent)
강세-어(強勢語) 명 〈어〉단어의 뜻을 더 강하게 하기 위하여 어떤 음절의 발음을 세게 하거나 음절이나 음소(音素)를 더한 말. '가슬가슬'을 '까슬까슬'로, '깨다'를 '깨뜨리다', '부딪다'를 '부딪치다'로 하는 따위. 힘줌말

강-소풍(強素風)명 강쇠바람
강-속구(強速球)명 야구에서, 투수가 던지는 강하고 빠른 공. ☞속구
강:송(強送)명-하다타 억지로 보냄.
강:송(講誦)명-하다타 시문을 강의하며 소리 내어 읽음.
강:쇄(降殺)명-하다타 등급을 아래 등급으로 낮춤.
강:쇠(降衰)명-하다자 성하던 세력이나 힘이 차차 약해짐. ¶국력이 -하다.
강쇠-바람 명 초가을에 동쪽에서 불어오는 센 바람. 강소풍(強素風)
강수(江水)명 강물
강:수(降水)명 대기(大氣) 중의 수증기가 비나 눈 등이 되어 땅에 떨어지는 현상.
강:수-량(降水量)명 비나 눈, 우박 등 땅에 떨어진 것이 그대로 괴어 있다고 가정했을 때의 물의 깊이. 눈이나 우박은 녹여서 물이 된 것으로 잼. 단위는 mm로 나타냄. ☞강설량(降雪量). 강우량(降雨量)
강순-정:과(薑筍正果)명 생강순정과(生薑筍正果)
강-술 명 안주 없이 마시는 술.
강:술(講述)명-하다타 강의하여 설명함.
강습(強襲)명-하다자타 맹렬한 기세로 들이침, 또는 그러한 습격. ¶적의 진지를 -하다.
강:습(講習)명-하다타 여러 사람이 모여서 학술이나 기예 등을 배우고 익힘, 또는 그러한 지도를 함. ¶영어 회화 -/수영 -을 하다.
강:습-생(講習生)명 강습을 받는 사람.
강:습-소(講習所)명 학술이나 기예 등을 강습하는 곳.
강:습-회(講習會)명 학술이나 기예 등을 배우고 익히기 위한 모임.
강:시(僵屍·殭屍)명 얼어 죽은 시체. 동시(凍屍)
강시(가) 나다 관용 날씨가 몹시 추워서 얼어 죽은 사람이 생기다.
강:신(降神)명-하다자 ①제례에서, 신을 맞이하는 절차. 제주(祭主)가 분향하고 잔에 따른 술을 모사(茅沙) 그릇에 세 번에 나누어 지운 다음 두 번 절함. ☞참신(參神) ②주문이나 술법으로 신이 내리게 함, 또는 그 내림.
강신-굿(降神-)[-굳]명-하다자 내림굿
강:신-론(降神論)[-논]명 사람이 죽어 육체는 없어져도 영혼은 남아 여러 가지 방법으로 그 존재를 알린다고 하는 이론. 심령론(心靈論)
강:신-술(降神術)명 기도를 하거나 주문을 외우거나 하여 신(神)이 내리게 하는 술법.
강심(江心)명 강의 한가운데. 하심(河心)
강심-수(江心水)명 ①강의 한가운데를 흐르는 물. ②지난날, 대궐에서 쓰기 위해 서울 한강의 강심에서 길은 물을 이르던 말.
강-심장(強心臟)명 매우 대담하거나 마음이 누긋하여 좀처럼 놀라거나 겁을 내지 않는 성격, 또는 그런 사람.
강심-제(強心劑)명 심장이 쇠약할 때, 그 작용을 강하게 하기 위하여 쓰는 약제.
강아지 명 개의 어린 새끼.
강아지-풀 명 볏과의 한해살이풀. 줄기 높이는 30~60 cm. 잎은 가늘고 길며 7~10월에 강아지 꼬리 모양의 녹색 꽃 이삭이 핌. 구황 식물로, 씨는 먹을 수 있음. 구미초(狗尾草). 낭미초(狼尾草)
강악(強惡)어기 '강악(強惡)하다'의 어기(語基).
강악-하다(強惡-)형여 성질이 억세고 모질다.
강안(江岸)명 강기슭. 하안(河岸)
강-알칼리(強alkali)명 강염기(強塩基)
강:압(降壓)명-하다자타 압력을 낮춤. ☞승압(昇壓)
강압(強壓)명-하다타 강한 힘이나 권력으로 강제로 억누름.
강:압-설(強壓說)명 강한 자가 약한 자를 억눌러 따르게 하는 것이 사회의 법칙이라는 설.
강:압-적(強壓的)명 강압하는 방식으로 하는 것. ¶ - 수단/-인 방법.
강애(江艾)명 한방에서, 강화도에서 생산되는 약쑥을 이르는 말.
강약(強弱)명 ①강한 것과 약한 것. 셈여림 ②강자와 약자.
강약부동(強弱不同)성구 한편은 강하고 한편은 약하여 둘 사이의 힘이나 역량의 차이가 많은 것을 이르는 말.
강약=부:호(強弱符號)명 셈여림표
강어(江魚)명 강에서 사는 물고기.
강-어귀(江-)명 하구(河口)
강역(江域)명 강 근처의 지역.
강역(疆域)명 ①한 나라의 국경 안의 땅. ②토지의 경계.
강:연(講筵)명 ①강석(講席) ②지난날, 임금 앞에서 경서를 진강(進講)하던 일, 또는 조강(朝講)·주강(晝講)·석강(夕講)을 통틀어 이르던 말.
강:연(講演)명-하다타 ①일정한 주제로 청중 앞에서 이야기함, 또는 그 이야기. ②강의식 연설.
강연-사(強撚絲)명 되게 꼰 직물용의 실. 1m 안에서 800번 이상 꼼. 여름철 옷감에 사용됨.
강:연-장(講演場)명 강연을 하는 곳.
강:연-회(講演會)명 강연을 하는 모임.
강염(羌塩)명 청염(青塩)
강염(薑塩)명 한방에서, 생강즙에 버무려 볶은 소금을 이르는 말. 곽란에 쓰임.
강-염기(強塩基)명 해리도(解離度)가 크고 수산(水酸) 이온을 많이 유리시키는 염기. 수산화칼륨·수산화나트륨 따위. 강알칼리 ☞약염기(弱塩基)
강옥(鋼玉)명 '강옥석(鋼玉石)'의 준말.
강옥-석(鋼玉石)명 산화알루미늄 성분으로 된 육방 정계(六方晶系)의 광물. 단단하기가 금강석 다음가며, 붉은 것은 루비, 푸른 것은 사파이어라고 함. 준강옥(鋼玉)
강왕(康旺)어기 '강왕(康旺)하다'의 어기(語基).
강왕-하다(康旺-)형여 건강하고 기력이 왕성하다.
강왕-히 부 강왕하게
강:요(強要)명-하다타 억지로 요구함. 강구(強求) ¶내가 하기 싫은 일을 남에게 -하지 마라.
강-요주(江瑤珠)명 ①꼬막 ②건강요주
강용(江茸)명 한방에서, 강원도에서 생산되는 녹용을 이르는 말.
강용(剛勇)어기 '강용(剛勇)하다'의 어기(語基).
강용(強勇)어기 '강용(強勇)하다'의 어기(語基).
강용-하다(剛勇-)형여 마음이 굳세고 용맹하다.
강용-히 부 강용하게
강용-하다(強勇-)형여 힘이 강하고 용맹하다.
강용-히 부 강용하게
강:우(降雨)명 비가 내리는 일, 또는 내린 비.
강우(強雨)명 세차게 내리는 비.
강:우-기(降雨期)명 비가 많이 내리는 시기.
강:우-량(降雨量)명 일정한 동안 일정한 곳에 내린 비의 양. 우량(雨量) ☞강수량(降水量)
강운(江韻)명 '강(江)' 자에 딸린 운(韻)으로는 한시(漢詩)를 짓기가 어렵다는 데서, 하기 어려운 일을 비유하여 이르는 말.
강-울음 명 억지로 우는 울음.
강:원(講院)명 강당(講堂) ☞선원(禪院)
강월(江月)명 강물에 비친 달.
강유(剛柔)명 강기가 있고 굳셈과 너그럽고 부드러움.
강유겸전(剛柔兼全)성구 굳셈과 부드러움을 아울러 갖추고 있음을 이르는 말.
강-유전체(強誘電體)명 외부로부터 전기장을 가하지 않아도 자연의 상태로 이미 분극(分極)을 일으키고 표면상의 전하가 일어나는 물질. 로셀염 따위.
강:음(強淫)명-하다타 강간(強姦)
강:음(強飲)명-하다타 술 따위를 억지로 마심.
강:의(講義)명-하다타 글이나 학설의 뜻을 풀이하여 가르침. ¶국문학 - 준강(講)
강:의-록(講義錄)명 강의 내용을 기록한 것, 또는 그것을 펴낸 책.
강:의-실(講義室)명 대학이나 교육원 등에서, 강의를 하는 데 쓰는 방. ☞교실(教室)

ㄱ

강:인(強忍)명-하다타 억지로 참음.
강인(強靭)어기 '강인(強靭)하다'의 어기(語基).
강인-성(強靭性)[-썽]명 억세고 질긴 성질.
강인-하다(強靭-)형여 기질이나 의지 따위가 억세고 질기다. ¶강인한 성취욕.
　강인-히부 강인하게
강일(剛日)명 천간(天干)이 갑(甲)·병(丙)·무(戊)·경(庚)·임(壬)인 날. 척일(隻日) ☞유일(柔日)
강-입자(強粒子)명 강한 핵 상호 작용을 일으키는 입자족(粒子族)을 통틀어 이르는 말. 곧 양성자, 중성자, 시그마 입자, 델타 입자 등의 바리온족과 파이·카파·에타 등의 중간자족으로 나뉨. 하드론(hardron)
강:잉(降孕)명-하다자 가톨릭에서, 성자(聖子)가 마리아에게 잉태된 일.
강:잉(強仍)어기 '강잉(強仍)하다'의 어기(語基).
강:잉-하다(強仍-)형여 어떤 행동을 마지못해 하는 태도가 있다.
　강잉-히부 강잉하게
강:자(降資)명-하다타 지난날, 관직의 품계(品階)를 낮추던 일. 강계(降階)
강자(強者)명 힘이나 세력 등이 강한 사람이나 생물, 또는 그 집단. ☞약자(弱者)
강-자갈(江-)명 강바닥에 있는 자갈.
강-자:성(強磁性)명 물체가 외부 자기장(磁氣場)으로 말미암아 강하게 자화(磁化)되어, 자기장이 없어진 뒤에도 그대로 자성을 띠는 성질.
강자성-체(強磁性體)명 강자성을 띤 물질. 철·니켈·코발트 등.
강:작(強作)명-하다자 억지로 기운을 내어 함.
강장부 짧은 다리를 고부렸다가 한 번 뛰는 모양을 나타내는 말. ☞껑정. 깡짱. 깡창
강장(強壯)명-하다형 몸이 튼튼하고 혈기가 왕성함.
강장(強將)명 강한 장수. ☞맹장(猛將)
강장(腔腸)명 강장동물의 체강(體腔).
강장-강장부 강장거리는 모양을 나타내는 말. ☞겅정겅정. 깡짱깡짱. 깡창깡창
강장-거리다(대다)자 자꾸 강장 뛰다. ☞겅정거리다. 깡짱거리다. 깡창거리다
강장-동:물(腔腸動物)명 동물계의 한 문(門). 원시적인 다세포 동물로 물에서 생활함. 몸은 대개 종 모양이거나 원통형이고, 강장을 가지고 있으며, 입 둘레에 촉수가 있음. 히드라·해파리·산호 따위. ☞극피동물
강장-제(強壯劑)명 몸의 영양 상태를 좋게 하거나 체력을 증진시키는 약제. 강정제(強精劑)
강장지년(強壯之年)성구 원기가 왕성한 나이. 곧, 삼사십대 나이를 이르는 말.
강재(江材)명 한방에서, 강원도에서 생산되는 약재(藥材)를 이르는 말.
강재(鋼材)명 토목·건축·기계 등의 재료로 쓰기 위하여 강판이나 강관(鋼管) 등으로 가공한 강철.
강재(鋼滓)명 제강(製鋼)할 때 생기는 광물의 찌꺼기.
강적(強敵)명 강한 적. 경적(勁敵) ☞대적(大敵)
강-전:해질(強電解質)명 소금이나 염산처럼 전리도가 큰 물질. ☞약전해질(弱電解質)
강:-절도(強竊盜)[-또]명 강도와 절도.
강:점(強占)명-하다타 남의 영토나 물건 등을 강제로 차지함.
강점(強點)[-쩜]명 남보다 우수하거나 우세한 점. ☞약점(弱點)
강-점결탄(強粘結炭)명 경도(硬度)가 높고 유황·인·회분이 적은 석탄. 제철 공업에 쓰임.
강정명 ①우리 나라 전래의 유밀과의 한 가지. 찹쌀가루에 막걸리를 치고 익반죽하여 쪄서, 얇게 밀어 일정한 크기로 썰어 말려서 기름에 튀긴 다음, 꿀이나 조청을 바르고 고물을 묻혀 만듦. 고물에 따라 깨강정·콩강정·송화강정·계피강정 등으로 불림. ②볶은 콩이나 참깨·들깨 등을 되직한 조청에 버무려 굳힌 재래식 과자.
강정(江亭)명 강가에 세운 정자.
강정(強情)명 억센 성정(性情).
강정-밥명 강정을 만들기 위하여 찹쌀을 찐 지에밥. ☞산자밥풀
강정-속[-쏙]명 고물을 묻히기 전의 강정.
강정-제(強精劑)명 정력을 강하게 하는 약제. ☞자양제
강:제(強制)명-하다타 힘이나 권력으로 남의 자유 의사를 무시하고 무슨 일을 무리하게 시킴. ¶- 수단을 쓰다./-로 끌어내다.
강제(鋼製)명 강철로 만든 제품.
강:제=가격(強制價格)[-까-]명 수요자나 공급자의 어느 한쪽 의사만을 따라 정한 가격. 공정 가격 따위.
강:제=격리(強制隔離)명 전염병을 예방하기 위하여 환자의 주거 자유를 제한하거나, 전염병 발생 지역에 일반인의 출입을 통제하는 일.
강:제=경:매(強制競賣)명 부동산에 대한 강제 집행의 한 가지. 소유자의 의사에 관계없이 법률 규정에 따라 국가 기관이 강제로 집행하는 경매. ☞임의 경매
강:제=경제(強制經濟)명 국가나 지방 자치 단체 등이 조세를 징수해서 영위하는 경제.
강:제=관:리(強制管理)명 부동산에 대한 강제 집행의 한 가지. 법원이 선임한 관리인에게 채무자 소유의 부동산을 관리하게 하여 얻은 수익으로 채무를 변제(辨濟)하게 하는 방법.
강:제-권(強制權)[-꿘]명 강제 수단을 쓰는 행정상의 권리.
강:제=노동(強制勞動)명 당사자의 자유로운 의사(意思)와 상관없이 권력 따위의 강제에 따라 하는 노동. ☞자유 노동(自由勞動)
강:제-력(強制力)명 ①강제하는 힘. ②국가가 국민에게 명령을 강제하는 권력.
강:제=매:매(強制賣買)명 법률의 규정 또는 행정 처분에 따라 강제적으로 하는 매매.
강:제-벌(強制罰)명 집행벌(執行罰)
강:제=변:호(強制辯護)명 형사 사건에서 피고인의 의사와 상관없이 법원이 국선 변호인을 정하여 맡기는 변호. 필요적 변호(必要的辯護)
강:제=보:험(強制保險)명 법률 규정에 따라 일정한 사람들을 의무적으로 가입시키는 보험. 의료 보험, 자동차 보험 따위. ☞임의 보험(任意保險)
강:제=소각(強制消却)명 회사가 주주의 의사와 상관없이 일방적으로 주식을 소멸시키는 일. ☞임의 소각
강:제=송:환(強制送還)명 밀입국이나 범법 행위 등을 한 외국인을 강제로 특정 국가에 돌려보내는 일.
강:제=수사(強制搜査)명 법관의 영장에 따라 강제 처분으로 이루어지는 수사. ☞임의 수사(任意搜査)
강:제=수용(強制收用)명 공용 수용(公用收用)
강:제=수용(強制收容)명 ①정신병자, 중독자, 전염병자, 부랑자들을 일정한 시설에 강제로 수용하는 일. ②정치적 반대파나 교전 중인 상대국의 국민을 강제로 수용하는 일.
강:제=수용소(強制收容所)명 특정한 사람들을 강제로 수용하기 위하여 만든 시설.
강:제=이민(強制移民)명 노예나 죄수 등을 강제로 식민지 등에 이주시켜 개척하게 하는 일.
강:제=이:행(強制履行)명 채무자가 자발적으로 채무를 이행하지 않을 때, 채권자가 고소하여 법원이 강제로 채무를 이행하게 하는 일.
강:제-적(強制的)명 힘이나 권력으로 남의 자유 의사를 억누르는 것. ☞자발적(自發的)
강:제=절차(強制節次)명 사람에 대한 구류와 물건에 대한 압수·수색 등의 강제 처분에 관한 절차.
강:제=조정(強制調停)명 분쟁의 해결을 조정에 따라 하도록 강제하는 제도. 민사상의 분쟁의 조정, 노동 쟁의의 조정 등이 있음. 조정 강제(調停強制) ☞임의 조정
강:제=조합(強制組合)명 국가가 일정한 범위 내의 사람에게 강제로 설립 또는 가입하게 하는 공공 조합. 농지

개량 조합 등.
강:제=중재(強制仲裁)명 노동 쟁의 등에 대해 분쟁 당사자의 일방 또는 쌍방의 동의를 얻지 않고 하는 중재.
강:제=지출(強制支出)명 감독 관청의 직권으로 지방 자치 단체에 강제로 시키는 지출.
강:제=진:동(強制振動)명 진동체에 주기적인 외력(外力)을 작용함으로써 일으키는 진동. ☞자유 진동
강:제=집행(強制執行)명 ①민사 소송에서, 판결로써 확정된 사법상(私法上)의 청구권을 국가의 강제 수단으로 실현하는 일. ②행정법상 의무의 불이행에 대하여, 행정 주체가 실력으로 그 의무를 이행시키는 일.
강:제=징수(強制徵收)명 공법상(公法上)의 금전 급부 의무가 이행되지 않을 경우에 그것을 강제로 징수하는 행정상의 집행 방법.
강:제=처:분(強制處分)명 형사 소송법에서, 법원이나 수사 기관이 피고인이나 피의자를 소환·체포·구속하거나 범죄에 사용한 물건의 압수·수색 등 강제적인 처분을 하는 일.
강:제=추행죄(強制醜行罪)[-쬐]명 폭행·협박으로써 남에게 추행을 한 죄.
강:제=카르텔(強制Kartell)명 법률로써 그 설립·가입·해산 등을 강제하는 카르텔.
강:제=통용력(強制通用力)명 통화가 법률에 따라 지급 수단으로서 유통될 수 있는 힘.
강:제=통화(強制通貨)명 국내에서, 강제 유통력과 지급 능력이 법률에 따라 부여된 화폐.
강:조(強調)명-하다타 ①특히 힘주어 말함. 강력히 주장함. ¶입법(立法)의 필요성을 -하다. ②회화·음악·문학·무용 따위의 예술 표현에서, 어떤 한 부분을 특히 두드러지게 표현하는 일.
강-조밥명 좁쌀로만 지은 밥. 순속반(純粟飯)
강:조-법(強調法)[-뻡]명 수사법(修辭法)의 한 가지. 설명하려는 대상을 강하고 뚜렷하게 나타내는 표현 방법. 과장법(誇張法)·반복법(反復法)·영탄법(詠歎法)·열거법(列擧法)·점층법(漸層法)·대조법(對照法)·현재법(現在法) 등이 있음. ☞비유법(譬喩法). 변화법(變化法)
강졸(強卒)명 강한 병졸. ☞약졸(弱卒)
강:종(強從)명-하다자타 ①마지못하여 따름. ②억지로 따르게 함. 억지로 복종케 함.
강:종(講鐘)명 강경(講經)할 때 치는 종.
강:종-받다(強從-)타 남을 억지로 자기에게 따르게 하다. ☞강종(強從)
강:좌(講座)명 ①강석(講席) ②대학에서, 교수가 맡아 강의하는 학과목. ③대학에서 하는 강의 형식을 따른 강습회나 강의. ④절에서 불경을 강담(講談)하는 자리.
강:주(強酒)명 술을 억지로 마시는 일.
강:주(講主)명 경스승
강주(薑酒)명 생강주(生薑酒)
강-주정(-酒酊)명-하다자 짐짓 취한체 하며 부리는 주정. 건주정(乾酒酊)
강죽(糠粥)명 겨죽
강-준치(江-)명 강준치아과의 민물고기. 몸길이는 40~50cm이며 준치와 비슷함. 몸빛은 은빛을 띤 백색임. 갑각류, 곤충류, 작은 물고기 따위를 잡아먹고 삶.
강-줄기(江-)[-쭐-]명 강물이 길게 흐르는 줄기.
강중부 짧은 다리를 고부렸다가 한 번 솟구쳐 뛰는 모양을 나타내는 말. ☞겅중. 깡쭝. 깡충
강중(江中)명 ①강 가운데. ②강물 속.
강중-강중부 강중거리는 모양을 나타내는 말. ☞겅중겅중. 깡쭝깡쭝. 깡충깡충
강중-거리다(대다)자 자꾸 강중 뛰다. ☞겅중거리다. 깡쭝거리다. 깡충거리다
강즙(薑汁)명 생강즙(生薑汁)
강지(剛志)명 굽히지 않는 굳센 의지.
강:지(降旨)명-하다자 지난날, 전교(傳敎) 또는 교령(敎令)을 내리던 일.
강직(江直)명 강원도에서 나는 직삼(直蔘).
강:직(降職)명-하다자타 직위가 낮아지거나 직위를 낮춤. ☞승직(昇職)
강직(強直)명-하다자 굳어서 뻣뻣해짐. 경직(硬直) ¶다리의 근육이 -하다.
강직(剛直)어기 '강직(剛直)하다'의 어기(語基).
강직성=경련(強直性痙攣)명 오랜 시간에 걸쳐 계속되는 심한 경련. 간질·파상풍 등에서 볼 수 있음.
강직-하다(剛直-)형여 성품이 굳세고 곧다.
 강직-히부 강직하게
강진(強震)명 지진의 세기에 따른 계급의 하나. 진도(震度) 5에 해당하는 것으로, 벽이 갈라지고 묘석(墓石)이나 석등(石燈)이 넘어지며 굴뚝·돌담 등이 파손되는 정도의 지진을 이름. ☞열진(烈震)
강진-계(強震計)명 매우 큰 지진동(地震動)을 기록할 수 있도록 만든 지진계.
강질(剛質)명 굳세고 곧은 기질.
×**강집**(薑汁)명 →강즙
강짜명-하다자 '강샘'을 속되게 이르는 말.
 강짜(가) 나다관용 강샘하는 마음이 일어나다.
 강짜(를) 부리다관용 강샘을 드러내어 보이다.
강:착(降着)명-하다자 항공기 따위의 비행체가 착륙함.
강-참숯명 다른 나무의 숯이 섞이지 않은 참숯.
강천(江天)명 강물과 하늘, 또는 강물 위의 하늘.
강철(鋼鐵)명 ①가단철(可鍛鐵)의 한 가지. 무쇠를 녹여서 높은 압력을 주어, 공기를 불어넣고 탄소의 양을 적게 한 쇠. 철강(鐵鋼) ②단련되어 아주 단단하고 굳셈을 비유하여 이르는 말. ☞연철(軟鐵)
 강철 같다관용 단단하고 굳셈을 비유하여 이르는 말.
 속담 **강철이 달면 더욱 뜨겁다** : 웬만해서는 움직이지도 않고 화도 낼 것 같지 않은 사람이 한번 성이 나면 더 무섭다는 말. [뜬 솥도 달면 힘들다]

한자 **강철 강**(鋼) 〔金部 8획〕 ¶강삭(鋼索)/강철(鋼鐵)/강판(鋼板)/강필(鋼筆)/철강(鐵鋼)

강철-사(鋼鐵絲)[-싸]명 강철선(鋼鐵線)
강철-선(鋼鐵線)[-썬]명 강철로 만든 가는 줄. 강철사
강철-이(強鐵-)명 지나가기만 하면 초목이나 곡식이 다 말라 죽는다는 전설상의 독룡(毒龍).
 속담 **강철이 가는 데는 가을도 봄이라** : 운수가 사나운 사람은 이르는 곳마다 나쁜 일이 따른다는 말.
강철-차(鋼鐵車)명 차체를 강철로 만든 철도 차량.
강철-판(鋼鐵板)명 강철로 만든 판. 강판(鋼板)
강철-함(鋼鐵艦)명 강철로 주요 부분을 장비한 군함.
강:청(強請)명-하다타 무리하게 요구함, 또는 무리하게 조름. ☞강구(強求)
강청-색(鋼青色)명 강철과 같이 검푸른 빛. 준강색
강체(剛體)명 어떠한 힘이 작용하여도 그 모양이나 부피가 변하지 않는다는 가상의 물체.
강체=역학(剛體力學)명 강체에 작용하는 힘과 그 운동과의 관계를 연구하는 학문.
강체=진:자(剛體振子)명 복진자(複振子)
강촌(江村)명 강가에 있는 마을.
강촌별곡(江村別曲)명 ①조선 선조 때 차천로(車天輅)가 지은 것으로 전하는 가사(歌辭). 관직에서 물러난 뒤의 한가로운 전원 생활을 노래한 내용임. '고금가곡(古今歌曲)'에 실려 전함. ②낙빈가(樂貧歌)
강-추위명 눈도 내리지 않고 바람도 불지 않으면서 몹시 추운 추위. ☞강더위
강충이명 강충잇과의 곤충을 통틀어 이르는 말. 몸길이 6~7mm로 매미와 비슷한 모양임. 몸빛은 누르스름하며 벼 따위의 진을 빨아먹는 해충임.
강:취(強取)명-하다타 강탈(強奪)
강치명 강칫과의 바다 짐승. 몸길이는 수컷은 2.5m, 암컷은 1.8m 안팎으로 물개와 비슷함. 몸빛은 흑갈색이고 태평양 서남 근해에 삶. 해려(海驢). 해룡(海龍)
강타(強打)명-하다타 ①세게 침. ¶상대편의 턱을 -하

다. ②대단한 타격을 끼침. ¶태풍이 중부 지방을 ―하다. ③야구나 배구 따위에서, 타자나 공격수가 공을 세게 침.

강-타자(強打者)명 야구에서, 타율이 높은 타자를 이르는 말.

강:탄(降誕)명-하다자 ①거룩한 이가 태어남. ☞탄강(誕降) ②강생(降生)

강:탄-일(降誕日)명 거룩한 이가 태어난 날.

강:탄-절(降誕節)명 석가모니의 탄생을 축하하는 날. 곧 음력 4월 8일. 부처님 오신 날. 초파일

강:탄-제(降誕祭)명 ①거룩한 이가 태어난 날을 기념하는 잔치. ②크리스마스

강:탈(強奪)명-하다타 억지로 빼앗음. 강겁(強劫). 강취(強取). 늑탈(勒奪)

강태(江太)명 강원도 연해에서 잡히는 명태를 이르는 말.

강-태공(姜太公)명 중국 주나라 태공망(太公望)의 고사에서 비롯된 말로, 낚시질을 좋아하는 사람을 비유하여 이르는 말.

속담 **강태공의 곧은 낚시질**: 큰 뜻을 품고 때가 오기를 기다리며 나날을 보낸다는 뜻.

강토(疆土)명 나라의 경계 안에 있는 땅. 경토(境土). 양지(壤地) ▷ 疆은 지경 (강)/彊은 굳셀 (강)

강파(江波)명 강물에 일어나는 물결.

강파르다(강파르고·강팔라)형르 ①몸이 매우 파리하다. ②성미가 깔깔하다.

강파리-하다형여 몸이나 성미가 강파른듯 하다.

강:판(降板)명-하다자 야구에서, 투수가 공을 잘 던지지 못하거나 하여 경기 도중에 마운드에서 물러나는 일. ☞등판(登板)

강판(鋼板)명 강철판(鋼鐵板)

강판(鋼版)명 강철판에 새긴 인쇄용 요판(凹版)

강판(薑板)명 생강·무·감자·과일 따위의 즙을 내거나 잘게 가는 데 쓰는 기구.

강팔-지다형 강파른 데가 있다. ¶강팔진 성미.

강퍅(剛愎)어기 '강퍅(剛愎)하다'의 어기(語基).

강퍅-하다(剛愎―)형여 성미가 까다롭고 고집이 세다.

강퍅-히부 강퍅하게

강:평(講評)명-하다타 작품이나 연기, 연주 등의 성과를 심사자가 총괄하여 비평함, 또는 그 비평. ¶응모 작품에 대한 ―을 듣다.

강포(江布)명 조선 시대, 강원도에서 나는 베를 이르던 말. ☞북포(北布). 영포(嶺布)

강포(強暴)어기 '강포(強暴)하다'의 어기(語基).

강포-하다(強暴―)형여 우악스럽고 사납다.

강-풀명 물에 개지 않은 된풀.

강풀(을) 치다관용 풀을 먹인 위에 다시 된풀을 칠하다.

강풍(江風)명 강바람

강풍(強風)명 ①세차게 부는 바람. ②센바람 ☞전강풍(全強風)

강-피명 까끄라기가 없고 빛깔이 붉은 피.

강-피밥명 피로만 지은 밥.

강필(鋼筆)명 가막부리

강하(江河)명 ①강과 내. ②중국의 양쯔 강과 황허 강을 아울러 이르는 말.

강:하(降下)명-하다자타 위에서 아래로 내림, 또는 내려감. ¶자일을 ―하다./기압이 ―하다. ☞상승(上昇). 하강(下降)

강:하(糠蝦·糠鰕)명 '보리새우'의 딴이름.

강-하다(剛―)형여 ①마음이나 성질이 단단하고 굳세다. ¶성질이 강하고 모질다. ☞유(柔)하다 ②물질 따위가 굳고 단단하다.

강-하다(強―)형여 세다. 힘이 있다. ¶강한 군사력./자존심이 ―. ☞약하다

강:하-어(降河魚)명 민물에서 살다가 산란기에 알을 낳으러 바다로 가는 물고기를 통틀어 이르는 말. 뱀장어나 숭어 따위. 강류어(降流魚) ☞소하어(遡河魚)

강:학(講學)명-하다자타 학문을 닦고 연구함.

강한(剛悍·強悍)어기 '강한(剛悍)하다'의 어기(語基).

강한-하다(剛悍―)형여 마음이나 성질이 굳세고 사납다.

강항(江港)명 강가나 강어귀에 있는 항구.

강항-령(強項令)명 강직하여 굽힘이 없는 현령(縣令)이라는 뜻으로, 강직하고 올곧은 사람을 이르는 말. ☞목곧이

강해(江海)명 강과 바다. ☞하해(河海)

강:해(講解)명-하다타 강론하여 해석함, 또는 그 해석.

강:행(強行)명-하다타 ①강제로 시행함. ¶철거를 ―하다. ②어려움을 무릅쓰고 함. ¶악천후에도 행군을 ―하다.

강:-행군(強行軍)명-하다자 ①목적지에 좀더 빨리 도착하기 위해 무리함을 무릅쓰고 하는 행군. ②어떤 일을 기일 안에 끝내려고 무리하게 일함을 비유하여 이르는 말. ¶완공 예정일에 공사를 끝내려고 ―을 하다.

강:행=규정(強行規定)명 법률 행위 당사자의 의사와는 상관없이 강제적으로 적용되는 규정. ☞임의 규정

강:행=법규(強行法規)명 법률 행위 당사자의 의사와는 상관없이 강제적으로 적용되는 법규. ☞임의 법규

강혈(腔血)명 몸 안에 돌고 있는 피.

강호(江湖)명 ①강과 호수. ②도시에서 멀리 떨어진 시골 땅. 호해(湖海) ¶―에 묻혀 살다. ③세상. 사회 ¶―제현(諸賢)의 성원을 바랍니다.

강호(強豪)명 강하여 맞서기 어려운 상대. ¶―를 물리치고 우승하다.

강호가(江湖歌)명 ①속세를 떠나 대자연 속에서 지내는 생활을 읊은 가사(歌辭)나 시조. ②강호사시가

강-호:령(―號令)명-하다자 까닭 없이 꾸짖는 호령. 생호령

강호리명 '강활(羌活)'의 딴이름.

강호사:시가(江湖四時歌)명 조선 세종 때에 맹사성(孟思誠)이 지은 네 수로 된 연시조. 만년에 관직에서 물러나 자연을 벗삼아 지내는 생활을 철 따라 읊은 내용. 강호가(江湖歌). 사시한정가(四時閑情歌)

강호연:군가(江湖戀君歌)명 조선 선조 때에 장경세(張經世)가 지은 연시조. 임금을 그리워하고 나라를 걱정하는 내용의 전육곡(前六曲)과, 학문과 선현(先賢)을 사모하는 내용의 후육곡(後六曲)으로 되어 있음.

강호연파(江湖煙波)성구 ①강이나 호수 위에 안개처럼 보얗게 이는 잔물결을 이르는 말. ②자연의 풍경을 이르는 말.

강호지락(江湖之樂)성구 자연을 벗삼아 지내는 즐거움을 이르는 말.

강호지인(江湖之人)성구 자연을 벗삼아 강호에 묻혀 지내는 사람. 곧 벼슬하지 않은 사람을 이르는 말.

강호-파(江湖派)명 산림학파(山林學派)

강호-필(剛毫筆)명 족제비 털이나 말 털 따위의 빳빳한 털로 맨 붓.

강:혼(降婚)명-하다자 지체가 높은 집안 사람이 지체가 낮은 집안 사람과 하는 혼인. 낙혼(落婚) ☞앙혼(仰婚)

강:홍(絳紅)명 동유(銅釉)가 환원된 새빨간 빛깔.

강:화(降火)명-하다자 한방에서, 몸의 화기(火氣)를 약을 써서 풀어 내리는 치료법을 이르는 말.

강화(強化)명-하다자타 모자라는 점에 힘을 기울이거나 하여 본디보다 더 강해짐, 또는 강하게 만듦. ¶전력이 ―되다./체력을 ―하다. ☞약화(弱化)

강화(強火)명 불길이 센 불.

강:화(講和)명-하다자 교전 중이던 나라끼리 전쟁을 멈추고 조약을 맺어 평화를 회복하는 일. 구화(媾和)

강:화(講話)명 강의하듯이 쉽게 풀어서 이야기함, 또는 그 이야기. ¶문장(文章) ―

강:화=담판(講和談判)명 교전 중이던 나라끼리 강화하기 위하여 만나서 논의함, 또는 그 논의.

강화-목(強化木)명 베니어 합판에 베이클라이트액을 스며들게 하여 가열한 다음, 매우 높은 압력을 주어 만든 목재. 항공 기재나 정밀 기계 부품 등에 쓰임.

강화-미(強化米)명 인조미(人造米)의 한 가지. 벼를 쪄서 비타민 B가 스며들게 하거나, 비타민 용액에 백미를 담가 영양가를 높인 쌀.

강화=식품(強化食品) 명 영양가를 높이기 위해 칼슘이나 비타민 등의 영양소를 첨가한 식품.

강화=유리(強化琉璃) 명 판유리를 높은 온도로 가열한 다음, 찬 공기로 급히 식혀 충격이나 급격한 온도 변화에 견딜 수 있도록 만든 유리.

강:화=조약(講和條約) 명 전쟁 상태를 끝내고 정상적인 관계를 회복하기 위하여 교전국 사이에 체결하는 조약. 평화 조약

강활(羌活) 명 ①미나릿과의 여러해살이풀. 산에 절로 자라는데, 줄기 높이는 2m 안팎으로 곧음. 위에서 가지가 갈라지고 잎은 자루가 긴데 멧미나리와 비슷함. 8~9월에 작고 흰 꽃이 핌. 뿌리는 도라지와 비슷함. 강호리 ②한방에서, 강활의 뿌리를 약재로 이르는 말.

강활-채(羌活菜) 명 강활의 어린순을 데치어 무친 나물.

강황(薑黃) 명 ①생강과의 여러해살이풀. 줄기 높이 1m 안팎으로, 나팔 모양의 꽃이 핌. 습지에 자람. ②한방에서, 강황의 뿌리를 약재로 이르는 말. 기혈약(氣血藥)으로 쓰임.

강황-지(薑黃紙) 명 강황의 뿌리줄기를 말려서 만든 종이. 알칼리를 만나면 붉은 갈색으로 변하므로, 화학 실험용 시험지로 쓰임.

강-회(-蛔) 명 똥에 섞이지 않고 나오는 회충.

강-회(-膾) 명 실파나 연한 미나리를 데쳐 알반대기, 편육, 버섯 등을 가늘게 썬 것을 돌돌 말아 초고추장에 찍어 먹는 음식.

강회(剛灰) 명 생석회(生石灰)

갗 명 '가죽'의 예스러운 말.

갖-가지[갇-] 명 '가지가지'의 준말. ¶ - 과일

갖가지-로[갇-] 부 '가지가지로'의 준말. ¶ - 차린 음식상.

갖다[1][갇-] 타 '가지다'의 준말. ¶새로운 유행에 관심을 -./옆집에서 떡을 갖고 오다.

갖다[2][갇-] 형 고루 갖추어져 있다. ¶부엌 살림이 오밀조밀 갖기도 하다./갖은 고생을 다하다.

갖-두루마기[갇-] 명 모피로 안을 댄 두루마기.

갖-바치[갇-] 명 지난날, 갖신을 만드는 일을 직업으로 삼는 사람을 이르던 말.

속담 **갖바치 내일 모레** : 약속한 날짜를 차일피일 자꾸 핑계하여 미룬다는 말.

갖-신[갇-] 명 ①가죽으로 만든 재래식의 신. ②'가죽신'의 준말.

갖-옷[갇-] 명 ①'가죽옷'의 준말. ②모피로 안을 대고 지은 옷. 모의(毛衣)

갖은-것 명 온갖 것.

갖은돼지-시(-豕) 명 한자 부수(部首)의 한 가지. '豹'·'貌' 등에서 '豸'의 이름.

갖은등글월문(殳) 명 한자 부수(部首)의 한 가지. '殿'·'股' 등에서 '殳'의 이름.

갖은-떡 명 ①여러 가지의 떡. ②격식과 모양이 갖게 잘 만든 떡.

갖은-삼거리 명 말 안장에 장식한 가슴거리와 그것에 딸린 물건들. 준 삼거리

갖은-색떡(-色-) 명 온갖 물건의 모양을 만들어 붙인 색떡. 밥소라에 골무떡을 수북이 담고 그 위에 꾸밈새로 올려 놓음. ☞민색떡

갖은-소리 명 ①온갖 말. ¶ -로 변명을 늘어놓다. ②가즈러운 말. 골고루 갖추고 있는체 하는 말. ¶쥐뿔도 없는 주제에 -만 한다.

갖은-양념[-냥-] 명 여러 가지로 골고루 갖춘 양념. 온갖 양념.

갖은-자(-字) 명 한자에서, 흔히 쓰는 글자보다 획을 더하거나 구성을 달리한 글자를 이르는 말. '一'에 대한 '壹', '二'에 대한 '貳' 따위.

갖은-폿집(-包-) 명 재래식 한옥에서, 공포(貢包)를 여러 개 받친 집.

갖-저고리[갇-] 명 모피로 안을 댄 저고리.

갖추[갇-] 부 갖게. 고루 갖추어. ¶음식을 - 차리다.

갖추 쓰다 관용 한자를 쓸 때 약자(略字)로 쓰지 않고 획을 갖추어 정자(正字)로 쓰다.

갖추-갖추[갇-갇-] 부 골고루 갖추어. ¶고산 등반에 필요한 물건을 - 챙기다.

갖추다[갇-] 타 쓰임에 따라 여러 가지를 미리 골고루 준비하다. ¶낚시 도구를 -.

> 한자 **갖출 구**(具) 〔八部 6획〕 ¶구격(具格)/구색(具色)/구유(具有)/구족(具足)/구체(具體)
> **갖출 비**(備) 〔人部 10획〕 ¶구비(具備)/비축(備蓄)/예비(豫備)/준비(準備)
> **갖출 판**(辦) 〔辛部 9획〕 ¶판비(辦備)

갖춘-꽃[갇-] 명 꽃받침·꽃부리·암술·수술을 두루 갖춘 꽃. 무궁화꽃이나 벚꽃 따위. 완전화(完全花) ☞안갖춘꽃

갖춘-마디[갇-] 명 정규의 박자를 갖추고 있는 마디. 완전 소절(完全小節) ☞못갖춘마디

갖춘-잎[갇-닙] 명 잎몸·잎자루·턱잎을 두루 갖춘 잎. 완전엽(完全葉) ☞안갖춘잎

갖-풀[갇-] 명 쇠가죽을 진하게 고아서 굳힌 황갈색의 풀. 끓여서 씀. 아교(阿膠). 아교풀

> 한자 **갖풀 교**(膠) 〔肉部 11획〕 ¶교갑(膠匣)/교고(膠固)/교상(膠狀)/교질(膠質)/아교(阿膠)

같다[갇-] 형 ①서로 다르지 않고 한가지이다. ¶두 집의 구조가 -./나이가 같은 사람끼리 동갑계를 뭇다./같은 마을에서 자란 친구. ②조사가 붙지 않은 체언이나 '-ㄴ(는) 것', '-ㄹ(을) 것' 다음에 쓰이어, 추측이나 불확실한 단정의 뜻을 나타냄. ¶저 뒷모습이 김씨 같은데 불러 볼까./병이 나을 것 -./인기척이 난 것 같아 나가 보았다. ③주로 '-과'나 '-와'가 생략된 체언 다음에 '같은'의 꼴로 쓰이어, 비교나 비유의 뜻을 나타냄. ¶흰 솜 같은 뭉게구름./거북이 같은 걸음./앵두 같은 입술. ④거듭된 명사 사이에 '같은'의 꼴로 쓰이어, '기준이 될만한'의 뜻을 나타냄. ¶말 같은 말이라야 듣지./물건 같은 물건이 얼마나 되나./이왕이면 옷 같은 옷을 마련해야지. ⑤체언 다음에 '같으면', '같아도'의 꼴로 쓰이어 '-이라면', '-이라도'의 뜻을 나타냄. ¶나 같아도 참지 못한다./옛날 같으면 생각도 못 할 일이다. ⑥'마음'이나 '생각' 등의 명사나 시간을 나타내는 일부 명사 다음에 쓰이어 '-으로는', '형편으로는'의 뜻을 나타냄. ¶마음 같아서는 당장 떠나고 싶다./생각 같아서야 무엇을 못 할까./요즘 같아서는 쉴 겨를이 없다. ⑦욕되거나 부정적인 명사 뒤에 '같으니(-라고)'의 꼴로 쓰이어, '그와 다름없는', '그와 한가지인'의 뜻을 나타냄. ¶천하의 악당 같으니./바보 같으니라고, 다 잡은 범인을 놓치다니.

속담 **같은 값이면 다홍치마** : 값이 같거나 같은 힘이 드는 것이라면 질이 좋고 보기에 좋은 것을 고른다는 말. ☞동가홍상(同價紅裳)

> 한자 **같을 동**(同) 〔口部 3획〕 ¶동갑(同甲)/동기(同期)
> **같을 등**(等) 〔竹部 6획〕 ¶대등(對等)/동등(同等)
> **같을 약** (若) 〔艸部 5획〕 ¶약시(若是)/약차(若此)
> **같을 여** (如) 〔女部 3획〕 ¶여전(如前)/여차(如此)

같아-지다 자 같게 되다. 닮게 되다. ¶자라면서 모습이나 음성이 아버지와 -.

같음-표(-標) 명 등호(等號)

같이[가치] 부 ①같게. 서로 다름이 없이. ¶본보기와 - 만들다. ②함께 ¶친구와 - 등산을 하다. ③사실과 다르지 않고 바로 그대로. ¶알린 바와 - 내일은 쉽니다.

속담 **같이 우물 파고 혼자 먹는다** : 여러 사람이 힘을 모아 이룬 보람을 혼자서 다 차지하는 경우를 이르는 말.

> ▶ **'같이'의 쓰임의 구별**
> ○ 부사 ── 나와 같이 가자.
> ○ 형용사의 부사형 ── 샘물이 얼음과 같이 차다.
> ○ 접미사 ── 쇠같이 단단한 물건.

-같이[가치] 접미 ①'같다'에서 바뀌어, 일부 명사에 붙어 부사가 되게 하는 말로 '그것처럼', '같게'의 뜻을 나타냄. ¶꿈같이 지난 세월./하나같이 똑똑하다. ②때를 나타내는 명사에 붙어 '그때'를 강조하는 뜻을 나타냄. ¶새벽같이 길을 나서다.

같이-하다[가치-] 타여 함께하다 ¶고락(苦樂)을 같이한 대원. ☞달리하다

같잖다[간-] 형 '같지 않다'가 줄어든 말로 ①하는 짓이나 꼴이 격에 맞지 않고 아니꼽다. ¶제 분수를 모르고 설치는 꼴이 -. ②하찮아서 상대할 거리가 못 되다. ¶그런 같잖은 사람과 상대할 생각이 없다.

같-지다[간-] 자 씨름 경기에서, 겨루던 두 사람이 함께 넘어지다.

갚다[갑-] 타 ①빌린 물건이나 꾼 돈을 돌려주다. ¶빚을 -. ②입은 은혜나 신세를 진 데 대하여 상대편에게 행동이나 사물로써 고마움의 뜻을 나타내다. ¶은혜를 -. ③자기에게 해를 끼친 상대에게 앙갚음의 행동을 하다. ¶원수를 -.

한자 **갚을 보**(報) [土部 9획] ¶보답(報答)/보은(報恩)
갚을 상(償) [人部 15획] ¶변상(辨償)/보상(補償)

갚음 명 -하다 타 남에게서 입은 은혜나 원한에 대하여 자기가 입은 대로 갚는 일. ¶신세를 졌으니 -은 해야지요./해묵은 원한을 -하는 일은 또 다른 원한을 빚는다.

개[1] 명 ①윷판의 둘째 말밭 이름. 곧 '도'와 '걸'의 사이임. ②윷놀이에서, 네 개의 윷가락을 던져서 윷가락 둘은 엎어지고 둘은 젖혀진 경우의 이름. 말은 두 말밭만을 나아갈 수 있음. ☞갯밭[1]

개[2] 명 강이나 내에 바닷물이 드나드는 곳.

한자 **개 포**(浦) [水部 7획] ¶포구(浦口)/포촌(浦村)

개:[3] 명 ①갯과의 집짐승. 이리나 늑대와 비슷하나 성질이 온순하고 영리하며, 냄새를 잘 맡고 귀가 밝아 사냥용·경비용·애완용 등으로 기르는데 품종이 많음. ☞멍멍이 ②남의 앞잡이 노릇을 하는 사람을 비유하여 이르는 말. 주구(走狗) ¶일제(日帝)의 - 노릇을 한 자. ③성질이 못되고 행실이 막된 사람을 욕으로 이르는 말. ¶- 같은 녀석.

개 발싸개 같다 관용 보잘것없이 허름하고 형편없다.

개 싸다니듯 하다 관용 여기저기 가리지 않고 함부로 나돌아다니다.

속담 **개가 웃을 일이다** : 너무 어이없고 같잖은 일임을 이르는 말./**개같이 벌어서 정승같이 먹는다** : 천한 일이나 험한 일을 가리지 않고 돈을 벌어서 보람 있는 일에 떳떳하게 쓴다는 말.〔개처럼 벌어서 정승같이 산다〕/**개 꼬락서니 미워서 낙지 산다** : 자기가 미워하는 사람이 좋아하거나 이로운 일은 하지 않는다는 말./**개 꼬리 삼 년 두어도 황모(黃毛) 못 된다** : 본바탕이 좋지 않은 것은 아무리 해도 좋아지지 않는다는 말./**개도 나갈 구멍을 보고 쫓아라** : 내쫓기는 개도 빠져 나갈 곳이 없으면 도리어 달려든다는 데서, 사람도 너무 심하게 궁지로 몰아넣으면 도리어 자기가 해를 입기 쉽다는 말./**개도 무는 (사나운) 개를 돌아본다** : 당당하게 자기 권리를 주장하고 요구하고 나서야지 순하기만 해서는 오히려 대접을 못 받는다는 말./**개도 주인을 알아본다** : 배은망덕한 사람에게 개만도 못하다고 하는 말./**개 못된 것은 들에 가서 짖는다** : 제가 마땅히 해야 할 일은 못하면서 쓸데없는 일에 나서서 잘난체 하는 사람을 비유하여 이르는 말./**개 보름 쇠듯** : 명절같이 잘 먹고 즐겁게 지내야 할 날에 제대로 먹지도 못하고 지냄을 이르는 말.

한자 **개 견**(犬) [犬部] ¶견공(犬公)/맹견(猛犬)/맹도견(盲導犬)/충견(忠犬)
개 구(狗) [犬部 5획] ¶계명구도(鷄鳴狗盜)/양두구육(羊頭狗肉)/토사구팽(兎死狗烹)

개:(蓋) 명 지난날의 의장(儀仗)의 한 가지. 사(紗)로 양산같이 만들어 쓰던 것으로, 빛깔에 따라 청개(靑蓋)·홍개(紅蓋)·황개(黃蓋)·흑개(黑蓋) 등이 있었음.

개(個·箇) 의 ①낱으로 된 물건을 셀 때, 수관형사 다음에 쓰는 말. ¶감 열 -. ②지금(地金) 열 냥쭝을 한 단위로 이르는 말. ¶지금 세 -. ▷ 個의 속자는 仐

개- 접두 ①'야생의', '변변치 못한'의 뜻을 나타냄. ¶개살구/개꽃/개떡 ②'헛된', '실없는'의 뜻을 나타냄. ¶개꿈/개죽음

개:가(改嫁) 명 -하다 자 결혼했던 여자가, 남편이 죽거나 남편과 이혼하거나 하여 다른 남자와 다시 결혼하는 일. 재가(再嫁). 후가(後嫁). 후살이

개가(開架) 명 -하다 타 도서관에서 책을 볼 사람이 자유로이 책꽂이에서 책을 골라 볼 수 있게 서가를 개방하는 일.

개:가(凱歌) 명 ①'개선가(凱旋歌)'의 준말. ②승리나 큰 성과를 거두었을 때 감격하여 터져 나오는 환성.

개가를 올리다 관용 겨루기에서 승리하거나 무슨 일에서 큰 성과를 거두다. ¶오랜 연구 끝에 개가를 올렸다.

개가-식(開架式) 명 개가제(開架制)

개가-제(開架制) 명 도서관에서, 책을 볼 사람이 자유로이 책꽂이에서 책을 골라 볼 수 있게 하는 제도. 개가식. 자유 접가제(自由接架制) ☞폐가제(閉架制)

개:-가죽 명 ①개의 가죽. 구피 ②'낯가죽'의 속된말.

개:각(介殼) 명 조개 따위의 겉을 싸고 있는 단단한 껍데기. 외투막(外套膜)에서 분비된 석회질이 굳어서 이루어진 것임. 굴·전복·조개 따위의 겉껍데기.

개:각(改刻) 명 -하다 타 도장·판각·조각 등을 고쳐 새김.

개:각(改閣) 명 -하다 자 내각(內閣)을 고쳐 편성함.

개:각-류(介殼類) 명 갑각류(甲殼類)

개:각-충(介殼蟲) 명 '깍지벌레'의 딴이름.

개:간(改刊) 명 -하다 타 책의 내용을 고치어 다시 펴냄, 또는 그 책. 개판(改版)

개간(開刊) 명 -하다 타 책을 처음으로 펴냄.

개간(開墾) 명 -하다 타 산이나 들의 거친 땅을 일구어 논이나 밭으로 만듦. 기간(起墾) ¶황무지를 -하다.

개간-지(開墾地) 명 개간한 땅. ☞미개간지

개:-감수(-甘遂) 명 '감수(甘遂)'의 딴이름.

개감-스럽다(-스럽고·-스러워) 형ㅂ 음식을 욕심을 부리며 먹어 대는 꼴이 게걸스럽다. ☞게검스럽다

개감-스레 부 개감스럽게

개:갑(介甲) 명 ①게나 거북 등의 단단한 겉껍데기. ②갑옷

개갑(鎧甲) 명 고려 시대 군복의 한 가지. 쇠 미늘을 달아 지은 갑옷.

개:갑-류(介甲類) 명 갑각류(甲殼類)

개강(開講) 명 -하다 자타 ①강의나 강좌(講座) 따위를 시작함. ☞종강(終講). 폐강(閉講) ②절에서, 강경(講經)을 시작함.

개:개(個個·箇箇) 명 하나하나. 낱낱. 각각. 각기 ¶구성원 -의 개성이 다르다./-의 책임을 다하다.

개개다 자 ①자꾸 맞닿아서 닳거나 해지거나 하다. ②성가시게 달라붙어 손해가 되다. ③〔타동사처럼 쓰임〕 손해를 끼치다.

개개비 명 휘파람새아과의 여름 철새. 날개 길이 9cm 안팎. 등은 연한 갈색, 배는 잿빛을 띤 백색, 날개와 꽁지는 갈색임. 초여름에 갈대밭에서 '개개개' 하고 지저귐.

개개-빌:다(-빌고·-비니) 자 잘못을 용서하여 달라고 간절히 빌다.

개:개승복(個個承服) 성구 지은 죄를 낱낱이 자백함.

개:개-인(個個人) 명 한 사람 한 사람. ¶구성원 -의 의견을 존중하다.

개:개-풀리다 자 개개풀어지다 ¶개개풀린 눈.

개:개-풀어지다 자 ①끈끈하던 것이 녹아서 다 풀어지다. ②졸리거나 술에 취하여 눈에 정기가 없어지다. 개개풀리다

개갱(開坑) 명 -하다 자 광산에서, 광물을 파내기 위하여 굴을 뚫기 시작하는 일. ☞개광(開鑛)

개거(開渠) 명 위를 덮지 않고 그대로 터놓은 배수로(排水路). 명거(明渠) ☞암거(暗渠)

개:걸(丐乞) 명 ①-하다 자 동냥질함. ②거지

개:-견(-犬)명 한자 부수(部首)의 한 가지. '獸'·'獎' 등에서 '犬'의 이름. ☞개사슴록변
개:견(槪見)명-하다타 대강 살펴봄.
개:결(介潔)어기 '개결(介潔)하다'의 어기(語基).
개:결-하다(介潔-)형여 성품이 곧고 깔끔하다.
개결-히부 개결하게
개경(開京)명 고려 시대의 서울인 '개성(開城)'을 달리 이르는 말.
개:고(改稿)명-하다자타 원고를 고쳐 씀, 또는 고쳐 쓴 그 원고. ☞추고(推敲)
개:-고기명 ①개의 고기. 구육(狗肉) ②성질과 언행이 막되고 체면도 모르는 사람을 낮잡아 이르는 말.
개고마리명 '때까치'의 딴이름.
개:-골명 까닭 없이 내는 성을 이르는 말.
개골-개골부 개구리가 우는 소리를 나타내는 말.
개골산(皆骨山)명 '금강산'의 딴이름. 겨울철의 금강산을 이르는 이름임. ☞봉래산(蓬萊山). 풍악산(楓嶽山)
개-골창명 수챗물이 흐르는 작은 도랑. 구거(溝渠)
개:과(改過)명-하다자 잘못을 뉘우쳐 고침.
개:과(蓋果)명 열과(裂果)의 한 가지. 열매가 익으면 껍질이 가로 벌어져서 위쪽이 뚜껑같이 되는 열매. 쇠비름이나 채송화 따위의 열매. ☞삭과(蒴果). 폐과(閉果)
개:과자신(改過自新)성구 잘못을 뉘우쳐 스스로 새로워짐을 이르는 말. 유개과천선
개:과천:선(改過遷善)성구 잘못을 뉘우쳐 착하게 됨을 이르는 말. 유개과자신
개:관(改棺)명-하다자타 이장(移葬)할 때 관을 새로 마련하여 바꾸는 일.
개관(開棺)명-하다자타 시체가 들어 있는 관의 뚜껑을 여는 일. ☞개관(蓋棺). 천개(天蓋)
개관(開館)명-하다자타 ①도서관이나 회관 등 관(館)자가 붙는 기관이나 시설을 차리어 업무를 처음으로 시작함. ☞폐관(廢館) ②도서관이나 회관 등의 문을 열고 그 날의 업무를 시작함. ☞폐관(閉館)
개:관(蓋棺)명-하다자타 관의 뚜껑을 덮음.
개:관(槪觀)명 ①-하다타 대체적으로 보거나 관찰함, 또는 그 관찰. ¶세계 정세를 -하다. ②그림에서 윤곽·명암·색채·구도 등의 대체적인 모양.
개:관사:정(蓋棺事定)성구 시체를 관에 넣고 관의 뚜껑을 덮은 뒤에야 비로소 그 사람에 대한 평가를 제대로 할 수 있음을 이르는 말. ▷蓋의 속자는 盖
개:괄(槪括)명-하다타 ①내용이나 요점 등을 간추려 하나로 뭉뚱그림. ②여러 사물에 공통되는 성질을 추상(抽象)하여 그 성질을 하나의 개념 아래 뭉뚱그리는 일. ☞한정(限定) ▷槪와 概는 동자
개광(開鑛)명-하다자타 광산에서, 광석을 캐내기 시작함. ☞개갱(開坑)
개:교(改敎)명-하다자 개종(改宗)
개교(開校)명-하다자타 ①새로 학교를 세워 수업을 시작함. ②새로 세운 학교에서 수업이 시작됨. ☞폐교(閉校)
개:구(改構)명-하다타 ①구조물을 다시 고쳐 만듦. ②단체나 조직을 다시 구성함.
개구(開口)명-하다자 ①입을 벌림. ②입을 열어 말을 시작함. ☞겸구(箝口). 함구(緘口)
개구-도(開口度)명 말을 이루는 소리를 낼 때 입을 벌리는 정도.
개구리명 양서류(兩棲類) 무미목(無尾目)의 동물을 통틀어 이르는 말. 올챙이가 자란 것으로 네 발에 물갈퀴가 있고, 몸빛은 여러 가지임. 수컷은 울음주머니를 부풀려 소리를 냄. 못이나 늪, 논 등에서 삶.
속담 **개구리 낯짝에 물 붓기**: 물에 사는 개구리에게 물을 끼얹어도 아무런 영향을 주지 않는다는 데서, 어떤 자극을 주어도 아무 반응이 없음을 이르는 말./**개구리도 옴쳐야 뛴다**: 아무리 급해도 일을 이루려면 마땅히 준비할 시간이 있어야 한다는 말./**개구리 올챙이 적 생각을 못한다**: ①지난날 미천하던 사람이 성공한 뒤에는 옛일을 생각지 아니하고 처음부터 잘난듯이 행동한다는 말. ②일을 배워서 익숙해지면 서투르던 때 생각은 아니하고 큰소리를 침을 이르는 말./**개구리 주저앉는 뜻은 멀리 뛰자는 뜻이다**: ①아무리 평범한 행동이라도 일정한 목적이 있다는 말. ②큰일을 하려면 차분하게 준비 태세를 가다듬는 일이 필요하다는 말.
개구리-밥명 개구리밥과의 여러해살이 수초. 못이나 늪의 물 위에 떠서 자람. 몸은 둥글거나 길둥근 세 가닥의 잎으로 이루어져 있는데, 겉은 녹색이고 안쪽은 자줏빛임. 물 속으로 실 같은 뿌리가 드리워 있음. 여름에 엷은 녹색의 잔 꽃이 핌. 뿌리는 한방에서 강장제·발한제·이뇨제·해독제 등으로 쓰임. 부평초(浮萍草). 수평(水萍)
개구리-젓명 개구리의 다리 살로 담근 젓.
개구리-참외명 박과의 한해살이풀. 참외와 비슷한데, 줄기에 털이 있음. 살이 감참외같이 감빛을 띰. 껍질 거죽은 개구리의 등처럼 푸른 바탕에 얼룩무늬가 있음.
개구리-헤엄명 개구리가 헤엄치듯 두 다리를 함께 오므렸다 뻗쳤다 하며 치는 헤엄. 평영(平泳)
개:-구멍명 담이나 울타리 또는 대문짝 밑에 개가 드나들도록 터놓은 작은 구멍.
개:구멍-바지명 지난날, 밑을 터서 오줌이나 똥을 누기에 편하도록 만들어 입히던 사내아이의 바지.
개:구멍-받이[-바지]명 젖먹이 때 버려진 것을 데려다 기른 아이를 흔히 이르는 말.
개구쟁이명 짓궂은 장난을 하는 아이를 이르는 말.
개국(開國)명-하다자 ①새로 나라를 세움. ☞건국(建國) ②외국과의 교제를 시작함. ☞쇄국(鎖國)
개국=공신(開國功臣)명 새로 나라를 세울 때 공훈이 많은 신하.
개국=공신전(開國功臣田)명 조선 초기에 태조가 44명의 개국 공신에게 준 논밭.
개국=시:조(開國始祖)명 나라를 세운 시조.
개국-주의(開國主義)명 외국과 통상(通商)을 하고 문화를 교류해야 한다고 주장하는 주의.
개굴(開掘)명-하다타 땅 속에서 광석(鑛石) 등을 파냄.
개굴-개굴부 개구리가 우는 소리를 나타내는 말.
개권(開卷)명-하다자 책을 폄.
개:귀-쌈지명 아가리를 접으면 개의 귀처럼 생긴 조각이 앞으로 넘어와 덮이게 된 쌈지.
개그(gag)명 연극이나 텔레비전 등에서 배우가 관객을 웃기려고 하는 대사나 우스갯짓.
개그맨(gagman)명 개그를 직업으로 삼는 사람. 익살꾼
개근(皆勤)명-하다자 학교나 직장 등에서, 일정 기간에 정해진 휴일 이외에 하루도 빠짐없이 출석하거나 출근함.
개근-상(皆勤賞)명 개근한 사람에게 주는 상.
개:금(改金)명-하다타 불상(佛像)에 다시 금칠을 올림.
개금(開金)명 지난날, '열쇠'를 이르던 말.
개금(開襟)명 ①-하다자 옷깃을 젖힘, 또는 젖혀 놓도록 만든 옷깃. ②-하다자 마음에 품었던 생각이나 감정을 털어놓음. ③마고자 따위와 같이 깃이 없고, 두 쪽이 나란히 맞닿게 만든 섶. 돕지
개:금-불사(改金佛事)[-싸]명 절에서, 개금(改金)할 때에 올리는 의식.
개금-셔츠(開襟shirts)명 노타이셔츠
개-금정(開金井)명-하다자 금정틀을 놓고, 관을 묻을 구덩이를 팜.
개기(皆旣)명 '개기식(皆旣蝕)'의 준말.
개기(開基)명-하다타 ①터를 닦기 시작함. ②절을 새로 세우거나, 한 종파를 일으킬 기틀을 마련함. ③절을 처음 세운 중.
개:-기름명 얼굴에 번질번질하게 내밴 기름기. ¶-이 번지르르한 얼굴.
개기-식(皆旣蝕)명 '개기 일식(皆旣日蝕)' 또는 '개기 월식(皆旣月蝕)'을 이르는 말. 준개기(皆旣) ☞부분식
개기=월식(皆旣月蝕)[-씩]명 달이 완전히 지구의 본그림자 안에 들어가는 월식 현상. ☞부분 월식(部分月蝕)
개기=일식(皆旣日蝕)[-씩]명 해가 달에 완전히 가리어져 보이지 않게 되는 일식 현상. ☞부분 일식

개:-꼴 명 체면이 엉망이 된 꼬락서니.
개:-꽃 명 ①국화과의 한해살이풀. 줄기 높이는 30~60 cm. 잎은 깃꼴로 갈라진 겹잎이고, 줄기는 가지를 많이 치는데, 7~8월에 흰 꽃이 줄기 끝에 핌. ②'진달래'를 '참꽃'이라 하는 데 대하여 '철쭉'을 달리 이르는 이름.
개:-꿀 명 벌집에 들어 있는 그대로의 꿀. 소밀(巢蜜)
개:-꿈 명 다른 사람이 꾼 꿈을 '하찮은 꿈'이라 하여 이르는 말.
개:나리¹ 명 목서과의 낙엽 활엽 관목. 높이는 2~3m로, 이른봄에 노란 꽃이 잎보다 먼저 핌. 씨는 한방에서 '연교(連翹)'라 하여 연주창이나 부스럼 등에 약재로 쓰임. 영춘(迎春)
개:-나리² 명 '참나리'에 상대되는 이름으로 야생(野生) 나리를 통틀어 이르는 말. 망춘(望春)
×**개나리-봇짐** 명 → 괴나리봇짐
개:-나무좀 명 개나무좀과의 곤충. 몸길이 5~6mm. 몸빛은 검고 더듬이와 수염, 날개 끝은 적갈색이며, 더듬이의 끝 세 마디는 나뭇잎 모양임. 감나무의 해충임.
개:-날 명 간지(干支)의 지지(地支)가 술(戌)인 날을 지지의 동물 이름으로 상징하여 이르는 말. ☞술일(戌日)
개년(個年) 의 〔숫자 다음에 쓰이어〕 '햇수'를 나타내는 말. ¶10-에 걸친 간척 공사.
개:념(槪念) 명 ①어떤 사물에 대한 개괄적인 뜻이나 지식. ②경험할 수 있는 여러 사물이나 사상(事象)에서 공통되는 특징을 이끌어 내어 요약한 보편성이 있는 관념. ¶사물의 정확한 -을 파악하다.
개:념-도(槪念圖) 명 어떤 일의 구조나 내용을 설명하기 위해 그것의 상호 관계 등을 그림으로 나타낸 것.
개:념-어(槪念語) 명 실질 형태소(實質形態素)
개:념-적(槪念的) 명 ①개념에 따른 것. ②사물에 대한 견해나 생각 등이 구체적·실제적인 것이 아니고 개략적인 것. ¶-이며 구체성이 없는 비판.
개:다¹ 자 ①구름이나 안개가 끼어 흐리던 하늘이 맑아지다. ¶갠 날에는 금강산이 또렷이 보인다. ②내리던 비나 눈이 멎고 날씨가 맑아지다. ¶오후에는 날이 갠다는 일기 예보. ③'우울하던 마음이 개운하게 되다'를 비유하여 이르는 말. ¶마음이 활짝 -.

한자 **갤 청**(晴) 〔日部 8획〕 ¶청천(晴天)/쾌청(快晴)

개:다² 타 흙이나 가루 따위에 액체를 쳐서 으깨거나 이기다. ¶밀가루를 개어 풀을 쑤다.
개:다³ 타 옷이나 이부자리, 넓은 천이나 종이 따위를 겹쳐서 접다. 개키다 ¶이부자리를 -.
개:-다래 명 개다래나무의 열매.
개:다래-나무 명 다래나뭇과의 낙엽 활엽 덩굴나무. 잎은 길둥근 꼴인데 가장자리에 톱니가 있으며 어긋맞게 남. 6~7월에 흰 꽃이 핌. 열매는 장과(漿果)로 8~9월에 적황색으로 익는데, '개다래'라고 하여 먹기도 하고 약으로도 쓰임.
×**개다리-밥상**(-床) 명 →개다리소반
개:다리-상제(-喪制) 명 예절에 벗어난 행동을 하는 상제를 낮잡아 이르는 말.
개:다리-소반(-小盤) 명 상다리를 개의 뒷다리처럼 구부정하게 만든, 장식이 없는 막치 소반. ☞호족반
개:다리-질 명-하다 자 방정맞고 얄미운 짓만 하는 행동을 욕으로 이르는 말.
개:다리-참봉(-參奉) 명 지난날, 돈으로 참봉 벼슬을 사서 거드름을 피우는 사람을 비꼬아 이르던 말.
개:다리-출신(-出身)[-씬] 명 지난날, 총 쏘는 기술로 무과(武科)에 급제한 사람을 얕잡아 이르던 말.
개답(開畓) 명-하다 타 논풀이
개더(gather) 명 천에 홈질을 하여 그 실을 잡아당겨 오므리어 잡은 주름. ¶-스커트
개도(開道) 명-하다 자 길을 냄. 개로(開路)
개도(開導) 명-하다 타 깨우쳐 인도함.
개도-국(開途國) 명 '개발 도상국(開發途上國)'의 준말.
개독(開櫝) 명-하다 타 제사 때에 주독(主櫝)을 여는 일. 계독(啓櫝)
개동(開冬) 명 ①'음력 시월'을 달리 이르는 말. ②'초겨울'을 달리 이르는 말.
개동(開東) 명 ①-하다 자 새벽이 되어 동쪽 하늘이 밝아옴. ②밝을녘 ☞평단(平旦)
개동군령(開東軍令) 성구 군대에서 이른 새벽에 내리는 행동 명령이라는 뜻으로, 새벽 일찍부터 일을 시작하는 경우를 비유하여 이르는 말.
개:-돼:지 명 ①개와 돼지, 또는 개나 돼지. ②됨됨이가 아주 못된 사람을 욕으로 이르는 말.
개:두(蓋頭) 명 ①가첨석(加檐石) ②너울 ③지난날, 국상 때 왕비 이하 나인들이 상복에 갖추어 쓰던 머리쓰개의 한 가지. 여립모(女笠帽)
개:-두량(改斗量) 명-하다 타 말이나 되로 한 번 된 곡식을 다시 됨. ☞두량(斗量)
개:-두릅 명 엄나무 가지에서 나온 새순. 나물로 먹음.
개:두릅-나물 명 개두릅을 삶아서 쓴맛을 우려내고 무친 나물.
개:두-포(蓋頭布) 명 가톨릭에서, 사제가 미사 때 입는 제의(祭衣) 밑에, 목이나 어깨에 걸치는 긴 네모꼴의 흰 아마포(亞麻布).
개:두환:면(改頭換面) 성구 어떤 일의 근본을 고치지 아니하고 사람만 갈아서 그 일을 그대로 시킴을 이르는 말.
개:-떡 명 노깨나 메밀의 속나깨 또는 거친 보리 싸라기 따위를 반죽하여 아무렇게나 반대기를 지어 밥을 지을 때 얹어 찐 떡. 밀개떡·보리개떡 따위.
　개떡 같다 관용 보잘것없다. 하잘것없다
개:떡-수제비 명 노깨나 보릿겨를 반죽하여 빚은 수제비.
개:-똥 명 ①개의 똥. ②보잘것없는 것이나 하잘것없는 것을 비유하여 이르는 말.
　속담 **개똥도 약에 쓰려면 없다** : 아무리 하찮고 흔한 것일지라도 정작 쓸 일이 생겨 찾으면 드물고 귀하다는 뜻.
개:똥-밭 명 ①땅이 건 밭. ②개똥이 널려 있는 땅.
　속담 **개똥밭에 굴러도 이승이 좋다** : 천하고 고생스럽게 살더라도 죽는 것보다는 사는 것이 낫다는 말./**개똥밭에도 이슬 내릴 날이 있다** : 천하고 고생스럽게 사는 사람도 좋은 때를 만날 날이 있다는 말.〔쥐구멍에도 볕들 날이 있다〕/**개똥밭에서 인물 난다** : 변변치 못한 집안에서도 훌륭한 인물이 난다는 말.〔개천에서 용 난다〕
개:똥-벌레 명 개똥벌렛과의 곤충. 몸은 길둥근 꼴인데 몸길이는 1.2~1.8cm. 몸빛은 등이 검고 앞가슴은 붉음. 대부분의 성충은 배 끝에 발광기(發光器)가 있어 여름 밤에 빛을 냄. 물가의 풀숲에 삶. 반디
개:똥-상놈(-常-) 명 말이나 행실이 버릇없는 사람을 낮잡아 이르는 말.
개:똥-지빠귀 명 지빠귀아과의 겨울 철새. 몸길이 24cm 안팎. 암수가 같은 몸빛인데, 등 쪽은 암갈색이고 가슴은 담갈색이며, 날갯죽지 밑으로 얼룩무늬가 많음. 시베리아에서 번식하여 가을에 우리 나라나 일본 등지로 날아와 겨울을 남. 티티새 준 지빠귀
개:똥-참외 명 길가나 들에 저절로 자라서 열린 참외.
　속담 **개똥참외는 먼저 맡는 이가 임자라** : 임자 없는 물건은 먼저 발견한 사람이 차지하게 마련이라는 말.
개:-띠 명 간지(干支)의 지지(地支)가 술(戌)인 해에 태어난 사람을 지지의 동물 이름으로 상징하여 이르는 말. ☞술생(戌生)
개:략(槪略) 명 대강 간추려 줄인 것. ¶공사의 -을 설명하다. ☞개요(槪要)
개:략-적(槪略的) 명 대강 간추려 줄인 것. ¶-인 내용.
개:량(改良) 명-하다 타 이제까지 있던 것을 고쳐서 더 좋게 만듦. ¶농기구를 -하다./젖소의 품종 -.
개:량(改量) 명-하다 타 ①지난날, 농사짓는 논밭 크기에 변동이 있을 때, 과세 조정을 위하여 토지를 다시 측량하던 일. ②한 번 된 곡식을 다시 되질함.
개:량=목재(改良木材) 명 천연의 목재에 물리적·화학적 처리를 하여 재질을 좋게 만든 가공 목재.
개:량-저(改良苧) 명 무명실로 모시처럼 짠 여름 옷감.

개량-조개 명 개량조갯과의 바닷조개. 겉모양은 대합과 비슷한데, 갈색 바탕에 굵고 둥근 띠가 있음. 바닷가의 갯벌에 살며, 5~6월에 산란함. 살은 먹을 수 있음.
개:량-종(改良種) 명 가축이나 농작물 가운데서, 육종(育種)으로 새로 만들어 낸 품종을 재래종에 상대하여 이르는 말. ☞외래종(外來種)
개:량-주의(改良主義) 명 사회 체제의 근본적인 변혁을 피하고 자본주의의 모순과 결함을 점진적으로 개선하려 하는 사회 사상, 또는 그런 주의. 사회 개량주의
개:량=행위(改良行爲) 명 재산의 성질이 바뀌지 않는 범위 안에서, 재산의 가치를 증가시키는 관리 행위. 척박한 땅을 비옥한 농토로 만드는 따위.
개런티(guarantee) 명 ①보증금(保證金) ②출연료(出演料). 사례금(謝禮金)
개:력(改曆) 명 -하다 자 ①역법(曆法)을 고침. ②달력을 새것으로 간다는 뜻으로, 해가 바뀜, 또는 설을 쇰을 이르는 말. 환세(換歲)
개:력-하다 자여 산천(山川)이 무너지고 변하여 옛 모습이 없어지다.
개:렴(改殮) 명 -하다 타 다시 염(殮)을 함.
개:령(改令) 명 -하다 타 한 번 내린 명령을 다시 고치어 내림, 또는 고치어 내린 그 명령.
개로(開路) 명 -하다 자 ①길을 냄. 개도(開道) ②어떤 일을 새로 하기 시작함.
개:론(概論) 명 어떤 학문의 내용을 대강 간추려 서술한 해설, 또는 그런 내용의 책. ¶문학 — 유 개설(概說)
개:르다(개르고·갤러) 형르 '개으르다'의 준말. ☞게르다
개:름 명 '개으름'의 준말. ☞게름
개:름-뱅이 명 '개으름뱅이'의 준말. ☞게름뱅이
개:름-쟁이 명 '개으름쟁이'의 준말. ☞게름쟁이
개리 명 오릿과의 겨울 철새. 크기는 기러기만 하며, 몸길이는 90cm 안팎. 날개는 붉은빛을 띤 갈색이고 가슴은 누르스름한 잿빛이며, 배는 흼. 시베리아에서 번식하며, 우리 나라에서는 10~4월에 볼 수 있음.
개:린(介鱗) 명 ①갑각(甲殼)과 비늘. ②조개류와 물고기류를 아울러 이르는 말. 인개(鱗介)
개:립(介立) 명 -하다 자 ①혼자의 힘으로 일을 함. ②둘 사이에 끼여 있음. 개재(介在)
개:마(介馬) 명 갑옷을 입힌 말. 개마(鎧馬)
개:마(鎧馬) 명 개마(介馬)
개막(開幕) 명 -하다 자타 ①연극이나 음악회 등의 공연을 시작할 때 막을 열거나 올리는 일. ②회의나 행사 등을 시작함. ¶올림픽 경기의 —. ☞폐막(閉幕)
개-막이 명 개에 어살을 박고 밀물 전에 그물을 쳐 두었다가 썰물 때 걸린 고기를 잡는 일.
개:-망나니 명 하는 짓이나 성질이 아주 못된 사람을 욕으로 이르는 말.
개:-망신(一亡身) 명 -하다 자 톡톡히 당하는 큰 망신. 개코망신 ¶—을 당하다.
개:-망초 명 국화과의 두해살이풀. 줄기 높이는 30~60cm. 길둥근 잎이 어긋맞게 나며 가장자리에 톱니가 있음. 6~7월에 흰빛 또는 보랏빛 꽃이 핌.
개:-맨드라미 명 비름과의 한해살이풀. 줄기 높이는 40~80cm로 곧게 자라고, 여름에 잔가지 끝에 발그스레한 꽃이 핌. 씨는 한방에서 '강남조' 또는 '청상자(靑葙子)'라 하여 약재로 쓰임.
개맹이 명 〔주로 부정적인 말과 더불어 쓰이어〕 '똘똘한 기운'을 뜻함. ¶—가 없다.
개:-머루 명 포도과의 여러해살이 덩굴나무. 나무껍질은 갈색이고, 6~7월에 옅은 녹색의 꽃이 피며, 머루보다 잔 열매가 가을에 푸른색으로 익음.
개:-머리 명 총의 밑동을 이룬 넓적한 부분. 개머리판. 총개머리
개:머리-쇠 명 총의 개머리 밑바닥에 댄 쇠.
개:머리-판(一板) 명 개머리
개-먹다 자 무엇이 서로 닿아 닳거나 상하다. 개개어 상하다. ¶개먹은 쇠고리.
개면(開綿) 명 -하다 자 면사 방적 공정에서, 면화(棉花)의 섬유를 펴서 짧은 섬유와 티끌 등을 없애는 일.
개:명(改名) 명 -하다 자 이름을 고침, 또는 고친 이름.
개명(開明) 명 -하다 자 사람의 지혜가 열리어 문화가 진보함. 개화(開化) ¶—한 세상.
개명-먹(開明一) 명 향료를 섞어 먹통에 넣어 파는 먹물. 개명묵
개명-묵(開明墨) 명 개명먹
개모(開毛) 명 -하다 자 방적에서, 원모(原毛)를 깨끗이 씻은 다음 불순물을 없애고 섬유를 한 가닥씩 펴는 공정.
개:모(概貌) 명 대강의 겉모양, 또는 그 형편.
개모-기(開毛機) 명 엉킨 원모(原毛)를 풀고 불순물을 없애는 기계.
개-모음(開母音) 명 〈어〉발음할 때 입을 벌리는 각도에 따라 구별한 모음의 한 갈래. 발음할 때에 입을 크게 벌리고 혀의 위치를 낮추어서 소리 내는 모음. 'ㅐ·ㅏ'가 이에 딸림. 저모음(低母音) ☞폐모음(閉母音)
개무(皆無) 어기 '개무(皆無)하다'의 어기(語基).
개무-하다(皆無—) 형여 아주 없다. 전무하다. 절무하다
개문(開門)[1] 명 음양가(陰陽家)가 이르는 팔문(八門) 가운데 길하다는 문의 하나.
개문(開門)[2] 명 -하다 자 문을 엶. ☞폐문(閉門)
개문납적(開門納賊) 성구 문을 열어 도둑이 들어오게 한다는 뜻으로, 제 스스로 화를 불러들임을 비유하여 이르는 말.
개물(個物) 명 철학에서, 다른 것과 구별되는 하나의 독자적인 존재를 이르는 말. 개체(個體)
개미[1] 명 연줄에 먹이기 위하여 사기나 유리의 고운 가루를 부레풀에 탄 것.
개미를 먹이다 관용 연 싸움에서 이기기 위하여 연줄이 질기고 세어지도록 개미에 담가서 뽑아 내다.
개:미[2] 명 개밋과의 곤충을 통틀어 이르는 말. 몸빛은 검정 또는 적갈색이며, 몸은 머리·가슴·배로 뚜렷이 구분되는데 허리가 잘록함. 땅 속이나 썩은 나무 속에 집을 지어 여왕개미를 중심으로 집단 사회 생활을 함.
개미 새끼 하나 얼씬 못한다 관용 경계가 삼엄하여 그 무엇도 가까이 다가갈 수 없다.
속담 **개미가 절구통 물고 나간다** : 약하고 작은 사람이 힘겨운 큰일을 하거나 무거운 짐을 나름을 비유하여 이르는 말./**개미가 정자나무 건드린다** : 미약한 사람이 큰 세력에 대항하여 덤빔을 비유하여 이르는 말./**개미 금탑 모으듯 한다** : 재물 따위를 조금씩 알뜰히 모아 큰 재산을 이룬다는 말./**개미 쳇바퀴 돌듯 한다** : 노력을 하여도 조금도 진척이 없이 제자리걸음만 한다는 말.
개미(開眉) 명 -하다 자 근심이 없어져서 밝은 얼굴이 됨.
개:미-구멍 명 ①개미집 ②개미가 뚫은 구멍.
속담 **개미구멍으로 공든 탑 무너진다** : 조그마한 잘못이나 방심이 큰일까지 망쳐 버리게 된다는 말.
개:미-굴(一窟) 명 ①개미가 뚫은 굴. 의혈 ②개미집
개:미-귀:신(一鬼神) 명 명주잠자리의 애벌레. 모래땅에 개미지옥을 파고 그 밑에 숨어 있다가, 미끄러져 들어오는 개미 따위의 작은 곤충을 잡아 체액을 빨아먹음.
개:미-누에 명 알에서 갓 깨어난 누에. 몸빛이 검어서 개미와 비슷해 보임. 의잠(蟻蠶). 털누에
개:미-벌 명 개미벌과의 벌. 몸빛은 검은빛이고 몸에 털이 빽빽히 나 있으며, 모양이 개미와 비슷함. 수컷은 날개가 있으나 암컷은 없고, 보통의 벌처럼 산란관(産卵管)으로 쏨.
개:미-붙이[—부치] 명 개미붙잇과의 곤충. 몸빛은 검고 겉날개에 흰 털이 나 있으며, 배는 적갈색임. 나무굼벵이 등의 해충을 잡아먹는 익충임. 곽공충(郭公蟲)
개:미-산(一酸) 명 포름산. 의산(蟻酸)
개:미-자리 명 석죽과의 두해살이풀. 들이나 길가에 절로 자라며, 줄기 높이는 5~20cm임. 줄기 밑동에서 여러 가지가 갈라짐. 잎은 좁고 작으며, 6~8월에 희고 작은 꽃이 핌. 열매는 삭과(蒴果)임.
개:미-지옥(一地獄) 명 개미귀신이 파 놓고 숨어 있는 깔

때기 모양의 구멍.

개:미-집 명 개미가 구멍을 뚫고 모여 사는 곳. 개미구멍. 개미굴

개미-취 명 국화과의 여러해살이풀. 줄기 높이는 1~1.5 m이고 잎은 길둥근 꼴임. 7~10월에 연보랏빛의 잔 꽃이 핌. 산지에 절로 자라는데 관상용으로 심기도 함. 뿌리는 한방에서 '자완(紫菀)'이라 하여 약재로 쓰이며, 어린잎은 먹을 수 있음. 탱알

개:미-탑(-塔) 명 개밋둑

개:미-핥기[-할끼] 명 개미핥깃과의 포유동물을 통틀어 이르는 말. 온몸이 잿빛을 띤 검은 털로 덮여 있으며, 주둥이가 길고 이가 없음. 갈고리 모양의 앞 발톱으로 개미집을 파헤쳐 긴 혀로 개미를 잡아먹음.

개:미-허리[1] 명 매우 가는 허리를 비유하여 이르는 말.

개:미-허리[2] 명 한자 부수(部首)의 한 가지. '巢'·'巡' 등에서 '巛'의 이름. '巛'은 '川'의 본자(本字). 내천

개:밋-둑 명 개미가 땅 속에 집을 짓기 위해 파낸 흙가루가 드나드는 구멍 둘레에 두두룩하게 쌓인 것. 개미탑. 의봉(蟻封). 의총(蟻塚)

개-바자 명 개나 닭이 드나들지 못하도록 텃밭 둘레에 야트막하게 쳐 놓은 바자울. ¶채소밭에 -를 둘러 치다.

개발(開發) 명 -하다 타 ①숲이나 거친 땅 등을 개척하여 사람이 살아가는 데 쓸모 있게 만드는 일. ②천연 자원을 활용하여 산업을 일으키는 일. ¶전원(電源)을 -하다. ③새 기술이나 제품을 만들어 내어 실용화하는 일. ¶새 제품을 -하다. ④타고난 슬기나 재능을 이끌어 내어 활용하는 일. ¶어린이의 재능을 -하다.

개발=교:육(開發敎育) 명 어린이의 타고난 재능을 개발하기 위해 교사와 문답을 중심으로 하여 어린이의 자발적인 활동이나 학습 능력을 발달시키는 교육 방법. ☞계발 교육(啓發敎育). 주입 교육(注入敎育)

개발=도상국(開發途上國) 명 발전 도상국(發展途上國) 준 개도국(開途國)

개발=부:담금(開發負擔金) 명 대규모 개발 사업을 맡아 시행하는 사업자가 개발에 따라 생기는 땅값 상승분의 일정액을 나라에 내게 하는 제도. 토지에 대한 투기를 막고 토지의 효율적인 이용을 위한 것임.

개발-비(開發費) 명 ①개발하는 데 드는 돈. ②기업이 새 기술의 도입과 경영 조직의 개선, 새로운 상품의 개발, 시장 개척 등에 지출하는 비용.

개:발-사슴 명 발이 개의 발처럼 생긴 큰 고라니.

개발=이:익(開發利益) 명 도시 계획 따위의 공공 사업이 이루어짐에 따라, 주변의 땅값이 올라서 생기는 이익.

개발=제:한=구역(開發制限區域) 명 환경을 보전하고 도시의 경관을 정비할 목적으로 설치한 녹지 지역. 그린벨트

개:발-코 명 개의 발처럼 너부죽하고 뭉툭하게 생긴 코.

개:-밥 명 개에게 주는 먹이.

속담 **개밥에 도토리** : 남과 어울리지 못하고 따돌림을 당하여 외톨토리가 된 사람을 비유하여 이르는 말.

개:밥-바라기 명 저녁 때 서쪽 하늘에 보이는 '금성(金星)'을 달리 이르는 말. 어둠별. 장경성(長庚星). 태백성(太白星)

개방(開房) 명 -하다 자 교도소에서, 재소자에게 운동이나 일을 시키려고 아침마다 감방에서 내보냄.

개방(開放) 명 -하다 타 ①문을 열어 놓고 드나들 수 있게 함. ¶도서관을 -하다. ②숨김없이 터놓고 보임. ¶병영 생활을 -하다. ③금지하거나 제약하던 것을 제한 없이 드나들게 함. ¶문호를 -하다./시장을 -하다. ☞폐쇄(閉鎖)

개방=경제(開放經濟) 명 외국과 상품·환(換)·자본 등의 거래를 하는 데 제한을 받지 않고 자유롭게 할 수 있는 경제 체제.

개방=대학(開放大學) 명 일정한 학교 교육을 마쳤거나 중단한 일반 시민에게 재교육 또는 평생 교육의 기회를 주는, 특수한 교육 방식의 대학. 재학 연한, 연령, 학습 장소와 방법 등에 제한을 두지 않음.

개방=도시(開放都市) 명 방비 시설이 전혀 없는 도시. 국제법상 공격이 금지되어 있음. 무방비 도시(無防備都市) ☞방수 도시(防守都市)

개방성=결핵(開放性結核)[-썽-] 명 환자의 배설물에 결핵균이 섞여 나오는 결핵증. ☞폐쇄성 결핵

개방=요법(開放療法)[-뇨뻡] 명 ①정신병 환자를 가두지 않고 자유롭게 생활하도록 하면서 치료하는 방법. ②대기 요법(大氣療法)

개방-적(開放的) 명 ①열려 있거나 터놓은 것. ¶- 사회 ②생각이나 느낌을 거침없이 드러내어 말하거나 행동하는 것. ¶성격이 -이다. ☞폐쇄적(閉鎖的)

개방=정책(開放政策) 명 다른 나라와 수교하고 서로 통상(通商)하는 정책. ☞쇄국 정책(鎖國政策)

개방-주의(開放主義) 명 금제(禁制)하던 것을 자유롭게 개방하자는 주장이나 견해.

개방-현(開放絃) 명 현악기의 현(絃)을 손가락으로 누르지 않고 연주하는 경우의 그 현.

개방=혈관계(開放血管系) 명 혈관의 끝이 열리어 있는 혈관계. 혈액이 모세 혈관을 거치지 않고 근육 조직 속으로 들어가게 되어 있음. 절지동물, 연체동물에서 볼 수 있음. ☞폐쇄 혈관계(閉鎖血管系)

개:-백장 명 ①지난날, 개를 잡는 일을 하는 사람을 이르던 말. ②언행이 막된 사람을 욕으로 이르는 말.

개버딘(gaberdine) 명 소모사(梳毛絲)를 사용하여 능직으로 짠 옷감. 양복·코트·레인코트의 감으로 쓰임.

개벌(皆伐) 명 -하다 타 산림(山林)의 나무를 어느 시기에 모두 또는 대부분을 베어 냄.

개범(開帆) 명 -하다 자 출범(出帆)

개:-벼룩 명 벼룩과의 곤충. 몸길이 1~3mm. 개의 몸에 붙어 사는데, 벼룩과 비슷하나 뛰는 힘이 약함.

개벽(開闢) 명 -하다 자 ①천지가 처음으로 생김. ②새로운 시대나 상황이 시작됨을 비유하여 이르는 말.

개:벽(蓋甓) 명 전각(殿閣) 바닥에 까는 벽돌.

개:변(改變) 명 -하다 타 사물을 고치거나 바꾸어 본디 것과 다른 상태로 만듦. ☞개조(改造)

개:별(個別) 명 하나하나. 한 사람 한 사람. ¶- 심사/- 행동/- 조사

개:별=개:념(個別槪念) 명 하나의 사물에만 적용되는 개념. 한국의 백두산 따위. 개체 개념(個體槪念). 개체 명사(個體名辭) ☞집합 개념(集合槪念)

개:-별꽃 명 석죽과의 여러해살이풀. 줄기 높이는 10~15 cm. 잎은 마주 나며, 5월경에 작은 흰 꽃이 피는데 꽃술머리가 검음. 산지의 나무 그늘에서 자람. 어린잎과 줄기는 먹을 수 있으며, 다 자란 것은 한방에서 위장약으로 쓰임.

개:별=링크제(個別link制) 명 링크제의 한 형태. 특정 물자의 수출에 대하여 그것과 관련 있는 특정 물자의 수입을 허가하는 제도. 면사나 면직물을 수출하면 면화 수입을 허가하는 따위. 상품별 링크제 ☞종합 링크제

개:별=생산(個別生産) 명 주문을 받거나 필요에 따라서 품질이나 규격이 각각 다른 물건을 만드는 일.

개:별=원가=계:산(個別原價計算)[-까-] 명 원가 요소를 각 제품마다 따로따로 산출하는 계산 방식. 건설업, 기계 공업 등에 쓰임.

개:별-적(個別的)[-쩍] 명 하나하나 따로인 것. ¶-인 학습 지도. ☞전반적(全般的)

개:별=지도(個別指導) 명 학습자 개인의 성적·소질·환경·능력에 따라 따로따로 베푸는 지도. ☞개인 교수. 집단 지도

개병(皆兵) 명 국민 모두가 병역의 의무를 가지는 일. ¶국민 - 제도

개병-주의(皆兵主義) 명 국민 모두에게 병역의 의무를 지게 하는 주의.

개:-복(-福) 명 남의 식복(食福)을 얕잡아 이르는 말.

개:복(改服) 명 -하다 자 ①지난날, 관원이 의식(儀式) 때에 관복(官服)을 갈아입던 일. ②변복(變服)

개복(開腹) 명 -하다 자 뱃속에 생긴 병을 수술하려고 배를

가름. ☞개복 수술
개:복(蓋覆)명-하다자타 덮개를 덮거나 덮개로 덮음.
개복=수술(開腹手術)명 배를 갈라 하는 수술. 준개복술
개복-술(開腹術)명 '개복 수술'의 준말.
개:복-청(改服廳)명 지난날, 의정(議政)이나 감사(監司), 원을 만나 보려는 사람이 옷을 갈아입던 곳.
개:복치명 개복칫과의 바닷물고기. 몸길이 3m 안팎에 모양은 양쪽 옆이 납작한 난원형인데, 꼬리지느러미가 없어 몸통 뒤쪽이 잘라진듯이 보이는 기이한 모습임. 몸빛은 등 쪽은 암청색, 배 쪽은 은백색임. 외양성 어류임.
개:봉(改封)명-하다타 봉한 것을 떼어서 고쳐 봉함.
개봉(開封)명-하다타 ①봉한 것을 뜯어 엶. 개탁(開坼). 탁봉(坼封) ¶편지를 ―하다. ☞함봉(緘封) ②새 영화를 처음으로 상영함. ¶― 극장
개봉-관(開封館)명 새로 만든 영화나 외국에서 새로 들여온 영화만을 상영하는 영화관.
개:-봉축(改封築)명-하다타 무덤의 봉분을 고쳐 쌓음.
개-부심명-하다자 장마로 홍수가 난 뒤 한동안 비가 멎었다가 다시 비가 내려 명개를 부시어 냄, 또는 그 비.
개:-불명 개불과의 환형동물. 몸길이 10~30cm. 몸은 원통 모양인데 황갈색을 띠고 작은 돌기가 많음. 바다 밑 모래 속에 'U' 자 모양으로 구멍을 파고 삶.
개:-불상놈(―常―)명 말이나 하는 짓이 아주 막된 사람을 욕으로 이르는 말.
개:불알-꽃명 '복주머니난'의 딴이름.
개비[1]명 ①쪼갠 나무의 토막. ¶성냥 ― ②〔의존 명사로도 쓰임〕 ¶성냥 한 ―.
개비[2]명 도자기(陶瓷器)를 구울 때 가마의 아궁이 앞에 세워서 센 불길이 닥치는 것을 조절하는 마개 그릇. 원개피(蓋皮)
개:비(改備)명-하다타 이제까지 쓰던 것 대신 새것을 장만함. ¶냉장고를 ―하다.
개:-비름명 비름과의 한해살이풀. 줄기 높이 30cm 안팎. 잎에 털이 없고 광택이 있으며, 여름에 초록색의 잔 꽃이 핌. 밭이나 길가에 절로 자라는데 어린잎은 먹을 수 있음.
개:-비자나무(―榧子―)명 개비자나뭇과의 상록 침엽 관목. 높이는 3m 안팎. 갸름한 잎은 전나무 잎과 비슷하며 양 옆에 흰 줄이 있음. 3~4월에 꽃이 피고, 10월경에 길둥근 열매가 붉게 익는데, 먹기도 하고 기름도 짬.
개빙(開氷)명-하다자 지난날, 음력 2월 춘분 날에 빙고(氷庫)를 처음 열던 일.
개빙-사한제(開氷司寒祭)명 개빙제(開氷祭)
개빙-제(開氷祭)명 지난날, 음력 2월 춘분 날에 빙고(氷庫)를 처음 열 때 지내던 제사. 개빙사한제
개:-뿔명 '별것도 아닌 것'이나 '전혀 없는 것'을 속되게 이르는 말. ¶―도 모른다. ☞쥐뿔
개사(開士)명 불교에서, 불법을 열어 중생을 인도하는 이. 곧 '보살'을 일컫는 말.
개사(開肆)명-하다자 가게를 엶. ☞개점(開店)
개:-사망명-하다자 남이 뜻밖에 재수가 좋거나 이득을 보았을 때, 이를 비꼬아 이르는 말.
개:사슴록-변(―鹿邊)명 한자 부수(部首)의 한 가지. '犯'·'狂' 등에서 '犭'의 이름.
개:-사초(改莎草)명-하다타 흙이 드러난 무덤의 떼를 갈아입힘.
개:산(改刪)명-하다타 글의 구절이나 글자를 고침.
개산(開山)명-하다자타 ①절을 처음으로 세움. ¶― 법회 ②개종(開宗) ③'개산 조사(開山祖師)'의 준말.
개:산(概算)명 '어림셈'의 구용어.
개산-기(開山忌)명 개산 조사의 기일, 또는 그 날의 법회.
개산-날(開山―)명 절을 처음 세운 날. 개산일
개산-당(開山堂)명 절에서, 개산 조사(開山祖師)의 초상이나 위패를 모신 집채.
개산=법회(開山法會)명 절을 처음 세운 날을 기념하여 여는 법회.
개산=시:조(開山始祖)명 개산 조사(開山祖師)
개산-일(開山日)명 개산날
개산-제(開山祭)명 개산날에 지내는 제사.
개산=조사(開山祖師)명 절이나 종파(宗派)를 새로 세운 사람. 개산 시조(開山始祖) 준개산(開山). 개조(開祖)
개:-산초(―山椒)명 ①'개산초나무'의 준말. ②개산초나무의 열매.
개:-산초나무(―山椒―)명 운향과의 상록 활엽 관목. 높이는 3m 안팎이며 가시가 있고, 잎은 깃 모양 또는 버들잎 모양임. 5월경에 연노랑 꽃이 피고, 매운 맛이 있는 열매가 열림. 준개산초
개산-탑(開山塔)명 개산 조사의 사리(舍利)나 유골을 넣어 둔 탑.
개:-살구명 개살구나무의 열매.
속담 **개살구도 맛들일 탓**: 시고 떫은 개살구도 먹어 버릇하면 점점 그 맛을 좋아하게 되는 것처럼, 어떤 일이든지 취미를 붙이기에 따라서는 좋아질 수도 있다는 말. /**개살구 지레 터진다**: 살구보다 개살구가 먼저 익어 터진다는 뜻으로, 되지못한 사람이 오히려 먼저 설치고 나선다는 말.
개:-살구나무명 장미과의 낙엽 활엽 교목. 높이는 5~10m. 잎의 가장자리에 톱니가 있음. 4~5월에 꽃이 잎보다 먼저 핌. 씨는 약으로 쓰임.
개:-살이(改―)명-하다자 '개가(改嫁)'를 속되게 이르는 말.
개:-상(―床)명 지난날, 타작에 쓰던 농구의 한 가지. 볏단을 태질할 때 바탕이 되는 틀로, 굵은 통나무 네댓 개를 가로 대어 엮고 다리 넷을 박은 것. ☞탯돌
개:-상어명 참상엇과의 바닷물고기. 별상어와 비슷하나 몸에 흰 점이 없음.
개:상-질(―床―)명-하다자 개상에 볏단이나 보릿단 등을 태질하여 낟알을 떠는 일.
개:-새끼명 ①개의 새끼. 강아지 ②성질이나 행실이 몹시 나쁜 사람을 욕으로 이르는 말.
개:색(改色)명-하다타 ①같은 데 쓰는 물건 가운데서 마음에 드는 것으로 바꿈. 색바꿈 ②빛깔을 바꿈.
개:서(改書)명-하다타 글이나 글씨를 새로 고쳐 씀.
개:-서어나무명 자작나뭇과의 낙엽 활엽 교목. 높이는 15m 안팎. 잔 톱니가 있는 길둥근 잎은 털이 있음. 4월경에 황갈색 꽃이 핌. 골짜기나 산기슭에 자라는데, 재목은 표고 재배의 원목(原木)이나 건축재로 쓰임.
개석(開析)명 침식 작용으로 지표(地表)의 일부가 깎이거나 패어서 새로운 지형을 이루는 일.
개:석(蓋石)명 ①석실(石室) 위에 덮는 돌 뚜껑. ②비석 위에 지붕 모양으로 만들어 얹는 돌. 가첨석(加檐石)
개석=대지(開析臺地)명 침식 작용으로 말미암아 골짜기가 많이 생긴 대지.
개석=분지(開析盆地)명 침식 작용으로 말미암아 깎이고 패어서, 본디의 지형이 우묵하게 변한 분지.
개:선(改善)명-하다타 잘못된 점을 고치어 좋게 만듦. ¶식생활 ―/처우를 ―하다. ☞개악(改惡)
개:선(改選)명-하다타 다시 뽑음. 새로 선거함.
개:선(疥癬)명 옴[1]
개:선(凱旋)명-하다자 전쟁에서 이기고 돌아옴. ¶―의 노래. ☞선사(旋師)
개:선-가(凱旋歌)명 개선을 축하하는 노래. 준개가
개-선거(開船渠)명 조수가 드나들 수 있도록 출입구를 터 놓은 선거.
개:선-문(凱旋門)명 개선한 군사를 환영하거나 개선을 기념하기 위하여 세운 문.
개:선=장군(凱旋將軍)명 ①전쟁에서 이기고 돌아온 장군. ②어떤 일에 성공한 사람을 비유하여 이르는 말.
개:선-충(疥癬蟲)명 '옴벌레'의 딴이름.
개:설(改設)명-하다타 새로 고치거나 기구를 갈아서 설치함.
개설(開設)명-하다타 ①새로 시설이나 설비 등을 갖추어 운영을 시작함. ¶새 지점을 ―하다. /정기 항공로를 ―하다. ②금융 기관에서, 새로 계좌를 마련함. ¶예금 계좌를 ―하다.

개:설(概說)명-하다타 어떤 분야에 대해 대강의 내용을 설명함. 또는 설명한 글이나 책. ¶한국사 ─ 유개론
개:성(改姓)명-하다자 성을 바꿈.
개:성(個性)명 ①다른 개체와 구별되는 특성. ②사람마다 지닌, 다른 사람과 구별되는 특유한 성질. ¶─을 존중하다./─이 강한 사람.
개:성=교:육(個性敎育)명 개인의 개성을 존중하고, 타고난 재능을 계발하려는 교육. ☞획일 교육
개:성=부기(開城簿記)명 사개다리 치부
개성불도(皆成佛道)[─또]성구 누구든지 삼생(三生)을 통해 불법을 닦으면 부처가 될 수 있음을 이르는 말.
개:성-적(個性的)명 개인이나 개체가 두드러진 개성을 지니고 있는 것. ¶─인 화풍./─인 옷차림.
개:세(改歲)명-하다자 해가 바뀜. 설을 쇰. 환세(換歲)
개:세(蓋世)명 기상이나 위력이 세상을 뒤덮을 만큼 왕성함. ¶─의 영웅(英雄).
개:세(慨世)명 세상이 변해 가는 형편을 개탄함.
개:세(概勢)명 대개의 형세.
개소(開所)명-하다자 사무소·출장소·연구소 등 '소(所)' 자가 붙는 기관이 새로 설립되어 처음으로 업무를 시작함.
개소(開素)명-하다자 소식(素食)만 하던 사람이 고기붙이를 먹기 시작함.
개:-소년(改少年)명-하다자 갱소년(更少年)
개:-소리명-하다자 함부로 지껄여 대는 당치않은 말을 욕으로 이르는 말.
개소리 괴소리관용 아무렇게나 함부로 지껄이는 말을 개 짖는 소리나 고양이 울음 소리와 다름없다고 욕으로 이르는 말.
개:-솔새명 볏과의 여러해살이풀. 줄기 높이는 1m 안팎이며, 잎은 가늘고 길. 9월경에 잎겨드랑이에 이삭 모양의 꽃이 핌. 산이나 들의 양지바른 곳에 자라는데 줄기나 잎에 향기가 있어 향료의 원료로 쓰임.
개수명 '개숫물'의 준말.
개:수(改修)명-하다타 도로나 건물 등에서 손을 보아야 할 곳을 고치거나 다시 만듦. ¶교량을 ─하다.
개수(個數)[─쑤]명 낱으로 셀 때의 물건의 수. ¶사과 한 접의 ─는 백 개이다.
개:수(概數)명 짐작으로 잡은 수효. 어림수
개수-대(─臺)명 설거지한 물이 그 자리에서 빠져 나갈 수 있게 만든 설거지 작업대.
개:-수리취명 '절굿대'의 딴이름.
개:-수염(─鬚髥)명 곡정초과의 한해살이풀. 줄기는 없고, 가늘고 긴 잎이 뿌리에서 무더기로 남. 8~9월에 잎보다 길게 뻗은 10~30cm의 꽃줄기 끝에 흰빛의 동근 꽃이 핌. 논밭이나 물가에 자람.
개:-수작(─酬酌)명-하다자 사리에 맞지 않는 쓸데없는 말이나 행동을 욕으로 이르는 말.
개수-통(─桶)명 개숫물을 담는 통. 설거지통
개:술(概述)명-하다타 줄거리만 간추려 말함. 또는 그런 진술. ☞상술(詳述)
개숫-물명 설거지할 때 쓰는 물. 설거지물 준개수
개:-승냥이명 개를 닮은 승냥이라는 말로, '늑대'를 달리 이르는 말.
개시(開市)명-하다자 ①시장을 열어 거래가 시작됨. ☞폐시(閉市) ②새로 가게를 차려 처음으로 물건을 팔게 되는 일. 또는 가게를 열어 그 날 처음으로 물건을 팔게 되는 일. 마수걸이 ③조선 시대, 다른 나라와 통상(通商)을 하기 위하여 시장을 여는 일. 또는 그 시장을 이르던 말. ☞개시장(開市場)
개시(開始)명-하다타 시작함. ¶경기를 ─하다.
개시(皆是) '모두', '죄다'의 뜻.
개시-장(開市場)명 조선 시대, 다른 나라와 통상을 허가하여 시장을 여는 곳을 이르던 말. ☞개시(開市)
개식(開式)명-하다자 의식(儀式)을 시작함. ¶─ 선언 ☞폐식(閉式)
개식-사(開式辭)명 의식을 시작할 때에 하는 인사말. ☞폐식사(閉式辭)
개:신(改新)명-하다자타 제도나 관습 등을 새롭게 고침. ¶입시(入試) 제도를 ─하다.
개신-개신부 개신거리는 모양을 나타내는 말. ¶앓고 난 뒤라 요즘도 ─ 한다. ☞기신기신
개신-거리다(대다)자 개으르거나 기운이 없어서 겨우 조금씩 몸을 움직이다. ☞기신거리다
개:신-교(改新敎)명 16세기에 종교 개혁의 결과로 가톨릭에서 갈라져 나온 크리스트교의 여러 파를 통틀어 이르는 말. 신교(新敎). 프로테스탄트 ☞예수교
개:심(改心)명-하다자 이제까지의 행실을 반성하고 마음을 바르게 가짐. ¶─하여 남을 도우며 살고 있다.
개심(開心)명-하다자 지혜를 일깨워 줌.
개:-싸움명-하다자 옳지 못한 행동으로 욕망을 채우려 하는 싸움을 개끼리의 싸움에 비유하여 이르는 말.
개:-쑥부쟁이명 국화과의 여러해살이풀. 줄기 높이는 35~50cm 가량. 가름한 잎이 어긋맞게 나는데, 잎과 줄기에는 털이 있음. 7~8월에 자주색 또는 연보라 꽃이 가지와 줄기 끝에 핌. 산이나 들에 자라는데, 어린잎은 먹을 수 있음.
개:-씨바리명 눈에 핏발이 서고 눈곱이 끼며, 밝은 곳에서는 몹시 부시는 눈병을 속되게 이르는 말. ☞결막염(結膜炎)
개:씹-단추명 헝겊 오리를 좁게 접어 감친 다음 부인의 쪽찐 머리 모양으로 엇걸어 맺은 매듭 단추. 적삼 같은 데에 닮.
개:씹-머리명 양즙(胖汁)을 내는 데 쓰는, 양(胖)에 붙은 두툼한 고기.
개:씹-옹두리명 소의 옹두리뼈.
개:아(個我)명 남과 구별된 개인인 자아(自我).
개:-아마(─亞麻)명 대극과의 한해살이풀. 줄기 높이는 40~60cm이며, 실 모양의 잎이 어긋맞게 남. 6월경에 엷은 자주색 꽃이 줄기 끝에 피고 열매는 삭과(蒴果)임. 껍질은 섬유로 쓰임.
개:악(改惡)명-하다타 고친다고 한 것이 오히려 본디보다 나쁘게 만들어 놓음. ☞개선(改善)
개안(開眼)명-하다자타 ①먼눈이 볼 수 있게 됨. 또는 먼눈을 볼 수 있게 함. ②사물의 도리나 진리를 깨달음. 또는 사물의 진수를 깨침. ¶무대 예술에 ─하다. ③새로 만든 불상이나 불화(佛畫)에 눈동자를 그려 넣음. 점안(點眼)
개안=수술(開眼手術)명 각막 이식 따위로 먼눈을 볼 수 있게 하는 수술.
개안-처(開眼處)명 먼눈이 번쩍 뜨일 정도로 몹시 반가운 지경.
개암[1]명 사냥에 이용하는 매의 속살이 찌지 않게 하려고 먹이 속에 넣는 솜 뭉치.
개암(을) 도르다관용 매가, 먹었던 먹이에서 고기는 삭이고 개암만 뱉어 내다.
개암(을) 지르다관용 매의 먹이에 솜 뭉치를 넣어서 먹이다.
개암[2]명 개암나무의 열매. 진자(榛子)
개암-나무명 자작나뭇과의 낙엽 관목. 높이는 2~3m. 잎은 동글납작하고, 꽃은 3월경에 잎보다 먼저 핌. 가을에 갈색으로 익는 동근 열매는 먹을 수 있음.
개암-들다(─들고·─드니)자 아기를 낳은 뒤에 잡병이 생기다. ☞후더침
개암-사탕(─砂^糖)명 개암에 밀가루와 설탕을 묻혀 만든 과자.
개암-장(─醬)명 개암을 넣어서 오래 묵힌 진간장.
개암-죽(─粥)명 개암을 갈아 만든 즙에 쌀가루를 넣고 쑨 죽.
개양(開陽)명 북두칠성의 하나. 자루 쪽에서 둘째 별. 문창성(文昌星) ☞요광(搖光)
개:-양귀비(─楊貴妃)명 양귀비과의 두해살이풀. 줄기 높이는 50~60cm. 온몸에 털이 있음. 잎은 깃꼴인데 어긋맞게 나며, 5월경에 붉은빛·자줏빛·흰빛 등의 꽃이 가지 끝에 핌. 열매는 삭과(蒴果)로 가을에 익음. 유럽

원산이며 관상용으로도 심음. 우미인초(虞美人草)
개-어귀 명 강물이나 냇물이 바다로 흘러 들어가는 어귀. ☞포구(浦口)
개:언(槪言)명-하다타 내용을 간추려서 말함, 또는 그렇게 하는 말. ▷槪의 속자는 概
개업(開業)명-하다자타 ①새로 영업을 시작함. ☞폐업(廢業) ②영업을 하고 있음. ☞폐업(閉業)
개업-의(開業醫)명 의사 면허증을 가지고 자기의 병원을 경영하는 의사.
개:-여뀌 명 여뀟과의 한해살이풀. 줄기 높이는 40~60 cm. 붉은 자줏빛 가지가 많이 갈라져 나며, 버들잎 모양의 잎이 어긋맞게 남. 6~9월에 붉은 자줏빛 꽃이 피고, 열매는 수과(瘦果)로 가을에 익음. 마료(馬蓼). 말여뀌
개:역(改易)명-하다타 고치어 바꿈.
개:역(改譯)명-하다타 이미 번역된 문장을 고쳐 번역함, 또는 고쳐 번역한 그 문장이나 책.
개:연(蓋然)명 거의 그럴 것으로 여겨짐을 이르는 말. ☞필연(必然) ▷蓋의 속자는 盖
개:연-론(蓋然論)[-논]명 철학상의 문제에는 절대로 확실한 해결이 있을 수 없는 것으로 보고, 개연적인 해결로써 만족해야 한다는 견해.
개:연-성(蓋然性)[-썽]명 ①어떤 일이 일어날 수 있는 확실성의 정도. ②어떤 판단 따위의 가능성의 정도.
개:연-율(蓋然率)[-뉼]명 확률(確率)
개:연-적(蓋然的)명 일이나 판단이 개연성을 가진 것.
개:연적=판단(蓋然的判斷)명 주어(主語)와 술어(述語)의 관계가 다만 가능하다는 사실만을 나타내는 판단. 'A는 B일 수 있다.'라는 따위. ☞실연적 판단(實然的判斷). 필연적 판단(必然的判斷)
개열(開裂)명-하다자타 찢어져 벌어짐, 또는 찢어서 벌림. 열개(裂開)
개열-과(開裂果)명 익으면 열매 껍질의 일부가 저절로 찢어져 벌어져서 그 속에 든 씨를 흩뜨리는 열매. 쇠비름이나 채송화 따위의 열매. 열과(裂果) ☞폐과(閉果)
개염 명 시새워서 탐내는 마음을 얕잡는 어감(語感)으로 이르는 말. ☞게염
개염-나다자 개염이 생기다. ☞게염나다
개염-내:다자 개염을 드러내다. ☞게염내다
개염-부리다자 개염스러운 짓을 하다. ☞게염부리다
개염-스럽다(-스럽고·-스러워)형ㅂ 보기에 시새워 탐내는 마음이 있다. ☞게염스럽다
　개염-스레부 개염스럽게
개-영역(開塋域)명-하다타 묏자리를 만들기 위하여 산을 파헤치는 일.
개:오(改悟)명-하다자 잘못을 뉘우치고 마음을 바르게 가짐. 개전(改悛) ¶-의 정(情)이 역력하다.
개:오(開悟)명-하다자 지혜가 열리어 진리를 깨달음. ☞해오(解悟)
개:-오동(-梧桐)명 개오동나무
개:-오동나무(-梧桐-)명 능소화과의 낙엽 활엽 교목. 높이는 6~9m. 잎은 넓은 달걀꼴임. 초여름에 담황색 꽃이 가지 끝에 피고, 열매는 긴 삭과(蒴果)로 가을에 익음. 열매와 나무껍질은 한방에서 약재로 쓰임. 가목(檟木). 개오동. 노나무
개:-옻나무[-옫-]명 옻나뭇과의 낙엽 활엽 교목. 높이는 3~5m. 잎은 깃꼴 겹잎인데, 앞뒤 면에 가는 털이 있음. 6~7월에 황록색 꽃이 피며, 열매는 10월경에 억센 털이 빽빽이 난 핵과(核果)로 익음.
개:와(蓋瓦)명-하다자타 기와로 지붕을 임.
개:와-장(蓋瓦匠)명 기와장이
개:요(槪要)명 전체의 요점을 간추려 뭉뚱그린 것. ¶공사 현황의 -./논문의 -. ☞개략(槪略)
개:요-도(槪要圖)명 구조나 내용의 개요를 나타낸 그림.
개운(開運)명-하다자 운수가 트임.
개운-하다형여 ①몸이나 기분이 상쾌하고 가볍다. ¶목욕을 하고 나니 몸이 -. ②음식의 뒷맛이 산뜻하다. ¶동치미 국물 맛이 -. ☞느끼하다
　개운-히부 개운하게

개울 명 골짜기나 들에 흐르는 작은 물줄기.
개울-가[-까]명 개울의 언저리. ☞갯가
개울-물 명 개울에 흐르는 물.
개:원(改元)명-하다자 ①연호(年號)를 고침. 개호(改號) ②왕조나 임금이 바뀜.
개원(開院)명-하다자타 ①병원이나 학원 등 '원(院)' 자가 붙는 시설이나 기관이 새로 설립되어 처음으로 업무를 시작함. ②이름에 '원(院)' 자가 붙는 시설이나 기관에서 그 날의 업무를 시작함. ③국회가 회기(會期)에 회의를 엶. ☞폐원(閉院)
개원(開園)명-하다자타 ①식물원이나 유치원 등 '원(園)' 자가 붙는 시설이나 기관이 새로 설립되어 처음으로 업무를 시작함. ②이름에 '원(園)' 자가 붙는 시설이나 기관에서 그 날의 업무를 시작함.
개원-산 명 광산에서, 광맥(鑛脈)의 면에서 아래쪽을 이르는 말. ☞상원산
개월(個月)의 숫자 다음에 쓰이어, 달의 수를 나타내는 말. ¶1년 6-.
개위(開胃)명-하다자 한방에서, 약을 써서 위의 활동을 도와 입맛이 당기게 함을 이르는 말.
개유(開諭)명-하다타 알아듣도록 깨우쳐 타이름.
개으르다(개으르고·개을러)형르 일하기 싫어하는 태도나 버릇이 있다. 준개르다 ☞게으르다
개으름 명 개으른 태도나 버릇. 준개름 ☞게으름
　개으름(을) 부리다 관용 짐짓 개으른 짓을 하다.
　개으름(을) 피우다 관용 개으른 태도나 버릇을 나타내다.
개으름-뱅이 명 개으름쟁이 준개름뱅이 ☞게으름뱅이
개으름-쟁이 명 개으른 사람. 개으름뱅이 준개름쟁이 ☞게으름쟁이
개을러-빠:지다 형 몹시 개으르다. 개을러터지다 준갤러빠지다 ☞게을러빠지다
개을러-터지다 형 개을러빠지다 준갤러터지다 ☞게을러터지다
개을리 부 개으르게 ¶공부를 - 하다. ☞게을리
개-음절(開音節)명〈어〉음절(音節) 가운데서, 받침 소리 없이 모음으로 끝나는 음절. '아·버·지' 따위. ☞폐음절(閉音節)
개:의(介意)명-하다타 언짢은 일 따위를 마음에 두어 생각하거나 염려함. ¶이 일에 대해서는 -하지 말게.
개:의(改議)명-하다타 ①고치어 다시 논의함. ②회의에서, 발의(發議)된 의안(議案)이나 동의(動議)를 고쳐서 제의하는 일, 또는 그 의안이나 동의.
개의(開議)명-하다자타 의안(議案)의 토의를 시작함.
개:의(槪意)명 내용의 개략적인 뜻.
개:-이 명 짐승닛과의 기생 곤충. 몸길이 1.5~2mm로, 개의 몸에 붙어 삶.
×개이다 자 →개다
개:인(改印)명-하다자타 ①도장을 고쳐 새김. ②인감부에 등록된 인감(印鑑)을 다른 것으로 바꿈.
개:인(個人)명 ①국가나 사회, 또는 어떤 집단을 이루는 한 사람. ②딸린 단체나 지위·신분 등의 관련에서 벗어난 한 사람. ☞사인(私人)
개:인(蓋印)명-하다자 문서 등에 관인(官印)을 찍음. 답인(踏印)
개:인=거:리(個人距離)명 제식 훈련에서, 앞 사람의 등에서부터 뒷사람의 가슴까지의 거리.
개:인=경:기(個人競技)명 개인 사이에 승패나 우열을 겨루는 경기. ☞개인전(個人戰). 단체 경기(團體競技)
개:인=교:수(個人敎授)명 교사(敎師)가 한 사람을 대상으로 하여 가르치는 일, 또는 가르치는 그 사람.
개:인-기(個人技)명 개인 기술, 특히 운동 경기에서 개인의 기량.
개:인=기업(個人企業)명 한 사람의 기업인이 자금을 들여 법률상·경제상의 모든 책임을 지고 경영하는 기업.
개:인-상(個人賞)명 개인 경기에서 입상한 사람에게 주는 상. ☞단체상(團體賞)

개:인-세(個人稅)[-쎄] 명 소득세와 개인에 대한 영업세 등을 흔히 이르는 말.
개:인=소:득(個人所得)명 임금(賃金)·이윤(利潤)·이자(利子)·연금(年金) 등 개인이 번 소득.
개:인=신고(改印申告)명 인감부에 등록된 인감(印鑑)을 잃어버리거나 하여 새 인감으로 바꾸기 위해 하는 신고.
개:인=심리학(個人心理學)명 개인의 심리적 특성을 연구 대상으로 삼는 심리학. ☞사회 심리학. 집단 심리학
개:인=어음(個人-)명 발행인이나 지급인 또는 인수인 모두가 은행 이외의 개인이거나 회사인 어음.
개:인=영업(個人營業)[-녕-] 명 한 사람의 기업인이 단독으로 경영하는 영업.
개:인용=컴퓨터(個人用computer)[-뇽-] 명 사무실이나 가정 등에서 개인이 사무 처리 등에 이용하기에 편리하게 만든 소형 컴퓨터. 퍼스널컴퓨터. 피시(PC)
개:인=위생(個人衛生)명 개인을 대상으로 하는 위생. ☞공중 위생(公衆衛生)
개:인=윤리(個人倫理)[-뉼-] 명 도덕 원리가 개인 생활에 적용되었을 때의 윤리. ☞사회 윤리(社會倫理)
개:인=의학(個人醫學)명 개인의 치료와 건강을 다루는 일반 의학. ☞사회 의학(社會醫學)
개:인-적(個人的)명 개인에 관계되는 것. ¶-인 견해.
개:인-전(個人展)명 한 개인의 작품만을 모아서 전시하는 전람회.
개:인-전(個人戰)명 개인끼리 승패를 겨루는 운동 경기. ☞개인 경기. 단체전(團體戰)
개:인-주의(個人主義)명 ①개인의 인격과 가치를 최상(最上)의 것으로 여기며 개인의 자유와 권리를 존중하는 주의. ☞전체주의 ②개인의 생각이나 이익만을 위하여 행동하는 태도를 흔히 이르는 말. ☞이기주의
개:인-차(個人差)명 각 사람의 정신적·육체적 능력이나 특질의 차이.
개:인=택시(個人taxi)명 개인이 영업 허가를 받은 자기의 차로 영업하는 택시.
개:인=표상(個人表象)명 사회학에서, 개개인이 만들어 내는 사회적 표상. 개인 표상이 융합하여 집합 표상을 이룸. ☞집단 표상
개:인=플레이(個人play)명 ①단체 경기에서, 동료들과 협동하지 아니하고 저만이 두드러지게 행동함을 이르는 말. ②사회에서, 전체의 이익을 생각함이 없이 개인의 명예만을 위해 행동함을 비유하여 이르는 말.
개:인=회:사(個人會社)명 회사 자본이나 주식의 대부분이 개인 소유로 되어 있는 회사.
개:인=휴대=단말기(個人携帶端末機)명 무선 통신과 정보 처리 기능을 결합한 휴대용 컴퓨터. 정보 입력, 개인 정보 관리, 컴퓨터와 정보 교류, 무선 인터넷 활용, 휴대폰 겸용 등의 다양한 기능을 지님. 피디에이(PDA)
개:입(介入)명-하다자 어떤 일에 끼어들어 관계함. ¶쟁의(爭議)에 -하다.
개:입-권(介入權)명 ①상업 사용인이 경업(競業) 금지 의무를 위반한 거래 행위를 하였을 때, 영업주나 회사가 자기를 위하여 한 것으로 간주하여, 이득의 양도를 청구할 수 있는 권리. ②위탁을 받은 위탁 매매인이 위탁 사무를 처리하는 방법으로, 스스로 거래의 상대편이 될 수 있는 권리.
개자(芥子)명 겨자씨와 갓씨를 아울러 이르는 말.
개-자리[1] 명 콩과의 두해살이풀. 줄기 높이는 30~60cm. 거여목과 비슷하나 좀 작음. 봄에 노란 잔 꽃이 피고, 열매는 꼬투리 모양의 협과(莢果)임. 풋거름이나 목초로 쓰임. 금지초(金枝草)
개:-자리[2] 명 ①온돌 구조에서, 불기를 빨아들이고 연기를 머무르게 하기 위하여 방구들 윗목에 고래보다 깊이 파 놓은 고랑. ②활터의 과녁 앞에 사람이 들어앉아 화살의 맞고 안 맞음을 살필 수 있도록 파 놓은 구덩이. ③강이나 내의 바닥이 푹 패어 깊은 곳.
개자-유(芥子油)명 겨자씨나 갓씨로 짠 기름.
개자-정(芥子精)명 개자유와 알코올을 1 : 9의 비율로 섞은 피부 자극제.
개:작(改作)명-하다타 작품을 고치어 새로 만듦, 또는 그 작품.
개:-잘량 명 방석처럼 쓰기 위하여 털이 붙은 채로 무두질하여 다룬 개가죽. 준잘량
개:-잠 명 개가 자는 모습처럼 옆으로 누워 머리와 팔다리를 오그리고 자는 잠. ☞새우잠
개:-잠(改-)명 한 번 깨었다가 다시 드는 잠. 두벌잠 ¶-을 자다. /-이 들다.
개:-장(-醬)명 '개장국'의 준말.
개:장(改葬)명-하다타 무덤을 옮김. 이장(移葬)
개:장(改裝)명-하다타 모양이나 장식을 새롭게 고치고 꾸밈.
개장(開場)명-하다자타 ①수영장 등 그 이름에 '장(場)'자가 붙는 사업체나 시설물이 새로이 설립되어 처음으로 업무를 시작함. ¶새 스키장이 -하다. ②이름에 '장(場)'자가 붙는 시설에서 그 날의 업무를 시작함. ¶전시장 - 시각은 오전 10시이다. ③증권 거래소나 시장을 열어 업무를 시작함. ☞폐장(閉場) ④지난날, 과장(科場)에서 과거를 보이기 시작하는 일을 이르던 말.
개:장-국(-醬-)[-꾹] 명 개고기를 삶아 건져 뼈를 발라 내고 고기를 결대로 찢은 다음, 된장을 풀고 부추와 파 등 여러 가지 채소와 양념을 함께 넣어 끓인 국. 구장(狗醬) 준개장 ☞보신탕(補身湯)
개장마니 명 '계집'의 심마니말.
개장=시세(開場時勢)명 증권 거래소 또는 상품 시장의 개장 때의 시세.
개:재(介在)명-하다자 둘 사이에 끼여 있음. 개립(介立) ¶두 나라 사이에 -된 복잡한 문제들.
개:전(改悛)명-하다자 잘못을 뉘우치고 마음을 바르게 가짐. 개오(改悟). 전개(悛改) ¶-의 정이 뚜렷하다.
개전(開戰)명-하다자 ①전쟁을 시작함. ☞정전(停戰). 종전(終戰) ②구세군에서, 전도(傳道) 등의 사업을 시작함을 이르는 말.
개전-법(開展法)[-뻡] 명 원통 도법(圓筒圖法)
개:절(剴切)어기 '개절(剴切)하다'의 어기(語基).
개:절-하다(剴切-)형여 꼭 알맞다.
개점(開店)명-하다자타 ①가게를 내어 영업을 처음 시작함. ¶연쇄점을 -하다. ②가게의 문을 열어 그 날의 영업을 시작함. ¶오전 10시에 -한다. ☞폐점(閉店)
개점=휴업(開店休業)명 가게를 열어 장사를 하고 있으나 고객이 없어서 휴업 상태나 마찬가지라는 말.
개:정(改正)명-하다타 법률이나 규칙 등의 알맞지 않은 점이나 모자라는 점을 새로이 고침. ¶어문 규정을 -하다. /규약을 -하다.
개:정(改定)명-하다타 한번 정했던 것을 고치어 다시 정함. ¶-된 법률.
개:정(改訂)명-하다타 책 내용의 잘못된 데를 바로잡음. ¶-된 학습서.
개정(開廷)명-하다자 재판을 시작하기 위해 법정(法廷)을 여는 일. ☞폐정(閉廷). 휴정(休廷)
개:정-안(改正案)명 개정한 안(案), 또는 개정할 안.
개:정-판(改訂版)명 책 내용의 잘못된 데를 바로잡아 다시 펴낸 책. ☞개판(改版)
개:정-표(改正表)명 내용이 바뀌었거나 틀린 곳을 바르게 고친 표.
개:제(改題)명-하다타 책 등의 제목을 달리 고침, 또는 그 고친 제목.
개제(皆濟)명-하다자타 ①꾸어 쓴 돈을 죄다 갚음. ②모든 일을 다 정리하고 끝냄.
× **개제**(開剃)명 →개체(開剃)
개제(開除)명-하다타 ①열어 헤침. ②헤쳐 없앰.
개제(開霽)명-하다자 내리던 비가 멎고 하늘이 갬.
개:제(愷悌)어기 '개제(愷悌)하다'의 어기(語基).
개:-제비쑥 명 '맑은대쑥'의 딴이름.
개:-제주(改題主)명-하다자타 신주(神主)의 글자를 고쳐 씀.
개:제-하다(愷悌-)형여 생긴 모습이나 기상이 단아하고

화락하다.

개:조(改造)명 -하다타 고치어 다르게 만듦. ¶창고를 -하여 축사(畜舍)로 만들다.

개:조(個條·箇條)명 ①낱낱의 조목. ②〔의존 명사로도 쓰임〕 낱낱의 조목을 셀 때의 단위. ¶열두 -로 된 규약.

개조(開祖)명 ①어떤 일을 처음 시작하여 그 일파의 원조(元祖)가 되는 사람. ②'개종조(開宗祖)'의 준말. ③'개산 조사(開山祖師)'의 준말.

개:종(改宗)명 -하다자 이제까지 믿던 종교나 종파(宗派)를 떠나 다른 종교를 믿음. 개교(改教)

개종(開宗)명 -하다자타 불교에서, 한 종파(宗派)를 처음으로 세우는 일을 이르는 말. 개산(開山)

개:종-자(改宗者)명 개종한 사람.

개종-조(開宗祖)명 불교에서, 한 종파를 처음으로 세운 사람을 이르는 말. 준개조(開祖)

개좌(開座·開坐)명 -하다자 조선 시대, 관원들이 모여 사무를 보는 일을 이르던 말.

개:주(介冑·鎧冑)명 갑옷과 투구.

개:주(改鑄)명 -하다타 다시 주조(鑄造)함. ¶범종(梵鐘)을 -하다.

개:-죽음 명 -하다자 아무 보람도 없이 헛되이 죽는 죽음을 비유하여 이르는 말. 낭사(浪死)

×**개준**(改悛)명 →개전(改悛)

개:중(個中·箇中)명 여럿 가운데. 그 가운데. ¶-에는 불량품도 섞여 있다.

개:지 명 ①'버들개지'의 준말. ②사월 초파일에 다는 등(燈)에, 모양을 내기 위하여 모서리나 밑에 달아 늘어뜨리는 색종이 조각.

개:지(改紙)명 -하다자 종이에 글씨를 쓰다가 잘못 썼을 때, 새 종이로 갈아 다시 쓰는 일.

개지(開地)명 새로 일군 땅.

개:-지네 명 지넷과의 벌레. 몸길이 4cm 안팎. 몸은 스물세 마디로 되어 있고 각 마디에 한 쌍씩의 발이 있음. 몸빛은 황갈색. 그늘진 곳에 살며 작은 곤충을 잡아먹음.

개:진(改進)명 -하다자타 ①개선되어 발전함. ②낡은 제도나 풍속 등을 고치어 발전시킴.

개진(開陳)명 -하다타 자기의 의견이나 생각 등을 말하거나 글로 씀. ¶새 경영 방침을 -하다.

개진(開進)명 -하다자 문물이 발달하고 사람의 지혜가 열림.

개:진(凱陣)명 -하다자 전쟁에 이기고 자기의 진영으로 돌아옴. ☞개선(凱旋)

개:-질경이 명 질경잇과의 여러해살이풀. 잎은 길둥근 꼴로 길이 15cm, 너비 3cm 안팎. 5~6월에 흰 꽃이 이삭 모양으로 피고, 열매는 삭과(蒴果)임. 바닷가나 들에 자라는데, 씨는 한방에서 약재로 쓰이고 어린잎은 먹을 수 있음.

개짐 명 지난날, 여자가 월경(月經)이 있을 때, 헝겊 따위로 기저귀처럼 만들어 샅에 차던 것. 월경대 ☞생리대(生理帶)

개:-찜 명 개고기의 찜.

개:차(改差)명 -하다타 지난날, 관원을 가는 일을 이르던 말.

개:차(蓋車)명 지붕이 있는 화차(貨車). 유개차(有蓋車) ☞무개차(無蓋車)

개:-차반 명 개가 먹는 차반. 곧 '똥'이라는 뜻으로, 언행이 더럽고 막된 사람을 욕으로 이르는 말.

개:착(改着)명 -하다타 옷을 갈아입음.

개착(開鑿)명 -하다타 도로 따위를 내기 위하여 산을 뚫거나 땅을 팜.

개:찬(改撰)명 -하다타 책의 내용을 고쳐 다시 엮음.

개:찬(改竄)명 -하다타 문서 등의 자구(字句)를 함부로 고침. ¶계약서를 -하여 악용(惡用)하다.

개:찰(改札)명 -하다타 '개표(改票)'의 구용어.

개찰(開札)명 -하다타 입찰(入札) 결과를 살펴봄.

개:창(疥瘡)명 옴[1]

개창(開倉)명 -하다타 지난날, 관아의 창고를 열고 공곡(公穀)을 내던 일.

개창(開創)명 -하다타 새로 창설함.

개창-지(開敞地)명 앞이 널리 확 트인 땅.

개:채(改彩)명 -하다타 불상에 채색을 다시 올림.

개:채(芥菜)명 겨자와 갓을 아울러 이르는 말.

개척(開拓)명 -하다타 ①거친 땅을 일구어 농토 등을 만듦. ¶황무지를 -하다. ②새로운 분야나 영역을 처음 엶. ¶새 상품의 판로를 -하다. ③운명이나 나아갈 길을 엶. ¶어려움을 이기고 새로운 삶을 -하다.

개척-민(開拓民)명 개척을 목적으로 일정 지역에 옮아가서 사는 사람들.

개척-사(開拓史)명 개척의 역사.

개척-자(開拓者)명 ①거친 땅을 일구어 농토 등을 만들며 살아가는 사람. ②새로운 분야나 영역을 열어 가는 사람. ¶생명 공학의 -./우주 개발의 -.

개척-지(開拓地)명 개척한 땅.

개천 명 ①길게 골이 져서 물이 흐르는 내. ②내[3]
속담 **개천에서 나도 제 날 탓이다**: 아무리 어려운 환경에 태어나더라도 자기의 노력에 따라서 얼마든지 훌륭한 사람이 될 수 있다는 말./**개천에서 용 난다**: ①변변하지 못한 집안에서도 훌륭한 인물이 난다는 말. ②자식이 부모보다 뛰어나게 잘났을 때 놀리어 이르는 말.〔개똥 밭에 인물 난다〕

개천-절(開天節)명 국조(國祖)인 단군이 고조선을 건국한 날을 기념하는 국경일. 10월 3일.

개천-제비 명 '갈색제비'의 딴이름.

개청(開廳)명 -하다자타 ①관청을 새로 설립하여 업무를 시작함. ②관청이 그 날의 업무를 시작함.

개:체(改替)명 -하다타 새것으로 바꿈.

개:체(個體)명 ①생물학에서, 하나의 몸을 가지고, 운동과 생식(生殖) 등 생명 현상을 영위할 수 있는 구조와 기능을 가진 하나의 독립된 생물체를 이르는 말. ☞군체(群體) ②철학에서, 다른 것과 구별되는 하나의 독자적인 존재를 이르는 말. 개물(個物)

개체(開剃)명 -하다타 고려 말, 머리의 둘레는 깎고 정수리 부분의 머리털만 남겨 땋아 늘이던 머리 모양새. 몽고의 풍속에 따른 것임.

개:체=개:념(個體概念)명 개별 개념(個別概念)

개:체-군(個體群)명 일정한 시간에 같은 곳에서 함께 살아가는 생물 개체의 집단. 일반적으로 동종(同種)의 것에 대해서 이름.

개:체=명사(個體名辭)명 개별 개념(個別概念)

개:체=발생(個體發生)[-쌩]명 생물의 개체가 알에서 발생하여 완전한 개체로 되기까지의 과정. ☞계통 발생

개:체=변:이(個體變異)명 같은 종류의 생물 가운데서, 유전자나 염색체와 관계없이 환경의 영향으로 생긴 개체의 변이. 방황 변이(彷徨變異). 환경 변이

개:체=접합(個體接合)명 단세포 생물에서, 영양체가 그대로 생식 세포가 되어 서로 접합하는 일. ☞배우자 접합(配偶者接合)

개:체-주의(個體主義)명 세계는 개체로써 이루어지며, 그 개체들만이 참된 실재(實在)이고, 보편적인 것은 제이의적(第二義的)인 것에 지나지 않는다는 견해, 또는 그런 주장. ☞보편주의(普遍主義)

개:초(蓋草)명 ①-하다타 이엉으로 지붕을 임. ☞개와(蓋瓦) ②이엉 ▷蓋의 속자는 盖

개:초-장이(蓋草-)명 지난날, 개초하는 일을 직업으로 삼는 사람을 이르던 말.

개:-촌충(-寸蟲)명 촌충과의 편형동물(扁形動物). 몸길이 15~30cm. 몸은 오이 모양의 여러 개의 긴 마디로 되어 있음. 개의 장 안에 붙어 삶.

개최(開催)명 -하다타 어떤 모임이나 행사 따위를 엶. ¶음악회를 -하다.

개:축(改築)명 -하다타 축조물이나 건물의 일부 또는 전체를 고쳐 쌓거나 새로 짓는 일. ¶기숙사를 -하다.

개춘(開春)명 -하다자 봄철이 시작됨.

개:충(介蟲)명 갑충(甲蟲)

개:치(改置)명 -하다타 대치(代置)

개치네쒜 감 재채기 끝에 외치는 소리.

개:칙(概則)명 개략의 규칙. ☞세칙(細則)
개:-칠(改-)명-하다자타 ①한 번 칠한 위에 다시 칠함. ②붓글씨를 쓸 때, 한 번 그은 획에 다시 붓을 대어 거듭 긋는 일. ☞개획(改畫)
개:칭(改稱)명-하다타 칭호(稱號)를 고침, 또는 고친 그 칭호.
개컬-간(-間)명 윷놀이에서, 개나 걸 중의 어느 것. ¶-에 무엇이 나와도 좋다.
개컬-뜨기명 윷놀이에서, 개나 걸로 상대편 말을 잡을 수 있는 기회.
개:코-망신(-亡身)명 톡톡히 당하는 큰 망신. 개망신 ¶경기마다 져서 -이다.
개키다타 옷이나 이부자리, 넓은 천이나 종이 따위를 겹쳐서 접다. 개다[3]
개탁(開坼)명-하다타 ①봉한 것을 뜯어서 엶. 개봉(開封) ②봉한 편지나 서류를 뜯어 보라는 뜻으로, 손아랫사람에게 보내는 봉서(封書) 겉에 쓰는 한문 투의 말.
개:탄(慨歎·慨嘆)명-하다타 염려하거나 걱정스럽게 여기어 탄식함, 또는 그 탄식. ¶문란한 세태를 -하다.
개탕명 ①장지·빈지·판자 따위를 끼우기 위하여 판 홈. ②'개탕대패'의 준말.
　개탕(을) 치다관용 개탕을 만들다.
개탕-대:패명 개탕을 치는 데에 쓰는 대패. 준개탕
개:털-니명 짐승털닛과의 기생 곤충. 몸길이 1.5mm 안팎. 머리는 육각형이고 잔털이 나 있음. 개 털에 붙어 삶.
개토(開土)명-하다자 뫼를 쓰거나 집을 짓거나 할 때 땅을 파기 시작함.
개토-제(開土祭)명 개토하기 전에 토신(土神)에게 지내는 제사.
개:통(改痛)명-하다자 병이 나았다가 다시 더침.
개통(開通)명-하다자타 철도·도로·교량·전신·전화 등 교통이나 통신 시설 등이 완성되어 처음으로 이용하기 시작함. ¶서해 대교가 -되었다.
개통-식(開通式)명 개통을 기념하는 의식.
개:-파리명 개파릿과의 곤충. 몸은 단단하고 납작함. 몸빛은 갈색이고, 아롱아롱한 날개도 짙은 갈색을 띠고 있음. 주로 개의 피를 빨아먹고 삶.
개:-판명 하는 짓이나 일에 질서가 없고 몹시 난잡하며 엉망인 상태를 속되게 이르는 말.
개:-판(改-)명 씨름 등의 경기에서 승패가 나지 않거나 분명하지 않을 때, 다시 판을 벌여 겨루는 일, 또는 다시 겨루는 그 판.
개:판(改版)명-하다타 ①조판을 다시 함. ②책의 내용을 고치어 다시 펴냄, 또는 그 책. 개간(改刊) ☞개정판(改訂版)
개판(開版)명-하다타 새로 판목(版木)을 새겨 책을 처음으로 찍어냄.
개:판(蓋板)명 ①서까래·목반자·부연(附椽) 따위의 위에 까는 널빤지. ②책장이나 옷장 따위의 맨 위에 대는 나무로 된 판.
개:판-널(蓋板-)명 개판으로 쓰는 널빤지.
개펄명 갯가의 개흙이 깔린 벌. 준펄 ☞갯벌
개:편(改編)명-하다타 ①책 따위를 고쳐 엮음. ¶교과서를 -하다. ②이미 편성되어 있는 기구나 조직 등을 고쳐 짬. ¶조직을 -하다./행정 기구를 -하다.
개편(開片)명 '개편열(開片裂)'의 준말.
개편-열(開片裂)[-녈]명 잿물을 올린 도자기 거죽에 잘게 난 금. 준개편(開片)
개평명 노름이나 내기 판 등에서 남이 가지게 된 것 중에서 공으로 조금 얻어 가지는 일.
　개평(을) 떼다관용 개평을 얻어 가지다.
개:평(概評)명-하다타 개략적으로 비평함, 또는 그렇게 하는 비평.
개평-꾼명 개평을 얻어 가지는 사람.
개:폐(改廢)명-하다타 고치는 일과 아주 없애는 일. ¶규약의 -를 심의하다.
개폐(開閉)명-하다타 열거나 닫거나 하는 일. 개합(開闔) ¶자동 - 장치
개폐-교(開閉橋)명 배가 지나다닐 수 있도록 다리의 일부나 전체를 움직일 수 있게 만든 다리. 가동교(可動橋)
개폐-기(開閉器)명 전기 회로를 이었다 끊었다 하는 장치. 스위치(switch)
개폐-문(開閉門)명-하다자 조선 시대, 대궐이나 감영(監營)의 삼문(三門)을 날마다 파루(罷漏)에 열고 인정(人定)에 닫던 일.

> ▶ **'삼문(三門)'이란**
> 지난날, 대궐이나 감영(監營) 앞에 있던 세 개의 문, 곧 정문(正門)과 동협문(東夾門)·서협문(西夾門)을 이르는 말이다.

개폐=세:포(開閉細胞)명 공변 세포(孔邊細胞)
개폐=운:동(開閉運動)명 식물체 안의 물기를 조절하는 공변 세포의 내압(內壓)의 변화에 따라서 일어나는, 기공(氣孔)의 여닫는 운동.
개:표(改票)명-하다자 철도 역의 승차장 출입구에서 승객의 차표를 검사하는 일.
개표(開票)명-하다자 투표함(投票函)을 열고 투표의 결과를 검사하는 일.
개표-소(開票所)명 투표함을 열고 투표의 결과를 검사하는 곳.
개표=참관인(開票參觀人)명 개표소에서 개표가 제대로 진행되는지를 지켜보는 사람. ☞투표 참관인
개-풀명 갯가에 난 풀.
개:피명 볏과의 두해살이풀. 줄기 높이는 30~60cm. 잎은 선형(線形)으로 끝이 뾰족함. 4~5월에 꽃이 피고, 열매는 길동근 영과(穎果)로 먹을 수 있음.
개피(蓋皮)명 '개비[2]'의 원말.
개피-떡명 흰떡이나 쑥떡을 얇게 밀어 팥이나 콩을 소로 넣고, 반달같이 접어 붙여 보시기 따위로 눌러 떼어서 참기름을 바른 떡. 바람떡이라고도 함. ☞거피팥떡
개학(開學)명-하다자 학교에서 방학이나 휴교 따위로 한동안 쉬었다가 수업을 다시 시작함.
개함(開函)명-하다타 봉해 두었던 함이나 상자를 엶. ¶투표함을 -하다.
개합(開闔)명-하다타 개폐(開閉)
개항(開港)명-하다자타 ①신설한 항구나 공항(空港)을 열어 처음으로 업무를 시작함. ¶인천 공항이 -되다. ②외국과 무역을 하기 위하여 항구를 개방함. ③'개항장(開港場)'의 준말.
개항-장(開港場)명 외국과 무역을 하기 위해 개방한 항구. 개항지(開港地) 준개항(開港) ☞불개항(不開港)
개항-지(開港地)명 개항장(開港場)
개:항-포(蓋項布)명 가톨릭에서, 미사 때 신부가 목에 두르는 긴 네모꼴의 헝겊.
개:-해명 간지(干支)의 지지(地支)가 술(戌)인 해를 지지의 동물 이름으로 상징하여 이르는 말. ☞돼지해. 술년(戌年)
개:헌(改憲)명-하다자 헌법을 고침.
개:헌-안(改憲案)명 고치려 하는 헌법의 초안(草案). ¶-을 상정(上程)하다.
개:-헤엄명 개가 헤엄치듯이 머리를 물 위에 내밀고 두 손으로 좌우 번갈아 물을 끌어당기면서 나아가는 헤엄.
개:혁(改革)명-하다타 정치 체제나 사회 제도 등을 새롭게 고침. 혁개(革改) ¶교육 제도를 -하다.
개:혁=교:회(改革敎會)명 종교 개혁의 결과로 유럽 각국에서 일어난 개신교(改新敎) 교회를 통틀어 이르는 말.
개:혈(改血)명-하다타 가축의 혈통이 먼 것끼리 교배(交配)하여 품종을 개량하는 일.
개:형(概形)명 대체로 본 형상.
개:호(改號)명-하다자 ①호(號)를 고침, 또는 고친 그 호. ②연호(年號)를 고침. 개원(改元)
개호주명 범의 새끼.
개혼(開婚)명-하다자 여러 자녀를 둔 부모가 처음으로 자녀의 혼인을 치름, 또는 그 혼인. 초혼(初婚) ☞필혼

개화(開化)명-하다자 사람의 지혜가 열리어 문화가 진보함. 개명(開明) ¶ ―의 물결.
개화(開花)명-하다자 ①꽃이 핌. ②문화가 한창 번성함을 비유하여 이르는 말. ¶민중 문화의 ―.
개화-경(開化鏡)명 우리 나라의 개화기(開化期)에 '안경(眼鏡)'을 이르던 말.
개화-기(開化期)명 ①사람의 지혜가 열리어 문화가 진보하는 시기. ②우리 나라에서, 강화도 조약(江華島條約)이 체결된 때부터 대한 제국(大韓帝國)이 망한 때까지의 시기로, 봉건적인 사회 질서에서 벗어나 근대적인 사회로 옮겨 가던 시기를 이르는 말.
개화-기(開花期)명 ①꽃이 피는 시기. ②문화가 한창 번성하는 시기를 비유하여 이르는 말.
개화=사상(開化思想)명 조선 말, 봉건적인 사상이나 풍속 등을 버리고 새롭고 진보된 서구 문물을 받아들여 근대화를 이루고자 한 사상.
개화=운:동(開化運動)명 조선 말, 개화당이 주동이 되어 새롭고 진보된 서구 문물을 받아들이려고 벌인 정치적·사회적 운동을 이르던 말.
개화-인(開化人)명 개화한 사람. ☞미개인(未開人)
개화-장(開化杖)명 우리 나라의 개화기(開化期)에 '단장(短杖)'을 이르던 말.
개화-짚신(開化―)[―집―]명 갑오개혁(甲午改革) 이후 유행한, 무늬를 넣어 삼은 짚신.
개활(開豁)어기 '개활(開豁)하다'의 어기(語基).
개활-지(開豁地)[―찌]명 탁 트이어 너른 땅.
개활-하다(開豁―)형여 ①탁 트이어 너르다. ②마음이 넓고 여유가 있다. 도량이 크다.
개황(開荒)명-하다타 황무지를 일굼.
개:황(概況)명 대충의 상황. ¶공사의 진척 ―을 설명하다./기상(氣象) ―을 알아보다.
개:회(改悔)명-하다타 회개(悔改)
개회(開會)명-하다자타 회의나 회합 따위가 열림, 또는 회의나 회합 따위를 시작함. ¶의장이 ―를 선언하다. ☞폐회(閉會)
개회-사(開會辭)명 회의나 회합을 시작할 때의 인사말. ☞폐회사(閉會辭)
개회-식(開會式)명 회의나 회합을 시작할 때 베푸는 의식(儀式). ☞폐회식(閉會式)
개:획(改畫)명-하다타 그림이나 글씨의 획에 다시 붓을 대어 고침. ☞개칠
개흉(開胸)명-하다자 흉곽(胸廓) 외과에서, 흉강(胸腔)에 있는 기관 등을 수술하려고 가슴을 가르는 일.
개흉-술(開胸術)명 가슴을 갈라 하는 수술.
개:-흘레명 집의 벽 밖으로 달아 지은 작은 칸살.
개-흙명 갯가나 진펄에 있는 거무스름하고 질척한 흙.
객(客)명 손² ¶주인과 ―이 인사를 나누다. ☞나그네
객(客)-접두 '실없는', '필요 밖의', '쓸데없는', '객쩍은'의 뜻을 나타냄. ¶객소리/객식구
객거(客居)명-하다자 객지에서 머물러 삶. 여우(旅寓)
객고(客苦)명 ①객지에서 겪는 고생. ¶긴 여행으로 ―에 시달리다. ②공연히 겪는 고생. ¶쓸데없는 일로 ―를 치르다.
객공(客工)명 ①임시로 고용한 직공. ②'객공잡이'의 준말.
객공-잡이(客工―)명 시간이나 능률에 따라 얼마씩 정한 삯을 받으며 일하는 사람. 준객공(客工)
객관(客官)명 ①지난날, 관아의 사무에 직접 책임을 지지 않는 관원을 이르던 말. ②지난날, 다른 관아에서 임시로 와서 일을 보는 관원을 이르던 말.
객관(客館)명 지난날, 왕명에 따라 지방에 가는 관원이 묵도록 마련해 놓은 숙박 시설을 이르던 말. 객사(客舍)
객관(客觀)명 ①주관의 인식이나 행위의 대상이 되는 것. ②자기만의 생각에서 벗어나, 제삼자의 처지에서 대상을 보거나 생각하는 일. ☞주관(主觀)
객관=가치설(客觀價値說)명 재화(財貨)의 가치는 그 재화를 생산하는 데 드는 노동량 또는 노동 시간에 따라서 결정된다는 가치 학설. ☞주관 가치설(主觀價値說)
객관=묘사(客觀描寫)명 대상을 있는 그대로 관찰하여 객관적으로 표현하는 창작 기법.
객관-성(客觀性)[―썽]명 ①사람의 의식(意識) 밖에 객관적으로 존재하는 성질이나 상태. ¶법칙의 ―. ②주관에 기울어지지 않는 보편 타당성. ¶―에 기초하여 판단하다. ☞주관성(主觀性)
객관식=고사법(客觀式考査法)[―뻡]명 채점자(採點者)의 주관에 따라 평가의 차이가 없도록 하는 시험 방법. 진위법(眞僞法)이나 선다법(選多法) 등이 있음. 객관적 테스트
객관-적(客觀的)명 객관으로 존재하거나 객관에 바탕을 둔 것. ¶―인 묘사./―으로 사물을 관찰하다. ☞주관적(主觀的)
객관적=가치(客觀的價値)명 효용의 정도와 상관없이 그 생산에 드는 비용과 노동량에 따라서 결정되는 재화(財貨)의 가치. ☞주관적 가치
객관적=관념론(客觀的觀念論)명 세계의 본질을 주관적 의식과는 독립하여 존재하는 정신적·관념적인 것으로 보고, 모든 현상은 이 관념의 나타남이라고 보는 철학 이론. ☞주관적 관념론(主觀的觀念論)
객관적=비:평(客觀的批評)명 예술 작품에 대하여 일정한 표준을 정하고, 그 객관적 기준에 따라서 하는 비평. 표준 비평 ☞주관적 비평(主觀的批評)
객관적=타:당성(客觀的妥當性)[―썽]명 어떤 판단이 한 개인의 주관을 초월하여 보편성을 가진 것.
객관적=테스트(客觀的test)명 객관식 고사법
객관-주의(客觀主義)명 철학에서, 주관과 독립하여 객관적으로 타당한 진리나 가치가 존재한다고 보는 견해. ☞주관주의
객귀(客鬼)명 ①객지에서 죽은 사람의 혼령. ②잡귀
객금(客衾)명 손을 위하여 마련해 둔 이부자리. ☞객침(客枕)
객기(客氣)명 객쩍게 부리는 혈기. ¶―를 부리다.
객-꾼(客―)명 어떤 모임 따위에 관계도 없으면서 참석한 사람을 얕잡아 이르는 말.
객년(客年)명 지난해. 객세(客歲)
객-님(客―)명 절에서, '객승(客僧)'을 높이어 일컫는 말.
객담(客談)명-하다자 객쩍은 말. 객소리
객담(喀痰)명-하다자 가래를 뱉음, 또는 그 가래. 각담(咯痰)
객동(客冬)명 지난겨울. 거동(去冬)
객랍(客臘)명 구랍(舊臘)
객려(客慮)명 쓸데없는 생각. ☞잡념(雜念)
객례(客禮)명 손을 대하는 예의.
객로(客路)명 여로(旅路)
객론(客論)명-하다자 객쩍은 말. 객소리
객리(客裏)명 객중(客中)
객몽(客夢)명 객지에서 꾸는 꿈.
객-물(客―)명 ①뜨거운 물에 타는 찬물. ②풀이나 죽 따위의 위에 따로 도는 물. 군물 ③국이나 찌개 따위에 덧타는 맹물.
객미(客味)명 객지에서 지내면서 겪는 쓰라린 맛.
객반위주(客反爲主)성구 손이 도리어 주인 행세를 함을 이르는 말. 주객전도(主客顚倒)
객방(客房)명 손이 묵는 방.
객병(客兵)명 다른 나라에서 지원하러 온 군대나 병사.
객비(客費)명 ①안 써도 될 일에 헛되이 쓰는 돈. ②객지에서 쓰는 비용.
객사(客死)명-하다자 객지에서 죽음.
객사(客舍)명 ①나그네가 묵는 집. ②객관(客館)
객사(客思)명 객심(客心)
객상(客床)명 손을 위해 따로 차린 밥상.
객상(客狀)명 객지에서 지내는 형편.
객상(客商)명 제 고장을 떠나 다른 고장에 가서 하는 장사, 또는 그런 장수.
객석(客席)명 연극이나 음악회, 운동 경기 따위를 구경하

는 사람들이 앉는 자리. ¶ －을 메운 관중.
객선(客船)명 여객을 실어 나르는 배. 여객선(旅客船)
객설(客說)명-하다자 객쩍은 말. 객소리
객설-스럽다(客說－)(－스럽고·－스러워)형ㅂ 하는 말이 듣기에 객쩍다.
  객설-스레부 객설스럽게
객성(客星)명 항성(恒星)이 아니고, 한때 나타나는 별. 혜성(彗星) 따위.
객세(客歲)명 지난해. 객년(客年)
객-소리(客－)명-하다자 객쩍은 말. 객담(客談). 객론(客論). 객설(客說) ¶할 일이 태산인데, 무슨 －냐?
객수(客水)명 ①바라지도 않는 때에 쓸데없이 내리는 비. ¶추수 때 반갑지 않은 －가 내린다. ②다른 데서 들어온 겉물. ③끼니때 외에 마시는 물.
객수(客愁)명 객지에서 느끼는 시름이나 쓸쓸한 느낌. 객한(客恨). 여수(旅愁) ¶한 잔 술로 －를 달래다.
객-숟가락(客－)명 ①손을 대접할 때 쓰려고 마련하여 둔 숟가락. ②남의 음식을 빼앗아 먹으려고 들이미는 숟가락. 준객술
객-술(客－)명 '객숟가락'의 준말.
객-스럽다(客－)(－스럽고·－스러워)형ㅂ 보기에 쓸데없고 실없는 느낌이 있다.
  객-스레부 객스럽게
객승(客僧)명 절에 손으로 와 있는 중. ☞객님
객-식구(客食口)명 본디 집안 식구가 아니면서 집에서 함께 지내는 딴 식구. 군식구. 잡식구
객신(客神)명 잡귀(雜鬼)
객실(客室)명 ①여관이나 호텔 등에서 손이 묵을 수 있게 마련한 방. ②열차나 선박, 비행기 등에서 승객을 태우는 칸.
객심(客心)명 ①객지에서 지내면서 느끼는 생각. 객사(客思) ②딴마음
  객심(을) 먹다관용 엉뚱한 생각을 품다. 딴마음을 먹다.
객심-스럽다(客甚－)(－스럽고·－스러워)형ㅂ 보기에 몹시 쓸데없고 실없는 느낌이 있다.
  객심-스레부 객심스럽게
객아(客我)명 의식(意識)하는 자아(自我)의 대상이 되는 객관적인 자기. ☞자아(自我)
객어(客語)명 빈사(賓辭)
객연(客演)명-하다자 배우나 음악가 등이 전속이 아닌 다른 단체로부터 초청을 받아 임시로 공연에 출연하는 일.
객열(客熱) 명 이미 앓고 있는 병에 다른 병이 더하여 일어나는 몸의 열.
객요(客擾)명 손의 드나듦이 많아서 몹시 바쁘고 마음이 어수선한 일.
객용(客用)명 손이 쓰도록 마련한 물건.
객우(客寓)명 ①-하다자 남의 집의 손이 되어 지냄. ②손이 되어 임시로 머무는 집.
객우(客遇)명-하다타 손으로 대우함.
객원(客員)명 어떤 단체나 기관의 정식 구성원이 아니고, 손으로 대우를 받으며 참여하는 사람. ¶ －으로 초빙된 학자. /－ 지휘자
객원=교:수(客員敎授)명 초빙 교수(招聘敎授)
객월(客月)명 지난달. 거월(去月). 작월(昨月)
객의(客意)명 객회(客懷)
객인(客人)명 ①손 ②객쩍은 사람.
객장(客場)명 은행이나 증권사 따위의 점포에서, 고객들이 거래 업무를 볼 수 있도록 마련해 둔 공간.
객장(客裝)명 여행할 때의 차림새. 여장(旅裝)
×**객적다**형 →객쩍다
객점(客店)명 지난날, 길손이 음식이나 술 따위를 사먹고 쉬어 가거나 묵어 가는 집을 이르던 말. 여점(旅店)
객정(客情)명 객회(客懷)
객주(客主)명 조선 시대, 상인의 물건을 맡아 팔아 주거나 흥정을 붙여 주고, 상인을 치기도 하던 영업, 또는 그런 영업을 하는 사람을 이르던 말.
객주(客酒)명 손을 대접하려고 마련한 술.
객주리명 쥐치복과의 바닷물고기. 몸길이 60cm 안팎. 몸은 길둥글고 납작하며, 몸빛은 잿빛 바탕에 짙은 잿빛의 점이 있음. 먹을 수 있음.
객죽(客竹)명 지난날, 손에게 대접하기 위하여 마련해 두는 담뱃대를 이르던 말. 공죽(空竹)
객줏-집(客主－)명 지난날, 객주 영업을 하는 집을 이르던 말. 여각(旅閣)
객중(客中)명 객지에 있는 동안. 객리(客裏). 교중(僑中). 여중(旅中)
객중(客衆)명 많은 손.
객중보체(客中寶體)성구 한문 투의 편지 글에서, 여행 중에 있는 귀한 몸이라는 뜻으로, 여행 중인 상대편을 높이어 이르는 말.
객증(客症)명 이미 앓고 있는 병에 더하여 일어나는 다른 병. 합병증(合併症)
객지(客地)명 자기의 고장을 떠나 임시로 머무르는 곳. 객향(客鄕). 타향(他鄕). 한창(寒窓) ¶ － 생활의 어려움.
객쩍다형 말이나 하는 짓이 실없다. ¶객쩍은 공상. /객쩍은 소리 그만 하게.
  객쩍-이부 객쩍게
객차(客車)명 여객을 태워 나르는 철도 차량. ☞화차
객창(客窓)명 나그네가 객지에서 묵는 방, 또는 그 방의 창. 여창(旅窓)
객청(客廳)명 제사 때, 손이 머물 수 있도록 마련해 놓은 대청이나 방.
객체(客體)명 ①객지에 있는 몸이라는 뜻으로, 편지에서 상대편의 안부를 물을 때 쓰는 한문 투의 말. 여체(旅體) ②법률에서, 의사(意思)나 행위가 미치는 목적물을 이르는 말. ③철학에서, 주관이나 주체의 작용과는 다른 것으로 존재하는 것을 이르는 말. ☞주체(主體)
객초(客草)명 지난날, 손에게 대접하기 위하여 마련해 두는 담배를 이르던 말.
객추(客秋)명 지난가을. 거추(去秋). 작추(昨秋) ☞객춘. 객하
객춘(客春)명 지난봄. 거춘(去春). 작춘(昨春) ☞객추
객출(喀出)명-하다타 뱉어 냄. 각출(咯出)
객침(客枕)명 ①손을 위하여 마련해 둔 베개. ☞객금(客衾) ②객지에서 자는 잠자리.
객토(客土)명 토질을 개량하여 생산성을 높이려고 다른 곳에서 좋은 흙을 가져다 논밭에 섞는 일, 또는 그 흙. ¶ －로 토질을 개량하다.
객하(客夏)명 지난여름. 거하(去夏). 작하(昨夏) ☞객동(客冬). 객추(客秋)
객한(客恨)명 객수(客愁)
객한(客寒)명 한방에서, 찬바람을 쐬어 일어나는 오한(惡寒)을 이르는 말.
객향(客鄕)명 객지(客地)
객혈(喀血·咯血)명-하다자 폐나 기관지 등 호흡기로부터 피를 토함. 각혈(咯血). 폐출혈(肺出血) ☞토혈(吐血)
객호(客戶)명 조선 시대, 다른 고장에서 옮아 와서 사는 사람의 집을 이르던 말.
객화(客火)명 병을 앓고 있는 중에 일어나는, 속이 답답한 증세.
객-화차(客貨車)명 객차와 화차를 아울러 이르는 말.
객황(客況)명 객지에서 지내는 형편. 여황(旅況)
객회(客懷)명 객지에서 지내면서 느끼는 외롭고 쓸쓸한 심정. 객의. 객정. ☞여정(旅情). 여회(旅懷)
갤러리(gallery)명 ①골프에서, 경기의 관람자를 이르는 말. ②화랑(畫廊)
갤:러-빠지다형 '개을러빠지다'의 준말. ☞겔러빠지다
갤:러-터지다형 '개을러터지다'의 준말. ☞겔러터지다
갤런(gallon)의 야드파운드법의 액체 부피의 단위. 1갤런은 영국에서는 약 4.546L, 미국에서는 약 3.785L임.
갤럽(gallop)명 승마술에서, 말이 가장 빠른 속도로 달리는 걸음걸이. 말의 네 발이 모두 땅에서 뜨는 순간이 있음. ☞상보(常步). 습보(襲步)
갤럽(galop)명 19세기 중엽부터 시작된 4분의 2박자의 경

쾌하고 빠른 춤곡, 또는 그 춤.
갬:-대[-때] 명 나물을 캐는 데 쓰는 나무칼.
갬블(gamble) 명 노름. 도박
갬:-상추 명 잎이 다 자라 쌈을 싸 먹을 수 있게 된 상추.
갭(gap) 명 ①갈라진 금. ②물건과 물건 사이의 틈. ③감정이나 의견·능력 따위의 차이. 격차 ④산의 능선(稜線)에서 'V' 자 모양으로 깊이 갈라진 곳.
갭직-갭직 부 -하다 형 여럿이 다 조금 가벼운듯 한 모양을 나타내는 말.
갭직갭직-이 부 갭직갭직하게
갭직-하다 형여 조금 가벼운듯 하다. ¶크기에 비해 —.
갭직-이 부 갭직하게
갯-가 명 ①바닷물이 드나드는 강이나 내의 가. 포변(浦邊) ②물이 흐르는 가장자리. ☞개울가
갯-가:재 명 갯가잿과의 절지동물. 연안의 진흙 속에 사는데, 새우와 비슷하며 몸길이 15cm 안팎. 머리 위에 두 쌍의 작은 촉각과 낫 모양의 다리가 한 쌍 있음.
갯:-값 명 형편없는 헐값을 속되게 이르는 말. 똥값 ¶애써 가꾼 채소를 —에 처분하다.
갯-강구 명 갯강굿과의 절지동물. 몸길이는 3~4cm, 몸빛은 황갈색. 몸은 타원형이고 등 쪽이 약간 볼록함. 머리에 큰 눈이 있으며, 가슴 쪽의 다리가 잘 발달됨.
갯-것 명 개에서 나는 생물을 이르는 말.
갯-고랑 명 갯가의 고랑. 준 갯골
갯-고사리 명 갯나리류의 극피동물. 몸은 고사리 비슷하고, 몸빛은 흑갈색. 팔 길이는 30cm 안팎으로 마흔 개가량 있으며, 가지처럼 생긴 앞다리는 쉰 개 가량 됨.
갯-골 명 '갯고랑'의 준말.
갯-나리 명 갯나리류의 극피동물. 모양이 나리와 비슷한 데서 붙여진 이름임. 몸길이는 30~50cm이며, 일반적으로 몸빛은 연한 복숭아빛임. 160~400m 깊이의 따뜻한 바다 밑 바위에 붙어 사는데, 때로는 헤엄치는 일도 있음. 고생대에 많이 번성한 원시 동물임.
갯-논 명 개펄에 둑을 쌓아 만든 논.
갯-다슬기 명 갯다슬깃과의 고둥. 몸길이는 20~30mm이며, 몸빛은 대체로 회색임. 염분이 적은 자갈밭이나 진흙 속에 삶, 살은 먹을 수 있으며 닭의 먹이나 비료로도 쓰임.
갯-대 명 저인망(底引網)을 끌 때, 벼리와 활개 끝 점이 엉키지 않도록 하기 위해 대는 나무.
갯-돌 명 재래종 꿀벌을 칠 때, 벌통의 밑을 받치는 돌.
갯-둑 명 바닷물을 막기 위해 바닷가에 쌓아 놓은 둑.
갯-마을 명 갯가에 있는 마을. ☞어촌(漁村). 포촌(浦村)
갯-물 명 개펄에 흐르는 물.
갯-바닥 명 개의 개흙 바닥.
갯-바람 명 개에서 뭍으로 불어오는 바람.
갯-바위 명 갯가에 있는 바위.
갯바위-낚시[-낙-] 명 갯가의 바위 위에서 낚싯대로 바닷고기를 낚는 낚시질.
갯-밭[1] 명 윷판의 둘째 말밭.
갯-밭[2] 명 갯가의 개흙 밭.
갯-버들[1] 명 버드나뭇과의 낙엽 활엽 관목. 잎은 길둥글고 뒷면에 털이 많음. 개울가에 자라며, 이른 봄에 잎보다 먼저 강아지 꼬리 같은 꽃이 핌. 땅버들. 수양(水楊)
갯-버들[2] 명 강장동물의 한 가지. 각질의 몸 줄기 부분은 황갈색이며, 그 위로 적갈색 개충(個蟲)이 여러 개 줄지어 있음. 깊이 10m 안팎의 바다 밑에 삶. 해류(海柳)
갯-벌 명 바닷물이 드나드는 모래톱. ☞개펄
갯-보리 명 볏과의 여러해살이풀. 줄기 높이는 90cm 안팎. 잎은 갸름한데 길이 30cm, 폭 1cm 안팎임. 6~8월에 꽃줄기가 돋아 꽃이 피며, 열매는 길둥글고 까끄라기가 있음. 바닷가에서 자람.
갯-사상자(-蛇床子) 명 미나릿과의 두해살이풀. 바닷가의 모래땅에서 자라며, 줄기 높이는 30~60cm. 뿌리 잎은 무더기로 나고, 줄기 잎은 깃꼴로 어긋맞게 남. 여름에 흰 꽃이 줄기 끝과 가지 끝에서 핌. 뿌리는 한방에서 강장제로 쓰임.
갯-산호(-珊瑚) 명 산호류의 강장동물. 몸빛은 붉은빛이거나 노란빛임. 골축(骨軸)은 나뭇가지 모양인데 해안의 바위에 붙어서 삶.
갯-솜 명 해면(海綿)
갯솜=조직(-組織) 명 해면상 조직(海綿狀組織)
갯-쇠보리 명 볏과의 여러해살이풀. 줄기는 땅 위로 기어 벋어 나가며, 마디마다 수염뿌리가 남. 줄기나 잎에는 흰 털이 있음. 뿌리는 수세미나 솔을 만드는 데 씀.
갯-완두(-豌豆) 명 콩과의 여러해살이풀. 줄기 길이 60cm 안팎. 완두와 비슷하나 좀 작으며, 줄기는 땅 위에 깔림. 잎은 깃꼴로 덩굴손이 있으며 겹잎임. 5~6월에 자줏빛 꽃이 잎겨드랑이에서 피며, 꼬투리 열매를 맺음. 바닷가 모래땅에서 자라며 어린 싹은 약으로 쓰임.
갯-장어(-長魚) 명 갯장어과의 바닷물고기. 몸길이는 2m 안팎. 뱀장어처럼 주둥이가 길고 입이 크며 양턱에 송곳니가 2~3줄 있음. 배지느러미와 비늘이 없으며, 등은 자갈색, 배는 은백색임. 자라면서 탈바꿈을 함. 야행성 어류로, 허리 아픈 데 약으로도 쓰임. 해만(海鰻)
갯-지네 명 갯지렁이
갯-지렁이 명 갯지렁잇과의 환형동물(環形動物). 몸길이는 5~12cm. 지렁이와 비슷하나 납작하고, 70~120개의 고리 마디 양쪽에 지네 다리 같은 센털이 있음. 몸빛은 담홍색이며 혈관이 드러나 보임. 개펄 속에 사는데, 낚시의 미끼로 쓰임. 갯지네. 사잠(沙蠶)
갱(坑) 명 ①구덩이 ②'갱도(坑道)'의 준말. ③사금광(砂金鑛)에서, 퍼낸 물을 흘려 보내기 위해서 만든 도랑을 이르는 말.
갱:(羹) 명 제사를 지낼 때, 메와 함께 차리는 국을 이르는 말. 얇게 썬 무와 다시마 따위를 넣고 끓임. 메탕
갱(gang) 명 강도, 또는 강도의 무리.
갱구(坑口) 명 갱도(坑道)의 들머리. 굿문
갱기 명 '신갱기'의 준말.
갱:기(更起) 명 -하다 자타 ①다시 일어남. ②다시 일으킴.

> ▶ **한자어 '更'의 독음(讀音)**
> ○ '다시'의 뜻 — '갱:'으로 길게 발음한다.
> ¶갱:기(更起)/갱:생(更生)/갱:신(更新)
> ○ '고치다'의 뜻 — '경'으로 짧게 발음한다.
> ¶경신(更新)/경장(更張)/경정(更正)

갱:기(羹器) 명 갱지미
갱:기불능(更起不能) 성구 재기불능(再起不能)
갱내(坑內) 명 갱 속. 구덩이의 안. ☞갱외(坑外)
갱내-부(坑內夫) 명 광산 노동자 가운데서, 갱내에서 일하는 사람. ☞갱외부(坑外夫)
갱내=채:굴(坑內採掘) 명 갱도를 뚫어 땅 속의 광상(鑛床)에서 쓸모 있는 광물을 캐내는 일. ☞노천 채굴(露天採掘)
갱년-기(更年期) 명 인체가 성숙기에서 노년기로 옮아가는 시기. 몸의 기능에 여러 가지 변화가 일어남. 여성의 경우 난소(卵巢)의 기능이 쇠퇴하여 월경이 없어짐. ☞폐경기(閉經期)
갱년기=장애(更年期障礙) 명 갱년기에 일어나는 심신(心身)의 여러 가지 이상 증세. 두통, 요통(腰痛), 견비통(肩臂痛), 불면증, 식욕 부진 따위.
갱-달다(坑-)(-달고·-다니) 자 ①사금광(砂金鑛)에 도랑을 내다. ②광맥을 향하여 갱도를 뚫어 가다.
갱도(坑道) 명 ①땅 속에 뚫어 놓은 길. 지도(地道) ②광산이나 탄광 등의 갱내의 길. 갱로. 굿길 준 갱(坑)
갱도(秔稻) 명 '메벼'의 딴이름.
갱동(炕洞) 명 방고래
갱:동반서(羹東飯西) 좌반우갱(左飯右羹)
갱로(坑路) 명 갱도(坑道)
갱목(坑木) 명 동바리
갱:무(更無) 어기 '갱무(更無)하다'의 어기(語基).
갱무 꼼짝 관용 다시 더 이상 꼼짝할 수가 없음을 이르는 말. ☞갱무도리(更無道理)
갱:무도:리(更無道理) 성구 다시는 어찌해 볼 도리가 없음을 이르는 말. ☞갱무 꼼짝

갱:무-하다(更無-)[형여] 그 이상 더는 없다.
갱문(坑門)[명] 광산 구덩이의 출입문. 굿문
갱미(秔米·粳米)[명] 멥쌀. 경미(粳米)
갱:발(更發)[명]-하다[자] 다시 생겨나거나 일어남.
갱:봉(更逢)[명]-하다[타] 다시 만남.
갱부(坑夫)[명] 갱내에서 채굴 작업을 하는 노동자.
갱사(坑舍)[명] 굿막
갱살(坑殺)[명]-하다[타] 구덩이에 묻어 죽임.
갱:생(更生)[명]-하다[자타] ①거의 죽어 가다가 다시 살아남. 갱소(更蘇) ②마음을 바로잡아 다시 올바른 생활을 시작함. ¶전과자들끼리 -의 길을 열다. ③쓸 수 없게 된 것을 다시 쓸 수 있게 만듦. 재생(再生)
갱:생=고무(更生-)[명] 재생 고무
갱:생=보호(更生保護)[명] 전과자가 건전하게 사회 생활에 적응하도록 사회에서 베푸는 보호. 생업(生業)의 지도, 취업 알선 등의 직접 보호와 재범(再犯) 방지를 위한 관찰 보호가 있음.
갱:생-사위(更生-)[-싸-][명] 죽을 고비를 벗어나서 다시 살아날 수 있는 기회.
갱:생=지도(更生指導)[명] 신체 장애자가 사회에서 잘 적응하여 살 수 있도록 물리적·의학적·심리적·경제적인 지도를 하는 일.
갱:선(更選)[명]-하다[타] 다시 선출하거나 선거함.
갱:소(更蘇)[명]-하다[자] 갱생(更生)
갱:-소년(更少年)[명]-하다[자] 늙은이의 몸과 마음이 다시 젊어짐. 개소년(改少年)
갱식(羹食)[명] 겨울에 배추김치를 숭숭 썰어 물을 붓고 끓이다가 찬밥을 넣고 끓인 음식.
갱신[명]-하다[자] 몸을 움직이는 일. 주로 '못하다'와 함께 쓰임. ¶기력이 빠져서 -을 못할 지경이다.
갱:신(更新)[명]-하다[자타] ①다시 새로워짐, 또는 다시 새롭게 함. ¶기록을 -하다. ②계약 기간이 만료되었을 때, 그 기간을 연장함. ¶계약을 -하다. ☞경신(更新)

> ▶ '갱신(更新)'과 '경신(更新)'
> 독음(讀音)을 달리하여 두 단어가 다 쓰인다.
> '다시 새로워짐'의 뜻으로는 '갱:신'이라 길게 발음하고, '새롭게 고침'의 뜻으로는 '경신'이라 짧게 발음한다.

갱:신-세(更新世)[명] 홍적세(洪積世)
갱연(鏗然)[어기] '갱연(鏗然)하다'의 어기(語基).
갱연-하다(鏗然-)[형여] 쇠붙이 같은 단단한 물체가 부딪치는 소리가 맑고 곱다.
  갱연-히[부] 갱연하게
갱-엿[-녓][명] 검은엿
갱외(坑外)[명] 갱의 밖. 구덩이의 밖. ☞갱내(坑內)
갱외-부(坑外夫)[명] 광산 노동자 가운데서, 갱 밖에서 일하는 사람. ☞갱내부(坑內夫)
갱:위(更位)[명]-하다[자] 물러났던 왕위에 다시 오름.
갱유(坑儒)[명] 중국의 진(秦)나라 시황제(始皇帝)가 유생(儒生)들을 산 채로 구덩이에 묻어 죽인 일. ☞분서갱유(焚書坑儒)
갱유분서(坑儒焚書)[성구] 분서갱유(焚書坑儒)
갱정(坑井)[명] 광석을 실어 나르거나 통풍 등을 위하여, 가로로 뚫은 갱도와 연결되도록 판 세로 갱도.
×**갱정**(更正)[명]-하다[타] →경정(更正)
×**갱정**(更定)[명]-하다[타] →경정(更定)
×**갱정**(更訂)[명]-하다[타] →경정(更訂)
갱:죽(羹粥)[명] 시래기 따위 채소류를 넣고 멀겋게 끓인 죽.
갱:즙(羹汁)[명] 국의 국물.
갱:지(更紙)[명] 종이의 겉면이 좀 거칠고 빛깔이 누르스름한 양지(洋紙)의 한 가지. 신문지, 만화책 용지 등에 쓰임. 백로지(白露紙)
갱:지미[명] 놋쇠로 만든 국그릇의 한 가지. 반병두리와 같은 모양이고 크기는 반병두리보다 작음. 갱기(羹器)
갱:진(更進)[명]-하다[자타] ①다시 나아감. ②다시 바침.
갱:짜(更-)[명] ①한 노는계집과 두 번째 상관하는 일. ☞도지기 ②두 번째, 또는 두 번째에 해당하는 일.
갱참(坑塹)[명] 깊고 길게 판 구덩이.
갱충-맞다[-맏-][형] 갱충쩍다
갱충-쩍다[형] 아둔하고 조심성이 없다. 갱충맞다
갱:탕(羹湯)[명] 국
갱판(坑-)[명] 광산에서, 배수(排水)를 위해 파 놓은 물길.
갱함(坑陷)[명] 땅이 꺼져서 생긴 구덩이.
갸기[명] 보기에 얄미운, 교만한 태도. ☞교기(驕氣)
  갸기를 부리다[관용] 보기에 얄미울 만큼 교만한 태도를 지어 보이다.
갸:륵-하다[형여] 착하고 장하다. ¶갸륵한 효성.
  갸륵-히[부] 갸륵하게 ¶정성을 - 여기다.
갸름-갸름[부]-하다[형] 여럿이 다 갸름한 모양을 나타내는 말. ☞기름기름
갸름-하다[형여] 보기 좋을 정도로 좀 긴듯 하다. ¶얼굴이 갸름하게 생기다. ☞기름하다
갸우듬-하다[형여] 조금 갸운듯 하다. ☞기우듬하다. 꺄우듬하다
  갸우듬-히[부] 갸우듬하게 ☞기우듬히. 꺄우듬히
갸우뚱[부] 갸우듬히 기울어지거나, 또는 갸우듬히 기울이는 모양을 나타내는 말. ¶고개를 - 하다. ☞기우뚱. 꺄우뚱
갸우뚱-갸우뚱[부] 갸우뚱거리는 모양을 나타내는 말. ☞기우뚱기우뚱. 꺄우뚱꺄우뚱
갸우뚱-거리다(대다)[자타] 이쪽저쪽으로 갸우듬히 기울어지거나 기울이다. ¶고개를 -./자전거를 갸우뚱거리며 타다. ☞기우뚱거리다. 꺄우뚱거리다
갸우뚱-하다[형여] 한쪽으로 갸우듬히 기울어 있다. ☞기우뚱하다. 꺄우뚱하다
갸울다[1](갸울고·갸우니)[자] 작은 물체가 한쪽으로 쏠리다. ¶기둥이 오른쪽으로 -. ☞기울다[1]. 꺄울다[1]
갸울다[2](갸울고·갸우니)[형] 작은 물체가 평평하지 아니하고 한쪽이 조금 낮다. ¶한쪽이 갸운 건물. ☞기울다[2]. 꺄울다[2]
갸울어-뜨리다(트리다)[타] 힘있게 갸울이다. ☞기울어뜨리다. 꺄울어뜨리다
갸울어-지다[자] 갸울게 되다. ☞기울어지다. 꺄울어지다
갸울-이다[타] 갸울게 하다. ☞기울이다. 꺄울이다
갸웃[부] 고개나 몸을 갸우듬하게 기울이는 모양을 나타내는 말. ¶고개를 - 하며 생각에 잠기다. ☞기웃. 꺄웃
갸웃-갸웃[1][-욷-][부] 갸웃거리는 모양을 나타내는 말. ☞기웃기웃[1]. 꺄웃꺄웃[1]
갸웃-갸웃[2][-욷-][부]-하다[형] 여럿이 다 갸웃한 모양을 나타내는 말. ☞기웃기웃[2]. 꺄웃꺄웃[2]
갸웃-거리다(대다)[-욷-][타] 고개나 몸을 자꾸 갸우듬하게 기울이다. ☞기웃거리다. 꺄웃거리다
갸웃-하다[-욷-][형여] 보기에 조금 갸운듯 하다. ☞기웃하다. 꺄웃하다
  갸웃-이[부] 갸웃하게 ☞기웃이. 꺄웃이
갸자(∠架子)[명] 두 사람이 앞뒤에서 들고 음식을 나르는 들것. 가자(架子)
갹금(醵金)[명]-하다[자] 어떤 일에 쓰기 위하여 여러 사람이 저마다 돈을 얼마씩 냄. [변]거금(醵金) ☞추렴
갹음(醵飮)[명]-하다[자] 술추렴
갹출(醵出)[명]-하다[타] 어떤 목적을 위하여 여러 사람이 저마다 돈이나 물건을 얼마씩 내놓음. 거출(醵出) ¶수재민을 돕기 위하여 금품을 -하다.
갈:갈[부] 닭이 알겯는 소리, 또는 갈매기 따위가 내는 소리를 나타내는 말.
갈쭉-갈쭉[부]-하다[형] 여럿이 다 갈쭉한 모양을 나타내는 말. ☞길쭉길쭉
갈쭉스레-하다[형여] 갈쭉스름하다 ☞길쭉스레하다
갈쭉스름-하다[형여] 조금 갈쭉한듯 하다. 갈쭉스레하다 ☞길쭉스름하다
갈쭉-하다[형여] 보기 좋을 정도로 좀 길다. ☞길쭉하다
  갈쭉-이[부] 갈쭉하게 ☞길쭉이
갈쯔막-하다[형여] 꽤 갈쯤하다. ☞길쯔막하다

갈쯤-갈쯤 부 -하다 형 여럿이 다 갈쯤한 모양을 나타내는 말. ☞길쭘길쭘

갈쯤-하다 형여 꽤 갸름하다. ☞길쭘하다

갈쯤-이 부 갈쯤하게 ☞길쭘이

갈찍-갈찍 부 -하다 형 여럿이 다 갈찍한 모양을 나타내는 말. ☞길찍길찍

갈찍-하다 형여 보기 좋을 정도로 꽤 길다. ☞길찍하다

갈찍-이 부 갈찍하게 ☞길찍이

걔: 준 '그 아이'가 줄어든 말. ¶ ―와 함께 있으면 언제나 즐거워. ☞애. 재

걘: 준 '그 아이는'이 줄어든 말. ¶ ― 언제나 말수가 적지.

걜: 준 '그 아이를'이 줄어든 말. ¶ 네가 올 때 꼭 ― 데리고 오너라.

거[1] 의 '것'의 준말. ¶ 얻은 ―라고는 아무 것도 없다.

거[2] 대 거기 ¶ 창 밖에 ― 누시오? ☞게[5]

거 (距) 명 ①봉숭아 꽃이나 제비꽃 따위의 꽃잎 뒷면에 있는 자루 모양의 돌기. ②며느리발톱

거:가 (巨家) 명 ①문벌이 높은 집안. ②거가대족

거가 (車駕) 명 ①임금이 타는 수레. 왕가(王駕) ②임금의 행차. 거둥

거가 (居家) 명 -하다 자 자기의 집에 있음.

거:가 (擧家) 명 온 집안. 전가(全家). 합문(闔門)

거:가-대:족 (巨家大族) 명 대대로 번창한, 문벌이 높은 집안. 거가(巨家). 거실(巨室). 거실세족(巨室世族). 대가(大家) 준 거족(巨族)

거가지락 (居家之樂) 성구 집에서 재미있게 지내는 즐거움을 이르는 말.

거:각 (去殼) 명 -하다 타 껍데기를 벗김.

거:각 (巨閣) 명 크고 높은 집. 웅장한 집.

거:각 (拒却) 명 -하다 타 거절하여 물리침.

거:간 (巨姦) 명 큰 죄를 지은 간악한 사람.

거간 (居間) 명 ①-하다 타 사고 파는 사람 사이에 들어 흥정을 붙임. ②'거간꾼'의 준말.

거간-꾼 (居間―) 명 흥정을 붙이는 일을 직업으로 삼는 사람. 아쾌(牙儈) 준 거간(居間) ☞중도위

거갑 (居甲) 명 -하다 자 으뜸가는 자리를 차지함, 또는 그 사람. 거괴(居魁). 거수(居首)

거갑-탕 (居甲湯) 명 장국에 녹말을 풀고 조갯살·송이·은행 따위를 넣고 휘저어 가면서 익힌 음식.

거:개 (擧皆) 명 거의 모두. ¶ ―가 찬성하다.
부 거의 모두. ¶ 이 일만 마치면 공사는 ― 끝난다.

거거 (車渠·硨磲) 명 거거과의 바닷조개. 조가비 길이는 1.5m 안팎. 무게가 300kg에 이르는 것도 있음. 조가비는 부채를 펼쳐 놓은 모양인데, 겉은 회백색이고 속은 광택 있는 젖빛임. 산호초에 붙어서 사는데, 태평양이나 인도양의 난해(暖海)에 삶.

거:-거년 (去去年) 명 그러께

거:-거번 (去去番) 명 지지난번

거:-거월 (去去月) 명 지지난달

거:거익심 (去去益甚) 성구 갈수록 더욱 심해짐을 이르는 말. 거익심언(去益甚焉)

거:-거일 (去去日) 명 그저께

거:경 (巨鯨) 명 큰 고래.

거:골 (距骨) 명 복사뼈

거:공 (擧公) 명 -하다 타 지난날, 공적(公的)인 규칙에 따라 드러내어 처리하던 일. ▷ 擧의 속자는 挙

거:관 (巨款) 명 거액(巨額)

거:관 (巨觀) 명 대단한 구경거리나 웅장한 경치.

거관 (居官) 명 -하다 자 관직에 있음.

거:관-포 (擧棺布) 명 관을 들어서 옮길 때나 하관(下棺)할 때, 관을 걸어서 드는 베.

거:괴 (巨魁) 명 큰 세력을 가진 괴수(魁首).

거괴 (居魁) 명 -하다 자 거갑(居甲)

거:구 (巨軀) 명 큰 몸집. 거체(巨體) ¶ 7척(尺)의 ―.

거:구생신 (去舊生新) 성구 묵은 것은 사라지고 새로운 것이 생겨남을 이르는 말.

거:국 (擧國) 앞말 '온 나라'를 뜻하는 말. ¶ ― 내각

거:국일치 (擧國一致) 성구 온 국민이 한마음 한뜻으로 뭉침을 이르는 말.

거:국-적 (擧國的) 명 온 국민이 함께 참여하는 것. ¶ ― 행사. /―인 환영. ▷ 擧의 속자는 挙

거:근 (去根) 명 -하다 타 ①식물을 약재나 음식 재료로 쓰기 위하여 뿌리를 없앰. ②근심되는 일이나 병의 근원을 없앰.

거:근 (擧筋) 명 물건을 들어올릴 때 작용하는 근육.

거:금 (巨金) 명 많은 돈. 큰돈 ¶ 장학 재단에 ―을 내놓다.

거:금 (醵金) 명 -하다 자 '갹금(醵金)'의 변한말.

거:금 (距今) 관 '지금으로부터 거슬러 올라가서'의 뜻을 나타내는 말. ¶ ― 반세기가 지난 국토 분단.

거기 대 ①말하는 사람의 상대편이 있는 곳, 또는 상대편에 가까운 곳을 가리키는 말. ¶ 기다려라, 내가 ―로 가마. ②이미 말한 곳이나 서로 아는 특정한 곳을 가리키는 말. ¶ 약속 곳은 그때 ―로 하자. 그곳 ③그것 ¶ ―에 대해서는 아는 바가 없다. ④〔부사처럼 쓰임〕 그곳에 ¶ ― 내려놓아라. /― 앉아라. 준 게[5] ☞고기[2]. 저기

거:기 (倨氣) 명 거만한 기색.

거꾸러-뜨리다(트리다) 타 거꾸러지게 하다. ¶ 다리를 걸어 그 거인을 ―. ☞가꾸러뜨리다. 꺼꾸러뜨리다

거꾸러-지다 자 ①거꾸로 넘어지거나 엎어지다. ②세력 따위가 힘을 잃고 허물어지다. ③사람이나 동물 따위가 '죽다'를 속되게 이르는 말. ☞가꾸러지다. 꺼꾸러지다

거꾸로 부 방향이나 차례가 반대가 되게. '가꾸로'를 큰 어감(語感)으로 이르는 말. ¶ ― 매달리다. /일을 ― 하다. ☞가꾸로. 꺼꾸로

거꾸로 박히다 관용 머리를 아래로 한 상태로 떨어지다.

거꿀-달걀꼴 명 달걀을 거꾸로 세워 놓았을 때의 모양. 도란형(倒卵形)

거꿀-삼발점 (―三―點) [―쩜] 명 수식(數式)이나 인쇄 등에서 '왜냐하면'의 뜻으로 쓰이는 ∵의 이름. 까닭표. 이유표 ☞삼발점

-거나 어미 ①용언의 어간에 붙어 '이러하든지 저러하든지 어느 한편으로', 또는 '이러하든 저러하든 간에'의 뜻으로 쓰이는 선택의 어미. ¶ 공부를 하거나 운동을 하거나 해라. /붉거나 희거나 상관이 없다. ②'이다'의 '이-'에 붙어 '어느 하나', 또는 '어느 것이든 간에'의 뜻으로 쓰이는 선택의 어미. ¶ 논이거나 밭이거나 어느 하나다. /흑이거나 백이거나 가리지 않는다.

거나-하다 형여 제 정신을 지닐 정도로 술에 어지간히 취한 상태에 있다. ¶ 거나하게 취하면 으레 부르는 노래가 있지. 준 건하다

거:납 (拒納) 명 -하다 타 공과금 따위를 내기를 거부함.

거:냉 (去^冷) 명 -하다 타 조금 데워서 찬 기운을 가시게 함. ¶ ―한 술. 원 거랭(去冷)

×거넌-방 (―房) 명 →건넌방

거:년 (去年) 명 지난해. 구년(舊年). 작년(昨年)

거년-스럽다 (―스럽고·―스러워) 형ㅂ 형편이 어려운듯 군색해 보인다. ☞가년스럽다

거년-스레 부 거년스럽게

거누다 타 ①정신이나 기운을 가다듬어 차리다. ¶ 가물거리는 정신을 ―. ②휘청거리는 몸을 겨우 바로 가지다. ¶ 술에 취한 몸을 간신히 ―. ☞가누다

거느리다 타 ①가족 등을 보살피며 함께 지내다. ¶ 여러 자녀를 ―. ②자기의 아랫사람으로 데리고 있다. ¶ 많은 제자를 ―. /부하를 ―. ③짐승이 새끼를 기르느라고 함께 살다. ¶ 암탉 한 마리가 여러 병아리를 ―.

> 한자 거느릴 솔(率) 〔玄部 6획〕 ¶ 솔거(率去)/솔반(率伴)/인솔(引率)/통솔(統率)
> 거느릴 령(領) 〔頁部 5획〕 ¶ 영도(領導)/영솔(領率)
> 거느릴 통(統) 〔糸部 6획〕 ¶ 통령(統領)/통할(統轄)

거느림-채 명 몸채나 사랑채에 딸린 작은 집채.

거늑-하다 형여 마음에 모자란 느낌이 없이 느긋하다.

-거늘 어미 ①어간에 붙어 '이유'나 '근거'가 됨을 나타내는 예스러운 연결 어미. ¶ 짐승도 제 새끼를 알거늘 하물며

사람에게 있어서랴./남도 돕거늘 제 형제끼리야. ②'이다'의 '이-'에 붙어 '이유'나 '근거'가 됨을 나타내는 연결 어미. ¶오늘이 단옷날이거늘, 그네는 볼 수 없구나!/사위는 백년손이거늘, 어찌 함부로 다루겠는가!

-거니 어미 ①어간이나 '이다'의 '이-'에 붙어, 조건으로 내거는 연결 어미. ¶내가 직접 보았거니 어찌 못 믿는단 말인가?/나는 젊었거니 돌인들 무거우랴./그도 사람이거니 어찌 도리를 모르겠느냐? ②'-겠-'과 어울리어 헤아리는 뜻을 나타내는 연결 어미. ¶비가 오겠거니 했는데, 오지 않았다. ③동작이나 상태가 번갈아 이어짐을 나타냄. ¶주거니 받거니 말도 많다. ④'그리 여긴다'는 감탄의 종결 어미. ¶그이의 말이 정말 옳거니.

-거니와 어미 ①어간에 붙어, 어떤 사실을 미리 인정하고 들어가는 연결 어미. ¶친구도 가거니와 나도 간다./산도 좋거니와 물도 좋다. ②'이다'의 '이-'에 붙어 어떤 사실을 미리 시인하는 연결 어미. ¶얼굴도 얼굴이거니와 마음씨가 착해야 한다./공부도 첫째이거니와 운동에서도 첫째이다.

거니-채다 자 낌새를 대강 알아채다.

거:닐다(거닐고·거니니) 자 한가로이 이리저리 걷다. ¶공원을 거닐며 사색에 잠기다.

거:담(祛痰) 명 -하다 자 기관(氣管)이나 기관지(氣管支)에 낀 가래를 약을 써서 없앰.

거:담-약(祛痰藥)[-냑] 명 기관(氣管)이나 기관지(氣管支)에 낀 가래를 삭게 하거나 뱉어 내기 쉽게 하는 약. 거담제(祛痰劑)

거:담-제(祛痰劑) 명 거담약(祛痰藥)

거:대(巨大) 어기 '거대(巨大)하다'의 어기(語基).

거:대=과학(巨大科學) 명 과학과 공학적 기술의 협력을 바탕으로 하여 많은 연구자가 조직적으로 해 나가는 큰 규모의 과학 연구.

거:대=도시(巨大都市) 명 몇 개의 대도시가 이웃하여 이어져서 경제·사회·문화·정보 등의 기능이 하나로 된 큰 도시권(都市圈)을 이루고 있는 지역을 이르는 말. 메갈로폴리스(megalopolis)

거:대=분자(巨大分子) 명 하나의 결정(結晶)이 하나의 분자로 이루어져 있는 경우의 분자. 거의 무한하리만큼 수많은 원자가 모여서 이루어진 다이아몬드 따위에서 볼 수 있음. 또한 녹말이나 단백질과 같은 고분자(高分子)를 이르기도 함.

거:대-증(巨大症)[-쯩] 명 자라는 시기의 어린아이가 뇌하수체 기능의 항진(亢進)으로 말미암아 하반신이 비정상적으로 크게 자라는 병.

거:대-하다(巨大-) 형여 엄청나게 크다. ¶거대한 항공모함. ☞미소하다

거덕-거덕 부 -하다 형 물기나 풀기가 있던 물체의 거죽이 좀 빳빳할 정도로 말라 있는 상태를 나타내는 말. ¶-마른 무청. ☞가닥가닥. 꺼덕꺼덕

거덕-치다 형 모양이 거칠고 상되다. ☞꺼덕치다

거덜 명 조선 시대, 사복시(司僕寺)에서 말을 맡아 거두는 하인을 이르던 말.

거덜거덜-하다 형여 살림이나 사업 따위가 거덜날 정도로 매우 위태하다. ¶자금이 부족하여 사업이 -.

거덜-나다 자 살림이나 사업 등이 결딴나다.

거덜-마(-馬) 명 ①조선 시대, 거덜이 타는 말을 이르던 말. ②걸을 때에 몸을 몹시 흔드는 말을 이르는 말.

거:도(巨盜) 명 범행 규모가 크고 배짱이 대단한 도둑을 이르는 말. 대도(大盜)

거:도(巨濤) 명 큰 파도.

거:도(鋸刀) 명 자루를 한쪽에만 박은 톱. 톱칼

거도-선(艍舠船) 명 ①거룻배 ②조선 시대, 거룻배 모양으로 만든 작고 빠른 병선(兵船)을 이르던 말.

거:독(去毒) 명 -하다 타 한방에서, 약재의 독기를 없앰.

거:동(去冬) 명 지난겨울. 객동(客冬). 작동(昨冬)

거:동(擧動) 명 -하다 자 ①하는 짓이나 태도. ¶-이 수상한 사람. ②'거둥'의 원말.

한자 **거동 의**(儀)〔人部 13획〕¶예의(禮儀)/위의(威儀)

거:동-범(擧動犯) 명 결과와 관계없이 다만 어떠한 거동만으로 성립되는 범죄. 주거 침입죄 따위. ☞결과범(結果犯). 형식범(形式犯)

거:두(巨頭) 명 어떤 조직이나 분야에서, 영향력이 큰 자리에 있으며 중요한 구실을 하는 사람. ¶재계의 -.

거:두(擧頭) 명 -하다 자 ①머리를 듦. ②굽죄임 없이 고개를 들고 어엿이 남을 대함.

거두다 타 ①흩어져 있는 것을 한데 모으다. ¶작업에 쓴 도구들을 -./폐품을 -. ②심어서 가꾼 농작물이 알맞게 익거나 자랐을 때, 베거나 따거나 캐거나 해서 모아들이다. ¶벼를 -. ③여러 사람에게서 돈이나 물건을 받아 모으다. ¶구호 금품을 -. ④어떤 일을 이루거나 얻다. ¶좋은 성과를 -./대승리를 -. ⑤기르거나 보살피다. ¶자녀들을 잘 -./혼잣손으로 많은 가축을 -. ⑥살림살이 따위를 꾸려 나가다. ¶집안의 종부로서 크고 작은 모든 일을 훌륭하게 -. ⑦이제까지 해 오던 일을 그만두기 위하여 챙기다. ¶경기 불황으로 하던 사업을 -. ⑧울음이나 웃음, 또는 말, 생각 등을 그치거나 그만두다. ¶웃음을 -./울음을 -./헛된 욕심을 -. ⑨멈추다 ¶잠든 모습으로 숨을 -. 준 걷다[2]

한자 **거둘 수**(收)〔攴部 3획〕¶몰수(沒收)/수거(收去)/수납(收納)/회수(回收) ▷ 속자는 収
거둘 철(撤)〔手部 12획〕¶철거(撤去)/철수(撤收)
거둘 확(穫)〔禾部 14획〕¶수확(收穫)/추확(秋穫)

거:두대:면(擧頭對面) 성구 머리를 들어 서로 얼굴을 마주 대함을 이르는 말.

거두어-들이다 타 ①곡식이나 과실 따위를 거두어 오다. ¶땀 흘려 가꾼 벼를 -. ②흩어져 있거나 나누어 두었던 것을 한데 모으다. ¶쓰레기를 거두어들여 소각하다. ③세금 따위를 받다. ¶특별 소비세를 -. ④말이나 제안 따위를 되무르다. ¶한번 뱉은 말은 거두어들이기가 어렵다. ⑤내놓은 것을 도로 들여놓다. ¶악수를 청하려고 내밀었던 손을 -. ⑥사람을 인정하거나 용서하다. ¶고아를 거두어들여 양자로 삼다. 준 거둬들이다

거:두절미(去頭截尾) 성구 머리와 꼬리를 잘라 버린다는 뜻으로, 앞뒤의 자질구레한 사설은 빼 버리고 요점만 말함을 이르는 말. ¶-하고 요점만 말하시오.

거둠-질 명 -하다 자타 농작물을 거두는 일.

거:둥(∠擧動) 명 -하다 자 임금의 나들이. 거가(車駕)

속담 **거둥에 망아지 새끼 따라다니듯 한다**: 필요하지 않은 사람이 쓸데없이 이곳 저곳 따라다니는 것을 빈정대어 이르는 말.

거:둥-길(∠擧動-)[-낄] 명 임금이 나들이하는 길. 어로(御路)

속담 **거둥길 닦아 놓으니까 깍쟁이가 먼저 지나간다**: 공들여 이루어 놓은 일이 하찮은 일로 하여 보람없이 되었음을 이르는 말.

거둬-들이다 타 '거두어들이다'의 준말.

거드럭-거드럭 부 거드럭거리는 모양을 나타내는 말. ☞가드락가드락. 꺼드럭꺼드럭. 꺼뜨럭꺼뜨럭

거드럭-거리다(대다) 자 젠체하며 치신없이 행동하다. ☞가드락거리다. 꺼드럭거리다. 꺼뜨럭거리다

거:-드렁이 명 -하다 타 장기를 둘 때, 한번 집은 장기짝은 있던 자리에 도로 놓지 못하고 반드시 두어야 하는 일, 또는 그 규칙. 들어니쓰기

거:드름 명 보기에 거만한 태도.

거드름(을) 부리다 관용 짐짓 거만스러운 행동을 하다.
거드름(을) 빼다 관용 거만스러운 태도를 얄밉게 짓다.
거드름(을) 피우다 관용 거만스러운 태도를 나타내다.

거:드름-스럽다(-스럽고·-스러워) 형ㅂ 보기에 거만한 데가 있다.

거드름-스레 부 거드름스럽게

-거드면 어미 '-거든 그러면'이 줄어든 말. ¶청총마(靑驄馬)가 있거드면 금일(今日)로 가련마는./내 말을 못 믿거드면, 어쩔 수 없지.

-거드면은 어미 '-거드면'의 힘줌말.
-거든 어미 ①어간이나 '이다'의 '이-'에 붙어, 조건으로 내거는 연결 어미. ¶가거든 편지를 보내어라./크거든 바꾸어라./돈이거든 받아서는 안 된다. ②조건이 되는 것을 인정하는 연결 어미. ¶자기 눈으로 직접 보았거든, 어찌 부정하랴?/학생이거든 공부를 해라. ③당연한 것으로 여겨 안정적으로 사실을 표현하는 종결 어미. ¶비가 오면 고기가 잘 잡히거든./여름엔 덥거든./그런 사람들은 다 애국자이거든.
거든-거든 부-하다 형 ①차리거나 꾸린 것이 다 거볍고 간편한 모양을 나타내는 말. ¶꾸러미를 -하게 싸다. ②마음이 매우 거벼운 느낌을 나타내는 말. ¶무사하다는 소식에 마음이 -해지다. ☞가든가든. 거뜬거뜬
거든거든-히 부 거든거든하게 ☞가든가든히
거든그-뜨리다(트리다) 타 아주 거든하게 거두어 싸다. ☞가든그뜨리다
거든-그리다 타 거든하게 거두어 싸다. ☞가든그리다
거든-하다 형여 ①차리거나 꾸린 것이 거볍고 간편하다. ②마음이 거볍다. ☞가든하다. 거뜬하다
거든-히 부 거든하게 ☞가든히. 거뜬히
거:들(girdle) 명 여자용 속옷의 한 가지. 배와 허리의 몸매를 예쁘고 날씬하게 보이려고 입음.
거들-거들 부 거들거리는 모양을 나타내는 말. ☞가들가들. 꺼들꺼들
거들-거리다(대다) 자 젠체하며 신이 나서 가볍게 행동하다. ☞가들거리다. 꺼들거리다
거:들다(거들고·거드니) 자타 ①남의 일을 도와 주다. ¶아버지의 사업을 -. ②남의 말이나 행동, 또는 일에 참견하다. ¶남의 일에 이래라저래라 거들고 나서다.
거들떠-보다 타 아는체 하거나 관심을 기울이다. ¶남의 일은 거들떠보지도 않고 제 할 일만 한다.
거들-뜨다(-뜨고·-떠) 타 눈을 위로 치켜 뜨다.
-거들랑 어미 어간이나 '이다'의 '이-'에 붙어 '그러한 조건이 실현되면'의 뜻으로 쓰이는 연결 어미. ¶형편이 펴이거들랑 은혜를 갚아라./해가 지거들랑 문단속을 잘 해라./사람이거들랑 말을 해 봐라.
-거들랑은 어미 '-거들랑'의 힘줌말.
거들먹-거들먹 부 거들먹거리는 모양을 나타내는 말. ☞가들막가들막. 꺼들먹꺼들먹
거들먹-거리다(대다) 자 젠체하며 우쭐하여 으스대다. ☞가들막거리다. 꺼들먹거리다
거듬-거듬 부 흩어져 있거나 널려 있는 것을 대강대강 거두는 모양을 나타내는 말. ¶강풍에 떨어진 사과를 - 주워 모으다.
거듭 부 되풀이하여 ¶- 당부하다. ☞재차(再次)
거듭-거듭 부 여러 번 되풀이하여. ¶- 다짐하다.
거듭-나다 자 ①새사람이 되다. ②크리스트교에서, '원죄로 말미암아 죽었던 영이 예수를 믿음으로써 영적으로 다시 새사람이 되다'의 뜻으로 이르는 말.
거듭-남 명 크리스트교에서, '원죄로 말미암아 죽었던 영이 예수를 믿음으로써 영적으로 다시 새사람이 됨'을 뜻하는 말. 중생(重生)
거듭-되다 자 되풀이되다 ¶거듭되는 질문./불행이 -.
거듭-월 명〈어〉중문(重文) ☞홑월
거듭-제곱 명-하다 타 같은 수나 식을 거듭 곱함, 또는 그 값. 세제곱·네제곱 따위. 멱(冪)
거듭-제곱근(-根) 명 제곱근·세제곱근·네제곱근 따위를 통틀어 이르는 말. 근(根). 멱근(冪根)
거듭-하다 타여 되풀이하다 ¶실험을 -.
거뜬-거뜬 부-하다 형 ①차리거나 꾸린 것이 다 매우 거볍고 간편한 모양을 나타내는 말. ¶- 짐을 싸다. ②물체가 들기에 힘들지 않을 정도로 매우 거벼운 느낌을 나타내는 말. ③몸이 찌뿌드드하지 않고 매우 거벼운 느낌을 나타내는 말. ☞가뜬가뜬. 거든거든
거뜬거뜬-히 부 거뜬거뜬하게 ☞가뜬가뜬히. 거든거든히
거뜬-하다 형여 ①물건이 다 쓰기 좋게 매우 간편하다. ②물체가 들기에 힘들지 않을 정도로 거볍다. ③몸이 찌뿌드드하지 않고 거볍다. ¶감기 약을 먹고 푹 잤더니 몸이 -. ☞가뜬하다. 거든하다
거뜬-히 부 거뜬하게 ☞가뜬히. 거든히
-거라 어미 '가다, 나다, 사다, 자다, 차다, 타다' 따위의 어간에 붙어 '해라' 할 자리에 쓰이는, 시킴을 나타내는 종결 어미. ¶저리 가거라./그만 빨리 자거라. ☞-어라[1]. -아라[1]. -너라
거라=불규칙=활용(-不規則活用) 명〈어〉용언이 활용할 때, 직접 명령의 어미 '-아라'나 '-어라'가 '-거라'로 바뀌는 활용. '가아라'라 하지 않고 '가거라'로 하는 따위. ☞너라 불규칙 활용
거란(∠契丹) 명 4세기 이래 내몽골 시라무렌 강 유역에 살았던 몽골계의 유목 민족. 10세기경 요(遼)나라로 발전했음.
거:란지 명 '거란지뼈'의 준말.
거:란지-뼈 명 소의 꽁무니뼈. 준 거란지
거랑(∠乞糧) 명-하다 자 일정한 광구(鑛區)가 없이 남의 광구나 버력탕 같은 데서 감돌을 고르거나 사금을 채취하여 돈을 버는 일. 원 걸량(乞糧)
거랑-금(∠乞糧金) 명 거랑하여 모은 금. 원 걸량금
거랑-금점(∠乞糧金店) 명 거랑꾼들이 모여들어 채굴하는 금광(金鑛). 원 걸량금점(乞糧金店)
거랑-꾼(∠乞糧-) 명 거랑하는 사람. 원 걸량꾼
거:래(去來)[1] 명 ①상품을 팔고 사고 하는 일, 또는 영리(營利)를 목적으로 하는 경제 행위. ¶국제간에 상품 -가 활발하다./오래 -해 온 은행. ②서로 이익이 될만한 조건을 내놓거나 받아들이거나 하는 일. ¶두 나라 사이에 적절한 -로 분쟁이 수습되다. ③지난날, 아랫사람이 윗사람에게 가서 말로써 알리는 일을 이르던 말.
거:래(去來)[2] 명 불가(佛家)에서, 과거와 미래를 아울러 이르는 말.
거:래금(去來今) 명 불가(佛家)에서, 과거·미래·현재를 아울러 이르는 말.
거:래-법(去來法)[-뻡] 명 경제 거래에 관한 법을 통틀어 이르는 말.
×거:래-선(去來先) 명 → 거래처(去來處)
거:래-소(去來所) 명 상품이나 유가 증권(有價證券) 등을 거래하는 상설 시장.
거:래-처(去來處) 명 계속하여 거래하는 상대편.
거:랭(去冷) 명-하다 타 '거냉(去冷)'의 원말.
거:량(巨量) 명 ①매우 많은 분량. ②많이 먹는 식량.
거:레 명-하다 자 공연히 어정거리면서 느리게 움직이는 짓.
거려(居廬) 명-하다 자 지난날, 상제(喪制)가 여막(廬幕)에서 지내는 일을 이르던 말.
거령-맞다[-맏-] 형 조촐하지 못하여 격에 어울리지 아니하다. 거령스럽다 ☞가량맞다
거령-스럽다(-스럽고·-스러워) 형ㅂ 보기에 거령맞은 데가 있다. ☞가량스럽다
거령-스레 부 거령스럽게
거:로(去路) 명 떠나는 길.
거:론(擧論) 명-하다 타 어떤 일을 논제로 삼아 말함, 또는 논제로 제기함. ¶환경 문제가 -되다.
거루 명 '거룻배'의 준말.
거루다 타 배를 강기슭에 대다.
거:룩거룩-하다 형여 매우 거룩하다.
거:룩-하다 형여 성스럽고 위대하다. ¶거룩한 애국 정신.
거룩-히 부 거룩하게
거룻-배 명 돛이 없는 작은 배. 거도선(艍舠船). 소선(小船) 준 거루

한자 거룻배 정(艇)〔舟部 7획〕¶소정(小艇)/주정(舟艇)

거류(居留) 명-하다 자 ①어떤 곳에 한동안 머물러 삶. ②외국의 거류지에서 삶.
거류-민(居留民) 명 ①임시로 머물러 살고 있는 외국인. ②거류지에 사는 외국인. 재류민(在留民)
거류민-단(居留民團) 명 거류지에 사는 같은 민족끼리 조직한 자치 단체. 준 민단(民團)

거류-지(居留地)명 조약 등에 따라 한 나라의 영토 가운데서 일정한 지역에 한정하여 외국 사람의 거주나 영업을 허가한 지역. ☞조계(租界)

거르다[1](거르고·걸러)타르 건더기나 찌꺼기가 섞인 액체를 체 따위에 밭아서 액체만 받다. ¶청주를 떠내지 않고 그대로 거른 막걸리.

거르다[2](거르고·걸러)타르 차례대로 나가다가 어느 하나나 한 번을 빼고 그 다음 차례로 건너뛰다. ¶한 달에 한 주일은 공부를 ―./끼니를 ―.

거름명 농작물이 잘 자라게 하기 위하여 땅에 뿌리거나 흙에 섞거나 하는 영양 물질. 비료(肥料) ¶메마른 땅에 ―을 주어 땅심을 높이다.

거름-기(―氣)[―끼]명 거름의 기운. ¶―가 없는 메마른 땅.

거름=나무명 나중에 썩어서 거름이 되도록 심는 나무.

거름-더미[―떠―]명 거름을 쌓아 놓은 더미.

거름-발[―빨]명 거름을 준 효과.

거름발 나다관용 거름을 준 효과가 나타나다.

거름-종이명 액체 속에 들어 있는 불순물을 걸러 내는 종이. 여과지(濾過紙)

거름-풀명 거름으로 쓰려고 벤 풀이나 나뭇잎.

거름-하다자여 ①거름을 주다. 시비(施肥)하다 ②거름감으로 삼다. ¶거름할 풀을 베다.

거름-흙명 ①기름진 흙. 비토(肥土) ②거름더미가 있던 자리에서 그러모은 흙.

거리[1]명 '길거리'의 준말. ¶―의 인파(人波).

한자 **거리 가**(街)〔行部 6획〕¶가도(街道)/가등(街燈)/가로(街路)/번화가(繁華街)
거리 항(巷)〔己部 6획〕¶항담(巷談)/항설(巷說)

거리[2]의 ①무엇을 만드는 데 쓰이는 감. ¶김장할 ―./쓸 만 한 ―가 없다. ②어떤 행동의 내용이나 대상이 될 만한 감. ¶읽을 ―/더불어 대화할 ―가 못 된다.

거리[3]의 ①굿의 한 장을 이루는 단위. 성주 거리 따위. ②남사당 놀이에서, 한 마당을 다시 몇 부분으로 나눈, 그 부분을 이르는 단위.

거리[4]의 오이나 가지 따위를 셀 때 쉰 개를 한 단위로 이르는 말. 두 거리가 한 접이 됨.

거:리(巨利)명 큰 이익. 대리(大利) ☞소리(小利)

거:리(距離)명 ①서로 떨어져 있는 두 곳 사이의 길이. ¶먼 ―를 단숨에 달려오다./앞 차와 일정한 ―를 두고 달리다. ②두 점을 잇는 직선의 길이. ③사람 사이의 사귐에서, 마음이 서먹서먹한 사이, 또는 서로 버성기는 사이. ¶다정하던 친구 사이에 ―를 느끼게 되다. ④서로의 차이나 구별. ¶그이와 같은 수준에 이르기에는 아직 ―가 멀다./두 사람의 판단에는 약간의 ―가 있다.

-거리〔접미사처럼 쓰이어〕(시간을) '거르다'의 전성형에서 바뀌어, '주기(週期)로 일어남'을 뜻함. ¶이틀거리/해거리

거:리-감(距離感)명 사이가 멀어진 느낌. ¶상대편의 태도에서 야릇한 ―을 느끼게 되다.

거리-거리명 ①여러 길거리. ¶―에 붙어 있는 벽보. ②〔부사처럼 쓰임〕거리마다 ¶― 늘어선 고층 건물.

거:리=경:주(距離競走)명 스키의 노르딕 경기 종목의 한 가지. 5~50km의 눈 쌓인 산야(山野)를 달려 걸린 시간을 측정하여 순위를 결정하는 스키 경기를 이르는 말. ☞알파인 종목

거:리-계(距離計)명 목표까지의 거리를 재는 광학 기계.

거리끼다자 ①어떤 일 등을 해 나가는 데 방해가 되다. ¶일의 진행에 거리끼는 일이 많다. ②마음에 걸리어 꺼림칙하다. ¶양심에 거리끼는 일이 없다.

한자 **거리낄 애**(礙)〔石部 14획〕¶구애(拘礙)/무애(無礙)/애인이목(礙人耳目) ▷礙의 속자는 碍

거리낌-없이부 마음에 걸리어 꺼림칙하거나 얽매임이 없이. ¶너의 생각을 ― 이야기해 보아라.

-거리다접미 의성어나 의태어에 붙어, 그런 소리나 움직임이 되풀이됨을 나타냄. -대다 ¶딸랑거리다/두근거리다

거리-제(―祭)명 ①민속에서, 음력 정월에 장승에게 지내는 제사. ②상여가 친척이나 친지의 집을 지날 때 상여 옆에 제상을 차려 놓고 지내는 제사. 노전(路奠). 노제

거:리-표(距離標)명 ①철도 선로의 기점(起點)으로부터 일정한 곳의 거리를 나타내는 표지. ②이정표(里程標)

거릿-송장명 길거리에서 죽은 사람의 송장.

거마(車馬)명 수레와 말. 차마(車馬)

거마-비(車馬費)명 '교통비'를 달리 이르는 말.

거:막(巨瘼)명 고치기 어려운 오래된 폐단.

거:만(巨萬·鉅萬)명 매우 많은 금액.

거:만(倨慢)명-하다형 젠체하며 남을 업신여기는 데가 있음. 오만(傲慢) ¶―을 떨다./―을 부리다./―한 태도.

한자 **거만할 만**(慢)〔心部 11획〕¶교만(驕慢)/만모(慢侮)/만심(慢心)/자만(自慢)
거만할 오(傲)〔人部 11획〕¶교오(驕傲)/오만(傲慢)

거:만-스럽다(倨慢―)(―스럽고·―스러워)형ㅂ 보기에 젠체하며 남을 업신여기는 데가 있다.

거만-스레부 거만스럽게

거:만대:금(巨萬大金)성구 매우 많은 액수의 돈.

거:맥(去脈)명-하다타 한방에서, 복령(茯苓) 따위 약재의 살 속에 박힌 줄기를 긁어 냄을 이르는 말.

거망명 '거망빛'의 준말.

거망-빛[―삧]명 매우 검붉은 빛깔. 준거망

거망-옻나무[―옫―]명 옻나뭇과의 낙엽 활엽 교목. 높이 13m 안팎이며, 잎은 깃꼴임. 5~6월에 황록색 꽃이 피고, 열매는 10월경에 핵과(核果)로 익음. 따뜻한 지방의 낮은 지대에 자람.

거머누르께-하다형여 거먼 빛을 띠면서 누르께하다. ☞가마노르께하다

거머-당기다타 힘껏 휘감아 잡아당기다. ¶그물의 벼릿줄을 힘껏 ―.

거머-들이다타 휘몰아 들이다.

거:머리[1]명 어린아이의 두 눈썹 사이의 살 속에 파랗게 내비치는 힘줄.

거:머리[2]명 ①거머릿과의 환형동물(環形動物). 몸은 좀 납작한 원통형임. 몸길이는 3~4cm로, 가늘고 길며 많은 주름이 잡혀 있음. 몸의 양끝에 빨판이 있어 동물의 살에 붙어 피를 빨아먹음. 수질(水蛭) ②남에게 달라붙어 귀찮게 하는 사람을 비유하여 이르는 말.

거:머리-말명 거머리말과의 여러해살이풀. 얕은 바다에 자라는데, 땅속줄기는 길게 벋으며 마디에서 수염뿌리가 남. 잎은 가늘고 길며 어긋맞게 나고, 4~5월에 녹색 꽃이 피고, 열매는 둥근 기둥 모양임.

거머무트름-하다형여 얼굴이 거무스름하고 투실투실하다. ☞가마무트름하다. 꺼머무트름하다

거머무트름-히부 거머무트름하게 ☞가마무트름히. 꺼머무트름히

거머번드르-하다형여 거멓고 번드르르하다. ☞가마반드르하다. 꺼머번드르하다

거머번지르-하다형여 거멓고 번지르르하다. ☞가마반지르하다. 꺼머번지르하다

거머-삼키다타 급하게 휘몰아 삼키다. ¶음식을 마파람에 게 눈 감추듯 ―.

거머-안다[―따]타 두 팔로 휘감아 안다. ¶큰 보따리를 거머안고 차에 오르다.

거머-잡다타 움키어 잡다. ¶목덜미를 ―. 준검잡다

거머-쥐다타 힘껏 휘감아 쥐다. ¶옷자락을 ―./멱살을 ―. 준검쥐다

거머-채다타 힘껏 잡아채다. ¶머리채를 ―.

거머푸르레-하다형여 거먼 빛을 띠면서 푸르스름하다. ☞가마푸르레하다

거:멀명-하다자타 '거멀장'의 준말.

거:멀-못명 나무 그릇 따위의 벌어진 데나 금간 데에 거멀장처럼 걸쳐 박는 못. 양각정(兩脚釘)

거:멀-쇠 명 목재를 한데 대어 붙일 때, 벌어지지 않도록 단단하게 걸쳐 박는 쇠.
거:멀-장[-짱] 명 ①나무 그릇이나 가구 따위의, 사개를 맞추어 짠 모서리에 걸쳐 대는 쇳조각. ②-하다 자타 두 물건 사이를 이어 붙여서 벌어지지 않도록 쇳조각을 대는 일. 준 거멀
거:멀-장식(-裝飾) 명 나무 그릇이나 가구 따위의, 사개나 연귀를 맞춘 자리에 걸쳐 대는 쇠 장식. ☞거멀. 거멀장
거:멀-접이 명 떡의 한 가지. 찰수숫가루를 물에 반죽하여, 반대기를 지어 전병으로 부친 다음 소를 넣어 접거나, 끓는 물에 익혀 내어 팥고물을 묻힌 떡. ☞부꾸미
거:멓다(거멓고·거먼) 형ㅎ 빛깔이 좀 검다. ¶거먼 연기. ☞가맣다[1]. 꺼멓다
거:메-지다 자 빛깔이 거멓게 되다. ¶햇볕에 타서 얼굴이 거메졌다. ☞가매지다. 꺼메지다
거:목(巨木) 명 ①매우 큰 나무. ② '큰 인물'을 비유하여 이르는 말. ¶학계(學界)의 -.
거:목(去目) 명 -하다 타 한방에서, 산초(山椒) 따위의 알맹이를 발라 버리는 일을 이르는 말.
거무끄름-하다 형여 좀 칙칙하게 거무스름하다. ☞가무끄름하다. 꺼무끄름하다
거무끄름-히 부 거무끄름하게 ☞가무끄름히
거무데데-하다 형여 산뜻하지 아니하게 거무스름하다. ☞가무대대하다. 꺼무데데하다
거무뎅뎅-하다 형여 고르지 아니하게 거무스름하다. ☞가무댕댕하다. 꺼무뎅뎅하다
거무레-하다 형여 엷게 거무스름하다. ☞가무레하다. 꺼무레하다
거무숙숙-하다 형여 수수하게 거무스름하다. ☞가무속속하다. 꺼무숙숙하다
거무스레-하다 형여 거무스름하다 ☞가무스레하다. 꺼무스레하다
거무스름-하다 형여 좀 검은듯 하다. 거무스레하다 ☞가무스름하다. 꺼무스름하다
거무접접-하다 형여 살빛이 곱게 좀 검다. ☞가무잡잡하다. 꺼무접접하다
거무죽죽-하다 형여 칙칙하게 검다. ☞가무족족하다. 꺼무죽죽하다
거무충충-하다 형여 거멓고 충충하다.
거무칙칙-하다 형여 거멓고 칙칙하다. ☞가무칙칙하다. 꺼무칙칙하다
거무튀튀-하다 형여 탁하게 거무스름하다. ☞가무퇴퇴하다. 꺼무튀튀하다
거무하-에(居無何-) 부 '동안이 얼마 되지 아니하여'의 뜻으로 쓰는 문어 투의 말.
거:문(巨門) 명 거문성(巨門星)
거문고 명 국악기 사부(絲部) 현악기의 한 가지. 밤나무판 위에 오동나무로 된 긴 울림통을 짜 맞추고, 그 위에 여섯 줄을 걸어 술대로 튀겨서 소리를 내며, 음정은 열여섯 개의 괘(棵)로 조절함. 현학금(玄鶴琴) ☞가야금
속담 **거문고 인 놈이 춤을 추면 칼 쓴 놈도 춤을 춘다** : 거문고를 타는 재인(才人)이 춤을 추니 목에 칼을 쓴 죄수가 덩달아 춤을 춘다는 뜻으로, 자기의 처지는 생각지 않고 남이 한다고 덩달아 흉내를 내어 웃음거리가 됨을 이르는 말. 〔숭어가 뛰니까 망둥이도 뛴다〕

한자 **거문고 금**(琴) 〔王部 8획〕 ¶금기(琴棋)/금보(琴譜)/금슬(琴瑟)/양금(洋琴)/탄금(彈琴)

거:문불납(拒門不納) 성구 사람이나 물건 따위를 문에서 물리치어 안으로 들이지 아니함을 이르는 말.
거:문-성(巨門星) 명 구성(九星)의 둘째 별. 거문(巨門)
거:물(巨物) 명 ①엄청나게 큰 물건. ②사회의 어떤 분야에서 큰 영향력을 가지고 있는 인물을 이르는 말. ¶재계(財界)의 -.
거물-거리다(대다) 자 ①불빛 따위가 자꾸 꺼질듯 말듯 약하게 비치다. ②멀리 있는 물체가 자꾸 어렴풋이 보이다 말다 하다. ③의식이나 기억 따위가 뚜렷하지 아니하고 점점 희미해지다. ☞가물거리다. 꺼물거리다
거물-거물 부 거물거리는 모양을 나타내는 말. ☞가물가물. 꺼물꺼물
거물거물-하다 형여 의식이나 기억 따위가 뚜렷하지 아니하고 희미하다. ☞가물가물하다. 꺼물꺼물하다
거뭇-거뭇[-묻-] 부 -하다 형 ①군데군데 거뭇한 모양을 나타내는 말. ¶- 수염이 나다. ②매우 거뭇한 모양을 나타내는 말. ☞가뭇가뭇. 꺼뭇꺼뭇
거뭇-하다[-묻-] 형여 좀 거무스름하다. ☞가뭇하다. 꺼뭇하다
거미 명 거미류의 절지동물을 통틀어 이르는 말. 몸길이 5~15mm. 머리와 가슴은 한 몸이나, 길둥근 배와 잘록하게 경계를 이루고 있음. 가슴에 네 쌍의 긴 다리가 있으며, 방적 돌기(紡績突起)에서 실을 뽑아 그물을 쳐서 그물에 걸린 곤충의 진액을 빨아먹고 삶. 지주(蜘蛛)
거미 새끼 흩어지듯 관용 많은 사람이 일시에 사방으로 흩어지는 모양을 나타내는 말.
속담 **거미도 줄을 쳐야 벌레를 잡는다** : 무슨 일이든지 준비가 있어야 결과를 얻을 수 있다는 말.
거미-고사리 명 꼬리고사릿과의 여러해살이 상록 식물. 잎 끝이 실처럼 길게 뻗어 나가 있음. 특히 석회암 토질에 많이 자람. 거미일엽초
거미-발 명 노리개나 반지, 비녀 따위의 장신구에서 보석·진주 따위 알을 빠지지 않게 물리고 겹쳐 오그리게 된 삐죽삐죽한 부분. 모양이 거미의 발과 비슷함.
거미-일엽초(--一葉草) 명 거미고사리
거미-줄 명 ①거미가 방적 돌기(紡績突起)에서 뽑아 내는 가는 줄, 또는 그 줄로 친 그물. 주사(蛛絲). 지망(蜘網). 지주망(蜘蛛網). 지주사(蜘蛛絲) ②재래식 한옥에서, 방구들을 놓을 때 구들장과 구들장 사이의 틈을 진흙으로 메우는 줄을 이르는 말. ③범인을 잡기 위한 수사망을 비유하여 이르는 말.
속담 **거미줄에 목을 맨다** : ①같잖게 분격한 사람을 놀리어 이르는 말. ②처지가 매우 궁박하고 답답하여 어쩔 줄을 모르고 어이없는 짓까지 함을 두고 이르는 말. 〔송편으로 목을 따 죽지/접시 물에 빠져 죽지〕
거미-집 명 거미가 알을 슬거나 들어 사는 보금자리. 주망(蛛網)
거미-치밀다(-치밀고·-치미니) 자 게염스럽게 욕심이 치밀어 오르다.
거민(居民) 명 그 고장에 오래 전부터 살고 있는 주민.
거:반(去般) 명 지난번. 거번(去番)
거반(居半) 부 '거지반(居之半)'의 준말. ¶공사가 - 끝나 간다.
거:방-지다 형 허우대가 크고 하는 짓이 드레지다.
거:백(去白) 명 -하다 타 한방에서, 귤 껍질 따위의 안쪽의 흰 부분을 긁어 버리는 일.
거:번(去番) 명 지난번. 저번. 거반(去般). 과반(過般)
거:-베 명 부대 따위를 만드는 데 쓰는 발이 굵은 베.
거:벽(巨擘) 명 학식이나 전문 분야에서 남달리 뛰어난 사람. ¶화단의 -.
거:벽-스럽다(巨擘-) (-스럽고·-스러워) 형ㅂ 사람됨이 보기에 억척스럽고 무게가 있다.
거벽-스레 부 거벽스럽게
거볍다(거볍고·거벼워) 형ㅂ ①무게가 그다지 무겁지 아니하다. ②사람됨이 의젓하지 못하다. ③부담이 적어 홀가분하다. ☞가볍다
거벼이 부 거볍게
거볍디-거볍다(-거볍고·-거벼워) 형ㅂ 아주 거볍다. ☞가볍디가볍다
거:병(擧兵) 명 -하다 자 군사 행동을 일으킴.
거:보(巨步) 명 ①위대한 업적의 자취. ¶우주 공학에 -를 남기다. ②어떤 목표를 이루기 위하여 힘차게 내딛는 걸음. ¶국토 개발의 -를 내디디다.
거-봐 감 '거봐라'의 준말.
거-봐라 감 '그것 보아라'가 줄어든 말. 어떤 일이 자기가

예상한 대로 되었을 때 하는 말. '해라' 할 자리에 씀. ¶ −, 내 말이 틀림없지. 준 거봐

거:부(巨富) 명 ①재물이 썩 많은 부자. 대부(大富) ②엄청나게 많은 재산. ¶ −를 쌓다. ☞장자(長者)

거:부(拒否) 명 -하다 타 받아들이지 않거나 동의하지 않고 물리침. ¶증언하기를 −하다. 유 거절(拒絶) ☞수락(受諾). 승낙(承諾). 승인(承認)

거:부-권(拒否權) [−꿘] 명 ①회의에서 가결된 일에 대해 동의하지 않음으로써 결의(決議)의 성립을 막을 수 있는 권리. ②입법부인 국회나 의회에서 가결한 법률안에 대하여, 행정부인 대통령이나 수장이 거부할 수 있는 권리. ③유엔 안전 보장 이사회의 상임 이사국에 부여된, 결의 성립을 거부할 수 있는 권한.

거:부=반:응(拒否反應) 명 ①이식된 조직이나 장기를 배제하려는 개체의 방어 반응. 거절 반응 ②어떤 사물이나 사람을 심리적으로 받아들이지 않으려는 태도를 나타내는 일. ¶쓰레기장 설치에 주민들이 −을 보이다.

거:-부형(擧父兄) 명 -하다 자 나쁜 의도에서 남의 부형을 초들어 이야깃거리로 삼음.

거북 명 거북목의 파충류를 통틀어 이르는 말. 몸은 타원형으로 납작하고 등과 배에 단단한 딱지가 있음. 위험을 느끼면 머리와 네 다리와 꼬리를 딱지 안으로 움츠려 넣어 몸을 보호함. 이는 없고 발은 지느러미 모양임. 바다나 뭍에서 사는데 물가나 모래밭에 구덩이를 파고 알을 낳음. 물고기나 식물 따위를 먹고 삶.

한자 **거북 귀**(龜) [龜部] ¶귀갑(龜甲)/귀두(龜頭)/귀모토각(龜毛兔角)/귀부(龜趺) ▷ 속자는 亀

거북-귀(−龜) 명 한자 부수(部首)의 한 가지. '龝'·'𪚲' 등에서 '龜'의 이름.

거북-놀이 명 민속 놀이의 한 가지. 추석날 밤에, 액을 막고 장수와 건강을 비는 뜻에서 하는 놀이. 수숫대로 거북의 모양을 만들어, 서너 명이 그것을 뒤집어쓰고 동네를 돌아다니며 놂.

거북-다리 명 갑각류(甲殼類)의 절지동물. 머리 부분이 거북의 다리와 비슷하게 생겼으며, 석회질로 덮여 있음. 바닷가 바위에 떼지어 붙어 삶. 먹을 수도 있고 석회질의 거름으로도 쓰임. 거북손. 석겁(石蜐)

거북-딱지 명 거북의 등과 배를 싸고 있는 단단한 딱지.

거북-복 명 거북복과의 바닷물고기. 몸길이 40cm 안팎. 몸과 머리는 양쪽 옆이 넓고 등과 배는 편평함. 몸의 단면은 거의 사각형임. 몸빛은 황금색이고 큰 비늘에는 파란 반점이 있음. 관상어로 기르기도 함.

거:북살-스럽다(−스럽고·−스러워) 형ㅂ 매우 거북스럽다. ¶치마가 길어서 −.

거북살-스레 부 거북살스럽게

거북-선(−船) 명 조선 시대, 이순신 장군이 거북 모양을 본떠 만든 철갑선(鐵甲船). 귀선(龜船) ☞방선(防船). 병선(兵船). 사후선(伺候船). 전선(戰船)

거북-손 명 거북다리

거:북-스럽다(−스럽고·−스러워) 형ㅂ 거북한 느낌이 있다. ¶그와 같이 지내기가 −.

거북-스레 부 거북스럽게 ¶ − 말을 꺼내다.

거북-이 명 거북

속담 **거북이 등의 털을 긁는다** : 털이 나지 않는 거북이 등에서 털을 긁는다는 말로, 아무리 구하여도 얻지 못할 곳에 가서 애써 구하려 하는 어리석음을 이르는 말. ☞연목구어(緣木求魚)

거북-점(−占) 명 ①거북딱지를 불에 태워 그 갈라지는 금을 보고 길흉을 헤아리는 점. 귀점(龜占) ②거북패로 길흉을 헤아리는 점.

거북-패(−牌) 명 골패 서른두 짝을 다 엎어 거북 모양으로 벌여 놓고, 혼자 젖히어 패를 맞추어 보는 놀이.

거:북-하다 형여 ①행동하기가 자유롭지 못하다. ¶발목이 접질리어 걷기가 −. ②마음이나 가슴속이 답답하고 괴롭다. ¶소화 불량으로 속이 −. ③말이나 행동을 하기가 어색하다. ¶마주앉아 이야기하기가 −.

거북-히 부 거북하게 ¶ − 생각지 말고 편히 앉게나.

거분-거분 부 -하다 형 ①여럿이 다 거분한 모양을 나타내는 말. ¶ −한 배낭들을 메고 가다. ②매우 거분한 모양을 나타내는 말. ¶ −하게 춤을 추다. ☞가분가분

거분거분-히 부 거분거분하게 ☞가분가분히

거분-하다 형여 ①물체의 무게가 거볍다. ¶들기에 −. ②몸놀림이 거볍다. ③몸이나 마음 상태가 거볍고 상쾌하다. ¶자고 났더니 몸이 −. ☞가분하다. 거뿐하다

거분-히 부 거분하게 ☞가분히. 거뿐히

거불-거리다(대다) 자 불꽃이나 연기 따위가 크게 자꾸 흔들리다. ¶거불거리며 타오르는 모닥불./연기가 거불거리며 피어 오르다. ☞가불거리다. 꺼불거리다

거불-거불 부 거불거리는 모양을 나타내는 말. ☞가불가불. 꺼불꺼불

거붓-거붓 [−붇−] 부 -하다 형 ①여럿이 다 거붓한 모양을 나타내는 말. ¶ −하게 보이는 책가방들. ②매우 거붓한 모양을 나타내는 말. ¶ −한 발걸음. ☞가붓가붓

거붓거붓-이 부 거붓거붓하게 ☞가붓가붓이

거붓-하다 [−붇−] 형여 좀 거벼운듯 하다. ☞가붓하다

거붓-이 부 거붓하게 ☞가붓이. 거뿟이

거:비(巨費) 명 많은 비용.

거뿐-거뿐 부 -하다 형 ①여럿이 다 거뿐한 모양을 나타내는 말. ②매우 거뿐한 모양을 나타내는 말. ¶발걸음이 −하다. ☞가뿐가뿐

거뿐거뿐-히 부 거뿐거뿐하게 ☞가뿐가뿐히

거뿐-하다 형여 ①물체의 무게가 매우 거볍다. ¶거뿐한 솜 뭉치. ②몸놀림이 매우 거볍다. ¶거뿐한 발걸음. ③몸이나 마음의 상태가 매우 거볍고 상쾌하다. ¶운동으로 땀을 흘렸더니 몸이 −. ☞가뿐하다. 거분하다

거뿐-히 부 거뿐하게 ☞가뿐히. 거분히

거뿟-거뿟 [−뿓−] 부 -하다 형 ①여럿이 다 거뿟한 모양을 나타내는 말. ¶무거운 상자들을 − 들어올리다. ②매우 거뿟한 모양을 나타내는 말. ☞가뿟가뿟. 거붓거붓

거뿟거뿟-이 부 거뿟거뿟하게 ☞가뿟가뿟이. 거붓거붓이

거뿟-하다 [−뿓−] 형여 매우 거벼운듯 하다. ☞가뿟하다

거뿟-이 부 거뿟하게 ☞가뿟이. 거붓이

거:사(∠乞士) 명 지난날, 창기(娼妓)를 데리고 다니며 소리와 춤과 재주를 파는 사람을 이르던 말.

거:사(巨事) 명 매우 큰 일.

거사(居士) 명 ①지난날, 관직에 나아가지 아니하고 일반 사회를 멀리하여 살아가는 선비를 이르던 말. ②불교에서, 출가하지 아니하고 불법(佛法)을 수행하는 남자를 이르는 말. 우바새(優婆塞). 처사(處士)

거:사(擧沙) 명 -하다 타 큰물이 지거나 하여 논이나 밭을 덮은 모래를 걷어 냄.

거:사(擧事) 명 큰일을 일으킴. ¶ −를 꾀하다.

거:사-비(去思碑) 명 지난날, 감사나 원이 갈려간 뒤에 그 고장 사람들이 그의 선정(善政)을 기리어 세운 비.

거:산(巨山) 명 크고 높은 산.

거:산(擧散) 명 -하다 자 가족이나 함께 지내던 사람들이 뿔뿔이 흩어짐. ☞이산(離散)

거:상(巨商) 명 밑천을 많이 들여 큰 규모로 하는 장사, 또는 그런 장수. ☞대상(大商)

거상(居常) 명 평상시(平常時)

거상(居喪) 명 ①-하다 자 상중(喪中)에 있음. 준 상(喪) ②상중에 입는 상복을 속되게 이르는 말. ¶ −을 입다.

거:상(擧床) 명 -하다 자 지난날, 잔치 때나 귀한 손을 접대할 때, 큰상을 차려 내기에 앞서 풍류와 가무를 아뢰던 일.

거상(을) 치다 관용 거상하는 풍악을 아뢰다.

거생(居生) 명 -하다 자 일정한 곳에 머물러 살아감.

거서간(居西干) 명 신라 시조 박혁거세(朴赫居世)의 왕호. 거슬한(居瑟邯) ☞마립간(麻立干)

거:석(巨石) 명 매우 큰 돌덩이.

거:석-렬(巨石列) 명 선돌 따위가 일정한 간격으로 길게 늘어선 거석 기념물.

거:석=문화(巨石文化) 명 고인돌이나 선돌 등 큰 돌로 만

든 구조물을 특징으로 하는 신석기 시대의 문화.

거:선(巨船)명 매우 큰 배.

거:설(鋸屑)명 톱밥

거:성(巨姓)명 지체가 높은 성. 대성(大姓)

거:성(巨星)명 ①지름과 광도가 큰 항성(恒星). 카펠라·미라·베텔규스 따위. ②어떤 분야에서 큰 업적을 남긴 위대한 인물을 비유하여 이르는 말. ¶의학계의 ―.

거:성(去姓)명-하다타 지난날, 대역죄(大逆罪)를 지은 사람을 부를 때 성은 빼고 이름만을 부르던 일.

거:성(去聲)명 ①사성의 하나. 가장 높은 소리. ②15세기 국어의 사성(四聲)의 하나. 훈민정음 등에서 글자 왼쪽에 점 하나로 나타내었음. ¶文문字·쭝·와·로(訓正 1). ☞입성(入聲). 방점(傍點)

거:성(拒性)명 물리학에서, 두 물체가 동시에 같은 공간을 차지할 수 없는 성질을 이르는 말. 불가입성(不可入性)

거:-성명(擧姓名)명-하다타 성과 이름을 초들어서 말함.

거:섶[1]명 ①물이 둑에 바로 스쳐서 개개지 못하도록 냇둑의 가에 말뚝을 늘여 박고 가로 결은 나뭇가지. ②삼굿 위에 덮는 풀.

거:섶[2]명 비빔밥에 섞는 여러 가지 나물붙이.

거:세(巨細)명 큰일과 자질구레한 일. ☞홍섬(洪纖)

거:세(巨勢)명 매우 큰 세력.

거:세(去勢)명-하다타 ①동물의, 수컷의 불알을 발라내거나 암컷의 난소를 들어내어 생식 기능을 없애는 일. ¶―한 비육우(肥肉牛). ②저항하거나 반대하는 무리의 기를 꺾어 버림. ¶반대 세력을 ―하다.

거:세(去歲)명 지난해. 거년(去年)

거:세(擧世)명 온 세상.

거세다형 거칠고 세차다. ¶저항이 ―./거센 파도.

거센-말명 말의 뜻은 같으면서 어감(語感)이 거센 말. '잘싹거리다'에 대한 '찰싹거리다', '가랑가랑'에 대한 '카랑카랑' 따위. ☞거센소리. 예사소리

거센-소리명〈어〉한글 자음의 한 갈래. 'ㅎ' 소리를 띠어 거세게 내는 자음. 곧 파열음(破裂音)인 'ㅋ·ㅌ·ㅍ', 파찰음(破擦音)인 'ㅊ'이 이에 딸림. 격음(激音). 유기음(有氣音) ☞된소리. 예사소리

거센소리-되기명〈어〉예사소리가 거센소리로 바뀌는 현상. '갈(刀)'이 '칼'로 되는 따위. 격음화(激音化) ☞된소리되기

거소(居所)명 ①법률에서, 생활의 근거지가 아닌 임시로 사는 곳을 이르는 말. ☞주소(住所) ②거주하는 처소. 거처(居處)

거:송(巨松)명 매우 큰 소나무.

거:수(巨樹)명 매우 큰 나무. 거대한 수목.

거수(居首)명-하다자 거갑(居甲)

거:수(擧手)명-하다자 손을 위로 듦. ¶―로 표결하다.

거:수=가:결(擧手可決)명 회의에서, 손을 들어 의안 따위의 가부(可否)를 결정하는 일.

거:수=경:례(擧手敬禮)명 편 오른손 끝을 모자챙 끝이나 눈썹 언저리까지 올려서 하는 경례.

거스러미명 ①손거스러미 ②나무의 결이 얇게 터져 가시처럼 일어난 것.

거스러-지다자 ①성질이 거칠어지다. ¶거스러진 성격. ②잔털이 거칠게 일어나다. ☞가스러지다

거스르다[1](거스르고·거슬러)타르 ①형세나 흐름을 좇지 아니하고 반대되는 방향을 잡다. ¶바람을 거슬러 뛰다./역사의 흐름을 거스르는 행위. ②어떤 가르침이나 명령에 어긋나게 행동하다. ¶선생님의 말씀을 ―. ③도리에 벗어나는 짓을 하다. ¶하늘의 뜻을 ―.

한자 거스를 역(逆)〔辵部 6획〕¶거역(拒逆)/역류(逆流)/역륜(逆倫)/역수(逆水)/역행(逆行)

거스르다[2](거스르고·거슬러)타르 물건 값으로 받은 큰돈에서 받을 액수를 셈하고 남는 것을 내어 주다. ¶거스름돈을 거슬러 받다.

거스름명 '거스름돈'의 준말.

거스름-돈[―똔]명 물건 값으로 받은 큰돈에서 받을 액수를 셈하고 남는 액수만큼 도로 내어 주는 돈. 또는 거슬러 받는 돈. 우수리. 잔돈 준거스름

거슬-거슬부-하다형 ①거스러미 따위가 일어나 살갗이 매끄럽지 아니하고 좀 거칠거칠한 모양을 나타내는 말. ¶고생으로 ―해진 손. ②뻣뻣한 짧은 털에 스치는 느낌을 나타내는 말. ¶―한 수염. ③옷감의 결이 매끄럽지 아니하고 약간 껄껄한 느낌을 나타내는 말. ¶―한 삼베 적삼. ④성질이 좀 모나고 너그럽지 못한 모양을 나타내는 말. ¶―한 성미. ☞가슬가슬. 꺼슬꺼슬

거슬리다자 마음이나 기분, 입맛 따위에 맞지 아니하고 언짢은 느낌이 들거나 기분이 상하다. ¶그의 말이 귀에―./하는 짓이 눈에 ―./냄새가 비위에 ―.

거슬한(居瑟邯)명 ☞거서간(居西干)

거슴츠레부 거슴츠레하게. 게슴츠레 ☞가슴츠레

거슴츠레-하다형여 졸리거나 술에 취하거나 하여 눈의 정기가 풀리어 흐리멍덩하다. 게슴츠레하다 ¶게슴츠레하게 뜬 눈. ☞가슴츠레하다

거:승(巨僧)명 불도를 깊이 닦은 이름난 중.

거:시(擧示)명-하다타 구체적으로 예를 들어 보임.

거시기감 말을 하다가 이름이나 생각이 얼른 떠오르지 아니할 때, 또는 말하기가 거북할 때 흔히 하는 말. ¶이렇게 일손이 아쉬울 때 ―라도 있었으면…./저, ―가 무어라 했지?

거:시-적(巨視的)명 ①인간의 감각으로 식별할 수 있는 정도의 크기를 대상으로 삼는 것. ¶― 세계. ②사물을 전체적·종합적으로 관찰하는 것. ¶―인 안목으로 본 경제 현황. ☞미시적(微視的)

×**거시키**감 →거시기

거:식(擧式)명-하다자 식을 올림.

거:식-증(拒食症)명 음식 먹기를 거부하여 몸이 이상 상태로 쇠약해지는 증세. 사춘기의 여성 중에서 흔히 볼 수 있음. ☞거절증. 다식증

거식-하다자타여 말하는 중에, 마땅한 동사가 얼른 떠오르지 않을 때, 그 대신으로 쓰는 말. ¶이걸 이렇게 거식하면 되지 않을까?/퇴근 후에 만나 거식하는 거야. 형여 말하는 중에, 마땅한 형용사가 얼른 떠오르지 않거나 바로 말하기 곤란할 때, 그 대신으로 쓰는 말. ¶그 차림새, 좀 거식하네./바로 말하기가 거식하군.

거:실(巨室)명 거가대족(巨家大族)

거실(居室)명 거처하는 방. 거처방

거:실(據實)명-하다자 어떤 사실에 근거를 둠.

거:실-세:족(巨室世族)명 거가대족(巨家大族)

거:심(去心)명-하다타 한방에서, 약재로 쓸 식물의 줄기나 뿌리의 심을 바르는 일을 이르는 말.

거:악생신(去惡生新)명 한방에서, 헌데에 고약 등을 붙여 궂은살을 없애고 새살이 나오게 하는 일을 이름.

거:안(擧案)명-하다자 ①지난날, 공회(公會)에 참여하는 관원이 임금이나 상관에게 명함을 올리던 일. 또는 그 명함. ②밥상을 듦.

거:안제미(擧案齊眉)성구 중국 후한(後漢) 때, 양홍(梁鴻)의 처 맹광(孟光)이 밥상을 눈썹과 가지런하도록 높이 들어올려 남편 앞에 가지고 갔다는 고사에서, 남편을 깍듯이 공경함을 이르는 말.

거:암(巨岩)명 매우 큰 바위.

거:애(擧哀)명-하다자 사람이 죽었을 때 초혼(招魂)을 하고 나서 상제가 머리를 풀고 곡을 하는 일. 발상(發喪)

거:액(巨額)명 많은 액수의 돈. 거관(巨款) ¶―을 투자하다. ☞소액(少額)

거:야(去夜)명 지난밤. 전야(前夜)

거:약(距躍)명-하다자 뛰어넘거나 뛰어오름.

거:양(擧揚)명-하다타 ①높이 들어올림. ②칭찬하여 높임.

거:업(擧業)명 과거를 보는 일.

거:역(巨役)명 거창한 역사(役事). 큰 공사.

거:역(拒逆)명-하다타 윗사람의 뜻이나 명령을 따르지 않고 거스름. ¶명령을 ―하다.

거:연(巨然)부 크고 의젓하게. 거연히.

거연(居然)부 '거연(居然)히'의 준말.

거연(遽然)부 '거연(遽然)히'의 준말.
거:연(巨然)어기 '거연(巨然)하다'의 어기(語基).
거:연-하다(巨然—)형여 크고 의젓하다.
 거연-히부 거연하게 ¶ — 솟아 있는 태백 준봉.
거연-히(居然—)부 ①모르는 사이에 슬그머니. ¶ — 떠나다. ②별다른 변동 없이. 준거연(居然)
거연-히(遽然—)부 깊이 생각할 겨를도 없이. 문득. 갑자기 ¶ — 떠오르는 옛 생각. 준거연(遽然)
거염-벌레명 밤나방의 애벌레. 몸길이 3~4cm. 채소의 해충으로, 낮에는 흙 속에 숨어 있다가 밤에 나와서 채소를 갉아먹음.
거:오(倨傲)어기 '거오(倨傲)하다'의 어기(語基).
거:오-스럽다(倨傲—)(—스럽고·—스러워)형ㅂ 보기에 거오한 데가 있다.
 거오-스레부 거오스럽게
거:오-하다(倨傲—)형여 거드름을 피우며 오만하다.
거우다타 사람이나 짐승을 짐짓 집적거려서 성이 나게 하다. ¶가만있는 사람의 성미를 —.
거우듬-하다형여 조금 기울어진듯 하다. 준거운하다
 거우듬-히부 거우듬하게
거우르다(거우르고·거울러)타르 안에 든 물건이 쏟아지도록 기울어지게 하다. ¶술병을 거울러 술을 따르다.
거운-하다형여 '거우듬하다'의 준말.
거울명 ①빛의 반사를 이용하여 사람이나 물체의 형상을 비추어 보도록 유리 따위로 만든 물건. ☞석경(石鏡). 면경(面鏡) ②비추어 보아 모범이나 교훈이 될만 한 사실을 비유하여 이르는 말. ¶뭇사람의 —이 되다./선생님의 말씀을 —로 삼다. ☞귀감(龜鑑)

한자 거울 감(鑑)〔金部 14획〕¶감계(鑑戒)/귀감(龜鑑)
 거울 경(鏡)〔金部 11획〕¶경대(鏡臺)/명경(明鏡)

거울-삼:다[—따]타 남의 일이나 지나간 일의 잘잘못에 비추어 스스로 본받거나 경계하다. ¶선열의 행적을 —./실책을 —.
거울=전:류계(—電流計)명 거울을 이용하여 전류의 세기를 재는 계기. 전기가 흐르면 거울이 돌게 되어 있어, 거울이 빛을 반사하는 각도로 전류의 세기를 잼. 약한 전류를 잴 때 씀.
거울-집[—찝]명 ①거울의 가장자리와 뒷면을 막은 틀. ②거울을 넣어 보호하게 만든 물건. ③거울을 만들거나 파는 집.
거웃[1]명 사람의 외부 생식기 둘레에 난 털. 음부(陰部)에 난 털. 음모(陰毛)
거웃[2]명 ①논이나 밭을 쟁기로 갈아 넘긴 골. ②〔의존 명사로도 쓰임〕논이나 밭을 갈아 넘긴 골을 세는 단위. 자락 ☞두둑
거:월(去月)명 지난달. 객월(客月). 작월(昨月)
거위[1]명 오릿과의 새. 기러기의 변종으로 몸빛은 희고 목이 길며 부리는 황색임. 물갈퀴가 있어 헤엄을 잘 침. 고기와 알은 먹을 수 있음. 가안(家雁). 당안(唐雁)
거위[2]명 '회충(蛔蟲)'의 딴이름.
거위-걸음명 거위가 걷듯이 어기적어기적 걷는 걸음.
거위-배명 회충으로 말미암아 일어나는 배앓이를 흔히 이르는 말. 충복통(蟲腹痛). 횟배
거위-벌레명 '밤바구미'의 딴이름.
거위-영장명 몸은 여위고 목이 길며 키가 큰 사람을 놀리어 이르는 말.
거위-침명 속이 느긋거리면서 목구멍에서 생겨 나오는 군침.
거:유(去油)명-하다타 한방에서, 약재의 기름기를 빼 버리는 일을 이르는 말.
거:유(巨儒)명 ①뛰어난 유학자. 대유(大儒). 석유(碩儒). 홍유(鴻儒) ②학식이 많은 선비.
거의부 어느 한도나 기준에 매우 가까운 정도로. 거지반 ¶목적지에 — 다 왔다.
거:의(擧義)명-하다자 의병을 일으킴.
거의-거의부 '거의'보다 어느 한도나 기준에 더 가까움을 나타내는 말. ¶결승점에 — 다다랐다.
거:익(巨益)명 아주 큰 이익.
거:익(去益)부 갈수록 더욱.
거:익심:언(去益甚焉)성구 갈수록 더욱 심해짐을 이르는 말. 거거익심(去去益甚)
거:익심:조(去益深造)성구 갈수록 더욱 깊어지는 일, 또는 깊어지게 하는 일을 이르는 말.
거:인(巨人)명 ①몸이 유난히 큰 사람. 대인(大人) ②재능이나 학식, 품격 따위가 뛰어난 인물. ③신화·전설·동화 등에 나오는, 초인적인 힘을 가진 인물.
거:인(擧人)명 과거를 보는 선비. 거자(擧子)
거:일(去日)명 지난날
거:일반:삼(擧一反三)성구 하나를 들어서 세 가지를 돌이킨다는 뜻으로, 스승으로부터 하나를 배우면 다른 것까지도 미루어 앎을 이르는 말.
거:자(巨資)명 썩 큰 자본. ¶ —를 투입하다.
거:자(擧子)명 거인(擧人)
거:자막추(去者莫追)성구 떠나가는 사람은 붙잡지 말라는 말. ☞내자물거(來者勿拒)
거자-수(—水)명 자작나무의 수액(樹液). 곡우 무렵에 받는데 부유스름하고 맛이 달콤함. 민간에서, 이를 마시면 오줌이 잘 나오고 뼈마디가 튼튼해진다고 함.
거:자일소(去者日疏)[—쏘]성구 죽은 사람은 날이 갈수록 점점 잊혀진다는 뜻으로, 서로 멀리 떨어져 있으면 사이가 점점 멀어지게 됨을 이르는 말.
거:작(巨作)명 규모가 크고 뛰어난 작품.
거:장(巨匠)명 학문이나 기예(技藝) 등 전문 분야에서 아주 뛰어난 사람. ☞대가(大家) ¶음악계의 —.
거:재(巨材)명 큰 재목.
거:재(巨財)명 매우 많은 재물.
거:재(去滓)명-하다자타 찌꺼기를 추리어 버림.
거재(居齋)명-하다자 조선 시대, 성균관(成均館)이나 사학(四學) 또는 향교(鄕校)에서 지내면서 학업을 닦던 일.
거재두량(車載斗量)성구 수레에 싣고 말로 된다는 뜻으로 매우 흔하여 귀하지 않음을 이르는 말.
거재-복색(居齋服色)명 지난날, 유생(儒生)이 평상시에 집에서 입는 옷차림을 이르던 말.
거재-생(居齋生)명 '거재유생'의 준말.
거재-유생(居齋儒生)명 조선 시대, 성균관이나 사학(四學) 또는 향교(鄕校)에서 공부하는 유생을 이르던 말. 준거재생(居齋生). 재생(齋生). 재유(齋儒)
거저부 ①매이거나 힘들임이 없이. ¶일은 아니하고 — 지내려 들다. ②값을 치름이 없이. 공으로. 공짜로 ¶남의 물건을 — 달라고 한다./— 주는 상품. ③빈손으로 ¶잔칫집에 — 갈 수야 없지.
거저(居諸)부 '일거월저(日居月諸)'의 준말.
거저리명 거저릿과의 곤충. 딱정벌레와 비슷한데, 몸빛은 검고 윤이 나며 갈색을 띠고 있음. 애벌레는 썩은 나무 속이나 땅 속에 사는데 곡물의 해충임.
거저-먹기명 힘들이지 않고 할 수 있는 일, 또는 쉽게 이룰 수 있는 일을 이르는 말. ¶이런 일쯤이야 —지.
거저-먹다타 어떤 것을 치르는 값이나 조건 없이 공으로 차지하다. 힘들이지 않고 성과를 얻다. ¶남의 땅을 거저먹으려 든다.
거적명 ①새끼로 날을 하여 짚으로 두툼하게 쳐서 자리처럼 만든 물건. ②'섬거적'의 준말.
거:적(巨迹·巨跡)명 훌륭하게 이루어 놓은 일의 자취. 큰 업적.
거적-고둥명 거적고둥과의 고둥. 껍데기 높이 20mm, 지름 12mm 안팎. 빛깔은 황갈색인데, 거죽이 거적의 결과 비슷하며 입은 달걀 모양임. 얕은 바다에 삶.
거적-눈명 윗눈시울이 축 처져 늘어진 눈.
거적-때기명 거적의 낱개, 또는 그 조각.
거적-문(—門)명 문짝 삼아 거적을 친 문.
 속담 거적문에 돌쩌귀 : 격에 맞지 않아 어울리지 아니함을 이르는 말.
거적-송장명 관(棺)을 쓰지 못하고 거적으로 싼 송장.

거적시체. 거적주검
거적-시체(－屍體)명 거적송장
거적-자리명 깔개로 쓰이는 거적, 또는 거적을 깔아 놓은 자리.
거적-주검명 거적송장
거:전(拒戰)명-하다자 공격해 오는 적군을 막아 싸움. ☞항전(抗戰)
거:절(拒絕)명-하다타 남의 부탁이나 요구 등을 받아들이지 아니함. 유거부(拒否) ☞승낙(承諾)
거:절=반:응(拒絕反應)명 거부 반응(拒否反應)
거:절-증(拒絕症)[－쯩]명 정신 분열증 증세의 한 가지. 남이 무엇을 명령하거나 요구하면 반항하는 태도나 행동을 나타냄.
거:절=증서(拒絕證書)명 수표나 어음의 지급이나 인수를 거절당한 경우에, 그 사실을 증명하고 그 수표나 어음에 대한 권리 행사 또는 보전(保全)에 필요한 일을 한 사실을 증명하는 공정 증서(公正證書).
거:점(據點)[－쩜]명 어떤 활동의 근거지로 삼는 곳. ¶전략상의 －./－을 확보하다. ▷據의 속자는 拠
거접(居接)명-하다자 한동안 몸을 맡기어 머물러 삶. 주접(住接)
거정(居停)명 지난날, 귀양간 사람이 머물러 있는 곳을 이르던 말.
거제(居第)명 사람이 들어 사는 집.
거:제(擧祭)명-하다자 제사를 지냄.
거:조(擧措)명 ①행동거지(行動擧止) ¶－가 괴이하다. ②어떤 일을 꾸미거나 처리하기 위한 조처. ¶－를 내지 못하고 망설이다. ③큰일을 저지르는 일. ¶무슨 －가 날 것 같다. ▷擧의 속자는 挙
거:조(擧條)명 임금에게 아뢰는 조항.
거:조(擧朝)명 온 조정(朝廷).
거:조해망(擧措駭妄)성구 행동거지가 해괴망측함을 이르는 말.
거:족(巨族)명 '거가대족(巨家大族)'의 준말.
거:족(擧族)명 온 겨레. 온 민족.
거:족-적(擧族的)명 온 겨레가 함께 하거나 관계되는 것. ¶－인 행사.
거:종(巨鐘)명 매우 큰 종.
거:좌(踞坐)명-하다자 걸터앉음.
거:죄(巨罪)명 큰 죄. 대죄(大罪)
거:주(去週)명 지난 주. 작주(昨週)
거주(居住)명-하다자 일정한 곳에 자리를 잡고 머물러 삶, 또는 그 곳. 주거(住居)
거:주(擧主)명 조선 시대, 관원으로 등용(登用)할 사람을 천거한 사람을 일컫던 말.
거주-민(居住民)명 일정한 곳에 자리를 잡고 사는 사람들. 준주민(住民)
거주-자(居住者)명 일정한 곳에 자리를 잡고 사는 사람.
거주=제:한(居住制限)명 법률에서, 특정한 범죄자에 대해 일정한 지역 안에서만 살도록 주거를 제한하는 일.
거주-지(居住地)명 사람이 자리를 잡아 살고 있는 곳. 주거지(住居地) 준거지(居地)
거죽명 물체의 겉 부분. ¶－에 윤이 난다.
거죽-감명 옷이나 이불 따위의 겉감.
거중(居中)명-하다자 ①두 편의 사이에 듦. ②고려·조선 시대, 관원이 도목정사(都目政事)에서 중등(中等)의 성적을 맞는 일을 이르던 말.
거:중-기(擧重機)명 지난날, 무거운 물건을 들어올리는 데 쓰던 기계. ☞기중기(起重機)
거중=조정(居中調停)명 ①다툼이 벌어진 두 편 사이에 들어서 말리거나 화해를 붙이는 일. ②국제 분쟁에서, 제삼국이 사이에 들어 평화적으로 해결하려 하는 일.
거:즈(gauze)명 가제(Gaze)
거:증(擧證)명-하다타 증거를 들어 사실을 증명함, 또는 그 증거. 입증(立證)
거:증=책임(擧證責任)명 입증 책임(立證責任)
거:지명 ①남에게서 돈을 얻거나 음식을 얻어먹고 사는 사람. 개걸(丐乞). 걸개(乞丐). 걸인(乞人). 비렁뱅이 ②남을 업신여겨 욕으로 이르는 말. ☞가지[3]
속담 **거지가 논두렁 밑에 있어도 웃음이 있다**: 비록 물질적으로는 가진 것이 없지만, 마음의 편안함은 있을 수 있음을 비유하여 이르는 말./**거지가 도승지를 불쌍하다 한다**: 불쌍한 처지에 있는 사람이 도리어 자기보다 나은 사람을 동정함을 두고 이르는 말./**거지가 말 얻은 격**: 제 몸 하나도 처신하기 어려운데 먹이기 힘드는 말까지 가지게 되었다는 뜻으로, 힘겨운 터에 더욱 힘겨운 일이 겹쳐졌음을 이르는 말./**거지가 밥술이나 먹게 되면 거지 밥 한 술 안 준다**: 가난하게 지내던 사람이 형편이 좀 나아지면 도리어 어려운 사람을 생각할 줄 모른다는 말./**거지는 모닥불에 살찐다**: 아무리 어려운 처지에 있는 사람이라도 무엇이나 한 가지는 사는 재미가 있다는 말./**거지도 부지런하면 더운 밥을 얻어 먹는다**: 사람이란 부지런해야 복을 받고 살 수 있다는 말./**거지도 손 볼 날이 있다**: 아무리 가난한 집이라도 손을 맞을 때가 있다는 뜻으로, 어렵게 지내더라도 깨끗한 옷가지를 마련해 두어야 한다는 말.
거:지(巨指)명 엄지손가락
거지(居地)명 '거주지(居住地)'의 준말.
거:지(拒止)명-하다타 맞서 막아서 그치게 함.
거:지(擧止)명 '행동거지(行動擧止)'의 준말.
거:지게명 길마 양 옆에 하나씩 덧얹어 새끼로 묶어 놓고 짐을 싣는 지게.
거:지-덩굴명 포도과의 여러해살이 덩굴풀. 줄기는 자주색이고 다른 나무나 풀을 감으며 올라감. 잎은 어긋맞게 나며 덩굴손은 잎자루와 마주남. 7~8월에 황록색의 꽃이 피며, 열매는 장과(漿果)로 까맣게 익음. 오렴매(烏蘞莓). 오룡초(五龍草). 오조룡(烏爪龍)
거지-반(居之半)부 절반 이상. 거의 ¶추수가 － 끝났다. 준거반(居半)
거:지-발싸개명 몹시 지저분하거나 너절한 사람이나 물건을 낮잡아 이르는 말. ¶－ 같다.
거:지-주머니명 열매가 여물지 못한 과실의 헛껍데기를 이르는 말.
거지중천(居之中天)명 '허공'을 달리 이르는 말.
거:진(巨鎭)명 조선 시대, 절제사(節制使)와 첨절제사(僉節制使)의 진영(鎭營)을 이르던 말.
거:집(據執)명-하다자타 지난날, 거짓 꾸민 문서를 빙자하여 남의 것을 차지하고 돌려주지 않는 일을 이르던 말.
거:짓명 ①사실과 다르게 꾸민 일. 사실이 아닌 것을 사실처럼 꾸민 일. 허위(虛僞) ¶－ 없는 증언. ②〔부사로도 쓰임〕 사실이 아닌 것을 사실같이. ¶－ 꾸미어 반가운체하다.

한자 **거짓 가**(假)〔人部 9획〕 ¶가매(假寐)/가명(假名)/가수(假睡)/가식(假飾)/가장(假裝) ▷속자는 仮
거짓 위(僞)〔人部 12획〕 ¶위계(僞計)/위서(僞書)/위장(僞裝)/위조(僞造)/위증(僞證) ▷속자는 偽

거:짓-말[－짇－]명-하다자 사실이 아닌 것을 사실처럼 둘러대는 말. 위언(僞言) ¶새빨간 －. ☞가짓말. 정말. 참말
속담 **거짓말도 잘만 하면 오히려 논 닷 마지기보다 낫다**: 거짓말도 잘하면 때로는 처세에 도움이 되는 경우도 있다는 말.〔말만 잘하면 천 냥 빚도 가린다〕/**거짓말이 외삼촌보다 낫다**: 거짓말도 경우에 따라서는 큰 도움이 될 때가 있다는 말.
거:짓말-쟁이[－짇－]명 거짓말을 잘하는 사람. ☞가짓말쟁이
거:짓말=탐지기(－探知器)[－짇－]명 사람의 정서의 움직임에 따라서 일어나는 여러 가지 생리적 변화를 측정하여 피의자(被疑者)의 말이 거짓인지 아닌지를 알아내는 장치.
거:짓-부렁[－짇－]명 '거짓부렁이'의 준말.
거:짓-부렁이[－짇－]명 '거짓말'의 속된말. 준거짓부렁 ☞가짓부렁이

거:짓-부리[-짇-] 명 '거짓말'의 속된말. 준 거짓불 ☞가짓부리
거:짓-불[-짇-] 명 '거짓부리'의 준말. ☞가짓불
거:찰(巨刹) 명 큰 절. 대찰(大刹)
거:-참 감 '그것 참'이 줄어든 말. 탄식하거나 어이없을 때 하는 말. ¶ -, 난처하게 되었군.
거:창-스럽다(-스럽고·-스러워) 형ㅂ 거창한 느낌이 있다. ¶ 사업 계획이 -.
　거창-스레 부 거창스럽게
거:창-하다 형여 사물의 규모나 모양이 엄청나게 크다. ¶ 규모가 거창한 국제 공항.
　거창-히 부 거창하게
거:처(去處) 명 ①간 곳. ②갈 곳. ¶ -를 알리지 않고 떠나다. ☞행방(行方)
거처(居處) 명-하다 타 ①일정한 곳에 자리잡아 생활하거나 묵음, 또는 그 곳. ¶ -를 옮기다./혼자 -하기에는 공간이 넓다. ②거소(居所)
거처-방(居處房)[-빵] 명 거처하는 방. 거실(居室)
거:천(擧薦) 명-하다 자타 ①천거(薦擧) ②무슨 일에 관계하기 시작함.
거청-숫돌[-숟-] 명 거친 숫돌.
거:체(巨體) 명 큰 몸뚱이. 큰 몸집. 거구(巨軀)
거:초(裾礁) 명 섬이나 대륙 둘레의 해안에 생겨난 산호초.
거:촉(巨燭) 명 매우 큰 초. ☞대초. 중초
거:촉(炬燭) 명 횃불과 촛불.
거:촉(擧燭) 명-하다 자 초에 불을 켜서 듦.
거촌(居村) 명 살고 있는 마을.
거총(据銃) 명-하다 자 사격 자세에서, 목표를 겨누기 위하여 개머리쇠를 어깨에 대는 일, 또는 그렇게 하는 동작.
거:추(去秋) 명 지난가을. 객추(客秋). 작추(昨秋)
거추-꾼 명 일을 보살펴 거두어 주는 사람.
거추-없:다[-업-] 형 하는 짓이 싱거워 어울리지 아니하다.
　거추-없이 부 거추없게 ¶ - 행동하다.
거:추장-스럽다(-스럽고·-스러워) 형ㅂ 거치적거리어 다루기에 주체스럽다. ¶ 치마가 길어서 걷기에 -.
　거추장-스레 부 거추장스럽게
거추-하다 타여 ①보살펴 거두다. ¶ 아이들을 정성스레 -. ②도와서 주선하다. ¶ 일할 자리를 거추해 주다.
거:춘(去春) 명 지난봄. 객춘(客春). 작춘(昨春)
거:출(醵出) 명-하다 타 갹출(醵出)
거춤-거춤 부 일을 대강대강 하는 모양을 나타내는 말. ¶ 방안을 - 치우다./ - 구경하고 돌아오다.
거충-거충 부 빠르게 대충대충 하는 모양을 나타내는 말. ¶ 하던 일을 - 마무르다.
거:취(去取) 명 쓸모없는 것을 버리고 쓸모 있는 것을 가려서 쓰는 일.
거:취(去就) 명 관계하던 직무 등에서 떠날 것인가 그냥 눌러앉을 것인가를 정하여 밝히는 태도. ¶ -를 분명히 하다./그의 -에 대한 관심이 집중되다. ☞진퇴(進退)
거치(据置) 명-하다 타 공채(公債)나 사채(社債), 저금 등을 일정 기간 상환 또는 지급하지 아니하는 일. ¶ 10년 -, 20년 분할 상환./정기 예금을 -하다.
거:치(鋸齒) 명 톱니
거치다[1] 자 걸리어 스치다. ¶ 칡덩굴이 발길에 -.
거치다[2] 타 ①어디를 지나거나 들르다. ¶ 은행을 거쳐서 시장에 가다. ②어떤 과정이나 단계를 밟다. ¶ 면접을 거친 다음 합격 여부를 가린다./청년기를 거쳐 장년기에 접어들다. ③어떤 일을 겪다. 경험하다 ¶ 온갖 풍상을 거쳐 오늘에 이르렀다.
거치렁이 명 거친 벼.
거:치상-엽(鋸齒狀葉)[-녑] 명 가장자리가 톱니 모양으로 생긴 식물의 잎. 민들레의 잎 따위. 톱니잎
거:치-연(鋸齒緣) 명 잎의 가장자리가 톱니처럼 생긴 것. 장미나 느릅나무의 잎 따위. ☞전연(全緣)
거치적-거리다(대다) 자 ①물체가 살갗에 자꾸 걸리거나 닿다. ¶ 앞머리가 내려와 -. ②자꾸 성가시게 굴거나 방해를 하다. ¶ 일하는 데 -. ☞가치작거리다
거치적-거치적 부 거치적거리는 모양을 나타내는 말. ☞가치작가치작. 꺼치적꺼치적
거칠-거칠 부-하다 형 매우 거칠한 모양을 나타내는 말. ¶ -한 손. ☞가칠가칠. 꺼칠꺼칠
거칠다[1] 형 ①성격이나 말씨, 행동 등이 사납고 거세다. ¶ 성격이 -./말씨가 -./거친 행동. ②차분하거나 꼼꼼하지 못하다. ¶ 일솜씨가 -. ③물결이나 바람 따위의 움직임이 크고 세차다. ¶ 숨결이 -./거친 파도를 헤치고 나아가다./비바람이 거칠게 몰아치다.
거칠다[2] 형 ①바탕이 부드럽거나 매끄럽지 않고 거칠하다. ¶ 살결이 -./거친 목재. ②베나 천의 발이 굵고 성기다. ¶ 거친 삼베로 지은 옷. ③가루나 모래 따위의 알갱이가 굵다. ¶ 거칠게 빻은 고춧가루./거친 모래. ☞곱다[4]
거칠다[3] 형 ①가꾸지 아니하여 메마르다. ¶ 거친 땅을 일구어 기름진 땅으로 만들다. ②음식이나 먹이 따위가 영양분이 적거나 좋지 아니하다. ¶ 거친 음식도 달게 먹는다./거친 사료로도 잘 자란다. ③사람 사이에 인정이 없고 인심이 험하다. ¶ 거친 세상을 꿋꿋하게 살아가다. ④몸으로 하는 일이 힘에 부치고 고되다. ¶ 굳건한 정신력으로 거친 일을 해내다.

한자 거칠 황(荒) 〔艸部 6획〕 ¶ 황무지(荒蕪地)/황야(荒野)/황지(荒地)/황파(荒波)/황폐(荒廢)

거칠-하다 형여 ①앓거나 여위어 살갗이 윤기가 없고 좀 거친듯 하다. ¶ 거칠한 얼굴. ②물체의 거죽이 번드럽지 아니하고 좀 거친듯 하다. ¶ 손등이 -. ③뻣뻣하고 짧은 수염 따위에 닿는 느낌이 있다. ☞가칠하다
거침 명 걸리거나 막히는 일. ¶ 거침이 없이 말하다.
거침-새 명 일이 되어 나아가는 도중에 막히거나 걸리는 상태. ¶ 회의를 - 없이 진행하다.
거침-없:다[-업-] 형 ①걸리거나 막히는 것이 없다. ¶ 거침없는 답변. ②거리낌이 없다. ¶ 거침없이 말대꾸를 하다.
　거침-없이 부 거침없게
거칫-거리다(대다)[-칟-] 자 짧고 거친 수염이나 가시 따위에 스치는 느낌이 나다. ☞가칫거리다
거칫-거칫[-칟-] 부 거칫거리는 느낌을 나타내는 말. ☞가칫가칫. 꺼칫꺼칫
거칫-하다[-칟-] 형여 여윈 살갗이 부드럽지 아니하고 거칠하다. ¶ 거칫해진 얼굴. ☞가칫하다. 꺼칫하다
거쿨-지다 형 몸집이 크고, 말이나 행동이 시원시원하다. ¶ 사람이 거쿨져서 믿음직스럽다.
거:탄(巨彈) 명 큰 포탄이나 폭탄.
거탈 명 실속이 아닌, 겉으로 드러난 태도. ¶ 사람은 -만으로는 알 수가 없다.
거택(居宅) 명 주택(住宅)
거:통 명 ①당당하고 의젓한 태도. ②지위는 높으나 실권이 없는 처지.
거:판(擧板) 명-하다 자 가진 재산을 다 써서 없애 버림. 판들어 버림. ¶ -을 내다./-이 나 버리다.
거:편(巨篇) 명 문학 작품이나 영화 등의 규모가 크고 내용이 무게 있는 작품을 이르는 말.
거:폐(巨弊) 명 매우 큰 폐단(弊端).
거:폐(去弊) 명-하다 자 폐단을 없앰.
거:폐생폐(去弊生弊) 성구 어떤 폐단을 없애려다가 도리어 다른 폐단이 생김을 이르는 말.
거:폐-스럽다(巨弊-)(-스럽고·-스러워) 형ㅂ 큰 폐단을 끼치는듯 하다.
　거폐-스레 부 거폐스럽게
거:포(巨砲) 명 ①큰 대포. ②야구 따위에서, '강타자'를 비유하여 이르는 말.
거:포(巨逋) 명-하다 자 지난날, 관원이 거액의 관아 물품을 사사로이 써 버리는 일을 이르던 말. ☞포흠(逋欠)
거푸 부 잇달아 거듭. ¶ 벨을 - 눌러도 인기척이 없다.
거푸-거푸 부 여러 번 거듭. ¶ - 냉수를 들이켜다.

거푸-뛰기 명 무용에서, 한 발을 들고 한 발로만 잇달아 뛰는 동작.

거푸-집 명 ①녹인 쇳물을 부어 만드는 물건의 바탕으로 쓰이는 틀. 주형(鑄型). 형(型). 형틀 ②풀칠하여 붙인 종이나 천 따위에서, 공기가 들어가 들떠 있는 자리. 콩풀 ③몸의 겉모양을 얕잡아 이르는 말. ¶머리는 비었지만 —은 멀끔하지.

한자 **거푸집 형**(型) 〔土部 6획〕 ¶주형(鑄型)

거푼-거리다(대다) 자 물체의 한 부분이 바람에 떠들리며 가볍게 자꾸 날리다.

거푼-거푼 부 거푼거리는 모양을 나타내는 말. ¶바람에 비닐 봉지가 — 날리다.

거풀-거리다(대다) 자 물체가 바람에 크게 떠들리며 이리저리 날리다. ¶널어놓은 빨래들이 바람에 —.

거풀-거풀 부 거풀거리는 모양을 나타내는 말.

거품 명 ①액체 속에 공기나 기체가 들어가 생긴, 속이 빈 동근 방울. ¶비누 —. ②입가에 뿜어 나온, 침의 방울. ③유리와 같은 투명한 물체에 공기가 들어가 동글게 보이는 것. ☞기포(氣泡)

거품을 물다 관용 화를 내며 몹시 흥분한 상태를 빗대어 이르는 말. ¶입에 거품을 물고 악을 쓰다.

거품=경제(—經濟) 명 주식(株式)이나 토지 등의 자산(資産) 값어치가 실제 시세와는 동떨어지게 부풀려진 경제 상황을 이르는 말.

거품-유리(—琉璃)[—뉴—] 명 자잘한 기포(氣泡)가 들어 있는 유리. 유리가루에다 탄소(炭素)·탄산칼슘 등을 섞어 가열하여 기포가 생기게 만들며 단열재(斷熱材)·방음재(防音材) 등으로 쓰임.

거품-제(—劑) 명 거품을 일어나게 하는 약제.

거풋-거리다(대다)[—푿—] 자 물체가 바람에 떠들리며 이리저리 빠르게 날리다.

거풋-거풋[—푿—] 부 거풋거리는 모양을 나타내는 말.

거:풍(巨風) 명 팔풍(八風)의 하나. '남풍(南風)'을 달리 이르는 말.

거:풍(擧風) 명 -하다 타 개켜 두었던 이부자리나 옷, 포개어 두었던 물건을 바람에 쐼. ¶이부자리를 —하다.

거:피(去皮) 명 -하다 타 껍질을 벗김. 유 박피(剝皮)

거:피녹두-떡(去皮綠豆—) 명 녹두거피떡

거:피-떡(去皮—) 명 '거피팥떡'의 준말.

거:피-팥(去皮—) 명 ①검푸르고 아롱진 점이 있는 팥. ②물에 불리어 껍질을 벗긴 팥.

거:피팥-떡(去皮—)[—팓—] 명 거피팥으로 고물을 한 시루떡. 준 거피떡

거:피팥-밥(去皮—)[—팓—] 명 거피팥을 맷돌에 타서 쌀과 섞어 지은 밥.

거:하(去夏) 명 지난여름. 객하(客夏). 작하(昨夏)

거:-하다 형여 ①산이 웅대하다. ¶산세가 —./거한 산봉우리. ②나무나 풀이 무성하다.

거-하다(居—) 자여 《文》어떤 곳에 머물러 살다.

거:한(巨漢) 명 몸집이 큰 사나이.

거:할-마(巨割馬) 명 주둥이가 흰 말. ☞사족발이

거:함(巨艦) 명 큰 군함.

거:해(巨海) 명 큰 바다.

거:해-궁(巨蟹宮) 명 황도 십이궁(黃道十二宮)의 넷째 궁. 본디 십이 성좌(十二星座)의 게자리에 대응되었으나 세차(歲差) 때문에 지금은 서쪽의 쌍둥이자리로 옮아가 있음. ☞사자궁(獅子宮). 십이 성좌

거:해-좌(巨蟹座) 명 게자리

거:핵(去核) 명 ①-하다 타 과실이나 목화 등의 씨를 바름. ②씨아로 씨를 앗은 솜.

거:행(擧行) 명 -하다 타 ①행사나 의식을 치름. ¶기념 행사를 —하다. ②지난날, 명령에 따라 그대로 하는 일을 이르던 말. ¶분부대로 —하겠나이다.

거:행지-법(擧行地法)[—뻡] 명 혼인(婚姻)을 거행한 나라의 법률. 국제 사법상 혼인의 형식적 성립 요건의 준거법(準據法)으로서 인정되고 있음.

거향(居鄕) 명 -하다 자 시골에서 삶.

거:화(炬火) 명 횃불

거:화(擧火) 명 -하다 자 ①횃불을 켜 올림. ②조선 시대, 백성이 억울한 일이 있을 때 임금에게 호소하려는 뜻으로, 서울 남산 위에서 횃불을 올리던 일.

걱실걱실-하다 형여 말이나 행동이 소탈하고 시원시원하다. ¶걱실걱실한 성격.

걱정 명 -하다 자타 ①무슨 일로 하여 마음이 놓이지 않아서 속을 태움. ¶대학 진학 문제로 —하다. 유 근심 ②아랫사람의 잘못을 나무라는 말. ¶그런 짓을 하면 부모님께 —을 듣는다.

걱정-가마리[—까—] 명 늘 꾸중을 들어 마땅한 사람을 두고 이르는 말.

걱정-거리[—꺼—] 명 걱정이 되는 일. 유 근심거리

걱정-꾸러기 명 ①늘 걱정거리가 많은 사람. ②남에게서 걱정을 많이 듣는 사람. 걱정덩어리

걱정-덩어리 명 ①큰 걱정거리. ②걱정꾸러기

걱정-스럽다(—스럽고·—스러워) 형ㅂ 걱정이 되어 마음이 편하지 아니하다. ¶걱정스러운 눈으로 바라보다. 유 근심스럽다

걱정-스레 부 걱정스럽게

건 준 ①'것은'의 준말. ¶신발이 내 — 크고, 네— 작다. ②'그것은'의 준말. ¶— 나의 실수였어.

건(巾) 명 ①지난날, 헝겊 같은 것으로 만들어 머리에 쓰는 물건을 통틀어 이르던 말. ②'두건(頭巾)'의 준말.

건(件) 명 ①'사건', '안건' 등을 뜻하는 말. ¶그 —은 일단 보류합시다. ②〔의존 명사로도 쓰임〕 '사건', '안건', '조항' 등의 수를 세는 말. ¶간밤엔 두 건의 화재가 발생했다./민원 서류 세 건이 들어왔다.

건(乾) 명 ①'건괘(乾卦)'의 준말. ②'건방(乾方)'의 준말. ③'건시(乾時)'의 준말.

건:(腱) 명 힘줄

건:(鍵) 명 ①풍금이나 피아노 등에서 소리를 내기 위해 손가락 끝으로 누르는 곳. ②타자기나 계산기 등에서 글자를 찍거나 입력을 위해서 손가락 끝으로 누르는 곳.

건(蹇) 명 '건괘(蹇卦)'의 준말.

건(乾)- 《접두사처럼 쓰이어》 ①'마른'의 뜻을 나타냄. ¶건포도(乾葡萄)/건홍합(乾紅蛤) ②'액체가 아닌 고체의'의 뜻을 나타냄. ¶건전지(乾電池) ③'건성'의 뜻을 나타냄. ¶건주정(乾酒酊)

-건[1] 어미 '-거나'의 준말. ¶가건 오건 상관없다./많건 적건 무슨 걱정이냐?/무엇이건 좋다.

-건[2] 어미 ①'-거든'의 준말. ¶비가 그치건 가거라. ②'말하거든'의 준말. ¶왜 사냐건 웃지요.

건가(乾價)[—까] 명 지난날, 일꾼들에게 술을 베풀 때 술을 못 마시는 이에게 술 대신 주는 돈을 이르던 말.

건:각(健脚) 명 걸음을 잘 걷거나 잘 달릴 수 있는 튼튼한 다리, 또는 그런 다리를 가진 사람. ¶노익장의 —을 뽐내며 달리다./많은 —들이 참가한 마라톤 대회.

건각(蹇脚) 명 절뚝발이. 절름발이

건:간-망(建干網) 명 바닷가에 말뚝을 박고 둘러치는 그물. 밀물을 따라 들어온 고기가 썰물 때에 갇히어 잡힘.

건갈(乾葛) 명 한방에서, '갈근(葛根)'을 이르는 말.

×건-갈이(乾—) 명 →마른갈이

건강(乾薑) 명 한방에서, '말린 새앙'을 이르는 말.

건:강(健康) 명 -하다 형 ①몸에 탈이 없이 튼튼한 상태. ¶—이 좋다./—에 해롭다./—한 몸./몸이 아주 —하다. ②정신의 기능이나 사고 방식 등이 정상적이며 건전한 상태. ¶—한 사고 방식.

건강-히 부 건강하게

건:강(健剛) 어기 '건강(健剛)하다'의 어기(語基).

건:강=나이(健康—) 명 실제 나이와 관계없이 신체 활동량을 측정한 건강 상태를 나이로 나타낸 것.

건강-말(乾薑末) 명 한방에서, '새앙 가루'를 이르는 말.

건:강-미(健康美) 명 건강한 사람의 육체에 나타나는 아름다움. ¶—가 넘치는 몸매.

건:강=보:균자(健康保菌者) 명 병원체(病原體)에 감염된 상

태이면서도 증세가 나타나지 않는 사람.

건:강=보:험(健康保險)명 피보험자(被保險者)의 질병이나 상해 등의 치료에 드는 비용을 지급하는 것을 목적으로 하는 보험.

건:강=수명(健康壽命)명 평균 수명에서 질병으로 말미암아 몸이 아픈 동안을 제외한 기간.

건:강=식품(健康食品)명 사람의 건강 증진에 좋다는 여러 가지 식품을 두루 이르는 말. 청정 야채 따위.

건-강요주(乾江瑤珠)명 꼬막의 살을 꼬챙이에 꿰어 말린 것. 강요주(江瑤珠)

건:강=진:단(健康診斷)명 의사가 심신의 질병 예방과 질병의 조기 발견을 목적으로 건강 상태를 검사하는 일.

건:강-체(健康體)명 병이 없고 튼튼한 몸.

건:강-하다(健剛-)형여 몸과 마음이 튼튼하고 굳세다.
건강-히부 건강하게

건개(乾疥)명 마른옴

건건-사:사(件件事事)[-껀-]명 모든 일.
부 일마다. 매사에. 사사건건(事事件件)

건건-이명 변변찮은 보통 반찬. ☞술적심

건건-이(件件-)[-껀-]부 건(件)마다. 일마다 ¶ -트집을 잡다.

건건찝찔-하다형여 ①감칠맛이 없이 싱겁지 않을 정도로 짜다. ¶건건찝찔한 된장국. ☞간간짭짤하다 ②촌수가 멀거나 관계는 있되 사이가 별로 가깝지 않은 것을 놓으로 이르는 말. ¶그와 나는 건건찝찔한 사이지.

건건-하다형여 음식의 간이 조금 싱거운듯 하다. ¶국물 맛이 -. ☞간간하다
건건-히부 건건하게

건견(乾繭)명-하다자 말린 누에고치, 또는 누에고치를 말리는 일. ☞생견(生繭)

건견-기(乾繭器)명 누에고치를 말리는 기구.

건:경(健勁)어기 '건경(健勁)하다'의 어기(語基).

건:경-하다(健勁-)형여 굳세고 씩씩하다.

건계(乾季)명 한 해 중 비가 가장 적게 내리는 시기. ☞우계(雨季)

건:고(建鼓)명 국악기 혁부(革部) 타악기의 한 가지. 十자꼴로 범 발 모양의 발을 만든 위에 기둥을 세워 그 기둥이 북통의 중간을 받친 큰 북. 북 위에 나무로 네모지게 이층을 꾸미고, 그 꼭대기에 나는 형상의 백로 장식을 세웠음.

건고(乾固)명-하다자 말라서 굳어짐.

건고(乾枯)명-하다자 나무 따위의 물기가 마름.

건곡(乾谷)명 물이 마른 골짜기. 물이 없는 골짜기.

건곡(乾穀)명 제철에 거두어 말린 곡식.

건곤(乾坤)명 ①하늘과 땅. 천지(天地). 감여(堪輿) ②주역(周易)에서, 하늘과 땅을 상징하는 건괘(乾卦 ☰)와 곤괘(坤卦 ☷)를 이름. ③음양(陰陽) ④건방(乾方)과 곤방(坤方). ⑤지난날, 두 권으로 된 책의 순서를 매길 때, '상(上)'·'하(下)'와 같은 뜻으로 쓰던 말.

건곤가(乾坤歌)명 죽지사(竹枝詞)

건곤일색(乾坤一色)[-쌕]성구 천지가 온통 한 빛깔임을 뜻하는 말로, 눈이 하얗게 내린 광경을 이르는 말.

건곤일척(乾坤一擲)성구 운명을 걸고 단판걸이로 승패를 겨루는 일을 이르는 말.

건:공(建功)명-하다자 나라를 위하여 공을 세움.

건공(乾空)명 '건공중(乾空中)'의 준말.

건공-대매로(乾空-)부 아무 근거도 없이 무턱대고. ¶그의 행방을 짐작하지도 못하면서 - 찾아 나서다니.

건공-중(乾空中)명 그리 높지 않은 공중. 반공중(半空中) 준건공(乾空)

건:공지신(建功之臣)명 나라에 큰 공을 세운 신하.

건과(乾果)명 익으면 껍질이 말라 딱딱해지는 과실. 콩이나 나팔꽃 열매 따위의 열과(裂果)와 보리, 단풍 열매, 호두 따위의 폐과(閉果)가 이에 해당함. 건조과(乾燥果) ☞액과(液果)

건과(愆過)명 허물[2]. 건우(愆尤)

건-과자(乾菓子)명 마른과자

건-곽란(乾癨亂)명 한방에서, 토하거나 설사하는 증세가 없이 일어나는 곽란을 이르는 말.

건-괘(乾卦)명 ①팔괘(八卦)의 하나. 상형은 ☰, 하늘을 상징함. ②육십사괘(六十四卦)의 하나. 건괘 아래 건괘가 놓인 괘로 하늘이 거듭됨을 상징함. 준건(乾) ☞곤괘(坤卦)

건-괘(蹇卦)명 육십사괘(六十四卦)의 하나. 감괘(坎卦) 아래에 간괘(艮卦)가 놓인 괘로 산 위에 물이 있음을 상징함. 준건(蹇) ☞해괘(解卦)

건-교자(乾交子)명 마른 술안주로만 차린 교자. ☞식교자(食交子). 얼교자

건:구(建具)명 건축물에 쓰이는 문짝·장지 따위를 통틀어 이르는 말. ☞창호(窓戶)

건구(乾球)명 건습구 습도계(乾濕球濕度計)의 수은 온도계 중에서 젖은 헝겊으로 싸지 않은 쪽의 구. ☞습구(濕球)

건:구-상(建具商)명 건구를 파는 장사나 장수, 또는 가게. ☞건재상(建材商)

건-구역(乾嘔逆)명 토하는 것이 없이 나는 구역. 헛구역 ☞토역(吐逆)

건구=온도계(乾球溫度計)명 건습구 온도계의 두 온도계에서, 아래쪽 둥근 부분을 젖은 헝겊에 싸지 않은 보통의 온도계. ☞습식 온도계

건:국(建國)명-하다자 나라를 세움. 조국(肇國) ¶-기념일 ☞개국(開國)

건국(乾局)명 풍수설(風水說)에 따라 묏자리나 집터 따위를 볼 때, 물이 없는 땅의 판국을 이르는 말.

건:국=이:념(建國理念)명 나라를 세우는 데 최고 이상으로 삼은 근본 정신.

건:국=포장(建國褒章)명 대한 민국의 건국에 공이 많은 사람에게 주는 포장. ☞국민 포장. 체육 포장

건:국=훈:장(建國勳章)명 대한 민국의 건국에 공적이 뚜렷하거나, 국기(國基)를 튼튼히 하는 데 이바지한 공이 뚜렷한 사람에게 주는 훈장. 대한 민국장·대통령장·독립장·애국장·애족장의 다섯 등급이 있음. ☞국민훈장(國民勳章)

건:군(建軍)명-하다자 군대를 창설함. 창군(創軍)

건기(件記)[-끼]명 발기

건기(乾期)명 '건조기(乾燥期)'의 준말. ☞우기(雨期)

건기(愆期)명-하다자타 약속한 기한을 어김. 위기(違期)

건-깡깡이명 ①어떤 일을 하는 데 아무 기술이나 기구가 없이 매나니로 하는 일, 또는 그렇게 하는 사람. ②아무런 뜻도 재주도 없이 살아가는 사람.

건:너명 공간을 사이에 두고, 마주 보이는 쪽. 맞은편 ¶길 -에 은행이 있다.

건:너-가다타 사이가 떠 있는 곳을 지나서 저쪽으로 가다. ¶나룻배로 강을 -./유럽에 건너가 공부하다.

건:너-긋다[-귿-](-긋고·-그어)타ㅅ 줄 따위를 한 쪽에서 맞은편으로 가로긋다. ¶경계선을 -./글자의 가로획을 -.

건:너다자타 ①사이가 떠 있는 곳을 넘거나 지나서 맞은편으로 가거나 오거나 하다. ¶길을 -./다리를 -./개울을 -./바다를 건너 온 제비. ②얼마의 동안을 사이에 두고 지나다. ¶한 해 건너 한 번씩 만나는 모임. ③차례를 거르다. ¶끼니를 -./숙직을 -. ④말로써 또는 사람을 거쳐서 전해지다. ¶기밀이 여러 입을 건너 알려지다./비법이 대를 건너 전해지다.

한자 **건널 도**(渡)〔水部 9획〕¶도강(渡江)/도래(渡來)/도미(渡美)/도섭(渡涉)/도하(渡河)
건널 섭(涉)〔水部 7획〕¶도섭(徒涉)/섭수(涉水)

건:너다-보다타 ①건너편에 있는 것을 바라보다. ¶지척에 있는 고향 마을을 -. ②남의 것을 탐내어 넘어다보다. ¶함부로 남의 재산을 -. 준건너보다

속담 **건너다보니 절터**: ①아무리 욕심을 내보아도 자기 것이 될 수 없다는 뜻으로, 마음에는 있으나 뜻대로 되지 않을 때 이르는 말. ②내용을 다 보지 않고 겉으로만 보아도 거의 짐작할 수 있음을 이르는 말.

건:너-대:다 타 배로 물을 건너서 맞은편 기슭에 대다.
건:너-뛰다 타 ①사이에 있는 것을 뛰어넘어 맞은편으로 가다. ¶개울을 —. ②차례를 거르고 나아가다. ¶차례를 —./선배를 건너뛰어 승진하다.
건:너-보다 타 '건너다보다'의 준말.
건:너-오다 타 건너서 이쪽 편으로 오다. ¶헤엄쳐 강을 —./안방으로 —.
건:너-지르다(—지르고·—질러) 자타르 긴 물건을 이쪽에서 저쪽에 이르게 가로놓다. ¶철탑과 철탑 사이에 전선을 —./계곡을 건너지른 다리.

한자 **건너지를 가**(架)〔木部 5획〕 ¶가공(架空)/가교(架橋)/가설(架設)/고가(高架)

건:너-지피다 자 강물 등이 이쪽 기슭에서 건너편 기슭까지 꽉 얼어붙다. 건너질리다 ¶얼음으로 건너지핀 강을 걸어서 건너다.
건:너-질리다 자 ①건너지피다 ②건너지름을 당하다.
건:너-짚다[—집—] 타 ①팔을 내밀어 중간의 것을 건너 넘어서 짚다. ②어떤 속내를 앞질러서 짐작으로 알아차리다. ¶뚜렷한 증거도 없이 건너짚어 말하다.
건:너-편(—便) 명 마주 향한 저쪽 편. 맞은편. 월변(越邊). 월편(越便) ¶강 — 동네.
건:넌-방(—房) 명 대청을 사이에 둔 안방의 맞은편에 있는 방. 월방(越房) ☞건넛방
건:널-목 명 ①철로와 도로가 엇걸린 곳. ¶철도 —/—지기 ②강이나 도로 등에서 건너다니게 된 일정한 곳. ☞횡단보도(橫斷步道)
건:넛-마을 명 건너편에 있는 마을.
건:넛-방(—房) 명 건너편에 있는 방.
건:넛-산(—山) 명 건너편에 있는 산.
속담 **건넛산 보고 꾸짖기** : 남을 바로 대하여 욕하거나 꾸짖기가 거북할 때 간접으로 다른 사람에게 욕하거나 꾸짖음을 이르는 말.
건:넛-집 명 건너편에 있는 집.
건:네다 타 ①건너게 하다. ¶나룻배로 사람을 —. ②남에게 말을 붙이다. ¶낯선 사람에게 말을 —. ③금품 따위를 남에게 손님을 — 주다. ¶계약금을 —.
건:네-주다 타 ①건너게 하여 주다. ¶나룻배로 —. ②물건 따위를 남에게 옮기어 주다. ¶그에게 편지를 —.
건달 명 ①하는 일 없이 빈둥거리며 놀거나 게으름을 부리는 짓, 또는 그런 사람. ②가졌던 재물을 다 없애고 빈털터리가 된 사람. ¶가산을 탕진하고 —이 되다.
건달-꾼 명 건달로 지내는 사람을 낮잡아 이르는 말.
건달-패 명 건달의 무리.
건:담(健啖) 명-하다 자 음식을 가리지 않고 맛있게 잘 먹고, 또 많이 먹음. 건식(健食)
건:담-가(健啖家) 명 음식을 가리지 않고 맛있게 잘 먹고, 또 많이 먹는 사람. 건식가(健食家) ☞대식가(大食家)
건답(乾畓) 명 ①조금만 가물어도 물이 곧 마르는 논. ②물이 실려 있지 않은 논. 마른논 ☞골답
건답=직파(乾畓直播) 명 벼 재배 방법의 한 가지. 물을 싣지 아니한 마른논에 볍씨를 뿌려 가꾸다가 장마 때 물을 실어 무논으로 가꾸는 방법임. ☞천수답(天水畓)
건대(—帒) 명 중이 동냥하는 데 쓰는 종이 주머니.
건대(巾帶) 명 상복(喪服) 차림에 쓰는, 삼베로 만든 두건과 띠.
-건대 어미 ①의심쩍은 사실의 '이유'나 '근거'를 나타내는 연결 어미. ¶산이 얼마나 높건대 오르지 못한다느냐? ②동사 '듣다, 바라다, 보다, 원하다' 등의 어간에 붙어, 뒤에 이어지는 말에 대하여 총체적인 견해를 미리 내보이는 부사적 용법의 말. ¶내가 보건대 그것은 사실이다./내가 듣건대 그는 부도덕한 사람이 아니다.
건-대구(乾大口) 명 내장을 발라 내고 말린 대구.
-건댄 어미 '-건대'의 힘줌말.
건더기 명 ①국·찌개 따위의 국물에 들어 있는 고기나 채소 따위. ②액체에 섞여 있는 풀리지 않은 덩어리. ③내세울만 한 근거를 속되게 이르는 말. ¶변명할 —가 없다./돈 나올 —라곤 아무것도 없다. ☞건지
속담 **건더기 먹은 놈이나 국물 먹은 놈이나** : ①잘 먹은 사람이나 못 먹은 사람이나 나중에 배고파지기는 마찬가지라는 말. ②잘사는 사람이나 못사는 사람이나 결국은 마찬가지라는 말.
건데 부 '그런데'의 준말.
건뎅-거리다(대다) 자 건뎅건뎅 흔들리다. 건뎅이다
건뎅-건뎅 부 ①약하게 매달린 좀 큰 물체가 좁은 폭으로 흔들리는 모양을 나타내는 말. ¶태풍에 떨어진 간판이 — 매달렸다. ②약하게 박힌 좀 큰 물체를 건드릴 때 힘없이 흔들리는 모양을 나타내는 말. ¶기울어진 가로수가 — 위태롭게 움직인다. ☞근뎅근뎅
건뎅-이다 자 건뎅거리다 ☞근뎅이다
건:도(建都) 명-하다 자 나라의 수도를 새로 정함. 정도(定都)
건-독(乾dock) 명 선거(船渠)의 한 가지. 선박을 들여놓고 물문을 닫은 다음 선거 안의 물을 내보내고 선박을 수리하거나 칠을 하는 시설. 건선거 ☞ 습독(濕dock)
건둥-건둥 부 ①건둥그리는 모양을 나타내는 말. ¶진열품을 — 정리하다. ②꼼꼼하게 하지 않고 대강대강 해치우는 모양을 나타내는 말. ¶서류를 — 보아 넘기다. ☞간동간동. 껀둥껀둥
건둥-그리다 타 일을 건둥하게 마무르다. ☞간동그리다. 껀둥그리다
건둥-하다 형여 흐트러지지 않게 잘 매만지어 깔끔하다. ☞간동하다. 껀둥하다
건둥-히 부 건둥하게
건드러-지다 형 음성이나 몸놀림이 흥겹고 신나도록 멋있다. ¶노래를 건드러지게 부르다. ☞간드러지다
건드렁-거리다(대다) 자 건드렁건드렁 흔들리다. ☞간드랑거리다. 근드렁거리다
건드렁-건드렁 부 큰 물체가 힘있게 흔들리는 모양을 나타내는 말. ☞간드랑간드랑. 근드렁근드렁
건드렁타:령(—*打令)[1] 명 경기 지방 민요의 한 가지. 처녀들이 돈벌이하러 나가는 내용으로, 민요의 이름은 후렴의 '건드렁건드렁 건드렁거리고 놀아 보자'에서 따온 말임.
건드렁-타:령(—*打令)[2] 명 술에 취하여 건들거리는 몸짓.
건드레-하다 형여 술에 거나하게 취하여 정신이 흐릿하다. ¶건드레하게 술에 취하다.
건드리다 타 ①손이나 발로 조금 만지거나 대거나 하다. ¶자는 아이를 —./사나운 개를 —. ②말이나 행동으로 남의 마음을 언짢게 하다. ¶남의 아픈 데를 —./자존심을 —. ③무슨 일에 손을 대다. ¶한번 건드린 일은 마무리를 잘 해야지. ④부녀자를 꾀거나 하여 '육체 관계를 맺다'는 뜻의 말을 에둘러 이르는 말.
건드적-거리다(대다) 타 물체를 건드적건드적 움직이다. ☞ 간드작거리다. 근드적거리다
건드적-건드적 부 바닥에 놓인 큼직한 물체를 천천히 기울였다 바로 놓았다 하면서 움직이는 모양을 나타내는 말. ¶둘이서 장롱을 — 옮기다. ☞간드작간드작. 근드적근드적
건들-거리다(대다) 자타 ①박히거나 심긴 물체가 이리저리 가볍게 흔들리다, 또는 그렇게 되게 하다. ②바람이 부드럽게 불어오다. ③사람이 싱겁게 굴다. ¶건들거리며 남을 치고 다니다. ④실답지 않고 게으르게 행동하다. ¶허구한 날 건들거리며 놀기만 하다. ☞간들거리다. 근들거리다
건들-건들 부 건들거리는 모양을 나타내는 말. ¶— 놀면서 지내다. ☞간들간들. 근들근들
건들-마 명 초가을에 남쪽에서 불어오는 시원한 바람. ☞건들바람
건들-바람 명 ①초가을에 선들선들 부는 바람. ☞건들마 ②풍력 계급(風力階級) 4급에 해당하는 바람. 풍속(風速)은 매초 5.5～7.9m. 먼지가 일고 종잇조각이 날리며 나무의 잔가지가 흔들림. 해상은 파도가 그리 높지 않으나 파도 폭이 넓어지고 흰 물결이 많아짐. 화풍(和風) ☞흔들바람

건들-장마 [명] 초가을에 비가 내리다가 개고, 또 내리다가 개곤 하는 장마.

건들-팔월(-八月)[명] 건들바람처럼 덧없이 지나간다는 뜻으로, '음력 팔월'을 달리 이르는 말. ☞어정칠월

건듯 [부] 일을 정성들여 하지 않고 대강 빠르게 해치우는 모양을 나타내는 말. ☞건뜻

건듯-건듯[-듣-] [부] 일을 정성들여 하지 않고 대강대강 빠르게 해치우는 모양을 나타내는 말. ☞건뜻건뜻

건등 [명] 광맥(鑛脈)이 땅 표면 가까이에 있는 부분.

건등(乾等)[명] 산통계(算筒契)에서, 본래의 등수의 알을 뺀 다음에 덤으로 또 뽑는 알.

건:-땅 [명] 흙이 기름진 땅.

건뜻 [부] 일을 정성들여 하지 않고 대강 몹시 빠르게 해치우는 모양을 나타내는 말. ☞건듯

건뜻-건뜻[-뜯-] [부] 일을 정성들여 하지 않고 대강대강 몹시 빠르게 해치우는 모양을 나타내는 말. ☞건듯건듯

건락(乾酪)[명] 동물의 젖에 들어 있는 건락소(乾酪素)에 효소를 섞어 응고·발효시킨 식품. 치즈(cheese)

건락=변:성(乾酪變性)[명] 폐결핵 등으로 병소(病巢)의 조직이 파괴되어 건락처럼 된 상태를 이르는 말.

건락-소(乾酪素)[명] 동물의 젖의 주성분인 단백질. 카세인(casein) [준] 낙소(酪素)

건량(乾量)[명] 곡물이나 과일 같은 마른 물건의 양. ☞액량(液量)

건량(乾糧)[명] ①먼 길을 갈 때 지니고 다니기에 간편하게 만든 양식. ②지난날, 나라에서 흉년에 가난한 사람들을 구호할 때 죽 대신에 주는 곡식을 이르던 말. ③지난날, 중국에 가는 사신이 가지고 가는 양식을 이르던 말.

건류(乾溜)[명]-하다[타] 석탄이나 목재 따위 고체를, 공기를 차단하고 가열하여 휘발성 물질과 비휘발성 물질로 가르는 일. 석탄에서 석탄가스를 발생시키는 따위. ☞증류

건:립(建立)[명]-하다[타] 건물이나 탑, 동상 따위를 만들어 세움. ¶음악당을 -하다./기념탑을 -하다.

-건마는 [어미] 어간이나 '이다'의 '이-'에 붙어 '-지마는'과 비슷한 뜻으로 쓰이는 연결 어미. 글말에 주로 쓰임. ¶몸집은 어른이건마는 하는 짓은 어리다. ☞-건만

건막(腱膜)[명] 막처럼 얇고 넓은 힘줄.

-건만 [어미] '-건마는'의 준말. ¶봄은 왔건만 꽃은 피지 않는다./돈은 있건만 쓸 줄을 알아야지./이것이 길이건만 따르는 이가 많지 않다.

건:망(健忘)[명] ①잘 잊어버리는 일. ②'건망증'의 준말.

건:망-증(健忘症)[-쯩] [명] ①기억력이 줄어서 무슨 일이나 잘 잊어버리는 일. ②병적인 원인으로, 어느 한 동안의 일이나 어떠한 사실을 일부 또는 모두 잊어버린 상태. [준] 건망(健忘)

건면(乾麵)[명] 마른국수

건명(件名)[명] ①일이나 물건의 이름. ②서류의 제목.

건명(乾命)[명] ①불교의 축원문(祝願文)에서, '남자'를 이르는 말. ②민속이나 점술에서, 남자의 태어난 해를 이르는 말. ☞곤명(坤命)

건-명태(乾明太)[명] 말린 명태. 북어(北魚)

건-모(乾-)[명] ①마른논에 못자리를 했다가, 물을 대거나 비가 내린 뒤에 뽑아서 내는 모. ②마른논에 내는 모.

건목 [명] 정성들여 다듬지 않고 거칠게 대강 만드는 일, 또는 그렇게 만든 물건

건목(乾木)[명] 베어서 말린 재목. ☞마른나무

건목수생(乾木水生)[성구] 간목수생(乾木水生)

건목-치다 [타] ①정하게 다듬지 않고, 거칠게 대강 만들다. ②대강 짐작하여 정하다. 얼추잡다

건몰(乾沒)[명]-하다[타] ①지난날, 남의 금품을 거저 빼앗는 일을 이르던 말. ②지난날, 법에 어긋나는 물건을 관아에서 몰수하는 일을 이르던 말.

건몰다(건몰고·건모니)[타] 어떤 일을 건듯건듯 빨리 해나가다. ¶건몰아 한 일 치고는 마무리가 깔끔하다.

건몸-달다 [자] 공연히 혼자서 헛애를 쓰며 몸이 달다. ¶베풀 사람은 아무 생각이 없는데 이편만 건몸달아 하다.

건-문어(乾文魚)[명] 말린 문어.

건-물(乾-)[명] 성교(性交)하지 않는데도 저절로 나오는 정액(精液). ☞몽설(夢泄). 유정(遺精)

건:물(建物)[명] 사람이 들어 살거나, 일을 하거나, 영업 등을 위하여 지은 집을 통틀어 이르는 말.

건물(乾物)[명] 생선이나 육류를 말린 것. [원] 간물(乾物)

건물-로(乾-)[부] ①쓸데없이. 공연히 ¶- 속을 태우다. ②힘을 안 들이고. ¶- 벌게 된 돈. ③까닭도 모르고 건으로. ¶- 좋아하며 날뛰다.

건-미역(乾-)[명] 말린 미역.

건:민(健民)[명] 건전한 국민.

건반(乾飯)[명] 마른밥 ☞수반(水飯)

건:반(鍵盤)[명] 피아노·오르간·타자기 따위의 건(鍵)이 늘어놓인 면.

건-반사(腱反射)[명] 힘줄이 기계적 자극을 받았을 때 근육이 반사적으로 수축을 일으키는 일.

건:반=악기(鍵盤樂器)[명] 피아노나 오르간과 같이 건반이 있는 악기를 통틀어 이르는 말.

건-밤 [명] 한숨도 자지 않고 뜬눈으로 새운 밤. ¶합격자 발표를 앞두고 -을 새우다. ☞날밤'

건방 [명] 제 처지나 나이에 어울리지 않게 젠체하는 태도. ¶-을 떨다./-을 피우다.

건방(乾方)[명] ①팔방(八方)의 하나. 북서(北西)를 중심으로 한 45도 범위 안의 방위. ②이십사 방위의 하나. 북서(北西)를 중심으로 한 15도 범위 안의 방위. 술방(戌方)과 해방(亥方)의 사이. [준] 건(乾)

건방-지다 [형] 제 처지나 나이에 어울리지 않게 젠체하는 태도가 주제넘다. ¶말하는 태도가 -.

건배(乾杯)[명]-하다[자] 여러 사람이 축하나 기쁨 등의 마음으로 술잔을 높이 들거나 서로 닿게 한 다음, 술잔에 따른 술을 마시는 일. ¶우승을 축하하며 -하다.

건:백(建白)[명]-하다[타] 나라일에 대한 자기의 의견을 임금에게나 조정에 말함. 건언(建言)

건:보(健步)[명] 잘 걷는 걸음.

건복(乾鰒)[명] '건전복(乾全鰒)'의 준말.

건부-병(乾腐病)[-뼝] [명] 저장해 둔 알뿌리나 덩이줄기 등이 갈색으로 썩어 건조·수축하는 병. ☞연부병

건:비(建碑)[명]-하다[자] 비(碑)를 세움.

×**건-빨래**(乾-)[명] → 마른빨래

건-빵(乾-)[명] 오래 두거나 가지고 다니기에 좋도록 딱딱하게 구워 만든 밀가루 과자. 군대에서 야전 비상식으로도 이용함.

건사 [명]-하다[타] ①일을 시킬 때, 일거리를 마련하여 대어 줌. ②자신의 일을 잘 돌보아 거둠. ¶제게 딸린 일은 스스로 잘 -해야지. ③잘 거두어 지님. 간수 ¶선대의 유품을 잘 -하다.

건:삭(腱索)[명] 심장의 심방과 심실 입구의 판막(瓣膜)에 붙어 있는 힘줄. 심실이 수축할 때 판막이 심방 쪽으로 밀리지 않게 하는 구실을 함.

건-살포 [명] 일은 하지도 않으면서 살포만 들고 다니는 사람을 이르는 말.

건-삶이(乾-)[명]-하다[자타] 물 없이 마른논을 삶는 일. ☞무삶이

건삼(乾蔘)[명] 잔뿌리와 줄기를 자르고 겉껍질을 벗기어 말린 인삼. ☞수삼(水蔘)

건-삼련(乾三連)[명] 팔괘(八卦) 중, 건괘(乾卦)는 세 막대가 모두 이어졌다는 뜻으로 ☰의 모양을 이르는 말. ☞곤삼절(坤三絕)

건삽(乾澁)[어기] '건삽(乾澁)하다'의 어기(語基).

건삽-하다(乾澁-)[형여] 말라서 윤기가 없고 거칠하다.

건상(乾象)[명] 천체(天體)의 현상. 일월성신(日月星辰)이 돌아가는 이치. 천기(天氣). 천상(天象)

건-상어(乾-)[명] 배를 갈라 내장을 들어내고 말린 상어.

건색(乾色)[명] ①한방에서, 법제(法製)하지 아니한 원료 그대로의 약재를 이르는 말. 건재(乾材) ②손질하지 아니한 본디 그대로의 재료.

건생(乾生)[명]-하다[자] 식물이 건조한 곳에서 자람. 건성(乾

性) ☞습생(濕生)

건생=식물(乾生植物)명 사막이나 모래밭, 바위 등 건조한 곳에서 잘 자라는 식물. 잎은 수분이 날아가지 않도록 바늘 모양이나 물고기 비늘 모양으로 생겼음. 선인장·석곡 따위. 건성 식물 ☞습생 식물(濕生植物)

건-석어(乾石魚)명 ①가조기 ②굴비 ☞석수어(石首魚)

건선(乾癬)명 마른버짐

건:선(健羨)명-하다타 몹시 부러워함.

건-선거(乾船渠)명 건독 ☞계선거(繫船渠)

건-선명(乾仙命)명 점술에서, 죽은 남자의 태어난 해를 이르는 말. ☞건명(乾命). 곤선명(坤仙命)

건:설(建設)명-하다타 ①건물을 짓거나 시설을 새로 만듦. ¶댐을 -하다./고속 도로를 -하다. ②어떤 기구(機構)나 조직을 새로 만듦.

건:설=공채(建設公債)명 철도·도로·항만의 건설이나 전원(電源) 개발 사업 같은 건설 사업의 자금을 마련하려고 발행하는 공채. 생산 공채(生産公債)

건-설방명 지난날, 가진 돈도 없이 오입판 같은 데 드나들면서 허랑한 짓이나 하는 사람을 이르던 말.

건:설-업(建設業)명 토목·건축에 관한 공사나 그에 따르는 일을 맡아 하는 사업.

건:설-적(建設的)[-쩍]명 어떤 일이 더욱 잘 되어 가도록 하려는 것. ¶-인 제안. ☞생산적(生産的). 파괴적(破壞的)

건성명 ①속마음은 그렇지 않으면서 겉으로만 하는 일. ¶-으로 반기다. ②[부사처럼 쓰임] 속뜻이 없이, 겉으로만. ¶말을 이해하지 못하면서 - 알아듣는체 하다.

건:성(虔誠)명 경건한 정성.

건성(乾性)명 ①건조한 성질. ¶- 피부 ②공기 중에서 잘 마르는 성질. ¶- 페인트 ☞습성(濕性) ③건생(乾生)

건성-건성부 성의없이 겉날려 대강대강 하는 모양을 나타내는 말. ¶일을 - 해치우다. ☞건둥건둥. 건정건정

건성-꾼명 일에 끼어들어 건성으로 덤벙거리는 사람.

건성=늑막염(乾性肋膜炎)[-념]명 늑막 사이에 삼출액(滲出液)이 괴지 않는 늑막염. 결핵균의 감염 등으로 일어남. ☞습성 늑막염(濕性肋膜炎)

건성=식물(乾性植物)명 건생 식물(乾生植物)

건성-울음명 건성으로 우는 울음. 준건울음

건성-유(乾性油)[-뉴]명 공기 중에 두면 산화하여 굳는 식물성 기름. 동유(桐油)·아마인유·들기름 따위. 건조유(乾燥油) 준건유(乾油) ☞불건성유(不乾性油)

건성-지(乾性脂)명 공기 중에 두면 산화하여 굳는 지방.

건:송(健訟)명-하다타 대수롭지 않은 일을 가지고도 소송하기 좋아함.

건수(件數)[-쑤]명 사물이나 사건 따위의 수.

건수(乾水)명 늘 솟는 샘물이 아니고, 비가 내린 뒤에만 땅 속에 스몄던 물이 솟아 괴는 물.

건수(乾嗽)[-쑤]명 마른기침

건-수란(乾水卵)명 번철에 기름을 두르고 달걀을 깨어 놓고 그 위에 소금을 뿌려 지진 음식.

건숙(虔肅)어기 '건숙(虔肅)하다'의 어기(語基).

건숙-하다(虔肅-)형여 경건하고 엄숙하다.

　건숙-히부 건숙하게

건순(乾脣)명 위로 걷어 들린 입술.

건순노:치(乾脣露齒)성구 윗입술이 걷어 들리고 이가 드러나 보이는 상(相)을 이르는 말.

건스프레이(gun spray)명 총 모양의 분무기.

건습(乾濕)명 건조와 습기를 아울러 이르는 말.

건습-계(乾濕計)명 '건습구 습도계'의 준말.

건습구=습도계(乾濕球濕度計)명 물이 증발하는 정도의 차이를 재어서 공기의 습도를 측정하는 장치. 준건습계

건습=운:동(乾濕運動)명 식물의 죽은 세포막이 외기의 습도 변화에 따라 늘어나고 줄어드는 일. 콩깍지가 마르면 저절로 벌어지는 따위.

건:승(健勝)명-하다형 몸에 탈이 없이 건강함. ¶-을 빌다.

건시(乾柿)명 ①곶감 ②곶감과 준시(蹲柿)를 두루 이르는 말. ☞연시(軟柿)

건시(乾時)명 하루를 스물넷으로 가른, 스물두째 시(時). 지금의 오후 여덟 시 삼십 분부터 아홉 시 삼십 분까지의 동안. 준건(乾) ☞해시(亥時)

건식(乾式)명 액체나 용제(溶劑)를 쓰지 않는 방식. ☞습식(濕式)

건식(乾食)명-하다자타 ①음식물을 말려서 먹음. ②밥을 먹을 때, 술적심이 없이 마른반찬만으로 먹음.

건:식(健食)명-하다자타 음식을 가리지 않고 맛있게 잘 먹고, 또 많이 먹음. 건담(健啖) ☞대식(大食)[1]

건:식-가(健食家)명 음식을 가리지 않고 맛있게 잘 먹고, 또 많이 먹는 사람. 건담가(健啖家) ☞대식가(大食家)

건식=공법(乾式工法)[-뻡]명 건축에서, 콘크리트 공사나 미장 등 물을 쓰는 공정이 없이 미리 일정한 모양으로 만든 재료를 써서 현장에서 짜 맞추기만 하는 공법을 이르는 말. ☞습식 공법(濕式工法)

건:실(健實)어기 '건실(健實)하다'의 어기(語基).

건:실-하다(健實-)형여 건전하고 착실하다.

　건실-히부 건실하게

건:아(健兒)명 혈기가 한창 왕성한 젊은이. ¶-들이 힘과 재주를 겨루는 체육 대회.

건:양(建陽)명 조선 시대에 처음 쓴 연호(年號). 1896년(고종 33)부터 대한 제국 수립 직전인 1897년(고종 34)까지 씀. ☞광무(光武)

건어(乾魚)명 '건어물(乾魚物)'의 준말.

건-어물(乾魚物)명 말린 물고기. 준건어(乾魚)

건어-장(乾魚場)명 물고기를 말리는 곳.

건:언(建言)명-하다타 건백(建白)

건:용(健勇)어기 '건용(健勇)하다'의 어기(語基).

건:용-하다(健勇-)형여 튼튼하고 용감하다.

건우(愆尤)명 건과(愆過)

건-울음명 '건성울음'의 준말.

건:원(建元)명-하다자 나라를 세운 임금이 연호(年號)를 정함.

건위(乾位)명 남자의 신주(神主)나 무덤. ☞곤위(坤位)

건:위(健胃)명-하다자 위를 튼튼하게 함.

건:위-제(健胃劑)명 위의 연동 운동이나 위액의 분비를 촉진하는 약제.

건유(乾油)명 '건성유(乾性油)'의 준말.

건육(乾肉)명 말린 고기.

건-으로(乾-)부 ①터무니없이 ¶- 당하고만 있는 것은 아니겠지. ☞턱없이 ②매나니로. ¶사냥하러 가는데 - 나설 수는 없다.

건:의(建議)명-하다타 개인이나 단체가 윗사람이나 관청 등에 어떤 문제에 대하여 의견을 내놓음, 또는 그 의견.

건:의-권(建議權)[-꿘]명 의회가 정부에 건의할 수 있는 권리.

건:의-문(建議文)명 건의하는 내용을 적은 글.

건:의-서(建議書)명 건의하는 내용을 적은 문서.

건:의-안(建議案)명 건의하는 의안(議案).

건장(乾醬)명 마른장

건:장(健壯)어기 '건장(健壯)하다'의 어기(語基).

건:장-하다(健壯-)형여 몸이 튼튼하고 혈기가 왕성하다. ¶건장한 청년들.

　건장-히부 건장하게

건:재(建材)명 건축에 쓰이는 자재(資材).

건재(乾材)명 ①한방에서, 아직 조제하지 아니한 약재를 이르는 말. ②한방에서, 법제(法製)하지 아니한 원료 그대로의 약재를 이르는 말. 건색(乾色)

건:재(健在)명-하다자 아무 탈 없이 잘 있음. ¶그가 아직도 -하다는 소식을 들었다.

건재-국(乾材局)명 '건재 약국(乾材藥局)'의 준말.

건:재-상(建材商)명 건축 재료를 파는 장사나 장수, 또는 가게. ☞건구상(建具商)

건재=약국(乾材藥局)명 주로 건재(乾材)를 파는 약국. 준건재국(乾材局)

건:전(健全)어기 '건전(健全)하다'의 어기(語基).

건-전복(乾全鰒)명 말린 전복. 준건복(乾鰒)

건:전=재정(健全財政)명 일반 회계의 세출을 세입의 범위 내에서 운영하는 재정. 균형 재정(均衡財政) ☞적자 재정(赤字財政)
건-전:지(乾電池)명 전해액(電解液)을 풀처럼 만들어 용기에 담아, 가지고 다니거나 다루기에 편하도록 만든 전지. ☞습전지(濕電池)
건:전-하다(健全－)형여 ①몸이나 정신이 튼튼하고 온전하다. ¶건전한 심신. ②생각이나 행동이 치우침이 없이 올바르다. ¶건전한 사고 방식./건전한 사회 활동.
건전-히부 건전하게
건정(乾淨)어기 '건정(乾淨)하다'의 어기(語基).
건정-건정부 대강대강 쉽고 빠르게 해치우는 모양을 나타내는 말. ¶집안일을 － 해 놓고 나서다. ☞건둥건둥. 건성건성
건정-하다(乾淨－)형여 ①맑고 깨끗하다. 정결하다 ②일을 처리한 뒤가 깨끗하다.
건:제(建制)명 군대의 조직을 위해 정한 제도. 헌법이나 법률 또는 군령(軍令)에 따라 전술상의 목적으로 편성법을 제정하여 군을 조직하는 일을 이름.
건제(乾製)명-하다타 물기가 없게 제조함.
건제(乾劑)명 '건조제(乾燥劑)'의 준말.
건제=비:료(乾製肥料)명 바닷말이나 게·새우의 껍데기, 닭똥 따위를 말려서 만든 비료. 건조 비료(乾燥肥料)
건제-품(乾製品)명 식품을 오래 두고 이용할 수 있도록 말린 제품. 건조품(乾燥品)
건:조(建造)명-하다타 건물이나 선박 등과 같이 규모가 큰 것을 만듦. ¶항공 모함을 －하다.
건조(乾棗)명 말린 대추.
건조(乾燥)[1]명-하다자타 ①물기나 습기가 마름. ②말림. ¶고추를 햇볕에 －하다.
건조(乾燥)[2]어기 '건조(乾燥)하다'의 어기(語基).
건조=경보(乾燥警報)명 기상 경보의 하나. 실효 습도가 40% 이하이고 그날의 최소 습도가 20% 이하이며, 순간 최대 풍속이 초속 10m 이상인 상태가 이틀 이상 계속되리라고 예상될 때, 화재 예방을 위하여 기상청에서 알리는 예보.
건조-과(乾燥果)명 ①건과(乾果) ②햇볕이나 열에 말린 과실. 곶감이나 건포도 따위.
건조-기(乾燥期)명 기후가 건조한 시기. 준건기(乾期)
건조-기(乾燥器·乾燥機)명 물기 있는 물체를 말리는 기구나 장치. ¶식기 －
건조=기후(乾燥氣候)명 강우량이 증발량보다 적은 지방의 기후. ☞습윤 기후(濕潤氣候)
건조-란(乾燥卵)명 달걀의 흰자위와 노른자위를 인공적으로 말려서 가루로 만든 식품. 달걀가루
건조-림(乾燥林)명 기후나 토질이 건조한 곳에 이루어진 숲. 회양목 숲 따위.
건조=맥아(乾燥麥芽)명 부패균의 번식을 막으려고 바싹 말린 엿기름.
건조무미-하다(乾燥無味－)형여 〔맛이나 재미가 없이 메마르다는 뜻으로〕 글이나 그림 또는 분위기 등이 딱딱하고 운치나 재미가 없다. 무미건조하다. ¶건조무미한 생활.
건조-물(建造物)명 선박이나 교량 등 건조한 것을 통틀어 이르는 말.
건조-법(乾燥法)[－뻡]명 식품 저장법의 한 가지. 식품의 수분 함량을 줄임으로써 미생물의 발육과 성분의 변화를 막는 방법임.
건:조=비:료(乾燥肥料)명 건제 비료(乾製肥料)
건조=세:탁(乾燥洗濯)명 물 대신 벤젠 등으로 때를 빼는 세탁. 드라이클리닝(dry cleaning)
건조=엑스(∠乾燥extract)명 동물성이나 식물성의 유효 성분을 말려서 굳힌 약제.
건조=열과(乾燥裂果)명 열과(裂果) ☞건조 폐과
건조-유(乾燥油)명 건성유(乾性油)
건조-장(乾燥場)명 물건을 말리는 시설을 갖춘 곳.
건조-제(乾燥劑)명 ①물기 있는 물질을 말리는 데 쓰는 흡습성이 강한 물질. 규산, 짙은 황산 따위. ②건성유나 반건성유의 공기 산화를 촉진하려고 섞는 금속 화합물. 코발트·납·망간 따위. 드라이어 준건제(乾劑)
건조=주:의보(乾燥注意報)명 기상 주의보의 하나. 실효 습도가 50% 이하이고 그날의 최소 습도가 30% 이하이며, 순간 최대 풍속이 초속 7m 이상인 상태가 이틀 이상 계속되리라고 예상될 때, 화재 예방을 위하여 기상청에서 알리는 예보.
건조-증(乾燥症)[－쯩]명 ①한방에서, 몸에 수분이 적어지며 땀·침·대소변 따위가 잘 나오지 않는 증세를 이르는 말. ②마음이 조급해지고 애가 타는 심리 상태를 이르는 말.
건조-지(乾燥地)명 토질이 건조한 땅.
건조=지대(乾燥地帶)명 강수량이 증발량보다 적어서 수목이 잘 자라지 않는 지대.
건조=지형(乾燥地形)명 건조한 기후로 말미암아 생기는 지형. 사막이나 모래 언덕 따위.
건조=채:소(乾燥菜蔬)명 채소를 햇볕에 말리거나 인공적으로 말린 것.
건조-체(乾燥體)명 문장의 수식 정도에 따라 구별한 문체의 한 가지. 수식적인 표현을 하지 않고 오직 내용의 전달만을 목적으로 한 이지적인 문체. ☞강건체(剛健體). 화려체(華麗體)
건조=폐:과(乾燥閉果)명 폐과(閉果) ☞건조 열과
건조-품(乾燥品)명 건제품(乾製品)
건조-하다(乾燥－)형여 ①말라서 습기나 물기가 없다. ¶겨울철에는 대체로 실내 공기가 －. ②정서적으로 메마르고 재미가 없다. ¶건조한 대화.
건조=혈장(乾燥血漿)[－짱]명 사람의 혈장을 냉동·건조하여 가루로 만든 것. 증류수에 녹여 주사하는데, 혈액형에 관계없이 수혈할 수 있음.
건조=효모(乾燥酵母)명 효모를 말려 가루로 만든 것. 효모가 살아 있어 빵을 만드는 데 쓰는 것과 효모가 살아 있지 않은 것으로 영양제로 쓰는 것이 있음.
건:졸(健卒)명 건장한 병졸.
건좌(乾坐)명 묏자리나 집터 등이 건방(乾方)을 등진 좌향(坐向).
건좌-손:향(乾坐巽向)명 묏자리나 집터 등이 건방(乾方)을 등지고 손방(巽方)을 향한 좌향(坐向).
건좌습우(乾左濕右) 제상(祭床)에 제물을 차리는 격식의 하나. 마른 것은 왼쪽에 젖은 것은 오른쪽에 차림을 이르는 말. ☞어동육서(魚東肉西)
건:주(建株)명 현재 매매가 약정되어 있는 주식, 또는 거래소에 상장된 주식.
건-주정(乾酒酊)명-하다자 짐짓 취한체 하며 부리는 주정. 강주정
건중-건중부 건중그리는 모양을 나타내는 말. ¶침대 위의 옷가지를 － 치우다. ☞간종간종
건중-그리다타 흐트러진 일이나 물건을 대충 마무르다. 건중이다 ¶책상 위에 놓인 책들을 －. ☞간종그리다
건중-이다타 건중그리다 ☞간종이다
건즐(巾櫛)명 ①수건과 빗. ②-하다자 지난날, 세수하고 머리를 빗음을 이르던 말.
건즐(을) 받들다관용 지난날, 여자가 '아내로서 남편을 받들다'의 뜻으로, 아내가 됨을 겸손하게 이르던 말.
건지[1]명 물의 깊이를 재려고 돌을 매단 줄.
건지[2]명 '건더기'가 줄어서 변한 말.
건지다타 ①액체 속에 잠겨 있거나 떠 있는 것을 밖으로 집어 내다. ¶강물에 떠내려가는 통나무를 －. ②어려운 처지에 놓인 것을 도와서 벗어나게 하다. ¶목숨만이라도 건져서 다행이다./곤경에 처한 이웃을 건지는 일에 앞장서다. ③손해나 실패 본 것, 또는 들인 밑천 따위를 도로 찾다. ¶본전을 －.
건-지황(乾地黃)명 '생건지황(生乾地黃)'의 준말. ☞숙지황(熟地黃)
건짐-국수명 국수의 한 가지. 삶은 국수를 찬물에 헹구어 맑은장국에 말고, 애호박·오이·쇠고기 등을 볶은

것과 알고명을 얹음.

건착-망(巾着網)명 고기잡이 그물의 한 가지. 고기 떼를 수직으로 둘러 막고, 그물 밑에 달린 금속 고리에 꿴 죔줄을 차차 오므리어 배 옆에 바짝 붙이고 고기를 퍼내게 만든 그물. 고등어·정어리·멸치 등 떼지어 옮아다니는 고기를 잡는 데 쓰임.

건착-선(巾着船)명 건착망으로 고기를 잡는 배.

건채(乾菜)명 말린 채소나 나물.

건:책(建策)명-하다자 방책을 세움.

건천(乾川)명 조금만 가물어도 이내 물이 마르는 내.

건-청어(乾青魚)명 관목(貫目)

건체(愆滯)명-하다자 연체(延滯)

건초(乾草)명 가축의 먹이나 두엄으로 쓰려고 베어 말린 풀. 마른풀 준초(草)[2] ☞생초(生草)

건초(腱鞘)명 칼집 모양으로 심줄을 싸고 있는, 안팎 두 층으로 된 조직. 점액(粘液)이 들어 있음.

건초-열(乾草熱)명 갑작스러운 비염 증세. 신열이 오르며 재채기와 콧물이 나옴.

건:축(建築)명-하다타 집이나 다리 따위의 구조물을 만듦. ☞건조(建造)

건축(乾縮)명-하다자 저장한 곡식이 말라서 축남, 또는 말라서 축난 양.

건:축-가(建築家)명 건축에 관한 전문적인 지식이나 기술을 지닌 사람.

건:축=공학(建築工學)명 건축학의 한 분야. 건축의 구조·재료·시공법 등에 관해 연구하는 학문.

건:축=구조(建築構造)명 각종 건축 재료로 건축물을 형성하는 일, 또는 그 구조물.

건:축=구조=역학(建築構造力學)명 건축물의 뼈대에 생기는 응력이나 변형에 대하여 연구하는 학문.

건:축=면:적(建築面積)명 건축물의 외벽(外壁)이나 기둥의 중심선으로 둘러싸인 안쪽 부분의 수평 투영 면적. ☞건평(建坪)

건:축-물(建築物)명 건축한 구조물을 통틀어 이르는 말.

건:축-사(建築士)명 국가에서 인정하는 면허를 받아 건축물의 설계와 공사 감리 등의 일을 맡아 하는 사람.

건:축-선(建築線)명 공원이나 도로 등을 침범하지 못하도록 제정한 건축물의 경계선.

건:축=설계(建築設計)명 건축에 관한 설계. 구조물의 용도에 따라 그 형태·구조·재료·설비·공법·비용 등을 종합적으로 결정하고, 공사 도면과 시방서(示方書)를 작성하는 일.

건:축=설비(建築設備)명 건축물의 효용을 높이는 여러 가지 설비. 조명·난방·급수(給水)·배수(排水) 등의 설비를 이름.

건:축=양식(建築樣式)[-냥-]명 건축물에 나타나 있는 독특한 표현 형식.

건:축-업(建築業)명 건축 공사를 전문으로 하는 직업, 또는 사업.

건:축=용:재(建築用材)명 건축에 쓰이는 여러 가지 자재. 준건축재(建築材)

건:축=위생(建築衛生)명 건축물의 채광·조명·환기·난방·냉방·음향 등이 인체에 미치는 영향을 고려하여, 건축 설계의 기술을 연구하는 학문 분야.

건:축=의:장(建築意匠)명 건물의 외관과 내부 형태를 설계하는 장식적인 고안(考案).

건:축-재(建築材)명 '건축 용재'의 준말.

건:축=주체(建築主體)명 건축물의 주요 구조 부분. 곧 방·벽·찬장·기둥·지붕 따위.

건:축-학(建築學)명 건축물의 설계·시공·유지 등을 위한 이론과 기술을 과학적으로 연구하는 학문.

건치(乾雉)명 말린 꿩고기. 재래식 혼례에서 폐백의 한 가지로 쓰임.

건칠(乾漆)명 한방에서, 옻나무의 즙을 말려 만든 약제를 이르는 말. 속병·기침·살충·통경 등에 쓰임.

건-침(乾-)명 마른침

건침(乾浸)명-하다타 생선에 소금을 쳐서 간을 함, 또는 그 간.

건탕(巾宕)명 망건과 탕건을 아울러 이르는 말.

건토=효:과(乾土效果)명 흙을 건조하게 함으로써 식물이 잘 자라고 수확이 느는 현상.

건:투(健鬪)명-하다자 ①힘껏 씩씩하게 잘 싸움. ¶- 끝에 얻은 승리. ②어려움을 이겨내며 힘써 잘 해냄. ¶앞날의 -를 빈다.

건파(乾播)명-하다타 볍씨를 마른논에 뿌리어 가꾸다가 일정한 시기에 물을 대어 주는 농사 방법.

건판(乾板)명 사진 감광판의 한 가지. 유리나 합성 수지 따위의 투명한 판에 감광제를 발라 암실에서 말린 것. 사진 건판(寫眞乾板) ☞습판(濕板)

건:평(建坪)명 건물이 땅 위에 자리잡은 평수. ☞건축 면적(建築面積). 대지(垈地). 연건평(延建坪)

건:폐-율(建蔽率)명 대지(垈地)의 면적에 대한 건축 면적의 비율.

건포(乾布)명 마른 천. ☞습포(濕布)

건포(乾脯)명 쇠고기나 물고기 등을 얇게 저미어 말린 것. 육포(肉脯)·어포(魚脯) 따위. ☞장포(醬脯)

건-포도(乾葡萄)명 말린 포도.

건풍(乾風)명 습기가 없는 바람.

건풍-떨다(乾風-)자 터무니없이 과장하여 말하거나 행동하다. ☞허풍(을) 떨다

건피(乾皮)명 짐승의 말린 가죽.

건:필(健筆)명 ①잘 쓴 글씨, 또는 글씨를 잘 쓰는 사람. 건호(健毫) ☞달필(達筆) ②시문(詩文)을 잘 짓는 일, 또는 그러한 사람.

건하(乾下)명 생건지황(生乾地黃)

건하(乾蝦)명 말린 새우.

건:-하다형여 ①매우 넉넉하다. ¶재물이 -. ②'거나하다'의 준말. ③'흥건하다'의 준말.

건-하다(乾-)형여《文》'한건(旱乾)하다'의 준말.

건학(乾涸)명-하다자 못이나 내 등의 물이 잦아 마름.

건:함(建艦)명-하다자 군함을 만듦.

건-합육(乾蛤肉)명 말린 조갯살.

건-해:삼(乾海蔘)명 말린 해삼.

건혈(乾血)명 혈분(血粉)

건혈=비:료(乾血肥料)명 혈분으로 만든 비료.

건혜(乾鞋)명 마른신 ☞진신

건-혼나다자 놀라지 않을 일에 공연히 놀라서 혼나다.

건-홍합(乾紅蛤)명 말린 홍합.

건화-장(乾火匠)명 도자기를 빚어서 굽기 전에 말리는 일을 맡아 하는 사람.

걷다[1]자 ①구름이나 안개 따위가 흩어지거나 없어지다. ¶안개가 걷자 산봉우리가 모습을 드러낸다. ②내리던 비가 그치다. ¶비가 걷고 날씨가 활짝 개다.

걷다[2]타 ①가리거나 늘어뜨려 놓았던 것을 접거나 말거나 하여 올리다. ¶소매를 걷고 일을 거들다. ②바닥에 깔려 있는 것을 접거나 하여 치우다. ¶돗자리를 -./이부자리를 -. ③건너질러 매어 놓은 줄이나 널어 놓은 물건, 쳐 놓은 그물 따위를 치우다. ¶빨래를 -./그물을 -. ④'거두다'의 준말. ¶기부금을 -./구호 금품을 -.

걷:다[3](걷고·걸어)자타ㄷ ①두 발을 번갈아 바닥에 내디디어 나아가다. ¶여느 때보다 빨리 걸었다. ②일정한 방향으로 나아가다. ¶고난의 길을 -./사업이 성장 일로를 -.

속담 **걷기도 전에 뛰려고 한다**: 쉽고 작은 일도 못 하면서 단번에 더 어렵고 큰일을 하려고 덤빔을 이르는 말.

걷-몰:다(-몰고·-모니)타 거듭거듭 빨리 몰아치다.

걷어-들다타 ①늘어진 것을 걷어서 들다. ¶치맛자락을 -. ②흩어진 것을 거두어 들다.

걷어-붙이다[-부치-]타 소매나 바짓가랑이 따위를 걷어 올리다. ¶남의 일에 소매를 걷어붙이고 나서다.

걷어-잡다타 걷어 올려서 잡다. 걷어쥐다

걷어-쥐:다타 ①걷어잡다 ②장악하다 ¶실권을 -.

걷어-지르다(-지르고·-질러)타르 옷자락이나 휘장 따

위를 걷어 올려서 흘러내리지 않게 꽂아 놓다.
걷어-질리다 자 눈이 껄떡하여지다.
걷어-차기 명 택견에서, 발질의 한 가지. 원품으로 서서 발등으로 상대편의 턱 높이로 걷어 차는 공격 기술.
걷어-차다 타 ①발길로 몹시 세게 차다. ¶날아오는 공을 힘껏 ─. ②저버리거나 물리치다. ¶굴러 온 복을 ─.
걷어-차이다 자 걷어참을 당하다. ¶발길에 ─. 준 걷어채다
걷어-채:다 자 '걷어차이다'의 준말.
걷어-치우다 타 ①걷어서 치우다. ¶흩어져 있는 장난감을 ─. ②벌였던 일을 아주 그만두다. ¶가게를 걷어치워야 할 처지.
-걷이[거지]《접미사처럼 쓰이어》'걷다'의 전성형으로, ①'곡식을 거둠'의 뜻을 나타냄. ¶가을걷이/밭걷이 ② '보가 기둥에 얹히는 곳의 안팎을 깍음'의 뜻을 나타냄. ¶도래걷이/민걷이
걷-잡다 타 치닫는 사태 등을 가라앉히거나 바로잡다. ¶산불이 걷잡을 수 없이 번져 가다./기우는 형세를 걷잡을 길이 없다.
걷히다[거치─] 자 걷음을 당하다. ¶구름이 ─.
걸[1] 명 ①윷판의 셋째 말밭 이름. 곧 '개'와 '윷'의 사이임. ☞걸밭 ②윷놀이에서, 네 개의 윷가락을 던져서 하나만 엎어지고 셋은 젖혀진 경우의 이름. 말은 세 말밭을 나아갈 수 있음.
걸[2] 준 '것을'의 준말. ¶여기 놓인 ─ 옮겨 놓자./그가 등 뒤에 서 있는 ─ 알지 못했지.
걸가(乞暇)명-하다 자 지난날, 관원이 말미를 청원하는 일을 이르던 말.
걸개(乞丐)명 ①거지 ②거지 노릇.
걸객(乞客)명 지난날, 몰락한 양반으로서 의관(衣冠)을 갖추고 다니며 얻어먹는 사람을 이르던 말.
걸:걸 부 염치없이 몹시 걸근거리는 모양을 나타내는 말. ☞갈갈
걸걸(傑傑)어기 '걸걸(傑傑)하다'의 어기(語基).
걸:걸-거리다(대다) 자 염치없이 몹시 걸근거리다. ☞갈갈거리다
걸걸-하다 형여 목소리가 좀 쉰듯 하면서 우렁차다. ¶음성이 걸걸한 여장부(女丈夫).
걸걸-하다(傑傑─)형여 겉모습이 헌칠하고 성격이 쾌활하다.
걸겅-거리다(대다) 자 자꾸 걸겅걸겅 소리를 내다. ☞갈강거리다. 글겅거리다
걸겅-걸겅 부 기도에 있는 많은 양의 걸쭉한 가래가 거세게 끓는 소리를 나타내는 말. ☞갈강갈강. 글겅글겅
걸과(乞科)명-하다 자 지난날, 소과(小科)에 낙방한 나이 많은 선비가 시관(試官)에게 자기의 실력을 믿고 다시 시험해 달라고 청하던 일.
걸교(乞巧)명-하다 자 민속에서, 칠석날 저녁에 부녀자들이 견우 직녀(牽牛織女)에게 길쌈과 바느질을 잘하게 해 달라고 비는 일.
걸구(乞求)명-하다 타 구걸(求乞)
걸구(傑句)[─꾸] 명 썩 잘 지은 시구(詩句).
걸군(乞郡)명-하다 자 조선 시대, 중앙 관아에 딸린 관원이 임금에게 늙은 부모를 모신 처지를 아뢰어, 고향의 수령(守令)으로 임명해 주기를 청원하는 일을 이르던 말.
걸귀 명 ①새끼를 낳은 암퇘지를 달리 이르는 말. ②새끼를 낳은 암퇘지가 먹이를 많이 먹어대듯이 음식을 지나치게 욕심내는 사람을 속되게 이르는 말.
　걸귀 같다 관용 게걸스럽게 음식에 욕심냄을 비유하여 이르는 말.
걸그렁-거리다(대다) 자 자꾸 걸그렁 걸그렁 소리를 내다. ☞갈그랑거리다. 글그렁거리다
걸그렁-걸그렁 부 기도에 있는 많은 양의 걸쭉한 가래가 숨을 쉴 때마다 거치적거려 거세게 나는 소리를 나타내는 말. ☞갈그랑갈그랑. 글그렁글그렁
걸:-그물 명 물고기를 잡는 그물의 한 가지. 고기가 떼지어 다니는 바다속에 띠처럼 길게 쳐서, 고기가 그물코에 걸리도록 장치한 그물. 자망(刺網) ☞건착망(巾着網). 흘림걸그물
걸근-거리다(대다) 자 ①남의 음식이나 재물을 얻으려고 던적스레 욕심을 부리다. ②목구멍에 가래가 걸리어 근질근질하게 거치적거리다. ☞갈근거리다
걸근-걸근 부 걸근거리는 모양을 나타내는 말. ¶이것저것 ─ 먹어대다. ☞갈근갈근
걸기(傑氣)[─끼] 명 호걸스러운 기상.
걸:기-질 명-하다 자 논바닥을 평평하게 고르는 일.
걸까리-지다 형 걸때가 크다.
걸껑-쇠 명 보습의 쇠코 위에 둘러 대어, 두 끝이 앞면에 걸치게 된 좁고 긴 쇠.
걸:-낭(─囊)명 ①몸에 차지 아니하고 걸어 두는 큰 주머니나 담배쌈지. ②걸망
걸:다[1](걸고·거니)타 ①어떤 물체를 어디에 드리우거나 매달다. ¶등을 ─./옷걸이에 옷을 ─./벽에 액자를 ─./현수막을 ─./간판을 걸고 사업을 벌이다. ②자물쇠나 빗장 따위를 잠그다. ¶금고의 잠금 장치를 ─. ③기계나 기구 따위를 쓸 수 있도록 차려 놓다. ¶베틀을 ─. ④기계나 설비 따위를 움직이게 하다. ¶차에 시동을 ─. ⑤겨루기에서 상대편에게 어떤 수를 쓰다. ¶발다리를 ─. ⑥상대편이 어떤 상태에 빠지도록 영향을 미치다. ¶최면을 ─. ⑦기대의 대상으로 삼다. ¶그에게 희망을 ─. ⑧상대편에게 어떤 행동을 하다. ¶장난을 ─./말을 ─./시비를 ─. ⑨전화를 하다. ¶구조대에 전화를 ─. ⑩보증·내기·상 따위로 금품을 내놓다. ¶포상금을 ─./판돈을 ─. ⑪어떤 목적을 위해 목숨 따위를 내놓거나 담보로 하다.

한자 걸 괘(掛)〔手部 8획〕¶괘경(掛鏡)/괘도(掛圖)/괘력(掛曆)/괘방(掛榜)/괘종(掛鐘)

걸:다[2](걸고·거니)형 ①땅에 양분이 많아 기름지다. ¶땅이 걸어서 곡식이 잘 되는 고장. ☞메마르다 ②액체가 묽지 않고 되직하다. ¶막걸리가 ─. ☞걸쭉하다 ③차려 놓은 음식의 가짓수가 많고 푸지다. ¶걸게 차린 잔칫상을 보니 먹기도 전에 배가 부르다. ④말을 함부로 하여 거리낌이 없다. ¶입이 ─. ⑤씀씀이가 대단하다. ¶손이 걸어서 사업을 크게 벌여 놓았다.
걸:-대[─때] 명 물건을 높은 곳에 거는 데 쓰는 장대.
걸:-동[─똥] 명 광산에서 갱도를 뚫을 때, 두 군데 굴이 거의 통하게 되고도 아직 다 통하지 않고 남아 있는 부분.
걸때 명 사람의 몸피의 크기. ¶─가 커서 눈에 잘 뛴다.
걸:-뜨다(─뜨고·─떠)자 물 위에 뜨지 않고 어중간한 깊이에 뜨다.
걸:랑 명 소의 갈비를 싸고 있는 고기.
-걸랑 어미 '-거들랑'이 줄어든 말. ¶밉걸랑 만나지 마라./좋걸랑 가져라.
걸량(─兩)명 지난날, 엽전 꿰미에 백 문마다 짚으로 매듭을 지어 놓은 표를 이르던 말.
걸량(乞糧)명-하다 자 '거량'의 원말.
걸량-걸:다(─兩─)(─걸고·─거니)타 걸량짚다
걸량-금(乞糧金)[─끔] 명 '거량금'의 원말.
걸량-금점(乞糧金店)[─끔─] 명 '거량금점'의 원말.
걸량-꾼(乞糧─)명 '거량꾼'의 원말.
걸량-짚다(─兩─)[─집─] 타 걸량을 헤아려, 돈의 액수를 대강 짐작하다. 걸량걸다
걸러-뛰다 타 차례를 다 거치지 아니하고 중간 단계를 거르고 나아가다. ☞건너뛰다
걸레 명 ①더러운 것을 닦거나 훔치는 데 쓰이는 헝겊. ②'걸레부정'의 준말.
걸레-받이[─바지] 명 장판방에 걸레질할 때 굽도리가 상하지 않도록, 좁게 오려 굽도리 밑으로 돌려 바르는 장판지.
걸레-부정(─不淨)명 걸레처럼 허름하고 너절한 물건이나 사람을 비유하여 이르는 말. 준 걸레
걸레-질 명-하다 자타 걸레로 닦거나 훔치는 일. ¶우선 쓸고 ─은 나중에 하자.

걸레질-치다 타 걸레질하다. 준 걸레치다

걸레-치다 타 '걸레질치다'의 준말.

걸리다[1] 자 ①드리워지거나 매달리다. ¶벽에 걸린 액자./옷걸이에 걸린 옷. ②자물쇠나 빗장 따위가 잠기다. ¶문에 빗장이 ―. ③기계나 장치 따위가 제대로 움직이게 되다. ¶자동차의 시동이 ―./브레이크가 ―. ④그물이나 덫에 잡히다. ¶물고기가 그물에 ―./노루가 덫에 ―. ⑤겨루기에서 상대편의 수에 말려들다. ¶발다리 걸기에 ―. ⑥상대편의 영향으로 어떤 상태에 빠지다. ¶최면에 ―./교묘한 계략에 ―. ⑦법규 따위에 어긋나서 제재를 받다. ¶과속 운전으로 교통 경찰에 ―. ⑧몸에 병이 들다. ¶독감에 ―. ⑨마음에 거리끼어 편안하지 않다. ¶홀로 계신 어머니가 늘 마음에 ―. ⑩보증·내기·상 따위로 금품이 달리다. ¶현상금 걸린 사나이. ⑪어떤 목적을 위해 목숨 따위가 달리다. ¶장래가 걸린 문제./목숨이 걸린 싸움. ⑫전신(電信) 따위가 서로 닿게 되다. ¶전화가 ―.

걸리다[2] 타 걸음을 걷게 하다. ¶젖먹이는 업고 큰 아이는 걸리어 간다.

걸리다[3] 타 윷놀이에서, 돗밭이나 갯밭의 말을 걸밭으로 올리다.

걸림-돌[―똘] 명 어떤 일을 해 나가는 데 거치적거리어 방해가 되는 것을 비유하여 이르는 말. ¶오랜 관습이 개혁의 ―이 되다.

걸:립(乞粒)명 ①절을 중건하는 등 불사 경비가 필요한 때에 중이 집집을 돌아다니면서 곡식이나 돈을 탁발하는 일. ☞시주걸립(施主乞粒) ②지난날, 마을의 경비를 마련하려고 무리를 지어 집집마다 다니며 풍악을 울리고 곡식이나 돈을 얻던 일, 또는 그 무리. ③무당이 걸립굿을 할 때 위하는 급이 낮은 귀신. ☞화주 걸립(貨主乞粒)

걸립(傑立)명-하다자 뛰어나게 우뚝 솟음.

걸:립-굿(乞粒―)명 ①걸립패들이 노는 굿. 문굿·성줏굿·조왕굿·샘굿·마당굿 따위. ②무당굿 열두 거리 중 하나. 걸립 귀신을 위해 하는 굿.

걸:립-꾼(乞粒―)명 걸립패에 들어 있는 사람.

걸:립-상(乞粒床)명 걸립굿을 할 때 걸립 귀신을 위해 차려 놓는 허름한 전물상(奠物床).

걸:립-짚신(乞粒―)[―집―] 명 무당이 걸립굿을 할 때, 걸립 귀신에게 내놓는 짚신.

걸:립-패(乞粒―)명 걸립을 하는 무리. ☞굿중패

걸:망(―網)명 망태기처럼 결어서 등에 지게 된 바랑.

걸-맞다[―맏―] 형 ①두 편의 정도가 거의 비슷하다. ¶걸맞은 상대를 만나 겨루다. ②격에 맞다. ¶계절에 걸맞지 않은 옷차림./걸맞은 배필. ☞어울리다. 얼맞다

걸머-맡다[―맏―] 타 남의 일이나 채무 따위를 대신 맡아 책임지다. ☞안아맡다

걸머-메:다 타 짐을 줄로 걸어서 어깨에 메다. 준 걸메다

걸머-메이다[1] 자 걸머멤을 당하다. ¶어깨에 걸머메인 보퉁이가 걸을 때마다 흔들린다.

걸머-메이다[2] 타 걸머메게 하다. ¶짐을 남에게 걸머메이고 가다.

걸머-잡다 타 여러 것을 한데 걸치어 잡다.

걸머-지다 타 ①짐을 멜빵이나 끈으로 걸어 등이나 어깨에 지다. ¶배낭을 ―. ②빚을 지다. ③책임 따위를 맡다. ¶중대한 책임을 걸머진 몸이다. ☞짊어지다

걸머-지우다 타 걸머지게 하다.

걸-먹다 자 언걸을 먹다.

걸-메다 타 '걸머메다'의 준말.

걸-메이다[1] 자 걸멤을 당하다.

걸-메이다[2] 타 걸메게 하다.

걸물(傑物)명 ①'뛰어난 사람'을 낮잡아 이르는 말. ¶정계의 ―. ②훌륭한 물건.

걸:방-석(―石)명 무덤의 상석 뒤쪽을 괴는 긴 돌.

걸-밭 명 윷판의 셋째 말밭.

걸불병:행(乞不竝行)성구 구걸은 함께 가지 않는다는 뜻으로, 요구하는 사람이 많으면 얻기가 어렵다는 말.

×**걸빵** 명 ①→멜빵 ②→질빵

걸사(傑士)[―싸] 명 뛰어난 인사(人士).

걸사(傑舍)[―싸] 명 굉장히 큰 집.

걸:상(―床)[―쌍] 명 ①가로 길게 만들어 여러 사람이 걸터앉을 수 있게 된 의자. ②의자(椅子)

걸:쇠[―쐬] 명 문을 잠글 때, 빗장으로 쓰이는 'ㄱ' 자 모양의 쇠. ☞자물쇠

걸:스카우트(girl scouts)명 소녀들의 수양과 교육, 사회봉사를 목적으로 조직된 세계적인 단체. 1910년 영국에서 창설되었고, 우리 나라에서는 1946년 설립됨. 우리 나라와 미국·캐나다·필리핀·일본을 제외한 나라에서는 걸가이드(girl guide)라 불림. ☞보이스카우트

걸식(乞食)[―씩] 명-하다자타 음식을 빌어먹음.

걸신(乞神)[―씬] 명 ①빌어먹는 귀신이란 뜻으로, 염치없이 지나치게 음식에 욕심을 내는 일을 비유하여 이르는 말. ②걸신쟁이

걸신(이) 나다 관용 굶주리어 음식에 몹시 욕심을 내는 마음이 나다. 걸신들리다

걸신-들리다(乞神―)[―씬―] 자 굶주리어 음식에 몹시 욕심을 내는 마음이 나다. ☞갈신들리다

걸신-스럽다(乞神―)[―씬―](―스럽고·―스러워)형ㅂ 굶주리어 음식에 지나치게 욕심을 내는듯 하다.

걸신-스레 부 걸신스럽게

걸신-쟁이(乞神―)[―씬―] 명 걸신이 들린듯이 음식에 지나치게 욕심을 내는 사람을 이르는 말. 걸신(乞神) ☞갈신쟁이

걸-싸다 형 일손이나 몸놀림이 매우 날쌔다.

걸쌈-스럽다(―스럽고·―스러워)형ㅂ 남에게 지기 싫어하고 억척스럽다.

걸쌈-스레 부 걸쌈스럽게

걸쌍-스럽다(―스럽고·―스러워)형ㅂ 일솜씨가 돋보이거나 먹음새가 탐스럽다.

걸쌍-스레 부 걸쌍스럽게

걸씬-거리다(대다) 자 가까스로 닿을락말락 하다. ☞갈씬거리다

걸씬-걸씬 부 가까스로 닿을락말락 하는 모양을 나타내는 말. ☞갈씬갈씬

걸씬-하다 자여 ①가까스로 조금 닿고 말다. ☞갈씬하다. ②어떤 일에 잠깐 얼굴을 내밀거나 아주 조금 관계하다. ¶젊었을 때 언론계에 걸씬한 적이 있지.

걸:-앉다[―안따] 자 '걸어앉다'의 준말.

걸어-가다 자타 ①탈것을 타거나 달려가지 아니하고 걸어서 가다. ¶혼자서 들길을 ―. ②세월이나 인생을 보내다. ¶그는 스스로 가시밭길을 걸어갔다.

걸:어-앉다[―안따] 자 높은 곳에 궁둥이를 대고 다리를 늘어뜨리고 앉다. 준 걸앉다 ☞걸터앉다

걸:어-앉히다 타 걸어앉게 하다.

걸어-오다 자타 ①탈것을 타거나 달려오지 아니하고 걸어서 오다. ¶그는 나를 보자 빠른 걸음으로 걸어왔다./운동 삼아 ―. ②세월이나 인생을 보내다. ¶한평생 수행의 길을 걸어왔다.

걸어-총(―銃)명 소총(小銃)을 다루는 방법의 한 가지. 소총 한 자루를 기준삼아 세우고 그 총의 멜빵 아랫고리와 조임쇠 사이에 나머지 총의 총열을 끼워 세모꼴로 벌여 세워 놓는 일.

감 걸어총을 시킬 때 구령으로 하는 말.

걸우다 타 거름을 주거나 하여 땅을 걸게 하다.

걸을발-머리(―癶―)[―빨―] 명 한자 부수(部首)의 한 가지. '發'·'登' 등에서 '癶'의 이름. 필발머리

걸음 명 ①두 발을 번갈아 바닥에 내디디어 나아가는 몸놀림. ¶지는 해가 나그네의 ―을 재촉한다. ②〔의존 명사로도 쓰임〕 두 발을 번갈아 바닥에 내디디는 횟수를 세는 단위. ¶두세 ― 걷다.

걸음아 날 살려라 관용 달아나는 사람의 조급한 마음을 나타내는 말. ☞오금아 날 살려라

한자 걸음 보(步) 〔止部 3획〕 ¶거보(巨步)/보법(步法)/보조(步調)/보폭(步幅)/속보(速步) ▷ 속자는 歩

걸음-걸음 명 ①각 걸음. 모든 걸음. ¶ －을 삼가는 마음으로 걸어가다. ②〔부사처럼 쓰임〕 걸음마다. 걸을 때마다. ¶눈 위에 － 발자국을 남기다.
걸음걸음-이 부 걸음을 걸을적마다. 걸음마다. ☞걸음걸음
걸음-걸이 명 걸음을 걷는 본새. 걸음발. 걸음새. 보법(步法) ¶한 청년이 당당한 －로 다가왔다.
걸음-마 명 어린아이가 걸음을 걸으려고 발걸음을 떼어 놓는 몸놀림을 이르는 말.
감 어린아이에게 걸음을 익히게 할 때, 발걸음을 떼어 놓으라고 달래는 말.
걸음마-찍찍 감 어린아이에게 걸음을 익히게 할 때, 발걸음을 떼어 놓으라고 어르고 달래면서 하는 말.
걸음-발[－빨] 명 ①발을 놀려 걷는 일. ②걸음걸이
걸음발-타다 자 어린아이가 겨우 걸음을 익히게 되다. 걸을 수 있게 되다.
걸음-새 명 걷는 본새. 걸음걸이
걸음-쇠 명 양각기(兩脚器)
걸음-장 명 재래식 한옥의 동자기둥을 들보 허리에 세울 때, 그 아래 촉을 대각의 두 가랑이로 만드는 방식.
걸음-짐작 명-하다 타 일정한 거리를 걸어서 그 걸음의 수로 대강의 거리를 헤아리는 일. 보측(步測)
걸이 명 씨름에서, 다리로 상대편의 오금을 걸어서 내미는 기술.
-걸이《접미사처럼 쓰이어》'걸다'의 전성형으로 '물건을 걸어 두는 기구'의 뜻을 나타냄. ¶모자걸이/옷걸이
걸인(乞人)명 거지
걸인(傑人)명 남달리 뛰어난 사람.
걸인연천(乞人憐天)[－년－] 성구 거지가 하늘을 불쌍히 여긴다는 뜻으로, 분수에 맞지 않게 엉뚱한 걱정을 함을 이르는 말.
걸:-입다[－립－] 자 '언걸을 입다'가 줄어든 말.
걸작(傑作)[－짝] 명 매우 뛰어난 작품. 걸작품(傑作品). 달작(達作). 대작(大作)[1] ☞명작(名作). 졸작(拙作)
걸쩍-걸쩍 부 성격이 쾌활하여, 무슨 일에나 시원스레 행동하는 모양을 나타내는 말. ¶어떤 일을 맡든지 － 잘 처리한다.
걸쩍지근-하다 형여 ①음식을 닥치는 대로 먹어 게걸스럽다. ②입이 매우 걸다. ¶취중이라 걸쩍지근한 농담을 주고받는다.
걸쭉-하다 형여 액체가 묽지 아니하고 매우 걸다. ☞갈쭉하다
걸쭉-히 부 걸쭉하게
걸:-차다 형 땅이 매우 걸다.
걸:채 명 소의 길마 위에 덧얹어 보릿단 등을 싣는 데 쓰이는 기구. 발채[2]
걸:챗-불 명 걸채에 옹구처럼 달린 물건.
걸:쳐-놓다 타 걸쳐두다
걸:쳐-두다 타 ①긴 것이 걸치어 있게 두다. ②무슨 일에 관계만 지어 두고 실제로 활동하지 아니하다. 걸쳐놓다 ¶협회에 이름만 걸쳐두다.
걸출(傑出)명-하다 형 남달리 우뚝하게 뛰어남, 또는 그런 사람. ☞걸물(傑物)
걸:치다[1] 자 ①긴 물건 따위가 가로질러 걸리다. ¶아득한 벼랑 사이에 걸쳐 있는 출렁다리. ②물건의 중간이 어디에 얹히다. ¶높다랗게 걸친 빨래들. ③해나 달 따위가 어디쯤 멈추어 있다. ¶고갯마루에 걸친 둥그런 보름달. ④어느 기간이나 범위에 이어지거나 미치다. ¶반세기에 걸친 분단의 세월./여러 분야에 걸친 다각적인 교류.
걸:치다[2] 타 ①가로질러 걸거나 얹다. ¶처마 끝에 사다리를 －. ②모자나 옷 따위를 쓰거나 입다. ¶중절모에 두루마기를 걸치고 나서다. ③몸의 한 부분을 어디에 얹다. ¶책상 모서리에 엉덩이를 －./그의 어깨 위에 팔을 －. ④'술을 마시다'를 속되게 이르는 말. ¶한잔 걸친 김에 속마음을 털어놓다.
걸태-질 명-하다 타 염치를 돌보지 않고 재물을 마구 모으는 짓. ¶－을 일삼는 졸부.
걸-터들이다 타 걸터듬어 휘몰아들이다.
걸-터듬다[－따] 타 무엇을 찾느라고 이것저것을 되는 대로 마구 더듬다.
걸터-먹다 타 이것저것 닥치는 대로 휘몰아 먹다.
걸:터-앉다[－안따] 자 궁둥이를 걸치고 앉다. ¶책상 모서리에 －. ☞걸어앉다
걸:터-타다 자 마소의 등이나 어떤 물체 위에 모로 걸어앉아 타다.
걸핏-하면[－핃－] 부 무슨 일이 있기만 하면 버릇처럼 으레. 툭하면 ¶두 사람은 － 서로 헐뜯기 일쑤다.
걸해(乞骸)명-하다 자 지난날, 관원이 관직에서 해임해 주기를 청원하는 일을 이르던 말.
걸행(傑行)명 남달리 뛰어난 행위.
검 명 신(神) ☞신령(神靈)[1]
검(劍)명 무기로 쓰이는, 양날을 세운 긴 칼. ☞도(刀)
검:객(劍客)명 검술에 뛰어난 사람. 검사(劍士). 검술사(劍術師) ▷ 劍·劒·劎은 동자
검:거(檢擧)명-하다 타 수사 기관에서 범죄의 혐의가 있는 사람을 잡아가는 일. ▷ 檢의 속자는 検
검:견(檢見)명-하다 타 간평(看坪)
검:경(檢鏡)명-하다 타 현미경으로 검사함.
검:공(劍工)명 도검을 만드는 일을 직업으로 삼는 사람.
검:관(檢官)명 조선 시대, 형조(刑曹)에 딸리어 시체를 검사하던 임시 벼슬.
검:광(劍光)명 칼날의 번쩍거리는 빛.
검:극(劍戟)명 검과 창을 아울러 이르는 말.
검:기(劍氣)명 날카로운 칼날에서 풍기는 섬뜩한 기운.
검:기(劍器)명 향악(鄕樂)의 칼춤에 쓰이는 칼.
검기다 타 ①검게 더럽히다. ②그림을 그릴 때, 윤곽에서부터 안쪽으로 차차 짙게 칠하다.
검:기-무(劍器舞)명 칼춤
검:-기울다 자 검은 구름이 퍼져 해를 가리고 날이 차차 어두컴컴해지다.
검:난(劍難)명 도검(刀劍)에 찔려 죽거나 다치거나 하는 재난.
검:납(檢納)명-하다 타 살펴보고 받아들임.
검:뇨(檢尿)명-하다 자 오줌을 검사함. 오줌의 빛깔, 탁한 정도, 단백질·당(糖)·세균·혈구 등을 검사함.
검:-누렇다(－누렇고·－누런)형ㅎ 검은빛을 띠면서 누렇다. ☞감노랗다
검:-누르다(－누르니·－누르러)형러 검은빛을 띠면서 누르다. ☞감노르다
검:-님 명 '검'의 높임말. 신령님.
검:다[1] [－따] 타 흩어져 있는 물건을, 손이나 갈퀴 따위로 긁어 모으다.
검:다[2] [－따] 형 ①먹빛과 같다. ¶검은 눈동자./검은 구두./검은 물감. ☞희다. 감다. 껌다 ②생각이 엉큼하고 비뚤어지거나 속내를 알 수 없다. ¶검은 속셈./그는 뱃속이 검은 사람이다.
속담 **검다 희다 말이 없다** : 옳다거니 그르다거니, 좋다거니 나쁘다거니 표현하지 않는다는 말로, 아무런 반응이나 의사 표시가 없음을 이르는 말. 〔쓰다 달다 말이 없다〕/**검은 고양이 눈 감은듯** : 검은 고양이는 눈을 떴는지 감았는지 얼른 알아보기 어렵다는 데서, 경계(境界)가 뚜렷하지 않아 분간하기 어려울 때 이르는 말.

한자 **검을 현**(玄) 〔玄部〕 ¶현무암(玄武岩)
검을 흑(黑) 〔黑部〕 ¶칠흑(漆黑)/흑백(黑白)/흑색(黑色)/흑임자(黑荏子)/흑점(黑點) ▷ 속자는 黒

검:단(檢斷)명-하다 타 비행(非行)을 밝혀 죄를 단정함.
검:담(檢痰)명-하다 자타 가래를 검사하여 병균이 있는지 없는지를 조사함.
검:당-계(檢糖計)명 설탕 용액의 농도를 재는 계기. 사카리미터(saccharimeter)
검:대(劍帶)명 군도(軍刀) 따위를 차기 위하여 허리에 두르는 띠.
검댕 명 굴뚝 안이나 아궁이 속에 연기나 그을음이 맺혀서

앉은 검은 물질. ☞철매

검:덕(儉德)명 검소한 마음가짐.

검:덕-귀:신(-鬼神)명 용모나 의복이 몹시 더럽고 지저분한 사람을 얕잡아 이르는 말.

검:도(劍道)명 ①검술(劍術)을, 인성(人性)을 닦는 도(道)의 하나로 보고 이르는 말. ②스포츠의 한 가지. 죽도(竹刀)로 상대편의 머리·손목·허리를 치거나 찔러서 승패를 겨루는 경기. 격검(擊劍)

검-독수리 명 수릿과의 새. 날개 길이 60cm, 꽁지 길이 30cm 안팎. 온몸이 어두운 갈색이고 꽁지깃은 흰 바탕에 검은 가로무늬가 있음. 우리 나라와 아시아, 유럽 등지에 분포함.

검둥-개 명 털빛이 검은 개. ☞깜둥개. 껌둥개

속담 **검둥개 돼지 편이라** : 서로 비슷한 것끼리 어울리게 마련이라는 뜻. 〔가재는 게 편이라〕

검둥-오:리 명 오릿과의 물새. 몸길이 50cm 안팎이며, 몸빛은 수컷이 검은빛이고 암컷은 갈색임. 알래스카와 시베리아 동북부 등지에 분포하며, 겨울에 우리 나라로 오는 철새임.

검-둥이 명 ①'검둥개'를 귀엽게 이르는 말. ②살빛이 검은 사람을 이르는 말. ☞껌둥이

검:디-검다[-띠-따] 형 매우 검다. ¶검디검은 머리카락. ☞감디감다

검:-뜯다 타 ①거머잡고 쥐어뜯다. ②바득바득 조르다.

검:란(檢卵)명-하다 자 부화중인 알을 투시하여 배(胚)의 발육 상태를 관찰하고, 무정란이나 발육이 멈춘 알을 가려내는 일.

검:량(檢量)명-하다 타 짐의 양이나 무게를 검사함. ☞검수(檢數)

검:량-인(檢量人)명 화물을 넘겨주거나 넘겨받을 때, 화물의 중량이나 용량을 계산하고 증명하는 사람.

검:룡(劍龍)명 공룡목의 화석 동물. 쥐라기부터 백악기까지 번식했음. 몸길이는 4~10m. 등에 큰 골질(骨質)의 판이, 꼬리에 가시가 있고 네 다리로 걸었음.

검:루-기(檢漏器)명 전선의 누전을 검사하는 계기.

검:류(檢流)명-하다 타 전류나 조류(潮流) 따위의 속도나 세기 등을 잼

검:류-계(檢流計)명 전류의 세기 따위를 재는 계기.

검:류-의(檢流儀)명 조류(潮流)의 속도를 재는 계기.

검:무(劍舞)명 칼춤

검:문(檢問)명-하다 타 검사하고 심문함.

검:문-소(檢問所)명 군대나 경찰 등이 검문을 위해 설치한 파견소.

검:박(儉朴)어기 '검박(儉朴)하다'의 어기(語基).

검:박-하다(儉朴-)형여 치레하거나 꾸밈이 없이 수수하다. ¶검박한 차림새. ▷儉의 속자는 倹

검:-버섯 명 늙은 사람의 얼굴 등 피부에 생기는 거무스름한 점. 오지(汚池)

검:법(劍法)[-뻡] 명 도검(刀劍)으로 겨루는 무술(武術), 또는 도검을 쓰는 법. 검술(劍術)

검:변(檢便)명-하다 자 장의 출혈이나 병균, 기생충의 알 등이 있는지 알아보려고 대변을 검사함.

검:-복 명 참복과의 바닷물고기. 몸길이 45cm 안팎. 모양은 곤봉형임. 몸 거죽에는 가시가 없고 매끈함. 몸빛은 등 쪽은 흑갈색 바탕에 밝은 구름무늬가 있고 배는 흰빛임. 우리 나라와 일본 근해와 동중국해에 분포함.

검:봉(劍鋒)명 검의 뾰족한 끝.

검:봉(檢封)명-하다 타 검사하여 봉함.

검:봉-금(劍鋒金)명 육십갑자의 임신(壬申)과 계유(癸酉)에 붙이는 납음(納音). ☞산두화(山頭火)

검부-나무 명 검불로 된 땔나무.

검부러기 명 검불의 부스러기. 섬개(纖芥)

검부-잿불 명 검불을 때서 만든 잿불.

검부저기 명 먼지나 잡물이 뒤섞인 검부러기.

검:분(檢分)명-하다 타 입회하여 검사함.

검불 명 마른풀이나 낙엽·지푸라기 따위를 통틀어 이르는 말.

검불-덤불 부 엉클어지고 뒤섞이어 갈피를 잡을 수 없게

어수선한 상태를 나타내는 말.

검:-붉다[-북-] 형 검은빛을 띠면서 붉다.

검:-붕:장어(-長魚)명 붕장어과의 바닷물고기. 몸길이 1m 이상으로 붕장어과 중 가장 큼. 몸빛은 흑갈색이고 몸 측면에 붕장어와 같은 흰 점은 없음.

검:비(劍鼻)명 칼코등이

검:-뿌:옇다(-뿌옇고·-뿌연)형ㅎ 검은빛을 띠면서 뿌옇다.

검:뿌예-지다 자 검뿌옇게 되다.

검:사(劍士)명 검객(劍客)

검:사(檢事)명 형사 소송의 원고로서, 검찰권을 행사하는 사법관. 공소를 제기하여 법률의 적용을 청구하며, 형벌의 집행을 감독함. ☞검찰관(檢察官)

검:사(檢査)명-하다 타 사실을 조사하여 옳고 그름과 낫고 못함을 판정함. ¶신체 -/체력 -/적성 -

한자 **검사할 검**(檢) 〔木部 13획〕 ¶검량(檢量)/검산(檢算)/검색(檢索)/검열(檢閱) ▷속자는 検

검:사-관(檢査官)명 검사를 맡아보는 관리.

검:사-소(檢査所)명 검사를 맡아보는 곳.

검:사-원(檢査員)명 검사를 맡아보는 사람.

검:사-인(檢査人)명 ①검사하는 사람. ②주식 회사의 설립 절차, 또는 주식 회사와 유한 회사의 업무와 재산 상황에 관한 조사를 맡아보는 임시 감사 기관.

검:사-장(檢事長)명 고등 검찰청과 지방 검찰청의 으뜸 직책.

검:사-필(檢査畢)명 검사를 마치는 일.

검:산(檢算)명-하다 타 셈이 맞고 안 맞음을 확인하기 위해 다시 셈함, 또는 그 셈. 험산(驗算)

검:산-초롱(劍山-)명 초롱꽃과의 여러해살이풀. 줄기 높이는 70cm 안팎이며, 8~9월에 종 모양의 엷은 자줏빛 꽃이 가지 끝에 핌.

검:상=돌기(劍狀突起)명 흉골 아래쪽에 있는 돌기. 물렁뼈로 되어 있으나 중년을 지나면서 차차 단단해짐.

검새(鈐璽)명-하다 자 옥새를 찍음.

검:색(檢索)명-하다 타 ①검사하여 찾아봄. ¶검문 -을 강화하다. ②컴퓨터에서, 기억 공간(記憶空間)에 저장된 데이터 가운데서 필요한 자료를 찾아내는 일. ¶정보를 -하다.

검:색=엔진(檢索engine)명 인터넷에서 원하는 정보가 있는 사이트를 찾아 주는 프로그램. 찾고자 하는 주제어를 입력하면 그와 일치하거나 유사한 사이트를 찾아 줌.

검:-세:다 형 검질기고 억세다.

검:소(儉素)어기 '검소(儉素)하다'의 어기(語基).

검:소-하다(儉素-)형여 사치스럽지 아니하고 수수하다. ¶검소함은 미덕이다./옷차림이 -./생활이 -.

검소-히 부 검소하게

한자 **검소할 검**(儉) 〔人部 13획〕 ¶검덕(儉德)/검박(儉朴)/검소(儉素)/검약(儉約) ▷속자는 倹

검:속(檢束)명-하다 타 공공의 안전을 해치거나 불상사를 일으킬 염려가 있는 사람을 경찰서 등의 일정한 곳에 가두어 두는 일.

검수(黔首)명 지난날, 관을 쓰지 않은 검은 맨머리라는 뜻으로, 일반 백성을 뜻하던 말. 옛 중국의 서민이 맨머리로 지낸 데서 연유한 말임. 여민(黎民)

검:수(檢水)명-하다 타 수질이나 수량 등을 검사함.

검:수(檢數)명-하다 타 물건의 수를 검사하고 확인함. ☞검량(檢量)

검:수-인(檢數人)명 화물을 넘겨받거나 넘겨줄 때, 화물의 수를 검사하고 확인하는 사람. ☞검량인(檢量人)

검:술(劍術)명 검법(劍法)

검:술-사(劍術師)[-싸] 명 검술에 뛰어난 사람. 검객

검숭-검숭 부-하다 형 ①여럿이 다 검숭한 모양을 나타내는 말. ¶턱수염이 - 난 남자. ②매우 검숭한 모양을 나타내는 말. ¶가슴에 털이 -하다. ☞감숭감숭

검숭-하다 형여 듬성듬성 난 짧은 털 따위가 거무스름하다. ☞감숭하다
검:습-기(檢濕器)명 습도계(濕度計)
검:시(檢屍)명-하다타 변사자(變死者)의 시체를 검사하는 일. 검시(檢視)
검:시(檢視)명-하다타 ①사실을 조사해 봄. ②시력(視力)을 검사함. ③검시(檢屍)
검:시-관(檢屍官)명 검시를 맡아 하는 공무원.
검:시=조서(檢視調書)명 검시한 결과를 적은 문서.
검실-거리다(대다)자 물체가 멀리서 어렴풋이 자꾸 움직이다. ☞감실거리다
검실-검실[1] 부 물체가 멀리서 어렴풋이 자꾸 움직이는 모양을 나타내는 말. ¶굴뚝에서 연기가 － 피어오르다. ☞감실감실[1]
검실-검실[2] 부-하다형 드문드문 난 잔털 따위가 조금 거무스름한 모양을 나타내는 말. ¶다리 털이 －하다. ☞감실감실[2]
검:-쓰다(－쓰고·－써)형 ①맛이 비위에 거슬리도록 몹시 거세고 쓰다. ②마음에 언짢고 섭섭하다.
검:안(檢案)명-하다자 형적(形迹)이나 상황을 조사하고 따짐.
검:안(檢眼)명-하다자 시력을 검사함.
검:안-경(檢眼鏡)명 시력 장애를 검사하기 위하여, 안구(眼球) 내부를 관찰하는 기구.
검:안-기(檢眼器)명 시력을 검사하는 기구.
검:안-서(檢案書)명 의사의 진료를 받지 않고 죽은 사람의 사망을 확인하는 의사의 증명서.
검:압(檢壓)명-하다자 압력을 검사함.
검:압-기(檢壓器)명 ①압력계(壓力計) ②기압계(汽壓計) ③전압을 검사하는 전기 계기.
검:약(儉約)명-하다타 검소하게 절약함.
검:약-가(儉約家)명 검약하는 사람.
검:역(檢疫)명-하다타 외국에서 전염병의 병원체가 들어오는 일을 미리 막으려고 항구나 공항 등에서 여객이나 화물 등을 검사하는 일. 경우에 따라서는 소독을 하거나 격리 등의 조처를 하기도 함.
검:역-관(檢疫官)명 검역에 관한 일을 맡아보는 공무원.
검:역-권(檢疫圈)명 검역하는 지역의 범위.
검:역-기(檢疫旗)명 검역을 받을 선박이 검역항에 들어올 때 신호로 내거는 누른빛의 기.
검:역-선(檢疫船)명 검역에 관한 일을 하는 배.
검:역-소(檢疫所)명 검역에 관한 일을 하기 위하여 항구나 공항에 마련된 공공 기관.
검:역-원(檢疫員)명 검역관을 도와서 검역에 관한 일을 하는 사람.
검:역-의(檢疫醫)명 검역을 맡은 의사.
검:역=전염병(檢疫傳染病)[－뼝]명 검역의 대상이 되는 전염병. 콜레라·페스트·발진티푸스·재귀열·황열(黃熱) 따위.
검:역-항(檢疫港)명 외지(外地)에서 온 선박이나 항공기와 그 승객·승무원·짐 등에 대하여 검역과 소독을 하는 설비를 갖춘 항구나 공항.
검:열(檢閱)[－녈/거멸]명-하다타 ①검사하며 열람하는 일. ②신문·잡지·방송·연극·영화·우편물·일반 서적 등의 표현 내용을 일반에게 알리기 전에 정부 기관에서 미리 검사하여 발표를 통제하는 일. ③군사상의 기강·교육·근무와 장비의 상태 등을 점검하는 일. ④조선 시대, 예문관(藝文館)에서 사초(史草)에 관한 일을 맡아보던 정구품 관직.
검:염-기(檢塩器)명 물에 들어 있는 염분의 양을 검사하는 기구.
검:온(檢溫)명-하다자 체온을 잼.
검:온-기(檢溫器)명 체온을 재는 온도계. 체온계
검은가슴-물떼새명 물떼샛과의 새. 몸길이 23~28cm의 메추라기만 한 크기의 새. 몸빛은 등은 어두운 갈색, 목·가슴·배는 검은빛이며, 그 경계는 흰빛임. 우리 나라에서는 봄과 가을에 볼 수 있는 나그네새로 해변·갯벌·하구 등에서 지냄.
검은-그루명 지난 겨울에 아무 농작물도 심지 않았던 땅. ☞휴한지(休閑地)
검은-깨명 검은 참깨. 흑임자(黑荏子)
검은꼬리-돈피(－獤皮)명 날담비의 털가죽.
검은-단명 학창의(鶴氅衣) 등과 같은 검은빛의 옷단.
검은-담비명 족제빗과의 산짐승. 족제비보다 좀 크며, 몸빛은 자흑색이고, 배 아래는 회백색임. 턱에서 가슴까지 황갈색 얼룩무늬가 있음. 털가죽을 '잘'이라 함. 산달(山獺). 초웅(貂熊)
검은-데기명 조의 한 품종. 줄기가 붉고 수염은 짧으며 낟알이 검음.
검은-도요명 검은머리물떼새
검은-돌:비늘[－삐－]명 흑운모(黑雲母)
검은등-할미새명 할미샛과의 새. 몸 크기는 참새만 하며 꽁지가 길. 등·꽁지·머리 부분이 검고 이마와 가슴 아래는 흰빛임. 날개에는 흰빛과 검은빛의 얼룩무늬가 있고, 겨울에는 등이 잿빛으로 변함. 야산의 개울가에 살며 벌레를 잡아먹고 삶.
검은-딸:기명 장미과의 낙엽 관목. 줄기는 옆으로 기고, 가시와 선모(腺毛)가 남. 잎은 깃꼴의 겹잎인데 어긋맞게 남. 제주도 특산종으로 열매는 먹을 수 있음.
검은머리-물떼새명 검은머리물떼샛과의 새. 몸길이 45cm, 부리 길이 7cm 안팎임. 머리·목·등은 짙은 청색, 배와 허리는 흰빛이며, 부리·눈·다리는 붉은빛임. 희귀한 텃새로 번식기에는 무인도나 해안의 자갈밭에서 지냄. 검은도요
검은머리-방울새[－쌔]명 되샛과의 새. 몸길이 12cm 안팎. 등에는 녹회색에 검은 줄무늬가 있고, 배는 노란빛임. 흔한 겨울 철새로 침엽수림에서 지냄. 금시작(金翅雀)
검은목-두루미명 두루밋과의 새. 몸빛은 엷은 회색이고 목과 날개 끝은 검음. 가을에 우리 나라에 와서 논이나 못에서 지내는 철새임.
검은-빛명 검은 빛깔. 검정빛. 흑색 ☞감은빛
검은-손명 남을 속이거나 해롭게 하려는 음흉한 손길을 비유하여 이르는 말. ¶－에 걸려들다./－을 뻗치다. ☞마수(魔手)
검은-수시렁이명 수시렁잇과의 곤충. 몸길이 8mm 안팎. 몸빛은 검고 머리와 촉각은 황갈색이며, 배와 다리에 흰 털이 많음.
검은-약(－藥)[－낙]명 ①'아편'의 변말. ②고약(膏藥)
검은-엿[－녓]명 검붉은 빛깔의 엿. 갱엿. 흑당(黑糖) ☞흰엿
검은-자명 '검은자위'의 준말. ☞흰자
검은-자위명 눈알의 검은 부분. 흑정(黑睛) 준검은자 ☞흰자위
검은-콩명 껍질 빛깔이 검은 콩. 검정콩. 흑대두(黑大豆). 흑태(黑太)
검은-팥명 껍질 빛깔이 검은 팥. 흑두(黑豆)
검을-현(－玄)명 한자 부수(部首)의 한 가지. '玆'·'率' 등에서 '玄'의 이름.
검을-흑(－黑)명 한자 부수(部首)의 한 가지. '點'·'黨' 등에서 '黑'의 이름. ▷黑의 속자는 黒
검인(鈐印)명-하다자 관인(官印)을 찍음.
검:인(檢印)명 ①서류나 물건을 검사한 표시로 찍는 도장. ¶－이 찍힌 제품. ②책의 판권장(版權張)에 저자(著者)가 책을 펴냄을 승인하는 표시로 찍는 도장.
검인-관(鈐印官)명 조선 시대, 과거의 시권(試券)에 확인 도장을 찍는 일을 맡아보던 관원. 검인관(檢印官)
검:인-관(檢印官)명 검인관(鈐印官)
검:-인정(檢認定)명-하다타 ①검사하여 인정함. ②검정(檢定)과 인정(認定).
검:인-증(檢印證)[－쯩]명 검사한 표로서 도장을 찍는 증명서.
검:자(檢字)[－짜]명 한자 자전에서, 수록한 한자를 그 글자의 획수로써 찾아볼 수 있게 같은 획수에 따라 가르고 그것을 다시 부수(部首)에 따라 배열해 놓은 색인.

검:-잡다 타 '거머잡다'의 준말. ¶뒷덜미를 —.
검:장(劍匠)명 검(劍)을 만드는 일을 전문으로 하는 사람. ☞검공(劍工)
검적-검적 부-하다 형 검은 얼룩이 여기저기 크게 박히거나 물들어 있는 모양을 나타내는 말. ☞감작감작
검:전-기(檢電器)명 물체나 전기 회로 등의 전압이나 전류의 유무 등을 검사하는 고감도의 장치. 검류계(檢流計)나 전위계(電位計) 따위. 험전기(驗電器)
검:점(檢點)명-하다 타 점검(點檢)
검:접-하다 자여 검질기게 달라붙다.
검정 명 ①우리 나라의 기본색 이름의 하나. 검은 빛깔. ②검은 물감. ☞감장. 껌정
검:정(檢定)명 ①-하다 타 일정한 규정에 따라 자격이나 조건 등을 심사하여 결정함. ②'검정 고시'의 준말. ③'검정 시험'의 준말.
검:정=고시(檢定考試)명 어떤 자격을 검정하기 위하여 베푸는 시험. 검정 시험 준검정(檢定)
검:정=교:과서(檢定敎科書)명 정부 기관에서 실시한 검정에 합격한 교과서.
검정-말 명 털 빛깔이 검은 말. 흑마(黑馬). 가라말
검정-말벌 명 말벌과의 곤충. 몸길이 15mm 안팎. 몸빛은 검은데 회색의 짧은 털이 많음.
검정-망둑 명 망둑엇과의 물고기. 몸길이는 13cm 안팎이며 길쭉함. 머리와 볼이 볼록하고, 몸빛은 검음. 민물이나 소금기가 적은 바다에서 삶.
검정-보라색(—色)명 검은빛을 띤 보라색.
검정-빛[—삧]명 검정 빛깔. 검은빛. 흑색(黑色)
검:정=시험(檢定試驗)명 검정 고시(檢定考試) 준검정
검정-이 명 검정 빛깔의 물건. ☞감장이. 껌정이
검:정-증(檢定證)[—쯩]명 검정에 합격하였음을 증명하는 증서(證書).
검정-콩 명 검은콩
검정-콩알 명 '총알'의 변말.
검정-하늘소[—쏘]명 하늘솟과의 곤충. 몸길이 12~23mm. 몸빛은 검고 윤이 나며, 몸 아래쪽에는 황갈색 털이 많음. 머리는 납작하고, 더듬이와 다리는 짧음. 애벌레는 소나무나 편백나무 따위의 해충임.
검:조-의(檢潮儀)명 조수(潮水)의 간만(干滿)에 따른 해면의 높낮이를 기록하는 기계.
검:-쥐:다 타 '거머쥐다'의 준말. ¶살바를 검쥔 손에 불끈 힘을 주다.
검:증(檢證)명-하다 타 ①검사하여 사실을 증명함. ②법관이나 수사 기관이 현장의 상황이나 사람 또는 물건을 관찰하여 증거를 조사하는 일. ☞현장 검증(現場檢證)
검:증-물(檢證物)명 검증의 대상이 되는 물건.
검:증=조서(檢證調書)명 법관이나 수사 기관이 검증한 과정과 결과를 기록한 문서.
검:증=처:분(檢證處分)명 검증하는 데에 따르는 법규상의 처분. 사체의 해부 따위.
검:지(一指)명 집게손가락. 식지(食指). 인지(人指)
검:지(檢地)명-하다 타 전선(電線)과 땅의 절연(絶緣) 상태를 검사함.
검:지(檢知)명-하다 타 검사하여 알아냄.
검:진(檢眞)명-하다 타 민사 소송에서, 사문서(私文書)의 참과 거짓을 알아내기 위하여 하는 증거 조사.
검:진(檢診)명-하다 타 병이 있나 없나를 검사하는 진찰.
검:진-기(檢震器)명 지진계(地震計)
검:-질기다 형 성질이 끈기 있게 질기다. ¶검질기게 물고 늘어지다.
검:차(檢車)명-하다 타 차량을 검사함.
검:-차다 형 성질이 검질기고 세차다.
검:찰(檢察)명-하다 자타 ①검사하여 살핌. ②범죄를 수사하여 범인과 증거를 찾아내는 일, 또는 그 일을 하는 조직.
검:찰-관(檢察官)명 ①검사(檢事)의 직급의 하나. 검사의 가장 낮은 직급임. ②군사 법원에서 검찰 직무를 맡아보는 법무 장교.
검:찰-청(檢察廳)명 법무부에 딸리어 검찰 사무를 통괄하는 기관. 대검찰청, 고등 검찰청, 지방 검찰청이 있음.
검:찰=총:장(檢察總長)명 대검찰청의 으뜸 직위.
검:척(劍尺)명 곡척(曲尺) 한 자 두 치를 여덟 등분하여 나타낸 자. 불상(佛像)이나 도검(刀劍) 등을 잴 때 씀.
검:척(檢尺·撿尺)명-하다 타 재목의 길이와 끝머리의 지름을 재어 부피를 계산함.
검:첨(劍尖)명 도검(刀劍)의 끝. ☞칼끝
검:체(檢體)명 의학에서, 검사에 쓰이는 재료. 혈액(血液), 소변, 조직의 일부 등.
검:출(檢出)명-하다 타 물질이나 성분 등을 검사하여 찾아냄. ¶독극물을 —하다.
검:측-스럽다(—스럽고·—스러워)형ㅂ 보기에 검측한 데가 있다.
　검측-스레 부 검측스럽게
검:측측-하다 형여 ①빛깔이 검고 충충하다. ②마음이 음침하고 매우 욕심이 많다.
　검측측-이 부 검측측하게
검:측-하다 형여 마음이 음침하고 욕심이 많다.
　검측-이 부 검측하게
검:치다 타 ①모서리를 중심으로 하여 좌우 양쪽으로 걸쳐서 접어 붙이다. ¶보자기의 두 귀를 검쳐 잡다. ②두 물건을 걸쳐 놓거나 걸쳐 박다. ¶너와를 검쳐 인 지붕.
검:침(檢針)명-하다 타 전기·수도·가스 따위의 사용량을 나타내는 계량기의 눈금을 검사함.
검탄(黔炭)명 화력이 약하고, 품질이 낮은 숯. ☞백탄
검:토(檢討)명-하다 타 내용을 검사하여 따짐. ¶안건을 —하다./문제점을 —하다.
검:파(劍把)명 칼자루
검:파(檢波)명-하다 타 ①전파를 검사함. ②복조(復調)
검:파-기(檢波器)명 검파에 쓰이는 장치.
검-팽나무 명 느릅나뭇과의 낙엽 활엽 교목. 잎은 달걀 모양인데, 끝이 뾰족함. 5월경에 꽃이 피며, 10월경에 동그란 열매를 맺음. 우리 나라 특산종으로, 열매는 먹을 수 있으며 나무는 가구 재료로 쓰임.
검:-퍼렇다(—퍼렇고·—퍼런)형ㅎ 검은빛을 조금 띠면서 퍼렇다. ¶장딴지가 검퍼렇게 멍들다. ☞감파랗다
검:표(檢票)명-하다 타 차표·배표·입장권 등을 검사함.
검:-푸르다(—푸르니·—푸르러)형러 검은빛을 조금 띠면서 푸르스름하다. ¶검푸른 바다. ☞감파르다
검:푸르접접-하다 형여 검은빛을 띠면서 좀 푸르스름하다. ☞감파르잡잡하다
검:푸르죽죽-하다 형여 검은빛을 띠면서 칙칙하게 푸르스름하다. ☞감파르족족하다
검:품(檢品)명-하다 타 제품의 품질이나 수량을 검사함.
검:험(檢驗)명-하다 타 조선 시대, 죄수가 죽었을 때 검관(檢官)이 시체를 검사하여 검안서를 작성하던 일.
검:협(劍俠)명 검술(劍術)이 뛰어난 협객(俠客).
검:호(劍豪)명 검술(劍術)이 뛰어난 호걸(豪傑).
검:화 명 '백선(白鮮)'의 딴이름.
검:환(劍環)명 칼코등이
검:-흐르다(—흐르고·—흘러)자르 액체가 그릇의 전을 넘어서 흐르다. ¶꿀이 그릇을 검흘러 내리다.
겁(劫)명 불교에서, 천지(天地)가 한 번 개벽한 때로부터 다음에 개벽할 때까지의 동안이란 뜻으로, 아득히 오랜 시간을 이르는 말. 원겁파(劫簸) ☞찰나(刹那)
겁(怯)명 두려워하거나 무서워하는 마음. ¶—을 내다./—을 먹다./—을 주다./—이 나다.
겁간(劫姦)명-하다 타 강간(強姦)
겁겁(劫劫)어기 '겁겁(劫劫)하다'의 어기(語基).
겁겁-하다(劫劫—)형여 ①급급하다 ②성미가 급하고 참을성이 없다. ▷ 劫·刼·刦은 동자
겁-결(怯—)명 겁이 나서 얼떨떨한 터. 〔주로 '겁결에'의 꼴로 쓰임.〕 ¶겁결에 몸을 숨기다.
겁기(劫氣)명 ①험준한 산의 무시무시한 기운. ②궁한 사람의 얼굴에 드러나는 근심스럽고 언짢은 기운.
겁-꾸러기(怯—)명 겁이 많은 사람. 겁쟁이

겁나(怯懦)[어기] '겁나(怯懦)하다'의 어기(語基).
겁-나다(怯-)[자] 무섭거나 두려운 마음이 생기다. ¶겁나서 손을 대지 못하다.
겁나-하다(怯懦-)[형여] 겁이 많고 나약하다.
겁-내다(怯-)[타] 무섭거나 두려운 마음을 나타내다. ¶조금도 겁낼 것 없다.
겁년(劫年)[명] 겁운을 당한 해.
겁략(劫掠·劫略)[명][-하다][타] 겁탈(劫奪) ☞약탈(掠奪)
겁-먹다(怯-)[자] 무섭고 두려워하는 마음을 가지다.
겁박(劫迫)[명][-하다][타] 위력으로 협박함.
겁-보(怯-)[명] 겁이 많은 사람. 겁쟁이
겁부(怯夫)[명] 겁이 많은 사내. 나부(懦夫)
겁살(劫煞)[명] 삼살방(三煞方)의 하나. 모질고 독한 음기(陰氣)가 낀 방위(方位). 태세의 지지(地支)가 인(寅)·오(午)·술(戌)인 해에는 해방(亥方)에, 해(亥)·묘(卯)·미(未)인 해에는 신방(申方)에, 신(申)·자(子)·진(辰)인 해에는 사방(巳方)에, 사(巳)·유(酉)·축(丑)인 해에는 인방(寅方)에 있는데, 이 방위를 범하면 살해(殺害)의 변이 있다 함.
겁성(怯聲)[명] 겁결에 지르는 소리.
겁수(劫水)[명] 불교에서, 세상이 파멸할 때에 일어난다고 하는 물난리. ☞겁재(劫災). 겁풍(劫風). 겁화(劫火)
겁수(劫囚)[명] 겁옥(劫獄)
겁수(劫數)[명] 겁운(劫運)
겁심(怯心)[명] 무서워하거나 두려워하는 마음.
겁약(怯弱)[어기] '겁약(怯弱)하다'의 어기(語基).
겁약-하다(怯弱-)[형여] 겁이 많고 마음이 약하다. ¶천성이 겁약한 젊은이.
겁약-히[부] 겁약하게
겁옥(劫獄)[명][-하다][타] 옥에 갇혀 있는 죄수를 강제 수단으로 빼냄. 겁수(劫囚)
겁운(劫運)[명] 액이 낀 운수. 겁수(劫數). 겁회(劫會)
겁재(劫災)[명] 불교에서, 세상이 파멸할 때에 일어난다는 겁수(劫水)·겁풍(劫風)·겁화(劫火)의 세 가지 재액(災厄)을 이르는 말.
겁-쟁이(怯-)[명] 겁이 많은 사람. 겁꾸러기. 겁보
겁-주다(怯-)[자] 겁을 먹도록 하다. ¶미리 겁주어 꼼작 못하게 해 두다.
겁초(劫初)[명] 불교에서, 천지 개벽의 시초를 이르는 말.
겁탁(劫濁)[명] 불교에서 이르는 오탁(五濁)의 하나. 기근(饑饉)과 질병과 전쟁이 잇달아 일어난다는 시대를 이르는 말. ☞견탁(見濁)
겁탈(劫奪)[명][-하다][타] ①폭력이나 협박으로 남의 것을 빼앗음. 겁략(劫掠). 약탈(掠奪) ②강간(強姦)
겁파(劫簸 ∠kalpa 범)[명] '겁(劫)'의 원말.
겁풍(劫風)[명] 불교에서, 세상이 파멸할 때에 인다고 하는 큰 바람. ☞겁재(劫災). 겁수(劫水). 겁화(劫火)
겁해(劫海)[명] 불교에서, 액운이 많음을 바다에 비유하여 이르는 말.
겁화(劫火)[명] 불교에서, 세상이 파멸할 때에 일어난다고 하는 큰불. ☞겁재(劫災). 겁수(劫水). 겁풍(劫風)
겁회(劫會)[명] 겁운(劫運)
것[의] ①물건·사실·현상·성질·내용 등을 나타내는 말. ¶입을 —, 먹을 —, 살 집./모든 —을 다 차지할 수는 없다./네가 느낀 —을 말해 보아라. ②'사람'을 낮잡아 이르는 말. ¶어린 —이 버릇없이 행동하다./그까짓 —이 하는 말에 귀기울일 것 없다. ③확신이나 결의를 나타냄. ¶그의 실험은 꼭 성공할 —이다. ④예상이나 추측을 나타냄. ¶이번에는 그 선수가 우승할 —이다. ⑤용언(用言)의 관형사형 뒤에 끝맺는 말로 쓰이어, 명령이나 당부의 뜻을 나타냄. ¶이곳에 접근하지 말 —./필기장을 꼭 가지고 올 —. [준]거¹
-것다[어미] 용언의 어간이나 '이다'의 '이-'에 붙어, 확인함을 나타내는 어미. 종결 어미로도 연결 어미로도 쓰임. ¶틀림없이 약속했것다./너는 분명히 모른다 했것다./공부도 잘 하것다, 말도 잘 듣것다, 무슨 걱정이람./이 꽃이 무궁화이것다.
것-지르다[걷-](-지르고·-질러)[타르] 거슬러 지르다.
겅그레[명] 솥에 무엇을 찔 때, 찌려는 것이 솥바닥의 물에 잠기지 않도록 물 위에 놓는 나뭇개비 따위.
겅금[명] '황산제일철(黃酸第一鐵)'을 물감으로 이르는 말. 검정 물감의 매염제(媒染劑)로 쓰임.
겅더리-되다[자] 파리하고 뼈만 앙상하게 되다. ☞껑더리되다
겅둥[부] 긴 다리로 가볍게 한 번 뛰는 모양을 나타내는 말. ☞강동. 껑둥. 껑뚱
겅둥-거리다(대다)[자] ①긴 다리로 자꾸 가볍게 뛰다. ②치신없이 가볍게 행동하다. ☞강동거리다
겅둥-겅둥[부] 겅둥거리는 모양을 나타내는 말. ☞강동강동. 껑뚱껑뚱
겅둥-하다[형여] 겉에 입은 옷이 속이 드러날 정도로 짧다. ☞강동하다. 껑둥하다. 껑뚱하다
겅성드뭇-하다[-묻-][형여] 많은 수효가 듬성듬성 흩어져 있다.
겅성드뭇-이[부] 겅성드뭇하게 ¶상추 밭에 쑥갓 싹도 — 돋아난다.
겅정[부] 긴 다리를 구부렸다가 한 번 뛰는 모양을 나타내는 말. ☞강장. 껑쩡. 껑청
겅정-거리다(대다)[자] 자꾸 겅정 뛰다. ☞강장거리다. 껑쩡거리다. 껑청거리다
겅정-겅정[부] 겅정거리는 모양을 나타내는 말. ¶얕은 개울을 — 뛰어 건너다. ☞강장강장. 껑쩡껑쩡
겅중[부] 긴 다리를 구부렸다가 한 번 솟구쳐 뛰는 모양을 나타내는 말. ¶힘을 모아 — 뛰어오르다. ☞강중. 껑쭝. 껑충
겅중-거리다(대다)[자] 자꾸 겅중 뛰다. ☞강중거리다. 껑쭝거리다. 껑충거리다
겅중-겅중[부] 겅중거리는 모양을 나타내는 말. ☞강중강중. 껑쭝껑쭝. 껑충껑충
겉[명] ①안과 밖이 있는 물건의 밖으로 드러난 쪽이나 면. 표면(表面) ¶저고리의 —과 안./—에 옻칠을 한 상자. ②밖으로 드러난 상태. ¶마음엔 켕기면서 —으로는 짐짓 태연한척 하다./—만 보고 평가한다.
겉 볼 안[관용] 겉을 보면 그 속도 짐작할 수 있다는 말.
겉으로 돌다[관용] 남들과 어울리지 아니하고 혼자 따로 배돌다. 겉돌다
[속담] **겉 가마도 안 끓는데 속 가마부터 끓는다** : 제 순서를 기다리지 않고 덤벙댐을 뜻하는 말./**겉 다르고 속 다르다** : 겉으로 드러난 행동과 속에 품은 마음이 다름을 이르는 말.

[한자] **겉 표**(表)〔衣部 3획〕¶표리(表裏)/표막(表膜)/표면(表面)/표지(表紙)/표층(表層)/표토(表土)

겉-가량(-假量)[걷-][명][-하다][타] 겉으로 보고 어림잡는 셈. ¶—으로 두 길은 되겠다. ☞속가량
겉-가루[걷-][명] 곡식이나 고추 따위를 빻을 때 먼저 나오는 가루. ☞속가루
겉-가죽[걷-][명] ①거죽을 이루고 있는 가죽. 외피(外皮). 표피(表皮) ②겉감으로 쓴 가죽.
겉-갈이[걷-][명][-하다][자타] 가을걷이를 하고 나서 잡초 등을 없애기 위하여 논밭을 얕게 갈아엎는 일.
겉-감[걷-][명] ①옷이나 이불 따위의 거죽감. ②물건의 겉에 대는 감. ☞안감
겉-겨[걷-][명] 곡식의 겉에서 벗겨진 거칠고 굵은 겨. ☞속겨. 왕겨
겉-고름[걷-][명] '겉옷고름'의 준말. ☞안고름
겉-고샅[걷-][명] 짚 따위로 지붕을 일 때 이엉 위에 걸쳐 매는 새끼. ☞속고샅
×**겉-고샅**[명] →겉고삿
겉-고춧가루[걷-][명] ①고추를 빻을 때, 고추의 속살로서 맨 먼저 가루가 되는 것. ②곱게 빻지 않고 대강 빻은 고춧가루.
겉-곡[걷-][명] '겉곡식'의 준말.
겉-곡식[걷-][명] 겉껍질을 벗기지 않은 곡식. 피곡(皮

穀) ㊎겉곡 ☞속곡식
겉-귀[걷-] 명 외이(外耳) ☞안귀
겉-깃[걷-] 명 겉섶 위쪽에 붙인 옷깃. ☞안깃
겉-꺼풀[걷-] 명 겉으로 드러난 꺼풀. ☞속꺼풀
겉-껍데기[걷-] 명 겉의 껍데기. 외각 ☞속껍데기
겉-껍질[걷-] 명 겉을 싸고 있는 껍질. 외피 ☞속껍질
겉-꼴[걷-] 명 겉모습. 외형(外形)
겉-꽃뚜껑[걷꼳-] 명 꽃뚜껑에서 꽃받침에 해당하는 부분. ☞안꽃뚜껑
겉-꾸리다[걷-] 자타 ①겉모양이 나게 꾸미다. ②속에 있는 언짢은 점이 드러나지 않도록 겉만 잘 꾸미다.
겉-꾸림[걷-] 명-하다자 겉꾸리는 짓.
겉-꾸미다[걷-] 자타 겉만 꾸미다.
겉-나깨[걷-] 명 메밀의 겉껍데기 속에 있는 거친 나깨. ☞속나깨
겉-날리다[걷-] 타 일을 겉으로만 어름어름하여 날림으로 하다. ¶맡은 일을 겉날려서 하다.
겉-날림[걷-] 명-하다자 일을 겉날려서 되는 대로 하는 짓.
겉-넓이[걷-] 명 입체의 겉면의 넓이. 겉면적. 표면적
겉-놀다[걷-] (-놀고·-노니) 자 ①딴 것과 잘 어울리지 않고 따로따로 놀다. ②박아 놓은 못이나 나사 따위가 꼭 박혀 있지 않고 움직이다.
겉-눈[1][걷-] 명 곱자를 'ㄱ' 자 꼴로 반듯하게 놓았을 때, 위에서 보이는 쪽에 새겨 있는 눈금. ☞속눈
겉-눈[2][걷-] 명 겉으로 보기에 감은듯이 조금 뜬 눈.
겉눈을 감다 관용 겉보기에 마치 눈을 감은듯이 하고 있다. ¶잠든 줄 알았더니 겉눈을 감고 있었구나.
겉-눈썹[걷-] 명 눈두덩 위에 가로 난 눈썹. ☞속눈썹
겉-늙다[걷늑-] 자 나이에 비해 더 늙은 티가 나다.
겉-대[걷-] 명 ①푸성귀의 거죽에 붙은 줄기나 잎. ②댓개비의 거죽의 단단한 부분. ☞속대
겉-대중[걷-] 명-하다타 겉으로만 보고서 짐작한 대중. ¶-으로 한 말은 되겠다. ☞속대중
겉-더께[걷-] 명 덖어서 찌든 물체에 낀 겉의 때. ☞속더께
겉-돌다[걷-] (-돌고·-도니) 자 ①다른 액체 등이 잘 섞이지 않고 따로 돌다. ¶국물 위에 기름이 -. ②남들과 어울리지 아니하고 혼자 따로 배돌다. ¶친구들 사이에서 늘 -. ③바퀴나 나사 따위가 헛돌다. ¶바퀴가 진창에 빠져 -.
겉-똑똑이[걷-] 명 실상은 그렇지도 못하면서 겉으로만 똑똑한체 하는 사람. ☞윤똑똑이
겉-뜨기[걷-] 명 대바늘 뜨개질에서, 코를 겉으로만 감아 떠 나가는 가장 기본적인 뜨개질법의 한 가지. ☞안뜨기
겉-뜨물[걷-] 명 쌀 따위를 첫 번에 대강 씻어 낸 뜨물. ☞속뜨물
겉-마르다[걷-] (-마르고·-말라) 자르 ①속에는 물기가 있고 거죽만 마르다. ¶겉마른 굴비. ②곡식이 여물기 전에 마르다. ¶벼가 -.
겉-막(-膜)[걷-] 명 겉을 싸고 있는 막. 표막(表膜)
겉-말[걷-] 명 속마음과 달리 겉으로 꾸미는 말. ☞속말
겉-맞추다[걷맏-] 타 마음에는 없으면서 겉으로만 발라 맞추다.
겉-면(-面)[걷-] 명 겉으로 드러난 면. 외면. 표면
겉-면적(-面積)[걷-] 명 겉넓이
겉-모습[걷-] 명 겉으로 드러난 모습. 겉꼴. 외모(外貌). 외용(外容)
겉-모양(-模樣·-貌樣)[걷-] 명 겉으로 보이는 모양. 외양(外樣). 외형(外形) ¶-과 속마음은 딴판이다.
겉모양(을) 내다 관용 겉모양을 보기 좋게 하다. ¶한껏 겉모양을 내었지만 실속은 없다.
겉-묻다[걷-] 자 남이 하는 운김에 덩달아 따르다.
겉-물[걷-] 명 액체가 잘 섞이지 않고 위로 떠서 따로 도는 물. 웃물
겉물(이) 돌다 관용 어떤 액체 위에 겉물이 떠서 돌다.
겉-바르다[걷-] (-바르고·-발라) 타르 속의 좋지 못한 것을 그대로 두고 겉만 좋게 보이게 하다.
겉-밤[걷-] 명 껍데기를 벗기지 않은 밤. 피율(皮栗) ☞속밤
겉-버선[걷-] 명 솜버선 위에 덧신는 홑버선. ☞겉족건. 속버선
겉-벌[걷-] 명 속옷 겉에 입는 옷의 각 벌. ☞속벌
겉-벽(-壁)[걷-] 명 건물 바깥쪽의 벽. ¶-은 벽돌로 쌓고, 안벽은 회벽으로 하다. ☞안벽
겉-보기[걷-] 명 겉으로 보이는 모양새. 외견(外見). 외관(外觀) ¶-는 그럴듯하지만 실상은 보잘것없다.
겉보기-팽창(-膨脹)[걷-] 명 그릇에 담긴 액체를 가열했을 때, 온도가 오름에 따라 그 그릇도 팽창하므로 그 차이만큼 액체가 덜 팽창하는 것처럼 보이는 현상.
겉-보리[걷-] 명 ①겉껍질을 벗기지 않은 보리. 피맥(皮麥) ②보리를 쌀보리에 상대하여 이르는 말. ☞쌀보리
속담 **겉보리 서 말만 있으면 처가살이하랴** : ①오죽하면 처가살이를 하겠느냐는 말. ②처가살이는 할 짓이 못 된다는 말. [등겨가 서 말만 있으면 처가살이 안 한다]
겉보릿-단[걷-] 명 겉보리를 묶은 단.
속담 **겉보릿단 거꾸로 묶은 것 같다** : 보기에 어설프게 된 것을 비유하여 이르는 말.
겉-봉(-封)[걷-] 명 ①편지를 봉투에 넣고 다시 싸서 봉한 종이. 외봉(外封). 피봉(皮封) ☞안봉투 ②봉투의 겉. ¶-에 주소를 쓰다.
겉-불꽃[걷-] 명 불꽃의 맨 바깥 부분. 산소의 공급이 잘 되어 완전 연소하며 온도도 가장 높음. 산화염(酸化焰). 외염(外焰) ☞불꽃심. 속불꽃
겉-뼈대[걷-] 명 외골격(外骨格)
겉-사:주(-四柱)[걷-] 명 혼인 말이 오갈 때에 선을 보이려 적어 주는 신랑감의 사주. ☞속사주
겉-살[1] [걷-] 명 옷에 감싸이지 않고 늘 겉으로 드러나 있는, 얼굴이나 손 등의 살. ☞속살[1]
겉-살[2] [걷-] 명 쥘부채의 양쪽 가에 든든하게 댄 살. ☞속살[2]
겉-섶[걷-] 명 저고리나 두루마기의 겉자락에 댄 섶. ☞안섶
겉-수수[걷-] 명 겉껍질을 벗기지 않은 수수.
겉-수작(-酬酌)[걷-] 명 겉으로만 그럴듯하게 발라맞추는 수작.
겉-싸개[걷-] 명 여러 겹으로 싼 물건의 맨 겉의 싸개. ☞속싸개
겉-씨껍질[걷-] 명 씨의 겉 부분을 싸고 있는 껍질. 외종피(外種皮) ☞속씨껍질. 씨껍질
겉씨-식물(-植物)[걷-] 명 종자식물(種子植物)의 한 아문(亞門). 밑씨가 씨방 안에 있지 않고 드러나 있는 식물임. 소나무·전나무·은행나무 따위. 나자식물(裸子植物) ☞속씨식물
겉-아가미[걷-] 명 양서류의 어릴 때의 호흡 기관. 머리 양쪽에 있는 깃털 모양의 아가미를 이름. 자람에 따라 퇴화함. ☞속아가미
겉-약다[걷냑-] 형 실은 약지 못하면서 겉보기에만 약다.
겉-어림[걷-] 명-하다타 겉으로만 보아 짐작하는 어림. ☞속어림
겉-언치[걷-] 명 길마 양쪽에 붙인 짚 방석.
겉-여물다[1][건녀-] (-여물고·-여무니) 자 낟알이 속은 여물지 않고 겉만 여물다.
겉-여물다[2][건녀-] (-여물고·-여무니) 형 사람됨이 실속은 없이 겉보기에만 오달지다.
겉-옷[걷-] 명 겉에 입는 옷. 외의(外衣). 웃옷 ☞속옷
겉-옷고름[걷-] 명 겉깃을 여미어 매는 옷고름. ㊎겉고름 ☞안옷고름
겉-웃음[걷-] 명 마음에 없이 겉으로만 웃는 웃음.
겉-잎[걷닙] 명 나무나 풀의 속잎 겉에 붙은 잎. ☞속잎
겉-자락[1][걷-] 명 웃옷이나 저고리를 여미었을 때 겉으로 나온 옷자락. ☞안자락
겉-자락[2][걷-] 명 기둥머리 단청의 바깥쪽에 옷자락처럼 그린 무늬. ☞속자락[2]

겉-잠[걷-] 명 ①깊이 들지 않은 얕은 잠. 선잠. 수잠 ②겉눈을 감고 자는체 하는 일.
겉-잡다[걷-] 타 겉으로 대강 어림하여 헤아리다. ¶일 양을 겉잡아 작업 계획을 세우다.
겉-잣[걷-] 명 껍데기를 까지 않은 잣. 피잣 ☞실백잣
겉-장(-張)[걷-] 명 ①여러 장으로 된 것의 맨 겉의 장. ¶일간지 -에 특종 기사로 보도되다. ②책의 표지(表紙). ☞속장
겉-재목(-材木)[걷-] 명 통나무의 둘레 부분을 재목으로 이르는 말. 변재(邊材) ☞속재목. 심재(心材)
겉-저고리[걷-] 명 속적삼 위에 입는 저고리. ☞덧저고리. 속저고리. 속적삼
겉-절이[걷-] 명 배추나 열무 따위를 절여 양념으로 무쳐 익히지 않고 먹는 반찬.
겉-절이다[걷-] 타 김치를 담글 때, 배추 따위의 숨을 죽이려고 소금을 뿌려 애벌 절이다.
겉-조[걷-] 명 껍질을 벗기지 않은 조.
겉-족건(-足件)[걷-] 명 조선 시대, 궁중에서 '겉버선'을 이르던 말.
겉-주머니[걷-] 명 옷의 겉이나 겉옷에 단 주머니. ☞안주머니
겉-짐작[걷-] 명 겉으로만 보고 하는 짐작. ☞속짐작
겉-창(-窓)[걷-] 명 창문 겉에 덧단 문짝. 덧문. 덧창
겉-치레[걷-] 명-하다 자타 겉만 번드르르하게 꾸미는 치레. 외면치레. 외식(外飾). 허식(虛飾) ¶-만 요란하지 실속은 없다. ☞속치레
겉-치마[걷-] 명 치마를 여러 겹으로 입을 때, 맨 겉에 입는 치마. ☞속치마
겉-치장(-治粧)[걷-] 명-하다 자타 겉만 보기 좋게 꾸밈, 또는 그런 꾸밈새. ☞속치장
겉-칠[걷-] 명-하다 타 겉 부분에 칠하는 칠.
겉-켜[걷-] 명 여러 켜로 된 것의 맨 겉의 켜. 표층
겉-틀[걷-] 명 겉으로 드러난 틀거지. ¶-은 믿음직스럽지만 실상은 딴판이다.
겉-피[걷-] 명 겉껍질을 벗기지 않은 피.
겉-허울[걷-] 명 겉으로 드러나 보이는 허울.
겉-호통[걷-] 명 건성으로 치는 호통. ¶-에도 몹시 켕기는 기색이다.
겉-흙[걷-] 명 맨 위에 깔린 흙. 표토(表土)
게:[1] 명 십각목(十脚目)의 갑각류를 통틀어 이르는 말. 머리와 가슴 부분에 해당하는 딱지와 한 쌍의 집게발과 네 쌍의 발로 이루어져 있음. 바닷물이나 민물에서 삶.
속담 **게 눈 감추듯** : 음식을 매우 빨리 먹음을 비유하여 이르는 말. [마파람에 게 눈 감추듯]/**게 새끼는 집고 고양이 새끼는 할퀸다** : 타고난 성질은 숨길 수 없음을 이르는 말.
게[2] 의 '것이'의 준말. ¶그런 - 있는 줄은 상상도 하지 못했다./볼만 한 - 없다.
게[3] 의 일부 인칭 대명사나 접미사 '-네'가 붙은 다음에 쓰이어 '살고 있는 고장'을 뜻함. ¶우리네 -에서는 수박 농사를 많이 한다./자네 -는 수해가 없었나?
게[4] 대 상대편을 낮잡아 일컫는 말. ¶- 누구냐./-가 이 일에 무슨 참견이냐?
게[5] 대 '거기'의 준말. ¶- 아무도 없느냐? ☞거[2]
게:(偈) 명 가타(伽陀)
게(Ge) 명 그리스 신화에 나오는 대지(大地)의 여신(女神). 가이아(Gaea)
-게[1] 조 '내', '네', '제' 따위에 붙어 '에게'의 뜻을 나타내는 부사격 조사. ¶네게 당부했던 말을 벌써 잊었느냐?/그 책을 제게 돌려주시오.
-게[2] 어미 ①동사 어간에 붙어, '하게' 할 자리에 쓰이는, 명령이나 금지를 나타내는 종결 어미. ¶지금 가게./그 일은 그만두게. ②허락을 나타내는 종결 어미. ¶자네 좋은 대로 하게.
-게[3] 어미 어간이나 '이다'의 '이-'에 붙어, ①물음을 나타내는 종결 어미. ¶이분이 어떤 사람에게?/그 나이에 이것도 모르게? ②사실과 반대되는 내용을 묻는 형식으로 표현하는 뒤집기의 종결 어미. ¶그이가 그 사실을 몰랐게?/지금이 봄이면 꽃이 피었게?
-게[4] 어미 ①형용사 어간에 붙어 부사어로 쓰임. ¶꽃이 곱게 피었다. ②지각 동사 앞에 놓여 지각의 기준이나 정도를 나타냄. ¶나는 그이를 좋잖게 여긴다. ③부사절을 이룸. ¶우리는 아무도 모르게 그곳을 떠났다. ☞게끔 ④'-게 하다', '-게 되다'로 어울리어 하나의 구를 이룸. ¶나를 잠들게 하라./산을 푸르게 합시다./모두가 곧 잘살게 된다.
게:-감정 명 찌개의 한 가지. 게의 등딱지를 떼어 게장을 긁어 내고, 데친 숙주, 두부 등을 담아 진간장으로 끓인 음식.
게:-거품 명 ①게가 토해 내는 거품 모양의 침. ②사람이나 동물이 괴롭거나 흥분했을 때 입에서 부걱부걱 나오는 거품 같은 침.
게거품(을) 물다 관용 몹시 흥분한 상태를 비유하여 이르는 말. 거품을 물다 ¶게거품을 물고 악을 쓰다.
게걸 명 채신없이 많이 먹으려고 탐내는 마음.
게걸(을) 떼다 관용 먹고 싶었던 것을 실컷 먹거나, 하고 싶은 일을 마음껏 하게 되어 탐내는 마음이 사라지게 되다. ¶국수를 포식하고서야 게걸을 떼다.
게걸(이) 들다 관용 염치없이 먹고 싶거나 탐내는 마음이 일어나다.
게걸(이) 들리다 관용 게걸스러운 마음에 사로잡히다.
게걸-거리다(대다) 자 ①자꾸 게걸스러운 짓을 하다. ②불평의 말을 자꾸 지껄이다.
게걸-게걸 부 ①게걸스럽게 행동하는 모양을 나타내는 말. ②불평의 말을 자꾸 늘어놓는 모양을 나타내는 말.
게걸-스럽다(--스럽고·--스러워) 형ㅂ 보기에 게걸이 들린듯 하다. ¶게걸스럽게 먹어대다.
게걸-스레 부 게걸스럽게
게:-걸음 명 게처럼 옆으로 걷는 걸음.
게걸음(을) 치다 관용 ①게처럼 옆으로 걸어가다. ②발걸음이나 하는 일이 더딤을 비유하여 이르는 말.
게걸-쟁이 명 게걸스러운 사람을 낮잡아 이르는 말.
게검-스럽다(--스럽고·--스러워) 형ㅂ 음식을 욕심껏 먹어대는 꼴이 천격스럽다.
게검-스레 부 게검스럽게
게:-고둥 명 고둥의 조가비를 집 삼아 몸을 담고 사는 게.
게:구(偈句) 명 가타(伽陀)의 글귀. 부처의 공덕을 기린 내용으로, 한자(漢字) 다섯 글자나 일곱 글자를 한 구(句)로 하고, 네 구를 한 게(偈)로 만든 글을 이름.
게:-구이 명 게딱지 속에서 긁어 낸 게장에 짓이긴 게의 살을 버무려 갖은양념을 한 다음 중탕하여 익힌 음식.
게:기(揭記) 명-하다 자타 여러 사람이 볼 수 있게 글을 써서 붙이거나 걸어 둠, 또는 그 기록.
게:-꽁지 명 지식이나 재주가 얕거나 보잘것없음을 비유하여 이르는 말. ¶-만 한 지식으로 무슨 큰소리인가.
-게끔 어미 '-게[4]'의 힘줌말. ¶우리는 아무도 모르게끔 그곳을 떠났다.
-게나 어미 명령이나 허락의 종결 어미 '-게'보다 완곡히 표현하는 말. ¶지금 가게나./자네 좋은 대로 하게나.
게나-예나 부 '거기나 여기나'가 줄어든 말.
게네 대 삼인칭 복수 대명사. 상대편의 무리를 조금 낮잡아 이르는 말. ¶-의 의견도 들어 보는 것이 좋겠다.
게놈(Genom 독) 명 생물이 생명을 유지하는 데 필요한 최소한의 염색체로서, 낱낱의 생물체가 가진 염색체의 한 조(組). 유전 형질을 나타내는 유전 정보가 들어 있음.
게다 부 '게다가'의 준말.
게다(∠げた. 下駄 일) 명 일본인이 신는 나막신. 왜나막신
게다가 부 ①'거기에다가'의 준말. ②그런 데다가 더하여서. ¶공부를 잘하고 - 운동까지 잘한다. 준 게다
게두덜-거리다 자 게걸거리며 두덜거리다.
게:-딱지 명 게의 등딱지. ¶- 같은 오두막집.
게뚜더기 명 눈두덩이 상처나 다래끼 자국으로 말미암아 살이 찌어맨 것처럼 된 눈, 또는 그런 눈을 가진 사람을 이르는 말.

게:류(憩流)[명] 밀물과 썰물이 바뀔 때, 한때 조수의 흐름이 거의 멈추는 상태. 게조(憩潮) ▷憩의 속자는 憇
게:르다(게르고·겔러)[형][르] '게으르다'의 준말.
게르마늄(Germanium 독)[명] 탄소족 원소의 하나. 회백색의 고체. 규소(硅素)와 함께 전형적인 반도체(半導體)로서 트랜지스터 등에 이용됨.〔원소 기호 Ge/원자 번호 32/원자량 72.59〕.
게르만(German 독)[명] 고대 유럽 북부에 살던, 게르만 어파(語派)에 딸린 민족. 백색 인종으로 키가 크며 눈동자가 파랗고, 금발(金髮)이 특징임. 오늘날의 독일인, 영국인, 네덜란드 인이 대표적임. 게르만족
게르만-족(German族)[명] 게르만
게르버-교(Gerber橋)[명] 형교(桁橋)의 한 가지. 연속 교량의 지점(支點) 사이사이에 쐐기 구실을 하는 경첩을 박아 안정적인 구조를 가진 다리. 지반(地盤)이 약한 곳에 건설함.
게르치[명] 게르칫과의 바닷물고기. 몸길이 50cm 안팎으로, 유어(幼魚)에서 성어(成魚)가 됨에 따라 몸빛이 갈색에서 흑자색으로 변함. 어릴 때는 얕은 곳에서 살다가 자라면 깊은 바다에서 지냄. 상피리. 석필어(石鮅魚)
게르트너-균(Gärtner菌)[명] 장염균(腸炎菌)
게:름[명] '게으름'의 준말. ☞개름
게:름-뱅이[명] '게으름뱅이'의 준말. ☞개름뱅이
게:름-쟁이[명] '게으름쟁이'의 준말. ☞개름쟁이
게리맨더링(gerrymandering)[명] 정당이 자기 당에 유리하게 선거구를 개정하는 일.
게릴라(guerrilla 에)[명] 소규모의 특수 부대나 비정규군이 그때그때 형편에 따라 고도의 변칙적인 전술로 주로 적의 배후나 측면을 기습하여 교란·파괴하는 전법, 또는 그 부대나 전투원. 유격대
게릴라-전(guerrilla戰)[명] 유격전(遊擊戰)
게마인샤프트(Gemeinschaft 독)[명] 공동 사회(共同社會) ☞게젤샤프트(Gesellschaft)
게:방(揭榜)[명]-하다[타] 방문(榜文)을 내어 붙임, 또는 내어 붙인 그 글.
게:-살[명] 게의 살.
게:살-전:유어(-煎油魚)[명] 전의 한 가지. 삶은 꽃게의 다리 살과 게장을 섞어 소금과 후추로 간을 하여 동글게 빚어 밀가루를 묻히고 달걀을 풀어 씌워 지진 음식.
게서[준] '거기에서'의 준말. ¶ - 무엇을 하고 있느냐?
게:-성운(-星雲)[명] 은하계 안의 성운의 하나. 크기와 질량이 크며, 강한 전파(電波)나 X선의 방사원(放射源)으로 알려짐.
게:송(偈頌)[명] 불교에서, 부처의 공덕을 기리는 노래를 이르는 말.
게스트(guest)[명] 방송 프로그램에 초대된 특별 출연자.
게슴츠레[부] 게슴츠레하게. 거슴츠레 ☞가슴츠레
게슴츠레-하다[형][여] 눈의 정기가 풀리어 흐리멍덩하다. 거슴츠레하다
게:시(揭示)[명]-하다[타] 여러 사람에게 알리기 위하여 써서 붙이거나 내어 걸어 두고 보게 함, 또는 그 글.
×**-게시리**[어미] → -게끔
게:시-문(揭示文)[명] 게시한 글.
게:시-물(揭示物)[명] 게시한 물건.
게:시-판(揭示板)[명] 게시하는 글·그림·사진 따위를 붙이는 판.
게:-아재비[명] 장구애빗과의 곤충. 몸길이 4cm 안팎. 몸은 막대 모양으로 가늘고 길며 사마귀와 비슷함. 몸빛은 누런 갈색에 윤이 남. 배 끝에는 몸길이만큼의 긴 호흡관이 있음. 못이나 늪 등지에 살며 어린 물고기나 곤충의 애벌레를 잡아먹음.
게:알-젓[명] 게의 알로 담근 젓.
게:알-탕:건(-宕巾)[명] 썩 곱게 뜬 탕건.
게:양(揭揚)[명]-하다[타] 높이 달아 올림. ¶국기를 -하다. ☞하기(下旗)
게염[명] 시새워서 탐내는 마음. ☞개염
게염-나다[자] 게염이 생기다. ☞개염나다
게염-내:다[자] 게염을 드러내다. ☞개염내다
게염-부리다[자] 게염스러운 짓을 하다. ☞개염부리다
게염-스럽다(-스럽고·-스러워)[형][ㅂ] 보기에 시새워 탐내는 욕심이 있다. ☞개염스럽다
게염-스레[부] 게염스럽게
게우다[타] ①먹은 것을 도로 입 밖으로 내어 놓다. ②부당하게 차지했던 남의 재물을 도로 내어 놓다.

[한자] **게울 구**(嘔)〔口部 11획〕¶구역(嘔逆)/구토(嘔吐)

게으르다(게으르고·게을러)[형][르] 활동하거나 일하기를 싫어하는 버릇이 있다. [준]게르다 ☞개으르다
[속담] **게으른 선비 책장 넘기기** : 하는 일에 전념하지 않고 그 일에서 벗어날 궁리만 함을 이르는 말.〔게으른 놈 밭고랑 세듯/풀 베기 싫어하는 놈이 단 수만 센다〕/**게으른 여편네 아이 핑계하듯** : 핑계를 대어 일을 하지 않음을 이르는 말.

[한자] **게으를 태**(怠)〔心部 5획〕¶권태(倦怠)/근태(勤怠)/나태(懶怠)/태만(怠慢)/태업(怠業)

게으름[명] 게으른 태도나 버릇. [준]게름 ☞개으름
게으름(을) 부리다[관용] 짐짓 게으른 짓을 하다.
게으름(을) 피우다[관용] 게으른 태도를 나타내다.
게으름-뱅이[명] 게으름쟁이 [준]게름뱅이 ☞개으름뱅이
게으름-쟁이[명] 게으른 사람. 게으름뱅이 [준]게름쟁이 ☞개으름쟁이
게을러-빠:지다[형] 몹시 게으르다. 게을러터지다 [준]겔러빠지다 ☞개을러빠지다
게을러-터:지다[형] 게을러빠지다 [준]겔러터지다 ☞개을러터지다
게을리[부] 게으르게 ¶일을 - 하다. [준]겔리 ☞개을리
게이(gay)[명] 남성 동성애자(同性愛者).
게이지(gauge)[명] ①철도 선로의 궤간(軌間). ②기계 공작물의 치수를 재는 기준이 되는 것, 또는 그 측정 계기. ③편물에서, 일정한 치수 안의 코의 수. ④표준 치수. 표준 규격.
게이트(gate)[명] 경마장에서, 출발 순간까지 말을 가두어 두는 칸.
게이트볼:(gate+ball)[명] 크리켓을 바탕으로, 일본에서 고안한 구기(球技)의 한 가지. 스틱으로 나무 공을 쳐서, 세 개의 문을 차례로 통과시켜 마지막에 골폴에 맞히어 끝내는 경기.
게임(game)[명] ①규칙을 정해 놓고 승부를 겨루는 놀이. ②운동 경기. ③〔의존 명사로도 쓰임〕 경기의 횟수를 세는 단위. ¶볼링 두 -. ④테니스에서, 상대자가 3점을 얻기 전에 4점을 얻은 경우나, 듀스 후에 상대자보다 2점을 더 얻은 경우.
게임포인트(game point)[명] 탁구나 배드민턴 등에서 승부가 결정되는 중요한 득점.
게:-자리[명] 십이 성좌(十二星座)의 하나. 봄에 천정(天頂) 가까이에 보이는 별자리인데, 사자자리의 서쪽에 있음. 3월 하순 오후 여덟 시 무렵에 자오선(子午線)을 통과함. 거해좌(巨蟹座) ☞황도 십이궁(黃道十二宮)
게:-장[명] 암게의 딱지 안에 있는 생식소(生殖巢) 등의 누르스름한 내용물. 장[2]. 해황(蟹黃)
게:-장(-醬)[명] ①산 게를 항아리에 담고 곯여서 식힌 간장을 부어 삭힌 음식. 그 간장을 다시 곯여서 식혀 붓기를 서너 번 함. 게젓 ②게젓을 담근 간장.
게:재(揭載)[명]-하다[타] 신문이나 잡지 등에 글이나 그림을 실음. ☞등재(登載)
게:재비-구멍[명] 가래나 보습 등의 날개 위쪽으로 벌어진 틈. 홈처럼 되어 있어 나무 바탕을 끼워 맞추는 자리.
게저분-하다[형][여] 보기에 좀 지저분하다. ☞께저분하다
게적지근-하다[형][여] 좀 지저분한 느낌이 있다. ☞께적지근하다
게접-스럽다(-스럽고·-스러워)[형][ㅂ] 좀 지저분하고 더럽다. ¶하는 짓이 -. ☞구접스럽다
게접-스레[부] 게접스럽게

게:-젓 명 게장
게정 명 못마땅하게 여기면서 떠드는 말이나 짓. ¶ -을 내다. /-을 부리다. /-을 피우다.
게정-거리다(대다) 자 못마땅해 하는 말이나 행동을 자꾸 하다.
게정-게정 부 게정거리는 모양을 나타내는 말.
게정-꾼 명 게정을 잘 부리는 사람.
게정-내:다 자 못마땅해 하는 말이나 행동을 나타내다.
게정-부리다 자 짐짓 짓궂게 게정을 내다.
게정-피우다 자 못마땅해 하는 말이나 행동을 겉으로 드러내다.
게젤샤프트(Gesellschaft 독) 명 이익 사회(利益社會) ☞게마인샤프트(Gemeinschaft)
게:조(憩潮) 명 게류(憩流)
게:-조치 명 꽃게로 끓인 찌개.
게:-줄 명 줄다리기에 쓰는 굵은 밧줄에, 여러 사람이 쥘 수 있도록 밧줄 양편에 맨 여러 가닥의 작은 줄.
게:줄-다리기 명 ①게줄을 잡고 하는 줄다리기. ②여러 사람이 하는 일에 한몫 끼는 일.
×**게집** 명 → 계집
게:-찜 명 찜의 한 가지. 게딱지의 속을 긁어 내고 게의 살과 다진 쇠고기, 표고·파·마늘 등을 버무려 도로 딱지에 넣고 밀가루와 달걀을 씌워 장국에 익힌 뒤에 고명을 얹은 음식.
게:-트림 명-하다 자 거만스럽게 하는 트림.
게:판(揭板) 명 시문을 새겨 누각에 걸어 두는 나무 판. ☞현판(懸板)
게:휴(憩休) 명-하다 자 휴게(休憩)
겐[1] 준 '고장(곳)'을 뜻하는 '게'에 조사 '-는'이 어울려 줄어든 말. ¶우리 겐 포도가 많이 난다.
겐[2] 준 대명사 '거기'에 조사 '-는', '-에는'이 어울려 줄어든 말. ¶ - 단풍으로 유명하지.
-겐 조 조사 '-게'와 '-는'이 어울려 줄어든 말. ¶네겐 그 모자가 어울리지 않아.
겔(Gel 독) 명 교질(膠質) 용액이 유동성을 잃고, 약간의 탄력성을 지닌 채 굳은 것. 젤라틴·셀룰로이드·한천·두부 따위. ☞졸(Sol)
겔:러-빠:지다 형 '게을러빠지다'의 준말. ☞갤러빠지다
겔:러-터지다 형 '게을러터지다'의 준말. ☞갤러터지다
겔렌데(Gelände 독) 명 ①바위 타기 기술의 연습장. ②스키 연습장.
겔:리 부 '게을리'의 준말.
겟:-국 명 국의 한 가지. 삶은 게의 살과 두부를 양념하여 함께 이겨, 속을 긁어 낸 게딱지에 담아 맑은장국에 넣고 끓인 국.
×**겟투**(get+two) 명 → 더블플레이(double play)
-겠- 선미 어간이나 '이다'의 '이-'에 붙어 ①말하는 이의 '의사·의도·의향'을 나타냄. ¶제가 책임지겠습니다. /곧 답장을 보내겠다. /길 좀 묻겠습니다. ②상대편의 의향을 묻는 뜻을 나타냄. ¶언제가 좋겠습니까? /동의하시겠습니까? ③'확인'의 뜻을 나타냄. ¶알겠습니까? /네, 알겠습니다. ④'예정'의 뜻을 나타냄. ¶열 시 정각에 도착하겠습니다. /곧 식을 올리겠습니다. ⑤'추측·짐작'의 뜻을 나타냄. ¶비가 오겠다. /값이 비싸겠다. /강이 풀리면 배가 오겠지. ⑥'가능성'을 나타냄. ¶힘이 산을 움직이겠다. /경기에 이기겠느냐? ⑦'사정(事情)'을 나타냄. ¶추워 죽겠습니다. /오죽하면 그러겠습니까? /일찍 출발하셔야겠지요.
겨 명 곡식의 겉껍질.
겨-기름 명 쌀겨에서 짜낸 기름. 공업용이나 식용으로 쓰임. 미강유(米糠油)
겨끔-내기 명 서로 번갈아 하기. [주로, '겨끔내기로'의 꼴로 쓰임.] ¶그들은 겨끔내기로 짐을 날랐다.
겨:냥 명 ①-하다 타 목표물을 겨눔. ②어떤 물건에 겨누어 정한 치수와 본새. 원 견양(見樣)
　겨냥(을) 보다 관용 ①목표물을 겨누어 보다. ¶정확히 겨냥 보아 총을 쏘다. ②실물을 겨누어 맞추어 보다.
겨:냥-내:다 타 실물을 겨누어 치수와 본새를 정하다.
겨:냥-대[-때] 명 겨냥내는 데 쓰는 막대기 따위.
겨:냥-대:다 타 ①목표물을 겨누어 보다. ②활이나 총 따위를 쏠 때에 목표물에 맞도록 어림을 잡다.
겨:냥-도(-圖) 명 건물 등의 모양이나 배치를 알기 쉽게 그린 그림.
겨누다 타 ①목표물을 맞히기 위해, 목표물의 방향과 거리를 똑바로 잡다. ¶과녁을 향해 총을 -. ②어떤 물체의 길이나 넓이 등을 알기 위해 대중이 될만 한 다른 물체로 마주 대어 보다.
겨눠-보다 타 ①겨누어서 헤아려 보다. ②길이나 넓이 등을 겨누어서 맞추어 보다.
겨-된:장 명 쌀겨로 만든 된장.
겨드랑 명 '겨드랑이'의 준말.
겨드랑-눈 명 종자식물의 잎겨드랑이에서 돋아나는 눈. 액아(腋芽)
겨드랑이 명 ①양쪽 어깨 아래의 오목한 부분. 액와(腋窩) ② 웃옷의 겨드랑이에 닿는 부분. ¶저고리의 -에 덧붙인 결마기. 준 겨드랑
겨레 명 한 조상에게서 태어난 자손들. ¶배달 -/-의 문화. 유 민족(民族)

> 한자 **겨레 족**(族) [方部 7획] ¶동족(同族)/민족(民族)/족보(族譜)/족속(族屬)/혈족(血族)
> **겨레 종**(宗) [宀部 5획] ¶종답(宗畓)/종중(宗中)/종씨(宗氏)/종친(宗親)/종파(宗派)

겨레-붙이[-부치] 명 같은 겨레를 이룬 사람들. 족당(族黨). 족속(族屬). 피붙이. 혈족(血族)
겨루기 명 태권도 등에서, 기본 동작을 단련하거나 응용하기 위하여 두 사람이 공격과 방어의 기술을 활용하여 기량을 겨루어 보는 일. 대련(對鍊) ☞맞춰겨루기. 자유겨루기
겨루다 타 ①서로 낫고 못함을 견주어 보다. ¶솜씨를 -. ②기예나 힘으로써 승패를 다투다. ¶힘을 -.

> 한자 **겨룰 경**(競) [立部 15획] ¶경기(競技)/경보(競步)/경연(競演)/경주(競走)/경합(競合)
> **겨룰 적**(敵) [攴部 11획] ¶대적(對敵)/무적(無敵)
> **겨룰 항**(抗) [手部 4획] ¶항론(抗論)/항쟁(抗爭)

겨룸 명-하다 타 서로 겨루는 일.
겨를 명 ①일을 하다가 쉬는 틈. 가극(暇隙) ¶끼니를 먹을 -도 없다. 준 결[4] ②잠시 다른 일을 할 짬. ¶변명할 -도 주지 않다. 여가(餘暇) ☞짬[1]. 틈

> 한자 **겨를 가**(暇) [日部 9획] ¶병가(病暇)/여가(餘暇)/촌가(寸暇)/한가(閑暇)/휴가(休暇)

겨릅 명 '겨릅대'의 준말.
겨릅-단 명 겨릅대를 묶은 단.
겨릅-대 명 껍질을 벗긴 삼대. 마골(麻骨) 준 겨릅
겨릅-문(-門) 명 겨릅을 결어서 만든 문.
겨릅-발 명 겨릅대로 엮은 발.
겨릅-이엉[-니-] 명 겨릅대로 엮은 이엉.
겨릅-호두(∠-胡桃) 명 껍질이 얇은 호두.
겨리 명 소 두 마리가 끄는 쟁기. 쌍겨리 ☞호리
겨리-질 명-하다 자 겨리로 논밭을 가는 일.
겨린(-隣) 명 지난날, 살인 사건이 났을 때, 그 범죄 현장 가까이에 사는 사람을 이르던 말.
　겨린(을) 잡다 관용 지난날, 살인 사건이 일어났을 때, 그 범죄 현장의 이웃 사람이나 그 현장 근처를 지나가는 사람까지도 증거인으로 삼음을 이르던 말.
　겨린(을) 잡히다 관용 겨린 잡음을 당하다.
겨릿-소 명 겨리를 끄는 소.
겨-반지기(-半-) 명 겨가 많이 섞인 쌀.
겨-범벅 명 쌀겨에 호박을 썰어 넣고 버무려 찐 음식.
겨우 부 ①근근히. 가까스로. 간신히 ¶ - 약속한 시간에 도착하다. /그가 사는 곳을 - 찾아내다. ②고작. 기껏 ¶가물 끝에 - 먼지를 가라앉힐 정도로 비가 내리다.

한자 겨우 근(僅)〔人部 11획〕¶근근(僅僅)/근근득생(僅僅得生)/근근부지(僅僅扶持)

겨우-겨우 부 매우 힘들게 겨우. ¶쇠약한 몸으로 — 견디어 내다.

겨우-내 부 겨울철 내내. 원겨울내 ☞가으내

겨우-살이[1] 명 겨울철을 나는 데 입고 먹을 옷가지나 양식, 땔감 등을 통틀어 이르는 말. ¶지난날에는 — 준비에 많은 힘이 들었지.

겨우-살이[2] 명 ①겨우살잇과의 식물을 두루 이르는 말. 기생목(寄生木) ②겨우살잇과의 상록 기생 관목. 잎은 길둥근 모양이며 마주 남. 이른봄에 담황색 꽃이 피고 열매는 10월경에 노랗게 익음. 서나무·자작나무·참나무 등에 붙어서 삶. 한방에서 줄기와 잎을 약재로 씀.

겨우살이-덩굴 명 '인동덩굴'의 딴이름.

겨우살이-풀 명 '맥문동(麥門冬)'의 딴이름.

겨울 명 네 철의 하나. 가을과 봄 사이의 철. 양력으로는 11월에서 1월까지이며, 음력으로는 10월에서 섣달까지임. 절기로는 입동(立冬)에서 입춘(立春)까지를 이름. 준결[3]

겨울을 나다 관용 겨울철을 지내어 넘기다. ¶겨울을 난 나리의 싹이 돋아나다.

속담 **겨울이 다 되어야 솔이 푸른 줄을 안다** : 사람은 위급하거나 어려운 고비를 당해 보아야 비로소 어떠한 사람인지를 알 수 있다는 말. /**겨울이 지나지 않고 봄이 오랴** : 세상일이란 일정한 차례가 있는 법이어서, 급하다고 해서 무슨 일이나 억지로 할 수는 없음을 이르는 말.

한자 겨울 동(冬)〔冫部 3획〕¶동계(冬季)/동기(冬期)/동면(冬眠)/동복(冬服)/동천(冬天)/월동(越冬)

겨울-나기 명 겨울을 나는 일. 월동(越冬)

겨울-날 명 ①겨울철의 날. ②겨울철의 날씨. 동일(冬日). 동천(冬天) ☞가을날

겨울-내 부 '겨우내'의 원말.

겨울-냉:면(-冷麵) 명 겨울에 동치미 국물에 말아 먹는 냉면.

겨울-눈 명 여름이나 가을에 생기어 겨울을 넘기고 이듬해 봄에 싹이 트는 눈. 동아(冬芽) ☞여름눈

겨울-딸:기 명 장미과의 낙엽 활엽 관목. 줄기는 땅 위로 뻗으며, 마디에서 뿌리가 내리고 잔털이 많음. 잎은 꼭지가 길며 손바닥 모양임. 6~7월에 흰 꽃이 피고 열매는 겨울에 빨갛게 익는데 먹을 수 있음.

겨울-바람[-빠-] 명 겨울철에 부는 찬 바람.

속담 **겨울바람이 봄바람보고 춥다 한다** : 성미가 고약한 이가 저보다 나은 이를 트집잡아 나무람을 이르는 말. 〔가랑잎이 솔잎더러 바스락거린다고 한다〕

겨울-밤[-빰] 명 겨울철의 밤. 동야(冬夜) ☞가을밤

겨울=방:학(-放學)[-빵-] 명 겨울철의 한창 추운 시기에 하는 방학. 동기 방학(冬期放學) ☞여름 방학

겨울-비[-삐] 명 겨울철에 내리는 비. 동우(冬雨)

겨울-새[-쌔] 명 우리 나라에, 가을에 북쪽 지방에서 날아와서 겨울을 나고, 봄에 다시 북쪽 지방으로 돌아가서 번식하는 철새. 한금(寒禽) ☞여름새

겨울-옷 명 겨울철에 입는 옷. 동복(冬服). 동의(冬衣) ☞봄가을옷. 여름옷

겨울-잠[-짬] 명 다람쥐나 박쥐, 개구리, 뱀 따위의 동물이 겨울 동안 활동을 멈춘 상태로 땅 속 등에서 이듬해 봄까지 잠자는 것과 같은 상태에 있는 현상. 동면(冬眠) ☞여름잠

겨울-채비 명 겨울을 날 준비.

겨울-철 명 겨울인 철. 동계(冬季). 동절(冬節) ☞가을철. 여름철

겨울-털 명 온대 지방의 새나 짐승이 가을에서 초겨울까지 털갈이를 하고 이듬해 봄까지 지니는 털. 동모(冬毛) ☞여름털

겨워-하다 타여 힘에 겹게 여기다. ¶맡은 일을 —.

겨자 명 ①겨잣과의 한해살이풀, 또는 두해살이풀. 밭에 재배하는 식물인데 줄기 높이는 1~2m. 잎은 깃꼴로 갈라지고 어긋맞게 나며 톱니가 있음. 4월경에 노란 꽃이 핌. 씨는 매우 작은데 매운 맛이 있어 양념과 약재로 쓰임. 잎과 줄기도 먹을 수 있는데 맛이 씀. ②겨자씨로 만든 매콤한 양념.

겨자-선 명 선의 한 가지. 무·배추·도라지·움파·편육·전복·해삼·배·밤 따위를 잘게 채 쳐서 초·꿀·깨소금 따위로 양념을 하고 겨자와 버무린 음식.

겨자-씨 명 ①겨자의 씨. 양념이나 약재로 쓰이고, 기름을 짜기도 함. ②매우 작은 것을 비유하여 이르는 말. ¶—만도 못한 존재.

겨자-장(-醬) 명 장의 한 가지. 겨자씨를 으깨어 종지에 담고 초를 친 물을 부어 휘저은 다음 헝겊 조각에 거른 즙만 항아리에 담아 봉해 두었다가, 쓸 때 초와 진간장을 쳐서 쓰는 장.

겨자-즙(-汁) 명 ①겨자에서 짜낸 즙. ②갠 겨자에 식초와 설탕, 닭 국물, 잣즙 등을 섞어 저은 양념의 한 가지.

겨자-채(-菜) 명 생채의 한 가지. 배추·오이·편육·죽순·전복·당근·해삼·배·알반대기를 얇고 네모지게 썰어서 겨자로 양념하여 버무린 생채.

겨자-초(-醋) 명 겨자에 식초를 섞은 양념.

겨-죽(-粥) 명 고운 쌀겨로 쑨 죽. 강죽(糠粥)

겨풀 명 볏과의 여러해살이풀. 우리 나라 남부의 연못이나 냇가에 자라는데 줄기 높이는 50~100cm. 가는 줄기의 밑동이 땅을 기다가 윗부분이 곧게 섬. 잎은 좁고 길며 꺼칠꺼칠한데 가을에 이삭 꽃이 원뿔 모양으로 핌.

격(格)[1] 명 ①그것이 지닌 조건이나 처지에 따라 이루어진 분수, 지위, 신분, 값어치 따위. ¶— 에 어울리는 옷차림. /—이 높은 작품. /—이 다르다. /—이 떨어지다. ②격식(格式) ¶제대로 —을 차리다. /—을 갖추어 입은 차림새. ③〈어〉문장에서 체언에 붙어 그 말의 성분을 나타내어 보이는 관계의 말을 이르는 말. '닭이 소를 보듯, 소가 닭을 보듯'에서 '-이, -를, -가, -을'이 각각 다른 말과의 관계를 나타내는 말임. ☞격조사(格助詞) ④삼단 논법에서, 대전제와 소전제에 포함된 매개념(媒概念)의 위치에 따라 분류되는 형식.

격(隔) 명 사이를 뜨게 하는 거리.

격을 두다 관용 서로의 사이에 거리를 두다. ¶친구 사이에 격을 두고 지내다.

격(이) 나다 관용 서로의 사이가 벌어지다. 격나다 ¶다정히 지내더니 격이 나게 되다.

격(檄) 명 격문(檄文)

격(格)[2] 의 ①명사 다음이나 용언(用言)의 관형사형 '-ㄴ(-은)', '-는' 다음에 쓰이어 '자격', '신분', '셈', '꼴' 등의 뜻을 나타냄. ¶그는 조감독 —이지. /호미로 막을 것을 가래로 막는 —이다. /달걀로 바위를 치는 —이다. ②화투나 윷놀이에서 끗수를 세는 단위. ¶다섯 —.

격감(激減) 명-하다 자타 갑자기 줆, 또는 갑자기 줄임. ¶인구가 —하다. /수확량이 —하다. ☞격증(激增)

격강(隔江) 명-하다 자 강을 사이에 두고 서로 떨어져 있음.

격강천리(隔江千里) 성구 강을 사이에 둔 가까운 거리에 있지만, 자주 오가는 일이 없어 마치 천리나 멀리 떨어져 있는 것 같음을 이르는 말.

격검(擊劍) 명-하다 자 검도(劍道)

격고(擊鼓) 명-하다 자 북을 두드림.

격구(擊毬) 명 ①무예 이십사반(武藝二十四般)의 하나. 말을 타고 달리면서 구장(毬杖)으로 공을 치는 무예를 이름. 격방(擊棒). 농장(弄杖). 농장희(弄杖戲) ②지난날, 말을 타고 하던 공치기 경기. 두 패로 갈라서 각각 말을 타고 내달아 구장(毬場)의 한복판에 놓인 홍(紅)·백(白)의 두 공 가운데 자기편의 공을 구장(毬場)으로 떠서 자기편 구문(毬門)으로 먼저 집어 넘기는 것으로 승패를 겨루었음.

격권(激勸) 명-하다 타 격려하여 권함.

격기(隔期) 어기 '격기(隔期)하다'의 어기(語基).

격기-하다(隔期-) 형여 기일까지의 동안이 가깝다.

격-나다(隔-) 자 서로의 사이가 벌어지다. ☞티격나다

격납-고(格納庫)명 비행기 따위를 넣어 두는 건물.
격년(隔年)명-하다자 ①서로 접촉이 없이 한 해 이상을 지냄. ②한 해를 거름, 또는 한 해씩 거름. 격세(隔歲). 해거리 ¶ —으로 풍년이 들다.
격년-결과(隔年結果)명 과실 나무의 열매가 해를 걸러 많이 열렸다 적게 열렸다 하는 현상. 해거리
격노(激怒)명-하다자 격렬하게 성냄.
격단(激湍)명 몹시 세차게 흐르는 여울.
격담(格談)명 격에 맞는 말.
격담(膈痰)명 한방에서, 가래가 가슴에 차는 증세를 이르는 말.
격돌(激突)명-하다자 세차게 부딪침.
격동(激動)명-하다자타 ①급격하게 움직임. ¶ —하는 국제 정세. ②몹시 감동함.
격-뜨기명-하다자 골패나 화투 따위로, 끗수를 맞추어 내기하는 노름의 한 가지.
격랑(激浪)명 ①거센 물결. 격파(激波) ¶쪽배가 —에 휘말리다. ②모진 시련을 비유하여 이르는 말. ¶ —을 헤치고 재기하다.
격려(激勵)명-하다타 용기나 의욕이 솟아나도록 북돋움. ¶많은 사람이 그에게 —의 글을 보내다.
격려-문(激勵文)명 격려하는 글.
격려-사(激勵辭)명 격려하는 말.
격렬(激烈)어기 '격렬(激烈)하다'의 어기(語基).
격렬-하다(激烈—)형여 몹시 세차다. ¶격렬한 논쟁.
 격렬-히부 격렬하게 ¶ — 반박하다.
격례(格例)명 격식이 된 관례.
격론(激論)명-하다자 맞서 격렬히 논쟁함, 또는 그 논쟁. ¶여야(與野)가 —을 벌이다.
격류(激流)명 세차게 흐르는 물. ¶배가 —에 휘말리다.
격리(隔離)명-하다타 ①한데 섞이지 않게 따로 떼어 놓음. ¶둘을 서로 —된 상태로 두다. ②전염병이 옮음을 막기 위해, 전염병 환자를 일정한 곳에 따로 수용하는 일. ③생물 개체의 생식 범위가 한정되어 있는 일.
격리=병:동(隔離病棟)명 격리 병사
격리=병:사(隔離病舍)명 전염병에 감염된 환자를 격리 치료하기 위하여 시설한 건물. 격리 병동
격리=처:분(隔離處分)명 전염병의 예방을 위하여 전염병에 감염된 환자를 강제적으로 격리 병원 등에 수용하여 치료하고, 감염이 예상되는 이를 일정 기간 격리 시설에 수용하는 행정 처분.
격린(隔隣)명-하다자 가까운 거리에 이웃하여 있음, 또는 그런 이웃.
격막(膈膜)명 ①생물체의 기관이나 조직 등을 가름하여 있는 막(膜). ②'횡격막(橫膈膜)'의 준말.
격면(隔面)명-하다타 친근하던 정분을 멀리하여 교제를 끊음. ☞절교(絕交)
격멸(擊滅)명-하다타 적을 쳐서 멸망시킴.
격무(激務)명 매우 바쁘고 고된 업무. 극무(劇務) ¶계속되는 —에 시달리다.
격문(檄文)명 ①어떤 주장을 펴서, 여러 사람의 동의(同意)를 얻으면서 행동을 부추기는 글. ②급히 여러 사람에게 알리려고 각처로 보내는 글. ③옛날에, 군사를 급히 모집하기 위하여 써 붙이던 글. 격(檄). 격서(檄書)
격물(格物)명-하다자 사물의 이치를 구명하여 궁극에 이르려 하는 일.
격물치:지(格物致知)성구 ①주자학(朱子學)에서, 사물이나 현상의 이치를 구명하여 자기의 지식을 닦아 극치에 이르는 일을 이르는 말. ②양명학(陽明學)에서, 바르지 않은 바를 바로잡아 타고난 지능을 갈고 닦는 일을 이르는 말. 준격치(格致)
격발(激發)명-하다자타 ①어떤 일이나 감정 등이 세찬 기세로 일어남. ②세차게 일으킴.
격발(擊發)명-하다자타 총의 방아쇠를 당겨 발사약을 폭발시킴. ☞발사(發射)
격방(擊棒)명 격구(擊毬)
격벽(隔壁)명 ①-하다자 벽을 사이에 둠. ②칸을 막은 벽.
격변(激變)명-하다타 상황 따위가 갑자기 심하게 변함. ¶ —하는 세계 정세.
격분(激忿)명-하다자 몹시 성을 냄.
격분(激憤)명-하다자 몹시 분개함.
격분(激奮)명-하다자 몹시 흥분함.
격살(擊殺)명-하다타 쳐서 죽임. 때려 죽임.
격상(格上)명-하다타 자격·등급·지위 등의 격을 높임. ¶지점(支店)에서 지사(支社)로 —하다. ☞격하
격상(激賞)명 매우 칭찬함. 격찬(激讚)
격서(檄書)명 격문(檄文) ¶ —를 띄우다.
격설(鴃舌)명 때까치의 지저귐이라는 뜻으로, 알아들을 수 없는 이민족(異民族)의 말을 낮잡아 이르는 말. 조어(鳥語)
격성(激聲)명 감정이 격하여 내는 음성.
격세(隔世)명-하다자 ①시대나 세대에 거리가 있는 것. ②많은 변화를 거친 다른 시대. ☞격세지감(隔世之感)
격세(隔歲)명-하다자 격년(隔年)
격세안면(隔歲顔面)성구 해가 바뀌도록 만나지 못하다가 오랜만에 만나는 얼굴을 이르는 말.
격세=유전(隔世遺傳)명 조상에게 있던 열성 유전 형질이 한 대 또는 여러 대를 걸러서 자손에게 나타나는 현상. 간헐 유전(間歇遺傳). 잠복 유전(潛伏遺傳)
격세지감(隔世之感)성구 모든 것이 아주 많이 변하여 마치 세대가 바뀐 것 같은 느낌을 이르는 말. ¶ —을 느끼다.
격쇄(擊碎)명-하다타 때려 부숨.
격식(格式)명 격에 어울리는 법식. ¶ —에 맞추다.
격실(隔室)명 따로 떨어져 있는 방 또는 공간.
격심(隔心)명 격의(隔意)
격심(激甚)어기 '격심(激甚)하다'의 어기(語基).
격심-하다(激甚—)형여 대단히 심하다. ¶격심한 훈련을 잘 견디어 내다. /격심한 통증.
 격심-히부 격심하게
격앙(激昂)명-하다자 흥분하여 몹시 화를 냄. ¶토론 중 —하여 탁자를 내리치다.
격야(隔夜)명-하다자 하룻밤을 거름, 또는 하룻밤씩 거름. ¶ —로 숙직하다.
격양(激揚)명-하다자 감정이나 기운 등이 세차게 일어남.
격양(擊壤)명-하다자 ①격양가(擊壤歌)의 고사(故事)에서, 태평한 세상을 즐기는 모습을 뜻하는 말. ②중국 고대 놀이의 한 가지. 신 모양의 나무를 땅 위에 놓고, 좀 떨어진 곳에서 같은 모양의 나무를 던져 맞추던 놀이.
격양(擊攘)명-하다타 적을 쳐 물리침. 격퇴(擊退)
격양가(擊壤歌)명 중국 상고(上古)의 요(堯) 임금 때, 늙은 농부가 태평한 세상을 기리어, 발로 땅을 구르며 불렀다는 노래. ▷擊의 속자는 撃
격어(激語)명 과격한 말.
격언(格言)명 사람이 살아가는 데 가르침이나 경계가 될 만 한 내용을 간결하게 나타낸 짧은 어구나 문장. ☞금언(金言)
격외(格外)명 일정한 표준이나 규격 등에 맞지 않는 일.
격원(隔遠)어기 '격원(隔遠)하다'의 어기(語基).
격원-하다(隔遠—)형여 동떨어지게 멀다. 절원하다
 격원-히부 격원하게
격월(隔月)명-하다자 한 달을 거름, 또는 한 달씩 거름. 간삭(間朔). 간월(間月)
격월-간(隔月刊)명 한 달씩 걸러 펴내는 간행물.
격음(激音)명〈어〉거센소리 ☞경음(硬音). 평음(平音)
격음-화(激音化)명〈어〉거센소리되기
격의(隔意)명 서로 터놓지 않는 속마음. 격심(隔心) ¶ —없이 의견을 발표하다.
격일(隔日)명-하다자 하루를 거름, 또는 하루씩 거름. 간일(間日) ¶배가 —로 다니는 섬.
격자(格子)명 ①대나무 도막을 이어 만든 갓끈의 도막 사이에 꿴 둥근 구슬. ②대오리나 가는 나무 오리 따위로, 가로세로를 일정한 간격으로 직각이 되게 짠 물건, 또는 그러한 형식. ③평면 또는 입체에서, 가로세로 같은 간격으로 반복된 무늬나 구조. ④결정 격자(結晶格子) ⑤

격자(擊刺)명-하다타 검이나 창 따위로 치고 찌름.
격자-무늬(格子－)명 바둑판처럼 가로세로 줄이 진 무늬.
격자-창(格子窓)명 창살을 격자로 짠 창.
격장(隔牆)명-하다자 담을 사이에 두고 이웃함. ¶－하여 자라던 옛 친구.
격장(激奬)명-하다타 격려하고 장려함.
격장-가(隔牆家)명 담을 사이한 이웃집.
격장지린(隔牆之隣)명 담을 사이에 둔 가까운 이웃.
격쟁(擊錚)명-하다타 ①꽹과리를 침. ②조선 시대, 원통한 사정이 있는 사람이 임금에게 하소연하고자 할 때, 거둥하는 길가에서 징이나 꽹과리를 쳐서 하문(下問)을 기다리던 일.
격전(激戰)명-하다자 격렬한 전투.
격절(隔絕)명-하다자 서로 사이가 떨어져 연락이 끊김.
격절(擊節)명-하다자 두드려 박자를 맞춤.
격절칭상(擊節稱賞)성구 격절탄상
격절탄:상(擊節歎賞)성구 무릎을 치며 탄복하여 칭찬하는 일. 격절칭상
격정(激情)명 ①억누를 수 없이 치미는 감정. ¶－으로 마음을 가누지 못하다. ②강한 욕망.
격조(格調)명 문장이나 시가(詩歌), 그림이나 음악 등 예술 작품이 지닌 기품 있는 운치나 가락. ¶－ 높은 시가.
격조(隔阻)명-하다자 ①오랫동안 서로 소식이 막힘. 적조(積阻) ¶일이 많아서 그 동안 －했네. ②서로 멀리 떨어져 통하지 못함. ¶가족이 －한 상태로 일생을 보내다.
격-조:사(格助詞)명 〈어〉조사의 한 갈래. 문장에서, 체언(體言)에 붙어 그 말과 다른 말과의 성분 관계를 나타내어 보이는 조사. '송충이가 갈잎을 먹으면 죽는다.'에서 '-가'는 주격(主格)의 조사이고 '-을'은 목적격(目的格)의 조사임. 격조사에는 주격, 서술격, 목적격, 보격, 관형격, 부사격, 호격이 있음. ☞보조 조사(補助助詞)

> ▶ **격조사의 갈래**
> ○ 주격 조사 : -가, -이 ○ 관형격 조사 : -의
> ○ 목적격 조사 : -을, -를 ○ 부사격 조사 : -에
> ○ 보격 조사 : -가, -이 ○ 서술격 조사 : -이다

격주(隔週)명-하다자 한 주일을 거름, 또는 한 주일씩 거름.
격증(激增)명-하다자 갑자기 늘거나 불어남. ¶계속된 폭우로 수량이 －하다. ☞격감(激減)
격지명 여러 겹으로 쌓이어 붙은 켜.
격지(隔地)명 멀리 떨어진 지방.
격지(隔紙)명 켜와 켜 사이에 끼운 종이.
격지-격지부 ①여러 격지로. ¶－ 덧붙인 광고지. ②격지마다.
격-지다(隔－)자 서로 뜻이 맞지 않아 사귐이 끊이다.
격지-자(隔地者)명 ①멀리 떨어진 지방에 있는 사람. ②민법에서, 한편의 의사 표시가 다른 편에 전달되기까지에 시간이 필요한 관계에 있는 사람을 이르는 말. ☞대화자(對話者)
격진(激震)명 지진의 세기에 따른 계급의 하나. 진도(震度) 7에 해당하는 것으로, 가옥이 무너지는 것이 30% 이상이며, 산사태가 일어나고 지면이 갈라지며 단층이 생기는 정도의 지진을 이름. 극진(劇震) ☞무감각 지진
격차(格差)명 ①등급·자격·가격 등의 차(差). ¶문화 정도의 －가 크다. ②품격·품위 등의 차(差).
격차(隔差)명 동떨어진 차이. ¶우열의 －를 좁히다.
격찬(激讚)명-하다타 매우 칭찬함. 격상(激賞) ¶그의 열연에 관중은 －을 아끼지 않았다.
격철(擊鐵)명 총포의 격발 장치. 공이치기
격추(擊追)명-하다타 뒤쫓아가면서 공격함. 추격(追擊)
격추(擊墜)명-하다타 적의 비행기나 미사일을 대공포나 미사일 등으로 쏘아 떨어뜨림.
격치(格致)명 '격물치지(格物致知)'의 준말.
격침(擊沈)명-하다타 적함 따위를 공격하여 가라앉힘.
격침(擊針)명 탄환의 뇌관을 쳐서 폭발하게 하는 송곳 모양의 총포 장치. 공이

격탁(擊柝)명 ①딱따기 ②-하다자 딱따기를 침.
격탕(激盪)명-하다자 심하게 뒤흔들림.
격통(激痛)명 심한 아픔.
격퇴(擊退)명-하다타 적을 쳐 물리침. 격양(擊攘)
격투(格鬪)명-하다자 서로 맞붙어 치고 받으며 싸움. 박전(搏戰)
격투(激鬪)명-하다자 심하게 싸움.
격투-기(格鬪技)명 두 사람이 맞붙어 싸워 승패를 가리는 경기. 권투·유도·씨름·레슬링 따위.
격파(激波)명 거센 물결. 격랑(激浪)
격파(擊破)명-하다타 ①쳐서 부숨. ¶맨손으로 벽돌을 －하다. ②적을 공격하여 무찌름. ③적에게 손해를 입힘. ¶적함(敵艦)을 －하다.
격판(隔板)명 뱃짐이 놀지 않도록 선창 안에 만든 칸막이 판자.
격하(格下)명-하다타 자격·등급·지위 등의 격을 낮춤. ¶등급을 －하다. ☞격상(格上)
격-하다(激－)[1]자여 벌컥 성을 내거나 흥분하다. ¶격하기 쉬운 성미.

> 한자 **격할 격**(激)〔水部 13획〕¶격노(激怒)/격분(激忿)/격성(激聲)/격앙(激昂)/격어(激語)

격-하다(檄－)자여《文》떨치고 일어날 것을 호소하다.
격-하다(隔－)타여《文》시간 또는 공간에 사이를 두다. ¶하루를 격하여 번을 서다.
격-하다(激－)[2]형여《文》성미가 급하고 거세다. ¶격한 어조로 소견을 말하다.
격화(激化)명-하다자 격렬해짐.
격화소양(隔靴搔癢)성구 신을 신고 발바닥의 가려운 데를 긁는다는 뜻에서, 생각대로 되지 아니하여 마음에 차지 않음을 이르는 말, 또는 핵심을 찌르지 못하고 겉돌기만 하여 안타까움을 이르는 말. 격화파양(隔靴爬癢)
격화일로(激化一路)성구 오직 격렬해질 뿐임을 이르는 말. ¶사태가 －로 치닫다.
격화파양(隔靴爬癢)성구 격화소양(隔靴搔癢)
격회(隔灰)명-하다자 관을 묻을 때, 관을 앉을 자리에 넣고 그 주위를 석회로 메우는 일.
겪다[격－]타 ①일을 당하여 치르다. ¶갖은 어려움을 －./산전수전을 다 －. ②손을 청하여 음식을 대접하다. ¶온 날을 손님 겪는 일로 바쁘게 지내다.
겪이명 음식을 차려 남을 대접하는 일.
견(絹)명 ①누에고치에서 자아낸 섬유. ②견사(絹絲)로 짠 깁. ③'견본(絹本)'의 준말.
견(籈)명 국악기인 어(敔)를 긁어 소리를 내는 채. 대나무의 끝을 아홉 쪽으로 갈라 만듦.
견가(繭價)[－까]명 누에고치의 값.
견:각(見却)명-하다자 남에게서 거절을 당함. 견퇴(見退)
견갑(肩胛)명 '견갑골'의 준말.
견갑(堅甲)명 ①튼튼한 갑옷. ②단단한 갑각(甲殼).
견갑-골(肩胛骨)명 어깨뼈 준갑골(胛骨). 견갑(肩胛). 견골(肩骨)
견갑=관절(肩胛關節)명 견관절(肩關節)
견갑-근(肩胛筋)명 견갑에 붙어 있는 근육.
견갑이:병(堅甲利兵)[－니－]성구 ①튼튼한 갑옷과 날카로운 무기를 뜻하는 말. ②강한 병력을 뜻하는 말.
견강(堅剛)어기 '견강(堅剛)하다'의 어기(語基).
견강(堅強)어기 '견강(堅強)하다'의 어기(語基).
견강부:회(牽強附會)성구 당치않은 말을 억지로 끌어대어 조건에 맞추려 함을 이르는 말.
견강-하다(堅剛－)형여 성질이 야무지고 단단하다.
  견강-히부 견강하게
견강-하다(堅強－)형여 굳세고 힘이 세다.
  견강-히부 견강하게
견개(狷介)어기 '견개(狷介)하다'의 어기(語基).
견개-하다(狷介－)형여 고집이 세고 지조가 굳다.
견:경(見輕)명-하다자 남에게서 업신여김을 당함.

견경(堅硬) [어기] '견경(堅硬)하다'의 어기(語基).

견경-하다(堅硬-) [형여] 굳고 단단하다.

견경-히 [부] 견경하게

견고(堅固) [어기] '견고(堅固)하다'의 어기(語基).

견고-하다(堅固-) [형여] ①굳고 튼튼하다. 견뢰하다 ¶ 견고한 요새. ②의지가 굳고 흔들림이 없다. ¶견고한 신념./견고한 결의.

견고-히 [부] 견고하게

견:곤(見困) [명] -하다 [자] 어려운 고비를 겪게 됨.

견골(肩骨) [명] '견갑골(肩胛骨)'의 준말.

견공(犬公) [명] '개'를 의인화하여 친근하게 이르는 말. ☞우공(牛公)

견과(堅果) [명] 단단한 껍데기 속에 한 개의 씨만이 들어 있는 나무 열매를 통틀어 이르는 말. 호두·은행·밤 따위. 각과(殼果)

견-관절(肩關節) [명] 견갑골과 상박골 사이의 구관절(球關節). 견갑 관절(肩胛關節)

견권(繾綣) [어기] '견권(繾綣)하다'의 어기(語基).

견권지정(繾綣之情) [성구] 정의가 두터워 못내 잊히지 아니하는 정을 이르는 말.

견권-하다(繾綣-) [형여] 정의가 두터워 잊을 수 없다.

견기(見棄) [명] -하다 [자] 남에게서 버림을 받음.

견:기(見機) [명] -하다 [자] ①기미를 알아차림. ②기회를 엿봄.

견:기지재(見機之才) [성구] 기미를 알아차리는 재간, 또는 그런 재간이 있는 사람을 이르는 말.

견단-화(絹緞靴) [명] 비단으로 만든 신.

견대(肩帶) [명] ①전대(纏帶) ②상지대(上肢帶)

견대미 [명] 실꾸리를 결을 때에 실가락을 가로 걸치는 자그마한 틀.

견돈(犬豚) [명] ①개와 돼지. ②개나 돼지와 같다는 뜻으로, 도리를 모르는 못난 사람을 비유하여 이르는 말.

견두(肩頭) [명] 어깨, 또는 어깨 끝.

견디다 [자타] ①잘 배겨내다. ¶추위에도 잘 견디는 화초. ②잘 참아 내다. ¶이별의 아픔을 —. ③본디대로 잘 지탱하다. ¶가죽 제품이 오래 —.

[한자] 견딜 내(耐)〔而部 3획〕¶감내(堪耐)/내구(耐久)/내성(耐性)/내열(耐熱)/내진(耐震)/인내(忍耐)

견딜-성(-性)[-썽] [명] 견디어 내는 성질. 인내성

견딜-심[-씸] [명] 견디어 내는 힘. 인내력(忍耐力) ¶소의 —은 대단하다.

견련(牽連·牽聯) [명] -하다 [자타] ①서로 얽히어 관련됨. ②서로 끌어당기어 관련되게 함.

견련-범(牽連犯) [명] 범죄의 수단이나 결과의 행위가 다른 죄명에도 관련되는 범죄.

견련-보다(牽連-) [자] ①서로가 은근히 겁내거나 꺼리다. ②서로가 원수같이 미워하다.

견:론(見論) [명] 불교에서, 모든 법의 이치를 모르고 그릇된 견해로써 말하는, 아무 뜻도 없는 언론을 이르는 말.

견뢰(堅牢) [어기] '견뢰(堅牢)하다'의 어기(語基).

견뢰-하다(堅牢-) [형여] 굳고 튼튼하다. 견고하다

견루(堅壘) [명] 방비나 구조가 견고하여 쳐부수기 어려운 보루.

견:리망의(見利忘義) [성구] 이익을 보면 의리를 잊음을 이르는 말. ☞견리사의

견:리사의(見利思義) [성구] 앞에 이익이 보일 때, 의리를 먼저 생각함을 이르는 말. ☞견위치명(見危致命)

견마(犬馬) [명] ①개와 말, 또는 개나 말. ②개나 말처럼 천하고 보잘것없는 것이라는 뜻으로, 윗사람에게 자기를 아주 낮추어 이르는 말. ¶—의 정성.

견마(牽馬) [명] '경마'의 원말.

견마-배(牽馬陪) [명] 견마부(牽馬夫)

견마-부(牽馬夫) [명] 조선 시대, 사복시(司僕寺)에 딸리어 긴경마 또는 경마를 잡던 거덜. 견마배

견마지년(犬馬之年) [성구] 견마지치(犬馬之齒)

견마지령(犬馬之齡) [성구] 견마지치(犬馬之齒)

견마지로(犬馬之勞) [성구] ①임금이나 나라를 위해서 몸과 마음을 다하는 노력을 아주 겸손하게 이르는 말. ②윗사람이나 남을 위하여 자기가 바치는 노력을 아주 겸손하게 이르는 말.

견마지성(犬馬之誠) [성구] 윗사람에게 자기의 성심을 아주 겸손하게 이르는 말.

견마지심(犬馬之心) [성구] 임금에 대한 충성심을 비유하여 이르는 말.

견마지치(犬馬之齒) [성구] 개나 말처럼 헛되이 먹은 나이라는 뜻으로, 자기의 나이를 아주 낮추어 이르는 말. 견마지년. 견마지령

견만(牽挽) [명] -하다 [타] 손을 잡고 이끎.

견면(繭綿) [명] 고치솜

견:모(見侮) [명] -하다 [자] 남에게서 업신여김을 당함.

견모(絹毛) [명] ①견사(絹絲)의 모사(毛絲). ②견직물(絹織物)과 모직물(毛織物).

견목(樫木) [명] '떡갈나무'의 딴이름.

견묘(犬猫) [명] 개와 고양이.

견묘(畎畝) [명] 밭의 고랑과 이랑.

견묘지간(犬猫之間) [성구] 개와 고양이 사이라는 뜻으로, 서로 좋지 못한 관계를 비유하여 이르는 말.

견:문(見聞) [명] ①-하다 [타] 보고 들음. ②보고 들어서 깨달아 얻은 지식. 문견(聞見) ¶—을 넓히다.

견:문각지(見聞覺知) [명] 불교에서, 눈으로 빛을 보고, 귀로 소리를 듣고, 코로 냄새를 맡고, 혀로 맛을 느끼고, 몸으로 촉감을 알고, 뜻으로 법(法)을 앎을 이르는 말. ☞육식(六識)

견:문-록(見聞錄)[-녹] [명] 견문한 것을 적은 글.

견:문발검(見蚊拔劍) [성구] '모기 보고 칼 빼기'라는 말을 한문식으로 옮긴 구(句)로, 대수롭지 아니한 작은 일을 놓고 크게 성을 내거나 큰 대책을 세운다는 뜻. ☞노승발검(怒蠅拔劍). 우도할계(牛刀割鷄)

견:물생심(見物生心) [성구] 실물을 보면 가지고 싶은 욕심이 생김을 이르는 말.

견박(肩膊) [명] 어깨의 바깥쪽, 상박(上膊)의 윗머리 부분.

견박-골(肩膊骨) [명] 견박의 뼈.

견:반(見盤) [명] 지난날, 갱 속에서 쓰던 나침반.

견방(絹紡) [명] '견사 방적(絹絲紡績)'의 준말.

견방-사(絹紡絲) [명] 방적 견사

견백동이(堅白同異) [성구] 중국 전국 시대의 사상가 공손용(公孫龍)이 논한 궤변. 단단하고 흰 돌이 있을 경우, 눈으로 보아 빛깔이 희다는 사실은 알 수 있으나 단단함은 알 수 없으며, 손으로 만져 보아 그것의 단단함은 알 수 있으나 빛깔이 흼은 알 수 없으므로, 단단한 돌과 흰 돌은 동일한 것이 아니라고 말하는 논법(論法).

견벌-하다(譴罰-) [타여] 잘못을 꾸짖어 벌하다.

견법(見法)[-뻡] [명] -하다 [자] 불교에서, 진언(眞言)을 공부하는 이가 깨끗하고 진실한 마음으로 실상(實相)을 자세히 관찰하여 그 참뜻을 잘 깨침을 이르는 말.

견:본(見本) [명] 본보기 상품. 샘플 ¶제품의 —.

견본(絹本) [명] ①서화(書畫)에 쓰는, 재단한 깁 바탕. ②깁 바탕에 쓴 글씨나 그림. [준]견(絹)

견:본=매매(見本賣買) [명] 상품의 견본을 보고 사고 팔고 하는 일.

견:본=시:장(見本市場) [명] 상품의 견본을 전시·진열해 두고, 선전하면서 거래하는 시장.

견부(肩部) [명] 어깨 부분.

견부(牽夫) [명] 말구종

견:불(見佛) [명] -하다 [자] 불교에서, 수행과 신앙의 힘에 의지하여 자기의 불성(佛性)을 깨달음을 이르는 말.

견:불-문:법(見佛聞法) [명] 불교에서, 눈으로 대자대비한 부처를 보고, 귀로 오묘한 교법을 들음을 이르는 말.

견비(肩臂) [명] 어깨와 팔.

견비-통(肩臂痛) [명] 어깨와 팔이 저리고 아픈 신경통.

견사(絹紗) [명] 견(絹)과 사(紗).

견사(絹絲) [명] 깁이나 비단을 짜는 명주실.

견사(絹篩) [명] 깁체

견사(繭絲) [명] 누에고치에서 뽑아낸 실. 명주실 ☞생명주

실. 생사(生絲). 실
견사=방적(絹絲紡績)명 지스러기 고치나 풀솜으로 실을 켜는 일. 준 견방(絹紡)
견:사생풍(見事生風)성구 일을 당하면 손바람이 난다는 뜻으로, 일 처리를 재빨리 함을 이르는 말.
견사-선(絹絲腺)명 나비목·날도래목 곤충의 애벌레가 가진 분비선. 고치나 집을 지을 때 실을 분비함. 실샘
견상(肩上)명 선가(禪家)에서, 자기보다 윗자리에 있는 사람을 이르는 말. ☞견하(肩下)
견새(堅塞)명 방비가 튼튼한 요새.
견성(犬星)명 남쪽 하늘에 있는, 큰개자리와 작은개자리의 두 별자리.
견:성(見性)명-하다자 선종(禪宗)에서, 온갖 망념과 미혹을 떨쳐 버리고, 자기가 본래 타고난 불성(佛性)을 깨달음을 이르는 말.
견성(堅城)명 ①방비가 튼튼한 성. ②튼튼히 쌓은 성벽.
견:성성공(見性成功)성구 자기가 본래 타고난 불성(佛性)을 깨달아 불과(佛果)를 얻음을 이르는 말.
견:성성불(見性成佛)성구 자기가 본래 타고난 불성(佛性)을 깨달아 부처가 됨을 이르는 말.
견수(堅守)명-하다타 굳게 지킴. 고수(固守)
견순(繭脣)명 한방에서, 입술이 오그라져 입을 마음대로 벌리지 못하는 급성병을 이르는 말. 긴순(緊脣)
견:습(見習)명 수습(修習)
견:습-생(見習生)명 수습생(修習生)
견:식(見識)명 사물의 본질을 올바르게 판단할 수 있는 능력. 식견(識見) ¶ ―이 있다./높은 ―을 가진 사람.
견신(牽伸)명-하다타 당기어 늘임.
견실(堅實)어기 '견실(堅實)하다'의 어기(語基).
견실-하다(堅實―)형여 하는 일이나 생각이 미덥고 확실하다. ¶견실한 젊은이. 유 착실하다
 견실-히 부 견실하게
견실-주의(堅實主義)명 모든 일을 견실히 하려는 주의.
견아(犬牙)명 ①개의 엄니. 개의 이빨. ②개의 엄니처럼, '양쪽이 서로 어긋맞음'을 비유하여 이르는 말. ③한방에서, 짐신나물의 뿌리를 약재로 이르는 말. 아자(牙子)
견아-방해석(犬牙方解石)명 개의 이빨처럼 뾰족한 결정을 가진 방해석. 견아석(犬牙石)
견아상제(犬牙相制)성구 이웃한 두 나라의 영토 경계를 개의 엄니처럼 어긋맞게 하여 서로 견제하도록 함을 이르는 말. 견아상착(犬牙相錯)
견아상착(犬牙相錯)성구 견아상제(犬牙相制)
견아-석(犬牙石)명 견아방해석(犬牙方解石)
견:양(見樣)명 '겨냥'의 원말.
견양지질(犬羊之質)성구 개나 양과 같은 소질이라는 뜻으로, 재능이 없는 바탕을 비유하여 이르는 말.
견여(肩輿)명 대방상(大方牀)을 쓰는 행상(行喪)에서, 좁은 길을 지날 때 임시로 쓰는 간단한 상여(喪輿).
견예(牽曳)명-하다타 견인(牽引)
견:오(見忤)명-하다자 남에게서 미움을 받음. 견증(見憎)
견:욕(見辱)명-하다자 남에게서 욕된 일을 당함. 욕을 봄. 봉욕(逢辱)
견용=동:물(牽用動物)명 소나 말처럼 농기구나 수레 등을 끌리는 데 이용하는 동물.
견우(牽牛)명 ①'견우성'의 준말. ②'나팔꽃'의 딴이름.
견우-성(牽牛星)명 독수리자리의 수성(首星). 하고(河鼓). 하고성(河鼓星) 준 견우(牽牛) ☞짚신할아비
견우-자(牽牛子)명 한방에서, 나팔꽃의 씨를 약재로 이르는 말. 초금령(草金鈴)
견우=직녀(牽牛織女)명 견우성(牽牛星)과 직녀성(織女星)을 아울러 이르는 말.
견우-화(牽牛花)명 '나팔꽃'의 딴이름.
견-운모(絹雲母)명 명주실과 같은 윤이 나는, 비늘 모양의 백운모(白雲母). 도자기, 도료 등의 재료로 쓰임.
견원(犬猿)명 ①개와 원숭이. ②서로 사이가 나쁜 두 사람을 비유하여 이르는 말.
견원지간(犬猿之間)성구 개와 원숭이 사이라는 뜻으로, 서로 좋지 못한 관계를 비유하여 이르는 말.

견:위수명(見危授命)성구 견위치명(見危致命)
견:위치:명(見危致命)성구 나라가 위급할 때 제 몸을 나라에 바침을 이르는 말. 견위수명(見危授命) ☞견리사의(見利思義)
견유(犬儒)명 ①견유 학파에 딸리는 사람. ②사회의 모든 기성 사실을 멸시하고 세상을 비꼬며 비뚤어진 눈으로 보는 사람.
견유-주의(犬儒主義)명 시니시즘(cynicism)
견유=학파(犬儒學派)명 키니코스 학파
견인(牽引)명-하다타 끌어당김. 견예(牽曳) ¶고장난 차를 레커차로 ―하다.
견인(堅忍)명-하다타 굳게 참고 견딤.
견인(堅靭)어기 '견인(堅靭)하다'의 어기(語基).
견인-력(牽引力)[―녁]명 끌어당기는 힘. 당길심
견인불발(堅忍不拔)성구 괴로움 따위를 잘 참고 견디어 마음이 흔들리지 아니함을 이르는 말.
견인=자동차(牽引自動車)명 다른 차량을 끌어 운반하는 특수 자동차의 한 가지. 트랙터나 레커차 따위. 견인차
견인-주의(堅忍主義)명 금욕주의(禁慾主義)
견인-차(牽引車)명 ①짐을 실은 차량을 끄는 기관차. ②견인 자동차(牽引自動車) ③단체나 모임 따위에서, 앞장서서 행동하는 사람을 비유하여 이르는 말.
견인-통(牽引痛)명 한방에서, 근육이 땅기거나 켕기어 아픈 증세를 이르는 말.
견인-하다(堅靭―)형여 단단하고 질기다.
견잠(繭蠶)명 고치를 지은 누에.
견장(肩章)명 제복의 어깨에 붙여 관직이나 계급 따위를 나타내는 표장.
견장(肩墻)명 야전(野戰)에서, 대포(大砲)와 포수를 가리려고 쌓은 담.
견:적(見積)명 추산(推算)
견:적-서(見積書)명 추산서(推算書)
견전(遣奠)명 '견전제'의 준말.
견전-제(遣奠祭)명 발인(發靷)할 때 대문 밖에서 지내는 제사. 준 견전 ☞거리제
견제(牽制)명-하다타 ①상대편에게 어떤 작용을 하여 자유로이 행동하지 못하게 제지함. ¶경쟁 회사를 ―하다./야구에서 주자를 ―하다. ②작전상 적을 자기편에 유리한 방향으로 끌어들이어 전술 활동을 억제함. 견철(牽掣)
견제-구(牽制球)명 야구에서, 주자의 도루를 막거나 베이스를 떠나 있는 주자를 아웃시키려고 투수나 포수가 내야수에게 던지는 공.
견족(繭足)명 한방에서, 손바닥이나 발바닥이 심한 마찰로 말미암아 물이 잡혀 꽈리처럼 부풀어오른 것.
견주(繭紬)명 지난날, 중국 산둥〔山東〕 지방에서 생산되던, 산누에의 실로 짠 명주. 산동주(山東紬)
견주다타 ①둘 이상의 사물의 다른 점이나 낫고 못한 것 등을 알기 위해 서로 대어 보다. ¶형과 아우의 몸무게를 견주어 보다./두 나라의 인구 밀도를 견주어 보다. ②능력이나 세력 등을 나타내어 보이어, 그 차(差)를 알아보다. ¶두 선수의 순발력을 견주어 보다.

한자 견줄 비(比)〔比部〕 ¶대비(對比)/비가(比價)/비교(比較)/비등(比等)/비례(比例)/비율(比率)
 견줄 교(較)〔車部 6획〕 ¶계교(計較)/교량(較量)

견줄-비(―比)명 한자 부수(部首)의 한 가지. '昆'·'毖' 등에서 '比'의 이름.
견:중(見重)명-하다자 남에게서 소중히 여김을 받음.
견:증(見憎)명-하다자 남에게서 미움을 받음. 견오(見忤)
견지명 물고기를 낚을 때, 낚싯줄을 감았다 풀었다 하는 데 쓰는 납작한 얼레.
견:지(見地)명 어떤 사물을 보거나 판단하는 때의 생각의 방향. 관점(觀點) ¶대국적인 ―.
견지(堅持)명-하다타 어떤 생각이나 태도 등을 굳게 지님, 또는 굳게 지킴. ¶자기의 주장을 ―하다.

견지-낚시[-낙-]명 견지질로 물고기를 낚는 일.
견지-질명 견지로 물고기를 낚을 때, 물 흐름에 맡긴 낚싯줄을 감았다 풀었다 하는 짓.
견직(絹織)명 '견직물'의 준말.
견직-물(絹織物)명 명주실로 짠 피륙. 준견직
견진(堅陣)명 방비를 단단히 한 진(陣).
견진(堅振)명 '견진 성사'의 준말.
견진=성:사(堅振聖事)명 가톨릭의 일곱 성사의 하나. 세례 성사를 받은 신자가 더욱 굳건한 믿음을 가지고 성령과 은총을 많이 받도록 주교가 신자의 이마에 성유(聖油)를 발라 주는 성사(聖事). 준견진(堅振)
견집(堅執)명-하다타 굳게 잡고 있음.
견짓-살명 닭의 죽지에 붙어 있는 흰 살.
견차(肩次)명 어깨차례
견:책(見責)명-하다자 남에게서 책망을 당함.
견:책(譴責)명-하다타 ①잘못을 꾸짖고 나무람. ②공무원에 대한 징계 처분의 한 가지. 잘못을 꾸짖고 앞으로 그런 일이 없도록 다짐을 받아 두는 벌.
견:척(見斥)명-하다자 남에게서 배척을 당함.
견철(牽掣)명-하다타 견제(牽制)
견:축(見逐)명-하다자 남에게서 내쫓음을 당함. 견출
견:출(見黜)명-하다자 견축(見逐)
견치(犬齒)명 송곳니
견:탁(見濁)명 불교에서 이르는 오탁(五濁)의 하나. 말법(末法) 시대에 나쁜 교법이 일어나 세상이 어지럽게 되는 상태를 이르는 말. ☞겁탁(劫濁)
견:탈(見奪)명-하다타 빼앗김.
견:태(見汰)명-하다자 관직에서 쫓겨남.
견토지쟁(犬兎之爭)성구 개와 토끼가 다투다가 둘 다 지쳐 죽자 농부가 이를 주워 갔다는 데서, 두 사람의 싸움에 제삼자가 이익을 봄을 이르는 말. ☞방휼지쟁(蚌鷸之爭). 어부지리(漁夫之利)
견:퇴(見退)명-하다자 남에게서 거절을 당함. 견각(見却)
견:파(譴罷)명-하다타 지난날, 잘못이 있는 관원을 꾸짖고 파면하던 일.
견:패(見敗)명-하다자 ①지게 됨. ②실패함.
견폐(犬吠)명-하다자 개가 짖음.
견폐(蠲弊)명-하다타 폐해를 없앰.
견폐성=해수(犬吠性咳嗽)[-썽-]명 목을 길게 빼고 개가 짖는 소리와 같은 소리를 내는 기침.
견포(絹布)명 ①명주와 무명. ②비단
견하(肩下)명 선가(禪家)에서, 자기보다 아랫자리에 있는 사람을 이르는 말. ☞견상(肩上)
견:학(見學)명-하다타 어떤 것을 실지로 보고 지식을 넓힘. ¶박물관을 -하다.
견:해(見害)명-하다자 손해를 봄.
견:해(見解)명 어떤 사물에 대한 생각이나 의견. ¶- 차이가 크다. ☞관점(觀點)
견형(繭形)명 고치 모양.
견혼-식(絹婚式)명 결혼 기념식의 한 가지. 서양 풍속으로, 결혼 12주년을 맞아 부부가 비단옷을 선물로 주고받으며 기념함. ☞석혼식(錫婚式)
견확(堅確)어기 '견확(堅確)하다'의 어기(語基).
견확-하다(堅確-)형여 꿋꿋하고 확실하다.
견:회요(遣懷謠)명 조선 광해군 10년(1618)에, 윤선도(尹善道)가 함경도 경원(慶源)에서 귀양살이하며 지은 다섯 수의 연시조(連時調). 사친(思親)과 충효(忠孝)를 노래한 것으로 '고산유고(孤山遺稿)'에 실려 전함.
겯:거니-틀거니부 서로 겨루느라고 이리 겯고 저리 틀고 하는 모양을 나타내는 말.
겯:고-틀다(-틀고·-트니)타 지지 않으려고 서로 버티어 겨루다.
겯:다[1](겯고·결어)자ㄷ ①기름기 따위가 스미어 배다. ¶기름에 결은 장판지./땀에 결은 운동복. ②일이나 솜씨 등이 익어서 몸에 배다. ¶손에 결은 솜씨.
겯:다[2](겯고·결어)타ㄷ 기름 따위를 스미어 배게 하다. ¶장판지를 들기름으로 -.
겯:다[3](겯고·결어)타ㄷ ①대·갈대·싸리 따위로 서로 씨와 날이 어긋매끼게 엮어 짜다. ¶대로 결어 만든 소쿠리. ②서로 어긋매끼게 세우거나 걸치다. ¶총을 결어 두다./어깨를 -. ③실꾸리를 만들려고 실을 어긋맞게 감다. ¶실꾸리에 실을 결어 감다.
겯:다[4](겯고·결어)타ㄷ 암탉이 알을 낳을 즈음 골골 소리를 내다. ¶암탉의 알을 겯는 소리.
겯-지르다(-지르고·-질러)타르 ①서로 엇결리게 걸다. ②엇결어 다른 쪽으로 지르다.
겯-질리다자 ①어떤 일이 이리저리 엇결리어 서로 거리끼다. ②어떤 일이 힘에 겨워 기운이 결리고 질리다. ③겯지름을 당하다.
결[1]명 ①살갗이나 돌, 나무 따위의 겉면에 나타나 있는 켜의 상태나 무늬. ¶살갗의 -이 곱다./나무의 -. ②물건의 겉면이 손에 닿는 느낌. ¶-이 보드라운 잎.
결[2]명 ①'성결'의 준말. ¶-이 고운 아이. ②'결기'의 준말. ¶-이 있는 젊은이.
　결이 나다관용 결기가 나다.
　결(이) 바르다관용 성격이나 마음씨가 곧고 바르다. ¶결이 바른 정치인.
　결이 삭다관용 일어났던 결기나 거센 기운이 풀리어 부드럽게 되다.
결:[3]명 '겨울'의 준말. ☞갈[2]
결[4]의 ①'때', '사이', '짬'의 뜻. [대개 '결에'의 꼴로 쓰임.] ¶어느 -에 그 많은 일을 다 했느냐. ②'겨를'의 준말. ¶궁리만 하고 있을 -이 없다.
결(缺)명 사람의 수를 셀 때, 비거나 모자람의 뜻으로 이르는 말. ¶정원 마흔에 하나 -.
결(結)[1]명 '결전(結錢)'의 준말.
결(結)[2]명 '결구(結句)'의 준말. ☞기승전결(起承轉結)
결(結)[3]의 지난날, 조세(租稅)를 매길 때 쓰던 논밭의 면적 단위. 목[3]
결가(決價)[-까]명-하다타 값을 결정함, 또는 결정한 값. 절가(折價)
결가(結跏)명 '결가부좌(結跏趺坐)'의 준말.
결가(結價)[-까]명 지난날, 토지의 한 결(結)에 대한 조세(租稅)의 액수를 이르던 말. 결금
결-가부좌(結跏趺坐)명 앉는 법의 한 가지. 양쪽 발의 발등을 각각 맞은편 넓적다리 위에 얹는 앉음새. 가부좌. 연화좌(蓮華坐) 준가부(跏趺). 결가 ☞반가부좌
결각(缺刻)명 무나 가새뽕 따위의 잎처럼 가장자리가 깊이 패어 들어간 잎, 또는 그런 모양.
결강(缺講)명-하다자타 예정되어 있던 강의를 거름.
결격(缺格)[-껵]명-하다자 필요한 자격이 모자라거나 갖추어지지 아니함. ¶- 사유로 뜻을 이루지 못하다. ☞적격(適格)
결결-이부 ①그때그때마다. ¶해가 바뀔 때마다 - 고향 생각이 난다. ②때때로
결결-하다형여 지나치게 결곡하다.
　결결-히부 결결하게
결계(結界)명 ①-하다자 불교에서, 수행에 장애가 되지 않게 중의 의식주를 제한하는 일. ②'결계지'의 준말.
결계-지(結界地)명 불교에서, 수행에 장애가 될만 한 것들을 들이지 않는 곳. 준결계
결곡-하다형여 얼굴의 생김새나 마음씨가 야무져서 빈틈이 없다.
　결곡-히부 결곡하게
결곤(決棍)명-하다타 지난날, 곤장(棍杖)을 치는 형벌을 집행하던 일.
결과(缺課)명-하다자타 ①과업을 쉼. ②학생이 수업이나 강의 시간에 빠짐. ☞결석(缺席)
결과(結果)명 ①열매를 맺는 일. ②어떤 까닭으로 말미암아 일어나는 결말의 상태, 또는 그 결말. ¶좋은 -를 기대하다. ☞원인(原因)
결과(結裹)명-하다타 ①싼 것을 동여맴. ②줄기직 따위로 관(棺)을 싼 위에 숙마로 꼰 바로 밤얽이를 쳐서 동이는 일. 결관(結棺)

결과-기(結果期)명 열매를 맺는 시기. 결실기(結實期)
결과-범(結果犯)명 범죄의 구성 요건으로서, 실행된 일정한 외부적 행위 뿐만 아니라 발생된 일정한 결과까지를 필요로 하는 범죄. 살인죄 따위. 실질범(實質犯) ☞거동범(擧動犯)
결과-설(結果說)명 행위의 도덕적 가치를 평가할 때 행위의 동기보다 결과를 중시하는 학설. ☞동기설(動機說)
결과-적(結果的)명 결과에 관계가 있는 것. 결과로 본 상태. ¶수술을 한 것이 ―으로는 잘한 일이었다.
결과적=가중범(結果的加重犯)명 어떤 범죄 행위에서, 행위자가 예측하지 못한 중한 결과를 발생하게 했을 경우에 그 결과로 말미암아 형(刑)이 가중되는 범죄.
결과-지(結果枝)명 꽃눈이 붙어서 꽃이 피고 열매를 맺는 과실 나무의 가지. 열매가지 ☞발육지(發育枝)
결과-표(結果標)명 귀결부(歸結符)
결관(結棺)명-하다타 결과(結裹)
결관-바(結棺―)[―빠]명 관(棺)을 묶을 때 쓰는, 숙마(熟麻)로 꼰 바. 결관삭(結棺索)
결관-삭(結棺索)명 결관바
결관-포(結棺布)명 결관바가 없을 때 대신 쓰는 외올베.
결괴(決壞)명-하다자 결궤(決潰)
결괴(缺壞)명-하다자 이지러져 무너짐.
결교(結交)명-하다자 서로 교분을 맺음. 서로 사귐. ☞절교(絶交)
결구(結句)[―꾸]명 ①시문(詩文)의 끝을 맺는 어구. ②한시(漢詩)에서, 절구(絶句)의 끝인 넷째 구. 끝구 준결(結)² ☞기승전결(起承轉結)
결구(結球)명-하다자 배추 따위 채소의 잎이 여러 겹으로 겹쳐져 둥글게 속이 든 상태.
결구(結構)명 ①-하다타 얽거나 짜서 어떤 형태로 만듦, 또는 그렇게 만든 모양새. ②소설·희곡·영화 등의 이야기를 엮은 줄거리. 전체의 얼거리. 플롯(plot)
결국(結局)명 ①일의 마무리 단계. 끝 판국. 결말 ¶―에는 사실대로 고백하다. ②〔부사처럼 쓰임〕결말에 가서. 끝장에는. ¶애를 써 보았지만 ― 헛수고였다.
결국-하다(結局―)자여 뫼자리나 집터 등이 모양새를 완전히 갖추다.
결권(結卷)명 경전(經典)이나 책의 마지막 권.
결궤(決潰)명-하다자 물에 밀리어 둑 따위가 터져 무너짐. 결괴(決壞). 궤결(潰決)
×**결귀**(結句)명 → 결구(結句)
결극(缺隙)명 갈라진 틈.
결근(缺勤)명-하다자 근무해야 할 날에 출근하지 않고 빠짐. ☞출근(出勤)
결-금(結―)[―끔]명 결가(結價)
결-기(―氣)[―끼]명 ①발끈하기 잘하는 성결. ¶보기와는 달리 ―가 대단한 사람이다. ②못마땅한 일을 보고는 참지 못하고 딱 잘라 행동하는 성미. ¶남다른 ―로 하여 부정한 일에는 단호히 대응한다. 준결²
결기(決起)명-하다자 결연히 일어섬.
결-나다자 결기가 일어나다.
결-내:다자 결기를 내다.
결뉴(結紐)명-하다자 ①끈을 맴. ②서약함.
결단(決斷)[―딴]명-하다타 의지를 분명히 결정함. 단(斷) ¶―을 내리다./사퇴를 ―하다.

한자 **결단할 결**(決)〔水部 4획〕¶결단(決斷)/결심(決心)/결의(決議)/결정(決定)/판결(判決)

결단(結團)[―딴]명-하다자타 단체를 결성함. ☞해단(解團)
결단-력(決斷力)[―딴녁]명 딱 잘라 결정할 수 있는 능력. ¶―이 뛰어난 지휘관.
결단-성(決斷性)[―딴썽]명 딱 잘라 결정을 내리는 성질. ¶매사에 ―이 분명한 인물.
결단-코(決斷―)[―딴―]부 딱 잘라 결정한 대로 반드시. ¶한번 약속한 일은 ― 실천한다.
결당(結黨)[―땅]명-하다자타 ①정당을 결성함. ②동아리를 이룸.

결-대:전(結代錢)[―때―]명 조선 시대, 전세(田稅)로 곡식 대신 내던 돈.
결두-전(結頭錢)[―뚜―]명 조선 시대, 경복궁(景福宮)을 중수하는 데 드는 비용을 보태기 위하여 전세(田稅)에 대한 조세에 덧붙여 매겨 받던 돈.
결따-마(―馬)명 붉은빛에 가까운 누른빛을 띤 말.
결-딱지명 '결증'을 속되게 이르는 말. ☞결머리
결딴명 아주 망가져서 쓸모 없이 된 상태.
결딴-나다자 어떤 사물이 아주 망가지거나 그릇되어 손을 쓸 여지가 없이 되다.
결딴-내:다타 결딴이 나게 하다.
결락(缺落)명-하다자 마땅히 있어야 할 것이 없어짐. ¶전집에서 몇 권이 ―되다.
결려(結廬)명-하다자 여막(廬幕)을 지음.
결련(結連)명-하다자타 ①서로 맺어 한데 이어지거나 이음. ②연결(連結)
결련(結聯)명 율시의 제7, 제8의 두 구(句). 미련(尾聯)
결련-태(結連―)명 '결련 택견'의 준말.
결련=택견(結連―)명 여러 사람이 편을 갈라 승패를 겨루는 택견. 준결련태
결렬(決裂)명-하다자 교섭이나 회담 등에서, 서로 의견이 맞지 않아 갈라서는 일. ¶회담이 ―되다.
결렴(結斂)명-하다타 지난날, 결세(結稅)에 덧붙여 돈이나 곡식을 거두어들이던 일.
결렴(潔廉)어기 '결렴(潔廉)하다'의 어기(語基).
결렴-하다(潔廉―)형여 결백하고 청렴하다.
결례(缺禮)명-하다자 말이나 행동이 예의에 벗어남, 또는 그러한 말이나 행동. 실례(失禮)
결로(結露)명-하다자 이슬이 맺히는 일, 또는 그러한 현상.
결론(決論)명-하다자 어떤 논의에서, 가부(可否)와 시비(是非)를 따지어 결정하는 일, 또는 그 결정된 결론.
결론(結論)명-하다자 ①말이나 글에서 끝 마무리 부분. 맺음말 ②논의나 고찰 끝에 내려진 최종적인 판단이나 의견. ③논리학에서, 추론(推論)에서 전제로부터 이끌어 낸 판단. ☞귀결(歸結)
결론(을) **짓다**관용 결론을 이끌어 내다.
결료(結了)명-하다타 일을 끝맺거나 끝냄. 종결(終決)
결루(缺漏)¹명-하다자 여럿 가운데 함께 들어 있던 것이 빠져 없어짐. 궐루(闕漏) ¶―를 보완하다.
결루(缺漏)²명-하다자 불교에서, 중이 계율을 어기어 허물이 드러남을 이르는 말.
결리다자 ①몸의 어느 부분이 숨을 쉬거나 움직일 때, 당기어서 딱딱 마치는 것처럼 아프다. ¶가슴이 ―. ②남에게 억눌리어 기를 펴지 못하다.
결막(結膜)명 눈알의 겉과 눈꺼풀의 안을 이어서 싼, 무색 투명한 얇은 막.
결막=반:사(結膜反射)명 결막이 자극을 받았을 때 눈꺼풀이 닫히는 반사.
결막-염(結膜炎)[―념]명 결막에 생기는 염증. 결막이 빨갛게 붓고 눈곱이 낌.
결막=충혈(結膜充血)명 결막에 피가 몰리는 증세.
결말(結末)명 어떤 일이 마무리되는 끝, 또는 그 결과. ¶오랜 분쟁의 ―이 나다./―을 짓다. 유결미(結尾)
결망(缺望)명-하다자 ①무슨 일이 바라는 대로 이루어지지 아니하여 원망함. ②지난날, 천망(薦望)에 오르지 못함을 이르던 말.
결맥(缺脈)명 한방에서, 느리게 뛰면서 때로 멈추었다가 다시 뛰는 맥을 이르는 말.
결맹(結盟)명-하다자타 ①맹약을 맺음. ②연맹이나 동맹을 맺음. ☞체맹(締盟)
결-머리명 '결증'을 속되게 이르는 말. ☞결딱지
결명-자(決明子)명 한방에서, 결명차의 씨를 약재로 이르는 말. 간열(肝熱)이나 안질(眼疾)을 치료하고 코피를 멎게 하는 데 쓰임.
결명자-차(決明子茶)명 볶은 결명자를 물에 넣고 끓인 차. 결명차

결명-차(決明茶)명 ①콩과의 한해살이풀. 줄기 높이는 1m 안팎, 잎은 깃꼴 겹잎임. 여름에 노란 꽃이 피고, 꽃이 진 뒤에 길쭉한 꼬투리가 열리는데, 그 속에 든 씨를 '결명자(決明子)'라 하여 약재로 씀. 북아메리카 원산인데, 예부터 중국에서 재배되어 옴. ②결명자차(決明子茶)

결목(結木)명 조선 시대, 결세(結稅)로 거두어들이는 무명을 이르던 말.

결묵(結墨)명-하다타 목재를 다듬을 때, 먹으로 치수를 매기는 일.

결문(結文)명 문장의 끝을 맺는 글. 말문(末文)

결미(結米)명 조선 시대, 결세(結稅)로 거두어들이는 쌀을 이르던 말.

결미(結尾)명 글이나 말, 일 등의 끝. 유결말(結末)

결박(結縛)명-하다타 손발이나 몸을 움직이지 못하게 단단히 동이어 묶음. 계박(繫縛)

결박-짓다(結縛-)[-짇-](-짓고·-지어)타ㅅ 단단히 동이어 묶다.

결발(結髮)명-하다자 관례를 치를 때 쪽을 찌거나 상투를 틂, 또는 그렇게 한 머리.

결발-부부(結髮夫婦)명 총각과 처녀가 혼인하여 맺은 부부를 이르는 말.

결백(潔白)명-하다형 행동이나 마음이 깨끗하고 허물이 없음. ¶ -을 호소하다./청렴하고 -하다.

결백-히부 결백하게

결번(缺番)명-하다자 ①당번을 거름, 또는 그 거른 번. ②번호를 거름, 또는 그 거른 번호.

결벽(潔癖)명-하다형 ①불결한 것을 유난스레 싫어하는 성벽(性癖). ¶ -한 성미라서 하루에 몇 번이나 손을 씻는다. ②부정한 일을 극도로 싫어하는 성질. ¶ 청탁에 관해서는 아주 -한 사람이지.

결별(訣別)명-하다자 ①아주 헤어짐. ②관계를 끊고 갈라섬. ¶ 동지와 -을 선언하다.

결복(結卜)명 조선 시대, 논밭에 조세를 매기는 목〔結〕·짐〔負〕·뭇〔束〕을 통틀어 이르던 말. 결부(結負)

결복(闋服)명-하다자 부모의 삼년상을 마침. 해상(解喪). 탈상(脫喪)

결본(缺本)명 질(帙)로 된 책 가운데서 낱권이 빠진 것, 또는 그 빠져 나간 낱권. 낙질(落帙) ☞완본(完本)

결부(結付)명-하다타 서로 관련 지음. ¶ 부정 사건과 -된 또 다른 사건.

결부(結負)명 결복(結卜)

결부(結簿)명 지난날, 결세(結稅)의 징수 관계를 적어 두던 장부.

결빙(結氷)명-하다자 물이 어는 일. 동빙(凍氷) ☞해빙

결빙-기(結氷期)명 물이 어는 시기. ☞해빙기(解氷期)

결빙-점(結氷點)[-쩜]명 물이 얼기 시작하거나 얼음이 녹기 시작하는 온도. 1기압 아래서는 0℃. 빙점

결사(結社)[-싸]명-하다자 여러 사람이 공동의 목적을 이루기 위하여 조직한 단체, 또는 그러한 단체를 조직함. ¶ -의 자유.

결사(結辭)[-싸]명 끝맺는 말.

결사(訣辭)[-싸]명 결별(訣別)의 말.

결사(決死)[-싸]앞말 죽기를 각오하고 온 힘을 다할 것을 결심함을 뜻하는 말. ¶ - 반대

결사-대(決死隊)[-싸-]명 죽음을 각오하고 특수한 임무를 맡은 부대, 또는 조직.

결사-적(決死的)[-싸-]명 죽기를 각오하고 온 힘을 다하여 행동하는 것. ¶ -으로 덤비다.

결사-죄(結社罪)[-싸쬐]명 반국가적인 목적으로 단체를 조직하거나 그 목적을 위해 벌이는 행위 등으로 성립되는 죄.

결사-코(決死-)[-싸-]명 죽기를 각오하고. ¶ - 물러설 수 없다.

결-삭다자 일어났던 결기나 거센 기운이 풀리어 부드럽게 되다. ¶ 김치가 -.

결산(決算)[-싼]명-하다타 ①수입과 지출을 마감하여 계산함, 또는 그 계산. ②기업 등에서, 일정 기간의 수입과 지출을 계산하여 재산 상황을 밝히는 일.

결산-기(決算期)[-싼-]명 결산을 하는 시기.

결산=보:고(決算報告)[-싼-]명 기업이, 결산으로 밝혀진 그 회계 기간의 경영 성적, 기말의 재정 상태 등을 주주나 채권자에게 보고하는 일, 또는 그 보고서.

결산-서(決算書)[-싼-]명 기업 등에서, 일정한 영업 기간의 영업 개황이나 재정 상태 등을 기록한 문서.

결상(結像)[-쌍]명-하다자 어떤 물체에서 나온 광선 따위가 반사, 굴절한 다음 다시 모여 그 물체와 닮은꼴의 상(像)을 맺는 일.

결석(缺席)[-썩]명-하다자 출석해야 할 자리에 출석하지 아니함. ☞출석(出席)

결석(結石)[-썩]명 몸 안의 장기(臟器)에 생기는 돌 모양의 덩어리. 담석(膽石), 신장 결석 등.

×**결석-계**(缺席屆)명 →결석 신고(缺席申告)

결석=신고(缺席申告)[-썩-]명 결석했을 때 또는 결석하려 할 때 그 까닭을 신고하는 일, 또는 그 서류.

결석=재판(缺席裁判)[-썩-]명 결석 판결을 하는 재판.

결석=판결(缺席判決)[-썩-]명 ①민사 소송에서, 당사자의 한쪽이 변론 기일에 결석한 경우에 출석한 당사자의 주장에 따라 하는 판결. ②형사 소송에서, 호출을 받은 피고인이 법정에 나오지 않을 때, 검사의 청구에 따라 피고인 없이 하는 판결. ☞대석 판결

결선(決選)[-썬]명-하다타 ①결선 투표로 당선자를 결정함, 또는 그 투표. ②일등 또는 우승자를 가리려고 마지막으로 겨룸. ☞본선(本選). 예선(豫選)

결선(結船)[-썬]명-하다타 여러 배를 한데 이어 맴.

결선=투표(決選投票)[-썬-]명 선거에서 당선에 필요한 표수를 얻은 이가 없을 때, 두 사람의 상위 득표자를 대상으로 하여 당선자를 결정하는 투표.

결성(結成)[-썽]명-하다타 조직이나 단체를 맺어 이룸. ¶ 환경 보호 단체를 -하다.

결성=개:념(缺性概念)[-썽-]명 장님이나 벙어리처럼 본래 갖추고 있어야 할 것을 갖추지 못함을 나타내는 개념. 결여 개념(缺如概念)

결세(結稅)[-쎄]명 지난날, 토지의 결복(結卜)에 따라 매기던 조세.

결속(結束)[-쏙]명-하다자타 목적을 같이하는 사람끼리 하나로 뭉침. ¶ -을 다지다.

결손(缺損)[-쏜]명 ①한 부분이 모자라서 불완전한 일. ②수입보다 지출이 많아서 생기는 금전상의 손실.

결손=가정(缺損家庭)[-쏜-]명 미성년자가 있는 가정에서, 부모의 한쪽 또는 양쪽이 죽었거나 이혼했거나 따로 살거나 하여 자녀를 제대로 돌볼 수 없게 된 가정.

결손-금(缺損金)[-쏜-]명 일정한 기간의 수입보다 지출이 많아서 생긴 손실의 금액.

결손-나다(缺損-)[-쏜-]자 결손이 생기다.

결손-액(缺損額)[-쏜-]명 결손이 난 금액.

결송(決訟)[-쏭]명-하다타 지난날, 백성들 사이에 일어난 송사를 처리하던 일.

결송-아문(決訟衙門)[-쏭-]명 지난날, 결송에 관한 일을 맡아보던 관아.

결수(結手)[-쑤]명-하다자타 결인(結印)

결수(結數)[-쑤]명 지난날, 논밭에 매기던 목〔結〕·짐〔負〕·뭇〔束〕의 수량.

결순(缺脣)[-쑨]명 언청이

결승(決勝)[-쑹]명 ①-하다자 최후의 승자를 가림, 또는 그 경기. ②'결승전(決勝戰)'의 준말.

결승(結繩)[-쑹]명 글자가 없던 고대 사회에서, 노끈의 매듭 모양으로 수량을 나타내고, 기록하고, 의사를 전하는 방편으로 삼던 일.

결승=문자(結繩文字)[-쑹-짜]명 옛날, 노끈으로 일정하게 매듭을 맺어 글자 대신으로 쓰던 것.

결승-선(決勝線)[-쑹-]명 달리기 경기 등에서, 결승을 결정하는 지점에 가로 치거나 그은 선(線). 골라인

결승-전(決勝戰)[-쑹-]명 운동 경기 등에서, 예선 경기를 마친 다음에 본선에서 마지막 승패를 결정하는 경

기. ㊎결승
결승-점(決勝點)[-씅쩜] 명 ①달리기나 수영 경기 등에서, 승패를 결정하는 지점. ②경기의 승리를 결정하는 득점(得點).
결승지정(結繩之政)[-씅-] 성구 노끈으로 매듭을 맺어 의사를 통하던 정치라는 뜻에서, 중국 상고 시대의 정치를 이르는 말.
결시(缺試) 명-하다 자 시험을 치지 못함.
결식(缺食)[-씩] 명-하다 자 끼니를 거름. 궐식(闕食)
결신(缺神)[-씬] 명 매우 짧은 동안 의식을 잃는 간질 발작의 한 가지.
결신(潔身)[-씬] 명-하다 자 몸을 더럽히지 아니하고 깨끗이 가짐.
결실(結實)[-씰] 명-하다 자 ①열매를 맺음. 성실(成實) ¶-의 계절. ②힘쓴 보람으로 좋은 결과를 맺음. ¶오늘의 영광은 노력의 -이다.
결실-기(結實期)[-씰-] 명 열매를 맺는 시기. 결과기(結果期)
결심(決心)[-씸] 명-하다 자타 어떤 일을 하려고 마음을 굳게 정함, 또는 그 마음. ¶한번 -한 바를 끝까지 실행하다.
결심(結審)[-씸] 명-하다 자타 소송 사건의 심리가 끝나거나 심리를 끝마침.
결심육력(結心戮力)[-씸뉵-] 성구 마음으로 서로 돕고 힘을 합함을 이르는 말.
결안(決案) 명 결정된 안건이나 문서.
결안(結案) 명 지난날, 사형(死刑)을 결정한 문서를 이르던 말.
결약(結約) 명-하다 자 약속을 맺음.
결어(結語) 명 문장이나 말에서 끝맺는 말. 맺음말
결여(缺如) 명-하다 형 마땅히 있어야 할 것이 빠져서 없거나 모자람. ¶공정성을 -한 판결.
결여=개념(缺如概念) 명 결성 개념
결연(結緣) 명-하다 자 ①인연을 맺음. ¶형제로 -하다. ②불교에서, 세상 사람이 불법(佛法)과 인연을 맺는 일.
결연(決然) 어기 '결연(決然)하다'의 어기(語基).
결연(缺然) 어기 '결연(缺然)하다'의 어기(語基).
결연-하다(決然-) 형여 마음가짐이나 행동에 결의에 찬 꿋꿋한 태도가 있다. ¶결연한 어조로 말하다.
결연-히 부 결연하게 ¶나라를 위해 - 일어서다.
결연-하다(缺然-) 형여 마음에 차지 않아 서운하다.
결연-히 부 결연하게
결옥(決獄) 명-하다 타 지난날, 죄인에 대한 형사 소송 사건을 판결하던 일.
결원(缺員) 명 정해진 인원이 차지 아니한 상태, 또는 모자라는 그 인원 수. 궐원(闕員) ¶-이 생기다./-을 보충하다. ☞충원(充員)
결원(缺圓) 명 활꼴
결원(結怨) 명-하다 자 원수지거나 원한(怨恨)을 품음.
×결유(缺紐) 명 →결뉴(缺紐)
결은-신 명 지난날, 물이 스며들지 않도록 기름을 발라 결어 신던 가죽신.
결의(決意) 명-하다 자타 자기가 할 행동이나 태도를 분명히 정함, 또는 정한 그 뜻. 결지(決志)
결의(決議) 명 의안(議案)이나 제의 등의 가부를 결정함, 또는 그 결정.
결의(結義) 명-하다 자 남남끼리 의리로써 친족과 같은 관계를 맺음.
결의-권(決議權)[-꿘] 명 의결권(議決權)
결의=기관(決議機關) 명 의결 기관
결의-록(決議錄) 명 회의에서 결의한 내용을 적은 문서.
결의-문(決議文) 명 회의에서 결의한 내용을 적은 글.
결의-안(決議案) 명 회의에서 결의에 붙일 의안(議案).
결의-형제(結義兄弟) 명 남남이 의리로써 형제 관계를 맺는 일, 또는 그런 형제.
결인(結印) 명-하다 자타 부처의 깨달음이나 서원(誓願)을 상징적으로 나타내기 위하여 양손의 손가락으로 여러 모양을 만드는 일, 또는 여러 모양의 표상. 결수(結手) ☞인(印)
결자(缺字)[-짜] 명 문장 등에서 마땅히 있어야 할 글자가 빠져 있는 것, 또는 그 글자.
결자웅(決雌雄) '승패를 겨룸'의 뜻.
결자해:지(結者解之)[-짜-] 성구 '동여맨 놈이 푸느니라'라는 말을 한문식으로 옮긴 구(句)로, 처음 일을 시작한 사람이 끝을 맺게 마련이라는 뜻.
결장(決杖)[-짱] 명-하다 타 지난날, 곤장(棍杖)의 형벌을 집행하던 일.
결장(缺場)[-짱] 명-하다 자 운동 선수 등이 으레 출장해야 할 자리에 나오지 않음. ¶부상한 선수가 -하다.
결장(結腸)[-짱] 명 맹장과 직장 사이에 있는 대장의 한 부분. 소장에서 소화된 음식물에서 수분을 흡수하는 구실을 함.
결장-염(結腸炎)[-짱념] 명 결장에 생기는 염증.
결재(決裁)[-쨰] 명-하다 타 권한을 가진 상급자가 그 부하가 낸 안건을 검토하여 결정함.
결재(潔齋)[-쨰] 명-하다 자 불교에서, 몸을 깨끗이 하고 마음을 바로 가짐을 이르는 말.
결재-권(決裁權)[-쨰꿘] 명 결재할 수 있는 권한.
결재=투표(決裁投票)[-쨰-] 명 결정 투표(決定投票)
결전(決戰)[-쩐] 명-하다 자 승패나 흥망이 결판나는 싸움.
결전(結錢)[-쩐] 명 조선 시대, 전결(田結)의 부가세로 받던 돈. ㊎결(結)
결절(結節)[-쩔] 명 ①맺힌 마디. ②피부에 강낭콩만 한 크기로 생기는 발진의 한 가지. ③피부 밑에서 조직이 비정상적으로 자라 피부 위로 볼록히 도드라진 것.
결절-종(結節腫)[-쩔-] 명 관절낭(關節囊)이나 건초(腱鞘)에 생기는 종기.
결점(缺點)[-쩜] 명 모자라서 흠이 되는 점. 결함(缺陷) ☞단점(短點). 흠절(欠節)
결정(決定)[-쩡] 명-하다 타 ①앞으로 할 일이나 태도를 확실하게 정함. ②법원이 행하는 판결 이외의 재판.
결정(結晶)[-쩡] 명 ①-하다 자 일정한 평면으로 둘러싸인 물체 내부에 원자 배열이 규칙적으로 이루어지는 일, 또는 그렇게 이루어진 고체. ¶얼음의 -. ②노력하여 이루어진 결과를 비유하여 이르는 말. ¶땀의 -.
결정=격자(結晶格子)[-쩡-] 명 결정을 이루고 있는 원자·이온·분자 집단 등이 입체적이고 규칙적인 격자 모양으로 배열된 것. 격자(格子) ☞공간 격자
결정-계(結晶系)[-쩡-] 명 결정체를 결정축의 수나 위치, 길이에 따라 종류별로 나눈 것. 등축(等軸)·정방(正方)·사방(斜方)·단사(單斜)·삼사(三斜)·육방(六方) 등의 여섯 정계(晶系)로 나뉨. ㊎정계
결정=광학(結晶光學)[-쩡-] 명 결정 내부의 빛의 전파 방법을 연구하는 학문.
결정=구조(結晶構造)[-쩡-] 명 결정 안의 원자나 분자 등의 배열 상태.
결정-권(決定權)[-쩡꿘] 명 합의체의 의결에서, 가부(可否)가 같은 수인 경우에 이를 결정하는 권한.
결정-도(結晶度)[-쩡-] 명 암장(岩漿)으로부터 화성암이 생성될 때, 냉각에 따라 결정되는 정도. 곧 화성암 중의 결정질 광물과 유리질 물질의 비율.
결정-론(決定論)[-쩡-] 명 철학에서, 인간의 의지나 그것에 따른 행위는 어떠한 원인으로 미리 모두 결정된 것이라고 하는 설(說). ☞비결정론(非決定論)
결정-립(結晶粒)[-쩡-] 명 금속 재료에서, 현미경으로만 볼 수 있는 크기의 불규칙한 형상의 집합으로 되어 있는 결정 입자.
결정-면(結晶面)[-쩡-] 명 결정의 겉면을 이룬 평면.
결정-법(結晶法)[-쩡뻡] 명 순수하지 아니한 고체를 순수하게 하거나, 또는 고체의 혼합물을 분리하는 방법.
결정=삼극관(結晶三極管)[-쩡-] 명 트랜지스터
결정-상(結晶相)[-쩡-] 명 원자나 분자가 규칙적으로 배열되어 결정체를 이루고 있는 모양.
결정=속도(結晶速度)[-쩡-] 명 액체 상태에서 고체 상

태의 결정으로 변하는 속도. 빠르면 작은 결정을 이루며, 느리면 큰 결정을 이룸.
결정-수(結晶水)[-쩡-] 명 결정 속에 일정한 비율로 결합되어 있는 물.
결정-신(決定信)[-쩡-] 명 불교에서, 여래(如來)의 구제를 굳게 믿어 흔들리지 않는 신심(信心)을 이르는 말.
결정-적(決定的)[-쩡-] 명 ①일의 상태가 거의 결정된 것으로 볼 수 있는 것. ¶ - 순간을 놓치지 아니하다. / 승리는 이미 -이다. ②무엇을 결정지을 정도로 중요한 것. ¶승리로 이끈 -인 구실을 하다. ③아주 확고하고 철저한 것. ¶ - 조처를 취하다.
결정-질(結晶質)[-쩡-] 명 결정 상태인 것, 또는 그러한 물질. ☞비정질(非晶質)
결정-짓:다(決定-)[-쩡진-](-짓고·-지어) 타ㅅ 결정되도록 만들다.
결정-체(結晶體)[-쩡-] 명 ①결정하여 일정한 형체를 이룬 물체. ②애쓴 결과로 이루어진 것.
결정-축(結晶軸)[-쩡-] 명 결정면의 방위나 대칭성을 나타내기 위하여 결정 안에 상정한 좌표축.
결정=투표(決定投票)[-쩡-] 명 양편의 득표수가 같을 때, 의장이나 제삼자가 가부를 결정짓는 투표. 결재 투표(決裁投票)
결정-판(決定版)[-쩡-] 명 출판물에서, 더 이상 수정이나 증보(增補)할 여지가 없도록 완벽하게 펴내는 판, 또는 그 출판물. ¶한국 식물 도감의 -.
결정=편암(結晶片岩)[-쩡-] 명 변성암의 한 가지. 결정성으로 얇은 켜를 이루고 있는데, 깨지기 쉬움.
결정-학(結晶學)[-쩡-] 명 광물의 결정 현상, 물리적·화학적 성질, 생성과 미세 구조 등을 연구하는 학문.
결정-형(結晶形)[-쩡-] 명 결정이 나타내는 겉모양. 정형(晶形)
결정=화학(結晶化學)[-쩡-] 명 결정을 구성하는 원자 배열과 화학적 성질의 관련을 연구하는 화학의 한 부문.
결제(決濟)[-쩨] 명-하다 타 ①처결하여 끝냄. ¶신청 서류를 -하다. ②증권 또는 대금을 주고받아 거래 관계를 끝맺음. ¶대금을 월말에 -하다.
결제(結制)[-쩨] 명-하다 자타 불교에서, 안거(安居)를 시작하는 일을 이르는 말. ☞해제(解制)
결제(駃騠)[-쩨] 명 ①'버새'의 딴이름. ②빨리 달리는 좋은 말.
결제(闋制)[-쩨] 명 부모의 삼년상을 마침. 탈상(脫喪)
결제-금(決濟金)[-쩨-] 명 결제하는 데 쓰이는 돈.
결제=카:드(決濟card)[-쩨-] 명 상품이나 서비스 값의 현금 결제를 대신하는 카드. 자기 계좌(計座)의 잔액 한도 안에서 바로 결제되며, 결제할 액수가 그 한도를 넘으면 쓸 수 없음. ☞현금 카드
결제=통화(決濟通貨)[-쩨-] 명 국제간의 결제에 이용되는 통화.
결-증(-症)[-쯩] 명 결기로 일어나는 화증(火症).
결지(決志)[-찌] 명-하다 자타 결의(決意)
결진(結陣)[-찐] 명-하다 자 ①진을 침. ②많은 사람이 한군데에 모여 기세를 더함.
결집(結集)[-찝] 명-하다 자타 ①한데 모여 뭉침. ②한데 모아 뭉침. ③석가모니가 열반(涅槃)한 뒤 제자들이 석가모니의 언행을 모아 경전을 편집한 일.
결찌 명 이러저러하게 연분이 닿는 먼 친척. ¶그가 옛 왕족의 -라는 사실을 아는 이가 드물다.
결착(決着·結着) 명-하다 자 끝장이 남. ¶두 나라의 분쟁이 일단 -되다.
결창 명 '내장(內臟)'을 속되게 이르는 말.
　결창(을) 내다 관용 '배를 가르다'의 뜻으로, 욕으로 이르는 말.
　결창(이) 터지다 관용 ①'내장이 터지다'의 뜻으로, 욕으로 이르는 말. ②'몹시 분하여 속이 터지다'의 뜻으로 이르는 속된 말.
결책(決策) 명-하다 자 계책을 결정지음.
결처(決處) 명-하다 타 ①결정하여 조처함. 처결(處決) ②지난날, 형벌을 집행하던 일. ☞결태(決笞)
결체(結滯) 명 심장의 장애나 쇠약으로 맥박이 고르지 않게 되거나 잠시 멎는 증세.
결체(結締) 명-하다 타 단단히 졸라맴.
결체(結體) 명 결합된 형체.
결체=조직(結締組織) 명 동물체의 기관(器官)이나 조직 사이를 결합하고 채우는 구실을 하는 조직. 결합 조직(結合組織)
결체-질(結締質) 명 내장의 각 기관에 분포하여 그 기초가 되거나 간질(間質) 또는 지주(支柱)가 되는 조직.
결초보:은(結草報恩) 성구 죽어 혼백(魂魄)이 되어서까지도 은혜를 잊지 않고 갚는다는 뜻으로, 남에게서 입은 은혜에 대하여 깊이 감사함을 이르는 말.
결친(結親) 명-하다 자 사돈 관계를 맺음.
결코(決-) 부 '없다', '아니다', '아니하다' 등 부정의 말과 함께 쓰이어 '절대로'의 뜻으로 쓰이는 말. ¶ - 무리한 짓은 하지 아니하다. / - 실패는 없다.
결탁(結託) 명-하다 자 서로 뜻이 맞아 한통속이 됨. ¶업자와 -하여 공금을 횡령하다.
결탁=소송(結託訴訟) 명 제삼자의 권리를 침해할 목적으로 원고와 피고가 공모하여 제기하는 소송. 사해 소송
결태(決笞) 명-하다 자 지난날, 태형(笞刑)을 집행하던 일. ☞결처(決處)
결투(決鬪) 명-하다 자 ①결판을 내는 싸움. ②두 사람 사이에 맺힌 원한을 풀기 위하여 서로 합의한 방법으로 목숨을 걸고 싸우는 일.
결투-장(決鬪狀)[-짱] 명 결투를 신청하는 도전장.
결판(決判) 명 시비를 가리어 판정하는 일. ¶ -을 내다.
결판-나다(決判-) 자 승패나 시비의 판가름이 나다.
결판-내:다(決判-) 타 승패나 시비의 판가름을 내다.
결패(-覇) 명 결기와 패기. ¶ -가 있는 사람.
결핍(缺乏) 명-하다 자 ①축나서 모자람. ¶비타민 B의 -으로 일어난 증세. ②있어야 할 것이 없음. ¶자금의 -으로 경영이 어렵게 되다. ☞절핍(絕乏)
결하(結夏) 명 불교에서, 하안거(夏安居)의 첫날인 음력 사월 보름날을 이르는 말.
결-하다(決-) 타여 《文》①결정하다 ¶자웅(雌雄)을 -. ②결단하다 ¶가부(可否)를 -.
결-하다(缺-) 형여 마땅히 있어야 할 것이 모자라거나 빠져서 없다.
결하지세(決河之勢) 성구 하천의 물이 넘치고 둑을 무너뜨릴 것 같은 맹렬한 기세라는 뜻으로, 기세가 매우 세참을 비유하여 이르는 말.
결함(缺陷) 명 ①부족하고 불완전하여 흠이 되는 점. ¶새 자동차의 -이 발견되다. ②결점(缺點)
결합(結合) 명-하다 자타 둘 이상의 것이 관계를 맺어 하나가 됨, 또는 하나가 되게 함. ¶원자가 -하여 분자로 된다. ☞이산(離散)
결합-국(結合國) 명 둘 이상의 국가가 하나의 최고 권력 아래에 결합한 나라. 연방국(聯邦國)·군합국(君合國)·정합국(政合國)·합중국(合衆國) 따위.
결합-력(結合力) 명 ①서로 결합하는 힘. ②원자핵의 중성자(中性子)와 양자(陽子)를 결합시키는 에너지.
결합-률(結合律) 명 결합 법칙(結合法則)
결합-범(結合犯) 명 관념상 각각 독립적으로 범죄가 될 다른 종류의 행위를 결합하여, 법률상 하나의 죄로 다루는 범죄. 폭행이나 협박과 도취(盜取)를 결합하여 강도죄로 하는 따위.
결합=법칙(結合法則) 명 수의 덧셈이나 곱셈에서, 연산(演算)의 결합 방식을 바꿀 수 있는 법칙. 덧셈에서는 $a+(b+c)=(a+b)+c$로, 곱셈에서는 $a\cdot(b\cdot c)=(a\cdot b)\cdot c$로 될 수 있는 것을 이름. 결합률(結合律)
결합=생산(結合生産) 명 동일한 생산 기술과 동일한 공정에서, 두 가지 이상의 물품이 생산되는 일. 석탄 가스와 코크스가 한 생산 공정에서 생산되는 따위.
결합-수(結合水) 명 생체 조직을 이루고 있는 단백질이나 탄수화물, 흙의 부식질(腐植質), 점토(粘土), 결정(結

晶) 등의 구성 분자와 결합된 물.

결합=에너지(結合energy)명 분자나 원자핵 등 두 개 이상의 입자가 결합되어 있을 때, 그 구성 입자를 분리하는 데 필요한 에너지.

결합-음(結合音)명 진동수가 다른 두 음이 동시에 울릴 때 파생적으로 생기는 음.

결합=조직(結合組織)명 결체 조직(結締組織)

결합=종양(結合腫瘍)명 두 개의 다른 종양이 겉보기에는 하나로 보이는 종양.

결합-체(結合體)명 둘 이상의 개체(個體)가 결합하여 하나가 된 것.

결항(缺航)명-하다자 정기적으로 다니는 선박이나 비행기가 운항을 거르는 일. ¶태풍으로 말미암아 여객선 운항이 -되다.

결항(結項)명-하다자 목숨을 끊으려고 목을 매닮.

결핵(結核)[1] 명 '결핵병(結核病)'의 준말.

결핵(結核)[2] 명 퇴적물(堆積物)이나 퇴적암(堆積岩) 속에 생기는 단단한 덩이.

결핵-균(結核菌)명 결핵병의 병원균. 가느다랗고 긴 간균(桿菌)임.

결핵-병(結核病)명 결핵균이 몸에 옮아 일어나는 만성 전염병. 병균이 옮은 자리에 따라 폐결핵·장결핵 등이 있음. 준결핵(結核)

결핵-성(結核性)명 결핵균으로 말미암은 병의 성질.

결핵-종(結核腫)명 폐나 뇌에 결핵균이 옮아 생기는 멍울.

결핵-증(結核症)명 결핵병의 증세.

결핵-질(結核質)명 결핵병에 걸리기 쉬운 체질.

결행(決行)명-하다타 결단하여 실행함.

결혼(結婚)명-하다자 남녀가 예를 갖추어서 부부 관계를 맺는 일. 혼인(婚姻) ☞이혼(離婚)

결혼=기념식(結婚記念式)명 서양 풍속에서, 부부가 결혼한 날을 맞아 결혼 생활을 기념하는 식. 결혼한 햇수에 따른 구별이 있음. ☞회혼례(回婚禮)

▶ **결혼 기념식**(서양)

돌	기념식(記念式)	돌	기념식(記念式)
1	지혼식(紙婚式)	30	진주혼식(眞珠婚式)
2	면혼식(綿婚式)	35	산호혼식(珊瑚婚式)
3	혁혼식(革婚式)	40	루비혼식(-婚式)
4	화혼식(花婚式)	45	사파이어혼식(-婚式)
5	목혼식(木婚式)	50	금혼식(金婚式)
10	석혼식(錫婚式)	55	에메랄드혼식(-婚式)
15	수정혼식(水晶婚式)	60	다이아몬드혼식(-婚式)(英)
20	자기혼식(瓷器婚式)	75	다이아몬드혼식(-婚式)(美)
25	은혼식(銀婚式)		

결혼=반지(結婚-)명 결혼할 때 기념으로 신랑과 신부가 주고받는 반지.

결혼=비행(結婚飛行)명 봄철에 새로 태어난 꿀벌의 여왕벌이, 태어난 지 며칠 만에 교미(交尾)하기 위해 하늘 높이 날아오르는 일. 혼인 비행(婚姻非行)

결혼-식(結婚式)명 남녀가 부부 관계를 맺는 서약을 하는 의식. 혼례식(婚禮式). 혼인식(婚姻式)

결혼=연령(結婚年齡)[-년-]명 ①결혼할 자격이 있는 나이. 우리 나라 민법상 남자 만 18세, 여자 만 16세 이상으로 규정되어 있음. ②결혼했을 때의 나이.

결혼=적령기(結婚適齡期)명 결혼하기에 알맞은 나이.

결혼=정략(結婚政略)명 결혼을 통하여 두 집안이나 나라 사이의 친밀을 꾀하는 정략.

결혼=정책(結婚政策)명 국가가 다른 계급이나 족속 사이의 혈통을 개량하려고 그들 사이의 결혼을 권장하는 정책.

결혼-학(結婚學)명 결혼 문제를 우생학(優生學) 또는 인구 문제 등과 관련시켜 과학적으로 연구하는 학문.

결혼=행진곡(結婚行進曲)명 결혼식에서, 신랑·신부가 입장하고 퇴장할 때 연주하는 행진곡. 웨딩마치

결획(缺畫)명-하다자 ①한자(漢字)를 쓸 때, 글자의 획을 줄이는 일. ②옛날 중국에서, 천자(天子)나 귀인(貴人)의 이름과 같은 한자를 쓸 때, 두려워함을 나타내는 뜻으로 글자의 한 획을 줄이던 일. 궐획(闕畫) ☞피휘(避諱)

결효=미:수범(缺效未遂犯)명 실행 미수범(實行未遂犯)

결효-범(缺效犯)명 실행 미수범(實行未遂犯)

결후(結喉)명 성년 남자의 목에 후두의 연골이 조금 솟아 나온 부분. 울대뼈. 후골(喉骨)

결흉-증(結胸症)[-쯩]명 한방에서, 가슴과 배가 당기고 아픈 열병을 이르는 말.

겸(謙)명 '겸괘(謙卦)'의 준말.

겸(兼)의 ①둘 이상의 명사 사이에 쓰이어, 그 명사들이 나타내는 의미를 아울러 지님을 뜻함. ¶주방 - 식당./아침 - 점심. ②어미 '-ㄹ' 아래에 쓰이어, 두 가지 이상의 행위나 동작을 아울러 함을 뜻함. ¶자연 보호도 할 - 현장 실습도 한다.

겸공(謙恭)어기 '겸공(謙恭)하다'의 어기(語基).

겸공-하다(謙恭-)형여 자기를 낮추고 남을 높이는 태도가 있다.

겸관(兼官)명-하다자타 ①겸직(兼職) ②조선 시대, 한 고을 원의 자리가 비었을 때 이웃 고을의 원이 임시로 그 직무를 함께 맡아보던 일.

겸관(兼管)명-하다타 맡고 있는 관직 이외에 다른 관직을 함께 맡아봄. 관섭(管攝)

겸-괘(謙卦)명 육십사괘(六十四卦)의 하나. 곤괘(坤卦) 아래 간괘(艮卦)가 놓인 괘로 땅 밑에 산이 있음을 상징함. 준겸(謙) ☞예괘(豫卦)

겸구(箝口)명-하다자 입을 다물고 말하지 아니함. 함구(緘口)

겸구물설(箝口勿說)[-썰]성구 입을 다물고 말하지 못하게 함을 이르는 말. 함구물설(緘口勿說)

겸근(謙謹)어기 '겸근(謙謹)하다'의 어기(語基).

겸근-하다(謙謹-)형여 겸손하고 조심성이 있다.

겸금(兼金)명 값이 보통 금보다 갑절로 비싼 순도(純度)가 높은 금.

겸-내:취(兼內吹)명 조선 시대, 금위영(禁衛營)·어영청(御營廳) 등의 군영에 딸리어 군악 연주를 맡았던 군인, 또는 그 악대. 내취(內吹)

겸년(歉年)명 흉년(凶年)

겸노-상:전(兼奴上典)명 지난날, 가난하여 종을 둘 처지가 못 되어 종이 할 일까지 해야 하는 양반을 이르던 말.

겸대(兼帶)명-하다타 두 가지 이상의 직무를 아울러 맡아봄. 겸임(兼任)

겸덕(謙德)명 겸손한 미덕.

×**겸두-겸두**부 →겸사겸사(兼事兼事)

겸령(兼領)명-하다타 아울러 차지함.

겸무(兼務)명-하다타 맡은 직무와 다른 직무를 아울러 맡아봄, 또는 그 직무. ¶경리와 서무를 -하다.

겸병(兼倂)명-하다타 ①한데 아울러 차지함. ②둘 이상의 것을 하나로 합침.

겸보(兼補)명-하다타 본디 맡은 직무 이외의 다른 직무를 함께 맡김.

겸비(兼備)명-하다자타 둘 이상의 것을 아울러 갖춤. ¶재색을 -한 규수./지덕(知德)을 -한 인재.

겸비(謙卑)명-하다타 자기를 겸손하게 낮춤. 겸하(謙下)

겸사(謙辭)명 ①겸손한 말. 겸어(謙語) ②-하다타 겸손하게 사양함. 겸양(謙讓) ¶-해 마지 아니하다.

겸사-겸사(兼事兼事)부 어떤 일을 하면서 다른 일도 아울러. ¶등산하면서 - 야생화 관찰도 하였다.

> ▶ **'겸사겸사(兼事兼事)·겸지겸지(兼之兼之)·겸두겸두**
> '한꺼번에 여러 일을 겸해서'의 뜻으로 쓰이는 말인데 쓰임이 잦은 '겸사겸사'를 표준어로 삼았다. '겸사겸사' 또는 '겸사겸사로'의 형태로 많이 쓰인다.

겸-사복(兼司僕)명 조선 시대, 기마병으로 편성한 금군(禁軍). ☞내금위(內禁衛)

겸상(兼床)명-하다자 한 상에서 두 사람 이상이 함께 먹을 수 있도록 차린 음식상, 또는 그렇게 상을 차리는 일. ¶형제가 -하여 밥을 먹다. ☞각상(各床). 독상(獨床)

겸섭(兼攝)명-하다타 맡은 직무 외에 다른 직무까지 아울러 맡아봄.
겸세(歉歲)명 흉년(凶年)
겸손(謙遜)명-하다형 남을 대할 때 젠체하지 않고 자기를 낮추는 태도가 있음. ¶ —을 떨다./—을 부리다./—한 태도. ☞교만(驕慢). 불손(不遜)
겸손-히부 겸손하게

한자 **겸손할 겸**(謙)〔言部 10획〕¶ 겸손(謙遜)/겸양(謙讓)/겸어(謙語)/겸허(謙虛) ▷ 謙과 謙은 동자

겸애(兼愛)명-하다타 모든 사람을 두루 똑같이 사랑함.
겸애=교리설(兼愛交利說)명 중국 전국 시대의 사상가인 묵자(墨子)가 주장한 윤리설(倫理說). 모든 사람을 차별 없이 사랑하고 이롭게 하자는 학설. 겸애설(兼愛說)
겸애-설(兼愛說)명 겸애 교리설(兼愛交利說)
겸양(謙讓)명-하다자타 겸손하게 사양함. 겸사(謙辭). 겸억(謙抑) ¶ —의 미덕(美德).
겸양-법(謙讓法)[—뻡]명〈어〉자기나 자기편을 낮추어 겸양하는 뜻을 나타내는 말씨의 표현법. '제가 가옵니다.', '한 말씀만 여쭙겠습니다.', '저희들은 모르옵니다.' 따위. ☞대우법(待遇法). 존경법(尊敬法)
겸양-어(謙讓語)명 자기를 낮춤으로써 남을 높이는 말. '저희', '여쭈다' 따위. 낮춤말 ☞존경어(尊敬語)
겸어(箝語)명-하다타 입을 막고 말을 못하게 함.
겸어(謙語)명 겸손한 말. 겸사(謙辭)
겸억(謙抑)명-하다자타 겸양(謙讓)
겸업(兼業)명-하다자타 본업(本業) 이외에 다른 사업도 함께 함, 또는 함께 하는 그 사업. ¶ 회사에 다니면서 신문사 지국을 —하다. ☞부업(副業)
겸업=농가(兼業農家)명 식구 가운데 한 사람 이상이 농업 이외의 일을 하여 벌어들이는 농가.
겸연(慊然·歉然)어기 '겸연(慊然)하다'의 어기(語基).
겸연-스럽다(慊然—)(—스럽고·—스러워)형ㅂ 좀 미안하여 어색한 느낌이 있다. ¶ 겸연스러운지 자꾸 머리만 긁적인다.
겸연-스레부 겸연스럽게
겸연-쩍다(慊然—)형 몹시 미안하여 어색한 느낌이 있다. ¶ 겸연쩍은지 공연히 딴전을 부린다. 변계면쩍다
겸연-하다(慊然—)형여 미안하여 면목이 없다. 변계면하다
겸영(兼營)명-하다타 본업(本業) 이외에 다른 사업을 함께 경영함.
겸-영장(兼營將)명 조선 시대, 지방에 두었던 겸직의 영장(營將). 중앙 군영(軍營)의 판관(判官)이나 지방 수령(守令)이 겸임했음.
겸용(兼用)명-하다타 하나를 두 가지 이상의 용도로 씀. 양용(兩用) ¶ 냉난방 —의 에어컨디셔너. ☞양용(兩用). 전용(專用)
겸용(兼容)어기 '겸용(兼容)하다'의 어기(語基).
겸용-종(兼用種)명 가축 가운데서 두 가지 이상의 이용 가치를 가진 품종. 난육 겸용종(卵肉兼用種)의 닭 따위.
겸용-하다(兼容—)형여 도량이 넓다.
겸유(兼有)명-하다타 둘 이상의 것을 아울러 가짐. ¶ 양성(兩性)을 —한 동물.
겸인지력(兼人之力)성구 혼자서 몇 사람을 당해 낼만 한 힘을 이르는 말.
겸인지용(兼人之勇)성구 혼자서 몇 사람을 당해 낼만 한 용기를 이르는 말.
겸임(兼任)명-하다타 한 사람이 두 가지 이상의 직무를 함께 맡아봄, 또는 그 직무. 겸대(兼帶) ☞전임(專任)
겸임-국(兼任國)명 한 외교관이 자신이 주재하는 나라 외의 외교 업무를 겸임하는 나라.
겸임-지(兼任地)명 한 관리가 자기가 맡고 있는 지방 외의 업무를 겸하고 있는 지방.
겸자(鉗子)명 가위 모양의 금속제 의료 기구. 수술이나 치료 때, 기관(器官)이나 조직 등을 집어 잡아당기거나 누르는 데 쓰임.
겸자=분만(鉗子分娩)명 난산(難産) 때, 산과 겸자(產科鉗子)로 태아의 머리를 집어 끌어내어 분만시키는 일.
겸장(兼將)명 '겸장군(兼將軍)'의 준말.
겸장(兼掌)명-하다타 맡은 직무 외에 다른 일도 아울러 맡아봄.
겸-장군(兼將軍)명 장기를 둘 때, 두 군데로 걸리는 장군. 겹장군 ¶ 마(馬)·포(包) —. 준겸장(兼將)
겸전(兼全)어기 '겸전(兼全)하다'의 어기(語基).
겸전-하다(兼全—)형여 여러 가지 좋은 점을 갖추고 있다. ¶ 문무(文武)를 —한 인재.
겸제(箝制)명-하다타 자유를 억누름.
×**겸지-겸지**(兼之兼之)부 —겸사겸사(兼事兼事)
겸지우겸(兼之又兼)성구 여러 가지를 겸한 위에 또 더 겸함을 이르는 말.
겸직(兼職)명-하다타 본직(本職) 이외에 다른 직무를 아울러 맡아봄, 또는 그 직무. 겸관(兼官)
겸찰(兼察)명-하다타 ①한 사람이 두 가지 이상의 일을 함께 보살핌. ②지난날, 현임(現任) 대장이 임시로 다른 영문(營門)의 직무를 맡아보던 일.
겸창(膁瘡)명 한방에서, 종아리에 난 종기를 이르는 말.
겸-치다(兼—)자타 ①두 가지 이상의 일이나 현상이 한꺼번에 겹쳐 일어나다. ¶ 한발(旱魃)에 병충해(病蟲害)까지 —. ②두 가지 이상의 일을 한꺼번에 하거나 함께 이루어지게 하다. ¶ 취업(就業)에다 결혼까지 —.
겸칭(謙稱)명 ①-하다타 겸손하게 일컬음. ②겸손하게 일컫는 말. 남에게 자기의 아들을 '돈아(豚兒)', '미돈(迷豚)'이라 하는 따위.
겸퇴(謙退)명-하다자타 겸손하게 사양하고 물러남.
겸하(謙下)명-하다타 겸비(謙卑)
겸-하다(兼—)타여 ①어떤 일 외에 다른 일을 함께 맡아보다. ¶ 연출자가 배우를 —. ②두 가지 이상의 것을 함께 지니다. ¶ 지용(智勇)을 겸한 청년.

한자 **겸할 겸**(兼)〔八部 8획〕¶ 겸비(兼備)/겸용(兼用)/겸임(兼任)/겸직(兼職)/겸찰(兼察)

겸학(兼學)명-하다타 여러 가지 학문을 함께 배움.
겸행(兼行)명-하다타 ①여러 가지 일을 함께 함. ②'주야겸행(晝夜兼行)'의 준말.
겸허(謙虛)어기 '겸허(謙虛)하다'의 어기(語基).
겸허-하다(謙虛—)형여 아는체 하거나 젠체하는 티가 없이 겸손하다. ¶ 충고를 겸허하게 받아들이다.
겸허-히부 겸허하게
겸호-필(兼毫筆)명 탄력이 강한 털과 부드러운 털을 알맞게 섞어 만든 붓.
겹명 ①넓고 얇은 물건이 포개진 것, 또는 그러한 켜. ¶ —으로 지은 이불. ②일이 거듭된 상태. ¶ —으로 사돈간이 되다. ☞홑 ③〔의존 명사로도 쓰임〕¶ 양파 껍질을 한 — 한 — 벗기다./두 —으로 된 봉투.

한자 **겹 복**(複)〔衣部 9획〕¶ 복리(複利)/복문(複文)/복사(複絲)/복선(複線)/복수(複數)

겹-간통(—間通)명 겹집의 앞뒤 칸을 터놓은 것.
겹-것명 ①겹으로 된 물건. ②겹옷
겹-겹명 여러 겹. ¶ 속옷을 —으로 껴입다.
겹겹-이부 여러 겹으로. ¶ — 쳐 놓은 철조망./많은 사람이 — 에워싸다.
겹-고팽이명 단청에서, 겹으로 된 고팽이 무늬.
겹-글자[—짜]명 같은 자가 겹쳐서 된 글자. ㄲ·ㄸ·ㅃ·ㅆ·ㅉ, 또는 林·品·竝 따위.
겹-꽃명 수술이 꽃잎으로 변하여, 꽃잎이 여러 겹으로 된 꽃. 국화나 장미꽃 따위. 겹잎꽃. 중판화 ☞홑꽃
겹-꽃잎[—꼰닙]명 수술이 꽃잎으로 변하여, 여러 겹으로 된 꽃잎. 복판(複瓣). 중판(重瓣) ☞홑꽃잎
겹낫-표(—標)[—낟—]명 문장 부호의 한 가지. 세로쓰기 글에서 대화, 인용, 특별 어구(語句) 등을 나타낼 때 쓰이는 부호로『 』표를 이름. ☞낫표. 큰따옴표

겹-녹화(-綠花)명 단청에서, 기둥이나 들보의 머리 부분에 겹으로 그린 녹색 꽃무늬.
겹-눈명 여러 개의 홑눈이 벌집 모양으로 모여서 이루어진 큰 눈. 곤충이나 갑각류 따위에서 볼 수 있음. 복안(複眼) ☞홑눈
겹:다(겹고·겨워)형ㅂ ①정도가 지나쳐 감당하기 어렵다. ¶힘에 겨운 일을 맡았다. ②일어나는 감정이나 흥이 가눌 수 없을 정도로 대단하다. ¶흥에 겨워 더덩실 춤을 추다. ③때나 철이 지나거나 늦다. ¶아침나절이 겨워서야 일을 시작했다.
겹-단명 겹으로 된 옷단. ☞홑단
겹-닿소리명〈어〉복자음(複子音) ☞홑닿소리
겹-대패명 대패의 한 가지. 날 위에 덧날을 끼워 나무의 면을 곱게 다듬는 데 쓰는 대패. ☞홑대패
겹-도르래명 몇 개의 고정도르래와 움직도르래를 결합시킨 도르래. 복활차(複滑車)
겹-두루마기명 겹으로 지은 두루마기.
겹-말[1]명 치마나 바지 등의 겹으로 된 말기.
겹-말[2]명 같은 뜻의 말이 겹쳐서 된 말. 낙숫물·처갓집·고목나무 따위. ☞겹문자
겹-문자(-文字)명 뜻이 같은 말과 문자를 겹쳐서 쓰는 말. '일락서산(日落西山)에 해 떨어지고, 월출동령(月出東嶺)에 달 떠오른다.' 하는 따위. ☞겹말
겹-문장(-文章)명〈어〉복문(複文) ☞홑문장
겹-바지명 솜을 두지 않고 겹으로 지은 바지. ☞홑바지
겹-박자(-拍子)명 같은 종류의 홑박자가 겹쳐서 이루어진 박자. 6박자·9박자·12박자 따위. 복합 박자(複合拍子)
겹-받침명〈어〉한글에서, 한 음절(音節)의 끝소리가 두 가지 자음으로 된 받침을 이름. 곧 '넋'의 'ㄳ', '젊다'의 'ㄻ' 따위. ☞쌍받침. 홑받침

▶ 겹받침의 발음
○ 'ㄳ', 'ㄵ', 'ㄼ', 'ㄽ', 'ㄾ', 'ㅄ'은 받침으로 끝날 때나 다음 자음 앞에서 각각 'ㄱ·ㄴ·ㄹ·ㅂ'으로 발음한다.
¶넋[넉]/앉다[안따]/넓다[널따]/외곬[외골]/핥다[할따]/값[갑]/없다[업따]
○ 'ㄺ', 'ㄻ', 'ㄿ'은 받침으로 끝날 때나 다음 자음 앞에서 각각 'ㄱ·ㅁ·ㅂ'으로 발음한다.
¶읽다[익다]/삶[삼]/젊다[점따]/읊다[읍따]

겹-버선명 솜을 두지 않고 겹으로 지은 버선. ☞홑버선
겹-벚꽃[-벋-]명 꽃잎이 여러 겹으로 피는 벚꽃.
겹-분해(-分解)명 두 화합물이 서로 반응하여 새로운 두 가지의 화합물로 되는 변화. 복분해(複分解)
겹-사돈명 사돈 관계인 사람끼리 다시 사돈 관계를 맺은 사이, 또는 그러한 사람.
겹-사라지명 헝겊이나 종이를 겹쳐 만들어서 기름에 결은 담배 쌈지.
겹-사위명 윷놀이에서, 윷을 한 번 놀아 자기 편 말 둘이 상대편 말을 잡을 수 있는 사위.
겹-새김명 나무나 돌, 쇠붙이 등에 돋을새김과 오목새김을 함께 한 새김.
겹-새끼명 여러 겹으로 꼰 새끼.
겹-세로줄명 악보의 오선(五線) 위에 겹으로 그은 세로줄. 굵기가 같은 것은 박자나 조(調)가 바뀌는 곳을 나타내고, 오른쪽이 굵은 것은 마침을 나타냄.
겹-세포(-細胞)명 다세포(多細胞)
겹-소리명〈어〉복음(複音) ☞홑소리
겹-실명 두 올 이상으로 드린 실. 복사(複絲)
겹-씨방(-房)명 둘 이상의 칸으로 된 씨방. 곧, 난초·참나리 따위의 씨방. 복실 자방 ☞홑씨방
겹-암술명 두 개 이상의 심피(心皮)로 된 암술. 합생 자예(合生雌蕊)와 이생 자예(離生雌蕊)로 나뉨. 복자예(複雌蕊) ☞홑암술
겹-열매명 여러 꽃에서 생긴 많은 열매가 한데 모여 한 개의 열매처럼 생긴 과실. 무화과나 오디 따위. 다화과(多花果). 복과(複果). 복화과 ☞홑열매
겹-옷명 솜을 두지 않고, 거죽과 안을 맞추어 지은 옷. 겹것 ☞핫옷. 홑옷
겹-이불[-니-]명 솜을 두지 않고, 거죽과 안을 맞추어 지은 이불. ☞핫이불. 홑이불
겹-잎[-닢]명 한 잎꼭지에 여러 낱잎이 붙은 잎. 복엽(複葉) ☞홑잎
겹잎-꽃[-닙-]명 겹꽃
겹-자락명 양복 저고리나 외투의 섶을 깊게 겹쳐 여미게 하고, 두 줄로 단추를 단 것. ☞홑자락
겹-장(-帳)명 겹으로 만든 휘장.
겹-장(-醬)명 간장에 다시 메주를 넣어 더 진하게 만든 간장. ☞진간장
겹-장군(-將軍)명 겸장군(兼將軍)
겹-장삼(-長衫)명 조선 시대, 비빈(妃嬪)이 입던 궁중 예복의 한 가지. 소매를 넓은 겹으로 만들었음.
겹-저고리명 솜을 두지 않고, 겹으로 지은 저고리.
겹-점음표(-點音標)명 점음표에 또 한 개의 점이 붙은 음표. 복부점 음부(複附點音符)
겹-주름위(-胃)명 반추위(反芻胃)의 셋째 위. 벌집위에서 입으로 되넘긴 것을 잘게 부수어 주름위로 보냄. 제삼위(第三胃). 중판위(重瓣胃) ☞벌집위. 주름위
겹-줄명 겹으로 된 줄. 복선(複線)
겹-질리다자 몸의 근육이나 관절이 제 방향대로 움직이지 않거나 빨리 움직여서 상하다. ☞접질리다
겹-집명 ①여러 채가 겹으로 되거나 잇달린 집. ②한 개의 종마루 밑에 두 줄로 칸이 겹쳐진 집. 양통집 ☞홑집
겹-집다타 여러 개를 겹쳐서 집다.
겹-창(-窓)명 겹으로 된 창. 복창(複窓) ☞홑창
겹-처마명 재래식 한옥에서, 처마 끝의 서까래 위에 짧은 서까래를 다시 잇대어 달아 낸 처마. ☞홑처마
겹-체명 겹으로 된 올로 짠 쳇불로 메운 체. ☞홑체
겹쳐-지다자 여럿이 포개어져 놓이다.
겹-치기명 두 가지 이상의 일을 겹쳐서 하는 것. ¶세 학교에 -로 출강(出講)하다.
겹-치다[1]자 ①여럿이 덧놓이거나 포개지다. ②여러 가지 일이나 현상이 한꺼번에 생기다. ¶당뇨에 고혈압이 겹치다./초파일과 일요일이 -.
겹-치다[2]타 여럿을 덧놓거나 포개다. ¶초배지를 바르고 나서 벽지를 겹쳐 바르다.

한자 겹칠 복(複)〔衣部 9획〕¶복합(複合)/중복(重複)

겹-치마명 겹으로 된 치마. ☞홑치마
겹-턱명 겹으로 된 턱.
겹-혼인(-婚姻)명 사돈 관계에 있는 사람끼리 거듭 맺는 혼인. ☞덤불혼인
겹-홑소리명〈어〉이중 모음(二重母音)
겹-황매화(-黃梅花)명 장미과의 낙엽 활엽 관목. 높이 2m 안팎. 황매화의 변종으로 나무 모양은 황매화와 비슷함. 5월경에 겹꽃이 피고 열매는 맺지 않음. 관상용으로 심음.
겻-디디다타 발을 가볍게 떼어 걷다.
겻-불명 겨를 태우는 불.
겻-섬명 겨를 담은 섬.
경명 ①호된 꾸지람. ¶죽을 -을 겪다. ②지난날, 도둑을 다스리던 형벌의 한 가지. ¶-을 치다.
경(庚)명 ①십간(十干)의 일곱째. ②'경방(庚方)'의 준말. ③'경시(庚時)'의 준말.

한자 일곱째 천간 경(庚)〔广部 5획〕¶경방(庚方)/경시(庚時)/경신(庚申)/경오(庚午)

경(景)명 ①'경치(景致)'의 준말. ②'경황(景況)'의 준말. ¶태평스레 노닥일 -이 없다.
경(卿)명 ①조선 말기, 시종원(侍從院)·장례원(掌禮院)·내장원(內藏院) 등의 으뜸 관직. ②영국에서 귀족 작위를 받은 사람의 이름에 붙여서 그를 높이어 일컫는 말. ¶바이런 경

경(經)[1] 명 ①'경서(經書)'의 준말. ②'불경(佛經)'의 준말. ③무당이나 판수가 외는 기도문이나 주문(呪文).
경(經)[2] 명 ①베나 천의 날. ②'경도(經度)[2]'의 준말. ③'경선(經線)'의 준말. ☞위(緯) ▷經의 속자는 経
경(境) 명 ①지경(地境) ②마음의 상태. ¶무아(無我)의 −에서 깨어나다./통달의 −에 이르다.
경:(磬) 명 경쇠
경(更) 의 하룻밤을 다섯으로 가른 시각의 단위. 초경(初更)·이경(二更) 따위.
경(頃) 의 지난날, 논밭 넓이의 단위. 100묘(畝)가 1경임.
경(景) 의 무대의 같은 장에서 등장 인물의 교체 따위로 변화가 일어나는 장면. ¶3막 2−.
경(卿) 대 지난날, 임금이 이품 이상의 관원을 부를 때 일컫던 호칭.
경(京) 수 수의 단위. 조(兆)의 만 곱절, 해(垓)의 1만분의 1.
경(硬)−《접두사처럼 쓰이어》'굳은, 단단한, 딱딱한'의 뜻을 나타냄. ¶경구개(硬口蓋)/경문학(硬文學)
경(輕)−《접두사처럼 쓰이어》'질량(質量)이나 그 정도 등이 가벼운', 또는 '경쾌한, 단순한'의 뜻을 나타냄. ¶경음악(輕音樂)/경금속(輕金屬)/경양식(輕洋食)/경비행기/경공업 ☞중(重)− ▷輕의 속자는 軽
−경(頃)《접미사처럼 쓰이어》'어림잡아 그 무렵'의 뜻을 나타냄. ¶겨울에는 일곱 시경에 해가 뜬다.
경가(耕稼) 명 −하다 타 경작(耕作)
경:가(鏡架) 명 경대(鏡臺)
경−가극(輕歌劇) 명 내용이나 형식이 단순하고, 통속적인 노래와 춤을 곁들인, 음악이 따르는 극. 오페레타
경가파산(傾家破産) 성구 재산을 모두 없애어 집안 형편이 아주 기울어짐을 이르는 말.
경각(頃刻) 명 매우 짧은 동안. 경각간(頃刻間) ¶−을 다투다./목숨이 −에 달렸다.
경각(傾角) 명 ①일정한 기준 방향에 대한 기울기를 나타내는 각도. 편각(偏角) ②지구상의 임의의 지점에 놓은 자침이 수평면과 이루는 각도. 이 각이 90° 되는 곳을 자극(磁極), 0°인 곳을 자기 적도(磁氣赤道)라 함. 복각(伏角) ③기상학에서, 기압 경도(氣壓傾度)와 풍향(風向)이 이루는 각도.
경:각(警覺) 명 −하다 자타 ①스스로 도리를 깨달아 알게 됨. ②경계하여 깨닫게 함.
경각−간(頃刻間) 명 매우 짧은 동안. 경각(頃刻)
경−각부(京各部) 명 대한 제국 때, 중앙 관서를 통틀어 이르던 말.
경−각사(京各司) 명 조선 시대, 서울에 있는 관아를 통틀어 이르던 말. 준 각사(各司). 경사(京司)
경−각사(京各寺) 명 지난날, 서울 가까이에 있는 절을 통틀어 이르던 말.
경:각−심(警覺心) 명 정신을 가다듬어 조심하는 마음. ¶산불에 대한 −을 불러일으키다.
경간(徑間) 명 건물이나 교량(橋梁) 등의 기둥과 기둥 사이의 거리. ▷徑의 속자는 径
경간(耕墾) 명 −하다 타 거친 땅을 일구어 농사를 짓는 일.
경간(驚癎) 명 한방에서, 어린아이가 놀라 발작하는 간질(癎疾)을 이르는 말.
경감(輕勘) 명 −하다 타 죄인을 가볍게 처분함.
경감(輕減) 명 −하다 타 덜어서 가볍게 함. 감경(減輕) ¶세금을 −하다./형기(刑期)를 −하다.
경:감(警監) 명 경찰 공무원 계급의 하나. 경정(警正)의 아래, 경위(警衛)의 위임.
경강(京江) 명 조선 시대, 서울의 뚝섬에서 양화 나루에 이르는 한강 일대를 이르던 말.
경강(硬鋼) 명 탄소강(炭素鋼) 가운데서, 탄소의 함유량이 0.36~0.50%인 강철. 기계·공구·용수철 등의 제조에 쓰임. ☞연강(軟鋼)
경개(更改) 명 ①관행이나 제도 등을 고치는 일. ②이미 있는 채무를 없애고 새로운 채무를 성립시키는 일.
경:개(耿介) 어기 '경개(耿介)하다'의 어기(語基).
경개(梗概) 명 소설이나 희곡 등의 내용을 간단하게 간추린 줄거리.
경개(景概) 명 산이나 강 등의 자연 풍경. 경치(景致) ¶산천(山川) − 좋고 바람 시원한 곳.
경개여고(傾蓋如故) 성구 공자가 길에서 우연히 마주친 정자(程子)와 수레의 양산을 기울여 친근하게 이야기를 나누었다는 고사에서 비롯된 말로, 잠시 만났는데도 정답기가 오래 사귄 친구와 같음을 이르는 말. 경개여구(傾蓋如舊)
경개여구(傾蓋如舊) 성구 경개여고(傾蓋如故)
경개−하다(耿介−) 형여 지조가 굳다.
경거(輕擧) 명 −하다 자 경솔하게 행동함, 또는 그런 행동.
경거−망동(輕擧妄動) 명 깊이 생각함이 없이 경솔하게 함부로 하는 행동.
경건(勁健) 어기 '경건(勁健)하다'의 어기(語基).
경:건(敬虔) 어기 '경건(敬虔)하다'의 어기(語基).
경:건−주의(敬虔主義) 명 17세기 말엽에, 독일의 개신교가 형식과 교의(敎義)에 치우치는 데 반대하여 일어난 신앙 운동. 성서를 중심으로 한 경건한 생활과 실천을 으뜸으로 삼았음.
경건−하다(勁健−) 형여 ①굳세고 튼튼하다. ②글씨나 그림의 필력(筆力)이 힘차다. ¶필치가 −.
 경건−히 부 경건하게
경:건−하다(敬虔−) 형여 공경하며 삼가는 마음이 있다. ¶경건한 마음으로 고인을 추모하다.
 경건−히 부 경건하게
경겁(經劫) 명 −하다 자 액운이 지나감.
경겁(驚怯) 명 −하다 자 놀라서 겁을 냄.
경:견(競犬) 명 길들인 개들에게 일정한 거리를 달리게 하여 그 순위를 겨루는 경기.
경결(哽結) 명 −하다 자 슬퍼 목이 멤.
경결(硬結) 명 −하다 자 ①단단하게 굳음. ②무른 조직이 염증(炎症)이나 울혈(鬱血)로 단단하게 되는 일, 또는 그 상태.
경경(耕境) 명 농작물의 경작이 지리적·경제적으로 가능한 한계, 또는 그런 땅. 경작 한계(耕作限界)
경경(輕輕) 어기 '경경(輕輕)하다'의 어기(語基).
경경−각각(頃頃刻刻) 부 시시각각(時時刻刻)
경:경고침(耿耿孤枕) 성구 근심에 싸여 있는 외로운 잠자리를 이르는 말.
경:경불매(耿耿不寐) 성구 불안하고 잊혀지지 아니하여 잠을 이루지 못함을 이르는 말.
경경열열(哽哽咽咽) 성구 슬픔으로 목메어 욺을 이르는 말.
경경−하다(輕輕−) 형여 말이나 하는 짓이 신중한 데가 없이 아주 경솔하다.
 경경−히 부 경경하게
경계(經界) 명 ①사물의 옳고 그름이 분간되는 한계. ②경계(境界)
경:계(敬啓) 명 '삼가 말씀 드립니다.'의 뜻으로, 편지 첫머리에 쓰는 한문 투의 말.
경계(境界) 명 ①지역과 지역이 맞닿은 데를 구별하는 자리. 경계(經界). 임계(臨界) ¶나라 사이의 −./농토의 −. ②어떤 사물이 다른 사물과 분간되는 한계. ¶연극과 가극의 −. ③불교에서, 과보(果報)에 따라 각자에게 주어진 지위나 처지를 이르는 말.

한자 **경계 계**(界)〔田部 4획〕¶강계(疆界)/경계(境界)/계석(界石)/계표(界標)/계한(界限)/한계(限界)

경:계(警戒) 명 −하다 자타 ①사고 등 좋지 않은 일이 일어나지 않도록 미리 조심하고 단속함. ¶산불을 −하다. ②잘못을 저지르지 않도록 미리 타일러 조심하게 함. ¶나쁜 길에 빠지지 않도록 −하다.

한자 **경계할 경**(警)〔言部 13획〕¶경고(警告)/경비(警備)/경적(警笛)/경호(警護)
 경계할 계(戒)〔戈部 3획〕¶경계(警戒)/계엄(戒嚴)

경계(驚悸) 명 한방에서, 걸핏하면 놀라거나 놀란 것처럼 가슴이 두근거리는 증세를 이르는 말. 경계증(驚悸症)

경:계=경:보(警戒警報)명 적기(敵機)의 공습(空襲)이 예상될 때 발령되는 경보.
경:계=관:제(警戒管制)명 위험이나 재해를 예방하기 위하여 펴는 관제.
경:계-등(境界燈)명 일정한 지역의 경계를 나타내기 위하여 켜 놓는 등.
경:계-망(警戒網)명 경계를 위하여 여러 곳에 펴 놓은 조직이나 시설. ¶ -을 펴다.
경:계-색(警戒色)명 다른 생물이 경계심을 불러일으킬 만큼 유난히 두드러진 빛깔이나 무늬를 띤 동물의 몸빛. ☞보호색(保護色)
경계-석(境界石)명 경계의 표지(標識)로 세운 돌. 준계석(界石) ☞표석(標石)
경계-선(境界線)명 경계가 되는 선, 또는 경계를 나타내는 선. ☞한계선(限界線)
경:계-선(警戒線)명 ①적의 침입, 죄인의 도주, 불상사의 발생 등을 막기 위해 경계하는 지대. ②하천에서, 홍수의 위험 수위를 나타내는 선. ¶강의 수량이 -을 넘다.
경계-인(境界人)명 주변인(周邊人)
경계=인수(境界因數)[-쑤]명 어떤 한 나라의 경계선의 길이를, 그 영토의 면적과 같은 정사각형의 둘레의 길이로 나눈 몫.
경계-증(驚悸症)[-쯩]명 경계(驚悸)
경계-표(境界標)명 경계를 나타내는 표지.
경:계=표지(警戒標識)명 도로 표지의 한 가지. 공사 구간이나 차선이 좁아지는 곳 등에 대하여 경계하라는 뜻으로 세우는 표지. 준경표(警標)
경:계=행군(警戒行軍)명-하다자 전투 준비를 하고 적을 경계하며 하는 행군.
경고(更鼓)명 지난날, 오경(五更)으로 나눈 밤의 시각을 알리던 북소리.
경고(硬膏)명 굳어서 보통 온도에서는 녹지 않으나, 체온(體溫)에는 녹아 살갗에 붙게 되는 고약. ☞연고(軟膏)
경:고(警告)명-하다자타 주의하라고 미리 알림, 또는 그 말. ¶흡연하지 말라고 -하다./과속을 -하다.
경고-문(警告文)명 경고하는 글.
경고=반응(警告反應)명 생체가 스트레스를 받을 때, 초기 단계에서 일어나는 반응. 혈압이나 대사(代謝) 등의 저하 상태가 일어났다가 이어 그 충격에서 벗어남.
경골(脛骨)명 하퇴골(下腿骨)의 하나. 정강이 안쪽에 있는 긴 뼈. 정강이뼈
경골(硬骨)명 ①척추동물의 골격을 이루고 있는 단단한 뼈. 굳뼈 ②의지가 굳고 권력에 굴복하지 않으며, 쉽게 자기의 주장을 굽히지 않는 기질의 사람을 비유하여 이르는 말. ☞연골(軟骨)
경골(頸骨)명 목의 뼈. 목뼈
경골(鯁骨)명 물고기의 뼈.
경골(鯨骨)명 고래의 뼈.
경골-어(硬骨魚)명 경골어류(硬骨魚類)
경골-어류(硬骨魚類)명 척추동물의 한 강(綱). 뼈가 경골로 된 어류. 물고기의 대부분이 이에 딸리는데, 몸은 비늘로 덮여 있고, 부레와 아감딱지가 있음. 경골어 ☞연골어류(軟骨魚類)
경골-한(硬骨漢)명 의지가 굳고 권력에 굴복하지 않으며, 쉽사리 자기의 주장을 굽히지 않는 남자. ☞연골한
경-공:양(經供養)명 불교에서, 새로 경전(經典)을 쓰거나 펴낼 때 베푸는 법회(法會)를 이르는 말.
경-공업(輕工業)명 소비재(消費財)를 생산하는 공업. 섬유 공업, 식품 공업, 제지 공업 따위. ☞중공업
경-공장(京工匠)명 조선 시대, 관부(官府)에서 쓰는 여러 가지 물품을 만드는 직업적인 장인을 이르던 말.
경과(京果)명 중국 정식(定食)에서, 가장 먼저 차려 내는 호박씨·땅콩·호두 따위를 이르는 말.
경과(京科)[-꽈]명 경시(京試)
경과(經科)명 '강경과(講經科)'의 준말.
경과(經過)명 ①-하다자 시간이 지나감. ¶30년의 세월이 -하다. ②사물이 시간에 따라 진행되거나 변화하는 상태. ¶하루 동안의 병세 -를 지켜보다. ③어떤 일을 겪어 온 과정. ¶협상을 계속해 온 -를 공개하다.
경과(輕科)명 가벼운 죄(罪). 경죄(輕罪)
경:과(慶科)[-꽈]명 조선 시대, 왕실(王室)이나 나라에 경사가 있을 때 실시하던 과거. 정시(庭試)·증광시(增廣試) 등이 이에 해당함.
경과=규정(經過規定)명 법령을 제정하거나 고치거나 할 때, 구법에서 신법으로 바뀌는 사이의 시간적 한계, 구법의 효력, 잠정적 특별 조처 따위의, 신법과 구법의 적용 관계를 정하는 규정. ☞경과법. 시제법(時際法)
경과-법(經過法)[-뻡]명 법률에 변경이 있을 경우에, 한 법률 관계가 신법과 구법 양쪽에 관계될 경우 신법·구법 중 어느 법률을 적용해야 하는지를 정한 법률.
경-과:실(輕過失)명 어떤 직업이나 지위에 있는 사람이 주의를 게을리 하여 이루어지는 가벼운 과실.
경관(京官)명 지난날, 서울에 있는 각 관아의 관원을 이르던 말. 조선 시대에는 개성·강화·수원·광주(廣州) 등의 유수(留守)도 경관에 딸렸음. ☞외관(外官)
경관(景觀)명 경치(景致) ☞문화 경관. 자연 경관
경:관(警官)명 '경찰관(警察官)'의 준말.
경관-직(京官職)명 지난날, 서울에 있는 각 관아의 관직을 이르던 말. 조선 시대에는 개성부(開城府)·강화부(江華府)·수원부(水原府)·광주부(廣州府)의 관직도 경관직에 딸렸음. 경직. 내직(內職)[2] ☞외관직(外官職)
경:광(耿光)명 밝은 빛.
경광(景光)명 ①경치(景致) ②좋지 않은 몰골. 좋지 않은 상태. 효상(爻象)
경광-성(傾光性)[-썽]명 빛의 세기나 변화에 따라 일어나는 경성(傾性). 꽃이 피고 오므라지는 성질 따위. ☞경열성(傾熱性)
경교(京校)명 '경포교(京捕校)'의 준말.
경교(經敎)명 경문(經文)의 가르침.
경-교:육(硬敎育)명 학생의 흥미나 즐거움보다 노력과 엄격한 훈련을 통해 교육의 효과를 얻으려 하는 교육 방법.
경구(硬球)명 테니스나 야구 등에 쓰는 단단한 공. ☞연구(軟球)
경구(經口)명 ①병균 등이 입을 거쳐 들어가는 일. ②약 등을 입으로 삼키는 일.
경:구(敬具)명 '삼가 말씀 드립니다'의 뜻으로, 편지 끝에 쓰는 한문 투의 말. 흔히 편지 첫머리의 경계(敬啓)·근계(謹啓) 등과 대응해서 씀. 경백(敬白)
경:구(輕裘)명 가벼운 가죽옷.
경구(警句)[-꾸]명 진리(眞理)를 간결하고 기발한 말로 예리하게 표현한 어구(語句). '예술은 길고, 인생은 짧다.' 따위. ☞격언(格言). 금언(金言)
경구(驚句)[-꾸]명 '경인구(驚人句)'의 준말.
경구=감:염(經口感染)명 병원균(病原菌)이나 기생충이 붙어 있는 음식물 등을 먹음으로써 감염되는 일.
경-구:개(硬口蓋)명 입천장 앞쪽의 단단한 부분. 센입천장 ☞연구개(軟口蓋)
경구개-음(硬口蓋音)명〈어〉조음(調音) 위치에 따라 구별한 자음의 한 갈래. 혓바닥과 경구개 사이에서 나는 소리로 'ㅈ·ㅉ·ㅊ'이 이에 딸림. 센입천장소리 ☞연구개음(軟口蓋音)
경구=면:역(經口免疫)명 내복(內服) 백신을 먹음으로써 면역이 생기는 일. 소화기계(消化器系) 전염병이나 소아마비의 예방 등에 응용됨.
경:구-법(警句法)[-꾸뻡]명 수사법(修辭法)의 한 가지. 어떤 사상이나 진리를 간결하고 날카롭게 나타낸 어구(語句)를 통하여 문장에 변화를 주는 표현 방법. '웅변은 은(銀)이고 침묵은 금(金)이다.'와 같은 표현법임.
경구비:마(輕裘肥馬)성구 가벼운 갖옷과 살진 말이라는 뜻으로, 부귀한 사람의 나들이 차림새를 이르는 말. 비마경구(肥馬輕裘)
경구=투약(經口投藥)명 입으로 약을 삼키게 하는 일.
경구=피:임약(經口避妊藥)[-냑]명 배란(排卵)을 막기 위하여 먹는 피임약.

경국(傾國)명 '경국지색(傾國之色)'의 준말.
경국(經國)명-하다타 나라를 다스리는 일. ㊐경세(經世)
경국대:전(經國大典)명 조선 시대에 통치의 근본으로 삼은 법전. 세조 때, 최항(崔恒)을 중심으로 노사신(盧思愼)·강희맹(姜希孟) 등이 집필하기 시작하여 성종 7년(1476)에 완성함. 6권 3책의 활자본.
경국제:세(經國濟世)성구 나라를 다스리고 세상을 구제함을 이르는 말. ☞경세제민
경국지색(傾國之色)성구 임금의 마음이 홀려 나라를 위태롭게 할 만큼 뛰어난 미인을 이르는 말. 경성지색(傾城之色) ㊟경국(傾國)
경국지재(經國之才)명 나라를 다스릴만 한 재주, 또는 그런 재주를 가진 사람. ☞경세지재
경군(京軍)명 조선 시대, 서울의 각 영문(營門)에 딸려 있던 군사.
경궁(勁弓)명 센 활.
경궁지조(驚弓之鳥)성구 상궁지조(傷弓之鳥)
경권(經卷)명 ①경전(經典) ②불교의 경문(經文)을 적은 두루마리. ▷ 經의 속자는 経
×**경귀**(警句)명 → 경구(警句)
경극(京劇)명 중국 고전극의 한 가지. 호궁(胡弓)·월금(月琴)·징·저 등으로 반주하며, 노래와 춤, 대사 등으로 전개하는 연극.
경:근(敬謹)명-하다타 공경하고 삼감.
경근(頸筋)명 목에 있는 여러 근육을 통틀어 이르는 말.
경-금속(輕金屬)명 비중이 4~5 이하인 비교적 가벼운 금속. 알루미늄이나 마그네슘 따위. ☞중금속(重金屬)
경:급(警急)명 경계해야 할 돌발적인 사고.
경:급=신:호(警急信號)명 ①조난한 선박이 조난 신호를 보내기 전에 발신하도록 정해진 신호. ②경계를 위해 보내는 신호. 경적(警笛)이나 사이렌 따위.
경기(京妓)명 지난날, 서울에 사는 기생을 이르던 말.
경기(京畿)명 서울을 중심으로 한 주변 지방. 기내

한자 **경기 기**(畿) 〔田部 10획〕 ¶기내(畿內)

경기(耕起)명-하다자 땅을 갈아 일으킴.
경기(景氣)명 ①매매나 거래 따위에 나타난 경제 활동의 상황. 호황(好況)이나 불황(不況)의 변동 상태. ¶ -가 회복되다. ②경제 활동이 활기를 띤 상태. ¶건설 -를 타고 인력 수요가 늘어나다. ③'인기(人氣)'를 비유하여 이르는 말. ¶그는 요즈음 -가 좋은 편이다.
경기(輕機)명 '경기관총(輕機關銃)'의 준말.
경기(輕騎)명 '경기병(輕騎兵)'의 준말.
경:기(競技)명-하다자 ①운동이나 무예 등의 능력을 일정한 규칙에 따라 겨루어 승패를 가리는 일. ¶멀리뛰기 -/축구 - ②어떤 기술이나 능력 등의 낫고 못함을 겨루는 일. ¶제과 기술 -/암산 -
경:기(競起)명-하다자 서로 앞을 다투어 일어남.
경기(驚氣)[-끼]명 경풍(驚風)
경-기관총(輕機關銃)명 한 사람이 다룰 수 있는, 10kg 가량의 가벼운 기관총. 엘엠지(LMG) ㊟경기(輕機) ☞중기관총(重機關銃) ▷ 輕의 속자는 軽
경-기구(輕氣球)명 기구(氣球)
경기-까투리(京畿-)명 지난날, 경기 지방 사람이 몹시 약다고 하여 이르던 말.
경기-대(輕騎隊)명 경기병(輕騎兵)으로 편성된 군대.
경기=변:동(景氣變動)명 경제 활동의 호황과 불황이 번갈아 일어나는, 그 주기적인 변동. 경기 순환
경-기병(輕騎兵)명 가볍게 무장한 기병. ㊟경기(輕騎)
경기=순환(景氣循環)명 경기 변동(景氣變動)
경기=예:측(景氣豫測)명 경기 변동에 관한 객관적 자료를 바탕으로 하여 앞으로 겪게 될 변동을 예측하는 일.
경기=입창(京畿立唱)명 서울·경기 지방을 중심으로 발전한 선소리. 앞산타령·뒷산타령·도라지타령 따위. ☞경기 좌창
경:기-자(競技者)명 경기를 하는 사람.
경기=잡가(京畿雜歌)명 조선 말기 이후, 서울·경기 지방의 상인과 기녀들 사이에 즐겨 불린 잡가. 십이 잡가와 휘모리 잡가가 있음. ☞남도 잡가, 서도 잡가
경:기-장(競技場)명 여러 가지 운동 경기를 할 수 있도록 만들어 놓은 시설.
경기적=실업(景氣的失業)명 경기의 변동에 따라, 불황기에 생기는 실업 형태.
경기=좌:창(京畿坐唱)명 서울·경기 지방을 중심으로 발전한, 앉은소리인 민요나 잡가. ☞경기 입창
경기=지수(景氣指數)명 경기 변동의 지수. 경기를 파악하고 예측하는 데 쓰임.
경기=지표(景氣指標)명 몇 가지 경제 지표를 자료로 삼아서 지금의 경기 변동을 확인하고, 앞으로 겪게 될 경기 변동을 예측하는 지표. ☞경제 지표(經濟指標)
경기체가(景幾體歌)명 고려 중엽에 생겨나 조선 전기까지 전한 시가의 한 형식. 지은이는 귀족층이거나 상류 문인인데, 그들의 학문적·도락적(道樂的)·파한적(破閑的)인 생활을 읊은 내용임. 경기하여가
경기하여가(景幾何如歌)명 경기체가(景幾體歌)
경낙(輕諾)명-하다타 너무 쉽게 승낙함.
경낙과:신(輕諾寡信)성구 승낙을 쉽게 하면 믿음성이 적음을 이르는 말.
경난(經難)명-하다타 어려운 일을 겪음.
경난(輕煖)어기 '경난(輕煖)하다'의 어기(語基).
경난-꾼(經難-)명 여러 가지 어려운 일을 겪어 낸 경험이 많은 사람.
경난-하다(輕煖-)형여 옷이 가볍고 따뜻하다.
경내(境內)명 일정한 경계의 안. ☞경외(境外)
경년(頃年)명 근년(近年)
경년(經年)명-하다자 해를 지냄.
경년열세(經年閱歲)[-녈쎄]성구 여러 해를 지냄을 이르는 말.
경노(京奴)명 조선 시대, 서울의 각 관아에 딸렸던 노비.
경노(勁弩)명 강한 쇠뇌.
경-노동(輕勞動)명 체력을 그다지 많이 쓰지 않는 비교적 가벼운 노동. ☞중노동(重勞動)
경농(耕農)명-하다자 논밭을 갈아 농사를 지음.
경농(經農)명-하다자 농업을 경영함. 영농(營農)
경뇌-유(鯨腦油)명 고래의 머릿골 지방을 압축·냉각하여 만든 기름. 기계의 윤활유로 쓰임.
경:단(瓊團)명 떡의 한 가지. 찹쌀가루를 익반죽하여 동글게 빚어 끓는 물에서 삶아 찬물에 담갔다가 재빨리 건져 고물을 묻힌 떡. 고물의 종류에는 팥고물·녹두고물·검은깨고물·채고물 등이 있음.
경-단:백질(硬蛋白質)명 물이나 염류의 수용액에 녹지 않고, 산이나 효소로도 분해되지 않는 단순 단백질. 동물의 뼈에 있는 콜라겐, 손발톱에 있는 케라틴 따위.
경달(驚怛)명-하다자 놀라 두려워함.
경담(驚痰)명 한방에서, 매우 놀랐을 때 담이 가슴에 뭉쳐 아픈 증세를 이르는 말.
경답(京畓)명 '경인답(京人畓)'의 준말.
경당(扃堂)명 고구려 때, 각 지방에 있던 사학(私學). 평민층의 미혼 남자들에게 경학(經學)이나 문학, 무예 등을 가르쳤음.
경당(經堂)명 ①절에서 불경을 간직하여 두는 집. 경장(經藏) ②가톨릭에서, 하느님을 경배하는 작은 기도장.
경당(經幢)명 돌을 모지게 다듬어서 불교의 경문(經文)을 새긴 것.
경당문:노(耕當問奴)성구 농사일은 머슴에게 물어야 한다는 뜻으로, 모르는 일은 그 일을 잘 아는 사람에게 물어야 함을 이르는 말.
경:대(敬待)명-하다타 공경하여 대접함.
경:대(鏡臺)명 거울을 달아 세운 화장대(化粧臺). 경가(鏡架). 장경(粧鏡)
경대-면(經帶麵)명 칼국수의 한 가지. 밀가루에 소금을 조금 섞어 반죽하여, 얇게 밀어 납작한 끈처럼 썰어, 끓는 물에 익혀 건져 찬물에 헹구어 먹는 음식.
경대-시(經帶時)명 지구 표면을 경도 15°씩 가른 각각의

지역에서 본초 자오선을 기준으로 하여 정한 표준시.

경도(硬度)명 ①물체의 단단한 정도. 특히 금속이나 광물에 대하여 이름. 강도(強度). 굳기 ¶다이아몬드의 -. ②물에 녹아 있는 칼슘염과 마그네슘염의 함유 정도. ③엑스선이 물체를 투과하는 정도.

경도(經度)[1]명 월경(月經)

경도(經度)[2]명 지구상의 위치를 나타내는 좌표의 한 가지. 그리니치 자오선의 자오면과 다른 자오선의 자오면이 이루는 각도로 나타냄. 지구의 표면을 동서로 각각 180°로 나누고, 동경 몇 도, 서경 몇 도 따위로 부름. 날도[1] 준경(經)[2] ☞위도(緯度)

경도(傾度)명 기운 정도. 경사도(傾斜度). 기울기

경도(傾倒)명-하다자타 ①기울어 넘어짐, 또는 기울여 넘어뜨림. ②어떤 일에 마음이 이끌려 열중함. ¶선도(仙道)에 -하다.

경:도(敬禱)명-하다자 경건하게 기도함, 또는 그 기도.

경도(鯨濤)명 큰 물결. 큰 파도. 경랑(鯨浪). 경파(鯨波)

경도(驚倒)명-하다자 몹시 놀람.

경도-계(硬度計)명 광물(鑛物)의 경도를 재는 계기.

경도-선(經度線)명 경선(經線)

경도-시(經度時)명 본초 자오선과 다른 지점의 경도의 차를 시(時)·분(分)·초(秒)로 환산한 시간.

경도잡지(京都雜志)명 조선 영조·정조 때의 학자 유득공(柳得恭)이 엮은 책. 한양(漢陽)의 세시 풍속(歲時風俗)을 기록한 내용임.

경도-풍(傾度風)명 기압 경도(氣壓傾度)에 따른 힘, 지구의 자전(自轉)에 따른 전향력(轉向力), 등압선이 곡률을 지니기 위한 원심력이 서로 균형이 잡혀 등압선에 따라 부는 바람.

경독(耕讀)명-하다자 농사짓기와 글 읽기.

경독(經讀)명-하다자 경문(經文)을 읽음.

경:-돌(磬-)[-똘]명 경석(磬石)

경동(傾動)명 단층 운동(斷層運動)에 따라 땅덩이의 겉면이 기우는 운동.

경동(輕動)명-하다자 경솔히 행동함.

경:동(鏡胴)명 망원경이나 사진기 등의 렌즈를 붙인 대롱 모양의 부분.

경:동(鏡銅)명 구리 3분의 2, 주석 3분의 1로 이루어진 청동(青銅) 합금. 옛날에 거울로 쓰였음.

경:동(警動)명-하다타 깨우쳐 격려함.

경동(驚動)명-하다자 놀라서 움직임.

경-동:맥(頸動脈)명 목 좌우에 있어 얼굴과 뇌 등에 피를 보내는 동맥.

경동-성(傾動性)[-썽]명 식물의 꽃이나 잎, 덩굴 따위가 접촉이나 빛, 열, 화학 물질 등의 양적인 차이에 자극을 받아 움직이는 현상.

경동=지괴(傾動地塊)명 경동으로 한쪽은 단층(斷層)에 따라 치밀려 올라 가파른 단층이 생기고, 다른 쪽은 완만하고 긴 경사면을 이루는 땅덩이.

경라(輕羅)명 가볍고 얇은 비단.

경:라(警邏)명-하다타 순찰하며 경계함.

경락(經絡)명 한방에서, 인체의 경혈(經穴)과 경혈을 잇는 선을 이르는 말. 기혈(氣血)이 순환하는 길로서 경(經)은 세로의 흐름, 낙(絡)은 가로의 흐름을 이름. 십이 경락과 기경 팔맥 등이 있음.

경:락(競落)명-하다타 경매(競賣)에서, 동산이나 부동산에 대해 살 사람이 최고액을 불러 그 소유권을 차지하는 일.

경:락-물(競落物)명 경락이 결정된 물건.

경:락-인(競落人)명 경락으로 동산이나 부동산의 소유권을 차지한 사람. 경락자

경:락-자(競落者)명 경락인(競落人)

경랍(硬鑞)명 납 합금(合金) 가운데 녹는점이 높은 황동랍, 동랍, 은랍, 금랍 등을 이르는 말.

경랍(鯨蠟)명 말향고래의 머리 부위에 있는 기름을 압축·냉각하여 만든 결정성 물질. 비누나 화장품 따위의 원료로 쓰임.

경랑(鯨浪)명 큰 물결. 큰 파도. 경도(鯨濤). 경파(鯨波)

경략(經略)명-하다타 ①나라를 경영하여 다스림. ②침략하여 차지한 나라나 땅을 다스림.

경량(輕量)명 가벼운 무게. ☞중량(重量)

경량-급(輕量級)[-끕]명 ①무게가 가벼운 등급(等級). ②권투나 레슬링 등 체급에 따른 경기에서, 가벼운 체급. ☞중량급(中量級). 중량급(重量級)

경량-품(輕量品)명 ①무게가 가벼운 물건. ②화물 수송에서, 부피에 따라 운임을 계산하는 물품. 부피에 비해 가벼운 솜 따위. ☞중량품(重量品)

경려(輕慮)명 천박한 생각. 경솔한 생각. ☞단려(短慮)

경력(經力)명 불교에서, 경전의 공력(功力), 또는 간경(看經)과 독경(讀經)의 공력을 이르는 말. 경험

경력(經歷)명 ①이제까지 겪어 온 일이나 지위, 학업 등의 내력. 이력(履歷) ②-하다타 여러 일들을 보고 듣고 체험함. 열력(閱歷)

경력-담(經歷談)명 이제까지 겪어 온 일에 대한 이야기.

경력-자(經歷者)명 어떤 업무에 대한 경력이 있는 사람.

경련(痙攣)명 근육이 발작적으로 오그라드는 현상. ¶장딴지에 -이 일어나다.

경련(頸聯)명 한시(漢詩)에서 율시(律詩)의 제 5, 6의 두 구. 후련(後聯) ☞수련(首聯). 함련(頷聯)

경:례(敬禮)명-하다자 존경함을 나타내기 위하여 인사하는 일, 또는 그 인사.

경:로(敬老)명-하다자 노인을 공경함.

경로(經路)명 ①지나는 길. ¶침입한 -를 파악하다. ②일이 되어 가는 형편이나 과정. ¶의료 기술의 발전 -를 살펴보다.

경로-당(敬老堂)명 노인을 공경하는 뜻에서, 노인들이 서로 사귀며 편안하고 건전하게 시간을 보낼 수 있도록 마련한 집. ☞노인정(老人亭)

경론(硬論)명 강경한 의견이나 논쟁.

경론(經論)명 부처의 가르침을 적은 경(經)과 보살이 그 뜻의 체계를 세워 해석한 논(論)을 아울러 이르는 말. ☞경장(經藏). 논장(論藏). 삼장(三藏)

경루(更漏)명 지난날, 밤 동안의 시간을 알리던 물시계. ☞누수(漏水)

경루(經漏)명 한방에서, 월경(月經)의 피가 멎지 않는 병을 이르는 말.

경:루(瓊樓)명 '궁전'을 아름답게 이르는 말.

경륜(經綸)명-하다타 나라의 질서를 바로잡아 다스리는 일, 또는 그 방책.

경:륜(競輪)명 자전거 경기(自轉車競技) ¶- 대회

경륜-가(經綸家)명 나라를 잘 다스려 나갈만 한 능력을 지닌 사람.

경리(經理)명 ①회계(會計)나 급여(給與)에 관한 사무를 처리하는 일, 또는 그 사무. ¶-에 밝은 사람. ②군대의 병과(兵科)의 하나. 행정을 지원하는 병과로 군대의 경리 업무를 맡아봄.

경린(硬鱗)명 겉면이 단단하고 광택이 있는 물고기의 비늘. 굳비늘

경마(∠牽馬)명 남이 탄 말을 몰기 위해 잡는 고삐.

경마(를) 잡다 관용 ①남이 탄 말의 고삐를 잡고 그 말을 몰다. ②함부로 행동할 수 없도록 다잡거나 보살피다.

경마(耕馬)명 논밭을 갈 때 부리는 말.

경:마(競馬)명-하다자 직업 기수가 탄 말들을 일정 거리를 달리게 하여 그 순위를 겨루는 경기. 돈을 걸고 내기를 함.

경마-장(競馬場)명 경마를 하는 경기장. 마장(馬場)

경막(硬膜)명 머리뼈 안쪽에 붙어 뇌를 싸고 있는 두껍고 튼튼한 막.

경망(輕妄)어기 '경망(輕妄)하다'의 어기(語基).

경망-스럽다(輕妄-)(-스럽고·-스러워)형ㅂ 보기에 경망한 데가 있다. ¶경망스러운 행동.

경망-스레 부 경망스럽게

경망-하다(輕妄-)형여 말이나 하는 짓이 가볍고 방정맞다. ¶경망하게 나불나불 지껄이다.

경망-히 부 경망하게

경:매(競買)명-하다타 물건을 팔려는 사람이 많을 때, 싸게 팔겠다는 사람에게서 물건을 사들이는 일. ☞공매

경:매(競賣)명-하다타 물건을 사려는 사람이 많을 때, 사려는 사람에게 값을 매기게 하여 가장 비싸게 사겠다는 사람에게 물건을 파는 일.

경:매=기간(競賣期間)명 강제 집행 절차에서 압류한 날로부터 경매하는 날까지의 기간.

경:매-물(競賣物)명 경매에 부친 물건.

경:매-인(競賣人)명 경매를 하는 사람.

경맥(硬脈)명 혈압이 높아서 긴장도가 큰 맥박. ☞연맥(軟脈)

경:면(鏡面)명 거울이나 렌즈 따위의 겉면.

경:면=주사(鏡面朱砂)명 결정체로 되어 있는 주사.

경:면-지(鏡面紙)명 반드럽고 윤이 나는 종이.

경멸(輕蔑)명-하다타 남을 깔보고 업신여김. ¶게으른 사람을 -하다.

경:명(敬命)명-하다타 삼가 공경함.

경명(傾命)어기 '경명(傾命)하다'의 어기(語基).

경:명-풍(景明風)명 남동풍(南東風)

경명-하다(傾命-)형여 목숨이 경각(頃刻)에 달려 있다. 죽을 때가 멀지 않다.

경:모(景慕)명-하다타 우러러 사모함. 앙모(仰慕)

경모(傾慕)명-하다타 마음을 다하여 그리워함.

경:모(敬慕)명-하다타 존경하여 우러러봄. 경앙(敬仰)

경:모(輕侮)명-하다타 남을 업신여기거나 모욕함.

경목(耕牧)명 논밭 농사와 목축.

경묘(輕妙)어기 '경묘(輕妙)하다'의 어기(語基).

경묘-하다(輕妙-)형여 경쾌하고 교묘하다. ¶경묘한 필치./경묘한 해금의 선율.

경묘-히 부 경묘하게

경:무(警務)명 경찰에 관한 사무.

경:무-관(警務官)명 경찰 공무원 계급의 하나. 치안감(治安監)의 아래, 총경의 위임.

경:무-사(警務使)명 조선 시대 말기, 내무아문(內務衙門)에 딸린 경무청의 으뜸 관직.

경:무-서(警務署)명 대한 제국 때, 각 지방의 경찰 사무를 맡아보던 관청.

경:무-청(警務廳)명 조선 말기, 한성부(漢城府) 안에서 경찰과 감옥의 일을 맡아보던 관아.

경:무-호(警霧號)명 바다에 안개가 낄 때, 자기 배의 위치를 알리기 위하여 울리는 음향 신호. ☞무적(霧笛)

경:문(景門)명 음양가(陰陽家)가 이르는 팔문(八門) 가운데 길하다는 문의 하나.

경문(經文)명 ①불교의 경전(經典), 또는 그 글. ②가톨릭에서, 기도할 때 외는 글. ③도교(道敎)의 서적. ④유교(儒敎) 경서(經書)의 글.

경문(驚門)명 음양가(陰陽家)들이 이르는 팔문(八門) 가운데 흉하다는 문의 하나.

경-문학(硬文學)명 표현이나 내용이 읽는 이에게 딱딱한 느낌을 주는 문학 작품. ☞연문학(軟文學)

경-문학(輕文學)명 표현이나 내용이 딱딱하지 않아 가벼운 마음으로 읽을 수 있는 문학 작품.

경물(景物)명 철을 따라 달라지는 풍물.

경:물(敬物)명 천도교에서 이르는 삼경(三敬)의 하나. 곧 물건을 소중히 여기는 일.

경물-시(景物詩)명 철을 따라 달라지는 풍물을 읊은 시.

경미(粳米)명 멥쌀. 갱미(秔米) ☞나미(糯米)

경미(輕微)어기 '경미(輕微)하다'의 어기(語基).

경미-토(粳米土)명 모래흙

경미-하다(輕微-)형여 정도가 대수롭지 않다. ¶피해가 -./경미한 부상.

경:민(警民)명-하다자 백성을 깨우침.

경:민가(警民歌)명 훈민가(訓民歌)

경:민편(警民編)명 조선 중종 14년(1519)에 김정국(金正國)이 지은 책. 인륜(人倫)과 법제(法制)에 관한 지식을 보급하여 범죄를 예방할 목적으로 지었음. 1책의 목판본. ☞경민편언해

경:민편언:해(警民編諺解)명 조선 효종 7년(1656)에 이후원(李厚源)이 '경민편(警民編)'을 한글로 번역한 책. 정철(鄭澈)의 '훈민가(訓民歌)' 16수 등 교훈적인 글을 덧붙였음. 1권 1책의 목판본.

경박(輕薄)어기 '경박(輕薄)하다'의 어기(語基).

경박부허(輕薄浮虛)성구 경조부박(輕佻浮薄)

경박-자(輕薄子)명 말이나 하는 짓이 가벼워, 미덥지 못한 사람.

경박-재자(輕薄才子)명 재주는 있으되 경박한 사람.

경박-하다(輕薄-)형여 말이나 하는 짓이 가볍고 방정맞다. ¶경박한 언행.

경:발(警拔)어기 '경발(警拔)하다'의 어기(語基).

경:발-하다(警拔-)형여 ①뛰어나게 총명하다. ②문장이 뛰어나고 기발하다.

경방(庚方)명 이십사 방위(二十四方位)의 하나. 정서(正西)로부터 남쪽으로 15도 되는 방위를 중심으로 한 15도 범위 안의 방위. 신방(申方)과 유방(酉方)의 사이. 준 경(庚) ☞갑방(甲方)

경:방(警防)명-하다타 재해나 위험 등을 경계하여 막음.

경:배(敬拜)명-하다자 ①공경하여 공손히 절함. ②편지 끝에 '공경하여 절함'의 뜻으로 쓰는 한문 투의 말.

경:백(敬白)명 경구(敬具) ☞근백(謹白)

경벌(輕罰)명 가벼운 벌. ☞중벌(重罰)

경범(輕犯)명 '경범죄(輕犯罪)'의 준말. ☞중범(重犯)

경-범:죄(輕犯罪)명 가벼운 범죄. 경범죄 처벌법에 규정된 범죄. 준 경범(輕犯)

경범죄=처:벌법(輕犯罪處罰法)[-뻡]명 가벼운 위법 행위나 반도의적(反道義的)인 행위에 대한 처벌을 규정한 법률. 즉결 심판(卽決審判)을 통해 구류(拘留)나 과료(科料) 등 가벼운 형벌이 지워짐.

경법(經法)명 ①'대경대법(大經大法)'의 준말. ②불경(佛經)에 적힌 석가모니의 가르침.

경변(硬便)명 된똥

경변(輕邊)명 헐한 변리. 저리(低利). 저변(低邊)

경변-증(硬變症)[-쯩]명 어떤 장기(臟器)가 비정상적인 변화로 굳어지면서 오그라드는 증세. 간경변증 따위.

경병(京兵)명 지난날, 서울의 각 군영에 딸린 군대나 병사를 이르던 말.

×경보(頃步)명 →규보(跬步·頃步)

경:보(競步)명 육상 경기의 한 가지. 어느 한쪽 발이 늘 땅에 닿아 있게 하여, 일정 거리를 걸어 빠르기를 겨룸.

경:보(警報)명 재해나 위험을 경계하도록 알리는 일. ¶홍수 -/오존 - ☞주의보(注意報)

경:보-기(警報器)명 위험이나 고장 따위를 소리나 빛을 내어 알리는 기기.

경:복(景福)명 크나큰 복. 경조(景祚)

경:복(敬服)명-하다자 존경하여 복종함.

경:복(敬復·敬覆)명 '공경하여 답장함'의 뜻으로, 편지 첫머리에 쓰는 한문 투의 말.

경복(傾覆)명-하다자타 ①기울어져 엎어짐. ②뒤집어엎어 망하게 함.

경복(輕服)명 소공(小功)이나 시마(緦麻) 따위와 같은 짧은 기간의 복제. ☞중복(重服)

경:복(慶福)명 경사스러움과 복된 일.

경:복궁타:령(景福宮*打令)명 경기 민요의 한 가지. 조선 후기 대원군의 경복궁 재건에 따른 불만을 풍자한 노래로, 후렴 가사가 '방아로다'로 끝나는 방아타령의 한 가지임.

경본(京本)명 ①지난날, 서울에서 유행하는 옷 모양을 이르던 말. ②지난날, 서울에서 간행된 책을 이르던 말.

경본(經本)명 가톨릭에서, 미사와 성직자의 경문을 적은 책을 이르는 말.

경부(經部)명 중국의 고전을 경(經)·사(史)·자(子)·집(集)의 네 부(部)로 분류한 것 가운데서 '경'에 딸리는 부류. 갑부(甲部)

경부(頸部)명 ①목이 있는 부분. ②목처럼 잘록한 부분.

경:부(警部)명 대한 제국 때, 경찰 업무를 맡아보던 관청. 광무(光武) 4년(1900)에 경무청을 없애고 새로 설치함.
경분(輕粉)명 한방에서, 염화제일수은을 약재로 이르는 말. 매독이나 변비 따위에 쓰임. 홍분(汞粉)
경비(經費)명 일을 경영하는 데 드는 비용.
경:비(警備)명-하다타 만일의 사태에 대비하여 경계하고 방비함. ¶야간 -
경:비=계:엄(警備戒嚴)명 계엄의 하나. 전시나 사변 또는 그에 준하는 국가 비상 사태로 질서가 교란된 지역에 선포하는 계엄.
경:비-대(警備隊)명 경비의 임무를 맡은 부대.
경:비-망(警備網)명 경비를 위하여 일정 지역에 펴 놓은 조직. ¶물샐틈없는 -을 펴다.
경:비-병(警備兵)명 경비 임무를 맡은 병사.
경:비-선(警備船)명 해상을 경비하는 선박.
경:비-선(警備線)명 경비를 위하여 정해 놓은 지역.
경:비-함(警備艦)명 해상을 경비하는 군함.
경-비행기(輕飛行機)명 단발(單發) 또는 쌍발(雙發)의 피스톤엔진을 가진 작고 가벼운 비행기.
경사(京司)명 '경각사(京各司)'의 준말. 각사(各司)
경사(京師)명 지난날, 서울을 달리 이르던 말.
경사(經史)명 경서(經書)와 사기(史記).
경사(經師)명 경스승
경사(傾斜)명 ①기울거나 비탈진 상태, 또는 그 정도. 기울기 ¶-가 급한 암벽./-가 심하다. ②지층의 층리면(層理面)과 수평면이 이루는 각도.
경사(經絲)명 피륙에서, 세로 방향으로 짜인 실. 날실 ☞위사(緯絲)
경:사(慶事)명 경축할만 한 기쁜 일. ¶-가 겹치다.

한자 **경사 경**(慶)〔心部 11획〕¶경사(慶事)/경연(慶宴)/경조(慶弔)/경축(慶祝)/경하(慶賀)

경:사(警査)명 경찰 공무원 계급의 하나. 경장의 위, 경위(警衛)의 아래임.
경:사(競射)명-하다자 활쏘기나 사격의 실력을 겨룸.
경사-계(傾斜計)명 ①땅 겉면의 경사의 변화를 재는 계기. ②비행하고 있는 항공기의 경사도를 나타내는 계기. 경사의(傾斜儀). 클리노미터(clinometer)
경-사:대부(卿士大夫)명 지난날, 영의정·좌의정·우의정 이외의 모든 관원을 이르던 말.
경사-도(傾斜度)명 기운 정도. 경도(傾度). 기울기
경:사-롭다(慶事-)(-롭고·-로워)형ㅂ 경축하고 기뻐할만 하다. 경사스럽다 ¶경사로운 잔칫날.
　경사-로이부 경사롭게
경사-면(傾斜面)명 비스듬히 기울어진 면. ☞비탈면
경사=생산(傾斜生產)명 특별히 어떤 중요한 산업에 자금과 자재를 중점적으로 들여 생산을 하는 일.
경:사-스럽다(慶事-)(-스럽고·-스러워)형ㅂ 경축하고 기뻐할만 하다. 경사롭다
　경사-스레부 경사스럽게
경사-의(傾斜儀)명 경사계(傾斜計)
경사자집(經史子集)명 중국 고전의 네 부(部)의 분류. 곧 경부(經部; 經書)·사부(史部; 史書)·자부(子部; 諸子)·집부(集部; 詩文)를 아울러 이르는 말.
경사-지(傾斜地)명 비탈진 땅.
경사-지다(傾斜-)자 한쪽으로 기울어지다.
경사-칭(傾斜秤)명 기운 지레의 원리를 이용한 저울. 저울 앞 끝에 달린 갈고리에 물건을 걸어 무게를 닮.
경산(京山)명 서울 부근의 산.
경산-목(京山木)명 서울 부근의 산에서 나는 재목.
경산-부(經產婦)명 아이를 낳은 경험이 있는 여자.
경산-절(京山-)[-쩔]명 서울 부근 산의 절.
경:삼(慶蔘)명 경상도에서 생산되는 인삼. ☞관동삼(關東蔘)
경삼(驚蔘)명 옮겨 심어서 기른 산삼. ☞묘장뇌(苗長腦). 장뇌(長腦)
경삽(硬澁)어기 '경삽(硬澁)하다'의 어기(語基).
경삽-하다(硬澁-)형여 문장이 딱딱하고 어렵다.
경상(景狀)명 효상(爻象)
경상(景象)명 경치(景致)
경상(卿相)명 ①재상(宰相) ②육경(六卿)과 삼상(三相)을 아울러 이르는 말.
경상(經床)명 불경을 얹어 놓는 상.
경상(輕傷)명 조금 다치는 일, 또는 가벼운 상처. ☞중상(重傷)
경상(經常)앞말 늘 일정한 상태로 변동이 없음을 뜻하는 말. ¶- 계정/- 수입
경상-비(經常費)명 회계 연도마다 반복하여 지출되는 일정한 종류의 경비. ☞임시비(臨時費)
경상-세(經常稅)[-쎄]명 해마다 일정하게 받아들이는 세금.
경-새(更-)명 밤마다 일정한 시간에 우는 새.
경색(哽塞)명-하다자 몹시 울어서 목이 메는 일.
경색(梗塞)명-하다자 ①막혀 통하지 않음. ¶정국(政局)이 -되다. ②동맥(動脈)이 막힘으로써 그 끝의 여러 조직이 회사(壞死)하는 일. 심근 경색 따위.
경색(景色)명 경치(景致)
경서(經書)명 유교의 경전(經典). 사서(四書)나 오경(五經) 따위. 경적(經籍) 준경(經)
경:서(慶瑞)명 경사스러운 일이 있을 조짐. 상서(祥瑞)
경석(輕石)명 속돌
경:석(磬石)명 경쇠를 만드는 데 쓰이는 안산암(安山岩)의 한 가지. 경돌
경-석고(硬石膏)명 사방정계(斜方晶系)에 딸린 광물의 한 가지. 결정수(結晶水)가 들어 있지 않은 단단한 석고. 흰빛이나 잿빛을 띠고 있음.
경선(經線)명 경도(經度)를 나타내는 선. 지구상의 위치를 정하기 위해 양극(兩極)을 이어 위선(緯線)과 직각으로 교차하도록 지구 겉면에 그은 가상의 선임. 경도선(經度線). 날금. 날줄. 자오선(子午線) 준경(經)[2] ☞위선(緯線)
경선(頸腺)명 목에 있는 림프절.
경선(鯨船)명 고래잡이 배. 포경선(捕鯨船)
경:선(競選)명 둘 이상의 후보자의 경쟁을 통한 선거. ¶당(黨) 대표 -에 나서다.
경선(輕先)어기 '경선(輕先)하다'의 어기(語基).
경선-하다(輕先-)형여 깊이 생각하지 않고 앞질러 하는 버릇이 있다.
　경선-히부 경선하게
경설(經說)명 ①경서(經書)에 적힌 학설. ②경서의 뜻을 풀이한 책.
경섬(鯨銛)명 고래작살
경성(京城)명 일본이 우리 나라를 강점(強占)하고 있을 때, 지금의 '서울'을 이르던 말.
경성(硬性)명 단단한 성질. ☞연성(軟性)
경:성(景星)명 상서로운 조짐으로 나타난다는 별. 서성
경성(傾性)명 식물이 외계로부터 자극을 받았을 때, 그 자극의 방향과는 관계없이 일정한 방향으로 굽는 성질. 경광성(傾光性)·경열성(傾熱性)·경진성(傾震性)·경촉성(傾觸性) 따위. ☞굴성(屈性). 향성(向性)
경:성(警省)명-하다자 스스로 깨쳐 돌이켜 살핌.
경:성(警醒)명-하다타 그릇된 행동을 하지 않도록 타일러 깨닫게 함.
경-성분(硬成分)명 방사선이나 우주선 가운데 물질을 투과하는 힘이 강한 성분.
경성지색(傾城之色)성구 임금의 마음이 홀려 나라를 위태롭게 할 만큼 뛰어난 미인을 이르는 말. 경국지색
경성=하:감(硬性下疳)명 성병의 한 가지. 매독균의 전염으로 음부 등에 단단하고 조그마한 종기가 생겨 차차 헐게 됨. ☞연성 하감(軟性下疳). 혼합 하감
경성=헌:법(硬性憲法)[-뻡]명 개정하는 절차가 일반 법률보다 까다롭게 규정되어 있는 헌법. 강성 헌법(剛性憲

法) [준]경헌법(硬憲法) ☞연성 헌법(軟性憲法)
경세(經世)[명]-하다[자] 세상을 다스림. [유]경국(經國)
경:세(警世)[명]-하다[자] 세상 사람을 깨우침.
경세(輕細)[어기] '경세(輕細)하다'의 어기(語基).
경세-가(經世家)[명] 세상을 다스리는 사람.
경세제:민(經世濟民)[성구] 세상을 다스리고 백성을 구제함을 이르는 말. [준]경제(經濟) ☞경국제세
경세지재(經世之才)[명] 세상을 다스릴만 한 재주, 또는 그런 재주를 가진 사람. ☞경국지재
경세지책(經世之策)[명] 세상을 다스려 나갈 방책.
경세치:용(經世致用)[성구] 학문은 실사회(實社會)에 이바지하는 것이어야 한다는 유교상의 주장을 이르는 말.
경세-하다(輕細-)[형][여] 가볍고 자질구레하다.
경세-히[부] 경세하게
경소(京所)[명] '경재소(京在所)'의 준말.
경소(輕笑)[명]-하다[타] ①대수롭지 않게 여겨 웃음. ②남을 업신여겨 웃음.
경소(輕小)[어기] '경소(輕小)하다'의 어기(語基).
경-소리(經-)[-쏘-][명] 불경을 읽거나 외는 소리.
경소-하다(輕小-)[형][여] 보잘것없이 작다.
경속(粳粟)[명] '메조'의 딴이름.
경솔(輕率)[어기] '경솔(輕率)하다'의 어기(語基).
경솔-하다(輕率-)[형][여] 말이나 하는 짓이 진중하지 않고 가볍다. ¶경솔한 행동
경솔-히[부] 경솔하게
경:쇠(磬-)[명] ①국악기 석부(石部) 타악기(打樂器)의 한 가지. 옥이나 돌로 만듦. 경(磬) ☞편경(編磬) ②판수가 경을 읽을 때 흔드는 작은 방울. ③예불(禮佛)할 때 흔드는 작은 종.
경수(硬水)[명] 센물 ☞연수(軟水)
경수(經水)[명] 월경(月經)
경수(輕水)[명] 보통 물을 중수(重水)와 구별해 이르는 말.
경수(輕囚)[명] 죄가 가벼운 죄수. ☞중수(重囚)
경:수(擎手)[명]-하다[자] 공경하는 마음으로 두 손으로 떠받듦.
경수(鯨鬚)[명] 고래수염
경:수(警守)[명]-하다[타] 경계하여 지킴.
경수-로(輕水爐)[명] 경수(輕水), 곧 보통 물을 냉각재(冷却材) 또는 감속재(減速材)로 쓰는 동력용 원자로.
경-수소(輕水素)[명] 수소의 동위체(同位體)로, 질량수가 1인 수소. ☞중수소(重水素)
경:수-소(警守所)[명] 지난날, 순라군이 밤에 머물러 지내는 곳을 이르던 말.
경숙(經宿)[명]-하다[자] 지난날, 임금이 대궐을 떠나서 다른 곳에서 밤을 지내는 일을 이르던 말.
경순(輕巡)[명] '경순양함(輕巡洋艦)'의 준말.
경-순양함(輕巡洋艦)[명] 규모가 작고 배수량이 적은 순양함. [준]경순(輕巡)
경술(庚戌)[명] 육십갑자의 마흔일곱째. ☞신해(辛亥)
경술(經術)[명] 경서(經書)를 연구하는 학문.
경술-년(庚戌年)[명] 육십갑자로 해를 이를 때, 경술(庚戌)이 되는 해. 곧 천간(天干)이 경(庚)이고 지지(地支)가 술(戌)인 해. ☞신해년(辛亥年). 술년(戌年)
경-스승(經-)[-쓰-][명] 불교 경문(經文)의 뜻을 풀어 가르치는 법사(法師). 강사(講師). 경사(經師)
경승(景勝)[명] 경치가 좋은 것, 또는 경치가 좋은 곳. ☞명승(名勝). 보승지(保勝地)
경승-지(景勝地)[명] 경치가 좋은 곳. 보승지(保勝地). 승경(勝境)
경시(更始)[명]-하다[타] 고쳐 다시 시작함.
경시(庚時)[명] 하루를 스물넷으로 가른, 열여덟째 시(時). 지금의 오후 네 시 삼십 분부터 다섯 시 삼십 분까지의 동안. [준]경(庚) ☞유시(酉時)
경시(京試)[명] 조선 시대, 서울에서 3년마다 보이던 생원·진사의 초시(初試)와 문과(文科)의 초시. 경과(京科). 한성시(漢城試)
경시(輕視)[명]-하다[타] 대수롭지 않게 여김. 깔보는 일. ¶상대자의 실력을 -하다가 참패하다. ☞중시(重視)
경시-관(京試官)[명] 조선 시대, 각 도에서 보이는 향시(鄕試)에 서울에서 파견하던 감시관(監試官).
경:시-종(警時鐘)[명] 지정한 시각에 종이 울리도록 만든 시계. 성종(醒鐘). 파면종(破眠鐘)
경식(耕食)[명]-하다[자] 농사를 지어 살아감.
경식(硬式)[명] 야구나 테니스 따위에서, 단단한 공을 쓰는 경기 방식. ☞연식(軟式)
경식=야:구(硬式野球)[-냐-][명] 경구(硬球)로 하는 야구. ☞연식 야구(軟式野球)
경신(更新)[명]-하다[타] 이제까지의 것을 고쳐 새롭게 함, 또는 새롭게 고침. ¶단거리 달리기에서 세계 기록을 -하다. ☞갱신(更新)
경신(庚申)[명] 육십갑자의 쉰일곱째. ☞신유(辛酉)
경신(京信)[명] 지난날, 서울에서 온 편지를 이르던 말.
경:신(敬信)[명]-하다[타] 존경하여 믿음.
경:신(敬神)[명]-하다[자] 신을 공경함.
경신(輕信)[명]-하다[타] 경솔하게 믿음. 쉽게 믿음.
경신-년(庚申年)[명] 육십갑자로 해를 이를 때, 경신(庚申)이 되는 해. 곧 천간(天干)이 경(庚)이고 지지(地支)가 신(申)인 해. ☞신유년(辛酉年). 신년(申年)
경:신숭조(敬神崇祖)[성구] 신을 공경하고 조상을 숭상함을 이르는 말.
경:실(苘實)[명] 한방에서, 어저귀의 씨를 약재로 이르는 말. 강장제로 쓰임.
경심(傾心)[명] 배 따위와 같이 수면에 떠 있는 물체의, 기울기의 중심. 메타센터
경아(驚訝)[명]-하다[자] 놀라고 의아하게 여김.
경-아리(京-)[명] 지난날, 약고 간사하다는 뜻으로, 서울 사람을 두고 이르던 말.
경-아문(京衙門)[명] 조선 시대, 서울에 있는 각 관아를 이르던 말.
경-아전(京衙前)[명] 조선 시대, 서울의 관아에 딸린 아전을 이르던 말.
경악(經幄)[명] 경연(經筵)
경악(驚愕)[명]-하다[자] 몹시 놀람. ¶온 시민이 -한 가스 폭발 사고.
경안(經眼)[명] 불경(佛經)을 제대로 이해할만 한 안목.
경:앙(景仰)[명]-하다[타] 덕을 사모하여 우러러봄.
경:앙(敬仰)[명]-하다[타] 존경하여 우러러봄. 경모(敬慕)
경:애(敬愛)[명]-하다[타] ①존경하여 친근한 마음을 가짐. 애경(愛敬) ②밀교(密敎)에서 이르는 수법(修法)의 한 가지. 부처나 보살의 가호를 청하여 일가친척의 화평을 기원하는 법식. ☞식재(息災)
경애(境涯)[명] 살아가는 처지나 환경.
경:야(竟夜)[명]-하다[자] 밤을 새움. 달야(達夜)
경야(經夜)[명]-하다[자] ①밤을 지냄. ②장사(葬事) 전에 죽은 이의 관(棺) 곁에서 가까운 친족이나 친구들이 밤을 새우는 일.
경-양식(輕洋食)[명] 간단한 서양식 일품 요리(一品料理).
경:어(敬語)[명] 〈어〉높임말. 존경어(尊敬語)
경어(鯨魚)[명] '고래'의 딴이름.
경언(鯁言)[명] 거리낌없이 바르게 하는 말. ☞직언(直言)
경업(耕業)[명] 농업(農業)
경:업(競業)[명]-하다[자] 영업상의 경쟁.
×**경-없다**(景-)[형] →경황없다
경역(境域)[명] ①경계의 지역. ②경계 안의 땅. [준]역(域)
경연(硬軟)[명] 단단함과 부드러움.
경연(經筵)[명] ①지난날, 임금 앞에서 경서(經書)를 강의하는 자리를 이르던 말. 경악(經幄). 경유(經帷) ②'경연청(經筵廳)'의 준말. ☞서연(書筵)
경:연(慶宴)[명] 경사스러울 때 베푸는 잔치.
경:연(慶筵)[명] 경사스러울 때 베푼 잔치 자리.
경:연(競演)[명]-하다[타] 연극이나 음악, 시문(詩文) 따위의 재주를 겨룸. ¶판소리 - 대회
경연-관(經筵官)[명] 지난날, 임금 앞에서 경서(經書)를 강의하는 관원을 이르던 말. ☞서연관(書筵官)

경-연:극(輕演劇)[-년-]명 오락과 풍자를 내용으로 하는 대중 연극.
경연-원(經筵院)명 조선 시대에 경서(經書)와 문한(文翰)을 보관하고, 시강(侍講)과 제찬(制撰)에 관한 일을 맡아보던 관아.
경연-청(經筵廳)명 조선 시대에 경연에 관한 일을 맡아보던 관아. 준경연(經筵)
경열(庚熱)명 삼복(三伏)의 심한 더위를 달리 이르는 말. 경염(庚炎). 복열(伏熱). 복염(伏炎)
경열(哽咽)명-하다자 몹시 슬프거나 서러워 목이 메이도록 흐느껴 욺.
경열-성(傾熱性)[-썽]명 온도의 변화에 따라 일어나는 경성(傾性). 튤립 등의 꽃이 낮에는 피어 있다가 밤에는 오므라드는 현상 따위. ☞경진성(傾震性)
경염(庚炎)명 경열(庚熱)
경염(硬塩)명 암염(岩塩)
경:염(競艶)명-하다자 여자들이 모여 몸매나 모습의 아름다움을 겨룸.
경-염:불(經念佛)[-념-]명-하다자 경문을 읽으며 부처를 생각함.
경엽(莖葉)명 식물의 줄기와 잎. ▷ 莖의 속자는 茎
경엽=식물(莖葉植物)명 줄기·잎·뿌리가 분화한 식물. 양치식물이나 종자식물이 이에 딸림. 유관 식물(有管植物) ☞엽상 식물(葉狀植物)
경영(京營)명 조선 시대, 서울에 있던 훈련 도감·금위영(禁衛營)·어영청(御營廳)·수어청(守禦廳)·총융청(摠戎廳)·용호영(龍虎營)을 통틀어 이르던 말.
경영(經營)명-하다타 ①방침 등을 정하고, 조직을 갖추어 사업을 함. ¶회사를 -하다. ②목적이나 방침 등을 세워 조직을 운영함.

한자 경영할 영(營) 〔火部 13획〕 ¶국영(國營)/영농(營農)/영업(營業)/운영(運營)/자영(自營) ▷ 속자는 営

경:영(競泳)명-하다자 일정한 거리를 헤엄쳐 빠르기를 겨룸, 또는 그 경기. ¶장거리 -
경영=관리(經營管理)명 기업의 경쟁력을 높이기 위해 기업 활동 전반에 걸쳐서 합리적으로 관리하는 일.
경영-권(經營權)[-꿘]명 기업의 경영자가 기업 조직을 관리 운영하는 권리. 인사나 생산 계획 등의 근본 방침을 결정하는 권리.
경영-난(經營難)명 기업이나 사업을 경영하는 데 따르는 여러 가지 어려움. ¶-에서 벗어나다.
경영=분석(經營分析)명 대차 대조표나 손익 계산서 등의 자료에 따라 기업의 수익성이나 재무 안정성을 분석하여 평가하는 일.
경영-위치(經營位置)명 동양화의 화육법(畫六法)의 하나. 그림이 조화를 이루도록 배치하는 기법. ☞전이모사(轉移模寫)
경영-자(經營者)명 기업을 경영하는 사람.
경영=자:본(經營資本)명 사업 경영에 필요한 자본.
경영=전:략(經營戰略)명 기업의 목적을 이루기 위해 기업 환경의 변화 등에 능동적으로 대응하는, 기본적이고 전반적인 방책.
경영=정보=시스템(經營情報system)명 기업의 경영진에게 경영 관리에 필요한 정보를 빠르고 정확하게 공급하여 생산성과 수익성을 높이도록 한, 인간과 컴퓨터의 결합 시스템. 엠아이에스(MIS)
경영=정책(經營政策)명 기업의 목적을 이루기 위해 지속적이고 계획적으로 경영해 나가는 정책.
경영-주(經營主)명 기업이나 상업을 관리하고 운영하는 주인. ☞사업주(事業主)
경영=지표(經營指標)명 기업의 경영 상태를 판단하는 자료. 자본 회전율, 매출액 대 영업 이익률, 유동 비율, 종업원 일인당 생산량 따위가 주요 항목임.
경영=참가(經營參加)명 기업 경영에서 노동자나 노동 조합이 의사 결정에 참가하는 일.
경영-학(經營學)명 기업 활동의 원리나 구조, 또는 그 관리 방법 등을 연구하는 학문.
경영=합리화(經營合理化)명 경영 활동의 양상을 수익성 향상을 위해 개선하는 일.
경예(輕銳)어기 '경예(輕銳)하다'의 어기(語基).
경예-하다(輕銳-)형여 가볍고 날래다. ¶경예한 군사.
경오(庚午)명 육십갑자의 일곱째. ☞신미(辛未)
경오-년(庚午年)명 육십갑자로 해를 이를 때, 경오(庚午)가 되는 해. 곧 천간(天干)이 경(庚)이고 지지(地支)가 오(午)인 해. ☞신미년(辛未年). 오년(午年)
경옥(硬玉)명 알칼리 휘석(輝石)의 한 가지. 보통 '옥'이라고 하며, 여러 가지 빛깔을 띠는데, 특히 짙은 녹색의 것은 비취라 함. ☞연옥(軟玉)
경:옥(鏡玉)명 사진기나 안경, 망원경 등에 쓰는 렌즈.
경옥(瓊玉)명 아름다운 옥.
경옥-고(瓊玉膏)명 한방에서, 혈액 순환을 돕는 데 쓰는 보약의 한 가지. 생지황·인삼·백복령·백밀(白蜜) 등으로 조제함.
경외(京外)명 ①서울과 시골. 경향(京鄕) ¶- 관리 ②서울 밖의 지방.
경:외(敬畏)명-하다타 공경하고 두려워함. 외경(畏敬) ¶-하는 스승.
경외(境外)명 일정한 경계의 밖. ☞경내(境內)
경외-서(經外書)명 '경외 성서(經外聖書)'의 준말.
경외=성:서(經外聖書)명 전거(典據)가 불확실하다고 하여 성서에 수록되지 않은 30여 편의 문헌. 아포크리파(Apocrypha). 외전(外典). 위경(僞經) 준경외서(經外書)
경외-장(京外匠)명 지난날, 서울과 지방에서 사기그릇을 만드는 장인(匠人)을 이르던 말.
경용(經用)명 늘 쓰는 비용.
경우(耕牛)명 논밭을 갈 때 부리는 소.
경우(境遇)명 ①형편이나 처지. ¶-에 따라 일을 적절히 처리하다. ②어떤 조건 아래 놓이게 되는 때. ¶만약의 -에 대비하다.
경운(耕耘)명-하다타 논밭을 갈고 김을 맴.
경:운궁(慶運宮)명 '덕수궁(德壽宮)'의 옛이름.
경운-기(耕耘機)명 논밭을 가는 농기계.
경원(耕園)명 경작하는 과수원이나 밭.
경원(經援)명 '경제 원조(經濟援助)'의 준말.
경:원(敬遠)명-하다타 겉으로는 존경하는체 하면서 실제로는 가까이하지 않음. ¶젊은이들은 그를 -한다. ☞경이원지(敬而遠之)
경월(傾月)명 서쪽 하늘로 기우는 달. 지는 달.
경위(涇渭)명 중국의 경수(涇水)는 늘 흐리고, 위수(渭水)는 늘 맑아서 두 강이 합류하는 곳에서는 맑고 흐림이 대조적인 데서, 사리의 옳고 그름과 시비의 분간이 뚜렷함을 비유하여 이르는 말. 경위(經緯) ¶-가 바르다.
경위(經緯)명 ①직물의 날과 씨. ②'경위도(經緯度)'의 준말. ③'경위선(經緯線)'의 준말. ④경위(涇渭) ⑤일이 진행되어 온 과정이나 경로. ¶사건의 -를 설명하다.
경위(頸圍)명 목의 둘레.
경:위(警衛)명 ①경찰 공무원 계급의 하나. 경감(警監)의 아래, 경사의 위임. ②-하다타 경계하고 호위함.
경위-기(經緯器)명 경위의(經緯儀)
경-위도(經緯度)명 경도와 위도. 준경위(經緯)
경위-서(經緯書)명 시말서(始末書)
경-위선(經緯線)명 경선과 위선. 준경위(經緯)
경:위-원(警衛院)명 대한 제국 때, 임금이 있는 대궐의 안팎을 지키는 일을 맡아보던 관청.
경위-의(經緯儀)명 천체나 지구 위에 있는 물체의 고도(高度)나 방위각, 올려본각을 재는 기계. 경위기
경유(經由)명-하다타 거쳐 지나감, 또는 거침. ¶원주를 -하여 삼척으로 가다. ▷ 經의 속자는 経
경유(經帷)명 경연(經筵)
경유(輕油)명 ①콜타르를 증류할 때 80～180°C에서 생기는 기름. 용매(溶媒) 등으로 쓰임. ②원유를 증류할 때 250～400°C에서 생기는 기름. 내연 기관의 연료로 쓰임.

☞중유(重油). 등유(燈油). 휘발유
경유(鯨油)명 고래 기름.
경육(鯨肉)명 고래 고기.
경율논(經律論)명 '삼장(三藏)'을 달리 이르는 말.
경은(輕銀)명 '알루미늄'을 달리 이르는 말.
경음(硬音)명〈어〉된소리
경음(鯨飮)명-하다자 고래가 물을 들이켜듯, 술을 단숨에 많이 마심. ☞우음(牛飮)
경:음(競飮)명-하다자 술 따위를 많이 마시기를 겨룸.
경-음악(輕音樂)명 오락성이 짙은 가벼운 대중 음악. 팝뮤직·재즈·샹송 등을 두루 이르는 말. ☞클래식 음악
경음-화(硬音化)명〈어〉된소리되기
경의(更衣)명-하다자 옷을 갈아입음.
경의(經義)명 경서(經書)의 뜻.
경:의(敬意)명 존경하는 뜻. ¶ ―를 표시하다.
경의(輕衣)명 ①경장(輕裝) ②가벼운 옷.
경이(傾耳)명-하다타 귀를 기울여 들음. 경청(傾聽)
경이(驚異)명-하다자 놀랍고 이상하게 여김, 또는 그 놀라움.
경이(輕易)어기 '경이(輕易)하다'의 어기(語基).
경이-감(驚異感)명 놀랍고 이상하게 여겨지는 느낌. ¶ ―에 사로잡히다.
경이-롭다(驚異―)(―롭고·―로워)형ㅂ 놀랍고도 이상스럽다. ¶경이로운 현상./과학의 발전은 ―.
　경이-로이부 경이롭게
경:이원:지(敬而遠之)성구 겉으로는 존경하는체 하면서 실제로는 가까이하지 않음을 이르는 말. 준경원(敬遠)
경이-적(驚異的)명 놀랍고 이상히 여길만 한 것. ¶ ―인 기록./―인 성과를 올리다.
경이-하다(輕易―)형여 ①매우 손쉽다. ¶경이한 일. ②대수롭지 않다. ¶경이하게 여기다.
　경이-히부 경이하게 ¶ ― 볼 일이 아니다.
경인(庚寅)명 육십갑자의 스물일곱째. ☞신묘(辛卯)
경:인(敬人)명 천도교에서 이르는 삼경(三敬)의 하나. 곧 사람을 소중히 여기는 일.
경인-구(驚人句)[―꾸]명 사람을 놀라게 할 만큼 뛰어나게 잘 지은 시구. 준경구(驚句)
경인-년(庚寅年)명 육십갑자로 해를 이를 때, 경인(庚寅)이 되는 해. 곧 천간(天干)이 경(庚)이고 지지(地支)가 인(寅)인 해. ☞신묘년(辛卯年). 인년(寅年)
경인-답(京人畓)명 지난날, 시골에 있는 서울 사람의 논을 이르던 말. 준경답(京畓) ☞경인전
경인-전(京人田)명 지난날, 시골에 있는 서울 사람의 밭을 이르던 말. 준경전(京田) ☞경인답(京人畓)
경:일(敬日)명 대종교(大倧教)에서, 단군에게 경배 드리는 날로, 일요일을 이르는 말.
경:일(慶日)명 경사가 있는 날. 경사스러운 날.
경-입자(輕粒子)명 전자나 중성 미자 등, 강한 상호 작용을 하지 않는 소립자를 통틀어 이르는 말.
경자(庚子)명 육십갑자의 서른일곱째. ☞신축(辛丑)
경자(瓊姿)명 옥같이 아름다운 자태.
경자-년(庚子年)명 육십갑자로 해를 이를 때, 경자(庚子)가 되는 해. 곧 천간(天干)이 경(庚)이고 지지(地支)가 자(子)인 해. ☞신축년(辛丑年). 자년(子年)
경자-자(庚子字)[―짜]명 1420년(세종 2·경자년)에 만든 구리 활자.
경작(耕作)명-하다타 논밭을 갈아 농사를 지음. 경가(耕稼)
경작=면:적(耕作面積)명 경지 면적 가운데서 그 해에 실지로 농작물 재배에 쓰인 땅의 면적.
경작-물(耕作物)명 경작하는 농산물이나 임산물.
경작-자(耕作者)명 직접 논밭을 갈아 농사를 짓는 사람.
경작-지(耕作地)명 경작하는 땅. 준경지(耕地)
경작=한:계(耕作限界)명 경경(耕境)
경작=한:계지(耕作限界地)명 생산액이 생산비와 비슷하여 경작 가치가 없는 땅.
경장(更張)명-하다타 ①느슨해진 기강 등을 다잡아 긴장하게 함. ②사회적·정치적으로 부패한 모든 제도를 개혁함.
경장(經藏)명 ①불교에서 이르는 삼장(三藏)의 하나. 석가모니의 설법을 적은 불경. ②절에서 불경을 간직하여 두는 집. 경당(經堂)
경장(輕裝)명-하다자 홀가분하게 차려 입음, 또는 그런 차림새. 경의(輕衣)
경장(瓊章)명 남을 높이어 그가 지은 시문(詩文)을 이르는 말.
경:장(警長)명 경찰 공무원 계급의 하나. 경사(警査)의 아래, 순경의 위임.
경장비:마(輕裝肥馬)성구 홀가분한 몸차림으로 살진 말을 탄다는 뜻으로, 호사스러운 차림새를 이르는 말.
경재(硬材)명 활엽수의 단단한 목재. 목공예 등에 쓰이는, 느티나무나 참나무 따위. ☞연재(軟材)
경재(卿宰)명 재상(宰相)
경-재:소(京在所)명 조선 초기에 지방 관아에서 서울에 두었던 사무소. 그 지방에 관계되는 중앙 관아의 일을 처리했음. 준경소(京所) ☞경저리(京邸吏)
경:쟁(競爭)명-하다자 같은 목적을 두고 서로 이기거나 앞서려고 겨룸. ¶ ― 상대/판매 ―이 치열하다.
경:쟁=가격(競爭價格)[―까―]명 ①시장에서, 수요자와 공급자가 서로 경쟁함으로써 이루어진 가격. ☞독점 가격(獨占價格) ②경쟁 입찰에서 이루어진 가격.
경:쟁=계:약(競爭契約)명 경매나 입찰의 경우와 같이, 경쟁 방법으로 이루어지는 계약. ☞수의 계약(隨意契約)
경:쟁-력(競爭力)명 경쟁할만 한 힘, 또는 능력. ¶국제 ―을 높이다.
경:쟁-률(競爭率)명 경쟁의 비율. ¶5대 1의 ―을 뚫고 합격하다.
경:쟁=매:매(競爭賣買)명 경쟁 계약으로 이루어지는 매매 방식.
경:쟁=시:험(競爭試驗)명 여러 지원자 중에서 일정한 인원을 뽑기 위하여 베푸는 시험.
경:쟁-심(競爭心)명 경쟁하여 이기려는 마음. ¶ ―을 유발하다./―이 왕성하다.
경-쟁이(經―)명 지난날, 남의 집의 재앙을 물리치기 위해 경을 읽어 주는 일을 직업으로 삼는 사람을 이르던 말.
경:쟁=입찰(競爭入札)명 많은 입찰자 가운데서 가장 알맞은 조건을 제시한 사람에게 낙찰되는 입찰.
경:쟁-자(競爭者)명 ①경쟁을 하는 사람. ¶그 자리를 노리는 ―가 많다. ②경쟁하는 상대.
경:쟁-적(競爭的)명 경쟁하는 것. 경쟁하다시피 하는 것. ¶ ―으로 기술 개발에 힘을 기울이다.
경:쟁적=공:존(競爭的共存)명 둘 이상의 세력이 서로 우위를 차지하려고 경쟁하면서 공존하는 일.
경저-리(京邸吏)명 고려·조선 시대, 아전이나 서민으로서 서울에 머물면서 지방 관아의 업무를 연락하고 대행하던 사람. 경주인(京主人)
경적(勁敵)명 강적(強敵)
경적(經籍)명 경서(經書)
경적(輕敵)명 ①만만한 적. ②-하다자 적을 얕잡아 봄.
경:적(警笛)명 위험을 알리거나 주의를 환기하기 위하여 울리는 고동. ¶자동차의 ― 소리./―을 울리다.
경적필패(輕敵必敗)성구 적을 얕잡아 보면 반드시 지고 만다는 말.
경전(京田)명 '경인전(京人田)'의 준말.
경전(京錢)명 대한 제국 때, 이 전을 한 냥(兩)으로 치던 서울의 돈 셈.
경전(勁箭)명 강한 화살.
경전(經典)명 ①일정 불변의 법식과 도리. ②성인(聖人)이 지은 글. ③성인의 말과 행실을 적은 글. 사서오경(四書五經) 따위. 경권(經卷) ④종교의 교리를 적은 책. 전경(典經) ¶불교 ― ☞경문(經文)
경전(經傳)명 ①'성경현전(聖經賢傳)'의 준말. ②경서(經書)와 그것을 주석한 책.
경전(輕箭)명 가벼운 화살.
경:전(慶典)명 경사를 축하하는 식전.

경:전 (競田) 명 소유주나 경계가 분명하지 않아 소송(訴訟)에 이른 논밭.

경-전:기 (輕電機) 명 전기 기계나 기구 가운데 비교적 작고 가벼운 것을 통틀어 이르는 말. 주로 가정용 전기 기구를 이름. ☞중전기(重電機)

경-전:차 (輕戰車) 명 무게가 15~20톤인, 비교적 가벼운 전차. ☞중전차(重戰車)

경전착정 (耕田鑿井) 성구 밭을 갈고 우물을 판다는 뜻으로, 백성이 생업을 즐기며 평화로이 지냄을 이르는 말.

경-전:철 (輕電鐵) 명 지하철(地下鐵)보다 운행 거리나 수송량이 절반 정도인 경량 전철. 지하철에 비해 건설비가 적게 들고 공해나 소음이 적음.

경절 (脛節) 명 종아리마디

경절 (莖節) 명 줄기의 마디. ▷莖의 속자는 茎

경:절 (慶節) 명 한 나라의 온 국민이 경축하는 날. ☞국경일(國慶日)

경점 (更點) [-쩜] 명 ①조선 시대, 북과 징을 쳐서 알리던 시간 단위인 경(更)과 점(點). 경에는 북, 점에는 징을 쳤음. ②절에서 오경(五更)에 맞추어 치는 종.

경점=군사 (更點軍士) [-쩜-] 명 조선 시대, 북과 징을 쳐서 경점을 알리던 군사. 전루군(傳漏軍)

경정 (更正) 명-하다 타 잘못을 바르게 고침.

경정 (更定) 명-하다 타 고쳐 정함.

경정 (更訂) 명-하다 타 책의 내용 등을 고쳐 바로잡음.

경:정 (敬呈) 명-하다 타 경건히 드림.

경정 (輕艇) 명 가볍고 속력이 빠른 배.

경:정 (警正) 명 경찰 공무원 계급의 하나. 경감(警監)의 위, 총경(總警)의 아래임.

경:정 (警政) 명 '경찰 행정(警察行政)'의 준말.

경:정 (競艇) 명-하다 자 모터보트 경주.

경-정:맥 (頸靜脈) 명 목의 정맥. ▷頸의 속자는 頚

경정=예:산 (更正豫算) [-녜-] 명 예산 성립 뒤 그 내용을 다시 수정할 필요가 있는 경우에 승인되는 예산.

경제 (京制) 명 경조(京調)

경제 (經濟) 명 ①인간 생활을 유지하거나 발전시키는 데 필요한 재화(財貨)를 획득하고 이용하는 과정의 일체 활동을 이르는 말. 재화의 생산·교환·분배·소비는 경제의 일면임. ②비용이나 품이 덜 들고 되는 것. ¶승용차로 가기보다 전철을 이용하는 편이 -다. ③'경세제민(經世濟民)'의 준말.

경제-가 (經濟家) 명 ①비용이나 물자를 아껴 살림을 규모있게 꾸리는 사람. ②경제에 밝은 사람.

경제=개발 (經濟開發) 명 국가나 지역 사회의 경제적 이익 향상을 위해 공업을 중심으로 여러 가지 산업을 개척하고 발전시키는 일. ¶- 5개년 계획.

경제=객체 (經濟客體) 명 경제 활동의 대상이 되는 재화(財貨)와 용역(用役). ☞경제 단위

경제-계 (經濟界) 명 사회에서 경제 활동이 활발히 이루어지고 있는 분야. 특히 재계(財界)나 실업계를 이름. ☞재계(財界)

경제=계:획 (經濟計畫) 명 일정한 경제 목표를 이루기 위하여 경제 수단을 종합적·체계적으로 세워 놓는 일.

경제=공:황 (經濟恐慌) 명 상품의 생산과 소비의 균형이 깨져, 생산물이 과잉되고 수요는 감소되어 가격은 폭락하고 기업은 도산하는 등, 경제계가 큰 혼란에 빠지는 상태. 준 공황(恐慌)

경제=관념 (經濟觀念) 명 돈이나 물자의 가치를 잘 알고 그것들을 유효하게 쓰려는 생각. ¶-이 투철한 사람.

경제-권 (經濟圈) [-꿘] 명 국제적으로나 국내적으로 경제 활동이 밀접한 관계를 맺고 있는 일정한 지역. ☞경제 블록

경제-권 (經濟權) [-꿘] 명 경제를 직접 관리하고 운영하는 권리. ¶주부가 -을 쥐고 있다.

경제=기구 (經濟機構) 명 경제 문제를 전문적으로 맡아서 처리하는 기구.

경제-난 (經濟難) 명 경제상의 어려움. ¶-을 극복하다.

경제=단위 (經濟單位) 명 경제 활동의 주체인 가계(家計)와 기업, 정부를 이르는 말. 경제 주체(經濟主體)

경제=대:국 (經濟大國) 명 경제력이 매우 큰 나라.

경제-란 (經濟欄) 명 주로 신문에서, 경제에 관한 기사를 싣는 난. ☞경제면

경제-력 (經濟力) 명 경제 행위를 해 나가는 힘. 경제적인 힘. ¶-을 가진 사람.

경제-림 (經濟林) 명 목재 등 임산물의 수익을 목적으로 가꾸는 산림. 공용림(供用林)

경제-면 (經濟面) 명 ①주로 신문에서, 경제에 관한 기사를 싣는 지면. ☞경제란 ②경제에 관한 방면. ¶-에 밝다.

경제=백서 (經濟白書) 명 정부가 1년 동안의 국가 경제 동태를 종합 분석하여 문제점을 지적하는 연차(年次) 경제 보고서.

경제-범 (經濟犯) 명 경제 사범(經濟事犯)

경제-법 (經濟法) [-뻡] 명 ①경제에 관한 모든 법. ②고도로 발달한 자본주의 체제 아래서, 국가가 시장 경제 질서에 직접 개입하는 규제법을 통틀어 이르는 말.

경제=변:동 (經濟變動) 명 경제의 성장 과정에서 일어나는 경제 활동 수준의 상하 변동. 계절적인 것과 주기적인 것이 있음.

경제=봉쇄 (經濟封鎖) 명 적대국에 대한 경제 제재의 한 방법. 몇 나라가 연합하여 무역이나 금융 등 경제 교류를 제한하거나 금지하여 경제적으로 고립시키는 일.

경제=블록 (經濟bloc) 명 몇 나라가 경제적인 공통 목적을 이루기 위해 단결하여 만드는 배타적 경제권(經濟圈).

경제-사 (經濟史) 명 경제 조직이나 경제 활동의 발전과 진보 과정을 연구하는 학문.

경제=사:관 (經濟史觀) 명 ①경제 관계만이 역사의 발전을 결정한다고 보는 역사관. ②유물 사관(唯物史觀)

경제=사:범 (經濟事犯) 명 개인이나 공공 단체 또는 국가의 경제적 법익(法益)을 침해하였거나 그 법익을 침해하려는 범죄, 또는 그 죄를 지은 사람. 경제범(經濟犯)

경제=사:절 (經濟使節) 명 국제간에 경제 문제의 해결과 협력을 위하여 파견하는 사절.

경제=사:회=이:사회 (經濟社會理事會) 명 국제 연합의 주요 기관의 하나. 경제·사회·문화·인권 등의 여러 국제 문제에 관해서 연구하거나 보고·권고함.

경제-성 (經濟性) [-썽] 명 경제적으로 본 합리성. 경제적으로 타산이 맞는 성질. ¶-이 없어 채굴을 그만두다.

경제=성장 (經濟成長) 명 국민 소득이나 국민 총생산 등 국민 경제의 기본적 지표가 지속적으로 올라가는 일.

경제=성장률 (經濟成長率) 명 일정 기간의 국민 총생산 또는 국민 소득의 증가 정도를 전년도와 비교한 것.

경제=속도 (經濟速度) 명 자동차나 선박 등이 연료를 되도록 적게 소모하면서 가장 많은 거리를 운행할 수 있는 속도. 경제 속력

경제=속력 (經濟速力) 명 경제 속도(經濟速度)

경제=수역 (經濟水域) 명 연안국(沿岸國)이 어업과 자원의 관할권을 행사할 수 있는 해역(海域). 보통, 연안에서 200해리(海里)까지를 이름. ☞전관 수역(專管水域)

경제=순환 (經濟循環) 명 경제 활동 전체를 하나의 순환 체계로 보았을 때, 여러 경제 물량의 생산·분배·소비의 흐름을 이르는 말.

경제=원:조 (經濟援助) 명 부유한 나라가 약소국이나 발전도상국을 경제적으로 돕는 일. 준 경원(經援)

경제=원칙 (經濟原則) 명 가장 적은 비용으로 가장 큰 수익을 얻으려는 경제상의 원칙.

경제-인 (經濟人) 명 ①경제계에서 활약하는 사람. ¶-연합회 ②경제적 이득만을 위하여 활동하는 사람.

경제-재 (經濟財) 명 경제적 가치가 있으며 경제 행위의 대상이 되는 재화(財貨). ☞자유재(自由財)

경제-적 (經濟的) 명 ①경제에 관한 것. ¶-인 풍요./-인 어려움을 극복하다. ②비용이나 품이 덜 드는 것. ¶-인 방법.

경제적=자유 (經濟的自由) 명 경제 생활에서, 각 개인이 자신의 의사대로 행위를 정할 수 있는 자유.

경제-전 (經濟戰) 명 국제간에 경제적으로 유리해지려고

벌이는 다툼.
경제=정책(經濟政策)[명] 국가가 국민의 경제상의 이익을 보호하고 증진하기 위하여 일정한 목표를 세우고 시행하는 정책.
경제=제:재(經濟制裁)[명] 국제 법규를 위반한 나라에 대하여 국제 연합 등의 국제 조직이 무역이나 자본 거래의 금지, 항공기 등의 운항 금지, 출입국 제한 등의 조처로써 경제적으로 고립시키는 일.
경제-주의(經濟主義)[명] 노동 운동의 목적을 임금의 인상이나 노동 조건의 개선 등, 경제적인 것에 한정하려 하는 주의.
경제=주체(經濟主體)[명] 경제 단위(經濟單位)
경제=지리학(經濟地理學)[명] 경제 현상을 지리적 자연 환경과의 관련성에서 파악하려는 인문 지리학의 한 분야.
경제=지표(經濟指標)[명] 경제 활동의 상태를 알아보기 위하여, 특정 경제 현상을 통계 수치상의 지표로 나타낸 것. 국민 소득 통계, 생산 지수 따위. ☞경기 지표(景氣指標)
경제=차:관(經濟借款)[명] 경제 개발 사업 등의 일에 쓰려고 내는 외국 빚.
경제=철학(經濟哲學)[명] 경제 활동의 본질적인 의미와 가치를 밝히고, 실천적인 방향을 제시하는 철학.
경제=체제(經濟體制)[명] 국가의 경제 활동 전체를 조정하는 제도에 따라서 특징지어지는 사회 경제 형태. 자본주의 체제와 사회주의 체제로 대별됨.
경제=침투(經濟浸透)[명] 다른 나라를 정치적으로 지배하기 위하여 많은 액수의 경제 투자, 산업의 매수, 도로·철도·대외 무역 등의 장악을 꾀하는 일.
경제=통:제(經濟統制)[명] 국가가 국가 목적이나 국민 복지를 위하여, 민간의 자유로운 경제 활동을 제한하는 일.
경제=투쟁(經濟鬪爭)[명] 노동자가 경제 생활의 향상이나 노동 조건의 개선을 위해 벌이는 투쟁.
경제-학(經濟學)[명] 사회 과학의 한 분야로, 인간 사회의 경제 현상을 연구하는 학문. 이재학(理財學)
경제=행위(經濟行爲)[명] 생산과 교환으로 재화(財貨)를 얻어 이용하거나 소비하는 행위.
경제=협력(經濟協力)[명] 발전 도상국의 경제 발전을 돕기 위하여 선진국이 자금이나 기술 면에서 협력하는 일. [준] 경협(經協)
경제=활동=인구(經濟活動人口)[-똥-][명] 만 14세 이상의 인구 중 일할 의사와 능력이 있는 사람을 이르는 말. 현역병(現役兵), 전투 경찰, 기결수(旣決囚)는 제외됨. ☞비경제 활동 인구(非經濟活動人口)
경조(京兆)[명] ①조선 시대, 한성부(漢城府)를 달리 이르던 말. ②조선 시대, '서울'을 달리 이르던 말.
경조(京造)[명] '경조치'의 준말.
경조(京調)[-쪼][명] ①지난날, 서울의 풍습을 이르던 말. ②서울이나 경기도 지방에서 독특한 가락으로 부르는 시조(時調)의 창법(唱法). 경제(京制) ☞영조(嶺調). 완조(完調)
경:조(景祚)[명] 크나큰 복. 경복(景福)
경조(硬調)[-쪼][명] 사진의 원판 인화에서, 감광된 곳과 안 된 곳의 차가 뚜렷한 것.
경:조(敬弔)[명]-하다[타] 세상을 떠난 이에 대하여 삼가 애도의 뜻을 나타냄. 근조(謹弔)
경:조(慶弔)[명] ①경사스러운 일과 궂은 일. ②경사를 축하하고 흉사를 조문하는 일.
경:조(慶兆)[명] 경사가 있을 징조. ☞길조(吉兆)
경:조(競漕)[명]-하다[자] 보트를 저어 그 속도를 겨루는 경기. 경주(競舟). 보트레이스(boat race). 조정 경기
경조(輕佻)[어기] '경조(輕佻)하다'의 어기(語基).
경조(輕燥)[어기] '경조(輕燥)하다'의 어기(語基).
경조(輕躁)[어기] '경조(輕躁)하다'의 어기(語基).
경조부박(輕佻浮薄)[성구] 언행이 진중하지 못하고 사람됨이 가벼움을 이르는 말. 경박부허(輕薄浮虛)
경:조상문(慶弔相問)[성구] 경사와 흉사에 서로 찾아봄을 이르는 말.
경조-윤(京兆尹)[명] 지난날, '한성 판윤(漢城判尹)'을 달리 이르던 말.
경조-치(京造-)[명] 지난날, 지방 특산물을 서울에서 본떠서 만든 것을 이르던 말. [준] 경조(京造)
경조-토(輕燥土)[명] 갈기 쉬운 푸석푸석한 흙.
경조-하다(輕佻-)[형][여] 말이나 행동이 진중하지 못하고 경솔하다.
경조-히[부] 경조하게
경조-하다(輕燥-)[형][여] 가볍고 건조하다. 푸석푸석하다. ¶경조한 흙.
경조-하다(輕躁-)[형][여] 말이나 행동이 진중하지 못하고 성미가 급하다.
경종(京種)[명] ①지난날, 서울 지방에서 나는 채소의 씨앗을 이르던 말. ②서울내기
경종(耕種)[명]-하다[타] 논밭을 갈아 농작물의 씨를 뿌려 가꿈.
경종(經宗)[명] 불교 경전에 따라 종지(宗旨)를 세운 종파. 화엄종(華嚴宗)·천태종(天台宗)·법화종(法華宗) 등.
경:종(警鐘)[명] ①위급한 일이나 위험을 알려서 경계하기 위하여 치는 종. ②미리 일러주는 주의나 경고.
경종을 울리다[관용] 잘못이 생기거나 계속되지 않도록 미리 일러두거나 경고하다.
경종=방식(耕種方式)[명] 농작물을 재배할 때, 자연 조건이나 경제적인 사정에 맞게 재배 작물의 종류나 재배량, 재배 시기 등을 헤아려 정하는 일.
경좌(庚坐)[명] 묏자리나 집터 등이 경방(庚方)을 등진 좌향(坐向).
경좌(鯨座)[명] 고래자리
경좌-갑향(庚坐甲向)[명] 묏자리나 집터 등이 경방(庚方)을 등지고 갑방(甲方)을 향한 좌향(坐向).
경죄(輕罪)[명] 가벼운 죄. 경과(輕科) ☞중죄(重罪)
경주(傾注)[명]-하다[타] ①기울여 붓거나 쏟음. ②정신이나 힘을 한곳으로 모음. ¶온 정력을 -하여 만든 작품.
경주(輕舟)[명] 가볍고 빨리 나아가는 배.
경:주(競舟)[명]-하다[자] 경조(競漕)
경:주(競走)[명]-하다[자] 일정한 거리를 빨리 달리기를 겨루는 일. ☞달리기
경:주-로(競走路)[명] 달리기 경기에서, 선수가 달리도록 정해 놓은 일정한 길. 달림길
경:주-마(競走馬)[명] 경마에 출전하기 위하여 특별히 훈련된 말.
경-주인(京主人)[명] 경저리(京邸吏)
경중(京中)[명] 서울 안.
경:중(敬重)[명]-하다[타] 공경하고 중히 여김.
경중(輕重)[명] ①가벼움과 무거움, 또는 그 정도. ¶죄의 -을 가려 다스리다./-을 달다. ②중요한 것과 중요하지 않은 것. ¶-을 따지다./일의 -을 가리다.
경:중(鏡中)[명] 거울 속.
경:중(警衆)[명]-하다[자] 뭇사람을 깨우침.
경:중미:인(鏡中美人)[성구] 거울에 비친 미인이라는 뜻으로, 경위 바르고 얌전한 성격을 비유하여 이르는 말. ☞청풍명월(淸風明月)
경증(輕症)[-쯩][명] 가벼운 병세. ☞중증(重症)
경증(驚症)[-쯩][명] 말이나 나귀의 깜짝깜짝 잘 놀라는 성질을 이르는 말.
경지(京址)[명] 나라의 서울이었던 터.
경지(耕地)[명] '경작지(耕作地)'의 준말.
경지(境地)[명] ①일정한 경계 안의 땅. ②환경과 처지. ¶굶도 젖도 못하는 -. ③예술 등의 분야, 또는 세계. ¶시문학의 새로운 -를 펼쳐 보이다. ④어떤 단계에 이른 마음의 상태. ¶해탈의 -.
경지=면:적(耕地面積)[명] 경작지의 면적.
경지-산(硬脂酸)[명] '스테아르산'을 흔히 이르는 말.
경지=정:리(耕地整理)[명] 농사를 짓는 토지의 이용 가치를 높이기 위해, 경지의 소유자가 토지의 구획 정리나 관개 시설 개량, 농로 개설 등을 공동으로 하는 일. 농지 정리(農地整理)
경직(京職)[명] '경관직(京官職)'의 준말.

경직(耕織)명 농사짓기와 길쌈하기를 아울러 이르는 말.
경직(硬直)명-하다자 ①굳어서 빳빳해짐. 강직(強直) ¶ 사후(死後) ─ ②태도나 습성이 외곬으로 완고해짐. ¶ ─된 사고 방식.
경직(勁直)어기 '경직(勁直)하다'의 어기(語基).
경직-하다(勁直─)형여 뜻이 굳고 곧다.
경진(庚辰)명 육십갑자의 열일곱째. ☞신사(辛巳)
경진(輕震)명 지진의 세기에 따른 계급의 하나. 진도(震度) 2에 해당하는 것으로, 많은 사람이 느낄 수 있고 창문이 약간 흔들리는 정도의 지진을 이름. ☞약진(弱震)
경:진(競進)명-하다자 ①서로 앞다투어 나아감. ②제품이나 상품, 실력 따위의 우열을 가림. ¶컴퓨터 ─ 대회
경진-년(庚辰年)명 육십갑자로 해를 이를 때, 경진(庚辰)이 되는 해. 곧 천간(天干)이 경(庚)이고 지지(地支)가 진(辰)인 해. ☞신사년(辛巳년). 진년(辰年)
경진-성(傾震性)[─썽]명 식물이 진동이 자극이 되어 일어나는 경성(傾性). 미모사나 파리지옥풀 등에서 볼 수 있음. ☞경촉성(傾觸性)
경:질(更迭·更佚)명-하다타 어떤 직위에 있는 사람을 갈아내고, 딴 사람을 임용함. ¶국무 총리를 ─하다.
경질(硬質)명 단단한 성질, 또는 그런 성질의 물질. ¶─고무 ☞연질(軟質)
경질=도기(硬質陶器)명 도기의 한 가지. 1,200°C 정도의 열로 애벌구이한 다음, 유약을 입히어 다시 1,000°C 정도의 열로 구운 도기.
경질-유(輕質油)[─류]명 미국 석유 협회(API)가 정한 비중 측정 단위로 재었을 때 34도(API 34) 이상인 원유(原油)를 이르는 말. 아라비안라이트(Arabian light) 따위.
경질=유리(硬質琉璃)[─류─]명 재질이 단단하고 연화(軟化) 온도가 높으며 열팽창 계수가 작은 유리. 화학용·전기용 기구에 쓰임. ☞연질 유리(軟質琉璃)
경질=자:기(硬質瓷器)명 자기의 한 가지. 900°C 정도의 열로 애벌구이한 다음, 장석질(長石質)의 유약을 입히어 다시 1,400°C 정도의 열로 구운 자기. 흰빛을 띠며 단단하여 접시 등의 식기로 쓰임.
경차(經差)명 두 지점의 경도의 차.
경:찰(警察)명 ①국민의 생명과 재산의 보호, 범죄의 수사, 용의자의 체포 등, 사회의 안녕과 질서를 위하여 국가의 권력으로 국민에게 명령하고 강제하는 행정 작용, 또는 그 기관. ¶─의 보호를 요청하다. ②'경찰서'의 준말. ¶─에 신고하다. ③'경찰관'의 준말. ¶친절한 ─.
경:찰-견(警察犬)명 경찰이 범인의 수사나 증거물의 수색 등에 이용하는 개.
경:찰=공무원(警察公務員)명 경찰의 업무를 수행하는 공무원. ☞소방 공무원(消防公務員)
경:찰-관(警察官)명 '경찰 공무원'을 흔히 이르는 말. 준 경관(警官). 경찰(警察)
경:찰=관서(警察官署)명 경찰에 관해 명령을 내리거나 경찰 처분을 하는 권한을 가진 관청.
경:찰관=파출소(警察官派出所)[─쏘]명 경찰서 관할 안 일정한 곳에 경찰관을 상주(常駐)하게 하여 경찰 서장의 소관 업무를 맡아보게 하는 곳. 준파출소
경:찰=국가(警察國家)명 국가가 경찰 권력으로 국민 생활을 감시하고 통제(統制)하는 국가.
경:찰-권(警察權)[─꿘]명 공공의 질서 유지를 위하여 경찰 기관이 국민에게 명령하고 강제하여 그 자유를 제한하는 국가 권력.
경:찰=명:령(警察命令)명 경찰 법규를 내용으로 하는 행정 명령.
경:찰-벌(警察罰)명 경찰범에 대한 형벌.
경:찰-범(警察犯)명 경찰 법규나 경찰 명령을 어기는 행위, 또는 그 사람.
경:찰=법규(警察法規)명 경찰의 관리·운영과 경찰의 직무에 관한 사항을 규정한 법률과 규칙.
경:찰=병:원(警察病院)명 경찰관과 그 가족 등의 병을 진료하는 병원.
경:찰-봉(警察棒)명 경찰관이 실외 근무 때 지니고 다니는 방망이.
경:찰-서(警察署)[─써]명 일정한 구역 안의 경찰 사무를 맡아보는 경찰 행정 기관. 하부 기구로 경찰 지서나 파출소를 둠. 준경찰(警察). 서(署)
경:찰-의(警察醫)명 경찰에 소속되어 위생 사무나 검시(檢屍) 등의 일을 맡아보는 의사.
경:찰=지서(警察支署)명 읍(邑)·면(面) 지역의, 경찰 서장의 업무를 나누어 맡아보는, 경찰서의 하부 기구. ☞파출소(派出所)
경:찰=처:분(警察處分)명 경찰권에 따라 내리는 행정 처분. 교통 차단이나 출입 금지 등.
경:찰-청(警察廳)명 경찰 행정을 총괄하는 중앙 기관.
경:찰=행정(警察行政)명 행정의 한 분과(分科)로서, 사회의 안녕과 질서를 유지하려는 경찰의 목적을 이루기 위한 행정. 준경정(警政)
경:찰=허가(警察許可)명 경찰의 목적을 이루기 위하여 어떤 행위를 일반적으로 금하고 있을 때, 특정한 경우에만 금지를 해제하여 적법하게 그 행위를 할 수 있도록 허가하는 일.
경창(京倉)명 조선 시대, 서울의 한강 가에 있던 관곡(官穀) 창고.
경채(硬彩)명 짙고 선명하게 나타낸, 도자기의 그림 빛깔. 오채(五彩) ☞연채(軟彩)
경채-류(莖菜類)명 주로 줄기를 먹는 채소류. 죽순·아스파라거스·두릅 따위. 줄기채소류 ☞근채류(根菜類). 엽채류(葉菜類)
경책(輕責)명-하다타 가볍게 꾸짖음.
경:책(警責)명-하다타 정신을 차리도록 꾸짖음.
경처(景處)명 경치가 매우 좋은 곳.
경:천(敬天)명-하다자 ①하늘을 공경함. ¶─ 사상 ②천도교에서 이르는 삼경(三敬)의 하나. 곧 하늘을 공경하는 일.
경:천근민(敬天勤民)성구 하늘을 공경하고 백성 다스리기에 부지런히 힘씀을 이르는 말.
경천동:지(驚天動地)성구 하늘을 놀라게 하고 땅을 뒤흔든다는 뜻으로, 세상을 몹시 놀라게 함을 비유하여 이르는 말.
경:천애:인(敬天愛人)성구 하늘을 공경하고 인간을 사랑함을 이르는 말.
경천위지(經天緯地)성구 온 천하를 조직적으로 다스림을 이르는 말. ▷經의 속자는 経
경철(輕鐵)명 '경편 철도(輕便鐵道)'의 준말.
경:철(鏡鐵)명 15~35%의 망간, 4~5%의 탄소가 들어 있는 선철(銑鐵). 절단면이 거울과 같은 데서 붙은 이름임.
경:철-석(鏡鐵石)[─썩]명 휘철석(輝鐵石)
경첩 명 대문이나 방문, 또는 장이나 농, 문갑(文匣), 반닫이 등 문이 달린 가구 등에서 몸체와 문을 이어 여닫는 기능을 하는 장식(裝飾). 두 장의 쇠판과 하나의 회전축으로 이루어져 있음. ☞돌쩌귀
경첩(勁捷)어기 '경첩(勁捷)하다'의 어기(語基).
경첩(輕捷)어기 '경첩(輕捷)하다'의 어기(語基).
경첩-하다(勁捷─)형여 굳세고 날래다.
경첩-하다(輕捷─)형여 ①몸놀림이 가뿐하고 날쌔다. ②차림새가 홀가분하다. ¶경첩한 차림.
경:청(敬請)명-하다타 삼가 청함.
경:청(敬聽)명-하다타 공경하는 태도로 들음.
경청(傾聽)명-하다타 귀를 기울여 들음. 경이(傾耳) ¶─할만 한 강연./한 마디도 놓치지 않으려고 ─하다.
경청(輕清)어기 '경청(輕清)하다'의 어기(語基).
경청-하다(輕清─)형여 ①산뜻하고 맑다. ¶경청한 대기./경청한 빛깔. ②곡조가 경쾌하고 맑다. ¶경청한 곡. ③맛이 느끼하지 않고 산뜻하다. ¶경청한 생채.
경체(徑遞)명-하다자 지난날, 관직의 임기가 차기 전에 다른 관직으로 갈려 감을 이르던 말. ▷徑의 속자는 径
경-체조(輕體操)명 맨손으로 하거나 가벼운 기구를 사용하는 체조. ▷輕의 속자는 軽

경초(勁草)명 억센 풀이라는 뜻으로, 어려운 처지에서도 뜻을 굽힘이 없이 지조가 꿋꿋한 사람을 비유하여 이르는 말.

경촉-성(傾觸性)[-썽]명 물체의 접촉이 자극이 되어 일어나는 경성(傾性). 끈끈이주걱의 벌레잡이잎에 있는 선모(腺毛) 끝에 무엇이 닿았을 때 잎이 중심부로 굽는 성질 따위. ☞경광성(傾光性)

경추(頸椎)명 목등뼈 ▷頸의 속자는 頚

경:축(慶祝)명-하다타 기쁜 일을 축하함. ¶광복 55주년을 -하다. ☞경하(慶賀)

경축(驚搐)명 한방에서, 높은 신열(身熱)로 말미암아 경련을 일으키는 어린아이의 병을 이르는 말. 축닉(搐搦) ☞경련증(痙攣症)

경측(傾仄)명-하다자 옆으로 기울어짐.

경치(景致)명 눈에 바라보이는 자연의 모습. 경개(景槪). 경관(景觀). 경광(景光). 경상(景象). 경색(景色). 풍경(風景). 풍광(風光) ¶산길의 아름다운 -에 매혹되다. 준경(景)

한자 **경치 경**(景) 〔日部 8획〕 ¶가경(佳景)/경관(景觀)/야경(夜景)/풍경(風景)

경-치다자 ①혹독한 벌을 받다. ②모질게 꾸지람을 듣다.
속담 **경치고 포도청 간다**: 경을 치고도 치도곤을 당하는 포도청에 간다는 뜻으로, 몹시 혹독한 형벌을 받거나 심한 곤욕을 당함을 이르는 말. 〔경쳐 포도청이라〕

경칠-수(-數)[-쑤]명 경칠 운수.

경칩(驚蟄)명 이십사 절기(二十四節氣)의 하나. 우수(雨水)와 춘분(春分) 사이의 절기로, 양력의 3월 5일께. 겨울잠을 자던 벌레가 잠에서 깨어 움직이기 시작하는 절기라 하여 붙여진 말임. ☞청명(淸明)

경:칭(敬稱)명 ①이름이나 관직 이름 아래 붙이거나 그 말만으로 상대편에게 공경의 뜻을 나타내는 말. 각하(閣下)·귀하(貴下)·선생님 따위. ②-하다타 공대(恭待)함. ¶-을 써서 말하다.

경쾌(輕快)어기 '경쾌(輕快)하다'의 어기(語基).

경쾌-감(輕快感)명 경쾌한 느낌.

경쾌-하다(輕快-)형여 ①몸놀림이 가볍고 날쌔다. ¶경쾌한 걸음걸이. ②시원스럽고 가뜬하다. ¶경쾌한 몸차림. ③시원스럽고 멋들어지다. ¶경쾌한 필치./경쾌한 음악. ☞장중하다

경쾌-히부 경쾌하게 ¶- 들려 오는 행진곡.

경:탄(敬憚)명-하다타 공경하면서도 한편으로는 꺼림.

경:탄(敬歎)명-하다타 존경하며 감탄함. ¶-의 눈길로 우러러보다.

경탄(驚歎)명-하다타 굉장한 일이나 생각지도 못한 일을 보고 놀라며 매우 감탄함. ¶그의 묘기(妙技)에 관중들은 -해 마지않았다.

경탑(經塔)명 ①불경을 속에 넣고 쌓은 탑. ②경문(經文)의 글자로써 탑 모양을 나타내어 걸게 만든 물건. ③경문을 새겨 놓은 탑.

경토(耕土)명 ①농작물을 재배하기에 알맞은 땅. ②땅의 위층에 깔린, 갈고 맬 수 있는 땅. 표토(表土)

경토(輕土)명 흙이 차진 기운이 적고 부드러워 갈기 쉬운 땅. ☞중토(重土)

경토(境土)명 강토(疆土)

경통-증(經痛症)[-쯩]명 한방에서, 월경이 있을 때 몸이 고달프고 아랫배와 허리가 아픈 증세를 이르는 말.

경퇴(傾頹)명-하다자 건물 등이 낡고 헐어서 기울어져 무너짐.

경파(硬派)명 자기네의 의견이나 주의를 강하게 주장하며 끝까지 관철하려 하는 당파(黨派), 또는 그런 파에 딸린 사람. 강경파(强硬派) ☞연파(軟派)

경파(鯨波)명 큰 파도. 경도(鯨濤). 경랑(鯨浪)

경판(京板)명 서울에서 판각(板刻)한 것, 또는 그 각판본(刻版本).

경판(經板)명 경서(經書)의 각판(刻板).

경판-각(經板閣)명 조선 시대, 교서관(校書館) 안에 두어 경서(經書)의 목판을 보관하던 집.

경판-본(京板本)명 조선 시대, 서울에서 판각한 책을 이르던 말. ☞완판본(完板本)

경편(經-)명 관수가 경(經)을 읽을 때에 차려 놓는 떡.

경편(輕便)어기 '경편(輕便)하다'의 어기(語基).

경편=철도(輕便鐵道)[-또]명 선로(線路)의 너비가 좁고, 기관차나 차량의 크기도 작은 소규모의 철도. 준경철(輕鐵)

경편-하다(輕便-)형여 가볍고 편하다. 손쉽고 편리하다. ¶다루기에 경편한 도구.

경편-히부 경편하게

경폐-기(經閉期)명 월경 폐쇄기(月經閉鎖期). 폐경기

경포(京捕)명 '경포교(京捕校)'의 준말.

경포(輕砲)명 구경 105mm 이하의 대포. ☞중포(中砲). 중포(重砲)

경포(驚怖)명-하다타 놀라고 두려워함.

경-포:교(京捕校)명 조선 시대, 좌포도청과 우포도청의 포교를 이르던 말. 준경교(京校). 경포(京捕)

경-포:수(京砲手)명 조선 시대, 시골에 있는 서울 각 군영 소속의 포수를 이르던 말.

경-폭격기(輕爆擊機)명 기체(機體)가 비교적 작고 가벼우며, 폭탄 적재량이 적은 폭격기.

경:표(警標)명 '경계 표지(警戒標識)'의 준말.

경:품(景品)명 판매 촉진을 위하여 상품(商品)에 곁들여 고객에게 덤으로 주는 물품. ¶5만원 이상 구매 고객에게 - 증정.

경:품-권(景品券)[-꿘]명 경품을 타는 제비를 뽑을 수 있도록 주는 표. 복권(福券)

경풍(京風)명 지난날, 서울의 풍속을 이르던 말.

경풍(勁風)명 센 바람.

경풍(景風)명 마파람. 남풍(南風)

경풍(輕風)명 ①가볍게 솔솔 부는 바람. ②풍력 계급의 '남실바람'의 구용어.

경풍(驚風)명 한방에서, 어린아이의 경련을 병으로 이르는 말. 경기(驚氣). 간병(癎病)

경피=전염병(經皮傳染病)[-뼝]명 피부를 거쳐 옮는 병. 상처를 통하여 옮는 파상풍, 곤충을 매개로 하는 말라리아나 일본 뇌염 등이 있음.

경필(勁筆)명 힘찬 필력(筆力).

경필(硬筆)명 모필(毛筆)에 상대하여, 펜이나 볼펜, 연필 등 끝이 딱딱한 필기 용구를 이르는 말.

경:필(警蹕)명-하다타 지난날, 임금의 거둥 때 경계하여 일반의 통행을 금하던 일.

경:하(敬賀)명-하다타 공경하여 축하함.

경:하(慶賀)명-하다타 경사스러운 일을 축하함. ¶고희연을 -하다. ☞경축(慶祝)

경-하다(輕-)형여 ①무게가 가볍다. ¶경한 금속. ②말이나 하는 짓이 경솔하다. ¶경한 언행. ③죄나 병의 증세 등이 대수롭지 않다. ¶경한 상처./경한 범죄. ☞중하다

경-히부 경하게

경학(經學)명 경서(經書)를 연구하는 학문.

경학-원(經學院)명 조선 시대, 성균관(成均館)을 고쳐 이르던 말.

경한(輕汗)명 조금 나는 땀. 미한(微汗). 박한(薄汗)

경한(輕寒)명 가벼운 추위.

경한(勁悍)어기 '경한(勁悍)하다'의 어기(語基).

경한-하다(勁悍-)형여 굳세고 사납다.

경:합(競合)명 ①-하다자 맞서 겨룸. ¶입찰에서 -을 벌이다. ②사법에서, 단일한 사실이나 요건에 대해 평가 또는 평가의 효력이 둘 이상 중복되는 상태. ③형법에서, 동일 행위가 몇 개의 죄명에 해당하는 일.

경-합금(輕合金)명 알루미늄이나 마그네슘 따위를 주성분으로 하는 합금. 비중이 작고 부식(腐蝕)이 잘 안 되며 기계 용재로 쓰임.

경:합-범(競合犯)명 판결이 확정되지 않은 몇 가지 죄, 또는 판결이 확정된 죄와 그 판결 확정 전에 지은 죄.

경:해(謦咳·謦欬)명-하다자 인기척으로 내는 헛기침.

경해(驚駭)명-하다자 몹시 놀람.
경행(京行)명-하다자 서울로 감.
경행(徑行)명-하다자 지름길로 감.
경행(經行)명-하다자 ①불도(佛道)를 닦는 일. 행도(行道) ②좌선(坐禪)을 하다가 피로를 풀고 졸음을 쫓으려고 잠시 거니는 일. ③'가구 경행(街衢經行)'의 준말.
경:행(慶幸)명 경사스럽고 다행한 일.
경향(京鄕)명 서울과 시골. 경외(京外). 도비(都鄙)
경향(傾向)명 ①생각이나 형세가 한쪽으로 기울어져 쏠리는 일, 또는 그런 방향. ¶한국 문학의 －./쓰레기를 줄이는 －이 높아진다. ②생물체가 일정한 자극에 대하여 일정한 반응을 나타내는 소질.
경향-극(傾向劇)명 어떤 주의나 사상, 특히 사회주의 사상을 선전하기 위한 극.
경향=문학(傾向文學)명 어떤 주의나 사상에 치우친 문학. 특히 사회주의 사상을 배경으로 한 문학.
경향=소:설(傾向小說)명 작가의 주의나 사상을 선전하기 위한 소설. 특히 사회주의 경향을 띤 소설.
경-헌:법(硬憲法)[－뻡]명 '경성 헌법'의 준말.
경험(經驗)명-하다타 ①몸소 겪어 보거나 해 봄. ¶여러 번 －한 일. ②실지로 겪어 보거나 해 보고 얻은 지식이나 능력. ¶－이 많다./－을 쌓다. ③감관(感官)의 지각(知覺)과 실천적 행위에 따라 직접 얻게 되는 것.
경험-가(經驗家)명 경험이 많은 사람.
경험=과학(經驗科學)명 경험적 사실을 대상으로 하여 실증적으로 탐구하는 학문. 자연 과학이나 사회 과학 등.
경험-담(經驗談)명 직접 경험한 사실에 관한 이야기. ¶－을 들려 주다.
경험-론(經驗論)명 ①경험을 통하여 얻은 생각이나 이론. ②모든 인식은 경험에 따른다는 학설. 경험주의
경험-방(經驗方)명 한방에서, 실지로 많이 써서 경험해 본 약방문을 이르는 말.
경험-자(經驗者)명 경험해 본 사람. 경험을 많이 쌓은 사람. ¶－를 우대하는 것은 당연하다.
경험-적(經驗的)명 경험한 것. 경험에 따르는 것. ¶－ 사실/－ 지식
경험적=개:념(經驗的槪念)명 경험으로 알게 되는 개념.
경험적=법칙(經驗的法則)명 ①경험적 사실에 따라 알게 된 법칙. ②인과(因果)의 필연적 관계가 확실하지 않은, 단지 경험상 그렇다고만 하는 법칙.
경험-주의(經驗主義)명 ①경험론 ②이론보다 자기의 경험을 더 중요시하여, 경험한 지식으로 사물을 판단하려는 태도.
경험=커리큘럼(經驗curriculum)명 아동·학생의 경험에서 비롯되는 흥미나 관심을 중심으로 하여 구성되는 교육 과정.
경혁(更革)명-하다타 새롭게 고침. 고쳐서 좋게 함.
경혈(經穴)명 경락(經絡)에서, 침을 놓거나 뜸을 뜨는 일정한 자리. 준혈(穴)
경혈(經血)명 월경 때 나오는 피.
경혈(驚血)명 한방에서, 멍든 피, 곧 어혈을 이르는 말.
경협(經協)명 '경제 협력(經濟協力)'의 준말.
경형(黥刑)명 고대 중국의 오형(五刑)의 하나. 죄인의 이마나 팔뚝에 먹실로 죄명을 써 넣던 형벌. 묵형(墨刑) ☞궁형(宮刑). 비형(剕刑)
경호(京湖)명 ①경기도와 충청도를 아울러 이르는 말. ②경기도·충청도·전라도를 아울러 이르는 말.
경:호(警號)명 경계의 신호.
경:호(警護)명-하다타 사람이나 물건 등에 사고가 일어나지 않도록 경계하고 보호함. ¶요인(要人)을 －하다.
경:호-원(警護員)명 경호하는 임무를 맡은 사람. 경호인
경:호-인(警護人)명 경호원
경혹(驚惑)명-하다자 놀라서 어찌할 바를 모름.
경혼(驚魂)명 몹시 놀라서 얼떨떨해진 정신.
경홀(輕忽)어기 '경홀(輕忽)하다'의 어기(語基).
경홀-하다(輕忽－)형여 경솔하고 소홀하다.
　경홀-히부 경홀하게 ¶－ 다룰 일이 아니다.
경화(京華)명 ①번화한 서울. ②서울의 번화한 곳.
경화(硬化)명-하다자 ①단단하게 굳어짐. ¶동맥이 －하다. ②의견이나 태도가 강경해짐. ¶야당의 태도가 －되다. ③석탄이나 시멘트 등이 물을 흡수하여 단단해짐. ¶시멘트가 －되다. ☞연화(軟化)
경화(硬貨)명 ①금속으로 만든 돈. 금화·은화·동화 따위. 주화(鑄貨). 코인(coin) ☞지폐(紙幣) ②국제 수지의 결제에서, 금 또는 미국 달러 등 외화(外貨)와 바꿀 수 있는 화폐. ☞연화(軟貨)
경화(瓊花)명 옥과 같은 꽃.
경화=고무(∠硬化gomme)명 에보나이트
경-화기(輕火器)명 보병의 화기 중 비교적 무게가 가벼운 화기. 소총·경기관총 따위. ☞중화기(重火器)
경화-병(硬化病)[－뼝]명 곤충에 사상균(絲狀菌)이 기생하여 몸이 굳어져서 죽는 병.
경:화수월(鏡花水月)성구 거울에 비친 꽃과 물에 비친 달이라는 뜻으로, 마음속에 느껴지기는 하지만 말로는 표현할 수 없는 미묘한 정취를 비유하여 이르는 말.
경화-유(硬化油)명 어유(魚油)나 식물유 등 액체 상태인 기름에 수소를 넣어 고체 상태의 지방으로 만든 것. 마가린·비누 따위의 원료로 쓰임.
경화=자제(京華子弟)명 '서울에서 곱게 자란 젊은이'라는 뜻으로, 지난날 부잣집 자녀들을 이르던 말.
경확(耕穫)명-하다타 논밭을 갈아 농작물을 심고 거두어들임.
경환(輕患)명 가벼운 질환. ☞중병. 중환(重患)
경-환:자(輕患者)명 병이나 상처의 정도가 가벼운 환자. ☞중환자(重患者)
경황(景況)명 시간적인 여유나 겨를. 마음의 여유. ¶시험을 앞두고 놀러 갈 －이 못 되었다. 준경(景)
경황(驚惶)명-하다자 놀라고 두려워함.
경황망조(驚惶罔措)성구 놀라고 두려워서 어찌할 바를 모름을 이르는 말.
경황-없:다(景況－)[－업－]형 몹시 바쁘거나 괴로워 다른 일에 관심을 두거나 딴 생각을 할 겨를이 없다.
　경황-없이부 경황없게 ¶하루가 － 지나갔다.
경-황화(京荒貨)명 지난날, 서울에서 나는 잡화(雜貨)를 이르던 말. ☞황화(荒貨)
경회(輕灰)명 소다회의 한 가지. 약품이나 간장을 만드는 데 쓰임.
경훈(經訓)명 경서(經書)의 뜻풀이.
경-흘수(輕吃水)[－쑤]명 선박이 화물을 싣지 않은 상태에서, 선체가 물 속에 잠기는 깊이.
경:희(慶喜)명-하다자 경사스럽게 여기며 기뻐함.
경희(驚喜)명-하다자 뜻밖의 좋은 일로 몹시 기뻐함.
경-힘(經－)명 경력(經力)
곁명 사람이나 물체의 가까운 옆. ¶친구 －으로 다가가다.
　곁(을) 비우다관용 보호하거나 보관해야 할 것의 곁을 떠나다.
　곁(을) 주다관용 다른 사람이 자기에게 가까워질 수 있도록 마음을 터 주다.
　곁(이) 비다관용 보호하거나 보관해야 할 것의 곁에 사람이 없다.

한자 곁 방(傍)〔人部 10획〕¶방관(傍觀)
　곁 측(側)〔人部 9획〕¶측근(側近)/측근(側根)

곁-가닥[겯－]명 원가닥에서 곁으로 갈라진 가닥.
곁-가지[겯－]명 원가지에서 곁으로 돋은 작은 가지. ¶－를 치다.
곁-간(－肝)[겯－]명 소의 간 곁에 붙어 있는 작고 연한 간. 횟감으로 쓰임.
곁-간(－間)[겯－]명 ①집의 몸채가 되는 칸에 붙은 칸살. ②곁방
곁-갈비[겯－]명 갈빗대 아래쪽에 있는 가늘고 작은 갈비뼈.
곁-길[겯－]명 큰길에서 곁으로 갈라진 길. ☞옆길
곁-꾼[겯－]명 곁에서 일을 거들어 주는 사람.

곁-낫질[결낟-] 명 나무를 깎거나 벨 때 옆쪽으로 내리치는 낫질.
곁-노(-櫓)[겯-] 명 배의 옆쪽에 있는 노.
곁노-질(-櫓-)[겯-] 명-하다자 배의 옆쪽에 곁노를 걸고 젓는 일.
곁-누르기[겯-] 명 유도에서, 누인 상대편을 옆쪽에서 눌러 한 팔로 상대편의 목을 감고, 다른 한 팔로는 상대편의 한 팔을 겨드랑이에 끼고 누르는 기술.
곁-눈[1][겯-] 명 줄기의 옆쪽에 돋은 싹. 자라서 곁가지를 이룸. 측아(側芽) ☞꼭지눈
곁-눈[2][겯-] 명 얼굴은 움직이지 않고, 눈알만 옆으로 굴리어 보는 눈. ¶얼른 ―으로 살펴보다.
곁눈(을) 주다 관용 ①곁눈질로 보다. ②곁눈으로 눈짓을 하여 상대편에게 뜻을 알리다.
곁눈(을) 팔다 관용 꼭 보아야 할 곳을 보지 않고 딴 데를 보다. 한눈을 팔다.
곁눈-질[겯-] 명-하다자 ①곁눈으로 보는 짓. ¶―로 낌새를 살피다. ②곁눈으로 어떤 뜻을 알리는 짓. ¶가만히 있으라고 ―을 하다.
곁-다리[겯-] 명 ①어떤 사물에 곁달려 있는 것. ¶주인보다 ―가 많다. ②당사자가 아니거나 아무 관계도 없는 곁의 사람. ¶―가 참견을 하다니.
곁다리(를) 들다 관용 직접 관계가 없는 제삼자가 곁에서 참견하다.
곁-달다[겯-](-달고·-다니)타 덧붙여 달다. ¶부엌 옆에 곁달아 낸 방.
곁-달리다[겯-] 자 덧붙여 달리다.
곁-동[겯-] 명 활터에서 '겨드랑이'를 이르는 말.
곁-두리[겯-] 명 힘든 일을 하는 사람이 끼니 외에 먹는 음식. ☞새참. 샛밥
곁-들다[1][겯-](-들고·-드니)자 한 자리에 곁따라 모여 어울리다.
곁-들다[2][겯-](-들고·-드니)타 ①곁에서 함께 붙잡아 들다. ②남의 일이나 말을 거들어 주다. ③곁에서 부추기다.
곁-들리다[겯-] 자 ①한 자리에 곁따라 모여 어울리게 되다. ②곁에서 함께 붙잡아 들리다.
곁-들이[겯-] 명 구색으로 어울리게 곁들인 음식.
곁-들이다[겯-] 타 ①주된 음식 재료에 다른 음식 재료를 더하다. ¶생선 매운탕에 쑥갓과 미나리를 ―. ②상차림에서, 주된 음식에 어울리는 딴 음식을 더하여 차리다. ¶고기 요리에 포도주를 곁들여 손을 대접하다. ③주된 일 외에 다른 일을 겸하여 하다. ¶노래에 춤을 ―.
곁-따르다[겯-] 자타 어떤 것에 덧붙여 곁을 따르다. ¶곁따라 말참견을 하다.
곁-땀[겯-] 명 ①겨드랑이에서 나는 땀. ②겨드랑이에서 늘 땀이 나는 병. 액한(腋汗)
×곁땀-내 명 →암내[2]
곁-마(-馬)[겯-] 명 ①곁에 따라가는 말. ②장기에서, 궁밭 안의 궁의 자리 좌우에 놓인 말.
곁-마기[겯-] 명 ①초록이나 노랑 바탕에 자줏빛 천으로 겨드랑이·끝동·깃고름을 단 여자 저고리. ②저고리의 겨드랑이에 붙이는 자줏빛 천 조각.
곁-마름[겯-] 명 농토가 넓어서 마름이 혼자 관리하기 어려울 때 그 밑에서 마름을 도와 거드는 사람.
곁-마:부(-馬夫)[겯-] 명 원마부를 따라다니며 경마잡는 사람.
곁-말[겯-] 명 바로 말하지 않고 빗대어 하는 말. 죄를 지어 전과가 생긴 것을 '별을 달았다'고 하는 따위.
곁-매[겯-] 명 싸움판에서, 제삼자가 한쪽을 편들어 치는 매.
곁매-질[겯-] 명-하다타 곁매로 치는 짓.
곁-목밑샘[겯-믿-] 명 부갑상선(副甲狀腺)
곁-바대[겯-] 명 홑옷의 겨드랑이 안쪽에 덧대는 'ㄱ' 자 모양의 헝겊 조각.
곁-방(-房)[겯-] 명 ①안방 또는 주된 방에 딸린 방. 협방(夾房). 협실(夾室) ②빌려 쓰는 남의 집의 한 부분.
곁-방망이[겯-] 명 ①남이 방망이를 두드릴 때 옆에서 따라 두드리는 방망이. ②남에게 싫은 소리를 할 때 옆에서 덩달아 거드는 말.
곁방망이-질[겯-] 명-하다자 ①곁방망이를 두드리는 짓. ②남에게 싫은 소리를 할 때 덩달아 거드는 짓.
곁방-살이(-房-)[겯-] 명-하다자 남의 집 곁방을 빌려 사는 살림.
속담 곁방살이 불 내기 : 가뜩이나 성가신 터에 더욱더 미운 짓을 한다는 뜻. /곁방살이 코 곤다 : 남의 집에 세 들어 살면서 코를 곤다는 말로, 제 분수를 모르고 함부로 굴거나 주인 행세를 하는 것을 이르는 말.
곁-방석(-*方席)[겯-] 명 주인의 곁에 앉는 자리라는 뜻으로, 세도 있는 사람에게 붙어 다니는 사람을 빗대어 이르는 말.
곁-부:축[겯-] 명-하다타 ①한 팔로 남의 겨드랑이를 껴 붙들어서 걸음을 도와 줌. 부액(扶腋) 준 부축 ②곁에서 말이나 일을 거들어 줌.
곁-불[겯-] 명 ①목표물 가까이 있다가 잘못 맞는 총알. ②어떤 일에 관계없이 가까이 있다가 받는 재앙.
곁-붙이[겯부치] 명 촌수가 먼 일가붙이.
곁-뿌리[겯-] 명 식물의 원뿌리에서 곁으로 갈라진 뿌리. 측근(側根)
곁-사돈[겯-] 명 친사돈과 같은 항렬인 방계(傍系)의 사돈. ☞친사돈
곁-상(-床)[겯-] 명 큰상의 곁에 덧붙여 음식을 차리는 작은 상.
곁-쇠[겯-] 명 제짝은 아니지만 대신 쓸 수 있는 열쇠.
곁쇠-질[겯-] 명-하다타 자물쇠를 곁쇠로 여는 일.
곁-수[겯-] 명 '계시'의 원말.
곁-순(-筍)[겯-] 명 식물의 원줄기 곁에서 돋는 순.
곁-쐐:기[겯-] 명 쐐기 곁에 덧박는 쐐기.
곁쐐기(를) 박다 관용 남의 이야기에 끼어들거나 방해를 하다.
곁-자리[겯-] 명 주가 되는 자리 곁의 자리.
곁-줄기[겯-] 명 원줄기 곁으로 벋은 줄기.
곁-집[겯-] 명 이웃하여 있는 집.
속담 곁집 잔치에 낯을 낸다 : 제 물건은 쓰지 않고 남의 물건으로 생색을 낸다는 말.
곁-쪽[겯-] 명 ①통나무에서 널을 켜내고 남은 겉쪽. ②가까운 일가붙이.
곁-차기[겯-] 명 택견에서, 발질의 한 가지. 원품으로 서서 발을 몸의 안쪽에서 바깥쪽으로 돌리면서 발등으로 상대편의 어깨 높이로 차는 공격 기술.
곁-채[겯-] 명 몸채 곁에 딸린 작은 집채.
×곁-칸 명 →결간
곁-콩팥[겯-] 명 부신(副腎)
곁-피[겯-] 명 벚나무 속껍질로 감싼 활줌통의 겉 부분.
곁-하다[겯-] 자타여 ①가까이하다 ¶책을 곁하며 세월을 보내다. ②〖형용사처럼 쓰임〗 가까이 있다. ¶집에 곁한 텃밭.
계:(系)명 수학에서, 어떤 정리(定理)에서 추정하여 얻은 명제를 본디의 정리에 상대하여 이르는 말.
계:(戒·誡)명 ①죄악을 저지르지 못하게 하는 경계. ②불교에 귀의한 사람이 지켜야 할 행동 규범. 오계·십계·보살계 따위. ③한문 문체의 한 가지. 훈계를 목적으로 하는 글.
계(界)명 생물의 계층적 분류 체계의 가장 위의 구분. 동물계·식물계·균계·원생생물계·모네라계의 다섯으로 가름. ☞문(門)
계:(計)명 '합계'·'총계'의 준말.
계:(係)명 과(課)를 나눈 사무 분담의 갈래, 또는 그 갈래를 맡은 사람.
계:(癸)명 ①십간(十干)의 열째. ②'계방(癸方)'의 준말. ③'계시(癸時)'의 준말.

한자 열째 천간 계(癸) 〔癶部 4획〕 ¶계방(癸方)/계시(癸時)/계유(癸酉)/계해(癸亥)

계:(契)명 ①예로부터 있어 온 상호 부조 조직의 한 가지. 여럿이 일정한 목적 아래 돈이나 물품을 추렴하여 운용함. 초상계·혼인계 따위. ②금전의 융통을 목적으로 일정한 인원으로 구성한 조직.
속담 **계 타고 집 판다** : 운이 좋아 처음에는 이(利)를 보았으나, 그 때문에 도리어 손해를 보게 되었을 때를 이르는 말.
계(階)명 '품계(品階)'의 준말.
-계(系)《접미사처럼 쓰이어》'그 딸려 있는 계통'의 뜻을 나타냄. ¶태양계(太陽系)/인문계(人文系)/생태계(生態系)/신경계(神經系)
-계(界)《접미사처럼 쓰이어》'그 세계'의 뜻을 나타냄. ¶교육계(教育界)/정치계(政治界)/사교계(社交界)/언론계(言論界)
-계(計)《접미사처럼 쓰이어》'계량(計量)하는 기계'의 뜻을 나타냄. ¶온도계(溫度計)/혈압계(血壓計)/습도계(濕度計)
계:가(計家)명-하다자 바둑을 다 두고 나서, 승패를 확인하려고 흑과 백의 집 수의 차이를 계산하는 일.
계:간(季刊)명 잡지 따위를 철따라 일 년에 네 번 발간하는 일, 또는 그 간행물.
계간(溪澗)명 산골짜기에 흐르는 시내.
계간(鷄姦)명-하다자 비역
계간=공사(溪澗工事)명 침식 작용으로 산에 생긴 사태 자리에 시설물을 만들어 흙·모래·돌 등의 유실(遺失)을 막는 공사.
계:간-지(季刊誌)명 철따라 일 년에 네 번 발간하는 잡지. 유계보(季報)
계:감(計減)명-하다타 셈을 따져 덜어 냄. 계제(計除)
계:강-주(桂薑酒)명 계피와 생강을 달인 물로 빚은 술.
계:거-기(計距器)명 주행계(走行計)
계견상문(鷄犬相聞)성구 닭 우는 소리와 개 짖는 소리가 여기저기서 들린다는 말로, 인가(人家)가 가까이 있음을 이르는 말. ▷ 鷄·雞는 동자, 鷄는 속자
계:계승승(繼繼承承)성구 ①자손 대대로 이어감을 이르는 말. ②앞사람이 하던 일을 뒷사람이 이어받음을 이르는 말 ▷ 繼의 속자는 継
계:고(戒告)명-하다타 ①경계하여 알림. ②일정한 기한 안에 하도록 서면으로 재촉함.
계:고(啓告)명-하다타 상신(上申)
계고(階高)명 ①층계의 높이. ②건물의 층 사이의 높이. ③-하다형 품계가 높음.
계:고(稽古)명-하다타 옛일을 공부해 익힘.
계:고(稽考)명-하다타 지난 일을 상고함.
계:고-장(戒告狀)[-짱]명 의무 이행을 최고(催告)하는 문건.
계고직비(階高職卑)성구 품계는 높고 직책은 낮음을 이르는 말. ☞계비직고(階卑職高)
계곡(溪谷·谿谷)명 물이 흐르는 골짜기. 계학(溪壑)

> ▶ **'계곡'의 '계(溪·谿)'와 '곡(谷)'의 뜻**
> 옛 책의 주석에는 '계(溪)'와 '곡(谷)'을 구별해서 풀이한 것을 볼 수 있다.
> ¶谿ᄂᆞᆫ 물 잇ᄂᆞᆫ 묏고리오(谿는 물 있는 산골짜기요) 谷ᄋᆞᆫ 고리라(谷은 골짜기라) 〔월인석보 13 : 44〕
> ¶谿ᄂᆞᆫ 물 흐르ᄂᆞᆫ 묏고리오(谿는 물 흐르는 산골짜기요) 谷ᄋᆞᆫ 물 업슨 묏고리라(谷은 물 없는 산골짜기라) 〔법화경언해 3 : 9〕

계:관(係關)명-하다자타 관계(關係)
계:관(桂冠)명 '월계관(月桂冠)'의 준말.
계관(鷄冠)명 ①닭의 볏. ②'맨드라미'의 딴이름.
계관-석(鷄冠石)명 비소와 황의 화합물로 된 붉은 돌. 그림 물감의 재료로 쓰임.
계:관=시인(桂冠詩人)명 영국 국왕이 임명하고 왕실에 봉사하는, 뛰어난 시인의 명예 칭호.
계:관-없:다(係關-)[-업-]형 관계가 없어 거리낄 것이 없다. ¶그들과는 계관없는 사이다.
계관-없이부 계관없게
계관-초(鷄冠草)명 '맨드라미'의 딴이름.
계관-화(鷄冠花)명 맨드라미의 꽃.
계:교(計巧)명 이리저리 생각하여 짜 낸 꾀. ¶-를 쓰다.
계:교(計較)명-하다타 서로 견주어 살펴봄. 교계(較計)
계:구(戒具)명 피고인이나 죄인의 몸을 얽매는 기구. 수갑·족쇄·포승 등.
계:구(戒懼)명-하다타 삼가고 두려워함.
계구우후(鷄口牛後)성구 소의 꼬리보다는 닭의 부리가 낫다는 뜻으로, 큰 단체의 꼴찌보다는 작은 단체의 우두머리가 되라는 말.
계궁(階窮)명-하다자 지난날, 당하관(堂下官)의 품계가 다시 더 올라갈 자리가 없다는 뜻으로, 당하 정삼품(堂下正三品)이 됨을 이르던 말.
계:궁역진(計窮力盡)[-녁-]성구 꾀와 힘이 다하여 더는 어찌할 도리가 없음을 이르는 말.
계:-그릇(戒-)명 불교에서, 계(戒)를 받을 자격을 갖춘 사람을 이르는 말. 계기(戒器)
계급(階級)명 ①지위나 관직 등의 등급. ¶-이 한 계단 오르다. ②신분이나 직업·재산 등이 비슷한 사람들로 이루어지는 사회적 집단, 또는 그것을 기준으로 구분되는 계층. ¶자본가 -과 노동자 -./지식 - ③'계급장(階級章)'의 준말.
계급=국가(階級國家)명 국가의 권력과 기능은 일부 지배계급의 이익을 위하여 존재한다고 보는 국가관.
계급=귀속=의:식(階級歸屬意識)명 자기가 어떤 특정한 계급에 딸리어 있다고 여기는 의식.
계급=도:덕(階級道德)명 도덕은 보편적이지 아니하고 사회의 각 계급에 따라 고유하다고 주장하는 설(說).
계급=독재(階級獨裁)명 어떤 계급이 특별한 권리를 가지고 그 사회를 지배하는 일.
계급=문학(階級文學)명 계급 의식을 지니고 쓴 문학.
계급=사:회(階級社會)명 둘 이상으로 나누어진 계급 사이에 지배와 복종 또는 대립의 관계가 존재하는 사회.
계급=예:술(階級藝術)[-녜-]명 특정 계급의 이익을 위한 수단이 되는 예술.
계급=의:식(階級意識)명 ①일정한 계급에 딸리는 사람이 가지는 심리와 사고 방식의 경향 및 관념 형태. ②자기가 딸린 계급의 지위·성질·사명을 인식하고 그것을 실현하려는 의식.
계급-장(階級章)명 계급을 나타내는 표장. 준계급
계급=정당(階級政黨)명 특정 계급의 이익을 대표하는 정당.
계급=제:도(階級制度)명 사회 구성이 계급적으로 짜여진 제도.
계급-주의(階級主義)명 ①계급 투쟁으로 역사가 발전한다고 보는 주의. ②자기가 딸린 계급의 이념에만 충실하고 다른 계급에는 배타적인 주의.
계급=타:파(階級打破)명 사회의 평등을 목적으로, 계급을 부인하고 깨뜨리는 일.
계급=투쟁(階級鬪爭)명 경제적·정치적으로 대립하는 계급 사이의 투쟁.
계:기(戒器)명 계그릇
계:기(計器)명 물건의 무게·길이·양 등을 재는 기계나 기구. 저울·자·되 등.
계:기(契機)명 어떠한 일이 일어나거나 결정되는 근거나 기회. ¶그 일을 -로 새롭게 태어났다. ☞동기(動機)
계:기(繼起)명-하다자 잇달아 일어남.
계:기-반(計器盤)명 계기의 작동을 나타내는 숫자나 지침, 또는 누름단추 따위가 있는 계기의 면.
계:기=비행(計器飛行)명 항공기가 비행 자세나 항로 등을 시각적인 목표에 의존하지 않고, 계기의 지시에 따라 판단하여 비행하는 상태. 맹목 비행(盲目飛行)
계:기=속도(計器速度)명 속도계에 나타난 속도.
계:기=착륙=장치(計器着陸裝置)명 착륙하려 하는 항공기의 활주로 진입을 지상에서 전파로 유도하는 장치. 아이엘에스(ILS)

계내-금(鷄內金)명 한방에서, 닭의 멀떠구니 안에 있는 누른빛의 막을 약재로 이르는 말. 체한 데, 게우는 데, 만성 위염, 이질, 유정(遺精) 등에 씀.
계:녀(季女)명 막내딸
계:녀가(戒女歌)명 영남 지방에 전하는 내방 가사의 한 가지. 외동딸을 시집보내는 어머니가 시집살이에 대하여 훈계하는 내용으로 되어 있음.
계:단(戒壇)명 중이 계를 받는 단.
계단(階段)명 ①층계(層階) ②일을 하는 데 거쳐야 할 차례. ㊀단계(段階)
계단-같이(階段-)명 계단 경작
계단=경작(階段耕作)명 비탈진 땅을 층계처럼 층지게 만들어 하는 경작. 계단같이
계단=교:실(階段敎室)명 좌석이 층계식으로 된 교실.
계단=단:층(階段斷層)명 같은 종류의 많은 단층이 평행으로 발달하여 층계 모양을 이룬 지반(地盤).
계단-만(階段灣)명 함몰과 침강 작용으로 해저가 층계 모양으로 된 만. ☞범람만(氾濫灣)
계단-상(階段狀)명 층층대 모양.
계단-석(階段席)명 층계같이 뒤로 갈수록 높아지게 배치한 좌석.
계단-식(階段式)명 층계를 본뜬 방식.
계단-참(階段站)명 층계의 중간쯤에 있는 조금 넓고 평평한 공간. 층계참(層階站)
계단=채:굴(階段採掘)명 구덩이 안을 층계식으로 파 들어가서 광물을 캐는 일.
계:달(啓達)명-하다타 임금에게 아뢰. 계품(啓稟)
계:당-주(桂當酒)명 소주에 계피와 당귀를 넣어서 우린 술. 전라도 지방의 전래주임.
계:당-주(桂糖酒)명 소주에 계피와 꿀을 넣은 술.
계:대(繼代)명-하다타 대를 이음.
계:덕(季德)명 백제의 16관등 중 열째 등급. ☞대덕(對德)
계:도(系圖)명 대대(代代)의 계통을 나타낸 도표. 성계(姓系) ☞계보(系譜)
계:도(計圖)명-하다타 기도(企圖)
계:도(啓導)명-하다타 깨우치어 이끌어 줌. ¶우범 청소년을 -하다.
계:-도가(契都家)[-또-]명 계의 일을 처리하는 집.
계:도=소:설(系圖小說)명 한 가문이나 사회를 전기적(傳記的)·역사적으로 쓴 소설.
계:도-직성(計都直星)명 우리 나라 민속에서, 사람의 나이에 따라 그 운수를 맡아본다고 이르는 아홉 직성의 하나. 흉한 직성으로 남자는 열여섯 살, 여자는 열일곱 살에 처음 드는데, 9년에 한 번씩 돌아온다고 함.
계:독(啓櫝)명-하다자타 개독(開櫝)
계돈(鷄豚)명 ①닭과 돼지. ②가축
계:동(季冬)명 ①'음력 섣달'을 달리 이르는 말. 계월(季月) ②늦겨울. 만동(晩冬) ☞맹동(孟冬)
계두(鷄頭)명 ①닭의 볏. ②'맨드라미'의 딴이름.
계:라(啓螺)명-하다자 지난날, 임금의 거둥 때에 취타(吹打)를 연주하던 일.
계:라-차지(啓螺次知)명 지난날, 임금의 거둥 때에 겸내취를 거느리던 선전관.
계:락(界樂)명 전통 성악곡인 가곡의 하나. 계면조(界面調)의 낙시조(樂時調)라는 말로, 남창(男唱)과 여창(女唱)으로 두루 불림. ☞우락(羽樂)
계란(鷄卵)명 달걀 ▷ 鷄와 雞는 동자, 鶏는 속자
속담 **계란에도 뼈가 있다** : 늘 일이 잘 안 되던 사람이 모처럼 좋은 기회를 얻었지만, 역시 잘 안 된다는 말. ☞계란유골(鷄卵有骨)
계란-골(鷄卵-)명 달걀처럼 이마와 뒤통수가 쑥 내민 머릿골. ☞장구머리
계란-반(鷄卵飯)명 계란밥
계란-밥(鷄卵-)명 밥물이 끓을 때, 달걀을 풀어 넣고 저어 지은 밥. 계란반
계란-선(鷄卵-)명 다져서 양념하여 볶은 쇠고기와 달걀 푼 것을 번갈아 여러 켜를 놓고 중탕으로 익힌 음식.
계란유:골(鷄卵有骨)[-뉴-]성구 '계란에도 뼈가 있다'라는 말을 한문식으로 옮긴 구(句)로, 늘 일이 잘 안 되던 사람이 모처럼 좋은 기회를 얻었지만, 역시 잘 안 된다는 뜻.
계란-장(鷄卵醬)명 삶은 달걀이나 오리 알 등을 바가지에 담아 흔들어서 알 껍데기에 잔금이 가게 한 다음, 간장에 넣어 삭힌 음식.
계란-지(鷄卵紙)명 달걀 흰자와 염화암모니아의 혼합물을 발라 말린 서양 종이. 사진 인화지로 쓰임.
계란-포(鷄卵包)명 알쌈
계:략(計略)명 계획과 책략. 계모(計謀) ¶-에 빠지다./-을 꾸미다.
계:량(計量)명-하다타 수량이나 무게를 잼. ¶선수의 체중을 -하다. ㊀계측(計測)
계:량(繼糧)명-하다자 그 해에 추수한 곡식으로 한 해 양식을 대어 감.
계:량=경제학(計量經濟學)명 수리 경제학과 통계학을 통합한 경제학의 한 분야. 실제의 경제 자료를 바탕으로 상호 의존 관계 등을 수치적으로 측정·분석하여, 경제 동향을 예측하는 학문.
계:량-기(計量器)명 계량하는 데 쓰이는 기구를 통틀어 이르는 말. ☞계기(計器). 미터(meter)[1]
계:량-컵(計量cup)명 식품이나 조미료 등의 분량을 재는, 눈금이 새겨진 컵.
계:려(計慮)명-하다타 헤아려 생각함.
계:련(係戀)명-하다타 사랑에 사로잡혀 못내 그리워함.
계례(笄禮)명-하다자 지난날, 여자 아이가 성인이 될 때 치르던 의식. 땋아 있던 머리를 풀어 쪽을 찌고, 비녀를 꽂아 주었음. ☞관례(冠禮)
계:료(計料)명-하다타 형편 따위를 헤아림.
계:루(係累·繫累)명 ①딸린 식구. ②-하다자 다른 일이나 사물에 끌리고 얽매임. ¶소송에 -되다.
계류(溪流·谿流)명 골짜기를 흐르는 시냇물. ¶-를 끼고 올라가다.
계:류(稽留)명-하다자타 ①체류(滯留) ②머무르게 함.
계:류(繫留)명-하다자타 ①붙잡아 매어 놓음. ¶배를 -하다. ②사건이 해결되지 않고 매여 있음. ¶법원에 -중인 사건.
계:류=기구(繫留氣球)명 줄에 매어 일정한 높이의 공중에 띄워 두는 기구. 관측·신호·광고 등에 쓰임. ☞애드벌룬
계:류=기뢰(繫留機雷)명 물 속에 줄로 매어 두는 기뢰. ☞부유 기뢰(浮遊機雷)
계류=낚시(溪流-)[-낙-]명 골짜기의 시내에서 하는 낚시질. ☞견지낚시
계:류=부표(繫留浮標)명 줄에 매어 띄워 두는 부표.
계:류-선(繫留船)명 ①부두나 바닷가에 매어 놓은 배. ②부두에 배를 대는 일을 돕는 배.
계:류-열(稽留熱)명 하루 동안의 체온의 변화가 1°C 이내인 고열이 오래 계속되는 상태.
계:류-장(繫留場)명 선박 따위를 줄로 매어 두는 곳.
계:류-탑(繫留塔)명 기구나 비행선을 매어 두는 탑.
계륵(鷄肋)명 ①닭갈비라는 뜻으로, 쓸모는 적으나 버리기는 아까운 물건을 비유하여 이르는 말. ②몸시 연약한 몸을 비유하여 이르는 말.
계:리(計理)명-하다타 계산하여 정리함.
계:리-사(計理士)명 '공인 회계사'의 구용어.
계:림(桂林)명 ①계수나무의 숲. ②아름다운 숲. ③문인들의 사회를 비유하여 이르는 말.
계림(鷄林)명 ①신라 탈해왕(脫解王) 때부터 '신라'를 달리 이르던 말. ②'경주'의 옛 이름. ③'우리 나라'를 달리 이르는 말. 계림팔도(鷄林八道)
계림유:사(鷄林類事)[-뉴-]명 중국 송나라의 손목(孫穆)이 고려의 풍속·제도·언어 등을 소개한 책. 당시의 고려 말 356단어를 한자로 적어 놓았음.
계:림일지(桂林一枝)[-찌]성구 계수나무 숲에서 한 가지를 꺾은 데 지나지 않는다는 뜻으로, 대수롭지 않은 출

세를 비유하여 이르는 말.
계림잡전(鷄林雜傳)명 신라 성덕왕 때 김대문이 지은, 신라·백제·고구려의 설화집. 지금은 전하지 않음.
계림-팔도(鷄林八道)[-또]명 '우리 나라'를 달리 이르는 말. 계림
계:마(桂馬)명 바둑에서, 옆줄부터 두 칸이나 세 칸을 대각선 방향으로 건너 돌을 놓는 일. 날 일(日)자로 놓으면 소계마, 눈 목(目)자로 놓으면 대계마라 함.
계:마(繫馬)명-하다자 말을 붙들어 맴, 또는 그 말.
계:말(桂末)명 계핏가루
계:매(季妹)명 매제(妹弟)
계:맥(系脈)명 계통. 줄기
계맹(鷄盲)명 밤소경
계:면(界面)명 액체와 액체, 액체와 고체 따위가 서로 경계를 이루는 면. 한쪽이 기체인 경우는 흔히 '표면'이라 함.
계:면(誡勉)명-하다타 훈계하고 격려함.
계:면-돌:다(-돌고·-도니)자 무당이 돈이나 쌀을 얻으려고 집집을 돌아다니다.
계:면-떡명 굿이 끝나고 무당이 구경꾼에게 돌라주는 떡.
계:면=반:응(界面反應)명 계면 상태에서 일어나는 화학 반응.
계:면=장력(界面張力)명 표면 장력(表面張力)
계:면-조(界面調)[-쪼]명 국악 선법(旋法)의 한 가지. 서양 음악의 단조(短調)와 비슷함. 원래는 일곱 조(調)가 있었으나 현재는 임종(林鐘) 계면조와 황종(黃鐘) 계면조의 두 가지가 쓰임. ☞평조(平調)
계면-쩍다형 '겸연쩍다'의 변한말.
계면-하다형여 '겸연하다'의 변한말.
계:면=화:학(界面化學)명 계면에 관한 현상과 성질을 연구하는 화학의 한 분과.
계:면=활성제(界面活性劑)[-썽-]명 표면 장력을 크게 떨어뜨리는 물질. 물에 대해서는 비누·기름·알코올 따위. 표면 활성제
계:명(戒名)명 ①중이 계(戒)를 받고서 스승에게서 받는 이름. ②불가(佛家)에서, 죽은 이에게 지어 주는 이름. 법명(法名) ☞속명(俗名)
계:명(誡命)명 종교에서 지켜야 할 규정이나 명령. 크리스트교의 십계명 따위.
계:명(啓明)명 ①'계명성'의 준말. ②-하다타 계몽(啓蒙)
계명(階名)명 ①계급이나 품계의 이름. ②음계의 이름. 서양 음악의 '도·레·미·파·솔·라·시', 국악의 '궁(宮)·상(商)·각(角)·치(徵)·우(羽)' 따위. 계이름
계명(鷄鳴)명 닭의 울음소리. 계성(鷄聲)
계명구도(鷄鳴狗盜)성구 중국 전국 시대 말, 제(齊)나라 맹상군(孟嘗君)이 진(秦)나라 소왕(昭王)에게 잡혀 죽게 되었을 때, 개처럼 좀도둑질을 잘하는 사람과 닭 울음소리를 잘 흉내내는 사람의 도움으로 위기를 벗어난 일에서, 하찮은 재주를 가진 사람, 또는 하찮은 재주를 가진 사람도 때로는 쓸모가 있음을 비유하여 이르는 말.
계:명-성(啓明星)명 새벽에 동쪽 하늘에 보이는 밝은 별. 샛별. 금성(金星) 준계명(啓明)
계명워리명 행실이 얌전하지 못한 계집.
계명-주(鷄鳴酒)명 차좁쌀로 빚은 술. 담근 다음날 닭이 우는 새벽녘이면 이미 익어 마실 수 있다고 하여 붙여진 이름임.
계명=창:법(階名唱法)[-뻡]명 계이름부르기.
계명-축시(鷄鳴丑時)명 첫닭 우는 시간인 축시. 곧 새벽 한 시부터 세 시 사이.
계:모(計謀)명 계략(計略)
계:모(繼母)명 아버지의 후처. 의붓어머니. 후모(後母) ☞실모(實母)
계:목(繫牧)명-하다타 가축에게 끈을 매어 움직일 수 있는 범위를 일정하게 제한하는 사육 방법. 매어기르기
계:몽(啓蒙)명-하다타 ①어린아이나 무식한 사람을 가르쳐 깨우침. ¶문맹자를 -하다. ②인습적인 기성 관념에서 벗어나 자주적이고 합리적 인식을 가지도록 깨우침. 계명(啓明). 계발(啓發)
계:몽-대(啓蒙隊)명 계몽하기 위하여 나선 사람들로 이루어진 조직.
계:몽=문학(啓蒙文學)명 ①낡은 인습에서 벗어나도록 민중의 계몽을 목적으로 한 문학. ②18세기 유럽에서 성행한, 이성을 중히 여긴 합리주의 문학.
계:몽=사:상(啓蒙思想)명 18세기 유럽의 중심적인 혁신 사상. 자연 과학의 발달을 배경으로 중세 봉건 사회의 전통이나 인습을 합리적 비판 정신으로 타파하여, 자아의 해방과 인간성의 존중을 주장함. 영국의 로크, 프랑스의 볼테르와 몽테스키외 등이 대표적임.
계:몽=운:동(啓蒙運動)명 ①낡은 인습을 깨뜨리고 자율적인 견지에서 합리적 판단을 하는 기풍을 일으키려는 운동. ②계몽주의를 실천하는 운동.
계:몽-주의(啓蒙主義)명 ①몽매한 것을 계발하려는 경향. ②18세기 유럽에서 성행했던 계몽 사상을 바탕으로, 구시대의 묵은 사상을 타파하려던 혁신적인 사상 경향.
계:몽=철학(啓蒙哲學)명 17~18세기에 영국·독일·프랑스의 사상계를 휩쓸었던 철학. 철학 이론을 쉽게 풀이하여 일반을 교화하고 인문(人文)의 개발에 힘썼음. 계몽 사상의 근간을 이루는 철학.
계:묘(癸卯)명 육십갑자의 마흔째. ☞갑진(甲辰)
계:묘-년(癸卯年)명 육십갑자로 해를 이를 때, 계묘(癸卯)가 되는 해. 곧 천간(天干)이 계(癸)이고 지지(地支)가 묘(卯)인 해. ☞갑진년(甲辰年). 묘년(卯年)
계:무소:출(計無所出)성구 온갖 꾀를 다 써 보아도 별도리가 없음을 이르는 말. 백계무책(百計無策)
계:문(戒文)명 계율의 조문(條文).
계:문(契文)명 계약의 문서.
계:문(啓門)명-하다타 제례(祭禮)에서, 유식(侑食) 후 합문(闔門)했던 문을 다시 여는 절차. 가린 병풍이나 문을 여는 일임. ☞사신(辭神)
계:문(啓聞)명-하다타 지난날, 관찰사나 어사 등이 임금에게 글로써 아뢰던 일.
계:문왕:생(戒門往生)성구 불교에서, 계율을 잘 지킨 공덕으로 극락에서 새로 태어남을 이르는 말.
계:미(癸未)명 육십갑자의 스무째. ☞갑신(甲申)
계:미(繫縻)명-하다타 붙들어 얽어 맴.
계:미-년(癸未年)명 육십갑자로 해를 이를 때, 계미(癸未)가 되는 해. 곧 천간(天干)이 계(癸)이고 지지(地支)가 미(未)인 해. ☞갑신년(甲申年). 미년(未年)
계:미-자(癸未字)명 1403년(조선 태종 3·계미년)에 만든 구리 활자.
계:박(繫泊)명-하다타 배를 매어 둠.
계:박(繫縛)명-하다타 결박(結縛)
계반(溪畔)명 시냇가의 두둑한 곳.
계:발(啓發)명-하다타 ①재능과 슬기를 열어 줌. ¶소질을 -하다. ②계몽(啓蒙)
계:발=교:육(啓發敎育)명 어린이의 능력을 계발하기 위하여 구체적인 사물을 직접 경험하게 하고, 창의성·자발성을 존중하는 교육. ☞개발 교육(開發敎育). 주입 교육(注入敎育)
계:방(季方)명 사내 아우.
계:방(癸方)명 이십사 방위의 하나. 정북(正北)으로부터 동쪽으로 15도 되는 방위를 중심으로 한 15도 범위 안의 방위. 자방(子方)과 축방(丑方)의 사이. 준계(癸) ☞정방(丁方)
계:방(契房)명-하다타 ①지난날, 부역을 면제 받거나 다른 도움을 얻으려고 관아의 아전에게 돈이나 곡식을 주던 일. ②지난날, 나루 근처에 사는 사람들이 타고 다니는 뱃삯으로 사공에게 곡식을 거두어 주던 일.
계:방-형(季方兄)명 남을 높이어 그의 남동생을 이르는 말. ☞매씨(妹氏). 자씨(姊氏)
계:배(計杯)명-하다자타 술집에서 마신 잔의 수효를 세어 술값을 계산함.
계:배(繼配)명 후실(後室) ▷繼의 속자는 継
계:법(戒法)명 계율의 규범.
계:변(計邊)명-하다자타 변돈의 이자를 셈함.

계:보(系譜)명 ①조상 때부터 혈통과 집안의 내력을 적은 책. ¶ ―를 알아보다. ②혈연 관계, 학문, 사상 등의 계통과 순서 등을 도식적(圖式的)으로 나타낸 기록. ¶ 성리학파의 ―. ☞계도(系圖)
계:보(季報)명 철따라 일 년에 네 번 내는 학보 따위 잡지나 신문. 유계간지
계:보-기(計步器)명 걸음을 걸을 때 몸에 차고 있으면 걸음의 수가 자동적으로 나타나는 계기. 보수계(步數計). 측보기(測步器)
계:복(啓服)명 네 발이 다 흰 말.
계:복(啓覆)명-하다타 지난날, 임금에게 아뢰어 사형수를 재심하던 일.
계:부(繼父)명 의붓아버지 ▷繼의 속자는 継
계:부(繼夫)명 후살이의 남편. 후부(後夫)
계:-부모(繼父母)명 '계부와 계모'를 아울러 이르는 말. ☞실부모(實父母)
계:분(契分)명 뜻이 맞는 벗 사이의 긴밀한 정분. ☞친분
계분(鷄糞)명 닭의 똥. ☞계비(鷄肥)
계비(鷄肥)명 거름으로 쓰이는 닭의 똥.
계:비(繼妃)명 임금이 후취로 맞은 비(妃).
계:비직고(階卑職高)성구 품계는 낮고 직책은 높음을 이르는 말. ☞계고직비(階高職卑)
계:빈(啓殯)명-하다자 발인 때, 출관(出棺)을 위해 빈소(殯所)를 여는 일. 파빈(破殯)
계:-빠:지다(契―)자 ①계알 뽑을 때 곗돈을 탈 수 있는 알이 나오다. ②뜻하지 않은 횡재를 하다.
계:사(戒師)명 ①불교에서, 계법(戒法)을 일러주는 중을 이르는 말. ②계법을 잘 지키는 중.
계:사(癸巳)명 육십갑자의 서른째. ☞갑오(甲午)
계:사(計仕)명-하다타 관원의 출근한 날짜를 계산함.
계:사(啓事)명 임금에게 사실을 적어 올리는 문건(文件).
계:사(啓辭)명 죄를 논할 때, 임금에게 올리는 문서.
계:사(繫辭)명 ①본문에 따른 설명의 글. ②명제(命題)의 주사(主辭)와 빈사(賓辭)를 연결하여 부정 또는 긍정의 뜻을 나타내는 말. '고래는 포유류이다.'에서 '-이다' 따위. 연사(連辭)
계:사(繼嗣)명-하다타 계후(繼後)
계사(鷄舍)명 닭의장
계:사-년(癸巳年)명 육십갑자로 해를 이를 때, 계사(癸巳)가 되는 해. 곧 천간(天干)이 계(癸)이고 지지(地支)가 사(巳)인 해. ☞갑오년(甲午年). 사년(巳年)
계:삭(計朔)명-하다타 달수를 셈. 계월(計月)
계:삭(繫索)명 ①물건을 매어 두는 밧줄. ②-하다타 물건을 붙들어 맴.
계:산(計算)명-하다타 ①수량을 헤아림. 셈 ②식의 연산(演算)으로 수치를 구해 내는 일.
계:산(桂酸)명 '계피산(桂皮酸)'의 준말.
계:산=경:주(計算競走)명-하다자 달음질 도중에 계산 문제를 풀고 결승점에 이르는 경주.
계:산-기(計算器)명 계산을 빨리 정확하게 하는 기계. 전자 계산기 따위.
계:산=도표(計算圖表)명 노모그램(nomogram)
계:산-서(計算書)명 계산한 내용을 적은 서류. 특히 대금 청구서를 이름. ¶ ―를 첨부하다.
계:산-자(計算―)명 로그(log) 계산의 원리로써 곱하기·나누기·제곱근풀이·세제곱근풀이 등의 계산을 간단한 기계적 조작으로 할 수 있도록 만든 자 모양의 기구.
계:산-척(計算尺)명 '계산자'의 구용어.
계삼-탕(鷄蔘湯)명 영계의 내장을 빼고 인삼·대추·밤·찹쌀 등을 넣어 푹 곤 음식. 삼계탕(蔘鷄湯)
계:상(計上)명-하다타 ①예산 편성에 넣음. ¶ 감가 상각비를 ―하다. ②계산에 넣음. ¶ 손실을 ―하다.
계:상(啓上)명-하다타 어른에게 말씀 드림.
계상(階上)명 섬돌 위. ☞계하(階下)
계:상(稽顙)명-하다자 극히 존경하여 머리를 조아림. 유계수(稽首)
계:상-금(計上金)명 계상하여 넣은 금액.
계:색(戒色)명-하다자 색욕을 경계함.
계:서(繼序)명-하다자 뒤를 이음.
계서봉:황식(鷄栖鳳凰食)성구 닭의 보금자리에서 봉황이 닭과 함께 모이를 먹는다는 뜻으로, 군자(君子)가 소인(小人)과 함께 있음을 이르는 말.
계서야:담(溪西野談)명 조선 순조 때, 계서 이희준(李羲準)이 우리 나라 고금의 기사(奇事)·이문(異聞)·잡설(雜說) 등을 모아 기록한 책. 6권 6책.
계:석(界石)명 '경계석'의 준말.
계:석(計石)명-하다타 곡식의 섬 수를 셈.
계:선(戒善)명-하다자 불교에서, 계(戒)를 지키어 선근(善根)을 심는 일을 이르는 말.
계:선(界線)명 ①경계나 한계를 나타내는 선. ②투영도에서 정면과 평면과의 경계를 나타내는 가로줄.
계:선(繫船)명-하다자 선박을 매어 둠.
계:선-거(繫船渠)명 계선 독
계:선=독(繫船dock)명 선거의 한 가지. 조수의 간만의 차가 큰 곳에 수문을 설치하고 둘레를 막아, 정박한 배가 조수나 풍파의 영향을 받지 않게 만든 시설. 계선거. 습독. 습식 독
계:선-료(繫船料)[―뇨]명 부두나 선창에 배를 매어 두었을 때, 그 값으로 치르는 돈.
계:선=부표(繫船浮標)명 항구의 바닷물에 띄운 납작하고 둥근 통 모양의 물건으로, 배를 맬 수 있게 된 것.
계:선-안(繫船岸)명 배를 매어 두는 안벽(岸壁).
계:선-주(繫船柱)명 배를 매어 두기 위하여 부두나 선창 등에 박아 놓은 말뚝.
계:선-환(繫船環)명 배를 매어 두기 위하여 부두나 안벽 등에 마련해 놓은 쇠고리.
계설-향(鷄舌香)명 정향(丁香)
계성(鷄聲)명 닭의 울음소리. 계명(鷄鳴)
계:세(季世)명 말세(末世)
계:세징인(戒世懲人)성구 ①세상 사람을 경계하고 징벌함을 이르는 말. ②세상 사람이 악에 빠지지 않도록 깨우쳐 줌을 이르는 말.
계:속(繫束)명-하다타 기속(羈束)
계:속(繫屬·係屬)명-하다자 ①남에게 딸려 매임. ②소송 계속(訴訟繫屬)
계:속(繼續)명-하다자타 ①끊이지 않고 줄곧 이어 나감. ¶ 공부를 ―하다./―해서 나아가다. 유지속(持續) ②끊었던 일을 다시 이어서 함. ¶ 그는 물 한 모금 마시고 강연을 ―했다. ③〔부사처럼 쓰임〕 끊임없이 잇대어. ¶ ― 올라가는 물가.
계:속-범(繼續犯)명 범죄 행위가 이루어진 뒤에도 계속 이어지는 범죄. 불법 감금죄 등. ☞즉시범(卽時犯)
계:속=변:이(繼續變異)명 영속 변이(永續變異)
계:속-비(繼續費)명 일정한 경비 총액을 여러 회계 연도에 나누어 계속 지출하는 경비.
계:속=심:의(繼續審議)명 회기 중에 의결하지 못한 안건을 다음 회기까지 이어서 심의하는 일.
계:속-적(繼續的)명 계속되는 것. 계속하는 것. ¶ 환경 개선을 위한 ―인 투자와 노력.
계:속-치(繼續齒)명 천연 치근(齒根)을 살리고, 그 위에 인공 치관(齒冠)을 씌운 이.
계:속-회(繼續會)명 주주 총회 또는 유한 회사의 사원 총회가 의사(議事)를 중지하고 후일에 계속할 것을 결의한 경우, 그 후일에 계속하는 총회.
계:손(系孫)명 촌수가 먼 자손. ☞원손(遠孫)
×계송(偈頌)명 →게송
계:쇄(繫鎖)명-하다타 쇠사슬로 매어 둠.
계수명 조선 시대, 궁중에서 '이불'을 이르던 말.
계:수(季嫂)명 아우의 아내. 제수(弟嫂)
계:수(係數)명 ①기호 문자와 숫자로써 된 곱에서, 숫자를 기호 문자에 상대하여 이르는 말. ②하나의 수량을 다른 여러 양의 함수로 나타내는 관계식에서, 물질의 종류에 따라 달라지는 비례 상수(常數). 팽창 계수 등.
계:수(計數)명-하다타 수효나 수량을 헤아림, 또는 그

수. ¶ — 관리(管理)/—에 밝다.
계:수(桂樹)명 계수나무
계수(溪水)명 골짜기를 흐르는 시냇물.
계:수(稽首)명-하다자 돈수(頓首) 유계상(稽顙)
계:수(繫囚)명 옥에 갇힌 죄수.
계:수(繼受)명-하다타 이어받거나 넘겨받음. 수계(受繼)
계:수-관(計數管)명 방사선을 검출하거나 재는 장치. 가이거 계수관 따위.
계:수-기(計數器)명 ①수의 기본 개념을 가르치기 위한 아동 학습 용구. ②수효를 측정하는 기계.
계:수-나무(桂樹—)명 ①계수나뭇과의 낙엽 교목. 높이는 7m 안팎. 길둥근 잎은 마주 나고 나무껍질은 암갈색임. 4~5월에 잎보다 먼저 빨간 꽃이 핌. 나무껍질은 계피(桂皮)라 하여 향료나 약재로 쓰임. 중국 남부와 동인도 등지에 분포함. 계수(桂樹) ②전래 동화에서, 달 속에 있다고 하는 상상의 나무.

한자 **계수나무 계**(桂) 〔木部 6획〕 ¶계피(桂皮)

계:수-번(界首番)명 계수주인(界首主人)
속담 **계수번을 다녔나 말도 잘 만든다** : 계수번을 다닌 사람처럼 말만 번지르르하게 잘 꾸며서 한다는 말.
계:수-법(繼受法)[—뻡]명 외국의 법률을 채용하거나, 그것에 의거하여 만든 법률. ☞고유법(固有法)
계수-변(溪水邊)명 골짜기의 냇가.
계:수-주인(界首主人)명 조선 시대, 서울에 머물면서 각 도의 감영의 일을 맡아보던 사람.
계:수=화:폐(計數貨幣)명 일정한 순도(純度)·분량·모양으로 주조하여 그 표면에 가격을 표시한 화폐. ☞칭량화폐(稱量貨幣)
계:술(繼述)명-하다타 조상이나 부형이 하던 일이나 뜻을 이어 감.
계숫-잇[—닏]명 조선 시대, 궁중에서 '이불잇'을 이르던 말. ☞침닛
계:습(繼襲)명-하다타 조상이나 선인(先人)의 뜻 또는 사업을 받아 이음.
계:승(繼承)명-하다타 조상이나 선임자의 뒤를 이어받음. 수계(受繼) ¶왕위를 —하다.
계시명 공장(工匠) 밑에서 일을 배우는 사람. 장색(匠色)의 제자. 원결수
계:시(癸時)명 하루를 스물넷으로 가른, 둘째 시. 지금의 오전 열두 시 삼십 분부터 한 시 삼십 분까지의 동안. 준계(癸) ☞자시(子時). 축시(丑時)
계:시(計時)명 경기나 바둑 따위에서, 경과한 시간을 잼, 또는 그 시간.
계:시(啓示)명-하다타 ①깨우쳐 보여 줌. 현시(現示) ②사람의 지혜로는 알 수 없는 진리를 신이 영감(靈感)으로 알려 줌. ¶신의 —를 받다. ☞묵시(默示)
계:시다자 ①'어느 곳에 머무르다.'의 높임말. ¶지금 계시는 곳./할머니께서는 방에 계신다. ②'어떤 상태로 지내다.'의 높임말. ¶편히 계세요. ③'어떤 일터 등에 다니다.'의 높임말. ¶우리 회사에 오래 —.
조동 본용언(本用言) 다음에 쓰이어, 앞의 말이 뜻하는 동작이나 상태가 이어짐을 높이어 나타냄. ¶책을 읽고 —./창 밖을 바라보고 —./의자에 앉아 —.

> ▶ **'계시다'와 '있으시다'의 쓰임**
> '계시다'는 존경하는 분의 존재(存在)나 소재(所在)를 말할 때 쓰이는 말이고, '있으시다'는 존경하는 분의 언행(言行)이나 소유물(所有物)을 말할 때 쓰는 말이다.
> '선생님이 댁에 계신다'는 바른 표현이나, '이제부터 선생님의 말씀이 계시겠습니다.'는 '…말씀이 있으시겠습니다.'로 표현해야 바른 말씨가 된다.

계:시록(啓示錄)명 요한계시록. 묵시록(默示錄)
계:시=문학(啓示文學)명 후기 유대교와 초기 가톨릭에서 이루어진 종교적 저작. 다니엘서·요한계시록 따위.
계시-백(鷄屎白)명 한방에서, 닭똥의 흰 부분을 약재로 이르는 말.
계:시=종교(啓示宗敎)명 신의 은총을 바탕으로 하는 종교. ☞자연 종교(自然宗敎)
×**계시-판**(揭示板)명 →게시판(揭示板)
계:신(戒愼)명-하다자 경계하여 삼감.
계신(鷄晨)명 수탉이 홰를 치며 울어서 새벽을 알림. ☞신계(晨鷄)
계:실(繼室)명 후실(後室) ☞후처(後妻)
계:심(戒心)명-하다자 마음을 놓지 않고 경계함, 또는 경계하는 마음.
계:심(桂心)명 한방에서, 계피의 겉껍질을 깎고 남은 속의 얇은 부분을 약재로 이르는 말. 종기나 풍병(風病) 등에 쓰임.
계:심-통(悸心痛)명 한방에서, 신경성으로 심장이 두근거리며 가슴이 답답하고 아픈 증세를 이르는 말.
계:씨(季氏)명 남을 높이어 그의 아우를 일컫는 말. 제씨(弟氏) ☞백씨(伯氏)
계안(鷄眼)명 '계안창(鷄眼瘡)'의 준말.
계안-창(鷄眼瘡)명 한방에서, '티눈'을 이르는 말. 준계안(鷄眼)
계안-초(鷄眼草)명 '매듭풀'의 딴이름.
계:-알(契—)명 산통계(算筒契)나 자빡계에서 쓰는, 동그랗게 깎은 나무 알. 계원의 번호와 이름을 씀.
계압(溪鴨)명 '비오리'의 딴이름.
계:약(契約)명-하다타 ①사람 사이의 약속. ☞약정(約定) ②사법상(私法上)의 일정한 효과 발생을 목적으로, 두 사람 이상의 합의에 따라 성립하는 법률 행위. ¶매매 —을 맺다. ③크리스트교에서, 하느님과 인간 사이에 맺어진 약속을 이름.
계:약-금(契約金)명 '계약 보증금(契約保證金)'의 준말. ¶—을 치르다.
계:약-급(契約給)명 사용자와 근로자 사이에, 고용 조건에 대한 합의로 결정되는 임금.
계:약=농업(契約農業)명 상인이나 수요자와 농민 사이에 농산물의 생산과 매매에 관한 계약을 맺고 재배하는 농사. ☞계약 재배(契約栽培)
계:약=보:증금(契約保證金)명 계약 이행의 담보로 당사자의 한편이 상대편에게 미리 주는 보증금. 약조금(約條金) 준계약금(契約金)
계:약-서(契約書)명 계약의 성립을 증명하여 그 조항을 적은 서면.
계:약-설(契約說)명 '사회 계약설(社會契約說)'의 준말.
계:약=위반(契約違反)명 계약한 조항을 어기고 지키지 않는 일.
계:약=재배(契約栽培)명 농산물을 일정한 조건으로 상인이나 수요자가 넘겨받기로 계약을 하고 재배하는 일. ☞계약 농업(契約農業)
계:약직=공무원(契約職公務員)명 특수 경력직 공무원 분류의 하나. 국가와 채용 계약에 따라 일정 기간 전문지식이 필요한 업무를 맡아보는 공무원을 이름. 문화재 발굴·보존, 헬기 조종, 우표 디자인 등의 업무를 담당하는 공무원이 이에 딸림. ☞고용직 공무원
계:엄(戒嚴)명 ①경계를 엄중히 하는 일, 또는 그런 경계. ②국가에 비상 사태가 일어났을 때, 공공의 안녕과 질서 유지를 위하여 일정 지역을 병력으로 경계하고, 계엄 사령관이 행정·사법권을 맡아보는 일.
계:엄-령(戒嚴令)명 국가 원수가 계엄 실시를 선포하는 명령.
계:엄-법(戒嚴法)[—뻡]명 계엄 선포의 요건·종류·방법·효력·해제 등을 규정한 법률.
계:엄=사령관(戒嚴司令官)명 계엄 지역 안에서 계엄에 관한 업무를 총괄하는 사령관.
계:엄=지구(戒嚴地區)명 계엄이 실시된 지구.
계역(鷄疫)명 닭의 전염병.
계:열(系列)명 ①계통을 이루어 연관을 가진 사물, 또는 그 배열. ¶같은 —의 작품. ②자본이나 판매를 통하여 이루어지는 기업 사이의 결합 관계. ¶— 회사

계:열=금융(系列金融)[-늉]명 어떤 재벌 계열의 은행이 같은 재벌의 계열 회사 중심으로 자금을 융자해 주는 일.
계:열=기업(系列企業)명 한 계열에 딸린 기업들.
계:열-사(系列社)[-싸]명 한 계열에 딸린 회사. ¶-를 많이 거느린 재벌.
계:열=융자(系列融資)[-륭-]명 은행이 지정하는 기업과 거래하도록 조건을 붙여서 하는 융자.
계:엽(季葉)명 말엽(末葉)
계:영(繼泳)명-하다자 릴레이식 수영 경기. ¶400미터 -.
계:영-배(戒盈杯)명 술을 많이 마시는 일을 삼가기 위해 만든 술잔. 따르는 술이 어느 한도에 차면 잔에 뚫린 구멍으로 새어 나가게 만들었음. 절주배(節酒杯))
계:옥(桂玉)명 땔나무는 계수나무처럼 비싸고 쌀은 옥같이 귀하다는 뜻으로, 땔감과 양식이 아주 귀함을 비유하여 이르는 말.
계:옥(繫獄)명-하다타 옥에 가두어 둠.
계:옥지간(桂玉之艱)성구 계수나무같이 비싼 땔감과 옥같이 귀한 양식으로 살아가는 괴로움이라는 뜻으로, 도시에서 고학(苦學)하는 어려움을 비유하여 이르는 말.
계:완(稽緩)어기 '계완(稽緩)하다'의 어기(語基).
계:완-하다(稽緩-)형여 더디고 느릿하다. 지완하다
계:-외:가(繼外家)명 계모의 친정.
계우(溪友)명 속세를 멀리하고 산중에 숨어 사는 벗.
계:원(係員)명 사무를 갈라 맡은 한 계(係)에서 일을 하는 사람. ¶담당 -. ☞계장(係長)
계:원(契員)명 같은 계(契)에 든 사람. ☞계중(契中). 계주(契主)
계:원필경(桂苑筆耕)명 신라 때의 학자 최치원(崔致遠)의 시문집(詩文集). 변려문(騈麗文)의 명문(名文)으로 꼽힘. 20권 4책.
계:월(季月)명 ①한 해의 마지막 달이라는 뜻으로, '음력 섣달'을 이르는 말. 계동(季冬) ②한 철의 마지막 달. 곧 음력 삼월·유월·구월·십이월을 두루 이르는 말.
계:월(計月)명-하다자 달수를 셈. 계삭(計朔)
계:월(桂月)명 ①계수나무가 있는 달이란 뜻으로, '달'을 운치 있게 이르는 말. ②'음력 팔월'을 달리 이르는 말.
계:위(繼位)명-하다자 왕위를 계승함.
계:유(癸酉)명 육십갑자의 열째. ☞갑술(甲戌)
계:유-년(癸酉年)명 육십갑자로 해를 이를 때, 계유(癸酉)가 되는 해. 곧 천간(天干)이 계(癸)이고 지지(地支)가 유(酉)인 해. ☞갑술년(甲戌年). 유년(酉年)
계:유-자(癸酉字)명 1573년(조선 선조 6·계유년)에 이루어진 '재주 갑인자(再鑄甲寅字)'를 이르는 말.
계육(鷄肉)명 닭고기
계:율(戒律)명 중이 지켜야 할 규율. 율법 준율
계:율-장(戒律藏)[-짱]명 불교 삼장(三藏)의 하나인 율장(律藏).
계:율-종(戒律宗)[-쫑]명 중국 당나라 때, 남산 도선(南山道宣)이 창설하여 계율장을 교리로 삼은 오교(五敎)의 하나. 남산종(南山宗). 준율종(律宗)
계:음(戒飮)명-하다자 술을 삼감. 계주(戒酒)
계-이름(階-)명 음악에서, 음을 음계 중의 상대적인 위치 관계에서 규정한 이름. 서양 음악의 '도·레·미·파·솔·라·시', 국악(國樂)의 '궁·상·각·치·우' 따위. 계명(階名)
계이름-부르기(階-)명 계이름으로 소리의 높낮이를 나타내거나 노래를 부르는 일. 계명 창법(階名唱法). 솔파(sol-fa)
계:인(契印)명-하다자 관련된 두 장의 지면에 걸쳐 찍는, '契' 자를 새긴 도장. ☞감합(勘合)
계:일(計日)명-하다자 날수를 셈함. ☞계월
계:자(系子)명 양자(養子)
계:자(季子)명 막내아들
계:자(界磁)명 발전기나 전동기에서 자기장을 발생하는 자석. 흔히 전자석을 씀. 장자석(場磁石)
계:자(啓字)[-짜]명 지난날, 임금의 재가를 받은 서류에 찍던, '啓' 자를 새긴 나무 도장.
계:자(繼子)명 ①양자(養子) ②의붓자식
계자(鷄子)명 달걀
계:장(係長)명 사무를 갈라 맡은 한 계(係)의 책임자. ☞계원(係員)
계:장(契狀)[-짱]명 계약의 취지를 적은 문서.
계:장(計贓)명-하다타 장물(贓物)의 수를 셈함.
계:장(繼葬)명-하다타 조상의 무덤 아래에 잇대어 자손의 무덤을 씀.
계장-초(鷄腸草)명 '닭의장풀'의 딴이름.
계:쟁(係爭·繫爭)명-하다자 소송에서, 어떤 문제를 해결하려고 당사자끼리 다투는 일. ¶- 중에 있는 사건.
계:쟁=권리(係爭權利)명 소송에서, 당사자 사이의 계쟁의 목적이 되는 권리.
계:쟁-물(係爭物)명 소송에서, 계쟁의 목적이 되는 물건을 이르는 말.
계:쟁-점(係爭點)[-쩜]명 소송 당사자 사이의 다툼의 중심이 되는 문제점.
계저주면(鷄猪酒麵)명 한방에서, 풍병에 금하는 닭고기, 돼지고기, 술, 밀가루 음식을 아울러 이르는 말.
계:적(繼蹟)명-하다타 조상의 훌륭한 업적을 본받아 이음.
계:전(契錢)명 곗돈
계전(階前)명 층계의 앞. 뜰 앞.
계:전(繼傳)명-하다타 이어 전함.
계:전-기(繼電器)명 어떤 회로의 전류 단속(斷續)에 따라 다른 회로를 자동으로 여닫는 장치.
계:절(季節)명 ①자연 현상에 따라 한 해를 구분한 것 중의 한 시기. 보통 온대 지방은 봄·여름·가을·겨울로 구분하고, 열대 지방은 건기(乾期)와 우기(雨期)로 구분함. 시절(時節). 철¹ ¶-의 변화. ②한 해 가운데 무엇을 하기에 가장 알맞은 때. ¶수확의 -.

한자 계절 계(季) 〔子部 5획〕 ¶동계(冬季)/우계(雨季)/추계(秋季)/춘계(春季)/하계(夏季)

계절(階節)명 무덤 앞에 평평하게 만든 땅. 제절(除節) ☞배계절(拜階節)
계:절(繼絶)명-하다자 끊어진 것을 다시 이음.
계:절-감(季節感)명 계절에 따라 일어나는 느낌.
계:절=관세(季節關稅)명 국내 생산자를 보호하기 위하여 과일이나 채소 등의 수입품에 대해서 특정한 계절에만 높은 세율을 매기는 관세.
계:절=노동(季節勞動)명 계절에 따라 일의 양에 큰 차이가 생기는 업종의 노동. 농업·임업·어업 따위.
계:절=변:동(季節變動)명 계절적인 원인에 따라 해마다 거의 규칙적으로 일어나는 물가 지수의 변동.
계:절-병(季節病)[-뼝]명 계절에 따라 주기적으로 많이 생기거나 악화되는 병. 신경통 등의 만성병, 여름철의 식중독, 겨울철의 감기 따위.
계:절=식품(季節食品)명 특정한 계절에만 나는 식품.
계:절=예:보(季節豫報)[-녜-]명 한 계절에 걸친 날씨의 변화나 특징 등을 헤아리는 예보.
계:절-적(季節的)[-쩍]명 철에 따르는 것. 철에 따라 생기게 되는 것. ¶-인 수요 감퇴.
계:절적=실업(季節的失業)[-쩍-]명 계절에 따라 해마다 순환적으로 일어나는 실업.
계:절적=취:락(季節的聚落)[-쩍-]명 어떤 특정한 계절에만 사람들이 생업을 위해 모여 살게 되는 마을.
계:절존망(繼絶存亡)성구 자손이 끊긴 집안에서, 양자를 얻어 대를 잇는 일을 이르는 말.
계:절-풍(季節風)명 계절에 따라 여름에는 해양에서 대륙으로, 겨울에는 대륙에서 해양으로 방향을 바꾸어 부는 바람. 특히, 동남 아시아와 인도양에서 두드러짐. 계후풍(季候風). 철바람. 몬순(monsoon)
계:절풍=기후(季節風氣候)명 계절풍의 영향을 받아 나타나는 기후. 여름에는 고온 다습하고, 겨울에는 저온 건조함. 몬순 기후
계:절풍=지대(季節風地帶)명 계절풍이 부는 지대. 몬순 지대

계:절-형(季節型)명 같은 종의 동물이 계절에 따라 나타내는 모양이나 빛깔 따위의 변이(變異). 일 년에 두 번 발생하는 나비는 크기와 모양이 다른 봄형과 여름형이 있고, 뇌조(雷鳥)는 깃털 색이 변하는 여름형과 겨울형이 있음.

계:절=회유(季節回游)명 계절에 따라 수온에 변화가 일어날 때, 생활에 적당한 온도의 물을 좇아 어류(魚類)가 떼지어 이동하는 일.

계:정(計定)명 기업 회계에서, 자산·부채·자본의 모든 변동 사항을 파악하여 기록·계산하기 위해 마련한 특수 형식. ¶당좌 －

계:정(啓程)명-하다자 길을 떠남. 발정(發程)

계:정=계:좌(計定計座)명 기업 회계에서, 계정마다 금액의 증감을 기록·계산하는 자리. 준계좌(計座)

계:정=과목(計定科目)명 여러 가지 계정을 유형별로 나눈 과목.

계:정혜(戒定慧)명 불교에서, 불도(佛道)에 들어가는 세 가지 요체를 이르는 말. 선을 행하고, 몸과 마음을 안정시키며, 미혹을 깨뜨리는 일.

계:제(計除)명-하다타 계감(計減)

계제(階梯)명 ①층계와 사닥다리. ②일이 되어가는 순서나 절차. ¶－를 밟아 승진하다. ③무슨 일을 할 수 있도록 된 처지나 기회. ¶이 －에 아주 여기를 떠나자. /나로서는 말할 －가 못 된다.

계제-직(階梯職)명 이력에 따라 계급이 차차 올라가는 벼슬.

계조(階調)명 사진이나 화상(畫像) 따위에서, 가장 짙은 부분에서 가장 옅은 부분까지 변화해 가는 농담(濃淡)의 상태. 그러데이션(gradation) ☞해조(諧調)

계:좌(癸坐)명 묏자리나 집터 등이 계방(癸方)을 등진 좌향(坐向). 곧 북북동을 등진 자리.

계:좌(計座)명 ①'계정 계좌(計定計座)'의 준말. ②'예금 계좌(預金計座)'의 준말.

계:좌-정향(癸坐丁向)명 묏자리나 집터 등이 계방(癸方)을 등지고 정방(丁方)을 향한 좌향.

계:주(戒酒)명-하다자 계음(戒飮)

계:주(季主)명 무당이 단골집의 안주인을 일컫는 말. ☞대주(大主)

계:주(契主)명 계를 조직하고 그 일을 맡아보는 사람. ☞계원(契員). 계중(契中)

계:주(契酒)명 곗술

계:주(啓奏)명-하다타 임금에게 아룀. 계달(啓達). 계품(啓稟)

계:주(繼走)명 '계주 경기(繼走競技)'의 준말.

계:주=경:기(繼走競技)명 이어달리기 준계주(繼走)

계:주생면(契酒生面)성구 '곗술에 낯내기'라는 말을 한문식으로 옮긴 구(句)로, 공동의 것으로 마치 자기가 베푸는 것처럼 생색을 낸다는 말.

계:주-자(繼走者)명 이어달리기의 선수.

계:중(契中)명 계원 전체. ¶－에게 알리다.

계:지(繫止)명-하다타 붙들어 매어 놓음.

계:지(繼志)명-하다자 앞사람의 뜻을 이음.

계:진-기(計塵器)명 대기 중에 떠다니는 먼지의 양을 재는 계기.

계:집명 ①'여자'를 속되게 이르는 말. ¶－과 사내. ②'아내'를 속되게 이르는 말. ¶－과 자식을 거느리는 몸. ☞사내. 여편네

계:집-녀(－女)명 한자 부수(部首)의 한 가지. '妃'·'妹' 등에서 '女'의 이름.

계:집-년명 '계집'을 욕하여 이르는 말. ☞사내놈

계:집-붙이[－부치]명 '여성'을 속되게 이르는 말.

계:집-아이명 시집가지 않은 어린 여자. 여아(女兒) 준계집애 ☞사내아이

계:집-애명 '계집아이'의 준말.

계:집애-종명 어린 여자 종.

계:집-자식(－子息)명 ①'처자(妻子)'를 속되게 이르는 말. ②'딸자식'을 낮추어 이르는 말.

계:집-종명 여자 종. 비녀(婢女). 하녀(下女) ☞사내종

계:집-질명-하다자 남자가 아내 아닌 여자와 관계하는 짓. ¶술과 －로 가산을 탕진하다.

계차(階次)명 계급의 차례.

계:착(係着)명-하다타 늘 꺼림하게 마음에 걸려 있음.

계책(戒責)명-하다타 ①경고하여 꾸짖음. ②과오가 없도록 경계하여 각성하도록 함.

계:책(計策)명 어떤 일을 이루기 위하여 짜 낸 꾀나 방책. ¶－을 꾸미다.

계:처(繼妻)명 본처가 죽어서, 또는 본처와 이혼하고 다시 맞은 아내. ☞재취(再娶). 후처(後妻)

계천(溪川)명 시내와 내.

계천(溪泉)명 산골짜기에서 솟아나는 샘.

계:첩(戒牒)명 중이 계를 받았다는 증명서.

계:청(啓請)명-하다타 임금에게 아뢰어 청함. 주청

계:체(稽滯)명-하다자타 일이 밀리어 늦어짐, 또는 늦어지게 함. ☞지체(遲滯)

계체-석(階砌石)명 무덤 앞 계절(階節)에 놓은 장대석.

계:촌(計寸)명-하다타 일가의 촌수를 따짐.

계:추(季秋)명 ①'음력 구월'을 달리 이르는 말. ②늦가을. 만추(晩秋) ☞맹추(孟秋). 중추(仲秋)

계:추(桂秋)명 ①'음력 팔월'을 달리 이르는 말. ②계수나무 꽃이 가을에 핀다는 데서, '가을'을 달리 이르는 말.

계:추리명 삼의 겉껍질을 긁어 내고 만든 실로 짠 삼베. 황저포(黃紵布)

계:축(癸丑)명 육십갑자의 쉰째. ☞갑인(甲寅)

계:축-년(癸丑年)명 육십갑자로 해를 이를 때, 계축(癸丑)이 되는 해. 곧 천간(天干)이 계(癸)이고 지지(地支)가 축(丑)인 해. ☞갑인년(甲寅年). 축년(丑年)

계:축일기(癸丑日記)명 조선 광해군 4년(1613)에 광해군이 어린 동생 영창 대군(永昌大君)을 죽이고, 영창 대군의 어머니 인목 대비(仁穆大妃)를 폐(廢)하여 서궁(西宮)에 가둔 사건을 기록한 글. 어느 궁녀가 기록한 것으로 전해짐. 서궁록(西宮錄)

계:축-자(癸丑字)명 1493년(조선 성종 24·계축년)에 만든 구리 활자.

계:춘(季春)명 ①'음력 삼월'을 달리 이르는 말. ②늦봄. 만춘(晩春)

계:취(繼娶)명-하다타 재취(再娶)

계:측(計測)명-하다타 부피·무게·길이·속도 등을 기기로 잼. 유계량(計量)

계층(階層)명 사회적·경제적 지위가 비슷한 사람들의 집단, 또는 그 층. 연령·학력·직업·수입·재산 등을 기준으로 하여 가름. ¶인텔리 －. 준층(層)

계:칙(戒飭)명-하다타 경계하여 타이름.

계:친(繼親)명 의붓아버지와 의붓어머니.

계:-친자(繼親子)명 전처(前妻)의 자식과 후처, 또는 전 남편의 자식과 지금의 남편 사이의 친자 관계.

계:칩(啓蟄)명-하다자 봄철을 맞아 동면하던 벌레가 깨어나 움직임.

계:칩(繫蟄)명-하다자 자유를 구속당하여 집에 들어앉아 있음.

계탕(鷄湯)명 닭고기를 넣고 끓인 국. 닭국

계:통(系統)명 ①일정한 차례를 따라 이어져 있는 통일된 조직. ¶－을 세워 연구하다. ②공통의 조상에서 갈라져 나온 것들의 관계. ¶우랄알타이 －의 언어. ③같은 종류나 방면에 딸려 있는 관계. ¶적색 －의 색. /무역 －의 회사. ④전체가 하나의 통일성을 갖고 기능하도록 되어 있는 조직. ¶신경 －/호흡기 －의 질환.

계:통(繼統)명-하다자 왕통(王統)을 이음.

계:통(繼痛)명-하다자 병을 연달아 앓음.

계:통-도(系統圖)명 계통 관계를 나타낸 그림.

계:통=발생(系統發生)[－쌩]명 어떤 생물의 종이 단순한 원시 상태에서 복잡한 상태로 계통 있게 진화해 온 과정. ☞개체 발생

계:통-보(系統譜)명 계통을 밝혀 적은 책.

계:통=분류학(系統分類學)명 생물의 계통 발생을 고려하

여 생물을 분류하는 학문.
계:통-수(系統樹)명 생물의 계통이나 발생의 관계를, 한 그루의 나무줄기에서 갈라진 여러 갈래와 같이 나타낸 그림.
계:통=재:배(系統栽培)명 생물 유전자 조직의 순수성을 유지하면서 발전시키기 위하여 같은 갈래에 딸린 것끼리만 교배하여 재배하는 일.
계:통-적(系統的)명 하나의 계통을 이루는 것. ¶ -인 학습 지도. /-으로 분류하다.
계:통=지리학(系統地理學)명 지리학의 한 분야. 지표 전체를 연구 대상으로 삼고, 자연과 인문의 관계를 계통적으로 연구하는 학문. 인문 지리학과 자연 지리학으로 나뉨. ☞지지학(地誌學)
계:투(繼投)명-하다자 야구에서, 다른 투수가 이어받아서 투구하는 일. ¶ - 작전
계:표(計票)명-하다자 표의 수를 셈.
계:표(界標)명 경계를 나타내는 표지. ☞경계 표지
계:품(啓稟)명-하다타 임금에게 아뢰. 계달(啓達). 계주(啓奏)
계:피(桂皮)명 한방에서, 계수나무의 껍질을 약재로 이르는 말. 건위(健胃)·발한(發汗)·해열·진통 등에 쓰임. ㊌육계(肉桂)
계:피-말(桂皮末)명 계핏가루
계:피-산(桂皮酸)명 계피유를 산화시켜 만든 산. ㊍계산(桂酸)
계:피-수(桂皮水)명 증류수에 계피유를 탄 액체.
계:피-유(桂皮油)명 계수나무의 껍질·가지·잎을 증류해 얻은 휘발성 기름. 향료, 조미료, 약재로 쓰임.
계:피-정(桂皮精)명 계피유와 알코올을 혼합한 액체. 건위제로 쓰임.
계:피-주(桂皮酒)명 '육계주(肉桂酒)'를 달리 이르는 말.
계:피-차(桂皮茶)명 차의 한 가지. 계피와 생강을 푹 달여서 밭아 꿀이나 설탕을 타고 실백이나 대추 썬 것을 띄운 차.
계피학발(鷄皮鶴髮)성구 닭살같이 거친 피부와 학의 깃털같이 흰 머리털이라는 뜻으로, '늙은이'를 비유하여 이르는 말.
계:핏-가루(桂皮-)명 계피를 빻은 가루. 음식의 양념 등으로 쓰임. 계말(桂末). 계피말(桂皮末)
계:하(季夏)명 ①'음력 유월'을 달리 이르는 말. ②늦여름. 만하(晩夏) ☞맹하(孟夏). 중하(仲夏)
계:하(啓下)명-하다타 임금의 재가(裁可)를 받음.
계하(階下)명 섬돌 아래. ☞계상(階上)
계:하=공사(啓下公事)명 지난날, 임금의 재가(裁可)를 받은 공문서를 이르던 말.
계학(溪壑)명 계곡(溪谷)
계:한(界限)명 ①땅의 경계. ②한계(限界) ㊍한(限)
계:합(契合)명-하다자 부합(符合)
계:해(癸亥)명 육십갑자의 예순째. ☞갑자(甲子)
계:해-년(癸亥年)명 육십갑자로 해를 이를 때, 계해(癸亥)가 되는 해. 곧 천간(天干)이 계(癸)이고 지지(地支)가 해(亥)인 해. ☞갑자년(甲子年). 해년(亥年)
계:행(戒行)명-하다자 불교에서, 계율을 잘 지켜 닦는 일.
계:행(啓行)명-하다자 ①여행 길을 떠남. ②앞서서 길을 인도함.
계:행(繼行)명-하다자 ①계속해서 감. ②계속해서 행함.
계혈-석(鷄血石)[-썩]명 주자석(朱子石)
계:호(戒護)명-하다타 ①경계하여 지킴. ②교도소 안의 보안을 유지하는 일.
계호-도(鷄虎圖)명 민속에서, 재액을 물리치려고 정월 초하룻날 여염집의 벽에 붙이는 닭과 호랑이의 그림.
계:화(桂花)명 계수나무의 꽃.
계:-화상(戒和尙)명 불교에서, 출가한 사람이나 불교도에게 계(戒)를 주는 사승(師僧)을 이르는 말.
계:회(契會)명 계의 모임.
계:획(計畫)명-하다자 어떤 일을 하기에 앞서 미리 방법이나 규모, 차례 등을 작정함, 또는 그 작정한 내용. ¶ 도시 -/-을 세우다. /해외 여행을 -하다.
계:획=경제(計畫經濟)명 사회주의 사회에서, 모든 생산과 소비를 계획적·통일적으로 하기 위해 중앙 정부의 의사대로 관리·감독하는 경제 체제. ☞자유 경제
계:획-성(計畫性)명 ①앞으로의 일을 미리 내다보고 대책을 세우는 일, 또는 그런 특성. ¶ -도 없이 사업을 시작하다. ②계획에 따라 행동하는 일, 또는 그런 특성. ¶ - 있게 업무를 처리하다.
계:획-안(計畫案)명 계획에 대한 구상 또는 계획을 적어 놓은 서류. ¶ 사업 -을 작성하다.
계:획=인구(計畫人口)명 이삼십 년 후의 인구를, 과거 자료를 토대로 구상한 도시의 인구.
계:획=자:본(計畫資本)명 기업가가 사업을 계획하고 실행하는 데 필요한 자본.
계:획-적(計畫的)명 미리 정해 놓은 계획에 따르는 것. 의도적(意圖的) ¶ -인 범죄.
계:획-표(計畫表)명 계획을 미리 적어 놓은 표. ¶ -대로 실시하다.
계:후(季候)명 계절과 기후.
계:후(繼後)명-하다타 양자(養子)로 대를 잇게 하는 일, 또는 그 양자. 계사(繼嗣)
계:후-풍(季候風)명 계절풍(季節風)
계:-힘(戒-)명 불교에서, 계율(戒律)에 공을 들인 힘을 이르는 말.
겝:시다자 '계시다'의 높임말.
곗:-날(契-)명 계원들이 정해 놓고 모여서 결산하는 날.
곗:-돈(契-)명 ①계에 들어서 내는 돈. ¶ -을 붓다. ②계에서 차례가 되어 타는 돈. ③계에서 가지고 있는 돈. 계전(契錢)
곗:-술(契-)명 계의 모임에서 마시는 술. 계주(契酒)
속담 곗술에 낯내기 : 공동의 것으로 마치 자기가 베푸는 것처럼 생색을 낸다는 말. ☞계주생면(契酒生面)
고[1]명 옷고름이나 노끈 따위의 매듭이 풀리지 않게 한 가닥을 고리 모양으로 잡아맨 것. ¶ -를 짓다.
고[2]관 ①말하는 대상을 낮잡거나 귀엽게 여기는 뜻을 담아 가리킬 때 쓰는 말. ¶ - 자식, 참으로 발칙하구나. /- 녀석, 깜찍하기도 하지. ②가리키는 범위를 좁혀 가리키거나, 확실한 범위를 밝히지 않고 가리킬 때 쓰는 말. ¶ - 근처에서 기다려. /- 정도면 되겠다. ☞그[2]
고(股)명 ①'고본(股本)'의 준말. ②직각 삼각형에서, 직각을 낀 두 변 중에 긴 변. ☞구(勾). 현(弦)
고(苦)명 ①괴로움 ②불교에서, 전세(前世)의 악업(惡業)으로 말미암아 받는 심신의 고통을 이르는 말.
고(庫)명 곳간
고(高)명 높이 ¶ 폭은 2m, -는 3m의 공간.
고(鼓)명 북[1]
고(膏)명 식물이나 과실 따위를 진하게 고아 엉기게 한 즙.
고(蠱)명 '고괘(蠱卦)'의 준말.
고(孤)대 지난날, 임금이 스스로를 일컬을 때 겸양의 뜻으로 쓰던 말. ☞과인(寡人). 짐(朕)
고:(故)관 세상을 떠난 사람의 이름 앞에 쓰이어, '이미 세상을 떠난'의 뜻을 나타냄. ¶ - 김○○ 선생의 묘비.
고:(古)-《접두사처럼 쓰이어》'옛'의 뜻을 나타냄. ¶ 고조선(古朝鮮)/고문서(古文書)/고시조(古時調)/고문헌(古文獻)
고(高)-《접두사처럼 쓰이어》'높은'이나 '비싼'의 뜻을 나타냄. ¶ 고혈압(高血壓)/고소득(高所得)/고성능(高性能)/고물가(高物價)/고임금(高賃金) ☞저(低)-
-고(高)《접미사처럼 쓰이어》'값의 높이나 수량'의 뜻을 나타냄. ¶ 물가고(物價高)/판매고(販賣高)/수확고(收穫高)
-고[1]어미 ①'그리고, 또, 또한' 따위의 뜻으로 쓰이는 서술의 연결 어미. ¶ 아침을 먹고, 학교에 가다. /비가 오고, 바람도 불다. /마음도 좋고, 인물도 좋다. /인생은 짧고, 예술은 길다. ②부사형 어미로서 동사구나 형용사구를 이룸. ¶ 오고 가다. /맑고 깨끗하다. /놀고 먹다. /타고 가다. /몰고 가다. /들고 가다. /보고 가다. /업고 가다. /

지고 가다. ③보조적으로 쓰이는 말과 어울려 '지속, 종료, 시험, 소망' 등을 나타냄. ¶사무를 보고 있다./가고 싶다. ④'이다'의 '이-'에 붙어 대등하게 벌여 놓는 어미. ¶밥이고 떡이고 할 것 없이 정신없이 먹었다./명예고 돈이고 다 싫다./나고 남이고 따질 것 없다./머리고 얼굴이고 온통 흙투성이이다./이것은 붓이고 저것은 먹이다.

-고² 어미 형용사 어간에 붙어, 거듭하여 힘주는 말을 만들 경우에 쓰는 어미. ¶길고 긴./높고 높은.

고:가(古家) 명 ①지은 지 퍽 오래된 집. 고옥(古屋). 구옥(舊屋) ②고가(故家)

고:가(古歌) 명 옛 노래. 옛 가사(歌辭).

고:가(告暇) 명 -하다 자 휴가를 얻거나 청함.

고:가(故家) 명 ①오래 살아온 집. ②여러 대(代)를 지체 높게 잘 살아온 집안. 고가(古家)

고가(高架) 명 땅 위에 높이 건너지른 것. ¶- 도로

고가(高價) [-까] 명 값이 비싼 것. 비싼 값. 고치(高値) ¶-의 수입품. ☞염가(廉價). 저가(低價)

고가(雇價) 명 삯돈

고가-교(高架橋) 명 도로 위에 높이 가로질러 놓은 다리. ☞구름다리

고:가-대:족(故家大族) 명 여러 대를 번성해 온 문벌 높은 집안. 고가세족(故家世族)

고가=도:로(高架道路) 명 땅 위에 기둥을 높이 세우고 그 위에 가설한 자동차 도로.

고가=삭도(高架索道) 명 가공 삭도(架空索道)

고가-선(高架線) 명 고가 철도(高架鐵道)

고:가-세:족(故家世族) 명 고가대족(故家大族)

고가=철도(高架鐵道) [-또] 명 땅 위에 높이 다리를 놓고 그 위에 가설한 철도. 고가선(高架線)

고각(高角) 명 올려본각

고각(高閣) 명 높다랗게 지은 집.

고각(鼓角) 명 군대에서 쓰던 북과 나팔.

고각-대:루(高閣大樓) 명 높고 큰 누각. 고루거각

고간(股間) 명 샅

고간(固諫) 명 -하다 타 굳이 간함.

고간(苦諫) 명 -하다 타 고충을 무릅쓰고 간절히 간함.

고간(苦艱) 명 -하다 형 간고(艱苦)

고간(苦懇) 명 -하다 타 매우 간절하게 청함.

×**고간**(庫間) 명 →곳간

고:-간:독(古簡牘) 명 옛 명현들의 편지를 모아 엮은 책.

고갈(枯渴) 명 -하다 자 ①물이 마름. ¶샘물이 -하다. ②물건이나 자원 등이 바닥남. ¶운영 자금이 -하다./지하 자원이 -되다. ③생각이나 인정 등이 메말라 없어짐. ¶감정의 -./아이디어가 -되다.

고갈성=자:원(枯渴性資源) [-썽-] 명 광물 자원이나 화석수(化石水)와 같이 한번 채취하면 그것으로 없어지는 자원을 이르는 말.

고:-갑자(古甲子) 명 옛적 간지(干支)의 이름. 곧, 알봉(閼逢; 甲)·전몽(旃蒙; 乙)·유조(柔兆; 丙)·강어(強圉; 丁)·저옹(著雍; 戊)·도유(屠維; 己)·상장(上章; 庚)·중광(重光; 辛)·현익(玄黓; 壬)·소양(昭陽; 癸), 곤돈(困敦; 子)·적분약(赤奮若; 丑)·섭제격(攝提格; 寅)·단알(單閼; 卯)·집서(執徐; 辰)·대황락(大荒落; 巳)·돈장(敦牂; 午)·협흡(協洽; 未)·군탄(涒灘; 申)·작악(作噩; 酉)·엄무(閹茂; 戌)·대연헌(大淵獻; 亥).

고개¹ 명 ①목의 뒤쪽. ¶-가 뻣뻣하다. ②'머리'¹를 달리 이르는 말. ¶-를 젓다./-를 끄덕이다.

고개가 수그러지다 관용 남의 훌륭함에 존경심을 품다.

고개를 끄덕이다 관용 긍정이나 찬성의 뜻으로 머리를 앞뒤로 움직이다.

고개(를) 숙이다 관용 ①존경심을 나타내다. ②기가 꺾이어 수그러지다. ③곡식의 이삭이 알이 차서 수그러지다. ¶고개 숙인 벼이삭.

고개를 젓다 관용 부인이나 반대의 뜻으로 머리를 좌우로 움직이다. 고개를 흔들다. ¶못마땅하다는듯 -.

고개를 쳐들다 관용 ①기가 나서 고개를 바로 세우다. ②좋지 않은 세력이 생기거나 다시 일어나다. ¶부동산 투기가 다시 고개를 쳐들기 시작하다.

고개를 틀다 관용 이리저리 생각하면서 망설이느라고 고개를 이쪽으로 돌렸다 저쪽으로 돌렸다 하다.

고개를 흔들다 관용 고개를 젓다

고개² 명 ①산이나 언덕을 넘어 다니게 된 가풀막진 곳. ¶- 너머의 마을./-를 넘다. ②주로 중년 이후의 나이를 나타내는 열 단위 숫자 다음에 쓰이어, 그 숫자가 나타내는 '나이'를 넘어야 하는 언덕에 비유하여 이르는 말. ¶사십 -를 넘은 중년 신사./육십 -를 바라보다.

한자 **고개 령**(嶺) 〔山部 14획〕 ¶고령(高嶺)/준령(峻嶺)

고개-턱 명 고개의 마루터기.

고개-티 명 고개를 넘는 가파른 길.

고객(孤客) 명 외로운 나그네.

고객(苦客) 명 귀찮은 손.

고객(顧客) 명 단골 손. 화객(華客) ¶-이 많은 가게.

고갯-길 명 고개로 이어진 길.

고갯-놀이 명 농악춤에서, 벙거지에 달린 상모를 돌리는 연기를 이르는 말.

고갯-마루 명 산이나 언덕의 등성이. ¶-에서 잠시 쉬다.

고갯-심 명 고개의 힘.

고갯-장단 명 고갯짓으로 맞추는 장단.

고갯-짓 명 -하다 자 고개를 움직이는 짓. ¶-으로 알았다는 표시를 하다./오라고 -을 하다.

고갱이 명 ①초목의 줄기 속에 있는 심. 목수(木髓). ¶배추 -. ②알짜가 되는 부분. ☞핵심(核心)

고-거 대 '고것'의 준말. ¶- 참 이상하구나. ☞그거

고거(考據) 명 -하다 타 상고하여 증거로 삼음.

고거리 명 소의 앞다리에 붙은 살.

고-건 준 '고것은'의 준말. ¶- 네 몫이다. ☞그건

고:-건:물(古建物) 명 ①옛날 건물. ②오래된 낡은 건물.

고-걸 준 '고것을'의 준말. ¶- 어디에 쓰지? ☞그걸

고걸-로 준 '고것으로'의 준말. ☞그걸로

고검(考檢) 명 -하다 타 상고하여 검토함.

고검(高檢) 명 '고등 검찰청(高等檢察廳)'의 준말.

고-것 대 '그것'을 얕잡거나 귀엽게 이르는 말. 고기² ¶-을 무엇에 쓰겠나?/- 참 고소하다./-에 대해서는 염려할 것 없다. 준 고거 ☞그것

고-게 준 '고것이'의 준말. ¶- 뭐지? ☞그게

고:격(古格) 명 옛 격식.

고견(高見) 명 ①훌륭한 의견. ☞탁견(卓見) ②남을 높이어 그의 의견을 이르는 말. ¶-을 듣고 싶습니다.

고견(顧見) 명 -하다 자타 ①뒤를 돌아봄. 돌이켜봄. ②돌보아 줌. 고호(顧護)

고결(固結) 명 -하다 자 뭉치어 굳어짐.

고결(高潔) 어기 '고결(高潔)하다'의 어기(語基).

고결-하다(高潔-) 형여 고상하고 깨끗하다. ¶고결한 인품. ☞비열하다

고:경(古經) 명 옛 경전.

고:경(告更) 명 -하다 자 조선 시대, 누수기(漏水器)를 보고 밤중에 대궐 안에 시각을 알리던 일.

고경(苦境) 명 괴로운 처지. 고통스러운 형편. ¶-을 헤매다./-에서 벗어나다. ☞낙경(樂境)

고계(苦界) 명 불교에서, 괴로움이 많은 세계, 곧 인간 세계를 이르는 말.

고고(苦苦) 명 불교에서 이르는 삼고(三苦)의 하나. 고(苦)의 인연으로 받는 괴로움. ☞괴고(壞苦)

고:고:(go-go) 명 로큰롤에 맞춰 몸을 격렬하게 흔드는 춤, 또는 그 음악.

고고(孤高) 어기 '고고(孤高)하다'의 어기(語基).

고고(枯槁) 어기 '고고(枯槁)하다'의 어기(語基).

고고-성(呱呱聲) 명 '고고지성(呱呱之聲)'의 준말.

고고지성(呱呱之聲) 성구 ①아기가 태어나면서 처음으로 우는 소리를 이르는 말. ②값지고 귀중한 일이 처음으로 시작됨을 비유하여 이르는 말. ¶민족지(民族紙)가 -

ㄱ

을 내다.
고고-하다(孤高-)[형][여] 세상일에 초연하여 홀로 고상하다. ¶고고한 성품.
고고-히[부] 고고하게
고고-하다(枯槁-)[형][여] ①초목이 말라 물기가 없다. ②여위고 파리하다.
고:고-학(考古學)[명] 옛 시대의 유물이나 유적을 통해 옛 인류의 생활 양식이나 문화를 고찰하고 연구하는 학문. ☞고현학(考現學)
고:곡(古曲)[명] 옛 가곡.
고골(枯骨)[명] 살이 썩어 없어진, 시체의 뼈.
고공(高空)[명] 높은 공중. ¶ - 비행 ☞저공(低空)
고공(雇工)[명] ①머슴 ②품팔이 ③고용살이하는 직공.
고공(篙工)[명] 뱃사공
고공가(雇工歌)[명] 조선 중기에 허전(許坱)이 지었다고 전하는 가사(歌辭). 국정(國政)의 부패를 개탄하고, 관원들을 머슴에 비유하여 부지런하고 검소하기를 깨우친 내용임. ☞고공답주인가(雇工答主人歌)
고공답주인가(雇工答主人歌)[명] 조선 선조 때, 이원익(李元翼)이 허전(許坱)의 '고공가(雇工歌)'에 화답하는 형식으로 지은 가사. 나라의 정사(政事)를 농사짓는 일에 비유하여, 주인과 머슴의 관계를 통해 우의적(寓意的)으로 당대의 고관들의 태만함과 지방 관아 아전들의 부패상을 꾸짖고, 이를 바로잡을 충언을 담은 내용임.
고공-병(高空病)[-뼝][명] 고공의 기상 변화와 산소의 결핍 등으로 말미암아 생기는 병증(病症). 고도병(高度病) ☞고산병(高山病). 항공병(航空病)
고공=비행(高空飛行)[명] 비행기 따위로 지상 15,000~20,000m의 상공을 나는 일. ☞저공 비행(低空飛行)
고:공-사(考功司)[명] 고려·조선 시대, 문관의 공과(功過)·근태(勤怠)·휴가(休暇) 등에 관한 사무를 맡아보던 관아.
고공-살이(雇工-)[명]-하다[자] ①머슴살이 ②품팔이를 하는 생활.
고공-품(藁工品)[명] 짚이나 풀줄기 등으로 만든 수공품. 밀짚모자나 돗자리 따위.
고:과(考課)[-꽈][명]-하다[타] 공무원이나 회사원, 학생 등의 근무 성적이나 능력 따위를 따져 우열을 정하는 일. ¶인사 -에 반영하다. ☞고시(考試). 고적(考績)
고:과(告課)[명]-하다[타] 지난날, 하인이나 하급 관원이 윗사람이나 상사(上司)에게 신고하던 일.
고과(苦瓜)[명] '여주'의 딴이름.
고과(苦果)[명] 불교에서, 과거의 악업(惡業)의 과보(果報)로 받는 몸과 마음의 고통을 이르는 말.
고:과-장(考課狀)[-꽈짱][명] ①공무원이나 회사원의 고과를 적은 문서. ②은행이나 회사의 대차 대조표, 손익 계산서, 재산 목록을 포함한 영업 보고서.
고:과-표(考課表)[-꽈-][명] 고과를 기록하여 우열을 매긴 표.
고:관(考官)[명] 지난날, 강경과(講經科)와 무과(武科)를 맡아보던 시관(試官).
고관(高官)[명] 지위가 높은 관직, 또는 그런 자리에 있는 관리. 달관(達官) ☞미관(微官)
고관=대:작(高官大爵)[명] 지위가 높은 관직이나 작위, 또는 그런 관직이나 작위에 있는 사람.
고-관절(股關節)[명] 비구관절(髀臼關節)
고광-나무[명] 범의귓과의 낙엽 관목. 높이 3~4m이며, 4~5월에 흰 꽃이 핌. 산기슭과 산골짜기에 자라는데 관상용으로 심기도 함. 어린잎은 먹을 수 있음.
고-괘(蠱卦)[명] 육십사괘(六十四卦)의 하나. 간괘(艮卦) 아래 손괘(巽卦)가 놓인 괘로 산 아래 바람이 있음을 상징함. ㊟고(蠱) ☞임괘(臨卦)
고:괴(古怪)[어기] '고괴(古怪)하다'의 어기(語基).
고:괴-하다(古怪-)[형][여] 예스럽고 괴상하다.
고굉(股肱)[명] ①넓적다리와 팔. ②'고굉지신(股肱之臣)'의 준말.
고굉지신(股肱之臣)[성구] 임금이 가장 믿고 중하게 여기는 신하를 이르는 말. ㊟고굉(股肱)
고:교(故交)[명] 고구(故舊)
고교(高校)[명] '고등 학교(高等學校)'의 준말.
고교(高教)[명] 남을 높이어 그의 가르침을 이르는 말.
고:구(考究)[명]-하다[타] 자세하게 살펴 연구함. ¶발굴한 백자의 연대와 제작한 가마를 -하다.
고:구(故舊)[명] 사귄 지 오래된 벗. 고교(故交). 고우(故友) 구우(舊友)
고구려(高句麗)[명] 우리 나라 삼국 시대의 한 나라. 기원전 37년에 주몽(朱蒙)이 한반도 중부 이북과 중국 동북 지방 일대를 차지하여 세움. 광개토 대왕 때에는 한반도 남부와 중국 랴오둥 지방까지 세력을 뻗쳤음. 서기 668년에 신라와 당나라의 연합군에게 망함.
고구려=오:부(高句麗五部)[명] 고구려에 있던 다섯 부족. 곧 계루부(桂婁部)·순노부(順奴部)·소노부(消奴部)·관노부(灌奴部)·절노부(絶奴部)를 이름. 고구려 오족(高句麗五族)
고구려=오:족(高句麗五族)[명] 고구려 오부(高句麗五部)
고:구마[명] ①메꽃과의 여러해살이풀. 열대 아메리카 원산. 줄기는 길게 땅 위로 뻗어 나가며 땅 속에 살이 찐 큰 덩이뿌리가 열림. 밭에서 재배하며 덩이뿌리와 잎과 줄기는 먹을 수 있음. ②고구마의 덩이뿌리. 식용이나 녹말·알코올의 원료로 쓰임. 감저(甘藷)
고:구마-술[명] 발효시킨 고구마를 고아서 증류한 소주.
고:구마-엿[명] 고구마를 고아서 만든 엿.
고:구마-잎벌레[-입-][명] 잎벌렛과의 곤충. 몸길이 6mm 안팎. 몸빛은 윤기 있는 흑갈색 또는 청황색. 고구마의 해충임.
고:국(故國)[명] ①다른 나라에 있는 사람의 처지에서, 자기가 태어난 나라를 이르는 말. 모국(母國) ¶- 땅을 밟다. /-을 방문하다. ☞본국(本國). 조국(祖國) ②이미 망하여 없어진 나라.
고군(孤軍)[명] 지원하는 부대가 없는 고립된 군대나 군사.
고군(雇軍)[명] ①삯꾼 ②보수를 주기로 하고 고용한 군사. ☞용병(傭兵)
고군분:투(孤軍奮鬪)[성구] ①지원하는 부대도 없이 고립된 상태에서도 잘 싸움을 이르는 말. ②남의 도움도 없이 혼자 힘겹게 일하고 있는 경우를 비유하여 이르는 말.
고:궁(古宮·故宮)[명] 옛 궁궐.
고궁(固窮)[명]-하다[자] 곤궁한 것을 제 분수로 여기고 잘 견디어 내는 일.
고궁(孤窮)[어기] '고궁(孤窮)하다'의 어기(語基).
고궁독서(固窮讀書)[성구] 곤궁한 것을 제 분수로 여기고 책 읽기를 즐김을 이르는 말.
고궁-하다(孤窮-)[형][여] 외롭고 곤궁하다.
고:귀(告歸)[명]-하다[자] 돌아가거나 돌아올 때 작별 인사를 함.
고귀(高貴)[어기] '고귀(高貴)하다'의 어기(語基).
고귀-하다(高貴-)[형][여] ①지체가 높고 귀하다. 훌륭하고 귀중하다. ¶고귀한 신분. /고귀한 희생 정신. ☞비천하다 ②귀하고 값이 비싸다. ¶고귀한 골동품.
고:규(古規)[명] 옛적의 법도나 규칙.
고극(高極)[명] 기온이나 그 밖의 기상 요소가 장기간에 걸쳐 나타낸 가장 높은 값. ☞저극(低極)
고극(苦劇)[어기] '고극(苦劇)하다'의 어기(語基).
고극-하다(苦劇-)[형][여] 몹시 심하다. 지독하다
고근(菰根)[명] 한방에서, '줄의 뿌리'를 약재로 이르는 말. 위장병이나 불에 덴 데 씀.
고근약식(孤根弱植)[-냑-][성구] 외로운 뿌리에 약한 식물이란 뜻으로, 친척이나 돌보아 주는 이가 거의 없는 사람을 비유하여 이르는 말.
고금[명] '학질(瘧疾)'을 흔히 이르는 말.
고:금(古今)[명] 옛적과 지금. ¶-에 드문 일.
고금(孤衾)[명] 홀로 자는 외로운 잠자리.
고금(雇金)[명] 삯돈
고:금가곡(古今歌曲)[명] 조선 시대에 송계연월옹(松桂烟月翁)이 엮었다고 전하는 시가집(詩歌集). 중국의 유명한 사부(詞賦)와 가사(歌辭)가 실려 있으며, 시조(時

調)는 내용에 따라 분류하여 수록하였고, 권말에 자작 시조 14수가 실려 있음. 연대는 알 수 없음.

고:금독보(古今獨步)[성구] 고금을 통하여 견줄만 한 사람이 없을 만큼 홀로 뛰어남을 이르는 말.

고:금-동서(古今東西)[명] 옛날이나 지금, 동양이나 서양이라는 뜻으로, 모든 시대 모든 지역을 뜻하는 말. 동서고금(東西古今) ¶ -에 유례가 없는 희귀한 일.

고:금동연(古今同然)[성구] 예나 이제나 한결같이 변함이 없음을 이르는 말.

고-금리(高金利)[명] 높은 금리. 비싼 이자. 고리(高利)

고금리=정책(高金利政策)[명] 금융 정책의 한 가지. 금리를 정상적인 수준이나 국제 수준보다 높게 하여, 자본의 유출을 방지하고 유입을 촉진함으로써 인플레이션을 억제하여 국제 수지를 개선하려는 정책. ☞저금리 정책(低金利政策)

고:금부동(古今不同)[성구] 제도나 풍습 등이 달라져 예와 지금이 같지 않음을 이르는 말.

고:금상정예문(古今詳定禮文)[-녜-] [명] 상정고금예문(詳定古今禮文) [준]상정예문(詳定禮文)

고:금석림(古今釋林)[명] 조선 정조 13년(1789)에 이의봉(李義鳳)이 엮은 어학 사전. 약 1,500종의 책에서 자료를 수집하였고, 수록 어휘가 수만에 이름. 동방 여러 나라 말과 여러 종교어에 대한 주석을 달았음. 40권 20책.

고:금주(古今注)[명] 중국 진(晉)나라 최표(崔豹)가 엮은 책. 여복(輿服)·도읍(都邑)·음악(音樂)·조수(鳥獸)·어충(魚蟲)·초목(草木)·잡주(雜注)·문답석의(問答釋義)의 8편 3권으로 구성되었고, 고조선 때의 '공무도하가(公無渡河歌)'의 한역가(漢譯歌)가 실렸음.

고:금-천지(古今天地)[명] 예부터 이제까지의 온 세상. ¶ -에 없는 일.

고:급(告急)[명]-하다[자] 급함을 알림.

고급(高級)[명] 높은 등급이나 계급. ¶ - 공무원/- 승용차/- 호텔 ☞저급(低級)

고급(高給)[명] 높은 급료나 봉급.

고급=개:념(高級概念)[명] 다른 개념보다 크고 넓은 외연(外延)을 가진 개념. 작은 것을 포괄하는 개념. '생물'은 식물이나 동물에 대하여 고급 개념임. 상위 개념 ☞저급 개념

고급=상징(高級象徵)[명] 문학에서, 작자의 높은 사상이나 깊은 정신 세계의 상징을 이르는 말.

고급=언어(高級言語)[명] 컴퓨터의 프로그래밍 언어 가운데서, 컴퓨터의 메커니즘보다 사용자의 편의를 우선하여 개발한 언어. 비교적 일상 언어에 가까움. 베이식(BASIC), 포트란(FORTRAN), 시언어(C言語), 파스칼(PASCAL), 코볼(COBOL) 따위. ☞저급 언어

고급=장:교(高級將校)[명] 군대에서 영관급(領官級) 이상의 장교.

고기[1] [명] ①식품으로 쓰는 동물의 살. ②'물고기'의 준말. [속담] **고기는 씹어야 맛이요, 말은 해야 맛이라** : 할 말은 속 시원히 해 버려야 좋다는 말./**고기는 안 잡히고 송사리만 잡힌다** : 정작 목적하는 것은 놓치고 쓸데없는 것만 얻게 된 경우를 이르는 말./**고기도 먹어 본 사람이 많이 먹는다** : 무슨 일이든지 늘 하던 사람이 더 잘한다는 말./**고기도 저 놀던 물이 좋다** : 평소 낯익은 곳이 역시 좋다는 말./**고기 만진 손 국 솥에 씻으랴** : 지나치게 인색한 사람을 두고, 아무리 한들 그렇게 다라운 짓까지 하겠느냐는 뜻으로 이르는 말./**고기 보고 기뻐하지 말고 가서 그물을 뜨라** : 무슨 일이나 목적을 이루기 위해서는 먼저 준비를 갖추고 노력해야 한다는 말./**고기 새끼 하나 보고 가마솥 부신다** : 성미가 급하여 조그마한 것을 보고 지레짐작으로 서둘러댄다는 말./**고기 한 점이 귀신 천 머리를 쫓는다** : 몸이 쇠약했을 때는 고기를 먹고 몸을 다스리는 일이 건강을 회복하는 가장 빠른 길이라는 말.〔밥 한 알이 귀신 열을 쫓는다〕

> [한자] **고기 육**(肉) 〔肉部〕 ¶ 돈육(豚肉)/우육(牛肉)/어육(魚肉)/육식(肉食)/육적(肉炙)

고기[2] [대] ①말하는 사람이 상대편이 있는 곳, 또는 상대편에 매우 가까운 곳을 가리키는 말. 고 곳. ¶ -에 놓아라. ②고것 ¶ -에 대해서는 염려할 것 없다. ③〔부사처럼 쓰임〕 고 곳에. ¶ - 앉아라./- 두어라. ☞거기

고:기(古記)[명] 옛날 일을 적어 놓은 오래된 기록.

고:기(古氣)[명] 예스러운 기운이나 운치.

고:기(古基)[명] 오래된 터전. ☞옛터

고:기(古器)[명] ①옛날에 쓰던 그릇. ②오래된 그릇.

고:기(故基)[명] 예전에 자기가 살던 터.

고기(顧忌)[명]-하다[타] 뒷일을 염려하고 꺼림.

고:기(古奇)[어기] '고기(古奇)하다'의 어기(語基).

고기-구이[명] 고기를 구운 음식.

고기-깃[명] 물고기가 모여들도록 물 속에 넣어 두는 풀이나 나뭇가지 따위.

고기다[자타] 종이나 천 따위에 고김살이 생기다, 또는 고김살이 생기게 하다. ☞구기다[2]. 꼬기다

고기-닭[명] 고기를 음식의 재료로 쓰려고 기르는 닭. 육계(肉鷄) ☞난용종(卵用種). 육용종(肉用種)

고기-돼지[명] 고기를 음식의 재료로 쓰려고 기르는 돼지. 육돈(肉豚)

고기-받이[-바지] [명]-하다[타] 장사꾼이 고깃배에서 부리는 물고기를 두름으로 받는 일.

고기-밥[명] ①미끼 ②물고기의 먹이.

고기밥이 되다[관용] 강이나 바다에 빠져 죽다.

고기-붙이[-부치] [명] 먹을 수 있는 여러 가지 동물의 고기를 두루 이르는 말.

고기-서리목[명] 꼬챙이에 쇠고기 조각을 꿰어 양념을 발라 가며 구운 반찬.

고기-소[1] [명] 만두 따위에 넣으려고, 다진 고기에 두부와 채소를 섞고 양념을 하여 만든 소.

고기-소[2] [명] 고기를 음식의 재료로 쓰려고 기르는 소. 육우(肉牛) ☞비육우(肥肉牛)

고기-쌈[명] 얇게 저민 쇠고기와 넓게 썬 처녑에 양념을 치고 주무른 것에 밥을 싸서 먹는 음식. 육포(肉包)

고-기압(高氣壓)[명] 주위의 기압보다 높은 기압. ☞저기압(低氣壓)

고기-어(-魚)[명] 한자 부수(部首)의 한 가지. '鮒'·'鯨' 등에서 '魚'의 이름.

고기-육(-肉)[명] 한자 부수(部首)의 한 가지 '背'·'腐' 등에서 '肉'의 이름. ☞육달월

고기작-거리다(대다)[타] 고김살이 생기게 자꾸 고기다. ☞구기적거리다. 꼬기작거리다

고기작-고기작[부] 고기작거리는 모양을 나타내는 말. ☞구기적구기적. 꼬기작꼬기작

고기-잡이[명]-하다[자] ①물고기를 잡는 일. 어렵(漁獵) ☞어로(漁撈) ②물고기를 잡는 사람. 어부(漁夫)

> [한자] **고기 잡을 어**(漁) 〔水部 11획〕 ¶ 어구(漁具)/어기(漁期)/어로(漁撈)/어선(漁船)/어업(漁業)

고기잡이-배[명] 고기잡이에 쓰는 배. 고깃배. 어선

고기-저:냐[명] 전의 한 가지. 쇠고기를 저미거나 다져서 소금과 후추로 간을 하고, 밀가루를 묻혀 달걀을 풀어 씌워 지진 음식.

고기-전:골[명] 전골의 한 가지. 쇠고기와 송이를 얇게 썰어 양념하고, 미나리, 숙주, 채 썬 무를 살짝 데쳐서 전골 냄비에 담고 국물을 조금 부어서 끓인 음식.

고:기-하다(古奇-)[형][여] 예스럽고 기이하다.

고김-살[명] 고기어져 생긴 잔금. ¶ 치마에 -이 가다. ☞구김살. 꼬김살

고깃-간(-間)[명] 쇠고기나 돼지고기 따위의 고기를 파는 가게. 푸주. 푸줏간 ☞정육점(精肉店)

고깃-거리다(대다)[-긷-] [타] 고깃고깃 고기다. ☞구깃거리다. 꼬깃거리다

고깃-고깃[-긷-] [부]-하다[형] 여기저기 잘게 고기거나 고겨진 모양을 나타내는 말. ☞구깃구깃. 꼬깃꼬깃

고깃-국[명] 고기를 넣고 끓인 국. 육탕(肉湯)

고깃-덩어리[명] ①덩어리진 짐승의 고기. 육괴(肉塊) ②

사람의 몸을 속되게 이르는 말. 고깃덩이
고깃-덩이 명 고깃덩어리
고깃-배 명 고기잡이배
고깃-점(-點) 명 고기의 작은 조각.
고:까 명 꼬까. 때때
고:까-신 명 꼬까신. 때때신
고:까-옷 명 꼬까옷. 때때옷
고-까지로 부 겨우 고만한 정도로. ¶일이라고는 — 하고서 또 쉬다니. ☞그까지로
고-까짓 관 겨우 고 정도밖에 안 되는. ¶— 일로 뭘 그리 놀라니? 준고깟 ☞그까짓
고깔 명 중이나 무당이 쓰는 건(巾)
속담 **고깔 뒤의 군 헝겊**: 필요 없는 것이 군더더기로 따라 붙어 귀찮게 구는 것을 비유하여 이르는 말.
고깔-모자(-帽子) 명 고깔 모양으로 생긴 모자.
고깔-제비꽃 명 제비꽃과의 여러해살이풀. 줄기 높이 10cm 안팎. 잎은 심장 모양이고, 봄에 붉은 자줏빛의 꽃이 핌. 열매는 삭과(蒴果)로 길둥근 세모 모양임. 풀 전체를 종기에 약으로 씀.
고깔-해파리 명 고깔해파릿과의 해파리. 몸의 위쪽에 지름 10cm 안팎 되는 두건 모양의 기포체가 달려 있어 물 위에 뜨고, 아래쪽에는 촉수와 감촉 기관 등이 있음. 난해(暖海)에서 삶.
고깝다(고깝고·고까워) 형ㅂ 섭섭하고 야속하다. ¶대수롭지 않은 말을 고깝게 듣다.
고-깟 관 '고까짓'의 준말. ☞그깟
고꾸라-뜨리다(트리다) 타 고꾸라지게 하다. ☞꼬꾸라뜨리다
고꾸라-지다 자 ①앞으로 쓰러져 엎어지다. ②'죽다'를 속되게 이르는 말. ☞꼬꾸라지다
고-나마 부 고것마저. 고것이나마 ¶한줌 남은 소금인데 — 쏟다니. ☞그나마
고난(苦難) 명 괴로움과 어려움. 고초(苦楚) ¶—을 겪다.
고-난도(高難度) 명 체조나 피겨스케이팅 따위에서 해내기가 매우 어려운 기술의 정도.
고난-스럽다(苦難-) (-스럽고·-스러워) 형ㅂ 꽤 고난이 많다. ¶고난스러운 생활.
고난-스레 부 고난스럽게
고내기 명 자배기보다 운두가 높은 오지그릇. ☞도깨그릇. 뚝배기
×**고냉지**(高冷地) 명 → 고랭지
고냥 부 ①고 모양대로. ¶어질러 놓은 대로 — 있다. ②고대로 줄곧. ☞그냥
고녀(雇女) 명 고용살이를 하는 여자.
고녀(*鼓女) 명 생식기가 불완전한 여자. ☞고자(鼓子)
고녀(辜女) 명 어지자지
고녀(瞽女) 명 여자 소경.
고년(高年) 명 고령(高齡)
고념(顧念) 명-하다 타 ①돌보아 생각함. 권념(勸念) ②남의 허물을 덮어 줌. 고시(顧視)
고논 명 ①수근이 좋은 진흙 논. ②고래실
고농(雇農) 명 고용살이하는 농민.
고뇌(苦惱) 명-하다 타 고통스럽게 번민함. ¶—의 빛을 감추지 못하다. 유고민(苦悶) ☞고환(苦患)
고누 명 땅바닥이나 널빤지에 말밭을 그려 놓고 말을 많이 따거나 말길을 막아 승부를 다투는 놀이. 말밭 모양에 따라 여러 가지가 있음.
고누-판(-板) 명 고누를 두는 말밭을 그린 판.
-고는 어미 '-고'의 힘줌말. ¶책을 읽고는 있지만 마음은 딴 데 있다./그런 짓은 사람이고는 할 수 없는 일이다. 준-곤[2]
고니 명 오릿과의 겨울 철새. 몸길이 120cm 안팎. 몸빛은 백색이고 부리와 다리는 흑색. 부리의 밑동은 황색임. 새끼의 몸빛은 흑색을 띤 회색임. 물 속의 풀이나 곤충 등을 먹고 삶. 시베리아 동부에서 번식하고 우리 나라에 날아와 월동을 함. 천연 기념물 제201호임. 백조(白鳥). 천아(天鵝). 황곡(黃鵠)
고:다 타 ①고기나 뼈가 뭉그러져 진액이 우러나오도록 푹 삶다. ¶쇠뼈를 고아 곰탕을 만들다. ②졸아서 진하게 엉길 정도로 푹 끓이다. ¶엿을 —. ③소주를 내리다.

> ▶ **'고다'의 활용**
> '사골을 고다', '소주를 고다'라고 하는 '고다'는 규칙 활용을 하는 타동사이므로, '고니, 고면, 고아서'로 활용된다. 이를 '고으니, 고으면, 고으네'와 같이 표기함은 잘못이다.

고다리 명 지겟다리 위에 뻗친 가지.
고다지 부 고렇게까지. 고러한 정도로까지. ¶— 화낼 일도 아니다. ☞그다지
고단(高段) 명 태권도·바둑·장기 등 단수가 있는 기예(技藝)에서, 높은 단.
고단(庫緞) 명 중국 비단의 한 가지. 가는 실로 촘촘히 짠 것으로 두껍고 윤이 남.
고단(孤單) 어기 '고단(孤單)하다'의 어기(語基).
고단-하다 형여 병이 들거나 지쳐서 몸이 나른하다. 피곤하다
고단-하다(孤單-) 형여 가족이 단출하여 외롭다.
고달[1] 명 ①거만을 떠는 짓. ¶딸이 판사가 되었다고 —이 대단하다. ②아직 말을 못하는 갓난아이가 화를 내며 몸부림치는 짓.
고달[2] 명 ①칼이나 송곳 따위의 몸뚱이가 자루에 박히는 부분. ②물부리나 담배통의 설대 따위가 들어가는, 대롱으로 된 물건의 부리.
고-달이 명 노끈 따위로 물건을 묶을 때 들거나 걸어 놓기 좋도록, 고리를 만든 부분을 이르는 말.
고달프다(고달프고·고달퍼) 형 지쳐서 느른하고 고단하다. ¶고달픈 신세.
고달피 부 고달프게 ¶가난 때문에 — 살았다.
고:담(古談) 명 옛날이야기. 고설(古說)
고담(枯淡) 어기 '고담(枯淡)하다'의 어기(語基).
고담방:언(高談放言) 성구 남 앞에서 삼가거나 두려워하지 않고, 제멋대로 소리 높여 떠드는 일을 이르는 말.
고담준:론(高談峻論) 성구 ①고상하고 준엄한 언론. ②잘난체 하며 과장하여 떠벌리는 말.
고담-하다(枯淡-) 형여 ①서화(書畫)나 인품 등이 속되지 않고 고상하며 운치가 있다. ②사람됨이 청렴하고 소박하다.
고답(高踏) 명 지위나 명리(名利)를 바라지 않고 속세에 초연함.
고답-적(高踏的) 명 지위나 명리(名利)를 바라지 않고 속세에 초연하거나, 그런 경향을 띠는 것.
고답-주의(高踏主義) 명 속세에 초연하며, 모든 범속(凡俗)함을 피하려는 주의.
고답-파(高踏派) 명 프랑스 근대시의 한 유파. 1860년대, 낭만파 시에 대한 반동으로 생겨남. 기교와 형식을 중시하고 현실 생활과 동떨어진 예술 지상주의를 주장하였음.
고:당(古堂) 명 낡은 당집.
고당(高堂) 명 ①높게 잘 지은 집. ②남의 부모를 높이어 일컫는 말. ③남을 높이어, 그의 집을 이르는 말.
고당-화:각(高堂畫閣) 명 높게 지어 화려하게 꾸민 집.
고대[1] 명 '깃고대'의 준말.
고대[2] 부 이제 막. 방금 ¶— 비가 그쳤다.
고:대(古代) 명 ①옛 시대. 고세(古世) ②역사의 시대 구분의 한 가지. 원시 시대와 중세 사이의 시대. 국사에서는 고조선 때부터 통일 신라 시대까지임.
고대(苦待) 명-하다 타 몹시 기다림.
고대(高臺) 명 높이 쌓은 대.
고대(高大) 어기 '고대(高大)하다'의 어기(語基).
고대-광:실(高臺廣室) 명 굉장히 크고 잘 지은 집.
고:대=국가(古代國家) 명 원시 공산 사회와 중세 봉건 사회의 중간에 해당하는 국가.
고:대-극(古代劇) 명 ①고대에 있던 고전극. ②고대를 배경으로 한 극.
고-대로 부 ①고 모양으로 변함없이. ¶꼼짝 말고 — 있어

라. ②고것과 똑같이. ¶남의 글을 ― 베끼다. ☞그대로
고:대=사:회(古代社會)명 원시 사회와 봉건 사회의 중간 단계에 있는 사회.
고:대=소:설(古代小說)명 19세기 이전에 씌어진 소설. 국문학사에서는 신소설이 나오기 이전에 씌어진 소설을 이름.
고대-하다(高大―)형여 높고 크다.
고:덕(古德)명 옛날의 덕행이 높은 중. 옛 고승(高僧).
고덕(固德)명 백제의 16관등 중 아홉째 등급. ☞계덕(季德)
고덕(高德)명-하다형 덕이 높음, 또는 그런 덕행.
고도명 조선 시대, 궁중에서 흰 겹저고리를 이르던 말.
고:도(古都)명 옛 도읍. ¶신라의 ―인 경주.
고:도(古道)명 ①옛날에 다니던 길. ②옛날의 도의(道義).
고도(孤島)명 뭍에서 멀리 떨어진 외딴 섬.
고도(高度)명 ①높이. 높은 정도. ¶비행 ―/― 만 미터를 날다. ☞저도(低度). 표고(標高) ②정도가 높은 것. ¶―의 훈련./―의 정밀성을 요하다. ③지평에서 천체까지의 각거리(角距離). ¶태양의 ―.
고도(高跳)명-하다자 높이 뜀.
고도(高蹈)명-하다자 ①먼 곳으로 감. 유원행(遠行) ②은거(隱居)
고도-계(高度計)명 높낮이를 측정하여 나타내는 계기.
고도리[1]명 고등어의 새끼.
고도리[2]명 지난날, 포도청에서 자리개미하던 사내 종.
고도-병(高度病)[―뼝]명 고공병(高空病)
고도=성장(高度成長)명 규모가 크고 빠르게 높은 수준의 발전이 이루어짐.
고도=자:본주의(高度資本主義)명 자유 방임 정책의 채택으로 생산력이 고도로 발달하는 자본주의. 산업 혁명 이후부터 제1차 세계 대전까지의 시기를 이름.
고도-화(高度化)명-하다자타 높은 정도로 되거나, 되게 함. ¶정보·통신의 ―를 이루다.
고독(孤獨)명 ①-하다형 외로움. ¶―한 생활. ②어려서 부모를 여읜 아이와 자식 없는 늙은이. ③짝 없는 홀몸.
고독(苦毒)명-하다형 고통스러움. 쓰라림.
고독(蠱毒)명 뱀·지네·두꺼비 따위의 독, 또는 그 독으로 생긴 병.
고독-감(孤獨感)명 외로움을 느끼는 마음.
고독-경(孤獨境)명 외로운 경지.
고독-고독부-하다형 물기 있는 작은 물체가 얼거나 말라서 좀 굳은듯 한 상태를 나타내는 말. ¶밥이 ― 굳었다. ☞구둑구둑
고독단신(孤獨單身)성구 도와 주는 이 없는 외로운 몸을 이르는 말. 고종(孤蹤)
고동명 ①신호용으로 울리는 기적(汽笛) 등의 소리. ¶연락선의 ― 소리. ②일하는 중에 가장 요긴한 계기나 고비. ③기계를 움직여 작동시키는 장치. ¶―을 틀다. ④물레 가락에 끼워 고정시킨 두 개의 매듭 같은 물건.
관용 **고동(을) 틀다** ①고동 소리를 내다. 고동을 울리다. ②기계나 기구의 작동 장치를 돌리다.
고:동(古銅)명 헌 구리쇠.
고동(鼓動)명-하다자타 ①민심을 부추김. ☞고무(鼓舞) ②몸에 피를 돌게 하려고 심장이 뛰는 일, 또는 그 울림. ¶심장의 ― 소리.
고:-동기(古銅器)명 구리쇠로 만든 옛날 그릇.
고동-무치명 홍어(洪魚)
고:동-색(古銅色)명 ①검누른 빛. ②적갈색
고동-치다(鼓動―)자 ①심장이 벌떡벌떡 뛰다. ②희망이나 기대로 약동하다. ¶고동치는 산업 현장.
고되다형 하는 일이 힘겨워 고단하다. ¶훈련이 ―.
고두(叩頭)명-하다자 머리를 조아림. 고수(叩首) ☞절[2]
고두리명 ①물건 끝의 뭉툭한 자리. ②'고두리살'의 준말. ③고두리살을 갖춘 활.
속담 **고두리에 놀란 새** : 고두리살을 맞아 놀란 새란 뜻으로, 어찌할 바를 모르고 겁에 질려 있는 사람을 비유하여 이르는 말.
고두리-뼈명 넓적다리뼈의 머리 부분.
고두리-살명 작은 새를 잡는 데 쓰는 화살. 준고두리
고두-머리명 도리깨 머리에 가로질러 도리깻열을 매는, 비녀 같은 나무.

고두-밥명 ①지에밥 ②몹시 된 밥.
고두사:죄(叩頭謝罪)성구 머리를 조아리며 용서를 빎을 이르는 말. 준고사(叩謝)
고두-쇠명 ①작두 머리에 가로 끼우는 끝이 굵은 쇠. ②두 쪽으로 된 장식 쇠 따위를 맞추어 끼우는 쇠. ③명이 길기를 바라는 뜻으로 양부모가 수양아들이나 수양딸로 삼은 아이의 주머니 끈에 다는, 은으로 만든 장식물.
고두-저고리명 여자가 제사를 지낼 때 입는 저고리.
고둥명 ①소라나 우렁이 등 복족류(腹足類)를 통틀어 이르는 말. ②고둥과의 연체 동물. 몸은 몽치 모양이며 길고 강한 가시가 석 줄 있음. 남해안의 모래땅에 서식하는데, 살은 먹을 수 있음.
고드래명 '고드랫돌'의 준말.
고드래-뽕명 ①일이 끝났을 때 쓰는 말. ¶오래 끌던 일이 오늘로 ―이다. ②술래잡기에서, 술래를 정할 때 세는 맨 끝말. ¶하날때, 두알때, 사마중, 날때, 육낭거지, 팔때, 장군, ―.
고드랫-돌명 발이나 자리 등을 엮을 때 날을 감아서 늘어뜨리는 작은 돌. 준고드래
고드러-지다자 마르거나 식어서 좀 단단하게 되다. ☞구드러지다. 꼬드러지다
고드름명 낙숫물 따위가 흘러내리다가 얼어붙어 매달린 얼음. 빙주(氷柱). 현빙(懸氷)
속담 **고드름 초장 같다** : 겉으로 보기에는 그럴듯하나 아무 맛도 없거나 실속이 없음을 이르는 말.
고드름-똥명 ①고드름같이 뾰족하게 눈 똥. ②방이 매우 추움을 비유하는 말. ¶방이 ― 싸게 춥다.
고드름-장아찌명 언행이 싱거운 사람을 놀리어 이르는 말. ¶싱겁기는, ― 같구만.
고들개[1]명 ①말이나 소 등의 안장의 가슴걸이에 다는 방울. ②채찍의 열 끝에 굵은 매듭이나 추같이 달린 물건. ③말굴레의 턱 밑으로 돌아가는, 방울이 달린 가죽.
고들개[2]명 처녑의 얇고 너덜너덜한 부분.
고들개-머리명 처녑의 고들개가 붙은 두툼한 부분.
고들개-채찍명 고들개를 단 채찍.
고들개-철편(―鐵鞭)명 지난날, 포교가 형구로 쓰던, 자루와 고들개가 쇠로 된 철편. 준철편(鐵鞭)
고들-고들부-하다형 밥알 따위가 차지고 물기가 좀 적은 듯한 모양을 나타내는 말. ¶― 지은 밥. ☞구들구들. 꼬들꼬들
고들목-버선명 지난날, 부녀자가 신던 버선의 한 가지. 발의 모양을 내기 위해 신었음.
고들-빼기명 국화과의 두해살이풀. 줄기는 높이 60cm 안팎으로 자줏빛을 띠고, 잎은 길둥근 모양에 뾰족한 톱니가 있음. 잎을 자르면 흰 유액이 나오며 맛이 씀. 어린 잎과 뿌리는 먹을 수 있음. 고채(苦菜)
고들빼기-김치명 고들빼기를 찬물에 열흘 가량 담가 두었다가 건져서 멸치젓국·마늘·생강·고춧가루 등으로 버무려 담근 김치.
고듭-싸리명 싸리의 한 종류. 마디가 많고 잎이 자잘하며 껍질은 엷은 갈색임. 줄기가 보통 싸리보다 단단하고 결이 비비 틀리어 무척 질김.
고등(孤燈)명 외따로 켜 있는 등불.
고등(高等)명-하다형 ①등급이나 품위·수준이 높음. ¶― 수법/― 기술 ②진화의 정도가 높음. ¶―한 동물. ☞하등(下等)
고등(高騰)명-하다자 물건 값이 오름. ☞저락(低落)
고등=감:각(高等感覺)명 시각(視覺)과 청각(聽覺)을 아울러 이르는 말. 고등 감관 ☞하등 감각
고등=감:관(高等感官)명 고등 감각(高等感覺)
고등=검:찰청(高等檢察廳)명 고등 법원에 대응하여 설치한 검찰청. 준고검(高檢)
고등=고시(高等考試)명 지난날, 법관·검사·변호사의 자격 시험과 행정·외무·기술계 고급 공무원의 임용 고시(任用考試)를 아울러 이르던 말. 준고시(高試) ☞사법

시험. 기술 고등 고시. 외무 고등 고시. 행정 고등 고시
고등=공민=학교(高等公民學校)명 지난날, 초등 학교나 공민 학교를 졸업하고 중학교에 진학하지 못한 사람에게 중학교 과정의 교육을 베풀던 학교. 수업 연한은 1~3년이었음.
고등=교:육(高等教育)명 학교 교육에서, 초·중등 교육에 이어지는 가장 높은 단계의 교육. 곧 대학과 대학원 교육을 통틀어 이르는 말. ☞중등 교육. 초등 교육
고등=군사=법원(高等軍事法院)명 군사 법원의 한 가지. 국방부에 설치하며, 국방부 장관이 관할함. 보통 군사 법원의 판결에 대한 항소·항고 사항 등을 심판함.
고등=동:물(高等動物)명 체제적·기능적으로 우수한 동물. 하등 동물에 상대하여 이르는 말로, 대개 호흡기·소화기·순환기·생식기·신경·배설기 등 여러 기관이 분화되어 있음. ☞하등 동물
고등=룸펜(高等Lumpen)명 고등 실업자(高等失業者)
고등=법원(高等法院)명 지방 법원의 상급 법원이며 대법원의 하급 법원. 지방 법원의 판결에 대한 항소·항고 사건을 다룸. 서울·부산·대구·광주·대전에 있음. 준 고법(高法)
고등=비행(高等飛行)명 급상승, 급강하, 경사 선회 따위의 특수한 기술로써 하는 비행.
고등=수:학(高等數學)명 고등 대수학, 미적분, 함수론, 해석 기하학, 추상 대수학 따위 복잡하고 고등한 방법으로 계산하는 수학.
고등=식물(高等植物)명 뿌리·잎·줄기의 세 부분을 갖추어서 꽃이 피고 열매가 맺는 식물. ☞하등 식물
고등=실업자(高等失業者)명 고등 교육을 받고도 직업이 없어 놀며 지내는 사람. 고등 룸펜. 고등 유민
고등어명 고등엇과의 바닷물고기. 몸은 기름하고 통통하며, 길이 40~50cm임. 몸빛은 등 쪽이 녹색 바탕에 흑색의 물결 무늬가 있고, 배 쪽은 흼. 우리 나라와 사할린, 일본, 중국 등지의 근해에 분포함. 청어(鯖魚)
고등어-자:반(一*佐飯)명 고등어의 내장과 아가미 속을 빼고, 소금을 뿌려 2~3일 절였다가 보에 싸서 돌로 눌러 하룻밤을 재운 것, 또는 그것을 굽거나 찐 반찬. 자반고등어
고등=유민(高等流民)[-뉴-]명 고등 실업자
고등=재:배(高等栽培)명 온실 등을 이용하여 제철이나 장소에 구애받지 않고 작물을 가꾸는 일.
고등=판무관(高等辦務官)명 피보호국·피점령국·종속국 등에 파견되는 상임 사절. 외교 사절의 임무를 수행함.
고등=학교(高等學校)명 중학교를 졸업하거나 이에 준하는 학력을 가진 학생이 진학하는 중등 학교. 인문계와 실업계가 있으며, 수업 연한은 3년임. 준 고교(高校)
고등=학생(高等學生)명 고등 학교에 다니는 학생.
고딕(Gothic)명 ①획이 굵고, 그 굵기가 일정한 활자체. 고딕체. 흑자체 활자(黑字體活字) ②고딕식
고딕=건:축(Gothic建築)명 12세기 중엽에 유럽에서 생긴 건축 양식. 성당 건축의 전형으로, 첨탑(尖塔)과 위가 뾰족한 아치형의 출입구와 창 등이 특징임.
고딕-식(Gothic式)명 로마네스크에 이어 르네상스까지, 유럽에서 유행하던 미술 양식. 고딕 ☞고딕 건축
고딕-체(Gothic體)명 고딕 ☞명조체(明朝體)
고라명 '고라말'의 준말.
고라니명 사슴과의 짐승. 노루와 비슷하나 몸길이 90cm 안팎으로 작으며, 암수 모두 뿔이 없음. 등은 불그스름한 갈색이고 배와 턱 밑은 백색임. 위쪽 송곳니가 발달하여 입 밖으로 비어져 나와 있는데, 그것으로 나무 뿌리를 갉아먹음. 우리 나라와 중국 동북부의 관목림에 분포함. 마록(馬鹿). 청록(青鹿)
고라리명 '시골고라리'의 준말.
고라-말명 등에 검은 털이 난, 누런 말. 준 고라
고락명 ①낙지의 배. ②낙지 뱃속의 검은 물, 또는 그 물이 담긴 주머니. 묵즙(墨汁). 묵즙낭(墨汁囊)
고락(苦樂)명 괴로움과 즐거움. 감고(甘苦)
고락간-에(苦樂間-)부 괴롭거나 즐겁거나 가릴 것 없이. ¶ - 한솥밥 먹으며 살아온 세월.
고란-초(皐蘭草)명 고란초과의 여러해살이 상록 양치식물. 그늘진 바위 틈이나 낭떠러지에서 자람. 뿌리 줄기는 가로 뻗고, 잎은 홑잎이며 버들잎 모양에 끝이 뾰족함. 잎의 뒷면은 갈색을 띠는데, 홀씨주머니가 잎 뒤쪽에 두 줄로 벌여 있음.
고랑[1]명 밭이나 논의 두둑의 사이. 두두룩한 두 땅 사이의 길고 좁게 들어간 곳. 준 골[5]
의 밭 따위를 세는 단위. ¶배추밭 한 -을 매다.
고랑[2]명 조선 시대, 궁중에서 '툇마루'를 이르던 말. 고량
고랑[3]명 '쇠고랑'의 준말.
고랑-못자리명 물못자리와 밭못자리의 혼합형 못자리. 처음에는 물을 대다가 뒤에는 고랑에만 물을 대어 모를 키우는 못자리.
고랑-배미[-빼-]명 물길이나 고랑이 있는 논.
의 밭고랑이나 논배미를 세는 단위.
×**고랑-쇠**명 →쇠고랑
고랑-창명 폭이 좁고 깊은 고랑. 준 골창
고랑-틀명 '차꼬'의 속된말.
고래[1]명 ①고래목의 포유동물을 통틀어 이르는 말. 바다에 살며 물고기 모양임. 앞다리는 변하여 지느러미가 되었고, 뒷다리는 퇴화하였음. 가끔 물 위에 떠서 폐호흡을 함. 경어(鯨魚) ②술을 많이 마시는 사람을 비유하여 이르는 말.
속담 **고래 그물에 새우가 걸린다**: 큰 것을 목적하였는데 하찮것없는 것밖에 이루지 못하였다는 말. /**고래 싸움에 새우 등 터진다**: 강한 자들이 싸우는 바람에 상관 없는 약한 자가 중간에 끼여 해를 입음을 비유하여 이르는 말.
고래[2]명 '방고래'의 준말.
고래[3]준 ①'고리하여'의 준말, ②'고러하여'의 준말. ☞그래[1]
고:래(古來)명 '자고이래(自古以來)'의 준말.
고래-고래부 화가 나서 큰소리를 지르는 모양을 나타내는 말. ¶온 동네가 떠나가도록 - 소리치다.
고래-기름명 고래의 지방 조직이나 뼈 따위에서 짜 낸 기름. 주로 공업용으로 쓰임. 경유(鯨油)
고래-답(一畓)명 고래실
고래도준 ①'고리하여도'의 준말. ②'고러하여도'의 준말. ☞그래도
고:래-로(古來-)부 '자고이래로'의 준말.
고래-상어명 고래상엇과의 바닷물고기. 몸길이는 보통 12m 안팎이나 18~20m까지 자라기도 함. 흑갈색 바탕에 흰 점이 있으며, 성질이 온순함.
고래서준 ①'고리하여서'의 준말. ②'고러하여서'의 준말. ☞그래서
고래-수염(一鬚髥)명 수염고래의 위턱에 돋아 있는 빗처럼 생긴 각질판(角質板). 입에 머금은 물고기 따위를 거르는 구실을 함. 경수(鯨鬚)
고래-실명 물이 흔하고 기름진 논. 고논. 고래답. 골답. 구레논
고래-자리명 양(羊)자리와 물고기자리의 남쪽 춘분점 가까이에 있는 별자리. 경좌(鯨座) ☞미라성
고래-작살명 던지거나 대포로 쏘아 고래를 잡는 작살. 경섬(鯨銛)
고래-잡이명-하다자 고래를 잡는 일. 포경(捕鯨)
고:래지풍(古來之風)명 예로부터 전해 내려오는 풍속.
고랫-당그래명 방고래의 재를 그러내는 작은 고무래.
고랫-등명 방고래의 두덩.
고랫-재명 방고래에 쌓여 있는 재.
고랭-증(痼冷症)[-쯩]명 한방에서 ①뱃속에 뭉치가 있어 늘 배가 차고 아픈 증세를 이르는 말. ②장결핵·만성 장카타르 등을 통틀어 이르는 말.
고랭-지(高冷地)명 저위도에 있으며, 표고(標高)가 600m 이상으로 높고 한랭한 땅.
고랭지=농업(高冷地農業)명 표고(標高)가 높은 고원(高原)이나 산지 등 여름철에도 시원한 곳에서 하는 농업. ☞한랭지 농업(寒冷地農業)

고량 명 조선 시대, 궁중에서 '툇마루'를 이르던 말. 고량²
고량(考量) 명 -하다 타 생각하여 헤아림. 사량(思量)
고량(高粱) 명 '수수'의 딴이름. ▷高의 속자는 髙
고량(膏粱) 명 '고량진미(膏粱珍味)'의 준말.
고량-목 명 광석을 찧는 방아의 방앗공이끼리 서로 부딪치지 않도록 사이에 끼운 나무.
고량-미(高粱米) 명 수수쌀
고량자제(膏粱子弟) 성구 고량진미만 먹고 귀하게 자란 부잣집 젊은이.
고량-주(高粱酒) 명 수수로 빚어 곤 중국식 소주. 배갈
고량진미(膏粱珍味) 성구 기름진 고기와 좋은 곡식으로 만든 맛있는 음식. 준 고량(膏粱)
고량-토(高粱土) 명 고령토(高嶺土)
고려고려-하다 형여 ①여럿이 다 고려하다. ②고려루하여 별로 신기한 것이 없다. ☞그러그러하다.
고러다 자 ①'고렇게 하다'가 줄어든 말. ¶고러다가 넘어질라. ②'고렇게 말하다'가 줄어든 말. ☞그러다
고러루-하다 형여 대개 정도나 형편 따위가 다 비슷비슷하다. ☞그러루하다.
고러-하다 형여 ①고와 같다. ¶고러한 수작을 부리다니. ②고런 모양으로 되어 있다. ¶나는 고러한 꽃을 좋아한다. 준 고렇다 ☞그러하다
고렇다(고렇고·고런) 형ㅎ '고러하다'의 준말. ¶고렇게 하지 말고 요렇게 해 보게. ☞그렇다
고려(考慮) 명 -하다 타 어떤 일에 대하여 여러 가지로 생각해 봄. ¶상대편의 사정을 −하여 결정하다.
고려(苦慮) 명 -하다 타 고심(苦心)
고려(高慮) 명 남을 높이어, 그의 생각함을 이르는 말. ¶그 어른의 − 덕분으로 어려운 고비를 넘겼다.
고려(高麗) 명 우리 나라 중세 왕조의 하나. 서기 918년에 왕건(王建)이 세운 나라. 개성(開城)에 도읍하여 후백제를 멸하고 신라를 항복시켜 후삼국을 통일했음. 서기 1392년에 이성계(李成桂)에게 멸망함.
고려(顧慮) 명 -하다 타 ①이미 지난 일 따위를 다시 돌이켜 생각함. ②앞일을 염려함.
고려=가사(高麗歌詞) 명 고려 가요
고려=가요(高麗歌謠) 명 고려 시대의 시가(詩歌). 민요(民謠)로서 말로 전해 오던 것이 조선 시대에 한글이 창제된 뒤 '악장가사(樂章歌詞)', '악학궤범(樂學軌範)' 등에 전함. 고려 가사. 고려 속요 준 여요(麗謠)
고려공사삼일(高麗公事三日) 성구 고려의 정책이나 법령이 사흘이 멀다 하게 바뀌었다는 뜻에서, 한번 시작한 일이 오래가지 못하고 바뀜을 비유하여 이르는 말.
고려-밤:떡(高麗−) 명 황밤가루를 쌀가루에 섞고 꿀로 반죽하여 찐 떡. 고려율병(高麗栗餠)
고려사(高麗史) 명 조선 세종의 명에 따라 정인지(鄭麟趾)·김종서(金宗瑞) 등이 엮은, 고려 왕조에 관한 기전체(紀傳體) 역사책. 세종 31년(1449)에 편찬에 착수하여 문종 원년(1451)에 완성함. 139권. ☞고려사절요
고려사절요(高麗史節要) 명 조선 초 김종서(金宗瑞) 등이 왕명에 따라 엮은, 고려 시대에 관한 편년체(編年體) 역사책. 문종 2년(1452)에 완성함. 35권 35책.
고려-석(高麗石) 명 좀구멍 같은 자디잔 구멍이 많은 괴석(怪石)의 한 가지.
고려=속요(高麗俗謠) 명 고려 가요(高麗歌謠)
고려-양(高麗樣) 명 원나라에서 유행되었던 고려의 의복·음식·풍속 등을 원나라에서 이르던 말.
고려-율병(高麗栗餠) 명 고려밤떡
고려=인삼(高麗人蔘) 명 우리 나라에서 나는 인삼을 인삼으로 불리는 다른 약초와 구별하여 이르는 말.

> ▶ **인삼으로 불리는 외국 약초**
> ○ 일본의 죽절 인삼(竹節人蔘)
> ○ 중국의 삼칠 인삼(三七人蔘)
> ○ 미국 인삼. 양삼(洋蔘)
> ○ 시베리아 인삼〔목본 식물〕
> 이들 약초의 '삼' 자에 초두가 없는 '參' 자를 쓰는 점도 고려 인삼과 다르다.

고려=자기(高麗瓷器) 명 고려 시대에 만든 자기를 통틀어 이르는 말.
고려-장(高麗葬) 명 ①전설에서, 고대에 늙고 병든 사람을 산 채로 구덩이 속에 두었다가 죽은 뒤에 장사지냈다는 풍습. ②고분(古墳)을 흔히 이르는 말.
고려-조릿대(高麗−) 명 볏과의 한해살이풀. 줄기 높이 30~80cm. 뿌리줄기는 짧고 가지는 갈라지며 마디 사이가 짧음. 잎은 긴 타원형이며 뒷면에 잔털이 밀생하고 가장자리에 잔 톱니가 나 있음. 잎은 먹을 수 있고 주로 관상용으로 심음.
고려=청자(高麗靑瓷) 명 고려 자기 가운데서 특히 푸른 자기를 이르는 말.
고:력(古曆) 명 옛날의 달력.
고력=자기(高力瓷器) 명 잿물을 올리지 않고 구운 질그릇에 합성 수지를 스며들게 한 다음 높은 열과 압력을 가하여 만든 경질(硬質) 도자기. 철관(鐵管)이나 연관(鉛管) 대용으로 씀.
고련(苦楝) 명 '소태나무'의 딴이름.
고련(顧戀) 명 -하다 타 마음에 애틋하여 잊지 못함.
고련-근(苦楝根) 명 한방에서, 소태나무의 뿌리를 약재로 이르는 말. 구충제·지혈제 따위에 씀.
고련-실(苦楝實) 명 한방에서, 소태나무의 열매를 약재로 이르는 말. 열성(熱性)의 병에 약재로 씀. 금령자
×**고렴** 명 →고념(顧念)
고령(高嶺) 명 높은 재. 높은 고개.
고령(高齡) 명 ①나이가 많음. ②많은 나이. 고년(高年). 고수(高壽). 장령(長齡) ¶90 −에도 건강한 노인.
고:령-가야(古^寧伽倻) 명 육가야(六伽倻)의 하나. 지금의 경상 북도 상주군(尙州郡)의 함창(咸昌) 지역에 있었던 것으로 추정되는 가야국(伽倻國).
고령-자(高齡者) 명 나이가 많은 사람. ¶− 인구의 증가.
고령-토(高嶺土) 명 ①도자기를 만드는 데 쓰는 흙. ②장석(長石)이 분해되어 생긴 흙. 고량토(高粱土). 고릉토(高陵土). 카올린(kaolin)
고령화=사:회(高齡化社會) 명 총인구에서 노년 인구가 차지하는 비율이 점점 높아져 가는 사회.
고:례(古例) 명 예로부터 내려오는 관례.
고:례(古隷) 명 금례(今隷)에 상대하여 중국 한(漢)나라 때 예서(隷書)를 이르는 말.
고:례(古禮) 명 옛날의 예절.
고:로(古老) 명 경험이 많고 옛일을 잘 아는 노인. 고로(故老) ¶−에게서 들은 그 고장의 전설.
고로(孤老) 명 의지할 데 없는 외로운 노인.
고:로(故老) 명 ①낡은 인습에 젖은 노인. ②고로(古老)
고로(高爐) 명 제철 공장에서 철광석을 제련하여 선철(銑鐵)을 만드는 원통형의 큰 용광로.
고-로(故−) 부 ①그러므로 ¶나는 생각한다. − 나는 존재한다. ②〔의존 명사로도 쓰임〕 용언의 어미 '-ㄴ', '-는', '-은' 아래에 쓰이어, '때문에', '까닭에'의 뜻을 나타냄. ¶숲이 있는 − 공기가 맑다.
고로롱-거리다(대다) 자 늙고 허약하여 늘 시름시름 앓다. 준 고롱거리다
고로롱-고로롱 부 고로롱거리는 모양을 나타내는 말. 준 고롱고롱
고로롱-팔십(−八十)〔−씹〕 병으로 고로롱거리면서도 아주 오래 산다는 뜻으로 이르는 말.
고:로상전(古老相傳) 성구 늙은이들의 말로 전하여 옴을 이르는 말.
고로쇠-나무 명 단풍나뭇과의 낙엽 활엽 교목. 산지에 자라는데 높이는 10~15m. 잎은 손바닥 모양인데 마주남. 4~5월에 노란 꽃이 핌. 목재는 가구재로 쓰며, 수액(樹液)은 약으로 씀.
고로여생(孤露餘生) 성구 어릴 때 부모를 여읜 사람을 이르는 말.
고로-재(高爐滓) 명 고로에서 철광석을 철로 제련할 때 생기는 쇠찌꺼기.

고로-표(故-標)명 귀결부(歸結符)
고록(高祿)명 많은 봉록. 유후록(厚祿)
고론(高論)명 ①높은 수준의 언론(言論). ②남을 높이어 그의 언론을 이르는 말.
고롱-거리다(대다)자 '고로롱거리다'의 준말.
고롱-고롱부 '고로롱고로롱'의 준말.
고료(稿料)명 '원고료(原稿料)'의 준말.
고루부 더하고 덜함이 없이. 많고 적음이 없이 고르게. ¶ - 나누어 주다./- 칠하다.
고루(孤壘)명 외따로 떨어져 있는 보루.
고루(高樓)명 높은 다락집. 높은 누각.
고루(固陋)어기 '고루(固陋)하다'의 어기(語基).
고루(孤陋)어기 '고루(孤陋)하다'의 어기(語基).
고루-거:각(高樓巨閣)명 높고 큰 누각. 고각대루(高閣大樓) ☞대하고루(大廈高樓)
고루-고루부 모두 고르게. ¶사람들이 - 잘사는 세상. 준골고루
고루-하다(固陋-)형여 낡은 생각이나 습관에 젖어 고집이 세고 변통성이 없다. ¶고루한 사고 방식.
고루-하다(孤陋-)형여 외롭게 자라서 견문이 좁고 융통성이 없다.
고륜(苦輪)명 불교에서, 고뇌가 수레바퀴처럼 쉴 사이 없이 굴러서 그침이 없음을 이르는 말.
고륜지해(苦輪之海)성구 불교에서, 고뇌가 그침이 없는 인간 세상을 이르는 말.
고르다[1](고르고·골라)타르 여럿 가운데서 가려내다. ¶쌀에서 뉘를 -./사과를 골라서 열 개 사다.
고르다[2](고르고·골라)타르 ①높낮이가 없이 가지런하거나 평평하게 만들다. ¶땅을 -. ②악기의 줄 따위를 제 소리가 나게 가다듬다. ¶연주하기 전에 가야금의 줄을 -. ③붓에 먹물을 묻히어 쓰기 좋게 다듬다. ¶붓끝을 골라 글씨를 쓰다.

한자 **고를 조**(調) 〔言部 8획〕 ¶조발(調髮)/조성(調聲)/조율(調律)/조절(調節)/조정(調整)

고르다[3](고르고·골라)형르 ①더하고 덜함, 높고 낮음, 크고 작음의 차이가 없이 한결같다. ¶여러 사람에게 고르게 나누어 주다./선수들의 키가 -. ②정상적 상태로 순조롭다. ¶기후가 고르지 못하다.

한자 **고를 균**(均) 〔土部 4획〕 ¶균등(均等)/균배(均排)/균일(均一)/균점(均霑)/균할(均割)/균형(均衡)

고른-값명 평균값
고른-수(-數)명 평균값
고른-쌀명 돌과 뉘 따위를 골라낸 깨끗한 쌀. ☞석발미
고름[1]명 살이 곪아서 생기는 누르무레하고 걸쭉한 액체. 농(膿). 농액(膿液). 농즙(膿汁) ¶-이 잡히다.
속담 **고름이 살 되랴** : 살이 곪아서 고름이 된 것이 다시 살이 될 수 없다는 뜻으로, 이미 그릇된 일이 다시 잘 될 수 없다는 말.
고름[2]명 '옷고름'의 준말.
고름-병(-病)[-뼝]명 누에의 전염병의 한 가지. 누에의 피부가 희읍스름하거나 누렇게 변하고 진물이 흐름.
고름-집[-찝]명 고름이 누렇게 맺힌 곳. 농소(膿巢)
고릉-토(高陵土)명 고령토(高嶺土)
고리[1]명 쇠줄 따위를 구부려서 둥글게 만든 것.

한자 **고리 환**(環) 〔玉部 13획〕 ¶옥환(玉環)/지환(指環)/화환(花環)/환상(環狀)/환안(環眼)/환절(環節)

고리[2]명 ①껍질을 벗긴 고리버들의 가지. 고리짝이나 키 따위를 만드는 데 씀. ¶-로 키를 엮다. ②고리버들의 가지나 대오리를 엮어서 만든, 상자 비슷한 그릇. 아래위짝이 있고 주로 옷을 넣어 두는 데 씀. 고리짝. 유기(柳器) ☞대고리. 버들고리
고리[3]명 ①'소줏고리'의 준말. ②〔의존 명사로도 쓰임〕 소주 열 사발을 한 단위로 이르는 말. ¶소주 세 -.
고리[4]부 ①고러하게 ¶왜 - 시끄러운가. ②고다지 ¶- 그리운가. ☞그리[1]
고리[5]부 고 곳으로. 고쪽으로 ¶- 가면 된다. ☞그리[2]
고리(高利)명 ①비싼 이자. 법정 이자를 초과하는 높은 이자. 고금리 ¶-로 빚을 내다. ☞저리(低利) ②큰 이익.
고리-개명 고리눈을 가진 개.
고리-눈명 ①눈동자의 둘레에 흰 테가 둘린 눈. ②동그랗게 생긴 눈. 환안(環眼) ☞외고리눈이
고리눈-말명 눈이 고리눈인 말.
고리눈-이명 고리눈인 사람이나 짐승.
고리다형 ①더러운 발 따위에서 나는 냄새와 같이 고약하다. ¶발냄새가 -. ②마음씨나 하는 짓이 좀스럽고 다랍다. ¶성미가 -. ☞구리다. 코리다
속담 **고린 장이 더디 없어진다** : 빨리 없어졌으면 하는 나쁜 것이 도리어 오래감을 이르는 말.
고리-대(高利貸)명 '고리 대금'의 준말.
고리=대:금(高利貸金)명 ①비싼 이자를 받는 돈놀이. ②이자가 비싼 돈. 준고리대
고리=대:금업(高利貸金業)명 고리 대금을 직업으로 삼는 일. ☞대금업
고리-뜨기명 코바늘 뜨개질법의 한 가지. 짧은뜨기를 할 때에 고리 모양의 코를 만드는 뜨기임. 실을 손가락에 감아 코바늘로 걸고 감아 뺌. ☞긴뜨기
고리-마디명 환절(環節)
고리=모양=화:합물(-化合物)명 분자를 이루고 있는 원자가 고리 모양으로 결합된 화합물. 환식 화합물
고리-못명 대가리가 고리 모양으로 된 못.
고리-받이[-바지]명 기둥과 문설주 사이에 문고리가 닿을만 한 벽의 중턱에 가로 건너지르는 나무.
고리-백장명 ①'고리장이'의 속된말. ②시기에 맞게 해야 할 것을 때가 지나서도 계속해서 하고 있는 사람을 놀림조로 이르는 말. 고리백정
고리-백정(-白丁)명 고리백장
속담 **고리백정 내일 모레** : 고리장이가 내일 된다 모레 된다 하면서 약속 날짜를 미룬다는 뜻으로, 약속한 기일을 지키지 않고 자꾸 늦춘다는 말.
고리-버들명 버드나뭇과의 낙엽 활엽 관목. 냇가나 들에 나는데, 가지는 껍질을 벗겨 버들고리·키 등을 엮는 데 재료로 씀.
고리-봉명 낚싯줄을 꿸 고리가 달린 낚싯봉.
고리-삭다형 젊은이의 말이나 하는 짓이 기운이 없어 늙은이 같다. ¶고리삭은 애늙은이.
고리-잠(-簪)명 부녀자의 쪽찐 머리에 꽂는, 이쑤시개와 귀이개가 한데 달린 뒤꽂이.
고리-장이명 고리버들 가지 따위로 키나 고리짝을 만들어 파는 일을 직업으로 하는 사람. 유기장(柳器匠). 유기장이 속고리백장
고리-점(-點)[-쩜]명 문장 부호의 한 가지. 세로쓰기 글에서 서술, 명령, 청유(請誘) 등을 나타내는 문장 끝에 쓰이는 부호로 〔。〕 표를 이름. ☞온점
고리-짝명 ①고리나 대오리로 만든, 옷을 넣는 고리의 낱개. ②고리[2]
고리-채(高利債)명 이자가 비싼 빚. ☞저리채(低利債)
고리타분-하다형여 ①냄새가 고리고도 타분하다. ②성미나 하는 짓이 새롭지 못하고 따분하다. ¶사고 방식이 -./인습에 얽매인 고리타분한 사람. 준고타분하다. 골타분하다 ☞구리터분하다
고리탑탑-하다형여 매우 고리타분하다. 준고탑탑하다. 골탑탑하다. ☞구리텁텁하다
고리-하다자타여 고러하게 하다. ☞그리하다
고린-내명 고린 냄새. ☞구린내
고린도서(∠Corinth書)명 신약성서 중의 한 편. 사도 바울이 고린도 교회에 보낸 두 통의 편지로서, 전서(前書)·후서(後書)로 나뉨.
고릴라(gorilla)명 유인원(類人猿)과의 포유동물. 키는 2m 안팎, 몸무게는 300kg 안팎임. 몸빛은 거무스름하고 코가 납작하며 입이 큼. 성질은 온순한 편이나 힘이

셈. 아프리카 적도 지방의 숲에서 풀·열매·죽순 등을 먹고 삶. 대성성(大猩猩)

고림-보 명 ①몸이 약하고 성치 못하여 늘 골골하는 사람. ②마음이 옹졸하고 다라운 사람.

고립(孤立)명-하다자 남과 떨어지거나 남의 도움을 못 받고 외톨이가 됨. ¶적에게 포위당하여 —되다./외딴 섬에 —되다.

고립(雇立)명-하다타 지난날, 사람을 대신 사 보내어 공역(公役) 따위를 치르게 하던 일.

고립=경제(孤立經濟)명 사회의 수요와 공급에 관계없이 자급자족하는 경제. ☞사회 경제(社會經濟)

고립-꾼(雇立—)명 지난날, 남을 대신하여 공역(公役)을 치르던 사람.

고립무원(孤立無援)성구 고립되어 도움을 받을 데가 없음을 이르는 말.

고립무의(孤立無依)성구 외톨이가 되어 의지할 데가 없음을 이르는 말.

고립-어(孤立語)명 언어의 형태적 분류의 한 가지. 단어는 실질적 의미를 나타낼 뿐 어미 변화나 접사(接辭)가 없고, 문법적 기능은 주로 어순에 따라 나타나는 언어. 중국어, 티베트 어, 타이 어 등이 있음. ☞교착어

고립=의:무(孤立義務)명 병역(兵役)·납세(納稅) 등과 같이 권리와 대립하지 않는 절대 의무. ☞대립 의무

고립-주의(孤立主義)명 다른 나라와 동맹 관계를 맺지 않고, 국제 조직 등에 가입하지 않으며 고립을 지키는 외교 정책상의 주의.

고립지세(孤立之勢)명 외롭고 의지할 데 없는 형세.

고립-화(孤立化)명-하다자타 고립된 상태로 되거나 되게 함.

고마(雇馬)명 지난날, 지방 관아에서 백성의 말을 삯을 주고 징발하던 일, 또는 징발한 그 말.

고마니-귀신(—鬼神)명 민속에서, 재물이 모이거나 벼슬이 오르는 일을 막는다는 귀신.

속담 **고마니귀신이 붙었다**: 무슨 일이나 고만고만한 정도에 머물러 있고, 조금이라도 잘 되려고 하다가는 또 고만한 정도에 그치고 만다는 말.

고마리 명 여뀟과의 한해살이풀. 줄기 높이는 70cm 안팎으로 줄기에 작은 가시가 나 있음. 잎은 창 모양의 삼각형이며 8~9월에 연분홍이나 흰빛의 작은 꽃이 핌.

고마문:령(瞽馬聞鈴)성구 눈먼 망아지가 워낭 소리를 듣고 따라간다는 뜻으로, 맹목적으로 남이 하는 대로 따름을 이르는 말.

고마워-하다 타여 고맙게 여기다. ¶친절을 고마워하는 마음. ☞고맙다

고마이 부 고맙게 ¶— 여기다.

고마-청(雇馬廳)명 조선 시대, 백성으로부터 징발한 말을 관리하던 관아.

고막 명 '꼬막'의 딴이름.

고막(鼓膜)명 외이(外耳)와 중이(中耳)의 경계에 있는 얇은 막. 음파를 받아 진동하여 내이(內耳)로 전함. 귀청

고막(痼瘼)명 오래되어 바로잡기 어려운 폐단. 고폐(痼弊)

고막-염(鼓膜炎)[—념]명 유행성 감기나 약물 자극 등으로 말미암아 생기는 고막의 염증.

고-막이 명 재래식 한옥(韓屋)의 온돌에서, 화방(火防) 밑에 놓는 돌.

고만[1] 관 '고만한'의 준말. ¶— 일로 토라지다니. ☞그만[1]

고만[2] 부 ①고 정도까지만. ¶놀이는 — 하다. ②고냥 바로. 고대로 곧. ¶— 떠나다. ☞그만[2]

고만(高慢)어기 '고만(高慢)하다'의 어기(語基).

고만고만-하다 형여 서로 비슷비슷하다. ¶몸집이 모두 —. ☞그만그만하다

고만-두다 타 ①고 정도에서 하던 일을 그치다. ¶김매기를 고만두고 점심을 먹다. ②하던 일이나 하려던 일을 하지 않다. ¶농사를 —. 준 관두다 ☞그만두다

고만-스럽다(高慢—)(—스럽고·—스러워)형ㅂ 보기에 고만하다. 고만한 데가 있다.

고만-스레 부 고만스럽게

고만-이다 형 ①고것으로 끝장이다. ¶그는 한번 싫다면 —. ②가장 낫다. 으뜸이다 ¶이 댁 동치미 맛은 —. ☞그만이다

고-만치 부 ①고만한 거리를 두고 떨어져서. ②고만큼 ☞그만치

고-만큼 부 ①고만한 정도로. 고만치 ☞그만큼

고만-하다 형여 ①정도나 수량이 고 정도만 하다. ¶아이들 몸집이 모두 —. ②고 정도에 그치고 더 심하지 아니하다. ¶용태가 그저 —. ☞그만하다

고만-하다(高慢—)형여 젠체하고 건방지다. ¶고만한 콧대를 꺾다.

고만-히 부 고만하게

-고말고 어미 어간이나 '이다'의 '이-'에 붙어, '당연히 그러하다', 또는 '그러하다'의 뜻을 나타내는 종결 어미. -다마다 ¶그분을 지지하고말고./아무렴, 그렇지 그렇고말고

고맘-때 명 꼭 고만큼 된 때. ¶—는 참 귀여웠지./—가 그립군. ☞그맘때

고:맙다(고맙고·고마워)형ㅂ 남의 은혜나 신세를 입어 마음의 느낌이 흐뭇하다. ¶고맙게 여기는 마음./참 고마운 사람이다. ☞고마워하다

고망착호(藁網捉虎)성구 '썩은 새끼로 범 잡기'라는 말을 한문식으로 옮긴 구(句)로, 어림도 없는 일을 헛되이 이루려고 한다는 뜻.

고:매(故買)명-하다타 훔친 물건인 줄 알면서도 사는 일. ¶장물(贓物)을 —하다.

고매(高邁)어기 '고매(高邁)하다'의 어기(語基).

고매-하다(高邁—)형여 인품이나 뜻이 고상하고 뛰어나다. ¶고매한 정신./인격이 —.

고:면(故面)명 이전부터 안면이 있는 사람. 구면(舊面)

고면(顧眄)명-하다타 고개를 돌려 봄, 또는 곁눈질함.

고명 명 음식의 모양을 돋보이게 하고 맛도 더하기 위해 음식 위에 뿌리거나 얹는 것을 이르는 말. ¶국수에 —을 얹다. ☞알고명

고:명(古名)명 옛날 이름.

고명(高名)명 ①-하다형 명성이 높음, 또는 그 명성. ¶—한 학자. ②상대편을 높이어 그의 이름을 이르는 말. ¶—을 일찍이 들었습니다.

고명(顧命)명-하다타 지난날, 임금이 신하에게 유언으로 뒷일을 부탁하던 일, 또는 그 부탁. ☞유조(遺詔)

고명(高明)어기 '고명(高明)하다'의 어기(語基).

고명-대:신(顧命大臣)명 지난날, 임금의 유언으로 뒷일을 부탁받았던 대신. 유 고명지신(顧命之臣)

고명-딸 명 아들이 많은 집의 외딸.

고명사의(顧名思義)성구 무슨 일을 당하였을 때, 자기의 명예를 더럽히는 일이 아닌지 돌아다보고, 의리에 벗어나는 일이 아닌지 생각함을 이르는 말.

고명지신(顧命之臣)명 지난날, 임금의 유언으로 뒷일을 부탁받았던 신하. 유 고명대신(顧命大臣)

고명-하다(高明—)형여 식견이 높고 사리에 밝다.

고모(姑母)명 아버지의 누이. ☞이모(姨母)

고모-부(姑母夫)명 고모의 남편. 고숙(姑叔). 인숙(姻叔) ☞이모부(姨母夫)

고-모음(高母音)명〈어〉발음할 때 입을 벌리는 각도에 따라 구별한 모음의 한 갈래. 발음할 때에 입을 조금 벌리고 혀의 위치를 높여서 소리내는 모음. 'ㅣ·ㅟ·ㅡ·ㅜ' 따위. 폐모음(閉母音) ☞중모음. 저모음

고:목(古木)명 오래된 나무. 노목(老木). 노수(老樹)

고목(枯木)명 말라죽은 나무. 고사목(枯死木)

고목발영(枯木發榮)성구 고목생화(枯木生花)

고목생화(枯木生花)성구 마른 나무에서 꽃이 핀다는 뜻으로, 곤궁한 사람이 뜻밖의 행운을 만남을 이르는 말. 고목발영(枯木發榮)

고:묘(古墓)명 옛 무덤. 오래된 무덤.

고:묘(古廟)명 오래된 사당.

고:묘(告廟)명-하다타 지난날, 나라나 왕실에서 일어난 큰일이나 변고 등을 종묘(宗廟)에 아뢰던 일. ☞고사당

고묘(高妙)어기 '고묘(高妙)하다'의 어기(語基).
고묘-하다(高妙-)형여 기예(技藝)가 뛰어나고 교묘하다. ¶고묘한 가야금 솜씨.
고무 명 ①고무나무에서 나오는 액즙을 가공한 물질. 탄성(彈性)이 강하여, 잡아당기면 늘어나고 놓으면 즉시 본디의 상태로 돌아가는 성질이 있음. 화학적으로 만들기도 함. ②아라비아고무나무 등에서 분비되는 다당류(多糖類)로서, 점성(粘性)이 있는 수용성(水溶性) 물질. 탄성은 없음. ③'고무지우개'의 준말.
고무(鼓舞)명-하다타 남을 격려하여 힘을 내도록 용기를 북돋우어 줌. ¶사기(士氣)를 -하다./선생님의 말씀에 -되다. ☞고취(鼓吹)
고무-공 명 고무로 만든 공.
고무-관(-管)명 고무로 만든 관.
고무-나무 명 고무의 원료를 채취하는 나무를 통틀어 이르는 말. 열대성 식물로, 파라고무나무·인도고무나무 등의 종류가 있음. 인도고무나무는 관엽식물로도 가꿈.
고무-다리 명 고무로 만든 의족(義足).
고무-도장(-圖章)명 고무에 새긴 도장.
고무-딸:기 명 '복분자딸기'의 딴이름.
고무-뜨기 명 대바늘 뜨개질법의 한 가지. 겉뜨기와 안뜨기를 일정하게 번갈아 뜨는 법으로, 신축성이 필요한 소맷부리나 아랫단·목깃 등에 이용됨. ☞메리야스뜨기
고무라기 명 떡의 부스러기.
고무락-거리다(대다) 자타 둔한 몸놀림으로 나릿나릿 움직거리다. ¶지렁이가 -./손가락을 -. ☞구무럭거리다. 꼬무락거리다
고무락-고무락 부 고무락거리는 모양을 나타내는 말. ☞구무럭구무럭. 꼬무락꼬무락
고무래 명 곡식이나 흙을 그러모으거나 펴거나 재를 그러내는 데 쓰는 도구. 널조각에 긴 자루를 박아 'T' 자 꼴로 만든 것.
고무래-바탕 명 고무래의 자루를 박는 바탕이 되는 네모진 널조각.
고무래-질 명-하다자 고무래로 곡식 따위를 그러모으거나 펴거나 하는 일.
고무-밴드(-band)명 고리로 된 고무줄.
고무-신 명 탄성(彈性) 고무로 만든 신.
고무-장:갑 명 고무로 만든 장갑. 의료용, 전기 절연용, 취사용 등이 있음.
고무-적(鼓舞的)명 더욱 힘이 나도록 북돋우어 주는 것. ¶-인 소식.
고무-줄 명 ①고무로 만든 줄. ②고무 오리를 속에 넣고 겉을 실로 짜서 싼 줄.
고무줄-놀이 명 어린아이들이 가로 친 고무줄을 넘으면서 하는 놀이.
고무-지우개 명 고무로 만든 지우개. 준 고무. 지우개
고무-창 명 고무로 된 구두창.
고무-총(-銃)명 탄성이 강한 고무줄로 만든 장난감 총.
고무-풀 명 아라비아고무를 녹여서 만든 풀.
고무-풍선(-風船)명 얇은 고무 주머니 속에 공기나 수소 가스를 넣어 부풀린 장난감.
고무-호:스(-hose)명 고무로 만들거나 고무를 주재료로 만든 호스.
고:묵(古墨)명 ①오래된 먹. ②옛날의 먹.
고:문(古文)명 ①갑오개혁 이전의 우리 나라의 옛 글. ☞현대문(現代文) ②전자(篆字)가 생기기 이전의 과두 문자(蝌蚪文字).
고문(叩門)명-하다자 남의 집을 찾아가서 문을 두드림, 곧 남을 방문함.
고:문(告文·誥文)명 ①고하는 글. ②지난날, 임금이 신하를 일러 깨우치던 글.
고문(拷問)명-하다타 피의자에게 신체적 고통을 주어 강제로 자백시키는 일. ¶심한 -으로 진술을 강요하다.
고문(高文)명 ①격조 높은 문장. 알차고 세련된 글. ②상대편을 높이어, 그의 문장을 이르는 말.
고문(高門)명 ①지체 높은 가문(家門). 이름있는 집안. ②상대편을 높이어, 그의 가문을 이르는 말.
고문(顧問)명 ①어떤 일에 대한 의견을 묻는 일. ②어떤 분야에 대한 전문 지식이나 경험 등을 바탕으로, 자문(諮問)에 응하여 의견을 말하는 직책, 또는 그 직책에 있는 사람. ¶- 변호사
고문-관(顧問官)명 자문(諮問)에 응하여 의견을 말하는 직책의 관직, 또는 그 관리.
고문-대:책(高文大冊·高文大策)명 ①웅대한 저작(著作). ②고문전책(高文典冊)
고:-문서(古文書)명 옛 문서. 오래된 문서.
고문-전:책(高文典冊)명 임금의 명으로 지은 국가적인 저술. 고문대책(高文大冊)
고문=치:사(拷問致死)명-하다타 고문으로 말미암아 죽음.
고:-문헌(古文獻)명 옛 문헌.
고물[1] 명 배의 뒤쪽 끝 부분. 꽁지부리. 선로(船艫). 선미(船尾) ☞이물
고물[2] 명 시루떡의 켜와 켜 사이에 뿌리거나, 인절미나 경단 등의 겉에 묻히는 가루. 거피팥고물, 생녹두고물, 거피녹두고물, 콩고물, 흑임자고물, 밤고물 따위가 있음.
고물[3] 명 우물마루의 귀틀 두 개 사이의 구역.
고:물(古物·故物)명 ①옛날 물건. ②낡고 헌 물건. ③시대에 뒤떨어져 쓸모 없는 사람을 빗대어 이르는 말. ☞구물(舊物)
고물-거리다(대다) 자타 작은 몸을 굼뜨게 놀리다. ¶구더기가 고물거리며 기어가다. ☞구물거리다
고물-고물 부 고물거리는 모양을 나타내는 말. ¶- 기어가는 배추벌레. ☞구물구물. 꼬물꼬물
고물-대[-때]명 두대박이 배의 고물 쪽에 있는 돛대. ☞이물대
고:물-상(古物商)[-쌍]명 고물을 팔고 사는 장사, 또는 그 장수.
고미 명 반자의 한 가지. 고미받이를 걸어서 고미혀를 건너지르고, 그 위에 산자를 엮어 진흙을 두껍게 바른 것.
고미(를) 누르다 관용 고미를 만들다.
고:미(古米)명 묵은쌀 ☞신미(新米)
고미(苦味)명 쓴맛 ☞감미(甘味)
고미가=정책(高米價政策)[-까-]명 농촌 경제의 안정을 위하여 양곡의 수매 가격을 올리려는 정부의 정책.
고미-다락 명 고미와 보꾹 사이의 빈 곳.
고미-받이[-바지]명 고미를 만들려고 천장 복판에 세로로 놓는 나무.
고미-약(苦味藥)명 고미제(苦味劑)
고미-장지(∠-障子)명 고미다락의 맹장지.
고미-제(苦味劑)명 쓴맛이 나는 약제. 주로 건위제로 씀. 고미약(苦味藥)
고미-집 명 고미다락이 있는 집.
고미-팅크(∠苦味tincture)명 등피(橙皮)·용담(龍膽)·산초 따위의 가루를 60% 알코올에 담가 우려낸 액체. 특유의 향과 쓴맛이 나는데, 건위제로 쓰임.
고미-혀 명 고미받이와 월간보나 도리 사이에 걸쳐 놓는 평고대나 서까래.
고민(苦悶)명-하다자 괴로워하고 속을 태움. ¶취업 문제로 -하다. 유 고뇌(苦惱)
고밀도=집적=회로(高密度集積回路)[-또-]명 여러 개의 집적 회로를 한 장의 바탕에 모은 것. 엘에스아이
고:박(古朴·古樸)어기 '고박(古朴)하다'의 어기(語基).
고:박-하다(古朴-·古樸-)형여 예스럽고 질박하다.
고:발(告發)명-하다타 고소권자인 피해자 이외의 사람이, 수사 기관에 범죄 사실을 신고하여 수사 및 범인의 기소(起訴)를 요구하는 일. ☞고소(告訴)
고:발=문학(告發文學)명 사회의 모순을 들추어 비판하는 데 중점을 둔 문학.
고:발-인(告發人)명 범죄 사실을 고발한 사람.
고:발-장(告發狀)[-짱]명 범죄 사실을 고발하는 내용을 적어 수사 기관에 제출하는 서류.
고:발=정신(告發精神)명 사회의 모순과 비리를 고발하려는 정신.

고:방(古方)명 ①예로부터 전하여 오는 권위 있는 약방문. ②옛날에 하던 방법.
고방(庫房)명 세간이나 여러 물건을 넣어 두는 곳간. 광²
고방-오:리명 오릿과의 겨울 철새. 수컷의 머리는 갈색, 목 이하의 배 쪽은 백색이고 등에는 흑백의 무늬가 있으며, 암컷은 갈색에 검은색 무늬가 있음. 연못가에서 수초와 수생동물을 먹고 삶. 긴꼬리오리
고배(苦杯)명 쓴잔의 뜻으로, 실패나 패배의 쓰라린 경험을 비유하여 이르는 말.
　고배를 들다관용 고배를 마시다.
　고배를 마시다관용 쓰라린 경험을 하다. ¶패배의 ―.
고배(高排)명-하다타 과일·과자·떡 같은 음식을 그릇에 높이 올려서 괨.
고:백(告白)명-하다타 ①마음에 숨기고 있던 일이나 비밀로 해 오던 것을 사실대로 털어놓음, 또는 그 말. ②가톨릭에서, 자기가 지은 죄를 하느님 앞에서 숨김없이 말하고 그 죄를 용서해 주기를 비는 일.
고:백=문학(告白文學)명 자기의 체험이나 내면(內面) 세계를 있는 그대로 서술하는 문학 형태.
고-백반(枯白礬)명 불에 태워 결정수(結晶水)를 없앤 백반. 건조제로 씀.
고:백=성:사(告白聖事)명 '고해 성사'의 구용어.
고범(孤帆)명 외롭게 떠 있는 돛단배. ☞고주(孤舟)
고:범(故犯)명 잘못임을 알면서 저지른 죄. 고의로 범한 죄.
고:법(古法)명 옛날의 법률 또는 법식(法式).
고법(高法)명 '고등 법원'의 준말.
고벽(痼癖)명 아주 굳어져서 고치기 어려운 버릇.
고:변(告變)명-하다자 ①변고(變故)를 알림. ②역모(逆謀)를 고발함.
고:별(告別)명-하다자 서로 헤어지게 됨을 알림. ¶― 만찬/― 기도회
고:별-사(告別辭)[―싸]명 ①전임(轉任)이나 퇴직 등으로 그 자리를 떠나는 사람의 인사말. ②장례 때, 죽은 사람의 영혼에 대하여 영결(永訣)을 고하는 말.
고:별-식(告別式)[―씩]명 ①전임(轉任)이나 퇴직 등으로 작별을 고하는 의식. ②죽은 사람의 영혼에 대하여 영원한 작별을 고하는 의식. 영결식(永訣式)
고:병(古兵)명 ①경험과 무공이 많은 병사. 유노병(老兵) ☞신병(新兵) ②경험이 많은 사람.
고병(雇兵)명 용병(傭兵)
고복(皐復)명 장례 의식에서, 죽은이의 혼을 부르고 발상(發喪)하는 의식.
고복(顧復)명 어버이가 자식을 걱정하여 돌보는 일.
고복격양(鼓腹擊壤)성구 배를 두드리고 발을 구르며 흥겨워한다는 뜻으로, 태평성대를 누림을 이르는 말. 중국 요 임금의 치세(治世)를 칭송한 '격양가'에서 나온 말임. ▷鼓는 북 고, 鼓는 북 두드릴/두드릴 고
고복지은(顧復之恩)성구 부모가 늘 자식을 걱정하며 사랑으로 길러 준 은혜를 이르는 말.
고:본(古本)명 ①박아낸 지 오랜 책. ②헌 책. 고서(古書)
고본(股本)명 공동으로 하는 사업에 여럿이 각각 내는 밑천. 준고(股)
고본(稿本)명 초고(草稿) 또는 필사본. ☞간행본
고본-계(股本契)명 여러 사람이 일정한 기간에 일정 금액을 나누어 낸 돈으로 이자를 늘린 뒤, 나누어 갖는 계.
고본-금(股本金)명 밑천이 되는 돈.
고본-주(股本主)명 고본의 소유권을 가진 사람.
고봉(孤峰)명 외따로 떨어져 있는 산봉우리.
고봉(庫封)명-하다자 물건을 광에 넣고 문을 잠근 뒤 열지 못하도록 자물쇠 구멍을 종이로 봉하고 도장을 찍는 일.
고봉(高峰)명 높은 산봉우리.
고봉(*高捧)명-하다타 밥이나 곡식 따위를 그릇의 전 위로 수북하게 담는 일. ¶―으로 쌀 한 되.
고봉-밥(*高捧―)[―빱]명 밥그릇 위로 수북하게 올라오도록 담은 밥. 감투밥
고봉-절정(高峰絕頂)[―쩡]명 높이 솟은 산봉우리의 맨 꼭대기.
고봉-준:령(高峰峻嶺)명 높이 솟은 산봉우리와 험준한 산마루.
고:부(告訃)명-하다자 사람의 죽음을 남에게 알림. 부고(訃告). 통부(通訃)
고부(姑婦)명 시어머니와 며느리. 고식(姑媳). 어이며느리 ¶―간의 갈등.
고부라-뜨리다(트리다)타 고부라지게 하다. ☞구부러뜨리다. 꼬부라뜨리다
고부라-지다자 한쪽으로 고붓하게 되다. ¶허리가 고부라진 할머니. ☞구부러지다. 꼬부라지다
고부랑-고부랑부-하다형 여럿이 또는 여러 군데가 고부랑한 모양을 나타내는 말. ☞구부렁구부렁
고부랑-이명 고부라진 물건. ☞구부렁이. 꼬부랑이
고부랑-하다형여 한쪽으로 휘움하게 좀 고부라져 있다. ¶고부랑한 길. ☞구부렁하다. 꼬부랑하다
고부리다타 한쪽으로 고붓하게 굽게 하다. ¶허리를 고부려 휴지를 줍다. ☞구부리다. 꼬부리다
고부스름-하다형여 조금 곱은듯 하다. ☞구부스름하다. 꼬부스름하다
　고부스름-히부 고부스름하게 ☞구부스름히
고부슴-하다형여 곱은듯 하다. ☞구부슴하다
　고부슴-히부 고부슴하게 ¶― 이지러진 그믐달. ☞구부슴히. 꼬부슴히
고부장-고부장부-하다형 여럿이 또는 여러 군데가 다 고부장한 모양을 나타내는 말. ☞구부정구부정
고부장-하다형여 조금 휘움하게 곱아 있다. ¶고부장한 할머니의 허리. ☞구부정하다. 꼬부장하다
　고부장-히부 고부장하게
고-부조(高浮彫)명 조각처럼 썩 두껍게 도드라진 부조.
고부탕이명 피륙 따위의 필을 지을 때 꺾이어 겹쳐 넘어간 자리. 준고붙
고:분(古墳)명 옛 무덤. ¶고구려 ― 벽화를 발굴하다.
고분(鼓盆)명 아내가 죽자 물동이를 두드렸다는 장자(莊子)의 고사에서 온 말로, 아내의 죽음을 이르는 말.
고분-고분부-하다형 ①시키는 대로 순순히 잘 따르는 모양. ¶― 심부름을 하다. ②말이나 태도가 공손하고 부드러운 모양. ¶―한 말투로 예를 갖추다.
　고분고분-히부 고분고분하게 ¶명령에 ― 따르다.
고-분자(高分子)명 거대 분자(巨大分子)
고분자=화:학(高分子化學)명 고분자 화합물을 연구 대상으로 하는 화학의 한 분야.
고분자=화:합물(高分子化合物)명 분자량이 큰 화합물을 통틀어 이르는 말. 녹말·단백질·합성 수지 따위. ☞저분자 화합물
고분지통(鼓盆之痛)성구 아내가 죽은 설움을 이르는 말. ☞고분(鼓盆)
고:불(古佛)명 ①오래된 불상. ②나이 많고 덕이 높은 중을 높이어 이르는 말. ③'명사고불(名士古佛)'의 준말.
고불-거리다(대다)자 이리저리 고부라지다. ☞구불거리다. 꼬불거리다
고불-고불부-하다형 이리저리 고부라지거나 고부라진 모양을 나타내는 말. ¶― 감긴 용수철./―한 골목. ☞구불구불. 꼬불꼬불
고:불-심(古佛心)[―씸]명 오랜 부처의 마음이라는 뜻으로, 순진하고 참된 마음을 이르는 말.
고불탕-고불탕부-하다형 여럿이 또는 여러 군데가 다 고불탕한 모양을 나타내는 말. ☞구불텅구불텅
고불탕-하다형여 곱이가 나슨하게 고부라져 있다. ☞구불텅하다. 꼬불탕하다
고불-통명 흙으로 구워 만든 담배통.
고붓-고붓[―붇―]부-하다형 여럿이 또는 여러 군데가 다 고붓한 모양을 나타내는 말. ☞구붓구붓. 꼬붓꼬붓
　고붓고붓-이부 고붓고붓하게 ☞구붓구붓이. 꼬붓꼬붓이
고붓-하다[―붇―]형여 좀 고부라진듯 하다.
　고붓-이부 고붓하게 ☞구붓이. 꼬붓이
고붙명 '고부탕이'의 준말.
고붙-치다[―붇―]타 꺾인 자리가 나게 접거나 꺾어서 겹

치다.

고블랭(Gobelin 프)명 색실로 인물이나 풍경 따위를 촘촘히 엮어 짠 장식용 직물(織物). 15세기경 프랑스의 고블랭 집안에서 만들기 시작했으며, 벽걸이 따위로 쓰임.

고비[1] 명 편지 따위를 꽂아 두는 물건. 종이 따위로 만들어 벽에 붙임.

고비[2] 명 진행되어 가는 어떤 일의 아주 중요하거나 막다른 단계. ¶ -를 넘기다.

고비[3] 명 고빗과의 여러해살이 양치식물. 줄기 높이 1m 안팎. 산과 들에 절로 자라는데, 뿌리줄기는 굵고, 잎은 깃꼴겹잎임. 어린잎은 갈색 또는 연한 갈색의 솜털에 싸여 태엽 모양으로 감겨 있음. 어린잎과 줄기는 나물로 먹고, 뿌리는 한약재로 씀.

고:비(古碑)명 옛 비석.

고:비(考妣)명 세상을 떠난 아버지와 어머니.

> ▶ **고서비동**(考西妣東)
> 제상(祭床)을 차릴 때, 서쪽에 아버지의 신위(神位)를, 동쪽에 어머니의 신위를 모신다는 뜻으로 이르는 말.

고비(高批)명 남을 높이어 그의 비평을 이르는 말.

고비(高庇)명 남을 높이어 그의 비호(庇護)를 이르는 말.

고비(高卑)명 고귀한 것과 비천한 것.

고비-고사리 명 고사릿과의 여러해살이 양치식물. 줄기 높이 30cm 안팎. 흑갈색의 뿌리줄기가 옆으로 뻗음. 산지의 나무 그늘에서 자람.

고비-나물 명 고비를 삶아 우린 다음 갖은양념을 하여 볶은 나물. 미채(薇菜)

고비-늙다[-늑-] 형 지나치게 늙다.

고비원:주(高飛遠走)성구 자취를 감추려고 남몰래 멀리 달아남을 이르는 말.

고비-판 명 중요한 고비 가운데서도 가장 아슬아슬한 판.

고빗-사위 명 중요한 고비의 아슬아슬한 순간.

고빙(雇聘)명 학술이나 기술이 높은 이를 예를 갖추어 모셔 오는 일.

고뿔 명 '감기(感氣)'를 달리 이르는 말.

고삐 명 소의 코뚜레나 말의 재갈에 매어, 몰거나 부릴 때에 끄는 줄. ¶ -를 잡다./-를 당기다. ☞굴레

고삐 놓은 말 관용 굴레 벗은 말.

고삐를 늦추다 관용 감시나 감독의 정도를 느슨하게 하다.

고:사 명 석간주(石間硃)에 먹을 섞어 만든 검붉은 색. 한국 전통 미술에 쓰임.

고:사(古史)명 옛날 역사.

고:사(古寺)명 오래된 절. 고찰(古刹)

고:사(古事)명 옛일

고:사(古祠)명 오래된 사당.

고사(叩謝)명-하다 자 '고두사죄(叩頭謝罪)'의 준말.

고:사(考査)명-하다 타 ①사람의 됨됨이나 능력 따위를 자세히 살피고 검사함. ¶인물을 -하다. ②학교에서 학생이 시험을 봄, 또는 그 시험. ¶기말 -

고:사(告祀)명-하다 자 액운은 없어지고 행운이 오게 해 달라고 신령에게 제사를 지냄, 또는 그 제사. ¶신축 사옥(社屋)에서 -를 지내다.

고:사(告辭)명 의식 때 글로 써서 읽어 축하하거나 훈시하는 말.

고사(孤寺)명 외딴 곳에 있는 절.

고사(固辭)명-하다 타 굳이 사양함. ¶회장 직을 -하다.

고사(枯死)명-하다 자 나무나 풀이 말라 죽음.

고:사(故事)명 ①예로부터 전해 내려오는, 유래가 있는 일, 또는 그것을 나타낸 어구(語句). ②예로부터 전해 오는 규칙이나 정례(定例). ③옛일

고사(苦辭)명-하다 타 간곡히 사양함.

고사(高士)명 ①고결한 선비. ②뜻이 높고 세속에 물들지 않은 사람. 고인(高人)

고사(庫舍)명 창고로 쓰는 집. 곳집

고사(庫紗)명 두껍고 깔깔하며 윤이 나는 비단의 한 가지. 생고사와 숙고사가 있음.

고사=기관총(高射機關銃)명 항공기 등 공중의 목표를 쏘는 데 쓰는, 올려본각이 큰 기관총.

고:-사당(告祠堂)명-하다 타 집안에 생긴 큰일을 사당에 고하는 일. ☞고묘(告廟). 고제(告祭)

고:사-떡(告祀-)명 고사에 쓰는 시루떡의 한 가지. 멥쌀가루나 찹쌀가루에 붉은 팥고물을 얹어 두둑하게 켜를 지어 찜. 귀신이 붉은색을 꺼린다는 속신(俗信)에 따라 붉은 팥고물을 씀.

고사리 명 고사릿과의 여러해살이 양치식물. 이른봄에 산이나 들의 양지바른 곳에 자람. 줄기 높이는 1m 안팎. 뿌리줄기에서 싹이 나며, 꼬불꼬불 말렸던 어린잎이 다 자라면 깃꼴 겹잎이 됨. 어린잎은 나물로 먹고, 뿌리줄기는 녹말을 만듦. 궐채(蕨菜)

고사리 같은 손 관용 어린아이의 여리고 포동포동한 손을 비유하여 이르는 말.

속담 **고사리도 꺾을 때 꺾는다**: 고사리도 꺾을 때를 놓치면 쇠고 만다는 뜻으로, 무슨 일이나 그에 맞는 때가 있으니 그때를 놓치지 말라는 말.

고사리-나물 명 나물의 한 가지. 마른 고사리를 삶아서 우려낸 다음, 갖은양념을 하여 촉촉하게 볶음. 궐채

고사리-삼 명 고사리삼과의 여러해살이풀. 줄기 높이 20~50cm. 보통 한 잎과 하나의 이삭이 함께 자라는데, 누른 녹색의 잎은 깃꼴로 갈라져 있음. 산이나 들의 그늘진 곳에 자람. 어린잎은 나물로 먹음.

고사-목(枯死木)명 고목(枯木)

고:사-반(告祀盤)명 걸립패에게 줄 쌀이나 돈 따위를 차려 놓은 소반.

고:-사본(古寫本)명 옛날의 필사본(筆寫本). 옛 사람이 손으로 베껴 쓴 책.

고사-새끼 명 볏짚으로 초가의 지붕을 이을 때 미리 지붕 위에 매는 벌이줄.

고-사이 명 고 동안. ¶ -를 참지 못하고 돌아가 버리다니. ㊟고새 ☞그사이

고:사-장(考查場)명 심사(審査)나 평가를 위하여 시험을 보는 곳.

고사-지(-紙)명 굽도리를 바르는 종이. ☞굽도리지

고사-포(高射砲)명 항공기를 공격하는 데 쓰이는, 올려본각이 큰 대포.

고사-하고(姑捨-)부 물론이고. 그만두고 ¶밥은 - 죽도 먹기 힘들다./벌어들이기는 - 축내지나 말았으면.

고삭 명 가구를 짤 때, 사개를 맞춘 구석을 더욱 튼튼하게 하기 위하여 덧대는 나무.

고삭-부리 명 음식을 많이 먹지 못하는 사람을 놀리어 이르는 말.

고산(孤山)명 외따로 떨어져 있는 산.

고:산(故山)명 고향에 있는 산이라는 뜻으로 '고향'을 이르는 말.

고산(高山)명 높은 산. ¶ - 지대

고산구곡가(高山九曲歌)명 조선 선조 11년(1578)에 율곡 이이(李珥)가 지은 연시조(連時調). 서곡(序曲)을 포함한 10수로, 주자(朱子)의 '무이구곡(武夷九曲)'을 본떠 지은 것임. 석담구곡가(石潭九曲歌)

고산=기후(高山氣候)명 고산 지대의 특유한 기후. 대체로 표고 2,000m 이상인 산의 기후를 이르며, 표고가 높아질수록 기온이 내려가고 기압이 낮아지며, 공기가 희박해짐. 또, 바람이 강하고 구름과 안개가 자주 끼기도 함.

고산-대(高山帶)명 식물의 수직 분포(垂直分布)의 한 구분. 삼림 한계선 이상의 지역으로 관목이 많으며, 고산 식물 등 한정된 식물만이 자람.

고산-병(高山病)[-뼝]명 높은 산에 올랐을 때 일어나는 병적인 상태. 기압의 저하나 산소의 결핍으로, 구역질·귀울음·두통 등의 증세가 나타남. 산악병(山嶽病). 산취(山醉) ☞고공병(高空病)

고산=식물(高山植物)명 주로 고산의 삼림 한계선 이상인 지대에 분포하는 식물. 춥고 거친 환경에 적응하여, 대체로 키 작은 관목류와 여러해살이풀이 많음.

고산유고(孤山遺稿)[-뉴-]명 윤선도(尹善道)의 시문

집(詩文集). 조선 정조 15년(1791)에 서유린(徐有隣)이 왕명을 받고 간행한 것을, 정조 22년(1798)에 서정수(徐鼎修)가 개편하여 간행함. 6권 6책.

고산유수(高山流水)[-뉴-] 성구 ①높은 산과 그곳에서 흘러내리는 물이라는 뜻으로, 맑고 깨끗한 자연을 비유하는 말. ②열자(列子)에 나오는 고사(故事)에서, 음악을 잘 알고 감상함, 또는 악곡이 매우 훌륭함을 비유하여 이르는 말. ③'지기(知己)'를 비유하여 이르는 말.

고:살(故殺) 명 -하다 타 고의로 사람을 죽임.

고삼(苦蔘) 명 한방에서, 말린 쓴너삼의 뿌리를 약재로 이르는 말. 맛이 쓰고 성질이 찬데, 황달·학질·하혈 따위에 쓰임. 수괴(水槐)

고삼-자(苦蔘子) 명 쓴너삼의 씨.

고삽(苦澁) 어기 '고삽(苦澁)하다'의 어기(語基).

고삽-하다(苦澁-) 형여 ①맛이 씁쓸하고 떫다. ②일이 뜻대로 잘 되지 않아 고달프고 괴롭다.

고삿 명 이엉으로 초가지붕을 이을 때에 쓰는 새끼.

고:삿-고기(告祀-) 명 여러 사람의 허물을 혼자 뒤집어쓰고 희생되는 사람을 이르는 말.

고상(固相) 명 물질이 고체로 된 상태. ☞기상(氣相)[2]

고상(孤孀) 명 ①고아와 홀어미. ②홀로 된 과부.

고상(苦狀) 명 고생스러운 형편.

고상(苦像) 명 '십자고상(十字苦像)'의 준말.

고상(高翔) 명 -하다 자 높이 날아오름.

고상(翱翔) 명 -하다 자 ①새가 하늘 높이 날아다님. ②하는 일 없이 빈둥거리며 돌아다님을 비유하여 이르는 말.

고상(高尙) 어기 '고상(高尙)하다'의 어기(語基).

고상-고상 부 잠이 오지 않아 누운 채로 이리저리 뒤척거리며 애태우는 모양을 나타내는 말.

고상-하다(高尙-) 형여 사람됨이나 몸가짐, 취미 따위가 속되지 않고 품위가 있다. ¶고상한 인품./취미가 -. ☞비속하다. 저속하다

고상-히 부 고상하게

고샅 명 ①시골 마을의 좁은 골목. 고샅길 ②좁은 골짜기 사이. ③'샅'을 비유하여 이르는 말.

고샅-고샅[-산-] 부 고샅마다. 구석구석

고샅-길[-산-] 명 고샅

고-새 명 '고사이'의 준말. ☞그새

고:색(古色) 명 ①오랜 세월이 지나서 낡게 된 빛깔. ②예스러운 풍치. ¶- 짙은 절.

고색(枯色) 명 마른 잎이나 풀의 빛깔.

고색(苦色) 명 싫어하는 눈치. 달갑지 않은 눈치.

고:색창연(古色蒼然) 성구 퍽 오래되어 예스러운 느낌이 짙은 풍치를 이르는 말. ¶-한 목조 건물.

고생(苦生) 명 -하다 자 ①괴롭고 힘든 일을 겪는 것. ¶초년 -은 양식 지고 다니면서 한다. ②어렵고 힘든 생활을 하는 것, 또는 그런 생활.

속담 **고생 끝에 낙이 있다**: 어렵고 괴로운 일을 겪을 만큼 겪고 나면 편안한 날이 찾아온다는 말. ☞고진감래(苦盡甘來)/**고생을 밥 먹듯 하다**: 형편이 풀리지 않아 갖은 고생을 다 겪는 것을 이르는 말./**고생을 사서 한다**: 하지 않아도 될 고생을 공연히 자초한다는 말.

고생-기(苦生氣)[-끼] 명 고생을 겪고 있음이 겉으로 드러나 보이는 기색. 고생티

고생-길(苦生-)[-낄] 명 어렵고 고된 일을 겪지 않으면 안 될 형편. ¶게을러빠진 것을 보니 -이 훤하다.

고:생대(古生代) 명 지질 시대의 세 구분 가운데 첫째 시대. 약 5억 7500만 년 전부터 약 2억 4700만 년 전까지를 이르는데, 캄브리아기·오르도비스기·실루리아기·데본기·석탄기·페름기로 분류함. 바다에 사는 무척추동물이 번성하고, 후반에는 어류·양서류(兩棲類)도 발전했음. 그 밖에 조류(藻類)·양치류(羊齒類)가 번성했음. ☞신생대. 선캄브리아대. 중생대

고생-문(苦生門) 명 앞으로 어렵고 고된 일을 겪지 않으면 안 될 운명을 비유하여 이르는 말. ¶-이 훤하다.

고생문이 열리다 관용 어렵고 고된 생활이 시작되다.

고:-생물(古生物) 명 공룡·매머드 등, 지질 시대에 살았던 생물을 통틀어 이르는 말. 현재는 모두 멸종하였으나, 지층에서 발견되는 화석을 근거로 그 대강의 모습이 복원되고 있음.

고:생물-학(古生物學) 명 고생물을 연구 대상으로 하는 학문. 화석을 근거로 하여 고생물의 형태·생태·분포와 진화를 연구하고 분류하는 분야임.

고생-바가지(苦生-)[-빠-] 명 고생주머니

고생-보따리(苦生-) 명 고되고 짐스러운 일거리를 속되게 이르는 말. ¶-를 지다.

고생-살이(苦生-) 명 어렵고 고되게 꾸려 가는 살림살이.

고생-스럽다(苦生-)(-스럽고·-스러워) 형ㅂ 고생이 되어 괴롭다. ¶객지 생활이 -.

고생-스레 부 고생스럽게

고생-주머니(苦生-)[-쭈-] 명 늘 고생만 하는 사람이나 고생스러운 일이 많은 사람을 속되게 이르는 말. 고생바가지

고생-줄(苦生-)[-쭐] 명 고생하며 살아가야 할 처지.

고생줄에 들다 관용 고생하며 살아가야 할 처지가 되다.

고생-티(苦生-) 명 고생기(苦生氣)

고:서(古書) 명 ①박아낸 지 오래된 책. 고서적(古書籍) ②헌 책. 고본(古本) ☞신서(新書)

고서(高書) 명 남을 높이어 그의 편지나 저서(著書), 글씨 따위를 이르는 말.

-고서 어미 동사 어간에 붙어 '-고 나서'의 뜻으로 쓰이는 연결 어미. ¶손을 씻고서 밥을 먹어라.

고:-서적(古書籍) 명 고서(古書)

고:-서화(古書畫) 명 오래된 글씨와 그림.

고:석(古石) 명 ①이끼가 낀, 오래된 돌. ②괴석(怪石)

고:석(古昔) 명 오랜 옛날. 옛적

고석(鼓石) 명 북돌

고석(蠱石) 명 속돌

고선(姑洗) 명 십이율(十二律)의 다섯째 음. ☞육려(六呂). 육률(六律)

고선(賈船) 명 상고선(商賈船)

고:설(古說) 명 ①옛날이야기. 고담(古談) ②옛적의 학설.

고설(高說) 명 ①뛰어난 의견이나 학설. ②남을 높이어 그의 의견이나 학설을 이르는 말.

고:성(古城) 명 옛 성.

고:성(古聖) 명 옛 성인.

고성(固性) 명 강성(剛性)

고성(孤城) 명 ①외딴 곳에 떨어져 있는 성. ②적군에 포위되어 고립된 성.

고성(高聲) 명 높고 큰 목소리. ¶서로 주장이 달라 -이 오가다. ☞저성(低聲) ▷ 高의 속자는 髙

고성(鼓聲) 명 북소리

고성낙일(孤城落日) 성구 고립되어 도움을 받을 길이 없이 된 성과 서산으로 지는 해라는 뜻으로, 세력이 다하여 의지할 데가 없는 외로운 처지를 비유하여 이르는 말.

고-성능(高性能) 명 성능이 매우 좋은 것. 매우 좋은 성능.

고성대:규(高聲大叫) 성구 목청을 높이어 크게 부르짖음을 이르는 말. 고성대호(高聲大呼)

고성대:독(高聲大讀) 성구 목청을 높이어 큰 소리로 글을 읽음을 이르는 말.

고성대:질(高聲大叱) 성구 목청을 높이어 큰 소리로 꾸짖음을 이르는 말.

고성대:호(高聲大呼) 성구 고성대규(高聲大叫)

고성염:불(高聲念佛)[-념-] 성구 ①크고 높은 소리로 외는 염불을 이르는 말. ②큰 소리로 부처나 보살의 명호를 부르는 일을 이르는 말.

고성준론(高聲峻論) 성구 목청을 높여 큰 소리로 엄숙하고 날카롭게 따져 논함을 이르는 말.

고섶 명 곳간·벽장·서랍 따위의 들머리, 곧 손쉽게 물건을 찾을 수 있는 곳. ¶바로 -에 두고도 못 찾는다.

고:세(古世) 명 옛 시대. 고대(古代)

고세(故歲) 명 묵은 해. 구세(舊歲)

고세(庫貰)[-쎄] 명 창고를 빌려 쓴 대가로 내는 돈.

고:소(古巢) 명 새의 옛 둥지. 구소(舊巢)

고:소(告訴)명 -하다 타 범죄의 피해자나 그의 법정 대리인이 수사 기관에 범죄 사실을 신고하여 수사와 범인의 기소(起訴)를 요구하는 일. ¶ ―를 취하하다. ☞고발

고소(苦笑)명 -하다 자 쓴웃음 ¶ ―를 금치 못하다.

고소(高所)명 높은 곳. 고처(高處)

고소=공:포증(高所恐怖症)[―쯩]명 강박 신경증(強迫神經症)의 한 가지. 높은 곳에 오르면 스스로 뛰어내리거나 떨어질 것만 같아 두려워서, 높은 곳에 오르는 일을 꺼리는 증세. 고처 공포증(高處恐怖症)

고:소권-자(告訴權者)[―꿘―]명 고소할 수 있는 권리를 가진 사람. 범죄의 피해자나 그의 법정 대리인을 이름.

고-소득(高所得)명 높은 소득. ¶ ―을 올리다. ☞다소득(多所得). 저소득(低所得)

고소원(固所願) '본디 바라던 바임'의 뜻

고:소-인(告訴人)명 고소를 한 사람.

고:소-장(告訴狀)[―짱]명 범죄의 피해자나 그의 법정 대리인이 범죄 사실을 고소하기 위하여 수사 기관에 제출하는 서류.

고소-하다 형여 ①볶은 참깨나 땅콩 따위의 맛이나 냄새와 같다. ¶고소한 참기름. ☞구수하다 ②미운 사람이 잘못되거나 할 때, 기분이 좋고 속이 후련하다. ¶못된 친구가 선생님께 혼나는 걸 보니 ―.

고:속(古俗)명 옛 풍속.

고속(高速)명 '고속도(高速度)'의 준말. ☞저속(低速)

고속=국도(高速國道)명 도로의 한 가지. 국가 기간 도로망의 중추를 이루는 도로로서, 그 노선의 지정이나 구조의 관리·보존 등을 법률로 정함. ☞일반 국도

고-속도(高速度)명 아주 빠른 속도. 준고속(高速) ☞저속도(低速度)

고속도-강(高速度鋼)명 금속을 고속도로 자르거나 깎거나 하는 공구의 재료로 쓰이는 강철. 텅스텐·코발트·크롬·몰리브덴 등을 함유하여, 보통의 강철보다 단단하고 열에 견디는 힘이 강함.

고속=도:로(高速道路)명 빠른 속도로 달릴 수 있도록 만든 자동차 전용 도로. ¶서해안 ―

고속도-별(高速度―)명 보통의 별에 비하여 상대적으로 빠른 공간 속도로 움직이는 별. 은하 중심의 둘레를 보통의 별과 달리 길쭉한 타원형 궤도로 운동함.

고속도=영화(高速度映畫)명 보통의 영화보다 빠르게 촬영한 영화. 표준 속도로 영사하면 빠른 동작이 느리게 보여 자세히 볼 수 있음.

고속도=촬영(高速度撮影)명 카메라의 회전 속도를 표준 속도보다 빨리 회전시켜서 찍는 일. 운동 경기의 판정이나 과학적 실험 등에 널리 이용됨.

고속=증식로(高速增殖爐)명 사용한 핵연료의 양보다 많은 양의 핵분열성 물질을 생산하는 원자로.

고속=철도(高速鐵道)명 고속 전용 궤도를 이용하는 철도. 보통은 주요 구간을 최고 속도 200km/h 이상으로 달리는 철도를 이름.

×**고손**(高孫)명 →현손(玄孫)

고송 명 약으로 균을 없애어 다시 전염할 염려가 없는 매독(梅毒).

고:송(古松)명 늙은 소나무. 노송(老松)

고송(孤松)명 외따로 서 있는 소나무.

고송(枯松)명 말라 죽은 소나무.

고수(叩首)명 -하다 자 머리를 조아림. 고두(叩頭)

고수(固守)명 -하다 타 굳게 지킴. 견수(堅守) ¶자기의 주장을 끝까지 ―하다. ☞묵수(墨守)

고수(高手)명 수가 높은 것, 또는 그 사람. 유상수(上手)

고수(高壽)명 고령(高齡)

고수(鼓手)명 북을 치는 사람.

고수레[1] 명 -하다 자 흰떡 같은 것을 반죽할 때, 쌀가루에 끓는 물을 흩뿌려 물기가 고루 퍼져 섞이게 하는 일.

고수레[2] 명 -하다 자 산이나 들에서 음식을 먹을 때나 무당이 굿을 할 때, 귀신에게 먼저 바친다는 뜻으로 음식을 조금 떼어 던지면서 하는 소리, 또는 그렇게 하는 일.

고수레-떡 명 멥쌀가루를 고수레하여 반죽한 덩이를 시루에 안쳐 찐 떡. 메로 쳐서 흰떡을 만듦. 섬떡

고수련 명 -하다 자 병구완을 하는 일, 또는 병을 앓고 난 뒤 조리를 도와주는 일.

고-수로(高水路)명 큰물이 질 때에만 물이 흐르는, 높은 하천 바닥.

고수-머리 명 곱슬곱슬 꼬부라진 머리털, 또는 그런 머리털을 가진 사람. 곱슬머리

고-수위(高水位)명 홍수나 조수의 영향 따위로 말미암아 높아진 하천의 수위.

고수-증(高水症)[―쯩]명 한방에서, 아랫배로부터 차차 위로 부어 오르는 부종(浮腫)을 이르는 말.

고숙(姑叔)명 고모의 남편. 고모부(姑母夫)

고스란-하다 형여 조금도 축나거나 변하지 않고 그대로 온전하다.

고스란-히 부 고스란하게 ¶임의 선물을 ― 간직하다.

고스러-지다 자 거둘 때가 지난 벼나 보리 등의 이삭이 고부라져 앙상하게 되다.

고슬-고슬 부 -하다 형 밥이 질거나 되지 않고 알맞게 지어진 모양을 나타내는 말. ☞구슬구슬

고슴도치 명 고슴도칫과의 포유동물. 몸길이 30cm 안팎. 몸빛은 짙은 갈색이며, 얼굴과 배·다리·꼬리 외의 등 전체는 가시 모양의 털로 덮여 있는데, 위험에 처하면 몸을 공처럼 둥글게 옹크리어 지킴. 야행성이며 풀뿌리나 곤충·지렁이 따위를 먹고 삶. 준고슴돛

속담 **고슴도치도 살 동무가 있다** : 온몸에 가시가 돋쳐 가까이하기 힘든 고슴도치에게도 친구가 있는데, 하물며 사람에게야 벗이 없을 수 있겠느냐는 말. /**고슴도치도 제 새끼가 함함하다면 좋아한다** : 칭찬받을만 한 일이 아니더라도 칭찬을 해주면 누구나 좋아한다는 말. /**고슴도치도 제 새끼는 함함하다고 한다** : 누구나 제 자식은 귀엽고 자랑스러워 보인다는 말. /**고슴도치 외 걸머지듯** : 여기저기에 진 빚이 많다는 말. 〔고슴도치 외 따 지듯〕

고슴-돛 명 '고슴도치'의 준말.

고:습(故習)명 예로부터의 습관. 오랜 풍습.

고습(高濕)어기 '고습(高濕)하다'의 어기(語基).

고습-하다(高濕―)형여 습도가 높다. 습기가 많다.

고승(高僧)명 ①수행이 많아 덕(德)이 높은 중. ②지위가 높은 중.

고:시(古時)명 옛날. 옛적

고:시(古詩)명 ①옛날의 시. ②'고체시(古體詩)'의 준말.

고:시(考試)명 -하다 타 ①공무원 등의 임용 자격을 검사하고 판정하기 위하여 보이는 시험. ☞고과(考課) ②지난날, 과거에서 성적을 끊아 등수를 매기던 일.

고:시(告示)명 -하다 타 국가 기관이나 공공 단체 등이 어떤 사실을 공식적으로 널리 일반에게 알리는 일, 또는 그것. ☞공고(公告)

고시(高試)명 '고등 고시(高等考試)'의 준말.

고시(顧視)명 -하다 타 ①돌아다봄. ②고념(顧念)

고:시-가(告示價)[―까]명 고시 가격

고:시=가격(告示價格)[―까―]명 정부에서 지정한 가격. 고시가

고시랑-거리다(대다) 자 못마땅하여 군소리를 좀스럽게 자꾸 늘어놓다. ☞구시렁거리다

고시랑-고시랑 부 고시랑거리는 모양이나 소리를 나타내는 말. ☞구시렁구시렁

고:-시조(古時調)명 옛 시조. 국문학사에서는 갑오개혁(甲午改革) 이전의 시조를 이름.

고:식(古式)명 옛날의 법식(法式) 또는 형식.

고식(姑息)명 ①당장의 편안함만을 취하는 일. 임시변통. ②부녀자와 어린아이를 아울러 이르는 말.

고식(姑媳)명 고부(姑婦)

고식-적(姑息的)명 근본적인 해결책이 아닌 임시변통인 것. ¶ ―인 방법.

고식지계(姑息之計)명 근본적인 해결책이 아닌 임시변통의 계책. 고식책(姑息策)

고식-책(姑息策)명 고식지계(姑息之計)

고:신(告身)명 지난날, 조정에서 내리던 관원의 임명장.

고:신(孤身)명 외로운 몸. 의지가지없는 몸.

고신(孤臣)명 ①임금의 사랑이나 신임을 얻지 못한 신하. ②임금에게서 멀리 떨어져 있는 신하, 또는 관직에서 물러나 낙향하거나 귀양간 신하가 스스로를 이르던 말.

고신(苦辛)어기 '고신(苦辛)하다'의 어기(語基).

고신얼자(孤臣孼子)[-짜]성구 임금의 신임을 받지 못하는 신하와 자식 대접을 받지 못하는 서자를 이르는 말. 준고얼(孤孼)

고신척영(孤身隻影)성구 의지가지없이 떠도는 외로운 홑몸을 이르는 말.

고신-하다(苦辛-)형여 괴롭고 쓰라리다.

고:실(故實)명 ①예전에 있던 일. ②전거(典據)가 되는 옛일. 전고(典故)

고실(鼓室)명 중이(中耳)의 한 부분. 외벽이 고막으로 되어 있으며, 외이(外耳)로 받은 소리의 진동을 내이(內耳)로 전하는 작용을 함.

고심(苦心)명-하다자 몹시 애씀. 몹시 마음을 태움. 고려(苦慮) ¶오랜 — 끝에 결심하다.

고:심사단(故尋事端)성구 일부러 말썽이 될 일을 일으킴을 이르는 말.

고심참담(苦心慘憺)성구 몹시 애를 쓰면서 마음을 태움을 이르는 말.

고아(孤兒)명 부모를 여의거나 부모와 헤어져 몸 붙일 데가 없는 아이. 유고(遺孤) ¶천애의 —.

고:아(古雅)어기 '고아(古雅)하다'의 어기(語基).

고아(高雅)어기 '고아(高雅)하다'의 어기(語基).

고아-원(孤兒院)명 보육원(保育院)

고아-하다(古雅-)형여 예스럽고 우아하다. ¶춤사위에서 풍기는 고아한 멋.

고아-하다(高雅-)형여 고상하고 아름답다. ¶스승의 고아한 기품.

고:악(古樂)명 옛날의 음악. 옛 풍류(風流).

고악(高嶽)명 높은 산.

고안(考案)명-하다타 새로운 방법이나 물건을 궁리하여 생각해 내는 일, 또는 그 생각. ¶편리한 기구를 —하다.

고안(孤雁)명 외기러기

고안(苦顔)명 괴로운 얼굴빛.

고압(高壓)명 ①강한 압력. ②높은 전압. ☞저압(低壓)

고압-계(高壓計)명 액체나 기체의 큰 압력을 재는 계기.

고압-선(高壓線)명 높은 전압의 전류를 보내는 전선.

고압-적(高壓的)명 위압하는 태도로 남을 억누르려고 하는 것. ¶—인 태도를 취하다.

고애-자(孤哀子)명 한문 투의 글에서, 부모를 여읜 바깥상제가 스스로를 일컫는 말. ☞고자(孤子). 애자(哀子)

고액(高額)명 큰 단위의 금액. ¶—의 유가 증권. ☞소액(小額). 다액(多額). 저액(低額)

고액-권(高額券)명 액면 금액이 고액인 지폐. ☞소액권

-고야어미 '-고'에 조사 '-야'가 어울려 된 말로, 강조의 뜻을 지님. ¶현장을 확인하고야 안심이 되었다./꼭 이 일을 하고야 말겠다.

고약(膏藥)명 헌데나 곪은 데에 붙이는 끈끈한 약. 약제를 개어 만듦.

고:약-스럽다(—스럽고·—스러워)형ㅂ 고약한 느낌이 있다. ¶고약스러운 심보./날씨가 —.

고약-스레부 고약스럽게

고:약-하다형여 ①냄새나 맛, 소리나 모양 따위가 비위에 거슬려 탐탁하지 않다. ¶음식 쓰레기에서 고약한 냄새가 난다./굴착기 소리가 듣기에 —. ②생김새가 험상궂거나 징그러워서 보기에 흉하다. ¶인상이 아주 —. ③성품이나 언행이 괴팍하거나 사납다. ¶그 양반 말솜씨 한번 고약하군. ④풍속이나 인심 따위가 괴상하거나 사납다. ¶인심이 —. ⑤일이 뜻대로 되지 않아 사태가 난처하다. ¶일을 수습하기가 —. ⑥날씨 따위가 고르지 못하고 사납다. ¶고산 지대라 날씨가 —.

고약-히부 고약하게

고:얀관 '고약한'의 준말. ¶— 놈.

고양(高揚)명-하다타 정신이나 기분 따위를 추키어 돋움. ¶애국심을 —하다./사기를 —하다.

고양-미(∠供養米)명 '공양미'의 변한말.

고양이명 고양잇과의 포유동물. 몸길이 50cm 안팎. 날카로운 발톱과 긴 수염이 있으며, 밤눈이 밝음. 애완용으로 흔히 기름. 준괭이²

고양이 낯짝만 하다관용 공간이나 평면이 매우 좁다.

고양이 소리관용 겉으로만 발라맞추는 말.

고양이와 개관용 서로 앙숙인 사이를 이르는 말.

속담 **고양이가 알 낳을 노릇이다** : 도무지 이해할 수 없는 이상한 일이라는 말./**고양이가 쥐를 마다한다** : 으레 좋아해야 할 것을 싫다고 하는 경우를 이르는 말./**고양이 달걀 굴리듯** : 어떤 일을 솜씨 있게 해 나가는 모양을 이르는 말./**고양이 목에 방울 달기** : 실행하기 어려운 일을 공연히 의논하고 있을 때 이르는 말./**고양이 보고 반찬 가게 지켜 달란다** : 믿을 수 없는 사람에게 무엇을 맡겨, 낭패를 당하기 십상인 경우를 이르는 말./**고양이 세수하듯** : 무슨 일을 건성으로 흉내만 내는 정도로 하는 모양을 이르는 말./**고양이 앞에 고기 반찬** : 워낙 좋아하는 것이라 남이 손댈 겨를도 없이 해치울 때 이르는 말./**고양이 쥐 생각** : 당치 않게 남을 위해서 생각해 주는척하는 태도를 이르는 말.

고양이-소(—素)명 욕심꾸러기가 겉으로 청백한체 하거나, 나쁜 사람이 짐짓 착한체 함을 비유하여 이르는 말.

고양-주(∠供養主)명 '공양주'의 변한말.

고:어(古語)명 ①옛말 ☞현대어(現代語) ②옛사람이 한 말. 고언(古言)

고어(苦語)명 고언(苦言)

고어텍스(Goretex)명 방수(防水) 가공한 특수 섬유. 플루오르 수지의 박막(薄膜)에 미세한 구멍을 뚫어 그것을 천에 바르면 밖에서는 물기가 스며들지 않고, 안쪽의 증기는 밖으로 배출되는 특성이 있음. 비옷이나 운동복을 만드는 데 이용됨. 상표명임.

고:언(古言)명 옛사람이 한 말. 고어(古語)

고:언(古諺)명 예로부터 전해 오는 속담.

고언(苦言)명 듣기에는 거슬리나 도움이 되는 충고의 말. 고어(苦語) ☞감언(甘言)

고언(高言)명 뒷일은 헤아리지 않고 아주 자신 있게 하는 말. 큰소리

고얼(孤孼)명 '고신얼자(孤臣孼子)'의 준말.

고역(苦役)명 몹시 힘드는 일. 괴로운 일. ¶보기 싫은 것을 본다는 건 정말 —이다.

고연(固然)어기 '고연(固然)하다'의 어기(語基).

고연-하다(固然-)형여 본디부터 그러하다.

고열(考閱)명-하다타 참고하여 살펴봄.

고열(苦熱)명 매우 심한 더위. 고염(苦炎)

고열(高熱)명 ①높은 열. 대열(大熱) ☞저열(低熱) ②높은 신열(身熱). ¶—에 시달리다. ☞미열(微熱)

고열=반:응(高熱反應)명 어떤 물질을 높은 온도로 가열하였을 때 일어나는 반응.

고염(固塩)명 굳어서 덩어리진 소금.

고염(苦炎)명 고열(苦熱)

고염(苦塩)명 간수

고엽(枯葉)명 마른 잎.

고엽-제(枯葉劑)명 ①식물의 잎을 마르게 하는 약제. ②베트남 전쟁에서, 미군이 밀림에 뿌린 독성이 강한 제초제.

고영(孤影)명 홀로 되어 쓸쓸해 보이는 모습.

고영(庫英)명 비단의 한 가지. 지난날, 중국에서 나던 영초(英綃)의 상등품으로, 품질이 썩 좋았음.

고영(高詠)명-하다타 시 따위를 높은 소리로 읊음. 고음

고:옥(古屋)명 지은 지 오래되어 낡은 집. 고가(古家). 구옥(舊屋)

고온(高溫)명 높은 온도. ¶—에 견디는 내열재(耐熱材).

고온-계(高溫計)명 높은 온도를 재는 데 쓰는 계기.

고:와(古瓦)명 ①옛 기와. ②오래되어 낡은 기와.

고와(高臥)명-하다자 베개를 높이 하여 눕는다는 뜻으로, 관직에 나아가지 않고 세속을 떠나 은거하면서 마음 편히 지냄을 이르는 말.

고:왕금래(古往今來)[성구] 예로부터 지금까지의 동안을 이르는 말. 왕고내금(往古來今)
고요[명] ①잠잠하고 조용한 상태. ¶ －에 잠기다. ②풍력 계급 0급에 해당하는, 바람이 없는 상태. 풍속(風速)은 매초 0.2m 이하로, 연기가 똑바로 올라가며 바다의 수면은 잔잔함. ☞실바람
고요(古謠)[명] 고대의 가요.
고요-하다[형여] ①잠잠하고 조용하다. ¶고요한 호수면. ②조용하고 평화롭다. ¶고요한 아침의 나라.
고요-히[부] 고요하게 ¶ － 잠든 바다.

[한자] **고요할 적**(寂)〔宀部 8획〕 ¶적막(寂寞)/적묵(寂默)/적적(寂寂)/정적(靜寂)/한적(閑寂)
고요할 정(靜)〔靑部 8획〕 ¶안정(安靜)/정숙(靜肅)/정적(靜寂)/정지(靜止)/정한(靜閑)

고욕(苦辱)[명] 견디기 어려운 고통과 치욕.
고욤[명] 고욤나무의 열매. 한방에서, 군천자(桾櫏子)라 하여 약재로 쓰임. 소시(小柿). 홍영조
[속담] **고욤 맛 알아 감 먹는다** : 비슷한 일을 경험하여 알게 됨으로써 어떤 일을 하게 된다는 말./**고욤이 감보다 달다** : 작은 것이 큰 것보다 도리어 실속 있고 질이 좋을 때 이르는 말./**고욤 일흔이 감 하나만 못하다** : 자질구레한 것이 아무리 많아도 큰 것 하나만 못하다는 말.
고욤-나무[명] 감나뭇과의 낙엽 활엽 교목. 높이 10～15m로 감나무와 비슷한데, 잎은 작고 긴 타원형임. 5월경에 노란 잔꽃이 피며 열매는 1.5cm 안팎의 장과(漿果)로, 먹을 수 있고 한방에서 약재로도 쓰임. 군천(桾櫏)
고용(雇用)[명][-하다][타] 삯을 주고 사람을 부림. ¶장애인을 －하다.
고용(雇傭)[명][-하다][자] 삯을 받고 남의 일을 함. ¶ － 계약을 체결하다.
고용=보:험제(雇傭保險制)[명] 정부와 사용자, 근로자가 함께 비용을 분담하여 고용의 안정, 산업 인력의 교육이나 재배치 따위를 꾀하는 제도. 그 한 가지로, 일정한 자격을 지닌 실업자에게 전 직장 임금의 45～50%를 실업 급여로 지급함. ☞실업 보험(失業保險)
고용-살이(雇傭－)[명][-하다][자] ①남에게 고용되어 살아가는 일. ②남의 집 일을 돌보면서 그 집에서 함께 사는 일. 남의집살이
고용-원(雇傭員)[명] 근로 계약에 따라 상대편에게 노무(勞務)를 제공하는 사람.
고용-인(雇用人)[명] 사용자(使用者)
고용-인(雇傭人)[명] 사용인(使用人)
고용=조건(雇傭條件)[－껀][명] 일의 종류나 취업의 형태, 임금 등 근로 계약에서 규정한 당사자 간의 권리·의무의 표시.
고용-주(雇用主)[명] 근로자를 고용하는 사람. 사용자 [준] 고주(雇主)
고용직=공무원(雇傭職公務員)[명] 특수 경력직 공무원 분류의 하나. 단순한 노무에 종사하는 공무원을 이름. 사환 등이 이에 딸림. ☞정무직 공무원
고용-체(固溶體)[명] 어떤 결정체에 다른 결정체가 녹아 고르게 섞인 고체 혼합물. 운모·휘석 및 대부분의 합금 따위.
고우(苦雨)[명] 사람을 괴롭히는 비라는 뜻으로, '궂은비'나 '장마'를 달리 이르는 말.
고:우(故友)[명] ①옛 친구, 또는 사귄 지 오래된 벗. 고구(故舊). 고인(故人). 구우(舊友) ☞죽마－ ②세상을 떠난 벗.
고우(膏雨)[명] 농작물이 잘 자라도록 때맞추어 내리는 비. ☞감우(甘雨). 고우(苦雨)
고운(孤雲)[명] ①외따로 떠 있는 구름. ②세속을 떠난 선비를 비유하여 이르는 말.
고:운-대[명] 토란 줄기의 밑동 부분. 곤대
고:운-때[명] 보기에 그리 흉하지 않게 조금 묻은 때.
고운야:학(孤雲野鶴)[－냐－][성구] 외따로 떠 있는 구름과 무리에서 벗어난 한 마리의 두루미라는 뜻으로, 관직에 나아가지 않고 한가롭게 지내는 선비를 비유하여 이르는 말.
고:원(古園)[명] 오래된 정원.
고:원(故園)[명] ①옛 뜰. 예전에 살던 곳. ②고향(故鄕)
고원(高原)[명] 높은 산지에 펼쳐진 넓은 벌판. ¶개마－
고원(高遠)[1][명] 삼원(三遠)의 하나. 산수화에서, 산기슭에서 꼭대기를 올려다보는 시각으로 대상을 그리는 방법을 이름. ☞심원(深遠)[1]. 평원(平遠)[1]
고원(高遠)[2][어기] '고원(高遠)하다'의 어기(語基).
고원난행(高遠難行)[성구] 학문의 이치가 고상하고 원대하여 미치기 어려움을 이르는 말.
고원-하다(高遠－)[형여] ①높고 멀다. ②뜻이 높고 원대하다. ¶고원한 포부.
고월(孤月)[명] 덩그라니 떠 있어 쓸쓸하게 느껴지는 달을 비유하여 이르는 말.
고위(考位)[명] 돌아간 아버지로부터 그 위의 각대 할아버지의 위(位). ☞비위(妣位)
고위(高位)[명] ①높은 지위. ¶ － 공직자 [유]대위(大位) ②높은 위치. ☞저위(低位). 하위(下位)
고위(孤危)[어기] '고위(孤危)하다'의 어기(語基).
고위까람[명] '곡정초(穀精草)'의 딴이름.
고-위도(高緯度)[명] 위도가 높은 곳, 곧 남극과 북극에 가까운 곳.
고위-층(高位層)[명] 높은 지위에 있는 계층, 또는 그런 계층의 사람. ¶ － 인사(人士)
고위-하다(孤危－)[형여] 의지가지없는 홀몸으로 외롭고 위태롭다.
고:유(告由)[명][-하다][타] 지난날, 나라나 사삿집에서 큰일이 있을 때 종묘나 사당에 고하던 일.
고:유(告諭)[명][-하다][타] 일러서 깨우쳐 줌.
고유(固有)[명][-하다][형] 본디부터 지니고 있거나 그 사물에만 특별히 있음. ¶우리 민족 －의 문자./그의 그림에는 －한 색채 감각이 있다.
고유(膏腴)[어기] '고유(膏腴)하다'의 어기(語基).
고유=명사(固有名詞)[명]〈어〉의미상으로 구별한 명사의 한 갈래. 다른 것과 구분하기 위하여 그것에만 붙인 이름. '산 중의 산 금강산', '강 중의 강 한강'에서 '금강산' '한강' 따위. ☞보통 명사(普通名詞)

▶ **고유 명사의 띄어쓰기**
① 성(姓)과 이름, 성과 호(號) 등을 붙여 쓴다. ¶홍길동(洪吉童)/정송강(鄭松江)
② 성명에 덧붙는 호칭이나 관직명 등은 띄어 쓴다. ¶최치원 선생/서재필 박사/충무공 이순신 장군/박 선생/길동 군/김 과장
③ 성과 이름, 성과 호를 분명히 구분할 필요가 있을 경우에는 띄어 쓸 수 있다. ¶남궁 억/황보 지훈

고유=문자(固有文字)[－짜][명] 본디부터 한 나라의 국민이나 민족만이 만들어 써 온 문자.
고유=문화(固有文化)[명] 한 나라 또는 한 민족만이 지닌 독특한 문화. ¶한민족의 －를 세계에 알리다. ☞외래 문화(外來文化)
고유-법(固有法)[－뻡][명] 한 나라나 민족의 오랜 역사 속에서 고유한 풍속, 관습 등에 바탕을 두고 발달해 온 법. ☞계수법(繼受法)
고유-색(固有色)[명] 그 물체가 지닌 본디의 색.
고유-성(固有性)[－썽][명] 어떤 사물이 본디부터 가지고 있는 성질.
고유=식물(固有植物)[명] 어떤 지방에서만 특별히 나서 자라는 식물.
고유-어(固有語)[명] 한 언어가 생겨날 때부터 그 말의 본바탕을 이루어 온 말. 우리말에서, '머리·눈·코·입·귀' 따위가 이에 딸림. ☞외래어(外來語)
고유=운:동(固有運動)[명] 항성(恒星)이 태양과의 상대 운동으로 말미암아 각각 고유의 방향으로 천구상(天球上)의 위치를 바꾸는 운동.
고유=재산(固有財產)[명] 상속이나 양도 등으로 취득한 재

산이 아닌, 본디부터 자기가 가지고 있던 재산.

고유-종(固有種)명 어떤 특정한 지역에만 분포하는 동식물의 종류.

고유=진:동(固有振動)명 외부의 힘을 받지 않고 복원력만으로 일어나는 진동. 자유 진동(自由振動)

고유-하다(膏腴-)형여 ①살지고 기름지다. ②땅이 걸다.

고육(股肉)명 넓적다리의 살.

고육지계(苦肉之計)성구 적을 속이거나 어려운 사태에서 벗어나기 위한 수단으로 괴로움을 무릅쓰고 꾸미는 계책을 이르는 말. 고육지책(苦肉之策). 고육책(苦肉策)

고육지책(苦肉之策)성구 고육지계(苦肉之計)

고육-책(苦肉策)명 고육지계(苦肉之計)

고율(高率)명 일정한 표준보다 높은 비율. ¶정부는 -의 관세를 부과하기로 결정했다. ☞저율(低率)

고은(孤恩)명-하다자 은혜를 저버리는 일. 배은(背恩) ☞보은(報恩)

고은(高恩)명 큰 은혜. 홍은(鴻恩)

고:은-짚신[-집-]명 왕골이나 부들을 가늘게 꼬아 촘촘하게 삼은 짚신.

고을명 ①군(郡)을 이루는 지역. ②조선 시대, 주(州)·부(府)·군(郡)·현(縣) 등을 이르던 말. ③지난날, 군아(郡衙)가 있던 곳을 이르던 말. 준골[5]

한자 **고을 군**(郡)〔邑部 7획〕¶군내(郡內)/군민(郡民)/군수(郡守)/군읍(郡邑)/군청(郡廳)
고을 읍(邑)〔邑部〕¶읍내(邑內)/읍민(邑民)
고을 주(州)〔巛部 3획〕¶주경(州境)
고을 현(縣)〔糸部 10획〕¶현감(縣監)/현령(縣令)

고을-고을명 ①여러 고을. ②〔부사처럼 쓰임〕고을마다 두루. ¶- 방문하다. 준골골

고을-살이명-하다자 고을의 수령(守令)으로 지내는 생활. 준골살이

고을-읍(-邑)명 한자 부수(部首)의 한 가지. '邑' 등에서 '邑'의 이름. '邑'이 한자 구성에서 방(傍)으로 쓰일 때의 '阝'은 '우부방(右阜傍)'이라 함. ☞좌부변(左阜邊)

고음(高吟)명-하다타 시 등을 높은 소리로 읊음. 고영(高詠)

고음(高音)명 높은 소리. ☞저음(低音)

고-음계(高音階)명 높은 음계.

고음부=기호(高音部記號)명 높은음자리표

고:읍(古邑)명 군아(郡衙)가 있던 옛 고을. 구읍(舊邑)

고:의(古義)명 옛 뜻. 옛 해석(解釋).

고의(固意)명-하다자 뜻을 굳게 함, 또는 굳게 먹은 뜻.

고:의(故意)명 ①결과가 좋지 않으리라는 것을 알면서도 일부러 하는 행동이나 태도. ¶지난번 일은 -가 아니니 이해하게. ②법률에서, 남에게 대하여 권리를 침해하려는 의사. ☞과실(過失). 범의(犯意)

고:의(故誼)명 대를 이어서 오래 사귀어 온 정의(情誼).

고의(高意)명 ①높은 뜻. ②남을 높이어 그의 '뜻'을 이르는 말.

고의(高義)명 뛰어난 덕행과 두터운 의리.

고의(高誼)명 ①특별히 도타운 정의(情誼). ②남을 높이어 그의 '정의'를 이르는 말.

고:의(*袴衣)명 남자 한복의 여름 홑바지. 단고(單袴). 단의(單衣). 중의(中衣)

고:의-로(故意-)부 일부러. 짐짓 ¶- 방해하다.

고:의-범(故意犯)명 죄를 범할 뜻을 가지고 저지른 범죄. 유의범(有意犯) ☞과실범(過失犯)

고의=적삼(*袴衣-)명 고의와 적삼.

고의-춤(*袴衣-)명 고의의 접어 여민 허리 부분과 몸과의 사이. ¶-에 담뱃대를 찌르다. 준괴춤

고:이부 ①곱게 ¶- 차려입다. ②정성을 다하여. ¶귀한 자식을 - 키우다. ③그대로 고스란히. ¶- 간직하다. ④편안하게 ¶호국의 영령들이여, - 잠드시라.

고:이-고이부 '고이'의 힘줌말. ¶- 기른 딸.

고이다[1]자 괴다[1]

고이다[2]타 괴다[3]

고이-댕기명 서북 지방의 재래식 혼례 때 신부가 드리던, 십장생(十長生)을 수놓은 비단 댕기.

고:인(古人)명 옛사람. 석인(昔人) ☞금인(今人)

고:인(故人)명 ①죽은 사람. ¶-의 뜻을 받들다. ②사귄지 오래된 벗. 고우(故友)

고인(高人)명 관직에 나아가지 않고 고결하게 사는 선비. 고사(高士)

고인(雇人)명 남에게 고용되어 일하는 사람.

고인(賈人)명 장수. 상인(商人)

고인(瞽人)명 소경

고인-돌명 선사 시대의 무덤으로 보이는 유물. 두서너 개의 받침돌을 세우고, 그 위에 크고 넓적한 돌을 얹었음. 우리 나라는 물론 아프리카, 유럽 등지에 널리 분포되어 있음. 지석묘(支石墓)

고일(高逸)어기 '고일(高逸)하다'의 어기(語基).

고일-계(高日季)명 적도 부근 지대에서 해가 높이 있을 때의 계절. ☞저일계(低日季)

고일-하다(高逸-)형여 성품이나 학식이 속되지 않고 뛰어나다.

고임명 물건의 밑을 괴는 일, 또는 괴는 그 물건. 굄

고임(苦任)명 힘들고 귀찮은 임무.

고임-돌[-똘]명 밑을 괴는 돌. 굄돌

고임-목(-木)명 밑을 괴는 나무. 굄목

고임-새명 ①괴어 놓은 모양. ②굄질하는 솜씨. 굄새

고임-질명-하다자 굄질

고입(庫入)명-하다타 물품을 창고에 넣음. 입고(入庫)

고자명 ①'활고자'의 준말. ②'고자잎'의 준말.

고:자(古字)[-짜]명 옛 체(體)의 글자.

고:자(告者)명 남의 잘못이나 비밀을 일러바치는 사람.

고자(孤子)명 한문 투의 글에서, 아버지는 세상을 떠나고 어머니만 살아 있는 바깥상제가 스스로를 일컫는 말. ☞고애자(孤哀子). 애자(哀子)

고자(庫子)명 조선 시대, 각 군아(郡衙)에서 물품을 둔 창고의 출납을 맡아보던 구실아치.

고자(*鼓子)명 생식기가 불완전한 남자. ☞고녀(鼓女)

고자(瞽者)명 소경

-고자어미 동사 어간이나 '있다'·'없다'·'계시다'의 어간에 붙어, 의도나 욕망을 나타내는 연결 어미. ¶공부를 하고자 직장을 그만두었다./감사를 드리고자 합니다./용서를 빌고자 한다. ☞-려

고자누룩-하다형여 ①요란하거나 사납던 기세가 수그러져 잠잠하다. ¶눈보라가 고자누룩해지다. ②고통스럽던 병세가 누그러져 좀 그만하다.

고자누룩-이부 고자누룩하게

고자리명 노린재의 애벌레.

고자리 먹다관용 고자리가 채소의 잎을 쏠아 먹다.

고-자세(高姿勢)명 상대편에게 도도하게 대하는 태도. ¶잘못한 사람이 도리어 -다. ☞저자세(低姿勢)

고자-잎명 활의, 도고지에서 양냥고자까지의 부분.

고:자-쟁이(告者-)명 고자질을 잘하는 사람.

속담 **고자쟁이가 먼저 죽는다**: 남에게 해를 입히려고 고자질을 하는 사람이 남보다도 먼저 벌을 받는다는 말.

고:자-질(告者-)명-하다자타 남의 잘못이나 비밀을 일러바치는 일.

고작[1]명 '상투'를 속되게 이르는 말.

고작[2]부 ①기껏. 겨우 ¶온종일 한 일이 - 이거야. ②〔명사처럼 쓰임〕한껏 한다는 것. 다. 전부 ¶이웃끼리 눈인사가 -이다.

고장명 ①사람이 많이 사는 일정한 지방. ¶살기 좋은 -. ②어떤 물건이 특히 많이 나거나 있는 곳. ¶호두의 -./인삼의 -.

고장(枯腸)명 빈창자. 빈속

고장(苦杖)명 '감제풀'의 딴이름.

고장(苦障)명 불교에서, 지옥·아귀(餓鬼)·축생(畜生)의 괴로움을 이르는 말.

고:장(故障)명 ①기계나 기구, 설비 따위의 기능에 이상이 생기는 일. ¶승용차가 -이 나다. ②몸에 탈이 생기는 일을 비유하여 이르는 말. ¶위장이 -이 나다.

고장(高張)명 어떤 용액의 삼투압이 딴 용액의 삼투압에 비하여 높은 것. 대개 여러 용액의 농도를 혈액 등의 체액과 비교할 때 쓰는 말. ☞등장(登張). 저장(低張)
고장(藁葬)명-하다타 시체를 거적에 싸서 장사지내는 일, 또는 그렇게 지내는 장사. ☞초장(草葬)
고장난명(孤掌難鳴)성구 [‘외손뼉이 울랴’라는 속담을 한문식으로 옮긴 구(句)로] ①혼자서는 일을 이루지 못한다는 뜻. ②맞서는 사람이 없으면 싸움이 되지 않는다는 뜻. 독장난명(獨掌難鳴)
고장-물 명 ①무엇을 씻거나 빨아 더러워진 물. ②헌데에서 고름이 빠진 뒤에 흐르는 진물. ☞구정물
고-장애(高障礙)명 ‘고장애물 경주’의 준말. ☞저장애
고장애물=경:주(高障礙物競走)명 남자 육상 경기 종목의 한 가지. 110m의 코스에 높이 1.06m의 장애물 10개를 놓고 빨리 뛰어넘기를 겨루는 경기. 준 고장애 ☞저장애물 경주
고장-액(高張液)명 삼투압이 다른 두 용액 중 삼투압이 높은 쪽의 용액. 특히 사람의 체액보다 삼투압이 높은 용액을 이름. 고장 용액 ☞등장액(等張液). 저장액
고장=용액(高張溶液)[-농-] 명 고장액(高張液)
고재(高才)명 뛰어난 재주, 또는 재주가 뛰어난 사람. 고재(高材)
고재(高材)명 ①고재(高才) ②키가 큰 사람.
고쟁이 명 여자 한복 속옷의 한 가지. 가랑이와 통이 넓으며, 속속곳 위 단속곳 밑에 입음.
속담 **고쟁이를 열두 벌 입어도 보일 것은 다 보인다**: ①아무리 여러 번 감싸도 정작 가릴 것은 가리지 못한다는 말. ②일을 서투르게 하는 것은 하지 않으니만 못하다는 말. ③아무리 감추려고 해도 나쁜 본성은 감출 수 없다는 말.
고저(高低)명 높고 낮음. 높낮이 ¶음의 -.
고저(高著)명 상대편을 높이어 그의 저서를 이르는 말.
×-고저 어미 → -고자
고저-각(高低角)명 사격 목표와 사수(射手)를 이은 선이 지평선과 이루는 각.
고저-자(高低字)[-짜] 명 평측자(平仄字)
고저장단(高低長短)명 높고 낮음과 길고 짧음, 곧 높낮이와 길이를 아울러 이르는 말.
고저-파(高低波)명 횡파(橫波)
고:적(古跡·古蹟)명 역사적 사건이나 건축물 따위가 있던 자취. 역사상의 유적. 구적(舊跡) ¶-을 답사하다.
고적(考績)명-하다타 지난날, 관리의 성적을 상고(詳考)하여 우열을 정하던 일. ☞고과(考課)
고적(孤寂)어기 ‘고적(孤寂)하다’의 어기(語基).
고적-대(鼓笛隊)명 북과 피리, 곧 타악기와 취주 악기로 이루어진 행진용의 악대.
고적-운(高積雲)명 중층운(中層雲)의 한 가지. 흰빛이나 잿빛을 띤 둥근 구름 덩이가 규칙적인 모양으로 펼쳐지는 구름. 주로 물방울로 이루어진 것으로, 지상 2~7km 높이에 생김. 높쌘구름. 양떼구름. 적권운 ☞고층운
고적-하다(孤寂-)형여 홀로되어 쓸쓸하다. ¶심심산곡이라 고적하기 그지없다.
고:전(古典)명 ①옛날의 법식이나 의식. ②고대의 전적(典籍). 유 구전(舊典) ③옛 시대의 작품으로서 오랜 시간이 흐른 오늘날에도 높이 평가되고 있는 것. 주로 문학·음악 등 예술 작품을 이름. ¶- 음악/-을 읽다.
고:전(古殿)명 옛 궁전.
고:전(古篆)명 ‘전자(篆字)’를 달리 이르는 말.
고:전(古塼)명 옛날의 벽돌이나 기와.
고:전(古錢)명 옛날 돈.
고전(苦戰)명-하다자 어려움을 견디며 힘들게 싸움. 고투(苦鬪) ¶화력(火力)의 열세(劣勢)로 -하다. /불경기로 -하다.
고:전=경제학파(古典經濟學派)명 애덤 스미스를 비조(鼻祖)로, 맬서스, 리카도, 밀 등이 완성한 경제학파. 자유 경쟁을 전제로 한 학설을 주장하였으며, 후대의 경제학에 큰 영향을 끼쳤음. 고전학파. 정통학파
고:전-극(古典劇)명 ①고전의 내용을 주제로 한 연극. ②고대 그리스·로마에서 발달한 연극. ③16~18세기에 이탈리아·프랑스 등지에서 일어난 고전주의 연극.
고:전-기(告傳旗)명 활터의 과녁 가까이에서, 화살의 맞음과 떨어지는 방향을 알리는 기.
고:전=무:용(古典舞踊)명 예로부터 전해 내려오는 민족 고유의 무용.
고:전=문학(古典文學)명 ①고전주의의 문학. ②고전으로서 전하여 오는 문학 작품.
고:전=물리학(古典物理學)명 양자론(量子論)을 토대로 한 현대 물리학에 상대하여, 뉴턴 역학 등 종래의 물리학을 이르는 말.
고:전-미(古典美)명 고전적인 아름다움.
고:전=발레(古典ballet)명 모던 발레 등에 상대하여, 유럽의 전통적 발레를 이르는 말.
고:전-어(古典語)명 고전에 쓰이어, 후세 언어의 규범이 된 언어. 그리스어·라틴어 따위.
고:전=역학(古典力學)[-녁-] 명 양자(量子) 역학에 상대하여, 뉴턴의 운동 법칙을 근본 원리로 삼는 역학. 뉴턴 역학
고:전=음악(古典音樂)명 ①포퓰러·재즈·샹송 등 경음악(輕音樂)에 상대하여, 서양의 전통적·예술적인 음악을 이르는 말. ②서양의 고전파의 음악. 클래식 음악
고:-전장(古戰場)명 옛 싸움터.
고:전-적(古典的)명 ①고전을 중히 여기며, 전통이나 형식을 존중하는 것. ②고전으로서 문화적인 가치가 있는 것. ¶-인 명저(名著).
고:전-주의(古典主義)명 고전을 중히 여기고, 그 형식을 규범으로 하는 문학·예술상의 사조. 일반적으로 17~18세기에 유럽에서 일어난 예술 사조를 이름. 상고주의(尙古主義). ☞의고주의(擬古主義)
고:전-파(古典派)명 고전주의를 주장하고 실천하는 유파(流派), 또는 그런 경향의 사람들. ☞낭만파(浪漫派)
고:전파=음악(古典派音樂)명 18세기 후반에서 19세기 초에 걸쳐, 하이든·모차르트·베토벤을 중심으로 하여 발달한 서양 음악. 교향곡, 현악 사중주곡, 피아노소나타, 소나타 형식 등이 완성됨.
고:전-학파(古典學派)명 고전 경제학파
고절(孤節)명 홀로 꿋꿋이 지키는 절개.
고절(苦節)명 어떠한 어려움을 당해도 변하지 않고 끝내 지켜 나가는 굳은 절개.
고절(高節)명 고결한 절조.
고절(高絶) 어기 ‘고절(高絶)하다’의 어기(語基).
고절-하다(高絶-)형여 더할 수 없이 높고 뛰어나다.
고점(高點)[-쩜] 명 높은 점수. 많은 점수.
고정(考正)명-하다타 생각하여 바르게 고침.
고정(考訂)명-하다타 살피어 잘못을 바로잡음.
고정(固定)명-하다자타 ①한 자리에서 움직이지 않고 있음, 또는 움직이지 않게 함. ¶의자 다리가 -되다./기둥을 -하다. ②일정한 상태에서 변하지 않음. ¶규모가 -되다./-된 수입. ③생물의 조직이나 세포를 살아 있을 때와 비슷한 상태로 유지하기 위하여 원형질을 응고시키는 일. 약물 처리나 냉동, 가열 등의 방법을 씀.
고정(固精)명-하다타 병자나 허약한 사람의 정력을 보하여 강하게 함.
고정(苦情)명 괴로운 심정, 또는 괴로운 사정.
고정(孤亭)명 외따로 있는 정자.
고:정(故情)명 오래 사귀어 온 정분.
고정(孤貞)어기 ‘고정(孤貞)하다’의 어기(語基).
고정=관념(固定觀念)명 마음속에 잠재하면서 의식에 자꾸 떠올라, 그 사람의 정신 생활을 지배하는 관념. 고착관념(固着觀念)
고정-급(固定給)명 일의 성과나 근로 시간 등과는 상관없이 일정하게 지급되는 임금.
고정=도르래(固定-)명 구조물에 고정되어 있는 도르래. 고정 활차(固定滑車) ☞움직도르래
고정도=창:법(固定do唱法)[-뻡] 명 계이름부르기의 한

가지. 어떤 조(調)의 곡이든지 항상 시음(C音)을 도(do)로 정하여 노래하는 방법.
고정=독자(固定讀者)명 정기 간행물을 계속하여 오랜 기간 사서 읽는 독자.
고정-배기(孤貞-)명 마음이 외곬으로 곧은 사람.
고정=부수(固定部數)명 신문이나 잡지 등 정기 간행물이 과거의 통계로 보아 팔릴 수 있는 최저의 부수.
고정=부:채(固定負債)명 지급 기한이 1년을 넘는 부채. 사채(私債), 장기 차입금, 관계 회사 차입금 따위. ☞유동 부채(流動負債)
고정=불변(固定不變)명 고정하여 변함이 없음.
고정-비(固定費)명 항상 일정하게 지출되는 비용. 지대(地代), 이자, 감가 상각비, 세금 따위. 고정 비용. 불변 비용 ☞변동비(變動費)
고정=비:용(固定費用)명 고정비 ☞가변 비용
고정-스럽다(孤貞-)(-스럽고·-스러워)형ㅂ 보기에 고정한 데가 있다.
고정-스레부 고정스럽게
고정-식(固定式)명 한곳에 고정시켜 움직이지 않게 하는 방식. ☞이동식(移動式)
고정=악상(固定樂想)명 표제 음악에서, 고정된 관념을 나타내는 선율.
고정-액(固定液)명 생물의 조직이나 세포를 살아 있을 때와 비슷한 상태로 유지하기 위하여 원형질(原形質)을 응고시키는 액체.
고정-자(固定子)명 발전기나 전동기 등에서, 회전하지 않는 부분을 이르는 말. ☞회전자(回轉子)
고정=자:금(固定資金)명 건물이나 생산 설비 구입 등 고정 자본에 드는 자금. ☞유동 자금(流動資金)
고정=자:본(固定資本)명 생산과 수익에 쓰이며, 유통하지 않는 자본. ☞유동 자본(流動資本)
고정=자:산(固定資産)명 기업이 가진 자산 가운데서 장기간에 걸쳐 사용되거나 이용되는 자산. 유형 고정 자산과 무형 고정 자산으로 나뉨. ☞유동 자산
고정=재산(固定財産)명 유통되거나 소모되지 않는 재산. 부동산·기계·기구 따위.
고정-적(固定的)명 고정하거나 고정되어 있는 것. ¶-인 지출.
고정-주(固定株)명 주주가 고정되어 있어서 매매되는 일이 적은 주. ☞부동주(浮動株)
고정=주주(固定株主)명 회사의 실적이나 주가의 변동과 관계없이 꾸준히 주권을 보유하고 있는 주주. 안정 주주
고정-지(藁精紙)명 귀리의 짚으로 만든 종이. 주로 함경북도에서 나며, 우리 나라의 명산물임. 황지(黃紙)
고정-표(固定票)명 선거 때, 특정 정당이나 후보자를 지지하여 매번 그 정당이나 그 후보자에게 투표할 것으로 예상되는 표. ☞부동표(浮動票)
고정-하다자여 노여움이나 격한 마음 등을 가라앉히다. ¶그만 고정하십시오.
고정-하다(孤貞-)형여 마음이 외곬으로 곧다. ¶너무 고정한 태도가 스스로를 외돌토리로 만들다.
고정-히부 고정하게
고정-화(固定化)명-하다자타 고정하거나 고정되게 함.
고정=환:율제(固定換率制)[-쩨]명 정부가 외환 시세의 변동을 인정하지 않고 환율을 고정시켜 환율을 안정시키는 제도. ☞변동 환율제
고정=활차(固定滑車)명 고정 도르래
고:제(古制)명 옛 제도.
고:제(告祭)명-하다타 집안이나 나라에 특별한 일이 있을 때, 신령에게 고하며 제사를 지냄.
고제(苦諦)명 불교에서 이르는 사제(四諦)의 하나. 중생계의 과보(果報)는 모두 고(苦)라고 하는 진리.
고제(高弟)명 '고족제자(高足弟子)'의 준말.
고:조(古祖)명 옛 조사(祖師).
고:조(古調)명 ①옛날 가락. ②예로부터 전해 오는 가락.
고조(枯凋)명-하다자 ①마르고 시듦. ②사물이 쇠퇴(衰退)함. ☞조락(凋落)
고조(苦潮)명 플랑크톤이 갑자기 번식하여 바닷물이 변색하는 현상. ☞적조(赤潮)
고조(高祖)명 ①조부(祖父)의 조부모. ②'고조부(高祖父)'의 준말. ☞증조(曾祖)
고조(高調)명 ①높은 가락. ②-하다자타 어떤 분위기나 감정 같은 것이 한창 무르익거나 높아짐. ¶극적 긴장감을 -하다. /흥분이 -되다. ③-하다타 의기를 돋움. 마음에 열이 나게 함. ¶사기를 -하다. ☞저조(低調)
고조(高潮)명 ①밀물 때 해면의 높이가 가장 높아지는 상태. 만조(滿潮) ②감정이나 기세가 가장 왕성한 상태. ¶사기가 -에 이르다. ☞저조(低潮)
고조(顧助)명-하다타 보살피며 도움.
고조(高燥)어기 '고조(高燥)하다'의 어기(語基).
고-조고(高祖考)명 세상을 떠난 고조부.
고-조모(高祖母)명 할아버지의 할머니.
고-조부(高祖父)명 할아버지의 할아버지. 준고조
고-조비(高祖妣)명 세상을 떠난 고조모.
고:-조선(古朝鮮)명 기원전 2333년에서 108년까지 요동과 한반도 서북부에 있었던 우리 나라 고대의 국가. 근세 조선과 구별하여 이르는 말.
고조-선(高潮線)명 만조 때의 해면과 육지의 경계선. 만조선(滿潮線) ☞저조선(低潮線)
고조-시(高潮時)명 밀물이 가장 높아진 때.
고조-파(高調波)명 기본 주파수의 정수배(整數倍)의 주파수를 가진 사인파.
고조-하다(高燥-)형여 땅이 높고 메마르다. ¶고조한 땅 ☞저습하다
고족(孤族)명 ①일가친척이 적어서 외로운 집안. ②-하다형 일가친척이 적어서 외로움.
고족(高足)명 '고족제자(高足弟子)'의 준말.
고족-사기(高足砂器)명 굽이 높은 사기그릇.
고족-상(高足床)명 다리가 높은 상. 흔히 잔치 때 쓰임.
고족-제자(高足弟子)명 여러 제자 가운데서 특히 뛰어난 제자. 준고제(高弟). 고족(高足)
고졸(高卒)명 '고등 학교 졸업'을 줄여 이르는 말.
고:졸(古拙)어기 '고졸(古拙)하다'의 어기(語基).
고:졸-하다(古拙-)형여 서화(書畫)나 도자기 따위의 솜씨가 서툴러 보이기는 하지만 예스럽고 소박한 멋이 있다.
고:종(古鐘)명 만든 지 오래된 종.
고종(考終)명-하다자 '고종명(考終命)'의 준말.
고종(姑從)명 고모의 아들이나 딸. 고종 사촌. 내종(內從) ☞외종(外從). 이종(姨從)
고종(孤宗)명 자손이 번성하지 못한 종가(宗家).
고종(孤蹤)명 고독단신(孤獨單身)
고종=계:수(姑從季嫂)명 고종 제수(姑從弟嫂)
고종=동서(姑從-)명 남편의 고종형의 아내, 또는 남편의 고종제의 아내.
고종-매(姑從妹)명 자기보다 나이가 아래인, 고모의 딸. 내종매(內從妹)
고종-명(考終命)명-하다자 오복(五福)의 하나. 제 명대로 살다가 편히 죽는 일. 영종(令終) 준고종(考終)
고종=사:촌(姑從四寸)명 고종(姑從)
고종-시(高宗柿)명 감의 한 품종. 보통 감보다 잘고 씨가 없으며 맛이 닮.
고종=시누이(姑從媤-)명 남편의 고종 자매.
고종=시동생(姑從媤*同生)명 남편의 고종제.
고종=시숙(姑從媤叔)명 남편의 고종형.
고종-씨(姑從氏)명 상대편을 높이어 그의 고종 사촌을 일컫는 말.
고종-자(姑從姉)명 자기보다 나이가 위인, 고모의 딸. 내종자(內從姉)
고종-제(姑從弟)명 자기보다 나이가 아래인, 고모의 아들. 내종제(內從弟)
고종=제:수(姑從弟嫂)명 고종제의 아내. 고종 계수. 내종 계수. 내종 제수
고종-형(姑從兄)명 자기보다 나이가 위인, 고모의 아들. 내종형(內從兄)

고종=형수(姑從兄嫂)명 고종형의 아내. 내종 형수

고좌(孤坐)명-하다자 외로이 또는 외따로 혼자 앉아 있음. 단좌(單坐)

고:죄(告罪)명-하다자 크리스트교에서, 자신이 지은 죄를 고백하는 일.

고:죄-경(告罪經)명 가톨릭에서, '고백의 기도'를 이전에 이르던 말.

고주명 '고주망태'의 준말.

고:주(古註·古注)명 옛 주석(註釋).

고주(孤主)명 실권이 없는 외로운 임금.

고주(孤舟)명 따로 떠 있는 한 척의 배. ☞고범(孤帆)

고주(孤注)명-하다타 노름꾼이 남은 돈을 다 걸고 마지막으로 결판을 냄.

고:주(故主)명 옛 주인.

고주(苦主)명 지난날, 일가친척이 살해당했을 때 그 일을 고소(告訴)하는 사람을 이르던 말.

고주(苦酒)명 ①독한 술. ②맛이 없고 독한 술. ③'쓴 술'이라는 뜻으로, 남에게 술을 권할 때 자기가 권하는 술을 겸손하게 이르는 말.

고주(高柱)명 재래식 한옥에서, 여러 기둥 가운데서 특별히 높게 세운 기둥. 주로 대청마루 한가운데에 세움. 높은기둥

고주(雇主)명 '고용주(雇用主)'의 준말.

고주=대:문(高柱大門)명 솟을대문

고주-망태명 술에 몹시 취하여 정신을 차리지 못하는 상태, 또는 그렇게 된 사람을 이르는 말. 준고주

고주알-미주알부 미주알고주알 ¶― 따지다.

고주=오:량(高柱五樑)명 보 위에 동자 기둥을 세우지 않고 중간에 고주를 세워 거기에 의지하여 짠 오량.

고-주파(高周波)명 주파수가 큰 전파나 전류. ☞저주파

고주파-로(高周波爐)명 고주파 전류를 이용한 전기로. 고주파 전기로(高周波電氣爐)

고주파=머신(高周波machine)명 고주파로 가열, 용해하여 플라스틱 박막 등을 접착시키는 기계.

고주파=발전기(高周波發電機)[―쩐―]명 고주파 전류를 발생하는 발전기.

고주파=요법(高周波療法)[―뻡]명 고주파 전류를 이용한 요법. 신경통·관절통·근육통 등의 치료에 응용됨.

고주파=전:기로(高周波電氣爐)명 고주파로

고죽(苦竹)명 왕대

고준(考準)명-하다타 사본(寫本)을 원본과 대조함.

고준(高峻)어기 '고준(高峻)하다'의 어기(語基).

고준-하다(高峻―)형여 산이 높고 험하다.

고줏대명 연자매 밑돌의 가운데 구멍에 박은 기둥. 위짝 돌이 의지하여 돌아가도록 하는 구실을 함.

고줏-집(高柱―)명 높은 기둥으로 정간(正間)을 높이 솟게 지은 집.

고즈넉-하다형여 ①고요하고 호젓하다. ¶고즈넉한 산사(山寺)의 밤. ②잠잠하고 다소곳하다. ¶고즈넉한 자태로 앉아 있는 여인.

　고즈넉-이부 고즈넉하게

고증(考證)명-하다타 옛 문헌이나 유물 등을 조사하여, 그것을 증거로 삼아 옛 사물을 설명하거나 해석함.

고증-학(考證學)명 중국 명나라 말기에 일어나서 청나라 때 발달한 학문. 사서(四書)나 오경(五經) 등을 풀이하는 데 고문서 등에서 증거를 끌어대어 실증적으로 설명하는 학문임.

고지[1]명 호박이나 박, 가지 따위를 납작하게 썰거나 길게 오려서 말린 것. ¶호박 ―

고지[2]명 누룩이나 메주 따위를 디디어 만들 때에 쓰는 나무 틀. 누룩이나 메주 거리를 싼 보를 넣고 디딤.

고지[3]명 명태의 이리.

고지[4]명 논의 넓이에 따라 값을 정하여, 모내기부터 김매기까지 해 주기로 하고 삯으로 미리 받아 쓰는 돈이나 곡식, 또는 그 일. ☞봉창고지

　고지(를) 먹다관용 고지를 해 주기로 하고 삯을 미리 받아 쓰다.

고:지(告知)명-하다타 어떤 사실을 알림. ¶시험 날짜를 ―하다./― 사항

고지(固持)명-하다타 의견이나 신념 등을 바꾸지 않고 굳게 지님. ¶신념을 굽힘이 없이 ―하다.

고지(枯枝)명 말라 죽은 가지.

고:지(故地)명 전에 살던 곳.

고:지(故址)명 이전에 구조물이나 성곽 등이 있던 터.

고지(高地)명 ①고도가 비교적 높은 땅. ¶표고버섯을 재배하기에는 ―가 적합하다. ②전술적으로 중요한 높은 곳의 진지. ¶백마 ― ☞저지(低地)

고지(高志)명 ①높은 뜻. ¶스승의 ―를 숭모하다. ②상대편을 높이어 그의 뜻을 이르는 말.

고-지기(庫―)명 지난날, 관아의 창고를 보살피고 지키던 사람. 고직(庫直)

고지-논명 고지로 내놓은 논.

고-지대(高地帶)명 높은 지대. ☞저지대(低地帶)

고지랑-물명 더러운 것이 섞인 물. ☞구지렁물

고지-새명 '밀화부리'의 딴이름.

고:지-서(告知書)명 국가 기관이 개인에게 무슨 일을 알리는 문서. ¶납세 ―

고지식-하다형여 성질이 외곬으로 곧아 융통성이 없다. ¶고지식한 성격.

고지-자리품명 논을 마지기로 떼어, 삯을 받고 농사를 지어 주는 일. 준자리품

고:지-판(告知板)명 어떤 사실을 알리기 위한 게시판.

고직(庫直)명 고지기

고진감래(苦盡甘來)성구 쓴 것이 다하면 단 것이 온다는 뜻으로, 고생한 끝에 즐거움이 옴을 이르는 말. ☞흥진비래(興盡悲來)

고-진공(高眞空)명 고도의 진공 상태. 수은주의 높이로 1000분의 1~1억분의 1밀리의 진공도를 이름.

고질(姑姪)명 인질(姻姪)

고질(固質)명 단단한 성질.

고질(痼疾)명 ①오래되어 고치기 어려운 병. ☞숙병(宿病). 지병(持病) ¶―인 심장병을 앓다. ②오래되어 바로잡기 어려운 나쁜 버릇. ¶게으름은 그의 ―이다.

고집(固執)명-하다타 자신의 생각이나 의견만을 내세워 굽히지 않음, 또는 그러한 성질. ¶제 ―대로 하려 든다./끝까지 ―을 부리다.

　고집(을) 세우다관용 제 의견만 내세워 굽히지 않다.

고집멸도(苦集滅道)[―또]명 불교의 근본 교리를 나타내는 말. '고(苦)'는 인생의 괴로움인 사고팔고(四苦八苦), '집(集)'은 괴로움의 원인인 번뇌, '멸(滅)'은 그 번뇌에서 벗어난 깨달음의 경지, '도(道)'는 깨달음의 경지에 이르는 수행을 이름.

고집불통(固執不通)성구 성질이 고집스럽고 융통성이 없음을 이르는 말

고집-스럽다(固執―)(―스럽고·―스러워)형ㅂ 자기의 생각이나 의견만을 내세워 굽히지 않는 성질이 있다.

　고집-스레부 고집스럽게

고집-쟁이(固執―)명 고집이 지나치게 센 사람.

고집통-머리(固執―)명 '고집통이'를 속되게 이르는 말.

고집통-이(固執―)명 ①고집만 내세우고 융통성이 없는 성질. ②고집쟁이

고-쪽대 '그쪽'보다 좀더 가깝거나 좁은 범위를 가리키는 말. ☞그쪽. 요쪽. 조쪽

고차(高次)명 ①정도나 차원이 높은 것. ②수학의 방정식에서 높은 차수(次數). 3차 이상의 차수를 이름.

고차=방정식(高次方程式)명 차수가 높은 방정식. 3차 방정식 이상의 방정식을 이름.

고-차원(高次元)명 ①정도나 차원이 높은 것. ②수학에서, 삼차원 이상을 이르는 말.

고차원=세:계(高次元世界)명 시간과 공간을 초월한 세계. ☞시공 세계(時空世界)

고차-적(高次的)명 차원이 높은 것. 정도가 높은 것. ¶―인 문제.

고착(固着)명-하다자 ①물건 같은 것이 굳게 들러붙음.

¶바위에 ―한 굴들. ②어떤 상황이나 현상이 변하지 않음. ¶회담이 ― 상태에 빠지다. ③특정한 생각이나 대상에 집착하여 벗어나지 못함, 또는 그런 상태.

고착=관념(固着觀念)명 고정 관념(固定觀念)

고착=생활(固着生活)명 일정한 곳이나 물건, 또는 다른 생물체 따위에 들러붙어 살아가는 생활.

고착-제(固着劑)명 가공성의 염료나 매염제(媒染劑)를 불용성으로 변화시켜 섬유에 고착시키는 약제.

고:찰(古刹)명 고사(古寺)

고찰(考察)명-하다타 사물을 뚜렷이 밝히기 위하여, 깊이 생각하며 살핌. ¶사태의 원인을 ―하다.

고찰(高察)명 상대편을 높이어 그가 살펴보는 일을 이르는 말.

고:참(古參)명 오래 전부터 그 일을 해 온 사람. ¶― 대리/―병 ☞신참(新參)

고창(高唱)명-하다타 ①큰 소리로 노래를 부르거나 구호를 외침. ②의견 등을 강하게 내세움.

고창(鼓脹)명 창자에 가스가 차서 배가 불룩해진 상태. ☞단복고창(單腹鼓脹)

고창(高敞)어기 '고창(高敞)하다'의 어기(語基).

고창-하다(高敞―)형여 지대가 높고 탁 트여 시원하다.

고채(苦菜)명 ①'씀바귀'의 딴이름. ②'고들빼기'의 딴이름.

고채-목 명 자작나뭇과의 낙엽 활엽 교목. 높이 15m 안팎. 잎은 끝이 뾰족한 달걀꼴이며 연한 밤색의 껍질은 얇게 벗겨짐. 이른봄에 단성화(單性花)가 이삭 모양으로 핌. 우리 나라 중부 이남의 고산 지대에 자람.

고처(高處)명 높은 곳. 고소(高所)

고처=공:포증(高處恐怖症)[―쯩] 명 고소 공포증

고:천(告天)명-하다타 ①하느님에게 아뢲. ②지난날, 임금이 즉위하여 하늘에 제사를 지내고 아뢰던 일.

고:천-문(告天文)명 예식이나 의식 따위를 지낼 때, 하느님에게 아뢰는 글.

고:천-자(告天子)명 '종다리'의 딴이름.

고:철(古哲)명 옛날의 뛰어난 사상가나 현자(賢者).

고:철(古鐵)명 낡은 쇠. 헌쇠

고첨(顧瞻)명-하다타 두루 돌아봄.

고:체(古體)명 ①옛 형식. 고풍(古風) ②고문(古文)의 문체. ③고체시(古體詩)

고체(固體)명 일정한 모양과 부피를 가지고 있으며 쉽게 변형되지 않는 성질을 가진 물체. ☞기체. 액체

고체(固滯)어기 '고체(固滯)하다'의 어기(語基).

고:체-시(古體詩)명 한시의 절구(絕句)나 율시(律詩) 따위 근체시(近體詩) 이전의 시체. 고시(古詩)나 악부(樂府) 따위. 고체(古體) 준고시 ☞근체시(近體詩)

고체=연료(固體燃料)명 고체로 된 연료. 장작·석탄·코크스 따위.

고체=일렉트로닉스(固體electronics)명 반도체(半導體)나 집적 회로 등 고체 전자 장치의 전자 공학.

고체=탄:산(固體炭酸)명 드라이아이스

고체-하다(固滯―)형여 성질이 고집스럽고 너그럽지 못하다.

고체-화(固體化)명-하다자타 액체 상태의 물질이 고체로 변함, 또는 변하게 함. 고화(固化)

고초(枯草)명 마른풀

고초(苦椒)명 '고추'의 원말.

고초(苦楚)명 고난(苦難) ¶많은 ―를 겪다.

고초(藁草)명 볏짚

고초-균(枯草菌)명 규조과에 딸린 막대 모양의 간균(桿菌). 자연계에 널리 퍼져 있으나 병을 일으키지는 않음. 우유를 굳게 하고 녹말을 당화하며 유지를 분해함.

고촉(孤燭)명 하나만 켜져 있는 촛불.

고촉(高燭)명 도수가 높은 촉광(燭光).

고촌(孤村)명 외딴 마을.

고:총(古塚)명 옛 무덤.

고총(固寵)명-하다자 변함없이 총애를 받음.

고추(∠苦椒)명 가짓과의 한해살이풀. 줄기 높이 60~90cm로 가지를 많이 침. 잎은 긴 달걀꼴이며 여름에 흰 꽃이 잎겨드랑이에서 핌. 초록빛의 열매는 익으면서 빨갛게 변하는데, 매운맛이 남. 열매도 '고추'라 하며, 채소로 또는 양념으로 쓰임. 열대와 온대에서 널리 재배됨. 당초(唐椒). 번초(蕃椒)

고추 먹은 소리 관용 못마땅하여 하는 말.

속담 **고추가 커야만 매우랴** : 작은 고추도 매운 것이니, 무엇이든지 반드시 커야만 제구실을 하는 것은 아니라는 말. /**고추는 작아도 맵다** : 몸집은 작아도 힘이 세거나 성질이 야무지고 옹골참을 이르는 말.

고추-감 명 작은 뾰주리감. ☞납작감. 둥주리감

고추-김치 명 김치의 한 가지. 식초를 탄 물에 풋고추를 이틀 정도 담갔다가 꺼내어, 청각·마늘·고춧가루, 다진 생강 등과 함께 버무려 익힌 김치.

고추-나물 명 물레나물과의 여러해살이풀. 줄기 높이 30~60cm. 잎은 길둥글며 마주 나고, 여름철에 노란 꽃이 핌. 산과 들에 자라며, 어린잎은 나물로 먹을 수 있고, 줄기와 잎은 약재로 쓰임.

고추-냉이 명 겨잣과의 여러해살이풀. 잎은 염통 모양으로, 가장자리에 불규칙한 작은 톱니가 있음. 5~6월에 흰 꽃이 총상(總狀) 꽃차례로 핌. 땅속줄기는 매운맛이 있어 생선회 등의 양념으로 쓰임. 산규(山葵)

고추-바람 명 몹시 찬 바람.

고추-박이 명 지난날, 미천한 여자의 남편을 낮잡아 이르던 말.

고추-뿔 명 양쪽 다 곧게 선 쇠뿔.

고추-상투 명 고추같이 작은 노인의 상투.

고추-선 명 씨를 뺀 풋고추 속에 두부와 다진 고기를 양념하여 넣고 찐 반찬.

고추-쌈 명 씨를 뺀 풋고추 속에 두부와 다진 고기를 양념하여 넣은 다음, 밀가루를 묻히고 달걀을 씌워서 지진 음식. 고추전

고추-자지 명 고추처럼 작은, 어린아이의 자지를 귀엽게 이르는 말.

고추-잠자리 명 잠자릿과의 곤충. 몸이 작고 빛깔이 붉은 잠자리를 통틀어 이르는 말. 성충(成蟲)이 된 직후에는 누르스름하나 자라면서 붉어지는데, 수컷은 특히 더 붉음. 늦여름부터 초가을에 걸쳐 떼지어 날아다님.

고추-장(―醬)명 쌀가루 따위를 되게 쑤어 메줏가루·고춧가루·엿기름·소금과 함께 버무려 담근 붉은빛의 매운 장.

속담 **고추장 단지가 열둘이라도 서방님 비위를 못 맞춘다** : ①성미가 까다로워 비위를 맞추기가 어렵다는 말. ②물질만으로는 사람의 마음을 사기 어렵다는 말.

고추장-볶음(―醬―)명 고추장에 파, 생강 다진 것을 섞어 넣고 참기름과 꿀을 쳐서 볶은 반찬. 잘게 썬 쇠고기를 함께 넣고 볶기도 함.

고추-장아찌 명 장아찌의 한 가지. 풋고추를 소금물에 담가 일주일 정도 삭힌 뒤 꺼내어 간장·고춧가루·파·마늘·설탕 따위로 양념을 하여 담금. ☞파장아찌

고추-전(―煎)명 고추쌈

고추-짱아 명 '고추잠자리'의 어린이 말.

고추-찌 명 몸통이 고추 모양으로 생긴 낚시찌.

고:축(告祝)명-하다타 신명(神明)에게 아뢰어 빎.

고축-삼성(鼓柷三聲)명 아악 연주에서, 축을 세 번 치고 이어 북을 한 번 치기를 세 번 되풀이하는 연주 방법.

고-출력(高出力)명 높은 출력.

고춧-가루 명 고추를 말려서 빻은 가루.

고춧-잎[―닢] 명 고추의 잎사귀.

고춧잎-나물[―닙―] 명 데쳐 말린 고춧잎을 물에 불려 볶거나 다시 데쳐 무친 나물.

고충(孤忠)명 함께하는 사람 없이 혼자서 바치는 충성.

고충(苦衷)명 ①괴로운 심정. ¶친구에게 ―을 털어놓다. ②어려운 사정. ¶윗사람에게 ―을 말하다.

고취(鼓吹)명-하다자타 ①북을 치고 피리를 붊. ②사상이나 의견 따위를 열렬히 주장하여 사람들의 마음을 불러일으키려 함. ¶독립 정신을 ―하다. ③사기 따위를 추키어 돋움. ¶사기를 ―하다.

고층(高層)명 ①여러 층으로 높이 겹쳐 있는 것. ¶－ 건물 ②상공(上空)의 높은 곳. ¶－ 기류
고층=습원(高層濕原)명 염류(塩類)가 부족하며, 춥고 습기가 많은 곳에 발달하는 초원. 물이끼가 주로 자라는데 높은 산이나 고위도 지방에 많음. ☞저층 습원
고층-운(高層雲)명 중층운(中層雲)의 한 가지. 잿빛을 띤 두꺼운 구름으로, 거의 온 하늘을 가림. 날씨가 궂을 전조(前兆)로, 보통 2km 이상의 높이에 생김. 높층구름 ☞난층운(亂層雲)
고치[1] 명 누에가 입으로 실 같은 분비물을 내어 제 몸을 둘러싸서 지은 길둥근 꼴의 집. 명주실의 원료가 됨. 누에고치. 잠견(蠶繭)
고치[2] 명 물레로 실을 잣기 위하여 목화 솜을 고칫대에 말아 뺀 솜 대롱.
고치(叩齒)명 이촉이나 잇몸을 튼튼하게 하려고 위아래의 이를 마주치게 함.
고치(高値)명 비싼 값. 고가(高價)
고치다 타 ①고장이 난 것을 손보아서 쓸 수 있게 만들다. ¶고장 난 시계를 －./지붕을 －. ②병을 낫게 하다. ¶위장병을 －. ③잘못된 일이나 마음을 바로잡다. ¶나쁜 버릇을 －./답안을 －. ④다르게 바꾸다. ¶상품의 이름을 －. ⑤모양이나 태도 따위를 새롭게 하다. ¶옷의 디자인을 －./자세를 －.

한자 **고칠 개**(改)〔攴部 3획〕¶개과(改過)/개량(改良)/개명(改名)/개선(改善)/개정(改正)
고칠 경(更)〔曰部 3획〕¶경개(更改)/경신(更新)/경장(更張)/경정(更定)/변경(變更)

고치-솜 명 고치 겉을 둘러싼 솜과 같은 켜. 누에가 고치를 지을 때, 고치를 고정시킬 바탕으로 입에서 분비한 물질임. 견면(繭綿)
고치-실 명 누에가 번데기로 변할 때, 입으로 분비하여 제 몸을 둘러싸는 실. 생사(生絲)의 원료임.
고치-틀기 명-하다 자 누에가 고치실을 분비하여 고치를 짓는 일. ☞토사구(吐絲口)
고:친(故親)명 오래 사귀어 온 친지나 친구. 옛 친구.
고침(高枕)명 ①높은 베개. ②베개를 높이 하여 편안히 잔다는 뜻으로, 안심함을 비유하여 이르는 말.
고침단금(孤枕單衾)성구 혼자 벤 베개와 혼자 덮은 이불이라는 뜻으로, 젊은 여자가 홀로 쓸쓸히 자는 일을 이르는 말.
고침단명(高枕短命)성구 베개를 높이 베면 오래 살지 못한다는 말.
고침사지(高枕肆志)성구 높은 베개를 베고 마음대로 한다는 뜻으로, 편안하고 즐겁게 지냄을 이르는 말.
고침한:등(孤枕寒燈)성구 외로운 베개와 쓸쓸한 등불이라는 뜻으로, 홀로 자는 쓸쓸한 밤을 이르는 말.
고칫-대 명 실을 자을 고치를 마는 데 쓰는 수수목대.
고칭(高秤)명 저울질할 때, 제 무게보다 세게 다는 일.
고콜 명 지난날, 관솔불을 올려 놓을 수 있도록 방 안의 벽에 뚫어 놓았던 구멍.
고콜-불[－뿔]명 고콜에 켜는 관솔불.
고타(拷打)명-하다 타 고문(拷問)하여 때림.
고타분-하다 형여 '고리타분하다'의 준말.
고:탑(古塔)명 옛 탑.
고탑(高塔)명 높은 탑.
고탑지근-하다 형여 좀 고리탑탑하다. ☞구텁지근하다
고탑탑-하다 형여 '고리탑탑하다'의 준말.
고:태(古態)명 ①옛 모양. ②예스럽고 수수한 상태.
고태(固態)명 물질이 고체 상태로 있는 것. ☞기태(氣態). 액태(液態)
고:태(故態)명 옛 모습.
고:태의연-하다(古態依然－)형여 옛 모양 그대로이다. ☞구태의연하다
고:택(古宅)명 오래된 집.
고:택(故宅)명 예전에 살던 집. ☞구택(舊宅)
고택(膏澤)명 ①은혜와 덕택. 은택(恩澤) ②이슬과 비의 혜택. ③고혈(膏血)
고토(苦土)명 '산화마그네슘'을 달리 이르는 말.
고:토(故土)명 고향의 땅. 고국(故國)의 땅.
고토(膏土)명 기름진 땅.
고-토록 부 그러한 정도로까지. ☞그토록
고통(苦痛)명 몸이나 마음의 괴로움과 아픔. 통고(痛苦) ¶심한 －을 겪다.
고통-스럽다(苦痛－)(－스럽고·－스러워)형ㅂ 몸이나 마음이 괴롭고 아픈 느낌이 있다. ¶고통스러운 투병 생활.
고통-스레 부 고통스럽게
고투(苦鬪)명-하다 자 어려움을 견디며 힘들게 싸움. 고전(苦戰) ¶악전(惡戰)－
고틀란드기(Gotland紀)명 실루리아기
고:판(古版)명 ①옛 책판. ②옛날에 판각한 책. 고판본(古版本)
고:판-본(古版本)명 ①옛날에 판각한 책. 고판(古版)
고패 명 높은 곳에 물건을 달아 올렸다 내렸다 하기 위해 줄을 걸치는 도르래나 고리. 녹로(轆轤)
고패-떨어뜨리다(트리다) 자 하인이 상전에게 뜰 아래에서 절하다.
고팻-줄 명 고패에 걸친 줄.
고팽이 명 ①줄 따위를 사리어 놓은 한 돌림. 사리 ②〖의존 명사로도 쓰임〗두 곳 사이를 한 차례 갔다가 돌아옴을 세는 말. ¶산마루까지 세 － 오르내렸다.
고편(苦鞭)명 가톨릭에서, 수도자가 극기(克己)하기 위하여 제 손으로 제 몸을 때리는 채찍.
고-편도(苦扁桃)명 감복숭아
고평(考評)명-하다 타 시문(詩文) 등을 심사하는 처지에서 우열을 평가함.
고평(高評)명 남을 높이어 그의 비평을 이르는 말.
고폐(痼弊)명 오래되어 고치기 어려운 폐단. 고막(痼瘼)
고푸리다 타 몸을 앞으로 고부리다. ☞구푸리다
고:품(古品)명 ①옛 물품. ②헌 물품. ☞신품
고:풍(古風)명 ①옛 풍속. ②예스러운 모습. 예스러운 풍취(風趣).
고풍(高風)명 ①높은 곳에 부는 바람. ②가을 바람. ③고상한 풍채나 품성. ④남을 높이어, 그의 풍채를 이르는 말.
고:풍-스럽다(古風－)(－스럽고·－스러워)형ㅂ 예스러운 느낌이 있다. ¶고풍스러운 의식.
고풍-스레 부 고풍스럽게
고프다 형 뱃속이 비어 음식을 먹고 싶다. ¶배가 －./배가 고파도 참고 견디다.
고:필(古筆)명 ①오래된 붓. ②옛사람의 필적.
고하(高下)명 ①나이의 많음과 적음. ¶나이의 －를 가리지 않는다. ②지위나 등급, 신분 등의 높고 낮음이나 귀하고 천함. ¶학력(學歷)의 －를 막론하고 응시 자격이 있다./직위(職位)의 －에 따라 업무가 다르다. ③값의 비쌈과 쌈. ¶값의 －를 따지지 않고 모두 사들이다. ④내용이나 품질 따위의 좋고 나쁨.
고하-간(高下間)부 나이나 직위 또는 값 따위가 높든지 낮든지 간에. ¶신분의 －에 출입을 금하다.
고:-하다(告－)타여 ①아뢰다 ¶아버지께 사실을 －. ②이르다. 일러바치다 ¶친구의 잘못을 선생님께 －. ③알리다. 말하다. ¶此(차)로써 世界萬邦(세계 만방)에 告(고)하야 ….

한자 **고할 고**(告)〔口部 4획〕¶경고(警告)/고발(告發)/고별(告別)/고부(告訃)/신고(申告)

고:-하다(誥－)타여《文》아랫사람에게 일러 깨우쳐 주다. ¶子孫萬代(자손만대)에 誥(고)하야 民族自存(민족 자존)의 政權(정권)을 ….
고하-자(高下字)[－짜]명 평측자(平仄字)
고학(苦學)명-하다 자 스스로 학비나 생활비를 벌어서 공부함. ¶－으로 대학을 졸업하다.
고한(枯旱)명 식물이 말라 죽을 정도의 심한 가뭄.
고한(苦寒)명 ①모진 추위. ②추위로 말미암은 괴로움.

고한(膏汗)명 비지땀
고함(高喊)명 크게 외치는 목소리. ¶빨리 달리라고 -을 치다. 대함(大喊)
고함(鼓喊)명-하다자 북을 두드리며 소리를 지름.
고함-소리(高喊-)[-쏘-]명 고함지르는 소리.
고함-지르다(高喊-)자 큰 소리로 부르짖다.
고함-치다(高喊-)자 큰 소리로 외치다.
고:해(告解)명-하다자 '고해 성사'의 준말.
고해(苦海)명 불교에서, 괴로움이 가득한 이 세상을 바다에 비유하여 이르는 말.
고:해=성:사(告解聖事)명 가톨릭에서 이르는 일곱 성사의 하나. 영세를 받은 신자가 지은 죄를 뉘우치고 사제에게 고백하는 일. 사제는 성사를 한 신자에게 보속(補贖)을 줌. 준 고해(告解)
고행(苦行)명-하다자 ①불교에서, 깨달음에 이르기 위해 스스로 육신의 욕망을 끊고 정신을 정화하는 괴로운 수행을 이르는 말. ②중이 되고자 하는 사람이 절에 머물면서 잡일을 거드는 일, 또는 그 사람.
고향(故鄕)명 ①태어나서 자란 곳. 관산(關山) ②조상 때부터 대대로 살아온 곳. 구향(舊鄕)

한자 고향 향(鄕) 〔邑部 10획〕 ¶고향(故鄕)/귀향(歸鄕)/동향(同鄕)/망향(望鄕)/향리(鄕里)

고:허(古墟)명 오래된 폐허.
고:허(故墟)명 옛 성터나 집터.
고헐(苦歇)명 병을 오래 앓는 동안에 병이 더했다 덜했다 하는 일.
고헐(高歇)명 ①값이 비쌈과 쌈. ②값이 올랐다 내렸다 함.
고험(高險)어기 '고험(高險)하다'의 어기(語基).
고험-하다(高險-)형여 높고 험하다.
고:현(古賢)명 옛 현인. 석현(昔賢)
고현-학(考現學)명 현대의 사회 현상을 조직적으로 연구하여 풍속이나 세태를 분석하고 해설하려 하는 학문. ☞고고학(考古學)
고혈(孤孑)명 '고혈단신(孤孑單身)'의 준말.
고혈(膏血)명 사람의 기름과 피라는 뜻으로, 몹시 고생하여 얻은 수익을 비유하여 이르는 말. 고택(膏澤) ¶백성의 -을 짜다.
고혈단신(孤孑單身)성구 피붙이가 없는 외로운 홀몸을 이르는 말. 준 고혈(孤孑)
고혈당-증(高血糖症)[-땅쯩]명 혈액 속의 포도당의 농도가 비정상적으로 증가한 병증.
고-혈압(高血壓)명 ①혈압이 정상보다 높은 현상, 또는 그러한 혈압. ②고혈압증 ☞저혈압(低血壓)
고혈압-증(高血壓症)명 혈압이 이상(異常) 상태로 높은 증세. 성인의 경우, 최고 혈압 160mmHg 이상, 최저 혈압 95mmHg 이상인 경우를 이름. 고혈압
고형(固形)명 질이 단단하고, 일정한 모양과 부피를 가지고 있는 것. ¶- 물질
고형=사료(固形飼料)명 가루 상태의 농후 사료나 조사료를 알갱이로 만든 사료.
고형=알코올(固形alcohol)명 휴대용 연료로 쓰기 위하여 고체로 굳힌 알코올.
고:호(古號)명 사람이나 고장의 옛이름.
고호(顧護)명-하다타 돌보아 줌. 고견(顧見)
고혹(蠱惑)명-하다타 여자가 야릇한 매력으로 남자의 마음을 호리어 제정신을 못 차리게 함. ¶순진한 남자를 -하는 눈길.
고혹-적(蠱惑的)명 여자가 야릇한 매력으로 남자의 마음을 호리어 제정신을 못 차리게 하는 것. ¶-인 자태./-인 눈매.
고혼(孤魂)명 의지할 곳 없는 외로운 넋.
고:화(古畫)명 옛 그림.
고화(固化)명-하다자타 고체화(固體化)
고화(枯花)명 시든 꽃. 마른 꽃.
고화(鼓花)명 인화(印花)
고-화질(高畫質)명 사진이나 텔레비전 등의 화상(畫像)의 상태가 매우 섬세하고 선명함을 뜻하는 말. 에이치디(HD) ¶- 텔레비전
고환(苦患)명 괴로움과 근심. ☞고뇌(苦惱)
고환(睾丸)명 불알
고환-염(睾丸炎)[-념]명 불알에 생기는 염증. 화농균·임균·결핵균 등의 감염으로 생김.
고황(苦況)명 고생스러운 정황.
고황(膏肓)명 '고(膏)'는 심장의 아래 부분, '황(肓)'은 횡격막의 윗부분을 가리키는 말로, 사람의 몸의 가장 깊은 곳을 이르는 말.
고황에 들다 관용 병이 몸 속 가장 깊은 곳에 들어 고칠 방법이 없는 상태가 되다.
고-황죽(枯黃竹)명 바싹 말라서 빛깔이 누레진 왕대나 참대. 연(鳶)을 만들 때 연살로 씀.
고황지질(膏肓之疾)성구 ①고황에 든 고치기 어려운 병. ②고치기 어렵게 된 버릇을 비유하여 이르는 말.
고회(孤懷)명 외롭고 쓸쓸한 마음이나 생각.
고회(苦懷)명 괴로운 심정.
고:훈(古訓)명 옛사람의 교훈.
고훈(高訓)명 ①훌륭한 교훈. ②남을 높이어 그의 가르침을 이르는 말.
고훼(枯卉)명 말라 죽은 풀.
고휼(顧恤)명-하다타 불쌍히 여겨 돌보아 줌.
고흥(高興)명 ①한창 일어나는 흥취. ②품위 있는 흥취.
고:희(古稀)명 나이 '일흔 살' 또는 '일흔 살이 된 때'를 이르는 말. 〔두보(杜甫)의 시 곡강(曲江)에서 '인생칠십고래희(人生七十古來稀)'라고 읊은 데서 나온 말.〕 ☞종심(從心). 칠순(七旬). 희수(稀壽)
고:희-연(古稀宴)명 일흔 살이 되는 생일에 베푸는 잔치.
×고히 부 →고이
곡(曲)명 ①음악이나 노래의 가락. 곡조(曲調). 악곡(樂曲) ②음악이나 노래의 한 작품. ¶모차르트의 -. ③〔의존 명사로도 쓰임〕 음악이나 노래의 가락을 세는 단위. ¶한 - 불러 보시오.
곡(哭)명-하다자 사람이 죽었을 때나 제사 때에 소리 내어 우는 일, 또는 그 울음. ¶-하는 소리.
곡가(穀價)명 곡식의 값.
곡간(谷澗)명 산골짜기에 흐르는 시내.
곡경(曲徑)명 ①꼬불꼬불한 길. ②사경(私徑)
곡경(曲境)명 몹시 힘들고 어려운 처지.
곡고화과(曲高和寡)성구 노래의 수준이 높으면 화답하는 사람이 적다는 뜻으로, 사람의 재능이 너무 뛰어나면 따르는 무리가 적음을 이르는 말.
곡곡(曲曲)명 ①시내나 길 따위의 굽이굽이. ②한 군데도 빼놓지 않은 모든 곳.
곡관(曲管)명 쓸모에 따라 굽힌 대롱.
곡-괭이 명 한쪽 또는 양쪽으로 뾰족하게 날을 내고 가운데에 자루를 박은 괭이. 단단한 땅을 파는 데 쓰임.
곡괭이-버력 명 곡괭이만으로 파낼 수 있는 버력.
곡굉이침지(曲肱而枕之)성구 팔을 구부려 베개로 삼는다는 뜻으로, 가난한 생활, 또는 간소한 생활을 비유하여 이르는 말.
곡구(曲球)명 ①당구에서, 마세(massé) 등의 방법으로 공에 특별한 회전력을 주어, 공이 휘어서 구르게 하는 기술. ②야구에서, 커브(curve)를 이르는 말.
곡귀(穀貴)명-하다형 시장에서 곡식이 달리어 값이 비쌈. ☞곡천(穀賤)
곡균(^麯菌)명 누룩곰팡이
곡기(曲技)명 곡예의 기술.
곡기(穀氣)명 곡식으로 만든 적은 양의 음식. 낟알기 ¶-를 넘기지 못하다. ▷穀의 속자는 穀·穀
곡기를 끊다 관용 음식을 먹지 아니하다. 음식을 먹지 못하다. ¶단식 수행을 위하여 -.
곡다(穀茶·曲茶)명 곡차(穀茶)
곡달(穀疸)명 한방에서, 곡류로 만든 음식을 편식하여 생긴 황달을 이르는 말.
곡도(穀道)명 대장(大腸)과 항문(肛門).

곡두 명 실제로는 없는 사람이나 물건 등이 마치 있는 것처럼 눈앞에 보이다가 사라지는 현상. 환영(幻影)

곡두생각(穀頭生角) 성구 추수 때 비가 자주 내려서 거두기도 전에 곡식에 싹이 남을 이르는 말.

곡두-선(曲頭扇) 명 꼽장선

곡론(曲論) 명 이치에 어긋난 이론. ☞곡설(曲說)

곡류(曲流) 명 -하다 자 물이 굽이굽이 휘돌아 흐름, 또는 그 흐름. 사행(蛇行)

곡류(穀類) 명 쌀·보리·밀 따위 여러 가지 곡식.

곡률(曲律) 명 악곡(樂曲)의 선율.

곡률(曲率) 명 곡선이나 곡면의 굽은 정도를 나타내는 수.

곡률=반:지름(曲率半—) 명 곡률원의 반지름. 곡률 중심과 곡선까지의 길이.

곡률-원(曲率圓) 명 곡선 위의 한 점에서 그 곡선과 같은 쪽에 곡률 반지름으로 그린 원.

곡률=중심(曲率中心) 명 곡률원의 중심.

곡륭=산지(曲隆山地) 명 지각(地殼)의 만곡(彎曲)으로 넓은 지역이 가파르지 않게 높아진 산지.

곡림(哭臨) 명 -하다 자 지난날, 임금이 죽은 신하를 몸소 조문(弔問)하던 일.

곡마(曲馬) 명 말을 타고 부리는 여러 가지 재주. 유 서커스(circus)

곡마-단(曲馬團) 명 곡마를 중심으로 여러 가지 곡예를 하며 각지를 옮아 다니는 흥행 단체.

곡마-사(曲馬師) 명 곡마를 직업으로 삼는 사람.

곡면(曲面) 명 곡선으로 이루어진, 평면이 아닌 면. 공의 표면 따위.

곡면=인쇄(曲面印刷) 명 병이나 통조림통, 접시 따위의 곡면체에 하는 인쇄.

곡면-체(曲面體) 명 표면의 전부 또는 일부가 곡면으로 된 입체 도형. 구(球)나 원뿔 따위.

곡명(曲名) 명 악곡의 이름. 곡목(曲目)

곡목(曲目) 명 ①연주할 악곡 또는 곡명을 적어 놓은 목록. ②곡명(曲名)

곡물(穀物) 명 농작물 가운데서 씨앗을 먹을 거리로 삼는 쌀·보리·콩·밀 따위를 통틀어 이르는 말. 곡식

곡물-상(穀物商) [—쌍] 명 곡물을 사고 파는 장사 또는 장수. 준 곡상

곡물-식(穀物式) 명 곡물을 주로 생산하는 농업 방식. 주곡식(主穀式)

곡물=한:계(穀物限界) 명 곡물을 재배하고 생산할 수 있는 지리적·기후적 한계.

곡미(曲眉) 명 초승달 모양의 눈썹이라는 뜻으로, 미인의 눈썹을 형용하여 이르는 말. ☞아미(蛾眉)

곡반(哭班) 명 조선 시대, 국상(國喪) 때 곡하던 반열.

곡배(曲拜) 명 -하다 자 지난날, 임금을 만나 볼 때 하던 절. 임금은 남쪽을 향하여 앉고, 절하는 사람은 동쪽이나 서쪽을 향하여 절을 했음.

곡법(曲法) 명 -하다 자 법을 본디 뜻대로 따르지 않고 왜곡하여 어김.

곡변(曲辯) 명 -하다 타 그른 것을 옳다고 주장함, 또는 그런 말.

곡병(曲屛) 명 ①머릿병풍 ②가리개

곡보(曲譜) 명 악보(樂譜)

곡복-사신(穀腹絲身) 명 사신곡복(絲身穀腹)

곡분(穀粉) 명 곡물을 빻아서 만든 가루.

곡비(曲庇) 명 -하다 타 ①힘을 다하여 보호함. 곡호(曲護) ②도리를 어기면서 남을 비호함.

곡비(哭婢) 명 지난날, 양반의 장례 때 주인을 대신하여 곡을 하던 계집종.

곡-빙하(谷氷河) 명 골짜기를 따라 흘러내리는 빙하.

곡사(曲射) 명 -하다 타 목표물을 가로막는 장애물이 있을 때, 탄환이 굽은 탄도로 위로 올라갔다가 목표물에 떨어지게 하는 사격. ☞직사(直射)

곡사-포(曲射砲) 명 곡사에 쓰이는 대포. ☞직사포

곡삼(曲蔘) 명 굵은 뿌리 가지를 고부려서 말린 백삼(白蔘). ☞직삼(直蔘)

곡상(穀商) 명 '곡물상(穀物商)'의 준말.

곡-생초(曲生綃) 명 빛깔이 다른 두 가지 흰 씨실로 절반씩 섞바꾸어 짠, 광택이 나는 명주붙이의 여름 옷감. 갑생초(甲生綃)

곡선(曲線) 명 ①모나지 않게 굽은 선. ☞직선(直線) ②점이 평면상이나 공간 내를 연속적으로 움직일 때 생기는 선. ③해석 기하학에서, 직선을 포함한 선을 이르는 말.

곡선-계(曲線計) 명 지도에서 도로나 하천 등 곡선의 길이를 재는 기구.

곡선-교(曲線橋) 명 위에서 내려다볼 때, 전체가 곡선으로 휘어져 있는 다리. 고속 도로에서 흔히 볼 수 있음.

곡선-미(曲線美) 명 곡선이 나타내는 아름다움. 주로 예술 작품이나 육체가 자아내는 부드러운 선의 아름다움을 이름. ☞직선미(直線美)

곡선-식(曲線式) 명 등고선(等高線)으로 땅의 높낮이를 나타내어 지도를 그리는 법.

곡선=운:동(曲線運動) 명 물체 따위가 곡선을 그리면서 움직이는 운동. 원운동·타원 운동·포물선 운동 따위.

곡선-자(曲線—) 명 곡선을 그리는 데 쓰이는 자. 운형자

곡선-표(曲線標) 명 철도 선로가 구부러지기 시작하는 곳이나 끝나는 곳에 세우는 표지(標識).

곡설(曲說) 명 한쪽으로 치우쳐 그릇된 이론. ☞곡론

곡성(曲城) 명 곱은성

곡성(哭聲) 명 곡하는 소리.

곡-쇠(曲—) 명 곡철(曲鐵)

곡수(曲水) 명 굽이굽이 휘돌아 흐르는 물.

곡수(를) 놓다 관용 굽이굽이 휘돌아 흐르는 물의 모양을 수놓다.

곡수(를) 틀다 관용 굽이굽이 휘돌아 흐르는 물의 모양을 그리다.

곡수(谷水) 명 골물

곡수-연(曲水宴) 명 지난날, 삼월 삼짇날에 물이 굽이쳐 흐르는 곳에 둘러앉아 술잔을 띄워 놓고 그 술잔이 자기에게 오기 전에 시를 지으며 즐기던 놀이. 곡수유상

곡수유상(曲水流觴) 성구 굽이쳐 흐르는 물에 술잔을 띄워 보낸다는 뜻으로, '곡수연(曲水宴)'을 달리 이르는 말. 유상곡수(流觴曲水)

곡식 명 농작물 가운데서 씨앗을 먹을 거리로 삼는 쌀·보리·콩·밀 따위를 통틀어 이르는 말. 곡물(穀物)

속담 **곡식은 될수록 준다** : 무엇이든지 이리저리 옮겨 담으면 조금이라도 줄게 마련이라는 말./**곡식 이삭은 잘 될수록 고개를 숙인다** : 훌륭한 사람일수록 교만하지 않고 겸손하다는 말.

한자 **곡식 곡**(穀) 〔禾部 10획〕 ¶곡가(穀價)/곡기(穀氣)/양곡(糧穀)/오곡(五穀) ▷ 속자는 穀·穀

곡식-알 명 곡식의 낟알.

곡신(穀神) 명 곡식을 맡아본다는 신(神).

곡실(槲實) 명 '도토리'의 딴이름.

곡심(曲心) 명 비뚤어진 마음.

곡약(槲藥) 명 한방에서, 떡갈나무의 잎을 약재로 이르는 말. 치질이나 혈리(血痢)의 치료 또는 제충(除蟲) 따위에 쓰임.

곡언(曲言) 명 -하다 자 에둘러서 말을 함, 또는 그 말. ☞직언(直言)

곡연(曲宴) 명 지난날, 궁중(宮中)에서 임금이 베풀던 작은 규모의 잔치.

곡예(曲藝) 명 줄타기나 재주넘기, 공타기, 요술 따위 신기한 재주를 부리는 연예(演藝). 서커스(circus)

곡예=댄스(曲藝dance) 명 보는 이를 즐겁게 하기 위하여 여러 가지 묘기를 섞어서 추는 춤.

곡예=비행(曲藝飛行) 명 비행기로 공중에서 고도, 속도, 비행 자세 등에 변화를 보이면서 부리는 비행술.

곡예-사(曲藝師) 명 곡예를 직업으로 삼는 사람. 아크로바트(acrobate)

곡옥(曲玉) 명 상고 시대에, 몸치장을 하는 데 꾸미개로 쓰던 굽은 옥. 반달 모양으로 다듬어, 굵은 쪽에 구멍을 뚫

어 끈에 꿰었음. 금관(金冠)의 장식으로도 쓰였음. 곱은옥. 구옥(勾玉)
곡우(穀雨)명 이십사 절기(二十四節氣)의 하나. 청명(淸明)과 입하(立夏) 사이의 절기로, 양력 4월 20일께. ☞소만(小滿)
곡읍(哭泣)명-하다자 소리를 내어 슬피 욺.
곡인(穀人)명 '농민(農民)'을 달리 이르는 말.
곡일(穀日)명 한 해 농사를 점치는 날로, 음력 정월 초여드렛날을 이르는 말.
곡자(∠麯子)명 누룩
곡장(曲墻)명 능(陵)이나 원소(園所) 등의 무덤 뒤에 둘러쌓은 나지막한 담.
곡-재인(哭才人)명 지난날, 남의 초상집에 가서 곡을 해 주던 천민(賤民).
곡적(穀賊)명 한방에서, 곡식의 까끄라기가 목구멍에 걸려 목에 열이 나고 붓는 병증을 이르는 말.
곡절(曲折)명 ①이리저리 구불구불 꺾여 있는 상태. ②이리저리 복잡하게 얽혀 있는 까닭이나 사정. ¶필시 어떤 －이 있을 것이다.
곡절(曲節)명 곡조의 마디.
곡정(曲釘)명 대가리가 'ㄱ'자처럼 꼬부라진 못.
곡정(穀精)명 곡식의 자양분.
곡정-수(穀精水)명 ①멥쌀을 고아서 고운 체로 밭친 미음. ②밥물
곡정-초(穀精草)명 곡정초과의 한해살이풀. 연못이나 논밭에서 자람. 수염뿌리가 나고 줄기는 없으며, 뿌리에서 가늘고 긴 잎이 무더기로 남. 가을에 작고 흰 꽃이 핌. 한방에서, 줄기와 잎을 말려 약재로 씀. 고위까람
곡제=화:주(穀製火酒)명 곡식을 원료로 하여 빚은 독한 술. 고량주나 위스키 따위.
곡조(曲調)명 음악이나 노래의 가락. 곡(曲) ¶경쾌한 －./슬픈 －. 준조(調)
곡종(穀種)명 ①곡식의 종류. ②곡식의 씨앗.
곡좌(曲坐)명-하다자 윗사람 앞에 앉을 때 공경하는 마음을 나타내는 뜻에서, 마주앉지 않고 조금 옆으로 돌아앉음, 또는 그런 자세.
곡주(穀酒)명 곡식으로 빚은 술. ☞과실주(果實酒)
곡직(曲直)명 굽음과 곧음의 뜻에서, 사리의 옳고 그름을 이르는 말. ¶－을 가리다.
곡진(曲盡)어기 '곡진(曲盡)하다'의 어기(語基).
곡진기정(曲盡其情)성구 앞뒤 사정을 자세하고 간곡하게 말함을 이르는 말.
곡진-하다(曲盡－)형여 ①자세하고 간곡하다. ¶곡진한 가르침. ②정성이 지극하다. ¶곡진한 사랑.
곡진-히부 곡진하게 ¶어른을 － 받들어야 한다.
곡차(穀茶·曲茶·*麯茶)명 ①보리·옥수수·흰콩 볶은 것을 섞어서 끓여 받은 차. ②중들이 이르는 '술'의 변말. 곡다(穀茶). 반야탕(般若湯)
곡창(穀倉)명 ①곡식을 쌓아 두는 창고. ②곡식이 많이 나는 고장. 곡향(穀鄕) ¶호남은 － 지대이다.
곡창(穀脹)명 한방에서, 음식을 많이 먹어 소화가 안 되고 헛배가 불러 오는 병을 이르는 말.
곡척(曲尺)명 곱자
곡천(穀賤)명-하다형 생산이 많이 되어 곡식 값이 헐함. ☞곡귀(穀貴)
곡철(曲鐵)명 ①직각을 이룬 쇳조각. 곡쇠 ②양금(洋琴)의 줄을 고르는 기구.
곡초(穀草)명 이삭을 떨어 낸 곡식 풀의 줄기. 볏짚이나 밀짚 따위.
곡초-식(穀草式)명 땅심을 조절하기 위하여 곡식과 목초를 번갈아 가꾸는 영농 방식.
곡출(穀出)명 거두어들인 곡식의 양. 곡식의 소출.
곡풍(谷風)명 ①골바람 ②동풍(東風)
곡피(穀皮)명 곡물의 껍질.
곡필(曲筆)명-하다타 사실을 바른 대로 쓰지 않고 그릇되게 씀, 또는 그 글. ☞직필(直筆)
곡-하다(曲－)형여 ①사리에 어그러져 그르다. ②고깝다
곡학(曲學)명 바른 길에서 벗어난 학문.
곡학아세(曲學阿世)성구 학문상의 진리를 거슬러가며 시류나 권력에 아첨하는 언행을 이르는 말.
곡해(曲解)명-하다타 남의 말이나 태도 등을 사실 그대로 받아들이지 않고 곱새김. ¶－로 우정에 금이 가다.
곡향(穀鄕)명 곡식이 많이 나는 고장. 곡창(穀倉)
곡형(曲形)명 굽은 형상.
곡호(曲號)명 지난날, 군대에서 불던 나팔.
곡호(曲護)명-하다타 곡비(曲庇)
곡호-수(曲號手)명 지난날, 군대에서 나팔을 불던 병사.
곡화(曲畫)명 정상이 아닌 방법으로 그린 그림. 붓 대신 종이나 헝겊, 손가락 등을 사용하거나 왼손이나 발가락, 입 등으로 그린 그림.
곤:(困)명 '곤괘(困卦)'의 준말.
곤(坤)명 ①'곤괘(坤卦)'의 준말. ②'곤방(坤方)'의 준말. ③'곤시(坤時)'의 준말.
곤(梱)의 포장한 짐, 특히 생사(生絲)나 견사(絹絲) 등의 짐 수를 세는 단위.
-곤[1] 어미 동사 어간에 붙어 '하다'와 함께 쓰이어, '곧잘 되풀이하다'의 뜻을 나타냄. ¶그는 휴일이면 이곳을 방문하곤 한다.
-곤[2] 어미 '-고는'의 준말.
곤:갈(困竭)어기 '곤갈(困竭)하다'의 어기(語基).
곤:갈-하다(困竭－)형여 어렵고 가난하다. 곤절하다
곤:경(困境)명 곤란한 처지. 딱한 사정. ¶－에 빠지다./－에 처하다.
곤계(昆季)명 형제(兄弟)
곤:고(困苦)어기 '곤고(困苦)하다'의 어기(語基).
곤:고-하다(困苦－)형여 형편이 어렵고 고생스럽다.
곤고-히부 곤고하게
곤:곤(滾滾)어기 '곤곤(滾滾)하다'의 어기(語基).
곤:곤-하다(滾滾－)형여 세차게 흐르는 물이 출렁출렁 넘칠듯 하다.
곤곤-히부 곤곤하게
곤:골(滾汩)어기 '곤골(滾汩)하다'의 어기(語基).
곤:골-하다(滾汩－)형여 몹시 바쁘다.
곤골-히부 곤골하게
곤:-괘(困卦)명 육십사괘의 하나. 태괘(兌卦) 아래 감괘(坎卦)가 놓인 괘로 못에 물이 없음을 상징함. 준곤(困) ☞정괘(井卦)
곤-괘(坤卦)명 ①팔괘(八卦)의 하나. 상형은 ☷, 땅을 상징함. ②육십사괘(六十四卦)의 하나. 곤괘(坤卦) 아래 곤괘가 놓인 괘로 땅 아래에 땅이 거듭됨을 상징함. 준곤(坤) ☞감괘(坎卦)
곤:군(困窘)어기 '곤군(困窘)하다'의 어기(語基).
곤:군-하다(困窘－)형여 가난하고 구차하다.
곤군-히부 곤군하게
곤:궁(困窮)명-하다형 ①가난하고 구차함. ¶－을 면하다./－한 처지. ☞부유(富裕) ②처지가 난처하고 딱함.
곤궁-히부 곤궁하게

한자 곤궁할 곤(困) 〔口部 4획〕 ¶곤갈(困竭)/곤고(困苦)/곤궁(困窮)/곤절(困絕)/곤핍(困乏)

곤궁(坤宮)명 ①왕후의 궁전. ②지난날, '왕후'를 높이어 일컫던 말. 곤전(坤殿). 중궁전(中宮殿)
곤:궁(壼宮)명 제왕(帝王)의 후비(后妃), 또는 후비가 거처하는 곳. 곤극(壼極) ▷壼은 대궐 안길 (곤)
곤:극(壼極)명 곤궁(壼宮)
곤:급(困急)어기 '곤급(困急)하다'의 어기(語基).
곤:급-하다(困急－)형여 형편이 곤란하고 위급하다. ¶곤급한 지경에 놓이다.
곤급-히부 곤급하게
곤:난(困難)명 '곤란'의 원말.
곤:뇌(困惱)어기 '곤뇌(困惱)하다'의 어기(語基).
곤:뇌-하다(困惱－)형여 가난 따위에 시달려 고달프다.
곤:대명 고운대
곤댓짓명 뽐내어 하는 고갯짓.

곤돌라(gondola)명 ①이탈리아 베네치아의 명물인 작은 배. ②기구(氣球)나 비행선 등에 매달린, 바구니 모양의 선실(船室).
곤두 명 '곤두박질'의 준말.
곤두-《접두사처럼 쓰이어》'거꾸로'의 뜻을 나타냄. ¶곤두박이다/곤두서다
곤:두-곤두 감 어린아이를 손바닥 위에 세울 때 가락을 맞추기 위하여 하는 말. ☞따로따로[2]
곤두-박이다 자 높은 데서 거꾸로 땅에 떨어지다.
곤두박이-치다 자 높은 데서 갑자기 거꾸로 떨어지다.
곤두박-질 명-하다 자 몸을 번드치어 갑자기 거꾸로 떨어지는 짓. ¶언덕을 달려 내려오다가 돌부리에 걸려 －하다. 준곤두
곤두박질(을) 치다 관용 몸을 번드치어 갑자기 거꾸로 내리박히다.
곤두-서다 자 ①거꾸로 꼿꼿이 서다. ¶머리카락이 －. ②신경 따위가 날카로워지다. ¶신경이 －.
곤두-세우다 타 곤두서게 하다. ¶한밤중의 울음소리에 신경을 －.
곤드기-장:원(－壯元)명 노름판에서, 승부를 내지 못하고 서로 비긴 노름을 이르는 말.
곤드라-지다 자 ①술에 취하거나 몹시 지쳐서 정신없이 쓰러져 자다. ②곤두박질해 쓰러지다. ☞군드러지다
곤드레-만드레 부 술이나 잠에 몹시 취하여 정신을 차리지 못하고 몸을 가누지 못하는 모양을 나타내는 말.
곤들매기 명 연어과의 민물고기. 송어와 비슷하나 몸길이 30cm 안팎이며 옆으로 납작함. 몸빛은 어두운 황갈색이며 배는 희고, 옆줄 밑에 붉은 점이 섞여 있음. 하천 상류의 맑은 물에 사는데, 우리 나라에서는 압록강과 두만강에 특히 흔함. 가어(嘉魚)
곤:란(困^難)명-하다 형 ①어떤 일 따위를 실행하거나 해결하기가 힘들고 어려움. ¶대답하기가 －한 질문. ②살림살이가 쪼들림. ¶생활이 －하다. ③난처하고 괴로움. ¶둘 사이에서 －한 처지가 되다.
곤:룡-포(袞龍袍)명 지난날, 임금이 집무(執務)할 때 입던 정복. 곤복(袞服). 곤의(袞衣) 준용포(龍袍)
곤:마(困馬)명 ①사람이 오래 타서 지친 말. ②바둑에서, 완전한 두 눈을 갖추지 못한 채 상대편의 말에게 쫓기거나 둘러싸인 한 무리의 말을 이르는 말.
곤명(坤命)명 ①불교의 축원문(祝願文)에서, '여자'를 이르는 말. ②민속 신앙이나 점술에서, '여자의 태어난 해'를 이르는 말. ☞건명(乾命)
곤:박(困迫)어기 '곤박(困迫)하다'의 어기(語基).
곤:박-하다(困迫－)형여 어찌할 수 없을 만큼 일의 형세가 급박하다.
곤방(坤方)명 ①팔방(八方)의 하나. 남서(南西)를 중심으로 한 45도 범위 안의 방위. ②이십사 방위의 하나. 남서(南西)를 중심으로 한 15도 범위 안의 방위. 미방(未方)과 신방(申方)의 사이. 준곤(坤) ☞간방(艮方)
곤방(棍棒)명 십팔기(十八技) 또는 무예 이십사반의 하나, 또는 거기에 쓰이는 둥근 막대기. ▷棒의 본음은 (방)
곤:보(困步)명 기운이 없어서 가까스로 걷는 걸음걸이.
곤:복(袞服)명 곤룡포(袞龍袍)
곤봉(棍棒)명 ①짤막한 몽둥이. ②곤봉 체조에 쓰이는 운동 기구. 길이 35~60cm, 무게 0.5~0.75kg의 길둥근 호리병 모양의 단단한 나무로 되어 있음.
곤봉=체조(棍棒體操)명 곤봉을 가지고 하는 체조. 양손에 곤봉을 쥐거나 손가락 사이에 끼고 앞뒤 좌우로 돌림.
곤붕(鯤鵬)명 장자(莊子)에 나오는 상상의 큰 물고기와 새. '엄청나게 큰 사물'을 비유하여 이르는 말임.
곤:비(困憊)어기 '곤비(困憊)하다'의 어기(語基).
곤:비-하다(困憊－)형여 가쁘고 고달프다. 곤핍하다. 비곤하다. ☞허비(虛憊)하다
곤-삼절(坤三絶)명 팔괘 중, 곤괘(坤卦)는 세 막대가 모두 끊어져 있다는 뜻으로 ☷의 모양을 이르는 말. ☞건삼련(乾三連)
곤:색(困塞)어기 '곤색(困塞)하다'의 어기(語基).
곤:색-하다(困塞－)형여 ①돈의 융통이 막히어 있다. ②운수가 막히어 일이 순조롭지 못하고 난처하다.
곤색-히 부 곤색하게
곤-선명(坤仙命)명 점술에서 이르는, 죽은 여자의 태어난 해. ☞건선명(乾仙命)
곤손(昆孫)명 내손(來孫)의 아들. 현손(玄孫)의 손자.
곤:수(困睡)명-하다 자 곤히 잠. 곤히 든 잠. 곤침(困寢)
곤시(坤時)명 하루를 스물넷으로 가른, 열여섯째 시(時). 지금의 오후 두 시 삼십 분부터 세 시 삼십 분까지의 동안. 준곤(坤) ☞신시(申時)
곤신-풍(坤申風)명 곤방(坤方)이나 신방(申方)에서 불어오는 바람, 곧 남서풍.
곤:액(困厄)명 어렵고 딱한 사정과 사나운 운수.
곤약(崑蒻)명 ①'구약나물'의 딴이름. ②구약나물의 땅속줄기의 가루에 석회유(石灰乳)를 섞어 끓여서 만든 식품.
곤:와(困臥)명-하다 자 고단하여 드러누움, 또는 고단하여 깊이 든 잠.
곤:욕(困辱)명 심한 모욕. ¶갖은 －을 치르다.
곤위(坤位)명 죽은 여자의 무덤이나 신주. ☞건위(乾位)
곤위(壼位)명 왕후의 지위.
곤:의(袞衣)명 곤룡포(袞龍袍)
곤이(鯤鮞)명 ①물고기 뱃속에 있는 알. ②물고기의 새끼.
곤:이지지(困而知之)성구 삼지(三知)의 하나. 고생하며 공부한 끝에 사물의 이치를 깨달아 앎을 이르는 말. 준곤지(困知) ☞생이지지(生而知之). 학이지지(學而知之)
곤자소니 명 소의 창자 끝에 달린, 기름기가 많은 부분. 곰탕이나 찜 따위에 쓰임. ☞곱창
곤:작(困作)명-하다 타 글을 힘들게 더디 지음.
곤장(棍杖)명 지난날, 죄인의 볼기를 치던 형구(刑具). 버드나무로 길고 넓적하게 만든 것으로, 대곤(大棍)·중곤(中棍)·소곤(小棍)·중곤(重棍)·치도곤의 다섯 가지가 있음. 형장(刑杖) ☞신장(訊杖)
곤쟁이 명 절지동물 곤쟁이류를 통틀어 이르는 말. 몸길이 1~2cm. 새우와 모양이 비슷하나 가슴 다리가 여덟 쌍이고 가슴 다리 기부에 아가미가 드러나 있음. 우리 나라 서해안에서 많이 잡힘. 노하(滷蝦). 자하(紫蝦)
곤쟁이-젓 명 곤쟁이로 담근 젓. ☞감동젓. 감동해
곤전(坤殿)명 ①왕후의 궁전. ②지난날, '왕후'를 높이어 일컫던 말. 곤궁(坤宮). 중궁전(中宮殿)
곤:절(困絶)어기 '곤절(困絶)하다'의 어기(語基).
곤:절-하다(困絶－)형여 곤갈하다
곤:정(壼政)명 지난날, 내전(內殿)을 다스리는 일을 이르던 말. ▷壼은 대궐 안길 (곤). 壺는 병 (호)
곤제(昆弟)명 형제(兄弟)
곤좌(坤坐)명 묏자리나 집터 등이 곤방(坤方)을 등진 좌향(坐向).
곤좌-간:향(坤坐艮向)명 묏자리나 집터 등이 곤방(坤方)을 등지고 간방(艮方)을 향한 좌향(坐向).
곤죽(－粥)명 ①매우 질어서 질척질척한 것. ¶큰비로 땅이 －이 되었다. ②일이 얽혀 갈피를 잡기 어려움을 이르는 말. ③몸이 몹시 지치거나 주색에 빠져서 힘없이 늘어진 모양을 비유하여 이르는 말.
곤줄-박이 명 박샛과의 텃새. 몸길이 14cm 안팎, 날개 길이 8cm 안팎. 날개와 꼬리는 푸른 잿빛이고, 배는 적갈색임. 가슴에는 흰 줄무늬가 있으며, 뒷머리에 'V'자 모양의 검은 무늬가 있음. 텃새이며, 숲속에서 해충을 잡아먹는 익조(益鳥)로 보호조임. 우리 나라와 동북 아시아에 널리 분포함. 산작(山雀)
곤지 명 재래식 혼례에서, 새색시가 단장할 때 이마에 연지로 찍는 붉은 점.
곤:지(困知)명 '곤이지지(困而知之)'의 준말.
곤지-곤지 감 젖먹이에게 왼손 손바닥에 오른손 집게손가락을 댔다 뗐다 하라고 어르는 말. ☞죄암죄암
명 젖먹이가 왼손 손바닥에 오른손 집게손가락을 댔다 뗐다 하는 동작.
곤:직(袞職)명 ①임금의 직책. ②임금을 보좌하던 삼공(三公)의 직책.

곤충(昆蟲)명 곤충류에 딸린 동물을 통틀어 이르는 말.
곤충-류(昆蟲類)명 절지동물의 한 강(綱). 성충(成蟲)의 몸은 머리·가슴·배의 세 부분으로 되어 있고, 세 쌍의 다리가 있으며, 날개가 있는 것과 없는 것으로 나뉨. 암수딴몸으로 난생(卵生)하는데, 발육 과정에서 변태하는 것이 대부분임. 메뚜기목·딱정벌레목 따위가 있음.
곤:침(困寢)명-하다자 곤수(困睡)
곤포(昆布)명 '다시마'의 딴이름.
곤:포(梱包)명-하다타 거적이나 새끼 따위로 짐을 꾸림, 또는 그 짐.
곤:핍(困乏)어기 '곤핍(困乏)하다'의 어기(語基).
곤:핍-하다(困乏—)형여 ①곤비하다 ②가난하여 생활이 어렵다.
곤:-하다(困—)형여 ①기운이 없이 느른하다. ②졸음이 오거나 술에 취하여 정신이 가물가물하다. ③몹시 고단하여 든 잠이 깊다. ¶곤한 잠.
곤-히부 곤하게 ¶— 자다.
곤형(棍刑)명 장형(杖刑)
곤:혹(困惑)명-하다자 곤란한 일을 당하여 어찌할 바를 몰라 함. ¶날카로운 질문을 받고 —하는 표정을 짓다.
곧부 ①동안을 두지 않고 바로. 즉시(卽時) ¶도착하는 대로 — 전화하거라. ②오래지 않아서. ¶그도 — 오겠지. ③다시 말하면. ¶민심이 — 천심이다. ④〖보조 조사처럼 쓰임〗'바로 그것이'의 뜻을 나타내는 말. ¶사람곧 하늘이라./나곧 아니면 누가 그 일을 하리./날곧 새면 임은 떠나리라.

한자 곧 즉(卽) 〔卩部 7획〕 ¶즉각(卽刻)/즉사(卽死)/즉석(卽席)/즉시(卽時)/즉응(卽應) ▷ 속자는 即

곧날-대:패명 날을 대팻집에 직각으로 곧게 끼워 단단한 나무를 깎는 대패.
곧다형 ①굽거나 휘지 않고 똑바르다. ¶곧게 벋은 길. ②마음이나 뜻이 바르다. ¶평생을 곧게 살아온 사람./대쪽같이 곧은 성격.
속담 **곧은 나무 쉬 꺾인다**: 똑똑한 사람이 쉬 죽거나 먼저 밀려난다는 말.

한자 곧을 정(貞) 〔貝部 2획〕 ¶정결(貞潔)/정숙(貞淑)/정순(貞順)/정절(貞節)/정정(貞靜)
곧을 직(直) 〔目部 3획〕 ¶직계(直系)/직립(直立)/직사(直射)/직선(直線)/직진(直進)/직행(直行)

곧-듣다(—듣고·—들어)타ㄷ '곧이듣다'의 준말.
곧-바로부 ①머뭇거리거나 미루지 않고 바로. ¶일을 끝내자 — 돌아갔다. ②사실대로 ¶— 보고하다.
곧-바르다(—바르고·—발라)형르 기울거나 굽지 않고 곧고 바르다.
곧-뿌림명 못자리를 쓰지 않고 씨를 논밭에 바로 뿌리는 일. 직파(直播)
곧은-결명 결이 곧은 나무를 나이테와 직각으로 켠 판면에 나타난 결.
곧은-금명 직선(直線)
곧은-길명 곧게 뻗어 나간 길. 직도(直道). 직로(直路)
곧은-바닥명 수직으로 파 내려간 갱도. 곧은쌤. 수갱
곧은-발질명 택견에서, 발질의 한 가지. 발을 앞으로 뻗으면서 발끝으로 상대편의 명치 높이로 찔러 차는 공격 기술.
곧은-불림명-하다타 지은 죄를 사실대로 숨김없이 말함. 직초(直招)
곧은-뿌리명 땅 속으로 곧게 뻗은 뿌리. 우엉이나 무, 교목의 뿌리 따위. 명근(命根). 직근(直根)
곧은-쌤명 곧은바닥
곧은-줄기명 땅 위로 곧게 자라는 줄기. 버드나무나 오동나무의 줄기 따위. 직립경(直立莖)
곧은-창자명 ①직장(直腸) ②고지식한 사람을 비유하여 이르는 말. ③음식을 먹고서 바로 변소에 가는 사람을 놀리어 이르는 말.
곧이-곧대로[고지—]부 꾸밈이나 거짓이 없이 있는 그대로. ¶— 말하다.
곧이-듣다[고지—](—듣고·—들어)형ㄷ 남의 말을 그대로 믿다. ¶농으로 한 말을 —. 준곧듣다
곧잘부 ①제법 잘. ¶노래도 — 하는 배우. ②가끔 잘. ¶휴일이면 — 산에 오르곤 한다.
곧장부 ①옆길로 빠지거나 멎지 않고 바로. ¶수업을 마치고 — 집으로 가다./이 길로 — 걸어가시오. ②바로 뒤이어. ¶집에 오자마자 — 샤워를 하다.
곧추부 굽히거나 구부리지 않고 곧게.
곧추다타 굽은 것을 곧게 하다.
곧추-들다(—들고·—드니)타 곧게 쳐들다.
곧추-뛰기명 그 자리에 선 채로 곧추 뛰어오르는 일.
곧추-뜨다타 ①눈을 위로 향해 뜨다. ②눈을 부릅뜨다.
곧추-세우다타 곧게 세우다.
곧추-안다[—따]타 어린아이를 곧게 세워서 안다.
곧추-앉다[—안따]자 허리를 펴고 똑바로 앉다.
골[1]명 ①'머릿골'의 준말. ②골수(骨髓)

한자 골 뇌(腦) 〔肉部 9획〕 ¶뇌리(腦裡)/뇌사(腦死)/뇌염(腦炎)/뇌진탕(腦震蕩) ▷ 속자는 脳

골[2]명 무엇이 마땅치 않거나 하여 겉으로 드러나는 노여운 기색. ¶—이 나서 종일 말이 없다.
골(을) 올리다관용 화가 치밀게 하다.
골(이) 오르다관용 화가 치밀어 오르다.
골(이) 틀리다관용 무엇이 언짢아 심사가 뒤틀리다.
골[3]명 물건을 만들 때 모양을 잡거나 만든 물건의 모양을 바로잡는 틀. 망건골·짚신골·구둣골 따위.
골(을) 박다관용 ①일정한 범위 밖으로 나가지 못하게 하다. ②골(을) 치다.
골(을) 치다관용 골을 박아서 제 모양으로 바로잡다. 골(을) 박다.
골[4]명 종이나 피륙, 얇은 나무 따위를, 길이로 똑같이 나누어 오리거나 접는 금.
골:[5]명 ①'고을'의 준말. ②'골짜기'의 준말. ③'고랑[1]'의 준말. ④물체에 얕게 팬 금. ⑤깊은 구덩이.
골(을) 지르다관용 밭을 세 번째로 갈다.
골(을) 켜다관용 나무를 통째 세로로 켜서 골을 만들다.
골(을) 타다관용 밭 같은 데에 고랑을 만들다.
골(骨)명 ①뼈 ②신라 시대 골품(骨品) 제도에서 '혈연(血緣)'을 이르던 말. 성골(聖骨)이나 진골(眞骨) 따위.
골:(goal)명 ①경주(競走) 따위에서, 결승점이나 결승선. ②축구나 농구, 하키 따위에서, 공을 넣으면 득점이 되는 문이나 바구니 모양의 공간, 또는 거기에 공을 넣어 득점하는 일. ¶한 — 넣다.
골각-기(骨角器)명 석기 시대에 짐승의 뼈나 뿔, 엄니로 만든 도구나 장신구. 바늘이나 송곳, 빗, 화살촉, 낚싯바늘, 작살 따위가 있음. 골기(骨器)
골간(骨幹)명 ①골격(骨格) ②사물의 기본이 되는 부분. ¶—을 이루다.
골:-감명 감의 한 품종. 꽃이 붙어 있던 배꼽 자리에서 꼭지를 향해 네 갈래로 골이 진 감.
골강(骨腔)명 골수가 차 있는, 장골(長骨) 속의 빈 부분.
골갱이명 ①물질 속에 있는 단단한 부분. ②골자(骨子)
골:-걷이[—거지]명-하다타 밭고랑의 잡풀을 뽑아 내는 일. ☞김매기
골검(骨檢)명 지난날, 살인 또는 변사 사건의 수사 과정에서, 백골(白骨)이 된 시체를 검시(檢屍)하던 일.
골:게터(goal+getter)명 축구나 하키, 농구 따위에서 점수를 많이 올리는 선수.
골격(骨格·骨骼)명 ①고등 동물에서, 몸을 지탱하는 여러 가지 뼈의 조직. 뼈대. 골간(骨幹) ②사물의 기본이 되는 틀을 이루는 것. ¶건물의 —./논문의 —을 짜다.
골격-근(骨格筋)명 골격을 움직이는 근육. 모두 가로무늬근으로, 양쪽 끝은 힘줄이 되어 골격에 붙어 있으며, 중추 신경의 명령에 따라 움직임. ☞내장근(內臟筋)
골-결핵(骨結核)명 뼈의 조직에 결핵균이 감염되어 생기는 병.

골경(骨骾·骨鯁)명 목에 걸린 생선 가시라는 뜻으로, 직간(直諫)을 서슴지 않는 사람을 비유하여 이르는 말.
골계(滑稽)명 익살
골계-극(滑稽劇)명 익살스럽게 꾸민 연극.
골계=소:설(滑稽小說)명 익살스러운 이야기를 내용으로 한 소설.
골계-화(滑稽畫)명 익살스럽고 재치 있게 그려 웃음을 자아 내게 하는 그림.
골계-희(滑稽戲)명 지난날, 예인(藝人)들이 탈로 분장하여 우스꽝스러운 대사를 주고받으며 연기하던 연희(演戲). 월전(月顚) 따위.
골고다(∠Golgotha)명 예수가 십자가에 못이 박혀 죽은, 예루살렘 근교에 있는 언덕.
골:-고래명 재래식 한옥에서, 불길이 몇 갈래로 갈라져서 따로따로 들게 놓은 방고래.
골고루부 '고루고루'의 준말. ¶ - 나누어 주다.
골:-곡(-谷)명 한자 부수(部首)의 한 가지. '谿'·'豁' 등에서 '谷'의 이름.
골:-골[1] 명 ①'고을고을'의 준말. ②〔부사처럼 쓰임〕 고을마다 두루. ¶ - 살피다.
골:골[2] 부 몸이 허약하여 자주 앓는 모양을 나타내는 말. ¶ - 하더니 결국 세상을 떴어.
골:골[3] 부 암탉이 알겯는 소리를 나타내는 말.
골:골-거리다(대다)[1] 자 몸이 허약하여 자주 앓다.
골:골-거리다(대다)[2] 자 닭이 알겯는 소리를 내다.
골:골샅샅-이[-삳사치] 부 한 군데도 빼놓지 않고 갈 수 있는 곳은 어디든지.
골-관절(骨關節)명 관절(關節)
골-국[-꾹] 명 소의 등골이나 머릿골에 녹말 가루를 묻히고, 달걀을 풀어 씌워 맑은장국이 끓을 때 넣어 익힌 국. 골탕. 수탕(髓湯)
골기(骨氣)명 ①골상(骨相) ②억센 기질(氣質). ③서예에서, 힘찬 필세(筆勢)를 이르는 말.
골기(骨器)명 ①동물의 뼈나 뿔, 이빨 따위로 만든 기물. ②골각기(骨角器)
골-김[-낌] 명 골이 난 김. ¶ -에 힘껏 장작을 패다.
골-나다 자 마땅치 않거나 하여 노여운 감정이 생기다.
속담 **골나면 보리 방아 더 잘 찧는다** : 성이 나면 화풀이하듯 힘을 쓰게 된다는 말.
골-내:다 자 마땅치 않거나 하여 노여운 기색을 드러내다.
골:네트(goal net)명 축구나 하키 등에서, 골문에 치는 그물. 골인을 확인시키는 구실을 함.
골:다(골고·고니)타 잠잘 때 숨이 입천장, 목젖 따위를 울려 드르렁거리는 소리를 내다. ¶요란히 코를 고는 소리.
골다공-증(骨多孔症)[-쯩] 명 뼈의 조직에 칼슘 등이 부족하여 뼈 속에 구멍이 송송 생기는 증세. 증세가 악화되면 뼈가 휘며 적은 충격에도 금이 가거나 부러지기 쉬움.
골담-초(-草)명 콩과의 낙엽 활엽 관목. 줄기는 가늘고 무더기로 나며, 높이는 1.5~2m. 잎은 깃꼴 겹잎이며 어긋맞게 남. 봄에 잎겨드랑이에 나비 모양의 노란 꽃이 하나 드리워져 핌. 9월경에 꼬투리로 된 열매가 익음. 뿌리는 한방에서 약재로 쓰임. 중국 원산임.
골:-답(-畓)명 물이 흔하고 기름진 논. 고래실 ☞건답
골:-대(goal-)[-때] 명 골포스트(goalpost)
×**골덴**명 →코르덴
골동(骨董)[-똥] 명 ①자질구레한 것을 한데 섞은 것. ②골동품(骨董品)
골동-면(骨董麵)[-똥-] 명 비빔국수
골동-반(骨董飯)[-똥-] 명 비빔밥
골동-선(骨董禪)[-똥-] 명 불가(佛家)에서, 가볍고 오만한 마음가짐으로 참선하는 모습을 꾸짖어 이르는 말.
골동-탄(骨董炭)[-똥-] 명 등걸숯
골동-품(骨董品)[-똥-] 명 ①희귀하거나 미술적인 가치가 있는, 오래된 세간이나 미술품. 골동(骨董) ¶취미로 -을 모으다. ②가치나 쓸모가 없는 오래된 물건, 또는 나이가 들어 시대에 뒤진 사람을 비유하여 이르는 말.

골:드뱅킹(gold banking)명 은행이 고객들을 상대로 금을 사고 파는 일. 금화나 금괴 등 직접 금을 사고 파는 방식과 증서상으로만 거래하는 방식이 있음.
골:드칼라(gold collar)명 독창력과 정보력을 가지고, 스스로 좋아하는 일에 참여하여 새로운 가치를 창출함으로써 정보화 사회를 이끌어 가는 고도의 전문직 종사자. ☞화이트칼라(white collar). 블루칼라(blue collar)
골:든디스크(golden disk)명 백만 장 이상 팔린 레코드. 미국 레코드 협회에서, 백만 장 이상 팔린 레코드에 대해 금빛 레코드를 기념으로 준 데서 유래한 말.
골:든아워(golden+hour)명 라디오나 텔레비전 방송에서, 청취율이나 시청률이 가장 높은 시간.
골-딱지명 '골[2]'의 속된말.
골-땅땅이명 골패 노름의 한 가지.
골똘-하다형여 어떤 일이나 생각에 푹 파묻혀 딴 일이나 생각을 할 겨를이 없다.
골똘-히부 골똘하게 ¶뭘 그렇게 - 생각하니?
골:라-내:다타 여럿 가운데서 어떤 것을 골라 집어 내다.
골:라인(goal line)명 ①축구나 하키 등에서, 골포스트를 따라 그은 선. ②결승선(決勝線)
골:라-잡다타 여럿 가운데서 마음에 드는 것을 골라서 가지다. 가려잡다 ¶골라잡아 천 원이오.
골락-새명 '크낙새'의 딴이름.
골로새서(∠Colossae書)명 신약성서 중의 한 편. 사도 바울이 로마의 옥중(獄中)에서 골로새 지방의 초대 교회에 보낸 편지. 이단(異端) 사상을 논박한 내용임.
골류(骨瘤)명 골혹
골린(骨鱗)명 경골 어류(硬骨魚類)의 비늘.
골:-마루명 ①안방이나 건넌방에 딸린, 골방 모양의 좁은 마루. ②골처럼 만든 좁고 긴 마루.
골마지명 간장이나 술, 초, 김치 따위 물기 있는 발효 식품의 겉면에 생기는, 곰팡이 같은 흰 물질.
골막(骨膜)명 뼈의 거죽을 싼 얇고 질긴 막. 신경과 모세혈관이 분포하며, 뼈를 보호하고 자라게 함.
골막-골막부-하다형 여러 그릇에 담긴 것이 다 골막한 모양을 나타내는 말. ☞굴먹굴먹
골막-염(骨膜炎)[-념] 명 주로 세균의 감염으로 골막에 생기는 염증.
골-막이명-하다자 재래식 한옥에서, 도리 위의 서까래와 서까래 사이를 흙으로 막는 일, 또는 그 흙.
골막-하다형여 작은 그릇 따위에 담긴 것이 다 차지 않고 좀 모자라는듯 하다. ¶공기에 골막하게 담은 밥. ☞굴먹하다
골-머리명 '머릿골[1]'의 속된말.
골머리(를) 앓다관용 어찌해야 좋을지 몰라 속을 썩이다. 골치를 앓다.
골:-모판명 골이 지게 만든 모판.
골:목명 동네 안으로 난 좁은 길. 큰길에서 동네로 들어가는 좁은 길. 골목길 ¶막다른 -.
골:목-골목명 ①여러 골목, 또는 온 골목. ¶아침마다 -을 쓸어 내다. ②〔부사처럼 쓰임〕 골목마다 모두. ¶ - 누비고 다니다.
골:목-길명 골목
골:목-대:장(-大將)명 동네에서 노는 어린아이들 가운데서 우두머리 노릇을 하는 아이.
×**골목-자기**명 →골목쟁이
골:목-쟁이명 골목에서 더 깊숙이 들어간 좁은 곳.
골몰(汨沒)명-하다자 다른 생각을 할 겨를이 없이 오로지 어떤 한 가지 일에만 파묻힘. ¶집안일에 -하다.
골몰무가(汨沒無暇)성구 어떤 한 가지 일에 파묻혀 쉴 겨를이 없음을 이르는 말. ▷汨은 빠질 골
골무명 바느질할 때 손가락 끝에 끼는 물건. 가죽이나 헝겊으로 만듦.
골무-떡명 ①절편의 한 가지. 멥쌀 가루를 시루에 쪄서 안반에 놓고 떡메로 친 뒤 조금씩 떼어 떡살에 박아 만들어 기름을 바름. 크기가 골무만 하여 붙은 이름임. ②가래떡을 4cm 정도로 잘라 위는 골무 모양으로 만들고 아

래는 속을 파서 팥소를 넣어 만든 떡.
골:-물 명 골짜기에 흐르는 물. 곡수(谷水)
골:-밀이 명 ①-하다 타 문살의 등을 골이 지게 밀어 모양을 내는 일, 또는 그런 문살. ☞배밀이[1]. 원밀이 ②골밀이대패
골밀이-대패 명 골밀이하는 데 쓰는 대패. 골밀이
골밑-샘 [-믿-] 명 뇌하수체(腦下垂體)
골:바 (goal bar) 명 크로스바(crossbar)
골:-바람 [-빠-] 명 산기슭이나 산골짜기에서 산 위로 부는 바람. 곡풍(谷風)
골반 (骨盤) 명 엉덩이 부분을 이루는 깔때기 모양의 크고 넓적한 뼈. 엉치등뼈와 미골(尾骨), 좌우의 궁둥이뼈 등으로 이루어짐. 그 안에 방광·직장 등이 들어 있음.
골반-위 (骨盤位) 명 임신 말기에 자궁 안의 태아가 머리를 위로 향하고 있는 상태. 자연 분만이 어려움.
골:-방 (-房) 명 안방이나 건넌방 따위 큰방의 뒤쪽에 딸린 작은방.
골:-배질 명-하다 자 얼음이 얼기 시작하거나 풀릴 때, 얼음을 깨고 뱃길을 내어 배를 건너게 하는 일.
골-백번 (-百番) 명 '여러 번'을 강조하여 이르는 말. ¶ -설명해도 못 알아듣다.
골뱅이 명 ①연체동물 복족류(腹足類) 중, 껍데기가 타래처럼 꼬여 있는 우렁이나 소라 따위를 흔히 이르는 말. ②인터넷에서, 기호 @의 이름인 '동그람에이'를 흔히 이르는 말. 앳(at)
골법-용필 (骨法用筆) 명 동양화의 화육법(畫六法)의 하나. 대상의 골격을 나타내기 위한 붓놀림의 기법. ☞응물상형(應物象形)
골-병 (-病) 명 속으로 깊이 들어 고치기 어려운 병.
골병-들다 (-病-) (-들고·-드니) 자 고치기 어렵게 병이 속으로 깊이 들다.
골-부림 명-하다 자 함부로 골을 내는 짓.
골분 (骨粉) 명 동물의 뼈를 쪄서 아교질을 뺀 다음 갈아서 만든 가루. 거름이나 사료로 씀.
골분=비:료 (骨粉肥料) 명 골분으로 만든 비료. 준 골비
골비 (骨肥) 명 '골분 비료(骨粉肥料)'의 준말.
골:-뿌림 명-하다 타 밭에 고랑을 타고 줄이 지게 씨앗을 뿌리는 일. 줄뿌림
골산 (骨山) [-싼] 명 나무나 풀이 없이 바위로만 이루어진 산.
골:-살이 명 '고을살이'의 준말.
골상 (骨相) [-쌍] 명 ①골격(骨格)의 모양. ②주로 얼굴이나 골격에 나타난 길흉화복의 상. 골기(骨氣)
골상-학 (骨相學) [-쌍-] 명 얼굴이나 골격의 생김새를 보고 길흉화복을 판단하는 학문.
골-샌:님 명 골생원
골-생원 (-生員) 명 ①옹졸하고 고리타분한 사람을 놀리어 이르는 말. 골샌님. 골선비 ②잔병치레로 늘 골골 하는 사람을 놀리어 이르는 말.
골-선비 명 ①선비 티가 몸에 밴 사람. ②골생원
골-세포 (骨細胞) 명 뼈의 조직을 이루는 기본 세포.
골-속 [-쏙] 명 ①골풀의 속. 한방에서, 소변 불통이나 부증(浮症) 등에 약재로 쓰임. ②'왕골속'의 준말.
골:-쇠 명 골짜기의 밑바닥에 있는 사금(砂金)의 층.
골수 (骨髓) [-쑤] 명 ①뼈의 골강(骨腔)에 차 있는 누른빛 또는 붉은빛의 연한 조직. 골[1]. 수(髓) ②마음속 깊은 곳을 비유하여 이르는 말. ③요점이나 골자를 비유하여 이르는 말.
　골수에 들다 관용 병이나 버릇 따위가 고치기 어렵게 깊이 들다.
　골수에 맺히다 관용 원한 따위가 잊히지 않고 마음속에 깊이 응어리져 있다.
　골수에 사무치다 관용 원한 따위가 잊을 수 없을 만큼 마음속에 깊이 응어리져 있다.
골수-분자 (骨髓分子) [-쑤-] 명 어떤 조직이나 집단에서 가장 핵심이 되는 구성 요원.
골수-염 (骨髓炎) [-쑤-] 명 세균의 감염(感染)으로 골수에 생기는 염증.
골습 (骨濕) [-씁] 명 한방에서, 습기(濕氣)가 뼈 속에 스며들어 정강이뼈가 저리고 아픈 병을 이르는 말.
골-싸다 타 피륙을 두 쪽의 길이가 같게 접다.
골싹-골싹 부-하다 형 여러 그릇에 담긴 것이 다 골싹한 모양을 나타내는 말. ☞굴썩굴썩
골싹-하다 형여 작은 그릇 따위에 담긴 것이 다 차지 않고 꽤 모자라는듯 하다. ¶잔에 술을 골싹하게 따르다. ☞굴썩하다
골:-안:개 명 주로 새벽에 골짜기나 들에 끼는 안개.
골양 (骨瘍) 명 카리에스(caries)
골:에어리어 (goal area) 명 축구나 하키 등의 경기장에서, 골 앞에 네모지게 선을 그은 일정한 구역.
골연-증 (骨軟症) [-련쯩] 명 골연화증(骨軟化症)
골연화-증 (骨軟化症) [-련-쯩] 명 정상적인 뼈에서 석회분이 빠져 나가 생기는 증세. 골격이 변형되거나 척추와 사지가 휘어지고 병적 골절을 일으킴. 임산부에게 많이 일어남. 골연증
골염 (骨炎) [-렴] 명 뼈에 생기는 염증을 두루 이르는 말.
골윗-샘 명 송과선(松果腺)
골유 (骨油) 명 소나 말 따위의 뼈에서 채취한 골지(骨脂)를 액화한 것. 뼈를 분쇄한 뒤 저온에서 골지를 여과하거나 압착하여 만듦. 윤활유로 쓰임.
골육 (骨肉) 명 ①뼈와 살. ②'골육지친(骨肉之親)'의 준말. 혈육(血肉) ¶ -의 정(情).
골육상잔 (骨肉相殘) 성구 ①부자(父子)나 형제 등 혈연관계에 있는 사람끼리 서로 해치며 싸우는 일을 이르는 말. ②같은 민족끼리 해치며 싸우는 일을 비유하여 이르는 말. 골육상쟁 ¶ -의 비극.
골육상쟁 (骨肉相爭) 성구 골육상잔(骨肉相殘)
골육-수 (骨肉水) 명 무덤이 있는 산 아래로 흐르는 물.
골-육종 (骨肉腫) [-륙-] 명 뼈에 생기는 악성 종양.
골육지친 (骨肉之親) 성구 부모와 자식 또는 형제 자매 등의 가까운 혈족을 이르는 말. 준 골육(骨肉)
골:인 (goal+in) 명-하다 자 ①경주 따위에서, 결승점에 들어서는 일. ②공이 골에 들어가는 일. ③목적을 이룸을 비유하여 이르는 말. ¶결혼에 -하다.
골자 (骨子) [-짜] 명 가장 중요한 점. 골갱이. 요점(要點) ¶논설의 -를 파악하다.
골재 (骨材) [-째] 명 콘크리트나 모르타르의 재료인 모래와 자갈을 이르는 말. ¶ - 채취.
골저 (骨疽) [-쩌] 명 카리에스(caries)
골저-창 (骨疽瘡) [-쩌-] 명 한방에서, 만성이 된 골막염을 이르는 말.
골절 (骨折) [-쩔] 명-하다 자 뼈가 부러짐. 절골(折骨)
골절 (骨節) [-쩔] 명 뼈마디
골조 (骨彫) [-쪼] 명 동물의 뼈나 상아 등에 새긴 조각.
골조 (骨組) [-쪼] 명 건물의 주요 구조체가 되는 뼈대, 또는 그 짜임새. ¶ - 공사
골-조직 (骨組織) 명 뼈를 이루는 조직. 골세포(骨細胞)와 골질(骨質)로 이루어짐.
골조-풍 (骨槽風) [-쪼-] 명 한방에서, 충치로 말미암아 잇몸 주위가 붓고 염증이 생겨 턱뼈까지 몹시 아프게 되는 병을 이르는 말.
골-종양 (骨腫瘍) 명 뼈에 생기는 종양을 통틀어 이르는 말. 열감(熱感)이나 관절통(關節痛)이 따름. 양성(良性)과 악성으로 구분됨.
골지 (骨脂) [-찌] 명 소나 말 따위의 뼈에서 아교나 골탄(骨炭)을 만들 때 그 부산물로서 생기는 지방. 비누나 윤활유 따위를 만드는 데 쓰임.
골질 (骨質) [-찔] 명 ①동물의 뼈와 같은 단단한 물질, 또는 그러한 성질. ②동물의 경골(硬骨)을 이루는 섬유성 물질. 뼈 중에서 골막(骨膜)과 골수(骨髓)를 제외한 부분.
×**골-집** [-찝] 명 →순대
골짜기 명 산마루와 산마루 또는 언덕과 언덕 사이에 이루어진 좁고 낮은 곳. ¶ -에 흐르는 시냇물. 준 골[5]. 골짝

ㄱ

한자 골짜기 곡(谷) 〔谷部〕 ¶ 계곡(溪谷)/곡간(谷澗)/곡수(谷水)/곡풍(谷風)/산곡(山谷)/협곡(峽谷)
골짜기 협(峽) 〔山部 7획〕 ¶ 협곡(峽谷)/협농(峽農)/협촌(峽村)/지협(地峽)/해협(海峽)

골짝 명 '골짜기'의 준말.
골창 명 '고랑창'의 준말.
골채 명 골짜기에 있어서 물을 대기가 좋은 논.
골-초(-草)명 ①질이 낮은 담배. ②담배를 지나치게 많이 피우는 사람을 놀리어 이르는 말. 용고뚜리
골치 명 '머릿골'의 속된말.
골치(가) 아프다 관용 몹시 성가시고 귀찮다.
골치(를) 앓다 관용 어찌해야 좋을지 몰라 속을 썩이다. 골머리를 앓다.
골침(骨針)명 동물의 뼈로 만든 바늘. 뼈바늘
골칫-거리 명 ①성가시거나 처리하기 어려운 일거리. ②일을 잘 못하고 말썽만 피워 걱정거리가 되는 사람. 골칫덩이. 두통거리 ¶ 집안의 -.
골칫-덩이 명 골칫거리
골:키:퍼(goalkeeper)명 축구나 하키 등에서, 골을 지키는 일을 맡은 선수. 준 키퍼(keeper)
골:킥(goal kick)명 ①축구에서, 상대편 선수가 골라인 밖으로 차낸 공을 자기편 골에어리어에 갖다 놓고 차는 일. ②럭비에서, 트라이를 한 뒤나 골대 가까이까지 공격했을 때 득점을 노리고 골대를 향해 공을 차는 일.
골타분-하다 형여 '고리타분하다'의 준말.
골탄(骨炭)명 ①짐승의 뼈를 공기를 차단한 상태에서 가열하여 만드는 흑색의 다공질(多孔質) 가루. 흑색 안료, 비료, 탈색제 따위로 쓰임. ②코크스(cokes)
골탑탑-하다 형여 '고리탑탑하다'의 준말.
골탕 명 되게 손해를 보거나 곤란을 겪는 일.
골탕(을) 먹다 관용 되게 손해를 보거나 곤란을 겪다.
골탕(을) 먹이다 관용 되게 손해를 입히거나 곤란을 겪게 하다. ¶ 약속을 어기어 -.
골탕(-湯)명 골국
골통 명 ①'머리'의 속된말. ②말썽을 부리거나 골치를 썩이는 사람을 속되게 이르는 말. ③머리가 나쁜 사람을 속되게 이르는 말.
골통(骨痛)명 한방에서, 과로로 말미암아 열이 오르내리면서 뼈가 쑤시듯이 아픈 병을 이르는 말.
골통-대 명 담뱃대의 한 가지. 나무를 깎거나 흙 따위를 구워서 만듦. 대통이 약간 굵다랗고 길이가 몽톡함.
골:-파 명 파의 한 가지. 밑동이 마늘쪽 같고 잎이 여러 갈래로 남.
골판-문(骨板門)명 문골에 널빤지를 끼워서 만든 문.
골:-판지(-板紙)명 판지의 한 쪽 또는 두 장의 판지 사이에, 물결 모양의 골이 진 종이를 붙인 판지. 물품의 포장용 상자를 만드는 데 쓰임.
골패(骨牌)명 노름 기구의 한 가지. 손가락 한 마디 크기의 네모진 검은 나무 바탕에 흰 뼈를 붙여, 여러 가지 수효의 구멍을 새긴 것.
골퍼(golfer)명 골프를 치는 사람.
골편(骨片)명 부스러진 뼈의 조각.
골:-편사(-便射)명 지난날, 고을에서 활 잘 쏘는 사람을 뽑아 다른 고을과 활쏘기를 겨루던 일. 동편사(洞便射)
골:포스트(goalpost)명 축구나 럭비, 핸드볼 따위에서, 골 양쪽의 기둥. 골대
골-풀 명 골풀과의 여러해살이풀. 들의 물가나 습지에 자라는데, 줄기는 25~100cm이며 대롱 모양으로 밋밋함. 5~7월에 녹색을 띤 갈색 꽃이 피고, 세모진 열매는 갈색으로 익음. 줄기는 돗자리의 재료로 쓰임. 한방에서, '등심초(燈心草)'라 하며, 줄기의 속을 말린 것은 '등심(燈心)'이라 하여 이뇨제(利尿劑)로 쓰임.
골:-풀무 명 풀무의 한 가지. 땅바닥에 네모지게 골을 파서 가운데에 굴대를 가로 박고, 그 위에 골에 꼭 맞는 널빤지를 걸쳐 놓은 것으로, 널빤지의 양끝을 두 발로 번갈아 디디어서 바람을 일으킴. 발풀무
골-풀이 명 화를 누르지 못하고 아무에게나 푸는 짓.
골품(骨品)명 신라 시대의 혈통에 따른 신분 계급 제도. 왕족인 성골(聖骨)·진골(眞骨), 귀족인 육두품·오두품·사두품, 평민인 삼두품·이두품·일두품 등이 있었음. 골품제
골품-제(骨品制)명 골품(骨品)
골프(golf)명 지름 약 43mm의 흰 공을 골프채로 쳐서 정해진 홀에 잇달아 넣는 경기. 보통 18홀로 되어 있으며, 타구 수의 적고 많음으로 승패를 겨룸. 원래는 스코틀랜드의 서민들이 즐기던 놀이였음.
골프-장(golf場)명 골프 경기를 하는 곳. 넓은 잔디밭에 일정한 코스를 마련하여 언덕이나 나무, 연못 따위를 배치해서 만듦.
골프-채(golf-)명 골프 공을 치는 채. 클럽(club)
골필(骨筆)명 끝이 동물의 뼈나 유리 등으로 된 필기 도구. 먹지를 받치고 복사할 때 씀.
골:-함석 명 골이 죽죽 지게 만든 함석. 주로 지붕이나 울타리의 재료로 씀.
골해(骨骸)명 뼈만 남은 송장. ☞해골(骸骨)
골-혹(骨-)명 뼈에 생기는 혹. 연한 것과 단단한 것이 있음. 골류(骨瘤)
골화(骨化)명-하다자 생물 체내의 조직에 석회가 모여서 골조직으로 되어가는 일. 화골(化骨)
골화=연령(骨化年齡)명 뼈의 발달 정도에 따라서 정하는 연령.
골회(骨灰)명 아교질이나 지방질을 빼고 난 동물의 뼈를 태워서 하얀 가루로 만든 것. 인산과 인의 제조 원료나 인산 비료로 쓰임.
곪:다[곰따]자 상처나 염증에 고름이 생기다. ¶ 상처를 소독하지 않아 곪았다.
곪아-터:지다 자 상처 부위가 곪을 대로 곪아서 터지다.
곬 명 ①한쪽으로 트이어 가는 방향이나 길. ¶ 한 곬으로 노력을 집중하다. ②물고기들이 몰려다니는 일정한 길.
곯다[1] 자 ①속이 물크러져 상하다. ¶ 수박이 오래되어 곯았다. ②겉으로 크게 드러나지는 않으나 속으로 골병이 들다. ¶ 오랜 객지 생활로 몸이 -.
속담 **곯아도 젓국이 좋고 늙어도 영감이 좋다** : 다 삭아 빠진 젓국이 맛을 내는 것과 같이, 아무리 늙었어도 오래 정든 자기 배우자가 좋다는 말.
곯다[2] 타 음식을 양껏 먹지 못하거나 굶다. ¶ 배를 -.
곯다[3] 형 그릇 따위에 담긴 것이 꽉 차지 아니하고 좀 비다. ¶ 뒤주에 한 가마나 쌀을 담았는데도 여전히 곯았다. ☞곯다
곯리다[1] [골-]타 ①속이 물크러져서 상하게 하다. ②속으로 골병이 들게 하다. ③상대편을 놀리어 약을 올리거나 골이 나게 하다. ¶ 약한 자를 곯리면 못쓴다.
곯리다[2] [골-]타 먹는 것이 모자라 늘 배고프게 하다. ¶ 시원찮은 벌이로 처자식의 배를 -.
곯아-떨어뜨리다(트리다)[골-]타 곯아떨어지게 하다.
곯아-떨어지다[골-]자 몹시 피곤하거나 술에 취하여 정신을 잃고 자다. ¶ 술에 -./잠에 -.
곰:[1] 명 '곰팡' 또는 '곰팡이'의 준말.
곰:[2] 명 짐승의 고기나 물고기 따위를 진하게 곤 국. ¶ 양(䑋)으로 -을 고다. ☞곰국
곰:[3] 명 ①곰과의 포유동물을 통틀어 이르는 말. ②곰과의 동물. 몸길이 1~3m. 몸이 뚱뚱하며 네 다리는 짧고 굵음. 온몸이 갈색 또는 검은색의 긴 털로 덮여 있고, 잡식성(雜食性)임. 나무에 잘 오르고 굴을 잘 파며 헤엄도 잘 침. 산 속에 살며 겨울에는 굴 속에서 겨울잠을 잠. 온 세계에 분포함. ③미련한 사람을 놀리어 이르는 말.
속담 **곰 가재 뒤듯** : 느릿느릿하게 행동함을 이르는 말./**곰이라 발바닥을 핥으랴** : 먹을 것이라고는 아무 것도 없음을 이르는 말./**곰 창(槍) 날 받듯** : 우둔하고 미련하여, 자기에게 해가 되는 일을 스스로 함을 비유하여 이르는 말.
곰:-거리[-꺼-]명 곰국의 재료가 되는 고기나 뼈.
곰:곰 부 곰곰이

곰:곰-이 [부] 여러모로 찬찬히 생각하는 모양을 나타내는 말. 곰곰 ¶ 지난 일을 ― 생각하다.

곰:-국[―꾹] [명] 쇠고기를 곤 국. 사골·쇠갈비·양지머리·사태·업진·양·곱창·대창 등을 쓰며 잡고기는 넣지 않음. 곰탕 ☞곰²

곰기다 [자] 상처에 고름이 잡히다.

곰바지런-하다 [형여] 일을 잘하지는 못하나 꼼꼼하고 바지런하다. ☞꼼바지런하다

곰바지런-히 [부] 곰바지런하게

곰방-대 [명] 짧은 담뱃대. 단죽(短竹). 짜른대

곰방-메 [명] 밭에서 흙덩이를 깨뜨리거나 씨를 묻는 데 쓰는 농기구. 둥근 나무토막에 긴 자루를 끼운 것.

곰배 [명] '곰배팔이'의 준말.

곰배-말 [명] 등이 굽은 말.

곰배-팔 [명] 꼬부라져 펼 수 없게 된 팔.

곰배팔-이 [명] 팔이 꼬부라져 펼 수 없거나 팔뚝이 없는 사람을 이르는 말. (준)곰배

곰:보 [명] 얼굴이 얽은 사람을 이르는 말.

곰:보-딱지 [명] '곰보'를 놀리어 이르는 말.

곰봇-대 [명] 뇌관을 다이너마이트 속에 넣을 때 다이너마이트에 구멍을 뚫거나, 다이너마이트를 남폿구멍 속으로 밀어 넣는 데 쓰는 나무 꼬챙이.

곰비-임비 [부] 물건이 거듭 쌓이거나 일이 겹치는 모양을 나타내는 말. ¶ 집안에 경사가 ― 일어난다.

곰:-삭다 [자] ①오래된 옷 따위가 삭아서 푸슬푸슬해지다. ¶ 옷들이 곰삭아 입을 수 없게 되다. ②담가 둔 젓갈 따위가 오래되어 푹 삭다. ¶ 새우젓은 곰삭을수록 제맛이 나는 법이다.

곰:-살갑다(―살갑고·―살가워) [형ㅂ] 태도나 성질이 사근사근하고 살갑다. ☞굼슬겁다

×**곰-살곱다** [형ㅂ] →곰살갑다

곰:-살궂다[―굳―] [형] 성질이 사근사근하고 다정하다. ¶ 붙임성이 있고 ―.

곰상-곰상 [부]-하다[형] 성질이나 행동 따위가 잘고 꼼꼼한 모양을 나타내는 말.

곰상-스럽다(―스럽고·―스러워) [형ㅂ] 성질이나 하는 짓이 잘고 꼼꼼한 데가 있다. ¶ 하는 짓이 ―.

곰상-스레 [부] 곰상스럽게

곰:-솔 [명] 소나뭇과의 상록 침엽 교목. 높이 20m 안팎. 나무 껍질은 흑갈색임. 바늘 모양의 잎은 짙은 녹색이며 두 잎씩 모여 남. 봄에 노란 수꽃과 붉은 암꽃이 피고, 열매는 구과(毬果)로 이듬해 가을에 익음. 바닷바람에 잘 견디므로 방풍림으로 심음. 해송(海松). 흑송(黑松)

곰실-거리다(대다) [자] 작은 벌레 따위가 좀스럽게 곰틀거리다. ☞굼실거리다. 꼼실거리다

곰실-곰실 [부] 곰실거리는 모양을 나타내는 말. ☞굼실굼실. 꼼실꼼실

곰작 [부] 작은 몸을 둔하게 한 번 움직이는 모양을 나타내는 말. ☞굼적. 꼼작. 꼼짝

곰작-거리다(대다) [자타] 작은 몸을 둔하게 움직거리다. 곰작이다 ☞굼적거리다. 꼼작거리다. 꼼짝거리다

곰작-곰작 [부] 곰작거리는 모양을 나타내는 말. ☞굼적굼적. 꼼작꼼작. 꼼짝꼼짝

곰작-이다 [자타] 곰작거리다 ☞굼적이다. 꼼작이다. 꼼짝이다

곰지락 [부] 좀스러운 몸놀림으로 굼뜨게 한 번 움직이는 모양을 나타내는 말. ☞굼지럭. 꼼지락

곰지락-거리다(대다) [자타] 좀스러운 몸놀림으로 굼뜨게 움직거리다. ¶ 발가락을 ―./공부하기가 싫어 ―. ☞굼지럭거리다. 꼼지락거리다

곰지락-곰지락 [부] 곰지락거리는 모양을 나타내는 말. ☞굼지럭굼지럭. 꼼지락꼼지락

곰질 [부] 굼뜬 몸놀림으로 좀스럽게 한 번 움직이는 모양을 나타내는 말. ☞굼질. 꼼질

곰질-거리다(대다) [자타] 굼뜬 몸놀림으로 좀스럽게 움직거리다. ¶ 아기가 ―./발가락을 ―. ☞굼질거리다. 꼼질거리다

곰질-곰질 [명] 곰질거리는 모양을 나타내는 말. ☞굼질굼질. 꼼질꼼질

곰:-취 [명] 국화과의 여러해살이풀. 줄기 높이 1m 안팎. 자루가 긴 잎은 염통 모양이고 둘레에 날카로운 잔 톱니가 있음. 7~9월에 노란 꽃이 총상(總狀) 꽃차례로 피고 열매는 하나씩 달림. 어린잎은 나물로 먹을 수 있음. 우리 나라 전역의 산 속의 음지에 자람.

곰치 [명] ①곰칫과의 검은점곰치·나망곰치·알락곰치 따위의 바닷물고기를 통틀어 이르는 말. ②곰칫과의 바닷물고기. 몸길이는 60cm 안팎임. 몸통은 길고 양쪽 옆이 납작하며, 황갈색 바탕에 불규칙한 흑갈색 가로 띠가 있음. 비늘은 없고 입이 크며 탐식성이 강함. 연안의 산호초나 바위 틈에서 삶.

곰:탕(―湯) [명] ①곰국 ②곰국에 밥을 만 음식.

곰틀 [부] 몸을 한 번 고부리거나 비틀거나 하는 모양을 나타내는 말. ☞굼틀. 꼼틀

곰틀-거리다(대다) [자타] 몸을 요리조리 고부리거나 비틀며 움직거리다. ¶ 지렁이가 ―. ☞굼틀거리다. 꼼틀거리다

곰틀-곰틀 [부] 곰틀거리는 모양을 나타내는 말. ☞굼틀굼틀. 꼼틀꼼틀

곰:-파다 [타] 일의 내용을 알려고 꼼꼼하게 따져 보다.

곰:팡 [명] '곰팡이'의 준말. (준)곰¹

곰팡(이) 슬다 [관용] 곰팡이가 생기다.

곰팡(이) 피다 [관용] 곰팡이가 많이 생기다.

곰:팡-내 [명] 곰팡이에서 나는 매캐한 냄새.

곰팡내(가) 나다 [관용] 생각이나 행동 따위가 케케묵고 고리타분하다.

곰:팡-스럽다(―스럽고·―스러워) [형ㅂ] 생각이나 행동이 케케묵고 고리타분한 데가 있다.

곰팡-스레 [부] 곰팡스럽게

곰:팡이 [명] 하등 균류(菌類)를 흔히 이르는 말. 균사(菌絲)로 이루어지며 일정한 형태는 없음. 동식물·음식물·가구·옷 따위의 표면에 기생하는 유해한 것과 발효나 약품 제조에 쓰이는 유익한 것이 있음. 포자(胞子)로 번식함. (준)곰¹. 곰팡

곰:팡이-실 [명] 균사(菌絲)

곰:-피다 [자] 곰팡이가 많이 생기다.

곱¹ [명] ①'곱쟁이'의 준말. ②'곱절'의 준말. ¶ 힘이 ―으로 들다. ③수학에서, 둘 이상의 수나 식을 곱하여 얻는 수나 식.

곱² [명] 부스럼이나 헌데에 끼는 고름 모양의 물질. ¶ 눈에 ―이 끼다.

곱-걸다 [타] ①끈이나 실 따위를 두 번 겹치어 얽거나 꿰다. ②노름에서 돈을 곱으로 걸다.

곱-걸리다 [자] 곱걺을 당하다.

곱-꺾다[―꺽―] [타] ①관절을 꼬부렸다 폈다 하다. ②노래를 부를 때, 꺾이는 부분에서 소리를 낮추었다 다시 높이다.

곱-꺾이 [명] ①관절을 꼬부렸다 폈다 하는 짓. ②노래를 부를 때, 꺾이는 부분에서 소리를 낮추었다 다시 높이어 꺾어 넘기는 일.

곱-꺾이다 [자] 곱꺾음을 당하다.

곱-끼다 [자] ①'곱살끼다'의 준말. ②종기나 부스럼 따위에 곱이 생기다.

곱-나들다(―나들고·―나드니) [자] 종기나 부스럼 따위가 자꾸 곪다.

곱-놓다 [타] 노름에서, 돈을 곱절로 더 걸다.

곱다¹ [자] 이익을 보려다가 도리어 손해를 보다. ¶ 남의 말만 믿고 투자했다가 곱고 말았다.

곱다² [형] 곧지 않고 한쪽으로 좀 고붓하다. ¶ 등이 약간 ―. ☞굽다³

곱다³ [형] ①신 것이나 찬 것을 먹은 뒤 이뿌리가 시리다. ②추위로 손가락이나 발가락이 시리어 놀리기가 불편한 느낌이 있다. ¶ 추위에 손가락이 ―.

곱:다⁴(곱고·고와) [형ㅂ] ①보기에 밝고 아름답다. ¶ 달빛이 ―./고운 얼굴. ②듣기에 맑고 부드럽다. ¶ 목소리

가 —. ③순하고 부드럽다. ¶고운 마음씨. ④살갗에 닿는 느낌이 보드랍다. ¶살결이 비단결처럼 —. ⑤가루가 썩 잘고 보드랍다. ¶떡쌀을 곱게 치다. ☞거칠다[2] ⑥피륙이나 국수 따위의 발이 썩 가늘다. ¶발이 고운 국수. ⑦밉거나 싫지 않고 좋다. ¶곱게 봐 주다. ⑧귀하고 소중하다. ¶곱게만 키운 자식. ⑨소중하고 고스란하다. ¶옛 추억을 곱게 간직하다. ⑩조용하고 편안하다. ¶소르르 곱게 잠든 아기의 모습.

속담 **고운 사람 미운 데 없고, 미운 사람 고운 데 없다** : 한 번 좋게 보면 그 사람의 모든 점이 좋게만 보이고, 한 번 나쁘게 보면 그 사람의 모든 점이 나쁘게만 보인다는 말. /**고운 사람은 멱 씌워도 곱다** : 아무리 보기 흉하게 하려 해도, 사람의 고운 바탕은 드러나게 마련이라는 말. /**고운 일 하면 고운 밥 먹는다** : 좋은 일을 하면 그 보람을 얻게 되고, 나쁜 일을 하면 그 대가를 치르게 마련이라는 말. /**고운 자식 매로 키운다** : 귀여운 자식일수록 엄하게 키워야 한다는 말. 〔예쁜 자식 매로 키운다〕

한자 **고울 려**(麗) 〔鹿部 8획〕 ¶여염(麗艶)/여용(麗容)/여인(麗人)/여조(麗藻)/화려(華麗)

곱:다랗다(곱다랗고 · 곱다란)형ㅎ ①꽤 곱다. ¶곱다랗게 핀 모란꽃. ②축나거나 변하지 않고 그대로 온전하다. 준곱닿다

곱:다래-지다 자 곱다랗게 되다.

곱:다시 부 곱다랗게 ¶보낸 것을 — 돌려보내다.

곱:닿다(곱닿고 · 곱단)형ㅎ '곱다랗다'의 준말.

곱-돌 명 납석(蠟石)

곱돌-솥 명 곱돌로 만든 솥.

곱드러-지다 자 걸어차이거나 무엇에 부딪히거나 하여 꼬꾸라져 엎어지다.

곱-들다 자 비용이나 재료가 갑절로 들다. 곱먹다 ¶집을 수리하는 데 돈이 곱들었다.

곱:디-곱다(—곱고 · —고와)형ㅂ 매우 곱다. ¶곱디고운 자태(姿態). /곱디고운 살결.

곱-디디다 자 발을 접질리게 디디다.

곱-똥 명 곱이 섞여서 나오는 묽은 똥.

곱-먹다 자 곱들다

곱-바 명 지게의 짐을 얽어 매는 긴 밧줄.

곱-빼기 명 ①음식의 두 그릇 몫을 한 그릇에 담은 분량. ¶자장면 —. ②두 번 거듭하는 일. ¶일을 —로 하다.

곱사 명 ①곱사등 ②곱사등이

곱사-등 명 등뼈가 앞으로 고부라져 혹과 같이 뼈가 불쑥 나온 등. 곱사

곱사등-이 명 곱사등인 사람. 곱사. 구루(傴僂). 꼽추

곱사-춤 명 등에 바가지 따위를 넣어 곱사등이 흉내를 내며 익살스럽게 추는 춤.

곱:살-끼다 자 몹시 성가시게 보채다. 준곱끼다

곱:살-스럽다(—스럽고 · —스러워)형ㅂ 생긴 모습이 보기에 곱살하다. ¶곱살스럽게 생겼다.

곱살-스레 부 곱살스럽게

곱:살-하다 형여 생김새가 곱고 성격이 얌전하다.

곱-삶다[—삼따] 타 두 번 삶다. 거듭 삶다.

곱-삶이 명 ①두 번 삶아 짓는 밥. ②'꽁보리밥'을 달리 이르는 말.

곱삿-병(—病)명 구루병(傴僂病)

곱-새기다[1] 타 곰곰이 생각하다. ¶스승의 말씀을 —.

곱-새기다[2] 타 남의 말이나 태도 등을 본의와는 달리 좋지 않게 생각하다. ¶친구의 충고를 곱새겨 듣다.

곱새-치기 명 돈을 곱걸고 하는 노름.

곱-셈 명 어떤 수를, 다른 수가 나타내는 횟수만큼 거듭 더한 합계를 구하는 셈. ☞나눗셈

곱셈-법(—法)[—뻡] 명 어떤 수를, 다른 수가 나타내는 횟수만큼 거듭 더한 합계를 구하는 셈법. 승법(乘法) ☞나눗셈법

곱셈-표(—標)명 곱셈을 나타내는 표인 '×'의 이름. 승표(乘標). 승호(乘號) ☞나눗셈표

곱소리 명 코끼리의 꼬리털. 가늘고 부드러워 망건이나 탕건 등을 만드는 데 쓰였음. 준곱솔[1]

곱솔[1] 명 '곱소리'의 준말.

곱-솔[2] 명 박이옷을 지을 때, 접어 박은 솔기를 한 번 더 접어 박는 일, 또는 그렇게 박은 솔기. ☞통솔

곱송-그리다 타 놀라거나 겁이 나서 몸을 잔뜩 옴츠리다.

곱-수(—數)명 승수(乘數)

곱슬곱슬-하다 형여 머리털 따위가 잘게 고불고불하다. ☞굽슬굽슬하다

곱슬-머리 명 고수머리

곱실 부 공손하게 머리나 허리를 한 번 고푸리는 모양을 나타내는 말. ¶— 머리를 숙여 인사하다. ☞굽실

곱실-거리다(대다) 자타 공손하게 머리나 허리를 자꾸 고푸렸다 폈다 하다. ☞굽실거리다. 꼽실거리다

곱실-곱실 부 곱실거리는 모양을 나타내는 말. ☞굽실굽실. 꼽실꼽실

곱쌈-솔 명 홑옷을 지을 때 한 번 박은 솔기를, 시접이 싸이도록 접은 다음 위에서 눌러 박은 솔기.

곱-써레 명 써레질한 논밭을 가로 한 번 더 써는 일.

곱-씹다 타 ①거듭해서 씹다. ②말이나 생각 따위를 거듭 되풀이하다. ¶그가 남긴 마지막 말을 곱씹어 보다.

곱은-옥(—玉)명 곡옥(曲玉)

곱은-성(—城)명 성문 밖에 반달 모양이나 네모지게 둘러쌓은 작은 성. 곡성(曲城). 옹성(甕城)

곱이 명 휘어서 곱은 곳. ☞굽이

곱이-곱이 부 ①여러 곱이로 곱이진 모양을 나타내는 말. ¶실개천이 — 휘돌아 흐르다. ②곱이마다 ¶산자락 — 자리잡은 마을.

명 여러 곱이. ¶강가 —에 있는 마을들. ☞굽이굽이

곱이-지다 자 곱이를 이루다. ¶곱이져 흐르는 실개천. ☞굽이지다

곱-자 명 나무나 쇠로 'ㄱ' 자 모양으로 만든 자. ㄱ자자. 기역자자. 곡척(曲尺). 구(矩). 구척(矩尺)

곱작 부 몸을 좀스럽게 한 번 고푸리는 모양을 나타내는 말. ☞굽적. 꼽작

곱작-거리다(대다) 자타 몸을 자꾸 좀스럽게 고푸렸다 폈다 하다. ☞굽적거리다. 꼽작거리다

곱작-곱작 부 곱작거리는 모양을 나타내는 말. ☞굽적굽적. 꼽작꼽작

곱장-다리 명 바로 섰을 때의 양다리 모양이 'O' 자처럼 옥은 다리.

곱-쟁이 명 '곱절'의 속된 말. 준곱[1]

곱절 명 ①같은 수량을 몇 번이고 거듭 합치는 일, 또는 그렇게 합친 셈. ¶어떤 수를 —로 셈하는 셈법. ②〔의존 명사로도 쓰임〕 ¶연료비가 세 — 올랐다. ☞갑절

곱-창 명 소의 작은창자를 이르는 말. 구이·볶음·곰국·찜 따위에 쓰임. ☞곤자소니

×**곱추** 명 →꼽추

곱-치다 타 ①반으로 접어 합치다. ☞꼽치다 ②곱절을 하다.

곱-하기 명 곱셈을 하는 일. ☞나누기

곱-하다 타여 어떤 수를 곱절로 셈하다. ☞나누다

곳 명 ①어떤 자리나 고장. ¶높은 —. /가고 싶은 —. /내가 태어난 —. /인삼이 많이 나는 —. ②어떤 부분이나 부위. ¶고장난 —을 고치다. /병든 —을 찾아내다.

한자 **곳 처**(處) 〔虍部 5획〕 ¶각처(各處) ▷ 処는 동자

곳간(庫間)명 물건을 간직해 두는 곳.

곳간-차(庫間車)명 '유개 화차'를 흔히 이르는 말.

곳-곳[곧—] 명 이곳저곳. 여기저기. 처처(處處) ¶—에서 산불이 일어나다.

곳곳-이[곧—] 부 곳곳마다 ¶— 봄을 알리는 꽃바람.

곳-집(庫—)명 ①곳간으로 쓰려고 지은 집. 고사(庫舍). 창고(倉庫). 창름(倉廩) ②상엿집

한자 **곳집 고**(庫) 〔广部 7획〕 ¶고사(庫舍)/고세(庫貰)/고직(庫直)/입고(入庫)/출고(出庫)
곳집 창(倉) 〔人部 8획〕 ¶창고(倉庫)/창곡(倉穀)

공: 명 ①고무나 가죽 따위로 둥글게 만들어, 그 속에 공기 또는 다른 물질을 넣은 운동 기구, 또는 놀이 용구. ¶ －을 굴리다. /－을 치다. ②구(球)

한자 공 구(球) 〔王部 6획〕 ¶ 구기(球技)/구속(球速)/구형(球形)/속구(速球)/원구(圓球)/투구(投球)

공(工) 명 '공업(工業)'의 준말.
공(公)[1] 명 ①개인적인 일이 아닌, 나라나 사회의 여러 사람에게 관계되는 일. ¶ －과 사(私)를 구별하다. ☞사(私) ②'공작(公爵)'의 준말. ☞후(侯)
공(功) 명 ①'공로(功勞)'의 준말. ¶ 큰 －을 세우다. ②'공력(功力)'의 준말. ¶ －든 탑이 무너지랴.

한자 공 훈(勳) 〔力部 14획〕 ¶ 공훈(功勳)/무훈(武勳)/훈공(勳功)/훈로(勳勞) ▷ 속자는 勲

공(空)[1] 명 불교에서, 모든 사물은 인연으로 생겨난 모습이며, 고정적인 실체나 자아 따위는 없음을 이르는 말. ☞무(無)
공(空)[2] 명 ①아라비아 숫자 '0(영)'을 흔히 이르는 말. ②문장 부호의 숨김표인 '○'을 달리 이르는 말.
공(空)[3] 명 대가(代價)가 없는 것. 공짜 ¶ －으로 얻다. /－으로 일을 해 주다.
공:(貢) 명 -하다 타 ①'공납(貢納)'의 준말. ②'공물(貢物)'의 준말. ③'공상(貢上)'의 준말.
공(公)[2] 대 ①상대편 남자를 높이어 일컫는 말. ②흔히 지난날의 인물이나, 이미 고인(故人)이 된 남자를 높이어 일컫는 삼인칭 대명사. ¶ －은 지성으로 임금을 섬겼다. ③〖의존 명사로도 쓰임〗 주로 남자의 성이나 성명 밑에 붙어, 그 사람을 높여 부르는 말. ¶ 김 공/김유신 공
공(gong) 명 권투에서, 경기의 시작과 끝을 알리는 종. ¶ 3라운드의 시작 －이 울리다.
공(空)- 《접두사처럼 쓰이어》 ①'거저 얻는'의 뜻을 나타냄. ¶ 공돈/공술/공밥 ②'헛'의 뜻을 나타냄. ¶ 공염불(空念佛)/공치사(空致辭)
-공(工) 《접미사처럼 쓰이어》 '기술자' 또는 '기능공'임을 나타냄. ¶ 배관공(配管工)/선반공(旋盤工)/용접공(鎔接工)/인쇄공(印刷工)/미장공
공가(工價)〔－까〕 명 공전(工錢)
공가(公家) 명 중이 '절'을 이르는 말.
공가(公暇) 명 공식으로 인정된 공무원의 휴가.
공가(空家) 명 빈집
공:가(拱架) 명 아치의 석재(石材) 따위를 떠받치려고 가설(架設)하는 틀.
공-가:교(空駕轎) 명 지난날, 임금의 거둥 때 정가교(正駕轎)보다 앞서 가게 하던 빈 가교.
공각(空殼) 명 곡식이나 열매 따위의 빈 껍질이나 조개 따위의 빈 껍데기.
공간(公刊) 명 -하다 타 공개적으로 책을 펴냄.
공간(空間) 명 ①물체가 없이 비어 있는 곳. ¶ 우주의 －. /건물과 건물 사이의 －. ②아래위와 사방으로 열려 있는 범위. ¶ 생활 － ③철학에서, 시간과 함께 세계를 성립시키고 있는 기본 형식을 이르는 말. ④물리학에서, 물질이 존재하며, 여러 현상이 일어나는 장(場)을 이르는 말. ⑤수학에서, 일반적으로 점(點)의 집합(集合)을 이르는 말. 직선을 일차원의 공간, 평면을 이차원의 공간, 입체를 삼차원의 공간이라 이름.
공간(空簡) 명 선물이 딸리지 않은 편지.
공:간(槓杆) 명 지레[1]
공간=격자(空間格子) 명 결정(結晶)을 이루고 있는 원자・이온・분자 집단 등이 일정한 계열에 따라 공간에 배열된 것. ☞결정 격자(結晶格子)
공간=곡선(空間曲線) 명 공의 겉면 곡선이나 나선처럼 하나의 평면에 있지 않은, 공간에 있는 곡선.
공간=기하학(空間幾何學) 명 입체 기하학(立體幾何學)
공간=도형(空間圖形) 명 입체 도형(立體圖形)
공간-미(空間美) 명 공간을 통하여 나타나는 자연물이나 조각, 건축 등에서 느낄 수 있는 아름다움.
공간-역(空間閾)〔－녁〕 명 심리학에서, 감각 기관의 두 점에 동시에 주어진 두 가지 자극을 각각 구별하여 느낄 수 있는 최소의 거리를 이르는 말.
공간=예:술(空間藝術)〔－네－〕 명 조형 예술(造形藝術) ☞시간 예술
공간-적(空間的) 명 ①공간에 관계되거나 그에 딸리는 것. ②공간의 범위를 가진 것. ☞시간적
공간=지각(空間知覺) 명 시각・청각・촉각을 통하여 형태・크기・방향・위치・거리 등을 인식하는 작용. ☞시간 지각
공간-파(空間波) 명 송신 안테나에서 발사되어, 땅에 닿지 않고 대기권의 전리층(電離層)에 반사되어 직접 수신 안테나에 전달되는 전파.
공:갈(恐喝) 명 ①-하다 자타 금품을 빼앗기 위하여, 남의 약점이나 비밀 따위를 들먹여 윽박지르고 을러매는 일. 공하(恐嚇) ¶ － 협박을 하다. ②-하다 자 '거짓말'을 속되게 이르는 말. ¶ －쟁이
공:갈-죄(恐喝罪)〔－쬐〕 명 남을 공갈하여 재산상의 이익을 얻음으로써 성립하는 죄.
공:갈-치다(恐喝－) 자 '공갈하다'의 속된말.
공:감(共感) 명 -하다 자 남의 생각이나 의견, 감정 등에 대하여 자기도 그러하다고 느낌, 또는 그런 감정. ¶ 선생님 말씀에 －하다.
공:-감각(共感覺) 명 어떤 하나의 자극이, 그 본래의 감각만이 아니라 다른 감각도 동시에 일어나게 하는 현상. 소리를 듣고 빛깔을 느끼는 따위. ☞색청(色聽)
공:감-대(共感帶) 명 서로 공감하는 부분. ¶ 시민의 －를 마련하다.
공개(公開) 명 -하다 타 ①일반 사람들이 보거나 듣거나 할 수 있도록 터놓음. ¶ 박물관의 국보들을 －하다. ②세상에 널리 알림. ¶ 사생활을 －하다. /사건의 진상을 －하다. /－ 채용
공개=경:쟁(公開競爭) 명 공개된 자리에서 같은 조건으로 서로 겨루는 일.
공개=방:송(公開放送) 명 방송국의 스튜디오나 극장・강당 등에 관객을 모아 놓고, 방송하는 실제 모습을 보이면서 제작하는 방송.
공개=법인(公開法人) 명 주식을 주식 시장에 내놓고 있는 법인.
공개=선:거(公開選擧) 명 공개 투표로 하는 선거. ☞비밀 선거
공개=수사(公開搜査) 명 범죄의 수사에서, 경찰이 일반인의 협력을 얻기 위하여 범인이나 범죄에 관한 정보를 공개하고 하는 수사 방법.
공개=시:장(公開市場) 명 누구나 자유롭게 참가하여 자금을 빌리거나 유가 증권의 매매를 하여 수요와 공급의 실제 시세에 따라 금리가 결정되고 가격이 성립되는 시장.
공개=시:장=조작(公開市場操作) 명 중앙 은행이 금융 시장에 개입하여, 어음이나 국채(國債) 등 유가 증권을 매매함으로써 시중의 통화량을 조절하는 일.
공개=심리주의(公開審理主義) 명 재판의 공정성을 위하여 소송의 심리나 판결을 일반인에게 공개하여 하는 주의. 공개주의(公開主義)
공개-장(公開狀)〔－짱〕 명 어떤 개인이나 단체에게 알리는 사실이나 의견을 신문이나 잡지 등에 실어서 일반인에게 알리는 글.
공개=재판(公開裁判) 명 법의 공정한 운용을 보장하는 뜻에서, 재판의 과정을 공개하여 일반인의 방청을 허용하는 재판. 공심판(公審判)
공개-적(公開的) 명 공개하는 것. ¶ －으로 비판하다.
공개-주의(公開主義) 명 ①비밀로 하지 않고 일반인에게 공개하는 주의. ②공개 심리주의(公開審理主義)
공개=채:용(公開採用) 명 회사나 기관 따위에서 필요한 사람을 공개적으로 모집하여 채용하는 일. 준 공채(公採) ☞특채(特採)
공개=투표(公開投票) 명 투표자의 투표 내용을 제삼자가

알 수 있는 투표 방식. 기명 투표나 기립 투표, 거수 투표 따위. ☞비밀 투표(祕密投票)
공개=회:의(公開會議)명 누구에게나 회의의 진행을 지켜볼 수 있도록 허락하는 회의.
공건(空件)[-껀]명 쓸모 없는 물건.
공검(恭儉)어기 '공검(恭儉)하다'의 어기(語基).
공검-하다(恭儉-)형여 공손하고 검소하다.
공겁(空劫)명 불교에서 이르는 사겁(四劫)의 마지막 겁. 세계가 멸하여, 일체가 공으로 돌아가 공허한 상태로 계속되는 동안을 이름.
공-것(空-)[-껏]명 노력이나 대가 없이 얻는 것.
속담 **공것 바라면 이마가 벗어진다**: ①공것을 좋아하는 사람을 놀리어 이르는 말. ②이마가 벗어진 사람을 놀리어 이르는 말./**공것은 써도 달다**: 공것이라면 맛이 쓴 것도 달게 느껴진다는 말로, 누구나 공것을 싫어하지 않는다는 말./**공것이라면 양잿물도 먹는다**: 공것이라면 먹으면 죽는 양잿물까지도 먹는다는 뜻으로, 공것이라면 무엇이든지 가리지 않고 거두어들임을 비꼬아 이르는 말.〔공것이라면 비상도 먹는다〕
공:격(攻擊)명-하다자타 ①나아가 적을 침. ¶요새를 -하다. ②상대편을 반대하거나 비난함. ¶상대의 약점을 -하다. ③운동 경기 따위에서, 이기기 위하여 상대편이 밀리게 적극적으로 행동함. ☞방어(防禦). 수비(守備)
공:격=동맹(攻擊同盟)명 둘 이상의 나라가 함께 다른 나라를 공격하기 위하여 맺은 동맹. ☞방어 동맹(防禦同盟)
공:격-력(攻擊力)명 ①공격하는 힘. ②공격할 수 있는 병력이나 군사력.
공:격-수(攻擊手)명 구기 경기 등에서, 주로 공격하는 일을 맡은 선수. ☞수비수(守備手)
공:격-전(攻擊戰)명 공격을 위주로 하여 벌어지는 전투. 준공전(攻戰) ☞방어전
공:격-진(攻擊陣)명 공격하는 편의 진영, 또는 그 군사나 선수. ☞수비진(守備陣)
공결(公決)명-하다타 공정하게 결정함, 또는 그런 결정.
공겸(恭謙)어기 '공겸(恭謙)하다'의 어기(語基).
공겸-하다(恭謙-)형여 공손하고 겸손하다.
공경(公卿)명 지난날, 삼공(三公)과 구경(九卿)을 아울러 이르던 말.
공경(恭敬)명-하다타 남을 대할 때, 몸가짐을 공손히 하고 존경함. ¶스승을 -하다.

한자 **공경할 경**(敬)〔攴部 9획〕¶경례(敬禮)/경로(敬老)/경애(敬愛)/경어(敬語)/경의(敬意)

공경-대:부(公卿大夫)명 ①지난날, 삼공(三公)과 구경(九卿), 대부(大夫)를 아울러 이르던 말. ②지난날, 관직이 높은 사람을 이르던 말.
공-경제(公經濟)명 국가나 공공 단체 등이 영위하는 경제. ☞사경제(私經濟)
공경지례(恭敬之禮)명 가톨릭에서, 성신(聖神)이나 성인에게 드리는 공경의 예를 이르는 말. ☞상경지례(上敬之禮). 흠숭지례(欽崇之禮)
공계(空界)명 불교에서 이르는 육계(六界)의 하나. 아무것도 없는 공(空)의 세계.
공:계(貢契)[-께]명 지난날, 나라에 공물을 먼저 바친 뒤에 값을 타내던 계.
공고(公告)명-하다타 국가 기관이나 공공 단체 등이 어떠한 사실을 광고나 게시 등을 통하여 일반 사람들에게 알리는 일. ¶선거일을 -하다. ☞고시(告示)
공고(鞏固)어기 '공고(鞏固)하다'의 어기(語基).
공고라명 털 빛깔은 누렇고 주둥이는 검은 말.
공고-문(公告文)명 공고하는 글.
공고-하다(鞏固-)형여 의지 따위가 굳고 흔들림이 없다. ¶공고한 결의를 다지다.
 공고-히부 공고하게 ¶결속을 - 하다.
공곡(公穀)명 조선 시대, 나라에서 가지고 있는 곡식을 이르던 말. ☞사곡(私穀)
공곡공음(空谷跫音)성구 아무도 없는 골짜기에 울리는 사람의 발자국 소리라는 뜻으로, 쓸쓸한 터에 뜻밖의 손이나 기쁜 소식이 옴을 비유하여 이르는 말.
공골-말명 털 빛깔이 누런 말.
×**공골-차다**형 →옹골차다
공공(公共)명 사회의 전체에 관계되는 일. ¶- 기관/-의 안녕과 질서.
공공(空空)명 불교에서, 우주에 있는 모든 존재는 모두 공(空)이며, 그 공(空)이라는 이치 자체도 또한 공(空)임을 이르는 말.
공공=건:물(公共建物)명 공공 기관의 건물.
공공=기업체(公共企業體)명 국가나 공공 단체가 소유하거나 경영하는, 공공의 복지와 관련된 기업체.
공공=단체(公共團體)명 국가의 감독 아래 공공의 업무를 맡아 하는 법인 단체. ☞공법인(公法人)
공공-물(公共物)명 도로나 하천, 공원 등과 같이 일반 사람들이 이용하는 것. 공공용물(公共用物) ☞공동물
공공=방:송(公共放送)명 영리를 목적으로 하지 않고, 공공의 이익을 위하여 하는 방송. ☞민간 방송
공공=복지(公共福祉)명 사회 구성원 전체에 관계되는 복지. ¶- 시설
공공=사:업(公共事業)명 공공의 이익을 위해 하는 사업.
공공-성(公共性)[-썽]명 개인이나 단체가 아닌 사회 일반에 두루 관련되거나 영향을 미치는 성질.
공공=시:설(公共施設)명 공공의 편의나 복지를 위하여 베풀어 놓은 시설.
공공-심(公共心)명 공공의 행복과 이익을 위하는 마음. ☞이기심(利己心)
공공연-하다(公公然-)형여 거짓이나 숨김없이 그대로 드러나 있다. ¶공공연한 사실.
 공공연-히부 공공연하게 ¶- 알려진 사실.
공공=요금(公共料金)[-뇨-]명 철도·통신·수도 등 국영 시설을 이용하는 데 드는 요금.
공공용-물(公共用物)[-뇽-]명 공공물(公共物)
공공=자금(公共資金)명 금융 구조 조정에 쓰인 자금 중 공적 자금을 뺀 자금. 채권 발행 외의 방식으로 마련함.
공공=재산(公共財産)명 공공 단체가 소유한 재산.
공공적적(空空寂寂)성구 ①불교에서, 우주의 모든 사물은 그 실체나 본성이 공(空)이어서 생각하고 분별할 바가 아님을 이르는 말. ②불교에서, 아무 것에도 사로잡히지 않고 무아무심(無我無心)인 상태를 이르는 말.
공공=조합(公共組合)명 공공의 이익을 위하여 사업을 하는 법인체의 조합.
공공=차:관(公共借款)명 정부나 법인(法人)이 외국의 정부나 법인에게서 돈을 빌려 쓰거나 자본재, 원자재 따위를 장기 결제 방식으로 들여오는 차관.
공공=투자(公共投資)명 국가나 공공 단체가 공공의 이익을 위하여 하는 투자.
공과(工科)[-꽈]명 공학이나 공업에 관한 학문을 배우거나 연구하는 학과.
공과(工課)명 공부하는 과정.
공과(公課)명 국가나 지방 자치 단체가 국민에게 부과하는 공법상(公法上)의 부담.
공과(功過)명 공로와 과실. ¶-를 따지다. 유공죄(功罪)
공과-금(公課金)명 국가나 지방 자치 단체가 국민에게 부과하는 금전적인 부담.
공과상반(功過相半)성구 공로와 과실이 반반임을 이르는 말.
공관(公館)명 ①공공의 건물. ②정부 고관의 관저. ¶총리 - ③대사관·공사관·영사관 등을 통틀어 이르는 말. ¶해외 -
공관(空館)명 조선 시대, 성균관 유생(儒生)들이 어떤 불평이 있을 때 모두 관에서 물러나던 일.
공관(空罐)명 빈 깡통.
공:관=복음서(共觀福音書)명 신약성서 중의 마태복음·마가복음·누가복음의 세 복음서를 이르는 말.
공관-장(公館長)명 대사·공사·영사 등과 같이 해외에

주재하는 공관의 책임자.

공교(工巧)어기 '공교(工巧)하다'의 어기(語基).

공교-롭다(工巧-)(-롭고·-로워)형ㅂ 뜻밖의 사실과 우연히 마주치게 된 것이 이상하다. 공교하다 ¶소풍 날에 공교롭게도 비가 내렸다.

공교-로이부 공교롭게

공-교육(公教育)명 공적인 재원으로 국가나 공공 단체가 관리·운영하는 교육. ☞사교육(私教育)

공교-하다(工巧-)형여 ①솜씨 따위가 재치 있고 교묘하다. ¶공교한 솜씨로 빚은 작품. ②공교롭다

공교-히부 공교하게

한자 **공교할 교**(巧) 〔工部 2획〕 ¶교묘(巧妙)/교사(巧詐)/교언(巧言)/교위(巧違)

공-교회(公教會)명 '가톨릭 교회'를 달리 이르는 말.

공구(工具)명 물건을 만들거나 고치는 데 쓰는 기구.

공구(工區)명 긴 거리나 넓은 범위에 걸친 공사 때 시공의 단위로 구획한 공사 구역.

공구(攻究)명-하다자 학문이나 기예 따위를 연구함.

공:구(恐懼)어기 '공구(恐懼)하다'의 어기(語基).

공구-강(工具鋼)명 공구의 재료가 되는 특수강.

공:구-하다(恐懼-)형여 몹시 두렵다.

공국(公國)명 유럽에서, 공(公)의 칭호를 가진 세습 군주가 다스리는 작은 나라. 리히텐슈타인·모나코 등.

공군(空軍)명 항공기를 이용하여 공중에서 하는 작전을 임무로 삼는 군대. ☞육군. 해군

공군-기(空軍機)명 공군에 딸린 항공기.

공군=대학(空軍大學)명 공군 장교를 대상으로 하는, 공군의 고급 군사 학교.

공군=본부(空軍本部)명 공군의 최고 통수 기관.

공군=사:관=학교(空軍士官學校)명 공군의 초급 장교를 양성하는 정규 군사 학교. 준공사

공권(公權)[-꿘]명 공법에 따라 국가나 개인에게 인정되는 권리. 형벌권·재정권·경찰권과 같이 국가가 국민에 대하여 가지는 국가적 공권과 참정권·자유권·수익권(受益權)과 같이 국민이 국가에 대하여 가지는 개인적 공권이 있음. ☞사권(私權)

공권(空拳)명 맨주먹. 반주먹 ☞적수(赤手)

공권-력(公權力)[-꿘녁]명 국가나 공공 단체가 국민에 대하여 명령·강제하는 권력. ¶-에 대한 도전.

공권=박탈(公權剝奪)[-꿘-]명 사형이나 무기형의 판결을 받은 사람에 대해서 일체의 공권을 빼앗는 일.

공권적=해:석(公權的解釋)[-꿘-]명 국가 기관이 공식으로 내리는 법률 해석. 유권적 해석

공궐(空闕)명 임금이 없는 빈 대궐.

속담 **공궐 지킨 내관의 상**(相): 임금이 비운 궁궐을 지키는 내관(內官)과 같은 꼴이라는 뜻으로, 얼굴에 근심과 수심이 가득한 사람을 두고 이르는 말.

공:궤(供饋)명-하다타 음식을 드리거나 대접함.

공규(空閨)명 오랫동안 남편 없이 아내가 혼자 지내는 방. 공방(空房) ¶-를 지켜 오다.

공그르다(공그르고·공글러)타르 헝겊의 시접을 접어 맞대고 바늘을 양쪽 시접에 번갈아 넣어 가며 실땀이 겉으로 나오지 않도록 속으로 떠서 꿰매다.

공:극(孔隙)명 구멍. 틈

공극(空隙)명 비어 있는 틈.

공:극(孔劇)어기 '공극(孔劇)하다'의 어기(語基).

공:극-률(孔隙率)명 바위 속의 틈의 부피와 바위 전체의 부피와의 비율. 간극률(間隙率)

공:극-하다(孔劇-)형여 몹시 심하고 지독하다.

공근(恭勤)어기 '공근(恭勤)하다'의 어기(語基).

공근(恭謹)어기 '공근(恭謹)하다'의 어기(語基).

공근-하다(恭勤-)형여 공손하고 부지런하다.

공근-하다(恭謹-)형여 공손하고 조심성이 있다.

공글리다타 ①땅바닥 따위를 단단하게 다지다. ¶마당을 -. ②일을 틀림없이 마무르다.

공금(公金)명 ①국가나 공공 단체가 가진 돈. ②단체나 회사가 가진 돈. ¶-를 빼돌리다./-을 횡령하다.

공:급(供給)명-하다타 ①요구나 필요에 따라 물품을 대줌. ¶구호품을 -하다. ②판매하거나 교환하기 위해 상품을 시장에 내놓음. ¶신제품을 -하다. ☞수요(需要)

공:급=계:약(供給契約)명 일정한 시기에 목적물의 소유권을 이전할 것을 약속하는 계약.

공:급-원(供給源)명 공급하는 원천이 되는 곳. 준급원(給源) ¶전력의 -./공업 용수의 -.

공:급=함수(供給函數)[-쑤]명 공급량의 변화와 가격의 변화 관계를 나타내는 함수.

공:기명 ①다섯 개의 작은 돌을 땅바닥에 놓은 다음, 일정한 규칙에 따라 집고 던져 올려서 받고 하는 아이들의 놀이, 또는 그 돌. ②헝겊에 콩 따위를 싸서 만든 공 두 개 이상을 가지고, 땅에 떨어지지 않게 잇달아 올렸다 받았다 하는 아이들의 놀이, 또는 그 공.

공기 놀리듯 하다관용 사람을 제 마음대로 아무렇게나 다루거나 놀리거나 하다.

공기(를) 놀다관용 공기를 가지고 놀이를 하다.

공기(公器)명 ①사유(私有)가 아니라 공공의 도구라는 뜻에서 관직(官職)을 이르는 말. ②공공을 위한 기관. 주로 신문이나 방송 등 언론 매체를 이름. ¶신문은 사회의 -이다.

공기(空氣)명 ①지구를 싸고 있는 대기의 하층 부분을 이루는 무색투명한 혼합 기체. 산소와 질소가 주성분이며 적은 양의 아르곤과 헬륨 등 불활성 가스와 이산화탄소가 섞여 있음. 대기(大氣) ¶산의 맑은 -./배기 가스로 말미암은 - 오염. ②그 자리의 분위기. ¶어쩐지 회의실 -가 험악하다.

공기(空器)명 ①빈 그릇. ②밥을 덜어 먹는 데 쓰는 작은 그릇. ③〔의존 명사로도 쓰임〕 공기에 담은 밥 따위의 양을 세는 단위. ¶밥 한 -.

공기=가스(空氣gas)명 공기에 휘발유 증기나 탄화수소(炭化水素)가스 등을 섞어 만든 가스. 주로 열원(熱源)으로 쓰임.

공기=공구(空氣工具)명 압축 공기의 팽창력을 이용하는 동력 공구. 전기 드릴 따위.

공기=구멍(空氣-)명 공기가 드나들도록 낸 구멍. 통기공(通氣孔)

공기=기관(空氣機關)명 압축 공기의 에너지를 기계적 에너지로 바꾸는 기관. 풍차나 공기 터빈 따위.

공기=냉:각(空氣冷却)명 공기를 이용하여 열을 식히는 일. 준공랭(空冷)

공기=망치(空氣-)명 압축 공기를 동력으로 삼는 망치.

공기=베개(空氣-)명 속에 공기를 불어넣어 부풀려서 쓰는 베개.

공기=브레이크(空氣brake)명 공기 제동기

공기=뿌리(空氣-)명 식물의 땅위줄기나 가지에서 나와 공기 중에 드러나 있는 뿌리. 옥수수 따위에서 볼 수 있음. 기근(氣根)

공기=색전증(空氣塞栓症)[-쯩]명 정맥(靜脈)으로 공기가 들어가서 일어나는 색전증.

공기=세:척기(空氣洗滌器)명 물을 이용하여 오염된 공기를 깨끗하게 하는 장치. 오염된 공기를 빨아들여 물을 뿜어 오염 물질을 없앰.

공기=압축기(空氣壓縮機)명 공기를 압축하여 2~3기압 이상의 압축 공기를 만드는 기계. 에어컴프레서

공기-액(空氣液)명 액체 공기

공-기업(公企業)명 국가나 공공 단체가 경영하는 기업. 철도·통신·수도 따위의 공익 사업을 이름. ☞사기업

공기=역학(空氣力學)명 유체 역학의 한 부분. 공기의 흐름과 공기 중에서 운동하는 물체 사이의 역학적 상호 작용을 연구하는 학문.

공기=요법(空氣療法)[-뻡]명 호흡기 질환의 치료법의 한 가지. 신선한 자연 속에서 생활하는 대기 요법과 공기욕(空氣浴)이 있음.

공기-욕(空氣浴)명 공기 요법의 한 가지. 온몸을 대기 중에 노출시켜 공기를 쐬는 일.

공기=저:항(空氣抵抗)명 공기 중에서 운동하는 물체가 공기로부터 받는 저항. 상대 속도에 비례함.
공기=전염(空氣傳染)명 공기 중에 있는 병원체가 피부나 점막 등에 붙거나 호흡기를 통하여 체내에 들어가거나 하여 일으키는 전염.
공기=제:동기(空氣制動機)명 압축 공기를 이용하여 차량 등의 속도를 조절하거나 멈추게 하는 장치. 공기 브레이크. 에어브레이크(air brake)
공기=조절(空氣調節)명 실내 공기의 온도나 습도 등을 조절하여 쾌적한 상태를 유지하는 일. 에어컨디셔닝
공기=주머니(空氣-)명 기낭(氣囊)
공기=청정기(空氣淸淨器)명 공기 중의 먼지를 없애는 장치. 에어클리너(air cleaner)
공기-총(空氣銃)명 압축 공기의 힘으로 탄알이 발사되도록 만든 총.
공기=컨베이어(空氣conveyer)명 수송관(輸送管) 안을 고속으로 흐르는 공기의 힘을 이용하여 곡식의 낟알 따위를 운반할 수 있게 만든 장치.
공기=펌프(空氣pump)명 ①밀폐된 용기 속의 공기를 뽑아 진공 상태를 만드는 데 쓰는 펌프. ②타이어나 기구(氣球), 용기 같은 데에 공기를 압축하여 넣는 펌프. 에어펌프(airpump)
공:깃-돌명 공기 놀이를 할 때 쓰는, 도토리만 한 돌.
공납(公納)명 국고로 들어가는 조세(租稅).
공:납(貢納)명-하다타 지난날, 백성이 지방에서 나는 특산물을 조정에 바치던 일. 납공(納貢) 준공(貢)
공납-금(公納金)명 ①관공서에 의무적으로 내는 돈. ②학생이 학교에 정기적으로 내는 돈.
공낭(空囊)명 ①돈이 들어 있지 않은 빈 주머니. ②몸에 돈을 지니지 않은 것을 비유하여 이르는 말.
×**공-념불**명 →공염불(空念佛)
공-노비(公奴婢)명 지난날, 관아에 딸린 노비를 이르던 말. 관노비(官奴婢) ☞사노비(私奴婢)
공능(功能)명 ①공적(功績)과 재능을 아울러 이르는 말. ②보람을 나타내는 능력.
공다리명 무나 배추의 씨를 떨어 낸 장다리.
공단(工團)명 '공업 단지(工業團地)'의 준말.
공단(公團)명 국가 사업을 수행하게 하려고 설립한 특수 법인. ¶연금 관리 —
공:단(貢緞)명 무늬가 없고 두꺼운 비단. ☞주단(紬緞)
공-담(空-)명 빈터를 둘러 막은 담.
공담(公談)명 ①공평한 말. ②공무에 관한 말. ☞사담
공담(空談)명 ①쓸데없는 말. ②실속이 없는 말.
공답(公畓)명 지난날, 나라가 소유하던 논. ☞사답
공당(公堂)명 지난날, 공무(公務)를 맡아보던 곳.
공당(公黨)명 정치적 주의나 주장을 공공연히 밝히고, 사회적·국가적으로 인정을 받는 정당.
공대(空垈)명 울안의 빈터.
공대(恭待)명 ①-하다타 공손히 대접함. ¶손을 —하다. ②-하다자 상대편에게 높임말을 씀. ¶그들은 서로 —하는 사이이다. ☞하대(下待)
공대공(空對空)앞말 공중에서 공중에 있는 목표물을 상대로 함을 뜻하는 말. ☞공대지. 지대지(地對地)
공대공=미사일(空對空missile)명 항공기에 장착하여 공중의 목표물을 공격하는 미사일. ☞지대지 미사일
공대-말(恭待-)명 공대하는 말. 경어(敬語) ☞예사말
공대지(空對地)앞말 공중에서 지상에 있는 목표물을 상대로 함을 뜻하는 말. ☞공대공. 지대지(地對地)
공대지=미사일(空對地missile)명 항공기에 장착하여 지상의 목표물을 공격하는 미사일. ☞지대공 미사일
공덕(公德)명 공중 도덕(公衆道德)
공덕(功德)명 ①공적(功績)과 덕행(德行). ¶—을 기리다. ②불교에서, 현재나 미래에 행복을 가져올 선행(善行)을 이르는 말. ¶—을 베풀다. 준덕(德)
공덕-문(功德文)명 공덕을 기린 내용의 글.
공덕-심(公德心)명 공중 도덕을 존중하고 지키려 하는 마음.
공도(公盜)명 공무원이 직위나 직권을 이용하여 사사로이 이익을 꾀하는 일, 또는 그런 사람. 공적(公賊)
공도(公道)명 ①사회 일반에 통용되는 바른 도리. ②사람들이 통행하도록 국가나 공공 단체 등이 만들어 관리, 유지하는 길. 공로(公路) ☞사도(私道)
공도(公稻)명 지난날, 관아에서 거두어들이던 벼.
공:도(孔道)명 공자가 가르친 도(道).
공:도동망(共倒同亡)성구 넘어져도 같이 넘어지고, 망해도 같이 망한다는 뜻으로, 운명을 같이함을 이르는 말.
공-돈(空-)[-똔]명 ①힘들이지 않고 공으로 얻은 돈. ¶—은 쉽게 나간다. ②쓸데없이 쓰거나 보람없이 쓰는 돈. ¶약속한 사람이 나오지 않아 —만 썼다.
공-돌다(空-)(-돌고·-도니)자 ①헛돌다 ¶차 바퀴가 —. ②쓰이지 못하고 버려지다. ¶공도는 물건을 손보아 쓰다.
공:동(共同)명-하다타 ①두 사람 이상이 일을 같이함. ¶—으로 투자하다. ②둘 이상의 사람이나 단체가 동등한 자격으로 결합함. ☞단독(單獨)
공:동(共動)명 '공동 운동(共同運動)'의 준말.
공동(空洞)명 ①텅 빈 굴이나 구멍. ¶고목 밑동에 —이 생기다. ②허파나 콩팥 따위의 내장 조직에 회사(壞死)나 폐결핵으로 말미암아 생기는 공간.
공:동(恐動)명-하다타 말로써, 듣는 사람을 두렵게 함.
공:동=거류지(共同居留地)명 여러 나라가 공동으로 관리하는 거류지. ☞전관 거류지(專管居留地)
공:동-견(共同繭)명 두 마리의 누에가 함께 지은 고치. 동공견(同功繭). 쌍견(雙繭). 쌍고치
공:동=경제(共同經濟)명 개인의 이익 추구를 인정하지 않고, 공동의 이익을 목표로 하는 경제 체제. 곧 사회주의 경제 체제를 이름. ☞단독 경제
공:동=광:고(共同廣告)명 서로 다른 기업의 상품을 하나의 광고에 담는 일. 신용 카드 회사와 항공사, 영화사와 제품 생산 업체 사이에 이루어지는 광고 따위.
공:동=권리(共同權利)명 둘 이상의 개인이나 단체가 한 가지 목적물에 공동으로 가지는 권리.
공:동-근(共動筋)명 다른 근육과 협동하여 움직이는 근육.
공:동=기:업(共同企業)명 두 사람 이상이 공동으로 경영하는 조합이나 회사 등의 기업.
공:동=담보(共同擔保)명 ①거래원 중 한 사람의 위약 행위로 생긴 손해를 공동으로 배상하는 담보. ②하나의 채권을 담보하기 위하여 여러 개의 물건에 물권을 설정하는 일. ☞특별 담보(特別擔保)
공:동-답(共同畓)명 두 농가 이상이 공동으로 부치는 논.
공:동=대:리(共同代理)명 둘 이상의 대리인이 공동하여야만 비로소 법률 행위를 할 수 있는 대리.
공:동=대:부(共同貸付)명 둘 이상의 금융 기관이 한 개인이나 회사에 자금을 대부하는 일. 공동 융자
공:동=대:표(共同代表)명 두 사람 이상이 공동으로 하지 않으면 법인을 대표할 수 없는 경우의 대표.
공:동=모의(共同謀議)명 법률에서, 두 사람 이상이 범죄 행위의 실행을 모의하는 일. 준공모(共謀)
공:동=목욕탕(共同沐浴湯)명 여러 사람이 같이 쓸 수 있도록 설비된 목욕탕. 준공동탕 ☞대중 목욕탕
공:동=못자리(共同-)명 두 농가 이상이나 마을에서 공동으로 기르는 못자리.
공:동=묘:지(共同墓地)명 여러 사람이 공동으로 쓸 수 있도록 마련한 묘지. ☞사설 묘지
공:동-물(共同物)명 여러 사람이 같이 소유하거나 이용하는 물건. ☞공공물(公共物)
공:동=방위(共同防衛)명 적대 관계에 있는 나라에 대하여, 두 나라 이상이 공동으로 방위하는 일.
공동=벽돌(空洞甓-)명 무게를 줄이고 방습(防濕)·방열(防熱)의 특성을 갖도록 속을 비게 만든 벽돌.
공:동=변소(共同便所)명 여러 사람이나 세대가 같이 쓰려고 만든 변소. ☞공중 변소
공:동=보:조(共同步調)명 여러 사람이나 단체가 뜻을 모아 행동을 함께하는 일. ¶여야(與野)가 —를 취하다.

공:동=보:증(共同保證)[명] 동일한 채무에 대하여 두 사람 이상이 공동으로 보증하는 일.
공:동=보:험(共同保險)[명] 동일한 보험에 대하여 둘 이상의 보험업자가 공동으로 그 보전(補塡)의 책임을 지는 보험 계약.
공:동=사:회(共同社會)[명] 혈연, 지연(地緣), 정신적 유대 등 자연 발생적으로 이루어진 유기적 통일체의 사회. 게마인샤프트(Gemeinschaft). 공동체 ☞이익 사회
공:동=상속(共同相續)[명] 두 사람 이상이 공동으로 받는 상속. ☞단독 상속
공:동=생활(共同生活)[명] 두 사람 이상이 함께 모여서 서로 도우며 사는 생활.
공:동-선(共同線)[명] 하나의 회선에 여러 대의 전화기를 접속하여 사용하는 전화선.
공:동=선언(共同宣言)[명] 둘 이상의 개인이나 단체, 또는 국가가 공동으로 하는 선언.
공:동=성명(共同聲明)[명] 둘 이상의 개인이나 단체, 국가가 공동의 관심사에 관하여 합의한 결과를 발표하는 일. ¶평화 통일에 관한 남·북한 ―. ☞코뮈니케
공:동=소송(共同訴訟)[명] 단일한 소송 사건에서, 원고나 피고가 두 사람 이상인 소송 형태.
공:동=소:유(共同所有)[명] 같은 물건에 대하여 둘 이상의 개인이나 단체가 공동으로 소유권을 가지는 일.
공:동=수익자(共同受益者)[명] 채권을 공동으로 관리하고, 그 신탁 수익도 공유하는 계약 관계에 있는 사람.
공:동=시:장(共同市場)[명] ①둘 이상의 사람이나 단체가 공동으로 출자하여 설립하고 경영하는 시장. ②국제간의 교역(交易) 확대와 사회·경제적 발전을 위하여, 관세 등 무역 장벽을 없애고 각국이 공동으로 이용하는 시장. [준]공시(共市)
공:동=어업권(共同漁業權)[명] 일정한 구역의 수면(水面)을 공동으로 이용하여 어업을 할 수 있는 권리.
공:동=우승(共同優勝)[명] 운동 경기에서, 둘 이상의 개인이나 단체가 함께 우승자로 결정되는 일.
공:동=운:동(共同運動)[명] ①의식적으로 운동을 할 때에 함께 일어나는 다른 신체 부위의 무의식적인 운동. ②둘 이상의 개인이나 단체가 공동의 목적을 이루기 위해 힘을 합하여 공동으로 벌이는 운동. [준]공동(共動)
공:동=운:명(共同運命)[명] 둘 이상의 개인이나 단체, 민족 등이 같은 처지에 놓여 흥하고 망함을 함께하게 되는 일.
공:동=원고(共同原告)[명] 공동 소송에서, 다른 사람과 더불어 원고가 되는 사람. ☞공동 피고
공:동=위원회(共同委員會)[명] 한 문제를 공동으로 심의·검토하기 위하여 둘 이상의 단체나 국가가 각각 위원을 내어 조직한 위원회.
공:동=융자(共同融資)[―늉―][명] 공동 대부
공:동=의:무(共同義務)[명] 동일한 일에 대하여 두 사람 이상이 공동으로 지는 의무.
공:동=작전(共同作戰)[명] 둘 이상의 부대나 군대가 공동으로 벌이는 작전. ¶육군과 공군이 ―을 벌이다.
공:동=저:당(共同抵當)[명] 공동 담보의 한 가지. 동일 채권을 담보하기 위해 여러 부동산에 설정하는 저당권.
공:동=전:선(共同戰線)[명] ①둘 이상의 동맹국이 같은 목적을 가지고 공동 보조를 취하는 협력 상태. ②둘 이상의 단체가 같은 목적으로 단결하여 반대편에 대항하는 태세, 또는 그 조직. ☞통일 전선
공:동=점유(共同占有)[명] 하나의 물건을 두 사람 이상이 공동으로 점유하는 일. ☞단독 점유
공:동=정:범(共同正犯)[명] 두 사람 이상이 공동으로 죄를 저지르는 일, 또는 그 각각의 범인. ☞공범(共犯). 단독 정범. 정범(正犯)
공:동=주:택(共同住宅)[명] 한 집채에서 두 세대 이상이 각각 독립하여 살 수 있도록 지은 집. 다세대 주택, 아파트, 연립 주택 따위. ☞단독 주택
공:동-체(共同體)[명] ①공동 사회 ②생활과 이념을 같이하는 조직체. ¶유럽 ―
공:동=출자(共同出資)[―짜][명] 둘 이상의 개인이나 법인이 공동 사업에 대하여 자금을 내는 일.

공:동-탕(共同湯)[명] '공동 목욕탕'의 준말. ☞독탕
공:동=판매(共同販賣)[명] ①판매 조합을 통하여 공동으로 하는 판매. ②각 기업체가 공동의 판매소를 통하여 판매하는 일. [준]공판(共販)
공:동=판매=카르텔(共同販賣Kartell)[명] 같은 종류의 제품을 생산하는 제조업자들이 그 제품을 공동으로 판매할 것을 협정한 카르텔.
공:동=피:고(共同被告)[명] 공동 소송에서, 다른 사람과 더불어 피고가 되는 사람. ☞공동 원고
공:동=해:손(共同海損)[명] 해난(海難)을 당했을 때, 선장이 공동의 위험에서 벗어나기 위하여 선박을 좌초시키거나 화물을 버림으로써 생기는 손해나 비용. 이해 관계자가 공동으로 분담하게 됨. ☞단독 해손
공:동=행위(共同行爲)[명] 두 사람 이상의 의사가 합치되어 이루어진 행위.
공동-화(空洞化)[명]-[하다][자] 마땅히 있어야 할 것이 없어져 속이 텅 비는 일. ¶도심의 ― 현상.
공득(空得)[명]-[하다][타] 힘들이지 않고 공으로 얻음.
공-들다(功―)(―들고·―드니)[자] 무엇을 이루는 데 정성과 노력이 많이 들다.
[속담] **공든 탑이 무너지랴**: 공들여 쌓은 탑은 무너질 리가 없다는 뜻으로, 정성을 다하여 이룬 일은 결코 헛되지 않음을 이르는 말.
공-들이다(功―)[자] 무엇을 이루려고 정성과 노력을 많이 들이다. ¶공들인 공예품./공들여 만들다.
공-떡(空―)[명] 힘들이지 않고 공으로 얻는 이익이나 물건. ¶―이 생길 줄이야.
공-뜨다(空―)(―뜨고·―떠)[자] ①임자가 없이 남아돌다. ¶바쁜 일이 생겨 관람권이 공뜨게 되었다. ②한데 섞이지 않고 따로 있다. ¶기름이 물 위에 ―. ③소문 따위가 근거 없이 떠돌다. ¶공뜬 소문. ④마음이 공연히 들뜨다. ¶공떠서 나돌아다니다.
공:락(攻落)[명]-[하다][타] 공격하여 함락시킴.
공란(空欄)[명] 일정한 지면(紙面)에 비운 난. ¶―을 그림으로 메우다./―으로 남기다.
공:람(供覽)[명]-[하다][타] 여러 사람이 돌려봄. ☞회람
공랑(公廊)[명] 조선 시대, 서울 도성 안에 지어 상인들에게 빌려 주던 점포. 종로 거리 양쪽에 있던 시전(市廛) 따위. 행랑(行廊)
공랭(空冷)[명] '공기 냉각(空氣冷却)'의 준말.
공랭-식(空冷式)[명] 뜨거워진 엔진 따위를 공기로 냉각하는 방식. ¶― 엔진 ☞수랭식(水冷式)
공:략(攻掠)[명]-[하다][타] 공격하여 약탈함.
공:략(攻略)[명]-[하다][타] 적지나 적진을 공격하여 침범함. ¶적의 요새를 ―하다.
공:량(貢糧)[명] 강미(講米)
공력(工力)[명] 공부하여 쌓은 실력.
공력(公力)[명] 개인이나 단체를 강제로 복종시키는 국가나 사회의 권력.
공력(功力)[명] ①애써 공들이는 힘. [준]공(功) ②불교에서, 불법을 수행하여 얻은 공덕의 힘을 이르는 말.
공력(空力)[명] 헛되이 쓰는 힘. 헛심
공:력-근(共力筋)[명] 서로 같은 방향으로 운동을 하는 근육. ☞길항근(拮抗筋)
공:렬(孔裂)[명] 꽃밥의 정수리에 구멍이 생겨 꽃가루를 날리는 일. 진달래의 꽃밥 따위.
공렬(功烈)[명] 공업(功業)
공렴(公廉)[어기] '공렴(公廉)하다'의 어기(語基).
공렴-하다(公廉―)[형][여] 공평하고 청렴하다.
공로(公路)[명] 공도(公道)
공로(功勞)[명] 일에 힘들인 노력이나 수고, 또는 노력하여 이룬 공적. ¶국가 발전에 기여한 ―가 크다./큰 ―를 세우다. [준]공(功)

[한자] **공로 공**(功)〔力部 3획〕¶공덕(功德)/공리(功利)/공명(功名)/공신(功臣)/공적(功績)/공훈(功勳)

공:로(攻路)명 공격하여 나아가는 길.
공로(空老)명-하다자 아무 것도 해 놓은 것 없이 헛되이 늙음. 허로(虛老)
공로(空路)명 ①'항공로(航空路)'의 준말. ¶ -를 이탈하다. ②항공기를 타고 오고 감을 이르는 말. ¶ -로 부산에 도착하다.
공로-주(功勞株)명 주식 회사에서, 그 회사에 공로가 있는 사람에게 무상 또는 액면가로 주는 주식.
공로-패(功勞牌)명 공로를 세운 사람에게 그 공로를 기리는 글 따위를 새겨 주는 상패.
공론(公論)명 ①공정한 의논. 공의(公議) ②사회 일반의 여론. ¶ -에 귀기울이다. ③-하다타 여럿이 모여서 의논함, 또는 그 의논. ¶ -에 부치다. ☞사론(私論)
공론(空論)명 실속이 없는 헛된 이론. ¶ 현실성 없는 -을 늘어놓다. ☞탁상공론. 허론(虛論)
공론-가(空論家)명 실속이 없는 헛된 이론이나 논의를 일삼는 사람.
공론-공담(空論空談)명 실속 없는 이론과 헛된 이야기.
공뢰(空雷)명 '공중 어뢰(空中魚雷)'의 준말.
공:룡(恐龍)명 중생대(中生代)의 쥐라기와 백악기(白堊紀)에 번성하였던 거대한 파충류의 화석 동물을 통틀어 이르는 말. 일반적으로 목과 꼬리가 길고, 육식성과 초식성의 것이 있었음.
공루(空淚)명 슬픈체 하며 거짓으로 흘리는 눈물.
공류(公流)명 공공의 이익이나 손해와 관계 있는 유수(流水). 유공수(公水)
공륜(空輪)명 ①상륜(相輪) ②불교에서 이르는 사륜(四輪)의 하나. 삼륜(三輪) 아래에서 세상을 떠받치는 허공층을 이름.
공률(工率)명 일률
공리(公吏)명 ①공공 단체의 사무를 맡아보는 사람. ②관리가 아니면서 공무를 맡아보는 사람. 공증인(公證人)·집행관(執行官) 등.
공리(公利)명 ①일반 공중의 이익. ¶ -는 사리(私利)에 앞선다. ②공공 단체의 이익. ☞사리(私利)
공리(公理)명 ①일반에 공통되는 도리. ②논리나 수학에서, 추리·판단·결론의 전제가 되는 근본 진리.
공리(功利)명 ①공명과 이득. 공로와 이익. ¶ -를 추구하다. ②이익과 행복.
공리(空理)명 ①실제와 관계없는 헛된 이론. ②불교에서, 만유(萬有)가 공(空)인 이치를 이르는 말.
공:리(貢吏)명 지난날, 공물의 상납을 맡아보던 관원.
공리-계(公理系)명 하나의 이론 체계의 바탕이 되는 공리의 무리. 각각의 공리는 독립되고도 모순이 없어야 함.
공리-공론(空理空論)명 실천이 따르지 않는 헛된 이론.
공리=문학(功利文學)명 ①공리성을 띤 문학. ②공리주의를 내용으로 한 작품.
공리-설(功利說)명 공리주의(功利主義)
공리-성(功利性)[-썽]명 ①어떤 목적을 실현하는 데 유용한 성질. ②실리만을 추구하는 성질.
공리-적(功利的)명 공명과 이익을 중시하는 것. ¶ -으로 생각하다.
공리-주의(功利主義)명 ①공리를 첫째 목표로 삼는 주의. ②행복을 인생이나 사회의 최대 목표로 삼는 윤리관, 또는 정치관. 최대 다수의 최대 행복을 내세움. 공리설(功利說). 실리주의(實利主義)
공림(空林)명 ①잎이 다 떨어져 앙상한 숲. ②인적 없는 숲.
공립(公立)명 지방 자치 단체가 세워 운영하는 것. ¶ -도서관 ☞국립(國立). 사립(私立)
공:립(共立)명-하다자타 ①나란히 섬. ②공동으로 설립함.
공립=학교(公立學校)명 지방 자치 단체가 세워 운영하는 학교. ☞사립 학교
공막(鞏膜)명 안구(眼球)의 바깥 벽을 둘러싼 흰 섬유질의 막. 눈의 흰자위. 단단막. 백막(白膜)
공막(空漠)어기 '공막(空漠)하다'의 어기(語基).
공막-염(鞏膜炎)[-념]명 눈의 흰자위에 생기는 염증.
공막-하다(空漠-)형여 ①아득하게 넓다. ¶ 공막한 사막. ②막막하여 종잡을 수가 없다. ¶ 공막한 이론.
공매(公賣)명-하다타 공공 기관이 압류한 재산이나 물건 따위를 경매나 입찰 등의 방법으로 일반에게 공개하여 파는 일. ¶ 압류 재산을 -에 부치다. ☞경매(競賣)
공매=처:분(公賣處分)명 관공서에서 세금 체납자의 재산을 강제로 공매에 부치는 일.
공:맹(孔孟)명 공자와 맹자를 아울러 이르는 말.
공:맹지도(孔孟之道)명 공자와 맹자가 주장한 인의(仁義)의 도.
공:맹-학(孔孟學)명 유학(儒學)
공명(功名)명 ①공을 세워 널리 알려진 이름. ¶ -이 드러나다. ②-하다자 공을 세워 이름을 널리 떨침.
공:명(共鳴)명 ①-하다자 남의 생각이나 행동 따위에 공감함. ¶ 그의 주장에 -하다. ②-하다자 발음체가 외부 음파에 자극되어 이와 동일한 진동수의 소리를 냄, 또는 그 현상. ¶ 소리굽쇠의 -. ③분자 구조가 하나의 화학 구조식으로는 표시될 수 없고, 둘 이상의 식을 합하여 표시되는 상태.
공명(空名)명 사실 이상으로 부풀려진 명성. 허명(虛名). 허문(虛聞). 허성(虛聲)
공명(空冥)명 텅 빈 하늘.
공명(公明)어기 '공명(公明)하다'의 어기(語基).
공:명가(孔明歌)명 서도 잡가(西道雜歌)의 한 가지. 중국 촉한(蜀漢)의 제갈량(諸葛亮)의 사적을 윤색한 내용임.
공명-골(功名骨)명 장래에 공명을 누릴 골격이나 골상.
공:명-관(共鳴管)명 관 속의 공기를 공명시켜 소리를 더 크게 하는 관.
공:명-기(共鳴器)명 ①특정한 진동수의 소리에만 공명하도록 만든 기구. ②전파에 공명하는 전기적 장치. 공진기(共振器)
공:명=상자(共鳴箱子)명 공명을 이용하여 특정한 진동수의 소리만을 크게 하는 장치. 공명함
공명=선:거(公明選擧)명 부정이 없는 깨끗한 선거.
공명-심(公明心)명 사사로움이나 치우침이 없이 공정하고 명백한 마음.
공명-심(功名心)명 공을 세워 이름을 떨치려는 마음. ¶ -이 강하다.
공명-욕(功名慾)명 공을 세워 이름을 떨치려는 욕심.
공명-장(空名帳)[-짱]명 공명첩(空名帖)
공명정:대(公明正大)성구 일의 처리나 그 태도가 사사로움이나 그릇됨이 없이 바르고 떳떳함을 이르는 말.
공명-지(空名紙)명 지난날, 과거를 볼 때 예비로 지니던 시험지.
공명-첩(空名帖)명 지난날, 관직과 이름을 적지 않은 명목상의 임명장. 관아에 돈이나 곡식을 내는 사람에게 바로 관직과 이름을 적어 발급하였으며, 임명된 사람은 실무는 보지 않고 명색만 행세하였음. 공명장
공명-하다(公明-)형여 사사로움이나 치우침이 없이 공정하고 명백하다. ¶ 공명한 선거.
　공명-히부 공명하게
공:명-함(共鳴函)명 공명 상자
공모(公募)명-하다타 ①일반에게 널리 알려 모집함. ¶ 표어를 -하다./사원을 -하다. ②널리 일반 투자자를 대상으로 신주(新株)나 공사채를 모집하는 일. ¶ 신주 청약자를 -하다. ☞사모(私募)
공:모(共謀)명-하다타 ①둘 이상이 서로 짜고 떳떳하지 못한 일을 꾀하는 것. 동모(同謀) ¶ 범행을 -하다. ②'공동 모의(共同謀議)'의 준말.
공:모=공:동=정:범(共謀共同正犯)명 두 사람 이상이 범죄 실행을 모의하고 그 중 한 사람이 범죄 실행 행위를 담당하였을 때, 그를 제외한 공범을 이르는 말. 실행 행위를 직접 분담하지 않았음에도 정범(正犯)의 책임을 면할 수 없다는 판례가 있음. 준공모범
공모=공채(公募公債)명 일반 금융 시장에서 일반 투자자를 대상으로 모집하는 공채.
공:모-범(共謀犯)명 '공모 공동 정범'의 준말.
공-모:선(工母船)명 배 안에 수산물 가공 설비를 갖춘 어

선. ☞독항선(獨航船)

공:모-자(共謀者)명 공모한 사람.

공모-전(公募展)명 공개 모집한 작품의 전시회.

공모-주(公募株)명 일반에게 널리 투자자를 모집하여 발행하는 주식. ¶ ―를 청약하다.

공목(空木·空目)명 인쇄소에서 활자를 조판할 때, 자간(字間)이나 행간(行間) 사이에 끼우는 나무나 납 조각. ☞인테르

공몽(空濛·涳濛)어기 '공몽(空濛)하다'의 어기(語基).

공몽-하다(空濛―)형여 이슬비가 뽀얗게 내리거나 안개가 자욱하게 끼어 있다.
　공몽-히부 공몽하게

공:묘(孔廟)명 공자를 모신 사당.

공무(工務)명 ①공장(工場)에 관한 사무. ②토목이나 건축에 관한 일.

공무(公務)명 ①국가 또는 공공 단체의 사무. 공무원의 직무. ¶ ―를 집행하다. ②여러 사람에 관한 일. 공적인 일. ☞사무(私務)

공무도하가(公無渡河歌)명 백수 광부(白首狂夫)의 아내가 지었다고 전하는 고대 가요. 물에 빠져 죽은 남편을 애도하는 내용으로, 원가(原歌)는 전하지 않지만, 중국 진(晉)나라 최표(崔豹)의 '고금주(古今注)'에 배경 설화와 함께 한역(漢譯)되어 전해짐. ☞공후인(箜篌引)

공무-아문(工務衙門)명 1894년(조선 고종 31)에 설치했던 관아. 공사(工事)에 관계된 일을 맡아봄.

공무-원(公務員)명 국가 또는 지방 자치 단체의 공무를 맡아보는 사람. 국가 공무원과 지방 공무원, 일반직 공무원과 별정직 공무원으로 구분됨.

공무=집행(公務執行)명 공무원이 공적인 사무를 실제로 시행하는 일.

공무=집행=방해죄(公務執行妨害罪)[―쬐]명 공무원이 공무를 집행할 때, 이에 대하여 폭행이나 협박 따위를 하여 방해함으로써 성립하는 죄.

공문(公文)명 '공문서(公文書)'의 준말.

공:문(孔門)명 공자의 문하(門下). 성문(聖門)

공:문(孔紋)명 식물의 세포막에 있는 구멍. 세포 상호간의 연락을 함.

공문(空文)명 실제로는 아무 쓸모도 없는 글.

공:문(拱門)명 홍예문(虹霓門)

공-문서(公文書)명 공무에 관계된 모든 서류. 공첩(公貼) 준공문(公文). 공서(公書) ☞사문서(私文書)

공문서=위조죄(公文書僞造罪)[―쬐]명 공문서를 가짜로 만들거나 일부를 고쳐 만들어 씀으로써 성립하는 죄.

공물(公物)명 국가나 공공 단체에 딸린 물건. ☞공공물(公共物). 공용물(公用物). 사물(私物)

공:물(供物)명 신불(神佛) 앞에 바치는 물건.

공:물(貢物)명 ①지난날, 백성이 조정에 세(稅)로 바치던 지방의 특산물. ②종주국(宗主國)에 바치던 물건. 폐공(幣貢) 준공(貢)

공:물-방(貢物房)명 조선 시대, 지방 백성 대신 나라에 공물을 바치고 나중에 그 비용과 이자를 쳐서 거두어들이던 곳. 준공방(貢房)

공:물-지(貢物紙)명 조선 시대, 영남(嶺南) 지방에서 생산하여 나라에 바치던 종이.

공:미(供米)명 신불(神佛) 앞에 바치는 쌀.

공:미(貢米)명 지난날, 공물로 바치던 쌀.

공미리명 '학꽁치'의 딴이름.

공민(公民)명 ①국가 사회의 구성원으로서, 독립 생활을 하는 자유민. ②지방 자치 단체의 주민 가운데 일정한 자격을 갖추어 참정권을 가진 사람.

공민=교:육(公民敎育)명 공민으로서 필요한 능력을 심어 주는 교육.

공민-권(公民權)[―꿘]명 참정권(參政權)

공바기명 씨도리배추를 잘라 낸 뿌리.

공바기-밭명 공바기를 심은 밭.

공:-바치다(貢―)자 조정(朝廷)에 공물을 바치다.

공박(公拍)명-하다타 대한 제국 때, '경매(競賣)'의 뜻으로 쓰던 말.

공:박(攻駁)명-하다타 남의 주장의 잘못을 따지고 공격함. ¶상대의 의견을 ―하다.

공발(公發)명-하다타 널리 일반에게 발표함.

공:발(攻拔)명-하다타 적의 성(城)이나 보루(堡壘) 등을 공격하여 함락함.

공발(空發)명-하다자타 ①겨냥하지 않고 헛되이 발사함. ☞헛방 ②남포질할 때, 목적한 암석을 깨지 못하고 허탕으로 폭발함.

공-밥(空―)[―빱]명 제 값을 치르지 않고 공으로 먹는 밥. ¶놀면서 ―만 얻어먹다.

공방(工房)명 ①조선 시대, 승정원과 지방 관아에 딸렸던 육방(六房)의 하나. 공전(工典)에 관한 일을 맡아보던 아전. ②공예가의 작업실을 흔히 이르는 말.

공:방(孔方)명 공방형(孔方兄)

공:방(攻防)명-하다타 서로 공격하고 방어함.

공방(空房)명 ①빈방 ②공규(空閨) ☞독수공방

공:방(貢房)명 '공물방(貢物房)'의 준말.

공방-살(空房煞)[―쌀]명 부부간에 사이가 나쁜 살.

공:방전(孔方傳)명 고려 고종 때 임춘(林椿)이 지은 가전체(假傳體) 소설. 엽전을 의인화(擬人化)한 우화로, 돈이 가진 효용의 양면성을 경계한 내용임. '동문선(東文選)'에 실려 전함.

공:방-전(攻防戰)명 서로 공격하고 방어하는 싸움. ¶치열한 ―을 벌이다.

공:방-형(孔方兄)명 지난날, '엽전(葉錢)'을 달리 이르던 말. 공방(孔方)

공배(空排)명 바둑에서, 양편의 득점에 이익이나 손해가 없는 빈 밭. ¶ ―를 메우다.

공-배:수(公倍數)명 둘 이상의 정수(整數)나 정식(整式)에 공통되는 배수. ☞공약수(公約數)

공백(空白)명 ①종이나 책 등에 글씨나 그림이 없는 곳. 여백(餘白) ¶ ―을 채우다. ②아무 것도 없이 비어 있음.

공백-기(空白期)명 이렇다 할 활동이나 실적이 없는 기간. ¶긴 ―를 지내고 다시 붓을 들다.

공:범(共犯)명-하다타 ①두 사람 이상이 공모하여 죄를 저지르는 일. 공동 정범(共同正犯), 교사범(教唆犯), 종범(從犯)으로 구분됨. ②'공범자'의 준말.

공:범-자(共犯者)명 공모하여 죄를 저지른 사람. 준공범

공:범-죄(共犯罪)[―쬐]명 두 사람 이상이 공모하여 저지른 죄.

공법(工法)[―뻡]명 시공하는 방법. ¶첨단 ―을 쓰다.

공법(公法)[―뻡]명 ①국가와 국가 사이, 또는 공공 단체 상호간의 관계 및 이들과 개인의 관계를 규정하는 법. 헌법·형법·행정법·소송법·국제법 등. ☞사법(私法) ②기하학 작도의 기본인 가장 단순한 세 가지 작도법.

공-법인(公法人)[―뻡―]명 특정한 행정 목적을 수행하려고 설립한 법인. 공단(公團), 공사(公社), 공공 조합 등. 넓은 뜻으로는 지방 자치 단체도 포함함. ☞사법인

공법-학(公法學)[―뻡―]명 공법에 관한 법리(法理)를 연구하는 학문.

공변-되다형 사사롭지 않고 정당하여 치우침이 없다.
　공변-되이부 공변되게

공:변=세:포(孔邊細胞)명 식물의 기공(氣孔) 둘레에 있으며, 기공을 여닫는 구실을 하여 수분을 조절하고 내부를 보호하는, 반달 모양으로 된 두 개의 세포. 개폐 세포. 보호 세포. 주변 세포

공병(工兵)명 군대의 병과(兵科)의 하나, 또는 그 병과에 딸린 군인. 도로나 교량 등을 가설하거나 장애물을 구축, 파괴하는 등 군사상의 토목과 건축의 일을 맡아봄.

공:병(共病)명 아내의 임신에 따라 남편도 구토나 발한 따위의 임신 증세를 일으키는 병.

공병(空甁)명 빈 병. ¶ ― 수거

공병-대(工兵隊)명 공병으로 편성된 부대.

공-보(空―)[―뽀]명 기둥과 기둥 사이의 벽을 치지 않은 곳에 얹은 들보.

공보(公報)명 ①관청이 일반에게 널리 알리는 보고. ¶해

외 — 활동 ②지방 관청이 관보(官報)에 준하여 내는 보고. ③관청간에 보내는 보고. ☞사보(私報)
공보-원(公報院)명 국가나 지방 자치 단체가 일반에게 공보 활동을 하기 위하여 설치한 기관.
공보지기(公輔之器)성구 재상이 될만 한 기량, 또는 그런 기량을 가진 인재를 이르는 말.
공복(公服)명 지난날, 관원이 입던 제복. 관복(官服). 조의(朝衣) ☞사복(私服)
공복(公僕)명 국민의 심부름꾼이라는 뜻으로, '공무원'을 달리 이르는 말. ¶국민의 —.
공복(功服)명 대공(大功)과 소공(小功)을 아울러 이르는 말. ☞상복(喪服)
공복(空腹)명 음식을 먹은 지 오래되어 비게 된 뱃속. 빈속. 공심(空心) ¶—에 먹는 약. ☞만복(滿腹)
속담 **공복에 인경을 침도 아니 바르고 그냥 삼키려 한다**: 허기진 빈속에 커다란 쇠북인 인경을 삼키려 한다는 말로, 욕심이 많아서 경위를 가리지 않고 한없이 탐내기만 한다는 말.
공부(工夫)명-하다자타 학문이나 기예를 배우고 익힘. ¶벼락 —/밤늦게까지 —하다.
공부(工部)명 고려 시대, 육부(六部)의 하나. 수공업과 영조(營造) 등의 일을 맡아보던 관아임.
공부(公簿)명 관공서가 법령의 규정에 따라 작성하여 비치하는 장부.
공:부(貢賦)명 지난날, 나라에 바치던 공물(貢物)과 세금.
공부-승(工夫僧)명 불경을 배우는 중.
공:-부자(孔夫子)명 '공자(孔子)'를 높이어 일컫는 말.
공분(公憤)명 ①공중(公衆)이 함께 느끼는 분노. ②공적인 일로 느끼는 의분(義憤). ☞사분(私憤)
공:분(共分)명-하다타 여럿이 가르거나 분담함.
공-분모(公分母)명 공통 분모
공비(工費)명 공사에 드는 비용. 공사비
공비(公比)명 등비 급수에서 이웃한 두 항의 비율.
공비(公費)명 관청이나 공공 단체에서 쓰는 경비. 공용(公用) ☞사비(私費)
공:비(共沸)명 액체 혼합물을 증류할 때, 특정한 온도에서 용액과 증기의 성분비가 일치하여 끓는점이 극대나 극소를 나타내는 현상.
공:비(共匪)명 공산당의 유격대.
공비(空費)명 쓸데없는 비용.
공사(工事)명-하다자 토목이나 건축 등에 관한 일. 공역(工役) ¶아파트 — 현장/—를 벌이다.
공사(工師)명 공장(工匠)의 우두머리.
공사(公私)명 ①공적인 일과 사적인 일. ¶—를 분간하다. ②정부와 민간.
공사(公社)명 정부가 설립한 공공 기업 기관으로서 경제상 독립되어 있는 공법상의 법인. ¶한국 방송 —
공사(公舍)명 관사(官舍)
공사(公事)명 관청이나 공공 단체의 일. ☞사사(私事)
공사(公使)명 '특명 전권 공사(特命全權公使)'를 흔히 이르는 말. ☞대사(大使). 영사(領事)
공사(空士)명 '공군 사관 학교'의 준말.
공사(空事)명 헛일
공:사(供辭)명 조선 시대, 죄인이 범죄 사실을 진술하던 말. 공초(供招). 초사(招辭)
공:사(貢使)명 지난날, 공물(貢物)을 바치러 가던 사신.
공사-관(公使館)명 공사가 주재지에서 사무를 보는 공관. 국제법상 본국의 영토와 동일하게 인정되어 주재국의 주권이 미치지 못함. ☞대사관. 영사관
공사다망(公私多忙)성구 공적(公的)·사적(私的)인 일로 바쁜 상태를 이르는 말.
공-사립(公私立)명 공립과 사립.
공사=부:담금(工事負擔金)명 전기나 가스 등을 시설할 때에 그 시설의 수익자로부터 받아들이는 돈.
공사-비(工事費)명 공사에 드는 비용. 공비(工費)
공사-장(工事場)명 공사를 하는 곳. 공사 현장.
공-사채(公私債)명 공채와 사채.
공-사천(公私賤)명 지난날, 관아와 사삿집의 종을 아울러 이르던 말.
공사-청(公事廳)명 조선 시대, 임금의 명을 전하는 내시(內侍)가 일을 맡아보던 곳.
공사-판(工事—)명 공사가 진행되고 있는 일판.
공산(工産)명 '공산물(工産物)'의 준말.
공산(公算)명 확률(確率)
공:산(共産)명 ①재산과 생산 수단을 공유하는 일. ②'공산주의(共産主義)'의 준말.
공산(空山)명 ①사람이 없는 산. ☞무주공산(無住空山) ②화투짝의 한 가지. 8월을 상징하는 산과 달을 그린 딱지. 광(光), 열, 껍데기 두 장으로 이루어짐. ☞공산명월(空山明月). 국화(菊花)
공:산=국가(共産國家)명 공산주의를 정치 이념으로 삼아 따르는 국가.
공:산-군(共産軍)명 공산주의자들이 조직한 군대, 또는 공산주의 국가의 군대.
공:산-권(共産圈)[—꿘]명 제2차 세계 대전 이후 공산주의 정권을 수립한 여러 국가를 통틀어 이르는 말.
공:산-당(共産黨)명 공산주의의 실현을 위해 조직된 정당.
공산-명월(空山明月)명 ①적적한 산에 비치는 밝은 달. ②'대머리'를 놀리어 이르는 말. ③화투 딱지의 한 가지. 산과 달을 그린, 공산(空山)의 스무 끗짜리 딱지. ☞송학(松鶴)
공산-물(工産物)명 공업의 생산물. 준공산(工産)
공:산-주의(共産主義)명 재산과 생산 수단의 개인 소유를 인정하지 않고, 자본주의의 붕괴와 계급 투쟁, 사회 혁명을 주장하는 주의. 코뮤니즘(communism) 준공산(共産) ☞마르크스주의. 사회주의. 자본주의
공산-품(工産品)명 공업의 생산품.
공:살(攻殺)명-하다타 적군을 공격하여 죽임.
공:삼(貢蔘)명 조선 시대, 평안 북도 강계(江界)에서 서울의 관아에 공물로 바치던 산삼을 이르던 말. ☞관동삼(關東蔘)
공:삼-차사(貢蔘差使)명 지난날, 공삼을 거두기 위하여 보내던 차사.
공상(工商)명 ①공업과 상업. ②장인(匠人)과 상인(商人).
공상(公相)명 삼공(三公)과 재상(宰相).
공상(公傷)명 공무 중에 입은 부상. ☞사상(私傷)
공상(功狀)명 공적(功績)으로 드러난 구체적인 내용.
공:상(供上)명-하다타 지난날, 토산물(土産物) 따위를 상급 관아나 궁중에 바치던 일. ☞진공(進供)
공상(空床)명 등받이와 팔걸이가 없는 걸상.
공상(空想)명-하다자타 현실적으로 있을 수 없는 일을 머리 속에 그리는 일, 또는 그 생각. ¶—에 빠지다.
공:상(貢上)명-하다타 지난날, 물품을 공물로 바치던 일. 준공(貢)
공상-가(空想家)명 공상을 일삼는 사람. ☞몽상가
공상=과학=소:설(空想科學小說)명 공상의 세계를, 과학적 가상(假想)을 바탕으로 쓴 소설. 에스에프(SF)
공상=과학=영화(空想科學映畫)[—녕—]명 특수 촬영 기술이나 효과를 활용하여, 지구의 미래나 우주의 천체에 관한 공상적인 세계를 표현한 극영화.
공상-볼기명 동무들끼리 장난 삼아 치는 볼기.
공상-적(空想的)명 생각이 현실과 동떨어져 실현 가능성이 없는 것. ¶—인 이야기.
공상적=사:회주의(空想的社會主義)명 마르크스의 학설을 과학적인 것이라고 주장하는 입장에서, 생시몽이나 오웬 등의 사회주의 이론에 엥겔스가 붙인 이름. 생시몽 등은 자본주의의 모순을 비판하고, 사랑과 협동으로 자유로우면서도 평등한 사회를 실현할 수 있다고 주장하였음. ☞과학적 사회주의
공:상=차사(貢上差使)명 지난날, 공물을 거두기 위하여 지방으로 보내던 차사.
공생(工生)명 지난날, 악기를 연주하던 사람. 악생(樂生)과 악공(樂工)을 통틀어 이르는 말. 공인(工人)
공:생(共生)명-하다자 ①서로 도우며 한데 어울려 삶. ②

서로 다른 종류의 생물이 같은 곳에서 살면서, 서로 이익을 주고받으며 사는 일. 개미와 진딧물, 악어와 악어새 따위. ☞상리 공생(相利共生). 편리 공생(片利共生) ③종류가 다른 두 광물이 한데 생성되어 산출되는 일. 방연광(方鉛鑛)과 섬아연광(閃亞鉛鑛) 따위.

공:생-감(共生感)[명] 사람이 자기 이외의 사물과 공통된 생명을 지니고 있다고 보는 견해. 원시 종교 발생의 바탕이 되는 관념임.

공:생=동:물(共生動物)[명] 서로 다른 종류 사이에 도움을 주고받으며 함께 살아가는 동물. 소라게와 말미잘 따위.

공:생=식물(共生植物)[명] 서로 다른 종류 사이에 도움을 주고받으며 함께 살아가는 식물. 콩과 식물과 뿌리혹박테리아 따위.

공-생애(公生涯)[명] 공인(公人)으로서의 생애. ☞사생애(私生涯)

공서(公書)[명] '공문서(公文書)'의 준말.

공서(公署)[명] ①관청과 그 보조 기관을 통틀어 이르는 말. 관서(官署) ②마을[2]

공:서(共棲)[명][-하다][자] 종류가 서로 다른 동물이 한데 모여 삶. ☞공생(共生)

공서=양속(公序良俗)[명] 법률 행위를 판단하는 기준으로서, 사회의 질서와 선량한 풍속.

공석(公席)[명] ①공무를 보는 자리. ②공적으로 모인 자리. ¶ -에서 해명하다. ☞사석(私席)

공:석(孔釋)[명] 공자와 석가를 아울러 이르는 말.

공석(空石)[명] 벼를 담지 않은 빈 섬.

공석(空席)[명] ①빈 좌석. ②비어 있는 직위. 공위(空位) ¶ -이 생기다. /회장이 - 중이다. 빈자리

공:석-강(共析鋼)[명] 탄소가 0.86% 들어 있는 강철. 고온에서 천천히 냉각하여, 723°C에서 페라이트와 세멘타이트를 동시에 석출하여 번갈아 층을 이룬 강철임.

공:석-정(共析晶)[명] 하나의 액상(液相)에서 동시에 두 가지 이상의 결정이 석출되어 생기는 혼합물. 합금 등에서 볼 수 있음.

공선(工船)[명] 잡은 생선을 가공하는 시설을 갖춘 배.

공선(公船)[명] ①공용(公用)에 사용되는 선박. ②국제법상 국가의 공권을 행사하는 선박. 군함, 세관용 선박, 경찰용 선박 등을 통틀어 이르는 말. ☞사선(私船)

공선(公選)[명] ①공평한 선거. ②[-하다][자] 일반 국민이 선거로 뽑음.

공:선(共善)[명] 공공(公共)을 위한 좋은 일.

공선(空船)[명] 승객이나 짐을 싣지 않은 빈 배.

공선-제(公選制)[명] 국민이 선출하는 제도.

공설(公設)[명][-하다][타] 국가나 공공 단체에서 설립함. ¶ -유원지 ☞사설(私設)

공설=시:장(公設市場)[명] 국가나 공공 단체가 지역민의 편의를 위하여 설치, 운영하는 시장. ☞사설 시장

공설=운:동장(公設運動場)[명] 국가나 공공 단체에서 설립하여 운영하는 운동장.

공:성(孔性)[-썽][명] 물질의 분자 사이에 틈이 있는 성질.

공:성(孔聖)[명] '공자(孔子)'를 성인(聖人)으로 일컫는 말.

공:성(攻城)[명][-하다][자타] 성을 공격함.

공성(空性)[명] 불교에서, 우주 만물의 법이 공(空)이라는 이치를 체득할 때 나타나는 본성(本性)을 이르는 말.

공성(空城)[명] 사람이 살지 않는 빈 성.

공성-나다[자] 익숙하여지다. 이골이 나다

공성명수(功成名遂)[성구] 공을 세워 명성을 크게 떨침을 이르는 말.

공성신퇴(功成身退)[성구] 공을 세운 뒤에 그 자리를 물러남을 이르는 말.

공:성약지(攻城略地)[-냑-][성구] 성을 공격하여 적지를 빼앗음을 이르는 말.

공:성-포(攻城砲)[명] 성이나 요새를 공격할 때 쓰는 화포.

공세(公稅)[명] 나라에 내는 조세.

공:세(攻勢)[명] 공격하는 태세나 그 세력. ¶평화 -/-를 취하다. ☞수세(守勢)

공:세(貢稅)[명] 조세(租稅)

공소(公所)[명] 가톨릭 교회의 예배 장소. 성당보다 규모가 작고 사제가 상주하지 않는 곳을 이름.

공소(公訴)[명][-하다][타] 검사가 형사 사건에 관하여 법원에 재판을 청구하는 일. ¶ -를 제기하다. /-를 기각하다.

공:소(控訴)[명][-하다][타] '항소(抗訴)'의 구용어.

공소(空疏)[어기] '공소(空疏)하다'의 어기(語基).

공소-권(公訴權)[-꿘][명] 검사가 법원에 재판을 청구할 수 있는 권리.

공소=기각(公訴棄却)[명] 법원이 공소를 형식상·절차상 결함이 있다고 인정하여 이를 무효로 하는 일.

공소=사:실(公訴事實)[명] 공소장에 공소 이유로서 적어 넣는 범죄 사실.

공소=시효(公訴時效)[명] 범죄를 저지르고 나서 일정 기간이 경과하면 공소권이 소멸하여 기소할 수 없게 되는 일, 또는 그 기한을 이르는 말.

공-소:유권(公所有權)[-꿘][명] 공물(公物)에 대한 공법상의 지배권.

공소-장(公訴狀)[-짱][명] 검사가 공소를 제기할 때 관할 법원에 제출하는 서면.

공소=증후군(空巢症候群)[명] 중년 가정 주부가 자신의 정체성(正體性)에 회의를 품게 되는 심리적 현상. 마치 텅 빈 둥지를 지키고 있는 것 같은 허전함을 느끼고 정신적 위기에 빠지는 일을 이름. 빈 둥지 증후군

공소-하다(空疏-)[형][여] 엉성하여 내용이나 실속이 거의 없다. ¶공소한 논쟁.

공손(公孫)[명] ①왕후의 손자, 또는 자손. ②귀족의 자손.

공손(恭遜)[어기] '공손(恭遜)하다'의 어기(語基).

공손-수(公孫樹)[명] '은행나무'의 딴이름.

공손-스럽다(恭遜-)(-스럽고·-스러워)[형][ㅂ] 보기에 공손한 데가 있다.

공손-스레[부] 공손스럽게

공손-하다(恭遜-)[형][여] 공경하는 태도가 있고 겸손하다. ¶공손하게 인사하다.

공손-히[부] 공손하게 ¶ - 절을 하다.

[한자] **공손할 공**(恭) 〔心部 6획〕 ¶공검(恭儉)/공경(恭敬)/공대(恭待)/공손(恭遜)/불공(不恭)

공수[명] 죽은 사람의 넋이 말하는 것이라면서 무당이 전하는 말.

공수(를) 받다[관용] 무당이 전하는 공수를 듣다.

공수(를) 주다[관용] 무당이 공수를 전하여 말하다.

공수(公水)[명] 공공의 목적에 쓰이는 물. 공법(公法)으로 규제 받는 호수나 강의 물. [유]공류(公流)

공수(公需)[명] 지난날, 지방 관아에서 쓰던 공적인 비용.

공:수(共守)[명][-하다][타] 같은 적을 공동으로 방어함.

공:수(攻守)[명] 공격과 수비를 아울러 이르는 말.

공수(空手)[명] 빈손

공수(空輸)[명][-하다][타] '항공 수송(航空輸送)'의 준말. ¶구호품을 -하다.

공:수(供水)[명] 물의 공급.

공:수(供需)[명] 절에서 손에게 무료로 내놓는 음식.

공:수(拱手)[명][-하다][자] ①어른 앞에서나 의식 때 공경의 뜻을 나타내는 몸가짐으로, 편 두 손을 앞으로 모아 엄지손가락을 깍지끼어 손을 포개는 일. ②팔짱을 끼고 아무 일도 하지 않고 있음. 차수(叉手)

공:수-간(供需間)[-깐][명] 절에서 음식을 마련하는 곳.

공:수=동맹(攻守同盟)[명] 제삼국에 대하여 두 나라 이상이 공격이나 방어를 같이하기 위해 맺는 군사 동맹.

공수래공수거(空手來空手去)[성구] 빈손으로 왔다가 빈손으로 간다는 뜻으로, 사람이 세상에 태어났다가 헛되이 세상을 떠남을 이르는 말.

공수-받이[-바지][명] 무당이 전하는 공수를 듣는 일.

공:수-병(恐水病)[-뼝][명] 사람에게 전염된 '광견병(狂犬病)'을 이르는 말. 〔이 병에 걸리면, 물을 마시거나 보기만 해도 경련을 일으키는 데서 붙여진 말임.〕

공수=부대(空輸部隊)[명] ① 항공기로 병력과 군수 물자 따위를 수송할 목적으로 편성한 부대. ②낙하산으로 적지

에 내려, 전략상의 요지 등을 기습 점령하는 특수 부대. 낙하산 부대(落下傘部隊)

공수-전(公須田)명 지난날, 지방 관아의 경비를 마련하도록 나누어 주던 밭.

공-수표(空手票)명 ①은행 거래가 없거나 해약을 당한 사람이 발행하는 수표. ②부도 수표(不渡手標) ③'빈말'을 빗대어 이르는 말. ¶그 사람은 신의 없이 -만 남발한다.

공순(恭順)어기 '공순(恭順)하다'의 어기(語基).

공순-하다(恭順-)형여 공손하고 온순하다. 얌전하고 고분고분하다. ¶공순한 태도.

공순-히부 공순하게

공-술(空-)[-쑬]명 거저 얻어먹는 술. 공짜 술. 공주(空酒) ¶-이라면 안 빠지는 친구.

속담 **공술 한 잔 보고 십 리 간다** : 공술을 얻어먹을 수 있다면 십리 길이라도 찾아간다는 뜻으로, 공짜라면 무슨 짓이든 마다하지 않는다는 말. [공것이라면 양잿물도 먹는다]

공:술(供述)명-하다타 '진술(陳述)'의 구용어.

공:술-서(供述書)[-써]명 '진술서(陳述書)'의 구용어.

공술-인(公述人)명 공청회에서 이해 관계자, 또는 학식과 경험이 있는 자로서 의견을 말하는 사람.

공:습(攻襲)명-하다타 공격하여 침.

공습(空襲)명-하다타 미사일이나 항공기로 지상의 목표를 폭격함. ¶군사 시설을 -하다.

공습=경:보(空襲警報)명 미사일이나 적기의 공습이 있을 때에 알리는 경보. ¶-가 울리다.

공습=관제(空襲管制)명 미사일이나 적기의 공습 때에 시행하는 등화 관제(燈火管制).

공시(公示)명-하다타 ①일반 사람에게 공개적으로 널리 알림. ¶- 사항 ②공공 기관이 어떤 일의 이해 관계자에게 사실을 알림. ¶투표일을 -하다.

공시(公試)명 ①국가에서 실시하는 시험. ②공개로 하는 시험.

공:시(共市)명 '공동 시장(共同市場)'의 준말.

공시-가(公示價)[-까]명 정부나 공공 기관에서 공시한 가격.

공:시=당상(貢市堂上)명 조선 시대, 공계(貢契)와 시전(市廛)의 사무를 맡아보던 당상관.

공시=송:달(公示送達)명 소송에 관한 서류를 송달하기 어려울 때, 게시판이나 신문에 게시하는 일.

공:시=언어학(共時言語學)명 언어 요소 사이의 관계를 한 시대에 한정하여 연구하는 언어학. ☞통시 언어학(通時言語學)

공시=지가(公示地價)[-까]명 정부가 조사, 평가하여 공시한 토지의 단위 면적당 가격. 양도세·상속세 등 각종 토지 관련 세금의 과세 기준이 됨.

공:시-체(供試體)명 재질(材質) 시험에 쓰기 위하여 일정한 규격에 맞춰 만든 재목.

공시=최고(公示催告)명 법원이 법률에 따라, 일정한 기간에 신고하지 않으면 권리를 잃는다는 경고를 붙여 공고하는 최고.

공식(公式)명 ①공적으로 정해진 형식. ¶- 사과/- 발표 ②틀에 박힌 방식. ¶회의 끝에 구호를 외치는 일이 -이 되었다. ③수학의 어떤 법칙을 수학 기호로써 보인 식. 범식(範式) ¶수학 -을 외다.

공:식(共食)명 토템 등 신성하다고 믿는 숭배 대상에 제물을 바치고 그것을 나누어 먹는 원시 종교 의식.

공식(空食)명-하다타 ①힘들이지 않고 거저 재물을 얻거나 음식을 먹음. ②절에서, 손에게 음식을 대접하는 일.

공식-어(公式語)명 공용어(公用語)

공식=용:어(公式用語)[-농-]명 공식으로 인정하여 쓰는 용어.

공식-적(公式的)명 ①틀에 박힌듯이 규칙대로 일을 처리하는 것. ②공적(公的)으로 하는 것. ¶-인 행사./-으로 방문하다.

공식-주의(公式主義)명 공식의 원칙에 얽매여 사물을 판단하고 처리하는 방식.

공식-화(公式化)명-하다자타 공식적인 것으로 됨, 또는 그렇게 되게 함. ¶한·일 정기전을 -하다.

공신(公信)명 ①공공의 신용. ②공적으로 부여하는 신용.

공신(功臣)명 나라에 공로가 있는 신하. ¶개국 -

공신(恭愼)명-하다타 공경하여 삼감.

공신-력(公信力)[-녁]명 ①공적으로 믿을 수 있는 능력. ¶금융 기관의 -. ②권리 관계의 존재를 추측할만한 외형적 표상(表象), 곧 등기나 점유물 등을 믿고 거래한 사람을 보호하려고 실제로 권리 관계가 존재한 것으로 인정하는 법률 효력.

공-신:용(公信用)명 국가의 신용.

공신-전(功臣田)명 조선 시대, 공신에게 주던 논밭. 사전(賜田)과 달리 세습하였음.

공:신-포(貢身布)명 지난날, 관아의 노비가 신역(身役) 대신에 바치던 베나 무명.

공실(公室)명 공무(公務)를 보는 방.

공실(空室)명 빈방

공심(公心)명 공정하고 치우침이 없는 마음. 공지(公志) ☞사심(私心)

공심(空心)명 빈속. 공복(空腹)

공심-복(空心服)명-하다타 한방에서, 속이 비었을 때 약을 먹는 일을 이르는 말. ☞식원복(食遠服). 식후복(食後服)

공-심:판(公審判)명 ①공개 재판(公開裁判) ②지난날, 가톨릭에서 '최후의 심판'을 이르던 말.

공아(公衙)명 관아(官衙)

공안(公安)명 공공의 안녕과 질서. ¶-을 유지하다.

공안(公案)명 ①공무에 관한 문건. ②공론에 따라서 결정된 안건. ③불교에서, 석가모니의 말과 행동을 이르는 말. ④불교에서, 참선하는 수행자에게 불도를 깨치게 하기 위하여 종사(宗師)가 내는 참구(參究) 문제. 화두(話頭)

공안(公眼)명 여러 사람의 공평한 눈.

공:안(供案)명 지난날, 죄인의 진술을 적던 문서.

공:안(貢案)명 지난날, 공물의 품명과 수량을 적던 장부.

공안=소:설(公案小說)명 우리 나라의 옛 소설의 한 가지. 유능한 관원이 범죄 사실을 올바르게 처결함으로써, 누명을 쓰거나 하여 원통한 주인공이 위기에서 벗어나는 내용을 담은 소설. '장화홍련전' 따위.

공:알명 음핵(陰核)

공약(公約)명-하다타 ①공법상(公法上)의 계약. ②공중(公衆)에게 약속하는 일, 또는 그 약속. ¶선거 -

공약(空約)명-하다타 거짓 약속. 빈 약속.

공약-수(公約數)명 둘 이상의 정수(整數)나 정식(整式)에 공통되는 약수. ¶최대 - ☞공배수(公倍數)

공:양(供養)명-하다타 ①어른을 모시면서 정성으로 음식을 드리는 일. ②부처에게 음식이나 꽃 등을 바치는 일. ③절에서 음식을 먹는 일. ④불교에서, 좋은 음성과 좋은 말로 어른이나 다른 사람에게 기쁨을 주는 일을 이르는 말.

공:양-드리다(供養-)자 '공양(供養)하다'의 높임말.

공:양-미(供養米)명 불교에서, 공양하는 데 쓰이는 쌀. ¶- 삼백 석을 시주하다. 변고양미

공:양-주(供養主)명 절에서 주식(主食)인 밥을 짓는 일을 맡아서 하는 중. 반두(飯頭) 변고양주

공언(公言)명-하다자타 ①공개하여 말함, 또는 그 말. ②공평한 말. ③공식적인 발언. ¶시장실을 개방하겠다고 -하다.

공언(空言)명-하다자 ①실행이 따르지 않는 빈말. ②빈말.

공언무시(空言無施)성구 빈말만 하고 시행이 없음을 이르는 말.

공-얻:다(空-)타 공으로 얻다. 거저 얻다.

공업(工業)명 기계를 써서 원료를 가공하여 물품을 만드는 산업. ¶화학 -/- 국가 준공(工)

공업(功業)명 ①공적(功績)이 큰 사업. ②큰 공로. 공렬(功烈). 훈업(勳業)

공업-계(工業界)명 공업 분야의 사회.

공업=교:육(工業教育)명 공업의 지식과 기술을 가르치는 직업 교육.
공업-국(工業國)명 공업이 발달하고 공업 생산품이 많은 나라. ¶선진 —
공업=단지(工業團地)명 계획에 따라 일정한 토지에 공장을 유치하여 만든 공장들의 집단지. ¶석유 화학 —를 조성하다. ㊟공단(工團)
공업=도시(工業都市)명 공업이 발달하여 주민의 대부분이 공업에 관련된 일을 하는 도시.
공업=디자인(工業design)명 양산되는 공업 제품이 기능적·미적인 면을 고루 갖추도록 고안하는 디자인.
공업=부:기(工業簿記)명 공업 기업의 경영 활동에 관하여 기록하는 부기. 원료 구입, 제조 과정, 제품 판매, 재무 등을 기록함.
공업=분석(工業分析)명 화학 공업 등에서 원료, 중간 생성물, 제품 등을 화학적으로 분석하거나 검사하는 일. 순도·혼합비·수량 등을 구함.
공업=센서스(工業census)명 제조 공업 전반에 걸친 기본적인 사항을 전면적·장기적·주기적으로 조사하는 일. ☞공업 통계(工業統計)
공업=소:유권(工業所有權)[—꿘]명 산업에 관한 고안·발명 등의 사용을 독점적·배타적으로 할 수 있는 권리. 특허권·의장권·실용신안권·상표권의 네 가지가 있음. 산업 재산권(産業財産權) ☞지적 소유권(知的所有權)
공업=시대(工業時代)명 경제 발전 과정에서, 온갖 기계가 발명되어 대량 생산이 가능해지고 공업이 뚜렷하게 발전한 시대.
공업=약품(工業藥品)[—냐—]명 공산품을 만드는 과정에서 많이 쓰이는 약품. 황산·염산·소다·가성소다 등.
공업-용(工業用)[—뇽]명 공업에 쓰임.
공업용=로봇(工業用robot)[—뇽—]명 공산품 생산에서, 사람 대신 작업을 하는 로봇.
공업=용:수(工業用水)[—뇽—]명 공산품의 생산 과정에 쓰이는 물. ¶—의 확보.
공업용=식물(工業用植物)[—뇽—]명 공산품의 원료가 되는 식물.
공업=입지(工業立地)명 공업 생산 활동에 적합한 지리적·사회적·경제적 조건을 갖춘 곳을 고르는 일, 또는 그 조건을 갖춘 곳.
공업=정책(工業政策)명 기술, 기업 장려, 노동 문제 등에 관하여 국가가 공업의 건전한 발전을 꾀하려고 세우는 정책.
공업=지리학(工業地理學)명 공업의 지리적 조건, 또는 공업과 지리적 환경의 상호 관계를 연구하는 경제 지리학의 한 부문.
공업=지역(工業地域)명 국토 이용 관리법이나 도시 계획법에 따라 지정한 용도 지역의 하나, 공업의 편리를 증진하기 위하여 설정한 지역으로, 준공업 지역과 공업 지역이 있음. ☞농업 지역(農業地域)
공업=통:계(工業統計)명 공업에 관한 각종 사항을 집단적·포괄적으로 나타낸 자료. ☞공업 센서스
공업=폐:수(工業廢水)명 공업 생산에 쓰이고 난 뒤에 불순물이나 유해 물질로 더러워진 물. 강이나 바다를 오염시키는 주요 원인이 됨.
공업=표준(工業標準)명 공업 제품의 규격·품질·성능·포장법 등을 통일하여 단순화·표준화 하려고 정한 기준.
공업-항(工業港)명 공업 도시에 딸리어 원자재나 제품을 화물선에 직접 부리고 싣는 시설을 갖춘 항구.
공업-화(工業化)명-하다 재타 ①농업국에 근대 공업이 일어나게 되어, 공업이 차지하는 비중이 차차 높아가는 현상. ②어떤 제품을 공장에서 생산할 수 있도록 하는 일. ¶발명 특허품을 —하다.
공업=화:학(工業化學)명 화학 물질의 공업적인 제조에 관한 사항을 연구하는 응용 화학의 한 부문.
공:여(供與)명-하다 타 제공하거나 이바지함. ¶차관(借款)을 —하다.
공역(工役)명 토목이나 건축 등에 관한 일. 공사(工事)
공역(公役)명 국가나 공공 단체가 지우는 병역이나 부역 등의 의무.
공:역(共譯)명-하다 타 두 사람 이상이 공동으로 번역함, 또는 그 번역.
공역(空域)명 항공기의 안전 항행을 위하여 구역과 고도를 설정한 공중의 영역.
공역=주권설(空域主權說)[—꿘—]명 국토와 영해의 상공에도 그 나라 영토의 주권이 미친다고 하는 학설.
공연(公演)명-하다 타 여러 사람 앞에서 연극·음악·무용 따위를 해 보임. ☞상연(上演)
공:연(共演)명-하다 재타 연극이나 영화에 함께 출연함.
공연(公然)어기 '공연(公然)하다'의 어기(語基).
공연(空然)어기 '공연(空然)하다'의 어기(語基).
공연-스럽다(空然—)(—스럽고·—스러워)형ㅂ 아무 까닭이나 필요가 없는듯 하다. ¶공연스러운 환대가 부담이 되다. ㊟괜스럽다
　공연-스레부 공연스럽게 ¶— 화를 내다.
공연-하다(公然—)형여 숨김이 없고 떳떳하다.
　공연-히부 공연하게
공연-하다(空然—)형여 아무 까닭이나 필요가 없다. ¶공연한 짓. ㊟괜하다
　공연-히부 공연하게 ¶— 참견하지 말아라.
　속담 **공연한 제사 지내고 어물 값에 졸린다**: 지내지 않아도 될 제사를 지내고 나서 제사에 썼던 생선 값을 독촉받는다는 뜻으로, 하지 않아도 될 일을 하고서 쓸데없이 후환을 겪는다는 말.
공-염:불(空念佛)[—념—]명-하다 자 ①신심(信心)이 없이 입으로만 외는 염불. ②아무리 타일러도 허사가 되는 말. ③실행이나 내용이 없는 빈말.
공영(公營)명-하다 타 지방 자치 단체가 사업을 경영함, 또는 그 사업. ¶— 주택 ☞사영(私營)
공:영(共榮)명-하다 자 서로 함께 번영함.
공:영(共營)명-하다 타 공동으로 경영함.
공영=기업(公營企業)명 지방 자치 단체가 경영하는 기업. ☞국영 기업(國營企業)
공영=방:송(公營放送)명 시청료를 주된 재원으로 하여 운영하는 방송. 국가 기관으로부터 독립된 특수 법인으로, 영리를 직접 목적으로 삼지 않음.
공영=선:거(公營選擧)명 선거 공영(選擧公營)
공영=주:택(公營住宅)명 국가나 지방 자치 단체에서 지어 일반인에게 분양하거나 임대하는 주택.
공예(工藝)명 실용적인 공작 제품에 미적인 장식 가치를 지니게 하는 기술이나 기법. 금속 공예, 목공예, 도예, 염직(染織) 따위.
공예-가(工藝家)명 공예에 관한 전문적인 기술과 지식을 가진 사람.
공예=미:술(工藝美術)명 공작물에 예술적 가공을 하는 기술, 또는 그 작품. 목공·도예·칠공(漆工) 등.
공예=작물(工藝作物)명 수확하여 제조나 가공을 거친 뒤에 이용되는 작물. 차(茶)·담배 따위. ☞특용 작물
공예-품(工藝品)명 칠기·도자기·목공품 등과 같이 예술적 가치가 있게 만든 공작품.
공예-학(工藝學)명 공예에 관한 이론과 실제를 연구하는 학문.
공:옥(攻玉)명 옥을 간다는 뜻으로, 지덕(知德)을 닦음을 이르는 말.
공용(公用)명 ①국가 기관이나 회사의 용무. ②-하다 타 국가나 공공 단체가 공적인 목적에 씀. ③공비(公費) ☞사용(私用)
공용(功用)명-하다 타 공을 들인 보람. 공효(功效)
공:용(共用)명-하다 타 두 사람 이상이 함께 씀. ¶남녀 — ☞전용(專用)
공:용(供用)명-하다 타 갖추어 두었다가 씀.
공:용-림(供用林)명 목재 등 임산물의 수익을 목적으로 가꾸는 산림. 경제림(經濟林) ☞보안림(保安林)
공용-물(公用物)명 국가나 공공 단체가 직접 사용하는 공물(公物). 관공서나 학교의 건물 따위. ☞사용물

공:용-물(共用物)명 두 사람 이상이 함께 쓰는 물건.
공:용=벽돌(拱用甓-)명 홍예문에 쓰이는 쐐기꼴 벽돌.
공용=부:담(公用負擔)명 공익 사업을 위한 행정 수단으로서 국민에게 강제적으로 과하는 부담. 부담금의 부과나 공용 수용 따위.
공용=수용(公用收用)명 공용 부담의 한 가지. 공익 사업을 위하여 개인의 재산권을 강제적으로 국가가 취득하는 일. 강제 수용(強制收用). 공용 징수
공용-어(公用語)명 ①국가나 공공 단체에서 공식적으로 쓰는 말. ②여러 언어를 쓰는 나라에서 정식 국어로 인정되는 공통어. 캐나다에서 쓰는 영어와 프랑스어 따위. 공식어(公式語)
공용=재산(公用財産)명 공용에 쓰는 국가 또는 지방 자치 단체의 재산. 관청의 청사 따위.
공용=제:한(公用制限)명 공용 부담의 한 가지. 공익 사업을 위하여 개인의 특정한 재산권을 법으로 제한하는 일.
공용-증(公用證)[-쯩]명 공용의 임무를 띠고 있음을 증명하는 서류.
공용=징수(公用徵收)명 공용 수용(公用收用)
공용=환:지(公用換地)명 토지의 이용 가치를 높이기 위하여 일정한 지역 내의 토지 소유권이나 기타 권리 따위를 강제적으로 교환하거나 나누는 일.
공운(空運)명 항공기로 여객이나 화물 등을 실어 나르는 일. ☞육운(陸運). 해운(海運)
공원(工員)명 공장의 생산 현장에서 일하는 사람. 직공(職工)
공원(公園)명 ①공중(公衆)의 휴양과 위락, 보건 등을 위하여 시설된 정원이나 유원지. ②자연 환경 등을 보호, 관리하기 위하여 법으로 정한 지역. 국립 공원 따위.
공원=묘:지(公園墓地)명 공원처럼 만든 공동 묘지.
공위(功位)명 ①공훈(功勳)과 지위. ②공에 따라서 주는 관직.
공:위(攻圍)명-하다타 에워싸고 공격함.
공위(空位)명 ①비어 있는 직위. 빈자리. 공석(空席) ②실권이 없는, 이름 뿐인 직위. 허위(虛位)
공유(公有)명 국가나 공공 단체의 소유. ¶- 건물 ☞관유(官有). 국유(國有). 사유(私有)
공:유(共有)명-하다타 한 물건이나 권리 등을 공동으로 소유하는 일, 또는 어떤 특정 사실 따위를 함께 알고 있는 일. ¶비밀을 -하다. ☞전유(專有). 총유(總有)
공:유=결합(共有結合)명 화학 결합의 한 가지. 두 개의 원자가 서로의 원자가 전자(原子價電子)를 공동으로 내어 그것을 공유하면서 결합되어 있는 상태. 등극 결합(等極結合). 무극 결합(無極結合)
공유-림(公有林)명 지방 자치 단체가 소유하는 산림.
공유-물(公有物)명 국가나 공공 단체가 소유하는 물건. ☞사유물(私有物)
공:유-물(共有物)명 두 사람 이상이 함께 소유하는 물건. ☞전유물(專有物)
공유=수면(公有水面)명 국가나 공공 단체의 소유로, 공공 이익에 쓰이는 강·바다·호소 등의 수면.
공:유-자(共有者)명 한 가지 물건이나 권리 따위에 대하여 소유권을 공동으로 가진 각 사람이나 단체.
공유=재산(公有財産)명 국가나 공공 단체의 소유로, 공공의 목적에 쓰이는 재산. ☞사유 재산(私有財產)
공유-지(公有地)명 국가나 공공 단체가 소유하는 토지. 공유토(公有土) ☞국유지(國有地). 사유지(私有地)
공:유-지(共有地)명 두 사람 이상이 함께 소유한 땅.
공유-토(公有土)명 공유지(公有地) 준공토(公土)
공:융-성(共融性)[-썽]명 한 용매(溶媒) 속에서 다른 물질과 함께 용해되는 성질.
공:융-점(共融點)[-쩜]명 공융 혼합물이 생기는 온도.
공:융=혼:합물(共融混合物)명 혼합 용액에서 동시에 정출(晶出)되는 두 가지 이상의 결정 혼합물. 공정(共晶)
공-으로(空-)부 힘이나 돈을 들이지 않고 거저. 공짜로 ¶- 얻다.
공은(公恩)명 가톨릭에서, 모든 사람에게 두루 베풀어지는 하느님의 은혜를 이르는 말.
공음(蛩音)명 귀뚜라미의 울음 소리.
공의(公義)명 가톨릭에서, 선악의 제재를 공평하게 하는 하느님의 적극 품성(稟性)을 이르는 말.
공의(公儀)명 공적(公的)인 의식.
공의(公醫)명 ①관계 관청 장관의 요청에 따라 특정 지역이나 특정 업무의 의료 행위를 하는 의사. ②'공중 보건의(公衆保健醫)'의 준말.
공의(公議)명 공정한 의논. 공론(公論)
공:의(共議)명-하다타 함께 상의함.
공의-롭다(公義-)(-롭고·-로워)형ㅂ 공평하고 의롭다.
  공의-로이부 공의롭게
공-의:무(公義務)명 개인이 국가에 대하여 지는 의무. 납세·병역의 의무 따위. ☞사의무(私義務)
공-의회(公議會)명 가톨릭에서, 교회 전체에 관한 교리나 규율을 논의하고 결정하려고 교황이 추기경과 주교들을 소집하여 여는 회의.
공이명 ①절구나 확에 든 곡식을 찧어 그 껍질을 벗기거나 가루로 만드는 데 쓰는 기구. ②탄환의 뇌관을 쳐서 폭발하게 하는 송곳 모양의 총포 장치. 격침(擊針)
공이-치기명 총포의 격발 장치. 방아쇠를 당기면 공이를 치게 되어 있음. 격철(擊鐵)
공익(公益)명 사회 공공의 이익. ¶-을 우선하다. ☞사익(私益)
공:익(共益)명 공동의 이익.
공:익-권(共益權)명 사원권(社員權)의 한 가지. 총회에 출석하여 의결하는 권리나 회사의 업무를 집행하는 권리 등과 같이, 회사의 목적을 달성하기 위하여 사원에게 부여된 권리. ☞자익권(自益權)
공익=기업(公益企業)명 공익 사업
공익=단체(公益團體)명 사회 공공의 이익을 목적으로 하는 단체.
공익=법인(公益法人)명 종교·학술·자선·기예 등, 영리를 목적으로 하지 않고 사회 공중을 위한 사업을 하는 법인 단체. 사단 법인과 재단 법인이 있음.
공:익=비:용(共益費用)명 한 채무자에 대하여 채권자가 여럿일 때, 채권자의 공동 이익을 위해 쓴 비용. 채무자의 재산의 보존이나 청산, 강제 집행 등에 쓴 것을 이름.
공익=사:업(公益事業)명 공공 이익을 위주로 하는 사업. 철도·전화·수도·가스 등. 공익 기업
공익=신:탁(公益信託)명 종교나 학술 등 공익을 위하여 설정되는 신탁. ☞사익 신탁(私益信託)
공인(工人)명 지난날, 악기를 연주하던 사람. 악생(樂生)과 악공(樂工)을 통틀어 이르는 말. 공생(工生)
공인(公人)명 ①국가나 사회를 위하여 일하는 사람. ②공직에 있는 사람. ☞사인(私人)
공인(公印)명 공적인 일에 쓰이는 도장. ☞사인(私印)
공인(公認)명-하다타 ①일반 공중이 인정함. ②국가나 공공 단체가 인정함.
공인(恭人)명 조선 시대, 정·종오품의 종친과 문무관의 아내에게 내린 봉작. ☞순인(順人)
공인-교(公認教)명 불교·크리스트교·대종교·천도교 등과 같이 국가로부터 공인 받은 종교.
공인=노무사(公認勞務士)명 소정의 시험을 통하여 국가가 자격을 인정한, 노무 관리 업무를 맡아보는 사람.
공-인수(公因數)[-쑤]명 공통 인수
공인=중개사(公認仲介士)명 소정의 국가 고시에 합격하여 부동산 거래를 중개할 수 있는 법적 자격을 갖춘 사람. 토지·건물 등의 매매·교환·임대차 따위의 거래를 중개하고, 그에 따른 법정 수수료를 수입으로 함. ☞부동산 중개업
공인=회:계사(公認會計士)명 국가가 자격을 인정한, 회계에 관한 감사·감정·계산·정리·입안 등의 일을 맡아 하는 사람.
공-일(空-)[-닐]명 ①보수 없이 거저 하는 일. ☞삯일 ②쓸데없이 하는 일. ☞헛일
공일(空日)명 일을 하지 않고 쉬는 날로 '일요일'을 흔히

이르는 말. 휴일(休日) ☞반공일(半空日). 휴일(休日)
공임(工賃)명 물품을 만들거나 수리한 데 대한 품삯. 공전(工錢)
공임(公任)명 공무에 관한 직임(職任). 공적인 임무.
공자(公子)명 지난날, 지체 높은 집안의 젊은 아들을 높이어 일컫던 말.
공:자(孔子)명 중국 춘추 시대의 학자. 유교(儒敎)의 개조(開祖). 제자들이 엮은 언행록 '논어(論語)'가 있음.
공:자천:주(孔子穿珠)성구 공자가 구슬을 꿴다는 뜻으로, 자기보다 못한 사람에게 묻는 것을 부끄러이 여기지 말라는 말.
공작(工作)명-하다타 ①물건을 만듦. ②목적을 달성하기 위하여 미리 계획하여 준비함. ¶정치 -/파괴 -이 탄로나다.
공:작(孔雀)명 꿩과 공작속의 새를 통틀어 이르는 말. 인도공작은 몸빛이 푸르스름함. 수컷은 꼬리 깃이 매우 발달하여 길이 2m 안팎에 이름. 꼬리 깃 끝에는 화려한 빛깔의 둥근 무늬가 있는데, 부채꼴로 크게 벌려 암컷에 구애(求愛)를 함.
속담 **공작은 날거미만 먹고 살고 수달은 발바닥만 핥고 산다** : 못난 주제에 무얼 그리 많이 먹으려고 하느냐며 핀잔주는 말. /**공작이 날거미를 먹고 살까** : 입된체 하지 말고 아무 것이나 먹으라고 할 때 이르는 말.
공작(公爵)명 오등작(五等爵)의 첫째 작위. 후작의 위. 준공(公)[1]
공:작-고사리(孔雀-)명 고사릿과의 여러해살이풀. 흑갈색의 잎자루가 부챗살 모양으로 갈라지고 깃꼴 겹잎은 공작의 꼬리를 편 모양임. 관상용으로 심어 가꾸며, 잔잎 끝에 홀씨주머니가 붙어 있음.
공작-금(工作金)명 공작 임무를 수행하는 데 필요한 돈.
공작=기계(工作機械)명 주로 금속 재료를 자르거나 깎거나 구멍을 내거나 하여 가공하는 기계. 선반·연마반·천공기 따위.
공:작-나비(孔雀-)명 네발나빗과의 나비. 날개 길이 5~6cm로 공작 무늬와 같은 둥근 무늬가 있음.
공작-대(工作隊)명 공작 임무의 수행을 목적으로 조직된 집단, 또는 그 구성원.
공작-도(工作圖)명 기계 제작 때에 쓰이는 도면.
공:작-명왕(孔雀明王)명 밀교(密敎)에서 높이 받드는 명왕. 팔이 네 개로, 공작을 타고 다니며 모든 재앙을 물리친다고 함.
공작-물(工作物)명 ①인공으로 설비한 온갖 것. 터널·건물·연못·정원 따위. ②재료를 기계적으로 가공하여 만든 것.
공:작=부인(孔雀夫人)명 아름답게 차려 입은 미인을 비유하여 이르는 말.
공:작-석(孔雀石)명 보석의 한 가지. 염기성 탄산동(炭酸銅)으로 된 광석임. 청록색 광택이 나는데 장식물이나 안료로 쓰임. 석록(石綠)
공작-선(工作船)명 ①공작원이 임무를 수행하는 데 이용하는 배. ②공작함(工作艦)
공:작-선(孔雀扇)명 조선 시대, 의장(儀仗)의 한 가지. 붉은빛으로 공작을 그린, 길이 180cm 가량의 큰 부채.
공작-실(工作室)명 실험이나 실습을 할 수 있게 기구나 물품을 만드는 시설을 갖추어 놓은 방.
공작-원(工作員)명 정보 수집 등 첩보 활동을 하는 사람.
공:작-유(孔雀釉)명 비췻빛 잿물. 비취유(翡翠釉)
공작-함(工作艦)명 함대를 따라다니면서 함정과 탑재 무기를 수선하는 배. 공작선(工作船)
공장(工匠)명 연장을 가지고 손으로 물건 만드는 일을 전문으로 하는 사람.
공장(工場)명 기계를 사용하여 계속적으로 제품을 생산·가공·수리 하는 곳. ¶봉제 -/- 지대
공장(公葬)명 공적 기관에서 주관하는 장례식.
공장(空腸)명 ①빈 창자 ☞공복(空腹) ②소장(小腸)의 일부로, 십이지장과 회장(回腸) 사이의 부분.
공장(空葬)명-하다자 시체 없이 장례를 지내는 일.
공장=공업(工場工業)명 규모가 큰 공장에서 제품을 대량으로 생산하는 공업. ☞가내 공업
공장=관리(工場管理)명 생산성을 높이기 위하여 공장을 합리적이고 능률적으로 관리하는 일.
공장=노동자(工場勞動者)명 공장에서 작업하는 노동자.
공장-도(工場渡)명 제품을 공장에서 직접 인도하는 거래 방식. ¶- 가격
공장=자동화(工場自動化)명 공장의 작업을 컴퓨터를 이용하여 자동화하는 일. 컴퓨터가 장치된 기계와 로봇 등으로 생산 과정을 자동화하는 일을 비롯하여 공장과 관련된 기업이나 기관들을 정보 통신 시스템으로 연결하는 일 등을 이름. 에프에이(FA) ☞사무 자동화
공장-장(工場長)명 공장의 으뜸 책임자.
공장=재단(工場財團)명 공장에 딸린 토지·건물·기계 등의 설비나 권리의 일부 또는 전부로 구성한 재단. 저당권을 목적으로 설정함.
공장=폐:쇄(工場閉鎖)명 ①공장이 조업을 중단하고 문을 닫는 일. ②사용자가 노동자의 쟁의 행위에 대항하여, 공장을 일시 폐쇄하여 노동자의 작업을 거부하는 일.
공장=폐:수(工場廢水)명 공업 생산 활동의 결과로 생긴 폐수. 중금속 등 유해 물질이 들어 있어 환경 오염의 원인이 됨.
공장-화(工場化)명-하다자타 두 가지 이상의 생산 과정이나 시설 등이 근대적인 공장 형태를 갖추게 됨, 또는 그렇게 만드는 일.
공:재(共在)명-하다자 두 가지 이상의 사물이나 성질이 동시에 존재함.
공재(空財)명 공으로 얻은 재물.
공저(公邸)명 관저(官邸)
공:저(共著)명 한 책을 두 사람 이상이 함께 짓는 일, 또는 그 책. 합저(合著)
공적(公的)[-쩍]명 공공(公共)에 관한 것. ¶-인 활동. ☞사적(私的)
공적(公賊)명 공도(公盜)
공적(公敵)명 국가나 사회의 적.
공적(功績)명 일을 훌륭히 해낸 공로. 훌륭한 활동 성과. ¶-을 쌓다. /큰 -을 남기다.
공적(空寂)명-하다형 ①불교에서, 만물이 실체가 없고 공허하니 생각하고 분별할 것이 없음을 이르는 말. ②고요하고 쓸쓸함.
공적=부조(公的扶助)[-쩍-]명 국가나 지방 자치 단체가 국민의 최저 한도의 생활을 보장해 주기 위하여 일정한 보호 기준에 따라 실시하는 사업. 빈곤층 주민에게 생계비 보조나 공공 시설 이용의 편의를 제공하는 일 따위. 국가 부조. 사회 부조
공적=자:금(公的資金)[-쩍-]명 금융 구조 조정을 위해 집행 기관인 예금 보험 공사나 자산 관리 공사가 채권을 발행하여 마련하는 자금. 원리금 상환을 국회가 보증하는 정부의 자금이기는 하지만 정부 예산과는 관련이 없는 데서 이르는 말임. 주로 금융 기관의 부실 채권을 사들이거나 출자를 통한 자본금 확충 등에 쓰임. ☞공공자금(公共資金)
공전(工錢)명 물품을 만들거나 수리한 데 대한 품삯. 공가(工價). 공임(工賃)
공전(公田)명 국가가 소유하거나 국가에 수익이 돌아오는 논밭. ☞사전(私田)
공전(公典)명 공평하게 만든 법률.
공전(公轉)명-하다자타 ①행성이 일정한 주기를 가지고 태양의 둘레를 도는 일. ②위성이나 반성(伴星)이 각각 행성이나 주성(主星)의 둘레를 도는 일. ☞자전(自轉)
공전(功田)명 지난날, 국가에 훈공 있는 사람에게 내리던 논밭.
공:전(攻戰)명-하다자 '공격전'의 준말. ☞방전(防戰)
공전(空前)명 비교할만 한 것이 전에는 없음을 뜻하는 말. 〔주로 '공전의'의 꼴로 쓰임.〕 ¶-의 히트.
공전(空電)명 ①'공중 전기(空中電氣)'의 준말. ②번개 따위의 방전(放電)으로 생기는 잡음 전파. 통신 전파의 수

신 등에 방해가 됨.
공전(空戰)명 '공중전(空中戰)'의 준말.
공전(空轉)명-하다자 ①'공회전(空回轉)'의 준말. ②일이나 행동이 진전이 없이 헛되이 진행됨. ¶국회가 −하다.
공전도:지(公傳道之)성구 비밀로 해야 할 일을 공개하여 퍼뜨림을 이르는 말.
공전절후(空前絶後)성구 비교할만 한 것이 전에도 없었고 앞으로도 없을 것임을 이르는 말.
공전=주기(公轉週期)명 천체가 한 바퀴 공전하는 데 걸리는 기간. ☞자전 주기(自轉週期)
공-절선(公切線)[−썬]명 둘 이상의 곡선, 특히 두 원이나 곡면의 공통 접선. 공접선
공-접선(公接線)명 공절선(公切線)
공정(工程)명 ①작업이 되어가는 차례나 단계, 또는 되어가는 정도. ¶제조 − ☞공정 관리 ②공부하는 정도.
공정(公定)명-하다타 ①정부나 공공 단체 등이 공식으로 결정함. ②일반의 공론에 따라 결정함.
공정(公廷)명 '공판정(公判廷)'의 준말.
공:정(共晶)명 공융 혼합물(共融混合物)
공정(空庭)명 빈 뜰.
공정(公正)어기 '공정(公正)하다'의 어기(語基).
공정-가(公定價)[−까]명 '공정 가격'의 준말.
공정=가격(公定價格)[−까−]명 물가를 통제할 필요가 있을 때, 정부가 법령으로 일정한 상품에 대하여 정하는 판매 가격. 준공정가(公定價) ☞통제 가격
공정=거:래(公正去來)명 독점 거래나 암거래가 아닌, 공정한 거래.
공정=거:래법(公正去來法)[−뻡]명 시장을 지배할 수 있는 기업가의 지위가 남용되거나 경제력이 과도하게 집중되는 것을 방지하고, 부당한 공동 행위와 부정 거래 행위를 규제하여 공정하고 자유로운 경쟁을 촉진하여 균형 있는 국민 경제의 발전을 꾀함을 목적으로 하는 법률. 정식 명칭은 '독점 규제 및 공정 거래에 관한 법률'임.
공정=관리(工程管理)명 품질과 수량이 일정한 제품을 생산하기 위하여, 노동력·원료·설비를 관리하여 항상 능률적인 상태를 유지하도록 하는 일.
공정=금리(公定金利)명 공정 이율(公定利率)
공정-도(工程圖)명 한 공정에서 할 가공(加工)의 정도를 표시한 도면.
공정-성(公正性)[−썽]명 공평하고 올바른 성질. ¶−을 잃다./−을 지키다.
공정=이:율(公定利率)[−니−]명 중앙 은행이 시중 금융 기관에 어음 할인이나 대부를 해 줄 경우에 적용하는 이자의 비율. 공정 금리(公定金利)
공정=증서(公正證書)명 ①공무원이 권한 내에서 직무상 작성하는 일체의 적법한 문서. ②공증인(公證人)이 법률 행위나 기타 사권(私權)에 관한 사실에 대하여 작성하는 증서. 법률상 완전한 증거력을 가지며, 이행하지 않을 경우 강제 집행력을 가짐. ☞사서 증서(私署證書)
공정=증서=유언(公正證書遺言)명 증인 두 사람의 입회하에 공증인(公證人)이 작성한 유언서.
공정=지가(公正地價)[−까]명 토지 대장에 등기된 토지의 가격.
공정-표(工程表)명 어떤 물품을 만들어 나가는 과정이나 일정을 나타낸 도표.
공정-하다(公正−)형여 치우침이 없이 공평하고 올바르다. ¶공정한 심사.
　공정-히부 공정하게 ¶− 처리하다.
공:제(共濟)명-하다타 ①힘을 같이하여 일함. ②서로 힘을 합하여 도움.
공제(空諦)명 불교에서 이르는 삼제(三諦)의 하나. 만물은 모두 공(空)이며 고정 불변의 실(實)은 아무 것도 없다고 하는 진리.
공:제(控除)명-하다타 받을 금액이나 수량에서 물거나 갚아야 할 것을 덜어 냄. ¶월급에서 세금을 −하다.
공:제=조합(共濟組合)명 조합원이 서로 도울 목적으로 출자하여 세운 조합.
공조(工曹)명 고려·조선 시대, 육조(六曹)의 하나. 산택(山澤)·공장(工匠)·영선(營繕) 등의 일을 맡았음.
공조(公租)명 조세(租稅)
공:조(共助)명-하다타 여럿이 같이 도움, 또는 서로 도움. ¶− 체제를 갖추다.
공:조(貢租)명 공물(貢物)로 바치던 조세.
공:조(貢調)명-하다자 공물(貢物)을 바침.
공조=판서(工曹判書)명 조선 시대, 공조의 으뜸 관직. 품계는 정이품임. 준공판(工判)
공:존(共存)명-하다자 ①둘 이상의 사물이 동시에 존재함. ¶풍요와 빈곤이 −하는 사회. ②서로 도와서 함께 생존하거나 존재함. 동존(同存)
공:존공:영(共存共榮)성구 서로 다툼이 없이 함께 살고 함께 번영함을 이르는 말.
공:존동생(共存同生)성구 함께 존재하고 함께 살아감을 이르는 말.
공:존=용액(共存溶液)[−뇽−]명 두 가지 액체를 충분히 섞어도 각각의 고유한 성질을 지니고 있는 용액. 물과 에테르의 혼합액 따위.
공:존=의:식(共存意識)명 함께 살고 있다는 의식, 또는 함께 살아야 한다는 의식.
공졸(工拙)명 교졸(巧拙)
공죄(功罪)명 공적과 죄과. 유공과(功過)
공죄상보(功罪相補)성구 ①공적이 있고 죄과도 있어 서로 상쇄됨을 이르는 말. ②죄가 있으나 공이 그것을 보충할 만큼 있어서 관용을 베풀만 함을 이르는 말.
공주(公主)명 임금의 정실 왕비에게서 태어난 딸. ☞옹주(翁主)
공주(空株)명 선물(先物) 거래 등에서 실제로 주고받지 않고 거래되는 주. ☞실주(實株)
공주(空酒)명 공술
공-주련(空柱聯)명 글씨나 그림이 없이 꾸민 주련.
공:-주인(貢主人)명 지난날, 공물(貢物)을 대신 바쳐 주고 나중에 그 값에 이윤을 붙여 받던 사람.
공죽(空竹)명 객죽(客竹)
공준(公準)명 공리(公理)처럼 자명하지는 않으나, 이론을 연역(演繹)으로 전개하는 기초가 되는 근본 명제.
공중(公衆)명 사회의 일반 사람들. ¶−의 편의를 생각하다. ☞대중(大衆). 민중(民衆)
공중(空中)명 하늘과 땅 사이의 빈 곳.
　공중에 뜨다관용 온데간데없이 비다.
　속담 **공중을 쏘아도 알과녁만 맞힌다**: 별로 공들이지 않고 대강 하는 것 같은 일도 잘 이루어짐을 이르는 말.
공중=경:계(空中警戒)명 적기(敵機)나 미사일이 공중으로 공격해 오는 것을 경계하는 일.
공중=광:고(空中廣告)명 공중에서 기구(氣球)나 비행기, 불꽃 따위를 이용하여 하는 광고.
공중-권(空中權)[−꿘]명 토지 소유권의 범위를 넓힌 것으로서 토지 위의 공간을, 그 범위를 정하여 설정한 지상권(地上權). 햇빛, 공기, 광고 가치 따위를 보호함.
공중=급유(空中給油)명 비행 중의 항공기에 급유기(給油機)가 연료를 공급하는 일. 공중 보급(空中補給)
공중누각(空中樓閣)성구 공중에 누각을 짓는 것과 같이 근거 없는 가공(架空)의 사물, 또는 전혀 현실성 없는 생각이나 공상을 이르는 말. 신기루(蜃氣樓)
공중-던지기명 씨름의 허리기술의 한 가지. 상대편을 몸에 붙이지 않고 왼쪽 위로 들어올려 던져 넘어뜨리는 공격 재간. ☞밀어던지기
공중=도:덕(公衆道德)명 사회 공동 생활에서 공중이 서로 지켜야 할 도덕. 공덕(公德) ¶−을 지키다.
공중=목욕탕(公衆沐浴湯)명 대중 목욕탕 준공중탕
공중-물(空中−)명 한데에 놓은 그릇에 괸 빗물. 공중수
공중=방:전(空中放電)명 구름과 대지 사이의 심한 전위차(電位差)로 말미암아 공중에서 일어나는 방전 현상. 번개나 천둥 따위.
공중=변소(公衆便所)명 공중의 편의를 위하여 길거리나 공원 등에 만들어 놓은 변소. ☞공동 변소

공중=보건의(公衆保健醫)명 보건 의료를 위한 특별 조치법에 따라 도서·벽지 등 의료 취약 지구에 가서 의료 활동을 하는 의사. 3년 동안 근무하면 병역이 면제됨. 준 공의(公醫)
공중=보:급(空中補給)명 ①공중 급유(空中給油) ②포위된 아군에게 공중에서 물자를 투하하여 보급하는 일.
공중=분해(空中分解)명 비행 중인 항공기가 사고 등으로 공중에서 산산조각이 나는 일.
공중=사진(空中寫眞)명 항공 사진(航空寫眞)
공중=사찰(空中査察)명 항공기나 인공 위성 등을 이용하여 상대국의 군비 상황을 상공에서 사진기로 찍거나 하여 조사하는 일.
공중=삭도(空中索道)명 가공 삭도(架空索道)
공중-선(公衆善)명 사회 공중이나 인류 일반이 두루 인정하는 선(善).
공중-선(空中線)명 안테나
공중=소추주의(公衆訴追主義)명 형사 사건의 소추권을 일반 공중에게 맡기는 주의.
공중-수(空中水)명 공중물
공중=수송(空中輸送)명 항공 수송(航空輸送)
공중=어뢰(空中魚雷)명 뇌격기(雷擊機)에서 물 속으로 떨어뜨려 적의 함선(艦船)을 공격, 침몰시키는 어뢰. 준 공뢰(空雷)
공중=위생(公衆衛生)명 사회 일반의 건강을 유지·증진하고 전염병을 예방하는 등의 위생 활동. ☞개인 위생(個人衛生)
공중유:사(公中有私)성구 공적(公的)인 일을 하는 가운데도 사사로운 정실(情實)이 있음을 이르는 말.
공중-전(空中戰)명 군용기(軍用機)끼리 공중에서 하는 전투. 항공전(航空戰) 준 공전(空戰) ☞지상전(地上戰). 해전(海戰)
공중=전:기(空中電氣)명 천둥·번개·오로라 따위로 말미암아 대기 속에서 생기는 온갖 전기 현상을 통틀어 이르는 말. 준 공전(空電)
공중=전:화(公衆電話)명 여러 사람이 요금을 내고 수시로 이용할 수 있도록 공공 장소에 설치해 놓은 전화.
공중=정찰(空中偵察)명 항공기로 적의 상황이나 동태를 살피는 일. 항공 정찰(航空偵察)
공중-제비(空中-)명 ①두 손으로 바닥을 짚고 두 다리를 들어올려 공중에서 몸을 뒤집어 넘겨 반대쪽으로 넘어가는 재주. ¶ -를 넘다. ☞땅재주 ②사람이나 물건이 공중에서 거꾸로 나가떨어지는 일.
공중=조기=경:보기(空中早期警報機)명 침입해 오는 적기나 미사일을 조기에 발견하기 위하여 특수 레이더를 갖추어 경계·감시하는 항공기.
공중=조:명(空中照明)명 밤중에 항공기의 비행을 쉽게 하거나 그 동태를 알기 위하여 설치한 등대의 조명.
공중=질소=고정(空中窒素固定)[-쏘-]명 공기 중에 있는 질소를 원료로 하여 암모니아나 석회 질소 등의 질소 화합물을 합성하는 일.
공중=척후(空中斥候)명 비행기를 타고 적의 형편이나 지형 등을 살피는 일.
공중=촬영(空中撮影)명 항공기에서 지상의 시설이나 지형을 촬영하는 일.
공중-탕(公衆湯)명 '공중 목욕탕'의 준말.
공중=투하(空中投下)명 항공기에서 낙하산 따위를 이용하여 물자 등을 지상에 떨어뜨리는 일.
공중=폭격(空中爆擊)명 공중에서 비행기로 폭탄을 떨어뜨리거나 미사일을 쏘아 공격하는 일. 준 공폭(空爆)
공중=활주(空中滑走)[-쭈]명 활공(滑空)
공중=회랑(空中回廊)명 항공기가 충돌 따위의 위험이 없이 안전하게 목적지에 오갈 수 있도록 지정된 항공로.
공즉시:색(空卽是色)성구 불교에서, 우주 만물의 참모습은 공(空)일 뿐 실체(實體)가 아니라는 말. 곧 지각(知覺)하고 있는 이 세상의 현상의 모습 그것이 공(空)임을 이르는 말. ☞색즉시공(色卽是空)
공증(公證)명 ①공변된 증거. ②겉으로 드러난 증거. ③ -하다 타 행정 주체가 특정한 법률 사실이나 법률 관계의 존부(存否)를 공식으로 증명함, 또는 그 증서.
공증=문서(公證文書)명 문서 작성의 권한을 가진 공증인이나 기관이 그 직권으로 사법상(私法上)의 법률 관계를 명확히 하거나, 또는 법률상의 공권적 증거력을 부여하려고 작성한 문서.
공증=인(公證人)명 당사자나 그 밖의 관계인의 촉탁을 받아 민사(民事)에 관한 공정 증서를 작성하거나 사서 증서(私署證書) 등에 인증을 하는 권한을 가진 사람.
공지(公志)명 공정하고 치우침이 없는 마음. 공심(公心)
공지(公知)명 -하다 타 세상 사람이 다 앎, 또는 알게 함.
공:지(共知)명 -하다 타 여럿이 다 같이 앎.
공지(空地)명 ①빈터 ¶ -에 남새를 심다. ☞공한지(空閑地) ②하늘과 땅. 공중과 지상.
공지(空紙)명 백지(白紙)
공지(工遲)어기 '공지(工遲)하다'의 어기(語基).
공지=사:실(公知事實)명 일반인이 다 알아 조금도 의심할 여지가 없는 명백한 사실.
공지=사:항(公知事項)명 일반에게 널리 알리는 사항.
공지-하다(工遲-)형여 재주는 있으나 일이 더디다.
공직(公職)명 국가 기관이나 공공 단체의 공적인 직무를 통틀어 이르는 말. ¶ -에 취임하다. / -에서 물러나다.
공:직(供職)명 -하다 자 ①국가 기관이나 공공 단체의 일을 맡음. ②직무를 성실히 수행함.
공직(公直)어기 '공직(公直)하다'의 어기(語基).
공직-하다(公直-)형여 공평하고 정직하다.
공:진(共振)명 -하다 자 진동체(振動體)에 그 고유 진동수와 같은 진동이 외부에서 주어졌을 때, 매우 큰 진폭(振幅)으로 진동하는 현상. 소리의 진동의 경우는 흔히 공명(共鳴)이라 함.
공:진(供進)명 -하다 타 신이나 임금에게 음식을 바침.
공:진-기(共振器)명 공명기(共鳴器)
공:진-소(供進所)명 대한 제국 때, 궁내부에 딸리어 식료품에 관한 일을 맡아보던 임시 관아.
공:진-회(共進會)명 생산품을 한곳에 진열하고 일반에게 관람시켜 그 우열을 품평·사정하는 모임.
공-집기(空-)명 -하다 자 돈을 모아서 무엇을 사다 먹는 내기의 한 가지. 사람의 수효대로 종이쪽지에 금액을 적어 섞어 놓고 각자 집은 쪽지에 쓰인 액수대로 돈을 내는데, '○' 표를 집은 사람은 돈을 내지 않음. ☞공짚기
공징이명 귀신 소리라면서 휘파람 소리를 내며 점을 치는 여자 점쟁이. ☞공창(空唱)
공-짚기(空-)[-집-]명 -하다 자 돈을 모아서 사다 먹는 내기의 한 가지. 사람의 수효대로 종이에 줄을 쳐서 줄 끝에 낼 돈의 액수를 적어 놓고 그것을 가린 다음 각자가 짚은 줄을 따라 적힌 액수대로 내게 되는데, '○' 표를 짚은 사람만 돈을 내지 않음. ☞공집기
공짜(空-)명 힘이나 대가를 들이지 않고 거저 얻는 일, 또는 그 물건. ¶ -로 얻다.
속담 **공짜라면 당나귀도 잡아먹는다**: 공짜라면 무엇이든지 가리지 않고 거두어들임을 비꼬아 이르는 말. [공것이라면 양잿물이라도 먹는다]
공짜-배기(空-)명 '공짜'를 속되게 이르는 말.
공차(公差)[1]명 ①등차 수열이나 등차 급수에서 어느 항에 더하여 다음 항을 얻는 일정한 수. ②화폐의 법정 기준에 대한 실제 품위(品位)와 양목(量目)의 차이로서 법률에서 인정하는 범위. ③도량형의 법률 기준에 대한 실물 도량형기의 오차.
공차(公差)[2]명 지난날, 관아나 궁가(宮家)에서 파견하던 관원이나 사자(使者).
공차(空車)명 ①빈 차. ②돈을 내지 않고 거저 타는 차.
공:-차기명 -하다 자 공을 차면서 노는 아이들 놀이.
공:-차반(供次飯)명 절에서 '반찬'을 이르는 말.
공:찬(供饌)명 -하다 타 절에서 음식을 부처에게 바치는 일.
공찰(公札)명 공함(公函) ☞사찰(私札)
공:참(孔慘)어기 '공참(孔慘)하다'의 어기(語基).
공:참-하다(孔慘-)형여 몹시 참혹하다.

공창(工廠)명 ①철공물을 만드는 공장. ②무기나 탄약 등의 군수품을 제조·수리하는 공장.
공창(公娼)명 일제 강점기에 관아의 허가를 얻어 몸을 팔던 여자. ☞사창(私娼)
공창(空唱)명 귀신 소리라면서 무당이 내는 휘파람 소리. ☞공징이
공창=제도(公娼制度)명 공창을 인정하는 제도.
공:-채명 ①공을 치는 채를 통틀어 이르는 말. 테니스나 탁구의 라켓 따위. ②장치기하는 데 쓰는, 끝이 약간 구붓한 막대기.
공-채(空-)명 사람이 안 사는 빈 집채.
공채(公採)명 '공개 채용(公開採用)'의 준말.
공채(公債)명 ①국가나 지방 자치 단체가 세출(歲出)의 재원을 마련하기 위해 지는 임시 채무. 국채와 지방채가 있음. ¶ -를 상환하다. ☞사채 ②'공채 증권'의 준말.
공-채:무(公債務)명 공금 소비로 진 빚, 또는 공과금 미납으로 진 빚.
공채-비(公債費)명 공채의 발행과 이자 지급, 상환 등에 드는 온갖 비용.
공채=증권(公債證券)[-꿘]명 국가나 지방 자치 단체가 공채의 채권자에게 주는 증권. 공채 증서 준공채
공채=증서(公債證書)명 공채 증권(公債證券)
공책(空冊)명 글씨를 쓰도록 빈 종이를 매어 놓은 책. ☞필기장(筆記帳)
공처(空處)명 ①임자 없이 버려 둔 빈 땅. ②빈터
공:처-가(恐妻家)명 아내에게 눌려 기를 펴지 못하는 남편을 놀리어 이르는 말. ☞처시하(妻侍下)
공천(公賤)명 지난날, 관아에서 부리던 종. ☞사천(私賤)
공천(公薦)명-하다타 ①여러 사람이 추천함. ②공정하게 추천함. ③정당에서 선거에 출마할 당원을 공적으로 추천하는 일. ¶ -을 받다.
공첩(公貼)명 공문서(公文書)
공첩(公牒)명 공사(公事)에 관한 통지서나 서류.
공청(公廳)명 ①지난날, 관가(官家)의 건물을 이르던 말. 공해(公廨) ②지난날, '관청(官廳)'을 이르던 말.
공청(空靑)명 금동광(金銅鑛)에서 나는, 빛이 파란 광물. 염료나 약재로 쓰임.
공청(空廳)명 헛간
공청-회(公聽會)명 국가나 지방 자치 단체 등이 일반 국민에게 영향을 크게 미칠 중요 안건을 결정하기에 앞서, 이해 관계자와 전문가 등으로부터 의견을 듣는 모임, 또는 그 제도. ¶입시 제도 개혁을 위한 -를 열다.
공:초(供招)명 공사(供辭)
공총(倥傯)어기 '공총(倥傯)하다'의 어기(語基).
공총-하다(倥傯)형여 일이 많아 바쁘다.
공축(恭祝)명-하다타 삼가 축하함.
공:축(恐縮)명-하다자 두려워 몸을 움츠리며 송구하게 여김. 유황축(惶蹙)
공:출(供出)명-하다타 일제 강점기에, 전쟁에 충당하기 위하여 민간의 물자나 식량을 강제로 바치게 하던 일.
공-출물(空出物)명 ①밑천이나 힘을 들이지 않고 남의 일에 거저 끼어드는 것. ②공연히 밑천이나 힘을 내는 것.
공:출-미(供出米)명 공출하는 쌀.
공:취(攻取)명-하다타 공격하여 차지함. 유공탈(攻奪)
공:-치기명 ①공을 치는 놀이나 운동을 통틀어 이르는 말. ②장치기
공-치다(空-)자 허탕치다 ¶오늘 장사는 공쳤다.
공-치:사(功致辭)명-하다자 남을 위하여 한 일을 스스로 낯을 내려고 자랑함, 또는 그 말. ¶어쩌다 좋은 일을 한 결 가지고 -가 심하다.
공-치:사(空致辭)명-하다자 입으로만 하는 빈 치사.
공칙-스럽다(-스럽고·-스러워)형ㅂ 보기에 공교롭게 잘못된 데가 있다.
　공칙-스레부 공칙스럽게
공칙-하다형여 공교롭게 잘못되다.
　공칙-히부 공칙하게
공칭(公稱)명-하다타 ①공적인 이름. ②공식적인 이름.
공칭=능력(公稱能力)명 일정한 기준에 따라, 공식적으로 이르는 기계나 생산 설비의 능력.
공칭=마:력(公稱馬力)명 엔진이나 보일러를 과세할 때나 매매할 때 부르는 마력의 수.
공칭=자본(公稱資本)명 은행이나 회사 등이 정관에 기재하여 등기를 마친 자본의 액수. 등기 자본(登記資本)
공:탁(供託)명-하다타 ①물건의 보관을 위탁함. ②돈이나 유가 증권 등을 공탁소에 맡겨 보관을 의뢰함.
공:탁-금(供託金)명 ①공탁한 돈. ②공직 선거 후보자가 등록할 때 법령의 규정에 따라 기탁해야 하는 돈. 일정한 득표 수에 미달한 경우에는 국고에 들어감.
공:탁-물(供託物)명 공탁한 돈이나 유가 증권, 또는 그 밖의 물건.
공:탁-법(供託法)명 공탁에 관한 절차를 규정한 법률.
공:탁-서(供託書)명 공탁물에 첨부하여 공탁소에 제출하는 서류.
공:탁-소(供託所)명 공탁 사무를 맡아보는 국가 기관. 지방 법원이나 그 지원(支院)에서 공탁 사무를 처리하므로 법원이 곧 공탁소임.
공:탈(攻奪)명-하다타 공격하여 빼앗음. 유공취(攻取)
공-터(空-)명 빈터 ¶ -에서 야구를 하다.
공토(公土)명 '공유토(公有土)'의 준말.
공:통(共通)명-하다자 둘 이상의 것에 다 같이 있거나 두루 해당됨. ¶ -의 관심사. / -하는 이해 관계.
공:통-근(共通根)명 둘 이상의 방정식에 공통되는 근.
공:통=내:접선(共通內接線)명 두 원이 공통 접선에 대하여 서로 반대쪽에 있을 때의 접선. ☞공통 외접선
공:통=분모(共通分母)명 여러 개의 다른 분수를, 처음 분수의 크기를 바꾸지 않고 같게 통분한 분모. 공분모(公分母) 유동분모(同分母)
공:통-성(共通性)[-썽]명 둘 이상의 것에 두루 통하는 성질이나 상태. ¶기후의 -. / 문화의 -.
공:통-어(共通語)명 몇 가지의 다른 언어가 쓰이는 지역 안에서 공통으로 쓰이는 말. ☞국제어(國際語)
공:통=외:접선(共通外接線)명 두 원이 공통 접선에 대하여 같은 쪽에 있을 때의 접선. ☞공통 내접선
공:통=인수(共通因數)[-쑤]명 둘 이상의 수나 단항식에 공통으로 포함된 인수. 공인수(共因數)
공:통-적(共通的)명 둘 이상의 것에 다 같이 있거나 두루 해당되는 것. ¶시민의 -인 의견.
공:통-점(共通點)[-쩜]명 둘 이상의 것에 다 같이 있거나 두루 해당되는 점. ¶두 사람에게는 -이 많다. ☞차이점(差異點)
공:통=접선(共通接線)명 두 원이나 곡선에 동시에 접하는 직선.
공:통-항(共通項)명 일반항(一般項)
공:통-현(共通弦)명 두 원이 두 점에서 만날 때, 그 두 점을 잇는 선분.
공:파(攻破)명-하다타 공격하여 쳐부숨.
공파(空破)명 풍수설에서, 불길한 자리를 이르는 말.
공:파(拱把)명 한 아름이나 한 줌 되는 굵기.
공판(工判)명 '공조 판서(工曹判書)'의 준말.
공판(公判)명-하다타 형사 사건에서, 공소 제기로부터 소송 종결까지 있던 모든 공개 재판의 절차.
공:판(孔版)명 형지(型紙)를 사용하여, 판의 안쪽에서 잉크가 배어 나오게 하여 인쇄하는 방식을 이르는 말.
공:판(共販)명 '공동 판매(共同販賣)'의 준말.
공판-정(公判廷)명 공판하려고 연 법정. 준공정(公廷)
공판=조서(公判調書)명 공판 동안의 심리에 관한 중요 사항을 기록한 조서. 법원 서기가 작성함.
공편(公便)어기 '공편(公便)하다'의 어기(語基).
공편-하다(公便-)형여 공평하고 편리하다.
　공편-히부 공편하게
공평(公評)명 ①공정한 비평. ②일반 공중(公衆)의 비평.
공평(公平)어기 '공평(公平)하다'의 어기(語基).
공평무사-하다(公平無私-)형여 공평하고 사사로움이 없다. ¶공평무사한 인사 관리.

공평무사-히 부 공평무사하게
공평-하다(公平—) 형여 한쪽에 치우침이 없이 공정하다. ¶공평한 대우./공평하게 나누어 주다.
공평-히 부 공평하게

한자 공평할 공(公) 〔八部 2획〕 ¶공결(公決)/공담(公談)/공명(公明)/공정(公正)/공평(公平)

공포(公布)명-하다타 ①널리 알림. ②법령·예산·조약 등을 일반 국민에게 알리려고 고시하는 일. ¶개정 조세법을 —하다.
공포(功布)명 관(棺)을 묻을 때 관을 닦는 삼베 헝겊.
공포(空包)명 탄알이 없고 화약만 재어 있는 탄약. 쏘면 소리만 나는 것으로, 예포나 훈련용으로 쓰임.
공포(空胞)명 액포(液胞)
공포(空砲)명 ①실탄을 재지 않고 쏘는 총. ②위협하거나 신호를 위해 총을 공중에다 쏘는 일. ¶—를 쏘다. 헛총
공포(를) 놓다 관용 ①헛총을 쏘다. ②공갈하다
공:포(栱包·拱包)명 재래식 한옥에서, 처마의 무게를 받치기 위해 기둥머리에 짜 댄 나무쪽.
공:포(貢布)명 조선 시대에 공물로 바치던 베나 무명.
공:포(恐怖)명 무서운 것이나 두려운 것. ¶—에 떨다.
공:포-감(恐怖感)명 무섭거나 두려운 느낌. ¶—에 사로잡히다.
공:포-심(恐怖心)명 무서워하는 마음. ¶죽음에 대한 —.
공:포=정치(恐怖政治)명 협박·투옥·고문·처형 등 폭력적 수단으로 반대자를 탄압하는 정치. 공하 정치(恐嚇政治)
공:포-증(恐怖症)[—쯩]명 공포를 느낄 일이 아니라고 생각하면서도 특정한 대상이나 상황 등에 대해 강한 불안이나 공포를 느끼는 증세. 대인 공포증이나 고소 공포증 따위.
공포-탄(空砲彈)명 공포를 쏘는 데 쓰는 총탄. ☞공포(空包)
공폭(空爆)명 '공중 폭격(空中爆擊)'의 준말.
공표(公表)명-하다자타 세상에 널리 알림. ¶국회 의원 선거 결과를 —하다.
공표(空票)명 ①공으로 얻은 입장권이나 차표 따위의 표. ②추첨 따위에서 배당이 없는 표.
공표(空標)명 동그라미표
공:피-증(鞏皮症)[—쯩]명 혈관 주의가 굳어져 피부 또는 내장의 결합 조직까지 딱딱해지는 질병.
공:하(恭賀)명-하다타 삼가 축하함.
공:하(恐嚇)명 공갈(恐喝)
공-하다(供—)타여《文》①이바지하다 ②제공하다
공:-하다(貢—)타여《文》①공물을 바치다. ②이바지하다
공:하신년(恭賀新年)성구 근하신년(謹賀新年)
공:하=정치(恐嚇政治)명 공포 정치(恐怖政治)
공학(工學)명 기초 과학을 공업 생산이나 기술에 응용하기 위한 학문. 기계 공학, 건축 공학, 전자 공학 등이 있는데, 인간 공학처럼 자연 공학이 아닌 분야에도 쓰임.
공:학(共學)명-하다자 성별이나 민족이 다른 학생들이 한 학교나 학급에서 함께 공부하는 일. ¶남녀 —
공한(公翰)명 공적인 편지. ¶해외 공관(公館)에 —을 띄우다. ☞사한(私翰)
공한(空閑)어기 '공한(空閑)하다'의 어기(語基).
공한-지(空閑地)명 농사를 짓거나 건물을 지을 수 있는데도 그저 놀려 두는 땅. ☞공지(空地). 빈터
공한-하다(空閑—)형여 하는 일 없이 한가하다.
공함(公函)명 공적인 일에 관계되어 주고받는 편지나 글. 공찰(公札) ☞사함(私函)
공:함(攻陷)명-하다타 공격하여 함락시킴.
공함(空函)명 빈 상자나 함.
공항(公項)명 일반항(一般項)
공항(空港)명 여객이나 화물을 항공기로 수송할 수 있도록 시설들을 갖춘 곳. 항공항(航空港)
공해(公害)명 산업의 발달이나 교통량의 증가로 말미암아 사람과 생물이 입게 되는 폐해. 폐수·매연·쓰레기 등으로 공기와 물이 더럽혀지고 자연 환경이 파괴됨으로써 생기는 여러 가지 문제를 이름.
공해(公海)명 국제법으로 보아, 어느 나라의 주권에도 딸리지 않고 모든 나라가 공통으로 사용할 수 있는 바다. ☞영해(領海)
공해(公廨)명 공청(公廳)
공해(空海)명 ①하늘처럼 가없는 바다. ②바다와 같은 파란 하늘.
공해=방지=산:업(公害防止産業)명 공해를 줄이거나 막기 위하여 쓰는 기기(器機)와 제도에 관계되는 산업을 통틀어 이르는 말.
공해-병(公害病)[—뼝]명 공해로 말미암아 생기는 병. 대기 오염, 수질 오염 등이 원인이 됨.
공해=산:업(公害産業)명 환경 오염의 주요 원인이 되는 산업. 철강·화학 공업 따위.
공행(公行)명-하다자 ①공적인 일로 다님, 또는 그런 여행. ②널리 행함. ③공공연하게 진행함.
공행(空行)명-하다자 헛걸음
공허(公許)명 ①-하다타 관허(官許) ②공식 허가.
공허(空虛)어기 '공허(空虛)하다'의 어기(語基).
공허-감(空虛感)명 텅 빈 허전함 느낌. ¶—을 느끼다.
공허-하다(空虛—)형여 ①실속이 없이 헛되다. ¶공허한 말만 늘어놓다. ②텅 비어 쓸쓸하고 허전하다. ¶공허한 겨울 들판.
공:헌(貢獻)명-하다자타 ①보람 있는 일에 이바지함. ¶사회에 —하다. ②지난날, 공물을 나라에 바치던 일.
공현(空弦)명-하다자 활시위에 화살을 먹이지 않고 빈 활을 쏘는 일.
공:혈(孔穴)명 구멍
공:혈(供血)명-하다자 헌혈(獻血)
공형(公兄)명 '삼공형(三公兄)'의 준말.
공-형벌(公刑罰)명 국가가 형벌권의 주체로서 내리는 형벌. ☞사형벌(私刑罰)
공:화(共和)[1]명-하다타 여럿이 공동으로 일함.
공화(空華)명 ①안화(眼花) ②불교에서, 눈병 환자가 공중을 볼 때 환각으로 꽃 같은 것이 보이는 데서, 번뇌로 말미암아 생기는 온갖 망상(妄想)을 비유하여 이르는 말.
공:화(供華·供花)명-하다자 부처나 죽은 이에게 꽃을 바치는 일, 또는 그 꽃.
공:화(共和)[2]앞말 주권이 국민에게 있어, 국민의 의견이 국가의 의사를 결정함의 뜻. ¶— 정부 ☞전제(專制)
공:화-국(共和國)명 공화 정치를 하는 국가. 공화제의 나라. ¶민주 — ☞전제국(專制國)
공:화=정치(共和政治)명 주권이 국민에게 있어, 국민이 선출하는 국가 원수가 통치하는 정치. ☞전제 정치
공:화-제(共和制)명 '공화 제도'의 준말. ☞군주제
공:화=제:도(共和制度)명 공화 정치를 하는 정치 제도. 준공화제 ☞군주 제도(君主制度)
공화-증(空話症)[—쯩]명 엉뚱한 공상과 거짓말을 잘하는 병적인 증세.
공환(空還)명-하다자 목적을 이루지 못하고 헛되이 돌아옴.
공활(空豁)어기 '공활(空豁)하다'의 어기(語基).
공활-하다(空豁—)형여 텅 비고 매우 넓다.
공:황(恐惶)명-하다자 웃어른에게 송구함을 느낄 때, 두려워서 어찌할 바를 모름.
공:황(恐慌)명 ①갑자기 일어나는 심리적인 불안 상태. ②'경제 공황(經濟恐慌)'의 준말. ☞안정 공황(安定恐慌)
공회(公會)명 ①공적인 문제를 논의하기 위한 모임. ②일반 대중의 모임. ③일반에게 공개되는 회의. ④중대한 문제를 토의, 의결하기 위한 국제 회의.
공회-당(公會堂)명 일반 대중의 모임에 쓰려고 지은 집.
공-회전(空回轉)명-하다자타 바퀴나 기관 따위가 본래의 구실을 하지 않고 헛도는 일. ¶트럭의 바퀴가 수렁에 빠져 —하다. 준공전(空轉)
공효(功效)명 공을 들인 보람. 공용(功用)
공후(公侯)명 ①공작과 후작. ②제후(諸侯)
공후(箜篌)명 국악기 사부(絲部) 발현 악기의 한 가지. 틀

모양에 따라 21현의 수공후(竪箜篌), 13현의 와공후(臥箜篌), 13현의 소공후(小箜篌) 등이 있음.
공후인(箜篌引)명 고조선 때, 물에 빠져 죽은 남편을 애도하며 노래를 지어 부르고 남편을 따라 죽은 여인의 이야기를 남편 곽리자고(霍里子高)로부터 들은 여옥(麗玉)이, 공후를 뜯으면서 불렀다는 노래. ☞공무도하가(公無渡河歌)
공후장상(公侯將相)성구 공작과 후작과 장수와 재상이라는 뜻으로, 관직이 아주 높은 위정자들을 통틀어 이르는 말.
공훈(功勳)명 나라를 위하여 드러나게 세운 공로. 훈공(勳功) ¶빛나는 ─./─을 세우다.
공휴(公休)명 '공휴일'의 준말.
공휴-일(公休日)명 ①일요일이나 국경일 등 공적으로 정한 휴일. ②동업자들이 휴일로 정한 날. 준공휴(公休)
공휴일궤(功虧一簣)성구 흙을 돋우어 산을 만들 때, 높이 쌓은 공이 한 삼태기의 흙 때문에 이지러질 수 있다는 뜻으로, 사소한 방심으로 다 된 일이 실패로 돌아감을 이르는 말.
공:희(供犧)명 지난날, 신에게 희생으로 바치던 동물.
공:-히(共─)부《文》다 같이. 모두
곶명 바다나 호수로 쑥 내민 땅. 갑(岬). 지취(地嘴)
곶-감[곧─]명 껍질을 벗겨 꼬챙이에 꿰어 말린 감. 건시(乾柿). 관시(串柿). 백시(白柿) ☞준시(蹲柿)
속담 **곶감 꼬치에서 곶감 빼 먹듯**: 애써 모은 것을 힘들이지 않고 하나하나 써서 없앤다는 말./**곶감 죽을 먹고 엿 목판에 엎드러졌다**: ①먹을 복이 연달아 터졌다는 말. ②연달아 좋은 수가 생겼다는 말./**곶감 죽을 쑤어 먹었나**: 실없이 웃는 사람을 핀잔 주어 이르는 말.
과:명 '과꽃'의 준말.
과:(果)명 ①나무 열매. 과일 ②불교에서, 원인에 따라 일어나는 결과, 또는 과거의 행위에 따르는 결과를 이르는 말. ☞인(因)
과(科)명 ①학과(學科) ☞과목(科目) ②생물 분류상의 한 단계. 목(目)의 아래, 속(屬)의 위. 개과 따위. ☞아과(亞科). 종(種) ③'과거(科擧)'의 준말.
과:(過)명 ①지나친 것. ②'과실(過失)'의 준말.
과(課)명 ①교과서 따위의 내용에 따라 구분한 한 단계. ②사무 분장(分掌)의 한 단계. 주로 국(局)이나 부(部) 아래, 계(係)의 위임. ¶자재─/총무─
-과조 받침 있는 체언에 붙어 ①비교의 뜻을 나타내는 부사격 조사. ¶세월이 흐르는 물과 같다./사과는 능금과 다르다. ②맞서거나 더불어 함께 하는 대상임을 나타내는 부사격 조사. ¶오늘도 책과 씨름했다./동생과 놀이터에 갔다. ③둘 이상의 체언을 하나로 묶는 접속 조사. ¶하늘과 바람과 별과 시./하늘과 땅 사이가 너무나 멀구나! ☞-와. -하고
과:감(果敢)어기 '과감(果敢)하다'의 어기(語基).
과:감(過感)어기 '과감(過感)하다'의 어기(語基).
과:감-성(果敢性)[─썽]명 결단성 있고 용감한 성질.
과:감-스럽다(果敢─)(─스럽고·─스러워)형ㅂ 보기에 결단성 있고 용감한 데가 있다.
과감-스레부 과감스럽게
과:감-하다(果敢─)형여 결단성 있고 용감하다. ¶과감한 개혁 조치./일 처리가 ─.
과감-히부 과감하게 ¶현해탄을 ─ 헤엄쳐 건너다.

한자 **과감할 감**(敢)〔攴部 8획〕¶감연(敢然)/감전(敢戰)/감투(敢鬪)/감행(敢行)/용감(勇敢)

과:감-하다(過感─)형여 지나칠 정도로 고맙다.
과갑(戈甲)명 창과 갑옷을 아울러 이르는 말.
과객(科客)명 과거를 보러 오거나 보고 돌아가는 선비.
과:객(過客)명 지나가는 나그네.
과:객-질(過客─)명-하다자 노자 없이 길을 나서 끼니나 잠자리를 남의 집에 비라리치는 나그네 노릇.
과거(科擧)명 지난날, 관원을 뽑기 위하여 보이던 국가 시험. 과시(科試). 과제(科第) 준과(科)
과거(를) 보다관용 과거를 치르다.
과:거(過去)명 ①지나간 때. ¶─에는 그도 부자였다. ②지나간 일이나 삶의 자취. ¶어두운 ─./─를 되돌아보다.
과:거-사(過去事)명 지나간 일. 과거지사(過去之事)
과:거-세(過去世)명 전세(前世)
과:거=시제(過去時制)명〈어〉시제(時制)의 하나. 동작이나 상태가 전개된 시간상의 때가 '지난적'임을 나타내는 문법 기능으로, 보통 '-았-(-었-)'으로 나타냄. '꿈을 꾸었다.', '기분이 좋았다.' 따위. ☞미래 시제
과:거-장(過去帳)[─짱]명 절에서, 죽은 이들의 법명(法名)과 속명(俗名), 사망 연월일 등을 적어 두는 장부. 귀부(鬼簿). 귀적(鬼籍) ☞점귀부(漸鬼簿)
과:거지사(過去之事)명 과거사(過去事)
과:격(過激)어기 '과격(過激)하다'의 어기(語基).
과:격=분자(過激分子)명 주장이나 행동 등이 상식 밖으로 지나치게 격렬한 사람.
과:격-파(過激派)명 과격한 사상을 주장하는 파당(派黨)이나 사람. ☞온건파(穩健派)
과:격-하다(過激─)형여 지나치게 격렬하다. ¶과격한 운동./과격한 주장./과격하게 항의하다. ☞온건하다
과격-히부 과격하게
과:겸(過謙)어기 '과겸(過謙)하다'의 어기(語基).
과:겸-하다(過謙─)형여 지나치게 겸손하다.
과겸-히부 과겸하게
과:경-에(過頃─)부 아까. 조금 전에.
과:계(過計)명-하다자 계책이 잘못됨, 또는 그 계책.
과골(踝骨)명 복사뼈
과공(科工)명 과문(科文)을 공부하는 일.
과:공(誇功)명-하다자 공로를 자랑함.
과공(課工)명 일과로 하는 공부.
과:공(過恭)어기 '과공(過恭)하다'의 어기(語基).
과:공-하다(過恭─)형여 지나치도록 겸손하다.
과공-히부 과공하게
과구(科具)명 과거를 보이는 곳에서 쓰는 여러 가지 도구.
과:군(寡君)명 지난날, 다른 나라 임금이나 고관에게 자기 나라 임금을 낮추어 이르던 말.
과:급-기(過給機)명 내연 기관에서, 흡입 공기를 미리 압축하여 기화기(氣化器)로 보내는 장치. 출력을 높임.
과기(瓜期)명 ①기한이 다 된 때. ②지난날, 여자가 혼인할 시기에 이른 나이인 열대여섯 살 무렵을 이르던 말. ☞과년(瓜年) ③관직의 임기. 과한(瓜限)
과기(科期)명 과거를 보는 시기. 과시(科時)
과:기(過期)명-하다자 기한이 지남. 과한(過限)
과:-꽃명 국화과의 한해살이풀. 줄기 높이는 50~100cm. 여름과 초가을에 자줏빛과 붉은빛의 꽃이 핌. 우리나라 동북부 원산이며 관상용으로 재배함. 당국화(唐菊花). 추금(秋錦). 추모란(秋牧丹). 취국(翠菊) 준과
과남-풀명 용담과의 여러해살이풀. 줄기는 높이 30~80cm로 곧고 잎은 버들잎 모양임. 가을에 보랏빛 꽃이 피고, 뿌리는 한방에서 약재로 씀. 용담(龍膽)
과:납(過納)명-하다타 세금 등을 정해진 금액보다 더 많이 냄.
과:-냉:각(過冷却)명 ①액체를 냉각하여 응고점 이하로 내려도 고체화하지 않고 액체 상태로 있는 현상. ②증기의 온도가 내려 이슬점 이하가 되어도 액화하지 않고 증기압이 포화 기압보다 크게 되는 현상. 과랭(過冷)
과:녀(寡女)명 과부(寡婦)
과:녁(∠貫革)명 활이나 총 따위로 겨냥하여 쏠 때에 표적이 되는 물건. 사적(射的) 원관혁(貫革)

한자 **과녁 적**(的)〔白部 3획〕¶적중(的中)/사적(射的)

과:녁-빼기명 똑바로 건너다보이는 곳.
과:녁빼기-집명 똑바로 건너다보이는 곳에 있는 집.
과년(瓜年)명 ①지난날, 여자가 혼인할 시기에 이른, 열대여섯 살을 이르던 말. ☞과기(瓜期) ②관직의 임기가 다한 해.
과년(이) 차다관용 여자의 나이가 혼인할 나이에 지날

만큼 차다. ¶과년찬 처녀. ☞과년하다
과:년(過年)[1] 명 지난해
과:년(過年)[2] 어기 '과년(過年)하다'의 어기(語基).
과:년-도(過年度) 명 지난 연도. 작년도(昨年度)
과:년-하다(過年-) 형여 여자의 나이가 보통의 혼인할 나이를 지나 있다. ¶과년한 규수.
과:념(過念) 명 -하다 타 지나치게 걱정함. 과려(過慮)
과:다(過多) 명 -하다 형 지나치게 많음. ¶수입의 -로 물가가 떨어지다. /-한 비용. ☞과소(過少)
과다-히 부 과다하게
과:다(夥多) 어기 '과다(夥多)하다'의 어기(語基).
과:다-하다(夥多-) 형여 퍽 많다.
과다-히 부 과다하게
과:단(果斷) 명 -하다 타 딱 잘라 결정함. ¶-을 내리다.
과단(科斷) 명 -하다 타 지난날, 법에 비추어 죄를 판정하던 일.
과:단-성(果斷性)[-썽] 명 딱 잘라 결정하는 성질.
과:당(果糖) 명 과일이나 벌꿀 따위에 들어 있는 단당류(單糖類). 포도당과 결합하면 수크로오스가 됨.
과:당(過當) 어기 '과당(過當)하다'의 어기(語基).
과:당=경:쟁(過當競爭) 명 같은 업종의 기업이 시장 점유율을 확대하기 위하여 벌이는 지나친 경쟁 상태.
과당-하다(過當-) 형여 정도가 보통을 넘어서 지나치다.
과:대(誇大) 명 -하다 타 작은 것을 사실 이상으로 크게 과장함.
과:대(過大) 어기 '과대(過大)하다'의 어기(語基).
과:대=광:고(誇大廣告) 명 상품이나 서비스를 실제의 가치나 성능 이상으로 크게 떠벌려 소비자를 오판하게 하는 광고.
과:대=망:상(誇大妄想) 명 자기의 능력이나 처지를 실제 이상으로 평가하거나 상상한 것을 사실인양 믿는 일.
과:대=망:상광(誇大妄想狂) 명 과대 망상에 빠지는 정신병, 또는 그 사람.
과:대=망:상증(誇大妄想症)[-쯩] 명 과대 망상에 빠지는 증세.
과:대-시(過大視) 명 -하다 타 사물을 실제 이상으로 지나치게 크게 봄, 또는 필요 이상으로 중시함. ¶능력을 -하다. ☞과소시(過小視)
과:대=자:본(過大資本) 명 주주(株主)의 출자금을 너무 많이 세운 자본.
과:대=평가(過大評價)[-까] 명 실제보다 크거나 높게 평가하는 일. ¶실력을 -하다. ☞과소 평가
과:대-하다(過大-) 형여 지나치게 크다. ¶과대한 요구.
과대-히 부 과대하게 ☞과소(過小)히
과:대황장(過大皇張) 성구 사물을 지나치게 떠벌림을 이르는 말.
과:댁(寡宅)[-땍] 명 ①'과부댁(寡婦宅)'의 준말. ②'과수댁(寡守宅)'의 준말.
과:덕(寡德) 어기 '과덕(寡德)하다'의 어기(語基).
과:덕-하다(寡德-) 형여 몸에 갖춘 덕이 적다.
과:도(果刀) 명 과일을 깎는 데 쓰는 칼.
과:도(過渡) 앞말 낡은 것에서 새로운 것으로 옮아 가거나 바뀌어 가는 도중을 뜻하는 말. ¶- 정부/- 체제
과:도(過度) 어기 '과도(過度)하다'의 어기(語基).
과:도-기(過渡期) 명 한 단계에서 새로운 단계로 넘어 가는 도중의 시기. ¶역사의 -. /-의 현상.
과:도기-적(過渡期的) 명 과도기의 특징을 나타내는 것. ¶-인 상황. /-인 혼란.
과:도=정부(過度政府) 명 한 정치 체제에서 다른 정치 체제로 넘어가는 과정에 임시로 조직된 정부. 준 과정(過政)
과:도-하다(過度-) 형여 정도가 지나치다. ¶과도한 운동. /과도하게 요구하다.
과도-히 부 과도하게
과:도=현:상(過渡現象) 명 어떤 상태에서 변동이 일어나서 안정 상태에 이르는 사이에 일어나는 현상. 전기 회로를 전원에 연결하고 나서 전압이나 전류가 정상 값에 이를 때까지 나타나는 시간적 변화 따위.
과:동(過冬) 명 -하다 자 겨울을 남. 월동(越冬) ☞과춘
과:동-시(過冬柴) 명 겨울철 땔감으로 준비한 나무.
과두(裹肚) 명 염할 때 시체의 배를 싸는 베.
과두(裹頭) 명 ①염할 때 시체의 머리를 싸는 베. ②중이 가사(袈裟)로 머리를 싸는 일.
과:두(寡頭) 명 정치권이나 경제권을 잡은 소수의 사람.
과두(蝌蚪) 명 '올챙이'의 딴이름.
과두=문자(蝌蚪文字)[-짜] 명 중국의, 황제(黃帝) 때 창힐(蒼頡)이 지었다는 고대 문자. 글자의 획 모양이 올챙이 모양과 같다고 하여 이르는 말.
과두=시절(蝌蚪時節) 명 개구리가 올챙이였던 때라는 뜻으로, 발전되기 전의 미숙한 시절을 이르는 말.
과:두=정치(寡頭政治) 명 소수의 사람이 권력을 잡은 독재적인 정치.
과:두-제(寡頭制) 명 소수의 권력자가 지배하는 정치 제도.
과두-체(蝌蚪體) 명 과두 문자의 서체.
과락(科落) 명 '과목 낙제(科目落第)'의 준말.
과:람(過濫) 어기 '과람(過濫)하다'의 어기(語基).
과:람-하다(過濫-) 형여 분수에 지나치다.
과:랭(過冷) 명 -하다 타 ①지나치게 차게 함. ②과냉각(過冷却)
과:량(過量) 명 -하다 형 분량이 넘치게 많음. ¶약을 -으로 복용하다. /영양분의 -한 섭취.
과:려(過慮) 명 -하다 타 과념(過念)
과:로(過勞) 명 -하다 자 몸과 마음이 고달플 정도로 지나치게 일함, 또는 그래서 쌓인 피로. ¶-로 병을 얻다.
과료(科料) 명 가벼운 범죄에 물리는 재산형(財産刑). 벌금(罰金)보다 금액이 적음.
과:료(過料) 명 '과태료(過怠料)'의 구용어.
과루(瓜蔞) 명 '하눌타리'의 딴이름.
과:류(過謬) 명 과오(過誤)
과:린(果鱗) 명 구과(毬果)의 겉면에 비늘 모양으로 두툴두툴한 부분. 솔방울·잣송이 따위에서 볼 수 있음.
과립(顆粒) 명 ①둥글고 자잘한 알갱이. ②마마나 홍역 따위로 피부에 돋은 것.
과만(瓜滿) 명 -하다 자 관직의 임기. 과한(瓜限)
과:망(過望) 명 -하다 타 분수에 넘친 욕망.
과:망간산-칼륨(過Mangan酸Kalium) 명 암자색의 주상(柱狀) 결정체. 수용액은 진한 자주색. 강력한 산화제로서, 방부제·표백제·분석 시약 따위로 쓰임.
과면(瓜麵) 명 오이를 채쳐서 물에 푼 녹말을 씌우고 소금물에 삶아 냉면처럼 만 국수.
과명(科名) 명 ①과거에 급제한 사람들의 이름. ②학과나 과목의 이름. ③생물 분류상 한 단계인 과(科)의 이름.
과모(戈矛) 명 창(槍)
과:목(果木) 명 과실 나무. 과수(果樹)
과목(科目) 명 ①사물을 분류하는 조목. ②학습 과정의 개별적인 분야. ¶선택 - ③사무의 구별.

한자 과목 과(科) 〔禾部 4획〕 ¶과목(科目)/문과(文科)/이과(理科)/전과(全科)/학과(學科)

과목=낙제(科目落第) 명 여러 과목 중에서 어떤 과목이 점수 미달이 되는 일. 준 과락(科落)
과:목-밭(果木-) 명 과수원(果樹園)
과:목성송(過目成誦) 성구 한 번 보기만 해도 왼다는 뜻으로, 기억력이 좋음을 이르는 말.
과목=출신(科目出身) 명 지난날, 과거에 급제하여 관원이 된 사람을 이르던 말.
과:묵(寡默) 어기 '과묵(寡默)하다'의 어기(語基).
과:묵-하다(寡默-) 형여 말수가 적고 침착하다. ¶과묵한 성격.
과묵-히 부 과묵하게
과문(科文) 명 문과(文科)의 과거를 볼 때 쓰이는 여러 가지 문체.
과:문(寡聞) 어기 '과문(寡聞)하다'의 어기(語基).
과:문불입(過門不入) 성구 아는 사람의 집 문 앞을 지나면서도 들르지 않음을 이르는 말.

과문=육체(科文六體)[-늑-] 명 문과(文科) 과거에서 보이던 여섯 가지 문체. 곧 시(詩)·부(賦)·표(表)·책(策)·의(義)·의(疑)를 이름.

과:문천:식(寡聞淺識) 성구 견문(見聞)이 적고 학식이 얕음을 이르는 말.

과:문-하다(寡聞-) 형여 보고 들은 것이 적다. 견문(見聞)이 좁다. ¶과문한 탓으로 전혀 몰랐다. ☞다문하다

과:물(果物) 명 과실(果實)

과:물-전(果物廛) 명 과일을 파는 가게.

속담 **과물전 망신은 모과가 시킨다** : 못난 것이 하나 섞여 있기 때문에 전체가 좋지 못한 평가를 받게 된다는 말. [어물전 망신은 꼴뚜기가 시킨다]

과:민(過敏) 명-하다 형 자극에 대하여 지나치게 예민함. ¶신경 -으로 잠을 못 이루다. /-한 반응을 보이다.

과민-히 부 과민하게

과:민성=대:장(過敏性大腸)[-썽-] 명 스트레스 따위로 대장의 기능에 이상이 생겨서 설사·변비·복통 등이 만성적으로 생기는 증세.

과:민성=체질(過敏性體質)[-썽-] 명 선천적으로 감정이나 감각이 예민하거나 알레르기성이 강한 체질.

과:민-증(過敏症)[-쯩] 명 보통 사람에게는 아무렇지도 않은 꽃가루·티끌·약품 등에 지나치게 민감하게 반응하여 신체에 이상을 일으키는 상태.

과:밀(過密) 명-하다 형 인구 따위가 한곳에 지나치게 몰리어 빽빽함. ¶인구가 -한 도시. /주택이 -한 지역. ☞과소(過疏)

과:밀=도시(過密都市) 명 한 도시에 인구나 산업 활동이 지나치게 집중하고, 도시 시설의 수용량 이상으로 이용자가 늘어남으로써 생활 환경이 매우 좋지 못한 상태에 이른 도시.

과:밀=부:담금제(過密負擔金制) 명 수도권 등 특정 도시 지역에 인구나 산업 활동이 집중되는 것을 막기 위하여 신규 시설에 부담금을 물리는 제도.

과:박(寡薄) 어기 '과박(寡薄)하다'의 어기(語基).

과:박-하다(寡薄-) 형여 덕이나 복이 적다.

과:반(果盤) 명 과실을 담는 데 쓰는 쟁반.

과:반(過半) 명 절반이 넘는 것.

과:반(過般) 명 지난번. 거반(去般) ☞금반(今般)

과:-반수(過半數) 명 반이 넘는 수. ¶-의 찬성. /의석의 -를 차지하다.

과:방(果房) 명 잔치를 치를 때 음식을 장만하려고 임시로 마련한 곳. ☞숙설간(熟設間)

과방(科榜) 명 지난날, 과거에 급제한 사람의 이름을 써서 붙이던 방(榜). 금방(金榜)

과:방(過房) 명 일갓집 아들을 양자로 삼는 일.

과:방-보다(果房-) 자 잔치를 치를 때 과방(果房)의 일을 맡아보다.

과:방-자(過房子) 명 양자(養子)

과:법(果法)[-뻡] 명 불교에서 이르는 사법(四法)의 하나. 최후에 도달할 열반을 이름.

과:병(果柄) 명 열매 꼭지.

과:보(果報) 명 '인과응보(因果應報)'의 준말.

과:-보호(過保護) 명-하다 타 어린이 등을 지나치게 보호하며 기르는 일. ¶-로 자란 외아들.

과:부(寡婦) 명 남편이 죽은 뒤 재혼하지 않고 혼자 사는 여자. 과녀(寡女). 과수(寡守). 미망인(未亡人). 홀어미 높 과부댁(寡婦宅). 과수댁(寡守宅)

속담 **과부는 은이 서 말이고, 홀아비는 이가 서 말이다** : 여자는 홀로 되어도 알뜰하여 돈 모으며 살 수 있으나, 남자는 혼자 되면 궁해진다는 말. /**과부 사정은 과부가 안다** : 남의 딱한 사정은 같은 처지에 있는 사람이라야 제대로 안다는 말. /**과부 집에 가서 바깥양반 찾기** : 있지도 않은 과부의 바깥양반을 찾는다는 뜻으로, 전혀 있을 수 없는 것을 엉뚱한 데서 찾으려고 함을 이르는 말. [절에 가 젓국을 찾는다]

과부(踝部) 명 복사뼈 부위.

과:부-댁(寡婦宅)[-땍] 명 '과부(寡婦)'의 높임말. 과수댁(寡守宅) 준 과댁(寡宅)

과:부적중(寡不敵衆) 성구 중과부적(衆寡不敵)

과:-부족(過不足) 명 기준에 넘치거나 모자라는 일. ¶공급에 -이 없다.

과:-부하(過負荷) 명 기계의 작동부나 전기 회로 등에 규정량 이상의 부하가 걸리는 상태, 또는 그 부하.

과:분(過分) 어기 '과분(過分)하다'의 어기(語基).

과:분-하다(過分-) 형여 분에 넘치다. ¶과분한 칭찬. 과분한 예우. /일신에 과분한 욕망.

과분-히 부 과분하게

과:불(過拂) 명-하다 타 ①한도를 넘어서 지급함. ②은행에서 당좌 거래의 예금 잔고를 초과하여 지급하는 일.

과:-불급(過不及) 명 지나침과 미치지 못함. ☞과유불급(過猶不及)

과:-산화(過酸化) 명 산소의 화합물 중에서 다른 것보다 산소가 다량으로 결합하고 있음을 나타내는 말.

과:산화-나트륨(過酸化Natrium) 명 금속 나트륨을 공기 중에서 가열할 때 생기는 무색 또는 누른빛의 가루. 강한 산화력이 있고, 물과 반응하면 과산화수소와 수산화나트륨이 생김. 과산화수소를 만드는 원료가 됨. 과산화소다

과:산화-망간(過酸化Mangan) 명 이산화망간

과:산화-물(過酸化物) 명 산화물보다 산소의 비율이 많고, 가열하면 쉽사리 산소와 산화물로 분해되는 물질. 과산화나트륨 따위.

과:산화-바륨(過酸化Barium) 명 산화바륨을 공기 중에서 가열할 때 생기는 무색의 가루. 강한 산화력이 있고, 물과 반응하면 과산화수소와 수산화바륨이 생김.

과:산화-소:다(過酸化soda) 명 과산화나트륨

과:산화-수소(過酸化水素) 명 나트륨이나 바륨의 과산화물에 산을 작용시킬 때 생기는 무색의 유상(油狀) 액체. 불안정하여 분해되면 산소가 생김. 수용액으로서 표백제나 소독제로 쓰임. 이산화수소(二酸化水素)

과:산화수소-수(過酸化水素水) 명 과산화수소의 수용액. 3% 수용액을 옥시돌(oxydol)이라 하며 소독제로 씀.

과:산화=효:소(過酸化酵素) 명 유기 산화물이 유기물을 산화할 때 작용하는 효소.

과:상(過賞) 명-하다 타 과찬(過讚)

과:생(過生) 명-하다 자 세상을 살아 나감.

과:서(果序) 명 꽃차례에 따라 형성되는 과실의 배열 상태.

과:석 명 땅 위에 드러난 광맥의 산화된 광석.

과:석(過石) 명 '과인산석회'의 준말.

과선(戈船) 명 ①배 밑면에 창을 장비한 배. ②창을 싣고 적을 막는 배.

과:선-교(跨線橋) 명 철로를 건널 수 있도록 철로 위에 공중으로 가로질러 놓은 다리.

과:세(過歲) 명-하다 자 설을 쇰.

과세(課稅) 명-하다 자 세금을 매김. ¶소득에 -하다.

과세=가격(課稅價格)[-까-] 명 세금을 매기는 대상 물건의 가격.

과세-권(課稅權)[-꿘] 명 조세를 부과 징수하는 권리. ☞세권(稅權)

과세=단위(課稅單位) 명 과세 표준의 일정한 수량.

과세=물건(課稅物件)[-껀] 명 과세의 대상이 되는 물건이나 행위, 사실. 소득세의 대상이 되는 소득 따위.

과세-율(課稅率) 명 과세 표준에 따라서 세액을 산정하는 법정률. 준 과율(課率). 세율(稅率)

과세=표준(課稅標準) 명 세금을 매길 때에 기준이 되는, 과세 물건의 수량이나 가격, 품질 따위. 소득세에서는 소득액, 주세(酒稅)에서는 주류의 용량이 이에 해당함. 준 과표(課標)

과세-품(課稅品) 명 세금을 부과하는 물품.

과:소(果蔬) 명 과일과 채소. 과채(果菜)

과:소(過小) 어기 '과소(過小)하다'의 어기(語基).

과:소(過少) 어기 '과소(過少)하다'의 어기(語基).

과:소(過疏) 명-하다 형 지나치게 성김.

과소-히 부 과소하게

과:소(寡少)어기 '과소(寡少)하다'의 어기(語基).
과:-소비(過消費)명-하다자타 분에 넘치게 소비함.
과:소-시(過小視)명-하다타 실제보다 지나치게 작게 봄. ☞과대시(過大視)
과:소=평:가(過小評價)[-까] 명 실제보다 작거나 낮게 평가하는 일. ☞과대 평가
과:소-하다(過小-)형여 지나치게 작다. ☞과대하다
과소-히부 과소하게
과:소-하다(過少-)형여 지나치게 적다.
과소-히부 과소하게
과:소-하다(寡少-)형여 아주 적다.
과소-히부 과소하게
과:속(過速)명-하다자 속도를 일정한 표준보다 지나치게 빠르게 냄, 또는 그 속도. ¶ - 주행
과:송(果松)명 '잣나무'의 딴이름.
과:수(果樹)명 과실 나무. 과목(果木)
과:수(過手)명 바둑이나 장기 따위에서, 지나치게 욕심을 부려 둔 수.
과:수(過數)명-하다자 일정한 수를 넘음.
과:수(寡守)명 홀어미. 과부(寡婦)
과:수(夥數)명 많은 수효, 또는 수효가 많음. 다수(多數)
과:수-댁(寡守宅)[-땍] 명 '과수(寡守)'의 높임말. 과부댁 준과댁
과:수-원(果樹園)명 과일을 수확하려고 과일 나무를 재배하는 농원. 과목밭 준과원(果園)
과숙(瓜熟)명 ①오이무름 ②과한(瓜限)
과:숙(過熟)명-하다자타 정도에 지나치게 익는 일.
과:숙-아(過熟兒)명 ①출산 예정일보다 두 주일 이상 늦게 태어난 신생아. ②몸무게가 4kg 이상인 신생아. ☞미숙아(未熟兒)
과시(科時)명 과기(科期).
과시(科試)명 과거(科擧)
과시(科詩)명 과거볼 때에 짓는 시.
과:시(誇示)명-하다타 ①뽐내어 보임. ¶막강한 힘을 -하다. ②사실보다 크게 드러내어 보임.
과:시(過時)명-하다자 때가 지나감, 또는 그 지나간 때.
과시(課試)명 ①일정한 때에 보이는 시험. ②-하다자 과제를 내어 시험함.
과:시(果是)부 과연 ¶ - 지당한 말이다.
과:식(過食)명-하다타 지나치게 많이 먹음.
과:신(過信)명-하다타 지나치게 믿음. ¶역량을 -하다.
과:실(果實)명 ①식물의 열매. 과물(果物) ②과실 나무에 열리는 먹을 수 있는 열매. 과일 ☞실과(實果) ③법률에서, 원물(元物)에서 생기는 수익물을 이르는 말. 곡물·우유 등의 천연 과실과, 이자·집세 등의 법정 과실이 있음.
과:실(過失)명 ①잘못. 허물. 과류(過謬). 과오(過誤) ②법률에서, 어떤 행위의 결과를 부주의로 예측하지 못한 일을 이르는 말. 준과(過) ☞고의(故意)
과:실=나무(果實-)명 과실이 열리는 나무. 과목(果木). 과수(果樹)
과:실-범(過失犯)명 과실로써 성립되는 범죄, 또는 그 범인. 무의범(無意犯) ☞고의범(故意犯)
과:실=살상(過失殺傷)[-쌍] 명 과실로 사람을 죽게 하거나 다치게 하는 일.
과:실=상계(過失相計)명 손해를 입은 사람에게도 과실이 있을 경우, 그 사실을 참작하여 손해 배상의 정도와 범위를 조정하는 일.
과:실상규(過失相規)성구 향약(鄕約)의 네 덕목 중의 하나. 나쁜 행실을 서로 규제하는 것. ☞환난상휼(患難相恤)
과:실=음:료(果實飮料)명 과즙이나 주스 등 과실을 원료로 하여 만든 청량 음료.
과:실-죄(過失罪)[-쬐] 명 과실로 성립되는 범죄를 통틀어 이르는 말. 과실 치상죄, 과실 치사죄 등.
과:실-주(果實酒)[-쭈] 명 과실즙을 발효시키거나, 소주 따위에 과실을 담가 우려서 빚은 술. 포도주·사과주·매실주 따위. ☞곡주(穀酒)
과:실-즙(果實汁)명 과일즙
과실=책임(過失責任)명 고의 또는 과실로 생긴 손해에 대해 가해자가 지는 배상 책임.
과:실=치:사(過失致死)명 과실 행위로 말미암아 사람을 죽게 하는 일.
과:실=치:사죄(過失致死罪)[-쬐] 명 과실로 사람을 죽게 함으로써 성립되는 죄.
과:실=치:상(過失致傷)명 과실로 사람을 다치게 하는 일.
과:실=치:상죄(過失致傷罪)[-쬐] 명 과실로 사람을 다치게 함으로써 성립되는 죄.
과:심(果心)명 과실 속에 씨를 싸고 있는 딱딱한 부분.
과:액(寡額)명 적은 금액. 적은 액수. 소액(少額)
과:야(過夜)명-하다자 밤을 지냄. 밤을 새움.
과:약(寡弱)어기 '과약(寡弱)하다'의 어기(語基).
과:약기언(果若其言)성구 과연 그 말과 같음을 감탄하여 이르는 말. ☞언과기실(言過基實)
과:약-하다(寡弱-)형여 적고 약하다.
과언(過言)명-하다자 지나친 말. ¶금강산을 천하 명산이라 해도 -이 아니다.
과:언(寡言)어기 '과언(寡言)하다'의 어기(語基).
과:언-하다(寡言-)형여 말수가 적다. ☞과묵(寡默)하다. 다언(多言)하다
과업(課業)명 ①하여야 할 일이나 임무. ¶ - 완수/우리에게 주어진 -. ②일과로 정해진 학업.
과:연(果然)부 알고 보니 정말로. 사실상 참말로. 과시(果是). 짐짓. 짜장 ¶ - 명궁이다./- 네 말이 맞구나.
과:열(過熱)명-하다자 ①물질이 너무 뜨겁도록 가열됨, 또는 그 열. ¶난로 -로 불이 났다. ②경기(景氣)가 이상 상승하여 인플레이션 등의 위험에 빠짐. ¶경기의 - 현상. ③액체를 끓게 하지 않고 비등점 이상으로 가열함, 또는 비등점 이상이 되어도 끓지 않는 상태. ④경쟁 등에서, 도가 지나친 상태. ¶ -로 치닫는 선거전.
과:열-기(過熱器)명 보일러 안의 포화 증기의 온도를 비등점 이상으로 가열하는 장치.
과:열=증기(過熱蒸氣)명 물로부터 분리한 수증기를 다시 비등점 이상으로 가열한 것.
과:-염소산(過鹽素酸)명 과염소산칼륨을 진한 황산과 함께 진공(眞空) 중에서 증류하여 만든 물질. 무색의 액체로, 산화력이 강하여 유기물과 반응하면 폭발함.
과:오(過誤)명 잘못이나 허물. 과류(過謬). 과실(過失) ¶ -를 저지르다.
과외(課外)명 ①정하여진 과정 이외. ¶ - 공부/- 교재/-의 일. ②'과외 수업'의 준말.
과외=강:의(課外講義)명 일과(日課) 이외에 하는 강의.
과외=독본(課外讀本)명 교과서 이외의 학습용 독본.
과외=수업(課外授業)명 일과(日課) 이외에 하는 수업. 준과외
과외=지도(課外指導)명 정한 과정 이외에 학생의 학습이나 클럽 활동 등을 보살피는 일.
과외=활동(課外活動)[-똥] 명 학교의 정규 교과 학습 시간 이외에 하는 학생들의 활동. 취미 활동 따위.
과:욕(過慾)명-하다형 욕심이 지나침.
과:욕(寡慾)어기 '과욕(寡慾)하다'의 어기(語基).
과:욕-하다(寡慾-)형여 욕심이 적다. ☞다욕하다
과:용(過用)명-하다타 지나치게 씀. 너무 많이 씀. ¶저야 융숭한 대접을 받았으나 -하셔서 어쩌지요. ☞남용(濫用)
과:우(寡雨)명 비가 내리는 양이 적음. ☞다우(多雨)
과:원(果園)명 '과수원(果樹園)'의 준말.
과원(課員)명 관청이나 회사의 한 과에서 일을 하는 사람. ☞계원(係員). 부원(部員)
과유(科儒)명 과거보는 선비.
과:유불급(過猶不及)성구 지나침은 도리어 미치지 못함과 같다는 뜻으로, 중용(中庸)의 중함을 이르는 말. '논어(論語)'의 '선진편(先進篇)'에 나오는 말임. ☞과불급(過不及)

과:육(果肉)명 ①과실의 살. ②과일과 고기.
과율(課率)명 '과세율(課稅率)'의 준말.
과:음(過淫)명-하다자 성교를 지나치게 자주 함. ☞색욕(色慾). 황음(荒淫)
과:음(過飮)명-하다자타 술을 지나치게 많이 마심. ☞과식(過食). 황취(荒醉)
과:의(果毅)어기 '과의(果毅)하다'의 어기(語基).
과:의-하다(果毅—)형여 과감하고 굳세다.
과:인(過人)어기 '과인(過人)하다'의 어기(語基).
과:인-하다(過人—)형여 학식이나 지혜 따위가 보통 사람보다 뛰어나다.
과:인(寡人)대 조선 시대, '덕이 부족한 사람'이라는 뜻으로, 임금이 스스로를 겸손하게 일컫던 말. ☞고(孤). 짐(朕)
과:-인산(過燐酸)명 저온에서 오산화인(五酸化燐)을 30%의 과산화수소로 처리해서 얼음물로 묽게 한 액체. 산화력이 강함.
과:인산-석회(過燐酸石灰)명 인산이 주성분인 화학 비료. 인광분에 황산을 작용시켜 가용성으로 만든 물질. 속효성이 있음. 준과석(過石)
과:인지력(過人之力)성구 보통 사람들보다 훨씬 센 힘을 이르는 말.
과:일 명 과실 나무의 먹을 수 있는 열매. 과실(果實) ¶ —가게/식후에 —을 먹었다.

> ▶ **'과일'이나 '채소' 따위를 세는 단위**
> 사과나 배, 또는 무나 배추·마늘 등을 셀 때 100개를 한 단위로 하여 이르는 데, 100개를 한 '접'이라 한다. 곧 '사과 한 접, 마늘 두 접'이라 하는 따위.

과일(科日)명 과거를 보이는 날.
과:일(過日)명 ①지난날 ②-하다자 날을 지냄, 또는 세월을 보냄.
과:일-즙(—汁)명 과일에서 짜낸 즙. 과실즙(果實汁). 과즙(果汁)
과:잉(過剩)명 필요한 정도나 수량을 넘어서 많은 것. ¶ 인구 —/생산 —
과:잉=방위(過剩防衛)명 정당 방위로서 허용되는 정도를 넘은 반격(反擊) 행위. 위법 행위지만 정상(情狀) 참작이 되는 경우가 많음.
과:잉=생산(過剩生産)명 소비의 정도를 넘어서 남아돌게 하는 생산.
과:잉-수(過剩數)[—쑤]명 불완전수의 하나. 어떤 수의 양(陽)의 약수의 총합이 그 수의 배수보다 큰 수. ☞부족수(不足數)
과:잉=인구(過剩人口)명 생활 활동에 적정한 수준을 넘어서 지나치게 많은 인구.
과:잉=투자(過剩投資)명 생산 설비의 확장이나 신설 등에 대한 한도 이상의 투자.
과:잉=피:난(過剩避難)명 긴급 피난 행위로서, 피하려고 한 위해(危害)의 정도 이상으로 남에게 해를 끼친다고 판단되는 짓. 위법 행위지만 정상(情狀) 참작이 되는 경우가 많음.
과자(菓子)명 밀가루·쌀가루·설탕 등을 섞어 만들어 끼니 외에 먹는 기호 음식.

한자 **과자 과**(菓)〔艸部 8획〕¶ 과자(菓子)/다과(茶菓)/양과자(洋菓子)/제과(製菓)

과:작(寡作)명-하다타 작품을 적게 지음. ☞다작(多作)
과장(科長)명 대학이나 병원 등의 과(科)의 책임자.
과장(科場)[1]명 과거를 보이는 곳.
과장(科場)[2]의 탈놀이에서, 현대극의 막이나 판소리의 마당에 해당하는 말.
과:장(過狀)명 사과하는 서장(書狀).
과:장(過葬)명-하다타 지난날, 계급이나 신분에 따라 일정한 기일이 지난 뒤에 장사지내던 일, 또는 그런 장사. ☞갈장(渴葬)
과:장(誇張)명-하다타 실제보다 부풀려 나타냄. ¶약효를 —하여 선전하다.
과장(課長)명 관청이나 회사 등의 한 과(課)의 책임자. ¶총무과 —.
과:장-법(誇張法)[—뻡]명 수사법(修辭法)의 한 가지. 실제보다 지나치게 확대하거나 축소하여 나타내는 표현 방법. '할 말이 태산 같다.', '하늘이 돈짝만 하다.'와 같은 표현법임.
과:장-적(誇張的)[—쩍]명 과장하는 것. 과장하는 느낌이 드는 것. ¶ —인 몸짓.
과:장-증(誇張症)[—쯩]명 병적으로 과장하는 증세.
과저(瓜菹)명 오이김치
과:적(過積)명-하다타 '과적재'의 준말.
과:-적재(過積載)명-하다타 화물의 양을, 기준을 초과하여 실음. ¶ — 차량 준과적
과전(瓜田)명 외밭
과전(科田)명 고려 말에서 조선 초에, 국가에서 문무 관원들에게 등급에 따라 주던 토지. ☞직전(職田)
과전-법(科田法)[—뻡]명 고려 말 조선 초에, 전국의 토지를 국가의 통제 아래 두고 문무 관원들에게 등급에 따라 조세를 받아들이는 권리와 함께 나누어 주던 토지 제도. ☞직전법(職田法)
과전불납리(瓜田不納履)성구 외밭에서 신을 고쳐 신지 말라는 뜻으로, 오해 받기 쉬운 짓을 하지 말라는 말. 과전지리(瓜田之履) ☞이하부정관(李下不整冠)
과:-전:압(過電壓)명 전기 분해에서, 전기 화학 반응이 일어날 때의 전극 전위와 평형 전위와의 차.
과전이:하(瓜田李下)성구 외밭 자두나무 아래라는 뜻으로, 불필요한 행동을 하여 다른 사람의 오해를 불러일으킴을 이르는 말. ☞과전불납리(瓜田不納履). 이하부정관(李下不整冠)
과전지리(瓜田之履)성구 과전불납리
과:절(過節)명 고구려의 14관등 중 열 셋째 등급. ☞부절(不節)
과:점(寡占)명 어떤 상품 시장을 소수 기업이 독차지하는 일. ☞독점(獨占)
과정(科程)명 '학과 과정'의 준말.
과:정(過政)명 '과도 정부(過渡政府)'의 준말.
과:정(過程)명 사물이 변하고 진행하는 경로. ¶곤충의 변태 —./제품의 생산 —.
과정(課程)명 ①과업(課業)의 순서나 정도. ②학교 등에서, 일정한 기간에 밟게 하는 학습이나 작업의 범위와 순서. ¶박사 —을 이수하였다.

한자 **과정 과**(課)〔言部 8획〕¶과업(課業)/과외(課外)/과정(課程)/일과(日課)/학과(學課)

과정-표(課程表)명 학과 배당표(學科配當表)
과제(科第)명 ①과거(科擧) ②-하다자 과거에 급제함. 등과(登科). 등제(登第)
과제(科題)명 과거를 보일 때에 내는 시험 제목.
과제(課題)명 ①주어진 제목이나 주제. ¶연구 — ②해결하여야 할 문제. ¶환경 오염 방지는 중요한 —이다.
과제-장(課題帳)[—짱]명 어떤 학과의 연구·예습·복습에 관한 문제를 실은 책.
과조(課租)명-하다자 조세를 부과함.
과:조(寡照)어기 '과조(寡照)하다'의 어기(語基).
과:조-하다(寡照—)형여 농작물에 햇볕이 쬐는 시간이 적다. ☞다조하다
과족(裹足)명-하다타 ①발을 싸맨다는 뜻에서, 두렵거나 하여 앞으로 나아가지 못함을 이르는 말. ②먼 길을 걸어서 여행함을 이르는 말.
과종(瓜種)명 오이·호박·참외 따위의 종자.
과:종(果種)명 ①과실의 종류. ②과줄의 종류.
과:종(過從)명-하다자 상종(相從)
과종(踝腫·髁腫)명 발뒤축과 복사뼈 사이에 나는 종기.
과죄(科罪)명-하다타 죄를 처단함. 단죄(斷罪)
과줄 명 ①유밀과(油蜜果)의 한 가지. 꿀과 기름, 약간의 청주를 치고 되직하게 반죽한 밀가루를 과줄판에 박아

내어, 기름에 띄워 지진 다음, 다시 꿀과 기름을 바른 과자. 약과(藥果) ②약과·강정·다식(茶食)·정과(正果) 따위를 통틀어 이르는 말.

과줄-판(-板)명 과줄을 박아 내는 데 쓰이는 기구.

과:중(過中)명-하다자 도(度)를 넘음.

과:중(過重)어기 '과중(過重)하다'의 어기(語基).

과:중=교:육(過重敎育)명 피교육자의 능력이나 체력 따위에 넘치는 교육.

과:중=부담(過重負擔)명 힘에 겨운 부담.

과:중-하다(過重-)형여 ①지나치게 무겁다. ¶과중한 짐. ②도를 넘어서 힘에 겹다. ¶과중한 노동.

과중-히부 과중하게

과:즙(果汁)명 과일즙. 과실즙(果實汁)

과:지(果枝)명 과실 나무의 가지.

과지(裹紙)명 물건을 싸거나 꾸리는 데 쓰이는 종이. 포장지(包裝紙)

과:징(過徵)명-하다타 세금이나 분담금 따위를 정해진 액수나 몫보다 더 거둠.

과차(科次)명 과거에 급제한 사람의 성적 등급.

과:차(過次)명 지날결

과:찬(過讚)명-하다타 지나치게 칭찬함, 또는 그런 칭찬. 과상(過賞). 과칭(過稱) ¶-의 말씀.

과:채(果菜)명 ①과일과 채소. 과소(果蔬) ②과채류.

과:채-류(果菜類)명 채소 중에서 그 열매를 먹을 수 있는 식물을 통틀어 이르는 말. 딸기·수박·오이·토마토 따위. 과채(果菜)

과:추(過秋)명-하다자 가을을 남. ☞과동(過冬)

과:춘(過春)명-하다자 봄을 남. ☞과하(過夏)

과:취(過醉)명-하다자 술에 지나치게 취함.

과:칭(過稱)명-하다타 과찬(過讚)

과:칭(誇稱)명-하다타 ①뽐내어 말함. ②사실을 부풀려 말함.

과:태(過怠)명-하다형 게으르고 느림. 태만(怠慢)

과:태-금(過怠金)명 과태료

과:태-료(過怠料)명 공법상의 의무 이행을 게을리 한 사람에게 벌로 물리는 돈. 과태금 ☞벌금(罰金)

과:태=약관(過怠約款)명 채권자와 채무자 사이에 손해배상 금액을 약정하는 계약.

과:판명 국화 모양의 물건을 찍어 내는 데 쓰이는, 금속이나 나무 따위로 만든 판.

과:판-뒤:꽂이명 여자의 쪽진 머리에 꽂는, 국화 모양의 장식이 달린 뒤꽂이. 국화판(菊花瓣)

과폐(科弊)명 과거 제도의 폐단.

과:-포:화(過飽和)명 ①어떤 온도에서, 용액 속에 용해도 이상의 물질이 들어 있는 상태. ¶- 용액 ②어떤 온도에서, 증기가 포화 증기압보다 큰 압력을 가진 상태.

과:포화=증기(過飽和蒸氣)명 이슬점 이하가 되어도 액화되지 않고 불안정한 증기. 급속한 냉각 등으로 생기며, 자극을 받으면 곧 액화함.

과표(課標)명 '과세 표준(課稅標準)'의 준말.

과:품(果品)명 여러 가지의 과일.

과품(菓品)명 여러 가지의 과자.

과:피(果皮)명 과실 껍질.

과:하(過夏)명-하다자 여름을 남. ☞과추(過秋)

과-하다(科-)타여《文》형벌을 지우다. ¶벌금을 -.

과-하다(課-)타여 ①세금 등을 매기어 물게 하다. ¶공과금을 -. ②시험을 보이다. 시험하다 ③임무나 과업을 주다. ¶제품 개발의 임무를 -.

과:-하다(過-)형여 정도나 도가 지나치다. ¶담배가좀 -./술이 좀 -.

과-히부 ①과하게. 지나치게 ¶밥을 - 먹었다. ②그다지. 별로 ¶- 싫지 않다.

과:하-마(果下馬)명 말 등에 타고서 과실 나무 밑을 지날 수 있다는 뜻으로, 키가 몹시 작은 말.

과:하-시(過夏柴)명 여름철 땔감으로 준비한 나무.

과:하-주(過夏酒)명 초여름에 빚는 술. 찹쌀 지에밥에 누룩 우린 물로 술을 빚어 괴어 오르면 소주를 붓고, 익으면 술주자에 올려 내림.

과학(科學)명 ①일정한 목적과 방법에 따라 여러 방면으로 그 원리를 연구하여 체계를 세우는 학문. 자연 과학, 사회 과학, 인문 과학 등으로 분류됨. 일반적으로 철학·종교·예술 등과 구별하여 상대적으로 쓰이는 말. ②'자연 과학'의 준말.

과학-관(科學館)명 과학 지식의 보급과 과학 교육의 진흥을 위해 자연 과학에 관한 갖가지 자료와 물건을 모아 진열하여 일반인이 관람·실습할 수 있는 시설.

과학=교:육(科學敎育)명 자연 과학에 관한 지식, 태도, 처리 능력을 기르는 교육.

과학=만:능주의(科學萬能主義)명 모든 문제를 자연 과학이 해결할 수 있다고 보는 주의. 비과학적인 것을 배척하는 뜻이 있음.

과학=무:기(科學武器)명 최신 과학을 응용하여 만든 무기. 특히 핵무기, 생물 무기, 화학 무기를 이름.

과학=비:판(科學批判)명 과학의 이론적 전제나 방법을 철학적으로 비판하는 일. 특히 수학과 자연 과학에 대한 칸트의 비판에서 비롯됨.

과학=소:설(科學小說)명 공상 과학 소설

과학=수사(科學搜査)명 물리학·화학·의학·심리학·사회학 등의 과학 기술을 응용한 합리적인 범죄 수사.

과학=위성(科學衛星)명 우주 공간에 관한 과학적 관측을 목적으로 하는 인공 위성. 고층의 대기와 전리층을 연구 조사하고 달이나 다른 혹성 관측도 함.

과학-적(科學的)명 ①과학에 관계되는 것. ¶- 지식이 부족하다. ②논리적·합리적·체계적인 것. ¶-인 방법./-인 수사.

과학적=사:회주의(科學的社會主義)명 사회주의 사회의 탄생은 역사 발전의 필연적 법칙에 따른 것이라고 주장하는 마르크스와 엥겔스의 사상. ☞공상적 사회주의(空想的社會主義)

과학적=실재론(科學的實在論)[-째-]명 감관(感官)에 비치는 사물을 과학적으로 연구하여, 그 근원을 정하려는 이론. 표상적 실재론

과학-전(科學戰)명 과학 무기를 사용하는 전쟁.

과학=철학(科學哲學)명 과학의 방법이나 과학적 인식의 바탕에 대한 철학적인 탐구를 이름.

과학-화(科學化)명-하다자타 과학적으로 되게 함. ¶범죄 수사를 -하다.

과한(瓜限)명 관직의 임기. 과기(瓜期). 과만(瓜滿)

과:한(過限)명-하다자 기한이 지남. 과기(過期)

과행(科行)명-하다자 과거를 보러 감. 관광(觀光)

과혁지시(裹革之屍)성구 말가죽에 싼 시체라는 뜻으로, 전사자의 시체를 이르는 말.

과:현(過現)명 과거와 현재를 아울러 이르는 말.

과:현:미(過現未)명 불교에서, 과거·현재·미래의 삼세(三世)를 이르는 말.

과:혹(過酷)어기 '과혹(過酷)하다'의 어기(語基).

과:혹-하다(過酷-)형여 지나치게 참혹하다.

과:화숙식(過火熟食)성구 지나가는 불에 음식이 익는다는 뜻으로, 절로 은혜를 입게 됨을 이르는 말.

과회(科會)명 대학 등에서 같은 과의 모임.

곽(槨)명 관(棺)을 담는 궤. 널[1]. 덧널. 외관(外棺)

곽공(郭公)명 '뻐꾸기'의 딴이름.

곽공-충(郭公蟲)명 '개미붙이'의 딴이름.

곽란(癨亂·霍亂)명 한방에서, 급격한 토사 등을 일으키는 급성 위장병을 이르는 말.

속담 **곽란에 약 지으러 보내면 좋겠다** : 급히 서둘러야 할 경우에 행동이 민첩하지 못한 사람을 두고 비꼬는 말.

곽분양팔자(郭汾陽八字)[-짜]성구 중국 당나라의 분양왕(汾陽王) 곽자의(郭子儀)의 팔자라는 뜻으로, 부귀와 공명을 한몸에 지닌 좋은 팔자를 비유하여 이르는 말.

곽암(藿岩)명 미역이 붙어 자라는 바위.

곽이(藿耳)명 미역귀

곽전(藿田)명 바닷가에 있는 미역 따는 곳.

곽쥐(∠郭走)명 어린아이가 울 때 을러서 달래는 말. '무

서운 사람'이라는 뜻. ¶울지 마라, 저기 ― 온다.

곽탕(藿湯)명 미역국

관(官)명 정부 또는 관청 등을 이르는 말. ¶― 주도의 행사. /―과 민(民)이 협동하다.

관(冠)명 ①지난날, 망건 위에 쓰던 모자 같은 쓰개의 한 가지. ¶―을 쓰다. ②족보(族譜)에서 이미 결혼한 남자를 나타내는 말. ☞동(童) ③볏[1]

관(貫)[1]명 과녁 한복판의 검은 점. ☞변(邊)[3]

관(貫)[2]명 '관향(貫鄕)'의 준말.

관(棺)명 송장을 넣는 길쭉한 궤. 관구(棺柩). 널[1] ¶―을 짰다.

속담 **관 속에 들어가도 막말은 마라** : 어떤 경우에도 말을 함부로 해서는 못쓴다는 말.

관:(款)명 ①법률문 등의 한 조항. ②예산서 또는 결산서의 한 과목. 장(章)의 아래, 항(項)의 위임.

관(管)명 ①둥글고 길며 속이 빈 물건. ¶가스는 ―을 통해 들어온다. ②아악기의 한 가지. 대[竹]로 만든 피리로, 구멍이 다섯 쌍 있으며 길이는 약 39cm.

관(館)명 ①'성균관(成均館)·홍문관(弘文館)'의 준말. ②'왜관(倭館)'의 준말. ③지난날, 서울에서 쇠고기를 주로 파는 가게를 이르던 말.

관(關)명 지난날, 국경이나 중요한 지역에 두어 지나는 사람과 물건 등을 조사하게 하던 곳. ☞관문(關門)

관(罐·鑵)명 ①양철로 만든 작은 통. ②질로 만든 주전자 따위.

관(觀)명 ①도교(道敎)의 사원. ②'관괘(觀卦)'의 준말.

관(貫)[3]의 ①쾌 ②척관법의 무게 단위의 하나. 1관은 1근(斤)의 열 곱절로 3.75kg임.

-관(館)《접미사처럼 쓰이어》'큰 건물이나 기관'의 뜻을 나타냄. ¶미술관(美術館)/음악관(音樂館)/체육관(體育館)/대사관(大使館)

-관(觀)《접미사처럼 쓰이어》'보는 눈'의 뜻을 나타냄. ¶세계관(世界觀)/인생관(人生觀)/민족관(民族觀)/국가관(國家觀)

관가(官家)명 ①지난날, 나라일을 보던 집. ②지난날, 지방에서 그 고을의 원을 이르던 말.

속담 **관가 돼지 배 앓는다** : 근심이 있으나 누구 하나 알아주는 사람이 없음을 이르는 말.

관각(館閣)명 ①큰 건축물. ②조선 시대, 홍문관과 예문관을 아울러 이르던 말.

관각(觀閣)명 망대(望臺) ▷ 觀의 속자는 観

관각=당상(館閣堂上)명 조선 시대, 홍문관·예문관의 대제학과 제학을 이르던 말.

관감(觀感)명-하다타 눈으로 보고 마음으로 느낌, 또는 보고 느낀 바.

관:개(灌漑)명-하다자 농사에 필요한 물을 논밭에 댐. ¶― 수로(水路) ☞관수(灌水)

관:개-수(灌漑水)명 '관개 용수'의 준말.

관:개=용:수(灌漑用水)명 관개하는 데 쓰이는 물. 준관개수(灌漑水)

관:개-지(灌漑地)명 농사에 필요한 물을 수로(水路)를 이용하여 끌어 쓰는 땅.

관객(觀客)명 구경하는 사람. 구경꾼

관객-석(觀客席)명 구경꾼이 앉는 자리. 객석

관건(冠巾)명 지난날, 쓰개를 통틀어 이르던 말.

관건(關鍵)명 ①문빗장과 열쇠. ②어떤 일이나 문제의 해결에 가장 중요한 요소. ¶사태 해결의 ―.

관격(關格)명 한방에서, 급체로 먹지도 못하고 대소변도 못 보며 심하면 정신을 잃는 위급한 병을 이르는 말.

관견(管見)명 ①좁은 소견. ②자기의 의견을 겸손하게 이르는 말.

관결(官決)명 관가(官家)의 처분.

관계(官界)명 관리들의 사회. ☞관해(官海)

관계(官契)명 관가에서 증명한 문서. ☞지계(地契)

관계(官階)명 관등(官等)

관계(關係)명-하다자타 ①둘 이상의 사람이 서로 관련을 맺음, 또는 그렇게 맺어진 사이. ②둘 이상의 사물이나 현상이 서로 관련됨. ¶외교(外交) ―/거래 ―가 성립되었다. 계관(係關) ③어떤 분야나 영역에 관련되는 일. ¶대북(對北) ― 문서. /무역 ― 출장. ④어떤 사물이 다른 사물에 영향을 끼침. ¶기상(氣象) ―로 위성의 발사가 연기되었다. ⑤남녀 사이의 정분(情分)을 이르는 말. ¶우연히 만난 사람과 ―를 지속하다. ⑥'관계로'의 꼴로 쓰이어, '까닭'이나 '원인'이 됨을 이르는 말. ¶눈이 내린 ―로 교통이 혼잡하다.

한자 **관계할 관**(關) [門部 11획] ¶관계(關係)/관련(關聯)/관여(關與)/연관(聯關) ▷ 속자는 関

관계-관(關係官)명 그 일에 관계되는 관리.

관계=관념(關係觀念)명 관계 망상(關係妄想)

관계=망:상(關係妄想)명 아무 근거 없이 주위의 사람이나 사물에 집착하여, 자기와 관계지어 생각하는 망상. 관계 관념

관계=습도(關係濕度)명 상대 습도(相對濕度)

관계-식(關係式)명 수학·과학에서, 둘 이상의 대상 사이의 관계를 기호로써 나타내는 식. 공식·조건식·등식·부등식·방정식 등.

관계-언(關係言)명〈어〉단어의 문법상의 기능에 따라 분류한 말의 한 가지. 문장에서 주로 체언(體言)에 붙어, 그 체언의 문법적 관계를 나타내는 말. 곧, 조사(助詞)를 이름. '농부가 씨를 뿌린다.'에서 '-가, -를' 따위. ☞용언(用言)

관계-없:다(關係―)[―업―]형 ①서로 관련되는 바가 없다. ¶이 일과는 관계없는 사람. ②염려할 것 없다. ¶며칠 늦어도 ―. 상관없다

관계-없이부 관계없게 ¶상대의 뜻과 ― 강행하다.

관계-자(關係者)명 어떤 일과 관계 있는 사람. ¶보도 ―/― 외 출입 금지.

관계적=위치(關係的位置)명 어떤 지방이 그 주변의 땅과 어떤 관계를 가지고 이웃하여 있는지를 보는 위치.

관고(官庫)명 관가의 창고.

관고(官誥)명 조선 시대, 임금이 사품(四品) 이상의 문무관에게 내리던 사령(辭令). 교지(敎旨)

관고-지(官誥紙)명 ①관고를 쓰는 종이. ②조선 시대에 관직을 임명할 때 증거로 본인에게 주던 서류.

관곡(官穀)명 관아의 곡식.

관:곡(款曲)어기 '관곡(款曲)하다'의 어기(語基).

관:곡-하다(款曲―)형여 매우 정답고 친절하다.

관곡-히부 관곡하게

관골(髖)명 궁둥이뼈. 관비(髖髀). 무명골(無名骨)

관골(顴骨)명 광대뼈

관골-구(髖骨臼)명 비구(髀臼)

관골-근(髖骨筋)명 관골을 덮고 넓적다리의 위쪽에 붙은 근육. 넓적다리의 운동을 맡아봄.

관골-근(顴骨筋)명 광대뼈를 싸고 있는 안면근의 다발. 아래위 턱뼈의 뒤쪽에서 뺨 가운데를 통하여 입아귀에 이르는 근육.

관-공리(官公吏)명 관리(官吏)와 공리(公吏)를 아울러 이르는 말. ☞공무원(公務員)

관-공립(官公立)명 관립과 공립을 아울러 이르는 말.

관-공서(官公署)명 관청과 공서를 아울러 이르는 말.

관-공청(官公廳)명 관청과 공청을 아울러 이르는 말.

관곽(棺槨)명 송장을 넣는 속 널과 겉 널.

관곽-장이(棺槨―)명 관곽을 만드는 사람.

관관(館官)명 조선 시대, 성균관의 관원(官員).

관광(觀光)명 ①-하다타 다른 지방이나 다른 나라의 풍경·유적·풍물 등을 구경함. ¶여러 고장을 ―하며 다니다. /―의 명소. ☞유람(遊覽) ②-하다자 과거를 보러 감. 과행(科行)

관광-객(觀光客)명 관광하는 사람. ¶― 안내/―을 유치하다.

관광=국가(觀光國家)명 관광 수입이 국가 수입의 많은 비중을 차지하는 나라.

관광-단(觀光團)명 관광을 하는 여행 단체.

관광=사:업(觀光事業)명 관광에 관련된 여러 가지 사업
관광=산:업(觀光產業)명 관광 자원을 개발하거나, 그에 따르는 교통·숙박·위락 등 서비스 부문의 산업.
관광=자:원(觀光資源)명 관광 여행자를 유치할 수 있는 아름다운 경관·명소·문화재 따위.
관광-지(觀光地)명 관광 대상이 될만 한 명승지나 유적지가 있는 고장.
관-괘(觀卦)명 육십사괘(六十四卦)의 하나. 손괘(巽卦) 아래 곤괘(坤卦)가 놓인 괘로 바람이 땅 위로 부는 것을 상징함. 준 관(觀) ☞서합괘(噬嗑卦)
관교(官敎)명 교지(敎旨)
관교-지(官敎紙)명 지난날, 관아의 사령장으로 쓰이던 두껍고 흰 종이.
관구(棺柩)명 관(棺)
관구(管區)명 '관할 구역(管轄區域)'의 준말.
관구=유리(管球琉璃)명 전구나 진공관을 만드는 유리.
관군(官軍)명 조정(朝廷)의 군대. 관병(官兵) ☞반군(叛軍). 정부군(政府軍)
관권(官權)[-꿘]명 ①정부의 권력. ¶- 개입 ②관청이나 관리의 권한. ☞민권(民權)
관권-당(官權黨)[-꿘-]명 ①관권을 유지·확장 하고자 하는 정당. ②정부에 맹종하는 당파. ☞민권당
관귀(官鬼)명 점괘에서 이르는 육친(六親)의 하나. 관귀가 발동하면 재앙 등이 생긴다고 함.
관규(官規)명 관청의 규율. 관리에 관한 규칙.
관극(觀劇)명-하다자 연극을 관람함.
관금(官金)명 관청이 소유하는 돈.
관금(官禁)명 관청에서 내린 금지 사항.
관급(官給)명-하다타 관청에서 내어 줌.
관기(官妓)명 지난날, 궁중이나 관아에 딸렸던 기생.
관기(官紀)명 관리가 복무상 지켜야 할 기율. 관리의 기강. ¶-가 문란하다.
관기(官記)명 지난날, 임관된 관원에게 주던 사령서.
관기-숙정(官紀肅正)명 해이해진 관기를 바로잡아 엄정하게 하는 일.
관남(關南)명 마천령(摩天嶺) 이남 지방. 흔히 함경 남도 일대를 이르는 말. ☞관북(關北). 북관(北關)
관납(官納)명-하다타 관청에 바침.
관내(官內)명 관청의 안.
관내(管內)명 관할 구역 안. ¶- 치안 ☞관외(管外)
관념(關念)명-하다자 관심(關心)
관념(觀念)명 ①사물에 대하여 가지는 생각이나 견해. ¶시간 -이 희박하다. ②불교에서, 진리나 부처에 마음을 집중하여 관찰하고 생각하는 일. ③철학에서, 의식의 대상에 대하여 가지는 주관적인 상(像). 표상(表象) ④심리학에서, 구체적인 것이 없어졌는데도 그 뒤에 남는 심상(心象).
관념=과학(觀念科學)명 수학이나 논리학 등 관념적 대상에 관한 학문.
관념-론(觀念論)명 정신적 존재를 본원적(本源的)인 것으로 보고, 물질적 존재는 그 현상 또는 가상(假象)으로서 제이의적(第二義的)이라고 생각하는 견지. 관념주의 ☞실재론(實在論). 유물론(唯物論). 유심론(唯心論)
관념론-적(觀念論的)명 관념론 특유의 것. 관념론 같은 것. ¶- 역사관
관념-사(觀念詞)명〈어〉개념을 지닌 품사. '가을은 하늘이 높은 계절이다.'에서 '가을, 하늘, 높은, 계절'과 같은 말을 이름. 생각씨
관념-성(觀念性)[-썽]명 주관적인 관념만으로 이루어진 성질. ☞실재성(實在性)
관념=소:설(觀念小說)명 작자가 어떤 관념을 구체적으로 나타내려고 쓴 소설. 주로 현실 사회의 모순이나 어두운 면을 문제 의식으로서 제시함.
관념-시(觀念詩)명 주관적 관념으로써 이상과 감정을 읊은 시.
관념=연합(觀念聯合)[-년-]명 하나의 관념이 그와 관련 있는 다른 관념을 불러일으키는 심리 작용. 연상
관념=유희(觀念遊戲)[-뉴-]명 관념적 이론만을 즐기는 행위.
관념-적(觀念的)명 구체적인 현실에 따르지 않고 추상적인 관념이나 표상(表象)에 치우치는 것. ¶- 행복론 ☞실천적(實踐的). 현실적
관념-주의(觀念主義)명 ①대상을 그릴 때에 주관적 가치에 따라서 제재를 이상화하는 예술상의 주의. ☞형식주의(形式主義) ②관념론
관념=형태(觀念形態)명 이데올로기
관노(官奴)명 지난날, 관가에 딸린 남자 종을 이르던 말. ☞관비(官婢)
관-노비(官奴婢)명 지난날, 관가에 딸린 노비를 이르던 말. 공노비(公奴婢) ☞사노비(私奴婢)
관능(官能)명 ①생물의 모든 기관의 기능, 특히 감각 기관의 기능. ②성적(性的)인 감각에 관한 쾌감.
관능-미(官能美)명 관능적인 미.
관능-적(官能的)명 육체적 욕망을 돋우는 것. ¶- 쾌감/-으로 묘사하다.
관능적=문학(官能的文學)명 관능에 자극을 주는 문학.
관능-주의(官能主義)명 예술에서 감각 기관을 자극하는 표현 경향을 이르는 말
관-다발(管-)명 종자식물과 양치식물에서 수분이나 양분의 통로가 되는 식물체의 기본 조직. 물관부와 체관부, 형성층으로 이루어짐. 관속(管束). 유관속(維管束)
관다발=식물(管-植物)명 뿌리·줄기·잎의 구분이 뚜렷하고 관다발을 가지는 식물. 양치식물과 종자식물이 이에 딸림. 관속 식물(管束植物). 유관속 식물
관:담(款談)명 심정을 터놓고 하는 이야기.
관-당상(館堂上)명 지난날, 성균관의 당상을 이르던 말.
관대(冠帶)명 '관디'의 원말.
관:대(款待)명-하다타 정성껏 대우함. 친절히 대함. 관접(款接) ☞환대(歡待)
관대(寬待)명-하다타 너그럽게 대접함.
관대(寬貸)명-하다타 너그럽게 용서함. 관서(寬恕). 관유(寬宥)
관대(寬大)어기 '관대(寬大)하다'의 어기(語基).
관대=장:자(寬大長者)명 관후 장자(寬厚長者)
관대-판(冠帶板)명 '관디판'의 원말.
관대-하다(寬大-)형여 마음이나 태도가 너그럽다.
관대-히부 관대하게 ¶- 용서하다.
관도(官途)명 관리의 길. 벼슬길
관독(管督)명-하다타 관리하고 감독함.
관-돈(貫-)[-똔]명 지난날, '돈 열 냥' 또는 '엽전 천 닢'을 이르던 말. 쾟돈
관동(冠童)명 관례를 치른 남자 어른과 관례 전의 사내 아이를 아울러 이르는 말.
관동(關東)명 대관령(大關嶺) 이동(以東) 지방. 흔히 강원도의 동쪽 지역을 이르는 말. ☞관서(關西)
관동별곡(關東別曲)명 ①고려 충숙왕 때, 안축(安軸)이 지은 경기체가(景幾體歌). 관동 지방의 아름다운 경치를 보고 읊은 내용임. '근재집(謹齋集)'에 실려 전함. ②조선 선조 때, 송강 정철(鄭澈)이 지은 기행 가사. 강원도 관찰사로 부임하여 관동 팔경을 돌아보며 읊은 내용임. '송강가사(松江歌辭)'에 실려 전함.
관동-삼(關東蔘)명 강원도에서 생산되는 인삼. 강삼(江蔘) ☞금삼(錦蔘)
관동속별곡(關東續別曲)명 조선 광해군 때, 조우인(曺友仁)이 관동 지방을 여행하면서 읊은 기행 가사.
관동=팔경(關東八景)명 강원도 동해안에 있는 여덟 군데의 명승지. 간성의 청간정(淸澗亭), 강릉의 경포대(鏡浦臺), 고성의 삼일포(三日浦), 삼척의 죽서루(竹西樓), 양양의 낙산사(洛山寺), 울진의 망양정(望洋亭), 통천의 총석정(叢石亭), 평해의 월송정(越松亭) 또는 흡곡의 시중대(侍中臺)를 이름. 영동 팔경(嶺東八景)
관:동-화(款冬花)명 한방에서, 머위의 꽃을 약재로 이르는 말. 진해·거담 등에 쓰임.
관두(官斗)명 지난날, 나라에서 녹(祿)을 줄 때 쓰던 말.

2되 6홉임.
관두(關頭)명 가장 중요한 갈림길. 고비 ¶생사의 —.
관:-두다 타 '고만두다'의 준말. ¶하던 일을 —.
관-둔전(官屯田)명 조선 시대, 관아의 경비를 보충하기 위해 농사를 짓던 밭. ☞국둔전(國屯田)
관등(官等)명 관직의 등급. 관계(官階). 관품(官品) ¶— 성명을 대다.
관등(觀燈)명-하다자 ①불교에서, 음력 사월 초파일에 등불을 켜 달고 부처의 탄신을 기념하는 일. ②절의 주요 행사 때 등불을 밝히는 일.
관등-놀이(觀燈—)명 불교에서, 음력 사월 초파일 밤에 등불을 켜 달고 구경하며 놀던 놀이.
관등-연(觀燈宴)명 불교에서, 관등할 때 베푸는 잔치.
관등-절(觀燈節)명 불교에서, 관등하는 명절이란 뜻으로, 석가 탄신일인 음력 사월 초파일을 달리 이르는 말.
관등-회(觀燈會)명 불교에서, 관등절 행사를 위한 모임.
관디(∠冠帶)명 지난날, 관원이 입던 제복. 관복(官服) 원관대(冠帶) ☞사모 관대(紗帽冠帶)
관디목-지르다(∠冠帶—)(—지르고·—질러)타르 벼슬이 낮은 사람이 높은 사람에게 예를 갖추다.
관디-벗김(∠冠帶—)[—번—]명 신랑이 초례를 마치고 관디를 벗을 때 갈아입도록 신부의 집에서 마련한 옷. 길복벗김
관디-판(∠冠帶板)명 관디를 담는 그릇. 관복판(官服板)
관락(觀樂)명-하다타 구경하며 즐김.
관람(觀覽)명-하다타 연극이나 영화, 운동 경기 따위를 구경함. ¶발레 공연을 —하다./박물관을 —하다.
관람-객(觀覽客)명 관람하는 손.
관람-권(觀覽券)[—꿘]명 관람할 수 있는 표.
관람-료(觀覽料)명 관람하는 데 내는 요금.
관람-석(觀覽席)명 관람하는 좌석. ☞객석(客席)
관략(冠略)명 관생(冠省)
관력(官力)명 관청의 권력. ☞관권(官權)
관련(關聯)명-하다자 어떤 사물과 다른 사물이 서로 걸리어 얽힘. 연관(聯關) ¶사건에 —되다.
관련-성(關聯性)[—썽]명 서로 관련되는 성질. 연관성 ¶유전자 형질과 질병의 —을 연구하다.
관령(官令)명 관청의 명령.
관령(管領)명 ①-하다타 도맡아 다스림. ②지난날, 서울 방(坊)의 행정 책임자를 이르던 말.
관례(官隷)명 지난날, 관가의 하인들을 이르던 말. 관하인(官下人)
관례(冠禮)명-하다자 지난날, 남자 아이가 성인이 될 때 치르던 의식. 상투를 틀고 갓을 씌웠음. ☞가관(加冠). 계례(笄禮)
관:례(慣例)명 늘 되풀이하여 해 오던 것이 습관처럼 된 규범. ¶국제 —/—에 따르다.
관:례-법(慣例法)[—뻡]명 관습법(慣習法)
관록(官祿)명 관원에게 주는 녹봉. 관봉(官俸)
관:록(貫祿)명 다년간의 경험과 경력으로 몸에 갖추어진 위엄. ¶—이 붙다.
관료(官僚)명 국가 공무원. 특히 고급 공무원을 이름.
관료-적(官僚的)명 권위주의적·형식적인 태도나 경향이 있는 것. 관료주의적(官僚主義的) ¶—인 기업 구조.
관료=정치(官僚政治)명 몇 사람의 특권층 관료가 실권을 잡고 통치·지배하는 정치 체제.
관료-제(官僚制)명 전문화된 직무의 체계로 조직의 목표를 효율적으로 실현하는 관리 운영의 체제. 행정 관청이나 기업·정당 등에서 볼 수 있음.
관료-주의(官僚主義)명 관료 정치 체제의 관청이나 특권 계층에서 흔히 볼 수 있는 독특한 행동 양식이나 태도. 독선적인 권위주의와 형식적이고 비인간적인 태도를 비판적으로 이를 때 쓰는 말임.
관료주의-적(官僚主義的)명 관료적(官僚的) ¶—인 경영 방식을 벗어나다.
관류(貫流)명-하다타 ①하천 따위가 어떤 지역을 꿰뚫고 흐름. ¶서울 한복판을 —하는 한강. ②어떤 현상이나 사실이 바탕에 깔리거나 내재해 있음을 비유하여 이르는 말.
관리(官吏)명 관직에 있는 사람. 공무원(公務員). 관인(官人). 관헌(官憲). 벼슬아치
관리(管理)명-하다타 ①어떤 일이나 설비 따위를 맡아 사무를 잘 처리하거나 설비 등을 좋은 상태로 유지하는 일. ¶업무를 —하다./생산 설비를 —하다./빌딩을 —하다./국립 공원을 —하다. ②어떤 기준을 지키거나 바람직한 상태로 통제하고 보존하는 일. ¶품질 —/건강 —에 힘쓰다.
관리=가격(管理價格)[—까—]명 시장 지배력을 가진 독과점 기업 따위가 시장의 수요·공급 원칙을 무시하고, 그 제품에 늘 일정한 높은 이윤이 따르도록 정한 가격.
관리-관(管理官)명 행정직 1급 공무원의 직급. ☞사무관(事務官). 서기관(書記官). 이사관(理事官)
관리-권(管理權)[—꿘]명 남의 재산을 관리하는 권리.
관리-농(管理農)명 농지 소유자가 관리인을 두고 경영하는 농업.
관리=무:역(管理貿易)명 보호 무역(保護貿易)
관리-법(管理法)[—뻡]명 어떤 일을 관리하는 방법. ¶건강 —/재산 —
관리-비(管理費)명 관리하는 데 드는 비용. ¶아파트 —
관리-서(管理署)명 대한 제국 때, 궁내부에 딸리어 사찰·산림·성보(城堡)에 관한 사무를 맡아보던 관청.
관리-인(管理人)명 ①사법상 남의 재산을 관리하는 사람. ②소유자로부터 시설 등을 위임받아 관리하는 사람.
관리-직(管理職)명 기업이나 관공서 등에서, 관리나 업무를 감독하는 지위에 있는 직종, 또는 그런 사람.
관리=통화=제:도(管理通貨制度)명 금본위제(金本位制)에 대하여, 통화 당국이 금의 보유량과는 관계없이 인위적으로 통화량을 조절할 수 있는 제도.
관림(官林)명 '관유림(官有林)'의 준말.
관립(官立)명 국가 기관이 설립하여 운영하는 것. ¶— 환경 연구소 ☞국립(國立). 사립(私立)
관마(官馬)명 지난날, 관아에서 기르던 말.
관망(冠網)명 ①갓과 망건을 아울러 이르는 말. ②-하다자 갓과 망건을 갖추어 씀.
관망(觀望)명-하다타 ①형세 따위를 지켜봄. ¶사태를 —하다. ②조망(眺望) ¶아름다운 경치를 —하다.
관망-적(觀望的)명 일의 형세를 살피며 지켜보는 것. ¶—인 태도.
관맥(關脈)명 한방에서, 병을 진찰하는 맥.
관-머리(棺—)명 시체의 머리가 놓이는, 관의 위쪽.
관-멤(棺—)명-하다자 관 속에 시체를 넣은 뒤, 빈 곳을 딴 물건으로 메우는 일.
관면(冠冕)명 지난날, 관원이 되는 일을 이르던 말.
관면(寬免)명-하다타 너그럽게 용서함. 관서(寬恕)
관:면(慣面)명 낯익은 얼굴, 또는 낯익은 사람. 숙면(熟面)
관명(官名)명 관직의 이름.
관명(官命)명 관청의 명령.
관명(冠名)명 관례 때 지은 이름. ☞아명(兒名)
관모(官帽)명 관리의 제모(制帽).
관모(冠毛)명 ①갓털 ②도가머리
관:목(貫目)명 알배기 청어를 간하지 않고 통째로나 반으로 갈라 말린 것. 건청어(乾靑魚)
관목(關木)명 나무로 된 빗장.
관:목(灌木)명 나무의 분류에서, 키가 작은 나무. 보통 높이가 2m 이하의 나무를 이름. 작고 중심 줄기가 분명하지 않으며 밑동에서 여러 가닥으로 갈라져 나는 것이 많음. 진달래나 앵두나무 따위. 떨기나무 ☞교목(喬木)
관:목-대(灌木帶)명 식물의 수직 분포대의 한 가지. 주로 관목들이 자라며 초본대(草本帶)의 아래, 교목대의 바로 위에 있는 고산(高山) 식물 지대임.
관몰(官沒)명-하다타 지난날, 관가에서 물건을 몰수하던 일.
관무(官務)명 관청의 사무. 관리의 직무.
관무사촌:무사(官無事村無事)성구 공사(公私) 간에 아무 탈이 없음을 이르는 말.

관-무재(觀武才)명 조선 시대, 무과(武科)의 한 가지. 임금이 몸소 열병(閱兵)한 뒤에 무재(武才)를 시험하였음.
관문(官文)명 '관문서(官文書)'의 준말.
관문(觀門)명 불교에서, 참선이나 선정 수행을 통하여 진리를 추구하는 방법을 이르는 말. ☞교문(教門)
관문(慣聞)명 익히 들어 잘 앎.
관문(關文)명 지난날, 상급 관청에서 하급 관청에 보내던 공문. 관자(關子)
관문(關門)명 ①국경이나 요새의 성문. ②드나드는 중요한 길목. ¶서해의 －인 인천항. ③어떤 일을 하기 위해 거쳐야만 하는 고비. ¶결승 진출의 －을 통과했다. ☞난관(難關)
관-문서(官文書)명 관공서에서 만든 서류. 관문자 준관문(官文)
관-문자(官文字)[－짜]명 관문서(官文書)
관물(官物)명 ①정부 소유의 물품. ②정부에서 주는 물품. ☞사물(私物)
관-물때(鑵－)명 관석(鑵石)
관민(官民)명 ①관청과 민간. ②공무원과 민간인.
관-박쥐(官－)명 관박쥣과의 포유동물. 몸과 귀는 크나 꼬리는 가늘고 짧음. 주둥이 부근에 살이 복잡하게 튀어나와 관을 쓴 것 같음. 너덜코박쥐
관반-사(館伴使)명 조선 시대, 서울에 머무는 외국 사신을 접대하려고 임시로 두었던 정삼품 관직.
관방(官房)명 지난날, 관원이 일을 보고 숙직하던 방.
관방(關防)명 국경의 방비(防備).
관-배:자(∠官牌子)명 지난날, 나라에서 발부하는 체포 영장을 이르던 말.
관벌(官閥)명 ①지난날, 관직의 등급을 이르던 말. ②관작과 문벌.
관법(觀法)[－뻡]명 불교에서, 관심(觀心)의 법, 곧 마음의 진리를 살피는 법을 이르는 말.
관변(官邊)명 ①지난날, 나라에서 법령으로 정한 이자를 이르던 말. ②관청이나 정부에 관계되는 방면.
관병(官兵)명 관군(官軍) ☞사병(私兵)
관병(觀兵)명-하다자 ①군대의 위세를 보이는 일. ②열병(閱兵)
관보(官報)명 ①정부에서 일반에게 널리 알릴 법령이나 고시 등을 실어 발행하는 인쇄물. ¶교육감의 임명이 －에 고시되었다. ②관공서에서 내는 공용(公用) 전보.
관복(官服)명 ①관리의 제복. ☞사복(私服) ②지난날, 관원이 입던 제복. 공복(公服). 관디
관복(官福)명 관리로 출세할 복. 관운(官運) ☞환복(宦福)
관복-판(官服板)명 관디판
관본(官本)명 ①정부나 관청의 장서. ②정부나 관청에서 펴낸 책. 관판(官版) ☞가각본(家刻本)
관봉(官封)명-하다자 지난날, 관가에서 도장을 찍어 봉하던 일.
관봉(官俸)명 관리에게 주는 녹봉. 관록(官祿)
관부(官府)명 ①지난날, 조정(朝廷)이나 정부(政府)를 이르던 말. ②관청(官廳) ③마을[2]
관부(官簿)명 관청의 장부.
관북(關北)명 마천령(摩天嶺) 이북 지방. 흔히 함경 북도 일대를 이르는 말. ☞관동(關東). 북관(北關)
관분(盥盆)명 지난날, 나라의 제사 때에 제관이 손을 씻던 물 그릇.
관:불(灌佛)명 ①불교에서, 불상에 향수나 감차(甘茶)를 끼얹는 일. 관욕(灌浴). 욕불(浴佛) ②'관불회(灌佛會)'의 준말.
관불(觀佛)명-하다자 부처의 얼굴과 공덕을 생각하며 마음속으로 새기는 일.
관:불-회(灌佛會)명 음력 사월 초파일 석가 탄신일에, 꽃으로 꾸민 불당에 모신 석가모니 상에 감차(甘茶)를 뿌리는 행사. 준관불(灌佛)
관비(官婢)명 관가의 계집종. ☞관노(官奴)
관비(官費)명 정부에서 내는 비용. ¶－ 유학생 ☞국비(國費). 사비(私費)
관비(館婢)명 지난날, 성균관(成均館) 재실(齋室)에서 다탕(茶湯)을 대접하던 여자 종.
관비(髖髀)명 궁둥이뼈. 관골(髖骨). 무명골(無名骨)
관비-생(官費生)명 관비로 공부하는 학생. ☞국비생(國費生). 사비생(私費生)
관사(官司)명 관아(官衙)
관사(官舍)명 관리가 살도록 국가나 지방 자치 단체가 지은 집. 공사(公舍)
관사(館舍)명 지난날, 외국 사신을 머물러 묵게 하던 집.
관-사:람(館－)[－싸－]명 지난날, 여러 대를 성균관(成均館)에 딸려 있던 사람을 이르던 말. 쇠고기 장사를 하는 사람이 많았음. 반인(泮人)
관산(關山)명 ①고향의 산. ②고향(故鄕) ③관(關)을 둘러싼 산.
관산융마(關山戎馬)명 서도 잡가(西道雜歌)의 한 가지. 조선 영조 때 신광수(申光洙)가, 당나라의 시인 두보(杜甫)가 악양루(岳陽樓)에 올라 읊은 한시(漢詩)에 토를 달아 부른 노래.
관삼(官蔘)명 지난날, 관아에서 쪄서 만든 인삼을 이르던 말. ☞사삼(私蔘)
관상(管狀)명 대롱 같은 모양. 관형(管形)
관상(觀相)명 얼굴 생김새를 보고 운명이나 길흉을 판단하는 일. ¶－을 보다. ☞성상학(性相學)
관상(觀象)명-하다자 기상을 관측하는 일.
관상(觀想)명-하다타 불교에서, 일정한 대상을 향하여 마음을 모아 그 모습이나 성질을 관찰하는 일. ☞관념(觀念)
관상(觀賞)명-하다타 보고 기리며 즐김.
관상-가(觀相家)명 사람의 얼굴의 생김새를 보고 운명이나 길흉을 판단하는 일을 직업으로 삼는 사람. 상인
관상-감(觀象監)명 조선 시대, 천문·지리·역수(曆數)·측후(測候)·각루(刻漏) 등의 사무를 맡아보던 관아. 운감(雲監) ☞관상소(觀象所)
관상-대(觀象臺)명 '기상대(氣象臺)'의 구용어.
관상=동:맥(冠狀動脈)명 심장 벽을 위에서 아래로 싸듯이 퍼져 있는 동맥. 심장 조직에 산소와 영양분을 공급함.
관상-목(觀賞木)명 보고 즐기기 위해 심는 나무.
관상-서(觀相書)명 관상하는 방법과 이치를 써 놓은 책. 준상서(相書)
관상-소(觀象所)명 지난날, '관상감(觀象監)'을 고쳐 부르던 이름. 1907년에 다시 측후소로 바뀌었음.
관상-술(觀相術)명 사람의 얼굴의 생김새를 보고 운명이나 길흉을 판단하는 방법.
관상=식물(觀賞植物)명 관상용으로 심어 가꾸는 식물.
관상-어(觀賞魚)명 관상용으로 기르는 물고기. 금붕어, 열대어 따위.
관상-용(觀賞用)[－뇽]명 보고 즐기는 데 쓰는 것.
관상-쟁이(觀相－)명 '관상가'를 얕잡아 이르는 말. 준상쟁이
관상-화(管狀花)명 합판화(合瓣花)의 한 가지. 꽃부리가 대롱 모양으로 된 꽃. 국화의 중심꽃이나 엉겅퀴에서 볼 수 있음. 통상화(筒狀花)
관새(關塞)명 국경의 요새(要塞).
관생(冠省)명 '인사말을 생략함'의 뜻으로, 편지 첫머리에 쓰는 한문 투의 말. 관략(冠略)
관서(官署)명 관청과 그 보조 기관을 통틀어 이르는 말. 공서(公署)
관서(寬恕)명-하다타 너그럽게 용서함. 관대(寬貸). 관면(寬免)
관서(關西)명 마천령(摩天嶺) 이서(以西) 지방. 흔히 평안도 일대를 이르는 말. ☞관남(關南). 청남(淸南)
관서별곡(關西別曲)명 조선 명종 때, 백광홍(白光弘)이 지었다는 기행 가사(紀行歌辭). 관서 지방의 아름다운 경치를 보고 읊은 내용임.
관서=팔경(關西八景)명 평안도에 있는 여덟 군데의 명승지. 강계의 인풍루(仁風樓), 의주의 통군정(統軍亭),

선천의 동림폭(東林瀑), 안주의 백상루(百祥樓), 평양의 연광정(練光亭), 성천의 강선루(降仙樓), 만포의 세검정(洗劍亭), 영변의 약산 동대(藥山東臺)를 이름.

관석(罐石)명 보일러의 안쪽 면에, 물에 녹아 있던 광물질이 들러붙은 것. 관물때

관선(官船)명 관청이 소유한 배.

관선(官線)명 국가나 공공 단체에서 가설한 전선이나 철도선 따위. ☞사선(私線)

관선(官選)명-하다타 정부에서 뽑는 일, 또는 뽑은 것. ¶ ─ 이사(理事) ☞민선(民選). 사선(私選)

관선=변:호인(官選辯護人)명 '국선 변호인(國選辯護人)'을 이전에 이르던 말.

관설(官設)명-하다타 국가나 공공 단체에서 설립하거나 설치함. ☞사설(私設)

관:섭(管攝)명-하다타 겸관(兼管)

관섭(關涉)명-하다자 일에 관계하고 간섭함.

관:성(款誠)명 은근하면서 극진한 정성.

관성(慣性)명 물체가 외부의 힘을 받지 않는 한, 정지나 운동의 상태를 계속 유지하려고 하는 성질. 타성(惰性)

관성-자(管城子)명 '붓'을 달리 이르는 말. 중국 당(唐)나라의 한유(韓愈)가 의인화한 말임.

관성-장(管城將)명 조선 시대, 북한산성(北漢山城)을 맡아 지키던 정삼품의 장관(將官).

관세(冠歲)명 관례를 치르는 나이, 곧 남자의 나이 '스무 살'을 이르는 말. 약관(弱冠)

관세(關稅)명 한 나라의 세관을 통과하는 상품에 대하여 부과하는 조세.

관세(觀勢)명-하다자타 형세를 살펴봄.

관세=경:찰(關稅警察)명 밀수를 막고 관세의 징수를 돕는 행정 경찰.

관세=동맹(關稅同盟)명 서로 경제적·정치적 이해 관계가 깊은 둘 이상의 국가끼리 단일 경제권을 이루어 서로 관세를 없애는 한편, 그 밖의 나라들에 대해서는 공통의 관세를 매기는 등 공동의 목적으로 맺는 동맹.

관세=무:역=일반=협정(關稅貿易一般協定)명 가트(GATT)

관세-사(管稅司)명 조선 말기, 조세(租稅) 등의 세입 징수를 맡아보던 관아.

관세-사(關稅士)명 통관업자(通關業者) 등의 의뢰에 따라 관세에 관한 여러 업무를 대리하거나 상담하는 자격을 갖춘 사람.

관세-율(關稅率)명 수입 상품에 부과하는 관세의 비율.

관세음(觀世音)명 '관세음보살(觀世音菩薩)'의 준말.

관세음-보살(觀世音菩薩)명 보살의 하나. 대자 대비하여, 중생이 괴로울 때 그 이름을 외면 괴로움을 풀어 준다고 함. 관자재보살(觀自在菩薩) 준관세음(觀世音). 관음(觀音). 관음보살(觀音菩薩)

관세=장벽(關稅障壁)명 국내 산업을 보호할 목적으로 외국 상품에 대하여 유입을 억제하기 위하여 관세율을 높이거나 관세 부과 품목을 신설하거나 하는 일.

관세=전:쟁(關稅戰爭)명 관세 정책(關稅政策)을 무기 삼아 외국 상품이 들어옴을 서로 막는 데서 생기는 국가간의 알력.

관세=정책(關稅政策)명 관세 제도에 관한 국가의 정책. 국내 산업의 보호와 육성, 재정 수입, 국민 생활, 대외 관계 등을 고려하여 결정함.

관세-청(關稅廳)명 관세의 부과와 징수, 수출입 물품의 통관 등의 사무를 맡아보는 관청.

관소-과:녁(∠官所貫革)명 지난날, 무과(武科)를 보일 때 150보의 거리에 세워 두던 과녁을 이르던 말.

관속(官屬)명 지난날, 지방 관아의 아전(衙前)과 하인을 통틀어 이르던 말.

관속(管束)명 관다발

관속=식물(管束植物)명 관다발 식물

관:솔 명 소나무의 송진이 많이 엉긴 가지나 옹이. 송명

관:솔-불[-뿔]명 관솔에 붙인 불. 송거(松炬). 송명(松明) 준솔불

관쇄(關鎖)명-하다자타 문을 잠금.

관-쇠(館-)[-쐬]명 지난날, 푸주를 내어 쇠고기를 팔던 사람.

관수(官守)명 관리로서 가진 직책.

관수(官修)명-하다타 ①정부에서 책을 편수(編修)하는 일. ②정부에서 어떤 것을 수리하거나 수선하는 일.

관수(官需)명 관청의 수요. ¶ ─ 물자 ☞민수(民需)

관수(管守)명-하다타 맡아 지킴.

관:수(盥手)명-하다자 손을 씻음.

관:수(灌水)명-하다자 식물이 잘 자라도록 물을 주는 일. ☞관개(灌漑)

관수-미(官需米)명 지난날, 수령(守令)의 양식으로 거두던 쌀.

관수-해(冠水害)명 아직 거두지 않은 농작물이 모두 물속에 잠기는 피해.

관:숙(慣熟)어기 '관숙(慣熟)하다'의 어기(語基).

관:숙-하다(慣熟─)형여 ①몸에 밴듯 익숙하다. ¶단체 생활에 관숙해졌다. ②가장 친밀하다.

관습(慣習)명 어떤 사회에서 예부터 지켜 이어 오는 생활상의 습관이나 풍속. ¶낡은 ─에서 벗어나다.

관습-법(慣習法)명 관습에 근거를 두고 사회 통념으로서 성립하는 법. 입법 기관의 법 제정이 없어도 법의 효력이 인정되고 있는 관습. 불문법(不文法)의 한 가지임. 관례법(慣例法). 습관법(習慣法)

관습-적(慣習的)명 관습이 된 것. ¶ ─인 의식(儀式).

관시(串柿)명 곶감 ☞준시(蹲柿)

관식(官食)명 교도소에 갇힌 사람에게 관청에서 주는 끼니 음식. ☞사식(私食)

관심(關心)명-하다자타 어떤 사물에 마음이 끌리는 일. 마음이 쏠리는 일. 관념(關念) ¶환경과 생태계에 ─을 가지다. /정치에는 ─이 없다.

관심(觀心)명 불교에서, 마음의 본성을 밝게 살피는 일을 이르는 말.

관심-사(關心事)명 관심을 두고 있는 일. ¶공통의 ─.

관아(官衙)명 지난날, 관원이 모여 행정 사무를 보던 곳. 공아(公衙). 관사(官司). 마을[2]

관악(管樂)명 관악기로 연주하는 음악. ☞현악(絃樂)

관악-기(管樂器)명 입으로 불어서 관 속의 공기를 진동시켜 소리를 내는 악기. 목관 악기(木管樂器)와 금관 악기(金管樂器) 두 가지가 있음. 취주 악기(吹奏樂器) ☞현악기(絃樂器). 타악기(打樂器)

관안(官案)명 조선 시대, 각 관아의 이름과 그곳에 딸린 관원의 이름을 적은 책을 이르던 말.

관액(官厄)명 관재(官災)

관약(管籥)명 생황이나 단소(短簫) 따위의 관악기.

관약(管鑰)명 궁문(宮門)이나 성문의 자물쇠.

관억(寬抑)명-하다타 ①격한 감정을 너그러운 마음으로 억누름. ②너그럽게 생각함.

관엄(寬嚴)어기 '관엄(寬嚴)하다'의 어기(語基).

관엄-하다(寬嚴─)형여 너그러우면서도 엄하다.

관업(官業)명 정부에서 경영하는 사업. 철도나 우편 사업 따위. ¶ ─ 노동자 ☞민업(民業)

관여(關與)명-하다자 어떤 일에 관계하여 참여함. 간여(干與) ¶국정에 ─하다. /남의 일에 ─하다.

관역(官役)명 ①나라의 역사(役事). ②지난날, 관가에서 시키던 부역(賦役).

관:역(灌域)명 관개가 되는 지역.

관연(官煙)명 정부에서 만든 담배.

관엽=식물(觀葉植物)명 잎사귀의 빛깔이나 모양을 보고 즐기기 위해 가꾸는 식물. 관음죽(觀音竹)이나 팔손이나무 따위.

관영(官營)명 정부가 경영하는 일을 '민영(民營)'에 상대하여 이르는 말. ☞국영(國營)

관영(冠纓)명 관(冠)의 끈.

관:영(貫盈)명-하다자 가득하게 참.

관영=요:금(官營料金)[-뇨-]명 정부가 경영하는 기업에서 정하여 받는 요금. 철도 요금이나 전기 요금, 수도

요금 따위.
관옥(冠玉)명 ①관의 앞쪽을 꾸미는 옥. 면옥(面玉) ②남자의 아름다운 얼굴을 비유하여 이르는 말.
관외(管外)명 관할 구역 밖. ☞관내(管內)
관외(館外)명 관(館)의 밖. ¶ - 전시(展示)
관외(關外)명 관여할 바가 아닌 일.
관요(官窯)명 조선 시대, 관청에서 쓸 도자기를 구워 내던 관영(官營) 가마, 또는 거기서 구워 낸 도자기. ☞민요(民窯)
관욕(官辱)명 관청으로부터 받는 욕된 일.
관:욕(灌浴)명 ①불교에서, 재(齋)를 올릴 때 영혼(靈魂)을 씻기는 의식을 이르는 말. ②관불(灌佛)
관용(官用)명 정부나 관청의 소용. ¶ - 차량/ - 여권
관용(慣用)명-하다타 ①습관적으로 늘 씀. ¶ - 수법 ②습관적으로 일정하게 널리 씀. ¶ - 어구(語句)
관용(寬容)명-하다타 너그럽게 용서하거나 받아들임. ¶ -을 베풀다. / -하는 마음.
관용-구(慣用句)[-꾸]명 둘 이상의 단어가 어울려 어떤 독특한 뜻을 나타내는 구절. '손을 놓다.', '귀가 여리다.' 따위.

> ▶ **고유어의 관용구들**
> 고유어의 관용구는 그 단어 결합의 뜻이 아닌 독특한 은유적(隱喩的) 뜻을 지니고 있다.
> ¶꼬리를 치다. ☞꼬리 / 발을 끊다. ☞발
> 눈에 밟히다. ☞눈 / 손을 벌리다. ☞손

관용-어(慣用語)명 관습적으로 쓰이어, 한 단어처럼 굳어진 말. '하다못해', '아니나다를까', '오나가나', '앉으나서나' 따위.
관운(官運)명 ①관리가 될 운수. ¶ -이 열리다. ☞환수(宦數) ②관리로 출세할 운수. 관복(官福)
관원(官員)명 관직에 있는 사람. 관리(官吏). 벼슬아치
관위(官位)명 관직의 직위.
관위(官威)명 관청의 위력이나 권위.
관유(官有)명 관청의 소유. ☞민유(民有). 사유(私有)
관유(寬宥)명-하다타 관대(寬貸)
관유(館儒)명 지난날, 성균관(成均館)에서 지내면서 공부하던 유생(儒生).
관유(寬裕)어기 '관유(寬裕)하다'의 어기(語基).
관유-림(官有林)명 정부의 소유로 된 산림. 준관림(官林) ☞국유림(國有林). 사유림(私有林)
관유-하다(寬裕-)형여 마음이 크고 너그럽다.
관음(觀音)명 '관세음보살(觀世音菩薩)'의 준말.
관음경(觀音經)명 불교에서, 법화경(法華經) 제25품 관세음보살 보문품(普門品)을 달리 이르는 말.
관음경언:해(觀音經諺解)명 조선 성종 16년(1485)에, 관음경을 한글로 번역하여 간행한 책.
관음-보살(觀音菩薩)명 '관세음보살(觀世音菩薩)'의 준말.
관음-상(觀音像)명 관세음보살의 상(像).
관음-전(觀音殿)명 관세음보살의 상을 모신 불전.
관음-죽(觀音竹)명 야자과의 상록 관목. 줄기는 잎집의 섬유로 싸이고, 잎은 긴 자루 끝에 손바닥 모양으로 갈라져 있음. 암수딴그루이며, 심은 지 3년쯤 지나면 초여름에 작고 엷은 노란빛 꽃이 핌. 중국 남부 원산으로, 관상용임.
관음-찬(觀音讚)명 관음보살을 기리어 부르는 노래 글귀.
관이명 골패나 투전 따위의 노름을 할 때, 먼저 시작하는 사람.
관이(貫耳)명 '관이전(貫耳箭)'의 준말.
관이-전(貫耳箭)명 지난날, 전진(戰陣)에서 군율을 어긴 사형수의 두 귀에 꿰어 뭇사람에게 보이던 화살. 준관이(貫耳)
관인(官人)명 관리(官吏) ☞민간인(民間人)
관인(官印)명 관청이나 관직의 도장. ¶ -이 찍힌 문서. ☞사인(私印)
관인(官認)명-하다타 관청에서 허가함. ¶ - 학원
관인(寬忍)명-하다타 너그러운 마음으로 참음.
관인(寬仁)어기 '관인(寬仁)하다'의 어기(語基).
관인대:도(寬仁大度)성구 마음이 너그럽고 어질며 도량이 큼을 이르는 말.
관인=요:금(官認料金)[-뇨-]명 정부에서 인정한 요금.
관인-하다(寬仁-)형여 마음이 너그럽고 어질다.
관:입(貫入)명-하다자 ①꿰뚫고 들어감. ②마그마가 지층이나 암석 속으로 뚫고 들어가는 현상.
관:입-암(貫入岩)명 마그마가 지층이나 암석 속으로 뚫고 들어가서 생긴 화성암.
관자(冠者)명 관례를 치른 남자.
관자(貫子)명 망건에 달아 당줄을 꿰는 작은 고리. 금, 옥, 뿔, 뼈 따위로 만듦.
관자(關子)명 관문(關文)
관자-놀이명 귀와 눈 사이의 맥박이 뛰는 자리. 섭유(顳顬)
관-자재(觀自在)명 ①불교에서, 마음이 밝아서 모든 사물을 자유자재로 볼 수 있음을 이르는 말. ②'관자재보살(觀自在菩薩)'의 준말.
관자재-보살(觀自在菩薩)명 관세음보살(觀世音菩薩) 준관자재(觀自在)
관작(官爵)명 관직과 작위(爵位).
관장(官長)명 지난날, 관아의 으뜸 관직이라는 뜻으로, 고을의 원을 이르던 말.
관장(管掌)명-하다타 일을 주관하여 맡아봄. 장관(掌管) ¶건축 허가를 -하다.
관장(館長)명 ①도서관이나 박물관 등 '관(館)' 자가 붙은 기관의 책임자. ②지난날, 성균관의 으뜸 관직.
관:장(灌腸)명-하다자 약액을 항문으로부터 직장(直腸)이나 결장(結腸)에 집어넣는 일. 배변(排便)을 촉진하거나 영양 보급 등을 위하여 함.
관:장-제(灌腸劑)명 관장에 쓰이는 글리세린이나 타닌산 따위의 약제.
관재(官災)명 관청과 관련하여 받는 재앙. 관액(官厄) ¶ -를 입을 운수.
관재(棺材)명 관을 만드는 데 쓸 재목. 널감. 수판(壽板). 판재(板材)
관재(管財)명-하다자 재산을 관리하는 일.
관재-수(官災數)[-쑤]명 관청과 관련하여 재앙을 받을 운수. ¶ -가 들다.
관재-인(管財人)명 재산 관리인(財産管理人)
관:저(官邸)명 장관급 이상의 고관이 임기 중에 살 수 있게 정부가 제공하는 저택. 공저(公邸) ☞ 공관(公館). 사저(私邸)
관:적(貫籍)명 ①본적지(本籍地) ②관향(貫鄕)
관전(官前)명 지난날, 아전이나 하인이 관원을 높이어 일컫던 말.
관전(官錢)명 ①지난날, 나라에서 만든 돈을 이르던 말. ☞사전(私錢) ②지난날, 관가의 돈을 이르던 말. ☞관금(官金)
관전(觀戰)명-하다자타 ①전쟁의 실황을 살펴봄. ②바둑의 대국, 축구 등의 경기를 구경함. ¶경기를 -하다.
관전자명 지난날, 수라상에 오르던 음식의 한 가지. 꿩고기에 갖은양념을 한 뒤 육즙을 붓고 실백을 띄운 음식임.
관전-평(觀戰評)명 경기 따위를 보고 나서 하는 평.
관절(關節)명 뼈와 뼈가 맞닿아 움직이는 연결 부분. 골관절(骨關節). 뼈마디 ¶무릎 -
관절(冠絕)어기 '관절(冠絕)하다'의 어기(語基).
관절=감:각(關節感覺)명 관절이 움직임에 따라 일어나는 감각.
관절-강(關節腔)명 관절의 활액(滑液)이 차 있는 곳.
관절=강직(關節強直)명 관절이 굳어져 운동이 잘 안 되거나 불가능한 병.
관절-낭(關節囊)명 관절 둘레를 싸고 있는 결합 조직의 주머니 모양의 막(膜). 점액이 들어 있음.
관절=류머티즘(關節rheumatism)명 여러 관절이 붓고 쑤시거나 잘 움직이지 않는 증세를 나타내는 류머티즘. 여성에 많음.

관절=신경통(關節神經痛)명 관절 부위에 일어나는 신경통.

관절=연:골(關節軟骨)[-련-]명 가동 관절의 면을 덮어 싼 연골.

관절-염(關節炎)[-렴]명 관절에 일어나는 염증. 아프고 부어 오르며, 급성인 때는 열이 나기도 함.

관절-지(關節肢)[-찌]명 절지동물에서, 마디가 관절이 되어 각 방향으로 굽힐 수 있는 다리.

관절-하다(冠絶-)형여 여럿 중에서 가장 뛰어나다.

관점(觀點)[-쩜]명 어떤 사물을 보거나 판단하는 경우의 생각의 방향. 견지(見地) ¶-의 차이./-이 다르다.

관:접(款接)명-하다타 관대(款待)

관정(管井)명 대롱 모양으로 둥글게 판 우물.

관정(寬政)명 너그럽게 다스리는 정치. ☞가정(苛政)

관:정(灌頂)명 불교에서, 계(戒)를 받거나 지위가 오를 때, 머리에 향수를 붓는 의식.

관제(官制)명 국가 행정 기관의 설치·폐지·조직·권한 등에 관한 법규. 직제(職制)

관제(官製)명-하다타 관청이나 정부가 경영하는 기업체에서 만듦, 또는 만든 물건. ☞사제(私製)

관제(官題)명 지난날, 청원이나 소송 등에 대하여 관아에서 써 주던 지령(指令).

관제(管制)명-하다타 ①관할하여 통제함. 특히 국가 또는 특정한 기관이 필요에 따라 강제적으로 관리하고 통제하는 일. ¶보도를 -하다. ②공항에서, 항공기와 교신하면서 이착륙 등을 지시하는 일. ☞항공 교통 관제

관제-염(官製塩)명 정부에서 만든 소금.

관제=엽서(官製葉書)명 정부에서 만들어 파는 우편 엽서. ☞사제 엽서(私製葉書)

관제-탑(管制塔)명 공항에서, 항공 교통 관제를 하는 탑 모양의 시설. 항공 관제탑(航空管制塔)

관조(觀照)명-하다타 ①고요한 마음으로 사물을 관찰하여 그 본질을 파악함. ¶인생을 -하다. ②직감(直感)에 따라 대상을 직접적으로 인식하는 일. ③불교에서, 지혜로써 사물의 실상(實相)을 비추어 보는 일.

관족(管足)명 해삼이나 불가사리 등 극피동물(棘皮動物)의 몸에서 나와 있는 가는 관(管). 발 구실을 할 뿐더러 먹이의 섭취와 감각·호흡 기관의 기능도 함.

관:주(貫珠)명 지난날, 시문(詩文)을 꼲을 때 썩 잘된 시구(詩句) 옆에 치던 동그라미. ☞비점(批點)

관-주인(館主人)[-쭈-]명 지난날, 성균관(成均館)에 응시하러 서울에 온 시골 선비가 성균관 근처에서 묵던 집. 반주인(泮主人)

관-죽전(官竹田)명 조선 시대, 나라가 소유하던 대밭.

관:중(貫中)명 ①과녁의 한복판. ②-하다자 화살이 과녁의 한복판에 맞음.

관중(觀衆)명 흥행물이나 행사 등을 구경하는 사람들. ¶-의 환호 소리./많은 -이 모인 야구장. ☞구경꾼

관중(關重)어기 '관중(關重)하다'의 어기(語基).

관중-석(觀衆席)명 관중이 앉는 자리. ¶-을 메웠다.

관중-하다(關重-)형여 중요한 관계가 있다.

관즐(盥櫛)명-하다자 낯을 씻고 머리를 빗음.

관:지(款識)명 ①지난날, 의식에 쓰던 그릇이나 종에 새긴 표나 글씨. 오목하게 새긴 것을 '관', 돋을새김을 한 것을 '지'라고 함. ②낙관(落款)

관지(關知)명-하다자타 어떤 일에 관련하여 앎.

관직(官職)명 관리의 직무나 직위.

관진(關鎭)명 지난날, 국경을 지키던 군영(軍營).

관진(觀診)명-하다타 병자의 얼굴을 보고 병세를 진찰하는 일, 또는 그 진찰. ☞망진(望診)

관차(官次)명 관직의 석차(席次).

관차(官差)명 지난날, 관아에서 보내던 아전. 군뢰(軍牢), 사령(使令) 등.

관찬(官撰)명-하다타 정부에서 편찬함, 또는 그 책.

관찰(觀察)[1]명-하다타 사물을 잘 살펴봄. ¶개구리의 생태를 -하다.

관찰(觀察)[2]명 '관찰사(觀察使)'의 준말.

관찰-도(觀察道)[-또]명 1896년(조선 고종 33)에 행정 구역을 13도로 갈랐을 때, 관찰부(觀察府)가 있던 도.

관찰-력(觀察力)명 관찰하는 능력.

관찰-부(觀察府)명 조선 시대, 관찰사가 직무를 보던 관아.

관찰-사(觀察使)[-싸]명 ①고려 시대, 각 주(州)와 부(府)의 으뜸 관직. ②조선 시대, 각 도의 으뜸 관직. 외직(外職) 문관의 종이품 직위. 감사(監司). 도백(道伯). 방백(方伯) 준관찰(觀察)[2]

속담 **관찰사 닿는 곳에 선화당**(宣化堂): 관찰사가 가는 곳마다 집무실과 다름없는 호사를 누린다는 뜻으로, 가는 곳마다 극진한 대접을 받는 일을 이르는 말.

관찰-안(觀察眼)명 사물을 관찰하는 안식이나 능력.

관:천(貫穿)명-하다타 학문에 통달함.

관:철(貫徹)명-하다타 뜻한 바를 이룰 때까지 마음먹은 대로 끝까지 해 냄. ¶초지(初志)를 -하다.

관철(觀徹)명-하다타 사물을 꿰뚫어 봄.

관첨(觀瞻)명-하다타 ①여러 사람이 바라봄. ②우러러봄.

관청(官廳)명 ①국가의 사무에 대해서 국가의 의사를 결정하고, 그 의사를 외부에 표시할 수 있는 권한을 가진 국가 기관. 담당하는 사무에 따라 행정 관청, 사법 관청으로, 관할 구역에 따라 중앙 관청, 지방 관청으로 구별함. ☞관(官). 관부. 관아 ②관리가 사무를 보는 국가 기관. ③지난날, 원이 먹을 음식을 마련하던 곳.

한자 **관청 부**(府)〔广部 5획〕¶정부(政府)
관청 서(署)〔网部 9획〕¶공서(公署)/관서(官署)
관청 청(廳)〔广部 22획〕¶도청(道廳)/정청(政廳)/지청(支廳)/청사(廳舍) ▷속자는 庁

관측(觀測)명-하다타 ①천체나 기상 등을 관찰, 측정하여 그 움직임이나 변화를 헤아리는 일. ¶위성 -/혜성을 -하다. ②상황이나 형편을 주의 깊게 살펴보고 그 변화나 추이를 헤아리는 일. ¶사태를 희망적으로 -하다.

관측-기(觀測器)명 천체나 기상 등을 관측하는 데 사용하는 기구. ▷觀의 속자는 覌

관측=기구(觀測氣球)명 ①고공(高空)의 대기 상태를 관측하기 위하여 띄우는 기구. 라디오존데 따위를 장착함. ☞탐측 기구(探測氣球) ②적정(敵情)이나 포탄의 착탄 상태를 관측하기 위하여 띄우는 기구.

관측-소(觀測所)명 ①천문이나 기상 등 자연 현상을 관찰, 기록하고 그 움직임을 측정하는 연구소. ②적의 동정을 살피고 포탄의 착탄 거리를 측정하여 사격을 지휘하는 곳. 오피(O.P.)

관측=장:교(觀測將校)명 군대의 포병대에서, 포격(砲擊)할 목표물을 관측하여 포탄의 탄착점(彈着點)을 목표물에 유도하는 장교.

관측-통(觀測通)명 어떤 방면의 동정(動靜)이나 사정을 소상히 관측하는 사람이나 기관. ☞소식통(消息通)

관치(官治)명 '관치 행정'의 준말. ☞자치(自治)

관치=행정(官治行政)명 국가의 행정 기관에서 직접 맡아 하는 행정. 준관치(官治) ☞자치 행정(自治行政)

관통(官桶)명 지난날, 곡식을 담던 섬의 한 가지. 관에서 정한 말로 열다섯 말이 들어갔음.

관통(貫通)명-하다타 어떤 물체 속을 꿰뚫고 지나가는 일. 통관(通關) ¶유리를 -한 총알./굴이 -되었다.

관통-상(貫通傷)명 총알이 몸을 꿰뚫고 나간 상처.

관판(官版)명 정부나 관청에서 펴낸 책. 관본(官本)

관판(棺板)명 관을 만드는 넓고 긴 널빤지.

관폐(官弊)명 관리의 부정 행위로 생기는 폐단.

관포지교(管鮑之交)성구 옛 중국의 관중(管仲)과 포숙아(鮑叔牙)의 사귐이 변함없었다는 고사(故事)에서, 매우 친밀한 교우 관계를 비유하여 이르는 말.

관품(官品)명 관등(官等)

관풍(觀楓)명-하다자 단풍 구경.

관하(管下)명 관할하는 구역이나 범위 안. ¶- 각 부대.

관-하기(官下記)명 지난날, 지방 관리가 적던 회계 장부.

관-하다(關-)자여 ①대상으로 하다. 〔주로 '…에 관하여'의 꼴로 쓰임.〕¶일에 관하여 의논하다. ②관련되다.

〔주로 '…에 관한'의 꼴로 쓰임.〕 ¶ 사업에 관한 정보.

관-하:인(官下人)명 관례(官隷)

관학(官學)명 관립의 교육 기관. ☞사학(私學)

관학=유생(館學儒生)명 지난날, 성균관(成均館)과 사학(四學)에서 지내는 유생을 이르던 말.

관한(寬限)명-하다타 기한을 연기함. 전한(展限)

관-한량(館閑良)명 조선 시대, 서울에 있는 모화관(慕華館)에서 활쏘기 등의 무예를 익히는 무관(武官)의 자제들을 이르던 말.

관할(管轄)명-하다타 권한을 가지고 다스리는 일, 또는 그 권한이 미치는 범위. ¶ 시(市)에서 ―하는 기관.

관할=관청(管轄官廳)명 관할권이 있는 관청.

관할=구역(管轄區域)명 관할권이 미치는 구역. 준관구

관할-권(管轄權)[―꿘]명 관할하는 권리.

관할=법원(管轄法院)명 특정 사건에 대하여 관할권을 가지고 있는 법원.

관할-지(管轄地)[―찌]명 관할권이 미치는 지역.

관함(官銜)명 관리의 직함(職銜).

관함-식(觀艦式)명 국가 원수가 해군의 군함과 장병을 직접 검열하는 의식.

관:항(款項)명 예산서나 결산서의 내용 구분 형식인 '관'과 '항'. ②조항이나 항목.

관해(官海)명 관리의 사회를 바다에 비유하여 이르는 말. 환해(宦海)

관행(官行)명 관원의 행렬이나 그 일행.

관:행(慣行)명-하다타 ①관례대로 하는 일. ¶ ―에 따르다. ②습관적으로 늘 하는 일. ¶ 못된 ―.

관:행-범(慣行犯)명 같은 행위를 되풀이하는 범죄, 또는 그런 범인. 도박 따위. 상습범(常習犯)

관-행차(官行次)명 '관행(官行)'을 높이어 이르던 말.

관향(貫鄕)명 가계(家系)의 시조(始祖)가 태어난 땅, 곧 시조의 고향. 관적(貫籍). 본관(本貫). 본향(本鄕). 선향(先鄕). 성향(姓鄕). 향관(鄕貫) 준관(貫)²

관허(官許)명-하다타 정부에서 허가함, 또는 그 허가. 공허(公許) ¶ ― 영업

관허=요:금(官許料金)명 정부에서 허가한 요금.

관헌(官憲)명 ①지난날, '관청(官廳)'을 이르던 말. ②관리, 특히 경찰 관리. ¶ ―에 체포되었다. ③관청의 규칙이나 규정.

관혁(貫革)명 '과녁'의 원말.

관현(管絃)명 관악기와 현악기를 아울러 이르는 말.

관현-악(管絃樂)명 관악기·현악기·타악기의 합주(合奏), 또는 그 음악.

관현악-단(管絃樂團)명 관현악을 연주하도록 편성된 악단. 오케스트라(orchestra) ☞교향악단(交響樂團)

관형(管形)명 대롱 같은 모양. 관상(管狀)

관형(寬刑)명 관대한 형벌.

관형(觀形)명-하다자 얼굴 모습을 살펴봄.

관형격(冠形格)[―껵]명〈어〉관형어격(冠形語格)

관형격=조사(冠形格助詞)[―껵―]명〈어〉관형어격 조사(冠形語格助詞)

관형구(冠形句)[―꾸]명 관형어구(冠形語句)

관형사(冠形詞)명〈어〉품사(品詞)의 하나. 체언(體言) 앞에서 그 말을 꾸미는 구실을 하는 단어. 조사가 붙지 않고, 활용하지 않음. 체언을 꾸미는 뜻에 따라 '새', '헌' 등 성상 관형사, '이', '그', '무슨', '어느' 등 지시 관형사, '한', '두', '석' 등 수관형사로 구별됨. 매김씨 ☞부사(副詞). 수식언(修飾言)

> ▶ **관형사(冠形詞)와 접두사(接頭辭)**
> 체언(體言)을 꾸미는 말로는 관형사, 접두사, 용언(用言)의 관형사형 등 여러 가지가 있다. 관형사가 체언 앞에서 그 말을 꾸미는 구실을 하는 것과는 달리, 접두사는 품사가 아니라 한 단어의 일부를 이루는 덧붙이 형식의 말 조각이다. '올-벼', '올-서리'에서 '올-'처럼 쓰이는 말의 조각이다. 그리고 그것의 놓이는 자리가 '한가운데, 한낮, 한밤'의 '한-'처럼 제한되어 쓰인다.

관형사-형(冠形詞形)명〈어〉관형사의 기능을 하도록 그 꼴이 바뀐 용언(用言)의 활용형. 주로 어미 '-는, -ㄴ, -은, -ㄹ' 따위가 붙음. '가는 정 오는 정'에서 '가는, 오는' 따위. ☞부사형(副詞形)

관형사형=어:미(冠形詞形語尾)명〈어〉관형사처럼 명사를 꾸미도록 형태가 바뀐 어미. '간 사람, 가는 사람, 갈 사람'에서 '-ㄴ, -는, -ㄹ' 따위. ☞명사형 어미(名詞形語尾)

관형어(冠形語)명〈어〉문장 성분의 하나. 문장에서 체언(體言)을 꾸미는 말. 관형사, 용언의 관형사형, 체언 등이 이에 딸림. ☞부사어(副詞語)

> ▶ **관형어의 여러 가지**
> ① 관형사 ― 무슨 일./새 집.
> ② 용언의 관형사형 ― 오는 사람./아름다운 꽃./옳은 말.
> ③ 체언+조사 ― 진보적인 사고./국민의 여론./나의 소원.
> ④ 체언 ― 봄 나들이/구호 활동

관형어-격(冠形語格)[―껵]명〈어〉관형어의 자리. '나라의 꽃', '민족의 얼'에서 '나라의', '민족의'가 이에 해당함. ☞부사격(副詞格)

관형어격=조사(冠形語格助詞)[―껵―]명〈어〉의미상으로 구별한 격조사의 하나. 체언(體言)에 붙어 그 다음의 명사를 꾸미는 구실을 하는 조사. '민족의 숙원(宿願)은 통일', '대학자인 퇴계 선생'에서 '-의', '-ㄴ'이 이에 해당함. ☞부사격 조사(副詞格助詞)

관형어-구(冠形語句)[―꾸]명〈어〉문장에서 관형어의 구실을 하는 구. '부지런히 일하는 사람은 반드시 성공한다.'에서 '부지런히 일하는'과 같은 구성의 말. ☞부사구(副詞句)

관형어-절(冠形語節)명〈어〉주어(主語)와 서술어(敍述語)로 구성되어, 문장에서 명사의 꾸밈말 구실을 하는 성분을 이르는 말. '꽃이 피는 아침, 달이 뜨는 저녁'에서 '꽃이 피는', '달이 뜨는'과 같은 구성의 말. 관형절(冠形節) ☞서술절(敍述節)

관형절(冠形節)명〈어〉관형어절(冠形語節)

관형-찰색(觀形察色)[―쌕]명 ①-하다타 남의 속내를 알아보기 위하여 얼굴빛을 살피는 일. ②-하다타 낯선 사물을 자세히 살펴보는 일. ③한방에서, 얼굴이나 체격, 살갗, 혈색 등을 살펴보는 진찰법의 한 가지.

관혼상례(冠婚喪禮)명 관례·혼례·상례를 통틀어 이르는 말. ☞사례(四禮)

관혼상제(冠婚喪祭)명 관례·혼례·상례·제례를 통틀어 이르는 말. ☞사례(四禮)

관홍(寬弘)어기 '관홍(寬弘)하다'의 어기(語基).

관홍-하다(寬弘―)형여 관대하다

관화(觀火)명 ①'명약관화(明若觀火)'의 준말. ②지난날, 불놀이를 구경하는 일을 이르던 말.

관활(寬闊)어기 '관활(寬闊)하다'의 어기(語基).

관활-하다(寬闊―)형여 너그럽고 활달하다.

관후(寬厚)어기 '관후(寬厚)하다'의 어기(語基).

관후-장:자(寬厚長者)명 너그럽고 후하고 점잖은 사람. 관대장자(寬大長者)

관후-하다(寬厚―)형여 너그럽고 후하다.

괄괄-하다형여 ①풀이 세다. ②성미가 시원시원하고 급하며 드세다. ¶ 괄괄한 성격. 준괄하다 ③목소리가 굵고 거세다. ¶ 괄괄한 목소리.

괄:다(괄고·과니)형 ①불기운이 세다. ②성미가 드세고 급하다. ¶ 성미가 ―. ③누긋한 맛이 없이 꽛꽛하다. ¶ 나뭇결이 ―. ④나무의 옹이 부분에 엉기어 붙은 진이 많다. ¶ 송진이 괄 관솔.

속담 **괄기는 인왕산(仁旺山) 솔가지라** : 성미가 몹시 드세고 급하다는 말.

괄대(恝待)[―때]명-하다타 업신여겨 홀대하는 일. 푸대접하는 일.

괄목(刮目)[명]-하다[자] 몰라볼 만큼 달라진 것을 눈을 비비고 다시 봄. ¶ -할만 한 발전.
괄목상대(刮目相待)[성구] 눈을 비비고 주의하여 뒷날의 결과를 기다린다는 뜻으로, 다른 사람의 놀라운 진보나 변화를 기대함을 뜻하는 말.
괄발(括髮)[명]-하다[자] 상(喪)을 당한 사람이 상복을 입기 전에 풀었던 머리를 묶는 일.
괄선(括線)[-썬][명] 글자나 숫자의 여러 개를 일괄하여 구별하기 위해 위쪽에 긋는 선.
괄시(恝視)[-씨][명]-하다[타] 업신여겨 하찮게 대하는 일. ☞홀대(忽待)
괄약(括約)[명]-하다[타] ①모아서 한데 합하는 일. ②벌어진 것을 오므라지게 하는 일.
괄약-근(括約筋)[명] 항문이나 요도(尿道) 따위의 주위에 있는, 늘어났다 오므라졌다 하는 고리 모양의 근육.
괄연(恝然)[어기] '괄연(恝然)하다'의 어기(語基).
괄연-하다(恝然-)[형여] 업신여기는듯 하다.
괄태-충(括胎蟲)[명] '민달팽이'의 딴이름.
괄:-하다[형여] '괄괄하다'의 준말.
괄호(括弧)[명] 다른 것과 구별하기 위하여, 단어나 숫자 또는 문장의 앞뒤를 묶어 싸는 부호. ( )·〈 〉·〔 〕·[ ]·{ } 따위.
괄호-부(括弧符)[명] 묶음표
광:[1][명] 장식으로 연에 다는 종이. ¶ -을 달다.
광:[2][명] 세간이나 여러 물건을 넣어 두는 곳간. 고방(庫房) [속담] **광에서 인심이 난다** : 광에 쌓인 것이 많고 쌀독에 쌀이 많아야 남을 생각하는 인심이 후해진다는 말.〔쌀독에서 인심 난다〕
광(光)[1][명] ①빛 ②화투짝의 스무 끗짜리 딱지. 둥근 테 안에 '光'자를 그려 놓았음. 송학(松鶴), 벚꽃, 공산 명월, 오동, 비의 다섯 딱지. ☞열[3]. 껍데기
광:(光)[2][명] 매끈거리고 어른어른 하는 윤기. 광택(光澤) ¶ -을 내다./-이 나다.
광:(廣)[명] ①넓이 ②너비 ¶ -이 넓다.
광:(壙)[명] 송장이나 유골을 묻을 구덩이. 묘혈(墓穴)
광:(鑛)[명] 광물을 파내기 위하여 뚫은 구덩이. 광갱(鑛坑). ☞갱(坑). 광맥(鑛脈)
-광(狂)[접미] '미친 사람처럼 열중하는 이'임을 나타냄. ¶ 독서광(讀書狂)/메모광/낚시광
광각(光角)[명] 두 눈이 한 점을 볼 때 양 눈과 그 점을 잇는 두 직선이 이루는 각. 이 각이 클수록 물체가 가까이 있다고 판단함.
광각(光覺)[명] 빛의 자극에 따라 일어나는 감각. 빛에 대한 감각. ☞색각(色覺)
광:각(廣角)[명] 큰 각도. 넓은 각도.
광:각=렌즈(廣角lens)[명] 표준 렌즈보다 초점 거리가 짧고, 넓은 각도의 시야를 가진 렌즈. 넓은 범위를 촬영할 수 있음. ▷ 廣의 속자는 広
광간(狂簡)[어기] '광간(狂簡)하다'의 어기(語基).
광간-하다(狂簡-)[형여] 뜻은 크나 행동이 그에 따르지 못하고 거칠다.
광객(狂客)[명] 미친 사람처럼 언행이 정상에서 벗어난 사람.
광:갱(鑛坑)[명] 광물을 파내기 위하여 뚫은 구덩이. 광(鑛). 광점(鑛店) ▷ 鑛의 속자는 鉱
광:겁(曠劫)[명] 불교에서, 한없이 오랜 세월을 이르는 말. 영겁(永劫)
광견(狂犬)[명] 미친개
광견-병(狂犬病)[-뼝][명] 개에 유행하는 바이러스성 전염병. 이 병원체에 감염되면 개가 미쳐서 사나워지며, 끝내는 전신 마비로 죽게 됨. 또 감염된 개에 물리면 사람이나 가축에도 전염되어 치명적임. ☞공수병
광경(光景)[명] 눈에 보이는 경치, 또는 어떤 장면의 모습. ¶ 아름다운 -./눈물겨운 -.
광:고(廣告)[명]-하다[타] ①세상에 널리 알리는 일. ②상품 등의 존재나 가치, 효능 등의 정보를 널리 선전하는 일, 또는 그것을 위한 글이나 그림.
광:고(曠古)[어기] '광고(曠古)하다'의 어기(語基).
광:고=기구(廣告氣球)[명] 광고 풍선(廣告風船)
광:고=대:행업(廣告代行業)[명] 신문·잡지·방송 등에 내는 광고에 관한 업무를, 광고주를 대신해서 하는 직업.
광:고-란(廣告欄)[명] 신문이나 잡지 등에서 광고를 싣는 난.
광:고=매체(廣告媒體)[명] 광고 내용을 소비자에게 전달하는 매개체. 신문이나 잡지 따위의 인쇄 매체, 라디오나 텔레비전 따위의 전파 매체, 연도(沿道) 간판 따위의 장소 매체, 인터넷 따위의 사이버 매체 등이 있음.
광:고-문(廣告文)[명] 광고하기 위하여 쓴 글.
광:고-술(廣告術)[명] 광고하는 수법.
광:고=심리학(廣告心理學)[명] 광고를 효과 있게 하는 조건과 방법, 광고와 욕망의 관계 등을 연구하는 응용 심리학의 한 부문.
광:고=윤리(廣告倫理)[명] 광고의 표현과 실시에서 지켜야 할 도덕. 허위나 과대 표현, 중상(中傷), 도작(盜作)의 금지 따위.
광:고-주(廣告主)[명] 광고를 내는 사람.
광:고-지(廣告紙)[명] 광고하는 글이나 그림이 실린 종이.
광:고-탑(廣告塔)[명] 광고하는 글이나 그림으로 꾸민, 탑 모양의 구조물.
광:고=풍선(廣告風船)[명] 광고하는 글이나 그림을 달아 높이 띄우는 풍선. 광고 기구 ☞애드벌룬
광:고-하다(曠古-)[형여] 전례(前例)가 없다. ☞미증유(未曾有)
광:-공업(鑛工業)[명] ①광업과 공업. ②광업에 딸린 공업.
광:-공해(光公害)[명] 인공 불빛 때문에 밤 하늘의 별빛 따위가 흐리게 보여 기상 관측이 방해 받는 등의 공해.
광관(光冠)[명] 해와 달의 둘레에 보이는 테 모양의 빛. 대기 속의 작은 얼음 결정이나 물방울의 회절(回折)로 생기는 현상임. 광환(光環). 코로나(corona) ☞무리[4]
광:괴(鑛塊)[명] 광석의 덩이.
광구(光球)[명] 태양이나 항성(恒星)의 빛을 내는 표면 부분. 태양에서는 백색의 원판 모양으로 보이며, 두께는 약 400km임.
광구(匡救)[명]-하다[타] 잘못을 바로잡고 구제함. 광제(匡濟)
광:구(廣求)[명]-하다[타] 인재 등을 널리 구함.
광:구(鑛口)[명] 광물을 파내는 구덩이의 입구.
광:구(鑛區)[명] 광물의 채굴이나 시굴을 허가한 구역.
광:궤(廣軌)[명] 철도에서, 궤도의 너비가 표준인 1.435m 이상 되는 선로. ☞협궤(狹軌)
광:궤=철도(廣軌鐵道)[-또][명] 광궤로 된 철도.
광귤-나무(-橘-)[명] 운향과의 상록 소교목. 높이 7m 안팎. 가지에 가시가 있고, 꽃은 흰빛이며 5월경에 한 송이 또는 두세 송이씩 잎겨드랑이에 핌. 열매는 둥글고 귤색이며 신맛이 나는데, 한방에서 약재로 쓰임.
광기(狂氣)[-끼][명] 미친 증세. 미친 기미.
광-꾼(鑛-)[명] ①광부(鑛夫) ②광업 일을 하는 사람을 낮잡아 이르는 말. ▷ 鑛의 속자는 鉱
광:-나다(光-)[자] ①빛이 나다. ②윤이 나다.
광-나무[명] 목서과의 상록 활엽 교목. 잎은 길둥글고 여름에 흰 꽃이 피며, 11월경에 길둥근 열매가 까맣게 익음. 한방에서 열매는 '여정실(女貞實)'이라 하여 강장제로 쓰임. 여정목(女貞木)
광:내(壙內)[명] 시체를 묻는 구덩이. 광중(壙中)
광:-내:다(光-)[타] ①빛이 나게 하다. ②윤이 나게 하다. 광치다
광녀(狂女)[명] 미친 여자.
광년(光年)[의] 천문학에서 천체 사이의 거리를 나타내는 단위. 1광년은 빛이 1년 동안에 나아가는 거리, 곧 약 9조 4630억 km. ☞파섹(parsec)
광:-다회(廣多繪)[명] 조선 시대, 군사의 융복(戎服)에 띠던 넓은 띠. ☞끈목. 다회(多繪)
광달=거:리(光達距離)[명] 등대 등의 빛을 사람이 맨눈으로 식별할 수 있는 가장 먼 거리.
광:-달다[자] 연(鳶)에 위를 표시하기 위하여 무색 종이로 꼭지를 붙이다.
광담(狂談)[명] 이치에 벗어나는 허황한 말. 광언(狂言)

광담=패:설(狂談悖說)[명] 이치에 맞지 않고 도의에 어긋나는 말. 광언 망설(狂言妄說)
광당-마(光唐馬)[명] 덜렁말
광:당-포(廣唐布)[명] 광목과 당목을 아울러 이르는 말.
광:대¹[명] '얼굴'을 속되게 이르는 말.
광:대²[명] ①지난날, 곡예나 판소리, 연극 따위를 직업으로 하는 사람을 통틀어 이르던 말. 배우(俳優). 배창(俳倡). 창우(倡優) ②탈춤을 출 때 얼굴에 쓰는 탈.
[속담] 광대 끈 떨어졌다 : 연극을 할 때 광대탈의 끈이 끊어졌다는 뜻으로, 의지할 데가 없어서 꼼짝 못하거나, 제구실을 못하여 쓸모가 없게 된 상태를 이르는 말.

[한자] 광대 배(俳) 〔人部 8획〕 ¶ 배우(俳優)/배창(俳倡)

광:대(廣大)[어기] '광대(廣大)하다'의 어기(語基).
광:대-나물[명] 꿀풀과의 한해살이풀. 줄기 높이는 10~30 cm이며, 줄기는 네모지고 자줏빛이 돎. 잎은 마주 나고 동글납작하며 톱니가 있음. 4~5월에 홍자색 꽃이 핌. 논밭에 절로 자라며, 어린잎과 줄기는 먹을 수 있음.
광:대-놀음[명] 정월 대보름날 호남 지방에서 하는 놀이. 악귀(惡鬼)를 쫓고 복을 비는 뜻에서, 농악대들이 호랑이나 토끼 등 동물의 가면을 쓰고 풍물을 연주하면서 마을을 돌아다니며 놂. 광대놀이
광:대-놀이[명] 광대놀음
광:대-등걸[명] 몹시 여윈 얼굴.
광:대-머리[명] 소의 처녑에 얼러붙은 고기.
광:대무변-하다(廣大無邊-)[형여] 한없이 넓고 크다. ¶ 광대무변한 우주.
광:대-버섯[명] 광대버섯과의 독버섯. 갓은 빛이 붉고 흰 혹이 많이 솟아 있음. 여름에서 가을에 걸쳐 깊은 산에 절로 자람.
광:대-뼈[명] 뺨과 관자놀이 사이에 내민 뼈. 관골(顴骨). 협골(頰骨)
광:대-탈[명] 광대가 쓰는 탈.
광:대-하다(廣大-)[형여] 넓고 크다.
광대-히[부] 광대하게
광덕-대부(光德大夫)[명] 조선 시대, 종일품 의빈(儀賓)에게 내린 품계의 하나. 열두 등급 중 셋째 등급임. ☞숭덕대부(崇德大夫)
광도(光度)[명] ①일정한 방향에서 본, 광원(光源)의 밝기의 정도. 단위는 칸델라. ②항성(恒星)의 밝기의 정도. 보통 1등급에서 6등급으로 나타냄.
광도(狂濤)[명] 미친듯이 사납게 이는 물결. 광란(狂瀾). 광랑(狂浪)
광도-계(光度計)[명] 광원(光源)의 밝기를 재는 장치.
광도=계급(光度階級)[명] 천체의 광도를 나타내는 계급. 맨눈으로 볼 수 있는 별 가운데 가장 희미한 빛을 내는 별이 6등급, 그 100곱절의 빛을 내는 것이 1등급임.
광:독(鑛毒)[명] ①광물 속에 들어 있는 독. ②광물을 채굴하거나 제련할 때에 생기는 폐기물에 들어 있는 해독.
광:두-정(廣頭釘)[명] 대가리를 넓고 둥글게 만든 못. 우리나라의 재래식 가구 등에서 못 자리를 감추면서 가구 면을 조화롭게 꾸미는 데 쓰임. ☞대두정(大頭釘)
광등(狂騰)[명]-하다[자] 걷잡을 수 없는 기세로 시세(時勢)가 오름.
광-디스크(光disk)[명] 레이저 광선 등과 같은 미세한 빛을 이용하여 정보를 기록하거나 재생할 수 있는 기록 매체. 자기(磁氣)를 이용한 기록 매체보다 더 많은 양의 정보를 기록할 수 있는 것이 특징임. ☞자기 디스크
광:-뜨다[자] 연의 가운데에 방구멍을 도려내다.
광란(狂亂)[명]-하다[자] ①미쳐 날뜀. ②심한 혼란 상태를 비유하여 이르는 말. ¶ -의 도가니.
광란(狂瀾)[명] 광도(狂濤)
광랑(狂浪)[명] 광도(狂濤)
광량(光量)[명] 광원(光源)이 빛을 내는 양.
광:량(鑛量)[명] 땅 속에 묻혀 있는 광물의 양.
광력(光力)[명] 빛의 세기.
광림(光臨)[명]-하다[자] 상대편을 높이어, 그가 찾아옴을 이르는 말. 조림(照臨) ¶ -하여 주셔서 영광입니다.

광:막(廣漠)[어기] '광막(廣漠)하다'의 어기(語基).
광:막-풍(廣漠風)[명] 북풍(北風)
광:막-하다(廣漠-)[형여] 끝도 없이 아득하게 넓다.
광막-히[부] 광막하게 ¶ - 펼쳐진 사막 지대.
광망(光芒)[명] 퍼지어 나가는 빛살.
광망(狂妄)[어기] '광망(狂妄)하다'의 어기(語基).
광:망(曠茫)[어기] '광망(曠茫)하다'의 어기(語基).
광망-하다(狂妄-)[형여] 미친 것처럼 망령스럽다.
광망-히[부] 광망하게
광:망-하다(曠茫-)[형여] 한없이 넓고 아득하다.
광망-히[부] 광망하게 ¶ - 펼쳐진 대양(大洋).
광:맥(鑛脈)[명] 광물이 널처럼 길게 묻혀 있는 줄기. 광혈(鑛穴). 쇳줄 [준] 맥(脈)
광:면(廣面)[어기] '광면(廣面)하다'의 어기(語基).
광:면-하다(廣面-)[형여] 교제가 넓어 아는 사람이 많다.
광명(光明)[명] ①밝은 빛. ☞광휘(光輝) ②-하다[형] 밝고 환함. ¶ -한 천지. ③불교에서, 부처나 보살의 몸에서 드러나는 빛이나 지혜를 이르는 말. ④밝고 환한 상태나 밝은 생활을 비유하여 이르는 말. ¶ 영혼을 -으로 이끄는 신앙의 힘. ☞암흑(暗黑)
광명두[명] 나무로 만든 등잔걸이.
광명정대-하다(光明正大-)[형여] 말이나 행동이 떳떳하고 공정하다.
광명정대-히[부] 광명정대하게
광명-주(光明珠)[명] 밝게 빛나는 구슬.
광모(狂慕)[명]-하다[타] 미친듯이 사모함.
광:목(廣木)[명] 무명실로 당목보다 좀 거칠고 폭이 넓게 짠 베. 왜포(倭布)
광:목-천(廣目天)[명] ①불교에서 이르는 사왕천(四王天)의 하나로, 광목천왕이 다스린다는 수미산 서쪽 중턱의 천국. ②광목천왕(廣目天王)
광:목천-왕(廣目天王)[명] 사천왕(四天王)의 하나. 수미산 서쪽 중턱의 광목천을 다스린다고 함. 광목천
광무(光武)[명] 대한 제국의 연호(年號). 1897년부터 1907년까지 쓰였음. ☞융희(隆熙)
광:무(鑛務)[명] 광업(鑛業)에 관한 사무.
광:문(廣問)[명]-하다[타] ①여러 사람에게 물어 봄. ②여러 사람에게 선물을 보냄.
광:문자전(廣文者傳)[명] 조선 정조 때 박지원(朴趾源)이 지은 한문 소설. 주인공인 거지 광문(廣文)의 순진하고 소박한 사람됨을 묘사하여, 당시 양반 사회의 부패상을 풍자함. '연암외전(燕巖外傳)'에 실려 전함.
광:물(鑛物)[명] 땅 속에 있는 천연의 무기물(無機物). 질이 고르고 화학 성분이 일정함. 금·석탄·철 따위.
광:물-성(鑛物性)[-썽][명] 광물의 고유한 성질, 또는 그런 성질을 지닌 것.
광:물성=색소(鑛物性色素)[-썽-][명] 금속 광물을 원료로 하여 만든 색소. 진사(辰砂)·적철광(赤鐵鑛)·공작석(孔雀石) 따위.
광:물성=섬유(鑛物性纖維)[-썽-][명] 천연의 광물질을 원료로 하여 만든 섬유. 주로 단열재(斷熱材)나 절연재(絕緣材) 등으로 쓰임. 석면·암면·유리면 따위.
광:물성=염:료(鑛物性染料)[-썽념-][명] 무기 화합물로 된 염료. 녹청(綠靑), 인조 염료인 크롬산납, 호분(胡粉) 따위.
광:물-유(鑛物油)[-류][명] 유기성의 기름이 아닌, 광물성의 기름. 석유 따위. [준] 광유(鑛油)
광:물-질(鑛物質)[-찔][명] 광물로 된 물질.
광:물질=비:료(鑛物質肥料)[-찔-][명] 무기물이 주성분인 비료. 과인산석회나 질산칼륨 따위. [준] 광비(鑛肥) ☞유기 비료(有機肥料)
광:물-학(鑛物學)[명] 자연 과학의 한 분야. 광물의 성질, 형태, 종류, 내부 구조, 성인(成因), 용도 등을 연구하는 학문. [준] 광학(鑛學)
광:미(鑛尾)[명] 복대기²
광배(光背)[명] 부처의 몸에서 내비치는 광명(光明)을 상징

적으로 나타낸, 불상 배후의 장식. 후광(後光) ☞신광(身光)
광배=효:과(光背效果)명 어떤 특성이 다른 특성에까지 미치는 효과. 인물 평가에서 대상의 어느 한 가지 특성에 좋은 인상을 받으면 다른 특성까지지도 좋게 인정되는 따위.
광:범(廣範)어기 '광범(廣範)하다'의 어기(語基).
광:-범위(廣範圍)명 ①넓은 범위. ②-하다형 범위가 넓음.
광:범-하다(廣範-)형여 범위가 크고 넓다.
광병(狂病)[-뼝]명 미친 병.
광복(光復)명-하다타 잃었던 주권을 도로 찾음.
광복-절(光復節)명 우리 나라가 일제(日帝)의 강점(強占)에서 벗어나 주권(主權)을 되찾은 일을 기념하고, 대한 민국 정부 수립을 경축하는 뜻에서 제정한 국경일, 곧 8월 15일.
광부(狂夫)명 미친 사내. 광한(狂漢)
광:부(曠夫)명 아내가 없는 장년의 남자.
광:부(鑛夫)명 광산에서 광석을 캐는 노동자. ☞갱부(坑夫). 광꾼
광분(狂奔)명-하다자 ①미친듯이 날뜀. 광조(狂躁) ②어떤 일에 열중하여 정신없이 뛰어다님.
광:분(鑛分)명 광물의 성분.
광-분해(光分解)명 물질이 빛을 흡수하여 두 가지 이상의 성분으로 분해되는 일.
광:비(鑛肥)명 '광물질 비료'의 준말.
광:사(鑛舍)명 광석이나 석탄 따위를 임시로 저장해 두는 지하의 공간이나 창고.
광:사(鑛砂)명 광산에서, 채광(採鑛)·선광(選鑛)·제련(製錬) 과정에서 생기는 부스러기.
광:산(鑛山)명 땅에 묻힌 유용한 광석을 캐내는 곳.
광:산(鑛産)명 광업에 따른 생산, 또는 그 생산물.
광삼(光蔘)명 '갈미'의 딴이름.
광상(匡牀)명 편안한 침상(寢牀). ☞잠자리[1]
광:상(鑛床)명 지각 속에 쓸모 있는 광물이나 석유, 천연가스 등이 많이 모여 있는 부분.
광상-곡(狂想曲)명 일정한 형식이 없이 기분에 따라 자유로이 변화하는 경쾌한 기악곡. 기상곡(奇想曲). 카프리치오(capriccio) ☞광시곡(狂詩曲). 랩소디
광색(光色)명 광채(光彩)
광:석(鑛石)명 쓸모 있는 광물이 많이 섞인 돌.
광:석=검:파기(鑛石檢波器)명 광석과 금속, 또는 종류가 다른 광석과 광석의 접촉으로 고주파 전류를 정류(整流)하는 검파기. 크리스털 검파기 ☞진공관 검파기
광:석=광:물(鑛石鑛物)명 광석 속에 함유된 유용한 광물.
광:석=라디오(鑛石radio)명 광석 수신기
광:석=수신기(鑛石受信器)명 동조 회로(同調回路), 광석 검파 회로, 이어폰으로 구성되는 간단한 라디오 수신 장치. 광석 라디오
광:석-차(鑛石車)명 광차(鑛車)
광선(光線)명 빛살
광선-속(光線束)명 빛 에너지로서 일정한 공간을 통과하는 광선의 다발. 광속(光束)
광선=요법(光線療法)[-뇨뻡]명 햇빛이나 적외선·자외선·방사선 등을 이용하여 병을 치료하는 물리 요법.
광선=전:화(光線電話)명 전선이나 전파 대신 광선을 이용하여 소리를 보내는 무선 전화.
광설(狂雪)명 ①바람에 휘날리어 어지럽게 내리는 눈. ②제철이 아닌 때에 내리는 눈.
광-섬유(光纖維)명 광통신에 이용되는 유리 섬유. 실리콘 등의 가공물로, 한꺼번에 많은 양의 정보 전달을 가능하게 함. 광파이버
광섬유=케이블(光纖維cable)명 가는 유리 섬유로 된 전선(電線). 전기 신호가 광선 신호로 바뀌어 이 전선을 따라 흐름. 광파이버케이블 준광케이블
광:세(鑛稅)[-쎄]명 '광업세(鑛業稅)'의 준말.
광:세(曠世)어기 '광세(曠世)하다'의 어기(語基).
광:세영웅(曠世英雄)성구 세상에서 보기 드문 영웅.
광:세지재(曠世之才)명 세상에서 보기 드문 재주, 또는 그런 재주를 가진 사람.
광:세-하다(曠世-)형여 세상에서 보기 드물다.
광소(光素)명 뉴턴이 가정한, 빛을 이루는 가장 작은 입자(粒子). 광입자(光粒子)
광속(光束)명 ①광선의 다발. 광선속 ②단위 면적을 단위 시간에 통과하는 빛의 방사 에너지의 양. 단위는 루멘(lumen). ☞조도(照度)
광속(光速)명 '광속도(光速度)'의 준말.
광-속도(光速度)명 진공 속에서 빛이 나아가는 속도. 1초에 약 30만 km임. 준광속(光速)
광-쇠명 중이 염불할 때 치는 쇠.
광-쇠(光-)명 쇠붙이에 광을 내는 데 쓰는 연장.
광:수(廣袖)명 통이 너른 소매. 활수(闊袖) ☞첨수
광:수(鑛水)명 ①광물질이 많이 섞여 있는 물. ②광산 등에서 배출되는, 광독(鑛毒)이 섞인 물.
광:순(廣詢)명-하다타 여러 사람의 의견을 널리 물음.
광시-곡(狂詩曲)명 민족적 또는 서사적인 성격을 지닌 자유로운 형식의 기악곡. 랩소디(rhapsody)
광신(狂信)명-하다타 어떤 종교나 주의(主義), 사상 따위를 덮어놓고 믿거나 따름.
광신-도(狂信徒)명 광신자
광신-자(狂信者)명 맹목적으로 어떤 종교나 주의(主義), 사상 따위에 깊이 빠진 사람. 광신도
광신-적(狂信的)명 맹목적으로 덮어놓고 믿는 것.
광심(光心)명 렌즈를 통과하는 광선이, 들어갈 때의 방향과 나올 때의 방향이 서로 평행이 될 때 그 광선이 광축과 만나는 점.
광압(光壓)명 빛이나 전자파 따위가 물체에 닿았을 때, 그 물체의 표면에 미치는 압력.
광:야(曠野·廣野)명 끝없이 너른 벌판. 광원(曠原)
광약(狂藥)명 사람을 미치게 하는 약이란 뜻으로, '술'을 달리 이르는 말.
광-양자(光量子)[-냥-]명 빛을 입자(粒子)의 모임으로 보았을 때, 에너지를 지닌 그 입자. 준광자(光子)
광:어(廣魚)명 ①'넙치'의 딴이름. ②짜개어 말린 넙치.
광:어-눈이(廣魚-)명 '넙치눈이'의 딴이름.
광언(狂言)명 광담(狂談)
광언=망:설(狂言妄說)명 광담 패설(狂談悖說)
광:업(鑛業)명 광물을 채굴하거나 제련하거나 하는 사업.
광:업-권(鑛業權)명 일정한 광구(鑛區)에서 광물을 채굴하여 취득할 수 있는 권리.
광:업-세(鑛業稅)명 광업권을 가진 사람에게 물리는 세금. 준광세(鑛稅) ▷鑛의 속자는 鉱
광:업-소(鑛業所)명 광물의 채굴권자가 그 사업에 관한 사무를 처리하는 곳.
광:역(廣域)명 넓은 구역, 또는 넓은 지역.
광:역=경제(廣域經濟)명 이웃한 몇 개의 나라가 하나의 경제권을 형성하는 일. 경제적 상호 보완과 자급자족을 목적으로 함. 유럽 공동체 따위. 블록 경제
광:역=도시(廣域都市)명 인구의 과밀(過密)이나 산업의 편중 현상을 막고, 도시 주변 지역의 균등한 발전을 위하여 넓은 지역에 걸쳐 조성한 계획 도시.
광:역-시(廣域市)명 도시와 그 주변의 작은 시·군 등을 통합하여 하나의 큰 행정 단위로 구성한 시.
광열(光熱)명 빛과 열.
광열(狂熱)명 미친듯 한 열정(熱情), 또는 어떤 일에 미친듯 열중하는 일.
광열-비(光熱費)명 전기·가스·석유·연탄 등, 조명이나 연료에 드는 비용.
광염(光焰)명 ①빛과 불꽃. ②타올라 밝게 빛나는 불꽃.
광염(狂炎)명 세차게 타오르는 불꽃.
광영(光榮)명 영광(榮光)
광예(光譽)명 빛나는 영예.
광요(光耀)명 광휘(光輝)
×**광우리**명 → 광주리
광우-병(狂牛病)[-뼝]명 나릅이나 다습의 소에서 일어

나는 전염성 뇌병(腦病). 뇌에 구멍이 생겨 갑자기 미친 듯이 난폭한 행동을 나타내며, 몸을 가누지 못하고 경련을 일으키다가 오래지 않아 죽게 됨. 사람에게도 감염될 가능성이 있는 것으로 알려져 있음.

광원(光源)명 빛을 내는 원천, 곧 스스로 빛을 내는 물체. 태양·항성(恒星) 등. 발광체(發光體)

광원(曠原)명 광야(曠野)

광:원(廣遠)어기 '광원(廣遠)하다'의 어기(語基).

광:원-하다(廣遠-)형여 넓고도 멀다.

광:유(鑛油)명 '광물유(鑛物油)'의 준말.

광음(光陰)명 〔광(光)은 해, 음(陰)은 달을 뜻하는 말.〕 시간, 또는 세월을 뜻함.

광음(狂飮)명-하다자타 술 따위를 정신없이 마구 마심.

광음여류(光陰如流)[-녀-] 성구 세월의 흐름이 흘러가는 물과 같이 빠름을 이르는 말.

광음여시(光陰如矢)[-녀-] 성구 세월의 흐름이 날아가는 화살과 같이 빠름을 이르는 말.

광:의(廣義)명 어떤 말의 뜻을 넓은 범위로 확대해서 해석했을 때의 뜻. ¶-로 해석하다. ☞협의(狹義)

광:익(廣益)명-하다자 일반에게 널리 이익을 베풂.

광인(狂人)명 미친 사람. 광자(狂者). 미치광이

광:일(曠日)명-하다자 하는 일 없이 헛되이 세월을 보냄.

광:일미구(曠日彌久)성구 헛되이 세월을 보내며 일을 오래 끎을 이르는 말.

광-입자(光粒子)명 광소(光素)

광자(光子)명 '광양자(光量子)'의 준말.

광자(狂者)명 광인(狂人)

광자기=디스크(光磁氣disk)명 자성(磁性) 물질을 입힌 둥근 판에 레이저 광선을 이용하여 정보를 기록하거나 재생하는 광디스크. 대량의 정보를 기록할 수 있고, 내용을 고칠 수 있는 것이 특징임.

광자=로켓(光子rocket)명 대량의 광속(光束)을 방출함으로써 추진하는 로켓. 광파 로켓

광자위명 장의 마대(馬臺) 앞과 옆에 꾸밈새로 오려 붙인 널빤지.

광:작(廣作)명-하다타 농사를 많이 지음.

광:장(廣場)명 ①넓은 빈터. 특히 도시에 있는, 많은 사람이 한데 모일 수 있게 탁 트인 마당. ¶시청 앞 -. ②여러 사람이 서로의 의사를 소통할 수 있는 공통의 장소를 비유하여 이르는 말. ¶청소년의 -./만남의 -.

광:재(鑛滓)명 광물을 제련할 때 녹은 광석에서 떨어져 나와 뜨는 찌꺼기. 용재(鎔滓)

광저기명 '동부'의 딴이름.

광적(光跡)명 빛을 내며 움직이는 물체를 보았을 때 눈에 비치는 빛의 줄기나 띠, 또는 그것을 찍었을 때 사진에 나타나는 빛의 궤적(軌跡).

광적(狂的)[-쩍] 명 정상이 아닌, 미치광이와 같은 상태인 것. ¶-인 야구 팬.

광전-관(光電管)명 광전 효과를 이용하여 빛의 강약을 전류의 강약으로 바꾸는 진공관. 사진 전송 등에 이용함.

광전=변:환=소:자(光電變換素子)명 광전 효과를 이용하여 빛의 신호를 전기 신호로 바꾸는 소자를 통틀어 이르는 말. 광전관, 태양 전지 따위.

광-전자(光電子)명 빛을 받은 물체에서 방출되는 전자.

광-전지(光電池)명 광전 효과를 이용하여 빛 에너지를 전류로 바꾸는 장치. 조도계(照度計)나 노출계(露出計) 등에 쓰임.

광전=효과(光電效果)명 금속이나 반도체의 표면에 빛을 쪼이면 전자를 방출하면서 그 물질이 전기를 띠는 현상.

광점(光點)[-쩜] 명 빛을 내는 점.

광:점(廣占)명-하다타 땅을 넓게 차지함.

광:점(鑛店)명 광갱(鑛坑)

광정(匡正)명-하다타 잘못된 일이나 부정 따위를 바로잡음. 유확정(廓正)

광제(匡濟)명-하다타 잘못을 바로잡고 구제함. 광구(匡救)

광:제(廣濟)명-하다타 세상 사람을 널리 구제함.

광조(狂躁)명-하다자 광분(狂奔)

광:좌(廣座)명 많은 사람이 앉아 있는 자리, 또는 그럴만한 너른 자리.

광:주(鑛主)명 광산의 광업권 소유자.

광-주기성(光週期性)[-썽] 명 생물의 생활 현상이 일조(日照) 시간의 주기적인 변화에 따라 바뀌는 성질. 식물의 개화(開花)·결실의 시기나 동물의 발육·생식과 밀접한 관계가 있음. 광주성(光週性)

광주리명 대오리나 싸리 따위로 결어서 만든 그릇.

속담 **광주리에 담은 밥도 엎어질 수가 있다**: 틀림없을듯한 일도 잘못하여 그르칠 수가 있다는 말.

광주리-장수명 광주리에 채소나 어물 따위를 담아 가지고 다니면서 파는 사람.

광주-성(光週性)[-썽] 명 광주기성(光週期性)

광:중(壙中)명 시체를 묻는 구덩이. 광내(壙內). 지중(地中). 수실(壽室). 지실(地室)

광-중:합(光重合)명 특정한 빛의 조사(照射)에 따라 일어나는 중합 반응.

광증(狂症)[-쯩] 명 미친 증세. 광질(狂疾)

광:지(壙誌)명 묘지(墓誌)

광질(狂疾)명 광증(狂症)

광차(光差)명 ①지구상에서 천체에 일어난 현상을 관측한 시각과 그 현상이 실제 일어난 시각과의 차이. 빛이 천체에서 지구까지 도달하는 데 걸리는 시간과 같음. ②태양 광선이 지구에 도달하기까지의 시간. 약 499초임.

광:차(鑛車)명 광산에서, 캐낸 광석을 실어 나르는 지붕 없는 화차(貨車). 광석차(鑛石車)

광채(光彩)명 ①찬란한 빛. 광색(光色) ②정기(精氣)가 어린 밝은 빛. ¶호기심으로 가득 찬 눈에 -가 나다.

광:천(鑛泉)명 광물질이 비교적 많이 들어 있는 용천(湧泉). 유황천·탄산천 등이 있음. ☞광수. 냉천(冷泉)

광:천-염(鑛泉塩)[-념] 명 광천의 물을 증발시켜서 만든 염류(塩類).

광체(光體)명 발광체(發光體)

광축(光軸)명 ①등축 정계가 아닌 결정체에 빛이 들이비칠 때에 복굴절을 하지 않는 입사 방향의 축. ②렌즈나 구면경(球面鏡) 따위의 광학계(光學系)에서, 각 면의 중심과 곡률 중심을 연결한 선.

광취(狂醉)명-하다자 술에 몹시 취함.

광:층(鑛層)명 바다나 호수의 밑바닥에 물 속의 광물 성분이 침전하여 이루어진 광상(鑛床).

광치(狂痴)명 미치광이와 멍청이.

광-치다(光-)타 ①광내다 ②사실보다 크게 떠벌리다.

광-케이블(光cable)명 '광섬유 케이블'의 준말.

광-탄성(光彈性)명 외부의 열이나 힘에 따라 변형된 유리나 셀룰로이드 따위의 탄성체가 내부의 변형에 따라 다시 복굴절을 일으키는 현상.

광:탐(廣探)명-하다타 널리 알아보거나 찾음.

광탑(光塔)명 등대(燈臺)

광태(狂態)명 미치광이 같은 짓이나 태도.

광택(光澤)명 매끈거리고 어른어른 하는 윤기. 광(光)[2] ¶-이 나도록 닦다.

광택-기(光澤機)명 마찰하여 종이나 직물 따위의 표면에 광택을 내는 기계.

광택-지(光澤紙)명 아트지 따위와 같이, 표면에 윤이 나도록 가공한 종이. 용도에 따라 편면(片面) 광택지와 양면 광택지가 있음. 유광지(有光紙)

광-통신(光通信)명 레이저 광선에 대량의 음성 또는 영상 데이터를 실어, 무선 또는 광섬유 케이블을 통해 전송하는 통신. 텔레비전이나 전화 등에 이용됨. 레이저 통신

광파(光波)명 빛의 파동.

광파=로켓(光波rocket)명 광자 로켓

광-파이버(光fiber)명 광섬유(光纖維)

광-파이버케이블(光fiber cable)명 광섬유 케이블

광:판(廣板)명 폭이 넓은 널빤지.

광패(狂悖)어기 '광패(狂悖)하다'의 어기(語基).

광패-하다(狂悖-)형여 말과 행동이 미친 것처럼 사납고 막되다.

광:포(廣布)[1] 명 폭이 넓은 삼베.
광:포(廣布)[2] 명 -하다 타 세상에 널리 알림.
광포(狂暴) 어기 '광포(狂暴)하다'의 어기(語基).
광포-하다(狂暴-) 형여 미쳐 날뛰듯이 사납다.
광:폭(廣幅) 명 ①넓은 폭. ¶ - 타이어 ②-하다 자 까닭없이 남의 일에 간섭함.
광-표백(光漂白) 명 형광 물질의 수용액을 써서 섬유 등을 표백하는 일.
광풍(光風) 명 ①비가 갠 뒤에 부는 상쾌한 바람. ②화창한 봄날에 부는 상쾌한 바람.
광풍(狂風) 명 미친듯이 휘몰아치는 거센 바람.
광풍제:월(光風霽月) 성구 비가 갠 뒤의 시원한 바람과 밝은 달이란 뜻으로, 마음에 근심과 집착이 없이 밝고 시원스런 인품을 비유하여 이르는 말. 제월광풍
광학(光學) 명 빛의 성질이나 여러 가지 현상을 연구하는 물리학의 한 부문.
광:학(鑛學) 명 '광물학(鑛物學)'의 준말.
광학=기기(光學機器) 명 빛의 반사나 굴절 따위의 여러 가지 광학 원리를 응용하여 만든 기기. 현미경·망원경·사진기 따위.
광학=마:크=판독기(光學mark判讀機) 명 컴퓨터 입력 장치의 한 가지. 연필이나 펜으로 쓴 표시를 빛을 비추어 판독하고 전기 신호로 바꾸어서 컴퓨터에 입력시키는 장치. 오엠아르(OMR) ☞광학식 문자 판독기
광학=문자=판독기(光學文字判讀機) [-짜-] 명 광학식 문자 판독기
광학=병기(光學兵器) 명 군사용의 광학 기계(器械). 잠망경·탐조등·조준경 따위.
광학식=문자=판독기(光學式文字判讀機) [-짜-] 명 컴퓨터 입력 장치의 한 가지. 손으로 쓴 글씨나 인쇄된 문자에 빛을 비추어 정해진 문자와 비교하여 판독하고, 전기 신호로 바꾸어서 컴퓨터에 입력시키는 장치. 광학 문자 판독기. 오시아르(OCR) ☞광학 마크 판독기
광학=유리(光學琉璃) [-뉴-] 명 광학 기계의 렌즈나 프리즘 따위에 쓰이는 특수 유리. 무색투명하며 굴절률과 분산 오차가 매우 적음.
광학적=이:중성(光學的二重星) 명 복성(複星)
광학=현:미경(光學顯微鏡) 명 가시광선을 이용한 현미경. 편광 현미경 따위. ☞전자 현미경
광한(狂漢) 명 광부(狂夫)
광:한-궁(廣寒宮) 명 광한전(廣寒殿)
광:한-부(廣寒府) 명 광한전(廣寒殿)
광:한-전(廣寒殿) 명 항아(姮娥)가 산다는, 달 속의 가상적인 궁전. 광한궁. 광한부
광-합성(光合成) 명 ①광화학 반응에 따른 화학 합성. ②녹색 식물이 빛의 에너지를 이용하여 하는 탄소 동화 작용. 보통 이산화탄소와 물에서 탄수화물을 합성하고 산소를 내놓음.
광:해(鑛害) 명 광물의 채굴과 제련 과정에서 생기는 공해.
광행-차(光行差) 명 천체를 관측할 때, 지구의 공전이나 자전으로 말미암아 관측자가 움직이고 광선도 유한 속도로 운동하기 때문에 천체의 위치가 본디의 위치와 다르게 보이는 현상.
광:혈(壙穴) 명 송장이나 유골을 묻을 구덩이. 묘혈(墓穴)
광:혈(鑛穴) 명 광맥(鑛脈)
광:협(廣狹) 명 넓음과 좁음.
광:협-장단(廣狹長短) 명 넓고 좁음과 길고 짧음, 곧 폭과 길이를 아울러 이르는 말.
광혹(狂惑) 명 미친듯이 정신이 팔림.
광-화학(光化學) 명 빛을 흡수한 물질이 일으키는 화학 변화나 발광 현상 등을 연구 대상으로 삼는 화학의 한 부문.
광화학=반:응(光化學反應) 명 물질이 빛을 흡수할 때, 그 빛 에너지로 말미암아 일어나는 화학 반응.
광화학=스모그(光化學smog) 명 산화 물질을 다량 함유하고 있는 스모그. 자동차 배기 가스 따위에 포함된 탄화수소와 질소의 산화물 등이 태양의 강한 자외선을 받아 광화학 반응을 일으킴으로써 발생함.
광환(光環) 명 광관(光冠)
광:활(廣闊) 어기 '광활(廣闊)하다'의 어기(語基).
광활-하다(廣闊-) 형여 훤하게 트이고 너르다. ¶광활한 평야.
광휘(光輝) 명 환하게 빛나는 빛. 광요(光耀)
광휘-롭다(光輝-) (-롭고·-로워) 형ㅂ 빛이 눈부시다.
  광휘-로이 부 광휘롭게
광흥(狂興) 명 -하다 자 미칠듯이 흥겨워함.
광:흥-창(廣興倉) 명 고려·조선 시대, 관원의 녹봉(祿俸)에 관한 일을 맡아보던 관아.
광희(狂喜) 명 -하다 자 미칠듯이 기뻐함.
광희문(光熙門) 명 조선 시대, 서울 도성(都城)의 남동에 세운 사소문(四小門)의 하나. 달리 남소문(南小門), 시구문(屍口門), 수구문(水口門)이라고도 이름. ☞소의문(昭義門)
괘(卦) 명 ①주역(周易)의 골자가 되는 것으로, 양효(陽爻)와 음효(陰爻)가 여러 가지 모양으로 놓여서 나타내는 형상. 삼효가 어울려 팔괘가 되고, 육효가 어울려 육십사괘가 됨. 고대 중국의 복희씨(伏羲氏)가 지었다고 전함. ②'점괘(占卦)'의 준말.
  괘가 그르다 관용 일이 뜻대로 되지 않다.
괘(棵) 명 거문고·향비파·월금 따위의 현(絃)을 괴는 납작한 나무 받침. ☞기러기발
괘:간(掛竿) 명 바지랑대
괘:경(掛鏡) 명 기둥이나 벽에 거는 거울.
괘:관(掛冠) 명 -하다 자 관직에서 물러난 관원이 관을 벗어 성문에 걸어 놓고 떠났다는 중국의 고사(故事)에서, 관직을 내놓고 물러나는 일을 이르는 말.
괘괘-떼다 타 '괘괘이떼다'의 준말.
괘괘이-떼다 타 딱 잘라 거절하다. 준 괘괘떼다
괘꽝-스럽다 (-스럽고·-스러워) 형ㅂ 말이나 행동이 엉뚱하고 괴이하다.
  괘꽝-스레 부 괘꽝스럽게
괘:념(掛念) 명 -하다 자타 마음에 걸려 잊지 않음. 괘의(掛意) ¶지난 일은 -치 마십시오.
괘다리-적다 형 ①멋없고 거칠다. ②성미가 무뚝뚝하고 퉁명스럽다.
괘달머리-적다 형 '괘다리적다'를 속되게 이르는 말.
괘:도(掛圖) 명 지도나 표본, 그림 등을 족자처럼 만든 것.
괘등 명 노두(露頭)
괘:등(掛燈) 명 전각이나 누각의 천장에 매다는 등.
괘:력(掛曆) 명 지난날, 벽에 걸어 두고 보는 일력(日曆)이나 달력을 책력(冊曆)에 상대하여 이르던 말. 양달력
괘:면(掛麵) 명 마른국수
괘:방(掛榜) 명 -하다 자 ①지난날, 방(榜)을 내걸던 일. ②지난날, 익명(匿名)으로 방을 내걸던 일.
  괘방(을) 치다 관용 비밀을 드러내다.
괘:범(掛帆) 명 -하다 자 돛을 닮.
괘:불(掛佛) 명 ①불상을 그려 큰 괘도처럼 만든 것. 괘불탱 ②불상을 그린 그림을 높이 내거는 일.
괘:불-탱(∠掛佛幀) 명 괘불(掛佛)
괘사 명 우습고 변덕스럽게 이죽거리는 짓.
  괘사(를) 떨다 관용 몹시 괘사를 부리다.
  괘사(를) 부리다 관용 괘사스러운 짓을 하다.
괘사(卦辭) 명 점괘(占卦)를 쉽게 풀이한 글이나 말.
괘사(絓絲) 명 누에고치의 겉가죽에서 뽑아 낸 질이 나쁜 견사(絹絲).
괘사-스럽다 (-스럽고·-스러워) 형ㅂ 괘사를 부리는 태도가 있다.
  괘사-스레 부 괘사스럽게
괘사-직(絓絲織) 명 괘사로 짠 직물(織物).
괘상(卦象) 명 길흉을 나타내는 괘의 모양. 효상(爻象)
괘서(卦筮) 명 길흉을 점치는 일. 복서(卜筮). 점서(占筮)
괘:서(掛書) 명 이름을 밝히지 않고 게시하는 글.
괘:선(罫線) 명 ①편지지나 공책 따위에 같은 간격으로 그은 선. ②인쇄물에서, 윤곽이나 경계를 나타내는 선.
괘씸-하다 형여 매우 불쾌하고 밉살스럽다. ¶하는 짓

이 ―./괘씸한 녀석.
괘:의(掛意)명-하다타 괘념(掛念)
괘장명 처음에는 그럴듯이 하다가 갑자기 딴전을 부림.
괘장(을) 부치다관용 처음에는 찬성하였다가 갑자스럽게 반대하여 일을 그르치게 하다.
괘조(卦兆)명 점괘에 나타난 길흉의 내용.
괘:종(掛鐘)명 벽이나 기둥에 걸어 두는 시계. 괘종시계
괘:종-시계(掛鐘時計)명 괘종
괘:지(罫紙)명 괘선이 그어진 종이. ☞인찰지(印札紙)
괘효(卦爻)명 주역(周易)의 괘와 효.
괜-스럽다(-스럽고·-스러워)형ㅂ '공연스럽다'의 준말. ¶괜스런 염려.
괜-스레부 괜스럽게 ¶― 화를 내다.
괜찮다형 ①그런대로 쓸만 하다. 그다지 나쁘지 않다. ¶제품이 짐작보다는 ―./자세히 보니 인물이 괜찮은데. ②상관없다 ¶들어와도 ―. ③아무 탈이 없다. ¶나의 건강은 괜찮으니까 염려하지 말게.
괜찮이부 괜찮게
괜:-하다형여 '공연하다'의 준말. ¶괜한 말을 했구나.
괜-히부 괜하게 ¶― 트집을 잡다.
괠:다(괠고·괘니)형 광맥의 노석(露石)이 치밀하지 못하여 금의 함량이 적은듯 하다.
괭이[1]명 땅을 파는 데 쓰는 농구의 한 가지. ☞곡괭이
괭:이[2]명 '고양이'의 준말.
괭:이-갈매기명 갈매깃과의 텃새. 몸길이 45cm 안팎. 몸빛은 희고 등과 날개는 암회색, 꽁지에 검은 띠가 있으며 부리는 길고 황록색임. 울음 소리가 고양이 소리와 비슷함. 우리 나라와 동북 아시아에 널리 분포함.
괭:이-눈명 범의귓과의 여러해살이풀. 줄기는 땅 위로 벋어 마디마다 잔뿌리가 있고, 둥근 잎은 두 잎씩 마주 나며 가장자리에 톱니가 있음. 이른봄에 황록색의 작은 꽃이 핌. 산이나 들의 습한 땅에서 자람.
괭:이-밥명 괭이밥과의 여러해살이풀. 줄기 높이 10~30 cm. 잎은 세 갈래로 갈라져 있고 어긋맞게 나며 7~8월에 황색 꽃이 핌. 뿌리줄기에 신맛이 있고, 어린잎은 먹을 수 있음. 괴승아. 산거초(酸車草)
괭:이-잠명 깊이 들지 못하고 자주 깨면서 자는 잠. 노루잠. 토끼잠 ☞귀잠. 단잠. 선잠
괭이-질명-하다자 괭이로 땅을 파는 일.
괭잇-날명 괭이의 날.
괭-하다형여 물체가 맑고 투명하여, 환히 비쳐 보이다. ☞괭하다
괴(塊)명 ①덩이 ②한방에서, 여자의 뱃속에 덩어리가 생기는 병을 이르는 말.
괴(를) 배다관용 뱃속에 병적으로 덩어리가 생기다.
괴(魁)명 ①우두머리 ②북두칠성의 머리 쪽에 있는 네 개의 별. ☞표(杓)
괴:걸(怪傑)명 괴이한 재주가 있는 호걸, 또는 정체를 알 수 없는 인걸(人傑).
괴:겁(壞劫)명 불교에서 이르는 사겁(四劫)의 하나. 세상이 괴멸하는 동안을 이름.
괴경(塊莖)명 덩이줄기
괴:고(壞苦)명 불교에서 이르는 삼고(三苦)의 하나. 사랑하던 것을 잃거나 즐거운 일이 없어진 결과로 받는 괴로움. ☞행고(行苦)
괴:괴(怪怪)어기 '괴괴(怪怪)하다' 어기(語基).
괴:괴망측-하다(怪怪罔測-)형여 이루 말할 수 없이 괴상야릇하다. 해괴망측하다
괴괴-하다형여 쓸쓸할 정도로 아주 고요하다.
괴괴-히부 괴괴하게
괴:괴-하다(怪怪-)형여 괴상야릇하다. 해괴하다
괴괴-히부 괴괴하게
괴:교(怪巧)어기 '괴교(怪巧)하다'의 어기(語基).
괴교-하다(怪巧-)형여 괴상하고 교묘하다.
괴:귀(怪鬼)명 도깨비
괴근(塊根)명 덩이뿌리
괴금(塊金)명 흙이나 돌 속에서 천연으로 나는 금덩이.
괴:기(怪奇)어기 '괴기(怪奇)하다'의 어기(語基).
괴:기(魁奇)어기 '괴기(魁奇)하다'의 어기(語基).
괴:기=소:설(怪奇小說)명 괴상하고도 기이한 사건을 소재로 하여 괴기한 분위기와 공포감을 자아내는 소설.
괴:기-하다(怪奇-)형여 괴상하고 기이하다. 기괴하다 ¶으스스하고 괴기한 분위기.
괴:기-하다(魁奇-)형여 남보다 뛰어나고 특이하다.
괴기-히부 괴기하게
괴-까다롭다(-까다롭고·-까다로워)형ㅂ 괴이하고도 까다롭다. ☞꾀까다롭다
괴-까다로이부 괴까다롭게
×**괴-까닭스럽다**형ㅂ →괴까다롭다
괴깔명 실이나 피륙 또는 종이나 나무 따위의 겉에 보풀보풀하게 일어난 섬유. 산모 섬유(散毛纖維)
괴꼴명 타작할 때 생기는 벼알이 섞인 짚북데기.
괴나리명 '괴나리봇짐'의 준말.
괴나리-봇짐명 걸어서 먼 길을 갈 때 보자기에 싸서 걸머지는 조그마한 짐. 준괴나리
괴:난(愧赧)명-하다형 '괴란'의 원말.
괴:다[1]자 우묵한 곳에 물 따위가 모이다. 고이다[1] ¶낙숫물이 ―./두 눈에 눈물이 그렁그렁 ―.
괴:다[2]자 술 따위가 익느라고 거품이 부걱부걱 솟아오르다.
괴:다[3]타 ①기울어지거나 넘어지지 않게 밑을 받치다. ¶양손으로 턱을 ―./장농 밑을 굄목으로 ―. ②그릇에 음식 따위를 차곡차곡 쌓아 올리다. ¶접시에 떡을 ―. ③웃어른의 직함(職銜)을 받들어 쓰다. 고이다[2]
괴:담(怪談)명 괴상한 이야기. ☞기담(奇談)
괴:담=이:설(怪談異說)명 괴상한 말과 이상야릇한 이야기.
괴당(乖當)어기 '괴당(乖當)하다'의 어기(語基).
괴당-하다(乖當-)형여 정당하지 않다.
괴대(拐帶)명-하다타 남이 맡긴 물건을 가지고 달아남.
괴덕-부리다자 수선스레 실없는 말이나 행동을 하다.
괴덕-스럽다(-스럽고·-스러워)형ㅂ 말이나 행동이 보기에 수선스럽고 실없다.
괴덕-스레부 괴덕스럽게
괴:도(怪盜)명 괴상한 도둑.
괴:동(怪童)명 괴상한 재주를 가진 아이.
괴:락(壞落)명-하다자 부서져서 떨어짐.
괴:란(壞亂)명-하다타 무너뜨려 어지럽게 함.
괴란(乖亂)어기 '괴란(乖亂)하다'의 어기(語基).
괴:란(∠愧赧)어기 '괴란(愧赧)하다'의 어기(語基).
괴:란-쩍다(∠愧赧-)형 창피하여 얼굴이 뜨겁다.
괴란-하다(乖亂-)형여 이치에 어그러져서 어지럽다.
괴:란-하다(∠愧赧-)형여 얼굴이 붉게 달아오를 만큼 부끄럽다.
괴려(乖戾)어기 '괴려(乖戾)하다'의 어기(語基).
괴려-하다(乖戾-)형여 사리에 어그러져 온당하지 않다.
괴:력(怪力)명 괴이할 정도로 뛰어나게 센 힘.
괴로움명 몸이나 마음이 힘들고 고달픈 상태, 또는 그런 느낌. ¶―을 겪다./―을 당하다./―에 시달리다. 준괴롬 ☞즐거움
괴로워-하다자여 괴로움을 느끼다.
괴롬명 '괴로움'의 준말.
괴롭다(괴롭고·괴로워)형ㅂ ①몸이나 마음이 편하지 않고 고달프다. ¶몸과 마음이 ―. ②힘들고 어렵다. ¶일이 힘겨워 ―. ③성가시다. 귀찮다 ☞즐겁다
괴로이부 괴롭게

한자 **괴로울 고**(苦)〔艸部 5획〕¶고난(苦難)/고뇌(苦惱)/고락(苦樂)/고통(苦痛)/고행(苦行)
괴로워할 뇌(惱)〔心部 9획〕¶번뇌(煩惱)

괴롭히다타 괴롭게 하다. ¶남을 ―.
괴:뢰(傀儡)명 ①꼭두각시 ②망석중이 ③남의 앞잡이로 이용 당하는 사람. 허수아비. 뇌신(儡身)
괴:뢰-군(傀儡軍)명 괴뢰 정부의 군대.
괴:뢰-사(傀儡師)명 꼭두각시놀음에서, 꼭두각시를 놀리는 사람.

괴:뢰=정부(傀儡政府)명 겉으로는 독립된 국가이나, 실제로는 자주성이 없이 다른 나라의 조종을 받는 실권이 없는 정부.
괴리(乖離)명-하다자 서로 어그러져 동떨어짐. ¶국민의 기대와는 ―된 정책.
괴리=개:념(乖離概念)명 개념의 내포(內包)에서, 아무런 공통점이 없어 동류(同類)에 포함할 수 없는 두 개 이상의 개념. 이류 개념(異類概念)
괴:망(怪妄)명-하다형 말이나 행동이 괴상하고 망측함.
괴망(을) 떨다관용 괴망스러운 짓을 자꾸 하다.
괴망(을) 부리다관용 괴망(을) 떨다.
괴망-스럽다(怪妄―)(―스럽고·―스러워)형ㅂ 보기에 괴상하고 망측한 느낌이 있다. 괴벽스럽다
괴망-스레부 괴망스럽게
괴머리명 물레의 왼쪽에 가락을 꽂게 만든 부분.
괴:멸(壞滅)명-하다자 파괴되어 멸망함.
괴목(槐木)명 '회화나무'의 딴이름.
괴목-반(槐木盤)명 회화나무로 만든 소반.
괴:몽(怪夢)명 괴상한 꿈.
괴:문(怪聞)명 괴상한 소문.
괴:-문서(怪文書)명 괴상한 문서.
괴:물(怪物)명 ①괴상하게 생긴 동물이나 물건. ②생김새나 하는 짓이 괴상한 사람을 비유하여 이르는 말.
괴밑-대[―믿―]명 방앗공이를 괴어 놓는 나무.
괴반(乖反)어기 '괴반(乖反)하다'의 어기(語基).
괴반-하다(乖反―)형여 어그러지고 벗어나 있다.
괴:발-개발부 글씨를 아무렇게나 갈겨 써 놓은 모양을 나타내는 말.
괴방(魁榜)명 지난날, 과거의 갑과(甲科)에 첫째로 급제한 사람을 이르던 일. 장원랑(壯元郞)
괴:벽(怪癖)명 괴이한 버릇.
괴벽(乖僻)어기 '괴벽(乖僻)하다'의 어기(語基).
괴벽-스럽다(乖僻―)(―스럽고·―스러워)형ㅂ 괴망스럽다
괴벽-스레부 괴벽스럽게
괴벽-하다(乖僻―)형여 말이나 행동이 괴상하고 망측하다.
괴:변(怪變)명 괴이한 변고.
괴:병(怪病)명 괴질(怪疾)
괴:불명 '괴불주머니'의 준말.
괴:불-주머니[―쭈―]명 어린아이가 주머니 끈 끝에 차는 노리개. 수를 놓은 네모진 비단 헝겊을 귀나게 접어서 속에 솜을 통통하게 두고 꼭지마다 술을 달아 꾸밈. 준 괴불
괴:사(怪事)명 괴상한 일.
괴:사(壞死)명-하다자 회사(壞死)
괴:상(怪狀)명 괴이한 모양.
괴상(塊狀)명 덩어리로 된 모양. 괴형(塊形)
괴:상(怪常)어기 '괴상(怪常)하다'의 어기(語基).
괴상(乖常)어기 '괴상(乖常)하다'의 어기(語基).
괴상망측-하다(怪常罔測―)형여 이루 말할 수 없이 이상야릇하다.
괴:상-스럽다(怪常―)(―스럽고·―스러워)형ㅂ 보기에 이상야릇한 느낌이 있다. ¶괴상스러운 옷차림.
괴상-스레부 괴상스럽게
괴:상야릇-하다(怪常―)[―냐륻―]형여 퍽 괴상하고 야릇하다.
괴상-하다(怪常―)형여 이상야릇하다
괴상-하다(乖常―)형여 상리(常理)에 어그러져 있다.
괴:색(愧色)명 부끄러워하는 기색(氣色). 참색(慙色)
괴:석(怪石)명 괴상하게 생긴 돌. 고석(古石)
괴석(塊石)명 돌멩이
괴:설(怪說)명 괴상하여 믿을 수 없는 소문.
괴:성(怪聲)명 괴상한 소리. ¶―을 질러대다.
괴:손(壞損)명-하다자타 훼손(毁損)
괴:수(怪獸)명 괴상하게 생긴 짐승.
괴수(魁首)명 악당의 두목. 수괴(首魁)
괴승아명 '괭이밥'의 딴이름.
괴심(愧心)명 부끄러워하는 마음.
괴:악(怪惡)어기 '괴악(怪惡)하다'의 어기(語基).
괴:악망측-하다(怪惡罔測―)형여 이루 말할 수 없이 괴이하고 흉악하다.
괴:악-스럽다(怪惡―)(―스럽고·―스러워)형ㅂ 보기에 괴이하고 흉악한 느낌이 있다.
괴악-스레부 괴악스럽게
괴:악-하다(怪惡―)형여 괴이하고 흉악하다.
괴:암(怪岩)명 괴상하게 생긴 바위.
괴:어(怪魚)명 괴상하게 생긴 물고기.
괴어-오르다(―오르고·―올라)자르 술이나 초 따위가 익느라고 거품이 부걱부걱 솟아오르다.
괴:열(壞裂)명-하다자 ①무너져 갈라짐. ②일이 중도에 깨짐. ☞궤열(潰裂) ▷ 壞의 속자는 壊
괴엽-병(槐葉餠)명 느티떡
괴:우(怪雨)명 회오리바람에 딸려 올라간 흙이나 벌레, 물고기 등이 섞여 내리는 비.
괴:운(怪雲)명 모양이 괴상한 구름.
괴위(魁偉)어기 '괴위(魁偉)하다'의 어기(語基).
괴위-하다(魁偉―)형여 체격이 장대하고 우람하다.
괴:이(怪異)어기 '괴이(怪異)하다'의 어기(語基).
괴:이-쩍다(怪異―)형 괴이한 느낌이 있다.
괴:이찮다(怪異―)형 '괴이하지 않다'가 줄어든 말.
괴:이-하다(怪異―)형여 괴상하고 이상하다. ¶괴이한 사건이 벌어지다.
괴이-히부 괴이하게

한자 **괴이할 괴**(怪) 〔心部 5획〕 ¶괴기(怪奇)/괴담(怪談)/괴벽(怪癖)/괴변(怪變)/변괴(變怪)

괴인(怪人)명 ①성격이나 생김새가 괴상한 사람. ②정체를 알 수 없는 사람.
×**괴임-새**명 →굄새
괴재(瑰才)명 뛰어난 재주, 또는 그런 재주를 가진 사람.
괴저(壞疽)명 회저(壞疽)
괴:조(怪鳥)명 괴상하게 생긴 새.
×**괴좆-나무**명 →구기자나무
괴죄죄-하다형여 몹시 괴죄하다. ☞꾀죄죄하다
괴죄-하다형여 ①생김새나 차림새가 번듯하지 못하고, 지저분하고 궁상스럽다. ②마음 씀씀이나 하는 짓이 좀스럽고 옹졸하다. ☞꾀죄하다
괴:증(壞症)[―쯩]명 한방에서, 상한(傷寒)에 온독(溫毒) 등이 겹친 증세를 이르는 말.
괴지(槐枝)명 한방에서, 회화나무의 가지를 약재로 이르는 말. 습기로 말미암은 병을 치료하는 데 쓰임.
괴:질(怪疾)명 ①원인을 알 수 없는 괴상한 돌림병. ②'콜레라(cholera)'를 속되게 이르는 말. 괴병(怪病)
괴:짜(怪―)명 괴상한 짓을 잘하는 사람.
괴:찮다(怪―)형 '괴이찮다'의 준말.
괴철(塊鐵)명 쇠의 덩어리.
괴:춤명 '고의춤'의 준말.
괴:탄(怪誕)명 괴상하고 헛된 일, 또는 그런 이야기.
괴탄(塊炭)명 덩이로 된 석탄. ☞분탄(粉炭)
괴토(塊土)명 덩이로 된 흙.
괴통명 창이나 삽·괭이·쇠스랑 따위의 자루를 박는 부분. ☞고달[2]
괴팍(∠乖愎)어기 '괴팍(乖愎)하다'의 어기(語基).
괴팍-스럽다(∠乖愎―)(―스럽고·―스러워)형ㅂ 보기에 괴팍한 데가 있다.
괴팍-스레부 괴팍스럽게
괴팍-하다(∠乖愎―)형여 성미가 별나고 까다롭다. ¶괴팍한 성미.

▶ **'괴팍하다'와 '괴퍅하다'**
본디 '괴퍅(乖愎)'에서 온 말이지만, 표준어 규정에서 발음의 편리에 따라 '괴팍'으로 적기로 정한 말이다. 한자어와 멀어진 우리말 되기의 보기라 할 수 있다.

괴:패(壞敗)명-하다자 무너짐

괴패(乖悖)어기 '괴패(乖悖)하다'의 어기(語基).
괴패-하다(乖悖-)형여 이치나 도리에 어그러져 있다.
×괴퍅-하다(乖愎-)형여 →괴팍하다
괴:-하다(怪-)형여《文》성질과 행동이나 차림새가 괴이하다.
괴:한(怪漢)명 행동이나 차림새가 수상한 사나이.
괴:행(怪行)명 괴상한 행동.
괴:혈-병(壞血病)[-뼝]명 비타민 C의 결핍으로 생기는 병. 기운이 없고, 잇몸이나 피부 등에서 피가 나며 빈혈을 일으키기도 함.
괴형(塊形)명 덩어리로 된 모양. 괴상(塊狀)
괴:화(怪火)명 까닭 모르게 일어난 괴상한 불.
괴화(槐花)명 한방에서, 회화나무의 꽃을 약재로 이르는 말. 치질이나 혈변(血便) 등에 쓰임.
괴황(槐黃)명 회화나무 열매의 씨로 만든 누른색의 물감.
괴:후(怪候)명 괴상하고 변덕스런 기후.
괵(∠斛)명 휘[1] ☞대괵. 소괵
괵량(∠斛量)명-하다타 휘로 곡식을 되는 일.
괵수(馘首)명-하다타 참수(斬首)
×괵실(槲實)명 →곡실(槲實)
×괵약(槲藥)명 →곡약(槲藥)
굄:명 물건의 밑을 괴는 일, 또는 괴는 그 물건. 고임
굄:-돌[-똘]명 ①밑을 괴는 돌. 고임돌 ②북방식 고인돌에서 덮고 있는 돌을 받치고 있는 넓적한 돌. 지석(支石) ☞받침돌
굄:-목(-木)명 밑을 괴는 나무. 고임목. 침목
굄:-새명 ①괴어 놓은 모양. ②굄질하는 솜씨. 고임새
굄:-질명-하다자 그릇에 과자나 과일 따위를 높이 쌓아 올리는 일. 고임질
굉걸(宏傑)어기 '굉걸(宏傑)하다'의 어기(語基).
굉걸-하다(宏傑-)형여 굉장하고 훌륭하다.
굉굉(轟轟)어기 '굉굉(轟轟)하다'의 어기(語基).
굉굉-하다(轟轟-)형여 굉연하다
굉굉-히부 굉굉하게
굉기(宏器)명 큰 기량.
굉대(宏大)어기 '굉대(宏大)하다'의 어기(語基).
굉대-하다(宏大-)형여 굉장히 크다.
굉도(宏圖)명 굉장히 큰 계획. 굉모(宏謀)
굉렬(轟烈)어기 '굉렬(轟烈)하다'의 어기(語基).
굉렬-하다(轟烈-)형여 울리는 소리가 매우 세차다.
굉모(宏謀)명 굉도(宏圖)
굉변(宏辯)명 굉장한 변론.
굉업(宏業)명 큰 사업.
굉연(轟然)어기 '굉연(轟然)하다'의 어기(語基).
굉연-하다(轟然-)형여 소리가 썩 크고 요란하다.
굉연-히부 굉연하게
굉원(宏遠)어기 '굉원(宏遠)하다'의 어기(語基).
굉원-하다(宏遠-)형여 ①너르고 멀다. ②굉장히 멀다.
굉유(宏儒)명 뛰어난 유학자.
굉음(宏飮)명-하다타 술을 많이 마심.
굉음(轟音)명 굉장히 크고 요란하게 울리는 소리. ¶-이 울리면서 건물이 순식간에 무너지다.
굉장(宏壯)어기 '굉장(宏壯)하다'의 어기(語基).
굉장-스럽다(宏壯-)(-스럽고·-스러워)형ㅂ 보기에 굉장한 데가 있다.
굉장-스레부 굉장스럽게
굉장-하다(宏壯-)형여 ①매우 크고 훌륭하다. ¶굉장한 저택. ②아주 대단하다. ¶굉장한 인파.
굉장-히부 굉장하게
굉재(宏才)명 뛰어난 재주, 또는 그런 재주를 가진 사람.
굉재(宏材)명 뛰어나게 훌륭한 인물.
굉재탁식(宏才卓識)성구 큰 재능과 뛰어난 견식(見識)을 이르는 말.
굉침(轟沈)명-하다자타 함선이 포격이나 폭격을 받아 순식간에 가라앉음, 또는 그렇게 가라앉힘.
굉파(轟破)명-하다타 폭약 따위를 폭발시켜 파괴함.
굉홍(宏弘)어기 '굉홍(宏弘)하다'의 어기(語基).
굉홍-하다(宏弘-)형여 도량이 너르고 크다.

굉활(宏闊)어기 '굉활(宏闊)하다'의 어기(語基).
굉활-하다(宏闊-)형여 크고 너르다. ¶굉활한 평야.
굉활-히부 굉활하게
교:(敎)명 ①'종교'의 준말. ②불교에서 이르는 삼문(三門)의 하나. 경론(經論)으로써 신앙의 근본을 삼음. ☞선(禪). 율(律) ▷敎의 속자는 教
교(絞)의 수사 아래에 쓰이어, 매끼의 수나 꼰 줄의 가닥을 나타내는 말.
교가(交柯)명 서로 엇걸린 나뭇가지.
교:가(校歌)명 학교의 기풍(氣風)을 떨치게 하기 위하여 지어 부르는 노래.
교가(橋架)명 다리의 너비를 이루는 두 기둥 위에 가로질러 맞춘 나무나 철근.
교각(交角)명 면이나 선이 서로 만나서 이루는 각. 만난각
교각(橋脚)명 교량의 건너지르는 부분을 받치는 기둥.
교:각살우(矯角殺牛)성구 뿔을 바로잡으려다가 소를 죽인다는 뜻으로, 결점이나 흠을 고치려다가 정도가 지나쳐 오히려 일을 그르침을 이르는 말.
교간(喬幹)명 높은 나무의 줄기.
교감(交感)명-하다자 서로가 같이 느낌. 마음이 서로 통함. ¶영혼과의 -./훈훈한 정의 -.
교:감(校監)명 학교장을 보좌하여 교무(校務)를 감독하는 직책, 또는 그 사람.
교:감(矯監)명 교도관 계급의 하나. 교위(矯衛)의 위, 교정관(矯正官)의 아래.
교감=신경(交感神經)명 고등 척추동물의 척수에서 나와 신경절을 거쳐 내장·혈관·분비선에 퍼져 있는 자율 신경의 하나. 소화나 호흡, 순환 따위를 조절함. ☞부교감 신경
교갑(膠匣)명 아교로 만든 원통형의 작은 갑. 쓴 가루약 따위를 삼키기 좋게 담는 데 쓰임. 교낭(膠囊). 캡슐(capsule)
교객(嬌客)명 남을 높이어 그의 사위를 이르는 말.
교거(僑居)명-하다자 남의 집에서 임시로 몸담아 지냄, 또는 그 집. 우거(寓居). 우접(寓接)
교거(攪車)명 씨아
교거(驕倨)어기 '교거(驕倨)하다'의 어기(語基).
교거-하다(驕倨-)형여 교만하고 거만하다.
교결(交結)명-하다자 서로 사귀어 정을 맺음.
교:결(皎潔)어기 '교결(皎潔)하다'의 어기(語基).
교:결-하다(皎潔-)형여 ①달빛이 밝고 맑다. ②마음이 깨끗하고 맑다.
교결-히부 교결하게
교계(交界)명 땅의 경계. ☞접경(接境)
교계(交契)명 교분(交分)
교계(敎界)명 종교 사회. 종교계(宗敎界)
교:계(敎誡)명-하다타 가르치며 훈계함.
교계(較計)명-하다타 맞나 안 맞나를 견주어 봄. 계교(計較)
교:고(巧故)명 교묘한 거짓.
교고(膠固)어기 '교고(膠固)하다'의 어기(語基).
교고-하다(膠固-)형여 ①아교로 붙인 것처럼 굳다. ②융통성이 없다.
교곤(攪棍)명 사침대
교:과(敎科)명 ①학교 교육에서, 교육 과정에 따라 계통을 세워 짜 놓은 학습 내용의 구분. ②'교과목(敎科目)'의 준말.
교:과=과정(敎科課程)명 교육 과정(敎育課程)
교:과-목(敎科目)명 가르치는 과목(科目).
교:과-서(敎科書)명 학교 교과용으로 편찬한 책. ☞교본
교:과-안(敎科案)명 교과의 학습 지도 요령.
교:관(敎官)명 ①군사 교육이나 훈련을 맡아보는 장교. ②'동몽 교관(童蒙敎官)'의 준말.
교:교(皎皎)어기 '교교(皎皎)하다'의 어기(語基).
교:교월색(皎皎月色)[-쌕]성구 휘영청 밝은 달빛.
교:교-하다(皎皎-)형여 ①달이 휘영청 밝다. ②희고 깨

끗하다. ¶창에 비친 교교한 달빛.
교교-히 부 교교하게
교구(交媾)명-하다자 성교(性交)
교:구(校具)명 학교에서 쓰는 모든 기구.
교구(狡寇)명 교활한 도둑.
교:구(教具)명 학습을 효과적으로 지도하기 위하여 쓰는 모든 기구.
교:구(教區)명 ①포교와 신자의 지도나 감독 등을 위하여 편의상 나눈 지역. ②가톨릭에서, 주교가 관장하는 행정 관할 지역을 이르는 말.
교:국(教國)명 어떤 특정 종교를 국교(國教)로 삼은 나라.
교군(轎軍)명 ①가마[5] ②-하다자 가마를 메는 일. ③'교군꾼'의 준말.
교군-꾼(轎軍-)명 가마를 메는 사람. 가마꾼. 교부(轎夫). 교자꾼. 교정(轎丁) 준 교군
교:궁(教宮)명 각 마을에 있는 문묘(文廟). ☞향교(鄕校)
교:권(教勸)명-하다타 가르쳐 권함.
교:권(教權)[-꿘]명 ①교사로서 가지는 권위와 권리. ¶-을 확립하다. ②종교상의 권위.
교:규(校規)명 학교의 규칙. 교칙(校則). 학규(學規)
교:규(教規)명 교칙(教則)
교극(交戟)명-하다자 창을 엇갈리게 맞댄다는 뜻으로, '전쟁'을 이르는 말. ☞교전(交戰)
교근(咬筋)명 입 안의 음식물 따위를 씹을 수 있도록 아래 턱에 작용하는 근육.
교긍(驕矜)명-하다자 교만하여 지나치게 자부하거나 자만함.
교:기(巧技)명 교묘한 재주.
교:기(校旗)명 학교를 상징하는 기.
교기(嬌氣)명 아양을 부리는 태도. 교태(嬌態)
교기(驕氣)명 교만한 태도나 기세. ☞갸기
교기를 부리다 관용 남을 업신여겨 짐짓 교만한 태도를 나타내다.
교:난(教難)명 종교상의 박해나 고난.
교남(嶠南)명 영남(嶺南)
교낭(膠囊)명 교갑(膠匣)
교:내(校內)명 학교 안. ¶- 행사 ☞교외(校外)
교녀(嬌女)명 교태를 부리는 여자.
교니(膠泥)명 모르타르(mortar)
교:단(校壇)명 학교의 운동장에 설비한 단. 많은 학생을 대상으로 훈시하거나 지휘할 때 올라섬.
교:단(教團)명 같은 교의(教義)를 믿는 사람들끼리 모여 만든 종교 단체.
교:단(教壇)명 ①교실에서 교사가 강의할 때 올라서는 단. ②'교직(教職)'을 달리 이르는 말.
교단에 서다 관용 학교에서 교사 생활을 하다.
교담(交談)명-하다자 이야기를 주고받음.
교:당(教堂)명 종교 단체의 교인들이 모여 예배를 보거나 전교(傳教)를 하는 집.
교대(交代)명-하다자타 서로 번갈아 듦. 대거리. 체대(遞代) ¶- 근무/여덟 시간씩 일하고 -하다.
×교대(絞帶)명 →효대(絞帶)
교대(絞臺)명 '교수대(絞首臺)'의 준말.
교대(橋臺)명 다리의 양쪽 끝에서 다리를 떠받치는 구조물. 다리받침
교대=광:상(交代鑛床)명 교대 작용으로 생긴 광상.
교대=본위(交代本位)명 화폐의 복본위제(複本位制)를 실제의 유통 면에서 이르는 말.
교대=작용(交代作用)명 암석에 스며든 가스나 뜨거운 수용액으로 말미암아 본디의 암석 성분이 다른 것으로 바뀌어 새 광물이 생기는 작용.
교도(交刀)명 가위[1]
교도(交道)명 벗과 서로 사귀는 도리.
교:도(教徒)명 종교를 믿는 사람이나 그 무리. 신도
교:도(教導)명-하다타 ①가르쳐 이끎. ☞교유(教諭) ②학생의 생활을 지도함.
교:도(矯導)명 ①-하다타 바로잡아 인도함. ¶죄수를 -하다. ②교도관(矯導官) 계급의 하나. 교사(矯査)의 아래로, 맨 아래 계급임.
교:도-관(矯導官)명 교도소에서 일하는 공무원.
교:도-소(矯導所)명 징역형이나 금고형, 또는 노역장 유치나 구류 처분을 받은 사람을 수용하는 곳. ☞유치장
교:독(交讀)명-하다타 ①글을 섞바꿔 읽음. ②개신교에서, 예배 때에 시편(詩篇)이나 간추린 성경 구절 따위를 설교자와 신자가 한 구절씩 섞바꾸어 읽는 일.
교동(嬌童·姣童)명 생김새가 귀여운 사내아이.
교두(橋頭)명 다리가 있는 근처.
교두-보(橋頭堡)명 ①다리를 지키기 위해 다리 옆에 만들어 놓은 진지. ②상륙 작전 등을 펼 때, 상륙의 발판으로 미리 상륙 지점에다 확보하는 작전상의 거점(據點). ③활동 무대를 넓혀 나가는 데 발판으로 삼는 곳을 비유하여 이르는 말. ¶수출의 -로 확보한 해외 지점.
교란(交欄)명 난간의 동자 기둥 사이의 꾸밈새를 ×꼴로 처리한 난간.
교란(攪亂)명-하다타 혼란이 일어나도록 어지럽게 함. ¶적의 후방을 -하다.
교란-력(攪亂力)[-녁]명 공간에서 두 물체의 본래의 운동에 섭동(攝動)을 일으키는 제삼의 천체의 인력.
교:량(較量)명-하다타 견주어 헤아림.
교량(橋梁)명 다리
교:련(教練)명-하다타 ①가르쳐 단련시킴. ②조련(操練) ③학생에게 가르치는 군사 훈련.
교:련-관(教練官)명 조선 말기, 군대에서 현대식 교련을 시키는 무관(武官)을 이르던 말.
교령(交靈)명-하다자 죽은 사람의 영혼이 살아 있는 사람과 서로 통함.
교:령(教令)명 임금의 명령.
교:령(教領)명 천도교(天道教)를 대표하는 으뜸 직위, 또는 그 직위에 있는 사람.
교:료(校了)명-하다자타 인쇄물의 교정(校正)을 끝냄. 완준(完準). 오케이(O.K.)
교:료-지(校了紙)명 교정을 끝낸 교정지.
교룡(交龍)명 용틀임
교룡(蛟龍)명 넓적한 네 발이 있고 길이가 한 길이 넘는, 뱀처럼 생겼다는 상상의 동물.
교룡-기(蛟龍旗)명 지난날, 임금의 거둥 때 의장(儀仗)으로서 둑(纛)의 다음에 세우던 큰 기. 누른 바탕에 용틀임과 채운(彩雲)이 그려져 있음. 용대기(龍大旗)
교룡득수(蛟龍得水)성구 교룡이 물을 얻는다는 뜻으로, 기회를 얻음을 비유하여 이르는 말.
교류(交流)명 ①-하다자 수원(水源)이 다른 물줄기가 서로 섞이어 흐름. ②-하다자 경제·과학·문화·사상 등을 서로 소개하거나 정보를 주고받음. ¶경제적 -/문화의 -. ③교류 전류(交流電流) ☞직류(直流)
교류=발전기(交流發電機)[-쩐-]명 전자(電磁) 감응을 응용하여 교류 기전력을 발생시키는 발전기. ☞직류 발전기(直流發電機)
교류=전:동기(交流電動機)명 교류 전류를 전원(電源)으로 동력을 일으키는 전동기. ☞직류 전동기
교류=전:류(交流電流)명 일정한 주기로 전류의 세기와 방향이 바뀌어 흐르는 전류. 교번 전류(交番電流). 교류(交流) ☞직류 전류(直流電流)
교:리(校理)명 ①조선 시대, 교서관(校書館)·승문원(承文院)의 종오품 관직. ②조선 시대, 홍문관(弘文館)의 정오품 관직.
교:리(教理)명 종교상의 원리나 이치. ☞교의(教義)
교:리=문:답(教理問答)명 ①크리스트교에서 세례나 영세를 받을 때 주고받는, 교리에 대한 문답. ②종교상의 원리나 이치를 서로 묻고 대답하는 일.
교:리=신학(教理神學)명 교의학(教義學)
교린(交隣)명 이웃 나라와 사귐.
교린=정책(交隣政策)명 이웃 나라와 화평하게 사귀는 외교 정책.
교마(轎馬)명 가마와 말을 아울러 이르는 말.

교만(驕慢)명-하다형 건방지고 방자함. ¶ -한 마음에서 남을 얕보다. ☞겸손(謙遜)
교만-히부 교만하게
교만(을) 부리다관용 교만하게 행동하다.
교만-스럽다(驕慢-)(-스럽고·-스러워)형ㅂ 하는 짓이 교만한 데가 있다.
교만-스레부 교만스럽게
교맥(蕎麥)명 '메밀'의 딴이름.
교면(嬌面)명 교태가 있는 얼굴.
교:명(校名)명 학교의 이름.
교:명(教命)명 임금이 훈유(訓諭)하는 명령, 또는 그 명령의 글.
교:모(校帽)명 학교의 제모(制帽). 학생모. 학모(學帽)
교:목(校牧)명 개신교 계통의 학교에서, 종교 교육을 맡은 목사를 이르는 말.
교목(喬木)명 나무의 분류에서, 줄기가 곧고 단단하며, 높이 자라고 줄기와 가지가 구별되는 나무. 소나무나 전나무 따위. 큰키나무 ☞관목(灌木)
교목-대(喬木帶)명 식물의 수직 분포대(垂直分布帶)의 한 가지. 산록대(山麓帶)의 위이고 관목대(灌木帶)의 아래로 교목이 무성한 지역임.
교목세:가(喬木世家)성구 지난날, 여러 대에 걸쳐 중요한 관직을 지내어 그 집안의 운명을 나라의 운명과 같이하는 집안이라는 뜻으로 이르던 말.
교목세:신(喬木世臣)성구 지난날, 여러 대에 걸쳐 중요한 관직을 지내어 자기의 운명을 나라의 운명과 같이하는 사람이라는 뜻으로 이르던 말.
교묘(巧妙)어기 '교묘(巧妙)하다'의 어기(語基).
교묘-하다(巧妙-)형여 ①재치가 있고 약빠르다. ¶교묘한 꾀로 위기에서 벗어나다. ②만듦새 등이 솜씨 있고 묘하다. ¶교묘한 조각품./교묘한 속임수.
교묘-히부 교묘하게 ¶포위망을 - 빠져 나가다.
교:무(校務)명 학교의 운영에 관한 사무.
교:무(教務)명 ①학생을 가르치는 데에 관한 사무. ②종교상의 사무.
교:무-금(教務金)명 가톨릭에서, 교회 운영비로 신자들이 정기적으로 내는 돈.
교:무-실(教務室)명 학교 교사들의 사무실.
교:무=주임(教務主任)명 학교에서 교무를 주관하는 교원.
교:무-처(教務處)명 교무와 학적에 관한 사무를 맡아보는 대학교의 한 부서.
교:문(校門)명 학교의 정문.
교:문(教門)명 ①생사 해탈(解脫)의 가르침에 들어가는 문이라는 뜻으로, 부처님의 가르침을 이르는 말. ②불교에서, 교의(教義)를 체계화하여 연구하는 방면. ☞관문(觀門)
교미(交尾)명-하다자 흘레
교미(嬌媚)명 아리땁게 아양을 부림.
교:미교취-약(矯味矯臭藥)명 교정약(矯正藥)
교미-기(交尾期)명 동물이 발정하여 교미하는 시기.
교민(僑民)명 외국에서 살고 있는 동포.
교민-회(僑民會)명 외국에서 살고 있는 교민의 친목 단체.
교밀(巧密)어기 '교밀(巧密)하다'의 어기(語基).
교밀-하다(巧密-)형여 교묘하고 정밀하다.
교밀-히부 교밀하게
교반(攪拌)명-하다타 휘저어서 한데 섞음.
교:방(教坊)명 ①고려 시대, 의식에 필요한 기생·무동(舞童)·가동(歌童)을 양성하던 곳. ②조선 시대, 장악원(掌樂院)의 아악(雅樂)을 맡은 좌방(左坊)과 속악(俗樂)을 맡은 우방(右坊)을 아울러 이르던 말.
교:방=가요(教坊歌謠)명 지난날, 임금을 환영하는 노상 정재(路上呈才) 때 베풀던 노래와 춤. 준가요(歌謠)
교:방-고(教坊鼓)명 국악기 혁부(革部) 타악기의 한 가지. 진고(晉鼓)와 같이 네 발로 된 틀에 가죽이 위로 가게 올려 놓고 채로 쳐서 소리를 냄.
교배(交拜)명-하다자 재래식 혼례에서, 신랑과 신부가 서로 절을 하는 예. 신랑이 한 번 절할 때 신부는 두 번 절함.
교배(交配)명-하다타 동식물의 암수를 인위적으로 수정(受精)시키거나 수분(受粉)시키는 일. 동계 교배(同系交配)와 이계 교배(異系交配)가 있음. ☞교잡(交雜)
교배-종(交配種)명 교배시켜서 만든 새 품종(品種). ☞교잡종(交雜種)
교번(交番)명-하다자 ①순번이나 당번의 차례를 갈마듦. 체번(替番) ②전류 등이 크기와 방향을 주기적으로 바꿈.
교번=전:류(交番電流)명 교류 전류(交流電流)
교:범(教範)명 가르치는 데 기준으로 삼거나 모범으로 삼을 법식.
교:법(教法)[-뻡]명 ①사물에 대해 가르치는 방법. ②불교에서 이르는 사법(四法)의 하나. 석가모니가 설법(說法)한 가르침을 이름.
교변(巧辯)명 재치 있는 말. 교묘한 말.
교병(交兵)명-하다자 교전(交戰)
교병(膠餠)명 족편
교:보(校報)명 학생과 교직원에게 학교 안팎의 소식을 알리는 인쇄물. ☞교지(校誌)
교:복(校服)명 학생들이 입는, 학교의 제복.
교:본(校本)명 교열을 마친 책. 교열본(校閱本)
교:본(教本)명 교재(教材)로 삼는 책. ¶피아노 - ☞교과서(教科書)
교봉(交鋒)명-하다자 교전(交戰)
교부(交付·交附)명-하다타 내어 줌. ¶주민 등록증을 -하다.
교:부(教父)명 고대 크리스트교에서, 교의(教義)와 교회의 발전에 이바지한 종교상의 훌륭한 성직자나 저술에 힘쓴 신학자를 이르는 말.
교부(轎夫)명 교군꾼
교부=공채(交付公債)명 국가가 돈을 갚아야 할 대상에게 현금 대신으로 준 증권. 교부 국채(交付國債)
교부=국채(交付國債)명 교부 공채(交付公債)
교부-금(交付金)명 ①내어 주는 돈. ②보조금(補助金)
교부-조(巧婦鳥)명 '붉은머리오목눈이'의 딴이름.
교:부=철학(教父哲學)명 1~8세기의 초기 교회에서, 크리스트교의 교리를 합리적·철학적으로 설명하여 신앙의 기초를 다진 교부들의 철학.
교분(交分)명 사귄 정분. 교계(交契). 교의(交誼) ¶-이 돈독하다./두터운 -.
교붕(交朋)명-하다자 교우(交友)
교:비(校費)명 학교에서 쓰는 비용.
교:비-생(校費生)명 교비로 공부하는 학생.
교빙(交聘)명-하다자 나라와 나라 사이에 서로 사신(使臣)을 보내는 일.
교사(巧詐)[1]명 남을 교묘한 수단으로 속이는 일.
교사(狡詐)명-하다타 간사한 꾀로 남을 속임.
교:사(校舍)명 학교의 건물.
교:사(教師)명 ①남에게 학술이나 기예 등을 가르치는 사람. ②유치원, 초등 학교, 중학교, 고등 학교에서, 일정한 자격을 갖추고 학생에게 학업과 기예를 가르치는 사람. 교원(教員) ☞선생(先生)
교:사(教唆)명-하다타 남을 꾀거나 부추겨서 나쁜 짓을 하게 함. ¶테러를 -하다.
교사(絞死)명-하다자 스스로 목을 매어 죽음. 액사(縊死) ☞교살(絞殺)
교사(膠沙)명 바다 밑의 개흙이 섞인 모래.
교사(矯査)명 교도관 계급의 하나. 교위(矯衛)의 아래, 교도(矯導)의 위.
교사(矯詐)명-하다타 남을 속임.
교사(巧詐)[2]어기 '교사(巧詐)하다'의 어기(語基).
교사(驕奢)어기 '교사(驕奢)하다'의 어기(語基).
교사(驕肆)어기 '교사(驕肆)하다'의 어기(語基).
교:사-범(教唆犯)명 남을 꾀거나 부추겨서 죄를 짓게 하는 범죄, 또는 그런 짓을 한 범인.
교사-스럽다(巧詐-)(-스럽고·-스러워)형ㅂ 남을 속

이는 꾀나 솜씨가 교묘한 데가 있다.
교사-스레 부 교사스럽게
교:사-죄(敎唆罪)[-쬐] 명 남을 꾀거나 부추겨서 죄를 짓게 한 죄.
교:사-하다(巧詐-) 형여 남을 속이는 재주나 꾀가 교묘하다. ¶교사한 속임수.
교사-하다(驕奢-) 형여 교만하고 사치하다. 교치하다
교사-하다(驕肆-) 형여 교만하고 방자하다. 교일하다. 교자하다
교살(絞殺) 명 -하다 타 목을 졸라 죽임. 교수(絞首)
교상(咬傷) 명 짐승이나 독사, 독충 등에 물려서 다침, 또는 물린 상처.
교:상(敎相) 명 ①석가모니가 가르친 여러 교법(敎法)의 형태와 특색. ②밀교(密敎)에서, 교의(敎義)를 체계적으로 해석하고 연구하는 분야.
교상(膠狀) 명 갖풀처럼 끈적끈적한 상태.
교색(驕色) 명 교만한 얼굴빛. 교만한 표정.
교:생(敎生) 명 교사 자격을 취득하기 위해 부속 학교 등에서 교육 실습을 하는 학생.
교:서(校書) 명 -하다 타 책을 검열(檢閱)함.
교:서(敎書) 명 ①대통령이 의회에 보내는 정치나 행정에 관한 의견서. ¶연두(年頭) - ②로마 교황이 공식적으로 발표하는 신앙과 교리에 관한 서한. ③지난날, 임금이 내리던 명령서.
교:서-관(校書館) 명 조선 시대, 경서(經書)의 인쇄와 교정, 향축(香祝)과 인전(印篆) 등을 맡아보던 관아.
교설(巧舌) 명 교언(巧言)
교:설(敎說) 명 -하다 타 가르쳐 설명함.
교섭(交涉) 명 -하다 자타 어떤 일을 이루기 위하여 상대편과 의논함. ¶근로 조건 개선에 대해 -하다.
교섭=단체(交涉團體) 명 국회의 원활한 의사 진행을 위하여 일정한 정당에 딸린 국회 의원들로 구성되는 의원 단체. ¶원내 -
교성(嬌聲) 명 여자가 아양을 떨며 내는 간드러진 목소리.
교성-곡(交聲曲) 명 독창·중창·합창 등에 관현악의 반주가 따르는 큰 규모의 성악곡. 칸타타
교:세(敎勢) 명 종교의 형세.
교세(矯世) 명 -하다 자 세상의 나쁜 풍속을 바로잡음.
교소(嬌笑) 명 ①아양을 부리는 웃음. ②귀염성스러운 웃음. 애교 있는 웃음.
교송(喬松) 명 키가 큰 소나무.
교수(巧手) 명 교묘한 수단이나 솜씨, 또는 그런 수단이나 솜씨를 가진 사람.
교:수(敎授) 명 ①-하다 타 학술이나 기예를 가르침. ②대학에서 학생에게 전문 학술을 가르치고 연구하는 사람. ☞부교수. 조교수. 전임 강사 ③지난날, 사학(四學)에서 유생을 가르치는 관원을 이르던 말.
교수(絞首) 명 -하다 타 ①교살(絞殺) ②사형수의 목을 매어 달아 죽이는 일.
교수-대(絞首臺) 명 교수형을 집행하는 대. 준 교대
교:수-안(敎授案) 명 교과 지도의 목표와 방법, 시간 배당 등을 미리 짜 놓은 안. 교안(敎案)
교수-형(絞首刑) 명 사형수의 목을 매어 달아 죽이는 형벌. 준 교형(絞刑)
교:수-회(敎授會) 명 대학의 자치적인 자문 심의 기구. 대학 단위로 조교수 이상으로 구성됨.
교:습(敎習) 명 -하다 타 가르쳐서 익히게 함. ¶피아노 -을 받다./운전 -을 하다.
교:시(校是) 명 그 학교의 교육상의 근본 정신을 나타낸 표어.
교:시(敎示) 명 -하다 타 지식이나 방법 등을 가르쳐 보임, 또는 그 가르침. ¶젊은이가 나아갈 길을 -하다.
교식(矯飾) 명 -하다 자타 거짓으로 겉모양만을 꾸밈.
교식-의(交食儀) 명 조선 시대, 일식(日蝕)과 월식(月蝕)을 관측하던 기구.
교신(交信) 명 -하다 자 통신을 주고받음.
교:실(敎室) 명 ①학교에서, 학생에게 수업을 하는 방. ②대학의 연구실을 흔히 이르는 말. ③어떤 기예(技藝) 등을 배우는 모임. ¶주부들의 요리 -./꽃꽂이 -
교심(驕心) 명 교만한 마음.
교아(驕兒) 명 버릇없이 자란 아이.
교아절치(咬牙切齒) 성구 이를 악물고 간다는 뜻으로, 몹시 분하여 이를 갊을 이르는 말.
교악(狡惡) 어기 '교악(狡惡)하다'의 어기(語基).
교악-하다(狡惡-) 형여 교활하고 간악하다.
교악-히 부 교악하게
교:안(敎案) 명 교수안(敎授案)
교:양(敎養) 명 ①-하다 타 가르쳐 기름. ¶어린이를 올바르게 -하다. ②사회인으로서 갖추어야 할 문화에 관한 넓은 지식, 또는 그 지식을 지님으로써 나타나는 품위. ¶-을 쌓다./- 있는 사람.
교:양=과목(敎養科目) 명 대학에서, 전공 과목 이외의 교양을 위한 과목.
교:양-관(敎養官) 명 조선 시대, 지방의 선비를 가르치던 관원.
교:양=서적(敎養書籍) 명 읽어서 교양을 더하는 데 도움이 되는 서적.
교:양=소:설(敎養小說) 명 주인공의 여러 가지 체험을 통한 인간 형성 과정을 그린 소설.
교:양-인(敎養人) 명 교양이 있는 사람.
교어(巧語) 명 교언(巧言)
교어(鮫魚) 명 '상어'의 딴이름.
교언(巧言) 명 교묘하게 꾸미는 말. 교설(巧舌). 교어
교:언영색(巧言令色)[-녕-] 성구 남의 환심을 사려고 아첨하는 말과 알랑거리는 태도를 이르는 말.
교여(轎輿) 명 가마와 수레.
교역(交易) 명 -하다 타 주로 나라 사이에, 물품을 교환하거나 사고 파는 일.
교:역(敎役) 명 개신교에서, 설교나 전도 따위의 종교적 사업을 책임지고 맡아 하는 일.
교:역-자(敎役者) 명 교역을 맡은 전도사나 목사 등을 통틀어 이르는 말.
교열(咬裂) 명 -하다 타 입으로 물어뜯어 찢음.
교:열(校閱) 명 -하다 타 책의 원고나 문서의 초고 등을 훑어보고 잘못된 곳을 검토하여 바로잡음.
교:열-본(校閱本) 명 교열을 마친 책. 교본(校本) ☞교정본
교염(嬌艶) 어기 '교염(嬌艶)하다'의 어기(語基).
교염-하다(嬌艶-) 형여 교태가 있고 요염하다.
교영(郊迎) 명 -하다 타 지난날, 성문 밖이나 교외에 나가 사람을 마중하던 일. ☞교전(郊餞)
교:예(較藝) 명 -하다 자 재능과 기예의 낫고 못함을 비교함.
교오(驕傲) 어기 '교오(驕傲)하다'의 어기(語基).
교오-하다(驕傲-) 형여 교만하고 오만하다.
교오-히 부 교오하게
교왕(矯枉) 명 -하다 타 굽은 것을 바로잡음.
교왕과:직(矯枉過直) 성구 구부러진 것을 바로잡으려다가 지나치게 곧게 만든다는 뜻으로, 잘못을 바로 잡으려다가 도리어 나쁘게 됨을 이르는 말.
교외(郊外) 명 들이나 논밭이 비교적 많은 도시의 주변 지역. ☞도심(都心). 야외(野外)
교:외(校外) 명 학교 밖. ☞교내(校內)
교:외=교:육(校外敎育) 명 학생들이, 학교 밖에서 견학·실습·조사 등 직접 경험을 하여 배우도록 하는 교육.
교:외별전(敎外別傳)[-쩐] 명 부처의 깨달음을 전하는 데 말이나 글로써 하지 아니하고 마음에서 마음으로 바로 전함을 이르는 말. ☞불립문자(不立文字)
교:외-생(校外生) 명 통신이나 강의록(講義錄) 따위로 교육을 받는 학생.
교외-선(郊外線) 명 도시의 시가지에서 교외로 이어지도록 놓은 철도, 또는 도시의 교외에 놓인 철도.
교:외=지도(校外指導) 명 교사가 학생들이 학교 밖에서 하는 생활을 지도하는 일.
교용(嬌容) 명 교태를 띤 모습.

교우(交友)명-하다자 벗을 사귐, 또는 사귀는 그 벗. 교붕(交朋)
교:우(校友)명 ①같은 학교에서 배우는 벗. ☞동창생 ②학교에서, 그 학교를 졸업한 졸업생을 이르는 말.
교:우(敎友)명 같은 종교를 믿는 사람.
교우이신(交友以信)성구 세속오계(世俗五戒)의 하나. 벗은 믿음으로써 사귀어야 한다는 계율.
교:우-지(校友誌)명 교우들의 글을 모아 발간하는 잡지.
교:우-회(校友會)명 ①같은 학교의 재학생과 졸업생 등이 친목을 꾀하여 조직한 모임. ②동창회(同窓會)
교원(郊原)명 도시 주변의 들.
교:원(敎員)명 교사(敎師)
교:원=자:격=검:정(敎員資格檢定)명 교원을 지원하는 사람의 학력·인격·신체 등을 검사하여 자격이 있는 사람을 선정하는 일.
교:원=자:격증(敎員資格證)명 교원의 자격을 인정하는 증서.
교원-질(膠原質)명 동물의 결합 조직의 주성분으로, 뼈·힘줄·살갗 등에 많이 들어 있는 경단백질(硬蛋白質). 콜라겐(collagen)
교월(皎月)명 희고 밝게 빛나는 달.
교위(巧違)명-하다타 뜻밖의 일이 생겨 공교롭게 기회를 놓침.
교위(巧僞)명-하다타 교묘하게 속임.
교위(矯衛)명 교도관 계급의 하나. 교감(矯監)의 아래, 교사(矯査)의 위.
교유(交遊)명-하다자 남과 친하게 사귐. ¶이웃 사람들과 -하다.
교:유(敎誘)명-하다타 잘 가르쳐 이끎.
교:유(敎諭)명 ①-하다타 가르치고 타이름. ②조선 초기, 지방 향교에서 유학(儒學)을 가르치던 관직, 또는 그 관원을 이르던 말.
교:-유서(敎諭書)명 교서(敎書)와 유서(諭書).
교:육(敎育)명-하다타 개인이 지닌 능력을 계발하고, 지식이나 기능을 가르쳐 기르는 일, 또는 그런 가르침으로 몸에 지니게 된 것. ¶-을 받다. ☞가정 교육. 사회 교육. 학교 교육
교:육-가(敎育家)명 ①교육자 ②교육 사업을 하는 사람.
교:육-감(敎育監)명 각 시도 교육 위원회의 사무를 총괄하여 맡아보는 공무원.
교:육=강령(敎育綱領)명 교육의 목적과 순서 및 방법에 관한 근본 요강.
교:육-계(敎育界)명 교육 사업과 관계가 있는 분야.
교:육=공무원(敎育公務員)명 국·공립 교육 기관, 또는 교육 행정 기관에서 일하는 교원과 사무 직원을 통틀어 이르는 말.
교:육=공학(敎育工學)명 교육 활동에 필요한 인적·물적 요소를 합리적으로 계획하고 조직하여, 교육의 효율을 높이는 방법을 연구하는 학문.
교:육=과정(敎育課程)명 교육 목표를 달성하기 위하여 학습자의 발달 단계에 맞추어 체계적으로 짠 교육의 실제 계획. 교과 과정. 학과 과정. 커리큘럼(curriculum)
교:육=대학(敎育大學)명 초등 학교의 교원 양성을 목적으로 세운 국립 대학.
교:육-법(敎育法)명 교육에 관한 기본법.
교:육-비(敎育費)명 ①교육에 드는 경비. ②국가나 지방 자치 단체 등이 교육 재정에 따라 지출하는 경비.
교:육=산:업(敎育産業)명 교육의 다양화와 고도화에 따라, 학교·직장·가정 교육을 근대적이고 효율적으로 촉진하는 데에 필요한 각종 기계나 기구 따위를 개발하거나 만들어 내는 산업.
교:육-세(敎育稅)명 의무 교육에 필요한 경비를 마련하기 위하여 매기는 조세.
교:육=실습(敎育實習)[-씁]명 교직 과정을 이수한 학생이 교생(敎生)으로서 학교에 나가 실제로 실습하고 체험하는 일.
교:육=연령(敎育年齡)[-년-]명 피교육자의 교육 수준을 나타내는 연령.
교:육-열(敎育熱)[-녈]명 교육에 대한 열성.
교:육=원리(敎育原理)명 교육의 목적·내용·방법 등에 대한 기본적 원칙과 이론적 바탕을 명확히 하기 위한 원리.
교:육=위원회(敎育委員會)명 서울 특별시, 각 광역시와 도(道)에 설치되어 해당 지방 자치 단체 내의 교육과 학예에 관한 일을 맡아보는 기관.
교:육=인구(敎育人口)명 전체 인구 중 현재 교육을 받고 있는 인구.
교:육-자(敎育者)명 교육에 관한 일을 하는 사람. 교육가
교:육=제:도(敎育制度)명 교육에 관한 여러 가지 법과 시책 및 체계.
교:육=지수(敎育指數)명 나이에 비하여 어느 정도의 교육을 받았는지를 나타내는 수치. 교육 연령을 생활 연령으로 나눈 다음 100을 곱하여 계산함. 이큐(EQ)
교:육=철학(敎育哲學)명 교육의 근본 개념을 밝히고, 교육을 객관적·실증적으로 연구하는 바탕이 되는 응용 철학.
교:육=평가(敎育評價)[-까]명 학생의 학습과 행동의 발달을 교육 목표에 비추어 측정·판단하는 일.
교:육-학(敎育學)명 교육의 본질·목적·내용·방법, 교육의 제도·행정 등에 관하여 연구하는 학문.
교:육=한:자(敎育漢字)[-짜]명 '한문 교육용 기초 한자'의 준말로, 중·고등 학교에서 지도하는 1,800자의 한자를 이르는 말.
교:육=행정(敎育行政)명 교육의 목적을 달성하기 위한 국가나 지방 자치 단체의 행정.
교:육형-론(敎育刑論)명 형벌은 수형자(受刑者)를 교육시켜 다시는 죄를 저지르지 않게 하는 데 목적이 있다고 하는 이론. 목적형론 ☞응보형론(應報刑論)
교의(交椅)명 ①의자 ②신주(神主)를 모시는 의자.
교의(交誼)명 사귄 정분. 교분(交分)
교:의(校醫)명 '학교의(學校醫)'의 준말.
교:의(敎義)명 ①그 종교에서 진리로 여기고 있는, 종교의 주되는 가르침. ¶불교의 -. ☞교리(敎理) ②교육의 본지(本旨).
교:의-학(敎義學)명 어떤 종교의 교의를 체계적으로 연구하는 학문. 교리 신학(敎理神學)
교인(交印)명-하다자 ①지난날, 같은 사무를 보는 사람들이 공문서의 판결에 연명 날인하던 일. ②같은 뜻을 가진 사람들이 약속을 굳게 하기 위하여 연명 날인하는 일.
교인(巧人)명 솜씨가 뛰어난 사람. 교자(巧者)
교:인(敎人)명 종교를 믿는 사람.
교일(驕逸)어기 '교일(驕逸)하다'의 어기(語基).
교일-하다(驕逸-)형여 교만하고 방자하다. 교사(驕肆)하다. 교자(驕恣)하다
교:임(校任)명 지난날, 향교(鄕校)의 직원을 이르던 말.
교자(巧者)명 교인(巧人)
교자(交子)명 ①교자상에 차려 놓은 음식. ②교자상(交子床) ☞건교자(乾交子). 식교자(食交子). 얼교자
교자(嬌姿)명 교태(嬌態)
교자(轎子)명 '평교자(平轎子)'의 준말.
교자(驕恣)어기 '교자(驕恣)하다'의 어기(語基).
교자-꾼(轎子-)명 교군꾼
교자-상(交子床)[-쌍]명 음식을 차려 놓는 직사각형의 큰 상. 교자(交子)
교자-하다(驕恣-)형여 교만하고 방자하다. 교사(驕肆)하다. 교일(驕逸)하다
교잡(交雜)명-하다자타 ①한데 어울려 뒤섞임. ②유전적으로 다른 계통이나 품종 사이에 이루어지는 교배(交配). 잡교(雜交)
교잡-종(交雜種)명 유전적으로 계통이나 품종이 다른 것을 교배하여 새로이 생겨난 품종.
교장(巧匠)명 솜씨가 교묘한 장인(匠人).
교:장(校長)명 각 학교의 교육 업무를 총괄하고 학교 행정과 교직원을 관리·감독하는 최고 행정 직책, 또는 그

직책에 있는 사람. 학교장(學校長)
교:장(教場)명 ①가르치는 곳. ☞교실(教室) ②군대 등에서, 교육이나 훈련을 위한 시설을 갖추어 놓은 곳. ¶야외 －
교장-증(交腸症)[－쯩] 명 한방에서, 오줌에 똥이 섞여서 나오는 여자의 병을 이르는 말.
교:재(教材)명 교육에 쓰이는 교과서를 비롯한 여러 가지 재료.
교:재-비(教材費)명 교재를 사는 데 드는 돈.
교:재-원(教材園)명 교육에 이용하는 동식물 따위를 기르며 학생들이 관찰할 수 있게 꾸민 곳.
교:적(教籍)명 교회에 갖추어 두는 신도들의 신상 기록.
교전(交戰)명 ①-하다자 무력으로 전투 행위를 함. 교병(交兵). 교봉(交鋒). 교화(交火) ¶반정부군과 －하다./－ 지역 ②십팔기(十八技) 또는 무예 이십사반의 하나. 두 사람이 짧은 칼로 맞서서 겨루는 검술.
교전(郊餞)명-하다타 지난날, 떠나는 사람을 성문 밖까지 따라 나가 배웅하던 일. ☞교영(郊迎)
교:전(教典)명 ①종교상의 경전이나 규범. ②교육의 기본이 되는 법규, 또는 그 책.
교전-권(交戰權)[－꿘] 명 ①국제법상, 국가가 평화적인 해결이 불가능할 때 자기 나라의 존립과 안전을 위하여 무력으로 전쟁을 할 수 있는 권리. 주권국에만 있음. ②국가가 교전국으로서 가지는 국제법상의 권리. 곧, 포로의 억류나 적국에 군수품 수송을 하는 제삼국의 배를 나포하는 따위.
교전=단체(交戰團體)명 국제법상, 교전권(交戰權)을 인정 받은 정치 단체.
교전-비(轎前婢)명 지난날, 시집가는 신부를 따라 가면서 시중을 들던 여자 몸종.
교절(交截)명 ①두 개의 도형이나 물체가 서로 교차하여 겹쳐서 공통된 부분을 가지는 일. ②두 개념이 부분적으로 공통의 외연(外延)을 가지는 일.
교점(交點)[－쩜] 명 ①행성·위성·혜성 등의 궤도면(軌道面)이 황도면(黃道面)과 만나는 점. ②수학에서, 둘 이상의 선(線)이 서로 걸치어 만나는 점. 만난점
교점-월(交點月)[－쩜－] 명 달이 그 궤도의 한 점을 떠나 다시 그 점으로 돌아오는 시간. 평균 27일 5시간 5분 35.8초임. ☞분점월(分點月)
교접(交接)명-하다자 ①서로 마주 닿아 접촉함. ②'성교(性交)'를 달리 이르는 말.
교접(膠接)명-하다자타 갖풀로 붙인 것처럼 꼭 붙음, 또는 붙임.
교접-기(交接器)명 동물의 성기(性器).
교접-완(交接腕)명 연체동물 두족류인 오징어나 문어 따위의 수컷의 생식기.
교정(交情)명 사귄 정분.
교:정(校正)명-하다타 교정쇄(校正刷)와 원고를 대조하여 틀린 글자나 빠진 글자·부호·띄어쓰기 등을 바로잡아 고침. 간교(刊校). 교준(校準). 교합(校合). 준(準) ¶원고 －/두 번째 －을 마치다.
교정(을) 보다 관용 교정하다
교:정(校訂)명-하다타 출판물의 잘못된 글자나 글귀를 바로 고침.
교:정(校庭)명 학교의 뜰이나 운동장.
교:정(教程)명 가르치는 순서와 방식.
교정(矯正)명-하다타 ①굽거나 틀어진 것을 바로잡음. 교직(矯直) ¶치열(齒列) －/안짱다리를 －하다. ②교도소나 소년원 등에서 수용된 사람의 품성이나 행동을 바로잡는 일.
교정(矯情)명-하다자 감정을 잘 다스려 겉으로 나타내지 않음.
교정(轎丁)명 교군꾼
교정-감(矯正監)명 교도관 계급의 하나. 교정 부이사관의 아래, 교정관의 위.
교정-관(矯正官)명 교도관 계급의 하나. 교정감의 아래, 교감(矯監)의 위.
교정=교육(矯正教育)명 범죄를 저지른 사람이나 우범 소년 등을 깨우쳐서 선량한 사회인이 되게 하는 교육.
교:정=기호(校正記號)명 교정지에서 잘못된 부분을 바로잡도록 지시하는 기호. 교정 부호(校正符號)
교:정-본(校正本)명 교정(校正)을 하여 잘못된 부분이나 빠진 글자가 없게 한 책. ☞교열본(校閱本)
교:정-본(校訂本)명 고서(古書)의 문장을 이본(異本) 등과 대조·교정하여 출판한 책.
교:정=부호(校正符號)명 교정 기호
교정=부:이사관(矯正副理事官)명 교도관 계급의 하나. 교정 이사관의 아래, 교정감의 위.
교:정-쇄(校正刷)명 교정을 보려고 찍어 낸 인쇄물. ☞가쇄(假刷)
교정-술(矯正術)명 ①몸의 자세를 바로잡기 위한 체조. ②신체의 운동 장애나 기형(畸形)을 기기를 이용하여 교정하는 방법.
교정=시:력(矯正視力)명 굴절 이상인 눈을 렌즈나 그 밖의 장치로써 교정한 시력.
교정-약(矯正藥)[－냑] 명 약제의 불쾌한 맛이나 냄새를 없애고 먹기 좋게 하기 위해 넣는 약. 박하나 계피 따위. 교미교취약(矯味矯臭藥)
교:정-원(校正員)명 인쇄소나 출판사 등에서 교정을 맡아 보는 사람.
교정=이:사관(矯正理事官)명 교도관 계급의 하나. 교정 부이사관의 위.
교:정-지(校正紙)명 교정을 보려고 찍어 낸 종이. 유대장(臺狀) ☞교정쇄(校正刷)
교정=처:분(矯正處分)명 보안 처분의 하나. 술이나 마약을 상습적으로 복용하는 사람이 만취하거나 마취 상태에서 죄를 범하여 그 버릇을 교정할 필요가 있다고 인정될 때, 특정한 곳에 수용하여 필요한 조처를 취하는 일.
교:정-침(校正針)명 지속침(遲速針)
교제(交際)명-하다자 서로 사귐. ¶－ 범위가 넓다./자유롭게 －하다.
교제를 트다 관용 사귀지 않던 사람과 사귀기 시작하다.
교제(膠劑)명 아교처럼 진득진득한 약제.
교제-가(交際家)명 남과 잘 사귀는 사람.
교제-비(交際費)명 남을 사귀는 데 드는 돈.
교제-술(交際術)명 남과 사귀는 솜씨나 수완.
교:조(教祖)명 어떤 종교나 종파를 처음 세운 사람. 종조(宗祖). 교주(教主)
교:조(教條)명 ①크리스트교에서, 교회가 공인한 교의(教義), 또는 그 교의의 조목(條目). ☞교리. 교의 ②특정한 권위자의 교의나 사상.
교족-상(交足床)명 재래식 혼례 때, 나좃쟁반을 올려 놓는 상.
교졸(巧拙)명 ①교묘함과 졸렬함. ②익숙함과 서투름. 공졸(工拙)
교:졸(校卒)명 조선 시대, 군아(郡衙)에 딸렸던 장교와 나졸(羅卒).
교:종(教宗)명 ①선종(禪宗)에 상대하여, 불교의 교리를 중심으로 하여 불도를 닦으려는 종파. ②조선 시대, 세종 6년(1424)에 자은종(慈恩宗)·화엄종(華嚴宗)·시흥종(始興宗)·중신종(中神宗)이 합하여 된 교파.
교:종=본사(教宗本寺)명 교종(教宗)의 중심이 되는 절.
교죄(絞罪)[－쬐] 명 교수형에 처할 범죄.
교주(交奏)명-하다타 향악(鄕樂)과 당악(唐樂)을 번갈아 연주함.
교:주(校主)명 사립 학교를 설립하였거나 경영하는 사람.
교:주(校註·校注)명-하다타 문장 따위를 원본과 대조하여 교정하고 주석(註釋)을 더하는 일, 또는 그 주석.
교:주(教主)명 ①한 종교 단체를 대표하는 지도자. ②교조(教祖)
교:주가곡집(校註歌曲集)명 일본의 마에마 교사쿠(前間恭作)가 엮은 우리 나라의 옛 시조집. '고금가곡(古今歌曲)'·'해동가요(海東歌謠)'·'청구영언(靑丘永言)'·'가곡원류(歌曲源流)' 등을 자료로 삼아 1,780수의 시조를

수록하였음. 전집(前集) 8권, 후집(後集) 9권.
교주고슬(膠柱鼓瑟)성구 비파나 거문고의 기러기발을 아교로 붙여 음조를 바꾸지 못한다는 뜻으로, 사람이 고지식하여 조금도 융통성이 없음을 이르는 말.
교:준(校準)명-하다타 교정(校正)
교중(僑中)명 객지에 있는 동안. 객중(客中)
교지(巧智)명 교묘한 지혜(智慧).
교지(狡智)명 교활한 지혜. 약삭빠른 꾀.
교:지(校地)명 학교가 들어선 땅. 학교의 터.
교:지(校誌)명 학생들이 교내에서 편집, 발행하는 잡지.
교:지(教旨)명 ①조선 시대, 임금이 사품(四品) 이상의 문무관에게 내리던 사령(辭令). 관고(官誥). 관교(官敎). 왕지(王旨) ②종교의 취지(趣旨).
교지(巧遲)어기 '교지(巧遲)하다'의 어기(語基).
교:-지기(校-)명 학교나 향교를 지키는 사람. 교직
교지-하다(巧遲-)형여 솜씨는 좋으나 속도가 더디다.
교직(交織)명-하다타 면사와 견사, 견사와 모사 등 서로 다른 종류의 실을 날실과 씨실로 하여 짜는 일, 또는 그 직물. 혼직(混織) 평직(平織)
교:직(校直)명 교지기
교:직(教職)명 ①학생을 가르치는 직무. ¶-을 천직(天職)으로 여기다. ☞교단(教壇) ②개신교에서, 신도의 지도와 교회의 관리를 맡은 직무. 목사, 집사, 전도사 등.
교직(矯直)명-하다타 교정(矯正)
교:직=과목(教職科目)명 교직에 관한 이론과 방법을 다루는 학과목. 교육사, 교육 철학, 교육 심리학, 교육 사회학 따위.
교:직=과정(教職課程)명 대학에서, 교사 자격을 얻기 위하여 이수해야 하는 전문 과정.
교:직-원(教職員)명 학교의 교원과 사무 직원.
교직-포(交織布)명 명주실로 날을 삼고 무명실로 씨를 삼아 짠 천.
교질(交迭)명-하다자타 서로 돌려 바꾸어 대신함.
교질(膠質)명 ①물질의 끈끈한 성질. ②콜로이드
교질=화:학(膠質化學)명 콜로이드 상태에 있는 물질의 물리적·화학적 성질을 연구하는 물리 화학의 한 분야. 콜로이드 화학
교차(交叉)명-하다자 ①둘 이상의 선이나 도로 등이 한 점에서 엇걸리는 일. ¶도로가 -하는 지점./고속 도로의 입체 - 시설. ☞평행(平行) ②생식 세포가 감수 분열할 때, 상동 염색체 사이에서 그 일부가 교환되는 현상.
교차(較差)명 최고와 최저의 차. 흔히 어떤 기간에 기온이나 강수량 따위를 잰 값의 최고치와 최저치의 차이를 이름. 일교차나 연교차 따위.
교차=개:념(交叉概念)명 근본적인 의의는 다르나, 그 외연(外延)의 일부가 서로 합치하는 개념. '교수와 학자', '연예인과 배우' 따위. 교호 개념(交互概念)
교차-로(交叉路)명 둘 또는 그 이상의 길이 교차하는 곳, 또는 교차하는 그 길.
교차-점(交叉點)[-쩜]명 도로나 선로 따위가 교차하는 지점. ¶도로의 -.
교착(交着)명-하다자 서로 붙음.
교착(交錯)명-하다자 서로 엇걸려 뒤섞임.
교착(膠着)명-하다자 ①아주 단단히 달라붙음. ②어떤 현상이나 상태 따위가 그대로 굳어져 좀처럼 변화나 진전이 없는 일. ¶회담이 - 상태에 빠지다.
교착-어(膠着語)명 언어의 형태적 분류의 한 가지. 뜻이 있는 말에 문법적인 기능을 가진 조사나 어미 따위가 붙어 말의 짜임을 보이는 언어. 한국말, 일본말, 터키말, 핀란드말 따위가 이에 딸림. 첨가어(添加語) ☞고립어(孤立語). 굴절어(屈折語)
교창(交窓)명 재래식 한옥에서, 분합문 위에 가로로 길게 끼우는 창. 보통 붙박이로 함. 횡창(横窓)
교창(咬創)명 짐승에게 물린 상처.
교천(喬遷)명-하다자 낮은 직위에 있던 사람이 높은 직위로 올라감.
교천(交淺)어기 '교천(交淺)하다'의 어기(語基).
교천-하다(交淺-)형여 사귐이 얕다. ¶교천한 사이.
교첩(交睫)명-하다자 눈을 붙인다는 뜻으로, 잠을 자는 일을 이르는 말. 접목(接目)
교체(交替·交遞)명-하다자타 어떤 사람이나 사물을 다른 사람이나 사물로 대신하여 바꿈. ¶정권 -/세대 -/선수를 -하다.
교체(橋體)명 다리의 몸체가 되는, 물 위로 가로지른 부분. ☞교각(橋脚)
교치(咬齒)명-하다자 소리를 내어 이를 갊. 알치(戛齒)
교:치(巧緻)어기 '교치(巧緻)하다'의 어기(語基).
교치(驕侈)어기 '교치(驕侈)하다'의 어기(語基).
교:치-하다(巧緻-)형여 정교하고 치밀하다.
교치-하다(驕侈-)형여 교사(驕奢)하다
교:칙(校則)명 학교의 규칙. 교규(校規). 학규(學規)
교:칙(教則)명 ①가르치는 데 필요한 규칙. ②종교상의 규칙. 교규(教規)
교칠(膠漆)명 아교와 옻칠이라는 뜻으로, 사귀는 사이가 매우 친밀하여 떨어질 수 없는 관계임을 이르는 말.
교칠지교(膠漆之交)성구 매우 친밀하여 떨어질 수 없는 교분을 이르는 말.
교침(膠枕)명 화각(畫角)으로 꾸민 베갯모.
교쾌(狡獪)어기 '교쾌(狡獪)하다'의 어기(語基).
교쾌-하다(狡獪-)형여 교활하다
교:탁(教卓)명 교실에서 교사가 쓰는 책상. 교단 위나 교단 앞에 두고 책 따위를 올려 놓음.
교탑(橋塔)명 교량의 입구나 교각 위에 탑이나 문같이 만든 축조물.
교태(嬌態)명 ①여성의 아리따운 태도. ②여성의 아양을 부리는 태도. 교기(嬌氣). 교자(嬌姿)
교태를 부리다관용 짐짓 교태를 나타내다.
교태(驕態)명 교만한 태도.
교토-기(攪土器)명 흙덩이를 부스러뜨리는 데 쓰이는 칼날이 달린 농기구.
교토삼굴(狡兔三窟)성구 교활한 토끼는 세 개의 굴을 파 놓는다는 뜻으로, 사람이 교묘하게 재난을 피하거나 미리 대책을 세움을 비유하여 이르는 말.
교통(交通)명 ① 사람이나 탈것이 일정한 길을 따라 오고 가고 하는 일. ¶-에 장애가 되다./-을 금지하다. ② 운수 기관이 사람이나 짐을 실어 나르는 일. ¶-의 요충지./해상 -이 발달하다 ③-하다자 사람과 사람, 나라와 나라가 관계를 맺어 오고 가고 하는 일.
교통=경:찰(交通警察)명 교통으로 말미암은 위해(危害)를 막고 교통 질서를 바로잡는 일을 하는 경찰.
교통=기관(交通機關)명 ①도로·철도·교량 등의 시설과 선박·차량·항공기 등의 운수 기관. ②교통 운수 사업을 관리·운영하는 기관.
교통-난(交通難)명 교통 기관이 부족하거나 교통량이나 이용객이 너무 많아 통행이 원활하지 않은 상태.
교통=도:덕(交通道德)명 교통로나 교통 기관 등을 이용하면서 지켜야 할 공중 도덕.
교통=도시(交通都市)명 교통로의 요지에 있어 교통 기관이 발달하고 교통의 중심을 이루는 도시.
교통-량(交通量)명 일정한 시간에 일정한 곳을 왕래하는 사람이나 차량의 양.
교통-로(交通路)명 도로·철로·수로·항공로 등 교통에 이용되는 길.
교통-망(交通網)명 교통로가 이리저리 교차하며 뻗어 있는 상태를 그물에 비유하여 이르는 말.
교통=법규(交通法規)명 사람이나 차량 등이 길을 왕래할 때 지켜야 하는 규칙.
교통-비(交通費)명 교통 기관을 이용하는 데 드는 돈. 거마비(車馬費)
교통=사:고(交通事故)명 교통 기관에 의한 사고. 주로, 자동차 사고와 그 일로 말미암아 사람이나 물건이 겪게 되는 재해를 이름.

교통=신:호(交通信號)명 교통을 순조롭게 하고 사고를 방지하기 위한 여러 가지 신호. 횡단로·교차로·건널목 따위에 설치하여 사람이나 차량이 안전하게 통행하도록 함.
교통=안전=표지(交通安全標識)명 도로 표지(道路標識)
교통=유발=부:담금(交通誘發負擔金)명 대도시에 있는 건물 또는 시설물에 대해 교통 유발 정도에 따라 매년 부과되는 부담금. 거두어진 부담금은 각 지방 자치 단체별로 교통 시설의 설치·개선 등을 위한 사업비로 쓰임.
교통=정:리(交通整理)명 자동차나 사람이 많이 다니는 거리에서 교통이 원활하게 이루어지도록 하는 일.
교통=지옥(交通地獄)명 교통 기관의 부족이나 차량이나 이용객의 과다로 말미암은 교통난을 지옥에 비유하여 이르는 말.
교통=질서(交通秩序)명 사람이나 차량 등이 교통로에서 지켜야 하는 질서.
교통=차:단(交通遮斷)명 공중의 안전을 위하여 일정한 지역의 교통을 임시로 금하는 행정 처분.
교통=체증(交通滯症)명 차량이 많이 밀려 통행이 잘 이루어지지 않는 상태.
교-티(嬌-)명 교태(嬌態)가 있는 티.
교-티(驕-)명 교만한 티.
교:파(教派)명 종파(宗派)
교:편(教鞭)명 교사가 수업할 때, 칠판의 글씨 따위를 가리키기 위하여 쓰는 막대기. ▷教의 속자는 教
교편(을) 놓다관용 교사 생활을 그만두다.
교편(을) 잡다관용 교사가 되어 학생을 가르치다.
교:편=생활(教鞭生活)명 교사로서 일하는 생활.
교폐(矯弊)명-하다자 폐단을 고침.
×**교포**(絞布)명 → 효포(絞布)
교포(僑胞)명 다른 나라에 가서 자리잡고 사는 동포. ¶재미(在美) -/해외 -
교:풍(校風)명 그 학교 특유의 기풍. 학풍(學風)
교풍(矯風)명-하다자 나쁜 풍속이나 습관을 바로잡음.
교-하다(巧-)형여《文》솜씨가 교묘하다.
교-하다(驕-)형여《文》교만(驕慢)하다
교:하-생(教下生)명 문하생(門下生)
교:학(教學)명 ①교육과 학문을 아울러 이르는 말. ②가르치는 일과 배우는 일.
교:학상장(教學相長)성구 스승은 남을 가르침으로써 성장하고, 제자는 배움으로써 학업이 향상됨을 이르는 말.
교한(驕悍)어기 '교한(驕悍)하다'의 어기(語基).
교한-하다(驕悍-)형여 교만하고 사납다.
교합(交合)명-하다자 ①성교(性交) ②뜻이 서로 맞음.
교:합(校合)명-하다타 ①교정(校正) ②원본과 사본(寫本) 또는 이본(異本)을 비교하여 같고 다름을 확인하거나 틀린 데를 바로잡는 일.
교항(橋杭)명 다리의 기초 공사에 쓰는 말뚝.
교항(驕亢)어기 '교항(驕亢)하다'의 어기(語基).
교항-하다(驕亢-)형여 교만하고 자존심이 강하다.
교향-곡(交響曲)명 관현악을 위해 작곡한 소나타 형식의 악곡. 규모가 가장 큰 악곡으로 보통 4악장으로 된 것이 많음. 심포니
교향-시(交響詩)명 자유로운 형식의 표제 음악(標題音樂)의 한 가지. 독립된 단악장(單樂章)의 관현악곡임. 심포닉포엠
교향-악(交響樂)명 교향곡이나 교향시 등 큰 규모의 관현악을 위하여 만든 음악을 통틀어 이르는 말.
교향악-단(交響樂團)명 현악기·관악기·타악기로써 교향악을 연주하는 대규모 관현악단. 심포니오케스트라
교형(絞刑)명 '교수형(絞首刑)'의 준말.
교:혜(巧慧)어기 '교혜(巧慧)하다'의 어기(語基).
교:혜-하다(巧慧-)형여 교묘하고 슬기롭다.
교호(交互)명-하다자 ①서로 어긋매낌. ②서로 엇바꿈.
교호(交好)명-하다자 주로 국가간에서, 사이 좋게 지냄.
교호=개:념(交互概念)명 교차 개념(交叉概念)
교호=계:산(交互計算)명 일정한 기간에 생긴 거래의 채권·채무의 총액에 대하여, 서로의 채권과 채무를 상쇄하고 잔액만 계산하는 일.
교호=작용(交互作用)명 상호 작용(相互作用)
교화(交火)명-하다자 교전(交戰)
교:화(教化)명-하다타 ①가르쳐 착한 길로 인도함. ②불법으로 사람을 가르쳐 착한 마음을 가지게 함.
교:화-력(教化力)명 교화시키는 힘.
교환(交換)명-하다타 ①서로 바꿈. ¶포로를 -하다. ②당사자 사이에 돈 이외의 재산권을 서로 바꿈을 약정함으로써 이루어지는 계약. ③공급자와 수요자 사이에 재화를 서로 바꿈.
교환(交歡·交驩)명-하다자 서로 사귀어서 즐김.
교환=가격(交換價格)[-까-]명 사회 일반의 수요와 공급을 표준으로 하는 가격. 유용 가격(有用價格)
교환=가치(交換價值)명 ①어떤 물건이 다른 물건과 교환되는 양적 비율. ②한 나라의 화폐를 다른 나라의 화폐와 교환할 때의 비율. ¶엔화에 대한 원화의 -.
교환=경:기(交歡競技)명 국제 친선을 증진시키기 위하여 외국 선수를 초청하여 벌이는 운동 경기.
교환=경제(交換經濟)명 경제 주체 사이에 재화를 교환하여 이루어지는 경제. ☞자족 경제(自足經濟)
교환=공문(交換公文)명 국가간의 문제에 대하여 당사국 정부가 서로 교환하는 공식 문서.
교환=교:수(交換教授)명 학술·교육을 통한 친선과 문화 교류를 도모하기 위하여 두 나라의 대학 사이에서 일정 기간 서로 교수를 파견하여 강의를 하게 하는 일, 또는 그 교수.
교환-끝(交換-)명 어음 교환소에서 어음을 교환하였을 때 생기는 차액.
교환=방:송(交換放送)명 방송국끼리 프로그램을 서로 바꾸어 하는 방송.
교환=법칙(交換法則)명 덧셈이나 곱셈에서, 그 수의 자리를 바꾸어도 결과가 변함이 없이 교환 관계가 성립하는 법칙. 교환율(交換律)
교환=수혈(交換輸血)명 한쪽 혈관에서 피를 뽑아 내면서 다른 혈관으로 피를 수혈하는 일.
교환-율(交換律)[-뉼]명 교환 법칙(交換法則)
교환-율(交換率)[-뉼]명 교환하는 비율.
교활(狡猾)어기 '교활(狡猾)하다'의 어기(語基).
교활-하다(狡猾-)형여 겉과 속이 다르며 간사하고 꾀가 많다. 교쾌(狡獪)하다
교:황(教皇)명 가톨릭의 최고 성직자. 사도 베드로의 후계자이며, 가톨릭교 최고 지도자인 로마 대주교.
교:황-청(教皇廳)명 가톨릭에서, 교황을 중심으로 온 세계의 신자를 다스리는, 교회 행정의 중앙 기관.
교:회(教會)명 ①같은 종교, 특히 크리스트교를 믿는 사람들이 모여 예배 의식이나 미사 등을 드리기 위하여 세운 건물. 교회당 ☞성당. 예배당 ②교리나 신앙을 같이하는 사람들이 이룬 믿음의 공동체.
교:회(教誨)명-하다타 가르쳐서 지난날의 잘못을 깨우치게 함. ¶죄수를 -하다.
교:회-당(教會堂)명 교회(教會)
교:회-력(教會曆)명 예수 그리스도의 구세 사업 중, 중요한 일들을 기념하는 축일을 순서대로 1년간에 배당해 놓은 달력.
교:회-법(教會法)[-뻡]명 교회를 규율하는 법. 교회가 제정한 것으로 특히 가톨릭의 법을 가리킴.
교:회=음악(教會音樂)명 크리스트교와 관계 있는 성악이나 기악을 통틀어 이르는 말. 미사곡·찬송가·수난곡·오라토리오 등.
교:훈(校訓)명 학교의 교육 이념을 간명하게 나타낸 표어.
교:훈(教訓)명-하다타 가르치고 일깨워 줌. 훈회(訓誨) ¶실패를 -으로 삼다.
교:힐(巧黠)어기 '교힐(巧黠)하다'의 어기(語基).
교:힐-하다(巧黠-)형여 간사하고 약삭빠르다.
구(勾)명 직각 삼각형의 직각을 낀 두 변 중 짧은 변. ☞고(股). 현(弦)
구(句)명 ①〈어〉두 단어 이상으로 이루어진 어절(語節)로

서, 주어와 서술어를 갖추지 못한 문장의 단위를 이르는 말. '나의 고향은 남쪽이다.'에서 '나의 고향', '나의 고향은'과 같은 어절인데, '나의 고향'은 명사구(名詞句)이고 '나의 고향은'은 주어구(主語句)임. ☞절(節)[1] ②시문(詩文)에서 짝이 되는 글귀를 이름. '산천은 의구(依舊)하되 인걸(人傑)은 간 데 없네.' 따위.

> ▶ '句'의 독음(讀音)
> '句'는 그 새김이 '글귀'이고, 음이 '구'이다. '句'를 '귀'로 읽는 단어는 없고, 모두 '구'로 읽는다. ¶구절(句節)/결구(結句)/경구(警句)/구점(句點)/난구(難句)/대구(對句)/문구(文句)/성구(成句)/시구(詩句)/어구(語句)

구:(灸)명 ①구이 ②뜸[2] ③한방에서, 약재를 불에 약간 구워 쓰는 법제.
구(姤)명 '구괘(姤卦)'의 준말.
구(矩)명 ①곱자 ②지구에서 볼 때, 외행성이 태양과 직각 방향에 있는 현상. 동쪽에 있는 것을 상구(上矩), 서쪽에 있는 것을 하구(下矩)라 이름.
구(區)명 ①'구역(區域)'의 준말. ②행정 구역의 하나. 특별시·광역시 및 인구 50만 이상의 시(市)에 둠. ③법령 집행을 위하여 정한 구획. ¶선거-/투표-
구(毬)명 격구(擊毬)나 타구(打毬) 따위에 쓰이는 나무공. 채구(彩毬)
구(球)명 ①구면(球面)으로 둘러싸인 입체. ②공같이 동글게 생긴 물체. 공
구(具)의 시체의 수를 세는 단위. ¶세 -의 시체.
구(九)수 수의 한자말 이름의 하나. 팔(八)에 일(一)을 더한 수. ☞아홉
관 단위를 나타내는 말 앞에 쓰이어 ①수량이 아홉임을 나타냄. ②차례가 아홉째임을, 또는 횟수가 아홉 번째임을 나타냄.
구(溝)수 수의 단위. 양(穰)의 만 곱절. 간(澗)의 1만분의 1.
-구 접미 활용하는 말의 어근(語根)에 붙어 '하게 함'의 뜻을 나타냄. ¶돋구다/솟구다
구:(舊)-《접두사처럼 쓰이어》'옛', '지난'의 뜻을 나타냄. ¶구건물(舊建物)/구도시(舊都市)/구세대(舊世代)/구정치인(舊政治人) ☞신(新)-
-구(口)《접미사처럼 쓰이어》'출구(出口)'나 '입구(入口)'의 뜻을 나타냄. ¶출입구(出入口)/개찰구(改札口)/집찰구(集札口)/접수구(接受口)/투약구(投藥口)
-구(具)《접미사처럼 쓰이어》'도구(道具)', '기구(器具)'의 뜻을 나타냄. ¶문방구(文房具)/운동구(運動具)/장신구(裝身具)/필기구(筆記具)
구가(舅家)명 시집
구:가(舊家)명 ①오래 대(代)를 이어 온 집안. ②한곳에 오래 살아온 집안. ③옛날에 살던 집.
구가(謳歌)명-하다타 칭송하여 노래함. ¶태평세월을 -하다./젊음을 -하다.
구가(衢街)명 큰 길거리.
구가마-하다타여 쌀이나 벼를 담은 가마니 등을 법식대로 묶다.
구:각(口角)명 입아귀
구각(晷刻)명 잠깐 동안.
구:각(舊殼)명 낡은 껍질이라는 뜻으로, 옛 제도나 관습 따위를 비유하여 이르는 말. ¶-을 벗다.
구:각-염(口角炎)명 입아귀가 갈라져서 부스럼이 나는 병. 세균 감염이나 비타민 결핍이 원인으로 어린이에게 많이 생김.
구:각춘풍(口角春風)성구 수다스러운 말로 남을 칭찬하여 즐겁게 해 주는 일, 또는 그러한 말을 이르는 말.
구간(球竿)명 길이 1.5m 가량의 가는 막대기로서 양쪽 끝에 공 모양의 나무를 끼운 체조 기구.
구간(區間)명 어떤 지점과 다른 지점의 사이. ¶공사 -/- 거리 ▷區의 속자는 区
구:간(舊刊)명 전에 간행된 출판물. ☞신간(新刊)
구간(軀幹)명 몸통. 동부(胴部)
구:간(苟艱)어기 '구간(苟艱)하다'의 어기(語基).
구간-골(軀幹骨)명 몸통을 이루는 뼈대. 몸통뼈
구:간-하다(苟艱-)형여 매우 구차하고 가난하다.
구간-히부 구간하게
구:갈(口渴)명-하다자 목이 마름.
구:갈-증(口渴症)[-쯩]명 한방에서, 목이 마르는 증세를 이르는 말. ☞조갈증(燥渴症)
구:감(口疳)명 한방에서, 입 안이 헐어 터지는 병을 이르는 말. 구감창(口疳瘡)
×**구감**(龜鑑)명 →귀감(龜鑑)
구:감-창(口疳瘡)명 구감(口疳)
구:-감초(灸甘草)명 한방에서, 구운 감초를 약재로 이르는 말.
구:강(口腔)명 입 안.
구:강=위생(口腔衛生)명 입 안, 특히 이의 건강에 유의하여 질병의 예방·치료에 힘쓰는 일.
구:개(口蓋)명 입천장
구:개-골(口蓋骨)명 비강의 뒤쪽에 있는 한 쌍의 뼈.
구:개-음(口蓋音)명〈어〉자음을 발음 위치에 따라 구별한 한 갈래. 센입천장과 혓바닥 사이에서 나는 소리. 'ㅈ·ㅉ·ㅊ'이 이에 딸림. 입천장소리
구:개음-화(口蓋音化)명〈어〉국어의 음절 받침 'ㄷ·ㅌ'이 모음 'ㅣ'나 반모음 'ㅣ'로 시작되는 형식 형태소와 만나면 구개음으로 발음되는 현상. '굳이'가 '[구디→구지]'로, '같이'가 '[가티→가치]'로 되는 따위.
구거(鉤距)명 미늘
구거(溝渠)명 개골창. 도랑
구걸(求乞)명-하다타 남에게 돈이나 곡식 따위를 거저 달라고 빎, 또는 인정(人情)이나 용서 따위를 빎. 걸구(乞求) ¶-하느니 차라리 굶겠다.

> 한자 **구걸할 걸**(乞)〔乙部 2획〕¶걸립(乞粒)/걸식(乞食)/걸인(乞人)/구걸(求乞)

구검(句檢)명-하다타 지난날, 관원의 직무 상태를 검열하고 단속하던 일.
구검(拘檢)명-하다타 언행을 함부로 하지 못하도록 경계하여 단속함.
구겨-지다자 구김살이 잡히다. ¶구겨진 옷을 다리다.
구격(具格)명-하다자 격식을 갖춤.
구:결(口訣)명 한자의 한 부분을 딴 약호로서 한문 사이에 다는 토. '하고'를 '丷', '하니'를 '匕'로 쓰는 따위. ☞이두(吏讀)
구:경 명-하다타 ①경치나 경기, 흥행물 따위를 흥미와 관심을 가지고 보고 즐김. ¶명승 고적을 -하다./야구를 -하다. ②일부 부정하는 말과 함께 쓰이어 '실제로 봄'을 이르는 말. ¶그 친구 며칠째 -도 못했다.
구경이 나다관용 구경할만 한 일이 생기다. ¶무슨 구경이 났나, 이렇게 사람이 많이 모였게.
구경(九卿)명 조선 시대, 육조 판서(六曹判書)와 좌우 참찬(左右參贊), 한성 판윤(漢城判尹)의 아홉 대신을 통틀어 이르던 말. 구품(九品)
구경(九經)명 중국의 고전인 아홉 가지 경서를 통틀어 이르는 말. 주역(周易)·시경(詩經)·서경(書經)·예기(禮記)·춘추(春秋)·효경(孝經)·논어(論語)·맹자(孟子)·주례(周禮)를 이름.
구:경(口徑)명 둥근 구멍이나 원통 따위의 아가리의 안지름. ¶권총의 -./망원경의 -.
구경(究竟)명 ①사물을 깊이 연구해 가다가 마침내 끝 간 데에 이름, 또는 그 끝 간 데. ②《부사처럼 쓰임》결국에는. 마침내. 필경(畢竟)
구경(俱慶·具慶)명 부모가 다 살아 있음, 또는 그 기쁨. 구존(俱存) ☞구몰(俱歿)
구경(球莖)명 구근(球根)의 한 가지. 땅속줄기가 양분을 저장하여 알처럼 둥글게 된 것. 토란이나 글라디올러스 따위. 알줄기
구:경-가마리[-까-]명 하는 짓이 우스워 남의 구경거리가 되는 사람을 얕잡아 이르는 말.

구:경-감[-깜] 명 구경할만 한 대상. 구경거리
구:경-거리[-꺼-] 명 구경감
구:경-꾼 명 구경하는 사람. 간객(看客). 관객(觀客)
구:경-나다 자 구경할만 한 일이 생기다.
구:경-비(口徑比) 명 사진기에서, 조리개의 지름으로 렌즈의 초점 거리를 나눈 숫값. 조리개의 수치임.
구:경-증(口硬症)[-쯩] 명 한방에서, 유사 중풍증의 한 가지. 혀가 빳빳하게 처지는 어린아이의 병임.
구경-하(俱慶下) 명 부모가 다 살아 있는 처지, 또는 그 처지에 있는 사람.
구계(九界) 명 불교의 십계(十界)에서 불계(佛界)를 뺀 아홉 세계.
구계(具戒) 명 '구족계(具足戒)'의 준말.
구계(拘繫) 명 -하다 타 붙잡아 매어 둠.
구고(勾股) 명 '직각 삼각형(直角三角形)'의 구용어.
구고(究考) 명 -하다 타 끝까지 깊이 연구함.
구:고(救苦) 명 -하다 타 불교에서, 사람들을 괴로움에서 건져내는 일.
구고(舅姑) 명 시아버지와 시어머니. 시부모(媤父母)
구:고(舊故) 명 오래 전부터 맺어 온 연고.
구:고(舊稿) 명 오래 전에 써 둔 원고(原稿).
구곡(九穀) 명 수수·옥수수·조·벼·콩·팥·보리·참밀·깨의 아홉 가지 곡식.
구:곡(舊穀) 명 묵은 곡식. 작년의 곡식. 진곡(陳穀) ☞신곡(新穀) ▷ 舊의 속자는 旧·旧
구곡간:장(九曲肝腸) 성구 굽이굽이 서린 창자라는 뜻으로, 깊은 마음속을 이르는 말.
구공(九空) 명 아득히 높고 먼 하늘. 구만리장천
구:공(口供) 명 -하다 타 죄를 자백함.
구:공(舊功) 명 지난날에 이룬 공적.
구:공-서(口供書) 명 자백한 죄상을 적은 글. 구서(口書)
구공-탄(九孔炭) 명 ①구멍이 아홉 뚫린 연탄. ②구멍이 여럿 뚫린 연탄을 통틀어 이르는 말. ③'십구공탄(十九孔炭)'의 준말.
구:과(口過) 명 ①말을 잘못한 허물. 곧 말로 말미암은 실수. ②구취(口臭)
구과(毬果) 명 소나뭇과 식물의 열매. 목질의 비늘 조각이 겹겹으로 포개어져 방울이나 원뿔 모양으로 되어 있음. 솔방울·잣송이 따위.
구:관(舊官) 명 새로 부임한 관원에 상대하여, 먼젓번 그 자리에 있던 관원을 이르는 말. 특히 고을의 원을 이름. ☞신관(新官)
속담 **구관이 명관(明官)이다**: ①지금의 관원보다 이전의 관원이 더 잘 다스렸다는 뜻으로, 나중 사람을 겪어 보아야 먼저 사람이 좋은 줄을 알게 될 때 쓰이는 말. ②무슨 일이든 경험 많은 사람이 더 나음을 이르는 말.
구:관(舊慣) 명 예로부터 내려오는 관례. 구례(舊例)
구:관(舊館) 명 전에 지은 건물. ☞신관(新館)
구:관(舊觀) 명 예전의 모습이나 경치.
구관-조(九官鳥) 명 찌르레깃과의 새. 크기는 비둘기와 비슷하고, 온몸은 검으나 날개에 흰 부분이 있음. 두 눈 뒤로 누른 볏 모양의 띠가 있으며, 부리는 오렌지빛임. 사람의 말소리를 곧잘 흉내냄.
구:-괘(姤卦) 명 육십사괘(六十四卦)의 하나. 건괘(乾卦) 아래 손괘(巽卦)가 놓인 괘로 하늘 아래 바람이 있음을 상징함. 준 구(姤) ☞췌괘(萃卦)
구교(溝橋) 명 ①콘크리트나 돌, 벽돌 등으로 운하·둑·길 등의 아래를 뚫어 가로질러 만든 터널 모양의 수로. ☞수멍 ②물이 빠지도록 철길 아래에 놓는 작은 다리.
구:교(舊交) 명 전부터 오래 사귄 교분, 또는 그러한 친구. ☞고교(故交). 고구(故舊)
구:교(舊教) 명 ①고교(古教) ②종교 개혁으로 갈라진 개신교에 상대하여 가톨릭을 이르는 말. ☞신교(新教)
구:교지간(舊交之間) 명 오래 전부터 사귀어 오는 사이.
구구: 감 닭이나 비둘기를 부르는 말.
구구(九九) 명 ①구구법(九九法) ②-하다 타 구구법으로 셈하는 일. ③-하다 타 속으로 궁리하여 보는 일.
구구(區區) 어기 '구구(區區)하다'의 어기(語基).
구구구 부 비둘기나 닭이 우는 소리를 나타내는 말.
구구-법(九九法)[-뻡] 명 곱셈이나 나눗셈에 쓰이는 기초 공식. 1에서 9까지의 수로 두 수끼리 서로 곱한 값을 나타낸 것. 구구(九九)
구구불일(區區不一) 성구 사물이 제각기 달라 일정하지 않음을 이르는 말.
구구-이(句句-) 부 구절마다
구구-절절(句句節節) 명 모든 구절.
부 구절구절마다. 구구절절이
구구-절절이(句句節節-) 부 구구절절
구구-표(九九表) 명 구구법의 공식을 차례로 적은 표.
구구-하다(區區-) 형여 ①제각기 다르다. ¶구구한 의견들만 내놓다. ②버젓하지 못하고 구차하다. ¶구구한 속사정을 말하기 싫다. ③잘고 용렬하다.
구구-히 부 구구하게 ¶ - 변명하다.
구:국(救國) 명 -하다 자 나라를 위기에서 구함. ¶-의 충정.
구:군(舊軍) 명 어떤 일을 오래 하여 그 일에 익숙한 사람.
구군(驅軍) 명 몰이꾼
구-군복(具軍服) 명 -하다 자 조선 시대, 무관이 군복을 갖추어 입던 일, 또는 그 군복.
구궁-수(九宮數)[-쑤] 명 음양가(陰陽家)가 구성(九星)을 오행과 팔괘의 방위에 맞추어 길흉(吉凶)과 화복(禍福)을 판단해 내는 수.
구:권(舊券)[-꿘] 명 전 소유자의 소유권을 증명하는 문권(文券).
구:궐(久闕) 명 -하다 타 오랫동안 빠지거나 비어 있음.
구귀-가(九歸歌) 명 구귀 제법을 기억하기 쉽도록 오언(五言)으로 지은 마흔다섯 마디의 문구.
구귀-법(九歸法)[-뻡] 명 '구귀 제법'의 준말.
구귀=제:법(九歸除法)[-뻡] 명 산가지나 주산으로 구귀가를 응용해 셈하는 제법. 준 구귀법. 귀법. 귀제(歸除)
구규(九竅) 명 한방에서, 눈·코·입·귀·오줌구멍·똥구멍의 아홉 구멍을 이르는 말. 구혈(九穴) ☞칠규(七竅)
구:규(舊規) 명 전부터 행하여 온 규칙. ☞신규(新規)
구균(球菌) 명 공 모양의 세균을 통틀어 이르는 말. 구상균(球狀菌) ☞나선균(螺旋菌)
구귤(枸橘) 명 '탱자나무'의 딴이름.
구극(仇隙) 명 서로 원수로 지내는 사이.
구극(究極) 명 궁극(窮極)
구극(駒隙) 명 '백구과극(白駒過隙)'의 준말.
구:근(久勤) 명 -하다 자 ①한 가지 일에 오랫동안 힘써 옴. ②한 직장에 오래 근무함.
구근(球根) 명 둥근 덩어리 모양의 땅속줄기나 뿌리를 이르는 말. 구경(球莖)·괴경(塊莖)·괴근(塊根)·근경(根莖)·인경(鱗莖) 따위로 나뉨. 알뿌리 ☞직근(直根)
구근-류(球根類)[-뉴] 명 알뿌리를 가진 식물을 통틀어 이르는 말. 감자·고구마·마늘·양파·토란·달리아·글라디올러스 따위.
구근-초(球根草) 명 둥근 덩어리 모양의 땅속줄기나 뿌리를 가진 풀을 통틀어 이르는 말.
×구-글(句-) 명 →귀글
구금(拘禁) 명 -하다 타 피고인 또는 피의자를 교도소나 구치소에 감금하는 일. ☞구속(拘束). 구인(拘引)
구:급(救急) 명 -하다 타 ①위급한 것을 구원함. ②병이 위급할 때 응급 치료를 함.
구:급간:이방(救急簡易方) 명 위급한 병에 간단하게 쓸 수 있는 약방문(藥方文)을 기록한 책. 조선 성종 20년(1489)에 허종(許琮) 등이 왕명에 따라 엮은 것으로, 8권의 목판본 가운데서 1·2·3·6·7권만 전함.
구:급-방(救急方) 명 ①구급하는 방도. 구급책(救急策) ②한방에서, 급한 환자를 치료하는 약방문(藥方文).
구:급방언:해(救急方諺解) 명 조선 세조 12년(1466)에 세종 때 만든 '구급방(救急方)'을 한글로 번역한 책. 언해구급방. 2권 2책의 목판본.
구:급-법(救急法) 명 응급 치료법.
구:급=상자(救急箱子) 명 구급약 등을 넣어 두는 상자.

구:급-약(救急藥)[-냑] 명 응급 치료에 필요한 약품.
구:급이해방(救急易解方) 명 조선 연산군 5년(1499)에 내의원(內醫院)의 윤필상(尹弼商)·김흥수(金興秀) 등이 왕명에 따라 엮은 의서(醫書). 자주 발생하는 질병의 구급방(救急方)을 쉽게 풀이한 내용임. 1권 1책.
구:급-차(救急車) 명 위급한 환자나 부상자를 병원으로 수송하는 자동차. 앰뷸런스
구:급-책(救急策) 명 구급방(救急方)
구기 명 술이나 기름 따위를 떠내는 데 쓰는 국자 모양의 기구. 국자보다 작으며 바닥이 더 오목하고 자루가 수직으로 달렸음. 작자(杓子)
구기(九氣) 명 기(氣)의 변화에 따라 생기는 심신의 아홉 가지 상태. 곧 노여움·두려움·기쁨·슬픔·놀람·그리움·피로·한랭·열을 이름.
구:기(口氣) 명 말씨
구:기(口器) 명 무척추동물, 특히 절지동물의 입 주위에 있는, 먹이를 섭취하거나 씹는 기관을 통틀어 이르는 말.
구기(拘忌) 명 -하다 타 좋지 않게 여기어 꺼림.
구기(枸杞) 명 구기자나무
구기(球技) 명 공을 다루면서 하는 운동 경기. 축구·농구·배구·탁구·야구 따위.
구기(嘔氣) 명 속이 메스꺼워 토할듯 한 느낌. 토기(吐氣)
구:기(舊記) 명 옛날의 기록.
구:기(舊基) 명 ①옛 도읍 터. ②옛 집터. 구지(舊址)
구기다[1] 자 일이나 살림이 순조롭게 진행되거나 피지 아니하고 꼬이고 막히다. ☞꾸기다[1]
구기다[2] 자타 종이나 천 따위가 비벼지거나 접히거나 하여 잔금이 생기다, 또는 잔금이 생기게 하다. ¶옷이 구기지 않게 앉다. ☞고기다. 꾸기다[2]
구기박-지르다(-지르고·-질러) 타르 ①몹시 구기지르다. ②함부로 마구 구겨 박다. ¶빨랫감을 아무데나 구기박질러 놓았다. 준구박지르다
구기-자(枸杞子) 명 ①구기자나무 ②한방에서, 구기자나무의 열매를 이르는 말. 해열제·강장제로 쓰임.
구기자-나무(枸杞子-) 명 가짓과의 낙엽 활엽 관목. 높이는 4m 안팎. 여름에 담자색 꽃이 피며, 가을에 길둥근 작은 열매가 붉게 익음. 한방에서, 열매는 '구기자', 뿌리 껍질은 '지골피(地骨皮)'라 하여 약재로 쓰임. 각로(却老). 구기(枸杞). 구기자(枸杞子)
구기자-차(枸杞子茶) 명 말린 구기자 열매를 중불에 달여 마시는 차. 구기차(枸杞茶)
구기적-거리다(대다) 타 구김살이 생기게 천천히 구기다. ☞고기작거리다. 꾸기적거리다
구기적-구기적 부 구기적거리는 모양을 나타내는 말. ☞고기작고기작. 꾸기적꾸기적
구기-주(枸杞酒) 명 구기자나무의 뿌리나 잎, 또는 꽃이나 열매를 술에 담가 가미한 약용주의 한 가지. 일반적으로는 구기자의 열매를 술에 담가 가미한 술을 이름.
구기-지르다(-지르고·-질러) 타르 함부로 마구 구기다.
구기-차(枸杞茶) 명 구기자차
구기-충(枸杞蟲) 명 인시류(鱗翅類)에 딸린 벌레의 애벌레. 구기자나무의 잎을 먹으며 고치를 지음. 말린 번데기는 약재로 쓰임.
구김 명 '구김살'의 준말. ☞꾸김
구김-살[-쌀] 명 ①구기어져 생긴 금. ¶다리미로 옷의 -을 펴다. ②표정에서 엿볼 수 있는 어두운 그늘. ¶-진 얼굴. 준구김 ☞고김살. 꾸김살
구김살(이) 없다 관용 표정이나 성격에 그늘진 데가 없다. ¶구김살 없이 천진난만하게 자라다.
구김-새 명 구김살이 진 정도나 모양. ☞꾸김새
구깃-거리다(대다)[-긷-] 타 구깃구깃 구기다. ☞고깃거리다. 꾸깃거리다
구깃-구깃[-긷-] 부 -하다 형 여기저기 구기거나 구겨진 모양을 나타내는 말. ☞고깃고깃. 꾸깃꾸깃
구나(拘拿) 명 -하다 타 죄인을 잡음.
구나(驅儺) 명 지난날, 궁중에서 악귀를 쫓던 의식. 악귀로 분장한 사람을 방상시(方相氏)가 쫓음.
-구나 어미 ①형용사 어간이나 '이다'의 '이-', '-았(었)-', '-겠-'에 붙어 '해라' 할 자리나 혼자말에서 감동적으로 나타내는 종결 어미. ¶꽃이 아름답구나!/달이 무척 밝구나! ②'-로구나'의 준말. ¶벌써 가을이구나! 준-군 ☞-더구나. -로구나
구나방 명 언행이 거칠고 예절이 없는 사람을 이르는 말.
구:난(救難) 명 -하다 타 재난에서 구함.
구:난-차(救難車) 명 레커차
구날(構捏) 명 -하다 타 '구허날무(構虛捏無)'의 준말.
구:내(口內) 명 입 안.
구내(區內) 명 일정한 구역의 안. ¶-를 돌아보다.
구내(構內) 명 큰 건물이나 시설 따위의 안. ☞구외
구내=매:점(構內賣店) 명 구내에 있는 매점.
구내-선(構內線) 명 역 구내에 있는 본선 이외의 선로.
구내=식당(構內食堂) 명 구내에 있는 식당.
구:내-염(口內炎) 명 입 안의 점막에 생기는 염증.
구내=전:화(構內電話) 명 일정한 건물 안에서 통화할 수 있도록 가설한 전화.
구:년(久年) 명 오랜 해. 오랜 세월.
구:년(舊年) 명 지난해. 거년(去年). 작년 ☞신년(新年)
구:년-묵이(舊年-) 명 ①여러 해 묵은 물건. ②한 가지 일만 오래 해 온 사람을 낮잡아 이르는 말.
구년지수(九年之水) 성구 오랫동안 계속되는 큰 홍수를 이르는 말. 중국 요(堯)나라 때 9년 동안 계속되었다는 큰 홍수에서 유래된 말임. ☞칠년대한(七年大旱)
속담 **구년지수 해 돋는다**: 오랫동안 기다리고 바라던 일이 마침내 이루어짐을 이르는 말./**구년지수 해 바라듯**: 오랫동안 매우 바라고 기다림을 비유하여 이르는 말.
구:년-친구(舊年*親舊) 명 ①오랫동안 헤어져 있는 벗을 이르는 말. ②오랫동안 사귀어 온 벗을 이르는 말.
구녕-살 명 소의 볼기에 붙은 기름진 살.
구:눌(口訥) 어기 '구눌(口訥)하다'의 어기(語基).
구:눌-하다(口訥-) 형여 말을 떠듬떠듬 하다. 말굳다
구:눙 명 무당이 위하는 귀신의 하나. 열두거리 굿에 나옴.
구니(拘泥) 명 -하다 자 어떤 일에 얽매임.
구단(球團) 명 공으로 하는 운동 경기를 수익 사업으로 운영하는 단체. 프로 야구단이나 프로 축구단 따위.
구단-주(球團主) 명 구단을 운영하는 사업주.
구:달(口達) 명 -하다 타 직접 말로 전달함.
구:담(口談) 명 ①이야기 ②입담
구담(瞿曇 ∠Gautama 범) 명 ①인도의 석가족(釋迦族)의 성(姓). ②성도하기 전의 석가모니를 일컫는 말.
구:답(口答) 명 -하다 자 말로 대답함. ☞필답(筆答)
구:답(舊畓) 명 이전부터 농사를 지어 오던 논.
구:대(舊代) 명 예전 시대.
구:-대륙(舊大陸) 명 신대륙 발견 전부터 알려져 있던 대륙. 유럽·아시아·아프리카의 세 대륙. 구세계(舊世界) ☞신대륙(新大陸)
구:대-인(舊代人) 명 ①선대(先代)부터 부리던 하인. ②한 동네에 대대로 이어 사는 사람.
구더기 명 파리의 애벌레.
속담 **구더기 무서워 장 못 담글까**: 다소 장애가 있더라도 할 일은 해야 함을 이르는 말.
구:덕(口德) 명 ①말에 나타나는 덕기(德氣). ②성실하고 진실된 말씨.
구덕(具德) 명 -하다 자 덕을 갖춤.
구:덕(舊德) 명 ①오래 전에 베푼 덕. ②선조의 공로.
구덕-구덕 부 -하다 형 물기 있는 물체의 거죽이 얼거나 말라서 좀 굳은 모양을 나타내는 말. ¶채반에 널어 둔 갈치가 - 말랐다. ☞꾸덕꾸덕
구덥다(구덥고·구더워) 형ㅂ 굳어진 것처럼 확실하여 아주 미덥다.
구덩이 명 ①땅이 움푹하게 팬 곳. 토광(土壙) ②광물을 파내기 위하여 땅 속으로 파 들어간 굴. 갱(坑) 변굿

한자 **구덩이 갱**(坑) 〔土部 4획〕 ¶갱내(坑內)/갱도(坑道)/갱목(坑木)/갱부(坑夫)/탄갱(炭坑)

구:도(口到) 명 독서삼도(讀書三到)의 하나. 글을 읽을 때에는 입으로 다른 말을 하지 않고 오로지 글 읽기에만 집중해야 함을 이르는 말. ☞심도(心到). 안도(眼到)
구도(求道) 명 -하다 재타 진리를 깨치거나 종교적인 깨달음의 경지에 이르려고 수행함.
구도(構圖) 명 그림이나 사진 따위에서, 미적 효과를 내려고 소재를 조화 있게 배치하는 일, 또는 그 구성.
구:도(舊都) 명 옛 도읍. 옛 서울. ☞신도(新都)
구:도(舊道) 명 예전의 도로. ☞옛길
구독(溝瀆) 명 개천과 수렁을 아울러 이르는 말.
구독(購讀) 명 -하다 타 책이나 신문 따위를 사서 읽음. ¶ 잡지를 정기 -하다.
구독-료(購讀料) 명 신문이나 잡지 등 정기 간행물을 받아 보고서 치르는 값.
구동(九冬) 명 겨울철의 90일 동안을 이르는 말. ☞구춘
구두[1] 명 서양식의 가죽신. 양화(洋靴)

한자 구두 화(靴) 〔革部 4획〕 ¶ 제화(製靴)/화공(靴工)

구두[2] 명 '구두쇠'의 준말.
구:두(口頭) 명 마주 대하여 입으로 하는 말. ¶ - 신고/- 지시/-로 통지하다.
구:두=계:약(口頭契約) 명 증서 따위를 만들지 않고 말로써 맺는 계약.
구두-닦기[-닥-] 명 구두를 닦는 일.
구두-닦이 명 구두를 닦는 일을 직업으로 삼는 사람.
구두덜-거리다(대다) 자 자꾸 구두덜구두덜 하다.
구두덜-구두덜 부 못마땅하여 혼자서 군소리를 하는 모양을 나타내는 말.
구:두=변:론(口頭辯論) 명 구술 변론(口述辯論)
구:두-선(口頭禪) 명 ① 경문(經文)만 윌 뿐 참된 불도(佛道)를 수행하지 않는 수도. ②실행함이 없이 입으로만 하는 빈말.
구두-쇠 명 돈이나 재물을 몹시 아끼는 사람. 유 노랑이. 수전노(守錢奴) 준 구두[2] ☞자린고비
구:두=시:험(口頭試驗) 명 시험관 앞에서 시험관의 물음에 말로 대답하는 시험. 구술 시험 ☞필기 시험
구:두=심리(口頭審理) 명 소송 사건에서, 직접 말로 하는 심리. ☞서면 심리
구두-약(-藥) 명 구두를 닦을 때, 가죽을 보호하고 윤이 나게 바르는 약.
구:두=약속(口頭約束) 명 문서가 아닌 말로써 하는 약속.
구:두=위임(口頭委任) 명 따로 위임장을 주지 않고 말로써 어떤 행위를 위임하는 일.
구두-점(句讀點)[-쩜] 명 문장에서 쓰이는 쉼표와 마침표를 이르는 말.

한자 구두 두(讀) 〔言部 15획〕 ¶ 구두점(句讀點)/구점(句點)/이두(吏讀) ▷ 속자는 読

구:두-주의(口頭主義) 명 구술주의(口述主義)
구:두-질 명 -하다 자 방고래의 재를 구둣대로 쑤셔서 그러내는 일.
구두-창 명 구두의 밑바닥에 대는 창. 준 창[1]
구둑-구둑 부 -하다 형 물기 있는 물체가 말라서 꽤 굳은 듯 한 모양을 나타내는 말. ¶ 흙벽이 - 말랐다. ☞고독고독
구:둔(口鈍) 어기 '구둔(口鈍)하다'의 어기(語基).
구:둔-하다(口鈍-) 형여 말하는 것이 굼뜨다.
구:둣-대 명 굴뚝이나 방고래 따위에 쌓인 검댕이나 재를 쑤셔서 그러내는 데 쓰이는 도구. 장대 끝에 솔이나 짚수세미가 매달려 있음.
구둣-발 명 구두를 신은 발.
구둣-발길[-낄] 명 구두를 신고 차는 발길.
구둣-방(-房) 명 구두를 만들어 팔거나 수선하는 가게.
구둣-솔 명 구두를 닦는 데 쓰이는 솔.
구둣-주걱 명 구두를 신을 때, 발뒤축에 대어 발이 구두에 잘 들어가게 하는 도구. 준 주걱
구드러-지다 자 마르거나 식어서 좀 굳게 되다. ¶ 떡이 구드러져 맛이 없다. ☞고드러지다. 꾸드러지다
구득(求得) 명 -하다 타 구하여 얻음.
구들 명 '방구들'의 준말. ¶ -을 놓았다.
×**구들-고래** 명 →방고래
구들-구들 부 -하다 형 차진 밥알 따위가 되거나 식거나 하여 겉이 좀 단단한 모양을 나타내는 말. ¶ 밥이 말라서 좀 -하다. ☞고들고들. 꾸들꾸들
구들-더께 명 늙고 병들어 바깥 출입을 하지 못하고 방안에만 있는 사람을 놓으로 이르는 말. ☞구들직장
구들-돌[-똘] 명 구들장
구들-동:티 명 방구들에서 생긴 재앙이라는 뜻으로, 별다른 까닭이 없는 갑작스러운 죽음을 이르는 말.
구들-목 명 방안의 아랫목.
구들-미 명 방구들을 뜯어고칠 때 나오는 재나 탄 흙. 거름으로 쓰였음.
구들-바닥[-빠-] 명 방구들 위에 아무 것도 깔지 않은 맨바닥.
구들-방(-房)[-빵] 명 구들을 놓아 만든 방. 온돌방 ☞마루방
구들-장[-짱] 명 방고래 위를 덮어 깔아 방바닥을 이루는 얇고 넓은 돌. 구들돌
구들장(을) 지다 관용 구들방에 눕다.
구들-재[-째] 명 구재
구들-직장(-直長) 명 밤낮 방안에만 틀어박혀 있는 사람을 놓으로 이르는 말. ☞구들더께
구듭 명 남의 귀찮은 뒤치다꺼리.
구듭(을) 치다 관용 남의 귀찮은 뒤치다꺼리를 하다.
구뜰-하다 형여 변변찮은 국이나 찌개 따위의 음식 맛이 제법 구수하다. ¶ 우거지로 끓인 국이 꽤 -.
구라파(歐羅巴) 명 '유럽'의 한자음 표기.
구라파=전:쟁(歐羅巴戰爭) 명 ①'제일차 세계 대전'을 달리 이르는 말. ②여럿이 다투거나 떠듦을 비유하여 이르는 말. ③뱃속이 불편함을 비유하여 이르는 말. ¶ 뱃속에서 -이 일어났다. ▷ 歐의 속자는 欧
구:랍(舊臘) 명 지난해의 섣달. 객랍(客臘)
구:래(舊來) 명 예로부터 내려옴. ¶ 희(噫)라, -의 억울을 선창(宣暢)하려 하면….
구:량(口糧) 명 지난날, 관아에서 식구 수대로 내어 주는 양식을 이르던 말.
구량(九樑) 명 구량각
구량-각(九樑閣) 명 도리를 아홉 개 쓴 네 칸 넓이의 큰 전각. 구량집. 구량
구량-집(九樑-) 명 구량각
구럭 명 줄이나 끈, 새끼 따위로 그물처럼 성기게 엮어서 자루같이 만든 물건.
속담 **구럭의 게도 놔 주겠다** : 구럭 안에 잘 넣어 둔 게조차도 놓치겠다는 뜻으로, 제 몫으로 주어진 것조차 놓칠 만큼 똑똑하지 못함을 이르는 말.
구렁 명 ①땅이 움푹 패어 들어간 곳. 구학(溝壑) ②빠지면 벗어나기 몹시 힘든 상황을 비유하여 이르는 말. 구렁텅이 ¶ 악의 -에 빠졌다.
구렁-말 명 털빛이 밤색인 말.
구렁이 명 ①뱀과에 딸린 파충류의 한 가지. 몸길이 150~180cm로, 몸통이 굵고 몸빛은 보통 암갈색에 검은 반점이 있으며 배는 흼. 동작이 느리고 성질이 온순하며 인가나 돌무덤 등지에 삶. 우리 나라와 중국, 시베리아에 분포함. ②마음속이 음흉하고 능글맞은 사람을 비유하여 이르는 말. 구리[2]. 능구렁이
속담 **구렁이 담 넘어가듯** : 어떤 일을 슬그머니 남 모르게 얼버무려 넘김을 비유하여 이르는 말./**구렁이 제 몸 추듯** : 제가 제 자랑만 하는 모양을 이르는 말.
구렁-찰 명 늦게 익는 찰벼의 한 품종.
구렁-텅이 명 ①몹시 험하고 깊은 구렁. ②빠지면 벗어나기 몹시 힘든 상황을 비유하여 이르는 말. 구렁 ¶ 죽음의 -로 몰아넣다.
구레 명 바닥이 낮아서 물이 늘 고여 있는 땅.
구레-나룻 명 양쪽 귀 밑에서부터 턱까지 난 수염.

구레-논 명 고래실
구렛-들 명 바닥이 낮고 물이 늘 고여 있는 기름진 들.
-구려 어미 ①형용사 어간이나 '이다'의 '이-', '-았(었)-', '-겠-'에 붙어 감동적으로 나타내는 종결 어미. ¶산이 높구려. /그가 살아 있었구려! ②동사의 어간에 붙어 '좋도록 하게'의 뜻으로 쓰이는 종결 어미. ¶뜻대로 하구려. /그만 가구려. ③'-로구려'의 준말. ¶당신이야말로 효자이구려.

> ▶ '-구려'와 '-그려'
> '-구려'는 어미(語尾)로서 감탄이나 허용(許容) 등을 나타내며, '-그려'는 조사로서 종결 어미에 덧붙여 쓰여 감탄이나 강조의 뜻을 나타낸다.
> '경치가 좋습니다그려.'는 '경치가 참 좋습니다.'와 같은 표현이다.

구:력(舊曆) 명 태음력 ☞신력(新曆)
구:령(口令) 명-하다 자타 여러 사람이 동시에 일정한 동작을 하도록 지휘자가 간결하게 명령함, 또는 그 명령. 예령(豫令)과 동령(動令)으로 구별됨. ¶ -에 따라 제식 훈련을 한다.
구:령(救靈) 명-하다 자타 신앙의 힘으로 영혼을 구원함.
구:령(舊領) 명 이전의 영토.
구례(拘禮) 명-하다 자 융통성이 없이 예의에 얽매임.
구:례(舊例) 명 예로부터 내려오는 관례. 구관(舊慣)
구:례(舊禮) 명 예로부터 내려오는 예법.
구로(劬勞) 명 자식을 낳아 기르는 수고.
구:로(舊路) 명 새로 낸 길에 상대하여 전부터 있던 길을 이르는 말. ☞신작로(新作路)
구로-일(劬勞日) 명 자식을 낳아 기르느라 어버이가 수고하기 시작한 날이라는 뜻으로, '자기의 생일'을 이르는 말. ☞구로지은
구로지감(劬勞之感) 명 어버이의 은덕을 생각하는 마음.
구로지은(劬勞之恩) 명 자기를 낳아 기른 어버이의 은덕.
구록(具錄) 명-하다 타 빠짐없이 모두 적음.
구:록(舊錄) 명 묵은 기록. 옛날의 기록.
구록-피(狗鹿皮) 명 사슴 가죽처럼 부드럽게 다룬 개가죽.
구:론(口論) 명-하다 자 말로써 논쟁함, 또는 그 논쟁.
구롱(丘壟) 명 ①산언덕 ②조상의 산소.
구:료(救療) 명-하다 타 병자를 구원하여 병을 고치는 일.
×-구료 어미 → -구려
구루(佝僂·痀瘻) 명 ①곱사등이 ②-하다 자 늙거나 병들어 등이 앞으로 구부러짐.
구루-병(佝僂病·痀瘻病)[-뼝] 명 자외선의 부족으로 뼈의 석회화에 필요한 비타민 D가 만들어지지 않아 생기는 병. 주로 어린아이에게 많이 발병하며, 등뼈나 가슴뼈가 굽고 다리가 휘는 등의 장애가 생김. 곱삿병
구류(拘留) 명-하다 타 ①잡아서 가둠. ②형법이 규정하는 형벌의 한 가지. 자유형(自由刑)으로서, 1일 이상 30일 미만 동안 유치장이나 구치소에 가두어 자유를 속박함.
구류=신:문(拘留訊問) 명 사법 기관에서, 범죄 혐의가 있는 사람을 구치소에 가두어 두고 하는 심문.
구류-장(拘留狀)[-짱] 명 사법 기관에서, 구류할 때 발부하는 영장.
구륙(九六) 명 주역에서, 양(陽)과 음(陰)이 합하여 만물이 생기는 도리를 이르는 말.
구륜(九輪) 명 ①보륜(寶輪) ②상륜(相輪)
구르기 명 ①발로 땅을 구르는 동작. ②운동에서, 높이 뛰어오르기 위해 발로 땅이나 기구를 밀어 차는 동작. ③바닥을 발로 구르는 춤 동작의 한 가지.
구르다[1](구르고·굴러) 자르 ①바퀴가 돌듯이 어떤 물체가 데굴데굴 돌면서 옮아가다. ¶사과가 굴러 떨어졌다. /은쟁반에 옥 구르는 소리. ②뒤구르다 준 굴다[1]
속담 **구르는 돌은 이끼가 안 낀다** : 꾸준히 노력하는 사람은 침체하지 않고 발전한다는 말. /**굴러 온 돌이 박힌 돌 뺀다** : 새로 생긴 것이나 딴 곳에서 들어온 것이 오래 전부터 자리잡고 있던 것을 내몰거나 해치거나 하려 함을 이르는 말. /**굴러 온 호박** : 뜻밖에 자기에게 들어온 행운을 이르는 말.

> 한자 **구를 전**(轉) 〔車部 11획〕 ¶반전(反轉)/자전(自轉)/전석(轉石)/회전(回轉) ▷ 속자는 転

구르다[2](구르고·굴러) 타르 ①발로 바닥이 울리도록 힘주어 내리 디디다. ¶마룻바닥을 쿵쿵 -. ②타고 가는 수레나 마소 따위가 걷거나 달리거나 할 때에 들썩거리다.
구륵(鉤勒) 명 구륵법(鉤勒法)
구륵-법(鉤勒法) 명 동양화에서, 윤곽을 먼저 가늘고 엷은 쌍선으로 그리고 그 사이에 색을 채우는 기법을 이르는 말. 구륵. 쌍구법(雙鉤法) ☞몰골법(沒骨法)
구름 명 대기 속의 수분이 작은 물방울이나 빙정(氷晶)의 상태로 떠 있는 것.
구름(을) 잡다 관용 이루어질 수 없는 허황된 일을 하다. ¶구름 잡는 수작을 하다.
속담 **구름 갈 제 비가 간다** : 언제나 서로 떨어지지 않고 둘이 붙어 다님을 이르는 말.

> 한자 **구름 운**(雲) 〔雨部 4획〕 ¶백운(白雲)/운무(雲霧)/운산(雲山)/운수(雲水)/운우(雲雨)

> ▶ '구름'의 여러 가지
> ① 상층운(上層雲) — 털구름〔권운(卷雲)〕
> 털쌘구름〔권적운(卷積雲)〕
> 털층구름〔권층운(卷層雲)〕
> ② 중층운(中層雲) — 높쌘구름〔고적운(高積雲)〕
> 높층구름〔고층운(高層雲)〕
> 비층구름〔난층운(亂層雲)〕
> ③ 하층운(下層雲) — 층쌘구름〔층적운(層積雲)〕
> 층구름〔층운(層雲)〕
> ④ 수직으로 솟은 구름 — 쌘구름〔적운(積雲)〕
> 쌘비구름〔적란운(積亂雲)〕

구름-결[-껼] 명 구름처럼 슬쩍 지나는 겨를. ☞바람결
구름-금[-끔] 명 구름판의 맨 앞 선.
구름-다리 명 도로나 철로, 골짜기 따위를 안전하게 건널 수 있도록 공중에 걸치거나 가로질러 놓은 다리. 운교(雲橋) ☞육교(陸橋)
구름-마찰(-摩擦) 명 물체가 어떤 면 위를 굴러갈 때, 그 면이 물체에 미치는 저항. 회전 마찰
구름-머리 명 봉우리처럼 생긴 구름 덩이의 윗부분.
구름-모임 명 불교에서, 법회 때 사람이 구름같이 모여든 모임.
구름-무늬 명 구름 모양을 본뜬 무늬. 구름문. 운문(雲紋)
구름-문(-紋) 명 구름무늬
구름-바다[-빠-] 명 넓게 깔린 구름을 바다에 비유하여 이르는 말. 운해(雲海)
구름-발[-빨] 명 길게 벋어 있거나 퍼져 있는 구름 덩이.
구름-버섯 명 구름버섯과의 버섯. 갓은 지름 1~5cm, 두께 1~2mm이며 반원형으로 자루는 없음. 표피는 둥근 무늬의 회색·황갈색·암갈색·흑색 따위가 있음. 약용으로 쓰이며 여러해살이로 전세계에 널리 분포함. 운지버섯
구름-장[-짱] 명 두꺼운 구름의 덩이. ¶검은 -이 몰려왔다.
속담 **구름장에 치부했다** : 곧 없어져 흔적조차 찾을 수 없을 데다 기록해 두거나, 보고 들은 것을 곧잘 잊어버리는 경우를 비유하여 이르는 말.
구름-집[-찝] 명 중이 수도하며 사는 산중에 있는 집. 운당(雲堂)
구름-차일(-遮日) 명 공중에 높이 친 하얀 차일.
구름-층(-層) 명 밑면이 거의 같은 높이로 떠 있는 구름의 켜. 운층(雲層)
구름-판(-板) 명 뜀뛰기에서 발을 구르는 판. 도약판
구릅 명 말이나 소, 개 따위의 아홉 살을 이르는 말. 아습 ☞담불[1]. 열릅
구릉(丘陵) 명 나지막한 산. 언덕
구릉-지(丘陵地) 명 해발 200~600m의 완만한 경사면과

깊지 않은 골짜기가 있는 지역.

구리[1] 명 붉고 윤이 나는 금속 원소의 하나. 푸른 녹이 슬기 쉽고 잘 늘어나며 잘 펴지는 성질이 있음. 전기가 잘 통해서 전선으로 많이 쓰임. 구리쇠. 동(銅). 동철(銅鐵). 적금(赤金) 〔원소 기호 Cu/원자 번호 29/원자량 63.55〕

한자 **구리 동**(銅) 〔金部 6획〕 ¶동경(銅鏡)/동광(銅鑛)/동상(銅像)/동전(銅錢)/동판(銅版)

구리[2] 명 '구렁이'의 딴이름.

구:리(久痢) 명 한방에서, 오래 앓는 이질을 이르는 말.

구리(究理) 명 -하다 타 사물의 이치를 캐어 밝힘.

구리(具利) 명 -하다 타 구본변(具本邊)

구리가라(俱梨伽羅 ∠Krkara 범) 명 불교에서, 팔대 명왕(八大明王)의 하나인 부동명왕(不動明王)의 변화신(變化身)인 용왕. 용이 검을 휘감아 검 끝을 물고 반석 위에 서 있는 형상임.

구리-귀:신(-鬼神) 명 재물을 다랍게 아끼는 사람을 낮잡아 이르는 말. 동신(銅神)

구리다 형 ①똥이나 방귀 냄새와 같다. ②하는 짓이 너절하다. ¶입이 구린 사람. ③하는 짓이 떳떳하지 못하고 의심스럽다. ¶안색이 변하는 걸 보니, 네가 구린 데가 있는 모양이로구나. ☞고리다. 쿠리다

구리-돈 명 동전(銅錢)

구리-때 명 미나릿과의 여러해살이풀. 줄기 높이는 2m 안팎이며 뿌리 줄기는 살지고 잔뿌리가 많음. 여름에 흰 꽃이 피고 열매는 타원형임. 뿌리는 한방에서 백지(白芷)라 하여 약재로 쓰임. 어린잎은 먹을 수 있음.

구리-부처 명 구리로 만든 불상.

구리-쇠 명 구리[1]

구리-줄 명 가는 구리 철사로 만든 줄. 동선(銅線)

구리=철사(-鐵絲)[-싸] 명 구리를 가느다랗게 뽑아 만든 철사. 동사(銅絲)

구리터분-하다 형여 ①냄새가 구리고 터분하다. ②성미나 하는 짓이 시원하지 못하고 구저분하다. ¶사람이 탁 트이지 못하고 -. 준구터분하다. 굴터분하다 ☞고리타분하다

구리텁텁-하다 형여 매우 구리터분하다. 준구텁텁하다. 굴텁텁하다 ☞고리탑탑하다

구리-합금(-合金) 명 구리를 주성분으로 한 합금을 통틀어 이르는 말. 동합금(銅合金)

구린-내 명 구린 냄새. ¶- 나는 입./방귀를 뀌어 -를 풍기다. ☞고린내. 쿠린내

구린내(가) 나다 관용 말이나 하는 짓이 수상하고 의심스러운 느낌이 들다.

구린-입[-닙] 명 ①구린내 나는 입. ②시시하고 지저분한 말을 잘하는 입. ③어느 자리에서 한 번도 말문을 열지 않은 입.

구린입 지린 입 관용 ①하는 말이 시시하고 지저분하여, 말을 하는 입조차도 구리고 지리다고 욕하는 말. ②이렇다 저렇다 하고 자기 의견을 나타내는 말, 또는 그 입.

구:림(久霖) 명 오랜 장마.

구릿-빛 명 구리와 같은 빛. 적갈색(赤褐色)

구마(驅魔) 명 -하다 자 마귀를 내쫓음. ▷ 驅의 속자는 駆

구마-기도(驅魔祈禱) 명 가톨릭에서, 마귀를 몰아내는 기도를 이르는 말.

구만리-장공(九萬里長空) 명 구만리장천(九萬里長天)

구만리-장천(九萬里長天) 명 아득히 높고 먼 하늘을 이르는 말. 구만리장공. 구공(九空). 만리장천

구매(毆罵) 명 -하다 타 때리고 욕을 함.

구매(購買) 명 -하다 타 물건을 사들임. 구입(購入) ☞판매

구매-력(購買力) 명 상품을 살 수 있는 능력.

구매-자(購買者) 명 상품을 사는 사람, 또는 그 기관. ☞판매자(販賣者)

구매=조합(購買組合) 명 일용품이나 원재료 따위를 중간 상인을 거치지 아니하고 사들여서 조합원에게 싸게 파는 협동 조합.

구매-처(購買處) 명 ①물품을 사는 곳. ②보급품이나 용역을 구매하는 기능을 가진 시설이나 부서.

-구먼 어미 ①형용사 어간이나 '이다'의 '이-', '-았(었)-', '-겠-'에 붙어 감동적으로 던지는 말투의 종결 어미. ¶골이 깊구먼! ②'-로구먼'의 준말. ¶불청객이구먼! 준-군

구멍 명 ①뚫어지거나 파낸 자리. 공혈(孔穴) ②어려운 처지에서 벗어나는 길. ¶빠져 나갈 -이 없다. ③허술한 부분이나 일이 도중에서 잘못되어 생긴 탈. ¶-이 생기지 않도록 계획을 잘 짰다.

구멍을 뚫다 관용 돌파구를 마련하다.

구멍이 나다 관용 ①일에 까탈이 생기다. ②일에 결함이나 빈틈이 생기다. ③돌파구가 생기다.

구멍이 뚫리다 관용 구멍이 나다.

속담 **구멍 보아 가며 쐐기 깎는다** : 형편을 보아 가며 거기 알맞도록 일을 해야 함을 이르는 말.〔이불 깃 보아 가며 발 뻗친다〕/**구멍은 깎을수록 커진다** : 잘못된 일을 변명하려다 오히려 더욱 키움을 이르는 말./**구멍을 파는 데는 칼이 끌만 못하고, 쥐를 잡는 데는 천리마가 고양이만 못하다** : 무엇이나 제구실이 다르기 때문에 알맞게 쓰이어야 빛이 나며, 또 어느 하나가 모든 일에 다 뛰어날 수는 없다는 말.

한자 **구멍 공**(孔) 〔子部 1획〕 ¶공극(孔隙)/모공(毛孔)

구멍-가:게 명 조그맣게 벌인 가게.

구멍-구멍 부 ①구멍마다 ②구석마다

구멍-노리 명 뚫린 구멍이 있는 자리.

구멍-밥[-빱] 명 구메밥

구멍-봉 명 가운데에 구멍이 뚫리어 낚싯줄을 꿰어 쓸 수 있는 낚싯봉.

구멍-새 명 ①구멍의 생김새. ②얼굴의 생김새를 낮잡아 이르는 말.

구멍-쇠 명 다리쇠

구멍-탄(-炭) 명 구멍이 여러 개 뚫린 원통꼴의 연탄.

구멍-혈(-穴) 명 한자 부수(部首)의 한 가지. '空'·'窓' 등에서 '穴'의 이름.

구메-구메 부 남모르게 틈틈이. ¶가난한 이웃에 - 곡식을 퍼 주다.

구메-농사(-農事) 명 ①작은 규모로 짓는 농사. ②작황이 고르지 않아서 고장에 따라 풍작과 흉작이 다른 농사. 혈농(穴農)

구메-밥 명 지난날, 옥에 갇힌 죄수에게 옥문 구멍으로 주던 밥. 구멍밥

구메-혼인(-婚姻) 명 -하다 자 널리 알리지 않고 하는 혼인.

구:면(苟免) 명 -하다 타 간신히 액을 면함.

구면(球面) 명 ①공의 겉면. 구(球)의 표면. ②일정한 점에서 일정한 거리에 있는 점의 궤적(軌跡).

구:면(舊面) 명 이전부터 안면이 있는 사람. 고면(故面) ☞초면(初面)

×**-구면** 어미 → -구먼

구면-각(球面角) 명 한 구면 위에 있는 두 개의 큰 원호(圓弧)가 짓는 각.

구면-경(球面鏡) 명 구면의 한 부분이 반사면(反射面)으로 된 거울. 오목거울과 볼록거울이 있음.

구면-계(球面計) 명 구면의 곡면(曲面)의 반지름을 측정하는 데 쓰는 계기. 구척(球尺)

구면=기하학(球面幾何學) 명 구면상의 기하학적 도형을 연구하는 학문.

구면=다각형(球面多角形) 명 세 개 이상의 대원호(大圓弧)로 둘러싸인 구면의 한 부분.

구면=삼각법(球面三角法) 명 삼각 함수를 써서 구면 도형의 기하학적 성질을 연구하는 삼각법의 한 분야.

구면=수차(球面收差) 명 현미경이나 광학 기구에서, 렌즈면의 만곡도(彎曲度)가 크거나, 빛이 축에 대하여 큰 경사를 가져오기 때문에 상(像)이 선명하지 않은 현상.

구:면지기(舊面知己) 성구 전부터 자기 속마음을 잘 알아주는 오래 사귄 친구를 이르는 말.

구면=천문학(球面天文學)명 천구 위에 투영된 천체의 위치·운동·크기 등을 연구하는 천문학의 한 분야. 위치천문학(位置天文學)
구면-파(球面波)명 파면이 구면인 파동. 한 점이 진동원(振動源)이 되어 등질 등방(等質等方)의 3차원 매질(媒質) 중에 전파됨. 연못에 돌을 던졌을 때 수면에 나타나는 파동 따위.
구명(究明)명-하다타 사리나 근거 등을 깊이 연구하여 밝힘. ¶문제의 핵심을 -하라.
구:명(救命)명-하다타 사람의 목숨을 구함.
구:명(舊名)명 이전 이름.
구:명-구(救命具)명 물에 빠진 사람을 구하는 데 쓰이는 기구. 구명 동의, 구명 부표 따위.
구:명-기(救命器)명 산소가 부족한 곳에서 제대로 숨을 쉴 수 있도록 몸에 지니는 기구.
구:명-대(救命帶)명 구명구의 한 가지. 몸이 물에 뜨도록 고무나 코르크 따위로 만들어 허리에 두르거나 어깨에 걸쳐 매는 기구. 구명 부대(救命浮帶)
구:명도생(苟命徒生)성구 구차스럽게 겨우 목숨만 보전함을 이르는 말.
구:명=동:의(救命胴衣)명 구명 조끼
구:명=보:트(救命boat)명 구명정(救命艇)
구:명=부대(救命浮帶)명 구명대(救命帶)
구:명=부이(救命buoy)명 구명 부표(救命浮標)
구:명=부표(救命浮標)명 물에 빠진 사람의 몸을 뜨게 하는 데 쓰이는 바퀴 모양의 기구. 구명 부이
구:명-삭(救命索)명 ①배에 탄 사람이 물에 빠지는 것을 막기 위해 배의 갑판 위에 친 줄. ②구명정의 둘레나 잠수부의 몸에 매는 줄.
구:명-정(救命艇)명 본선의 갑판 위에 실어, 본선이 조난할 경우에 인명을 구조하는 데 쓰이는 보트. 식량·신호탄·무전기·의료기 등이 마련되어 있음. 구명 보트. 라이프보트(lifeboat)
구:명=조끼(救命-)명 배나 항공기가 조난을 당했을 때, 물에 빠져도 몸이 뜰 수 있도록 입는 조끼 모양의 구명구. 구명 동의(救命胴衣)
구목(丘木)명 무덤 가에 심은 나무. 묘목(墓木). 재목(宰木)
구몰(俱沒)명-하다자 부모가 다 세상을 떠남. ☞구경(俱慶). 구존(俱存)
구묘(丘墓)명 무덤
구묘지향(丘墓之鄕)명 조상의 무덤이 있는 곳. 추하(楸下). 추향(楸鄕)
구무(構誣)명-하다타 일을 꾸며서 남을 모함함.
구무럭-거리다(대다)자타 둔한 몸놀림으로 느릿느릿 움직거리다. ☞고무락거리다. 꾸무럭거리다
구무럭-구무럭부 구무럭거리는 모양을 나타내는 말. ☞고무락고무락. 꾸무럭꾸무럭
구:문(口文)명 거간하는 사람이 흥정을 붙여 주고 그 보수로 사고 판 양편으로부터 받는 돈. 구전(口錢)
구:문(口吻)명 ①입술 ②부리[1] ③말투
구문(句文)명 귀글
구문(究問)명-하다타 캐어물음.
구문(具文)명-하다자타 서류상의 형식만을 갖춤.
구문(構文)명 글의 짜임.
구문(歐文)명 유럽 사람들의 글이나 글자.
구:문(舊聞)명 ①전에 들은 묵은 소식. ☞초문(初聞) ②날짜가 지난 신문을 오늘 신문에 상대하여 이르는 말. ¶신문이 아니라 -이구나.
구문-권(求問權)[-꿘]명 민사 소송의 구술 변론 중, 당사자가 상대편의 진술 취지를 확인하기 위하여 재판장에게 필요한 질문을 할 수 있는 권리.
구문-론(構文論)[-논]명〈어〉통사론(統辭論)
구:물(舊物)명 ①오래된 것. ②대대로 전하여 오는 옛 물건. ☞고물(古物)
구물-거리다(대다)자타 큰 몸을 굼뜨게 놀리다. ☞고물거리다. 꾸물거리다
구물-구물부 구물거리는 모양을 나타내는 말. ¶노래기가 - 기어간다. ☞고물고물. 꾸물꾸물
구:미(口味)명 입맛 ¶앓고 났더니 -가 없다.
　구미가 나다관용 ①입맛이 생기다. ②욕심이 나다.
　구미가 당기다관용 ①입맛이 나서 먹고 싶어지다. ②욕심이나 관심이 생기다.
　구미가 돌다관용 ①입맛이 돌다. ②흥미가 일다.
　구미가 동하다관용 ①입맛이 돌아 먹고 싶어지다. ②무엇을 차지하고 싶은 마음이 생기다.
　구미를 돋우다관용 ①먹고 싶도록 입맛을 돋게 하다. ②욕심이 생기게 하다.
구미(歐美)명 ①유럽주와 아메리카주. ②유럽과 미국.
구:미(舊米)명 묵은쌀 ☞신미(新米)
구미속초(狗尾續貂)성구 담비의 꼬리가 모자라 개꼬리로 잇는다는 뜻으로, 벼슬을 함부로 줌, 또는 훌륭한 것 다음에 보잘것없는 것이 이어짐을 비유하여 이르는 말.
구미-초(狗尾草)명 '강아지풀'의 딴이름.
구미-호(九尾狐)명 ①오래 묵어 사람을 홀린다는 꼬리가 아홉 달린 여우. ②몹시 약고 교활한 사람을 비유하여 이르는 말. 특히 여자를 이름.
구민(區民)명 한 구(區) 안에 사는 사람.
구:민(救民)명-하다자타 민중을 구제함.
구:밀복검(口蜜腹劍)성구 입으로는 꿀처럼 달콤한 말을 하나 뱃속에는 칼을 품고 있다는 뜻으로, 말로는 친한체하나 속으로는 해칠 생각을 가짐을 이르는 말.
구박명-하다타 ①몹시 괴롭히거나 사납게 대함. ②내리눌러서 기를 펴지 못하게 함. ¶형이 아우를 -하다. ☞학대(虐待)
구박(驅迫)명-하다타 ①몰아세움. ②쫓아 버림
구박-지르다(-지르고·-질러)타르 '구기박지르다'의 준말.
구:반(舊班)명 예전에 행세하던 양반.
구발(俱發)명-하다자 어떤 일이 함께 일어나거나, 또는 한꺼번에 일어남. ☞다발(多發)
구:방(舊邦)명 역사가 오랜 나라.
구배(勾配)명 ①물매[1] ②'기울기'의 구용어.
구배-표(勾配標)명 철도 선로의 기울기를 나타낸 표지.
구:법(口法)[-뻡]명 말버릇
구법(句法)[-뻡]명 시문(詩文)의 구절을 만들거나 배열하는 법.
구:법(舊法)[-뻡]명 예전의 법률 ☞신법(新法)
구:벽(口癖)명 입버릇
구:-벽토(舊壁土)명 오래된 바람벽의 흙. 거름으로 쓰임.
구:변(口邊)명 입가
구:변(口辯)명 말솜씨. 언변(言辯) ¶-이 좋아 사람을 잘 사귄다. 속구변머리
구변(具邊)명-하다타 '구본변(具本邊)'의 준말.
구:변-머리(口辯-)명 '구변'의 속된말.
구별(區別)명-하다타 ①종류에 따라 가름. ¶암수를 -하다. ②서로 차별을 둠. 차별함. ¶공(公)과 사(私)를 -하다.
구:병(救兵)명 '구원병(救援兵)'의 준말.
구:병(救病)명-하다타 병구완을 하는 일.
구:보(舊譜)명 ①현재의 족보에 상대하여 그전에 발간된 족보를 이르는 말. ②예전의 악보.
구보(驅步)명-하다자 ①좀 빠르게 일정한 속도로 달리는 일. ¶-로 운동장을 돌다. ②승마술에서, 말이 빠른 속도로 달리는 보조를 이르는 말. 속보(速步)와 습보(襲步)의 중간 속도. ☞상보(常步) ▷驅의 속자는 駆
구:복(口腹)명 입과 배.
구:복지계(口腹之計)성구 먹고 살아갈 방도를 이르는 말. 구식지계(口食之計)
구:본(舊本)명 ①오래된 책. ②새로 간행된 책에 상대하여 그전에 간행된 책을 이르는 말. ☞신본(新本)
구-본변(具本邊)명-하다타 본전과 이자를 합함. 구리(具利). 병본리(竝本利) 준구변(具邊)
구봉-문(九鳳紋)명 아홉 마리의 봉황을 새긴 무늬. 부부의 금실과 자손의 번성을 상징함.

구봉-침(九鳳枕)명 아홉 마리의 봉황을 수놓은 베개. 흔히 신혼 부부가 사용하는데, 신랑·신부가 같이 벨 수 있도록 보통 베개보다 길게 만듦.
구부(驅夫)명 말몰이꾼
구부득-고(求不得苦)명 불교에서 이르는 팔고(八苦)의 하나. 구하여도 얻지 못하는 고통을 이름.
구부러-뜨리다(트리다)타 구부러지게 하다. ☞고부라뜨리다. 꾸부러뜨리다
구부러-지다자 한쪽으로 구붓하게 되다. ☞고부라지다. 꾸부러지다
속담 **구부러진 송곳** : 있기는 하나 쓸모가 없게 된 것을 두고 이르는 말.
구부렁-구부렁부-하다형 여럿이, 또는 여러 군데가 다 구부렁한 모양을 나타내는 말. ☞고부랑고부랑. 꾸부렁꾸부렁
구부렁-이명 구부러진 물건. ☞고부랑이. 꾸부렁이
구부렁-하다형여 한쪽으로 휘우듬하게 좀 구부러져 있다. ¶구부렁한 길. ☞고부랑하다. 꾸부렁하다
구부리다타 한쪽으로 구붓하게 굽게 하다. ¶허리를 구부리고 모를 심다. ☞고부리다. 꾸부리다
구부스름-하다형여 조금 굽은듯 하다. ☞고부스름하다. 꾸부스름하다
구부스름-히부 구부스름하게 ☞고부스름히. 꾸부스름히
구부슴-하다형여 굽은듯 하다. ☞고부슴하다
구부슴-히부 구부슴하게 ☞고부슴히. 꾸부슴히
구부정-구부정부-하다형 여럿이, 또는 여러 군데가 다 구부정한 모양을 나타내는 말. ☞고부장고부장. 꾸부정꾸부정
구부정-하다형여 조금 휘움하게 굽어 있다. ¶구부정한 자세. ☞고부장하다. 꾸부정하다
구부정-히부 구부정하게
구분(區分)명-하다타 따로따로 갈라 나눔.

한자 **구분할 구**(區) 〔匚部 9획〕 ¶구별(區別)/구역(區域)/구처(區處)/구획(區劃)/학구(學區) ▷ 속자는 区

구분=구적법(區分求積法)명 도형의 넓이나 부피를 구할 때, 그 도형을 여러 작은 부분으로 나누어 그 넓이나 부피의 합을 구하여 그 극한으로 계산하는 방법.
구:분-전(口分田)명 고려 시대에 전사한 군인의 처, 자손이 없는 나이 많은 군인, 높은 관원의 유자녀 등 생활 능력이 없는 사람에게 품등에 따라 나누어 주던 논밭.
구불-거리다(대다)자 이리저리 구부러지다. ☞고불거리다. 꾸불거리다
구불-구불부-하다형 이리저리 구부러지거나 구부러진 모양을 나타내는 말. ¶ - 흘러가는 강물. ☞고불고불. 꾸불꾸불
구불텅-구불텅부-하다형 여럿이, 또는 여러 군데가 다 구불텅한 모양을 나타내는 말. ☞고불탕고불탕. 꾸불텅꾸불텅
구불텅-하다형여 굽이가 느슨하게 구부러져 있다. ☞고불탕하다. 꾸불텅하다
구붓-구붓[-붇-]부-하다형 여럿이, 또는 여러 군데가 다 구붓한 모양을 나타내는 말. ☞고붓고붓. 꾸붓꾸붓
구붓구붓-이부 구붓구붓하게 ☞고붓고붓이. 꾸붓꾸붓이
구붓-하다[-붇-]형여 좀 구부러진듯 하다. ☞고붓하다. 꾸붓하다
구붓-이부 구붓하게 ☞고붓이. 꾸붓이
구:비(口碑)명 예전부터 사람들의 입에서 입으로 전하여 내려오는 것. ☞구승(口承). 구전(口傳)
구비(俱備·具備)명-하다타 있어야 할 것을 다 갖춤.
구비(廐肥)명 외양간에서 나오는 두엄. 쇠두엄
구:비=동:화(口碑童話)명 예전부터 말로 전하여 내려오는 동화. ☞구비 문학
구:비=문학(口碑文學)명 문자로 기록되지 않고, 예전부터 말로 전하여 내려온 문학. 무가(巫歌)·설화·민요·판소리 따위. 구전 문학(口傳文學)
구:빈(救貧)명-하다자 가난한 사람을 구제함.
구쁘다(구쁘고·구뻐)형 뱃속이 허전하여 무엇이 먹고 싶다. ¶이른 저녁을 먹었더니 속이 -.
구:사(口四)명 불교에서, 열 가지 악(惡) 가운데 입으로부터 나오는 망어(妄語)·기어(綺語)·악구(惡口)·양설(兩舌)의 네 가지 악한 구업(口業)을 이르는 말.
구사(求仕)명-하다자타 벼슬을 구함.
구사(求嗣)명-하다타 대 이을 아들을 보려고 첩을 둠.
구사(灸師)명 뜸으로 병을 고치는 사람.
구사(鳩舍)명 비둘기 집.
구사(廐舍)명 마구간
구:사(舊史)명 옛날 역사.
구:사(舊師)명 옛 스승.
구사(驅使)명-하다타 ①사람이나 가축을 마구 몰아쳐서 부림. ②기술이나 솜씨 따위를 자유자재로 다루어 씀. ¶능숙하게 불어를 -하다./문장 -가 뛰어나다.
구:-사상(舊思想)명 ①옛날 사상. ②케케묵은 사상. ☞신사상(新思想)
구사일생(九死一生)[-쌩]성구 죽을 고비를 여러 번 넘기고 겨우 살아남을 이르는 말. 십생구사(十生九死)
구산(九山)명 구산문(九山門)
구:산(口算)명-하다타 소리 내어 계산함, 또는 그 계산. ☞암산(暗算). 필산(筆算)
구산(丘山)명 ①언덕과 산. ②물건이 많이 쌓인 모양을 비유하여 이르는 말.
구산(求山)명-하다자 묏자리를 구함.
구:산(舊山)명 ①조상의 무덤이 있는 곳. ☞선산(先山) ②오래된 무덤 자리.
구산-대(丘山臺)명 물건을 높이 쌓아 올린 더미.
구산-문(九山門)명 신라 말과 고려 초에 걸쳐서, 승려들이 중국에 건너가 달마(達磨)의 선법(禪法)을 받아 가지고 와 그 종풍(宗風)을 크게 떨친 아홉 산문(山門). 구산(九山). 구산 선문
구산=선문(九山禪門)명 구산문(九山門)
구산=조사(九山祖師)명 신라 말과 고려 초에 걸쳐 구산문을 연 아홉 사람의 조사.
구살(構殺)명-하다타 없는 죄를 뒤집어씌워서 죽임.
구살(毆殺)명-하다타 때려서 죽임. 박살(撲殺). 타살(打殺)
구상(臼狀)명 절구처럼 생긴 모양.
구상(求償)명-하다타 배상 또는 상환을 청구함.
구상(具象)명 구체(具體) ☞추상(抽象)
구상(球狀)명 공같이 둥근 모양. 유구형(球形)
구상(鉤狀)명 갈고리처럼 생긴 모양.
구상(構想)명-하다타 ①앞으로 하려고 하는 어떤 일에 대하여 내용이나 규모, 실현 방법 따위를 이리저리 생각하는 일, 또는 그런 생각. ¶사업 -을 하다. ②예술 작품을 창작할 때, 내용이나 표현 형식 따위에 대하여 생각을 정리하는 일. ¶새로운 작품을 -하고 있다.
구상(毆傷)명 때려서 다치게 함. ▷ 毆의 속자는 殴
구상=관절(球狀關節)명 어깨 관절과 같이 절구 모양의 뼈에 공 모양의 뼈가 맞물려 자유롭게 움직일 수 있는 관절.
구상-권(求償權)[-꿘]명 다른 사람의 빚을 대신 갚은 사람이, 채무자에게 빚을 갚은 만큼의 재산의 반환을 청구할 수 있는 권리.
구상-균(球狀菌)명 구균(球菌)
구상-나무명 소나뭇과의 상록 침엽 교목. 높이는 18m 안팎이며 암수딴그루임. 꽃은 4월경에 피고, 10월경에 긴 솔방울 모양의 열매가 녹갈색으로 익음. 산 중턱 이상에 자라는데 건축재나 펄프 따위로 쓰임. 우리 나라 특산 식물임.
구상=무:역(求償貿易)명 두 나라 사이의 수출과 수입이 균형을 이루도록, 화폐를 매개로 하지 않고 물자의 수출과 수입을 하나의 교환 방법으로 서로 결부시키는 무역 방식. 바터제
구:상-서(口上書)명 외교상 상대국과 행한 토의의 기록으로, 상대편에 대하여 질의나 의뢰, 통고, 상대편 구술서에 대한 회신에 쓰이는 일반 외교 문서. 개인과 개인, 기관 대 기관의 형식으로 쓰며 서명 대신 관인을 찍음.

구상-성(具象性)[-썽] 명 구체성(具體性) ☞추상성
구상=성단(球狀星團) 명 은하계(銀河界)의 곳곳에 수십만을 넘는 항성이 빽빽하게 모여 공 모양을 이룬 성단. ☞산개 성단(散開星團)
구상=예:술(具象藝術)[-네-] 명 그림이나 조각과 같이 형체가 있는 예술. ☞추상 예술
구:상유취(口尙乳臭)[-뉴-] 성구 입에서 아직 젖비린내가 난다는 뜻으로, 말과 행동이 유치함을 이르는 말.
구상-적(具象的) 명 구체적(具體的)
구상-화(具象化) 명-하다 자타 구체화(具體化)
구상-화(具象畫) 명 실재하거나 상상할 수 있는 사물을 그대로 나타낸 그림. ☞추상화(抽象畫)
구상=화:산(臼狀火山) 명 폭발성 분화로 생긴 화산. 산의 높이에 비해 화구(火口)의 지름이 큼.
구새[1] 명 광석 속에 산화되어 끼어 있는 딴 광물질의 잔 알갱이. ☞새. 파리똥새
구새[2] 명 '구새통'의 준말.
구새(가) 먹다 관용 ①살아 있는 나무의 속이 썩어서 구멍이 나다. ②속이 못 쓰게 되었거나 내용이 비다.
구새-통 명 ①속이 썩어서 구멍이 난 통나무. ②나무로 만든 굴뚝. 준 구새
구색(求索) 명-하다 타 애를 써서 찾음.
구색(究索) 명-하다 타 연구하고 사색함.
구색(具色) 명 여러 가지 물건을 골고루 갖추는 일, 또는 그런 모양새.
구색(을) 맞추다 관용 여러 가지 물건이 고루 갖추어지게 하다. ¶가게의 물건을 -.
구색이 맞다 관용 여러 가지가 고루 갖추어져 어울리다. ¶치마에는 저고리가 -.
구:생(苟生) 명-하다 자 구차하게 삶.
구생(舅甥) 명 ①외삼촌과 생질. ②장인과 사위.
구서(九暑) 명 음력 4·5·6월의 여름철 90일간의 더위.
구:서(口書) 명 ①구필(口筆) ②구공서(口供書)
구서(具書) 명-하다 타 주로 한자를 쓸 때, 글자의 획을 빼지 않고 갖추어 씀.
구서(驅鼠) 명-하다 자 쥐를 잡아 없앰. ☞구충(驅蟲)
구-서목(具書目) 명-하다 자 보고서에 목록을 덧붙이는 일.
구석 명 ①모퉁이의 안쪽. 우각(隅角) ¶주방 -에 냉장고를 놓다. ②드러나지 않고 치우친 곳. ¶궁벽한 시골 -에서 살다. ③'곳'·'데' 따위의 뜻으로, 에둘러 하는 말. ¶무언가 믿는 -이 있는 모양이지./일을 처리하는 데 빈 -이 많다.
구석-건:넌방(-房) 명 건넌방 뒤로 마루가 있고 그 뒤에 있는 방.
구석-구석 명 ①이 구석 저 구석. 여러 구석. ¶-에 쌓여 있는 먼지. ②〔부사처럼 쓰임〕 구석마다 ¶- 찾아보다.
구석구석-이 부 구석마다
구:-석기(舊石器) 명 구석기 시대에 만들어 쓰던 타제(打製) 석기. ☞신석기(新石器)
구:석기=시대(舊石器時代) 명 석기 시대의 전기(前期). 구석기나 골각기(骨角器)를 쓰던 시대. ☞신석기 시대
구석-방(-房) 명 집의 한구석에 있는 방.
구석-장(-*欌) 명 방의 구석에 놓도록 세모지게 만든 장.
구석-지다 형 ①한쪽 구석으로 치우쳐 으슥하다. ¶구석진 곳으로 잡아 끌다. ②수도나 큰 도시에서 떨어져 외지다. ¶구석진 마을.
구:설(口舌) 명 시비하는 말이나 헐뜯는 말.
구:설(久泄) 명 오래도록 낫지 않는 설사.
구:설(舊說) 명 오래된 설(說).
구:설-복(口舌福) 명 구설수
구:설-수(口舌數)[-쑤] 명 구설을 들을 운수. 구설복(口舌福) ¶아낙네들의 -에 오르다.
구설-초(狗舌草) 명 '수리취'의 딴이름.
구성(九成) 명 황금의 품질을 열 등급으로 나눈 그 둘째 등급. ☞십성(十成)
구성(九星) 명 ①음양가(陰陽家)가 사람의 길흉(吉凶) 판단에 쓰는 아홉 별. 일백(一白)·이흑(二黑)·삼벽(三碧)·사록(四綠)·오황(五黃)·육백(六白)·칠적(七赤)·팔백(八白)·구자(九紫)를 이름. 이에 팔괘(八卦)·오행(五行)·방위(方位)·간지(干支) 등을 배당하여 길흉을 헤아림. ②민속에서, 탐랑성(貪狼星)·거문성(巨門星)·녹존성(祿存星)·문곡성(文曲星)·염정성(廉貞星)·무곡성(武曲星)·파군성(破軍星)·좌보성(左輔星)·우필성(右弼星)을 이르는 말. 그 방위를 괘효(卦爻)에 배당하여 풍수(風水)·택일(擇日)의 길흉을 헤아림.
구:성(久成) 명 불교에서, 오랜 동안 닦아야 불도(佛道)를 깨달을 수 있다는 말.
구성(構成) 명-하다 타 ①어떤 부분이나 요소를 모아서 하나로 만드는 일, 또는 그렇게 만들어진 것. ¶모임을 -하다. ②문학 작품에서, 여러 가지 사건을 얽어 짜서 만든 줄거리, 또는 그 줄거리를 만드는 일이나 수법. 플롯(plot) ③미술에서, 색채나 형태 따위의 요소를 조화롭게 조합하는 일.
구성=개:념(構成概念) 명 과학적인 처리에 따라 조작적(操作的)으로 만들어진 개념.
구-성:명(具姓名) 명-하다 자 성과 이름을 다 쓰는 일.
구성=심리학(構成心理學) 명 복잡한 의식 현상을 간단한 정신 요소들로 분석하여, 그 요소들의 결합으로 의식 현상을 설명하는 심리학.
구성-없:다[-업-] 형 격에 맞지 않다. 어울리지 않다.
구성-없이 부 구성없게
구성=요소(構成要素)[-뇨-] 명 어떠한 사물을 구성하는 데 꼭 필요한 성분.
구성-원(構成員) 명 어떤 조직을 이루는 사람들.
구성-은(九成銀) 명 순도 90%의 은. 지은(地銀)
구성적=범:주(構成的範疇) 명 의식에서 독립하여 대상을 객관적으로 규정하는 범주.
구성적=실업(構成的失業) 명 경제 구조의 변화에 따라 생겨나는 만성적이고 장기적인 실업. 구조적 실업
구성-주의(構成主義) 명 1920년경 러시아에서 일어나 유럽에 퍼진 전위적인 추상 예술 운동. 기계적·기하학적 형태의 구성에 따른 새로운 미를 추구하여 그림이나 조각, 건축 따위 여러 분야에 영향을 끼침.
구성-지다 형 격에 맞고 멋지다. 천연덕스럽고 구수하다. ¶구성진 노랫가락.
구성-체(構成體) 명 짜여 이루어진 물체나 형체.
구성-파(構成派) 명 20세기 초 구성주의적 경향을 띠고 조형 예술에 참가한 예술가들의 한 파. 현대 미술에서 가장 극단적인 반사실주의의 한 파임.
구세 명 해면(海綿)같이 구멍이 숭숭 뚫린 광석.
구:세(救世) 명-하다 자 ①세상 사람을 불행으로부터 구하는 일. ②크리스트교에서, 세상 사람을 마귀의 굴레와 죄악에서 구원하는 일을 이르는 말. ③불교에서, 중생을 괴로움에서 구하는 일을 이르는 말.
구:세(舊歲) 명 묵은 해. 고세(故歲)
구:-세:계(舊世界) 명 구대륙(舊大陸) ☞신세계
구:세-군(救世軍) 명 개신교의 한 파. 중생(重生)과 성결(聖潔), 봉사를 중히 여기며 군대식 조직 아래 복음 전도와 사회 사업을 함. 1908년에 우리 나라에도 전래됨.
구:-세:대(舊世代) 명 옛 세대. 낡은 세대. ☞신세대
구:-세:력(舊勢力) 명 ①옛 세력. ②수구적(守舊的)인 세력.
구:세제:민(救世濟民) 성구 어지러운 세상과 고통 받는 백성을 구제함을 이르는 말.
구:세-주(救世主) 명 ①인류를 구제하는 이. ②크리스트교에서, 인류를 죄악에서 구원하는 주인으로서 예수를 일컫는 말. 준 구주(救主)
구소(灸所) 명 구혈(灸穴)
구:소(舊巢) 명 새의 옛 둥지. 고소(古巢)
구:-소:설(舊小說) 명 갑오개혁(甲午改革) 이전에 나온 소설을 흔히 이르는 말. 대부분 비현실적인 공상의 세계를 그림. ☞신소설(新小說)
구속(拘束) 명-하다 타 ①행동을 자유롭게 못 하게 함. ②법원 또는 판사가 피의자나 피고인을 일정한 곳에 가두어 신체의 자유를 제한하는 강제 처분. ☞구금(拘禁).

구류(拘留). 구인(拘引)
구속(球速)명 야구에서, 투수가 던지는 공의 속도.
구:속(救贖)명-하다타 크리스트교에서, 예수가 대속(代贖)하여 죄악에서 인류를 구원하는 일.
구:속(舊俗)명 옛 풍속. 낡은 풍속.
구속-력(拘束力)명 법률이나 법규, 조약 따위에 따라 상대편이나 관계인의 행위를 제한 또는 강제하는 효력.
구속=영장(拘束令狀)[-녕짱]명 검사의 신청으로 판사가 발부하는, 피의자의 신체를 구속할 수 있는 명령서.
구속=적부=심사(拘束適否審查)명 피의자의 구속이 적법한지 아니한지를 법원이 심사하는 일. 적부 심사(適否審查)
구:송(口誦)명-하다타 소리 내어 읽거나 외움.
구:송-체(口誦體)명 운율이 있어 소리 내어 읽거나 외우기 좋은 문체. ¶ - 고전 소설
구:수(口受)명-하다타 학문이나 지식 따위를 말로 전하거나 가르치는 것을 받아 들음.
구:수(口授)명-하다타 학문이나 지식 따위를 말로 전하여 줌. ¶비방(祕方)을 -하다.
구:수(口數)명 ①사람 수. ②몫의 수.
구수(仇讎)명 원수(怨讎)
구수(拘囚)명-하다타 죄인을 가두어 둠. 수금(囚禁)
구수(寇讎)명 원수(怨讎)
구수(鳩首)명 비둘기들이 모여 머리를 맞대듯이, 여럿이 머리를 맞대고 의논을 하는 일.
구:수(舊讎)명 오랜 원수. ▷ 舊의 속자는 旧·旧
구수-닭명 얼룩점이 박힌 닭.
구수=응의(鳩首凝議)명 구수 회의(鳩首會議)
구:수-죽(口數粥)명 섣달 스무닷새 날 밤에 온 가족이 먹는 붉은 팥죽.
구수지간(仇讎之間)명 원수 관계에 있는 사이.
구수-하다형여 ①맛이나 냄새가 은근히 입맛이 당기도록 좋다. ¶구수한 숭늉. ②말이나 이야기가 마음을 끄는 은근한 맛이 있다. ¶할머니의 구수한 옛날 이야기. ☞고소하다
　구수-히부 구수하게
구수=회:의(鳩首會議)명 여럿이 머리를 맞대고 하는 회의. 구수 응의(鳩首凝議)
구:순(口脣)명 ①입과 입술. ②입술
구:순-기(口脣期)명 정신 분석학에서, 생후 18개월까지를 아기의 성본능 발달의 첫 단계로 보아 이르는 말. 젖꼭지를 빠는 동작을 할 때 입술에 쾌감을 느낀다고 함. ☞항문기(肛門期)
구:순=성:격(口脣性格)[-껵]명 정신 분석학에서, 성장한 뒤에도 정신적·성적인 발달이 그대로 구순기에 머물러 있는 성격을 이르는 말. 수동적이고 의존적임. 구애적 성격(口愛的性格)
구순-하다형여 지내는 사이가 말썽이 없고 의가 좋다. ¶고부간에 구순하게 지내다.
　구순-히부 구순하게
구:술(口述)명-하다타 말로 진술함. 구진(口陳)
구:술=변:론(口述辯論)명 법정에서, 소송 당사자나 대리인이 말로 하는 변론. 구두 변론
구:술=시:험(口述試驗)명 구두 시험(口頭試驗)
구:술-주의(口述主義)명 소송 심리의 방식에서, 당사자나 법원이 하는 소송 행위를 말로써 하여야 한다는 주의. 구두주의(口頭主義)
구슬명 ①보석으로 둥글게 만든 물건. 흔히 패물로 쓰임. ②사기나 유리 따위로 둥글게 만든 아이들의 장난감.

한자 **구슬 옥**(玉)〔玉部〕¶곡옥(曲玉)/옥대(玉帶)/옥로(玉露)/옥석(玉石)/패옥(佩玉)
　구슬 주(珠)〔玉部 6획〕¶주렴(珠簾)/주옥(珠玉)

속담 **구슬 없는 용**: 여의주를 물지 않은 용처럼 쓸모 없고 보람 없게 된 처지를 이르는 말./**구슬이 서 말이라도 꿰어야 보배**: 아무리 좋고 값진 것이 많아도 쓸모 있게 다듬고 정리해 놓아야 가치가 있다는 말.〔부뚜막의 소금도 집어 넣어야 짜다〕
구슬-감기명 '구슬갱이'의 원말.
구슬-갓끈[-갇-]명 구슬을 잇달아 꿰어 만든 갓끈.
구슬-갱기명 짚신 총갱기의 하나. 원구슬감기
구슬-구슬부-하다형 밥이 잘 지어져 질지도 되지도 않은 모양을 나타내는 말. ☞고슬고슬
구슬-덩명 오색 구슬발로 꾸민 덩.
구슬-땀명 구슬같이 방울방울 맺힌 땀. ¶-을 흘리며 들에서 일하는 농부.
구슬려-내:다타 그럴듯한 말로 꾀어내다.
구슬려-삶:다[-삼따]타 남을 그럴듯한 말로 자꾸 꾀어 마음이 솔깃하도록 만들다.
구슬려-세다타 남을 그럴듯한 말로 추켜세우다.
구슬리다타 ①남을 그럴듯한 말로 꾀어 마음이 움직이게 하다. ¶화가 난 아내를 구슬리어 함께 외출을 하다. ②끝난 일을 이리저리 헤아려 자꾸 생각하다.
구슬-발명 구슬을 꿰어 만든 발. 주렴(珠簾)
×**구슬-사탕**(-砂^糖)명 → 알사탕
구슬-양피(-羊皮)[-량-]명 털이 구슬 모양으로 말려 오그라든 곱슬곱슬한 양털 가죽.
구슬-옥(-玉)명 한자 부수(部首)의 한 가지. '瑩'·'璧' 등에서 '玉'의 이름.
구슬옥-변(-玉邊)명 한자 부수(部首)의 한 가지. '現'·'珍' 등에서 '王'의 이름.
구슬-지다자 눈물이나 땀, 이슬 따위가 구슬처럼 동그랗게 맺히다. ¶연잎 위에 구슬진 빗방울.
구슬-찌명 구슬 모양의 조그만 낚시찌.
구슬프다(구슬프고·구슬퍼)형 처량하고 슬프다. ¶구슬픈 피리 소리.
　구슬피부 구슬프게 ¶- 울다.
구:습(口習)명 ①입버릇 ②말버릇
구:습(舊習)명 예로부터 내려오는 관습.
구:승(口承)명-하다타 입에서 입으로 전해 내려옴. ☞구비(口碑). 구전(口傳)
구:승(舊升)명 새로 제정하여 쓰는 '되'에 상대하여 이전부터 써 오던 '장되'를 이르는 말.
구시(仇視)명-하다타 원수로 보거나 여김.
구:시(舊時)명 옛적
구:-시:가(舊市街)명 '신시가'에 상대하여 그전부터 있던 시가를 이르는 말.
구:-시대(舊時代)명 옛 시대. 낡은 시대. ☞신시대(新時代)
구시렁-거리다(대다)자 못마땅하여 군소리를 자꾸 늘어놓다. ☞고시랑거리다
구시렁-구시렁부 구시렁거리는 모양이나 소리를 나타내는 말. ☞고시랑고시랑
구:시심비(口是心非)성구 말로는 옳다고 하면서 속으로는 그르게 여김을 이르는 말.
구-시월(∠九十月)명 구월과 시월.
　속담 **구시월 세단풍**(細丹楓): 당장은 고우나 쉬 흉하게 될 것을 이르는 말.
구:식(舊式)명 ①옛 격식. ②낡은 양식이나 방식. ¶- 자동차/- 사고 방식 ☞신식(新式)
구:식-쟁이(舊式-)명 구식을 고집하는 사람을 가벼이 여겨 이르는 말.
구:식지계(口食之計)성구 구복지계(口腹之計)
구신(具申)명-하다타 윗사람이나 상급 기관에 의견 등을 자세히 말함.
구신(具臣)명 육사(六邪)의 하나. 아무 구실도 못하는, 머릿수나 채우는 신하.
구신(狗腎)명 한방에서, 개의 자지를 약재로 이르는 말.
구:신(舊臣)명 옛 신하.
구실명 ①마땅히 해야 할, 맡은 바 일. 노릇 ¶제 -을 하다./사람 -을 못하다. ②지난날, 관가나 공공의 일을 맡아보는 직무를 이르던 말. ¶-을 살다. ③지난날, 조세(租稅)를 이르던 말. ¶-을 물다./-을 면하다.
구:실(口實)명 핑계를 삼을만 한 재료. 변명할 거리. 탁언(託言) ¶몸살을 -로 결근하다.

구실-길[-낄]명 지난날, 구실아치가 공적인 일로 가는 길을 이르던 말.
구실-아치명 지난날, 각 관아의 관원에 딸리어 일을 보는 사람을 이르던 말.
구심(求心)명 ①-하다자 불교에서, 참된 마음을 찾아 참선함을 이르는 말. ②원운동을 하는 물체가 중심을 향하여 쏠리는 작용.
구심(球心)명 구의 중심.
구심(球審)명 야구에서, 포수 뒤에서 볼이나 스트라이크 따위를 판정하는 심판. ☞누심(壘審)
구심-력(求心力)명 물체가 원운동을 할 때, 원의 중심으로 쏠리는 힘. 향심력(向心力) ☞원심력
구심성=신경(求心性神經)[-썽-]명 말초 신경에서 중추로 자극을 전달하는 신경. 감각 신경 따위.
구심=운:동(求心運動)명 중심을 향하여 쏠리려는 물체의 운동. ☞원심 운동
구심-점(求心點)[-쩜]명 중심 쪽으로 쏠리어 모이는 점.
구십(九十·九拾)수 수의 한자말 이름의 하나. 십(十)의 아홉 곱절. ☞아흔
관 단위를 나타내는 말 앞에 쓰이어 ①수량이 아흔임을 나타냄. ②차례가 아흔째임을, 또는 횟수가 아흔 번째임을 나타냄.
구십춘광(九十春光)성구 ①봄철의 90일 동안을 이르는 말. ②늙은이의 마음이 젊은이처럼 활달함을 이르는 말.
구아(球芽)명 백합과 식물의 잎겨드랑이에 생기는 흑자색의 둥근 눈.
구아노(guano)명 바닷새의 똥이 바닷가의 바위 따위에 쌓여 굳어진 것. 인산 비료로 쓰임. 분화석(糞化石). 조분석(鳥糞石)
구아니딘(Guanidin 독)명 구아닌을 분해할 때 생기는 무색 흡습성(吸濕性) 결정의 화학 약품. 강염기성으로 술파민에 첨가하여 술파구아니딘을 만드는 데 쓰임.
구아닌(guanine)명 핵단백질의 분해 산물. 물고기의 비늘, 양서류의 색소 세포, 포유류의 간장이나 췌장 등에 들어 있으며, 화학 약품이나 조미료를 만드는 데 쓰임.
구아슈(gouache 프)명 물과 아라비아 고무로 녹인 진한 수채화용 불투명 물감, 또는 그 물감으로 그린 그림.
구아야콜(Guajakol 독)명 크레오소트의 주성분으로, 맑은 유상(油狀), 또는 무색의 결정인 물질.
구-아주(歐亞洲)명 유럽과 아시아를 아울러 이르는 말.
구:악(舊惡)명 지난날의 잘못이나 죄악.
구:악(舊樂)명 옛 음악, 곧 국악(國樂)을 이르는 말.
구:악-설(口惡說)명 불교에서, 말을 함부로 함으로써 짓는 죄를 이르는 말. 망어(妄語)·양설(兩舌)·악구(惡口)·기어(綺語) 따위.
구안(具案)명-하다자 ①초안(草案) 따위를 세움. ②일정한 수단이나 방법을 갖춤.
구안(具眼)명 사물의 좋고 나쁨이나 가치가 있고 없음 따위를 분간하는 능력이 있음.
구:안(苟安)명-하다자 한때의 편안을 꾀함.
구안-마(具鞍馬)명 안장이 갖추어진 말.
구-안장(具鞍裝)명 말에 안장을 갖추는 일.
구:안투생(苟安偸生)성구 한때의 편안을 탐하여 헛되이 살아감을 이르는 말.
구애(求愛)명-하다자 이성(異性)의 사랑을 구함.
구애(拘礙)명-하다자 거리끼거나 얽매임. ¶돈에 - 받지 않다./소문에 -하지 않는다.
구:애적=성:격(口愛的性格)[-껵]명 구순 성격(口脣性格)
구:액(口液)명 침
구:약(口約)명-하다타 말로 약속함, 또는 그 약속.
구약(蒟蒻)명 구약나물
구:약(舊約)명 ①옛 약속. ②크리스트교에서, 예수가 나기 전에 하느님이 인간에게 하였다는 약속을 이르는 말. ③'구약성서(舊約聖書)'의 준말. ☞신약(新約)
구약-구(蒟蒻球)명 구약나물의 알줄기.
구약-나물(蒟蒻-)명 천남성과의 여러해살이풀. 줄기 높이 1m 안팎. 땅 속에 지름 20cm 정도의 납작한 공 모양의 알줄기가 생기는데 이를 구약구라고 함. 봄에 포엽(苞葉)에 싸인 막대 모양의 자갈색 꽃이 핌. 동남 아시아 원산이며, 산간의 밭에서 재배함. 알줄기는 식품인 곤약을 만들고, 공업용 풀의 원료로 쓰이기도 함. 구약(蒟蒻)
구약-분(蒟蒻粉)명 구약구를 말려 곱게 빻은 가루. 곤약을 만들어 먹기도 하고, 풀의 원료로 쓰기도 함.
구:약-성:경(舊約聖經)명 구약성서(舊約聖書)
구:약-성:서(舊約聖書)명 예수 탄생 이전의 이스라엘 민족의 종교 문학과 역사를 모은 크리스트교의 교전(敎典). 구약성경(舊約聖經). 구약전서(舊約全書) 준구약(舊約) ☞신약성서(新約聖書)
구:약=시대(舊約時代)명 크리스트교에서, 예수 탄생 이전의 율법(律法) 시대를 이르는 말. ☞신약 시대
구:약-전서(舊約全書)명 구약성서(舊約聖書)
구:어(口語)명 문장에서만 쓰이는 특별한 말이 아닌, 일상적인 대화에서 음성으로 하는 말. 문어(文語)에서 '시하(時下)'라 하는 말을 '요즈음'이라고 하는 따위. 입말
구어-박다타 ①단단히 박혀 있게 하려고, 쐐기 따위를 박을 때 불김을 쐬어서 박다. ②마음대로 활동하지 못하도록 한곳에 그대로 있게 하다. ③이자 놓는 돈을 한군데에 잡아 두어 더 늘리지 아니하다.
구어-박히다자 구어박음을 당하다.
구언(求言)명-하다타 지난날, 나라에 큰일이 있을 때, 임금이 신하의 직언(直言)을 구하던 일.
구:업(口業)명 불교에서 이르는 삼업(三業)의 하나. 입, 곧 말에서 비롯되는 죄업(罪業)을 이름.
구:업(舊業)명 ①이전부터 해 온 사업. ②옛사람이 이룩한 사업. ¶-을 잇다.
구역(區域)명 일정하게 갈라 놓은 지역. ¶-을 정하여 나무를 심다. 준구(區)
구역(嘔逆)명 속이 메스꺼워 토할듯 한 느낌. 욕지기 ☞구토(嘔吐)
구역이 나다관용 속이 메스꺼워 토할듯 한 느낌이 나다.
구:역(舊譯)명 ①새로 한 번역에 대하여, 이전에 한 번역. ②불교에서, 현장(玄奘) 이전의 불경의 한역(漢譯).
구역-증(嘔逆症)명 속이 메스꺼워 토할듯 한 증세.
구역-질(嘔逆-)명-하다자 속이 메스꺼워 욕지기하는 짓. ¶-이 나다. ☞토악질
구:연(口演)-하다타 동화 따위를, 여러 사람 앞에서 연기를 곁들이어 재미있게 이야기하는 일.
구:연(舊緣)명 오래 전부터 맺은 인연.
구:연=동:화(口演童話)명 보통 한 사람의 연기자가, 말로써 연기하듯 재미있게 들려주는 동화.
구연-산(枸櫞酸)명 레몬이나 감귤류의 과실 속에 많이 들어 있는 유기산. 빛깔도 냄새도 없는 결정체로 고등 동물의 물질 대사에 중요한 작용을 함. 시원한 느낌의 신맛이 있어 청량 음료수의 첨가물로 쓰이고, 의약품 등에도 쓰임. 레몬산. 시트르산
구연산철=암모늄(枸櫞酸鐵ammonium)명 수산화철을 구연산에 녹이고 암모니아수를 넣은 다음, 증류하여 얻는 반투명한 적갈색 약품. 빈혈증의 약으로 쓰임.
구:연세:월(苟延歲月)성구 구차스럽게 세월을 보냄을 이르는 말. ☞구전성명(苟全性命)
구연-유(枸櫞油)[-뉴]명 레몬 껍질에서 짜낸 기름. 쓴맛이 있으며, 약제의 불쾌한 냄새를 없애는 데 쓰임.
구:연-증(口軟症)[-쯩]명 한방에서, 어린아이가 입을 잘 놀리지 못하여 말을 또렷또렷하게 하지 못하는 증세를 이르는 말. ☞어지증(語遲症)
구연-피(枸櫞皮)명 레몬의 껍질을 말린 것. 약제의 불쾌한 냄새를 없애는 데 쓰임.
구:열(口熱)명 입 안의 열.
구:엽(舊葉)명 묵은 잎.
구-영자(鉤纓子)명 지난날, 관원의 갓에 갓끈을 다는 데 쓰던 고리. 보통 은으로 만드는데, 종이품 이상은 금을 입힌 것을 썼음. 준영자(纓子) ▷鉤의 속자는 鈎
구:오(舊誤)명 지난날의 잘못.

구오=사미(驅烏沙彌)명 불교에서 이르는 삼사미(三沙彌)의 하나. 일곱 살에서 열세 살까지의 사미. ☞응법사미(應法沙彌)
구옥(勾玉)명 곡옥(曲玉)
구:옥(舊屋)명 지은 지 오래되어 낡은 집. 고가(古家). 고옥(古屋)
구완명-하다타 앓는 사람이나 해산어미를 돌보는 일. 병구완, 산모(產母) 구완 따위.
구:왕(舊王)명 옛 임금.
구외(構外)명 큰 건물이나 시설 등의 바깥. 어떤 시설이 관리하는 구역 밖. ☞구내(構內)
구요-성(九曜星)명 음양가들이 사람의 운명과 관계지어 이르는 아홉 개의 별. 해·달·화성·수성·목성·금성·토성·나후성(羅睺星)·계도성(計都星)을 이름.
구:우(舊友)명 옛 친구, 또는 사귄 지 오래된 벗. 고구(故舊). 고우(故友)
구우일모(九牛一毛)성구 많은 소 가운데 한 개의 털이라는 뜻으로, 수많은 것 중 썩 적은 일부분, 또는 비교도 할 수 없는 정도의 미미한 것을 이르는 말. ☞창해일속(滄海一粟)
구운몽(九雲夢)명 조선 숙종 때, 서포 김만중(金萬重)이 지은 국문 소설. 주인공 성진(性眞)이 여덟 선녀와 함께 인간으로 환생하여 부귀영화를 누리다가 깨어 보니 모두 헛된 꿈이었다는 내용임.
구운-밤명 불에 구워 익힌 밤. 준군밤
구운-석고(一石膏)명 광물인 석고를 가열하여 만드는 흰 가루. 물을 섞으면 다시 결정체(結晶體)로 되는 성질이 있음. 분필·석고상(石膏像)·거푸집 따위를 만드는 데 쓰임. 소석고(燒石膏)
구움-일[-닐]명-하다자 목재를 구움판에 넣고 말리는 일. 준굼일
구움-판명 목재를 말리려고 굽는 구덩이. 준굼판
×**구워-박다**타 →구어박다
구워-삶:다[-삼따]타 그럴듯한 수단을 써서 상대편을 자기 뜻대로 움직이게 만들다. ¶친구를 구워삶아 모임에 나오게 하다.
구원(仇怨)명 원수(怨讎)
구원(丘園)명 ①언덕 위에 있는 꽃밭이나 과수원. ②관직에서 물러나 한가로이 지내는 곳.
구:원(救援)명-하다타 ①어려움이나 위험에서 구하여 줌. 도와 줌. ☞구호(救護) ②크리스트교에서, 인류를 죄악과 고통에서 건져내는 일.

한자 **구원할 구**(救)〔攴部 7획〕¶구급(救急)/구난(救難)/구명(救命)/구세(救世)/구원(救援)

구:원(舊怨)명 오랜 원한. 구한(舊恨)
구:원(久遠)어기 '구원(久遠)하다'의 어기(語基).
구:원-겁(久遠劫)명 불교에서, 매우 오랜 과거를 이르는 말. ☞영겁(永劫)
구:원=노비(久遠奴婢)명 지난날, 대대로 부려 온 종을 이르던 말.
구:원-대(救援隊)명 구원하기 위해 파견된 부대나 사람들. ☞구원병
구:원-병(救援兵)명 구원하기 위해 파견된 군대나 병사. 준구병(救兵). 원병(援兵)
구:원-불(久遠佛)명 불교에서, 아주 오랜 옛날부터 이미 부처라는 뜻으로, '아미타불'이나 '석가모니불' 등을 이르는 말.
구:원-하다(久遠-)형여 ①까마득히 오래고 멀다. ¶구원한 인류의 역사. ②한없이 이어져 끝이 없다. 영원하다 ¶구원한 이상.
구원-히부 구원하게
구월(九月)명 한 해의 아홉째 달.
구위(球威)명 야구에서, 투수가 던지는 공의 위력.
구유명 마소에게 먹이를 담아 주는 그릇. 흔히 굵은 통나무나 돌을 길쭉하게 파내어서 만듦.
구유(具有)명-하다타 자질이나 자격 따위를 갖춤, 또는 갖추고 있음을 이르는 말. ¶인격과 능력을 -하다.
구:유(舊遊)명 ①옛날에 놀던 일. ②옛날에 함께 놀던 벗.
구유-배명 통나무를 구유처럼 파서 만든 작은 배.
구유-젖명 구융젖
구육(狗肉)명 개고기
구:율(舊律)명 옛적 규율.
구융-젖명 젖꼭지가 젖꽃판 속으로 오목하게 들어간 젖. 구유젖. 귀웅젖
구은(九垠)명 천지(天地)의 끝, 또는 구천(九天)의 끝.
구은(求恩)명-하다자 은혜를 구함.
구:은(舊恩)명 지난날 입은 은혜.
구:음(口音)명 ①날숨을 구강(口腔)으로만 나오게 하여 내는 소리. ②국악기의 특징적인 음을 흉내 내어 계명창처럼 내는 소리. ③국악기의 주법(奏法)을 입으로 나타내는 소리.
구:읍(舊邑)명 고읍(古邑)
구의(垢衣)명 때묻은 옷.
구의(柩衣)명 출관(出棺)할 때, 관 위에 덮는 긴 베.
구:의(舊誼)명 전날에 가깝게 지내던 정분(情分).
구이명 육류·어패류·채소류 따위에 소금 간 또는 갖은 양념을 하여 불에 구운 음식. 갈비구이·갈치구이·김구이·더덕구이 따위. 구(炙) ☞적(炙)
구이(九夷)명 지난날, 중국 한족(漢族)이 동쪽의 아홉 이민족(異民族)을 이르던 말. 구족(九族)
구:이(口耳)명 입과 귀를 아울러 이르는 말.
구이-가마명 구이를 굽는 가마.
구:이지학(口耳之學)성구 귀로 들은 것을 그대로 남에게 이야기할 뿐인 얕은 학문을 이르는 말.
구이-통(一筒)명 구이가마의 연기를 빼내는 통.
구인(仇人)명 원수진 사람.
구인(求人)명-하다타 일할 사람을 구함. ¶- 광고
구인(拘引)명-하다타 ①잡아서 끌고 감. ②피고인이나 증인 등이 소환에 응하지 아니하였을 때, 법원이 발행하는 구인장에 따라 일정한 장소에 강제로 억류하는 일. ☞구금(拘禁). 구속(拘束)
구:인(救人)명 어려운 처지에 있는 사람을 도와 줌, 또는 그런 사람.
구인(蚯蚓)명 '지렁이'의 딴이름.
구인(鉤引)명-하다타 갈고리로 걸어 잡아당김.
구:인(舊人)명 ①예전부터 알고 지내는 사람. ②생활 방식이나 사고 방식이 구식인 사람. ③약 30만년 전에서 3만 5천년 전에 살았던 화석 인류. 신인(新人)의 앞 단계의 화석 인류임.
구:인(舊因)명 오래된 인연.
구:인(舊姻)명 오래된 친척.
구인-란(求人欄)[-난]명 신문 등에서 일할 사람을 구하는 광고를 싣는 난.
구-인마(具人馬)명-하다자 마부와 말을 다 갖춤.
구인-장(拘引狀)[-짱]명 법원이 피고인이나 증인 또는 다른 관계인을 구인하기 위하여 발행하는 영장.
구일(九日)명 음력 9월 9일의 명절. 중구(重九). 중양절(重陽節)
구일-장(九日葬)명 죽은 지 아흐레 만에 지내는 장사. ☞삼일장. 오일장
구:임책성(久任責成)성구 일을 오래 맡기어 직책을 다하게 하는 일을 이르는 말.
구:입명-하다자 겨우 벌어먹음, 또는 겨우 되는 밥벌이.
구입(購入)명-하다타 물건을 사들임. 구매(購買)
구:입-장생명-하다자 겨우 벌어먹으며 살아감.
구자(九紫)명 음양설에서 이르는 구성(九星)의 하나. 별은 화성(火星), 방위는 남쪽임.
구자(韭子)명 가구자(家韭子)
구:자-탕(口子湯)명 '열구자탕(悅口子湯)'의 준말.
구:작(舊作)명 이전에 만든 작품. ☞신작(新作)
구잠-정(驅潛艇)명 주로 적의 잠수함을 공격하는 소형 쾌속정(快速艇).
구장(九章)명 임금의 면복(冕服)에 놓은 아홉 가지 수

(繡). 의(衣)에는 산·용(龍)·화(火)·화충(華蟲)·종이(宗彝)의 다섯 가지, 상(裳)에는 마름·분미(粉米)·보(黼)·불(黻) 등 네 가지를 수놓았음.

구장(九臟)명 심장·비장·간장·신장·폐·위·방광·대장·소장의 아홉 가지 내장.

구:장(口帳)명 조선 시대, 호수(戶數)와 인구수를 기록한 장부를 이르던 말.

구장(狗醬)명 개장국

구장(毬杖)명 지난날, 격구(擊毬)할 때 쓰던 공채를 이르던 말. 준장(杖)

구장(毬場)명 지난날, 격구를 하는 마당을 이르던 말.

구장(區長)명 지난날, 지금의 '통장(統長)'·'이장(里長)'을 일컫던 말.

구장(球場)명 야구나 축구 등, 구기(球技)를 하는 경기장. 특히 야구장을 가리키는 경우가 많음.

구장(鳩杖)명 지난날, 임금이 중신(重臣)에게 안석(案席)과 함께 하사하던 지팡이. 머리에 비둘기를 새겨 달았음. 준장(杖)

구장-복(九章服)명 지난날, 검은빛 바탕에 구장(九章)을 수놓은 임금의 면복(冕服).

구:재명 방고래에 낀 철매와 재. 구들재

구재(九齋)명 ①고려 시대, 최충(崔沖)이 세운 사학(私學)의 하나. ②조선 시대, 성균관에 두었던 아홉 개의 전문 강좌.

구:재(口才)명 ①말재주 ②노래 솜씨.

구:재(救災)명-하다자 재난을 당한 사람을 구함.

구저분-하다형여 더럽고 지저분하다.
 구저분-히부 구저분하게

구적명 돌이나 질그릇 따위가 삭아서 겉에 일어나는 얇은 조각.

구적(仇敵)명 원수(怨讎)

구적(求積)명-하다타 면적이나 체적, 곧 넓이나 부피를 셈함.

구적(寇賊)명 국토를 침범하는 외적.

구:적(舊跡·舊蹟)명 역사적 사건이나 건축물 따위가 있던 자취. 고적(古跡). 구지(舊址)

구적-계(求積計)명 도면 위의 면적을 재는 계기(計器).

구적-법(求積法)명 면적이나 체적, 곧 넓이나 부피를 셈하는 방법.

구:전(口傳)명-하다자타 말로 전함, 또는 말로 전하여 옴. ¶-하는 설화. ☞구비(口碑). 구승(口承)

구:전(口錢)명 구문(口文)

구:전(舊典)명 ①예전의 법전. 옛 제도. ②옛날의 책. 유 고전(古典)

구:전(舊錢)명 옛날 돈.

구전(俱全)어기 '구전(俱全)하다'의 어기(語基).

구전문:사(求田問舍)성구 논밭과 집을 구하여 산다는 뜻으로, 개인의 생활에만 집착할 뿐 원대(遠大)한 뜻이 없음을 이르는 말.

구:전=문학(口傳文學)명 구비 문학(口碑文學)

구:전=민요(口傳民謠)명 입으로 전하여 내려온 민요.

구:전성:명(苟全性命)성구 구차하게 목숨을 보전함을 이르는 말. ☞구연세월(苟延歲月)

구:전심수(口傳心授)성구 말로 전하고 마음으로 가르침을 이르는 말.

구:전-하:교(口傳下敎)명-하다자 지난날, 임금의 명령을 말로 전하는 일을 이르던 말.

구전-하다(俱全-)형여 ①물건이 풍족하다. ②모든 것이 온전하다.

구절(句節)명 ①한 토막의 말이나 글. ②구(句)와 절(節).

구절양장(九折羊腸)[-량-]성구 양의 창자처럼 몹시 구불구불하고 험한 산길을 이르는 말.

구절-죽장(九節竹杖)명 중이 짚고 다니는 마디가 아홉인 대지팡이.

구절-초(九節草)명 국화과의 여러해살이풀. 줄기 높이는 50cm 안팎. 산과 들에 절로 자라며 가을에 흰 꽃이 줄기 끝에 핌. 뿌리째 캐어서 한방의 약재로 쓰기도 하며, 관상용으로 재배하기도 함.

구절-충(九節蟲)명 '나무굼벵이'의 딴이름.

구절-판(九折坂)명 ①구절판 찬합에 담아 먹는 우리 나라 전래의 음식. 둘레의 여덟 칸에 여덟 가지 음식을 담고, 가운데 둥근 칸에는 밀전병을 담아, 둘레의 음식을 골고루 조금씩 전병에 싸서 초간장에 찍어 먹음. 구절포(九折包) ②구절판 찬합(九折坂饌盒)

구절판=찬:합(九折坂饌盒)명 구절판을 담는 팔각형(八角形)의 나무 그릇. 가운데 칸을 둥글게 하고, 그 둘레를 여덟 칸으로 나누었으며 뚜껑이 따로 있음. 구절판

구절-포(九折包)명 구절판(九折坂)

구:점(口占)명-하다타 ①즉석에서 시를 지어 부름. ②문서로 하지 않고 말로써 전함.

구점(句點)[-쩜]명 구절 끝에 찍는 점.

구점(灸點)[-쩜]명 뜸을 뜨는 자리, 또는 뜸을 뜰 자리에 먹으로 찍은 점.

구접-스럽다(-스럽고·-스러워)형ㅂ ①보기에 너절하고 더럽다. ②하는 행동이 치사하고 다랍다.
 구접-스레부 구접스럽게

×**구-젓**명 →굴젓

구정(九井)명 상여채의 좌우에 줄을 걸고 한쪽에 열여덟 사람씩 메는 큰 상여.

구정(九鼎)명 고대 중국 하(夏)나라의 우왕(禹王)이 전국 아홉 주(州)로부터 금을 바치게 하여 만들었다는 솥. 천자(天子)의 상징으로서 후대에 전하였음.

구정(毬庭)명 지난날, 궁중이나 대갓집 울안에 있던 격구를 하는 큰 마당.

구:정(舊正)명 '설'을 '신정(新正)'에 상대하여 이르는 말.

구:정(舊情)명 옛정

구정-물명 ①무엇을 씻거나 빨아 더러워진 물. ②헌데에서 고름이 빠진 뒤에 흐르는 진물. ☞고장물

구:제(救濟)명-하다타 재난이나 불행으로부터 사람을 구하여 줌. ¶빈민을 -하다.
 속담 **구제할 것은 없어도 도둑 줄 것은 있다**: 아무리 가난한 집이라도 도둑맞을 것은 있다는 말. [저녁 먹을 것은 없어도 도둑맞을 것은 있다]

구:제(舊制)명 이전의 제도. 구제도 ☞신제(新制)

구:제(舊製)명 예전에 만든 물건. ☞신제(新製)

구:제(舊題)명 이전의 제목(題目).

구제(驅除)명-하다타 해충 따위를 몰아내어 없앰, 또는 죽여 없앰. ¶기생충을 -하다.

구:제-권(救濟權)[-꿘]명 권리가 침해된 경우 법원에 구제를 청하는 권리. ☞원권(原權)

구:제=금융(救濟金融)[-늉]명 거래처인 기업의 도산을 막기 위하여, 금융 기관이 특정 기업에 대하여 정책적으로 자금을 융자해 주는 일.

구:-제:도(舊制度)명 새 제도에 대하여 이전의 제도를 이르는 말. 구제(舊制)

구:제-비(救濟費)명 구제하는 데 드는 비용.

구제비-나비명 '산제비나비'의 딴이름.

구제비-젓명 생선의 내장으로 담근 젓.

구:제=사:업(救濟事業)명 어려운 처지에 있는 사람들을 돕는 사업.

구:제-역(口蹄疫)명 소나 돼지 따위 우제류(偶蹄類) 동물이 구제역 바이러스에 감염되어 걸리는 급성 전염병. 구강 점막에 물집이 생기고 발톱 사이가 짓무름.

구:제-책(救濟策)명 구제할 대책.

구:제-품(救濟品)명 어려운 처지에 있는 사람들을 돕기 위한 물품.

구:조(久阻)명-하다자 오랫동안 소식이 막힘.

구:조(救助)명-하다타 재난 등으로 위험한 상태에 있는 사람을 구함. ¶물에 빠진 사람을 -하다./조난자 -

구조(構造)명 ①어떤 물건이나 조직체 따위의 전체를 이루고 있는 각 부분의 짜임새. 얼개 ¶가옥의 -./인체의 -./복잡한 -의 기계. ②어떤 재료로 짜여 있음. ¶철골 - ③전체를 이루는 여러 요소들 상호간의 대립이나 모순, 의존 관계 따위. ¶정치 부패의 -.

구-조개 [명] 굴과 조개.
구조-곡(構造谷) [명] 단층 운동이나 습곡 운동 등 지각 운동으로 말미암아 이루어진 골짜기. ☞침식곡
구:조-대(救助袋) [명] 고층 건물 등에 불이 났을 때, 사람을 구조하는 용구. 두꺼운 천으로 된 통 모양의 긴 부대로, 피난자는 그 속을 미끄러져 땅으로 내려옴.
구조-물(構造物) [명] 일정한 설계에 따라 만든 기계·건축·토목 등의 시설물.
구조=산지(構造山地) [명] 단층 운동이나 습곡 운동 등 지각 운동으로 말미암아 이루어진 산지.
구:조-선(救助船) [명] 바다에서 조난당한 사람이나 선박 등을 구조하는 배.
구조-선(構造線) [명] 지각 운동 등으로 말미암아 이루어진 규모가 큰 단층선(斷層線).
구조-식(構造式) [명] 분자 안의 원자의 결합 양식을 도식적(圖式的)으로 나타낸 화학식.
구:조=신호(救助信號) [명] 조난 등 위험한 상태에 있는 사람이 구조를 청하는 신호.
구조=언어학(構造言語學) [명] 언어의 양상을 체계적으로 파악하여 그 구조를 밝히고, 언어 전반에 통하는 일반 법칙을 추구하는 학문.
구조=역학(構造力學) [명] 공학(工學)의 한 부문. 건축·교량·기체(機體) 따위의 구조물에 외력(外力)이 작용했을 때, 그 구조물의 안정성이나 각 부분에 생기는 내력(內力), 변형(變形) 등을 연구함.
구조-적(構造的) [명] 구조에 관계되는 것. ¶ -인 문제.
구조적=실업(構造的失業) [명] 경제 구조의 변화에 따라 생겨나는 만성적이고 장기적인 실업. 구성적 실업
구조=조정(構造調整) [명] 기업의 사업 구조나 조직 구조를 효과적으로 개혁하여 그 기능 또는 효율을 높이려는 작업. 부실 기업이나 비능률적인 조직을 미래 지향적인 사업 구조로 개편하는 데 주목적이 있음.
구조=지진(構造地震) [명] 지질학상의 단층과 밀접한 관계가 있는 지진. 대부분의 지진은 이에 따른 것으로 생각되고 있음.
구조=평야(構造平野) [명] 지질 시대의 퇴적 지층이 지각 운동을 받지 않고 수평 상태인 채로 남아서 이루어진 평야. 유럽 대평원, 북아메리카 중앙 평원 따위.
구조-호(構造湖) [명] 단층 운동이나 습곡 운동 등의 지각 운동으로 이루어진 분지에 물이 괴어 생긴 호수. ☞함몰호(陷沒湖)
구족(九族) [명] ①고조·증조·조부·부친·자기·자·손자·증손·현손의 아홉 대(代)의 직계친(直系親). ②아버지 쪽의 고모의 자녀, 자매의 자녀, 딸의 자녀, 자기의 동족, 어머니 쪽의 외조부·외조모, 이모의 자녀, 아내 쪽의 장인·장모로 이루어지는 아홉 친족. ③구이(九夷)
구:족(舊族) [명] 대대로 이어져 내려온 지체 높은 집안.
구족(具足) [어기] '구족(具足)하다'의 어기(語基).
구족-계(具足戒) [명] 비구와 비구니가 지켜야 할 계율(戒律). [준]구계(具戒) ☞비구계(比丘戒). 비구니계(比丘尼戒)
구족-하다(具足-) [형][여] 구존하다
구존(俱存) [명][-하다][자] 부모가 다 살아 있음. 구경(具慶) ☞구몰(俱沒)
구존(具存) [어기] '구존(具存)하다'의 어기(語基).
구존-하다(具存-) [형][여] 죄다 갖추어 있다. 구족하다
구종(驅從) [명] 지난날, 관원을 모시고 다니던 하인.
구종-들다(驅從-) (-들고·-드니) [자] 구종이 되어 말고삐를 잡다.
구:좌(口座) [명] '계좌(計座)'의 구용어.
구주(九州) [명] ①통일 신라 때, 전국을 구분한 아홉 주. ②고대 중국에서, 전국을 갈라놓았던 아홉 주.
구주(九疇) [명] '홍범구주(洪範九疇)'의 준말.
구:주(救主) [명] '구세주(救世主)'의 준말.
구주(歐洲) [명] 유럽 ▷歐의 속자는 欧
구:주(舊主) [명] ①'구주인(舊主人)'의 준말. ②이전에 섬기던 임금.
구:주(舊株) [명] 주식 회사가 증자(增資) 등을 위하여 발행한 신주(新株)에 상대하여 이전에 발행한 주식을 이르는 말.
구:-주인(舊主人) [명] 옛 주인. [준]구주(舊主)
구죽 [명] 바닷가에 쌓인 굴 껍데기.
구죽-바위 [명] 구죽이 쌓여 이루어진 바위.
구중(九重) [명] ①아홉 겹. 여러 겹. ②'구중궁궐(九重宮闕)'의 준말.
구:중(口中) [명] ①입 안. ②조선 시대, 궁중에서 '입'을 이르던 말.
구중-궁궐(九重宮闕) [명] 문이 겹겹이 있는 대궐을 이르는 말. 구중심처(九重深處) [준]구중(九重)
구중-심:처(九重深處) [명] 구중궁궐(九重宮闕)
구:중-약(口中藥) [-냑] [명] 입 안의 병이나 구강 위생에 쓰는 약.
구중중-하다 [형][여] 물기 많은 곳 따위가 더럽고 지저분하다. ¶구중중한 수채.
구중-천(九重天) [명] 구천(九天)
구:증(口證) [명][-하다][타] 말로 증명함.
구증-구포(九蒸九曝) [명][-하다][타] 한방에서, 약재를 아홉 번 찌고 아홉 번 말리는 일.
구:지(舊地) [명] 예전에 차지하고 있던 땅. 구토(舊土)
구:지(舊址) [명] 예전에 건조물 따위가 있던 터. 구기(舊基). 구적(舊跡) ¶원각사 -.
구지가(龜旨歌) [명] 구지봉(龜旨峰) 근처에 살던 아홉 추장(酋長)과 백성들이 수로왕(首露王)을 맞이하기 위해서 불렀다는 고대 가요. '삼국유사(三國遺事)'에 실려 전함. 영신가(迎神歌). 영신군가(迎神君歌)
구지내 [명] 새매의 한 종류.
구지렁-물 [명] 썩어서 더러운 물. ☞고지랑물
구지레-하다 [형][여] 지저분하고 더럽다. ¶차림새가 -.
구지부득(求之不得) [성구] 구하여도 얻지 못함을 이름.
구직(求職) [명][-하다][자] 직업을 구함.
구:진(久陳) [명][-하다][자] ①음식이 오래되어 맛이 가심. ②약재가 오래되어 못 쓰게 됨.
구:진(口陳) [명][-하다][타] 구술(口述)
구진(具陳) [명][-하다][타] 자세히 말함. ¶의견을 -하다.
구:진(舊陳) [명] 오래 묵힌 논밭.
구질(九秩) [명] '질(秩)'이 '10년'을 뜻하는 데서, 나이 '아흔 살'을 이르는 말. 동리(凍梨)
구:질(久疾) [명] 앓은 지 오래되어 고치기 어려운 병.
구질(丘垤) [명] 작은 언덕.
구질(球質) [명] 야구에서, 투수가 던지는 공의 성질. 묵직하다든지, 가볍다든지, 까다롭다든지 하는 따위.
구질-구질 [부][-하다][형] ①지저분하고 너절한 모양을 나타내는 말. ¶ -한 방구석. ②비가 내리거나 하여 구중중한 상태를 나타내는 말. ¶날씨가 -하다. ③구접스레 행동하는 모양을 나타내는 말. ¶하는 짓이 -하다.
구차(柩車) [명] '영구차(靈柩車)'의 준말.
구:차(苟且) [어기] '구차(苟且)하다'의 어기(語基).
구:차-스럽다(苟且-) (-스럽고·-스러워) [형][ㅂ] 구차하게 보이다. ¶변명하는 것이 어쩐지 -.
구차-스레 [부] 구차스럽게
구:차-하다(苟且-) [형][여] ①살림살이가 매우 가난하다. ¶구차하게 살아가다. ②말이나 행동이 떳떳하지 못하다. ¶모르는 일이라고 구차한 변명을 늘어놓다.
구차-히 [부] 구차하게

[한자] **구차할 구**(苟) 〔艸部 5획〕 ¶구생(苟生)/구차(苟且)/구합(苟合)

구:창(口瘡) [명] 한방에서, 입 안에 생기는 부스럼을 이르는 말.
구:창(灸瘡) [명] 한방에서, 뜸을 뜬 자국이 헐어서 생긴 부스럼을 이르는 말.
구채(韭菜) [명] '부추'의 딴이름.
구:채(舊債) [명] 오래된 빚. ¶ -가 아직 남아 있다.
구책(咎責) [명][-하다][타] 잘못을 나무라거나 꾸짖음.

구처(求妻)명 -하다자 아내를 구함.
구처(區處)명 -하다타 변통하여 처리함.
　구처가 없다관용 변통하여 처리할 길이 없다. ¶아무리 발버둥이쳐도 ―.
구처무로(區處無路)성구 구처할 길이 없음을 이르는 말.
구척(矩尺)명 기역자자. 곱자
구척(球尺)명 구면계(球面計)
구척-장신(九尺長身)명 아홉 자나 되는 큰 키, 또는 그런 사람.
구천(九天)명 ①하늘의 가장 높은 곳. 하늘 위. 구중천 ②고대 중국에서, 하늘을 아홉 방위로 나누어 이르던 말. 곧 균천(중앙)·창천(동)·변천(동북)·현천(북)·유천(서북)·호천(서)·주천(서남)·염천(남)·양천(동남)을 이름. ③궁중(宮中) ¶삼가 ―에 아뢰옵니다.
구천(九泉)명 겹겹이 포개진 땅의 밑바닥이라는 뜻으로, 사람이 죽은 후에 간다는 세상. 저승. 황천(黃泉)
구:천(久喘)명 한방에서, 오래된 천식(喘息)을 이르는 말.
구:첩(口捷)명 -하다형 말솜씨가 막힘이 없음.
구첩=반상(九―飯床)명 한식(韓食)의 격식을 갖추어 차리는 상차림의 한 가지. 밥·국·김치·장·찌개를 기본으로 하고, 숙채·생채(두 가지)·구이(두 가지)·조림·전·마른반찬·회의 아홉 가지 반찬을 갖추어 차리는 상차림. ☞삼첩 반상. 오첩 반상. 칠첩 반상
구첩=반상기(九―飯床器)명 구첩 반상을 차리는 데 쓰이는 한 벌의 그릇. 곧 밥그릇·국그릇·김치 보시기·간장 종지·찌개 그릇 외에, 반찬 접시 아홉 개를 더한 한 벌임. ☞삼첩 반상기. 오첩 반상기. 칠첩 반상기
구청(區廳)명 구의 행정 사무를 맡아보는 관청.
구:체(久滯)명 오래된 체증. 구체(舊滯)
구체(具體)명 개체(個體)가 뚜렷한 모양과 성질을 갖추고 있는 일, 또는 그 모양. 구상(具象) ☞추상(抽象)
구체(球體)명 공 모양의 물체.
구:체(舊滯)명 오래된 체증. 구체(久滯)
구체(軀體)명 ①몸 ②체구(體軀)
구체-성(具體性)[―썽]명 구체적인 성질이나 경향. 구상성(具象性) ☞추상성(抽象性)
구체-안(具體案)명 구체적인 방안(方案).
구체=음악(具體音樂)명 뮈지크콩크레트
구체-적(具體的)명 어떤 사물이 실체(實體)를 갖추고 있으며 실제의 모양이나 성질을 가지고 있는 것. 구상적(具象的) ¶―인 설명. ☞추상적(抽象的)
구체-화(具體化)명 -하다자타 ①실제의 형태로 나타나는 일, 또는 나타내는 일. ②계획 따위를 실현하는 일, 또는 실현시키는 일. 구상화(具象化) ¶사업의 ―를 서두르다.
구:초(口招)명 -하다타 죄인이 신문에 응하여 진술함, 또는 그 진술.
구:초(舊草)명 ①오래 묵은 담배. ②오래 전에 써 두었던 초고(草稿).
구촌(九寸)명 삼종 숙질(三從叔姪) 간의 촌수.
구추(九秋)명 ①가을철의 석 달인 90일간을 이르는 말. 삼추(三秋) ☞구동. 구춘 ②'음력 구월(九月)'을 가을이라는 뜻으로 이르는 말.
구축(構築)명 -하다타 ①구조물을 쌓아 올려 만듦. ¶진지를 ―하다. ②어떤 일의 기초를 닦아 세움. ¶사업 기반을 ―하다./신뢰를 ―하다.
구축(驅逐)명 -하다타 몰아서 내쫓음. ¶퇴폐 풍조를 ―하다.
구축-함(驅逐艦)명 어뢰를 주요 무기로 하여 적의 주력함(主力艦)·순양함(巡洋艦)·잠수함 등의 격파를 주요 임무로 하는 소형 고속함.
구축=효:과(驅逐效果)명 경기 부양을 위하여 정부가 나서서 투자를 늘렸을 때, 오히려 민간 부문 투자가 줄어드는 현상.
구춘(九春)명 봄철의 석 달인 90일간을 이르는 말. 삼춘(三春) ☞구동(九冬). 구추(九秋)
구:출(救出)명 -하다타 위험한 상태에 있는 사람 등을 구하여 냄. ¶부상자를 ―하다./납치범의 손에서 ―하다.

구충(驅蟲)명 -하다자 기생충이나 해충을 없앰. ☞제충
구충-제(驅蟲劑)명 기생충이나 해충을 없애는 약품.
구:취(口臭)명 입내[2]. 구과(口過)
구치(臼齒)명 어금니
구:치(灸治)명 -하다타 한방에서, 뜸으로 병을 치료하는 일.
구치(拘置)명 -하다타 형(刑)을 집행하려고 피의자나 범죄자를 교도소 안에 가둠.
구:치(救治)명 -하다타 구하여 이전 상태로 돌이킴.
구치(驅馳)명 -하다타 ①말이나 수레를 몰아 빨리 달림. ②일을 위하여 바삐 뛰어다님. 치구(馳驅)
구치-소(拘置所)명 형사 피의자나 형사 피고인을 수용하는 시설. ☞미결감(未決監)
구침(鉤針)명 끝이 갈고리처럼 생긴 바늘.
구:칭(口稱)명 -하다타 입으로 염불(念佛)을 외는 일.
구:칭(舊稱)명 전에 일컫던 이름.
구타(毆打)명 -하다타 사람을 때림. ¶떼로 ―하다.
구태부 '구태여'의 준말.
구:태(舊態)명 예전 그대로의 상태. ¶이제 ―를 벗다.
구태여부 일부러. 굳이 ¶― 그럴 것까지는 없다. 준구태
구:태의연-하다(舊態依然―)형여 진보나 발전이 없이 예전의 모습 그대로이다. ¶구태의연한 태도.
　구태의연-히부 구태의연하게
구:택(舊宅)명 ①대대로 살아온 집. ②전에 살던 집.
구터분-하다형여 '구리터분하다'의 준말.
　구터분-히부 구터분하게
구텁지근-하다형여 좀 구리텁텁하다. ¶냄새가 ―. ☞고탑지근하다
구텁텁-하다형여 '구리텁텁하다'의 준말.
　구텁텁-히부 구텁텁하게
구토(嘔吐)명 -하다자 먹은 것을 게움. 토역(吐逆) ☞구역
구:토(舊土)명 구지(舊地)
×**구토지설**(龜兎之說)명 →귀토지설(龜兎之說)
구:투(舊套)명 낡은 투. 케케묵은 양식이나 방식.
구:파(舊派)명 예전의 형식이나 전통을 따르는 파. 낡은 유파(流派). ☞신파(新派)
구:판(舊版)명 개정판(改訂版)이나 증보판(增補版)에 대한, 원래의 출판물. ☞신판(新版)
구판-장(購販場)명 조합 같은 데서, 공동으로 물품을 구입해다가 싸게 파는 곳.
구:폐(舊弊)명 예전부터 있어 온 폐단.
구포(臼砲)명 포신(砲身)이 구경(口徑)에 비하여 짧고 사각(射角)이 큰 화포.
구푸리다타 몸을 앞으로 구부리다. ☞고푸리다
구품(九品)명 ①불교에서, 극락 정토의 아홉 등급을 이르는 말. 상품·중품·하품에 각각 상생(上生)·중생·하생이 있음. ②'구품 정토(九品淨土)'의 준말. ③'구품 연대(九品蓮臺)'의 준말. ④구경(九卿)
구품(具稟)명 -하다타 일의 내용과 까닭을 갖추어 웃어른에게 아뢺.
구품=연대(九品蓮臺)명 극락 정토에 왕생(往生)하는 사람을 앉히는 연화대(蓮花臺). 낫고 못한 등급에 따라 아홉 종류로 나뉜다고 함. 준구품(九品)
구품=정토(九品淨土)명 아미타불의 극락 정토. 왕생(往生)하는 사람의 낫고 못함에 따라 아홉 종류의 차이가 있다고 함. 준구품(九品)
구풍(颶風)명 ①몹시 세게 부는 바람. ②풍력 계급 12에 해당하는, 풍속 32.7m 이상의 강풍(強風). 돌개바람
구:풍(舊風)명 예전부터 이어져 내려온 풍습.
구피(狗皮)명 개가죽
구:필(口筆)명 붓을 입에 물고 쓴 글씨. 구서(口書). 구호(口毫)
구하(九夏)명 여름철의 90일간을 이르는 말. ☞구추
구-하다(求―)타여 ①얻거나 찾다. ¶인재를 ―./직업을 ―./해답을 ―. ②남에게 어떻게 해 주기를 청하다. ¶양해를 ―./도움을 ―. ③갖고 싶어하다. 차지하려고 노력하다. ¶명성(名聲)을 ―./부(富)를 ―. ④물건을

사다. ¶부품을 ―./이 물건을 어디서 구했나?

한자 구할 구(求)〔水部 2획〕¶구득(求得)/구법(求法)/구인(求人)/구직(求職)/요구(要求)

구:-하다(灸―)타여《文》①불에 굽다. ②뜸을 뜨다.
구:-하다(救―)타여 위험한 상태나 어려운 처지에서 벗어나다, 또는 벗어나게 하다. ¶전쟁에서 가까스로 목숨을 ―./조난자를 ―./난민(難民)을 ―.

한자 구할 제(濟)〔水部 14획〕¶구제(救濟)/제도(濟度)/제민(濟民)/제세(濟世) ▷속자는 済

구학(丘壑)명 언덕과 골짜기.
구학(求學)명-하다자 배움의 길을 찾는 일.
구학(溝壑)명 구렁
구학에 빠지다관용 구렁에 빠지다. 죽다
구:학(舊學)명 '구학문(舊學問)'의 준말.
구:-학문(舊學問)명 서양의 신학문에 상대하여 재래의 한학(漢學)을 이르던 말. 준구학(舊學)
구:한(舊恨)명 오래된 원한. 구원(舊怨)
구:한감우(久旱甘雨)성구 오래 가물다가 내리는 단비를 이르는 말.
구:-한국(舊韓國)명 조선 말기, '대한 제국(大韓帝國)'을 이르는 말.
구함(具銜)명-하다자 지난날, 수결(手決)과 직함을 갖추어 쓰던 일.
구함(構陷)명-하다타 거짓으로 꾸며서 남을 죄에 빠뜨림. ¶반대파의 ―에 빠지다.
구:합(苟合)명-하다자 한때의 이익만을 위하여 함부로 남의 비위를 맞춤.
구합(鳩合)명-하다타 어떤 목적을 가지고 사람들을 불러 모음. 규합(糾合)
구합(媾合)명-하다자 성교(性交)
구해(求解)명-하다자타 양해를 구함.
구핵(究覈)명-하다타 깊이 살피어 밝힘.
구:향(舊鄕)명 ①여러 대를 한 고장에서 사는 향족(鄕族). ②고향(故鄕)
구허(丘墟)명 예전에는 번창하였으나 뒤에 쓸쓸하게 된 곳.
구허날무(構虛捏無)성구 터무니없는 말을 지어냄을 이르는 말. 준구날(構捏)
구:험(口險)어기 '구험(口險)하다'의 어기(語基).
구:험-하다(口險―)형여 말이 상스럽고 막되다.
구현(求賢)명-하다자 현인을 구하는 일.
구현(具現)명-하다자타 구체적으로 뚜렷이 나타남, 또는 실제로 나타냄. ¶사회 정의를 ―하다./민주주의의 이상을 ―./동포애를 ―하다.
구현-금(九絃琴)명 줄이 아홉 가닥인 거문고.
구혈(九穴)명 구규(九竅)
구:혈(灸穴)명 뜸을 뜨는 경혈(經穴). 구소(灸所)
구:혐(舊嫌)명 오래된 혐의.
구:협(口峽)명 인두(咽頭)의 입구 부분과 구강(口腔)과의 경계를 이루고 있는 공간.
구:협-염(口峽炎)[―념]명 구협에 일어나는 염증. 곧 연구개(軟口蓋)와 편도선(扁桃腺)의 급성 염증. 감기 등이 원인이 되어 일어남.
구형(求刑)명-하다타 형사 재판에서, 검사가 피고인에게 어떤 형벌을 주기를 판사에게 요구하는 일. ¶3년의 징역형을 ―하다.
구형(球形·毬形)명 공같이 둥근 형태. 유구상(球狀)
구형(鉤形)명 갈고리같이 생긴 모양.
구:형(舊型)명 구식 형태, 또는 구식 형태의 것. ¶― 기관차 ☞신형(新型)
구형-강(溝形鋼)명 단면(斷面)이 'ㄷ'자 모양인 강철.
구:호(口毫)명 구필(口筆)
구:호(口號)명 ①어떤 주장을 짤막하게 나타낸 말. 슬로건(slogan) ¶핵 확산 반대의 ―를 외치다. ②지난날, 정재(呈才) 때 부르는 치사(致詞)의 한 토막을 이르던 말.
구:호(救護)명-하다타 ①재해(災害)를 입은 사람을 돕고 보호함. ¶― 활동/난민(難民)을 ―하다. ②부상자나 병자를 치료하고 돌봄.
구:호(舊好)명 전부터 친하게 지내던 사이, 또는 그 사람.
구:호-금(救護金)명 구호 사업에 쓰이는 돈.
구:호-반(救護班)명 구호 사업을 위하여 임시로 마련하는 소규모의 조직.
구:호=사:업(救護事業)명 극빈자나 이재민을 구호하는 사업.
구:호=양곡(救護糧穀)명 극빈자나 이재민 등에게 정부에서 무상으로 나누어 주는 양곡.
구혼(求婚)명-하다자 ①혼처를 찾거나 배우자 될 사람을 구함. ②혼인하기를 청함. 청혼(請婚)
구:화(口話)명 청각 장애자가 상대의 음성 언어를 입의 움직임 등을 보고 이해하여 자기도 음성 언어로써 의사를 전달하는 일. ☞수화(手話)
구화(球花·毬花)명 긴 원추형의 꽃. 소나무·삼목(杉木)·노송나무 따위의 암꽃.
구화(媾和)명-하다자 강화(講和)
구화(構禍)명-하다자 화근을 만듦.
구화(篝火)명 구등(篝燈)의 불.
구:화(舊貨)명 새로 발행한 화폐에 대하여 이전에 발행한 화폐를 이르는 말.
구화-반자(∠菊花―)명 국화 무늬를 새긴 반자.
구:화-법(口話法)[―뻡]명 청각 장애자에 대한 언어 교육 방법의 한 가지. 말하는 사람의 입의 움직임이나 표정 등을 읽는 훈련을 거쳐 음성 언어로써 의사 소통을 하게 하는 방법. ☞독순술(讀脣術)
구화-장지(∠菊花障子)명 국화 무늬를 새긴 장지.
구:활(久闊)명-하다자 오래도록 소식이 없거나 만나지 못함.
구:황(救荒)명-하다타 흉년 때, 빈민을 굶주림에서 벗어나게 하는 일.
구:황-방(救荒方)명 대용식(代用食)을 마련하는 등 빈민을 굶주림에서 벗어나게 하는 방법.
구:황=식물(救荒植物)명 흉년으로 기근이 들 때, 곡식 대신 먹을 수 있는, 독이 없는 식물. 비황 식물(備荒植物)
구:-황실(舊皇室)명 대한 제국(大韓帝國)의 황실.
구:황=작물(救荒作物)명 가물에 강하여 흉년에도 가꾸어서 거둘 수 있는 작물. 뚱딴지·고구마·감자·피 따위.
구:황촬요(救荒撮要)명 조선 세종이 엮은 한문본 '구황벽곡방(救荒辟穀方)' 중에서 중요한 부분을 뽑아 한글로 번역한 책. 명종 9년(1554)에 간행됨. 1권 1책 목판본.
구:회(舊懷)명 ①지난 일을 그리는 마음. ¶―가 그지없다. ②오래 전부터 품고 있던 생각.
구획(區劃)명-하다타 땅이나 공간을 구역을 지어 가름, 또는 그 하나하나의 구역. ¶토지를 ―하다.
구획=어업(區劃漁業)명 면허(免許) 어업의 한 가지. 수면(水面)을 구분하여 그 구역 안에서 하는 어업. 김·굴·물고기 양식 따위.
구획=정:리(區劃整理)명 도시 계획에 따라 토지의 구획을 정리하거나 변경하는 일. 도로 사정의 개선이나 환경의 정비 등을 위하여 함.
구:휼(救恤)명-하다타 빈민이나 이재민(罹災民)등을 금품을 주어 구제함.
구희(球戲)명 ①공을 가지고 하는 놀이. ②당구(撞球)
국명 ①육류·어패류·채소류·해조류 등으로 끓인 국물 요리를 통틀어 이르는 말. 맑은장국·토장국·곰국·냉국 등이 있음. 갱탕(羹湯) ②'국물'의 준말.
속담 **국에 덴 놈 물 보고도 분다**: 국에 데어 혼이 났던 사람은 찬물을 보고도 식히려 한다는 말로, 어떤 일에 한 번 혼이 나면 비슷한 것만 보아도 지레 조심하게 된다는 말. 〔국에 덴 것이 냉수를 불고 먹는다〕
국(局)[1]명 ①관청이나 회사 등에서, 업무를 구분한 부서의 한 가지. ②〔의존 명사로도 쓰임〕 바둑이나 장기 따위의 한 판. ¶제1―에서는 이기고, 제2―에서는 지다.
국(局)[2]명 풍수지리설에서, 혈(穴)과 사(砂)가 합하여 이룬 자리를 이르는 말.
-국(國)《접미사처럼 쓰이어》'나라'의 뜻을 나타냄. ¶강

대국(強大國)/약소국(弱小國)/중립국(中立國)

국가(國家)명 일정한 영토와 거기에 사는 주민들로 이루어지는 정치적 공동체. 일반적으로 주권(主權), 영토·국민의 세 요소로 구성되며 통치 조직을 가짐. 가국(家國). 나라.

국가(國歌)명 한 나라의 이상(理想)과 국민의 정신을 나타낸 노래. 의식이나 국제적 행사 등에서 부름.

국가=경제(國家經濟)명 ①국가의 재정(財政). ②국가와 공공 단체가 운영하는 사업 전체의 경제.

국가=고:시(國家考試)명 국가 공무원을 임용(任用)하기 위하여, 또는 어떤 자격을 인정해 주기 위하여 국가에서 실시하는 시험. 국가 시험(國家試驗)

국가=공무원(國家公務員)명 국가의 공무를 맡아보는 사람. 국가 공무원법에 따라 일반직·특정직·기능직으로 나뉨. ☞지방 공무원(地方公務員)

국가-관(國家觀)명 국가의 목적·의의·가치 등에 대하여 가지는 견해(見解).

국가=관리(國家管理)명 사기업(私企業)의 경영이나 어떤 단체의 운영 등에 대하여 국가 기관이 개입하여 관리하는 일. ▷ 國의 속자는 国

국가=권력(國家權力)명 국가가 가지는 정치 권력.

국가=기관(國家機關)명 국가의 입법·사법·행정 따위의 사무를 맡아보는 기구(機構).

국가=기본권(國家基本權)[-꿘]명 국가가 가지는 국제법상의 기본적 권리. 독립권, 자기 보존권, 자위권, 평등권, 국제 교통권 따위.

국가=배상(國家賠償)명 국가 또는 지방 자치 단체가 불법으로 국민의 권리를 침해하였을 때, 그 손해에 대하여 배상하는 일.

국가=법인설(國家法人說)명 국가는 자연인(自然人)과 마찬가지로 권리와 의무의 법적 주체라고 보는 학설.

국가=보:상(國家補償)명 국가나 지방 자치 단체 등이 국민에게 끼친 손해나 손실을 보상하는 일.

국가=부조(國家扶助)명 공적 부조(公的扶助)

국가=사:업(國家事業)명 국가가 직접 경영하는 사업.

국가=사:회주의(國家社會主義)명 계급 투쟁을 부정하고, 국가 권력의 통제로써 사회 계획을 이룩하려고 하는 정치 사상.

국가=소추주의(國家訴追主義)명 국가 기관의 소추에 따라 형사 소송이 시작되는 원칙. 우리 나라에서는 국가 기관인 검찰관의 공소(公訴)를 원칙으로 함.

국가=시험(國家試驗)명 국가 고시(國家考試)

국가=신:용=등:급(國家信用等級)명 한 나라가 채무(債務)를 갚을 능력과 의사가 어느 정도인가를 등급으로 표시한 것.

국가=연합(國家聯合)명 여러 국가의 각각의 주권은 존중하면서, 조약에 따라 이루어진 국가의 연합체.

국가=영역(國家領域)명 국가가 지배권을 행사할 수 있는 공간적 한계.

국가=의:사(國家意思)명 국가가 통치권의 주체로서 가지는 의사.

국가=자:본(國家資本)명 자본주의 사회에서, 국가가 국영 기업이나 사기업에 투자나 대부 등의 형식으로 투입한 자본과 국영 기업 내부에 축적된 자본.

국가=자:본주의(國家資本主義)명 국가가 강력하게 통제하는 자본주의. 생산의 부분적인 공유(公有)나 재정 금융의 전반적인 관리 등을 수단으로 함.

국가-적(國家的)명 국가 전체에 관련되는 것. ¶- 손실/-인 행사.

국가=조직(國家組織)명 국가 기관의 구성과 그 기능을 지배하는 질서.

국가-주의(國家主義)명 국가를 인간 사회 가운데서 최고의 조직으로 보고, 국가의 이해(利害)를 모든 것에 우선하는 것으로 보는 사상이나 운동. 편협된 민족주의나 국수주의로 흐르기 쉬움.

국가=책임(國家責任)명 국가 기관이 고의 또는 과실로 국제법상의 의무를 위반했을 때 발생하는 국가의 책임.

국가=파:산(國家破產)명 국가가 빚을 갚을 수 없게 된 상태. 주로 국채(國債)의 원금과 이자의 전부 또는 일부를 갚을 수 없게 된 상태를 이름.

국가-학(國家學)명 국가에 관한 법적·제도적인 연구를 하는 학문. 19세기 이후 독일에서 발달하였으며, 영국과 미국의 '정치학'에 해당함.

국-거리 명 ①고기·생선·채소 등 국을 끓이는 데 들어가는 재료. ②쇠고기와 내장 등 곰국을 끓이는 재료.

국-건더기 명 국의 건더기.

국견(局見)명 좁은 소견.

국경(國境)명 나라와 나라 사이의 경계. 국계(國界). 방경(邦境)

국경=분쟁(國境紛爭)명 이웃 나라와 국경선이 잘못되었거나 분명하지 않은 데서 일어나는 분쟁.

국경-선(國境線)명 나라와 나라 사이의 경계선.

국경-일(國慶日)명 법률로 정하여 국가적으로 경축하는 기념일. 광복절·개천절 따위. ☞경절(慶節)

국계(國界)명 국경(國境)

국고(國庫)명 현금의 수불(受拂)을 중심으로 하는 경제 활동의 주체로 보는 국가. 입법·사법·행정의 삼권 주체로서 국가와 구별하여 이르는 말. 중앙 금고(中央金庫) ¶-에서 지급되는 보상금.

국고-금(國庫金)명 정부가 보유하는 자금. 한국 은행에 정부 예금의 형태로 관리되고 있음. 나랏돈

국고=보:조금(國庫補助金)명 국가에서 추진하는 특정한 사업을 육성하기 위하여 국가에서 보조하는 돈.

국고=수지(國庫收支)명 국가 재정의 세입과 세출. 한국 은행에 대한 정부 예금의 형태이며 한국 은행이 그 사무를 봄. ▷ 國의 속자는 国·囯

국고=잉:여금(國庫剩餘金)명 국가의 재정(財政)에서 세입이 세출보다 많아 국고에 남아 있는 돈.

국고=준:비금(國庫準備金)명 국가가 위급할 때 쓰려고 늘 국고에 준비해 두는 돈.

국고=지출(國庫支出)명 정부 예산에서 나가는 지출.

국고=차:입금(國庫借入金)명 국고금의 일시적 부족을 메우기 위하여 국가가 중앙 은행으로부터 빌리는 돈.

국고=채:권(國庫債券)[-꿘]명 국가가 국가 재정의 필요에 따라 진 채무(債務)를 표시하는 국채 증권.

국광(國光)명 ①그 나라의 문화. 그 나라의 풍속이나 제도. ②나라의 영광.

국교(國交)명 나라끼리 사귀는 일. 국가 사이의 외교 관계. ¶-를 수립하다.

국교(國敎)명 나라에서 특별히 지정하여 온 국민에게 믿게 하는 종교.

국교=단:절(國交斷絶)명 나라와 나라 사이의 외교 관계를 끊는 일.

국교-죄(國交罪)[-쬐]명 국가 사이의 화친(和親)을 해치는 죄. 외국의 외교 사절에 대한 폭행이나 위협, 외국 국기에 대한 모독 따위.

국교=회복(國交回復)명 단절된 외교 관계를 원래의 평화로운 관계로 돌이키는 일.

국구(國舅)명 지난날, 국왕의 장인, 곧 왕비의 아버지를 이르던 말.

국군(國君)명 국왕(國王)

국군(國軍)명 나라의 군대, 또는 우리 나라의 군대.

국궁(國弓)명 ①양궁(洋弓)에 상대하여 우리 나라 전래의 활. ②우리 나라 제일의 궁수(弓手).

국궁(鞠躬)명-하다 자 존경의 뜻으로 몸을 굽히고 삼감.

국궁진:췌(鞠躬盡瘁)성구 나라를 위하여 지쳐 쓰러질 때까지 마음과 힘을 다함을 이르는 말.

국권(國權)명 국가의 권력. 국가의 통치권.

국권=회복(國權回復)명 나라의 주권을 도로 찾는 일.

국-그릇 명 국을 담는 그릇.

국극(國劇)명 ①그 나라 특유의 전통적인 연극. ②'창극(唱劇)'을 달리 이르는 말.

국금(國禁)명-하다 타 국법으로 금함.

국기(國忌)명 '국기일(國忌日)'의 준말.

국기(國技)명 그 나라 특유의 전통적인 기예(技藝)나 무예 또는 운동. 우리 나라의 택견·태권도 따위.
국기(國紀)명 나라의 기강. ¶ -가 느슨해지다.
국기(國記)명 나라의 기록. 나라의 역사.
국기(國基)명 나라를 유지하는 바탕. 나라의 기초. 국초(國礎) ¶ -를 뒤흔드는 큰 사건.
국기(國旗)명 나라를 상징하는 기. 태극기 따위.
국기(國器)명 나라를 다스릴만 한 기량, 또는 그만한 기량이 있는 사람.
국기-일(國忌日)명 왕이나 왕비의 제삿날. ㊟국기
국난(國難)명 나라가 어지러워지는 일. 나라의 재난.
국내(局內)명 ①묘지(墓地)의 구역 안. ②관공서나 회사의 부서인 한 국(局)의 안. ¶ -에서 가장 유능한 직원이다. ③어떤 우체국이나 전화국 따위의 관할 구역 안.
국내(國內)명 나라 안. 국중(國中) ☞국외(國外)
국내=균형(國內均衡)명 국내의 경제적인 여러 수치가 균형을 이룬 상태에 있는 일. 지나친 자본 설비가 존재하지 않고 노동력의 완전 고용이 이루어져 있는 것과 같은 상태를 이름. ☞국제 균형(國際均衡)
국내-법(國內法)[-뻡]명 한 나라의 주권이 행사되는 범위 안에서 효력을 가지는, 주로 그 나라의 내부 관계를 규정하는 법. ☞국제법(國際法)
국내=사:항(國內事項)명 그 나라의 의사로 처리·결정하며, 외국으로부터 간섭을 배제할 수 있는 사항. 헌법의 제정이나 국가 원수의 임면(任免) 따위.
국내-산(國內產)명 국산(國產)
국내-선(國內線)명 국내의 각 지역을 연결하여 운항하는 정기 항공 노선. ☞국제선(國際線)
국내=시:장(國內市場)명 국내외 상품의 유통·판매 경로로서 자국(自國) 내의 시장. ☞국제 시장(國際市場)
국내-외(國內外)명 나라의 안과 밖. ¶ -에 알려지다.
국내=정세(國內情勢)명 정치·경제·군사 등 여러 면에서 종합 분석한 나라 안의 사정이나 형세(形勢).
국내=총:생산(國內總生產)명 국내에서 생산된 부가 가치의 총액. 국민 총생산에서 해외로부터의 순소득(純所得)을 뺀 것. 지디피(GDP) ☞국민 총생산
국내=항:로(國內航路)명 국내의 항구와 항구, 또는 공항과 공항을 잇는 선박이나 항공기의 항로. ☞외국 항로
국-대:부인(國大夫人)명 ①고려 시대, 정삼품 외명부(外命婦)의 봉작(封爵). ②조선 시대 초기, 임금의 외조모나 왕비의 어머니에게 내리던 봉작.
국도(國都)명 한 나라의 수도. 서울
국도(國道)명 전국적인 간선 도로망을 구성하는 도로. 고속 국도와 일반 국도가 있음. ☞지방도(地方道)
국-둔전(國屯田)명 조선 시대, 군대가 군량을 충당하기 위해 농사를 짓던 밭. ☞관둔전(官屯田)
국란(國亂)명 나라 안의 변란.
국량(局量)명 남을 포용하는 도량. 마음의 넓이.
국력(國力)명 경제력이나 군사력 등을 종합한 한 나라의 힘. ¶ -이 신장(伸張)되다.
국로(國老)[1]명 나라의 원로(元老).
국로(國老)[2]명 '감초(甘草)'의 딴이름.
국로-연(國老宴)명 고려 시대, 임금이 국로에게 베풀던 잔치.
국록(國祿)명 나라에서 주는 녹봉.
국록지신(國祿之臣)명 나라의 녹봉을 받는 신하.
국론(國論)명 나라 안의 공론(公論). 국민 일반의 의견. ¶ -이 통일되다. /-이 분열되다.
국리(國利)명 나라의 이익. 국익(國益)
국립(國立)명 국가에서 세워 운영하는 것. ☞사립(私立)
국립=공원(國立公園)명 국가가 지정하여 보호·관리·운영하는 경승지(景勝地).
국립=과학관(國立科學館)명 자연 과학의 연구·조사·보급을 위하여 국가가 설립하여 운영하는 기관.
국립=극장(國立劇場)명 국가가 전통 예능의 보존과 연극 문화의 향상을 위하여 설립·운영하는 극장.
국립=대:학(國立大學)명 국가가 설립하여 관리·운영하는 대학.
국립=묘:지(國立墓地)명 호국 영령과 국가 유공자를 안장(安葬)하여 국가가 관리하는 묘지.
국립=박물관(國立博物館)명 국가가 설립하여 관리·운영하는 박물관.
국-말이명 국에다 밥이나 국수를 만 음식. ☞밥말이
국면(局面)명 ①바둑판이나 장기판에서 펼쳐지고 있는 승부의 형세. 반면(盤面) ¶ -을 뒤집은 묘수. ②일이 되어 가는 형편. 현재 직면하고 있는 상황. ¶ 어려운 -을 타개하다. /-이 유리하게 전개되다.
국명(國名)명 나라의 이름. 국호(國號)
국명(國命)명 나라의 명령. ¶ -이 막중하다.
국모(國母)명 임금의 아내를 이르는 말.
국모(麴母)명 누룩밑
국무(國巫)명 '국무당'의 준말.
국무(國務)명 나라의 정무(政務).
국-무:당(國-)명 지난날, 나라의 굿을 맡아 하던 무당. 나랏무당 ㊟국무(國巫)
국무=위원(國務委員)명 국무 회의를 구성하는 정무직 공무원. 행정 각부의 장관과 처장(處長)이 이에 해당함.
국무=총:리(國務總理)명 대통령을 보좌하고 대통령의 명을 받아 행정 각부를 통할하는 정무직 공무원. 국회의 동의를 얻어 대통령이 임명함. ㊟총리
국무=회:의(國務會議)명 정부의 권한에 딸리는 중요한 정책을 심의하는 회의. 대통령을 의장, 국무 총리를 부의장으로 하여 전 국무 위원으로 구성됨.
국문(國文)명 ①국어로 쓴 글이나 글자. ②'국문학(國文學)'의 준말.
국문(鞫問·鞠問)명-하다타 지난날, 중죄인을 국청(鞠廳)에서 엄하게 신문(訊問)하던 일.
국-문법(國文法)[-뻡]명 '국어 문법'의 준말.
국문=연:구소(國文研究所)[-년-]명 1907년(광무 11) 7월에 학부(學部)에 설치한 국문 연구 기관.
국-문자(國文字)[-짜]명 우리 나라의 글자, 곧 한글.
국문정:리(國文正理)명 1897년에 이봉운(李鳳雲)이 지은 국어 연구서. 띄어쓰기, 장단음(長短音), 된소리, 시제(時制) 등을 다룸.
국-문학(國文學)명 우리 나라 문학, 또는 그것을 연구하는 학문. ㊟국문(國文)
국문학-사(國文學史)명 국문학 발달 과정의 역사.
국-물명 ①고기나 채소 등의 건더기가 들어 있거나 우려낸 물. ㊟국 ②직무에 따른 약간의 보람이나 이득을 속되게 이르는 말. ¶ -도 없다.
국미-주(麴米酒)명 보리밥을 사흘 동안 찬물에 담갔다가 말려 쪄서 빚은 술.
국민(國民)명 그 나라의 국적을 가지며 그 국가를 구성하고 있는 사람들. ☞인민(人民)
국민=가요(國民歌謠)명 국민이 즐겨 부를 수 있게 국민의 공통적 감정을 담은 노래.
국민=개병(國民皆兵)명 온 국민이 병역의 의무를 지는 일.
국민=경제(國民經濟)명 한 나라를 단위로 하여 하나의 사회 제도에 따라 영위되는 경제. 자본주의 경제 체제, 사회주의 경제 체제, 혼합 경제 체제로 나뉨.
국민=교:육(國民教育)명 국민으로서 필요한 지식·기능·태도 등을 기르는 것을 목적으로 하는 교육.
국민=국가(國民國家)명 같은 민족이나 같은 국민이라는 공통적인 의식을 기반으로 하여 형성된 통일 국가.
국민=대:표(國民代表)명 특정 선거구나 특정 정당, 특정 계급 등의 대표가 아니고 국민 전체의 대표이어야 한다는 생각에서 의회와 의원(議員)을 이르는 말.
국민=대:회(國民大會)명 국가적인 문제가 있을 때, 국민적 운동을 일으킬 목적으로 많은 유지자(有志者)가 한곳에 모이는 모임.
국민=문학(國民文學)명 한 나라의 국민성이나 문화의 특성을 잘 나타내어 국민에게 애독되고 있는 문학.
국민=발안제(國民發案制)명 유권자로서 의안(議案)에 관하여 직접 발의(發議)할 수 있는 제도.

국민-성(國民性)[-썽]명 그 나라의 국민에게서 볼 수 있는 공통된 감정이나 정신적 특질.

국민=소:득(國民所得)명 한 나라에서 일정 기간에 새로이 생산·분배·지출된 재화(財貨)와 서비스의 총액. 생산·분배·지출의 세 방면에서 파악됨. 생산 국민 소득, 분배 국민 소득, 지출 국민 소득으로 가르기도 하지만 이 셋은 동일한 것임.

국민=연금(國民年金)[-년-]명 노령·장애·사망 등으로 생활 능력이 없는 사람과 그 유족의 생활 보장을 위하여 매년 정기적으로 일정액씩 주는 돈. 국민 연금법에 따라 정부가 지급함.

국민=외:교(國民外交)명 ①국민의 여론을 중시하는 방향으로 추진되는 외교. ②국민 각자가 각각의 분야에서 벌이는 외교.

국민=운:동(國民運動)명 국민적 목적을 이루기 위하여 대다수 국민의 힘으로 추진되는 활동.

국민=의례(國民儀禮)명 어떤 행사에 앞서서 하는, 국기에 대한 경례, 애국가 제창, 순국 선열에 대한 묵념 등의 의례.

국민=의회(國民議會)명 국민의 대표자로 구성된 의회.

국민-장(國民葬)명 국민의 신망이 두터운 사람이 세상을 떠났을 때, 국민의 이름으로 치르는 장례.

국민=정당(國民政黨)명 특정의 계층이 아닌 국민 전체와 함께 할 것을 목표로 내걸고 행동하는 정당.

국민=주권(國民主權)[-꿘]명 국가의 최고의 의사(意思)인 주권은 일반 국민에게 있다는 원칙. 주권 재민(主權在民)의 원칙.

국민=주권설(國民主權說)[-꿘-]명 국가의 주권이 국민 전체에 있다고 주장하는 학설.

국민-주의(國民主義)명 국민의 이익이나 권리를 지키고 발전시키기 위하여 근대 국가의 형성을 지향(志向)하는 운동이나 사상. 19세기 이후에 특히 성하게 일어났음.

국민=주:택(國民住宅)명 국가가 무주택 서민에게 유리한 조건으로 임대하고 분양하기 위하여 짓는 주택. ☞임대 주택(賃貸住宅)

국민=총:생산(國民總生産)명 한 나라의 국민이 일정 기간에 생산한 재화(財貨)와 서비스의 부가 가치를 시장 가격으로 평가한 총액. 총생산액에서 원재료비 등을 뺀 것임. 지엔피(GNP) ☞국내 총생산

국민=투표(國民投票)명 공직 선거 이외의 중요한 사항을 결정하기 위한 국민의 투표. 헌법의 개정 등에 실시함.

국민=포장(國民褒章)명 국민의 복리 증진과 정치·경제·사회·교육·학술 등의 발전에 많은 기여를 한 사람에게 주는 포장. ☞무공 포장(武功褒章)

국민=학교(國民學校)명 '초등 학교'의 구용어.

국민=훈장(國民勳章)명 정치·경제·사회·교육·학술 등의 분야에 공을 세워 국민 복지 향상과 국가 발전에 이바지한 공적이 뚜렷한 사람에게 주는 훈장. 무궁화장·모란장·동백장·목련장·석류장의 다섯 등급이 있음. ☞무공 훈장(武功勳章)

국-밥명 국에 밥을 만 음식.

국방(國防)명 군사력으로 외적(外敵)의 침략으로부터 나라를 지키는 일.

국방=경:비대(國防警備隊)명 1946년 1월에 창설된 우리나라의 군대. 국군의 모체가 됨.

국방-비(國防費)명 국방을 위한 육·해·공군의 유지비.

국방-색(國防色)명 육군 군복의 빛깔. 짙은 황록색.

국방=의원(局方醫員)명 지난날, 나라에서 정한 의학 공부를 마친 의원을 이르던 말.

국번(局番)명 '국번호(局番號)'의 준말.

국-번호(局番號)명 전화 교환국의 국명(局名)을 나타내는 번호. 준국번(局番)

국법(國法)명 한 나라의 법률을 통틀어 이르는 말. 좁은 뜻으로는 공법(公法) 또는 헌법을 가리킴.

국법-학(國法學)명 헌법(憲法)이나 형법(刑法) 등 공법(公法)을 연구하는 학문.

국변(國變)명 나라의 변란.

국보(局報)명 ①우체국 사이에 서로 주고받는 전보. ②방송국이나 전화국 등 '국(局)' 자가 붙는 기관에서 내는 통지나 보도.

국보(國步)명 나라의 운명. 국운(國運). 국조(國祚)

국보(國寶)명 ①나라의 보배. ②국새(國璽) ③건조물(建造物)이나 미술 공예품, 고문서 등 유형(有形)의 문화적 유물 중 역사적·예술적·학술적 가치가 높아 국가가 지정하여 보호하고 있는 것.

국보간난(國步艱難)성구 나라의 운명이 매우 어려움을 이르는 말.

국보-적(國寶的)명 국보가 될만 한 것. ¶-인 존재.

국본(國本)명 나라의 근본.

국부(局部)명 ①전체 가운데 한 부분. 어떤 한정된 부분. 국소(局所) ②음부(陰部)

국부(國父)명 ①나라의 아버지라는 뜻으로, '임금'을 이르는 말. ☞국모(國母) ②건국에 공로가 크거나 하여 국민으로부터 아버지처럼 존경과 사랑을 받는 사람을 일컫는 말.

국부(國富)명 한 나라의 경제력.

국부=마취(局部痲醉)명 수술을 할 때, 몸의 한 부분의 지각을 없애는 마취. 국소 마취(局所痲醉). 살몽혼 ☞전신 마취(全身痲醉)

국비(國費)명 국고(國庫)에서 지출하는 비용. ¶- 유학 ☞관비(官費)

국비-생(國費生)명 정부에서 대는 학비로 공부하는 학생. ☞관비생(官費生)

국빈(國賓)명 나라의 공식적인 접대를 받는 외국인.

국사(國士)명 나라 안에서 매우 뛰어난 인물.

국사(國史)명 ①한 나라의 역사. 국승(國乘) ②우리 나라의 역사.

국사(國使)명 국가의 명으로 외국에 파견되는 사절(使節).

국사(國事)명 나라에서 계획하고 진행하는 일, 또는 나라의 이해(利害)에 관계되는 일. 나랏일 ¶-에 중대한 영향을 끼치다.

속담 **국사에도 사정이 있다** : 나라의 일에도 사정을 봐주는 경우가 있는데, 왜 사정을 봐주지 않느냐고 반문(反問)하는 말. 〔공(公)에도 사(私)가 있다〕

국사(國師)명 ①한 나라의 사표(師表)가 되는 사람. ②신라·고려·조선 초기에 학덕이 높은 중에게 임금이 내리던 최고의 법계(法階).

국사-범(國事犯)명 국가 권력이나 정치 질서를 어지럽히는 범죄, 또는 그 범인. 내란죄(內亂罪) 따위. 정치범

국산(國産)명 ①국내에서 생산하는 일, 또는 그 생산물. 국내산(國內産) ②'국산품'의 준말.

국산-품(國産品)명 국내에서 생산된 물품. ¶-을 애용합시다. 준국산 ☞박래품(舶來品). 외래품(外來品)

국상(國喪)명 지난날, 온 국민이 복상(服喪)하는 임금·왕후·왕세자 등의 초상을 이르던 말. 국휼(國恤)

속담 **국상에 죽산마(竹散馬) 지키듯 한다** : 무엇인지도 모르고 남이 시키는 대로 멀거니 서서 지켜보고 있다는 말. 〔'죽산마'란 지난날 임금이나 왕비의 장례에 쓰던 말 모양의 제구.〕

국새(國璽)명 ①국가의 표상인 관인(官印). ②임금의 도장. 국보(國寶). 보새(寶璽). 어새(御璽). 옥새(玉璽) 준새(璽)

국색(國色)명 ①나라 안에서 제일가는 미인. 국향(國香) ②'모란꽃'을 달리 이르는 말.

국서(國書)명 한 나라의 원수(元首)가 그 나라의 이름으로 보내는 외교 문서. ¶-를 교환하다.

국서(國壻)명 ①임금의 사위. ☞부마도위(駙馬都尉) ②여왕의 남편.

국석(菊石)명 '암모나이트'의 딴이름. 국화석(菊花石)

국선(國仙)명 화랑(花郞)

국선(國選)명-하다타 국가 기관에서 뽑아 임명함. ☞관선(官選). 민선(民選)

국선-도(國仙徒)명 신라 시대, 화랑의 무리를 이르던 말. 화랑도(花郞徒)

국선=변:호인(國選辯護人)명 형사 사건의 피고인이 변호인을 선임할 수 없을 때, 피고인의 이익을 위하여 법원이 직권으로 선임하는 변호인. ☞사선 변호인

국선생전(麴先生傳)명 고려 고종 때 이규보(李奎報)가 지은 가전체(假傳體) 작품. 등장 인물의 이름과 지명(地名)을 술 또는 누룩과 관련된 한자로 썼으며, 당시의 문란한 정치와 사회상을 비판하였음.

국성(國姓)명 지난날, 성과 본이 임금과 같은 성을 이르던 말. 조선 시대의 전주 이씨(全州李氏)가 그 예임.

국세(局勢)명 ①시국(時局)의 정세(情勢). ②바둑이나 장기 따위의 국면(局面).

국세(國稅)명 국가가 징수하는 조세. 소득세·법인세·상속세·증여세·주세·관세·부가 가치세 따위. ☞지방세(地方稅)

국세(國勢)명 나라의 형세(形勢). 나라의 인구·자원·산업 따위의 상태.

국세=조사(國勢調査)명 국정의 자료로 삼기 위하여 정부가 일정한 시기에 실시하는 전국적인 인구 조사(人口調査). 센서스(census)

국세=체납=처:분(國稅滯納處分)명 국세를 기일 안에 완납하지 않았을 때 취하는 행정상의 강제 징수.

국소(局所)명 국부(局部)

국소=마취(局所痲醉)명 국부 마취(局部痲醉)

국속(國俗)명 그 나라 특유의 풍속. 국풍(國風)

국-솥명 국을 끓이는 솥.

국수명 밀가루나 메밀가루 따위를 반죽하여, 얇게 밀어 가늘게 썰거나 국수틀로 가늘게 뽑은 식품, 또는 그것으로 만든 음식. 조리법에 따라 제물국수, 건짐국수, 비빔국수 등 여러 가지가 있음. 면(麵). 면자(麵子)
속담 **국수 먹은 배**: 국수가 밥에 비하여 든든하지 않다고 하여, 실속이 없고 헤프다는 말. /**국수 잘하는 솜씨가 수제비 못하랴**: 어려운 일을 잘하는 사람이 그보다 쉬운 일을 못할 리가 없다는 말.

국수(國手)명 ①이름난 의사. ②바둑이나 장기 따위의 솜씨가 나라에서 으뜸가는 사람.

국수(國讎)명 나라의 원수.

국수-나무명 장미과의 낙엽 활엽 관목. 높이는 1~2m로, 잎은 길둥글고 톱니가 있으며 어긋맞게 남. 5~6월에 열은 노란색의 잔꽃이 햇가지 끝에 원추(圓錐) 꽃차례로 모여 핌. 함경 북도를 제외한 우리 나라 각처의 산과 들에 자람.

국수-맨드라미명 꽃이 국숫발처럼 여러 갈래로 갈라져 있는 맨드라미.

국수-버섯명 싸리버섯과의 버섯. 산과 들의 나무숲에서 자람. 높이 3~12cm로, 자실체(子實體)가 누렇고 가지를 뻗지 아니하며, 마치 썰어 놓은 국수같이 다보록하게 자람. 먹을 수 있음.

국수-원밥숭이명 흰밥과 국수를 떡국에 만 음식.

국수-장:국(-醬-)[-꾹]명 국수의 한 가지. 삶아 건진 국수를 맑은장국에 말아 고명을 얹은 음식. 국수는 메밀국수, 녹말국수, 밀국수 등이 쓰이고, 장국으로는 쇠고기 맑은장국, 닭고기 맑은장국, 다시마나 멸치의 맑은 장국 등이 쓰임.

국수-장:국밥(-醬-)[-꾹-]명 국수를 만 장국밥.

국수-전(國手戰)명 바둑이나 장기의 국수(國手)를 가리는 대국(對局).

국수-주의(國粹主義)명 자기 나라의 역사·전통·문화 등이 다른 나라보다 우수한 것으로 여기어, 다른 나라의 문물을 지나치게 배척하는 태도. ☞징고이즘(jingoism)

국수-틀명 국수를 눌러 뽑는 기계. 제면기(製麵機)

국순전(麴醇傳)명 고려 시대, 임춘(林椿)이 지은 가전체(假傳體) 작품. 술을 의인화(擬人化)하여 당시의 정치 현실을 풍자하고, 술로 말미암은 패가망신(敗家亡身)을 경계하는 내용임.

국숫-물명 ①국수를 내린 물에 메밀가루를 풀어서 끓인 물. ②국수를 삶은 물.

국숫-발명 국수의 오리. 면발 ¶-이 가늘다.

국숫-분통(-粉桶)명 국수틀의 한 부분으로, 반죽을 넣는 통.

국숫-집명 ①국수를 뽑는 집. ②국수를 파는 음식점.

국승(國乘)명 한 나라의 역사. 국사(國史)

국시(國是)명 국민이 인정하는 국가의 이념이나 정책의 기본 방침. ¶경제 건설을 -로 하다.

국악(國樂)명 ①한 나라의 고유한 음악. ②우리 나라에서 전래되는 고전 음악.

국악-기(國樂器)명 국악을 연주하는 데 쓰는 악기. 가야금·거문고·피리·장구 따위.

▶ **국악기의 재료에 따른 분류**
① 금부(金部)— 편종·징·꽹과리·나발 등
② 석부(石部)— 편경·특경 등
③ 사부(絲部)— 거문고·가야금·아쟁·해금 등
④ 죽부(竹部)— 대금·단소·당피리 등
⑤ 포부(匏部)— 생황
⑥ 토부(土部)— 부(缶)·훈(壎)
⑦ 혁부(革部)— 장구·갈고·삭고·진고 등
⑧ 목부(木部)— 새납·박(拍)·축(柷) 등

국어(國語)[1]명 ①한 나라의 공통어(共通語), 또는 공용어(公用語). 나라말 ②우리 나라의 말. 우리말

국어(國語)[2]명 고대 중국의 역사책. 춘추 시대(春秋時代) 여덟 나라의 역사를 국가별로 적은 것. 좌구명(左丘明)이 썼다고 하나 확실하지 않음.

국어=교:육(國語敎育)명 국민에게 모국어에 대한 이해나 표현, 태도 등을 가르치는 교육.

국어=국문학(國語國文學)명 국어학과 국문학을 아울러 이르는 말.

국어=문법(國語文法)[1][-뻡]명 국어의 문법. 준국문법

국어=문법(國語文法)[2][-뻡]명 1909년에 주시경(周時經)이 지은 국어 문법책. 1911년에 '조선어 문법'으로 책 이름이 바뀜.

국어-사(國語史)명 국어의 형성과 발달에 관한 역사, 또는 그것을 연구하는 학문.

국어-학(國語學)명 국어를 연구 대상으로 하는 학문. 언어학의 한 분야로서, 주로 음운·어휘·문법 등의 언어 요소에 관하여 연구함.

국어학-사(國語學史)명 국어학의 발달과 변천 과정의 역사, 또는 그것을 연구하는 학문.

국역(國役)명 나라의 역사(役事).

국역(國譯)명-하다타 한문이나 외국어로 된 글을 우리말로 번역함, 또는 그 글.

국역-본(國譯本)명 국역한 책.

국영(國營)명-하다타 국가가 재정으로 정부가 사업을 경영함. ¶- 사업 ☞관영(官營). 민영(民營)

국영=기업(國營企業)명 나라에서 경영하는 기업. ☞공기업(公企業)

국영=방:송(國營放送)명 국비(國費)로 설립하여 나라에서 경영하는 방송 사업.

국왕(國王)명 나라의 임금. 국군(國君). 국주(國主)

국외(局外)명 ①우체국이나 방송국 등 '국(局)'이 붙는 기관의 관할 밖. ¶-에서 걸려 온 전화. ②어떤 일에 관계가 없는 지위 또는 처지. 당국자(當局者)의 외부에 있음. ¶-에 서다. /-에서 냉정히 관찰하다.

국외(國外)명 한 나라의 영토 밖. 나라 밖. ¶-로 달아나다. ☞국내(國內)

국외-범(國外犯)명 나라의 영토 밖에서 저질렀으나 그 나라의 형법(刑法)이 적용되는 범죄. 내란죄(內亂罪) 따위가 이에 해당함.

국외-인(局外人)명 국외자

국외-자(局外者)명 어떤 일에 관계가 없는 사람. 국외인(局外人) ¶-가 참견할 수 없다.

국외=주권(國外主權)[-꿘]명 국가가 영토 밖에서 행사하는 주권. 외국에 있는 자국민과 그들의 재산, 공해(公海)에 있는 자국의 선박 등에 대하여 행사함.

국외=중립(局外中立)명 ①대립하는 관계의 어느 쪽과도

관계를 맺지 않고 공평한 태도를 취하는 일. ②교전국의 어느 쪽과도 관계를 맺지 않으며, 전쟁에 영향을 끼치는 일을 하지 않는 중립의 상태.

국욕(國辱)명 나라의 치욕. ☞국치(國恥)

국용(國用)명 ①나라의 비용. ②나라의 소용(所用).

국우(國憂)명 나라의 근심. 국환(國患)

국운(國運)명 나라의 운명. 국보(國步). 국조(國祚)

국원(局員)명 국(局)의 직원.

국월(菊月)명 '음력 구월'을 달리 이르는 말.

국위(國威)명 나라의 위력(威力). 나라의 위광(威光). ¶ -를 떨치다.

국유(國有)명 국가의 소유. ☞민유(民有). 사유(私有)

국유-림(國有林)명 국가의 소유로 된 산림. ☞사유림

국유=재산(國有財產)명 국가 소유의 재산.

국유-지(國有地)명 국가 소유의 토지. ☞사유지

국유=철도(國有鐵道)[-또] 명 국가가 소유하여 경영하는 철도. 준국철(國鐵)

국유-화(國有化) 명-하다타 국가의 소유로 함. ¶기간 산업(基幹產業)을 -하다. ☞사유화(私有化)

국육(鞠育) 명-하다타 양육(養育)

국-으로 부 제 생긴 그대로. 자기 주제에 맞게. ¶너는 - 가만히 있기나 해.

국은(國恩)명 나라의 은혜.

국음(國音)명 ①한 나라의 고유한 말소리. ②한자(漢字)의 우리 나라 발음.

국익(國益)명 나라의 이익. 국리(國利) ¶개인의 이익보다 -을 앞세우다.

국인(國人)명 그 나라 사람.

국자 명 국 따위를 그릇에 퍼 담는 데 쓰는 기구. 긴 자루가 달려 있음.

국자(國子)명 ①'국자감(國子監)'의 준말. ②'국자학생(國子學生)'의 준말.

국자(國字)명 ①한 나라의 국어를 적는 글자. 우리 나라의 한글 따위. 나라 글자 ②한자의 글자 모양을 본떠서 우리 나라에서 만든 글자. '걸(乬), 돌(乭)' 따위.

국자-가리비 명 가리빗과의 바닷물조개. 껍데기는 길이 12cm 안팎으로 부채 모양임. 한쪽 껍데기는 볼록하고 흰빛이며, 다른 한쪽은 판판하고 갈색임. 암수한몸이며, 2~3월에 산란함. 조갯살은 먹을 수 있음. 얕은 바다의 모래 바닥에 삶. 잿지

국자-감(國子監)명 고려 시대, 유학(儒學)의 최고 교육 기관. 뒤에 국학·성균감·성균관으로 이름이 바뀌었음. 준국자(國子)

국자감-시(國子監試)명 고려 시대, 국자감에서 진사(進士)를 뽑던 시험. 준감시(監試) ☞진사시(進士試)

국자-학(國子學)명 고려 시대, 국자감에 딸려 있던 학교. 고관(高官)들의 자제를 가르쳤음.

국자학-생(國子學生)명 국자학의 학생. 준국자(國子)

국장(局長)명 한 국(局)의 으뜸 직위.

국장(國章)명 한 나라를 상징하는 휘장(徽章)이나 문장(紋章).

국장(國葬)명-하다타 ①나라에 큰 공을 세운 사람이 죽었을 때, 국비(國費)로 장례를 지냄, 또는 그 장례. ☞국민장 ②인산(因山)

국재(國災)명 나라의 재변(災變).

국재(國財)명 나라의 재산.

국재(國齋)명 지난날, 세상을 떠난 임금을 천도(薦度)하기 위하여 왕실의 비용으로 지내던 재(齋).

국저(國儲)명 황태자(皇太子)

국적(國賊)명 나라를 어지럽히거나 나라에 해를 끼치는 사람. ☞역적(逆賊)

국적(國籍)명 한 나라의 정식 구성원으로서 가지는 법률상의 자격. 비행기나 선박, 법인(法人) 등에 대해서도 적용됨. ¶ -을 바꾸다./- 불명의 비행기.

국적-법(國籍法)명 국적을 얻거나 잃는 일에 관하여 규정한 법률. 우리 나라에서는 혈통주의가 원칙이며, 출생지주의(出生地主義)가 가미됨.

국적=변:경(國籍變更)명 국적을 바꾸는 일. 종래의 국적을 상실하고 다른 국적을 얻음.

국적=상실(國籍喪失)명 국적을 잃는 일. 국민으로서 가지는 권리와 의무를 잃음.

국적=이탈(國籍離脫)명 본인이나 보호자의 뜻에 따라 국적을 떠나는 일. 무국적 또는 이중 국적(二重國籍)이 되지 않는 범위 안에서 자유임.

국적=증명서(國籍證明書)명 본국의 관청에서 발급하는, 국적을 확인하는 증명서.

국적=증서(國籍證書)명 선박의 국적이나 선적항(船籍港), 적량(積量) 따위에 관한 증서.

국적=취:득(國籍取得)명 국적법의 조건을 갖추어, 한 나라의 국민으로서 자격을 얻는 일.

국적=회복(國籍回復)명 잃었던 국적을 다시 얻는 일. ☞재귀화(再歸化)

국전(國典)명 ①국가의 법전(法典). ②국가의 의식(儀式)이나 제도(制度).

국전(國展)명 이전에 '대한 민국 미술 전람회'를 줄여 이르던 말.

국정(國定)명-하다타 나라에서 정함, 또는 정한 것. ¶ - 교과서/- 관세

국정(國政)명 나라의 정치.

국정(國情)명 나라의 형편.

국정=감사(國政監査)명 국회가 매년 정기적으로 국정 전반에 관하여 직접 감사하는 일.

국정=감사권(國政監査權)[-꿘] 명 국회가 국정 전반에 관하여 직접 감사할 수 있도록 헌법에서 인정하는 권한.

국정=세:율(國定稅率)명 국내법에 따라서 정해진 관세율(關稅率). ☞협정 세율(協定稅率)

국정=조사(國政調査)명 국회가 재적 의원 3분의 1 이상의 동의를 얻어, 국정의 특정 사안(事案)에 대하여 직접 조사하는 일.

국정=조사권(國政調査權)[-꿘] 명 국회가 국정의 특정 사안(事案)에 대하여 직접 조사할 수 있도록 헌법에서 인정하는 권한.

국제(國制)명 ①나라의 제도. ②지난날, 국상(國喪)의 복제(服制)를 이르던 말.

국제(國際)앞말 나라와 나라 사이에 관련이 있음을 뜻하는 말. ¶ - 교류(交流)/- 기구(機構)/- 경기

국제=가격(國際價格)명 세계의 주요 시장에서 거래되는 가격. 대체로 거래량이 많고, 그 시세가 세계 시장을 지배할 수 있는 가격. ¶반도체의 -.

국제=견:본시(國際見本市)명 일정 기간 세계 각국의 수출용 상품의 견본을 전시하여 무역 상담을 진행하고 뒷날 실물의 매매를 꾀하는 전람회 형태의 국제적 모임, 또는 그 장소. 상거래가 직접 이루어지므로 '시장'이라고도 할 수 있음.

국제=결제=은행(國際決濟銀行)[-쩨-] 명 국제적인 금융이나 결제를 주요 업무로 하는 기관. 본점은 스위스의 바젤(Basel)에 있으며, 1930년에 설립됨.

국제=결혼(國際結婚)명 국적이 다른 남녀의 결혼.

국제=경:쟁력(國際競爭力)명 국제 시장에서, 한 나라의 산업이나 기업이 경제적으로 경쟁해 나가는 힘. 생산비나 기술, 품질, 마케팅 등에 따라 좌우됨.

국제=경제(國際經濟)명 국가간에 이루어지는 모든 경제 거래를 이르는 말.

국제=경:찰군(國際警察軍)명 세계 평화를 파괴하는 침략 행위를 막거나 진압하기 위하여, 국제 연합 안전 보장 이사회 아래 조직되는 각 나라의 군대. ☞국제 연합군

국제=공법(國際公法)[-뻡] 명 국제법(國際法)

국제=공항(國際空港)명 외국의 항공로를 운항하는 항공기가 이착륙할 수 있는 공항. 세관(稅關), 출입국 관리, 검역(檢疫) 관리 등의 시설을 갖춤.

국제=관계(國際關係)명 나라와 나라 사이의 외교상(外交上)의 관계.

국제=관:례(國際慣例)명 국제적으로 인정되고 있는 관례.

국제=관:습법(國際慣習法)명 국제 관습에 바탕을 둔 법.

여러 나라 사이에 법적 구속력이 있는 것을 이름.
국제=관:행(國際慣行)명 여러 나라 사이에서 관례대로 실행하고 있는 일. 법적 구속력은 없음.
국제=균형(國際均衡)명 한 나라의 국제 수지의 균형. 넓은 뜻으로는 환시세의 안정까지도 포함함. ☞국내 균형
국제=금리(國際金利)명 국제 금융 시장의 금리.
국제=금융(國際金融)[-늉]명 국가간의 자금의 융통.
국제=금융=시:장(國際金融市場)[-늉-]명 국제적인 단기 자금에 대한 수요와 공급이 경합하는 시장. 뉴욕이나 런던, 도쿄가 중심지임.
국제=기능=올림픽=대:회(國際技能Olympic大會)명 직업 훈련과 기능 수준의 향상을 위하여 여러 나라의 젊은 기능인들이 모여 여러 부문의 산업 기능을 겨루는 국제 대회. 1950년 에스파냐에서 처음 열렸음. 정식 명칭은 국제 직업 훈련 경기 대회임.
국제=노동=기구(國際勞動機構)명 노동 조건의 개선과 노동자의 지위 향상을 위한 국제 연합의 전문 기구. 아이엘오(ILO)
국제=단위(國際單位)명 비타민이나 호르몬, 항생제 따위의 효력을 국제적으로 통일하여 나타낼 때 쓰이는 단위. 아이유(IU)
국제=대:차(國際貸借)명 각 나라의 자금의 대차 관계. 어떤 시점에서 채권과 채무의 현재액으로 표시함.
국제=도시(國際都市)명 외국인이 많이 살거나 외국인의 왕래가 잦은 도시.
국제=무:대(國際舞臺)명 국제적으로 활동하는 분야.
국제=무:역(國際貿易)명 나라와 나라 사이에 이루어지는 상품이나 서비스의 거래. 세계 무역(世界貿易)
국제=민간=항:공=기구(國際民間航空機構)명 국제 민간 항공 업무의 안전과 발전을 목적으로 설립된 국제 연합의 전문 기구. 이카오(ICAO)
국제=민법(國際民法)[-뻡]명 국제 사법 중 민사에 관한 사항을 규정한 법률.
국제=방:송(國際放送)명 ①외국에서 수신할 것을 목적으로 하는 방송. 해외 방송(海外放送) ②나라와 나라 사이에 프로그램을 교환하여 하는 방송.
국제=범:죄(國際犯罪)명 국제 관습법상, 국적에 관계없이 적발한 나라에서 처벌할 수 있는 범죄. 침략 전쟁, 해적 행위, 마약 거래 따위.
국제-법(國際法)[-뻡]명 국가간의 합의에 따라, 주로 국가간의 관계를 규정하는 법. 조약이나 국제 관습 등으로 이루어짐. 국제 공법(國際公法) ☞국내법(國內法)
국제=분업(國際分業)명 나라와 나라 사이의 분업. 각 나라가 자국의 생산 조건에 알맞은 생산물을 집중적으로 생산하는 산업상의 분업을 이름.
국제=분쟁(國際紛爭)명 나라와 나라 사이에 이해 관계가 충돌하여 일어나는 분쟁. 특히, 무력의 행사나 무력으로 위협하는 일을 이르는 경우가 많음.
국제=사법(國際私法)[-뻡]명 국제 계약이나 국제 결혼 등과 같이, 외국이나 외국인이 관계되는 사법적인 문제에 대해 각 나라의 사법에 차이가 있을 때, 어느 나라의 법률에 따라 해결할 것인가를 규정한 국제법.
국제=사법=재판소(國際司法裁判所)명 국제 연합의 주요 기구의 하나. 국제 분쟁을 국제법에 따라 재판하는 상설 재판소. 1945년에 네덜란드의 헤이그에 설립됨.
국제=사:회(國際社會)명 국가를 기본적인 구성 단위로 한 국제적 규모의 사회. 국내 사회와는 달리, 여러 나라의 행동을 규제하는 강제적인 공권력이 없음.
국제=상품(國際商品)명 세계 시장에서 거래되고, 국제적으로 단일 가격이 형성되는 상품. 금·은·밀·석유·양털·면화·설탕·커피 따위.
국제-색(國際色)명 여러 나라의 사람이나 풍물이 뒤섞여 빚어지는 정서나 분위기. ¶ - 짙은 도시.
국제-선(國際線)명 나라와 나라를 연결하여 운항하는 정기 항공 노선. ☞국내선(國內線)
국제-성(國際性)[-썽]명 국제적 성격이나 성질.
국제=수로(國際水路)명 조약이나 관습에 따라, 국제적으로 개방되어 있는 하천이나 운하, 해협 등의 수로.
국제=수지(國際收支)명 한 나라가 일정한 기간 외국과 거래한 수입과 지출의 집계. ¶ -가 흑자(黑字)로 돌아서다.
국제=시:장(國際市場)명 국제적인 규모를 가진 재화·서비스·노동·자본 등의 시장. 세계 시장(世界市場)
국제=신문=편집인=협회(國際新聞編輯人協會)명 각국의 신문계(新聞界) 대표자와 편집자를 위한 국제 조직. 미국 편집자 협회의 제창으로 1951년에 설립. 본부는 런던에 있음. 아이피아이(IPI)
국제=심사(國際審査)명 국제 분쟁의 평화적 해결을 위해 국제 심사 위원회가 사실을 객관적으로 심사하는 일.
국제-어(國際語)명 ①세계적으로 널리 쓰이는 말. 영어나 프랑스어 따위. ②세계어(世界語)
국제=연맹(國際聯盟)명 제1차 세계 대전 후, 국제 평화의 유지와 협력의 촉진을 목적으로 1920년에 설립되었던 국제 기구. 국제 연합의 설립으로 1946년에 해체되었음.
국제=연합(國際聯合)명 제2차 세계 대전 후, 국제 연맹의 뒤를 이어 설립된 국제 평화 기구. 국제 평화와 안전의 유지, 국제 협력의 추진을 목적으로 1945년에 설립되었음. 유엔(UN)
국제=연합=교:육=과학=문화=기구(國際聯合敎育科學文化機構)명 유네스코(UNESCO)
국제=연합군(國際聯合軍)명 국제 평화와 안전의 유지를 위하여, 가맹국들의 군대로써 조직된 연합 군대. 유엔군 ☞국제 경찰군
국제=연합=사:무국(國際聯合事務局)명 국제 연합의 사무를 집행하고 처리하는 기구.
국제=연합=식량=농업=기구(國際聯合食糧農業機構)명 세계의 식량 생산과 분배, 각국 국민의 영양과 생활 향상을 목적으로 활동하는 국제 연합의 전문 기구. 본부는 로마에 있음. 에프에이오(FAO)
국제=연합=아동=기금(國際聯合兒童基金)명 유니세프(UNICEF)
국제=연합=안전=보:장=이:사회(國際聯合安全保障理事會)명 국제 연합의 중심 기구. 국제 분쟁을 해결하기 위하여 협의, 조정하고, 최악의 경우에는 국제 연합군 파견 등의 조처를 결정하는 권한을 가짐. 준안보리(安保理). 안보 이사회. 안전 보장 이사회
국제=연합=총:회(國際聯合總會)명 모든 국제 연합 가맹국으로 구성되는 국제 연합의 최고 기관. 1년에 한 번 9월에 정기 총회가 열림. 유엔 총회
국제=연합=헌:장(國際聯合憲章)명 국제 연합의 조직과 활동의 기본 원칙을 규정한 법규.
국제=영화제(國際映畫祭)명 세계 각국에서 출품한 영화를 상영(上映)하는 행사. 작품 콩쿠르, 영화 견본 시장(見本市場), 영화인의 친선 교류 등이 이루어짐.
국제=올림픽=위원회(國際Olympic委員會)명 올림픽 경기를 주최하는 단체. 1894년에 창립. 본부는 스위스의 로잔에 있음. 아이오시(IOC)
국제=우편(國際郵便)명 우편에 관한 조약에 따라, 각 나라 사이에 주고받는 우편.
국제=운:하(國際運河)명 국제 조약에 따라 모든 나라 선박의 자유 항행(自由航行)이 인정된 운하. 수에즈 운하와 파나마 운하가 있음.
국제=유동성(國際流動性)[-썽]명 한 나라의 대외 지급 필요액에 대한 대외 지급 준비 총액의 비율. 현재는 대외 지급 그 자체를 가리키는 경우가 많음.
국제=음성=기호(國際音聲記號)명 사람의 모든 음성을 기록할 수 있도록 국제 음성학 협회가 정한 음성 기호. 1888년 이래 여러 차례 개정되어 오늘날 널리 쓰이고 있음. 만국 음성 기호. 만국 음표 문자
국제=이:해(國際理解)명 국제 인권 선언의 정신에 따라, 각 국민 사이의 인종·종교·성별의 차이를 초월하여 발현되는, 인간으로서의 이해.
국제-인(國際人)명 세계적으로 유명한 사람. 국제적으로 활약하고 있는 사람.

국제=인권=규약(國際人權規約)명 기본적인 인권에 관한 국제적 기준을 정한 조약. 1966년 국제 연합 총회에서 채택함. ☞세계 인권 선언(世界人權宣言)

국제=입찰(國際入札)명 응찰(應札)하는 사람의 국적에 제한을 두지 않는 입찰. 국내 기업만으로는 낙찰될 가능성이 희박하거나 특혜 시비가 예상될 경우에 실시함.

국제=재판(國際裁判)명 국제 분쟁의 당사국에 대하여 국제 사법 재판소가 제삼자의 입장에서 하는 재판.

국제=재판소(國際裁判所)명 국제 분쟁을 해결하기 위하여 국가간에 설치한 재판소. 국제 사법 재판소, 국제 중재 재판소 외에 당사국 사이에 개별적으로 설치하는 개별 중재 재판소, 혼합 중재 재판소 등이 있음.

국제-적(國際的)명 세계 여러 나라에 관계되는 것. 많은 나라에 알려져 있는 것. ¶－으로 잘 알려진 인물.

국제=적십자(國際赤十字)명 1864년에 설립된 적십자의 국제 조직. 적십자사 연맹, 적십자 국제 위원회와 각국 적십자사 대표로 조직되어 있음. 아이아르시(IRC)

국제=전:보(國際電報)명 각 나라 사이에 발신(發信)·수신(受信)되는 전보.

국제=전:화(國際電話)명 각 나라 사이에 유·무선으로 주고받는 전화. 통화자 지정, 수신자 요금 부담 등이 있음.

국제=정세(國際情勢)명 정치·경제·군사 등 모든 방면에 걸친 세계 여러 나라의 정세.

국제=조약(國際條約)명 국가간, 또는 국가와 국제 기구 사이에 맺는 문서에 따른 합의(合意)를 통틀어 이르는 말.

국제=조정(國際調停)명 국제 심사 위원회, 국제 조정 위원회 등 제삼자가 분쟁 당사국 사이에 개입하여 의견을 조정하고 분쟁을 해결하는 절차.

국제=조직(國際組織)명 여러 나라가 공통된 사항을 처리하기 위하여 조약에 기초하여 설립한 국제적인 조직체.

국제-주의(國際主義)명 국가의 틀을 넘어 공동의 행동으로 서로의 이익을 실현하려는 생각. 노동자의 국제적 연대나 유럽 공동체 등의 지역적 통합 운동이 대표적인 예임. 인터내셔널리즘(internationalism)

국제=중재=재판소(國際仲裁裁判所)명 국제 분쟁을 원만히 해결하기 위하여 설치한 국제 재판소. 1901년에 설립한 상설 중재 재판소 외에, 임시로 설치하는 개별 중재 재판소가 있음.

국제=지구=관측년(國際地球觀測年)명 국제 지구 물리 관측년

국제=지구=물리=관측년(國際地球物理觀測年)명 1957년 7월부터 1958년 12월에 걸쳐, 지구와 그 주변 공간의 연구를 목적으로 세계 각국이 협력하여 공동 연구와 관측 사업을 실시한 기간. 기상(氣象)·지구 자기(地球磁氣)·오로라·우주선(宇宙線)·빙하·지진·태양 활동 등 대상이 광범위하였음. 아이지와이(IGY)

국제=철도(國際鐵道)[－또]명 국경을 넘어 두 나라, 또는 여러 나라를 통하는 철도.

국제=축구=연맹(國際蹴球聯盟)명 세계 축구의 중심이 되는 국제 단체. 1904년 설립되었으며 2002년 현재 204개국이 가입되어 있음. 4년마다 열리는 세계 선수권 대회를 주관함. 피파(FIFA)

국제=카르텔(國際Kartell)명 동일 산업에 대한 경제적 독점을 목적으로, 여러 나라의 기업이나 카르텔이 결성하는 국제적 기업 연합. 국제 석유 카르텔이 대표적임.

국제=통신(國際通信)명 나라와 나라 사이에 이루어지는 유선 통신과 무선 통신. 해저 케이블, 단파(短波)나 우주 통신 등을 이용함.

국제=통화(國際通貨)명 국제간의 결제(決濟)나 금융 거래에 널리 쓰이는 통화. 미국의 달러, 유럽 연합의 유로 따위. 기축 통화(基軸通貨)

국제=통화=기금(國際通貨基金)명 국제 연합 전문 기구의 하나. 제2차 세계 대전 후의 국제 통화와 금융 제도의 안정을 위하여 1945년에 설립된 국제 금융 기관. 사무국은 뉴욕에 있음. 아이엠에프(IMF)

국제=펜클럽(國際PENClub)명 문학을 통하여 세계 여러 나라 국민의 상호 이해를 깊게 하고, 표현의 자유를 옹호하고자 만든 국제적인 문학가 단체. 1921년 창립되었으며, 본부는 런던에 있음. 펜클럽(PENClub)

국제=하천(國際河川)명 유역(流域)이 두 나라 이상에 걸치는 교통상 중요한 하천. 조약에 따라 선박의 자유 항행이 인정되어 있음. 유럽의 라인 강, 다뉴브 강 따위.

국제-항(國際港)명 외국 선박들이 많이 드나드는 큰 항구.

국제=해:협(國際海峽)명 공해(公海)와 공해, 또는 공해와 영해(領海)를 연결하여 국제 항해에 이용되는 해협. 군함을 포함한 모든 선박의 무해 통항권(無害通航權)이 인정되어 있음.

국제=형법(國際刑法)[－뻡]명 여러 나라에 공통되는 형벌 법규를 제정할 목적으로 체결된 국제 조약, 또는 국제 위원회에서 제정한 형벌 법규.

국제=형사=경:찰=기구(國際刑事警察機構)명 각 나라의 경찰끼리 범죄 정보의 교환이나 수사의 협력을 하기 위해 만든 국제 조직. 흔히 '인터폴(Interpol)'이라고 함. 아이시피오(ICPO)

국제-호(國際湖)명 두 나라 이상에 둘러싸인 호수.

국제-화(國際化)명-하다자타 국제적인 것으로 됨, 또는 그렇게 되게 함. ¶조직을 －하다.

국제-환(國際換)명 외국환(外國換)

국제=회:의(國際會議)명 국제적인 이해 관계가 걸린 문제를 논의하고 해결하기 위하여, 많은 나라의 대표자가 모여서 여는 공식 회의.

국조(國祖)명 한 나라의 시조(始祖).

국조(國祚)명 나라의 운명. 국보(國步). 국운(國運)

국조(國鳥)명 그 나라를 대표하는 것으로 정한 새. 우리나라의 까치, 일본의 꿩, 미국의 흰머리독수리 따위.

국조(國朝)명 자기 나라의 왕조(王朝), 또는 조정(朝廷).

국조사장(國朝詞章)명 악장가사(樂章歌詞)

국조악장(國朝樂章)명 조선 영조 41년(1765)에, 홍계희(洪啓禧)·서명응(徐命膺) 등이 왕명에 따라 종묘악장(宗廟樂章)·문소전악장(文昭殿樂章)·열조악장(列朝樂章)과 그 밖의 것을 모아 한 권으로 엮은 책.

국족(國族)명 임금의 혈족. ☞국성(國姓)

국주(國主)명 나라의 임금. 국군(國君). 국왕(國王)

국주-한:종체(國主漢從體)명 국문이 주가 되고 한문이 보조적으로 쓰인 문체. ☞한주국종체(漢主國從體)

국준(菊樽)명 화투짝의 한 가지. 국화와 술 단지를 그린, 국화의 열 끗짜리 딱지. ☞송학(松鶴)

국중(國中)명 나라 안. 국내(國內)

국지(－紙)명 도련을 치고 남은 자투리 종이. 제지(蹄紙)

국지(局地)앞말 일정하게 한정된 지역을 뜻하는 말. ¶－전쟁/－풍(局地風)

국지-적(局地的)명 지리적 범위가 한정된 것. ¶－인 현상./－인 전염병.

국지-전(局地戰)명 '국지 전쟁'의 준말.

국지=전쟁(局地戰爭)명 지리적 범위가 한정되어 전면 전쟁으로 번지지 않는 전쟁. 준국지전(局地戰)

국지-풍(局地風)명 지형, 수륙 분포, 기압 배치 등으로 말미암아 한정된 지역에서 부는 바람. 육풍(陸風)·해풍(海風)·푄 따위. 지방풍(地方風)

국채(國債)명 ①국가의 부채(負債). ②국가가 경비를 마련하기 위하여 발행하는 채권. 내국채와 외국채가 있음.

국채=증권(國債證券)[－꿘]명 국채에 대한 권리를 표시하기 위하여 발행하는 증권. 무기명을 원칙으로 함.

국책(國策)명 나라의 정책.

국책=회:사(國策會社)명 국가의 산업 정책을 조직적으로 수행하기 위하여, 정부의 원조와 지도 아래 설립한 반관반민(半官半民)의 특수 회사.

국척(國戚)명 임금의 인척(姻戚).

국천척지(跼天蹐地)성구 머리가 하늘에 닿는 것이 두려워 어깨를 움츠리고, 땅이 꺼질 것이 무서워 살금살금 걷는다는 뜻으로, 세상이 두려워 몸둘 곳을 몰라 하며 조마조마하게 살아가는 모습을 이르는 말.

국철(國鐵)명 '국유 철도(國有鐵道)'의 준말.

국청(鞫廳)명 조선 시대, 대역죄(大逆罪) 등 중죄인(重罪

人)을 심문하기 위하여 임시로 두었던 관아.

국체(國體)명 주권 또는 통치권이 어디에 있느냐에 따라 구별되는 국가의 체제(體制). 공화제(共和制), 군주제(君主制) 따위. ☞정체(政體)

국초(國初)명 나라가 세워졌을 무렵. 건국(建國)의 초기.

국초(國礎)명 국기(國基)

국치(國恥)명 나라의 부끄러움. 나라의 수치. ☞국욕(國辱)

국치-민욕(國恥民辱)명 나라의 수치와 국민의 치욕.

국치-일(國恥日)명 일본에게 나라를 빼앗긴 치욕적인 날. 곧 한일 병합(韓日併合)이 조인된 1910년 8월 29일을 이름.

국태민안(國泰民安)성구 나라가 태평하고 백성들의 생활이 편안함을 이르는 말.

국토(國土)명 한 나라의 통치권이 미치는 영역. 방토(邦土)

국토=방위(國土防衛)명 적의 침공으로부터 국토를 지키는 일. ¶ -의 의무.

국판(菊版)명 ①인쇄 용지 치수의 한 가지. 93.9cm×63.6cm. A판보다 조금 작음. ②책 크기의 한 가지. 세로 22cm, 가로 15cm. A5판보다 조금 큼.

국폐(國弊)명 나라의 폐해(弊害).

국풍(國風)명 ①그 나라 특유의 풍속. 국속(國俗) ②중국에서 가장 오래된 시집인 '시경(詩經)' 가운데 민요 부분을 통틀어 이르는 말.

국학(國學)[1]명 그 나라 고유의 생활·민속·역사·문화 등을 연구하는 학문.

국학(國學)[2]명 ①신라 신문왕 2년(682)에 설치된 교육 기관. ②고려 충렬왕 1년(1275)에 국자감을 고친 이름.

국학-자(國學者)명 국학을 연구하는 학자.

국한(局限)명-하다타 범위를 일정 부분에 한정함. ¶자격을 30세 미만에 -한다.

국-한:문(國漢文)명 ①한글과 한자. ②한글과 한자가 섞인 글.

국한문-체(國漢文體)명 한글과 한자를 섞어 쓰는 문체.

국한문=혼:용(國漢文混用)명 글에서, 한글과 한자를 섞어서 쓰는 일.

국향(國香)명 ①'난초(蘭草)'를 달리 이르는 말. ②나라 안에서 제일가는 미인. 국색(國色)

국헌(國憲)명 나라의 근본이 되는 법률. 곧 헌법을 이르는 말. ¶ -을 존중하다.

국호(國號)명 나라의 이름. 국명(國名)

국혼(國婚)명 왕실(王室)의 혼인. 왕·왕자·공주·옹주·왕손 등의 혼인.

국화(國花)명 나라를 대표하는 꽃. 우리 나라의 무궁화, 일본의 벚꽃, 중국의 모란, 영국의 장미, 프랑스의 백합 등. 나라꽃

국화(菊花)명 ①국화과의 여러해살이풀. 주로 예로부터 재배되어 오는 것을 이르나, 야생(野生)의 것도 여러 종류가 있음. 보통 가을에 꽃을 피우며 널리 재배됨. 품종이 많아서 꽃의 빛깔이나 모양도 가지각색임. 꽃의 크기에 따라 대국·중국·소국으로 구분함. 관상용 이외에 약이나 양조용 향료로도 쓰임. 은군자(隱君子) ②화투 딱지의 한 가지. 9월을 상징하여 국화를 그린 딱지. 열, 청단 띠, 껍데기 두 장으로 이루어짐. ☞국준(菊樽). 단풍(丹楓)

한자 국화 국(菊) 〔艸部 8획〕 ¶국화(菊花)/국화잠(菊花簪)/국화주(菊花酒)/황국(黃菊)

국화-석(菊花石)명 '암모나이트'의 딴이름. 국석(菊石)

국화-송:곳(菊花-)명 나사못이 들어갈 자리에 미리 구멍을 내는 데 쓰는 송곳. 송곳 날 끝이 국화 무늬처럼 보임.

국화-잠(菊花簪)명 머리 부분에 국화 모양을 새긴 비녀.

국화-전(菊花煎)명 감국(甘菊) 꽃에 찹쌀가루를 씌워서 기름에 지진 전. 중양절(重陽節)인 음력 9월 9일에 해먹는 절기(節氣) 음식임.

국화-주(菊花酒)명 ①감국(甘菊) 꽃을 술독에 넣어 빚은 술. ②소주에 감국을 담가 우린 술.

국화-차(菊花茶)명 그늘에 말린 감국(甘菊) 꽃잎을 꿀에 재어 두었다가 끓인 물에 우린 차.

국화-판(菊花瓣)명 과판뒤꽂이

국환(國患)명 나라의 근심. 국우(國憂)

국회(國會)명 ①국민이 선출한 의원으로 구성되는 합의체인 입법 기관. 법률 제정, 예산 편성, 국정 조사, 국가의 중요한 사항을 의결함. 단원제와 양원제가 있는데, 우리 나라는 단원제임. ②국회 의원들이 국회 의사당에 모여서 하는 회의. ¶ -가 열렸다.

국회-법(國會法)[-뻡]명 국회의 조직이나 운영에 대하여 규정한 기본법.

국회=운:영=위원회(國會運營委員會)명 국회 상임 위원회의 하나. 국회의 운영에 관한 사항, 국회법과 국회 규칙에 관한 사항 등을 맡아봄.

국회=의사당(國會議事堂)명 국회가 열리는 건물.

국회=의원(國會議員)명 국민이 투표로 선출한, 국회를 구성하는 의원.

국회=의장(國會議長)명 국회를 대표하는 의원으로서, 국회의 질서를 유지하고 의사(議事)를 정리하며 사무를 감독하는 사람.

국휼(國恤)명 국상(國喪)

국희(局戲)명 바둑·장기·쌍륙(雙六) 따위의, 판을 차리고 마주앉아서 하는 놀이를 이르는 말.

군(君)[1]명 ①고려 시대 말에 종친(宗親)과 공신(功臣)에게 내리던 존호(尊號). ②조선 시대, 왕의 서자(庶子)를 비롯한 가까운 종친이나 공신에게 내리던 존호.

군(軍)명 ①'군대(軍隊)'의 준말. ¶ -을 동원하다. ②'군부(軍部)'의 준말. ③군대 편성 단위의 하나. 최고 단위로 군단(軍團)의 상위 부대임.

군:(郡)명 ①지방 행정 구역의 하나. 도(道)의 아래, 읍(邑)·면(面)의 위. ②'군청(郡廳)'의 준말.

군(君)[2]의 주로 남자인 친구나 손아랫사람의 성(姓)이나 이름 다음에 써서 친근하게 부를 때 쓰는 말. ¶이 -./철수 -./이철수 -.

군(君)[3]대 자네. 그대 ¶ -의 편지는 잘 받았네.

군:-접두 ①'쓸데없는'의 뜻을 나타냄. ¶군것/군가다/군버릇/군소리 ②'덧붙은'의 뜻을 나타냄. ¶군글자/군더더기/군사람/군식구

×**-군**접미 → -꾼

-군(君)《접미사처럼 쓰이어》①임금의 서자(庶子)임을 나타냄. ¶임해군(臨海君) ☞대군(大君) ②쫓겨난 임금임을 나타냄. ¶연산군(燕山君)/광해군(光海君)

-군(群)《접미사처럼 쓰이어》'무리', '떼'의 뜻을 나타냄. ¶성운군(星雲群)/아파트군/약소 국가군(弱小國家群)

-군어미 ①'-구나'의 준말. ¶날씨가 차군. ②'-구먼'의 준말. ¶말이 많군. ③'-로구먼'의 준말. ¶참, 좋은 말씀이군.

군가(軍歌)명 군대의 사기(士氣)를 북돋우기 위하여 부르는 씩씩한 내용의 노래.

군-가락명 ①노래나 소리의, 본디의 가락과는 관계없이 객쩍게 곁들여 내는 군더더기 가락. ②이야기의 주된 줄거리와는 관계없이 객설스럽게 하는 말.

군거(群居)명-하다자 ①떼를 지어 삶. ②군서(群棲)

군:-것명 쓸데없는 것.

군:것-지다[-걷-]형 없어도 좋을 것이 있어서 거추장스럽다.

군:것-질[-걷-]명-하다자 군음식을 먹는 일. 유주전부리

군견(軍犬)명 '군용견(軍用犬)'의 준말.

군결환(軍結還)명 지난날, 나라를 다스리는 데 중요한 군정(軍政)·전결(田結)·환곡(還穀)의 세 가지를 이르던 말. 삼정(三政)

군경(軍警)명 군대와 경찰을 아울러 이르는 말.

군:경(窘境)명 생활이 몹시 군색한 처지.

군:계(郡界)명 군(郡)과 군 사이의 경계.

군계일학(群鷄一鶴)성구 닭의 무리에 섞인 한 마리의 학이라는 뜻으로, 많은 사람 가운데서 유난히 뛰어난 사람을 가리켜 이르는 말.

군:-계:집 명 아내 이외에 몰래 관계 맺고 있는 여자.
군공(軍功) 명 전쟁에서 세운 공적(功績). 전공(戰功)
군관(軍官) 명 품계(品階)가 없는 하급 무관(武官).
군-관:구(軍管區) 명 군의 관할 구역.
군국(君國) 명 ①임금과 나라. ②군주가 다스리는 나라.
군국(軍國) 명 ①군대와 나라. ②전쟁을 하고 있는 나라. ③군사(軍事)를 중히 여기는 나라.
군국=기무처(軍國機務處) 명 1894년(조선 고종 31), 갑오개혁(甲午改革)을 추진하기 위하여 설치된 관청. 국정의 최고 기관의 성격을 가졌으며, 정치와 군사 등 모든 사무를 관장하였음. 준 기무처(機務處)
군국-주의(軍國主義) 명 ①정치·경제·문화·교육 등 국민 생활의 모든 것을 전쟁을 위하여 준비하고, 군사력에 따른 대외 발전으로 국위(國威)를 떨치려는 주의. ②군사력으로 모든 문제를 해결하려는 주의. ③군대를 배경으로 삼은 군인이 지배하는 정치. ☞전제주의
군권(君權) [-꿘] 명 군주로서 지닌 권력.
군규(軍規) 명 군대의 규율. 군율(軍律) ☞군기(軍紀)
군규(軍窺) 명 군사 기밀을 정탐하는 일, 또는 그 사람.
군:-글자 [-짜] 명 필요 이상으로 더 있는 글자. 준 군자
군:급(窘急) 어기 '군급(窘急)하다'의 어기(語基).
군:급-하다(窘急-) 형여 일이 펴이지 않고 꽉 막혀서 사정이 매우 급하다. ¶군급하던 형편이 차차 펴이다.
　군급-히 부 군급하게
군기(軍紀) 명 군대의 기율이나 풍기(風紀). ¶-를 세우다. ☞군규(軍規). 군율(軍律)
군기(軍氣) 명 군대의 사기(士氣).
군기(軍記) 명 전쟁 이야기를 중심으로 적은 책.
군기(軍旗) 명 군단기·사단기·연대기 등, 군의 각 단위 부대를 대표하는 기(旗).
군기(軍機) 명 군사상의 기밀. 전기(戰機)
군기(軍器) 명 군사에 쓰이는 온갖 기구를 통틀어 이르는 말. 유 병기(兵器)
군기(群起) 명 -하다 자 뭇 사람이 한꺼번에 일을 일으킴.
군기-감(軍器監) 명 고려·조선 시대, 병기(兵器)의 제조를 맡던 관아. 후에 모두 '군기시(軍器寺)'로 개칭되었음.
군기-고(軍器庫) 명 병기고(兵器庫)
군기-시(軍器寺) 명 고려·조선 시대, '군기감(軍器監)'의 고친 이름.
군:-기침 명 -하다 자 버릇이 되어 괜히 하는 기침.
군납(軍納) 명 -하다 타 군대에 필요한 물품을 납품함.
군납-품(軍納品) 명 군에 납품하는 물품.
군:-내 명 제 맛이 아닌 다른 냄새. 묵은 냄새. ¶- 나는 깍두기.
군:내(郡內) 명 군(郡)의 구역 안.
군노(軍奴) 명 지난날, 군아(軍衙)에 딸렸던 종.
군:-눈 명 한눈 파는 눈.
　군눈(을) 뜨다 관용 외도(外道)를 알게 되다.
　군눈(을) 팔다 관용 쓸데없는 일에 눈을 돌리다. 한눈을 팔다.
군단(軍團) 명 군대 편성 단위의 하나. 군(軍)의 하위 부대로, 둘 이상의 사단으로 이루어짐.
군-단지럽다(-단지럽고·-단지러워) 형ㅂ 마음이나 행동이 다랍고 너더분하다. 준 군지럽다 ☞군던지럽다
×**군-달** 명 →윤달
군달(莙薘) 명 '근대'의 딴이름.
군달-채(莙薘菜) 명 근대나물
군담(軍談) 명 전쟁 이야기.
군담=소:설(軍談小說) 명 고대 소설의 한 종류. 전쟁 이야기를 소재로 한 것임.
군당(群黨) 명 ①많은 당. 여러 당파. ②도당(徒黨)을 짓는 일, 또는 그 집단.
군대(軍隊) 명 조직적인 전쟁 수행 능력을 가진 무장 집단. 일반적으로 육군·해군·공군의 삼군(三軍)으로 이루어짐. 군문(軍門) 준 군(軍)
군대-식(軍隊式) 명 군대에서와 같은 엄격한 방식.
군:-더더기 명 쓸데없이 덧붙은 것. ¶-가 없는 글.
군덕(君德) 명 임금이 지녀야 할 덕. 임금다운 훌륭한 행실.
군-던지럽다(-던지럽고·-던지러워) 형ㅂ 마음이나 행동이 더럽고 너더분하다. 준 군지럽다 ☞군단지럽다
군데 의 낱낱의 곳. ¶여러 -./몇 -./한 -도 없다.
군데-군데 명 여러 군데. ¶-가 상했다.
　부 군데마다 ¶제비꽃이 - 피어 있다.
군도(軍刀) 명 전투용으로 쓰는 긴 칼.
군:도(郡道) 명 도로의 한 가지. 군내(郡內)의 도로망을 이루는 도로로서, 관할 군수가 그 노선을 정하고 관리함. ☞시도(市道)
군도(群島) 명 ①무리지어 있는 섬들. ②제도(諸島)
군도(群盜) 명 떼도둑
군:-돈 명 안 써도 될 데에 공연히 쓰는 돈.
군두 명 가래의 날을 맞추어 끼우는 넓적한 판.
군-두드러기 명 장롱문을 꾸미기 위하여, 사각형이나 팔각형으로 두른, 가운데를 볼록하게 다듬은 얇은 나무.
군두목[1] 명 한자의 음과 새김을 이용하여 도구나 동식물의 이름을 한자로 적는 법. '괭이'를 '廣耳'로, '지갑'을 '地甲'으로 적는 따위. ☞이두(吏讀)
군두목[2] 명 한자의 음과 새김을 이용하여 도구·동식물 이름 1,100여 단어를 43종류로 분류하여 엮은 책. 1896년(건양1)에 나온 것으로, 필사본 1책.
군두-새끼 명 군둣구멍에 꿰어 가랫줄을 얼러 매는 가는 새끼.
군두-쇠 명 크고 굵은 쇠고리. 큰 통나무를 옮길 때에 나무의 한쪽 머리에 박고, 거기에 줄을 매어서 끎. 군두철
군두-철(-鐵) 명 군두쇠
군둣-구멍 명 가랫바닥의 양쪽 위 군두새끼를 꿰는 구멍.
군드러-지다 자 ①술에 취하거나 몹시 지쳐서 정신없이 쓰러져서 곤히 자다. ②곤두박질하여 푹 쓰러지다. ☞곤드라지다
군락(群落) 명 같은 자연 환경에서 자라는 식물이 어떤 곳에 떼지어 나 있는 것, 또는 그곳.
군란(軍亂) 명 군대가 일으킨 난리. 군요(軍擾)
군략(軍略) 명 군사상의 전략. 무략(武略). 병략(兵略)
군략-가(軍略家) 명 군략에 능한 사람.
군량(軍糧) 명 군사가 먹을 양식. 병량(兵糧). 양향(糧餉). 향궤(餉饋)
군량-미(軍糧米) 명 군량으로 쓰는 쌀. 군수미(軍需米). 군향미(軍餉米)
군량-전(軍糧田) 명 군량을 마련하기 위한 논밭.
군려(軍旅) 명 ①군대 또는 군세(軍勢). ②전쟁
군력(軍力) 명 군사력(軍事力)
군령(軍令) 명 ①군중(軍中) 또는 진중(陣中)의 명령. ②통수권(統帥權)을 가진 국가 원수가 군에 내리는 명령.
군령-다짐(軍令-) 명 -하다 자 지난날의 군대에서, 군령을 실행하지 못할 때에는 벌을 받겠다고 다짐하던 일.
군령-장(軍令狀) [-짱] 명 군령의 내용을 적은 문서.
군령-판(軍令板) 명 군령을 적은 게시판(揭示板).
군례(軍禮) 명 ①군대의 예절. ②군대에서 행하는 예식.
군뢰(軍牢) 명 조선 시대, 군대에서 죄인을 다루던 병졸. 뇌자(牢子)
군림(君臨) 명 -하다 자 ①임금으로서 나라를 다스림. ②어떤 분야에서 절대적인 세력을 가지고 남을 압도하는 일. ¶미술계에 -하다.
군마(軍馬) 명 ①군사와 말. ②군대에서 쓰는 말.
군막(軍幕) 명 진중(陣中)에 치는 장막.
군막=사찰(軍幕寺刹) 명 지난날, 전쟁이 있을 때 승장(僧將)이 승병(僧兵)을 거느리던 절.
군:-말 명 -하다 자 하지 않아도 좋을 때에 쓸데없이 하는 말. 군소리 ¶-이 많으니 쓸 말이 적다.
군맹무:상(群盲撫象) 성구 여러 소경이 각각 코끼리의 일부분을 더듬어 보고 제 나름대로 판단한다는 뜻으로, 각 부분에 대한 인식(認識)을 종합한다고 해도 전체를 바르게 파악할 수 없음을 이르는 말.
군명(君命) 명 임금의 명령. 왕명(王命). 주명(主命)
군모(軍帽) 명 군인이 쓰는 모자.

ㄱ

군목(軍牧)[명] 군대에 장교로 배속되어, 크리스트교를 믿는 장병들의 신앙 생활과 관련된 일을 맡아보는 목사 또는 신부. ☞군승(軍僧)
군무(軍務)[명] 군사에 관한 사무.
군무(群舞)[명]-하다[자] 여러 사람이 함께 어울려 춤을 추는 일, 또는 그렇게 추는 춤.
군무=아문(軍務衙門)[명] 1894년(조선 고종 31)에 병조(兵曹)를 없애고 설치한 관아.
군무-원(軍務員)[명] 군무를 맡아 하는, 군인 이외의 공무원. '군속(軍屬)'의 고친 이름.
군문(軍門)[명] ①군영(軍營)의 문. 병문(兵門). 영문(營門) ②군대. 원문(轅門) ¶ ―에 뛰어들다.
군문=효수(軍門梟首)[명] 지난날, 죄인의 목을 잘라 군문에 높이 매달던 일.
군:-물[명] ①끼니때 외에 마시는 물. ②뜨거운 물에 타는 찬물. ③풀이나 죽 따위의 위에 따로 도는 물. 객물
 군물(이) 돌다[관용] 물기가 음식과 한데 섞이지 않고 위에 따로 돌다.
군물(軍物)[명] 군대에서 쓰는 무기나 군수 물자를 통틀어 이르는 말.
군민(君民)[명] 임금과 백성.
군민(軍民)[명] 군인과 민간인. 군부(軍部)와 민간.
군:민(郡民)[명] 행정 구역의 하나인 군(郡)에 사는 사람.
군:박(窘迫)[어기] '군박(窘迫)하다'의 어기(語基).
군:박-하다(窘迫―)[형여] ①생활이 몹시 군색하다. ②일이 어려움에 부닥쳐 형세가 매우 급하다.
 군박-히[부] 군박하게
군:-밤[명] '구운밤'의 준말.
 [속담] **군밤 둥우리 같다** : 옷 입은 맵시가 둥글넓적하여 어울리지 않음을 놀리는 말./**군밤에서 싹 나거든** : 아무리 오래 기다리며 바라도 소용없다는 말.〔병풍에 그린 닭이 홰를 치거든〕
군:밤타:령(―*打令)[명] 후렴마다 군밤에 대한 사설이 들어 있는 경기 민요의 한 가지.
군:-밥[명] ①군식구에게 먹이는 밥. ②먹다 남은 밥. ③끼니가 아닌 때에 따로 짓는 밥.
군방(群芳)[명] ①향기롭고 아름다운 여러 꽃. 군영(群英) ②여러 현인(賢人)이나 미인(美人).
군번(軍番)[명] 군인 각 개인에게 매겨진 일련 번호(一連番號). 인식표(認識標)에 찍혀 있음.
군벌(軍閥)[명] 군사력을 배경으로 하여 정치적 특권을 쥐고 있는 군인들의 파벌(派閥).
군법(軍法)[―뻡][명] 군대의 규칙이나 법률. 군율(軍律)
군-법무관(軍法務官)[명] 육해공군의 법무 장교. 군사 법원(軍事法院)의 법무사나 검찰관이 됨. [준]법무관
군법=회:의(軍法會議)[―뻡―][명] 지난날, '군사 법원(軍事法院)'을 이르던 말.
군변(君邊)[명] 임금의 곁. 군측(君側)
군별(軍別)[명] 육해공군의 구별.
군병(軍兵)[명] 군사(軍士)
군보(軍保)[명] ①조선 시대, 병역을 면제 받은 장정이 정병(正兵)을 위하여 부담하던 노동. ②'군보포'의 준말.
군보-포(軍保布)[명] 조선 시대, 병역을 면제하여 준 장정에게 바치게 하던 삼베나 무명. 보포(保布) [준]군보(軍保). 군포(軍布)
군복(軍服)[명] 군인이 입는 제복(制服).
군봉(群峰)[명] 여러 산봉우리.
군부(君父)[명] ①임금과 아버지. ②백성의 아버지와 같다는 뜻으로 '임금'을 이르는 말.
군부(軍部)[명] ①군(軍)의 당국(當局). 정부의 다른 기관이나 민간(民間)에 상대하여 이름. [준]군(軍) ②1895(조선 고종 32)에 '군무 아문(軍務衙門)'을 고친 이름.
군:-부인(郡夫人)[명] 조선 시대, 외명부(外命婦) 품계의 하나. 종친(宗親)의 아내에게 내린 봉작(封爵). 왕자군(王子君)의 아내일 경우 정일품, 그 외는 종일품임.
군:-불[명] ①방을 덥히기 위하여 때는 불. ¶ ―을 지피다. ②필요 없이 때는 불.
 [속담] **군불에 밥짓기** : 어떤 일을 함으로써 다른 일이 덩달아 이루어짐을 이르는 말.〔떡 삶은 물에 중의 데치기/떡 삶은 물에 풀한다〕/**군불 장댄가 키만 크다** : 키 큰 사람을 놀리는 말.
군:불-솥[명] 군불을 때는 아궁이에 걸린 솥.
군:-붓[명] 지어 놓은 글에 더 써 넣은 군더더기의 글, 또는 군글자.
군비(軍備)[명] 전쟁에 대비한 병력, 장비, 기지, 방위 시설 등을 통틀어 이르는 말. [유]무비(武備). 병비(兵備)
군비(軍費)[명] 국방과 전쟁에 드는 비용. 군사비
군비=배상금(軍費賠償金)[명] 전쟁에 진 나라가 이긴 나라에 끼친 손해에 대하여 치르는 돈.
군비=축소(軍備縮小)[명] 병력이나 무기, 군사상의 시설 따위를 줄이는 일. [준]군축(軍縮) ☞군비 확장
군비=축소=회:의(軍備縮小會議)[명] 각국의 군비를 줄이기 위하여 열리는 국제 회의. [준]군축 회의
군비=확장(軍備擴張)[명] 병력이나 무기, 군사상의 시설 따위를 늘리는 일. [준]군확(軍擴) ☞군비 축소
군:-빗질[명] 자고 일어나서 대강 윗머리만 빗는 빗질.
군사(軍士)[명] 장교(將校)가 아닌 군인. 군병. 군졸. 병사(兵士)
군사(軍史)[명] 군대의 역사.
군사(軍使)[명] 전쟁 중에 한쪽 군대의 명을 받아 적군에 파견되는 사자(使者). 보통 흰 기를 사자의 표시로 함.
군사(軍事)[명] 군대・군비(軍備)・전쟁 등에 관한 일. 군무(軍務)에 관한 일.

[한자] 군사 군(軍)〔車部 2획〕¶ 공군(空軍)/군가(軍歌)/군대(軍隊)/군법(軍法)/군악(軍樂)/향군(鄕軍)

군사(軍師)[명] ①장수(將帥)에 딸려 작전이나 계략을 궁리해 내는 사람. ②책략을 잘 꾸며 내는 사람.
군사=경계선(軍事境界線)[명] 군사 분계선
군사=고문(軍事顧問)[명] 군대의 훈련이나 전쟁 때의 작전 등을 지도하기 위하여 외국 정부에서 파견하는 군인이나 군무원 또는 민간인.
군사=기지(軍事基地)[명] 중요한 군사 시설이 있으며, 전술이나 전략의 거점이 되는 곳.
군사=도시(軍事都市)[명] 군사 시설이 집중되어 있어 군사적인 기능이 매우 뚜렷한 도시.
군사=동맹(軍事同盟)[명] 둘 또는 여러 나라가 체결하는 군사에 관한 동맹.
군:-사람[명] 필요 없는 사람. 가외의 사람.
군사-력(軍事力)[명] 그 나라의 군대나 무기 등 전쟁에 필요한 모든 요소를 종합한 전투 능력. 군력(軍力)
군-사령관(軍司令官)[명] 한 군(軍)을 통솔하는 지휘관.
군-사령부(軍司令部)[명] 군사령관이 군(軍)을 지휘・통솔하는 본부.
군사=법원(軍事法院)[명] 군사 재판을 관할하기 위한 특별 법원. '군법 회의(軍法會議)'의 고친 이름이며, 보통 군사 법원과 고등 군사 법원이 있음.
군사부일체(君師父一體)[성구] 임금・스승・아버지의 은혜는 다 같음을 이르는 말.
군사=분계선(軍事分界線)[명] 교전(交戰) 당사국 사이의 협정에 따라서 설정된 군사 활동의 한계선. 군사 경계선
군사-비(軍事費)[명] 군비(軍費)
군:-사설(―辭說)[명] 쓸데없이 길게 늘어놓는 말.
군사=시:설(軍事施設)[명] 국가가 군사적인 필요에 따라서 마련하는 시설.
군사=연:습(軍事演習)[명] 군대가 실제의 전쟁을 상정(想定)하여 하는 훈련. 야외 등에서 하는 실전 훈련과 실내에서 하는 도상 연습(圖上演習)이 있음.
군사=우편(軍事郵便)[명] 군인이나 군무원(軍務員)과 주고받는 우편물. [준]군우(軍郵)
군사=원:조(軍事援助)[명] 다른 나라의 군비 강화나 전쟁 수행을 돕기 위하여 자금이나 무기 따위를 원조하는 일. [준]군원(軍援)
군사=위성(軍事衛星)[명] 군사 목적으로 쏘아 올리는 인공

위성. 정찰 위성·통신 위성·요격(邀擊) 위성 따위.
군사=재판(軍事裁判)명 군사 법원에서 군법(軍法)에 따라 하는 재판. 준군재(軍裁)
군사=점령(軍事占領)명 적국(敵國)이나 다른 나라의 영토를 무력으로 점령하는 일.
군사=정보(軍事情報)명 군사적 목적으로 수집하는 정보.
군사=정부(軍事政府)명 군부(軍部)가 중심이 되어 조직한 정부.
군사=정탐(軍事偵探)명 적지에 숨어 들어가 적의 군사 기밀을 알아내는 일, 또는 그 사람.
군사-통(軍事通)명 군인이 아니면서, 군사적인 방면에 밝은 사람.
군사-학(軍事學)명 군대·군비(軍備)·전쟁 등에 관하여 연구하는 학문.
군사=행동(軍事行動)명 군대가 병력이나 무력을 사용하여 일으키는 모든 행동.
군사=혁명(軍事革命)명 군부(軍部)를 중심으로 한 세력이 군사 행동으로 일으킨 혁명.
군산(群山)명 어떤 지역에 무리지어 있는 많은 산.
군:-살명 ①궂은살 ②필요 이상으로 찐 군더더기 살.
군상(君上)명 임금
군상(群像)명 ①많은 사람들의 모습. ②그림이나 조각 등에서, 많은 인물의 집합적인 구성을 표현한 것.
군:-새명 초가 지붕의 곯은 곳을 기워 질러 넣은 짚.
군:색(窘塞)어기 '군색(窘塞)하다'의 어기(語基).
군:색-스럽다(窘塞-)(-스럽고·-스러워)형ㅂ 보기에 군색하다. ¶군색스러운 살림./변명이 -.
군색-스레부 군색스럽게
군:색-하다(窘塞-)형여 ①생활이 어렵다. ¶군색한 살림. ②자연스럽지 못하여 거북하다. ¶군색한 핑계를 대다.
군생(群生)명 ①많은 생물. ②많은 사람. ③-하다자 같은 종류의 식물이 한곳에 몰려 남.
군서(群書)명 여러 가지 책. 많은 책.
군서(群棲)명-하다자 같은 종류의 동물이 떼지어 삶. 군거
군선(軍船)명 전쟁에 사용하는 배. 특히, 지난날의 수군(水軍)이 해전에 사용하던 배. 병선(兵船). 전선(戰船)
군성(群星)명 무리 지어 모여 있는 많은 별.
군세(軍勢)명 군대의 세력. ¶10만이 넘는 -.
군소명 군솟과의 연체동물. 몸길이 30cm 안팎. 생김새가 괄태충과 비슷하며 몸이 연하지만, 등 쪽에는 외투막(外套膜)에 싸인 얇은 껍데기가 있으며, 머리에는 한 쌍의 촉각이 있음. 몸빛은 대체로 자흑색에 회백색의 불규칙한 얼룩무늬가 있음. 건드리면 자줏빛 점액(粘液)을 내어 몸을 숨김. 연안에서 바닷말을 먹고 삶. 고기는 먹을 수 있음.
군소(群小)앞말 규모나 세력이 그다지 크지 않은 여럿을 뜻하는 말. ¶- 업체/- 정당
군:-소리명 ①군말 ②잠꼬대로 하거나 앓는 사람이 정신없이 하는 헛소리.
군소-배(群小輩)명 소인(小人)이나 범인(凡人)들의 무리.
군소-봉(群小峰)명 여러 작은 봉우리.
군속(軍屬)명 '군무원(軍務員)'의 구용어.
군속(群俗)명 많은 속인들. 많은 백성.
군:속(窘束)어기 '군속(窘束)하다'의 어기(語基).
군:속-하다(窘束-)형여 옴짝달싹 할 수 없게 거북하고 어렵다.
군:-손질명-하다자 ①쓸데없이 매만져 다듬는 짓. ②쓸데없이 때리는 짓.
군:-쇠명 장롱 따위의 문쇠 옆에 세로로 댄 나무.
군:-수(-手)명 바둑·장기를 둘 때 헛되이 놓는 수. 헛수
군수(軍帥)명 군대의 장수(將帥). 군대의 최고 사령관.
군:수(郡守)명 ①조선 시대, 군(郡)의 행정을 맡아보던 종사품의 관직(官職). ②군(郡)의 행정을 맡아보는 군청(郡廳)의 으뜸 직위.
군수(軍需)앞말 군사상 필요한 것을 뜻하는 말. ¶- 자원/- 창고
군수=경기(軍需景氣)명 전시(戰時)에, 무기 등 군수 산업을 중심으로 한 생산의 증가에 따라 일시적으로 경기가 좋아지는 일.
군수=공장(軍需工場)명 전쟁에 필요한 무기·탄약·항공기·차량 등을 제조하는 공장.
군수=물자(軍需物資)[-짜]명 군사상 필요한 물품이나 재료. 유군수품(軍需品)
군수-미(軍需米)명 군량미(軍糧米)
군수=산:업(軍需産業)명 군수품을 생산하는 산업. 방위산업(防衛産業)
군수-품(軍需品)명 군대를 유지하고 전쟁을 수행하는 데 필요한 온갖 물자. 유군수 물자(軍需物資)
군승(軍僧)명 군대에 장교로 배속되어, 불교를 믿는 장병들의 신앙 생활과 관련된 일을 맡아보는 중. ☞군목
군시럽다(군시럽고·군시러워)형ㅂ 벌레 같은 것이 몸 위로 기어가는듯 한 느낌이 있다.
군:-식구(-食口)명 원식구가 아니면서 함께 지내고 있는 식구. 객식구. 잡식구
군신(君臣)명 임금과 신하.
군신(軍神)명 ①군인의 무운(武運)을 지켜 준다는 신. ②큰 공을 세우고 전사(戰死)한 군인을 높여 이르는 말.
군신(群臣)명 많은 신하. 여러 신하.
군신대:의(君臣大義)성구 임금과 신하 사이의 막중한 의리를 이르는 말.
군신유:의(君臣有義)[-뉴-]성구 오륜(五倫)의 하나. 임금과 신하 사이는 의리로 으뜸을 삼는다는 뜻.
군신좌사(君臣佐使)명 한방의 약방문에서, 주되는 약인 군제(君劑)와 그 보조약인 신약(臣藥)·좌약(佐藥)·사약(使藥)을 아울러 이르는 말.
군실-거리다(대다)자 자꾸 군시러운 느낌이 나다.
군실-군실부 군실거리는 느낌을 나타내는 말.
군아(軍衙)명 지난날, 군사 업무를 맡아보던 관아.
군:아(郡衙)명 지난날, 고을의 사무를 맡아보던 관아.
군악(軍樂)명 군대에서 연주하는 음악, 또는 그 악곡(樂曲). 군대의 의식이나 군대의 사기를 높이는 데 씀.
군악-대(軍樂隊)명 군악 연주를 위하여 편성된 부대.
군악-수(軍樂手)명 군악대에서 군악을 연주하는 병사.
군양(群羊)명 ①양의 떼. ②약자(弱者)의 무리를 비유하여 이르는 말.
군역(軍役)명 ①군대에서 군인으로 복무하는 일. ②조선 시대, 국역(國役)의 한 가지. 병역과 노역(勞役)을 함께 부담하였음.
군영(軍營)명 군대가 주둔한 곳. 영소(營所) ☞영사(營舍)
군영(群英)명 ①군방(群芳) ②많은 영재(英才).
군왕(君王)명 임금
군요(軍擾)명 군란(軍亂)
군용(軍用)명 군사상의 목적으로 쓰는 일, 또는 쓰이는 돈이나 물건. ¶- 식품/- 자동차 ☞군비(軍費)
군용(軍容)명 ①군대의 위용(偉容)이나 장비. ¶-을 정비하다. ②군대의 규율이나 질서. ¶-이 흐트러져 있다.
군용-견(軍用犬)명 군사상의 목적으로 훈련된 개. 전령(傳令)·경계·수색·운반 등이 주된 임무임. 준군견
군용-교(軍用橋)명 군사상의 필요에 따라서 놓은 다리.
군용-금(軍用金)명 군자금(軍資金)
군용-기(軍用機)명 군사상의 목적에 사용되는 항공기를 통틀어 이르는 말. 전투기·폭격기·정찰기·초계기(哨戒機)·수송기 등. 군용 비행기(軍用飛行機)
군용=도:로(軍用道路)명 군사상의 필요에서 만든 도로.
군용=비둘기(軍用-)명 군사 통신문을 전하는 데 이용할 수 있도록 훈련된 비둘기. 군용의 전서구(傳書鳩).
군용=비행기(軍用飛行機)명 군용기(軍用機)
군용-선(軍用船)명 군사상의 목적에 사용되는 배. 군함 이외의 배를 이름.
군용=열차(軍用列車)[-녈-]명 군수 물자나 군인을 수송하기 위하여 특별히 편성된 열차.
군용-지(軍用地)명 군사상의 목적으로 쓰이는 땅.
군용=지도(軍用地圖)명 군사 목적으로 쓰이는 지도.
군용=철도(軍用鐵道)[-또]명 군사상의 필요에 따라서

특별히 부설(敷設)한 철도.
군용-품(軍用品)명 군대에서 쓰는 물건.
군우(軍郵)명 '군사 우편(軍事郵便)'의 준말.
군웅(群雄)명 같은 시대에 태어난 많은 영웅.
군웅할거(群雄割據)성구 많은 영웅들이 각지에 자리잡고 세력을 떨치며 서로 대립함을 이르는 말.
군원(軍援)명 '군사 원조(軍事援助)'의 준말.
군위(君位)명 임금의 지위.
군위(軍威)명 ①군대의 위력. ②군대의 의기(意氣).
군율(軍律)명 ①군대의 규칙이나 법률. 군법(軍法) ②군대의 규율. 군규(軍規) ☞군기(軍紀)
군은(君恩)명 임금의 은혜. 주은(主恩)
군:-음식(-飮食)명 끼니와 끼니 사이에 간단히 먹는 음식.
군:읍(郡邑)명 ①지난날, 지방 행정 단위인 주(州)·부(府)·군(郡)·현(縣)을 통틀어 이르는 말. 군현(郡縣) ②군과 읍.
군의(軍醫)명 '군의관(軍醫官)'의 준말.
군의-관(軍醫官)명 군대에서 의사로 복무하는 장교. 준군의(軍醫)
군인(軍人)명 ①전투하는 일을 직무로 하는 사람. ②군적(軍籍)을 가진 사람, 곧 육해공군 장병을 통틀어 이르는 말. ☞군사(軍士)
군:-일[-닐]명 쓸데없는 일. 공연한 일.
군:-입[-닙]명 군음식을 먹거나 먹고 싶어하는 입.
군입(을) 다시다관용 ①군음식을 먹다. ②음식을 먹지 않으면서 입을 다시다.
군:-입정[-닙-]명-하다자 군음식으로 입을 다시는 일.
군:입정-질[-닙-]명-하다자 군음식으로 입을 다시는 짓. 준군입질
군:입-질[-닙-]명 '군입정질'의 준말.
군:-자(-字)명 '군글자'의 준말.
군자(君子)명 ①학식과 덕행이 높은 사람. ☞소인(小人) ②신분이 높은 사람. ③한문 투의 글에서, 아내가 자기 남편을 높여 일컫는 말. ☞사군자(四君子)
속담 **군자는 대로행(大路行)이라**: 군자는 좁고 침침한 샛길로 다니지 아니하고 큰길로 의젓하게 간다는 뜻으로, 군자는 남의 눈을 피해 가며 용렬하게 행동하지 않고 버젓하게 행동함을 이르는 말./**군자도 시속을 따른다**: 어떤 사람이라도 시대적인 풍습을 따라야 한다는 말./**군자 말년(末年)에 배추씨 장사**: 평생을 두고 군자로 대접 받으며 어질게 살아온 사람이 늘그막에 살림이 매우 어려워지는 경우를 이르는 말.
군자(軍資)명 '군자금(軍資金)'의 준말.
군자-감(軍資監)명 조선 시대 초기에 군수품의 출납을 맡아보던 관아.
군자-국(君子國)명 고대 중국에서, 풍속이 아름답고 예절이 바르다고 하여, 우리 나라를 이르던 말.
군자-금(軍資金)명 ①군대 운영과 군사 행동에 필요한 돈. 군용금(軍用金) ②어떤 일을 하는 데 필요한 자금을 비유적으로 이르는 말. ¶선 보러 나가야 하는데 ―이 없다. 준군자(軍資)
군자-란(君子蘭)명 수선화과의 여러해살이풀. 잎은 두꺼우며 짙은 초록인데, 줄기 높이는 50cm, 너비는 5cm 안팎으로 칼 모양이며 뿌리에서 모여 남. 봄에 잎 사이로 50cm 가량 솟은 꽃대 끝에 주홍색의 깔대기 모양의 꽃이 15~20송이 핌. 남아프리카 원산임.
군자삼락(君子三樂)성구 군자의 세 가지 즐거움이라는 뜻으로, 첫째는 부모가 살아 계시고 형제가 무고한 일, 둘째는 하늘과 사람에게 부끄러움이 없는 일, 셋째는 천하의 영재(英才)를 얻어 가르치는 일을 이르는 말. 인생삼락(人生三樂) 준삼락(三樂)
군자삼외(君子三畏)성구 군자의 세 가지 근심이라는 뜻으로, 곧 들을 것이 없을 때 그 듣지 못한 것을 근심하는 일, 들었다면 들은 것을 배우지 못할까 근심하는 일, 배운 뒤라면 그것을 실천하지 못할까 근심하는 일을 이르는 말.
군자-연하다(君子然-)자여 군자인체 하다.
군작-미(軍作米)명 조선 시대에, 군포(軍布) 대신에 바치게 하던 쌀.
군:-장(-醬)명 된장에 파·생강·후춧가루·조핏가루 따위를 넣고 반죽한 다음, 기름을 발라서 구운 반찬.
군장(君長)명 ①임금 ②부족 국가의 우두머리.
군장(軍裝)명 ①군인의 복장. ②전투를 위한 장비.
군재(軍裁)명 '군사 재판(軍事裁判)'의 준말.
군적(軍籍)명 병적(兵籍)
군적(群籍)명 많은 책.
군전(軍田)명 고려 말에서 조선 초에 걸쳐 하급 군인에게 나누어 주던, 경기(京畿) 이외 지방의 토지.
군정(軍丁)명 ①고려·조선 시대에 군적(軍籍)에 올라 있던 지방의 장정. ②고려·조선 시대에 공역(公役)을 하던 장정.
군정(軍政)명 ①'군령(軍令)'에 대하여, 군의 행정 사무를 이르는 말. ②적국(敵國)을 점령한 점령군이 하는 정치. ③전쟁이나 내란 등이 있을 때, 계엄 지구에서 군대가 직접 정치를 하는 일. ☞민정(民政)
군정(軍情)명 군(軍)이나 전쟁의 사정.
군:정(郡政)명 군(郡)의 행정.
군정-관(軍政官)명 점령 지역의 군정을 맡아보는 장교.
군정=장:관(軍政長官)명 군정청(軍政廳)의 장관.
군정-청(軍政廳)명 점령 지역의 군사령관이 군정을 펴는 기관.
군제(君劑)명 한약의 처방에서 중심이 되는 약재(藥材). 육미탕(六味湯)의 숙지황 따위.
군제(軍制)명 군의 유지나 관리·운영 등에 관한 여러 제도를 통틀어 이르는 말. 병제(兵制)
군:제(郡制)명 군청에서 행정상 만들어 놓은 기구나 체제 등에 관한 여러 가지 제도.
군조(群鳥)명 무리를 이룬 새.
군졸(軍卒)명 군사(軍士)
군종(軍宗)명 군대의 병과(兵科)의 하나. 행정을 지원하는 병과로 군대 안의 종교에 관한 업무를 맡아봄.
군종(軍種)명 군대를 기능에 따라 가른 상부 조직. 육군·해군·공군 따위.
군주(君主)명 임금
군주(軍主)명 신라 시대, 각 주(州)의 군대를 통솔하던 관직. 후에 총관(摠管)으로 바뀜.
군:주(郡主)명 조선 시대, 외명부(外命婦)의 한 품계. 왕세자의 적녀(嫡女)에게 내린 봉작(封爵)으로 정이품임. ☞현부인(縣夫人)
군주-국(君主國)명 국가의 주권이 군주에게 있는 나라. 왕국(王國) ☞민주국(民主國)
군주=기관설(君主機關說)명 국가의 통치권이 군주에게 있다는 설(說)에 상대하여, 군주는 법인(法人)으로서 국가의 최고 기관이며, 통치권은 국가에 있다는 학설.
군주=전제(君主專制)명 '군주 전제 정치'의 준말.
군주=전제=정치(君主專制政治)명 군주가 절대권을 가지고, 국민의 의견이나 법률에 얽매임이 없이 독단으로 하는 정치. 준군주 전제(君主專制)
군주-제(君主制)명 '군주 제도'의 준말. ☞공화제
군주=제도(君主制度)명 세습(世襲)의 군주가 통치하는 정치 형태. 군주의 절대적 판단에 바탕을 두는 절대 군주제와 헌법에 따라 군주의 권력이 제약을 받는 입헌 군주제가 있음. 준군주제 ☞공화 제도(共和制度)
군중(軍中)명 ①진영(陣營)의 안. ②군대의 안.
군중(群衆)명 어떤 곳에 모인, 많은 사람의 무리.
군중=대:회(群衆大會)명 군중이 모여서 개최하는 대회.
군중=범:죄(群衆犯罪)명 군중 심리에 이끌리어 다수인이 저지르는 범죄.
군중=심리(群衆心理)명 군중이 나타내는 특수한 심리 상태. 쉽게 흥분하여 자제력을 잃고, 남의 언동에 무책임하게 동조하는 경향이 있음. 대중 심리(大衆心理)
군지럽다(군지럽고·군지러워)형ㅂ ①'군단지럽다'의 준말. ②'군던지럽다'의 준말.
군직(軍職)명 군인으로서 맡는 관직이나 직무.

군진(軍陣)명 군대가 머물며 전투에 대비하는 진영.
군집(群集)명 ①-하다자 무리지어 모임. ②군취(群聚)
군집=생태학(群集生態學)명 생태학의 한 분과. 식물의 군락과 동물의 군집의 총화(總和)인 생물 군집과 환경의 상호 관계를 연구 대상으로 함. 군취 생태학
군천(桾櫏)명 '고욤나무'의 딴이름.
군천-자(桾櫏子)명 한방에서, 고욤나무의 말린 열매를 약재로 이르는 말. 소갈증 등에 쓰임.
군:청(郡廳)명 군(郡)의 행정을 맡아보는 관청. 준군(郡)
군청(群靑)명 ①산뜻하고 짙은 남색의 광물성 안료. 수성(水性) 칠감, 인쇄 잉크, 그림 물감 등에 쓰임. ②'군청색'의 준말.
군청-색(群靑色)명 산뜻하고 짙은 남색. 준군청(群靑)
군체(群體)명 생물학에서, 분열이나 출아(出芽) 등으로 증식(增殖)한 개체가 모여서 공통의 몸을 조직하여, 서로 연결되어 있는 생물 집단. 산호나 해면 따위.
군총(君寵)명 임금의 총애.
군축(軍縮)명 '군비 축소(軍備縮小)'의 준말.
군축=회:의(軍縮會議)명 '군비 축소 회의'의 준말.
군취(群聚)명 동물 생태학에서, 일정한 지역에 모여 생활 또는 생육하는 생물 집단을 이르는 말. 군집(群集)
군취=생태학(群聚生態學)명 군집 생태학
군측(君側)명 임금의 곁. 군변(君邊)
군치리명 개고기를 안주로 술을 파는 집.
군친(君親)명 임금과 아버지.
군:-침명 ①속이 느긋거리며 입 안에 도는 침. ②입맛이 당겨서 도는 침. ¶ ―을 삼키다.
군침(이) 돌다관용 ①먹고 싶어서 입 안에 침이 괴다. ②남의 것을 가지고 싶은 마음이 생기다.
군:-턱명 턱 아래로 축 처진 살.
군:-티명 물건의 조그마한 허물.
군-판사(軍判事)명 군사 법원에 소속되어, 일반 법원의 판사와 같은 직무를 수행하는 군법무관(軍法務官).
군포(軍布)명 '군보포(軍保布)'의 준말.
군포(軍鋪)명 조선 시대, 대궐 밖에 순라군이 머물던 곳.
군표(軍票)명 군대가 교전 지역이나 점령지에서 통화(通貨)의 대용으로 사용하는 어음.
군:핍(窘乏)어기 '군핍(窘乏)하다'의 어기(語基).
군:핍-하다(窘乏―)형여 필요한 것이 없거나 모자라 군색하고 아쉽다.
군함(軍艦)명 전함(戰艦), 순양함, 항공 모함 등 해상의 전투에 사용하는 함정을 통틀어 이르는 말. 준함(艦)
군함-기(軍艦旗)명 군함이 국적과 군함임을 표시하기 위하여 다는 기. 보통 때는 함미(艦尾)에 달고, 전투 중에는 마스트에 닮.
군함-조(軍艦鳥)명 군함조과의 바닷새. 몸길이 1m가 넘는 큰 새임. 몸빛은 윤이 나는 흑갈색에 가슴 부분만 희고 제비 꼬리 모양의 긴 꼬리가 특징임. 수컷은 목에 적색 주머니가 달려 있음. 물고기를 잡아먹고 삶. 남태평양에 분포함.
군합-국(君合國)명 둘 이상의 나라가 서로 독립을 유지하면서 한 임금 아래 결합한 나라들.
군항(軍港)명 해군의 기지(基地)로서 함선 수리, 군수품 보급 등의 전용 시설을 갖춘 항구.
군향(軍餉)명 '군향미(軍餉米)'의 준말.
군향-미(軍餉米)명 군량미(軍糧米) 준군향(軍餉)
군:현(郡縣)명 군읍(郡邑)
군현(群賢)명 여러 현인(賢人). 많은 현인.
군:현=제:도(郡縣制度)명 전국을 군(郡)·현(縣) 등으로 가르고 지방관(地方官)을 파견하여 중앙 정부의 정령(政令)을 집행시키는, 중앙 집권적인 지방 행정 제도. ☞봉건 제도(封建制度)
군호(君號)명 왕이 군(君)을 봉할 때 내리던 칭호. 노산군(魯山君), 임해군(臨海君) 따위.
군호(軍號)명 ①지난날, 군중(軍中)이나 도성(都城)에서 순라군(巡邏軍)들이, 서로 상대를 확인하기 위하여 주고받던 암호. ②서로 눈짓이나 말로 넌지시 뜻을 주고 받는 일.
군호(群豪)명 여러 호걸. 많은 호걸.
군혼(群婚)명 복수(複數)의 남자가 서로 대등한 자격으로 복수의 여자와 혼인하는 형태. 원시 사회에 있던 인류 최초의 혼인 형태임. 집단혼(集團婚)
군화(軍靴)명 군인이 신는 구두.
군확(軍擴)명 '군비 확장(軍備擴張)'의 준말.
군:-획(―畫)명 본디 글자에는 없는 군더더기로 붙은 획.
군:획-지다(―畫―)형 군획이 붙어 잘못 씌어 있다.
군후(君侯)명 옛날 중국에서, 자기가 섬기는 제후(諸侯)를 높이어 이르던 말.
군흉(群兇)명 많은 악인(惡人). 흉악한 무리.
굳건-하다형여 굳세고 튼실하다. ¶굳건한 정신력.
굳기명 물체의 단단한 정도. 경도(硬度)
굳-기름명 지방(脂肪)
굳다[1] 자 ①무른 것이 단단해지다. ¶콘크리트가 잘 굳었다. ②근육이나 뼈마디가 뻣뻣하여지다. ¶팔다리가 ―. ③몸에 배어 버릇이 되다. ¶입에 굳은 잔소리. ④표정이나 태도 따위가 딱딱해지다. ¶몹시 긴장하여 표정이 ―. ⑤돈 따위를 쓰지 않아 자기 것으로 계속 남게 되다. ¶점심때 회식을 하는 바람에 점심 값이 굳었다.
굳다[2] 형 ①무르지 않고 단단하다. ¶굳은 재질(材質)의 나무. ②뜻이 흔들리지 않고 꿋꿋하다. ¶의지가 ―. ③변하거나 흔들리지 않을 만큼 견디는 힘이 세다. ¶굳게 닫힌 성문. ④씀씀이가 헤프지 않고 재물을 지키는 성질이 있다. ¶그는 워낙 굳어서 남에게 돈 한푼 꿔 주는 법이 없다. ⑤표정이나 태도 따위가 부드럽지 못하고 딱딱하다. ¶긴장감으로 굳은 얼굴.
속담 **굳은 땅에 물이 고인다**: ①헤프게 쓰지 않고 아끼는 사람이 재물을 모은다는 말. ②무슨 일이든지 마음을 굳게 먹고 해야 좋은 결과를 얻을 수 있다는 말.

한자 **굳을 견**(堅) 〔土部 8획〕 ¶견강(堅剛)/견고(堅固)/견인(堅忍)/견지(堅持)
굳을 고(固) 〔口部 5획〕 ¶고수(固守)/고지(固持)
굳을 확(確) 〔石部 10획〕 ¶확립(確立)/확신(確信)

굳-비늘명 경린(硬鱗)
굳-뼈명 경골(硬骨)
굳-세다형 ①뜻한 바를 이루어 내려는 뜻이 억세다. ¶굳세게 살아가다. ②튼튼하고 힘차다. ¶굳센 체력.

한자 **굳셀 강**(強) 〔弓部 8획〕 ¶강건(強健)/강골(強骨)/강력(強力)/강인(強靭)/강화(強化)
굳셀 강(剛) 〔刀部 8획〕 ¶강건(剛健)/강직(剛直)

굳어-지다자 굳게 되다. ¶표정이 ―.
굳은-살명 ①손바닥이나 발바닥에 박인 두껍고 단단한 군살. 못[3] ¶ ―이 박이다. ②곪으려고 딴딴하게 된 살. ☞궂은살
굳은-힘명 모질게 쓰는 힘.
굳이[구지]부 ①굳게. 힘써 ¶ ― 만류하다. ②고집스럽게 구태여. 기어이 ¶네가 ― 우긴다면 할 수 없지.
굳히기[구치―]명 유도에서 누르기·조르기·꺾기·비틀기 등 상대편을 꼼짝 못 하게 하는 기술. ☞메치기
굳히다[구치―]타 ①굳게 하다. 엉기어 단단해지게 하다. ¶콘크리트를 ―. ②확실하게 하다. ¶마음을 ―./기반을 ―. ③바둑에서, 상대편이 귀에 들어오지 못하도록 지키는 수를 두다.
굴명 ①굴과에 딸린 쌍각류(雙殼類)의 조개를 통틀어 이르는 말. ②'굴조개'의 준말. ③굴조개의 살.
굴:(窟)명 ①땅이나 바위가 가로로 깊이 팬 곳. ②굴길 ③짐승이 들어가 사는 구멍. ¶너구리의 ―.

한자 **굴 굴**(窟) 〔穴部 8획〕 ¶굴혈(窟穴)/석굴(石窟)
굴 동(洞) 〔水部 6획〕 ¶동굴(洞窟)/동혈(洞穴)
굴 혈(穴) 〔穴部〕 ¶암혈(岩穴)/혈거(穴居)

굴-갓명 지난날, 관직에 있는 중이 쓰던, 대로 만든 갓.

굴강(屈強)[어기] '굴강(屈強)하다'의 어기(語基).
굴강-하다(屈強-)[형여] ①억세다. ②매우 힘이 세다. ¶ 굴강한 젊은이.
굴:-개[명] 썩은 물 속에 가라앉은 개흙.
굴거리-나무[명] 대극과의 상록 활엽 교목. 높이 10m 안팎. 햇가지와 잎자루는 붉은빛을 띰. 길둥근 잎이 가지 끝에 빽빽이 모여서 나고, 암수딴그루임. 초여름에 엷은 황색의 잔 꽃이 피고, 길둥근 열매는 가을에 자줏빛으로 익음. 우리 나라에서는 충청 남도 안면도 이남의 숲 속이나 바닷가에 자람. 정원수로 쓰임.
굴건(屈巾)[명] 상주가 두건 위에 덧쓰는 건. 굴관(屈冠)
굴건=제:복(屈巾祭服)[명] ①굴건과 제복을 아울러 이르는 말. ②-하다[타] 굴건을 쓰고 제복을 입는 일.
굴검(掘檢)[명]-하다[타] 묻었던 시체를 파내어 검증함.
굴곡(屈曲)[명]-하다[자] 이리저리 굽어 꺾임, 또는 그 굽이. ¶ -이 많은 산길.
굴곡-어(屈曲語)[명] 굴절어(屈折語)
굴관(屈冠)[명] 굴건(屈巾)
굴광-성(屈光性)[-썽][명] 식물체가 빛의 자극에 대하여 일정한 방향으로 굽어 자라는 성질. 잎과 줄기는 빛의 방향으로, 뿌리는 그 반대 방향으로 굽는 성질을 나타냄. ☞굴지성(屈地性). 배광성(背光性). 향광성(向光性)
굴근(屈筋)[명] 팔다리를 굽히는 작용을 하는 근육을 통틀어 이르는 말. ☞신근(伸筋)
굴기(崛起)[명]-하다[자] ①우뚝 솟음. ②갑자기 벌떡 일어섬. ③기울어진 집안에서 큰 인물이 남을 비유하는 말.
굴기-성(屈氣性)[-썽][명] 굴화성(屈化性)의 한 가지. 식물체의 일부가 공기나 산소의 자극을 받아 일정한 방향으로 굽는 성질.
굴:-길(窟-)[-낄][명] 산허리나 땅 밑을 뚫어 만든 길. 철도·도로·수로 따위. 굴. 수도(隧道). 터널
굴-김치[명] 초가을에 배추를 소금으로 살짝 절여 파·마늘·생강을 넣고 생굴을 섞은 다음, 국물을 심심하게 부어 익힌 김치.
굴-깍두기[명] 무를 깍둑썰기로 썰어 다진 파와 고춧가루·마늘·생강·실고추·새우젓국으로 버무리고 생굴을 섞은 다음, 간을 맞추어 익힌 김치.
굴:다[1](굴고·구니)[자] '구르다[1]'의 준말.
굴:다[2](굴고·구니)[조동] 본용언(本用言) 다음에 쓰이어, 남에게 그렇게 대하거나 행동함을 나타내는 말. ¶ 싹싹하게 -./얄밉게 -./못살게 -.
굴:-다리(窟-)[-따-][명] 길 위로 높직이 건너질러 놓은 다리. 아래쪽 길을 굴처럼 만들어 다닐 수 있게 함. ☞구름다리
굴:대[-때][명] 양쪽 수레바퀴의 가운데 구멍에 끼워져 회전의 중심이 되는 둥근 쇠막대기. 축(軸)

[한자] **굴대 축**(軸) 〔車部 5획〕 ¶ 중축(中軸)/차축(車軸)

굴:대-통(-筒)[-때-][명] 바퀴통
굴:-도리[-또-][명] 둥글게 만든 도리. ☞납도리
굴:도리-집[-또-][명] 접시받침과 굴도리로 지은 집.
굴:때-장군(-將軍)[명] ①몸이 크고 살갗이 검은 사람을 놀리어 이르는 말. ②옷이 새까맣게 된 사람을 놀리어 이르는 말.
굴똥[명] 물레의 몸이 얹힌 굴대.
굴:뚝[명] 연료를 땔 때 생기는 연기를 공중으로 내보내기 위하여 만든 통 모양의 설비. 연돌(煙突)
굴뚝 같다[관용] 무엇을 하고 싶은 생각이 간절하다. ¶ 아버지를 따라가고 싶은 생각이 -.
[속담] **굴뚝 막은 덕석 같다** : 굴뚝에 쑤셔 넣어 새까매진 덕석 같다는 뜻으로, 검고 더러운 물건을 이르는 말./**굴뚝에 바람 들었나** : 굴뚝에 바람이 들면 연기가 아궁이로 들이쳐 불을 때는 이가 눈물을 흘리게 되는 데서, 왜 우느냐는 뜻으로 하는 말./**굴뚝에서 빼 놓은 족제비 같다** : 몸이 가냘프고, 얼굴이 까무잡잡하고, 옷이 꾀죄죄한 사람을 놀리는 말.

굴:뚝-나비[명] 뱀눈나빗과의 곤충. 편 날개 길이가 수컷은 4cm, 암컷은 7cm 안팎. 몸빛은 대개 잿빛 갈색 또는 검은 갈색인데, 앞날개에 두 개, 뒷날개에 한 개의 둥근 이중 무늬가 있음. 애벌레는 볏과 식물의 잎을 먹음.
굴:뚝-목[명] 방고래와 굴뚝이 이어지는 부분.
굴:뚝-새[명] 굴뚝샛과의 텃새. 몸길이 10cm 안팎. 몸빛은 짙은 갈색이며, 검은 갈색의 가는 가로무늬가 있음. 봄부터 가을까지는 계곡 부근의 숲에서 살고, 겨울에는 마을 근처로 내려옴. 거미나 곤충을 주로 먹는데, 유럽에서 아시아에 걸쳐 널리 분포함.
굴:뚝-청어(-靑魚)[명] 주로 겨울에 잡히는, 아직 덜 자란 청어를 이르는 말.
굴:러-가다[자] 구르며 앞으로 나가다.
굴:러-다니다[자] ①물건이 제자리에 있지 않고, 여기에 있다 저기에 있다 하다. ②사람이 정한 곳이 없이 여기 저기 자리를 옮겨 다니다. ¶ 옷 보따리 하나 들고 장터마다 굴러다니던 시절이 있었지.
굴:러-먹다[자] 뜨내기처럼 떠돌아다니며 천하게 살다.
굴러-차기[명] 태권도 기술의 한 가지. 앞발로 바닥을 굴러 몸을 띄운 다음, 그 발로 앞차기·옆차기·돌려차기 따위를 하는 기술.
굴렁-대[-때][명] 손에 쥐고 굴렁쇠를 밀어서 굴리는 굵은 철사나 막대기.
굴렁-쇠[명] 굴렁대로 뒤를 밀어서 굴리며 노는 데 쓰는, 둥근 쇠붙이의 테.
굴레[1][명] ①마소를 부리기 위하여 머리에 둘러맨 줄. 말의 경우는 고삐와 이어져 있음. 소의 경우는 코뚜레에 이어져 있고, 코뚜레까지 포함하여 굴레라고 하며, 고삐는 코뚜레에 맴. ②속박(束縛) 또는 얽매임을 상징하는 말. ¶ 인습의 -. ③베틀의 바디집을 걸쳐 매는 끈.
굴레를 벗다[관용] 틀이나 속박에서 벗어나다.
굴레를 쓰다[관용] 속박을 받다.
굴레를 씌우다[관용] 자유롭게 활동할 수 없게 속박하다.
굴레 벗은 말[관용] 제멋대로 거칠게 행동하는 사람을 비유하여 이르는 말.
굴레[2][명] 지난날, 어린아이의 머리에 장식과 방한(防寒)을 겸해 씌우던 쓰개의 한 가지. 앞 부분에 여러 가지 색의 장식을 소복이 얹고, 꼭뒤에는 댕기처럼 길게 드림을 늘이었음.
굴레미[명] 나무로 만든 바퀴.
굴:리다[타] ①굴러가게 하다. ¶ 바퀴를 -. ②잘 챙기지 않고 아무렇게나 돌리다. ¶ 책을 마구 -. ③돈놀이를 하다. ¶ 큰돈을 -. ④이리저리 궁리하다. ¶ 머리를 -. ⑤차를 운행하다. ¶ 택시를 -. ⑥장구채로 장구를 율동적으로 가볍게 자주 치다. ⑦나무토막 따위를 둥글게 하기 위하여 돌려 가면서 깎다.
굴:림[명]-하다[자] ①나무 따위를 모나지 않게 깎는 일. ②장구채로 장구를 율동적으로 가볍게 자주 치는 일.
굴:림-끌[명] 날이 안쪽으로 반원을 이룬 끌. 나무를 둥글게 파거나 새기는 데 쓰임.
굴:림-대[-때][명] 무거운 물건을 옮길 때, 그 밑에 놓고 굴리는 둥근 나무나 쇠로 만든 원통.
굴:림-대:패[명] 가운데가 둥그스름하게 들어간 대패. 나무를 모나지 않게 깎는 데 쓰임.
굴:림-백토(-白土)[명] 왕모래를 추려 낸 고운 백토. 흙일에 쓰임.
굴먹-굴먹[부]-하다[형] 여러 그릇에 담긴 것이 다 굴먹한 모양을 나타내는 말. ☞골막골막
굴먹-하다[형여] 그릇에 다 차지 않고 좀 모자라는듯 하다. ¶ 양동이에 물이 굴먹하게 차다. ☞골막하다
굴-밤[명] 졸참나무의 열매.
굴-밥[명] 밥이 끓을 때 생굴을 두어 익힌 밥. 석화반
굴:-법당(窟法堂)[명] 자연 그대로 굴 속에 꾸민 법당.
굴변(掘變)[명] 무덤을 파낸 변고.
굴복(屈伏)[명]-하다[자] ①머리를 숙이고 꿇어 엎드리는 일. ②굴복(屈服)
굴복(屈服)[명]-하다[자] 상대편에게 눌려 복종함. 굴복(屈伏) ¶ 권력에 -하지 아니하다.

굴비 명 알이 찬 조기를 소금으로 약간 절여서 통으로 말린 것. 건석어(乾石魚)

굴성(屈性)[-썽] 명 식물이 외계로부터 자극을 받았을 때, 일정한 방향으로 굽는 성질. 자극이 오는 쪽으로 굽는 굴성과 그 반대쪽으로 굽는 굴성으로 구별됨. 굴광성(屈光性)·굴지성(屈地性)·굴습성(屈濕性) 따위. 향성(向性) ☞경성(傾性)

굴수-성(屈水性)[-쑤썽] 명 굴습성(屈濕性). 물굽성

굴슬(屈膝)[-쓸] 명-하다자 ①무릎을 꿇음. ②남에게 굽힘.

굴습-성(屈濕性)[-씁-] 명 식물의 일부가 습도에 반응하여 굽는 성질. 뿌리는 습도가 높은 쪽으로 향하여 굽음. 굴수성(屈水性). 물굽성. 향수성(向水性)

굴신(屈伸)[-씬] 명-하다타 굽혔다 폈다 함.

굴신(屈身)[-씬] 명-하다자 ①몸을 굽힘. ②겸손하게 처신함.

굴신=운:동(屈伸運動)[-씬-] 명 몸을 굽혔다 폈다 하는 운동.

굴신-장(屈身葬)[-씬-] 명 굽혀묻기 ☞펴묻기

굴심(屈心)[-씸] 명-하다자 스스로를 낮추어 남에게 겸손하게 대함. ☞굴신(屈身)

굴썩-굴썩 부-하다형 여러 그릇에 담긴 것이 다 굴썩한 모양을 나타내는 말. ☞골싹골싹

굴썩-하다 형여 그릇에 다 차지 않고 꽤 모자라는듯 하다. ☞골싹하다

굴억(屈抑)명-하다자타 억누르거나 억눌림.

굴왕신-같다[-갇-] 형 찌들고 낡아 더럽고 보기에 나쁘다.

굴욕(屈辱)명 남에게 굴복하는 모욕. ¶-을 씻다.

굴욕-적(屈辱的)명 굴욕을 당하거나 느끼게 하는 것. ¶-인 패배./-인 외교.

굴:-우물(窟-)명 끝없이 깊은 우물.

속담 **굴우물에 돌 넣기** : 아무리 해도 끝이 없는 일을 이르는 말./**굴우물에 말똥 쓸어 넣듯 한다** : 음식을 닥치는 대로 마구 먹는 사람을 놀리어 이르는 말.

굴이(掘移)명-하다자타 무덤을 파서 옮기는 일.

굴일-성(屈日性)[-썽] 명 향일성(向日性)

굴-장(-醬)명 생굴을 섞어 담근 간장.

굴장(屈葬)[-짱] 명 송장의 팔다리를 굽혀 오그린 자세로 매장하는 일.

굴-장아찌 명 ①생굴에 진간장을 붓고 기름과 실고추를 넣어 볶은 반찬. ②생굴에 소금과 식초를 치고 잘게 썬 배·밤·파·마늘 등을 넣어 약간 익힌 반찬.

굴-저:냐 명 생굴에 밀가루를 묻히고 달걀을 풀어 씌워서 번철에 지진 음식. 석화전유어(石花煎油魚)

굴절(屈折)[-쩔] 명-하다자 ①휘어 꺾임. ②빛이나 소리 따위가 다른 매질(媒質)로 나아갈 때, 그 경계면에서 진행 방향이 바뀌는 일. ③사람의 생각이나 감정이 비뚤어지는 일. ¶-된 감정.

굴절(屈節)[-쩔] 명-하다자 절개나 정조를 굽힘.

굴절-각(屈折角)[-쩔-] 명 빛이나 소리 따위가 다른 매질(媒質)의 경계면에서 굴절할 때, 파동(波動)의 방향이 경계면의 법선(法線)과 이루는 각.

굴절-계(屈折計)[-쩔-] 명 물질에 대한 빛의 굴절률을 재는 계기(計器). 대상 물질에 따라 여러 종류가 있음.

굴절=광선(屈折光線)[-쩔-] 명 빛이 하나의 매질(媒質)로부터 다른 매질로 들어갈 때, 그 경계면에서 방향을 바꾸어 나아가는 광선.

굴절-률(屈折率)[-쩔-] 명 진공(眞空) 속 빛의 속도와 매질(媒質) 속 빛의 속도의 비.

굴절=망:원경(屈折望遠鏡)[-쩔-] 명 대물(對物) 렌즈에 볼록렌즈를 쓰는 방식의 망원경. 대물 렌즈를 통하여 굴절된 상(像)을 접안 렌즈로 확대함.

굴절-면(屈折面)[-쩔-] 명 빛이나 소리가 굴절하는 두 매질(媒質)의 경계면.

굴절-선(屈折線)[-쩔-] 명 빛이나 소리가 다른 매질(媒質) 속으로 들어갔을 때, 굴절하여 나아가는 방향을 나타내는 선.

굴절-어(屈折語)[-쩔-] 명 언어의 형태적 분류의 한 가지. 문장에서 단어의 문법적인 구실이나 관계를 어형의 변화로써 나타내는 계통의 말. 인도·유럽 어족이나 셈 어족 등이 이에 딸림. 굴곡어 ☞교착어(膠着語)

굴-젓 명 ①젓갈의 한 가지. 생굴과 고춧가루를 맷돌에 곱게 갈아 소금을 섞어 익힌 음식. ②석화해(石花醢)

굴젓-눈이[-전-] 명 한쪽 눈에 백태가 끼어 앞이 보이지 않는 사람을 놀리어 이르는 말.

굴-조개 명 굴과의 조개. 껍데기의 길이 5~10cm. 빛깔은 황백색이며 모양은 길둥근데 일정하지 않음. 연안(沿岸)의 바위 같은 데 붙어서 삶. 암수한몸임. 살은 굴이라 하며, 널리 양식(養殖)되고 있음. 모려(牡蠣). 석화(石花) 준 굴

굴종(屈從)[-쫑] 명-하다자 권력자나 강자에게 제 뜻을 굽혀 복종함.

굴-죽(-粥)명 생굴을 넣고 쑨 죽. 석화죽(石花粥)

굴지(屈指)[-찌] 명 손가락을 꼽아 헤아린다는 뜻으로, 많은 것 가운데서 손꼽아 셀 만큼 뛰어남을 이르는 말. ¶세계 -의 무역국./우리 나라 -의 기업.

굴지-성(屈地性)[-찌썽] 명 식물체가 중력의 작용에 대하여 일정한 방향으로 굽는 성질. 배지성(背地性)과 향지성(向地性)이 있음. ☞굴수성(屈水性)

굴-진[-찐] 명 굴뚝 속이나 구들장 밑에 붙은 검고 끈끈한 물질.

굴진(掘進)[-찐] 명-하다타 땅을 파 들어감.

굴-찌개 명 고추장이나 간장으로 간을 하여 국물을 끓이다가 두부와 굴을 넣고 끓인 찌개. 간장 간만 하기도 함.

굴착(掘鑿)명-하다타 땅을 파거나 바위를 뚫음.

굴-참나무 명 참나뭇과의 낙엽 활엽 교목. 높이 25m 안팎이고 암수한그루임. 잎은 길둥글며 어긋맞게 남. 5월경에 누런 갈색의 잔 꽃이 핌. 열매는 먹을 수 있고, 껍질은 코르크의 원료로 쓰임. 함경 북도와 평안 북도를 제외한 우리 나라 곳곳의 산지에 자람.

굴촉-성(屈觸性)명 식물체가 단단한 물체에 닿았을 때 나타내는 굴성(屈性). 덩굴이나 덩굴손이 다른 물건을 감는 현상 따위. 향촉성(向觸性)

굴총(掘塚)명-하다타 남의 무덤을 파내는 일. 발총(發塚)

굴침-스럽다(-스럽고·-스러워)형ㅂ 무엇을 억지로 하려고 애쓰는 태도가 있다.

굴침-스레 부 굴침스럽게

굴타리-먹다 자 오이나 호박 따위가 흙에 닿아서 썩은 자리를 벌레가 파먹다.

굴터분-하다 형여 '구리터분하다'의 준말. ☞골타분하다

굴텁텁-하다 형여 '구리텁텁하다'의 준말. ☞골탑탑하다

굴:-통(-筒)명 바퀴통

굴퉁이 명 ①겉보기에는 그럴듯하나, 속이 보잘것없는 물건. ②씨가 덜 여문 늙은 호박.

굴피(-皮)명 ①참나무의 두꺼운 껍질. ②빈 돈주머니.

굴피-나무 명 가래나뭇과의 낙엽 활엽 교목. 높이 3m, 줄기의 지름 10cm 안팎이며, 햇가지에 피목이 뚜렷함. 잎은 깃꼴 겹잎으로 잎자루가 없음. 6~7월에 이삭 모양의 꽃이 핌. 우리 나라 중부 이남의 산지에서 자라는데, 열매와 뿌리는 한방에서 약재로 쓰임.

굴핏-집(-皮-)명 굴피로 지붕을 인 집.

굴-하다(屈-)자타여 ①몸을 굽히다. ②세력이나 어려운 일 앞에서 뜻을 굽히다. ¶아무리 힘들어도 굴하지 않겠다./권력에 -.

굴혈(掘穴)명-하다자 구덩이나 구멍을 팜.

굴:혈(窟穴)명 ①소굴(巢窟) ②굴이나 굴 속.

굴화-성(屈化性)[-썽] 명 식물체가 자극을 미치는 화학물질의 농도의 차이에 따라 나타내는 굴성(屈性). ☞굴기성(屈氣性). 향화성(向化性)

굴-회(-膾)명 굴에 곱게 채친 파를 얹고 초고추장이나 초장을 곁들여 차려 내는 회. 석화회(石花膾)

굵다[국-] 형 ①길이나 높이에 비해 둘레나 너비가 크다. ¶나무가 -./굵은 철사./굵은 글씨. ②낱알의 부피가 보통보다 크다. ¶굵은 밤./굵은 모래. ③목소리가 낮으

면서 울림이 크다. ¶굵은 목소리. ④생각이나 행동의 폭이 넓고 통이 크다. ¶사람이 −./굵게 놀다. ⑤옷감 따위의 바탕이 거칠다. ¶굵은 모시. ☞가늘다. 잘다

굵다랗다[국−](굵다랗고·굵다란)형ㅎ 어지간히 굵다. ☞가느다랗다

굵디-굵다[국−국−]형 매우 굵다. ☞가늘디가늘다

굵은-베명 굵은 올로 짠 삼베. ☞가는베

속담 **굵은베가 옷 없는 것보다 낫다**: 가난하여 입을 옷이 없을 때에는 좋고 나쁨이나 맞고 안 맞음을 가리지 않는다는 말.

굵직-굵직[국−국−]부-하다형 여럿이 모두 굵직한 모양을 나타내는 말. ¶사과들이 −하다./−한 문제만 남았다.

굵직-하다[국−]형여 꽤 굵다. ¶목소리가 −.

굶기다[굼−]타 굶게 하다. ¶저녁을 −.

굶다[굼따]자타 ①먹지 않거나 먹지 못하여 배를 곯다. ¶하루 종일 굶었다./밥을 −. ②놀이 따위에서, 제 차례를 거르다.

속담 **굶기를 밥 먹듯 하다**: 자주 굶는다는 말./**굶어 보아야 세상을 안다**: 굶주려 보지 못한 사람은 세상을 참으로 알고 있다고 할 수 없다는 말./**굶어 죽기는 정승 하기보다 어렵다**: 아무리 가난하다 해도, 사람은 여간해서는 굶어 죽지 않는다는 말./**굶으면 아낄 것 없이 통 비단도 한 끼라**: 굶주리면 먹는 것 이상 더 긴급한 것이 없다는 말.

굶-주리다[굼−]자 ①먹을 것이 없어 굶고 주리다. ②크게 아쉬움을 느끼다. ¶정에 −.

한자 **굶주릴 아**(餓)〔食部 7획〕¶기아(飢餓)/아귀(餓鬼)/아사(餓死)/아살(餓殺)

굶주림[굼−]명 굶주리는 일. 기아(飢餓)

궁다형 그릇에 담긴 것이 차지 아니하다. ¶밥을 좀 궁게 담다. ☞곯다[3]

굼뉘명 바람이 없이 치는 큰 파도.

굼닐-거리다(대다)자타 자꾸 굼닐다.

굼닐다(굼닐고·굼니니)자타 몸이 구부려졌다 일어났다 하다, 또는 몸을 구부렸다 일으켰다 하다.

굼:-뜨다(−뜨고·−떠)형 답답할 만큼 느리다. ¶굼뜬 행동. ☞재빠르다

굼:벵이명 ①매미의 애벌레. 누에와 비슷하나, 몸길이가 짧고 통통함. 지잠(地蠶) ②몸놀림이 굼뜬 사람을 놀리어 이르는 말.

속담 **굼벵이가 지붕에서 떨어질 때는 생각이 있어 떨어진다**: 남의 눈에는 못나고 어리석은듯 한 행동도, 그 자신으로서는 무슨 요긴한 뜻이 있다는 말./**굼벵이도 떨어지는 재주는 있다**: 아무리 미련하고 못난 사람이라도 한 가지 재주는 있다는 말./**굼벵이도 밟으면 꿈틀 한다**: 아무리 보잘것없는 것이라도 너무 멸시하면 반항한다는 말.〔지렁이도 밟으면 꿈틀 한다〕/**굼벵이도 제 일 하는 날은 열 번 재주를 넘는다**: 무능하고 미련한 사람도 제 일이 급하게 되면 무슨 수를 써서라도 해낸다는 말./**굼벵이 천장(遷葬)하듯**: 굼뜬 사람이 미적미적 세월만 보내고 좀처럼 이루지 못함을 이르는 말.

굼:-슬겁다(−슬겁고·−슬거워)형ㅂ 태도나 성질이 서글서글하고 친절하다. ☞곰살갑다

굼실-거리다[1]자 택견에서, 발을 내디디거나 들여디디거나 하면서 무릎과 다리를 가벼이 움직이다.

굼실-거리다(대다)[2]자 벌레 따위가 좀스럽게 굼틀거리다. ☞곰실거리다. 꿈실거리다

굼실-굼실부 굼실거리는 모양을 나타내는 말. ☞곰실곰실. 꿈실꿈실

굼:-일[−닐]명-하다자 '구움일'의 준말.

굼적부 몸을 둔하게 한 번 움직이는 모양을 나타내는 말. ☞곰작. 꿈적. 꿈쩍

굼적-거리다(대다)자타 몸을 둔하게 움직거리다. 굼적이다 ☞곰작거리다. 꿈적거리다. 꿈쩍거리다

굼적-굼적부 굼적거리는 모양을 나타내는 말. ☞곰작곰작. 꿈적꿈적. 꿈쩍꿈쩍

굼적-이다자타 굼적거리다 ☞곰작이다. 꿈적이다

굼지럭부 둔한 몸놀림으로 굼뜨게 한 번 움직이는 모양을 나타내는 말. ☞곰지락. 꿈지럭

굼지럭-거리다(대다)자타 둔한 몸놀림으로 굼뜨게 움직거리다. ☞곰지락거리다. 꿈지럭거리다

굼지럭-굼지럭부 굼지럭거리는 모양을 나타내는 말. ☞곰지락곰지락. 꿈지럭꿈지럭

굼질부 굼뜬 몸놀림으로 크게 한 번 움직이는 모양을 나타내는 말. ☞곰질. 꿈질

굼질-거리다(대다)자타 굼뜬 몸놀림으로 크게 움직거리다. ☞곰질거리다. 꿈질거리다

굼질-굼질부 굼질거리는 모양을 나타내는 말. ☞곰질곰질. 꿈질꿈질

굼:튼튼-하다형여 성질이 굳어서 씀씀이가 헤프지 않고 튼튼하다.

굼틀부 몸을 한 번 구부리거나 비틀거나 하는 모양을 나타내는 말. ☞곰틀. 꿈틀

굼틀-거리다(대다)자타 몸을 이리저리 구부리거나 비틀며 움직거리다. ☞곰틀거리다. 꿈틀거리다

굼틀-굼틀부 굼틀거리는 모양을 나타내는 말. ☞곰틀곰틀. 꿈틀꿈틀

굼:판명 '구움판'의 준말.

굽명 ①소나 말, 양 따위의 두껍고 단단한 발톱. 발굽 ②그릇 따위의 받침 부분. ③구두 밑바닥의 뒤축 부분. ④나막신에 달린 두 개의 발.

굽-갈래명 굽의 갈라진 곳.

굽-갈이명-하다타 닳은 굽을 새것으로 갈아 대는 일.

굽:다[1](굽고·구워)타ㅂ ①불에 쬐어 익히다. ¶고기를 −./떡을 구워 먹다. ②나무를 태워 숯을 만들다. ¶숯을 −. ③도자기나 벽돌 따위를 만들 때 열을 주다. ¶그릇을 −. ④사진에서, 원판(原板)으로부터 양화(陽畫)를 만들다.

굽:다[2](굽고·구워)타ㅂ 윷놀이에서, 말 위에 다른 새 말을 덧붙여 어우르다.

굽다[3]형 ①곧지 않고 휘다. ☞곱다[2] ②〔동사처럼 쓰임〕¶허리가 굽는다.

속담 **굽은 나무가 선산(先山)을 지킨다**: 쓸모 없게 보이는 것이 끝까지 제구실을 다한다는 말./**굽은 나무는 길맛가지가 된다**: 쓸데없을 것 같은 굽은 나무도 길맛가지로는 쓸 수 있다는 것이니, 세상의 모든 것은 버릴 것이 없다는 말./**굽은 지팡이는 그림자도 굽어 보인다**: 좋지 않은 본바탕은 아무리 숨기려 해도 드러나게 된다는 말.

한자 **굽을 곡**(曲)〔曰部 2획〕¶곡류(曲流)/곡선(曲線)/곡직(曲直)/굴곡(屈曲)/만곡(彎曲)

굽-달이명 굽이 달린 접시.

굽-도리명 방 안의 벽 맨 아래 부분. ☞징두리

굽도리-지(−紙)명 굽도리에 바르는 종이. 준굽지

×**굽-돌이**명 →굽도리

굽-뒤:축명 마소 따위의 굽의 뒤축.

굽-바닥명 굽의 밑바닥.

굽-바자명 작은 나뭇가지로 엮어 만든 낮은 울타리.

굽배-성에명 쟁기에서, 한마루가 박힌 부분이 솟아오른 모양의 성에.

굽-새명 소나 돼지, 사슴 따위 우제류(偶蹄類) 짐승의 굽의 갈라진 사이.

굽슬굽슬-하다형여 머리털 따위가 굵게 구불구불하다. ☞곱슬곱슬하다

굽실부 공손하게 머리나 허리를 한 번 구푸리는 모양을 나타내는 말. ¶− 허리를 굽히다. ☞곱실. 꿉실

굽실-거리다(대다)자타 ①공손하게 머리나 허리를 자꾸 구푸렸다 폈다 하다. ②남의 비위를 맞추려고 비굴하게 행동하다. ☞곱실거리다. 꿉실거리다

굽실-굽실부 굽실거리는 모양을 나타내는 말. ¶− 절을 하다. ☞곱실곱실. 꿉실꿉실

굽-싸다타 짐승의 네 발을 모아 한데 얽어매다.

굽-아 감 소더러 굽을 들라고 이르는 말.
굽어-보다 타 ①몸을 굽혀 아래를 보다. ②아랫사람을 도우려고 살펴보다. ¶하늘이 ㅡ.
굽어-살피다 타 아랫사람의 사정을 살피다. ¶민생(民生)을 굽어살피소서.
굽이 명 휘어서 구부러진 곳. ☞곱이
굽이-감:다 [-따] 자타 ①휘어서 감다. ②물이 굽이에 와서 빙빙 감아 돌다.
굽이-굽이 부 ①여러 굽이로 굽이진 모양을 나타내는 말. ¶ㅡ 흐르는 강. ②굽이마다
명 여러 굽이. ¶산 ㅡ를 돌아가다. ☞곱이곱이
굽이-돌:다 (ㅡ돌고·ㅡ도니) 자 굽이져 돌다.
굽이-지다 자 굽이를 이루다. ¶굽이진 해변. ☞곱이지다
굽이-치다 자 물이 굽이를 이루며 힘차게 흐르다.
굽이-칼 명 몸이 구부러진 칼.
굽-잡다 타 남의 약점이나 단점을 잡아 기를 펴지 못하게 하다.
굽-잡히다 자 남에게 약점이나 단점을 잡혀 기를 펴지 못하다.
굽적 부 몸을 한 번 구푸리는 모양을 나타내는 말. ¶선생님께 ㅡ 절하다. ☞곱작. 꿉적
굽적-거리다(대다) 자타 몸을 자꾸 구푸렸다 폈다 하다. ☞곱작거리다. 꿉적거리다
굽적-굽적 부 굽적거리는 모양을 나타내는 말. ☞곱작곱작. 꿉적꿉적
굽-정이 명 ①구부정하게 생긴 물건. ②쟁기같이 생긴 조금 작은 농기구.
굽-죄이다 자 겸연쩍은 일이 있어 마음이 어연번듯하지 못하다. ¶굽죄이며 살다.
굽-지 (ㅡ紙) 명 '굽도리지'의 준말.
굽-질리다 자 일이 순조롭게 안 되다. ¶일이 자꾸 ㅡ.
굽-창 명 미투리나 짚신 뒤축에 덧대는 가죽 조각.
굽-통[1] 명 과녁의 양쪽을 버티는 한 자쯤 되는 기둥.
굽통 쑤시다 관용 화살이 과녁을 벗어나 굽통 사이의 땅에 맞다.
굽-통[2] 명 마소 따위 짐승의 발굽의 몸통.
굽통-줄 명 나래의 양쪽에 꿰어 봇줄에 맨 줄.
굽히다 타 ①굽게 하다. ¶팔을 ㅡ. ②뜻이나 주장, 지조(志操) 따위를 꺾다. ¶고집을 ㅡ.
굽혀-묻기 명 송장 매장법의 한 가지. 송장의 팔다리를 굽혀서 매장함. 굴신장(屈身葬) ☞펴묻기

한자 굽힐 굴(屈) 〔尸部 5획〕 ¶굴복(屈伏)/굴성(屈性)/굴신(屈身)/굴욕(屈辱)/굴종(屈從)/비굴(卑屈)

굿[1] 명 ①'구덩이'의 변한말. ②광산의 굿단속한 구덩이. ③뫼를 쓸 때, 구덩이 안에 널이 들어가도록 알맞게 판 속 구덩이.
굿[2] 명-하다 자 ①무당이 노래를 부르거나 춤을 추며, 귀신에게 치성 드리는 의식. ②여러 사람이 모여서 벅적거리는 구경거리.
굿(을) 보다 관용 남의 일에 참견하지 않고 보기만 하다.
속담 **굿 구경을 하려면 계면떡이 나오도록** : 굿이 끝난 다음에 무당이 던져 주는 계면떡이 나올 때까지 있으라는 뜻이니, 무슨 일이나 끝까지 참을성 있게 해야 소득이 있다는 말. /**굿 뒤에 날장구 친다** : 일이 다 끝난 다음에 쓸데없는 일로 떠들고 나섬을 이르는 말. 〔굿 뒤에 쌍장구 친다/다 된 농사에 낫 들고 덤빈다〕/**굿 본 거위 죽는다** : 남의 일에 쓸데없이 끼어들었다가 봉변할 때 이르는 말. /**굿에 간 어미 기다리듯 한다** : 굿에 간 어미가 떡을 가지고 돌아오는 것을 기다리는 아이처럼, 무엇을 애타게 기다리는 모양을 이르는 말. /**굿이나 보고 떡이나 먹지** : 괜스레 남의 일에 간섭하지 말고 자기 이익이나 챙기는 것이 좋다는 말. /**굿하고 싶어도 맏며느리 춤추는 꼴 보기 싫다** : 무슨 일을 하려고 하나, 자기 마음에 들지 않는 미운 사람이 따라 나서서 기뻐하는 것이 보기 싫어, 하기를 꺼린다는 말. /**굿한다고 마음 놓으랴** : 무슨 일의 성공을 위하여 정성을 들였다고 해서 그 결과를 걱정하지 않고 안심할 수 없다는 말. /**굿해 먹은 집 같다** : 한참 동안 떠들썩한 일이 있은 뒤 갑자기 조용해짐을 이르는 말. 〔잔치 치른 뒤 같다〕
굿거리-장단 명 국악의 민속악 장단의 한 가지. 조금 느리며 8분의 12박자임. 농악과 무가(巫歌), 민요 '창부타령', '쾌지나칭칭' 등에 쓰임. ☞세마치장단. 중모리장단
굿-길 [굳ㅡ] 명 갱도(坑道)
굿-꾸리다 [굳ㅡ] 자 광산의 갱(坑)이 무너지지 않도록 양쪽 벽에 기둥을 세우다.
굿-단속 (ㅡ團束) [굳ㅡ] 명-하다 자 광산의 구덩이가 무너지지 않도록 단속하는 일.
굿-덕대 [굳ㅡ] 명 광산의 구덩이 안에서 작업을 감독하는 사람. 준 덕대[3]
굿-등 [굳ㅡ] 명 광산의 구덩이의 둔덕.
굿-막 (ㅡ幕) [굳ㅡ] 명 광산에서 광부들이 쉬기도 하고 연장을 넣어 두기도 하는, 구덩이 밖에 지은 작은 집. 갱사
굿-문 (ㅡ門) [굳ㅡ] 명 광산 구덩이의 출입문. 갱문(坑門)
굿-반수 [굳ㅡ] 명 광산에서 굿단속을 하는 사람.
굿-뱀 [굳ㅡ] 명 흙구덩이 속에 모여 사는 작은 뱀. 토도사
굿-복 (ㅡ服) [굳ㅡ] 명 굿옷
굿-옷 [굳ㅡ] 명 광부의 작업복. 굿복
굿-일 [굳닐] 명 ①묘를 쓸 때 구덩이를 파는 일. ②광산의 구덩이를 파는 일.
굿-중 [굳ㅡ] 명 걸립(乞粒)을 하는 중.
굿중-놀이 [굳ㅡ] 명 ①굿중패가 꽹과리를 치면서 요란하게 염불을 하는 일. ②아이들이 시끄럽고 수선스럽게 몰려다니는 일.
굿중-패 [굳ㅡ] 명 굿중의 무리.
굿-짓:다 [굳짇ㅡ] (ㅡ짓고·ㅡ지어) 자ㅅ 묘를 쓸 때, 구덩이 안에 널이 들어갈 자리를 만들다.
궁 부 손으로 장구의 북편을 치는 소리를 나타내는 구음(口音). ☞쿵[2]. 기덕. 더러러러. 덩[2]
궁 (弓) 명 활
궁 (宮)[1] 명 ①궁궐(宮闕) ②궁가(宮家)
궁 (宮)[2] 명 동양 음악의 오음 음계(五音音階)의 첫째 음. ☞궁상각치우(宮商角徵羽)
궁 (宮)[3] 명 장기에서, '초(楚)'나 '한(漢)' 자가 새겨진 말을 이르는 말.
궁가 (宮家) 명 대군(大君)·왕자군(王子君)·공주(公主)·옹주(翁主) 등 왕족의 집. 궁(宮)[1]. 궁방. 방(房)[2]
궁간-목 (弓幹木) 명 활의 재료로 쓰는 특수한 나무. 애끼찌
궁객 (窮客) 명 몹시 궁한 처지의 사람.
궁-결 (宮結) 명 조선 시대, 각 궁에 하사하던 결세(結稅).
궁경 (窮境) 명 매우 곤란하고 어려운 처지. 궁지(窮地) ¶ㅡ에 놓이다. /ㅡ에 빠뜨리다.
궁계 (窮計) 명 어쩔 수 없는 처지에 이르러 구차하게 궁리해 낸 계책(計策). 궁책(窮策). 말계(末計)
궁고 (窮苦) 어기 '궁고(窮苦)하다'의 어기(語基).
궁고-하다 (窮苦ㅡ) 형여 더할 수 없이 괴롭다.
궁고-히 부 궁고하게
궁곡 (窮谷) 명 깊은 산골짜기.
궁곤 (窮困) 어기 '궁곤(窮困)하다'의 어기(語基).
궁곤-하다 (窮困ㅡ) 형여 구차하고 가난하여 곤란하다.
궁곤-히 부 궁곤하게
궁구 (窮究) 명-하다 타 속속들이 깊이 연구함.
궁구 (窮寇) 명 궁지(窮地)에 빠진 적.
궁구막추 (窮寇莫追) 성구 궁지에 몰린 적은 죽을 힘을 다해 저항하므로, 해를 입을 수도 있으니 지나치게 추격하지 말라는 말. 궁구물박(窮寇勿迫)
궁구물박 (窮寇勿迫) 성구 궁구막추(窮寇莫追)
궁굴다 (궁굴고·궁구니) 형 그릇 따위가 겉으로 보기보다 속이 너르다. ☞살갑다
궁굴리다 타 ①너그럽게 생각하다. ¶그의 처지를 이해하여 궁굴리어 봐주었다. ②말을 모나지 않게 하여 구슬리다. ¶화를 내면서 대드는 상대를 잘 ㅡ.
궁궁-이 (芎藭ㅡ) 명 미나릿과의 여러해살이풀. 우리 나라 곳곳의 산골짜기에 자라는데, 줄기 높이는 80~150cm

임. 8~9월에 흰 꽃이 피며 어린잎은 먹을 수 있음. 뿌리는 천궁(川芎)이라 하여 한방에서 약재로 쓰임.

궁궐(宮闕)[명] 임금이 사는 집. 금궐(禁闕). 대궐(大闕)

[한자] **궁궐 궁**(宮) 〔宀 7획〕 ¶궁궐(宮闕)/궁금(宮禁)/궁문(宮門)/궁성(宮城)/궁중(宮中)/왕궁(王宮)

궁궐=도감(宮闕都監)[명] 고려 시대에, 궁궐을 짓거나 수리하는 일을 맡아보던 임시 관아.

궁귀(窮鬼)[명] ①몹시 곤궁하게 된 귀신. ②곤궁한 사람을 비유하여 이르는 말.

궁귀-탕(芎歸湯)[명] 해산을 순조롭게 하는 데 쓰는 탕약. 불수산(佛手散)

궁극(窮極)[명] 어떤 과정의 마지막. 구극(究極) ¶ -에 이르러서는 정의가 승리할 것이다.

궁극-적(窮極的)[명] 궁극에 이르는 것. ¶ -인 목표.

궁글다(궁글고·궁그니)[형] ①착 붙지 않고 들떠서 속이 비다. ¶장판이 -. ②단단한 물체 속의 한 부분이 비다. ③소리가 웅숭깊다. ¶궁근 웃음 소리.

궁글-막대[명] 길마의 앞가지와 뒷가지를 꿰뚫어 맞춘 나무. ☞길맛가지

궁금(宮禁)[명] 궁궐(宮闕)

궁금-증(-症)[-쯩][명] 궁금한 마음. ¶ -이 풀리다./-을 더하다.

궁금-하다[형여] ①알고 싶어 마음이 답답하다. ¶시험 결과가 -./소식을 몰라서 -. ②속이 헛헛하여 무엇을 먹고 싶은 느낌이 있다. ¶입이 -.

궁금-히[부] 궁금하게 ¶그의 속마음을 - 여기다.

궁기(窮氣)[-끼][명] 구차하고 가난한 기색. ¶얼굴에 -가 끼어 있다.

궁-끼다(窮-)[자] 구차하고 가난하게 되다.

궁납(宮納)[명] 지난날, 각 궁가(宮家)에 바치던 세(稅).

궁낭(宮囊)[명] 조선 시대, 음력 정월 첫 해일(亥日)에 임금이 가까운 신하에게 주던 비단 주머니.

궁내(宮內)[명] 대궐 안. 궁중(宮中). 궐내(闕內)

궁내-부(宮內府)[명] 조선 시대 말기, 왕실에 관한 모든 일을 맡아보던 관아.

궁녀(宮女)[명] 나인

궁노(弓弩)[명] 활과 쇠뇌를 아울러 이르는 말.

궁노(宮奴)[명] 지난날, 궁가(宮家)에 딸려 있던 사내종. 궁노자(宮奴子)

궁-노루[명] '사향노루'의 딴이름.

궁노-수(宮弩手)[명] 지난날, 활과 쇠뇌를 쏘던 군사.

궁-노자(宮奴子)[명] 궁노(宮奴)

궁-단속(宮團束)[명]-하다[자] 장기에서, 궁(宮)을 지키는 일을 이르는 말.

궁달(窮達)[명] 빈궁(貧窮)과 영달(榮達). 궁통(窮通)

궁답(宮畓)[명] 지난날, 각 궁가(宮家)에 딸려 있던 논.

궁대(弓袋)[명] 궁의(弓衣)

궁도(弓道)[명] ①궁술(弓術)을 닦는 일. ②활을 쏠 때 지켜야 하는 여러 가지 도의.

궁도(宮圖)[명] 바둑에서, 바둑돌이 에워싼 집의 모양새.

궁도(窮途)[명] 곤궁한 처지.

궁-도련님(宮-)[-또-][명] 궁도령

궁-도령(宮道令)[-또-][명] ①지난날, 임금의 친족으로서 대군(大君)이나 군(君)에 봉해진 젊은이를 이르던 말. ②부잣집에서 호강스럽게 자라나서 세상의 어려운 일을 알지 못하는 사람을 이르는 말. 궁도련님

궁동(窮冬)[명] 겨울의 마지막, 곧 음력 섣달을 이르는 말. 궁음(窮陰)

궁-둔전(宮屯田)[명] 지난날, 각 궁가(宮家)에 딸려 있던 둔전. ☞관둔전(官屯田)

궁둥-방아[명] 엉덩방아

궁둥이[명] ①엉덩이의 아래 부분으로, 앉을 때 바닥에 닿는 부분. ②옷의 궁둥이를 감싸는 부분. ¶바지 -를 겹으로 대다. ☞볼기

궁둥이가 가볍다[관용] 한자리에 오래 앉아 있지 않고 곧 자리를 뜬다는 말. ¶그는 궁둥이가 가벼워 어디에 진드근히 있지를 못한다.

궁둥이가 무겁다[관용] 어디에 한번 앉으면 일어날 줄 모르고 오래 앉아 있다는 말. 궁둥이가 질기다.

궁둥이가 질기다[관용] 궁둥이가 무겁다.

궁둥이를 붙이다[관용] ①궁둥이를 바닥에 대고 앉다. ②앉아서 쉬다, 또는 생활할 곳을 잡아 안정하다. ¶우선 궁둥이 좀 붙이고 나서 이야기하자./어디 궁둥이 붙이고 살 데가 있어야지.

[속담] **궁둥이에서 비파(琵琶) 소리가 난다**: 몹시 바쁘게 돌아다님을 이르는 말.〔비파 소리가 나도록 갈팡질팡한다〕

궁둥이-내:외(-內外)[명]-하다[자] 지난날, 여자가 외간남자와 마주쳤을 때, 슬쩍 돌아서서 내외하는 짓을 이르던 말. 멀리 피하지 않고 궁둥이만 돌린다는 데서 이른 말.

궁둥이-뼈[명] 넓적다리뼈와 몸통뼈를 잇는 한 쌍의 큰 뼈. 골반을 이루고 있음. 관골(髖骨). 관비(髖髀). 무명골(無名骨)

궁둥잇-바람[명] 어떤 일이 즐겁거나 흥이 나서 절로 홰홰 내둘러지는 궁둥잇짓. ☞어깻바람. 엉덩잇바람

궁둥잇-짓[명]-하다[자] 궁둥이를 내흔드는 짓.

궁둥-짝[명] '궁둥이'의 속된말. ☞낯짝. 볼기짝

궁-따다[자] 시치미를 떼고 딴소리를 하다.

×**궁-떨다**(窮-)[자] →궁상떨다

궁뚱망뚱-하다[형여] 몹시 궁벽하고 너절하다.

궁례(宮隷)[명] 지난날, 각 궁에 딸려 있던 하인. 궁액(宮掖)

궁료(宮僚)[명] 지난날, 동궁(東宮)에 딸려 있던 모든 관원.

궁륭(穹窿)[명] ①한가운데는 높고 사방 주위는 차차 낮아진 하늘 형상. ②무지개 모양으로 가운데는 높고 길게 굽은 형상, 또는 그러한 구조물.

궁륭-형(穹窿形)[명] 무지개나 반달같이 굽은 모양.

궁리(窮理)[명]-하다[타] ①일이나 물건의 이치를 깊이 연구함. ②마땅한 방법을 찾으려고 여러모로 깊이 생각함. ¶처리 방법을 -하다.

궁마(弓馬)[명] ①활과 말. ②궁술(弓術)과 마술(馬術).

궁문(宮門)[명] 궁궐의 문. 궐문(闕門)

궁문(窮問)[명]-하다[타] 범죄 사실을 따져 묻는 일.

궁민(窮民)[명] 구차하고 가난한 백성.

궁박(窮迫)[어기] '궁박(窮迫)하다'의 어기(語基).

궁박-하다(窮迫-)[형여] 구차하고 가난함이 절박하다. 몹시 곤궁하다. ¶궁박한 처지를 비관하지 않다.

궁박-히[부] 궁박하게

궁반(窮班)[명] 가난한 양반.

궁방(弓房)[명] 활을 만드는 곳.

궁방(宮房)[명] 궁가(宮家)

궁방-전(宮房田)[명] 지난날, 각 궁방에 딸려 있던 논밭.

궁-밭(宮-)[명] 장기에서, 궁을 중심으로 사방에 놓인 여덟 개의 말밭을 이르는 말.

궁벽(窮僻)[어기] '궁벽(窮僻)하다'의 어기(語基).

궁벽-하다(窮僻-)[형여] 외떨어지고 후미져서 으슥하다. ¶궁벽한 산 속에 자리한 암자. ☞은벽하다

궁벽-히[부] 궁벽하게

[한자] **궁벽할 벽**(僻) 〔人部 13획〕 ¶벽거(僻居)/벽루(僻陋)/벽읍(僻邑)/벽지(僻地)/벽촌(僻村)

궁북(窮北)[명] 북쪽의 맨 끝. 극북(極北)

궁빈(宮嬪)[명] 나인

궁사(弓士)[명] 지난날, 활로 무장한 군사를 이르던 말. ☞궁수(弓手)

궁사(弓師)[명] ①활 쏘는 일을 직업으로 하는 사람. 활잡이 ②궁장이

궁사극치(窮奢極侈)[성구] 매우 심한 사치를 이르는 말.

궁사남:위(窮思濫爲)[성구] 궁하면 무슨 짓이나 하게 됨을 이르는 말.

궁사무척(∠孔蛇無尺)[성구] 구멍에 든 뱀의 길이는 알 수 없다는 뜻으로, 남의 숨은 재주나 눈에 보이지 않는 마음씨를 헤아리기가 어려움을 이르는 말.

궁상(窮狀)[명] 구차하고 가난한 상태. 궁태(窮態)

궁상(窮相)[명] 궁하게 생긴 상격(相格).
궁상각치우(宮商角徵羽)[명] 동양 음악의 오음 음계(五音音階)를 아울러 이르는 말. 각(角)[4]
궁상-떨:다(窮狀-)(-떨고·-떠니)[자] 짐짓 궁상이 드러나 보이도록 행동하다.
궁상-맞다(窮相-)[-맏-][형] 꾀죄죄하고 초라하다. ¶ 쪼그리고 앉아 있는 몰골이 -.
궁상-스럽다(窮相-)(-스럽고·-스러워)[형ㅂ] 보기에 궁상맞은 데가 있다. ¶차림새가 -.
궁상-스레[부] 궁상스럽게
궁색(窮色)[명] 곤궁한 모습. ¶옷차림에서 -이 드러난다.
궁색(窮塞)[명]-하다[형] 매우 가난하고 군색함. ¶-을 면하다./-한 생활에서 벗어나다.
궁색-히[부] 궁색하게
궁생(窮生)[명] 불교에서, 삼계(三界)로 떠돌아다니며 궁하게 살아가는 중생을 이르는 말.
궁-생원(窮生員)[명] 곤궁한 서생. 궁유(窮儒)
궁서(窮鼠)[명] 쫓기어 궁지에 몰린 쥐.
[속담] **궁서가 고양이를 문다** : 처지가 궁박해진 사람을 괴롭히면 도리어 이쪽을 해치게 되므로, 너무 괴롭히지 말라는 뜻으로 이르는 말.
궁설(窮說)[명]-하다[자] 곤궁한 형편을 말함, 또는 그 말.
궁성(宮城)[명] ①궁궐 둘레에 쌓은 성벽. 궁장(宮牆). 금성(禁城) ②임금이 사는 궁궐. 금성(金城)
궁세(宮稅)[-쎄][명] 조선 시대, 궁방전(宮房田)에 대하여 물리던 조세.
궁세(窮勢)[명] 곤궁한 형세. ¶-에 몰리다.
궁수(弓手)[명] 활을 쏘는 사람이나 군사. 궁척(弓尺) ☞ 궁사(弓士). 사수(射手)
궁수(宮繡)[명] 조선 시대, 궁중에서 궁녀가 놓은 수. 실을 약간 느슨하게 꼬아 평면으로 납작하게 놓은 홑수.
궁수(窮愁)[명] 곤궁해서 겪는 근심.
궁수(窮數)[-쑤][명] 궁핍한 운수.
궁수-자리(弓手-)[명] 십이 성좌(十二星座)의 하나. 여름에 남쪽 하늘에 보이는 별자리인데, 9월 상순 오후 여덟 시 무렵에 자오선을 통과함. 사수자리 ☞황도 십이궁
궁술(弓術)[명] 활을 쏘는 기술. ¶- 대회
궁시(弓矢)[명] 활과 화살. 궁전(弓箭)
궁실(宮室)[명] 궁궐의 방.
궁심(窮心)[명] 힘을 다하여 마음을 쓰는 일.
궁액(宮掖)[명] 지난날, 각 궁에 딸려 있던 하인. 궁례(宮隷)
궁여-일책(窮餘一策)[명] 궁여지책(窮餘之策)
궁여지책(窮餘之策)[명] 막다른 지경에서 생각다 못하여 짜 낸 계책. 궁여일책(窮餘一策)
궁역(宮域)[명] 궁궐의 구역.
궁온(宮醞)[명] 지난날, 임금이 신하나 백성에게 주던 술.
궁유(窮儒)[명] 곤궁한 서생. 궁생원(窮生員)
궁음(窮陰)[명] 궁동(窮冬)
궁의(弓衣)[명] 활을 넣어 두는 자루. 활집. 궁대(弓袋)
궁인(弓人)[명] 궁장이
궁인(宮人)[명] 나인
궁인(窮人)[명] 곤궁한 사람.
궁인모사(窮人謀事)[성구] 운수가 궁한 사람이 꾸미는 일이라는 뜻으로, 일이 뜻대로 잘 되지 않음을 이르는 말.
궁장(宮庄)[명] 지난날, 각 궁가(宮家)에 딸려 있던 논밭. 궁전(宮田). 궁토(宮土)
궁장(宮牆)[명] 궁성(宮城)
궁-장식(宮裝飾)[명]-하다[자] 장기를 둘 때, 궁(宮)이 안전하도록 주위에 포(包)나 차(車), 마(馬) 등을 배치하는 일.
궁-장이(弓-)[명] 활 만드는 일을 직업으로 하는 사람. 궁사(弓師). 궁인(弓人). 조궁장이
궁전(弓箭)[명] 활과 화살. 궁시(弓矢)
궁전(宮田)[명] 궁장(宮庄)
궁전(宮殿)[명] 궁궐(宮闕)
궁절(窮節)[명] 지난날, 봄철에 묵은 곡식은 다 떨어지고, 햇곡식은 아직 여물지 않아 양식 부족으로 생활이 몹시 어려운 시절을 이르던 말. 궁춘(窮春). 춘궁기(春窮期)
궁정(弓旌)[명] 활과 정(旌).
궁정(宮廷)[명] 궁궐(宮闕)
궁정(宮庭)[명] 대궐 안의 뜰.
궁정=문학(宮廷文學)[명] 궁중 문학(宮中文學)
궁정-악(宮廷樂)[명] 궁중 음악(宮中音樂)
궁-조대(窮措大)[명] 지난날, 가난하여 몹시 어렵게 사는 선비를 이르던 말.
궁조입회(窮鳥入懷)[성구] 쫓기어 달아날 곳이 없는 새가 사람의 품안으로 숨어 든다는 뜻으로, 어려운 처지에 놓여 도움을 청해 온 사람을 비유하여 이르는 말. 흔히 어렵고 딱한 사람을 가엾이 여겨 도와야 한다고 이를 때 쓰이는 말임.
궁주(弓奏)[명]-하다[자] 현악기를 활로 켜서 연주하는 일.
궁-줄(窮-)[-쭐][명] 궁한 처지.
궁중(宮中)[명] 대궐 안. 궁내. 궐내. 금중. 액정
궁중-말(宮中-)[명] 지난날, 대궐 안에서만 쓰던 말. '수라'·'매화'·'지'·'모여오다' 따위. 궁중어(宮中語)
궁중=문학(宮中文學)[명] 대궐 안에서 일어난 일이나 생활을 내용으로 한 문학. '계축일기(癸丑日記)', '한중록(閑中錄)' 따위. 궁정 문학(宮廷文學)
궁중-어(宮中語)[명] 궁중말
궁중=음악(宮中音樂)[명] 궁중에서 연주하는 음악. 아악(雅樂) 따위. 궁정악(宮廷樂)
궁지(宮址)[명] 궁터
궁지(窮地)[명] 매우 곤란하고 어려운 처지. 궁경(窮境) ¶-에 빠지다./-에 몰리다.
궁진(躬進)[명]-하다[자] 사람을 만나러 자기가 직접 감.
궁진(窮盡)[명]-하다[자] 다하여 없어짐.
궁차(宮差)[명] 지난날, 궁가(宮家)에 딸려 궁장(宮庄)의 소작료를 거두는 일을 맡아보던 사람.
궁창-분합(-分閤)[명] 재래식 한옥에서, 아래쪽에 널을 댄 네 짝의 분합. 가운데 두 짝만 여닫게 되어 있음.
궁책(窮策)[명] 궁계(窮計)
궁척(弓尺)[명] ①신라 시대, 활로 무장한 군대를 이르던 말. ②활을 쏘는 사람이나 군사. 궁수(弓手)
궁천극지(窮天極地)[성구] 하늘과 땅과 같이 끝닿는 데가 없음을 이르는 말.
궁체(弓體)[명] ①활을 쏘는 자세. ②활의 몸.
궁체(宮體)[명] 조선 시대, 궁녀들이 쓰던 한글 글씨체.
궁초(宮綃)[명] 비단의 한 가지. 바탕이 엷으며 둥근 무늬가 있음. 흔히 댕기를 만드는 데 쓰임.
궁촌(窮村)[명] ①가난한 마을. ②외진 곳에 있는 마을.
궁추(窮追)[명]-하다[타] 막다른 지경에까지 몰아붙임.
궁춘(窮春)[명] 궁절(窮節)
궁태(窮態)[명] 궁상(窮狀)
궁-터(宮-)[명] 궁궐이 있던 자리. 궁지(宮址)
궁토(宮土)[명] 궁장(宮庄)
궁통(窮通)[명] ①궁달(窮達) ②-하다[자타] 성질이 진중하여 깊이 궁리를 잘함.
궁팔십(窮八十)[-씹][성구] 중국의 주나라 강태공(姜太公)이 무왕(武王)을 만나 정승이 되기까지 80년을 가난하게 살았다는 고사에서, '가난하게 살아옴'을 이르는 말. ☞달팔십(達八十). 선팔십(先八十)
궁핍(窮乏)[명]-하다[형] 몹시 가난함. ¶-한 생활.
궁핍-히[부] 궁핍하게
궁-하다(窮-)[형여] ①가난하다 ¶궁한 살림. ②넉넉하지 못하다. ¶용돈이 -./이야깃거리가 -. ③사정이 딱하다. ¶궁한 소리. ④어떤 일을 피하거나 처리할 도리가 없다. ¶대답에 궁해 얼굴이 붉어졌다. ⑤극도에 이르다. ¶궁하면 무슨 일인들 못하겠느냐.
궁하면 통한다[관용] 매우 궁박한 처지에 이르면 도리어 해결할 도리가 생긴다는 말.

[한자] **궁할 궁**(窮) 〔穴部 10획〕 ¶궁객(窮客)/궁상(窮狀)/궁색(窮色)/궁지(窮地)/궁핍(窮乏)

궁합(宮合)[명] 혼담이 있는 남녀의 사주(四柱)를 오행(五行)에 맞춰 보아서 배우자로서 좋은 상대인지 아닌지를

헤아리는 점. ¶ -이 좋은 천생연분이다.
궁항(窮巷)명 ①으슥하고 쓸쓸한 골목. ②외딴 시골.
궁핵(窮覈)명-하다타 원인을 깊은 데까지 죄다 캠.
궁행(躬行)명-하다타 일을 몸소 함. 친행(親行)
궁향(窮鄕)명 구석지고 외딴 시골.
궁현(弓弦)명 활에 걸어서 켕기는 줄. 그 줄에 화살을 메기어 잡아당겼다가 놓으면서 쏨. 현(弦). 활시위
궁현-악기(弓絃樂器)명 찰현 악기(擦絃樂器)
궁협(窮峽)명 깊고 험한 산골.
궁형(弓形)명 활의 모양. 활꼴
궁형(宮刑)명 고대 중국의 오형(五刑)의 하나. 죄인의 생식기를 없애거나 썩혀 생식을 못하게 하던 형벌.
궁흉(窮凶)어기 '궁흉(窮凶)하다'의 어기(語基).
궁흉-하다(窮凶-)형여 성정(性情)이 아주 음충맞고 흉악하다.
궂기다[굳-]자 ①일에 헤살이 들어 잘 되지 않다. ②윗사람이 죽다를 점잖게 에둘러 이르는 말.
궂다[1][굳-]자 눈이 멀다.
궂다[2][굳-]형 ①눈이나 비가 내려 날씨가 좋지 않다. ¶ 궂은 날씨. ②마음에 언짢다. ¶좋다 - 말이 없다.
궂은-고기명 병이 들어 죽은 짐승의 고기. 진육(殄肉)
궂은-비명 구질구질하게 오래 내리는 비.
궂은-살명 헌데에 새로 생긴 군더더기 살. 군살. 노육(胬肉). 췌육(贅肉) ☞군은살
궂은-소리명 사람이 죽었다는 소문. 윈소리
궂은-쌀명 깨끗이 쓿지 않은 쌀.
궂은-일[-닐]명 ①언짢고 꺼림하여 하기 싫은 일. 진일 ¶친구 일이라면 -도 마다하지 않는다. ②사람이 죽은 데에 관계되는 일, 곧 초상을 치르는 일.
궂히다타 ①죽게 하다. ¶사람을 -. ②일을 그르치게 하다. ¶잘못 거들어서 남의 일을 궂혀 놓았다.
권:(勸)명 남에게 어떤 일을 하도록 하는 말이나 짓.
속담 **권에 띄어 방립(方笠) 산다** : 남이 권하는 말이면 무엇이나 잘 듣는 사람을 두고 하는 말./**권에 못 이겨 방립(方笠) 쓴다** : 남의 권에 못 이겨 어쩔 수 없이 따라 하게 됨을 이르는 말. [권에 비지떡]
권(卷)의 ①책을 세는 단위. ¶책 한 -. ②전집 등 여러 책이 한 벌로 된 책의 차례를 나타내는 말. ¶제5 -에 실린 내용. ③옛 책에서 편차(編次)의 한 단위. ¶세종실록 - 5. ④한지(韓紙) 스무 장을 한 묶음으로 하여 세는 단위. ¶창호지 열 -. ⑤영화 필름의 길이의 단위. 한 권은 305m임.
-권(券)《접미사처럼 쓰이어》'증서', '표(票)'의 뜻을 나타냄. ¶회원권(會員券)/상품권(商品券)/승차권(乘車券)/입장권(入場券)/방청권(傍聽券)
-권(圈)《접미사처럼 쓰이어》'범위'나 '울타리 안'의 뜻을 나타냄. ¶문화권(文化圈)/세력권(勢力圈)/수도권(首都圈)/우승권(優勝圈)
-권(權)《접미사처럼 쓰이어》'권력', '권리'의 뜻을 나타냄. ¶재판권(裁判權)/경찰권(警察權)/결정권(決定權)/소유권(所有權)/저작권(著作權)/기본권(基本權)/시민권(市民權)
권가(權家)명 '권문 세가(權門勢家)'의 준말.
권간(權奸)명 권세를 가진 간사한 신하.
권:계(勸戒)명-하다타 잘못됨이 없도록 타일러 경계함.
권:계(勸誡)명-하다타 불교에서, 선(善)을 권하고 악(惡)을 경계함을 이르는 말. ▷ 勸의 속자는 勧
권:계-면(圈界面)명 대류권(對流圈)과 성층권(成層圈)의 경계면. 높이는 적도 부근에서 18km 가량임.
권:고(眷顧)명-하다타 돌보아 줌.
권:고(勸告)명-하다타 어떤 일을 하도록 타이르며 권함. ¶전문가의 -를 받아들이다.
권:고=사직(勸告辭職)명 권고하여 그 직무를 그만두고 물러나게 하는 일.
권:고지은(眷顧之恩)명 돌보아 준 은혜.
권곡(圈谷)명 카르(Kar)
권교(權敎)명 불교에서, 대승(大乘)의 참 이치를 깨닫게 하기 위한 방편으로 말한 부처의 가르침을 이르는 말.
권:구(眷口)명 한집에서 같이 사는 식구.
권:권복응(拳拳服膺)성구 마음에 깊이 새겨 늘 잊지 아니함을 이르는 말.
권:권불망(眷眷不忘)성구 늘 생각하여 잊지 아니함을 이르는 말.
권귀(權貴)명-하다형 권세가 있고 지위가 높음, 또는 그런 사람. ▷ 權의 속자는 権·权
권:내(圈內)명 범위의 안. 테두리의 안. ☞권외(圈外)
권:념(眷念)명-하다타 돌보아 생각함. 고념(顧念)
권:농(勸農)[1]명-하다자 농사를 장려함.
권:농(勸農)[2]명 조선 시대, 지방의 방(坊)이나 면(面)에 딸려 농사를 장려하던 직책, 또는 그 사람. 권농관
권농-관(勸農官)명 권농(勸農)[2]
권능(權能)명 ①권력과 능력. ¶신(神)의 -. ②법률에서, 권리를 주장하고 행사할 수 있는 능력을 이르는 말.
권당(眷黨)명 친척(親戚)
권:당-질명-하다타 옷 속이 뚫리어 통하게 꿰매야 할 것을 양쪽이 붙게 잘못 꿰맨 바느질.
권:도(勸導)명-하다타 타일러서 이끎.
권도(權度)명 ①저울과 자. ②따라야 할 규칙.
권도(權道)명 수단이나 방법은 올바른 도리에서 벗어나 있으나 결과로 보아서는 정도(正道)와 같은 방도. 목적을 이루기 위한 편의상의 수단이나 방법.
권:독(勸督)명 타이르고 감독함.
권:독(勸讀)명 글 읽기를 권함.
권:두(卷頭)명 책의 첫머리. 권수(卷首) ☞권말(卷末)
권:두-사(卷頭辭)명 머리말
권:두-언(卷頭言)명 머리말
권략(權略)명 권모(權謀)
권:려(勸勵)명-하다타 권하고 장려함. 권장(勸奬)
권력(權力)명 남을 지배하여 강제로 복종시키는 공인된 힘. 특히 국가가 국민에게 명령하여 강제하는 힘을 이름.
권력=관계(權力關係)명 권력이 행사될 때, 지배와 복종의 관계. 주로 행정상 나라나 공공 단체가 사인(私人)에 대하여 가지는 우월적인 법률 관계를 이름.
권력=분립(權力分立)명 국가 권력을 몇 개의 기관에 분산하여 권력의 남용이나 전제 정치를 막으려 하는 원리. 입법·사법·행정으로 가른 삼권 분립이 이에 해당함.
권력-설(權力說)명 윤리학에서, 도덕의 근거는 권력자의 명령이나 권위에 바탕을 둔다는 학설을 이르는 말.
권력-자(權力者)명 권력을 가진 사람.
권력=투쟁(權力鬪爭)명 정치 권력을 차지하기 위하여 개인이나 단체, 정당 사이에 벌어지는 싸움.
권:련(眷戀)명-하다타 애타게 그리워함.
권:렴(捲簾)명-하다자 드리웠던 발을 걷어 올림.
권:뢰(圈牢)명 짐승을 가두는 우리. 권함(圈檻)
권리(權利)명 ①권세와 이익. ②어떤 일을 자기의 의지에 따라 할 수 있는 자격이나 능력. ¶남의 일을 방해할 -가 없다. ③어떤 일을 자기에게 이롭게 하기 위해 주장하거나 누릴 수 있는 법률상의 힘. ☞의무(義務)
권리-금(權利金)명 토지나 건물 따위를 빌리는 대가로, 빌려 준 사람에게 지급하는 돈.
권리=능력(權利能力)명 법률에서, 권리의 주체가 될 수 있는 법률상의 자격을 이르는 말.
권리-서(權利書)명 소유권을 확증한 등기 서류.
권리-자(權利者)명 권리를 가진 사람.
권리-주(權利株)명 주식 회사의 신설이나 증자(增資), 다른 회사의 설립 등으로 발행될 주식의 인수권(引受權)을 사고 팔 때, 그 대상이 되는 주식.
권리=주체(權利主體)명 법률에서, 권리를 누릴 수 있는 이를 이르는 말. 자연인과 법인이 있음.
권리-증(權利證)[-쯩]명 등기필증(登記畢證)
권리-질(權利質)명 채권, 주주권, 무체 재산권(無體財產權) 등 물건 이외의 재산권에 대한 질권(質權).
권리=침해(權利侵害)명 법이 인정하는 권리에 대하여 권리자 이외의 사람이 권리자가 누릴 권리의 일부나 전부를

침해하는 일.

권리=행위(權利行爲)명 권리자가 권리를 행사하기 위하여 하는 행위.

권:말(卷末)명 책의 맨 끝. 권미(卷尾) ☞권두(卷頭)

권:말-기(卷末記)명 책의 본문 끝에, 그 책의 내용이나 그에 관련된 일을 적은 글. 발문(跋文) ☞권두언(卷頭言). 머리말

권:매(勸賣)명-하다타 팔기를 권함.

권매(權賣)명 무를 수 있다는 조건 아래 팔고 사는 일.

권면(券面)명 유가 증권 따위의 금액이 적힌 앞면.

권:면(勸勉)명-하다타 권하고 북돋우어 힘쓰게 함.

권:면-액(券面額)명 권면에 적힌 금액.

권모(權謀)명 그때그때의 형편에 따라 하는 임기응변의 책략. 권략(權略)

권모술수(權謀術數)[-쑤]성구 수단과 방법을 가리지 않고, 그때그때의 형편에 따라 교묘하게 남을 속이는 꾀와 술책. 준권수(權數). 권술(權術)

권문(權門)명 '권문 세가(權門勢家)'의 준말.

권문=세:가(權門勢家)명 대대로 권세를 누려 온 집안. 준권가(權家). 권문(權門)

권문=자제(權門子弟)명 권세가 있는 집안의 자제.

권:미(卷尾)명 권말(卷末)

권:배(勸杯)명-하다자 술잔을 권함.

권번(券番)명 일제 강점기에 기생들이 기적(妓籍)을 두었던 조합.

권:법(拳法)[-뻡]명 ①맨손과 몸으로 상대편을 공격하고 상대편의 공격을 막는 격투(格鬪) 기술. ②십팔기 또는 무예 이십사반의 하나.

권변(權變)명 그때그때의 형편에 따라 처리하는 수단.

권병(權柄)명 권력으로 남을 마음대로 다룰 수 있는 힘, 또는 그러한 신분.

권:봉(捲奉)명-하다타 영정(影幀)을 말아서 모셔 둠.

권부(權府)명 권력을 행사하는 관청.

권불십년(權不十年)성구 권세는 십 년을 못 간다는 뜻으로, 아무리 대단한 권세라도 오래가지 못함을 이르는 말. ☞화무십일홍(花無十日紅)

권:비(眷庇)명-하다타 돌보아서 보호함.

권:사(勸士)명 개신교에서, 신자를 찾아다니며 권면하고 전도하는 교직, 또는 그러한 일을 하는 사람.

권:산=꽃차례(卷繖-)[-꼳-]명 유한(有限) 꽃차례의 한 가지. 꽃줄기 끝에 한 송이의 꽃이 핀 다음, 그 아래에 같은 방향으로 꽃자루가 자라 꽃이 피기를 되풀이하여 꽃줄기가 소용돌이 모양으로 굽는 것. 물망초 따위. 권산 화서(卷繖花序) ☞호산(互繖) 꽃차례

권:산=화서(卷繖花序)명 권산(卷繖) 꽃차례

권:서(拳書)명 주먹에 먹물을 묻혀 글씨를 쓰는 일, 또는 그렇게 쓴 글씨.

권:선(捲線)명 코일(coil)

권:선(圈選)명-하다타 조선 시대, 권점(圈點)하여 사람을 가려 뽑던 일.

권:선(勸善)명-하다자 ①착한 일을 하도록 권함. ②불교에서, 절을 짓거나 불사(佛事)를 위하여 신자들에게 보시를 청하는 일.

권:선-가(勸善歌)명 회심곡(回心曲)

권:선-기(捲線機)명 철선이나 밧줄 따위를 감거나 풀어내는 기계 장치.

권:선-대(勸善袋)명 권선지(勸善紙)

권:선-문(勸善文)명 권선하는 글.

권:선-지(勸善紙)명 절에서 불사(佛事)가 있을 때나 가을 추수 철에 중이 속가(俗家)에 다니며 시주를 청하면서 돌라주는 종이 봉지. 권선대(勸善袋) 준권지(勸紙)

권:선징악(勸善懲惡)성구 착한 행실을 권하고 나쁜 행실을 징계함을 이르는 말. 준권징(勸懲). 징악(懲惡)

권:선-책(勸善冊)명 절에서, 시주(施主)의 이름과 시주한 내용을 적은 책을 이르는 말.

권:설(勸說)명-하다타 타이르며 권함, 또는 그 말.

권섭(權攝)명-하다타 어떤 일을 임시로 대신 맡아봄.

권세(權勢)명 권력과 세력. ¶ -를 누리다./-를 부리다.

한자 권세 권(權)〔木部 18획〕¶ 권능(權能)/권력(權力)/권세(權勢)/권위(權威)/권좌(權座) ▷ 속자는 権·权

권:속(眷屬)명 ①호주(戶主)에게 딸리어 한 집에서 생활하는 사람들. ¶ 일가 -이 모두 무사하다. ②남에게 자기의 아내를 낮추어 이르는 말. 가권(家眷). 가속(家屬)

권:솔(眷率)명 거느리고 사는 식구.

권:수(卷首)명 ①책의 첫째 권. ②권두(卷頭)

권:수(卷數)[-쑤]명 책의 수효.

권:수(卷鬚)명 덩굴손

권수(權數)명 '권모술수(權謀術數)'의 준말.

권술(權術)명 '권모술수(權謀術數)'의 준말.

권신(權臣)명 권세를 누리는 신하. 권세 있는 신하.

권:애(眷愛)명-하다타 보살피며 사랑함.

권:양-기(捲揚機)명 밧줄이나 쇠사슬을 감았다 풀었다 함으로써 물건을 위아래로 옮기는 기계. 윈치(winch)

권:언(勸言)명 권하는 말. 권고의 말.

권:업(勸業)명-하다자 산업을 장려함.

권여(權輿)명 저울대와 수레 바탕이라는 뜻으로, 사물의 시초를 이르는 말. 〔저울은 저울대부터 만들고 수레는 수레 바탕부터 만든다는 데서 나온 말임.〕

권:연(卷煙)명 '궐련'의 원말.

권:연-초(卷煙草)명 궐련

권:염(倦厭)명-하다자 싫증이 남.

권:왕-문(勸往文)명 불교에서, 사람이 죽은 뒤에 극락정토로 가기를 축원하는 노래, 또는 그 노래를 적은 책을 이르는 말.

권:외(圈外)명 일정한 범위의 밖. 테두리의 밖. ¶ 당선 -에 머물다. ☞권내(圈內)

권요(權要)명 권세가 있는 중요한 자리, 또는 그 자리에 있는 사람. ▷權의 속자는 権·权

권:우(眷遇)명-하다타 임금이 신하를 특별히 생각하거나 두터이 대우함.

권:운(卷雲)명 상층운(上層雲)의 한 가지. 높은 하늘에 섬유처럼 흩어져 뜨는 흰 구름. 빙정(氷晶)으로 이루어진 것으로 보통 5~13km 높이에 생김. 새털구름. 털구름 ☞권적운(卷積雲)

권:운-층(卷雲層)명 권운이 겹쳐 쌓인 층.

권원(權原)명 권리의 원인. 어떤 행위를 정당화하는 법률상의 원인. 지상권(地上權)이나 임차권(賃借權) 등이 남의 땅에 물건을 딸리게 하는 원인이 되는 일 따위.

권위(權威)명 ①남을 복종시키는 위력. ¶ 사법(司法)의 -. ②어떤 분야에서 지식이나 기술, 실력이 남달리 뛰어난 것으로 인정되어 있는 일, 또는 그런 사람. ¶ 생물학계의 -.

권위-자(權威者)명 어떤 분야에서 지식이나 기술이 남달리 뛰어난 사람.

권위-주의(權威主義)명 권위에 대하여 맹목적으로 복종하거나, 권위를 휘둘러 남을 억누르려고 하는 사고 방식이나 행동 양식.

권:유(勸誘)명-하다타 권해서 하도록 함. ¶ 담배를 끊도록 -하다.

권:유(勸諭)명-하다타 어떻게 하도록 타이름.

권익(權益)명 권리와 이익.

권:자(圈子)명 얼마를 한도로 한 둘레.

권:장(勸奬)명-하다타 권하고 장려함. 권려(勸勵). 장권(奬勸) ¶ - 도서/체력 단련을 -하다.

권:적-운(卷積雲)명 상층운(上層雲)의 한 가지. 높은 하늘에 작은 구름 덩이가 물결이나 비늘 모양으로 펼쳐지는 구름. 빙정(氷晶)으로 이루어진 것으로 보통 5~13km 높이에 생김. 비늘구름. 조개구름. 털쌘구름 ☞권층운(卷層雲)

권:점(圈點)[-쩜]명 ①글의 중요 부분에 찍는 동그라미표. ②-하다타 조선 시대, 관원을 뽑을 때, 뽑는 이가 뽑고자 하는 후보자의 이름 아래에 표시하는 동그라미표, 또는 그 표를 표시하는 일을 이르던 말. ③한자 옆에

찍어 사성(四聲)의 구별을 나타내는 둥근 점.
권정(權定)명-하다타 일을 임시로 작정함.
권좌(權座)명 한 나라의 통치권을 가진 자리. ¶ -에 오르다./-에서 물러나다.
권:주(勸酒)명-하다자 술을 마시기를 권함.
권:주-가(勸酒歌)명 ①술자리에서 술을 마시기를 권하면서 부르는 노래. ②조선 시대, 십이가사(十二歌詞)의 하나. 작자와 만든 시기는 알려지지 않음. '가곡원류(歌曲源流)'에 실려 전함.
권중(權重)어기 '권중(權重)하다'의 어기(語基).
권중-하다(權重-)형여 권세가 크다.
권:지(勸止)명-하다타 그만두도록 권함. 권하여 그만두게 함.
권:지(勸紙)명 '권선지(勸善紙)'의 준말.
권지(權智)명 ①부처가 중생을 교화하기 위하여 편의상 쓰는 방편(方便)의 지혜. ☞실지(實智) ②그때의 형편에 따라 알맞게 처리하는 지혜.
권:질(卷帙)명 두루마리로 된 책과 철(綴)한 책이라는 뜻에서, '책'을 이르는 말.
권:징(勸懲)명 '권선징악(勸善懲惡)'의 준말.
권:찰(勸察)명 장로교에서, 교인의 가정 형편을 보살피는 일을 맡은 교직(教職), 또는 그 사람을 이르는 말.
권찰(權察)명-하다타 임시로 다른 일을 겸하여 보살핌.
권:척(卷尺)명 줄자
권:총(拳銃)명 한 손으로 다룰 수 있게 만든 작은 총. 단총(短銃). 피스톨(pistol)
권:추(圈樞)명 원(圓)의 중심(中心).
권:축(卷軸)명 족자 끝에 가로 대는 둥근 막대.
권:층-운(卷層雲)명 상층운(上層雲)의 한 가지. 높은 하늘에 하얀 장막처럼 펼쳐지는 구름. 빙정(氷晶)으로 이루어진 것으로 보통 5~13km 높이에 생김. 태양이나 달을 가리면 햇무리나 달무리가 생김. 털층구름 ☞권운
권칭(權稱)명 권형(權衡)
권:태(倦怠)명 일이 시들하게 느껴져서 일어나는 게으름이나 싫증.
권:태-기(倦怠期)명 시들해져서 싫증을 느끼는 시기. [흔히 부부 관계에 대해 이름.]
권:태-증(倦怠症)[-쯩]명 권태를 느끼는 증세.
권:토중:래(捲土重來)성구 ①한번 졌다가 힘을 돌이켜 다시 쳐들어옴을 이르는 말. ②어떤 일에 실패한 뒤에 힘을 가다듬어 다시 시작함을 이르는 말.
권:투(拳鬪)명 두 경기자가 양손에 글러브를 낀 주먹으로 서로 공격하고 방어하며 승패를 겨루는 경기. 몸무게에 따라 여러 체급(體級)으로 나뉨. 복싱(boxing)
권:투(圈套)명 ①새나 짐승을 잡는 올무나 덫, 올가미 따위를 통틀어 이르는 말. ②남을 속이는 수단을 비유하여 이르는 말.
권판(權判)명-하다타 지난날, 품계(品階)가 높은 사람에게 그 지위에 걸맞지 않은 낮은 일을 보게 하던 일.
권:패(卷貝)명 '나사조개'의 딴이름.
권폄(權窆)명-하다타 좋은 묘지를 구할 때까지 임시로 장사를 지냄. 중폄(中窆)
권:-하다(勸-)타여 ①남에게 어떤 일을 하도록 말하다. ¶찜질을 해 보라고 -. ②음식을 대접하면서 먹거나 마시라고 말하다. ¶차를 -.
  권커니 잣거니관용 술을 서로 권하기도 하고 받아 마시기도 하면서.

한자 권할 권(勸) [力部 18획] ¶권고(勸告)/권선(勸善)/권유(勸誘)/권장(勸獎)/권학(勸學) ▷ 속자는 勧

권:학(勸學)명-하다자 학문에 힘쓰도록 권함.
권한(權限)명 국가나 개인이 법령의 규정이나 규칙 등에 따라서 권력이나 권리를 행사할 수 있는 범위. ¶ -을 부여하다./그에게 그런 -은 없다.
권한-내(權限內)명 권리나 직권 등이 미치는 범위의 안. ☞권한외(權限外)
권한=대:행(權限代行)명 권한을 가진 사람의 대신으로, 그 아랫사람이나 제삼자가 그 권한을 행사하는 일, 또는 그 사람. ¶총재 -
권한-외(權限外)명 권리나 직권 등이 미치는 범위의 밖. ☞권한내(權限內)
권:함(圈檻)명 짐승을 가두는 우리. 권뢰(圈牢)
권:항(勸降)명-하다자 항복하도록 권함.
권형(權衡)명 ①저울추와 저울대라는 뜻으로, '저울'을 이르는 말. 권칭(權稱) ②사물의 경중(輕重)을 재는 척도나 기준. ③사물의 균형.
권:화(勸化)명-하다타 ①불교를 믿도록 감화함. ②중이 보시(布施)를 권함.
권화(權化)명 ①부처나 보살이 중생을 구하기 위하여 사람 등의 모습으로 이 세상에 나타나는 일, 또는 그 화신(化身). ②어떤 추상적인 것이 구체적인 모습으로 나타난 것처럼 여겨지는 일, 또는 그러한 사람.
권흉(權凶)명 권세를 함부로 휘두르는 흉악한 사람.
궐(闕)[1]명 임금이 거처하는 곳. 궁궐(宮闕). 대궐(大闕)
궐(闕)[2]명-하다자타 ①해야 할 일을 안 함. ¶끼니를 -하다. ②나가야 할 자리에 가지 않고 빠짐. ¶회의에 여러 차례 -하다. ③여러 자리 가운데 몇 자리가 빔.
  궐(을) 내다관용 결원이 생기게 하다.
  궐(이) 나다관용 결원이 생기다.
궐과(闕課)명-하다자 일과(日課)에 빠짐.
궐기(蹶起)명-하다자 어떤 목적을 이루기 위하여 떨쳐 일어남. ¶독재 정치에 항의하여 국민이 -하다.
궐내(闕內)명 대궐 안. 궁내. 궐중(闕中). 금리(禁裏)
궐랭(厥冷)명 한방에서, 체온이 내려갈 때 나타나는 온갖 증세를 이르는 말.
궐:련(∠卷煙)명 얇은 종이로 가늘게 말아 놓은 담배. 권연초(卷煙草) 원권연(卷煙)
궐:련-갑(∠卷煙匣)[-깝]명 궐련을 담는 갑.
궐루(闕漏)명-하다자 여럿 가운데 함께 들어 있던 것이 빠져 없어짐. 결루(缺漏)[1]
궐명(厥明)명 다음날 날이 밝을 무렵.
궐문(闕文)명 빠진 글자나 글귀, 또는 글자나 글귀가 빠진 문장.
궐문(闕門)명 대궐의 문. 궁문(宮門). 금문(禁門)
궐방(闕榜)명-하다타 ①지난날, 과거의 급제자가 없어서 방방(放榜)을 하지 못하던 일. ②지난날, 나라에 특별한 사정이 있어서 과거를 보이지 못하던 일. ③마땅히 해야 할 일을 못함.
  궐방(을) 치다관용 꼭 해야 할 일을 하지 못하다.
×**궐본**(闕本)명 →결본(缺本)
궐사(闕仕)[-싸]명-하다자 지난날, 관원이 결근하던 일.
궐사(闕祀)[-싸]명-하다자 어떤 사정으로 말미암아 제사를 지내지 못함. 궐제(闕祭). 궐향(闕享)
×**궐석**(闕席)명-하다자 →결석(缺席)
×**궐석=재판**(闕席裁判)명 →결석 재판(缺席裁判)
×**궐석=판결**(闕席判決)명 →결석 판결(缺席判決)
궐식(闕食)[-씩]명-하다자 결식(缺食)
궐실(闕失)[-씰]명 마땅히 해야 할 일을 하지 못한 허물.
궐액(闕額)명 모자라는 액수.
궐어(鱖魚)명 '쏘가리'의 딴이름.
궐연(蹶然)어기 '궐연(蹶然)하다'의 어기(語基).
궐연-하다(蹶然-)형여 일어나는 모양이 매우 기운차다. ¶나라를 지키고자 궐연하게 일어서다.
  궐연-히부 궐연하게
궐외(闕外)명 대궐의 밖. ☞궐내(闕內)
궐원(闕員)명 결원(缺員)
궐위(闕位)명-하다자 어떤 지위나 직위가 빔, 또는 그 빈 자리. ¶ - 중인 이사직.
궐자(闕字)[-짜]명 ①문장 가운데 빠진 글자. ②-하다자 문장 가운데 임금이나 귀인의 이름을 쓸 때, 경의를 표하는 뜻으로 한두 칸 쓸 자리를 비워 두는 일.
궐전(闕錢)[-쩐]명 곗돈이나 월수(月收)·일수(日收) 따위에서, 제때에 내어야 할 돈을 내지 못한 돈.
궐제(闕祭)[-쩨]명-하다자 궐사(闕祀)

궐중(闕中)[－쭝] 명 대궐 안. 궐내(闕內)
궐직(闕直)[－찍] 명 -하다 자 숙직이나 일직 따위의 번차례에 빠짐.
궐참(闕參) 명 -하다 자 참여할 일에 빠짐.
궐채(蕨菜) 명 ①'고사리'의 딴이름. ②고사리나물
궐초(厥初) 명 그 처음.
궐취(闕炊) 명 -하다 자 끼니를 끓이지 못한다는 뜻으로, 가난하여 끼니를 거름을 이르는 말.
궐패(闕牌) 명 '闕' 자를 새긴 나무 패. 조선 시대, 각 고을 관아에 두고 망궐례(望闕禮)를 하였음.
궐하(闕下) 명 대궐 아래라는 뜻으로, 지난날에 신하가 '임금의 앞'을 이르던 말.
궐향(闕享) 명 -하다 자 궐사(闕祀)
궐획(闕畫) 명 -하다 자 결획(缺畫)
궐후(厥後) 명 그 뒤.
궤:(几) 명 ①지난날, 늙어서 관직을 물러난 대신이나 중신(重臣)에게 임금이 주던, 몸을 편히 기대고 앉아 팔을 얹는 데 쓰는 물건. ②제향(祭享) 때 쓰는 상의 한 가지. ③장사지낼 때 무덤 속에 넣는 기물(器物)의 한 가지.
궤:(軌) 명 ①수레의 양 바퀴 사이의 폭. ②수레가 지나간 자국.
궤를 같이하다 관용 수레가 지나간 자국을 따라 굴러가듯이, 어떤 견해나 방침 따위를 함께함을 비유하여 이르는 말.
궤:(簋) 명 종묘(宗廟)와 문묘(文廟) 등의 나라 제사에 쓰이던 제기. 기장쌀이나 피쌀을 담았음. ☞보(簠)
궤:(櫃) 명 물건을 넣어 두기 위하여 나무나 쇠 등으로 상자처럼 네모나게 짠 그릇. 속 궤짝
궤:간(軌間) 명 ①궤도의 너비. ②철로의 안쪽 너비.
궤:갈(匱渴) 명 -하다 자 궤핍(匱乏)
궤:결(潰決) 명 -하다 자 결궤(決潰)
궤:계(詭計) 명 간사하게 속이는 꾀. 궤모(詭謀). 궤술(詭術). 궤책(詭策)
궤:도(軌度) 명 법도(法度)
궤:도(軌道) 명 ①수레가 지나간 바큇자국이 난 길. ②기차나 전차가 다니는 궤철의 길. ③천체(天體)가 공전하는 일정한 길. ¶달의 －./인공 위성의 －. ④물체가 일정한 힘을 받아 운동할 때 그리는 경로. ¶타원형의 －를 그리다. ⑤일이 되어가는 일정한 경로. ¶기업의 경영이 겨우 정상 －에 오르다.
궤:도=전:자(軌道電子) 명 원자 속에서, 원자핵 주위를 돌고 있는 전자. 핵외 전자(核外電子)
궤:도-차(軌道車) 명 궤도 위를 다니는 차. 전차나 기차 따위.
궤:란(潰爛) 명 -하다 자 썩어 문드러짐.
궤:란(憒亂) 어기 '궤란(憒亂)하다'의 어기(語基).
궤란-쩍다 형 행동이 건방지거나 주제넘다.
궤:란-하다(憒亂－) 형여 마음이 어지럽고 어수선하다.
궤:멸(潰滅) 명 -하다 자 무너져 없어짐.
궤:모(軌模) 명 궤범(軌範)
궤:모(詭謀) 명 궤계(詭計)
궤:배(跪拜) 명 -하다 자 무릎을 꿇고 절함.
궤:범(軌範) 명 본보기가 될 규범이나 법도. 궤모(軌模)
궤:변(詭辯) 명 ①그럴듯하게 꾸며대는 구변(口辯). ②논리학에서, 사실은 비논리적인 것을 논리적인 것으로 꾸며대는 논법을 이르는 말. ☞논과(論過)
궤:변-가(詭辯家) 명 궤변을 잘하는 사람.
궤:변-학파(詭辯學派) 명 기원전 5세기 무렵 주로 그리스 아테네에서, 젊은이들에게 변론술이나 정치·법률 등의 교양을 가르치던 사람들을 이르는 말. 소피스트(sophist)
궤:복(跪伏) 명 -하다 자 무릎을 꿇고 엎드림.
궤:봉(櫃封) 명 -하다 타 물건을 궤에 넣고 봉하여 둠.
궤:붕(潰崩) 명 -하다 자 허물어져 무너짐. 붕괴(崩壞)
궤:사(詭詐) 명 -하다 타 교묘하게 속임.
궤:산(潰散) 명 -하다 자 군대가 전쟁에 져서 뿔뿔이 흩어짐.
궤:상(机上) 명 책상 위.
궤:상-공론(机上空論) 명 탁상공론(卓上空論)
궤:상육(机上肉)[－뉵] 성구 '도마에 오른 고기'라는 말을 한문식으로 옮긴 구(句)로, 운명이 상대편의 마음먹기에 달려 있는 처지, 또는 어찌할 수 없는 막다른 지경을 비유하여 이르는 말. 조상육(俎上肉)
궤:설(詭說) 명 거짓으로 꾸며대는 말. 속이는 말.
궤:술(詭術) 명 궤계(詭計)
궤:안(几案) 명 의자·사방침(四方枕)·안석(案席) 따위를 통틀어 이르는 말.
궤:안(机案) 명 책상
궤:양(潰瘍) 명 피부나 점막의 조직이 헐어서 짓무르는 증세.
궤:언(詭言) 명 간사하게 속여 꾸며대는 말.
궤:연(几筵) 명 ①영궤(靈几)와 그에 딸린 것을 차려 놓은 곳. 영실(靈室) 속 상청(喪廳) ②영궤(靈几)
궤:열(潰裂) 명 -하다 자 갈라지거나 해어져 찢어짐.
궤:유(饋遺) 명 -하다 타 물품을 거저 보내 줌.
궤:적(軌跡·軌迹) 명 ①수레바퀴가 지나간 자국. 궤철(軌轍) ②옛사람의 행적. ③수학에서, '자취'의 구용어.
궤:조(軌條) 명 레일(rail)
궤:좌(跪坐) 명 -하다 자 꿇어앉음.
궤:주(潰走) 명 -하다 자 군대가 전쟁에 져서 흩어져 달아나는 일.
궤:-지기 명 다 고르고 찌꺼기만 남아 쓸모 없는 것.
궤:-짝(櫃－) 명 '궤'를 속되게 이르는 말.
궤:책(詭策) 명 궤계(詭計)
궤:철(軌轍) 명 ①수레바퀴가 지나간 자국. 궤적(軌跡) ②법칙(法則)이나 법도. ③지나간 일의 자취.
궤:철(軌鐵) 명 레일에 쓰이는 철재(鐵材).
궤:칙(軌則) 명 ①본보기 ②규범으로 삼고 본받는 일.
궤:패(潰敗) 명 -하다 자 무너져 흩어짐.
궤:핍(匱乏) 명 -하다 자 축나서 없어짐. 궤갈(匱渴)
궤:하(机下) 명 ①책상 아래. ②편지 겉봉을 쓸 때, 상대편을 높이어 그의 이름 다음에 쓰는 말.
궤:휼(詭譎) 명 -하다 타 교묘하고 간사스럽게 속임, 또는 그런 속임수.
궤:휼(饋恤) 명 -하다 타 가난한 사람에게 물건을 주어 구제함.
귀 명 ①사람이나 동물의 몸에서 소리를 듣는 기능을 하는 신체 부분. 일반적으로 척추동물은 머리의 양옆에 있음. ②'귓바퀴'의 준말. ③'귀때'의 준말. ④냄비나 독, 항아리 따위의 양쪽에 손으로 잡고 들게 되어 있는 부분. ¶항아리의 양쪽 －. ⑤모난 물건의 모서리. ¶이불 홑청의 네 －를 맞추다. ⑥넓적한 바닥의 모퉁이. ¶밭 －. ⑦실을 꿸 수 있도록 바늘의 한쪽 끝에 뚫어 놓은 구멍. ⑧두루마기의 양쪽 겨드랑이 아래로 손을 넣을 수 있게 만든 구멍. ⑨두루마기나 저고리의 섶 끝. ⑩'불귀'의 준말. ⑪바둑판에서 네 모퉁이의 화점(花點) 언저리의 부분. ⑫돈머리에 좀더 붙은 우수리.
귀가 가렵다 관용 남이 제 말을 하는 것 같다.
귀(가) 따갑다 관용 ①소리가 귀에 세게 울려서 시끄럽다. ②여러 번 들어서 싫증이 나다.
귀가 뚫리다 관용 말귀를 알아듣게 되다.
귀가 뜨이다 관용 들리는 말이나 소리에 정신이 끌리다.
귀(가) 멀다 관용 소리를 듣는 능력을 잃다.
귀가 번쩍 뜨이다 관용 뜻밖의 소리에 정신이 번쩍 들다.
귀가 솔깃하다 관용 듣기에 그럴듯하여 마음이 쏠리다.
귀(가) 아프다 관용 같은 소리를 되풀이해 듣거나, 귀찮거나 싫은 소리를 듣거나 하여 싫증이 나다.
귀(가) 어둡다 관용 ①소리를 잘 듣지 못하다. ②남의 말을 잘 이해하지 못하다.
귀(가) 여리다 관용 속는 줄 모르고 남의 말을 잘 믿다.
귀(가) 열리다 관용 세상 물정을 알게 되다.
귀가 절벽이다 관용 소리를 전혀 듣지 못하다.
귀(가) 질기다 관용 아둔하여 남의 이야기를 잘 알아듣지 못하다.
귀(를) 기울이다 관용 주의하여 잘 듣다. 열심히 잘 듣다.
귀를 뜨다 관용 사람이나 짐승이 태어난 뒤에 처음으로 소리를 듣기 시작하다.
귀 밖으로 듣다 관용 ①남의 말을 성의 없이 듣다. ②듣

고도 못 들은척 하다.

귀 빠진 날 관용 '생일'을 속되게 이르는 말.

귀(에) 못이 박히다 관용 같은 말을 되풀이해 들어 듣기 싫은 정도가 되다.

귀(에) 익다 관용 ①들은 적이 있다. ②여러 번 들어서 그것에 익숙하다.

속담 **귀가 보배라** : 배운 것은 없으나 얻어들어서 아는 것이 있음을 놀리어 이르는 말. /**귀 소문 말고 눈 소문 하라** : 실지로 보고 확인한 것이 아니면 말하지 말라는 뜻. /**귀에 걸면 귀걸이 코에 걸면 코걸이** : ①한 가지 사물이 보기에 따라 이런 것도 같고 저런 것도 같다는 말. ②둘러대기에 따라 이렇게도 되고 저렇게도 될 수 있다는 말. ☞이현령비현령(耳懸鈴鼻懸鈴)

한자 귀 이(耳) 〔耳部〕 ¶이근(耳根)/이명(耳鳴)/이목구비(耳目口鼻)

귀:(鬼) 명 '귀수(鬼宿)'의 준말.

귀:(貴)-《접두사처럼 쓰이어》'지체가 높은', '값비싼'의 뜻을 나타냄. ¶귀부인(貴婦人)/귀금속(貴金屬)

귀가(歸家) 명 -하다 자 집으로 돌아가거나 돌아옴. 귀택(歸宅) ☞환택(還宅)

귀:간(貴簡) 명 상대편을 높이어, 그의 편지를 이르는 말. 귀함(貴函)

귀감(龜鑑) 명 본보기가 될만 한 일. 거울로 삼아 본받을만 한 일. ¶공무원의 -이 될만 한 인물. ☞명감(明鑑)

귀갑(龜甲) 명 거북의 등딱지. ¶- 문자

귀갑-문(龜甲紋) 명 거북의 등딱지와 같은 무늬.

×**귀개** 명 →귀이개

귀:객(貴客) 명 귀한 손님. 귀빈(貴賓)

귀:거(鬼車) 명 '호랑나비'의 딴이름.

귀-걸이 명 ①추위를 막기 위하여 귓바퀴를 싸는 물건. 털가죽 따위로 만듦. ②'귀걸이안경'의 준말. ☞귀고리

귀걸이-안:경(-眼鏡) 명 안경다리 대신 실로 꿰어 귀에 걸게 된 안경. 준 귀걸이

귀:격(貴格) [-껵] 명 귀하게 될 상격(相格).

귀:견(貴見) 명 상대편을 높이어, 그의 의견을 이르는 말.

귀-견줌 명 격구에서, 경기를 시작할 때의 동작. 공을 치는 막대기를 말의 목 위로 들어 말의 귀와 가지런히 하는 동작.

귀결(歸結) 명 -하다 자 ①어떤 결론이나 결과에 다다름, 또는 그 결론이나 결과. ¶그가 법정에 선 것은 당연한 -이다. ②철학에서, 어떤 일이 원인이 되어 그 결과로서 생겨난 사태, 또는 논리적인 관계에서 전제(前提)로부터 이끌어 낸 결론. ☞이유(理由)

귀결(을) 짓다 관용 일의 끝을 맺다. 결론을 내리다.

귀결-부(歸結符) 명 수식(數式)의 계산에서 귀결된 식을 보일 때, 그 앞에 쓰는 부호 '∴'의 이름. 결과표(結果標). 고로표. 삼발점 ☞이유표(理由標)

귀:경(貴庚) 명 상대편을 높이어, 그의 나이를 이르는 말.

귀경(歸京) 명 -하다 자 지방에서, 서울로 돌아가거나 서울로 돌아옴. ☞이경(離京)

귀경(歸耕) 명 -하다 자 이제까지의 직업을 그만두고 고향으로 돌아가 농사를 지음. ☞귀농(歸農)

귀계(歸計) 명 고향으로 돌아갈 계획.

귀:고(貴稿) 명 옥고(玉稿)

귀-고리 명 귓불에 다는 장신구. 이당(耳璫) ☞귀걸이

귀:곡(鬼哭) 명 귀신의 울음.

귀:곡-새(鬼哭-) 명 음침한 날 밤에 구슬프게 울고 다니는 부엉이를 이르는 말. 귀곡조(鬼哭鳥)

귀:곡-성(鬼哭聲) 명 ①귀신의 울음소리. ②귀곡새의 울음소리.

귀:곡-조(鬼哭鳥) 명 귀곡새

귀:골(貴骨) 명 ①귀하게 자란 사람. ②귀하게 될 골격(骨格). ☞천골(賤骨)

귀:공(貴公) 대 동배(同輩) 또는 손아랫사람인 상대편을 점잖게 부르는 말.

귀:-공자(貴公子) 명 ①귀한 집안의 젊은 자제. ②생김새나 몸가짐이 의젓하고 고상한 남자. 귀자(貴子)

귀:관(鬼關) 명 불교에서, 저승으로 들어가는 문을 이르는 말. 귀문(鬼門)

귀:관(貴官) 대 ①관직에 있는 상대편을 정중하게 일컫는 말. ②군대에서, 상급자가 하급자를 대접하여 일컫는 말. ¶-의 임무가 무엇인가?

귀:교(貴校) 명 상대편을 높이어, 그의 학교를 이르는 말.

귀구(歸咎) 명 -하다 타 허물을 남에게 돌림.

귀:국(貴國) 명 상대편을 높이어, 그의 나라를 이르는 말. 귀방(貴邦) ¶-의 영사관. ☞폐국(弊國)

귀국(歸國) 명 -하다 자 자기 나라로 돌아가거나 돌아옴. 귀조(歸朝). 환국(還國). 회국(回國)

귀근(歸覲) 명 -하다 자 귀성(歸省)

귀-글(∠句-) 명 한문의 시부(詩賦) 따위에서, 두 마디가 한 덩이씩 짝이 되게 지은 글. 구문(句文)

귀:-금속(貴金屬) 명 산출량이 적고 귀중한 금속. 금·은·백금 등으로 공기 중에서 쉽사리 화학 변화를 하지 않으며, 광택이 아름다움. ☞비금속(卑金屬)

귀:기(鬼氣) 명 ①소름이 끼칠 정도로 무서운 기운. ¶-가 서린 얼굴. ②귀신이 붙은 기색.

귀-기둥 명 건물의 모퉁이에 세운 기둥.

귀꿈-스럽다(-스럽고·-스러워) 형ㅂ 궁벽하여 흔하지 않다.

귀꿈-스레 부 귀꿈스럽게

귀-나다 자 ①모가 반듯하지 않고 한쪽으로 비뚤어지거나 기울어지다. ¶종이를 귀나게 접다. ②의논이 서로 빗나가서 틀어지다.

귀:-남자(貴男子) 명 ①귀한 집안에서 태어난 아들. ②용모나 풍채가 뛰어나고 잘생긴 남자.

귀납(歸納) 명 -하다 타 하나하나의 구체적인 사실에서 일반에 통용될만 한 원리나 법칙 등을 이끌어 내는 일. ☞연역(演繹)

귀납-법(歸納法) 명 하나하나의 구체적인 사실에서 일반적인 원리나 법칙 등을 이끌어 내는 논리적 연구 방법. ☞연역법(演繹法)

귀납-적(歸納的) 명 귀납으로 논리를 전개해 나가는 것. ☞연역적(演繹的)

귀넘어-듣다(-듣고·-들어) 타ㄷ 주의하지 않고 흘려듣다. ¶충고를 -. ☞귀여겨듣다

귀:녀(鬼女) 명 ①여자 모습을 한 귀신. ②악귀 같은 여자.

귀:녀(貴女) 명 ①귀한 집안에서 태어난 딸. ②특별히 귀염을 받는 딸.

귀녕(歸寧) 명 -하다 자 시집간 딸이 친정에 가서 어버이를 뵘. 근친(覲親)

귀농(歸農) 명 -하다 자 ①농사짓던 사람이 농촌을 떠났다가 다시 농사를 지으려고 되돌아감. ②도시에서 일하던 사람이 농촌으로 가서 농사일로 생활함. ☞귀경(歸耕). 이농(離農) ▷歸의 속자는 帰

귀-느래 명 귀가 늘어진 말.

귀-다래기 명 귀가 작은 소.

귀단(歸斷) 명 -하다 자 벌어졌던 일이 끝남.

귀:-단백석(貴蛋白石) 명 보석으로 쓰이는 단백석의 한 가지. 보는 각도에 따라 젖빛이나 노랑·파랑 따위의 빛깔을 띰.

귀담아-듣다(-듣고·-들어) 타ㄷ 주의하여 잘 듣다. ¶어머니의 당부를 -.

귀대(歸隊) 명 -하다 자 자기가 근무하는 부대로 돌아가거나 돌아옴. ¶휴가를 마치고 -하다.

귀:댁(貴宅) 명 상대편을 높이어, 그의 집을 이르는 말.

귀도(歸途) 명 귀로(歸路)

귀:동(貴童) 명 귀둥이

귀-동냥 명 -하다 타 남들이 하는 말을 얻어들어서 앎. ¶-으로 배운 영어.

×**귀-동이**(貴童-) 명 →귀둥이

귀:-동:자(貴童子) 명 ①특별히 사랑을 받는 사내아이. ②귀하게 자란 사내아이.

귀:두(鬼頭) 명 용마루 양쪽 끝에 대는 도깨비 머리 모양의

장식 기와.

귀두(龜頭)명 ①귀부(龜趺) ②자지의 끝 부분. 용두(龍頭)

귀둥-대둥부 말이나 행동을 되는 대로 아무렇게나 하는 모양을 나타내는 말. ¶ ― 지껄여대다.

귀:-둥이(貴―)명 특별히 사랑을 받는 아이. 귀동(貴童)

귀때명 액체를 흘리지 않고 따를 수 있도록 그릇 한쪽에 붙여 만든, 새의 부리처럼 내민 부분. 준 귀

귀때-그릇명 귀때가 달린 그릇. 복자[1]

귀-때기명 '귀'를 속되게 이르는 말.

속담 **귀때기가 떨어졌으면 이다음 와 찾지** : 서둘러 급히 떠날 때 하는 말.

귀때-동이명 귀때가 달린 동이.

귀-떨어지다자 넓적한 물건의 가장자리가 이지러지다.

귀뚜라미명 귀뚜라밋과의 곤충. 몸길이는 1.5cm 안팎이고 흑갈색에 얼룩점이 있음. 촉각은 몸보다 길며 꼬리 끝이 갈라져 있음. 귀뚜리. 실솔(蟋蟀)

속담 **귀뚜라미 풍류(風流)한다** : 게을러서 김이 우거지도록 논에 손을 대지 않음을 비꼬아 이르는 말.

귀뚜리명 귀뚜라미

귀뚤-귀뚤부 귀뚜라미가 우는 소리를 나타내는 말.

귀-띔명-하다타 눈치를 채고 알아듣도록 넌지시 일깨움. ¶인사 이동이 있을 거라고 ―해 주다.

귀래(歸來)명-하다자 돌아오는 일.

×**귀렬**(龜裂)명 → 균열(龜裂)

귀로(歸路)명 돌아오거나 돌아가는 길. 귀도(歸途). 귀정(歸程) ☞왕로(往路)

귀:록(鬼錄)명 저승에서, 명관(冥官)이 죽은 사람의 이름을 적는다는 장부. 귀적(鬼籍)

귀:룽명 귀룽나무의 열매.

귀:룽-나무명 장미과의 낙엽 교목. 잎은 달걀꼴로 가장자리에 톱니가 있음. 5월경에 가지 끝에 흰 꽃이 피고 6~7월에 버찌 비슷한 열매가 열림. 가지는 약재로 쓰이고 열매와 어린잎은 먹을 수 있음.

귀류-법(歸謬法)[―뻡]명 어떤 명제(命題)가 참임을 직접 증명하는 대신, 그 부정(否定) 명제가 참이라고 가정(假定)했을 때 나타나는 모순을 보여 줌으로써, 간접적으로 원래의 명제가 참임을 증명하는 방법. 간접 논증(間接論證)

귀:리명 볏과의 두해살이풀. 재배 식물로 줄기 높이는 1m 이상, 잎은 가늘고 길며 칼집 모양의 자루가 있음. 열매는 먹을 수 있으며 가축의 사료로도 쓰임. 연맥(燕麥). 이맥(耳麥). 작맥(雀麥)

귀:린(鬼燐)명 도깨비불

귀-마루명 지붕의 귀퉁이에 있는 마루.

귀마루-흘림명 귀마루의 기울어진 정도.

귀마방:우(歸馬放牛)성구 주(周)나라의 무왕(武王)이 은(殷)나라를 치고 돌아와 전쟁에 썼던 말과 소를 놓아 보냈다는 데서, 다시는 전쟁을 아니하려는 다짐을 비유하여 이르는 말.

귀-막이명 면류관의 양쪽 비녀 끝에 줄을 걸어서 늘이고, 거기에 구슬을 꿰어서 귀까지 내려오게 한 물건.

귀:매(鬼魅)명 도깨비와 두억시니 따위를 이르는 말.

귀매(歸妹)명 '귀매괘(歸妹卦)'의 준말.

귀매-괘(歸妹卦)명 육십사괘(六十四卦)의 하나. 진괘(震卦) 아래 태괘(兌卦)가 놓인 괘로 못 위에 우레가 있음을 상징함. 준 귀매(歸妹) ☞풍괘(豐卦)

귀-머거리명 귀먹어 소리를 듣지 못하는 사람. 농자(聾者) ☞전롱(全聾)

속담 **귀머거리 삼 년이요 벙어리 삼 년이라** : 여자가 시집가서는, 남의 말을 듣고도 못 들은체 하고, 하고 싶은 말도 하지 말고 지내라는 뜻으로, 시집살이하기가 매우 어려움을 이르는 말.

귀머리-장군(―將軍)명 윗머리 양쪽 귀퉁이에 검은 부등변 삼각형을 그린 연(鳶).

귀머리장군-긴:코박이(―將軍―)명 귀머리장군에다 긴 네모꼴의 붉은 꼭지를 붙인 연.

귀-먹다자 ①귀가 소리가 들리지 않게 되다. ¶귀먹은 노인. ②남의 말을 이해하지 못하다. ③그릇에 금이 가서 털털거리다.

귀:면(鬼面)명 ①귀신의 얼굴. ②귀신의 얼굴을 상상하여 만든 탈. ③용마루 끝 마구리나 사래, 추녀마루 끝에 붙여 마무르는, 도깨비의 얼굴을 새긴 장식 기와.

귀:명(貴名)명 ①귀한 이름. 드문 이름. ②상대편을 높이어, 그의 이름을 이르는 말.

귀:명(貴命)명 상대편을 높이어, 그의 명령을 이르는 말.

귀명(歸命)명-하다자 불교에서, 몸과 마음을 바쳐 부처나 부처의 가르침에 따름을 이르는 말.

귀명-정례(歸命頂禮)명 ①불교에서, 머리를 땅에 대고 부처에게 절하면서 귀명의 뜻을 나타내는 일. ②불교에서, 예불할 때 외는 말.

귀모토각(龜毛兔角)성구 거북의 털과 토끼의 뿔이라는 뜻으로, 있을 수 없는 일을 비유하여 이르는 말.

귀목(槻木)명 느티나무의 재목.

귀목-나무(槻木―)명 '느티나무'의 딴이름.

귀:문(鬼門)명 ①귀관(鬼關) ②귀수(鬼宿)가 있다는 방위. 음양설에서, 귀신이 드나든다고 하여 꺼리는 방위로 동북쪽을 가리킴.

귀:문(貴門)명 ①존귀한 집안. ②상대편을 높이어, 그의 집안을 이르는 말.

귀:물(貴物)명 ①얻기 어려운 드문 물건. ②귀중한 물건.

귀-밑명 귀 아래쪽의 뺨.

귀밑-때기[―믿―]명 '귀밑'을 속되게 이르는 말.

귀밑-머리[―믿―]명 앞머리 가운데에 가르마를 타고 양쪽 귀의 위부터 머리를 땋아 내려가 뒤의 나머지 머리에 모아 하나로 땋아 늘인 머리 모양. 조선 시대 처녀들의 일반적인 머리 모양이었음.

귀밑머리(를) 풀다관용 처녀 때 땋았던 귀밑머리를 풀어 쪽을 찐다는 뜻으로, '시집을 가다'의 뜻.

귀밑-샘[―믿―]명 이하선(耳下腺)

귀밑-털[―믿―]명 살쩍

귀박명 나무를 네 귀가 지게 긴 네모꼴로 파서 만든 자그마한 함지박.

귀-밝다[―박―]형 ①작은 소리도 잘 알아들을 만큼 듣는 힘이 좋다. ②소식을 얻어듣는 것이 남보다 빠르다. ¶집에만 있어도 귀밝아 모르는 일이 없다.

귀-밝이명 '귀밝이술'의 준말.

귀밝이-술명 음력 정월 대보름날 새벽에 마시는 술. 이날 새벽에 데우지 않은 청주를 마시면 귀가 밝아진다고 하여 마심. 명이주(明耳酒). 이명주(耳明酒). 총이주(聰耳酒). 치롱주(治聾酒) 준 귀밝이

귀:방(貴邦)명 귀국(貴國)

귀배괄모(龜背刮毛)성구 거북의 등에서 털을 깎는다는 뜻으로, 불가능한 일을 무리하게 하려고 함을 비유하여 이르는 말. ▷ 龜의 속자는 亀

귀배-증(龜背症)[―쯩]명 한방에서, 어린아이의 등뼈가 거북의 등처럼 굽어서 펴지 못하는 병을 이르는 말.

귀범(歸帆)명-하다자 멀리 나갔던 돛단배가 돌아옴, 또는 그 배. ☞출범(出帆)

×**귀법**(句法)명 → 구법(句法)

귀법(歸法)[―뻡]명 '구귀 제법(九歸除法)'의 준말.

귀-벽돌(―甓―)명 이벽(耳甓)

귀:보(鬼報)명 귀적(鬼籍)에 매인 응보(應報)

귀:보(貴報)명 상대편을 높이어, 그의 보도(報道)나 편지를 이르는 말.

귀:보(貴寶)명 귀중한 보배.

귀복(歸伏)명-하다자 귀순(歸順)하여 항복함.

귀본(歸本)명-하다자 불교에서, 진적(眞寂)의 본원(本元)으로 돌아간다는 뜻으로, 중의 죽음을 이르는 말.

귀:부(鬼斧)명 귀신의 도끼라는 뜻으로, 신기한 연장 또는 교묘한 세공(細工)을 비유하여 이르는 말.

귀:부(鬼簿)명 과거장(過去帳)

귀부(歸附)명-하다자 스스로 와서 복종함.

귀부(龜趺)명 돌로 만든 거북 모양의 빗돌 받침. 귀두

귀:-부인(貴夫人)명 영부인(令夫人)

귀:-부인(貴婦人)명 지체가 높은 부인.
귀:비(貴妃)명 고려 시대, 내명부(內命婦)의 정일품 봉작을 이르던 말.
귀:빈(貴賓)명 귀한 손님. 귀객(貴客)
귀:빈-석(貴賓席)명 경기장이나 극장 등에 마련된 특별석. 로열 박스
귀-뿌리 명 귀가 뺨에 붙은 부분. 이근(耳根)
귀-사(-士)명 장기를 둘 때, 궁밭의 아래 귀퉁이에 있는 사(士)를 이르는 말.
귀:사(貴社)명 상대편을 높이어, 그가 다니는 회사를 이르는 말.
귀산(歸山)명-하다자 중이 산중에 있는 절로 돌아가거나 돌아옴. ▷ 歸의 속자는 帰
귀살머리-스럽다(-스럽고·-스러워)형ㅂ '귀살스럽다'를 속되게 이르는 말.
귀살머리-스레부 귀살머리스럽게
귀살머리-쩍다형 '귀살쩍다'를 속되게 이르는 말.
귀살-스럽다(-스럽고·-스러워)형ㅂ 귀살쩍은 느낌이 있다.
귀살-스레부 귀살스럽게
귀-살이 명-하다자 바둑에서, 귀에서 사는 일.
귀살-쩍다형 정신이 어지러울 만큼, 사물이 얽히고 흩어져 뒤숭숭하다. ¶일이 하도 귀살쩍어서 정신을 차릴 수 없다.
귀:상(貴相)명 귀한 사람이 될 생김새.
귀-상어 명 귀상엇과의 바닷물고기. 몸길이 3~4m, 몸빛은 회청색임. 머리가 양쪽으로 귀와 같이 내밀고 그 끝에 눈이 있음. 지느러미는 요리의 재료로 쓰이며 온대와 열대 바다에 분포함. 당목어(撞木魚). 장목어(樟木魚)
귀:서(貴書)명 귀함(貴函)
귀:석(貴石)명 장신구로서 보석 다음으로 귀하게 여기는 돌. 수정이나 마노 따위.
귀선(龜船)명 거북선 ▷ 龜의 속자는 亀
귀:성(鬼星)명 귀수(鬼宿)
귀성(歸省)명-하다자 객지에서 지내다가 부모를 뵈러 고향으로 돌아감, 또는 돌아옴. 귀근(歸覲) ¶- 열차
귀:성-스럽다(-스럽고·-스러워)형ㅂ 수수하면서도 마음을 끄는 맛이 있다. ¶귀성스러운 이야기.
귀성-스레부 귀성스럽게
귀:성-지다형 귀성스럽게 느껴지다. ¶귀성진 이야기.
귀소-성(歸巢性)[-썽]명 동물이 살던 곳에서 멀리 다른 곳으로 갔다가도 다시 본디 살던 곳으로 돌아오는 성질, 또는 능력. ☞회귀성(回歸性)
귀속(歸屬)명-하다자 ①아래에 딸림. ②재산이나 권리, 특정한 사람이나 단체 등에 딸림. ¶국가에 -된 재산.
귀속=재산(歸屬財産)명 ①법률이나 계약에 따라 귀속된 재산. ㉫귀재(歸財) ②1945년 8월 9월 이전에 일본인이 공유하거나 사유하였던 일체의 국내 재산으로, 대한 민국 정부에 이양(移讓)된 재산. 적산(敵産)
귀:수(鬼祟)명 귀신의 빌미로 생기는 병.
귀:수(鬼宿)명 이십팔수(二十八宿)의 하나. 남쪽의 둘째 별자리. 귀성(鬼星) ㉫귀(鬼)
귀순(歸順)명-하다자 반항심을 버리고 순종함.
귀:신(鬼神)명 ①사람이 죽은 뒤의 넋. ②사람에게 복과 화를 준다는 정령(精靈). ☞이매망량(魑魅魍魎) ③어떤 일에 남보다 뛰어난 재주가 있는 사람을 비유하여 이르는 말. ¶길 찾는 데는 -이다. ④생김새나 주제가 몹시 사나운 사람을 비유하여 이르는 말.
귀신 같다관용 추측이나 기술, 솜씨 따위가 기막히게 신통하다. ¶솜씨가 -.
귀신도 모르다관용 아무도 모를 정도로 감쪽같다. ¶귀신도 모르게 종적을 감추다.
속담 **귀신같이 먹고 장승같이 간다** : 걸음을 잘 걷는 사람을 보고 하는 말./**귀신도 사귈 탓** : 성품이 나쁜 사람도 사귀기에 따라서 잘 지낼 수 있다는 말./**귀신도 빌면 듣는다** : 귀신도 빌면 들어주는데 하물며 사람으로서 자기에게 비는 사람을 용서하지 못하겠느냐는 말./**귀신 듣는 데 떡 소리 한다** : 듣고 썩 좋아할 이야기를 그 사람 앞에서 이야기함을 이르는 말./**귀신 씨나락 까먹는 소리** : 알아듣지 못하게 중얼거리는 소리를 빈정거리어 이르는 말./**귀신이 곡(哭)할 노릇** : 일이 매우 기묘하고 신통하여 그 속내를 알 수 없음을 이르는 말.

한자 **귀신 귀**(鬼)〔鬼部〕¶귀신(鬼神)/악귀(惡鬼)
귀신 신(神)〔示部 5획〕¶신기(神技)/신도(神道)/신불(神佛)/신전(神殿) ▷ 神과 神은 동자

귀:신-귀(鬼神鬼)명 한자 부수(部首)의 한 가지. '魂'·'魄'·'魔' 등에서 '鬼'의 이름.
귀:신-날(鬼神-)명 음력 정월 열엿새 날을 이르는 말. 이 날 멀리 나다니면 귀신이 따른다고 함. 귀신단오
귀:신-단오(鬼神端午)명 귀신날
귀:신-들리다(鬼神-)자 귀신이 내리거나 들러붙어 정신이 비정상적으로 되다.
귀심(歸心)명 ①고향으로 돌아가려는 마음. ②-하다자 깊이 사모하여 붙좇음.
귀-싸대기 명 '귀와 뺨의 어름'을 속되게 이르는 말. ¶-를 올리다.
귀-쌈지 명 네모지게 만들어 아가리를 접으면 양쪽 볼이 귀가 지게 된 찰쌈지.
귀안(歸雁)명 봄이 되어 북쪽으로 돌아가는 기러기. 회안
귀-앓이[-알-]명 귓병
귀:애-하다(貴愛-)타여 귀엽게 여겨 사랑하다.
귀-약(-藥)명 ①귀 아픈 데 쓰는 약. ②화승총(火繩銃)의 불귀에 재는 화약.
귀얄 명 풀칠이나 옻칠 따위를 할 때 쓰이는 솔의 한 가지.
귀얄-잡이 명 '텁석부리'를 놀리어 이르는 말.
귀양(∠歸鄕)명 고려·조선 시대, 형벌의 한 가지. 초기에는 관직과 품계를 빼앗고 제 고향으로 내쫓던 벌을 이르다가, 후세에 유배(流配)의 뜻으로 바뀌었음. ☞정배(定配)
귀양(을) 오다관용 귀양살이를 하러 오다.
귀양(을) 풀다관용 귀양살던 죄인을 풀어 자유로운 몸이 되게 하다.
귀양(歸養)명-하다타 고향에 돌아가 어버이를 받들어 섬김.
귀양-가다자 ①귀양살이를 가다. ¶절해고도(絶海孤島)로 -. ②좌천되는 일을 비유하여 이르는 말.
귀양-다리 명 지난날, 귀양살이하는 사람을 업신여기어 이르던 말.
귀양-보내다타 귀양살이를 하러 보내다.
귀양-살:다(-살고·-사니)자 귀양살이를 하다.
귀양-살이 명-하다자 ①지난날, 귀양의 형벌을 받고 정해진 곳에서 자유롭지 못하게 지내던 일. ②외딴 곳에서 세상과 동떨어져 외롭고 답답하게 지내는 일을 비유하여 이르는 말.
귀:어(鬼語)명 귀신의 말.
귀어허지(歸於虛地)성구 버려 둔 빈 땅으로 돌아간다는 뜻으로, 애써 한 일이 헛노릇이 됨을 이르는 말.
귀:업(貴業)명 상대편을 높이어, 그의 사업을 이르는 말.
×**귀에지** 명 →귀지
×**귀엣-고리** 명 →귀고리
귀엣-말 명-하다자 귓속말. 이어(耳語)
귀여겨-듣다(-듣고·-들어)형ㄷ 정신을 차려 주의 깊게 듣다. ¶훈계의 말을 -. ☞귀넘어듣다
귀:여워-하다타여 귀엽게 여기다. ¶어린 딸을 -.
귀:염 명 사랑하여 귀엽게 여기는 마음. ¶많은 -을 받다./-을 받고 자라다.
귀:염-둥이 명 아주 귀여운 아이. 아주 귀염을 받는 아이.
귀:염-성(-性)[-썽]명 귀염을 받을만 한 바탕.
귀:염성-스럽다(-性-)[-썽-](-스럽고·-스러워)형ㅂ 보기에 귀염성이 있다.
귀염성-스레부 귀염성스럽게
귀:엽다(귀엽고·귀여워)형ㅂ 보기에 귀염성이 있어서 사랑할만 하다. ¶하는 짓이 -./귀여운 아이.
귀영(歸營)명-하다자 병영으로 돌아가거나 돌아옴.

귀:와(鬼瓦)[명] 도깨비 얼굴을 새겨 꾸민 기와.
귀와(歸臥)[명]-하다[자] 관직을 내놓고 고향에 돌아가 한가롭게 여생을 보냄.
귀용-탕(歸茸湯)[명] 한방에서, 당귀(當歸)와 녹용(鹿茸)을 한데 넣어 달인 약을 이르는 말. 보혈·강심제로 씀.
귀-울음[명] 실제로는 소리가 나지 않는데도 잇달아 어떤 소리가 나는 것처럼 느끼는 증세. 이명(耳鳴)
귀웅[명] 도자기를 만드는 곳에서 진흙을 담는 데 쓰는 통.
귀웅-젖[명] 구웅젖
귀원(歸元)[명]-하다[자] 불교에서, 이승을 벗어나 본원으로 돌아간다는 뜻으로, 흔히 중의 죽음을 이르는 말.
귀원-성(歸原性)[-썽][명] 물고기가 그 깨어난 곳으로 돌아가서 알을 낳는 습성. ☞귀소성(歸巢性)
귀:유-마(鬼油麻)[명] '절국대'의 딴이름.
귀:의(貴意)[명] 상대편을 높이어, 그의 의견을 이르는 말. ¶ -를 잘 알았습니다.
귀의(歸依)[명]-하다[자] ①돌아가 의지함. ②불교에서, 부처에게 돌아가 의지하여 구원을 청하는 일을 이르는 말. ¶불교에 -하다. 의귀(依歸)
귀의-법(歸依法)[-뻡][명] ①불교에서 이르는 삼귀의(三歸依)의 하나. 불법으로 돌아가 의지하는 일. ②불교에서, 귀의할 법문(法文)을 이르는 말.
귀의-불(歸依佛)[명] ①불교에서 이르는 삼귀의(三歸依)의 하나. 부처에게 돌아가 의지하는 일. ②불교에서, 귀의할 부처를 이르는 말.
귀의성(鬼一聲)[명] 이인직(李人稙)이 지은 신소설. 1906년에 '만세보(萬歲報)'에 연재되었다가 1907~1908년에 상·하 2권으로 발행됨.
귀의-승(歸依僧)[명] ①불교에서 이르는 삼귀의(三歸依)의 하나. 승려에게 돌아가 의지하는 일. ②불교에서, 귀의할 승려를 이르는 말.
귀의-심(歸依心)[명] 불교에서, 불도(佛道)로 돌아가 의지하는 마음을 이르는 말.
귀의-처(歸依處)[명] 귀의하는 곳.
귀-이(-耳)[명] 한자 부수(部首)의 한 가지. '聆'·'聞'·'聲' 등에서 '耳'의 이름.
귀이개[명] 귀지를 우벼 내는 기구.
귀:이천:목(貴耳賤目)[성구] 귀로 들은 것은 귀하게 여기고 눈으로 본 것은 하찮게 여긴다는 뜻으로, 가까운 것을 나쁘게 여기고 먼 데 있는 것을 좋게 여긴다는 말.
귀:인(貴人)[명] ①지위가 높고 귀한 사람. ②조선 시대, 내명부 품계의 하나. 임금의 후궁에게 내린 봉작으로 종일품임. ☞소의(昭儀)
귀:인-상(貴人相)[명] 귀인이 될 상. 귀인처럼 생긴 상.
귀:인-성(貴人性)[-썽][명] 귀한 사람다운 바탕이나 성질.
귀:인성-스럽다(貴人性-)[-썽-](-스럽고·-스러워)[형ㅂ] 보기에 귀인성이 있다.
　귀인성-스레[부] 귀인성스럽게
귀일(歸一)[명]-하다[자] ①여러 갈래로 나뉘거나 갈린 것이 하나로 합쳐짐. ②여러 가지 현상이 한 가지 결말이나 결과에 다다름.
귀일-법(歸一法)[-뻡][명] 귀일산
귀일-산(歸一算)[-싼][명] 수학에서, 비례식을 쓰지 않고 비례 문제를 푸는 방법. 귀일법(歸一法)
귀임(歸任)[명]-하다[자] 임지로 돌아가거나 돌아옴.
귀:자(貴子)[명] ①특별히 귀염을 받는 아들. ②귀공자
귀-잠[명] 매우 깊이 든 잠. ¶ -이 들다. ☞수잠. 선잠
귀-장석(-裝錫)[명] 재래식 가구에서, 모서리 부분을 튼튼하게 고정하기 위해서 붙이는 장석. ☞장석(裝錫)
귀:재(鬼才)[명] 뛰어난 재능, 또는 그런 재능을 지닌 사람. ¶음악계의 -./불상 조각의 -.
귀재(歸財)[명] '귀속 재산(歸屬財産)'의 준말.
귀:적(鬼籍)[명] ①과거장(過去帳) ②귀록(鬼錄)
귀적(歸寂)[명]-하다[자] 입적(入寂)
귀:-전기석(貴電氣石)[명] 보석의 한 가지. 투명하고 아름다운, 붉은빛 또는 푸른빛을 내는 전기석.
× **귀절**(句節)[명] →구절(句節)
× **귀점**(句點)[명] →구점(句點)

귀점(龜占)[명] 거북점　　　▷龜의 속자는 亀
귀접-스럽다(-스럽고·-스러워)[형ㅂ] ①지저분하고 더럽다. ②품격이 낮고 보잘것없다. ¶귀접스러운 행동.
　귀접-스레[부] 귀접스럽게 ¶남들 앞에서 - 굴지 마라.
귀-접이[명]-하다[타] 물건의 귀를 깎아 내거나 접어 붙이는 일.
귀정(歸正)[명]-하다[자] 사물이 바른길로 돌아옴. ☞사필귀정(事必歸正)
　귀정(을) 짓다[관용] 일을 바른길로 돌리어 끝을 맺다.
　귀정(이) 나다[관용] 일이 바른길로 돌아서 끝이 나다.
귀정(歸程)[명] 귀로(歸路)
귀:제(貴弟)[명] 상대편을 높이어, 그의 동생을 이르는 말.
귀제(歸除)[명] '구귀 제법(九歸除法)'의 준말.
귀조(歸朝)[명]-하다[자] ①임금의 명에 따라 외국으로 갔던 사신이 본국으로 돌아가거나 돌아옴. ②귀국(歸國)
귀:족(貴族)[명] ①문벌이나 지위가 높고 사회적 특권을 가진 계층, 또는 그런 사람. ☞평민(平民) ②상대편을 높이어, 그의 가족이나 민족을 이르는 말.
귀:족=계급(貴族階級)[명] 고대와 중세 봉건 사회에서, 정치적·사회적 특권을 가진 지배 계급을 이르던 말.
귀:족=예:술(貴族藝術)[-녜-][명] ①귀족 계급에서 생겨난 예술. ②귀족 계급을 상대로 한 예술. ☞민중 예술(民衆藝術)
귀:족-적(貴族的)[명] 귀족다운 것. 귀족 계급의 영화(榮華)를 뽐내는 태도가 있는 것. ☞평민적(平民的)
귀:족=정치(貴族政治)[명] 소수의 귀족이 일반 국민의 의사에 따르지 않고 특권으로써 나라의 주권을 운용하는 정치.
귀:족-제(貴族制)[명] 소수의 귀족이 권력을 잡고 다스리는 통치 방식.
귀:족-주의(貴族主義)[명] ①소수의 특수 계층만이 정치·경제·사회·문화 따위의 지배자나 참여자가 될 수 있다고 생각하는 태도. ②귀족적인 의식이나 행동.
귀:졸(鬼卒)[명] ①온갖 잡귀(雜鬼). ②저승에 살며 염라대왕의 명에 따라 죄인을 다룬다는 옥졸. 염마졸(閻魔卒)
귀죄(歸罪)[명]-하다[자] ①죄를 스스로 인정하고 형벌에 복종함. ②죄를 남에게 덮어 씌움.
귀-주머니[명] 네모지게 지어서 아가리께로 절반을 세 골로 접고, 아래의 양쪽으로 귀가 나오게 한 주머니. ☞두루주머니. 염낭
귀:중(貴中)[명] 편지나 물품 등을 받는 기관이나 단체의 이름 다음에 써서 존경의 뜻을 나타내는 말. ¶국립 미술관 - ☞귀하(貴下)
귀중(歸重)[명] ①-하다[자] 중요한 곳을 좇음. ②글 가운데 중요한 대목.
귀:중(貴重)[어기] '귀중(貴重)하다'의 어기(語基).
귀중중-하다[형여] 매우 더럽고 지저분하다. ¶귀중중한 시궁창.
귀:중-품(貴重品)[명] 매우 귀하고 소중한 물품. ¶ -은 맡기고 들어가시오. [준]귀품(貴品)
귀:중-하다(貴重-)[형여] 매우 귀하고 소중하다. 진중(珍重)하다 ¶귀중한 보석./돈보다 친구가 -.
　귀중-히[부] 귀중하게
귀:지[명] 귓구멍 속에 낀 때. 이구(耳垢)
귀:지(貴地)[명] 상대편을 높이어, 그가 사는 곳을 이르는 말. 귀처(貴處). 금지(錦地)
귀:지(貴紙)[명] 상대편을 높이어, 그쪽에서 발행하는 신문을 이르는 말.
귀:지(貴誌)[명] 상대편을 높이어, 그쪽에서 발행하는 잡지를 이르는 말.
귀착(歸着)[명]-하다[자] ①어떤 곳에서 다른 곳으로 돌아가 닿음. ¶서울 공항에 -한 항공기./유람선이 부산항에 -하다. ②의논이나 의견 따위가 어떤 결말에 이름. ¶마침내 공사 기간을 늘리자는 안(案)으로 -되다.
귀찮다[형] 복잡하고 어수선하여 성가시다. ¶귀찮게 굴다./귀찮게 따라다닌다.

ㄱ

▶ '귀찮다'의 본딧말
표준어 규정에서 준말이 널리 쓰이고 본딧말이 잘 쓰이지 않는 경우에는, 준말만을 표준어로 삼았다. ¶귀치 아니하다 → 귀치 않다 → 귀찮다〔표준어〕 '기음' → '김', '또아리' → '똬리', '새암' → '샘', '새앙쥐' → '생쥐' 등도 같은 경우이다.

귀:찰(貴札)명 귀함(貴函)
귀:책(鬼責)명 귀신이 사람의 잘못을 징계하기 위해 내린다는 벌. 귀침(鬼侵)
귀책(歸責)명 법률에서, 자유 의사에 따라 한 행위를 그 행위자의 책임에 결부하는 일.
귀책=사:유(歸責事由)명 법률에 따른 불이익을 받게 하는 데 필요한 요건. 의사 능력(意思能力)이나 책임 능력이 있어야 하고, 고의나 과실이 있어야 함.
귀:처(貴處)명 귀지(貴地)
귀:척(貴戚)명 ①지난날, 임금의 인척(姻戚)을 이르던 말. ②상대편을 높이어 그의 인척을 이르는 말.
귀:천(貴賤)명 ①귀함과 천함, 또는 귀한 사람과 천한 사람. ¶직업에는 ―이 없다. ②부귀와 빈천.
귀천(歸天)명-하다자 하늘로 돌아간다는 뜻으로, 사람의 죽음을 이르는 말. ☞귀천(歸泉). 귀토(歸土)
귀천(歸泉)명-하다자 황천으로 돌아간다는 뜻으로, 사람의 죽음을 이르는 말. ☞귀천(歸天)
귀-청명 외이(外耳)와 중이(中耳)의 경계에 있는 얇은 막. 고막(鼓膜) ¶―이 울리다.
귀청(이) 떨어지다관용 귀청이 떨어져 나갈 것처럼 소리가 크다. ¶기적(汽笛) 소리에 귀청이 떨어질뻔 했다.
귀:체(貴體)명 편지 등에서 윗사람의 안부를 물을 때, 그의 몸을 이르는 말. ¶― 만강(萬康)하십니까? ☞보체(寶體). 옥체(玉體)
귀촉도(歸蜀道)명 '두견이'의 딴이름.
귀추(歸趨)명 어떤 일의 돌아가는 형편이나 그 결말. 귀취(歸趣) ¶―가 궁금하다.
귀:축(鬼畜)명 아귀(餓鬼)와 축생(畜生)이란 뜻으로, 은혜를 모르는 사람 또는 잔인한 사람을 이르는 말.
귀축축-하다형여 하는 짓이 조촐하지 못하고 더럽다.
귀축축-히부 귀축축하게
귀취(歸趣)명 귀추(歸趨)
귀:측(貴側)명 상대편을 높이어, 그가 딸린 단체나 조직을 이르는 말. ¶―의 양해를 바랍니다.
귀:침(鬼侵)명 귀책(鬼責)
귀:침-초(鬼針草)명 '도깨비바늘'의 딴이름.
귀:태(貴態)명 고귀한 자태.
귀:택(歸宅)명-하다자 집으로 돌아가거나 돌아옴.
귀토(歸土)명 흙으로 돌아간다는 뜻으로, 사람의 죽음을 이르는 말. ☞귀천(歸天)
귀토지설(龜兎之說)명 삼국사기에 실려 전하는 토끼와 거북의 이야기. 조선 시대의 고대 소설 '별주부전'의 근원 설화가 됨.
귀퉁-머리명 '귀퉁이'를 속되게 이르는 말. 귀퉁배기
귀퉁-배기명 '귀퉁이'를 속되게 이르는 말. 귀퉁머리
귀퉁이명 ①귀의 언저리. ②물건의 삐죽하게 내민 부분, 또는 모퉁이. ¶마당 한 ―. ③마음이나 사물의 한 구석이나 부분. ¶마음 한 ―가 찐하다.
귀틀명 ①마루청으로 놓으려고 굵은 나무로 가로나 세로로 짜 놓은 틀. ②네모난 목재나 통나무 따위로 가로세로 어긋맞게 짠 '井'자 모양의 틀.
×**귀틀-마루**명 → 우물마루
귀틀-집[-찝]명 통나무를 '井'자 모양으로 귀를 맞추어 층층이 쌓아 올려서 벽을 삼은 집. 나무 사이를 흙으로 메워 바람을 막음.
×**귀팀**명 → 귀띔
귀:-티(貴―)명 귀하게 보이는 모습이나 태도.
귀:판(鬼板)명 재래식 한옥에서, 마룻대의 양끝에 있는, 귀면(鬼面)이 붙은 장식물.
귀판(龜板)명 한방에서, 거북의 배의 껍데기를 약재로 이르는 말. 신열이 오르락내리락 할 때나 학질에 쓰임.
귀-포(―包)명 ①장기에서, 궁밭의 귀에 놓인 포. ②귀기둥 위에 얹힌 공포(貢包).
귀:품(貴品)명 ①'귀중품(貴重品)'의 준말. ②상대편을 높이어, 그의 상품을 이르는 말.
귀:하(貴下)명 편지 따위에서, 받는 사람의 이름 다음에 써서 존경의 뜻을 나타내는 말. ☞귀중(貴中)
대 상대편을 높이어, 그의 이름 대신 일컫는 말. ¶―의 고견을 받아들이겠습니다.
귀:-하다(貴―)형여 ①신분이나 지위가 높다. ¶귀한 집 자제. ☞천하다 ②소중하다 ¶귀한 물건. ③구하기 힘들고 드물다. ¶일손이 ―./보릿고개에 식량이 ―. ☞흔하다 ④사랑스러워 귀염을 받을만 하다. ¶귀한 손주.
귀-히부 귀하게 ¶무궁화를 ― 여기는 우리 나라.
속담 **귀한 것은 상량문**(上樑文) : 모든 것이 다 갖추어졌는데, 무엇 하나가 부족한 경우를 이르는 말./**귀한 그릇 쉬 깨진다** : ①흔히 물건이 좋고 값진 것일수록 쉬 부서진다는 말. ②귀하게 태어난 사람이나 재주가 비상한 사람이 일찍 죽는다는 말./**귀한 자식 매로 키워라** : 자식을 잘 키우려면 매로 때리더라도 버릇을 잘 가르쳐야 한다는 말.〔귀한 자식 매 한 대 더 때리고, 미운 자식 떡 한 개 더 준다〕

한자 **귀할 귀**(貴)〔貝部 5획〕¶귀골(貴骨)/귀중(貴重)/귀천(貴賤)/품귀(品貴)/희귀(稀貴)

귀:한(貴翰)명 귀함(貴函)
귀:함(貴函)명 상대편을 높이어, 그의 편지를 이르는 말. 귀간(貴簡). 귀서(貴書). 귀찰(貴札). 귀한(貴翰)
귀항(歸航)명-하다자 선박이나 항공기 따위가 떠났던 곳으로 돌아가거나 돌아옴. ¶기상 악화로 비행기가 ―하다.
귀항(歸港)명-하다자 배가 떠났던 항구로 돌아가거나 돌아옴. ¶어선이 ―하다.
귀-행전(―行纏)명 지난날, 군대에서 병졸이 치던 행전. 정강이에 꿰어 무릎 아래로 매게 되어 있고, 두 귀가 내밀었으며 보통 것보다 좁음.
귀향(歸鄕)명-하다자 ①고향으로 돌아가거나 돌아옴. 환향(還鄕) ¶― 차량으로 가득 찬 도로. ☞귀성(歸省). 이향(離鄕). 출향(出鄕) ②'귀양'의 원말.
귀:현(貴顯)명 존귀하고 신분이 높은 사람.
귀:형(貴兄)대 친근한 사이에 상대편을 높이어 일컫는 말.
귀호곡(歸呼曲)명 '시용향악보(時用鄕樂譜)'에 전하는, 고려 가요 '가시리'의 다른 이름.
귀혼-일(歸魂日)명 생기법(生氣法)으로 본 길일(吉日) 가운데 하루.
귀:화(鬼火)명 도깨비불
귀화(歸化)명-하다자 ①지난날, 임금의 덕에 감화하여 귀순하여 복종하던 일. ②다른 나라의 국적을 얻어 그 나라의 국민이 되는 일. ¶우리 나라에 ―한 일본 사람.
귀화=식물(歸化植物)명 식물이 저절로 나서 자라던 곳에서 다른 지역으로 옮겨져 그곳의 기후와 풍토에 순화(馴化)하여 번식하게 된 식물.
귀화-인(歸化人)명 귀화한 사람.
귀환(歸還)명-하다자 본디 있던 곳으로 돌아가거나 돌아옴. ¶전쟁터에서 무사히 ―하다.
귀후-서(歸厚署)명 조선 시대, 관곽(棺槨)을 만들고 장례(葬禮)에 관한 일을 맡아보던 관아.
귀휴(歸休)명-하다자 고향이나 집에 돌아와 쉼. ¶휴가를 얻어 ―하는 병사.
귀휴-병(歸休兵)명 정해진 병역을 마치기 전에 귀휴를 허락 받은 병사.
귀흉-귀배(龜胸龜背)명 안팎곱사등이
귓-가명 귀의 가장자리.
귓가로 듣다관용 관심이 없이 듣다. ¶내 말을 귓가로 듣고 나중에 후회하지 마라.
귓가에 맴돌다관용 귓전에서 사라지지 않고 아직도 들리는듯 하다. ¶아직도 귓가에 맴도는 그의 노랫소리.

귓-결 명 〔주로 '귓결에'의 꼴로 쓰이어〕 귀에 언뜻 들리는 겨를. ¶ -에 들은 친구 소식.

귓-구멍 명 귀의 밖에서 귀청까지 통하는 구멍.
귓구멍이 넓다 관용 남의 말을 잘 곧이듣다.
속담 **귓구멍에 마늘쪽 박았나** : 말을 못 알아듣는 사람을 두고 하는 말. / **귓구멍이 나팔통 같다** : 남의 말을 잘 곧이듣는 사람을 두고 하는 말.

귓-달 명 연의 네 귀에 '×' 모양으로 얼러서 엇붙이는 가는 대오리. ☞꽁숫달

× **귓-대기** 명 → 귀때기

귓-돈 명 전립(戰笠)의 영자(纓子) 위쪽에 색실로 꿰어서 다는, 밀화(蜜花)로 된 매미나 나비 모양의 장식.

귓-돌 명 석조 건물이나 벽돌로 쌓은 벽의 모서리 부분에 장식으로 쌓거나 세운 돌.

귓-등 명 귓바퀴의 바깥쪽.
귓등으로 듣다 관용 듣고도 들은체 만체 하다. ¶화가 나서 한 말이니 귓등으로 듣고 마시오.
귓등으로 흘리다 관용 무관심하게 듣다. ¶너를 위해 하는 말이니 귓등으로 흘리지 마라.

× **귓-머리** 명 → 귀밑머리

귓-문 (-門) 명 ①귓구멍의 밖으로 열린 쪽. 이문(耳門) ②화승총에 불을 대는 구멍의 아가리.
귓문이 넓다 관용 남의 말을 곧이듣기를 잘하다.

귓-바퀴 명 겉귀의 드러난 부분. 이각(耳殼). 이륜(耳輪) 준 귀

귓-밥 명 귓불[1]

귓-병 (-病) 명 귀에 생기는 온갖 병. 귀앓이. 이통(耳痛)

귓-불[1] 명 귓바퀴의 아래쪽으로 늘어진 살. 귓밥. 이수(耳垂). 이타(耳朶)
속담 **귓불만 만진다** : 더는 어떻게 할 수 없이 어려운 처지에 놓일 때, 되어 가는 대로 놓아 둠을 이르는 말.

귓-불[2] 명 화승총(火繩銃)에 화승을 대는 신관(信管).

귓-속 명 귀의 안쪽.

귓속-말 명 -하다 자 남의 귀에 대고 소곤거리는 말. 귀엣말. 부이어(附耳語). 이어(耳語) ¶ -로 소곤거리다.

> ▶ '귓속말'과 '귀엣말'
> 표준어 규정에서, 한 가지 뜻을 나타내는 단어 몇 가지가 널리 쓰이며, 규정에 맞으면 모두 표준어로 삼았다. 그 규정에 따라 '귓속말'과 '귀엣말'은 복수 표준어로 된 말이다. '가는허리', '잔허리'도 그와 같은 예이다.

귓속-질 명 -하다 자 ①귓속말을 하는 짓. ②남모르게 고자질을 하는 짓.

귓-전 명 귓바퀴의 가. ¶아직도 어머니의 말씀이 -에 맴도는듯 하다.
귓전으로 듣다 관용 관심 없이 건성으로 듣다. ¶선생님의 말씀을 귓전으로 듣더니 뒤늦게 후회한다.
귓전을 때리다 관용 귀에 세게 들리다. ¶귓전을 때리는 천둥 소리.
귓전을 울리다 관용 가까이서 소리 나는 것처럼 들리다. ¶귓전을 울리는 총소리.

귓-집 명 추위를 막기 위하여 귀를 덮는 물건.

규 (圭) 명 ①옥으로 만든 홀(笏). 고대 중국에서 천자(天子)가 제후(諸侯)를 봉할 때 신표로 주었고, 제사 때 손에 들기도 했음. ②모. 귀퉁이

규 (奎) 명 '규수(奎宿)'의 준말.

규 (規) 명 ①각도기나 컴퍼스 따위를 통틀어 이르는 말. ②원(圓), 또는 둥근 모양의 물건.

규 (睽) 명 '규괘(睽卦)'의 준말.

규각 (圭角) 명 홀(笏)의 뾰족한 모서리라는 뜻으로 ①사물이 서로 들어맞지 아니함을 이르는 말. ②말이나 행동이 모가 나서 남과 잘 어울리지 못함을 이르는 말.
규각이 나다 관용 사물이나 뜻이 서로 들어맞지 아니하다.

규간 (規諫) 명 -하다 타 사리를 말하여 간함.

규격 (規格) 명 ①규정에 들어맞는 격식. ②공업 제품 등의 품질・치수・모양 따위의 일정한 표준. ¶통일된 -으로 생산하다.

규격-판 (規格版) 명 서적이나 장부, 전표, 사무 용지 따위의 크기의 기준.

규격-품 (規格品) 명 품질・모양・치수 따위를 일정한 규격에 맞추어 만든 물품.

규격-화 (規格化) 명 -하다 타 ①같은 종류의 제품이나 재료 등을 규격에 맞추어 똑같게 함. ②사물이나 생각 따위를 일정한 틀에 맞춤.

규견 (窺見) 명 -하다 타 엿봄. 규시(窺視)

규계 (規戒) 명 -하다 타 바르게 타이름.

규-괘 (睽卦) 명 육십사괘(六十四卦)의 하나. 이괘(離卦) 아래 태괘(兌卦)가 놓인 괘로 불과 못을 상징함. 준 규(睽) ☞건괘(蹇卦)

규구 (規矩) 명 ①그림쇠 ②'규구준승(規矩準繩)'의 준말.

규구-법 (規矩法) [-뻡] 명 입체로 된 물건을 필요한 모양으로 만드는 법.

규구-준:승 (規矩準繩) 명 컴퍼스・곱자・수준기(水準器)・먹줄이란 뜻으로, 사물의 준칙 또는 지켜야 할 법도를 이르는 말. 준 규구(規矩)

규동-선 (硅銅線) 명 구리에 주석과 규소를 섞어 만든 전선(電線). 전화선으로 많이 쓰임.

규례 (規例) 명 규칙과 정례(定例).

규로 (逵路) 명 아홉 갈래의 길이라는 뜻으로, 사방팔방으로 통하는 큰길을 이르는 말.

규리 (糾理) 명 -하다 타 감독하고 살피어 처리함.

규면 (規免) 명 -하다 타 도면(圖免)

규명 (糾明) 명 -하다 타 사실을 엄하게 따지어 밝힘. ¶의문의 죽음에 대한 진상 -.

규모 (規模) 명 ①사물의 구조나 크기. ¶ -가 큰 도시. ②본보기가 될만 한 것. 규범(規範) ③씀씀이의 계획성이나 절도. ¶살림살이가 제법 -가 있다.

규목 (槻木) 명 '느티나무'의 딴이름.

규문 (奎文) 명 학문과 문물(文物).

규문 (糾問) 명 -하다 타 죄를 엄하게 따지어 물음.

규문 (閨門) 명 규중(閨中)

규문-주의 (糾問主義) 명 형사 소송의 절차를 법원의 직권으로 개시하여 심리(審理)하는 주의. ☞탄핵주의

규방 (閨房) 명 ①부녀자가 거처하는 방. 도장방 ②안방

규방=가사 (閨房歌辭) 명 내방 가사(內房歌辭)

규방=문학 (閨房文學) 명 조선 시대, 주로 양반 계층의 부녀자들 사이에서 이루어진 문학. 규방 가사(閨房歌辭)가 그 대표적임.

규범 (規範) 명 ①본보기가 될만 한 것. 규모 ¶사회 생활의 -으로 삼다. ②철학에서, 판단・평가・행위 등의 기준으로 삼는 원칙을 이름. ¶도덕의 -.

규범=문법 (規範文法) [-뻡] 명 문법 유형의 한 가지. 올바른 언어 생활의 실천을 목적으로 엮은 문법. 학교 문법이라고도 함. ☞기술 문법(記述文法)

규범-학 (規範學) 명 규범을 연구하는 학문. 윤리학이나 논리학 따위.

규벽 (圭璧) 명 ①작은 글자로 찍어서 부피를 작게 한 경서(經書). ②지난날, 중국에서 제후가 천자(天子)를 만날 때 지니던, 옥으로 된 홀(笏).

규보 (跬步・頃步) 명 ①반걸음 ②반걸음 정도의 아주 가까운 거리.

규사 (硅砂) 명 석영 알갱이로 된 모래. 유리의 원료로 쓰임. 석영사(石英砂). 차돌모래

규사 (窺伺) 명 -하다 타 기회를 엿보거나 눈치를 살핌.

규산 (硅酸・珪酸) 명 ①규소와 산소, 수소의 약산성 화합물. ②'이산화규소(二酸化硅素)'를 흔히 이르는 말.

규산-나트륨 (硅酸Natrium) 명 규산염의 한 가지. 탄산나트륨과 석영의 화합물로, 물에 잘 녹는 흰빛의 고체임. 진한 수용액은 물유리라 하며, 접착제나 비누 따위를 만드는 데 쓰임.

규산-마그네슘 (硅酸Magnesium) 명 광물 속에 천연 상태로 들어 있는 규소. 물에 잘 녹지 않는 흰빛의 가루로, 활석(滑石)과 사문석(蛇紋石) 따위의 성분임.

규산-알루미늄(硅酸aluminium)명 규산염의 한 가지. 규산과 알루미늄의 화합물로, 물에 잘 녹지 않는 흰빛의 가루임. 각종 광물의 주성분으로 자연물에 널리 분포함. 도자기의 원료로 쓰임.
규산-염(硅酸塩)명 이산화규소와 금속 화합물로 이루어진 화합물을 통틀어 이르는 말. 지각(地殼) 성분의 대부분을 차지하며, 자연물에서 대량으로 산출됨. 녹는점이 낮고, 녹은 것이 냉각되면 유리를 형성함. 유리·시멘트·도자기 등의 원료로 쓰임.
규산-칼륨(硅酸Kalium)명 이산화규소와 산화칼륨의 화합물을 통틀어 이르는 말. 유리 모양의 투명한 고체로, 물에는 녹지만 알칼리에는 잘 녹지 않음.
규산-칼슘(硅酸calcium)명 이산화규소와 산화칼슘의 화합물을 통틀어 이르는 말. 물과 여러 가지 비율로 수화물(水化物)을 만들며, 시멘트의 원료로 쓰임.
규석(硅石)명 주성분이 석영인 광석을 통틀어 이르는 말. 유리, 도자기, 내화 벽돌, 시멘트 등의 원료로 쓰임.
규석=벽돌(硅石甓－)명 규석에 석회유(石灰釉)를 조금 섞어서 구워 만든 내화 벽돌.
규선-석(硅線石)명 변성암 속에 들어 있는 가는 기둥 모양이나 섬유 모양의 광물. 사방 정계(斜方晶系)로, 흰빛·갈색·회색·황색 등을 띠며 유리 광택이 있음. 내화재로 쓰임.
규성(叫聲)명 외치는 소리.
규성(奎星)명 규수(奎宿)
규소(硅素)명 비금속 원소의 하나. 천연적으로 외따로 존재하지는 않고 산화물이나 규산염으로 지각(地殼)에 많이 있음. 광석 검파기, 규소 수지, 환원제, 탈산제 등에 쓰임.〔원소 기호 Si/원자 번호 14/원자량 28.09〕
규소=수지(硅素樹脂)명 규소에 메틸기·페닐기·수산기 등이 결합한 열가소성 합성 수지. 열과 습기에 강하고 전기 절연성이 좋으며 인체에 해가 없어 여러 부문에 응용됨. 실리콘(silicone)
규수(奎宿)명 이십팔수(二十八宿)의 하나. 서쪽의 첫째 별자리. 규성(奎星) 준규(奎)
규수(閨秀)명 ①남의 집 처녀를 점잖게 이르는 말. 규양(閨養) ②재주와 학식이 빼어난 여자. ¶－ 시인/－ 작가/－ 화가
규시(窺視)명-하다타 엿봄. 규견(窺見). 점시(覘視)
규식(規式)명 법규와 격식.
규아상명 궁중에서 만들던 만두의 한 가지. 쇠고기, 표고, 오이 등으로 만든 소를 넣고 해삼 모양으로 빚어 찜통에 담쟁이 잎을 깔고 찐 음식.
규암(硅岩)명 대부분이 석영 입자로 이루어진 매우 단단한 암석. 흰빛·갈색·홍색·흑색 등을 띠며 유리 광택이 있음.
규약(規約)명 협의하여 정한 규칙. ¶－을 위반하다./－을 준수하다. ☞약관(約款)
규양(閨養)명 규수(閨秀)
규연(巋然)어기 '규연(巋然)하다'의 어기(語基).
규연-하다(巋然－)형여 높이 솟아서 우뚝하다.
규연-히부 규연하게
규운-암(硅雲岩)명 차돌과 운모(雲母)가 주성분인 화강암의 한 가지.
규원(閨怨)명 남편에게서 버림받거나 남편과 헤어져 사는 여자의 원한.
규원가(閨怨歌)명 조선 중기에 허난설헌(許蘭雪軒)이 지었다고 전하는 내방 가사. 남편에게서 버림받고 속절없이 눈물로 세월을 보내는 여인의 한스러운 심경을 노래한 내용임. 일설에는 허균(許筠)의 첩 무옥(巫玉)이 지었다고도 함. 원부가(怨婦歌). 원부사(怨夫詞)
규율(規律)명 질서 유지를 위하여 정한, 행동의 준칙이 되는 본보기. ¶－을 어기다./－이 엄하다.
규장(奎章)명 임금이 쓴 글이나 글씨.
규장-각(奎章閣)명 조선 시대, 역대 임금의 시문(詩文)·서화(書畫)·유교(遺敎)·고명(顧命)·보감(寶鑑) 등을 보관·관리하던 관아. 1776년(조선 정조 원년)에 설치했음. 내각(內閣)
규장각일기(奎章閣日記)명 조선 융희 1년(1907)부터 융희 4년(1910)까지 규장각에서 한글과 한자를 섞어 써서 기록한 일기. 필사본. 33책.
규정(規定)[1]명-하다타 ①규칙으로 정함, 또는 정해진 규칙. ¶국어 어문 － ②법령의 조항으로 정함, 또는 정해진 조항. 규정(規程). 규제(規制) ¶제10조 제3항에 따른 －. ③어떤 것의 내용·성격·의미 등을 밝혀 정함, 또는 정한 것. ¶공영 방송의 성격을 －하다.
규정(規程)명 ①규정(規定)[1] ②특정한 목적을 위하여 행정법으로 정한 명령 조항. 공무원의 보수 규정, 관청 내부의 사무 분장 규정 따위.
규정(規定)[2]의 노르말(Normal)
규정=농도(規定濃度)명 노르말 농도
규정-론(規定論)명 결정론(決定論)
규정=명:제(規定命題)명 논리학에서, 특수 개념으로 일반 개념에 딸리어 단정한 명제.
규정-액(規定液)명 노르말액
규제(規制)명-하다타 ①규정(規定)[1] ②규칙을 세워 제한함, 또는 그 규칙. ¶수입 품목을 －하다.
규조-류(硅藻類)명 황색편모조류(黃色鞭毛藻類)를 흔히 이르는 말. 그 겉면이 규산질(硅酸質)로 된 두 개의 단단한 세포벽으로 둘러싸여 있어 붙여진 이름임. 이 규조류가 죽어서 퇴적되면 규조토가 됨. 돌말
규조-석(硅藻石)명 규조류의 화석이 들어 있는 돌.
규조-토(硅藻土)명 규조류가 죽어서 퇴적된 희거나 누른 빛깔의 흙. 가볍고 무름. 폭발약, 여과제(濾過劑), 보온제, 연마재 등의 원료로 쓰임.
규죄(糾罪)명 죄상(罪狀)을 규명함.
규준(規準)명 ①규범이 되는 표준. ¶－에 따르다. ②마땅히 따라야 할 범례(範例)나 규칙.
규중(閨中)명 부녀자가 거처하는 곳. 규문(閨門). 규합(閨閤) ☞규방(閨房)
규중=처:녀(閨中處女)명 규중에 있는 처녀. 집 안에 들어앉아 고이 자란 처녀.
규중 처녀 같다관용 집 안에서만 살아서 세상 물정에 어둡다.
규중칠우쟁론기(閨中七友爭論記)명 작자와 연대를 알 수 없는 한글 수필. 규중 부인들의 손에서 떨어지지 않는, 바늘·자·가위·인두·다리미·실·골무의 일곱 가지를 의인화하여 인간 세상을 풍자함. '망로각수기(忘老却愁記)'에 실려 전함.
규중행:실가(閨中行實歌)명 작자와 연대를 알 수 없는 내방 가사. 시집살이하는 딸을 훈계하는 내용임.
규지(窺知)명-하다타 엿보아 앎.
규찬(圭瓚)명 조선 시대, 종묘(宗廟)나 문묘(文廟) 등의 제사에 쓰던 술잔. 옥과 은으로 만든 것과 구리로 만든 것 등이 있음.
규찰(糾察)명-하다타 죄상(罪狀) 따위를 따져 물어 자세히 밝힘.
규칙(規則)명 여러 사람이 다 함께 지키기로 하고 정해 놓은 준칙.
규칙=동:사(規則動詞)명〈어〉활용할 때 어간은 변함이 없고 어미만 규칙적으로 바뀌는 동사. '묻다[埋], 묻고, 묻으니'나 '먹다, 먹고, 먹으니' 따위. ☞규칙 형용사(規則形容詞). 불규칙 동사(不規則動詞)
규칙=용:언(規則用言)[－뇽－]명〈어〉활용할 때 어간은 변함이 없고 어미만 규칙적으로 바뀌는 용언. 곧 규칙 동사와 규칙 형용사를 이르는 말. ☞규칙 활용(規則活用). 불규칙 용언(不規則用言)
규칙-적(規則的)명 일정한 규칙에 맞거나 따르는 것. ¶－인 식생활.
규칙=형용사(規則形容詞)명〈어〉활용할 때 어간은 변함이 없고 어미만 규칙적으로 바뀌는 형용사. '좁다, 좁고, 좁으니'나 '맑다, 맑고, 맑으니' 따위. ☞규칙 동사(規則動詞). 불규칙 형용사(不規則形容詞)
규칙=활용(規則活用)명〈어〉용언의 활용에서 어미의 형

태가 규칙적으로 바뀌는 것. '받다, 받고, 받으니'나 '높다, 높고, 높으니' 따위. ☞불규칙 활용(不規則活用)

규탄(糾彈)명-하다타 잘못을 들추어 따지고 나무람. ¶ 만행(蠻行)을 －하다.

규폐(硅肺)명 규산이 들어 있는 먼지를 오랜 시일에 걸쳐 들이마심으로써 생기는 폐병. 광산 노동자들이나 도자기공, 석공(石工) 등이 많이 걸림.

규합(糾合)명-하다타 어떤 목적을 가지고 사람들을 불러 모음. 구합(鳩合) ¶동지(同志)를 －하다.

규합(閨閤)명 규중(閨中)

규호(叫號)명-하다자 큰소리로 부르짖음.

규화(硅化)명-하다자 ①퇴적물이나 암석 속으로 물에 녹은 이산화규소가 스며들거나 덧붙어 침전하는 일. ②생물체에 물에 녹은 이산화규소가 침투하여 규산(硅酸)으로 변하는 일.

규화(硅華)명 온천에 용해된 규산질 광물의 침전물. 단백석(蛋白石)과 성분이 같음.

규화(葵花)명 ①'접시꽃'의 딴이름. 촉규화(蜀葵花) ②'해바라기[2]'의 딴이름.

규화-물(硅化物)명 규소와 금속의 화합물.

규환(叫喚)명-하다자 큰소리로 부르짖음.

규환=지옥(叫喚地獄)명 불교에서 이르는 팔열 지옥(八熱地獄)의 하나. 살생·절도·음행(淫行)·음주의 죄를 지은 사람이 죽어서 간다고 함. 물이 펄펄 끓는 가마솥에 들어가거나 불길 속에 던져진 죄인들이 고통에 겨워 울부짖는다고 함.

규회-석(硅灰石)명 칼슘의 규산염이 주성분인 광물. 삼사정계(三斜晶系)로, 흰빛 또는 회백색이며 유리 광택이 있음. 석회암과 심성암의 접촉 지대에서 주로 산출됨.

균(菌)명 ①균계(菌界)에 딸린 생물을 이르는 말. ②'세균(細菌)'의 준말.

균개(菌蓋)명 균산(菌傘)

균-계(菌界)명 생물의 다섯 분류 체계의 한 계(界). 대부분이 다세포이고, 엽록체가 없고 기생 생활을 함. 담자균류·자낭균류·조균류가 이에 딸림. ☞식물계(植物界)

균근(菌根)명 균류가 붙어서 공생하는 고등 식물의 뿌리.

균등(均等)명-하다형 차별이 없이 고름. ¶ －한 기회./－한 분배.

균등-히부 균등하게

균등=대:표제(均等代表制)명 대소나 강약의 구분을 두지 아니하고 각 구성 요소에 균등한 수의 대표를 인정하는 제도. ☞비례 대표제(比例代表制)

균등=화법(均等畫法)[－뻡]명 입체의 모양을 분명히 나타내고 각 부분의 치수를 쉽게 잴 수 있도록 그리는 화법.

균-류(菌類)[－뉴]명 균계(菌界)에 딸린 생물을 통틀어 이르는 말. 곰팡이·버섯·효모 따위. 팡이무리

균모(菌帽)명 균산(菌傘)

균배(均配)명-하다타 고르게 나누어 줌.

균배(均排)명-하다타 고르게 나누어 배치함. ¶병력을 －하다.

균분(均分)명-하다타 고르게 나눔. ¶유산을 －하다.

균분=상속(均分相續)명 여러 상속인이 공동으로 상속할 때, 그 각각의 상속분이 균등한 상속의 형태.

균사(菌絲)명 균류의 몸을 이루는 실 모양의 부분. 흰빛으로 엽록소가 없음. 곰팡이실. 팡이실

균사-체(菌絲體)명 많은 균사가 합하여 이루어진, 버섯 따위 고등 균류의 영양체.

균산(菌傘)명 버섯의 줄기 위에 있는, 우산을 편 모양의 부분. 갓[1]. 균개(菌蓋). 균모(菌帽). 팡이갓

균습(菌褶)명 균산(菌傘) 밑에 있는 주름. 많은 홀씨주머니가 있어 홀씨를 냄.

균-시차(均時差)명 진태양시(眞太陽時)와 평균 태양시의 차. 시차(時差)

균심(菌蕈)명 버섯

균안(均安)어기 '균안(均安)하다'의 어기(語基).

균안-하다(均安－)형여 두루 편안하다.

균여전(均如傳)명 고려 문종 29년(1075)에 혁련정(赫連挺)이 지은 균여 대사의 전기(傳記). 균여 대사가 지은 향가 '보현십원가(普賢十願歌)' 11수가 실려 전함.

균역-법(均役法)명 1750년(조선 영조 26)에 병역(兵役)의 부담을 고르게 하기 위하여 실시한 제도. 종래의 군포(軍布)를 반으로 줄이고, 수입의 부족액은 어업세·염세(鹽稅)·선박세·결전(結錢) 등으로 보충하였음.

균역-청(均役廳)명 조선 시대, 균역법의 실시에 따른 모든 사무를 맡아보던 관아. 1750년(영조 26)에 두었다가 1753년(영조 29)에 선혜청(宣惠廳)에 통합됨.

균열(龜裂)명-하다자 ①거북의 등딱지 모양으로 갈라짐, 또는 그런 금이나 틈. 균탁(龜坼) ¶오랜 가뭄에 논바닥에 －이 생기다. ②사람과 사람 사이에 틈이 생김.

균영(菌癭)명 균류(菌類)가 식물에 기생하여 혹 같은 모양을 이룬 부분.

균온(均穩)어기 '균온(均穩)하다'의 어기(語基).

균온-하다(均穩－)형여 두루 평안하다. 주로 편지의 첫머리에 쓰임. ¶댁내 균온하신지요?

균일(均一)어기 '균일(均一)하다'의 어기(語基).

균일-제(均一制)[－쩨]명 값이나 요금 따위를 균일하게 하는 제도.

균일-하다(均一－)형여 한결같이 고르다. ¶값이 －.

균전(均田)명 ①나라에서 소유한 토지를 백성들에게 분배해 경작하게 하는 일, 또는 그 토지나 제도. ②지난날, 토지의 규모에 따라 세금을 매기던 일, 또는 그 제도.

균전-사(均田使)명 조선 시대, 토지의 등급과 과세를 조사하도록 지방에 파견하던 관원.

균점(均霑)명-하다자 ①이익이나 혜택을 고르게 받음. 균첨(均沾) ¶국민이 복지 혜택을 －하다. ②국제법에 따라 다른 나라와 똑같은 혜택을 받는 일.

균제(均齊)어기 '균제(均齊)하다'의 어기(語基).

균제-하다(均齊－)형여 균형이 잡히어 고르고 가지런하다. ¶균제한 몸매.

균종(菌腫)명 세균의 번식으로 생기는 혹과 같은 종기. 흔히 소나 말, 돼지 따위에 생김.

균질(均質)명 ①성질이 같은 것. ②한 물체 가운데 어느 부분을 취하여도 그 성분과 성질 등이 일정한 것.

균천(鈞天)명 구천(九天)의 하나. 하늘의 중앙으로, 상제(上帝)의 궁(宮)을 이름.

균첨(均沾)명 균점(均霑)

균탁(龜坼)명-하다자 균열(龜裂)

균평(均平)어기 '균평(均平)하다'의 어기(語基).

균평-하다(均平－)형여 ①고루 공평하다. ¶균평한 인사(人事). ②고르게 평평하다. ¶도로의 표면이 －.

균평-히부 균평하게

균할(均割)명-하다타 균등하게 가름.

균핵(菌核)명 균사(菌絲)가 식물의 꽃이나 열매, 뿌리 등에 빽빽하게 모여서 덩이를 이룬 것.

균핵-병(菌核病)명 균핵을 이룬 균류(菌類)의 기생으로 생기는 식물의 병.

균형(均衡)명 어느 한쪽으로 기울거나 치우치지 아니하고 고른 상태. 권형(權衡) ¶－을 유지하다./－이 잡히다.

균형=가격(均衡價格)명 수요량과 공급량이 균형을 이루는 선에서 결정되는 가격.

균형=예:산(均衡豫算)명 세입과 세출이 균형을 이루는 예산. ☞적자 예산(赤字豫算). 초균형 예산

균형=재정(均衡財政)명 경상(經常) 수입과 지출이 일치일치하는 재정. 건전 재정(健全財政)

귤(橘)명 귤나무의 열매. 익은 빛깔은 등황색이며, 맛은 새콤달콤함.

귤강-차(橘薑茶)명 꿀이나 설탕에 잰 귤과 편강(片薑)을 넣어 끓인 차.

귤-나무(橘－)명 운향과의 상록 활엽 교목. 높이 4m 안팎. 가지에 가시가 없으며 잎은 길둥글고 6월경에 흰 꽃이 잎겨드랑이에 한 송이씩 핌. 열매는 등황색으로 익는데 먹을 수 있으며, 열매 껍질은 말려서 차를 만들거나 약으로 씀.

귤병(橘餠)명 귤을 저미어 설탕이나 꿀에 조린 것.

귤-빛(橘-)[-삗] 명 주황과 노랑의 중간 빛. 귤색
귤색(橘色)[-쌕] 명 ①주황(朱黃)과 노랑의 중간색, 또는 그런 색의 물감. 귤빛 ☞노랑연두 ②잘 익은 귤 껍질과 같은 색. 오랜지색
귤엽(橘葉)명 귤나무의 잎. 약재로 쓰임.
귤-정:과(橘正果)명 귤로 만든 정과의 한 가지. 귤 알맹이를 하나씩 떼어 꿀에 재어 두었다가 다시 꿀을 발라 조려 만듦.
귤피(橘皮)명 한방에서, 말린 귤 껍질을 약재로 이르는 말. 해소·곽란 등에 쓰임. 청귤피(青橘皮)와 황귤피(黃橘皮)가 있음.
귤피-문(橘皮紋)명 귤의 껍질처럼 두틀두틀하게 생긴 도자기의 무늬.
귤피-차(橘皮茶)명 귤 껍질과 저민 새앙을 함께 달여 꿀이나 설탕을 타서 마시는 차.
귤핵(橘核)명 한방에서, 귤의 씨를 약재로 이르는 말. 허리가 아픈 데 쓰임.
귤홍(橘紅)명 한방에서, 귤 껍질의 안쪽에 있는 흰 부분을 벗겨 낸 껍질을 약재로 이르는 말. 홍피(紅皮)
귤화(橘花)명 귤나무의 꽃.
귤화위지(橘化爲枳)성구 회남(淮南)의 귤을 회북(淮北)에 옮겨 심으면 탱자가 된다는 뜻으로, 환경에 따라 사물의 성질이 달라짐을 이르는 말.
귤화-차(橘花茶)명 말린 귤나무의 꽃을 물에 넣어 끓인 차. ☞매화다(梅花茶)
귤-화채(橘花菜)명 깐 귤을 설탕이나 꿀에 재었다가 꿀물이나 설탕물에 귤 알이 뜨게 만든 차.
그[1] 대 ①'그이'의 준말. ¶ -가 돌아올 날을 고대하다./-와 함께 노래하다. ②'그것'의 준말. ¶ -처럼 아름다운 꽃./-와 같은 모양.
그[2] 관 ①말하는 사람으로부터 조금 떨어진 곳, 또는 듣는 사람의 가까운 곳에 있는 물건을 가리킬 때 쓰는 말. ¶ - 옷 잘 어울린다./- 책 좀 집어 주시오. ②이미 말한 것이나 서로 알고 있는 사물 등을 가리킬 때 쓰는 말. ¶ - 둘의 앞날은 밝다./- 일은 다행히 잘 끝났어. ③분명하지 않거나 밝히고 싶지 않은 일 등을 말할 때 쓰는 말. ¶ - 언제인지 기억이 희미하다.
속담 **그 밥에 그 나물** : 두 가지 서로 다른 것이 궁합이 맞듯이 제대로 잘 어울리는 경우를 비유하여 이르는 말.

한자 **그 궐**(厥)〔厂部 10획〕¶ 궐초(厥初)/궐후(厥後)
그 기(其)〔八部 6획〕¶ 기간(其間)/기타(其他)

그-간(-間)명 ①그 동안. ¶ -의 변모에 놀라다. ②〔부사처럼 쓰임〕¶ - 잘 지냈느냐?
그-거 대 '그것'의 준말. ¶ - 참 잘 된 일이다. ☞고거
그-건 준 '그것은'의 준말. ¶ - 내가 잘못한 일이다. ☞고건
그-걸 준 '그것을'의 준말. ¶ - 그렇게 소홀히 다루다니. ☞고걸
그걸-로 준 '그것으로'의 준말. ¶ - 우선 급한 불을 끕시다. ☞고걸로
그-것 대 ①말하는 사람이 상대편의 가까이에 있는 물건을 가리키는 말. ¶ -을 나한테 던져라./-을 안 보이게 치워라. ②이미 말한 것이나 서로 알고 있는 사물을 가리키는 말. ¶ -은 네가 잘못 알고 있는 사실이야./사느냐 죽느냐 -이 문제로다. ③'그 사람'을 얕잡아 이르는 말. ¶ -이 무얼 안다고 나서고 그래. ④'그 아이'를 귀엽게 이르는 말. ¶ -들 참 예쁘게도 생겼다. 준 그, 그거 ☞고것
그것-참[-걷-] 감 어떤 일에 대하여 깊거나 새삼스러운 느낌을 나타내는 말. ¶ -, 귀신이 곡(哭)할 노릇이다.
그-게 준 '그것이'의 준말. ¶ - 무슨 대수라고 야단이냐? ☞고게
그-곳 대 거기 ☞이곳
그-글피 명 글피의 다음날.
그-까지로 부 겨우 그만한 정도로. ☞고까지로
그-까짓 관 겨우 그만한 정도의. ¶ - 것 겁낼 필요 없다. 준 그깟 ☞고까짓
그-깟 관 '그까짓'의 준말. ¶ - 일은 빨리 잊어라./- 물건이야, 또 만들면 되지. ☞고깟
그-끄러께 명 그러께의 전해. 삼작년(三昨年)
그-끄저께 명 그저께의 전날. 삼작일(三昨日) 준 그끄제
그-끄제 명 '그끄저께'의 준말.
그-나마 부 ①그것마저. 그것이나마 ¶ 그것은 비상용인데, - 다 썼으니 지낼 일이 막막하다. ②아쉬운 대로. ¶ - 없는 것보다는 낫다. ☞고나마
그날-그날 명 일이 생긴 각각의 날. ¶ -의 일을 기록하다./-을 즐겁게 지내다.
부 그 날마다 ¶ 모르는 것은 - 물어라.
그냥 부 ①그 모양대로. ¶ 치우지 말고 - 두어라. ②그대로 줄곧. ¶ - 기다리고 있다. ③아무 조건이나 까닭, 계획이 없이. ¶ 지나가는 길에 - 들러 보았다./- 해 본 소리야./- 가져가시오. ☞고냥
그냥-고지 명 모내기나 초벌 김매기할 때, 아침 곁두리와 점심만 얻어먹는 것으로 삯을 대신하는 일.
그냥-저냥 부 되어가는 대로 적당히. 이냥저냥 ¶ 언제까지 - 지낼 셈이냐.
그:네[1] 명 가로 뻗은 나뭇가지 따위에 두 가닥의 긴 줄을 매어 늘이고 줄 맨 아래에 걸쳐 놓은 밑신개에 올라타 앞뒤로 움직이게 만든 시설, 또는 그 놀이. 추천(鞦韆)
그네(를) 뛰다 관용 그네에 올라타서 앞뒤로 흔들어 왔다 갔다 하다.
그-네[2] 대 그 사람들. ¶ -들 풍습.
그:네-뛰기 명 그네에 올라타고 다리로 밑신개를 구르거나 하여 몸이 앞뒤로 움직이게 하는 놀이.
그:넷-줄 명 그네의 늘어뜨린 줄.
그-녀(-女)대 그 여자. 그 여인.
그느다(그느고·그너)명 젖먹이가 오줌이나 똥을 눌 때를 가리다.
그느르다(그느르고·그늘러)타르 돌보아 주다.
그늘 명 ①빛이 가리어져 어두워진 상태, 또는 그 자리. 음영(陰影) ¶ 나무 아래 -이 지다. ②겉으로 잘 드러나지 않는 처지나 환경. ¶ 도시의 -./사회의 -에서 봉사하는 사람들. ③보살핌이나 혜택을 비유하여 이르는 말. ¶ 부모의 -에서 곱게 자라다. ④나은 것의 영향 아래에 있음을 비유하여 이르는 말. ¶ 작가인 스승의 -에 가려 빛을 못 본 문학도. ⑤불안이나 불행 때문에 생기는 근심스러운 느낌이나 표정. ¶ 얼굴에 -이 진 사람.

한자 **그늘 음**(陰)〔阜部 8획〕¶ 녹음(綠陰)/수음(樹陰)/음건(陰乾)/음습(陰濕)/음지(陰地)

그늘-대[-때] 명 볕을 가리는 데 쓰는 물건. 장대를 세우고 짚자리나 삿자리 따위로 하늘을 가린 것으로, 주로 난장에서 씀.
그늘-돌쩌귀 명 미나리아재빗과의 여러해살이풀. 줄기 높이 1m 안팎이며, 잎은 손바닥 모양으로 가장자리가 깊게 갈라져 있음. 7~9월에 투구 모양의 남보라색 꽃이 피며, 뿌리는 약으로 쓰임. 독(毒)이 있음.
그늘-말림 명-하다 타 그늘에서 말림. 음건(陰乾)
그늘-지다 자 ①그늘이 생기다. ¶ 그늘진 곳을 찾아 더위를 식히다. ②잘 드러나지 아니하다. ¶ 그늘진 곳을 찾아 다니며 봉사 활동을 하다. ③불행이나 근심이 있어 표정이나 마음이 흐려지다.
그닐-거리다(대다) 자 살갗에 근지러우면서 저릿저릿한 느낌이 일어나다. ☞가닐거리다
그닐-그닐 부 살갗에 근지러우면서 저릿저릿한 느낌이 일어나는 상태를 나타내는 말. ☞가닐가닐
그다지 부 ①그렇게까지. 그러한 정도로까지 ¶ 고깟 일에 - 놀라냐? ②별로. '없다·않다·못하다' 따위 부정적 말이 뒤따름. ¶ 사람이 - 많지 않다./- 나쁘지 않다./- 먹지 못했다. ☞고다지
그대 대 ①'너'를 점잖게 이르는 말. ②애인끼리 친근하게 일컫는 말. ¶ - 그 동안 왜 소식이 없었나요?/-를 못 잊겠소.

그-대로 부 ①변하거나 더하고 고침이 없이 본디대로. 그 모양으로 변함없이. ¶아름다운 자연 환경을 – 후손에게 물려주어야 한다./내 말을 – 전하시오. ②그냥 ¶못 보고 – 지나가다. ☞고대로
그득 부 그득하게 ☞가득. 그뜩
그득-그득 부-하다 형 여럿이 다 그득한 모양을 나타내는 말. ¶객차마다 승객이 – 차다. ☞가득가득. 그뜩그뜩
그득-하다 형여 ①큰 그릇 따위에 무엇이 차 있거나 많이 담겨 있다. ¶바구니 그득히 사과를 따서 담다. ②매우 넓은 공간에 무엇이 널리 퍼져 있다. ¶온 마당에 달빛이 –./강당을 그득하게 메운 청중. ③어떤 생각이 잔뜩 차 있다. ¶두려움으로 그득한 가슴을 쓸어 버렸다. ☞가득하다. 그뜩하다
 그득-히 부 그득하게 ☞가득히. 그뜩히
그들먹-하다 형여 거의 그득하다. ¶쌀통에 쌀이 –. ☞가들막하다
그-때 명 그 당시. 앞에서 말한 때. ¶–가 언제지?
그때-그때 명 일이 생기거나 기회가 주어지는 각각의 때. ¶보고 느낀 것을 –마다 적어 두다.
 부 그때마다 ¶모르는 것은 – 물어라.
그뜩 부 그뜩하게 ☞가뜩[2]. 그득
그뜩-그뜩 부-하다 형 여럿이 다 그뜩한 모양을 나타내는 말. ☞가뜩가뜩. 그득그득
그뜩-하다 형여 큰 그릇 따위에 무엇이 한껏 차 있거나 많이 담겨 있다. ¶물동이에 물이 –. ☞가뜩하다. 그득하다
 그뜩-이 부 그뜩하게 ☞가뜩이. 그득히
그라베(grave 이) 명 악보의 나타냄말의 한 가지. '느리고 장엄하게'의 뜻.
그라비어(gravure 프) 명 사진 제판으로 이루어지는 오목판 인쇄의 한 가지. 원화(原畫)의 빛깔의 농담(濃淡)을 오목판의 홈의 잉크 양으로 나타내는 인쇄 방법임. 사진이나 도판(圖版) 등의 인쇄에 이용됨. 사진 요판(寫眞凹版)
그라우팅(grouting) 명-하다 타 갈라진 바위 틈이나 쌓아 올린 돌과 돌 사이 등에 시멘트나 모르타르를 밀어 넣어 메우는 일.
그라운드룰:(ground rule) 명 경기장에서 지켜야 할 경기 규정.
그라운드매너(ground manner) 명 경기장에서 선수들이 갖춰야 할 경기 태도.
그라운드스트로:크(ground stroke) 명-하다 타 테니스에서, 상대편에서 날아온 공이 한 번 땅에 떨어져 튀어 오른 것을 치는 일.
그라운드홈:런(ground homerun) 명 야구에서, 타자가 친 공이 외야 펜스를 넘어가지 않았으나, 타자가 베이스를 다 돌아 홈인하는 일. 러닝홈런
그라운딩(grounding) 명-하다 타 럭비에서, 트라이할 때와 같이 공을 그라운드에 꽉 눌러 대는 일.
그라인더(grinder) 명 공작물(工作物)의 면을 깎는 돌이나 틀.
그라치오소(grazioso 이) 명 악보의 나타냄말의 한 가지. '우아하게'의 뜻.
그라칠레(gracile 이) 명 악보의 나타냄말의 한 가지. '우아하고 아름답게'의 뜻.
그라:프=난포(Graaf卵胞) 명 그라프 여포
그라:프=여포(Graaf濾胞) 명 난원 세포(卵原細胞)를 둘러싸고, 그것을 보호하면서 양분을 공급하는 세포군(細胞群). 그라프 난포
그란디오소(grandioso 이) 명 악보의 나타냄말의 한 가지. '장쾌하게' 또는 '웅대하게'의 뜻.
그람=염:색법(Gram染色法) 명 세균(細菌) 감별에 쓰이는 염색법의 한 가지. 1884년 덴마크 의사 그람(H. C. J. Gram)이 고안함.
그랑프리(grand prix 프) 명 경기나 예술제 등에서 가장 우수한 사람에게 주는 대상(大賞). ¶국제 기능 올림픽의 –./자동차 랠리의 –./국제 영화제의 –.
그래[1] 부 ①'그래서'의 준말. ¶사고를 당했어. – 결근했지.
 준 ①'그러하여'의 준말. ¶이제 와서 – 봐야 무슨 소용이야. ②'그러하여'의 준말. ¶성격이 – 어떡하냐? ☞고래[3]
그래[2] 감 ①'해라'나 '하게' 할 자리에 긍정의 뜻으로 대답하는 말. ¶–, 그렇게 할게. ②'해라'나 '하게'나 '하오' 할 자리에 말을 다잡아 묻거나 강조할 때 쓰는 말. ¶–, 내가 잘못한 게 뭐요? ③상대의 말에 대한 감탄이나 놀람을 나타낼 때 쓰는 말. ¶–, 그거 참 축하할 일이구나.
그래-그래 감 '해라'나 '하게' 할 자리에 상대의 말을 반가이 수긍할 때 쓰는 말. ¶–, 그게 좋겠다.
그래도 부 ①'그렇다 하더라도'의 뜻으로 쓰이는 접속 부사. ¶– 지구는 돈다.
 준 ①'그리하여도'의 준말. ¶말로는 – 속으로는 얼마나 사랑한다고요. ②'그러하여도'의 준말. ¶마음은 – 아직 전화도 한번 못 했다. ☞고래도
그래서 부 '그리하여서'·'그러하여서'의 뜻으로 쓰이는 접속 부사. ¶늦잠을 잤다. – 지각을 했다.
 준 ①'그리하여서'의 준말. ¶자식이 부모에게 – 되겠소? ②'그러하여서'의 준말. ¶날씨가 – 야외에는 못 나갔다. ☞고래서
그래스코:트(grass court) 명 잔디를 심어 만든 테니스코트. 론코트(lawn court) ☞클레이코트(clay court)
그래프(graph) 명 ①통계의 결과를 한눈에 볼 수 있도록 나타낸 표. ¶영업 실적을 –로 나타내다. ②수학에서, 주어진 함수가 나타내는 직선이나 곡선을 이르는 말. ¶이차함수 –
그래프=용지(graph用紙) 명 그래프를 그리는 데 사용하는 종이.
그래픽(graphic) 명 화보(畫報)
그래픽디자이너(graphic designer) 명 그래픽디자인을 전문으로 하는 사람.
그래픽디자인(graphic design) 명 인쇄의 특성을 이용하여 표현하는 시각(視覺) 디자인. 포스터·삽화·광고·표지 따위의 디자인.
그래픽아:트(graphic art) 명 평면 위에 도형을 만드는 기술을 통틀어 이르는 말. 회화, 판화, 상업 디자인을 포함하는 각종 인쇄 미술.
그랜드스탠드(grandstand) 명 운동장이나 경마장 등의 정면에 있는 관람석, 또는 특별 관람석.
그랜드슬램(grand slam) 명 ①야구에서, 만루 홈런을 이르는 말. ②골프·테니스에서, 한 선수가 그 시즌의 4대 주요 경기를 모두 이겨 제패(制覇)하는 일을 이르는 말.
그랜드오페라(grand opera) 명 화려하고 규모가 큰 오페라. 보통 5막으로 구성되고, 대사 없이 전부가 노래와 음악으로 되어 있음. 대가극(大歌劇) ☞오페라코미크(opéra comique)
그랜드피아노(grand piano) 명 현(絃)을 수평으로 쳐 놓은 연주회용 대형 피아노.
그램(gram) 의 미터법에 따른 질량의 단위. 4°C의 물 1 cm^3의 질량. 기호는 g 또는 gr
그램=당량(gram當量) 명 원소나 화합물의 화학 당량에 그램(g)을 붙인 것. 곧 화학 당량과 같은 양의 그램 단위의 질량.
그램=분자(gram分子) 명 분자량에 그램(g)을 붙인 양. 몰(mol)
그램=원자(gram原子) 명 각 원소의 원자량에 그램(g)을 붙인 양.
그램=이온(gram ion) 명 이온량에 그램(g)을 붙인 양. 염류(塩類) 용액의 농도를 나타내는 데 사용됨.
그램-중(gram重) 의 무게의 중력 단위. 질량 1g인 물체의 무게를 1그램중이라 함.
그램칼로리(gram calorie) 의 칼로리를 킬로그램칼로리와 구별하여 이르는 말.
그랬다-저랬다[–랟–랟–] 준 '그리하였다가 저리하였다가'가 줄어든 말. ¶위에서 – 하니 아랫사람들은 더욱

갈팡질팡한다.
그러게 준 '그러기에'의 준말. ¶ – 과속을 하지 말랬지!
그러고 준 '그러하고'의 준말. ¶ – 보니 알아보겠군.

> ▶ '그러고'와 '그리고'
> '그리고'는 '그리하고'가 줄어서 이루어진 접속 부사이고 '그러고'는 '그러하다'의 활용형 '그러하고'의 준꼴로서 주로 '그러고 보니, 그러고 나니'로 쓰인다.
> ¶일을 하라. 그리고 놀아라.
> ¶열심히 일하였다. 그러고 나니 가슴이 뿌듯하다.

그러-구러 부 ①우연히 그러하게 되어. ¶자네와는 – 친하게 되었지. ②그럭저럭 ¶ – 하는 사이에 신명(神明)이 감응하였던지….
그러그러-하다 형여 ①여럿이 다 그러하다. ②그러루하여 별로 신기한 것이 없다. ☞고러고러하다
그러기-에 준 '그러하기 때문에'가 줄어든 말. ¶ – 오지 말라고 했잖니. 준그러게
그러께 명 지난해의 전해. 거거년(去去年). 재작년. 전전년(前前年)
그러나 부 '그렇지마는'·'그러하지만'의 뜻으로 쓰이는 접속 부사. ¶친구 집을 찾아갔다. – 친구는 외출하고 없었다.
그러나-저러나 준 '그러하나 저러하나'가 줄어든 말.
그러-내:다 타 안에 들어 있는 것을 그러당기어 밖으로 내다. ¶장롱 밑에 쌓인 먼지를 –.
그러-넣다 타 흩어져 있는 것을 그러모아 안으로 넣다. ¶솔가리를 그러넣고 불을 붙이다.
그러니까 부 '그러하니까'의 준말. ¶ – 공부를 열심히 해야 한다.
그러니-저러니 준 '그러하다느니 저러하다느니'가 줄어든 말. ¶ – 잔소리가 많다.
그러다 자 ①'그렇게 하다'가 줄어든 말. ¶ – 말겠지./그러면 안 된다./가만히 좀 있으라니까 그러네. ②'그렇게 말하다'가 줄어든 말. ¶그러는 너의 진심은 뭐니?/모두가 효자라고 그런다. ☞고러다
그러-담:다 [–따] 타 그러모아 담다.
그러-당기다 타 그러모아 당기다.
그러데이션 (gradation) 명 ①바림 ②계조(階調)
그러-들이다 타 그러당기어 들이다.
그러루-하다 형여 거의 다 비슷비슷하다. 어지간하다 ¶저마다 차려 입었지만, 모두 그러루한 차림새였다. ☞고러루하다
그러-매다 타 그러당기어 잡아매다.
그러면 부 '그렇다고 하면', '그렇게 될 것 같으면', '그렇게 하면'의 뜻으로 쓰이는 접속 부사. 연즉(然則) ¶ – 내가 갔다 오지./– 다행한 일이지./두드려라. – 열릴 것이다. 준그럼
그러면 그렇지 관용 결국 뜻하였던 대로 됨을 흡족하게 여겨 하는 말. ¶ –, 역시 생각했던 대로군.
그러-모으다 (–모으고·–모아서) 타 흩어져 있는 것을 거두어 한데 모으다. ¶낙엽을 –.
그러-묻다 타 흩어진 것을 한데 모아 묻다.
그러므로 부 '그러한 까닭으로'·'그런고로'의 뜻으로 쓰이는 접속 부사.
그러-안:다 [–따] 타 두 팔로 싸잡아 안다. ¶목을 –./보퉁이를 그러안고 집을 나서다.
그러잖아도 준 '그러지 않아도'가 줄어든 말. ¶ – 지금 가려고 하는 참이다.
그러-잡다 타 그러당기어 붙잡다. ¶옷자락을 그러잡고 놓지 않는다.
그러저러-하다 형여 그러하기도 하고 저러하기도 하다. ¶그러저러한 저간의 사연은 차차 얘기합시다.
그러-쥐:다 타 ①그러당기어 쥐다. ②손가락들을 잡아당기어 주먹을 짓다. ③장악하다
그러-하다 형여 ①그와 같다. ¶당황하면 누구라도 –. ②그런 모양으로 되어 있다. ¶걸음걸이가 왜 그러하냐. 준그렇다 ☞고러하다
그러한-즉 부 그러하니까 준그런즉. 한즉
그럭-저럭 부 ①되어가는 대로. ¶ – 또 한 달이 지나 월급날이 되었다. ②뚜렷하게 하는 것 없이. ¶ – 휴일을 보냈다.
그런 관 '그러한'의 준말. ¶ – 일이 다 있구나./너의 – 모습이 아버지와 닮았다.
그런-고로 (–故–) 부 '그러므로'의 뜻으로 쓰이는 접속 부사.
그런-대로 부 썩 만족스럽지는 않지만 그러한 대로. ¶ – 볼만 하다.
그런데 부 '그러한데'의 뜻으로 쓰이는 접속 부사. 준건데. 근데
그런-즉 부 '그러한즉'의 준말.
그런척-하다 자여 그러한 것처럼 거짓으로 행동하거나 태도를 보이다. ¶아프냐고 물으면 그런척하며 엄살을 피운다./안 그러면서도 –.
그런체-하다 자여 그런척하다 ¶자기가 주인이 아니면서도 그런체하고 앉아 있다.
그럴듯-하다 [–뜯–] 형여 ①실상과 거의 같거나 비슷하다. ¶그의 거짓말이 –. ②좋은 쪽을 기준으로 그것에 가깝거나 비슷하다. 그럴싸하다 ¶어린이의 그림인데도 아주 –.
그럴만-하다 형여 그렇게 할 만큼의 정도에 있다. ¶남을 비난하려면 그럴만한 근거가 있어야 해./그 사람의 처지로는 –.
그럴법-하다 [–뻡–] 형여 그렇게 여길 이치나 도리를 지니고 있다. ¶사정(事情)을 듣고 보니 –./말은 그럴법하나 실천이 없다.
그럴성-싶다 [–썽십–] 형 그러할 성질이나 성향인 것 같다. ¶이야기를 듣고 보니 과연 –.
그럴싸-하다 형여 그럴듯하다 ¶거짓말을 그럴싸하게 꾸며 댄다.
그럼[1] 부 '그러면'의 준말. ¶ –, 그렇지.
준 '그렇게 하면'이 줄어든 말. ¶자꾸 – 곤란해.
그럼[2] 감 말할 것도 없이 마땅히 그러하다는 뜻을 나타내는 말. ¶차 한 잔 드릴까요? –, 좋고 말고.
그렁-거리다(대다) 자 그렁그렁 소리가 나다. ☞가랑거리다. 크렁거리다
그렁-그렁[1] 부 기도에 있는 많은 양의 묽은 가래가 끓는 소리를 나타내는 말. ☞가랑가랑[1]. 크렁크렁[1]
그렁-그렁[2] 부-하다 형 ①액체가 그득 차서 거의 넘칠듯한 모양을 나타내는 말. ¶독에 –하게 물을 받다. ②눈에 눈물이 그득 괴어 있는 모양을 나타내는 말. ¶눈물이 –한 눈. ③국 따위가 건더기는 적고 국물이 매우 많은 모양을 나타내는 말. ④물 따위를 많이 마셔서 뱃속에 물이 그득 차 있는 느낌을 나타내는 말. ☞가랑가랑[2]. 크렁크렁[2]
그렁성-저렁성 부-하다 형 그런듯도 하고 저런듯도 하여 아무 대중 없이. ☞이렁성저렁성
그렁-저렁 부 어찌 되어가는 셈인지 모르게. ¶ – 하루가 지났다. ☞이렁저렁
그렇다 (그렇고·그런) 형ㅎ '그러하다'의 준말. ¶그럼, 그렇고 말고. ☞고렇다

> 한자 **그럴 연**(然) 〔火部 8획〕 ¶개연(蓋然)/과연(果然)/연즉(然則)/필연(必然)

그렇듯 부 '그렇듯이'의 준말.
그렇듯이 부 '그러하듯이'의 준말. 준그렇듯
그렇잖다 준 '그러하지 않다'가 줄어든 말.
그렇지 감 그렇고 말고. 그러면 그렇지. ¶ –, 그 말이 맞지./–, 너의 장난인 줄 알았어.
그렇지-마는 부 앞의 말에 대립되는 내용을 서술할 때 쓰는 접속 부사. ¶나도 가고 싶어. – 중요한 약속이 있어서 갈 수가 없구나. 준그렇지만
그렇지-만 부 '그렇지마는'의 준말.
그:레 명 기둥이나 재목, 기와 따위를 놓을 때 그 놓일 자리에 꼭 맞도록 따 내기 위하여 바닥의 높낮이에 맞추어

그리는, 붓 노릇을 하는 기구.

그레고리-력(Gregory曆)명 1582년 로마 교황 그레고리우스 13세가 종래의 율리우스력을 개량해서 만든 태양력. 현재 세계에서 공통적으로 쓰임.

그레이더(grader)명 정지용(整地用) 기계의 한 가지. 비행장이나 도로를 건설하는 데 쓰임.

그레이트데인(Great Dane)명 개의 한 품종. 덴마크 원산으로, 꼬리와 다리가 길며, 검은빛, 누런 갈색 따위의 얼룩이 있음. 사냥용 또는 호신용으로 기름.

그레이하운드(greyhound)명 개의 한 품종. 몸이 가늘고 길며 주력(走力)과 시력(視力)이 발달해 사냥개로 이용됨. 원산지는 이집트임.

그레인(grain)의 야드파운드법에 따른 무게의 단위. 1그레인은 0.0648g. 기호는 gr

그:레-질명-하다자 그레로 그리는 일.

그레코로만(Greco-Roman)명 ①그리스와 로마의 혼합 양식. ¶ ― 미술 ②그레코로만형

그레코로만-형(Greco-Roman型)명 레슬링 종목의 한 가지. 상대편의 허리 윗부분만을 공격하여 승패를 겨루는 경기 방식. 그레코로만 ☞자유형(自由型)

그려조 '하게'나 '하오' 할 자리의 종결 어미에 붙어, 감탄이나 강조의 느낌을 나타내는 보조 조사. ¶정말 훌륭하네―./그만 가세―.

그로기(groggy)명 권투에서, 상대 선수에게서 심한 타격을 받아 몸을 가누지 못하고 비틀거리는 상태를 이르는 말. ☞녹다운(knock down)

그로스(gross)의 수량을 나타내는 단위. 1그로스는 12다스, 곧 144개임.

그로테스크(grotesque 프)명 예술 창작에서 나타나는 괴이하고 황당무계한 괴기미(怪奇美).

그로테스크-하다(grotesque―)형여 기괴하다

그루¹명 나무나 곡식 따위의 줄기의 밑동.

한자 **그루 주**(株) 〔木部 6획〕 ¶수주(守株)/주수(株守)

그루²의 ①식물, 특히 나무를 세는 단위. ¶소나무 두 ―. ☞떨기. 포기 ②한 해에 같은 땅에 농사짓는 횟수를 세는 단위. ¶논농사를 두 ― 심다.

그루-갈이명-하다타 같은 땅에서 한 해에 두 차례 다른 작물을 심어 거두는 일. 근경(根耕). 근종(根種). 양그루. 이모작(二毛作)

그루-갖추다[―갇―]형 벼나 보리 등의 이삭이 고르게 패어 가지런하다.

그루-되다자 서너 살 안짝의 어린아이가 늦되다.

그루-뒤다타 땅을 갈아 그루를 뒤엎다.

그루-들이다타 땅을 갈아 그루를 뒤엎고 곡식을 심다.

그루-박다타 ①물건을 들어 바닥에 거꾸로 탁 놓다. ②연의 머리를 아래쪽으로 돌려 내려가게 하다. ③사람을 기를 펴지 못하게 억누르다.

그루-밭명 보리를 베어 내고 다른 작물을 심는 밭.

그루-벼명 ①보리를 베어 낸 논에 심은 벼. ②움벼

그루-빈대명 번성기가 지나 늦게 생긴 빈대.

그루-빼기명 나뭇단이나 짚단 따위의 그루가 맞대어 이룬 바닥.

그루-앉히다타 앞으로 할 일에 대하여 바로 해 나갈 수 있도록 터전을 잡아 주다.

그루-잠명 깨었다가 다시 든 잠.

그루-차례명 그루갈이의 횟수(回數).

그루-치다타 그루를 박아 가지런하게 하다.

그루-콩명 그루갈이로 심은 콩. 근태(根太) 준글콩

그루-타다타 같은 땅에 곡식을 연거푸 심어서 그 곡식이 잘 되지 아니하다.

그루-터기명 나무나 풀 따위를 베고 남은 밑동.

그루-팥명 그루갈이로 심은 팥.

그룹:(group)명 ①함께 행동하는 사람들의 무리. ②음악 활동을 같이 하는 무리. ¶사인조 밴드 ―을 탈퇴하다. ③같은 계열에 딸린 기업들을 뭉뚱그려 이르는 말. ¶―의 계열 기업 전부를 이끌다.

그룹:다이내믹스(group dynamics)명 인간 집단이 지니고 있는 역동적인 성질을 연구하여 이를 통제하고 계획적으로 변동시켜서, 그 집단의 생산성을 높이는 기술을 체계화하는 일. 집단 역학(集團力學)

그룹:사운드(group sound)명 악기를 연주하면서 노래도 함께 하는 연주 집단.

그룹:=학습(group學習)명 학습 능력을 높이기 위하여, 한 학급을 몇 개의 그룹으로 나누어 그룹 성원의 협력으로 진행하는 학습 방법. 분단 학습(分團學習)

그르다(그르고·글러)형르 ①옳지 아니하다. ¶옳으니 그르니 따지다. ②될 가망이 없다. ¶시험에 합격하기는 글렀다. ③상태나 조건 따위가 좋지 아니하다. ¶빨래하기에는 날씨가 영 글렀다.

그르렁부 기도에 있는 많은 양의 묽은 가래가 숨을 쉴 때마다 거치적거려 나는 소리를 나타내는 말. ☞가르랑

그르렁-그르렁부 그르렁거리는 소리를 나타내는 말. ☞가르랑가르랑

그르렁-거리다(대다)자 자꾸 그르렁 소리가 나다. ☞가르랑거리다

그르치다타 잘못되게 하다. ¶일을 ―.

그릇¹명 ①물건을 담는 기구(器具)를 통틀어 이르는 말. ☞기명(器皿). 기물(器物) ②어떤 일을 해 나갈만 한 도량이나 능력, 또는 그것을 가진 사람을 비유하여 이르는 말. ¶―이 큰 인물./그는 ―이 작은 사람이다. ③〔의존 명사로도 쓰임〕 음식이 담긴 그릇의 수를 세는 단위. ¶설렁탕 세 ―.

한자 **그릇 기**(器) 〔口部 13획〕 ¶기구(器具)/기명(器皿)/목기(木器)/석기(石器)/식기(食器)/제기(祭器)

그릇²부 그르게. 틀리게 ¶― 생각하다./말을 ― 하다.

그릇-되다[―륻―]자 그르게 되다. 잘못되다 ¶그릇된 행동을 일삼다.

그릇-명(―皿)[―륻―]명 한자 부수(部首)의 한 가지. '盆'·'監' 등에서 '皿'의 이름.

그릇-박[―륻―]명 그릇을 담는 함지박.

그릇-장[―륻―]명 그릇을 넣어 두는 장.

그리¹부 ①그러하게 ¶― 알고 있게나./―도 보고 싶더냐? ②그다지 ¶― 놀랄 일도 아니다. ☞고리⁴

그리²부 그곳으로. 그쪽으로 ¶― 좀 앉으세요./― 가서 얘기하자. ☞고리⁵

그리고부 '그리하고'·'그리하여'·'또'·'및'의 뜻으로 쓰이는 접속 부사. 문장·구·절·단어 따위를 이을 때 쓰임. ¶이발을 하였다. ― 결혼식장에 갔다.

그리니치-시(Greenwich時)명 본초 자오선(本初子午線)이 지나는 그리니치 천문대의 표준시. 전세계의 지방시·표준시의 기준이 됨.

그리다¹타 ①잊지 못하고 그리워하다. ¶고향을 그리는 마음. ②사랑하는 정으로 늘 보고 싶어하다. ¶임을 그리는 시.

한자 **그릴 련**(戀) 〔心部 19획〕 ¶연가(戀歌)/연애(戀愛)/연연(戀戀)/연정(戀情) ▷ 속자는 恋
그릴 모(慕) 〔心部 11획〕 ¶경모(敬慕)/모정(慕情)/사모(思慕)/애모(愛慕)/연모(戀慕)/흠모(欽慕)

그리다²타 ①어떤 형상·사상·감정 따위를 그림이나 글 또는 음악으로 나타내다. ¶인물화를 ―./실향민의 애환을 그린 소설. ②회상하거나 상상하다. ¶지난날을 ―./다가올 세상을 그려 보자.

그리-도부 그렇게도. 그처럼. 그다지도

그리드(grid)명 삼극 진공관의 음극과 양극 사이에 장치한 금속 그물. 전자 전류를 제어하는 작용을 함.

그리마명 그리맛과의 절지동물. 지네와 비슷하나 머리에 한 쌍의 긴 더듬이가 있음. 몸길이는 3cm 안팎이며 몸빛은 어두운 황갈색임. 몸은 가늘고 15쌍의 다리가 있음. 어둡고 습기 찬 곳에서 작은 벌레를 잡아먹고 삶.

그리:스(grease)명 기계의 마찰력을 줄이기 위하여 쓰는 윤활유(潤滑油).

그리:스=교:회(Greece敎會)명 그리스 정교회
그리스도(∠Christ)명 '왕'·'구세주'라는 뜻으로, 크리스트교에서 '예수'를 일컫는 말.
그리스도-교(∠Christ敎)명 크리스트교
그리:스-어(Greece語)명 인도게르만어족의 한 파. 그리스 본토를 중심으로 한 일대에서 쓰임. 희랍어
그리:스=정:교(Greece正敎)명 그리스 정교회
그리:스=정:교회(Greece正敎會)명 동로마 제국의 국교로서, 콘스탄티노플을 중심으로 발전한 크리스트 교회. 그리스 교회. 그리스 정교. 동방 교회. 동방 정교. 정교(正敎). 정교회(正敎會). 희랍 정교
그리움명 그리워하는 마음.
그리워-지다자 그립게 되다. ¶어린 시절 친구들이 ―.
그리워-하다타여 보고 싶어하다. 사모하다
그리-저리부 ①아무렇게나 되어 가는 대로. ②둘 사이에 서로 비밀이 있어 남이 모르게 우물쭈물 처리하는 모양을 나타내는 말.
그리-하다자타여 그렇게 하다. ¶그리한다고 일이 해결되겠느냐?
그리한-즉부 그리하니까 준한즉
그린:(green)명 ①풀밭. 녹지(綠地) ②녹색 ③골프장의 잔디밭. ④퍼팅그린(putting green)
그린:벨트(greenbelt)명 개발 제한 구역
그린:피:(green fee)명 직업 선수가 아닌 사람들이 골프장에서 코스를 사용하기 위하여 내는 돈.
그린:피:스(Green Peace)명 환경 보호와 반핵 운동을 벌이는 국제 단체.
그린:피:스(green peas)명 완두의 한 품종. 열매가 초록색임.
그릴(grill)명 ①고기나 생선 따위를 굽는 조리 기구. ☞석쇠 ②즉석에서 구운 고기 따위를 파는 식당. 그릴룸
그릴룸:(grill room)명 그릴
그:림명 ①구체적인 물체의 형상이나 추상적인 형상 따위를 평면 위에 선 또는 색채를 써서 나타낸 것. 회화(繪畫) ¶―을 그리다. ②아름다운 풍경이나 광경을 비유하여 이르는 말. ¶눈에 덮인 산야는 한 폭의 ―이었다.
속담 **그림의 떡**: 아무리 마음에 들어도 차지하거나 이용할 수 없는 것을 비유하여 이르는 말. ¶돈이 없으니 백화점의 물건이 다 ―이다. ☞화중지병(畫中之餠)

한자 **그림 도**(圖) 〔囗部 11획〕 ¶도감(圖鑑)/도면(圖面)/도법(圖法)/도안(圖案)/지도(地圖) ▷ 속자는 図
그림 화(畫) 〔田部 7획〕 ¶화가(畫家)/화랑(畫廊)/화법(畫法)/화집(畫集) ▷ 속자는 畵·画

그:림=그래프(―graph)명 통계 수치 따위를 그림으로 나타낸 그래프.
그:림=글자[―짜]명 그림 문자
그:림-꼴명 도형(圖形)
그:림=문자(―文字)[―짜]명 문자의 발생 초기에 의사를 전달하기 위한 수단으로 쓰인 그림. 상형 문자보다 더욱 유치한 단계임. 그림 글자. 회화 문자(繪畫文字) ☞기호 문자(記號文字)
그:림=물감[―깜]명 그림을 그리는 데 쓰는 물감. 수채화 물감과 유화 물감 따위가 있음. 물감. 채료(彩料)
그:림-배명 그림을 그려서 꾸민 놀잇배. 화방(畫舫)
그:림-본[―뽄]명 그림을 그릴 때 본보기로 쓰는 그림. 모형(模型)
그:림-쇠명 지름 또는 선의 거리를 재는 기구. 규구
그:림씨명〈어〉형용사(形容詞) ☞매김씨
그:림=연극(―演劇)[―년―]명 이야기의 장면을 잇달아 그린 그림을 상자 속에 넣어 순서대로 한 장씩 내보이면서 어린이들에게 설명해 나가는 연극. 극화(劇畫)
그:림=엽서(―葉書)[―녑―]명 사진이나 그림을 인쇄한 우편 엽서.
그:림=일기(―日記)명 주로 어린이들이 쓰는, 그림을 위주로 하는 일기.
그림자명 ①물체가 빛을 가리어서 빛이 비추이는 반대쪽에 나타나는 물체의 검은 형상. 영자(影子). 음영(陰影) ¶―가 생기다./―가 지다. ②거울이나 물에 비치어 나타나는 물체의 형상. ¶호수에 비친 달 ―. ③사람의 자취. ¶어느새 ―도 없이 사라졌다. ④근심이나 걱정 따위로 얼굴에 나타나는 어두운 표정. ¶자식들 걱정으로 얼굴에 ―가 지다.
그림자도 없다관용 자취를 감추어 찾을 수가 없다. 온데간데없다
그림자를 감추다관용 자취를 감추어 나타나지 않다. ☞꼬리를 감추다

한자 **그림자 영**(影) 〔彡部 12획〕 ¶도영(倒影)/월영(月影)/인영(人影)/투영(投影)

그림자=밟기[―밥―]명 어린이 놀이의 한 가지. 달밤에, 술래가 된 사람이 다른 사람을 쫓아다니며 그의 그림자를 밟는 놀이임.
그:림-쟁이명 그림 그리는 일을 직업으로 삼는 사람을 낮잡아 이르는 말. ☞환쟁이
그:림-책(―冊)명 ①그림을 모아 엮은 책. ②어린이를 위하여 그림을 위주로 하여 꾸민 책.
그립(grip)명 배트나 라켓·골프채 등의 손잡이, 또는 그것을 잡는 방식.
그립다(그립고·그리워)형ㅂ ①그리는 마음이 간절하다. ¶타향에서 명절을 맞으니 부모 형제가 더욱 ―. ②어떤 것이 아쉽고 필요하다. ¶기온이 내려가니 온돌이 ―.
그만[1]관 그만한. 그 정도의. ¶― 일로 실망할 것 없다. ☞고만[1]
그만[2]부 ①그 정도까지만. ¶― 먹자. ②그대로 곧. ¶자기가 할 말만 하고는 ― 가 버리다. ③달리 어찌할 도리가 없이. ¶너무 배가 고파서 ― 먼저 먹었습니다. ④저도 모르는 사이에. ¶오랜만에 어머니의 편지를 받자, ― 눈물이 핑 돌았다. ☞고만[2]
그만그만-하다형여 그만하게 그저 어슷비슷하다. ¶실력이 모두 ―. ☞고만고만하다
그만-두다타 ①하던 일을 중도에서 그치고 아니하다. ¶직장을 그만두고 유학을 떠나다./여기서 그만두면 이제까지의 일이 모두 허사가 된다. ②하려던 일을 아니하다. ¶몸이 아파서 외출을 그만두었다. 준간두다 ☞고만두다
그만-이다형 ①그것뿐이다. 그것으로 마지막이다. ¶이 곳을 떠나면 ―. ②마음에 넉넉하다. ¶너만 좋으면 ―. ③더할 나위 없다. ¶우리 엄마 음식 솜씨는 ―./그 친구 사람 좋기야 그만이지. ☞고만이다
그만-저만부-하다형 ①그저 그만한 정도로. ¶살림살이가 아직은 ― 그래./병세가 ―하니 우선은 지켜봅시다. ②보통으로 ¶네 소식을 듣고 ― 속이 상한 것이 아니다. ☞이만저만
그-만치부 ①그만한 거리를 두고 떨어져서. ②그만큼 ☞고만치
그-만큼부 그만한 정도로. 그만치 ¶― 노력했으니 결과가 좋겠지. ☞고만큼
그만-하다형여 ①그 정도만 하다. ¶그만한 물건도 찾기 힘들다./그만하면 훌륭한 성적이지./그만한 일도 못하느냐. ②그 정도에서 그치고 더 심하지 않다. ¶병이 그만하니 다행이다. ☞고만하다
그맘-때명 꼭 그만큼 된 때. ¶매년 ―면 찾아왔다. ☞고맘때
그물명 ①새나 물고기를 잡기 위하여, 노끈이나 실 따위를 여러 코가 생기도록 얽어서 만든 물건. ¶―을 놓아 꿩을 잡다./―에 걸린 고기. ②실·끈·노 따위로 얽어서 만든 물건을 통틀어 이르는 말. ③범인 따위를 잡기 위해서 여러 곳에 펴 놓은 비상선을 비유하여 이르는 말. ¶경찰이 쳐 놓은 ―에 사기꾼이 걸렸다.
속담 **그물에 든 고기**: 이미 잡힌 몸이 되어 벗어날 수 없는 처지를 이르는 말./**그물이 삼천 코라도 벼리가 으뜸**: 사람이나 물건이 아무리 여럿 있어도 주장되는 것이

없으면 소용이 없음을 이르는 말. /**그물이 천 코면 걸릴 날이 있다** : 무슨 일이든지 준비를 다 하여 놓고 기다리면 이루어질 날이 있음을 이르는 말.

한자 **그물 망**(網) 〔糸部 8획〕 ¶ 망막(網膜)/망사(網紗)/망상(網狀)/어망(魚網)/투망(投網)

그물-거리다(대다) 자 날씨가 흐렸다 개었다 하다. ☞끄물거리다

그물-그물 부 그물거리는 모양을 나타내는 말. ☞끄물끄물

그물-눈 명 그물의 구멍.

그물-막(-膜) 명 망막(網膜)

그물-망(-网) 명 한자 부수(部首)의 한 가지. '罫'·'罪'·'置' 등에서 '罒'의 이름.

그물-맥(-脈) 명 잎맥의 주맥(主脈)과 지맥(支脈) 사이에 그물처럼 얽힌 가는 맥. 망상맥(網狀脈)

그물-버섯 명 그물버섯과의 버섯. 갓은 지름 6～20cm이며, 처음에는 구형이나 반구형을 거쳐 편평형이 됨. 빛깔은 암갈색이나 적갈색을 띠며 조직은 백색임. 여름과 가을에 혼합림의 땅 위에 자람. 먹을 수 있으며 전세계에 널리 분포함.

그물-질 명 **-하다** 자 쟁이나 반두 따위로 고기를 잡는 일.

그물-채 명 그물을 벌이어 양쪽에 매는 긴 대.

그물=침:대(-寢臺) 명 해먹(hammock)

그물-코 명 그물눈과 그물눈 사이의 매듭.

그물-톱 명 손으로 그물을 뜰 때, 그물눈의 크기를 일정하게 하는 데 쓰는 자그마한 나무쪽.

그믐 명 '그믐날'의 준말. ¶ 섣달 - ☞초승

그믐-께 명 그믐날이 가까울 무렵의 며칠 동안.

그믐-날 명 음력으로 그 달의 마지막 날. 말일(末日). 회일(晦日) 준 그믐

그믐-달[-딸] 명 그믐께 돋는 달. ☞초승달

그믐-밤[-빰] 명 그믐날의 밤. ¶ 달 없는 -.

속담 **그믐밤에 홍두깨 내밀기** : 생각지 않던 일이 갑자기 일어남을 이르는 말. 〔아닌 밤중에 홍두깨〕

그믐-사리 명 ①그믐날의 한사리. ②그믐께에 잡힌 젓조기. ☞보름사리

그믐-초승(-初-) 명 ①그믐과 초승. ②음력 그믐께부터 다음 달 초승까지의 사이. 회초간(晦初間)

그믐-치 명 **-하다** 자 그믐께에 비나 눈이 내림, 또는 그때에 내리는 비나 눈.

그믐-칠야(-漆夜) 명 그믐께의 몹시 어두운 밤.

그-분 대 '그 사람'을 높이어 이르는 말. ¶ -은 오늘 못 오십니다.

그-빨로 부 못된 버릇을 버리지 않고 그대로. ¶ - 굴다가는 혼난다.

그-사이 명 ①그 동안. ¶ -를 못 참다니. ②〔부사처럼 쓰임〕 그 동안에. ¶ - 잘 지냈느냐? 준 그새 ☞고사이

그-새 명 ①'그사이'의 준말. ②〔부사처럼 쓰임〕 ¶ - 다 먹었느냐. ☞고새

×**그스르다** 타 → 그슬다

그슬다(그슬고·그스니) 타 불에 거죽만 조금 타게 하다. ¶ 난로에 털을 -.

그슬리다[1] 자 불기운에 닿아 거죽만 조금 검게 타다. ☞그을리다[1] ¶ 가구가 불에 -.

속담 **그슬린 돼지가 달아맨 돼지 타령 한다** : 제 흉은 더 많으면서 대단치 않은 남의 허물을 흉본다는 말. 〔똥 묻은 개가 겨 묻은 개 나무란다〕

그슬리다[2] 타 그슬게 하다. ☞그을리다[2]

그악-스럽다(-스럽고·-스러워) 형ㅂ 그악한 데가 있다. 그악해 보이다.

그악-스레 부 그악스럽게

그악-하다 형여 ①장난 따위가 지나치게 심하다. ¶ 한창 짓궂을 나이라 노는 게 -. ②모질고 사납다. ¶ 성질이 -. ③억척스럽고 끈질기다. ¶ 그악하게 일해서 번 돈.

그악-히 부 그악하게

그야 부 그것이야 ¶ - 더 말할 나위 없지. /- 그렇지.

그야-말로 부 말한 바와 같이. 참으로 ¶ - 절세미인(絕世美人)이로구나.

그어-주다 타 ①돈이나 곡식 가운데서 마땅히 줄 것을 떼어 주다. ②돈을 환(換)으로 부치다. 준 거주다

그-역(-亦) 부 그 역시. ¶ - 바라던 바가 아니다.

그예 부 결국에는 그만. 마침내 ¶ - 가 버리고 말았다.

그윽-하다 형여 ①깊숙하고 으늑하다. ¶ 그윽한 산골짜기. ②뜻이나 생각이 깊다. ¶ 그윽한 기품을 지닌 선비. ③느낌이 은근하다. ¶ 그윽한 눈길로 바라보다. /방 안에 그윽한 향기가 풍긴다.

그윽-이 부 그윽하게

한자 **그윽할 유**(幽) 〔幺部 6획〕 ¶ 유곡(幽谷)/유심(幽深)/유암(幽暗)/유학(幽壑)

그을다(그을고·그으니) 자 햇볕이나 연기 따위에 쐬어 검게 되다. ¶ 볕에 그을은 건강한 피부. 준 글다

그을리다[1] 자 그을게 되다. ¶ 볕에 그을린 자리가 발갛게 부풀었다. 준 글리다[1] ☞그슬리다[1]

그을리다[2] 타 그을게 하다. ¶ 피부를 까무잡잡하게 -. 준 글리다[2] ☞그슬리다[2]

그을음 명 물질이 불에 탈 때 연기에 섞여 나오는 검은 먼지 같은 가루. 연매(煙煤). 연재(煙滓) ¶ -이 앉다. /-이 끼다. 준 글음

그-이 대 ①그 사람. ¶ -는 뭐라고 합니까? 준 그[1] ②여자가 자기의 남편을 일컫는 말.

그-자(-者) 대 '그 사람'을 낮잡아 일컫는 말. ¶ -가 왜 거기에 나타났을까?

그저 부 ①그대로 사뭇. ¶ - 앉아 기다리고만 있다. ②별로 신기함 없이. ¶ - 그렇다. ③그치지 않고 이제까지. 그대로 아직. ¶ 어머니께서는 - 바느질을 하신다. ④'어쨌든지'·'무조건하고'의 뜻으로, 달래거나 애원할 때 흔히 쓰이는 말. ¶ - 목숨만 살려 주십시오. ⑤'아닌 게 아니라 과연'의 뜻으로, 남을 책망하거나 비난할 때 흔히 쓰이는 말. ¶ 내 - 그리 될 줄 알았네. ⑥별다른 까닭이나 목적 없이. 아무 생각 없이. ¶ - 별 뜻 없이 해 본 말이다. ⑦몹시. 더할 나위 없이. ¶ 나는 그가 - 미덥기만 하다.

그저께 명 어제의 전날. 전전날 준 그제

그-전(-前) 명 ①퍽 오래된 지난날. ¶ -에는 그 동네가 논이었다. ②얼마 되지 않은 전날. ¶ -에 한 번 본 얼굴이다.

그제 명 '그저께'의 준말.

그제-야 부 그때에야 비로소. ¶ - 한시름 놓다.

그-중(-中) 부 여럿 가운데 가장. ¶ - 낫다.

그지-없:다[-업-] 형 ①끝이 없다. 헤아릴 수 없다. ¶ 부모님의 그지없는 사랑. ②이루 다 말할 수 없다. ¶ 억울하기 -. /기쁘기 -.

그지-없이 부 그지없게

그-쪽 대 ①듣는 이에게 가까운 쪽. ¶ 내가 -으로 가겠다. ②말하는 이와 듣는 이가 이미 알고 있는 쪽. ¶ 헤어졌다가 -에서 만나자. ③말하는 이와 듣는 이가 이미 알고 있는 사람이나 무리. ¶ 우리 일을 -에서 어떻게 알았을까? ④듣는 이와 그 무리. ¶ -이 제시한 조건을 받아들이겠습니다. ☞고쪽. 이쪽[2]. 저쪽

그치다[1] 자 ①계속되던 움직임이나 현상이 없어지다. ¶ 어느새 눈이 그쳤다. /노랫소리가 -. ②어떤 일이나 현상이 어느 상태에서 머무르다. ¶ 석차가 7등에 그쳤다. /올 농사는 반타작에 그쳤다.

한자 **그칠 지**(止) 〔止部〕 ¶ 정지(停止)/중지(中止)/지사제(止瀉劑)/지통(止痛)/지혈(止血)

그치다[2] 타 계속하던 일이나 행동을 멈추다. ¶ 울음을 -. /장난을 -.

그칠-간(-艮) 명 한자 부수(部首)의 한 가지. '良'·'艱' 등에서 '艮'의 이름.

그칠-지(-止) 명 한자 부수(部首)의 한 가지. '此'·'武' 등에서 '止'의 이름.

그-토록 부 그러한 정도로까지. ¶ — 산이 험한지 몰랐다. /— 사랑하던 사람. ☞고토록
극(棘) 명 물고기 따위의 지느러미의 뼈대를 이루는 줄기. 단단하고 마디가 없으며 끝이 날카로움.
극(極)[1] 명 ①지축의 양쪽 끝, 곧 남극과 북극. ②전지에서 전류가 드나드는 양쪽 끝, 곧 양극(陽極)과 음극(陰極). ③자석의 양쪽 끝, 곧 남극과 북극. ④구(球)의 대원(大圓) 또는 소원(小圓)의 평면에 수직되는 지름의 양 끝. ⑤더할 수 없는 막다른 지경. ¶분노가 —에 달하다. ☞극하다
극(劇) 명 ①'연극'의 준말. ②연극·희곡·유희(遊戲) 등을 통틀어 이르는 말.
극(極)[2] 수 수의 단위. 재(載)의 만 곱절. ☞항하사(恒河沙)
극간(極諫) 명 -하다 타 있는 힘을 다하여 간함.
극간(極奸) 어기 '극간(極奸)하다'의 어기(語基).
극간(極艱) 어기 '극간(極艱)하다'의 어기(語基).
극간-하다(極奸—) 형여 매우 간사하다.
극간-하다(極艱—) 형여 몹시 가난하고 고생스럽다.
극감(剋減) 명 -하다 타 깎아 줄임.
극감(極減) 명 -하다 타 최대한으로 줄임.
극-값(極—) 명 함수(函數)의 극대값과 극소값을 아울러 이르는 말.
극-거리(極距離) 명 천구상(天球上)의 극에서 별까지의 각거리(角距離).
극곤(極困) 어기 '극곤(極困)하다'의 어기(語基).
극곤-하다(極困—) 형여 더할 수 없이 곤궁하다.
극공(極恭) 어기 '극공(極恭)하다'의 어기(語基).
극-공명(極功名) 명 ①-하다 자 극히 높은 관직, 또는 그 관직에 이름. ②분수에 넘치는 관직.
극공-하다(極恭—) 형여 지극히 공손하다.
극관(極冠) 명 화성(火星)의 양극(兩極) 지방에 나타나는 희게 빛나는 부분.
극광(極光) 명 남극과 북극 지방의 하늘에 가끔 나타나는 발광(發光) 현상. 빨강·파랑·노랑·연두·분홍 따위의 아름다운 색채를 보임. 오로라(aurora)
극괴(極怪) 어기 '극괴(極怪)하다'의 어기(語基).
극괴-하다(極怪—) 형여 몹시 괴이하다.
극구(極口) 부 갖은 말을 다하여. ¶ — 사양하다. /— 변명하다. /— 칭찬하다.
극구(隙駒) 명 달리는 말을 문틈으로 본다는 뜻으로, 세월의 흐름이 몹시 빠름을 비유하여 이르는 말.
극궁(極窮) 어기 '극궁(極窮)하다'의 어기(語基).
극궁-하다(極窮—) 형여 몹시 궁색하다.
극권(極圈) 명 지구의 남북 66°33′의 위선(緯線), 또는 그 위선으로부터 양극까지의 지역.
극귀(極貴) 어기 '극귀(極貴)하다'의 어기(語基).
극귀-하다(極貴—) 형여 매우 귀하다.
극기(克己) 명 -하다 자 자기의 욕심이나 충동, 감정 따위를 의지로 눌러 이김. ¶ — 훈련
극기(極忌) 명 -하다 타 ①무엇을 몹시 꺼림. ②무엇을 몹시 미워함.
극기복례(克己復禮) 성구 사사로운 욕심을 누르고 예의 범절을 좇음을 이르는 말.
극기-심(克己心) 명 자기의 욕심이나 충동, 감정 따위를 눌러 이기는 마음.
극기-주의(克己主義) 명 금욕주의(禁慾主義)
극기-파(克己派) 명 스토아 학파(stoa學派)
극-기후(極氣候) 명 극에서 극권(極圈)에 이르는 지역에 나타나는 기후. 기온이 낮고, 눈이 많이 내리며, 수목이 거의 자라지 못함.
극난(克難) 명 -하다 자 어려움을 이겨냄.
극난(極難) 어기 '극난(極難)하다'의 어기(語基).
극난-하다(極難—) 형여 몹시 어렵다.
극남(極南) 명 남쪽의 맨 끝. ☞극북(極北)
극단(極端) 명 ①맨 끝. ②중용을 잃고 한쪽으로 매우 치우치는 일. ¶—으로 흐르다. ③길이나 일의 진행 따위가 끝까지 이르러 더 나갈 수가 없는 상태. ¶노사(勞使) 모두 —으로 치닫고 있다.
극단(劇團) 명 연극 상연(上演)을 목적으로 결성된 단체.
극단(劇壇) 명 ①연극의 무대. ②연극인들의 사회.
극단론-자(極端論者)[—논—] 명 모든 사물을 한쪽으로 지나치게 치우쳐서 생각하는 사람.
극단-적(極端的) 명 몹시 한쪽으로 치우치거나 극도에 달하는 것. ¶—인 해석. /— 평가
극담(劇談) 명 ①쾌활한 이야기. ②과격하고 맹렬한 말. ③연극에 관한 이야기.
극대(極大) 명 ①-하다 형 매우 큼. ②함수 $f(x)$가, x가 취할 수 있는 값의 범위 안에 있는 어떤 점에서 부분적으로 최대값을 취할 때를 이르는 말. ☞극소(極小)
극대-값(極大—)[—깝] 명 어떤 함수(函數)가 극대일 때의 값. ☞극소값
극대-량(極大量) 명 지극히 많은 양. ☞극소량(極小量)
극대-치(極大値) 명 '극대값'의 구용어.
극도(極度) 명 더할 수 없는 정도. 궁극의 정도. ¶—의 공포를 느끼다. /—로 분노하다. ☞적도(適度)
극독(劇毒) 명 아주 적은 양이 몸 안에 들어가도 생명을 잃을 정도로 치명적인 독.
극-독약(劇毒藥) 명 극약과 독약.
극동(極東) 명 ①동쪽의 끝. ☞극서(極西) ②유럽을 기준으로 하여, 아시아 대륙의 동쪽 지역. 곧 우리 나라와 일본, 중국, 타이완 등을 이름. 원동(遠東) ☞근동(近東). 중동(中東)
극-동풍(極東風) 명 극지방의 한랭한 고기압으로부터 불어오는 동풍.
극락(極樂) 명 ①더할 나위 없이 안락한 일. ②불교에서, 인간 세계에서 서쪽으로 십만억토(十萬億土)를 지나서 있다는 아미타불의 정토. 즐거움만 있고 괴로움은 없는 자유롭고 안락한 이상향. 극락세계. 극락정토. 안락국. 안락세계. 안락성토. 연화세계 ☞지옥(地獄)
극락-계(極樂界) 명 '극락세계(極樂世界)'의 준말.
극락-대(極樂臺) 명 불교에서, 극락에 있다고 하는 연화대(蓮華臺).
극락-동문(極樂東門) 명 불교에서, 이 세상에서 서쪽으로 가면 나타난다는 극락의 어귀.
극락=만다라(極樂曼茶羅) 명 극락을 그린 만다라. 정토만다라(淨土曼茶羅)
극락-발원(極樂發願) 명 불교에서, 극락에 가기를 원하여 부처에게 비는 일.
극락-세:계(極樂世界) 명 극락(極樂) 준 극락계(極樂界)
극락-영(極樂迎) 명 불교에서, 극락왕생을 바라고 염불하던 이의 임종 때 아미타불이 와서 맞이하는 일.
극락왕:생(極樂往生) 성구 불교에서, 죽어서 아미타불이 있는 극락세계에서 다시 태어나는 일을 이르는 말. 왕생극락(往生極樂). 정토왕생(淨土往生)
극락-원(極樂願) 명 극락왕생(極樂往生)하고 싶은 소원.
극락-정토(極樂淨土) 명 극락(極樂)
극락-조(極樂鳥) 명 풍조과의 새를 통틀어 이르는 말. 부리와 꽁지가 길며, 수컷은 깃털이 아름답고 긴 장식 깃을 가지고 있음. 약 40종이 뉴기니에 분포함. 풍조(風鳥)
극량(極量) 명 ①규정된 최대한의 분량. ②극독약을 위험 없이 쓸 수 있도록 정해 놓은 사용량의 한계.
극려(克勵) 명 -하다 자 사욕을 누르고 부지런히 일함.
극력(極力) 명 -하다 자 ①있는 힘을 다함, 또는 그 힘. ¶—으로 반대하다. ②〔부사처럼 쓰임〕 있는 힘을 다하여. ¶ — 못 하겠다고 사양하다.
극렬(極烈·劇烈) 어기 '극렬(極烈)하다'의 어기(語基).
극렬=분자(極烈分子) 명 행동이나 사상 등이 과격한 사람을 이르는 말.
극렬-하다(極烈—) 형여 지극히 열렬하다.
극렬-히 부 극렬하게
극론(極論) 명 ①-하다 타 충분히 논의함. 극력 논함. ②극단적인 이론.
극론(劇論) 명 -하다 타 격렬하게 의논하거나 논쟁함, 또는 그 의논이나 논쟁.

극류(極流)명 양 극지방의 해양에서 적도 쪽으로 흐르는 한류(寒流).
극률(極律)명 사형(死刑)에 해당하는 죄를 정한 법률.
극명(克明)명 ①-하다타 속속들이 똑똑하게 밝힘. ¶인류 평등의 대의(大義)를 -하며…. ②-하다형 더할 나위 없이 분명함. ¶시대상을 -하게 묘사한 작품.
극명-히부 극명하게 ¶실상을 - 보여 주다.
극모(棘毛)명 환형동물이나 윤형동물 따위의 몸 표면에 있는, 가시와 같은 털.
극목(極目)명-하다타 시력(視力)이 미치는 곳까지 봄.
극묘(極妙)어기 '극묘(極妙)하다'의 어기(語基).
극묘-하다(極妙-)형여 지극히 묘하다.
극무(劇務)명 격무(激務)
극-문학(劇文學)명 연극이나 영화 예술에 관계되는 모든 문학. 희곡이나 시나리오 등.
극미(極美)어기 '극미(極美)하다'의 어기(語基).
극미(極微)어기 '극미(極微)하다'의 어기(語基).
극미-하다(極美-)형여 더할 나위 없이 아름답다.
극미-하다(極微-)형여 지극히 작거나 적다.
극-반:경(極半徑)명 지구의 중심에서 남북 극점(極點)까지의 평균 거리. 약 6,357km. 극반지름
극-반:지름(極半-)명 극반경
극번(極繁)어기 '극번(極繁)하다'의 어기(語基).
극번-하다(極繁-)형여 매우 바쁘다.
극변(極邊)명 중심지에서 아주 멀리 떨어진 변경.
극변(劇變)명-하다자 갑자기 심하게 변함. ☞급변(急變)
극변원찬(極邊遠竄)성구 멀리 떨어진 변경으로 귀양을 보냄을 이르는 말.
극복(克服)명-하다타 ①어려운 일을 이겨냄. ¶난국을 -하다. ②적을 굴복시킴.
극복(克復)명-하다타 원래의 상태로 되돌아옴.
극본(劇本)명 각본(脚本)
극북(極北)명 북쪽의 맨 끝. 궁북(窮北) ☞극남(極南)
극비(極祕)명 매우 중대한 비밀. 극비밀(極祕密) ¶- 사항/-에 붙이다.
극비-리에(極祕裏-)명 매우 비밀한 가운데. ¶- 임무를 수행하다.
극-비:밀(極祕密)명 극비(極祕)
극-비칭(極卑稱)명 아주 낮추어 일컫는 말. ☞극존칭
극빈(極貧)어기 '극빈(極貧)하다'의 어기(語基).
극빈-자(極貧者)명 몹시 가난한 사람.
극빈-하다(極貧-)형여 몹시 가난하다.
극-삼각형(極三角形)명 구면삼각형(球面三角形)의 각 변의 두 극 가운데, 그 변에 대한 꼭지점과 같은 쪽에 있는 극을 꼭지점으로 하는 삼각형.
극상(極上)명 ①맨 위. 막상(莫上) ¶-의 지위에 오르다. ②가장 좋은 것. 난상(難上). 태상(太上) ¶-의 물건./-의 대접.
극-상:등(極上等)명 가장 높은 등급.
극-상:품(極上品)명 가장 좋은 품질, 또는 그러한 물품.
극서(極西)명 서쪽의 맨 끝. ☞극동(極東)
극서(極暑·劇暑)명 몹시 심한 더위. ☞극한(極寒)
극선(極線)명 주어진 어느 한 점에서 원 또는 원뿔곡선에 두 개의 접선을 그었을 때, 그 접점을 이은 직선을 처음 주어진 점에 대하여 이르는 말.
극선(極善)어기 '극선(極善)하다'의 어기(語基).
극선-하다(極善-)형여 마음씨나 행동 따위가 더없이 착하고 좋다. ☞극악하다
극성(極性)명 특정한 방향에 따라 그 양극단에 서로 대응하는 다른 성질을 가지는 것. 자석의 남극과 북극, 동물의 머리와 꼬리, 식물의 뿌리와 줄기 따위.
극성(極星)명 천구(天球)의 극에 가장 가까운 별. 북극성 따위.
극성(極盛)명-하다형 ①몹시 왕성함. ¶습기가 많아 곰팡이가 -한 시기이다. ②성질이나 언행 따위가 드세거나 지나치게 적극적임. ¶아이들 교육에 너무 -이다.
극성을 떨다관용 드세거나 지나치게 적극적으로 행동하다. 극성을 부리다. ¶애들이 너무 극성을 떨어 정신을 못 차리겠다.
극성을 부리다관용 극성을 떨다. ¶모기들이 -.
극성(劇性)명 극렬한 성질.
극성-기(極盛期)명 한창 번성한 시기.
극성-떨:다(極盛-)(-떨고·-떠니)명 드세거나 지나치게 적극적으로 행동하다. 극성부리다
극성-맞다(極盛-)[-맏-]형 극성스럽다
극성-부리다(極盛-)자 극성떨다
극성-스럽다(極盛-)(-스럽고·-스러워)형ㅂ 성질이나 언행이 드세거나 지나치게 적극적인 데가 있다. 극성맞다 ¶개들이 극성스럽게 짖다.
극성-스레부 극성스럽게
극성=위도법(極星緯度法)[-뻡]명 극성의 고도를 재어서 그 지점의 위도를 계산하는 법.
극성즉패(極盛則敗)성구 왕성함이 지나치면 도리어 패망함을 이르는 말.
극세(極細)어기 '극세(極細)하다'의 어기(語基).
극-세:말(極細末)명 매우 곱게 빻은 가루.
극-세:포(極細胞)명 극체(極體)
극세-하다(極細-)형여 매우 잘거나 가늘다.
극소(極小)명 ①-하다형 매우 작음. ②함수 $f(x)$가, x가 취할 수 있는 값의 범위 안에 있는 어떤 점에서 부분적으로 최소값을 취할 때를 이르는 말. ☞극대(極大)
극소-값(極小-)[-깞]명 어떤 함수(函數)가 극소일 때의 값. ☞극대값
극-소:량(極少量)명 아주 적은 분량. ☞극대량(極大量)
극-소:수(極小數)명 아주 적은 수.
극소-치(極小値)명 '극소값'의 구용어.
극수(極數)명 기온·기압·강수량 등의 기상(氣象) 요소를 오랫동안 관측하여 얻은 최고값과 최저값을 아울러 이르는 말.
극시(劇詩)명 희곡의 형식을 취하거나 극적 수법을 사용한 시. 서정시, 서사시와 더불어 시의 3대 장르 중의 하나임. ☞시극(詩劇)
극심(極甚·劇甚)어기 '극심(極甚)하다'의 어기(語基).
극심-스럽다(極甚-)(-스럽고·-스러워)형ㅂ 매우 심한 느낌이 있다. 보기에 매우 심하다.
극심-스레부 극심스럽게
극심-하다(極甚-)형여 매우 심하다. 태심하다 ¶극심한 추위./태풍의 피해가 -.
극심-히부 극심하게
극악(極惡)어기 '극악(極惡)하다'의 어기(語基).
극악무도(極惡無道)성구 매우 악하고 도리에 어긋남을 이르는 말. ¶-한 죄인.
극악-하다(極惡-)형여 매우 악하다. ¶극악한 살인범. ☞극선하다
극야(極夜)명 고위도(高緯度) 지방에서, 추분과 춘분 사이에 오랫동안 해가 뜨지 않고 밤만 계속되는 동안. ☞백야(白夜)
극약(劇藥)명 독약(毒藥) 다음으로 독성을 지닌 약제로, 잘못 사용하면 사람이나 동물에 위험한 약품. 약사법으로 그 취급 등이 규제되고 있음. 산토닌·카페인·요오드·코카인 따위. 극제(劇劑)
극양(極洋)명 남극이나 북극에 가까운 바다.
극언(極言)명-하다자타 ①있는 힘을 다하여 간(諫)하여 말함, 또는 그 말. ②극단적으로 말함, 또는 그 말. ¶-을 퍼붓다.
극엄(極嚴)어기 '극엄(極嚴)하다'의 어기(語基).
극엄-하다(極嚴-)형여 매우 엄하다. 지엄(至嚴)하다
극열(極熱·劇熱)[-녈]명-하다형 ①몹시 심한 열. ②몹시 뜨거움, 또는 그런 열기.
극열=지옥(極熱地獄)[-녈-]명 대초열지옥(大焦熱地獄)
극염(極炎·劇炎)[-념]명 몹시 심한 더위.
극-영화(劇映畫)[-녕-]명 각본에 따라 배우가 연기하는 것을 담은 영화. ☞기록 영화(記錄映畫)
극예(極銳)어기 '극예(極銳)하다'의 어기(語基).

극예-하다(極銳－)형여 몹시 날카롭다.
극우(克虞)명 백재의 16관등 중 맨 아래 등급. ☞좌평(佐平)
극우(極右)명 '극우익(極右翼)'의 준말. ☞극좌(極左)
극우(劇雨)명 호우(豪雨)
극-우익(極右翼)명 극단적인 우익 사상, 또는 그런 사상을 가진 사람. 준극우(極右) ☞극좌익(極左翼)
극원(極遠)어기 '극원(極遠)하다'의 어기(語基).
극원-하다(極遠－)형여 아주 멀다.
극월(極月)명 음력으로 한 해의 마지막 달. 섣달
극월(劇月)명 몹시 바쁜 달.
극위(極位)명 가장 높은 지위.
극음(劇飮)명-하다타 술 따위를 지나치게 마심.
극-음악(劇音樂)명 가극이나 소가극처럼 극 형식으로 이루어지는 음악, 또는 연극을 위한 음악.
극인(棘人)명 부모 또는 승중(承重) 조부모의 상중(喪中)에 있는 사람. 상제(喪制)
극-자리표(極－標)명 극좌표(極座標)
극작(劇作)명-하다자타 연극의 각본을 씀.
극작-가(劇作家)명 연극의 각본을 쓰는 일을 직업으로 하는 사람. 드라마티스트(dramatist)
극장(劇場)명 연극이나 영화 따위를 관람할 수 있도록 시설을 갖춘 곳. ☞영화관
극적(劇的)명 연극을 보듯 감격적이거나 인상적인 것. ¶ －인 광경(光景)/－으로 만나다.
극-전선(極前線)명 ①극풍과 편서풍의 경계에 생기는 불연속선. ②한류와 난류의 경계선.
극점(極點)명 ①극도에 달한 점, 또는 막다른 고비에 이른 점. 맨 끝. ②북극점과 남극점.
극제(劇劑)명 극약(劇藥)
극-제:품(極製品)명 매우 좋은 제품.
극젱이명 농기구의 한 가지. 쟁기와 비슷하나 보습에 볏이 달리지 않음. 보습의 끝이 넓적하여 자갈밭이나 흙이 얕은 논밭을 가는 데 씀. ☞쟁기
극존(極尊)[1]명 '임금'의 높임말.
극존(極尊)[2]어기 '극존(極尊)하다'의 어기(語基).
극-존대(極尊待)명-하다타 극진히 받들어 대접함.
극-존칭(極尊稱)명 아주 높이어 일컫는 말. ☞극비칭
극존-하다(極尊－)형여 지위가 매우 높다.
극종(克從)명-하다타 이겨서 복종시킴.
극좌(極左)명 '극좌익(極左翼)'의 준말. ☞극우(極右)
극-좌익(極左翼)명 극단적인 좌익 사상, 또는 그런 사상을 가진 사람. 준극좌(極左) ☞극우익(極右翼)
극-좌:표(極座標)명 평면 위의 점의 위치를, 정점(定點)으로부터의 거리와 방향에 따라 나타낸 좌표. 극자리표
극중(極重)어기 '극중(極重)하다'의 어기(語基).
극중-극(劇中劇)명 극 속에 나오는 극.
극중-악인(極重惡人)명 몹시 큰 죄를 지은 악인.
극중-하다(極重－)형여 ①병세가 몹시 위태롭다. ¶ 할아버님 병환이 극중하시다는 전갈을 받다. ②죄나 벌 따위가 매우 크거나 대단하다. ¶극중한 형벌.
극지(極地)명 ①맨 가장 끝에 있는 지역. ②지구의 남극과 북극 지역. ¶－ 탐사
극-지방(極地方)명 지구의 남극과 북극 지방.
극지-법(極地法)[－뻡]명 등산이나 탐험을 할 때, 먼저 베이스캠프를 마련하고 차차로 전진 기지를 설치해 가며 목적지에 이르는 방법. 본래는 남극이나 북극의 탐험 때 쓰던 방법임.
극지=식물(極地植物)명 남북 양 극지방에서 삼림 한계선보다 고위도(高緯度) 지대에 자라는 식물. 왜성 관목(矮性灌木), 선태식물 따위.
극지=항법(極地航法)[－뻡]명 남극이나 북극 부근을 항행하는 데 쓰이는 항공 항법. 주로 자이로컴퍼스(gyro-compass)로 침로(針路)를 정함.
극직(劇職)명 몹시 바쁜 직무. 매우 고된 직무.
극진(劇震)명 심한 지진. 격진(激震)
극진(極盡)어기 '극진(極盡)하다'의 어기(語基).
극진-하다(極盡－)형여 마음과 힘을 다하여 정성스럽기가 더할 나위 없다. ¶대접이 －.
　극진-히부 극진하게 ¶손님을 － 모셔라.
극찬(極讚)명-하다타 매우 칭찬함, 또는 그 칭찬. ¶심사위원들의 －을 받은 작품./그 영화를 본 사람들은 모두 －을 아끼지 않았다.
극-채:색(極彩色)명 매우 짙고 치밀한 채색.
극처(極處)명 맨 끝. 궁극에 이른 곳.
극체(極體)명 동물의 난모 세포(卵母細胞)가 감수 분열을 하여 알이 되는 과정에서 생기는 세 개의 작은 세포. 극세포
극-초단파(極超短波)명 주파수 300~3,000MHz, 파장 1~0.1m인 주파수대. 레이더나 텔레비전 따위에 이용됨. 마이크로웨이브. 유에이치에프(UHF)
극치(屐齒)명 나막신의 굽.
극치(極侈)명-하다자 더할 나위 없이 사치함, 또는 그러한 사치.
극치(極致)명 이를 수 있는 최고의 경지. 최고의 상태. ¶미(美)의 －를 이루다.
극치(極値)명 '극값'의 구용어.
극친(極親)어기 '극친(極親)하다'의 어기(語基).
극친-하다(極親－)형여 매우 친하다.
극침(棘針)명 ①가시[1] ②살을 에는듯 한 찬바람을 비유하여 이르는 말.
극택(極擇)명-하다타 매우 정밀하게 골라 뽑음.
극터듬다[－따]타 가까스로 붙잡고 기어오르다. ¶자일도 없이 암벽을 극터듬어 올랐다.
극통(極痛·劇痛)명 ①몹시 심한 아픔. ☞둔통 ②가슴에 깊이 맺힌 고통. 지통(至痛)
극풍(極風)명 극고압대(極高壓帶)에서 아한대 저압대(低壓帶)로 부는 편동풍. 주극풍(周極風)
극피(棘皮)명 석회질의 가시가 돋은, 동물의 껍질.
극피-동:물(棘皮動物)명 동물계의 한 문(門). 몸은 등과 배의 구별이 있으며, 방사 상칭형(放射相稱形)임. 수관계(水管系)가 발달하였고 관족(管足)이 달렸음. 암수딴몸으로 변태를 하며, 주로 바다에 삶. 갯나리·성게·불가사리·해삼 따위. ☞선형동물(線形動物)
극-하다(革－)형여《文》병이 위급하다.
극-하다(極－)형여 아주 더할 수 없는 지경에 이르다. ¶사치가 －./노여움이 극하여 온몸이 떨린다.
　극-히부 아주 더할 수 없이. 매우 ¶－ 짧은 동안의 만남이었다.
극한(極限)명 ①궁극의 한계. ¶－에 이르다. ②극한값
극한(極寒·劇寒)명 심한 추위. ☞극서. 혹한(酷寒)
극한-값(極限－)[－깞]명 함수에서, 독립 변수의 값이 어떤 확정된 값에 한없이 가까워지는 경우의 값. 극한(極限)
극한=기후(極寒氣候)명 수목(樹木)이 전혀 자라지 못할 정도로 기온이 낮은 기후.
극한=상황(極限狀況)명 인간의 존재를 한계 지우는 궁극적인 상황. 출생·죽음·고통 등 변화시키거나 피할 수 없는 상황을 이름. 야스퍼스 철학의 중요 사상임. 한계상황(限界狀況)
극한-치(極限値)명 '극한값'의 구용어.
극한=투쟁(極限鬪爭)명 어떤 목적을 이루고자 싸울 수 있는 데까지 싸우는 일.
극해(極害)명 몹시 심한 해독.
극형(極刑)명 가장 무거운 형벌이라는 뜻으로, '사형(死刑)'을 이르는 말.
극-호사(極豪奢)명-하다자 더할 수 없이 호화롭고 사치스럽게 지냄, 또는 그런 상태.
극화(劇化)명-하다타 사건이나 소설 따위를 극의 형식으로 각색함.
극화(劇畫)명 ①그림 연극 ②이야기를 그림과 글로 엮은 읽을거리.
극흉(極凶)[1]명 지독한 흉년. ☞참흉(慘凶)
극흉(極凶)[2]어기 '극흉(極凶)하다'의 어기(語基).
극흉-하다(極凶－)형여 몹시 흉악하다. 지흉하다

극희(劇戲)명 배우의 연희(演戲). 광대가 하는 연극.

근(根)명 ①부스럼 속에서 곪아 단단하게 된 망울. ②방정식을 만족시키는 미지수의 값. ¶이차 방정식의 -을 구하다. ③거듭제곱근 ④기(基)[1] ⑤불교에서, 어떤 작용을 일으키는 강력한 힘. 육근(六根)의 능력을 이름. ⑥불교에서, 근기(根氣)·근성(根性)의 뜻으로 가르침을 받는 사람의 능력을 이르는 말.

근(筋)명 ①힘줄 ②근육(筋肉)

근(斤)의 척관법의 무게 단위의 하나. 1근은 1관의 10분의 1로 375g임. 1근을 16냥인 600g으로 하는 경우도 있음.

근(听)의 양지(洋紙)의 한 연(連), 곧 500장의 무게를 나타내는 단위.

근:(近)관 수량을 나타내는 말 앞에 쓰이어, 그 수량에 거의 가까움을 뜻하는 말. ¶- 일 년에 걸린 작업./- 이십 리 거리. ☞약(約)

근각(根脚)명 지난날, 죄를 지은 사람의 생년월일과 얼굴 모습 및 그 죄상 등을 기록했던 서류.

근:간(近刊)명 최근에 나왔거나 나올 간행물. ¶- 서적 ☞기간(旣刊)

근:간(近間)명 ①요즈음. 요사이. 근래(近來) ¶-에는 그를 통 볼 수가 없다. ☞근자(近者) ②머지않은 장래. ¶-에 한번 만나자.

근간(根幹)명 ①뿌리와 줄기. 간근(幹根) ②사물의 바탕이나 중심이 되는 부분. ¶국가 경제의 -을 이루다.

근간(勤幹)어기 '근간(勤幹)하다'의 어기(語基).

근간(懃懇)어기 '근간(懃懇)하다'의 어기(語基).

근간-하다(勤幹-)형여 부지런하고 성실하다.

근간-하다(懃懇-)형여 은근하고 간절하다.

근거(根據)명 ①생활이나 활동의 터전이 되는 곳. 본거(本據) ¶이제 그만 어디에든 -를 두고 살게. ②-하다 자 어떤 현상이나 의견·의론 따위의 원인 또는 밑바탕이 되는 것. 터무니 ¶- 없는 낭설./그 판단의 -를 대시오.

한자 **근거 거**(據) 〔手部 13획〕 ¶거점(據點)/본거(本據)/전거(典據)/증거(證據) ▷ 속자는 拠

근:-거리(近距離)명 가까운 거리. ☞원거리(遠距離)

근:거리=통신망(近距離通信網)명 공장이나 사무실 등 비교적 좁은 지역 안에 있는, 독립된 각종 컴퓨터 장치를 동축(同軸) 케이블이나 광섬유(光纖維) 등으로 연결하여 하나의 통신망으로 엮어 놓은 것. 랜(LAN)

근거-지(根據地)명 생활이나 활동의 터전으로 삼는 곳. 본거지(本據地) ¶의병 활동의 -.

근검(勤儉)명-하다 형 부지런하고 검소함. ¶-한 생활./-과 절약을 미덕으로 삼다.

근검-하다 형여 ①자손이 많아서 보기에 좋다. ②마음이 흐뭇하고 남 보기에 굉장하다.

근:경(近景)명 ①가까이 보이는 경치. ②사진이나 그림 따위에서, 가까운 곳에 있는 것으로 찍히거나 그려진 대상. ☞원경(遠景)

근:경(近境)명 ①가까운 곳. ②비슷한 경우. ③요즈음의 사정.

근경(根耕)명-하다 타 그루갈이

근경(根莖)명 ①뿌리와 줄기. ②식물의 줄기가 변태하여 뿌리처럼 땅 속으로 뻗어 나가게 된 것. 뿌리줄기

근계(根系)명 ①뿌리의 갈래. ②근본이 되는 혈통. 근본이 되는 계통.

근계(筋瘈)명 근축증(筋搐症)

근:계(謹啓)명 '삼가 아룁니다'의 뜻으로, 편지 첫머리에 쓰는 한문 투의 말.

근:고(近古)명 ①그리 오래지 않은 옛날. ②역사의 시대 구분의 하나. 중고(中古)와 근세(近世)의 중간 시대.

근고(勤苦)명-하다 자 애써 부지런히 일함, 또는 그 일. ☞근면(勤勉)

근:고(謹告)명-하다 타 '삼가 아룀'의 뜻으로, 편지 첫머리에 쓰는 한문 투의 말.

근:고=문학(近古文學)명 고려 초에서 훈민정음이 제정되기까지의 약 500년 동안의 문학.

×**근고 버력**(根固-)명 → 보호 버력

근:고-사(近古史)명 근고 시대의 역사.

근곡(根穀)명 ①묵은 곡식. ②밑절미로 둔 곡식.

근골(筋骨)명 ①근육과 뼈대. ②몸매 ¶-이 다부지다.

근골(跟骨)명 발꿈치를 이루는 짧은 뼈.

근공(勤工)명-하다 자 부지런히 힘써 공부함.

근관(根冠)명 뿌리골무

근관(根管)명 치근(齒根)의 한가운데에 있는 대롱처럼 생긴 빈 공간.

근:교(近郊)명 도시에 가까운 주변 지역. ☞원교(遠郊)

근:교=농업(近郊農業)명 도시 주변에서 채소나 꽃 등을 재배하여, 도시에 내다 파는 집약적 농업. ☞원교 농업

근:구(近口)명-하다 타 입에 가까이 한다는 뜻으로, 푸지게 먹지는 않고 먹는체만 함을 이르는 말. 접구(接口)

근구(勤求)명-하다 타 수행을 부지런히 하여 불도(佛道)를 구하는 일.

근:국(近國)명 이웃 나라. ☞원국(遠國)

근궁(芹宮)명 문묘(文廟)

근근(僅僅)부 근근이

근근(勤勤)어기 '근근(勤勤)하다'의 어기(語基).

근근간간-하다(勤勤懇懇-)형여 매우 부지런하고 정성스럽다.

근근득생(僅僅得生)성구 겨우 살아감을 이르는 말.

근근부지(僅僅扶持)성구 겨우 버티어 나감을 이르는 말.

근근-이(僅僅-)부 겨우. 간신히 ¶- 기어오르다.

근근자자(勤勤孜孜)성구 부지런하고 정성스러움을 이르는 말.

근근-하다[1] 형여 근질근질 가렵다.

근근-하다[2] 형여 못이나 우물 따위에 물이 가득하다.

근근-하다(勤勤-)형여 부지런하다

근:기(近畿)명 서울에서 가까운 지방. 기근(畿近)

근기(根氣)명 ①참을성 있게 견디어 나가는 기질. ¶-가 있어 반드시 해낼 것이다. ②근본이 되는 힘. ③음식이 끈기와 영양이 많아서 먹으면 오래도록 속이 든든한 기운. ¶찹쌀떡은 -가 있어서 먹으면 든든하다.

근기(根基)명 근본적인 토대. 뿌리를 박은 터전.

근기(根機)명 기근(機根)

근-긴장(筋緊張)명 근육이 수동적으로 움직일 때에도, 자세를 유지하기 위하여 오래도록 근육이 수축하는 일.

근:년(近年)명 가까운 해. 지나간 지 얼마 안 되는 해. 경년(頃年). 근세(近歲)

근념(勤念)명-하다 자타 ①친절하게 돌봄. ②힘쓰고 수고함.

근농(勤農)명-하다 자 농사일을 열심히 함, 또는 그런 사람. 독농(篤農) ☞나농(懶農)

근농-가(勤農家)명 농사를 열심히 짓는 집안, 또는 그런 사람. 독농가(篤農家)

근-단백질(筋蛋白質)명 근육의 주성분을 이루는 단백질. 근육소(筋肉素)

근-담:배(斤-)[-땀-]명 지난날, 한 근씩 달아 묶어서 팔던 살담배.

근-담보(根擔保)명 일정한 계속적 계약 관계에서 생기는 다수의 불특정한 채권을 일정 기간, 일정액을 한도로 하여 담보하는 일.

근대명 명아줏과의 두해살이풀. 줄기는 곧고 가지가 많으며, 잎은 긴 달걀꼴로 광택이 있음. 여름에 황록색의 잔 꽃이 피고 줄기와 잎은 국이나 나물로 먹음. 군달(莙薘)

근:대(近代)명 ①얼마 지나지 아니한 가까운 시대. ②역사의 시대 구분의 하나. 근세와 현대의 중간 시대.

근:대=국가(近代國家)명 중세 말기의 전제 국가가 무너진 뒤, 근대에 성립한 중앙 집권 국가.

근:대-극(近代劇)명 19세기 말에 일어난 유럽의 사실극. 근대 시민의 사상과 감정을 반영하며, 사실성을 바탕으로 사회와 인생 문제를 제기함.

근대-나물 명 근대의 잎이나 줄기를 데쳐서 초고추장에 무친 나물. 군달채

근대다 타 ①귀찮을 만큼 지근덕거리다. 성가시게 굴다. ¶생활이 궁해서 근대러 온 것 같다. ②조롱하다
근:대=도시(近代都市)명 근대 사회의 발전과 함께 발달한 도시.
근:대=문학(近代文學)명 근대에 성립하여 발달한 문학. 세계 문학에서 넓은 뜻으로는 르네상스 이후, 좁은 뜻으로는 19세기 이후의 문학을 이름. 우리 나라의 경우, 1894년 갑오개혁 이후부터 1920년대까지의 문학을 가리킴.
근:대-법(近代法)[-뻡]명 근대 시민 사회의 질서를 유지하기 위하여 제정된 법. 개인주의와 자유주의를 기초로 함.
근:대-사(近代史)명 근대의 역사, 또는 그것을 적은 책.
근:대=사회(近代社會)명 봉건제 사회가 끝난 뒤에 나타난 사회. 사상적으로는 개인주의, 정치적으로는 민주주의, 경제적으로는 자본주의를 바탕으로 삼았음.
근:대=산:업(近代産業)명 산업 혁명 이후에 일어난 산업. 분업화한 산업 형태임.
근:대=오:종=경:기(近代五種競技)명 올림픽 경기 종목의 한 가지. 한 선수가 사격·수영·펜싱·승마·크로스컨트리의 다섯 가지 경기를 하루 한 종목씩 하여, 각 종목마다 채점한 종합 득점으로 등위를 매기는 경기.
근:대-인(近代人)명 ①근대의 사람. ②근대 사상의 감화를 받은 사람.
근:대-적(近代的)명 근대에 있던 것, 또는 근대의 특징을 지닌 것.
근:대-주의(近代主義)명 전통적인 것을 부정하거나 그에 대립해서 근대적인 것을 주장하는 사람. ☞모더니즘
근:대-화(近代化)명-하다 자타 봉건적인 것을 물리치고, 모든 일을 합리적·과학적·민주적으로 되게 하는 일. ☞현대화(現代化)
근댓-국 명 된장을 푼 물에 근대를 넣고 끓인 국.
근덕-거리다(대다) 자타 근덕근덕 흔들리다, 또는 근덕근덕 흔들다. 근덕이다 ☞간닥거리다. 끈덕거리다. 끈떡거리다
근덕-근덕 부 물체가 조금씩 자꾸 흔들리는 모양, 또는 그렇게 흔드는 모양을 나타내는 말. ☞간닥간닥. 끈덕끈덕. 끈떡끈떡
근덕-이다 자타 근덕거리다 ☞간닥이다. 끈덕이다. 끈떡이다
근데 부 '그런데'의 준말. ¶ - 왜 자꾸 물어?
근뎅-거리다(대다) 자 근뎅근뎅 흔들리다. 근뎅이다 ☞간댕거리다. 건뎅거리다
근뎅-근뎅 부 ①약하게 매달린 물체가 좁은 폭으로 흔들리는 모양을 나타내는 말. ¶ - 매달린 백열등. ②약하게 박힌 물체를 건드릴 때 힘없이 흔들리는 모양을 나타내는 말. ¶이가 - 흔들린다. ☞간댕간댕. 건뎅건뎅
근뎅-이다 자 근뎅거리다 ☞간댕이다. 건뎅이다
근:동(近東)명 유럽을 기준으로 하여, 유럽에 가까운 동양의 서쪽 지역. 곧 터키·이란·시리아 등을 가리킴. ☞극동(極東)
근:동(近洞)명 가까운 이웃 동네. ¶ - 사람들은 다 아는 일이다.
근두(筋斗)명 몸을 번드쳐서 재주를 넘는 짓.
근드렁-거리다(대다) 자 근드렁근드렁 흔들리다. ☞간드랑거리다. 건드렁거리다
근드렁-근드렁 부 큰 물체가 천천히 부드럽게 흔들리는 모양을 나타내는 말. ☞간드랑간드랑. 건드렁건드렁
근드렁=타:령(-*打令)명 몸을 가누지 못하여 근드렁거리는 짓을 농으로 이르는 말.
근드적-거리다(대다) 타 물체를 근드적근드적 움직이다. ☞간드작거리다. 건드적거리다
근드적-근드적 부 바닥에 놓인 물체를 심하게 기울였다 바로 놓았다 하면서 움직이는 모양을 나타내는 말. ¶일꾼들이 냉장고를 - 하면서 옮기다. ☞간드작간드작. 건드적건드적

근들-거리다(대다) 자 박히거나 심긴 물체가 이리저리 크게 흔들리다. ☞간들거리다. 건들거리다
근들-근들 부 근들거리는 모양을 나타내는 말. ☞간들간들. 건들건들
근:래(近來)명 요즈음 ¶ -에 유행하는 옷차림.
근량(斤兩)명 ①무게의 단위인 '근'과 '냥'. ②'근량쭝'의 준말.
근량(斤量)명 저울로 단 무게.
근량-쭝(斤兩-)명 '근'과 '냥'으로 헤아린 물건의 무게. 준근량(斤兩)
근력(筋力)명 ①근육의 힘. ¶ -을 기르는 운동. ②일을 감당해 나갈 수 있는 힘. 기력(氣力) ¶연세에 비해서 -이 좋으십니다.
근례(巹禮)명 혼례(婚禮)
근로(勤勞)명-하다 자 ①부지런히 일함. ②보수를 받기로 하고 일정한 시간 일정한 일을 함.
근로=계급(勤勞階級)명 근로 소득으로 생활하는 계급.
근로=계:약(勤勞契約)명 근로자가 임금·급료 등의 대가를 사용자로부터 받고 노무를 제공할 것을 약정하는 계약. 고용 계약(雇用契約)
근로-권(勤勞權)[-꿘]명 근로 능력과 의사를 가진 사람이 취업을 하지 못하는 경우에, 국가에 대하여 근로 기회의 제공을 요구할 수 있는 권리. 노동권(勞動權)
근로=기본권(勤勞基本權)[-꿘]명 근로자의 인간다운 생활을 보장하기 위하여 인정되는 기본권. 근로권, 단결권, 단체 교섭권 등. 노동 기본권(勞動基本權)
근로=기준법(勤勞基準法)[-뻡]명 근로자의 기본 생활을 보장하고 향상시키기 위하여 근로 조건의 최저 수준을 규정한 법.
근로=대:중(勤勞大衆)명 정신 노동이나 육체 노동을 하는 모든 사람.
근로=봉:사(勤勞奉仕)명 공공(公共)의 이익을 위하여 노동으로써 이바지하는 일.
근로=소:득(勤勞所得)명 근로에 따른 대가로 얻는 소득. 봉급·상여금·연금 따위. ☞불로 소득(不勞所得)
근로=소:득세(勤勞所得稅)명 근로 소득에 대하여 부과하는 조세. ☞갑종 근로 소득세. 을종 근로 소득세
근로=시간(勤勞時間)명 근로자가 고용주와 맺은 계약에 따라 실제로 근로하는 시간. 노동 시간(勞動時間)
근로-자(勤勞者)명 노동을 한 대가로 받는 임금으로 살아가는 사람. 노동자(勞動者)
근로자=재산=형성=저:축(勤勞者財産形成貯蓄)명 근로자가 재산을 만들 수 있도록 정부와 사업주, 금융 기관이 지원하여 주는 저축.
근류(根瘤)명 뿌리혹
근류=박테리아(根瘤bacteria)명 뿌리혹박테리아
근:리(近理)어기 '근리(近理)하다'의 어기(語基).
근:리-하다(近理-)형여 이치에 거의 가깝다. 사리에 거의 맞다.
근:린(近隣)명 ①가까운 이웃. ¶ - 우호 관계 ②가까운 곳. 근방(近方). 근처(近處). 비린(比隣)
근:린=공원(近隣公園)명 가까운 이웃의 시민들이 편하게 드나들 수 있는 공원.
근:린=생활=시:설(近隣生活施設)명 건축물 용도 분류의 한 가지. 주택가에 가까이 있어서 주민들의 생활에 편의를 줄 수 있는 시설물. 슈퍼마켓, 대중 음식점, 세탁소, 대중 목욕탕 따위.
근막(筋膜)명 근육의 겉면을 싸고 있는 막. 결합 조직으로 이루어져 근육을 보호함.
근만(勤慢)명 근태(勤怠)
근맥(根脈)명 일이 생겨난 유래.
근맥(筋脈)명 근육과 혈맥을 아울러 이르는 말.
근면(勤勉)명-하다 형 매우 부지런함. ☞태만(怠慢)
근면-히 부 근면하게
근면-가(勤勉家)명 부지런히 힘쓰는 사람.
근면-성(勤勉性)[-썽]명 매우 부지런한 품성.
근멸(根滅)명-하다 타 뿌리째 없앰. ¶악습을 -하다.
근모(根毛)명 뿌리털

근무(勤務)명-하다자 ①직장에 적을 두고 일을 함. 근사(勤仕) ¶구청에서 —하다. ②당번이나 숙직 따위를 맡아 함. ¶야간 경계 —

근무-모(勤務帽)명 군인이나 경찰관 등이 평상시에 근무할 때 쓰는 모자. ☞정모(正帽)

근:묵자흑(近墨者黑)성구 먹을 가까이하면 검어진다는 뜻으로, 못된 사람과 가까이하면 그 버릇에 물들기 쉬움을 이르는 말.

근:민(近民)명 이웃 나라의 국민.

근민(勤民)명 ①백성으로 하여금 부지런히 일에 힘쓰게 함. ②백성을 다스리기에 부지런히 힘씀.

근:방(近方)명 가까운 곳. 근린(近隣). 근처(近處) ¶이 —에는 공장이 없다.

근:방(近傍)명 근변(近邊)

근:배(謹拜)명 '삼가 절함'의 뜻으로 편지 끝에 쓰는 한문 투의 말. ☞경배(敬拜)

근:백(謹白)명 '삼가 아뢲'의 뜻으로 편지 끝에 쓰는 한문 투의 말. ☞경백(敬白). 근상(謹上)

근:변(近邊)명 가까운 주변. 근방(近傍)

근복(筋腹)명 근육의 가운데 부분.

근본(根本)명 ①초목의 뿌리. ②사물의 본바탕이 되는 것. ¶— 원리 유근저(根底) ☞기초(基礎) ③사람이 자라온 환경과 출신. ¶그 사람의 —을 알아보다.

> 한자 근본 본(本) 〔木部 1획〕 ¶근본(根本)/기본(基本)/본원(本源)/본질(本質)/원본(原本)

근본-법(根本法)[—뻡] 명 일반적으로 국가의 기본이 되는 법, 곧 헌법을 이르는 말. 기본법(基本法)

근본-이(根本隶)명 한자 부수(部首)의 한 가지. '隸'·'肆' 등에서 '隶'의 이름.

근본-적(根本的)명 근본이 되는 것, 또는 근본에 미치는 것. ¶—인 개혁./—으로 뜯어 고치다.

근:봉(謹封)명 '삼가 봉함'의 뜻으로 편지나 소포 따위의 봉한 자리에 쓰는 한문 투의 말. 근함(謹緘)

근부(根部)명 ①식물의 뿌리 부분. ②건축물 따위의 땅에 박힌 기초 부분.

근비(根肥)명 식물의 뿌리 언저리에 주는 비료.

근비(筋痹)명 한방에서, 근육이 당기고 관절이 아파서 걸음을 제대로 걷지 못하는 병을 이르는 말.

근:사(近似)어기 '근사(近似)하다'의 어기(語基).

근사(勤仕)명-하다자 ①맡은 일에 부지런히 힘씀. ②근무

근사(를) 모으다관용 오랫동안 힘써 은근히 공을 들이다.

근사(勤事)명 어떤 일에 공을 들이는 것, 또는 그 일.

근:사-값(近似—)[—깞] 명 정확한 값은 아니지만 그 값에 가까운 수치.

근:사=계:산(近似計算)명 정확한 값을 구할 수 없을 때, 그에 가까운 값을 구하는 일.

근:사-남(近事男)명 우바새

근:사-녀(近事女)명 우바이

근:사-치(近似値)명 '근사값'의 구용어.

근:사-하다(近似—)형여 ①거의 같다. 아주 비슷하다. ¶근사한 수치(數値). ②그럴듯하다 ¶근사한 모자.

근산(筋疝)명 한방에서, 음경(陰莖)이 붓거나 음문(陰門)이 헐어서 가려운 병을 이르는 말.

근:상(近狀)명 요즈음의 형편. 근황(近況) 유근세(近勢)

근:상(謹上)명 '삼가 올림'의 뜻으로 편지 끝에 쓰는 한문 투의 말. ☞근백(謹白)

근상-엽(根狀葉)[—녑] 명 잎이 변하여 뿌리 모양으로 된 것. 부생 식물(浮生植物)에서 볼 수 있음.

근생-엽(根生葉)[—녑] 명 뿌리잎 준근엽(根葉)

근:선(謹選)명-하다타 조심하여 고름.

근-섬유(筋纖維)명 근육을 이루는 실 모양의 세포. 근육 섬유(筋肉纖維). 살올실

근성(芹誠)명 지난날, 충성스런 농부가 향기로운 미나리를 임금에게 바쳤다는 데서 유래된 말로, 정성을 다하여 바치는 마음을 이르는 말. 근침(芹忱)

근성(根性)명 타고난 성질, 또는 뿌리 깊게 박힌 성질. ¶게으른 —.

근:세(近世)명 ①역사의 시대 구분의 하나. 중세와 근대(近代) 사이의 시대. 우리 나라에서는 조선 시대에 해당함. ¶— 문학사 ②가까운 지난날의 세상.

근:세(近歲)명 근년(近年)

근:세(近勢)명 요사이의 정세나 세력. 유근상(近狀). 근황(近況)

근:세=건:축(近世建築)명 건축의 역사상, 르네상스 이후의 건축을 통틀어 이르는 말.

근:세-사(近世史)명 근세의 역사, 또는 그것을 적은 책.

근:세=조선(近世朝鮮)명 고려의 뒤를 이은 500년 간의 조선 시대.

근:세=철학(近世哲學)명 15세기 문예 부흥기부터 현대까지의 철학.

근소(僅少)어기 '근소(僅少)하다'의 어기(語基).

근소-하다(僅少—)형여 얼마 되지 않을 만큼 아주 적다. ¶근소한 차이.

근속(勤續)명-하다자 어떤 일자리에서 오랜 동안 근무함. ¶시청에서 20년 동안 —하다.

근속-급(勤續給)명 근속 기간에 따라 더 지급되는 급료.

근속=연한(勤續年限)명 어떤 일자리에서 계속하여 근무한 햇수.

근수(斤數)[—쑤] 명 저울에 근 단위로 무게를 단 수(數). ¶—가 모자라다.

근수(根數)[—쑤] 명 근호(根號)가 붙은 수. $\sqrt{3}$ 따위.

근수(勤修)명-하다타 학문이나 품성 등을 부지런히 닦음.

근:수(謹守)명-하다타 조심하여 지킴. ¶계율을 —하다.

근:순(近巡)명 가까운 곳을 돌아다님.

근:시(近侍)명 ①근신(近臣) ②-하다타 웃어른을 가까이에서 모심.

근:시(近時)명 요사이. 요즈음

근:시(近視)명 가까운 데 있는 것은 잘 보이나 먼 데 있는 것은 잘 보이지 않는 시력, 또는 그런 눈. 바투보기. 졸보기 ☞원시(遠視)

근:시-경(近視鏡)명 근시안에 쓰는 안경. ☞원시경

근:시-안(近視眼)명 ①근시인 눈. 단시(短視). 바투보기눈. 졸보기눈 준근안(近眼) ②눈앞의 일에만 사로잡혀 앞일을 내다보는 지혜가 없음을 비유하여 이르는 말.

근:시안-적(近視眼的)명 앞일을 내다보지 못하고 눈앞의 일에만 사로잡히는 것. ¶—인 견해./—으로 계획하다.

근:신(近臣)명 임금을 가까이에서 모시는 신하. 근시(近侍). 시신(侍臣). 친신(親臣)

근:신(近信)명 최근에 온 편지나 소식.

근:신(謹身)명-하다자 몸가짐이나 행동을 삼감.

근:신(謹愼)명-하다자 ①말이나 행동을 삼가고 조심함. ¶술을 끊고 —하다. ②직장이나 학교에서, 일정한 기간 출근이나 등교를 못하게 하고 잘못을 반성하게 하는 벌. ¶— 처분/—하는 태도를 보이다.

근실(勤實)어기 '근실(勤實)하다'의 어기(語基).

근실-거리다(대다)자 가볍게 가려운 느낌이 자꾸 들다. ¶등이 —.

근실-근실부 근실거리는 느낌을 나타내는 말. ¶온몸이 — 기분이 좋지 않다.

근실-하다(勤實—)형여 부지런하고 진실하다. ¶근실한 젊은이./근실하게 살아가다.

근실-히부 근실하게

근심명-하다자타 마음을 놓을 수가 없어서 속을 태우는 걱정. ¶—에 싸인 얼굴. 유걱정

> 한자 근심 수(愁) 〔心部 9획〕 ¶비수(悲愁)/수심(愁心)/애수(哀愁)/여수(旅愁)/향수(鄕愁)
> 근심 우(憂) 〔心部 11획〕 ¶우국(憂國)/우려(憂慮)/우수(憂愁)/우환(憂患)

근심-거리[—꺼—] 명 근심이 되는 일. 근심사 ¶—가 생기다. 유걱정거리

근심-사(—事)명 근심거리

근심-스럽다(—스럽고·—스러워)형ㅂ 근심이 되어 불안

하다. ¶근심스러운 표정.
근심-스레 [부] 근심스럽게
근:안(近眼)[명] '근시안(近視眼)'의 준말.
근압(根壓)[명] 식물의 뿌리가 땅 속에서 흡수한 수분을 물관을 통하여 땅 위의 잎이나 줄기로 밀어 올리는 압력. 뿌리압
근어(根魚)[명] 암초나 해초가 많은 곳에 살면서 멀리 이동하지 않는 물고기를 통틀어 이르는 말.
근:언(謹言)[명] '삼가 말씀을 드림'의 뜻으로 편지 끝에 쓰는 한문 투의 말. ☞경백(敬白)
근:엄(謹嚴)[어기] '근엄(謹嚴)하다'의 어기(語基).
근:엄-하다(謹嚴-)[형][여] 점잖고 엄격하다. ¶근엄한 태도를 보이다.
근엄-히 [부] 근엄하게
근:업(近業)[명] ①요즈음에 하는 사업. ②요즈음에 지은 글이나 책. 근저(近著)
근역(槿域)[명] 무궁화가 많은 땅이라는 뜻으로 '우리 나라'를 달리 이르는 말. 근화향(槿花鄕)
근:연(近緣)[명] ①혈연 관계가 가까운 것. ②생물의 분류에서, 두 종(種)이 가까운 관계인 것.
근:연-종(近緣種)[명] 생물 분류에서, 가까운 관계인 종(種).
근염(筋炎)[명] 근육에 생기는 염증.
근엽(根葉)[명] ①'근생엽(根生葉)'의 준말. ②뿌리와 잎.
근:영(近詠)[명] 요즈음에 지은 시가(詩歌).
근:영(近影)[명] 요즈음에 찍은 인물 사진. ¶필자의 -.
근왕(勤王)[명]-하다[자] 임금에게 충성을 다하는 일.
근왕-병(勤王兵)[명] 임금에게 충성을 다하는 군사.
근원(根源)[명] ①물줄기가 흘러나오기 시작하는 곳. ¶강의 -을 찾다. ②사물이 생겨나는 본바탕. ¶생명의 -.

[한자] 근원 원(原) 〔厂部 8획〕 ¶시원(始原)/원본(原本)/원시(原始)/원인(原因)/원초(原初)
근원 원(源) 〔水部 10획〕 ¶기원(起源)/발원(發源)/수원(水源)/원류(源流)/원천(源泉)

근원-둥이(根源-)[명] ①첫날밤에 배어서 낳은 아이. ②뜻이 맞지 않던 부부가 다시 화합하여 낳은 아이.
근원-지(根源地)[명] 근원이 되는 곳. ¶사건의 -.
근:위(近衛)[명] 임금을 가까이에서 호위(護衛)하는 일.
근위(筋痿)[명] 한방에서, 간에 생긴 열로 쓸개즙이 지나치게 나와 입이 쓰고 심줄이 당기는 병을 이르는 말.
근:위-대(近衛隊)[명] 임금을 가까이에서 호위하는 군대. ②대한 제국 때, 궁궐의 호위와 의장(儀仗)의 임무를 맡았던 군대.
근:위-병(近衛兵)[명] 근위대에 딸린 병사.
근-위축(筋萎縮)[명] 근육이 움츠러드는 병. 근육에 병이 있거나 신경 질환이 있을 때 일어남.
근유(根由)[명] 근본이 되는 이유.
근육(筋肉)[명] 동물의 뼈와 내장의 둘레에 있으며, 수축성을 특성으로 하는 운동 기관. 골격근(骨格筋)과 심근 등의 가로무늬근과 내장근 등의 민무늬근으로 나누어지며, 마음먹은 대로 움직일 수 있는 맘대로근과 마음대로 안 되는 제대로근이 있음. 근(筋). 힘살
근육=감:각(筋肉感覺)[명] 근육의 수축이나 긴장의 변화를 알아차리는 감각. 자극이 반사적으로 중추 신경에 전달되어 생기는, 위치나 운동 등의 감각.
근육=노동(筋肉勞動)[명] 육체를 움직여서 하는 노동. 육체 노동(肉體勞動) ☞정신 노동(精神勞動)
근육=섬유(筋肉纖維)[명] 근섬유(筋纖維)
근육-소(筋肉素)[명] 근단백질(筋蛋白質)
근육=운:동(筋肉運動)[명] 근육의 수축과 이완으로 일어나는 운동.
근육=조직(筋肉組織)[명] 근조직(筋組織)
근육=주:사(筋肉注射)[명] 근육에 놓는 주사. ☞피하 주사(皮下注射). 혈관 주사(血管注射)
근육-질(筋肉質)[명] ①근육처럼 연하고 질긴 성질. ②지방이 적고 근육이 잘 발달한 체격을 이르는 말. ¶-의 사나이.
근음(根音)[명] 밑음
근음(筋音)[명] 심줄이 오그라들 때 나는 소리를 이르는 말.
근:읍(近邑)[명] 가까운 고을이나 읍.
근:인(近因)[명] 직접적인 원인. ☞원인(遠因)
근:인(近姻)[명] 가까운 인척.
근인(根因)[명] 근본이 되는 원인.
근:일(近日)[명] ①요사이. 요즈음 ②가까운 앞날.
근:일-점(近日點)[-쩜][명] 태양계의 행성이나 혜성 등이 그 궤도에서 태양까지의 거리가 가장 가까운 점. [준]근점(近點) ☞원일점(遠日點)
근:자(近者)[명] 요사이 얼마 동안. ¶-에 일이 많아졌다.
근:작(近作)[명] 요즈음에 지은 작품.
근잠[명] 벼가 잘 여물지 않는 병.
근장(筋漿)[명] 동물의 근육 속에 들어 있는 끈끈한 액체. 황색이나 갈색임.
근:장-군사(近仗軍士)[명] 조선 후기, 병조(兵曹)에 딸리어 궁문(宮門)을 지키거나, 임금의 거둥 때 경호하는 군사를 이르던 말.
근:재집(謹齋集)[명] 고려 충숙왕 때의 문인(文人)인 근재 안축(安軸)의 시문집(詩文集). '관동별곡(關東別曲)', '죽계별곡(竹溪別曲)' 등의 경기체가(景幾體歌)가 실려 있음. 조선 영조 16년(1740)에 간행됨. 3권 2책.
근:저(近著)[명] 요즈음에 지은 글이나 책. 근업(近業)
근저(根底)[명] 사물의 본바탕. [유]근기(根基)
근-저:당(根抵當)[명]-하다[타] 앞으로 생길 채권의 담보로 미리 질권(質權)이나 저당권(抵當權)을 설정하는 일, 또는 그러한 저당. ¶- 설정
근전-계(筋電計)[명] 근육 활동에 따른 전류의 변화를 재고 기록하는 계기(計器).
근전-도(筋電圖)[명] 근육 활동에 따른 전류의 변화를 근전계로 재어 그래프로 나타낸 것. 운동 기능 장애의 진단과 검사 등에 이용됨.
근절(根絕)[명]-하다[타] 다시 살아날 수 없도록 뿌리째 뽑아 없앰. ¶과소비를 -하다.
근:점(近點)[-쩜][명] ①눈으로 물체를 똑똑히 볼 수 있는 가장 가까운 점. ②'근일점(近日點)'의 준말. ③'근지점(近地點)'의 준말.
근:점-년(近點年)[-쩜-][명] 지구가 근일점(近日點)을 통과하여 다시 근일점을 통과할 때까지의 시간. 약 365일 6시간 13분 53초.
근:점-월(近點月)[-쩜-][명] 달이 근지점(近地點)을 통과하여 다시 근지점을 통과할 때까지의 시간. 약 27일 13시간 18분 33초.
근:점=이각(近點離角)[-쩜-][명] 행성이나 혜성의 궤도 운동에서, 태양 둘레의 회전각을 근일점에서 천체의 운동 방향으로 잰 각도.
근:접(近接)[명]-하다[자] ①가까이 접근함. ¶-하여 촬영한 모습. ②바로 가까이에 있는 것. ¶주택가에 -한 공장.
근:접=신:관(近接信管)[명] 목표물에 다가가면 자동으로 폭발하도록 장치한 신관.
근:접=작용(近接作用)[명] 물체 간에 작용하는 힘이 그 사이에 있는 매질(媒質)의 물리적 변화를 통하여 전달되는 일.
근:접=화:기(近接火器)[명] 비교적 가까운 거리에서 쓰는 화기. 수류탄·기관총·박격포 따위.
근:정(謹呈)[명]-하다[타] '삼가는 마음으로 공손히 드림'의 뜻으로 쓰는 한문 투의 말. 배정(拜呈)
근정-전(勤政殿)[명] 경복궁(景福宮) 안에 있는 정전(政殿)으로, 조선 시대 임금이 조회를 하던 곳.
근정=포장(勤政褒章)[명] 일반 공무원이나 국영 기업체 또는 사회 단체 직원으로, 직무에 충실하여 공적이 뚜렷한 사람에게 주는 포장. ☞보국 포장(保國褒章)
근정=훈장(勤政勳章)[명] 직무에 충실하여 공적이 뚜렷한 공무원에게 주는 훈장. 청조·황조·홍조·녹조·옥조의 다섯 등급이 있음. ☞보국 훈장(保國勳章)
근:제(謹製)[명]-하다[타] '삼가 짓거나 만듦'의 뜻으로 쓰는 한문 투의 말.

근:조(謹弔)명 -하다 타 삼가 조상함. 경조(敬弔)
근-조직(筋組織)명 근섬유가 모여서 된 조직. 가로무늬근 조직과 민무늬근 조직이 있음. 근육 조직(筋肉組織)
근:족(近族)명 촌수가 가까운 친족. 근친 ☞원족(遠族)
근종(根腫)명 덩어리진 망울이 박힌 부스럼.
근종(根種)명 그루갈이
근종(跟從)명 -하다 타 윗사람을 모시고 뒤를 따름.
근종(筋腫)명 근육에 생기는 양성 종양.
근:주(謹奏)명 -하다 타 임금에게 삼가 아룀.
근죽(簞竹)명 '왕대'의 딴이름.
근중(斤重)명 저울로 단 무게.
 근중을 뜨다 관용 남의 마음속을 알아보다.
근:지(近地)명 가까운 땅.
근지럽다(근지럽고·근지러워)형ㅂ ①스멀거리고 가려운 느낌이 있다. ¶발바닥이 -. ☞간지럽다 ②어떤 행동을 하고 싶어 견디기가 어렵다. ¶나가고 싶어 몸이 -.
근:지-점(近地點)[-쩜] 명 달이나 인공 위성이 그 궤도상에서 지구에 가장 가까워지는 위치. 준근점(近點) ☞원지점(遠地點)
근:직(謹直)어기 '근직(謹直)하다'의 어기(語基).
근:직-하다(謹直-)형여 성품이 점잖고 바르다.
근질-거리다(대다)자 자꾸 근지러운 느낌이 나다. ¶머리가 -./말하고 싶어 입이 -. ☞간질거리다
근질-근질부 -하다 형 근질거리는 느낌을 나타내는 말. ¶등이 - 근지럽다./나가 놀고 싶어 몸이 -하다. ☞간질간질
근쭝(∠斤重)의 무게의 단위. 근의 단위와 같게 쓰이고 주로 한약재 따위의 무게를 달 때 쓰임. ¶다섯 -.
근착(根着)명 ①-하다 자 뿌리가 내림. ②확실한 내력이나 주소. ☞착근(着根)
근참(覲參)명 -하다 타 ①웃어른을 찾아가서 뵘. ②어떤 곳을 찾아가서 참배함.
근채(芹菜)명 '미나리'의 딴이름.
근채(根菜)명 주로 뿌리를 먹는 채소. 무·우엉·토란·연근 따위.
근채-류(根菜類)명 주로 뿌리를 먹는 채소류. 무·우엉·토란 따위. 뿌리채소류 ☞경채류(莖菜類). 엽채류
근:처(近處)명 가까운 곳. 근린(近隣). 근방(近方) ¶집 -에 있는 놀이터./마을 -
근처에도 못 가다 관용 비교도 되지 않다. 어림도 없다.
근:척(近戚)명 촌수가 가까운 친척.
근:청(謹請)명 -하다 타 삼가 청함.
근:청(謹聽)명 -하다 타 삼가 들음.
근:체-시(近體詩)명 한시(漢詩)의 '율시(律詩)·절구(絕句)'를 이르는 말. 금체시(今體詩) ☞고체시(古體詩)
근초(筋鞘)명 가로무늬근의 섬유를 싸고 있는 세포막.
근:촌(近寸)명 가까운 촌수. ☞원촌(遠寸)
근:촌(近村)명 가까운 마을. ¶-에까지 소문이 퍼지다. ☞원촌(遠村)
근축(根軸)명 두 원(圓)에 대하여 접선의 길이가 같은 점으로 이루어진 직선.
근축-증(筋搐症)명 한방에서, 근육에 열이 생겨 켕기고 아픈 증세를 이르는 말. 근계(筋瘈)
근치(根治)명 -하다 자타 중병이나 지병 등을 완전히 고침. ¶폐병을 -하다./축농증이 -되다.
근:칙(謹飭)명 -하다 타 언행을 삼가고 조심함.
근:친(近親)명 촌수가 가까운 친족. 근족(近族)
근친(覲親)명 -하다 자 ①시집간 딸이 친정에 가서 어버이를 뵙는 일. 귀녕(歸寧) ☞근행(覲行) ②출가한 중이 속가(俗家)의 어버이를 찾아가 뵙는 일.
근:친=결혼(近親結婚)명 가까운 친족(親族)끼리 하는 결혼. 준근친혼(近親婚) ☞혈족 결혼(血族結婚)
근:친=상간(近親相姦)명 가까운 친척 사이의 남녀가 성적 관계를 맺는 일. 상피(相避)
근:친-혼(近親婚)명 '근친 결혼(近親結婚)'의 준말.
근침(芹忱)명 근성(芹誠)
근칭(斤秤)명 대칭(大秤)
근:칭(近稱)명〈어〉제삼인칭의 한 갈래. 말하는 이가 자신을 중심으로 가까운 위치의 것을 가리키는 말. '이(요), 이것(요것)'과 같은 말. ☞원칭(遠稱)
근:칭=대:명사(近稱代名詞)명〈어〉지시 대명사(指示代名詞)의 하나. 말하는 이가 자기를 중심으로 가까운 자리에 있는 것을 가리키는 대명사. '이분·이것·여기' 따위. ☞원칭 대명사(遠稱代名詞)
근타(勤惰)명 근태(勤怠)
근탄(根炭)명 나뭇등걸을 구워 만든 숯. 골동탄(骨董炭). 등걸숯
근태(根太)명 그루갈이로 심은 콩. 그루콩
근태(勤怠)명 ①부지런함과 게으름. 근만(勤慢). 근타(勤惰) ②출근(出勤)과 결근(缺勤).
근포(跟捕)명 -하다 타 죄인을 쫓아가 잡음.
근표(根表)명 '제곱근표'의 구용어.
근-풀이(斤-)명 -하다 타 ①물건을 저울로 달아서 근으로 파는 일. ②물건 한 근의 값이 얼마인지 푸는 셈.
근피(跟皮)명 구두의 뒤축 안에 대어서 꾸미는 가죽 오리.
근:하(謹賀)명 -하다 타 삼가 축하함.
근-하다(勤-)형여《文》부지런하다
근:하신년(謹賀新年)성구 삼가 새해를 축복한다는 뜻으로, 새해의 복을 비는 한문 투의 인사말. 연하장(年賀狀) 따위에 씀. 공하신년(恭賀新年)
근학(勤學)명 -하다 자타 학문에 부지런히 힘씀.
근:함(謹緘)명 '삼가 봉함'의 뜻으로 편지나 소포 따위의 봉한 자리에 쓰는 한문 투의 말. 근봉(謹封)
근:해(近海)명 육지에 가까운 바다. ¶-의 섬들. ☞원양(遠洋). 원해(遠海)
근:해=소:유설(近海所有說)명 육지에 가까운 바다는, 그 육지를 소유한 나라의 영역이라고 하는 학설.
근:해-어(近海魚)명 육지에 가까운 바다에 사는 물고기. 멸치·고등어·돔 따위.
근:해=어업(近海漁業)명 육지에 가까운 바다에서 하는 어업. 연안 어업(沿岸漁業) ☞원양 어업(遠洋漁業)
근:해=항:로(近海航路)명 육지에 가까운 바다 위에 배가 다니도록 정해진 길.
근행(勤行)명 ①시간을 정하여 부처 앞에서 독경·예배·소향(燒香) 따위를 하는 의식. ②-하다 자 불도(佛道)를 열심히 닦는 일.
근행(覲行)명 -하다 자 근친(覲親)하러 감.
근허(靳許)명 -하다 타 얼른 허가하지 않고 자꾸 미룸.
근현(覲見)명 -하다 타 웃어른을 뵘.
근호(根號)명 수학에서, 거듭제곱근을 나타내는 부호, 곧 '$\sqrt{\ }$'를 이르는 말.
근:화(近火)명 가까운 곳에서 일어난 불.
근화(槿花)명 ①무궁화(無窮花) ②무궁화나무
근화악부(槿花樂府)명 조선 시대의 시가집(詩歌集). 정조 3년(1779) 또는 헌종 5년(1839)에 지어진 것으로 추정되며, 시조 394수와 가사 7편이 실려 있음. 작자는 알 수 없음.
근화-향(槿花鄕)명 무궁화가 많은 땅이라는 뜻으로, '우리 나라'를 달리 이르는 말. 근역(槿域)
근:황(近況)명 요즈음의 형편. 근상(近狀) ¶요즘 -이 어떠십니까? 유근세(近勢)
근:후(謹厚)어기 '근후(謹厚)하다'의 어기(語基).
근:후-하다(謹厚-)형여 조심스럽고 온후하다.
글 명 ①말을 글자로 나타낸 것. ¶-을 적다. ②사상이나 감정을 글자로 나타낸 하나의 통일된 언어 표현. 글월. 문장(文章) ③학문이나 학식. ¶-이 짧다./-을 제법 안다. ④글자 ¶우리 -의 우수성.
 속담 **글 못한 놈 붓 고른다**: 기술이나 학식이 모자라는 사람일수록 공연히 이것저것 탓하기만 한다는 말./**글 속에 글 있고 말 속에 말 있다**: 남의 글이나 말을 겉으로만 받아들이지 말고 그 속에 담긴 깊은 뜻을 헤아려야 한다는 말./**글 잘 쓰는 사람은 필묵을 탓하지 않는다**: 능력이 있는 사람은 도구나 여건이 좋고 나쁨을 가리지 않고 잘한다는 말./**글 잘하는 자식 낳지 말고 말 잘하는 자식**

놓으랬다 : 학문에 능한 사람보다 구변이 좋아 일 처리를 잘하는 사람이 쓸모가 있다는 말.

한자 **글 경**(經)〔糸部 7획〕¶간경(看經)/경서(經書)/경전(經典)/독경(讀經) ▷속자는 経
글 서(書)〔曰部 6획〕¶독서(讀書)/문서(文書)/서면(書面)/서안(書案)/친서(親書)
글 장(章)〔立部 6획〕¶문장(文章)/사장(詞章)

글겅-거리다(대다) 자 자꾸 글겅글겅 소리를 내다. ☞갈강거리다. 걸겅거리다

글겅-글겅 부 기도에 있는 많은 양의 걸쭉한 가래가 끓는 소리를 나타내는 말. ☞갈강갈강. 걸겅걸겅

글겅이 명 ①마소의 털을 빗기는 빗 모양의 기구. ②싸리로 엮어 만든 고기잡이 도구의 한 가지.

글겅이-질 명 -하다 자타 ①마소의 털을 글겅이로 빗기는 일. ②글겅이로 물고기를 훑어 잡는 일. ③지난날, 지방의 관원이나 토호(土豪)가 백성의 재물을 긁어 들이는 짓을 비유하여 이르던 말.

글-공부(-工夫)[-꽁-] 명 -하다 자 글을 익히거나 배우는 일. ¶일하는 틈틈이 -를 하다.

×**글-구**(-句) 명 →글귀

글-구멍[-꾸-] 명 글을 잘하는 지혜나 소질. 글을 이해하는 슬기. ¶-이 트이다.

글-귀(∠-句)[-뀌] 명 글의 구절. ¶-를 외다.

한자 **글귀 구**(句)〔口部 2획〕¶결구(結句)/구점(句點)/문구(文句)/시구(詩句)/어구(語句)

글그렁-거리다(대다) 자 자꾸 글그렁글그렁 소리를 내다. ☞갈그랑거리다. 걸그렁거리다

글그렁-글그렁 부 기도에 있는 많은 양의 걸쭉한 가래가 숨을 쉴 때마다 거치적거려 나는 소리를 나타내는 말. ☞갈그랑갈그랑. 걸그렁걸그렁

글:다 자 '그을다'의 준말.

글-동무[-똥-] 명 같은 곳에서 함께 글공부를 한 동무. 글동접

글-동접(-同接)[-똥-] 명 글동무

글라디올러스(gladiolus) 명 붓꽃과의 여러해살이풀. 알뿌리에서 창포와 비슷한 잎이 나옴. 여름에 깔때기꼴의 꽃이 피는데 색은 적색·황색 등 다양함. 남아프리카 원산의 원예 식물임. 당창포(唐菖蒲)

글라스(glass) 명 ①유리 ②유리컵

글라스파이버(glass fiber) 명 유리 섬유

글라이더(glider) 명 발동기 없이 공중을 나는 비행기. 활공기(滑空機)

글래머(glamour) 명 몸매가 아름답고 성적 매력이 있는 여자.

글러브(glove) 명 ①야구에서, 포수와 일루수 이외의 선수가 끼는 가죽 장갑. ☞미트(mitt) ②권투에서 쓰는 가죽 장갑.

글러-지다 자 일이 잘못되어 가다. 그르게 되다. ¶공들인 일이 글러지고 말았다.

글로 준 '그리로'의 준말. ☞일로

글로리아(gloria 라)[1] 명 명주실과 털실을 뒤섞어서 짠 교직(交織)의 한 가지. 양산 천으로 씀.

글로리아(Gloria 라)[2] 명 가톨릭의 미사곡에서, 하느님의 영광을 기리는 노래.

글로불린(globulin) 명 단순 단백질의 한 가지. 물에는 녹지 않으나 염류의 묽은 용액에는 잘 녹음. 생물체에 널리 분포하며, 혈청(血清) 글로불린은 체내의 물질 수송이나 면역에 관여함.

글로:브(globe) 명 등피(燈皮)·전구(電球)·어항 따위와 같이, 유리로 둥글게 만든 기구.

글로:스타:터(glow starter) 명 점등관(點燈管)

글로켄슈필:(Glockenspiel 독) 명 철금(鐵琴)

글루코오스(glucose) 명 포도당(葡萄糖)

글루탐-산(∠glutamic酸) 명 아미노산의 한 가지. 글루텐에 산을 작용시켜서 가수 분해하여 만드는 흰 결정. 동물체 내에서 물질 대사에 중요한 구실을 함.

글루탐산-나트륨(∠glutamic酸Natrium) 명 글루탐산소다

글루탐산-소:다(∠glutamic酸soda) 명 글루탐산의 나트륨염. 물에 잘 녹는 바늘 모양의 결정. 밀이나 콩에 들어 있는 글루텐을 가수 분해하여 만듦. 화학 조미료로 쓰임. 글루탐산나트륨

글루:텐(gluten) 명 밀 따위에 들어 있는 단백질.

글리 부 그르게 ☞옳이

글:리다[1] 자 '그을리다[1]'의 준말.

글:리다[2] 타 '그을리다[2]'의 준말.

글리산도(glissando 이) 명 피아노·하프 등의 연주에서, 건반이나 현 위에 손가락을 미끄러지듯이 재빠르게 짚어 내려가면서 연주하는 방법. 활주(滑奏)

글리세롤(glycerol 프) 명 글리세린(glycerine)

글리세리드(glyceride) 명 글리세린과 지방산의 에스테르. 유지(油脂)의 주성분.

글리세린(glycerine) 명 지방으로 비누를 만들 때, 부산물로 생기는 무색의 걸쭉한 액체. 단맛이 나며 습기를 빨아들이는 성질이 있음. 의약품·화장품·폭약의 원료로 쓰임. 글리세롤

글리코:겐(glycogen) 명 동물의 근육이나 간장에 들어 있는 다당류(多糖類). 필요에 따라 포도당으로 분해되어 혈당량을 유지하는 한편, 근육이나 다른 조직의 에너지원이 됨. 당원질(糖原質)

글-말 명 문어(文語) ☞입말

글말-체(-體) 명 문어체(文語體)

글-발[-빨] 명 ①적은 놓은 글. ¶쪽지에 적어 놓은 -. ②써 놓은 글자들의 짜임새. ¶-이 고르다. ③문맥(文脈) ¶-이 서다.

글-방(-房)[-빵] 명 지난날, 사사로이 한문을 가르치던 곳. 서당(書堂). 학당(學堂). 학방 ☞사숙(私塾)

글방 근처도 못 가 보다 관용 글이라고는 한 자도 배우지 못했다는 말.

글방-물림(-房-)[-빵-] 명 글공부나 하다가 갓 사회에 나와 세상 물정에 어두운 사람을 놀리어 이르는 말. 글방퇴물

글방-퇴:물(-房退物)[-빵-] 명 글방물림

글-벗[-뻣] 명 글을 통하여 사귄 벗. 문우(文友) ¶-으로 친하게 지내다.

글-속[-쏙] 명 배운 학식, 또는 학문적인 이해. ¶-이 깊다.

글썽-거리다(대다) 자 눈에 눈물이 넘칠듯이 그득 고이다. 글썽이다 ¶눈물이 -. ☞갈쌍거리다

글썽-글썽 부 ①글썽거리는 모양을 나타내는 말. ¶큰 눈에 눈물이 - 한다. ②-하다 형 매우 글썽한 모양을 나타내는 말. ¶눈물이 -한 눈. ☞갈쌍갈쌍

글썽-이다 자 글썽거리다 ☞갈쌍이다

글썽-하다 형여 눈에 눈물이 넘칠듯이 그득하다. ☞갈쌍하다

글쎄 감 ①'해' 할 자리에 쓰이어, 남의 물음이나 부탁 등에 대하여 분명히 대답하기 어려운 경우에 쓰는 말. ¶-, 한번 생각해 봅시다. ②자기의 의견을 고집하거나 더 강조할 때 쓰는 말. ¶-, 내 눈으로 똑똑히 보았다니까.

글쎄-다 감 '해라' 할 자리에 쓰이어, 남의 물음이나 부탁 등에 대하여 분명히 대답하기 어려운 경우에 쓰는 말. ¶-, 그래도 괜찮을까?

글쎄-올시다 감 '하오' 할 자리에 쓰이어, 남의 물음이나 부탁 등에 대하여 분명히 대답하기 어려운 경우에 쓰는 말. ¶-, 그래도 괜찮을지 모르겠네.

글쎄-요 감 '해요' 할 자리에 쓰이어, 남의 물음이나 부탁 등에 대하여 분명히 대답하기 어려운 경우에 쓰는 말. ¶-, 노력은 해보겠습니다만….

글씨 명 ①글자 ②써 놓은 글자의 모양. ¶-를 예쁘게 쓴다./이것은 누나의 -다. ③글자를 쓰는 법. ¶-를 배우다./- 교본

글씨-본 명 글씨 쓰기를 연습할 때 본보기로 삼는 글씨.
글씨-체(-體)명 ①써 놓은 자체(字體)로 본 글씨의 모양새. 한글의 궁체(宮體), 한문의 전(篆)·예(隸)·해(楷)·행(行)·초(草) 따위. 서체(書體) ②글자 쓰는 법을 보이기 위하여 써 놓은 본보기. 필체(筆體)
글월 명 ①글. 문장(文章) ¶학생이 지은 -. ②편지(便紙) ¶부모님께 -을 올리다.

한자 **글월 문**(文)〔文部〕¶문구(文句)/문안(文案)/문장(文章)/문필(文筆)/산문(散文)/작문(作文)

글월-문(-文)명 한자 부수(部首)의 한 가지. '斑'·'斐' 등에서 '文'의 이름.
글:음 명 '그을음'의 준말.
글자[-짜]명 말과 소리를 적기 위하여 정한 기호. 뜻글자와 소리글자 따위. 글씨. 문자(文字)[2]
글자 그대로 관용 조금도 과장함이 없이 사실 그대로. 문자 그대로.

한자 **글자 자**(字)〔子部 3획〕¶자간(字間)/자모(字母)/자수(字數)/자음(字音)/자해(字解)

글자-체(-體)[-짜-]명 글자의 모양.
글자-판(-板)[-짜-]명 컴퓨터·타자기 등에 딸리거나 붙어 있는, 글자·숫자·기호 등을 새긴 판. 자판(字板). 키보드
글-장(-帳)[-짱]명 ①글이 적힌 종이. ②지난날, 과거에서, 글을 지어 올리던 종이. 시권(試券)
글-재주[-째-]명 글을 터득하거나 짓는 재주. 문재(文才). 문조(文藻)
글-제(-題)[-쩨]명 문장이나 시의 제목. 문제(文題)
글-줄[-쭐]명 ①써 놓은 글자나 글씨의 줄. ¶-이 바르다./-을 따라 읽어 나가다. ②약간의 글이나 학식. ¶-이나 안다는 사람이 그럴 수가 있느냐?
글-짓기[-짇-]명-하다 자 글을 짓는 일. 작문(作文) ¶어린이날 - 대회에서 입상하다.

한자 **글 지을 저**(著)〔艸部 9획〕¶공저(共著)/저서(著書)/저술(著述)/저자(著者)/저작(著作)

글-쪽지 명 글을 적은 종이 조각. 준 쪽지
글-치레 명-하다 자 글을 꾸미는 일. ☞문식(文飾)
글:콩 명 '그루콩'의 준말.
글-투(-套)명 쓰는 사람에 따라 글에 나타나는 특징적인 버릇. 문투(文套) ¶간결한 -.
글피 명 모레의 다음 날. 삼명일(三明日) ¶내일, 모레, - 사흘 안으로 끝마쳐야 한다.
글-하다 자여 ①글공부를 하다. ②학문을 하다. ¶예전에는 글하는 여성이 드물었지.
긁다[극-]타 ①손톱이나 끝이 날카로운 기구 따위로 거죽을 문지르다. ¶등을 -. ②갈퀴 따위로 긁어 모으다. ¶갈퀴로 솔가리를 -. ③끝이 날카로운 기구 따위로 무엇에 붙은 것을 떼어 내다. ¶솥의 누룽지를 주걱으로 -. ④남을 헐뜯다. ¶남의 성과를 -. ⑤재물을 훑어 들이다. ⑥공연히 건드리다. ¶공연히 일을 긁어 버르집어 놓다. ☞갉다
속담 **긁어 부스럼** : 공연히 건드려서 만든 걱정거리를 비유하여 이르는 말.
긁어-대:다 타 자꾸 긁다. ☞갉아대다
긁어-먹다 타 남의 재물을 교활하고 부당한 방법으로 빼앗아 가지다. ☞갉아먹다
긁어-쥐:다 타 긁는 것처럼 움켜쥐다.
긁적-거리다(대다)[극-]타 잇달아 긁다. 긁적이다 ¶뒤통수를 -. ☞갉작거리다
긁적-긁적[극-극-]부 긁적거리는 모양을 나타내는 말. ¶머리를 - 하다. ☞갉작갉작
긁적-이다[극-]타 긁적거리다 ☞갉작이다
긁죽-거리다(대다)[극-]타 잇달아 함부로 긁다. 긁죽이다 ☞갉죽거리다
긁죽-긁죽[극-극-]부 긁죽거리는 모양을 나타내는 말. ☞갉죽갉죽
긁죽-이다[극-]타 긁죽거리다 ☞갉죽이다
긁혀-미:다 자 긁혀서 다치거나 찢어지다.
긁히다 자 긁음을 당하다. ¶살갗이 -. ☞갉히다
금[1] 명 ①접거나 긋거나 한 자국. ¶땅에 -을 긋다. ②아주 떨어지지는 않고 터지기만 한 흔적.
금(을) 긋다 관용 한도나 경계선을 가르다.
금(이) 가다 관용 ①물건이 터져서 금이 생기다. ¶유리창에 -. ②서로의 사이가 벌어지다. 금(이) 나다. ¶그들 사이에 금이 가기 시작했다.
금(이) 나다 관용 ①옷이나 종이 따위가 구겨져서 금이 생기다. ②금(이) 가다.
금[2] 명 시세나 흥정으로 정해지는 물건의 값. 금새 ¶-을 알아보다. ☞인금
금(을) 놓다 관용 물건을 사고 팔 때 값을 부르다.
금(을) 맞추다 관용 같은 종류의 물건 값을 보아서 그 물건의 값을 맞게 하다.
금(을) 보다 관용 ①물건 값이 얼마나 나가는지 알아보다. ②물건을 살 사람이 얼마를 주겠다고 값을 부르다.
금(을) 치다 관용 값을 놓다.
금(을) 하다 관용 흥정하여 값을 정하다.
금(이) 나다 관용 사고 팔 값이 정해지다.
금(이) 낮다 관용 물건 값이 싸다. 시세가 낮다.
금(이) 높다 관용 물건 값이 비싸다. 시세가 높다.
금(이) 닿다 관용 물건 값이 사고 팔 수 있는 선에 이르다.
속담 **금도 모르고 싸다 한다** : 실지 내용은 알지도 못하면서 아는체 한다는 말.
금(金)[1] 명 ①광택 있는 누른 빛깔의 금속 원소의 하나. 금속 중에서 가장 전성(展性)과 연성(延性)이 풍부하고 녹슬지 않는 귀금속으로 화폐, 장식품, 치과용 재료 등에 쓰임.〔원소 기호 Au/원자 번호 79/원자량 196.97〕②매우 귀중한 것을 비유하여 이르는 말. ¶시간은 -이다. ③문서상으로 '돈'을 이르는 말. ¶- 십만 원. ④금메달 ¶- 두 개, 은 세 개.
속담 **금이야 옥이야** : 금이나 옥처럼 매우 귀중하게 여기거나 귀여워하는 모양을 이르는 말.
금(金)[2] 명 ①오행(五行)의 하나. 방위로는 서쪽, 계절로는 가을, 빛깔로는 하양을 상징함. ②'금요일(金曜日)'의 준말.
금(金)[3] 명 여진족(女眞族)의 아구다〔阿骨打〕가 세운 나라의 이름.
금(琴)명 국악기 사부(絲部) 현악기의 한 가지. 줄이 일곱이고 거문고와 비슷함. 칠현금(七絃琴). 휘금(徽琴) ☞슬(瑟)
금:(錦)명 금단청(錦丹靑)
금(今)-《접두사처럼 쓰이어》'지금의', '현재의'의 뜻을 나타냄. ¶금세기(今世紀)/금학년(今學年)
-금(金)《접미사처럼 쓰이어》'돈'의 뜻을 나타냄. ¶계약금(契約金)/기부금(寄附金)/배당금(配當金)/적립금(積立金)/자본금(資本金)
금-가락지(金-)명 금으로 만든 가락지. 금지환(金指環) 유 금반지(金斑指)
금-가루(金-)[-까-]명 ①황금의 가루. ②칠감 등으로 쓰는 금빛 나는 가루. 금분(金粉). 금설(金屑)
금각(金閣)명 아름다운 누각을 이르는 말.
금-각대(金角帶)명 금으로 무늬를 새겨 넣은 각띠.
금감(金柑)명 운향과의 상록 관목. 높이 4m 안팎. 가지에 가시가 없고 잎은 어긋맞게 남. 백색의 향기 나는 꽃이 잎겨드랑에 한두 송이씩 피며, 열매는 길둥글며 귤색임. 중국 원산임. 금귤(金橘). 동귤(童橘)
금갑(金甲)명 쇠붙이로 만든 갑옷.
금-값(金-)[-깝]명 ①금의 값. ②매우 비싼 값을 비유하여 이르는 말. ¶생선 값이 -이다.
금강(金剛)명 ①불교에서, 대일여래(大日如來)의 지덕(知德)이 견고하여 일체의 번뇌를 깨뜨릴 수 있음을 표현한 말. ②매우 단단해 결코 파괴되지 않는 일, 또는 그런 물건. ③'금강석(金剛石)'의 준말. ④'금강산(金剛

山)'의 준말.
금강-경(金剛經)명 '금강반야바라밀경'의 준말.
금강경언:해(金剛經諺解)명 조선 세조 8년(1462)에 한계희(韓繼禧), 노사신(盧思愼) 등이 '금강경'을 한글로 풀어 쓴 것을 간경도감(刊經都監)에서 펴낸 책. 정식 명칭은 '금강반야바라밀경언해'임.
금강-계(金剛戒)명 불교에서, 일체의 번뇌를 깨뜨리는 계명(戒命)을 이르는 말.
금강-계(金剛界)명 밀교(密教)의 이대 법문(二大法門)의 하나. 대일여래의 지덕이 견고하여 모든 번뇌를 깨뜨릴 수 있기 때문에 '금강'이라 이름. ☞태장계(胎藏界)
금강-력(金剛力)명 ①금강처럼 단단하여 온갖 번뇌와 사물을 깨뜨릴 만큼 강한 힘. ②금강신(金剛神)의 힘.
금강-령(金剛鈴)명 금강저(金剛杵) 끝에 달린 방울.
금강-모치(金剛—)명 황어아과의 민물고기. 몸길이는 10cm 안팎이며 버들치와 비슷함. 몸빛은 등 쪽은 누런 갈색, 배 쪽은 은빛 백색, 등지느러미 아래에는 흑색 무늬가 있음. 우리 나라 고유종으로, 한강과 금강의 최상류에만 분포함.
금강-문(金剛門)명 금강신(金剛神)을 만들어 세워 놓은 절의 문.
금강반야경(金剛般若經)명 '금강반야바라밀경'의 준말.
금강반야바라밀경(∠金剛般若波羅蜜經)명 고려 시대의 목판본 금강경. 일체의 존재가 공(空)이며, 혜(慧)도 또한 공임을 말하고 모든 법(法)이 무아(無我)인 이치를 말한 불경임. 1책. 보물 제721호. 준금강경(金剛經). 금강반야경(金剛般若經)
금강-번(金剛幡)명 금강신(金剛神)을 그린 족자(簇子).
금강불괴(金剛不壞)성구 금강처럼 굳어서 깨지는 일이 없음을 이르는 말. ¶ —의 믿음.
금강-불자(金剛佛子)[—짜]명 밀교(密教)에서 중이 스스로를 일컫는 말.
금강-사(金剛砂)명 석류석의 가루. 유리나 금속 등을 가는 데 쓰임. 보사(寶砂). 찬철(鑽鐵)
금강산(金剛山)명 ①강원도 고성군과 회양군에 걸쳐 있는 명산. 높이 1,638m. ②봄철의 금강산을 이르는 말. ☞개골산(皆骨山). 봉래산(蓬萊山). 풍악산(楓嶽山) 준금강(金剛)
속담 **금강산 그늘이 관동 팔십 리** : 금강산의 아름다움이 관동 지방에 널리 미친다는 뜻으로, 훌륭한 사람의 덕이 많은 사람에게 미치게 됨을 이르는 말./**금강산도 식후경** : 아무리 좋은 것, 재미나는 일이 있더라도 우선 배가 불러야 흥이 난다는 뜻.
금강-석(金剛石)명 순수한 탄소의 결정물. 경도(硬度)가 최고로 높고 무색 투명하며 아름다운 광채를 내는 보석. 연마재나 절삭(切削) 공구 등에도 쓰임. 다이아몬드(diamond). 찬석(鑽石) 준금강(金剛)
금강-수(金剛手)명 금강신(金剛神)
금강-신(金剛身)명 금강처럼 견고한 몸. 곧 영원히 파멸되지 않는 부처의 몸. 법신(法身)
금강-신(金剛神)명 불법(佛法)을 수호하는 신으로서 사문(寺門)의 양쪽에 안치해 놓은 한 쌍의 신장(神將). 손에 금강저를 들고 허리만 가린 채 용맹한 형상을 하고 있음. 금강수(金剛手). 금강역사(金剛力士). 인왕(仁王)
금강-심(金剛心)명 금강석처럼 견고한 신앙심.
금-강아지풀(金—)명 벼과의 한해살이풀. 여름에 원통 모양의 꽃이삭이 나는데 황금색 강모(剛毛)가 있음. 우리 나라 각지의 들이나 황무지에 자람. 구황(救荒) 식물로, 씨는 먹을 수 있음.
금강-역사(金剛力士)[—녁—]명 금강신(金剛神)
금강-자(金剛子)명 모감주나무의 열매. 단단하여 염주를 만드는 데 쓰임.
금강자=염:주(金剛子念珠)명 금강자로 만든 염주.
금강-저(金剛杵)명 불교에서, 악마를 물리치고 번뇌를 타파하는 상징으로서 쓰는 법구(法具). 놋쇠나 강철 등으로 절굿공이처럼 만든 것인데, 상하 대칭이며 가운데 쥐는 부분이 홀쭉함.
금강-좌(金剛座)명 석가모니가 보리수 아래에서 도를 깨칠 때 앉았던 자리.
금강-지(金剛智)명 금강처럼 번뇌를 부수는 지혜라는 뜻으로, 석가모니의 지혜를 이르는 말.
금강-초롱(金剛—)명 초롱꽃과의 여러해살이풀. 줄기 높이는 20~70cm이고, 잎은 달걀꼴이며 끝이 뾰족함. 여름에 초롱 모양의 엷은 보랏빛 꽃이 핌. 금강산과 설악산 등의 산지에 자라며 우리 나라의 특산종임.
금갱(金坑)명 금을 캐내는 구덩이.
금-게(金—)명 '금발게'의 딴이름.
금경(金鏡)명 금으로 만든 거울이라는 뜻으로, '달'을 비유하여 이르는 말.
금경로-국(金莖露麴)명 금경로누룩
금경로-누룩(金莖露—)명 밀가루에 녹두와 찹쌀가루를 섞어서 띄운 누룩. 금경로국
금-계(金契)명 조선 시대, 금박(金箔)·은박(銀箔)·이금(泥金)·이은(泥銀) 등을 나라에 바치던 계.
금계(金鷄)명 신화나 전설 속에 나오는 금빛의 닭.
금:계(禁戒)명-하다타 하지 못하도록 금하여 경계하는 일, 또는 그 계율.
금:계(禁界)명 통행을 금지하는 경계(境界)나 지역.
금:계(錦鷄)명 꿩과의 새. 몸길이는 수컷은 1m 안팎이고, 암컷은 좀 작음. 수컷은 투구 모양의 머리 깃털이 있으며, 허리는 황금색, 가슴과 배는 적색, 긴 꽁지는 갈색임. 암컷은 전체가 갈색임. 중국 원산임.
금계-랍(金鷄蠟)명 '염산키니네'를 흔히 이르는 말.
금계랍-나무(金鷄蠟—)명 '기나나무'의 딴이름.
금고(今古)명 지금과 옛날. 금석(今昔) ¶ —에 드문 일.
금고(金庫)명 ①돈이나 서류, 또는 귀중품 등을 보관하기 위하여 쇠붙이 따위로 만든 궤. ②정부나 공공 단체에서 출납하는 현금을 다루는 곳. ③특별한 종류나 범위의 금융을 영위하는 금융 기관. ¶마을 —/상호 신용 —
금고(金鼓)명 ①지난날, 군에서 지휘하는 신호로 쓰던 징과 북. ②절에서 쓰는 북 모양으로 만든 종. 금구(金口)
금:고(禁錮)명 ①자유형의 한 가지. 교도소 안에 가두고 노역은 시키지 않는 형. 금고형(禁錮刑) ②조선 시대, 죄과(罪過) 또는 신분에 허물이 있는 사람을 관원으로 채용하지 않던 일.
금:고=종신(禁錮終身)명 조선 시대, 죄과(罪過) 또는 신분에 허물이 있는 사람을 평생토록 관직에 오르지 못하도록 하던 일.
금:고-형(禁錮刑)명 금고(禁錮)
금곡(金穀)명 돈과 곡식을 아울러 이르는 말. 전곡(錢穀). 전량(錢糧)
금:곡(錦曲)명 충청 남도 금산(錦山)에서 나는 곡삼(曲蔘). 품질이 좋음.
금골(金骨)명 범상하지 아니한 풍골.
금공(金工)명 금속에 세공을 하는 일, 또는 그 세공인. 금장(金匠)
금과옥조(金科玉條)성구 금이나 옥처럼 귀중히 여겨 반드시 지켜야 할 법칙이나 규정. ¶ —로 삼다.
금관(金冠)명 ①조선 시대, 문무관이 조복(朝服)을 입을 때 쓰던 관. 앞이마 위의 양(梁)만 검은빛이고 그 밖은 모두 금빛임. 양관(梁冠) ②'황금 보관(黃金寶冠)'의 준말. ③금으로 만들거나 금으로 장식한 관. ④충치 등을 치료한 다음에 금으로 모자처럼 만들어 이를 덮어 씌운 것.
금관(金棺)명 ①금으로 만든 관. ②귀비(貴妃)를 높이어, 그의 관(棺)을 이르는 말.
금관(金管)명 ①금으로 만들거나 장식한 관. ②금속 관. ③'금관 악기(金管樂器)'의 준말.
금관-가야(金官伽倻)명 육가야(六伽倻) 중에서 주도적 지위에 있었던 국가. 지금의 경남 김해 땅에 있었음. 금관국(金官國)
금관-국(金官國)명 금관가야(金官伽倻)
금관=문화=훈장(金冠文化勳章)명 문화 훈장의 첫째 등급.
금관=악기(金管樂器)명 금속 관으로 만든 악기를 통틀어

이르는 말. 입술의 진동을 관 안의 공기에 전달하여 소리를 냄. 트럼펫·코넷·호른·트롬본 등. ㊟금관(金管) ☞목관 악기(木管樂器)

금-관자(金貫子)명 금으로 만든 관자. 정이품이나 종이품의 관원이 달았음. ☞옥관자(玉貫子)

속담 **금관자 서슬에 큰기침한다** : 나쁜 짓을 하고도 관직 높은 권세로 도리어 큰 소리를 하며 호통치려 든다는 말.

금관=조복(金冠朝服)명 금관과 조복.

금광(金光)명 금빛

금광(金鑛)명 ①금을 캐내는 광산. 금산(金山). 금점(金店) ②금광석(金鑛石)

금-광:상(金鑛床)명 금이 묻혀 있는 광상.

금-광:석(金鑛石)명 금이 섞여 있는 광석. 금광(金鑛). 금돌. 금석(金石)

금광-업(金鑛業)명 금을 캐내는 사업.

금괴(金塊)명 ①금덩이 ②금화(金貨)의 지금(地金).

금괴=본위제(金塊本位制)명 금화의 국내 유통이나 주조를 금하고 금을 중앙 은행에 보유하였다가 대외 지급을 위한 태환(兌換)에만 내어 주는 제도. 금지금 본위제

금구(金口)명 ①불교에서, 부처의 입을 이르는 말. ②부처의 설법. 금구설(金口說) ③금고(金鼓)

금구(金句)[-꾸]명 ①아름다운 구절. ②훌륭한 격언.

금구(金釦)명 도자기의 아가리를 두른 금빛 테두리를 이르는 말. 금릉완

금구(金甌)명 ①금으로 만든 단지. ②사물이 매우 견고함을 비유하여 이르는 말.

금:구(衾具)명 이부자리 ☞금침(衾枕)

금:구(禁句)[-꾸]명 ①노래나 시에서 피하는 어구. ②남의 감정을 해칠 염려가 있어서 말하기를 꺼리는 어구.

금구무결(金甌無缺)성구 금으로 만든 단지처럼 견고하여 완전하고 흠이 없다는 뜻으로, 국력이 강하여 다른 나라의 침략을 받는 일이 없음을 이르는 말.

금구-설(金口說)명 금구(金口)

금:군(禁軍)명 고려·조선 시대, 궁궐을 지키고 임금을 호위하던 군대. 금려(禁旅)

금:군=별장(禁軍別將)[-짱]명 조선 시대, 금군(禁軍)의 주장(主將)을 이르던 말. 품계는 종이품임. ㊟금별

금:군=시:재(禁軍試才)명 조선 시대, 금군(禁軍)에게 보이던 궁술(弓術) 시험. 해마다 봄과 가을에 있었음. 금군 취재(禁軍取才)

금:군-청(禁軍廳)명 조선 시대, 금군(禁軍)의 일을 맡아보던 관아. 뒤에 용호영(龍虎營)으로 이름이 바뀜.

금:군=취:재(禁軍取才)명 금군 시재(禁軍試才)

금권(金券)[-꿘]명 ①금화(金貨)와 바꿀 수 있는 지폐. ②특정한 범위 안에서 돈 대신으로 쓰는 증권. ③중국에서 천자(天子)가 신하에게 내리던, 금으로 만든 패(牌).

금권(金權)[-꿘]명 많은 돈에서 생기는 권력. ¶ -이 지배하는 정치. ㊌금력(金力)

금권만:능(金權萬能)[-꿘-]성구 돈의 위력으로 되지 않는 일이 없음을 이르는 말. ☞황금만능

금권=정치(金權政治)[-꿘-]명 금권으로 어떤 일이든 지배하려는 정치.

금:궐(禁闕)명 궁궐(宮闕)

금궤(金櫃)명 ①금으로 만들거나 장식한 궤. ②철궤

금귀-자(金龜子)명 '풍뎅이[2]'의 딴이름.

금귀-충(金龜蟲)명 '풍뎅이[2]'의 딴이름.

금:규(錦葵)명 '당아욱'의 딴이름.

금귤(金橘)명 '금감(金柑)'의 딴이름.

금극목(金剋木)성구 오행설(五行說)에서 이르는 상극(相剋) 관계의 하나. '쇠[金]가 나무[木]를 이김'을 이름. ☞목극토(木剋土). 상생(相生)

금기(今期)명 이번 시기나 기간. ¶ -의 매상고.

금-기(金氣)명 가을철의 맑은 기운. 오행(五行)에서 금(金)은 가을에 해당함.

금기(琴棋)명 거문고와 바둑을 아울러 이르는 말.

금:기(禁忌)명-하다타 ①관습 등으로 말미암아 꺼리어서 피하거나 싫어함. 터부(taboo) ¶ -를 깨다. ②몸에 해가 될만 한 약재나 치료법을 쓰지 않도록 하는 일.

금-꼭지(金-)명 금빛 종이로 꼭지를 붙인 홍초 또는 홍머리동이의 연(鳶).

금-나다자 물건을 사고 팔 값이 정해지다. 값나다

금-난초(金蘭草)명 난초과의 여러해살이풀. 줄기 높이는 40~80cm. 잎은 줄기를 감싸고, 봄에 줄기 끝에 노란 꽃이 핌. 우리 나라 남부 지방에서 자람. ☞은난초(銀蘭草)

금:남(禁男)명 남자의 출입을 금하는 일. ¶ -의 기숙사. ☞금녀(禁女)

금납(金納)명-하다자 조세(租稅) 따위를 돈으로 냄. ☞물납(物納)

금납-세(金納稅)명 돈으로 내는 세금. ☞물납세(物納稅)

금:낭(錦囊)명 비단으로 만든 주머니.

금:낭-화(錦囊花)명 양귀비과의 여러해살이풀. 줄기 높이는 60cm 안팎. 온몸이 흰빛이며 잎은 어긋맞게 남. 5~6월에 주머니 모양의 불그스름한 꽃이 줄기 끝에 줄줄이 핌. 중국이 원산지로 설악산 지역에 분포하며, 관상용으로 심기도 함.

금:내(禁內)명 궐내(闕內)

금:녀(禁女)명 여자의 출입을 금하는 일. ☞금남(禁男)

금년(今年)명 올해 ¶ -은 유달리 덥다.

금년-도(今年度)명 올해의 연도. ¶ -의 생산 목표.

금년-생(今年生)명 올해에 태어난 아이, 또는 올해에 태어난 것.

금-니(金-)명 ①금관(金冠)을 씌운 이. ②금으로 만든 의치. 금치(金齒)

금니(金泥)명 금가루를 아교에 갠 것. 그림이나 글씨 등에 쓰임. 이금(泥金)

금니-박이(金-)명 금니를 해 박은 사람.

금단(金丹)명 선단(仙丹)

금:단(禁斷)명-하다타 어떤 행위를 엄하게 금지함. ¶ 살생(殺生)을 -하다.

금단의 열매관용 ①구약성서의 창세기(創世記)에 적혀 있는, 하느님이 먹지 못하게 금하고 있던 지혜의 나무의 열매. ②금지되어 있는, 매우 유혹적인 쾌락을 비유하여 이르는 말.

금:단-방(禁斷榜)명 절에 불사(佛事)가 있을 때에 잡인의 출입을 막기 위하여 써 붙이는 방문(榜文). 금란방

금:단=증:세(禁斷症勢)명 술·담배·마약 등의 만성 중독자가 갑자기 그것을 끊었을 때 일어나는 정신적·신체적 증세. 오한·구토·망상 등이 나타남. 금단 현상

금:-단청(錦丹青)명 여러 가지 무늬로 화려하게 장식한 단청. 금(錦)

금:단=현:상(禁斷現象)명 금단 증세(禁斷症勢)

금당(金堂)명 불교 진언종에서, 본존(本尊)을 모신 불당을 이르는 말. 대웅전. 본당(本堂)

금대(今代)명 지금의 시대.

금대(金帶)명 조선 시대, 정이품과 종이품 이상의 관원이 정장할 때 공복(公服)에 띠던 띠. 금띠

금:대(襟帶)명 ①옷깃과 띠. ②옷을 비유하여 이르는 말. ③산이 옷깃처럼 강이 띠처럼 둘러쌌다는 뜻으로, 산과 강으로 에워싸인 요충지를 이르는 말.

금-덩이(金-)[-떵-]명 황금의 덩이. 금괴(金塊)

금도(琴道)명 거문고에 대한 이론과 실기.

금:도(襟度)명 남을 받아들일만 한 넓은 도량(度量).

금-도:금(金鍍金)명-하다타 금속의 겉면에 금의 얇은 막을 입히는 일. ¶ -한 안경테. ☞은도금

금-돈(金-)명 금으로 만든 돈. 금전(金錢). 금화(金貨)

속담 **금돈도 안팎이 있다** : 아무리 좋고 훌륭한 것이라도 좋은 면과 그렇지 못한 면이 있다는 뜻.

금-돌(金-)[-똘]명 금광석(金鑛石)

금동(今冬)명 올 겨울.

금동(金銅)명 금도금하거나 금박을 씌운 구리.

금동-불(金銅佛)명 구리로 만들어 금으로 도금한 불상.

금:두(錦豆)명 '비단팥'의 딴이름.

금등(金鐙)명 '금등자(金鐙子)'의 준말.

금-등자(金鐙子)명 붉은 창대 끝에 도금한 등자를 거꾸로

붙인 의장(儀仗)의 한 가지. [준]금등(金鐙)
금-딱지(金-)[명] 껍데기를 금으로 만들거나 도금한 시계.
금-띠(金-)[명] ①금으로 된 띠. ②금대(金帶)
금란(金蘭)[명] '금란지교(金蘭之交)'의 준말.
금:란(禁亂)[명]-하다[타] 조선 시대, 법을 어기거나 사회를 어지럽게 하는 일을 금지하고 단속하던 일.
금란(을) 잡다[관용] 법을 어긴 사람을 잡다.
금란(을) 치다[관용] 법을 어긴 사람들을 모조리 잡아 다스리다.
금란(이) 나다[관용] ①법으로 금지하는 법령이 내리다. ②금지령을 어긴 사람을 잡으려고 금란사령이 나오다.
금란(이) 잡히다[관용] 법을 어긴 사람이 잡히다.
금란-계(金蘭契)[명] 친목을 위해 친한 벗끼리 모으는 계.
금:란-관(禁亂官)[명] ①지난날, 과장(科場)의 혼란을 막기 위하여 임시로 두었던 관원. ②금란사령
금:란-군(禁亂軍)[명] 금란사령(禁亂使令)
금:란-방(禁亂榜)[명] 금단방(禁斷榜)
금:란-사:령(禁亂使令)[명] 조선 시대, 금란패(禁亂牌)를 가지고 다니며 금령(禁令)을 어긴 사람을 찾아내고 잡아들이던 사령. 금란관. 금란군
금란지계(金蘭之契)[성구] 금란지교(金蘭之交)
금란지교(金蘭之交)[성구] 합심하면 그 굳기가 쇠와 같고 그 향긋함은 난초와 같다는 뜻으로, 벗 사이의 두터운 사귐을 이르는 말. 금란지계(金蘭之契) [준]금란(金蘭)
금:란-패(禁亂牌)[명] 조선 시대, 금령(禁令)을 내릴 때에 그 내용을 적던 나무 패. 금란사령(禁亂使令)이나 나장(羅將)이 지니고 다녔음.
금랍(金鑞)[명] 금을 납땜할 때 쓰는 합금재. 금·은·구리·아연·카드뮴 등으로 이루어짐. ☞은랍(銀鑞)
금래(今來) 지금까지. 오늘날까지
금:려(禁旅)[명] 금군(禁軍)
금력(金力)[명] 사람이나 사물을 마음대로 다룰 수 있는 돈의 힘. [유]금권(金權) ☞부력(富力). 재력(財力)
금:렵(禁獵)[명]-하다[타] 사냥을 금함. ¶－ 기간
금:렵-구(禁獵區)[명] 사냥을 금하는 지역.
금:렵-기(禁獵期)[명] 사냥을 금하는 기간.
금:렵-조(禁獵鳥)[명] 사냥하지 못하게 보호하는 새. ☞엽조(獵鳥)
금령(金鈴)[명] 금으로 만든 방울, 또는 금빛의 방울.
금:령(禁令)[명] 어떤 행위를 하지 못하게 하는 명령. 금법
금령-자(金鈴子)[명] 고련실(苦楝實)
금례(今隷)[명] 한(漢)나라 때 예서(隷書)에 상대하여 당(唐)나라 때 해서(楷書)를 이르는 말. ☞고례(古隷)
금록-석(金綠石)[명] 베릴륨과 알루미늄으로 이루어진 광물. 판상(板狀)의 결정체로, 투명하고 아름다운 것은 보석으로 쓰임.
금룡(禽龍)[명] 중생대 백악기에 번성한 공룡의 한 가지. 초식성으로 몸길이는 10m 안팎이며, 뒷다리로 걸어다녔다고 추정됨.
금륜(金輪)[명] 불교에서 이르는 삼륜(三輪)의 하나. 수륜(水輪)의 위에서 세계의 대지를 받들고 있다는 지층.
금릉-완(金稜碗)[명] 금구(金釦)
금리(金利)[명] 빌려 준 돈이나 예금 따위의 이자. ¶연 10%의 －./－가 오르다.
금:리(禁裏)[명] 대궐 안. 궐내(闕內)
금리=생활자(金利生活者)[－짜][명] 다른 직업이 없이 예금이나 채권의 이자, 주식의 배당금 등으로 생활하는 사람. 넓은 의미에서, 연금·집세·지대(地代) 등으로 생활하는 사람도 포함함.
금리=자유화(金利自由化)[명] 금리에 대한 규제를 풀어, 금리가 금융 시장 안의 자금량에 따라 탄력성 있게 움직이도록 하는 일.
금리=정책(金利政策)[명] 중앙 은행이 금리를 올렸다 내렸다 함으로써 간접적으로 통화량을 조절하고 경제 안정을 꾀하는 정책.
금:린(錦鱗)[명] 비단 같은 비늘이라는 뜻으로, 아름다운 물고기를 이르는 말.
금:린-어(錦鱗魚)[명] '쏘가리'의 딴이름.
금:린옥척(錦鱗玉尺)[성구] 길이가 한 자 가량 되고, 보기에 아름다우며 맛이 좋은 물고기를 이르는 말.
금:망(禁網)[명] 법망(法網)
금-매화(金梅花)[명] 미나리아재빗과의 여러해살이풀. 줄기 높이는 40~80cm이며 잎은 다섯 갈래로 갈라져 있음. 7~8월에 줄기와 가지 끝에 샛노란 꽃이 핌. 산간의 습지에서 자라며 우리 나라 북부 지방에 분포함.
금맥(金脈)[명] ①황금이 있는 광맥. 금줄² ②돈을 융통할 수 있는 연줄. 돈줄 ¶인맥(人脈)과 －.
금-메달(金medal)[명] 금으로 만들거나 금으로 도금한 메달. 올림픽 등의 경기 대회에서 우승한 사람에게 주어짐. 금(金)¹ ¶－을 따다. ☞은메달. 동메달
금명(今明)[명] '금명간(今明間)'의 준말.
금명-간(今明間)[명] ①오늘이나 내일 사이. ¶－에 결정날 것이다. ②〔부사처럼 쓰임〕 오늘 내일 사이에. ¶－ 찾아가 볼 생각이다. [준]금명(今明)
금명-년(今明年)[명] 올해나 내년, 또는 올해나 내년 사이.
금명-일(今明日)[명] 오늘이나 내일, 또는 오늘이나 내일 사이.
금-모래(金-)[명] ①모래흙에 섞인 금. 사금(砂金) ②금처럼 반짝이는 고운 모래. 금사(金砂)
금-몰:(∠金mogol)[명] ①금실을 꼬아서 만든 끈, 또는 금으로 도금한 가느다란 줄. ②금실을 씨로, 견사(絹絲)를 날로 하여 짠 직물. ☞은몰
금-몸(金-)[명] 금색신(金色身)
금문(金文)[명] 옛날의 철기(鐵器)나 동기(銅器) 같은 금속에 새겨진 글. ☞금석문(金石文)
금-문(金門)[명] ①금으로 장식한 문. ②궐문(闕門)
금:문(禁門)[명] ①출입을 금지한 문. ②궐문(闕門)
금-문자(金文字)[－짜][명] 금자(金字)
금-물(金-)[명] 금빛을 내도록 만든 도료(塗料).
금:물(禁物)[명] ①해서는 안 되는 일. ¶방심은 －이다. ②함부로 사고 팔거나 쓰지 못하도록 금지한 물건.
금-물가(金物價)[－까][명] 국제 금 시세를 표준으로 하여 계산하는 물가.
금-물결(金-)[－껼][명] 금파(金波)
금-바둑쇠(金-)[명] 조선 효종(孝宗) 때에 북벌(北伐)의 군비(軍備)로 쓰기 위하여 바둑돌 모양으로 만들어 두었던 금과 은.
금박(金箔)[명] 금을 종이처럼 얇게 늘이어 만든 것. ¶－을 입히다. ☞박(箔). 은박(銀箔). 알루미늄박
금박을 박다[관용] 금박으로 글자나 무늬를 눌러 찍다.
금박=검:전기(金箔檢電器)[명] 두 장의 금박 사이에 생기는 전기 반발 작용을 이용한 검전기.
금박-금(金箔金)[명] 육십갑자의 임인(壬寅)과 계묘(癸卯)에 붙이는 납음(納音). ☞복등화(覆燈火)
금-박이(金-)[명] 옷감 등에 금빛 가루로 무늬를 놓은 것.
금반(金飯)[명] 좁쌀에 감국(甘菊)과 감초(甘草)를 섞어서 지은 밥.
금:-반:언(禁反言)[명] 사람이 자유 의사로 한 자기의 행위나 날인한 증서에 대하여 그것을 번복해서는 안 되는 일. 거래의 안전을 보호하기 위한 영미법(英美法)의 법리임.
금-반지(金-)[명] 금으로 만든 반지. 금환(金環) [유]금가락지
금발(金髮)[명] 금빛이 나는 머리털.
금발-게(金-)[명] 바닷게의 한 가지. 등딱지는 4cm 안팎으로 둥그스름하거나 마름모꼴 비슷하고, 어두운 자줏빛의 자잘한 점이 많음. 다리는 금빛을 띰. 우리 나라와 일본, 홍해 등지에 분포함. 금게
금방[부] ①이제 곧. ¶－ 만들어 줄 테니 기다려라. ②이제 막. 갓⁵. 방금(方今) ¶－ 구운 빵.
[속담] **금방 먹을 떡에도 소를 박는다** : 아무리 급해도 갖출 것은 다 갖추어야 한다는 말.
금방(金榜)[명] 지난날, 과거에 급제한 사람의 이름을 써서 붙이던 방(榜). 과방(科榜)
금:방(禁方)[명] ①아무에게나 함부로 전하지 않는 약방문.

②함부로 가르치지 않는 술법(術法).

금방-금방뷔 잇달아 빨리. ¶만들기가 바쁘게 — 먹어 치우다./차들이 — 지나가다.

금-방망이(金—)명 국화과의 여러해살이풀. 줄기 높이는 90cm 안팎. 잎은 어긋맞게 나며 끝이 뾰족하고 가장자리에 날카로운 톱니가 있음. 7~8월에 노란 꽃이 두상(頭狀) 꽃차례로 핌. 산지에서 자라며 우리 나라와 일본, 시베리아, 유럽 등지에 분포함.

금-방아(金—)명 금광에서, 물을 이용하여 금돌을 찧는 방아를 이르는 말.

금배(金杯)명 금으로 만들거나 금도금을 한 잔. 금잔

금백(金帛)명 금과 비단을 아울러 이르는 말.

금:백(錦伯)명 지난날, 충청도 관찰사를 달리 이르던 말.

금번(今番) 이번

금:벌(禁伐)명-하다자 나무를 베는 일을 금함.

금:법(禁法)[—뻡]명 금령(禁令)

금벽=산수(金碧山水)명 삼청(三靑)과 석록(石綠)으로 채색한 뒤, 이금(泥金)으로 획과 점을 찍어 그린 산수화.

금:변(禁便)명-하다자 대소변 보는 일을 금함.

금:별(禁別)명 '금군 별장(禁軍別將)'의 준말.

금병(金甁)명 금으로 만들거나 금도금을 한 병.

금보(金寶)명 추상존호(追上尊號)를 새긴 도장.

금보(琴譜)명 거문고의 악보.

금-본위제(金本位制)명 금본위 제도 ☞은본위제

금본위=제:도(金本位制度)명 금을 표준으로 하여 그 일정량의 가치와 화폐의 단위 가치를 관련시키는 화폐 제도. 금본위제 ☞은본위 제도(銀本位制度)

금봉-채(金鳳釵)명 봉황의 모양을 새겨서 만든 금비녀.

금봉-화(金鳳花)명 '봉선화'의 딴이름.

금부(金部)명 국악기의 만든 재료에 따른 분류의 하나. 쇠붙이로 만든 국악기를 통틀어 이르는 말로, 편종(編鐘)·징·꽹과리·나발 등이 있음. ☞석부(石部)

금:부(禁府)명 '의금부(義禁府)'의 준말.

금:부=나장(禁府羅將)명 지난날, 의금부에 딸리어 죄인에게 매질하는 일이나 귀양가는 죄인을 압송하는 일을 맡아보던 하급 관원.

금-부어(金鮒魚)명 '금붕어'의 딴이름.

금-부처(金—)명 황금으로 만든 불상, 또는 겉에 금빛 칠을 한 불상. 금불(金佛). 황금불(黃金佛)

금:부=취:리(禁府就理)명 지난날, 죄를 저지른 관원을 의금부의 심문에 붙이던 일.

×**금-부치**(金—)명 →금붙이

금-북(金—)명 절에서, 구리로 속이 비게 만들어 매달아 놓고 치는 악기.

금분(金分)명 순금(純金)이 섞인 비율.

금분(金盆)명 금으로 만든 분(盆), 또는 금빛이 나도록 칠한 분.

금분(金粉)명 금가루 ☞은분(銀粉)

금불(金佛)명 금부처

금불-각(金佛閣)명 금불을 모신 전각.

금불-초(金佛草)명 국화과의 여러해살이풀. 산이나 들에서 저절로 자라며, 줄기 높이는 30~60cm임. 7~9월에 줄기 끝에 노란 꽃이 피는데, 민간에서 이뇨제나 구토 진정제로 쓰임. 우리 나라와 일본, 중국 등지에 분포함. 하국(夏菊)

금-붓꽃(金—)[—붇—]명 붓꽃과의 여러해살이풀. 모양은 붓꽃과 거의 같으나 줄기 높이가 약간 작음. 4~5월에 줄기 끝에 황색의 꽃이 핌. 우리 나라 특산종임.

금-붕어(金—)명 잉엇과의 민물고기. 붕어의 변종으로 중국이 원산이며, 빛깔과 모양이 다양하여 관상용으로 많이 기름. 금부어(金鮒魚). 금어(金魚)²

금붕어-꽃(金—)명 '금어초(金魚草)'의 딴이름.

금-붙이(金—)[—부치]명 금으로 만든 물건을 통틀어 이르는 말. ☞은붙이

금비(金肥)명 돈을 주고 사서 쓰는 비료라는 뜻으로, 화학 비료를 이르는 말. ¶—를 줄이고 퇴비를 늘리다.

금:비(禁祕)명 ①-하다타 금하여 비밀로 함. ②금중(禁中)의 비밀.

금-비녀(金—)명 금으로 만든 비녀. 금잠(金簪). 금전(金鈿). 금채(金釵) ☞은비녀

금-빛(金—)[—삗]명 황금의 빛깔, 또는 황금처럼 번쩍이는 누른 빛깔. 금광(金光). 금색(金色). 황금색(黃金色) ☞은빛

금사(金砂)명 ①금가루 ②금모래 ③금박(金箔)의 가루.

금사(金莎)명 '금잔디'의 딴이름.

금사(金絲)명 금실 ☞은사(銀絲)

금사-망(金絲網)명 금실로 얽어서 만든 그물.

속담 **금사망을 썼다**: 무엇에 얽혀서 헤어날 수 없음을 비유하여 이르는 말.

금사-연(金絲燕)명 제빗과의 새. 몸은 여느 제비보다 작고, 꼬리와 배 사이는 희며 등은 갈색임. 해안의 바위 틈에 물고기나 해조류를 물어다가 침을 발라 보금자리를 만드는데, 이를 '연와(燕窩)'라 하며 고급 중국 요리의 재료로 쓰임.

금사-오죽(金絲烏竹)명 반죽(斑竹)의 한 가지. 줄기는 가늘고 마디가 툭 불거져 있으며 자잘한 점이 박혀 있음.

금사-작(金絲雀)명 '카나리아'의 딴이름.

금사-향(金絲香)명 향을 염주 모양으로 금실에 꿴 것. 조선 시대 부녀자들이 주머니에 꾸미개로 달았음. ☞발향

금:사-화(錦賜花)명 조선 시대, 문과에 급제한 사람에게 임금이 내리던 비단으로 만든 꽃.

금산(金山)명 금광(金鑛) ☞은산(銀山)

금:산(禁山)명 지난날, 나무나 풀을 함부로 베지 못하도록 하던 산. ☞말림. 말림갓

금살(金—)[—쌀]명 금빛이 나는 빛살.

금:삼(錦蔘)명 충청 남도 금산(錦山)에서 생산되는 인삼. ☞북삼(北蔘)

금상(今上)명 지금 왕위에 있는 임금.

금상(金像)명 금으로 만들거나 금도금을 한 사람의 형상.

금상(金賞)명 상의 등급을 금·은·동으로 구분하였을 때의 일등상. ☞동상(銅賞). 은상(銀賞)

금:상첨화(錦上添花)성구 비단 위에 꽃을 더한다는 뜻으로, 좋은 일에 또 좋은 일이 더하여짐을 이르는 말.

금상-학(金相學)명 금속이나 합금의 내부 조직을 살펴보고 구조와 조성, 성질 등을 연구하는 학문.

금새명 물건의 시세, 또는 값의 정도.

금새우-난(金—蘭)명 난초과에 딸린 여러해살이풀. 제주도나 울릉도의 숲 속에 자라며, 줄기 높이 30~40cm. 뿌리줄기는 굵고 마디가 많으며 옆으로 벋음. 잎은 길둥글고 세로 주름이 있음. 봄에 줄기 끝에 밝은 황색 꽃이 총상(總狀) 꽃차례로 핌. ☞새우난초

금색(金色)명 금빛 ☞은색(銀色)

금:색(禁色)명-하다자 ①지난날, 임금이 신하의 옷 빛깔을 제한하던 일. ②색사(色事)를 금함.

금색=세:계(金色世界)명 '극락 세계'를 달리 이르는 말.

금색-신(金色身)명 황금빛으로 된 불상의 몸. 금몸 준금신(金身)

금생(今生)명 현세(現世)

금생(擒生)명-하다자 짐승 등을 사로잡음.

금생수(金生水)성구 오행설(五行說)에서 이르는 상생(相生) 관계의 하나. '쇠[金]에서 물[水]이 생김'을 이름. ☞상극(相剋). 수생목(水生木)

금서(琴書)명 ①거문고와 서책(書冊). ②거문고 타기와 책 읽기.

금:서(禁書)명 법률로 책의 출판이나 판매를 금하는 일, 또는 출판이나 판매를 금하는 책.

금석(今夕)명 오늘 저녁.

금석(今昔)명 지금과 옛날. 금고(今古)

금석(金石)명 ①쇠붙이와 돌. ②몹시 굳고 단단한 것을 비유하는 말. ③'금석 문자(金石文字)'의 준말. ④금광석(金鑛石)

금석(과) 같다관용 교분이나 언약이 굳어서 변함없다.

금석맹약(金石盟約)성구 금석과 같이 굳게 맹세한 약속을 이르는 말. 금석지약(金石之約)

금석-문(金石文)명 '금석 문자(金石文字)'의 준말.
금석=문자(金石文字)[-짜]명 옛날의 비석(碑石)이나 종(鐘), 또는 쇠붙이로 만든 그릇 따위에 새긴 글자. 준 금석(金石). 금석문(金石文)
금석=병:용기(金石竝用期)명 신석기 시대와 청동기 시대의 중간 시기로, 석기도 쓰고 금속기도 쓰던 시대.
금석-제(金石劑)명 '금석지제(金石之劑)'의 준말.
금석지감(今昔之感)성구 이제와 옛적의 변한 차이가 너무나 심한 것을 보고 일어나는 느낌을 이르는 말.
금석지계(金石之契)성구 금석지교(金石之交)
금석지교(金石之交)성구 금석처럼 굳은 사귐을 이르는 말. 금석지계
금석지약(金石之約)성구 금석맹약(金石盟約)
금석지재(金石之材)명 한방에서, 쇠붙이나 돌 등 광물성 약재를 이르는 말. ☞초재(草材)
금석지전(金石之典)성구 쇠붙이나 돌과 같이 변함없는 가치를 지닌 법전(法典)을 이르는 말.
금석지제(金石之劑)명 한방에서, 쇠붙이나 돌 따위의 광물성 약제를 이르는 말. 준금석제(金石劑)
금석-학(金石學)명 ①금석 문자를 연구하는 학문. ②'광물학(鑛物學)'의 구용어.
금선(金仙)명 불교에서, 금빛이 나는 신선이라는 뜻으로, '부처'를 달리 이르는 말.
금선(金線)명 금빛의 물감이나 재료로 그은 선. 금줄
금선(琴線)명 ①가야금이나 거문고 따위의 줄. ②주로 '마음의 금선'의 꼴로 쓰이어, 마음속에 간직한 사물에 대한 감동이나 감정을 거문고의 줄에 비유하여 이르는 말.
금설(金屑)명 금가루
금-섭옥잠(金鑷玉簪)명 순금이나 도금으로 섭옥잠(鑷玉簪)처럼 만든 비녀.
금성(金姓)명 오행(五行)의 금(金)에 해당하는 성(姓). 서(徐)·조(趙)·최(崔) 등. ☞수성(水姓)
금성(金星)명 태양계의 둘째 행성. 지구 궤도 바로 안쪽에 있는 별로, 태양까지의 평균 거리는 1억 820만km. 공전 주기는 225일. 자전 주기는 243.01일. 지구보다는 조금 작고, 질량은 지구의 0.815배. 밝기는 태양·달 다음으로 밝은 천체임. 초저녁에는 개밥바라기·태백성(太白星), 새벽에는 샛별·계명성(啓明星) 등으로 불림. 비너스(Venus). 신성(晨星). 어둠별. 요도성(耀渡星) ☞화성(火星)
금성(金城)명 ①쇠로 지은 것처럼 굳고 단단한 성. ②임금이 사는 궁궐. 궁성(宮城)
금성(金聲)명 ①쇳소리 ②오행(五行)의 금(金)에 해당하는 음성. 쇳소리와 같은 음성을 이름. ☞수성(水聲) ③가을의 느낌을 자아내는 바람소리.
금:성(禁城)명 궁성(宮城)
금:성-님(錦城-)명 금성대왕(錦城大王)
금:성-대:왕(錦城大王)명 무당이 받들어 모시는 무신(巫神)의 하나. 금성님
금성옥진(金聲玉振)성구 ①시가(詩歌)나 음악의 아름다운 가락을 이르는 말. ②사물을 집대성함을 이르는 말.
금성철벽(金城鐵壁)성구 금으로 된 성과 쇠로 쌓은 성벽이라는 뜻으로, 방비가 매우 견고한 성, 또는 방어가 아주 튼튼함을 이르는 말. 유금성탕지
금성탕:지(金城湯池)성구 ①금으로 된 성과 그 둘레에 끓는 물이 찬 못이라는 뜻으로, 방비가 매우 견고하여 도저히 침공할 수 없는 성을 이르는 말. 유금성철벽 ②다른 세력이 쉽사리 들어갈 수 없는 세력 범위를 비유하여 이르는 말.
금세부 '금시(今時)에'의 준말. ¶ - 다녀갔다.
금세(今世)명 ①현세(現世) ②지금의 세상.
금세(今歲)명 금년(今年)
금-세:공(金細工)명 금을 재료로 하는 세공.
금-세:기(今世紀)명 지금의 세기. ¶ - 최고의 음악가.
금소(今宵)명 오늘 밤. 금야(今夜)
금속(金屬)명 특유의 광택이 있고 열과 전기가 잘 통하며 전성(展性)과 연성(延性)이 있고, 상온(常溫)에서 고체인 물질. 수은은 예외임. 중금속(重金屬)과 경금속(輕金屬), 귀금속(貴金屬)과 비금속(卑金屬) 등으로 분류함. 쇠붙이
금속=결합(金屬結合)명 금속 원소의 원자가 모여서 금속의 결정(結晶)을 이루는 결합. 알칼리 금속 등에서 볼 수 있음.
금속=공업(金屬工業)명 ①금속을 원료로 하는 제조업을 통틀어 이르는 말. ②야금(冶金)을 중심으로 하는 철강과 비철 금속 재료의 생산 공업.
금속=공예(金屬工藝)명 ①금속을 가공하여 만드는 공예. ②공예품을 만들기 위한 금속 가공 기술.
금속=공학(金屬工學)명 금속의 제련·정제·가공에 관한 이론과 기술을 연구하는 학문.
금속-관(金屬管)명 쇠붙이로 만든 관.
금속=광:물(金屬鑛物)명 금속이 주성분인 광물.
금속=광:상(金屬鑛床)명 유용한 금속 광물이 묻혀 있는 광상.
금속=광택(金屬光澤)명 잘 닦은 금속의 겉면이나 잘린 단면 등에 보이는 광택.
금속-기(金屬器)명 쇠붙이로 만든 그릇이나 기구.
금속=기압계(金屬氣壓計)명 금속의 탄성(彈性)을 이용한 기압계. 아네로이드 기압계 따위.
금속-박(金屬箔)명 금속을 얇은 종이처럼 펴서 늘린 것.
금속=비누(金屬-)명 보통의 알칼리 비누에 들어 있는 나트륨이나 칼륨 대신에 금속이 든 비누. 물에 녹지 않아 세정력은 없으나 건조제·방수제·안료 등에 쓰임.
금속-성(金屬性)명 ①금속의 특유한 성질. ②금속과 비슷한 성질. ¶ -의 소리.
금속-성(金屬聲)명 쇳소리. 금속음(金屬音)
금속=압력계(金屬壓力計)명 금속의 탄성을 이용하여 측정하는 압력계.
금속=온도계(金屬溫度計)명 열팽창률이 다른 금속의 얇은 조각을 붙여, 온도 변화에 따라 지침이 움직이도록 만든 온도계.
금속=원소(金屬元素)명 단체(單體)로서 금속을 이루는 원소. 빛깔이 있고 늘이기 쉬우며, 전기와 열이 잘 통하는 성질이 있음. 금·은·철·구리·나트륨·크롬 따위.
금속-음(金屬音)명 쇳소리. 금속성(金屬聲)
금속=이온(金屬ion)명 금속의 원자에서 생기는 이온. 모두 양이온임.
금속-제(金屬製)명 쇠붙이로 만든 물건.
금속=화:폐(金屬貨幣)명 쇠붙이로 만든 화폐. 금화·은화·동화 따위.
금속=활자(金屬活字)[-짜]명 금속으로 만든 활자. 활판 인쇄에 씀.
금:송(禁松)명-하다자 조선 시대, 소나무를 베지 못하게 법으로 금하던 일.
금:송(錦松)명 소나무의 한 가지. 잎이 보통 솔잎보다 대여섯 배 더 굵음.
금:송-군(禁松軍)명 조선 시대에 국유 송림의 벌목을 감시하던 군사.
금:송-자내(禁松字內)명 조선 시대, 서울 주변에 있는 네 산을 훈련도감, 금위영, 어영청에서 나누어 맡아서 송림의 벌목을 못하게 감시하던 구역.
금송-화(金松花)명 '금잔화(金盞花)'의 딴이름.
금쇄-시(金鎖匙)명 한방에서, 새모래덩굴의 뿌리줄기를 약재로 이르는 말. 목 안의 염증을 삭게 하고 혈압을 낮추는 작용을 함. 산두근(山豆根)
금-쇠[-쐬]명 널조각에 금을 긋는 연장. ☞촌목
금수(禽獸)명 날짐승과 길짐승을 통틀어 이르는 말. 조수(鳥獸) ☞금수어충. 주수(走獸)
금:수(禁輸)명-하다타 수입이나 수출을 금함.
금:수(錦繡)명 비단과 수, 또는 수놓은 비단.
금:수강산(錦繡江山)성구 비단에 수를 놓은듯이 아름다운 강산이라는 뜻으로, '우리 나라'를 이르는 말.
금-수송점(金輸送點)[-쩜]명 금본위제를 실시하는 국가들 사이에서 환시세(換時勢)의 하락으로 환송금(換送

金)보다 금을 수송하는 편이 유리하게 되는 한계점. 금현송점(金現送點). 정화 현송점(正貨現送點)

금수어충(禽獸魚蟲)명 새와 짐승과 물고기와 벌레, 곧 사람 이외의 모든 동물을 통틀어 이르는 말.

금:수=조처(禁輸措處)명 엠바고(embargo)

금:수-품(禁輸品)명 수입이나 수출을 금하는 물품.

금슬(琴瑟)명 ①거문고와 비파. ②'금실'의 원말.

금슬상화(琴瑟相和)성구 거문고와 비파가 서로 조화되는 것처럼 부부의 사이가 다정하고 화목함을 이르는 말.

금슬지락(琴瑟之樂)성구 '금실지락'의 원말.

금승(金蠅)명 '금파리'의 딴이름.

금시(今時)명 ①이제. 지금 ¶ㅡ에 해치웠다. ②〔부사처럼 쓰임〕 이제 막. 이제 바로. ¶그는 ㅡ 다녀갔다.

금-시계(金時計)명 금딱지로 된 시계.

금시발복(今時發福)성구 어떤 일을 한 보람이 바로 나타나서 좋은 일을 누리게 됨을 이르는 말.

금시-작(金翅雀)명 '검은머리방울새'의 딴이름.

금시-조(金翅鳥)명 가루라(迦樓羅)

금시초견(今時初見) '보느니 처음'의 뜻.

금시초문(今時初聞) '듣느니 처음'의 뜻.

금식(金飾)명-하다타 황금(黃金)으로 꾸밈, 또는 그렇게 꾸민 장식.

금:식(禁食)명-하다자 종교상의 관습이나 수행, 질병을 치료하기 위하여, 얼마 동안 음식을 먹지 않는 일. ☞단식(斷食). 절식(節食). 절식(絶食)

금:식-재(禁食齋)명 가톨릭에서, 사순절이 시작되는 수요일과 성주간의 예수 수난 금요일에 단식하며 몸과 마음을 깨끗이 하는 일. ☞금육재(禁肉齋)

금신(金身)명 '금색신(金色身)'의 준말.

금신(金神)명 음양가(陰陽家)가 제사를 지내는 귀신. 이 귀신이 있는 방위로 이사하거나 길 떠나는 일을 꺼림.

금-실(金-)명 ①금박을 입힌 실. ②금종이를 실처럼 가늘게 오린 것. ③금빛이 나는 실. 금사(金絲) ☞은실

금실(∠琴瑟)명 '금실지락'의 준말. ¶ㅡ이 좋은 부부. 원금슬(琴瑟)

금실지락(∠琴瑟之樂)성구 부부 사이의 다정하고 화목한 즐거움을 이르는 말. 준금실 원금슬지락

금:심수:구(錦心繡口)성구 비단 같은 생각과 수놓은 것 같은 말이라는 뜻으로, 글을 잘 짓는 재주, 또는 글을 짓는 재주가 뛰어남을 이르는 말.

금-싸라기(金-)명 황금으로 된 싸라기라는 뜻으로, 매우 귀중한 물건을 비유하여 이르는 말. ¶요지의 ㅡ 땅.

금:압(禁壓)명-하다타 억눌러서 못하게 함.

금액(金額)명 돈의 액수. ¶막대한 ㅡ.

금액-란(金額欄)명 금액을 적어 넣는 난.

금-앵자(金櫻子)명 ①장미과의 상록 관목. 가시가 많으며 잎은 두껍고 싸리 잎과 비슷함. 꽃은 희거나 엷은 분홍색임. ②한방에서, 금앵자의 열매를 약재로 이르는 말. 유정(遺精)·유뇨증·설사 등에 쓰임.

금야(今夜)명 오늘 밤. 금소(今宵)

금:약(禁約)명-하다타 하지 못하게 단속함.

금:약(禁藥)명 먹는 것을 금하는 약.

금-약관(金約款)[ㅡ냑ㅡ]명 화폐(貨幣) 가치의 변동에 따른 채권자의 손실을 방지하기 위하여, 공채나 사채의 원금과 이자의 지급을 금화나 금으로 환산한 화폐로 갚기로 한 약정(約定).

금:양(禁養)명-하다타 조선 시대, 산의 나무나 풀 따위를 함부로 베지 못하게 하여 가꾸던 일. 말림

금양잡록(衿陽雜錄)[ㅡ냥ㅡ]명 조선 세조 때의 강희맹(姜希孟)이 지은 농서(農書). 농경 방법과 농작물에 대한 주의 사항을 기록한 내용임. 조선 인조 때 신숙(申洬)이 엮은 '농가집성(農家集成)'에 실려 전함.

금어(金魚)[1]명 불교에서, 불상(佛像)을 그리는 사람을 이르는 말.

금어(金魚)[2]명 '금붕어'의 딴이름.

금:어(禁漁)명-하다자 고기잡이를 못하게 함.

금:어-구(禁漁區)명 고기잡이를 못하게 금하는 구역.

금어-초(金魚草)명 현삼과의 여러해살이풀. 줄기 높이는 20~80cm. 잎은 가늘고 가장자리가 밋밋함. 봄부터 여름에 걸쳐 줄기 끝에 하양·빨강·노랑·보라 등의 꽃이 피는데, 그 모양이 금붕어 입같이 생겼음. 지중해 연안 원산임. 금붕어꽃

금언(金言)명 ①생활의 본보기가 될만 한 귀중한 내용이 담긴 짧은 어구(語句). ☞격언(格言). 경구(警句) ②부처의 입에서 나온, 불멸의 진리를 나타내는 말.

금:-여:지(錦茘枝)[ㅡ녀ㅡ]명 '여주'의 딴이름.

금:연(禁煙)명-하다자 ①담배를 못 피우게 함. ¶ㅡ 구역 ②담배를 피우지 않음. 단연(斷煙) ¶ㅡ 운동

금-연화(金蓮花)[ㅡ년ㅡ]명 불교에서, 부처 앞에 공양하는, 황금색으로 만든 연꽃을 이르는 말.

금염(金塩)명 금염화나트륨

금염화-나트륨(金塩化Natrium)명 염화금산의 나트륨. 금을 왕수(王水)에 녹이고 탄산나트륨을 넣으면서 천천히 증발시킬 때 생기는 노란빛의 결정. 도금용으로 쓰임. 금염

금:영(錦營)명 지난날, 충청도 감영을 달리 이르던 말.

금오(金吾)명 조선 시대, 의금부(義禁府)를 달리 이르던 말.

금오(金烏)명 세 발 가진 까마귀가 해에 살고 있다는 전설에서, '해'를 달리 이르는 말. ☞옥토(玉兎)

금오신화(金鰲新話)명 조선 세조 때, 김시습(金時習)이 지은 전기(傳奇) 소설집. 우리 나라 최초의 한문 소설로, '만복사저포기(萬福寺樗蒲記)', '이생규장전(李生窺墻傳)', '취유부벽정기(醉遊浮碧亭記)', '용궁부연록(龍宮赴宴錄)', '남염부주지(南炎浮洲志)' 등 다섯 편의 작품이 전함.

금오-옥토(金烏玉兎)명 해와 달을 달리 이르는 말. 해를 금오, 달을 옥토라 함. 준오토(烏兎)

금오-위(金吾衛)명 고려 시대, 임금을 호위하고 수도를 지키는 임무를 맡아보던 군영의 하나.

금옥(金玉)명 ①금과 옥. ②'금옥관자'의 준말.

금:옥(禁獄)명 지난날, 감옥에 가두어 두던 형벌.

금옥-관자(金玉貫子)명 금관자와 옥관자, 또는 이를 망건에 단 관원. 준금옥(金玉)

금옥-군자(金玉君子)명 몸가짐이 단정하고 점잖은 사람을 이르는 말.

금옥만:당(金玉滿堂)성구 금관자나 옥관자를 단 높은 관원들이 집 안에 가득하다는 뜻으로, 현명한 신하가 조정에 가득함을 비유하여 이르는 말.

금왕지절(金旺之節)명 오행(五行)에서 금기(金氣)가 왕성한 절기라는 뜻으로, 가을을 달리 이르는 말. ☞수왕지절(水旺之節)

금요(金曜)명 '금요일(金曜日)'의 준말.

금요-일(金曜日)명 요일(曜日)의 하나. 한 주의 여섯째 날로, 목요일의 다음날임. 준금(金)[2]. 금요(金曜) ☞칠요일(七曜日)

금:욕(衾褥)명 이부자리

금:욕(禁慾)명-하다자 본능적인 욕망을 억제함. 특히 성욕(性慾)을 억제함을 이름.

금:욕-적(禁慾的)명 욕망, 특히 성욕(性慾)을 억제하는 것. ¶ㅡ인 생활.

금:욕-주의(禁慾主義)명 육체적·감각적·세속적인 욕망을 억제함으로써 도덕적·종교적 이상을 실현하려는 주의. 견인주의(堅忍主義). 극기주의(克己主義). 제욕주의(制慾主義) ☞쾌락주의(快樂主義)

금용(金容)명 부처나 보살의 황금빛이 나는 용모.

금우-궁(金牛宮)명 황도십이궁(黃道十二宮)의 둘째 궁. 본디 십이성좌(十二星座)의 황소자리에 대응되었으나 세차(歲差) 때문에 지금은 서쪽의 양자리로 옮아가 있음. ☞쌍자궁(雙子宮)

금원(金員)명 돈의 수효.

금:원(禁垣)명 궁궐의 담 안.

금:원(禁苑)명 비원(祕苑)

금월(今月)명 이 달. ☞내월(來月). 전월(前月)

금:위(禁衛)명 금문(禁門)의 위병(衛兵).

금:위=대:장(禁衛大將)명 조선 시대, 금위영(禁衛營)의 주장(主將)을 이르던 말. 준금장(禁將)
금:위-영(禁衛營)명 조선 시대에 서울을 지키던 군영. 삼군문(三軍門)의 하나임.
금:육-재(禁肉齋)명 가톨릭에서, 사순절의 첫째 수요일과 매 금요일에 육식을 끊고 몸과 마음을 깨끗이 하는 일. ☞금식재(禁食齋)
금융(金融)[-늉/그뮹]명 ①돈의 융통. ②경제에서, 자금의 수요와 공급의 관계.
금융=경색(金融梗塞)[-늉-]명 금융 시장에서 공급보다 자금 수요가 많아져서 자금 조달이 어려워진 상태.
금융-계(金融界)[-늉-]명 은행이나 신용 금고, 보험 회사 등 금융업자의 사회.
금융=계:절(金融季節)[-늉-]명 금융 시장에서 매년 주기적으로 자본 수요가 가장 많은 철.
금융=공:황(金融恐慌)[-늉-]명 극도의 불경기 등으로 말미암아 금융 기관의 기능이 마비되어 금융 시장이 혼란 상태에 빠지는 일. 신용 공황(信用恐慌)
금융=기관(金融機關)[-늉-]명 자금의 융통을 원만하게 하는 경제 기관. 은행, 보험 회사, 신용 금고, 증권 회사 등.
금융=긴축(金融緊縮)[-늉-]명 경기의 과열이나 인플레를 억제하기 위하여 중앙 은행이 통화 공급을 줄이고 금리를 인상하여 총수요를 억제하는 일.
금융-단(金融團)[-늉-]명 금융 업체의 연합 단체.
금융=시:장(金融市場)[-늉-]명 자금의 수급 관계로 결정되는 금리 수준에서 자금의 대차(貸借) 거래가 이루어지는 시장. 국내 금융 시장, 국제 금융 시장, 장기 금융 시장, 단기 금융 시장 따위.
금융=실명제(金融實名制)[-늉-]명 공정한 소득세의 부과나 지하 경제의 양성화(陽性化) 등을 위하여 은행 예금이나 주식 매매 등 모든 금융 거래를 거래자의 실명으로 하도록 제도화한 것.
금융-업(金融業)[-늉-]명 은행이나 보험 회사, 신탁 회사 등과 같이 자금의 공급을 목적으로 하는 영업.
금융=자:본(金融資本)[-늉-]명 ①은행 자본과 산업 자본이 밀접히 결합한 자본. ☞독점 자본 ②은행 자본, 또는 대부(貸付) 자본.
금융=자:본주의(金融資本主義)[-늉-]명 자본주의의 한 형태로, 금융 자본이 산업 사회를 통할하는 단계.
금융=자유화(金融自由化)[-늉-]명 금리나 업무 분야, 금융 상품, 점포 설치 등 금융 제도에 관한 정부 규제를 완화 또는 철폐하는 일.
금융=정책(金融政策)[-늉-]명 정부나 중앙 은행이 금리 조작, 공개 시장 조작, 지급 준비율 조작 등의 수단을 써서 물가 안정이나 경기 조절을 하려는 정책. ☞통화 정책(通貨政策)
금융-채(金融債)[-늉-]명 '금융 채권'의 준말.
금융=채:권(金融債券)[-늉-꿘]명 자금을 마련하기 위하여 특수 금융 기관이 발행하는 채권. 준금융채
금융=회:사(金融會社)[-늉-]명 주식 회사의 설립이나 건설 등에 필요한 자금을 공급하는 은행 이외의 회사.
금은(金銀)명 금과 은.
금은-방(金銀房)[-빵]명 금이나 은을 매매하거나 금은 세공품을 파는 가게. 금은포(金銀鋪)
금은=병:행=본위=제:도(金銀竝行本位制度)명 금과 은 두 가지를 본위 화폐로 하는 제도. 금은 복본위 제도
금은-보:화(金銀寶貨)명 금·은·보석 등 여러 귀중한 보물을 이르는 말.
금은=복본위=제:도(金銀複本位制度)명 금은 병행 본위 제도
금-은붙이(金銀-)[-부치]명 금붙이와 은붙이를 아울러 이르는 말.
금은=비:가(金銀比價)[-까]명 금과 은의 가치 비율.
금은=세:공(金銀細工)명 금이나 은을 다루는 세공.
금은-전(金銀錢)명 금화(金貨)와 은화(銀貨). 금은화
금은=파행=본위=제:도(金銀跛行本位制度)명 금은 복본위 제도(金銀複本位制度)나 은본위 제도에서 금본위 제도로 변경할 때 금만 자유롭게 주조하도록 하는 제도.
금은-포(金銀鋪)명 금은방(金銀房)
금은-화(金銀花)명 한방에서, 인동덩굴의 꽃을 약재로 이르는 말. 종기 따위에 내복약으로 쓰임.
금-은화(金銀貨)명 금화와 은화. 금은전(金銀錢). 금은 화폐(金銀貨幣)
금은=화:폐(金銀貨幣)명 금은화(金銀貨)
금:의(錦衣)명 비단옷
금의=공자(金衣公子)명 '꾀꼬리'를 달리 이르는 말.
금:의야:행(錦衣夜行)성구 비단옷을 입고 밤길을 걷는다는 뜻으로, 아무 보람이 없는 행동을 자랑스럽게 함을 이르는 말. ☞수의야행(繡衣夜行)
금:의옥식(錦衣玉食)성구 비단옷과 흰 쌀밥이라는 뜻으로, 사치스럽고 호강스런 생활을 이르는 말.
금:의환향(錦衣還鄕)성구 비단옷을 입고 고향으로 돌아온다는 뜻으로, 출세를 하여 의기양양하게 고향에 돌아옴을 이르는 말. 준금환(錦還)
금이종(擒而縱) '잡았다가 다시 놓아줌'의 뜻. ☞종이금(縱而擒)
금인(今人)명 지금 세상의 사람. ☞고인(古人)
금인(金刃)명 날이 선 쇠붙이.
금인(金印)명 금으로 만든 도장.
금일(今日)명 오늘 ¶ - 휴업 ☞명일(明日). 작일(昨日)
속담 **금일 충청도 명일 경상도** : 오늘은 충청도로 내일은 경상도로 간다는 뜻으로, 정처 없이 곳곳을 떠돌아다니는 신세를 이르는 말.
금-일월병(金日月屛)[-닐-]명 지난날, 옥좌에 치던 병풍. 이금(泥金)으로 해와 달을 그렸음.
금입사(金入絲)명 조금(彫金) 기술의 한 가지. 금속 그릇 등의 표면을 정으로 쪼아 나타낸 선(線) 그림에 금을 박아 넣어 꾸미는 일, 또는 그렇게 꾸민 것. ☞은입사
금자(今者)명 지금. 요사이
금자(金字)명 금박을 올리거나 이금(泥金)으로 쓴 글자. 금문자(金文字)
금자-가(金字家)명 옷이나 댕기 등에 금박 박는 것을 직업으로 하는 사람, 또는 그 집.
금자-둥이(金子-)명 어린아이를 금같이 귀하다는 뜻으로 이르는 말. ☞옥자둥이
금자-탑(金字塔)명 ①'금(金)' 자 모양의 탑이라는 뜻으로, '피라미드'를 이르는 말. ②영원히 후세에 전하여질 만큼 빛나는 업적을 비유하여 이르는 말. ¶ -을 쌓다.
금잔(金盞)명 금으로 만들거나 금도금을 한 잔. 금배
금-잔디(金-)명 볏과에 딸린 여러해살이풀. 잎은 길이 2～5cm, 뿌리줄기는 가로 벋음. 우리 나라의 중부 이남에 자생하는데 관상용으로 재배하기도 함. 금사(金莎)
금잔-옥대(金盞玉臺)명 ①금으로 만든 술잔과 옥으로 만든 잔대. ②'수선화(水仙花)'를 아름답게 이르는 말.
금잔-화(金盞花)명 국화과에 딸린 한해살이풀. 줄기 높이는 30cm 안팎. 길둥근 잎이 어긋맞게 나며, 7～8월에 줄기와 가지 끝에 황적색의 꽃이 핌. 남유럽 원산이며 관상용으로 심음. 금송화(金松花)
금잠(金簪)명 금비녀
금잠-초(金簪草)명 '민들레'의 딴이름.
금:잡인(禁雜人) '관계없는 사람의 출입을 금함'의 뜻.
금장(金匠)명 금공(金工)
금장(金裝)명-하다자타 금으로 장식함, 또는 금으로 장식한 것. ☞금장식
금:장(禁將)명 '금위 대장(禁衛大將)'의 준말.
금:장(禁葬)명-하다자 어떤 곳에 송장을 묻지 못하게 함.
금:장(襟章)명 군인·경찰·학생 등의 제복 옷깃에 다는 휘장(徽章). 계급·소속·학년 등을 나타냄.
금:장-군사(禁仗軍士)명 지난날, 궁궐을 지키고 문에서 보초를 서던 군사.
금-장도(金粧刀)명 ①금으로 장식한 장도. ☞은장도(銀粧刀) ②지난날, 나무로 칼 모양을 만들어 금칠을 한 의장(儀仗)의 한 가지.

금-장식(金粧飾)명-하다자타 금으로 꾸밈, 또는 그 장식.
금전(金鈿)명 금비녀
금전(金錢)명 ①쇠붙이로 만든 돈. ②금화(金貨) ③돈[1] ¶ - 문제/-으로 따질 수 없는 가치.
금:전(禁轉)명-하다자 어음이나 수표 따위를 양도(讓渡)하지 못하게 함.
금전=등록기(金錢登錄器)명 자동적으로 금전 출납을 표시하고 기록하며, 금전을 보관하는 기계.
금:전=수표(禁轉手票)명 수표의 발행인이나 배서인이 배서 양도를 금한다는 뜻을 적은 수표.
금전=신:탁(金錢信託)명 은행이 고객으로부터 금전을 신탁 재산으로 맡아 이를 대출이나 증권 투자 등으로 운용하여, 일정 기간 뒤 원금과 수익을 수익자에게 돌려주는 신탁 방식.
금:전=어음(禁轉-)명 어음의 발행인이나 배서인(背書人)이 배서 양도를 금한다는 뜻을 적은 어음.
금전옥루(金殿玉樓)성구 화려하게 지은 전각(殿閣)과 누대(樓臺)를 이르는 말.
금전-지(金箋紙)명 보자기의 네 귀에 다는, 금종이로 만든 장식품. 길례(吉禮)에 쓰임. 방승(方勝)
금전=집행(金錢執行)명 금전 채권에 대한 강제 집행.
금전=채:권(金錢債權)[-꿘]명 일정한 액수의 금전을 받을 채권. ☞금전 채무
금전=채:무(金錢債務)명 일정한 액수의 금전을 갚아야 할 채무. ☞금전 채권
금전=출납부(金錢出納簿)명 돈의 수입이나 지출 따위를 적는 장부. 금전 출납장
금전=출납장(金錢出納帳)명 금전 출납부(金錢出納簿)
금전-화(金錢花)명 벽오동과의 한해살이풀. 줄기 높이는 60~90cm이고, 버들잎 모양의 잎이 어긋맞게 나며, 여름과 가을에 붉은 꽃이 피는데, 낮에 피어서 다음날 새벽에 시듦. 관상용으로 심음.
금:절(禁絶)명-하다타 금하여 근절하는 일.
금점(金店)명 금광(金鑛)
금점-꾼(金店-)명 금광에서 일하는 사람.
금점-판(金店-)명 금광의 일판.
금정(金井)명 '금정틀'의 준말.
속담 **금정 놓아 두니 여우가 지나간다** : 애써 해 놓은 일이 낭패로 돌아감을 이르는 말.
금정-기(金井機)명 금정틀
금정-틀(金井-)명 뫼 구덩이를 팔 때 굿의 길이와 넓이를 정하는 '井'자 모양의 나무틀. 금정기(金井機) 준금정(金井)
금제(金製)명 금으로 만듦, 또는 그 물건. ¶ - 팔찌/- 불상 ☞금제품(金製品)
금:제(禁制)명-하다타 법으로 어떤 행위를 금지함, 또는 그 법규.
금:제-물(禁制物)명 금제품(禁制品)
금-제:품(金製品)명 금으로 만든 물건. ☞금제(金製)
금:제-품(禁制品)명 법률 또는 명령에 따라서 수출입이나 매매, 소유를 금지한 물품. 마약 따위. 금제물
금조(今朝)명 오늘 아침.
금조(禽鳥)명 날짐승
금:조(禁鳥)명 법률로 잡지 못하도록 하여 보호하는 새. 보호조(保護鳥)
금-조개(金-)명 ①껍데기가 금빛인 조개. ②전복의 껍데기. 전복갑(全鰒甲)
금:족(禁足)명 ①불교에서, 결제(結制)할 때 출입을 금하는 일. ②규칙을 어긴 벌로서 외출을 금하는 일.
금:족-령(禁足令)명 외출이나 출입을 못하게 하는 명령. ¶ -을 내리다.
금-종이(金-)명 금박을 하거나 또는 이금(泥金)을 발라 만든 종이. 금지(金紙)
금주(今週)명 이번 주일. ¶ - 내에 일을 끝내자.
금:주(禁酒)명-하다자 ①술을 마시지 못하게 함. ②술을 끊음. 단음(斷飮). 단주(斷酒) ☞금연(禁煙)
금준(金樽)명 금으로 만든 술두루미라는 뜻으로, 화려하게 만든 술통을 이르는 말. ¶ - 미주(美酒)

금-준:비(金準備)명 금본위 제도 아래서, 중앙 은행이 은행권의 태환(兌換)이나 국제 수지의 결산 결제의 준비로서 보유하는 금화나 금괴(金塊). 금화 준비(金貨準備)
금-줄(金-)[1][-쭐]명 ①금실로 만든 줄. ②금으로 만든, 시계 따위의 줄. ③금빛의 물감이나 재료로 그은 선. 금선(金線)
금-줄(金-)[2][-쭐]명 금(金)이 있는 광맥. 금맥(金脈)
금:-줄(禁-)[-쭐]명 ①우리 나라의 전래 민속으로, 아이를 낳았을 때 부정(不淨)을 꺼리어 사람이 함부로 들어오지 못하게 문간에 건너 매는 새끼줄. ②사람이 함부로 드나들지 못하게 가로 매어 놓는 줄. 인줄
금:중(禁中)명 궁중(宮中)
금-중상(金中商)명 금은(金銀)을 사고 파는 장사.
금지(金紙)명 금종이
금:지(禁止)명-하다타 못하게 함. ¶출입 -/판매를 -하다. ☞해금(解禁)
금:지(禁地)명 아무나 드나들지 못하게 하는 땅.
금:지(錦地)명 상대편을 높이어, 그가 사는 곳을 이르는 말. 귀지(貴地)
금:지=관세(禁止關稅)명 금지세(禁止稅)
금:지-령(禁止令)명 금지하는 명령. 금지하는 법령.
금:지-법(禁止法)[-뻡]명 ①특정한 행위를 못 하도록 하는 법. ②국제 사법(國際私法)에서, 외국법의 적용을 배제하는 내국법(內國法).
금:지-세(禁止稅)[-쎄]명 수입 금지 제도와 사실상 거의 같은 효과를 나타내는, 특히 높은 수입 관세. 금지 관세
금지옥엽(金枝玉葉)성구 〔금 같은 가지와 옥 같은 잎이라는 뜻으로〕 ①지난날, 임금의 집안과 자손을 높이어 이르던 말. ②귀여운 자손을 이르는 말.
금:지=처:분(禁止處分)명 행정 관청이 국민에게 특정한 행위의 금지를 명령하는 행정 처분.
금지-초(金枝草)명 '개자리[1]'의 딴이름.
금:지-품(禁止品)명 법률로 소유나 거래를 금한 물품.
금-지환(金指環)명 금가락지
금직(金織)명 비단 바탕에 금실로만 무늬를 짠 직물.
금-직성(金直星)명 민속에서, 사람의 나이에 따라 그 운수를 맡아본다고 이르는 아홉 직성의 하나. 길한 직성으로 남자는 열세 살, 여자는 열네 살에 처음 드는데 9년에 한 번씩 돌아온다고 함. ☞일직성(日直星)
금차(今次) 이번
금:찰(錦察)명 지난날, 충청도 관찰사를 달리 이르던 말.
금창(金瘡)명 한방에서, 칼이나 창 따위의 쇠 날에 다친 상처를 이르는 말.
금채(金彩)명 채색으로 쓰는 금가루나 이금(泥金).
금채(金釵)명 금비녀
금척(金尺)명 ①몽금척(夢金尺) ②금척무(金尺舞)
금척=대:훈장(金尺大勳章)명 대한 제국 때의 최고 훈장.
금척-무(金尺舞)명 지난날, 궁중 무용의 한 가지. 임금의 성덕(聖德)을 예찬하는 노래를 부르면서 추던 춤. 금척
금척-사(金尺詞)명 금척무(金尺舞)를 추며 부르는 노래.
금천(金天)명 가을 하늘을 금빛에 비유하여 이르는 말.
금철(金鐵)명 ①금과 철이라는 뜻으로, 모든 쇠붙이를 이르는 말. ②사물의 견고함을 비유하여 이르는 말.
금체(金體)명 골상학에서, 사람의 체격을 오행(五行)으로 나누었을 때 그 중의 금(金)에 해당하는 체격. ☞토체(土體)
금체-시(今體詩)명 근체시(近體詩)
금쳐-놓다타 사물의 결과를 미리 말해 두다.
금:초(錦草)명 '비단풀'의 딴이름.
금추(今秋)명 올 가을.
금:추(禁推)명-하다타 지난날, 의금부(義禁府)에서 죄인을 심문하던 일.
금춘(今春)명 올 봄.
금치(金齒)명 금니
금:-치산(禁治産)명 백치(白痴) 등 심신 상실자를 보호하고자 법원이 법률상 본인 스스로가 재산을 관리할 능력

이 없음을 인정하고 재산을 처분하지 못하게 하는 제도.
금:치산-자(禁治產者)명 가정 법원에서 금치산의 선고를 받은 사람. ☞심신 상실자(心神喪失者)
금:칙(禁飭)명-하다타 어떤 일을 하지 못하게 타이름.
금칠(金漆)명 이금(泥金)이 섞인 옻, 또는 옻칠을 하고 이금을 뿌린 것.
금침(衾枕)명 이부자리와 베개. 유침구(寢具)
금침-장(衾枕*欌)[-짱]명 자릿장
금탑(金塔)명 황금으로 만들거나 금도금한 탑.
금-테(金-)명 금이나 금빛이 나는 것으로 만든 테. ¶-안경/-를 두른 모자.
금파(金波)명 ①노을 등이 비쳐 금빛으로 반짝거리는 물결. 금물결 ☞은파(銀波) ②들판의 누렇게 익은 벼가 바람에 흔들거림을 비유하여 이르는 말.
금-파:리(金-)명 검정파릿과에 딸린 집파리의 한 가지. 몸빛은 광택이 나는 녹색임. 오물과 음식물에 날아와 알을 슬며, 전염병을 옮김. 금승(金蠅)
금-파오다자 지난날, 음력 정월 열나흗날 저녁에 가난한 사람이 몰래 부잣집 대문 안에 들어가 흙을 파오다.〔이 흙을 부뚜막에 바르면 부자가 된다고 하였음.〕
금판-충(金判蟲)명 '물빈대'의 딴이름.
금-팔찌(金-)명 금으로 만든 팔찌.
금패(金牌)명 ①금으로 만든 상패. ②지난날, 규장각(奎章閣) 관원이 나갈 때 하인이 앞장서서 지니고 가게 하던 이금(泥金)을 바른 나무 패.
금:패(錦貝)명 빛이 누르고 투명한 호박(琥珀)의 한 가지.
금-패:물(金佩物)명 금으로 만든 패물.
금:포(錦袍)명 비단으로 만든 도포.
금품(金品)명 돈과 물품.
금풍(金風)명 오행설에서, '가을바람'을 이르는 말.
금하(今夏)명 올 여름.
금:-하다(禁-)타여 ①못하게 말리다. 금지하다. ¶입산을 -./잡담을 -. ②〔주로 '없다', '못하다'와 함께 쓰이어〕 감정을 억누르거나 참다. ¶감격의 눈물을 금할 수 없다./실소를 금할 수 없는 일이었다.

한자 **금할 금**(禁)〔示部 8획〕 ¶금기(禁忌)/금단(禁斷)/금수(禁輸)/금연(禁煙)/금지(禁止)/해금(解禁)

금합자보(琴合字譜)명 조선 선조 5년(1572)에 안상(安瑺)이 엮은 거문고 악보.
금-해:금(金解禁)명 일단 금지했던 금의 수출을 다시 자유롭게 푸는 조치.
금-해:서(金海鼠)명 '갈미'의 딴이름.
금핵=본위=제:도(金核本位制度)명 금본위 제도의 한 가지. 금화를 국내에는 유통시키지 않고 그 대신 이에 기준을 둔 은행권이나 지폐, 보조 화폐를 유통시키는 제도.
금:향-색(錦香色)명 붉은빛을 띤 검누른 색.
금혁(金革)명 ①무기와 갑주(甲冑). ②전쟁
금-현송점(金現送點)명 금수송점(金輸送點)
금혈(金穴)명 광산의 금줄에 금이 박혀 있는 곳.
금형(金型)명 금속으로 만든 주형(鑄型)이나 틀.
금:형-일(禁刑日)명 ①지난날, 서울과 시골의 각 아문(衙門)에서 죄인을 심문하거나 벌하지 않는 날을 이르던 말. ②지난날, 죄인을 사형하지 않는 날을 이르던 말. 나라의 경사나 대사가 있는 날, 이십사 절기의 날들이 이에 딸렸음.
금:혼(禁婚)명-하다타 ①혼인을 금하는 일. ②지난날, 세자(世子)나 세손(世孫)의 비(妃)를 간택하는 동안 백성의 결혼을 금하던 일.
금혼-식(金婚式)명 결혼 기념식의 한 가지. 서양 풍속으로, 결혼 50주년을 맞아 부부가 금으로 된 선물을 주고받으며 기념함. ☞은혼식(銀婚式). 회혼례(回婚禮)
금혼-초(-草)명 국화과의 여러해살이풀. 줄기는 높이가 30~50cm에 짙은 보라색이며 잔털이 있고, 잎은 길둥근 꼴임. 6~10월에 줄기 끝에 노란 꽃이 핌. 우리 나라 강원도와 황해도 이북의 냇가나 풀밭에 자람.
금화(金貨)명 금으로 만든 돈. 금돈. 금전(金錢)
금:화(禁火)명-하다자 화재를 방지하기 위하여 불을 쓰는 일을 제한함.
금:화-벌초(禁火伐草)명 무덤에 불을 조심하고 때맞추어 벌초하며 돌봄을 이르는 말.
금화=본위=제:도(金貨本位制度)명 금화를 본위 화폐로 하는 금본위 제도. 금화를 실지로 유통하게 하고 주조나 수출입을 자유롭게 하며, 다른 화폐와의 태환(兌換)이 보장되는 제도.
금화-옹자기(金畫甕瓷器)명 이금(泥金)으로 그림을 그린 도자기.
금화=준:비(金貨準備)명 금준비(金準備)
금환(金丸)명 신라 시대, 여러 개의 금빛 공을 던지고 받고 하는 곡예를 이르던 말.
금환(金環)명 ①금으로 만든 고리. ②금반지
금:환(錦還)명 '금의환향(錦衣還鄕)'의 준말.
금환=본위=제:도(金換本位制度)명 제힘으로는 금본위제를 유지할 수 없는 나라가 자기 나라 화폐를 금본위제인 나라의 외국환(外國換)에 대하여 일정한 비율을 유지하게 하여 기능적으로 금본위제를 채용하는 제도. ☞금괴 본위제
금환-식(金環蝕)명 달이 태양의 가운데 부분만을 가리어서 태양의 가장자리 부분이 고리 모양으로 보이는 일식(日蝕). 금환 일식
금환=일식(金環日蝕)명 금환식(金環蝕)
금:회(襟懷)명 가슴에 깊이 품고 있는 생각.
금획(擒獲)명-하다타 사로잡음.
금효(今曉)명 오늘 새벽.
금후(今後)명 ①이제로부터 뒤. ¶-의 대책. ②〔부사처럼 쓰임〕 앞으로. ¶- 경계할 일.
금휘(琴徽)명 기러기발
금-흙(金-)명 사금(砂金)이 섞인 모래흙.
급(級)[1]명 ①학급·계급·등급 등을 이르는 말. ¶-이 높은 선배. ②유도나 태권도, 바둑 등 기술에 따른 등급. 단(段)의 아래임. ¶같은 -의 선수.
급(級)[2]의 ①지난날, 전쟁에서 죽인 적군의 머리를 세던 단위. ②오징어 스무 마리를 세는 말. ☞축[2] ③유도나 태권도, 바둑 등의 등급을 나타내는 단위. ¶바둑 2-./태권도 3-. ④사진 식자에서 글자의 크기를 나타내는 단위. ¶제목을 10-으로 지정하다.
-급(級)《접미사처럼 쓰이어》'급수(級數)', '등급(等級)'의 뜻을 나타내는 말. ¶경량급(輕量級)/장성급(將星級)/중진급(重鎭級)/거물급(巨物級)
급가(給暇)명-하다자 휴가를 줌.
급-각도(急角度)명 ①급한 각도. ¶-를 이룬 도로. ②'급각도로'의 꼴로 쓰이어, 급히 딴 방향으로 나아감을 이르는 말. ¶사태가 -로 변하다.
급감(急疳)명 한방에서, 마마를 치른 뒤의 여독으로 잇몸이 헐어 헤지는 병을 이르는 말.
급감(急減)명-하다자타 갑자기 줄거나 줄임. ¶매상(賣上)이 -하다. ☞급증(急增)
급-강:하(急降下)명-하다자 ①갑자기 빠르게 내림. ¶기온이 -하다. ②비행기나 새 따위가 급격한 각도로 내려오는 일. ¶비행기가 -하다. ☞급상승(急上昇)
급-개:념(級槪念)명 일반 개념(一般槪念)
급거(急遽)부-하다형 급히 서둘러. 갑자기 ¶- 출발하다.
　급거-히부 급거하게
급격(急擊)명-하다타 급히 공격함. ☞급습(急襲)
급격(急激)어기 '급격(急激)하다'의 어기(語基).
급격물실(急擊勿失)[-씰]성구 급히 공격하여 때를 놓치지 말아야 함을 이르는 말.
급격-하다(急激-)형여 변화나 움직임 등이 급하고도 격렬하다. ¶급격한 변화.
　급격-히부 급격하게 ¶- 악화하다.
급경(急境)명 위급한 경우.
급-경사(急傾斜)명 몹시 가파른 비탈. 급사(急斜) ¶-가 진 비탈길.
급-경풍(急驚風)명 한방에서, 외부의 자극을 받아서 갑

자기 일어나는 어린아이의 경풍을 이르는 말.
급고(急告)명-하다타 급히 알림. 급보(急報)
급구(急求)명-하다타 급히 구함. ¶용접공 –
급구(急救)명-하다타 급히 구원함.
급-구배(急勾配)명 급경사(急傾斜)
급급(岌岌)어기 '급급(岌岌)하다'의 어기(語基).
급급(汲汲)어기 '급급(汲汲)하다'의 어기(語基).
급급(急急)어기 '급급(急急)하다'의 어기(語基).
급급-하다(岌岌–)형여 ①산 따위가 높고 가파르다. ②일의 형세가 매우 위급하다.
급급-히부 급급하게
급급-하다(汲汲–)형여 어떠한 일에 마음을 쏟아서 여유가 없다. 겁겁하다 ¶일을 마무르기에 –.
급급-히부 급급하게
급급-하다(急急–)형여 매우 급하다.
급급-히부 급급하게 ¶– 달려가다.
급기-갱(給氣坑)명 광산의 갱내에 공기를 보내는 갱도.
급기야(及其也)부 마지막에 이르러. 마침내 ¶고전 끝에 – 파산하고 말았다.
급난(急難)명 급하고 어려운 일.
급단(急湍)명 물살이 급한 여울.
급대(給代)명-하다타 딴 물건으로 대신 줌.
급등(急騰)명-하다자 물가 따위가 갑자기 오름. ☞급락(急落). 폭등(暴騰)
급등-세(急騰勢)명 물가 따위가 갑자기 오르는 기세. ☞급락세(急落勢)
급락(及落)명 급제(及第)와 낙제(落第)를 아울러 이르는 말. ¶–의 기준.
급락(急落)명-하다자 물가 따위가 갑자기 떨어짐. ¶채소 값이 –하다. ☞급등(急騰). 폭락(暴落)
급락-세(急落勢)명 물가 따위가 갑자기 떨어지는 기세. ☞급등세(急騰勢)
급랭(急冷)명-하다자타 급히 식거나 얾, 또는 급히 식히거나 얼림. ¶생선을 –하여 보관하다./달군 쇠를 –하다.
급량(給糧)명-하다자 ①양식을 대줌. ②지난날, 군인 등에게 식량을 주던 일.
급로(汲路)명 물을 길어 나르는 길.
급료(給料)명 ①일을 한 대가로 주는 보수. 일급이나 월급 따위. ☞급여(給與) ②지난날, 하급 관원에게 보수로 쌀을 주던 일.
급류(急流)명 ①급히 흐르는 흐름, 또는 급한 물살. ¶보트로 –를 타다. ☞완류(緩流) ②'급류수'의 준말.
급류-수(急流水)명 급히 흐르는 물. 준급류(急流) ☞급단(急湍)
급매(急賣)명-하다타 급히 팖. ¶가게를 –하다.
급모(急募)명-하다타 급히 모집함. ¶기능공을 –하다.
급무(急務)명 급히 해야 할 일. 바삐 서둘러야 할 일.
급박(急迫)어기 '급박(急迫)하다'의 어기(語基).
급박-하다(急迫–)형여 바싹 닥쳐서 매우 급하다. 급촉하다 ¶상황이 급박하게 돌아가다.
급박-히부 급박하게
급벌찬(級伐湌)명 신라의 17관등 중 아홉째 등급. 급찬(級湌) ☞대나마(大奈麻)
급변(急變)명 ①-하다자타 갑자기 달라지거나 변함. ¶–하는 세계 정세. ②갑자기 일어난 변고. ¶–에 놀라다.
급병(急病)명 ①갑자기 생긴 병. ②위급한 병. 급증(急症) ☞급환(急患)
급보(急步)명-하다자 급히 걸음, 또는 급히 걷는 걸음. ☞완보(緩步)
급보(急報)명-하다타 급히 알림, 또는 그 소식. 급고(急告). 비보(飛報) ¶–를 받다./–를 보내다.
급봉(級俸)명 봉급의 등급.
급부(給付)명 ①-하다타 재물 따위를 지급함. ②채권(債權)에 대한 채무자의 행위.
급부=불능(給付不能)명 법률에서, 채권 성립 때에 가능했던 급부가 그 후에 불능이 되는 일. 이행 불능
급-브레이크(急brake)명 급제동(急制動)
급비(給費)명-하다자 정부나 공공 단체에서 비용을 대어 줌, 또는 그 비용.
급비-생(給費生)명 국가·단체·학교 등으로부터 학비를 받아 공부하는 학생.
급사(及瀉)명 '소귀나물'의 딴이름.
급사(急死)명-하다자 갑작스레 죽음. ¶감전(感電)으로 –하다. ☞급서(急逝). 돈사(頓死)
급사(急使)명 급히 연락해야 할 사명을 띤 사람. 주사(走使) ¶–를 보내다.
급사(急事)명 ①급한 일. ②갑자기 일어난 일.
급사(急斜)명 급경사(急傾斜) ☞완사(緩斜)
×**급사**(給仕)명 →사동(使童). 사환(使喚)
급살(急煞)명 ①하늘에 나타나거나 사람이 보게 되면 흉한 일이 생긴다는 별. ②갑자기 생기는 재액(災厄).
급살(을) 맞다관용 변을 당하여 급작스레 죽다.
급살(이) 나다관용 어쩔 줄을 모르고 급하게 덤비다.
급살-탕(急煞湯)명 갑자기 당하는 재앙. ¶–을 만나다.
급-상:승(急上昇)명-하다자 ①갑자기 빠르게 오름. ¶인기가 –하다. ②비행기나 새 따위가 급격한 각도로 치솟아 오르는 일. ¶제트기가 폭음을 내며 –하다. ☞급강하
급서(急書)명 급한 일을 알리는 편지.
급서(急逝)명-하다자 남을 높이어 그의 갑작스러운 죽음을 이르는 말. ¶은사께서 –하셨다. ☞급사(急死)
급-선무(急先務)명 급히 먼저 해야 할 일. ¶지출을 줄이는 일이 –이다.
급-선봉(急先鋒)명 선봉에 서서 기세 좋게 활동하는 일, 또는 그러한 사람. ¶개혁파의 –에 서다.
급-선회(急旋回)명-하다자 ①배나 비행기 따위가 급히 방향을 바꿈. ¶항공기가 북서쪽으로 –하다. ②별안간 태도를 바꿈.
급설(急設)명-하다타 급작스럽게 시설함.
급성(急性)명 증세가 갑자기 일어나거나 빨리 악화되는 성질. ¶– 간염/–으로 진행되는 병. ☞만성(慢性)
급성-병(急性病)[–뼝]명 갑자기 일어나거나 빨리 악화되는 병. 급성 맹장염이나 급성 위염 따위. ☞만성병
급성=전염병(急性傳染病)[–뼝]명 급성으로 진행하는 전염성 병을 통틀어 이르는 말. 장티푸스·이질·디프테리아·성홍열·콜레라 따위.
급소(急所)명 ①몸 가운데 다치거나 해를 입으면 목숨이 위험한 자리. 명자리 ¶–를 치다. ②사물의 가장 중요한 곳. 긍경(肯綮) ¶–를 찌른 질문.
급소(急燒)명-하다자 빨리 탐.
급속(急速)어기 '급속(急速)하다'의 어기(語基).
급-속도(急速度)명 아주 빠른 속도. ¶–로 발전하다.
급속-하다(急速–)형여 몹시 빠르다. ¶급속한 변화.
급속-히부 급속하게 ¶– 발전하는 도시.
급송(急送)명-하다타 급히 보냄. ¶구호품을 –하다.
급수(汲水)명-하다자 물을 길음.
급수(級數)명 ①수학에서, 일정한 법칙에 따라서 증감한 수를 차례로 배열한 수열(數列). ②등급을 나타내는 수. ¶바둑 –가 높다. ③사진 식자의 글자 크기를 급(級)으로 나타내는 수.
급수(給水)명-하다자 물을 공급함, 또는 그 물. ¶–를 제한하다./–가 끊기다.
급수=가열기(給水加熱器)명 보일러에서 공급하는 물을, 증기 등의 열을 이용하여 미리 데워 놓는 장치.
급수-관(給水管)명 배수관에서 갈라져 나와 상수(上水)를 공급하는 관.
급수-선(給水船)명 선박에 물을 대주는 배.
급수=장치(給水裝置)명 배수관에서 갈라져 나온 급수관이나 급수 용구.
급수-전(給水栓)명 급수관 끝에 달린, 물을 틀고 잠그고 하는 장치. 특히 거리에 마련된 소화(消火) 용수나 보일러 용수 따위를 급수하는 수도꼭지를 이름.
급수-지(給水池)명 수돗물을 공급하기 위하여 만들어 놓은 저수지.

급수-차(給水車)명 물을 공급하기 위하여 물 탱크를 장치한 차. 단수(斷水)나 화재(火災) 때에 쓰임. 물자동차
급수-탑(給水塔)명 급수에 필요한 수압(水壓)을 얻기 위하여 물 탱크를 올려 놓는 구조물.
급습(急襲)명-하다타 갑자기 습격함. ¶야음을 타서 -하다. ☞급격(急擊)
급식(給食)명-하다자 학교나 공장 등에서 끼니로 음식을 줌, 또는 그 음식.
급신(急信)명 급한 일을 알리는 통신(通信).
급액(給額)명 치르는 금액.
급양(給養)명-하다타 먹을 것과 입을 것을 대줌. ¶정부에서 무의탁 노인들을 -하다.
급업(岌業)어기 '급업(岌業)하다'의 어기(語基).
급업-하다(岌業-)형여 산이 매우 위태롭게 높다.
급여(給與)명 ①-하다타 돈이나 물건을 줌. ¶교통비를 -하다./제복을 -하다. ②급료나 수당을 통틀어 이르는 말. 급여금 ¶-에서 세금을 공제하다.
급여-금(給與金)명 급여(給與)
급여=소:득(給與所得)명 급료나 임금, 세비, 연금, 상여 따위에 따른 소득. ☞근로 소득(勤勞所得)
급열(急熱)[-녈]명-하다타 급히 가열함. ☞급랭
급용(急用)명 ①급히 쓸 일. ②급한 볼일.
급우(急雨)명 급작스럽게 내리는 비. 소나기 따위.
급우(級友)명 같은 학급에서 배우는 동무.
급원(給源)명 '공급원(供給源)'의 준말.
급유(給由)명-하다자 말미를 줌.
급유(給油)명-하다자 ①자동차나 비행기 등에 연료를 공급함. ¶주유소에서 -하다. ②기계가 닳지 않게 하고 과열하는 것을 막기 위하여 기름을 침. 주유(注油)
급유-기(給油機)명 항행 중인 비행기에 연료를 공급하는 장치를 갖춘 비행기.
급유-선(給油船)명 항해 중인 배에 연료를 공급하는 배.
급유-소(給油所)명 주유소(注油所)
급인(汲引)명-하다타 ①물을 길어 올림. ②인재(人材)를 가려서 씀.
급인지풍(急人之風)성구 남의 위급함을 도와 주는 의로운 기풍을 이르는 말.
급자기부 생각할 사이도 없이, 또는 뜻하지 아니하게 급히. ¶- 생긴 일. ☞갑자기
급작-스럽다(-스럽고·-스러워)형ㅂ 뜻밖의 일이 급자기 일어난 느낌이 있다. ¶급작스러운 전화 연락. ☞갑작스럽다
　급작-스레부 급작스럽게
급장(級長)명 지난날, 학급의 반장(班長)을 이르던 말.
급-장이(及-)명 지난날, '급창(及唱)'을 흔히 이르던 말.
급전(急電)명 급한 일을 알리는 전보나 전화.
급전(急傳)명-하다타 급히 전함, 또는 급한 전갈.
급전(急錢)명 급히 쓸 돈. ¶-을 구하다.
급전(急轉)명-하다자 갑자기 형편이 바뀜. ¶상황이 -하다.
급전(給田)명 지난날, 관아의 경비를 마련할 수 있도록 나라에서 각 관아에 나누어 주던 논밭.
급전(給電)명-하다자 전기를 실수요자에게 공급함.
급전-도감(給田都監)명 고려 시대, 관원에게 녹봉(祿俸) 대신에 논밭을 나누어 주는 일을 맡아보던 관아.
급전-선(給電線)명 ①변전소나 발전소에서 수요지의 배전 간선(配電幹線)까지의 선. ②무선 장치에서, 안테나와 송수신기를 연결하여 고주파 전력을 전하는 선로.
급전직하(急轉直下)성구 형세가 갑자기 변하여 빠르게 해결되거나 결말이 나는 방향으로 나아감을 이르는 말. ¶사태는 -로 호전하였다.
급절(急切)어기 '급절(急切)하다'의 어기(語基).
급절-하다(急切-)형여 몹시 급하고 절박하다.
급-정거(急停車)명-하다자타 차 따위가 급히 섬, 또는 차를 급히 세움. ¶버스가 -하다./기차를 -하다.
급-정지(急停止)명-하다자타 급히 멈춤, 또는 급히 멈추게 함. ¶작동하던 기계가 -하다.
급제(及第)명-하다자 ①과거(科擧)에 합격함. ☞낙방(落榜) ②시험에 합격함. ☞낙제(落第)
급-제:동(急制動)명 급히 거는 제동. 급브레이크
급제-생(及第生)명 시험에 합격한 학생.
급조(急造)명-하다타 급히 만듦. ¶무대를 -하다.
급조(急躁)어기 '급조(急躁)하다'의 어기(語基).
급조-하다(急躁-)형여 성격이 참을성 없이 매우 급하다. 조급(躁急)하다
　급조-히부 급조하게
급족(急足)명 급한 소식을 전하는 심부름꾼.
급주(急走)명 ①지난날, 각 역(驛)에 배치하던 주졸(走卒). ②-하다자 빨리 달아남.
급증(急症)명 급병(急病)
급증(急增)명-하다자 갑자기 늘어나거나 불어남. ¶-하는 도시의 인구./폭우로 -한 개울물. ☞급감(急減)
급진(急進)명-하다자 ①급히 나아감. ②목적이나 이상 따위를 실현하고자 변혁을 서두름. ¶- 사상 ☞점진(漸進)
급진(急診)명-하다타 위급한 환자나 병상(病狀)에 갑작스런 변화가 있는 환자를 의사가 급히 진찰함.
급진-당(急進黨)명 급진주의를 표방하는 정당. ☞보수당(保守黨)
급진-적(急進的)명 목적 따위를 급히 실현하려고 하는 것. ¶-인 개혁. ☞점진적(漸進的)
급-진:전(急進展)명-하다자 어떤 상황이나 상태가 매우 빠르게 진행됨. ¶사건이 -하여 해결의 실마리가 보인다.
급진-주의(急進主義)명 사회 체제를 급격히 변혁하려고 하는 주장이나 견해. ☞점진주의(漸進主義)
급진-파(急進派)명 급진주의를 지향하는 파. ☞보수파
급차(給次)명 ①돈을 치러야 할 일. ②치러야 할 돈.
급찬(級飡)명 ①급벌찬(級伐飡) ②고려 태종 때 신라의 제도를 본받아 만든 관등(官等)의 하나. 아홉 등급 가운데 맨 끝인 아홉째 등급임.
급창(及唱)명 지난날, 군아(郡衙)에 딸렸던 사령. 원의 명령을 받아 큰 소리로 전달하는 일을 맡았음.
급채(給債)명-하다타 돈을 꾸어 줌.
급체(急滯)명-하다자 갑자기 체함, 또는 갑작스런 체증.
급촉(急促)어기 '급촉(急促)하다'의 어기(語基).
급촉-하다(急促-)형여 급박하다
　급촉-히부 급촉하게
급-커:브(急curve)명 도로 따위의 굽은 정도가 심한 것, 또는 심하게 굽은 곳. ¶위험한 - 길.
급탄(給炭)명-하다자 석탄을 공급함, 또는 그 석탄.
급-템포(急tempo)명 ①빠른 속도. ¶-로 회전하다. ☞급속도(急速度) ②급진전하는 것. ¶-로 진척되다.
급파(急派)명-하다타 급히 파견함. ¶화재 현장에 소방대원을 -하다.
급-하다(急-)형여 ①몹시 서두르는 태도가 있다. ¶급한 걸음./급하게 짐을 싸다. ②흐름이 빠르다. ¶급한 물살. ③바빠서 우물쭈물 할 틈이 없다. ¶불 속에서 빠져나오기가 급했다. ④참을성이 없다. ¶성미 급한 사람. ⑤병세가 심하고 위태롭다. ¶급한 환자. ⑥몹시 딱하거나 군색하다. ¶먹고 살기에 -. ⑦기울기가 가파르다. ¶급하게 깎아지른 절벽./급한 내리막길.
　급-히부 급하게 ¶- 뛰어가다.
　급한 불을 끄다관용 눈앞에 닥친 절박한 일이나 문제를 우선 처리하다.
　속담 **급하기는 우물에 가 숭늉 달라겠다** : 당장 급한 생각만 하여 이치에 어긋나는 일을 한다는 말./**급하면 관세음보살** : 급한 일을 당하고서야 관세음보살을 외운다는 뜻으로, 평소에 힘써 닦아서 급한 일을 당하더라도 당황하지 않게 하라는 말.〔급하면 부처 다리를 안는다〕/**급하면 바늘 허리에 실 매어 쓸까** : 무슨 일에나 일정한 절차와 순서가 있는 것이니, 아무리 급하더라도 침착하게 그에 따라서 하지 않을 수 없다는 말.〔급하면 콩마당에서 간수 치랴〕/**급하면 임금 망건 사러 가는 돈이라도 쓴다** : 급하면 어떤 어려운 돈이라도 쓰고 본다는 말./**급히**

먹는 밥이 목이 멘다 : 너무 급히 서둘러서 일을 하면 잘 못되기 쉽다는 말.

한자 급할 급(急) 〔心部 5획〕 ¶급류(急流)/급보(急報)/급진(急進)/위급(危急)/촉급(促急)/화급(火急)

급행(急行)명 ①-하다자 급히 감. ¶비행기 편으로 -하다. ②'급행 열차'의 준말. ¶-을 타다. ☞완행(緩行)
급행-권(急行券)[-꿘]명 '급행 열차권'의 준말.
급행-료(急行料)명 '급행 요금'의 준말.
급행=열차(急行列車)[-녈-]명 장거리를 고속(高速)으로 운행하고, 주요 역에서만 서는 열차. 준급행. 급행차 ☞완행 열차(緩行列車)
급행=열차권(急行列車券)[-녈-꿘]명 급행 열차를 탈 수 있는 승차권. 준급행권
급행=요:금(急行料金)[-뇨-]명 급행 열차를 탈 때 내는 요금. 준급행료
급행-차(急行車)명 '급행 열차'의 준말.
급혈(給血)명-하다자 수혈(輸血)에 필요한 피를 공급함.
급혈-자(給血者)[-짜]명 수혈용의 피를 공급하는 사람.
급환(急患)명 급한 병에 걸린 환자, 또는 그 병.
급-회전(急回轉)명-하다자타 ①빨리 돎. ②빨리 돌림.
급훈(級訓)명 학급의 교육 목표로 내세운 가르침.
긋:다[1][근-](긋고·그어)자타ㅅ ①비가 잠시 그치다. ¶아침부터 내리던 비가 그었다. ②비를 잠시 피하여 그치기를 기다리다. ¶처마 밑에서 비를 -.
긋:다[2][근-](긋고·그어)타ㅅ ①줄을 치거나 금을 그리다. ¶공책에 줄을 -./글자의 획을 -. ②성냥개비를 성냥갑의 마찰면에 대고 밀다. ¶성냥을 그어 불을 붙이다. ③외상값을 장부에 치부하다. ¶외상으로 -. ④한계나 구분을 분명히 짓다. ¶소관 업무의 한계를 -.

한자 그을 획(劃) 〔刀部 12획〕 ¶구획(區劃)/획정(劃定)

긍:경(肯綮)명 사물의 가장 중요한 곳. 급소(急所)
긍:고(亙古)명-하다자 옛적까지 걸침. ☞긍만고
긍:과(矜誇)명-하다자타 자랑하여 뽐냄.
긍:구(兢懼)명-하다자 삼가 두려워함.
긍:긍업업(兢兢業業)성구 항상 조심하여 공경하고 삼감을 이르는 말.
긍:긍-하다(兢兢-)자여 조마조마해 마음을 놓지 못하다.
긍:낙(肯諾)명-하다타 수긍하여 승낙함.
긍:련(矜憐)어기 '긍련(矜憐)하다'의 어기(語基).
긍:련-하다(矜憐-)형여 불쌍하고 가엾다. 긍측하다
긍련-히부 긍련하게
긍:만고(亙萬古) '먼 옛날에까지 걸침'의 뜻. ☞긍고
긍:민(矜憫)명-하다타 가엾게 여김.
긍:벌(矜伐)명-하다타 겉으로 드러내어 자랑함.
긍:부(矜負)명-하다자 재능을 자랑하여 자부함.
긍:의(肯意)명 긍정하는 의사. 수긍하는 뜻.
긍이명 보리를 베기 전에 보리밭 고랑 사이에 목화나 콩 등을 심는 일.
긍:정(肯定)명-하다타 ①그렇다고 인정하거나 승인함. ②적극적으로 의의(意義)를 인정함. ¶현세를 -하다. ③논리학에서, 어떤 명제의 주어와 술어의 관계가 성립하는 일, 또는 그 관계를 승인하는 일. ☞부정
긍:정=명:제(肯定命題)명 논리학에서, 긍정 판단을 나타내는 명제(命題). 적극 명제(積極命題) ☞부정 명제
긍:정-문(肯定文)명〈어〉사실이나 사실로 인정하는 형식의 문장. 긍정 판단에 따른 문장. '무엇이 무엇이다.'와 같은 형식이 그 대표적인 것임. ☞부정문(否定文)
긍:정-적(肯定的)명 ①옳다고 인정하거나 찬성하는 것. ¶-인 대답. ②적극적으로 의의를 인정하는 것. 좋게 인정할만 한 것. ¶-으로 받아들이다. ☞부정적
긍:정적=개:념(肯定的概念)명 어떤 성질의 존재를 긍정적으로 나타내는 개념. 적극적 개념 ☞부정적 개념
긍:정=판단(肯定判斷)명 주어와 술어의 관계를 긍정하는 판단. '지구는 둥글다.' 따위. 적극적 판단 ☞부정 판단(否定判斷)
긍:종(肯從)명-하다타 즐겨 좇음. 기꺼이 따름.

긍:지(肯志)명 찬성하는 뜻.
긍:지(矜持)명 스스로 믿는 바가 있어서 떳떳하게 여기는 자랑. ¶한민족으로서 -를 가지다. ☞자부심(自負心)
긍:측(矜惻)어기 '긍측(矜惻)하다'의 어기(語基).
긍:측-하다(矜惻-)형여 긍련하다
긍측-히부 긍측하게
긍:-하다(亙-)자여《文》어떤 기간에 걸치다. ¶칠 년에 긍한 극심한 가뭄.
긍:휼(矜恤)명-하다타 가엾게 여겨 돌봄.
기(己)명 십간(十干)의 여섯째. ☞경(庚). 무(戊)

한자 여섯째 천간 기(己) 〔己部〕 ¶기미(己未)/기묘(己卯)/기사(己巳)/기유(己酉)

기(忌)명 상사나 해산 따위 특별한 일이 있을 때, 바깥의 사물을 피하는 일. ☞상중(喪中)
기(紀)명 ①기전체(紀傳體) 역사에서 제왕(帝王)의 사적(事跡)을 적은 글. 본기(本紀) ②목성(木星)이 궤도를 한 바퀴 도는 기간. 12년임. ③지질 시대를 구분하는 단위의 하나. 대(代)를 몇 가지로 구분한 것. 데본기나 쥐라기 따위. ☞세(世)
기(記)명 한문 문체의 한 가지. 주로 사적(事蹟)과 경치를 적는 산문체.
기(起)명 '기구(起句)'의 준말.
기(氣)명 ①동양 철학에서 이르는 만물 생성의 힘. ☞이(理) ②들이쉬고 내쉬고 하는 숨의 기운. ¶몸의 -가 통하다. ③활동이나 생활의 힘. 기력·생기·정기 따위. ¶-가 넘치다./-를 펴지 못하다./-가 세다. ④기색이나 느낌. ¶무서운 -가 들다.
기가 꺾이다관용 의기가 수그러들다. ¶역경에서도 기가 꺾이지 않다.
기(가) 나다관용 기세가 오르다. 의욕이 나다. ¶선생님의 칭찬을 받으니, 기가 난다.
기가 등등하다관용 기세가 아주 대단하다.
기가 막히다관용 기막히다
기가 죽다관용 기세가 꺾여 약해지다. 기죽다
기가 질리다관용 두렵거나 겁이 나서 기가 꺾이다.
기(가) 차다관용 너무 엄청나거나 어이가 없어서 말문이 막히다. ¶기가 찰 일이네.
기(를) 쓰다관용 있는 힘을 다하다.
기를 펴다관용 ①억눌림을 벗어나 마음을 자유롭게 가지다. ¶몹시 엄한 아버지 밑에서 기를 못 펴다. ②어려운 형편에서 벗어나 마음을 놓다. ¶우리도 기를 펴고 살 날이 올 것이다.
기(基)[1]명 화학 반응에서, 다른 화합물로 변화할 때 마치 한 원자처럼 작용하는 원자의 집단. 근(根)
기(期)명 ①일정한 기간씩 되풀이되는 학업이나 훈련의 하나하나의 과정. ¶나이도 같고 -도 같다. ②〔의존 명사로도 쓰임〕 일정한 기간씩 되풀이되는 학업이나 훈련 등의 과정을 세는 단위. ¶제 10- 동창회.
기(旗)명 종이나 헝겊 등에 특정한 뜻을 나타내는 글자나 그림, 빛깔을 넣어 나라나 단체 등의 표상(表象)으로 쓰는 것. 국기·오륜기·군기 따위. ¶-를 흔들다.
기(器)명 불교에서, 교법(敎法)을 믿고 이를 실제로 닦을 만 한 능력을 가진 사람을 그릇에 비유하여 이르는 말.
기(箕)명 '기수(箕宿)'의 준말.
기(璣)명 북두칠성의 하나. 국자 모양의 머리 부분에서 셋째 별.
기(基)[2]의 ①비석·탑·무덤 따위를 세는 단위. ¶석탑 세 -./왕릉 두 -. ②원자로나 유도탄 따위를 세는 단위. ¶미사일 세 -./용광로 두 -.
기(騎)의 말을 탄 사람의 수효를 세는 말. ¶10-의 기마대.
-기[1] 접미 어미에 갈음하여 명사가 되게 함. ¶굵기/달리기
-기- 접미 ①활용하는 말의 어근(語根)에 붙어 '하게 함'의 뜻을 나타냄. ¶웃기다/벗기다/남기다/맡기다 ②활용하는 말의 어근에 붙어 '함을 당함'의 뜻을 나타냄. ¶찢기다/쫓기다 ☞-리-. -이-. -히-

-기(記)《접미사처럼 쓰이어》'기록'의 뜻을 나타냄. ¶여행기(旅行記)/옥중기(獄中記)/일대기(一代記)

-기(器)《접미사처럼 쓰이어》'그릇', '기구', '기계'의 뜻을 나타냄. ¶세면기(洗面器)/녹음기(錄音器)/이발기(理髮器)/보청기(補聽器)/소화기(消火器)

-기(機)《접미사처럼 쓰이어》①'기계'의 뜻을 나타냄. ¶타자기(打字機)/발전기(發電機) ②'비행기'의 뜻을 나타냄. ¶정찰기(偵察機)/전투기(戰鬪機)/군용기(軍用機)/특별기(特別機)

-기[2] 어미 어간이나 '이다'의 '이-'에 붙어, 명사형으로 만드는 어미. ¶땅 짚고 헤엄치기./걷기는 건강에 좋다. ☞-ㅁ

기:가(妓家)명 기생집 ☞기방(妓房)

기가(起家)명-하다자 기울어 가는 집안을 다시 일으킴.

기가바이트(gigabyte)의 컴퓨터의 정보량을 나타내는 단위의 한 가지. 1기가바이트는 1,024메가바이트임. 기호는 GB

기:각(枳殼)명 한방에서, 익은 탱자를 썰어 말린 것을 약재로 이르는 말. 위염·위하수·변비 등에 쓰임.

기각(掎角)명-하다자 ①앞뒤로 서로 응하여 적을 견제함. ②두 영웅이 대치하여 서로 버팀.

기각(基脚)명 잎몸이 잎의 꼭지에 붙은 부분.

기각(棄却)명-하다타 ①버리고 쓰지 않음. ②법원에서 수리한 소송을 심리한 결과 그 이유가 없는 것이나 절차가 틀린 것, 기간을 경과한 것 등을 도로 물리치는 일.

기각(旗脚)명 깃발

기각(觭角)명 하나는 위로 솟고 하나는 아래로 처진 뿔.

기각지세(掎角之勢)성구〔사슴을 잡을 때 한 사람은 달아나는 사슴의 뒷다리를 잡고 한 사람은 사슴 앞에서 뿔을 잡는다는 뜻으로〕①적을 앞뒤에서 제압하는 태세를 이르는 말. ¶-를 취하다. ②두 장수가 대치하여 서로 버티는 태세를 이르는 말. ¶-를 이루다.

기간(其間)명 그 동안. 그간. 그사이

기간(起墾)명-하다타 개간(開墾)

기간(基幹)명 기본이 되는 중요한 부분, 또는 중심이 되는 것. ¶- 부대/- 산업

기간(既刊)명 전에 이미 간행함, 또는 그 간행물. ¶- 도서 목록 ☞미간(未刊)

기간(期間)명 어느 일정한 시기에서 다른 시기까지의 사이. ¶짧은 -에 터득했구나.

기간(旗竿)명 깃대

기간=계산(期間計算)명 일정한 기간의 경제 가치의 변동을 기록하고 계산하여 경영의 실태를 명백히 하는 일.

기간-급(期間給)명 기간에 따라 지급되는, 근로에 대한 보수. 시간급·일급·주급·월급·연봉 따위.

기간=단체(基幹團體)명 같은 계통에 딸린 여러 단체가 있을 때, 그 모체(母體)가 되는 단체.

기간=산:업(基幹産業)명 한 나라의 경제 활동의 바탕이 되는 중요한 산업. 화학·제철·에너지·자동차·전자 산업 따위. 기초 산업(基礎産業)

기간=요원(基幹要員)[-뇨-]명 어떤 기관의 핵심적 구실을 하는 중요한 사람.

기간-지(既墾地)명 이미 개간하여 놓은 땅. ☞미간지

기갈(飢渴·饑渴)명 배고프고 목마른 것. ¶-을 면하다.

기갈(이) 나다 관용 허기가 져서 먹고 싶은 생각이 간절하다.

기갈(이) 들다 관용 먹지 못하여 몹시 허기지다.

속담 **기갈 든 놈은 돌 담장조차도 부순다** : 몹시 굶주린 사람은 상식으로는 도저히 생각할 수 없는 일까지도 저지른다는 말./**기갈이 감식**(甘食) : 배고프고 목마르면 무엇이나 맛있다는 말.〔시장이 반찬이라〕

기:감(技監)명 이전의 기술직 국가 공무원 2급의 직급 이름. 지금의 '이사관(理事官)'급임.

기감(氣疳)명 폐감(肺疳)

기갑(機甲)명 육군 병과(兵科)의 하나. 전투 병과로서 전차와 장갑차, 자주포 등으로 기동력과 화력을 갖춘 병기로 무장함. ¶- 여단 ☞보병(步兵)

기갑=부대(機甲部隊)명 전차와 장갑차, 자주포 등으로 기동력과 화력을 갖춘 부대. ☞기계화 부대

기강(紀綱)명 사회의 근본이 되는 규율과 질서. ¶-을 바로잡다.

기개(氣概)명 씩씩한 기상과 꿋꿋한 절개. ¶군인의 -가 살아 있다. ☞의기(意氣)

기개:세(氣蓋世) '기개가 세상을 뒤덮을만 함'의 뜻.

기객(寄客)명 남의 집에 붙어서 얻어먹는 손.

기객(棋客·碁客)명 바둑이나 장기를 두는 사람.

기객(嗜客)명 무엇인가를 몹시 즐기는 사람.

기거(起居)명-하다자 ①먹고 자고 하는 일상적인 생활을 함. ¶친구와 함께 -하다. ②손님을 맞으려고 일어섬.

기거(寄居)명-하다자 임시로 머물러 지냄. ¶큰아버지 댁에서 -하다.

기거(基據)명 터전을 닦는 일, 또는 그 터전.

기거(箕踞)명-하다자 두 다리를 뻗고 앉음.

기거=동:작(起居動作)명 일상 생활에서의 행동과 움직임. 기거 동정 준기동(起動)

기거=동:정(起居動靜)명 기거 동작

기거-충(寄居蟲)명 갑각류(甲殼類) 가운데 십각목(十脚目)에 딸린 벌레. 크고 작은 한 쌍의 팔과 길고 짧은 네 쌍의 발이 있음. 소라나 게 껍데기 속에 붙어 삶.

기걸(奇傑)명-하다형 모습이나 행동이 기이하거나 뛰어남, 또는 그런 사람.

기걸-스럽다(奇傑-)(-스럽고·-스러워)형ㅂ 기걸한 데가 있다. ¶기걸스러운 풍채.

기걸-스레부 기걸스럽게

기겁 명-하다자 갑자기 몹시 놀라거나 겁에 질림. ¶-하여 소리를 지르다.

기견(起見)명 ①처음의 의견. ②-하다자 의견을 내놓음.

기결(起結)명 ①처음과 끝. ②한시(漢詩)의 기구(起句)와 결구(結句). ☞기승전결(起承轉結)

기결(氣結)명 한방에서, 목구멍에 가래가 붙어 답답해 하는 병을 이르는 말.

기결(既決)명-하다타 ①이미 결정함. 이결(已決) ②이미 결재가 남, 또는 이미 결재함. ¶- 서류 ③법원에서 심리 중인 형사 사건의 판결이 이미 난 일. ☞미결(未決)

기결-감(既決監)명 기결수(既決囚)를 가두어 두는 곳. ☞미결감(未決監) ▷ 既의 속자는 既

기결-수(既決囚)[-쑤]명 유죄 판결이 내려져 형벌을 받고 있는 죄수. ☞미결수(未決囚)

기결-안(既決案)명 이미 결정된 안건. ☞미결안

기경(奇經)명 '기경팔맥(奇經八脈)'의 준말.

기경(起耕)명-하다타 ①논밭을 갊. ②생땅이나 묵힌 땅을 일구어서 논밭을 만드는 일. ☞기답(起畓)

기경(氣莖)명 땅위줄기

기경(奇警)어기 '기경(奇警)하다'의 어기(語基).

기경(機警)어기 '기경(機警)하다'의 어기(語基).

기경=팔맥(奇經八脈)명 한방에서, 인체의 각 기관의 활동을 연락·조절·통제하는 경락(經絡)을 이르는 말. 독맥(督脈)·임맥(任脈)·충맥(衝脈)·대맥(帶脈)·음유맥(陰維脈)·양유맥(陽維脈)·음교맥(陰蹻脈)·양교맥(陽蹻脈)의 여덟 가지. 준기경(奇經)

기경-하다(奇警-)형여 기발하고 뛰어난 데가 있다.

기경-하다(機警-)형여 매우 날쌔고 재치가 있다.

기계(奇計)명 기묘한 꾀. ¶-를 부리다. ☞기책(奇策). 묘계(妙計). 묘책(妙策)

기계(棋界·碁界)명 바둑이나 장기와 관련된 사람들의 사회. 기단(棋壇)

기계(器械)명 무엇을 만들어 내는 일을 목적으로 하지 않는, 구조가 간단한 연장이나 기구. ¶광학 -/의료 -

기계(機械)명 동력으로 움직여서 물건을 만들거나 작업을 하게 만든 장치. ¶공작 -/인쇄 -

한자 **기계 계**(械)〔木部 7획〕¶기계(機械)

기계=공업(機械工業)명 ①기계를 써서 물품을 만드는 공업. ☞수공업(手工業) 준기공(機工) ②기계나 그 부품

을 만드는 공업.
기계=공학(機械工學)명 기계의 개발·설계·제작·운전에 관하여 연구하는 학문.
기계-력(機械力)명 기계의 힘이나 일하는 능력. 기력(機力)
기계-론(機械論)명 철학에서, 모든 사상(事象)은 물질적·기계적인 법칙에 따라 생겨나고 변화해 가는 것이라고 하는 이론. 기제론(機制論) ☞목적론(目的論)
기계=문명(機械文明)명 생산의 기계화에 따라서 발달한 근대 사회의 문명.
기계=번역(機械飜譯)명 컴퓨터를 써서 번역하는 일. 자동 번역(自動飜譯)
기계-사(機械絲)명 제사(製絲) 기계로 만든 실.
기계=수뢰(機械水雷)명 물 속에 부설하여 함선(艦船)이 닿거나 하면 저절로 터지게 만든 수뢰. 부설 수뢰(敷設水雷) 준기뢰(機雷)
기계=식자(機械植字)명 라이노타이프나 모노타이프 따위의 자동 주식기(鑄植機)로 하는 식자.
기계-어(機械語)명 컴퓨터가 직접 해독(解讀)하여 실행할 수 있는 프로그래밍 언어. 0과 1의 이진수(二進數)로 구성됨. 인공어(人工語)
기계-유(機械油)명 기계의 움직임을 부드럽게 하고 마찰열을 적게 하기 위해, 굴대 등의 마찰부에 치는 기름.
기계-적(機械的)명 ①기계 장치로 일을 하는 것. ②기계가 움직이듯 수동적·맹목적으로 활동하는 것. ¶ -인 암송. ③변화 없이 일률적이고 규칙적으로 처리하는 것. ¶ -인 일과.
기계적=소화(機械的消化)명 음식물을 소화 기관 안에서 으깨거나 소화액과 섞거나 하는 작용. ☞화학적 소화
기계적=에너지(機械的energy)명 역학적 에너지
기계=제:도(機械製圖)명 기계나 그 부품의 구조·형태·치수 따위를 나타내는 도면을 그리는 일, 또는 그 도면.
기계=조직(機械組織)명 식물체를 단단하게 하고 버티게 하는 세포군(細胞群).
기계-준(機械準)명 인쇄물을 인쇄기에 올려 인쇄하기 바로 전에 마지막으로 보는 교정.
기계=체조(器械體操)명 뜀틀이나 철봉·안마·평균대·링 따위와 같이 기구를 써서 하는 체조. ☞마루 운동. 맨손 체조
기계-총(機械-)명 머리 피부에 생기는 백선(白癬)을 흔히 이르는 말.
기계-톱(機械-)명 동력을 써서 톱날을 움직여 나무 따위를 자르는 톱.
기계-통(機械-)명 자전거의 뒷바퀴에 장치한 제동기.
기계=편물(機械編物)명 기계로 하는 뜨개질, 또는 그렇게 뜨개질한 것.
기계-화(機械化)명-하다자타 ①사람의 노동력 대신에 기계를 쓰는 일. ¶농업을 -하다. ②사람의 언행이 자주성을 잃고 기계적으로 되는 일.
기계화=부대(機械化部隊)명 전차와 장갑차, 미사일 따위의 첨단 과학 무기로 기동력과 화력을 강화한 현대적 전투 부대. ☞기갑 부대(機甲部隊)
기계=효율(機械效率)명 기계에 공급된 에너지와 기계가 실제로 한 일과의 비율.
기고(忌故)명 기제사(忌祭祀)를 지내는 일, 또는 그 날. ¶이 달에는 -가 두 번이다.
기고(起稿)명-하다자타 원고를 쓰기 시작함. ☞탈고(脫稿)
기고(寄稿)명-하다자타 청탁을 받아 신문사나 잡지사 등에 원고를 써서 보냄. 기서(寄書) ☞투고(投稿)
기고(旗鼓)명 지난날, 군대의 기(旗)와 북을 이르던 말.
기고(奇古)어기 '기고(奇古)하다'의 어기(語基).
기고-가(寄稿家)명 신문이나 잡지 따위에 실을 기사 거리를 자주 써 보내는 사람.
기고만장(氣高萬丈)성구 ①펄쩍 뛸 만큼 성이 나 있음을 이르는 말. ②일이 뜻대로 되어 기세가 대단함을 이르는 말. ¶ -한 천하장사.
기고-하다(奇古-)형여 기이하고 예스럽다.
기곡(祈穀)명-하다자 곡식의 풍작을 빎.
기곡=대:제(祈穀大祭)명 지난날, 음력 정월 첫 신일(辛日)에 지내던, 풍년을 비는 나라의 제사를 이르던 말. 준기곡제(祈穀祭)
기곡-제(祈穀祭)명 '기곡 대제(祈穀大祭)'의 준말.
기곤(飢困)어기 '기곤(飢困)하다'의 어기(語基).
기곤-하다(飢困-)형여 굶주리어 고달프다.
기골(肌骨)명 살과 뼈대를 아울러 이르는 말.
기골(奇骨)명 남달리 특이한 골격, 또는 그런 골격을 가진 사람.
기골(氣骨)명 ①기혈(氣血)과 골격. ¶ -이 장대하다. ②씩씩한 의기나 기개.
기공(技工)명 ①손으로 가공하는 기술, 또는 그런 기술을 가진 사람. ②능숙한 솜씨, 또는 능숙한 기술자.
기공(奇功)명 특별히 뛰어난 공로.
기공(紀功)명-하다자 공로를 기념함.
기공(起工)명-하다타 공사를 시작함. 착공 ☞준공(竣工)
기공(氣孔)명 식물의 잎이나 줄기의 겉껍질에 있는 작은 구멍. 호흡이나 증산(蒸散) 때 공기와 수증기의 통로가 됨. 숨구멍
기공(機工)명 '기계 공업(機械工業)'의 준말.
기공-비(紀功碑)명 공로를 기념하기 위하여 세우는 비.
기공-식(起工式)명 공사를 시작할 때 하는 의식. ¶ - 테이프를 끊다.
기공-친(朞功親·期功親)명 기복(朞服)이나 공복(功服)을 입는 가까운 친척.
기관(汽管)명 증기를 보내는 관.
기관(汽罐)명 보일러(boiler)
기관(奇觀)명 기이한 광경.
기관(氣管)명 ①척추동물의 목에서 폐까지 이어지는 관. 숨쉴 때 공기가 드나드는 길임. 숨통 ☞기도(氣道) ②곤충이나 거미 따위 절지동물의 호흡 기관. 기문(氣門)에서 들어온 공기를 몸의 여러 곳으로 보냄.
기관(器官)명 다세포 생물에서, 몇 개의 조직이 모여 독립된 형태와 특정한 생리 기능을 가진 부분. 동물의 팔다리·심장, 식물의 뿌리·줄기·잎 뿌리.
기관(機關)명 ①화력·전력·수력 따위의 에너지를 기계 에너지로 바꾸는 기계 장치. ¶증기 -/내연 - ②어떤 목적을 이루기 위해 설치된 조직이나 기구(機構). ¶교육 -/교통 -/금융 - ③법인(法人)이나 단체의 의사를 결정하거나 실행하는 지위에 있는 개인 또는 집단. ¶의결 -/집행 -/행정 -
기관-고(機關庫)명 기관차를 넣어 두는 차고.
기관=단:총(機關短銃)명 크기가 작고 가벼운 자동 또는 반자동(半自動) 기관총.
기관-사(機關士)명 열차나 선박, 항공기의 기관을 맡아 보는 사람. 기관수
기관-수(機關手)명 기관사(機關士)
기관=신문(機關新聞)명 기관지(機關紙)
기관-실(機關室)명 ①공장 따위에서 주요 원동기를 설치해 놓은 방. ②선박 따위에서 추진기가 설치되어 있는 방. ③발전이나 냉난방·환기·급수·배수 따위의 기관을 설치해 놓은 방.
기관-원(機關員)명 정보 기관에서 일하는 사람을 흔히 이르는 말.
기관=잡지(機關雜誌)명 기관지(機關誌)
기관-장(機關長)명 ①기관을 운전하고 정비하는 사람들의 책임자. ②정부 각 기관의 책임자.
기관-지(氣管支)명 기관의 아래에서 좌우로 갈라져 폐로 이어지는 기도(氣道)의 한 부분.
기관-지(機關紙)명 어떤 단체나 조직이 그 주의나 주장을 펴거나 활동의 선전 따위를 하기 위하여 발행하는 신문. 기관 신문(機關新聞)
기관-지(機關誌)명 어떤 단체나 조직이 그 주의나 주장을 널리 펴기 위하여 발행하는 잡지. 기관 잡지(機關雜誌)
기관지-경(氣管支鏡)명 의료 기구의 한 가지. 기관이나 기관지 속을 관찰할 수 있게 만든 내시경으로, 금속성 관 끝에 조명용 전구를 단 잭슨 형 등이 있음.

기관지-염(氣管支炎)명 기관지의 점막에 생기는 염증. 발열이나 오한·기침·가래 따위의 증세가 나타남. 기관지 카타르
기관지=천:식(氣管支喘息)명 기관지들이 경련하듯 수축되면서 돌발적으로 숨쉬기가 곤란해지는 병.
기관지=카타르(氣管支Katarrh)명 기관지염
기관지=폐:렴(氣管支肺炎)명 기관지염으로 말미암아 폐의 소엽(小葉)에 생기는 염증. 발열이나 호흡 곤란의 증세가 비교적 가벼움. 소엽성 폐렴(小葉性肺炎)
기관지=확장증(氣管支擴張症)[-쯩]명 기관지가 여러 군데 늘어나 염증을 일으키는 증세. 폐렴이나 백일해, 폐결핵 등에 걸린 뒤에 나타나는 경우가 많음.
기관-차(機關車)명 객차나 화차를 끌고 달리는 철도 차량의 원동력이 되는 차량. 디젤 기관차나 전기 기관차, 증기 기관차 따위.
기관-총(機關銃)명 방아쇠를 당기고 있는 동안 탄환이 자동으로 재어져 연속적으로 발사되는 총. 준기총(機銃)
기관=투자가(機關投資家)명 수익을 올릴 목적으로, 계속적으로 유가 증권에 투자하는 법인 형태의 투자가.
기관-포(機關砲)명 기관총과 같은 원리로 만들어져 탄환이 자동으로 재어져 연속적으로 발사되는 포. 일반적으로 구경 20mm 이상의 것을 이름.
기괴(氣塊)명 기단(氣團)
기괴(奇怪)어기 '기괴(奇怪)하다'의 어기(語基).
기괴망측-하다(奇怪罔測-)형여 기괴하기가 이루 말할 수 없다.
기괴-하다(奇怪-)형여 기이하고 괴상하다. 괴기하다 ¶기괴한 사건./기괴하게 생긴 암석.
기:교(技巧)명 ①교묘한 기술, 또는 그런 솜씨. ②예술 작품 등의 제작이나 표현에서 부리는 기술적인 수법. 테크닉(technic) ¶바이올린 연주의 -.
기교(奇巧)어기 '기교(奇巧)하다'의 어기(語基).
기교(機巧)어기 '기교(機巧)하다'의 어기(語基).
기:교-파(技巧派)명 예술에서 특히 표현의 기교에 중점을 두는 유파를 이르는 말.
기교-하다(奇巧-)형여 기이하고 교묘하다.
기교-하다(機巧-)형여 잔꾀와 솜씨가 아주 교묘하다.
기구(奇句)[-꾸]명 기발한 글귀.
기구(祈求)명-하다타 기도(祈禱)
기구(起句)[-꾸]명-하다타 ①시문(詩文)의 첫 구. 수구(首句) ②한시(漢詩), 특히 절구(絶句)의 첫 구. 기(起)·승(承)·전(轉)·결(結)의 첫 단계로 시심(詩心)을 불러일으킴. 준기(起) ☞기승전결
기구(氣球)명 가열한 공기나 수소, 헬륨 따위 공기보다 가벼운 기체를 넣어 공중에 띄우는 큰 주머니. 경기구(輕氣球). 풍선(風船) ¶기상 관측 -를 띄우다.
기:구(耆舊)명 ①매우 늙은 사람. ②늙은 벗.
기구(寄口)명 남의 집에 붙어 한 식구처럼 사는 사람.
기구(器具)명 ①세간이나 그릇, 연장 따위를 통틀어 이르는 말. ¶살림 - ②구조나 조작이 간단한 기계나 도구류. ¶운동 -/전기 -/주방 -
기구(를) 부리다관용 온갖 기구를 있는 대로 써서 가즈러운체 하다.
기구(機具)명 기계(機械)와 기구(器具).
기구(機構)명 ①기계의 내부 구조. ¶동력 전달 - ②여러 부분이 서로 관련하여 하나의 통일체로 기능하는 얼개. ③단체나 기관의 유기적인 조직. ¶국제 -/행정 -를 개편하다.
기구(冀求)명-하다타 바라며 구함. 희구(希求) ¶조국의 통일을 -하다.
기구(崎嶇)어기 '기구(崎嶇)하다'의 어기(語基).
기구=관측(氣球觀測)명 기구에 계기를 장치하여 상층의 기상을 관측하는 일.
기구망측-하다(崎嶇罔測-)형여 ①산길이 험하기 짝이 없다. ②운수가 사납기 짝이 없다.
기구-맥(氣口脈)명 한방에서, 팔목의 맥을 이르는 말.
기구=위성(氣球衛星)명 발사 직후 궤도에 이르러 기체로 부푸는 기구로 된 인공 위성.
기구-주의(器具主義)명 개념이나 사유(思惟)는 인간의 모든 욕구를 실현하는 데 필요한 수단과 도구라는 주장. 듀이(Dewey)의 인식론을 이름.
기구=체조(器具體操)명 아령이나 곤봉 따위의 기구를 써서 하는 체조. ☞기계 체조(機械體操)
기구-하다(崎嶇-)형여 ①산이 험하다. 기험하다 ②세상살이가 순탄하지 못하고 가탈이 많다. ¶기구한 운명을 타고나다./사연이 -.
기국(棋局·碁局)명 ①바둑판 또는 장기판. ②바둑이나 장기의 국면(局面).
기국(器局)명 사람의 재능과 도량. 기량(器量)
기국-법(旗國法)[-뻡]명 선박의 본국법(本國法).
기국-주의(旗國主義)명 공해(公海)에 있는 선박과 탑승원들은 선박에 단 국기가 나타내는 나라의 관할에 딸린다는 국제법상의 원칙. 공공(公空)에 있는 항공기와 탑승원들도 이에 준용됨.
기국-차(杞菊茶)명 구기자·산국화·검은깨·찻잎 따위를 빻은 가루에 소금을 친 뒤에 우유를 넣고 달인 차.
기군(欺君)명-하다자 임금을 속임.
기군망상(欺君罔上)성구 임금을 속임을 이르는 말.
기궁(飢窮)명-하다자 굶주리어 고생을 함.
기궁(奇窮)어기 '기궁(奇窮)하다'의 어기(語基).
기궁-하다(奇窮-)형여 살림이 몹시 곤궁하다.
기권(氣圈)[-꿘]명 지구를 둘러싸고 있는 대기(大氣)의 범위. 대기권(大氣圈)
기권(棄權)[-꿘]명-하다자 경기나 투표 따위에 참가할 수 있는 권리를 스스로 버리고 쓰지 아니함. ¶선거에 -하는 사람이 많다./부상으로 경기에 -하다.
×**기귀**(奇句)명 →기구(奇句)
×**기귀**(起句)명 →기구(起句)
기근(氣根)명 식물의 땅위줄기나 가지에서 나와 공기 중에 드러나 있는 뿌리. 옥수수 따위에서 볼 수 있음. 공기뿌리
기근(基根)명 기본(基本)
기근(飢饉)명 ①양식이 모자라서 굶주리는 일. 기황(飢荒) ¶-으로 고생하다./-이 들다. ②필요한 것이 크게 모자라는 것을 비유하여 이르는 말. ¶물 -
기근(畿近)명 근기(近畿)
기근(機根)명 불교에서, 부처의 가르침을 듣고 수행할 수 있을만 한 능력을 이르는 말. 근기(根機)
기근=수출(飢饉輸出)명 기아 수출(飢餓輸出)
기근천지(飢饉荐至)성구 흉년이 잇달아 듦을 이르는 말.
기금(基金)명 ①어떤 목적을 위하여 적립하거나 미리 마련해 두는 돈. 밑돈 ¶고아원을 세울 -을 모으다. ②특수 법인 따위의 경제적 기초가 되는 자금.
×**기급**(氣急)명 →기겁
기기(汽機)명 증기의 압력을 이용하여 동력을 일으키는 기관. 증기 기관(蒸氣機關)
기기(奇技)명 기묘한 기술. ☞묘기(妙技)
기기(起期)명 사물이 시작되는 시기.
기기(旣記)명 이미 기록한 것.
기기(器機·機器)명 기구와 기계. ¶의료 -/전기 -
기기(奇奇)어기 '기기(奇奇)하다'의 어기(語基).
기기괴:괴-하다(奇奇怪怪-)형여 몹시 기괴하다. ¶기기괴괴한 차림의 가장 무도회.
기기-국(機器局)명 조선 시대에 무기를 만들던 관아.
기기묘:묘-하다(奇奇妙妙-)형여 몹시 기묘하다. ¶기기묘묘한 마술.
기기=분석(機器分析)명 물질의 화학 분석에 전자 공학을 응용한 정교한 기기를 이용하는 방법. 질량 분석, 스펙트럼 분석, X선 분석 따위.
기기-하다(奇奇-)형여 매우 기이하다.
기꺼워-하다타여 기껍게 여기다. 준기꺼하다
기꺼-하다타여 '기꺼워하다'의 준말.
기껍다(기껍고·기꺼워)형ㅂ 마음속으로 은근히 기쁘다. ¶기껍게 여기다.

기꺼-이 부 기껍게 ¶ - 응하다.
기:껏 부 정도나 힘이 미치는 한껏. ¶ - 한 게 요거냐.
기:껏-해야 부 기껏 한다고 하여도. 고작 ¶ - 10분 거리밖에 안 되다.
기-꼭지 (旗-) 명 깃대 꼭대기의 꾸밈새. 장목·창인(鎗刃)·연봉의 세 가지가 있음.
기:나-긴 관 길고 긴. 매우 긴. 긴긴 ¶ - 세월.
기나-나무 (*幾那-) 명 꼭두서닛과의 상록 교목을 통틀어 이르는 말. 잎은 달걀꼴이나 길둥근 꼴로 마주 남. 꽃은 담황색이나 담홍색임. 나무 껍질로 염산키니네를 만들어 해열제, 말라리아의 치료제로 씀. 금계랍나무 ☞ 기나피
기나-염 (*幾那塩) 명 '염산키니네'를 흔히 이르는 말.
기나-피 (*幾那皮) 명 기나나무의 속껍질을 말린 것. 키니네를 만드는 원료임.
기-남자 (奇男子) 명 재주나 슬기가 뛰어난 남자.
기낭 (氣囊) 명 ①새의 폐에 딸린, 얇은 막으로 된 주머니. 공기를 채워 몸을 뜨게 하고 호흡을 돕는 구실을 함. ②곤충의 기관(氣管)의 일부가 커져서 주머니 모양으로 된 것. ③경기구(輕氣球)·비행선 등에 있는, 기체를 넣는 주머니. 공기 주머니
기내 (畿內) 명 ①서울을 중심으로 사방으로 벋어 나간 가까운 행정 구역을 포함한 지역. ②지난날, 경기도 일대를 이르던 말. 경기(京畿). 기전(畿甸)
기내 (機內) 명 항공기의 안. ¶ - 안내 방송
기내-식 (機內食) 명 비행 중인 여객기 안에서 승객에게 내놓는 끼니 음식과 음료.
기네스북 (Guinness Book) 명 영국의 맥주 회사 기네스사(社)가 해마다 발행하는 세계 최고 기록집.
기:녀 (妓女) 명 ①기생 ②지난날, 의약·침구·바느질·가무 등을 배워 익히는 관비(官婢)를 이르던 말. 여기(女妓). 연화(煙花)
기년 (祈年) 명-하다 자 풍년이 들기를 빎.
기년 (紀年) 명 기원(紀元)에서부터 센 햇수.
기:년 (耆年) 명 예순이 넘은 나이.
기년 (期年) 명 ①돌맞이 해. ②기한이 차는 해.
기년 (飢年) 명 흉년(凶年)
기년 (朞年) 명 ①'기년복'의 준말. ②한 해 되는 돌.
기년-법 (紀年法) [-뻡] 명 나라나 민족이 지나온 연륜을 알기 위하여 어떤 특정 연도를 기원으로 햇수를 세는 방법.
기년-복 (朞年服) 명 일 년 동안 입는 상복. 준 기년(朞年). 기복(朞服)
기년-제 (朞年祭) 명 소상(小祥)
기년체=사:기 (紀年體史記) 명 연대기(年代記)
기년-학 (紀年學) 명 연대학(年代學)
기념 (祈念) 명 기원(祈願)하는 마음.
기념 (紀念) 명-하다 타 어떤 중요한 사건이나 그 자취를 오래 전하여 잊지 아니하는 일. ¶순국 선열의 사적(事蹟)을 -하는 비석./기미 독립 운동을 -하는 행사.
기념 (記念) 명-하다 타 어떤 뜻 깊은 일을 기억하여 잊지 아니하는 일. ¶정상 정복을 -하여 찍은 사진.
기념-관 (紀念館) 명 어떤 뜻 깊은 일이나 위인 등을 기념하여 세운 집. 여러 가지 자료나 유품 등을 진열하여 둠. ¶독립 -/유관순 -
기념-물 (紀念物) 명 문화재로서 보호·보존할, 학술적·예술적·역사적으로 가치가 높은 물건.
기념-비 (紀念碑) 명 역사적 사건이나 사람의 업적 등을 오래도록 기념하기 위하여 세우는 비. ¶순국 선열 -
기념비-적 (紀念碑的) 명 기념비처럼 가치 있는 것. ¶건축학상의 - 작품.
기념-사 (記念辭) 명 기념하는 뜻을 나타내는 말이나 글. ¶대통령의 -를 대독하다.
기념=스탬프 (記念stamp) 명 ①국가적 행사 등을 기념하기 위하여 만든 우편의 소인(消印). ②관광지 등에서 찍어 주는, 승경(勝景)을 새긴 도장.
기념-식 (紀念式) 명 어떤 뜻 깊은 일을 기념하기 위하여 거행하는 의식.
기념=우표 (記念郵票) 명 어떤 뜻 깊은 일이나 물건을 기념하기 위하여 발행하는 우표.
기념-일 (紀念日) 명 어떤 뜻 깊은 일이 있었던 것을 기념하는 날. ¶창사 -/결혼 -
기념-장 (紀念章) [-짱] 명 어떤 뜻 깊은 일의 기념으로 그 일에 관련 있는 사람에게 주는 휘장(徽章). 준 기장
기념=주:화 (記念鑄貨) 명 어떤 일을 기념하기 위하여 발행하는 주화.
기념-탑 (紀念塔) 명 어떤 일을 기념하기 위하여 세운 탑.
기념-패 (紀念牌) 명 어떤 일을 기념하여 수여하는 패.
기념-품 (記念品) 명 기념이 되는 물품. ¶-을 사다./-을 주고받다.
기념=행사 (記念行事) 명 어떤 일을 기념하기 위하여 거행하는 행사. ¶광복절 -
기념-호 (記念號) 명 어떤 일을 기념하여 발행하는 잡지나 신문 등의 특집호. ¶창간 20주년 -.
기념-회 (記念會) 명 어떤 일을 기념하기 위하여 가지는 모임. ¶출판 -
기뇨 (起鬧) 명-하다 자 야단을 일으킴. 유 작요(作擾)
기뇰: (guignol 프) 명 몸통 속에 손가락을 넣어서 놀리는 인형극(人形劇), 또는 그 인형.
기는-줄기 명 식물에서, 땅 위를 뻗어 가는 덩굴성의 줄기. 고구마·딸기 따위의 줄기. 포복경(匍匐莖)
기:능 (技能) 명 기술적인 재주와 능력. 기량(技倆) ¶전통 - 보유자/-을 익히다.
기능 (機能) 명 ①생물체의 생명 유지를 위한 활동이나 능력. ¶뇌의 -./심폐 - ②사물 그 자체가 가지고 있는 구실이나 작용. ¶언어의 -./화폐의 유통 -.
기:능=검:사 (技能檢査) 명 적성 검사(適性檢査)의 한 가지. 일정한 직업·직무에 알맞은 능력과 잠재적 능력을 가지고 있는가를 검사함.
기:능-공 (技能工) 명 ①기능이 있는 노동자. ②기술·기능계의 기술 자격을 얻은 사람.
기:능-사 (技能士) 명 국가 기술 자격 등급의 한 가지. 기능장(技能長)의 아래임. 응시 자격에 학력 제한이 없음. ☞기사(技士)
기능=사회 (機能社會) 명 종교·정치·경제 등의 어떤 기능을 다하기 위하여 존재하는 사회 집단. 교회·정당·학회 등. ☞목적 사회(目的社會)
기능성=식품 (機能性食品) [-썽-] 명 영양이나 맛보다도 생체 조절 기능을 강조한 식품. 섬유질을 넣은 음료 따위.
기:능-장 (技能長) 명 국가 기술 자격 등급의 한 가지. 기능사 자격증을 따고 실무 경력 8년 이상이 되거나, 산업기사 자격증을 따고 실무 경력 6년 이상이 된 사람만이 응시할 수 있는 맨 위의 자격 등급임. ☞기술사
기능=장애 (機能障礙) 명 신체 기관이나 심신의 기능이 정상적이 아닌 상태.
기능-적 (機能的) 명 기능 면을 강조하고 있는 것. ¶-인 설계./-인 배치.
기능-주의 (機能主義) 명 ①사물이나 사상(事象)을 이해하는 데 작용이나 기능을 중시하여 동적이고 상호 관련적으로 파악하려는 관점. ②건축이나 공업에서, 용도에 맞게 기능을 최대한으로 살려야 한다는 주의.
기:능-직 (技能職) 명 기술적인 능력이 있어야 하는 직업이나 직무. ¶ - 공무원
기:능직=공무원 (技能職公務員) 명 경력직 공무원 분류의 하나. 현업 관서 등에서 기능적인 업무를 담당하는 공무원을 이름. 그 기능별로 1급에서 10급까지로 분류됨. 사무원·교환원·방호원·위생원과 체신·철도의 현업 관서 직원 등이 이에 딸림. ☞일반직 공무원
기능-학파 (機能學派) 명 문화 인류학 또는 민족학의 한 학파. 문화 요소 간의 기능을 중시함. 영국의 말리노프스키와 브라운 등이 주장함.
기니피그 (guinea pig) 명 쥐목 모르모트과의 포유동물. 몸길이 25cm 안팎이며 꼬리는 없음. 털빛은 백색·갈색·흑색임. 남미 원산으로 애완용이나 실험용으로 기

름. 흔히 '모르모트'라고 불림.

기다[1] 자 ①벌레 같은 것이 몸을 땅에 대거나 대다시피 하여 앞으로 나아가다. ¶자벌레가 ―. ②배를 바닥에 붙이거나 붙이다시피 하여, 움직여 나아가다. ¶아이가 기기 시작하다. ③남에게 눌려서 비겁하게 행동하다. ¶사장의 말이라면 설설 긴다. ④몹시 느리게 가거나 하는 것을 비유적으로 이르는 말. ¶기는 행정, 뛰는 정치. ⑤〔타동사처럼 쓰임〕 ¶암벽을 기어 정상에 오르다.

속담 **기는 놈 위에 나는 놈 있다** : 잘하는 사람 위에 더 잘하는 사람이 있으니 좀 잘한다고 우쭐대지 마라는 뜻. /**기지도 못하고 뛰려 한다** : 제 실력에 넘치는 일을 하려고 덤비는 사람을 비웃어 이르는 말.

기:다[2] 타 '기이다'의 준말.

기다[3] 준 '그것이다'가 줄어서 된 말. ¶― 아니다 하고 서로 우기다.

기:다랗다(기다랗고·기다란)형ㅎ 꽤 길다. ¶기다란 장대. 준기닿다 원길다랗다

기다리다 타 ①사람이나 사물 또는 때가 오도록 바라면서 시간을 보내다. ¶차례를 ―./잠깐 기다리세요./한 시간이나 기다리게 하다. ②일이나 기한을 뒤로 미루다. ¶내일까지 기다려 주시오.

한자 **기다릴 대**(待) 〔彳部 6획〕 ¶고대(苦待)/대기(待機)/대령(待令)/대망(待望)/대피(待避)

기다마-하다 형여 상당히 길다. 준기다맣다

기다맣다(기다맣고·기다만)형ㅎ '기다마하다'의 준말. ¶기다만 장대.

기단(起端)명-하다자 발단(發端)

기단(氣團)명 기온·습도가 거의 같은 성질을 가지고 수평 방향으로 퍼져 있는 공기의 덩어리. 대륙·대양 위 등 넓은 지역에 대기가 정체할 때 생김. 기괴(氣塊) ¶시베리아의 한랭성 ―.

기단(基壇)명 건축물이나 비석 등의 밑에 쌓아 만든, 기초가 되는 단.

기단(棋壇·碁壇)명 기계(棋界)

기단(氣短)어기 '기단(氣短)하다'의 어기(語基).

기단-하다(氣短―)형여 ①체질이 튼튼하지 못하여 기력이 미약하다. ¶기단한 체력. ②숨쉬는 동안이 짧다.

기담(奇談·奇譚)명 이상야릇한 이야기. 기화(奇話) ¶위인에 얽힌 ―. ☞괴담(怪談)

기담(氣痰)명 한방에서, 가래가 목구멍에 걸려서 뱉지도 삼키지도 못하고 가슴이 답답한 병을 이르는 말.

기답(起畓)명-하다자타 땅을 일구어 논을 만드는 일. 작답(作畓) ☞기경(起耕)

기:당(耆堂)명 기로소(耆老所)의 당상(堂上).

기:닿다(기닿고·기단)형ㅎ '기다랗다'의 준말.

기대 명 ①무동(舞童)을 따라다니는 여자. ②무당이 굿을 할 때 음악을 맡는 사람. ¶장구 치는 ―.

기대(期待)명-하다타 어떤 일이 이루어지기를 바라고 기다림. 기망(期望) ¶―에 어긋나다./좋은 결과를 ―하다./―에 어긋나지 않도록 힘쓰다.

기대(旗帶)명 기드림

기대(騎隊)명 '기병대(騎兵隊)'의 준말.

기대=가:능성(期待可能性)[―썽]명 범죄 행위를 할 당시에 행위자가 적법적인 행위를 할 수 있었을 것이라고 기대되는 가능성. 기대 가능성이 없으면 형사 책임은 없다고 하는 학설의 근거가 되는 개념.

기대-감(期待感)명 어떻게 되리라고 바라고 기다리는 마음. ¶―에 부풀다.

기대-권(期待權)[―꿘]명 장래에 일정한 사실이 발생하면 일정한 법률적 이익을 받을 수 있다는 기대나 희망을 내용으로 하는 권리.

기:대다 자타 ①어떤 물체에 몸을 맡기듯이 대다. 또는 물건을 무엇에 의지하여 비스듬히 대다. ¶벽에 몸을 ―./우산을 구석에 기대어 놓다. ②남에게 힘입으려 하다. ¶자식에게 기댈 생각은 없다.

기대=수명(期待壽命)명 질병이나 사고 등의 위험을 감안하여 계산한, 앞으로 더 살 수 있는 햇수.

기덕 부 장구채로 채편을 겹쳐 치는 소리를 나타내는 구음(口音). ☞더러러러. 덕[3]. 덩[2]. 쿵[2]

기:덕(耆德)명 나이 많고 덕이 높은 사람.

기도(企圖)명-하다타 일을 꾸며 내려고 꾀함. 또는 그 계획. 계도(計圖) ¶시장 독점의 ―./요인 납치를 ―하다.

기도(祈禱)명-하다자 ①마음으로 바라는 바가 이루어지기를 신불(神佛)에게 비는 일. 또는 비는 의식. 기구(祈求) ¶―를 드리다./무릎을 꿇고 ―하다. ②신의 은총에 대한 고마운 마음을 전하는 일. ¶식전의 감사 ―.

기도(氣道)명 숨쉴 때 공기가 폐에 드나드는 길. 숨통 ☞기관(氣管) ¶―가 막히다.

기도(棋道·碁道)명 ①장기나 바둑을 둘 때의 예절. ②장기나 바둑을 두는 수법.

기도(期圖)명-하다타 기약하여 꾀함.

기도(冀圖)명-하다타 바라는 일을 이루려고 꾀함.

기도-문(祈禱文)명 ①기도의 내용을 적은 글. ②'주기도문(主祈禱文)'의 준말.

기도-미(祈禱米)명 천도교 교인이 시일(侍日)마다 밤 아홉 시에 기도할 때 다섯 홉씩 떠 놓는 쌀. 이를 모았다가 한 해에 두 번 교회비로 냄. ☞성미(誠米)

기도-서(祈禱書)명 가톨릭 교회 공인(公認)의 전례서(典禮書). 미사 경본과 성무 일과서 등을 이름.

기도-회(祈禱會)명 기도를 하기 위한 모임.

기독-교(基督教)명 그리스도를 유일신인 하느님의 아들이며, 인류의 구세주로 믿고, 그의 가르침을 받드는 종교. 1세기 중엽 팔레스타인에서 일어나 4세기 초엽에 로마 제국의 국교로 됨. 오늘날에는 로마 가톨릭 교회, 동방 정교회(東方正教會), 개신교 등으로 갈리어 있음. 우리 나라에서는 특히 개신교를 기독교라 이름. 그리스도교. 예수교. 크리스트교 ☞불교. 이슬람교

기독교-국(基督教國)명 국민의 대다수가 기독교를 믿는 나라.

기독교-도(基督教徒)명 기독교를 믿는 사람.

기독교-회(基督教會)명 ①기독교를 신봉하는 사람의 조직. ②기독교도들이 모여서 예배나 의식을 하는 건물.

기독=단성설(基督單性說)명 예수는 신성(神性)과 인성(人性)이 복합된 일체이므로 단일성을 갖는다는 설.

기동(奇童)명 신기한 재주를 가진 아이.

기동(起動)명-하다자 ①주로 병자가 몸을 일으켜 움직이는 일. ¶―을 못하는 병자. ②'기거동작(起居動作)'의 준말. ③시동(始動)

기동(機動)명-하다자 ①상황에 따라 조직적이며 기민하게 움직이는 행동. ②전략적·전술적으로 부대나 무기를 기민하게 전개·행동하는 일. ¶― 훈련

기동-기(起動機)명 내연 기관이나 전동기를 시동하는 장치. 시동기(始動器)

기동-력(機動力)명 기동성 있게 행동할 수 있는 능력. ¶―을 발휘하다.

기동=부대(機動部隊)명 기동력이 뛰어난 부대. 육군의 기계화 부대, 해군의 기동 함대 따위.

기동-성(機動性)[―썽]명 상황에 따른 재빠른 행동 능력. ¶―을 갖추다./우리 팀은 ―이 떨어진다.

기동=연:습(機動演習)[―년―]명 연합 부대가 기동력을 가지고 전개하는 큰 규모의 전술 연습. 기동 훈련

기동=작전(機動作戰)명 군대의 기동성을 충분히 이용하여 펴는 작전.

기동-전(機動戰)명 부대의 기동력을 이용하여 기민하게 이동·전개하며 공격하는 전투.

기동=전:동기(起動電動機)명 스스로 기동되지 않는 회전기나 기관을 기동시키는 데 쓰이는 보조 전동기.

기동=전:략(機動戰略)명 상황에 따라 기동성 있게 전개·행동하여 적을 제압하는 전략.

기동-차(汽動車)명 디젤 기관이나 가솔린 기관 등을 원동기로 하여 운행하는 철도 차량. 준동차(動車)

기동=함:대(機動艦隊)명 항공 모함을 중심으로 순양함·구축함 등으로 편성된 고도의 기동력을 가진 함대.

기동=훈:련(機動訓練)명 기동 연습
기두(起頭)명 ①글의 첫머리. ②일의 맨 처음. ③-하다자 중병(重病)이 차차 낫기 시작하는 일.
기둥 명 ①주춧돌 위에 세워서, 보·도리 따위를 받치는 것. ②물건을 받치거나 버티는 것. ③집안이나 단체 등에서 가장 의지가 되고 중요한 사람을 비유하여 이르는 말. ¶집안의 －이 되다.
속담 **기둥보다 서까래가 더 굵다** : 주되는 것과 그것에 딸린 것이 뒤바뀐 경우를 뜻하는 말로, 일이 사리에 어긋났음을 비유하여 이르는 말. 〔바늘보다 실이 굵다/배보다 배꼽이 더 크다/산보다 골이 더 크다〕/**기둥을 치면 들보가 운다** : ①무슨 일을 바로 대어 말하지 않고, 알아듣도록 넌지시 이름을 뜻하는 말. ②주 대상에 영향을 주면, 그에 딸린 것들이 자연히 영향을 입게 됨을 비유적으로 이르는 말.

한자 **기둥 주**(柱) 〔木部 5획〕 ¶각주(角柱)/석주(石柱)/원주(圓柱)/주랑(柱廊)/주련(柱聯)

기둥-감[－깜]명 ①집의 기둥으로 쓸 수 있는 재료. ②한 집이나 단체 또는 나라의 의지가 될만 한 중요한 인재. ☞동량지재(棟樑之材)
기둥-머리 명 기둥의 맨 위. 주두(柱頭) ☞기둥몸
기둥-면(－面)명 수학에서, 평면 위의 곡선을 따라, 그 평면에 수직인 직선이 일정한 방향을 유지하면서 움직일 때 생기는 곡면을 이르는 말. 기둥의 측면에 해당함. 주면(柱面)
기둥-목(－木)명 집의 기둥감이 될만 한 나무.
기둥-몸 명 기둥의 몸체 부분. ☞기둥뿌리
기둥-뿌리 명 기둥의 맨 밑. 주각(柱脚) ☞기둥머리
기둥-서방 명 기생이나 창녀를 데리고 살면서 이들에게 영업을 시키고 놀고 먹는 사내. 기부(妓夫)
기-드림(旗－)명 지난날, 기의 깃발과 함께 그 위에 달던 좁고 긴 띠 같은 것. 기대(旗帶). 기류(旗旒) 준드림
기득(旣得)명-하다타 미리 얻어 가짐, 또는 이미 얻은 것.
기득-권(旣得權)명 사람 또는 국가가 정당한 절차를 밟아 이미 얻은 법률상의 권리. ¶－을 침해하다.
기라(綺羅)명 ①곱고 아름다운 비단, 또는 그런 비단옷. ②아름답게 성장(盛裝)한 사람.
기라-성(綺羅星)명 밤 하늘에 반짝이는 무수한 별. 〔일본에서 만든 말임.〕 ¶－같이 늘어선 각국의 수뇌들.
기략(機略)명 임기응변의 계책. 기모(機謀)
기:량(技倆·伎倆)명 기능(技能)
기량(氣量)명 ①기상과 도량. ②기체의 양.
기량(器量)명 사람의 재능과 도량. 기국(器局)
기러기 명 오릿과의 흑기러기·쇠기러기·큰 기러기·개리 따위를 통틀어 이르는 말. 가을에 오고 봄에 가는 철새임. 신금(信禽). 양조(陽鳥). 홍안(鴻雁)
기러기 불렀다 관용 '기러기 펄펄 날아갔다'라는 노래를 불렀다는 뜻으로, 사람이 멀리 도망가 버렸음을 비유하여 이르는 말.
기러기 한평생 관용 기러기처럼 떠돌아다니며 고생이 끊이지 않는 일평생.

한자 **기러기 안**(雁) 〔隹部 4획〕 ¶안족(雁足)/안주(雁柱)/안항(雁行) ▷雁과 鴈은 동자
기러기 홍(鴻) 〔鳥部 6획〕 ¶홍곡(鴻鵠)/홍조(鴻爪)

기러기-발 명 가야금의 줄을 고르는 기구. 줄 밑에 괴어 그 위치에 따라 소리의 높낮이를 조절함. 금휘(琴徽). 안족(雁足). 안주(雁柱) ☞괘(棵)
기럭-기럭 부 기러기의 우는 소리를 나타내는 말.
기럭-아비 명 재래식 혼례에서, 전안(奠雁)할 때에 기러기를 들고 신랑보다 앞서가는 사람. 안부(雁夫)
기려(羈旅·羇旅)명 객지에 머물러 있는 나그네.
기려(綺麗)어기 '기려(綺麗)하다'의 어기(語基).
기려-하다(綺麗－)형여 곱고 아름답다.
기력(汽力)명 증기의 힘.
기력(氣力)명 ①일을 감당해 나갈 수 있는 힘. 근력(筋力) ¶－이 대단하다./－을 돋우다. ②압착된 공기의 힘.
기력(棋力·碁力)명 바둑이나 장기를 두는 실력.
기력(棋歷·碁歷)명 바둑이나 장기를 둔 경력. ¶－ 20년의 실력.
기력(機力)명 기계력(機械力)
기련(起聯)명 한시(漢詩)에서 율시(律詩)의 제 1, 제 2의 두 구. 수련(首聯)
기로(岐路)명 길이 갈라지는 곳. 갈림길 ¶생사 존망의 －./－에 서다.
기:로(耆老)명 예순 살이 넘은 노인.
-기로 어미 ①어간이나 '이다'의 '이-'에 붙어, '근거'나 '이유'를 삼는 것을 나타내는 연결 어미. ¶그가 인사를 안 하기로 나도 똑같을 순 없지./아무도 모르기로 그런 말을 할 수 있나? ②'하는 것으로'의 뜻으로 쓰임. ¶내일 이곳을 떠나기로 결정하였다. ③'이다'의 '이-'에 붙어 '이라 하더라도'의 뜻으로 쓰임. ¶백만장자이기로 돈을 물 쓰듯 할 수 있겠나?
기:로-과(耆老科)명 조선 시대, 60세 또는 70세 이상의 노인에게만 보이던 과거.
-기로서 어미 '-기로서니'의 준말.
-기로서니 어미 '-기로'의 힘줌말. ¶아무리 크기로서니 부모님의 은혜만 하랴./어려운 문제기로서니 노력하면 못 풀 리가 있겠는가?
-기로선들 어미 '-기로서니'의 힘줌말. ¶아무리 바쁘기로선들 맨발로 갈 수 있을까?/아무리 파렴치(이)기로선들 그런 짓이야 하겠는가?
기:로-소(耆老所)명 조선 시대, 나이 많은 임금과 정이품 이상의 일흔 살이 넘은 문관을 예우하기 위하여 설치했던 기구. 기사(耆社). 기소(耆所)
기록(記錄)명 ①-하다타 사실을 적음, 또는 사실을 적은 글. ¶－을 남기다./사실대로 －하다. ②운동 경기 등의 성적, 또는 그 최고 수준. ¶－을 깨다./세계 －을 갱신하다.

한자 **기록할 지**(識) 〔言部 12획〕 ¶표지(標識)

기록-계(記錄係)명 기록하는 일을 맡아보는 부서.
기록-계(記錄計)명 기록계기(記錄計器)
기록-계:기(記錄計器)명 측정하고자 하는 수치의 변화를 자동적으로 연속하여 기록하는 계기를 통틀어 이르는 말. 기록계(記錄計)
기록-기(記錄機)명 어떤 시간이나 속력 등을 자동적으로 기록하는 기계 장치.
기록-문(記錄文)명 어떤 사실을 기록한 글.
기록=문학(記錄文學)명 실제의 현상이나 상황을 객관적으로 기록한 문학. 보고 문학을 비롯하여 전기·일기·서간집 등이 포함됨.
기록=사진(記錄寫眞)명 미적 효과에 얽매이지 않고 다만 기록을 위하여 찍은 사진. ☞예술 사진(藝術寫眞)
기록=영화(記錄映畫)[－녕－]명 실제의 현상이나 상황을 기록한 영화. 다큐멘터리 영화 ☞극영화(劇映畫). 문화 영화(文化映畫)
기록-적(記錄的)명 기록할만 한 것. 기록에 남을 만큼 대단한 것. ¶－인 더위./－인 수출 증가.
기론(奇論)명 기이한 이론.
기롱(欺弄)명-하다타 남을 속이어 놀림.
기롱(譏弄)명-하다타 실없는 말로 남을 놀림. 유희롱(戲弄)
기롱-지거리(譏弄－)명 실없는 말로 남을 놀리는 짓.
기뢰(機雷)명 '기계 수뢰(機械水雷)'의 준말.
기뢰-원(機雷原)명 많은 기뢰를 부설한 해역(海域).
기뢰-정(機雷艇)명 기뢰를 부설하거나 없애는 함정. ☞소해정(掃海艇)
기뢰=탐지기(機雷探知機)명 기뢰의 위치를 탐지하는 데 쓰는 전기 또는 자기 장치(磁氣裝置).
기:루(妓樓)명 지난날, 창기(娼妓)를 두고 영업하던 집. 창루(娼樓). 홍규(紅閨)
기류(氣流)명 대기 중에 일어나는 공기의 흐름. 온도나 지형에 따라 변함. ¶－를 타고 날다.

기류(寄留)명-하다자 ①남의 집이나 객지에서 머물러 삶. ②본적지 이외의 일정한 곳에 주소나 거소(居所)를 둠.
기류(旗旒)명 기드림
기르다(기르고·길러)타르 ①동식물을 보살펴 자라게 하거나 크게 하다. ¶개를 ―. ②몸이나 정신을 가꾸어 강하게 하다. ¶체력을 ―./정신력을 ―. ③가르쳐 이끌다. ¶인재를 ―./후계자를 ―. ④버릇이 몸에 배게 하다. ¶좋은 습관을 ―. ⑤병 같은 것을 더 나빠지게 하다. ¶병을 길러 고질이 되다. ⑥머리나 수염 같은 것을 길게 자라게 두다. ¶구레나룻을 ―. 유키우다

한자 **기를 사**(飼)〔食部 5획〕¶사양(飼養)/사육(飼育)
기를 양(養)〔食部 6획〕¶양계(養鷄)/양기(養氣)/양성(養成)/양육(養育)/양축(養畜)
기를 육(育)〔肉部 4획〕¶교육(敎育)/보육(保育)/생육(生育)/육성(育成)/육아(育兒)

기르스름-하다형여 좀 기름한듯 하다. ¶얼굴이 ―.
기름명 ①물에 녹지 않고, 물보다 가벼우며, 불에 잘 타는 액체. 상온(常溫)에서 액체 상태인 것으로, 식물유·석유 등이 있음. ¶깨를 볶아 ―을 짜다./기계에 ―을 치다./차의 ―이 떨어지다./머리에 ―을 바르다. ②동물의 살에 붙어 있는 지방(脂肪). 상온에서 고체 상태임. ¶고기에 ―이 많은 부위. ③사람의 피부에서 분비되는 지방. ¶얼굴에 ―이 번지르르 하다. ④'윤', '윤기'를 달리 이르는 말. ¶―이 자르르 도는 햅쌀밥.
기름(을) 먹이다관용 종이나 헝겊 등에 기름이 배어들게 하다.
기름(을) 짜다관용 ①'착취하다'는 뜻으로 비유하여 이르는 말. ¶백성의 기름을 짜다. ②'자리가 매우 비좁다'는 뜻으로 비유하여 이르는 말.
기름(을) 치다관용 일이 잘 처리되도록 뇌물을 주다.
기름이 흐르다관용 반질반질하게 윤이 나다.

한자 **기름 유**(油)〔水部 5획〕¶유가(油價)/유류(油類)/유성(油性)/유전(油田)/유지(油脂)
기름 지(脂)〔肉部 6획〕¶수지(獸脂)/지방(脂肪)/지선(脂腺)/지질(脂質)/피지(皮脂)

기름-걸레명 ①기름을 닦아 내는 걸레. ②기름칠을 해서 닦는 걸레. 유포(油布)
기름-기(―氣)[―끼]명 ①고기에 섞인 기름 덩이. ¶―가 많은 돼지고기. ②어떤 물건에 묻거나 섞인 기름 기운. ¶― 있는 음식. ③얼굴 따위에 나타나는 윤기. ¶―가 흐르는 얼굴.
기름-기름부-하다형 여럿이 다 기름한 모양을 나타내는 말. ¶기름기름 자란 파. ☞갸름갸름
기름-나물명 미나릿과의 여러해살이풀. 줄기 높이 30~90cm이며 미나리와 비슷한데 잎에 윤기가 있음. 7~9월에 줄기 끝과 가지 끝에 흰 꽃이 많이 핌. 어린잎은 구황식물(救荒植物)로 먹을 수 있음.
기름-때명 기름이 묻고 그 위에 먼지가 앉아서 된 때.
기름-떡명 ①깨나 콩 따위의 재료를 짓찧어 시루에 쪄서 기름을 짤 보자기에 싼 덩어리. ②기름에 지지거나 기름을 바른 떡.
기름-매:미명 '유지매미'의 딴이름.
기름-방울[―빵―]명 기름으로 된 동글동글한 덩이.
기름-병(―甁)[―뼝]명 기름을 담아 놓고 쓰는 병.
기름-새명 볏과의 여러해살이풀. 줄기 높이 60~90cm이며 잎은 가늘고 긴 모양임. 꽃은 9월경에 큰 꽃이삭으로 핌. 산기슭의 숲 속에서 자람.
기름-야:자(―椰子)[―냐―]명 야자과의 상록 교목. 높이 20m 안팎. 열매는 길이 4cm 가량의 달걀꼴이고 세 개의 검은 씨앗이 들어 있음. 열매로 기름을 짬.
기름-오동나무(―梧桐―)명 유동(油桐)
기름-쟁이명 '기름종개'의 딴이름.
기름-종개명 미꾸릿과의 민물고기. 몸길이 12cm 안팎. 몸 빛은 담황갈색 바탕에 백색을 띠고 옆에는 갈색 반점이 있음. 물밑의 모래 속에 살며 미꾸라지와 비슷함. 우리 나라와 일본, 중국 등지의 맑은 하천이나 시냇물에 분포함. 기름쟁이
기름-종이명 기름을 먹인 종이. 유지(油紙)
기름-줄[―쭐]명 기름틀로 기름을 짤 때, 기름떡을 빈틈없이 둘러 감는 굵다란 줄.
기름-지다형 ①음식물 따위에 기름기가 많다. ¶기름진 음식. ②살지고 기름이 많다. ③땅이 걸다. ¶기름진 밭./기름진 고래실.

한자 **기름질 비**(肥)〔肉部 4획〕¶비옥(肥沃)/비요(肥饒)

기름-지옥(―地獄)명 불교에서, 죄를 많이 짓고 죽은 사람의 넋을 뜨거운 기름 가마에 넣는다는 지옥.
기름-채명 '기름챗날'의 준말.
기름-챗날명 기름틀에 딸린 연장. 기름틀의 떡판에 올려놓은 기름떡을 덮어 눌러서 기름을 짜는 길고 두꺼운 널판. 준기름채. 챗날
기름-체명 기름을 받아 걸르는 체.
기름-콩명 콩나물을 기르는 자디잔 흰콩.
기름-통(―桶)명 기름을 담아 두는 통.
기름-통(―筒)명 기름을 묻힌 헝겊을 넣어서 연장을 닦는 마디진 대 토막.
기름-틀명 깨나 콩 등의 식물성 기름을 짜는 데 쓰는 틀. 유자기(油榨器)
기름-하다형여 좀 긴듯 하다. ¶기름한 손가락. ☞갸름하다
기름-혹명 살에 기름 덩이가 뭉쳐서 된 혹. 지류(脂瘤)
기리(肌理)명 살결
기리다타 잘한 일이나 좋은 점을 찬양하여 말하다. 찬사(讚辭)를 드리다. ¶고인의 업적을 ―.

한자 **기릴 송**(頌)〔頁部 4획〕¶송가(頌歌)/송덕(頌德)/송도(頌禱)/송시(頌詩)/송축(頌祝)
기릴 찬(讚)〔言部 19획〕¶찬가(讚歌)/찬미(讚美)/찬상(讚賞)/찬송(讚頌) ▷속자는 讃

기린(騏驎)명 하루에 천 리를 달린다는 말. 썩 좋은 말. ☞준마. 천리마
기린(麒麟)명 ①기린과의 동물. 키는 6m 안팎으로 포유동물 중 가장 크고 목과 다리가 길. 빛깔은 황백색에 갈색의 반점이 있으며 암수 다같이 짧은 뿔이 있음. 아프리카 특산. ②성인(聖人)이 이 세상에 나올 조짐으로 나타난다고 하는 상상의 동물. 사슴의 몸통, 말의 발굽, 소의 꼬리를 가졌다 함.
기린-아(麒麟兒)명 재주와 지혜가 뛰어난 사람.
기린-자리(麒麟―)명 북극 하늘에 보이는 작은 별자리. 일 년 내내 볼 수 있으나 특히 밝은 별은 없음.
기린-초(麒麟草)명 돌나물과의 여러해살이풀. 줄기 높이 10~30cm. 잎은 길둥글고 두꺼우며 여름에 줄기 끝에 노란 꽃이 모여 핌. 관상용으로 심기도 하는데 어린 싹은 데치어 먹을 수 있음.
기립(起立)명-하다자 자리에서 일어섬. ☞착석(着席)
기마(騎馬)명 ①-하다자 말을 탐. ¶― 민족 ②타는 말.
기마-객(騎馬客)명 말을 타고 다니는 사람.
기마=경:찰(騎馬警察)명 말을 타고 직무를 수행하는 경찰. ☞기마대
기마-대(騎馬隊)명 말을 타고 직무를 수행하는 경찰이나 군인으로 이루어진 부대.
기마-전(騎馬戰)명 ①기전(騎戰) ②둘 또는 세 사람이 짝을 지어 말을 만들어 그 위에 한 사람을 태우고 몇 패로 갈리어 상대편을 쓰러뜨리거나 상대편의 모자를 빼앗아 승패를 겨루는 놀이.
기-막히다(氣―)자 ①너무 놀라거나 언짢거나 하여 어이없다. ¶기막힌 사연./기막혀서 말도 안 나오다. ②어떻다고 말할 수 없을 만큼 훌륭하거나 굉장하다. ¶기막힌 재주./기막히게 맛있다.
기만(奇巒)명 기묘한 모양의 산봉우리.
기만(幾萬) '몇 만'의 뜻. ¶―의 대군.
기만(欺瞞)명-하다타 남을 그럴듯하게 속여 넘김. 기망

(欺罔). 무망(誣罔) ¶ - 행위/시민을 -하는 졸속 행정.

기만=득면(欺瞞得免) 명 '소멸 시효(消滅時效)'의 구용어.

기만=면:제(欺瞞免除) 명 '소멸 시효(消滅時效)'의 구용어.

기만-성(欺瞞性)[-썽] 명 남을 그럴듯하게 속여 넘기려는 습성.

기만-수봉(奇巒秀峯) 명 기이하고 빼어난 산봉우리.

기만-술(欺瞞術) 명 남을 그럴듯하게 속여 넘기는 술책.

기만=정책(欺瞞政策) 명 속임수로 하는 정치의 책략.

기말(期末) 명 어느 기간이나 학기 따위의 끝. ¶ - 고사 ☞기초(期初)

기망(企望) 명 -하다 타 이루어지기를 바람. 기앙(企仰)

기망(祈望) 명 -하다 타 빌고 바람.

기망(既望) 명 매월 음력 열엿샛날 밤, 또는 그 날 밤의 달. ¶ 팔월 -

기망(欺罔) 명 -하다 타 기만(欺瞞)

기망(期望) 명 기대(期待)

기망(幾望) 명 매월 음력 열나흗날 밤, 또는 그 날 밤의 달.

기망(冀望) 명 -하다 타 어떤 일이 이루어지기를 바라는 일, 또는 그 바람. 희망(希望)

기맥(奇脈) 명 숨을 들이쉴 때에는 맥박이 약해지고 숨을 내쉴 때는 강해지는 부정맥(不整脈)의 한 가지.

기맥(氣脈) 명 ①기혈(氣血)과 맥락(脈絡). ¶ -이 쇠잔하다. ②낌새 ¶ -을 차리다./-으로 헤아리다.

기면(旗面) 명 깃발

기면(嗜眠) 명 늘 수면 상태에 빠져 있는 증세나 상태. 고열이나 중병을 앓을 때에 나타남. ☞혼수(昏睡)

기면성=뇌염(嗜眠性腦炎)[-썽-] 명 유행성 뇌염의 한 가지. 병원체는 바이러스일 것으로 추정하며 감염되면 고열이 나고 기면 증세가 나타남.

기:명(妓名) 명 본명 이외에 기생으로서 가지는 다른 이름.

기명(記名) 명 -하다 자 이름을 적음. ☞무기명(無記名)

기명(記銘) 명 -하다 타 기억의 첫째 과정으로, 새로운 경험을 뇌리(腦裏)에 새기는 일.

기명(器皿) 명 살림살이에 쓰는 그릇을 통틀어 이르는 말. 유 기물(器物)

기명=공채(記名公債) 명 권리자가 공채 원부(公債原簿) 또는 증권에 이름을 기입한 공채.

기명=날인(記名捺印) 명 문서에 자기의 이름을 쓰고 도장을 찍는 일. 서명 날인(署名捺印)

기명-력(記銘力) 명 새로운 경험 소재를 머리에 새기는 능력. 곧 기억상(記憶像)을 구성하는 힘.

기명=사채(記名社債) 명 권리자가 사채 원부(社債原簿) 또는 증권에 이름을 기입한 사채.

기명-식(記名式) 명 ①증권에 그 권리자의 이름이나 상호(商號)를 적는 방식. ②투표지에 선거인의 이름을 적어서 투표하는 방식. ¶ - 투표 ☞무기명식(無記名式)

기명식=배서(記名式背書) 명 수표나 어음 등에서, 받을 사람의 이름과 그것의 주인 이름이 적힌 배서.

기명=투표(記名投票) 명 투표지에 투표하는 사람의 이름을 적어서 하는 투표. ☞무기명 투표(無記名投票)

기모(奇謀) 명 기묘한 꾀. 신기한 꾀.

기모(起毛) 명 -하다 타 직물의 표면에 보풀이 일게 하는 일.

기모(氣貌) 명 풍채와 용모.

기모(機謀) 명 기략(機略)

기모-비:계(奇謀祕計) 명 기묘한 꾀와 남이 알 수 없는 비밀의 계략.

기모=직물(起毛織物) 명 표면에 보풀을 일으킨 직물.

기묘(己卯) 명 육십갑자의 열여섯째. ☞경진(庚辰)

기묘(奇妙) 어기 '기묘(奇妙)하다'의 어기(語基).

기묘-년(己卯年) 명 육십갑자로 해를 이를 때, 기묘(己卯)가 되는 해. 곧 천간(天干)이 기(己)이고 지지(地支)가 묘(卯)인 해. ☞경진년(庚辰年). 묘년(卯年)

기묘-하다(奇妙-) 형여 기이하고 묘하다. ¶기묘한 현상./기묘하게 생긴 종유석.

기묘-히 부 기묘하게

기:무(妓舞) 명 기생이 추는 춤.

기무(機務) 명 ①근본이 되는 사무. ②비밀을 지켜야 할 기밀한 사무.

기무-처(機務處) 명 '군국 기무처(軍國機務處)'의 준말.

기문(奇文) 명 기이하고 묘한 글.

기문(奇聞) 명 이상한 소문.

기문(氣門) 명 곤충이나 거미 따위 절지동물의 몸 옆쪽에 있는 숨구멍. 몸의 마디마다 한 쌍씩 있는 것이 많음. 숨문 ☞기공(氣孔)

기문(記問) 명 옛 서적을 읽고 다만 암기하고 있을 뿐, 그 지식을 활용하지 아니하는 일.

기문-벽서(奇文僻書) 명 기이한 글과 괴벽한 책.

기문지학(記問之學) 명 기문에 지나지 않는 학문, 곧 실생활에 활용되지 못하는 지식이나 학문을 이르는 말.

기물(己物) 명 자기의 물건.

기:물(妓物) 명 '기생퇴물(妓生退物)'의 준말.

기물(棄物) 명 버린 물건, 또는 필요 없어 버릴 물건.

기물(器物) 명 살림살이에 쓰는 그릇이나 기구, 도구 등을 통틀어 이르는 말. 기재(器財) 유 기명(器皿)

기물-답다(器物-)(-답고·-다워) 형ㅂ 기물로서 쓸모가 있다. 기물로서 쓸만 하다.

기물=손:괴죄(器物損壞罪)[-쬐] 명 남의 물건을 부수거나 못 쓰게 만듦으로써 성립되는 죄.

기미 명 병이나 괴로움 등으로 말미암아 눈언저리나 볼에 끼는 갈색의 얼룩점. 간반(肝斑)

기미(가) 끼다 관용 얼굴에 기미가 생기다.

기미(己未) 명 육십갑자의 쉰다섯째. ☞경신(庚申)

기미(氣味) 명 ①냄새와 맛. ②생각과 취미. ¶서로 -가 통하다. ③약의 성질과 효능을 판단하는 기준.

기미(期米) 명 미두(米豆)

기미(幾微·機微) 명 ①낌새나 눈치. ¶이상한 -./-를 알아차리다. ②어떤 일이 일어날 조짐. 기운 ¶주가(株價)가 오를 -가 보이다./일이 끝날 -가 안 보이다.

기미(를) 채다 관용 기미를 알아차리다.

기미(羈縻) 명 기반(羈絆) ▷羈의 속자는 覊

기미-국(羈縻國) 명 종속국(從屬國)

기미-년(己未年) 명 육십갑자로 해를 이를 때, 기미(己未)가 되는 해. 곧 천간(天干)이 기(己)이고, 지지(地支)가 미(未)인 해. ☞경신년(庚申年). 미년(未年))

기미=독립=운:동(己未獨立運動) 명 우리 민족이 1919년(기미년) 3월 1일에, 일본의 강점에 항거하여 일으킨 자주 독립 운동. 삼일 운동(三一運動)

기미상적(氣味相適) 성구 기미상합(氣味相合)

기미상합(氣味相合) 성구 생각하는 바나 취미가 서로 맞음을 이르는 말. 기미상적(氣味相適)

기민(飢民) 명 굶주린 백성.

기민(機敏) 어기 '기민(機敏)하다'의 어기(語基).

기민-성(機敏性) 명 판단이 빠르고 몸놀림이 날쌘 성질. ¶이 일은 -이 필요하다.

기민-하다(機敏-) 형여 판단이 빠르고 몸놀림이 날쌔다. ¶기민한 동작./기민하게 대처하다.

기민-히 부 기민하게

기밀(氣密) 명 안과 밖의 공기가 통하지 않게 밀폐하여 기압의 변화를 받지 않도록 만든 상태. ¶ - 구조

기밀(機密) 명 ①외부에 드러내서는 안 될 중요한 비밀. ¶국가 -./-을 누설하다. ②-하다 형 매우 중요하고 비밀함.

기밀=누:설죄(機密漏泄罪)[-쬐] 명 군사 또는 정치상의 기밀을 외국이나 적군에게 제공하여 이루어지는 범죄.

기밀-복(氣密服) 명 고공을 비행할 때 입는 비행복. 몸이 기압의 변화를 받지 않도록 되어 있음.

기밀-비(機密費) 명 지출 내용을 밝히지 않고 기밀한 일에 쓰는 비용.

기밀-실(氣密室) 명 바깥 공기가 통하지 않도록 막은 방.

기밀-실(機密室) 명 기밀한 물건이나 자료를 보관하는 방.

기박(奇薄) 어기 '기박(奇薄)하다'의 어기(語基).

기박-하다(奇薄-) 형여 운수가 사납고 복이 없다.

기반(基盤) 명 기초가 되는 바탕. 기본이 되는 자리.

기반(棋盤·碁盤) 명 바둑판

기반(羈絆)명 ①굴레 ②자유를 구속하는 일. 기미(羈縻)
기발(起發)명-하다자 어린아이가 처음으로 기어다니기 시작하는 일.
기발(旣發)명-하다자 어떤 일이 이미 일어남. ☞미발
기발(騎撥)명 조선 시대, 말을 타고 급한 공문을 전달하던 사람. 배지(陪持)
기발(奇拔)어기 '기발(奇拔)하다'의 어기(語基).
기발-하다(奇拔-)형여 ①생각이나 재치가 유다른 데가 있다. ¶기발한 착상(着想). ②유달리 뛰어나다. ¶기발한 상품.
기:방(妓房)명 '기생방(妓生房)'의 준말.
기방(譏謗)명-하다타 남을 헐뜯어서 말함. 비방(誹謗)
기백(氣魄)명 씩씩한 기상과 진취적인 정신. ¶-이 넘치는 젊은이.
기백(幾百) '몇 백'의 뜻.
기번(幾番) '몇 번', '여러 번'의 뜻.
기범-선(機帆船)명 기관과 돛을 아울러 갖춘 작은 배.
기:법(技法)[-뻡]명 기교와 방법. 기술적인 방법. ¶전통적인 -./새 경영 -을 도입하다. ☞수법(手法)
기법(機法)[-뻡]명 불교에서, 중생의 신앙심과 부처의 구원하는 법을 이르는 말.
기벽(奇癖)명 아주 별난 버릇.
기벽(氣癖)명 남에게 지거나 굽히지 않으려는 성질.
기변(奇變)명 ①뜻밖의 변고. 뜻밖의 사고. ②-하다자 기이하게 변함.
기변(機變)명 ①때에 따라 변하는 일. ☞임기응변(臨機應變) ②간교한 속임수.
기별 명-하다타 다른 곳에 있는 사람에게 소식을 전함, 또는 그 소식. ¶-이 오다./-을 받다.
기병(奇兵)명 기묘한 전술로 적을 기습하는 군대.
기병(奇病)명 기이한 병.
기병(起兵)명-하다타 군사를 일으킴. 흥사(興師)
기병(氣病)명 마음이 울적하거나 근심·걱정이 많아서 생기는 병.
기병(騎兵)명 말을 타고 싸우는 군사. 기졸(騎卒). 마병(馬兵)
기병-대(騎兵隊)명 말을 타고 싸우는 군사로 편성된 군대. 준기대(騎隊)
기보(記譜)명-하다자 악보를 적는 일.
기보(旣報)명-하다타 이미 알린 일, 또는 그 보고나 보도.
기보(棋譜·碁譜)명 ①바둑 두는 법을 적은 책. ②바둑이나 장기의 대국 내용을 기록한 것.
기복(祈福)명-하다자 복을 내려 달라고 빎.
기복(起伏)명-하다자 ①지세(地勢)가 높아졌다 낮아졌다 하는 것, 또는 그런 상태. ¶-이 완만한 구릉. ②세력이나 기세 따위가 성하였다 쇠하였다 하는 일. ¶성적의 -이 심하다./-이 많은 일생. ③지난날, 임금에게 아뢸 때 먼저 일어났다가 다시 엎드려 절하던 일.
기복(起復)명 '기복 출사(起復出仕)'의 준말.
기복(朞服)명 '기년복(朞年服)'의 준말.
기복-량(起伏量)명 일정한 지역에서 땅의 높낮이 차. 기복량 200m 이상 되는 것을 산이라 함.
기복=신:앙(祈福信仰)명 장수·무병·부귀영화 등의 복이 개인이나 가족에게 오기를 바라고 기원하는 신앙.
기복출사(起復出仕)성구 지난날, 나라의 중대한 사정으로 말미암아 부모의 상중(喪中)에 다시 관직에 나아가는 일을 이르던 말. 기복행공(起復行公) 준기복(起復)
기-복판(旗腹板)명 드림이 있는 기의 중심이 되는 기폭.
기복행공(起復行公)성구 기복출사(起復出仕)
기본(基本)명 사물이나 현상·이론·시설 따위의 기초와 근본. 기근(基根) ¶- 방침/- 원리를 배우다.
기본=교:련(基本敎鍊)명 군대에서 전투 동작의 기초가 되는 교련. 각개(各個) 교련과 소대(小隊) 교련 따위.
기본=교:리(基本敎理)명 근본이 되는 종교상의 이치.
기본-권(基本權)[-꿘]명 기본적 인권(基本的人權)
기본-급(基本給)명 임금(賃金)을 구성하는 요소 중에서, 여러 수당을 제외한 기본적인 급료. 본급(本給). 본봉(本俸) ¶-과 각종 수당. ☞수당(手當)
기본=단위(基本單位)명 물리적 양(量)을 재는 여러 단위 가운데 가장 기초가 되는 단위. 길이는 미터, 질량은 킬로그램, 시간은 초, 전류는 암페어 따위. ☞보조 단위
기본=대형(基本隊形)명 군대에서 집합하거나 훈련·행군 등을 할 때 기본으로 삼는 각종 대형.
기본-법(寄本法)[-뻡]명 목기법(木寄法)
기본-법(基本法)[-뻡]명 ①다른 여러 법의 기본이 되는 법. ②근본법(根本法)
기본-수(基本數)명 기수(基數)
기본=수:사(基本數詞)명 양수사(量數詞)
기본=어:미(基本語尾)명〈어〉활용하는 단어의 기본형임을 나타내는 어미. '읽다, 맑다, 이다' 따위의 '-다'가 이에 해당함. ☞활용 어미(活用語尾)
기본=어음(基本-)명 발행인이 처음에 작성한 어음. 발행인의 서명을 포함한 어음 요건의 기재가 필요하며, 배서·인수·보증 등 어음 관계의 기본이 됨.
기본-요금(基本料金)[-뇨-]명 공공 설비나 서비스 따위를 이용할 때 기본적으로 내도록 정해진 돈.
기본-음(基本音)명 원음(原音)
기본-자:세(基本姿勢)명 무예나 운동 등을 할 때 기본으로 삼는 몸가짐.
기본=재산(基本財産)명 ①어떤 비용에 쓸 재원(財源)으로 마련해 둔 재산. ②재단 법인을 운영하는 데 기본이 되는 재산. ③지방 자치 단체가 특정한 수익을 올릴 목적으로 유지하는 재산.
기본-적(基本的)명 사물의 기초나 근본이 되는 것. ¶-과제/국민의 - 의무.
기본적=욕구(基本的欲求)[-뇩-]명 식욕·성욕·수면·배설 등 생명을 유지하고 개체나 종족을 보존하는 데 꼭 필요한 선천적·생리적 욕구.
기본적=인권(基本的人權)[-꿘]명 인간으로서 당연히 가지고 있는 기본적인 권리. 자유권·참정권·사회권 따위가 있음. 기본권(基本權)
기본=조직(基本組織)명 고등 식물에서 겉껍질과 관다발을 제외한 나머지 조직을 통틀어 이르는 말.
기본=학과(基本學科)명 여러 학과의 기본이 되는 학과.
기본-형(基本形)명 ①기본이 되는 꼴이나 형식. ②결정계(結晶系)에서, 세 축(軸)을 각각 단위의 길이로 자른 각 면으로 이루어진 결정. ③〈어〉활용하는 단어에서, 기본이 되는 것으로 보는 형태. 국어에서는 어간에 기본 어미 '-다'가 붙은 형태를 기본형이라 함. ☞활용형
기봉(奇峰)명 생김새가 기이한 봉우리.
기봉(起峰)명 잇달아 있는 산줄기의 봉우리 가운데 높이 솟은 봉우리.
기봉(機鋒)명 예봉(銳鋒)
기봉=소:설(奇逢小說)명 우연과 요행을 주로 다룬 고대 소설의 한 유형. 주인공들이 기이한 인연으로 우연히 만나는 것이 주요 내용임.
기부(肌膚)명 사람의 몸의 거죽. 살가죽 ☞피부
기:부(妓夫)명 기둥서방
기부(基部)명 기초가 되는 부분. ¶비석의 -.
기부(寄附)명-하다타 자선 사업이나 공공 사업 등을 도울 목적으로 돈이나 물건 따위를 아무 대가 없이 내놓는 일. ¶수재민 구호 금품을 -하다./장학금을 -하다.
기부(機婦)명 베를 짜는 여자. 직부(織婦)
기부-금(寄附金)명 기부하는 돈.
기부=재산(寄附財産)명 ①기부 행위로써 내놓은 재산. ②재단 법인을 설립할 목적으로 내놓은 재산.
기-부족(氣不足)명 한방에서, 원기가 부족한 상태, 또는 그로 말미암아 생기는 병을 이르는 말.
기부=행위(寄附行爲)명 자선이나 공익 목적을 위해서 재산을 기부하는 일.
기분(氣分)명 ①쾌감이나 불쾌감처럼, 어떤 분위기가 몸 상태나 대상 따위에 따라 절로 느껴지며 한동안 지속되는 단순한 감정. ¶유쾌한 -./-이 좋다. ②주위의 상황이나 분위기. ¶축제 -에 들떠 있다. ③한방에서, 혈

기(血氣)에 상대하여 '원기(元氣)'를 이르는 말.

기분=묘:사(氣分描寫)명 어떠한 장면의 분위기나 기분을 상징적 필법이나 서정적 수법으로 적절히 그려 내는 일.

기분-파(氣分派)명 그때 그때의 기분에 좌우되어 행동하는 사람.

기브앤드테이크(give-and-take)명 공평한 조건으로 하는 교환이나 타협. 서로 이익을 주고받는 일.

기비(肌痺)명 한방에서, 살가죽의 감각이 마비되거나 살가죽이 아픈 병을 이르는 말.

기비(基肥)명 씨를 뿌리거나 모를 내기 전, 또는 식목(植木)을 하기 전에 주는 거름. 밑거름. 원비(元肥) ☞추비(追肥)

기뻐-하다자타여 기쁘게 여기다. ¶선물을 받고 ―.

기쁘다(기쁘고·기뻐)형 기분이 좋고 즐겁다. ¶매우 기쁜 소식./기뻐서 춤을 추다. ☞슬프다

한자 **기쁠 열**(悅)〔心部 7획〕¶열락(悅樂)/희열(喜悅)
기쁠 환(歡)〔欠部 18획〕¶환대(歡待)/환성(歡聲)/환송(歡送)/환영(歡迎)/환호(歡呼) ▷속자는 歓
기쁠 희(喜)〔口部 9획〕¶희락(喜樂)/희로(喜怒)/희보(喜報)/희비(喜悲)/희색(喜色)

기쁨명 기쁜 느낌이나 마음. ¶―의 눈물./―을 감추지 못하다. ☞슬픔

기사(己巳)명 육십갑자의 여섯째. ☞경오(庚午)

기:사(技士)명 ①국가 공무원의 한 직급. 기술직 6급 공무원으로 기사보의 위, 기좌(技佐)의 아래임. ②국가 기술 자격 등급의 한 가지. 기술사(技術士)의 아래임. 2년제 대학 졸업 후 실무 경력 2년 이상이 되거나 4년제 대학교를 졸업한 사람 등이 응시할 수 있음. ☞기능사(技能士) ③운전 기사(運轉技士)

기:사(技師)명 기계·토목·건축 등의 전문 기술을 가지고, 회사나 관청에서 업무를 맡아보는 사람. ¶건축 ―

기사(奇士)명 기이한 재주를 가졌거나 행동이 기이한 선비.

기사(奇事)명 기이한 일.

기사(奇思)명 기이한 생각.

기:사(耆社)명 기로소(耆老所)

기사(記事)명 ①-하다타 사실을 적음, 또는 그 글. ¶조선 왕조 실록 가운데 한 ―. ②신문이나 잡지 따위에서 어떠한 사실을 알리는 글. ¶문화면 ―.

기사(記寫)명-하다타 기록하여 씀.

기사(飢死)명-하다자 굶어 죽음. 아사(餓死)

기사(棋士·碁士)명 바둑이나 장기를 직업 삼아 두는 사람, 또는 전문으로 두는 사람.

기사(騎士)명 ①말을 탄 무사(武士). ②중세 유럽의 무사(武士), 또는 그 계급. 나이트(knight)

기사(騎射)명 ①말을 타는 일과 활을 쏘는 일. ②-하다자 말을 타고 달리면서 활을 쏘는 일.

기사-광:고(記事廣告)명 선전하고자 하는 물건의 용도와 효능 따위를 본문 기사처럼 써서 소개하는 광고.

기사근:생(幾死僅生)성구 거의 죽을뻔 하다가 겨우 살아남을 이르는 말.

기사-년(己巳年)명 육십갑자로 해를 이를 때, 기사(己巳)가 되는 해. 곧 천간(天干)이 기(己)이고, 지지(地支)가 사(巳)인 해. ☞경오년(庚午年). 사년(巳年)

기사-도(騎士道)명 중세 유럽에서, 기사 계급의 정신적 규범이 되어 온 가풍과 도덕. 충성·용기·경신(敬神)·예절·명예와 여성에 대한 봉사 등의 덕목을 이상으로 삼았음. 기사 정신(騎士精神)

기사-문(記事文)명 사실을 보고 들은 그대로 적은 글.

기:사-보(技士補)명 국가 공무원의 한 직급. 기술직 7급 공무원으로 기원(技員)의 위, 기사의 아래임.

기사=본말체(紀事本末體)명 역사 서술 형식의 한 가지. 연대나 인물보다는 사건에 중점을 두어 사건의 일부를 처음부터 끝까지 연차순으로 모아 그 원인과 결과를 알 수 있도록 기술하는 방법.

기사=정신(騎士精神)명 기사도(騎士道)

기사지경(幾死之境)명 거의 다 죽게 된 지경. ☞기지사경(幾至死境)

기사-체(記事體)명 기사문의 글체.

기사회생(起死回生)성구 중병 등으로 거의 죽을뻔 하다가 다시 살아남을 이르는 말.

기삭(幾朔) '몇 달'의 뜻.

기산(起算)명-하다타 일정한 때나 곳을 기점으로 하여 계산을 시작함. ¶계약일로부터 ―하다.

기산(譏訕)명-하다타 남을 헐뜯어서 말함.

기산=꽃차례(岐繖―)명 유한(有限) 꽃차례의 한 가지. 꽃대 끝에 한 송이의 꽃이 피고 그 아래에 두 꽃자루가 자라 그 끝에 또 한 송이씩 꽃이 피는, 여러 층으로 된 꽃 모양. 별꽃이나 패랭이꽃 따위. 기산 화서(岐繖花序) ☞선상(扇狀) 꽃차례

기산-일(起算日)명 일정한 동안의 날수를 셈할 때 그 첫 날로 잡는 날.

기산-점(起算點)[―쩜]명 기산을 한 시점이나 지점.

기산지절(箕山之節)성구 허유(許由)가 기산에 숨어 살면서 요(堯) 임금의 양위를 받지 않고 절조를 지켰다는 고사에서, 굳은 절개를 이르는 말.

기산=화서(岐繖花序)명 기산 꽃차례 ☞유한 화서

기상(奇想)명 좀처럼 짐작할 수 없는 별난 생각.

기상(起床)명-하다자 잠자리에서 일어남. 기침(起寢) ¶― 시간/다섯 시에 ―하다. ☞기침(起枕)

기상(氣相)[1]명 기색(氣色)

기상(氣相)[2]명 물질이 기체 상태에 있는 상(相). ☞고상(固相). 액상(液相)

기상(氣象)명 대기의 상태와 비·바람·구름·눈 따위 대기 중에서 일어나는 물리적인 여러 현상을 통틀어 이르는 말. ¶― 예보/― 변화가 심하다.

기상(氣像)명 사람이 타고난 기개나 심정(心情)의 상태, 또는 그것이 겉으로 드러난 모양. ¶진취적인 ―

기상(機上)명 비행기의 안, 또는 비행기의 위.

기상(鰭狀)명 물고기의 지느러미 같은 모양.

기상=개:황(氣象概況)명 한 지방의 전체에 걸친 기상의 대체적인 상황.

기상=경:보(氣象警報)명 큰 재해가 예상되는 기상 상태일 때, 기상청이 그 사실을 미리 알리는 경보. 폭풍 경보, 대설 경보 따위.

기상-곡(奇想曲·綺想曲)명 광상곡(狂想曲)

기상=관측(氣象觀測)명 대기의 상태를 알아보고 그 결과를 예측하기 위하여 기온·기압·습도 등의 기상 요소를 과학적으로 측정하고 관찰하는 일.

기상=광학(氣象光學)명 대기 속의 광학 현상을 연구하는 기상학의 한 분과. 햇무리·무지개·박명(薄明) 등 대기 속에서의 빛의 산란이나 굴절 등을 연구함.

기상=기호(氣象記號)명 기상 상태를 나타내기 위하여 특별히 제정한 기호.

기상-나팔(起床喇叭)명 군대 등에서 아침에 잠자리에서 일어날 시각을 알리는 신호 나팔.

기상-대(氣象臺)명 기상 상태를 관측·예보·조사·연구하는 기관.

기상-도(氣象圖)명 기상 상태를 표시해 놓은 지도. 일기도(日氣圖) 따위.

기상=레이더(氣象radar)명 구름의 위치와 비를 가진 구역, 비의 세기 등을 살피는 기상 관측용 레이더. 전파를 발사하여 빗방울 따위의 반사파를 수신하여 관측함.

기상-병(氣象病)[―뼝]명 기상 변화와 밀접한 관계가 있는 여러 가지 질환. 뇌출혈, 신경통, 류머티즘, 천식 따위.

기상=요소(氣象要素)[―뇨―]명 기후 요소(氣候要素)

기상=위성(氣象衛星)명 지구의 기상 상태를 관측하는 인공 위성. 구름이나 해면 수온의 분포 또는 상층의 바람의 흐름 등을 관측하여 그 정보를 지상국에 보냄. ☞통신 위성(通信衛星)

기상=인자(氣象因子)명 기후 인자(氣候因子)

기상=재해(氣象災害)명 기상 현상이 주된 원인으로 일어나는 재해. 수해·풍해·냉해·한해·설해·가물 따위.

기상-조(氣象潮)명 기상의 영향으로 조수의 수위가 변하는 현상. 태풍 내습 때의 고조(高潮) 따위. ☞천문조
기상=주:의보(氣象注意報)명 재해가 예상될 기상 상태일 때에 기상청이 발표하는 주의보. 호우 주의보, 대설 주의보 따위.
기상천외(奇想天外)성구 착안이나 생각이 상식을 벗어나 아주 엉뚱하고 기발함을 이르는 말. ¶ -의 행동.
기상=통보(氣象通報)명 기상의 대체적인 상황이나 각 지방의 날씨 따위를 신문이나 방송을 통하여 일반에게 알리는 보도.
기상=특보(氣象特報)명 기상 통보 이외에, 기상에 갑작스러운 변화나 이상이 생겼을 때 하는 특별한 보도.
기상-학(氣象學)명 대기의 상태나 대기 속에서 일어나는 여러 현상을 물리적·화학적으로 연구하는 학문.
기색(起色)명 어떤 일이 일어날 낌새.
기색(氣色)명 ①감정의 작용으로 나타나는 얼굴빛. 기상(氣相) ¶못마땅한 -./당황한 -이 보이다. ②어떤 현상이나 행동이 일어날 것을 예측할 수 있게 하는 낌새나 눈치. ¶여차하면 그만둘 -이다.
기색(氣塞)명-하다자 심한 정신적 충격으로 호흡이 잠시 멎는 일, 또는 그런 상태. 중기(中氣)
기색(基色)명 모든 색의 바탕이 되는 색. 빨강·노랑·파랑 따위. 원색(原色)
기색(飢色)명 굶주린 얼굴빛.
기색-혼절(氣塞昏絕)명 숨이 막혀 까무러치는 일을 이르는 말.
기:생(妓生)명 지난날, 잔치나 술자리에서 노래나 춤, 또는 풍류로 흥을 돋우는 것을 직업으로 하던 여자. 기녀
기생 오라비관용 멋부리고 몸치장이나 하면서 빈둥거리는 남자를 얕잡아 이르는 말.
기생(寄生)명-하다자 ①다른 종류의 생물이 함께 생활하며, 한쪽이 이익을 얻고 다른 한쪽이 해를 입는 생활 형태. 해를 입는 쪽을 숙주(宿主)라 함. ¶사람의 몸에 -하는 회충. ②스스로의 힘으로 살지 못하고 남에게 의지하거나 얹혀 사는 일. ¶유흥가에 -하는 폭력배.
기생=계급(寄生階級)명 독립하여 살아 나가지 못하고 사회에 의지하여 생활하는 계급.
기생-근(寄生根)명 기생 식물이 다른 식물의 조직 속으로 들어가서 양분을 빨아들이기 위해 만든 뿌리.
기생=동:물(寄生動物)명 다른 동물체(動物體)에 기생하여 그 양분을 섭취하며 사는 동물.
기:생-매미(妓生-)명 '애매미'의 딴이름.
기생-목(寄生木)명 겨우살이
기생-물(寄生物)명 기생 생활을 하는 생물.
기:생-방(妓生房)[-빵]명 기생의 집. 준기방(妓房)
기생-벌(寄生-)명 다른 곤충이나 거미 등의 체내에서 애벌레가 기생하는 벌을 이르는 말. 기생봉(寄生蜂)
기생-봉(寄生蜂)명 기생벌
기생=식물(氣生植物)명 착생 식물(着生植物)
기생=식물(寄生植物)명 다른 식물체에 기생하여 그 양분을 섭취하며 사는 식물. 겨우살이·새삼 따위.
기:생-여뀌(妓生-)[-녀-]명 마디풀과의 한해살이풀. 줄기 높이는 40~150cm. 온몸에 털이 많으며 향기가 있음. 6~9월에 가지 끝에 붉은 꽃이 이삭 모양으로 핌. 주로 들이나 못 가에 자라며 우리 나라와 일본, 인도 등지에 분포함.
기:생-잠자리(妓生-)명 '실잠자리'의 딴이름.
기:생-집(妓生-)[-찝]명 ①기생이 사는 집. ②기생이 있는 술집 따위. 기가(妓家)
기:생-초(妓生草)명 국화과의 한해살이 또는 두해살이풀. 줄기 높이는 30~100cm. 줄기는 여러 갈래로 갈라짐. 초여름에 가운데가 적갈색이고 둘레가 노란 꽃이 핌. 관상용으로 기르며 북아메리카 원산임.
기생-충(寄生蟲)명 ①다른 동물에 붙어 양분을 빨아 먹고 사는 벌레. 촌충이나 회충 따위. ②스스로 살아가지 않고 남에게 의지하여 사는 사람. ¶사회의 -.
기:생-퇴물(妓生退物)명 전에 기생 노릇을 하던 여자를 이르는 말. 준기물(妓物) ☞퇴기(退妓)
기생-파리(寄生-)명 애벌레가 다른 곤충에 기생하는 파리. 누에파리 따위.
기생=화:산(寄生火山)명 화산의 중턱이나 기슭에 생긴 작은 화산. 측화산(側火山)
기서(奇書)명 내용이 기이한 책. 기적(奇籍)
기서(起誓)명-하다자 맹세를 함.
기서(寄書)명-하다자타 ①편지를 부침, 또는 부친 편지. ②기고(寄稿)
기서-인(寄書人)명 기서자(寄書者)
기서-자(寄書者)명 편지를 부친 사람. 기서인(寄書人)
기석(奇石)명 모양이 기이하게 생긴 돌.
기석(棋石·碁石)명 바둑돌
기선(汽船)명 증기 기관의 동력으로 움직이는 배를 통틀어 이르는 말. 증기선·화륜선 따위.
기선(岐線)명 분기선(分岐線)
기선(基線)명 ①삼각 측량에서, 기준이 되는 직선. ②투영도에서, 정면과 평면의 경계를 나타내는 횡선(橫線).
기선(機先)명 무슨 일이 막 일어나려 하는 바로 그 전, 또는 무슨 일을 막 하려 하는 바로 그 때. ¶ -을 제압하다.
기선(機船)명 '발동기선(發動機船)'의 준말.
기선=회:사(汽船會社)명 선박(船舶)으로 화물 또는 여객을 운송하는 영리 회사.
기설(既設)명-하다타 이미 설치하거나 만들어 놓은 것. ¶ - 경기장을 이용하다. ☞미설(未設)
기설-제(祈雪祭)[-쩨]명 지난날, 동지(冬至)가 지나고 납일(臘日)이 될 때까지 눈이 내리지 않을 때 눈이 내리기를 비는 나라의 제사를 이르던 말.
기성(奇聲)명 기이한 소리. ¶ -을 지르다.
기성(記性)명 기억하는 능력.
기성(既成)명-하다자 ①이미 이루어져 있거나 만들어져 있음, 또는 그런 것. ¶ - 세대 ②어떤 부문에서 이미 지위나 자격을 갖추고 있음. ¶ - 화가 ☞미성(未成) ③신주(神主)를 만드는 일.
기성(期成)명-하다타 어떠한 일을 꼭 이룰 것을 기약함.
기성(箕星)명 기수(箕宿)
기성(氣盛)어기 '기성(氣盛)하다'의 어기(語基).
기성=광:물(氣成鑛物)명 기성 작용으로 생긴 광물. 부석·전기석·형석 따위.
기성=동맹(期成同盟)명 어떤 일을 이룰 목적으로, 뜻이 맞는 사람들이 모여 조직한 동맹.
기-성명(記姓名)명-하다자 ①성과 이름을 적음. ②학식이 겨우 자기의 이름이나 적을 수 있는 정도에 이른 것을 뜻하는 말.
기성=문단(既成文壇)명 이미 형성되어 있는 문인 사회.
기성-복(既成服)명 주문에 따라 만든 것이 아니고, 대량으로 미리 만들어 파는 옷.
기성=세:대(既成世代)명 이미 사회에서 활동하고 있으며 사회적으로 그 지위를 인정받고 있는 세대. 신세대에 비해 나이가 많은 층. ☞신세대(新世代)
기성=세:력(既成勢力)명 이미 그 사회에서 확실하게 자리잡은 세력.
기성-암(基性岩)명 염기성암(塩基性岩)
기성=작가(既成作家)명 이미 문단에서 작품 활동을 하며 이름이 알려진 작가.
기성=작용(氣成作用)명 마그마가 응결하고 나서 여러 중금속의 할로겐화물을 함유한 고온의 기체상(狀) 물질이 암석과 반응하여 광상(鑛床)을 이루는 작용.
기성-품(既成品)명 이미 만들어 놓은 물건, 또는 미리 일정한 규격대로 만들어 놓고 파는 물건. ☞주문품(注文品)
기성-하다(氣盛-)형여 기력이 왕성하다.
기성-화(既成靴)명 주문에 따라 만든 것이 아니고, 대량으로 미리 만들어 파는 구두.
기성-회(期成會)명 어떤 일을 이루기 위해 뜻을 같이하는 사람들이 조직한 단체.
기세(氣勢)명 ①기운차게 뻗치는 형세, 또는 남이 보기에 두려워할 만큼 세차게 뻗치는 힘. ¶ -가 등등하다. ②

남에게 영향을 끼칠 기운이나 태도. ¶금방이라도 달려들 -로 나를 노려보았다.

기세(를) 부리다 관용 과시하기 위하여 기세를 드러내어 행동하다. 기세를 피우다.

기세(를) 피우다 관용 기세를 부리다.

기세(飢歲) 명 흉년(凶年)

기세(欺世) 명 -하다 자 세상을 속임.

기세(棄世) 명 -하다 자 ①세상을 버린다는 뜻으로, 웃어른이 세상을 떠남을 이르는 말. 하세(下世) ¶-하신 스승님. ☞별세(別世) ②세속을 초연히 벗어남.

기세도명(欺世盜名) 성구 세상 사람을 속이고 헛된 명예를 탐냄을 이르는 말.

기세양:난(其勢兩難) 성구 이러기도 어렵고 저러기도 어려워 그 형편이 매우 딱함을 이르는 말.

기소 명 조선 시대, 궁중에서 '이불'을 이르던 말. 기수

기:소(耆所) 명 기로소(耆老所)

기소(起訴) 명 -하다 타 검사(檢事)가 특정한 형사 사건에 대하여 법원에 심판(審判)을 청구함. 기송(起訟)

기소(欺笑) 명 -하다 타 ①남을 속이고 우습게 봄. ②업신여기어 비웃음, 또는 그런 웃음.

기소(譏笑) 명 -하다 타 남을 욕하고 비웃음, 또는 그런 웃음.

기소=독점주의(起訴獨占主義) 명 공소(公訴) 제기의 권한을 검사에게만 부여하는 주의.

기소=법정주의(起訴法定主義) 명 형사 소송법에서, 공소(公訴) 제기에 관한 검사의 재량을 인정하지 아니하고, 기소하기에 충분한 범죄의 객관적 혐의가 있고 소송 조건이 갖추어졌을 경우에는 의무적으로 기소해야 하는 주의. ☞기소 편의주의

기소=유예(起訴猶豫) 명 기소 편의주의에 따라, 검사가 공소를 제기하지 않는 처분.

기소-장(起訴狀) [-짱] 명 '공소장(公訴狀)'의 구용어.

기소=편의주의(起訴便宜主義) 명 형사 소송법에서, 공소 제기에 관한 검사의 재량을 허락하고 기소 유예를 인정하는 제도. ☞기소 법정주의

기속(羈束) 명 -하다 타 ①얽어 맴. ②제 마음대로 하지 못하게 함. 계속(繫束)

기속(羈屬) 명 -하다 자타 어떤 것에 얽매임, 또는 얽매어 놓음.

기속-력(羈束力) 명 소송법(訴訟法)에서, 재판의 판결이 한 번 선고(宣告)되면, 선고한 법원이 스스로 그 내용을 취소·변경하지 못하는 기속(羈束)의 효력.

기속=처:분(羈束處分) 명 법규를 집행할 때, 행정청의 재량이 허용되지 않고 법규 그대로 집행하는 처분. ☞재량 처분(裁量處分)

기솔(騎率) 명 -하다 타 말을 타고 종자(從者)를 거느림.

기송(起送) 명 -하다 타 ①사람을 보냄. ②지난날, 죄인을 호송하던 일.

기송(起訟) 명 -하다 타 기소(起訴)

기송(記誦) 명 -하다 타 기억하여 욈.

기송(寄送) 명 -하다 타 물건을 부쳐 보냄.

기쇠(氣衰) 명 -하다 자 기력이 줄어서 약해짐.

기수 명 조선 시대, 궁중에서 '이불'을 이르던 말. 기소

기수(汽水) 명 민물과 바닷물이 섞여 소금기가 적은 물. 만(灣)이나 하구(河口)의 바닷물 등.

기수(忌數) 명 사람들이 꺼리는 숫자.

기수(奇數) 명 2로 나누어지지 않는 정수(整數). 1·3·5·7·9·11 따위. 홀수 ☞우수(偶數). 짝수

기수(奇樹) 명 진기한 나무.

기수(奇獸) 명 진기한 짐승.

기수(氣嗽) 명 한방에서, 가래가 목구멍에 걸려 숨이 차면서 나는 기침을 이르는 말.

기수(氣數) 명 저절로 오고 가고 한다는 길흉화복의 운수.

기수(起首) 명 어떤 일의 첫머리. ☞결미(結尾)

기수(旣遂) 명 -하다 타 ①이미 일을 다 끝냄. ②법률에서, 범죄의 구성 요건이 완전히 실현되는 일. ☞미수(未遂)

기수(基數) 명 기수법(記數法)에서 기초가 되는 수. 십진법에서는 0에서 9까지의 정수(整數). 기본수(基本數)

기수(期首) 명 어느 기간이나 기한 따위의 시작. 기초(期初) ☞기말(期末)

기수(幾數) 명 낌새

기수를 채다 관용 낌새를 채다.

기수(旗手) 명 ①군대나 단체가 행진할 때, 그 표지(標識)가 되는 기를 드는 사람. ②어떤 일을 하는 데 앞장서서 활동하는 사람을 비유하여 이르는 말. ¶반핵(反核) 운동의 -.

기수(箕宿) 명 이십팔수(二十八宿)의 하나. 동쪽의 일곱째 별자리. 기성(箕星) 준 기(箕)

기수(機首) 명 항공기의 앞머리. ¶-를 남으로 돌리다.

기수(騎手) 명 ①말을 타는 사람. ②경마에서 경주마를 타는 사람.

기수=동:물(汽水動物) 명 수생 동물(水生動物)의 한 가지. 바닷물과 민물이 섞이는 강어귀 등 소금기가 적은 물에 사는 동물을 통틀어 이름. ☞담수 동물(淡水動物). 해산 동물(海產動物)

기수-법(記數法) [-뻡] 명 숫자로 수를 나타내는 법.

기수=생물(汽水生物) 명 민물과 바닷물이 섞이는 데 사는 생물. 갯지렁이·가막조개·빙어·뱀장어 따위.

기수-어(汽水魚) 명 민물과 바닷물이 섞이는 데 사는 물고기. 빙어·숭어·뱀장어 따위.

기:숙(耆宿) 명 학식과 덕망이 높은 노인.

기숙(寄宿) 명 -하다 자 ①남의 집에서 신세를 지며 지냄. ¶친척 집에 -하면서 학교에 다니다. ②기숙사에 들어가서 공동 생활을 함.

기숙-사(寄宿舍) 명 학생이나 회사원 등이 공동 생활을 할 수 있도록 학교나 회사가 지은 건물.

기숙-생(寄宿生) 명 기숙사에서 공동 생활을 하는 학생.

기:술(技術) 명 ①어떤 일을 재간 있게 해내는 재주. ¶운전 -/화초 재배 - ②이론을 실지로 응용하는 재주. ¶- 교육 ③과학을 실지로 응용하는 방법이나 수단.

기술(奇術) 명 ①기묘한 재주. ②관객의 눈을 교묘하게 속여 이상야릇한 일을 해 보이는 요술.

기술(記述) 명 -하다 타 ①글로 적음, 또는 글로 적은 것. ¶보고 들은 바를 -하다. ②사물의 특징을 사실 그대로 정확하고 조직적으로 적음.

기술(旣述) 명 -하다 타 이미 말함, 또는 이미 글로 적음. ¶-한 바와 같다.

기:술-가(技術家) 명 ①어떤 특정한 솜씨에 뛰어난 사람. ②기술자(技術者)

기:술=고등=고:시(技術高等考試) 명 5급 공무원 공개 채용 시험의 하나. 행정 고등 고시, 외무 고등 고시와 함께 공무원 임용 시험령에 따라 실시함.

기:술-공(技術工) 명 기술을 가진 기능공(技能工).

기:술-관(技術官) 명 조선 시대, 기술에 관한 사무를 맡아 보던 관원.

기:술=교:육(技術教育) 명 일상 생활이나 생산 활동에 필요한 기술과 지식을 익히는 교육.

기:술=도:입(技術導入) 명 기업(企業)이 선진국의 새로운 생산 기술을 들여오는 일.

기술=문법(記述文法) [-뻡] 명 문법 유형의 한 가지. 일정한 시기의 어떤 언어의 문법 현상을 있는 그대로 적는 문법. ☞규범 문법(規範文法)

기:술-사(技術士) [-싸] 명 기술 자격 등급의 한 가지. 가장 높은 등급임. 기사(技士) 자격증을 딴 후에 실무 경력 4년 이상이 된 사람 등이 응시할 수 있음. ☞기능사(技能士)

기술-사(奇術師) [-싸] 명 기술(奇術)을 부리는 사람, 또는 기술을 직업으로 삼는 사람.

기:술=원조(技術援助) 명 선진국이 발전 도상국(發展途上國)에 대하여 경제 개발에 필요한 지식이나 기술 등을 원조하는 일.

기:술=이전(技術移轉) 명 선진국이 발전 도상국에 필요한 기술과 지식을 넘겨주는 일.

기:술-자(技術者) [-짜] 명 기술에 관한 전문적인 지식과 기능을 갖춘 사람. 기술가(技術家)

ㄱ

기:술-적(技術的)[-쩍]명 ①기술에 관계되는 것. ¶-으로 뛰어난 신상품. ②실제로 응용하는 데 관계되는 것. ¶일을 -으로 처리하다.
기술적=과학(記述的科學)[-쩍-]명 사물을 관찰하여, 그것을 조직적으로 기록·분류함을 주된 내용으로 삼는 과학. 동물학·식물학·광물학 따위. ☞설명적 과학
기:술적=분업(技術的分業)[-쩍-]명 한 작업 과정을 기술의 전문 분야별로 나누어 맡아 하는 일.
기:술적=실업(技術的失業)[-쩍-]명 기술의 진보에 따라 자본의 유기적 구성이 고도화되면서, 노동이 점차 기계로 대체되어 나타나는 선진 사회의 실업.
기:술=제휴(技術提携)명 기업과 기업이 생산이나 가공 기술 등을 제공하여 협력하는 일.
기:술-직(技術職)명 일반직 공무원 직군의 하나. 공업·광무·농림·보건·선박·수산·시설·통신·항공·수로 등과 관련된 직군을 통틀어 이름. ☞행정직(行政職)
기:술-진(技術陣)[-찐]명 어떤 기술적인 일에 관계하고 있는 구성원들.
기:술=집약형=산:업(技術集約型產業)명 기술 수준이 높고 기술 혁신의 속도도 빠른 산업.
기술-학(記述學)명 진리나 법칙을 기술하는 학문.
기:술=혁신(技術革新)명 ①획기적인 기술 도입으로 일어나는 경제 구조 등의 변혁. 이노베이션(innovation) ②생산 기술이 획기적으로 혁신되는 일.
기숫-잇[-닛]명 조선 시대, 궁중에서 이불잇을 이르던 말.
기스락명 ①기슭의 가장자리. ②초가의 처마끝.
기슭명 ①비탈의 끝 자리. ②바다나 강 등의 물과 닿아 있는 땅의 부분. ¶한강 -
기습(奇習)명 이상스러운 버릇.
기습(奇襲)명-하다타 상대편이 뜻하지 아니한 때에 갑자기 들이침. ¶적의 진지를 -하다.
기습(氣習)명 풍습(風習)
기승명-하다형 성미가 굳세고 억척스러움, 또는 굳세고 억척스러운 성미.
　기승(을) 떨다관용 기승(을) 부리다.
　기승(을) 부리다관용 기승스럽게 행동하다. 기승(을) 떨다.
　기승(을) 피우다관용 기승스러운 성미를 드러내다.
기승(奇勝)명 특이하게 아름다운 경치. ¶천하의 -.
기승-스럽다(-스럽고·-스러워)형ㅂ 보기에 기승한 데가 있다.
　기승-스레부 기승스럽게
기승전:결(起承轉結)명 ①한시(漢詩), 특히 절구(絕句)의 기구(起句)·승구(承句)·전구(轉句)·결구(結句)를 아울러 이르는 말. ②절구(絕句)를 구성하는 법. 기구에서 시정(詩情)을 일으키어, 승구에서 이어받아, 전구에서 소재(素材)를 발전시키어, 결구에서 맺음. 기승전락. 기승전합
기승전:락(起承轉落)명 기승전결
기승전:합(起承轉合)명 기승전결
기시(棄市)명-하다타 옛 중국에서, 죄인의 목을 베어 그 시체를 길거리에 버리던 형벌.
기시-감(既視感)명 한 번도 경험한 적이 없는 일이, 언제 어디서인지 이미 경험한 적이 있는 것처럼 느껴지는 일.
기식(氣息)명 내쉬고 들이쉬는 숨. 호흡(呼吸)
기식(寄食)명-하다자 남의 집에서 잠을 자고 끼니를 먹으면서 지냄. 우식(寓食)
기식엄:엄(氣息奄奄)성구 숨이 곧 끊어질듯이 숨기운이 약함을 이르는 말. ▷氣의 속자는 気
기신(己身)명 자신(自身)
기신(忌辰)명 세상을 떠난 사람이나 세상을 떠난 사람의 가족을 높이어 그 '제삿날'을 이르는 말. 기신일(忌辰日) ☞기일(忌日)
기신(起身)명-하다자 ①몸을 움직여서 일어남. ¶중풍에 걸려 -을 못하다. ②몸을 빼쳐 관계를 끊음.
기신(氣神)명 기력과 정신.
　기신(이) 없다관용 기력이 약하고 정신이 흐리다.
기신-거리다(대다)자 게으르거나 기운이 없어서 맥없이 몸을 움직이다. ☞개신거리다
기신-기신부 기신거리는 모양을 나타내는 말.
기신-일(忌辰日)명 기신(忌辰)
기-신:호(旗信號)명 손에 기를 들고 하는 신호. 기의 빛깔로써 하는 방법과 기를 든 팔의 움직임으로 하는 방법이 있음.
기실(其實)명 그 실상. ¶-은 사실과 다르다.
　부 실제로 ¶겉으로 아는체 하나 - 아는 바가 없다.
기:실(∠枳實)명 한방에서, 덜 익은 탱자를 썰어 말린 것을 약재로 이르는 말.
기실(氣室)명 ①압축 공기가 들어 있는 공간. ②밀펌프에서 물을 뿜어내는 관과 실린더 사이의, 공기가 차 있는 공간. ③식물의 잎의 기공(氣孔)과 이어진 세포의 틈. ④조류(鳥類) 알의 난각(卵殼)과 난막(卵膜) 사이의 공간.
기실(記實)명-하다타 사실을 기록함.
기심(欺心)명-하다자 자기의 양심을 속임.
기십(幾十) '몇 십'의 뜻.
기아(飢餓)명 굶주림 ☞포만(飽滿). 포식(飽食)
기아(棄兒)명-하다자 어버이가 제 아이를 버림, 또는 어버이로부터 버림받은 아이.
기아=동맹(飢餓同盟)명 단식 동맹(斷食同盟)
기아=부종(飢餓浮腫)명 오랜 굶주림으로 말미암아 일어나는 부종.
기아=수출(飢餓輸出)명 외화(外貨)를 얻기 위하여 국내의 소비를 줄이고 수입을 억제하는 한편, 국민의 생활에 필요한 물자마저 수출하는 일. 기근 수출(飢饉輸出)
기아=임금(飢餓賃金)명 겨우 먹고 살 정도로 주는 적은 품삯.
기아-자(飢餓者)명 굶주리는 사람.
기:악(妓樂)명 ①기생과 풍류. ②기생의 풍류.
기악(器樂)명 악기로 연주하는 음악. ☞성악(聲樂)
기악-곡(器樂曲)명 기악을 위하여 만들어진 악곡.
기:안(妓案)명 지난날, 관가(官家)에서 기생의 이름을 기록하여 두던 책.
기안(奇案)명 기묘한 안.
기안(起案)명-하다타 글의 초안(草案)을 씀. 기초(起草)
기암(奇岩)명 기이한 모양의 바위.
기암=괴:석(奇岩怪石)명 기이한 모양의 바위와 괴상하게 생긴 돌.
기암=절벽(奇岩絕壁)명 기이한 모양의 바위와 깎아지른 듯한 낭떠러지.
기압(汽壓)명 기관(汽罐) 안의 증기의 압력.
기압(氣壓)명 대기의 압력. 보통 지상에 작용하는 대기의 무게를 이르는데, $1cm^2$에 약 1kg의 무게임. 장소와 계절에 따라 다름. 단위는 파스칼(Pa), 헥토파스칼(hPa), 또는 밀리바(mb). 대기압
기압=경도(氣壓傾度)명 동일한 평면상의 두 지점의 기압의 차를 그 거리로 나눈 값.
기압-계(汽壓計)명 증기(蒸氣)의 압력을 재는 장치. 검압기(檢壓器)
기압-계(氣壓計)명 대기의 압력을 재는 장치. 수은 기압계, 아네로이드 기압계 등이 있음. 바로미터
기압-골(氣壓-)명 천기도(天氣圖)에서, 저기압의 중심으로부터 'V' 자 모양 또는 'U' 자 모양으로 가늘고 길게 골을 이룬 저압부(低壓部).
기압=배:치(氣壓配置)명 기압의 분포 상태. 비교적 넓은 범위의 고기압·저기압 및 전선(前線) 등의 분포 상태.
기압-파(氣壓波)명 기압이 변할 경우, 지역에 따라 시간적으로 기압의 폭이 늘거나 줄면서 번져 가는 현상.
기앙(企仰)명-하다타 일이 이루어지기를 바람. 기망(企望)
기약(奇藥)명 신기롭게 효험이 있는 약.
기약(既約)명 분수 또는 분수식이 약분(約分)되어 그 이상 약분할 수 없는 것.
기약(期約)명-하다타 때를 정하여 약속함. ¶- 없이 떠나다.

한자 기약할 기(期) 〔月部 8획〕 ¶기대(期待)/기도(期圖)/기성(期成)/기약(期約)/기한(期限)

기약(棄約) 명 -하다 자 약속을 저버림.
기약(氣弱) 어기 '기약(氣弱)하다'의 어기(語基).
기약=분수(旣約分數) [-쑤] 명 분모와 분자 사이에 공약수가 없어 그 이상 약분이 되지 않는 분수.
기약-하다(氣弱-) 형여 ①원기(元氣)가 약하다. ②기백(氣魄)이 약하다.
기:양(技癢·伎癢) 명 재주를 지니고도 쓸 길이 없어 마음이 근질근질한 것.
기양(祈禳) 명 -하다 자 복은 들어오고 재앙은 물러가라고 비는 일.
기:양-증(技癢症) [-쯩] 명 지니고 있는 재주를 쓰고 싶어서 속을 태우는 증세.
기어(奇語) 명 기이한 말. 기언(奇言)
기어(寄語) 명 -하다 자 남에게 부탁하여 말을 전함.
기어(旗魚) 명 황새칫과에 딸린 돛새치·녹새치·청새치·황새치 따위를 이르는 말. ☞돛새치
기어(綺語) 명 ①교묘하게 꾸며 대는 말. 불교에서 이르는 십악(十惡)의 하나임. ②소설이나 시 등에서 묘하고 재치 있게 꾸민 말.
기어(gear) 명 ①톱니바퀴 ②몇 개의 톱니바퀴로 동력을 전달하는 장치. ¶변속(變速) -
기어-가다 자타 기어서 어떤 곳으로 가다.
기어-들다[1] (-들고·-드니) 자 ①기거나 기는듯 한 모습으로 들어오거나 들어가다. ¶울타리의 구멍으로 -. ②몰래 들어오거나 들어가다. ¶도둑이 방 안으로 -. ③공기나 바람 따위가 스며듦을 빗대어 이르는 말. ¶밤이 이슥하자 찬 기운이 방으로 기어든다.
기어-들다[2] (-들고·-드니) 자 기가 질리어 움츠러들다. ¶겁을 먹고 기어드는 목소리로 대답하다.
기어-오르다 (-오르고·-올라) 자타르 ①기듯이 손과 발을 함께 쓰거나 몸을 구부려 높은 곳으로 가다. ¶나무를 -./절벽을 -. ②윗사람이 너그럽게 대해 주는 데 대해 버릇없이 행동하다. ¶버릇없이 어른에게 -.
기어-이(期於-) 부 ①어떤 일이 있어도 반드시. ¶- 해내고야 말겠다. ②결국에 가서는. ¶- 정상(頂上)을 정복하다. 기어코
기어-코(期於-) 부 기어이 ¶- 목표를 달성하다.
기억(記憶) 명 -하다 타 ①지난 일이나 겪은 일 등을 잊지 않고 마음에 둠, 또는 그 내용. ¶-이 생생하다. ②심리학에서, '경험한 일을 잊지 않고 마음에 간직했다가 뒷날 되살리는 작용, 또는 그 내용'을 이름. ☞망각(忘却)

한자 기억할 념(念) 〔心部 4획〕 ¶기념(紀念)/유념(留念)

기억-력(記憶力) 명 기억하는 능력.
기억-술(記憶術) 명 기억할 내용을 어떤 일과 연관시켜서 기계적으로 기억을 쉽게 하는 방법.
기억=장치(記憶裝置) 명 컴퓨터에서 자료를 저장하는 장치. 주기억 장치와 보조 기억 장치가 있음. 메모리
기언(奇言) 명 기이한 말. 기어(奇語)
기엄-기엄 부 가만가만 기어가는 모양을 나타내는 말.
기업(企業) 명 영리(營利)를 목적으로 생산·판매 등의 경제 활동을 하는 조직체, 또는 그 사업.
기업(起業) 명 -하다 타 새로 사업을 시작함.
기업(基業) 명 ①기초가 되는 사업. 초업(礎業) ②대대로 전하여 오는 사업과 재산.
기업(機業) 명 피륙을 짜는 사업.
기업-가(企業家) 명 기업에 자본을 대고, 그 기업을 경영하는 사람. 기업자(企業者)
기업-가(機業家) 명 피륙을 짜는 사업을 경영하는 사람.
기업=결합(企業結合) 명 여러 기업이 서로의 이익을 위하여 결합하는 일. 카르텔·트러스트·콘체른 따위.
기업=공개(企業公開) 명 기업이 그 주식을 주식 시장에 내놓아, 그 주식을 산 사람이나 단체가 주주(株主)가 될 수 있게 하는 일.
기업=공채(起業公債) 명 국가 또는 공공 단체가 사업을 처음으로 일으킬 때에 소용되는 자금을 얻기 위하여 모집하는 공채.
기업=광:고(企業廣告) 명 라디오·텔레비전·신문 따위를 통하여 경영 방침이나 업적 등을 선전함으로써 대중들에게 기업에 대한 좋은 인상을 심어 주기 위한 광고.
기업=소:득(企業所得) 명 기업가가 기업 활동으로 얻는 이익.
기업=연합(企業聯合) [-년-] 명 카르텔(Kartell)
기업-자(企業者) 명 기업가(企業家)
기업-주(企業主) 명 기업을 소유·경영하는 사람.
기업=진단(企業診斷) 명 기업의 경영 상태를 객관적으로 조사·분석하여 합리적인 개선책을 수립, 그 실시를 권고하고 지도하는 일.
기업=집중(企業集中) 명 기업이 시장 지배력이나 생산 규모의 확대 등을 목적으로 합병 또는 카르텔·트러스트·콘체른 등의 형태로 결합하는 일.
기업-체(企業體) 명 기업을 경영하는 조직체. 준 업체
기업=통:제(企業統制) 명 ①카르텔·트러스트 등의 독점 기업이 그 위력을 보이기 위하여 하는 자발적 통제. ②기업 독점에 대한 나라의 통제.
기업=합동(企業合同) 명 트러스트(trust)
기업=형태(企業形態) 명 출자와 경영 방식에 따라 구별하는 기업의 형태. 법률적으로 합명 회사, 합자 회사, 주식 회사 등이 있고, 경영의 주체에 따라 사기업·공기업 등이 있음.
기업-화(企業化) 명 -하다 자타 기업의 형태로 됨, 또는 되게 함.
-기에 어미 어간이나 '이다'의 '이-'에 붙어, '원인, 이유, 근거'를 나타내는 연결 어미. ¶그가 떠나기에 나도 떠났다./그 꽃이 곱기에 샀다./그가 누구이기에 그렇게 정중하게 대하니?
기여(其餘) '그 나머지'의 뜻. 이여(爾餘)
기여(寄與) 명 -하다 자타 사회나 남에게 이바지함. 유 공헌(貢獻) ¶생태계 보전에 -한 바 크다. ②부치어 줌. 보내 줌.
기여-보:비(寄與補裨) 명 이바지하고 보태어 줌.
기역 명 〈어〉한글 자모(字母) 'ㄱ'의 이름.
속담 **기역 자 왼 다리도 못 그린다** : 무식하여 아는 글자라고는 하나도 없다는 말. 〔가갸 뒷자도 모른다/낫 놓고 기역 자도 모른다〕
기역(其亦) 기역시(其亦是)
기역(氣逆) 명 한방에서, 뱃속의 기운이 위로 치밀어 오르는 병을 이르는 말. 가슴이 답답하고 손발이 차며, 어지럽고 목이 마르며 숨이 찬 증세가 나타남.
기역-니은 명 ①한글의 'ㄱ'과 'ㄴ'. ②'한글'을 통속적으로 이르는 말.
기역니은-순(-順) 명 한글 자모(字母)의 자음 차례로 배열한 것. ㄱㄴ순 ¶참가자의 이름을 -으로 적다.
기역시(其亦是) '그것도 또한'의 뜻. 기역(其亦)
기역자-자(-字-) 명 나무나 쇠로 'ㄱ'자 모양으로 만든 자. 곱자. 구척(矩尺). ㄱ자자
기역자-집(-字-) 명 ①건물의 평면(平面)을 'ㄱ'자 모양으로 지은 집. ②용마루가 'ㄱ'자 모양으로 된 집. ㄱ자집
기역자촉-홈(-字-) 명 기역자홈
기역자-홈(-字-) 명 건물이나 기물 따위를 만들 때, 나무나 돌을 이을 부분에 'ㄱ'자 모양의 촉이 끼이게 파낸 홈. 기역자촉홈. ㄱ자촉홈. ㄱ자홈
기연(奇緣) 명 기이한 인연.
기:연(棄捐) 명 -하다 타 ①내어 버림. ②자선이나 공익 등을 위하여 돈이나 물품을 냄. 의연(義捐)
기연(機緣) 명 ①어떠한 일이 일어나거나 어떤 상태로 되거나 하는 계기. ②불교에서, 부처의 교화를 받을만 한 인연의 기틀을 이름.
기연가미연가-하다(其然-未然-) 형여 그런지 그렇지 않은지 분명하지 않다. 준 기연미연하다. 긴가민가하다

기연미연-하다(其然未然-)형여 '기연가미연가하다'의 준말.
기연-장:자(頎然長者)명 풍채가 뛰어나고 점잖은 사람.
기연-히(期然-)부 꼭. 꼭 그렇게.
기염(氣焰)명 호기로운 기세. ¶ -을 토하다.
기염만:장(氣焰萬丈)성구 호기로운 기세가 굉장함을 이르는 말. 만장기염(萬丈氣焰)
기엽(氣葉)명 물 밖으로 나와서 광합성(光合成)을 하는 부엽 식물(浮葉植物)의 잎.
기엽(旗葉)명 깃발
기영(氣癭)명 한방에서, 근심과 걱정으로 말미암아 몸에 생기는 혹을 이르는 말.
기영(機影)명 날아가는 비행기의 모습, 또는 그 그림자.
기:예(技藝)명 기술에 관한 재주와 솜씨.
기예(氣銳)어기 '기예(氣銳)하다'의 어기(語基).
기예-하다(氣銳-)형여 무슨 일을 해내려는 기백이 날카롭다. ¶기예한 신진(新進).
기온(氣溫)명 대기의 온도. 보통 땅 위 1.5m 높이의, 바람이 잘 통하는 그늘에서 잰 온도를 이름.
기온=감률(氣溫減率)명 기온이 높이에 따라 낮아지는 비율. 평균 100m 높아짐에 따라 0.5~0.6°C 낮아짐. 기온체감률(氣溫遞減率)
기온=체감률(氣溫遞減率)명 기온 감률
기온-파(氣溫波)명 기온의 변화가 물결처럼 퍼져 나가는 현상.
기온=편차(氣溫偏差)명 관측하는 지점의 온도와 그와 같은 위도의 공정(公正) 온도와의 차.
기와명 찰흙으로 굽거나 시멘트 등으로 만들어 지붕을 이는 물건. 암키와와 수키와가 있음. ☞개와(蓋瓦)
속담 **기와 한 장 아껴서 대들보 썩힌다** : 조그마한 것을 아끼다가 오히려 큰 손해를 보게 된다는 말.〔호미로 막을 것을 가래로 막는다〕

한자 기와 와(瓦)〔瓦部〕¶도와(陶瓦)/와가(瓦家)/와공(瓦工)/와당(瓦當)/와옥(瓦屋)/청와(青瓦)

기와(起臥)명-하다자 일어남과 누움, 곧 일상의 생활을 뜻함. ☞기거(起居)
기와-깨미명 기와를 부스러뜨린 가루.
기와-막(-幕)명 기와를 구워서 만드는 곳. 기와점
기와-버섯명 무당버섯과의 버섯. 갓은 지름 5~15cm이며, 처음에는 반구형이나 차차 오목한 편평한 꼴로 됨. 빛깔은 초록이나 흐린 초록빛을 띠며, 표피가 불규칙하게 갈라져 있음. 여름과 가을에 활엽수림과 잡목림의 땅 위에 자람. 먹을 수 있으며, 흔히 '청버섯'이라고 불림. 북반구의 온대 이북에 분포함.
기와-와(-瓦)명 한자 부수(部首)의 한 가지. '瓷'·'甁' 등에서 '瓦'의 이름.
기와-장이명 지붕에 기와를 이는 일을 전문으로 하는 사람. 개와장(蓋瓦匠) ☞와공(瓦工). 와장(瓦匠)
기와-점(-店)명 기와막
기와-집명 지붕을 기와로 이은 집. 와가(瓦家). 와옥(瓦屋) ¶고래 등 같은 -.
속담 **기와집에 옻칠하고 사나** : 인색하게 살며 재산을 모으는 사람을 두고 이르는 말./**기와집이면 다 사창**(社倉)**인가** : 겉이 훌륭하다고 그 내용까지 다 훌륭하지는 아니하다는 말.
기완(嗜玩)명-하다타 즐겨 가지고 놂.
기완(器玩)명 감상하며 즐기려고 모은 기구나 골동품.
기왓-가마명 기와를 구워 내는 가마. 와부(瓦釜). 와요(瓦窯)
기왓-고랑명 기와집 지붕에 빗물이 흘러내리도록 암키와를 잦혀 이어 골이 진 바닥. 기왓골. 와구(瓦溝)
기왓-골명 기왓고랑
기왓-등명 처마로부터 용마루에 이르는 수키와 줄기의 등. ☞기왓고랑
기왓-장명 기와의 낱장.
기왕(既往)명 이미 지나간 때. ¶ -의 일을 입에 올리지 아니하다./-의 일은 잊어 버리자.
부 기왕에 ¶ - 말이 나온 김에 해치워 버리자.
기왕-에(既往-)부 이미 그렇게 된 바에. 기왕(既往). 이왕(已往). 이왕에 ¶ - 예까지 왔으니 며칠 쉬고 가게.
기왕-이면(既往-)부 이미 그렇게 된 바에는. 이왕이면 ¶ - 자네가 직접 오게.
기왕-증(既往症)[-쯩]명 지난날 앓은 적이 있는 질병.
기왕지사(既往之事)명 이미 지나간 일. 이왕지사(已往之事) ¶ -를 후회한들 무엇하나.
기외(其外) '그 밖'의 뜻. ☞기타(其他)
기요(紀要)명 중요한 부분을 적어 놓은 것.
기요(起擾)명-하다자 소란을 일으킴.
기요(機要)명 중요한 기밀.
기-요통(氣腰痛)명 한방에서, 기혈(氣血)이 쇠약하여 허리가 늘 아픈 증세를 이르는 말.
기요틴(guillotine 프)명 도끼 모양의 날을 떨어뜨리어 죄인의 목을 자르는 사형 기구. 프랑스 혁명 때 쓰였음. ☞단두대(斷頭臺)
기욕(嗜欲·嗜慾)명 하고 싶은 일을 즐기려는 욕심.
기용(起用)명-하다타 사람을 뽑아 씀. ¶유능한 인재를 -하다./학자를 총리로 -하다. ☞등용(登用)
기우(杞憂)명 옛날, 중국 기나라 사람이 하늘이 내려앉지나 않을까 하고 걱정했다는 고사에서, '쓸데없는 걱정'을 이르는 말. ¶그의 염려는 -에 지나지 않았다.
기우(奇偶)명 기수(奇數)와 우수(偶數).
기우(奇遇)명 뜻하지 않게 만나는 일. ¶이런 곳에서 만나게 되다니, 참으로 -로군.
기우(祈雨)명-하다자 가물 때 비가 내리기를 빎.
기우(氣宇)명 기개(氣概)와 도량.
기우(寄寓)명-하다자 한동안 남의 집에서 지내면서 신세를 짐. 기주(寄住) ¶친척 집에 -하다.
기우-단(祈雨壇)명 기우제를 지내기 위해 설치한 단.
기우듬-하다형여 조금 기운듯 하다. ☞갸우듬하다
기우듬-히부 기우듬하게 ☞갸우듬히. 끼우듬히
기우뚱부 기우듬히 기울어지거나, 또는 기우듬히 기울이는 모양을 나타내는 말. ¶기둥이 - 기울었다./골똘히 생각하다가 고개를 - 하다. ☞갸우뚱. 끼우뚱
기우뚱-거리다(대다)자타 이쪽저쪽으로 기우듬히 기울어지거나 기울이다. ¶파도에 배가 -. ☞갸우뚱거리다. 끼우뚱거리다
기우뚱-기우뚱부 기우뚱거리는 모양을 나타내는 말. ☞갸우뚱갸우뚱. 끼우뚱끼우뚱
기우뚱-하다형여 한쪽으로 기우듬히 기울어 있다. ☞갸우뚱하다. 끼우뚱하다
기우-제(祈雨祭)명 오래 가물 때에 비가 내리기를 비는 제사. ☞기청제(祈晴祭)
기운명 ①하늘과 땅 사이에 가득 차 있어 만물이 나고, 자라고, 살아가는 현상의 근원이 되는 힘. ②생물이 살아 움직이는 힘. ¶ -이 세다./그는 언제나 -이 펄펄하다. ③오관(五官)으로 느끼는, 눈에 보이지 않는 현상. ¶서늘한 -./오싹한 -. ④어떤 일이 일어날 조짐. 기미(幾微) ¶몸살 -이 있다.
속담 **기운이 세면 소가 왕 노릇 할까** : 힘만 가지고는 많은 사람을 거느릴 수 없다는 말.

한자 기운 기(氣)〔气部 6획〕¶기력(氣力)/열기(熱氣)/원기(元氣)/정기(精氣)/혈기(血氣) ▷ 속자는 気

기운(氣運)명 되어 가는 경향이나 형편. ¶두 편이 화합하는 -이 싹트다.
기운(氣韻)명 글씨나 그림 등 예술 작품에서 풍기는 품격 높은 멋.
기운(機運)명 ①돌아가는 고비. ¶변혁의 -을 타고 정계에 진출하다. ②어떤 일을 할 수 있는 시기(時機). ¶독립의 -이 무르익다.
기운-기(-氣)명 한자 부수(部首)의 한 가지. '氣'·'氲' 등에서 '气'의 이름.
기운-생동(氣韻生動)명 동양화의 화육법(畫六法)의 하

나. 대상을 생동감 있게 표현하는 기법. ☞골법용필(骨法用筆)

기운-차다 형 기운이 세차다. ¶기운찬 구령.

기울 명 밀 따위의 속껍질.

기울(氣鬱)[1] 명 한방에서, 마음이 울적하며 가슴이 아픈 병을 이르는 말.

기울(氣鬱)[2] 어기 '기울(氣鬱)하다'의 어기(語基).

기울-기 명 ①기운 상태나 기운 정도. 경사(傾斜). 경도(傾度). 경사도(傾斜度) ¶－가 대단한 암벽. ②수학에서, 직선의 기운 정도를 나타내는 말.

기울기-표(－標) 명 철도 선로(線路)의 기운 정도를 나타낸 표지(標識).

기울다[1](기울고·기우니) 자 ①물체가 한쪽으로 쏠리다. ¶배가 비스듬히 －. ②해가 져 가다. ¶해가 서산으로 －. ☞저물다 ③이지러지다 ¶달이 기울기 시작하다. ④형세가 전보다 못해지다. ¶기운 사세(社勢)를 다시 일으키다./집안이 －. ⑤생각 따위가 어느 한쪽으로 쏠리다. ¶여론이 보수적인 방향으로 －. ☞갸울다[1]. 끼울다[1]

한자 **기울 경**(傾) 〔人部 11획〕 ¶경각(傾角)/경도(傾倒)/경사(傾斜)/경주(傾注)/경향(傾向)

기울다[2](기울고·기우니) 형 ①똑바르지 아니하고 한쪽이 낮다. ¶오른쪽이 기운 장롱. ②다른 것과 비교하여 그것보다 못하다. ¶신랑 쪽이 신부 쪽보다 －./실력 면에서 －. ☞갸울다[2]. 끼울다[2]

기울어-뜨리다(트리다) 타 힘있게 기울이다. ☞갸울어뜨리다. 끼울어뜨리다

기울어-지다 자 ①기울게 되다. ¶돌탑이 －. ②형세가 전보다 못하게 되다. ¶가세(家勢)가 －. ☞갸울어지다. 끼울어지다

기울-이다 타 ①기울게 하다. ¶목을 옆으로 －. ②힘이나 주의를 한군데로 모으거나 향하게 하다. ¶애정을 기울여 돌보다./심혈을 기울여 완성한 작품./귀를 －. ☞갸울이다. 끼울이다

기울-하다(氣鬱－) 형여 마음이 우울하다.

기움-질 명-하다 자 해진 곳이나 떨어진 곳에 조각을 대어 깁는 일.

기웃 부 ①고개나 몸을 기우듬하게 기울이는 모양을 나타내는 말. ¶인기척에 고개를 － 하다. ②고개나 몸을 기우듬하게 기울이며 무엇을 슬쩍 살피거나 엿보는 모양을 나타내는 말. ¶여기 －, 저기 －. ☞갸웃. 끼웃

기웃-거리다(대다) 타 무엇을 슬쩍슬쩍 살피거나 엿보다. ¶상점을 －. ☞갸웃거리다. 끼웃거리다

기웃-기웃[1] [－욷－] 부 기웃거리는 모양을 나타내는 말. ¶방 안을 － 들여다보다. ☞갸웃갸웃[1]. 끼웃끼웃[1]

기웃-기웃[2] [－욷－] 부-하다 형 여럿이 다 기웃한 모양을 나타내는 말. ¶책꽂이에 책들이 － 꽂혀 있다. ☞갸웃갸웃[2]. 끼웃끼웃[2]

기웃-하다 [－욷－] 형여 보기에 조금 기운듯 하다. ☞갸웃하다. 끼웃하다

기웃-이 부 기웃하게 ☞갸웃이. 끼웃이

기원(紀元) 명 ①역사상의 햇수를 세는 기준, 또는 기준이 되는 첫해. 세계적으로 쓰이고 있는 서력 기원(西曆紀元)인 '서기(西紀)' 따위. ②나라를 세운 첫해를 이르는 말. ③새로운 출발이 되는 시대나 시기를 이르는 말. ¶한국 축구의 새 －을 열다.

기원(祈願) 명-하다 타 신불(神佛)에게 소원을 빎. 기축(祈祝). 발원(發願)

기원(起源·起原) 명 사물이 생긴 본바탕. ¶지구의 －을 연구하다. 유 시초(始初)

기원(棋院·碁院) 명 바둑 두기를 즐기는 사람들에게 도구와 자리를 빌려 주는 일을 사업으로 삼는 곳.

기원(冀願) 명-하다 타 희망(希望)

기원-전(紀元前) 명 기원(紀元) 원년(元年) 이전. 일반적으로 서력(西曆) 기원의 원년 이전을 이르며, B.C. (Before Christ) 기호로 나타냄. ☞기원후

기원=정사(祇園精舍) 명 옛날, 인도의 수달 장자(須達長者)가 중인도의 사위성(舍衛城) 남쪽에 있는 기타 태자(祇陀太子)의 정원을 사서 석가모니와 그 제자들을 위해 지었다는 절.

기원-후(紀元後) 명 기원(紀元) 원년(元年) 이후. 일반적으로 서력(西曆) 기원 원년 이후를 이르며, A.D.(Anno Domini 라) 기호로 나타냄. ☞기원전

기월(忌月) 명 기일(忌日)이 있는 달.

기월(期月) 명 ①정한 기한의 달. ②온 한 달. 만 한 달.

기위(旣爲) '벌써', '이미'의 뜻. 기이(旣已)

기유(己酉) 명 육십갑자의 마흔여섯째. ☞경술(庚戌)

기유(耆儒) 명 늙은 선비.

기유-년(己酉年) 명 육십갑자로 해를 이를 때, 기유(己酉)가 되는 해. 곧 천간(天干)이 기(己)이고 지지(地支)가 유(酉)인 해. ☞경술년(庚戌年). 유년(酉年)

기율(紀律) 명 ①사람의 행위의 기준이 되는 것. ¶사회 생활의 －. ②일정한 질서. ¶－ 있는 생활.

기은(欺隱) 명-하다 타 속이고 감춤.

×**기음** 명 → 김[3]

기음(基音) 명 기본음(基本音). 원음(原音)

기음=문자(記音文字) [－짜] 명 표음 문자(表音文字)

기의(機宜) 명 시기나 형편에 알맞음. ☞시의(時宜)

기이(旣已) '벌써', '이미'의 뜻. 기위(旣爲)

기이(期頤) 명 사람의 '백 살의 나이'를 이르는 말. ☞망백(望百). 백수(白壽)

기이(奇異) 어기 '기이(奇異)하다'의 어기(語基).

기이다 타 무슨 일을 숨기어 드러나지 않게 하다. 준 기다

기이-하다(奇異－) 형여 예사롭지 아니하고 이상야릇하다. ¶기이한 느낌. /기이한 모양의 바위. 유 기묘하다

기이-히 부 기이하게

한자 **기이할 기**(奇) 〔大部 5획〕 ¶기괴(奇怪)/기담(奇談)/기묘(奇妙)/기행(奇行)/신기(神奇)/진기(珍奇)

기인(奇人) 명 성격이나 언행(言行)이 보통 사람과 달리 별난 사람. ☞범인(凡人)

기인(其人) 명 고려 시대 초기에, 지방 호족(豪族)의 아들로서 중앙에 볼모로 와서 지내면서 자기 고을 일의 고문(顧問)을 하던 사람.

기인(起因) 명-하다 자 어떤 일이 일어나는 원인. ¶안전 관리의 소홀함에서 －한 사고.

기인(飢人) 명 굶주린 사람. 기자(飢者)

기인(基因) 명 ①근본이 되는 원인. ②어떤 바탕에서 말미암은 일.

기인(欺人) 명-하다 자 남을 속임.

기인(棄人) 명 ①도리에 벗어난 짓을 일삼아 버림받은 사람. ②병이나 못된 버릇 등으로 쓸모 없이 된 사람. 폐인(廢人)

기인(旗人) 명 중국 청나라 때에 '만주(滿洲) 사람'을 이르던 말. ☞기족(旗族)

기인취:물(欺人取物) 성구 사람을 속이어 돈이나 물건을 빼앗는 짓을 이르는 말. 기인편재(欺人騙財)

기인편재(欺人騙財) 성구 기인취물(欺人取物)

기일(忌日) 명 ①좋지 않다고 여기어 꺼리는 날. ②사람이 죽은 날. 명일(命日) ③제삿날 ☞기신(忌辰)

기일(奇日) 명 기수(奇數)의 날. 척일(隻日) ☞우일(偶日)

기일(期日) 명-하다 타 어떤 일을 할 날을 미리 정함, 또는 그 정한 날. ¶－을 넘기다.

기입(記入) 명-하다 타 용지(用紙)의 정해진 자리에 적음. ¶해당하는 내용을 －하다. ☞기재(記載)

기입-란(記入欄) 명 용지(用紙)에 어떤 내용을 적도록 정해 놓은 난(欄).

기자(記者) 명 ①신문이나 잡지, 방송 등의 기사를 취재·집필하거나 편집하는 사람. ¶사회부 －/편집 － ②문서를 기초하는 사람.

기자(飢者) 명 굶주린 사람. 기인(飢人)

기자(棋子·碁子) 명 바둑돌

기자(譏刺) 명-하다 타 남의 허물을 헐뜯고 비꼼.

기자감식(飢者甘食)성구 배고픈 사람은 음식을 가리지 않고 달게 먹음을 이르는 말.
기자-단(記者團)명 국회나 관공서 등에서 취재 활동을 하는 보도 기관의 기자들이 취재의 편의나 서로의 친목을 위하여 조직한 단체.
기자-력(起磁力)명 물체에 자기(磁氣)가 일어나게 하는 힘이나 작용.
기잠(起蠶)명 허물을 갓 벗은 누에. 인누에
기장[1] 명 옷의 길이. ¶ -이 긴 치마.
기장[2] 명 볏과의 한해살이풀. 농작물의 한 가지로 줄기 높이는 100~120cm임. 잎은 어긋맞게 나고, 이삭은 수수와 비슷한데 가을에 익음. 열매는 담황색임.
기:장(技匠)명 기술을 가진 사람.
기장(紀章)명 '기념장(紀念章)'의 준말.
기장(記帳)명-하다 타 장부에 적음, 또는 적어 놓은 장부.
기장(飢腸)명 굶주린 창자.
기장(旗章)명 ①기(旗)가 표지(標識)로 나타낸 그림이나 도안. ②국기(國旗)·군기(軍旗)·교기(校旗) 등을 통틀어 이르는 말.
기장(器仗)명 병기(兵器)와 의장(儀仗).
기장(機長)명 항공기의 승무원 가운데 최고 책임자.
기장-서(-黍)명 한자 부수(部首)의 한 가지. '黎'·'黏' 등에서 '黍'의 이름.
기장-쌀명 찧어서 껍질을 벗긴 기장의 열매.
기장지무(旣張之舞)성구 이미 벌인 춤이라는 뜻으로, 하던 일을 중간에 그만둘 수 없음을 이르는 말.
기장-차다형 물건이 곧고도 길이가 길다.
기재(奇才)명 드물게 뛰어난 재주, 또는 그런 재주를 지닌 사람. ☞기지(奇智)
기재(記載)명-하다 타 서류나 책에 기록하여 실음. ¶서류에 주소와 이름을 -하다. ☞기입(記入)
기재(器才)명 뛰어난 능력과 재주.
기재(機才)명 재치 있고 재바른 재주.
기재(機材)명 ①기계를 만드는 재료. ②기계와 재료.
기재(器材)명 ①기구를 만드는 재료. ②기구와 재료.
기재(器財)명 ①기물(器物) ②도구(道具)
기재주색(氣財酒色)명 '기운·재물·술·여색(女色)'을 뜻하는 말로서, 골패나 화투 따위로 운수를 점칠 때 이르는 말.
기저(基底)명 ①어떤 사물의 기초가 되는 것. ②입체(立體)의 바닥.
기저귀명 젖먹이나 병자 등의 샅에 채워 대소변을 받아내는 헝겊이나 종이. ¶ -를 채우다./-를 갈다.
기적(汽笛)명 증기로 소리를 내게 만든 신호 장치. 기차나 기선 등에 장치하여 신호에 씀.
기:적(妓籍)명 지난날, 기생의 신분으로 등록된 소속, 또는 기생을 등록해 놓은 대장을 이르던 말.
기적(奇蹟)명 ①상식으로는 이해할 수 없는 신기한 일이나 현상. ☞이적(異蹟) ②인간의 능력으로써는 불가능한 일을 불가지한 힘을 입은 특수한 사람이 행하는 일.
기적(奇籍)명 내용이 기이한 책. 기서(奇書)
기적(棋敵·碁敵)명 바둑에서, 실력이 비슷한 맞적수.
기적-극(奇蹟劇)명 중세기에 영국이나 프랑스에서 유행한, 예수나 사도(使徒)·성자(聖者)의 기적 전설을 제재로 삼은 종교극(宗敎劇).
기적-적(奇蹟的)명 기적으로밖에 생각할 수 없는 것. ¶ -으로 살아나다.
기전(紀傳)명 '본기(本紀)'와 '열전(列傳)'을 아울러 이르는 말.
기전(起電)명-하다 자 전기를 일으킴.
기전(氣轉·機轉)명 상황에 따라 적절히 판단할 수 있는 재빠른 마음의 작용.
기전(棋戰·碁戰)명 바둑이나 장기를 두는 일.
기전(畿甸)명 기내(畿內)
기전(騎戰)명 말을 타고 하는 싸움. 기마전(騎馬戰)
기전-력(起電力)[-녁]명 전류를 일으키는 원동력. 전동력(電動力)
기전-체(紀傳體)명 역사를 기록하는 형식의 한 가지. 대개 본기(本紀 : 제왕의 연대기)·열전(列傳 : 신하의 전기)·지(志 : 사회의 현상)·표(表 : 연표나 계보 등)로 이루어짐. ☞기사 본말체(紀事本末體). 편년체
기절(氣絶)명-하다 자 ①한때 정신을 잃음. ¶심한 충격으로 -하다. ②몹시 놀라 숨이 막힐 지경이 됨. ¶아이쿠, -이야.
기절(氣節)명 ①꿋꿋한 기개와 굳은 절조. ②기후(氣候)
기절(基節)명 밑마디
기절(奇絶)어기 '기절(奇絶)하다'의 어기(語基).
기절-하다(奇絶-)형여 매우 기이하다.
기점(起點)[-쩜]명 ①무슨 일이 시작되는 첫머리. ¶가건물의 야간 학교가 지금의 고등 기술 학교의 -이다. ②무엇이 시작되는 곳. ¶경인선의 -은 서울역이다. 출발점 ☞종점(終點)
기점(基點)[-쩜]명 ①거리나 시간을 잴 때, 시작이 되는 점이나 곳. 밑점 ②생각이나 행동의 바탕이 되는 것. ¶그의 사상의 -은 자유주의에 있다.
기정(汽艇)명 증기 기관을 동력으로 하는 작은 배.
기정(起程)명-하다 자 여행을 떠남.
기정(旣定)명 이미 정해진 상태에 있는 것. ¶ - 방침대로 실행하다. ☞미정(未定)
기정(欺情)명-하다 자 겉으로 딴청을 부리고 속내는 드러내지 아니함.
기-정:맥(奇靜脈)명 사람의 가슴 오른편에 있는 정맥.
기정=세:입(旣定歲入)명 법률이나 명령으로써 이미 그 액수를 결정한 세입. ▷旣의 속자는 既
기정=세:출(旣定歲出)명 법률이나 명령으로써 이미 그 액수를 결정한 세출.
기정=예:산(旣定豫算)[-녜-]명 의회(議會)에서 이미 결의된 예산.
기제(忌祭)명 '기제사(忌祭祀)'의 준말.

> ▶ **'기제(忌祭)'와 '차례(茶禮)'의 절차 차이**
> ① 대상 — 기제는 조상이 세상을 떠난 날에 지내고, 차례는 명절에 지낸다.
> ② 시간 — 기제는 밤에 지내고, 차례는 낮에 지낸다.
> ③ 제수 — 기제에는 메(밥)와 갱(국)을 차리고, 차례에는 명절 음식을 차린다.〔떡국·송편 따위〕
> ④ 절차 — 기제에는 술을 세 번 올리고, 차례에는 한 번만〔단헌(單獻)〕 올린다.
> ⑤ 기제에는 합문(闔門)·계문(啓門)을 하나, 차례에는 하지 않는다.
> ⑥ 기제에는 숭늉을 올리지만 차례에는 올리지 않는다.
> ⑦ 축문은 기제에만 읽는다.

기제(旣濟)[1] 명 이미 마친 상태에 있는 것. ☞미제(未濟)
기제(旣濟)[2] 명 '기제괘(旣濟卦)'의 준말.
기제-괘(旣濟卦)명 육십사괘(六十四卦)의 하나. 감괘(坎卦) 아래 이괘(離卦)가 놓인 괘로 물이 불 위에 있음을 상징함. 준기제(旣濟) ☞미제괘(未濟卦)
기제-론(機制論)명 기계론(機械論)
기제-류(奇蹄類)명 포유류의 말목을 흔히 이르는 말. 초식 동물로 발끝의 굽이 하나 또는 세 개로 되어 있음. 말·물소·코뿔소 따위. ☞우제류(偶蹄類)
기-제사(忌祭祀)명 삼년상이 끝난 뒤 해마다 죽은 날에 지내는 제사. 준기제(忌祭)
기조(基調)명 ①주조(主調) ②사상·학설·작품 등의 근본적인 생각이나 경향. ¶낭만성을 -로 한 예술 작품. ③그림이나 장식 등에서 기본으로 삼은 색. ¶청색을 -로 한 그림.
기조(鰭條)명 물고기의 지느러미의 뼈대를 이루는 가늘고 긴 뼈.
기조-력(起潮力)명 바닷물의 밀물과 썰물을 일으키는 힘. 달이나 태양의 인력으로 일어남.
기조=연:설(基調演說)명 어떤 모임에서, 그 모임의 기본 취지나 성격, 진행 방향 등을 밝히는 연설.
기족(旗族)명 중국 청나라 때 '만주족(滿洲族)'을 이르던

말. ☞기인(旗人)
기족(驥足)명 준마(駿馬)의 발이라는 뜻으로, 빼어난 재능, 또는 그런 재능을 가진 사람을 이르는 말.
기존(既存)앞말 이전부터 있음. ¶ - 시설.
기졸(騎卒)명 기병(騎兵)
기종(氣腫)명 병이 난 자리에 공기나 가스가 차 부풀거나 확대된 상태. 흔히 폐기종(肺氣腫)을 이름.
기종(機種)명 ①비행기의 종류. ¶최신 -의 전투기. ②기계의 종류.
기좌(起坐)명-하다자 사람을 맞이할 때, 존경의 뜻을 나타내기 위하여 잠깐 일어났다가 앉는 일.
기주(記注·記註)명-하다타 말이나 행동을 글로 적음.
기주(起酒)명-하다자타 ①술이 괴어오름. ②강정이나 증편 같은 것을 만들 때, 술로 반죽하여 부풀어 오르게 함.
기주(寄主)명 숙주(宿主)
기주(寄住)명-하다자 한동안 남의 집에서 지내면서 신세를 짐. 기우(寄寓)
기주(基主)명 터주
기:주(嗜酒)명-하다자 술을 좋아함.
기주-떡(起酒-)명 증편
기-죽다(氣-)자 기세가 꺾여 약해지다. ¶기죽은 표정.
기준(基準)명 기본이 되는 표준. ¶합격 -
기준(奇峻)어기 '기준(奇峻)하다'의 어기(語基).
기준-면(基準面)명 높이나 깊이를 잴 때 기준이 되는 면.
기준-선(基準線)명 건축 등의 도면을 그릴 때 길이나 위치 등의 기준으로 삼는 선.
기준-점(基準點)[-쩜]명 측점(測點)
기준-하다(奇峻-)형여 산 모양이 기이하고 가파르다.
기중(忌中)명 상중(喪中)
기중(其中)명 그 가운데. 그 속.
기중(期中)명 기일 안. 기한 안.
기중(器重)명-하다타 앞으로 뛰어난 인물이 될 것으로 보아 그의 재주와 기량을 소중히 여김.
기중-기(起重機)명 무거운 물건을 동력(動力)으로 달아 올리어, 위아래 또는 앞뒤, 좌우로 옮기는 기계. 크레인
기중기-선(起重機船)명 기중기를 장치하여, 강이나 바다 위에서 무거운 짐을 옮기거나 나르는 데 쓰이는 배. 항만 공사나 조선(造船) 등에 이용됨.
기증(寄贈)명-하다타 남에게 이바지하는 뜻으로 물품을 보내어 줌. ¶고아원에 도서를 -하다. ☞수증(受贈). 증여(贈與). 증정(贈呈)
기증-본(寄贈本)명 기증하는 책.
기증-품(寄贈品)명 기증하는 물건.
기지(忌地)명 그루를 타는 땅. ☞땅가림
기지(奇智)명 기발한 지혜. 뛰어난 슬기. ☞기재(奇才)
기지(枝指)명 육손이의 덧붙은 손가락. ▷枝: 육손이(기)
기지(氣志)명 어떤 일을 이루려는 의기. 의지(意志)와 기개(氣概). 지기(志氣)
기지(基地)명 ①활동의 근거지. ②군대나 탐험대, 등반대 등이 활동의 근거지로 삼는 시설. ¶남극 -/공군 -
기지(既知)명-하다타 ①이미 알고 있음. ¶그것은 -의 사실이지. ②이미 알려져 있음. ¶-의 세계. ☞미지(未知)
기지(機智)명 그때그때의 경우에 따라 재치 있게 변통하는 슬기. 돈지(頓智). 즉지(卽智)
기:지개명-하다자 잠에서 깨어나거나 몸이 피곤할 때, 몸을 쭉 펴고 팔다리를 뻗어 몸을 풀어 주는 짓.
기지개(를) 켜다관용 기지개를 하다.
기지-국(基地局)명 이동하는 무선국과 하는 무선 통신의 기지가 되는 무선국.
기지사:경(幾至死境)성구 거의 죽을 지경에 이름을 이르는 말. ☞기사지경(幾死之境)
기지-수(既知數)명 방정식 등에서 이미 그 값이 알려져 있거나 알고 있는 것으로 가정하는 수. ☞미지수
기지-창(基地廠)명 군대에서, 보급품의 비축이나 분배 따위를 맡은 부대.
기직명 왕골 껍질이나 부들 잎으로 짚을 싸서 엮은 자리. 기직자리
기직-자리명 기직
기진(氣盡)명-하다자 기운이 다 빠짐. ¶과로로 -하다./-하여 몸을 가누지 못하다.
기진맥진(氣盡脈盡)성구 기운이 다 빠지고 맥이 풀리어 몸을 제대로 가누지 못할 상태임을 뜻하는 말. 기진역진
기진역진(氣盡力盡)[-녁-]성구 기진맥진(氣盡脈盡)
기질(奇疾)명 원인을 알 수 없는 이상한 병.
기질(氣質)명 ①사람의 타고난 성질의 경향. 성향(性向) ¶명랑한 -./그의 예술가적 -은 외가 쪽의 내림이다. ②심리학에서, 성격의 바탕을 이루는 감정적 반응의 특징을 이르는 말. 흔히 유전적·체질적인 조건에 따른 감정적 경향을 이르는데 다혈질(多血質)·우울질(憂鬱質)·담즙질(膽汁質)·점액질(粘液質)의 네 가지로 가름.
기질(基質)명 ①효소의 작용을 받아 화학 반응을 일으키는 물질. ②동물의 결합 조직(結合組織)의 세포 사이에 있는 물질.
기질(器質)명 장기(臟器)나 기관(器官)에서 볼 수 있는 형태적·해부학적인 성질.
기질적=장애(器質的障礙)명 유기체를 이루고 있는 여러 기관(器官)에서, 어떤 손상을 입어서 일어난 행동이나 정신면의 장애. 좁은 뜻으로 뇌(腦)의 손상으로 일어난 것을 이름.
기차(汽車)명 ①증기 기관을 원동력으로 하여 객차나 화차를 끌고 궤도를 달리는 열차. 화차(火車) ☞철마(鐵馬) ②철도를 달리는 열차.
기차=선로(汽車線路)명 열차가 다니는 철길. 기찻길
기착(寄着)명-하다자 목적지로 가는 도중 어떤 곳에 잠시 들름. ☞기항(寄航). 기항(寄港)
기착-지(寄着地)명 목적지로 가는 도중 잠시 들르는 곳.
기찰(箕察)명 지난날, '평안도 관찰사'를 달리 이르던 말.
기찰(畿察)명 지난날 '경기도 관찰사'를 달리 이르던 말. 수찰(水察)
기찰(譏察)명-하다타 넌지시 살펴 조사함.
기찻-길(汽車-)명 열차가 다니는 철길. 기차 선로
기창(氣脹)명 한방에서, 칠정(七情)의 울결(鬱結)로 뱃속에 가스가 가득 차서 배가 불룩해지며 몸이 붓고 팔다리가 여위는 병을 이르는 말.
기창(起瘡)명-하다자 한방에서, 마마의 꽃이 솟은 뒤 부르틈을 이르는 말.
기창(旗槍)명 ①고려 시대, 의장(儀仗)의 한 가지. 작은 기를 다는 긴 창. ②십팔기(十八技) 또는 무예 이십사반(武藝二十四般)의 하나. 기를 단 창으로 하는 무예임.
기창(機窓)명 비행기의 창.
기창(騎槍)명 ①지난날, 기병이 쓰는 긴 창을 이르던 말. ②무예 이십사반(武藝二十四般)의 하나. 갑옷과 투구 등으로 무장한 무사가 말을 타고 달리면서 긴 창으로 대상물을 잇달아 찌르는 무예.
기채(起債)명-하다자 ①빚을 냄. ②국가나 공공 단체, 주식 회사 등이 재정 자금이나 사업 자금을 마련하기 위하여 채권을 발행하는 일.
기채=시:장(起債市場)명 공사채(公社債)의 발행으로 자금의 수요자가 자금을 마련하는 자본 시장.
기책(奇策)명 남이 미처 헤아리지 못한 기발한 계책. ☞기계(奇計)
기척명 있는 줄을 알 수 있게 하거나, 알 수 있을만 한 소리나 기색. ¶-을 내다./-을 하다./-이 없다.
기천(氣喘)명 한방에서, 가슴이 답답하고 숨이 차며 목구멍에서 가래 소리가 나는 증세를 이르는 말.
기천(幾千) '몇 천'의 뜻.
기철(忌鐵)명 한방에서, 약재가 그 성질에 따라 쇠붙이를 꺼림을 이르는 말.
기첩(奇捷)명 뜻하지 아니한 승리.
기청-제(祈晴祭)명 지난날, 입추(立秋)가 지난 뒤까지 장마질 때, 날이 개기를 빌던 나라의 제사. ☞기우제(祈雨祭)
기체(氣滯)명 ①한방에서, 기운이 고르게 돌지 못하고 한

곳에 머물러서 생기는 병을 이르는 말. 기통(氣痛) ②마음이 편하지 아니하여 생기는 체증(滯症).
기체(氣體)[1] [명] 일정한 모양이나 부피가 없고 유동성인 물질. 가스(gas) ☞고체(固體). 액체(液體)
기체(氣體)[2] [명] 웃어른에게 문안하는 편지에서 그의 기분과 건강 상태를 이르는 한문 투의 말. 기후(氣候)[2] ☞기체후(氣體候)
기체(基體) [명] 철학에서, 물건의 성질·상태·변화의 기초를 이루고 있는 것이라 여겨지는 것.
기체(機體) [명] ①비행기의 전체. ¶ ―가 좌우로 흔들리다. ②비행기의 본체(本體), 곧 엔진이나 날개 이외의 부분.
기체=분자=운:동론(氣體分子運動論) [명] 기체를 서로 독립하여 자유로이 운동하는 분자로 이루어지는 것으로 보고, 그 분자의 운동을 통하여 압력·온도·확산(擴散) 등의 기체의 성질을 설명하는 이론. 기체 운동론
기체=연료(氣體燃料) [명] 기체 상태로 사용되는 연료. 석탄 가스, 천연 가스, 프로판가스, 아세틸렌 등.
기체=온도계(氣體溫度計) [명] 기체가 온도의 변화에 따라 부피나 압력을 변화시키는 현상을 이용한 온도계.
기체=운:동론(氣體運動論) [명] 기체 분자 운동론
기체=전:지(氣體電池) [명] 두 종류의 기체 전극을 이용하여 만든 전지. 가스 전지
기체-화(氣體化) [명] [-하다] [자] 기화(氣化)
기체후(氣體候) [명] '기체(氣體)[2]'의 높임말.
기초(起草) [명] [-하다] [타] 글의 초안(草案)을 씀. 기안(起案). 출초(出草) ¶ 헌법을 ―하다. [준] 초(草)[1]
기초(基礎) [명] ①어떤 사물이 이루어지는 데 바탕이 되는 것. ¶ ―를 다지다./―가 확실하니 이해가 빠르다. ☞근기(根基). 근본(根本). 근저(根底) ②건축물의 무게를 견디며 안정되게 하기 위해 만드는, 건물의 가장 아래 부분의 구조물. ☞토대(土臺)
기초(期初) [명] 어느 기간이나 기한 따위의 시작. 기수(期首) ☞기말(期末)
기초=공사(基礎工事) [명] 건축물의 기초를 만드는 공사.
기초=공:제(基礎控除) [명] 소득세 등 세금을 계산할 때, 총소득 금액에서 일정한 금액을 과세 대상에서 제외하는 일.
기초=대:사(基礎代謝) [명] 동물이 깨어 있는 상태에서 생명을 유지하는 데 필요한 최소한의 에너지.
기초=버력(基礎―) [명] 방파제를 쌓거나 다리를 놓을 때, 기초를 만들기 위해 물 속에 넣는 돌.
기초=산업(基礎產業) [명] 한 나라의 경제 활동의 기반이 되는 중요한 산업. 화학·제철·에너지·자동차·전자 산업 따위. 기간 산업(基幹產業)
기초=생산(基礎生產) [명] 생물학에서, 녹색 식물이 광합성을 하여 유기물을 만들어 내는 일을 이르는 말.
기초=시계(記秒時計) [명] 경기 등에서 초(秒) 이하의 정밀한 시간을 재는 시계.
기초=의학(基礎醫學) [명] 의학의 연구나 임상의 기초가 되는 학문을 통틀어 이르는 말. 해부학·생리학·생화학·병리학 등.
기초-적(基礎的) [명] 기초가 되는 것. ¶ 식생활의 ―인 식품.
기초-제(基礎劑) [명] 연고(軟膏)나 경고(硬膏) 등 약제의 기초 원료로 쓰이는 물질. 라놀린·왁스·파라핀 따위.
기초=체온(基礎體溫) [명] 체온에 영향을 미칠만 한 여러 조건을 피한 상태에서 잰 체온.
기초=화장품(基礎化粧品) [명] 건강하고 아름다운 피부를 지니기 위해 피부를 손질하는 데 쓰는 화장품. 크림·유액(乳液)·화장수 따위.
기총(機銃) [명] '기관총(機關銃)'의 준말.
기총(騎銃) [명] 기병이 사용하는 총열이 짧은 소총.
기총=소:사(機銃掃射) [명] 기관총의 총구를 움직여 비질하듯이 마구 사격하는 일.
기추(騎芻) [명] 조선 후기에 무과(武科) 초시(初試)에서 시험 과목으로 삼던 무예(武藝)의 한 가지. 말을 타고 달리면서 활을 쏘는 무예임.
기축(己丑) [명] 육십갑자의 스물여섯째. ☞경인(庚寅)
기축(祈祝) [명] [-하다] [타] 바라는 일이 이루어지기를 신불(神佛)에게 빎. 기원(祈願)
기축(氣縮) [명] [-하다] [자] 두려워서 의기가 움츠러듦.
기축(機軸) [명] ①기관이나 바퀴 등의 굴대. ②마룻대 ③활동의 중심. 사물의 중심. ④새로 생각하여 낸 방식. ⑤지구의 자전(自轉)의 회전축(回轉軸).
기축-년(己丑年) [명] 육십갑자로 해를 이를 때, 기축(己丑)이 되는 해. 곧 천간(天干)이 기(己)이고 지지(地支)가 축(丑)인 해. ☞경인년(庚寅年). 축년(丑年)
기축=통화(基軸通貨) [명] 국제간의 결제(決濟)나 금융 거래에 널리 쓰이는 통화. 미국의 달러, 유럽 연합의 유로 따위. 국제 통화(國際通貨)
기출(己出) [명] 자기가 낳은 자식.
기취(旣娶) [명] 이미 장가든 처지. ☞미취(未娶)
기취(∠箕箒) [명] 쓰레받기와 비.
기취를 받들다 [관용] 여자가 아내로서 남편을 받들다. [지난날, 여자가 아내나 첩이 됨을 겸손하게 이르던 말임.] ☞건즐(을) 받들다.
기층(氣層) [명] 대기(大氣)의 층(層).
기층(基層) [명] ①사물의 기초를 이루고 있는 것. ¶ 민족 정신의 ―. ②여러 층으로 겹쳐진 것의 밑바탕인 층. ¶ 아스팔트 포장 도로의 ―.
기치(奇恥) [명] 아주 남세스러운 일.
기:치(棄置) [명] [-하다] [타] 버려 둠. 방치(放置)
기치(旗幟) [명] ①군중(軍中)에서 쓰는 기(旗). ②분명히 나타내는 주의(主義)·주장(主張)이나 태도. ¶ 개혁의 ―를 선명히 하다.
기침 [명] [-하다] [자] 목이나 기관지의 점막(粘膜)이 자극을 받았을 때, 절로 숨이 멈추어지고 갑자기 숨이 터져 나오는 현상, 또는 그 소리. 해수(咳嗽)
[속담] **기침에 재채기** : ①어려운 일이 겹쳤음을 이르는 말. ②공교롭게도 일이 잘 안 됨을 이르는 말. [하품에 딸꾹질]
기침(起枕) [명] [-하다] [자] 윗사람이 아침에 잠자리에서 일어남. ¶ 아버지께서 ―하시다. ☞기상(起床)
기침(起寢) [명] [-하다] [자] ①기상(起床) ☞취침(就寢) ②절에서, 중이 새벽에 일어나 부처에게 예배하는 일.
기침-쇠(起寢―)[―쐬] [명] 기침종(起寢鐘)
기침-종(起寢鐘) [명] 절에서, 아침에 일어날 시각을 알리기 위하여 치는 종. 기침쇠
기타(其他) [명] 그 밖의 또 다른 것. ¶ ― 사항
기타:(guitar) [명] 발현 악기(撥絃樂器)의 한 가지. 평평한 표주박 모양의 공명 통에 줄받침대를 붙여 여섯 줄을 벌여 맴. 손가락으로 줄을 짚어 음정을 고르고, 다른 손의 손끝으로 줄을 뚱겨 연주함. ☞통기타
기탁(寄託) [명] [-하다] [타] ①물건이나 돈을 남에게 맡겨 그 처리를 부탁함. ¶ 구호 양곡을 ―하다./장학금을 ―하다./장서를 ―하다. ②'임치(任置)'의 구용어.
기탁-금(寄託金) [명] 남에게 맡긴 돈, 또는 남이 맡긴 돈. ¶ 독지가의 ―을 장학 기금으로 삼다.
기탄(忌憚) [명] [-하다] [타] 어렵게 여기거나 거북하게 여겨 꺼림.
기탄-없:다(忌憚―)[―업―] [형] 어렵게 여기거나 거리낌이 없다. [주로, '기탄없이', '기탄없는'의 꼴로 쓰임.] ¶ 기탄없는 비판.
기탄-없이 [부] 거리낌이 없이. ¶ 느낀 바를 ― 말하다.
기태(奇態) [명] 기이한 모양.
기태(氣態) [명] 물질이 기체(氣體) 상태로 있는 것. ☞고태(固態). 액태(液態)
기통(汽筒·氣筒) [명] 증기 기관이나 내연 기관 등의 주요 부분의 하나. 유체(流體)를 밀폐한 원통형의 그릇인데, 그 속을 피스톤이 왕복 운동을 함. 실린더(cylinder) ¶ 6―의 엔진.
기통(氣痛) [명] 한방에서, 기운이 고르게 돌지 못하고 한 곳에 머물러서 생기는 병을 이르는 말. 기체(氣滯)
기특(奇特) [어기] '기특(奇特)하다'의 어기(語基).
기특-하다(奇特―) [형] [여] 생각이나 마음씨, 또는 행동이 대견하고 훌륭하다. 주로 어린아이의 경우에 이름. ¶ 기

특한 생각. /하는 짓이 -.

기특-히 [부] 기특하게 ¶하는 일마다 - 여기다.

기틀 [명] ①일의 가장 중요한 점. ②기회나 낌새. ¶-을 살피다. ☞계기(契機)

기틀이 잡히다 [관용] 일의 가장 중요한 부분이 제대로 구실을 하게 되다. ¶비록 규모는 작지만 기틀이 잡힌 업체이다.

기판(∠喫飯) [명] 절에서 공양(供養) 때를 알리기 위해 운판(雲版)이나 종을 치는 일. ☞기판 목탁

기판(旗瓣) [명] 콩과 식물의 나비 모양의 꽃부리 가운데서 위쪽에 있는 한 장의 큰 꽃잎.

기판-력(旣判力) [-녁] [명] ①민사 소송법에서, 재판이 확정되면 동일 사항에 관하여 그 후 소송상의 문제가 되더라도 당사자는 이에 어긋나는 주장을 할 수 없고, 법원도 이와 저촉되는 재판을 할 수 없는 구속력. ②형사 소송법에서, 유죄·무죄의 실체 판결과 면소의 판결이 형식적으로 확정되는 일.

기판=목탁(∠喫飯木鐸) [명] 절에서, 공양(供養) 때를 알리기 위해 치는 목탁. ☞기판종

기판-종(∠喫飯鐘) [명] 절에서, 공양(供養) 때를 알리기 위해 치는 종. ☞기판 목탁

기편(欺騙) [명] -하다 [타] 둘러대어 속임.

기평(棋枰·碁枰) [명] 바둑판

기평(譏評) [명] -하다 [타] 헐뜯어 비평함. ☞악평(惡評)

기폐(起廢) [명] -하다 [타] 지난날, 관직에서 내쫓았던 사람을 다시 불러서 씀을 이르던 말.

기포(起泡) [명] -하다 [자] 거품이 일어남.

기포(氣泡) [명] 액체나 고체의 내부나 표면에 생긴 공기 방울. ☞거품

기포(氣胞) [명] ①폐포(肺胞) ②물고기의 부레.

기포(飢飽) [명] 굶주림과 배부름.

기포=소화기(氣泡消火器) [명] 화학적으로 반응시켜 생긴 이산화탄소의 거품으로 불을 끄는 소화기. 기름으로 말미암은 불을 끄는 데 알맞음.

기포-제(起泡劑) [명] 액체에 녹아서 거품이 잘 일게 하는 물질. 비누 따위.

기폭(起爆) [명] 화약이나 폭탄에 폭발 반응을 일으키는 일. ¶- 장치 ☞기폭제

기폭(旗幅) [명] ①깃발 ②깃발의 나비.

기폭-약(起爆藥) [-냑] [명] 기폭제(起爆劑)

기폭-제(起爆劑) [명] ①폭파약 등의 점화(點火)에 쓰이는, 가벼운 충격이나 마찰에도 폭발하는 화약. 기폭약(起爆藥). 점화약(點火藥) ②어떤 사태를 불러일으키는 계기가 된 일. ¶전쟁 발발의 -가 된 사건.

기표(記票) [명] -하다 [자] 투표 용지에 내용을 써넣음.

기표-소(記票所) [명] 기표(記票)하는 곳.

기품(奇品) [명] 진기한 물품.

기품(氣品) [명] 은근히 풍기는 품위 있는 느낌. ¶- 있는 사람. /- 있는 문장.

기품(氣稟) [명] 타고난 기질.

기풍(氣風) [명] 어떤 집단이나 지역의 사람들에게서 공통적으로 느낄 수 있는 독특한 기질. ¶진취적인 -은 이 고장 사람들의 특징이지. /학교의 -을 새롭게 하다.

기프트숍(gift shop) [명] ①선물용 상품을 파는 가게. ②외국인을 상대로 하는 토산물(土產物) 가게.

기피(忌避) [명] -하다 [타] ①꺼리어 피함. ¶공개 토론을 -하다. ②재판에서, 공정하지 못한 일이 일어날 우려가 있을 때, 소송 당사자가 법관이나 법원 직원 등의 직무나 임무 집행을 거절하는 일.

기필(起筆) [명] -하다 [타] 글을 쓰기 시작함. ☞각필(擱筆)

기필(期必) [명] -하다 [타] ①틀림없이 이루어지기를 기약함. ②〔부사처럼 쓰임〕 ¶- 성공할 것으로 믿는다.

기필-코(期必-) [부] 반드시 ¶- 그 비법을 밝혀 내고야 말겠다. ☞기어이. 꼭. 틀림없이

기핍(飢乏) [명] -하다 [자] 먹을 것이 모자라 굶주림.

기핍(氣乏) [어기] '기핍(氣乏)하다'의 어기(語基).

기핍-하다(氣乏-) [형여] 기력이 없다.

기하(幾何)[1] '얼마'의 뜻. ¶심령상 발전의 장애됨이 무릇 -며 민족적 존영의 훼손됨이 무릇 -며….

기하(幾何)[2] [명] '기하학(幾何學)'의 준말.

기하=광학(幾何光學) [명] 빛을 기하학적인 광선으로 다루는 광학의 한 부문.

기하=급수(幾何級數) [명] 등비 급수(等比級數)

기-하다(基-) [자여] 《文》기초를 두다.

기-하다(忌-) [타여] 《文》꺼리다. 피하다

기-하다(記-) [타여] 《文》기록하다.

기-하다(期-) [타여] ①기한을 정하다. ②기약하다. ¶만전(萬全)을 -.

기-하다(機-) [타여] 《文》기회를 만나다.

기-하다(奇-) [형여] 《文》기이하다

기-히 [부] 기하게

기하=평균(幾何平均) [명] 여러 개의 수를 곱하여 얻은 값을 그 개수(個數)의 제곱근으로 놓은 수. 상승 평균(相乘平均) ☞산술 평균

기하-학(幾何學) [명] 도형(圖形)이나 공간(空間)의 성질을 연구하는 수학의 한 부문. [준]기하(幾何)[2]

기하=화:법(幾何畫法) [-뻡] [명] 물건의 형상을 기하학의 원리에 따라 그리는 방법.

기학(氣瘧) [명] 한방에서, 심하지 아니한 만성의 학질을 이르는 말. 노학(勞瘧)

기학(嗜虐) [명] -하다 [자] 잔학한 일을 즐김.

기한(祁寒) [명] 지독한 추위.

기한(飢寒) [명] 굶주림과 추위.

기한(期限) [명] ①미리 정해 놓은 일정한 시기. ¶원서 접수 - [준]한(限) ②법률 행위의 당사자가 그 효력의 발생과 소멸 또는 채무 행위의 이행을 장차 닥쳐올 사실이 생길 때까지 연기시키는 부관(附款).

기한-부(期限附) [명] 어떠한 일을 하는 데 그 조건으로 일정한 기간이 정해져 있는 것. ¶- 할인 판매

기한-제(起寒劑) [명] 냉각제로 쓰는, 두 가지 이상의 물질의 혼합물. 얼음과 소금의 혼합물 따위. 한제(寒劑)

기한-하다(期限-) [타여] 어느 때까지로 한정하다. ¶두 해를 기한하여 일을 마무르기로 약속하다.

기함(起陷) [명] 땅바닥이 불쑥 솟거나 움푹 꺼진 것.

기함(氣陷) [명] -하다 [자] ①기운이 약해져서 까라짐. ②별안간 놀라거나 아프거나 하여 정신을 잃거나 기겁함. ¶뱀을 보고는 -하다.

기함(을) 치다 [관용] 기함하다.

기함(旗艦) [명] 함대의 사령관이 타고 지휘를 하는 군함.

기합(氣合) [명] ①의기(意氣)가 서로 잘 맞는 일. ②무슨 일에 힘과 정신을 집중시켰을 때의 대단한 기세, 또는 그런 상태일 때 지르는 소리. ¶-을 이용한 무예.

기합-술(氣合術) [명] 기합을 이용하여 대단한 힘을 나타내어 보이는 술법.

기항(寄航) [명] -하다 [자] 항공기가 목적지로 항행(航行)하던 중에 어느 공항에 들름. ☞기착(寄着)

기항(寄港) [명] -하다 [자] 선박이 목적지로 항행(航行)하던 중에 어느 항구에 들름. ☞기착(寄着)

기항-지(寄航地) [명] 목적지로 항행하던 항공기가 도중에 들르는 공항.

기항-지(寄港地) [명] 목적지로 항행하던 선박이 도중에 들르는 항구.

기해(己亥) [명] 육십갑자의 서른여섯째. ☞경자(庚子)

기해(氣海) [명] ①지구의 둘레를 공기가 싸고 있는 상태를 바다에 비유하여 이르는 말. ②한방에서 이르는, 임맥(任脈)에 있는 경혈(經穴)의 하나. 어른의 경우 배꼽 아래로 3cm쯤 되는 자리. 하단전(下丹田)

기해-년(己亥年) [명] 육십갑자로 해를 이를 때, 기해(己亥)가 되는 해. 곧 천간(天干)이 기(己)이고 지지(地支)가 해(亥)인 해. ☞경자년(庚子年). 해년(亥年)

기행(奇行) [명] 보통 사람이 하지 않는 기이한 행동.

기행(紀行) [명] 기행문(紀行文)

기행=가사(紀行歌辭) [명] 조선 시대의 가사의 한 형식. 여행 중에 보고 듣고 느낀 일을 장편(長篇)의 가사로 쓴 작

품. '연행가(燕行歌)', '일동장유가(日東壯遊歌)' 따위.
기행-문(紀行文)명 여행하면서 보고 듣고 느낀 일이나 체험한 일 등을 적은 글. 기행(紀行)
기행=일기(紀行日記)명 여행하면서 보고 듣고 느낀 일들을 적은 일기.
기허(氣虛)명-하다형 한방에서, 원기가 허약한 상태를 이르는 말. ☞신허(腎虛)
기허(幾許) '얼마'의 뜻.
기험(崎險)어기 '기험(崎險)하다'의 어기(語基).
기험-하다(崎險-)형여 ①산이 험하다. 기구하다 ②성질이 음험하다.
기-현:상(奇現象)명 기이한 현상.
기혈(氣血)명 한방에서, 사람의 몸 안의 원기와 혈액을 이르는 말. 경락(經絡)의 안팎을 순환하는 생명력의 근원으로 봄.
기혐(忌嫌)명-하다타 꺼리고 싫어함.
기형(畸形·奇型)명 ①보통과 다른 이상한 모양. ②생물체에서, 유전자의 이상이나 발육 이상의 결과로 생긴, 정상적이 아닌 모양.
기형-아(畸形兒)명 몸 모양이 정상적이지 않은 아이.
기형-적(畸形的)명 기형인 것.
기호(記號)명 ①문자 이외의 부호. ②일정한 뜻과 내용을 나타내는, 문자나 부호 따위. ¶원소 -/음성 -
기호(飢戶)명 양식이 떨어져서 굶주리는 집.
기호(嗜好)명-하다타 즐기고 좋아함. ¶음식에 대한 -가 사람에 따라 다르다./어린이의 - 식품.
기호(旗號)명 ①기(旗)로 나타내는 표장(標章). ②기로 나타내는 신호.
기호(畿湖)명 '경기도(京畿道)'와 '충청도(忠淸道)'를 아울러 이르는 말.
기호=논리학(記號論理學)명 논리 형식을 수학상의 기호에 가까운 형식으로 표기하여 논리의 법칙을 설명하려 하는 논리학의 한 분야.
기호-료(嗜好料)명 기호품(嗜好品)
기호료=작물(嗜好料作物)명 기호품의 원료를 수확하기 위하여 재배하는 농작물.
기호=문자(記號文字)[-짜]명 기호로 된 문자. ☞그림문자
기호=언어(記號言語)명 프로그램 구성을 숫자가 아닌, 기호로써 표시하는 프로그래밍 언어. ☞어셈블리어
기호지세(騎虎之勢)성구 범을 타고 달리는 형세라는 뜻으로, 이미 시작한 일을 중도에서 그만두거나 물러날 수 없는 형세를 이르는 말.
기호-품(嗜好品)명 영양을 섭취하기 위해서가 아니라 맛보며 즐기는 음식물. 술·차·커피·담배 따위. 기호료(嗜好料)
기혹(欺惑)명-하다타 속이어 헷갈리게 함.
기혼(旣婚)명 이미 결혼한 처지. ☞미혼(未婚)
기혼(氣昏)어기 '기혼(氣昏)하다'의 어기(語基).
기혼-자(旣婚者)명 이미 결혼한 사람. ☞미혼자
기혼-하다(氣昏-)형여 정기(精氣)가 흐리멍덩하다.
기화(奇花)명 진기한 꽃.
기화(奇貨)명 ①진기한 물건. ②이용하면 좋은 결과를 얻을 수 있을 것 같은 기회. 〔주로, '…을 기화로'의 꼴로 쓰임.〕 ¶감시가 소홀함을 -로 탈출을 감행하다.
기화(奇話)명 이상야릇한 이야기. 기담(奇談)
기화(奇禍)명 뜻밖에 당하는 불행한 일.
기화(氣化)명-하다자 액체가 기체로 변하는 일, 또는 그런 현상. 증발(蒸發)과 비등(沸騰)이 있으며, 고체가 바로 기체로 변하는 승화(昇華)를 이에 포함하기도 함. 기체화(氣體化)
기화(起畫)명-하다타 단청(丹青)할 때 먼저 채색으로 무늬를 그린 다음 무늬와 무늬 사이가 뚜렷이 구별이 되게 먹으로 줄을 그리는 일.
기화(琪花)명 고운 꽃.
기화가:거(奇貨可居)성구 진귀한 물건은 사서 잘 간직해 둔다면 뒷날 큰 이익을 얻게 될 것이라는 뜻으로, 좀처럼 만나기 어려운 좋은 기회를 놓치지 말고 잘 이용해야 함을 이르는 말.
기화-기(氣化器)명 내연 기관에서, 가솔린을 안개 모양으로 뿜어 알맞은 비율로 공기와 섞어 실린더로 보내는 장치. 카뷰레터(carburetor)
기화-열(氣化熱)명 액체가 기화하는 데 필요한 열량. 증발열(蒸發熱)
기화요초(琪花瑤草)성구 곱고 아름다운 꽃과 풀을 이르는 말. ¶정원에 -가 만발하다.
기화이:초(奇花異草)성구 진귀한 꽃과 풀을 이르는 말.
기화-전(起火箭)명 '신기전(神機箭)'을 달리 이르는 말.
기환(奇幻)명 ①묘한 변화. ②이상한 허깨비.
기환(綺紈)명 고운 비단, 또는 곱고 값진 옷.
기환=공자(綺紈公子)명 기환 자제
기환=자제(綺紈子弟)명 지위가 높고 부귀한 집안의 자제. 기환 공자(綺紈公子)
기황(飢荒)명 양식이 모자라서 굶주리는 일. 기근(飢饉)
기회(期會)명 때를 정해 놓고 일정하게 모이는 모임.
기회(機會)명 어떠한 일을 하는 데에 가장 좋은 때나 고비. ¶좋은 -를 잡다./-를 놓치지 말게. ☞시기(時機). 시의(時宜)
기회=균등(機會均等)명 ①모든 사람에게 권리나 대우 등이 평등하고 차별이 없는 것. ¶교육의 -. ②외교 정책에서, 자기 나라와 관계가 있는 경제 활동에 대해 여러 외국에게 평등한 기회를 주는 일.
기회-범(機會犯)명 범죄의 원인이 행위자의 성격에 있지 아니하고, 주로 외부의 사정에 원인이 있는 범죄. 우발범(偶發犯)
기회-주의(機會主義)명 그때그때의 기회에 따라 이로운 쪽으로 행동하는 경향.
기획(企畫)명-하다타 일을 계획함.
기후(氣候)[1]명 ①어느 지역의 장기간에 걸친 기상 상태. 국제적으로 30년간의 평균을 그 지역의 기후의 표준으로 삼음. ②음력에서, 한 해의 이십사 절기(二十四節氣)와 칠십이후(七十二候)를 통틀어 이르는 말. 기절(氣節)
기후(氣候)[2]명 기체(氣體)[2]
기후-구(氣候區)명 같은 기후대 중에서 비슷한 기후 특성에 따라 작게 구분한 지역.
기후-대(氣候帶)명 지구의 기후 분포를 위도에 거의 평행한 띠 모양의 지역으로 구분한 것. 열대(熱帶)·온대(溫帶)·한대(寒帶) 등으로 가름.
기후-도(氣候圖)명 각지의 기후의 상태를 백지도 위에 나타낸 그림. 기온도(氣溫圖)·강수량도(降水量圖) 등.
기후=요법(氣候療法)[-뻡]명 기후와 환경이 몸에 미치는 영향을 이용하여, 기후가 다른 곳으로 거처를 옮기어 병을 치료하거나 요양하는 일.
기후=요소(氣候要素)명 기후의 상황을 나타내는 여러 가지 요소. 기온·바람·강수량·습도 등. 기상 요소
기후=인자(氣候因子)명 기후의 지역차의 원인이 되는 것. 위도·고도·지형·해류 등. 기상 인자(氣象因子)
기후-조(氣候鳥)명 철새
기후-학(氣候學)명 기후의 형성 과정이나 각지의 기후의 기록, 기후의 영향 등에 관하여 연구하는 학문.
기후-형(氣候型)명 기후를 공통의 특징에 따라 분류한 것. 대륙성 기후(大陸性氣候)·해양성 기후(海洋性氣候)·고산 기후(高山氣候) 등으로 구별함.
기훈(氣暈)명 한방에서, 과로로 현기증이 일어나고 힘이 없는 증세를 이르는 말.
기휘(忌諱)명-하다타 ①꺼리고 싫어함. ②꺼리어 피함.
기흉(氣胸)명 의학에서, 결핵이나 폐렴 따위로 흉막강에 공기가 차 있는 상태를 이르는 말.
긴명 윷놀이에서, 자기의 말로 남의 말을 쫓을 때 그것을 잡을 수 있는 거리. ¶-이 닿다./걸 -/모 - ☞제긴
긴가민가-하다형여 그런지 그렇지 않은지 분명하지 아니하다. 본기연가미연가하다
긴간(緊幹)명 '긴간사(緊幹事)'의 준말.
긴간(緊簡)명 긴요한 편지. 긴찰(緊札)

긴간-사(緊幹事)명 매우 중요한 볼일. 준긴간(緊幹)
긴:-강남차(-江南茶)명 결명차(決明茶)
긴:-개별꽃명 석죽과의 여러해살이풀. 대관령, 광덕산의 숲 속에 자라는데, 줄기는 높이가 15~30cm이고 두 줄의 털이 있음. 잎은 마주 나며, 윗부분은 달걀꼴이고 아래 부분은 갸름한 모양으로 끝이 뾰족함. 5월경 흰 꽃이 잎겨드랑이나 줄기 끝에 한두 송이씩 핌. 열매는 삭과(蒴果)임.
긴:-개싱아명 여뀟과의 여러해살이풀. 줄기 높이는 10~30cm, 줄기는 곧게 섬. 잎자루가 없고 갸름한 잎은 어긋맞게 남. 7~8월에 연녹색 꽃이 이삭 모양으로 피며, 열매는 수과(瘦果)로 검은 황갈색임.
긴객(緊客)명 매우 정답게 지내는 손.
긴:-겨이삭명 볏과에 딸린 여러해살이풀. 우리 나라 동부 이북의 들에서 자람. 줄기 높이는 30~40cm, 길고 가는 줄기는 무더기로 나는데 털이 없이 매끈함. 좁고 갸름한 잎은 어긋맞게 나며, 꽃은 원추(圓錐) 꽃차례로 6~8월에 핌.
긴:-경마명 지난날, 의식에 쓰는 말의 왼쪽에 다는 긴 고삐를 이르던 말.
긴관(緊關)명 ①필요하고 절실한 관계. ②긴관사
긴관-사(緊關事)명 필요하고 절실한 일. 긴관(緊關)
긴급(緊急)어기 '긴급(緊急)하다'의 어기(語基).
긴급=관세(緊急關稅)명 특정한 상품이 지나치게 수입되어 같은 종류의 상품을 생산하는 국내 산업이 심각한 피해를 입는다고 판단될 때, 나라에서 그 상품의 관세를 인상하는 제도.
긴급=구속(緊急拘束)명 구속 영장 없이 피의자를 긴급히 구속하는 일. 피의자가 중대한 범죄를 저지른 것으로 생각되고, 증거를 없애거나 달아날 염려가 있는 경우에, 법원으로부터 구속 영장을 받을 시간 여유가 없을 때 시행함. 긴급 체포(緊急逮捕)
긴급-권(緊急權)명 자기 나라나 국민에게 급박한 위험이 있을 경우에, 그것을 피하기 위하여 다른 나라의 권리나 이익을 침해해도 된다는 국제법상의 권리.
긴급=금융제(緊急金融制)[-늉-]명 갑작스런 금융 위기에 빠진 나라들을 위해, 국제 금융 기관이 긴급히 자금을 조성하여 지원하는 제도.
긴급=동:의(緊急動議)명 회의에서, 예정에 없는 의안을 긴급히 제출하여 우선 처리할 것을 요구하는 제안.
긴급=사:태(緊急事態)명 ①긴급히 조처를 취하지 않을 수 없는 중대한 사태. ②대규모의 재해나 소란이 발생하여 치안에 절박한 위험이 있는 상태.
긴급=상태(緊急狀態)명 ①몹시 절박한 상태. ②법률상, 긴급 피난이나 정당 방위를 성립시키는 이유가 될만 한 상태를 이르는 말.
긴급=자동차(緊急自動車)명 도로 교통법상, 긴급한 일로 운행하는 자동차. 다른 차량에 대해 통행의 우선권이 인정됨. 소방차와 구급차, 범죄 수사, 교통 단속, 부대 이동 등에 사용되는 자동차 따위.
긴급=재정=처:분(緊急財政處分)명 나라의 형편이 재정상 긴급 처분이 필요하나 국회를 소집하지 못할 때, 대통령이 최소한으로 필요한 범위에서 취하는 재정 처분.
긴급=전:보(緊急電報)명 전보의 한 가지. 선박이나 항공기의 조난, 화재, 전염병의 집단 발병 등 긴급 사태 아래에서 발신하는 특별 전보로, 국가 기관 사이에 발신하고 수신함. ☞비상 전보(非常電報)
긴급=조정(緊急調整)명 노동 쟁의 행위가 국가 경제를 해치고 국민 생활을 위태롭게 할 위험이 있을 경우, 노동부 장관의 결정으로 중앙 노동 위원회가 강제로 하는 조정.
긴급=조치(緊急措置)명 유신 헌법에서, 천재 지변 또는 중대한 재정 경제상의 위기, 국가의 안전 보장이나 공공의 안녕 질서가 중대한 위협을 받게 될 때, 대통령이 긴급히 취하는 특별 조치.
긴급=체포(緊急逮捕)명 긴급 구속(緊急拘束)
긴급=피:난(緊急避難)명 ①매우 급하게 피난하는 일. ②법률에서, 긴박한 위험 상태를 피하기 위하여 부득이 남에게 해를 미치는 일을 이르는 말.
긴급-하다(緊急-)형여 ①일이 매우 중대하고도 급하다. ②현악기의 줄이 팽팽하다.
긴급-히부 긴급하게
긴급=회:의(緊急會議)명 매우 중요하고 급한 일로 모이는 회의.
긴:-긴관 길고 긴. 매우 긴. 기나긴 ¶- 겨울 밤./- 세월.
긴:긴-날명 길고 긴 날. 해가 떠서 질 때까지의 동안이 오래다는 뜻으로, '여름날'을 이르는 말. ¶여름철 -
긴:긴-낮명 길고 긴 낮. 낮 동안이 매우 길다는 뜻으로, '여름날의 낮'을 이르는 말.
긴:긴-밤명 길고 긴 밤. 밤 동안이 매우 길다는 뜻으로, '겨울날의 밤'을 이르는 말. ¶동지섣달 -
긴:긴-해명 길고 긴 해. 해가 떠서 질 때까지의 동안이 오래다는 뜻으로, '여름날의 낮 동안'을 이르는 말.
긴:꼬리-닭명 닭의 한 품종. 일본에서 개량한 품종으로 관상용으로 기름. 수컷의 꽁지는 계속 자라 8m를 넘는 것도 있음. 장미계(長尾鷄)
긴:꼬리-오:리명 '고방오리'를 꼬리가 길다고 해서 달리 이르는 이름.
긴담(緊談)명-하다자 매우 긴요한 이야기.
긴:-담배풀명 국화과의 여러해살이풀. 우리 나라 각지의 산이나 들에 자라는데, 줄기 높이는 1.5m 안팎이고 잎은 넓은 달걀꼴임. 8~10월에 황색 꽃이 핌. 어린잎은 먹을 수 있고, 줄기와 잎은 약으로 쓰임.
긴:-대답(-對答)명-하다자 길게 빼어서 하는 대답.
긴:댕이명 '뱀'의 심마니말.
긴:-등명 길게 뻗어 있는 언덕의 등성이.
긴:-뜨기명 코바늘 뜨개질법의 한 가지. 코바늘로 실을 한 번 감아 한꺼번에 빼어서 뜨는 법임. ☞짧은뜨기
긴람(緊纜)명-하다타 벌이줄을 단단히 졸라맴. ☞해람
긴:-말명-하다자 길게 늘어놓는 말. 낮긴소리
긴:-맛명 죽합과의 바닷조개. 껍데기 모양은 길쭉하며 양쪽 끝에 길둥근 입이 있음. 거죽은 누른빛이고 안은 회백색임. 살은 먹을 수 있음. 긴맛살. 죽합(竹蛤)
긴:-맛살[-맏-]명 긴맛
긴무(緊務)명 매우 긴요한 볼일.
긴밀(緊密)어기 '긴밀(緊密)하다'의 어기(語基).
긴밀-하다(緊密-)형여 서로의 관계가 썩 가깝다. ¶두 나라가 긴밀한 관계를 유지하다.
긴밀-히부 긴밀하게
긴박(緊縛)명-하다타 꼼짝 못 하게 바싹 동여맴.
긴박(緊迫)어기 '긴박(緊迫)하다'의 어기(語基).
긴박-감(緊迫感)명 몹시 긴장되고 급한 느낌.
긴박-하다(緊迫-)형여 ①바싹 닥쳐서 어찌할 여유가 없다. ②무슨 일이 일어날 것 같은 긴장된 상태이다. ¶긴박한 상황에 놓이다./긴박한 분위기가 감돌다.
긴박-히부 긴박하게
긴:-반:지름명 타원의 중심에서 그 둘레에 이르는 가장 긴 거리. 장반경(長半徑) ☞짧은반지름
긴:-병(-病)명 오래 앓는 병. 장병(長病). 장질(長疾)
속담 **긴병에 효자 없다**: 무슨 일이나 너무 오래 걸리게 되면 그 일에 대한 성의가 덜하게 된다는 말.
긴불긴-간에(緊不緊間-)부 긴요하든지 긴요하지 아니하든지 상관없이.
긴:-뼈명 팔뼈나 다리뼈처럼 길고 굵은 뼈. 장골(長骨)
긴:-사상자(-蛇床子)명 미나릿과의 여러해살이풀. 우리 나라 각지 산의 나무 밑에 자람. 털이 있는 줄기는 곧게 서며, 줄기 높이는 40~60cm임. 잎은 두세 갈래 깃꼴로 갈라져 있으며 톱니가 있음. 꽃은 5~6월에 줄기와 가지 끝에 5~10송이씩 산형(繖形) 꽃차례로 핌.
긴:-사설(-辭說)명 길게 수다스럽게 늘어놓는 말.
긴:-살명 '볼기긴살'의 준말.
긴:-소리명 ①길게 내는 소리. ¶-로 대답하다. ②'긴말'의 낮춤말. ¶- 말고 시키는 대로 해라.
긴:소리-표(-標)명 발음할 때 소리가 길게 나는 음절(音

節)임을 나타내는 표. 글자 위에 ― 표를 하거나 글자의 오른쪽에 : 표 따위를 함. 장음부(長音符)
긴:-소매 명 팔꿈치 아래까지 내려오는 소매. ☞반소매
긴속(緊束)명-하다타 ①꼭 죄어 묶음. ②엄중히 구속함.
긴:수염-고래(―鬚髥―)명 큰고랫과에 딸린 고래. 몸길이 20m 이상이며, 등 뒤쪽 지느러미가 작고, 몸빛은 푸른 잿빛, 배는 흰. 여름에는 고위도(高緯度) 해역에서 생활하고 겨울에 저위도(低緯度) 해역에서 새끼를 낳음.
긴순(緊脣)명 한방에서, 입술이 오그라져서 입을 마음대로 벌리지 못하는 급성병을 이르는 말. 견순(繭脣)
긴실(緊實)어기 '긴실(緊實)하다'의 어기(語基).
긴실-하다(緊實―)형여 꼭 필요하고 절실하다.
긴실-히부 긴실하게
긴:-업(―業)명 민속에서, 업의 구실을 한다는 구렁이. 업구렁이
긴요(緊要)어기 '긴요(緊要)하다'의 어기(語基).
긴요-하다(緊要―)형여 매우 필요하고 중요하다. 요긴하다 ¶긴요한 물건.
긴요-히부 긴요하게 ¶― 쓰다.
긴용(緊用)명-하다타 아주 요긴하게 씀.
긴:-의대(―衣襨)명 조선 시대, 궁중에서 소매가 좁은 네 폭으로 된 장옷을 이르던 말.
긴:-잎갈퀴[―닙―]명 꼭두서닛과의 여러해살이풀. 우리 나라 중부 이북의 산지에 자람. 네모진 줄기는 곧게 서는데, 줄기 높이는 20~60cm임. 가지는 짧으며 털이 없고, 길둥글고 끝이 뾰족한 잎은 넉 장씩 돌려남. 6~7월에 흰 꽃이 가지 끝에 원추상 산방 꽃차례로 피고 열매는 쌍방울 모양으로 붙어 남.
긴:잎-곰:취[―닙―]명 국화과의 여러해살이풀. 우리 나라 북부의 깊은 산 숲 속에 자라는데, 줄기는 곧게 서고 줄기 높이는 65~115cm임. 뿌리잎은 잎자루가 길고 길둥근 콩팥 모양이며, 줄기잎은 잎자루가 없고 톱니가 있음. 7~8월에 노란 두상화(頭狀花)가 줄기 끝에 총상(總狀) 꽃차례로 피며 열매는 수과(瘦果)임.
긴:잎-느티나무[―닙―]명 느릅나뭇과에 딸린 낙엽 활엽 교목. 느티나무와 거의 비슷하나 잎 모양이 좁고 길. 경남 함양과 통영, 강원도 통천과 도계 등지에 자람.
긴:-작명 긴 화살. ☞짧은작
긴:-잡가(―雜歌)명 십이 잡가(十二雜歌)
긴:-장(―長)명 한자 부수(部首)의 한 가지. '镸夭'·'镸儿' 등에서 '镸'의 이름.
긴장(緊張)명-하다자 ①마음이나 몸이 켕김. ¶―을 풀다./―한 표정. ☞이완(弛緩) ②서로의 관계가 나빠져서 다툼이 일어날 것 같은 상태로 되는 일. ¶양국 사이에 ―이 고조되다. ③생리학에서, 근육이나 힘줄이 계속 수축 상태에 있음을 이르는 말. ④심리학에서, 어떤 행동에로 옮아가려고 준비할 때나 앞으로 일어날 현상이나 상황 등에 대처하려 할 때의 마음 상태를 이르는 말.
긴장-도(緊張度)명 긴장한 정도.
긴장-병(緊張病)[―뼝]명 정신 분열병의 한 가지. 경직된 자세나 표정 때문에 붙은 병명인데, 심한 흥분이나 충동적 행위도 번갈아 나타남.
긴절(緊切)어기 '긴절(緊切)하다'의 어기(語基).
긴절-하다(緊切―)형여 아주 절실하다. 절긴하다
긴절-히부 긴절하게
긴중(緊重)어기 '긴중(緊重)하다'의 어기(語基).
긴중-하다(緊重―)형여 매우 필요하고 중요하다.
긴중-히부 긴중하게
긴:-지름명 타원의 중심을 지나 그 둘레의 두 점을 잇는 가장 긴 지름. 장축(長軸) ☞짧은지름
긴:-짐승명 '뱀'을 달리 이르는 말.
긴찮다(緊―)형 '긴하지 아니하다'가 줄어든 말. 간절하지 아니하다.
긴찮이부 긴찮게 ¶― 여기다.
긴찰(緊札)명 긴요한 편지. 긴간(緊簡)
긴찰(緊紮)명-하다자타 ①몹시 덤빔. 급히 함. ②꼭 묶어서 죔.
긴청(緊請)명-하다타 긴탁(緊託)
긴촉(緊囑)명-하다타 긴탁(緊託)
긴축(緊縮)명-하다타 ①바짝 조이거나 줄임. ②지출을 바짝 줄임. ¶가계(家計)를 ―하다.
긴축=예:산(緊縮豫算)[―녜―]명 규모를 줄여 짠 예산.
긴축=재정(緊縮財政)명 재정(財政)의 지출(支出) 규모를 줄이는 일.
긴축=정책(緊縮政策)명 긴축 재정으로 나라의 경제 안정을 꾀하는 정책.
긴:-치마명 발목까지 내려오도록 길게 지은 치마.
긴탁(緊託)명-하다타 꼭 받아들여 주기를 바라고 부탁함, 또는 그 부탁. 긴청(緊請). 긴촉(緊囑)
긴:-파람명 긴 휘파람.
긴:팔-원숭이명 긴팔원숭잇과의 포유류를 통틀어 이르는 말. 얼굴은 털이 없고 검으며, 꼬리가 없고, 몸집에 비하여 앞발이 매우 길. 동남 아시아의 숲 속에 분포하는데, 주로 나무 위에서 무리를 지어 생활함.
긴-하다(緊―)형여 ①매우 필요하다. ②매우 간절하다.
긴-히부 긴하게 ¶― 할 말이 있네.
긴헐(緊歇)명 긴요한 것과 긴요하지 아니한 것.
긴:화살-여뀌명 여뀟과의 한해살이풀. 우리 나라 중부와 남부 지방의 산지의 숲 속에 자람. 원줄기가 갈라져 있어 땅에 닿고, 줄기 높이는 30~50cm임. 잎자루는 짧고 잎은 화살 모양의 길둥근 꼴인데, 양면 잎맥에 털이 있음. 9~10월에 줄기 끝과 잎겨드랑이에 연한 풀빛 바탕에 붉은빛이 도는 꽃이 핌.
긷:다(길고·길어)타ㄷ 우물이나 샘 같은 데서 두레박 따위로 물을 떠내다. ¶물을 ―.
길[1] 명 ①사람이나 차가 다닐 수 있도록, 땅에 일정한 폭으로 길게 다져 놓은 지면(地面). ¶―을 가로질러 놓은 다리./산허리에 ―을 내다. ☞도로(道路). 지하도(地下道). 통도(通道). 통로(通路) ②항공기나 선박이 일정하게 다니는 경로(經路). ¶배가 다니는 ―./항공기가 다니는 ―. 항로(航路) ③어디로 향해 갈 때, 거쳐 가는 데나 그 동안. ¶학교에 가는 ―에 문방구에 들르다./집으로 돌아오는 ―에 친구를 만나다. ④가서 닿는 데까지의 거리. 노정(路程). 도정(道程) ¶해는 지고 갈 ―은 멀다./고향까지는 먼 ―을 가야 한다. ⑤마음먹은 일이나 바라는 일에 이르기까지의 경로. ¶평화 통일에 이르는 ―./나의 ―을 가다. ⑥지금에 이르기까지 거쳐 온 동안의 모습. ¶우리 겨레가 지내 온 ―을 돌이켜 보다. ⑦사람으로서 마땅히 해야 할 도리. ¶자식으로서 해야 할 올바른 ―은 무엇인가./청소년을 올바른 ―로 이끌다. ⑧행동 등의 가르침이나 이끎. ¶선생님의 ―을 따라 나도 영농 후계자가 되겠다. ⑨방법이나 수단. ¶혼자의 힘으로는 해결할 ―이 없다. ⑩방면이나 분야. ¶화가의 ―을 가다./그는 이 ―에는 정통한 사람이지. ⑪('길로'의 꼴로 쓰이어) 바로 그때. ¶비가 그치자, 그 ―로 떠났다.
길을 떠나다 관용 어떤 먼 곳으로 가려고 나서다. ¶고향에 가려고 ―.
길을 뚫다 관용 일을 치러 나갈 방법을 생각해 내다. ¶어려운 일일수록 길을 뚫어야지.
길을 재촉하다 관용 길을 가는데 빨리 가려고 서두르다. ¶해가 지기 전에 도착하려고 ―.
길이 메다 관용 길에 다니는 사람이나 차들이 가득하다. ¶환영 인파로 ―.
길(이) 바쁘다 관용 사정이 길을 가기에 바쁘다. ¶길이 바빠 인사도 제대로 하지 못했다.
길이 열리다 관용 ①새로 길이 나서 통하게 되다. ②치러 나갈 방도가 마련되다.
속담 **길 닦아 놓으니까 미친년이 먼저 지나간다** : ①공들여 이루어 놓은 일이 그만 보람없이 됨을 뜻하는 말. (거둥 길 닦아 놓으니까 깍정이가 먼저 지나간다/치도하여 놓으니까 거지가 먼저 지나간다) ②애써 이루어 놓은 것을 당치도 않게 엉뚱한 사람이 먼저 이용할 때 이르는 말./**길로 가라니까 메로 간다** : 수월한 방법을 가르쳐 주

어도 곧이듣지를 않고 굳이 제 고집대로 하는 사람을 두고 이르는 말./**길 아래 돌부처** : 무슨 일에나 상관하지 않고 무심한 모양을 비유하여 이르는 말./**길 아래 돌부처도 돌아앉는다** : ①남편이 시앗을 보면, 아무리 착하던 아내라도 화를 내게 됨을 빗대어 이르는 말. ②부처처럼 성질이 부드럽던 사람도 못마땅한 일을 당하면 화를 내게 됨을 빗대어 이르는 말.〔시앗을 보면 길가의 돌부처도 돌아앉는다〕/**길은 갈 탓 말은 할 탓** : 같은 내용의 말이라도 어떻게 말하는가에 따라서 상대편에게 끼치는 영향이 다름을 뜻하는 말./**길을 두고 메로 갈까** : 사람은 누구나 하기에 수월한 길을 택하게 마련이라는 뜻의 말을 되묻는 투로 빗대어 이른 말./**길을 떠나려거든 눈썹도 빼어 놓고 가라** : 먼 길을 떠날 때는 될 수 있는 대로 짐을 덜어 간편하게 차리고 나서라는 말./**길을 알면 앞서가라** : 해 나갈 자신이 있으면 서슴지 말고 해 보라는 말./**길의 돌도 연분이 있어야 찬다** : 아무리 하찮은 일이라도 인연이 있어야 이루어진다는 말./**길이 아니거든 가지를 말고 말이 아니거든 듣지를 말라** : 사리에 맞지 않은 말은 아예 듣지 말고, 도리에 어긋나는 일은 하지 말라는 말./**길이 없으니 한 길을 걷고, 물이 없으니 한 물을 먹는다** : 달리 어찌할 방도가 없어 본의는 아니지만 어쩔 수 없이 일을 같이 하게 된다는 말.

한자 길 도(途)〔辵部 7획〕¶도상(途上)/도중(途中)
길 도(道)〔辵部 9획〕¶고속 도로(高速道路)/국도(國道)/도로(道路)/정도(正道)/지방도(地方道)
길 로(路)〔足部 6획〕¶노면(路面)/노반(路盤)/노변(路邊)/노상(路上)/노선(路線)/대로(大路)
길 정(程)〔禾部 7획〕¶노정(路程)/도정(道程)/여정(旅程)/역정(歷程)/이정(里程)/행정(行程)

길² 명 ①연장 같은 것을 자주 다루어서 생긴 윤기. ②짐승을 잘 가르쳐서 부리기 좋게 된 상태. ③익숙해진 솜씨.
길을 들이다 관용 길이 들게 하다. 길들이다
길이 나다 관용 ①어떤 일에 매우 익숙하게 되다. ¶사물을 다루는 데 -. ②연장 따위가 다루기 좋게 되다. ¶톱이 쓸수록 -. ③잘 손질하여 윤기가 나다. ¶가마솥이 반지르르하게 길이 나 있다. 길나다
길이 들다 관용 ①짐승이 사람을 잘 따르게 되다, 또는 부리기 좋게 되다. ¶길이 든 경찰견./길이 든 말. ②연장 같은 것이 다루기 쉽게 되다. ¶잘 길이 든 만년필. ☞길이 나다. ③서투르던 것이 익숙하게 되다. ¶군대 생활에 -. 길들다
길:³ 명 물건의 품질의 등급.
길:⁴ 명 두루마기·저고리 따위 옷의 섶과 무 사이에 있는 넓고 큰 폭.
길⁵ 명 '질(帙)'의 변한말.
길:⁶ 의 ①길이의 단위. 여덟 자, 또는 열 자. ②사람의 키의 한 길이.
길-가[-까] 명 길의 가 쪽, 또는 길의 가장자리. 도방(道傍) ☞길섶. 노방(路傍). 노변(路邊). 도로변
길-갈래 명 광산의 구덩이 안에 이리저리 나 있는 길. ☞굿길. 갱도(坑道)
길-거리[-꺼-] 명 사람이나 차 따위가 다닐 수 있도록 일정한 너비로 길게 다져 놓은 땅. 가항(街巷) 준거리 ☞가도(街道). 가로(街路)
길경(吉慶) 명 기쁘고 경사로운 일.
길경(桔梗) 명 '도라지'의 딴이름.
길고(桔槹) 명 두레박틀
길괘(吉卦)[-꽤] 명 운이 좋을 점괘. ☞흉괘(凶卦)
길-군악(-軍樂)[-꾼-] 명 행군악(行軍樂)
길-그물 명 통그물 따위로 고기떼를 이끄는 길이 되게 치는 그물. ☞후릿그물
길:길-이 부 ①여러 길이 될 만큼 높게. ¶- 쌓인 눈. ②성이 나서 펄펄 뛰는 모양을 나타내는 말. ¶일을 망쳐 놓았다고 - 뛰다. ③풀이나 나무가 높이 자란 모양을 나타내는 말. ¶갈대가 - 자랐다.
길-꾼 명 노름 따위에서, 길이 익어 잘하는 사람을 얕잡아 이르는 말. 준꾼

길-나다 자 ①어떤 일에 매우 익숙하게 되다. ②연장 따위가 다루기 좋게 되다. ③잘 손질하여 윤기가 나다. ☞길²
길-나장이(-羅將-) 명 조선 시대, 수령(守令)이 나들이할 때 길을 인도하는 나장(羅將)을 일컫던 말.
길-녘 명 길 옆이나 길 근처. ¶-에 피어 있는 코스모스.
길년(吉年) 명 장가들고 시집가기에 좋다는 해. ¶-에 날을 잡아 시집보내다.
길-놀이 명 탈춤놀이에 들어가기 전에 탈꾼들이 탈춤을 놀 놀이마당까지 삼현 육각을 잡히며 가는 행렬. 앞놀이
길-눈¹ 명 한 번 가 본 길을 잘 익혀 두는 눈총기.
길눈이 밝다 관용 한두 번 가 본 길을 잊지 않고 쉽게 찾아갈 수 있을 만큼 눈총기가 좋다.
길눈이 어둡다 관용 몇 번 가 본 길을 잘 찾아가지 못할 만큼 눈총기가 없다.
길:-눈² 명 한 길이나 될 만큼 썩 많이 쌓인 눈. 장설(杖雪) ☞잣눈. 척설(尺雪)
길:다(길고·기니) 형 ①두 지점 사이의 거리가 멀다, 또는 어떤 물건의 길이가 멀다. ¶긴 다리〔橋〕./긴 끈. ②어느 때까지의 시간이 오래다. ¶긴 세월을 견디어 온 석탑./긴 시간을 대화하다./긴 이별. ☞짧다
길게 앉다 관용 '눕다'를 에둘러 이르는 말.
속담 **길고 짧은 것은 대어 보아야 안다** : ①낫고 못한 것은 겨루어 보아야 안다는 뜻. ②무슨 일이나 잘 알려면 실지로 겪어 보아야 안다는 뜻의 말.〔깊고 얕은 것은 건너 보아야 안다〕

한자 길 영(永)〔水部 1획〕¶영겁(永劫)/영구(永久)/영생(永生)/영원(永遠)/영주(永住)
길 장(長)〔長部〕¶장단(長短)/장도(長刀)/장문(長文)/장발(長髮)/장수(長壽)/장음(長音)

길:다랗다(길다랗고·길다란) 형ㅎ '기다랗다'의 본딧말.
길-닦이 명-하다 자 길을 고치거나 다지는 일. 치도(治道)
길:-동그랗다(-동그랗고·-동그란) 형ㅎ 기름하게 동그랗다. ☞길둥그렇다
길-동그라니 부 길동그랗게
길:동그래-지다 자 길동그랗게 되다.
길:-동글다(-동글고·-동그니) 형 기름하게 동글다. ☞길둥글다
길-동무[-똥-] 명-하다 자 먼 길을 갈 때 동무삼아 함께 가는 사람. 길벗
길:둥그래-지다 자 길둥그렇게 되다.
길:-둥그렇다(-둥그렇고·-둥그런) 형ㅎ 기름하게 둥그렇다. ☞길동그랗다
길-둥그러니 부 길둥그렇게
길:-둥글다(-둥글고·-둥그니) 형 기름하게 둥글다. ☞길동글다
길드(guild) 명 중세 유럽의 도시에서 발달한 상공업자의 독점적·배타적인 동업자 조합.
길-들다(-들고·-드니) 자 ①짐승이 사람을 잘 따르게 되다, 또는 부리기 좋게 되다. ¶잘 길든 말. ②연장 같은 것이 다루기 쉽게 되다. ¶손에 길든 낫. ③서투르던 것이 익숙하게 되다. ¶병영 생활에 -. ☞길²
길-들이다 타 길이 들게 하다.
길:디-길:다(-길고·-기니) 형 매우 길다.
길라-잡이 명 길잡이
길래 부 길게. 오래도록 ¶- 써 온 손에 익은 가위.
길례(吉例) 명 좋은 전례(前例).
길례(吉禮) 명 ①지난날, 나라에서 지내던 모든 제향(祭享)을 이르던 말. ②관례(冠禮)나 혼례(婚禮) 따위 경사스러운 예식.
×**길로틴** 명 →기요틴
길마 명 짐을 실으려고 소나 말의 등에 바탕 삼아 얹는 틀.
길마(를) 지우다 관용 길마를 소나 말의 등에 얹다. 길마(를) 짓다.
길마(를) 짓다 관용 길마(를) 지우다.
속담 **길마 무거워 소 드러누울까** : 일을 앞두고 힘에 부

칠까 하여 공연히 걱정할 때, 쓸데없이 걱정하지 말라고 비유하여 이르는 말.

길맛-가지 명 길마에서, 'ㄱ'자 모양으로 구부정하게 만든, 길마의 몸을 이루는 부분.

길목[1] 명 '길목버선'의 준말.

길목[2] 명 ①큰길에서 골목으로 들어가는 어귀. ¶ －으로 들어가서 세 번째 집. ②길의 중요한 목이 되는 곳. ¶ －을 지키다.

길목-버선 명 지난날, 먼 길을 갈 때에 신던 허름한 버선. 준 길목[1] ☞감발

길몽(吉夢) 명 좋은 일이 생길듯 한 조짐의 꿈. ☞상몽(祥夢). 악몽(惡夢). 흉몽(凶夢)

길:-물 명 깊이가 한 길이나 되는 물.

길미 명 빚돈에 덧붙여 얼마 동안에 얼마씩의 비율로 무는 돈. 변리(邊利). 이식(利息). 이자(利子)

길-바닥[－빠－] 명 ①길의 바닥. 노면(路面) ¶ －을 다지다. ②길거리나 길 위. ¶ －에 버려진 쓰레기를 줍다.

길-바로 부 길을 옳게 잡아들어서. ¶ 다행히 － 친구 집을 찾았다.

길-벌레[－뻘－] 명 기어다니는 벌레. ☞날벌레

길-벗[－뻣] 명 길동무

길보(吉報) 명 좋은 소식. ¶ －를 전하다. ☞낭보(朗報). 흉보(凶報)

길복(吉卜) 명 좋은 일이 있을 조짐의 점괘.

길복(吉服) 명 ①삼년상(三年喪)을 치른 뒤에 입는 예사옷. ②혼례 때 신랑과 신부가 입는 옷.

길-봇짐 명 먼 길을 떠날 때에 꾸리는 봇짐. ¶ －을 싸다.

길사(吉士)[－싸] 명 ①어진 선비. ②운수가 트인 사람. ③신라 때, 17관등의 열넷째 등급.

길사(吉事)[－싸] 명 경사스러운 일. ☞흉사(凶事)

길상(吉相)[－쌍] 명 복을 많이 받을 상격(相格). ☞흉상(凶相)

길상(吉祥)[－쌍] 명 좋은 일이 있을 조짐. 길서(吉瑞)

길상(吉象)[－쌍] 명 좋은 형상.

길상-과(吉祥果)[－쌍－] 명 불교에서, 마(魔)를 없애는 과실이라 하여 '석류(石榴)'를 이르는 말.

길상-문(吉祥紋)[－쌍－] 명 장수(長壽)·부귀(富貴)·행복 등을 상징한 무늬. 십장생(十長生) 무늬, 길상의 뜻을 지닌 한자로 꾸민 무늬 따위.

길상-사(吉祥紗)[－쌍－] 명 길하고 상서로운 옷감이라는 뜻으로, 여름 옷감으로 쓰이는 생사로 짠 비단.

길상선사(吉祥善事)[－쌍－] 성구 더할 수 없이 기쁘고 좋은 일을 이르는 말.

길상-초(吉祥草)[－쌍－] 명 백합과의 여러해살이풀. 줄기는 땅으로 벋으며 칼 모양의 잎이 더부룩하게 남. 여름에 잎 사이에서 꽃대가 나와 여러 개의 담자색 꽃이 핌. 관상용으로 심음.

길서(吉瑞)[－써] 명 길상(吉祥)

길성(吉星)[－썽] 명 길하고 상서로운 별. ☞흉성(凶星)

길-섶[－썹] 명 길에 이어진, 길 옆의 땅. ¶ －에 핀 들꽃. ☞길가

길-속[－쏙] 명 전문으로 하는 일의 속내. ¶ 늘 하는 일이라 －을 잘 안다.

길-손[－쏜] 명 먼 길을 가는 나그네.

길시(吉時)[－씨] 명 ①길한 시각. ②운이 좋은 때.

길신(吉辰)[－씬] 명 ①좋은 시절. ②길일(吉日)

길쌈 명 -하다 자 민간에서 자연 섬유를 원료로 하여 실을 낳아 천을 짜는 일. ☞낳이. 방직(紡織)

한자 **길쌈할 방**(紡) [糸部 4획] ¶ 방모(紡毛)/방사(紡絲)/방직(紡織)
길쌈할 적(績) [糸部 11획] ¶ 적마(績麻)

속담 **길쌈 잘하는 첩**(妾) : 첩이란 본디 남편의 사랑만을 차지하여 편히 살아가는 사람이므로 길쌈을 잘할 리 없다는 뜻에서, 있을 수 없는 일을 헛되이 바라는 경우를 두고 이르는 말.

길쌈-노래 명 길쌈을 하며 부르는 노래.

길-안내(－案內) 명 -하다 자 어떤 목적지까지 같이 가면서 길을 안내함, 또는 그런 일을 하는 사람.

×**길-앞잡이**[1] 명 →길잡이

길-앞잡이[2][－압－] 명 ①길앞잡잇과에 딸린 곤충을 통틀어 이르는 말. 가뢰 ②길앞잡잇과의 곤충. 몸길이 20 mm 안팎. 몸빛은 초록 또는 붉은빛으로 윤이 나고, 겉날개에는 적록 바탕에 황색 무늬가 있음. 여름철에 산길 등에서 사람이 걸어가는 길 앞을 앞질러서 날아다니는 데서 이름이 붙었음.

길-어깨 명 노견(路肩)

길연(吉宴) 명 경사스러운 잔치.

길-요강[－료－] 명 지난날, 말이나 가마를 타고 여행할 때에 가지고 다니던 요강.

길운(吉運) 명 좋은 운수. ☞악운(惡運). 액운(厄運)

길월(吉月) 명 상서로운 달. 영월(令月)

길이[1] 명 ①어떤 물건의 한쪽 끝에서 다른 쪽 끝까지의 거리. ¶ 강의 －./－를 재다. 장단(長短)[1] ☞너비 ②어떤 때로부터 다른 때까지의 동안. ¶ 하지 날은 낮의 －가 가장 긴 날이다.

길:이[2] 부 오래도록. ¶ 그의 공은 － 빛나리라.

길:이-길:이 부 아주 오래도록. 오래오래 ¶ － 빛날 업적.

길이모-쌓기 명 길이쌓기

길-이불[－니－] 명 여행할 때에 가지고 다니는 얇고 가벼운 이불.

길이-쌓기 명 벽돌의 길이를 벽 겉면에 나타나게 하는 벽돌쌓기 공법. 길이모쌓기

길이-이음 명 목재를 길게 잇는 방법.

길이-팽창(－膨脹) 명 선팽창(線膨脹)

길인(吉人) 명 성질이나 마음씨가 바르고 복스러운 사람.

길일(吉日) 명 ①좋은 날. 길한 날. 길신(吉辰). 양신(良辰). 영신(令辰). 영일(令日) ¶ －을 택하여 혼례를 치르다. ☞흉일(凶日) ②음력으로, 매월 '초하룻날'을 달리 이르는 말.

길-잡이 명 ①길을 안내해 주는 사람. 길라잡이 ¶ 낯선 고장이라, －를 구하여 여러 곳을 관광했다. ②나아갈 바를 이끌어 주는 구실을 하는 사람, 또는 그런 것. ¶ 그를 인생의 －로 삼다. ③어떤 사물의 내용이나 이용법 따위를 알려 주는 일, 또는 그것. ¶ 사전 이용의 －.

길장(吉仗)[－짱] 명 조선 시대에 가례(嘉禮)나 의식에 쓰던 의장(儀仗)을 통틀어 이르던 말.

길제(吉祭)[－쩨] 명 사람이 세상을 떠난 지 스물일곱 달 만에 지내는 제사.

길-제:사(－祭祀)[－쩨－] 명 지난날, 사냥꾼이 사냥을 하기 전에 산신(山神)에게 지내던 제사.

길조(吉兆)[－쪼] 명 좋은 일이 있을 조짐. 가조(佳兆). 길징(吉徵) 유 휴조(休兆) ☞경조(慶兆). 흉조(凶兆)

길조(吉鳥)[－쪼] 명 사람에게 어떤 좋은 일이 생길 것을 미리 알려 준다는 새. ☞흉조(凶鳥)

길지(吉地)[－찌] 명 풍수설에서, 앞으로 좋은 일이 많이 생긴다는 집터나 묏자리. ☞흉지(凶地)

길-짐[－찜] 명 지난날, 한길 가에 사는 백성들이 차례로 이어 나르던 관가(官家)의 짐.

길-짐승[－찜－] 명 기어다니는 짐승을 통틀어 이르는 말. 주수(走獸) ☞날짐승

길징(吉徵)[－찡] 명 좋은 일이 있을 조짐. 길조(吉兆)

길쭉-길쭉 부 -하다 형 여럿이 다 길쭉한 모양을 나타내는 말. ☞갈쭉갈쭉

길쭉스레-하다 형여 길쭉스름하다 ☞갈쭉스레하다

길쭉스름-하다 형여 조금 길쭉한듯 하다. 길쭉스레하다 ☞갈쭉스름하다

길쭉-하다 형여 좀 길다. ¶ 부리가 －. ☞갈쭉하다
길쭉-이 부 길쭉하게 ☞갈쭉이

길쯔막-하다 형여 꽤 길쯤하다. ☞갈쯔막하다

길쯤-길쯤 부 -하다 형 여럿이 다 길쯤한 모양을 나타내는 말. ☞갈쯤갈쯤

길쯤-하다 형여 꽤 기름하다. ☞갈쯤하다
길쯤-이 부 길쯤하게 ☞갈쯤이

길찍-길찍 부 -하다 형 여럿이 다 길찍한 모양을 나타내는 말. ☞갈찍갈찍
길찍-하다 형여 꽤 긴 듯 하다. ☞갈찍하다
길찍-이 부 길찍하게 ☞갈찍이
길:-차다 형 ①아주 미끈하게 길다. ¶길차게 자란 대나무. ②나무나 숲이 우거져 깊숙하다.
길-처 명 가는 길에 가까운 곳.
길-청(-廳) 명 지난날, 군아에서 아전이 일하던 곳.
길체 명 한쪽으로 치우친 자리. 한쪽 모퉁이. ¶옷걸이는 -에 두어라.
길-치 명 우리 나라 남부 지방에서 기르는 황소.
길카리 명 가깝지 않은 동성(同姓)과 이성(異姓)의 친족.
길-표(-標) 명 가는 길이나 방향, 거리 따위를 나타내는 표지. 노표(路標). 도표(道標)
길-품 명 심부름으로 먼 길을 다녀오는 일.
길품(을) 팔다 관용 ①심부름으로 먼 길을 다녀와서 삯을 받다. ②아무 보람없이 헛길을 걷다.
길품-삯[-싹] 명 심부름으로 먼 길을 다녀와서 받는 삯.
길-하다(吉-) 형여 운이 좋거나 일의 조짐이 좋다. ¶길한 날을 택하여 혼례를 치르다./길한 점괘. ☞흉하다

한자 길할 길(吉) 〔口部 3획〕 ¶길년(吉年)/길몽(吉夢)/길운(吉運)/길조(吉兆)/길흉(吉凶)

길항(拮抗) 명 -하다 자 서로 버티고 겨룸.
길항-근(拮抗筋) 명 서로 상반하는 작용을 동시에 하는 한 쌍의 근육. 굴근(屈筋)이나 신근(伸筋), 괄약근(括約筋) 따위. ☞공력근(共力筋)
길항=작용(拮抗作用) 명 생물체의 어떤 현상에 대하여, 두 가지 요인(要因)이 동시에 작용하여 서로 그 효과를 상쇄하는 작용. 심장의 박동에 대한 교감 신경과 부교감 신경의 작용 따위.
길행(吉行) 명 -하다 자 혼례(婚禮)와 같은 경사스러운 일에 가는 길.
길-호사(-豪奢) 명 -하다 자 지난날, 새로 부임하는 관원이나 장가드는 신랑, 시집가는 신부가 길을 갈 때 호사스럽게 차려 입는 차림을 이르던 말.
길흉(吉凶) 명 길한 일과 흉한 일.
길흉-화:복(吉凶禍福) 명 길한 일과 흉한 일, 불행한 일과 행복한 일을 아울러 이르는 말.
김:[1] 명 ①액체가 높은 열을 받아서 증발할 때 생기는 기체(氣體). ¶-이 모락모락 나다. ②동물이 숨쉴 때 입으로부터 나오는 더운 기운. ¶입에서 훅훅 더운 -을 내뿜다. ③음식의 냄새나 맛. ④수증기가 찬 물체에 닿아 작은 물방울로 엉긴 것. ¶창에 -이 서리다.
김을 불어넣다 관용 약해진 기세를 북돋우어 주다.
김(을) 올리다 관용 떡 같은 것을 김으로 쪄지게 하다.
김(이) 나가다 관용 ①의욕이나 기운이 흩어지다. ②음식의 더운 김이나 냄새나 맛이 없어지다.
김이 빠지다 관용 ①음식의 냄새나 제맛이 없어지다. ¶김이 빠진 맥주. ②재미나 하고자 하는 마음이 없어지다. 김빠지다
김이 새다 관용 '흥이 깨지다'를 속되게 이르는 말. 김새다
속담 **김 안 나는 숭늉이 더 뜨겁다** : 늘 떠벌리는 사람보다 가만히 있는 사람이 더 야무진 데가 있고 무섭다는 뜻으로 이르는 말.
김:[2] 명 ①홍조류(紅藻類)에 딸린 바닷말. 얇은 잎 모양으로 가장자리에 주름이 짐. 빛깔은 검은 자줏빛 또는 붉은 자줏빛이고, 바닷물 속의 암초에 이끼처럼 붙어서 자람. 식용으로 널리 양식함. 감태(甘苔). 청태(靑苔). 해의(海衣). 해태(海苔) ②종이처럼 얇게 떠서 말린 김.
김:[3] 명 논이나 밭에 난 잡풀. ¶-을 매다.
김[4] 의 어떤 일의 기회나 빌미. ¶떡 본 -에 제사 지낸다./술에 취한 -에 큰소리 치다. ☞바람
김(金) 명 '김(金)'이라는 성(姓).
속담 **김씨(金氏)가 먹고, 이씨(李氏)가 취(醉)한다** : 애써 일한 사람에게는 보람이 없고, 엉뚱한 다른 사람이 덕을 보게 되는 경우를 비유하여 이르는 말.
김:-구이 명 김에 참기름이나 들기름을 바르고 고운 소금을 뿌려 구운 반찬.
김:-국[-꾹] 명 맑은 육수나 맑게 끓인 장국에 김을 구워 넣고, 달걀을 고르게 풀어 끓인 국.
김나지움(Gymnasium 독) 명 독일의 대학 진학을 전제로 한 중등 교육 기관.
김:-매기 명 논이나 밭에 난 잡풀을 뽑아 없애는 일.
김:-매다 자 논이나 밭에 난 잡풀을 뽑아 없애다.
속담 **김매는 데 주인이 아흔아홉 몫 맨다** : 남을 부려서 하는 일에 주인만 애쓴다는 말.
김:-무침 명 구운 김을 부스러뜨려 양념하여 무친 반찬.
김:-반대기 명 여러 겹으로 접은 김에 찹쌀 풀을 발라 말린 다음, 기름에 튀긴 반찬.
김:-밥 명 낱장의 김 위에 밥을 펴 놓고 여러 가지 반찬을 놓은 다음 돌돌 말아서 도막도막 자른 음식.
김:-봇짐 명 네모반듯하게 썬 김에 잣 두세 개를 가운데 놓고 네 귀를 접어서 기름에 지진 반찬.
김:-부각 명 김에 찹쌀 풀을 발라 참깨를 뿌려 말려 두었다가, 먹을 때 기름에 튀기거나 구운 반찬.
김:-빠지다 자 ①음식의 냄새나 제맛이 없어지다. ¶김빠진 맥주. ②재미나 하고자 하는 마음이 없어지다. ¶인기 가수의 불참으로 김빠진 가요 무대.
김:-새다 자 '흥이 깨지다'를 속되게 이르는 말.
김신선전(金神仙傳) 명 조선 영·정조 때의 학자 박지원(朴趾源)이 지은 한문 소설. 신선의 허구성을 밝힌 내용으로, '연암외전(燕巖外傳)'에 실려 전함.
김:-쌈 명 구운 김으로 밥을 싸서 먹는 쌈.
김:-자:반(-*佐飯) 명 김에 양념 간장을 바르고 참깨를 뿌려 말려 두었다가 먹을 때 기름에 튀긴 반찬.
김장 명 -하다 자 입동(立冬) 전후에 겨울 동안 먹을 김치 등을 한목에 담가 두는 일, 또는 그렇게 담근 김치. 진장(陳藏). 침장(沈藏)
김장-감[-깜] 명 김장에 쓰이는 무·배추와 양념감. 김장거리
김장-거리[-꺼-] 명 김장감
김장-김치 명 김장철에 담근 김치.
김장-독[-똑] 명 김장을 저장하는 독.
김장-때 명 김장철
김장-밭 명 김장에 쓸 무나 배추 따위를 심은 밭.
김장-철 명 김장을 하는 입동(立冬) 전후의 시기. 김장때
김장-파 명 김장에 쓰는 파. ☞자총이
김지-이:지(∠金的李的) 명 성명이 분명하지 아니한 사람을 두루 이를 때에 쓰는 말.
김:-찬국 명 초를 친 간장 물에 구운 김을 부스러뜨려 넣은 찬국.
김치 명 무·배추·오이 따위를 소금에 절였다가 고추·파·마늘·새앙·젓 등의 갖은양념을 버무려 담근 반찬. 침채(沈菜) ☞김장

▶ **김치의 종류**
지난날에는 '김치'라 하면 '김장 김치'와 '보통 김치'로 구별했고, 철에 따라 담가 먹는 김치도 여러 가지였다.
○ 장 김치 ── 통김치/동치미/섞박지/백김치/보쌈김치/고들빼기김치
○ 보통 김치 ── 나박김치/오이소박이김치/열무김치/갓김치/파김치/총각김치/굴깍두기/양배추김치
○ 계절에 따라 ── 봄에는 봄배추김치/나박김치/짠지
여름에는 오이소박이김치/열무김치
가을에는 햇배추김치/통배추김치
겨울에는 김장김치/동치미/얼갈이김치

김치-말이 명 차게 식힌 닭 국물과 동치미 국물을 섞은 육수에 찬밥과 채친 동치미 무 등을 만 음식. 잘게 찢은 닭고기 살을 고명으로 얹고, 깨소금이나 참기름을 침.
김치-밥 명 익은 배추김치를 송송 썰어 솥 밑에 깔고 쌀을 안쳐 지은 밥. 콩나물이나 돼지고기를 섞어 넣기도 함.
김치-순두부(-豆腐) 명 순두부와 신김치를 송송 썰어 꼭

짠 것을 한데 넣고 끓인 찌개.

김치-조치 명 김치찌개

김치-주저리 명 청이 달린 채로 소금에 절여 담근 무김치나 배추김치의 잎.

김치-찌개 명 김치를 썰고, 쇠고기나 돼지고기를 썰어 한데 넣어 참기름을 치고 볶다가 물을 부어 끓인 찌개. 김치조치

김칫-거리 명 김치를 담글 재료. 무나 배추 따위.

김칫-국 명 ①김치의 국물. 김칫국물 ②김치를 썰어 넣고 끓인 국.

속담 **김칫국 먹고 수염 쓴다** : ①하찮은 일을 하고서 무슨 대단한 일이나 한 것처럼 뽐냄을 비유하여 이르는 말. ②실속은 없으면서 겉으로만 있는체 한다는 말. /**김칫국부터 마신다** : 남의 속도 모르고 제 짐작으로 지레 그렇게 될 것으로 믿고 행동함을 이르는 말. 〔떡 줄 놈은 생각도 않는데 김칫국부터 마신다〕/**김칫국 채어 먹은 거지 떨듯 한다** : 남들은 그다지 추워하지 않는데 혼자 추워서 떨고 있다는 말.

김칫국-냉:면 (-冷麵) 명 양지머리를 삶은 물과 김칫국을 섞은 육수에 국수를 만 냉면. 편육·제육·배·김치 등을 썰어서 얹고, 실백과 실고추를 뿌림.

김칫-국물 명 김칫국

김칫-독 명 김치를 담아 두는 독.

김칫-돌 명 독에 넣은 김치를 눌러 두는 돌.

김칫-소 명 김치를 담글 때, 고추·마늘·파·젓갈·무채에 생선 저민 것 등을 버무려 배춧잎 사이사이에 끼워 넣는 소.

깁: 명 명주실로 바탕을 조금 거칠게 짠 비단. 나(羅)

깁:다 (깁고·기워) 타ㅂ ①해진 자리에 딴 조각을 대거나, 또는 그대로 꿰매다. ¶양말을 기워 신다. ②부족한 점을 더하여 채우다. ③고치다

> 한자 **기울 보**(補) 〔衣部 7획〕 ¶보수(補修)/보완(補完)/보유(補遺)/보충(補充)
> **기울 선**(繕) 〔糸部 12획〕 ¶선보(繕補)/수선(修繕)

깁:-바탕 명 글씨·그림·수 따위의 바탕이 되는 깁.

깁스 (Gips 독) 명 ①석고(石膏) ②'깁스 붕대'의 준말.

깁스=붕대 (Gips繃帶) 명 석고 가루를 묻혀 만든 붕대. 뼈가 부러지거나 하여 다친 부위를 고정시킬 필요가 있을 때, 붕대에 물을 발라 가며 감으면 이내 굳어 딱딱해짐. 석고 붕대(石膏繃帶) 준 깁스

깁:-실 명 명주실

깁:-창 (-窓) 명 깁으로 바른 창.

깁:-체 명 깁으로 쳇불을 메운 체. 고운 가루를 치는 데 쓰임. 견사(絹篩)

깃[1] 명 ①외양간·마구간 따위에 깔아 주는 짚이나 마른 풀 따위. ②고기깃

깃(을) 주다 관용 외양간이나 마구간 따위에 짚이나 마른 풀을 깔아 주다.

깃[2] 명 ①새의 날개의 털. ☞우모(羽毛) ②화살의 깃간도피 아래에 세 갈래로 붙인 새의 날개의 털. ③새의 둥지.

깃을 다듬다 관용 새가 제 날개의 깃을 매만지다.

속담 **깃 없는 어린 새 그 몸을 보전치 못한다** : 어린아이는 부모의 보호를 받지 않으면 자라기 어려움을 비유하여 이르는 말.

> 한자 **깃 우**(羽) 〔羽部〕 ¶우모(羽毛)/우의(羽衣)

깃[3] 명 ①'옷깃'의 준말. ¶-을 여미다. ②'이불깃'의 준말. ¶-을 달다.

깃[4] 명 '부싯깃'의 준말.

깃[5] 명 무엇을 여럿으로 나눌 때의 그 한 몫.

깃-가지 [긷-] 명 깃대에서 갈라져 깃털을 내고 있는 작은 관 모양의 가지. 우지(羽枝)

깃-간 (-間) [긷-] 명 화살의 깃을 붙여 놓은 사이.

깃간-도피 (-間桃皮) [긷-] 명 화살의 오늬 아래로부터 깃 위까지 싼 복숭아나무의 껍질.

깃간-마디 (-間-) [긷-] 명 화살의 깃을 붙인 아랫마디.

깃-고대 [긷-] 명 옷깃의 뒤쪽 부분. 두 어깨 솔기 사이의 목 뒤에 닿는 부분. 준 고대[1]

깃-광:목 (-廣木) [긷-] 명 마전하지 아니한 광목.

깃-기 (-記) [긷-] 명 ①지난날, 지주의 이름과 조세액을 적은 장부를 이르던 말. ②지난날, 자손에게 상속할 몫을 적은 서류를 이르던 말.

깃다 [긷-] 자 논밭에 잡풀이 많이 나다.

깃-달이 [긷-] 명 ①옷에 깃을 다는 일. ②옷에 깃을 단 솜씨.

깃-당목 (-唐木) [긷-] 명 마전하지 아니한 당목.

깃-대 [긷-] 명 새의 깃의 줄기. 각질(角質)이며 속이 비어 있음.

깃-대 (旗-) 명 ①기를 달아서 세우는 장대. 기간(旗竿) ②'기(旗)'를 흔히 이르는 말.

깃대-돔 명 깃대돔과의 바닷물고기. 몸길이 25cm 안팎. 모양은 양쪽 옆이 납작하고 체고가 높은 마름모꼴임. 몸빛은 앞쪽은 희고 뒤쪽은 황백색이며, 앞뒤로 두 줄의 나비가 넓은 가로줄 무늬가 나 있음. 주둥이가 대롱처럼 뾰족하게 나와 있고 등지느러미가 뒤로 길게 뻗어 있음. 연안의 산호초나 바위 지역에 사는데 관상어로 기르기도 함.

깃대-춤 (旗-) 명 농악에서, 농기(農旗)를 들고 추는 춤.

깃동-잠자리 [긷-] 명 잠자릿과에 딸린 곤충. 뒷날개 길이 28~37mm. 가슴과 배는 적갈색 또는 황색이고 옆구리에 굵고 검은 줄이 있음. 7~9월에 날아다님. 난쟁이잠자리

×**깃들다** 자 →깃들이다

깃-들이다 [긷-] 자 ①새나 짐승이 보금자리를 만들어 그 안에서 살다. ¶처마 밑에 깃들인 제비. ②속에 자리잡다. ¶건전한 정신은 건강한 육체에 깃들인다.

깃-머리 [긷-] 명 소의 양(羘)에 붙어 있는 좁고 두꺼운 고기.

깃-목 (-木) [긷-] 명 마전하지 않은 무명.

깃-발 (旗-) 명 ①기의 바탕이 되는 넓은 부분. 기엽(旗葉). 기폭(旗幅) ¶-이 바람에 펄럭거리다. ②기(旗) ¶-을 흔들다. ③깃대에 매지 않은 쪽의 기폭의 귀에 붙인 긴 오리. 기각(旗脚)

깃발(을) 날리다 관용 한창 기세를 올리다.

> 한자 **깃발 기**(旗) 〔方部 10획〕 ¶교기(校旗)/국기(國旗)/기치(旗幟)/기폭(旗幅)/단기(團旗)/백기(白旗)

깃-봉 (旗-) 명 깃대 꼭대기를 꾸미는 꾸밈새. 태극기의 경우 무궁화 꽃봉오리 모양 따위.

깃옷 [긷-] 명 재래식 상례(喪禮)에서, 졸곡(卒哭) 때까지 상제가 입는, 깃목으로 지은 상복(喪服). 짓옷

깃-저고리 [긷-] 명 깃과 섶을 달지 않은, 갓난아이의 저고리. 배내옷. 배냇저고리

깃-촉 [긷-] 명 새의 깃대 아래쪽의 단단한 부분.

깃-털 [긷-] 명 ①깃과 털. ②깃에 붙어 있는 새의 털. 우모(羽毛)

깃-펜 (-pen) [긷-] 명 지난날, 서양에서 새의 깃촉을 깎아서 쓰던 펜.

깊다 [깁-] 형 ①위에서 아래 바닥까지의 거리가 길다. ¶깊은 바다. /깊은 우물. ②겉에서 속까지, 또는 어귀에서 안까지의 거리가 멀다. ¶파편이 살 속 깊은 곳에 박히다. /깊은 산, 깊은 골짜기. ③땅이 주변보다 낮다. ¶깊은 바닥에 물이 괴다. /논바닥이 -. ④때나 시간이 오래다. ¶깊은 밤. /가을이 깊어, 낙엽도 다 졌다. ⑤헤아리는 마음이나 생각이 듬쑥하다. ¶겉보기보다 생각이 -. ⑥정이 두텁다. ¶깊은 우정. /어버이의 깊은 사랑. ⑦정도나 양 또는 관련이 많다. ¶글을 읽고 깊은 감명을 받다. /그 일에 관심이 -. ⑧정도나 수준이 높거나 대단하다. ¶도학(道學)에 조예가 -. ⑨어떤 상태가 오래되어 그 정도가 심하다. ¶병이 -. ⑩어떤 사물이 생긴 지 오래다. ¶유서 깊은 건물. /역사가 -. ☞얕다

속담 **깊고 얕은 물은 건너 보아야 한다** : 무엇이나 직접 겪어 보아야 똑똑히 알 수 있다는 것을 비유하여 이르는

말. 〔길고 짧은 것은 대어 보아야 안다〕/**깊던 물이라도 얕아지면 오던 고기도 아니 온다** : 세도가 좋을 때에는 늘 찾아오다가 형세가 보잘것없이 되면 찾아오지 않게 된다는 것을 비유하여 이르는 말.

한자 깊을 심(深) 〔水部 8획〕 ¶ 심려(深慮)/심사(深思)/심산(深山)/심야(深夜)/심층(深層)

깊다랗다[깁-](깊다랗고·깊다란)형ㅎ 꽤 깊다.
깊다라니부 깊다랗게
깊다래-지다[깁-]자 깊다랗게 되다.
깊-드리[깁-]명 바닥이 깊은 논.
깊디-깊다[깁-깁-]형 매우 깊다.
깊숙-하다[깁-]형여 깊고 으슥하다. ¶ 깊숙한 숲.
깊숙-이부 깊숙하게 ¶ 옷장 - 감추어 두다.
깊은-사랑명 여러 사람이 모여 놀게 만든 움과 같은 집.
깊이[1]명 ①위에서 아래 바닥까지의 거리. ¶ 우물의 -. ②겉에서 속까지의 거리. ¶ - 3cm의 상처. ③듬직한 믿음성. ¶ -가 있는 사람. ④내용이나 지식 등이 지니고 있는 무게. ¶ - 있는 문학 작품.
깊이[2]부 ①깊게. 깊도록 ¶ - 묻다./- 잠들다./놀이에 - 빠지다. ②잘. 자세히 ¶ - 연구하다.
깊이-갈이명-하다타 논이나 밭을 깊이 가는 일. 심경(深耕)
깊이-깊이부 매우 깊게. ¶ 가슴속에 - 간직하다.
깊이다타 깊게 하다.
까까명 '과자'의 어린이말.
까까-머리명 ①머리털을 모두 깎은 머리를 흔히 이르는 말. ②머리털을 모두 깎은 사람을 속되게 이르는 말.
까까-중명 까까머리인 사람을 놀리어 이르는 말.
까꾸러-뜨리다(트리다)타 까꾸러지게 하다. ☞가꾸러뜨리다. 꺼꾸러뜨리다. 꼬꾸라뜨리다
까꾸러-지다자 ①까꾸로 넘어지거나 엎어지다. ②세력 따위가 힘을 잃고 꺾이다. ③사람이나 동물 따위가 '죽다'를 속되게 이르는 말. ☞가꾸러지다. 꺼꾸러지다
까꾸로부 방향이나 차례가 반대가 되게. '가꾸로'를 센 어감(語感)으로 이르는 말. ¶ 바닥에 손을 짚고 - 서다. ☞가꾸로. 꺼꾸로
까:뀌명 한 손으로 쥐고 나무를 깎거나 찍거나 하는 연장. 한쪽 끝에 쇳날이 가로로 나 있고, 자루는 날과 직각 방향으로 박혀 있음. ☞자귀
까:뀌-밥명 까뀌질할 때 생기는 나뭇조각. ☞대팻밥
까:뀌-질명-하다자 나무 따위를 까뀌로 찍어 깎는 일.
까끄라기명 벼나 보리 따위의 낟알 겉껍질에 붙어 있는 수염처럼 생긴 것, 또는 그 동강. 준까라기. 까락 ☞꺼끄러기
까끄럽다(까끄럽고·까끄러워)형ㅂ 까끄라기 같은 것이 살갗에 닿은 것처럼 깔깔하고 콕콕 찌르는듯 한 느낌이 있다.
까끌-까끌부-하다형 자꾸 까끄러운 느낌을 나타내는 말. ¶ 등이 -하다.
까나리명 까나릿과의 바닷물고기. 몸은 가늘고 길며, 몸길이 20cm 안팎임. 몸빛은 등은 잿빛, 배는 은백색임. 머리는 길고 꼬리는 갈라져 있음. 황해 등에 많음.
까-놓다타 마음속의 비밀을 숨김없이 털어놓다. ¶ 까놓고 말해 보아라.
까다[1]자 몸의 살이 빠지고 여위다.
까다[2]타 셈에서 제하다. ¶ 원금(元金)에서 이자를 -.
까다[3]타 ①껍데기나 껍질 등을 벗기다. ¶ 호두를 -./땅콩을 -. ②동물의 알에서 새끼가 태어나게 하다. ¶ 닭이 알을 품어서 병아리를 -. ☞부화(孵化) ③'눈을 부릅뜨다'를 속되게 이르는 말. ¶ 그 큰 눈을 까고 노려보다. ④'남의 허물 등을 들추어 말하다'를 속되게 이르는 말. ¶ 그의 잘못을 사정없이 -.
속담 **까기 전에 병아리 세지 마라** : 무슨 일이든지 일이 이루어지지도 않은 상태에서 그 이득을 헤아린다든지, 그것으로 다른 일의 예산을 세우거나 하지 말라는 뜻.
까다[4]타 '세게 때리거나 상하게 하다'를 속되게 이르는 말. ¶ 구둣발로 상대편의 정강이를 -.
까다[5]타 '말만 앞세워 입을 놀리다'를 속되게 이르는 말. ¶ 입만 깠지 하는 짓은 어리다.
까다[6]형 '말만 앞세워 입을 놀리는 버릇이 있다'를 속되게 이르는 말.
까:다롭다(까다롭고·까다로워)형ㅂ ①일의 조건이 복잡하거나 엄격하여 맞추기가 어렵다. ¶ 까다로운 절차. ②성미가 너그럽지 않아 다루기가 어렵다. ¶ 까다로운 성미./식성이 -.
까다로이부 까다롭게 ¶ - 따지다.
까닥부 무엇을 가볍게 숙이거나 내렸다가 드는 모양을 나타내는 말. ¶ 고개를 - 하고 인사하다. ☞까딱. 끄덕
까닥-거리다(대다)자타 무엇을 가볍게 숙이거나 내렸다, 들었다 하다. 까닥이다 ¶ 알아들었다는 표시로 고개를 -. ☞까딱거리다[2]. 끄덕거리다
까닥-까닥[1]부 까닥거리는 모양을 나타내는 말. ☞까딱까딱. 끄덕끄덕
까닥-까닥[2]부-하다형 물기나 풀기가 있던 물체의 거죽이 좀 빳빳할 정도로 바싹 말라 있는 상태를 나타내는 말. ¶ 진흙이 말라서 -하다./-하게 풀을 먹인 삼베 옷. ☞가닥가닥. 꺼덕꺼덕
까닥-이다자타 까닥거리다 ☞까딱이다[2]. 끄덕이다
까닭명 어떤 일이 일어나거나 이루어지게 말미암은 것. ¶ - 없이 우울해지다./무슨 -인지 그는 나를 미워한다. ☞이유(理由)
까닭-수[-닥-]명 까닭으로 삼을만 한 근거.
×**까닭-스럽다**형ㅂ →까다롭다
까닭-표(-標)[-닥-]명 거꿀삼발점. 이유표(理由標)
까대기명 건물이나 담 따위에 임시로 만들어 쓰는 칸살.
까댁부 무엇을 조금 숙이거나 내렸다가 얼른 드는 모양을 나타내는 말. ¶ 고개만 - 하고 아는체 하다. ☞까땍. 끄덱
까댁-거리다(대다)자타 무엇을 조금 숙이거나 내렸다, 얼른 들었다 하다. 까댁이다 ☞까땍거리다. 끄덱거리다
까댁-까댁부 까댁거리는 모양을 나타내는 말. ☞까땍까땍. 끄덱끄덱
까댁-이다자타 까댁거리다 ☞까땍이다. 끄덱이다
까-뒤집다타 ①속이 드러나게 까풀을 뒤집다. ¶ 눈병을 진찰하려고 눈까풀을 -. ②'눈을 부릅뜨다'를 속되게 이르는 말. ¶ 눈을 까뒤집고 덤비다.
까드락-거리다(대다)자 젠체하며 몹시 채신없이 행동하다. ☞가드락거리다. 까뜨락거리다. 꺼드럭거리다
까드락-까드락부 까드락거리는 모양을 나타내는 말. ☞가드락가드락. 까뜨락까뜨락. 꺼드럭꺼드럭
까들-거리다(대다)자 젠체하며 매우 경망하게 행동하다. ☞가들거리다. 꺼들거리다
까들-까들부 까들거리는 모양을 나타내는 말. ☞가들가들. 꺼들꺼들
까들막-거리다(대다)자 젠체하며 매우 우쭐하여 뽐내다. ☞가들막거리다. 꺼들먹거리다
까들막-까들막부 까들막거리는 모양을 나타내는 말. ☞가들막가들막. 꺼들먹꺼들먹
까딱부 ①무엇이 한 번 조금 움직이거나 달리 바뀌는 모양을 나타내는 말. ¶ 눈도 - 하지 아니하고 빤히 쳐다보다./- 하지 않고 서 있다. ②무엇을 얼른 숙이거나 내렸다가 드는 모양을 나타내는 말. ¶ 손만 - 하다./할미새가 꽁지를 - 하다. ☞까닥. 끄떡
까딱-거리다(대다)[1]자 젠체하면서 버릇없이 행동하다. 까딱이다[1] ¶ 어른 앞에서 함부로 -. ☞꺼떡거리다
까딱-거리다(대다)[2]자타 ①무엇이 요리조리 자꾸 움직이다. ¶ 차가 덜컹일 때마다 짐들이 까딱거린다. ②무엇을 얼른 숙이거나 내렸다, 들었다 하다. ¶ 고개를 -./새가 꽁지를 -. 까딱이다[2] ☞까닥거리다. 끄떡거리다
까딱-까딱부 ①무엇이 요리조리 자꾸 움직이는 모양을 나타내는 말. ②무엇을 얼른 숙이거나 내렸다, 들었다 하는 모양을 나타내는 말. ☞까닥까닥. 끄떡끄떡
까딱-수(-手)명 바둑이나 장기를 둘 때 요행을 바라고 두는 얕은 수. ¶ -에 넘어갈 내가 아니지.

까딱-없:다[-업-] 형 아무 변동이나 탈도 생기지 않고 온전하다. ¶지진에도 까딱없는 구조물. ☞끄떡없다

까딱-없이 부 까딱없게 ¶홍수에도 까딱없이 견뎌 낸 둑.

까딱-이다[1] 자 까딱거리다[1] ☞꺼떡이다

까딱-이다[2] 자타 까딱거리다[2] ☞까닥이다. 끄덕이다

까딱-하면 부 조금이라도 어긋나면. ¶ - 목숨을 잃을뻔했다. ☞자칫하면

까땍 부 ①무엇이 한 번 흔들리거나 조금 달리 바뀌는 모양을 나타내는 말. ¶아무리 호통을 쳐도 -도 하지 않는다. ②무엇을 아래로 가볍게 숙였다가 얼른 드는 모양을 나타내는 말. ¶손을 - 하면서 오라는 눈치를 보이다. ☞까댁. 끄떽

까땍-거리다(대다) 자타 ①작은 것이 아래위로 가볍게 움직이다. ¶나뭇잎이 산들바람에 -. ②무엇을 아래로 가볍게 숙였다, 들었다 하다. 까땍이다 ¶손목을 -. ☞까댁거리다. 끄떽거리다

까땍-까땍 부 까땍거리는 모양을 나타내는 말. ☞까댁까댁. 끄떽끄떽

까땍-없:다[-업-] 형 조그만 탈이나 변동도 없다. ¶강한 지진에도 -. ☞까딱없다. 끄떽없다

까땍-없이 부 까땍없게

까땍-이다 자타 까땍거리다 ☞까댁이다. 끄덱이다

×**까땍-하면** 부 → 까딱하면

까뜨락-거리다(대다) 자 젠체하며 몹시 버릇없이 행동하다. ☞가드락거리다. 까드락거리다. 꺼뜨럭거리다

까뜨락-까뜨락 부 까뜨락거리는 모양을 나타내는 말. ☞가드락가드락. 까드락까드락. 꺼뜨럭꺼뜨럭

까라기 명 '까끄라기'의 준말. ☞꺼러기

까라기-벼 명 까끄라기가 유난히 길게 붙은 벼.

까라-지다 자 기운이 풀어져 몹시 나른해지다. ¶심한 더위로 몸이 -.

까락 명 '까끄라기'의 준말. ☞꺼럭

까르르 부 아이들이나 젊은 여자들이 한꺼번에 자지러지게 웃는 소리, 또는 그 모양을 나타내는 말. ¶교실에서 아이들이 - 웃다.

까르륵 부 젖먹이가 자지러지게 우는 소리.

까르륵-거리다(대다) 자 자꾸 까르륵 하다.

까르륵-까르륵 부 까르륵거리는 소리, 또는 그 모양을 나타내는 말.

까마귀 명 ①까마귓과에 딸린 새를 통틀어 이르는 말. ②까마귓과의 텃새. 온몸이 검은빛이며 윤이 남. 몸길이 50cm 안팎. 평지에서 깊은 산에 이르는 침엽수림에서 무리지어 삶. 자오(慈烏). 자조(慈鳥). 한아(寒鴉). 효조(孝鳥) ③몹시 까만 것을 비유하여 이르는 말. ¶-발/-손

까마귀 사촌(四寸) 관용 몸에 때가 많이 끼어 시커먼 사람을 놀리어 이르는 말.

까마귀 소식(消息) 관용 소식이 도무지 없는 상태를 이르는 말. ☞감감소식. 깜깜소식

까마귀 총기(聰氣) 관용 잊어버리기를 잘하는 정신을 비유하여 이르는 말.

속담 **까마귀가 검기로 마음도 검겠나** : 사람을 평할 때, 겉 모양만 보고 평할 일이 아니라는 말.〔까마귀가 검어도 살은 아니 검다〕/**까마귀가 까치 집을 뺏는다** : 비슷하게 생긴 것을 핑계 삼아 남의 것을 빼앗음을 이르는 말./**까마귀가 메밀을 마다한다** : 평소에 즐기던 음식을 어쩌다 싫다고 할 때 이르는 말./**까마귀가 알 물어다 감추듯 한다** : 까마귀가 이것저것 물어다 잘 감추되 나중에 둔 곳을 잘 잊어버린다는 뜻으로, 자기가 갈무리한 물건이 있는 곳을 잊어버리고 찾지 못하는 경우를 빗대어 이르는 말./**까마귀 고기를 먹었나** : 잊어버리기를 잘하는 사람을 놀리거나 나무랄 때 이르는 말./**까마귀 날자 배 떨어진다** : 아무 관계없이 한 일이 공교롭게도 다른 일과 때가 같아 마치 어떤 관계가 있는 것처럼 의심을 받게 됨을 이르는 말. ☞오비이락(烏飛梨落)/**까마귀 대가리 희거든** : 도무지 그리 될 가망이 없음을 이르는 말.〔병풍에 그린 닭이 홰를 치거든/곤 달걀 꼬끼요 울거든〕/**까마귀밥이 되다** : 거두어 주는 사람 없이, 죽어서 버려짐을 이르는 말./**까마귀 열두 소리에 하나도 좋지 않다** : 미운 사람이 하는 짓은 하나에서 열까지 다 밉다는 말.

한자 **까마귀 오**(烏)〔火部 6획〕¶금오(金烏)/오로(烏鷺)/오작(烏鵲)/오작교(烏鵲橋)

까마귀-머루 명 포도과에 딸린 덩굴나무. 산이나 들에 절로 자람. 봄에 싹이 나며, 포도 잎 비슷한 잎이 어긋맞게 남. 줄기에 덩굴손이 있어서 다른 물건을 감고 올라감. 열매는 포도와 같은데 검은 자줏빛이며 신맛이 남. 먹을 수 있고 술을 담그기도 함. 우리 나라와 일본, 중국, 타이완 등지에 분포함.

까마귀-발 명 까맣게 때가 낀 발을 빗대어 이르는 말.

까마귀-밥 명 민속에서, 정월 보름날을 까마귀 제삿날이라 하여 들에 놓아 두는 잡곡밥을 이르는 말.

까마귀-손 명 까맣게 때가 낀 손을 빗대어 이르는 말.

까마득-하다 형여 '까마아득하다'의 준말. ¶까마득한 옛날. ☞가마득하다

까마득-히 부 까마득하게 ¶ - 먼 나라. ☞가마득히

까마무트름-하다 형여 얼굴이 까무스름하고 토실토실하다. ☞가마무트름하다. 꺼머무트름하다

까마무트름-히 부 까마무트름하게 ☞가마무트름히. 꺼머무트름히

까마반드르-하다 형여 까맣고 반드르르하다. ☞가마반드르하다. 꺼머번드르하다

까마반지르-하다 형여 까맣고 반지르르하다. ¶까마반지르한 말갈기. ☞가마반지르하다. 꺼머번지르하다

까마아득-하다 형여 ①거리가 매우 멀어서 아득하다. ¶까마아득하게 먼 나라. ②시간이 매우 오래되어서 아득하다. ¶까마아득한 옛날. ③앞일이 매우 걱정스럽고 막막하다. ¶앞일을 생각하니 -. 준 까마득하다 ☞가마아득하다

까마아득-히 부 까마아득하게 ☞가마아득히

까마-종이 명 가짓과의 한해살이풀. 줄기 높이 90cm 안팎. 5~7월에 흰 꽃이 피고 열매는 콩알만 한 장과(漿果)로 익으면 까매짐. 열매는 줄기와 잎과 함께 한방에서 약재로 쓰임. 용규(龍葵)

까막-거리다(대다)[1] 자 멀리 작은 불빛이 나타났다 사라졌다 하다. ¶반딧불이 -. ☞끄먹거리다[1]

까막-거리다(대다)[2] 타 작은 눈을 가볍게 감았다 떴다 하다. ¶눈을 까막거리며 바라보다. ☞끄먹거리다[2]

까막-과:부(-寡婦) 명 정혼한 뒤 남자가 죽어서 시집도 못 가고 과부가 된 여자, 또는 혼례는 했으나 어떤 사정으로 숫색시로 지내는 여자. 망문과부 ☞마당과부

까막-관자(-貫子) 명 ①지난날, 당상관이 아닌 관원이나 일반 백성이 쓰던 검은 뿔관자. ②지난날, 옥관자나 금관자를 붙이지 못한 관원을 놓으로 이르던 말.

까막-까막[1] 부 멀리 작은 불빛이 나타났다 사라졌다 하는 모양을 나타내는 말. ☞끄먹끄먹[1]

까막-까막[2] 부 작은 눈을 가볍게 감았다 떴다 하는 모양을 나타내는 말. ☞끄먹끄먹[2]

까막-까:치 명 까마귀와 까치. 오작(烏鵲)

속담 **까막까치도 집이 있다** : 집이 없는 처지를 한탄할 때 이르는 말.

까막-눈 명 ①눈이 어두워 잘 보지 못하는 눈, 또는 그런 눈을 가진 사람. ②글을 읽거나 쓸 줄 모르는 사람을 얕잡아 이르는 말. 까막눈이

까막눈-이 명 까막눈

까막-딱따구리 명 딱따구릿과의 텃새. 몸길이 46cm 안팎. 온몸이 광택이 나는 검은빛인데, 수컷은 머리꼭지가 붉고 암컷은 뒷머리만 붉음. 유라시아의 한대와 온대에 분포함. 천연 기념물 제242호임.

까막-잡기 명 한자 술래가 눈을 수건으로 가리고 아무나 잡으면, 그 사람을 다음 술래로 삼는 놀이.

×**까망** 명 → 깜장

까:맣다[1] (까맣고·까만) 형ㅎ 빛깔이 좀 깜다. ¶까만 눈동자./까만 콩. ☞가맣다[1]. 꺼멓다

까:맣다[2](까맣고·까만)형ㅎ ①거리나 동안이 아주 아득하다. ¶까맣게 높은 산봉우리./까만 옛이야기. ②모르거나 잊은 정도가 아주 심하다. ¶그 사실을 까맣게 모르고 있었다./까맣게 잊었던 이름이 생각나다. ③셀 수도 없이 많다. ¶청중이 까맣게 몰려들다. ☞가맣다[2]. 새까맣다

까:매-지다 자 빛깔이 까맣게 되다. ¶이 열매는 익으면 까매진다. ☞가매지다. 꺼메지다. 새까매지다

까-먹다 타 ①껍데기를 벗기고 속에 든 알맹이나 살을 먹다. ¶땅콩을 -./조개를 -. ②밑천이나 재산을 보람없이 써서 축내거나 없애다. ¶밑천을 까먹고 빈손이 되다. ③'약속이나 기억하고 있던 것을 잊어버리게 되다'를 속되게 이르는 말. ¶약속한 일을 -./이름을 -.

까무끄름-하다 형여 좀 칙칙하게 까무스름하다. ☞가무끄름하다. 꺼무끄름하다

까무끄름-히 부 까무끄름하게 ☞가무끄름히

×**까-무느다** 타 →까뭉개다

까무대대-하다 형여 산뜻하지 아니하게 까무스름하다. ☞가무대대하다. 꺼무데데하다

까무댕댕-하다 형여 고르지 아니하게 까무스름하다. ☞가무댕댕하다. 꺼무뎅뎅하다

까무러-뜨리다(트리다) 타 ①까무러치게 하다. ②〖자동사처럼 쓰임〗 몹시 까무러지다. ¶나는 순간 그만 까무러뜨리고 말았다.

까무러-지다 자 ①정신이 까물까물 흐려지다. ¶갑작스런 충격에 -. ②작고 약한 불빛이 차차 꺼질듯 해지다. ¶새벽녘이 되자 화톳불도 차차 까무러졌다.

까무러-치다 자 한동안 의식을 잃고 죽은 것처럼 되다.

까무레-하다 형여 엷게 까무스름하다. ☞가무레하다. 꺼무레하다

까무속속-하다 형여 수수하게 까무스름하다. ☞가무속속하다. 꺼무숙숙하다

까무스레-하다 형여 까무스름하다 ☞가무스레하다

까무스름-하다 형여 좀 깜은듯 하다. 까무스레하다 ¶피부가 -. ☞가무스름하다. 꺼무스름하다

까무잡잡-하다 형여 살빛이 곱게 좀 깜다. ¶얼굴이 -. ☞가무잡잡하다. 꺼무접접하다

까무족족-하다 형여 칙칙하게 깜다. ☞가무족족하다

까무칙칙-하다 형여 까맣고 칙칙하다. ☞가무칙칙하다. 꺼무칙칙하다

까무퇴퇴-하다 형여 탁하게 까무스름하다. ☞가무퇴퇴하다. 꺼무튀튀하다

까물-거리다(대다) 자 ①작은 불빛 따위가 자꾸 꺼질듯 말듯 매우 약하게 비치다. ¶등불이 -. ②멀리 있는 물체가 매우 작고 아련풋이 보이다 말다 하다. ¶멀리 고깃배가 -. ③의식이나 기억 따위가 또렷하지 아니하고 점점 매우 희미해지다. ¶까물거리는 의식. ☞가물거리다. 꺼물거리다

까물-까물 부 까물거리는 모양을 나타내는 말. ☞가물가물. 꺼물꺼물

까물까물-하다 형여 의식이나 기억 따위가 또렷하지 아니하고 매우 희미하다. ¶기억이 -. ☞가물가물하다

까뭇-까뭇[-묻-] 부-하다 형 ①군데군데 까뭇한 모양을 나타내는 말. ②매우 까뭇한 모양을 나타내는 말. ☞가뭇가뭇. 꺼뭇꺼뭇

까뭇-하다[-묻-] 형여 좀 까무스름하다. ☞가뭇하다. 꺼뭇하다

까-뭉개다 타 ①높은 부분을 파서 깎아 내리다. ¶둑을 까뭉개어 물길을 돌려 놓다. ②인격이나 문제 따위를 무시해 버리다. ¶자존심을 -./아랫사람의 건의를 -.

까-바치다 타 '일러바치다'를 속되게 이르는 말.

까-발:리다 타 ①껍데기를 벌려 젖히고 속에 든 것을 드러내다. ¶밤송이를 -. ②비밀 따위를 속속들이 드러내다. ¶남의 비밀을 -.

까부라-지다[1] 자 ①부피가 점점 줄어들다. ②몸에서 기운이 빠져 착 늘어지다. ¶과로로 몸이 -. ☞꺼부러지다

까부라-지다[2] 형 성미가 수월하지 아니하다. ¶까부라진 성미라 일마다 트집이다.

까부르다(까부르고·까불러)타르 ①곡식 따위를 키에 담아 키 끝을 위아래로 흔들어 잡것을 날려 보내다. ¶벼를 까불러 잡것을 없애다. ②키질하듯이 위아래로 추스르다. ¶우는 아기를 어르며 -. 준까불다

까불-거리다(대다) 자타 ①불꽃이나 연기 따위가 세게 자꾸 흔들리다. ②키 따위를 세게 자꾸 까부르다. ③버릇없이 매우 가볍게 행동하다. ☞가불거리다. 꺼불거리다

까불-까불 부 까불거리는 모양을 나타내는 말. ☞가불가불. 꺼불꺼불

까불다 자타 ①위아래로 흔들리거나 흔들다. ②차분하지 못하고 가볍거나 방정맞게 행동하다. ¶채신없이 -. ③'까부르다'의 준말. ¶키로 콩을 -. ☞꺼불다

까불리다[1] 자 까불러지다. ☞까부르다

까불리다[2] 타 가진 재물 따위를 함부로 써서 없애다.

까불리다[3] 타 까부르게 하다. ¶며느리에게 쌀을 -.

까불-이 명 채신없이 촐랑대며 까부는 사람을 낮잡아 이르는 말.

까붐-질 명-하다 타 키로 곡식 따위를 까불러서 잡것을 날려 보내는 일.

까슬-까슬 부-하다 형 ①거스러미 따위가 일어나 살갗이 매끄럽지 아니하고 좀 까칠까칠한 모양을 나타내는 말. ¶살갗이 -해지다. ②매우 빳빳하고 짧은 털에 스치는 느낌을 나타내는 말. ¶-한 턱수염. ③옷감의 결이 매끄럽지 아니하고 깔깔한 느낌을 나타내는 말. ¶-한 여름 옷감. ④성질이 모나고 까다로운 모양을 나타내는 말. ¶성미가 -한 사람. ☞가슬가슬. 꺼슬꺼슬

까옥 부 까마귀가 우는 소리를 나타내는 말.

까옥-까옥 부 까마귀가 잇달아 우는 소리를 나타내는 말.

-까지 조 보조 조사(補助助詞)의 한 가지. ㉠그것까지 포함됨을 나타냄. ¶밥에다 떡까지 먹었다. ㉡미치는 위치·한계를 나타냄. ¶부산까지 간다./9시까지 집합하시오./하나에서 열까지 간섭한다. ㉢부사어 따위에 붙어, 강조의 뜻을 더해 줌. ¶이렇게까지 도와 주시어 고맙습니다./밤이 늦게까지 기다렸다.

까:지다[1] 자 껍데기나 껍질이 벗겨지다. ¶무릎이 -.

까:지다[2] 자 ①몸의 살이 줄게 되다. ②재물이 줄게 되다.

까:지다[3] 형 성격이나 행동이 되바라지고 약은 데가 있다. ¶어린것이 너무 까졌어.

까지르다(까지르고·까질러)자르 주책없이 싸다니다. ☞끄지르다

까짓 관 대수롭지 않은. 별것 아닌. ¶- 술이야 얼마든지 사 주지.

감 대수롭지 않다는 뜻으로, 무엇을 포기하거나 용기를 낼 때 하는 말. ¶-, 한번 해보지/-, 아무려면 어때.

-까짓《접미사처럼 쓰이어》지시 관형사 아래 붙어 '가지〔種類〕의'의 뜻으로 대상을 낮잡아 이름. ¶요까짓/고까짓/조까짓/이까짓/저까짓

까:짜-올리다 타 추어올리는 말로써 남을 놀리다.

까:치 명 까마귓과의 텃새. 몸길이는 45cm 안팎. 부리·머리·가슴·등·날개·아랫배·꼬리는 흑색, 날개와 꼬리는 청록색인데 윤이 남. 등과 날개의 경계와 배는 백색임. 우리 나라에 흔한 텃새로 우리 국조(國鳥)이기도 함. 희작(喜鵲)

속담 **까치가 발 벗으니 가지 따먹는 시절인 줄 아나**: 추운 날씨에 발을 벗은 아이를 보고 하는 말./**까치 발을 볶으면 도둑질한 사람이 말라 죽는다**: 물건을 잃은 사람이 훔친 사람을 대강 짐작할 때 쓰는 말./**까치 뱃바닥 같다**: 허풍을 치고 흰소리를 잘하는 사람을 비유하여 이르는 말.

까:치-걸음 명 두 발을 모아 뛰는 종종걸음.

까:치-깨 명 벽오동과의 한해살이풀. 산이나 들에 절로 자라며, 줄기 높이는 90cm 안팎임. 잎자루가 있는 달걀꼴의 잎이 어긋맞게 나는데, 잎에는 톱니가 있음. 여름에 노란 꽃이 피고 열매는 삭과(蒴果)로 익음.

까:치-꽃 명 '색동저고리'를 변으로 이르는 말.

까:치-놀 명 석양에, 바다의 수평선에서 희번덕이는 물결.
까:치-눈 명 발가락 짬이나 발가락 밑에 접힌 금의 살이 터져 갈라진 자리.
×**까치-다리** 명 →까치발[1]
까:치-돔 명 실꼬리돔과의 바닷물고기. 몸은 길둥근 모양으로 40cm 안팎. 몸빛은 푸르스름한 보랏빛인데, 배 쪽은 빛이 엷으며, 눈 아래에서 배 쪽으로 두 줄의 흑갈색 띠가 있음. 우리 나라 남해와 제주, 일본, 중국, 필리핀, 동인도 제도 연해에 삶.
까:치-두루마기 명 까치설빔으로 어린이가 입는 오색 옷감으로 지은 두루마기.
까:치-무릇 명 백합과의 여러해살이풀. 산이나 들에 절로 자라는데, 봄에 묵은 뿌리에서 수선화 잎과 같은 연녹색의 가늘고 긴 잎이 두 개가 나오고, 잎 사이에서 꽃대가 나와 거죽에 자줏빛 줄이 있는 흰 꽃이 종 모양으로 핌. 비늘줄기는 둥근데 먹을 수 있고, 약으로도 쓰임. 산자고(山茨菰)
까:치-박공(一牔栱) 명 팔작집 대마루의 양쪽 머리에 'ㅅ'자 모양으로 붙인 널빤지.
까:치-박달 명 자작나뭇과의 낙엽 활엽 교목. 산골짜기에서 자라는데, 높이는 14m 안팎. 나무껍질은 푸른빛이 도는 잿빛이며, 어린 가지에는 털이 있음. 잎은 길둥글거나 달걀 모양인데 톱니가 있고 어긋맞게 남. 5월경 황록색 꽃이 이삭 모양으로 피며, 열매는 10월경에 익음. 재목은 건축재나 기구재(器具材)로 쓰임.
까:치-발[1] 명 선반의 널빤지를 받치기 위하여 버티어 놓은 직각 삼각형으로 된 물건.
까:치-발[2] 명 국화과의 한해살이풀. 줄기 높이 70cm 안팎. 잎은 깃꼴로 가늘게 갈라져 있으며, 8~9월에 노란 꽃이 핌. 잎과 줄기는 먹을 수 있고 한약재로도 쓰임.
까:치-복 명 참복과의 바닷물고기. 몸길이 50cm 안팎. 등은 검은색에 청색 줄무늬가 나 있고 배는 흼. 우리 나라와 일본 연해에 삶.
까:치-상어 명 까치상엇과의 바닷물고기. 몸길이 1.5m 안팎. 머리와 꼬리가 편평하며 주둥이는 뭉뚝함. 등 쪽에 자줏빛 얼룩무늬의 가로띠가 있고, 작고 검은 점이 흩어져 있음. 우리 나라 연해와 일본 동부 이남 바다에서 삶.
까:치-선(一扇) 명 부채의 한 가지. 여덟 모이거나 둥근 부채 바닥을 네 구역이 되게 'X'자 꼴로 구분하여 위아래는 붉은빛, 왼쪽은 누른빛, 오른쪽은 푸른빛을 칠하고, 중앙에 태극 모양을 넣은 부채. 태극선(太極扇)
까:치-설 명 까치설날
까:치-설:날 명 설날의 전날, 곧 섣달 그믐날을 아이들이 이르는 말. 까치설
까:치-설:비음 명 까치설날에 어린이가 까치저고리와 까치두루마기를 설빔처럼 입는 옷차림. 준 까치설빔
까:치-설:빔 명 '까치설비음'의 준말.
까치작-거리다(대다) 자 ①작은 물체가 살갗에 자꾸 거칠게 걸리거나 닿다. ②자꾸 몹시 귀찮게 굴거나 방해를 하다. ¶공부하는데 옆에서 ―. ☞가치작거리다. 꺼치적거리다
까치작-까치작 부 까치작거리는 모양을 나타내는 말. ☞가치작가치작. 꺼치적꺼치적
까:치-저고리 명 까치설빔으로 입는 어린이의 저고리. 푸른 깃, 누런 섶, 색동이나 붉은 소매, 남빛(여자 아이는 자줏빛) 깃의 다섯 가지 색의 감으로 지음.
까:치-콩 명 콩과의 덩굴성 한해살이풀. 잎은 끝이 뾰고 넓은 달걀 모양임. 여름에 흰빛 또는 자줏빛의 꽃이 총상(總狀) 꽃차례로 핌. 가느다란 꼬투리 속의 열매는 먹을 수 있음. 작두(鵲豆). 편두(扁豆)
까:치-허리띠 명 갖가지 빛깔의 물을 들인 명주실로 짠 아롱아롱한 허리띠.
까칠-까칠 부-하다 형 매우 까칠한 모양을 나타내는 말. ¶―해진 얼굴./―한 수염. ☞가칠가칠. 꺼칠꺼칠
까칠-하다 형여 ①앓거나 야위어 살갗이 윤기가 없고 매우 거친듯 하다. ¶까칠한 얼굴. ②물체의 거죽이 반드럽지 아니하고 매우 거친듯 하다. ¶판자 면이 ―. ③매우 빳빳하고 짧은 수염 따위에 닿는 느낌이 있다. ¶면도를 하지 않은 턱이 ―. ☞가칠하다. 꺼칠하다
까칫-거리다(대다)[―칟―] 자 매우 짧은 수염이나 가시 등에 스치는 느낌이 나다. ☞가칫거리다. 꺼칫거리다
까칫-까칫[―칟―] 부 까칫거리는 느낌을 나타내는 말. ¶수염이 ― 닿다. ☞가칫가칫. 꺼칫꺼칫
까칫-하다[―칟―] 형여 야윈 살갗이 보드랍지 아니하고 까칠하다. ☞가칫하다. 꺼칫하다
까탈 명 '가탈[1]'의 힘줌말.
×**까탈-스럽다** 형ㅂ →까다롭다
까탈-지다 자 '가탈지다'의 힘줌말.
까투리 명 '암꿩'의 딴이름. ☞장끼
속담 **까투리 북한(北漢) 다녀온 셈이다** : 보기는 보았지만 무엇이 무엇인지 잘 알 수 없음을 이르는 말. ☞주마간산(走馬看山)
까팡-돈[―똔] 명 질그릇 깨진 조각으로 돈처럼 동글납작하게 만든 아이들의 장난감.
까팡-이 명 질그릇 깨진 조각.
까풀 명 ①깝질이나 깝대기의 켜. ¶―을 벗기다. ②〔의존명사로도 쓰임〕깝질이나 깝대기의 켜를 세는 단위. ¶한 ―./두 ―. ☞꺼풀
까풀-지다 자 까풀을 이루다. ☞꺼풀지다
깍:-깍 부 까마귀나 까치가 우는 소리를 나타내는 말.
깍두기 명 무를 깍둑썰기를 하여 소금에 절이고 고춧가루, 새우젓, 파, 마늘, 다진 생강을 넣어 버무려 담근 김치. 홍저(紅菹)
깍둑-깍둑 부 좀 단단한 물건을 작은 도막으로 자꾸 써는 모양을 나타내는 말. ¶무를 ― 썰다. ☞꺽둑꺽둑
깍둑-썰기 명 무 따위를 가로세로 반듯반듯하게 써는 방법. ☞통썰기
깍듯-하다 형여 예의를 차리는 태도가 극진하다. ¶깍듯하게 인사하다.
깍듯-이 부 깍듯하게
깍쟁이 명 ①잇속만 차리고 인색한 사람. ②얄밉도록 약삭빠른 사람. ¶요 ― 같으니라구!
깍정이[1] 명 도토리나 상수리의 밑을 싸고 있는 종지 모양의 받침. 각두(殼斗)
×**깍정이[2]** 명 →깍쟁이
깍지[1] 명 콩이나 팥 등의 알맹이를 까낸 꼬투리.
깍지[2] 명 활을 쏠 때, 시위를 잡아당기기 위해 엄지손가락에 끼는 뿔로 만든 물건. 각지(角指)
깍지(를) 떼다 관용 화살을 쏠 때, 깍지를 낀 엄지손가락으로 활시위를 당겼다가 탁 놓다.
깍지[3] 명 두 손의 손가락과 손가락을 모두 서로 어긋맞게 낀 상태.
깍지(를) 끼다 관용 두 손의 손가락과 손가락을 모두 서로 어긋맞게 꼭 끼다. ¶둘이 손을 깍지 끼고 걸어가다.
깍지-벌레 명 몸이 개각(介殼)이나 밀랍(蜜蠟) 같은 물질로 싸인 작은 벌레를 통틀어 이르는 말. 귤깍지진디, 사과깍지진디 따위. 개각충. 패각충(貝殼蟲)
깍짓-동 명 ①콩이나 팥의 마른 깍지를 줄기째 많이 모아 묶은 동. ②뚱뚱한 사람의 몸집을 비유하여 이르는 말.
깍짓-손 명 ①깍지를 낀 손. ②활시위를 잡아당기는 손.
깎기-접(一椄)[깍―] 명 식물의 접붙이기의 한 방법. 접가지의 아래 부분을 쐐기 모양으로 빗깎은 다음, 대목(臺木)의 부름켜가 드러나도록 깎은 자리에 맞대어 접붙이는 법. 절접(切椄)
깎-낫[깍―] 명 홍두깨나 방망이 따위를 깎는 데 쓰는 낫.
깎다[깍―] 타 ①날이 있는 연장으로 물건의 겉면을 얇게 베어 내다. ¶칼로 연필을 ―./대패로 널빤지를 ―. ②털이나 풀 따위를 자르다. ¶수염을 ―./양털을 ―./잔디를 깎는 기계. ③액수(額數)를 덜어 줄이다. ¶예산을 ―./물건 값을 ―. ④체면이나 명예 등을 떨어뜨리다. ¶남의 체면을 깎는 폭언. ⑤테니스나 탁구 경기 등에서, 공이 세게 돌면서 가도록 치다. ¶공을 깎아 치다.
깎은 밤 같다 관용 겉모습이 말쑥한 사람을 비유하여 이르는 말.

한자 깎을 삭(削) 〔刀部 7획〕 ¶ 삭감(削減)/삭발(削髮)/삭제(削除)/절삭(切削)/첨삭(添削)

깎아-내리다 타 사물의 격이나 가치 등을 헐뜯어서 떨어지게 하다. ¶ 작품의 가치를 ─.
깎아지른듯-하다 형여 몹시 가파르고 험하다. ¶ 깎아지른듯한 암벽 등반에 도전하다.
깎은-서방님 명 말쑥하게 차린 젊은이를 이르는 말.
깎은-선비 명 말쑥하고 얌전한 선비를 이르는 말.
깎음-다리 명 택견에서, 발질의 한 가지. 발 장심으로 상대편의 다리를 무릎에서 발등까지 깎아 내리듯이 내리차는 공격 기술.
깎음-질 명-하다 자타 연장으로 나무 따위를 깎아 다듬는 일.
깎이다[1] 자 깎음을 당하다. ¶ 예산이 ─./체면이─.
깎이다[2] 타 깎게 하다. ¶ 이발관에서 머리를 ─.
깐 의 마음에 짚이는 생각이나 가늠. ¶ 제가 한 ─이 있어서 아무 말이 없다./제 ─에는 힘든 결정을 했다. 원 간[2]
깐깐-스럽다 (─스럽고·─스러워) 형ㅂ 보기에 성격이 깐깐한 데가 있다.
깐깐-스레 부 깐깐스럽게 ¶ ─ 물고 늘어지다.
깐깐-오:월 (─五月) 명 낮 동안의 해가 길어 더디 가는 한 달이라는 뜻에서, '음력 오월'을 달리 이르는 말. ☞ 미끈유월
깐깐-이 명 성질이 깐작깐작한 사람을 이르는 말.
깐깐-하다 형여 ①질기고 잔득잔득하다. ②성질이 깐작깐작 하여 사근사근한 맛이 없다. ¶ 깐깐한 성질./성미가 ─. ☞ 끈끈하다
깐깐-히 부 깐깐하게 ¶ ─ 따지다.
깐닥-거리다(대다) 자타 깐닥깐닥 흔들리다, 또는 깐닥깐닥 흔들다. 깐닥이다 ☞ 간닥거리다. 깐딱거리다
깐닥-깐닥 부 작은 물체가 가볍게 자꾸 흔들리는 모양, 또는 그렇게 흔드는 모양을 나타내는 말. ☞ 간닥간닥. 깐딱깐딱. 끈덕끈덕
깐닥-이다 자타 깐닥거리다 ☞ 간닥이다. 깐딱이다
깐동-그리다 타 일을 깐동하게 마무르다. ☞ 간동그리다. 껀둥그리다
깐동-깐동 부 깐동그리는 모양을 나타내는 말. ☞ 간동간동. 껀둥껀둥
깐동-하다 형여 매우 간동하다. ☞ 간동하다. 껀둥하다
깐동-히 부 깐동하게 ☞ 껀둥히
깐딱-거리다(대다) 자타 깐딱깐딱 흔들리다, 또는 깐딱깐딱 흔들다. 깐딱이다 ☞ 간닥거리다. 깐닥거리다. 끈떡거리다
깐딱-깐딱 부 작은 물체가 세게 자꾸 흔들리는 모양, 또는 그렇게 흔드는 모양을 나타내는 말. ☞ 간닥간닥. 깐닥깐닥. 끈떡끈떡
깐딱-이다 자타 깐딱거리다 ☞ 간닥이다. 깐닥이다. 끈떡이다
깐-보다 자 ①마음속으로 가늠을 보다. ¶ 깐보아 가며 대응하다. ②마음속을 떠보다.
깐실-거리다(대다) 자 남에게 비위를 맞추려고 몹시 간살을 부리다. ☞ 간실거리다
깐실-깐실 부 남에게 비위를 맞추려고 몹시 간살을 부리는 모양을 나타내는 말. ☞ 간실간실
깐작-거리다(대다) 자 ①좀 끈끈하여 자꾸 달라붙다. ②성질이 좀 끈끈하여 무슨 일에서 얼른 손을 떼지 않고 검질기게 굴다. 깐작이다 ☞ 끈적거리다
깐작-깐작 부 깐작거리는 모양을 나타내는 말.
깐작-이다 자 깐작거리다 ☞ 끈적이다
깐족-거리다(대다) 자 쓸데없는 말을 수다스럽게 지껄이며 얄밉게 이죽거리다. 깐족이다
깐족-깐족 부 깐족거리는 모양을 나타내는 말.
깐족-이다 자 깐족거리다
깐-지다 형 성질이 깐깐하고 다라지다. ☞ 끈지다
깐-질기다 형 깐깐하고 질기다. ¶ 깐질긴 성미. ☞ 끈질기다
깐질-깐질 부-하다 형 매우 깐깐하고 검질긴 모양을 나타내는 말. ☞ 끈질끈질

깔: 명 '깔색'의 준말.
-깔 접미 ①'바탕'이나 '상태'의 뜻을 나타냄. ¶ 빛깔/성깔 ②대상을 속되게 이름. ¶ 눈깔
깔개 명 앉거나 누울 자리에 까는 물건을 통틀어 이르는 말. ¶ 마루에 ─를 깔다. 유 깔찌
깔기다 타 함부로 밖으로 내쏘다. ¶ 개가 오줌을 ─.
깔깔 부 큰 소리로 되바라지게 웃는 소리, 또는 그 모양을 나타내는 말. ¶ ─ 웃어대다. ☞ 껄껄
깔깔-거리다(대다) 자 자꾸 깔깔 웃다. ☞ 껄껄거리다
깔깔-사 (─絲) [─싸] 명 깔깔수를 놓는 데 쓰는 실.
깔깔-수 (─繡) [─쑤] 명 수놓은 자리가 깔깔한 느낌이 나는, 도톨도톨하게 놓은 수.
깔깔-웃음 명 깔깔 웃는 웃음.
깔깔-하다[1] 형여 ①살갗에 닿는 느낌이 빳빳하고 까칠까칠하다. ¶ 깔깔한 촉감의 여름 옷감./턱수염이 깔깔하게 돋아나다. ②메말라서 까슬까슬하다. ¶ 몹시 애를 태웠더니 혓바닥이 ─. ☞ 껄껄하다
깔깔-하다[2] 형여 마음이 곧고 깨끗하다. ☞ 끌끌하다
깔끄럽다 (깔끄럽고·깔끄러워) 형ㅂ ①까끄라기 따위가 몸에 붙어서 따끔따끔하다. ②깔깔하여 매끄럽지 않다. ③성미가 깐깐하고 까다롭다. ☞ 껄끄럽다
깔끔-거리다(대다) 자 깔끄럽고 따끔따끔한 느낌이 자꾸 나다. ☞ 껄끔거리다
깔끔-깔끔 부 깔끔거리는 느낌을 나타내는 말.
깔끔-하다 형여 ①생김새 따위가 깨끗하고 매끈하다. ¶ 깔끔한 옷차림. ②솜씨 따위가 야물고 알뜰하다 ¶ 깔끔하게 차린 음식상. ☞ 끌끔하다
깔끔-히 부 깔끔하게
깔-낚시 명 물 밑바닥에 사는 고기를 낚는 민물 낚시의 한 가지. 바다낚시
깔다 (깔고·까니) 타 ①무엇을 바닥에 평평하게 펴 놓다. ¶ 거실에 융단을 ─./요를 ─. ②무엇을 얹거나 앉거나 하려고 평평한 것을 놓다. ¶ 방석을 ─. ③무엇을 바닥에 고루 흩어 놓다. ¶ 길에 자갈을 ─./놀이터에 모래를 ─. ④철길 따위를 땅에 죽 이어 놓다. ¶ 철길을 ─. ⑤밑에 있는 것을 위에서 누르다. ¶ 차가 늘어 놓은 고추를 깔고 지나가다. ⑥돈 따위를 여러 군데 꾸어 주다. ¶ 변돈을 깔아 놓고 이자를 챙기다. ⑦값을 나중에 받기로 하고 여러 사람에게 물건을 팔다. ¶ 외상을 ─. ⑧눈길을 아래로 내려 뜨다. ¶ 신부가 눈을 다소곳이 깔고 앉아 있다.

한자 깔 부(敷) 〔攴部 11획〕 ¶ 부설(敷設)/부토(敷土)
깔 포(鋪) 〔金部 7획〕 ¶ 포장(鋪裝)

깔따구-하늘소 [─쏘] 명 하늘솟과의 곤충. 몸길이 2~3 cm, 몸빛은 검으며 앞가슴 양 옆에 큰 가시 모양의 돌기가 있음. 딱지날개는 가늘고 길. 6~8월에 나타나 소나무에 잘 모여들고, 애벌레는 상수리나무의 썩은 곳에서 삶. 우리 나라와 일본, 중국 동북 지방 등지에 삶. ☞ 장수하늘소. 톱하늘소
깔딱 부 ①적은 양의 액체를 한 모금 힘들여 삼키는 소리, 또는 그 모양을 나타내는 말. ¶ 물 한 모금을 ─ 삼키다. ②숨을 끊어질듯 말듯 힘겹게 내쉬는 모양을 나타내는 말. ③얇고 빳빳한 물체가 뒤집힐 때 나는 소리를 나타내는 말. ☞ 껄떡
깔딱-거리다(대다) 자타 숨을 끊어질듯 말듯 힘겹게 내쉬다. ¶ 숨을 ─. ☞ 껄떡거리다
깔딱-깔딱 부 숨을 끊어질듯 말듯 힘겹게 내쉬는 모양을 나타내는 말. ☞ 껄떡껄떡
깔딱-하다 형여 몹시 고단하거나 아프거나 하여 눈까풀이 달리고 눈이 옴폭하게 들어가 있다. ☞ 껄떡하다
깔때기 명 병처럼 아가리가 좁은 그릇에 액체나 가루 따위를 담을 때 쓰는 기구. 나팔처럼 바라진 쪽을 위로 하고 좁은 대롱 쪽을 담을 그릇에 꽂아 씀. 누두(漏斗)
깔리다 자 깖을 당하다. ¶ 모래가 깔린 놀이터./자갈이 깔린 길./새로 철길이 ─./무너진 축대에 깔렸다가 기적

적으로 구출되다.
깔밋잖다 [-믿-] 형 '깔밋하지 않다'가 줄어든 말.
깔밋-하다 [-믿-] 형여 아담하고 깨끗하다. ¶깔밋한 옷맵시. ☞끌밋하다
깔-보다 타 남을 호락호락하게 얕잡아 보다. ¶저보다 못한 이를 -.
깔-색(-色) [-쌕] 명 ①물건의 바탕이나 맵시. ¶-이 좋다. ②물품의 빛깔. ¶-이 곱다. 준깔
깔아-뭉개다 타 ①무엇을 깔고 눌러서 뭉개다. ②남의 의견 따위를 무시하고 기를 못 펴게 하다. ¶부하의 의견을 -. ③일을 제때에 처리하지 않고 질질 끌다. ④잘못을 드러나지 않게 숨기다. ¶비리(非理)를 쉬쉬하고 -.
깔-유리(-琉璃) 명 현미경의 대물 렌즈 밑에 끼워 받치는 투명한 유리판. 슬라이드글라스(slide glass) ☞덮개유리
깔-종 [-쫑] 명 일정한 무게의 금속 세공품을 만들 때, 재료의 무게에서 얼마를 덜어야 할지 미리 헤아리는 종작.
깔종(을) 잡다 관용 깔종을 어림잡다.
깔짝-거리다(대다) 타 단단한 물체의 거죽을 자꾸 긁다. 깔짝이다 ¶쥐가 마루를 깔짝거리는 소리가 난다. ☞끌쩍거리다
깔짝-깔짝 부 단단한 물체의 거죽을 자꾸 긁는 모양을 나타내는 말. ☞끌쩍끌쩍
깔짝-이다 타 깔짝거리다 ☞끌쩍이다
깔쭉-거리다(대다) 자 거칠게 깔끔거리다.
깔쭉-깔쭉 부 거칠게 깔끔거리는 모양을 나타내는 말. ☞껄쭉껄쭉
깔쭉깔쭉-하다 형여 거칠게 깔끔거리는 느낌이 있다. ☞껄쭉껄쭉하다
깔쭉이 명 둘레를 톱니처럼 깔쭉깔쭉 하게 만든 주화(鑄貨)를 속되게 이르는 말.
깔찌 명 밑에 까는 물건. 유깔개
깔축-없:다 [-업-] 형 조금도 축나거나 버릴 것이 없다.
깔축-없이 부 깔축없게
깜깜 부 **-하다** 형 ①매우 어두운 모양을 나타내는 말. ¶-한 그믐밤. ②어떤 일을 전혀 모르거나 까맣게 잊어버리고 있는 모양을 나타내는 말. ¶그 방면은 -하다. ③소식이 도무지 없는 모양을 나타내는 말. ¶소식이 -하다. ④희망이나 가망의 빛이 전혀 없는 모양을 나타내는 말. ¶이제부터 살길을 생각하니 눈앞이 -하다. ⑤〔명사처럼 쓰임〕 ¶세상 돌아가는 일에는 -이군. ☞감감
깜깜-히 부 깜깜하게
깜깜-나라 명 ①깜깜하여 아무 것도 보이지 않는 상태를 나타내는 말. ②깜깜하게 아무 것도 모르는 상태를 나타내는 말. ☞껌껌나라
깜깜-무소식(-無消息) 명 '감감무소식'의 힘줌말. 깜깜소식 ¶한번 떠난 뒤로는 -이다.
깜깜-밤중 [-쭝] 명 아무 것도 모르는 상태를 비유하여 이르는 말.
깜깜-부지(-不知) 명 아무 것도 모르는 상태를 이르는 말.
깜깜-소식(-消息) 명 '감감소식'의 힘줌말. 깜깜무소식
깜깜-절벽(-絕壁) 명 ①귀가 먹어서 아무 소리도 듣지 못하는 상태를 이르는 말. ¶연로하신 데다 -이시니 대화를 할 수가 없다. ②사물에 대하여 아는 바가 전혀 없는 상태를 두고 이르는 말. ¶컴퓨터라면 -이다./세상 물정에 대해서는 -이다. ③말이 전혀 통하지 않는 상대를 두고 이르는 말. ¶사람됨이 고루하고 -이지. ☞캄캄절벽
깜냥 명 일을 헤아려 해낼만 한 능력. ¶제 -으로는 잘하노라고 했지만….
깜냥깜냥-이 부 저마다의 깜냥대로.
깜:다 [-따] 형 빛깔이 매우 감다. ☞감다[4]. 껌다
깜둥-개 명 털빛이 까만 개. ☞검둥개. 깜둥이. 껌둥개
깜-둥이 명 ①살빛이 까만 사람을 놀리어 이르는 말. ②'깜둥개'를 달리 이르는 말. ☞껌둥이
깜박 부 ①작은 불빛 따위가 밝았다가 갑작스레 어두워지는 모양을 나타내는 말. ¶불이 - 나가다. ②눈을 잠깐 감았다 뜨는 모양을 나타내는 말. ¶눈 한 번 - 하지 않는다. ③정신이 잠깐 동안 흐려지는 모양을 나타내는 말. ¶- 잊다./- 하여 가방을 두고 오다. ④자신도 모르게 잠깐 잠이 드는 모양을 나타내는 말. ¶- 잠이 들다./- 졸다. ☞깜빡. 끔벅
깜박-거리다(대다) 자타 ①작은 불빛 따위가 밝았다 어두웠다 하다, 또는 그리 되게 하다. ¶신호등이 -./손전등을 -. ②눈을 잠깐씩 감았다 떴다 하다. ¶눈을 -. ③정신이 흐렸다 맑았다 하다. ¶정신이 -. 깜박이다 ☞깜빡거리다. 끔벅거리다
깜박-깜박 부 깜박거리는 모양을 나타내는 말. ☞깜빡깜빡. 끔벅끔벅
깜박-등(-燈) 명 자동차 따위에서 일정한 동안을 두고 켜졌다 꺼졌다 하는 등(燈). 점멸등
깜박-이다 자타 깜박거리다 ☞깜빡이다. 끔벅이다
깜부기 명 ①깜부깃병에 걸려서 까만 가루로 변한 밀이나 보리의 이삭. 흑수(黑穗) ②'깜부기숯'의 준말. ③얼굴빛이 검은 사람을 놀리어 이르는 말.
깜부기-불 명 불꽃이 없이 거의 꺼져 가는 불.
깜부기-숯 명 줄거리 나무를 때고 난 뒤에 꺼서 만든 숯. 준깜부기
깜부깃-병(-病) [-뼝] 명 보리·밀·옥수수 따위의 이삭이 깜부기가 되는 병. 맥각병(麥角病). 흑수병(黑穗病)
깜빡 부 ①작은 불빛 따위가 잠깐 밝았다가 갑작스레 어두워지는 모양을 나타내는 말. ¶전등불이 - 나가다. ②눈을 빨리 감았다 뜨는 모양을 나타내는 말. ¶안약을 넣고 눈을 한 번 - 하다. ③정신이 잠깐 동안 흐려지는 모양을 나타내는 말. ¶- 잊어버리다./차 시간을 - 하다. ④자신도 모르게 순간적으로 잠이 드는 모양을 나타내는 말. ¶- 잠이 들다./차 안에서 - 졸다. ☞깜박
깜빡-거리다(대다) 자타 ①작은 불빛 따위가 짧은 동안을 두고 밝았다 어두웠다 하다, 또는 그리 되게 하다. ¶등댓불이 -. ②눈을 빨리 감았다 떴다 하다. ¶눈을 -. ③정신이 짧은 동안을 두고 흐렸다 맑았다 하다. ¶의식이 -. 깜빡이다 ☞깜박거리다. 끔뻑거리다
깜빡-깜빡 부 깜빡거리는 모양을 나타내는 말. ☞깜박깜박. 끔뻑끔뻑
깜빡-이 명 '깜박등'을 달리 이르는 말.
깜빡-이다 자타 깜빡거리다 ☞깜박이다. 끔뻑이다
깜작 부 눈을 살짝 감았다 뜨는 모양을 나타내는 말. ☞깜짝[2]. 끔적
깜작-거리다(대다) 타 눈을 살짝 감았다 떴다 하다. 깜작이다 ☞깜짝거리다[2]. 끔적거리다
깜작-깜작 부 깜작거리는 모양을 나타내는 말. ☞깜짝깜짝[2]. 끔적끔적
깜작-이 명 '눈깜작이'의 준말.
깜작-이다 타 깜작거리다 ☞깜짝이다[2]. 끔적이다
깜장 명 ①까만 빛깔. ②까만 물감. ☞감장[2]. 껌정
깜장-이 명 까만 빛깔의 물건. ☞감장이. 껌정이
깜짝[1] 부 갑작스러운 일로 드러나게 몹시 놀라는 모양을 나타내는 말. ¶갑작스런 폭발음에 - 놀라다. ☞끔쩍[1]
깜짝[2] 부 눈을 매우 살짝 감았다 뜨는 모양을 나타내는 말. ¶눈도 - 안 하다./눈 - 할 사이. ☞깜작. 끔쩍[2]
깜짝-거리다(대다)[1] 자 갑작스러운 일로 드러나게 몹시 놀라다. ☞끔쩍거리다[1]
깜짝-거리다(대다)[2] 타 눈을 매우 살짝 감았다 떴다 하다. 깜짝이다 ¶눈을 -. ☞깜작거리다. 끔쩍거리다[2]
깜짝-깜짝[1] 부 갑작스러운 일로 드러나게 몹시 놀라는 모양을 나타내는 말. ¶아기가 - 놀라다. ☞끔쩍끔쩍[1]
깜짝-깜짝[2] 부 눈을 매우 살짝 감았다 떴다 하는 모양을 나타내는 말. ☞깜작깜작. 끔쩍끔쩍[2]
깜짝-야 감 '깜짝이야'의 준말.
깜짝-이 명 '눈깜짝이'의 준말.
깜짝-이다 타 깜짝거리다[2] ☞깜작이다. 끔쩍이다
깜짝-이야 감 깜짝 놀랐을 때 하는 말. 준깜짝야
깜찌기 명 '깜찌기실'의 준말.
깜찌기-실 명 아주 가늘고 질긴 실. 준깜찌기

깜찍-스럽다(－스럽고·－스러워)형ㅂ 보기에 깜찍한 데가 있다 ¶깜찍스럽게 생긴 얼굴 모습.
깜찍-스레부 깜찍스럽게
깜찍-하다형여 어린 나이에 하는 짓이나 말이 똑똑하고 야무지다. ¶어린이의 깜찍한 말에 모두 혀를 내두르다.
깜찍-이부 깜찍하게
깝대기명 ①호두·달걀·조개 따위의 겉을 싸고 있는 단단한 물질. ②알맹이를 빼내고 남은 겉의 물건. ¶알짜는 자기가 차지하고 －만 내놓다. ☞껍데기
깝대기(를) 벗기다관용 ①입은 옷을 홀랑 다 벗기다. ②가진 금품을 모조리 빼앗다.
깝살리다타 ①찾아온 사람을 따돌려 보내다. ②재물을 흐지부지 다 없애다.
깝신-거리다(대다)자 채신없이 까불거리다. ☞껍신거리다
깝신-깝신부 채신없이 까불거리는 모양을 나타내는 말. ☞껍신껍신
깝작-거리다(대다)자 방정맞게 까불거리다. ☞껍적거리다
깝작-깝작부 방정맞게 까불거리는 모양을 나타내는 말. ☞껍적껍적
깝죽-거리다(대다)자 신이 나서 깝작거리다. ☞껍죽거리다
깝죽-깝죽부 신이 나서 깝작거리는 모양을 나타내는 말. ☞껍죽껍죽
깝질명 물체의 거죽을 싸고 있는 딱딱하지 아니한 켜. ¶과일의 －. ☞껍질. 깝대기
깡[1]명 '뇌관(雷管)'을 광부들이 이르는 말.
깡[2]명 '깡다구'의 준말. ¶－으로 버티어 나가다.
깡그리부 조금도 남김없이 온통. ¶홍수로 말미암아 세간살이를 － 잃었다.
깡그리다타 일을 잘 거두어 끝을 마무르다.
깡깡-이명 '해금(奚琴)'을 흔히 이르는 말.
깡다구명 악착스레 버티는 힘이나 오기(傲氣). ¶연약하지만 －로 밀고 나가다. 준깡[2]
깡다구(가) 세다관용 악착스레 버티는 고집이 여간 아니다.
깡다구(를) 부리다관용 악착스레 대들고 버티다.
깡동부 짧은 다리로 힘있게 한 번 뛰는 모양을 나타내는 말. ☞강동. 깡뚱. 껑뚱
깡동-거리다(대다)자 ①짧은 다리로 힘있게 자꾸 뛰다. ②채신없이 행동하다. ☞강동거리다. 깡뚱거리다. 껑둥거리다
깡동-깡동부 깡동거리는 모양을 나타내는 말. ☞강동강동. 깡뚱깡뚱. 껑둥껑둥
깡동-치마명 예전에 여자가 입던 짧은 치마.
깡동-하다형여 겉에 입은 옷이 속이 드러날 정도로 제법 짧다. ¶깡동한 바지. ☞강동하다. 깡뚱하다. 껑둥하다
깡뚱부 짧은 다리로 매우 힘있게 한 번 뛰는 모양을 나타내는 말. ☞강동. 깡동. 껑뚱
깡뚱-거리다(대다)자 ①짧은 다리로 매우 힘있게 자꾸 뛰다. ②매우 채신없이 행동하다. ☞강동거리다. 깡동거리다. 껑뚱거리다
깡뚱-깡뚱부 깡뚱거리는 모양을 나타내는 말. ☞강동강동. 깡동깡동. 껑뚱껑뚱
깡뚱-하다형여 겉에 입은 옷이 속이 드러날 정도로 매우 짧다. ¶깡뚱한 치마. ☞강동하다. 깡동하다. 껑뚱하다
깡-마르다(－마르고·－말라)형르 몸이 매우 여윈 느낌이 있다. ¶몸은 깡말랐지만 앓아 누운 적이 없다.
깡-물리다자 '뇌관을 도화선에 잇다'의 뜻으로 광부들이 이르는 말.
×**깡술**명 →강술
깡-집게명 뇌관과 도화선을 잇는 데 쓰는 집게를 광부들이 이르는 말.
깡짱부 짧은 다리를 고부렸다가 세게 한 번 뛰는 모양을 나타내는 말. ☞강장. 깡창. 껑쩡
깡짱-거리다(대다)자 자꾸 깡짱 뛰다. ☞강장거리다. 깡창거리다. 껑쩡거리다
깡짱-깡짱부 깡짱거리는 모양을 나타내는 말. ☞강장강장. 깡창깡창. 껑쩡껑쩡
깡쭝부 짧은 다리를 고부렸다가 세게 한 번 솟구쳐 뛰는 모양을 나타내는 말. ☞강중. 깡충. 껑쭝
깡쭝-거리다(대다)자 자꾸 깡쭝 뛰다. ☞강중거리다. 깡충거리다. 껑쭝거리다
깡쭝-깡쭝부 깡쭝거리는 모양을 나타내는 말. ☞강중강중. 깡충깡충. 껑쭝껑쭝
깡창부 짧은 다리를 고부렸다가 매우 세게 한 번 뛰는 모양을 나타내는 말. ☞강장. 깡짱. 껑청
깡창-거리다(대다)자 자꾸 깡창 뛰다. ☞강장거리다. 깡짱거리다. 껑청거리다
깡창-깡창부 깡창거리는 모양을 나타내는 말. ☞강장강장, 깡짱깡짱. 껑청껑청
×**깡총-깡총**부 →깡충깡충
깡총-하다형여 키에 비해 다리가 길다. ☞껑충하다
깡충부 짧은 다리를 고부렸다가 몹시 세게 한 번 솟구쳐 뛰는 모양을 나타내는 말. ☞강중. 깡쭝. 껑충
깡충-거리다(대다)자 자꾸 깡충 뛰다. ☞강중거리다. 깡쭝거리다. 껑충거리다
깡충-깡충부 깡충거리는 모양을 나타내는 말. ☞강중강중. 깡쭝깡쭝. 껑충껑충
깡통명 ①생철로 만든 통조림통을 속되게 이르는 말. ②아는 것이 없이 소리만 요란한 사람을 놀리어 이르는 말.
깡통(을) 차다관용 남에게서 빌어먹는 처지가 되다.
깡패명 폭력이나 협박 등으로 남을 괴롭히기를 일삼는 사람, 또는 그런 무리.
깨명 참깨와 들깨를 통틀어 이르는 말.
깨가 쏟아지다관용 아기자기하게 재미가 나는 상태를 이르는 말. ¶갓 혼인한 터라 깨가 쏟아진다.
깨-강정명 ①깨를 볶아서 묻힌 강정. ②깨를 조청에 버무려 만든 과자. ☞한과(韓果)
깨개갱부 개가 아프거나 놀랐을 때 날카롭게 내지르는 소리를 나타내는 말.
깨갱부 강아지가 아플 때에 지르는 소리를 나타내는 말. ☞끼깅
깨갱-거리다(대다)자 개가 자꾸 깨갱 소리를 지르다. ☞끼깅거리다
깨갱-깨갱부 깨갱거리는 소리를 나타내는 말.
깨-고물명 검은깨를 볶아서 만든 고물.
깨-굴리명 깨를 묻힌 경단.
깨깨[1]부 몹시 여윈 모양을 나타내는 말. ¶－ 마른 몸매.
깨:깨[2]부 어린아이가 시끄럽게 자꾸 우는 소리를 나타내는 말.
깨-꽃명 '샐비어(salvia)'의 딴이름.
깨끔-스럽다(－스럽고·－스러워)형ㅂ 보기에 깨끗하고 아담스럽다.
깨끔-스레부 깨끔스럽게
깨끔찮다형 '깨끔하지 않다'가 줄어든 말.
깨끔찮이부 깨끔찮게
깨끔-하다형여 깨끗하고 아담하다.
깨끔-히부 깨끔하게
깨끗잖다[－끋－]형 '깨끗하지 않다'가 줄어든 말.
깨끗잖이부 깨끗잖게
깨끗-하다[－끋－]형여 ①더럽지 아니하고 말쑥하다. ¶깨끗한 살결./깨끗한 옷. ②잡것이 섞이지 아니하여 맑고 산뜻하다. ¶깨끗한 물./깨끗한 공기. ③세상의 나쁜 것에 물들지 아니하여 조촐하다. ¶깨끗한 마음씨./깨끗한 삶을 살다. ④잘 가꾸거나 매만져서 보기에 말끔하다. ¶깨끗한 옷맵시./깨끗한 거리./깨끗한 정원. ⑤바르고 떳떳하다. 결백하다 ¶깨끗하게 승부를 겨루다./그에게 깨끗한 한 표를 보태다./나는 －. ⑥자취나 남은 것이 없다. ¶그득하던 과일 그릇을 깨끗하게 비우다./상처가 깨끗하게 사라졌다.

깨끗-이 부 깨끗하게

한자 **깨끗할 결**(潔)〔水部 12획〕¶결백(潔白)/결벽(潔癖)/고결(高潔)/순결(純潔)/청결(淸潔)
깨끗할 정(淨)〔水部 8획〕¶정결(淨潔)/정수(淨水)/정화(淨化)/청정(淸淨) ▷속자는 浄

깨끼 명 ①사(紗) 종류의 옷감으로 안팎 솔기를 곱솔로 박아 옷을 짓는 일. ②'깨끼옷'의 준말.
깨끼-바지 명 깨끼로 지은 바지.
깨끼-옷 명 같은 사붙이 옷감으로 안팎 솔기를 곱솔로 박아 지은 겹옷. 부녀자의 여름옷임. 준 깨끼
깨끼-저고리 명 깨끼로 지은 저고리.
깨끼-치마 명 깨끼로 지은 치마.
-깨나 조 체언에 붙어, '어느 정도'의 뜻을 나타내는 보조 조사. ¶돈깨나 벌었다고 그러면 쓰겠니?/심술깨나 부리겠다.
깨:-나다 자 '깨어나다'의 준말.
깨나른-하다 형여 기운이 없어 몹시 나른하고 일에 내키는 마음이 적다. ☞께느른하다
깨:다[1] 자 ①잠든 상태에서 의식이 또렷한 상태로 되다. ¶새벽에 잠이 ―./꿈에서 ―. ②졸음이나 술기운이 사라지다. ¶취기가 ―. ③흐리거나 어지러웠던 마음에서 제 정신을 차리다. ¶환상에서 ―./악몽에서 ―. ④까무러친 상태에서 다시 살아나다. ¶혼수 상태에서 세 시간 만에 ―.
깨:다[2] 자 ①생각이나 지식, 슬기 따위가 열리다. ¶남보다 앞서 깬 사람. ②문화가 발전된 상태로 되다. ¶선진국의 깬 문물을 받아들이다.
깨:다[3] 자 ①몸의 살이 줄다. ¶여러 날 강행군을 했더니 홀쭉하게 ―. ②재물이 줄게 되다. ¶사업에 거듭 실패하자 많던 재물이 많이 ―.
깨:다[4] 자 알이 까지게 되다. ¶알에서 ―.
깨다[5] 타 ①단단한 물체를 조각나게 하다. ¶바위를 ―. ②부딪치거나 때리거나 하여 상처가 나게 하다. ¶산에서 굴러 머리를 ―. ③어떤 일이나 상태를 어그러뜨리다. ¶계를 ―./흥을 ―./ 즐거운 분위기를 ―. ④약속 따위를 어기다. ¶협약을 일방적으로 ―. ⑤이제까지의 수준을 뛰어넘어 새롭게 하다. ¶세계 기록을 ―.
깨:다[6] 타 ①잠을 자는 상태를 그치다. ¶곤히 자던 잠을 ―. ②꿈을 꾸는 상태를 그치다. ¶단꿈을 ―.
깨:다[7] 타 알을 까게 하다. ¶부란기(孵卵器)로 알을 ―. ☞까다
깨단-하다 타여 오래 생각나지 않던 일을, 어떤 실마리로 말미암아 분명히 깨닫다.
깨닫다(깨닫고·깨달아) 타ㄷ ①사물의 참뜻을 알게 되다. ¶진리를 ―. ②모르고 있던 사실을 알게 되다. ¶잘못을 ―./자기의 운명을 ―. ③어떤 사실이나 상태를 느껴서 알게 되다. ¶죽음이 다가오고 있음을 ―.

한자 **깨달을 각**(覺)〔見部 13획〕¶각성(覺醒)/각오(覺悟)/각자(覺者)/자각(自覺) ▷속자는 覚
깨달을 오(悟)〔心部 7획〕¶오도(悟道)/회오(悔悟)

깨-두드리다 타 두드려 깨뜨리다. ☞깨뚜드리다
깨드득 부 단단한 물체가 외부로부터 강한 힘에 눌려 깨지는 소리를 나타내는 말.
깨-떡 명 켜마다 깨고물을 뿌려서 찐 시루떡.
깨-뚜드리다 타 세게 두드려 깨뜨리다. ☞깨두드리다
깨뜨러-지다 자 '깨지다'의 힘줌말.
깨-뜨리다(트리다) 타 깨지게 하다. ¶바위를 ―.

한자 **깨뜨릴 파**(破)〔石部 5획〕¶격파(擊破)/돌파(突破)/타파(打破)/파괴(破壞)/파손(破損)

깨묵 명 꿀상춧과의 여러해살이풀. 잎은 버들잎 모양이며, 맨 아래 잎은 잎꼭지가 있으나 위의 잎은 없음. 7～8월에 노란 꽃이 피어 수과(瘦果)를 맺음. 이른봄의 잎과 줄기는 먹을 수 있음.
깨물다(깨물고·깨무니) 타 ①깨지도록 이로 물다. ¶사탕을 ―. ②단단히 물다. ¶말없이 입술만 ―.
깨-보숭이 명 들깨 꽃송이에 찹쌀가루를 묻혀 기름에 튀겨 낸 반찬.
깨-부수다 타 ①깨어서 부수다. ¶기왓장을 ―. ②무슨 일을 하지 못하게 아주 어그러뜨리다.
깨-소금 명 참깨를 볶아 소금을 치고 빻아서 만든 양념.
속담 **깨소금 맛이다** : 얄밉던 사람이 무슨 일로 말미암아 잘못되었을 때, 고소하다는 뜻으로 쓰는 말.
깨-알 명 ①깨의 낟알. ②매우 잔 것을 비유할 때 이르는 말. ¶― 같은 글씨로 적은 일기.
깨어-나다 자 ①잠든 상태에서 의식이 또렷한 상태로 깨다. ¶폭음에 놀라 ―./꿈에서 ―. ②술에 취한 상태에서 맑은 정신으로 돌아오다. ¶만취 상태에서 ―. ③흐리거나 어지러웠던 마음에서 벗어나다. ¶환상에서 ―. ④까무라친 상태에서 제정신으로 돌아오다. ¶혼수 상태에서 ―. 준 깨나다
깨어-지다 자 '깨지다'의 본딧말.
속담 **깨어진 그릇** : 다시 수습할 수 없을 만큼 일이 그릇된 상태를 비유하여 이르는 말.
깨-엿 명 볶은 깨를 묻힌 엿.
깨우다 타 ①잠들어 있거나 졸리는 상태에서 의식이 또렷한 상태로 되게 하다. ¶잠을 ―./자는 아이를 ―. ②취해 있는 술기운을 없애어 맑은 정신으로 되게 하다. ¶바람을 쐬어 술기운을 ―.
깨우치다 타 깨닫게 일러 주다. ¶삶의 올바른 길을 ―.
깨이다 자 깨게 되다. ¶아침 일찍 잠이 ―.
깨작-거리다(대다)[1] 타 글씨를 잘게 아무렇게나 갈겨쓰다. 깨작이다 ☞끄적거리다. 끼적거리다
깨작-거리다(대다)[2] 자타 ①음식을 먹기 싫은 태도로 나릿나릿 먹다. ¶밥을 먹는 둥 마는 둥하게 ―. ②일을 하기 싫은 태도로 나릿나릿 하다. ¶설거지를 깨작거리며 하다. ☞께적거리다
깨작-깨작[1] 부 글씨를 깨작거리는 모양을 나타내는 말. ☞끄적끄적. 끼적끼적
깨작-깨작[2] 부 음식이나 일을 깨작거리는 모양을 나타내는 말. ☞께적께적
깨작-이다 타 깨작거리다[1] ☞끄적이다. 끼적이다
깨-죽(―粥) 명 참깨죽.
깨죽-거리다(대다)[1] 자 불평스러운 말을 종알거리며 되씹다. ☞께죽거리다[1]
깨죽-거리다(대다)[2] 타 음식을 먹기 싫은 태도로 자꾸 되씹다. ☞께죽거리다[2]
깨죽-깨죽[1] 부 불평스러운 말을 종알거리며 되씹는 모양을 나타내는 말. ☞께죽께죽[1]
깨죽-깨죽[2] 명 음식을 먹기 싫은 태도로 자꾸 되씹는 모양을 나타내는 말. ☞께죽께죽[2]
깨:-지다 자 ①단단한 물체가 부딪쳐 조각이 나거나 갈라지다. ¶유리창이 ―. ②부딪치거나 얻어맞거나 하여 상처가 나다. ¶넘어져서 무릎이 ―. ③약속한 일이나 예정 등이 틀어지다. ¶혼담이 ―. ④이제까지의 수준을 넘어선 새로운 수준으로 바뀌다. ¶세계 기록이 ―. 본 깨어지다
속담 **깨진 그릇 맞추기** : 한번 그릇된 일을 이전대로 되돌리려고 애쓴다 해도 그렇게 되지는 않는다는 말. ☞파기상접(破器相接)
깨지락-거리다(대다) 자타 ①음식을 먹기 싫은 태도로 굼뜨게 먹다. ②일을 하기 싫은 태도로 굼뜨게 하다. ☞께지럭거리다
깨지락-깨지락 부 깨지락거리는 모양을 나타내는 말. ☞께지럭께지럭
깨질-거리다(대다) 자타 ①음식을 탐탁하지 않은듯 개으르게 먹다. ②일을 탐탁하지 않은듯 개으르게 하다. ☞께질거리다
깨질-깨질 부 깨질거리는 모양을 나타내는 말.
깨치다 타 모르던 것을 알게 되다. ¶어른이 되어서야 글을 깨쳤다. ☞깨우치다.
깨-풀 명 대극과의 한해살이풀. 밭이나 들에 절로 자라는

데, 줄기 높이는 30cm 안팎으로 곧게 자라고 가지를 많이 침. 7~8월에 짧은 꽃줄기에 수꽃이 암꽃을 둘러싸고 핌. 애순은 먹을 수 있음.

깩 부 몸에 심한 충격을 받았을 때, 갑자기 날카롭게 지르는 외마디 소리를 나타내는 말.

깩깩-거리다(대다) 자 깩 소리를 자꾸 지르다.

깩-소리 명 반항하는 말이나 태도. 〔뒤에 부정이나 금지의 말이 따름.〕 ¶ -도 못 하다. /- 말아야 해. ☞끽소리

깰깩-거리다(대다) 자 자꾸 깰깩깰깩 소리를 내다. ☞낄끽거리다

깰깩-깰깩 부 숨이 막혔다가 터졌다가 하는 소리, 또는 그 모양을 나타내는 말. ☞낄끽낄끽

깰깰 부 나오는 웃음을 억지로 참으며 웃는 소리를 나타내는 말. ¶손으로 입을 가리며 - 웃다. ☞낄낄

깰깰-거리다(대다) 자 자꾸 깰깰 웃다. ☞낄낄거리다

깻-국 명 참깨를 삶거나 물에 불려, 맷돌에 물을 치면서 갈아 체에 밭은 물.

깻국-국수 명 차게 한 깻국에, 삶아 건진 밀국수를 만 음식. 채친 채소를 고명으로 얹음.

깻국-냉:면(-冷麵) 명 차게 한 깻국에, 삶아 건진 메밀국수를 만 음식. 소금으로 간을 함.

깻-묵 명 ①기름을 짜 낸 깨의 찌끼. 유박(油粕) ②콩이나 고추씨 따위의 기름을 짜 낸 찌끼.

속담 **깻묵에도 씨가 있다** : ①없을듯 한 곳에도 혹 있을 수 있다는 말. ②세상에 완전무결한 것은 없다는 말.

깻-잎[-닢] 명 ①깨의 잎사귀. ②'들깻잎'을 식품으로 이르는 말. ¶불고기를 -에 싸서 먹다.

깻잎-김치[-닙-] 명 깻잎 한 장 한 장마다 파·마늘 다진 것과 젓국, 간장, 참기름, 설탕 따위로 만든 양념을 조금씩 얹어 쟁여 담근 김치.

깻잎-부각[-닙-] 명 들깻잎에 소금 간을 한 차조가루 풀을 골고루 바르고 볕에 말렸다가 기름에 튀긴 부각.

깻잎-쌈[-닙-] 명 들깻잎에 싸 먹는 쌈.

깽깽 부 개가 괴로울 때 내는 소리를 나타내는 말.

깽깽-거리다(대다) 자 깽깽 소리를 자꾸 내다.

깽깽이-풀 명 매자나뭇과의 여러해살이풀. 산의 평지에서 자람. 줄기 높이 25cm 안팎에 원줄기가 없고 뿌리줄기에서 여러 잎이 나오며, 잎은 연잎과 비슷함. 4~5월에 연보라빛 꽃이 잎보다 먼저 피며, 삭과(蒴果)가 열림. 뿌리와 열매는 건위약(健胃藥)으로 쓰임.

깽비리 명 ①작은 사람이나 어린아이를 얕잡아 이르는 말. ②하잘것없는 사람을 이르는 말.

꺄룩 부 무엇을 넘어다보려고 목을 조금 내미는 모양을 나타내는 말. ☞끼룩

꺄룩-거리다(대다) 타 무엇을 넘어다보려고 목을 조금 내밀곤 하다. ☞끼룩거리다

꺄룩-꺄룩 부 꺄룩거리는 모양을 나타내는 말. ☞끼룩끼룩

꺄우듬-하다 형여 조금 꺄운듯 하다. ☞갸우듬하다

꺄우듬-히 부 꺄우듬하게 ☞갸우듬히. 끼우듬히

꺄우뚱 부 꺄우듬히 기울어지거나, 또는 꺄우듬히 기울이는 모양을 나타내는 말. ☞갸우뚱. 기우뚱

꺄우뚱-거리다(대다) 자타 이쪽저쪽으로 꺄우듬히 기울어지거나 기울이다. ¶고개를 -. ☞갸우뚱거리다. 기우뚱거리다

꺄우뚱-꺄우뚱 부 꺄우뚱거리는 모양을 나타내는 말. ☞갸우뚱갸우뚱. 기우뚱기우뚱

꺄우뚱-하다 형여 한쪽으로 꺄우듬히 기울어 있다. ☞갸우뚱하다. 기우뚱하다

꺄울다[1](꺄울고·꺄우니) 자 작은 물체가 한쪽으로 몹시 쏠리다. ¶벽시계가 오른쪽으로 -. ☞갸울다[1]. 끼울다[1]

꺄울다[2](꺄울고·꺄우니) 형 작은 물체가 평평하지 아니하고 한쪽이 매우 낮다. ☞갸울다[2]. 끼울다[2]

꺄울어-뜨리다(트리다) 타 힘있게 꺄울이다. ☞갸울어뜨리다. 끼울어뜨리다

꺄울어-지다 자 꺄울게 되다. ☞갸울어지다. 끼울어지다

꺄울-이다 타 꺄울게 하다. ☞갸울이다. 끼울이다

꺄웃 부 고개나 몸을 꺄우듬하게 기울이는 모양을 나타내는 말. ¶미심쩍어 고개를 - 하다. ☞갸웃. 끼웃

꺄웃-거리다(대다)[-운-] 타 고개나 몸을 자꾸 꺄우듬하게 기울이다. ☞갸웃거리다. 끼웃거리다

꺄웃-꺄웃[1][-운-] 부 꺄웃거리는 모양을 나타내는 말. ☞갸웃갸웃[1]. 끼웃끼웃[1]

꺄웃-꺄웃[2][-운-] 부-하다 형 여럿이 다 꺄웃한 모양을 나타내는 말. ☞갸웃갸웃[2]. 끼웃끼웃[2]

꺄웃-하다[-욷-] 형여 보기에 조금 꺄운듯 하다. ☞갸웃하다. 끼웃하다

꺄웃-이 부 꺄웃하게 ☞갸웃이. 끼웃이

꺅 부 무엇에 세게 눌리거나 조이거나, 또는 매우 놀라거나 하여 갑자기 지르는 소리를 나타내는 말.

꺅-꺅 부 꺅꺅거리는 모양을 나타내는 말.

꺅꺅-거리다(대다) 자 꺅 소리를 자꾸 질러 대다.

꺅-차다 자 먹은 음식이 목까지 차다.

꺌:-꺌 부 암탉이 알을 겯는 소리를 나타내는 말.

꺼꾸러-뜨리다(트리다) 타 꺼꾸러지게 하다. ☞거꾸러뜨리다. 까꾸러뜨리다

꺼꾸러-지다 자 ①거꾸로 넘어지거나 엎어지다. '거꾸러지다'를 센 어감(語感)으로 이르는 말. ¶세차게 날아온 공을 가슴에 안고 -. ②세력 따위가 힘을 잃고 망하다. ¶마침내 악덕 기업이 꺼꾸러졌다. ③사람이나 동물 따위가 '죽다'를 속되게 이르는 말. ¶적은 총을 맞고 그 자리에서 꺼꾸러졌다. ☞거꾸러지다. 까꾸러지다

꺼꾸로 부 방향이나 차례가 반대가 되게. ☞거꾸로

꺼끄러기 명 벼나 보리 따위의 낟알 겉껍질에 붙어 있는 수염처럼 생긴 것, 또는 그 동강. 준꺼러기. 꺼럭 ☞까끄라기

꺼끙-그리다 타 겉곡을 방아에 대강 쓿어 내다.

꺼:-내:다 타 ①밖으로 끌어서 내다. ¶지갑에서 돈을 -. ②이야기 따위를 시작하다. ¶못다 한 이야기를 -.

꺼:-내리다 타 당겨서 아래로 내리다. ¶아이의 바지를 꺼내리고 오줌을 누이다.

꺼:-당기다 타 끌어서 앞으로 당기다. ¶밧줄을 -.

꺼덕-꺼덕 부-하다 형 물기나 풀기가 있던 물체의 거죽이 매우 뻣뻣할 정도로 버썩 말라 있는 상태를 나타내는 말. ¶-하게 마른 명태. ☞거덕거덕. 까닥까닥[2]

꺼덕-치다 형 모양이 몹시 거칠고 상되다. ☞거덕치다

꺼:-두르다(-두르고·-둘러) 타르 끌어 잡고 마구 휘두르다. ¶머리채를 꺼두르며 싸우다. 준꺼둘다

꺼:-둘다(-둘고·-두니) 타 '꺼두르다'의 준말.

꺼:-둘리다 자 꺼두름을 당하다. ¶싸움을 말리다가 멱살이 꺼둘렸다.

꺼드럭-거리다(대다) 자 젠체하며 몹시 치신없이 행동하다. ☞거드럭거리다. 까드락거리다. 꺼뜨럭거리다

꺼드럭-꺼드럭 부 꺼드럭거리는 모양을 나타내는 말. ☞거드럭거드럭. 까드락까드락. 꺼뜨럭꺼뜨럭

꺼들-거리다(대다) 자 젠체하며 매우 신이 나서 가볍게 행동하다. ☞거들거리다. 까들거리다

꺼들-꺼들 부 꺼들거리는 모양을 나타내는 말. ☞거들거들. 까들까들

꺼:-들다(-들고·-드니) 타 당겨서 추켜들다. ¶쟁이의 벼릿줄을 천천히 꺼들였다.

꺼:-들리다 자 꺼듦을 당하다.

꺼들먹-거리다(대다) 자 젠체하며 매우 우쭐하여 으스대다. ☞거들먹거리다. 까들막거리다

꺼들먹-꺼들먹 부 꺼들먹거리는 모양을 나타내는 말. ☞거들먹거들먹. 까들막까들막

꺼:-들이다 타 당겨서 안으로 들이다. ¶말을 -.

꺼떡-거리다(대다) 자 젠체하면서 매우 버릇없이 행동하다. 꺼떡이다 ☞까딱거리다[1]

꺼떡-꺼떡 부 꺼떡거리는 모양을 나타내는 말.

꺼떡-이다 자 꺼떡거리다 ☞까딱이다[1]

꺼뜨럭-거리다(대다) 자 젠체하며 몹시 경망스레 행동하다. ☞거드럭거리다. 까뜨락거리다. 꺼드럭거리다

꺼뜨럭-꺼뜨럭 부 꺼뜨럭거리는 모양을 나타내는 말. ☞

거드럭거드럭. 까뜨락까뜨락. 꺼드럭꺼드럭
꺼-뜨리다(트리다)타 잘못하여 불 따위를 꺼지게 하다. ¶ 연탄불을 ─.
꺼:러기명 '꺼끄러기'의 준말. ☞까라기
꺼:럭명 '꺼끄러기'의 준말. ☞까락
꺼:리다타 해가 될까 하여 피하거나 싫어하다. ¶ 사람들의 눈길을 ─./그 음식을 먹기가 꺼려진다.

한자 꺼릴 기(忌) 〔心部 3획〕 ¶ 금기(禁忌)/기피(忌避)

꺼림칙-하다형여 매우 꺼림하다. 께름칙하다 ¶ 거짓으로 둘러댄 일이 내내 ─.
꺼림-하다형여 뉘우침이나 걱정 등으로 마음이 언짢다. 께름하다 ¶ 무안을 준 일이 ─.
꺼머멀쑥-하다형여 얼굴이 꺼멓고 멀쑥하다.
꺼머멀쑥-이부 꺼머멀쑥하게
꺼머무트름-하다형여 얼굴이 꺼무스름하고 투실투실하다. ☞거머무트름하다. 까마무트름하다
꺼머무트름-히부 꺼머무트름하게 ☞거머무트름히. 까마무트름히
꺼머번드르-하다형여 꺼멓고 번드르르하다. ☞거머번드르하다. 까마반드르하다
꺼머번지르-하다형여 꺼멓고 번지르르하다. ☞거머번지르하다. 까마반지르하다
꺼:멓다(꺼멓고·꺼먼)형ㅎ 빛깔이 좀 껌다. ¶ 꺼멓게 그을은 얼굴. ☞거멓다. 까맣다[1]. 시꺼멓다
꺼:메-지다자 빛깔이 꺼멓게 되다. ¶ 연탄을 만진 장갑이 꺼메졌다. ☞거메지다. 까매지다. 시꺼메지다
꺼무끄름-하다형여 좀 칙칙하게 꺼무스름하다. ☞거무끄름하다. 까무끄름하다
꺼무끄름-히부 꺼무끄름하게 ☞거무끄름히
꺼무데데-하다형여 산뜻하지 아니하게 꺼무스름하다. ☞거무데데하다. 까무대대하다
꺼무뎅뎅-하다형여 고르지 아니하게 꺼무스름하다. ☞거무댕댕하다. 까무댕댕하다
꺼무레-하다형여 엷게 꺼무스름하다. ☞거무레하다. 까무레하다
꺼무숙숙-하다형여 수수하게 꺼무스름하다. ☞거무숙숙하다. 까무속속하다
꺼무스레-하다형여 꺼무스름하다 ☞거무스레하다. 까무스레하다
꺼무스름-하다형여 좀 껌은듯 하다. 꺼무스레하다 ☞거무스름하다. 까무스름하다
꺼무접접-하다형여 살빛이 곱게 좀 껌다. ☞거무접접하다. 까무잡잡하다
꺼무죽죽-하다형여 칙칙하게 껌다. ☞거무죽죽하다. 까무족족하다
꺼무칙칙-하다형여 꺼멓고 칙칙하다. ☞거무칙칙하다. 까무칙칙하다
꺼무튀튀-하다형여 탁하게 꺼무스름하다. ☞거무튀튀하다. 까무퇴퇴하다
꺼물-거리다(대다)자 ①불빛 따위가 자꾸 꺼질듯 말듯 매우 약하게 비치다. ②멀리 있는 물체가 매우 어렴풋이 보이다 말다 하다. ¶ 멀리 고기잡이배의 불빛이 ─. ③의식이나 기억 따위가 뚜렷하지 아니하고 점점 매우 희미해지다. ☞거물거리다
꺼물-꺼물부 꺼물거리는 모양을 나타내는 말. ☞거물거물. 까물까물
꺼물꺼물-하다형여 의식이나 기억 따위가 뚜렷하지 아니하고 매우 희미하다. ☞거물거물하다. 까물까물하다
꺼뭇-꺼뭇[─묻─]부-하다형 ①군데군데 꺼뭇한 모양을 나타내는 말. ②매우 꺼뭇한 모양을 나타내는 말. ☞거뭇거뭇. 까뭇까뭇
꺼뭇-하다[─묻─]형여 좀 꺼무스름하다. ☞거뭇하다
꺼:벙-하다형여 허우대는 크나 짜이지 않고 엉성하다. ¶ 보기에는 꺼벙해도, 일은 야물게 한다.
꺼:병이명 ①꿩의 어린 새끼. ②겉모양이 잘 어울리지 않고 거칠게 생긴 사람을 비유하여 이르는 말.
꺼부러-지다자 ①물건의 부피가 점점 줄어들다. ②몸에서 기운이 빠져 축 늘어지다. ¶ 점심을 걸렀더니 꺼부러져 못 살겠다. ☞까부라지다[1]
꺼불-거리다(대다)자 불꽃이나 연기 따위가 심하게 자꾸 흔들리다. ¶ 촛불이 바람에 ─. ☞거불거리다
꺼불-꺼불부 꺼불거리는 모양을 나타내는 말. ☞거불거불. 까불까불
꺼불다자타 ①위아래로 느리게 흔들리거나 흔들다. ②침착하지 못하고 가볍거나 경망스럽게 행동하다.
꺼슬-꺼슬부-하다형 ①거스러미 따위가 일어나 살갗이 매끄럽지 아니하고 좀 꺼칠꺼칠한 모양을 나타내는 말. ¶ ─ 거친 피부. ②매우 뻣뻣하고 짧은 털에 스치는 느낌을 나타내는 말. ¶ 빡빡 민 머리에 ─하게 자란 머리털. ③옷감의 결이 매끄럽지 아니하고 껄껄한 느낌을 나타내는 말. ¶ ─한 모시. ④성질이 모나고 너그럽지 못한 모양을 나타내는 말. ☞거슬거슬. 까슬까슬
꺼:-오다타 당겨서 앞으로 오게 하다. ¶ 고집 센 개를 ─.
꺼:-올리다타 당겨서 위로 올리다.
꺼지다[1]자 ①불 따위가 사라져 없어지다. ¶ 꺼진 불도 다시 보자./비누 거품이 다 꺼졌다. ②'목숨이 끊어지다', '죽다'를 비유하여 이르는 말. ¶ 꺼져 가는 생명을 돌보다. ③'눈앞에서 사라지다'를 속되게 이르는 말. ¶ 잔소리 말고 꺼져!
꺼지다[2]자 ①바닥 따위가 내려앉아 빠지다. ¶ 갑자기 땅이 꺼지는 것 같았다./연못의 얼음이 꺼져 물에 빠졌다. ②겉이 우묵하게 들어가다. ¶ 잠을 못 자서 눈이 푹 꺼졌다./굶어서 배가 ─.
꺼치적-거리다(대다)자 ①물체가 살갗에 자꾸 거칠게 걸리거나 닿다. ¶ 꺼치적거리는 물건들을 치우다. ②자꾸 몹시 성가시게 굴거나 방해를 하다. ¶ 눈앞에서 왔다 갔다 하면서 ─. ☞거치적거리다. 까치작거리다
꺼치적-꺼치적부 꺼치적거리는 모양을 나타내는 말. ☞거치적거치적. 까치작까치작
꺼칠-꺼칠부-하다형 매우 꺼칠한 모양을 나타내는 말. ¶ 살갗이 ─하다. ☞거칠거칠. 까칠까칠
꺼칠-하다형여 ①앓거나 여위어 살갗이 윤기가 없고 매우 거친듯 하다. ②물체의 거죽이 번드럽지 아니하고 매우 거친듯 하다. ③매우 뻣뻣하고 짧은 수염 따위에 닿는 느낌이 있다. ☞거칠하다. 까칠하다
꺼칫-거리다(대다)[─칟─]자 매우 짧고 거친 수염이나 가시 따위에 스치는 느낌이 나다. ¶ 턱수염이 ─. ☞거칫거리다. 까칫거리다
꺼칫-꺼칫[─칟─]부 꺼칫거리는 느낌을 나타내는 말. ☞거칫거칫. 까칫까칫
꺼칫-하다[─칟─]형여 여윈 살갗이 부드럽지 아니하고 꺼칠하다. ☞거칫하다. 까칫하다
꺼펑이명 물건에 덧씌워 덮거나 가리는 물건.
꺼풀명 ①껍질이나 껍데기의 켜. ¶ ─을 벗기다./콩 ─ ②〔의존 명사로도 쓰임〕 껍질이나 껍데기의 켜를 세는 단위. ¶ 한 ─. ☞까풀

한자 꺼풀 막(膜) 〔肉部 11획〕 ¶ 각막(角膜)/골막(骨膜)/막질(膜質)/세포막(細胞膜)/피막(被膜)

꺼풀-지다자 꺼풀을 이루다. ☞까풀지다
꺽:부 트림하는 소리를 나타내는 말.
꺽:꺽부 장끼가 우는 소리를 나타내는 말.
꺽:꺽-푸드덕부 장끼가 울며 날개를 치는 소리를 나타내는 말.
꺽꺽-하다형여 ①성질이나 목소리 따위가 부드럽지 아니하고 딱딱하거나 거칠다. ¶ 꺽꺽한 성미./목소리가 ─. ②밥이나 떡 따위가 되고 딱딱하다. ¶ 찬밥이라 꺽꺽해서 넘어가지를 않는다.
꺽다리명 '키꺽다리'의 준말.
꺽두명 '꺽두기'의 준말.
꺽두기명 ①지난날, 아이들이나 여자들이 신는, 기름에 결은 가죽신을 이르던 말. ②'나막신'을 속되게 이르는 말. 준꺽두

꺽둑-거리다(대다) 타 꺽둑꺽둑 썰다.

꺽둑-꺽둑 부 좀 단단한 물건을 큼직한 도막으로 자꾸 써는 모양을 나타내는 말. ¶감자를 ― 썰다. ☞깍둑깍둑

꺽저기 명 꺽짓과의 민물고기. 몸길이 15cm 안팎. 몸빛은 갈색이고, 눈을 중심으로 암적색의 가로무늬가 있음. 하천 상류의 맑은 물에서 삶.

꺽죽-거리다(대다) 자 혼자만 잘난듯이 몸을 흔들며 떠들다. ¶처음 만난 사람들 앞에서 꺽죽거린다.

꺽죽-꺽죽 부 꺽죽거리는 모양을 나타내는 말.

꺽지 명 꺽짓과의 민물고기. 몸길이 25cm 안팎. 몸빛은 회갈색이고 7~8개의 짙은 회갈색 가로띠가 있음. 눈은 높이 붙어 있고, 주둥이는 끝이 뾰족함. 하천 중류에 떼지어 살며 새우나 곤충 등을 잡아먹음.

꺽지다 형 성격이나 몸이 억세고 꿋꿋하며 결단성이 있다. ¶꺽져 보이는 두목.

꺽짓-손 명 억세어서 호락호락 넘어가지 않는 손아귀, 또는 그러한 수완.

꺽짓손(이) 세다 관용 사람을 휘어잡고 어려운 일을 감당할만 한 수완이 있다.

꺾기[꺽-] 명 유도에서, 굳히기의 한 가지. 상대의 관절을 비틀어 꺾는 기술.

꺾꽂이[꺽-] 명-하다 타 식물의 줄기나 가지, 뿌리, 잎 따위를 꺾거나 잘라서 흙에 꽂아, 뿌리를 내리고 새 그루를 이루게 하는 일. 삽목(插木). 삽지(插枝) ☞접붙이기. 휘묻이

꺾다[꺽-] 타 ①휘어서 부러뜨리다. ¶버들가지를 ―. ②접어서 겹치다. ¶골판지를 절반으로 ―. ③고집이나 기 따위를 억눌러서 펴지 못하게 하다. ¶고집을 ―./기를 ―./콧대를 꺾어 놓다. ④몸의 어느 부위를 구부리거나 굽히다. ¶상대편의 팔을 꺾어 누르다. ⑤바로 나아가던 방향을 다른 쪽으로 바꾸다. ¶핸들을 오른쪽으로 ―./십자로에서 왼쪽으로 꺾어서 가다. ⑥한껏 높였던 목청이나 가락 따위를 갑자기 낮추다. ¶꺾는 소리가 일품이오. ⑦운동 경기나 내기 따위에서 이기다. ¶상대편을 꺾고 결승에 진출했다.

한자 **꺾을 절**(折) 〔手部 4획〕 ¶절선(折線)/절지(折枝)

꺾-쇠[꺽-] 명 양쪽 끝을 꺾어 구부리고 그 끝을 날카롭게 한 'ㄷ' 꼴의 쇠 토막. 두 개의 물건을 겹쳐 대어 서로 벌어지지 않게 하거나 고정할 때 씀. ☞어금꺾쇠

꺾쇠-구멍[꺽-] 명 가랫날의 위쪽 양편에 있는, 꺾쇠를 박는 구멍.

꺾은-선(―線) 명 여러 가지 길이와 방향을 가진 선분(線分)이 차례대로 이어져서 이루어진 선.

꺾은선=그래프(―線graph) 명 막대 그래프의 끝을 꺾은 선으로 연결한 그래프. 시간에 따른 수량의 변화 상태를 나타낼 때 이용함.

꺾은-채 명 가마 따위의 채 앞뒤에 가로지른 나무.

꺾이다 자 꺾음을 당하다. ¶비바람에 나뭇가지가 ―./동쪽으로 꺾인 길./그의 고집이 ―.

꺾임-새 명 꺾인 모양새.

꺾-자(―字)[꺽-] 명 ①글줄이나 글자를 지우기 위하여 그 위에 내리긋는 줄. ②문서 등의 여백에 '이상(以上)'의 뜻으로, 위에서 아래로 내리긋는 'ㄱ' 자 모양의 부호.

꺾자 놓다 관용 꺾자(를) 치다.

꺾자(를) 치다 관용 ①글줄이나 글자를 지우기 위하여 그 위에 꺾자를 내리긋다. ②문서 등의 여백에 꺾자를 내리긋다. 꺾자 놓다.

껀둥-그리다 타 일을 껀둥하게 마무르다. ☞건둥그리다. 깐동그리다

껀둥-껀둥 부 껀둥그리는 모양을 나타내는 말. ☞건둥건둥. 깐동깐동

껀둥-하다 형여 매우 건둥하다. ☞건둥하다. 깐동하다

껀둥-히 부 껀둥하게 ☞건둥히. 깐동히

껄껄 부 큰소리로 시원스레 웃는 소리, 또는 그 모양을 나타내는 말. ¶한바탕 ― 웃다. ☞깔깔

껄껄-거리다(대다) 자 자꾸 껄껄 웃다. ☞깔깔거리다

껄껄-하다 형여 ①살갗에 닿는 느낌이 뻣뻣하고 꺼칠꺼칠하다. ¶껄껄한 멍석 바닥. ②성미가 거칠고 부드럽지 못하다. ☞깔깔하다

껄끄럽다(껄끄럽고·껄끄러워) 형ㅂ ①꺼끄러기 따위가 살갗에 닿아서 뜨끔뜨끔하다. ②껄껄하여 매끄럽지 않다. ¶껄끄러운 옷감. ③관계 따위가 구순하지 아니하고 서먹서먹하다. ¶껄끄러운 사이. ☞깔끄럽다

껄끄렁-베 명 올이 굵어서 바탕이 껄껄한 베.

껄끄렁-벼 명 잘 몽글리지 아니하여 꺼끄러기가 많이 섞인 벼.

껄끔-거리다(대다) 자 껄끄럽고 뜨끔뜨끔한 느낌이 자꾸 나다. ☞깔끔거리다

껄끔-껄끔 부 껄끔거리는 느낌을 나타내는 말.

껄때청 명 크게 꽥꽥 지르는 소리.

껄떡 부 ①액체를 한 모금 힘들여 삼키는 소리, 또는 그 모양을 나타내는 말. ②숨을 끊어질듯 말듯 약하게 내쉬는 모양을 나타내는 말. ③얇고 뻣뻣한 물체가 뒤집힐 때 나는 소리를 나타내는 말. ☞깔딱

껄떡-거리다(대다) 자타 숨을 끊어질듯 말듯 약하게 내쉬다. ¶숨이 넘어갈듯이 ―./숨을 ―. ☞깔딱거리다

껄떡-껄떡 부 숨을 끊어질듯 말듯 약하게 내쉬는 모양을 나타내는 말. ☞깔딱깔딱

껄떡-이 명 음식이나 재물에 지나치게 탐을 내는 사람.

껄떡-하다 형여 몹시 고단하거나 아프거나 하여 눈꺼풀이 달리고 눈이 움푹하게 들어가 있다. ¶앓고 나더니 두 눈이 ―. ☞깔딱하다

껄떼기 명 농어의 새끼.

껄렁껄렁-하다 형여 몹시 껄렁하다. 모두가 다 껄렁하다. ¶사람이 껄렁껄렁하여 믿고 일을 맡길 수가 없다.

껄렁-이 명 됨됨이나 태도가 껄렁한 사람.

껄렁-패 명 껄렁한 사람들의 무리.

껄렁-하다 형여 짜임새가 없고 변변하지 못하여 꼴같잖다. ¶하는 행동이 좀 껄렁해 보인다./남은 심각하게 말하는데 그런 껄렁한 소리를 하느냐?

껄:-머리 명 재래식 혼례에서, 신부의 머리에 크게 땋아서 늘이어 대는 덧머리.

껄쭉-거리다(대다) 자 거칠게 껄끔거리다.

껄쭉-껄쭉 부 거칠게 껄끔거리는 모양을 나타내는 말. ☞깔쭉깔쭉

껄쭉껄쭉-하다 형여 걸칠게 껄쭉거리는 느낌이 있다. ☞깔쭉깔쭉하다

껌(∠gum) 명 고무에 설탕이나 박하 따위를 섞어서 만든, 씹는 과자.

껌껌-나라 명 껌껌하여 아무 것도 보이지 않는 상태를 나타내는 말. ☞깜깜나라

껌껌-하다 형여 아주 어둡다. ☞깜깜. 컴컴하다

껌:다[-따] 형 빛깔이 매우 검다. ☞검다[2]. 깜다

껌둥-개 명 털빛이 꺼먼 개.

껌-둥이 명 ①살빛이 꺼먼 사람을 놀리어 이르는 말. ②'껌둥개'를 달리 이르는 말. ☞깜둥이

껌적-껌적 부-하다 형 껌은 얼룩이 여기저기 크게 박히거나 물들어 있는 모양을 나타내는 말. ☞검적검적

껌정 명 ①껌은 빛깔. ②껌은 물감. ☞검정. 깜장

껌정-이 명 껌정 빛깔의 물건. ☞검정이. 깜장이

껍데기 명 ①달걀이나 조개, 은행, 호두 등의 겉을 싸고 있는 단단한 물질. 각(殼) ¶조개 ― ②속에 든 물건을 빼내고 겉에 남은 물건. ¶요 ― ③화투에서, 광(光)·열·띠를 제외한 모든 딱지. 끗수가 없음. 피(皮) ☞깝대기. 껍질

껍신-거리다(대다) 자 치신없이 꺼불거리다. ☞깝신거리다

껍신-껍신 부 치신없이 까불거리는 모양을 나타내는 말. ☞깝신깝신

껍적-거리다(대다) 자 방정맞게 꺼불거리다. ☞깝작거리다

껍적-껍적 부 방정맞게 꺼불거리는 모양을 나타내는 말. ☞깝작깝작

껍죽-거리다(대다) 자 신이 나서 껍적거리다. ☞깝죽거리다

껍죽-껍죽 부 신이 나서 껍적거리는 모양을 나타내는 말. ☞깝죽깝죽

껍질 명 물체의 거죽을 싸고 있는 물질의 켜. 피(皮) ¶사과 -/양파 - ☞깝질. 껍데기

속담 **껍질 상치 않게 호랑이를 잡을까** : 힘들여 노력한 다음에야 일을 이룰 수가 있음을 비유하여 이르는 말.

껍질-눈 명 피목(皮目)

-껏 접미 ①체언에 붙어 부사가 되게 하는 말로 '그것이 다하도록', '그것이 다하기까지'의 뜻을 나타냄. ¶소신껏/정성껏/힘껏/한껏 ②때를 나타내는 일부의 부사에 붙어 '까지'의 뜻을 나타냄. ¶아직껏/여태껏/입때껏

껑거리 명 길마를 얹을 때, 소의 궁둥이에 막대를 가로 대고, 그 두 끝에 줄을 매어 길마 뒷가지에 좌우로 잡아매게 된 물건. ☞밀치

껑거리-끈 명 껑거리막대의 두 끝에 잡아맨 줄.

껑거리-막대 명 껑거리끈에 잡아매어 소의 궁둥이에 대는 막대.

껑-까다 자 '거짓말하다'를 속되게 이르는 말.

껑더리-되다 자 몹시 파리하고 뼈만 엉성하게 되다. ☞경더리되다

껑둥 부 긴 다리로 힘있게 한 번 뛰는 모양을 나타내는 말. ☞경둥. 깡동. 껑뚱

껑둥-거리다(대다) 자 ①긴 다리로 힘있게 자꾸 뛰다. ②치신없이 행동하다. ☞경둥거리다. 깡동거리다

껑둥-껑둥 부 껑둥거리는 모양을 나타내는 말. ☞경둥경둥. 깡동깡동. 껑뚱껑뚱

껑둥-하다 형여 겉에 입은 옷이 속이 많이 드러날 정도로 짧다. ¶외투가 -. ☞경둥하다. 깡동하다

껑뚱 부 긴 다리로 매우 힘있게 한 번 뛰는 모양을 나타내는 말. ☞경둥. 깡뚱. 껑둥

껑뚱-거리다(대다) 자 ①긴 다리로 매우 힘있게 자꾸 뛰다. ②매우 치신없이 행동하다. ☞경둥거리다. 깡뚱거리다. 껑둥거리다

껑뚱-껑뚱 부 껑뚱거리는 모양을 나타내는 말. ☞경둥경둥. 깡뚱깡뚱. 껑둥껑둥

껑뚱-하다 형여 겉에 입은 옷이 속이 심하게 드러날 정도로 짧다. ¶두루마기가 -. ☞경둥하다

껑짜-치다 형 부끄럽고 어색하여 매우 거북하다. 면목이 없다.

껑쩡 부 긴 다리를 구부렸다가 세게 한 번 뛰는 모양을 나타내는 말. ☞경정. 깡짱. 껑청

껑쩡-거리다(대다) 자 자꾸 껑쩡 뛰다. ☞경정거리다. 깡짱거리다. 껑청거리다

껑쩡-껑쩡 부 껑쩡거리는 모양을 나타내는 말. ☞경정경정. 깡짱깡짱. 껑청껑청

껑쭝 부 긴 다리를 구부렸다가 세게 한 번 솟구쳐 뛰는 모양을 나타내는 말. ☞경중. 깡쭝. 껑충

껑쭝-거리다(대다) 자 자꾸 껑쭝 뛰다. ☞경중거리다. 깡쭝거리다. 껑충거리다

껑쭝-껑쭝 부 껑쭝거리는 모양을 나타내는 말. ☞경중경중. 깡쭝깡쭝. 껑충껑충

껑청 부 긴 다리를 구부렸다가 매우 세게 한 번 뛰는 모양을 나타내는 말. ☞경정. 깡창. 껑쩡

껑청-거리다(대다) 자 자꾸 껑청 뛰다. ☞경정거리다. 깡창거리다. 껑쩡거리다

껑청-껑청 부 껑청거리는 모양을 나타내는 말. ☞경정경정. 깡창깡창. 껑쩡껑쩡

껑충 부 긴 다리를 구부렸다가 몹시 세게 한 번 솟구쳐 뛰는 모양을 나타내는 말. ☞경중. 깡충. 껑쭝

껑충-거리다(대다) 자 자꾸 껑충 뛰다. ☞경중거리다. 깡충거리다. 껑쭝거리다

껑충-껑충 부 껑충거리는 모양을 나타내는 말. ☞경중경중. 깡충깡충. 껑쭝껑쭝

껑충-이 명 ①키가 껑충하게 큰 사람을 놀리어 이르는 말. ②키가 크고 싱거운 사람을 놀리어 이르는 말.

껑충-하다 형여 키가 멋없이 크고 다리가 길다. ¶키만 껑충하지, 아직 어립니다. ☞깡총하다

-께[1] 조 부사격 조사 '-에게'의 높임말. ¶선생님께 드려라./그 어른들께 무슨 일이 있는가?/아버지께 그런 돈이 없습니다.

-께[2] 접미 시간이나 장소를 나타내는 체언에 붙어 '가까이'의 뜻을 나타냄. ¶보름께/다리께 왔겠다. ☞무렵. -쯤

께끄름-하다 형여 마음이 께적지근하고 꺼림하다. 준 께끔하다

께끄름-히 부 께끄름하게

께끔-하다 형여 '께끄름하다'의 준말.

께끔-히 부 께끔하게

께끼다 타 ①절구질할 때, 확의 가로 솟아오르는 것을 안으로 밀어 넣다. ②노래나 말을 할 때, 옆에서 거들어 잘 어울리게 하다. ③잘 모르는 것을 옆에서 일러주다.

께느른-하다 형여 기운이 없어 몹시 느른하고 일에 내키는 마음이 적다. ¶몸이 께느른하여 하루쯤 푹 쉬고 싶다. ☞깨나른하다

께름칙-하다 형여 꺼림칙하다

께름-하다 형여 꺼림하다

-께서 조 주격 조사 '-이', '-가'의 높임말. ¶세종 임금께서 한글을 창제하셨다.

께저분-하다 형여 보기에 꽤 지저분하다. ☞게저분하다

께적-거리다(대다) 자타 ①음식을 먹기 싫은 태도로 느릿느릿 먹다. ②일을 하기 싫은 태도로 느릿느릿 하다. ☞깨작거리다[2]

께적-께적 부 께적거리는 모양을 나타내는 말.

께적지근-하다 형여 꽤 지저분한 느낌이 있다. ☞게적지근하다

께죽-거리다(대다)[1] 자 불평스러운 말을 중얼거리며 되씹다. ☞깨죽거리다[1]

께죽-거리다(대다)[2] 타 음식을 몹시 먹기 싫은 태도로 자꾸 되씹다. ☞깨죽거리다[2]

께죽-께죽[1] 부 불평스러운 말을 중얼거리며 되씹는 모양을 나타내는 말. ☞깨죽깨죽[1]

께죽-께죽[2] 부 음식을 몹시 먹기 싫은듯 자꾸 되씹는 모양을 나타내는 말. ☞깨죽깨죽[2]

께지럭-거리다(대다) 자타 ①음식을 먹기 싫은 태도로 매우 굼뜨게 먹다. ②일을 하기 싫은 태도로 매우 굼뜨게 하다. ☞깨지락거리다

께지럭-께지럭 부 께지럭거리는 모양을 나타내는 말. ☞깨지락깨지락

께질-거리다(대다) 자타 ①음식을 탐탁하지 않은듯 게으르게 먹다. ②일을 탐탁하지 않은듯 게으르게 하다. ☞깨질거리다

께질-께질 부 께질거리는 모양을 나타내는 말. ☞깨질깨질. 께적께적

-껜[1] 조 조사 '-께'와 '-는'이 어울리어 줄어든 말. ¶아버지껜 구두를 사 드렸다.

-껜[2] 준 접미사 '-께'와 조사 '-는'이 어울리어 줄어든 말. ¶학교껜 서점이 많다./이 달 말껜 눈이 내리겠지.

껴-들다[1](-들고·-드니) 자 '끼어들다'의 준말.

껴-들다[2](-들고·-드니) 타 ①물건을 팔로 끼어서 들다. ¶장바구니를 옆구리에 -. ②두 개 이상의 물건을 겹쳐서 들다. ¶참고서를 여러 권 껴들고 학원에 가다.

껴-묻다 자 ①(주로 '껴묻어'의 꼴로 쓰이어) 다른 물건에 섞이어 묻어 들어가다. ¶우리 집에 그 집 물건이 껴묻어 왔다. ②묻은 위에 다시 더 묻다.

껴-안다[-따] 타 ①팔로 끼어서 안다. ¶아버지가 어린 딸을 꼭 껴안았다. ②혼자서 여러 가지 일을 몰아서 맡다. ¶학급의 궂은일을 모두 -.

한자 껴안을 옹(擁) 〔手部 13획〕 ¶포옹(抱擁)

껴-입다 타 옷을 입은 위에 또 겹쳐 입다. ¶옷을 네 벌이나 껴입었더니 갑갑하다.

꼬기다 자타 종이나 천 따위에 꼬김살이 생기다, 또는 꼬김살이 생기게 하다. ☞고기다. 꾸기다

꼬기작-거리다(대다) 타 꼬김살이 생기게 자꾸 꼬기다. ☞고기작거리다. 꾸기적거리다

꼬기작-꼬기작 부 꼬기작거리는 모양을 나타내는 말. ☞고기작고기작. 꾸기적꾸기적

꼬김-살 명 꼬기어져 생긴 잔금. ☞구김살. 꾸김살

꼬깃-거리다(대다)[-긷-] 타 꼬깃꼬깃 꼬기다. ☞고깃거리다. 꾸깃거리다

꼬깃-꼬깃[-긷-] 부-하다 형 여기저기 잘게. 꼬기거나 꼬겨진 모양을 나타내는 말. ☞고깃고깃. 꾸깃꾸깃

꼬:까 명 알록달록하게 지은, 어린아이의 고운 옷이나 신발 따위를 이르는 말. 고까. 때때

꼬:까-신 명 알록달록하게 지은, 어린아이의 고운 신을 이르는 말. 고까신. 때때신

꼬:까-옷 명 알록달록하게 지은, 어린아이의 고운 옷을 이르는 말. 고까옷. 때때옷

꼬:까-참새 명 멧샛과의 나그네새. 몸길이 13cm 안팎. 몸빛이 암수가 다름. 전체적으로 수컷은 황갈색, 암컷은 암갈색을 띰. 잡식성으로 떼지어 삶. 동북 아시아에 널리 분포함.

꼬꼬 부 암탉이 우는 소리를 나타내는 말.

꼬꼬댁 부 암탉이 놀랐을 때나 알을 낳은 뒤에 우는 소리를 나타내는 말.

꼬꼬마 명 ①지난날, 군졸의 벙거지 뒤에 늘어뜨리던, 말총으로 만든 기다란 삭모(槊毛). ②어린아이 장난감의 한 가지. 실 끝에 새털이나 종이 오리를 매어 바람에 날리게 한 것.

꼬꾜 부 '꼬끼오'의 준말.

꼬꾸라-뜨리다(트리다) 타 꼬꾸라지게 하다. ☞고꾸라뜨리다

꼬꾸라-지다 자 ①앞으로 쓰러져 엎어지다. ②'죽다'를 속되게 이르는 말. ☞고꾸라지다

꼬끼오 부 수탉이 우는 소리를 나타내는 말. 준 꼬꾜

꼬느다 타 ①무거운 물건의 한 끝을 쥐고 치켜 들어서 내뻗치다. ¶야구 방망이를 꼬나 들다. ②잔뜩 가다듬다. ¶한석봉은 붓을 꼬느고 앉아 숨을 가다듬었다. ③꼲다 ¶양 팀의 경기 내용을 -.

꼬:다 타 ①두 가닥이나 여러 가닥을 비비면서 한 줄이 되게 아우르다. ¶노끈을 -./새끼를 -. ②다리나 몸을 바로 가지지 아니하고 엇걸거나 이리저리 틀다. ¶긴 다리를 꼬고 앉다./부끄럼을 타서 몸을 -. ③상대편이 들어서 마음에 언짢을 정도로 바로 말하지 아니하고 빈정대듯이 에둘러 말하다. ¶친구를 시새워 하며 말마다 꼬아서 하다.

꼬다케 부 불길이 세지도 않고 꺼지지도 않은 채 붙어 있는 모양을 나타내는 말.

꼬드기다 타 ①남을 이리저리 꾀어 무슨 일을 하도록 하다. ¶외출하려는 형을 꼬드겨 바둑을 두었다. ②연줄을 잡아 잦히어 연이 솟구쳐 오르게 하다.

꼬드러-지다 자 마르거나 식어서 꽤 딴딴하게 되다. ☞고드러지다. 꾸드러지다

꼬들-꼬들 부-하다 형 밥알 따위가 매우 차지고 물기가 적은듯 한 모양을 나타내는 말. ¶-한 약밥. ☞고들고들. 꾸들꾸들

꼬락서니 명 '꼴[1]'을 속되게 이르는 말. ¶-가 형편없다.

꼬랑이 명 '꼬리'를 속되게 이르는 말.

꼬랑지 명 '꽁지'를 속되게 이르는 말.

꼬르륵 부 ①배가 고프거나 먹은 음식물이 내릴 때 뱃속에서 나는 소리를 나타내는 말. ②적은 양의 액체가 좁은 구멍으로 빠져 나갈 때 나는 소리를 나타내는 말. ¶-, 빨대로 빨아먹다. ☞꾸르륵

꼬르륵-거리다(대다) 자 자꾸 꼬르륵 소리가 나다. ☞꾸르륵거리다

꼬르륵-꼬르륵 부 꼬르륵거리는 소리를 나타내는 말. ☞꾸르륵꾸르륵

꼬리 명 ①길짐승의 꽁무니나 몸뚱이 끝에 길게 뻗은 부분. ¶개가 -를 치며 다가온다. ②물체의 뒤나 아래에 달린 비교적 작은 부분 또는 긴 물체의 뒷부분. ¶배추의 -를 잘라 내다./아이는 어머니의 치마 -를 잡고 떼를 썼다. ③사람을 찾거나 쫓을 수 있는 근거나 흔적. ¶-를 감춘 범인.

꼬리(가) 길다 관용 ①나쁜 일을 오래 계속하다. ¶꼬리가 길어 잡힌 도둑들. ②문을 꼭 닫지 않고 드나드는 사람을 나무라는 말. ¶웬 꼬리가 그리 길어?

꼬리가 빠지게 관용 매우 급하게 달아나는 모양을 나타내는 말. ¶어머니가 회초리를 찾자 동생은 - 달아났다.

꼬리(를) 감추다 관용 자취를 감추다.

꼬리(를) 달다 관용 덧붙여 말하거나 조건을 붙이다. ¶그는 아버지의 말씀에 늘 꼬리를 달고 나섰다.

꼬리(를) 물다 관용 끊임없이 이어지다. 꼬리(를) 잇다. ¶꼬리에 꼬리를 문 자동차의 행렬.

꼬리(를) 밟히다 관용 몰래 하다가 들키다. ¶날마다 오락실에 가다가 어머니에게 꼬리를 밟혔다.

꼬리(를) 사리다 관용 만일의 일을 경계하여 피하거나 움츠러들다. ¶회원들은 꼬리를 사린 채 입을 다물고 있다.

꼬리(를) 잇다 관용 꼬리(를) 물다.

꼬리(를) 잡다 관용 약점을 잡다. ¶나에게 꼬리를 잡힌 이상 너는 내 말을 들어야 해.

꼬리(를) 치다 관용 유혹하다

꼬리(를) 흔들다 관용 아양을 떨다. ¶권력자 곁에는 꼬리를 흔드는 무리가 있게 마련이다.

속담 **꼬리가 길면 밟힌다**: 나쁜 일을 오래 하다 보면 끝내는 들키고야 만다는 말.〔고삐가 길면 밟힌다/오래 앉으면 새도 살을 맞는다〕/**꼬리 먼저 친 개가 밥은 나중 먹는다**: 남보다 먼저 나서는 사람이 도리어 뒤지는 수가 많다는 말.

한자 **꼬리 미**(尾)〔尸部 4획〕¶미골(尾骨)/미등(尾燈)/미익(尾翼)/미추골(尾椎骨)

> ▶ **'꼬리'와 '꽁지'**
> '꼬리'는 길짐승의 몸뚱이 끝에 길게 뻗은 부분을 이르는 말이고, '꽁지'는 '날짐승'의 꽁무니에 달린 깃을 이르는 말로 구별하여 쓰인다.

꼬리-겨우살이 명 밤나무나 참나무 따위에 기생하는 겨우살잇과의 상록 관목. 잎은 주걱 모양으로 길둥글며, 6월경에 황색 꽃이 핌. 열매는 장과(漿果)로 9월경에 익음.

꼬리-곰 명 쇠꼬리를 진하게 곤 국.

꼬리-곰탕(-湯) 명 쇠꼬리를 고아 만드는 곰국. 토막낸 쇠꼬리와 무를 푹 곤 다음 건져 파·마늘·간장·기름·후춧가루 등으로 양념하고, 국물은 식혀서 기름기를 걷어 냄. 먹을 때는, 양념해 둔 고기와 무를 국에 넣어 한소끔 끓여서 먹음. 우미탕(牛尾湯) ☞꼬리곰

꼬리-날개 명 비행기의 뒤쪽에 붙어 있는 수평·수직의 날개. 비행기의 안정을 유지하고 방향 전환의 구실을 함. 뒷날개. 미익(尾翼)

꼬리-대기 명 골패 노름의 한 가지. 두 사람이나 네 사람이 골패를 똑같이 나눠 가진 후, 앞 사람 패의 다음 끝 짝을 이어 대지 못하고 끊기를 많이 한 사람이 짐.

꼬리-등뼈 명 꽁무니뼈

꼬리-명주나비(-明紬-) 명 호랑나빗과의 나비. 편 날개 길이 6~6.5cm이며, 뒷날개에 가늘고 긴 꼬리가 있음. 암컷은 흑갈색 바탕에 담황색 띠무늬가 있고, 수컷은 흰 바탕에 검은빛과 붉은빛의 띠무늬나 점이 있음. 우리 나라와 일본, 중국 등지에 분포함.

꼬리-별 명 혜성(彗星)

꼬리-보 명 재래식 한옥에서, 마룻대의 끝 부분이 휘어 주심(柱心) 도리에 얹히는 부분.

꼬리-뼈 명 등골뼈의 맨 아래 부분에 있는 뾰족한 뼈. 사람의 경우 퇴화한 3~5개의 꽁무니뼈가 합하여 이루어짐. 미골(尾骨)

꼬리-지느러미 명 물고기의 꼬리를 이루는 지느러미.

꼬리-털 명 길짐승의 꼬리에 난 털.

꼬리-표(-票) 명 ①화물을 우편 등으로 부칠 때, 보내는

사람과 받을 사람의 이름과 주소를 적어서 화물에 달아 매는 쪽지. ②어떤 사람에게 늘 따라붙는 좋지 않은 평가나 평판을 비유하여 이르는 말.

꼬리표(가) 붙다 관용 어떤 사람에게 좋지 않은 평가나 평판이 내려지다.

꼬마 명 ①'꼬마둥이'의 준말. ②형체가 작은 것을 이르는 말. ¶ – 전구(電球)/ – 자동차 ③'어린아이'를 친근하게 이르는 말. ¶ 귀여운 –.

꼬마-둥이 명 몸집이나 키가 작은 사람. 꼬맹이 준 꼬마

꼬마-물떼새 명 물떼샛과의 새. 몸길이 15cm 안팎. 등은 짙은 갈색이고, 배는 흰빛이며, 눈 주위·이마·가슴에 검은빛의 띠가 있음. 우리 나라 전역에서 볼 수 있는 여름 철새로, 바닷가나 하천, 호수 등지에 삶. 알도요. 작은떼새. 작은물떼새

꼬막 명 안다미조갯과의 바닷조개. 얕은 바다의 진흙 속에 삶. 조가비 길이는 5cm 안팎으로 두꺼우며, 회백색의 표면에는 부챗살 모양의 돋을무늬가 나 있음. 살이 연함. 우리 나라와 일본 등지 연해에 분포함. 강요주(江瑤珠). 고막. 살조개. 안다미조개

꼬막-회(–膾) 명 꼬막을 끓는 물에 잠깐 넣었다가 건져 한쪽 조가비를 떼고, 양념장을 조갯살에 얹어 익힌 회.

꼬맹-이 명 꼬마둥이

꼬무락-거리다(대다) 자타 둔한 몸놀림으로 매우 나릿나릿 움직거리다. ☞고무락거리다. 꾸무럭거리다

꼬무락-꼬무락 부 꼬무락거리는 모양을 나타내는 말. ☞고무락고무락. 꾸무럭꾸무럭

꼬물-거리다(대다) 자타 작은 몸을 매우 굼뜨게 놀리다. ☞고물거리다. 꾸물거리다

꼬물-꼬물 부 꼬물거리는 모양을 나타내는 말. ☞고물고물. 꾸물꾸물

꼬박[1] 부 어떠한 상태를 그대로 계속하여. ¶ 밤을 – 새우다./– 3년을 기다렸다. ☞꼬빡[1]

꼬박[2] 부 ①졸면서 머리나 몸을 앞으로 조금 숙였다가 드는 모양을 나타내는 말. ¶ 차 안에서 – 졸다. ②절할 때 고개를 조금 숙였다가 드는 모양을 나타내는 말. ☞꼬빡[2]. 꾸벅

꼬박-거리다(대다) 자타 ①졸면서 머리나 몸을 앞으로 조금 숙였다 들었다 하다. ¶ 머리를 꼬박거리며 정신없이 자다. ②절할 때 고개를 조금 숙였다 들었다 하다. ¶ 고개를 꼬박거리며 여러 사람에게 절하다. 꼬박이다 ☞꼬빡거리다. 꾸벅거리다

꼬박-꼬박[1] 부 꼬박거리는 모양을 나타내는 말. ☞꼬빡꼬빡[1]. 꾸벅꾸벅[1]

꼬박-꼬박[2] 부 어떤 일을 매번 어김없이 하는 모양을 나타내는 말. ¶ – 시키는 대로 하다./약을 – 챙겨 먹다./– 말대꾸하다. ☞꼬빡꼬빡[2]

꼬박-이 부 '꼬박[1]'의 힘줌말. ¶ 일을 끝내는 데 – 일주일 걸렸다.

꼬박-이다 자타 꼬박거리다 ☞꼬빡이다. 꾸벅이다

꼬부라-뜨리다(트리다) 타 꼬부라지게 하다. ☞고부라뜨리다. 꾸부러뜨리다

꼬부라-지다 자 한쪽으로 꼬붓하게 되다. ☞고부라지다. 꾸부러지다

꼬부랑=글자[–짜] 명 ①모양 없이 서투르게 쓴 글씨. ②서양 글자를 속되게 이르는 말.

꼬부랑-길[–낄] 명 꼬불꼬불한 길.

꼬부랑-꼬부랑 부 -하다 형 여럿이 또는 여러 군데가 다 꼬부랑한 모양을 나타내는 말. ☞꾸부렁꾸부렁

꼬부랑=늙은이 명 허리가 꼬부라진 늙은이.

꼬부랑-이 명 꼬부라진 물건. ☞고부랑이. 꾸부렁이

꼬부랑-하다 형여 한쪽으로 휘움하게 좀 꼬부라져 있다. ¶ 꼬부랑한 골목길. ☞고부랑하다. 꾸부렁하다

꼬부리다 타 한쪽으로 꼬붓하게 곱게 하다. ¶ 종일 등을 꼬부리고 앉아서 일을 하다. ☞고부리다. 꾸부리다

꼬부스름-하다 형여 많이 곱은듯 하다. ☞고부스름하다. 꾸부스름하다

꼬부스름-히 부 꼬부스름하게 ☞고부스름히

꼬부슴-하다 형여 아주 많이 곱은듯 하다. ☞고부슴하다. 꾸부슴하다

꼬부슴-히 부 꼬부슴하게 ☞고부슴히. 꾸부슴히

꼬부장-꼬부장 부 -하다 형 여럿이 또는 여러 군데가 다 꼬부장한 모양을 나타내는 말. ☞꾸부정꾸부정

꼬부장-하다 형여 휘움하게 곱아 있다. ☞고부장하다. 꾸부정하다

꼬불-거리다(대다) 자 이리저리 꼬부라지다. ☞고불거리다. 꾸불거리다

꼬불-꼬불 부 -하다 형 이리저리 꼬부라지거나 꼬부라진 모양을 나타내는 말. ¶ –한 골목길. ☞고불고불. 꾸불꾸불

꼬불탕-꼬불탕 부 -하다 형 여럿이 또는 여러 군데가 다 꼬불탕한 모양을 나타내는 말. ☞꾸불텅꾸불텅

꼬불탕-하다 형여 곱이가 나슨하게 꼬부라져 있다. ☞고불탕하다. 꾸불텅하다

꼬붓-꼬붓[–붇–] 부 -하다 형 여럿이 또는 여러 군데가 다 꼬붓한 모양을 나타내는 말. ☞고붓고붓. 꾸붓꾸붓

꼬붓꼬붓-이 부 꼬붓꼬붓하게 ☞꾸붓꾸붓이

꼬붓-하다[–붇–] 형여 좀 꼬부라진듯 하다. ☞고붓하다. 꾸붓하다

꼬붓-이 부 꼬붓하게 ☞고붓이. 꾸붓이

꼬빡[1] 부 '꼬박[1]'을 좀더 강조하여 이르는 말. ¶ – 사흘을 굶다./– 일 년이 지났다.

꼬빡[2] 부 ①졸면서 머리나 몸을 빠르게 앞으로 조금 숙였다가 드는 모양을 나타내는 말. ②절할 때 고개를 빠르게 조금 숙였다가 드는 모양을 나타내는 말. ¶ – 절하다. ☞꼬박[2]. 꾸뻑

꼬빡-거리다 자타 ①졸면서 머리나 몸을 빠르게 앞으로 조금 숙였다 들었다 하다. ②절할 때 고개를 빠르게 조금 숙였다 들었다 하다. 꼬빡이다 ☞꼬박거리다

꼬빡-꼬빡[1] 부 꼬빡거리는 모양을 나타내는 말. ¶ 양지쪽에 앉아 – 졸다. ☞꼬박꼬박[1]. 꾸뻑꾸뻑

꼬빡-꼬빡[2] 부 어떤 일을 어김없이 그대로 계속하는 모양을 나타내는 말. ¶ – 가계부를 쓰다./– 제자리에 두다./용돈을 – 저축하다. ☞꼬박꼬박[2]

꼬빡-연(–鳶)[–년] 명 공중에 띄우면 머리를 꼬빡꼬빡하는 가오리 모양의 연. 꼬리가 길게 달림. 가오리연

꼬빡-이다 자타 꼬빡거리다 ☞꼬박이다. 꾸뻑이다

꼬이다[1] 자 ①꼼을 당하다. ¶ 털실이 이리 꼬이고 저리 –. ②일이 제대로 되지 아니하고 뒤틀리다. ¶ 일이 꼬이느라고 전깃불마저 나갔다. ③비위가 거슬리어 마음이 비틀리다. ¶ 까닭 없이 심사가 –. 준 꾀다[1]

꼬이다[2] 자 꾀다[2]

꼬이다[3] 타 꾀다[3]

꼬임 명 꾐

꼬장꼬장-하다 형여 ①가늘고 긴 물건이 단단하고 꿋꿋하다. ¶ 꼬장꼬장한 회초리로 말 잔등을 후려치다. ②늙은 사람이 허리도 굽지 않고 몸이 탄탄하다. ¶ 할아버지는 미수(米壽)까지도 꼬장꼬장하셨다. ③성격이 외곬으로 곧고 꿋꿋하다. ¶ 워낙 꼬장꼬장하여 타협할 줄 모른다. ☞꾸정꾸정하다

꼬질-꼬질 부 -하다 형 ①몹시 뒤틀리고 꼬불꼬불한 모양을 나타내는 말. ¶ 포도나무의 잎과 가지가 말라서 –하다. ②옷차림 등이 꾀죄죄하고 궁상스레 보이는 모양을 나타내는 말. ¶ 때가 –한 옷.

꼬집다 타 ①손가락이나 손톱으로 살을 꼭 집어 비틀거나 당기다. ¶ 꿈이 아닌가 허벅지를 꼬집었다. ②남의 약점이나 비밀 따위를 꼭 집어서 드러내다. ¶ 딱 꼬집어서 말하다./질의자는 발표자의 허점을 꼬집었다.

꼬창-모 명 가물어 흙이 굳은 때, 꼬챙이로 논바닥에 구멍을 뚫으면서 심는 모. ☞강모

×**꼬창이** 명 →꼬챙이

꼬챙이 명 길고 가느다란 나무나 대, 쇠 따위로 만든 끝이 뾰족한 물건. 준 꼬치

꼬치 명 ①'꼬챙이'의 준말. ②꼬챙이에 꿴 음식. ¶ – 구이/– 산적 ③〔의존 명사로도 쓰임〕 ¶ 참새구이 세 –.

꼬치-고기 뮈 ①꼬치고깃과의 애꼬치, 창꼬치 따위의 바닷물고기를 통틀어 이르는 말. ②꼬치고깃과의 바닷물고기. 몸길이 50cm 안팎으로 가늘고 길며, 입이 크고 뾰족함. 등은 잿빛을 띤 황갈색, 배는 은갈색임. 우리 나라 남해와 남중국해 등에 분포함.
꼬치-꼬치 뮈 ①몸이 몹시 마른 모양을 나타내는 말. ¶몸이 병들어 — 야위어 가다. ②낱낱이 파고들며 묻는 모양을 나타내는 말. ¶— 캐묻다./그녀는 — 따지며 나를 몰아세웠다.
꼬치-안주 명 꼬치로 된 술안주.
꼬투리 명 ①'담배꼬투리'의 준말. ②콩이나 팥 따위 콩과 식물의 열매를 싸고 있는 껍질. ③어떤 이야기나 사실 따위의 실마리. ¶말끝마다 —를 잡아 따지다.
꼬푸리다 타 몸을 앞으로 꼬부리다. ☞고푸리다
꼭[1] 뮈 ①야무지게 힘을 주는 모양을 나타내는 말. ¶눈을 — 감다./손을 — 잡다./— 끌어안다. ②빈틈없이 단단히 죄거나 막는 모양을 나타내는 말. ¶나사를 — 죄다./문을 — 닫다. ☞꽉 ③애써 참는 모양을 나타내는 말. ¶눈물이 나오려는 것을 — 참다./아픔을 — 참다. ④단단히 숨거나 틀어박히는 모양을 나타내는 말. ¶다락방에 — 숨어 지내다./방에 — 틀어박히다. ☞국
꼭[2] 뮈 ①조금도 어김없이. ¶신이 발에 — 맞다./약속 시간에 — 맞추어 오다./계산이 — 맞다. ☞딱[2] ②반드시 무슨 일이 있어도. ¶— 합격하겠다./— 그런 뜻은 아니다./— 가고 싶다.
꼭-꼭[1] 뮈 ①아주 야무지게 힘을 주는 모양을 나타내는 말. ¶밥을 — 씹어 먹으렴./땅을 — 다지다. ②아주 단단히 죄거나 막는 모양을 나타내는 말. ¶나사를 — 죄다./구멍들을 — 막다. ③아주 단단히 숨거나 틀어박히는 모양을 나타내는 말. 꽁꽁[1] ¶— 숨어라./모두들 제 방에 — 틀어박혀 공부한다. ☞국국
꼭-꼭[2] 뮈 ①언제나 조금도 어김없이. ¶주말이면 — 찾아온다./적금을 제 날짜에 — 붓다. ②언제나 반드시. ¶경기마다 — 이겨야 한다.
꼭대기 명 ①맨 위쪽. ¶나무 —/지붕 — ②단체나 기관의 맨 윗자리나 우두머리. ¶—에서 내려온 전달 사항.
꼭두-각시 명 ①여러 가지 이상야릇한 탈을 씌운 인형. ②꼭두각시놀음에 나오는 색시 인형. ③남이 조종하는 대로 움직이는 사람을 비유하여 이르는 말. 괴뢰(傀儡) ¶자식은 부모의 —가 아니다.
꼭두각시-놀음 명 ①민속 인형극의 한 가지. 여러 인형들을 무대 위에 내세워 뒤에서 조종하고 그 인형의 동작에 맞추어 대사를 읊음. 박첨지놀음 ☞덜미[2] ②-하다 자 앞잡이를 내세우고 뒤에서 조종하는 일을 비유하여 이르는 말.
꼭두-놀리다 자 꼭두각시를 놀리다.
꼭두-머리[1] 명 시간적으로 일의 가장 처음.
×**꼭두-머리**[2] 명 →꼭대기
꼭두-새벽 명 아주 이른 새벽. ¶—에 일어나 운동하다. ☞첫새벽
꼭두서니 명 ①꼭두서닛과의 덩굴성 여러해살이풀. 줄기 높이는 1m 안팎이고 네모지며 짧은 가시가 있음. 잎은 네 장씩 돌려 나며, 6~8월에 연한 노란색 꽃이 핌. 뿌리는 한방에서 '천근(茜根)'이라 하여 약재로 쓰이며, 물감의 원료로도 쓰임. 우리 나라 각처의 들에 절로 자람. 천초(茜草) ②꼭두서니 뿌리에서 뽑아 낸 빨간 물감, 또는 그 빛깔.
꼭두-쇠 명 사당패의 우두머리. ☞모가비
꼭두-식전(—食前) 명 이른 새벽.
×**꼭둑-각시** 명 →꼭두각시
꼭뒤 명 ①뒤통수의 한복판. ②활의 도고지가 붙은 뒤.
꼭뒤(를) 누르다 관용 어떤 세력이나 힘이 위에서 누르다. 꼭뒤(를) 지르다. ¶상부 기관에서 꼭뒤를 누르니 숨통이 막힌다.
꼭뒤(를) 눌리다 관용 꼭뒤 누름을 당하다. ¶그는 윗사람에게 꼭뒤를 눌려 일을 하는 데 의욕을 잃었다.
꼭뒤(를) 지르다 관용 ①꼭뒤(를) 누르다. ②남을 앞질러 먼저 말하거나 행동하다. ¶그는 남과 이야기할 때 꼭뒤를 지르는 버릇이 있다.
꼭뒤(를) 질리다 관용 꼭뒤 지름을 당하다.
속담 **꼭뒤에 부은 물이 발뒤꿈치로 내린다** : ①윗사람의 잘못은 곧바로 아랫사람에게 영향을 끼친다는 말. ②조상이 남긴 풍습이 후손에게 이어진다는 말. 〔윗물이 맑아야 아랫물이 맑다〕
꼭뒤-잡기 명 씨름의 혼합기술의 한 가지. 상대편의 뒷덜미를 손으로 누르고 왼다리의 샅바를 앞으로 채면서 오른쪽으로 돌려 넘어뜨리는 공격 재간. ☞무릎틀기. 살들어치기. 애목잡채기
꼭뒤-잡이 명-하다 자타 뒤통수를 중심으로 하여 머리나 깃고대를 잡아채는 일.
꼭지[1] 명 ①그릇 뚜껑의 손잡이. ¶냄비 — ②가지나 줄기에 잎이나 열매를 붙어 있게 하는 작은 줄기. ¶참외 —/수박 — ③연(鳶) 머리의 가운데에 붙이는 동그란 종이. ④거지나 딴꾼의 우두머리. ☞꼭지딴 ⑤도리깨의 자루 머리에 꽂아 열을 걸어 돌게 하는 나무 비녀.
꼭지가 물렀다 관용 기회가 무르익었다.
꼭지(를) 따다 관용 처음 시작하다.
꼭지[2] 의 모숨을 지어 잡아맨 물건을 세는 말. ¶미역 세 —./빨래 네 —./교정쇄 세 —.
꼭지-각(—角) 명 이등변 삼각형에서 두 등변 사이의 각.
꼭지-눈 명 식물의 줄기나 가지 끝의 눈. 정아(頂芽) ☞곁눈[1]
꼭지-딴 명 딴꾼의 우두머리.
꼭지-마리 명 물레를 돌리는 손잡이.
꼭지-미역 명 낱 올로 된 것을 꼭지 지은 미역.
꼭지-점(—點) 명 각(角)을 이루는 두 변이 만나는 점, 또는 다면체의 세 개 이상의 면이 만나는 점.
꼭짓-집 명 지난날, 빨래터에서 빨래를 삶아 주고 빨래의 꼭지 수대로 삯을 받던 집.
꼭:-하다 형여 정직하고 고지식하다. ¶그는 성품이 꼭하여 남을 못 속인다.
꼰질꼰질-하다 형여 하는 짓이 너무 꼼꼼하여 갑갑하다.
꼲다 타 실적이나 성적 등을 살피어 평가하다. 꼬느다 ¶모의 고사 성적을 —.
꼴[1] 명 사물의 생김새나 됨됨이. 〔주로 부정적인 뜻으로 쓰임.〕 ¶개울에 빠져 —이 말이 아니다./큰소리치더니 — 좋게 되었다.
꼴(을) 보다 관용 겉모양을 살펴보다. ¶일이 되어가는 꼴을 보고 투자하겠다.
꼴이 박히다 관용 어떤 모양이 제대로 이루어져 나타나다. ¶오랜만에 보니 제법 숙녀 꼴이 박혔구나.
속담 **꼴 같지 않은 말은 이도 들춰 보지 않는다** : 얼른 보아서 행동이 못되고 생긴 모양도 점잖지 못한 사람은 더 이상 자세히 알아볼 필요가 없다는 말./**꼴 보고 이름짓고, 체수 맞춰 옷 마른다** : 무슨 일이나 격에 맞게 해야 한다는 말./**꼴에 수캐라고 다리 들고 오줌 눈다** : 되지 못한 사람이 나서서 잘난척 하고 수작함을 이르는 말.
꼴[2] 명 마소에 먹이는 풀. ¶—을 베다. 유목초(牧草)
속담 **꼴을 베어 신을 삼겠다** : 무슨 짓을 하더라도 은혜는 잊지 않고 갚겠다는 말. ☞결초보은(結草報恩)
-꼴 접미 '비율(比率)'의 뜻을 나타냄. ¶네 번꼴/백 원꼴
꼴-간(—間)〔—깐〕 명 마소에게 먹일 꼴을 두는 곳간.
꼴-값〔—깞〕 명-하다 자 신통치 아니한 꼴에 어울리는 행동. ¶저녁에 선글라스를 끼고 —한다. ☞얼굴값
꼴-같잖다〔—갇—〕 형 생김새나 됨됨이가 격에 맞지 아니하여 아니꼽다. ¶꼴같잖게 으스대다.
꼴깍 뮈 적은 양의 액체가 목이나 좁은 구멍으로 단번에 넘어가는 소리를 나타내는 말. ☞꿀꺽
꼴깍-거리다(대다) 타 자꾸 꼴깍 소리를 내다. ☞꿀꺽거리다
꼴깍-꼴깍 뮈 꼴깍거리는 소리를 나타내는 말. ¶물병의 물을 — 마시다. ☞꿀꺽꿀꺽
꼴꼴 뮈 가는 물줄기가 조금씩 흐르는 소리를 나타내는 말. ☞꿀꿀[1]. 콜콜[1]

꼴-꾼 명 마소에게 먹일 꼴을 베는 사람.
꼴-답잖다 형 꼴이 보기에 흉하다. ¶옷차림이 -.
꼴딱[1] 부 적은 양의 음식물 따위를 단번에 삼키는 소리, 또는 그 모양을 나타내는 말. ☞꿀떡[2]
꼴딱[2] 부 ①해가 서녘으로 완전히 지는 모양을 나타내는 말. ¶해가 서산 너머로 - 넘어갔다. ②온전히 굶거나 밤을 새우는 모양을 나타내는 말. ¶세 끼를 - 굶다./이틀 밤을 - 새우다.
꼴딱-거리다(대다) 자 자꾸 꼴딱 소리가 나다. ☞꿀떡거리다
꼴딱-꼴딱 부 적은 양의 음식물 따위를 단번에 자꾸 삼키는 소리, 또는 그 모양을 나타내는 말. ☞꿀떡꿀떡
꼴뚜기 명 두족류(頭足類)의 연체동물. 생김새는 낙지와 비슷하며, 몸빛은 회색을 띤 적갈색임. 몸길이는 다리 끝까지 24cm 안팎. 여덟 개의 발이 있으며, 혹처럼 도톨도톨한 것이 몸통에 퍼져 있음. 반초(飯蛸)
꼴뚜기-장수 명 ①꼴뚜기를 파는 사람. ②재산이나 밑천을 다 없애고 가난하게 사는 사람을 비유하여 이르는 말.
꼴뚜기-젓 명 젓갈의 한 가지. 생꼴뚜기의 먹통과 눈을 빼고 굵은 소금에 절여 3~4일 두었다가 물을 뺀 다음 다시 고운 소금에 절여 삭힌 것.
꼴뚜기-질 명 남을 욕할 때, 가운뎃손가락만 펴고, 다른 손가락은 꼬부려 남의 앞에 내미는 짓.
꼴랑 부 ①작은 병이나 통에 다 차지 않은 갈쭉한 액체가 가볍게 흔들릴 때 나는 소리를 나타내는 말. ②갈쭉한 액체가 가는 관으로 한꺼번에 많이 흘러 나오는 소리를 나타내는 말. ☞꿀렁. 콜랑
꼴랑-거리다(대다) 자 자꾸 꼴랑 소리가 나다. 꼴랑이다 ☞꿀렁거리다. 콜랑거리다
꼴랑-꼴랑[1] 부 꼴랑거리는 소리를 나타내는 말. ☞꿀렁꿀렁[1]. 콜랑콜랑[1]
꼴랑-꼴랑[2] 부 -하다 형 착 달라붙지 아니하고 여기저기가 들떠 있는 모양을 나타내는 말. ☞꿀렁꿀렁[2]. 콜랑콜랑[2]
꼴랑-이다 자 꼴랑거리다 ☞꿀렁이다. 콜랑이다
꼴랑-하다 형여 착 달라붙지 아니하고 들떠 있다. ☞꿀렁하다. 콜랑하다
꼴리다 자 ①성욕으로 생식기가 흥분하여 충혈되다. ②무슨 일이 마음에 들지 아니하여 부아가 나서 뒤틀리다. ¶밸이 꼴려 그만두어야겠다.
꼴-머슴 명 지난날, 농가의 잔일을 거들고, 땔나무나 꼴을 베어 오던 나이 어린 머슴.
꼴-불견(-不見) 명 꼴이 비위에 거슬리어 차마 볼 수 없음을 이르는 말. ¶하는 짓이 -이다.
꼴-사:납다(-사납고·-사나워) 형ㅂ 꼴이 보기에 매우 나쁘다. ¶꼴사납게 속옷 차림으로 나다니다.
꼴짝 부 ①적은 양의 질고 차진 물건을 한 번 주무르거나 밟을 때 나는 소리를 나타내는 말. ②눈물을 짜내듯이 조금씩 흘리는 모양을 나타내는 말. ☞꿀쩍
꼴짝-거리다(대다) 타 자꾸 꼴짝 하다. 꼴짝이다 ☞꿀쩍거리다
꼴짝-꼴짝 부 꼴짝거리는 소리, 또는 그 모양을 나타내는 말. ☞꿀쩍꿀쩍
꼴짝-이다 타 꼴짝거리다 ☞꿀쩍이다
꼴찌 명 맨 끝 차례. ¶-에게 갈채를 보내다.
꼴찌락 부 적은 양의 질고 차진 물건을 한 번 거칠게 주무르거나 밟을 때 나는 소리를 나타내는 말. ☞꿀찌럭
꼴찌락-거리다(대다) 타 자꾸 꼴찌락 소리를 내다. ☞꿀찌럭거리다
꼴찌락-꼴찌락 부 꼴찌락거리는 소리를 나타내는 말. ☞꿀찌럭꿀찌럭
꼴칵 부 적은 양의 액체가 목이나 좁은 구멍으로 단번에 세게 넘어가는 소리를 나타내는 말. ☞꿀컥
꼴칵-거리다(대다) 타 자꾸 꼴칵 소리를 내다. ☞꿀컥거리다
꼴칵-꼴칵 부 꼴칵거리는 소리를 나타내는 말.
꼼꼼-쟁이 명 꼼꼼한 사람을 가벼이 여겨 이르는 말. ¶그 -가 준비물을 빠뜨릴 리 없지.
꼼꼼-하다 형여 찬찬하여 빈틈이 없다. ¶그는 성미가 꼼꼼하여 실수하는 일이 없다.
  꼼꼼-히 부 꼼꼼하게 ¶일을 - 하다.
꼼:-바르다(-바르고·-발라) 형르 도량이 좁고 인색하며 야멸차다.
꼼:바리 명 꼼바른 사람을 가벼이 여겨 이르는 말.
꼼바지런-하다 형여 꼼꼼하고 바지런하다.
  꼼바지런-히 부 꼼바지런하게
꼼-수 명 째째한 수단이나 방법. ¶바둑에서 -를 잘 쓰다.
꼼실-거리다(대다) 자 작은 벌레 따위가 좀스럽게 꼼틀거리다. ☞곰실거리다. 꿈실거리다
꼼실-꼼실 부 꼼실거리는 모양을 나타내는 말. ☞곰실곰실. 꿈실꿈실
꼼작 부 작은 몸을 무겁게 한 번 움직이는 모양을 나타내는 말. ☞곰작. 꼼짝. 꿈적
꼼작-거리다(대다) 자타 작은 몸을 무겁게 움직거리다. 꼼작이다 ☞곰작거리다. 꼼짝거리다. 꿈적거리다
꼼작-꼼작 부 꼼작거리는 모양을 나타내는 말. ☞곰작곰작. 꼼짝꼼작. 꿈적꿈적
꼼작-이다 자타 꼼작거리다 ☞곰작이다. 꼼짝이다. 꿈적이다
꼼지락 부 좀스러운 몸놀림으로 굼뜨게 한 번 움직이는 모양을 나타내는 말. ☞곰지락. 꿈지럭
꼼지락-거리다(대다) 자타 좀스러운 몸놀림으로 매우 굼뜨게 움직거리다. ☞곰지락거리다. 꿈지럭거리다
꼼지락-꼼지락 부 꼼지락거리는 모양을 나타내는 말. ☞곰지락곰지락. 꿈지럭꿈지럭
꼼질 부 매우 굼뜬 몸놀림으로 좀스럽게 한 번 움직이는 모양을 나타내는 말. ☞곰질. 꿈질
꼼질-거리다(대다) 자타 매우 굼뜬 몸놀림으로 좀스럽게 움직거리다. ¶강아지들이 꼼질거리며 어미의 젖을 빨고 있다. ☞곰질거리다. 꿈질거리다
꼼질-꼼질 부 꼼질거리는 모양을 나타내는 말. ☞곰질곰질. 꿈질꿈질
꼼짝 부 작은 몸을 무겁고 좀스럽게 한 번 움직이는 모양을 나타내는 말. ¶방에서 -도 하지 마라. ☞곰작. 꼼작. 꿈쩍
  꼼짝 못 하다 관용 ①꼼짝 하지 못하다. ¶독감에 걸려 꼼짝 못 하고 누워만 있었다. ②남의 힘이나 권세 따위에 눌리어 기를 펴지 못하다. ¶어릴 때는 형한테 꼼짝 못 하고 지냈다. ☞꿈쩍 못 하다.
꼼짝-거리다(대다) 자타 작은 몸을 무겁고 좀스럽게 움직거리다. 꼼짝이다 ☞곰작거리다. 꼼작거리다. 꿈쩍거리다
꼼짝-꼼짝 부 꼼짝거리는 모양을 나타내는 말. ☞곰작곰작. 꼼작꼼작. 꿈쩍꿈쩍
꼼짝-달싹 부 몸을 아주 조금 움직이는 모양을 나타내는 말. ¶버스 안은 - 할 수 없을 정도로 만원이다.
꼼짝-부득(-不得) 명 난처한 지경에 빠져서 꼼짝할 수 없음을 이르는 말. 동탄부득(動彈不得)
꼼짝-없:다[-업-] 형 ①조금도 움직이지 아니하다. ¶정신을 잃었는지 건드려도 -. ☞꿈쩍없다 ②꼼짝할 방법이 없다.
  꼼짝-없이 부 꼼짝없게 ¶- 당하다.
꼼짝-이다 자타 꼼짝거리다 ☞곰작이다. 꼼작이다. 꿈쩍이다
꼼치[1] 명 ①작은 것. ②적은 것.
꼼치[2] 명 ①꼼칫과의 물메기·보라물메기·분홍꼼치 따위의 바닷물고기를 통틀어 이르는 말. 흔히 '물곰'으로 불림. ②꼼칫과의 바닷물고기. 몸길이 60cm 안팎. 껍질과 살이 부드러워 체형이 잘 유지되지 않을 정도임. 작은 눈이 등 쪽에 달려 있음.
꼼틀 부 몸을 한 번 꼬부리거나 비틀거나 하는 모양을 나타내는 말. ☞곰틀. 꿈틀
꼼틀-거리다(대다) 자타 몸을 요리조리 꼬부리거나 비틀며 움직거리다. ☞곰틀거리다. 꿈틀거리다
꼼틀-꼼틀 부 꼼틀거리는 모양을 나타내는 말. ☞곰틀곰

틀. 꿈틀꿈틀

꼽꼽-쟁이 명 성질이 좀스러운 사람을 이르는 말.

꼽꼽-하다 형여 조금 축축하다. ¶누기가 차서 벽이 -.

꼽다 타 ①수를 세는 방법으로 손가락을 하나씩 꼬부리다. ¶손가락을 꼽아 가며 셈을 하다. ②골라서 지목하다. ¶모두가 그를 올해의 인물로 꼽는다.

꼽실 부 공손하게 머리나 허리를 한 번 꼬푸리는 모양을 나타내는 말. ☞곱실. 꿉실

꼽실-거리다(대다) 자타 공손하게 머리나 허리를 자꾸 꼬푸렸다 폈다 하다. ☞곱실거리다. 꿉실거리다

꼽실-꼽실 부 꼽실거리는 모양을 나타내는 말. ☞곱실곱실. 꿉실꿉실

꼽작 부 작은 몸을 좀스럽게 한 번 꼬푸리는 모양을 나타내는 말. ☞곱작. 꿉적

꼽작-거리다(대다) 자타 작은 몸을 좀스럽게 자꾸 꼬푸렸다 폈다 하다. ☞곱작거리다. 꿉적거리다

꼽작-꼽작 부 꼽작거리는 모양을 나타내는 말. ☞곱작곱작. 꿉적꿉적

꼽장-골 명 가죽신을 만들 때, 모양을 잡아 주는 골의 한 가지. 앞 부리가 높이 들리고 그 끝이 굽어 있음.

꼽장-떡 명 '산병(散餠)'을 속되게 이르는 말.

꼽장-부채 명 꼽장선

꼽장-선(-扇) 명 쥘부채의 한 가지. 겉살의 사북 근처에 굽은 뼈나 검은 나무쪽을 붙여서 만듦. 꼽장부채. 곡두선(曲頭扇)

꼽재기 명 ①때나 먼지 따위와 같은 작고 더러운 것. ②아주 작거나 보잘것없는 것.

꼽추 명 곱사등이

꼽치다 타 반으로 단단히 접어 한데 합치다. ¶두 팔을 꼽쳐 베고 잔디밭에 누웠다. ☞곱치다

꼿꼿-하다[꼳꼳-] 형여 ①휘거나 굽은 데가 없이 똑바르다. ¶허리를 꼿꼿하게 세우고 앉다. ②기개나 의지, 마음가짐 따위가 곧고 굳세다. ¶대쪽같이 꼿꼿한 의지. ☞꿋꿋하다

꼿꼿-이 부 꼿꼿하게 ¶고개를 - 세우다.

꽁꽁[1] 부 ①물체가 단단히 언 모양을 나타내는 말. ¶길이 - 얼다. ②보이지 않게 단단히 숨거나 틀어박힌 모양을 나타내는 말. 꼭꼭 ¶- 숨어서 나타나지를 않는다. ③아주 단단하게 묶거나 꾸리거나 하는 모양을 나타내는 말. ¶- 묶다./- 싸매다.

꽁꽁[2] 부 아프거나 괴로울 때 내는 소리를 나타내는 말. ☞꿍꿍

꽁꽁-거리다(대다) 자 몹시 아프거나 괴로워서 자꾸 꽁꽁 소리를 내다. ☞꿍꿍거리다[1]

꽁무니 명 ①등골뼈의 아래 끝 부분. ②엉덩이를 중심으로 한 몸의 뒤 부분. ¶호미를 -에 찌르다. ③맨 뒤 또는 맨 끝. 뒤꽁무니 ¶-에 따라붙다.

꽁무니를 따라다니다 관용 무엇인가를 바라고 열심히 따라다니다. ¶여자의 -.

꽁무니(를) 빼다 관용 슬그머니 물러서거나 피하여 달아나다. ¶사태가 불리해지자 꽁무니를 빼기 시작했다.

꽁무니(를) 사리다 관용 슬그머니 피하려 하거나 달아나려 하다. ¶모두들 꽁무니를 사리고 눈치만 보다.

꽁무니-바람 명 뒤쪽에서 불어오는 바람.

꽁무니-뼈 명 등골뼈의 맨 아래에 붙어 있는 네 개의 작은 뼈. 꼬리등뼈. 미려골. 미저골. 미추골(尾椎骨)

꽁보리-밥 명 보리쌀로만 지은 밥. 곱삶이. 순맥반(純麥飯) ¶-에 된장찌개.

꽁-생원(-生員) 명 성질이 꽁한 사람을 놀리어 이르는 말. ☞옹생원

꽁수 명 연의 한복판에 뚫은 둥근 구멍 밑의 부분. ☞방구멍

꽁숫-구멍 명 연의 꽁숫달 양쪽에 뚫어 연줄을 꿰게 만든 작은 구멍. ☞꽁숫줄

꽁숫-달 명 연의 가운데에 세로로 대는 가는 대오리.

꽁숫-줄 명 연의 꽁숫구멍에 꿰어 꽁숫달에 맨 줄. ☞벌이줄

꽁지 명 날짐승의 꽁무니에 달린 긴 깃. 꽁지깃

속담 **꽁지 빠진 새 같다** : 모양이 볼품 없거나 위신이 없어 보임을 비유하여 이르는 말.

꽁지-깃 명 꽁지

꽁지-머리 명 도래나 물레의 손잡이 따위와 같이 한쪽 끝이 북 방망이처럼 생긴 나무때기.

꽁지-부리 명 배의 뒤쪽. 고물[1]. 선미(船尾)

꽁초(-草) 명 담배를 피우다 남은 작은 도막. 담배꽁초

꽁치 명 꽁칫과의 바닷물고기. 몸길이 40cm 안팎. 몸은 둥글납작하게 길며, 주둥이가 부리같이 삐죽 나옴. 몸빛은 등쪽이 흑청색, 배쪽이 은백색임. 찬 바다에 살며 북태평양에 널리 분포함. 추광어(秋光魚)

꽁:-하다 형여 ①마음이 너그럽지 못하고 말이 없다. ¶꽁한 성격. ②서운하거나 언짢거나 하여 마음속에 앙심이 있다. ¶별것도 아닌 걸 가지고 아직도 꽁해 있다. ☞꿍하다

꽂개[꼳-] 명 아이들 놀이의 한 가지. 길이가 한 자쯤 되는 나무 막대기를 진흙에 꽂아 깊이 들여 보내는 내기.

꽂다[꼳-] 타 ①넘어지거나 빠지지 않도록 박아 세우거나 찔러 넣거나 끼우다. ¶꽃병에 꽃을 -./머리에 비녀를 -./플러그를 콘센트에 -. ②아래로 힘껏 던지다. ¶상대 선수를 모래판에 -. ③'뒤꽂다'의 준말.

한자 꽂을 삽(揷) [手部 9획] ¶삽목(揷木)/삽시(揷匙)/삽식(揷植)/삽앙(揷秧)/삽입(揷入) ▷ 본자는 插

꽂은-밭 명 윷판의 앞밭과 뒷밭 사이에 있는 말밭을 이르는 말. ☞푯밭

꽂을-대[-때] 명 총포에 화약을 재거나 총열 안을 닦을 때 쓰는 쇠꼬챙이.

꽂히다 자 꽂음을 당하다. ¶화살이 표적에 -./머리에 꽂힌 핀./산 정상에 꽂혀 있는 태극기.

꽃 명 ①종자식물의 생식 기관. 모양과 색은 여러 가지이며, 꽃받침·꽃잎·암술·수술의 네 부분으로 이루어짐. ¶봄에 피는 -./-이 활짝 피다./-이 지다. ②꽃이 피는 식물을 통틀어 이르는 말. ¶-을 심다./-을 가꾸다./꽃병에 -을 꽂다. ③젊고 아름다운 여자를 비유하여 이르는 말. ¶우리 직장의 -./- 속에 파묻혀 살다. ④어떤 분야에서 인기 있는 사람이나 존재를 비유하여 이르는 말. ¶영화계의 -. ⑤홍역이나 마마 따위를 앓을 때, 살갗에 좁쌀같이 발긋발긋 돋는 것. ¶-이 돋다. ⑥된장이나 고추장에 생기는 하얀 색의 곰팡이. ¶된장에 -이 피다.

꽃을 피우다 관용 어떤 일이나 현상을 한창 일게 하거나 발전시키다. ¶밤새 고향 이야기로 -./같은 직장에서 사랑의 -.

꽃이 피다 관용 어떤 일이나 현상이 한창 성하게 발전하다. ¶문화의 -.

속담 **꽃 본 나비 물 본 기러기** : 남녀 사이의 정이 깊어서 떨어지지 못하는 즐거움을 비유하여 이르는 말./**꽃 없는 나비** : 아무 보람없고 쓸데없게 된 처지를 비유하여 이르는 말./**꽃은 꽃이라도 호박꽃이라** : 못생긴 여자를 빗대어 이르는 말./**꽃은 목화(木花)가 제일이다** : 겉모양보다는 실속이 중요하다는 말./**꽃이 좋아야 나비가 모인다** : ①상품이 좋아야 손이 많이 모여든다는 말. ②배필을 구할 때, 이쪽이 온전해야 좋은 사람을 구할 수 있다는 말.

한자 꽃 화(花) [艸部 4획] ¶화단(花壇)/화병(花甁)/화분(花盆)/화전(花煎)/화조(花鳥)/화초(花草)

꽃-가게[꼳-] 명 생화(生花)나 조화(造花)를 파는 가게. 꽃방. 꽃집. 화방(花房). 화원(花園)

꽃-가루[꼳-] 명 수꽃술의 꽃밥 속에 들어 있는 가루 모양의 물질. 암술머리에 붙어서 가루받이가 이루어짐. 예분(蕊粉). 화분(花粉)

꽃-게[꼳-] 명 꽃겟과의 게. 모래땅에 모여 살며 몸길이 7cm, 너비 15cm 안팎. 몸빛은 두흉갑(頭胸甲)과 넷째 다리에 검은 자주색 바탕에 푸른빛이 도는 흰 구름무늬

가 있음. 집게발이 크고 셈.

꽃게-찌개[꼳—] 명 찌개의 한 가지. 꽃게와 호박, 풋고추 등을 한데 넣고 국물을 바특하게 잡아 고추장으로 간하여 끓인 찌개.

꽃게-찜[꼳—] 명 찜의 한 가지. 꽃게의 다리와 게딱지의 살을 모두 빼내고 달걀을 섞어 양념한 다음, 다시 게딱지에 곱게 담아 고명을 얹어 찐 음식.

꽃-고비[꼳—] 명 꽃고빗과의 여러해살이풀. 우리 나라 북부의 높은 산지에 자라며 줄기 높이는 60~90cm. 잎은 깃꼴 겹잎임. 7~8월에 자줏빛, 보랏빛, 흰빛의 꽃이 핌.

꽃-구경[꼳—] 명-하다 자 만발한 꽃을 보고 즐기는 일.

꽃-구름[꼳—] 명 여러 가지 빛을 띤 아름다운 구름.

꽃-국[꼳—] 명 용수 안에 괸 술의 웃국. ☞꽃소주

꽃-꼭지[꼳—] 명 꽃자루

꽃-꽂이[꼳—] 명-하다 자 화초나 나무의 가지를 꽃병이나 수반(水盤)에 꽂아 아름답게 꾸미는 일, 또는 그 기법. 삽화(揷花)

꽃-나무[꼳—] 명 ①꽃이 피는 나무. 방수(芳樹). 화목(花木). 화수(花樹) ②'화초(花草)'를 두루 이르는 말.

꽃-놀이[꼳—] 명-하다 자 봄철에 활짝 핀 꽃을 구경하며 즐기는 놀이. 화유(花遊) ☞단풍놀이

꽃-눈[꼳—] 명 자라서 꽃이 필 눈. 화아(花芽) ☞잎눈

꽃-다발[꼳—] 명 꽃으로 만든 다발.

꽃-다지[1] [꼳—] 명 겨잣과의 두해살이풀. 줄기 높이는 20cm 안팎. 전체에 짧은 털이 빽빽하게 나며, 3~6월에 노란 꽃이 피고 열매는 6월경에 길둥근 모양으로 맺음.

꽃-다지[2] [꼳—] 명 오이, 가지, 참외, 호박 따위의 맨 처음에 열린 열매.

꽃-달임[꼳—] 명-하다 자 진달래나 국화의 꽃잎으로 전을 부치거나 떡에 넣거나 하여 여럿이 모여서 먹는 놀이. ☞화전놀이

꽃-답다[꼳—](—답고·—다워) 형ㅂ ①꽃으로서 아름다움이 있다. ¶꽃다운 꽃이라면 향기가 있어야지. ②피어나는 꽃과 같이 한창 왕성하거나 아름답다. ¶꽃다운 청춘./꽃다운 나이./꽃다운 처녀.

한자 **꽃다울 방**(芳) [艸部 4획] ¶방년(芳年)/방자(芳姿)/방춘(芳春)/방향(芳香)

꽃-당혜(—唐鞋)[꼳—] 명 여러 가지 빛깔로 곱게 꾸며 만든 어린아이의 마른신. ☞꽃신

꽃-대[꼳—] 명 꽃이 피는 꽃자루가 달리는 줄기. 화축(花軸) ☞꽃줄기

×**꽃-대님** 명 →색대님

꽃-덮이[꼳—] 명 꽃부리와 꽃받침을 아울러 이르는 말. 화피(花被)

꽃-도미[꼳—] 명 ①꽃돔 ②붉돔

꽃-돔[꼳—] 명 바릿과의 바닷물고기. 몸길이 10~15cm. 몸빛은 선홍색임. 몸은 달걀꼴로 옆으로 납작하고 주둥이는 짧고 둔하며 눈이 큼. 꽃도미

꽃-돗자리[꼳돋—] 명 꽃무늬를 놓아 짠 돗자리. 화문석(花紋席) 준 꽃자리

꽃-동산[꼳—] 명 꽃이 많이 피어 있는 동산. 화원(花園)

꽃-등[꼳—] 명 맨 처음. ¶— 수박/술을 고아서 —으로 받은 진한 소주.

꽃-등(—燈)[꼳—] 명 꽃무늬가 있는 종이 등.

꽃-등에[꼳—] 명 꽃등엣과의 곤충. 몸길이 1.5cm 안팎. 몸빛은 흑갈색임. 구더기 모양의 애벌레는 물 속에서 썩은 유기물을 먹고 살며 '꼬리구더기'라고도 함.

꽃-뚜껑[꼳—] 명 꽃받침과 꽃부리의 빛깔이나 모양이 거의 같아서 구별하기 어려울 때, 이 둘을 아울러 이르는 말. 화개(花蓋)

꽃-마리[꼳—] 명 지칫과의 두해살이풀. 줄기 높이는 10~30cm. 전체에 짧고 굽은 털이 있음. 4~7월에 하늘색 꽃이 핌. 인가 부근 텃밭이나 빈터에서 흔히 자라며, 민간에서 늑막염이나 감기 등에 약으로 쓰임.

꽃-말[꼳—] 명 꽃의 특질에 따라 상징적 의미를 부여한 말. 백합은 '순결', 월계수는 '영광' 따위. 화사(花詞)

꽃-망울[꼳—] 명 어린 꽃봉오리. ¶—을 터뜨리다. 준 망울

꽃-맞이[꼳—] 명-하다 자 꽃이 필 무렵에 하는 굿.

꽃-맺이[꼳—] 명 꽃이 진 뒤에 바로 맺히는 열매.

꽃며느리-밥풀[꼳—] 명 현삼과의 한해살이풀. 줄기 높이는 30~50cm. 잎은 길둥그렇고 끝이 뾰족함. 7~8월에 붉은 자줏빛 꽃이 피며 열매는 9월경에 삭과(蒴果)로 맺음.

꽃-무늬[꼳—] 명 꽃 모양의 무늬. ¶— 원피스

꽃-무릇[꼳—] 명 수선화과의 여러해살이풀. 비늘줄기는 길둥글며 겉껍질은 검음. 잎이 없는 비늘줄기에서 꽃줄기가 나와 길이 30~50cm까지 자라고 9~10월에 붉은 꽃이 산형(繖形) 꽃차례로 핌. 비늘줄기는 한방에서 담이나 구토를 다스리는 데 쓰임. 석산(石蒜)

꽃-물[1] [꼳—] 명 곰국이나 설렁탕 따위의 고기를 삶아 낸 뒤에 아직 맹물을 타지 아니한 진한 국물.

꽃-물[2] [꼳—] 명 ①꽃잎에서 나오는 빛깔이 있는 물. ¶치맛자락에 군데군데 —이 들다./손톱에 빨간 —을 들이다. ②부끄럽거나 흥분하여 발그스름해진 얼굴빛을 비유하여 이르는 말. ¶부끄러워 얼굴에 —이 들다.

꽃-바구니[꼳—] 명 화초나 꽃가지 따위를 담는 바구니. 또는 화초나 꽃가지 따위를 담아 모양을 낸 바구니.

꽃-바닥[꼳—] 명 꽃받침 속의 바닥.

꽃-바람[꼳—] 명 꽃이 필 무렵에 부는 봄바람.

꽃-받기[꼳—] 명 꽃턱

꽃-받침[꼳—] 명 꽃잎을 받치고 있는 부분. 꽃을 보호하는 기관으로 녹색이나 갈색임. 악(萼). 화악(花萼)

꽃발-게[꼳—] 명 바닷게의 한 가지. 등딱지는 사다리꼴로 길이 2.5cm, 폭 3.5cm 안팎. 몸빛은 짙은 갈색이며, 집게발의 하나가 훨씬 크고 다른 집게발은 나머지 발보다도 작음. 얕은 바다의 진흙 속에 삶.

꽃-밥[꼳—] 명 수꽃술의 수술대 끝에 붙은, 꽃가루를 만드는 주머니 모양의 부분. 약(葯). 약포(葯胞)

꽃-방(—房)[꼳—] 명 꽃가게

꽃-방석(—*方席)[꼳—] 명 ①꽃을 수놓은 방석. ②꽃무늬를 놓아 짠 왕골 방석.

꽃-밭[꼳—] 명 ①꽃을 심어 가꾸는 밭. ☞화단(花壇) ②많은 꽃이 피어 있는 곳. ③여자들이 많이 모인 곳을 비유하여 이르는 말. ¶노상 —에 묻어 살다.

속담 **꽃밭에 불 지른다**: ①도무지 풍류를 모르는 짓을 함을 비유하여 이르는 말. ②가혹한 짓을 함을 비유하여 이르는 말. ③한창 행복할 때에 재액이 닥침을 비유하여 이르는 말. ☞화전충화(花田衝火)

꽃-벼룩[꼳—] 명 꽃벼룩과의 곤충. 몸길이 3mm 안팎. 촉각은 실 모양이고, 뒷다리가 발달하였으며 꼬리가 삐죽 나옴. 애벌레는 균류(菌類)가 기생하는 나무의 진을 빨아먹고 삶.

꽃-병(—甁)[꼳—] 명 꽃을 꽂는 병. 화병(花甁)

꽃-보라[꼳—] 명 바람에 날려 떨어지는 많은 꽃잎.

꽃-봉[꼳—] 명 '꽃봉오리'의 준말.

꽃-봉오리[꼳—] 명 ①망울만 맺히고 아직 피지 아니한 꽃. 화뢰(花蕾). 화봉(花峰) 준 꽃봉. 봉오리 ②장래가 기대되는 젊은 세대를 비유하여 이르는 말.

꽃-부리[꼳—] 명 꽃 한 송이의 꽃잎 전체. 꽃의 가장 아름다운 부분임. 화관(花冠)

꽃-분(—盆)[꼳—] 명 화분(花盆)

꽃-불[꼳—] 명 이글이글 타오르는 불.

꽃-살문(—門)[꼳—] 명 문살에 꽃무늬를 놓아 만든 문.

꽃-삽[꼳—] 명 꽃나무를 옮겨 심거나 매만져 가꾸는 데 쓰는 작은 삽.

꽃-샘[꼳—] 명 이른 봄, 꽃이 필 무렵에 추워지는 현상, 또는 그 추위. 꽃샘추위 ☞잎샘

꽃샘-바람[꼳—] 명 이른 봄, 꽃이필 무렵에 부는 쌀쌀한 바람. ☞꽃샘잎샘

꽃샘-잎샘[꼳—닙—] 명 이른 봄, 꽃이 피고 잎이 나기 시작할 때 추워지는 현상, 또는 그 추위.

속담 **꽃샘잎샘에 반늙은이 얼어 죽는다** : 새봄에 꽃이 피고 잎이 날 때에도 날씨가 꽤 춥다 하여 이르는 말.

꽃-샘-추위[꼳-] 명 꽃샘

꽃-소금[꼳-] 명 간장을 담글 때, 위에 뜬 메주에 뿌리는 소금.

꽃-소주(-燒酒)[꼳-] 명 소주를 고아서 맨 처음으로 받은 진한 소주. ☞꽃국

꽃-송이[꼳-] 명 꽃자루 위의 꽃 전체를 이르는 말.

꽃-술 명 꽃의 생식 기관인 암술과 수술. 화수(花鬚). 화예(花蕊)

꽃-신[꼳-] 명 ①꽃무늬나 여러 가지 빛깔로 꾸민, 어린아이나 여자들의 신. ②지난날, 양반층의 부녀자가 신던 마른신. ☞꽃당혜

꽃-실[꼳-] 명 수꽃술의 꽃밥이 달려 있는 가느다란 줄기. 수술대. 화사(花絲)

꽃-쌈[꼳-] 명-하다 자 ①여러 가지 꽃을 뜯어, 그 수효의 많고 적음을 내기하는 장난. ②꽃술을 맞걸어 당겨, 먼저 끊어진 쪽이 지게 되는 장난. 화전(花戰)

꽃-씨[꼳-] 명 화초의 씨앗.

꽃-양배추(-洋-)[꼳냥-] 명 겨잣과의 여러해살이풀. 양배추와 비슷하며, 잎은 오글오글하고 흰빛, 노란빛, 분홍빛 따위의 여러 가지 빛깔을 띰. 관상용으로 가꾸기도 하고 먹기도 함. 모란채

꽃-여뀌[꼳녀-] 명 마딧풀과의 여러해살이풀. 뿌리줄기로 번식하며, 줄기는 가늘고 마디가 있음. 6~7월에 연분홍색 꽃이 핌. 우리 나라의 습한 저지대에 자람.

꽃-일다[꼳닐-](-일고·-이니)자 화학적 작용이나 발효 과정 따위에서, 한창 순화된 현상이 나타나 보이다.

꽃-잎[꼰닙] 명 꽃부리를 이루고 있는 하나하나의 조각. 판(瓣). 화순(花脣). 화엽(花葉). 화판(花瓣)

꽃-자루[꼳-] 명 꽃대나 가지에서 갈라져 나와 꽃을 받치는 작은 자루. 꽃꼭지. 화병(花柄)

꽃-자리[꼳-] 명 ①꽃이 달려 있다가 떨어진 자리. ②'꽃돗자리'의 준말.

꽃-장포[꼳-] 명 백합과의 여러해살이풀. 줄기 높이는 20cm 안팎. 땅속줄기는 짧고 잎은 선형(線形)임. 7~8월에 흰 꽃이 총상(總狀) 꽃차례로 핌. 산지의 골짜기나 바위에서 자라고 관상용으로도 재배함. 돌창포

꽃-전(-煎)[꼳-] 명 화전(花煎)

꽃-줄기[꼳-] 명 땅속줄기나 비늘줄기에서 바로 갈라져 나와 잎을 달지 않고 꽃을 피우는 줄기. 화경(花莖) ☞꽃대. 꽃자루

꽃-집[꼳-] 명 꽃가게

꽃-차례(-次例)[꼳-] 명 꽃대에 달린 꽃의 배열 상태. 화서(花序)

꽃-창포(-菖蒲)[꼳-] 명 붓꽃과의 여러해살이풀. 줄기 높이 60~120cm, 잎은 칼 모양임. 6~8월에 보라색 또는 붉은 보라색 꽃이 피며 관상용으로 재배함. 마린(馬藺)

꽃-철[꼳-] 명 꽃이 한창 피는 철.

꽃-턱[꼳-] 명 꽃자루의 맨 끝에 꽃이 달리는 불룩한 부분. 꽃받기. 화상(花床). 화탁(花托)

꽃턱-잎[꼳-닙] 명 꽃의 기부(基部)에 있는 비늘 모양의 잎. 꽃잎이 변한 것으로 어떤 것은 색이 고운 꽃잎 모양을 한 것도 있음. 포(苞). 화포(花苞)

꽃-파랑이[꼳-] 명 화청소(花靑素)

꽃-피다[꼳-] 자 ①어떤 현상이 한창 일어나거나 벌어지다. ¶웃음이 -. ②어떤 일이 발전하거나 번영하다. ¶불교 문화가 -.

꽃-피우다[꼳-] 타 꽃피게 하다. 한창 성하게 하다. ¶정통 문화를 -.

꽈르르 부 많은 양의 액체가 급히 쏟아지는 소리, 또는 그 모양을 나타내는 말. ☞콰르르

꽈르릉 부 ①폭발물 따위가 터질 때 요란하게 울리어 나는 소리를 나타내는 말. ②벼락이 칠 때 요란하게 울리어 나는 소리를 나타내는 말. ☞콰르릉

꽈르릉-거리다(대다)자 ①폭발물 따위가 터지는 소리가 요란하게 자꾸 울리어 나다. ②벼락치는 소리가 요란하게 자꾸 울리어 나다. ☞콰르릉거리다

꽈르릉-꽈르릉 부 꽈르릉거리는 소리를 나타내는 말.

꽈:리 명 ①가짓과의 여러해살이풀. 줄기 높이는 40~90cm. 잎은 꼭지가 길고 길둥근 모양임. 6~7월에 황백색의 작은 꽃이 피고, 9월경에 둥글고 붉은 열매가 익음. 등롱초(燈籠草). 산장(酸漿). 홍고랑(紅姑娘) ②씨를 뺀 꽈리 열매를 입 안에 넣고 불어서 소리가 나게 하는 어린 아이들의 놀잇감, 또는 고무로 그와 같이 만든 것.

꽈:배기 명 밀가루 따위를 반죽하여 엿가락같이 가늘게 비벼서 두 가닥으로 꼬아 기름에 띄워 튀긴 과자.

꽉 부 ①가득 들어찬 모양을 나타내는 말. ¶방 안에 연기가 - 차다. ②매우 힘을 쓰는 모양을 나타내는 말. ¶손잡이를 - 붙잡다./주먹을 - 쥐다./입술을 - 깨물다. ③빈틈없이 단단히 죄거나 닫는 모양을 나타내는 말. ¶허리띠로 허리를 - 조이다./수도꼭지를 - 잠그다. ☞꼭[1] ④몹시 막히는 모양을 나타내는 말. ¶감기로 코가 - 막히다./감격으로 목이 - 메이다. ☞딱[2]

꽉-꽉 부 ①빈틈없이 가득 들어찬 모양을 나타내는 말. ¶곳간마다 곡식이 - 차다. ②자꾸 매우 힘을 쓰는 모양을 나타내는 말. ¶어깨를 - 주무르다. ③빈틈없이 자꾸 단단히 죄거나 닫는 모양을 나타내는 말. ¶이삿짐을 - 묶다.

꽐꽐 부 많은 양의 액체가 좁은 구멍으로 급히 쏟아져 흐르는 소리, 또는 그 모양을 나타내는 말. ☞꿜꿜. 콸콸

꽝[1] 명 제비뽑기 따위에서 맞히지 못하여 배당이 나오지 않는 일.

꽝[2] 부 ①단단하고 목직한 물체가 단단한 물건에 세게 부딪히거나 떨어질 때 울리어 나는 소리를 나타내는 말. ¶- 하고 문을 닫다. ②폭발물 따위가 터지는 소리를 나타내는 말. ¶- 하고 수류탄이 터지다. ☞쾅

꽝-꽝[1] 명 ①단단하고 목직한 물체가 단단한 물건에 자꾸 세게 부딪히거나 떨어질 때 울리어 나는 소리를 나타내는 말. ②폭발물 따위가 잇달아 터지는 소리를 나타내는 말. ☞쾅쾅

꽝꽝[2] 부 매우 단단하게 얼거나 굳은 모양을 나타내는 말. ¶개울이 - 얼어붙다.

꽝꽝-나무 명 감탕나뭇과의 상록 관목. 높이 1~3m. 5~6월에 엷은 초록의 잔 꽃이 피고 열매는 핵과(核果)로 10월경에 까맣게 익음. 변산 반도, 거제도, 제주도 등에서 자생하며 나무는 판목(板木)이나 도장 등의 재료로 쓰임.

꽤 부 예사로운 정도보다 좀 더하게. ¶날씨가 - 덥다./- 높은 산./- 잘하는 솜씨. ☞상당히. 어지간히. 제법

꽤기 명 '새꽤기'의 준말.

꽥 부 갑자기 높고 날카롭게 지르는 소리를 나타내는 말. ¶갑자기 고함을 - 지르다. ☞꿱

꽥-꽥[1] 부 갑자기 높고 날카롭게 자꾸 지르는 소리를 나타내는 말. ☞꿱꿱[1]

꽥꽥[2] 부 오리가 우는 소리를 나타내는 말. ☞꿱꿱[2]

꽥꽥-거리다(대다)자 ①자꾸 꽥 소리를 지르다. ¶화가 나서 -. ②오리가 자꾸 꽥꽥 소리를 내다. ☞꿱꿱거리다

꽹 부 꽹과리나 징 따위를 칠 때 나는 소리를 나타내는 말.

꽹과리 명 국악기 금부(金部) 타악기의 한 가지. 징보다 작으며, 징·북과 함께 농악의 중심 악기로 쓰임. ☞소금(小金)

꽹그랑 부 꽹과리나 징 따위를 가락에 맞추어 칠 때 나는 소리를 나타내는 말.

꽹그랑-거리다(대다)자타 꽹과리나 징 따위를 가락에 맞추어 치는 소리가 자꾸 나다, 또는 그런 소리를 자꾸 내다.

꽹-꽹 부 꽹과리나 징 따위를 자꾸 칠 때 나는 소리를 나타내는 말.

꽹꽹-거리다(대다)자타 꽹과리나 징 따위가 울리는 소리가 자꾸 나다, 또는 그런 소리를 자꾸 내다.

괭-하다 형여 물체가 환히 비쳐 보일 정도로 아주 맑고 투명하다. ☞괭하다

꾀 명 일을 잘 해결하거나 꾸며 내는 교묘한 생각이나 수단. ¶－를 내다./－를 부리다.

> 한자 꾀 계(計) 〔言部 2획〕 ¶간계(奸計)/계교(計巧)/계략(計略)/계책(計策)/묘계(妙計)
> 꾀 모(謀) 〔言部 9획〕 ¶모략(謀略)/모함(謀陷)
> 꾀 책(策) 〔竹部 6획〕 ¶모책(謀策)/묘책(妙策)/방책(方策)/책략(策略)/책모(策謀)/책사(策士)

꾀-까다롭다(－까다롭고·－까다로워) 형ㅂ 매우 괴상하고 까다롭다. ¶꾀까다로운 성격. ☞괴까다롭다

×**꾀-까닭스럽다** 형ㅂ →꾀까다롭다

꾀꼬리 명 꾀꼬릿과의 여름 철새. 몸길이 26cm 안팎. 부리는 빨갛고 눈 앞에서 뒷머리까지 검은 띠가 있음. 날개 끝과 꽁지는 검으며 나머지 부분은 밝은 노란색임. 울창한 산림보다는 야산에서 나무 열매와 곤충류 따위를 먹고 삶. 황앵(黃鶯). 황작(黃雀). 황조(黃鳥)

꾀꼬리-버섯 명 꾀꼬리버섯과의 버섯. 갓은 지름 3~9cm이며 나팔 모양으로 누르스름함. 늦여름부터 가을까지 혼합림의 땅 위에 자람. 먹을 수 있으며 전세계에 널리 분포함.

꾀꼬리-참외 명 빛이 노란 참외의 한 가지.

꾀꼴 부 꾀꼬리가 우는 소리를 나타내는 말.

꾀꼴-꾀꼴 부 꾀꼬리가 자꾸 우는 소리를 나타내는 말.

꾀꾀-로 부 가끔 남이 보지 않는 틈을 타서 살그머니. ¶－ 놀러 나가다./－ 챙겨 주다.

꾀:다[1] 자 '꼬이다[1]'의 준말.

꾀:다[2] 자 ①벌레 따위가 많이 모여 뒤끓다. ¶쓰레기통에 파리가 －. ②사람들이 한곳에 많이 모이다. ¶우선 값이 싸야 사람들이 많이 꾄다. 꼬이다[2]

꾀:다[3] 타 그럴듯한 말로 남을 부추겨서 자기가 꾀한 대로 행동하게 하다. 꼬이다[3] ¶놀러 가자고 －./친구를 꾀어 동아리에 끌어들이다.

> 한자 꾈 유(誘) 〔言部 7획〕 ¶유괴(誘拐)/유도(誘導)/유인(誘引)/유혹(誘惑)

꾀-똥 명 거짓으로 누는체 하는 똥.

꾀-바르다(－바르고·－발라) 형르 어려운 일을 잘 피하거나 약게 처리하는 꾀가 많다. ¶꾀바르게 위기를 넘기다./꾀바른 속셈.

꾀-배 명 거짓으로 앓는체 하는 배앓이.

꾀-병(－病) 명 -하다 자 거짓으로 앓는체 하는 짓. 가병(假病). 강병. 양병(佯病) ¶－을 부리다.

꾀-보 명 꾀가 많은 사람. 꾀만 부리는 사람. 꾀쟁이

꾀-부리다 자 어려운 일이나 책임을 살살 피하다. 꾀쓰다 ¶바쁜 날만 되면 꾀부리고 늦게 나오다.

꾀-붕장어 명 먹붕장엇과의 물고기. 몸길이 60cm 안팎. 입이 작고 눈 뒤쪽에 서로 떨어진 상하 두 개의 짙은 갈색 반점이 있음. 몸빛은 엷은 잿빛을 띤 갈색이며, 만(灣)의 안쪽에 삶. 붕어지

꾀-쓰다(－쓰고·－써) 자 ①일이 순순하게 잘 되도록 머리를 쓰다. ②꾀부리다

꾀어-내:다 타 그럴듯하게 속이거나 부추겨서 일정한 곳으로 나오게 하다. ¶친구를 다방으로 －.

꾀음-꾀음 부 남을 꾀어 호리는 모양을 나타내는 말.

꾀이다 자 꾐을 당하다. ¶장사꾼의 말에 꾀여 약을 사다.

꾀-자기 명 잔꾀가 많은 사람. 꾀쟁이. 다모객(多謀客)

꾀-잠 명 거짓으로 자는체 하는 잠.

꾀-쟁이 명 ①꾀보 ②꾀자기

꾀죄죄-하다 형여 몹시 꾀죄하다. ¶꾀죄죄한 옷차림. ☞괴죄죄하다

꾀죄-하다 형여 ①차림새가 때에 찌들어 더럽고 궁상스럽다. ¶몰골이 －. ②성격이 옹졸하고 하는 짓이 좀스럽다. ¶꾀죄하게 굴다. ☞괴죄하다

꾀-중방(－中枋) 명 마룻귀틀을 끼우는 나무.

꾀-퉁이 명 '꾀자기'를 얕잡아 이르는 말.

꾀-피우다 자 자기에게만 유리하게 잔재주를 부리다.

꾀-하다 타여 ①계획하다. ¶국외 탈출을 －. ②어떤 일을 이루려고 애쓰다. ¶당원의 결속을 －.

> 한자 꾀할 기(企) 〔人部 4획〕 ¶기도(企圖)

꾐: 명 꾀어 속이거나 부추기는 일. 꼬임 ¶－에 넘어가다./－에 빠지다.

꾸구리 명 모래무지아과의 민물고기. 몸길이 10~13cm. 몸빛은 등 쪽은 적황색이며 배 쪽은 담색임. 한강 상류의 돌이 많은 여울에서 사는 우리 나라의 특산종임.

꾸기다[1] 자 일이나 살림이 순조롭게 펴이지 아니하고 매우 꼬이고 막히다. ☞구기다[1]

꾸기다[2] 자타 종이나 천 따위가 몹시 비벼지거나 접히거나 하여 잔금이 생기다, 또는 잔금이 생기게 하다. ¶옷이 －./헌옷을 꾸겨서 가방에 넣다. ☞구기다[2]. 꼬기다

꾸기적-거리다(대다) 타 꾸김살이 생기게 자꾸 꾸기다. ☞구기적거리다. 꼬기작거리다

꾸기적-꾸기적 부 꾸기적거리는 모양을 나타내는 말. ¶입은 옷을 － 처박아 두다. ☞구기적구기적

꾸김 명 '꾸김살'의 준말. ☞구김

꾸김-살[－쌀] 명 꾸기어져 생긴 금. 준꾸김 ☞구김살. 꼬김살

꾸김-새 명 꾸김살이 진 정도나 모양. ☞구김새

꾸깃-거리다(대다)[－긷－] 타 꾸깃꾸깃 꾸기다. ☞구깃거리다. 꼬깃거리다

꾸깃-꾸깃[－긷－] 부 -하다 형 여기저기 꾸기거나 꾸겨진 모양을 나타내는 말. ¶신문지를 － 구기다. ☞구깃구깃

꾸다[1] 타 '꿈'과 관련된 명사와 함께 쓰이어 ①꿈을 보다. ¶돼지꿈을 －./좋은 꿈 꾸어라. ②미래의 일이나 허황한 일을 머리 속에 그리다. ¶헛된 꿈을 －./꿈 꾸고 있네.

꾸다[2] 타 남의 돈이나 양식을 나중에 갚기로 하고 잠시 빌리다. ¶남의 돈을 －.

속담 **꾸어다 놓은 보릿자루** : 여럿이 모여 웃고 이야기를 주고받는 자리에서, 혼자서 가만히 앉아 어울리지 못하는 사람을 놀리어 이르는 말.

꾸덕-꾸덕 부 -하다 형 물기 있는 물체의 거죽이 얼거나 말라서 꽤 굳은 모양을 나타내는 말. ¶풀이 말라 －해지다. ☞구덕구덕

꾸드러-지다 자 마르거나 식어서 꽤 굳게 되다. ¶빨래가 꽁꽁 얼어 －. ☞구드러지다. 꼬드러지다

꾸들-꾸들 부 -하다 형 차진 밥알 따위가 되거나 식거나 하여 겉이 꽤 단단한 모양을 나타내는 말. ¶밥알들이 식어서 －하다. ☞고들고들. 구들구들. 꼬들꼬들

-꾸러기 접미 '지나치게 하거나 빠지는 사람'임을 나타냄. ¶장난꾸러기/말썽꾸러기/잠꾸러기/욕심꾸러기

꾸러미 명 ①꾸려서 뭉치어 싼 물건. ¶돈 －/짐 － ②짚으로 길게 묶어 중간중간 동인 것. ¶달걀 － ③〔의존 명사로도 쓰임〕 ¶달걀 두 －.

꾸르륵 부 ①배가 고프거나 먹은 음식물이 내릴 때 뱃속에서 크게 나는 소리를 나타내는 말. ¶배에서 － 소리가 나다. ②액체가 좁은 구멍으로 빠져 나갈 때 나는 소리를 나타내는 말. ☞꼬르륵

꾸르륵-거리다(대다) 자 자꾸 꾸르륵 소리가 나다. ☞꼬르륵거리다

꾸르륵-꾸르륵 부 꾸르륵거리는 소리를 나타내는 말. ☞꼬르륵꼬르륵

꾸리[1] 명 ①실을 감은 뭉치. ¶실 － ②〔의존 명사로도 쓰임〕 실 따위를 감은 뭉치를 세는 단위. ¶실 두 －.

꾸리[2] 명 소 앞다리 무릎 위쪽에 붙은 살덩이.

꾸리다 타 ①짐이나 물건 따위를 싸서 묶다. ¶이삿짐을 －./배낭을 －. ②가정이나 회사, 단체를 만들거나 그 살림을 이끌어 나가다. ¶가정을 －./어려운 살림을 꾸려 나가다. ③집이나 공간 따위를 손질하여, 쓸 수 있게 하거나 모양이 나게 만들다. ¶아들의 신방을 －./뜰

에 화단을 ―.
꾸무럭-거리다(대다) 자타 둔한 몸놀림으로 매우 느릿느릿 움직거리다. ☞구무럭거리다. 꼬무락거리다
꾸무럭-꾸무럭 부 꾸무럭거리는 모양을 나타내는 말. ☞구무럭구무럭. 꼬무락꼬무락
꾸물-거리다(대다) 자타 몸을 매우 굼뜨게 놀리다. ¶꾸물거리다가 때를 놓치다. ☞구물거리다. 꼬물거리다
꾸물-꾸물 부 꾸물거리는 모양을 나타내는 말. ☞구물구물. 꼬물꼬물
꾸미 명 ①떡국이나 만둣국, 국수 따위에 맛을 돋우기 위하여 얹는 고기붙이·나물 같은 것. ☞고명 ②국이나 찌개에 넣는 고기붙이.
꾸미개 명 ①옷이나 돗자리, 망건 따위의 가장자리를 꾸미는 헝겊 오리. ②무엇을 아름답게 꾸미는 데 쓰는 물건.
꾸미다 타 ①겉보기에 좋거나 쓸모 있게 매만져 다듬다. ¶방을 아늑하게 ―./얼굴을 곱게 ―. ②본래 없거나 거짓인 것을 그렇지 않은 것처럼 만들다. ¶겉으로 자비로운척 ―./없는 이야기를 꾸며 대다. ③어떤 일을 짜고 꾀하다. ¶음모를 ―./두 사람이 꾸민 흉계. ④서류나 보고서 따위의 글을 지어서 만들다. ¶서류를 ―./편지를 모아 책으로 ―. ⑤바느질을하여 만들다. ¶이불을 ―. ⑥일정한 공간을 고치거나 손질하여 다른 공간으로 만들다. ¶마루를 방으로 ―. ⑦구(句)나 문장에서, 어떤 성분이 다른 성분의 성질이나 정도 따위를 분명하게 하다. ¶체언을 꾸미는 관형어구.

한자 **꾸밀 식**(飾) 〔食部 5획〕 ¶가식(假飾)/분식(粉飾)/수식(修飾)/식사(飾辭)/장식(裝飾)/허식(虛飾)
꾸밀 장(裝) 〔衣部 7획〕 ¶장구(裝具)/내장(內裝)

꾸민-잠(―簪) 명 진주나 청강석, 산호 등의 구슬을 박아 꾸민 옥비녀.
꾸민-족두리 명 검정 비단을 여러 조각 이어서 속에 솜을 두어 몸체를 만들고, 산호 구슬, 밀화 구슬, 진주 따위로 꾸민 족두리. ☞민족두리. 칠보족두리
꾸밈-말 명 〈어〉수식어(修飾語)
꾸밈-새 명 꾸민 모양새.
꾸밈-씨 명 〈어〉수식언(修飾言). 수식사(修飾詞)
꾸밈-음(―音) 명 음악에서, 선율(旋律) 등에 흥취를 더하기 위해 꾸밈으로 덧붙이는 음. 장식음(裝飾音)
꾸벅 부 ①졸면서 머리나 몸을 앞으로 깊이 숙였다가 드는 모양을 나타내는 말. ¶수업 시간에 ― 졸다. ②절할 때 고개를 깊이 숙였다가 드는 모양을 나타내는 말. ¶― 절을 하다. ☞꼬박[2]. 꾸뻑
꾸벅-거리다(대다) 자타 ①졸면서 머리나 몸을 앞으로 깊이 숙였다 들었다 하다. ②절할 때 고개를 깊이 숙였다 들었다 하다. 꾸벅이다 ☞꼬박거리다. 꾸뻑거리다
꾸벅-꾸벅[1] 부 꾸벅거리는 모양을 나타내는 말. ¶소파에 앉아서 ― 졸다. ☞꼬박꼬박[1]. 꾸뻑꾸뻑
꾸벅-꾸벅[2] 부 남이 시키는 대로 그저 순종하는 모양을 나타내는 말. ¶시키는 대로 ― 일만 하다. ☞꼬박꼬박[2]
꾸벅-이다 자타 꾸벅거리다 ☞꼬박이다. 꾸뻑이다
꾸부러-뜨리다(트리다) 타 꾸부러지게 하다. ☞구부러뜨리다. 꼬부라뜨리다
꾸부러-지다 자 한쪽으로 꾸붓하게 되다. ☞구부러지다. 꼬부라지다
꾸부렁-꾸부렁 부-하다 형 여럿이 또는 여러 군데가 다 꾸부렁한 모양을 나타내는 말. ☞꼬부랑꼬부랑
꾸부렁-이 명 꾸부러진 물건. ☞구부렁이. 꼬부랑이
꾸부렁-하다 형여 한쪽으로 휘우듬하게 좀 꾸부러져 있다. ¶허리가 ―. ☞구부렁하다. 꼬부랑하다
꾸부리다 타 한쪽으로 꾸붓하게 굽게 하다. ¶허리를 꾸부리고 들어가다. ☞구부리다. 꼬부리다
꾸부스름-하다 형여 많이 굽은듯 하다. ☞구부스름하다. 꼬부스름하다
꾸부스름-히 부 꾸부스름하게 ☞꼬부스름히
꾸부슴-하다 형여 아주 많이 굽은듯 하다. ☞구부슴하다. 꼬부슴하다
꾸부슴-히 부 꾸부슴하게 ☞꼬부슴히
꾸부정-꾸부정 부-하다 형 여럿이 또는 여러 군데가 다 꾸부정한 모양을 나타내는 말. ☞꼬부장꼬부장
꾸부정-하다 형여 휘움하게 굽어 있다. ¶꾸부정한 자세. ☞구부정하다. 꼬부장하다
꾸불-거리다(대다) 자 이리저리 꾸부러지다. ☞구불거리다. 꼬불거리다
꾸불-꾸불 부-하다 형 이리저리 꾸부러지거나 꾸부러진 모양을 나타내는 말. ¶―한 고갯길. ☞구불구불
꾸불텅-꾸불텅 부-하다 형 여럿이 또는 여러 군데가 다 꾸불텅한 모양을 나타내는 말. ☞꼬불탕꼬불탕
꾸불텅-하다 형여 굽이가 느슨하게 꾸부러져 있다. ☞구불텅하다. 꼬불탕하다
꾸붓-꾸붓[―붇―] 부-하다 형 여럿이 또는 여러 군데가 다 꾸붓한 모양을 나타내는 말. ☞구붓구붓. 꼬붓꼬붓
꾸붓꾸붓-이 부 꾸붓꾸붓하게 ☞꼬붓꼬붓이
꾸붓-하다[―붇―] 형여 좀 꾸부러진듯 하다. ¶허리가 조금 ―. ☞구붓하다. 꼬붓하다
꾸붓-이 부 꾸붓하게 ☞구붓이. 꼬붓이
꾸뻑 부 ①졸면서 머리나 몸을 빠르게 앞으로 깊이 숙였다가 드는 모양을 나타내는 말. ②절할 때 고개를 빠르게 깊이 숙였다가 드는 모양을 나타내는 말. ¶허리를 굽혀 ― 인사를 하다. ☞꼬빡[2]. 꾸벅
꾸뻑-거리다(대다) 자타 ①졸면서 머리나 몸을 빠르게 앞으로 깊이 숙였다 들었다 하다. ②절할 때 고개를 빠르게 깊이 숙였다 들었다 하다. 꾸뻑이다 ☞꼬빡거리다. 꾸벅거리다
꾸뻑-꾸뻑 부 꾸뻑거리는 모양을 나타내는 말. ☞꼬빡꼬빡. 꾸벅꾸벅[1]
꾸뻑-이다 자타 꾸뻑거리다 ☞꼬빡이다. 꾸벅이다
꾸역-꾸역 부 ①한군데로 많은 사람이나 물건이 잇달아 몰려들거나 몰려나오는 모양을 나타내는 말. ¶많은 구경꾼들 ― 모여들다. ②음식을 입 안에 한꺼번에 많이 넣고 마구 먹는 모양을 나타내는 말. ¶― 먹어대다.
꾸이다[1] 자 잠을 자면서 꿈을 꾸게 되다. ¶무서운 꿈이 ―. 준 뀌다
꾸이다[2] 타 다음에 받기로 하고 빌려 주다. 준 뀌다
꾸정꾸정-하다 형여 ①늙은 사람이 허리도 굽지 않고 몸이 튼튼하다. ②성격이 외곬으로 곧고 꿋꿋하다. ¶꾸정꾸정한 성미. ☞꼬장꼬장하다
꾸준-하다 형여 ①한결같고 끈기 있다. ¶꾸준한 성격./꾸준하게 공부하다. ②큰 변화나 기복이 없이 일정하다. ¶꾸준하게 팔리는 제품.
꾸준-히 부 꾸준하게
꾸중 명-하다 타 꾸지람 ¶선생님으로부터 ―을 듣다.
꾸지 명 지난날, 무기를 꾸미는 붉은 털을 이르던 말.
꾸지-나무 명 뽕나뭇과의 낙엽 교목. 높이 12m 안팎. 잎은 어긋나며 짧은 털이 빽빽하게 나 있음. 꽃은 암수딴그루로 5~6월에 잎과 함께 핌. 나무껍질은 종이의 원료로, 열매는 약재로 쓰임. 우리 나라와 타이완, 인도 등지에 분포함.
꾸지람 명-하다 타 윗사람이 아랫사람의 잘못을 꾸짖음, 또는 그 말. 꾸중 ¶―이 떨어지다.
꾸지-뽕 명 꾸지뽕나무의 잎.
꾸지뽕-나무 명 뽕나뭇과의 낙엽 활엽 교목. 잎은 세 갈래로 갈라지는 것과, 밋밋한 달걀꼴인 것이 있음. 꽃은 암수딴그루로 5~6월에 피며, 9월경에 다육질의 검은빛 열매가 익음. 잎은 누에의 사료로 쓰이며, 열매는 먹을 수 있음. 우리 나라와 일본, 중국 등지에 분포함.
꾸짖다[―짇―] 타 윗사람이 아랫사람에게 그 잘못을 엄하게 따져 나무라다. ¶버릇없는 아이를 ―.

한자 **꾸짖을 책**(責) 〔貝部 4획〕 ¶견책(譴責)/질책(叱責)/질책(質責)/책망(責望)/힐책(詰責)

꾸푸리다 타 몸을 앞으로 꾸부리다. ¶허리를 ―. ☞구푸리다. 꼬푸리다

꾹 부 ①여무지게 힘을 주는 모양을 나타내는 말. ¶입을 ― 다물다./손가락으로 ― 누르다. ②끈기 있게 참는 모양을 나타내는 말. ¶분한 마음을 ― 참다./통증을 ― 참고 버티다. ③한곳에 붙박혀 있는 모양을 나타내는 말. ¶산 속에 ― 틀어박혀 나오지 않다. ☞꼭[1]

꾹-꾹 부 ①아주 여무지게 힘을 주는 모양을 나타내는 말. ¶밥을 ― 눌러 담다. ②아주 끈기 있게 참는 모양을 나타내는 말. ¶아픈 걸 ― 참고 견디다. ③한곳에 아주 단단히 붙박혀 있는 모양을 나타내는 말. ¶집 안에 ― 틀어박혀 숨어 지내다. ☞꼭꼭[1]

꾼 명 ①어떤 일, 특히 즐기는 방면의 일에 능숙한 사람을 속되게 이르는 말. ②'길꾼'의 준말.

-꾼 접미 ①그 직업을 전문으로 하는 사람임을 나타냄. ¶일꾼/씨름꾼/소리꾼 ②습관적으로 하는 사람임을 나타냄. ¶노름꾼/사기꾼/눈치꾼/훼방꾼 ③일판에 관여하는 사람임을 나타냄. ¶구경꾼/장꾼/상두꾼

꿀 명 꿀벌이 꽃에서 빨아 모아 벌집 속에 먹이로 저장해 두는, 맛이 달고 끈끈한 액체. 밀(蜜). 봉밀(蜂蜜). 청밀(淸蜜) ¶―을 뜨다.

속담 **꿀도 약이라면 쓰다** : 자기에게 이로운 말이라도 충고의 말이라면 싫어함을 비유하여 이르는 말./**꿀 먹은 벙어리** : 속에 있는 생각을 말하지 못하는 사람을 놀리어 이르는 말. ¶―처럼 잠자코 있다.

한자 꿀 밀(蜜) 〔虫部 8획〕 ¶밀랍(蜜蠟)/밀봉(蜜蜂)/밀수(蜜水)/밀주(蜜酒)/봉밀(蜂蜜)/화밀(花蜜)

꿀꺽 부 액체가 목이나 좁은 구멍으로 단번에 넘어가는 소리를 나타내는 말. ¶침을 ― 삼키다. ☞꼴깍

꿀꺽-거리다(대다) 타 자꾸 꿀꺽 소리를 내다. ☞꼴깍거리다

꿀꺽-꿀꺽 부 꿀꺽거리는 소리를 나타내는 말. ¶― 생맥주를 들이켜다. ☞꼴깍꼴깍

꿀꿀[1] 부 굵은 물줄기가 조금씩 흐르는 소리를 나타내는 말. ☞꼴꼴

꿀꿀[2] 부 돼지가 내는 소리를 나타내는 말.

꿀꿀-거리다(대다) 자 돼지가 자꾸 꿀꿀 소리를 내다.

꿀꿀-이 명 ①'돼지'를 흔히 이르는 말. ②게걸스럽고 욕심이 많은 사람을 비유하여 이르는 말.

꿀-단지[―딴―] 명 꿀을 넣어 두는 단지.

꿀-떡[1] 명 ①떡가루에 꿀물이나 설탕물을 내려서 밤, 대추, 실백, 석이 등을 켜켜마다 넣어 찐 떡. ②꿀이나 설탕을 섞어 만든 떡.

꿀떡[2] 부 음식물 따위를 단번에 삼키는 소리, 또는 그 모양을 나타내는 말. ¶밥을 ― 삼키다. ☞꼴딱[1]

꿀떡-거리다(대다) 자 자꾸 꿀떡 소리가 나다. ☞꼴딱거리다

꿀떡-꿀떡 부 음식물 따위를 단번에 자꾸 삼키는 소리, 또는 그 모양을 나타내는 말. ¶주는 대로 ― 받아 마시다. ☞꼴딱꼴딱

꿀렁 부 ①큰 병이나 통에 다 차지 않은 걸쭉한 액체가 가볍게 흔들릴 때 나는 소리를 나타내는 말. ②걸쭉한 액체가 굵은 관으로 한꺼번에 많이 흘러 나오는 소리를 나타내는 말. ☞꼴랑. 쿨렁

꿀렁-거리다(대다) 자 자꾸 꿀렁 소리가 나다. 꿀렁이다 ☞꼴랑거리다. 쿨렁거리다

꿀렁-꿀렁[1] 부 꿀렁거리는 소리를 나타내는 말. ¶흔들릴 때마다 물통에서 ― 소리가 나다. ☞꼴랑꼴랑[1]. 콜랑콜랑. 쿨렁쿨렁

꿀렁-꿀렁[2] 부-하다 형 척 들러붙지 아니하고 여기저기가 들떠 있는 모양을 나타내는 말. ☞꼴랑꼴랑[2]. 쿨렁쿨렁[2]

꿀렁-이다 자 꿀렁거리다 ☞꼴랑이다. 쿨렁이다

꿀렁-하다 형여 척 들러붙지 아니하고 들떠 있다. ☞꼴랑하다. 쿨렁하다

꿀리다 자 ①쭈그러지거나 우그러져서 구김살이 지다. ②잘 붙지 않고 들뜨다. ③생활이 군색해지다. ¶살림이 꿀리기 시작하다. ④마음이 좀 켕기다. ¶뭔가 꿀리는 데가 있는 모양이지? ⑤기세나 형세가 남에게 눌리다. ¶아무래도 힘에서 그에게 꿀린다.

꿀-맛 명 ①꿀의 맛, 또는 꿀처럼 단 맛. ②음식 맛이 매우 입에 당김을 비유하여 이르는 말. ¶시장이 반찬이라더니 밥맛이 ―이다.

꿀맛 같다 관용 ①입맛이 당기게 음식의 맛이 좋음을 비유하여 이르는 말. ②어떤 일에 대한 재미나 만족감이 매우 좋거나 큼을 비유하여 이르는 말. ¶신혼 재미가 ―.

꿀-물 명 꿀을 탄 물. 밀수(蜜水)

꿀-밤 명 주먹으로 가볍게 머리를 쥐어박는 짓. 알밤 ¶―을 먹이다./―을 주다.

꿀-벌 명 꿀벌과의 곤충. 몸길이 15mm 안팎. 몸빛은 어두운 갈색이고 날개는 회색으로 투명함. 여왕벌을 중심으로 집단 생활을 하며, 꿀을 저장하는 습성이 있음. 예로부터 꿀을 얻기 위하여 기름. 밀봉(蜜蜂). 참벌

꿀-샘 명 속씨식물에 있는 꿀을 내는 조직. 보통 꽃의 씨방 주위에 있으나 벚나무처럼 잎자루에 있는 것도 있음.

꿀-수박 명 꼭지를 도려내고 꿀이나 설탕, 얼음을 넣어 숟가락으로 퍼 먹게 한 수박. 서과청(西瓜淸)

꿀쩍 부 ①질고 차진 물건을 한 번 주무르거나 밟을 때 나는 소리를 나타내는 말. ②눈물을 짜내듯이 흘리는 모양을 나타내는 말. ☞꼴짝

꿀쩍-거리다(대다) 타 자꾸 꿀쩍 하다. 꿀쩍이다 ☞꼴짝거리다

꿀쩍-꿀쩍 부 꿀쩍거리는 소리, 또는 그 모양을 나타내는 말. ☞꼴짝꼴짝

꿀쩍-이다 타 꿀쩍거리다 ☞꼴짝이다

꿀찌럭 부 질고 차진 물건을 한 번 거칠게 주무르거나 밟을 때 나는 소리를 나타내는 말. ☞꼴찌락

꿀찌럭-거리다(대다) 타 자꾸 꿀찌럭 소리를 내다. ☞꼴찌락거리다

꿀찌럭-꿀찌럭 부 꿀찌럭거리는 소리를 나타내는 말. ☞꼴찌락꼴찌락

꿀-차(―茶) 명 끓는 물에 꿀을 타고, 실백을 띄운 차.

꿀컥 부 액체가 목이나 좁은 구멍으로 단번에 세게 넘어가는 소리를 나타내는 말. ☞꼴칵

꿀컥-거리다(대다) 타 자꾸 꿀컥 소리를 내다. ☞꼴칵거리다

꿀컥-꿀컥 부 꿀컥거리는 소리를 나타내는 말. ¶술을 ― 들이마시다. ☞꼴칵꼴칵

꿀-팥 명 거피팥을 시루에 쪄서 어레미에 걸러 꿀을 치고 약한 불에 볶은 것. 떡고물로 쓰임.

꿀-풀 명 꿀풀과의 여러해살이풀. 줄기 높이 30cm 안팎. 온몸에 짧은 털이 있고 줄기는 네모지며, 잎은 마주 남. 5~8월에 자줏빛 꽃이 줄기 끝에 피며 9월경에 검누른 빛의 열매를 맺음. 꿀이 많다고 해서 붙은 이름임. 온 포기는 말리어 한약재로 쓰고 어린잎은 먹을 수 있음.

꿇다 타 ①무릎을 구부려 바닥에 대다. ②자기가 마땅히 할 차례에 거르고 넘어가다. ¶한 학년을 ―.

꿇리다[1] [꿀―] 자 무릎 꿇음을 당하다. ¶바닥에 꿇린 채 조사를 받다.

꿇리다[2] [꿀―] 타 무릎을 꿇게 하다. ¶죄인을 잡아다가 무릎을 ―.

꿇-앉다[꿀안따] 자 '꿇어앉다'의 준말.

꿇어-앉다[꿀―안따] 자 무릎을 꿇고 앉다. 준 꿇앉다

꿈 명 ①잠을 자면서 깨어 있을 때처럼 어떤 것을 보고 듣고 느끼고 하는 여러 가지 정신 현상. ¶용―/―을 꾸다. ②마음에 그리며 바라거나 추구하는 것. ¶―을 잃지 않고 살다./젊은이다운 ―을 지니다. ③실현될 가능성이 적거나 거의 없는 헛된 생각. ¶덧없는 ―./모두 부질없는 ―이다. ☞백일몽(白日夢). 몽상(夢想)

꿈도 못 꾸다 관용 전혀 생각도 하지 못하다. ¶내 처지에 꿈도 못 꿀 일이다.

꿈에도 없다 관용 생각조차 해 본 적이 없다.

속담 **꿈보다 해몽(解夢)이 좋다** : 대수롭지 않거나 언짢은 일을 그럴듯한 말로 좋게 해석하는 일을 비유하여 이르는 말./**꿈에 본 돈이다** : 아무리 좋아도 제 손에 넣을 수 없는 경우를 비유하여 이르는 말./**꿈에 서방 맞은**

격 : 바라고 원하는 대로 다 채워지지 않아 서운한 경우를 비유하여 이르는 말.

한자 꿈 몽(夢) 〔夕部 11획〕 ¶ 길몽(吉夢)/몽매(夢寐)/몽조(夢兆)/몽중(夢中)/상몽(祥夢)/서몽(瑞夢)

꿈-같다[-갇-] 형 ①하도 이상야릇하여 현실이 아닌 것 같다. ¶ 꿈같은 일들이 벌어지다. ②기억이 흐리다. ¶ 하도 오래 전 일이라 꿈같아 알쏭달쏭하다. ③덧없고 허무하다. ¶ 꿈같은 이야기를 늘어놓다. ④세월이 덧없이 빠르다. 꿈결 같다. ¶ 꿈같은 세월이 흐르다.

꿈-같이 부 꿈같게

꿈-결[-껼] 명 ①꿈을 꾸는 동안. ¶ -에 들은 이야기. ②덧없이 빠른 동안. ¶ 또 한 해가 -에 지나가다.

꿈결 같다 관용 세월이 덧없이 빠르다. 꿈같다

꿈-꾸다 자타 ①자는 동안에 꿈이 보이다. ②마음속으로 그리며 바라거나 추구하다. ¶ 의사를 -.

꿈-나라 명 ①꿈속의 세계. 꿈에서 보는 세계. ②상상의 세계. 공상의 세계.

꿈나라로 가다 관용 '잠이 깊이 들다', '곤히 잠이 들다'를 비유하여 이르는 말.

꿈-땜 명-하다 자 꿈에 나타난 꺼림칙한 조짐을 현실에서 궂은 일을 당함으로써 때우는 것을 이르는 말.

꿈-속[-쏙] 명 꿈을 꾸고 있는 동안, 또는 그 꿈의 장면. 몽리(夢裏). 몽중(夢中) ¶ -에서 만나다.

꿈실-거리다(대다) 자 벌레 따위가 좀스럽게 꿈틀거리다. ¶ 송충이가 -. ☞굼실거리다. 꼼실거리다

꿈실-꿈실 부 꿈실거리는 모양을 나타내는 말. ☞굼실굼실. 꼼실꼼실

꿈-자리 명 꿈을 꾼 내용. 꿈에 나타난 징조. 몽조(夢兆) ¶ -가 뒤숭숭하다./-가 사납다.

꿈적 부 ①몸을 무겁게 한 번 움직이는 모양을 나타내는 말. ②눈을 한 번 크게 감았다 뜨는 모양을 나타내는 말. ☞굼적. 꼼작. 꿈쩍

꿈적-거리다(대다) 자타 ①몸을 무겁게 움직거리다. ②눈을 자꾸 크게 감았다 뜨다. 꿈적이다 ¶ 온몸이 노곤해서 꿈적거리기도 싫다. ☞굼적거리다. 꼼작거리다. 꿈쩍거리다

꿈적-꿈적 부 꿈적거리는 모양을 나타내는 말. ☞굼적굼적. 꼼작꼼작. 꿈쩍꿈쩍

꿈적-이다 자타 꿈적거리다 ☞굼적이다. 꼼작이다. 꿈쩍이다

꿈지러기 명 음식물에 생긴 구더기.

꿈지럭 부 둔한 몸놀림으로 매우 굼뜨게 한 번 움직이는 모양을 나타내는 말. ☞굼지럭. 꼼지락

꿈지럭-거리다(대다) 자타 둔한 몸놀림으로 매우 굼뜨게 움직거리다. ¶ 꿈지럭거리다가 차 시간을 놓치다. ☞굼지럭거리다. 꼼지락거리다

꿈지럭-꿈지럭 부 꿈지럭거리는 모양을 나타내는 말. ☞굼지럭굼지럭. 꼼지락꼼지락

꿈질 부 매우 굼뜬 몸놀림으로 크게 한 번 움직이는 모양을 나타내는 말. ☞굼질. 꼼질

꿈질-거리다(대다) 자타 매우 굼뜬 몸놀림으로 크게 움직거리다. ☞굼질거리다. 꼼질거리다

꿈질-꿈질 부 꿈질거리는 모양을 나타내는 말. ¶ - 늑장을 부리다. ☞굼질굼질. 꼼질꼼질

꿈쩍 부 ①몸을 무겁고 좀스럽게 한 번 움직이는 모양을 나타내는 말. ②눈을 한 번 꾹 감았다 뜨는 모양을 나타내는 말. ☞굼적. 꼼짝. 꿈적

꿈쩍 못 하다 관용 ①꿈쩍 하지 못하다. ②남의 힘이나 권세, 위엄 따위에 눌려서 기를 펴지 못하다. ¶ 꿈쩍 못하고 시키는 대로 하다. ☞꼼짝 못 하다.

꿈쩍(도) 아니하다 관용 ①조금도 움직이지 아니하다. ②반응을 나타내거나 동요하거나 하지 아니하다. ¶ 그 정도의 일로는 꿈쩍도 않는다. ☞꼼짝(도) 아니하다.

꿈쩍-거리다(대다) 자타 ①몸을 무겁고 좀스럽게 움직거리다. ②눈을 자꾸 꾹 감았다 뜨다. 꿈쩍이다 ☞굼적거리다. 꼼짝거리다. 꿈적거리다

꿈쩍-꿈쩍 부 꿈쩍거리는 모양을 나타내는 말. ☞굼적굼적. 꼼짝꼼짝. 꿈적꿈적

꿈쩍-없:다[-업-] 형 전혀 움직이는 기색이 없다. ¶ 홍수에도 꿈쩍없던 축대가 무너지다. ☞꼼짝없다

꿈쩍-없이 부 꿈쩍없게 ☞꼼짝없이

꿈쩍-이다 자타 꿈쩍거리다 ☞굼적이다. 꼼짝이다

꿈틀 부 몸을 한 번 꾸부리거나 비틀거나 하는 모양을 나타내는 말. ☞굼틀. 꼼틀

꿈틀-거리다(대다) 자타 ①몸을 이리저리 꾸부리거나 비틀며 움직거리다. ¶ 지렁이가 꿈틀거리며 기어가다. ②어떤 생각이나 일이 싹트려는 기운이 일다. ¶ 가슴속에서 꿈틀거리는 욕망./개혁의 기운이 -. ☞굼틀거리다. 꼼틀거리다

꿈틀-꿈틀 부 꿈틀거리는 모양을 나타내는 말. ☞굼틀굼틀. 꼼틀꼼틀

꿉꿉-하다 형여 조금 축축하다. ¶ 장마철이라서 이부자리가 -. ☞꼽꼽하다

꿉실 부 공손하게 머리나 허리를 한 번 꾸푸리는 모양을 나타내는 말. ¶ 손님에게 - 인사를 하다./- 허리를 굽히다. ☞굽실. 꼽실

꿉실-거리다(대다) 자타 공손하게 머리나 허리를 자꾸 꾸푸렸다 폈다 하다. ☞굽실거리다. 꼽실거리다

꿉실-꿉실 부 꿉실거리는 모양을 나타내는 말. ☞굽실굽실. 꼽실꼽실

꿉적 부 몸을 한 번 꾸푸리는 모양을 나타내는 말. ¶ 보자마자 - 절을 하다. ☞굽적. 꼽작

꿉적-거리다(대다) 자타 몸을 자꾸 꾸푸렸다 폈다 하다. ¶ 허리를 꿉적거리며 사정을 하다. ☞굽적거리다

꿉적-꿉적 부 꿉적거리는 모양을 나타내는 말. ☞굽적굽적. 꼽작꼽작

꿋꿋-하다[꾿꾿-] 형여 기개나 의지, 마음 따위가 곧고 매우 굳세다. ¶ 의지가 -. ☞꿋꿋하다

꿋꿋-이 부 꿋꿋하게 ¶ 어려움 속에서도 - 살아가다.

꿍-꽝 부 ①폭발음이 크고 작게 뒤섞여 울리어 나는 소리를 나타내는 말. ②마룻바닥을 발로 마구 구를 때 나는 소리를 나타내는 말. ☞쿵쾅

꿍꽝-거리다(대다) 자타 자꾸 꿍꽝 소리가 나다, 또는 그런 소리를 내다. ¶ 채석장에서 꿍꽝거리는 소리가 들려오다./복도를 꿍꽝거리며 뛰어가다. ☞쿵쾅거리다

꿍꽝-꿍꽝 부 꿍꽝거리는 소리를 나타내는 말.

꿍꿍 부 몹시 아프거나 괴로울 때 내는 소리를 나타내는 말. ¶ 혼자서 - 앓다. ☞꽁꽁. 끙끙

꿍꿍-거리다(대다) 자 몹시 아프거나 괴로워서 자꾸 꿍꿍 소리를 내다. ☞꽁꽁거리다

꿍꿍이 명 '꿍꿍이셈'의 준말. ¶ -를 꾸미다.

꿍꿍이-셈 명 속으로만 우물쭈물 하는 셈속. 준꿍꿍이

꿍꿍이-속 명 도무지 모를 수작. ¶ 두문불출하고 있으니 무슨 -인지 모르겠다.

꿍꿍이-수작(-酬酌) 명 속을 알 수 없는 엉큼한 수작.

꿍:-하다 형여 ①성격이 트이지 못하고 말이 없이 덤덤하다. ¶ 꿍한 성미. ②마음을 털어놓지 않고 속으로만 못마땅한 상태에 있다. ☞꽁하다

꿜꿜 부 많은 양의 액체가 큰 구멍으로 급히 쏟아져 흐르는 소리, 또는 그 모양을 나타내는 말. ☞꽐꽐. 퀄퀄

꿩 명 꿩과의 텃새. 닭과 비슷하며, 몸길이는 수컷이 80 cm, 암컷이 60cm 안팎임. 수컷은 '장끼'라 하며, 머리 꼭대기는 갈색, 빰은 붉으며 몸은 청록색에 등은 여러 빛이 어울려 아름다움. 긴 꽁지에는 많은 검은 띠무늬가 있음. 암컷은 '까투리'라 하며, 몸 전체가 검은 반점이 있는 갈색임. 우리 나라의 특산종으로 일본, 중국 동북부 등지에도 분포함. 산계(山鷄). 야계(野鷄)

속담 **꿩 구워 먹은 소식** : 소식이 아주 없음을 이르는 말. ¶ 가더니 -이다./**꿩 구워 먹은 자리** : 어떤 일을 하고 난 뒤가 깨끗하거나 흔적이 전혀 없음을 이르는 말./**꿩 대신 닭** : 꼭 필요한 것이 없을 때, 그보다는 못하지만 그와 비슷한 것으로 대신 쓸 수도 있음을 이르는 말./**꿩 먹고 알 먹는다** : 한 가지 일로써 두 가지 이상의 이익을 볼

때 이르는 말. ☞일석이조(一石二鳥)/**꿩 잡는 것이 매다**: 꿩을 잡아야 매라고 할 수 있듯이, 실제로 제 구실을 해야 명실상부하다는 말.

꿩-닭 명 꿩과 같은 털빛의 닭.

꿩-만둣국(-饅頭-)명 꿩 고기로 소를 넣어 빚은 만두를 맑은장국에 끓인 음식.

꿩-망태(-網-)명 사냥한 꿩을 넣는 망태.

꿩의-다리 명 미나리아재빗과의 여러해살이풀. 우리 나라 각처의 산지에 자라며, 줄기 높이는 1m 안팎. 깃 모양의 겹잎이 어긋맞게 나며 6월경에 흰 꽃이 핌. 어린잎은 먹을 수 있음.

꿩의-밥 명 골풀과의 여러해살이풀. 줄기 높이 10~30 cm. 밑동의 잎은 넓은 선형(線形)이며 가장자리에 흰빛의 긴 털이 있음. 4~5월에 붉은빛을 띤 갈색의 꽃이 줄기 끝에 뭉쳐서 피고, 6~7월에 갈색 또는 붉은빛을 띤 열매가 맺힘. 우리 나라와 일본 등지에 분포함.

꿩의-비름 명 돌나물과의 여러해살이풀. 줄기 높이 30~90cm이고 전체가 희읍스름한 초록을 띰. 줄기는 원기둥 모양이며 잎은 길둥글고 다육질임. 8~9월에 분홍빛을 띤 흰 꽃이 줄기 끝에 밀생함. 우리 나라와 일본 등지에 분포함.

꿩-잡이 명 ①꿩을 잡는 일. 꿩 사냥. ②꿩을 잡는 사람. ☞꿩망태

꿰:다 타 ①실이나 끈을 구멍이나 틈의 한쪽에서 넣어 다른 쪽으로 나가게 하다. ¶바늘에 실을 ─. ②꼬챙이 따위로 맞뚫리게 찔러서 꽂다. ¶꼬챙이에 ─. ③옷을 입거나 신을 신다. ¶아무 옷이나 꿰고 나오다. 유끼우다 ④어떤 일의 내용이나 사정을 자세하게 다 알다. ¶그 방면의 일이라면 환히 꿰고 있다.

한자 꿸 관(貫)〔貝部 4획〕¶관류(貫流)/관통(貫通)

꿰:-들다(─들고·─드니)타 ①꿰어서 쳐들다. ②남의 허물을 들추어내다.

꿰:-뚫다 타 ①이쪽에서 저쪽까지 꿰어서 뚫다. ¶총알이 과녁을 ─. ②앞일이나 속내를 분명하게 헤아리다. ¶마음속을 꿰뚫어 보다. ③어떤 일에 익숙하여 속속들이 잘 알다. ¶자기 일에 관해서는 꿰뚫고 있다. ④길이나 강물 따위가 통하여 나가거나 가로질러 흐르다. ¶큰길이 마을 한복판을 꿰뚫고 지나가다./강이 들판을 꿰뚫고 흐르다.

꿰:-뜨리다(트리다) 타 문질러서 해지게 하거나 터지게 하다. ¶옷을 ─.

꿰:-매다 타 ①해지거나 터진 데를 깁거나 얽다. ¶옷을 ─./그물을 ─. ②마무르기 어렵게 벌어진 일을 바로잡아 탈이 없게 하다.

한자 꿰맬 봉(縫)〔糸部 11획〕¶봉제(縫製)/봉합(縫合)

꿰:미 명 ①물건을 꿰는 데 쓰는 노끈이나 꼬챙이, 또는 거기에 무엇을 꿰어 놓은 묶음. ¶구슬 ─ ②〔의존 명사로도 쓰임〕꿰미를 세는 단위. ¶엽전 열 ─.

꿰방 명 기둥에 중인방(中引枋)을 끼는 구멍이나 문짝에 문살을 끼는 구멍 따위를 아주 내뚫은 구멍.

꿰이다 자 꿺을 당하다. ¶꼬챙이에 꿰인 곶감.

꿰:-지다 자 ①물건의 내미는 힘으로 둘러싸거나 막고 있던 약한 자리가 미어지거나 터지다. ¶옷이 ─./쌀자루가 ─. ②숨이거나 숨기는 일이 드러나다. ③잘못하여 일이 그릇되거나 틀어지다. ¶일이 자꾸 ─.

꿰:-지르다(─지르고·─질러)타르 아무렇게나 입거나 신다.〔'입다', '신다'를 속되게 이르는 말.〕¶허겁지겁 신을 ─.

꿰:-찌르다(─찌르고·─찔러)타르 속으로 힘있게 깊이 찌르다. ¶가슴을 꿰찌른듯 한 아픔.

꿰:-차다 타 ①끈으로 꿰어서 허리춤 따위에 끼우거나 걸거나 매달다. ¶열쇠 꾸러미를 ─. ②'자기 것으로 만들다'를 속되게 이르는 말. ¶형의 재산을 ─.

꽥 부 갑자기 높고 날카롭게 지르는 소리를 나타내는 말. ¶─ 하고 소리를 지르다. ☞꽥

꽥-꽥[1] 부 갑자기 높고 날카롭게 잇달아 지르는 소리를 나타내는 말. ☞꽥꽥[1]

꽥꽥[2] 부 오리가 우는 소리를 나타내는 말. ☞꽥꽥[2]

꽥꽥-거리다(대다) 자 ①자꾸 꽥 소리를 지르다. ②오리가 자꾸 꽥꽥 소리를 내다. ☞꽥꽥거리다

뀌:다[1] 자 '꾸이다[1]'의 준말. ¶자꾸 꿈이 ─.

뀌:다[2] 타 '꾸이다[2]'의 준말. ¶많은 돈을 ─.

뀌:다[3] 타 방귀를 내보내다. ¶방귀 뀐 놈이 성낸다.

×**끄나불** 명 →끄나풀

끄나풀 명 ①끈의 길지 않은 도막. ¶─로 질끈 동이다. ②남의 앞잡이 노릇을 하는 사람을 낮잡아 이르는 말.

> ▶ **'끄나풀'과 '끄나불'**
> '끄나풀'은 표준어 사정에서 거센소리를 가진 형태를 표준으로 삼은 단어이다.
> '나팔꽃'·'살쾡이' 따위도 그러한 예이다.〔'끄나불'은 비표준어〕

끄느름-하다 형여 날이 흐리어 침침하다. ¶끄느름한 날씨.
끄느름-히 부 끄느름하게

끄다[1](끄고·꺼)타 ①타고 있는 불을 타지 못하게 하다. ¶촛불을 ─./담뱃불을 재떨이에 비벼 ─. ☞피우다[1] ②전기나 동력(動力)의 흐름을 끊다. ¶형광등을 ─./자동차의 엔진을 ─. ☞켜다[1]

끄다[2](끄고·꺼)타 ①덩어리져 있는 것을 깨어 헤뜨리다. ¶얼음을 ─. ②빚 따위를 갚거나 급한 일을 처리하다. ¶빚을 조금씩 꺼 나가다./우선 급한 일부터 끄고 보자.

끄덕 부 무엇을 좀 깊게 숙이거나 내렸다가 드는 모양을 나타내는 말. ¶고개를 ─ 하다. ☞까닥. 끄떡

끄덕-거리다(대다) 자타 무엇을 좀 깊게 숙이거나 내렸다, 들었다 하다. 끄덕이다 ¶말없이 고개만 ─. ☞까닥거리다. 끄떡거리다

끄덕-끄덕 부 끄덕거리는 모양을 나타내는 말. ☞까닥까닥[1]. 끄떡끄떡

끄덕-이다 자타 끄덕거리다 ☞까닥이다. 까댁까댁. 까댁이다. 끄떡이다

끄덩이 명 ①머리털이나 실 따위의 한데 뭉친 끝. ¶머리 ─를 잡다. ②일이나 사건의 실마리.

끄덱 부 무엇을 좀 깊게 숙이거나 내렸다가 얼른 드는 모양을 나타내는 말. ¶고개를 ─ 하다. ☞까댁. 끄떽

끄덱-거리다(대다) 자타 무엇을 좀 깊게 숙이거나 내렸다 얼른 들었다 하다. 끄덱이다 ☞까댁거리다

끄덱-끄덱 부 끄덱거리는 모양을 나타내는 말. ☞까댁까댁. 끄떽끄떽

끄덱-이다 자타 끄덱거리다 ¶대답 대신 고개만 ─. ☞까댁이다. 끄떽이다

끄떡 부 ①무엇이 한 번 조금 크게 움직이거나 달리 바뀌는 모양을 나타내는 말. ¶비바람에도 ─ 하지 않다./아무리 구슬러도 ─도 하지 않는다. ②무엇을 깊게 숙이거나 내렸다가 드는 모양을 나타내는 말. ¶수긍한다는 뜻으로 고개를 ─ 하다. ☞까딱. 끄덕
끄떡(도) 않다 관용 끄떡 하지 아니하다. ¶엄포를 놓아도 끄떡도 않는다.
끄떡 하지 않다 관용 ①전혀 움직이지 아니하다. ¶아무리 힘을 주어도 끄떡 하지 않는 나무. ②동요하지 않다. ¶어떤 비난에도 ─.

끄떡-거리다(대다) 자타 ①무엇이 조금 크게 자꾸 움직이다. ②무엇을 깊게 숙이거나 내렸다 들었다 하다. 끄떡이다 ¶고개를 ─. ☞까딱거리다[2]. 끄덕거리다

끄떡-끄떡 부 끄떡거리는 모양을 나타내는 말. ☞까딱까딱. 끄덕끄덕

끄떡-없:다[─업─] 형 아무 탈이나 변동 없이 온전하다. ¶비바람에도 끄떡없는 나무./불황에도 회사는 ─. ☞까딱없다
끄떡-없이 부 끄떡없게 ☞까딱없이

끄떡-이다 자타 끄떡거리다 ¶알았다는듯이 고개를 ─. ☞까딱이다[2]. 끄덕이다

끄떽 부 ①무엇이 한 번 움직이거나 달리 바뀌는 모양을 나

타내는 말. ¶큰비에도 나무는 ―도 하지 않는다. ②무엇을 깊게 숙이거나 내렸다가 얼른 드는 모양을 나타내는 말. ¶고개만 ― 하다. ☞까딱. 끄덕

끄떡-거리다(대다) 자타 ①무엇이 크게 자꾸 움직이다. ②무엇을 깊게 숙이거나 내렸다 얼른 들었다 하다. 끄떡이다 ☞까딱거리다. 끄덕거리다

끄떡-끄떡 부 끄떡거리는 모양을 나타내는 말. ☞까딱까딱. 끄덕끄덕

끄떡-없:다[―업―] 형 조금 큰 탈이나 변동이 없다. ¶이 정도의 상처는 ―. ☞까딱없다. 끄떡없다

끄떡-없이 부 끄떡없게

끄떡-이다 자타 끄떡거리다 ☞까딱이다. 끄덕이다

끄르다(끄르고·끌러) 타르 ①맨 것이나 맺은 것을 풀다. ¶보따리를 ―./허리띠를 ―. ②잠긴 것을 열다. ¶양복의 단추를 ―.

끄르륵 부 트림을 하는 소리를 나타내는 말.

끄르륵-거리다(대다) 자 자꾸 끄르륵 소리가 나다. ¶소화가 잘 안 되는지 끄르륵거린다.

끄르륵-끄르륵 부 끄르륵거리는 소리를 나타내는 말.

끄리 명 피라미아과의 민물고기. 몸길이는 30cm 안팎. 몸빛은 배는 은색, 등은 검은 갈색임. 아래턱이 위로 치켜 붙어 있음. 떼지어 살고 성질이 사나우며 곤충류, 작은 물고기 따위를 잡아먹음. 우리 나라와 중국 북부에 분포함.

끄먹-거리다[1](대다) 자 멀리 불빛이 나타났다 사라졌다 하다. ¶자동차의 불빛이 ―. ☞까막거리다[1]

끄먹-거리다[2](대다) 타 눈을 가볍게 감았다 떴다 하다. ¶순하게 생긴 큰 눈을 ―. ☞까막거리다[2]

끄먹-끄먹[1] 부 멀리 불빛이 나타났다 사라졌다 하는 모양을 나타내는 말. ☞까막까막[1]

끄먹-끄먹[2] 부 눈을 가볍게 감았다 떴다 하는 모양을 나타내는 말. ☞까막까막[2]

끄무러-지다 자 구름이 끼어 날이 흐리고 어둠침침하게 되다. ¶맑은 날씨가 갑자기 ―.

끄무레-하다 형여 날이 흐리고 어둠침침하다. ¶날씨가 끄무레한 것을 보니 비가 내릴듯 하다.

끄물-거리다(대다) 자 날씨가 잠깐씩 갠 뿐 자꾸 흐려지다. ¶날씨가 여러 날 ―. ☞그물거리다

끄물-끄물 부 끄물거리는 모양을 나타내는 말. ☞그물그물

끄적-거리다(대다) 타 글씨를 아무렇게나 갈겨 쓰다. 끄적이다 ☞깨작거리다[1]. 끼적거리다

끄적-끄적 부 끄적거리는 모양을 나타내는 말. ☞깨작깨작[1]. 끼적끼적

끄적-이다 타 끄적거리다 ☞깨작이다. 끼적이다

끄지르다(끄지르고·끄질러) 자르 주책없이 싸다니다. ¶끄질러 다니다. ☞까지르다

끄집다 타 끌어서 집다. 집어서 끌다. ¶소매를 ―.

끄집어-내:다 타 ①속에 든 것을 밖으로 끌어내다. ¶호주머니에 든 것을 모두 ―. ②드러나지 않은 사실 따위를 들추어내어 이야기를 하다. ¶다 지나간 일을 ―. ③판단이나 결론을 찾아내다. ¶토론 끝에 결론을 ―.

끄집어-내리다 타 끄집어서 아래로 내리다.

끄집어-당기다 타 끄집어서 앞으로 당기다.

끄집어-들이다 타 끄집어서 안으로 들이다.

끄집어-올리다 타 끄집어서 위로 올리다.

끄트러기 명 ①쓰고 남은 자질구레한 물건. ②깎아 내거나 끊어 내고 처진 자질구레한 나뭇조각.

끄트머리 명 ①맨 끝이 되는 부분. ¶키가 커서 맨 ― 줄에 앉는다. ②일의 실마리.

끈 명 ①물건을 묶거나 매거나 꿰거나 하는 데 쓰는 노나 줄 따위. ②옷이나 신발, 가방 따위에 붙어서 잡아매거나 조이거나 손잡이로 쓰는 물건. ¶구두 ―을 매다. ③의지할만 한 힘이나 연줄. ¶그 회사에 ―이 있어서 취직 자리를 부탁했다. ④벌잇줄. 살아갈 길.

끈(을) 붙이다 관용 살아갈 길을 마련하여 주다.

끈(이) 떨어지다 관용 붙들고 살아가던 길이 끊어지다. 의지할 데가 없어지다. ¶퇴직을 하고 나니 이제 끈 떨어진 신세다.

끈(이) 붙다 관용 붙들고 살아갈 길이 생기다. 의지할 데가 생기다.

속담 **끈 떨어진 뒤웅박(갓)** : ①의지할 데가 없어져 외롭고 불안하게 된 처지를 비유하여 이르는 말. ②쓸모 없게 된 물건을 비유하여 이르는 말.

끈-기(―氣) 명 ①질기고 차진 기운. ¶찹쌀을 섞어 밥을 지으니 ―가 있다. ②참을성이 많아 쉽게 단념하지 않고 꾸준히 견디어 나가는 기질. ¶― 있게 공부하다.

끈끈-이 명 한번 붙으면 잘 떨어지지 않아서 벌레나 쥐 등을 잡는 데 쓰는 끈끈한 물질.

끈끈이-여뀌 명 여뀟과의 한해살이풀. 줄기 높이 40~80cm. 온몸에 긴 털과 선모(腺毛)가 있으며, 꽃자루의 일부에서 점액을 분비함. 7~8월에 초록 또는 연분홍색의 꽃이 핌. 우리 나라 대부분의 지방에 분포함.

끈끈이-주걱 명 끈끈이주걱과의 여러해살이풀. 줄기 높이 23cm 안팎. 식충식물(食蟲植物)이며, 잎은 주걱 모양임. 엷은 홍자색을 띤 선모(腺毛)가 빽빽이 덮여 있어, 벌레를 잡아 소화하는 데 이용됨. 7월경에 흰 꽃이 피며, 우리 나라 각처에 분포함. 모드라기풀. 모전태(毛氈苔)

끈끈-하다 형여 ①끈기가 많아 쩍쩍 들러붙을 만큼 끈적끈적하다. ¶끈끈하게 곤 엿. ②몸에 땀이 배거나 때가 끼어 갑갑하다. ¶땀이 나서 온몸이 ―. ③성질이 검질겨서 사근사근한 맛이 없다. ☞깐깐하다

끈끈-히 부 끈끈하게

끈덕-거리다(대다) 자타 끈덕끈덕 흔들리다, 또는 끈덕끈덕 흔들다. 끈덕이다 ☞근덕거리다. 깐닥거리다

끈덕-끈덕 부 물체가 가볍게 자꾸 흔들리는 모양, 또는 그렇게 흔드는 모양을 나타내는 말. ☞근덕근덕. 깐닥깐닥. 끈떡끈떡

끈덕-이다 자타 끈덕거리다 ☞근덕이다. 깐닥이다

끈덕-지다 형 끈기가 있어 꾸준하고 줄기차다. ¶그는 끈덕지게 나를 설득하려 들었다.

끈떡-거리다(대다) 자타 끈떡끈떡 흔들리다, 또는 끈떡끈떡 흔들다. 끈떡이다 ☞근덕거리다. 깐딱거리다

끈떡-끈떡 부 물체가 세게 자꾸 흔들리는 모양, 또는 그렇게 흔드는 모양을 나타내는 말. ☞근덕근덕. 깐딱깐딱. 끈덕끈덕

끈떡-이다 자타 끈떡거리다 ☞근덕이다. 깐딱이다

끈목 명 여러 올의 실을 짜거나 땋아서 만든 끈을 통틀어 이르는 말. 허리띠·대님·망건당줄 따위로 쓰임. 다회(多繪)

끈적-거리다(대다) 자 ①끈끈하여 자꾸 들러붙다. ¶칠이 덜 말라 방바닥이 ―. ②성질이 끈끈하여 무슨 일에서 얼른 손을 떼지 않고 검질기게 굴다. 끈적이다 ☞깐작거리다

끈적-끈적 부 끈적거리는 모양을 나타내는 말. ¶싫다는 사람에게 ― 매달리다./진 반죽이 손에 ― 들러붙다. ☞깐작깐작

끈적끈적-하다 형여 ①자꾸 들러붙을 만큼 끈끈하다. ¶끈적끈적한 조청. ②검질기게 굴 만큼 성질이 끈끈하다. ☞깐작깐작하다

끈적-이다 자 끈적거리다 ☞깐작이다

끈지다 형 끈기가 있다. 버티어 나가는 힘이 있다. ☞깐지다

끈-질기다 형 끈덕지고 질기다. ¶끈질기게 설득하다. ☞깐질기다

끈질-끈질 부-하다 형 매우 끈끈하고 검질긴 모양을 나타내는 말. ¶― 물고 늘어지다. ☞깐질깐질

끈치-톱 명 나무의 결을 가로 자르는 톱.

끈:-히 부 끈질기게 ¶― 견디어 나가다.

끊기다 자 끊음을 당하다. ¶홍수로 다리가 ―./신용 불량자여서 거래가 ―./소식이 ―.

끊다 타 ①길게 이어진 것을 자르다. ¶밧줄을 ―./철조망을 ―. ②이어지던 관계를 그만두다. ¶거래를 ―./까닭없이 소식을 ―./그 집안과는 발을 ―./인연을 ―. ③말

을 하다가 잠시 멈추거나 그만두다. ¶말을 하다 말고 전화를 ―. ④버릇처럼 해오던 일을 그만두다. ¶담배를 ―./술을 ―./곡기를 끊은 지 여러 날이 되다. ⑤계속 대 주던 것을 그치다. 계속 받아 오던 것을 그치게 하다. ¶전기 공급을 ―./가스 공급을 ―./신문을 ―./우유를 ―. ⑥다하게 하다. 없어지게 하다. ¶목숨을 ―. ⑦옷감을 자풀이로 사다. ¶저고리 감을 ―. ☞뜨다[5] ⑧입장권·관람권·차표 따위를 사다. ¶열차표를 ―. ⑨수표나 어음 등을 내어 주다. ¶10만원짜리 수표를 ―. ⑩주고받을 셈을 따져 분명하게 마무르다. ¶밀린 외상값을 끊어 주다.

한자 끊을 단(斷)〔斤部 14획〕¶단념(斷念)/단면(斷面)/단수(斷水)/단식(斷食)/단절(斷絕) ▷속자는 断
끊을 절(切)〔刀部 2획〕¶절단(切斷)/절제(切除)
끊을 절(絕)〔糸部 6획〕¶단절(斷絕)/절교(絕交)/절단(絕斷)/절식(絕食)/절연(絕緣)/절음(絕飮)

끊어-뜨리다(트리다)[끈―] 타 끊어지게 하다.
끊어-맡다[끈―맏―] 타 일의 얼마를 따로 떼어서 맡다.
끊어-지다[끈―] 자 끊은 상태로 되다. ¶고무줄이 ―./소식이 ―./인연이 ―./숨이 ―.
끊음-표(―標)[끈―] 명 단음 기호(斷音記號)
끊이다[끈―] 자 ①끊어지게 되다. ¶두 사람의 왕래는 평생 끊이지 않았다. ②물건이나 일이 뒤가 달리어 없어지다. ¶그 가게에는 손님들의 발길이 끊이지 않는다.
끊임-없:다[끈―업―] 형 잇대어 끊이지 않다. ¶끊임없는 관심과 격려를 주셔서 감사합니다.
끊임-없이 부 끊임없게 ¶― 노력하다.
끌 명 나무에 구멍을 파거나, 나무의 겉면을 깎고 다듬는 데 쓰는 연장의 한 가지. 한쪽 끝에 날을 세우고 자루의 머리를 망치로 두드려 씀.
끌로 박은듯 관용 조금도 움직이지 않고 꼿꼿하게 서 있는 모습을 비유하여 이르는 말.
끌-개 명 베를 맬 때 실을 켕기는 기구. 물건을 올려 놓은 뒤, 힘을 주어 당기면 끌려 오고 그대로 두면 안정되어 있게 만들어, 날실을 동여 놓고 잡아당기면서 베를 맴.
끌-구멍[―꾸―] 명 목재에 다른 나무를 끼우기 위해 끌로 판 구멍.
끌-그물 명 물 속에 넣고 배 따위로 끌어서 고기를 잡는 그물. 예망(曳網)
끌기 명 컴퓨터 작업에서, 마우스의 버튼을 누른 채로 마우스를 이동하는 동작. 드래그(drag)
끌꺽끌꺽-하다 자여 먹은 것이 잘 내리지 않아 자꾸 트림을 하다.
끌끌[1] 부 못마땅하거나 한심스러워 혀를 차는 소리를 나타내는 말. ¶― 혀를 찬다.
끌:끌[2] 부 트림을 길게 하는 소리를 나타내는 말.
끌:끌-거리다(대다) 자 자꾸 끌끌 소리를 내다.
끌끌-하다 형여 마음이 맑고 바르고 깨끗하다. ☞깔깔하다[2]
끌끔-하다 형여 ①생김새 따위가 깨끗하고 미끈하다. ②솜씨 따위가 여물고 알뜰하다. ☞깔끔하다
끌끔-히 부 끌끔하게
끌:다(끌고·끄니) 타 ①땅바닥에 닿은 상태로 옮아가다. ¶슬리퍼를 질질 끌며 걸어가다./치맛자락을 끌며 발걸음을 옮기다./책상을 ―. ②수레나 차를 다루어 움직여 가다. ¶수레를 ―./손수 차를 끌고 시골로 갔다. ③무엇을 뒤에 달아 함께 움직여 가다. ¶기관차가 화차를 ―./개가 썰매를 ―. ④짐승을 부리거나 데리고 가다. ¶소를 ―./애완견을 끌고 산책하다. ⑤억지로 데려가다. ¶범인을 경찰서로 끌어 가다. ⑥남의 관심이나 눈길이 쏠리게 하다. ¶뭇사람의 이목을 ―./사람들의 관심을 ―./별난 옷차림이 남의 눈길을 ―. ⑦이끌거나 꾀어 들이다. ¶상냥한 말씨로 손을 ―. ⑧짐짓 시간이나 날짜를 미루다. ¶청산할 날짜를 거듭 ―. ⑨무엇을 다른 데서 오게 하거나 마련하다. ¶보에서 물을 끌어 논에 대다./한데에 전기를 끌어 쓰다./자금을 끌어대다.

한자 끌 랍(拉)〔手部 5획〕¶납치(拉致)
끌 인(引)〔弓部 1획〕¶유인(誘引)/인력(引力)/인상(引上)/인솔(引率)/인수(引水)/인용(引用)

끌러-지다 자 매어 놓은 것이 풀어지다. ¶옷고름이 ―.
끌:려-가다 자 상대편 쪽으로 억지로 딸리어 가다.
끌:려-들다(―들고·―드니) 자 ①안으로 끌려가다. ②무엇에 마음을 빼앗겨 따라 움직이다. ¶현란한 말솜씨에 ―./교묘한 속임수에 ―.
끌:리다[1] 자 끎을 당하다. ¶얼떨결에 여기까지 끌려 왔다./어쩐지 마음이 끌리는 사람이 있다./바지가 땅바닥에 끌린다.
끌:리다[2] 타 끌게 하다. ¶마소에 쟁기를 끌려 논을 갈다.
끌밋-하다[―믿―] 형여 모양이나 차림새가 매우 훤칠하고 깨끗하다. ¶그 집 형제는 하나같이 ―. ☞깔밋하다
끌-밥[―빱] 명 끌로 구멍이나 홈을 팔 때 나오는 나무 부스러기.
끌-방망이 명 끌질을 할 때 끌 머리를 치는 나무 방망이.
끌:어-내:다 타 끌어서 밖으로 내다.
끌:어-내리다 타 ①끌어서 아래로 내리다. ¶간판을 ―. ②직위 따위를 빼앗거나 높은 지위에서 격하시키다. ¶독재자를 권좌에서 ―.
끌:어-넣다 타 ①잡아당겨 안으로 집어 넣다. ②어떤 일에 개입시키다. ¶네 문제에 나를 끌어넣지 마라.
끌:어-당기다 타 ①끌어서 앞으로 당기다. ¶의자를 끌어 당겨 앉다. ②남의 마음을 그쪽으로 쏠리게 하다. ¶남의 마음을 끌어당기는 매력.

한자 끌어당길 견(牽)〔牛部 7획〕¶견인(牽引)

끌:어-대:다 타 ①끌어다가 맞추어 대다. ¶논에 물을 ―. ②돈 따위를 여기저기서 끌어다가 뒤를 대다. ¶더 이상 끌어댈 돈이 없다.
끌:어-들이다 타 ①끌어서 안으로 들게 하다. ¶도시 가스를 ―. ②남을 어떤 일이나 조직 따위에 관계하게 하다. ¶그를 이 모임에 끌어들이자.
끌:어-매다 타 여러 조각을 끌어대어 꿰매다.
끌:어-안다[―따] 타 끌어당겨서 가슴에 안다. ¶서로 끌어안고 반기는 가족들.
끌:어-올리다 타 ①끌어서 위로 오르게 하다. ¶닻을 ―./지하수를 ―. ②이끌어서 높은 수준에 오르게 하다. ¶성적을 ―./등수를 ―.
끌:-영창(―映窓)[―령―] 명 한 짝을 젖히어 다른 짝에 붙여서, 한 짝을 열면 다른 짝도 함께 열리게 된 영창.
끌:-줄[―쭐] 명 배에 그물을 걸어 끄는 줄.
끌-질 명-하다 자 끌로 나무에 구멍이나 홈을 파는 일.
끌쩍-거리다(대다) 타 단단한 물체의 거죽을 자꾸 긁다. 끌쩍이다 ☞깔짝거리다
끌쩍-끌쩍 부 단단한 물체의 거죽을 자꾸 긁는 모양을 나타내는 말. ☞깔짝깔짝
끌쩍-이다 타 끌쩍거리다 ☞깔짝이다
끌:-채 명 수레 양쪽에 대는 채. 앞에 멍에목을 가로 댐.
끌탕 명-하다 타 속을 태우는 걱정.
끓는-점(―點)[끌―] 명 액체가 끓기 시작하는 온도. 물의 경우 1기압에서 100°C. 비등점(沸騰點). 비점(沸點) ☞어는점. 빙점(氷點)
끓다 자 ①액체가 뜨거워져 부글거리면서 김을 내다. ¶물이 ―./끓는 기름에 새우를 튀기다. ②매우 뜨거워지다. ¶신열로 몸이 펄펄 ―. ③어떤 감정이 세차게 일어나다. ¶정의의 피가 ―. ④화가 나거나 걱정이 되어 속이 타다. ¶화가 나서 속이 ―. ⑤뱃속에서 소리가 나다. ¶뱃속이 ―. ⑥목구멍에 가래가 모여 숨을 쉴 때 소리가 나다. ¶가래가 ―. ⑦많이 모여 우글거리다. ¶관광객이 끓는다./개미가 ―.
속담 **끓는 국에 국자 휘젓는다**: 불난 데 부채질한다는 뜻으로, 화난 사람을 더욱 화나게 만드는 것을 이르는 말./**끓는 국에 맛 모른다**: ①급한 경우를 당하면 정확한 판단을 할 수 없음을 비유하여 이르는 말. ②영문도 모

르고 함부로 행동함을 비유하여 이르는 말./**끓는 물에 냉수 부은 것 같다**: 여러 사람이 북적거리다가 갑자기 조용해짐을 이르는 말.

한자 **끓을 탕**(湯)〔水部 9획〕¶열탕(熱湯)/탕수(湯水)/탕약(湯藥)/탕정(湯井)/탕천(湯泉)

끓어-오르다[끌−](−오르고·−올라)자르 ①물 따위가 끓어 부글부글 솟아오르다. ¶라면 국물이 −. ②어떤 감정이 북받쳐 오르다. ¶끓어오르는 열정./분노가 끓어올라 가만 있을 수가 없었다.

끓이다[끌−]타 ①끓게 하다. ¶물을 −./자식 때문에 속을 −. ②음식을 익히다. ¶라면을 −./찌개를 −.

끔벅부 ①불빛 따위가 밝았다가 갑작스레 어두워지는 모양을 나타내는 말. ②큰 눈을 잠깐 감았다 뜨는 모양을 나타내는 말. ¶한쪽 눈을 − 해 보이다. ☞깜박. 끔뻑

끔벅-거리다(대다)자타 자꾸 끔벅 하다. 끔벅이다 ☞깜박거리다. 끔뻑거리다

끔벅-끔벅부 끔벅거리는 모양을 나타내는 말. ¶눈을 − 하다. ☞깜박깜박. 끔뻑끔뻑

끔벅-이다자타 끔벅거리다 ☞깜박이다. 끔뻑이다

끔뻑부 ①불빛 따위가 잠깐 밝았다가 갑작스레 어두워지는 모양을 나타내는 말. ②큰 눈을 빨리 감았다 뜨는 모양을 나타내는 말. ☞깜빡. 끔벅

끔뻑-거리다(대다)자타 자꾸 끔뻑 하다. 끔뻑이다 ☞깜빡거리다. 끔벅거리다

끔뻑-끔뻑부 끔뻑거리는 모양을 나타내는 말. ☞깜빡깜빡. 끔벅끔벅

끔뻑-이다자타 끔뻑거리다 ☞깜빡이다. 끔벅이다

끔적부 눈을 슬쩍 감았다 뜨는 모양을 나타내는 말. ☞깜작. 끔쩍

끔적-거리다(대다)타 눈을 슬쩍 감았다 떴다 하다. 끔적이다 ☞깜작거리다. 끔쩍거리다[2]

끔적-끔적부 끔적거리는 모양을 나타내는 말. ☞깜작깜작. 끔쩍끔쩍[2]

끔적-이명 '눈끔적이'의 준말.

끔적-이다타 끔적거리다 ☞깜작이다. 끔쩍이다

끔쩍[1]부 급작스러운 일로 드러나게 몹시 놀라는 모양을 나타내는 말. ¶아기가 − 놀라더니 울기 시작했다. ☞깜짝[1]

끔쩍[2]부 눈을 매우 슬쩍 감았다 뜨는 모양을 나타내는 말. ¶한쪽 눈을 − 하다. ☞깜짝[2]. 끔적

끔쩍-거리다(대다)[1]자 급작스러운 일로 드러나게 몹시 놀라다. ☞깜짝거리다[1]

끔쩍-거리다(대다)[2]타 눈을 매우 슬쩍 감았다 떴다 하다. 끔쩍이다 ☞깜짝거리다[2]. 끔적거리다

끔쩍-끔쩍[1]부 급작스러운 일로 자꾸 드러나게 몹시 놀라는 모양을 나타내는 말. ☞깜짝깜짝[1]

끔쩍-끔쩍[2]부 눈을 매우 슬쩍 자꾸 감았다 떴다 하는 모양을 나타내는 말. ☞깜짝깜짝[2]. 끔적끔적

끔쩍-이명 '눈끔쩍이'의 준말.

끔쩍-이다타 끔쩍거리다[2] ☞깜짝이다. 끔적이다

끔찍끔찍-하다형여 몹시 참혹함을 느껴 소름이 끼치도록 끔찍하다. ¶최근의 범죄 사건들은 정말 −.

끔찍-스럽다(−스럽고·−스러워)형ㅂ 보기에 끔찍한 데가 있다. ¶교통 사고 현장은 너무 끔찍스러웠다.

끔찍-스레부 끔찍스럽게

끔찍-하다형여 ①너무 크거나 많거나 하여 놀랍다. ¶모기들이 끔찍하게 많다. ②진저리가 날 정도로 몹시 참혹하다. ¶비행기 추락 현장은 끔찍했다. ③정성이나 성의 따위가 더할 나위 없이 극진하다. ¶자식에 대한 사랑이 −.

끔찍-이부 끔찍하게 ¶− 사랑하는 자식./− 위하다.

끗의 ①접쳐서 파는 피륙의 접힌 것을 세는 단위. ¶비단 두 −. ②화투나 투전 따위 노름에서, 셈의 단위로 매겨진 수. ¶다섯 −을 잡다.

끗:다[끋−](끗고·끄어)타ㅅ 잡고 힘을 주어 당기다. ¶혼자서 침대를 끄어 옮기다./밧줄을 −.

끗-발[끋−]명 ①노름 따위에서, 좋은 끗수가 잇달아 나오는 기세. ¶−이 좋다. ②아주 당당한 권세나 기세. ¶그 사람, 자기 회사에서 − 좀 날리나 봐.

끗발(이) 세다관용 ①노름 따위에서, 재수가 좋아 좋은 끗수가 잇달아 나오다. ②세도나 기세가 당당하다.

끗-수(−數)[끋−]명 끗의 수. 점수(點數)

끙부 몹시 앓거나 힘에 겨운 일에 부대끼어 내는 소리를 나타내는 말.

끙게명 씨앗을 뿌리고 흙을 덮는 데 쓰는 농기구의 한 가지. 두 가닥의 줄을 맨 가마니때기 위에 뗏장 따위를 올려 놓고 끎.

끙-끙부 몹시 앓거나 힘에 겨운 일에 부대끼어 자꾸 내는 소리를 나타내는 말. ¶몸살로 − 앓고 있다. ☞꿍꿍

끙끙-거리다(대다)자 몹시 앓거나 힘에 겨운 일에 부대끼어 끙끙 소리를 내다. ¶그녀는 산더미같이 쌓인 빨래를 하느라 끙끙거리고 있었다. ☞꿍꿍거리다

끝명 ①긴 것의 끄트머리. ¶나무 가지 −에 달린 홍시./장대 −./송곳 −./행렬의 −. ②넓이를 가진 것의 가장자리. ¶탁자 −에 놓인 화병. ③넓은 지역의 가에 닿는 곳. ¶운동장 −에 서 있는 미루나무./땅 −의 마을./−없는 하늘. ④무슨 일의 마지막, 또는 마지막이 되는 때. ¶이야기는 이것으로 −./일의 처음과 −./−이 없는 시간./한 해의 −./인생의 −./행사 −의 여흥. ⑤무슨 일의 결과. ¶무슨 일이나 −이 좋아야지. ⑥차례의 맨 나중. ¶맨 −에 서 있는 사람. ⑦어떤 일이 있는 바로 그 다음. ¶오랜 가뭄 −에 내리는 단비./곰곰이 생각한 −에 대안을 내놓다.

속담 **끝도 가도 없다**: 무슨 일이 갈피를 잡을 수 없을 정도로 어지럽고 많음을 이르는 말./**끝 부러진 송곳**: 가장 중요한 부분이 손상되어 아무 쓸모가 없어진 존재를 비유하여 이르는 말.

한자 **끝 단**(端)〔立部 9획〕¶말단(末端)/첨단(尖端)
끝 말(末)〔木部 1획〕¶결말(結末)/말기(末期)/말석(末席)/연말(年末)/월말(月末)/종말(終末)

끝-갈망[끋−]명-하다타 일의 뒤끝을 잘 마무르는 일.

끝-걷기[끋−]명-하다자타 서까래 끝을 훑어 깎는 일.

끝-구(−句)[끋−]명 ①시조(時調) 끝 장의 마지막 구절. ②글귀의 맨 마지막 구. ③결구(結句)

끝끝-내[끋끋−]부 '끝내'를 강조하여 이르는 말. 종내(終乃) ¶− 아니라고 우겼다.

끝-나다[끋−]자 ①일이 다 이루어지다. ¶경기가 −./연극이 −. ②시간적·공간적으로 이어져 있던 것이 다 되어 없어지다. ¶여름 방학이 −./장마가 −./계약 기간이 −. ③관계 따위가 없어지다. ¶두 사람의 관계는 이미 끝났다. ④어떤 결과로 끝을 맺다. ¶실패로 −.

끝-내[끋−]부 ①끝까지 내내. ¶− 못 보고 떠났다./−이기려 들다. ②드디어. 결국 ¶네가 − 그 일을 저지르고 말았구나.

끝-내:기[끋−]명-하다자 ①어떤 일의 끝을 맺는 일. ¶− 안타. ②바둑에서, 대세가 결정지어진 다음에 마무리하기 위하여 바둑점을 서로 놓는 일.

끝-내:다[끋−]타 일을 끝마치다. ¶숙제를 끝내고 나가서 놀아라./경기를 −.

끝-단속(−團束)[끋−]명-하다자 일의 뒤끝을 다잡는 일. ¶−을 잘하다.

끝-닿다[끋−]자 맨 끝까지 다다르다. ¶끝닿는 데를 알 수 없는 넓은 하늘.

끝-돈[끋−]명 물건 값의 나머지 얼마를 마지막으로 마저 치르는 돈. 끝전

끝-동[끋−]명 ①옷소매의 끝에 색이 다른 천으로 따로 이어서 댄 동. ②두절목(頭切木)

끝-마감[끋−]명-하다타 일을 마감하여 끝을 맺는 일. 끝막음 ¶원서 접수를 −하다.

끝-마무리[끋−]명-하다타 일의 끝을 마무르는 일.

끝-마치다[끋−]타 일을 끝내어 마치다. ¶공사를 −.

끝-막다[끋−]타 어떤 일의 끝을 짓다.

끝-막음[끝-] 명 -하다 타 끝마감

끝-맺다[끝-] 타 일을 마무리하여 맺다.

끝-머리[끝-] 명 ①어떤 일의 끝이 되는 부분. ¶문제의 대목은 그 소설 —에 나온다. ②어떤 것의 끝이 되는 부분. ¶행렬의 —. ☞첫머리

끝-물[끝-] 명 과일이나 푸성귀·해산물 따위에서, 그 해 맨 나중에 나온 것. ¶— 참외/— 고추 ☞만물

끝-바꿈[끝-] 명〈어〉어미 변화(語尾變化). 활용(活用)

끝-반지[끝-] 명 물건을 여러 몫으로 가를 때 맨 끝판의 차례.

끝-소리[끝-] 명〈어〉종성(終聲). 받침 ☞첫소리

끝-손질[끝-] 명 -하다 자타 일의 마지막 손질. ¶집수리가 이제 —만 남았다.

끝-수(-數)[끝-] 명 끝자리 수. 끝을 나타내는 수.

끝-신경(-神經)[끝-] 명 말초 신경(末梢神經)

끝-없:다[끝업-] 형 한이 없다. 그지없다 ¶끝없는 사막.
　끝-없이 부 끝없게 ¶— 이어지는 박수 소리.

×끝으머리 명 →끄트머리

끝-일[끝닐] 명 ①맨 나중의 일. ②어떤 일의 끝마무리로 하는 일.

끝-자리[끝-] 명 ①맨 밑의 지위. ②맨 끝의 좌석. ③수치(數値)의 마지막 자리. 말위(末位)

끝-장[끝-] 명 일의 마지막. 결말(結末)
　끝장(을) 보다 관용 끝장나는 것을 보다. 끝장나게 하다. ¶한번 손댄 일은 끝장을 보아야지.
　끝장(을) 쥐다 관용 뒷일을 맡다.

끝장-나다[끝-] 자 ①하는 일이 마치어지다. ②어떤 일이 돌이킬 수 없는 상태로 잘못되다. ¶투기 사업은 불과 한 해 안에 —.

끝장-내:다[끝-] 타 일이 끝장나게 하다.

끝-전(-錢)[끝-] 명 끝돈 ¶—을 치르다.

끝-지다[끝-] 자 끝에 이르다. 끝 쪽에 가까워지다.

끝-판[끝-] 명 ①일의 마지막 판. ¶—에 가서 전세가 역전되다. 유 말경(末境) ②바둑이나 운동 경기 따위에서, 마지막 결판이 나는 판. 종국(終局)

끼[1] 명 ①'끼니'의 준말. ¶—를 거르다. ②〔의존 명사로도 쓰임〕 끼니를 세는 단위로 쓰임. ¶하루에 두 —만 먹고 지내다.

끼[2] 명 타고난 성향(性向)이나 소질을 속되게 이르는 말. ¶그 방면에 —가 있는 사람이지.

끼깅 부 개가 아프거나 무서울 때 지르는 소리를 나타내는 말. ☞깨갱

끼깅-거리다(대다) 자 개가 자꾸 끼깅 소리를 지르다. ☞깨갱거리다

끼깅-끼깅 부 끼깅거리는 소리를 나타내는 말.

끼끗-하다[-끋-] 형여 ①생기가 있고 깨끗하다. ¶끼끗한 얼굴. ②싱싱하고 길차다.
　끼끗-이 부 끼끗하게

끼니 명 아침·점심·저녁과 같이 날마다 일정한 때에 먹는 밥, 또는 그 밥을 먹는 일. ¶—를 거르다./—를 잇다. 준 끼[1]

끼니-때 명 끼니를 먹을 때. ¶—만이라도 가족끼리 함께 보내자.

끼닛-거리 명 끼니로 삼을 음식 감. ¶—를 장만하다.

끼:다[1] 자 ①연기나 수증기 따위가 퍼져서 서리다. ¶안개가 낀 도시. ②먼지나 때 따위가 엉기어 붙다. ¶때가 낀 옷./눈꼽이 —. ③이끼나 녹 따위가 물체를 덮다. ¶이끼가 낀 돌층계./곰팡이가 낀 빵. ④얼굴이나 목소리에 어떤 표정이나 기미가 어리어 돌다. ¶노여움이 낀 목소리. ⑤어떤 일에 다른 기운이 섞이어 들다. ¶살(煞)이 끼었는지 되는 일이 없다.

끼:다[2] 자 '끼이다[1]'의 준말. ¶틈에 —./행인 속에 —.

끼다[3] 타 ①물체를 끌어안거나 자기 몸의 벌어진 사이에 넣고 빠지지 않게 죄다. ¶가방을 옆구리에 —. ②팔을 서로 엇걸리게 하다. ¶팔짱을 —./애인끼리 팔을 끼고 걸어가다. ③몸에 붙거나 걸려 있도록 꿰거나 꽂다. ¶장갑을 —./반지를 —./안경을 —. ④바로 옆에 두거나 가까이하다. ¶강을 끼고 도로가 나 있다. ⑤다른 것을 덧붙이거나 겹치다. ¶옷을 잔뜩 끼어 입다. ⑥다른 사람의 힘을 빌려 이용하다. ¶권력을 끼고 저지른 사기 행각.

끼-뜨리다(트리다) 타 흩어지게 내던지거나 내뿌리다. ¶마당에 물을 —.

끼룩 부 무엇을 넘어다보려고 목을 길게 내미는 모양을 나타내는 말. ☞꺄룩

끼룩-거리다(대다) 타 무엇을 넘어다보려고 목을 길게 내밀곤 하다. ☞꺄룩거리다

끼룩-끼룩 부 끼룩거리는 모양을 나타내는 말.

-끼리 《접미사처럼 쓰이어》'함께 무리를 짓는 낱덩이'의 뜻을 나타냄. ¶이웃끼리 싸우다./아이들끼리 놀러 가다.

끼리-끼리 부 패를 지어 각각 따로따로. ¶— 모여 다니다. 준 낄끼리

끼어-들다(-들고·-드니) 자 ①좁은 틈 사이로 파고들다. ¶두 사람 사이에 끼어들어 앉다. ②여럿 속에 섞이어 들다. ¶행렬에 —. ③남의 일이나 말에 간섭하여 나서다. ¶남의 싸움에 —. 준 껴들다[1]

끼-얹다[-언따] 타 물이나 가루 따위를 다른 물체 위에 흩어지게 뿌리다. ¶찬물을 —.

끼우다 타 ①끼게 하다. ②벌어진 사이에 무엇을 꽂아 빠지지 않게 하다. ¶나뭇잎을 책갈피에 —./단추 구멍에 단추를 —. ③무엇에 걸려 있도록 꿰거나 꽂다. ¶형광등을 갈아 —. ④여럿 사이에 끼어들게 하다. ¶그 애도 우리 동아리에 끼워 주자./재고품을 신상품에 끼워 팔다.

끼우듬-하다 형여 조금 끼운듯 하다. ☞기우듬하다
　끼우듬-히 부 끼우듬하게 ☞기우듬히

끼우뚱 부 끼우듬히 기울어지거나, 또는 끼우듬히 기울이는 모양을 나타내는 말. ☞기우뚱. 꺄우뚱

끼우뚱-거리다(대다) 자타 이쪽저쪽으로 끼우듬히 기울어지거나 기울이다. ☞기우뚱거리다. 꺄우뚱거리다

끼우뚱-끼우뚱 부 끼우뚱거리는 모양을 나타내는 말. ☞기우뚱기우뚱. 꺄우뚱꺄우뚱

끼우뚱-하다 형여 한쪽으로 끼우듬히 기울어 있다. ☞기우뚱하다. 꺄우뚱하다

끼울다[1](끼울고·끼우니) 자 한편으로 몹시 쏠리다. ☞기울다[1]. 꺄울다[1]

끼울다[2](끼울고·끼우니) 형 똑바르지 아니하고 한쪽이 매우 낮다. ☞기울다[2]. 꺄울다[2]

끼울어-뜨리다(트리다) 타 힘있게 끼울이다. ☞기울어뜨리다. 꺄울어뜨리다

끼울어-지다 자 끼울게 되다. ☞기울어지다. 꺄울어지다

끼울-이다 타 끼울게 하다. ☞기울이다. 꺄울이다

끼웃 부 ①고개나 몸을 끼우듬하게 기울이는 모양을 나타내는 말. ¶문소리에 고개를 — 하다. ②고개나 몸을 끼우듬하게 기울이며 무엇을 슬쩍 살피거나 엿보는 모양을 나타내는 말. ☞기웃. 꺄웃

끼웃-거리다(대다)[-욷-] 타 고개나 몸을 끼우듬하게 기울이며 무엇을 슬쩍 살피거나 엿보다. ¶일자리를 얻으려고 여기저기 —. ☞기웃거리다. 꺄웃거리다

끼웃-끼웃[1][-욷-] 부 끼웃거리는 모양을 나타내는 말. ☞기웃기웃[1]. 꺄웃꺄웃[1]

끼웃-끼웃[2][-욷-] 부 -하다 형 여럿이 다 끼웃한 모양을 나타내는 말. ☞기웃기웃[2]. 꺄웃꺄웃[2]

끼웃-하다[-욷-] 형여 보기에 조금 끼운듯 하다. ☞기웃하다. 꺄웃하다
　끼웃-이 부 끼웃하게 ☞기웃이. 꺄웃이

끼이다[1] 자 ①끼움을 당하다. 끼워지다. ¶책갈피에 끼여 있는 단풍잎. ②틈에 박히거나 꽂히다. ¶문틈에 옷자락이 —. ③여럿 속에 섞이다. ¶사내 아이들 틈에 끼여서 놀다. ④어떤 일에 관여하다. ¶도박판에 —. 준 끼다[2]

한자 끼일 개(介)〔人部 2획〕¶개입(介入)/중개(仲介)

끼이다[2] 타 사람을 꺼리고 싫어하다.

끼인-각(-角) 명 두 직선 사이에 끼인 각. 준 낀각

끼적-거리다(대다) 타 글씨를 크게 아무렇게나 갈겨 쓰

다. 끼적이다 ¶몇 자 ―. ☞깨작거리다[1]. 끄적거리다

끼적-끼적 부 끼적거리는 모양을 나타내는 말. ¶쪽지에 대충 ― 적어 주었다. ☞깨작깨작[1]. 끄적끄적

끼적-이다 타 끼적거리다 ☞깨작이다. 끄적이다

끼치다[1] 자 ①살가죽에 소름이 돋다. ¶소름이 끼치도록 무서웠다. ②어떤 기운이나 냄새가 덮치듯이 확 밀려오다. ¶차창을 열자 더운 기운이 확 끼쳤다.

끼치다[2] 타 ①해(害)나 은혜, 영향 따위를 입히거나 주다. ¶부모님께 걱정을 ―./폐 많이 끼쳤습니다. ②어떤 것을 후세에 남기다. ¶조상이 끼친 문화 유산. ③셈할 것을 다 치르지 않고 조금 남겨 두다.

끽: 부 빠르게 달리던 자동차가 갑자기 멈출 때 나는 소리를 나타내는 말.

끽겁(喫怯) 명 -하다 자 몹시 겁을 먹음, 또는 무서워서 두려운 마음을 가짐.

끽경(喫驚) 명 -하다 자 몹시 놀람.

끽고(喫苦) 명 -하다 자 고생을 겪음.

끽긴(喫緊) 어기 '끽긴(喫緊)하다'의 어기(語基).

끽긴-하다(喫緊―) 형여 매우 긴요하다.

끽다(喫茶) 명 -하다 자 차를 마심.

끽다-점(喫茶店) 명 다방(茶房)

끽반(喫飯) 명 -하다 자 밥을 먹음.

끽-소리 명 조금이라도 떠들거나 반항하려는 말이나 태도. 〔뒤에 부정이나 금지의 말이 따름.〕 ¶형의 말에는 ― 못 한다./―도 하지 말아라. ☞깩소리

끽연(喫煙) 명 -하다 자 담배를 피움. 흡연(吸煙)

> ▶ **'끽연(喫煙)'과 된소리 음의 한자**
> 된소리 음의 한자로는, '만끽(滿喫)·끽다(喫茶)·끽연'의 '끽(喫)'과 '쌍수(雙手)·쌍방(雙方)'의 '쌍(雙)', '성씨(姓氏)'의 '씨(氏)' 등이 있다.

끽연-실(喫煙室) 명 담배를 피우며 쉴 수 있도록 마련한 방. 흡연실(吸煙室)

끽착부진(喫着不盡) 성구 먹을 것과 입을 것이 모자람 없이 넉넉함을 이르는 말.

끽파(喫破) 명 -하다 타 다 먹어 없앰.

끽-해야 부 '기껏해야'의 속된말. ¶수영 실력이 ― 5m 거리./멀다고는 하지만 ― 1km.

끽휴(喫虧) 명 -하다 타 손해를 입음.

낀-각(―角) 명 '끼인각'의 준말.

낄-끼리 부 '끼리끼리'의 준말.

낄낙-거리다(대다) 자 자꾸 낄낙낄낙 소리를 내다. ☞깰깩거리다

낄낙-낄낙 부 숨이 막혔다가 터졌다가 하는 소리, 또는 그 모양을 나타내는 말. ☞깰깩깰깩

낄낄 부 소리를 죽여 가며 웃는 소리를 나타내는 말. ¶만화를 보며 혼자서 ― 웃고 있다. ☞깰깰. 킬킬

낄낄-거리다(대다) 자 자꾸 낄낄 웃다. ☞깰깰거리다

×낌 명 →낌새

낌새 명 어떤 일을 알아차릴 수 있는 눈치, 또는 일이 되어 가는 야릇한 분위기. 기미(幾微). 기수(幾數) ¶―가 이상해./―를 맡았나봐.

낌새(를) 보다 관용 낌새를 살펴보다. ¶낌새를 보니, 오늘도 틀렸다.

낌새(를) 채다 관용 낌새를 살펴서 알아채다. ¶낌새를 채고 범인은 달아났다.

낌-줄[―쭐] 명 광산의 광맥이 거의 끊어진 때, 탐광(探鑛)의 실마리가 되는 가는 줄.

낑 부 몹시 아프거나 힘에 겨워 괴롭게 내는 소리를 나타내는 말. ¶― 하고 신음하다. ☞킹

낑-낑 부 ①몹시 아프거나 힘에 겨워 괴롭게 자꾸 내는 소리를 나타내는 말. ②어린아이가 자꾸 조르거나 보채는 소리를 나타내는 말. ¶― 보채다. ☞킹킹

낑낑-거리다(대다) 자 자꾸 낑낑 소리를 내다. ¶그는 그 많은 짐을 낑낑거리며 혼자서 들고 왔다./빨리 집에 가자고 낑낑댄다. ☞킹킹거리다

ㄴ 훈민정음 자모 **ㄴ** 훈몽자회 자모 ㄴ

-ㄴ¹ 어미 받침 없는 어간에 붙는 관형사형 어미. ①동사 어간에 붙어 과거를 나타냄. ¶간 사람./온 사람. ②형용사 어간에 붙어 현재를 나타냄. ¶흰 구름./큰 바위. ☞-는. -은 ③'이다'의 '이-'에 붙어 지정(指定)을 나타내는 관형사형 어미. ¶우리의 조국인 한국.

-ㄴ² 어미 '오다'의 어간에 붙는 명령형 어미. '-너라'보다는 다정스런 느낌을 지님. ¶얘야, 이리 온.

-ㄴ가 어미 ①받침 없는 형용사 어간에 붙어, '하게' 할 자리에 쓰이는 물음의 종결 어미. ¶그리도 기쁜가./산들이 푸른가? ☞-은가 ②'이다'의 '이-'에 붙어, '하게' 할 자리에 쓰이는 물음의 종결 어미. ¶그가 누구인가?

-ㄴ감 어미 '-ㄴ가 뭐'가 줄어든 말. ①받침 없는 형용사 어간에 붙어, 반박하거나 뒤집는 뜻을 나타냄. ¶고욤이 어디 큰감, 작지. ☞-는감 ②'이다'의 '이-'에 붙어, 반박하거나 뒤집는 뜻을 나타냄. ¶호박꽃도 꽃인감./내가 봉인감.

-ㄴ걸 어미 '-ㄴ 것을'에서 뜻이 바뀐 말. ①받침 없는 동사 어간에 붙어, 지난 사실을 감탄하거나 상대편에게 깨우쳐 주는 반말 투의 종결 어미. ¶벌써 봄이 온걸. ②받침 없는 형용사 어간에 붙어, 감탄하거나 상대편에게 깨우쳐 주는 반말 투의 종결 어미. ¶힘이 제법 센걸. ③'이다'의 '이-'에 붙어, 감탄하거나 상대편에게 깨우쳐 주는 반말 투의 종결 어미. ¶그이는 장사인걸. ☞-는걸

-ㄴ고¹ 어미 받침 없는 형용사 어간이나 '이다'의 '이-'에 붙어, '하게' 할 자리에 쓰이는, '-ㄴ가'보다 예스럽고 점잖게 묻거나 일깨우는 말투의 종결 어미. ¶얼굴이 얼마나 예쁜고./그것이 무슨 말인고. ☞-은고

-ㄴ고² 어미 받침 없는 형용사 어간이나 '이다'의 '이-'에 붙어, 스스로 묻거나 상대편에게 완곡하게 묻는 종결 어미. ¶산과 들이 어찌 저렇게 푸른고./저것이 무엇인고?/어쩌면 좋단 말인고.

-ㄴ다 어미 받침 없는 동사 어간에 붙어, 현재의 사실로 나타내거나 사실을 현재 시점(時點)에 두고 있는 그대로 표현하는 종결 어미. ¶꽃이 핀다./물은 흐른다.

-ㄴ다고 어미 ①'-ㄴ다 라고'의 뜻으로 쓰임. ¶그는 모른다고 했다. ②되묻는 뜻으로 쓰임. ¶내일 간다고? ③'-ㄴ다 해서'의 뜻으로 쓰임. ¶간다고 아주 가나. ☞-는다고

-ㄴ다네 어미 '-ㄴ다 하네'가 줄어든 말. ①'하게' 할 자리에 쓰이어, 어떤 행동을 하는 사실을 전하는 말끝. ¶그이가 이민을 간다네. ②'-ㄴ다'는 사실을 차분한 마음으로 정답게 표현하는 말끝. ¶가을이 오면 잎이 진다네. ☞-는다네

-ㄴ다느냐 어미 '-ㄴ다고 하느냐'가 줄어든 말. '-ㄴ다'는 사실에 대해 그리 하는가를 확인해 묻는 뜻을 나타냄. ¶소풍은 어디로 간다느냐? ☞-는다느냐

-ㄴ다느니 어미 '-ㄴ다', '-느니'가 어울려 된 말. 이런 저런 사실을 열거하는 뜻을 나타냄. ¶간다느니 못 간다느니 말도 많다./집을 산다느니 빌린다느니 결정을 하지 못하고 있다. ☞-는다느니

-ㄴ다는 어미 '-ㄴ다고 하는'이 줄어든 말. ¶꼭 온다는 기약은 없었다. ㊟-ㄴ단 ☞-는다는

-ㄴ다니 어미 '-ㄴ다 하니'가 줄어든 말. ①'-ㄴ다고 하느냐'의 뜻으로, 물음을 던지는 종결 어미. ¶왜 벌써 간다니? ②'-ㄴ다고 하니까'의 뜻으로, 뒤따르는 말의 전제가 되게 하는 연결 어미. ¶곧 도착한다니, 기다려 보자. ☞-는다니

-ㄴ다니까 어미 '-ㄴ다고 하니까'가 줄어든 말. ①뒷말의 '이유'나 '전제'가 됨을 나타내는 연결 어미. ¶소풍 간다니까, 마음이 기쁜 모양이지. ②미심쩍어 하는 상대편에게 '한다'는 것을 확실히 강조할 때 쓰는 종결 어미. ¶나는 너의 승리를 확신한다니까. ☞-는다니까

-ㄴ다마는 어미 '-ㄴ다'에 '그러하다마는'이 합하여 된 말. 시인(是認)은 하되 그것에 매이지 아니함을 나타내는 연결 어미. ¶하기는 한다마는, 마지못해 하는 일이다. ㊟-ㄴ다만 ☞-는다마는

-ㄴ다만 어미 '-ㄴ다마는'의 준말. ¶하기는 한다만, 자신이 없다. ☞-는다만

-ㄴ다며 어미 ①반문하거나 항의하거나 빈정대는 뜻으로 쓰이는 종결 어미. ¶당신이 간다며? ②'-ㄴ다면서'의 준말. ☞-는다며

-ㄴ다면서 어미 '-ㄴ다고 하면서'가 줄어든 말. ①'핑계'나 '이유'를 나타내는 연결 어미. ¶도서관에 간다면서 나갔다. ②되묻거나 빈정거리는 뜻을 나타내는 종결 어미. ¶그이를 모른다면서?/오늘 비가 내린다면서? ㊟-ㄴ다며 ☞-는다면서

-ㄴ다손 어미 받침 없는 동사 어간에 붙는 것으로, 주로 '치다'와 어울려, 양보하여 가정함을 나타내는 연결 어미. ¶그가 배반한다손 치더라도 나는 그를 믿을 것이다. ☞-는다손

-ㄴ다지 어미 '-ㄴ다 하지'가 줄어든 말. 사실을 캐어묻는 뜻을 나타내는 반말 투의 어미. ¶내일 간다지?

-ㄴ단 어미 '-ㄴ다는'의 준말. ¶기어이 간단 말이냐?

-ㄴ단다 어미 '-ㄴ다고 한다'가 줄어든 말. ①인용하여 전달하는 뜻으로 쓰이는 복합 형태의 종결 어미. ¶그는 사실을 모른단다. ②완곡하게 타이르거나 객관적으로 강조하는 뜻으로 쓰이는 복합 형태의 종결 어미. ¶공부는 평생 해야 한단다. ☞-는단다

-ㄴ달 어미 '-ㄴ다고 할'이 줄어든 말. ¶어찌 모른달 수 있겠느냐?/그가 달란달 말을 전할 수 없었다. ☞-는달

-ㄴ담 어미 '-ㄴ단 말인고'의 뜻으로, 가벼운 의심이나 놀라움을 곁들인 의문을 나타내는 종결 어미. ¶이것을 어찌한담./그가 모른담. ☞-는담

-ㄴ답니까 어미 '-ㄴ다고 합니까'가 줄어든 말. '-ㄴ답니다'의 의문형. ¶언제 온답니까? ☞-는답니까

-ㄴ답니다 어미 '-ㄴ다고 합니다'가 줄어든 말. ¶못 간답니다./오늘 오신답니다. ☞-는답니다

-ㄴ답디까 어미 '-ㄴ다고 합디까'가 줄어든 말. '-답디다'의 의문형. ¶왜 간답디까? ☞-는답디까

-ㄴ답디다 어미 '-ㄴ다고 합디다'가 줄어든 말. 전달 내용과 상관없이 말한 사실을 과거의 일로 잡고 전달하는 말끝. ¶그가 자주 그렇게 말한답디다. ☞-는답디다

-ㄴ답시고 어미 '-ㄴ다 합시고'가 줄어든 말. 자랑거리로 삼아 행동하는 데 대하여 언짢게 여기어 빈정거리는 뜻을 나타냄. ¶운동깨나 한답시고 으스대지 마.

-ㄴ대 어미 '-ㄴ다고 해'가 줄어든 말. 들은 사실에 근거하여 듣는 이에게 확인해 주거나 물을 때 쓰임. ¶김 군도 간대./이 군도 간대? ☞-는대

-ㄴ대도 어미 '-ㄴ다 해도'가 줄어든 말. 앞의 전제에 얽매이지 아니함에 쓰임. ¶콩으로 메주를 쑨대도 안 믿겠다. ☞-는대도

-ㄴ대서 어미 '-ㄴ다 해서'가 줄어든 말. ¶아주 떠난대서 서운하다. ☞-는대서

-ㄴ대서야 어미 '-ㄴ다 해서야'가 줄어든 말. 어떤 행동에

대한 핑계나 조건으로 삼기에 부당하다는 뜻을 나타냄. ¶그 일로 화를 낸대서야 말이 되나? ☞-는대서야

-ㄴ대야 어미 '-ㄴ다 해야'가 줄어든 말. '그리 해 봐야 고작'의 뜻을 나타냄. ¶번대야 얼마나 벌겠어? ☞-는대야

-ㄴ데 어미 ①받침 없는 형용사 어간에 붙어, 사실로 인정하여 풀이하는 연결 어미. ¶머리는 큰데 생각이 모자란다./산은 가파른데 길은 있었다. ②'이다'의 '이-'에 붙어, 지정(指定)하는 연결 어미. ¶그는 학자인데, 길을 잘못 들었다./저이는 정치가인데, 그이는 경제학자이다. ☞-는데

-ㄴ들 어미 ①받침 없는 동사 어간에 붙어, '-ㄴ다 할지라도'의 뜻으로 쓰임. ¶무슨 말을 한들 믿으랴./꽃이 핀들 열흘을 가랴. ☞-은들 ②받침 없는 형용사 어간에 붙어, '-다 할지라도'의 뜻으로 쓰임. ¶아무리 큰들 부모의 은혜만 하랴./이런들 어떠하며 저런들 어떠하리. ☞-은들 ③'이다'의 '이-'에 붙어, '-라 할지라도'의 뜻으로 쓰임. ¶나는 젊었거니 돌인들 무거우랴./낙화(落花)인들 꽃이 아니랴.

-ㄴ듯 어미 ①받침 없는 어간에 붙어, '그리하거나 그러한 것으로 추리됨'을 나타냄. ¶일이 밀린듯/지금은 바쁜듯./마음이 홀가분한듯./비가 내린듯 하다./벌써 떠난듯 싶다. ②'이다'의 '이-'에 붙어, '그것으로 추리됨'을 나타냄. ¶그 사람이 책임자인듯. ③-ㄴ듯이

-ㄴ듯이 어미 ①받침 없는 어간에 붙어, '그리하거나 그러한 것같이'의 뜻을 나타냄. ¶무얼 하다가 들킨듯이 화들짝 놀란다./혼자 잘난듯이 뽐낸다. ②'이다'의 '이-'에 붙어, '그것같이'의 뜻을 나타냄. -ㄴ듯 ¶자기가 주인인듯이 행세한다.

-ㄴ바 어미 ①받침 없는 동사 어간에 붙어, 지난 사실을 내용이나 근거로 뒤의 말을 펴 나갈 경우에 쓰임. ¶내가 직접 본바, 그것은 사실이었다. ②받침 없는 형용사 어간에 붙어, 현재의 상태를 내용이나 근거로 말을 펴 나갈 경우에 쓰임. ¶인성(人性)은 본래 착한바, 착하게 살아야 한다. ☞-은바 ③'이다'의 '이-'에 붙어, 그것을 내용이나 근거로 하여 말을 펴 나갈 경우에 쓰임. ¶세상은 고해(苦海)인바, 고통을 이겨낼 의지가 필요하다.

-ㄴ성 어미 받침 없는 어간에 붙어, '-ㄴ 것 같다'의 뜻으로, 헤아림을 나타냄. ¶한 번 본성 싶다./좀 긴성 싶다. ☞-는성. -ㄹ성

-ㄴ양 어미 ①받침 없는 어간에 붙어, '그리하거나 그러한 것처럼'의 뜻을 나타내는 어미. ¶직접 만난양 말한다./짧아도 긴양./멀어도 가까운양./저만치서 기다리는 그를 못 본양 했다. ②'이다'의 '이-'에 붙어, '그것인 것처럼'의 뜻을 나타내는 부사성 어미. ¶다정(多情)도 병(病)인양. ☞-는양. -은양

-ㄴ즉 어미 ①받침 없는 어간에 붙어, 근거·원인·이유 따위로 됨을 나타내는 연결 어미. ¶아무도 모른즉, 잠자코 있는 것이 어떨까./마음이 편안한즉, 몸도 편안하다. ☞-은즉 ②'이다'의 '이-'에 붙어, 근거·원인·이유 따위가 됨을 나타내는 연결 어미. ¶그도 의사인즉, 어찌 환자의 고통을 모르랴.

-ㄴ즉슨 어미 '-ㄴ즉'의 힘줌말. ¶사실인즉슨 그 편의 잘못이었다. ☞-은즉슨

-ㄴ지 어미 ①받침 없는 형용사 어간에 붙어, 불확실함을 나타냄. ¶키가 큰지 몸이 건강한지 알고 싶구나./옷이 긴지 짧은지 모르겠다. ☞-은지 ②'이다'의 '이-'에 붙어, 무엇이라 단정하기 어려움을 나타냄. ¶꿈인지 생시인지./개인지 늑대인지 분간하기 어렵다.

-ㄴ지고 어미 ①받침 없는 형용사 어간에 붙어, 감탄스런 느낌을 나타내는 예스러운 종결 어미. ¶아름다운지고. ☞-은지고 ②'이다'의 '이-'에 붙어 감탄스런 느낌을 나타내는 종결 어미. ¶훌륭한 청년인지고.

-ㄴ지라 어미 ①받침 없는 동사 어간에 붙어, 이미 굳어진 사실임을 나타내는 연결 어미. ¶배는 떠난지라 오늘은 어쩔 수 없네. ☞-은지라 ②받침 없는 형용사 어간에 붙어, 그러함을 나타내는 예스러운 연결 어미. ¶죄가 큰지라 벌을 받을 수밖에. ☞-은지라 ③'이다'의 '이-'에 붙어, 그것임을 지정하여 밝히는 연결 어미. ¶무궁화는 나라꽃인지라 소중히 가꾸어야 해.

-ㄴ척 어미 -ㄴ체

-ㄴ체 어미 받침 없는 어간이나 '이다'의 '이-'에 붙어, '사실과 달리 취하는 핑계나 거짓 태도'를 나타냄. -ㄴ척 ¶본체 만체./슬픈체 고개를 떨구었다./잘난체 하기는…./손님인체 하고 그녀에게 말을 걸었다.

나[1] 명 서양 음악의 장음계(長音階) 일곱째(단음계의 둘째) 음계 이름 '비(B)'에 해당하는 우리말 음계 이름. 이탈리아 음계 이름 '시(si)'에 해당함.

나[2] 명 '나이'의 준말.

속담 **나 많은 말이 콩 마다할까** : 늙어서 식욕도 줄었을 것이니 별로 좋아하지 않을 것 같지만, 사실은 남 못지않게 그것을 좋아한다는 말./**나 많은 아저씨가 져라** : 어린아이하고 싸울 때에는 나이 많은 이가 물러서야 한다는 말.

나[3] 대 말하는 이가 자기 자신을 가리키는 말. 제일인칭 대명사. 같은 또래나 아랫사람에 대하여 씀. 조사 '가'가 붙을 경우에는 '내'가 됨. 여(余)

명 ①남이 아닌 자기 자신. ¶ㅡ만 아는 이기주의자./ㅡ보다 이웃을 먼저 생각하자. ②철학에서, '자아(自我)'를 이르는 말. ☞내[6]. 너. 저

속담 **나는 바담 풍(風) 해도 너는 바람 풍 해라** : 자기는 그르게 하면서도 남에게는 바르게 하라고 하는 사람을 비꼬는 말./**나도 덩더꿍 너도 덩더꿍** : 서로 똑같이 북을 두들긴다는 것이니, 저마다 젠체하며 조금도 양보하지 않고 버티고만 있음을 이르는 말./**나도 사또 너도 사또, 아전 노릇은 누가 하나** : 저마다 편한 자리에만 있겠다고 하면 궂은일은 누가 하겠느냐는 말./**나 먹자니 싫고 개 주자니 아깝다** : 자기에게 쓸모 없는 것도 남 주기는 싫어하는 인색함을 이르는 말./**나 못 먹을 밥에는 재나 넣지** : 심술이 매우 많음을 이르는 말.〔못 먹는 감 찔러나 본다〕/**나 부를 노래 사돈집에서 부른다** : 내가 할 말을 사돈이 한다는 말. ☞아가사창(我歌査唱)/**날 잡아 잡수 한다** : 어떻게 하든지 하고 싶은 대로 해 보라고 배짱을 부린다는 말.

한자 **나 아**(我)〔戈部 3획〕¶망아(妄我)/무아(無我)/자아(自我)/아군(我軍)/아집(我執)
나 오(吾)〔口部 4획〕¶오등(吾等)/오형(吾兄)

나(羅) 명 명주실로 바탕을 조금 거칠게 짠 비단. 깁

나(欏) 명 연가(煙家)

나(鑼) 명 국악기 금부(金部) 타악기의 한 가지. 둥글넓적하고 배가 나온 대접과 비슷한 모양으로, 징보다 조금 작고 대금(大金)보다 큼. 놋쇠로 만듦.

-나 조 받침 없는 말에 붙어, 선택적인 뜻을 나타내는 조사. ①가림을 나타냄. ¶너나 먹어라./너나 잘 해라./눈치가 있으면 떡이나 얻어먹지. ②정도를 나타냄. ¶벌써 열두 시나 되었나?/틀린 글자가 열 글자나 된다./그 사람이 그렇게나 좋든? ☞-이나

나- 접두 동사에 붙어, '밖으로'의 뜻을 나타냄. ¶나가다/나오다/나돌다/나앉다

-나[1] 어미 ①받침 없는 어간에 붙어, 대립되는 관계에 있음을 나타내는 연결 어미. ¶그는 오나, 나는 간다./나무는 크나, 모양은 없다. ②'이다'의 '이-'에 붙어, 상반되는 자리에 있음을 나타내는 연결 어미. ¶그는 학자이나, 나는 사업가이다./해는 항성이나, 지구는 행성이다. ③받침 없는 어간이나 '이다'의 '이-'에 붙어, 선택의 관계에 있음을 나타내는 연결 어미. ¶오나가나 마찬가지다./얼굴이 희나 검으나 건강하면 된다./도나 개나 걸이나 다 좋다./밥이나 죽이나 주는 대로 먹자./이름이 난 사람이나 안 난 사람이나 이름 석 자는 있다. ☞-으나[1]

-나[2] 어미 어간이나 '이다'의 '이-'에 붙어, 미심스러움이나 물음을 나타내는 종결 어미. ¶누구가 가나?/네가 봤나?/아기가 크나?/산이 높나?

-나[3] 어미 받침 없는 형용사 어간에 붙어, 거듭하여 힘주는

말을 만들 경우에 쓰는 어미. ¶머나먼/기나긴/크나큰 ☞-으나²

나가-넘어지다 자 ①뒤로 물러나면서 넘어지다. ¶급소를 맞고 뒤로 —. ②남의 요구에 응하지 않고 배짱을 부리는 태도로 나오다.

나-가다(—가거라) 자거라 ①안에서 밖으로 가다. ¶뜰에 —./교외(郊外)에 —. ②앞쪽으로 가다. ¶앞으로 나가 인사를 했다. ③출근하다. 다니다 ¶직장에 나간다. ④참가하다. 참석하다 ¶회의에 나갔다./시합에 —./노래자랑에 —. ⑤어떤 방면으로 나서다. 진출하다 ¶교육계로 나가게./국회 의원 선거에 —. ⑥직장 등 소속되었던 곳에서 물러나다. ¶회사를 그만두고 —. ⑦거처를 옮기다. ¶집을 구해 —. ⑧보수 따위가 지급되다. ¶상여금이 —. ⑨일이 순조롭게 진행되다. ¶계획대로 잘 나가다가 차질이 생겼다. ⑩물건이 팔리다. ¶신형 컴퓨터가 잘 나간다. ⑪잡지 따위가 출간되다. ¶6월호가 —. ⑫써서 없어지다. ¶월급이 그날로 다 나갔다. ⑬값이나 무게 따위가 상당한 정도에 이르다. ¶값이 제법 나가는 물건./체중이 꽤 —. ⑭망가지거나 하여 못 쓰게 되다. ¶기계가 다 나갔다./구두창이 —. ⑮정전(停電)이 되다. ¶전기가 —. ⑯태도를 바꾸지 않다. ¶끝까지 부드럽게 —./강경하게 나가거라. ⑰연예인(演藝人) 등이 인기를 끌다. ¶잘 나가는 가수. ⑱〔타동사처럼 쓰임〕어떤 곳을 떠나다. 무엇을 하러 가다. ¶집을 —./취재(取材)를 —.

조동 본용언(本用言) 다음에 쓰이어, 어떤 움직임이 이어지고 있음을 나타냄. ¶실적을 쌓아 —./하나하나 다듬어 —./비용을 줄여 —.

속담 **나간 머슴이 일은 잘했다** : 사람은 무엇이나 잃은 것을 아쉬워하고, 지금 것보다 전의 것이 더 낫다고 생각한다는 말./**나갔던 며느리 효도한다** : 처음에는 좋지 않게 여겨지던 사람이 뜻밖에 좋은 일을 하는 경우를 이르는 말.〔굽은 나무가 선산을 지킨다〕/**나갔던 상주(喪主) 제상 엎지른다** : 제 할 일은 변변히 못하는 사람이 도리어 훼방만 놓고 다닌다는 말./**나갔던 파리 왱왱거린다** : 남이 일할 때는 밖으로 나돌아다니다가 들어와서는 큰소리치거나 성가시게 군다는 말.

나가-동그라지다 자 뒤로 물러나면서 넘어져 구르다. ¶얼음판에 미끄러져 나가동그라지고 말았다. 준나동그라지다 ☞나가뚱그러지다

나가-둥그러지다 자 큰 몸집이 뒤로 물러나면서 넘어져 구르다. 준나둥그러지다 ☞나가동그라지다

나가-떨어지다 자 ①뒤로 물러나면서 넘어지다. ¶상대편의 발기술에 걸려 모래판에 나가떨어졌다. ②일이 실패로 돌아가 중도에서 그만두다. ③술에 취하거나 몹시 지치거나 하여 쓰러져 일어나지 못하다. ¶친구에게 업혀 와서는 그대로 나가떨어지고 말았다.

나가시 명 지난날, 동네나 공청(公廳)에서 집집마다 떠맡기어 거두어들이던 돈.

나가-자빠지다 자 ①뒤로 물러나며 되게 넘어지다. ②해야 할 일을 아니하고 배짱을 부리다. ¶약속을 해 놓고서 나 몰라라 하고 나가자빠졌다. 준나자빠지다

나각(螺角) 명 국악기 토부(土部) 관악기의 한 가지. 소라고둥의 껍데기로 만들었으며 대취타에 쓰임. 소라²

나간-에(那間—) 부 ①그 사이에. ②언제쯤에나

나:겁(懦怯·懦怯) 어기 '나겁(懦怯)하다'의 어기(語基).

나:겁-하다(懦怯—) 형여 마음이 여리고 겁이 많다.

나겁-히 부 나겁하게

나계(螺階) 명 나사 층층대(螺絲層層臺)

나:국(拿鞠) 명 -하다 타 지난날, 관아에서 죄인을 잡아다가 국문(鞠問)하던 일.

나군(羅裙) 명 얇은 비단 치마.

나-굴다(—굴고·—구니) 자 이리저리 아무렇게나 뒹굴다. ¶아직 쓸만 한 물건인데 저렇게 나굴고 있다.

나귀 명 '당나귀'의 딴이름.

속담 **나귀는 샌님만 섬긴다** : 보잘것없는 사람도 지조(志操)를 중히 여길 줄 안다는 말./**나귀는 샌님만 업신여긴다** : 자기에게 만만해 보이는 사람에게는 아무렇게나 대하게 된다는 말.

나:균(癩菌) 명 나병의 병원체. 발견자의 이름을 따서 한센균이라고도 함.

나그네 명 집을 떠나 여행 중이거나 객지(客地)에 머무르고 있는 사람. 길손. 행객(行客)

속담 **나그네 귀는 석 자라** : 나그네는 주인이 자기를 어떻게 여기고 있나 하여 몹시 신경을 쓰게 되므로 주인의 소곤거리는 말도 다 듣게 된다는 말./**나그네 보내고 점심한다** : 말로만 대접하는체 하는 인색함을 이르는 말./**나그네 주인 쫓는 격** : 사리(事理)나 옳고 그름이 뒤바뀌었음을 이르는 말.

한자 **나그네 려**(旅)〔方部 6획〕¶여객(旅客)/여관(旅館)/여독(旅毒)/여수(旅愁)/여장(旅裝)/여정(旅程)

나그네-길 명 ①여행하는 길. ¶오랜 —에 지친 몸. ②여행을 떠나가고 있는 도중. ¶—에 잠시 고향에 들르다.

나그네-새 명 해마다 일정한 시기에, 번식 지역과 겨울을 나는 지역 사이를 옮아가는 도중에 어떤 지역에 한동안 머물다 가는 새.

▶ **우리 나라의 주요 나그네새**
꼬까참새/메추라기도요/물닭/새호리기/알락도요/제비갈매기/촉새/한국뜸부기/한국밭종다리/할미새사촌/흰물떼새/힝둥새

나근-거리다(대다) 자 좀 길고 가는 물체가 보드랍고 탄력 있게 자꾸 움직이다. ☞느근거리다

나근-나근 부 나근거리는 모양을 나타내는 말. ☞느근느근 ¶버드나무 가지가 — 바람에 흔들리다.

나긋-나긋[—귿—] 부 -하다 형 ①살갗에 닿는 느낌이 매우 연하고 부드러운 모양을 나타내는 말. ¶아기의 —한 살결. ②사람을 대하는 태도가 상냥하고 부드러운 모양을 나타내는 말. ¶— 대하다./—한 태도.

나긋나긋-이 부 나긋나긋하게

나긋-하다[—귿—] 형여 ①살갗에 닿는 느낌이 연하고 부드럽다. ②사람을 대하는 태도가 상냥하고 부드럽다.

나긋-이 부 나긋하게

×**-나기** 접미 →-내기

나깨 명 메밀가루를 체에 쳐 낸 무거리.

나깨-떡 명 나깨로 만든 개떡.

나깨-만두(—饅頭) 명 나깨로 빚은 만두.

나깨-수제비 명 나깨로 뜬 수제비.

×**나꾸다** 명 →낚다

나:-꾸러기 명 '나이배기'의 속된말.

나나니 명 구멍벌과의 곤충. 몸길이 2~2.5cm. 몸빛은 검고, 날개는 투명하며 조금 누른빛을 띰. 허리가 실같이 가늘어 '세요봉(細腰蜂)'이라 불리기도 함. 여름에 땅을 파서 집을 짓고 벌레를 잡아서 애벌레의 먹이로 삼음. 우리 나라와 일본 등지에 분포함. 나나니벌

나나니-등에 명 재니등엣과의 곤충. 몸길이 1.5cm 안팎으로 가늘고 긺. 몸빛은 검으나 배 부분은 누른빛임. 우리 나라와 일본 등지에 분포함.

나나니-벌 명 '나나니'의 딴이름.

나날 명 계속되는 하루하루. ¶행복한 —을 보내다.

나날-이 부 ①날마다 ¶— 빠짐없이 산책을 한다. ②날로 ¶증세가 — 좋아지고 있다.

나:농(懶農) 명 -하다 자 농사일을 게을리함. 태농(怠農) ☞근농(勤農)

나누기 명 어떤 수가 다른 수의 몇 배인가를 구하는 일. ☞곱하기. 더하기. 빼기

나누다 타 ①따로따로 되게 가르다. ¶두 구역으로 —./셋이 나누어 먹다. ②성질이나 종류에 따라 따로따로 구별하다. ¶남자와 여자로 —./동물과 식물로 —. ③자리를 같이하여 음식을 함께 먹다. ¶온 가족이 저녁을 —. ④서로 인사를 하거나 말을 주고받다. ¶인사를 —./대화를 —. ⑤즐거움이나 슬픔 따위를 함께 겪다. ¶슬픔을 함께 —. ⑥어떤 수가 다른 수의 몇 배인가를 구하다.

제하다 ¶100을 10으로 ―. ☞곱하다. 더하다[1] ⑦같은 혈통(血統)에서 태어나다. ¶피를 나눈 형제.

[한자] 나눌 배(配) 〔酉部 3획〕 ¶배급(配給)/배당(配當)
나눌 분(分) 〔刀部 2획〕 ¶분과(分科)/분당(分黨)/분류(分類)/분배(分配)/분할(分割)
나눌 할(割) 〔刀部 10획〕 ¶분할(分割)/할거(割據)

나누어-떨어지다 [자] 어떤 수를 딴 수로 나누었을 때, 몫이 정수(整數)가 되고 나머지가 없이 되다.

나누어-지다 [자] ①하나가 둘 또는 그 이상이 되다. ¶당(黨)이 세 파로 ―. ②서로 구별이 생기다. ¶의견이 여러 갈래로 ―. ③어떤 수가 몇 개의 똑같은 몫으로 갈라지다. 나누이다

나누이다 [자] 나누어지다 [준]나뉘다

나눗-셈 [명] 어떤 수가 다른 수의 몇 배인가를 구하는 셈. ☞곱셈. 덧셈. 뺄셈

나눗셈-법(―法)〔―뻡〕 [명] 어떤 수가 다른 수의 몇 배인가를 구하는 셈법. 제법(除法) ☞곱셈법. 덧셈법

나눗셈-표(―標) [명] 나눗셈을 나타내는 표인 '÷'의 이름. 제표(除標). 제호(除號) ☞곱셈표

나뉘다 [자] '나누이다'의 준말.

나뉨-수(―數)〔―쑤〕 [명] 피제수(被除數)

나닐다(나닐고·나니니) [자] 날며 오락가락하다. ¶유유히 나니는 두루미.

나다 [자] ①태어나다 ¶나자마자 걸어 다니는 송아지./시골에서 나서 자랐다./한 날에 난 친구. ②생겨서 나타나다. ¶싹이 ―./김이 ―./냄새가 ―./종기가 ―. ③물건이 생산되다. 산출되다 ¶쌀이 많이 나는 고장./석유가 나는 나라. ④인물이 배출(輩出)되다. ¶열녀가 난 집안./학자가 많이 난 고장. ⑤탈이 생기다. ¶수해가 ―./화재가 ―./배탈이 ―. ⑥생각·마음·감정에 어떤 움직임이 일다. ¶화가 ―./기억이 ―./신이 ―. ⑦좋은 결과가 나타나다. ¶효과가 나기 시작하다. ⑧다른 모양으로 바뀌다. ¶동강이 ―./산산조각이 ―./구멍이 ―./자국이 ―. ⑨결말이 지어지다. ¶끝장이 ―./해결이 ―./결정이 ―. ⑩명령이 내리거나 공표(公表)가 되다. ¶발령이 ―./발표가 ―. ⑪알려지다. 유명해지다 ¶소문이 ―./이름이 ―./탄로가 ―. ⑫여분이나 여유가 생기다. ¶곧 자리가 날 것 같다./시간이 ―./일손이 ―. ⑬신문이나 잡지 등에 실리다. ¶신문에 난 사건. ⑭몹시 놀라 정신이 빠지다. ¶혼이 ―. ⑮어떤 나이에 이르다. ¶다섯 살 난 딸. ⑯길이나 문 따위가 어느 방향으로 트이다. ¶서쪽으로 난 문./숲 쪽으로 길이 나 있다. ⑰인물 따위가 뛰어나게 드러나다. ¶그 고장에서는 난 사람이다. ⑱〔타동사처럼 쓰임〕 ㉠어떤 기간이나 어떤 철을 지내다. ¶삼년상(三年喪)을 ―./겨울을 ―. ㉡딴살림을 차리다. ¶따로 살림을 ―.
[조동] 〔본용언(本用言) 다음에 쓰이어〕 ①어떤 움직임이 이어지고 있음을 나타냄. ¶가지가 벋어 ―./새싹이 돋아 ―. ②어떤 움직임이 끝났음을 나타냄. ¶일을 겪고 ―./일을 마치고 나니 밤은 이미 깊었다.
[속담] **난 거지 든 부자**(富者) : 겉으로는 가난해 보이지만 실속은 부자인 사람을 이르는 말./**난 부자 든 거지** : 겉으로는 부자처럼 보이나 실속은 거지와 같은 사람을 이르는 말.

[한자] 날 생(生) 〔生部〕 ¶생가(生家)/생년(生年)/생일(生日)/출생(出生)/탄생(誕生)/태생(胎生)
날 출(出) 〔凵部 3획〕 ¶산출(產出)/출생(出生)

나-다니다 [자] 밖으로 나가 이곳 저곳 다니다. ¶밤늦게까지 ―. ☞돌아다니다

나다분-하다 [형여] ①갈피를 잡을 수 없이 지저분하다. ¶잡동사니가 나다분하게 널려 있다. ②듣기 싫게 수다스럽고 따분하다. ☞너더분하다
나다분-히 [부] 나다분하게

나닥-나닥 [부]-하다[형] 해지거나 터진 자리를 여기저기 깁거나 덧대어 보기 흉한 모양을 나타내는 말. ¶― 기운 옷. ☞너덕너덕. 노닥노닥[2]

나단(羅緞) [명] 주란사로 짠 비단.

나-단:조(―短調)〔―쪼〕 [명] '나' 음을 으뜸음으로 하는 단조. 비단조 ☞나장조

나달[1] [명] 날과 달. 세월(歲月) ¶―이 가는 줄도 모르고 일에 파묻혀 지내다.

나달[2] [명] 나흘이나 닷새쯤. 네댓새 ¶― 있으면 오겠지.

나달-거리다(대다) [자] ①작은 천이나 종이 따위가 지저분하게 드리워져 가볍게 흔들거리다. ¶헝겊 조각이 ―. ②주책없이 까불며 입을 나불거리다. ¶쓸데없이 ―. ☞나탈거리다. 너덜거리다

나달-나달 [부] 나달거리는 모양을 나타내는 말. ☞나탈나탈. 너덜너덜

나달나달-하다 [형여] 천이나 종이 따위가 지저분하게 드리워져 있다. ¶해어져 나달나달한 옷. ☞나탈나탈하다. 너덜너덜하다

나-대:다 [자] ①가만히 있지 못하고 까불거리며 나다니다. ②나부대다 ¶나대지 말고 얌전히 있어라.

나-대:반(羅大盤) [명] 전라 남도 나주(羅州)의 특산물인 큰 소반. ☞나주반(羅州盤)

나-대:접(―待接) [명] '나이 대접'의 준말.

나:-대지(裸垈地) [명] 빈 집터.

나:도(糯稻) [명] '찰벼'의 딴이름.

나도-박달 [명] 단풍나뭇과의 낙엽 활엽 교목. 잎은 마주나는데, 잎자루가 길고 세 개의 작은 잎 끝 부분에 큰 톱니가 있음. 5월경에 피는 꽃은 잡성화(雜性花)이며, 가지 끝에 세 송이씩 산방(繖房) 꽃차례로 핌. 전라 북도와 경상 북도 이북의 숲 속에서 자라며, 가구재(家具材)로 많이 쓰임.

나도-밤:나무 [명] 나도밤나뭇과의 낙엽 활엽 교목. 높이 10m 안팎. 잎은 길둥글고 양면에 털이 나 있으며, 둘레에 예리한 톱니가 있음. 여름에 흰 잔 꽃이 원뿔 모양으로 핌. 열매는 9월경에 붉게 익음. 우리 나라에서는 황해도 이남의 산지에서 자람.

나도-옥잠화(―玉簪花) [명] '제비옥잠화'의 딴이름.

나-돌다(―돌고·―도니) [자] ①'나돌아다니다'의 준말. ②소문 따위가 널리 퍼지다. ¶괴상한 소문이 나돌고 있다. ③물건 따위가 여기저기 눈에 띄다. ¶신형 자동차가 ―./가짜가 ―./위조 지폐가 나돌고 있다.

나-돌아다니다 [자] 집을 나가 여기저기 돌아다니다. [준]나돌다

나-동그라지다 [자] '나가동그라지다'의 준말. ☞나둥그러지다

나-둥그러지다 [자] '나가둥그러지다'의 준말. ☞나동그라지다

나-뒤쳐지다 [자] 세차게 뒤집혀지다. ¶폭풍에 배가 ―.

나-뒹굴다(―뒹굴고·―뒹구니) [자] ①이리저리 마구 뒹굴다. ¶바람에 나뒹구는 가랑잎. ②여기저기 어지럽게 널려 있다. ¶잡동사니가 창고 안에 나뒹굴고 있다.

나-들다(―들고·―드니) [자] '드나들다'의 준말. ¶이 집 저 집 나들며 소문을 퍼뜨리다.

나들이 [명]-하다[자] ①잠시 집을 나와서 비교적 가까운 곳에 가거나 오는 일. ¶명절 ―/친정 ―/휴일 ― ②드나드는 일. 출입(出入) ¶젊은이들의 ―가 많은 당구장.

나들이-고누 [명] 열두밭고누에서, 말이 나며 들며 고누가 되는 일.

나들이-옷 [명] 나들이할 때 입는 옷. 외출복(外出服). 출입복(出入服). 출입옷

나들잇-벌 [명] 나들이에 입는 옷이나 신는 신. 난벌

나:-떡 [명] '나이떡'의 준말.

나라 [명] ①사람들이 모여 주권(主權)을 가지고 살아가는 일정한 땅, 또는 그것을 다스리는 기구. 국가(國家) ¶우리 ― 좋은 ―./― 안 소식. ②그 단어가 뜻하는, 어떤 가상(假想)의 세계를 이르는 말. ¶상상의 ―./신비의 ―./동화의 ―.
[속담] **나라가 없어 진상(進上)하나** : 나랏님에게 없는 것이 있어서 백성들이 진상품을 올리는 것이 아니라는 뜻

으로, 남에게 무엇을 주려고 할 때, 자기에게도 있다면서 사양하는 경우에 굳이 받으라고 하며 이르는 말. /**나라 상감님도 늙은이 대접은 한다** : 누구나 노인을 공경해야 함을 이르는 말.

한자 **나라 국**(國)〔口部 8획〕¶ 국가(國家)/국경(國境)/국기(國旗)/국민(國民) ▷ 속자는 国
나라 방(邦)〔邑部 4획〕¶ 맹방(盟邦)/우방(友邦)
나라 한(韓)〔韋部 8획〕¶ 한국(韓國)/한반도(韓半島)/한복(韓服)/한식(韓食)/한옥(韓屋)/한지(韓紙)

나라=글자[-짜] 명 국자(國字)
나라-꽃 명 국화(國花)
나라-말 명 국어(國語)[1]
나라미 명 물고기의 가슴지느러미를 흔히 이르는 말.
나라-지다 자 지쳐서 맥이 풀리고 몸이 나른하여지다. ☞늘어지다
나라타:주(narratage 프) 명 영화나 연극 등에서, 주인공이나 해설자가 과거의 일을 이야기하면서 거기에 맞추어 화면을 구성해 나가는 기법(技法).
×나락 명 →벼
나락(奈落·那落 ∠Naraka 범) 명 ①불교에서, 지옥 또는 지옥에 떨어지는 일을 이르는 말. ②도저히 빠져나올 수 없는 절망적인 상황을 비유하여 이르는 말. ¶ -에 떨어지다.
나란-하다 형여 늘어서 있는 모양이 들쑥날쑥하지 않고 가지런하다.
나란-히 부 나란하게 ¶ 책장에 책들이 - 꽂혀 있다.

한자 **나란히 병**(竝)〔立部 5획〕¶ 병렬(竝列)/병립(竝立)/병행(竝行) ▷ 竝과 並은 동자

나란히-고래 명 가지런히 줄지어 놓인 방고래.
나란히-꼴 명 평행 사변형(平行四邊形)
나란히-맥(-脈) 명 벼과·백합과 등 외떡잎 식물의 잎맥. 몇 가닥의 곧은 맥이 갈라지지 않고 나란히 뻗어 잎의 끝에서 합쳐짐. 병행맥(竝行脈). 평행맥(平行脈)
나랏-님 명 임금
나랏-돈 명 국고금(國庫金)
나랏-무:당 명 국무당
나랏-일[-닐] 명 나라에서 계획하고 진행하는 일, 또는 나라의 이해(利害)에 관계되는 일. 국사(國事)
나래[1] 명 논밭을 반반하게 고르는 데 쓰는, 써레 비슷한 농기구. 써레의 발 대신 넓적한 널빤지를 대어 흙덩이를 밀어붙이도록 만들었음.
나래[2] 명 배를 젓는 데 쓰는 노 비슷한 기구. 노보다 짧으며, 두 개를 배의 양쪽에서 젓게 되어 있음.
×나래[3] 명 →날개
나:래(拿來) 명 -하다 타 나치(拿致)
나래-꾼 명 나래질을 하는 사람.
나래-질 명 -하다 타 나래로 논밭을 반반하게 고르는 일. ☞써레질
나래-회나무 명 노박덩굴과의 낙엽 활엽 관목. 잎은 길둥글고, 둘레가 톱니 모양이며 마주 남. 여름에 푸른빛의 잔 꽃이 잎겨드랑이에 취산(聚繖) 꽃차례로 피고, 가을에 익는 열매는 붉은 갈색임. 우리 나라 각처의 산기슭에서 자라며, 정원수로도 심음.
나력(瘰癧) 명 한방에서, 임파선에 생기는 만성의 종창(腫脹)을 이르는 말. 목·귀 언저리·겨드랑이 등에 단단한 멍울이 생겨 쉽게 삭지 아니함.
나:례(儺禮) 명 지난날, 음력 섣달 그믐날 밤에 궁중이나 민가에서 베풀던, 잡귀(雜鬼)를 쫓는 의식. 나의(儺儀)
나:례-가(儺禮歌) 명 지난날, 나례 때 무당이 부르던 노래.
나루 명 강이나 좁은 바다 물목에서, 배가 들어와 닿거나 떠나는 일정한 곳. 강구(江口). 도진(渡津)
속담 **나루 건너 배 타기** : 나루를 건넌 후에 배를 탈 필요는 없는 것이니, 무슨 일에나 차례가 있어 건너뛰어서는 안 된다는 말. 〔내 건너 배 타기〕

한자 **나루 진**(津)〔水部 6획〕¶ 진도(津渡)/진두(津頭)/진선(津船)/진인(津人)

나루-지기 명 '나루터지기'의 준말.
나루-질 명 -하다 자 나룻배를 부리는 일.
나루-채 명 써레몽둥이 양쪽에 앞으로 뻗쳐 나오도록 박은 나무. 여기에 봇줄을 맴.
나루-치 명 지난날, 나루에서 배를 부리던 사람을 얕잡아 이르던 말.
나루-터 명 나룻배를 대어 사람을 태우거나 내리게 하는 곳. 도선장(渡船場)
나루터-지기 명 나루터를 지키는 사람. 준 나루지기
나루-턱 명 나룻배를 대는 일정한 곳.
나룻 명 수염(鬚髥)
속담 **나룻이 석 자라도 먹어야 샌님** : 누구나 먹지 않고서는 어떤 일도 할 수 없다는 말. 〔수염이 대 자라도 먹어야 양반〕
나룻-가 명 나루에 가까운 곳.
나룻-목 명 나룻배가 건너 다니는 물목.
나룻-배 명 사람을 태우거나 물건을 싣고 나루와 나루 사이를 건너 다니는 배. 도선(渡船). 진선(津船)
나르다(나르고·날라) 타르 사람이나 물건을 싣거나 들어 다른 곳으로 옮기다. ¶ 승객을 -. /짐을 -.
나르시스(Narcisse 프) 명 그리스 신화에 나오는 미소년(美少年). 물 위에 비친 자신의 아름다운 모습에 반하여 애를 태운 나머지 물에 빠져 죽어 수선화가 되었다 함.
나르시시스트(narcissist) 명 자기 도취형(陶醉形)의 사람. 자부심이 강한 사람.
나르시시즘(narcissism) 명 자기를 사랑의 대상으로 하여 그것에 도취(陶醉)하는 일. 그리스 신화의 나르시스의 이야기에서 유래한 말. 자기애(自己愛)
나른-하다 형여 ①노곤하고 힘이 없다. 날연하다 ②천 따위가 매우 보드랍다. ☞느른하다
나른-히 부 나른하게
나름 의 ①일부 명사 뒤에 쓰이어, 그것이 누구며, 또 어떤 것이냐에 달렸음을 뜻하는 말. ¶ 사람 -이다. /물건 - ②동사의 명사형이나 관형사형 어미 '-ㄹ' 뒤에 쓰이어, 어떻게 하기에 달렸음을 뜻하는 말. ¶ 보기 -/생각할 -. ③'나름으로'·'나름의' 등으로 쓰이어, 각각의 방식이나 속셈 따위를 뜻하는 말. ¶ 내 -으로는 하는 데까지 했다. /자기 -의 생각.
나릅 명 말이나 소, 개 따위의 네 살을 이르는 말. ☞다습
나릇 명 수레의 양쪽에 달린 긴 채.
나릇-걸이[-름-] 명 멍에의 양끝에 있는, 나릇을 거는 부분.
나리[1] 명 ①백합(百合) ②'참나리'의 준말.
나:리[2] 명 지난날, ①아랫사람이 당하관(堂下官)을 높여 부르던 말. ②신하가 왕자(王子)를 높여 부르던 말. ③아랫사람이 지체 높은 사람을 높여 부르던 말. ④하인(下人)이 제 바깥주인을 높여 부르던 말.
나리-꽃 명 나리의 꽃. 백합화(百合花)
×나리다 자 →내리다
나:리-마님 명 지난날, 하인(下人)이 '나리'를 높여 일컫던 말.
나립(羅立) 명 -하다 자 줄을 지어 늘어섬.
나릿-나릿[-릳-] 부 -하다 형 ①몸놀림이 좀 느린 모양을 나타내는 말. ¶ 움직임이 -하기는 하나 일손은 야무지다. ②꼬임이나 짜임이 나슨하거나 살핏한 모양을 나타내는 말. ¶ 새끼를 - 꼬다. ☞느릿느릿
나:마(奈麻) 명 신라의 17관등 중 열한째 등급. ☞대사(大舍)
나:마(裸馬) 명 안장을 얹지 않은 말.
나마(羅摩) 명 '박주가리'의 딴이름.
-나마 어미 받침 없는 어간이나 '이다'의 '이-'에 붙어, 넉넉하지 못한 조건임을 나타내는 연결 어미. ¶ 가지는 못하나마 편지는 해야지. /간단하나마 이것으로 대신합니다. /마음씨는 고사하고 인정이나마 있었으면 좋으련만. /이것이나마 받으시오. ☞-으나마
나마-교(喇嘛教) 명 라마교

나마-승(喇嘛僧)명 라마승
나마-자(蘿摩子)명 박주가리 열매의 씨. 한방에서 강장제로 씀. 새박
나막-신 명 나무를 깎고 파서 앞뒤로 굽을 달아 만든, 주로 진 땅에서 신는 신. 목리(木履). 목혜(木鞋)
속담 **나막신 신고 대동선(大同船)을 쫓아간다**: 걷기에도 불편한 나막신을 신고 속도가 빠른 대동선을 쫓아간다는 뜻으로, 어림도 없는 일을 하겠다고 나서는 이를 놀리는 말.
나:맥(裸麥)명 '쌀보리'의 딴이름.
나머지 명 ①어떤 수량에 차고 남은 부분. 여분(餘分) ¶가마니에 가득 채우고도 ─가 있다. ②어떤 수량에서 얼마를 빼고 남은 부분. ¶20명에서 15명은 합격하고 ─는 떨어졌다. ③관형사형 어미 '-ㄴ'·'-은'·'-던' 다음에 쓰이어, '결국에'·'끝에'·'한도에 이르러' 등의 뜻을 나타내는 말. ¶격분한 ─./놀란 ─./고민하던 ─.
나:면(懶眠)명-하다자 게으름을 피우고 잠만 잠. 타면(惰眠)
나:목(裸木)명 잎이 다 지고 가지만 남은 나무.
나무 명 ①목부(木部)가 발달한 여러해살이의 땅위줄기를 가진 식물. 줄기의 높이에 따라 관목(灌木)과 교목(喬木)으로, 잎의 모양에 따라 활엽수(闊葉樹)와 침엽수(針葉樹)로, 겨울에도 푸른 채로 있는 상록수(常綠樹)와 잎이 떨어지는 낙엽수(落葉樹)로 나뉨. 목본(木本) ②건축이나 가구 따위의 재료로 쓰기 위하여 가공한 재목(材木). 목재(木材) ¶─ 의자 ③'땔나무'의 준말. ¶─를 하러 가다. ☞풀
속담 **나무는 큰 나무 덕을 못 보아도 사람은 큰 사람의 덕을 본다**: 큰 나무 곁에 있는 작은 나무는 자라는 데 지장을 받지만, 사람은 훌륭한 사람 가까이에 있으면 여러 가지로 좋은 영향을 받는다는 말.〔수양산(首陽山) 그늘이 강동(江東) 팔십 리를 간다/금강산 그늘이 관동(關東) 팔십 리〕/**나무도 쓸만 한 건 먼저 베인다**: 앞날이 기대되는 유망한 인물이 흔히 일찍 죽음을 비유하여 이르는 말./**나무에 오르라 하고 흔드는 격**: 남을 꾀어서 불행한 처지에 몰아넣는 경우를 이르는 말./**나무에 잘 오르는 놈이 떨어지고, 헤엄 잘 치는 놈이 빠져 죽는다**: 사람은 흔히 자기가 가진 재주를 믿는 나머지 실수도 하고 죽기도 한다는 말.〔잘 헤는 놈 빠져 죽고, 잘 오르는 놈 떨어져 죽는다/헤엄 잘 치는 놈 물에 빠져 죽고, 나무에 잘 오르는 놈 나무에서 떨어져 죽는다〕

한자 **나무 목**(木)〔木部〕¶고목(古木)/목기(木器)/목재(木材)/목조(木造)/목침(木枕)
나무 수(樹)〔木部 12획〕¶과수(果樹)/수림(樹林)/수목(樹木)/수종(樹種)/식수(植樹)

나무(∠南無. Namas 범)앞말 불교에서, 부처나 보살에게 돌아가 의지한다는 뜻으로, 부처나 보살의 이름 앞에 붙이어 절대적인 믿음을 뜻하는 말. ¶─관세음보살/─아미타불/─석가모니불
나무-거울 명 겉모양은 그럴듯하나 실제로는 아무 데도 소용이 되지 아니하는 사람이나 물건을 비유하여 이르는 말.
나무-거죽 명 나무겉
나무-겉 명 널빤지 따위의 양쪽 면 중의 껍질 쪽에 가까운 면. 나무거죽 ☞ 나무속
나무-공이 명 절구에 넣은 곡식을 찧는 데 쓰는, 나무로 만든 공이.
나무-괭이 명 나무로 만든 괭이.
속담 **나무괭이 등 맞춘 것 같다**: 서로 맞지 않아 대립되어 있다는 말.〔남생이 등 맞추듯〕
나무-굼:벵이 명 하늘솟과에 딸린 곤충의 애벌레를 통틀어 이르는 말. 구절충(九節蟲)
나무-귀:신(─鬼神)명 민속에서, 나무에 깃들여 있다고 믿는 신령(神靈). 목신(木神) ☞물귀신
나무-깽이 명 나뭇가지의 짤막한 토막.
나무-껍질 명 나무의 줄기나 가지의 맨 거죽을 이루는 조직. 목피(木皮). 수피(樹皮)
나무-꾼 명 땔나무를 하는 사람. 초부(樵夫)
나무-눈 명 나무에서 어린 싹이 트는 자리, 또는 그 싹.
나무-늘보 명 나무늘봇과에 딸린 포유동물. 남아메리카의 브라질 등 열대 밀림 지역의 나무 위에서 삶. 몸길이 60cm 안팎. 원숭이와 비슷하며, 온몸이 회갈색의 긴 털에 싸여 있음. 야행성이며 동작이 느림. 발끝에 있는 갈고리 발톱을 나뭇가지에 걸고 매달림.
나무-다리[1] 명 나무로 만들어 놓은 다리. 목교(木橋)
나무-다리[2] 명 잘라 낸 다리 대신으로 쓰기 위한, 나무로 만든 다리 모양의 기구. 목다리 ☞의족(義足)
나무-달굿대 명 나무로 만든 달굿대. 목저(木杵)
나무-딸:기 명 ①장미과의 낙엽 활엽 관목. 산과 들에 나는데 멍석딸기와 비슷하며, 줄기에는 가시가 빽빽이 나 있음. 5~6월에 흰 다섯잎 꽃이 피고, 7월경에 열매가 검붉게 익는데 먹을 수 있음. ②딸기나무에서 여는 열매를 통틀어 이르는 말.
나무-때기 명 조그만 나뭇조각.
속담 **나무때기 시집보낸 것 같다**: 사람됨이 변변하지 않고 미련해서, 무엇 하나 제대로 하지 못한다는 말.
나무라다 타 ①잘못에 대하여 알아듣도록 꾸짖어 말하다. ¶조용히 ─./심하게 ─. ②흠을 잡아 나쁘게 말하다. ¶글씨 못 쓰는 것을 ─.
나무람 명-하다타 나무라는 말. 나무라는 일.
나무람을 타다 관용 나무람을 듣고 유난히 부끄러워하거나 언짢아하다. ¶유난히 나무람을 잘 타는 아이.
×**나무래다** 타 →나무라다
나무-말미 명 장마 중에 날이 잠깐 든, 풋나무를 말릴만한 겨를. ☞빨래말미
나무-모 명 모종할 어린 나무. 모나무. 묘목(苗木)
나무모-밭 명 나무모를 심어 가꾸는 밭.
나무-목(─木)명 한자 부수(部首)의 한 가지. '校'·'札' 등에서 '木'의 이름.
나무-못 명 나무를 깎아서 만든 못. 목정(木釘) ☞쇠못
나무-발바리 명 나무발바릿과의 새. 날개 길이 7cm 안팎. 등은 옅은 회갈색에 희읍스름한 세로무늬가 있고, 허리와 꽁무니는 옅은 갈색을 띰. 텃새이고, 해충(害蟲)을 잡아먹는 익조임.
나무-배 명 나무로 만든 배. 목선(木船)
나무-부처 명 나무를 깎아 만든 불상. 목불(木佛)
나무-뿌리 명 나무의 뿌리. 목근(木根)
나무-삼(∠南無三)명 '나무삼보'의 준말.
나무-삼보(∠南無三寶)명 ①불교에서, 불보(佛寶)·법보(法寶)·승보(僧寶)의 삼보(三寶)에 귀의(歸依)하는 일. ②삼보(三寶)에 귀의한다는 뜻으로, 부처의 가호(加護)를 빌 때 외는 말. 준나무삼
나무=상자(─箱子)명 나무로 만든 상자. 목상자(木箱子)
나무-새[1] 명 ①여러 가지 땔나무를 통틀어 이르는 말. ②나무숲
×**나무새**[2] 명 →남새
나무-새앙쥐 명 들쥐의 한 종류. 우리 나라 특산종임. 몸길이 9cm 안팎으로 작으며, 몸빛은 회흑색임. 나무를 잘 타고 헤엄을 잘 침.
나무-속 명 ①나무를 가로로 잘랐을 때, 그 자른 면의 중심부에 있는 연한 부분. ②널빤지 따위의 양쪽 면(面) 중, 나무의 중심에 가까운 면. ☞나무겉
나무-숲 명 나무가 우거진 곳. 나무새
×**나무-신** 명 →나막신
나무-아미타불(∠南無阿彌陀佛)명 ①불교에서, 아미타불에 귀의(歸依)한다는 뜻으로, 염불할 때 하는 소리. ②공들여 해 놓은 일이 아무 소용 없이 됨을 이르는 말. ¶십 년 공부 ─.
나무-잔(─盞)명 나무를 깎아서 만든 잔. 목배(木杯)
나무-장 명 지난날, 땔나무를 팔고 사고 하던 시장. 시장(柴場)
나무-장수 명 땔나무를 파는 일을 직업으로 삼는 사람.
나무-접시 명 나무로 만든 접시.
속담 **나무접시 놋접시 될까**: 나무접시가 놋접시로 변할

리 없다는 뜻으로, 아무리 하여도 잘 될 수 없는 일이나 훌륭히 될 수 없는 사람을 두고 하는 말.

나무-젓가락 명 나무를 깎아서 만든 젓가락. 목저(木箸). 목젓가락

나무-좀 명 나무에 붙어서 나무를 파먹는 나무굼벵이나 가구좀 따위를 통틀어 이르는 말.

나무-주걱 명 나무를 깎아서 만든 주걱.

나무-주추(∠-柱礎) 명 나무로 만든 주추. 목주초

나무-줄기 명 나무의 뿌리 위로 벋은, 가지를 치게 되는 굵고 긴 부분.

나무-지저귀 명 무엇을 만들기 위하여 나무를 깎을 때 생기는 나무 부스러기.

나무-진(-津) 명 나무껍질에 상처를 내었을 때 스며 나오는 끈끈한 액체.

나무-진디 명 나무진딧과의 곤충을 통틀어 이르는 말. 생김새가 매미와 비슷하나, 몸길이 1~4mm의 작은 날벌레로, 각종 식물의 줄기나 잎에 붙어서 진을 빨아먹는 해충임. 나무의 종류에 따라 많은 종류가 있음. 목슬(木蝨)

나무-집[1] 명 나무로 지은 집.

나무-집[2] 명 물부리·대통·물미 따위에, 설대나 나무가 들어가 끼이는 부분.

나무-집게 명 나무로 만든 집게. 화학 실험용 기구 따위로 쓰임.

나무-쪽 명 쪼개진 나무의 조각.

나무-칼 명 나무를 깎아 만든 칼. 목칼

속담 **나무칼로 귀를 베어도 모르겠다**: 무슨 일에 푹 빠져 다른 일은 무엇이 어찌 되든 정신을 쏠 겨를이 없는 상태임을 이르는 말.

나무=타:르(-tar) 명 나무를 건류(乾溜)하여 만드는 흑갈색의 끈끈한 액체. 분류(分溜)하여 용제(溶劑)·연료·방부제 등으로 이용함. 목타르

나무-토막 명 부러지거나 잘려진 나무의 토막.

나무-통(-桶) 명 나무로 만든 통. 목통(木桶)

나무-판자(-板子) 명 나무를 세로로 판판하게 켜 낸 큰 조각. 널빤지

나무-하다 자여 산이나 들에 가서 땔나무를 장만하다.

나:문(拿問) 명 -하다 타 죄인을 잡아다가 신문(訊問)하는 일. ☞사문(査問)

나문-재 명 명아줏과의 한해살이풀. 바닷가의 모래땅에서 자람. 줄기 높이는 1m 안팎으로 곧게 벋어 가지를 많이 치며, 좁고 긴 잎이 무더기로 남. 여름에 녹황색의 잔꽃이 가지 끝에 핌. 어린잎과 싹은 나물로 먹음.

나물 명 ①사람이 반찬으로 먹을 수 있는 들풀이나 나무순, 또는 먹기 위해 기른 채소 따위를 통틀어 이르는 말. 고사리·비름·콩나물 따위. ②사람이 먹을 수 있는 들풀이나 나무순, 채소 따위를 삶거나 볶거나 또는 날것으로 양념하여 무친 반찬. 숙주나물·호박나물 따위.

한자 **나물 소**(蔬) 〔艸部 11획〕 ¶소사(蔬食)/채소(菜蔬)
나물 채(菜) 〔艸部 8획〕 ¶소채(蔬菜)/채농(菜農)/채마(菜麻)/채식(菜食)/채전(菜田)/채종(菜種)

나물-국[-꾹] 명 나물을 넣고 끓인 국.

나물-꾼 명 나물을 뜯거나 캐러 다니는 사람.

나물-만두(-饅頭) 명 만두의 한 가지. 채소만으로 만든 소를 넣어 빚은 만두. 소만두(素饅頭)

나물-밥 명 나물을 넣어서 지은 밥.

나뭇-가지 명 나무의 줄기에서 뻗어 나가는 가지.

나뭇-간(-間) 명 땔나무를 쌓아 두는 곳간.

나뭇-갓 명 나무를 가꾸는 말림갓. 시장(柴場)

나뭇-개비 명 가늘고 기름하게 쪼갠 나무의 조각.

나뭇-결 명 목재의 단면(斷面)에 나이테로 말미암아 생기는 무늬. 목리(木理). 목성(木性)

나뭇-고갱이 명 나무줄기 한가운데 있는 좀 연한 부분. 목심(木心). 심(心)

나뭇-광 명 땔나무를 쌓아 두는 광.

×**나뭇-군** 명 →나무꾼

나뭇-길 명 나무꾼들이 나무를 하러 다니는 좁은 산길. 초경(樵逕). 초로(樵路)

나뭇-단 명 단으로 묶어 놓은 땔나무.

나뭇-더미 명 나무를 차곡차곡 쌓아 놓은 더미.

나뭇-동 명 나무를 큼직하게 묶어 놓은 덩이.

나뭇-등걸 명 나무의 줄기를 베고 난 그루터기. 등걸 ¶-에 걸터앉아 쉬다.

나뭇-바리 명 마소의 등에 잔뜩 실은 나뭇짐.

나뭇-잎[-닙] 명 나무의 줄기나 가지에 난 잎.

나뭇-재 명 나무가 불에 타고 남은 재. 목회(木灰)

나뭇-조각 명 나무를 작게 쪼갠 조각. 목편(木片)

나뭇-짐 명 사람이 지거나 소에 싣거나 한, 땔나무의 짐.

나:미(糯米) 명 찹쌀 ☞경미(粳米)

나:미-반(糯米飯) 명 찹쌀밥

나박-김치 명 김치의 한 가지. 배추와 무를 얄팍하고 네모지게 썰어 소금에 살짝 절인 다음, 고추·파·마늘·미나리 따위를 섞어 넣고 국물을 부어 담근 김치.

나박김치-냉:면(-冷麵) 명 차게 한 나박김치 국물에 삶아 건진 메밀 국수를 만 음식. ☞동치미냉면

나발(∠喇叭·囉叭) 명 ①국악기 금부(金部) 관악기의 한 가지. 놋쇠로 만들어졌고 부는 쪽이 빨고 끝이 퍼진 긴 대롱처럼 생겼음. 주로 농악이나 대취타 등에 쓰임. ②선택형 연결 어미 '-(이)고'·'-(이)건' 따위의 다음에 쓰이어, 앞의 말을 아주 무시하거나 얕잡아 이르는 말. ¶여행이고 -이고 다 귀찮다./미인이건 -이건 아무 관심 없다.

나발(을) 불다 관용 ①허풍을 떨다. ②객쩍거나 당치도 아니한 말을 함부로 떠벌이다.

×**나발-꽃** 명 →나팔꽃

나발-대(∠喇叭-)[-때] 명 ①나발의 몸체. ②돼지의 입과 코가 달린 부리.

나발-수(∠喇叭手) 명 지난날, 군중(軍中)에서 나발을 부는 일을 맡던 군졸(軍卒).

나방 명 나비목(目)에 딸린 곤충 중에 나비 이외의 무리를 통틀어 이르는 말. 모양이나 크기가 나비와 비슷하나 몸이 통통하며 날개가 비교적 좁고 날개를 편 채 앉으며, 밤에 활동함. 완전 변태(完全變態)하며, 애벌레는 누에와 같은 익충(益蟲)도 있으나, 농작물을 갉아먹는 해충(害蟲)이 많음. 나방이

나방-이 명 나방

나배(螺杯) 명 소라 껍데기로 만든 술잔.

나배(羅拜) 명 -하다 자 여럿이 늘어서서 함께 절을 함.

나-배기 명 '나이배기'의 준말.

나뱃뱃-하다[-밷밷-] 형여 얼굴이 나부죽하고 덕성스럽다. ¶나뱃뱃한 얼굴. ☞너벳벳하다

나뱃뱃-이 부 나뱃뱃하게 ☞너벳벳이

나번득-이다[-뜩-] 자 젠체하고 여기저기 참견하며 다니다. ¶다시는 세상에 나번득일 생각을 못하였다.

나:변(那邊) '어디'의 뜻. ¶그 까닭은 -에 있는가?

나볏-하다[-볃-] 형여 몸가짐이 반듯하고 의젓하다. ¶외동딸을 나볏하게 키우다. ☞너볏하다

나볏-이 부 나볏하게 ☞너볏이

나:병(癩病) 명 나균(癩菌)에 감염되어 생기는 만성(慢性) 전염병. 주로 얼굴이나 손발의 말초 신경이나 피부·눈에 침입하여 얼굴과 손발의 변형, 피부의 지각 마비, 시각 장애, 탈모 등의 증세를 보임. 대풍창(大風瘡). 문둥병. 천형병(天刑病). 한센병

나병(邏兵) 명 조선 시대, 포도청에 딸려 순라(巡邏)하던 병졸. 나졸(邏卒)

나:-병:원(癩病院) 명 나환자를 전문으로 치료하는 병원.

나:병-자(癩病者) 명 나환자(癩患者)

나복(蘿蔔) 명 '무'의 딴이름.

나복-자(蘿蔔子) 명 한방에서, '무씨'를 약재로 이르는 말. 건위제(健胃劑)나 기침·가래 따위에 쓰임.

나복자-유(蘿蔔子油) 명 무의 씨에서 짠 기름.

나:부(裸婦) 명 벌거벗은 여자.

나:부(懦夫) 명 ①겁이 많은 사내. 겁부(怯夫) ②게으른 남자.

나부끼다 자 ①얇고 가벼운 것이 바람에 흔들려 움직이다. ¶태극기가 바람에 -. ②〔타동사처럼 쓰임〕 흔들려 움직이게 하다. ¶갈기를 나부끼며 달려가는 사자.

나부-대:다 자 가만히 있지 못하고 철없이 까불거나 부스대다. 나대다 ¶등에 업혀서 자꾸 나부대는 젖먹이.

나부대대-하다 형여 얼굴이 동그스름하고 나부죽하다. 준 납대대하다 ☞너부데데하다

나부라-지다 자 나부죽이 바닥에 까부라져 늘어지다. ☞너부러지다

나부랑납작-하다 형여 평평하게 퍼진듯이 납작하다. ☞너부렁넓적하다

나부랑납작-이 부 나부랑납작하게 ☞너부렁넓적이

나부랭이 명 ①실·종이·헝겊·지푸라기 따위의 자질구레한 오라기. ¶종이 - ②어떤 사람이나 물건을 하찮게 여기어 이르는 말. ¶그릇 - ☞너부렁이

나부시 부 ①고개를 다소곳이 숙이어 찬찬히 절을 하는 모양을 나타내는 말. ¶부모님께 - 절을 올리다. ②작고 가벼운 물체가 찬찬히 바닥에 내려앉는 모양을 나타내는 말. ¶연이 - 내려앉다. ☞너부시

나부죽-이 부 ①나부죽하게 ②윗몸을 찬찬히 숙이며 바닥에 가깝게 엎드리는 모양을 나타내는 말. ¶새색시가 - 절을 한다. ☞너부죽이

나부죽-하다 형여 작은 것이 좀 넓은듯 하다. ¶나부죽하게 생긴 얼굴. ☞너부죽하다

나분-하다 형여 날고 있는 높이가 나직하다.

나분-히 부 나분하게

나불-거리다(대다) 자타 ①얇은 천이나 종이 따위가 바람에 부드럽게 나부끼다, 또는 그리 되게 하다. ② 입을 방정맞게 놀리다. ☞나풀거리다. 너불거리다

나불-나불 부 나불거리는 모양을 나타내는 말. ☞나풀나풀. 너불너불

나붓-거리다(대다)[-붇-] 자 얇고 가벼운 물체가 나부끼다. ☞너붓거리다

나붓-나붓[-붇-] 부 나붓거리는 모양을 나타내는 말. ☞너붓너붓

나붓-하다[-붇-] 형여 좀 나부죽하다. ☞너붓하다

나붓-이 부 나붓하게 ☞너붓이

나-붙다[-붇-] 자 눈에 잘 띄는 곳에 붙다. ¶합격자 발표가 게시판에 -.

나비[1] 명 나비목(目)에 딸린 곤충 중에 낮에 활동하는 무리를 통틀어 이르는 말. 몸은 대체로 가늘고 길며, 가슴에 붙은 두 쌍의 날개는 인분(鱗粉)으로 덮여 있고, 아름답고 다채로운 무늬가 있는데 앉아 있을 때는 날개를 등 위로 모아 곧게 세움. 한 쌍의 더듬이와 두 개의 겹눈이 있으며, 입은 긴 대롱 모양이어서 꽃의 꿀을 빨아먹기에 알맞은데, 쓰지 않을 때는 태엽 모양으로 말려 있음. 애벌레는 채소 따위를 갉아먹는 해충임. 협접(蛺蝶). 호접(胡蝶)

한자 **나비 접**(蝶) 〔虫部 9획〕 ¶접영(蝶泳)/호접(胡蝶)/호접지몽(胡蝶之夢)

나비[2] 명 피륙 따위의 너비. 폭(幅) ☞너비

나비[3] 감 고양이를 부르는 말. 아나. 아나나비야 ¶-야, 이리 오너라.

나비-고기 명 ①나비고깃과의 가시나비고기·꼬리줄나비고기·부전나비고기 따위의 바닷물고기를 통틀어 이르는 말. 체형이 특이하고 색이 화려하여 관상어로 기르기도 함. ②나비고깃과의 바닷물고기. 몸길이 20cm 안팎이며 모양은 동글납작함. 몸빛은 광택이 있는 황갈색에 머리에는 흑갈색 가로띠가 있음. 따뜻한 바다 연안의 산호초나 바위 지역에 삶.

나비-꽃부리[-꼳-] 명 접형 화관(蝶形花冠)

나비-나물 명 콩과의 여러해살이풀. 줄기 높이는 30~100cm. 두 개의 길둥근 모양의 작은 잎으로 이루어지는 겹잎이 어긋맞게 남. 6~9월에 나비 모양의 홍자색(紅紫色) 꽃이 총상(總狀) 꽃차례로 핌. 산과 들에 자라며, 어린잎과 줄기는 나물로 먹음.

나비-난초(-蘭草) 명 난초과의 여러해살이풀. 줄기 높이는 10~20cm. 알뿌리가 있고, 줄기에 넓은 선형(線形)의 잎이 두서너 개 남. 여름에 줄기 끝에 붉은 보랏빛의 꽃이 총상(總狀) 꽃차례로 핌. 우리 나라에서는 중부 이북의 숲 속 습기 많은 암벽에 붙어 자람.

나비-내기 명 누에씨를 받기 위하여 고치에서 나방이 나오게 하는 일.

나비-넥타이(-necktie) 명 날개를 편 나비 모양으로 고를 내어 접은 넥타이. 보타이(bow tie)

나비-매듭 명 날개를 편 나비처럼 양쪽으로 고를 내어 맺은 매듭.

나비-물 명 넓게 좍 퍼지게 끼얹는 물.

나비-잠 명 갓난아이가 두 팔을 머리 위로 벌리고 자는 잠.

나비-잠(-簪) 명 비녀 머리 부분에 날개를 편 나비 모양의 장식이 붙은 비녀. 새색시가 예장(禮裝)할 때 머리에 덧꽂음. 접잠(蝶簪)

나비-잠자리 명 잠자릿과에 딸린 곤충. 몸길이 3.5cm, 날개 길이 7.5cm 안팎으로 비교적 작음. 몸빛은 검고, 날개는 짙은 자줏빛으로 광택을 띰. 여름에 논이나 호소(湖沼) 부근에 많이 나타나 나비처럼 날아다님.

나비-장 명 두 널빤지 따위를 이을 때, 맞붙는 두 면에 같은 모양의 홈을 파고, 거기에 꼭 맞게 걸쳐 박는 나비 모양의 조각. 은장

나비장-붙임[-부침] 명 목공에서, 두 나무에 나비장을 걸쳐 박아서 서로 잇는 일.

나비-질 명-하다 자 곡식에 섞인 검부러기나 먼지를 날리려고 키로 부치어 바람을 내는 일.

나비-춤 명 ①나비의 몸짓을 흉내 내어 추는 춤. ②고깔을 쓰고 소매가 긴 옷을 입고 나비처럼 추는 승무(僧舞)의 한 가지.

나비-치다 자타 나비질을 하여 곡식에 섞인 검부러기나 먼지를 날리다.

나빠-지다 자 나쁘게 되다.

나쁘다(나쁘고·나빠) 형 ①옳지 않다. ¶나쁜 사람./나쁜 꾀를 꾸미다. ②좋지 않다. ¶건강이 -./사이가 -./냄새가 -./소문이 -. ③해롭다 ¶과식은 몸에 -. ④시기나 상황이 적절치 않다. ¶날씨가 경기하기에 -. ⑤먹은 것이 양에 차지 않다. ¶음식은 좀 나쁜듯 하게 먹는 게 좋다.

속담 **나쁜 소문은 빨리 퍼진다** : 사람은 남을 칭찬하는 말보다, 남을 헐고 깎아 내리는 말을 더 많이 하게 됨을 이르는 말.

한자 **나쁠 폐**(弊) 〔廾部 12획〕 ¶악폐(惡弊)/폐단(弊端)/폐습(弊習)/폐풍(弊風)/폐해(弊害)

나삐 부 나쁘게 ¶- 생각하다./친구의 충고를 - 여기다.

나사(螺絲) 명 죄어서 물건을 고정하는 데 쓰는 부품. 원통의 옆면에 나삿니를 낸 수나사와, 이것에 꼭 맞도록 원통의 안쪽에 나사골을 낸 암나사가 있음. ¶-를 죄다./-를 풀다.

나사가 풀리다 관용 정신이 해이해지다. ¶나사가 풀리어서 일을 망쳤다.

나사를 죄다 관용 해이해진 마음을 다잡아 정신을 차리다.

나사(羅紗 ∠raxa 포) 명 ①양털로 짠 두꺼운 모직물의 한 가지. 보풀이 배게 서 있어 올이 나타나지 않으며, 촉감이 부드럽고 보온성이 뛰어남. ②두꺼운 모직물을 통틀어 이르는 말.

나사(NASA) 명 미국 국립 항공 우주국. 미국의 우주 개발 계획을 추진하는 정부 기관. [National Aeronautics and Space Administration]

나사-골(螺絲-) 명 나사의 고랑이 진 부분. 나사의 홈. ☞나삿니

나사-말 명 자라풀과의 여러해살이 수초(水草). 곳곳의 못이나 늪, 또는 흐름이 느린 냇물에 무리 지어 자람. 길이 30~70cm의 선(線) 모양의 긴 잎이 뿌리에서 무더기로 나며, 암수딴그루임. 여름부터 가을에 걸쳐 꽃이 피는데, 수꽃은 식물체에서 떨어져 물 위로 떠오르고, 암

꽃은 나사 모양으로 꼬부라진 꽃줄기 끝에 피어 물 위에 떠서 가루받이함.

나사-못(螺絲—)명 옆면에 나사 모양의 홈이 나 있는 못. 대가리 겉면에는 드라이버로 끼어 돌릴 수 있도록 '+'자와 '–'자의 홈이 나 있음.

나사-산(螺絲山)명 나삿니

나사-선(螺絲線)명 ①수학에서, 평면 위의 소용돌이 모양의 곡선을 이르는 말. ②공간(空間)에 있는 나사 모양의 곡선. 준나선(螺線)

나사선=운:동(螺絲線運動)명 수학에서, 하나의 축(軸)의 둘레를 일정한 속도로 돌면서 축 방향으로 움직이는 운동을 이르는 말. 나선 운동

나사-송:곳(螺絲—)명 끝이 나사못처럼 생긴 송곳. ☞도래송곳

나사-점(羅紗店)명 나사를 팔거나, 나사로 옷을 지어 파는 상점. ☞양복점(洋服店)

나사-조개(螺絲—)명 껍데기가 나사 모양으로 돌돌 말린 조개. 고둥이나 소라, 우렁이 따위. 권패(卷貝)

나사=층층대(螺絲層層臺)명 중심이 되는 기둥이나 축의 둘레를 뱅뱅 돌면서 오르내리게 된 층층대. 나계(螺階). 나선 계단. 나선 층층대

나사=컨베이어(螺絲conveyor)명 기다란 원통 안에서 홈이 깊고 넓은 나사 모양의 축을 돌림으로써 곡물이나 시멘트 따위를 옮기도록 된 장치. 스크루컨베이어

나사=톱니바퀴(螺絲—)명 두 축이 평행하지 않은 때 서로 물려 돌아갈 수 있도록 된, 나사 모양으로 이를 낸 톱니바퀴.

나삼(羅衫)명 ①얇고 발이 성긴 비단으로 만든 적삼. ②지난날, 혼례 때 신부가 활옷을 벗고 입던 예복.

나삿-니(螺絲—)명 나사의 나선(螺旋) 모양으로 도드라져 나온 부분. 나사산 ☞나사골

나:상(裸像)명 '나체상(裸體像)'의 준말.

×**나색**명 →내색

나:서(糯黍)명 찰기장

나-서다자 ①앞이나 옆이나 밖으로 나와 서다. 나가 서다. ¶앞으로 –./안전선 밖으로 –. ②찾던 것이 나타나다. ¶일자리가 –./알맞은 혼처가 –. ③어떤 일에 발을 들여놓다. ¶사업가로 –./환경 운동에 –. ④어떤 일에 참견하다. ¶괜한 일에 왜 나서는가? ⑤〔타동사처럼 쓰임〕 목적을 가지고 어떤 자리를 떠나다. ¶집을 –./교문을 –./동네를 –.

나:선(裸線)명 거죽에 아무 것도 씌우지 않은 전선. 알줄

나선(螺旋)명 용수철처럼 빙빙 감아 올린 것 같은 모양을 이르는 말.

나선(螺線)명 '나사선(螺絲線)'의 준말.

나선=계단(螺旋階段)명 나사 층층대

나선-균(螺旋菌)명 나사 모양의 세균을 통틀어 이르는 말. 한쪽 끝 또는 양쪽 끝에 있는 편모(鞭毛)로 운동함. 매독(梅毒)의 병원균이나 콜레라균 따위. 나선상균(螺旋狀菌) ☞간균(桿菌)

나선-상(螺旋狀)명 나선형(螺旋形)

나선상-균(螺旋狀菌)명 나선균(螺旋菌)

나선=운:동(螺線運動)명 나사선 운동

나선=추진기(螺旋推進器)명 선박의 스크루나 항공기의 프로펠러를 이르는 말.

나선=층층대(螺旋層層臺)명 나사 층층대

나선-형(螺旋形)명 나선(螺旋)과 같은 모양. 나선상

나성(羅城)명 ①성의 외곽(外郭). ②외성(外城)

나:속(糯粟)명 차조

나:속-반(糯粟飯)명 차조밥

나솔(奈率)명 백제의 16관등 중 여섯째 등급. ☞장덕(將德)

나:수(拿囚)명-하다타 죄인을 잡아들여 가둠.

나수(鑼手)명 지난날, 군중(軍中)의 취타수(吹打手)의 하나. 나(鑼)를 치는 사람.

나수다타 ①내어서 드리다. ②높은 자리로 나아가도록 하다.

나스르르부-하다형 짧고 부드러운 털이나 풀 따위가 가지런한 모양을 나타내는 말. ¶ – 돋아난 꽃모에 산들바람이 스쳐 간다./팔에 털이 –하다. ☞너스르르

나슨-하다형여 ①죄거나 맨 것이 단단하지 아니하고 좀 할갑다. ¶허리띠를 나슨하게 매다. ②태도나 마음가짐 따위가 좀 풀어져 느스러져 있다. ¶일하는 품이 좀 나슨해진듯 하다. ☞느슨하다

나슨-히부 나슨하게 ☞느슨히

나슬-나슬부-하다형 짧고 부드러운 털이나 풀 따위가 상기고 고르게 나 있는 모양을 나타내는 말. ¶ – 자란 잔디를 다듬다. ☞너슬너슬

나:신(裸身)명 알몸. 나체(裸體)

나:신-상(裸身像)명 나체상(裸體像)

나:쎄명 어느 정도로 든 나이를 가벼이 여겨 이르는 말. ¶그 –에 그게 무슨 짓이람.

나:아(裸芽)명 여름눈

나아-가다자 ①앞으로 향하여 가다. ¶힘차게 앞으로 나아가자. ②발전하다. 진보하다 ¶기술이 –./문명이 –. ③높은 자리나 넓은 곳을 향하여 가다. ¶부처 앞에 –./드넓은 세상으로 –.

> 한자 **나아갈 진**(進)〔辵部 8획〕¶전진(前進)/진격(進擊)/진로(進路)/진보(進步)/진척(進陟)
> **나아갈 취**(就)〔尢部 9획〕¶거취(去就)/취업(就業)/취임(就任)/취직(就職)/취학(就學)

나아-가서부 '그뿐 아니라' 또는 '거기에만 머무르지 않고'의 뜻으로, 앞에서 말한 것보다 정도가 높아지거나 범위가 넓어지는 때에 쓰는 말. ¶고장의 이익이자 – 국가의 이익이기도 하다.

나아-지다자 차차 좋아지다. 잘 되어 가다. ¶성적이 크게 나아졌다./살림이 –.

나:안(裸眼)명 안경이나 현미경 등을 쓰지 않고 볼 때의 눈. 맨눈. 육안(肉眼) ¶ – 시력

나-앉다[–안따]자 ①앞으로나 옆으로나 밖으로 앉은 자리를 옮기다. ¶앞 자리로 –. ②어떤 곳으로 옮겨서 자리잡다. ¶몇 해 전에 큰길 가로 나앉았다./서울에서 조금 나앉은 교외. ③하던 일이나 권리를 포기하고 물러나다. ¶사장 자리에서 –.

나:약(懦弱·愞弱)어기 '나약(懦弱)하다'의 어기(語基).

나:약-하다(懦弱—)형여 의지가 굳세지 못하고 약하다. ¶나약한 마음을 버리자.

나약-히부 나약하게

나-엎어지다자 냅다 엎어지다.

나열(羅列)명-하다자타 ①죽 벌여 놓음. 죽 늘어놓음. ¶증거를 하나하나 –하다./통계 숫자를 –하다./글자의 –에 지나지 않는 글. ②나란히 줄을 지음.

나:엽(裸葉)명 포자(胞子)를 만들지 않고, 오직 광합성을 하여 식물의 영양 기능을 맡는 보통의 잎. 영양엽

나-오다(–오너라)자너라 ①안에서 밖으로, 속에서 겉으로, 뒤에서 앞으로 오다. ¶주인이 방에서 나왔다./앞으로 나오게./땅 속에서 개구리가 –./피가 –. ②생산되다. 나타나다 ¶한 마지기에 넉 섬이 나왔다./새 책이 –./햇곡식이 시장에 –. ③배출되다 ¶인재가 많이 나온 고장. ④어떤 집단에서 떠나서 오다. ¶직장에서 나왔다./군에서 –./교도소에서 –. ⑤돈 따위를 받게 되거나 물게 되다. ¶월급이 –./세금이 많이 나왔다. ⑥문서 따위가 전해지다. ¶영장이 –./고지서가 –. ⑦어떤 태도나 자세를 취하여 오다. ¶강경하게 나왔다./저자세로 –. ⑧어떤 결과가 이루어지다. ¶판결이 나왔다며?/발표가 –./해결책이 –. ⑨쑥 내밀다. ¶배가 –./이마가 나온 아이. ⑩〔타동사처럼 쓰임〕 ㉠어떤 집단을 떠나서 오다. ¶집을 –./회사를 –. ㉡졸업하다. 수료(修了)하다 ¶대학을 –.

나왕(羅王∠lauan)명 용뇌향과(龍腦香科)의 상록 교목, 또는 그 재목. 인도와 자바, 보르네오, 필리핀 등지의 열대 강우림에서 나는 주요한 나무로, 높이는 40m 안팎임. 재목의 빛깔에 따라 붉은 나왕, 누른 나왕, 흰 나왕으로 구별됨. 재질이 가벼워 합판이나 건축용, 가구용으

로 널리 쓰이나, 충해에 약함.

나:용(挪用)명 -하다 타 돈이나 물건을 한때 돌려씀.

나우 부 ①조금 많은듯 하게. ¶품삯을 − 주다./밥을 − 담다. ②좀 낫게. ¶손님을 − 대접하다.

나울-거리다(대다)[1] 자 ①잔물결이 잔잔하게 얄랑이다. ②나뭇잎이나 천 따위가 보드랍게 나릿나릿 나부끼다. ☞너울거리다[1]

나울-거리다(대다)[2] 타 팔이나 날개 따위를 활짝 펴서 아래위로 가볍게 움직이다. ☞너울거리다[2]

나울-나울[1] 부 잔물결이나 나뭇잎, 천 따위가 나울거리는 모양을 나타내는 말. ¶봄바람에 − 춤추는 풀잎들. ☞너울너울[1]

나울-나울[2] 부 팔이나 날개 따위를 나울거리는 모양을 나타내는 말. ☞너울너울[2]

나위 의 '-ㄹ 나위'의 꼴로 쓰이어, '여지(餘地)'나 '필요'를 뜻하는 말. ¶말할 − 없다./편리하기가 더할 − 없다.

나위(羅幃)명 얇은 비단으로 만든 포장.

나유타(那由他)수 수의 단위. 아승기(阿僧祇)의 억 곱절. ☞불가사의(不可思議)

나의(儺儀)명 나례(儺禮)

나이 명 사람이나 생물이 세상에 나서 지낸 햇수. 연령 ¶−가 들다. 준 나[2] 높 연세. 연치(年齒). 춘추(春秋)

나이가 아깝다 관용 하는 짓이 그 나이에 어울리지 않게 유치하다.

나이(가) 차다 관용 알맞은 나이에 이르다. 혼인할 나이가 되다.

나이를 먹다 관용 나이가 많아지다.

속담 **나이 차 미운 계집 없다** : 무엇이나 한창일 때는 좋게 보인다는 말./**나이 덕이나 입자** : 나이가 많은 사람을 대접해 달라는 말.

▶ '나이'를 뜻하는 한자말들

○ 유학(幼學 : 10세)	○ 진갑(進甲 : 62세)
○ 지학(志學 : 15세)	○ 파과(破瓜 : 남자 64세)
○ 파과(破瓜 : 여자 16세)	○ 미수(美壽 : 66세)
○ 약관(弱冠 : 20세)	○ 고희(古稀 : 70세)
○ 이립(而立 : 30세)	○ 희수(喜壽 : 77세)
○ 이모지년 (二毛之年 : 32세)	○ 중수(中壽 : 80세)
	○ 망구(望九 : 81세)
○ 불혹(不惑 : 40세)	○ 미수(米壽 : 88세)
○ 지명(知命 : 50세)	○ 망백(望百 : 91세)
○ 이순(耳順 : 60세)	○ 백수(白壽 : 99세)
○ 환갑(還甲 : 61세)	○ 상수(上壽 : 100세)

-나이까 어미 '-나이다'의 의문형. ¶가나이까?/가셨나이까?/별일 없나이까?

-나이다 어미 '-습니다(-ㅂ니다)'보다 더 정중한 겸양의 뜻을 나타내는 종결 어미. [기도나 글에서 주로 쓰임.] ¶간절히 비나이다./무사하나이다./그것은 '으아!'하는 울음이었나이다 하겠나이다.

나이=대:접(−待接)명 -하다 타 나이가 많은 사람을 받들거나 체면을 보아주는 일. 준 나대접

나이-떡 명 정월 보름에 숟가락으로 식구의 나이 수대로 쌀을 떠서 만드는 떡. 액막이로 만들어 먹음. 준 나떡

나이-배기 명 보기보다 나이가 많은 사람을 얕잡아 이르는 말. 준 나배기

나이키(Nike)명 ①'니케(Nike)'의 영어 이름. ②미국이 개발한 지대공(地對空) 미사일의 한 가지.

나이-테 명 나무줄기의 단면(斷面)에 나타나는 동심원(同心圓) 모양의 테. 해마다 하나씩 늘어나므로 나무의 나이를 알 수 있음. 목리(木理). 연륜(年輪)

나이트(knight)명 ①기사(騎士) ②영국에서, 왕실 또는 국가에 대한 공로로 평민에게 주는 작위(爵位). 귀족에게 붙이는 '서(Sir)'의 칭호가 허용됨.

나이트가운(nightgown)명 주로 밤에 입는 실내복. 잠옷 위에 입는데, 가볍고 낙낙함.

나이트게임(night game)명 실외에서 밤에 조명등을 켜고 하는 경기. 주로 여름에 여는 야구나 축구 따위의 야간 경기를 이름.

나이트캡(nightcap)명 잠잘 때 머리가 헝클어지지 않게 하기 위해 쓰는 모자. 그물이나 털실, 천 따위로 만듦.

나이트클럽(night club)명 밤에 문을 열어 술과 음악, 춤, 쇼 따위를 즐길 수 있게 하는 유흥업소.

나이-티 명 나이에 어울리는 모습이나 분위기. ¶제법 −가 난다.

나이팅게일(nightingale)명 '밤꾀꼬리'의 딴이름.

나이팅게일-상(Nightingale賞)명 훌륭한 간호사에게 국제 적십자사가 주는 상. 영국의 간호사였던 나이팅게일의 박애 정신을 기리기 위하여 제정한 상임.

나이프(knife)명 ①주머니칼 ②양식(洋食)을 먹을 때 쓰는 작은 칼.

나:인(∠內人)명 지난날, 궁궐에서 왕과 왕비를 가까이 모시는 내명부(內命婦)를 통틀어 이르던 말. 궁녀(宮女). 궁빈(宮嬪). 궁인(宮人). 여시(女侍)

나:인(拿引)명 -하다 타 나치(拿致)

나일론(nylon)명 석탄과 물, 공기를 원료로 하여 만드는 폴리아미드계(系)의 합성 섬유를 통틀어 이르는 말. 비단과 비슷하나 훨씬 가볍고 질기며 탄력성이 좋음. 습기를 거의 흡수하지 않으며, 열에 약함. 옷이나 어망(魚網), 낚싯줄 등 여러 방면에 이용함.

나:입(拿入)명 -하다 타 나치(拿致)

나잇-값 명 '나이에 어울리는 말이나 행동'을 얕잡아 이르는 말. ¶이제는 좀 −을 해야지./−도 못한다.

나잇-살 명 '지긋한 나이'를 얕잡아 이르는 말. ¶−이나 먹은 사람이 그만한 사리는 알아야지. 준 낫살

나자(儺者)명 지난날, 나례(儺禮) 때 탈을 쓰고 귀신 쫓는 일을 맡는 방상시(方相氏)와 초라니, 아이초라니 등을 통틀어 이르던 말.

나-자빠지다 자 '나가자빠지다'의 준말.

나자스-말 명 나자스말과의 한해살이 수초(水草). 줄기는 가늘며 높이는 30cm 안팎인데, 가지를 많이 침. 전체가 황갈색 또는 황록색이며 좁고 긴 잎이 마주 남. 암수한그루이며, 여름에 연둣빛의 작은 단성화(單性花)가 잎겨드랑이에 핌. 우리 나라 중부 지방의 못이나 호수, 늪, 도랑 따위에서 자람.

나:자-식물(裸子植物)명 겉씨식물 ☞피자식물

나:장(裸葬)명 -하다 타 장사지낼 때, 시체를 관(棺)에 넣지 않고 그대로 땅에 묻는 일.

나장(羅將)명 ①조선 시대에 의금부(義禁府)나 병조(兵曹), 형조(刑曹), 오위 도총부(五衛都摠府) 따위에 딸려 죄인을 매질하거나 유배지로 압송하거나 하는 일을 맡아 하던 하급 관원. ②조선 시대에 군아(郡衙)에 딸렸던 사령(使令).

나-장조(−長調)[−쪼]명 '나' 음을 으뜸음으로 하는 장조. 비장조 ☞나단조

나:-전(−錢)명 민속에서, 신(神)이나 부처에게 복을 빌 때, 그 사람의 나이 수대로 바치는 돈.

나전(螺鈿)명 전복이나 진주조개 등 껍데기에 광채가 나는 진주질(眞珠質) 부분을 갖가지 무늬로 얇게 오려서, 옻칠을 한 바탕에 붙이거나 박거나 하여 자개그릇 따위를 꾸미는 기법.

나전-칠기(螺鈿漆器)명 나전으로 꾸민 그릇이나 가구 따위의 공예품. 자개그릇·자개농·자개상 따위.

나절 의 ①하루 낮의 절반쯤 되는 동안을 이르는 말. ¶한−/반− ②낮의 어느 무렵 또는 그 동안을 이르는 말. ¶아침−/저녁−

나절-가웃 명 한나절에 반나절을 더한 동안, 곧 하루 낮의 4분의 3쯤 되는 동안.

나조-반(−盤)명 나좆대를 받쳐 놓는 쟁반. 나좆쟁반

나졸(羅卒)명 조선 시대, 지방의 관아(官衙)에 딸린 군뢰(軍牢)와 사령(使令)을 통틀어 이르던 말.

나졸(邏卒)명 조선 시대, 포도청에 딸려 순라(巡邏)하던 병졸. 나병(邏兵)

나좆-대 명 마른 억새나 갈대를 30cm쯤 되게 잘라서 묶은 뒤, 붉은 종이에 싸서 초처럼 불을 켜도록 만든 것. 납채

(納采) 때 신부 집에서 씀.
나좃-쟁반(-錚盤)명 나조반
나주-반(羅州盤)명 전라 남도 나주의 특산물인 소반을 통틀어 이르는 말. ☞나대반(羅大盤). 호족반(虎足盤)
나:중 명 ①얼마의 시간이 지난 뒤. 먼저의 일을 한 다음. ¶-에 가겠다./그건 -의 일이다. ②〔부사처럼 쓰임〕 시간이 지난 뒤에. 다음 차례에. ¶먼저 오는 사람과 - 오는 사람.
속담 **나중 꿀 한 식기(食器) 먹으려고 당장의 엿 한 가락 안 먹을까**: 확실하지도 않은 앞일을 부질없이 기다리기보다는 비록 작으나마 눈앞에 닥친 일을 중시하라는 말./**나중 난 뿔이 우뚝하다**: 후배가 선배보다 나을 때 이르는 말./**나중 보자는 양반 무섭지 않다**: ①그 자리에서 화풀이를 하지 않고 나중에 두고 보자는 사람은 두려워할 것 없다는 말. ②나중에 어떻게 하겠다고 미리 말로만 하는 것은 소용이 없다는 말./**나중에야 삼수갑산(三水甲山)을 갈지라도**: 최악의 상황을 각오하고, 자기 뜻대로 어떤 일을 단행할 때 쓰는 말.
나:지(裸地)명 나무도 풀도 없는 맨땅. 알땅
나지라기 명 등급이 낮은 물건이나 직위가 낮은 사람 등을 얕잡아 이르는 말.
나지리 부 주로 '보다'나 '여기다' 따위와 함께 쓰이어, '됨됨이나 능력 따위가 자기보다 못한 것으로'의 뜻을 나타내는 말. ¶그는 나를 - 본 모양이다.
나지막-하다 형여 매우 나직하다. ¶나지막한 목소리.
나지막-이 부 나지막하게
나직(羅織)명-하다 타 없는 죄를 얽어서 꾸며 만듦.
나직-나직 부-하다 형 여럿이 다 나직한 모양을 나타내는 말. 나직나직이 ¶- 지은 집들./이름들을 -하게 부르다.
나직나직-이 부 나직나직
나직-하다 형여 높이나 소리 따위가 좀 낮다. ¶나직한 야산(野山)들./나직한 목소리.
나직-이 부 나직하게 ¶- 들려 오는 소리.
나쪼다 자 어른 앞으로 나아가다. ¶시할머니께 -.
나차-녀(羅叉女)명 나찰녀(羅刹女)
나찰(羅刹∠Rākṣasa 범)명 ①불교에서, 사람을 호리고 잡아먹기도 한다는 악귀(惡鬼). 나중에는 불교의 수호신이 되었음. ②불교에서, 지옥의 옥졸(獄卒)을 이르는 말.
나찰-녀(羅刹女)명 불교에서, 아름다운 모습을 한 여자 나찰을 이르는 말. 나차녀(羅叉女)
나창(癩瘡)명 나병으로 말미암아 생기는 부스럼.
나:체(裸體)명 알몸
나:체-상(裸體像)명 사람의 알몸의 모습, 또는 그것을 나타낸 그림이나 조각. 나신상(裸身像) 준 나상(裸像)
나:체-화(裸體畫)명 사람 또는 사람의 모습인 신이나 악마의 알몸을 그린 그림. 유럽에서는 그림의 중요한 테마로서 발전하여 왔음.
나:출(裸出)명-하다 자 거죽이 벗겨져 속이 드러남.
나:충(裸蟲)명 몸에 털이나 비늘, 날개 따위가 없는 벌레를 통틀어 이르는 말.
나:치(拿致)명-하다 타 죄인을 수사 기관 등에 잡아들임. 나래(拿來). 나인(拿引). 나입(拿入)
나치(Nazi 독)명 나치스
나치스(Nazis 독)명 '국가 사회주의 독일 노동자당'을 흔히 이르는 말. 히틀러를 당수로 했던 독일의 파시스트당. 1923년에 만들어져 1933년에 정권을 잡고, 1939년에 제2차 세계 대전을 일으켰으며, 1945년에 패전과 함께 몰락했음. 나치(Nazi)
나치즘(Nazism)명 나치스의 사상과 정책. 전체주의와 편협한 민족주의를 특징으로 함.
나침(羅針)명 자침(磁針)
나침-반(羅針盤)명 자침(磁針)이 남북을 가리키는 특성을 이용하여 만든, 방향을 표시하는 기구. 산에 오를 때나 선박·항공기 등에서 진로를 측정하는 데 쓰임. 나침의(羅針儀). 컴퍼스(compass) 준 침반(針盤)
나침=방위(羅針方位)명 자침(磁針)이 가리키는 남북을 기준으로 하여 측정한 방위. 실제의 방위와 반드시 일치하지는 않음.
나침-의(羅針儀)명 나침반(羅針盤)
나침=자오선(羅針子午線)명 나침반의 자침이 가리키는 남북(南北)을 이은 선.
나:타(懶惰)명-하다 형 나태(懶怠)
나타-나다 자 ①가려져 있거나 보이지 않던 것이 보이게 되다. ¶구름 사이에서 달이 -. ②그 자리에 오다. 무대나 연단 등에 나오다. ¶이윽고 친구가 -./주연 배우가 무대에 -. ③겉으로 드러나다. ¶얼굴에 기쁨이 -./병증(病症)이 -./노력한 보람이 -. ④생겨나다. ¶뇌염 모기가 -./지구상에 처음으로 나타난 생물.
나타-내:다 타 나타나게 하다. ¶모습을 -.

한자 **나타낼 현**(見)〔見部〕¶표현 대리(表見代理)

나타냄-말 명 ①악보에서, 연주를 지시하는 말을 통틀어 이르는 말. 다양한 악곡의 분위기를 나타내도록 지시하는 말과 빠르기말, 셈여림말 등이 있음. ②악보에서, 그 악곡이 지니는 독특한 분위기나 감정 따위를 연주에 따라 나타내도록 지시하는 말. 돌체나 그라치오소, 마에스토소 따위.
나타냄-표(-標)명 ①악보에서, 연주를 지시하는 표를 통틀어 이르는 말. 다양한 악곡의 분위기를 나타내도록 지시하는 기호와 빠르기표, 셈여림표 등. ②악보에서, 그 악곡이 지니는 독특한 분위기나 감정 따위를 연주에 의하여 나타내도록 지시하는 기호. 발상 기호
나탈-거리다(대다) 자 ①나자분하게 드리워져 몹시 흔들거리다. ②주책없이 까불며 입을 몹시 나불거리다. ☞나달거리다. 너털거리다
나탈-나탈 부 나탈거리는 모양을 나타내는 말. ☞나달나달. 너털너털
나탈나탈-하다 형여 천이나 종이 따위가 나자분하게 드리워져 있다. ☞나달나달하다. 너털너털하다
나:태(懶怠)명-하다 형 게으르고 느림. 나타(懶惰) ¶-한 생활./-에 빠지다. ☞해태(解怠)
나토(NATO)명 북대서양 조약 기구(北大西洋條約機構) [North Atlantic Treaty Organization]
나트륨(Natrium 독)명 알칼리 금속 원소의 하나. 은백색의 무른 금속으로, 공기 중에서 산화하기 쉬움. 지구상에 널리 분포하며, 바닷물 속에 녹아 있는 소금을 전기 분해하여 만듦. 원자로의 냉각제나 금속 제련의 환원제, 합금 촉매제 따위로 쓰임. 소듐(sodium)〔원소 기호 Na/원자 번호 11/원자량 22.99〕
나트륨-등(Natrium燈)명 빛을 내는 유리관 안에 나트륨 증기를 넣은 방전등(放電燈)의 한 가지. 방전하면 누른빛의 강한 빛을 내어 가로(街路)나 터널 따위의 조명과 광학 실험 따위에 이용됨.
나트륨아말감(Natriumamalgam 독)명 나트륨과 수은의 합금(合金). 환원제로 쓰임.
나-틀 명 베실을 뽑아 날아 내는 기구.
나티 명 ①짐승 모양을 하고 있다는 귀신의 한 가지. ②검붉은 곰.
나티-상(-相)명 귀신같이 망측하고 무시무시한 얼굴.
나팔(喇叭)명 ①밸브가 없는 간단한 트럼펫. 군대에서 신호용이나 의식 때 연주용으로 쓰임. ②금관 악기(金管樂器)를 통틀어 이르는 말. 트럼펫이나 호른 따위.
나팔-거리다(대다) 자 종이나 천 따위가 빠르고 탄력성 있게 나부끼다. ☞너펄거리다
나팔-관(喇叭管)명 난소(卵巢)로부터 난자(卵子)를 자궁으로 내보내는 나팔 모양의 관. 난관(卵管). 수란관(輸卵管). 알관
나팔관=임:신(喇叭管妊娠)명 수정란이 나팔관에 착상하여 발육하는 임신. 자궁외 임신 가운데서 가장 빈도가 높음. 난관 임신(卵管妊娠)
나팔-꽃(喇叭-)명 메꽃과의 한해살이 덩굴 식물. 줄기는 왼쪽으로 감아 오르며, 크게 갈라진 잎은 어긋맞게 남. 여름철 아침에 나팔 모양의 꽃이 핌. 꽃의 모양과 빛깔은 품종에 따라 다양함. 씨는 한방에서 견우자(牽牛

子)라 하여 완하제(緩下劑) 등으로 씀. 견우(牽牛). 견우화(牽牛花)

나팔-나팔 부 나팔거리는 모양을 나타내는 말. ¶빨랫줄의 빨래가 — 나부끼다. ☞너펄너펄

나팔-수(喇叭手)[—쑤] 명 나팔을 부는 사람.

나:포(拿捕) 명 -하다 타 ①죄인을 붙잡음. ②군함이 영해를 침범한 외국의 선박을 붙잡는 일. 나획(拿獲)

나-포도(癩葡萄) 명 '여주'의 딴이름.

나폴리-파(Napoli派) 명 17세기에 이탈리아의 나폴리를 중심으로 활약했던 화가들을 통틀어 이르는 말. 강렬한 명암의 대비와 날카로운 사실(寫實) 표현에 따른 극적인 종교화(宗敎畫)를 주로 그렸음.

나푼-거리다(대다) 자 작고 가벼운 것이 빠르게 나부끼다. ☞너푼거리다

나푼-나푼 부 나푼거리는 모양을 나타내는 말.

나풀-거리다(대다) 자타 얇은 천이나 종이 따위가 센 바람에 나부끼다, 또는 그리 되게 하다. ¶스카프가 바람에 —./머리를 나풀거리며 뛰어가는 소녀. ☞나불거리다. 너풀거리다

나풀-나풀 부 나풀거리는 모양을 나타내는 말. ¶바람에 치마가 — 한다. ☞나불나불. 너풀너풀

나프타(naphtha) 명 ①석유나 콜타르 따위를 증류하면 생기는 탄화수소의 혼합물. 휘발성이 높고 불에 타기 쉬우며, 끓는점이 낮음. 석유 화학 공업의 원료, 암모니아의 합성 원료, 도시 가스나 가솔린의 제조 원료 따위로 쓰임. ②원유를 150~220°C에서 증류하면 생기는 중질의 가솔린. 석뇌유(石腦油). 석정(石精)

나프탈렌(naphthalene) 명 방향족(芳香族) 탄화수소의 한 가지. 콜타르를 정제하여 만드는 하얀 결정으로 특유의 냄새를 지님. 방취제·방부제·방충제로 쓰이고, 염료나 합성 수지 따위의 원료로도 쓰임.

나프톨(naphthol) 명 페놀과 비슷한 성질을 지닌 바늘 모양의 결정체. 콜타르에 들어 있음. 방부제나 외용약(外用藥), 염료의 원료 따위로 쓰임.

나한(羅漢) 명 '아라한(阿羅漢)'의 준말.

속담 **나한에도 모래 먹는 나한이 있다** : 높은 자리에 있다고 해서 모두가 잘사는 것이 아니고, 그 중에 고생하는 사람이 있다는 말.

나한-전(羅漢殿) 명 절에서, 십육 나한 또는 오백 나한을 안치해 놓은 건물을 이르는 말.

나해(螺醢) 명 소라의 살로 담근 젓. 소라젓

나헤 감 지난날, 장치기할 때 공이 금을 지나면, 크게 지르던 소리.

나:화(裸花) 명 꽃받침과 꽃부리가 없는 꽃. 무피화(無被花)

나:-환자(癩患者) 명 나병에 걸린 사람. 나병자(癩病者). 문둥이. 풍인(風人)

나:획(拿獲) 명 -하다 타 나포(拿捕)

나후(羅睺 ∠Rāhu 범) 명 인도의 천문학에서, 백도(白道)와 황도(黃道)의 강교점(降交點)에 있다고 하는 가공(架空)의 별을 이르는 말. 해와 달을 가려 일식과 월식을 일으킨다고 함.

나후-직성(羅睺直星) 명 민속에서, 사람의 나이에 따라 그 운수를 맡아본다고 이르는 아홉 직성의 하나. 흉한 직성으로 남자는 열 살, 여자는 열한 살에 처음 드는데, 9년에 한 번씩 돌아온다고 함. 제웅직성

나훔서(Nahum書) 명 구약성서의 한 편(篇). 아시리아의 수도 니네베의 멸망을 예측한 나훔의 예언서(豫言書).

나흗-날 명 ①한 달의 넷째 날. 본 초나흗날 준 나흘 ②나흘째의 날. ¶답사 —에는 해인사에 가기로 했다.

나흘 명 ①네 날. ¶— 걸려서 일을 끝냈다. ②'나흗날'의 준말.

낙(樂) 명 ①즐거움. ¶고생 끝에 —이 온다. ②위안이 되는 일. ¶꽃 가꾸기를 —으로 삼다.

낙(駱) 명 몸빛은 희고 갈기가 검은 말. 가리온

낙가(落痂) 명 -하다 자 한방에서, 마마 또는 헌데가 다 나아서 딱지가 떨어지는 일, 또는 그 딱지를 이르는 말.

낙가(落價) 명 -하다 자타 ①물건 값이 떨어짐. ②물건 값을 깎음. ☞에누리

낙간(落簡) 명 -하다 자 책의 원문이 일부 빠져 나감.

낙경(樂境) 명 낙토(樂土)

낙과(落果) 명 -하다 자 열매가 채 익기 전에 떨어짐, 또는 그 열매. ☞도사리

낙과(落科) 명 -하다 자 ①낙방(落榜) ②송사(訟事)에 짐. 낙송(落訟)

낙관(落款) 명 -하다 자 글씨나 그림을 완성하고 나서, 자기 이름이나 아호(雅號)를 쓰고 도장을 찍는 일, 또는 그 서명(署名)이나 도장. 관지(款識)

낙관(樂觀) 명 -하다 타 ①일이 잘될 것으로 보고 걱정하지 않음. ¶성공을 —하다./아직 —할 수 없다. ②세상살이나 인생을 즐겁게 봄. ☞비관(悲觀)

낙관-론(樂觀論)[—논] 명 일이 잘되어 나갈 것으로 보는 견해. ☞비관론(悲觀論)

낙관-적(樂觀的) 명 낙관하거나 또는 낙관하는 경향이 있는 것. ¶상황은 아주 —이다. ☞비관적(悲觀的)

낙관-주의(樂觀主義) 명 모든 일을 낙관적으로 보거나, 인생을 낙관적으로 즐기는 경향이나 태도. ☞낙천주의

낙구(落句) 명 한시(漢詩)의 끝 구. 절구(絕句)의 결구(結句)와 율시(律詩)의 미련(尾聯) 따위.

낙길(落—) 명 '낙질(落帙)'의 변한말.

낙낙-하다 형여 크기·무게·부피·수효 따위가 조금 크거나 남음이 있다. ¶낙낙하게 지은 바지./신이 낙낙해서 발이 편하다. ☞넉넉하다

낙낙-히 부 낙낙하게

낙남(落南) 명 -하다 자 서울에 살던 사람이 남쪽 지방으로 이사하여 감.

낙농(酪農) 명 젖소나 양 따위를 길러 우유와 유제품을 생산하는 농업 경영. 낙농업(酪農業)

낙농-업(酪農業) 명 낙농(酪農)

낙농-품(酪農品) 명 우유를 가공하여 만드는 버터나 치즈, 연유(煉乳) 따위의 유제품. 낙산물. 낙제품

낙담(落膽) 명 -하다 자 ①실망하여 맥이 풀림. ¶시험에 떨어져 몹시 —하다. ②간이 떨어질 정도로 놀람.

낙담상혼(落膽喪魂) 성구 몹시 놀라 넋을 잃음을 이르는 말. 상혼낙담(喪魂落膽)

낙도(落島) 명 육지에서 멀리 외따로 떨어져 있는 섬.

낙등(落等) 명 -하다 자 등급이 떨어짐. 유 강등(降等)

낙락(落落) 어기 '낙락(落落)하다'의 어기(語基).

낙락난합(落落難合) 성구 여기저기 흩어져 있어 한자리에 모이기가 어려움을 이르는 말.

낙락-장송(落落長松) 명 가지가 축축 늘어진 큰 소나무. ¶몇 백 년 전부터 마을 앞을 지키고 선 —.

속담 **낙락장송도 근본은 종자**(種子) : 아무리 훌륭한 인물도 그 근본을 캐어 보면 보통 사람과 다름이 없었으나, 자신의 끊임없는 노력에 따라 크게 되었다는 말.

낙락-하다(落落—) 형여 ①큰 나무의 가지가 축 늘어져 있다. ②사이가 멀리 여기저기 떨어져 있다. ③남과 어울리지 못하여 사이가 서먹서먹하다. ④작은 일에 얽매이지 않고 대범하다.

낙락-히 부 낙락하게

낙뢰(落雷) 명 -하다 자 벼락이 떨어짐, 또는 그 벼락.

낙루(落淚) 명 -하다 자 눈물을 흘림, 또는 그 눈물. 타루

낙루(落漏) 명 -하다 자 누락(漏落)

낙마(落馬) 명 -하다 자 타고 있던 말에서 떨어짐. ¶장애물을 넘던 기수가 —했다.

낙막(落寞) 어기 '낙막(落寞)하다'의 어기(語基).

낙막-하다(落寞—) 형여 호젓하고 쓸쓸하다.

낙막-히 부 낙막하게

낙망(落望) 명 -하다 자 희망을 잃음. ☞낙심(落心)

낙매(落梅) 명 꽃이 진 매화나무, 또는 떨어진 매화 꽃잎.

낙면(落綿) 명 솜을 타거나 실을 자을 때 생기는 솜 부스러기.

낙명(落名) 명 -하다 자 명성이나 명예가 떨어짐. ☞양명(揚名)

낙명(落命) 명 -하다 자 목숨을 잃음.

낙목(落木) 명 잎이 떨어진 나무.

낙목-공산(落木空山)명 잎이 다 떨어진 앙상한 나무만 서 있는 쓸쓸한 겨울철의 산을 이르는 말.
낙미지액(落眉之厄)성구 눈썹에 떨어진 재난이라는 뜻으로, 갑작스레 눈앞에 닥친 재난을 이르는 말.
낙반(落磐·落盤)명-하다자 광산의 갱(坑) 안이나 터널 따위에서, 천장의 암석이 무너져 내림. ¶탄광의 — 사고로 광부가 갱 안에 갇히다.
낙발(落髮)명-하다자 ①머리털을 박박 밈. 체발(剃髮) 유삭발(削髮) ②머리털이 빠짐.
낙발위승(落髮爲僧)성구 머리털을 깎고 중이 됨을 이르는 말. 삭발위승(削髮爲僧)
낙방(落榜)명-하다자 ①과거(科擧)에 떨어짐. 낙과(落科). 낙제(落第) ②시험에 떨어짐. ☞급제(及第)
낙방-거:자(落榜擧子)명 ①과거(科擧)에 떨어진 선비를 이르는 말. ②무슨 일에 끼이려다가 실패한 사람을 얕잡아 이르는 말.
낙백(落魄)명-하다자 넋을 잃음. ☞낙탁(落魄)
낙범(落帆)명-하다자 돛을 내림.
낙법(落法)명 유도에서, 공격을 받아 바닥에 나가떨어지거나 쓰러질 때, 안전하게 넘어지는 기술.
낙복-지(落幅紙)명 과거(科擧)에 떨어진 사람의 글장.
낙본(落本)명-하다자 본전에서 밑짐. 실본(失本)
낙부(諾否)명 승낙하느냐 마느냐 하는 일.
낙빈가(樂貧歌)명 작자와 연대를 알 수 없는 조선 시대의 가사(歌辭). 관직에서 물러나 강호(江湖)에서 안빈낙도(安貧樂道)하는 생활을 읊음. '청구영언'에 실려 전함. 강촌별곡(江村別曲) ▷樂의 속자는 楽
낙사(落仕)명-하다자 관직에서 떨려 남. 낙직(落職)
낙사(樂事)명 즐거운 일.
낙산(落山)명-하다자타 ①산에서 내려가거나 내려옴. 하산(下山) ②광산에서, 광석을 산 아래의 금방아가 있는 데로 내리는 일.
낙산(酪酸)명 유기산의 한 가지. 버터나 치즈 속에 든 빛깔이 없는 액체. 합성 향료의 원료로 이용됨.
낙산-물(酪産物)명 낙농품(酪農品)
낙상(落傷)명-하다자 넘어지거나 떨어져서 다침, 또는 그 상처. ¶노인이 층계에서 —하시다.
낙서(洛書)명 고대 중국의 우왕(禹王)이 홍수를 다스릴 때, 낙수(洛水)에서 나온 거북의 등에 씌어 있었다는 마흔다섯 개의 점으로 이루어진 아홉 개의 무늬. 팔괘(八卦)와 서경(書經)의 홍범구주(洪範九疇)는 여기에 바탕을 둔 것이라 함. ☞하도(河圖)
낙서(落書)명-하다자 ①글을 베낄 때 글자를 빠뜨리고 씀. ②장난으로 아무 데나 함부로 글자를 쓰거나 그림을 그림, 또는 그 글자나 그림. 낙필(落筆)
낙석(絡石)명 ①'담쟁이덩굴'의 딴이름. ②'마삭줄'의 딴이름.
낙석(落石)명-하다자 산 위나 벼랑 따위에서 돌이 떨어짐, 또는 그 돌.
낙선(落選)명-하다자 ①선거에서 떨어짐. ②선발 대회나 작품 심사에서 뽑히지 않음. ☞당선(當選)
낙설(落屑)명 피부의 각질층(角質層)이 얇은 부스러기가 되어 벗겨지는 현상, 또는 그 부스러기. 비듬 따위.
낙성(落成)명-하다타 준공(竣工) ☞착공(着工)
낙성(落城)명-하다자 성이 함락됨.
낙성=계:약(諾成契約)명 당사자 사이의 합의만으로 이루어지는 계약. 매매나 도급(都給), 임대차, 증여 따위의 계약이 이에 해당함. 물건을 넘겨주는 등 다른 절차가 필요하지 않음. ☞요물 계약(要物契約)
낙성-식(落成式)명 건축물의 낙성을 축하하는 의식.
낙세(落勢)명 물가 따위가 떨어지는 기세. ☞등세(騰勢)
낙세(樂歲)명 '즐거운 해'라는 뜻으로, 풍년을 이르는 말.
낙소(酪素)명 '건락소(乾酪素)'의 준말.
낙송(落訟)명-하다자 송사(訟事)에 짐. 낙과(落科)
낙송-자(落訟者)명 송사(訟事)에 진 사람.
낙송자칭원(落訟者稱冤)성구 송사(訟事)에 진 사람이 푸념을 늘어놓듯, 사리에 닿지 않는 억지 변명을 늘어놓음을 비유하여 이르는 말.
낙수(落水)명 낙숫물
낙수-받이(落水—)[—바지]명 ①물받이 ②낙숫물을 받는 그릇.
낙숫-물(落水—)명 처마에서 떨어지는 빗물이나 눈석임물. 낙수(落水). 옥류수(屋霤水)
속담 **낙숫물은 떨어지던 데 또 떨어진다** : 한번 버릇이 들면 고치기 어렵다는 말. /**낙숫물이 댓돌을 뚫는다** : 작은 힘이라도 오랫동안 꾸준히 계속하면 큰일을 이룰 수 있다는 말.
낙승(樂勝)명-하다자 운동 경기 등에서 힘들이지 않고 쉽게 이김. ¶축구에서 5대 0으로 —하다. ☞신승(辛勝)
낙심(落心)명-하다자 바라던 일이 이루어지지 않아 힘이 빠지고 마음이 상함. ¶실험이 실패로 돌아가 크게 —하다. ☞낙망(落望)
낙심천만(落心千萬)성구 몹시 낙심이 됨을 이르는 말.
낙약(諾約)명-하다자 상대편의 계약 신청을 승낙함.
낙약-자(諾約者)명 제삼자를 위한 계약에서, 제삼자에 대하여 채무를 지는 사람. ☞요약자(要約者)
낙양(落陽)명 저녁의 해, 또는 저녁의 햇볕. 낙일(落日). 낙조(落照). 석양(夕陽)
낙양지귀(洛陽紙貴)성구 진(晉)나라 좌사(左思)가 '삼도부(三都賦)'를 지었을 때 낙양 사람이 다투어 이를 베끼어 종이 값이 올랐다는 데서, 책이 잘 팔림을 이르는 말.
낙역(絡繹)어기 '낙역(絡繹)하다'의 어기(語基).
낙역부절(絡繹不絶)성구 연락부절(連絡不絶)
낙역-하다(絡繹—)형여 길에 사람과 수레의 왕래가 끊임이 없다.
낙엽(落葉)명 나뭇잎이 떨어짐, 또는 그 나뭇잎. ¶—이 쌓인 오솔길. /—이 지다.
낙엽=관:목(落葉灌木)명 가을에 잎이 떨어지고 이듬해 봄에 새잎이 나는 관목. 진달래나 철쭉, 앵두나무 따위. 갈잎떨기나무
낙엽=교목(落葉喬木)명 가을에 잎이 떨어지고 이듬해 봄에 새잎이 나는 교목. 참나무 따위. 갈잎큰키나무
낙엽-색(落葉色)명 낙엽과 같은 빛깔.
낙엽-송(落葉松)명 소나뭇과의 낙엽 침엽 교목. 일본 원산으로, 국내 곳곳의 산지(山地)에 많이 재배되어 있음. 높이는 30m 안팎. 바늘 모양의 부드러운 잎이 20~30개씩 무더기로 남. 암수한그루임. 5월경에 단성화(單性花)가 피고, 9월경에 열매를 맺음. 재목은 수지(樹脂)가 많고, 내구성(耐久性)과 내습성(耐濕性)이 강하여 건축재·펄프·선박재 따위로 쓰임.
낙엽-수(落葉樹)명 가을에 잎이 떨어지고 이듬해 봄에 새잎이 나는 나무. 갈잎나무 ☞상록수(常綠樹)
낙영(落英)명-하다자 낙화(落花)
낙오(落伍)명-하다자 ①행군 따위의 대열에서 떨어져 뒤로 처짐. ②경쟁 사회에서 남을 따라가지 못하고 뒤로 처짐. ¶상위권에서 —되다.
낙오-병(落伍兵)명 행군(行軍)에서 낙오된 병사.
낙오-자(落伍者)명 낙오된 사람. ¶—가 생기지 않도록 서로 이끌다.
낙위(諾威)명 '노르웨이'의 한자 표기.
낙원(樂園)명 아무런 걱정이나 모자람이 없이 안락하게 살 수 있는 즐거운 곳. 낙토(樂土) ¶지상(地上)의 —.
낙월(落月)명 지는 달.
낙유(酪乳)명 탈지유(脫脂乳)에 유산균을 넣어 발효시킨 우유. 식이 요법에 쓰임.
낙의(諾意)명 승낙하는 뜻.
낙이(樂易)어기 '낙이(樂易)하다'의 어기(語基).
낙이-하다(樂易—)형여 즐겁고 편안하다.
낙인(烙印)명 ①불에 달구어 찍는 쇠로 만든 도장, 또는 그것으로 찍은 자국. 옛날에는 형벌로 죄인의 이마 따위에 찍기도 하였음. 소인(燒印). 화인(火印) ②한번 붙이면 좀처럼 씻기 어려운 평가나 판정을 비유하여 이르는 말. ¶—을 찍다. /범죄자라는 —이 찍히다.
낙일(落日)명 낙양(落陽)

낙자(落字)명 글이나 인쇄물 등에서 빠뜨린 글자. 탈자
낙장(落張)명 책에서 책장이 빠짐, 또는 그 빠진 책장. ¶ -이 있는 책을 새 책과 바꾸다.
낙장-거리 명-하다자 네 활개를 벌리고 뒤로 발랑 나자빠지는 일. ☞넉장거리
낙장-본(落張本)명 낙장이 있는 책.
낙장불입(落張不入) 노름판에서, '한번 판에 내놓은 패는 무르기 위하여 다시 집어 들이지 못함'의 뜻.
낙적(落籍)명-하다자타 ①호적부나 학적부 따위에서 이름이 빠짐. ②지난날, 기적(妓籍)에서 이름을 빼던 일.
낙전(落箭)명-하다자 쏜 화살이 표적에 이르지 못하고 중간에서 떨어짐, 또는 그 화살.
낙점(落點)[1]명 쏜 탄환이나 포탄 따위가 날아가 떨어진 지점. 낙지점(落地點)
낙점(落點)[2]명-하다자 조선 시대에 이품 이상의 관원을 뽑을 때, 이조(吏曹)나 병조(兵曹)에서 올린 세 사람의 후보 가운데 임금이 적임자의 이름 위에 점을 찍던 일.
낙정(落庭)명 낙정미(落庭米)
낙정-미(落庭米)명 ①곡식을 되질할 때 땅에 떨어진 곡식. 낙정(落庭) ②수고한 끝에 얼마쯤 얻어 가지는 변변치 못한 물건을 이르는 말.
낙정하:석(落穽下石)성구 함정에 빠진 사람에게 돌을 떨어뜨린다는 뜻으로, 어려운 처지에 놓였을 때 구해 주기는커녕 도리어 더 괴롭힌다는 말.
낙제(落第)명-하다자 ①낙방(落榜) ②성적이 좋지 않아 상급 학교나 위의 학년으로 나아가지 못함. ③일정한 기준이나 수준에 이르지 못함. ¶신랑감으로는 -다.
낙제-생(落第生)명 낙제한 학생.
낙-제:품(酪製品)명 낙농품(酪農品)
낙조(落照)명 낙양(落陽). 석양(夕陽)
낙조(落潮)명 썰물
낙종(落種)명-하다자 파종(播種)
낙종(諾從)명-하다타 옳게 여겨 좇음.
낙종-물(落種-)명 못자리하기에 알맞게 때맞추어 내리는 비를 이르는 말.
낙죽(烙竹)명 불에 달군 인두 따위의 쇠로 지져서 여러 가지 무늬를 놓은 대.
낙지 명 낙짓과의 연체동물(軟體動物). 몸길이 70cm 안팎. 둥근 몸통과 다리 사이에 있는 머리에 좌우 한 쌍의 눈이 있음. 몸길이의 4분의 3이 되는 여덟 개의 긴 다리에는 많은 빨판이 있음. 몸빛은 잿빛이지만 주위의 빛깔에 따라 바뀌며, 위험을 느끼면 먹물을 뿜고 달아남. 얕은 바다의 암초(暗礁) 지역에 살며 새우나 조개 등을 잡아먹음. 회로 먹거나 국, 포 등을 만들어 먹음. 석거(石距). 소팔초어(小八鮹魚). 장어(章魚). 초어(梢魚)
낙지(落地)명-하다자 땅에 떨어진다는 뜻으로, 세상에 태어남을 이르는 말.
낙지(落枝)명 축 늘어진 나뭇가지.
낙지(樂地)명 낙토(樂土)
낙지-다리 명 돌나물과의 여러해살이풀. 줄기 높이는 70cm 안팎. 잎은 어긋맞게 나며 잎자루가 거의 없음. 여름에 줄기 끝에 몇 가닥의 꽃대가 나와 누르스름한 많은 잔꽃이 피는데, 그 생김새가 많은 빨판이 달린 낙지의 다리와 비슷함. 열매는 익으면 갈라지고 어린잎은 먹을 수 있음. 우리 나라와 일본, 중국 등지의 습지에 분포함.
낙지-백숙(-白熟)명 낙지의 껍질을 벗기고 고락을 뺀 다음 끓는 물에 살짝 데친 음식.
낙지-적(-炙)명 낙지를 양념한 뒤 꼬챙이에 꿰어서 불에 살짝 구운 음식.
낙지-전:골 명 낙지와 쇠고기를 파·마늘·생강 따위로 양념하여 골파·쑥갓과 함께 끓인 전골.
낙지-점(落地點)명 낙점(落點)[1]
낙직(落職)명-하다자 관직에서 떨려 남. 낙사(落仕)
낙진(落塵)명 방사진(放射塵)
낙질(落帙)명 질(帙)로 된 책 가운데서 낱권이 빠진 것, 또는 그 빠져 나간 낱권. 결본(缺本). 산질(散帙) 변 낙길 ☞완본(完本). 완질(完帙). 잔편(殘編). 전질
낙차(落差)명 ①흘러 떨어지는 물의 아래위 높이의 차. ② 높낮이의 차. 수준의 차. 어떤 두 가지 사이의 차. ¶이론과 실제의 -./생활 수준의 -가 크다.
낙착(落着)명-하다자 일이 결말이 남. ¶당초의 계획대로 -하였다.
낙찰(落札)명-하다타 경쟁 입찰에서, 입찰한 물건이 자기 손에 들어오는 일. ¶집을 좋은 값에 -하다.
낙찰-계(落札契)명 경쟁 입찰을 통하여 곗돈을 타게 되어 있는 계. 낙찰 금액에서 남은 돈은 앞으로 탈 계원들에게 분배됨.
낙척(落拓)명-하다자 불우한 환경에 빠짐. 척락(拓落)
낙천(落薦)명-하다자 천거(薦擧)나 추천을 받지 못하고 떨어짐. ¶정당 공천(公薦)에서 -하다.
낙천(樂天)명 인생을 즐겁고 밝은 것으로 여기고 자신의 처지에 만족하여 아득바득 하지 않는 일. ☞염세(厭世)
낙천-가(樂天家)명 낙천적인 사람. ☞염세가(厭世家)
낙천-관(樂天觀)명 낙천주의 ☞염세관(厭世觀)
낙천-적(樂天的)명 모든 일을 밝고 즐겁게 생각하는 것. ¶-인 생활./-인 인생관. ☞염세적(厭世的)
낙천-주의(樂天主義)명 인생이나 세계를 가치 있는 것으로 보고, 자신의 처지에 만족하며 현실을 긍정적으로 보는 생각. 낙천관 ☞염세주의(厭世主義)
낙체(落體)명 중력의 작용으로 땅에 떨어지는 물체.
낙치(落齒)명-하다자 이가 빠짐.
×**낙-치다**(烙-)타 →낙하다
낙치부:생(落齒復生) 늙어서 이가 빠진 자리에 새 이가 다시 돋아남을 이르는 말.
낙타(駱駝·駱駞)명 낙타과의 포유동물. 어깨 높이 2m 안팎의 초식 동물. 목과 다리가 길고, 등에 양분을 저장하는 혹이 있음. 사막 생활에 잘 적응하는 몸을 가지고 있어서 사막에서 사람이 타고 다니거나 짐을 실어 나르는 데 이용됨. 약대
낙타지(駱駝地·駱駞地)명 낙타의 털을 원료로 한 회갈색의 털실 또는 모직물. 목도리나 담요 따위에 쓰임.
낙탁(落魄)명-하다자 영락(零落) ☞낙백(落魄)
낙태(落胎)명-하다자타 ①임신한 지 24주 미만에 태아가 죽어서 몸 밖으로 나오는 일. 유산(流産) ②태아를 인위적으로 모체로부터 떼어 내는 일. 반산(半產). 타태(墮胎)
낙태-죄(落胎罪)[-쬐]명 태아를 인위적으로 모체 내에서 죽이거나 조산(早產)시킴으로써 성립하는 죄.
낙토(樂土)명 ①편하고 즐겁게 살 수 있는 땅. 낙경(樂境). 낙지(樂地) ②낙원(樂園) ▷樂의 속자는 楽
낙판(落板)명-하다자 윷놀이에서, 윷가락이 판 밖에 떨어지는 일.
낙필(落筆)명-하다자 ①낙서(落書) ②붓을 쥐고 그림을 그리거나 글씨를 씀.
낙하(落下)명-하다자 높은 곳에서 아래로 떨어짐. ¶낙하산에 매달려 -하다.
낙-하다(烙-)타《文》불에 달군 인두로 나무나 대 따위를 지져 글씨를 쓰거나 그림을 그리다.
낙하-산(落下傘)명 비행 중인 항공기나 높은 공중에서 사람이나 물건을 안전하게 땅에 내리는 데 쓰이는 우산 모양의 기구.
낙하산=부대(落下傘部隊)명 낙하산으로 적지에 내려 군사 활동을 하는 부대. 공수 부대(空輸部隊)
낙하-점(落下點)[-쩜]명 물체가 떨어지는 지점.
낙학(洛學)명 ①중국 송학(宋學)의 한 파인 정호(程顥)와 정이(程頤) 형제의 학파를, 이들의 출신지가 낙양(洛陽)인 데서 이르는 말. ②조선 영조(英祖) 때 성리학(性理學)의 한 파인 이간(李柬)의 학파를 이르는 말.
낙한(落汗)명-하다자 한방에서, 열병에 땀을 내어 열이 내리게 하는 일을 이르는 말.
낙함(落頷)명 한방에서, 아래턱이 어긋나서 윗니와 아랫니가 서로 잘 맞지 않는 상태를 이르는 말.
낙향(落鄕)명-하다자 서울에서 시골로 거처를 옮김.
낙형(烙刑)명-하다타 단근질
낙혼(落婚)명-하다자 강혼(降婚) ☞하가(下嫁)

낙홍(落紅)명-하다자 ①꽃이 떨어짐, 또는 그 꽃. 낙화(落花) ②단풍잎이 떨어짐, 또는 그 단풍잎.
낙화(烙畫)명 불에 달군 인두로 나무나 대 따위를 지져서 그리는 그림.
낙화(落火)명 불놀이 따위에서, 떨어지는 불꽃.
낙화(落花)명-하다자 꽃이 떨어짐, 또는 그 꽃. 낙영(落英). 낙홍(落紅)
낙화-생(落花生)명 '땅콩'의 딴이름.
낙화생-유(落花生油)명 땅콩으로 짠 기름. 불포화 지방산이 많은, 질이 좋은 식용유임. 땅콩기름
낙화유수(落花流水)성구 ①떨어지는 꽃잎과 흐르는 물이라는 뜻으로, 살림이나 세력 따위가 보잘것없이 됨을 비유하여 이르는 말. ②가는 봄의 경치를 이르는 말. ③떨어진 꽃에 정이 있으면 흐르는 물도 정이 있어 그것을 띄워서 흐를 것이라는 뜻으로, 남녀 사이에 서로 그리워하는 정이 있음을 비유하여 이르는 말.
낙후(落後)명-하다자 어떤 기준이나 수준에 미치지 못하고 뒤떨어짐. ¶ -한 영농 기술.
낚-거루[낙-] 명 '낚싯거루'의 준말.
낚다[낙-] 타 ①낚시로 물고기를 잡다. ¶ 붕어를 -. ②갖가지 미끼를 써서 사람의 마음을 끌어당기거나 어떤 이익을 손에 넣다. ¶ 경품을 미끼로 손들을 -.
낚-대[낙-] 명 '낚싯대'의 준말.
낚시[낙-] 명 ①물고기를 낚는 데 쓰는, 쇠로 된 갈고랑이. 조구(釣鉤). 조침(釣針) ②-하다자 '낚시질'의 준말.
낚시를 던지다관용 간교한 목적을 이루려고 수단을 쓰다.

한자 **낚시 조**(釣) 〔金部 3획〕 ¶ 조간(釣竿)/조구(釣鉤)/조대(釣臺)/조어(釣魚)/조인(釣人)

낚시-걸이[1] [낙-] 명-하다타 ①남을 꾀어 이용하려고 금품 따위의 미끼를 던지는 짓. ②씨름의 다리 기술의 한 가지. 오른 발목을 상대편의 오른 발목에 걸어서 낚아 젖혀 넘어뜨리는 공격 재간. ☞발목걸어틀기. 호미걸이 ③택견에서, 발질의 한 가지. 발뒤꿈치로 상대편의 오금 부분을 낚아채듯이 걷어 올리는 공격 기술.
낚시-걸이[2] [낙-] 명 보통 쓰는 호미를 등자걸이에 상대하여 이르는 말. ☞등자걸이
낚시-꾼[낙-] 명 낚시질하는 사람. 조인(釣人)
낚시-도래[낙-] 명 낚싯줄이 꼬이지 않고 잘 풀릴 수 있도록 낚싯줄의 굴레와 고삐 사이를 이은 물건. 준 도래[1]
낚시-오랑캐꽃[낙-] 명 '낚시제비꽃'의 딴이름.
낚시-제비꽃[낙-] 명 제비꽃과의 여러해살이풀. 여러 줄기가 비스듬히 서거나 옆으로 눕고, 줄기 높이는 20 cm 안팎임. 뿌리잎은 모여 나고 줄기잎은 어긋맞게 나는데, 모두 잎자루가 길고 심장 모양임. 봄에 자줏빛 꽃이 잎겨드랑이에서 나온 꽃줄기 끝에 핌. 우리 나라와 중국, 타이완, 인도 등지에 분포함. 낚시오랑캐꽃
낚시-질[낙-] 명-하다자 낚시로 물고기를 낚는 일. 조어(釣魚) 준 낚시
낚시-찌[낙-] 명 낚싯줄에 매어서 물 위에 띄워 놓고, 물고기가 낚시를 물면 곧 알 수 있게 하는 작고 가벼운 기구. 부표(浮標) 준 찌[2]
낚시-터[낙-] 명 낚시질하는 자리, 또는 낚시질을 할만한 자리. 조기(釣磯). 조대(釣臺)
낚싯-거루[낙-] 명 낚시질에 쓰는 작은 배. 어주(漁舟) 준 낚거루
낚싯-대[낙-] 명 낚싯줄을 매어 쓰는 길고 가는 장대. 조간(釣竿) 준 낚대
낚싯-바늘[낙-] 명 '낚시'를 흔히 이르는 말.
낚싯-밥[낙-] 명 낚시 끝에 꿰어 다는 미끼.
낚싯-배[낙-] 명 낚시질하는 데 쓰는 배. 조선(釣船)
낚싯-봉[낙-] 명 낚시가 물 속에 가라앉도록 낚싯줄 끝에 다는 작은 납덩이나 돌덩이. 봉돌
낚싯-줄[낙-] 명 낚시를 매달아 물고기를 잡는 데 쓰는 질기고 가는 줄. 조사(釣絲)
낚아-채다 타 물고기를 낚듯이 잡아채다.

난 준 '나는'의 준말.
난:(卵)명 반지·노리개·비녀 따위 장식품의 거미발 속에 물리어 박는 진주(眞珠)나 보석(寶石) 등을 통틀어 이르는 말.
난:(亂)명 '난리(亂離)'의 준말. ¶ -을 피하다.
속담 **난 나는 해 과거(科擧) 했다** : ①오랫동안 바라고 애써 온 일이 소용없게 됨을 이르는 말. ②제가 한 일을 자랑하여 떠들어대지만, 그 결과가 없어 자랑할 것이 못됨을 이르는 말. /**난 중에도 치레가 있다** : 아무리 어수선한 상황이라도 지킬 것은 지켜야 한다는 말.
난(蘭)명 '난초(蘭草)'의 준말. ¶ -을 기르다. /-을 치다.
난(欄)명 ①인쇄물에서 선(線)으로 둘러막은 부분. ¶ 오른쪽 -에 적어 넣으시오. ②신문이나 잡지 따위에서 어떤 특정한 종류의 기사(記事)나 문장을 싣는 지면(紙面). ¶ 지역 사회의 소식을 알리는 -을 두다. ③《접미사처럼 쓰이어》 고유어나 외래어에 붙어 '그러한 내용의 기사가 실린 지면'의 뜻을 나타냄. ¶ 어린이난/어머니난/가십(gossip)난 ☞-란(欄)
난(襴)명 가사(袈裟)의 선(縇).
난(鸞)명 ①난령(鸞鈴) ②난조(鸞鳥)
난(難)-《접두사처럼 쓰이어》'어려운'의 뜻을 나타냄. ¶ 난공사(難工事)/난문제(難問題)
-난(難)《접미사처럼 쓰이어》'어려움'의 뜻을 나타냄. ¶ 경제난(經濟難)/교통난(交通難)/식량난(食糧難)/취직난(就職難)
난:가(亂家)명 화목하지 못하고 말썽이 많은 집안.
난가(難家)명 살림의 형편이 어려운 집.
난가(鸞駕)명 지난날, 임금이 거둥할 때 타던 가마의 한 가지. 덩과 비슷하나 좌우와 앞쪽에 주렴(珠簾)이 있고, 채가 훨씬 길. 난여(鸞輿). 연(輦)
난:각(卵殼)명 알의 껍데기.
난:각-막(卵殼膜)명 알의 껍데기 안쪽에 있는 얇은 막.
난간(欄干·欄杆)명 다리나 계단 따위의 가장자리에 세운 울타리 모양의 시설물. 난함(欄檻)

한자 **난간 란**(欄) 〔木部 17획〕 ¶ 난간(欄干)

난간-궁창(欄干-)명 난간동자 사이를 막아 끼운 널. 난간청판(欄干廳板)
난간-동:자(欄干童子)명 누마루나 정자(亭子) 등의 난간에 일정한 간격으로 세운 작은 기둥.
난간-마루(欄干-)명 난간이 있는 마루.
난간-법수(欄干法首)명 난간의 양쪽 끝에 크게 세운 기둥의 머리.
난간-청판(欄干廳板)명 난간궁창
난:감(難堪)어기 '난감(難堪)하다'의 어기(語基).
난:감-하다(難堪-)형여 ①견디어 내기 어렵다. ¶ 북받치는 슬픔을 누르기 난감했다. ②이러기도 저러기도 어려워 처지가 딱하다. 난처하다 ¶ 가자니 그렇고 안 가자니 또 그렇고 정말 -.
난감-히부 난감하게
난:개(爛開)명-하다자 꽃이 흐드러지게 핌. 난발(爛發)
난객(蘭客)명 좋은 친구. 양우(良友)
난건(難件)[-껀]명 감당하기 어려운 일. 처리하기 어려운 사건이나 안건(案件).
난경(難境)명 어려운 경우나 처지. ¶ -에서 벗어나다.
난계(蘭契)명 난교(蘭交) ▷ 蘭의 속자는 蘭
난곡(難曲)명 악기로 연주하기에 어려운 악곡.
난:공(亂供)명-하다자 난초(亂招) ▷ 亂의 속자는 乱
난공불락(難攻不落)성구 공격하기가 어려워서 쉽사리 함락되지 않음을 이르는 말.
난-공사(難工事)명 장애가 많아서 해내기가 매우 어렵고 힘드는 공사.
난:관(卵管)명 난소(卵巢)로부터 난자를 자궁으로 내보내는 나팔 모양의 관. 나팔관(喇叭管). 수란관(輸卵管)
난관(難關)명 ①지나기가 어려운 관문(關門)이나 곳. ¶ 등반로 중 최대의 -이다. ②헤쳐 나가기 어려운 상황이나 사태. ¶ 입학 시험의 -을 돌파하다.
난:관=임:신(卵管妊娠)[-님-]명 수정란(受精卵)이 난

관 안에서 발육하는 임신. 자궁외 임신 중에서 가장 많음. 나팔관 임신(喇叭管妊娠)

난:괴(卵塊)명 어류·곤충류·양서류 등의 알 덩어리. 곧 한꺼번에 산란된 알들이 난막 등에 싸여 하나의 덩어리로 되어 있는 것.

난:괴(亂魁)명 반란군의 괴수.

난:교(亂交)명-하다자 여러 남녀가 모여 상대를 가리지 않고 뒤섞여 성행위를 하는 일.

난교(蘭交)명 뜻이 맞는 친구 사이의 아름답고 도타운 사귐을 이르는 말. 난계(蘭契) ☞금란지교(金蘭之交)

난구(難句)[-꾸]명 이해하기 어려운 문구나 풀이하기 어려운 구절.

난구(難球)명 야구·탁구·테니스 등의 구기(球技)에서, 잡기 어렵거나 되받아 치기 어려운 공을 이르는 말.

난:국(亂局)명 어지러운 사태. ¶-을 수습하다.

난:국(亂國)명 질서가 어지러운 나라.

난국(難局)명 처리하기가 어려운 사태. 어려운 국면. ¶-에 직면하다./-을 타개하다.

난:군(亂君)명 무도(無道)한 임금. ☞폭군(暴君)

난:군(亂軍)명 ①기율(紀律)이 문란한 군대. ②반란군

난:굴(亂掘)명-하다타 남굴(濫掘)

×**난귀**(難句)명 →난구(難句)

난:기(暖氣·煖氣)명 따뜻한 기운. 온기(溫氣)

난기(鸞旗)명 난령(鸞鈴)으로 장식한 천자(天子)의 기.

난:-기류(亂氣流)명 방향이나 속도가 불규칙하게 바뀌면서 흐르는 기류. 항행 중인 항공기에 동요를 일으키거나 충격을 줄 수 있음. 악기류(惡氣流)

난:낭(卵囊)명 알주머니

난달명 ①길이 여러 갈래로 통한 곳. ②고누에서, 나들이 고누가 되는 밭.

난:당(亂黨)명 난리를 일으키거나 소란을 피워 질서를 어지럽히는 무리.

난당(難當)어기 '난당(難當)하다'의 어기(語基).

난당-하다(難當-)형여 당해 내기가 어렵다.

난:대(暖帶)명 온대 가운데서 아열대(亞熱帶)에 가까운 지대. 연평균 온도가 13~20°C임.

난:대-림(暖帶林)명 난대에 발달하는 상록 활엽수가 주로 자라는 삼림.

난:데-없:다[-업-]형 별안간 불쑥 나타나, 어디서 나왔는지 알 수 없다. ¶난데없는 폭음이 울렸다.

난데-없이부 난데없게

난:도(亂擣)명-하다타 함부로 찧거나 짓이김.

난도(鸞刀)명 지난날, 종묘(宗廟)의 제사에 쓸 짐승을 잡는 데 쓰던 칼. 칼의 등과 날 끝에 난조(鸞鳥) 모양의 방울이 달려 있음. ▷鸞의 속자는 鵉

난:도-질(亂刀-)명-하다타 칼로 함부로 베거나 다지거나 하는 짓.

난:독(亂讀)명-하다타 남독(濫讀)

난독(難讀)명-하다형 읽기가 어려움.

난:돌(煖*堗)명 따뜻한 구들방.

난:동(暖冬)명 여느 해보다 평균 기온이 높은 따뜻한 겨울. ¶이상(異常) -

난:동(亂動)명-하다자 시설물을 부수거나 불을 지르거나 사람을 다치게 하는 등 질서를 어지럽히며 마구 행동하는 일. ¶폭력배들이 -을 일으키다./-을 진압하다.

난득(難得)어기 '난득(難得)하다'의 어기(語基).

난득-하다(難得-)형여 얻기 어렵다. 손에 넣기 어렵다.

난-든벌명 난벌과 든벌. 나들이옷과 집에서 입는 옷. 든난벌

난든집명 손에 익어서 생긴 재주.

난든집(이) 나다관용 손에 익숙해지다.

난등명 절에서, 부처의 머리 위나 불단(佛壇)에 장식으로 둘러 놓은 연꽃이나 모란꽃 따위의 조화(造花).

난등(蘭燈)명 밝고 아름다운 등.

난딱부 머뭇거리지 아니하고 냉큼. ☞넌떡

난령(鸞鈴)명 고대 중국에서, 천자(天子)의 수레나 깃발에 달던 방울. 난(鸞)

난:로(煖爐)명 땔감을 때어 실내를 따뜻하게 하는 기구나 장치. 석유·전기·가스 등을 연료로 하는 것이 있음. 스토브(stove)

난로(難路)명 다니기에 험한 길. 험로(險路)

난:류(暖流)명 해류의 한 가지. 열대나 아열대(亞熱帶) 해역(海域)으로부터 온대나 한대로 흐르는 수온이 높은 해류. 더운무대 ☞한류(寒流)

난:류(亂流)명 유체(流體)의 각 부분이 불규칙하게 뒤섞이면서 흐르는 흐름. 대기(大氣)나 하천의 흐름 따위. ☞층류(層流)

난:류(亂類)명 불법적(不法的)인 짓을 함부로 하는 무리.

난:륜(亂倫)명 인륜(人倫)을 어지럽히는 일. 특히 문란한 남녀 관계를 이름.

난:리(亂離)명 전쟁이나 재변(災變)으로 세상이 혼란에 빠진 상태, 또는 그런 전쟁이나 재변. ¶세상이 온통 -다./-가 났다. ㊟난(亂)

속담 **난리가 나도 얻어먹고 살겠다**: 몹시 똘똘하거나 약삭빠르거나 하여, 어떤 경우에 놓여도 살아갈 수 있는 사람을 두고 이르는 말.

난:립(亂立)명-하다자 ①무질서하게 늘어섬. ¶고층 건물이 -하다. ②선거 따위에서, 많은 후보가 마구 나서는 일. ¶여러 후보가 -하다.

난:마(亂麻)명 뒤얽힌 삼 가닥이라는 뜻으로, 어지럽게 뒤얽힌 사건이나 세태를 비유하여 이르는 말. ¶-처럼 얽힌 사건.

난:막(卵膜)명 동물의 난세포(卵細胞)를 싸고 있는 얇은 보호막을 통틀어 이르는 말.

난:만(爛漫)어기 '난만(爛漫)하다'의 어기(語基).

난:만-하다(爛漫-)형여 ①꽃이 활짝 피어 흐드러지다. ¶온갖 꽃이 -. ②빛깔이 진하고 산뜻하다.

난만-히부 난만하게

난:맥(亂脈)명 이리저리 얽혀서 질서나 체계가 서지 않는 일. ¶지휘 계통의 -을 드러내다.

난:명(亂命)명 숨을 거둘 때, 정신없이 하는 유언(遺言). ☞치명(治命)

난모(暖帽)명 지난날, 겨울에 쓰는 방한모(防寒帽)를 이르던 말. 털가죽으로 안을 넣고, 비단으로 겉을 꾸몄음.

난:목(-木)명 외올 무명실로 성기게 짠 얇고 부드러운 베. 거즈나 붕대 따위로 쓰임. 외올베

난:무(亂舞)명-하다자 ①어지럽게 춤을 추는 일, 또는 그러한 춤. ¶백설(白雪)이 -하다./가을 하늘에 -하는 잠자리들. ②함부로 나서서 마구 날뜀.

난문(難文)명 이해하기 어려운 문장. 난삽한 문장.

난문(難問)명 ①대답하기 어려운 질문. ②'난문제(難問題)'의 준말.

난-문:제(難問題)명 풀기 어려운 문제. ㊟난문(難問)

난물(難物)명 ①처리하기 어려운 사물. ②다루기 어려운 사람. ¶그는 이름난 -이다.

난:민(亂民)명 무리를 지어 난동을 부리는 등, 사회의 안녕과 질서를 어지럽히는 백성.

난민(難民)명 ①전쟁이나 재변(災變) 등으로 생활하기 어려워서 살던 고장을 떠나 안전한 곳으로 피해 온 사람들. 피난민(避難民) ②인종이나 종교, 또는 정치적 이견 등으로 박해를 받게 되어 나라를 떠나 온 사람들.

난민=조약(難民條約)명 본국의 보호를 받지 못하는 난민의 권리 보호를 목적으로 삼은 조약. 자기의 뜻에 따른 귀국이나 재이주(再移住), 귀화(歸化) 등을 돕고, 박해받을 우려가 있는 나라로 내쫓거나 돌려보내는 일을 금지하는 내용임. 1954년에 발효됨.

난-바다명 뭍에서 멀리 떨어진 넓은 바다. 원양(遠洋)

난:-반:사(亂反射)명 빛이 물체의 거친 표면에 부딪쳐 나오면서 사방으로 흩어지는 현상. ☞정반사(正反射)

난:발(亂發)명-하다타 ①총이나 활 따위를 함부로 쏨. 난사(亂射) ②화폐나 어음, 증명서 따위를 함부로 발행함. 남발(濫發)

난:발(亂髮)명 마구 헝클어진 머리털.

난:발(爛發)명-하다자 꽃이 흐드러지게 핌. 난개(爛開)

난:방(煖房·暖房)[명] 실내를 따뜻하게 하는 일, 또는 그 설비. ☞냉방(冷房)
난방(蘭房)[명] 난실(蘭室)
난:방=시:설(煖房施設)[명] 난방 장치(煖房裝置)
난:방=장치(煖房裝置)[명] 실내를 따뜻하게 하는 장치. 방구들·난로·보일러·스팀 따위. 난방 시설
난-바다[명] 일정한 테두리 밖의 바다. ¶-에 떨어진 욽짝.
난:백(卵白)[명] 알의 흰자위. 단백(蛋白) ☞난황(卵黃)
난:백-막(卵白膜)[명] 난백을 싸고 있는 얇은 막.
난:백-분(卵白粉)[명] 난백을 말려서 가루로 만든 것. 난백소(卵白素) ☞난분(卵粉)
난:백-소(卵白素)[명] 난백분(卵白粉)
난:백-수(卵白水)[명] 끓여서 식힌 물에 달걀 흰자위를 풀어 넣고 과즙과 설탕을 탄 음료.
난-번(-番)[명] 숙직(宿直)이나 일직(日直) 근무를 마친 번(番), 또는 그 사람. 하번(下番) ☞든번
난-벌[명] 나들이에 입는 옷이나 신는 신. 나들잇벌 ☞든난벌. 든벌. 막벌
난병(難病)[명] 낫기 어려운 병. 고치기 어려운 병. 난증(難症). 난치병(難治病)
난봉[명] 주색(酒色)이나 노름에 빠지는 짓.
[속담] **난봉 자식이 마음 잡아야 사흘이다** : 한번 주색잡기에 빠지면 거기서 벗어나기가 어려우며, 또 벗어나겠다는 결심을 했다고 해도 오래가지 못함을 이르는 말.
난봉(難捧)[명] 빌려 준 돈이나 물건을 못 받게 되는 일.
난봉(鸞鳳)[명] 난조(鸞鳥)와 봉황(鳳凰). 모두 상서로운 새로서 군자(君子), 동지(同志)인 친구, 부부(夫婦) 등을 비유하여 이르는 말.
난봉-꾼[명] 난봉을 피우는 사람. 난봉쟁이
난봉-나다[자] 주색(酒色)이나 노름에 빠지게 되다.
난봉-나다(難捧-)[자] 빌려 준 돈이나 물건을 받기 어렵게 되다.
난봉-부리다[자] 주색(酒色)이나 노름에 빠지다.
난봉-쟁이[명] 난봉꾼
난:분(卵粉)[명] 달걀 속을 말려 가루로 만든 식품.
난:분분-하다(亂紛紛-)[형][여] 꽃잎이나 눈송이 등이 흩날리어 어지럽다. ¶백설(白雪)이 -.
난:-분할(卵分割)[명] 난할(卵割)
난:비(亂飛)[명]-하다[자] 어지럽게 날아다님. 걷잡을 수 없이 떠돎. ¶뜬소문이 -했다.
난:사(亂射)[명]-하다[타] 총이나 활 따위를 함부로 쏨. 난발(亂發) ¶총을 -하다.
난사(難事)[명] 처리하거나 해결하기 어려운 일.
난-사람[명] 잘난 사람. 뛰어난 사람. ¶그 어려운 일을 처리하는 걸 보면, 그는 분명 -이다.
난사-젓[명] 양미리 새끼로 담근 젓.
난:산(亂山)[명] 겹겹이 이어지는 높고 낮은 산들.
난산(難產)[명]-하다[자타] ①해산(解產)이 순조롭지 못하고 아이를 힘들게 낳는 일. ☞순산(順產). 안산(安產) ②여러 가지 장애가 많아 일이 쉽게 이루어지지 않음을 이르는 말. ¶- 끝에 이루어진 합의(合意).
난삼(襴衫)[명] 지난날, 생원이나 진사에 급제한 사람이 입던 예복.
난삽(難澁)[어기] '난삽(難澁)하다'의 어기(語基).
난삽-하다(難澁-)[형][여] 글 따위의 표현이 어렵고 껄끄러워 매끄럽지 못하다. ¶난삽한 문장. ☞회삽하다
난:상(卵狀)[명] 달걀꼴
난상(難上)[명] 품질 등이 더할 수 없이 좋은 것. 극상(極上)
난:상(爛商)[명]-하다[타] 충분히 의논함.
난:상-공론(爛商公論)[명] 여러 사람이 모여 충분히 의논하는 일, 또는 그 의논.
난:상-토:의(爛商討議)[명] 충분히 토의하는 일, 또는 그 토의. [준]난의(爛議)
난:색(暖色)[명] 빨강·주황·노랑 등과 같이 보는 이에게 따뜻한 느낌을 주는 빛깔. 온색(溫色) ☞한색(寒色)
난색(難色)[명] 곤란하다는 기색. 승낙하지 않을 것 같은 기색. ¶나의 여행 계획에 아버지께서는 -을 표시하셨다.
난:생(卵生)[명] 동물의 새끼가 알의 형태로 모체(母體)로부터 태어나는 일. 조류·양서류·어류·곤충류 등, 포유류를 제외한 대부분의 동물에서 볼 수 있음. ☞난태생(卵胎生). 태생(胎生)
난:생=동:물(卵生動物)[명] 어류·곤충류·조류 따위와 같이, 알을 낳아 새끼를 까는 동물. ☞태생 동물(胎生動物)
난:생-처음(-生-)[명] ①세상에 나서 처음. ¶-인 해외여행. ②〔부사처럼 쓰임〕 ¶- 보는 희한한 일.
난:생-후(-生後)[명] ①세상에 태어난 뒤. ②〔부사처럼 쓰임〕 ¶이런 일은 - 처음이다.
난:선(亂線)[명] 이리저리 뒤엉킨 줄.
난선(難船)[명]-하다[자] 배가 해상에서 풍파(風波)를 만나 난파(難破)함, 또는 그 배.
난:세(亂世)[명] 어지러운 세상. 소란한 세상. 정치적인 안정이 없고 사회 질서가 흐트러져 전쟁 따위가 끊이지 않는 세상. ¶-에 뿔뿔이 헤어진 가족. ☞치세(治世)
난:-세:포(卵細胞)[명] 생물의 암컷의 생식 세포. 동물에서는 난소(卵巢) 안에 있는 난자(卵子)를 가리키고, 식물에서는 배낭(胚囊) 따위의 안에 있는 큰 세포를 가리킴. 난주(卵珠). 알세포 ☞정세포(精細胞)
난:소(卵巢)[명] 동물의 암컷의 생식선(生殖腺). 난자를 만들고, 난소 호르몬을 분비함. 알집 ☞정소(精巢)
난소(難所)[명] 험난하거나 위험하여 지나가기 어려운 곳.
난:소-염(卵巢炎)[명] 난소에 생기는 염증. 임균·화농균·결핵균 등으로 말미암아 생기며, 아랫배에 중압감이나 동통(疼痛)이 있음.
난:소=호르몬(卵巢hormone)[명] 난소에서 분비되는 호르몬. 발정(發精) 호르몬과 황체(黃體) 호르몬이 있으며, 뇌하수체 호르몬과 복잡한 관계를 가지면서 자성(雌性)의 생리 기능을 조정함. ☞여성 호르몬
난:속(亂俗)[명] 풍속을 어지럽히는 일, 또는 어지러운 풍속.
난:수(亂數)[명] 특정한 차례나 규칙 없이 늘어놓은 숫자의 열(列).
난:수-표(亂數表)[명] 0에서 9까지의 숫자를 무질서하게 늘어놓은 표. 통계 조사에서 표본을 무작위(無作爲)로 가려낼 때, 또는 암호(暗號)의 작성이나 해독(解讀) 등에 이용됨.
난:숙(爛熟)[명]-하다[자] ①과일 따위가 짓무르기 시작할 만큼 무르익음. ¶-한 복숭아. ②이미 쇠퇴의 징조가 보이기 시작할 만큼 충분히 발달함.
난:시(亂時)[명] 전쟁이나 변란(變亂) 따위로 세상이 어지러운 시기. 난세(亂世)인 시기.
난:시(亂視)[명] 눈의 굴절 이상의 한 가지. 안구가 변형됨으로써 눈에 들어오는 빛이 한 점에 상(像)을 맺지 못해 물체를 뚜렷이 보지 못하는 상태, 또는 그런 눈.
난:시-안(亂視眼)[명] 난시인 눈.
난-시:청(難視聽)[명] 산이나 높은 건물 따위의 장애물로 말미암아 라디오나 텔레비전의 방송 전파의 수신 장애가 일어나는 상태. ¶- 지역
난:신(亂臣)[명] ①반란을 일으키는 등 나라를 어지럽히는 신하. ②나라를 잘 다스리는 신하. 〔이때의 '亂'은 '다스리다'의 뜻임.〕
난:신-적자(亂臣賊子)[명] 나라를 어지럽히는 신하와 부모를 해치는 자식.
난:실(暖室)[명] 따뜻한 방.
난실(蘭室)[명] ①향기 그윽한 방. ②여인(女人)이 거처하는 방. 난방(蘭房)
난:심(亂心)[명] 어지러운 마음.
난안(難安)[어기] '난안(難安)하다'의 어기(語基).
난안-하다(難安-)[형][여] 마음을 놓기가 어렵다.
난어(難語)[명] 이해하기 어려운 말.
난:언(亂言)[명] 막되거나 난잡한 말.
난언(難言)[어기] '난언(難言)하다'의 어기(語基).
난언-하다(難言-)[형][여] 말하기가 난처하다.
난여(鸞輿·鑾輿)[명] 난가(鸞駕). 연(輦)
난:역(暖域)[명] 온대 저기압에서, 온난 전선과 한랭 전선에 에워싸여 따뜻한 공기가 흘러드는 구역.

난역(難役)명 ①어려운 일. 어려운 역할. ¶위원장이라는 ─을 무난히 수행했다. ②어려운 배역(配役).
난:연(赧然)어기 '난연(赧然)하다'의 어기(語基).
난:연(爛然)어기 '난연(爛然)하다'의 어기(語基).
난:연-하다(赧然─)형여 부끄러워서 얼굴이 붉다.
난:연-하다(爛然─)형여 눈부시게 찬란하다.
난외(欄外)명 ①신문·잡지·책 등의 인쇄물에서, 인쇄된 부분을 둘러싸고 있는 여백 부분. ¶─에 주석(註釋)을 달다. ②난간의 바깥.
난:용(亂用)명-하다타 함부로 마구 씀. 남용(濫用)
난:용-종(卵用種)명 닭이나 오리 따위 가금(家禽) 중에서 알을 낳게 할 목적으로 기르는 품종. ☞육용종
난:운(亂雲)명 ①어지러이 떠도는 구름. ②난층운(亂層雲)
난:원-형(卵圓形)명 달걀과 같은 갸름한 원형(圓形).
난월(蘭月)명 '음력 칠월'을 달리 이르는 말. 난추(蘭秋)
난:육(卵育)명-하다타 어미새가 알을 품듯이 아이를 품속에서 고이 기름을 비유하여 이르는 말.
난:음(亂淫)명-하다자 정욕(情慾)에 빠져 음탕한 짓을 함부로 함. ☞황음(荒淫)
난:의(煖衣·暖衣)명 ①따뜻한 옷. ②-하다자 옷을 충분히 입어 몸을 따뜻하게 함.
난의(難義)명 이해하기 어려운 뜻.
난의(難疑)명-하다타 잘못된 점을 비난하고, 미심쩍은 점을 끝까지 따져 물음.
난:의(爛議)명 '난상토의(爛商討議)'의 준말.
난:의포:식(煖衣飽食)성구 따뜻이 입고 배불리 먹는다는 뜻으로, 넉넉한 생활을 이르는 말. 포식난의(飽食煖衣)
난이(難易)명 어려움과 쉬움.
난이-도(難易度)명 어려움과 쉬움의 정도.
난:입(亂入)명-하다자 난폭하게 함부로 몰려들어감. ¶떼를 지어 회의장에 ─했다.
난:입(闌入·攔入)명-하다자 함부로 뛰어들어감.
난:자(卵子)명 동물 암컷의 난소(卵巢) 안에 있는 생식 세포. ☞난세포(卵細胞). 정자(精子)
난:자(亂刺)명-하다타 칼 따위로 닥치는 대로 마구 찌름.
난자(難字)[─짜]명 이해하기 어려운 글자.
난:작(亂斫)명-하다타 ①잘게 쪼갬. ②쇠로 된 연장으로 마구 찍음.
난작-거리다(대다)자 물체가 썩거나 삭아서 힘없이 자꾸 처지다. ☞는적거리다
난작-난작부 물체가 썩거나 삭아서 힘없이 자꾸 처지는 모양을 나타내는 말. ☞는적는적
난:잡(亂雜)어기 '난잡(亂雜)하다'의 어기(語基).
난:잡-스럽다(亂雜─)(─스럽고·─스러워)형ㅂ 보기에 난잡한 데가 있다.
　난잡-스레부 난잡스럽게
난:잡-하다(亂雜─)형여 ①뒤섞여서 어수선하다. ¶방안에 옷가지가 난잡하게 흩어져 있다. ②몸가짐 따위가 상스럽고 너저분하다. ¶하는 짓이 ─.
　난잡-히부 난잡하게
난-장명 ①일정하게 정한 장날 외에 특별히 터놓은 장. ☞오일장 ②한데에 난전을 벌이고 서는 장.
　난장을 트다관용 새로 장을 만들거나 있던 장을 크게 키우다. ¶난장을 트자 각지의 장사꾼들이 모여들었다.
난:장(亂杖)명 ①지난날, 장형(杖刑)을 줄 때 신체의 부위를 가리지 않고 마구 치던 일, 또는 그 매. ②마구 치는 매질.
　난장(을) 맞다관용 마구 얻어맞다.
　난장(을) 치다관용 함부로 마구 때리다.
난장(亂帳)명 책장의 차례가 잘못된 채로 철해진 것, 또는 잘못된 장.
난:장(亂場)명 난장판
난:장-맞을(亂杖─)감 '난장을 맞을만 한'의 뜻으로, 몹시 못마땅하여 욕하는 말. 난장칠 ¶─, 날씨는 또 왜 이리 덥지.
난:장-질(亂杖─)명-하다자 아무 데나 마구 때리는 짓.
난:장-치다(亂場─)자 함부로 마구 떠들다.
난:장-칠(亂杖─)감 난장맞을
난:장-판(亂場─)명 여러 사람이 어지러이 뒤섞여 마구 떠들어대거나 뒤죽박죽이 된 판. 난장(亂場) ¶반대파의 소동으로 회의장이 ─이 되었다.
난:장-패(亂場─)명 난장판을 만드는 무리.
난쟁이명 정상이 아닐 정도로 키가 별나게 작은 사람. 왜인(矮人). 왜자(矮者). 주유(侏儒) ☞키다리
　속담 **난쟁이 교자꾼 참여하듯** : 난쟁이가 키 큰 사람들만 모인 교자꾼에 끼이려 한다는 뜻으로, 자기의 능력이나 처지를 생각하지 않고 주제넘게 나서는 일을 이르는 말.
난쟁이-잠자리명 '깃동잠자리'의 딴이름.
난쟁이-춤명 난쟁이처럼 목을 움츠리고 두 어깨를 들썩거리며 허리를 구부리고 추는 춤.
난:적(亂賊)명 세상을 어지럽게 하는 도둑의 무리.
난-전(─廛)명 허가 없이 길에 벌여 놓은 가게. ☞노점
난:전(亂廛)명 조선 시대, 관아에 등록된 상인이 아닌 사람이, 육주비전(六注比廛)에서 파는 물건을 몰래 팔던 가게.
　난전(을) 치다관용 육주비전에 딸린 군졸들이 난전을 단속하여 물건을 빼앗고 사람을 잡아가다.
　속담 **난전 몰리듯 한다** : 군졸들이 급히 서둘러서 난전을 칠 때와 같이, 당하는 사람이 정신을 차리지 못하여 몹시 허둥거리는 경우를 이르는 말. [각전의 난전 모듯]
난:전(亂戰)명-하다자 ①전투에서 서로 뒤섞여 어지러이 싸우는 일, 또는 그러한 싸움. ②운동 경기 등이 몹시 치열하게 펼쳐지는 일, 또는 그러한 경기. 혼전(混戰)
난점(難點)[─쩜]명 처리하거나 해결하기가 어려운 점.
난:정(亂政)명 원칙이 지켜지지 않는 몹시 어지러운 정치.
난정(難定)어기 '난정(難定)하다'의 어기(語基).
난정-하다(難定─)형여 정하기 어렵다.
난제(難題)명 ①시가(詩歌)나 문장에서, 짓기 어려운 제목. ②어려운 문제. 어려운 일. ¶쌓여 있는 ─를 하나하나 해결하다.
난:조(亂調)명 정상(正常)이 아닌 흐트러진 상태.
난조(鸞鳥)명 고대 중국의 상상의 새. 모양이 닭과 비슷하고, 깃은 오색(五色)이 섞인 붉은빛이며, 울음소리는 오음(五音)에 맞는다고 함. 난(鸞)
난:주(卵珠)명 난세포(卵細胞)
난:주(亂酒)명 술을 절도(節度) 없이 마구 마시는 일.
난죽(蘭竹)명 동양화 화제(畫題)의 한 가지. 난초의 곡선에 대의 직선을 조화시킨 것으로, 묵화(墨畫)에 많음.
난:중(亂中)명 난리가 계속되는 동안.
난중(難重)어기 '난중(難重)하다'의 어기(語基).
난:중일기(亂中日記)명 임진왜란 때 이순신이 진중(陣中)에서 한문으로 적은 일기. 선조 25년(1592) 5월 1일부터 선조 31년(1598) 10월 7일까지 기록됨.
난:중지난(難中之難)성구 어려운 가운데 가장 어려운 일을 이르는 말.
난중-하다(難重─)형여 형세 따위가 몹시 어렵다.
난증(難症)[─쯩]명 난병(難病)
난:지(暖地)명 따뜻한 고장. ☞한지(寒地)
난지락-거리다(대다)자 덩이진 물체가 물크러질 정도로 심하게 물러지다. ☞는지럭거리다
난지락-난지락부 난지락거리는 모양을 나타내는 말. ☞는지럭는지럭
난지락난지락-하다형여 덩이진 물체가 물크러질 정도로 심하게 무르다. ☞는지럭는지럭하다
난-질명-하다자 여자가 눈맞은 남자와 함께 달아남.
난질-가다자 여자가 눈맞은 남자와 함께 달아나다.
난질-거리다(대다)자 덩이진 물체가 물크러질 정도로 물러지다. ¶반죽이 난질거려서 손에 들러붙다. ☞는질거리다
난질-난질부 난질거리는 모양을 나타내는 말. ☞는질는질
난질난질-하다형여 덩이진 물체가 물크러질 정도로 무르다. ☞는질는질하다
난처(難處)어기 '난처(難處)하다'의 어기(語基).
난처-하다(難處─)형여 이러기도 저러기도 어려워 처지

가 딱하다. 난감하다 ¶난처한 ―./어느 편을 들어야 할 지 참으로 ―.

난청(難聽)명 ①청력이 떨어져서 소리가 잘 들리지 않는 일. ②라디오 방송에서 지역에 따라 전파가 장애를 받거나 하여 수신(受信)이 잘 되지 않는 일.

난:초(亂招)명-하다자 죄인이 신문(訊問)을 받을 때 함부로 꾸며서 진술하는 일, 또는 그 진술. 난공(亂供)

난:초(亂草)명 ①마구 갈겨 쓴 초서(草書). ②함부로 되는대로 쓴 초고(草稿).

난초(蘭草)명 ①난초과의 여러해살이풀을 통틀어 이르는 말. 전세계에 2만여 종, 우리 나라에는 춘란·한란·자란·풍란·석곡 등 80여 종이 알려져 있음. 꽃은 각각 독특한 모양이 있으며, 향기가 좋아 관상용으로 널리 재배됨. ㊀ 난(蘭) ②화투 딱지의 한 가지. 5월을 상징하여 난초를 그린 딱지. 열, 붉은 띠, 껍데기 두 장으로 이루어짐. ☞모란

한자 **난초 란**(蘭) 〔艸部 17획〕 ¶난초(蘭草)

난초-약(蘭草―)명 화투 놀이에서, 오월의 난초 딱지 넉 장을 모두 차지한 경우를 이르는 말. 놀이에 참가한 사람들로부터 스무 끗씩을 받게 됨. 초약 ☞비약. 풍약

난추(蘭秋)명 '음력 칠월'을 달리 이르는 말. 난월(蘭月)

난:추니명 새매의 수컷. 아골(鴉鶻) ☞익더귀

난:취(爛醉)명-하다자 술에 잔뜩 취함. 만취(滿醉)

난측(難測)어기 '난측(難測)하다'의 어기(語基).

난측-하다(難測―)형여 헤아리기 어렵다. 짐작하기 어렵다. ¶난측한 그의 심사, 알 길이 전혀 없네.

난:층-운(亂層雲)명 중층운(中層雲)의 한 가지. 어두운 잿빛을 띤 두꺼운 구름으로 온 하늘을 가림. 구름 아래 부분은 흐트러지며 무너져 내리듯 함. 난운(亂雲). 비구름. 비층구름 ☞고적운(高積雲)

난치(難治)명-하다형 병이나 나쁜 버릇을 고치기 어려움.

난치-병(難治病)[―뼝]명 낫기 어려운 병. 고치기 어려운 병. 난병(難病)

난-침:모(―針母)명 자기 집에서 살며 남의 바느질을 맡아 하는 침모. ☞든침모. 침모

난:타(亂打)명-하다타 ①마구 치거나 때림. ¶비상 종을 ―하다. ②테니스나 탁구에서, 카운트나 서브 없이 연습으로 공을 서로 치고 받고 하는 일. ③야구에서, 여러 타자가 상대편 투수의 공을 잇달아 치는 일.

난:-태생(卵胎生)명 난생 동물(卵生動物) 중에서, 알이 모체(母體) 안에서 깨어 유생(幼生)의 형태로 나오는 일. 모체로부터 영양을 받지 않고, 알 속의 노른자를 영양으로 하는 점이 태생(胎生)과 다름. 살무사·우렁이 따위. ☞난생. 태생

난:투(亂鬪)명-하다자 양편이 서로 어지럽게 뒤섞여 싸우는 일, 또는 그런 싸움.

난:투-극(亂鬪劇)명 난투가 벌어진 장면(場面).

난티-나무명 느릅나뭇과의 낙엽 활엽 교목. 높이 20m, 지름 1m 안팎. 잎은 어긋맞게 나는데, 길둥글고 끝이 세 갈래로 갈라져 있으며 둘레에는 톱니가 있음. 4~5월에 담황록색의 꽃이 핌. 재목은 가구를 만드는 데 쓰이고, 나무껍질은 섬유를 만들거나 약으로 쓰임. 우리 나라와 일본, 중국 등지에 분포함. 산유(山楡)

난:파(暖波)명 따뜻한 공기가 밀려와 평균보다 기온이 오르는 현상. 온파(溫波) ☞한파(寒波)

난파(難破)명-하다자 항해 중인 배가 폭풍우 따위를 만나 부서지거나 침몰하거나 좌초하는 일.

난파-선(難破船)명 난파한 배.

난:판-본(亂版本)명 한 책 안에 목판(木版)과 활자판이 섞여 있거나, 판면의 체재나 글자체 등이 서로 다른 것이 섞여 있는 책.

난:편=생식(卵片生殖)명 인공적인 단위 생식(單爲生殖)의 한 가지. 난세포의 핵을 제거한 후 정자를 넣어 배(胚)를 발생시키는 일. 동정 생식(童貞生殖). 메로고니

난:포(卵胞)명 여포(濾胞)

난:포=호르몬(卵胞hormone)명 여포 호르몬

난:폭(亂暴)명-하다형 몹시 거칠고 사나움.

난:풍(暖風)명 따뜻한 바람.

난:필(亂筆)명 ①함부로 어지럽게 쓴 글씨. ¶그의 글씨는 ―이라 읽기 어렵다. ②자기의 글씨를 겸손하게 이르는 말. ¶―이어서 부끄럽습니다.

난:-하다(亂―)형여《文》①빛깔이나 무늬 따위가 눈에 거슬리도록 어지럽거나 야단스럽다. ¶표지의 도안이 ―. ②질서가 잡혀 있지 않고 난잡하다. ¶노는 꼴이 ―.

난-하다(難―)형여《文》①어렵거나 힘들다. ②난처하다 ¶자네 처지가 좀 난하게 되었구먼.

난:할(卵割)명 단세포인 수정란이 다세포화하기 위하여, 세포가 연속하여 분열하는 과정. 세포의 발생 초기에 볼 수 있음. 난분할(卵分割) ☞할구(割球)

난함(欄檻)명 다리나 계단 따위의 가장자리에 세운 울타리 모양의 시설물. 난간(欄干)

난:합(卵盒)명 아주 작은 합. 알합

난항(難航)명-하다자 ①폭풍우 따위로 항행이 순조롭지 못함, 또는 그 항행. ②장애가 많아 일이 순조롭게 되어 가지 않음. ¶―을 겪다./노사(勞使)의 교섭이 ―을 거듭하다.

난:해(卵醢)명 알젓

난:해(暖海)명 물의 온도가 비교적 높은 바다. ¶―에서 많이 잡히는 물고기.

난해(難解)어기 '난해(難解)하다'의 어기(語基).

난해-하다(難解―)형여 이해하기 어렵다. 해석하기 어렵다. ¶난해한 글./난해한 문제.

난:핵(卵核)명 성숙한 난세포의 핵. 수정(受精) 때 정자(精子)의 핵과 융합(融合)함. ☞정핵(精核)

난:행(亂行)명-하다자 ①난폭한 행동. ②음란한 짓.

난행(難行)명 불교에서, 몹시 고된 수행(修行)을 이르는 말. ☞이행(易行)

난행고행(難行苦行)성구 갖가지 고난(苦難)을 견디어 내야 하는 수행을 이르는 말.

난행-도(難行道)명 불교에서, 자기의 힘으로 수행의 공을 쌓아 깨닫는 길을 이르는 말. ☞이행도(易行道)

난향(蘭香)명 난초의 향기.

난형난제(難兄難弟)성구 누구를 형이라 하고, 누구를 아우라 해야 할지 어렵다는 뜻으로, 누가 더 낫다고 할 수 없을 정도로 우열을 가리기 힘든 경우를 이르는 말. ☞막상막하(莫上莫下)

난:혼(亂婚)명 사회 진화론자들이 미루어 생각한 가설(假說)로서, 원시 사회에서 남녀가 특별히 어느 상대자를 정하지 아니하고 성생활(性生活)을 했을 것으로 보는, 혼인의 원초적 형태. 잡혼(雜婚) ▷亂의 속자는 乱

난화(蘭花)명 난초의 꽃.

난화지맹(難化之氓)성구 교화(教化)하기 어려운 백성을 이르는 말. 난화지민(難化之民)

난화지물(難化之物)성구 교화(教化)하기 어려운 동물이나 사람을 이르는 말.

난화지민(難化之民)성구 난화지맹(難化之氓)

난:황(卵黃)명 알의 노른자위. ☞난백(卵白)

난:황-분(卵黃粉)명 달걀이나 오리알 따위의 노른자위를 말려 가루로 만든 것.

난:후(亂後)명 난리를 치른 뒤.

낟:-가리명 낟알이 붙은 볏단이나 보릿단 따위를 쌓아올린 더미.

낟:가릿-대명 음력 정월 열나흗날에, 풍년을 비는 뜻으로 농가의 뜰에 낟가리처럼 꾸며 놓는 물건. 흔히 긴 소나무를 뜰에 꽂아 만듦.

낟:-알명 ①껍질을 벗기지 않은 곡식의 알갱이. ②쌀알

낟:알-기[―끼]명 곡식으로 만든 적은 양의 음식. 곡기(穀氣) ¶종일 ―를 입에 대지 않는다.

날[1]명 ①하루 동안. 자정(子正)에서 다음 자정까지의 사이. ¶―이 가고 달이 가다./여러 ―을 기다리다. ②낮 동안. ¶―이 저물어 가다./―이 새다. ③날씨 ¶―이 개다./궂은 ―. ④날짜[1] ¶―을 정해라. ⑤관형어 뒤에 쓰이어, 때나 시기, 시절을 뜻하는 말. ¶어린 ―의 추

억. /다시 만날 ―을 기약하다. ⑥'날이면' 또는 '날에는' 등의 꼴로 쓰이어, '경우이면', '경우에는' 등의 뜻을 나타내는 말. ¶들키는 ―에는 모든 일이 허사야.
날(을) 받다 관용 이사를 가거나 결혼 등의 행사를 치르려고, 좋다고 하는 날을 가려서 정하다. 날(을) 잡다.
날(을) 잡다 관용 날(을) 받다.
날(이) 들다 관용 비나 눈이 그치고 날씨가 좋아지다. ¶오랜만에 날이 들어 빨래하기에 좋다.
날이면 날마다 관용 하루도 빠짐없이. ¶― 고향 생각을 한다. ☞매일같이
날(이) 새다 관용 일이 이루어져야 할 때가 지나 가망이 없다.
속담 **날 받아 놓은 색시 같다** : 밖에 나다니지 않고 집에만 틀어박혀 있음을 이르는 말. /**날 샌 올빼미 신세** : 올빼미는 야행성(夜行性)이므로 낮에는 거의 활동을 하지 못하는 데서, 힘이 없어 어찌할 수 없는 외로운 신세를 이르는 말. 〔날개 부러진 매/허리 부러진 호랑이〕/**날 샌 은혜 없다** : 남에게 은혜를 입고서도, 시일이 지나면 잊어버리게 되기 쉽다는 말. 〔밤 잔 원수 없고 날 샌 은혜 없다〕/**날이 못 되어 이루었다** : 어떤 일을 빨리 끝냈을 때 이르는 말.

한자 **날 일**(日) 〔日部〕 ¶매일(每日)/일간(日刊)/일과(日課)/일기(日記)/일보(日報)/일상(日常)

날[2] 명 칼 따위에서, 무엇을 자르거나 깎거나 하는 데 쓰이는 얇고 날카로운 부분.
날(을) 세우다 관용 연장의 날을 날카롭게 만들다.
날이 서다 관용 ①날이 날카롭게 되다. ②신경이 예민해지다. ③말이나 글의 표현이 날카롭고 공격적으로 되어 있다.
날[3] 명 피륙을 짜거나 돗자리를 치거나 짚신이나 미투리 등을 삼을 때, 세로 놓는 실이나 노나 새끼. ☞씨[2]
날(이) 나다 관용 ①짚신이나 미투리 등이 닳아 날이 드러나다. ②거덜이 나다.
날[4] 준 '나를'의 준말.
날- 접두 ①'익지 않거나 익히지 않은'의 뜻을 나타냄. ¶날밤/날고기 ②'마르거나 말리지 않은'의 뜻을 나타냄. ¶날가죽 ③'본디 그대로의'의 뜻을 나타냄. ¶날간장 ④'지독하고 악랄한'의 뜻을 나타냄. ¶날강도
날-가루 명 익히지 않은 곡식을 빻아 만든 가루.
날-가죽 명 무두질하지 않은 가죽. 생가죽. 생피(生皮)
날-감 명 익지 않았거나 우리지 않은 감.
날-강도(―强盜) 명 아주 뻔뻔스럽고 악독한 강도. ¶이런 ― 같은 놈.
날강목-치다 자 ①광산에서 광물을 캘 때에 조금도 얻은 것이 없이 헛일만 하다. ②무슨 일을 하는 데 성과 없이 헛수고만 하다.
날개[1] 명 ①조류나 곤충류의 몸 양쪽에 달려, 날아다니는 데 쓰이는 기관. ②항공기의 동체(胴體) 양쪽에 뻗쳐 있으며, 공중에서 기체의 무게를 지탱하는 부분. ③기계나 기구에 붙어 있는, 바람개비 모양의 부품(部品). ¶선풍기 ―/헬리콥터 ―
속담 **날개 부러진 매** : 위세를 부리다가 타격을 받고 힘없는 신세가 되었음을 이르는 말. 〔날 샌 올빼미 신세/허리 부러진 호랑이〕/**날개 없는 봉황** : 쓸모 없는 처지가 되었음을 이르는 말.

한자 **날개 익**(翼) 〔羽部 11획〕 ¶미익(尾翼)/붕익(鵬翼)/쌍익(雙翼)/양익(兩翼)/학익진(鶴翼陣)

날-개[2] [―깨] 명 윷판의 날밭의 둘째 말밭 이름. 곧 '날도' 다음의 말밭임.
날개-집 명 주되는 집채의 좌우로 날개처럼 이어 댄 부속 건물.
날갯-죽지 명 새의 날개가 몸에 붙어 있는 부분. 죽지
날갯-짓 명-하다 자 새가 날개를 펴서 아래위로 세게 움직이는 짓.
날-걸 [―껄] 명 윷판의 날밭의 셋째 말밭 이름. 곧 '날개' 다음의 말밭임. 세뿔

날-것 명 고기나 채소 따위를 익히거나 말리거나 가공하지 않은 것. 날짜[2]. 생것
날-고기 명 익히거나 말리거나 가공하지 않은 고기. 생고기. 생육(生肉)
날-고추 명 말리거나 익히지 아니한 고추.
날-고치 명 삶지 않은 고치.
날-공전(―工錢) 명 날마다 셈하여 주는 품삯. ☞날삯
날-귀 [―뀌] 명 대패나 끌 따위의 날 끝의 양쪽 모.
날-근(―斤) 명 한자 부수(部首)의 한 가지. '新'·'斬' 등에서 '斤'의 이름.
날-금 명 경선(經線) ☞씨금
날-기와 명 굽지 않은 기와.
날-김치 명 익지 않은 김치. 생김치
날다[1](날고·나니) 자 ①공중에 떠서 어떤 방향으로 가다. ¶새가 ―. ②높이 뛰거나 솟아오르다. ¶휙 날아서 뜀틀을 넘다. ③썩 빨리 움직이다. ¶날듯이 달려가다. ④빛깔이 바래어 엷어지거나 없어지다. ¶색이 날았다. ⑤'달아나다'를 속되게 이르는 말. ¶범인은 멀리 날았다. ⑥〔타동사처럼 쓰임〕 ¶구름 위를 ―. /하늘을 ―.
속담 **나는 놈 위에 타는 놈 있다** : 아무리 뛰어난 재주가 있다 해도 그보다 더 나은 사람이 있으니, 너무 우쭐댈 일이 아니라는 말. /**나는 새도 깃을 쳐야 날아간다** : 아무리 재주가 좋다고 해도 노력을 하지 않으면 그 재주를 발휘할 수 없다는 말. /**나는 새도 떨어뜨리고 닫는 짐승도 못 가게 한다** : 권세가 대단하여 모든 일을 제 마음대로 함을 이르는 말. 〔나는 새도 떨어뜨린다〕/**나는 새에게 여기 앉아라 저기 앉아라 할 수 없다** : 저마다 자유가 있고, 제 뜻에 따라 움직이는 것이니, 남이 이래라 저래라 할 수 없다는 말. /**난다 긴다 한다** : 재주가 비상함을 이르는 말. /**날면 기는 것이 능하지 못하다** : 사람이 여러 가지 일에 다 능할 수는 없다는 말.

한자 **날 비**(飛) 〔飛部〕 ¶비등(飛騰)/비래(飛來)/비상(飛上)/비운(飛雲)/비행(飛行)/비호(飛虎)

날다[2](날고·나니) 타 ①피륙을 짜기 위하여, 새의 수에 맞추어 날실을 길게 늘이다. ②돗자리나 가마니를 치기 위하여, 일정한 수와 길이의 날을 늘여서 틀에 걸다.
날-다람쥐 [―따―] 명 ①다람쥣과의 날다람쥐, 북미날다람쥐, 큰날다람쥐 따위를 통틀어 이르는 말. ②다람쥣과의 포유동물. 몸길이 40~45cm, 꼬리 길이 30cm 안팎. 생김새가 다람쥐와 비슷하나 훨씬 큼. 옆구리에 발달한 비막(飛膜)을 펼쳐서 가지에서 가지로 날아다님. 숲 속에서 살며, 낮에는 나무 구멍 따위에서 자다가 밤에 활동함. 곤충이나 열매 따위를 먹고 삶.
날-단:거리 명 풀이나 나뭇가지를 베는 대로 바로 묶어서 말린 땔나무.
날-담비 [―땀―] 명 족제빗과의 포유동물. 몸길이 60cm 안팎으로 등은 연회색, 목은 담황색이고 발바닥에 털이 났음. 우리 나라 특산임.
날-도[1] 명 경도(經度)[2] ☞씨도
날-도[2] [―또] 명 윷판의 쨀밭을 거쳐 날밭의 첫째 말밭 이름. 곧 '찌모'의 다음 말밭임.
날-도둑 명 매우 뻔뻔스럽고 악독한 도둑.
날도둑-질 명-하다 타 매우 뻔뻔스럽고 악독하게 남의 것을 훔치거나 빼앗는 짓.
날-도래 명 ①날도랫과의 곤충을 통틀어 이르는 말. ②날도랫과의 곤충. 몸길이 2cm 안팎, 편 날개의 길이 5~6cm. 머리와 앞가슴에 희고 누른 털이 나 있음. 앞날개에는 검은 얼룩무늬가 있고, 뒷날개는 누른색이며 끝은 밤색임. 여름 밤에 등불에 날아듦. 애벌레는 '물여우'라 하여 물 속에 삶.
날-떠퀴 명 민속에서, 그 날의 운수를 이르는 말.
날-뛰다 자 ①함부로 덤비거나 거칠게 행동하다. ¶폭력배들이 ―. ②감정을 억누르지 못하고 함부로 행동하다. ¶기뻐 날뛴다. ③몹시 바쁘게 돌아다니다.
날라리 명 말과 행동이 들떠서 미덥지 못한 사람을 낮잡아

이르는 말.

날래다 형 움직임이 몹시 빠르다. ¶몸놀림이 ─.

> 한자 **날랠 용**(勇)〔力部 7획〕 ¶용맹(勇猛)/용병(勇兵)/용사(勇士)/용장(勇壯)/충용(忠勇)

날:렵-하다 형여 몸놀림이 날래고 재치가 있다. ¶사람들 사이를 날렵하게 누비고 다니다.

날렵-히 부 날렵하게

날로[1] 부 날것인 채로. 생으로 ¶─ 먹다.

날로[2] 부 날이 갈수록. 나날이 ¶사업이 ─ 번창하다./증세가 ─ 호전되다.

날름 부 ①혀를 내밀었다가 날쌔게 들이는 모양을 나타내는 말. ¶빈정거리듯 혀를 ─ 하다. ②무엇을 날쌔게 받아먹거나 집어 가지는 모양을 나타내는 말. ¶돌고래가 물고기를 ─ 받아먹다./─ 집어서 주머니에 넣다. ☞널름. 늘름

날름-거리다(대다) 자타 혀를 빨리 내밀었다 날쌔게 들였다 하다. ¶뱀이 혀를 ─./불꽃이 날름거리며 온 산을 태우다. ☞널름거리다. 늘름거리다

날름-날름 부 날름거리는 모양을 나타내는 말. ☞널름널름. 늘름늘름

날름-막(─膜)명 판막(瓣膜)

날름-쇠 명 ①무자위의 아래위 부분에 있는 밸브. ②물건을 퉁겨지게 하려고 걸어 놓은 쇠. 덫 따위와 같이 무엇이 닿기만 하면 풀리게 되어 있음. ③총의 방아쇠를 걸었다가 떨어뜨리는 쇠.

날리다[1] 자 ①바람 따위의 힘으로 날게 되다. ¶먼지가 ─. ②바람에 흔들리다. ¶바람에 날리는 깃발.

날리다[2] 타 ①날게 하다. ¶모형 비행기를 ─. ②새 따위를 놓아 보내다. ¶산새를 날려 주다. ③재물 따위를 헛되이 잃거나 없애다. ¶가진 돈을 몽땅 날렸다. ④일을 어름어름 해치우다. ¶공사를 날려서 하다. ⑤이름을 떨치다. ¶한때는 날리던 선수였다.

> 한자 **날릴 양**(揚)〔手部 9획〕 ¶선양(宣揚)/양명(揚名)

날림 명 공들이지 않고 아무렇게나 날려서 하는 일, 또는 그 물건. ¶─ 공사/─으로 지은 집.

날림-치 명 날림으로 만든 물건.

날-마다 부 ①매일 ¶─ 과수원을 둘러본다. ②〔명사처럼 쓰임〕 ¶도서관에 가는 것이 ─의 일이다.

날-망제 명 지노귀새남을 받지 못한 죽은 이의 혼령을 무당이 이르는 말.

날-목(─木)명 베어 낸 뒤에 아직 마르지 아니한 나무. 생나무. 생목(生木)[1]

날-물[1] 명 나가는 물.

×**날-물**[2] 명 → 썰물

날-밑 명 칼의 몸과 칼자루 사이에 끼워서 칼자루 쥔 손을 보호하는 얇은 금속판.

날-바늘 명 실을 꿰지 아니한 바늘.

날-바닥 명 아무 것도 깔지 않은 바닥. 맨바닥 ¶─에 둘러앉아 도시락을 먹었다.

날바람-잡다 자 바람이 들어서 공연히 떠돌아다니다.

날-바탕 명 가공하지 않은 본디 그대로의 바탕.

날-반죽 명-하다 타 곡식 가루에 찬물을 쳐 가며 하는 반죽. ☞익반죽

날-받이[─바지] 명-하다 자 큰일을 치르기 위하여 길일(吉日)을 가리어 정하는 일. ¶─하거든 알려 주마.

날-밤[1] 명 부질없이 새우는 밤. ☞건밤

날밤을 새우다 관용 부질없이 자지 않고 밤을 새우다.

날-밤[2] 명 굽거나 삶거나 말리거나 하지 않은 날것 그대로의 밤. 생률(生栗). 생밤

날밤-집[─찝] 명 밤을 새우면서 술을 파는 선술집.

날-밭[─빹] 명 윷판에서, 말이 나가는 끝 무렵인 '날도'에서 '날윷'까지의 말밭을 이름. ☞앞밭. 쨀밭

날-벌레 명 날아다니는 벌레를 통틀어 이르는 말. 비충(飛蟲) ☞길벌레

날-벼 명 갓 베어 내어 아직 마르지 아니한 벼.

날-벼락 명 〔맑은 날 뜻밖에 떨어지는 벼락이라는 뜻으로〕 ①아무 잘못 없이 당하는 호된 꾸지람. ¶모처럼 낮잠을 자다가 ─을 맞았다. ②뜻밖에 당하는 재앙. ¶교각이 무너지는 바람에 수많은 사람이 ─을 맞았다. 생벼락

날-변(─邊)[─뼌] 명 하루를 단위로 계산하는 이율. 일변(日邊) ☞달변

날-보리 명 갓 베어 내어 아직 마르지 아니한 보리.

날-불한당 명 몹시 악독한 불한당.

날-붙이[─부치] 명 칼·낫·끌 따위와 같이 날이 서 있는 연장을 통틀어 이르는 말.

날-비(─飛)[─삐] 명 한자 부수(部首)의 한 가지. '飜' 등에서 '飛'의 이름.

×**날-빛** 명 → 햇빛

날사리 명 해안 가까이 들어와 알을 낳은 조기 떼들이 먼 바다로 나가는 일, 또는 그 때.

날-사이[─싸─] 명 지난 며칠 동안. 일래(日來) ¶─에 벼가 많이 자랐다. 준날새

날-삯[─싹] 명 그날그날 셈하는 품삯. 일급(日給) ☞날공전

날삯-꾼[─싹─] 명 날삯을 받고 일하는 일꾼.

날-상가(─喪家)명 아직 장사를 치르지 아니한 초상집.

날-상제(─喪制)명 초상을 다 치르기 전의 상제.

날-상투 명 관모(冠帽)를 쓰지 않은 맨상투.

날-새[─쌔] 명 '날사이'의 준말. ¶─ 안녕하셨습니까?

날샐-녘 명 날이 샐 무렵. ¶─에야 잠이 들었다.

날-생(─生)[─쌩] 명 한자 부수(部首)의 한 가지. '產'·'甥' 등에서 '生'의 이름.

날-성수(─星數)[─썽─] 명 민속에서, 그 날의 운수를 이르는 말. 일수(日數) 준날수

날-소일(─消日)명-하다 자 하는 일 없이 그날그날을 지내는 일. 해소일

날-송:장 명 ①죽은 지 오래지 않은 송장. ②아직 염습(殮襲)을 하지 않은 송장.

날-수(─數)[─쑤] 명 ①날의 수. ¶아직 ─를 다 채우지 못했다. ②'날성수'의 준말.

날-숨[─쑴] 명 내쉬는 숨. 호기(呼氣) ☞들숨

날-실[─씰] 명 피륙에서 세로 방향으로 짜인 실. 경사(經絲) ☞씨실

날쌍-날쌍 부-하다 형 매우 날쌍한 모양을 나타내는 말. ¶─ 짠 목도리. ☞늘썽늘썽

날쌍-하다 형여 천이나 대그릇 따위의 짜임새가 좀 상깃하다. ☞늘썽하다

날쌔다 형 날래고 힘차다. ¶공을 날쌔게 가로채다./날쌘 몸놀림.

날씨 명 맑고 흐림, 기압·기온·습도·바람·눈·비 따위로 나타나는 기상(氣象)의 상태. 날[1]. 일기(日氣) ¶좋은 ─./─가 흐리다./─가 풀리다.

날씬-날씬 부-하다 형 여럿이 다 날씬한 모양을 나타내는 말. ¶─한 처녀들. ☞늘씬늘씬

날씬-하다 형여 몸매가 맵시 있게 가늘다. ¶날씬한 몸매./허리가 ─. ☞늘씬하다

날아-가다 자 ①날아서 가다. ¶강남으로 날아가는 제비들. ②제자리에서 떨어져 나가다. ¶뚜껑이 ─./문짝이 ─. ③가지고 있던 것이 없어지다. ¶빚에 쪼들려 집마저 날아갔다. ④액체가 증발하거나 냄새가 없어지다. ¶물기가 다 날아갔다./소독약 냄새가 날아갔다.

> ▶ **'날아가다'와 '날라 가다'의 뜻 구별**
> ○ 날아가다 ─ '새나 비행기 따위가 하늘을 날아서 가다'의 뜻. '날아+가다'의 복합어.
> ○ 날라 가다 ─ '사람이나 물건을 들거나 무엇에 싣거나 하여 다른 데로 옮기다'의 뜻. '날라'는 '나르다'의 르불규칙 활용형이다.

날아-놓다 타 여러 사람이 낼 돈의 액수를 배정하다. ¶비용을 회원들에게 알맞게 날아놓았다.

날아-다니다 자 날아서 이리저리 다니다.

날아-들다(─들고·─드니)자 ①날아서 안으로 들다. ¶

나비들이 꽃밭으로 날아든다. ②뜻하지 않은 것이 난데없이 닥쳐 들다. ¶사고 소식이 날아들었다.

날아-오다 자 ①날아서 오다. ¶날아오는 기러기 떼. ②썩 빠르게 오다. ¶공이 −./몽둥이가 −. ③소식 따위가 전하여 오다. ¶금메달 소식이 −./비보(悲報)가 −.

날아-오르다 (−오르고·−올라) 자타르 날아서 위로 높이 오르다. ¶나무 위의 새가 하늘로 −.

날-아편 (−阿片) 명 생아편

날연 (茶然) 어기 '날연(茶然)하다'의 어기(語基).

날연-하다 (茶然−) 형여 노곤하여 기운이 없다. 나른하다

날연-히 부 날연하게

날염 (捺染) 명 -하다 타 염색 방법의 한 가지. 천에 무늬가 새겨진 본을 대고 롤러에 물감을 묻혀 인쇄하듯이 무늬를 찍어 냄.

날-윷 [−륫] 명 윷판의 날밭의 넷째 말밭 이름. 곧 '날걸' 다음의 말밭임.

날인 (捺印) 명 -하다 자 도장을 찍음. ¶계약서에 서명하고 −하다.

날-일 [−릴] 명 날삯을 받고 하는 일.

날-일 (−日) 명 한자 부수(部首)의 한 가지. '明'·'時' 등에서 '日'의 이름.

날-입 [−립] 명 대팻날과 대팻집 사이에 나 있는, 대팻밥이 빠져 나오는 틈.

날-장구 [−짱−] 명 일 없이 공연히 치는 장구. ¶굿 뒤에 − 친다.

날-장판 (−壯版) 명 기름에 걷지 않은 종이로 만든 장판.

날조 (捏造) [−쪼] 명 -하다 타 없는 일을 있는 것처럼 거짓으로 꾸밈. ¶증거를 −하다.

날-종이 명 기름에 걷지 않은 종이.

날-줄 [−쭐] 명 경선(經線) ☞씨줄

날지니 명 산지니

날-짐승 [−찜−] 명 날아다니는 짐승, 곧 새 종류를 통틀어 이르는 말. 금조(禽鳥). 비금(飛禽). 비조(飛鳥). 우족(羽族) ☞길짐승

날짜[1] 명 ①날의 수효. ¶−가 너무 많이 걸린다. ②무엇을 하려고 잡은 날. ¶기말 시험 −가 다가온다. ③어제·오늘·내일·모레 따위의 말 뒤에 쓰이어, 문서가 발행된 날을 뜻하는 말. ¶오늘 −로 발령이 났다. 날[1]. 일자(日子)

날-짜[2] 명 ①일에 익숙하지 못한 사람. ¶미장이로는 아주 −였다. ②날것. 생짜

날짜-도장 (−圖章) 명 서류 따위에 그날그날 날짜를 찍는 도장.

날짜=변:경선 (−變更線) 명 날짜를 조정하기 위하여 경도(經度) 180°인 태평양상에 설정한 가상(假想)의 선. 이 선을 서쪽에서 동쪽으로 넘으면 하루가 늦추어지고, 동쪽에서 서쪽으로 넘으면 하루가 앞당겨져 이튿날의 날짜로 됨.

날짝지근-하다 형여 몹시 나른하다. ¶봄철이라 그런지 몸이 −. ☞늘쩍지근하다

날짱-거리다(대다) 자 나른한 태도로 나릿나릿 움직이다. ¶매사에 −. ☞늘쩡거리다

날짱-날짱 부 날짱거리는 모양을 나타내는 말. ☞늘쩡늘쩡

날짱날짱-하다 형여 몸놀림이나 태도가 몹시 느리고 야무지지 못하다. ☞늘쩡늘쩡하다

날찌 명 엮어서 뱃간에 까는 나뭇가지.

날찍 명 어떤 일의 결과로 생기는 이익. ☞소득(所得)

날치[1] 명 ①날아가는 새를 쏘아 잡는 일. ②몸놀림이 매우 날쌘 사람을 비유하여 이르는 말.

날치[2] 명 날마다 이자를 치르게 되어 있는 빚.

날치[3] 명 날칫과의 바닷물고기를 통틀어 이르는 말. 몸길이 20~35cm 가량. 몸빛은 검푸르나 배는 흼. 가슴지느러미가 발달하여, 그것을 날개처럼 펴서 해면 위를 날아오름. 온 세계의 난해(暖海)에 60여 종이 분포함. 먹을 수 있음. 비어(飛魚)

날-치기 명 -하다 타 남의 물건을 재빨리 채 가는 짓, 또는 그런 사람. ☞들치기

날치-꾼 명 날아가는 새를 쏘아 떨어뜨리는 재주를 가진 사냥꾼.

날치다 자 몹시 날뛰다.

날카롭다 (날카롭고·날카로워) 형ㅂ ①끝이 뾰족하다. ¶바늘 끝같이 −. ②날이 서 있다. ¶날카로운 칼. ③눈길이나 기세 따위가 매섭다. ¶눈길이 −. ④감각이나 판단력이 뛰어나다. ¶두뇌가 −./날카로운 관찰력. ⑤자극에 대한 반응이 지나치게 빠르다. ¶신경이 −. ⑥감각 기관에 미치는 자극이 강하다. ¶끽끽 하는 날카로운 쇳소리. ⑦성질이 너그럽지 못하고 매우 까다롭다. ¶성미가 −. ⑧국면이 매우 긴장되어 있다. ¶서로 날카롭게 대립하다. ☞무디다

날카로이 부 날카롭게

한자 **날카로울 예**(銳) 〔金部 7획〕 ¶예둔(銳鈍)/예리(銳利)/예민(銳敏)/예봉(銳鋒)/첨예(尖銳)

날캉-거리다(대다) 자 덩이진 물체가 몹시 물러서 저절로 늘어지다. ¶인절미가 −. ☞늘컹거리다

날캉-날캉 부 날캉거리는 모양을 나타내는 말.

날캉날캉-하다 형여 매우 날캉하다. ☞늘컹늘컹하다

날캉-하다 형여 덩이진 물체가 저절로 늘어질 정도로 몹시 무르다. ☞늘컹하다

날큰-거리다(대다) 자 덩이진 물체가 물러서 자꾸 늘어지다. ¶수제비 반죽이 −. ☞늘큰거리다

날큰-날큰 부 날큰거리는 모양을 나타내는 말.

날큰날큰-하다 형여 매우 날큰하다. ☞늘큰늘큰하다

날큰-하다 형여 덩이진 물체가 늘어질 정도로 무르다. ☞늘큰하다

날탕 명 아무 것도 가진 것이 없는 사람.

날-틀 명 베를 짤 때 날을 바로잡는 기구.

날-파람 명 ①무엇이 빠르게 지나가는 결에 나는 바람. ¶−을 일으키며 날아가는 화살. ②열쌘 기세를 비유하여 이르는 말.

날파람-둥이 명 주책없이 헐렁거리며 싸다니는 사람을 이르는 말.

날-포 명 하루 남짓한 동안. ¶아무래도 −는 걸리겠지. ☞달포. 해포

날-품 명 날삯을 받고 일하는 품팔이. 일용(日傭)

날품을 팔다 관용 날삯을 받고 일을 해 주다.

날품-팔이 명 ①-하다 자 날품을 파는 일. 일용(日傭). 자유 노동자 ②'날품팔이꾼'의 준말.

날품팔이-꾼 명 날삯을 받고 품팔이하는 사람. 일공쟁이 준 날품팔이

날피 명 가난하면서 허랑한 사람.

날-피리 명 급히 쫓길 때에 물 위로 뛰어오르며 달아나는 피라미.

날-홈 명 대팻집에서, 대팻날이 끼어 있는 홈.

낡다 [낙−] 형 ①물건이 오래되어 헐어 있거나 허술하다. ¶기계가 낡았다./신이 낡았다. ②시대에 뒤떨어져 현실에 맞지 않다. ¶낡은 제도./낡은 사고 방식.

속담 **낡은 존위(尊位) 댁네 보리밥은 잘해**: 가난하여 보리밥만 지어 먹어 보리밥만은 잘 짓는다는 뜻으로, 다른 것은 못해도 무엇 한 가지만은 익숙하게 잘할 때에 이르는 말.

낡아-빠지다 형 쓸모가 없을 만큼 매우 낡다. ¶낡아빠진 구두를 신고 있다./낡아빠진 사고 방식.

낡은-이 명 '늙은이'를 낮잡아 이르는 말.

남 명 ①자기 외의 다른 사람. 타인(他人) ¶−과 잘 어울린다. ②일가(一家)가 아닌 사람. ③아무런 관계가 없거나 관계를 끊은 사람. ¶의좋던 형제가 −이 되었다.

남의 나이를 먹다 관용 제 나이를 다 살고 남의 나이로 살아간다는 뜻으로, 늙은이가 오래 삶을 비유하는 말.

남의 달을 잡다 관용 해산달을 넘겨서 아이를 낳게 되다.

남의 살 같다 관용 심한 추위 따위로, 손끝이나 발끝 등에 감각이 없다.

남의 집을 살다 관용 남의 집에 살면서 그 집 일을 해 주다.

속담 **남 눈 똥에 주저앉고 애매한 두꺼비 떡돌에 치인다** : 남이 저지른 잘못으로 죄 없는 사람이 애매하게 벌을 받는 일을 이르는 말. 〔독 틈에 탕관〕/**남 떡 먹는데 팥고물 떨어지는 걱정한다** : 남의 일에 쓸데없이 걱정함을 이르는 말. 〔금주(禁酒)에 누룩 흥정〕/**남을 물에 넣으려면 제가 먼저 물에 들어간다** : 남을 해치려고 모함을 하면, 자기가 먼저 그런 어려움을 당하게 된다는 말. 〔남 잡이가 제 잡이〕/**남의 것을 마 베어먹듯 한다** : 남의 것을 함부로 훔쳐먹는다는 말. /**남의 고기 한 점 먹고 내 고기 열 점 준다** : 남의 것을 부당하게 제 것으로 하면, 나중에 훨씬 더 큰 손해를 보게 된다는 말. /**남의 고기 한 점이 내 고기 열 점보다 낫다** : 적더라도 남의 것을 취하기 좋아하는 욕심을 이르는 말. /**남의 눈에 눈물 내면 제 눈에는 피가 난다** : 남에게 모질고 악한 짓을 하면, 저는 그보다 더한 타격을 받게 된다는 말. /**남의 다리 긁는다** : ①자기를 위해서 애써 한 일이 남을 위한 일이 되고 말았다는 말. ②남의 일을 제 일로 알고 한다는 말. /**남의 돈 천 냥이 내 돈 한 푼만 못하다** : 아무리 적고 보잘것없는 것이라도 제가 직접 가지고 있는 것이 낫다는 말. /**남의 등 쳐 먹는다** : 남의 재물을 빼앗아 가진다는 말. /**남의 떡에 설 쇤다** : 자기는 노력하지 않고 남의 힘으로 일을 이룬다는 말. /**남의 똥에 주저앉는다** : 다른 사람이 저지른 일로 하여 애매하게 화(禍)를 입는다는 말. /**남의 말도 석 달** : 아무리 널리 퍼진 소문도 시일이 지나면 흐지부지되고 만다는 말. /**남의 말 하기는 식은 죽 먹기** : 남의 잘못을 끄집어내어 탓하기는 매우 쉽다는 말. /**남의 밥에 든 콩이 굵어 보인다** : 제 것보다 남의 것이 더 좋아 보인다는 말. 〔남의 떡이 더 커 보인다〕/**남의 밥은 맵고도 짜다** : 남의집살이하는 것은 매우 고생스러우며, 남의 밥을 먹어 보아야 부모의 고마움을 알게 된다는 말. /**남의 소 들고 뛰는 것은 구경거리** : 자기와 상관없는 경우에는 그것이 불행한 일이라도 재미있게 구경한다는 말. /**남의 자식 흉보지 말고 내 자식 가르쳐라** : 남을 흉보기 전에 그것을 거울삼아 자신을 가다듬어야 한다는 말. /**남의 잔치에 감 놓아라 배 놓아라 한다** : 자기와는 상관도 없는 일에 쓸데없이 참견하지 말라는 뜻. /**남의 집 제사에 절하기** : 자기와는 상관없는 남의 일에 참여하여 헛수고만 한다는 말. /**남의 흉이 한 가지면 제 흉이 열 가지** : 사람은 흔히 제 흉은 접어 두고 남의 허물을 들어 말하기 쉬우니, 남의 흉을 보려거든 자신을 먼저 돌아보라는 말.

남(男)명 ①'남성(男性)'의 준말. ②'남작(男爵)'의 준말.

남(南)명 남쪽 ☞동(東). 북(北)

남(藍)명 ①'남색'의 준말. ②쪽²

남(男)-접두 '남자'의 뜻을 나타냄. ¶남동생/남선생/남학생/남사원(男社員)

남가새명 남가샛과의 한해살이풀. 줄기 길이 1m 안팎으로 바닷가의 모래땅에 자람. 줄기는 땅 위를 기면서 여러 갈래로 갈라지는데 날카로운 가시가 많음. 잎은 깃꼴 겹잎이며 마주 남. 여름에 잎겨드랑에서 노란 다섯잎의 잔 꽃이 한 송이씩 핌. 가시털이 있는 열매는 질려(蒺藜)라 하여 한방에서 강장제(强壯劑) 등으로 쓰임. 우리나라와 타이완, 인도 등지에 분포함. 납가새. 질려(蒺藜)

남가일몽(南柯一夢)성구 '남가(南柯)'는 남쪽으로 뻗은 가지라는 뜻으로, 당나라의 순우분(淳于棼)이 뜰의 큰 나무 밑에서 자다가 20년간 나라를 다스리는 꿈을 꾸었다는 이야기에서, 덧없는 꿈 또는 덧없는 부귀영화를 비유하여 이르는 말. 남가지몽(南柯之夢)

남가지몽(南柯之夢)성구 남가일몽(南柯一夢)

남간(南間)명 조선 시대, 의금부(義禁府) 안의 남쪽에 있던, 사형수를 가두던 옥(獄).

남경(男莖)명 '음경(陰莖)'을 달리 이르는 말. 양경(陽莖). 옥경(玉莖). 자지 ☞음문(陰門)

남경(南京)명 고려 시대의 사경(四京)의 하나. 지금의 서울을 이름.

남계(男系)명 남자만으로 계승해 가는 가계(家系), 또는 아버지 쪽의 혈통. ☞여계(女系)

남계(南界)명 동물 지리구(地理區)를 크게 셋으로 가른 것 가운데 하나. 오스트레일리아와 서남 태평양 제도를 포함하는 지역. ☞북계(北界). 신계(新界)

남공(男工)명 남자 직공. ☞여공(女工)

남과(南瓜)명 호박

남교(南郊)명 ①남쪽 교외(郊外). ②지난날, 서울의 남대문 밖 일대를 이르던 말.

남구(南歐)명 '남구라파'의 준말. ☞북구(北歐)

남-구라파(南歐羅巴)명 남유럽 준남구 ☞북구라파

남국(南國)명 남쪽에 위치한 나라. ¶-의 따스한 햇살. ☞북국(北國)

남:굴(濫掘)명-하다타 ①광산 따위를 정해진 방침이나 계획이 없이 함부로 채굴함. ②무덤 따위를 함부로 파헤침. 난굴(亂掘)

남궁(南宮)명 조선 시대, 예조(禮曹)를 달리 이르는 말.

남극(南極)명 ①지축(地軸)이 지구의 표면과 교차하는 남쪽의 점. 남극점 ②남극권과 남극 대륙과 그 부근 지역. ③지축의 연장선이 남쪽에서 천구(天球)와 교차하는 점. 하늘의 남극. ☞북극(北極)

남극=거:리(南極距離)명 천구(天球) 위의 어느 점과 하늘의 남극과의 각거리(角距離). ☞북극 거리

남극-계(南極界)명 생물 지리학상의 한 구역. 남극 대륙 및 주변의 여러 섬과 남아메리카의 파타고니아를 포함하는 지역. ☞북극계(北極界)

남극-광(南極光)명 남극의 높은 하늘에 나타나는 극광(極光). ☞북극광(北極光)

남극-권(南極圈)명 남위(南緯) 66도 33분 이남인 남극을 중심으로 하는 지역. 남극 ☞북극권(北極圈)

남극=노:인(南極老人)명 '남극성'을 달리 이르는 말.

남극=대:륙(南極大陸)명 남극을 중심으로 펼쳐지는 대륙. 면적은 약 1,400만km^2이며, 대부분 빙하로 덮여 있고, 기후는 한랭함.

남극-성(南極星)명 ①천공(天空)의 남극에 위치하는 별. ②중국 고대의 천문학에서, 사람의 수명을 맡고 있다는 별. 이 별이 나타나면 천하가 태평하고, 나타나지 않으면 전란이 일어난다고도 하였음. 노인성. 카노푸스

남극-점(南極點)명 지축(地軸)의 남쪽 끝인 남위 90도의 지점. 지축이 지구 남쪽 끝의 지표면과 만나는 곳. ☞북극점(北極點)

남극=지방(南極地方)명 남극 대륙과 그 부근의 섬들을 포함하는 지역. ☞북극 지방

남극-해(南極海)명 남극권 안에 있는 바다. 태평양·대서양·인도양이 남극 대륙을 둘러싸고 있는 부분에 해당함. 남빙양(南氷洋)

남근(男根)명 '음경(陰莖)'을 달리 이르는 말. 양근(陽根). 자지 ☞여근(女根)

남근=숭배(男根崇拜)명 생식기 숭배의 하나. 남근같이 생긴 자연물이나 인공물을 생산의 신이나 개운(開運)의 신으로 믿고 받드는 일.

남기(嵐氣)명 이내¹

남기다타 ①나머지가 있게 하다. 남아 있게 하다. ¶많은 재산을 -. ②떨어져 있게 하다. ¶처자를 남겨 두고 떠나다. ③뒤에까지 전하게 하다. ¶이름을 -. ④이익이 나게 하다. ¶적당히 남기고 팔아야지.

한자 남길 유(遺) 〔辵部 12획〕 ¶유물(遺物)/유산(遺產)/유서(遺書)/유언(遺言)/유품(遺品)/유훈(遺訓)

남기북두(南箕北斗)성구 남쪽의 기성(箕星)은 쌀을 까불지 못하고 북쪽의 북두성(北斗星)은 쌀을 되지 못한다는 뜻으로, 이름 뿐인 쓸모 없는 것을 이르는 말.

남김-없:이부 모두. 모조리. 죄다 ¶음식을 - 먹다.

남-날개명 사냥꾼이 화약이나 탄알을 넣어 가지고 다니는 그릇을 통틀어 이르는 말.

남-남명 남과 남. 서로 관계가 없는 사이. ¶-끼리 모여 산다. /-이 되다.

남-남동(南南東)명 남쪽과 남동쪽의 가운데 방위.

남남북녀(南男北女)성구 우리 나라에서, 남부 지방은 남

자가 잘생기고 북부 지방은 여자가 잘생긴 사람이 많다는 뜻으로, 예로부터 일러 오는 말.

남-남서(南南西)명 남쪽과 남서쪽의 가운데 방위.

남녀(男女)명 남자와 여자.

남녀=공:학(男女共學)명 남녀 학생이 한 학교 또는 한 학급에서 함께 공부하는 일.

남녀노:소(男女老少)명 남자와 여자와 늙은이와 젊은이, 곧 모든 사람을 이르는 말.

남녀=동권(男女同權)[-꿘]명 남녀의 성별(性別)에 따른 법적·사회적인 차별 없이 동등하게 누리는 권리. 남녀 동등권

남녀=동등권(男女同等權)[-꿘]명 남녀 동권

남녀-별(男女別)명 남자와 여자의 구별. ¶－ 학생 수.

남녀-상열지사(男女相悅之詞)명 조선 시대 초기의 학자들이 남녀의 애정을 주제로 한 고려 가요를 천박한 것이라 하여 업신여겨 이르던 이름.

남-녀악(男女樂)명 지난날, 궁중 음악의 남악(男樂)과 여악(女樂)을 아울러 이르던 말.

남녀유:별(男女有別)성구 유교의 도덕에서, 남자와 여자 사이에는 분별이 있어야 함을 이르는 말.

남녀-추니(男女－)명 한 몸에 남녀 양성(兩性)의 생식기를 가지고 있거나 외음부(外陰部)가 생식선(生殖腺)과 일치하지 않는 것, 또는 그런 사람. 반음양(半陰陽). 어지자지

남-녘(南－)명 남쪽. 남방(南方) ☞북녘

한자 남녘 남(南)〔十部 7획〕¶남극(南極)/남면(南面)/남문(南門)/남산(南山)/남해(南海)

남노(男奴)명 사내종 ☞여비(女婢)

남:다[-따]자 ①나머지가 있게 되다. ¶먹다 남은 밥./시간이 남아 돈다. ②따로 처져 있다. ¶고향에 남아 있는 가족. ③뒤에까지 전하다. ¶이름이 －./역사에 남은 인물. ④이익을 보다. ¶삼천 원이 －./큰돈이 －.

한자 남을 여(餘)〔食部 7획〕¶여력(餘力)/여분(餘分)/여생(餘生)/여세(餘勢)/여유(餘裕) ▷속자는 余
남을 잔(殘)〔歹部 8획〕¶잔고(殘高)/잔금(殘金)/잔량(殘量)/잔류(殘留)/잔여(殘餘) ▷속자는 残

남-다르다(-다르고·-달라)형르 다른 사람과 유난히 다르다. ¶남다른 소질./일에 기울이는 열성이 －.

남단(南端)명 남쪽 끝. ☞북단(北端)

남-달리부 남다르게 ¶동생은 － 그림을 좋아한다.

남당(南堂)명 삼국 시대, 부족의 집회소(集會所)에서 발전한 초기의 중앙 관아를 이르던 말.

남대(南帶)명 식물상(植物相)에 따른 식물대(植物帶)의 한 가지. 오스트레일리아, 남아메리카의 남부, 아프리카의 남단을 포함하는 지역. 주요 식물로 야자나무류, 목본성(木本性) 고사리류, 아카시아 등의 고유종(固有種)이 있음. ☞북대(北帶)

남대(南臺)명 조선 시대, 학문과 덕행이 뛰어나 사헌부(司憲府)의 관직에 추천된 사람을 이르던 말.

남대문(南大門)명 숭례문(崇禮門)을 달리 이르는 말. ☞동대문(東大門)

속담 **남대문 구멍 같다**: 구멍이 매우 크다는 말./**남대문 입납**(南大門入納): 겉봉에 주소도 이름도 없이 '남대문 입납'이라고만 쓴 편지라는 뜻으로, 주소를 알 수 없는 편지나 주소도 이름도 모르면서 집을 찾는 일을 놀리는 말.

남도(南道)명 경기도의 남쪽 지방인 충청도·경상도·전라도·제주도 지방을 아울러 이르는 말. 남로(南路). 남중(南中) ☞북도(北道)

남도=입창(南道立唱)명 전라도를 중심으로 한 남도 지방에서 발전한, 선소리인 잡가(雜歌). 보렴(報念), 화초사거리(花草四巨里) 따위.

남도=잡가(南道雜歌)명 조선 말기 이후, 전라도를 중심으로 한 남도 지방의 상인과 기녀들 사이에 즐겨 불린 잡가. 보렴(報念), 화초사거리(花草四巨里), 육자배기, 새타령 따위. ☞경기 잡가(京畿雜歌). 서도 잡가

남도=좌:창(南道坐唱)명 전라도를 중심으로 한 남도 지방에서 발전한 앉은소리.

남독(南瀆)명 지난날, 사독(四瀆)의 하나인 지금의 한강(漢江)을 이르던 말.

남:독(濫讀)명-하다타 필요에 따라 가려 읽거나 하지 않고 아무 책이나 닥치는 대로 마구 읽음. 난독(亂讀) ☞다독(多讀). 정독(精讀)

남동(南東)명 남쪽과 동쪽의 가운데 방위.

남-동생(男*同生)명 사내 아우. 남자 동생.

남동-풍(南東風)명 남동쪽에서 불어오는 바람. 경명풍(景明風). 혜풍(惠風)

남동-향(南東向)명 남쪽과 동쪽의 중간을 향한 방향.

남려(南呂)명 십이율(十二律)의 열째 음. ☞육려(六呂). 육률(六律)

남로(南路)명 남도(南道)

남록(南麓)명 산의 남쪽 기슭.

남:루(襤褸)[1]명 누더기

남:루(襤褸)[2]어기 '남루(襤褸)하다'의 어기(語基).

남:루-하다(襤褸－)형여 옷 따위가 때묻고 해어져 지저분하다. ¶남루한 옷차림./행색이 －.

남-마구리(南－)명 남북으로 뚫린 광산 구덩이의 남쪽 마구리. ☞북마구리

남만(南蠻)명 '남쪽 오랑캐'라는 뜻으로, 고대 중국에서 중국의 남쪽 지방에 사는 이민족(異民族)을 낮잡아 이르던 말. ☞동이(東夷). 북적(北狄). 서융(西戎)

남만-북적(南蠻北狄)명 남만과 북적을 아울러 이르는 말.

남매(男妹)명 오라비와 누이. 오누이

남매-간(男妹間)명 ①오누이 사이. ②처남과 매부 사이.

남면(南面)명-하다자 ①남쪽을 향함. ②지난날, 임금이 남쪽을 향하여 신하들과 마주앉은 데서, 임금의 자리에 오름, 또는 임금이 되어 나라를 다스림을 이르던 말.

남명(南冥·南溟)명 중국의 고전에서, 남쪽에 있다는 큰 바다. ☞도남(圖南). 북명(北冥). 붕새

남명집언:해(南明集諺解)명 중국 당나라 남명천 선사(南明泉禪師)가 영가 대사(永嘉大師)의 '증도가(證道歌)'를 320편의 가사로 이어 읊은 것을 한글로 번역한 책. 조선 세종이 30여 수를 번역하고 나머지를 수양 대군이 번역한 것을 성종 13년(1482)에 펴냄. 본디 이름은 '영가대사증도가남명천선사계송언해(永嘉大師證道歌南明泉禪師繼頌諺解)'. 2권 2책.

남-모르다(-모르고·-몰라)자르 〔'남모르는'·'남모르게'의 꼴로 쓰이어〕 자기 혼자만 알고 남이 알지 못하다. ¶남모르는 고생./남모르게 흘린 눈물.

남-몰래부 남이 모르게. ¶－ 간직하다./－ 쌓은 노력.

남무(男舞)명 ①남자가 추는 춤. ☞여무(女舞) ②지난날, 기생이 남빛 창의(氅衣)를 입고 추던 춤.

×**남무**(南無)앞말 →나무(南無)

남문(南門)명 남쪽으로 낸 문. ¶성곽(城郭)의 －. ☞동문(東門). 북문(北門)

남미(南美)명 남아메리카 ☞북미(北美)

남바위명 지난날, 남녀가 쓰던 방한용 쓰개의 한 가지. 귀와 머리 부분을 가리고 뒷골을 길게 하여 뒷덜미를 덮게 하였고, 겉의 가장자리에 털가죽을 둘러 대었음. ☞조바위

남반(南班)명 고려 시대, 액정국(掖庭局)과 내시부(內侍府)의 관원. 동반(東班)과 서반(西班)인 양반(兩班)에 다음가는 반열(班列)임.

남-반:구(南半球)명 지구의 적도(赤道) 이남의 부분. ☞북반구(北半球)

남:발(濫發)명-하다타 ①지폐나 증명서 따위를 함부로 발행함. 난발(亂發) ¶화폐를 －하다./어음을 －하다. ②공약(公約)을 함부로 함. ¶공약을 －하다.

남방(南方)명 ①남쪽. 남녘 ②남쪽 지방. ☞북방(北方) ③'남방셔츠'의 준말.

남방=불교(南方佛敎)명 아소카 왕 이후 남인도 지방과 미얀마·타이·스리랑카 등지에 전파된, 소승(小乘)에

ㄴ

말리는 불교. ☞북방 불교(北方佛敎)
남방-셔츠(南方shirts)명 여름에 양복 저고리와 와이셔츠 대신 입는 남방풍의 남자 웃옷. 준남방
남방-화:주(南方化主)명 불교에서, 남방에서 중생(衆生)을 교화(敎化)하는 부처라는 뜻으로, 지장보살(地藏菩薩)을 이르는 말.
남-배우(男俳優)명 남자 배우. 준남우(男優) ☞여배우(女俳優)
남:벌(濫伐)명-하다타 산림의 나무를 함부로 베어 냄. ¶ -로 산림이 황폐해지다.
남:벌(濫罰)명-하다타 원칙도 없이 함부로 처벌함.
남:법(濫法)[-뻡]명-하다자 법을 함부로 어지럽힘.
남벽(藍碧)명 남빛을 띤 녹색.
남변(南邊)명 남쪽 가장자리. 남쪽 가.
남-병사(南兵使)명 조선 시대, 종이품 무관인 남병영(南兵營)의 병마 절도사(兵馬節度使)를 줄이어 이르던 말.
남-병영(南兵營)명 조선 시대, 함경도에 둔 세 병영 중 남쪽인 북청(北靑)에 있던 병영.
남-보라(藍-)명 남색과 보라의 중간색, 또는 그런 색의 물감. ☞붉은보라
남복(男服)명 ①남자의 옷. ②-하다자 여자가 남자의 옷차림을 함. 남장(男裝) ☞여복(女服)
남본(藍本)명 ①밑그림 ②전거(典據)가 되는 책. 원본(原本)
남-볼썽명 남을 대할 면목. 체면 ¶ -이 사납다.
남부(南部)명 어떤 지역의 남쪽 부분. ☞북부(北部)
남-부끄럽다(-부끄럽고·-부끄러워)형ㅂ 남을 대할 낯이 없다. 남을 대하기가 부끄럽다. ¶남부끄러워 고개를 들고 다닐 수 없다.
남-부끄러이부 남부끄럽게
남-부럽다(-부럽고·-부러워)형ㅂ 남의 처지나 자질 따위가 자기보다 나은 것을 보고, 자기도 그리 되고 싶다. ¶남부러울 것 없이 살아가다.
남-부럽잖다형 '남부럽지 않다'가 줄어든 말. ¶고생 끝에 남부럽잖게 살게 되다.
남부여대(男負女戴)성구 짐을 남자는 등에 지고, 여자는 머리에 인다는 뜻으로, 재난을 당한 사람이나 가난한 사람이 살길을 찾아 이리저리 떠돌아다님을 이르는 말.
남북(南北)명 남쪽과 북쪽을 아울러 이르는 말.
남북이 나다관용 머리통의 앞뒤가 불쑥 나와 있다.
남-북극(南北極)명 남극과 북극을 아울러 이르는 말.
남:분(濫分)어기 '남분(濫分)하다'의 어기(語基).
남:분-하다(濫分-)형여 분수에 많이 넘치는 데가 있다.
×**남비**명 →냄비
남:비(濫費)명-하다타 돈이나 물건을 이로움이 없는 일에 함부로 씀.
남빙-양(南氷洋)[-냥]명 남극해(南極海)
남-빛(藍-)[-삗]명 파랑과 보라의 중간 빛. 남색. 쪽빛
남-사당(*男寺黨)명 지난날, 패를 지어 이곳 저곳으로 다니면서 노래와 춤을 파는 남자들을 이르던 말.
남사당-놀이(*男寺黨-)명 남사당패가 구경꾼 앞에서 풍물·버나·살판·어름·덧뵈기·덜미의 여섯 가지 놀이를 차례로 펼쳐 보이는 일.
남사당-패(*男寺黨-)명 남사당의 무리.
남산(南山)명 마을이나 도시의 남쪽에 있는 산.
남산-골(南山-)[-꼴]명 지난날, 서울의 남산 아래에 있던 마을을 이르던 말. 지금의 이태원 부근으로, 가난한 선비들이 많이 살았다고 함.
남산골 딸깍발이관용 지난날, 가난한 선비를 놀림조로 이르던 말. 서울 남산골에 살던 선비들은 가난하여 맑은 날에도 진땅에 신는 나막신을 신고 다닌 데서 나온 말.
남산골 샌님관용 비록 가난하기는 하지만 자존심만은 강한 선비라는 말.
속담 **남산골 샌님이 역적 바라듯 한다** : ①영락하여 어렵게 사는 사람이 엉뚱한 일을 바란다는 말. ②어려운 처지에 놓인 사람은 언제나 불평을 품고 있다 하여 이르는 말.〔남촌 양반이 반역할 뜻을 품는다〕/**남산골 생원이 망하여도 걸음 걷는 보수는 남는다** : 사람의 버릇이란 없어지지 않는다는 말.
남산-수(南山壽)명 남산과 같이 오래 사는 수명. 장수(長壽)를 빌 때 쓰는 말. ¶ -를 누리소서.
남산-종(南山宗)명 계율종(戒律宗)
남:살(濫殺)명-하다타 죽일만 한 죄가 있고 없고를 가리지 않고 함부로 죽임.
남상(男相)명 남자의 얼굴처럼 생긴 여자의 얼굴 모습을 이르는 말. ☞여상(女相)
남상(을) 지르다관용 여자가 남자 얼굴처럼 생기다.
남상(男像)명 그림이나 조각의 남자의 형상.
남:상(濫觴)명 〔큰 강도 그 근원은 겨우 술잔을 띄울만 한 작은 시내에 지나지 않는다는 뜻에서〕 사물의 시초. 기원(起源). 근원 ¶그 사업이 곧 개화의 -이었다.
남상-거리다(대다)타 ①갸웃갸웃 자꾸 넘어다보다. ¶담 안을 -. ②남의 것을 탐내어 좀스럽게 자꾸 넘보다. ¶남의 물건을 -. ☞넘성거리다
남상-남상부 남상거리는 모양을 나타내는 말. ¶제 몫이 적은듯 한지 - 넘어다본다. ☞넘성넘성
남새명 무·배추·호박 따위와 같이 잎이나 열매, 뿌리 따위를 먹기 위하여 심어 가꾸는 푸성귀. 소채(蔬菜). 채마(菜麻). 채소(菜蔬)
남새-밭명 남새를 심는 밭. 전포(田圃). 채마밭. 채마전. 채소밭. 채원(菜園). 채전(菜田). 포전(圃田)
남색(男色)명 비역
남색(藍色)명 우리 나라의 기본색 이름의 하나. 파랑과 보라의 중간색, 또는 그런 빛깔의 물감. 남빛. 쪽빛 준남(藍) ☞보라[1]. 분홍
남색-짜리(藍色-)명 지난날, 머리를 쪽찌고 남색 치마를 입은, 갓 시집온 새색시를 흔히 이르던 말. ☞홍색짜리
남생이명 남생잇과에 딸린 민물에 사는 파충류의 한 가지. 거북과 비슷한데 등딱지는 암갈색이며 몸길이 18cm 안팎임. 발가락 사이에 물갈퀴가 있으며, 강이나 늪에서 물고기·조개·물벌레 따위를 잡아먹고 삶. 석귀(石龜). 수귀(水龜)
속담 **남생이 등 맞추듯** : 남생이 등은 둥글어서 두 등을 서로 맞출 수 없다는 데서, 서로 잘 들어맞지 않는 것을 맞추려 함을 이르는 말./**남생이 등에 풀쐐기 쐼 같다** : 남생이 등이 단단하여 풀쐐기가 쏘아도 아무렇지 않다는 말이니, 적은 것이 큰 것을 건드려서는 아무런 해도 끼치지 못함을 이르는 말.
남생이-잎벌레[-입-]명 잎벌렛과에 딸린 곤충. 몸은 달걀꼴이고, 몸길이 7mm 이내임. 등은 회갈색 또는 황갈색이고 배는 검은빛이며, 날개에 아홉 개의 점선이 세로로 나 있음. 우리 나라와 일본, 유럽, 북아시아 등지에 분포함.
남서(南西)명 남쪽과 서쪽의 가운데 방위.
남서-풍(南西風)명 남서쪽에서 불어오는 바람. 양풍(涼風)
남서-향(南西向)명 남쪽과 서쪽의 중간을 향한 방향.
남선북마(南船北馬)성구 중국의 남쪽은 강이 많아 주로 배를 이용하고, 북쪽에서는 산과 사막이 많아 주로 말을 이용한다는 데서, 늘 각지를 바쁘게 여행함을 이르는 말. 북마남선(北馬南船) ☞동분서주(東奔西走)
남-선생(男先生)명 남자 선생. ☞여선생(女先生)
남섬-석(藍閃石)명 소다(soda)가 들어 있는 회청색, 또는 청색의 기다란 각섬석(角閃石).
남섬=편암(藍閃片岩)명 남섬석이 주성분으로 된 편암.
남성(男性)명 성(性)에 따라 구별하여 이를 때, 수의 성(性)인 사람. 일반적으로 성년(成年)인 남자를 이름. 준남(男) ☞여성(女性)
남성(男聲)명 성악(聲樂)에서 남성이 맡는 성부(聲部). 테너·바리톤·베이스 따위. ☞여성(女聲)
남성-국(南星麴)명 한방에서, 생강즙과 백반과 천남성(天南星)을 섞어서 만든 누룩을 이르는 말. 담(痰)으로 말미암은 병이나 풍병(風病)을 치료하는 데 쓰임.
남성-미(男性美)명 외모나 성격 등에 나타나는 남자다운 아름다움. ☞여성미(女性美)

남성-적(男性的)[명] 남자다운 것. 씩씩함, 힘참, 우람함 등 남성다운 성격이나 체격을 지닌 것. ¶ -인 기백. ☞여성적(女性的)

남성-지다(男性-)[형] 여자가 남자의 성질과 비슷한 데가 있다.

남성=합창(男聲合唱)[명] 남자들만으로 이루어진 합창. ☞여성 합창(女聲合唱)

남성=호르몬(男性hormone)[명] 남성의 정소(精巢)에서 분비되는 호르몬. ☞여성 호르몬

남세[명]-하다[자] '남우세'의 준말. ¶ -를 당할 짓을 했다.

남세-스럽다(-스럽고·-스러워)[형ㅂ] '남우세스럽다'의 준말.

남세-스레[부] 남세스럽게

남소문(南小門)[명] '광희문(光熙門)'을 달리 이르는 말. ☞서소문(西小門)

남수(男囚)[명] 남자 죄수. ☞여수(女囚)

남-술(男-)[명] 남자가 쓰도록 만든 숟가락.

남-스님(男-)[명] 남승(男僧)을 높이어 이르는 말.

남-스란치마(藍-)[명] 스란단을 붙여 지은 남빛 비단 치마. 보통 치마보다 한 폭을 더하고 길이는 땅에 닿을 정도로 함.

남승(男僧)[명] 남자 중. ☞여승(女僧)

남:식(濫食)[명]-하다[타] 음식을 대중없이 마구 먹음.

남실(藍實)[명] 한방에서, 쪽의 씨를 약재로 이르는 말.

남실-거리다(대다)[자타] ①잔물결이 작은 굽이로 살랑이다. ¶ 호수의 물이 -. ②물 위에 떠 있는 것이 가볍게 나울거리다. ③살그머니 남상거리다. ☞넘실거리다

남실-남실[1][부] 남실거리는 모양을 나타내는 말. ☞넘실넘실[1]

남실-남실[2][부]-하다[형] 작은 그릇에 액체가 가득 차서 넘칠듯 말듯 한 모양을 나타내는 말. ¶ 술잔에 술을 -하게 따르다. ☞넘실넘실[2]

남실-바람[명] 풍력 계급 2급에 해당하는 바람. 풍속은 매초 1.6~3.3m. 바람기가 얼굴에 느껴지고, 나뭇잎이 흔들리며 풍향계가 움직임. 바다의 수면은 물결이 일고 있음을 알 수 있을 정도임. ☞산들바람

남십자-성(南十字星)[명] 남십자자리에 있는 알파·베타·감마·델타의 네 별을 이르는 말. 대각선을 이으면 '十' 자 모양이 됨. ☞남십자자리

남십자-자리(南十字-)[명] 남쪽 하늘의 은하(銀河) 속에 있는 별자리의 하나. 네 개의 별이 '十' 자 모양을 이루고 있음. ☞남십자성(南十字星)

남아(男兒)[명] ①사내아이 ¶ 일곱 살 난 -가 행방불명되었다. ②남자다운 남자. ¶ 대한 -의 기개를 드높이다.

남아-나다[자] 제대로 끝까지 남다. ¶ 아이들의 장난으로 남아나는 물건이 없다.

남아-돌다[자] 넉넉하게 많아서 필요한 대로 쓰고 남게 되다. 남아돌아가다 ¶ 생산 과잉으로 상품이 -./경기를 마치고도 힘이 -.

남아-돌아가다[자] 남아돌다

남-아메리카(南America)[명] 육대주(六大洲)의 하나. 파나마 이남의 삼각형의 대륙. 남미(南美)

남악(男樂)[명] 지난날, 외국에서 온 손을 위해 베푸는 궁중 연회에서 무동(舞童)이 하던 노래와 춤. ☞여악(女樂)

남안(南岸)[명] 강이나 호수, 바다 따위의 남쪽 기슭. ☞북안(北岸)

남양(南洋)[명] 태평양 적도 부근의 바다, 또는 그 바다에 있는 섬들을 이르는 말.

남여(籃輿)[명] 뚜껑이 없이 의자처럼 생긴 작은 가마.

남염부주지(南炎浮洲志)[명] 조선 초기의 학자 김시습(金時習)이 지은 한문 전기(傳奇) 소설. '금오신화(金鰲新話)'에 실려 전함. ☞용궁부연록(龍宮赴宴錄). 취유부벽정기(醉遊浮碧亭記)

남요(攬要)[명]-하다[자] 요점을 잡음.

남:용(濫用)[명]-하다[타] 함부로 마구 씀. 난용(亂用) ¶ 항생제를 -하다./직권을 -하다. ☞절용(節用)

남우(男優)[명] '남배우(男俳優)'의 준말. ☞여우(女優)

남-우세[명]-하다[자] 남에게서 놀림이나 비웃음을 받게 되는 일, 또는 그 놀림이나 비웃음. 우세 [준]남세

남우세-스럽다(-스럽고·-스러워)[형ㅂ] 남에게서 놀림이나 비웃음을 당할만 하다. 우세스럽다 [준]남세스럽다

남우세-스레[부] 남우세스럽게

남위(南緯)[명] 적도 이남의 위도(緯度). 적도가 0°이고 남극이 90°임. ☞북위(北緯)

남위-선(南緯線)[명] 적도 이남의 위선. ☞북위선

남-유:럽(南Europe)[명] 유럽의 남부. 지중해성 기후의 영향을 받는 지역으로 에스파냐, 포르투갈, 이탈리아, 그리스, 모나코 등의 여러 나라가 있음. 남구라파(南歐羅巴) ☞북유럽

남의-나이[명] 환갑이 지난 뒤의 나이를 이르는 말.

남의-눈[명] 여러 사람의 눈길. ¶ -을 의식하여 행동을 조심하다./-을 아랑곳하지 않는다.

남의-달[명] 해산 예정 달의 그 다음 달. ¶ 산월이 지나 -에 태어난 아이.

남의집-살이[명]-하다[자] 남의 집에서 지내면서 그 집 일을 해 주는 생활, 또는 그런 생활을 하는 사람. 머슴살이·식모살이 따위. ☞더부살이

남인(南人)[명] 조선 선조 때 동인(東人)에서 갈라진 당파. 이산해(李山海) 등을 중심으로 한 북인(北人)에 대하여, 유성룡(柳成龍)·우성전(禹性傳) 등을 중심으로 한 일파를 이름. ☞노론(老論). 소론(少論)

남자(男子)[명] 남성(男性)으로 태어난 사람. ☞여자

남-자극(南磁極)[명] 자남극(磁南極)

남자-색(藍紫色)[명] 쪽빛을 띤 보랏빛.

남작(男爵)[명] 오등작(五等爵)의 다섯째 작위. 자작(子爵)의 아래. [준]남(男)

남:작(濫作)[명]-하다[타] 작품 등을, 질을 생각하지 않고 마구 많이 지어 냄. ¶ 시를 -하다.

남장(男裝)[명]-하다[자] 여자가 남자의 옷차림을 함. 남복(男服) ☞여장(女裝)

남전북답(南田北畓)[성구] 밭은 남쪽에 논은 북쪽에 있다는 뜻으로, 가지고 있는 논밭이 여기저기 흩어져 있음을 이르는 말.

남점(南點)[-쩜][명] 지평선과 자오선이 교차하는 두 점 가운데서 남극에 가까운 점. ☞북점(北點)

남정(男丁)[명] ①지난날, 열다섯 살이 넘은 사내를 이르던 말. ②젊은 남자. ☞장정(壯丁)

남정(南庭)[명] ①집 안의 남쪽에 있는 뜰. ②조선 시대, 성균관(成均館)에 있던 명륜당(明倫堂)의 남쪽 뜰을 이르던 말. 승학시(陞學試)를 보는 유생들이 앉던 곳임.

남정가(南征歌)[명] 조선 명종 10년(1555)에 양사언(楊士彦)이 지은 가사. 을묘왜변 때 남정군으로 출정하여 왜병을 물리친 일을 읊은 내용임.

남정-네(男丁-)[명] ①여자들이 어른인 남자를 이르는 말. ☞아낙네 ②'여러 남정'을 이르는 말.

남정북벌(南征北伐)[성구] 남쪽의 적을 치고, 잇달아 북쪽의 적을 친다는 뜻으로, 여기저기서 전쟁을 치르느라고 편안한 날이 없음을 이르는 말.

남:제(濫製)[명]-하다[타] 남조(濫造)

남:조(濫造)[명]-하다[타] 품질 따위는 생각함이 없이 마구 많이 만들어 냄. 남제(濫製) ¶ -한 상품들이 나돈다.

남조-류(藍藻類)[명] 원핵생물계(原核生物界)의 한 문(門). 세균과 같이 핵막이 없으며, 엽록소와 남색 색소가 있어서 광합성을 함. 청록색·갈색·적자색·남색을 띠며 건조하면 대부분이 흑색으로 변함. 모양은 단세포(單細胞)의 것, 사상체(絲狀體)로 된 것, 군체(群體)를 이룬 것 등이 있음. 습지나 물 속에 살며, 분열법이나 포자로 번식함. 염주말·흔들말 따위.

남존-여비(男尊女卑)[-녀-][명] 남성을 존중하고 여성을 비천하게 여기는 일. ☞여존남비(女尊男卑)

남종(南宗)[명] ①중국의 혜능(慧能)을 개조(開祖)로 하는 선종(禪宗)의 한 파. ②'남종화(南宗畫)'의 준말.

남종-화(南宗畫)[명] 중국 회화의 이대 화풍(二大畫風)의 하나. 당(唐)나라의 왕유(王維)에서 비롯된 것으로, 화

제(畫題)는 산수(山水)가 중심이고 주로 수묵(水墨)으로 그리는데, 선비들이 간소한 기교로 시적 정서를 표현하는 점이 특색임. 준남종(南宗). 남화(南畫) ☞북종화(北宗畫)

남좌여우(男左女右)성구 음양설에서, 남쪽을 향하여 왼쪽인 동쪽이 양(陽)이고 오른쪽인 서쪽이 음(陰)이므로, 남자는 동쪽인 왼쪽, 여자는 서쪽인 오른쪽에 자리하는 법이라 이르는 말.

남주북병(南酒北餠)성구 지난날, 서울의 남쪽 지역에서는 술을 잘 빚고 북쪽 지역에서는 떡을 잘 만들었음을 이르는 말.

남중(南中)명 ①남도(南道) ②-하다자 천체(天體)가 일주 운동(日周運動)에 따라 하늘의 북극 남쪽에서 자오선(子午線)을 지나는 일.

남중일색(男中一色)[-쌕]성구 남자의 얼굴이 뛰어나게 잘생김, 또는 그런 남자를 이르는 말.

남지(南至)명 '동지(冬至)'를 달리 이르는 말. 해가 남회귀선(南回歸線)까지 이름을 뜻하는 말. ☞북지(北至)

남지(南枝)명 남쪽으로 뻗은 나뭇가지.

남:직(濫職)명 분수에 넘치는 관직.

남진(南進)명-하다자 남쪽으로 나아감. ☞북진(北進)

남짓의 무게나 수량 따위가 일정한 기준보다 조금 많거나, 어떠한 한도에 차고 조금 남음이 있음을 뜻하는 말. ¶두 해 -./5kg -./사과 한 접 -.

남짓-하다[-짇-]형여 무게나 수량 따위가 일정한 기준보다 조금 많거나, 어떠한 한도에 차고 조금 남음이 있다. ¶관객 수가 1,500명 -./여섯 살 남짓한 아이.

남짓-이부 남짓하게

남:징(濫徵)명-하다타 지난날, 돈이나 곡식 따위를 규정에 벗어나게 마구 거두는 일을 이르던 말.

남-쪽(南-)명 해가 돋는 쪽을 향하여 오른쪽이 되는 방향. 남극을 가리키는 쪽. 남(南). 남녘. 남방(南方). 마쪽 ☞북쪽

남창(男唱)명 ①국악에서, 여자가 남자 목소리로 부르는 노래. 남청 ☞여창(女唱) ②남자가 부르는 노래.

남창(男娼)명 남색(男色) 파는 일을 직업으로 삼는 남자.

남창(南倉)명 조선 시대, 금위영(禁衛營) 또는 어영청(御營廳)에 딸린 곳간을 이르던 말.

남창(南窓)명 남쪽으로 낸 창. ☞북창(北窓)

남천(南天)[1]명 남쪽 하늘. ☞북천(北天)

남천(南天)[2]명 매자나뭇과의 상록 관목. 중국 원산의 관상용 식물로, 높이는 2m 안팎. 줄기는 여러 갈래로 돋아 자라지만 가지는 돋지 않음. 잎은 깃꼴 겹잎으로 어긋맞게 남. 초여름에 희고 작은 꽃이 피며, 가을에 동근 열매가 붉게 익음. 남천촉(南天燭)

남천-촉(南天燭)명 남천(南天)[2]

남-철릭(藍-)명 조선 시대, 당상관(堂上官)인 무관이 입던 남빛의 철릭.

남첩(男妾)명 여자 집에서 얹혀살면서 그 여자의 정부(情夫) 노릇을 하는 남자.

남-청(男-)명 ①남자의 목청. ②남창(男唱)

남청(藍靑)명 검푸른 빛깔.

남초(南草)명 지난날, 남방에서 들여온 풀이라는 뜻으로, '담배'를 달리 이르던 말.

남촌(南村)명 ①남쪽에 있는 마을. ②조선 시대, 서울에서 남쪽에 있는 동네들을 이르던 말. ☞북촌(北村)

속담 **남촌 양반이 반역할 뜻을 품는다** : 서울 남산골의 가난한 양반들이 정권을 뒤집고 권력을 잡을 뜻을 품는다는 뜻으로, 반역의 뜻은 불평이 많은 불우한 처지에 있는 사람이 품게 마련이라는 말. [남산골 샌님이 역적 바라듯 한다]

남측(南側)명 ①남쪽 ②마주하고 있는 둘 중에서 남쪽에 자리한 쪽. ☞북측(北側)

남-치(南-)명 남쪽 지방의 산물이나 생물. ☞북치

남-치마(藍-)명 ①남빛의 치마. ②조선 시대, 여자 예복의 한 가지이던 남빛의 치마.

남탕(男湯)명 대중 목욕탕에서, 남자들이 목욕하게 되어 있는 곳. ☞여탕(女湯)

남편명 ①혼인한 부부 관계에서 남자 쪽을 이르는 말. ②아내가 배우자인 남자를 남에게 이를 때 쓰는 말. 부서(夫壻) ☞부군(夫君)

속담 **남편은 두레박, 아내는 항아리** : 두레박으로 물을 길어 항아리에 붓는다는 데서, 남편은 밖에서 벌어들이고 아내는 그것을 잘 모으고 간직한다는 말./**남편을 잘못 만나면 당대 원수, 아내를 잘못 만나도 당대 원수** : 결혼을 잘못하면 평생 불행하다는 말.

> ▶ **남편에 대한 호칭**(呼稱)
> 며느리가 시아버지에게 자기의 남편을 말할 때는 '그이'·'이이'·'저이'라 한다. 그리고 아이를 낳고 나서는 '아비'·'아범'이라고 한다.

남포명 도화선(導火線) 장치를 하여, 폭발시킬 수 있게 만든 다이너마이트.

남포(∠lamp)명 남포등

남포-꾼명 남포질을 하는 사람.

남포-등(∠lamp燈)명 석유를 연료로 쓰는 서양식 등잔. 불을 켜는 심지 둘레에 유리 등피를 씌운 것. 양등(洋燈). 남포

남포-질명-하다자 남포를 터뜨려 바위 따위를 깨뜨리는 일. ☞발파(發破)

남폿-구멍명 남포를 재기 위해 바위에 뚫어 놓은 구멍.

남폿-돌명 남포를 놓아서 캐낸 석재(石材).

남폿-불(∠lamp-)명 남포등에 켜 놓은 불.

남풍(南風)명 남쪽에서 불어오는 바람. 마파람 ☞북풍

남하(南下)명-하다자 남쪽으로 내려감, 또는 내려옴. ¶철새 떼가 -하는 시기. ☞북상(北上)

남:-하다(濫-)형여《文》'외람하다'의 준말.

남학(南學)명 조선 시대, 서울 남부에 두었던 사학(四學)의 하나. ☞중학(中學)

남-학생(男學生)명 남자 학생. ☞여학생(女學生)

남한(南韓)명 ①남과 북으로 갈린 우리 나라의 남부, 곧 중부 이남의 한국. ☞북한(北韓). 이남(以南)

남-한대(南寒帶)명 남극권에 딸려 있는 한대 지역. 반 년은 낮이 계속되고 반 년은 밤이 계속됨. ☞북한대(北寒帶)

남해(南海)명 ①국토의 남쪽에 있는 바다. ②한반도(韓半島) 남쪽의 바다. ☞동해(東海)

남해-안(南海岸)명 남쪽 해안.

남행(南行)[1]명-하다자 ①남쪽으로 감. ②남쪽 지방으로 감. ☞북행(北行)

남행(南行)[2]명 고려·조선 시대, 공신(功臣)과 현직 당상관(堂上官)의 자제가 과거를 치르지 않고 관직을 받던 일, 또는 그렇게 임명된 관원. 음관(蔭官). 음직(蔭職)

남향(南向)명 ①남쪽 방향. ②-하다자 남쪽을 향함. 향남(向南) ☞북향(北向)

남향-집(南向-)[-찝]명 남쪽을 향해 있는 집.

남향-판(南向-)명 집터나 묏자리가 남쪽을 향한 터전.

남:형(濫刑)명-하다타 법에 따르지 않고 함부로 처형함.

남혼(男婚)명 아들의 혼사(婚事). ☞여혼(女婚)

남혼여가(男婚女嫁)[-녀-]성구 아들을 장가들이고 딸을 시집보낸다는 뜻으로, 아들딸의 혼인을 이르는 말.

남화(南畫)명 '남종화(南宗畫)'의 준말.

남화-장(覽火匠)명 도자기 가마에 불을 땔 때, 불의 세기를 조절하는 사람. ▷覽의 속자는 覧

남-회귀선(南回歸線)명 남위 23° 27′의 위선(緯線). 동지(冬至)에 해가 이 선 바로 위에 옴. 동지선(冬至線) ☞북회귀선(北回歸線)

남:획(濫獲)명-하다타 물고기나 짐승 따위를 보호나 증식을 생각지 아니하고 함부로 마구 잡음.

남훈태평가(南薰太平歌)명 시조·잡가·가사를 모아 엮은, 한글로 된 시가집. 엮은이와 연대는 알 수 없음.

남흔여열(男欣女悅)[-녀-]성구 남편과 아내가 다 기뻐한다는 뜻으로, 부부가 화락함을 이르는 말.

납명 ①금속 원소의 하나. 파란빛이 도는 잿빛이며 무르고 열에 잘 녹고 무거움. 여러 용도로 널리 쓰이나 독성

이 있어 직업병의 원인이 되기도 함. 연(鉛)〔원소 기호 Pb/원자 번호 82/원자량 207.20〕 ②'땜납'의 준말.

한자 납 연(鉛) 〔金部 5획〕 ¶ 연독(鉛毒)/연철(鉛鐵)

납(臘)명 '납일(臘日)'의 준말.

납(蠟)명 동식물이나 석유 등에서 채취하는 지방과 비슷한 물질. 동물성의 밀랍·경랍(鯨蠟) 등과 식물성의 목랍 등이 있음. 양초나 화장품의 원료로 쓰임.

납가새명 남가새

납-거미명 납거밋과의 곤충. 몸길이 1cm 안팎. 납작하며 발은 비교적 굵고 길. 주로 집 안의 벽에 집을 짓고 살며 밤에 나와 벌레를 잡아먹음.

납골(納骨)명-하다타 화장(火葬)한 유골(遺骨)을 일정한 곳에 모심.

납골-당(納骨堂)[—땅]명 화장(火葬)한 유골(遺骨)을 모셔 두는 건물.

납공(納貢)명-하다타 공납(貢納)

납관(—管)명 연관(鉛管)

납관(納棺)명-하다타 시체를 관에 넣음.

납관(納款)명-하다자 온 마음을 다 바쳐 따름. 성심으로 복종함.

납금(納金)명-하다자 세금 따위의 돈을 냄, 또는 그 돈.

납기(納期)명 세금이나 공과금(公課金) 등을 내는 기한.

납길(納吉)명 재래식 혼례(婚禮)의 여섯 가지 예법의 하나. 그 셋째 절차로서, 장가들일 아들을 둔 집에서 혼인의 길흉(吉凶)을 점쳐서 길조를 얻으면 그 일을 신부로 맞이하고자 하는 여자 집에 알리는 일. ☞납징(納徵). 육례(六禮)

납대대-하다형여 '나부대대하다'의 준말.

납-덩이명 납으로 된 덩어리.

납덩이 같다관용 ①얼굴에 핏기가 없어 납덩이 빛깔 같다. ②몹시 피로하거나 지쳐서 몸이 무겁고 나른하다. ③어떤 분위기가 어둡고 가라앉아 밝지 못하다.

납-도리명 모나게 만든 도리. 주로 작은 집을 짓는 데 쓰임. ☞굴도리

납도리-집명 접시받침과 납도리로 된 재래식 한옥.

납두(納頭)명-하다자 남에게 머리를 숙여 굴복함.

납득(納得)명-하다타 어떤 내용이나 사정을 잘 헤아려 이해함. ¶—이 안 된다.

납-땜명-하다타 땜납으로 쇠붙이와 쇠붙이를 붙이는 일.

납땜-인두명 납땜할 때 쓰는 기구. 흔히 전기(電氣)를 사용하며, 끝이 뾰족한 인두 모양임.

납량(納涼)명-하다자 여름철에 더위를 피하여 선선한 곳으로 가서 시원함을 즐김.

납뢰(納賂)명-하다자 뇌물을 바침.

납매(臘梅)명 납월인 섣달에 꽃이 피는 매화.

납밀(蠟—)명 밀로 만든 초. 밀초

납배(納杯)명-하다자 ①술잔을 돌릴 때, 맨 나중의 잔. 종배(終杯) ②술잔치를 마침.

납배(納拜)명-하다자 웃어른에게 절하고 뵘.

납백(納白)명 결정적인 거절. 자빡

납본(納本)명-하다타 ①새로 펴낸 출판물을 본보기로 관계 기관에 냄. ②주문 받은 책을 주문한 사람이나 거래처에 가져다 줌.

납봉(—封)명-하다타 구멍이나 틈을 납으로 메우는 일.

납부(納付·納附)명-하다타 세금이나 공과금(公課金)을 관계 기관에 냄. 납입(納入)

납부-금(納付金)명 납입금(納入金)

납-빛명 파르스름한 잿빛. 연색(鉛色)

납상(納上)명-하다타 웃어른에게 드림.

납석(蠟石)명 기름 같은 광택이 있고 매끈매끈한 촉감이 있는 암석 및 광물질을 통틀어 이르는 말. 흰빛 또는 푸르스름한 빛을 띤 것으로, 화장품이나 의약품 따위를 만드는 데 쓺. 곱돌

납석=벽돌(蠟石甓—)명 곱돌을 주원료로 하여 만든 내화(耐火) 벽돌.

납설(臘雪)명 납일(臘日)인 동지 뒤의 셋째 미일(未日)에 내리는 눈.

납설-수(臘雪水)[—쑤]명 납일에 내리는 눈을 녹인 물. 한방에서, 벌레를 죽이거나 독(毒)을 없앨 때 씀.

납세(納稅)명-하다자 세금을 냄. 세납(稅納)

납세=고:지(納稅告知)명 납부해야 할 세액, 기한, 내는 곳 등을 지정하여 세금을 내도록 알리는 일.

납세=고지서(納稅告知書)명 납부해야 할 세액, 기한, 내는 곳 등을 알리는 문서.

납-세:공(蠟細工)명 밀랍을 재료로 하는 세공.

납세-액(納稅額)명 일정한 세율과 과세 표준에 따라 부과된 조세 금액.

납세필-증(納稅畢證)[—쯩]명 세금을 관계 기관에 낸 사실을 증명하는 증서.

납속(納贖)명-하다자 죄를 면하기 위하여 돈을 바침.

납속=가자(納粟加資)명 지난날, 기근과 병란이 있을 때, 많은 곡식을 바친 이에게 정삼품의 품계를 주어 포상하던 일. 이름만의 관직임.

납송(蠟松)명 소나무의 송진이 많은 부분.

납수(納受)명 ①받아 넣어 둠. 수납(受納) ②소원이나 부탁 등을 들어 줌.

납시다자 지난날, 주로 임금이나 왕비에게 쓰던 말로, '나가시다·나오시다'의 뜻.

납신-거리다(대다)자타 ①윗몸을 가볍고 재빠르게 자꾸 수그렸다 일으켰다 하다. ②입을 경망스레 놀리면서 재잘거리다.

납신-납신부 납신거리는 모양을 나타내는 말.

납씨가(納氏歌)명 조선 태조 2년(1393)에 정도전(鄭道傳)이 지은 악장(樂章). 이성계(李成桂)의 무공(武功)을 칭송하는 내용임. '악장가사(樂章歌詞)'·'악학궤범(樂學軌範)' 등에 실려 전함.

납약(臘藥)명 조선 시대, 납일(臘日)에 임금이 가까운 신하들에게 나누어 주던 소합환(蘇合丸)·청심환(清心丸) 따위의 약. 납제(臘劑)

납양(納陽)명-하다자 양지에서 햇볕을 쬠.

납염(鑞染)명-하다타 쇠붙이 그릇에 땜납을 올림. 납의(鑞衣)

납월(臘月)명 '음력 섣달'을 달리 이르는 말. 도월(涂月) ☞지월(至月)

> ▶ '납월(臘月)'의 뜻
> 음력으로 한 해의 마지막 달인 십이월을 '납향(臘享)이 드는 달'이라 하여 이르는 말이다.

납-유리(—琉璃)[—뉴—]명 산화연(酸化鉛)이 들어 있는 유리. 비중과 굴절률이 크고 윤이 나며 연하고 가공하기 쉬움. 광학 유리나 보석의 모조 등에 쓰임. 연초자. 플린트 유리

납육(臘肉)명 ①소금에 절인 돼지고기. ②납향(臘享)에 쓰는 산짐승의 고기. ③약에 쓰려고 납일(臘日)에 잡은 산짐승의 고기.

납음(納音)명 십이율(十二律)에 오음(五音), 곧 궁(宮)·상(商)·각(角)·치(徵)·우(羽)를 짝지어 된 육십 음을 육십갑자에 배당하여 오행으로 나타낸 말. '갑자 을축 해중금(甲子乙丑海中金)' 따위

납의(衲衣)명 ①법의(法衣)의 한 가지. 헝겊을 모아서 누덕누덕 기워 만든 옷. ②가사(袈裟)의 딴이름.

납의(鑞衣)명 납염(鑞染)

납일(臘日)명 지난날, 민간이나 조정에서 납향(臘享)을 하던 날. 시대마다 조금씩 달랐으나, 조선 시대부터는 동지 뒤 셋째 미일(未日)로 삼았음. 납평 준 납(臘)

납입(納入)명-하다타 납부(納付)

납입=고:지(納入告知)명 공과금·등록금·수업료 따위의 납입할 금액이나 날짜·곳 등을 알리는 일.

납입=고지서(納入告知書)명 공과금·등록금·수업료 따위의 납입할 금액이나 날짜·곳 등을 알리는 문서.

납입-금(納入金)명 공과금이나 등록금 등 납입하는 돈. 납부금(納付金)

납입-액(納入額)명 납입하는 금액.

납입=자:본(納入資本)명 주주가 실제로 납입한 자본.
납자(衲子)명 납의(衲衣)를 입고 다니는 사람이라는 뜻으로, '중'을 달리 일컫는 말.
납자루명 납자루아과의 민물고기. 몸길이는 5~9cm이며, 몸빛은 푸른 갈색에 무늬가 없음. 조개의 몸 속에 알을 낳아 번식함. 우리 나라의 서·남해로 흐르는 하천과 아시아와 유럽 지역에 널리 분포함.
납작부 ①무엇을 받아먹거나 할 때 입을 냉큼 벌렸다가 다무는 모양을 나타내는 말. ¶주는 대로 — 잘도 받아먹는다. ②배를 바닥에 붙이고 냉큼 엎드리는 모양을 나타내는 말. ¶땅에 — 엎드리다. ☞납죽. 넙적
납작-감명 동글납작한 감. 반시(盤柹) ☞뾰주리감
납작-거리다(대다)자타 ①무엇을 받아먹거나 할 때 입을 냉큼 벌렸다 다물었다 하다. ②배를 바닥에 붙이고 냉큼냉큼 엎드리다. ☞납죽거리다. 넙적거리다
납작-납작[1] 부 납작거리는 모양을 나타내는 말. ☞납죽납죽[1]. 넙적넙적
납작-납작[2] 부-하다 형 여럿이 다 납작한 모양을 나타내는 말. ☞납죽납죽[2]. 넓적넓적
납작-보리명 기계로 눌러서 납작하게 만든 보리쌀. 압맥
납작스레-하다형여 납작스름하다 ☞넓적스레하다
납작스름-하다형여 조금 납작한듯 하다. 납작스레하다 ☞넓적스름하다
납작-이[1] 명 얼굴이나 머리가 납작하게 생긴 사람을 이르는 말. ☞납죽이[1]. 넓적이[1]
납작이-매듭명 납작한 모양으로 맺은 매듭.
납작-코명 콧날이 우뚝하지 않고 납작하게 생긴 코.
납작-하다형여 판판하면서 두께가 얄팍하다. ☞납죽하다. 넓적하다
납작-이[2] 부 납작하게 ☞납죽이[2]. 넓적이[2]
납작-호박명 동글납작하게 생긴 호박.
납전삼백(臘前三白)성구 납일(臘日) 전에 세 번 눈이 오는 일. 이듬해에 풍년이 든다 함.
납제(臘劑)명 납약(臘藥)
납조(臘鳥)명 납일(臘日)에 잡은 참새. 민간에서 해수 따위에 약으로 씀.
납주(納主)명-하다 자 제사를 지낸 뒤에 신주(神主)를 감실(龕室)에 모심.
납주(臘酒)명 음력 섣달에 빚어서 해를 묵혀 떠낸 술. 노주(老酒)
납죽부 ①무엇을 받아먹거나 할 때 입을 나부죽이 벌렸다가 냉큼 다무는 모양을 나타내는 말. ¶아기가 이유식을 — 잘 받아먹는다. ②냉큼 나부죽이 엎드리는 모양을 나타내는 말. ¶풀밭에 — 엎드리다. ☞납작. 넙죽
납죽-거리다(대다)자타 ①무엇을 받아먹거나 할 때 입을 나부죽이 벌렸다 냉큼 다물었다 하다. ②냉큼냉큼 나부죽이 엎드리다. ☞납작거리다. 넙죽거리다
납죽-납죽[1] 부 납죽거리는 모양을 나타내는 말. ☞납작납작[1]. 넙죽넙죽
납죽-납죽[2] 부-하다 형 여럿이 다 납죽한 모양을 나타내는 말. ☞납작납작[2]. 넓죽넓죽
납죽-이[1] 명 얼굴이나 머리가 납죽하게 생긴 사람을 이르는 말. ☞납작이[1]. 넓죽이[1]
납죽-하다형여 갸쭉하게 넓다. ¶저고리의 앞섶이 납죽하게 생기다. ☞납작하다. 넓죽하다
납죽-이[2] 부 납죽하게 ☞납작이[2]. 넓죽이[2]
납-중독(—中毒)명 납 성분으로 말미암은 중독. 구역질, 위장병, 신경 마비 등의 증세가 나타남. 연중독(鉛中毒)
납지(蠟紙)명 밀이나 백랍(白蠟)이나 파라핀 따위를 먹인 종이. 방습(防濕) 포장용으로 쓰임. ☞파라핀지
납지(—紙)명 납과 주석의 합금을 종이처럼 얇게 늘인 것. 과자 따위를 싸는 데 씀. 석박(錫箔)
납징(納徵)명 재래식 혼례(婚禮)의 여섯 가지 예법의 하나. 그 넷째 절차로서, 혼인이 이루어짐을 표시하는 뜻으로 여자의 집에 예물을 보내는 일. 납폐(納幣) ☞청기(請期). 육례(六禮)
납채(納采)명 재래식 혼례(婚禮)의 여섯 가지 예법의 하나. 그 첫 절차로서, 장가들일 아들을 둔 집에서 신부로 맞이하고자 하는 여자 집으로 혼인을 청하는 일을 이름. ☞문명(問名). 육례(六禮)
납청-장(納清場)명 지난날, 평안 북도 정주군 납청장에서 만드는 국수는 잘 쳐서 질기다는 데서, 몹시 매를 맞거나 눌리거나 하여 납작해진 사람이나 물건을 비유하여 이르는 말.
납청장이 되다관용 사람이나 물건이 몹시 얻어맞거나 짓눌리어 납작해지다.
납촉(蠟燭)명 밀로 만든 초. 밀초
납-축전지(—蓄電池)명 양극에 이산화납, 음극에 납, 전해액(電解液)에 비중 1.2의 묽은 황산을 사용한 축전지. 널리 사용되며, 출력 전압은 2V임. 연축전지
납치(拉致)명-하다 타 사람이나 선박, 항공기 따위를 불법 수단으로 강제로 붙들어 감.
납평(臘平)명 납일(臘日)
납평-제(臘平祭)명 납향(臘享)
납평-치(臘平—)명-하다 자 납일에 내리는 눈이나 비.
납폐(納幣)명 납징(納徵)
납품(納品)명-하다 자타 주문 받은 물품을 가져다 줌.
납함(吶喊)명-하다 자 여러 사람이 일제히 소리를 크게 지름.
납함(納銜)명-하다 자 윗사람에게 명함(名銜)을 드림.
납향(臘享)명 지난날, 조정에서 납일에 일 년 동안의 농사 형편과 그 밖의 일을 종묘와 사직에 아뢰는 제사. 납평제(臘平祭)
납회(納會)명 ①그 해의 마지막 모임. ②증권 거래소에서, 그 해의 마지막 입회. ☞발회(發會)
낫명 풀이나 나무, 곡식 등을 베거나 나뭇가지 등을 치는 데 쓰는 'ㄱ'자 모양의 연장.
속담 **낫 놓고 기역 자도 모른다** : 낫이 'ㄱ'자처럼 생겼건만, 낫을 보고도 'ㄱ'자를 모른다는 데서, 글자를 전혀 알지 못함을 이르는 말. [가갸 뒷자도 모른다/목불식정(目不識丁)/기역 자 왼 다리도 못 그린다]/**낫으로 눈을 가린다** : 넓이가 좁고 긴 낫으로 눈을 가리고 제 몸이 다 숨은 줄 안다는 뜻으로, ①숨기려 하되 숨기지 못함을 이르는 말. ②미련하여 경우에 맞는 처신을 하지 못함을 이르는 말. [가랑잎으로 눈 가리기]
낫-감기[낟—]명 '낫갱기'의 원말.
낫-갱기[낟—]명 낫자루의 낫의 슴베가 박힌 부분을 휘감은 쇠. 원낫감기
낫-공치[낟—]명 낫의 슴베가 휘어 넘어가는 덜미의 두꺼운 부분.
낫낫-하다[낟낟—]형여 나긋나긋하다.
낫-놀[낟—]명 슴베가 빠지지 않도록 낫자루에 놀구멍을 꿰어 박는 쇠못. 준놀[2]
낫:다[1] [낟—](낫고·나아)자ㅅ ①병이나 상처 따위가 고쳐져서 본디의 상태로 되다. ¶병이 —. ②마음의 괴로움이 스러지다.

한자 나을 유(癒) [疒部 13획] ¶유합(癒合)/치유(治癒)/쾌유(快癒)/평유(平癒)

낫:다[2] [낟—](낫고·나아)형ㅅ 질·양·수준 따위의 정도가, 서로 견주어 한쪽이 조금 더 높거나 많거나 좋다. ¶이것이 저것보다 —.

한자 나을 우(優) [人部 15획] ¶우대(優待)/우등(優等)/우세(優勢)/우열(優劣)/우위(優位)

낫:-살[낟—]명 '나잇살'의 준말.
×**낫우다**타 →고치다
낫-자루[낟—]명 낫의 자루. ¶—를 쥐고 풀을 베다.
낫:-잡다[낟—]타 수효·금액·나이 따위를 계산할 때에 좀 넉넉하게 치다. ¶시험 점수를 —.
낫-질[낟—]명-하다 자 낫으로 풀이나 벼, 나무 가지 따위를 베는 일.
낫-표(—標)[낟—]명 문장 부호의 한 가지. 세로쓰기 글에서, 인용한 말 가운데 다시 인용한 말을 넣거나 마음속의 말을 나타낼 때 쓰이는 부호로 「」 표를 이름. ☞겹

낫표. 작은따옴표
×낭 명 →낭떠러지
낭간(琅玕)명 중국산 경옥(硬玉)의 한 가지. 암녹색 또는 짙푸른 빛깔의 반투명한 돌.
낭:객(浪客)명 ①허랑한 사람. ②낭인(浪人)
낭관(郎官)명 조선 시대, 오륙품의 문관 관직인 정랑이나 좌랑을 이르던 말. 당하관(堂下官)임.
낭군(郎君)명 젊은 아내가 자기의 남편을 사랑스럽게 일컫는 말. ▷郎의 속자는 郎
낭기-마(郎騎馬)명 지난날, 재래식 혼례 때에 신랑이 신부의 집에 타고 가던 말.
낭도(郎徒)명 '화랑도(花郎徒)'의 준말.
낭도(囊刀)명 주머니에 넣고 다니며 쓰는 작은 칼. 주머니칼
낭:독(狼毒)명 한방에서, 오독도기의 뿌리를 약재로 이르는 말. 체증이나 옴 따위에 쓰임.
낭:독(朗讀)명-하다타 글을 소리 내어 읽음 ¶독립 선언서 - ☞묵독(默讀) ▷朗의 속자는 朗
낭:독=연:설(朗讀演說)[-년-]명-하다자 미리 준비한 원고를 읽으면서 하는 연설.
낭:득허명(浪得虛名)성구 평판은 좋으나 아무 실속이 없음을 이르는 말.
낭-떠러지 명 깎아지른듯이 높이 솟았거나 비탈진 벼랑. 현애(懸崖) ☞벼랑. 절벽
낭:랑(琅琅)어기 '낭랑(琅琅)하다'의 어기(語基).
낭:랑(朗朗)어기 '낭랑(朗朗)하다'의 어기(語基).
낭:랑-하다(琅琅-)형여 옥이 서로 부딪쳐서 울리는 소리가 맑다.
낭랑-히 부 낭랑하게
낭:랑-하다(朗朗-)형여 ①소리가 매우 맑고 또랑또랑하다. ¶글 읽는 소리가 -. ②빛이 매우 밝다.
낭랑-히 부 낭랑하게
낭:만(浪漫)명 보다 아름다운 미래를 지향하는 이상적이고 감정적인 상태. ¶-의 시대./-의 항구.
낭:만-적(浪漫的)명 비현실적이고 환상적이며 공상적인 것. ¶-인 분위기에 빠져 들다.
낭:만-주의(浪漫主義)명 18세기 말에서 19세기 전반에 걸쳐 유럽을 중심으로 일어난 예술의 한 사조(思潮). 고전주의에 대한 반동으로서 공상이나 꿈의 세계를 동경하여 개성·감정·정서를 중시함. ☞고전주의(古典主義)
낭:만-파(浪漫派)명 낭만주의를 신봉하는 파. ☞고전파
낭:미-초(狼尾草)명 '강아지풀'의 딴이름.
낭:배(囊胚)명 후생동물(後生動物)의 개체 발생 초기의 한 단계. 포배(胞胚)의 다음 단계로, 주머니 모양으로 보이는 때의 씨눈.
낭:보(朗報)명 기쁜 소식. 명랑보(明朗報). 희보(喜報) ¶결승전에서 승리했다는 -가 전해졌다.
낭:비(浪費)명-하다타 시간이나 재물 따위를 아끼지 않고 마구 헛되이 씀. ☞객비(客費) ¶시간을 -하다.
낭:비-벽(浪費癖)명 낭비하는 나쁜 버릇.
낭:사(浪死)명-하다자 개죽음
낭상(囊狀)명 주머니 모양.
낭상=인대(囊狀靭帶)명 관절(關節)의 둘레를 주머니 모양으로 싸서 관절강(關節腔)을 이룬 질긴 띠. 속에는 활액(滑液)이 차 있음.
낭선(郎扇)명 재래식 혼례 때, 신랑이 가지는 붉은 부채.
낭:선(狼筅)명 ①십팔기(十八技) 또는 무예 이십사반의 하나. 보졸(步卒)이 낭선창을 가지고 하는 무예(武藝). ②'낭선창'의 준말.
낭:선-창(狼筅槍)명 대 또는 쇠로 만든 큰 창의 한 가지. 끝에 날카로운 날이 선 짧은 가지들이 창대에 층층이 여러 개 달려 있음. 준낭선(狼筅)
낭:설(浪說)명 터무니없는 헛소문. ¶-을 퍼뜨려 소란하게 하다. ☞무근지설(無根之說)
낭성-대(∠狼筅-)[-때]명 집에서 기구로 쓰는 긴 대.
낭-세:포(娘細胞)명 세포 분열로 생긴 두 개의 세포. 분열하기 전의 모세포(母細胞)에 상대하여 이르는 말.
낭속(廊屬)명 사내종과 계집종을 통틀어 이르는 말.
낭:송(朗誦)명-하다타 ①글을 소리 내어 욈. ②시를 운율적으로 감정을 표현하면서 읊음. ¶시를 -하다.
낭습-증(囊濕症)[-쯩]명 한방에서, 불알이 축축하여지는 증세를 이르는 말.
낭:아-초(狼牙草)명 ①콩과의 낙엽 활엽 관목. 높이 2m 안팎이고 잎은 깃 모양의 겹잎이며 어긋맞게 남. 여름에 백색과 엷은 홍색의 나비 모양의 꽃이 총상(總狀) 꽃차례로 핌. 열매는 길쭉하고 5~6개의 씨가 들어 있음. 들에 자라며 뿌리는 약으로 씀. 우리 나라와 일본, 중국 등지에 분포함. ②'짚신나물'의 딴이름.
낭:연(狼煙·狼烟)명 봉화(烽火)
낭:월(朗月)명 맑고 밝은 달.
낭:유(浪遊)명-하다자 ①하는 일 없이 빈둥빈둥 놂. ②떠돌아다니며 여기저기 유람함, 또는 그런 유람.
낭:음(朗吟)명-하다타 시나 시조 따위를 음률이 있게 소리 내어 읊음.
낭:인(浪人)명 ①일정하게 하는 일 없이 헛되이 세월을 보내는 사람. ②여기저기 떠돌아다니는 사람. 낭객(浪客)
낭:일(曩日) 지난번. 낭자(曩者)
낭자 명 ①지난날, 여자가 예장할 때의 머리 치장의 한 가지. 쪽찐 머리 위에 딴머리를 덧얹고 긴 비녀를 꽂아 고정시킴. ☞큰머리. 어여머리 ②쪽[1]
낭자(郎子)명 지난날, 남의 집 총각을 점잖게 일컫던 말.
낭자(娘子)명 지난날, 남의 집 처녀를 점잖게 일컫던 말.
낭:자(曩者) 지난번. 낭일(曩日)
낭:자(狼藉)어기 '낭자(狼藉)하다'의 어기(語基).
낭자-군(娘子軍)명 ①여자로 조직된 군대나 단체를 이르는 말. ②여자의 무리.
낭:자야:심(狼子野心)성구 이리 새끼는 아무리 길들이려 해도 야수성(野獸性)을 버리지 못한다는 뜻으로, 길들이기 힘든 성질이나 흉포한 사람을 이르는 말.
낭:자-하다(狼藉-)형여 ①여기저기 마구 흩어져 어지럽다. ¶유혈이 -. ②떠들썩하고 요란하다.
낭장(郎將)명 ①고려 시대, 무관(武官)의 정육품 관직. 중랑장(中郎將)의 아래, 별장(別將)의 위. ②조선 시대, 의흥군친위(義興軍親衛)에 딸린 육품 무관 관직.
낭재(郎材)명 신랑감
낭저(廊底)명 대문 양쪽으로 있는 방. 행랑(行廊)
낭:적(浪跡)명 정처없이 떠돌아다닌 흔적, 또는 그 걸음.
낭:전(浪傳)명-하다타 함부로 말을 퍼뜨리거나 전함.
낭중(囊中)명 주머니의 속.
낭중-물(囊中物)명 주머니 속의 물건이라는 뜻으로, 자기 수중에 든 물건을 이르는 말.
낭중지추(囊中之錐)성구 주머니 속에 든 송곳이라는 뜻으로, 재주가 빼어난 사람은 숨어 있어도 저절로 뭇사람이 알게 됨을 이르는 말.
낭중취:물(囊中取物)성구 주머니 속의 것을 집어 낸다는 뜻으로, 매우 쉽게 얻을 수 있음을 비유하여 이르는 말. 탐낭취물(探囊取物)
낭:질(狼疾)명 성미가 고약하여 뉘우치거나 반성하기 어려움을 이르는 말.
낭창(踉蹌)어기 '낭창(踉蹌)하다'의 어기(語基).
낭창-거리다(대다)자 가는 줄이나 나뭇가지 따위가 탄력성 있게 휘어 가볍게 흔들거리다. ☞능청거리다
낭창-낭창 부 낭창거리는 모양을 나타내는 말. ¶빨랫줄이 - 하다. ☞능청능청
낭창-하다(踉蹌-)형여 걸음걸이가 비틀비틀하다.
낭축-증(囊縮症)[-쯩]명 한방에서, 중병으로 원기가 허약해져서 불알이 오그라드는 병증을 이르는 말.
낭충(囊蟲)명 촌충의 애벌레. 달걀 또는 자루 모양으로 생겼고 중간 숙주의 조직 속에 기생함.
낭탁(囊橐)명 ①-하다타 자기의 것으로 만듦, 또는 그런 물건. 유아람치 ②주머니
낭:탕(莨菪)명 '미치광이풀'의 딴이름.
낭:탕-자(莨菪子)명 한방에서, 미치광이풀의 씨를 약재로 이르는 말. 마취제나 진통제로 쓰임. 천선자(天仙子)
낭:태(浪太)명 '양태[2]'의 딴이름.

낭:태-어(浪太魚)명 '양태²'의 딴이름.
낭:파-초(狼把草)명 '가막사리'의 딴이름.
낭:패(狼狽)명-하다자타 일이 실패하거나 기대에 어그러져 딱한 처지가 됨. ¶뱃길은 먼데 태풍이 부니 ―로구나.
낭패(를) 보다관용 낭패를 당하다.
낭핍(囊乏)어기 '낭핍(囊乏)하다'의 어기(語基).
낭핍-하다(囊乏―)형여 주머니가 비었다는 뜻으로, 가진 돈이 하나도 없다.
낭하(廊下)명 ①행랑 ②복도(複道)
낭:화(浪花)명 밀국수의 한 가지. 보통 국수보다 두껍게 밀고 넓게 썰어 장국에 끓인 음식.
낮명 ①해가 뜬 뒤부터 지기 전까지의 동안. ☞밤 ②'한낮'의 준말.
속담 **낮에 난 도깨비** : 밤에 돌아다니는 도깨비가 낮에 나왔다는 뜻으로, 해괴망측한 사람을 비유하여 이르는 말. /**낮 말은 새가 듣고 밤 말은 쥐가 듣는다** : ①아무도 안 듣는 데에서라도 말을 조심하여야 함을 이르는 말. ②아무리 비밀히 한 말이라도 남의 귀에 들어간다는 뜻으로 하는 말. /**낮에 난 도둑** : 도둑이 밤에 다니지 않고 낮에 도둑질하러 다닌다는 뜻으로, 염치없이 남의 물건을 탐내어 가지려는 사람을 두고 이르는 말.

한자 **낮 오**(午) 〔十部 2획〕 ¶오전(午前)/오정(午正)/오후(午後)/정오(正午)
낮 주(晝) 〔日部 7획〕 ¶백주(白晝)/주간(晝間)/주몽(晝夢)/주야(晝夜)/주행(晝行)

낮-거리[낟―]명-하다자 낮에 하는 성교(性交).
낮-결[낟―]명 한낮부터 해가 저물 때까지를 둘로 나눈 앞의 절반.
낮-교대(―交代)[낟―]명 낮과 밤으로 번갈아 들며 일하는 경우, 낮에 드는 번. 낮번 ☞낮대거리. 밤교대
낮다[낟―]형 ①바닥이나 아래에서 위까지의 길이가 짧다. ¶천장이 ―./책상이 ―./낮은 산. ②지형이 해발이나 둘레의 땅보다 아래쪽으로 내려가 있다. ¶지대가 낮아 여름마다 수해를 입다. ③온도·습도·위도 따위가 기준보다 아래에 있다. ¶겨울은 여름보다 온도가 ―. ④소리가 음계상(音階上) 아래 단계에 있다. ¶콘트라베이스는 낮은 소리를 낸다. ⑤지위나 신분, 능력이나 수준이 기준이나 보통의 것보다 아래에 있다. ¶성적이 ―./계급이 ―./합격률이 ―./쌀의 품질이 ―. ⑥값이나 삯이 보통의 정도보다 아래에 있다. ¶낮은 가격./임금이 ―. ☞높다

한자 **낮을 비**(卑) 〔十部 6획〕 ¶비소(卑小)/비천(卑賤)/비하(卑下)/존비(尊卑)
낮을 저(低) 〔人部 5획〕 ¶저가(低價)/저공(低空)/저속(低俗)/저음(低音)/저지(低地)/저질(低質)

낮-대:거리[낟―]명 광산에서, 광부가 밤과 낮으로 패를 나누어 일할 때 낮에 들어가 일하는 대거리. ☞낮교대. 낮번. 밤대거리
낮-도깨비[낟―]명 낮에 나타나 장난을 치는 도깨비라는 뜻으로, 체면도 없이 난잡한 짓을 함부로 하는 사람을 비유하여 이르는 말.
낮-도둑[낟―]명 ①낮에 남의 물건을 훔치는 도둑. ②염치없이 제 욕심만 채우는 사람을 비유하여 이르는 말.
낮-때[낟―]명 정오를 앞뒤로 한 무렵. 오간(午間)
낮-물잡이[낟―]명 낮에 새우를 잡는 일, 또는 낮에 잡은 새우.
낮-번[낟―]명 낮교대
낮-보다[낟―]타 '낮추보다'의 준말. ☞돋보다
낮-수라(∠水剌)[낟―]명 조선 시대, 궁중에서 임금의 점심을 이르던 말.
낮아-지다자 낮게 되다. ¶기온이 ―.
낮은-말명 속되고 천한 말. ☞비어(卑語)
낮은음자리-표(―音―標)명 음악에서, 오선(五線)의 넷째 줄이 '바' 음의 자리임을 나타내는 기호. '𝄢'로 나타냄. 바음자리표. 저음부 기호 ☞높은음자리표
낮-일[난닐]명-하다자 낮에 하는 일. ☞밤일
속담 **낮일할 때 찬 초갑**(草匣) : 쓸데없는 것이 붙어 다니며 일을 방해하고 성가시게 군다는 뜻으로 하는 말. 〔이사할 때 강아지 따라다니듯〕
낮-잠[낟―]명 낮에 자는 잠. 오수(午睡). 오침(午寢) ¶아기를 ―을 재우다. ☞밤잠
낮잠(을) 자다관용 ①하는 일 없이 빈둥거리다. ②쓰일 물건이 쓰이지 못하고 내버려져 있다. ¶창고에서 낮잠을 자고 있는 재봉틀.
낮-잡다[낟―]타 ①실제 지닌 값보다 낮게 치다. ¶값을 낮잡아 불러 물건을 팔지 않았다. ②남을 대수롭지 않게 여기고 함부로 대하다. ¶사람을 그리 낮잡아 보지 마시오.
낮-참[낟―]명 낮에 일을 하다가 잠시 쉬는 동안, 또는 그때 먹는 음식. ¶―에 바둑을 두다. ☞밤참. 새참. 아침참. 점심참
낮추[낟―]부 낮게 ¶제비가 지붕 위를 ― 난다.
낮추다[낟―]타 ①낮게 하다. ¶계단을 ―./의자를 ―. ②겸손한 태도로 스스로 낮게 하다. ¶자기를 낮추어 먼저 인사하다. ③하대하는 말을 쓰다. ¶말씀을 낮추십시오. ☞높이다
낮추-보다[낟―]타 ①실제보다 더 낮게 보다. ②남을 자기보다 못하다고 생각하여 업신여기다. 준낮보다 ☞도두보다
낮춤-말[낟―]명〈어〉①상대편을 낮추어 이르는 말. '저분'이라 해야 할 자리에 '저 이'라 하거나 '저 자'라 하는 따위. ②겸양어(謙讓語) ③말을 듣는 손아랫사람에게 낮추어 하는 말. '하게, 해라, 해'라고 하는 따위. ☞낮은말. 높임말
낮춤-법(―法)[낟―뻡]명〈어〉겸양법 ☞높임법
낮-후(―後)[낟―]명 한낮이 지난 뒤.
낯명 ①눈과 코, 입이 있는 머리의 앞쪽. 안면(顔面). 얼굴 ¶―을 깨끗이 씻다./웃는 ―에 침 뱉으랴./아이가 ―을 가린다./―이 선 얼굴./―이 익다. ②체면(體面) ¶볼 ―이 없다./무슨 ―으로 찾아가나./낯이 깎이다.
낯(을) 깎다관용 체면을 떨어뜨리다.
낯을 들다관용 얼굴을 떳떳이 드러내다. ¶부끄러워 낯을 들고 다닐 수가 없다.
낯을 못 들다관용 창피하거나 부끄러워 남을 떳떳하게 대하지 못하다. ¶부끄러워 ―.
낯(을) 붉히다관용 성을 내거나 부끄러워 얼굴빛이 붉어지다. ¶낯을 붉히어 몹시 나무라다.
낯을 알다관용 얼굴이 눈에 익거나 아는 사이다.
낯(을) 익히다관용 자주 얼굴을 대하여 친숙한 사이가 되게 하다. ¶바빠서 낯을 익힐 겨를이 없다.
낯이 서다관용 체면을 유지하다.
속담 **낯은 알아도 마음은 모른다** : 사람의 마음속은 헤아릴 수가 없는 것이라는 말.

한자 **낯 면**(面) 〔面部〕 ¶가면(假面)/면도(面刀)/면상(面相)/면식(面識)/세면(洗面)
낯 안(顔) 〔頁部 9획〕 ¶동안(童顔)/세안(洗顔)/안면(顔面)/안색(顔色)/용안(龍顔) ▷ 속자는 顏

낯-가리다[낟―]자 어린아이가 낯선 사람을 대하기를 싫어하다.
낯-가림[낟―]명-하다자 어린아이가 낯선 사람을 대하기를 싫어하는 일. ¶아이가 ―을 많이 해서 남의 손에 맡길 수가 없다.
낯-가죽[낟―]명 ①얼굴의 껍질을 이루는 살가죽. ②염치없는 사람의 얼굴을 속되게 이르는 말. 면피(面皮)
속담 **낯가죽이 두껍다** : 부끄러운 줄을 모르도록 뻔뻔스럽고 염치없다. 얼굴이 두껍다.
낯-간지럽다[낟―] (―간지럽고·―간지러워)형ㅂ 마음이 떳떳하지 못하여 말하거나 듣거나 보기에 면구스럽고 거북하다. ¶낯간지러워 아첨을 못하겠다.
낯-깎이다[낟―]자 체면이 손상되다. ¶스스로 낯깎이는 짓을 하고 다니다.

낯-나다[낟-] 자 생색이 나다. 면목이 서다. ¶ 낯나는 일은 자기가 하고 그렇지 않은 일은 남에게 시킨다.
낯-내다[낟-] 자 생색이 나게 하다. 면목이 서게 하다. ¶ 곗술에 낯내기.
낯-두껍다[낟-] (-두껍고·-두꺼워) 형ㅂ 부끄러운 것을 모르도록 뻔뻔스럽고 체면이나 염치가 없다. ¶ 참 낯두꺼운 사람이다.
　낯-두꺼이 부 낯두껍게
낯-뜨겁다[낟-] (-뜨겁고·-뜨거워) 형ㅂ 부끄럽거나 무안하여 남을 대하기가 거북하다. ¶ 낯뜨거운 장면. / 낯뜨거워 바로 볼 수가 없다.
낯-면(-面)[낟-] 명 한자 부수(部首)의 한 가지. '靤·靨' 등에서 面'의 이름.
낯-바닥[낟-] 명 '낯'을 속되게 이르는 말.
　속담 **낯바닥이 땅 두께 같다** : 뻔뻔스럽고 염치가 없어 부끄러운 것을 전혀 모름을 비유하여 이르는 말.
낯-바대기[낟-] 명 '낯'을 속되게 이르는 말.
낯-부끄럽다[낟-] (-부끄럽고·-부끄러워) 형ㅂ 체면이 서지 않아 남을 대하기가 떳떳하지 못하다. ¶ 낯부끄러워 얼굴을 들고 다닐 수가 없다.
　낯-부끄러이 부 낯부끄럽게
낯-빛[낟-] 명 ①얼굴의 빛깔. ②얼굴에 나타난 기색. 안색(顔色). 얼굴빛 ¶ -을 바꾸다. / -이 변하다.
낯-설다[낟-] (-설고·-서니) 형 ①얼굴이 눈에 익지 아니하다. ¶ 낯선 손님이 찾아왔다. ②사물의 모양이나 상태 따위가 눈에 익지 아니하다. ¶ 낯선 물건들이 즐비하다. / 낯설고 물 선 타향. ☞낯익다
낯-없:다[낟업-] 형 너무 미안하거나 부끄러워 얼굴을 들고 남을 대할 수 없다. 면목이 없다. ¶ 낯없어 만날 엄두가 나지 않는다.
　낯-없이 부 낯없게
낯-익다[낟닉-] 형 ①얼굴을 본 기억이 있다. ¶ 어디서 보았는지 낯익은 얼굴이다. ②어떤 사물이 여러 번 보아서 눈에 익숙하다. ¶ 낯익은 거리. ☞낯설다
낯-짝[낟-] 명 '낯'의 속된말. ¶ 벼룩도 -이 있지. ☞궁둥짝. 볼기짝
낱: 명 ①셀 수 있게 된 물건의 하나하나. ¶ 양파를 낱으로 사다. ②《의존 명사로도 쓰임》 ¶ 팥 세 -.

한자 낱 개(個) 〔人部 8획〕 ¶ 개개(個個) / 개별(個別) / 개수(個數) / 개체(個體)
　낱 매(枚) 〔木部 4획〕 ¶ 매거(枚擧) / 매진(枚陳)

낱:-가락[낟-] 명 엿가락 따위의 하나하나의 가락.
낱:-값[낟-] 명 낱개의 값. 단가(單價)
낱:값-표(-標)[낟갑-] 명 단가표(單價標)
낱:-개(-個)[낟-] 명 따로따로의 한 개 한 개. ¶ 사과를 상자로도 팔고 -로도 판다.
낱:-개비[낟-] 명 장작이나 담배, 성냥 따위의 따로따로의 개비.
낱:-권(-卷)[낟-] 명 한 벌로 된 책에서, 따로따로의 한 권 한 권. ¶ 한국 문학 전집을 -으로 사다.
낱:-그릇[낟-] 명 따로따로의 한 그릇 한 그릇.
낱:-근(-斤)[낟-] 명 따로따로의 한 근 한 근. ¶ 인삼을 -으로 포장하다.
낱:-꼬치[낟-] 명 곶감이나 건어물 따위의 따로따로 하나하나의 꼬치.
낱:-낱[낟-] 명 여럿이 있는 가운데의 하나하나.
낱:낱-이[낟나치] 부 빠짐없이 하나하나마다. ¶ - 수를 세다.
낱:-냥쭝(-兩-)[낟-] 명 따로따로의 한 냥쭝.
낱:-단[낟-] 명 땔나무나 채소 따위의 하나하나의 단.
낱:-덩이[낟-] 명 하나하나의 덩이.
낱:-돈[낟-] 명 돈머리를 이루지 못한 한 푼 한 푼의 돈. 낱푼 ¶ -을 모아서 돈머리를 채우다.
낱:-돈쭝[낟-] 명 따로따로의 한 돈쭝. ☞낱냥쭝
낱:-동[낟-] 명 따로따로의 한 동.
낱:-되[낟-] 명 곡식이나 주류 따위의 따로따로의 한 되. ¶ 곡식을 -로 사다.
낱:-뜨기[낟-] 명 낱으로 파는 물건.
낱:-마리[낟-] 명 따로따로의 한 마리.
낱:-말[1][낟-] 명 따로따로의 한 말〔斗〕.
낱:-말[2][낟-] 명 단어(單語)
낱:-뭇[낟-] 명 하나하나의 뭇. ¶ 채소를 -으로 사다.
낱:-벌[낟-] 명 따로따로의 한 벌.
낱:-상(-床)[낟-] 명 따로따로의 한 상.
낱:-섬[낟-] 명 따로따로의 한 섬.
낱:-셈[낟-] 명-하다 타 낱낱을 세는 셈.
낱:소리-글자[낟-짜] 명 음소 문자(音素文字)
낱:-알[낟-] 명 하나하나의 알.

▶ '낟알'과 '낱알'의 뜻 구별
　○ 낟알 — 껍질을 벗기지 아니한 곡식의 알갱이.
　○ 낱알 — 낱낱으로 된 하나하나의 알.

낱:-이삭[낟니-] 명 하나하나의 이삭.
낱:-자[낟-] 명 피륙 따위를 자로 잰 한 자 한 자.
낱:-자(-字)[낟-] 명 자모(字母)
낱:-자루[낟-] 명 연필이나 붓, 양초 따위의 따로따로의 한 자루 한 자루.
낱:-잔(-盞)[낟-] 명 (되나 병으로가 아닌) 잔술의 한 잔. ¶ 술을 -으로 파는 잔술집.
낱:-장(-張)[낟-] 명 종이 따위의 따로따로 떨어진 것의 한 장 한 장. ¶ 도화지를 -으로 사다.
낱:-짐[낟-] 명 따로따로의 한 짐 한 짐.
낱:-축[낟-] 명 종이 따위의 낱낱으로의 축.
낱:-켤레[낟-] 명 구두나 운동화 따위의 낱낱으로의 켤레. 한 켤레 한 켤레.
낱:-푼[낟-] 명 낱돈
낱:-흥정[낟-] 명-하다 타 도거리로 하지 아니하고 낱으로 금을 치는 흥정.
낳다[1] 타 ①사람이나 동물이 뱃속에 든 아이나 새끼나 알을 생리적으로 몸 밖으로 내어 놓다. ¶ 첫아이를 -. ②결과를 이루어 나타내다. ¶ 좋은 결과를 -. ③환경이 어떤 인물이나 사실을 나타나게 하다. ¶ 난세는 영웅을 낳게 한다.
　속담 **낳은 아이 아들 아니면 딸이지** : 당연히 둘 가운데 하나라는 뜻. / **낳은 정보다 기른 정이 크다** : 길러 준 공이 낳은 정보다 더 크고 소중하다는 말.

한자 낳을 만(娩) 〔女部 7획〕 ¶ 분만(分娩)

낳다[2] 타 ①솜이나 털, 삼껍질 따위로 피륙을 짤 실을 만들다. ②실로 피륙을 짜다. ¶ 가는베를-.
낳이[나-] 명-하다 타 피륙을 짜거나 피륙을 짤 실을 만드는 일. ☞길쌈
-낳이[나-] 《접미사처럼 쓰이어》 '낳다'의 전성형으로 ①고장 이름에 붙어 '그 고장에서 난 피륙'의 뜻을 나타냄. ¶ 한산낳이 ②계절을 나타내는 말에 붙어, '그 철에 난 피륙'의 뜻을 나타냄. ¶ 봄낳이 ☞-산(產)
내[1] 명 무엇이 탈 때 생기는 부옇고 매운 기운. ¶ -가 나서 눈물이 나오다. / -를 피워서 모기를 쫓다. ☞연기(煙氣)
　속담 **내 마신 고양이 상** : 표독하게 찌푸린 얼굴을 이르는 말. 〔저녁 굶은 시어머니 상〕
내[2] 명 '냄새'의 준말. 흔히 형용사의 관형사형 아래 쓰이거나 다른 말과 합치어 쓰임. ¶ 고약한 -가 나다. / 향긋한 -를 풍기다.
내:[3] 명 시내보다는 크고 강보다는 작은 물줄기. 개천
　속담 **내 건너 배 타기** : 내를 건너려면 먼저 배를 타야 하는데 내를 건너가서 배를 탄다는 뜻으로, 일의 차례가 뒤바뀌었음을 이르는 말. 〔나루 건너 배 타기〕 / **내를 건너서 지팡이, 추수하고 나서 자루** : 요긴하게 쓰일 때가 지나서 거추장스럽게 된 물건을 이르는 말.

한자 내 천(川) 〔巛部〕 ¶ 산천(山川) / 천변(川邊) / 천어(川魚) / 천택(川澤) / 하천(河川)

내[4] 대 주격 조사 '가' 앞에 쓰이는, 일인칭 대명사 '나'의 바뀐 형태. ¶내가 사는 집./내가 가겠다.
내로라 하다 관용 어떤 분야에서 자기가 최고인듯이 자부하다. ¶내로라 하는 장사가 다 모였다.
속담 **내가 중이 되니 고기가 천하다** : 중이 되어 고기를 먹지 않게 되니 고기가 필요 없게 되었다는 데서, 무엇이나 필요하여 구할 때는 귀해도 필요 없게 되면 흔하고 천해진다는 말./**내 남 없다** : 나나 다른 사람이나 다 마찬가지라는 말./**내가 할 말을 사돈이 한다** : ①자기가 하려고 하는 말을 남이 먼저 한다는 말. ②자기가 상대편을 탓하려고 하니 상대편이 먼저 자기를 탓하고 나무란다는 말.〔나 부를 노래를 사돈 집에서 부른다/시어미 부를 노래 며느리 먼저 부른다〕/**내 미워 기른 아이 남이 괸다** : 자기가 귀찮아 미워하면서 기른 자식을 남들이 도리어 사랑한다는 말.

내:[5] 부 내내 ¶한겨울 – 눈이 오지 않는다./여름 방학 – 시골 집에 있었다.

내:[6] 준 '나의'의 준말. ¶– 고향 남쪽 바다. ☞나[3]
내 사람 관용 자기편. 심복 ¶–을 만들다.
속담 **내 것도 내 것, 네 것도 내 것** : 자기 것은 물론이거니와 남의 것까지도 탐내어 제 것인양 함부로 씀을 이르는 말./**내 것 아니면 남의 밭머리 개똥도 안 줍는다** : 사람됨이 매우 청렴 결백함을 이르는 말./**내 것 없어 남의 것 먹자니 말도 많다** : 가난하여 얻어먹고 살자니 눈치도 보아야 하고 말썽도 많이 생긴다는 말./**내 것 잃고 내 함박 깨뜨린다** : 이중으로 손해를 봄을 이르는 말.〔제 것 주고 뺨 맞는다/술 받아 주고 뺨 맞는다〕/**내 것 잃고 죄 짓는다** : 제 물건을 잃고 나면 으레 애매한 사람까지 의심하게 된다는 말.〔도둑 맞고 죄 된다〕/**내 고기야 날 잡아먹어라** : 어떤 일을 크게 그르치어 자책하는 말./**내 노랑 병아리만 내라 한다** : 무엇을 해 달라고 무리하게 억지를 쓴다는 말.〔배지 않은 아이 낳으라고 한다〕/**내 돈 서 푼은 알고 남의 돈 칠 푼은 모른다** : 무엇이나 제 것은 소중히 여기고 남의 것은 대수롭지 않게 여기는 자기 본위의 행동을 이르는 말./**내 돈 서 푼이 남의 돈 사백 냥보다 낫다** : 남의 것이 아무리 좋고 많아도 제게는 소용이 없고, 적고 보잘것없더라도 제 것이라야 실속이 있다는 말.〔남의 돈 천 냥이 내 돈 한 푼만 못하다/시아버지 종도 내 종만 못하다/남의 집 금송아지가 우리 집 송아지만 못하다〕/**내 딸이 고와야 사위를 고른다** : 자기의 처지가 떳떳해야 상대편에게 거기에 걸맞는 요구를 내세울 수 있다는 말.〔내 물건이 좋아야 값을 받는다/꽃이 좋아야 나비가 모인다〕/**내 땅 까마귄 검어도 귀엽다** : ①제 자식은 아무리 못나도 귀엽다는 말. ②제가 정들인 것은 무엇이나 다 좋다는 말.〔까마귀도 내 땅 까마귀라면 반갑다〕/**내 말은 남이 하고 남 말은 내가 한다** : 누구나 남의 말 하기를 좋아하므로 내 허물도 남이 이야기할 것이니 남의 허물을 탓하여 말하지 말라는 말./**내 말이 좋으니 네 말이 좋으니 하여도 달려 보아야 안다** : 자기의 말〔馬〕이 서로 좋다고 아무리 우겨도 타고 달려 보아야 판가름나듯이, 실제로 해보지 않고 탁상공론만 하는 것은 어리석다는 말./**내 밥 먹은 개가 발뒤축을 문다** : 자기의 혜택을 입은 사람이 도리어 자기를 해롭게 한다는 말.〔내 밥 준 개 내 발등 문다/삼 년 먹여 기른 개가 주인 발등을 문다/아는 도끼에 발등 찍힌다/기르던 개에게 다리를 물렸다/제가 기른 개에게 발꿈치 물린다〕/**내 배 부르면 종의 밥 짓지 말라 한다** : 자기 배가 부르면 종의 배고픔을 생각하지 못한다는 말로서, 풍족한 사람은 남의 어려움을 모를 뿐더러, 또 돌보아 주지도 않는다는 말.〔상전(上典) 배 부르면 종 배고픈 줄 모른다/제 배가 부르면 종 배고픈 줄 모른다〕/**내 복에 난리야** : 일이 잘 되어 가다가 뜻밖에 장애물이 나타나 곤경을 치르게 될 경우에 이르는 말./**내 속 짚어 남의 말 한다** : 자기 속마음이 그러하니 남도 그러하리라고 짐작하여 말함을 이르는 말./**내 손에 장을 지져라(지지겠다)** : 자기의 주장을 장담하거나 무엇을 강력히 부인할 때 이르는 말./**내 얼굴에 침 뱉기** : 자기가 한 일이 자기를 모욕하는 결과가 됨을 이르는 말.〔제 낯에 침 뱉기/제 발등에 오줌 누기/하늘 보고 침 뱉기〕/**내 절 부처는 내가 위하여야 한다** : 제 것은 제가 소중히 여기고 위하여야 남도 그렇게 한다는 말./**내 칼도 남의 칼집에 들면 찾기 어렵다** : 제 것도 남의 손에 들어가면 제 마음대로 할 수 없다는 말./**내 코가 석 자** : 내 사정이 급해서 남을 돌볼 여유가 없다는 말. ☞오비삼척(吾鼻三尺)

내:(內) 의 시간·공간·수량 따위의 일정한 한계의 안. ¶두 시간 –에 오너라./공항 –의 면세점. ☞외(外)

내– 접두 '밖을 향하여'의 뜻을 나타냄. ¶내보내다/내던지다/내몰다

내(來)– 《접두사처럼 쓰이어》 '오는'의 뜻을 나타냄. ¶내학기(來學期)/내학년(來學年)

–내 접미 ①'처음부터 끝까지, 내내'의 뜻을 나타냄. ¶여름내/겨우내 ②'마지막에 이르러'의 뜻을 나타냄. ¶끝내/마침내

내:–가다 타 안에서 밖으로 가져가다. ¶밥상을 –.

내:각(內角) 명 ①다각형의 각 꼭지점 안쪽의 각. ②야구에서, 홈베이스의 중심에서 타자에 가까운 쪽. 인코너 ☞외각(外角)

내:각(內殼) 명 속껍데기 ☞외각(外殼)

내:각(內閣) 명 ①국무총리(수상)와 국무 위원으로써 구성되는 행정부의 최고 합의 기관(合議機關). ②조선 말기, 국무 대신들로 조직되어 국정(國政)을 심의하던 최고 관아. ③'규장각(奎章閣)'을 달리 이르는 말.

내:각–본(內閣本) 명 조선 시대, 규장각(奎章閣)에서 간행한 책을 이르던 말.

내:–각사(內各司) 명 지난날, 궁중에 있던 모든 관아. ☞외각사(外各司)

내:각=책임제(內閣責任制) 명 의원 내각제(議員內閣制)

내:간(內間) 명 아낙

내:간(內艱) 명 어머니의 상사(喪事), 또는 아버지를 여의었을 때의 할머니의 상사. 내간상(內艱喪). 내우(內憂) ☞외간(外艱)

내:간(內簡) 명 지난날, 부녀자 사이에 주고받는 편지를 이르던 말. 내서(內書). 내찰(內札). 안편지 ☞외간

내:간–상(內艱喪) 명 내간(內艱). 외간상(外艱喪)

내:간–체(內簡體) 명 ①지난날, 부녀자들 사이에 오가는 편지 글투에서 굳어진 문체. ②조선 시대, 순수한 우리말을 섬세하고 우아하게 말하듯이 써 나간 일기나 수필 등의 글체.

내:–갈기다 타 ①힘껏 갈기다. ¶뺨을 –. ②글씨를 공들이지 않고 마구 쓰다. ¶아무렇게나 내갈겨 쓰다. ③똥오줌을 아무 데나 싸다.

내:–감:각(內感覺) 명 내부 감각

내:–감창(內疳瘡) 명 한방에서, 입 속 윗잇몸에 나는 부스럼을 이르는 말.

내:강(內腔) 명 체내의 비어 있는 부분. 곧 골강(骨腔)·복강(腹腔)·흉강(胸腔) 따위. ☞체강(體腔)

내:강(內剛) 어기 '내강(內剛)하다'의 어기(語基).

내:강외:유(內剛外柔) 성구 외유내강(外柔內剛)

내:강–하다(內剛–) 형여 겉으로는 유순해 보이나 속마음은 굳다. ☞외유내강

내:개(內開) 명 봉투 속에 든 편지의 글 뜻.

내:개(內槪·內槩) 명 편지의 주요 줄거리.

내:객(內客) 명 여자 손. 안손님 ☞외객(外客)

내객(來客) 명 찾아온 손.

내:–걷다(–걷고·–걸어) 자ㄷ 앞으로 향하여 걷다. ¶내걷는 발걸음이 힘차다.

내걸 명 냇가에 일구어 만든 기다란 논.

내:–걸:다(–걸고·–거니) 타 ①앞이나 밖에 내어다 걸다. ¶간판을 –. ②어떤 문제나 조건 따위를 내놓다. ¶요구 조건을 –. ③하는 일에 희생을 무릅쓰다. ¶목숨을 내걸고 싸우다.

한자 **내걸 게**(揭) 〔手部 9획〕 ¶게기(揭記)/게방(揭榜)/게시(揭示)/게양(揭揚)

내:경(內徑)명 원통형이나 구형(球形)인 물체의 안쪽 지름. 안지름 ☞구경(口徑). 외경(外徑)
내:계(內界)명 ①마음속의 세계. ②경계의 안쪽. 곧 내부의 세계. ③불교에서, 몸을 외계라 하는 데 대하여, '마음'을 이르는 말. ④불교에서, 육계 가운데 지(地)·수(水)·화(火)·풍(風)·공(空)을 외계라 하는 데 대하여 '식계(識界)'를 이르는 말. ☞외계(外界)
내:고(內告)명 개인적으로 알리는 일. 비공식적인 통고.
내:고(內顧)명-하다자 ①집안일을 살피고 돌봄. ②집안일이나 처자 때문에 마음을 씀.
내:-골격(內骨格)명 몸의 내부에 있는 골격. 거북의 등딱지나 조개의 껍데기 등과 같은 외골격(外骨格)에 대하여 이르는 말. ☞외골격
내:-곱다자 바깥쪽으로 곱아 꺾이다. ☞들이곱다. 내굽다
내:공(內攻)명-하다자 ①병이 겉으로 나타나지 않고 몸속에 퍼져 내장의 여러 기관을 침범하는 일. ②정신적 결함이나 타격이 겉으로 나타나지 않고 속으로만 퍼지는 일. 내향(內向)
내:공(內空)명 속이 비어 있음.
내:공(內供)명 '내공목(內供木)'의 준말.
내:공(耐空)명 새나 비행기 따위가 땅에 내리지 않고 오래 나는 일. ¶ ― 비행(飛行)
내:공-목(內供木)명 옷의 안감으로 쓰는 품질이 낮은 무명. 왜난목 준내공(內供)
내:과(內科)[―꽈]명 내장(內臟)에 생긴 병을 외과적 수술을 하지 않고 치료하는 의학의 한 부문, 또는 그러한 치료를 하는 병원의 한 부서. ☞외과(外科)
내:과(內踝)명 발회목 안쪽으로 도도록이 불거진 뼈. ☞복사뼈. 외과(外踝)
내:-과:피(內果皮)명 열매 껍질의 가장 안쪽 씨를 싸고 있는 껍질. 살구나 복숭아 씨의 껍질 따위. ☞외과피(外果皮). 중과피(中果皮)
내:곽(內郭·內廓)명 안쪽 테두리. ☞외곽(外郭)
내:관(內官)명 내시(內侍)
내:관(內棺)명 관(棺)을 곽(槨)에 대하여 이르는 말. 곽속에 넣는 관.
내:관(內觀)명-하다자 ①심리학에서, 자기의 정신 상태나 행동을 내면적으로 관찰하는 일을 이르는 말. 자기 관찰. 내성(內省) ②불교에서, 마음을 고요히 하고 자기 자신을 자세히 관찰하는 일을 이르는 말.
내관(來館)명-하다자 도서관이나 박물관 등 '관(館)'이 붙은 건물이나 기관에 옴을 이르는 말.
내관(來觀)명-하다타 와서 봄. ▷來의 속자는 来
내:괘감 '내가 괴이하게 생각했더니 과연 그렇구나'라는 뜻으로 쓰는 말.
내:교(內敎)명 ①내훈(內訓) ②불교에서, 다른 종교에 대하여 불교를 이르는 말. 내도(內道) ☞외교(外敎)
내:-교섭(內交涉)명-하다자 정식 교섭에 앞서 상대편의 의사를 알아보기 위해 비공식으로 가지는 교섭.
내:구(內寇)명 내부의 변란, 또는 그 변란을 일으킨 사람. ☞외구(外寇)
내:구(內舅)명 편지에서, '외숙(外叔)'을 이르는 말.
내:구(內廐)명 내사복시(內司僕寺)
내구(來寇)명-하다자 도적이 침범해 옴. ¶잦은 ―에 시달리다.
내:구(耐久)명 오래 견디는 일.
내:구-력(耐久力)명 오래 견디는 힘.
내:구-성(耐久性)[―썽]명 어떤 물질 따위가 변질이나 변형되지 않고 오래 견디는 성질.
내:구-재(耐久財)명 경제재 중 오래 쓸 수 있는 소비재. 자동차, 장농, 냉장고 따위.
내:국(內局)[1]명 중앙 행정 기관에 딸린 내부 조직. 문화재청이나 병무청과 같은 외국(外局)에 상대하여 이름. ☞외국(外局)
내:국(內局)[2]명 내의원(內醫院)
내:국(內國)명 자기 나라를 외국에 상대하여 이르는 말. ☞본국(本國)
내:국=공채(內國公債)명 나라 안에서 발행하고 모집하는 공채. ☞내국채(內國債). 외국 공채(外國公債)
내:국=무:역(內國貿易)명 ①자기 나라에 있는 외국인 또는 외국인 상사 사이에 이루어지는 상품의 거래. ☞외국 무역(外國貿易) ②본국과 식민지 사이에 이루어지는 교역(交易).
내:국-민(內國民)명 내국인(內國人)
내:국민=대:우(內國民待遇)명 재판, 과세(課稅), 계약, 재산권 등에 대하여 국가가 외국 국민을 자기 나라 국민과 차별하지 않고 동등하게 대우하는 일. 내국인 대우(內國人待遇). 자국민 대우(自國民待遇)
내:국-법(內國法)명 자기 나라의 법률. 국내법 ☞외국법
내:국=법인(內國法人)명 그 나라 법에 따라 설립되고, 그 나라에 주소를 가진 법인. ☞외국 법인(外國法人)
내:국-산(內國產)명 자기 나라에서 생산된 물품. ☞외국산(外國產)
내:국-세(內國稅)명 국세 가운데에 관세(關稅)·톤세(ton稅)의 조세를 제외한 것을 통틀어 이르는 말.
내:국-인(內國人)명 자기 나라 사람. 내국민 ☞외국인
내:국인=대:우(內國人待遇)명 내국민 대우
내:국-제(內國製)명 자기 나라에서 만든 물품. ☞외국제
내:국-채(內國債)명 나라 안에서 발행하고 모집하는 공채나 회사채. 내채(內債) ☞내국 공채(內國公債). 외국채(外國債)
내:국=항:로(內國航路)명 한 나라 영토 안의 항로. ☞외국 항로(外國航路)
내:국=화:물(內國貨物)명 외국산 화물로서 수입 절차를 마친 것과 내국산 화물로서 수출 절차를 마치지 않은 화물을 아울러 이르는 말.
내:국-환(內國換)명 한 나라 안에서 채권과 채무를 현금으로 하지 않고 환어음으로 결제하는 방식. ☞외국환
내:-굽다자 바깥편으로 굽어 꺾이다. ¶팔이 들이굽지 내굽나? ☞들이굽다
내:권(內眷)명 아내 ☞안식구
내:규(內規)명 어떤 기관이나 단체 등에서 실정에 따라 내부에서 정하여 지키는 규칙. 내칙(內則)
내:근(內勤)명-하다자 관청이나 회사 등의 직원으로서 직장 안에서 하는 근무. ☞외근(外勤)
내:근(內近) 어기 '내근(內近)하다'의 어기(語基).
내:근-하다(內近)형여 부녀자가 거처하는 방과 가깝다.
내:금(內金)명 치를 돈 중에서 일부를 미리 치르는 돈.
내:-금:위(內禁衛)명 조선 시대, 임금을 호위하던 금군(禁軍)에 딸린 관아. 뒷날 금군청(禁軍廳)에 통합됨.
내기 명-하다자 무엇을 걸거나 어떤 약속 아래 이기고 짐을 겨루는 일. ¶술 ―/― 바둑을 두다.
내:기(耐飢)명 굶주림을 참고 견디는 일.
-내기《접미사처럼 쓰이어》'나다[生]'의 전성형에서 바뀌어 ①'어느 정도의 사람'임을 나타냄. ¶풋내기/보통내기 ②'어느 곳 태생(胎生)의 사람'임을 나타냄. ¶시골내기/서울내기
내:-깔기다타 밖이나 앞을 향하여 똥오줌을 아무 곳에서나 마구 누다. ¶아무 데서나 오줌을 ―.
내:나부 결국은 ¶가나 마나 ― 마찬가지다.
내:낙(內諾)명-하다타 '내락(內諾)'의 원말.
내남-없:이부 나나 다른 사람이나 다 마찬가지로. ¶― 모두 힘쓴 보람이 나타나다.
내:내부 처음부터 끝까지. 줄곧 ¶일 년 ― 풀이 자라다./그는 ― 말이 없었다.
내-내년(來來年)명 내후년(來後年)
내-내월(來來月)명 내달의 다음달. 다음다음 달.
내년(來年)명 올해의 다음해. 명년(明年)
내년-도(來年度)명 내년의 연도. ¶― 예산/― 계획
내:-놓다타 ①앞이나 밖으로 옮기거나 꺼내어 놓다. ¶화분을 마당으로 ―./이삿짐을 ―. ②가지고 있던 것이나 차지했던 것을 내주다. ¶장학금을 ―./관직을 내놓고 낙향하다. ③자기가 생각한 바를 여러 사람 앞에서 말하다. ¶의견을 ―./새로운 해결 방안을 ―. ④자기가 지

은 글을 책으로 내거나 하여 남에게 널리 알리다. ¶시집을 ─. ⑤물건 따위를 팔려고 널리 알리다. ¶아파트를 ─./자동차를 중고차 시장에 ─. ⑥붙잡아 두거나 가두어 두었다가 놓아 주다. ¶양을 우리에서 ─./피의자를 ─. ⑦마음에서 젖혀 놓다. ¶자식을 내놓은 셈 치다. ⑧어려움이나 괴로움 따위를 무릅쓰다. ¶목숨을 내놓고 싸우다. ⑨ 드러내어 보이다. ¶내놓고 자랑하다./이제는 내놓고 교제한다.

내:다[1] 자 연기와 불꽃이 아궁이로 되돌아 나오다. ¶불이 잘 들이지 않고 낸다.
속담 **내기는 과붓집 굴뚝** : 남자 일손이 없어 마르지 않은 나무를 때므로 내가 심하다는 데서, 아궁이에서 연기가 몹시 낼 때를 비유하여 이르는 말.

내:다[2] 타 ①돈이나 물건을 주거나 바치다. ¶세금을 ─. ②모나 모종을 옮겨 심다. ¶논에 모를 ─. ③거름 따위를 논밭에 주다. ¶밭에 두엄을 ─. ④의견 따위를 제기하거나 서류 따위를 제출하다. ¶이의 신청을 ─./지원서를 ─./사표를 ─. ⑤편지 따위를 보내다. ¶편지를 냈는데도 답장이 없다. ⑥책이나 신문 따위의 출판물을 펴내다. ¶시집을 ─. ⑦안에서 밖으로 옮기다. ¶이삿짐을 밖으로 ─. ⑧대접하기 위하여 차려 주거나 내주다. ¶점심을 ─./한턱 ─. ⑨곡식을 팔다. ¶쌀을 내어 고기를 사다. ⑩배 따위를 물에 띄우다. ¶배를 ─. ⑪따로 살림을 차리거나 가게 따위를 새로 차리다. ¶따로 살림을 ─./새로 옷가게를 ─. ⑫빚을 얻다. ¶빚을 내어 거처를 마련하다.

내:다[3] 타 ①뛰어난 인물을 사회에 내보내다. ¶학자를 많이 낸 집안./많은 운동 선수를 낸 학교. ②생각이나 마음, 감정 등에 어떤 움직임을 일으키다. ¶용기를 ─./심술을 ─./화를 ─. ③어떤 결과를 나타내다. ¶효과를 ─./좋은 성과를 ─. ④어떤 상태로 되게 하다. ¶산산조각을 ─./끝장을 ─./가루를 ─. ⑤밖으로 드러나게 하다. ¶소문을 ─./이름을 ─. ⑥틈이나 짬을 만들다. ¶짬을 ─./시간을 내어 산에 가다. ⑦어떤 일이나 사건이 생기게 하거나 일어나게 하다. ¶불을 ─./탈을 ─./고장을 ─. ⑧신문이나 잡지에 싣다. ¶신문에 광고를 ─. ⑨길이나 문을 새로 만들다. ¶새로 길을 ─./동쪽으로 문을 ─./창을 ─. ⑩체면을 세우다. ¶낯을 ─. ⑪구멍 따위를 뚫다. ¶구멍을 ─./산을 뚫어 터널을 ─. ⑫힘이나 기운을 더하다. ¶속력을 ─./결승전에서 힘을 ─. ⑬윷놀이에서, 말을 날밭 밖으로 나게 하다. ¶석 동을 ─.
조동 본용언(本用言) 다음에 쓰이어, 그 동작을 제 힘으로 능히 끝냄을 나타냄. ¶견디어 ─./이루어 ─./이겨 ─./참아 ─.

내:다-보다 타 ①안에서 밖을 보거나, 멀리 앞을 바라보다. ¶창밖을 ─. ☞들여다보다 ②장차 올 일을 헤아리다. ¶먼 앞날을 ─.

내:다-보이다 자 ①안에 있는 것이 겉으로 드러나 보이다. ¶속살이 ─. ②밖에 있는 것이 안에서 바라보이다. ¶바다가 내다보이는 창문. ③장차 이루어질 일이 짐작되다. ¶장래가 뻔히 ─.

내:다지 명 기둥 등에 마주 통하게 뚫은 구멍. ☞반다지

내:-닫다 (─닫고·─달아) 자ㄷ 밖으로나 앞으로 갑자기 힘차게 뛰어나가다. 내달리다 ¶쏜살같이 앞으로 ─.
속담 **내닫기는 주막집 강아지라** : 무슨 일이 있을 때 곧잘 채신없이 나서서 참견하기를 잘하는 사람을 이르는 말. 〔내뛰기는 주막집 강아지라〕

내:닫이-창 (─窓) 명 창틀을 벽면보다 바깥쪽으로 내밀어 단 창.

내:-달리다 자 내닫다

내:담 (內談) 명 -하다 타 비밀한 이야기, 또는 비밀히 이야기하는 일. ☞밀담(密談)

내담 (來談) 명 -하다 자 와서 이야기함.

내:당 (內堂) 명 내실(內室)

내:-대:각 (內對角) 명 사각형의 한 외각에 대하여 그 꼭지점과 마주보는 꼭지점의 내각.

내:-대:다 타 ①밖이나 앞으로 내밀어 상대편에게 가까이 대거나 보이다. ¶피의자의 코앞에 영장을 ─. ②요구 조건 따위를 상대편에게 강하게 들이대다. ¶새로운 요구 사항을 ─. ③소홀하게 함부로 대하다. ¶어른에게 그렇게 내대면 안 된다.

내:-던지다 타 ①밖으로 던지다. ¶공을 창밖으로 ─. ②냅다 던지다. ¶보던 신문을 내던지고 일어서다. ③관계를 끊고 돌아보지 않다. ¶직장을 내던지고 나오다. ④말을 아무렇게나 하다. ¶내던지는 말투가 퉁명스럽기 짝이 없다.

내:도 (內道) 명 불교에서, 다른 종교에 대하여 불교를 이르는 말. 내교(內教) ☞외도(外道)

내도 (來到) 명 -하다 자 ①다른 데서 그곳으로 와서 닿음. 내착(來着) ②무슨 일이 닥쳐옴.

내도 (來島) 명 -하다 자 섬에 찾아옴.

내:-도:량 (∠內道場) 명 고려·조선 시대, 왕실에서 불도를 수행하기 위해서 대궐 안에 마련했던 불당(佛堂). 내원당(內願堂)

내:-돋다 자 밖이나 겉으로 돋아나오다. ¶이마에 땀방울이 ─./새싹이 내돋기 시작하다.

내:-돌리다 타 물건을 함부로 내놓아 남의 손에 가게 하다. ¶귀한 물건을 함부로 ─.

내동 (來冬) 명 내년 겨울. ☞내춘(來春). 작동(昨冬)

내동 (來同) 명 -하다 자 와서 모임.

내:-동댕이치다 타 아무렇게나 마구 내던지다. ¶가진 것을 모두 내동댕이치고 달아나다.

내:-동원 (內東園) 명 울안에 만들어 놓은 작은 동산.

내:-동헌 (內東軒) 명 내아(內衙)

내두 (來頭) 명 닥쳐올 앞날. 전두(前頭)

내:-두다 타 바깥쪽이나 앞으로 내어다 두다.

내:-두르다 (─두르고·─둘러) 타르 ①이리저리 휘휘 흔들다. ¶손을 ─./혀를 ─. ②남을 자기 마음대로 함부로 다루다. ¶부하를 노예처럼 ─.

내두사 (來頭事) '앞으로 닥쳐올 일'의 뜻.

내:-둘리다[1] 자 정신이 아찔하여 어지러워지다. ¶너무 내둘리어 몸을 가눌 수가 없다.

내:-둘리다[2] 자 내두름을 당하다. ¶번번이 친구에게 ─.

내:-디디다 타 ①발을 앞이나 밖으로 디디다. ¶발을 잘못 내디디어 물에 빠지다. ②앞으로 발걸음을 옮기다. ¶힘차게 걸음을 ─. ③어떤 일을 시작하거나 어떤 분야에 처음 들어서다. ¶사업가로서의 첫발을 ─. 준 내딛다

내:-딛다 타 '내디디다'의 준말.

내:-떨:다 (─떨고·─떠니) 타 ①붙은 것이 떨어지도록 밖으로 대고 세게 떨다. ¶깔개의 먼지를 ─. ②남이 붙잡지 못하도록 세게 뿌리치다. ③몸을 심하게 떨다.

내:-떨리다 자 몸이 심하게 떨리다.

내:-뚫다 타 이 끝에서 저 끝까지 통하게 구멍을 내다. ¶산을 내뚫어 터널을 만들다.

내:-뚫리다 [─뚤─] 자 내뚫음을 당하다.

내:-뛰다 자 ①밖이나 앞으로 뜀을 뛰다. ¶도랑을 내뛰어 건너다. ②냅다 뛰어서 달려가다 ③냅다 뛰어서 도망치다. ¶붙들릴세라 죽어라고 ─.
속담 **내뛰기는 주막집 강아지라** : 내닫기는 주막집 강아지라.

내:-뜨리다(트리다) 타 사정없이 힘껏 던져 버리다. ¶화분을 내뜨려 산산조각을 내다.

내:락 (內諾) 명 -하다 타 정식으로 하는 승낙이 아니고 우선 승낙함, 또는 그 승낙. 원 내낙(內諾)

내:란 (內亂) 명 나라 안에서 정권을 장악하려고 일어난 난리. 내변(內變)

내:란-죄 (內亂罪) [─쬐] 명 국가의 정치적 기본 조직을 파괴할 목적으로 폭동을 일으킴으로써 이루어지는 집단 범죄.

내:람 (內覽) 명 -하다 타 남몰래 봄.

내:량 (耐量) 명 약물을 먹었을 때, 중독을 일으키지만 죽음까지는 가지 않는 최대량. ☞치사량. 중독량

내레이션 (narration) 명 ①서술(敍述). 이야기 ②영화나

방송극 따위에서, 각본의 줄거리를 옮기는 기술의 한 가지. 영화에서는 화면 외의 목소리로 화면에 더해지는 설명을 이르며, 방송극에서는 이야기 형식의 해설을 이르는 말.

내레이터(narrator)명 영화나 방송극 따위에서, 장면이나 줄거리 따위를 해설하는 사람.

내려-가다 자 ①높은 곳에서 낮은 곳으로 가다. ¶산에서 골짜기로 ―. ②서울에서 지방으로 가다. ¶고향으로 ―. ③중앙 부서에서 지방 부서로, 상부 기관에서 하부 기관 등으로 옮겨 가다. ¶지방 지점으로 ―. ④값이나 온도 따위가 떨어지다. ¶쌀값이 ―./기온이 영하로 ―./성적이 형편없이 ―. ⑤먹은 것이 소화되다. ¶점심 먹은 것이 잘 내려가지 않는다. ⑥〔타동사처럼 쓰임〕 아래쪽으로 옮겨 가다. ¶고개를 ―./짐을 ―. ☞올라가다

내려-긋다[―귿―](―긋고·―그어)타ㅅ 자리를 아래로 낮게 잡아서 긋다. ¶조금만 더 내려그어라. ☞내리긋다

내려-놓다 타 위의 것을 아래로 내려서 놓다. ¶머리에 인 보따리를 ―.

내려다-보다 타 ①위에서 아래를 보다. ¶정상에서 아래를 ―. ②눈을 내리뜨고 보다. ¶묻는 말에 대답은 않고 방바닥만 ―. ③남을 저보다 한층 낮추어 보다. 내려보다 ☞올려다보다

내려다-보이다 자 아래에 있는 것이 눈에 뜨이다. ¶저 아래 내려다보이는 집이 우리 집이다.

내려-디디다 타 위에서 그 아래를 밟다. ¶달 표면에 발을 ―.

내려-뜨리다(트리다) 타 ①위에 있는 것이나 쥐고 있는 것을 아래쪽으로 내리다. ¶밧줄을 아래로 ―. ②몸의 일부를 힘없이 늘어뜨리다. ¶맥없이 양팔을 ―.

내려-보내다 타 내려가게 하다. ¶승강기로 짐을 ―./시골 외가로 아이들을 ―.

내려-보다 타 내려다보다

내려본-각(―角)명 높은 곳에서 낮은 곳에 있는 목표물을 내려다볼 때, 그 시선과 수평면이 이루는 각. 부각(俯角) ☞올려본각

내려-서다 자 높은 데서 낮은 곳으로 옮겨 서다. ¶뜰아래로 ―./한 단 내려서라. ☞올라서다

내려-쓰다(―쓰고·―써)타 모자 따위를 이마보다 아래로 내려서 쓰다. ¶모자를 푹 ―.

내려-앉다[―안따] 자 ①아래로 옮겨 앉다. ¶방바닥에 ―. ②낮은 지위의 자리에 옮겨 앉다. ③건축물의 바닥이나 땅바닥 따위가 꺼져 내리다. ¶방구들이 ―./건물이 ―./도로의 지반이 ―. ④〔주로 '가슴'과 함께 쓰이어〕 몹시 놀라다. ¶가슴이 덜컥 ―. ☞올라앉다

내려-오다 자 ①높은 곳에서 낮은 곳으로 향하여 오다. ¶계단을 뛰어서 ―. ②서울에서 지방으로 떠나 오다. ¶고향으로 ―. ③과거로부터 지금까지 전하여 오다. ¶대대로 내려오는 풍습. ④〔타동사처럼 쓰임〕 아래쪽으로 옮겨 오다. ¶이층에서 짐을 ―. ☞올라오다

내려-지다 자 위에 있던 것이 아래로 내려오게 되다. ¶막이 내려지고 연극은 끝났다.

내려-치다 타 ①줄이나 금 따위를 아래쪽에다 치거나 긋다. ②그물 따위를 아래쪽에 치다. ¶그물을 하류 쪽으로 ―. ③셈이나 값을 함부로 내려 깎아 따지다.

내:력(內力)명 ①물체의 내부에서 서로 작용하는 힘. ②응력(應力) ③내적 영력(內的營力) ☞외력(外力)

내력(來歷)명 ①지금에 이르기까지의 과정이나 경로. ¶살아온 ―을 말하다./집안 ―을 털어놓다. ②일정한 어떤 과정을 거치면서 이루어진 까닭. ¶일이 그리 된 ―을 모르다. ▷來의 속자는 来

내:력(耐力)명 ①견디어 내는 힘. ②구조물이나 접합부 따위가 외력에 견뎌 낼 수 있는 힘.

내:력-벽(耐力壁)명 건축물에서, 벽체나 바닥, 지붕 따위의 상부에서 오는 하중이나 자체 하중을 받아 기초나 기둥에 전달하는 벽체.

내:료(內僚)명 ①내신(內臣) ②고려 시대, 액정국(掖政局)의 관원들을 이르던 말.

내룡(來龍)명 풍수지리설에서, 종산(宗山)에서 내려온 산줄기를 이르는 말. 내맥(來脈)

내:륙(內陸)명 ①바다에서 멀리 떨어져 있는 육지. ②대륙(大陸)

내:륙-국(內陸國)명 나라의 영토가 바다에 접하지 아니하고 육지에 둘러싸여 있는 나라. ☞해양국(海洋國)

내:륙-권(內陸圈)명 바다에서 멀리 떨어져 있어 내륙적 특징이 뚜렷한 지역.

내:륙=기후(內陸氣候)명 대륙성 기후(大陸性氣候)

내:륙=분지(內陸盆地)명 대륙 내부에 있는 분지.

내:륙-빙(內陸氷)명 대륙 빙하(大陸氷河)

내:륙=빙하(內陸氷河)명 대륙 빙하(大陸氷河)

내:륙=사구(內陸沙丘)명 대륙 내부의 사막 지역에 발달한 사구.

내:륙성=기후(內陸性氣候)명 대륙성 기후(大陸性氣候)

내:륙성=하류(內陸性河流)명 내륙 하천(內陸河川)

내:륙=유역(內陸流域)[―뉴―]명 기후가 건조하여 내륙에서 물이 바다로 흘러들지 못하고 도중에서 말라 버리는 하천의 유역.

내:륙=지방(內陸地方)명 해안에서 멀리 떨어진 지방.

내:륙=평야(內陸平野)명 해안에서 멀리 떨어진 대륙의 내부에 있는 평야.

내:륙-하(內陸河)명 내륙 하천(內陸河川)

내:륙=하천(內陸河川)명 내륙에 있어 하구(河口)가 바다로 나 있지 않은 하천. 물이 흐르는 도중에 증발하거나 땅 속으로 스며듦. 볼가 강, 우랄 강 따위. 내륙성 하류(內陸性河流). 내륙하(內陸河)

내:륙-호(內陸湖)명 내륙 지방에 있어서 바다로 흘러들지 않는 호수. 사해(死海)·카스피 해 따위로 대부분 소금기가 많음.

내:륜-산(內輪山)명 복합 화산(複合火山)에서 중앙 화구(火口)를 둘러싸고 있는 고리 모양의 산릉. ☞외륜산(外輪山)

내리 부 ①위에서 아래로 향하여. ¶언덕을 ― 구르다. ②잇달아. 줄곧 ¶― 다섯 시간을 달리다. ③마구 ¶― 짓밟히다.

내리- 접두 ①'위에서 아래로'의 뜻을 나타냄. ¶내리긋다/내리쓰다/내리깔기다 ②'함부로'의 뜻을 나타냄. ¶내리쬐다/내리깎다/내리치다

내리-갈기다 타 ①위에서 아래로 후려치다. ②사정없이 마구 갈기다. ¶막대기로 ―.

내리-긋다[―귿―](―긋고·―그어)타ㅅ 줄을 위에서 아래로 향해 긋다. ¶줄을 곧게 ―. ☞내려긋다

내리-깎다[―깍―] 타 ①값을 마구 깎아 내리다. ②남의 인격이나 체면 따위를 마구 헐어 말하다. ¶남의 업적을 ―.

내리-깔기다 타 물줄기 따위를 위에서 아래로 세차게 내쏘다. ¶오줌을 ―.

내리-깔다 타 ①눈길을 다소곳이 아래로 보내다. ¶눈을 내리깐 채 말끝을 흐리다. ②깔개를 방 아래쪽에 깔다. ¶이부자리를 아랫목에 ―.

내리-꽂다[―꼳―] 타 ①위에서 아래로 세게 꽂거나 박다. ¶바닥에 말뚝을 ―. ②연이나 비행기 따위가 공중에서 갑자기 아래로 내리박다. ¶방패연이 땅바닥에 머리를 ―./물총새가 강물로 내리꽂더니 물고기를 물고 나왔다. ③위에서 아래로 내던져 거꾸로 박히게 하다. ¶업어치기로 상대 선수를 매트 위에 ―.

내리-꿰다 타 ①위에서 아래로 꿰다. ②내용이나 사정 따위를 훤하게 알다. ¶그 일이라면 속속들이 내리꿰고 있다.

내리-내리 부 잇달아서 내리. 언제까지나 ¶― 딸만 낳다./― 이어 오다.

내리-누르다 타르 ①위에서 아래로 누르다. ②윗사람이 아랫사람의 마음이나 행동을 억지로 누르다. ¶권력으로 백성들을 ―.

내리다[1] 자 ①높은 데서 낮은 데로, 또는 위에서 아래로 향하여 옮다. ¶비행기가 공항에 ―./무대의 막이 ―. ②탈것에서 떠나 바닥에 서다. ¶차에서 ―. ③비나 눈 따위가 하늘에서 아래로 오다. ¶함박눈이 ―. ④값이 떨어지다. ¶과일 값이 ―. ⑤기온(氣溫)이나 온도, 체온(體溫) 따위가 낮아지다. ¶기온이 ―./신열이―. ⑥먹은 음식이 삭다. ¶먹은 밥이 잘 내리지 않는다. ⑦살이 빠지거나 부기가 가시다. ¶살이 내리도록 앓다./부기가 많이 내렸다. ⑧식물의 뿌리가 땅 속에 자리를 잡다. ¶모종한 고추 모가 뿌리를 ―. ⑨신이 몸에 접하다. ¶손대가 ―./신이 ―.

내리다[2] 타 ①높은 데서 낮은 데로, 또는 위에서 아래로 옮기다. ¶차에 실은 짐을 ―. ②명령이나 지시 따위를 하다. ¶이동 명령을 ―./지시를 ―. ③상이나 벌 따위를 주다. ¶상을 ―./벌을 ―. ④발이나 휘장 따위를 드리우다. ¶주렴을 ―./막을 ―. ⑤결말을 짓다. ¶판단을 ―./결정을 ―. ☞올리다

한자 **내릴 강**(降) 〔阜部 6획〕 ¶강등(降等)/강령(降靈)/강림(降臨)/강상(降霜)/강우(降雨)/강하(降下)

내리다[3] 타 가루 따위를 체에 치다. ¶체로 떡가루를 내리어 떡을 안치다.

내리다[4] 형 단단한 가루나 씨알 따위가 작다.

내리-닫다(―닫고·―달아) 자ㄷ 아래로 향하여 달리다. ¶양 떼가 언덕 아래로 내리달아 몰리다.

내리-닫이[1] [―다지] 명 두 짝의 창문이 서로 위아래로 오르내려서 여닫게 된 창.

내리-닫이[2] [―다지] 명 바지와 저고리를 한데 붙이고 뒤를 터놓은, 어린아이의 옷.

내리-뜨다(―뜨고·―떠) 타 눈길을 아래로 하여 뜨다. ☞치뜨다

내리-막 명 ①높은 데서 낮은 데로 내려가게 되어 있는 비탈진 곳. ¶―에서 차의 속도를 줄이다. ☞오르막 ②한창때가 지나 기력이나 세력 등이 차차 줄어져 가는 판. ¶―에 접어들다. 내리받이

내리막-길 명 내리막으로 된 길. ☞오르막길

내리-매기다 타 차례를 매길 때 위에서 아래로 차례차례 매겨 나가다. ¶번호를 ―. ☞치매기다

내리-먹다 자 차례를 매기는데 위에서 아래로 매기어지다. ☞치먹다

내리-밀다(―밀고·―미니) 타 아래로 밀다. ☞치밀다

내리-박다 타 위에서 아래로 향하여 박다. ¶말뚝을 ―.

내리-받다 타 아래를 향하여 받다. ¶졸다가 이마로 책상을 내리받았다. ☞치받다

내리-받이[―바지] 명 내리막 ☞치받이

내리-벋다 자 아래쪽으로 향하여 벋다. ¶뿌리가 땅 속 깊이 ―./골짜기로 내리벋은 산길. ☞치벋다

내리-붓다[―붇―] 타 위에서 아래로 퍼붓다.

내리-비추다 타 위에서 아래로 비추다.

내리-비치다 자 위에서 아래로 비치다. ¶햇빛이 ―.

내리-사랑 명 ①자식에 대한 부모의 사랑. ②여러 자식에 대하여 순차적으로 옮겨 가는 사랑. ☞치사랑

속담 **내리사랑은 있어도 치사랑은 없다** : 부모가 자식을 사랑하는 만큼 자식이 부모를 사랑하기는 어렵다는 말. 〔사랑은 내리사랑〕

내리-쉬:다 타 크게 마셨던 숨을 길게 내어 보내다. ¶긴 한숨을 ―.

내리-쏘:다 타 총 따위를 위에서 아래로 보고 쏘다. ☞치쏘다

내리-쏟다 타 액체나 가루, 낱으로 된 물건을 위에서 아래로 쏟다. ¶대추 한 자루를 다 ―.

내리-쏟아지다 자 위에서 아래로 한꺼번에 쏟아지거나 몰리어 나오다. ¶머리 위에서 물이 ―.

내리-쓰기 명 세로쓰기

내리-쓰다(―쓰고·―써) 타 ①위에서 아래쪽으로 글을 써 나가다. ②쉬지 않고 계속하여 쓰다. ¶돌아보지도 않고 글만 ―.

내리-외우다 타 글을 보지 않고 그대로 줄줄 외우다.

내리-우다 타 내리게 하다.

내리-읽다[―익―] 타 ①위에서 아래로 향해 글을 읽다. ②쉬지 않고 계속해 글을 읽다.

내리-제기다 타 ①팔꿈치나 발꿈치로 위에서 힘껏 내지르다. ¶구둣발로 ―. ②자귀나 까뀌 따위로 나무를 마구 깎다.

내리-지르다[1](―지르고·―질러) 자르 물이나 바람 따위가 세차게 아래쪽으로 흐르거나 불다. ¶산마루에서 내리지르는 매서운 바람./내리지르는 계곡물 소리가 시원하다.

내리-지르다[2](―지르고·―질러) 타르 아래를 향하여 세차게 치거나 차다. ¶구둣발로 옆구리를 ―.

내리-질리다 자 주먹이나 발 따위로 세게 얻어맞다.

내리-쫓다[―쫃―] 타 ①높은 데서 낮은 데로 향하여 쫓다. ¶노루를 ―. ②중앙에서 지방으로 쫓다.

내리-쬐:다 자 ①햇볕이 강하게 내리비치다. ¶햇볕이 ―. ②〔타동사처럼 쓰임〕 빛 따위를 아래를 향하여 내리비추다. ¶태양은 불볕을 내리쬔다.

내리-찍다 타 날붙이로 위에서 아래로 향하여 찍다. ¶도끼로 나무를 ―.

내리-치다[1] 자 번개나 비바람 따위가 아래쪽으로 세차게 치다. ¶벼락이 ―./눈보라가 ―.

내리-치다[2] 타 ①위에서 아래를 향하여 힘껏 치다. ¶못을 ―. ②호되게 때리거나 치다.

내리키다 타 ①아래로 내려지게 하다. ②낮은 데로 옮기다. ☞치키다

내리-패:다 타 ①내려쳐서 패다. ¶장작을 ―. ②함부로 막 때리다.

내리-퍼붓다[―붇―](―퍼붓고·―퍼부어) 자타ㅅ ①비나 눈 따위가 계속하여 세차게 오다. ¶내리퍼붓는 장대비에 흠뻑 젖다. ②물 따위를 위에서 아래로 마구 쏟다. ¶머리 위로 찬물을 ―.

내리-훑다[―훌따] 타 ①위에서 아래로 훑다. ¶손바닥으로 벼 이삭을 ―. ☞치훑다 ②위에서 아래까지 빠짐없이 살펴보다. ¶서류를 내리훑어 보다.

내릴-톱 명 재목을 세로 켜는 톱. ☞동가리톱

내림[1] 명 부모나 조상에게서 오는 모습·성질·소질 따위의 특성. 내력(來歷) ¶곱슬머리가 ―이다. ☞부주

내림[2] 명 재래식 한옥에서, 건물의 정면으로 보이는 칸수.

내림(來臨) 명 -하다 자 남을 높이어 그가 찾아옴을 이르는 말. 왕림(枉臨)

내림-굿[―꾿] 명 무당이 되려 할 때 신이 내리기를 비는 굿. 강신굿 ☞몸굿

내림-내림 명 여러 대를 내려온 내림. ¶―으로 그림 솜씨가 뛰어나다.

내림-대[―때] 명 굿할 때나 경을 읽을 때, 신이 내리게 하는 데 쓰는 소나무나 대나무의 가지. 손대 ☞신장대

내림-새 명 ①기와 지붕의 처마끝에 놓는, 기와의 한쪽 끝에 반달 모양의 혀가 붙은 보통 기와. ②골지붕의 처마끝에 놓는, 반달 모양의 혀가 붙은 암키와. 내림새기와. 암막새

내림새-기와 명 내림새 ☞막새

내림-석(―釋) 명 무당이 굿을 시작할 때, 신이 와서 공양을 받으라고 비는 일.

내림-세(―勢) 명 시세나 물가 따위가 내리는 형세. ¶주가가 ―를 보이다. ☞오름세

내림-장(―醬)[―짱] 명 간장을 떠낸 뒤에 메주 건더기에 다시 물을 붓고 우려낸 간장. 재성장(再成醬)

내림-조(―調)[―쪼] 명 내림표로만 나타낸 조.

내림-차(―次) 명 수학에서, 차수가 높은 항부터 낮은 항으로 차례로 배열하는 일. ☞오름차

내림차-순(―次順) 명 다항식에서, 각 항의 차수를 높은 항부터 낮은 항의 차례로 배열하는 일. ☞오름차순

내림-표(―標) 명 음악에서, 본래의 음을 반음 내리라는 표시. 기호 '♭'로 나타냄. 플랫(flat) ☞올림표

내립떠-보다 타 눈을 아래로 뜨고 노려보다. ☞칩떠보다

내:마(奈麻)명 신라 때, 17관등의 열한째 등급.
내:막(內幕)명 겉으로 드러나지 않은 사정. ¶깊은 ―은 모르겠으나 좀 심상찮다.
내:막(內膜)명 체내 기관의 안쪽에 있는 막.
내:-맡기다[―맏―]타 ①일 따위를 남이 마음대로 하도록 해 주다. ¶며느리에게 살림을 ―./회사의 경영권을 ―. ②되는 대로 내버려두다. ¶몸을 파도에 ―./모든 것을 운명에 ―.
내:-매다타 ①밖으로 내어다가 매다. ¶소를 풀밭에 ―. ②앞이나 옆으로 자리를 옮겨 매다. ¶줄을 앞으로 내매라.
내맥(來脈)명 ①일이 이루어진 과정이나 경로. ②내룡
내:-먹다타 속의 것을 밖으로 집어내어서 먹다. ¶동구리에서 엿을 ―.
내:면(內面)명 ①안쪽 ②겉으로 드러나지 않은 속이나 속내평. ☞외면(外面)[1]
내:면=묘:사(內面描寫)명 소설 따위에서, 인물의 정신 상태, 심리 상태, 감정이나 기분 따위의 내적인 면을 그리는 일. ☞외면 묘사(外面描寫)
내:면=생활(內面生活)명 겉으로 드러나지 않는, 정신적인 방면의 생활. 내적 생활(內的生活)
내:면=세:계(內面世界)명 인간의 정신적, 심리적인 면의 세계. ¶인간의 ―를 묘사하다.
내:명(內命)명 남몰래 내린 명령.
내:명(內明)[1]명 불교에서, 인과(因果)의 이치 등을 연구 토론하는 불법 안의 학문.
내:명(內明)[2]어기 내명(內明)하다'의 어기(語基).
내-명년(來明年)명 후년(後年). 재명년(再明年)
내:-명당(內明堂)명 풍수지리설에서, 혈(穴)의 앞 청룡·백호 안의 평지를 이르는 말
내:-명:부(內命婦)명 조선 시대, 궁중에서 궁중의 일을 맡아보던 품계를 가진 여관(女官)을 이르던 말. 빈(嬪)·귀인(貴人)·소의(昭儀)·숙의(淑儀)·소용(昭容)·숙용(淑容)·소원(昭媛)·숙원(淑媛) 등. ☞외명부(外命婦)
내:명-하다(內明―)형여 겉보기에는 어리숙하나 속셈이 아주 밝다.
내:-몰:다(―몰고·―모니)타 ①어떤 한계 밖으로 내쫓다. ¶양들을 밖으로 ―. ☞들이몰다 ②앞으로 달리도록 몰다. ¶성급히 차를 ―. ③일을 급히 다그치다.
내:-몰리다자 내몲을 당하다. ¶한데로 ―.
내:무(內務)명 ①나라 안의 행정 사무. ②회사 업무 가운데서, 회사 안에서 근무하는 일. ③'내무 행정'의 준말.
내:무(內舞)명 여러 줄로 벌여 서서 춤출 때 안 줄에 서서 추는 춤, 또는 그 사람들.
내:무-반(內務班)명 병영(兵營)에서, 군인들이 평상시에 지내는 방.
내:무=사열(內務查閱)명 군대에서, 내무 생활 전반에 걸쳐 하는 검열.
내:무=생활(內務生活)명 내무반에서 지내는 군인들의 일상 생활. ☞내무 사열
내무-아문(內務衙門)명 1894년(조선 고종 31)에 설치했던 관아. 이전의 이조(吏曹) 업무를 확장하여 지방 행정 등의 일까지 맡아봄.
내:무주장(內無主張)성구 집안에 살림을 맡아 할 안주인이 없다는 뜻. ☞외무주장(外無主張)
내:무=행정(內務行政)명 사회의 안녕과 질서를 유지하고, 국민의 복리 증진을 목적으로 하는 행정. 준내무
내:-물리다타 일정한 한계 밖으로 내어서 옮기다. ¶울타리를 ―./경계선을 ―.
내미-손명 물건을 흥정하러 온, 어수룩하고 만만하게 보이는 사람.
내:밀(內密)[1]명 안으로 감춘 비밀.
내:밀(內密)[2]어기 '내밀(內密)하다'의 어기(語基).
내:-밀:다[1](―밀고·―미니)자 어느 한 부분이 길게 나오다. ¶이마가 ―./뭍에서 바다로 길게 내민 곶.
내:-밀:다[2](―밀고·―미니)타 ①안에서 앞이나 밖으로 나가게 하거나 드러나게 하다. ¶창을 열고 얼굴을 ―./손을 ―./혀를 ―. ②밀어 내보내다. ¶밀어닥치는 취재진을 내미는 데 진땀을 뺐다. ③남에게 미루다. ¶자기가 할 일이 아니라면서 ―. ④뜻이나 주장 따위를 굽히지 않고 버티다. ¶자기의 주장만을 ―.
내:-밀리다자 밖으로 밀려 나오게 되다.
내:-밀치다타 밖으로 힘껏 밀어내다.
내:밀-하다(內密―)형여 밖으로 드러나지 아니하고 비밀한 데가 있다. ¶내밀한 사정./내밀하게 움직이다.
내밀-히부 내밀하게 ¶― 거래해 오다.
내:밀-힘명 ①밀고 나아갈 힘. ¶―으로 버티어 나가다. ②자기의 뜻이나 주장 따위를 끗끗이 내세우는 힘.
내:-박차다타 ①발길로 냅다 걷어차다. ¶문을 내박차고 나가다. ②딱 자르듯이 물리치다. ¶꾐을 ―.
내:-박치다타 힘껏 집어 내던지다. ¶홧김에 책을 ―.
내:반-슬(內反膝)명 두 다리를 한데 모으고 섰을 때, 무릎이 붙지 않고 바깥쪽으로 휘어진 모양의 다리. 오각(O脚) ☞ 안짱다리. 외반슬(外反膝)
내:-받다타 머리로 냅다 받다. ¶황소가 담벼락을 ―.
내:-발리다자타 속마음이나 태도가 겉으로 드러나 보이다, 또는 드러나게 하다. ¶속마음이 얼굴에 ―.
내-발뺌명-하다자 어떤 일에 상관이 없음을 밝힘. ¶남을 감싸 주기는커녕 ―하기에 바쁘다.
내:-발진(內發疹)[―찐]명 구강(口腔)·결막(結膜) 등 점막에 생기는 발진.
내:-밟:다[―밥―]타 앞쪽을 향하여 발을 옮겨 디디다. ¶한번 내밟은 걸음이니 계속 나아가자.
내:방(內房)명 안방
내방(來訪)명-하다자 만나려고 찾아옴. ¶친구의 ―./고객의 ―을 받다. ☞왕방(往訪)
내:방=가사(內房歌辭)명 조선 시대, 부녀자가 짓거나 읊은 가사를 이르는 말. 규방 가사(閨房歌辭)
내:방-객(來訪客)명 찾아온 손.
내:-배:다자 액체가 속에서 겉으로 스며 나와 퍼지다. ¶땀이 내밴 베적삼.
내:-배엽(內胚葉)명 다세포 동물의 발생 초기에 생기는 배(胚) 안쪽의 세포층. 소화 기관, 내분비 기관, 호흡 기관 등으로 발달할 부분임. ☞외배엽(外胚葉)
내:-배유(內胚乳)명 속씨식물의 배(胚)를 둘러싸고 있는 부분. 양분을 저장하여 배가 자랄 때 양분을 공급하는 부분으로, 벼나 밤 따위의 먹는 부분임. 준내유(內乳) ☞외배유(外胚乳)
내:-백호(內白虎)명 풍수설에서, 주산(主山)에서 남쪽을 향하여 오른쪽으로 벋어 있는 여러 갈래의 산줄기 가운데서 맨 안쪽 줄기를 이르는 말. ☞외백호(外白虎)
내:-뱉다[―밷―]타 ①입 밖으로 내어 뱉다. ¶껌을 ―. ②내키지 않는 말투로 불쑥 말하다. ¶상스러운 말을 함부로 ―.
내:버려-두다타 ①건드리지 않고 그대로 두다. ¶하자는 대로 ―. ②버려둔 채 보살피지 않다. ¶생명이 있는 것을 내버려둘 수는 없다.
내:-버리다타 ①쓰지 않는 것을 아주 버리다. ¶쓸만 한 것도 내버리고 가다. ②관심을 가지거나 돌보지 않다.
내:-버티다자타 맞서서 끝까지 버티다. ¶요구한 것이 받아들여질 때까지 ―.
내:번(耐煩)명 번거로움을 견디어 내는 일.
내:벌-적(內罰的)[―쩍]명 하는 일이 뜻대로 되지 아니하거나 실패했을 때 자신의 책임으로 돌리고 자책하는 경향. 자발적(自罰的) ☞외벌적(外罰的)
내:법(內法)[―뻡]명 불교에서, 다른 종교에 대하여 불법(佛法)을 이르는 말. ☞외법(外法)
내:벽(內壁)명 건물 안쪽의 벽. 안벽 ☞외벽(外壁)
내:변(內變)명 나라 안에서 일어난 변고. ☞내란(內亂)
내:병-성(耐病性)[―썽]명 농작물이 병에 잘 걸리지 않거나 병을 쉽게 이겨 내는 성질.
내:-병조(內兵曹)명 조선 시대, 병조와 별도로 궁중에서 시위(侍衛)와 의장(儀仗) 등을 맡아보던 관아.
내:보(內―)명 내포(內包)

내:보(內報)명 ①-하다타 외부에 드러나지 않게 알림, 또는 그 보고. ②내부에 관계되는 보도나 보고.
내:보(內輔)명-하다자 아내가 남편을 돕는 일, 또는 그 도움. 내조(內助)
내보(來報)명-하다자타 와서 보고함, 또는 그 보고.
내:-보내다타 ①안에서 밖으로 나가게 하다. ¶아이를 밖으로 ─. ②살던 곳이나 일하던 곳에서 나가게 하다. ¶밀입국자를 ─./사고를 낸 직원을 ─. ③신문이나 방송 등을 통해 여러 사람이 알도록 드러내어 알리다. ¶광고를 ─./텔레비전에 모자의 상봉 장면을 ─.
내:-보다타 넣어 두었던 것을 꺼내어 보다.
내:복(內服)[1]명 속옷
내:복(內服)[2]명-하다타 약을 먹음. 내용(內用) ☞외용
내:복(內腹)명 내포(內包)
내:복(內福)명①정신적인 행복. ②-하다형 실속 있게 부유함.
내:복-약(內服藥)[─냑]명 먹는 약. 내용약(內用藥) 준 내약(內藥) ☞외용약(外用藥)
내:봉-선(內縫線)명 속씨식물에서, 암술로 변한 잎의 가장자리에 해당하는 자리. ☞외봉선(外縫線)
내:부(乃父)명 ①그 사람의 아버지. ②〔대명사처럼 쓰임〕 아버지가 아들에게 자기를 가리켜 '네 아비', '이 아비'의 뜻으로 일컫는 말. ☞내조(乃祖)
내:부(內附)명-하다자 ①들어와 붙좇음. ②내응(內應)
내:부(內部)[1]명 ①물체의 안쪽 부분. ¶─ 수리 ②어떤 범위나 조직의 안. ¶─ 분열/─의 결속을 다지다. ☞외부(外部)[1]
내:부(內部)[2]명 1895년(조선 고종 32)에 '내무아문(內務衙門)'을 고친 이름. ☞외부(外部)[2]
내:부=감:각(內部感覺)명 운동 감각이나 평형 감각 따위와 같은 신체 내부의 감각. 내감각(內感覺)
내:부=감사(內部監査)명 각 사업체 안에서 자체적으로 하는 감사. ☞외부 감사(外部監査)
내:부=거:래(內部去來)명 대기업의 계열사 사이에 이루어지는 거래 행위를 이르는 말. 제품이나 자본의 거래가 중심이 됨.
내:부=기생(內部寄生)명 기생 동물이 숙주(宿主)의 몸 안에서 영양분을 취하며 생활하는 일. ☞외부 기생
내:-부딪다[─딛─]타 앞으로 향하여 세게 부딪다. ¶이마를 벽에 ─./그릇을 내부딪는 소리가 나다.
내:-부딪뜨리다(트리다)[─딛─]타 몹시 세게 부딪게 하다.
내:-부딪치다[─딛─]타 앞으로 향하여 아주 세게 부딪다. ¶머리를 담벼락에 ─. 준내붙치다
내:-부딪히다[─딛─]자 내부딪음을 당하다.
내:부=영력(內部營力)명 지진·화산·지각 운동 등과 같이 지구의 내부로부터 작용하여 지형을 변화시키는 힘. 내적 영력(內的營力) ☞외부 영력(外部營力)
내:부=저:항(內部抵抗)명 전지나 전기 기기 따위의 내부에 있는 전기 저항. 내저항(內抵抗)
내:분(內分)명-하다타 수학에서, 하나의 선분(線分)을 그 위의 임의의 한 점을 경계로 하여 두 개의 부분으로 나누는 일. ☞외분(外分)
내:분(內紛)명 나라나 단체, 집안 따위의 내부에서 일어나는 다툼. 내홍(內訌). 홍쟁(訌爭) ¶─이 일어나다.
내:분-비(內分比)명 수학에서, 내분한 두 선분의 길이의 비. ☞외분비(外分比)
내:-분비(內分泌)명 동물체에서, 내분비샘에서 만들어진 호르몬을 도관(導管)을 거치지 않고 직접 혈관 또는 임파액(淋巴液) 속으로 보내는 일. ☞외분비(外分泌)
내:분비-물(內分泌物)명 동물체에서, 내분비 작용으로 말미암아 분비되는 물질. 호르몬(hormon)
내:분비-샘(內分泌─)명 호르몬을 분비하는 샘. 내분비선(內分泌腺). 호르몬샘. 호르몬선 ☞외분비샘
내:분비-선(內分泌腺)명 내분비샘
내:분-선(內分線)명 수학에서, 각(角)을 내분하는 직선.
내:분-점(內分點)[─쩜]명 수학에서, 선분(線分)을 내분하는 점. ☞외분점(外分點)
내:-붙치다타 '내부딪치다'의 준말.
내:-불:다(─불고·─부니)타 ①바깥쪽으로 향해 불다. ¶입김을 ─. ②숨기고 있던 사실을 털어놓다. ¶범행 일체를 ─.
내:-붙이다[─부치─]타 밖에다 내어서 붙이다. ¶모집 광고를 ─.
내:-비치다자타 ①빛이 밖으로 비치다. ¶구름 사이로 햇살이 ─. ②속의 것이 겉으로 드러나 보이다. ¶살이 내비치는 얇은 옷. ③생각이나 뜻을 겉으로 드러내 보이다. ¶거절의 뜻을 ─./괴로운 심정을 ─.
내:빈(內賓)명 ①안손님 ②지난날, 대궐 잔치에 참예(參詣)하는 명부(命婦)들을 이르던 말.
내빈(來賓)명 모임에 공식적으로 초대를 받아서 온 손. ¶─을 안내하다.
내:빈(耐貧)명 가난을 이겨 내는 일.
내빙(來聘)명-하다자 외국의 사절이 예로써 찾아옴.
내:-빼:다자 '달아나다'를 속되게 이르는 말.
내:-뻗다자타 ①쭉 뻗어 나가다. ¶사방팔방으로 내뻗은 큰길. ②내처 뻗대다. ¶끝까지 모른다고 ─. ③바깥쪽으로 쭉 펴다. ¶누워서 두 다리를 ─.
내:-뻗치다자타 힘차게 내뻗다. ¶한길이 곧게 ─./팔을 앞으로 쭉 ─.
내:-뽑다타 ①팔이나 목을 길게 뻗다. ¶목을 내뽑고 주위를 둘러보다. ②힘을 들여 소리를 길게 내다. ¶노래를 한 곡 구성지게 ─. ③안에서 밖으로 뽑아 내다. ¶방 안에 찬 연기를 ─. ④앞으로 향하여 속력을 더하다. ¶전속력으로 내뽑아 선두를 따라잡았다.
내:-뿌리다타 나가떨어지게 힘차게 뿌리다. ¶손에 묻은 물을 ─.
내:-뿜다[─따]타 밖으로 세게 뿜다. ¶분수가 물을 ─./담배 연기를 ─./독기를 내뿜고 노려보다.
내:사(內司)명 '내수사(內需司)'의 준말.
내:사(內舍)명 주로 부녀자가 거처하는 집채. 안채
내:사(內査)명-하다타 ①비밀히 조사함. ②자체에서 하는 조사.
내:사(內賜)명-하다타 임금이 신하에게 비공식으로 물건을 내려 줌. 내하(內下)
내사(來社)명-하다자 회사·신문사·공사 따위의 '사(社)'가 붙은 곳에 찾아옴. ¶인사차 ─하다.
내:-사면(內斜面)명 안쪽으로 비탈진 면. ☞외사면
내:-사복시(內司僕寺)명 조선 시대, 궁중에 따로 두어 임금이 타는 수레와 말 따위를 맡아보던 관아. 내구(內廐) ☞사복시(司僕寺)
내:산-성(耐酸性)[─씽]명 산의 부식에 견디는 성질.
내:상(內喪)명 부녀자의 상사(喪事)를 이르는 말. ☞내간(內艱)
내:상(內傷)명 ①한방에서, 몸이 쇠약하여 생긴 병을 이르는 말. ☞외감(外感) ②한방에서, 먹은 음식이 위에 걸려 잘 내리지 않는 병을 이르는 말.
내:색(─色)명-하다자 속마음이나 감정의 빛이 얼굴에 드러남, 또는 그 낯빛. ¶싫은 ─을 하지 않다.
내:생(內生)명-하다자 포자(胞子) 등이 생물체 내부에 형성되는 현상.
내생(來生)명 내세(來世)
내:서(內書)명 내간(內簡)
내서(來書)명 내신(來信)
내:서(耐暑)명 더위를 견디어 내는 일. ☞내한(耐寒)
내:선(內線)명 ①안쪽의 선. ②건물 안에 배선(配線)된 전선. ③관청이나 회사 등에서 내부의 각 부서끼리 통하는 전화선. ☞외선(外線)
내:성(內省)명-하다타 ①자기의 사상이나 자기가 한 말, 행동 등을 스스로 돌이켜봄. ②내관(內觀)
내:성(內城)명 겹으로 쌓은 성(城)의 안쪽 성. ☞성곽(城郭). 외성(外城)
내:성(耐性)명 ①환경 조건의 변화에 견디어 내는 생물의 성질. ②병원균 따위가 어떤 약물에 대하여 나타내는 저항력. ¶─이 강해진 병균.

내:성-균(耐性菌)명 유효한 약제에 대하여 저항성을 가진 세균. ¶마이신 -

내:성-적(內省的)명 겉으로는 잘 나타내지 않고 혼자 속으로만 생각하는 것. ¶-인 성격.

내세(來世)명 불교에서 이르는 삼세(三世)의 하나. 죽은 뒤에 가게 된다는 다음 세상. 내생(來生). 당래(當來). 미래세(未來世). 후생(後生). 후세(後世)

내세=사상(來世思想)명 인간의 참다운 행복이 내세에 있다고 생각하는 종교 사상.

내:-세우다타 ①나와서 서게 하다. ¶키가 작은 학생을 앞줄에 -. ②어떤 일을 나서서 하게 하다. ¶그를 대표로 -. ③주장이나 견해 따위를 내놓고 말하다. ¶자기의 견해를 -./자기의 학설만을 -. ④초들어 높이 평가하거나 자랑하다. ¶학벌을 -./자기의 집안을 -. ⑤남이 잘 볼 수 있도록 밖에 내놓다. ¶입간판(立看板)을 -.

내셔널리즘(nationalism)명 국가나 민족 등 하나의 문화적 공동체가 그들의 통일·독립·발전 등을 지향하는 사상이나 운동. 국가주의. 민족주의

내:-소박(內疏薄)명-하다자타 아내가 남편을 소박하는 일. ☞외소박(外疏薄)

내:소외:친(內疏外親)성구 마음속으로는 멀리하면서 겉으로는 친한체 함을 이르는 말.

내:속(內屬)명-하다자 한 나라가 다른 나라에 속국(屬國)이 되어 복종함.

내손(來孫)명 현손(玄孫)의 아들. 곧 오대손(五代孫).

내:-솟다[-솓-]자 ①밖이나 위로 솟아 나오다. ¶샘물이 -./진땀이 -. ②어떤 느낌이나 기운이 세차게 생겨나다. ¶활력이 -.

내:수(內水)명 ①둑 안이나 늪 따위의 낮은 지대에 비가 내려 괸 물. ②바다를 제외한 국토 안의 하천·호소(湖沼)·운하 따위의 수역(水域).

내:수(內需)명 자기 나라의 상품에 대한 국내의 수요(需要). ¶- 시장 ☞외수(外需)

내:수(耐水)명 ①물이 묻어도 젖거나 배지 않음. ☞방수(防水) ②물에 젖어도 변하지 않음.

내:수-면(內水面)명 하천·호소(湖沼)·운하 등의 수면.

내:수면=어업(內水面漁業)명 하천이나 호소(湖沼) 등에서 하는 어업.

내:수-사(內需司)명 조선 시대, 궁중에서 쓰는 물품과 노비 등에 관한 일을 맡아보던 관아. 준내사(內司)

내:수=산:업(內需産業)명 국내 시장을 대상으로 하는 산업. ☞수출 산업(輸出産業)

내:수-선(內水船)명 하천이나 호수 따위의 내수 구역만을 항행하는 선박.

내:수-성(耐水性)[-썽]명 물이 묻어도 젖거나 스며들지 않는 성질.

내:-수장(內修粧)명-하다타 건물의 내부를 꾸미는 일, 또는 그 꾸밈새. 내장(內粧)

내:수-지(耐水紙)명 물이 배어 들지 않도록 파라핀 따위로 가공한 종이.

내:수-포(耐水布)명 물이 배어 들지 않도록 가공한 천.

내:-순검(內巡檢)명 고려 시대, 궁중(宮中)을 순찰하고 경비하는 병사(兵士)를 이르던 말.

내:숭명-하다형 겉으로는 예사로우나 속이 엉큼함.

내숭(을) 떨다관용 내숭스러운 말이나 행동을 하다. ¶얌전한척 -.

내숭(을) 부리다관용 내숭스러운 태도를 보이다.

내:숭-꾸러기명 내숭을 잘 떠는 사람.

내:숭-스럽다(-스럽고·-스러워)형ㅂ 보기에 내숭한 데가 있다. ¶보기와는 달리 -.

내숭-스레부 내숭스럽게

▶ '내숭스럽다'와 '내숭하다'
이 말은 '내흉(內凶)스럽다', '내흉(內凶)하다'에서 온 말인데, 본딧말보다 변한말이 널리 쓰이어 표준어로 삼게 되었다.

내:-쉬:다타 숨을 밖으로 내보내다. ¶한숨을 -./가쁜 숨을 -. ☞들이쉬다

내습(來襲)명 습격하여 오는 일. 습래(襲來)

내:습(耐濕)명 습기에 변질되지 않음.

내:시(內示)명-하다타 드러내어 알리기 전에 남몰래 알림. ¶승진할 것 같다고 -해 주다.

내:시(內侍)명 ①지난날, 내시부(內侍府)의 관원을 통틀어 이르던 말. 내관(內官). 중관(中官). 환관(宦官). 환시(宦侍). 환자(宦者). 황문(黃門) ②불알이 없는 남자를 비유하여 이르는 말.

내:시-경(內視鏡)명 내장(內臟)이나 체강(體腔)의 내부를 살펴볼 수 있게 만든 의료 기구를 통틀어 이르는 말. 기관지경·식도경·질경·위경·복강경·방광경·직장경 따위.

내:시-부(內侍府)명 지난날, 궁중에서 왕명을 전달하고, 수라상 감독, 문지기, 청소 따위의 일을 맡아보는 내시들을 관리하던 관아.

내:신(內申)명-하다타 어떤 문제나 의견 따위를 공개하지 않고 상부 기관에 보고함.

내:신(內臣)명 지난날, 승지(承旨)와 같이 임금을 가까이에서 받드는 신하를 이르던 말. 내료(內僚)

내:신(內信)명 나라 안 소식을 외신(外信)에 상대하여 이르는 말.

내:신(內腎)명 신장(腎臟) ☞외신(外腎)

내신(來信)명 다른 사람에게서 온 편지. 내서(來書)

내:실(內室)명 ①재래식 한옥에서, '안방'을 달리 이르는 말. 내당(內堂) ☞외실(外室) ②남을 높이어 그의 아내를 이르는 말.

내:실(內實)명-하다형 내부가 충실함. 속이 알참. ¶-을 기하다. ☞외화(外華)

내:심(內心)[1]명 ①속마음 ¶-을 털어놓다. ②〖부사처럼 쓰임〗 마음속으로 ¶겉으로는 미워하는체 하면서 - 좋아하다.

내:심(內心)[2]명 수학에서, 삼각형의 내접원(內接圓)의 중심을 이르는 말. ☞외심(外心)[2]

내:-쌓다타 바깥쪽으로 내어서 쌓다. ¶담을 -.

내:-쏘:다타 ①안에서 밖으로 대고 쏘다. ¶참호 안에서 총을 -. ②함부로 쏘다. ③말을 함부로 쏘아붙이다. ¶퉁명스레 -.

내:-씹다타 ①음식을 삼키지 않고 자꾸 씹기만 하다. ②마음에 내키지 않는 말투로 되는 대로 말하다. ¶화가 난 듯 한마디 -.

내:아(內衙)명 지난날, 지방 관아의 안채를 이르던 말. 내동헌(內東軒)

내:안(內案)명 '내안산(內案山)'의 준말.

내:-안:산(內案山)명 풍수설에서 이르는, 맨 안쪽에 있는 안산. 단안산(單案山) 준내안(內案) ☞외안산

내:-앉다[-안따]자 앞으로 나와 앉다. ¶조금 내앉아라. ☞들어앉다

내:-앉히다타 앞으로 나와 앉게 하다. ¶집을 길 쪽으로 내앉혀 짓다. ☞들여앉히다

내알(來謁)명-하다타 지체 높은 사람을 찾아와서 뵘.

내:야(內野)명 ①야구장에서, 본루·일루·이루·삼루를 연결한 선의 구역 안. ②'내야수(內野手)'의 준말. ③'내야석(內野席)'의 준말. ☞외야(外野)

내:야-석(內野席)명 야구장에서, 일루·삼루·본루 쪽 가까이 마련된 관람석. 준내야 ☞외야석

내:야-수(內野手)명 야구에서, 내야를 맡아 수비하는 선수를 통틀어 이르는 말. 일루수·이루수·삼루수·유격수를 이름. 준내야 ☞외야수(外野手)

내:야=플라이(內野fly)명 야구에서, 내야수가 받을 수 있는 범위 안에 높이 뜬 타구. ☞인필드플라이

내:약(內約)명-하다타 남몰래 넌지시 약속함, 또는 그 약속. ¶결혼을 내약한 사이.

내:약(內藥)명 ①'내복약(內服藥)'의 준말. ②한방에서, 여자의 처음 나오는 월경수(月經水)를 이르는 말.

내:양(內洋)명 내해(內海) ☞외양(外洋)

내:-어물전(內魚物廛)명 조선 시대, 서울의 종로에 몰려 있던 어물전. ☞외어물전(外魚物廛). 내외어물전
내:역(內譯)명 명세(明細)
내:연(內宴)명 '내진연(內進宴)'의 준말.
내:연(內緣)명 ①사실상 혼인 관계에 있으면서, 혼인 신고를 하지 않아서 법률상의 부부로 인정될 수 없는 남녀 관계. ¶ -의 관계./-의 처. ☞사실혼(事實婚) ②은밀하게 맺어진 관계. ¶ -의 여자.
내:연(內燃)명 중유(重油)나 가솔린 등의 연료를 실린더 안에서 연소시켜 폭발시키는 일.
내연(來演)명-하다자타 어떤 곳에 와서 연극 따위를 상연(上演)하거나 음악을 연주하는 일.
내:연=기관(內燃機關)명 실린더 안에서 연료를 연소시켜 동력을 일으키는 기관. 가솔린 기관, 디젤 기관, 제트 기관 따위. ☞외연 기관(外燃機關)
내:열(耐熱)명 높은 열에서 변하지 않고 견딤.
내:열-강(耐熱鋼)명 800～1,200°C의 고온에서도 산화하거나 부식하지 않고 강도가 유지되는 특수한 강철.
내:열-성(耐熱性)[-썽]명 물질이 높은 열에서 변하지 않고 견디는 성질.
내:열=유리(耐熱琉璃)명 열 팽창률이 작아 급격한 열의 변화에도 잘 견디는 유리.
내:열=주:철(耐熱鑄鐵)명 크롬이나 니켈 등을 0.6～1.2% 첨가하여 내열성을 강하게 한 주철. 난로 등을 만드는 데 쓰임.
내:열=합금(耐熱合金)명 높은 열에서도 잘 견디며 산화나 마멸이 적은 합금. 스텔라이트·니크롬 따위.
내:염(內焰)명 속불꽃
내:영(內營)명 조선 시대, 대궐 안에 있던 병영(兵營).
내영(來迎)명-하다타 ①와서 맞이함. ②불교에서, 부처나 보살이 죽은 사람을 극락으로 인도함을 이르는 말.
내:-오다타 안에서 밖으로 가져오다. ¶다담상을 -.
내:온(內醞)명 지난날, 임금이 신하에게 내리는 술을 이르던 말. 법온(法醞)
내왕(來往)명-하다자 ①오고 감. ¶사업차 -이 잦다./자주 -하다. ②서로 사귀며 친하게 지냄. ¶오래 전부터 -해 오던 사이다.
내왕간-에(來往間-)부 오고 가는 편에. 오고 가는 김에.
내왕-꾼(來往-)명 절에서 심부름하는 속인(俗人).
내왕-로(來往路)명 오고 가는 길.
내:외(內外)[1]명 ①안팎 ¶경기장 -/몸길이 2m -./두 시간 -. ②국내(國內)와 외국(外國). ¶- 정세 ③부부(夫婦) ¶딸 -가 다녀가다.
내:외(內外)[2]명-하다자 지난날, 유교 예절로 여자가 동기나 친척이 아닌 남자와 얼굴 대하기를 피하던 일. ¶전에 없이 -하고 부끄러워하다.
내:외-간(內外間)명 부부(夫婦) 사이. 내외지간(內外之間). 부부간(夫婦間) ¶ -에 의가 좋다.
속담 **내외간도 돌아누우면 남이다** : 아무리 가까운 부부 사이라 하더라도 일단 헤어지면 남과 같다는 말./**내외간 싸움은 칼로 물베기** : 칼로 물을 베면 곧 흔적이 없어짐같이 부부는 싸워도 곧 화해함을 이르는 말.
내:-외국(內外國)명 자기 나라와 다른 나라. 자국(自國)과 외국. ¶- 기자들의 눈길이 쏠리다.
내:외-분(內外-)명 '부부(夫婦)'를 높이어 이르는 말. 양위분 ¶숙부님 -께서 다녀가셨습니다.
내:외=사:조(內外四祖)명 아버지·할아버지·증조부·외조부를 통틀어 이르는 말.
내:외-어물전(內外魚物廛)명 조선 시대, 육주비전(六注比廛)의 하나. 1801년(순조 원년)에 내어물전과 외어물전을 합친 것으로, 어물을 팔던 가게.
내:-외종(內外從)명 내종(內從)과 외종(外從)을 아울러 이르는 말. 중표 형제(中表兄弟)
내:외지간(內外之間)명 내외간(內外間)
내:-외척(內外戚)명 내척(內戚)과 외척(外戚)을 아울러 이르는 말.

내:용(內用)[1]명 안살림에 쓰는 일.
내:용(內用)[2]명-하다타 약을 먹음. 내복(內服)
내:용(內容)명 ①속에 들어 있거나 담겨 있는 것. ¶선물 꾸러미의 -./짐의 -을 검사하다. ②사물의 속내. ¶예산의 -과 규모./회담의 -에 대해 말이 많다. ③글이나 말에서 전달하고자 하는 뜻. ¶별 -도 없는 편지를 받다. ④철학에서, 사물이나 사상(事象)을 이루며, 또한 겉으로 나타나 있는 실질을 이르는 말. ☞형식(形式)
내:용-물(內容物)명 속에 든 물건.
내:용-미(內容美)명 예술 작품에 표현된 감정이나 힘 따위와 같은 내적인 아름다움을 이르는 말. ☞형식미
내:용-약(內用藥)[-냑]명 내복약(內服藥)
내:용-재(耐用財)명 오랫동안 계속 사용할 수 있는 재화(財貨). 건물·기계 따위. ☞단용재(單用財)
내:용=증명(內容證明)명 '내용 증명 우편'의 준말.
내:용=증명=우편(內容證明郵便)명 특수 취급 우편의 한 가지. 우편물인 문서에 대해서 우체국이 그 등본 한 통을 보존하여 증명하는 일. 법률 행위로서 통고(通告) 등에 이용됨. 준내용 증명
내:우(內憂)명 ①내간(內艱) ②나라 안의 온갖 걱정스러운 일. 내환(內患) ☞외우(外憂)
내:우-외:환(內憂外患)명 나라 안팎에서 일어나는 여러 가지 근심과 걱정을 이르는 말.
내원(內苑·內園)명 조선 시대, 대궐 안에 있는 동산과 정원을 이르던 말. 금원(禁苑). 비원(祕苑). 어원(御苑) ☞외원(外苑)
내:원-당(內願堂)명 내도량
내원성(來遠城)명 작자와 연대를 알 수 없는 고구려 가요. 항복한 오랑캐를 내원성에 살게 하고 이 노래를 지어 불렀다고 함. 가사는 전하지 않고 '고려사(高麗史)'의 '악지(樂志)'에 노래의 유래만이 전함.
내:월(來月)명 이 달의 바로 다음 달. 새달
내:유(內乳)명 '내배유(內胚乳)'의 준말.
내:-유성(內遊星)명 내행성(內行星)
내:유외:강(內柔外剛)성구 속은 부드러우나 겉으로는 굳세게 보임을 이르는 말. 외강내유 ☞내강외유
내:율(內率)명 내항(內項)
내:응(內應)명-하다자 외부와 몰래 서로 통함. 내부(內附). 내통(內通) ¶적과 -하여 기밀을 빼돌리다.
내의(內衣)명 속옷
내:의(內意)명 마음속에 품은 생각. 속뜻
내:의(內醫)명 조선 시대, 내의원(內醫院)의 의관(醫官)을 이르던 말. ☞외의(外醫)
내:-의원(內醫院)명 조선 시대, 궁중에서 쓰는 의약(醫藥)에 관한 일을 맡아보던 관아. 내국(內局). 약방(藥房). 약원(藥院)
내:이(內耳)명 척추동물의 청각기(聽覺器)에서, 가장 안쪽 부분. 고막의 진동을 신경에 전하여 소리를 듣게 하고, 평형 감각을 담당함. 미로(迷路). 속귀. 안귀 ☞외이(外耳). 중이(中耳)
내:이(內移)명-하다자 지난날, 관찰사나 수령 등의 외직(外職)에서 내직(內職), 곧 중앙 관직으로 옮아오는 일을 이르던 말. 내천(內遷)
내:이-염(內耳炎)명 내이에 생기는 염증. 대부분 중이염이 진행되어 일어나는데, 난청(難聽)·이명(耳鳴)·현훈(眩暈)·평형 장애 등의 증세가 나타남.
내:인(內人)명 ①'나인'의 원말. ②아낙네
내:인(內因)명 어떤 일에 대하여 내부에 있는 원인. ☞외인(外因)
내인거:객(來人去客) '오고 가는 사람'의 뜻.
내:인성=정신병(內因性精神病)[-썽-뼝]명 유전·연령·성별(性別)·인종 등 개체의 내인(內因)으로 말미암아 생기는 정신병. 정신 분열증, 조울병 따위.
내일(來日)명 ①오늘의 바로 다음 날. 명일(明日). 명천(明天) 준낼 ☞어제. 오늘. 작일(昨日) ②'미래'를 비유하여 이르는 말. ¶조국의 -을 짊어질 젊은이들.
속담 **내일은 삼수갑산을 가더라도** : 옛날, 죄인을 귀양보내던 함경도의 벽지인 삼수와 갑산에 가는 한이 있더라

도의 뜻으로, 최악의 경우를 각오하고 자기가 하고 싶은 일을 단행할 때 쓰는 말. 〔나중에야 삼수갑산을 갈지라도〕/**내일의 천자보다 오늘의 재상** : 장래의 막연한 최상의 지위보다 변변찮더라도 당장 앉을 수 있는 자리가 더 낫다는 말.

내:입(內入)명-하다타 ①지난날, 궁중에 물건을 들이던 일. ②치러야 할 돈 가운데서 일부만 먼저 냄.

내:입-금(內入金)명 치러야 할 돈 가운데서 일부만을 먼저 내는 돈.

내:자(內子)명 남에게 자기의 '아내'를 일컫는 말.

내:자(內眥)명 눈초리

내:자(內資)명 국내에서 마련되는 자본. ☞외자(外資)

내자(來者)명 찾아오는 사람, 또는 찾아온 사람.

내자가:추(來者可追)성구 지나간 일은 어찌할 도리가 없지만 장차 다가오는 일은 지금처럼 잘못을 범하지 않을 수 있다는 말.

내자물거(來者勿拒) '오는 사람을 막지 말라'는 뜻. 내자물금(來者勿禁)

내자물금(來者勿禁) 내자물거(來者勿拒)

내자불가:대(來者不可待) '장래의 일은 기대할 수 없다'는 뜻.

내:자-시(內資寺)명 조선 시대, 궁중의 식품·직조(織造)·내연(內宴) 등의 일을 맡아보던 관아.

내:장(內粧·內裝)명-하다타 ①집의 내부를 꾸미는 일. ②내수장(內修粧)

내:장(內障)명 ①불교에서, 마음속에 일어나는 번뇌 따위의 장애를 이르는 말. ②'내장안(內障眼)'의 준말.

내:장(內藏)명-하다타 물건 속에 가지고 있음. ¶타이머가 -된 텔레비전.

내:장(內臟)명 ①동물의 내강(內腔)에 있는 기관. 곧 소화기·호흡기·비뇨기 따위. ②내포(內包)[1]

내:장=감:각(內臟感覺)명 체내의 여러 기관의 활동이나 상태에 따라 일어나는 막연한 감각을 통틀어 이르는 말. 시장기·한기(寒氣)·피로·쾌(快)·불쾌·구토 따위의 감각. 유기 감각(有機感覺). 장기 감각(臟器感覺)

내:장-근(內臟筋)명 내장의 모든 기관을 이루는 근육. 자율 신경의 지배를 받음. 내장 힘살 ☞골격근(骨格筋)

내:장-병(內臟病)[-뼝]명 내장에 생기는 여러 가지 병을 통틀어 이르는 말.

내:장-안(內障眼)명 안압(眼壓)이 높아지거나 안구(眼球) 안에 탈이 나서 마침내 시력을 잃게 되는 눈병을 통틀어 이르는 말. 백내장·녹내장·흑내장 따위. 준내장

내:장=힘살(內臟-)[-쌀]명 내장근(內臟筋)

내:재(內在)명-하다자 어떤 사상(事象)의 원인이나 까닭 등이 그 사상의 내부에 있음. ☞외재(外在)

내:-재봉소(內裁縫所)명 부녀자가 집 안에서 삯바느질을 하는 곳.

내:재=비:평(內在批評)명 문예 작품의 분석이나 비평에서, 주제·형식·기교 따위만을 대상으로 하는 비평. ☞외재 비평(外在批評)

내:재-율(內在律)명 시가(詩歌)에서, 문장 안에 내포된 잠재적인 운율. ☞외형률(外形律)

내:재-인(內在因)명 철학에서, 사물이 움직이고 변화하는 원인이 그 사물 속에 있다고 보는 일. 아리스토텔레스의 '이데아는 개체에 내재한다'는 말에서 비롯됨. ☞외재인(外在因)

내:재-적(內在的)명 ①어떤 현상이 내부에 존재하는 것. ¶-인 요인./- 진리 ②인식론에서, 경험의 범위 안에 있는 것. ☞외재적(外在的)

내:재=철학(內在哲學)명 의식을 초월한 실재는 인정하지 않고, 의식에 내재하는 것만 존재한다고 인정하는 철학. 19세기 말엽 유럽에서 발생함.

내:쟁(內爭)명-하다자 나라나 집안 안에서 서로 싸움.

내:-저항(內抵抗)명 전지의 내부에 있는 구성 물질이 가지는 전기 저항. 내부 저항 ☞외저항(外抵抗)

내:적(內的)[-쩍]명 ①사물의 내부에 관한 것. ¶-인 원인. ②물질이나 육체에 대하여, 정신이나 마음속에 관한 것. ¶-인 고민을 털어놓다. ☞외적(外的)

내:적(內賊)명 나라 안에 있는 도둑이나 역적.

내:적=경험(內的經驗)[-쩍-]명 정신이나 마음으로 겪어 알게 되는 경험.

내:적=생활(內的生活)[-쩍-]명 겉으로 드러나지 않는 정신적인 방면의 생활. 내면 생활(內面生活) ☞외적 생활

내:적=연관(內的聯關)[-쩍년-]명 한 사물의 표상(表象)이 논리적으로 다른 사물의 표상을 함축하는 경우의 두 사물의 관계. ☞외적 연관(外的聯關)

내:적=영력(內的營力)[-쩍녕-]명 지진, 화산, 지각 운동 등과 같이 지구의 내부로부터 작용하여 지형을 변화시키는 힘. 내력(內力). 내부 영력 ☞외적 영력

내:전(內典)명 불교의 경전(經典)을 이르는 말. 불경(佛經) ☞외전(外典)

내:전(內殿)명 ①황후나 왕후가 거처하는 전각(殿閣). ②왕비(王妃)를 높이어 이르는 말. ③안전

내:전(內戰)명 국내에서 같은 국민 사이에 일어난 전쟁.

내전(來電)명-하다자 ①전보가 오는 일, 또는 그 전보. ②전화가 걸려 오는 일, 또는 그 전화.

내:전보살(內殿菩薩)성구 내전에 앉은 보살이라는 뜻으로, 알고도 모르는체 하고 가만히 있는 사람을 비유하여 이르는 말.

내:접(內接)명-하다자 수학에서, 어떤 도형이 다른 도형의 안쪽에 접한 상태를 이르는 말. ☞외접(外接)

내:접-구(內接球)명 ①한 구(球) 안에서 구면(球面)의 한 점이 서로 맞닿는 구. ②다면체 안에서 구면이 모든 측면과 맞닿는 구.

내:접=다각형(內接多角形)명 원이나 다각형에 내접하는 다각형. ☞외접 다각형(外接多角形)

내:접-원(內接圓)명 원이나 다각형에 내접하는 원. ☞외접원(外接圓)

내:-젓:다[-젇-](-젓고·-저어)타ㅅ ①앞이나 좌우로 내두르다. ¶손을 -./엉덩이를 살래살래 내저으며 걸어가다. ②앞이나 밖으로 향하여 노를 젓다.

내:정(內廷)명 궁궐의 안.

내:정(內定)명-하다타 ①속으로 작정함. ②내부적으로 정함. ¶이미 -된 사람이 있다.

내:정(內政)명 ①나라 안의 정치. 내치(內治) ¶남의 나라 -에 간섭할 수 없다. ☞외정(外政) ②가정이나 집단 따위의 내부 문제를 비유하여 이르는 말.

내:정(內庭)명 ①안뜰 ②아낙

내:정(內情)명 내부의 사정. ¶경쟁 기업의 -을 살피다. ☞외정(外情)

내:정=간섭(內政干涉)명 남의 나라의 정치나 외교 등에 관하여 간섭하는 일.

내:정돌입(內庭突入) '주인의 허락 없이 남의 집 안에 불쑥 들어감'의 뜻.

내:제(內題)명 책의 속표지나 본문 첫머리 등에 쓴 제목.

내:조(乃祖)명 ①그 사람의 할아버지. ②〔대명사처럼 쓰임〕 할아버지가 손자에게 자기를 가리켜 '네 할아비', '이 할아비'의 뜻으로 일컫는 말. ☞내부(乃父)

내:조(內助)명-하다자 아내가 남편을 도와줌, 또는 그 도움. 내보(內輔) ¶-의 덕이 크다.

내조(來朝)명-하다자 ①외국 사신이 찾아옴. ②지난날, 지방 관아의 신하가 임금을 찾아뵙던 일.

내:종(內從)명 내종 사촌(內從四寸). 고종(姑從)

내:종(內腫)명 한방에서, 내장(內臟)에 난 종기를 이르는 말. ☞외종(外腫)

내:종=계:수(內從季嫂)명 고종 제수(姑從弟嫂)

내:종-매(內從妹)명 고종매(姑從妹)

내:종=사:촌(內從四寸)명 고모의 자녀. 고종 사촌(姑從四寸). 내종(內從) ☞외종 사촌(外從四寸)

내:종-자(內從姊)명 고종자(姑從姊)

내:종-제(內從弟)명 고종제(姑從弟)

내:종=제:수(內從弟嫂)명 고종 제수(姑從弟嫂)

내:-종피(內種皮)명 속씨껍질

내:종-형(內從兄)명 고종형(姑從兄)

내:종=형수(內從兄嫂)명 고종 형수(姑從兄嫂)
내:주(內周)명 ①안쪽의 둘레, 또는 그 길이. ☞외주(外周) ②이중으로 둘러 친 선 따위의 안쪽 부분.
내:주(內奏)명-하다타 임금에게 은밀히 아뢰.
내:주(內紬)명 한복의 안감으로 쓰이는 명주.
내주(來住)명-하다자 옮겨 와서 삶.
내주(來週)명 이 주의 바로 다음 주. 차주(次週) ☞작주(昨週). 전주(前週)
내:-주다타 ①가졌던 것을 남에게 건네 주다. ¶손에 든 책을 친구에게 -. ②자기가 차지한 자리를 비워서 남에게 넘기다. ¶사장 자리를 아들에게 -. ③속에서 꺼내어서 주다. ¶지갑에서 돈을 -. ④증명서 따위를 발급하다. ¶여권을 -./허가증을 -.
내:-주장(內主張)명 집안일에서 아내가 남편을 젖혀놓고 자기의 뜻을 내세우는 일. 안주장
내:-주피(內珠皮)명 종자식물의 밑씨를 싸고 있는 두 장의 주피 가운데 안쪽의 것. ☞외주피(外珠皮)
내:증(內證)명 불교에서, 마음속에서 진리를 깨달아 아는 일을 이르는 말.
내:지(內旨)명 임금의 은밀한 명령.
내:지(內地)명 국토의 해안이나 변두리 지방이 아닌 안쪽 지방. ☞외지(外地)
내:지(內智)명 불교에서 이르는 삼지(三智)의 하나. 자기의 마음속의 번뇌를 끊는 지혜. ☞외지(外智)
내:지(乃至)부 ①수량을 나타내는 말들 사이에 쓰이어, '얼마에서 얼마까지'의 뜻을 나타내는 말. ¶한 시간 - 두 시간. ②또는. 혹은 ¶4년제 대학교 졸업자 - 그에 준하는 사람./중국어 - 일본어를 이수한 사람.
내:-지르다(-지르고·-질러)타르 ①앞이나 밖을 향하여 힘껏 지르다. ¶상대 선수의 턱을 향하여 주먹을 -. ②갑자기 큰 소리를 지르다. ¶고함을 -. ③'오줌이나 똥 따위를 누다'를 속되게 이르는 말. ④'알이나 새끼 따위를 낳다'를 속되게 이르는 말.
내:지=잡거(內地雜居)명 외국인에게 거류지(居留地)의 제한을 두지 않고 나라의 어느 곳에나 거주할 수 있도록 허락하는 일.
내:직(內職)[1]명 ①부녀자의 직업. ②직장에 나가지 않고 집에서 일하는 직업. ③본직(本職) 외에 가지는 부업.
내:직(內職)[2]명 ①경관직(京官職) ☞외직(外職) ②고려·조선 시대, 내명부(內命婦)와 외명부(外命婦)의 관직을 이르던 말.
내:진(內診)명-하다자 직장(直腸)이나 여성의 생식기 내부를 진찰하는 일. ☞외진(外診)
내진(來診)명-하다자 ①의사가 환자의 집에 와서 진료함. ☞왕진(往診) ②환자가 진찰을 받으러 옴.
내:진(耐震)명 지진에 견딤. ¶- 구조/- 설계
내:-진:연(內進宴)명 조선 시대, 대궐에서 내빈(內賓)을 모아서 베풀던 규모가 큰 잔치. 준내연(內宴) ☞외진연(外進宴)
내:-진:찬(內進饌)명 조선 시대, 대궐에서 내빈(內賓)을 모아서 베풀던 잔치. ☞외진찬(外進饌)
내:질(內姪)명 처조카
내:-쫓기다[-쫀-]자 내쫓음을 당하다. ¶문 밖으로 -./직장에서 -.
내:-쫓다[-쫀-]타 ①있던 자리에서 억지로 나가게 하다. ¶직장에서 -. ②밖으로 내보내다.
내:-찌르다(-찌르고·-찔러)타르 ①앞이나 밖으로 찌르다. ¶손가락으로 문의 창호지를 내찔러 구멍을 내다. ②세게 찌르다.
내-차기명 택견에서, 발질의 한 가지. 발을 높이 들어 발 장심으로 상대편의 어깨 높이로 위에서 아래로 밟듯이 내리 차는 공격 기술.
내:-차다타 ①앞이나 밖으로 나가게 차다. ¶사방치기를 하다가 선 밖으로 돌을 -. ②발길을 뻗쳐 냅다 차다. ¶공을 내차서 골에 넣다.
내착(來着)명-하다자 다른 데서 그곳으로 와서 닿음.
내:찰(內札)명 안편지
내:채(內債)명 내국채(內國債)
내:처부 어떤 일에 잇달아 끝까지. 내친 바람에. ¶이 일을 - 해치우고 쉬자./- 잠만 잔다. ☞내쳐
내:처(內處)명-하다자 안방에 거처함.
내:척(內戚)명 본관이 같은 친척. 내친(內親) ☞외척
내-천(-川)명 한자 부수(部首)의 한 가지. '州'·'巡' 등에서 '川'과 '巛'의 이름. '巛'은 '川'의 본자(本字). 개미허리[2]
내:천(內遷)명-하다자 내이(內移)
내청(來聽)명-하다타 와서 들음. ¶청중이 -하다.
내:-청도(內聽道)명 두개골의 가운데 통로로서, 내이(內耳)와 뇌수를 연결하는 신경이 통하는 짧은 관(管). 내청문(內聽門) ☞외청도(外聽道)
내:-청룡(內青龍)명 풍수설에서, 청룡 가운데 맨 안쪽에 있는 청룡을 이르는 말. 단청룡(單青龍) ☞외청룡
내:-청:문(內聽門)명 내청도(內聽道)
내:청외:탁(內淸外濁)성구 마음은 맑으나 겉보기로는 흐린체 하는 일을 이르는 말.
내:촉(內鏃)명 살대의 몸체 안으로 들어가는, 화살촉의 더데 윗부분. ☞외촉(外鏃)
내:총(內寵)명 지난날, 임금의 총애를 받던 궁녀(宮女), 또는 그 총애를 이르던 말. 내폐(內嬖)
내추(來秋)명 내년 가을. ☞내동(來冬). 작추(昨秋)
내추럴리즘(naturalism)명 자연주의(自然主義)
내춘(來春)명 내년 봄. ☞내하(來夏). 작춘(昨春)
내:-출혈(內出血)명 몸 밖으로는 나오지 않고 조직이나 체강(體腔)·복강(腹腔)·흉강(胸腔) 등의 혈관이나 모세혈관에서 출혈이 일어나는 일. 피하 출혈 ☞외출혈
내:취(內吹)명 겸내취(兼內吹)
내:측(內側)명 안쪽
내:측(內廁)명 재래식 한옥의 안채에 딸린 부녀자용 변소. 안뒷간 ☞외측(外廁)
내:층(內層)명 내부의 층. ☞외층(外層)
내:치(內治)[1]명-하다타 나라 안의 정치. 내정(內政) ☞외교(外交). 외치(外治)[1]
내:치(內治)[2]명-하다타 내복약을 써서 병을 고치는 일. ☞외치(外治)[2]
내:치(內痔)명 암치질 ☞외치(外痔)
내치다[1]자 이미 일을 시작한 바람에 잇달아 더 하다. ¶내친 김에 밀린 숙제를 다 해치웠다.
내:-치다[2]타 ①밖으로 내쫓거나 물리치다. ¶주위 사람을 다 -. ②내던져 버리다. ¶손에 잡히는 대로 -. ③힘껏 뿌리치다. ¶못 가게 붙드는 손을 내치고 떠나다.
내:치락-들이치락부 ①마음이 이랬다 저랬다 변덕스러운 모양을 나타내는 말. ②병세가 더했다 덜했다 하는 모양을 나타내는 말.
내:칙(內則)명 내부의 규칙. 내규(內規)
내:친(內親)명 ①마음속으로 친히 여기는 일. ②내척(內戚) ③혼인 관계를 통하여 맺어진 친척. 인척(姻戚)
내:친-걸음명 ①이왕에 시작한 김. ¶-에 뒷손이 가지 않게 마무리를 하자. ②이왕 나선 걸음. ¶-이니 두루 돌아보고 돌아가겠다.
내:친김-에부 이왕 일을 시작한 바람에. ¶- 일을 끝내고 청소까지 했다.
내:친-말명 이왕 시작한 말. ¶-이니 다 털어놓겠다.
내:침(內寢)명 ①-하다자 남편이 아내 방에서 잠. ②안방
내침(來侵)명-하다자 침략해 들어옴.
내:쳐부 내킨 김에. ¶- 정상까지 올랐다. ☞내처
내:켜-놓다타 옮기어 물려 놓다.
내:키다[1]자 하고 싶은 마음이나 생각이 솟아나다. ¶썩 내키지 않는 일.
내:키다[2]타 공간을 넓히려고 물리어 내다. ¶울타리를 내키어 둘러 마당을 넓히다.
내:탁(內托)명 한방에서, 큰 종기를 짼 뒤에 내복약으로 다스리는 일을 이르는 말.
내:탄(耐彈)명-하다자 건축물 따위가 탄알을 맞아도 뚫어지지 않고, 견디어 냄.

내:탐(內探)명-하다타 내밀히 염탐함. ☞염알이
내:탕(內帑)명 '내탕고(內帑庫)'의 준말.
내:탕-고(內帑庫)명 조선 시대, 왕실의 재물을 넣어 두던 곳집. 준내탕(內帑)
내:탕-금(內帑金)명 조선 시대, 내탕고에 넣어 두고 임금이 개인적으로 쓰던 돈. 내탕전(內帑錢). 탕전
내:탕-전(內帑錢)명 내탕금(內帑金)
내:통(內通)명-하다자 ①부부가 아닌 남녀가 몰래 정(情)을 통함. 사통(私通) ②외부와 몰래 서로 통함. 내응(內應) ③몰래 알림.
내:-팽개치다타 ①냅다 팽개치다. ¶화가 나서 피우던 담배를 내팽개치고 일어서다. ②내버리고 돌보지 아니하다. ¶애완견을 거리에 —.
내:-퍼붓다[—붇—](—퍼붓고·—퍼부어)타ㅅ 냅다 퍼붓다. ¶남에게 욕설을 —.
내:편(內篇)명 주로 중국의 고서(古書) 따위에서, 저자의 요지(要旨)를 써 놓은 부분. ☞외편(外篇)
내편(來便)명 ①오는 인편(人便). ¶—에 맡겨 둔 물건을 보내 주시오. ②다음 편. ¶—에는 책을 보내 주시오.
내:평명 '속내평'의 준말.
내:평(內評)명 드러나지 않은 평판이나 비평.
내:폐(內嬖)명 내총(內寵)
내:폐-성(內閉性)[—썽]명 심리학에서, 현실과 동떨어져서 자기 자신 속에 틀어박혀 버리는 경향을 이르는 말. 자폐성(自閉性)
내:포(內包)[1]명 고기로 먹는 짐승의 내장. 내보. 내복(內腹). 내장(內臟)
내:포(內包)[2]명 ①-하다타 어떤 속성이나 뜻을 안에 포함하여 가짐. ¶그의 말은 문제점을 —하고 있다. ②논리학에서, 개념의 내용이 되는 여러 속성을 이르는 말. 금(金)이라는 개념에서 광물·불변성 따위. ☞외연
내:포(內浦)명 바다가 육지 쪽으로 휘어 들어간 부분.
내:포-량(內包量)명 온도나 밀도 등과 같이 서로 더하는 것에 아무 의의가 없고, 그 성질의 차로써 나타낼 수 있는 양. ☞외연량(外延量)
내풀-로부 내 마음대로. ¶— 결정할 문제가 아니다.
내:피(內皮)명 ①속껍질 ②속가죽 ☞외피(外皮) ③식물 조직의 중심주(中心柱)를 싸고 있는 한 줄의 세포층. ④동물의 혈관이나 심장 따위의 내강벽(內腔壁)을 싸고 있는 조직.
내:핍(耐乏)명 부족함을 참고 견딤. ¶— 생활
내:하(內下)명-하다타 내사(內賜)
내하(來夏)명 내년 여름. ☞내추(來秋). 작하(昨夏)
내하(來賀)명-하다자타 찾아와서 축하함.
내:학(內學)명 고려 시대, 국학(國學)인 국자감(國子監)을 외학(外學)에 상대하여 이르던 말.
내-학기(來學期)명 다음 학기.
내-학년(來學年)명 다음 학년.
내한(來韓)명-하다자 외국인이 한국에 옴. ¶— 공연
내:한(耐旱)명 가뭄을 견디어 냄.
내:한(耐寒)명 추위를 견디어 냄. ¶— 행군(行軍)/— 훈련 ☞내서(耐暑)
내:한-성(耐寒性)[—썽]명 추위를 견디어 내는 성질이나 특성. ¶— 작물
내:합(內合)명 천문학에서, 내행성(內行星)인 수성(水星)과 금성(金星)이 지구와 태양의 사이에 일직선으로 늘어선 현상, 또는 그 시각을 이르는 말. 하합(下合) ☞외합(外合). 외행성(外行星). 회합(會合)
내:항(內港)명 항만(港灣)의 안쪽 구역. 배를 대어 여객이 타고 내리거나 짐을 싣고 부리기에 편리한 시설을 갖춘 항구임. ☞외항(外港)
내:항(內項)명 비례식(比例式)에서, 안쪽에 있는 두 항. 곧 A : B=C : D에서 B와 C 따위. 내율(內率). 중항(中項) ☞외항(外項)
내:항-동:물(內肛動物)명 동물 분류상의 한 문(門). 몸길이는 몇 mm의 작은 동물로, 종류가 적고 바닷말이나 바위 따위에 붙어 삶. 체강(體腔)이 없고 촉수(觸手)가 고리 모양으로 나 있으며, 그 가운데에 입과 항문이 있음.
내:해(內海)명 ①육지에 거의 에워싸인 바다. 해협으로 외해(外海)와 연결됨. ②두 개 이상의 해협으로 공해(公海)와 연결되는 바다. 내양(內洋) ☞외양(外洋). 외해(外海) ③아주 큰 호수.
내:해=문화(內海文化)명 내해를 중심으로 그 연안에 발달한 문화. 중세 때 발달한 지중해, 발트 해, 북해 문화 따위.
내:핵(內核)명 지핵(地核) 중 지표(地表)로부터 5,000km 이상 되는 중심 부분. 외핵(外核)에 둘러싸여 있으며, 철(鐵)을 주성분으로 하는 고체로 짐작되고 있음.
내:행(內行)명 ①부녀자가 먼길을 가는 일, 또는 그 부녀자. ②부녀자가 집 안에서 가지는 몸가짐과 행실.
내:-행성(內行星)명 태양계의 행성 가운데, 지구 궤도의 안쪽에서 공전(公轉)하는 수성(水星)과 금성(金星)을 이르는 말. 내유성(內遊星) ☞외행성(外行星)
내:향(內向)명-하다자 ①안쪽으로 향함. ②내공(內攻)
내:향-성(內向性)[—썽]명 사람의 성격 유형의 한 가지. 마음의 작용이 자기의 내면에만 관심이 쏠리고, 주관적이며 사려가 깊은 반면 실행력이 부족하고 비사교적인 성격, 또는 그런 특성. ☞외향성(外向性)
내:허(內虛)어기 '내허(內虛)하다'의 어기(語基).
내:허외:식(內虛外飾)성구 속은 비고 겉치레만 번지르르함을 이르는 말.
내:허-하다(內虛—)형여 속이 허하다.
내:형(乃兄)명 ①그 사람의 형. ②〖대명사처럼 쓰임〗'이 형'이라는 뜻으로, 형이 동생에 대하여 자신을 일컫는 말.
내:-형제(內兄弟)명 ①외사촌 형제. ②아내의 형제.
내:-호흡(內呼吸)명 생물체의 동맥혈로부터 산소를 각 조직 세포에 공급하고 조직 세포에서 생긴 이산화탄소를 정맥혈로 배출하는 작용. ☞외호흡(外呼吸)
내:혼(內婚)명 일정한 지역이나 친족, 또는 같은 계층이나 직업 안에서 이루어지는 혼인(婚姻). ☞외혼(外婚). 족내혼(族內婚)
내:홍(內訌)명 내분(內紛)
내:화(內貨)명 제 나라의 화폐. ☞외화(外貨)
내:화(耐火)명 불의 열에 견디어 냄.
내:화=건:축(耐火建築)명 건물의 주요 부분을 내화 구조로 만들고 방화 설비까지 갖춘 건축.
내:화=구조(耐火構造)명 건물의 주요 부분을 고열(高熱)에 강한 내화 재료를 써서 시공한 구조.
내:화-도(耐火度)명 불의 열에 견디어 내는 정도.
내:화=도료(耐火塗料)명 불이 잘 붙지 않는 재료를 섞어 만든 도료. 방화 도료(防火塗料)
내:화-물(耐火物)명 고열(高熱)에도 견디어 내는 비금속 재료를 통틀어 이르는 말.
내:화=벽돌(耐火甓—)명 내화 점토(耐火粘土)로 만든 벽돌. 빛깔이 희며 고열(高熱)에도 견딤. 내화 연와(耐火煉瓦). 불벽돌
내:화-성(耐火性)[—썽]명 고열(高熱)에도 타지 아니하고 견디는 성질.
내:화=연와(耐火煉瓦)명 내화 벽돌
내:화-재(耐火材)명 '내화 재료'의 준말.
내:화=재료(耐火材料)명 고열(高熱)에도 타지 아니하고 견디어 낼 수 있는 재료. 내화 벽돌, 내화 점토, 내화 모르타르 따위. 준내화재
내:화=점토(耐火粘土)명 고열(高熱)에도 녹거나 타지 아니하는 점토. 내화 벽돌의 원료가 됨.
내:환(內患)명 ①아내의 병. ②집안이나 나라 안의 걱정. 내우(內憂) ☞외환(外患)
내:황-란(內黃卵)명 단일란(單一卵) ☞외황란
내-후:년(來後年)명 내년의 다음 해. 명후년(明後年). 후후년(後後年) ☞재작년(再昨年)
내:훈(內訓)[1]명 ①내밀히 하는 훈령(訓令), 또는 내부에 대한 훈령이나 훈시. ②집안의 부녀자들에 대한 가르침. 내교(內敎)
내:훈(內訓)[2]명 조선 성종의 어머니인 소혜왕후(昭惠王

后)가 소학(小學)·여교(女敎)·명심보감(明心寶鑑)·열녀전(烈女傳)에서 비빈(妃嬪)의 언행에 규범이 될 글을 추려 한글로 번역한 책. 3권 3책.

×**내흉**(內凶)명 →내숭

내:-흔들다(-흔들고·-흔드니)타 이리저리 함부로 흔들다. ¶차창 밖으로 손을 -.

낼:명 '내일'의 준말.

낼 모레 동동 관용 약속한 날짜를 자꾸 핑계하여 하루하루 미룸을 이르는 말.

냄비명 운두가 나지막하고 손잡이와 뚜껑이 있으며 솥보다 작은, 음식을 끓이는 데 쓰는 그릇.

냄:새명 ①코로 맡을 수 있는 온갖 기운. 구린내·향내 등. ¶음식 -가 나다. 준내[2] ②어떤 사물이나 분위기 등에서 느껴지는 특이한 성질을 비유하여 이르는 말. ¶고향 -가 물씬 풍기는 훈훈한 정경.

냄새(를) 맡다 관용 ①냄새를 느끼다. ②낌새를 알아차리다. 눈치를 채다. ¶냄새를 맡고 현장을 덮치다.

냄새(를) 피우다 관용 ①냄새가 나게 하다. ②어떤 태도나 기미를 보이다. ¶거드럭거리며 부자 냄새를 피우는 모습이 꼴불견이다.

한자 냄새 취(臭) 〔自部 4획〕 ¶구취(口臭)/악취(惡臭)/액취(腋臭)/취기(臭氣)/향취(香臭)

냄:새-나다자 ①코로 냄새가 느껴지다. ②어떠한 사물이나 사람에 싫증이 나다. ¶날마다 라면만 먹었더니, 이제 라면이라면 냄새난다. ③어떤 환경의 사람들에게 공통적인 특징이나 분위기 따위가 느껴지다.

냅다[1](냅고·내워)형ㅂ 연기가 목구멍이나 눈을 자극하여 숨막히게 맵고 싸하다. ¶연기가 내워 눈물이 나오다.

속담 **냅기는 과붓집 굴뚝이라** : 남자 일손이 없어 마르지 않은 나무를 때기 때문에 연기가 심하다는 데서, 아궁이에서 연기가 몹시 날 때 이르는 말.

냅다[2]부 몹시 빠르게. 몹시 세차게. ¶- 뛰다./언덕에서 - 구르다./- 던지다.

냅떠-서다자 기운차게 앞질러 쑥 나서다.

냅뜨다(냅뜨고·냅떠)자 ①앞질러 기운차게 나서다. ②참견하지 않을 일에 나서다. ¶남의 일에 냅뜨지 마라.

냅뜰-성(-性)[-썽]명 활발하고 머뭇거리지 않는 성질.

냅색(knapsack)명 작은 간이 배낭. 쓰지 않을 때에는 접어서 주머니에 넣을 수 있음.

냅킨(napkin)명 음식을 먹을 때 가슴이나 무릎을 가리어 옷을 더럽히지 않도록 하며 손이나 입을 닦기도 하는 수건. 종이로 만든 일회용도 있음.

냇:-가명 내의 가장자리. 내의 기슭. 천변(川邊)

속담 **냇가 돌 닳듯** : 냇가에 있는 돌이 흐르는 물살에 씻기고 갈리어 반들반들하게 닳듯이 세상살이에 시달려 약아지고 모질어짐을 이르는 말.

냇-내명 연기의 냄새, 또는 음식에 밴 연기의 냄새. ¶한뎃솥에 불을 때어 호박죽을 쑤었더니 -가 많이 난다.

냇:-둑명 냇가에 쌓은 둑. 유방천(防川)

냇:-물명 내에 흐르는 물.

속담 **냇물은 보이지도 않는데 신발부터 벗는다** : 하는 짓이 매우 성급함을 비유하여 이르는 말.

냇:-버들명 버드나뭇과의 낙엽 활엽 관목. 높이는 3m 안팎이고 잎은 긴 피침형으로 어긋맞게 나며, 4월경에 황록색의 이삭 모양 꽃이 핌. 흔히 중부 이북의 냇가에 절로 자람. ☞갯버들

냉:(冷)명 ①한방에서, 아랫배가 늘 싸늘한 병을 이르는 말. ②한방에서, 아랫도리를 차게 함으로써 생기는 병을 이르는 말. ③한방에서, 대하증(帶下症)을 이르는 말.

냉(을) 치다 관용 냉병을 다스리다.

냉(이) 받치다 관용 ①속에서 찬기가 올라오다. ②논바닥의 냉기가 벼에 오르다.

냉(冷)-《접두사처럼 쓰이어》'찬'의 뜻을 나타냄. ¶냉콩국수/냉막걸리/냉커피

냉:-가슴(冷-)명 ①한방에서, 몸을 차게 하여 생기는 가슴앓이를 이르는 말. ②겉으로 드러내지 못하고 혼자 속으로만 썩이는 마음.

냉가슴(을) 앓다 관용 겉으로 드러내지 못하고 혼자 속으로만 애를 태우다.

냉:각(冷却)명-하다 자타 차게 식거나 차게 식힘.

냉:각(冷覺)명 피부 감각의 하나. 피부의 온도보다 낮은 온도의 자극을 받았을 때, 피부의 냉점(冷點)을 통하여 느끼는 감각. ☞온각(溫覺). 통각(痛覺)

냉:각-기(冷却期)명 '냉각 기간'의 준말.

냉:각-기(冷却機)명 물체를 냉각하는 기계나 기구.

냉:각=기간(冷却期間)명 ①감정의 대립이 일어났을 때 냉정하게 판단하려고 서로가 잠시 교섭을 중단하는 기간. ¶그들 부부는 일주일간 -을 가졌다. ②노동 쟁의나 정치적 분쟁 따위를 평화적으로 해결하기 위하여 두는 유예 기간. 준냉각기(冷却期)

냉:각=소화(冷却消火)명 타는 물체의 온도를 떨어뜨려 불을 끄는 방법.

냉:각-수(冷却水)명 압축기나 내연 기관 등 높은 열이 나는 부분을 식히는 데 쓰는 물.

냉:각-액(冷却液)명 ①발열(發熱) 반응의 냉매(冷媒)로 쓰이는 액체 물질. ②절삭용(切削用) 기계를 사용할 때 생기는 높은 열을 식히는 액체. ③일반적인 냉각체를 통틀어 이르는 말.

냉:각=장치(冷却裝置)명 ①인공적으로 차게 식히는 장치를 통틀어 이르는 말. ②냉방 장치(冷房裝置)

냉:각-재(冷却材)명 원자로 속에서 핵분열로 말미암아 발생하는 열을 없애려고 쓰는 물질. 공기·이산화탄소·헬륨·물 따위.

냉:간=압연(冷間壓延)명 금속을 상온(常溫)이나 그에 가까운 온도에서 눌러 늘이거나 펴는 가공. 준냉연(冷延) ☞열간 압연(熱間壓延)

냉:갈령명 인정이 없고 쌀쌀한 태도.

냉갈령(을) 부리다 관용 인정이 없고 쌀쌀하게 행동하다.

냉:감(冷疳)명 한방에서 이르는 감병(疳病)의 한 가지. 입이 마르고 번조(煩燥)가 생기며, 설사가 나고 점점 여위어 가는 병증.

냉:감-증(冷感症)[-쯩]명 결혼한 여성으로서, 성적 욕망이 일어나지 않는 증세. ☞불감증(不感症)

냉:감-창(冷疳瘡)명 한방에서, 영양 상태가 좋지 못한 어린아이들의 입가에 난 부스럼이 점점 퍼져 뼈에까지 침범하는 병을 이르는 말.

냉:건(冷乾)명-하다 타 냉각하여 말림.

냉:과리명 덜 구워져서, 피우면 연기와 냄새가 나는 숯.

냉:관(冷官)명 보수와 지위가 낮은 관직.

냉:광(冷光)명 ①찬 느낌의 빛. ②물질이 열이나 빛, 화학적 자극 등을 받아서 열이 없는 빛을 내는 현상.

냉:-국(冷-)[-꾹]명 찬국

냉:기(冷氣)명 찬 기운. ¶-가 가시다./옷 속으로 스며드는 -에 몸이 움츠러든다. ☞온기(溫氣)

×**냉-꾼**명 →내왕꾼

냉:-난:방(冷煖房)명 냉방과 난방. ¶- 시설

냉:담(冷痰)명 한방에서, 사지(四肢)가 차가워지고 마비되어서 근육이 군데군데 뭉치어 쑤시고 아픈 증세를 이르는 말. 한담(寒痰)

냉:담(冷淡)어기 '냉담(冷淡)하다'의 어기(語基).

냉:담-하다(冷淡-)형여 ①마음이나 태도가 차고 쌀쌀하다. ¶냉담하게 대하다./냉담한 표정. ②어떤 일에 관심을 두지 않다. ¶관객들이 냉담한 반응을 보이다.

냉담-히부 냉담하게

냉:대(冷待)명-하다 타 푸대접

냉:대(冷帶)명 아한대(亞寒帶)

냉:돌(*冷突·*冷堗)명 불을 때지 않은 차가운 온돌방. 냉방

냉:동(冷凍)명-하다 타 식품 따위를 신선하게 장기간 보존하기 위하여 얼리는 일. ¶- 갈치/- 닭고기

냉:동=건조(冷凍乾燥)명 진공 상태에서 수분을 함유한 세포를 급히 얼린 다음, 승화시켜서 건조하는 방법.

냉:동-고(冷凍庫)명 식품 따위를 얼리거나 얼린 식품을 오래 간수해 두는 곳간이나 설비.

냉:동-기(冷凍機)명 물체를 차갑게 하거나 얼리는 기계. 냉동고·냉장고·제빙기 등에 쓰임.
냉:동=마취(冷凍痲醉)명 피부의 온도를 낮추어 통각(痛覺)을 둔화시키는 국부 마취(局部痲醉)의 한 방법.
냉:동-선(冷凍船)명 냉동 설비를 갖추고 냉동 식품이나 수산물을 수송하는 배.
냉:동=식품(冷凍食品)명 오래 보존하기 위하여 냉동하여 저장하는 식품.
냉:동-어(冷凍魚)명 부패하지 않도록 얼린 물고기.
냉:동-업(冷凍業)명 ①냉동기를 사용하는 영업을 통틀어 이르는 말. 제빙업(製氷業), 식료품 냉동업 따위. ②식료품 등을 냉각하거나 얼려서 보관하는 영업.
냉:락(冷落)어기 '냉락(冷落)하다'의 어기(語基).
냉:락-하다(冷落-)형여 ①서로의 사이가 버성기어 쓰렁쓰렁하다. ②영락하여 쓸쓸하다.
냉:랭(冷冷)어기 '냉랭(冷冷)하다'의 어기(語基).
냉:랭-하다(冷冷-)형여 ①날씨나 기온 따위가 쌀쌀하고 차다. ¶봄이라지만 밤기운이 자못 -. ②대하는 태도가 쌀쌀하다. ¶말도 못 붙일 정도로 -.
냉:량(冷涼)어기 '냉량(冷涼)하다'의 어기(語基).
냉:량-하다(冷涼-)형여 차갑게 서늘하다. ¶가을날의 냉량한 새벽 공기.
냉:리(冷痢)명 한방에서, 몸이 차게 하여 배가 아프고 곱똥이 나오며 뒤가 묵직하게 느껴지는 병을 이르는 말.
냉:매(冷媒)명 냉동기 등에서, 저온의 물체에서 고온의 물체로 열을 운반하는 매체를 통틀어 이르는 말. 암모니아·프레온·이산화탄소 등이 있음.
냉:매(冷罵)명-하다타 비웃고 꾸짖음.
냉:면(冷麵)명 쇠고기나 닭고기를 고아 차게 식힌 국물이나 동치미 국물, 나박김치 국물 등에 메밀 국수를 만 음식. 제육이나 편육, 김치, 오이나 무생채를 얹고 겨자와 식초를 쳐서 먹음. ☞비빔냉면. 온면(溫麵)
냉:방(冷房)명 ①찬 방. ☞냉돌 ②더위를 가시기 위해서 방 안의 온도를 낮추어 시원하게 하는 일. ☞난방(煖房)
냉:방-병(冷房病)[-뼝]명 외부의 온도와 냉방이 된 실내의 온도 차가 클 때에 몸이 적응을 하지 못하여 일어나는 모든 증세.
냉:방=장치(冷房裝置)명 방 안의 온도를 낮추어 시원하게 하는 장치. 냉각 장치
냉:-배(冷-)[-빼]명 한방에서, 냉병으로 생긴 배앓이를 이르는 말. 냉복통(冷腹痛)
냉:-병(冷病)[-뼝]명 한방에서, 몸이 차가워져 생기는 병을 통틀어 이르는 말. 냉증(冷症)
냉:-복통(冷腹痛)명 냉배
냉:비(冷痺)명 한방에서, 찬 기운으로 말미암아 손발의 감각이 없어지고 저린 증세를 이르는 말.
냉:상(冷床)명 인공적으로 열을 공급하지 아니하고 태양열만을 받게 하여 키우는 묘상(苗床)을 이르는 말. ☞온상(溫床)
냉:소(冷笑)명-하다자타 쌀쌀한 태도로 비웃는 일, 또는 그러한 웃음.
냉:소-적(冷笑的)명 쌀쌀한 태도로 비웃는 것. ¶- 태도
냉:수(冷水)명 찬물 ☞온수(溫水)
냉수 맛 같다관용 아무 맛도 없다.
속담 **냉수도 불어 먹겠다**: 지나치게 조심스러운 사람을 두고 이르는 말./**냉수 먹고 갈비 트림 한다**: 냉수를 마시고 잘 먹은체 한다는 뜻으로, 실속은 없으면서 잘난체 부자인체 거드럭거림을 이르는 말./**냉수 먹고 된똥 누기**: 신통찮은 재료를 가지고 실속 있는 결과를 만들어낸다는 말./**냉수 먹고 속 차려라**: 찬물을 마시고 정신 차리라는 말./**냉수 먹고 이 쑤시기**: 잘 먹은체 하고 이를 쑤신다는 데서, 실속은 아무 것도 없으면서 겉으로는 있는체 함을 비유하여 이르는 말./**냉수에 이 부러진다**: 도무지 이치에 닿지 않는 매우 어이없는 일을 이르는 말.
냉:수=마찰(冷水摩擦)명 찬물에 적신 수건 따위로 온몸의 피부를 문질러 혈액 순환을 돕는 건강법.
냉:수-스럽다(冷水-)(-스럽고·-스러워)형ㅂ 사람이나 일이 매우 싱겁고 재미 없다.
냉수-스레부 냉수스럽게
냉:수-욕(冷水浴)명-하다자 찬물로 목욕하는 일.
냉:습(冷濕)[1]명 한방에서, 냉기와 습기 때문에 생기는 병증을 통틀어 이르는 말.
냉:습(冷濕)[2]어기 '냉습(冷濕)하다'의 어기(語基).
냉:습-하다(冷濕-)형여 차고 누지다. ¶냉습한 곳에서 지내면 탈이 나기 쉽다.
냉:시(冷視)명-하다타 차가운 눈초리로 봄.
냉:신(冷神)명 피부 신경이 찬 것을 느끼는 기능. ☞온신(溫神)
냉:안(冷眼)명 남을 업신여기는 차가운 눈초리.
냉:안-시(冷眼視)명-하다타 남을 업신여기는 차가운 눈초리로 봄.
냉:어(冷語)명-하다자 냉담하게 말함, 또는 그런 말.
냉:엄(冷嚴)어기 '냉엄(冷嚴)하다'의 어기(語基).
냉:엄-법(冷罨法)[-뻡]명 환부를 찬찜질로 차게 하여 통증이나 종기를 가라앉히는 치료법. ☞온엄법(溫罨法)
냉:엄-하다(冷嚴-)형여 냉정하고 엄격하다.
냉엄-히부 냉엄하게
냉:연(冷延)명 '냉간 압연'의 준말. ☞열연(熱延)
냉연(冷然)어기 '냉연(冷然)하다'의 어기(語基).
냉:연-하다(冷然-)형여 태도가 몹시 쌀쌀하고 차다. ¶그의 청을 냉연하게 거절하다.
냉연-히부 냉연하게
냉:염(冷艶)어기 '냉염(冷艶)하다'의 어기(語基).
냉:염-하다(冷艶-)형여 차가우면서 곱다.〔눈이나 흰 꽃 등을 형용할 때에 쓰이는 말.〕
냉:온(冷溫)명 ①찬 기운과 따뜻한 기운. 온랭(溫冷) ②찬 온도.
냉:-온대(冷溫帶)명 기후대(氣候帶)의 한 가지. 온대(溫帶)와 한대(寒帶)의 중간 지역. 냉대. 아한대
냉:우(冷雨)명 찬비
냉:우(冷遇)명-하다타 푸대접
냉:이명 겨잣과의 두해살이풀. 잎은 깃 모양으로 깊이 갈라져 있고 뿌리에서 무더기로 남. 봄에 흰 꽃이 피고 열매는 삼각형임. 들이나 밭에 자라며 어린잎과 뿌리는 국을 끓이거나 나물을 무쳐 먹음. 제채(薺菜)
냉잇-국명 냉이를 토장국에 넣고 끓인 국. 고추장을 조금 섞어 넣기도 함.
냉:장(冷藏)명-하다타 ①냉동한 식품을 저장하는 일. ②식품 따위를 부패하지 않게 하고 신선하게 보관하기 위하여 찬 온도에서 저장하는 일.
냉:장-고(冷藏庫)명 식품이나 약 따위를 찬 온도에서 신선하도록 넣어 두는 상자 모양의 기구. ☞온장고
냉:장=수송(冷藏輸送)명 화물의 변질이나 부패를 막기 위하여, 냉장 시설을 갖춘 교통 기관으로 수송하는 일.
냉:재(冷材)명 한방에서, 찬 성질의 약재를 통틀어 이르는 말. 양재(涼材) ☞온재(溫材)
냉:적(冷積)명 한방에서, 뱃속에 뜬뜬하게 뭉친 것이 생겨 아픔을 느끼는 냉병을 이르는 말.
냉:전(冷戰)명 국가간에 무기는 쓰지 아니하나 외교적으로 상대국이 불리하도록 꾀하는 국제적 대립 상태. ☞열전(熱戰)
냉:절(冷節)명 '한식(寒食)'을 달리 이르는 말.
냉:점(冷點)[-쩜]명 감각점의 한 가지. 피부나 점막에 퍼져 있어, 피부의 온도보다 낮은 온도의 자극을 느끼는 점. ☞온점(溫點)
냉:정(冷靜)명-하다형 감정에 움직이지 않고 침착함. ¶어떤 경우에도 -을 잃지 아니하다.
냉정-히부 냉정하게
냉:정(冷情)어기 '냉정(冷情)하다'의 어기(語基).
냉:정-스럽다(冷情-)(-스럽고·-스러워)형여 보기에 냉정하다.
냉정-스레부 냉정스럽게
냉:정-하다(冷情-)형여 매정하고 쌀쌀하다.
냉정-히부 냉정하게 ¶- 돌아서다.

냉:제(冷劑)명 양제(涼劑)
냉:조(冷嘲)명-하다타 업신여기어 비웃고 놀림.
냉:주(冷酒)명 찬 술.
냉:증(冷症)[-쯩]명 냉병(冷病)
냉:지(冷地)명 ①찬 기운이 도는 땅. ②기후나 토질(土質)이 찬 땅.
냉:-찜질(冷-)명 찬찜질 ☞냉엄법(冷罨法). 온찜질
냉:차(冷茶)명 얼음을 넣거나 하여 차게 한 찻물.
냉:채(冷菜)명 전복·해삼·편육 따위에 오이나 배추 따위 채소를 채 썰어 섞고 차게 하여 먹는 음식.
냉:처(冷處)명-하다자 찬 방에서 거처함.
냉:천(冷天)명 추운 날씨.
냉:천(冷泉)명 ①찬 샘. ②낮은 온도로 솟아나는 광천(鑛泉). ☞온천(溫泉)
냉:철(冷徹)어기 '냉철(冷徹)하다'의 어기(語基).
냉:철-하다(冷徹-)형여 생각과 판단이 감정에 치우치지 않고, 사리가 분명하며 뚜렷하다. ¶냉철한 판단력.
냉철-히부 냉철하게
냉초명 현삼과(玄蔘科)의 여러해살이풀. 줄기 높이는 50~100cm. 잎은 넓은 버들잎 모양이며 털이 있고 마디마다 여러 장씩 돌려 남. 7~8월에 붉은 자줏빛의 꽃이 줄기 끝에 핌. 우리 나라 중부 이북 산지의 습한 곳에 자람. 뿌리는 약재로 쓰고 어린잎은 먹을 수 있음.
냉:-커:피(冷coffee)명 얼음을 넣어 차게 한 커피.
냉:-콩국(冷-)명 흰콩 삶은 것과 볶은 참깨를 함께 맷돌에 물을 끼얹어 가며 갈아서 고운 체로 밭아 소금으로 간을 한 찬국.
냉:-콩국수(冷-)명 소금 간을 한 찬 콩국에, 삶아 건진 밀국수를 만 음식.
냉큼부 망설이지 않고 가볍고 재빠르게 움직이는 모양을 나타내는 말. ¶던져 주는 먹이를 - 받아 먹다. ☞닝큼
냉큼-냉큼부 망설이지 않고 가볍고 재빠르게 자꾸 움직이는 모양을 나타내는 말. ☞닝큼닝큼
냉:탕(冷湯)명 ①차가운 물. ②찬물이 담긴 목욕통. ¶-과 온탕에 번갈아 몸을 담그다. ☞온탕(溫湯)
냉:평(冷評)명-하다타 ①비웃는 태도로 비평하는 일, 또는 그 비평. ②냉혹하게 비평하는 일, 또는 그 비평.
냉:풍(冷風)명 ①늦가을이나 이른봄에 부는 싸늘한 바람. ②차가운 바람. ☞열풍(熱風)
냉:-하다(冷-)형여 ①찬 기운이 있다. ②한방에서, 병으로 아랫배가 차다. ③한방에서, 약재의 성질이 차다. ☞온하다
냉:한(冷汗)명 식은땀
냉:해(冷害)명 여름철에, 계속되는 이상 저온(異常低溫)이나 일조 부족(日照不足)으로 농작물이 입는 피해.
냉:혈(冷血)명 ①동물의 체온이 외부의 온도보다 낮은 것. ☞온혈(溫血) ②한방에서, 찬 기운으로 말미암아 뱃속에 뭉친 피를 이르는 말.
냉:혈=동:물(冷血動物)명 ①변온 동물(變溫動物). 찬피동물 ☞온혈 동물(溫血動物) ②인정이 없는 냉혹한 사람을 비유하여 이르는 말.
냉:혈-한(冷血漢)명 인정이 없는 냉혹한 남자.
냉:혹(冷酷)어기 '냉혹(冷酷)하다'의 어기(語基).
냉:혹-하다(冷酷-)형여 ①냉정하고 매섭다. ¶냉혹한 처사에 모두 분노하다. ②추위가 혹심하다.
냉혹-히부 냉혹하게
냉:회(冷灰)명 불기가 없는 싸늘한 재.
냉:훈-법(冷燻法)[-뻡]명 식품으로 쓰는 쇠고기·돼지고기·닭고기 따위를 20~30°C의 비교적 낮은 온도에서 며칠 또는 여러 주에 걸쳐 훈연(燻煙)하는 방법.
-냐어미 ①받침 없는 형용사 어간에 붙어 '해라' 할 자리에 쓰이는, 물음을 나타내는 종결 어미. ¶기분이 나쁘냐 좋으냐? ☞-으냐 ②'이다'의 활용형으로 물음을 나타내는 종결 어미. ¶호박꽃이 꽃이냐?/그것이 소냐 말이냐?
-냐고어미 ①'-냐 하고'가 줄어든 복합 어미. ¶아주 바쁘냐고 물었지?/그게 뭐냐고 말했지? ②되묻는 뜻을 나타내는 어미. ¶요즈음 바쁘냐고? ☞-으냐고
-냐는어미 '-냐 하는'이 줄어든 복합 어미. ¶머리가 좋으냐 나쁘냐는 물음에 대답을 못 했다./삶의 목적이 무엇이냐는 까다로운 물음. ☞-으냐는
-냔어미 복합 어미 '-냐는'이 줄어든 말. ¶어째서 나쁘냔 말이냐? ☞-으냔
-냘어미 '-냐 할'이 줄어든 말. ¶그가 정직하냘 물었지요./떠난 지 몇 해냘 알아보라. ☞-으냘
냠냠부 어린아이가 음식을 맛있게 먹는 모양, 또는 그 소리를 나타내는 말.
냠냠-거리다(대다)자 냠냠 소리를 내다. ¶과자를 냠냠거리며 먹다.
냠냠-이명 '먹고 싶어하는 음식'의 어린이말.
냠냠-하다자여 무엇을 먹고 난 뒤에 더 먹고 싶어하다, 또는 무엇을 더 가지고 싶어하다. ¶아무리 냠냠해도 더 차려 내올 게 없다.
냥(兩)의 ①지난날의 엽전의 단위. 한 냥은 한 돈의 열 배, 곧 엽전 백 푼에 해당함. ②척관법의 무게 단위의 하나. 1냥은 1근의 10분의 1, 1돈의 열 곱절. 37.5g임. 주로 귀금속이나 한약재 등의 무게를 달 때 씀.
냥쭝(∠兩重)의 냥(兩)
너[1]대 손아랫사람이나 친한 벗 사이에 쓰는 이인칭 대명사. ¶-와 나. ☞나
너 나 할 것 없이관용 누구를 가릴 것 없이 모두. ¶아파트 주민들이 - 나와서 눈을 치웠다.
너는 너고 나는 나다관용 상대편이 나를 간섭하거나 침해할 때, 너는 너의 방식대로 하고 나는 나의 방식대로 하자는 뜻으로 쓰는 말.
너도 나도관용 여러 사람이 경쟁하듯이 모두. ¶장병들이 - 나서서 농사일을 도와주었다.
너 죽고 나 죽자관용 결판이 날 때까지 맞서 싸우겠다는 뜻으로 하는 말.
속담 **너는 용 빼는 재주가 있느냐**: 자기도 별난 수단이 없으면서 남더러 못한다고 하는 이에게 하는 말./**너의 집도 굴뚝으로 불을 때겠다**: 불은 아궁이로 때고 굴뚝으로는 연기가 나가야 할 것을 굴뚝으로 불을 땐다는 뜻으로, 집안이 안 되어 무슨 일이나 거꾸로 되어 간다는 말./**너하고 말하느니 개하고 말하겠다**: 어리석어 남의 말을 알아듣지도 깨닫지도 못하는 사람에게 하는 말.

한자 너 여(汝)〔水部 3획〕¶여등(汝等)/여배(汝輩)

너:[2]관 'ㄱ·ㄷ·ㅁ·ㅂ·ㅍ·ㅎ'을 첫소리로 가진, 단위를 나타내는 의존 명사 앞에 쓰이는 수관형사(數冠形詞). '네'의 바뀐 형태임. ¶- 근./- 돈./- 말./- 푼./- 홉. ☞넉. 석
너겁명 갇힌 물 위에 떠서 몰려 있거나 물가에 밀려나온 티끌이나 잎사귀 따위의 검불.
너구리명 갯과의 포유동물. 몸길이는 60cm 안팎. 몸은 똥똥하고 다리가 짧음. 주둥이는 뾰족하고 꼬리는 굵고 짧음. 몸빛은 황갈색인데 얼굴과 목·가슴·다리 부분은 흑갈색임. 산과 들에 살며, 주로 밤에 활동함. 우리 나라와 중국, 일본 등지에 분포함. 산달(山獺)
너구리 같다관용 사람됨이 능청스럽고 음흉하다.
너그럽다(너그럽고·너그러워)형ㅂ 마음이 넓어 남의 잘못을 넓게 이해하는 아량이 있다. ¶너그러운 마음씨에 감탄하다.
너그러이부 너그럽게

한자 너그러울 관(寬)〔宀部 12획〕¶관대(寬大)

너글너글-하다형여 매우 너그럽고 시원스럽다.
너끈-하다형여 무엇을 하는 데 모자람이 없이 여유가 있다. ¶쌀 한 가마니는 너끈하게 들 수 있다.
너끈-히부 너끈하게
너나-들이명-하다자 너니 나니 하고 부르며 서로 터놓고 허물없이 지내는 일, 또는 그러한 사이. ¶그와 나는 - 하는 사이이다.
너나-없:이부 너나 나나 가릴 것 없이 모두. ¶승전 소식

을 듣고 ― 기뻐하였다.
너널 명 지난날, 겨울에 신던 솜을 둔 커다란 덧버선.
너누룩-하다 형여 ①떠들썩하던 것이 잠시 조용하다. ¶ 사납게 몰아치던 비바람이 ―. ②심하던 병세가 좀 주춤하다. 준너눅하다
너누룩-이 부 너누룩하게
너눅-하다 형여 '너누룩하다'의 준말.
× **너댓** 수 →네댓
너더-댓 수 ①넷이나 다섯 가량. ¶ ―이 모였다. ②〔관형사처럼 쓰임〕 ¶ ― 개의 사과. ☞네다섯. 대여섯
너더댓-새[―댇―] 명 나흘이나 닷새. ¶ 다녀오려면 ― 걸리겠다.
너더분-하다 형여 ①여러 가지가 어지럽게 널려 있어 어수선하다. ¶ 책상 위가 ―. ②말이 번거롭고 길다. ¶ 너더분한 이야기는 듣기 싫다. ☞나다분하다
너더분-히 부 너더분하게
너덕-너덕 부-하다 형 해지거나 터진 자리를 큼직큼직하게 깁거나 덧대어 보기 흉한 모양을 나타내는 말. ¶ ― 기운 바랑. ☞나닥나닥. 누덕누덕
너덜 명 '너덜겅'의 준말.
너덜-거리다(대다) 자 ①큰 조각의 천이나 종이 따위가 지저분하게 드리워져 흔들거리다. ¶ 찢어진 벽보가 바람에 ―. ②주제넘는 말을 너불거리다. ☞나달거리다. 너털거리다
너덜-겅 명 돌이 많이 흩어져 깔린 비탈. 준너덜 ☞너설
너덜-나다 자 여러 가닥으로 어지럽게 갈기갈기 째지다.
너덜-너덜 부 너덜거리는 모양을 나타내는 말. ☞나달나달. 너털너털
너덜너덜-하다 형여 큰 조각의 천이나 종이 따위가 지저분하게 드리워져 있다. ☞나달나달하다. 너털너털하다
너덜코-박:쥐 명 '관박쥐'의 딴이름.
너덧 수 ①넷 가량. ¶ 사람 ―이 산에서 내려오다. ②〔관형사처럼 쓰임〕 ¶ ― 가마니./― 명의 아이들. ☞네댓
너도-밤:나무 명 참나뭇과의 낙엽 활엽 교목. 높이 20m 안팎. 잎은 길둥글고 가장자리에 톱니가 있음. 6월경에 암수한그루로 꽃이 피고 열매는 10월경에 익음. 울릉도에 많이 분포하며 나뭇결이 단단하여 건축재나 가구재 등으로 쓰임.
-너라 어미 '오다'나 '오다'로 끝나는 동사 어간에 붙어, '해라' 할 자리에 명령하는 데 쓰이는 종결 어미. ¶ 오너라/나오너라/걸어오너라 ☞-거라
너라=불규칙=활용(―不規則活用) 명 〈어〉용언이 활용할 때, 직접 명령의 어미 '-아라'나 '-어라'가 '-너라'로 바뀌는 활용. '오아라'라 하지 아니하고 '오너라'로 하는 따위.
너럭-바위 명 넓고 평평한 큰 바위. 반석(盤石)
너르다(너르고·널러) 형르 ①공간적으로 두루 넓다. ¶ 너른 마당./너른 천지. ☞솔다[3] ②생각이나 마음씀이 크고 너그럽다. ¶ 마음이 너른 사람.
너른-바지 명 여자가 한복 정장을 할 때 아랫도리를 풍성하게 보이도록 입는, 가랑이가 넓으며 앞은 막히고 뒤가 터진 겹바지. ☞단속곳
너름-새[1] 명 발림[2]
너름-새[2] 명 떠벌려서 주선하는 솜씨. ¶ ―가 좋은 사람.
너리 명 ①한방에서, 잇몸이 헐어 헤지고 이가 절로 빠지게 되는 병을 이르는 말. ②개나 말, 나귀 따위 짐승의 피부가 헐고 털이 빠지는 병. 비루
너리-먹다 자 ①잇몸이 헐어 이뿌리가 드러나다. ②개나 말, 나귀 따위 짐승이 비루에 걸리다. 비루먹다
너만 관 '너만 한'의 준말. ¶ ― 나이에 출세했다.
너머 명 산이나 고개, 집, 담과 같은 높은 것의 저쪽. ¶ 산 ― 마을./고개 ―에 있는 논.
× **너머-지다** 자 →넘어지다
너무 부 정도에 지나치게. ¶ ― 뜨겁다./― 멀다.
속담 **너무 고르다가 눈먼 사위 얻는다** : 무엇을 지나치게 고르면 오히려 나쁜 것을 고르게 된다는 말./**너무 뻗은 팔은 어깨로 찢긴다** : 지나치게 선손을 써서 남을 해치려 하다가는 도리어 실패하게 된다는 말.
너무-나 부 '너무'의 뜻을 강조해서 쓰는 말. ¶ ― 뜻밖이다./― 먼 길을 돌아왔다.
너:-무날 명 무수기가 같은 음력 열사흘과 스무여드레를 이르는 말. ☞다섯무날. 무날
너무-너무 부 '너무'의 힘줌말.
너무-하다 형여 정도가 지나치게 심하다. ¶ 가격을 두 배로 올린 것은 너무한 일이다.
너벅-선(―船) 명 너비가 넓은 배. 잉박선(仍朴船)
× **너벅-지** 명 →자배기
너벳벳-하다[―벧벧―] 형여 얼굴이 너부죽하고 덕성스럽다. ☞나뱃뱃하다
너벳벳-이 부 너벳벳하게 ☞나뱃뱃이
너볏-하다[―볃―] 형여 몸가짐이 번듯하고 어엿하다. ¶ 너볏한 청년. ☞나볏하다
너볏-이 부 너볏하게 ☞나볏이
너부데데-하다 형여 얼굴이 둥그스름하고 너부죽하다. ¶ 너부데데한 얼굴. 준넙데데하다 ☞나부대대하다
너부러-지다 자 너부죽이 바닥에 꺼부러져 늘어지다. ¶ 지쳐서 죽은듯이 너부러져 있다. ☞나부라지다
너부렁넓적-하다[―넙―] 형여 평평하게 퍼진듯이 넓적하다. ☞나부랑납작하다
너부렁넓적-이 부 너부렁넓적하게 ☞나부랑납작이
너부렁이 명 실·종이·헝겊 따위의 좀 큰 오라기. ☞나부랭이
너부시 부 ①고개를 다소곳이 숙이어 천천히 절을 하는 모양을 나타내는 말. ¶ ― 절을 하는 모습이 새색시 같다. ②거벼운 물체가 천천히 바닥에 내려앉는 모양을 나타내는 말. ¶ 눈송이들이 땅 위에 ― 내려앉다. ☞나부시
너부죽-이 부 ①너부죽하게 ②윗몸을 천천히 숙이어 바닥에 가깝게 엎드리는 모양을 나타내는 말. ¶ ― 절하다. ☞나부죽이
너부죽-하다 형여 좀 넓은듯 하다. ☞나부죽하다
너불-거리다(대다) 자타 ①큰 천이나 종이 따위가 바람에 부드럽게 나부끼다, 또는 그리 되게 하다. ②실없이 입을 가볍게 놀리다. ☞나불거리다. 너풀거리다
너불-너불 부 너불거리는 모양을 나타내는 말. ¶ 쉴새없이 입을 ― 한다. ☞나불나불. 너풀너풀
너붓-거리다(대다)[―붇―] 자 얇고 가벼운 물체가 크게 나부끼다. ☞나붓거리다
너붓-너붓[―붇―] 부 너붓거리는 모양을 나타내는 말. ¶ ― 흔들리는 플라타너스 잎. ☞나붓나붓
너붓-하다[―붇―] 형여 좀 너부죽하다. ☞나붓하다
너붓-이 부 너붓하게 ☞나붓이
너비 명 넓이가 있는 물체의 길이를 전제로 하여 가로의 길이. 광(廣). 폭(幅) ☞길이[1]. 나비[2]
너비-아니 명 구이의 한 가지. 쇠고기의 등심이나 안심을 얇고 넓적하게 저며서, 파·마늘·참기름·설탕·배즙·간장 등으로 양념을 하여 주물러 재웠다가 중불에서 석쇠에 구운 음식. 너비아니구이
너비아니-구이 명 너비아니
너비아니-전(―煎) 명 전의 한 가지. 쇠고기를 얇게 저며서 잔칼질을 하여 보드랍게 한 다음, 소금간을 하였다가 밀가루를 묻히고 푼 달걀을 씌워 지진 음식.
너:삼 명 '쓴너삼'의 딴이름.
너:새 명 ①재래식 한옥의 기와 지붕에서, 합각머리의 양쪽으로 마루가 지게 기와를 덮은 부분. 당마루 ②기와처럼 지붕을 이는 데 쓰는 넓적하고 얇은 돌조각. 변너와
너:새-기와 명 한옥 지붕의 합각머리 너새에 얹는 기와.
너:새-집 명 '너와집'의 원말.
너설 명 험한 바위나 돌 따위가 비쭉비쭉 내민 험한 곳.
너스래미 명 물건에 쓸데없이 너슬너슬 붙어 있는 거스러미나 털 따위.
너스레[1] 명 흙구덩이나 그릇의 아가리 또는 바닥에 걸쳐놓는 막대기. 그 위에 올려 놓는 물건이 빠지거나 바닥에 닿지 않게 하는 데 씀. ¶ 솥에 ―를 놓고 고구마를 찌다.
너스레[2] 명 남을 웃기거나 허세를 부리기 위하여 떠벌리는 말이나 짓.

너스레를 놓다 관용 떠벌려 둘러대는 솜씨로 말을 늘어놓다. ¶둘러대느라 —.
너스레를 떨다 관용 경망스럽게 자꾸 너스레를 놓다.
너스레를 부리다 관용 짐짓 너스레 짓을 하다.
너스레를 치다 관용 몹시 너스레를 놓다.

너스르르 부 -하다 형 길고 부드러운 털이나 풀 따위가 가지런한 모양을 나타내는 말. ☞나스르르

너슬-너슬 부 -하다 형 길고 부드러운 털이나 풀 따위가 성기고 고르게 나 있는 모양을 나타내는 말. ☞나슬나슬

너:와 명 ①지붕을 이는 데 쓰는, 통나무를 쪼개어 만든 널빤지나 두꺼운 나무껍질 따위. ②'너새'의 변한말.

너:와-집 명 ①너와로 지붕을 인 집. ②'너새집'의 변한말.

너울[1] (∠羅兀) 명 지난날, 부녀자가 나들이할 때 얼굴을 가리기 위하여 머리에서부터 내려쓰던 가리개. 주로 검정 깁으로 만들며 얼굴 부분은 망사로 하여 앞을 볼 수 있게 하였음. 개두(蓋頭)
너울을 쓰다 관용 속을 감추고 속과 달리 그럴듯한 명분을 내세우다.
속담 **너울 쓴 거지** : 몹시 배가 고파서 체면을 차릴 수 없게 된 처지를 이르는 말로, 하는 짓이 염치나 체면을 돌아보지 않는 사람을 비유하여 이르는 말.

너울[2] 명 바다의 사나운 큰 물결.

너울-가지 명 남과 잘 사귀는 솜씨. 붙임성 따위.

너울-거리다(대다)[1] 자 ①물결이 잔잔하게 일렁이다. ②나뭇잎이나 천 따위가 부드럽게 느릿느릿 나부끼다. ☞나울거리다[1]

너울-거리다(대다)[2] 타 팔이나 날개 따위를 활짝 펴서 아래위로 크고 부드럽게 움직이다. ☞나울거리다[2]

너울-너울[1] 부 물결이나 나뭇잎, 천 따위가 너울거리는 모양을 나타내는 말. ¶깃발이 — 나부끼다. ☞나울나울[1]

너울-너울[2] 부 팔이나 날개 따위를 너울거리는 모양을 나타내는 말. ☞나울나울[2]

너울-지다 형 다 자란 들의 곡식이나 바다 물결 따위가 거칠게 넘실거리다. ¶들에는 황금 물결이 너울지고, 아이들은 새 쫓기에 바쁘다.

너저분-하다 형여 뒤섞여 널려 있어 지저분하다.
너저분-히 부 너저분하게

너절-너절 부 -하다 형 물건들이 흐트러져 있어 너저분한 모양을 나타내는 말. ¶방 안이 —하다.

너절-하다 형여 ①말쑥하지 못하고 추저분하다. ¶먼지를 뒤집어쓴 너절한 물건들이 진열된 가게. ②시시하고 하찮다. ¶너절한 일./너절한 이야기./너절한 사람.
너절-히 부 너절하게

너즈러-지다 자 너저분하게 여기저기 흩어지다. ¶산에 칡덩굴이 너즈러져서 길을 찾을 수 없었다.

너클볼:(knuckle ball) 명 ①야구에서, 투수가 던지는 구질의 한 가지. 손가락을 공의 겉면에 세워서 던지는 변화구로, 공이 거의 회전하지 않으며 타자 앞에서 갑자기 낮게 떨어짐. ②탁구에서, 공을 우그리거나 손톱 따위로 흠을 내어 불규칙하게 튀어나가도록 하는 일. 경기 규칙에 어긋남.

너털-거리다(대다) 자 ①큰 조각의 천이나 종이 따위가 너저분하게 드리워져 몹시 흔들거리다. ②주제넘는 말을 몹시 너불거리다. ☞나탈거리다. 너덜거리다

너털-너털 부 너털거리는 모양을 나타내는 말. ☞나탈나탈. 너덜너덜

너털너털-하다 형여 큰 조각의 천이나 종이 따위가 너저분하게 드리워져 있다. ☞나탈나탈하다. 너덜너덜하다

너털-웃음 명 남성이 큰 목소리로 거리낌없이 털털하게 웃는 웃음.

너테 명 얼음 위에 덧얼어붙은 얼음.

너트(nut) 명 볼트에 끼워 돌려 기계의 부품을 고정시키는 데 쓰는, 육각형이나 사각형의 쇠붙이로 된 공구.

너펄-거리다(대다) 자 큰 종이나 천 따위가 빠르고 탄력성 있게 나부끼다. ☞나팔거리다

너펄-너펄 부 너펄거리는 모양을 나타내는 말. ¶하얀 차일이 — 춤을 춘다. ☞나팔나팔

너푼-거리다(대다) 자 크고 가벼운 것이 빠르게 나부끼다. ☞나푼거리다

너푼-너푼 부 너푼거리는 모양을 나타내는 말.

너풀-거리다(대다) 자타 큰 천이나 종이 따위가 센 바람에 나부끼다, 또는 그리 되게 하다. ☞나풀거리다

너풀-너풀 부 너풀거리는 모양을 나타내는 말. ¶빨랫줄의 빨래가 — 날리다. ☞나풀나풀. 너불너불

너희 대 '너'의 복수(複數). ¶—의 잘못이 아니다.

너희-들 대 너희 여럿. ☞여등(汝等) ¶—은 이 나라의 기둥이고 희망이다.

넉: 관 'ㄴ·ㄷ·ㅅ·ㅈ'을 첫소리로 가진, 단위를 나타내는 의존 명사 앞에 쓰이는 수관형사. '네'의 바뀐 형태임. ¶— 냥./— 달./— 섬./— 장. ☞너[2]
속담 **넉 달 가뭄에도 하루만 더 개었으면 한다** : ①오래 가물어서 애타게 기다리던 비일지라도 무슨 일을 치를 때면 그 비 내리는 것을 싫어한다는 말. ②사람은 일기(日氣)에 대하여 늘 자기 본위로 바란다는 말./**넉 장을 뽑는다** : 투전에서 석 장을 뽑아야 할 때에 어름어름 넉 장을 뽑는다는 데서, 무슨 일을 얼버무려 남을 속이려 한다는 말.

한자 **넉 사**(四) 〔口部 2획〕 ¶사각(四角)/사계(四季)/사륜(四輪)/사방(四方)/사시(四時)

넉-가래 명 곡식이나 눈 따위를 한곳에 밀어 모으는 데 쓰는 도구. 넓적한 널쪽에 긴 자루가 달렸음. 목험(木杴) ☞가래[1]

넉가래-질 명 -하다 자 티끌을 날리려고 넉가래로 낟알을 떠서 공중에 치뿌리는 짓.

넉-걷이[-거지] 명 -하다 자 밭에 흩어져 있는 오이·호박 따위의 덩굴을 걷어치우는 일.

넉-괭이 명 밑날이 넓은, 흙을 파 덮는 데 쓰는 괭이.

넉넉잖다 형 '넉넉하지 않다'가 줄어든 말.

넉넉-잡다 자 넉넉할 만큼 여유를 두고 헤아려 잡다. ¶넉넉잡아 일 년만 기다려라.

넉넉-하다 형여 ①수량·크기·시간 따위가 어떤 기준에 차고도 여유가 있다. ¶마감 날짜까지 시간이 —./모두가 먹을 만큼 음식이 —. ☞낙낙하다 ②살림살이에 여유가 있다. ¶넉넉한 집에 태어나서 자라다. ③마음이 크고 여유롭다. ☞빡빡하다
넉넉-히 부 넉넉하게

한자 **넉넉할 유**(裕) 〔衣部 7획〕 ¶부유(富裕)/유복(裕福)
넉넉할 풍(豐) 〔豆部 11획〕 ¶풍만(豐滿)/풍부(豐富)/풍비(豐備)/풍성(豐盛)/풍요(豐饒) ▷ 속자는 豊

넉더듬이-하다 타여 수면을 세게 쳐서 고기가 뜨게 하다.

넉:-동 명 윷놀이에 쓰는 네 개의 말, 또는 마지막으로 네 번째 나는 말.
속담 **넉동 다 갔다** : 넉동이 윷판을 다 돌아 윷놀이가 끝났다는 데서, ①무슨 일이든지 다 끝나게 되었다는 말. ②사람의 신세가 쇠잔하여졌다는 말.

넉:동-내기 명 넉동을 다 내면 이기기로 정한 윷놀이.

넉살 명 비위 좋게 언죽번죽하는 짓. ¶—을 떨다.

넉살-부리다 자 넉살스러운 짓을 하다.

넉살-스럽다(—스럽고·—스러워) 형ㅂ 넉살좋게 보이다. ¶너스레를 떠는 모습이 —.
넉살-스레 부 넉살스럽게 ¶— 변명을 늘어놓다.

넉살-좋:다 형 넉살부리는 비위가 좋다. ¶넉살좋기로 소문이 난 사람이지.

넉:새-베 명 320올의 날실로 짠, 석새베보다 품질이 조금 나은 베. 사승포(四升布)

넉자 명 인발이 선명하도록 도장을 찍을 때 밑에 받치는 얇고 부드러운 사슴 가죽.

넉:자-바기(—字—) 명 ①네 글자로 이루어진 말마디. ②네 글자로 이루어진 시문(詩文).

넉:장-거리 명-하다자 네 활개를 벌리고 뒤로 벌렁 나자빠지는 일. ¶ -를 하다. ☞낙장거리

넉:점박이-돼:지벌레 명 잎벌렛과의 곤충. 몸길이 0.8~1cm. 몸은 가늘고 흑색이며, 겉날개는 적황색에 네 개의 흑색 무늬가 있음. 더듬이는 둔한 톱날 모양이고 배와 다리에는 회백색 털이 촘촘히 나 있음. 우리 나라와 중국, 일본 등지에 분포함.

넋 명 사람의 몸에 깃들여 생장(生長)을 돕는 양(陽)의 기운. 정신 작용을 다스리는 것으로 생각되는 것. 옛날에는 사람이 죽으면 '얼(魄)'과 갈라져 하늘로 올라간다고 했음. 혼(魂) ☞얼. 혼백(魂魄)

넋(을) 놓다 관용 제정신을 잃고 멍하게 되다. ¶홍수가 휩쓸고 간 논밭을 바라보며 넋을 놓고 앉아 있다.

넋(을) 잃다 관용 제정신이나 의식을 잃다. ¶넋을 잃고 구경을 하다./너무 놀라서 넋을 잃었다.

넋(이) 나가다 관용 몹시 혼이 나서 정신이 나가다. ¶넋이 나간 사람처럼 반응이 없다.

속담 넋이야 신이야 한다 : 잔뜩 마음속에 벼르던 말을 퍼붓듯이 거침없이 털어놓음을 이르는 말. [신이야 넋이야 한다]

한자 넋 혼(魂) [鬼部 4획] ¶영혼(靈魂)/혼백(魂魄)

넋-두리 [넉-] 명-하다자 ①원통한 일이나 억울한 일을 겪고 불평·불만을 길게 늘어놓으며 하소연하는 말. ②무당이 죽은 사람의 넋을 대신해서 하는 말.

넋-없:다 [넉업-] 형 제정신이 없이 멍하다.

넋-없이 부 넉없게

넌 준 '너는'의 준말. ¶ - 공부나 해라.

넌더리 명 물리어 싫은 생각. 준넌덜 ¶날마다 되풀이되는 잔소리에 -가 난다.

넌더리가 나다 관용 넌더리나다

넌더리를 내다 관용 몹시 싫어서 진저리를 내다.

넌더리를 대다 관용 넌더리대다

넌더리-나다 자 몹시 싫증이 나다. 준넌덜나다

넌더리-대:다 타 넌더리가 나게 행동하다.

넌덕 명 너털웃음을 치면서 너스레를 늘어놓는 짓.

넌덕을 부리다 관용 넌덕부리다

넌덕-부리다 자 넌덕스럽게 행동하다.

넌덕-스럽다 (-스럽고·-스러워) 형ㅂ 능청스럽게 너스레를 떨며 몹시 수다스러운 데가 있다.

넌덕-스레 부 넌덕스럽게

넌덜 명 '넌더리'의 준말.

넌덜-거리다(대다) 자 자꾸 넌더리대다.

넌덜-나다 자 '넌더리나다'의 준말.

넌덜-머리 명 '넌더리'를 속되게 이르는 말.

넌떡 부 머뭇거리지 아니하고 넝큼. ☞난딱

×넌센스 (nonsense) 명 → 난센스

넌지시 부 드러나지 않게 슬그머니. ¶ - 물어 보다./- 일러주다.

넌출 명 등(藤)·칡·호박 따위와 같이 길게 뻗어 나가면서 늘어진 식물의 줄기.

넌출-문 (-門) 명 네 개의 문짝이 죽 이어 달린 문. 사출문(四出門)

넌출-소:분합 (-小分閤) 명 재래식 한옥에서, 부엌문 위에 네 짝이 죽 이어 달린, 다락의 창문.

넌출-지다 자 넌출이 길게 벋어 늘어지다.

널:[1] 명 ①'널빤지'의 준말. ②관(棺)이나 곽(槨)을 이르는 말. ③널뛰기에 쓰는 널빤지. ④지난날, 한림(翰林)이 사초(史草)를 넣던 궤(櫃).

속담 널 도깨비가 복(福)은 못 줘도 화(禍)는 준다 : 사람 못된 것은 어디를 가나 해(害)만 끼치고 다니지 이롭게 하는 일은 없다는 말.

한자 널 판(板) [木部 4획] ¶판각(板刻)/판본(板本)

널[2] 준 '너를'의 준말.

널:-감 [-깜] 명 ①관을 만드는 데 쓸 재목. 관재(棺材). ②죽을 때가 가까운 늙은이를 놀리어 이르는 말.

널감을 장만한다 관용 ①아주 거기에서 끝장을 본다는 말. ②걸핏하면 떼를 쓰려고 한다는 말.

널:-길 [-낄] 명 고분의 입구에서 시체를 안치한 방까지 이르는 길. 연도(羨道)

널:다[1] (널고·너니) 타 말리거나 바래거나 바람을 쐬게 하려고 펼쳐 놓다. ¶빨래를 -./이불을 볕에 -.

널:다[2] (널고·너니) 타 쥐나 개 따위가 쏠거나 물어뜯어 부스러기를 늘어놓다. ¶강아지가 신발을 널어 놓았다.

널:-다리 명 널빤지를 깔아서 놓은 다리. 판교(板橋)

널:-대문 (-大門) 명 널빤지로 만든 대문.

널:-돋음 명 널뛰기를 할 때 널 중간의 아래쪽에 괴는 물건.

널따랗다 (널따랗고·널따란) 형ㅎ 꽤 넓다. ¶널따란 들판. ☞좁다랗다

널:-뛰기 명 널의 중간을 괴고, 양쪽 끝에 한 사람씩 올라가서 번갈아 높이 뛰는 놀이.

널:-뛰다 자 널뛰기를 하다.

널름 부 ①혀를 길게 내밀었다가 날쌔게 들이는 모양을 나타내는 말. ¶혀를 - 하면서 약을 올리다. ②무엇을 날쌔게 받아먹거나 집어 가지는 모양을 나타내는 말. ¶주기가 무섭게 - 받아 입에 넣다./밤 한 줌을 - 집다. ☞날름. 늘름

널름-거리다(대다) 자타 혀를 길게 내밀었다 날쌔게 들였다 하다. ☞날름거리다. 늘름거리다

널름-널름 부 널름거리는 모양을 나타내는 말. ☞날름날름. 늘름늘름

널리 부 ①너르게. 범위가 넓게. ¶ - 퍼지다./- 알리다. ②너그럽게 ¶ - 이해하다.

한자 널리 보(普) [日部 8획] ¶보급(普及)/보편(普遍)

널리다[1] 자 ①펼쳐 놓아지다. ¶빨랫줄에 널린 빨래. ②여기저기 흩어져 있다. ¶온 방에 널려 있는 장난감을 치우다.

널리다[2] 타 너르게 하다. ¶판매망을 -./마당을 -.

널:-마루 명 널빤지로 놓은 마루. ☞토마루

널:-문 (-門) 명 널빤지로 만든 문. 판자문(板子門)

널:-반자 명 널조각만 대고 종이를 바르지 않은 반자. 목반자

널:-밥 [-빱] 명 널뛰기를 할 때, 몸무게에 따라 널돋음에서 양쪽으로 각기 차지하는 널의 길이. ¶몸이 가벼운 사람 쪽에 -을 더 많이 주어야 한다.

널:-방 (-房) [-빵] 명 무덤 안의 주검이 안치된 방. 묘실(墓室) ☞현실(玄室)

널:-방석 (-*方席) [-빵-] 명 곡식의 낟알을 널어 말리는 데 쓰는, 짚으로 결은 큰 방석.

널브러-뜨리다(트리다) 타 널브러지게 하다.

널브러-지다 자 너저분하게 널려 있거나 흩어지다. ¶여기저기 널브러져 있는 연장을 챙기다.

널:-빈지 명 널빤지로 한 짝씩 끼웠다 떼었다 하게 만들어진 문. 가게의 덧문으로 흔히 씀. 준빈지

널:-빤지 명 통나무를 쓰임새에 따라 켠 널조각. 널판자. 판자 준널[1]

널:-조각 [-쪼-] 명 널빤지 조각. 널쪽

널:-쪽 명 널조각

널찍-널찍 부-하다형 여럿이 다 널찍한 모양을 나타내는 말. ¶방들이 다 -하다./자리가 넓으니 - 앉아라.

널찍-하다 형여 꽤 너르다. ¶마당이 -.

널찍-이 부 널찍하게 ¶ - 자리잡다.

널:-판때기 명 넓고 두껍고 기다란 널조각.

널:-판자 (-板子) 명 널빤지

널:-판장 (-板墻) 명 널빤지로 둘러친 울타리. 목판장(木板墻) 준판장

×널-판지 명 → 널빤지

널:-평상 (-平床) 명 널빤지로 만든 평상(平床).

넓다 [널따] 형 ①면적이 크다. 넓이가 크다. ¶마당이 -./넓은 들. ②너비가 크다. ¶강이 -./넓은 다리. ③마음이 너그럽다. ¶도량이 -. ④내용의 범위가 크거나 미치는 범위가 크다. ¶넓은 의미./넓은 지식. ⑤사귐이 많다. ¶발이 -. ☞좁다

한자 넓을 광(廣)〔广部 12획〕¶광대(廣大)/광범(廣範)/광역(廣域)/광장(廣場)/광활(廣闊) ▷ 속자는 広
넓을 박(博)〔十部 10획〕¶박식(博識)/박학(博學)
넓을 홍(弘)〔弓部 2획〕¶홍대(弘大)/홍보(弘報)/홍의(弘毅)/홍익인간(弘益人間)

넓-다듬이[넙-] 명 -하다 타 다듬잇돌 위에 넓적하게 개켜 놓고 하는 다듬이. ¶이불 호청을 풀을 먹여 -하다. ☞홍두깨다듬이

×**넓다랗다** 형ㅎ →널따랗다

넓-둥글다[넙-](-둥글고·-둥그니) 형 넓죽하고 둥글다. ¶보름달같이 넓둥근 얼굴.

넓디-넓다[널띠널따] 형 더할 수 없이 매우 넓다. ¶넓디넓은 바다.

넓삐죽-하다[넙-] 형여 넓고 삐죽하다.

넓-살문(-門)[넙-] 명 거친 널빤지로 살을 댄 문.

넓어-지다 자 넓게 되다. ¶식견이 -.

넓은-다대 명 걸랑에 붙은 쇠고기.〔주로 편육에 쓰임.〕

넓은잎-나무[-넙-] 명 잎이 넓은 나무를 통틀어 이르는 말. 떡갈나무·오동나무 따위. 활엽수(闊葉樹) ☞바늘잎나무

넓이 명 일정한 평면의 크기. 광(廣). 면적(面積)

×**넓이-뛰기** 명 →멀리뛰기

넓적-넓적[넙-넙-] 부 -하다 형 여럿이 다 넓적한 모양을 나타내는 말. ¶무를 -하게 자르다. ☞납작납작²

넓적-다리[넙-] 명 오금 위쪽의 다리. 대퇴(大腿)

넓적다리-마디[넙-] 명 곤충의 관절지(關節肢)의 셋째 마디. 가장 크고 긴 다리 마디임. 퇴절 ☞종아리마디

넓적다리-뼈[넙-] 명 넓적다리의 뼈. 대퇴골(大腿骨)

넓적-부리[넙-] 명 오릿과의 겨울 철새. 몸길이는 50cm 안팎. 부리는 주걱 모양이고, 몸빛은 수컷과 암컷이 다름. 우리 나라 중부 이남에 찾아와서 간척지나 논 등의 물가나 습지에 무리를 지어 지냄. 낮에는 습지 등에서 쉬고 밤에 먹이를 찾아 활동함.

넓적-뼈[넙-] 명 넓적다리뼈나 죽지뼈와 같이 넓적하게 생긴 뼈.

넓적스레-하다[넙-] 형여 넓적스름하다

넓적스름-하다 [넙-] 형여 조금 넓적한듯 하다. 넓적스레하다 ☞납작스름하다

넓적-이¹[넙-] 명 얼굴이나 머리가 넓적하게 생긴 사람을 이르는 말. ☞납작이¹. 넓죽이¹

넓적-하다[넙-] 형여 얄팍하면서 좀 넓다. ☞납작하다. 넓죽하다
넓적-이² 부 넓적하게 ☞납작이². 넓죽이²

넓죽-넓죽[넙-넙-] 부 -하다 형 여럿이 다 넓죽한 모양을 나타내는 말. ☞납죽납죽². 넓적넓적

넓죽-이¹[넙-] 명 얼굴이나 머리가 넓죽하게 생긴 사람을 이르는 말. ☞납죽이¹. 넓적이¹

넓죽-하다[넙-] 형여 길쭉하게 넓다. ☞납죽하다
넓죽-이² 부 넓죽하게 ☞납죽이². 넓적이²

×**넓직-하다** 형여 →널찍하다

넓히다 타 넓게 하다. ¶집을 -./식견을 -. ☞좁히다

한자 넓힐 장(張)〔弓部 8획〕¶신장(伸張)
넓힐 척(拓)〔手部 5획〕¶간척(干拓)/개척(開拓)
넓힐 확(擴)〔手部 15획〕¶확장(擴張)/확충(擴充)

넘겨다-보다 타 넘어다보다

넘겨-받다 타 물건이나 책임 따위를 남으로부터 받아 맡다. ¶선배의 업무를 -.

넘겨-쓰다 타 남의 허물이나 책임 등을 자기가 뒤집어쓰다. ¶사고의 책임을 -./허물을 -.

넘겨-씌우다 타 제 허물이나 책임 등을 남에게 뒤집어씌우다. ¶자기의 허물을 남에게 -.

넘겨-잡다 타 어림대고 앞질러서 짐작하다. ¶밀가루 값이 오를 거라고 넘겨잡고 많이 사 두다.

넘겨-주다 타 물건이나 책임 따위를 다른 사람에게 내어주다. ¶아름다운 강산을 후손에게 -.

넘겨-짚다[-집-] 타 ①남의 생각 따위를 지레짐작하다. ¶남의 마음을 -. ②남의 마음을 떠보려고 짐작으로 말하다. ¶속마음을 떠보려고 슬쩍 넘겨짚어 보다.

넘:고-처:지다 자 이 표준에는 지나치고 저 표준에는 못 미치다. ¶사람의 능력은 누구나 넘고처지는 면이 있다.

넘기다 타 ①솟아 있는 테두리 밖으로 벗어나게 하다. ¶밥물을 -. ②어떤 물체의 위를 지나게 하다. ¶공을 네트 너머로 넘기지 못하다. ③때를 지나가게 하다, 또는 지내 보내다. ¶기한을 -./서른을 -./겨울을 따뜻하게 -. ④고비 따위를 겪어 지나가게 하다. ¶죽을 고비를 -. ⑤종이 따위의 너비가 있는 것을 뒤집히게 젖히다. ¶책장을 -. ⑥권리나 책임 따위를 남에게 내어 주다. ¶집을 남의 손에 넘기게 되다. ⑦처리할 문제를 해당 부서에 맡기다. ¶사건을 검찰에 -. ⑧넘어뜨리다. 쓰러뜨리다 ¶나무를 베어 -./상대편을 들배지기로 -. ⑨음식 따위가 목구멍을 지나가게 하다. ¶물 한 모금 넘기기도 힘들다.

넘:-나다 자 분수에 넘치는 짓을 하다. ¶학생의 신분에 넘나는 행동을 하다.

넘:나-들다(-들고·-드니) 자타 ①어떤 한계나 경계를 넘어갔다 넘어왔다 하다. ¶국경을 -. ②서로 이리저리 들락날락하다. ¶옆집과 서로 넘나들며 지내다.

넘-나물 명 원추리의 잎과 꽃으로 무쳐 먹는 나물.

넘:-내리다 자 넘으며 내리며 하다. ¶거친 파도를 넘내리는 갈매기들.

넘:-노닐다 자 넘나들며 노닐다. ¶나비들이 들에서 밭으로 넘노닐고 있다.

넘:-놀다 자 ①넘나들며 놀다. ②새나 나비 따위가 오르락내리락하며 날다.

넘늘-거리다(대다) 자 길게 휘늘어져 자꾸 흔들리다.

넘늘-넘늘 부 넘늘거리는 모양을 나타내는 말. ¶수양버들이 - 흔들리다.

넘:늘다 자 점잔을 지키면서도 말과 행동을 흥취 있고 멋지게 하다.

넘:늘어-지다 자 아래로 길게 휘늘어지다. ¶넘늘어진 수양버들 가지.

넘:다[-따] 자타 ①물 따위가 가득 차서 테두리를 벗어나다. ¶강물이 -. ②어떤 기준을 벗어나다. ¶한 말이 -./서른이 -./사상자가 열 명이 -. ③때가 지나다. ¶약속 시간이 -. ④칼날 따위를 지나치게 갈아 날이 한쪽으로 쏠리게 되다. ¶날이 넘었다. ⑤낮은 곳에서 높은 곳을 거쳐 다른 낮은 곳으로 가다. ¶고개를 -./산을 넘고 강을 건너다. ⑥어떤 물체의 위를 지나다. ¶담을 -./사람을 넘어 다니지 마라. ⑦어떤 경계선을 거쳐 지나다. ¶국경을 -. ⑧고비를 벗어나다. ¶죽을 고비를 -.

한자 넘을 월(越)〔走部 5획〕¶월경(越境)/월남(越南)/월장(越牆)/초월(超越)

▶ '넘어'와 '너머'의 뜻 구별
○ 넘어 ― 타동사 '넘다'의 부사형이다. '이쪽에서 저쪽으로 물체 위를 지나다'의 뜻.
¶대관령을 넘어 강릉으로 가다.
○ 너머 ― '산·고개·담·등 높은 것의 저쪽'을 뜻하는 명사이다.
¶추풍령 고개 너머에 있는 마을.

넘버링(numbering) 명 '넘버링머신'의 준말.

넘버링머신(numbering machine) 명 숫자를 찍을 때마다 자동으로 번호가 차례대로 바뀌는 사무용 기구. 번호기(番號器) 준 넘버링

넘버원(number one) 명 ①첫째. 제일 ②제일인자(第一人者) ¶산수화는 그가 -이지.

넘:-보다 타 ①남을 얕잡아 낮추보다. ¶키가 작다고 넘보다 큰코다친다. ②'넘어다보다'의 준말.

넘성-거리다(대다) 타 ①기웃기웃 자꾸 넘어다보다. ②남의 것을 탐내어 자꾸 넘보다. ☞남상거리다

넘성-넘성 부 넘성거리는 모양을 나타내는 말.
넘실-거리다(대다) 자타 ①물결이 큰 굽이로 일렁이다. ¶넘실거리는 파도. ②물 위에 떠 있는 것이 크게 너울거리다. ③살그머니 넘성거리다. ☞남실거리다
넘실-넘실[1] 부 넘실거리는 모양을 나타내는 말. ☞남실남실[1]
넘실-넘실[2] 부 -하다 형 그릇에 액체가 그득 차서 넘칠듯 말듯 한 모양을 나타내는 말. ☞남실남실[2]
넘어-가다 자타 ①서 있던 것이 쓰러지다. ¶거센 바람에 나무가 —. ②때나 시기가 지나가다. ¶점심 시간이 —. ③해나 달이 지다. ¶서산으로 해가 —. ④속임수에 빠지다. ¶그 사람의 말에 감쪽같이 넘어갔다. ⑤권리나 책임 따위가 옮겨 가다. ¶채권자에게 집이 —. ⑥다음 차례나 다음 경우로 옮아가다. ¶쉬운 대목은 넘어가며 책을 보다. ⑦음식물이 목구멍을 지나다. ¶죽도 넘어가지 아니하다. ⑧종이 따위의 나비가 있는 것이 뒤집혀 젖혀지다. ¶바람에 책장이 —. ⑨무엇을 넘어 저쪽으로 가다. ¶고개를 —./울타리를 —./국경을 —. ⑩고비 따위를 넘기고 지나가다. ¶합심해서 어려운 고비를 넘어가자.
넘어다-보다 타 ①고개를 들어 가리운 물건의 위로 건너 쪽을 보다. ¶담 너머로 옆집을 —. ②남의 재물을 탐내어 마음을 기울이다. 넘겨다보다 ¶남의 재물을 —. 준 넘보다
넘어-뜨리다(트리다) 타 ①바로 선 것을 넘어지게 하다. ¶상대 선수를 태클로 —./나무를 —. ②남의 권세나 지위를 꺾다. ¶정권을 —.
넘어-박히다 자 되게 넘어져 바닥에 부딪히거나 속에 박히다. ¶달리던 말이 갑자기 모래밭에 —.
넘어-서다 타 ①어떤 물체나 공간을 넘어서 지나다. ¶언덕을 —./국경을 —. ②어떤 고비를 지나다. ¶사선(死線)을 —./위험한 고비를 —.
넘어-오다 자타 ①선 것이 기울어져 이쪽으로 오다. ¶나뭇더미가 —. ②먹은 것이 입으로 도로 나오다. ¶먹은 것이 —. ③책임이나 권리가 제 것이 되다. ¶건물의 소유권이 —./부대 통솔권이 —. ④저쪽에서 이쪽으로 넘어서 오다. ¶산을 —.
넘어-지다 자 ①한쪽으로 쓰러지다. ¶발이 걸려 —. ②망하다. 도산(倒產)하다 ¶회사가 —.

한자 **넘어질 도**(倒) 〔人部 8획〕 ¶경도(傾倒)/도괴(倒壞)

넘쳐-흐르다(—흐르고·—흘러) 자르 ①액체가 가득 차서 밖으로 흘러내리다. ②어떤 느낌이나 힘이 가득 차서 넘치다. ¶매력이 —./활력이 —.
넘:치다 자 ①가득 차서 밖으로 세게 흘러 나오다. ¶개울이 —. ②어떤 기준에 넘어서다. ¶분수에 —./능력에 넘치는 일이다. ③감정 따위가 세게 일어나다. ¶활기가 —./사랑이 —.

한자 **넘칠 람**(濫) 〔水部 14획〕 ¶범람(氾濫)
넘칠 범(氾) 〔水部 2획〕 ¶범일(氾溢)

넙데데-하다 형여 '너부데데하다'의 준말. ☞납데대하다
넙적 부 ①무엇을 받아먹거나 할 때 입을 닁큼 벌렸다가 다무는 모양을 나타내는 말. ¶떡을 — 받아먹는다. ②배를 바닥에 붙이고 닁큼 엎드리는 모양을 나타내는 말. ¶— 엎드려 절을 하다. ☞납작. 넙죽
넙적-거리다(대다) 자타 ①무엇을 받아먹거나 할 때 입을 닁큼 벌렸다 다물었다 하다. ②배를 바닥에 붙이고 닁큼닁큼 엎드리다. ☞납작거리다. 넙죽거리다
넙적-넙적 부 넙적거리는 모양을 나타내는 말. ☞납작납작[1]. 넙죽넙죽
× **넙적-하다** 형여 →넓적하다
넙죽 부 ①무엇을 받아먹거나 할 때 입을 너부죽이 벌렸다가 닁큼 다무는 모양을 나타내는 말. ¶개가 고기를 — 받아먹다. ②닁큼 너부죽이 엎드리는 모양을 나타내는 말. ¶— 큰절을 하다. ③망설임이 없이 선뜻 행동하는 모양을 나타내는 말. ¶주는 것을 — 받다. ☞납죽
넙죽-거리다(대다) 자타 ①무엇을 받아먹거나 할 때 입을 너부죽이 벌렸다 닁큼 다물었다 하다. ②닁큼닁큼 너부죽이 엎드리다. ☞납죽거리다. 넙적거리다
넙죽-넙죽 부 넙죽거리는 모양을 나타내는 말. ☞납죽납죽[1]. 넙적넙적
넙치 명 ①넙칫과에 딸린 별넙치·점넙치 따위와 둥글넙칫과에 딸린 별목탁가자미·고베둥글넙치·흰비늘가자미 따위를 통틀어 이르는 말. ②넙칫과의 바닷물고기. 몸길이 1m 안팎으로, 길둥글며 넓적함. 몸빛은 왼쪽은 암갈색 바탕에 흰 반점과 검은 반점이 있고 오른쪽은 유백색임. 두 눈이 다 머리의 왼쪽에 쏠려 있음. 광어(廣魚). 비목어(比目魚)
속담 **넙치가 되도록 맞았다** : 몸이 납작해질 정도로 몹시 두들겨 맞았다는 말. 〔누린내가 나도록 때린다/등줄기에서 노린내가 나게 두들긴다/설달 그믐날 흰떡 맞듯〕/**넙치 눈은 작아도 먹을 것은 잘 본다** : ①눈이 작은 사람이 잘 찾아 먹을 때 놀리어 이르는 말. ②생긴 모양은 우습고 못났더라도 제 구실만 하면 된다는 말. 〔메기가 눈은 작아도 저 먹을 것은 알아본다〕
넙치-눈이 명 ①넙치의 눈처럼 두 눈동자를 한 군데로 잘 모으는 사람을 비유하여 이르는 말. ②눈을 잘 흘기는 사람을 놀리어 이르는 말. 광어눈이
넙치-회(—膾) 명 광어회(廣魚膾)
넝마 명 해어져 입지 못하게 된 옷가지나 천. ☞마병
넝마-전(—廛) 명 넝마를 파는 가게.
넝마-주이 명 넝마나 헌 종이 따위를 주워 모으는 사람, 또는 그러한 일.
넝쿨 명 덩굴
넣:다 타 ①밖에서 안으로 들여보내다. ¶동전을 저금통에 —./우유를 냉장고에 —. ②돈을 납부하거나 은행에 입금하다. ¶주택 적금을 —./대금(代金)을 은행에 —. ③수용(收容)하다 ¶감방에 죄수를 열 명씩 —. ④어떤 범위 안에 들어 있게 하다. 포함하다 ¶교통비도 계산에 —./연주 곡목에 —./재료비도 넣어서 계산해라. ⑤다른 것에 섞거나 타다. ¶커피에 설탕을 —. ⑥끼우다. 사이에 두다. ¶만 원짜리를 책갈피에 —. ⑦단체나 학교 따위에 들게 하다. ¶학교에 —. ⑧힘을 들이거나 주다. ¶압력을 —. ⑨전기 회로를 잇다. ¶스위치를 —. ⑩글이나 말, 선율 따위를 새기거나 적어 넣다. ¶자막을 —./배경 음악을 —.
네[1] 대 이인칭 대명사 '너'의 변한말. 주격 조사 '가' 앞에 쓰임. ¶—가 잘못했다./—가 하겠다고?
네:[2] 관 넷의. ¶— 사람./— 가지./— 조각. ☞사(四). 수관형사
네[3] 감 ①깍듯이 대답하는 말. ¶—, 그렇게 하겠습니다. ②손윗사람의 말에 대해서 자기도 그렇게 여긴다는 뜻을 나타내는 말. ¶—, 그렇습니다. ③손윗사람에게 재우쳐 되묻는 말. ¶—, 무슨 말씀이신지요?

▶ **대답의 말인 '네'와 예'**
대답하거나 긍정의 표시로 쓰는 말인 '네'와 '예'는 비슷한 발음으로 두 가지 말이 다 널리 쓰이는 경우로서 모두 표준어로 삼은 말이다.

네[4] 준 '너의'의 준말. ¶— 것과 내 것을 구별하자.
속담 **네 각담 아니면 내 쇠뿔 부러지랴** : 다른 사람 때문에 공연히 제가 손해 보았다고 항의조로 하는 말. 〔네 쇠뿔이 아니면 내 담이 무너지랴〕/**네 다리 빼라 내 다리 박자** : 사람의 출입이 잦은 곳에 한 사람이 왔다 나가면 곧 다른 사람이 들어온다 함이니, 불필요한 사람이 자주 출입하는 경우를 이르는 말./**네 떡 내 먹었더냐** : 제가 일을 저질러 놓고 모른체 하고 있음을 이르는 말./**네 떡이 한 개면 내 떡이 한 개라** : 오는 것이 있어야 그만큼 가는 것이 있다는 말. 〔오는 떡이 두터워야 가는 떡이 두텁다〕/**네 콩이 크니 내 콩이 크니 한다** : 서로 비슷한 것을 가지고 제 것이 낫다고 다투는 경우를 이르는 말. 〔콩이야 팥이야 한다/콩 심어라 팥 심어라 한다〕
-네 접미 ①'사람의 한 무리'의 뜻을 나타냄. ¶동갑네/우

리네 ②'집안'·'가족'의 뜻을 나타냄. ¶아저씨네/아주머니네

-네 어미 ①어간에 붙어, '하게' 할 자리에 쓰이는 사실 표현의 종결 어미. ¶봄이 오네./꽃이 붉네. ②'이다'의 '이-'에 붙어 '하게' 할 자리에 쓰이는 사실 표현의 종결 어미. ¶그이가 진정한 애국자이네.

네:-가래 명 네가랫과의 여러해살이 수초(水草). 줄기는 옆으로 벋어 나가며 마디마다 수염뿌리와 잎이 나옴. 잎자루는 7~20cm이고, 그 끝에 부채꼴의 작은 잎이 네 개씩 달림. 8~10월에 잎겨드랑이에 생긴 낭과(囊果) 속에 포자가 형성됨. 주로 우리 나라의 중부 이남의 늪이나 논에 자람.

네:-거리 명 한곳에서 길이 네 방향으로 갈라져 나간 곳, 또는 그러한 거리. 사거리. 십자로 ☞세거리

네거티브(negative) 명 ①부정적인 것. 소극적인 것. ②음화(陰畫)로 된 사진, 또는 그 필름. ③전기의 음극(陰極). ☞포지티브(positive)

네:-겁(-劫) 명 불교에서, 세계의 성립으로부터 파멸에 이르는 네 시기, 곧 세계가 성립하는 기간인 성겁(成劫), 세계가 이어지는 기간인 주겁(住劫), 세계가 멸망에 이르는 기간인 괴겁(壞劫), 다음 세계가 성립하기까지의 아무 것도 없는 기간인 공겁(空劫)을 이르는 말. 사겁(四劫)

네글리제(négligé 프) 명 품이 넉넉한 원피스 모양으로 만든, 여성용의 실내복이나 잠옷.

네:기 감 불만이 있을 때 욕지거리로 하는 소리. 네길. 네길할 ¶-, 벼락맞을 놈.

네:기둥-안 명 궁(宮)이나 귀족의 집안을 이르는 말.

네:길 감 네기

네:길할 감 네기

네-까짓 관 '너처럼 하찮은것없는'의 뜻으로, 남을 깔보아 말할 때에 쓰는 말. ¶- 것이 뭘 안다고. 준네깟

네-깟 관 '네까짓'의 준말. ¶- 것이 뭘 알아.

네:눈-박이 명 두 눈 위에 흰 점이 있어 눈이 네 개처럼 보이는 개. 준네눈이

네:눈-이 명 '네눈박이'의 준말.

네:-다리 명 '팔다리'를 속되게 이르는 말. 네발 ¶-를 뻗고 자다.

네-다섯 수 ①넷이나 다섯. ②〔관형사처럼 쓰임〕 ¶- 사람의 장정. ☞네댓. 대여섯

네-댓 수 ①넷이나 다섯 가량. ¶일손 -이 필요하다. ②〔관형사처럼 쓰임〕 ¶- 사람. ☞네다섯. 너덧

네댓-새[-댇-] 명 나흘이나 닷새 가량. 나달

네댓-째[-댇-] 수 넷째 또는 다섯째. ¶석차가 학급에서 -는 될 거야.

네:동가리 명 실꼬리돔과의 바닷물고기. 몸길이 30cm 안팎으로, 옆으로 조금 납작하고 타원형임. 몸빛은 연한 홍색에 진한 홍색 띠가 있으며 지느러미는 황색임. 입은 작고 양 턱에 이빨이 있음. 얕은 바다와 연안의 암초 부근에 삶.

네뚜리[1] 명 사람이나 물건을 대수롭지 않게 여기는 일. ¶남의 말을 -로 여기다.

네-뚜리[2] 명 새우젓 한 독을 넷으로 가르는 일, 또는 넷으로 가른 그 한 몫.

네:-모 명 물체의 둘레에 이루어진 네 개의 모, 또는 그렇게 모가 난 형상. 사각(四角)

네:모-꼴 명 사각형(四角形)

네:모-나다 형 모양이 네모로 되어 있다. 네모지다 ¶네모난 땅.

네:모-반듯하다[-듣-] 형여 네모지고 반듯하다. ¶네모반듯한 집터.

네:모-뿔 명 사각뿔

네:모-송:곳 명 날 끝이 사각뿔이며, 둘레가 네모진 송곳.

네:모-지다 형 모양이 네모로 되어 있다. 네모나다 ¶네모진 탁자./판자를 네모지게 자르다.

네-무날 명 조수의 간만의 차가 같은 무날을 셀 때, 음력 열사흘과 스무여드레를 아울러 이르는 말. 서무날과 다섯무날의 사이. ☞무날

네:미 감 ①송아지를 부르는 말. ②'너의 어미'의 줄어든 말로, 맞대하여 욕으로 쓰는 상스러운 말.

네:-발 명 ①짐승의 네 개의 발. ②네다리

네발을 타다 관용 네발타다

네:발-걸음 명 두 손을 바닥에 짚고 엎드리어 기는 일. ¶-으로 기어 나가다.

네:발-짐승 명 네발을 가진 짐승을 통틀어 이르는 말. 소·말·돼지·개 따위.

네:발-타다 자 네발을 가진 짐승의 고기를 먹으면 살갗에 두드러기가 돋다.

네:밭-고누[-받-] 명 말밭이 넷으로 된 고누 놀이의 한 가지. ☞우물고누. 호박고누

네:벌-상투 명 고를 네 번 넘겨서 짜는 상투.

네슬러=시:약(Nessler試藥) 명 요오드화수은과 요오드화칼륨의 화합물을 수산화칼륨 용액에 녹인 분석 시약의 한 가지. 암모니아나 암모늄 이온을 검출하는 데 쓰이며, 황색의 투명한 액체임.

네안데르탈-인(Neanderthal人) 명 구인(舊人)에 딸린 화석 인류. 1856년 독일의 네안데르탈의 동굴에서 처음으로 발견된 뒤 유럽 각처, 아프리카, 서아시아에서도 발견됨.

네오디뮴(neodymium) 명 란탄족 원소의 하나. 은백색의 금속으로 늘어나는 성질이 있고 뜨거운 물과 반응하여 수소를 방출함.〔원소 기호 Nd/원자 번호 60/원자량 144.24〕

네오로맨티시즘(neo-romanticism) 명 신낭만주의

네오블루:칼라(neo-blue collar) 명 정보화 사회에서, 개성을 추구하며 새로운 감성의 미학을 표현하는 세대를 이르는 말. 주로 영화나 텔레비전 광고업계에서 일함.

네오이데알리즘(neo-idealism) 명 신이상주의

네오클래시시즘(neo-classicism) 명 신고전주의

네온(neon) 명 ①희가스류 원소의 하나. 대기 속에 매우 적은 양이 존재하는 무색·무미·무취의 기체 원소임.〔원소 기호 Ne/원자 번호 10/원자량 20.18〕 ②'네온사인'의 준말.

네온-관(neon管) 명 네온·아르곤·헬륨·수은 따위의 희가스를 봉입하여 방전시키는 진공 유리관. 네온관등

네온관-등(neon管燈) 명 네온관

네온사인(neon sign) 명 네온관을 이용하여 글자나 무늬 등을 나타내는 장치. 네온의 적색, 아르곤의 자주색, 헬륨의 백색, 수은의 청색 따위 색의 변화를 이용하여 광고나 장식에 씀. 준네온

네온-전:구(neon電球) 명 네온 또는 네온과 헬륨의 혼합 기체를 봉입한 엷은 빛의 방전(放電) 전구. 주황색 또는 적색의 빛을 발함. 표시등이나 야간등 따위에 쓰임.

네이블(navel) 명 '네이블오렌지'의 준말.

네이블오렌지(navel orange) 명 오렌지의 한 품종. 열매는 둥글고 윗부분에 배꼽 모양의 돌기가 있으며, 즙과 단맛이 많고 향기도 좋음. 브라질 원산임. 양귤(洋橘) 준네이블(navel)

네이팜-탄(napalm彈) 명 유지 소이탄(油脂燒夷彈)의 한 가지. 알루미늄·비누·팜유(油)·휘발유 등을 섞어서 만든 젤리 모양의 고성능 폭탄. 강력한 파괴력과 연소력을 가지고 있음.

네임플레이트(name plate) 명 ①문패. 명패 ②제작 회사명, 제조 연월일, 기종(機種) 등을 적어서 기계나 기구 등에 붙이는 패.

네:잎-꽃[-입-] 명 꽃잎이 넉 장인 꽃. 무·배추·평지 따위의 꽃. 사판화(四瓣花) ☞다섯잎꽃

×네-째 수 →넷째

네커치프(neckerchief) 명 여성이 장식용으로 목에 두르는, 네모난 얇은 천.

네크라인(neckline) 명 양복의 목 둘레의 선. 옷깃의 선.

네크리스(necklace) 명 목걸이

네트(net) 명 ①그물, 또는 그물 모양의 물건. ¶백-/헤어- ②배구·탁구·테니스 등에서, 코트의 한가운데에

가로로 치는 그물. ¶공이 -에 걸리다.
네트볼:(netball)명 테니스나 배구 등에서 서브한 공이 네트에 걸리는 일. 서브 무효가 됨.
네트워:크(network)명 ①라디오나 텔레비전의 방송망. 중계망(中繼網) ②여러 컴퓨터를 연결하여 데이터 등을 공유하면서 정보 처리의 효율을 높이는 조직망.
네트인(net+in)명 배구·탁구·테니스 등에서, 서브 이외의 공이 네트에 닿았다가 상대편 코트로 들어가는 일.
네트터치(net+touch)명 배구·탁구·테니스 등에서, 경기 중에 라켓이나 몸, 유니폼이 네트에 닿는 일. 실점(失點)을 당함.
네트플레이(net play)명 ①테니스에서, 네트에 접근하여 하는 적극적인 플레이. ②배구에서, 공이 네트에 닿게 하여 토스하거나 네트에 닿은 공을 토스하는 일.
네티즌(netizen)명 '네트워크(network)'와 '시티즌(citizen)'의 합성어로, 인터넷 등의 정보 네트워크를 자유로이 이용하는 사람을 이르는 말.
네티켓(netiquette)명 '네트워크(network)'와 '에티켓'의 합성어로, 컴퓨터 통신을 할 때 지켜야 할 예절을 이르는 말.
네프로:제(Nephrose 독)명 신장병의 한 가지. 신장의 사구체(絲球體)에 이상이 생겨 온몸이 붓고, 단백뇨 따위의 증세가 나타남. 신장증(腎臟症)
네:-활개 명 넓게 벌린 팔과 다리를 속되게 이르는 말.
네활개(를) 치다 관용 ①힘있게 팔다리를 놀리다. ¶네활개를 치며 걷는다. ②의기양양하게 돌아다니거나 행동하다.
넥타(nectar)명 과일의 살을 으깨어 만든 진한 음료.
넥타이(necktie)명 와이셔츠의 칼라 밑에 둘러 매는 가느다란 장식용 끈. 타이(tie) ☞나비넥타이
넥타이핀(necktie pin)명 넥타이가 날리지 않게 넥타이와 와이셔츠에 꽂는 장신구.
넨다-하다 타여 어린아이나 아랫사람을 사랑하여 너그럽게 대하다. ¶아이를 넨다하며 키우다.
넨:장 감 '넨장맞을', '넨장칠'의 준말. ¶-, 또 졌구나.
넨:장-맞을 감 네 난장(亂杖)을 맞을의 뜻으로, 불만스러울 때 욕으로 하는 말. 준넨장
넨:장-칠 감 네 난장(亂杖)을 칠의 뜻으로, 불만스러울 때 욕으로 하는 말. 준넨장
넵투늄(neptunium)명 악티늄족 원소의 하나. 은백색의 금속으로, 화학적 성질이 우라늄과 비슷함. 1940년 미국에서 핵실험 중에 발견함. [원소 기호 Np/원자 번호 93/원자량 237]
넵튠:(Neptune)명 ①해왕성(海王星) ②로마 신화에 나오는 해신(海神) 넵투누스의 영어 이름.
넷 수 ①수의 고유어 이름의 하나. 셋에 하나를 더한 수. ¶-이서 하는 놀이. ②물건 따위를 셀 때의 네 개. ☞너. 넉. 사(四)
넷-째[넫-] 수 셋째의 다음. ¶- 딸/- 일요일
-녀(女)《접미사처럼 쓰이어》'여자'의 뜻을 나타냄. ¶기혼녀(既婚女)/약혼녀(約婚女) ☞여(女)-
녀석 의 ①'남자'를 낮추어 이르는 말. ¶못난 -./형편없는 -. ②'어린아이'를 귀엽게 이르는 말. ¶고 - 제법이다./기특한 -.
년 명 '여자'를 욕으로 이르는 말. ¶못된 -. ☞놈
년(年)의 ①한자어 수사(數詞) 다음에 쓰이어, '해'를 세는 말. ¶삼 - 동안./사 -마다 열리는 올림픽. ②어떤 '해'의 뜻으로 쓰는 말. ¶2004-
녘 의 ①어떤 때의 무렵을 나타내는 말. ¶해질 -. ②어떤 방향이나 그 지역을 나타내는 말. ¶강 아래 -.
×**녜** 감 →네. 예
노[1] 명 실, 삼 껍질, 헝겊, 종이 등으로 가늘게 비비거나 꼰 줄. 노끈 ☞삼노. 조락노. 지노
노 드리듯 관용 노를 드리운 것처럼 빗발이 죽죽 쏟아져 내리는 것을 비유하여 이르는 말.
노[2] 명 '북쪽'의 뱃사람말.
노:[3] 부 '노상'의 준말. ¶- 앉아서 하는 일.
노(弩)명 여러 대의 화살을 잇달아 쏘게 만든 활의 한 가지. 쇠뇌
노(櫓)명 배를 젓는 긴 나무로 된 기구. 손잡이 부분은 가늘고 물 속에 잠기는 부분은 넓적함. ¶-를 젓다. ☞곁노. 노깃. 노뻔지. 노손. 놋좆
노(爐)명 ①불을 담아 주변 공기를 덥게 하는 데나 물 따위를 데우고 끓이는 데 쓰는 장치. ②광물 따위를 가열·용해하거나 화학 반응을 일으키기 위한 장치. 용광로·원자로 따위. ③보일러 따위에서, 연료를 태우는 부분.
노(露)명 '노서아(露西亞)'의 준말.
노(老)-《접두사처럼 쓰이어》'늙은'의 뜻을 나타냄. ¶노부모(老父母)/노신사(老紳士)/노학자(老學者)
노가(櫓歌)명 뱃노래
×**노가다**(∠どかた. 土方 일)명 →막일꾼
노가리[1] 명 명태의 새끼를 말린 것.
노가리[2] 명-하다 타 씨를 흩어 뿌리는 일. 산파(散播). 흩어뿌리기
노가주-나무 명 '노간주나무'의 딴이름.
노:각(老-)명 늙어서 빛이 누렇게 된 오이.
노:각-나물(老-)명 나물의 한 가지. 늙은 오이의 껍질과 속을 없애고 살을 채쳐서 소금에 절였다가 기름에 볶아 양념하여 무친 나물.
노:각-생채(老-生菜)명 생채의 한 가지. 늙은 오이의 껍질과 속을 없애고 살을 채쳐서 소금에 절였다가 꼭 짜서 초고추장 양념으로 무친 생채.
노간주-나무 명 측백나뭇과의 상록 침엽 교목. 높이 10~15m로, 잎은 바늘 모양이고 5월경에 푸른빛을 띤 갈색의 꽃이 피며, 둥근 열매는 가을에 짙은 자주색으로 익음. 나무는 정원수, 목재는 조각재로 쓰임. 한방에서, 말린 열매를 '두송실(杜松實)'이라 하여 약재로 쓰임. 노가주나무. 두송(杜松)
노감-석(爐甘石)명 황화아연광과 동광(銅鑛)에서 나는 철·칼슘·마그네슘과 카드뮴이 섞인 광석. 한방에서, 안약 재료로 쓰임. 노선생(爐先生)
노-감투 명 노끈으로 엮어 만든 감투.
노:갑이을(怒甲移乙)[-니-] 성구 어떤 사람에게서 당한 노여움을 애꿎게 다른 사람에게 화풀이함을 이르는 말.
노:-강즙(露薑汁)명 한방에서, 밤이슬을 맞힌 생강즙을 약재로 이르는 말. 학질과 한열(寒熱) 등에 쓰임.
노:객(老客)명 ①나이가 많은 손님. ②나이가 많은 사람을 얕잡아 이르는 말.
노:걸대(老乞大)명 조선 시대, 역관(譯官)들의 중국어 학습용과 역과(譯科) 시험용으로 사역원(司譯院)에서 펴낸 중국어 학습서.
노:걸대언:해(老乞大諺解)명 조선 현종 때 '노걸대(老乞大)'를 한글로 번역한 책. 중국을 왕래하는 사절이나 상인의 교역(交易)에 필요한 중국어 회화(會話) 책임. 2권 2책의 활자본.
노:게임(no+game)명 야구 경기에서, 5회 말이 되기 전에 비가 내리거나 하여 경기를 계속할 수 없게 되어 경기가 무효로 되는 일, 또는 그 경기.
노견(路肩)명 포장 도로의 구조에서, 차도(車道)에 이어져 있는 가장자리의 비스듬한 노면(路面). 일정한 폭으로 설계된 것으로 차도에는 포함되지 않음. 길어깨 ¶고장난 차를 -에 세워 두다.
노:경(老境)명 늙바탕 ¶-에 들면서 삶의 여유가 생겼다.
노계가(蘆溪歌)명 노계 박인로(朴仁老)가 지은 가사. 조선 인조 14년(1636)에 은거하던 경상 북도 영천 임고면(臨皐面) 노계(蘆溪)의 절경(絕景)과 자신의 일상을 그린 작품임. ☞노계집(蘆溪集)
노계집(蘆溪集)명 노계 박인로(朴仁老)의 시문집(詩文集). '태평사(太平詞)'·'독락당(獨樂堂)'·'영남가(嶺南歌)'·'사제곡(莎堤曲)'·'누항사(陋巷詞)'·'노계가(蘆溪歌)'·'선상탄(船上嘆)' 등 가사 일곱 편과 단가(短歌) 60여 수가 실려 있음. 3권 2책의 목판본.
노:고(老姑)명 할미
노:고(老苦)명 불교에서 이르는 사고(四苦) 또는 팔고(八

苦)의 하나. 늙어지면서 겪게 되는 고통.
노고(勞苦)명 수고스럽게 애쓰는 일. ¶ －에 보답하다.
노:고(路鼓)명 국악기 혁부(革部) 타악기의 한 가지. 붉은 칠을 한, 몸통이 긴 북 두 개를 엇걸리게 포개어 틀에 건 것. 제례악(祭禮樂)에서 박자를 맞추는 데 쓰임.
노:고-초(老姑草)명 '할미꽃'의 딴이름.
노곤(勞困)어기 '노곤(勞困)하다'의 어기(語基).
노곤-하다(勞困－)형여 지쳐서 힘이 없고 나른하다.
노곤-히부 노곤하게
노:골(老骨)명 늙고 쇠약해진 몸. 노구(老軀)
노:골(露骨)명 생각이나 감정 따위를 숨김없이 그대로 드러내는 일.
×**노골노골**부 →노글노글
노:골-적(露骨的)[－쩍]명 감정 따위를 숨김없이 그대로 드러내는 것. ¶ －인 불만의 표시.
노:골-화(露骨化)명-하다자타 노골적으로 드러내거나 드러나게 함. ¶ 갈등이 －하다.
노:광(老狂)명-하다자 늙은 나이에 상식에 벗어나는 짓을 함, 또는 그러한 행위.
노광(露光)명 노출(露出)
노구명 '노구솥'의 준말.
노:구(老嫗)명 할멈 ☞노옹(老翁)
노:구(老軀)명 늙은 몸. 노신(老身). 노골(老骨). 노체(老體)
노구(爐口)명 돌과 흙으로 쌓은 부뚜막의 아궁이.
노구-거리명 쇠뿔의 한 가지. 둘이 다 안쪽으로 꼬부라졌으나 하나는 높고 다른 하나는 낮음.
노구-메명 민속에서, 산천의 신령에게 치성을 드릴 때 쓰는, 노구솥에 지은 메밥.
노구메-정성(－精誠)명 노구메를 놓고 산천의 신령에게 치성을 드리는 정성.
노구-솥명 놋쇠나 구리로 만든 작은 솥. 준노구
노:구-쟁이(老嫗－)명 뚜쟁이 노릇을 하는 노파.
노:국(老菊)명 핀 지 오래되어 시들어 가는 국화.
노:국(露國)명 지난날, '러시아'를 이르던 한자 말.
노:굴(露掘)명 '노천 채굴(露天採掘)'의 준말.
노굿명 콩이나 팥 따위의 꽃.
노굿(이) 일다관용 콩이나 팥 따위의 꽃이 피다.
노:권-상(勞倦傷)명 한방에서, 맥이 풀리고 말과 몸놀림이 느려지면서 속이 괴로운 병증을 이르는 말.
노:규(露葵)명 '아욱'의 딴이름.
노:균-병(露菌病)[－뼝]명 사상균(絲狀菌)의 기생으로 말미암아 식물에 생기는 병. 주로 식물의 잎에 균이 침투하여 잎이 누렇게 변하며 말라 죽음.
노그라-지다자 ①심신이 몹시 지쳐서 힘없이 늘어지다. ②어떤 일에 마음이 쏠려 정신을 못 차리다.
노그름-하다형여 좀 노글노글하다. ☞누그름하다
노그름-히부 노그름하게 ☞누그름히
노:근(露根)명 땅 위에 드러난 나무 뿌리.
노근노골(勞筋勞骨)성구 몸을 아끼지 아니하고 일에 힘씀을 이르는 말.
노글-노글부-하다형 ①물체가 녹녹하거나 연한 모양을 나타내는 말. ②됨됨이나 태도가 꿋꿋하지 아니하고 무른 모양을 나타내는 말. ¶ 마음이 － 풀리다. ☞누굴누굴
노긋-노긋[－귿－]부-하다형 ①물체가 뻣뻣하지 아니하고 좀 녹녹한 모양을 나타내는 말. ¶ 엿가락이 －하다. ②성질이나 태도가 뻣뻣하지 아니하고 좀 무른 모양을 나타내는 말. ☞누긋누긋
노긋-하다[－귿－]형여 ①물체가 뻣뻣하지 아니하고 좀 녹녹하다. ②성질이나 태도가 뻣뻣하지 아니하고 좀 무르다. ☞누긋하다
노긋-이부 노긋하게 ☞누긋이
노:기(老妓)명 늙은 기생.
노:기(老氣)명 ①노련한 기운. ②늙어도 왕성한 기백을 노송(老松)의 짙푸르고 무성함에 비유하여 이르는 말.
노:기(怒氣)명 노여운 기색. 노한 기세. 노색(怒色) ¶ － 띤 얼굴.
노:기등등(怒氣騰騰)성구 노여운 기색이 얼굴에 가득함을 이르는 말. ☞노기충천
노기스(∠Nonius 독)명 버니어캘리퍼스
노:기충천(怒氣衝天)성구 성이 잔뜩 났음을 이르는 말.
노-깃(櫓－)명 노를 저을 때 물 속에 잠기는 노의 부분.
노깨명 체에 밀가루를 뇌고 난 뒤의 찌끼.
노-끈명 노[1] ¶ 소포를 －으로 묶다.
노-나무명 '개오동나무'의 딴이름.
노:녀(老女)명 늙은 여자.
노:년(老年)명 나이가 들어 늙을 때, 또는 늙은 나이. 만년(晩年). 모년(暮年). 모치(暮齒)
노:년-기(老年期)명 ①늙어서 정신과 육체의 기능이 감퇴하는 시기. 기억력의 감퇴, 환경의 변화에 대한 적응 능력의 감퇴 등이 나타남. ☞청년기(靑年期) ②지형의 침식 윤회의 최종 시기. ¶ － 지형
노:년-학(老年學)명 노인의 병, 장수, 직업, 사회 복지 등의 문제를 종합적으로 연구하는 학문. 노인학(老人學)
노:노(老奴)명 늙은 종. 노복(老僕)
노:농(老農)명 ①농사일에 경험이 많은 농부. ②늙은 농부. 농로(農老)
노농(勞農)명 노동자와 농민. ▷ 勞의 속자는 労
노-놓치다타 죄인을 잡았다가 슬쩍 놓아 주다.
노느다(노느고·노나)타 물건을 여러 몫으로 가르다. ¶ 중참을 노나 먹다. 준논다
노느-매기명-하다타 물건을 여러 몫으로 노느는 일, 또는 그 몫.
노느-몫명 물건을 노나 가지는 몫. ¶ －을 가지다.
노느이다자 노늠을 당하다. ¶ 고루 －. 준노늬다
노:는-계:집명 기생이나 갈보, 색주가의 여자를 통틀어 이르는 말. 유녀(遊女) ☞갈보. 논다니
노늬다자 '노느이다'의 준말. ¶ 노늰 몫.
노:-닐다자 한가하게 이리저리 다니며 놀다. ¶ 호수에서 노니는 물새들.
노다지명 ①광물이 쏟아져 나오는 광맥이나 광석. ¶ －를 캐다. ②한군데서 이익이 많이 쏟아져 나오는 일, 또는 그런 물건. ¶ －를 만나다.
노닥-거리다(대다)자 수다스레 말을 주거니 받거니 하며 시간을 보내다. 노닥이다
노닥-노닥[1]부 노닥거리는 모양을 나타내는 말. ¶ － 하며 시간을 보내다.
노닥-노닥[2]부-하다형 해지거나 터진 자리를 요기조기 기워 볼품없는 모양을 나타내는 말. ☞나닥나닥. 누덕누덕
속담 **노닥노닥 기워도 마누라 장옷** : 지금은 낡고 보잘것없지만 처음에는 좋았다는 뜻에서, 본디 좋은 물건은 다 낡아도 좋아 보인다는 말. [노닥노닥해도 비단일세]
×**노닥다리**(老－)명 →늙다리
노닥-이다자 노닥거리다
노:당익장(老當益壯)성구 늙어 가면서도 기력이 더욱 씩씩함을 이르는 말. 노익장(老益壯)
노:대(露臺)명 서양식 건축에서, 건물의 바깥으로 튀어나오도록 만든, 지붕이 없고 난간이 있는 대. 이층 이상의 건물에 만듦. 발코니(balcony)
노:대(老大)어기 '노대(老大)하다'의 어기(語基).
노:-대:가(老大家)명 오랜 세월 기술과 경험을 쌓아 그 방면에 권위가 있는 노인. ¶ 서예의 －.
노:-대:국(老大國)명 과거에는 대국으로서 번성하였으나 지금은 쇠퇴해 있는 나라.
노대-바람명 풍력 계급(風力階級) 10급에 해당하는 바람. 풍속(風速)은 매초 24.5~28.4m. 내륙에는 드물게 부는 바람으로, 나무가 쓰러지고 건축물에 큰 피해가 생김. 해상에는 파도가 크게 일고 물거품으로 말미암아 해면 전체가 희게 보일 정도임. 전강풍(全強風) ☞왕바람. 큰센바람
노:대-하다(老大－)형여 ①나이와 경험이 많고 위신이 있다. ¶ 노대한 스승. ②나이가 많다.
노:덕명 좁쌀을 엿기름에 삭히어 번철에 지진 떡.
노:덕(老德)명 '노승(老僧)'을 높이어 이르는 말.
노:도(怒濤)명 성난듯 세차게 이는 큰 파도.

노:도(路鼗)명 국악기 혁부(革部) 타악기의 한 가지. 몸통이 작은 북 두 개를 어긋매끼어 긴 나무대에 꿴 북. 문묘 제례 때에 쓰이며 나무대를 흔들면 북 허리에 매단 줄의 귀가 북을 쳐서 소리를 냄.

노도(櫓棹)명 노와 상앗대.

노:독(路毒)명 여행에 시달려 생긴 피로나 병. ¶ -으로 드러눕다. 유여독(旅毒)

노동(勞動)명-하다자 ①체력이나 정신을 써서 일하는 것. ¶육체 -/정신 - ②경제학에서, 생활에 필요한 재화(財貨)를 얻기 위하여 체력이나 정신을 쓰는 행위.

노동=가치설(勞動價值說)명 경제학에서, 상품의 가치는 그 상품을 생산하는 데 드는 노동 시간에 따라 결정된다는 이론.

노동=계:약(勞動契約)명 노동자는 사용자에게 노동을 제공하고, 그 대가로 사용자는 노동자에게 보수를 지급하기로 약속하는 계약.

노동=과:잉(勞動過剩)명 노동 시장에서, 노동력이 수요보다 많이 남는 상태.

노동-권(勞動權)[-꿘]명 근로권(勤勞權)

노동=귀:족(勞動貴族)명 일반 노동자보다 특별히 높은 임금이나 사회적 지위를 누리는 특권적인 노동자들.

노동=기본권(勞動基本權)[-꿘]명 근로 기본권

노동-력(勞動力)명 일하는 데 쓰이는 정신적·육체적인 여러 능력.

노동력=인구(勞動力人口)명 만 14세 이상 총인구 중에서 노동 능력이 없거나 취업할 의사가 없는 사람을 제외한, 취업자와 완전 실업자를 합한 인구. 노동 인구

노동=문:제(勞動問題)명 노동자와 사용자 사이의 이해관계에서 생기는 문제.

노동-법(勞動法)[-뻡]명 노동자의 노동을 통한 생존의 확보와 복리를 목적으로 제정된 법규를 통틀어 이르는 말. 근로 기준법, 노동 조합법, 최저 임금제법, 산업 재해 보상 보험법 따위.

노동-복(勞動服)명 노동할 때 입는 옷.

노동=삼권(勞動三權)[-꿘]명 법률상 보장된 노동자의 세 가지 기본 권리. 곧 단결권, 단체 교섭권, 단체 행동권을 이름.

노동=삼법(勞動三法)[-뻡]명 근로 기준법, 노동 조합법, 노동 쟁의 조정법을 아울러 이르는 말.

노동=생산력(勞動生產力)[-녁]명 단위 시간에 일정한 노동력을 들여 이루어 내는 생산량.

노동=생산성(勞動生產性)[-썽]명 일정한 시간에 투입한 노동량과 그 결과로 얻어진 생산량과의 비율.

노동=시간(勞動時間)명 근로 시간(勤勞時間)

노동=시:장(勞動市場)명 노동력을 매개로 하여 노동자와 자본가 사이에 거래가 이루어지는 곳.

노동-요(勞動謠)명 힘든 노동을 즐겁고 능률적으로 하기 위하여 일하면서 부르는 민요. ☞유희요(遊戲謠). 의식요(儀式謠)

노동=운:동(勞動運動)명 노동자가 노동 조건의 개선이나 사회적 지위의 향상을 확보하기 위하여 조직적으로 하는 활동.

노동=인구(勞動人口)명 노동력 인구(勞動力人口) ☞실업 인구(失業人口)

노동-일(勞動日)명 노동자가 일터에서 하루에 일하는 시간. 생산 노동에 대한 계산의 단위로 쓰임.

노동=임:금(勞動賃金)명 노동에 대한 보수.

노동-자(勞動者)명 ①남에게 자기의 노동력을 제공하고, 그 대가로 받는 임금으로 생활하는 사람. ②근로자(勤勞者)

노동자=계급(勞動者階級)명 자본주의 사회에서, 생산수단을 가지지 않고 노동력을 제공한 대가로 받는 임금으로 생활하는 노동자로 이루어진 사회 계급. 프롤레타리아트(prolétariat) ☞자본가 계급

노동=재해(勞動災害)명 산업 재해(產業災害)

노동=쟁의(勞動爭議)명 노동자와 사용자 사이에 노동 조건에 관한 주장이 일치되지 않아서 생기는 대립 상태. 준노쟁(勞爭). 쟁의(爭議)

노동=조건(勞動條件)[-껀]명 노동자가 일터에서 노동을 제공하는 데 따르는 임금, 노동 시간, 휴무일, 휴가 등의 여러 가지 대우 조건.

노동=조합(勞動組合)명 노동자가 노동 조건의 개선과 사회적 지위 향상을 목적으로 조직하는 단체. 노동 조합법에 여러 가지 권리가 명시되어 있음. 준노조(勞組)

노동=협약(勞動協約)명 단체 협약

노두(蘆頭)명 인삼·더덕·도라지 따위의 뿌리에서, 싹이 나오는 꼭지 부분을 이르는 말.

노:두(露頭)명 ①쓰개를 쓰지 않은 머리. 맨머리 ②지층이나 광상(鑛床) 따위가 지표에 드러나 있는 부분. 쾌등

노두-풍(顱頭風)명 대두온(大頭瘟)

노:둔(老鈍)어기 '노둔(老鈍)하다'의 어기(語基).

노둔(魯鈍)어기 '노둔(魯鈍)하다'의 어기(語基).

노:둔-하다(老鈍-)형여 늙어서 말과 몸놀림이 굼뜨다.
노둔-히부 노둔하게

노둔-하다(魯鈍-)형여 미련하고 둔하다.
노둔-히부 노둔하게

노:둣-돌명 지난날, 말을 타거나 내릴 때 발돋움으로 쓰려고 대문 앞에 놓아 두었던 큰 돌. 하마석(下馬石)

노-뒤(櫓-)명 왼쪽 뱃전. ☞노앞

노:들-나루명 지난날, 한강 남쪽에 있던 나루터. 노량진(鷺梁津)의 옛이름.

-노라어미 '-는다(-ㄴ다)'의 뜻인 종결 어미를 예스럽게 또는 감동적으로 나타내는 어미. ¶자주민임을 선언하노라./가노라 삼각산아, 다시 보자 한강수야.

-노라고어미 '-노라 하고', '-한다고'의 뜻으로, 말하는 이가 자신의 의도적인 행위나 목적의 근거를 나타내는 연결 어미. ¶내 딴에는 하노라고 한 것이 이렇다.

> ▶ '-노라고'와 '-느라고'의 뜻 구별
> ○ '-노라고' — '자기 나름으로는 한다고'의 뜻
> ¶애를 써서 만드노라고 만든 것이 이 꼴이다./그리노라고 그린 것이 이 꼴이다.
> ○ '-느라고' — '하는 일로 말미암아'의 뜻
> ¶조각을 마무르느라고 밤을 새웠다./닭을 치느라고 나들이할 겨를이 없다.

-노라니어미 '-자(-려고) 하니까'의 뜻으로 쓰이는 예스러운 연결 어미. ¶시골길을 걷노라니, 고향 생각이 났다./사노라니 앞길이 천 리다.

노라리명 건달을 부리는 짓. ¶ -를 치다.

-노라면어미 '계속 하다가 보면'의 뜻으로 쓰이는 예스러운 연결 어미. ¶사노라면 잊힐 날 있으오리다.

노란-빛[-삗]명 유채꽃과 같은 빛. 노란색. 노랑 ☞누런빛

노란-색(-色)명 유채꽃과 같은 색. 노란빛. 노랑

노랑명 물감의 삼원색(三原色)의 하나이며, 우리 나라의 기본색 이름의 하나. 유채꽃과 같은 빛깔, 또는 그런 빛깔의 물감. 노란빛. 노란색 ☞빨강. 주황

노랑-가오리명 색가오릿과의 바닷물고기. 몸길이 1m 안팎. 몸빛은 갈색인데 가장자리는 주황색을 띰. 꼬리에 긴 가시가 하나 있는데 독을 냄. 여름에 난태생함.

노랑-가자미명 가자밋과의 바닷물고기. 몸길이 70cm 안팎. 몸은 길둥글고 눈은 오른쪽에 쏠려 있음. 몸빛은 어두운 갈색에 작고 흰 점들이 흩어져 있고, 지느러미에 검은 띠 무늬가 있음.

노랑-감투명 상제가 쓰는 건(巾)을 놀리어 이르는 말.

노랑-나비명 흰나빗과의 나비. 편 날개 길이 5cm 안팎. 몸빛은 수컷은 노란빛, 암컷은 흰빛임. 날개의 가장자리에 짙은 무늬가 있음. 애벌레는 콩과 식물의 해충임. 우리 나라와 일본, 중국, 히말라야 등지에 분포함. 황호접(黃蝴蝶)

노랑-머리명 빛이 노란 머리, 또는 그런 머리를 한 사람.

노랑-묵명 치자(梔子)를 물에 타서 쑨 녹말묵.

노랑부리-백로(-白鷺)명 백로과의 여름 철새. 몸길이 65cm 안팎. 온몸이 흰빛이며 부리와 발가락은 노랗고

다리는 검음. 뒷머리에는 20개 정도의 머리 깃이 뻗어 있음. 천연 기념물 제361호이며 국제 보호새임.

노랑부리-저어새 명 저어샛과의 겨울 철새. 몸길이 86cm 안팎. 저어새와 비슷한데 조금 크며, 몸빛은 흰빛인데 윗가슴과 부리 끝은 노란빛임. 부리는 끝이 둥글고 위아래로 평평함. 천연 기념물 제205호임. 가리새[3]

노랑-어리연꽃 명 용담과의 여러해살이 수초(水草). 뿌리줄기는 물 밑의 땅 속에서 옆으로 벋고 줄기는 실 모양으로 자람. 수면에 뜬 잎은 둥글고 두꺼움. 여름에 긴 꽃자루 끝에 노란 꽃이 핌.

노랑-연두(-軟豆)[-년-] 명 노란 빛깔을 띤 연두, 또는 그런 빛깔의 물감. ☞풀색

노랑-연새 명 '황여새'의 딴이름.

노랑-이 명 ①노란빛의 물건. ☞누렁이 ②털빛이 노란 개. ③생각이 좁고 몹시 인색한 사람. 유구두쇠 ☞수전노(守錢奴)

노랑-참외 명 노란 빛깔의 참외.

노랑턱-멧새 명 멧샛과의 새. 몸길이 16cm 안팎. 몸빛은 등은 갈색이며 배 쪽은 희고 턱이 노란빛임. 머리 위에 검은 깃털이 있음. 수컷은 정수리·뺨·가슴이 흑색임. 우리 나라에 흔한 텃새임.

노랑-퉁이 명 얼굴이 유난히 누르고 부기가 조금 있는 사람을 얕잡아 이르는 말.

노랑-하눌타리 명 박과의 여러해살이 덩굴풀. 뿌리는 고구마처럼 생겼고, 잎은 서너 갈래로 갈라지고 덩굴손이 잎과 마주 남. 여름에 누르스름한 꽃이 암수딴그루로 피고, 가을에 달걀 모양의 열매가 노랗게 익음. 뿌리의 녹말은 먹을 수 있고, 씨와 과피(果皮)는 약재로 쓰임. 쥐참외. 토과(土瓜)

노랑-할미새 명 할미샛과의 여름 철새. 몸길이 20cm 안팎. 몸빛은 황색에 검은 무늬가 있으며 머리에서 등까지는 푸른빛을 띤 회색임. 암컷은 온몸이 갈색이고 목이 백색임. 물가에 살며 해충을 잡아먹는 익조임. 우리 나라에는 4~10월에 오며, 유럽·아프리카·아시아 등지에 분포함.

노랑-회장저고리(-回裝-) 명 노란 바탕에 자주색 회장을 댄 저고리.

노:랗다(노랗고·노란) 형ㅎ ①빛깔이 매우 노르다. ¶노란 개나리꽃. ☞누렇다 ②시들어 가는 잎처럼 장래성이 없다. ¶하는 짓을 보니 싹수가 -.

노래 명 ①말이나 글에 곡조를 붙이어 부르는 소리. ¶슬픈 -./나직이 -를 부르다. ②민요·속요·창가·창·가요·시조를 통틀어 이르는 말. ③-하다 자타 ㉠운율이 있는 언어로 사상과 감정 등을 표현하는 일. ¶자연의 아름다움을 -하다. ㉡같은 말을 계속 주장하거나 요구하다. ¶자기 주장이 옳다고 -하다.

노래(를) 하다 관용 ①실행은 하지 않고 말로만 하다. ②무엇을 계속 주장하거나 요구하다. ¶기타를 사 달라고 -.

한자 **노래 가**(歌) [欠部 10획] ¶가곡(歌曲)/가극(歌劇)/가무(歌舞)/가사(歌辭)/가창(歌唱)
노래 요(謠) [言部 10획] ¶가요(歌謠)/동요(童謠)/민요(民謠)/속요(俗謠) ▷ 속자는 謡
노래 창(唱) [口部 8획] ¶가창(歌唱)/독창(獨唱)/명창(名唱)/병창(竝唱)/절창(絕唱)/합창(合唱)

노:래(老來) 명 '늘그막'을 점잖게 이르는 말. 만래(晩來)

노래기 명 노래기강의 절지동물(節肢動物)의 배각류(倍脚類)를 통틀어 이르는 말. 몸길이는 2~3cm이고 머리와 몸통이 구별되어 있음. 몸통은 20~30개의 몸마디로 이루어졌고 각 마디에 두 쌍의 짧은 다리가 있음. 건드리면 둥글게 말리면서 고약한 노린내를 풍김. 습하고 어두운 곳에 삶. 마륙(馬陸). 마현(馬蚿). 향랑각시

노래-말 명 노래로 부르는 말. 노래의 내용이 되는 글. 가사(歌詞) ¶시를 -로 부르다.

노래미 명 쥐노래밋과의 바닷물고기. 몸길이 30cm 안팎. 몸은 가늘고 길며 머리는 뾰족함. 몸빛은 누런 갈색에 어두운 갈색의 불규칙한 무늬가 있음. 바위와 해조류가 많은 연안에 서식함.

노래-방(-房) 명 반주 음악에 맞추어 노래를 부를 수 있도록 꾸며 놓은 곳.

노래-자:랑 명 노래 부르기를 공개적으로 겨루는 일, 또는 그러한 행사.

노래-잔치 명 노래를 부르며 노는 잔치.

노래-쟁이 명 '가수(歌手)'를 얕잡아 이르는 말.

노:래-지다 자 노랗게 되다. ☞누레지다

노랫-가락 명 ①노래의 곡조. ②중부 지방에서 많이 불리는 민요의 한 가지. 본디 무당이 굿을 하면서 부르던 노래임.

노랫-소리 명 노래를 부르는 소리. ¶흥겨운 -.

노략(擄掠) 명 -하다 타 떼를 지어 돌아다니면서 사람을 해치거나 재물을 마구 빼앗아 감.

노략-질(擄掠-) 명 -하다 타 떼를 지어 다니면서 사람을 해치거나 재물을 빼앗아 가는 짓. 유소드락질

×**노량-목** 명 →놀량목

노:량-으로 부 어정어정 하면서. 느릿느릿 ¶- 일할 바에야 안 하는 게 낫다.

노려-보다 타 ①매서운 눈빛으로 쏘아보다. ¶싸울 기세로 상대를 -. ②탐이 나는 것을 눈독들여 살펴보다. ¶쥐를 노려보는 고양이.

노력(努力) 명 -하다 자 어떤 일을 이루려고 애를 쓰고 힘을 들임, 또는 그 들인 힘. ¶-을 기울이다./꾸준히 -하다./-한 보람이 있었다.

노력(勞力) 명 -하다 자 ①애써서 일함. ¶-을 아끼지 않는다. ②생산하는 데 드는 노동력. ¶- 부족

노:련(老鍊) 어기 '노련(老鍊)하다'의 어기(語基).

노:련-하다(老鍊-) 형여 어떤 일에 많은 경험을 쌓아 솜씨 따위가 익숙하고 능란하다. 노숙(老熟)하다 ¶노련한 의사.

노렴(蘆簾) 명 갈대로 엮어 만든 발.

노령(奴令) 명 지난날, 지방 관아의 관노(官奴)와 사령(使令)을 이르던 말.

노:령(老齡) 명 늙은 나이. ¶-에도 불구하고 정정하다.

노:령-함(老齡艦) 명 건조(建造)한 지 오래된 낡은 군함.

노록(勞碌) 명 -하다 자 부지런히 힘을 다함.

노:론(老論) 명 조선 숙종(肅宗) 때, 서인(西人)에서 갈라진 당파. 윤증(尹拯) 등을 중심으로 한 소론(少論)에 대하여 송시열(宋時烈)·김석주(金錫胄) 등을 중심으로 한 일파를 이름. ☞남인(南人). 북인(北人)

노루 명 사슴과의 포유동물. 몸길이 100~120cm, 어깨 높이 60~75cm. 수컷에만 있는 뿔은 길이 20cm 안팎으로 끝이 세 갈래로 갈라져 있고, 꼬리는 흔적만 있음. 몸빛은 여름에는 누런 갈색이고 겨울에는 누런 흑색임. 삼림 지대에서 살며 우리 나라를 비롯한 아시아와 유럽 등지에 널리 분포함

속담 **노루 꼬리가 길면 얼마나 길까** : 보잘것없는 재주가 있으면 얼마나 있겠느냐고 핀잔 주는 말./**노루를 피하니 범이 온다** : 점점 더 어렵고 힘든 일이 닥친다는 말./**노루 잡는 사람에게 토끼가 보이나** : 큰 것을 바라보는 사람에게 사소한 것이 보일 리 없다는 말./**노루 친 몽둥이 삼 년 우린다** : 한 번 요행으로 일이 잘 되었다 하여 그 방법을 두고두고 써먹으려는 어리석은 행동을 이르는 말.

노:루(老淚) 명 늙어서 기신없이 흐르는 눈물.

노루-막이 명 막다른 산꼭대기.

노루-목 명 노루가 지나다니는 길목.

노루-발[1] 명 ①쟁기의 볏 뒷면 아래쪽에 붙는, 두 개의 삼각형 구멍이 난 부분. ②장족(獐足) ③재봉틀에서, 바느질감을 알맞게 눌러 주는 두 갈래가 난 부분. ④'노루발장도리'의 준말.

노루-발[2] 명 노루발풀

노루발-장도리 명 한쪽 끝이 노루발처럼 되어 못을 빼도록 된 장도리. 준노루발[1]

노루발-풀 명 노루발과의 상록 여러해살이풀. 줄기 높이 26cm 안팎. 길둥근 잎은 뿌리에서 모여 나며, 초여름에

꽃대 끝에 희거나 누르스름한 작은 꽃이 아래를 보고 핌. 산과 들의 나무 밑에 자라는데, 잎과 줄기는 지혈제나 해독제로 쓰임. 녹제초(鹿蹄草). 노루발[2]

노루-벌 명 살아 있는 노루의 살가죽 속에서 생겨 가죽을 뚫고 나오는 벌과 비슷하게 생긴 벌레.

노루-삼 명 미나리아재빗과의 여러해살이풀. 줄기 높이 60cm 안팎. 뿌리줄기는 짧고 통통하며 수염뿌리가 많음. 6월경에 흰 꽃이 총상(總狀) 꽃차례로 피고 열매는 가을에 장과(漿果)로 맺음. 산 속의 나무 그늘에서 자람.

노루-오줌 명 범의귓과의 여러해살이풀. 줄기 높이 70cm 안팎. 줄기에 갈색의 털이 있고 잎은 길둥글고 끝이 뾰족하며 톱니가 있음. 7~8월에 분홍색 꽃이 원추(圓錐) 꽃차례로 피고 열매는 가을에 삭과(蒴果)로 맺음. 애순은 먹을 수 있고 전초를 약재로 씀.

노루-잠 명 깊이 들지 못하고 자주 깨면서 자는 잠. 괭이잠. 토끼잠 ☞귀잠. 단잠. 선잠

속담 **노루잠에 개꿈이라** : ①같잖은 꿈 이야기를 한다는 말. ②제격에 맞지 않는 말을 할 경우에 이르는 말. /**노루잠 자듯** : 깊이 들지 못하고 자꾸 깨는 잠을 비유하여 이르는 말.

노루-종아리 명 ①소반 다리의 아래쪽에 새김이 없이 매끈한 부분. ②문살의 가로살이 드물게 있는 부분.

노루-포(-脯) 명 노루 고기로 만든 포. ☞육포(肉脯)

노:류장화(路柳墻花) 성구 쉽게 꺾을 수 있는 길가의 버들과 담 밑의 꽃이라는 뜻으로, 창부(娼婦)를 비유하여 이르는 말.

노르께-하다 형여 새뜻하지도 짙지도 않게 노르다. ¶얼굴이 노르께한 것이 병색이 짙다. ☞누르께하다

노르끄레-하다 형여 좀 옅게 노르께하다. ☞누르끄레하다

노르다(노르니·노르러) 형러 개나리꽃이나 호박꽃의 빛깔과 같다. ☞누르다[2]

노르딕=종목(Nordic種目) 명 스키 경기에서, 거리 경기, 점프 경기, 복합 경기의 세 종목을 이르는 말. 북유럽에서 발달하였음. ☞알파인 종목

노르마(norma 러) 명 ①할당된 근무나 노동의 기준량. ②개인이나 집단에게 할당되는 노동의 기준량, 또는 책임량. 성별·연령·건강 상태에 따라서 결정됨.

노르말(Normal 독) 의 용량 분석에서 용액의 농도를 나타내는 단위의 하나. 1L 속에 용질의 1g 당량을 포함하는 농도를 1노르말이라고 함. 기호 N. 규정(規定)[2]

노르말=농도(Normal濃度) 명 용액 1L 속에 녹아 있는 용질의 g 당량 수. 규정 농도(規定濃度)

노르말-액(Normal液) 명 농도가 몇 노르말인지 정확하게 표시된 시약의 용액. 용량 분석에 쓰임. 규정액(規定液). 표준액(標準液)

노르무레-하다 형여 희미하게 노르다. ☞누르무레하다

노르스레-하다 형여 노르스름하다 ☞누르스레하다

노르스름-하다 형여 조금 노른듯 하다. 노르스레하다 ¶모과가 노르스름하게 물들었다. ☞누르스름하다

노르스름-히 부 노르스름하게 ☞누르스름히

노른-빛 명 개나리꽃이나 호박꽃과 같은 빛깔. ☞누른빛

노른-자 명 '노른자위'의 준말.

노른-자위 명 ①알의 흰자위에 둘러싸인 노란 부분. 난황(卵黃) ☞흰자위 ②사물에서 가장 값진 것을 비유하여 이르는 말. ¶이 일대에서는 ─ 땅이다. 준 노른자

노름 명-하다 자 돈이나 재물을 걸고 따먹기를 내기하는 일. 도기(賭技). 도박(賭博). 돈내기 ¶─에 빠지다.

속담 **노름은 본전에 망한다** : 노름에서는 잃은 본전을 찾으려다 망한다는 말.

노름-꾼 명 노름을 일삼는 사람. 도박꾼 ☞잡기꾼

노름-빚[-삗] 명 노름을 하여 진 빚.

노름-질 명-하다 자 노름하는 짓.

노름-판 명 노름이 벌어지는 판. ☞도박장. 잡기판

노름-패 명 노름을 일삼는 무리.

노릇 명 ①직업이나 직책을 속되게 이르는 말. ¶선생 ─ ②구실 ¶형 ─ 하기도 힘들다. ③'일'의 뜻을 나타내는 말. ¶맹랑한 ─이다.

노릇-노릇[-른-] 부-하다 형 군데군데가 노르스름한 모양을 나타내는 말. ¶빈대떡을 ─하게 부치다. ☞누릇누릇

노릇노릇-이[-른-] 부 노릇노릇하게 ☞누릇누릇이

노릇-하다[-르-] 형여 꽤 노른 기가 있다. ☞누릇하다

노:리(老吏) 명 지난날, 나이 많은 아전을 이르던 말.

노:리(老羸) 명 늙은이, 또는 늙고 파리한 사람.

노리개 명 ①부녀자가 한복 차림의 치장으로 차는 장식물. 저고리의 고름이나 치마 허리 등에 차는 것으로, 띠돈·끈목·패물·매듭·술의 다섯 부분으로 이루어져 있음. 패물의 재료는 금·은·백옥·비취옥·산호·밀화(蜜花) 등이며 모양이 다양함. ☞삼작 노리개. 단작 노리개 ②가지고 노는 물건.

노리개로 삼다 관용 데리고 노는 상대로 여기다. ¶좋아하는척 하고 노리개로 삼았을 뿐이다.

노리개-첩(-妾) 명 지난날, 젊고 아름다워서 귀엽게 데리고 노는 첩을 이르던 말. 화초첩(花草妾)

노리다[1] 타 칼로 휘몰아서 가로 갈겨 베다.

노리다[2] 타 ①총이나 활로 맞힐 목표를 겨누어 보다. ¶과녁을 ─. ②눈독을 들여 겨누어 보다. ¶지갑을 노리는 소매치기. /우승을 ─. ③기회를 잡으려고 엿보다. ¶호기(好機)를 ─. /방심을 ─.

노리다[3] 형여 ①털이 타는 냄새와 같다. ②노루나 염소에서 나는 냄새와 같다. ③마음 쓰는 것이 인색하고 다랍다. ☞누리다[2]

노리-쇠 명 소총 따위에서, 탄환을 재거나 탄피를 뽑아 내기 위하여 손으로 작동하는 장치. ¶─를 당기다.

노리착지근-하다 형여 조금 노린내가 나는듯 하다. 준 노리치근하다. 노착지근하다 ☞누리척지근하다

노리착지근-히 부 노리착지근하게 ☞누리척지근히

노리치근-하다 형여 '노리착지근하다'의 준말. ☞누리치근하다

노리치근-히 부 노리치근하게 ☞누리치근히

노린-내 명 ①털이 타는 냄새. ②염소나 노루 따위에서 나는 냄새. ☞누린내

노린-동전(-銅錢) 명 아주 적은 액수의 돈. 피천 ¶─ 한 푼 없다.

노린재 명 노린잿과의 곤충을 통틀어 이르는 말. 몸길이 6~7mm 이고, 납작하며 거의 육각형임. 잡으면 몸에서 고약한 냄새가 남. 오이·참외·호박 등의 해충임.

노린재-나무 명 노린재나뭇과의 낙엽 활엽 관목. 높이 1~3m로 잎의 가장자리에는 톱니가 있음. 5월경에 흰 꽃이 원추(圓錐) 꽃차례로 피고 가을에 남빛 열매가 익음. 목재는 지팡이나 도장 등을 만드는 데 쓰임.

노립(蘆笠) 명 갈삿갓

노릿-하다 형여 냄새가 약간 노리다. ☞누릿하다

노:마(老馬) 명 늙은 말.

노마(駑馬) 명 ①걸음이 느린 말. ☞준마(駿馬) ②재능이 둔하고 남에게 빠지는 사람을 비유하여 이르는 말.

노:마지지(老馬之智) 성구 산에서 길을 잃었을 때 늙은 말을 풀어서 그 뒤를 따라가 길을 찾았다는 데서, 배울 점이 있다면 그 대상이 무엇이든 간에 배워야 한다는 말.

노:망(老妄) 명-하다 자 늙어서 망령을 부리는 일, 또는 그 망령. ¶─을 부리다. /─이 나다. /─이 들다.

노:망-나다(老妄-) 자 노망한 언행이나 증세가 나타나다.

노:망-들다(老妄-) 자 늙어서 망령이 생기다.

노-망태 명 '노망태기'의 준말.

노-망태기 명 종이나 노 따위로 엮어서 만든 망태기. 준 노망태

노:매(怒罵) 명-하다 타 성내어 꾸짖음.

노:면(路面) 명 도로의 표면. 길바닥 ¶─이 미끄럽다.

노:면(露面) 명-하다 자 얼굴을 드러냄.

노:면=전:차(路面電車) 명 일반 도로 위에 깔아 놓은 선로 위를 달리는 전차.

노명(奴名) 명 종의 이름.

노:명(露命) 명 이슬과 같이 덧없는 목숨.

노명-소:지(奴名所志)[명] 지난날, 주인이 종의 이름으로 소송을 제기하던 일. 노명정장(奴名呈狀)
노명-정장(奴名呈狀)[명] 노명소지(奴名所志)
노:모(老母)[명] 늙은 어머니. ☞노부(老父)
노모그래프(nomograph)[명] 노모그램(nomogram)
노모그램(nomogram)[명] 몇 개의 변수 사이에 함수 관계가 있을 경우에 수치 계산을 쉽고 간편하게 하기 위하여 그것을 도표에 나타낸 것. 노모그래프(nomograph). 계산 도표(計算圖表)
노:모성=치매(老耄性痴呆)[-썽-][명] 노인성 치매
노:목(老木)[명] 늙은 나무. 오래된 나무. 고목(古木)
노:목(怒目)[명] 성난 눈.
노무(勞務)[명] ①육체 노동을 제공하는 근무. ②노동 조건 따위에 관한 사무.
노무(鹵莽)[어기] '노무(鹵莽)하다'의 어기(語基).
노무=관:리(勞務管理)[명] 기업의 경영에서 종업원에 대하여 관리하는 일. 노동 조건, 복지 후생, 노사 관계 따위를 다룸.
노무-자(勞務者)[명] 주로 육체적인 노동을 하는 사람.
노무=출자(勞務出資)[-짜][명] 합자 회사나 합명 회사의 사원 또는 조합의 조합원이, 금전·물자 등의 출자 대신에 업무 집행이나 그 밖의 노무를 제공하는 일.
노무-하다(鹵莽-)[형여] 재질이 무디고 허름하다.
노문(勞問)[명] 임금이 신하를 위문함.
노:문(路文)[명] 지난날, 관원이 공무로 지방에 갈 때 그곳 관아에 도착 날짜를 미리 알리던 공문. 선문(先文)
노문(을) 놓다[관용] ①노문을 보내다. ②도착할 때를 미리 알리다. 선문을 놓다.
노문(露文)[명] ①러시아 어로 적은 글. ②'노문학'의 준말.
노-문학(露文學)[명] 러시아의 문학, 또는 그것을 연구하는 학문. 널리 러시아 어로 표현된 문학에 대해서도 이름. [준]노문
노:물(老物)[명] ①늙어서 쓸모 없는 사람. ②낡고 헌 물건. 고물(古物)
노-뭉치[명] 한 덩이로 뭉쳐 놓은 노.
[속담] **노뭉치로 개 때리듯** : 상대편의 비위를 맞추어 가면서 슬슬 놀림을 이르는 말.
노박(魯朴)[어기] '노박(魯朴)하다'의 어기(語基).
노박-덩굴[명] 노박덩굴과의 낙엽 활엽 덩굴나무. 잎은 타원형 또는 원형이고 5월경에 황록색 꽃이 핌. 산과 들의 숲에 자라며 어린잎은 먹을 수 있고, 나무껍질은 섬유를 만드는 데 쓰임.
노박이-로[부] ①오래 계속해서 붙박이로. ¶집 안에서 한 달 동안 ─ 지내다. ②끊임없이 줄곧. ¶첫 입사한 회사에서 ─ 정년까지 근무하다.
노:박집람(老朴集覽)[명] 조선 시대, 최세진(崔世珍)이 중국어 학습서인 '노걸대언해(老乞大諺解)'·'박통사언해(朴通事諺解)'에서 어려운 내용을 뽑아 해설해 놓은 책. 1권 1책.
노박-하다(魯朴-)[형여] 어리석고 순박하다.
노-박히다[자] ①줄곧 오래 붙박히다. ¶집에만 노박혀 있다. ②한 가지 일에만 들러붙다. ¶논문 집필에 ─.
노:반(路盤)[명] ①도로를 포장하려고 땅을 파고 자갈이나 모래로 다진 지반(地盤). 노상(路床) ②도로나 철로의 토대가 되는 지반.
노:반(露盤)[명] 불탑(佛塔)의 최상층 바로 위에 장식으로 놓이는 밑받침. 이 위에 복발(覆鉢)이 놓임.
노:발대:발(怒發大發)[성구] 몹시 성을 냄을 이르는 말. ¶─하여 큰 소리로 꾸짖다.
노:발대성(怒發大聲)[성구] 몹시 성나서 외치는 큰 목소리.
노:발충관(怒髮衝冠)[성구] 몹시 성이 나서 머리털이 곤두서서 관을 치켜 올린다는 뜻으로, 몹시 성이 난 모양을 이르는 말.
노:방(路傍)[명] 길 옆. ☞노변(路邊)
노:방-잔읍(路傍殘邑)[명] 오가며 들르는 높은 관원을 대접하느라고 피폐하여진 큰길 가의 작은 고을.
노방-주(─紬)[명] 지난날, 중국에서 나던 명주의 한 가지. 가슬가슬하여 여자들의 여름 옷감으로 쓰였음.
노방-청(奴房廳)[명] 지난날, 지방 관아의 관노(官奴)들이 출근하던 집.
노:방-초(路傍草)[명] 길가에 난 풀.
노:방-토(路傍土)[명] 육십갑자의 경오(庚午)와 신미(辛未)에 붙이는 납음(納音). ☞검봉금(劍鋒金)
노:배(老輩)[명] 늙은이들
노:-법사(老法師)[명] 불교에서, 법사의 스승, 곧 조항(祖行)이 되는 법사를 일컫는 말. 법옹사(法翁師)
노-벙거지[명] 노끈으로 만든 벙거지.
노:벨륨(nobelium)[명] 악티늄족 원소의 하나. 1957년 스웨덴의 노벨 물리 연구소에서 퀴륨에 탄소 이온을 충돌시켜 만들어 냄.〔원소 기호 No/원자 번호 102/원자량 259〕
노:벨-상(Nobel賞)[명] 1896년에 스웨덴 사람 노벨의 유언에 따라 인류의 복지에 공헌한 사람에게 수여하도록 제정한 상. 1901년 이후 매년 실시됨. 물리학, 화학, 생리·의학, 문학, 경제학, 평화의 여섯 부문이 있음.
노:변(路邊)[명] 길의 언저리. ☞길가. 노방(路傍). 도로변(道路邊). 도방(道傍)
노변(爐邊)[명] 화롯가. 난롯가
노변-담(爐邊談)[명] '노변 담화'의 준말.
노변=담화(爐邊談話)[명] 난롯가에 둘러앉아 정겹게 주고받는 이야기. [준]노변담
노:병(老兵)[명] ①늙은 병사. ②군사에 경험이 많은 노련한 군인. [유]고병(古兵)
노:병(老病)[명] 늙어 쇠약함으로써 생기는 병. 노질(老疾) ¶─으로 자리보전하다. [높]노환(老患)
노-병아(櫓-)[명] 배의 노에 걸어 노질을 쉽게 하는 줄.
노복(奴僕)[명] 사내종. 노자(奴子)
노:복(老僕)[명] 늙은 사내종. ☞노비(老婢)
노복(勞復)[명] 한방에서, 중병을 치르고 완전히 회복되기 전에 과로로 다시 앓는 경우를 이르는 말.
노봉(虜鋒)[명] 적군의 칼날.
노:봉(露鋒)[명] 붓글씨를 쓸 때의 운필법(運筆法)의 한 가지. 기필(起筆) 때 붓끝의 흔적이 자획(字畫)의 겉으로 드러나게 쓰는 법을 이름. ☞장봉(藏鋒)
노:-봉방(露蜂房)[명] 한방에서, 말벌의 집을 약재로 이르는 말. 경간(驚癎)·치통(齒痛) 따위에 약으로 쓰임. [준]봉방(蜂房)
노:부(老父)[명] 늙은 아버지. ☞노모(老母)
노:부(老夫)[명] 늙은 남자. ☞노부(老婦)
노:부(老婦)[명] 늙은 여자, 또는 늙은 부인. ☞노부(老夫)
노부(鹵簿)[명] 임금이 거둥할 때의 의장(儀仗).
노:-부모(老父母)[명] 늙은 어버이.
노:-부부(老夫婦)[명] 늙은 부부.
노:불(老佛)[명] ①노자(老子)와 석가모니를 아울러 이르는 말. ②노자와 석가모니의 가르침. 도교(道教)와 불교(佛教). ③오래된 불상. ④'늙은 중'의 높임말.
노브(knob)[명] 문의 손잡이. 보통 모양이 둥글며, 이것을 돌려서 문을 여닫음.
노블레스오블리즈(noblesse oblige 프)[명] 높은 신분에 걸맞는 도덕상의 의무.
노비(奴婢)[명] 사내종과 계집종을 아울러 이르는 말. 복비(僕婢). 비복(婢僕)
노:비(老婢)[명] 늙은 계집종.
노비(勞費)[명] 노임(勞賃) ▷ 勞의 속자는 労
노:비(路費)[명] 노자(路資)
노비-종모법(奴婢從母法)[-뻡][명] 종모법(從母法)
노비-종부법(奴婢從父法)[-뻡][명] 종부법(從父法)
노-뻔지(櫓-)[명] 배를 젓는 노의 넓적한 부분.
노:사(老士)[명] ①늙은 선비. ②늙은 병사.
노:사(老死)[명][-하다][자] 늙어서 죽음.
노:사(老師)[명] ①늙은 스승. 노선생(老先生) ②'나이 많은 중'을 높이어 일컫는 말. ③노스님
노:사(怒瀉)[명][-하다][자] 매우 세차게 쏟아짐.
노사(勞使)[명] 근로자와 사용자를 아울러 이르는 말. ¶─

가 힘을 합쳐 회사를 일으키다.
노사(勞思)명 -하다 자타 몹시 근심함. ☞노심초사
노사(勞辭)명 위로의 말.
노사(硇砂)명 한방에서, 염화암모늄을 약재로 이르는 말. 망사(硭砂). 북정사(北庭砂)
노:사-숙유(老士宿儒)명 학식이 많은 늙은 선비.
노사=협의회(勞使協議會)명 근로자와 사용자가 서로 협조하여 근로자의 복지 증진과 기업의 발전을 위하여 만든 협의 기구. 근로자와 사용자를 대표하는 같은 수의 인원으로 구성함.
노:산(老產)명 -하다 자 나이가 많이 들어 아이를 낳음.
노상 부 언제나 늘. ¶ - 우는소리만 한다. 준노[3]
노:상(路上)명 길 위. 가상(街上). 도상(道上) ¶ -에서 선생님과 마주치다.
노:상(路床)명 노반(路盤)
노상(魯桑)명 뽕나뭇과의 낙엽 활엽 관목. 중국 원산으로 봄누에와 가을누에의 먹이로 쓰임. 우리 나라의 중부 이남 지방에서 많이 가꿈. 당뽕
노:상(露霜)명 이슬과 서리를 아울러 이르는 말.
노:상=강:도(路上强盜)명 길을 가는 이를 협박하거나 폭행하여 금품을 강탈하는 짓, 또는 그런 도둑.
노:상안면(路上顔面)성구 길에서 만난 적이 있어서 알아보는 정도의 얼굴이라는 뜻으로, 그만한 정도의 안면이 있는 사이를 이르는 말.
노새 명 말과의 변종의 짐승. 수나귀와 암말의 사이에서 난 잡종으로, 크기는 말과 비슷하며 머리·귀·꼬리와 우는 소리는 나귀를 닮았음. 튼튼하고 병에 대한 저항력이 강하며, 짐을 나르는 데 많이 이용함. 수컷은 번식력이 없고, 암컷은 새끼를 낳는 경우도 있음.
노:색(老色)명 늙은이에게 어울리는 옷의 빛깔.
노:색(怒色)명 노기(怒氣) ¶ -을 띠다.
노:생(老生)대 늙은 사람이 '자기'를 겸손하게 일컫는 말. 노졸(老拙)
노생지몽(盧生之夢)성구 한단지몽(邯鄲之夢)
노서아(露西亞)명 '러시아'의 한자 표기. 준노(露)
노석(鹵石)명 염화물·브롬화물·요오드화물·할로겐화물을 통틀어 이르는 말. ¶ - 광물
노:선(路線)명 ①두 지점 사이를 정해 놓고 다니는 버스·열차·항공기 따위의 교통로. ¶버스 - ②개인·조직·단체 따위에서 지향하는 견해나 활동 방침. ¶당의 -./ 독자적인 -을 걷다.
노:선-도(路線圖)명 교통의 노선을 그려 놓은 그림.
노:-선생(老先生)명 나이 많은 스승. 노사(老師)
노:-선생(爐先生)명 노감석(爐甘石)
노:설(露泄)명 -하다 자타 누설(漏泄)
노:성(老聲)명 늙은이의 목소리.
노:성(怒聲)명 성난 목소리. ¶ -을 지르다.
노성(駑性)명 우둔한 성질.
노성(櫓聲)명 노를 젓는 소리.
노:성(老成)어기 '노성(老成)하다'의 어기(語基).
노-성냥 명 종이 노 끝에 유황을 묻힌 성냥.
노:성-인(老成人)명 노련하고 익숙한 사람.
노:성-하다(老成-)형여 ①노련하고 익숙하다. ¶노성한 솜씨. ②의젓하고 숙성하다. ¶나이 치고는 -.
노:소(老少)명 늙은이와 젊은이를 아울러 이르는 말. 소장(少長) ¶ -가 함께 즐기는 놀이. 유노유(老幼)
노:소동락(老少同樂)성구 늙은이와 젊은이가 함께 어울려 즐김을 이르는 말.
노:-소론(老少論)명 조선 시대의 사색 당파 가운데, 노론(老論)과 소론(少論)을 아울러 이르는 말.
노:소부정(老少不定)성구 죽음에는 늙은이와 젊은이의 구별이 따로 없음을 이르는 말.
노속(奴屬)명 종의 무리. 종의 족속.
노-손(櫓-)명 노의 손잡이.
노:송(老松)명 ①늙은 소나무. 고송(古松) ②노송나무
노:송-나무(老松-)명 소나뭇과의 상록 교목. 껍질은 적갈색이며 잎은 작은 바늘 모양임. 내수력이 강하고 나무결이 고와서 목재로서 널리 쓰임. 노송(老松). 편백(扁柏). 회목(檜木)
속담 **노송나무 밑이다** : 노송나무 밑이 그늘졌듯이, 마음이 음충맞고 우중충함을 이르는 말.
노:쇠(老衰)어기 '노쇠(老衰)하다'의 어기(語基).
노:쇠-기(老衰期)명 ①사람이 늙고 쇠약해지는 시기. ¶ -에 접어들다. ②사물이 오래되어서 쇠해진 시기.
노:쇠-하다(老衰-)형여 늙고 쇠약하다. ¶노쇠한 심신.
노:수(老手)명 노련한 솜씨.
노:수(老叟)명 노옹(老翁)
노:수(老壽)명 -하다 자 오래 삶. 늙도록 삶. 장수(長壽)
노:수(老樹)명 오래된 나무. 고목(古木)
노수(勞嗽)명 한방에서, 주색(酒色)이 지나쳐 몸이 쇠약해지고 기침·오한·도한(盜汗)이 나는 병을 이르는 말.
노:수(路需)명 노자(路資)
노수(滷水)명 간수
노:숙(老宿)명 ①학식이 높고 견문이 넓은 사람. ②불교에서, 수양이 많고 덕이 높은 중을 이르는 말.
노:숙(露宿)명 -하다 자 한데에서 밤을 지냄. 노와(露臥). 야숙(野宿). 한둔 ☞한뎃잠
노:숙(老熟)어기 '노숙(老熟)하다'의 어기(語基).
노:숙-하다(老熟-)형여 오래 경험을 쌓아서 일에 익숙하다. ¶노숙한 솜씨.
노숙-히 부 노숙하게
노:-스님(老-)명 불가(佛家)에서, 스승의 스승을 일컫는 말. 노사(老師)
노스탤지어(nostalgia)명 타향에서 고향을 그리워하는 마음, 또는 지난날을 그리는 마음. 향수(鄕愁) 유회향병(懷鄕病)
노:승(老僧)명 나이가 많은 중. 늙은 중. ☞소승(少僧)
노:승발검(怒蠅拔劍)성구 파리를 보고 성이 나서 칼을 뽑는다는 뜻으로, 대수롭지 않은 일에 화를 내며 덤빔을 이르는 말. ☞견문발검(見蚊拔劍)
노:시(老視)명 노안(老眼)
노:신(老臣)명 ①늙은 신하. ②늙은 신하가 임금에게 자기를 낮추어 이르는 말.
노:신(老身)명 ①늙은 몸. 노구(老軀) ②늙은이가 자기를 낮추어 이르는 말.
노신(勞神)명 -하다 자 속을 썩임. 걱정을 함.
노:-신랑(老新郞)명 늦게 장가든, 나이가 많은 신랑. ☞노신부(老新婦)
노:-신부(老新婦)명 늦게 시집간, 나이가 많은 신부. ☞노신랑(老新郞)
노:실(老實)어기 '노실(老實)하다'의 어기(語基).
노:실-하다(老實-)형여 노숙하고 성실하다.
노심(勞心)명 -하다 자 마음으로 애를 씀.
노심-초사(勞心焦思)명 -하다 자타 애를 쓰며 속을 태움. ¶위기를 극복하려고 -하다.
노:아웃(no out)명 야구에서, 공격 측에 아웃 당한 선수가 없음을 이르는 말. 무사(無死)
노:악(露惡)명 자기의 나쁜 점을 일부러 드러냄.
노안(奴案)명 지난날, 종의 이름을 적어 두던 문서.
노:안(老眼)명 늙어 감에 따라 가까운 데 것이 잘 안 보이게 된 눈. 노시(老視) ☞원시안(遠視眼)
노:안(老顔)명 늙은 얼굴. 노쇠한 얼굴.
노:안-경(老眼鏡)명 노안에 쓰는 볼록렌즈로 만든 안경. 노인경(老人鏡). 돋보기. 돋보기안경
노안비:슬(奴顔婢膝)성구 아첨하는 사내종의 얼굴과 계집종의 무릎 꿇기라는 뜻으로, 남에게 종처럼 굽실거리는 비굴한 태도를 비유하여 이르는 말.
노-앞(櫓-)명 오른쪽 뱃전. ☞노뒤
노:앵(老鶯)명 늦봄에 우는 꾀꼬리.
노:야(老爺)명 늙은 남자. 노옹(老翁)
노야기 명 '향유(香薷)'의 딴이름.
노:약(老弱)어기 '노약(老弱)하다'의 어기(語基).
노:약-자(老弱者)명 ①늙고 쇠약한 이. ②노인과 어린이. ¶ -에게 자리를 양보하다.

노:약-하다(老弱－)[형][여] 늙고 쇠약하다.
노어(露語)[명] '러시아 어'의 한자어.
노어(鱸魚)[명] '농어'의 딴이름.
노어지:오(魯魚之誤)[성구] '魯'자와 '魚'자가 비슷하여 틀리기 쉬운 데서, 글자를 잘못 쓰기 쉬움을 이르는 말.
노엘(Noël 프)[명] ①크리스마스 ②크리스마스캐럴
노:여움[명] 노여운 마음. 노혐(怒嫌) ¶ －을 풀다. [준]노염
노여워-하다[자][여] 노엽게 여기다. ¶노여워하는 표정.
노:역(老役)[명] 연극・영화・방송극 등에서, 노인의 구실을 하는 일, 또는 그 연기자. ☞아역(兒役)
노역(勞役)[명]-하다[자] 매우 수고로운 노동. 고된 육체 노동.
노역-혼(勞役婚)[명] 매매 결혼의 한 가지. 결혼하기 전에 남자가 여자의 어버이를 위하여 일정한 기간 일을 해 줌으로써 맺어지는 혼인.
노:염[명] '노여움'의 준말.
노염(을) 사다[관용] 남에게 노염을 당하게 되다.
노염(을) 타다[관용] 걸핏하면 노여워하다.
노염(을) 풀다[관용] 노염을 삭이어 없애다.
노:염(老炎)[명] 늦더위
노:엽다(노엽고・노여워)[형][ㅂ] 마음에 분하고 섭섭한 느낌이 있다. ¶노여운 마음을 삭이다.
노:영(露營)[명]-하다[자] 야영(野營)
노예(奴隸)[명] ①지난날, 인권이나 자유를 인정 받지 못하고 남의 소유물로서 부림을 당하며, 또 매매・양도의 대상이 되었던 사람. ②어떤 일에 사로잡혀 그 지배를 받는 사람. ¶돈의 －가 되다. ☞자유민(自由民)
노예=경제(奴隸經濟)[명] 노예가 주요 생산 수단으로 이용되는 경제.
노예=근성(奴隸根性)[명] 주체성 없이 남에게 빌붙어서 시키는 대로 하는 성질.
노예=무역(奴隸貿易)[명] 지난날, 노예를 상품으로서 사고팔던 무역.
노예-적(奴隸的)[명] 노예와 같은 것. ¶ －인 근성.
노예=제도(奴隸制度)[명] 노예의 존재를 인정하는 사회 제도.
노예=해:방(奴隸解放)[명] 노예 제도를 폐지하고 노예를 자유인이 되게 하는 일.
노-오라기[명] 노끈의 작은 동강. [준]노오리
노-오리[명] '노오라기'의 준말.
노:옥(老屋)[명] 오래되어 낡은 집.
노:옥(露玉)[명] 구슬같이 맺힌 이슬.
노:온(老媼)[명] 늙은 여자. 노파(老婆) ☞노옹(老翁)
노:옹(老翁)[명] 늙은 남자. 노수(老叟). 노야(老爺) ☞노구(老嫗). 노온(老媼)
노:와(露臥)[명]-하다[자] 한데서 잠. 노숙(露宿). 한둔
노:욕(老慾)[명] 늙은이의 망령된 탐욕. ¶ －을 부리다.
노:용(路用)[명] 노자(路資)
노:우(老友)[명] 늙은 벗.
노:우(老優)[명] 늙은 배우.
노:웅(老雄)[명] 늙은 영웅.
노:유(老幼)[명] 늙은이와 어린이를 아울러 이르는 말. [유]노소(老少)
노:유(老儒)[명] 늙은 선비. 늙은 유학자.
노:육(努肉)[명] 궂은살
노을[명] 해가 뜰 무렵이나 해가 질 무렵에 하늘이 벌겋게 보이는 현상. [준]놀[1] ☞아침노을. 저녁노을
노이로제(Neurose 독)[명] 심리적 원인으로 일어나는 신경 기능의 장애. 히스테리나 신경 쇠약, 강박 신경증 따위. 신경증(神經症)
노이무공(勞而無功)[성구] 애를 썼으나 보람이 없음을 이르는 말. ☞도로무공(徒勞無功)
노:이불사(老而不死)[－싸][성구] 늙었으므로 죽고 싶으나 죽지 못함을 한탄하여 이르는 말.
노:익장(老益壯) '늙어가면서도 기력이 더욱 씩씩함'의 뜻. 노당익장(老當益壯) ¶ －을 과시하다.
노:인(老人)[명] 늙은 사람. 늙은이. 숙기(宿耆)
노:인(路人)[명] 길에 오고 가고 하는 사람.
노:인(路引)[명] 지난날, 관아에서 병졸이나 장사꾼, 외국인에게 발행하던 여행권.
노:인-경(老人鏡)[명] '돋보기'를 달리 이르는 말.
노:인-병(老人病)[－뼝][명] 노인에게 흔한 병. 암・심장병・고혈압・당뇨병・백내장・류머티즘・골다공증・노인성 치매 따위. ☞성인병(成人病)
노:인-성(老人星)[명] 남극성(南極星)
노:인성=치매(老人性痴呆)[－썽－][명] 노년기에 뇌의 퇴행 위축으로 말미암아 일어나는 병증. 노모성 치매
노:인=자제(老人子弟)[명] 늙어서 낳은 아들.
노:인-장(老人丈)[명] '노인'을 존경하여 일컫는 말. 늙으신네 ¶ －께서는 별고 없으십니까?
노:인-정(老人亭)[명] 노인들이 모여서 놀거나 쉬도록 만든 정자나 집. ☞경로당(敬老堂)
노:인-직(老人職)[명] 지난날, 관원은 여든 살, 일반인은 아흔 살 때, 임금이 특별히 내리던 당상관(堂上官)의 품계. [준]노직(老職)
노:인-학(老人學)[명] 노년학(老年學)
노임(勞賃)[명] 근로에 대한 보수. 노비(勞費). 임금(賃金)
노임=기금설(勞賃基金說)[명] 임금 기금설(賃金基金說)
노임=철칙(勞賃鐵則)[명] 임금 철칙(賃金鐵則)
노임=학설(勞賃學說)[명] 임금 학설(賃金學說)
노자(奴子)[명] ①노복(奴僕) ②마지기[1]
노자(勞資)[명] 노동과 자본, 또는 노동자와 자본가를 아울러 이르는 말.
노:자(路資)[명] 여행하는 데 드는 비용. 노비(路費). 노수(路需). 노용(路用). 행비(行費). 행자(行資)
노자근-하다[형][여] '노작지근하다'의 준말.
노자나-불(∠盧遮那佛)[명] '비로자나불'의 준말.
노작(勞作)[명] ①-하다[자] 고되게 일함. ②힘을 기울여서 만든 작품. 역작(力作)
노작=가축(勞作家畜)[명] 말이나 소 따위와 같이 고되게 일하는 가축.
노작=교:육(勞作敎育)[명] 학습자의 자발적・능동적인 정신 및 신체의 활동을 통하여 인간 형성을 꾀하는 교육.
노작지근-하다[형][여] 매우 노곤하다. [준]노자근하다
노:장(老壯)[명] 노년과 장년을 아울러 이르는 말.
노:장(老長)[명] ①불교에서, '늙은 중'을 높이어 이르는 말. ②나이가 많고 덕행이 높은 중. 노장중
노:장(老莊)[명] 노자(老子)와 장자(莊子)를 이르는 말.
노:장(老將)[명] ①나이가 많은 장수. ②싸움에 많은 경험을 가져 노련한 장수. ③어떤 분야에서 노련한 사람. ¶농구계의 －.
노:장(路葬)[명]-하다[타] 지난날, 죽은 처녀나 총각의 시신을 길 복판에 묻던 일. 그들의 혼령이 악귀가 되어 사람에게 해를 끼친다고 하여 이를 막기 위함이었음.
노장(蘆場)[명] 갈대를 기르는 곳.
노:장(露場)[명] 기상 관측을 위하여 마련한 옥외 장소. 잔디밭에 백엽상(百葉箱)이나 우량계 등을 설치함.
노:장=사상(老莊思想)[명] 노자(老子)와 장자(莊子)의 사상. 무(無)를 우주의 근원으로 보고 무위자연(無爲自然)을 주장하였음.
노:장-중(老長－)[명] 나이가 많고 덕행이 높은 중. 노장(老長) [높]고불(古佛)
노쟁(勞爭)[명] '노동 쟁의(勞動爭議)'의 준말.
노:적(露積)[명]-하다[타] 곡식을 한데에 쌓아 둠, 또는 그 곡식. 야적(野積)
[속담] **노적 섬에 불 붙여 놓고 박산 주워 먹는다** : 큰 것을 잃고 작은 것을 아끼는 짓을 비유하여 이르는 말. 〔노적가리에 불 지르고 싸라기 주워 먹는다〕
노:적-가리(露積－)[명] 한데에 쌓아 놓은 곡식 더미.
[속담] **노적가리에 불 지르고 싸라기 주워 먹는다** : 큰 것을 잃고 작은 것을 아끼는 짓을 비유하여 이르는 말. 〔기름을 버리고 깨 줍는다/노적 섬에 불 붙여 놓고 박산 주워 먹는다/집 태우고 바늘 줍는다〕
노:전(路奠)[명] 거리제. 노제(路祭)
노:전(路錢)[명] 여비(旅費)
노전(蘆田)[명] 갈대밭

노전(爐殿)명 절에서 대웅전과 그 밖의 법당을 맡아보는 사람의 숙소.
노전-승(爐殿僧)명 법당에서 아침 저녁으로 향불을 피우는 일을 맡아 하는 중.
노점(癆漸)명 한방에서, '폐결핵(肺結核)'을 이르는 말. 노증(癆症). 폐로(肺癆). 허로(虛勞)
노점(蘆簟)명 삿자리
노:점(露店)명 길가에서 땅바닥이나 판매대에 상품을 벌여 놓고 파는 가게. ☞난전
노:점(露點)[-쩜]명 대기 중의 수증기가 식어서 이슬이 맺히기 시작할 때의 온도. 이슬점
노:점-상(露店商)명 길가에서 땅바닥이나 판매대에 상품을 벌여 놓고 파는 장사, 또는 그 장수.
노:점=습도계(露點濕度計)[-쩜-]명 노점을 재어 공기 중의 습도를 헤아리는 계기. 이슬점 습도계
노:정(路程)명 ①어느 지점에서 목적지까지의 거리. ②여행의 경로나 일정. 노차(路次). 도정(道程)
노:정(露井)명 지붕이 없는 우물.
노:정(露呈)명-하다타 드러냄. 나타내 보임.
노정-골(顱頂骨)명 두정골(頭頂骨)
노:정-기(路程記)명 여행 길의 경로나 거리를 적은 글.
노:제(老除)명-하다타 지난날, 늙은 군인을 제대시키던 일.
노:제(路祭)명 거리제. 노전(路奠)
노조(勞組)명 '노동 조합(勞動組合)'의 준말.
노:졸(露拙)명-하다자 못나고 옹졸함을 드러냄.
노:졸(老拙)대 노생(老生)
노:졸(老拙)어기 '노졸(老拙)하다'의 어기(語基).
노:졸-하다(老拙-)형여 늙고 못나다.
노주(奴主)명 종과 주인을 아울러 이르는 말.
노:주(老酒)명 ①음력 섣달에 빚어서 해를 묵혀 떠낸 술. 납주(臘酒) ②술로 늙은 사람.
노:주(露珠)명 이슬방울
노:주(露酒)명 소주(燒酒)를 달리 이르는 말. 증류하여 이슬처럼 받아 내는 데서 생긴 말.
노:중(路中)명 ①길 가운데. ②길 가는 도중. 도중(道中)
노중-화(爐中火)명 육십갑자의 병인(丙寅)과 정묘(丁卯)에 붙이는 납음(納音). ☞대림목(大林木)
노즐(nozzle)명 기체나 액체를 뿜어 내도록 만든, 작은 구멍이 난 대롱꼴의 장치를 통틀어 이르는 말. 분무기나 연료 분사기 등에 쓰임.
노증(癆症)명 노점(癆漸)
노:지(露地)명 ①지붕이 덮여 있지 않은 땅. ②불교에서, 속계(俗界)를 떠난 적정(寂靜)의 경지를 이르는 말.
노:지=재:배(露地栽培)명 한데의 밭이나 화단에 꽃이나 채소 따위를 심어 가꾸는 일. ☞온실 재배(溫室栽培)
노:직(老職)명 '노인직(老人職)'의 준말.
노-질(櫓-)명-하다자 노를 저어 배를 나아가게 하는 일.
노:질(老疾)명 늙고 쇠약하여 생기는 병. 노병(老病)
노질(駑質·魯質)명 노둔한 성질.
노:차(路次)명 ①노정(路程) ②도중(途中)
노착지근-하다형여 '노리착지근하다'의 준말. ☞누척지근하다
　노착지근-히부 노착지근하게 ☞누척지근히
노:창(老蒼)어기 '노창(老蒼)하다'의 어기(語基).
노:창-하다(老蒼-)형여 ①늙어 보이며 점잖고 의젓하다. ②늙어서 머리털이 희끗희끗해지다.
노채(癆瘵)명 한방에서, 말기(末期)에 이른 폐결핵을 이르는 말. ☞노점(癆漸). 허로(虛勞)
노:처(老妻)명 늙은 아내.
노:처(露處)명-하다자 한데서 지냄.
노:-처녀(老處女)명 혼인할 나이가 지난 처녀. 나이 많은 미혼 여성. ☞노총각(老總角)
　속담 **노처녀가 시집을 가려니 등창이 난다** : 오래 벼르던 일을 하려 할 때, 방해물이 생겨 하지 못함을 비유하여 이르는 말.〔여든 살 난 큰아기가 시집가랬더니 차일(遮日)이 없다 한다〕/**노처녀더러 시집 가라 한다** : 물어 보나 마나 좋아할 것을 공연히 물을 때 하는 말.
노:천(露天)명 지붕 따위 가린 것이 없는 곳. 야외(野外). 한데 ¶연극을 -에서 공연하다.
노:천=강:당(露天講堂)명 한데에 계단식 자리 따위를 만들어 강당 대용으로 쓰는 곳.
노:천=극장(露天劇場)명 한데에 무대를 가설한 극장. 야외 극장(野外劇場)
노:천-상(露天商)명 길가에 물품을 벌여 놓고 하는 장사, 또는 그 장수.
노:천=수업(露天授業)명 야외 수업(野外授業)
노:천=채:굴(露天採掘)명 광석이나 석탄 등을 지표에서 직접 파내는 일. 준노굴(露掘) ☞갱내 채굴(坑內採掘)
노:체(老體)명 늙은 몸. 노구(老軀)
노:체(露體)명-하다자 알몸을 드러냄.
노:촌(路村)명 길 양쪽, 또는 한쪽에 집들이 들어서서 이루어진 시골 마을. ☞가촌(街村)
노:총명 일정한 동안 남에게 알리지 말아야 될 일.
　노총(을) 지르다관용 노총을 남에게 알리다.
노:-총각(老總角)명 혼인할 나이가 지난 총각. 나이 많은 미혼 남성. ☞노처녀(老處女)
노추(奴雛)명 지난날, 종이 낳은 아이를 이르던 말.
노:추(老醜)어기 '노추(老醜)하다'의 어기(語基).
노:추-하다(老醜-)형여 늙어서 보기에 추하다.
노:-축(老-)명 늙은 축. 늙은 패. 노패(老牌)
노:출(露出)명-하다자타 ①드러남, 또는 드러냄. ¶-이 심한 여름 옷./가슴을 -하다. ②사진을 촬영할 때 셔터를 열어 빛이 건판과 필름에 비치게 하는 일. 노광(露光) ¶이중(二重) -/- 시간
노:출-계(露出計)명 사진 따위를 촬영할 때, 피사체(被寫體)의 밝기를 재는 계기.
노:출-증(露出症)[-쯩]명 성적 도착(性的倒錯)의 한 가지. 치부(恥部)를 드러내어 남에게 보임으로써 성적 만족을 얻는 병적 증세.
노췌(勞瘁)어기 '노췌(勞瘁)하다'의 어기(語基).
노췌-하다(勞瘁-)형여 고달파서 초췌하다.
노:치(老齒)명 늙은 사람의 이.
노:친(老親)명 ①늙은 어버이. ②늙은 여자. 노파(老婆)
노:친시:하(老親侍下) '늙은 부모를 모시고 있는 처지'의 뜻.
노:카운트(no+count)명 운동 경기에서, 득점이나 실점으로 인정하지 않는 일.
노커(knocker)명 ①방문자가 찾아왔음을 알리기 위하여 두드리는, 문에 달린 고리쇠. ②야구에서, 선수에게 수비 연습을 시키기 위해 공을 쳐 주는 사람.
노:코멘트(no comment)명 취재 기자 등이 의견·설명·논평 등을 요구하는 질문에 아무 말도 하지 않는 일.
노크(knock)명-하다타 ①남의 방 등에 들어가기에 앞서 문을 가볍게 두드리는 일. ¶-하고 문을 열다. ②야구에서, 선수에게 수비 연습을 시키기 위해 공을 치는 일.
노킹(knocking)명 내연 기관에서 연료와 공기의 혼합 기체가 이상 연소를 일으키는 현상.
노:타이(no+tie)명 '노타이셔츠'의 준말.
노:타이셔츠(no+tie shirts)명 넥타이를 매지 않고 깃을 열고 입는 셔츠. 남방 셔츠 따위. 개금셔츠 준노타이
노:타임(no+time)명 야구 등의 운동 경기에서, 일시 중단되었던 경기를 다시 시작할 때 심판이 선언하는 말.
노:탐(老貪)명 늙은이의 탐욕. ¶-을 버리지 못하다.
노:태(老態)명 ①늙은이의 태도. ②늙어 보이는 모양. 노티 ¶-가 나다.
노:터치(no+touch)명 ①손을 대지 않음, 또는 손을 대지 못함. ②무슨 일에 관계하지 않음. ③야구에서, 수비수가 주자나 베이스를 터치하지 못한 일.
노:퇴(老退)명-하다자 늙어서 스스로 관직 등에서 물러남. ☞은퇴(隱退)
노:트(note)명-하다타 ①적어 두는 일. 기록(記錄). 수기(手記) ¶강의 내용을 -하다. ②'노트북'의 준말. ③주해(註解) ④음표(音標)
노트(knot)의 배의 속도를 나타내는 단위. 한 시간에 1 해

리(약 1,852m)를 달리는 속도를 1노트라 함.
노:트북(notebook)명 공책. 필기장 준노트(note)
노:트북컴퓨:터(notebook computer)명 가지고 다니기에 편리하도록 작게 만든 컴퓨터. 노트북피시
노:트북피:시(notebook PC)명 노트북컴퓨터(notebook computer) [notebook personal computer]
노:틀(∠老頭兒 중)명 '늙은이'를 속되게 이르는 말.
노티명 찹쌀가루와 기장쌀가루를 반반씩 섞어 엿기름물로 반죽하여 하루쯤 삭혀서 번철에 지진 떡.
노:-티(老-)명 늙어 보이는 모양. 노태(老態)
노:파(老婆)명 늙은 여자. 노친(老親) ☞노야(老爺)
노파리명 지난날, 삼·종이·짚 등의 노로 결은 신을 이르던 말. 겨울에 집 안에서 신었음.
노:파-심(老婆心)명 남의 일을 지나치게 염려하거나 걱정하는 마음. ¶ -에서 한 마디 하다.
노:패(老牌)명 노축
노:폐(老廢)어기 '노폐(老廢)하다'의 어기(語基).
노:폐-물(老廢物)명 ①몸 안의 신진대사로 몸 밖으로 배설되는 찌꺼기. ②낡아서 쓸모없이 된 물건.
노:폐-하다(老廢-)형여 오래되거나 낡아서 쓸모가 없다. 노후(老朽)하다 ¶노폐한 어선.
노포(弩砲)명 쇠뇌
노:폭(路幅)명 도로의 너비. ¶ - 확장 공사
노:표(路標)명 가는 길이나 방향, 거리 따위를 나타내는 표지. 길표. 도표(道標)
노:필(老筆)명 ①노숙한 글씨. ②늙은이의 힘없는 글씨.
노하(滷蝦)명 '곤쟁이'의 딴이름.
노:-하다(怒-)자여 '성내다'의 문어 투의 말. ¶노한 파도./노하신 할아버지 음성.
노:하우(know-how)명 제품 경쟁에서 요긴한 수단이 되는 기술 정보. 전문적인 지식이나 비결. ¶그 음료의 독특한 맛을 내는 -.
노하-유(滷蝦油)명 곤쟁이젓에서 짜낸 기름. 감동유
노:학(老瘧)명 한방에서, '이틀거리'를 이르는 말.
노:한(老漢)명 늙은 남자.
노해명 바닷가에 펼쳐진 들판.
노햇-사:람명 바닷가의 들판에서 사는 사람.
노현(露見·露顯)명-하다자타 겉으로 드러남, 또는 겉으로 드러냄. 현로(顯露)
노:형(老兄)대 ①남자들 사이에서 나이를 더 먹은 이를 대접하여 부르는 말. ☞아형(雅兄) ②친밀하지 않은 남자들 사이에 서로 대접하여 부르는 말.
노:호(怒號)명-하다자 ①성내어 부르짖음, 또는 그 소리. ¶광장에 모인 군중의 -. ②바람이나 물결 따위의 세찬 소리. ¶파도의 -.
노:혼(老昏)어기 '노혼(老昏)하다'의 어기(語基).
노:혼-하다(老昏-)형여 늙어서 정신이 흐리다.
노:홍소:청(老紅少靑)성구 장기를 둘 때, 나이 많은 사람이 붉은 말, 나이 적은 사람이 파란 말을 가지고 두는 일을 이르는 말.
노:화(老化)명-하다자 ①나이가 많아짐에 따라 심신의 여러 가지 기능이 쇠약해지는 일. ¶ -를 방지하다. ②콜로이드 따위의 교질(膠質) 용액이 시간이 지남에 따라 변화하거나, 고무를 공기 중에 오래 두었을 때 산화하여 굳어지는 현상. ¶ - 작용
노화(蘆花)명 '갈대꽃'의 딴이름.
노:환(老患)명 '노병(老病)'의 높임말.
노회(蘆薈)명 '알로에(aloe)'의 딴이름.
노:회(老獪)어기 '노회(老獪)하다'의 어기(語基).
노:회-하다(老獪)형여 노련하고 교활하다.
노획(鹵獲)명-하다타 전쟁 중에 적의 군용품이나 무기 등을 빼앗음. ¶적의 무기를 -하다.
노획(虜獲)명-하다타 적을 사로잡음.
노획-물(鹵獲物)명 적으로부터 빼앗은 물건. 노획품
노획-품(鹵獲品)명 노획물
노:후(老後)명 늙어진 뒤. ¶ -의 생활에 대비하다.
노:후(老朽)어기 '노후(老朽)하다'의 어기(語基).
노:후-하다(老朽-)형여 오래되거나 낡아서 쓸모가 없다. 노폐(老廢)하다 ¶노후한 선박.
노:히트노:런(no hit+no run)명 야구에서, 투수가 한 경기에서 상대편 선수에게 안타나 득점을 허용하지 않고 완투하는 일. ☞퍼펙트게임
녹명 산화 작용으로 쇠붙이의 거죽에 생기는 물질. 구리의 녹청(綠靑), 철의 붉은 녹과 검은 녹 따위. ¶ -이 슬다.
녹(祿)명 '녹봉(祿俸)'의 준말.
녹을 먹다관용 관직에 올라 녹봉을 받다.

한자 녹 록(祿) [示部 8획] ¶녹봉(祿俸)/녹읍(祿邑)

녹(綠)명 '녹색(綠色)'의 준말.
녹각(鹿角)명 사슴의 각질화(角質化)한 뿔. 한방에서 약재로 씀. ☞녹용(鹿茸)
녹각-교(鹿角膠)명 한방에서, 사슴의 뿔을 고아서 풀처럼 만든 보약.
녹각-상(鹿角霜)명 한방에서, 사슴의 뿔을 고아서 말려 만든 가루로 된 보약.
녹-갈색(綠褐色)[-쌕]명 녹색을 띤 갈색.
녹갱(鹿羹)명 사슴 고기를 넣고 끓인 국.
녹거(鹿車)명 불교에서 이르는 삼거(三車)의 하나. 연각승(緣覺乘)을 비유하여 이르는 말. ☞양거(羊車)
녹골-고(鹿骨膏)명 한방에서, 사슴 한 마리의 뼈를 진하게 고아서 만든 보약을 이르는 말.
녹곽(鹿藿)명 '쥐눈이콩'의 딴이름.
녹-나다자 산화 작용으로 쇠붙이의 거죽에 녹이 생기다. 녹슬다
녹-나무명 녹나뭇과의 상록 교목. 높이 20m 안팎. 잎은 길둥근데 윤이 나며 향기가 있음. 봄에 황백색의 꽃이 피고, 가을에 흑자색의 둥근 열매가 익음. 제주도의 산기슭 양지에 자라며 장뇌(樟腦)의 원료나 건축재, 가구재로 쓰임. 장목(樟木). 장수(樟樹)
녹-내(綠-)명 쇠붙이에 슨 녹의 냄새.
녹-내:장(綠內障)명 안압(眼壓)이 지나치게 높아져서 시신경에 장애가 생겨 시력이 떨어지는 병. 눈동자가 확대되어 청녹색으로 보이고, 심하면 눈이 멀게 됨. ☞백내장(白內障)
녹녹-하다형여 물기나 기름기가 섞여서 좀 무름하고 보드랍다. ¶굳은 떡을 녹녹하게 하다. ☞눅눅하다
녹녹-히부 녹녹하게 ☞눅눅히
녹-느즈러지다자 노긋하게 느즈러지다.
녹는-열(-熱)[-녈]명 고체를 완전히 융해하는 데 필요한 열량. 융해열(融解熱)
녹는-점(-點)명 고체가 녹아서 액체로 되기 시작하는 온도. 융해점(融解點)
녹니-석(綠泥石)명 흑운모와 비슷한 결정 구조를 가진 규산염 광물. 저온에서 생긴 변성암으로, 녹색에 진주 광택이 나는 비늘 모양을 이룸.
녹니-편암(綠泥片岩)명 녹니석을 주성분으로 하는 결정 편암(結晶片岩). 암녹색이고 광택이 나며 편리(片理)가 발달해 있음.
녹다자 ①고체가 열로 말미암아 액체 상태로 되다. ¶얼음이 -. ②결정체가 액체 속에서 풀리다. ¶설탕이 물에 -. ③추위로 얼었던 것이 풀리다. ¶얼었던 땅이 -. ④몹시 지치거나 취하여 맥이 풀리다. ¶잠에 녹아 떨어지다. ⑤실패하거나 타격을 받아 형편없이 되어 버리다. 아주 혼이 나다. ¶건설 회사의 부도로 우리는 녹았다. ⑥무엇에 지나치게 반하거나 홀리어 제정신을 못 차리다. ¶그의 간드러진 웃음소리에 녹았다.

한자 녹을 용(熔) [火部 10획] ¶용석(熔石)/용암(熔岩)/용점(熔點)/용접(熔接)/용해(熔解)
녹을 융(融) [虫部 10획] ¶용융점(鎔融點)/융점(融點)/융합(融合)/융해(融解)

녹다운(knock-down)명 권투에서, 선수가 얻어맞고 발바닥 이외의 몸 부분이 매트에 닿거나, 링 밖으로 나가거나, 싸울 의사가 없어 로프에 기대거나 하는 일. 10초

안에 경기를 다시 시작하지 못하면 녹아웃이 됨.

녹다운=수출(knockdown輸出)명 부품을 수출하여 현지에서 완제품을 조립·판매하는 방식의 수출.

녹두(綠豆)명 콩과의 한해살이풀. 여름에 노란 나비 모양의 꽃이 피며, 열매는 둥글고 긴 꼬투리로 열리어 녹색의 씨로 음식을 만들어 먹음. 인도 원산임.

녹두-거:피떡(綠豆去皮-)명 멥쌀가루나 찹쌀가루에 녹두 고물로 켜를 안치어 찐 떡. 거피녹두떡

녹두-국(綠豆麴)명 녹두 누룩

녹두=누룩(綠豆-)명 녹두를 물에 불렸다 반쯤 말린 뒤에, 물에 불린 멥쌀과 함께 빻아서 만든 누룩. 녹두국

녹두-묵(綠豆-)명 물에 불린 녹두를 맷돌에 갈아 체로 밭아서 가라앉은 앙금으로 쑨 묵. 녹두유. 청포(淸泡)

녹두-밤(綠豆-)명 알이 잘고 동글동글한 밤.

녹두-새(綠豆-)명 몸빛이 푸르고 작은 새. 길조(吉兆)를 상징함.

녹두-유(綠豆乳)명 녹두묵

녹두-전:병(綠豆煎餠)명 빈대떡

녹두-죽(綠豆粥)명 녹두와 쌀로 쑨 죽. 녹두를 푹 삶아서 체에 걸러 가라앉히고, 웃물만 떠서 끓이다가 쌀을 넣고 끓여, 쌀이 알맞게 퍼지면 가라앉혔던 녹두 앙금을 넣고 쑴.

녹두-채(綠豆菜)명 '숙주나물'의 딴이름.

녹두-칼국수(綠豆-)명 녹두물을 끓이다가 칼국수를 넣고 끓인 음식.

녹렴-석(綠簾石)명 칼슘·알루미늄·철 등이 들어 있는 함수(含水) 규산염 광물. 황록색의 유리 광택이 있는 기둥 모양의 결정임.

녹렵(鹿獵)명-하다자 사슴 사냥.

녹로(轆轤)명 ①고패 ②갈이틀 ③우산살을 한 곳에 모아서 우산을 펴고 접는 데 쓰는 대롱 모양의 물건.

녹로-전:관(轆轤轉關)명 한방에서, 아래위의 눈시울이 맞지 않는 병을 이르는 말.

녹록(碌碌)어기 '녹록(碌碌)하다'의 어기(語基).

녹록-하다(碌碌-)형여 ①평범하고 하잘것없다. ¶녹록한 위인이 아니다. ②만만하고 호락호락하다. ¶녹록하게 넘어갈 사람 같지 않다.

녹록-히부 녹록하게

녹리(鹿梨)명 '산돌배'의 딴이름.

녹림(綠林)명 ①푸른 숲. ②빈민이 녹림산에 모여 살며 도둑이 되었다는 중국의 고사에서, '도둑의 소굴'을 뜻함.

녹림-객(綠林客)명 녹림호객(綠林豪客)

녹림-호객(綠林豪客)명 '불한당'이나 '화적'을 달리 이르는 말. 녹림호걸. 녹림객

녹림-호걸(綠林豪傑)명 녹림호객(綠林豪客)

녹마(騄馬)명 녹이(騄耳)

녹말(綠末)명 ①녹두를 갈아 앙금을 말린 가루. ②식물의 줄기·뿌리·씨·열매 등에 들어 있는 다당류(多糖類)의 한 가지. 정제한 것은 맛도 냄새도 없는 흰 가루이며 물에 타서 가열하면 풀 모양이 됨. 곡류나 고구마·감자 등에 많이 들어 있음. 포도당·엿·소주 등의 원료로 쓰임. 전분(澱粉)

녹말-다식(綠末茶食)명 우리 나라 전래의 과자의 한 가지. 녹두 녹말을 익반죽한 다음 꿀을 넣고 다시 반죽하여 다식판에 박아서 만듦.

녹말-당(綠末糖)명 녹말을 산(酸)으로 가수 분해하여 만든 당류. 식품이나 의약품 등에 쓰임. 전분당(澱粉糖)

녹말=당화소(綠末糖化素)명 녹말 효소(綠末酵素) 준당화소(糖化素)

녹말-립(綠末粒)명 식물 세포에 들어 있는 낟알 모양의 녹말. 전분립(澱粉粒)

녹말-묵(綠末-)명 녹말로 쑨 묵. 녹말유 ☞제물묵

녹말=비지(綠末-)명 녹말의 찌꺼기.

녹말-유(綠末乳)[-류]명 녹말묵

녹말=종자(綠末種子)명 녹말을 주된 저장 물질로 지니고 있는 종자. 곡류(穀類)와 두류(豆類)의 대부분이 이에 딸림. 전분 종자 ☞지방 종자

녹말-질(綠末質)명 녹말을 많이 지니고 있는 물질. 탄수화물 가운데서 영양원이 되는 물질로 식물 조직에 저장되어 있음. 전분질(澱粉質)

녹말=효:소(綠末酵素)명 녹말을 당(糖)으로 바꿀 때 촉매 작용을 하는 효소. 디아스타아제 따위가 있음. 녹말당화소. 전분 당화소. 전분 효소

녹명(祿命)명 사람이 타고난 관록(官祿)과 운명.

녹명(錄名)명-하다자 이름을 적음.

녹모-색(鹿毛色)명 사슴의 털빛 같은 엷은 갈색.

녹문(綠門)명 솔문

녹-물명 ①쇠붙이의 녹에서 생긴 물. ¶-이 옷에 묻다. ②녹의 빛깔.

녹미(祿米)명 녹봉(祿俸)으로 받는 쌀.

녹미-채(鹿尾菜)명 '톳[2]'의 딴이름.

녹반(綠礬)명 황산제일철(黃酸第一鐵)

녹발(綠髮)명 푸른 머리라는 뜻으로, 검고 윤기 있는 머리털을 이르는 말. ☞녹운(綠雲)

녹밥명 가죽신의 울과 바닥을 꿰맨 실.

녹변(綠便)명 젖먹이가 소화 불량 등으로 누는 푸른 똥.

녹병(綠病)명 식물의 잎이나 줄기에 귤색 또는 갈색의 가루가 덩어리로 생기는 병. 엽삽병(葉澁病)

녹봉(祿俸)명 지난날, 나라에서 관원에게 연봉으로 주는 쌀·콩·보리·명주·베·돈 따위를 통틀어 이르던 말. 봉록(俸祿). 식록(食祿) 준녹(祿)

녹비(∠鹿皮)명 사슴의 가죽. 원녹피(鹿皮)

속담 **녹비에 가로왈 자**: [사슴 가죽에 쓴 가로 왈(曰) 자는, 당기는 대로 일(日) 자도 되고 왈(曰) 자도 된다는 말로] ①이렇게도 볼 수 있고 저렇게도 볼 수 있음을 비유하여 이르는 말. [귀에 걸면 귀걸이 코에 걸면 코걸이] ②사람이 일정한 주견이 없이 남의 말을 좇아 이랬다저랬다 함을 비유하여 이르는 말.

녹비(綠肥)명 논밭에 넣어 주는, 푸른 생풀이나 생나뭇잎으로 된 거름. 초비(草肥). 풋거름

녹비=작물(綠肥作物)명 녹비로 쓰려고 심어 가꾸는 식물. 자운영(紫雲英)이나 싸리·토끼풀 따위. 비료 작물

녹빈홍안(綠鬢紅顔)성구 윤이 나는 검은 귀밑머리와 분홍빛 얼굴이라는 뜻으로, 젊고 아름다운 여자의 얼굴을 이르는 말.

녹사(錄事)명 조선 시대, 의정부(議政府)나 중추부(中樞府)에 딸린 관직의 하나. 문서나 기록 따위를 맡았음.

녹사-의(綠簑衣)명 도롱이

녹-새치(綠-)명 황새칫과의 바닷물고기. 몸길이 4.5m 안팎. 모양은 청새치와 비슷하나 좀더 크고, 등지느러미의 높이가 약간 낮음. 몸빛은 등은 암녹색, 배는 연한 황백색임. 작은 물고기와 오징어 따위를 잡아먹으며 온대와 열대의 외양 표층을 유영하며 삶. ☞기어(旗魚)

녹새-풍(綠塞風)명 높새

녹색(綠色)명 파랑과 노랑의 중간색. 나뭇잎이나 풀과 같은 색, 또는 그런 색의 물감. 목청(木靑) 준녹(綠) [우리 나라의 기본색 이름은 초록(草綠)임.] ☞주황(朱黃). 청록(靑綠). 파랑

녹-색맹(綠色盲)명 녹색을 제대로 가려 보지 못하는 색맹. ☞적색맹(赤色盲). 적록 색맹(赤綠色盲)

녹색=상품(綠色商品)명 되도록 환경을 오염시키지 않기 위하여 쓰레기 발생량이 적게 만든 제품.

녹색=식물(綠色植物)명 엽록소를 지니고 있어서 푸르게 보이는 나무나 풀을 통틀어 이르는 말.

녹색=신고(綠色申告)명 공개 법인이나 상장 법인 등이 법인세의 표준 과세액을 자진 신고하고 납세하는 제도. 일반 납세 신고서 용지를 백색으로 하고 자진 신고 납세자의 용지를 녹색으로 구분한 데서 생긴 이름.

녹색-조(綠色藻)명 엽록소를 지니고 있어 푸른 빛을 띠는 말. 녹조(綠藻)

녹색=조류(綠色藻類)명 녹조류(綠藻類)

녹색=혁명(綠色革命)명 품종 개량 따위로 많은 수확을 올리는 농업의 혁신.

녹수(綠水)명 푸른 물. 벽수(碧水)

속담 **녹수 갈 제 원앙 가듯** : 둘이 늘 같이 있으며 떠나지 않음을 이르는 말. [바늘 가는 데 실 간다]

녹수(綠樹)명 잎이 푸른 나무.

녹수-청산(綠水青山)명 푸른 물과 푸른 산.

녹-슬다(-슬고·-스니)자 ①쇠붙이의 거죽에 녹이 생기다. ¶쓰지 않아서 녹슨 연장. ②사람의 생각이나 솜씨 따위가 무디어지다. ¶머리가 -./솜씨가 -.

녹신(鹿腎)명 한방에서, 수사슴의 외부 생식기를 약재로 이르는 말. 양기(陽氣)를 돕는 데 쓰임.

녹신-녹신 부-하다 형 매우 녹신한 모양을 나타내는 말. ¶-한 인절미. ☞눅신눅신

녹신-하다 형여 질기거나 차진 것이 물러져서 보드랍다. ¶쇠심을 녹신하도록 고다. ☞눅신하다

녹신-히 부 녹신하게 ☞눅신히

녹실-녹실 부-하다 형 매우 녹실한 모양을 나타내는 말. ☞눅실눅실

녹실-하다 형여 매우 녹신하다. ☞눅실하다

녹-십자(綠十字)명 재해로부터 안전을 상징하는 녹색의 십자 표지. ¶-운동

녹쌀 명 메밀이나 녹두, 장목수수 따위를 맷돌에 갈아서 쌀알처럼 만든 것.

녹쌀(을) 내다 관용 메밀이나 녹두, 장목수수 따위를 맷돌에 갈아서 쌀알처럼 되게 하다.

× **녹-쓸다** 자 →녹슬다

녹아(綠芽)명 여름눈

녹아웃(knockout)명 ①권투에서, 경기자가 다운되어 심판이 규정된 10초를 셀 때까지 싸울 몸가짐을 하지 못하는 상태를 이르는 말. 케이오 ☞아르에스시. 티케이오 ②상대가 다시 일어날 수 없을 정도로 타격을 주는 일.

녹안(綠眼)명 눈동자가 푸른 눈. ☞벽안(碧眼)

녹야(綠野)명 푸른 풀이 우거진 들.

녹야-원(鹿野苑)명 지난날, 중부 인도에 있던 동산. 석가모니가 처음으로 다섯 사람의 비구(比丘)에게 설법한 곳임. 준녹원(鹿苑)

녹양(綠楊)명 푸르게 우거진 버들. ☞방초(芳草)

녹엽(綠葉)명 푸른 잎. ☞홍엽(紅葉)

녹옥(綠玉)명 ①녹색의 옥. ②에메랄드(emerald)

녹용(鹿茸)명 사슴의 새로 돋은 연한 뿔. 각질화(角質化)하기 전에 잘라 그늘에 말린 것을 이르는데, 한방에서 보약으로 쓰임. 준용(茸) ☞녹각(鹿角)

녹우(綠雨)명 봄에 풀과 나무의 새 잎이 연한 초록빛을 띨 무렵에 내리는 비.

녹운(綠雲)명 숱이 많고 검은, 여자의 아름다운 머리털을 비유하여 이르는 말. ☞녹발(綠髮)

녹원(鹿苑)명 ①사슴을 기르는 동산. ②'녹야원(鹿野苑)'의 준말.

녹위(祿位)명 녹봉(祿俸)과 작위.

녹육(鹿肉)명 사슴 고기.

녹음(綠陰)명 푸른 잎이 우거진 나무의 그늘. 취음(翠陰) ¶-이 우거진 공원.

녹음(錄音)명-하다 타 음성·음악·음향 따위를 재생할 수 있도록 테이프나 레코드 따위에 기계로 기록하는 일.

녹음-기(錄音器)명 녹음하는 기계.

녹음=방:송(錄音放送)명 녹음한 내용을 재생(再生)하여 보내는 방송. ☞실황 방송(實況放送)

녹음방초(綠陰芳草)성구 우거진 나무 그늘과 향기로운 풀이라는 뜻으로, 여름철의 자연을 이르는 말.

녹음=테이프(錄音tape)명 음성·음악·음향 따위를 기록하거나 재생하는 데 쓰는 자기(磁氣) 테이프.

녹음-판(錄音板)명 녹음을 해 놓은 음반.

녹읍(祿邑)명 신라·고려 시대에 관원에게 임기 동안 나누어 주던 논밭.

녹의(綠衣)명 ①푸른 옷. ②연두 저고리.

녹의(綠蟻)명 술구더기

녹의홍상(綠衣紅裳)성구 연두 저고리와 다홍 치마, 곧 젊은 여자의 곱게 차린 옷치장을 이르는 말.

녹이(騄駬·綠耳)명 중국의 주(周)나라 목왕(穆王)이 탔다는 팔준마(八駿馬)의 하나로, 매우 좋은 말을 비유하여 이르는 말. 녹마

녹이다 타 ①결정체나 고체를 액체로 되게 하다. ¶얼음을 -./광석을 -. ②추위에 언 몸을 풀다. ¶난로 앞에서 몸을 -. ③남이 홀리게 하다. ¶숫총각의 마음을 -.

녹작지근-하다 형여 온몸에 힘이 없고 몹시 나른하다.

녹정-혈(鹿頂血)명 한방에서, 사슴의 대가리에서 나온 피를 이르는 말. 강장제로 쓰임.

녹제-초(鹿蹄草)명 '노루발풀'의 딴이름.

녹조(綠藻)명 녹색조(綠色藻)

녹조-류(綠藻類)명 원생생물계의 한 문(門). 바다나 민물에서 자라는 조류(藻類)로, 엽록소로 광합성을 하며 이분법·접합·포자법 등으로 번식함. 바다의 청각·파래 따위와 민물의 클로렐라·해캄 따위. 녹색 조류 ☞황색편모조류류

녹존(祿存)명 녹존성(祿存星)

녹존-성(祿存星)명 구성(九星)의 셋째 별. 녹존(祿存)

녹주-석(綠柱石)명 베릴륨과 알루미늄의 규산염 광물. 육각 기둥 모양의 결정(結晶)을 이룸. 초록빛·푸른 빛·투명 따위의 유리 광택이 있음. 초록빛의 투명한 것을 에메랄드라 함.

녹주-옥(綠柱玉)명 녹주석(綠柱石)의 한 가지. 에메랄드

녹죽(綠竹)명 푸른 대나무.

녹지(祿地)명 봉토(封土)

녹지(綠地)명 풀이나 나무가 푸르게 자란 땅. ¶자연 -

녹지(錄紙)명 남에게 보이려고 무슨 내용을 간단히 적은 쪽지. ☞녹편(錄片)

녹지-대(綠地帶)명 녹지 지역

녹지=지역(綠地地域)명 주로 도시 주변의 자연 경관을 유지하고 자연 생태계를 보호하기 위하여 법으로써 개발을 제한한 지역. 개발 제한 구역. 그린벨트. 녹지대

녹지-채(綠地彩)명 녹색 바탕에 오채(五彩)를 베푼 채색. 준녹채(綠彩)

녹진-녹진 부-하다 형 매우 녹진한 모양을 나타내는 말. ¶-한 엿가락. ☞눅진눅진

녹진-하다 형여 ①질기거나 차진 물체가 노긋하면서 끈끈한 기운이 있다. ②성질이 노긋하면서 끈기가 있다. ☞눅진하다

녹진-히 부 녹진하게 ☞눅진히

녹차(綠茶)명 차나무의 잎을 따서 바로 찌거나 덖어서 말린 녹색의 차. ☞말차(抹茶). 홍차(紅茶)

녹창(綠窓)명 ①가난한 여자가 사는 곳. ☞홍루(紅樓) ②부녀자가 거처하는 방.

녹채(鹿砦)명 적의 침입을 막기 위해 대나무 따위를 사슴뿔 모양으로 엮어 친 방어물.

녹채(綠彩)명 '녹지채(綠地彩)'의 준말.

녹청(綠青)명 구리의 거죽에 생기는 푸르스름한 녹, 또는 그 빛깔. 녹색 안료로 쓰임. 석록(石綠)

녹초 명 ①몹시 지치거나 얻어맞거나 하여 아주 맥이 풀려 늘어진 상태를 뜻하는 말. ¶강행군으로 -가 되다. ②물건이 낡고 헐어서 결딴이 난 상태를 뜻하는 말.

녹초 부르다 관용 ①'녹초가 되다'를 속되게 이르는 말. ②'죽다'를 속되게 이르는 말.

녹초(綠草)명 푸른 풀.

녹총(鹿葱)명 '원추리'의 딴이름.

녹-치(綠-)명 잘 말린 푸른 빛의 부드러운 찻잎. ☞녹차

녹탕(鹿湯)명 사슴 고기를 넣어 끓인 국.

녹태(鹿胎)명 사슴의 뱃속에 든 새끼.

녹태(祿太)명 지난날, 녹봉으로 주는 콩을 이르던 말.

녹태(綠苔)명 푸른 이끼. 청태(青苔)

녹턴(nocturne)명 피아노곡으로 작곡된, 조용한 밤의 정서를 나타내는 서정적인 소곡. 몽환곡(夢幻曲). 야상곡

녹토(綠土)명 ①초목이 푸르게 우거진 땅. ②녹색을 띤 근해(近海)의 침전물. ③흑운모 따위가 분해되어 생기는 녹색 광물의 한 가지.

녹토비전(noctovision)명 암시 장치(暗視裝置)

녹파(綠波)명 푸른 물결.

녹패(鹿牌)명 사슴 사냥을 하는 사냥꾼 패.
녹패(祿牌)명 지난날, 녹봉을 받는 신하에게 증거로 주던, 종이로 만든 표.
녹편(鹿鞭)명 한방에서, 수사슴의 외부 생식기의 심줄을 약재로 이르는 말. 양기(陽氣)를 돕는 데 쓰임.
녹편(錄片)명 간단한 녹지(錄紙).
녹풍(綠風)명 ①초여름에 푸른 잎 사이를 스치어 부는 바람을 이르는 말. ②한방에서 이르는 눈병의 한 가지. 눈동자가 푸르게 보이고 커지며, 머리와 눈 둘레가 아프고 시력이 약해짐.
녹피(鹿皮)명 '녹비'의 원말.
녹혈(鹿血)명 사슴의 피. 강장제(強壯劑)로 쓰임.
녹화(綠化)명-하다타 나무를 심어서 산과 들을 푸르게 만드는 일. ¶— 운동/국토를 —하다.
녹화(錄畫)명-하다타 재생할 수 있도록 테이프나 디스크, 필름 등에 화상(畫像)을 기록하는 일, 또는 기록한 것.
녹화=방:송(錄畫放送)명 녹화한 내용을 재생하여 보내는 방송. ☞실황 방송(實況放送)
녹황-색(綠黃色)명 녹색을 띤 황색. ¶— 채소
녹훈(錄勳)명-하다자 훈공을 장부에 적음.
논명 물을 대어 벼를 심어 가꾸는 땅. ¶—에 물을 싣다.
논(을) 풀다관용 밭이나 다른 땅을 논으로 만들다.
속담 **논을 사려면 두렁을 보라** : 논을 사고자 할 때는 남의 논과 사이에 있는 두렁을 살펴보고 그것이 분명한가, 물길은 어떤가 따위를 알아보고 사야 한다는 말./**논 이기듯 신 이기듯 한다** : 한 말을 여러 번 되풀이하여 잘 알아듣도록 한다는 말./**논 팔아 굿하니 맏며느리 춤추더라** : 눈앞에 닥친 어려운 처지를 가장 뼈아프게 알아야 할 사람이, 도리어 엇가면서 분수없는 짓을 하는 경우를 비유하여 이르는 말.〔빚 얻어 굿하니 맏며느리 춤춘다〕

한자 논 답(畓)〔田部 4획〕¶답농(畓農)/전답(田畓)

논(論)명 ①한문 문체(文體)의 한 가지. 사리의 옳고 그름을 논설식으로 밝히는 글. ②'논장(論藏)'의 준말.
논가(論價)[—까]명-하다타 값을 매기려고 의논함.
논-갈이명-하다자 논을 가는 일. ☞밭갈이
논강(論講)명-하다타 불교에서, 경전(經典)을 연구하여 토론하는 일을 이르는 말.
논객(論客)명 변론을 잘하는 사람. 논사(論士) ¶당대의 유명한 —.
논거(論據)명 논설이나 이론의 근거. ¶—가 빈약하다.
논결(論決)명-하다타 토론하여 결정함. 논정(論定)
논결(論結)명-하다타 토론하여 결론을 지음.
논경(論警)명-하다타 지난날, 상관이 아래 관원의 잘못을 경계하던 일.
논계(論啓)명-하다타 지난날, 신하가 임금에게 그 잘못을 따져 간하던 일.
논고(論考·論攷)명-하다타 여러 문헌을 고증하고 사리를 논술하여 밝히는 일. ¶비교 문학 —
논고(論告)명-하다타 ①자기가 믿는 바를 논술하여 알림. ②형사 재판에서, 검사가 범죄 사실과 법률의 적용에 관한 의견을 진술하는 일.
논-고랑[—꼬—]명 줄진 벼 포기 사이로 난 고랑.
논공(論功)명-하다타 공적이 있고 없음이나 크고 작음을 의논하여 결정함.
논공-행상(論功行賞)명 공적을 평가하여 그 정도에 따라 상을 주거나 표창함.
논과(論過)명-하다타 ①논오(論誤) ②논리 전개에서, 무의식적으로 잘못에 빠지는 일을 이르는 말. 의식적인 '궤변(詭辯)'과 상대되는 말.
논관(論關)명 지난날, 상급 관아에서 하급 관아에 내리던 경고서(警告書).
논구(論究)명-하다타 사물의 이치를 따지고 캐어서 충분히 논함. ¶사상 의학을 —하다.
논-귀[—뀌]명 논의 귀퉁이.
논급(論及)명-하다자 그 일에까지 미치어 논함. ¶지엽적인 문제에까지 —하다. ☞언급(言及)
논-길[—낄]명 논 사이에 난 길.
논:꼬명 논의 물꼬. ¶—를 트다./—를 막다.
논난(論難)명-하다타 '논란(論難)'의 원말.
논-냉이명 겨잣과의 여러해살이풀. 논밭 가나 냇가에 자라는 냉이의 한 가지. 잎은 둥글거나 길둥글고, 4~5월에 줄기 끝에 흰 꽃이 핌. 어린 싹은 먹을 수 있음.
논-농사(—農事)명 논에서 짓는 농사. 답농(畓農)
논:다[—따]타 '노느다'의 준말.
논:-다니명 웃음과 몸을 파는 여자. ☞노는계집
논-다랑이[—따—]명 좁고 작은 논배미.
논단(論壇)명 ①토론을 하는 곳. ¶—에 서다. ②평론하는 사람들의 사회. 언론계나 평론계 따위. 언단(言壇) ¶표절 문제가 —을 시끄럽게 하다.
논단(論斷)명-하다타 논결(論決)
논담(論談)명-하다타 담론(談論)
논-도랑[—또—]명 논의 가장자리에 있는 도랑.
논-두렁[—뚜—]명 물이 괴어 있도록 논의 가를 흙으로 둘러막은 두둑. 논둑
논두렁(을) 베다관용 빈털터리가 되어 처량하게 죽다.
속담 **논두렁에 구멍 뚫기** : 매우 심술이 사나운 짓을 이르는 말.〔초상난 데 춤추기/호박에 말뚝 박기〕
논두렁-하다[—뚜—]자여 모내기 전에 논두렁 안쪽을 잘 다듬고 흙을 붙여 바르다.
논-둑[—뚝]명 ①층이 진 논과 논 사이나 여러 논두렁들의 경계에 쌓은 작은 둑. ¶—에 콩을 심다. ②논두렁
논둑-외풀[—뚝—]명 현삼과에 딸린 한해살이풀. 줄기 높이는 30cm 안팎이고, 8~9월에 적자색 꽃이 핌. 우리나라 중부 이남의 논이나 논둑의 습지에서 자라며 열매는 삭과(蒴果)임.
논-뙈기명 논의 뙈기. 얼마 안 되는 논.
논란(論難)명-하다타 잘못된 것을 논하여 따지고 비판하는 일. ¶사형 제도가 —의 대상이 되다. 원논난(論難)
논리(論理)명 ①생각이나 글의 줄거리를 이루는 이치. ¶—의 비약. ②이론이나 사고(思考)의 법칙이나 형식. ¶귀납적인 —. ③'논리학(論理學)'의 준말.
논리-성(論理性)[—썽]명 ①논리에 맞는 성질. ②논리적 확실성.
논리-적(論理的)명 ①논리에 관한 것. ¶—인 문제. ②논리에 맞는 것. ¶—인 추리./—으로 설명하다.
논리-주의(論理主義)명 철학에서, 논리를 바탕으로 하여 사물을 설명하려 하는 경향, 또는 주의. ☞심리주의(心理主義)
논리-학(論理學)명 올바른 사고 과정을 거쳐 참다운 인식에 이르기 위해 사고의 형식이나 법칙을 연구하는 학문. 준논리(論理)
논-마늘명 논에서 재배한 마늘. ☞밭마늘
논-마지기명 얼마 되지 않는 면적의 논. 몇 마지기의 논.
논-매:기명-하다자 논의 김을 매는 일.
논맹(論孟)명 논어(論語)와 맹자(孟子).
논-머리명 논배미의 한쪽 가.
논문(論文)명 ①의견을 논술하는 글. ②연구한 내용과 결과를 발표하는 글. ¶박사 —
논-문서(—文書)명 논의 소유권을 증명하는 서류. 답권(畓券) ☞땅문서. 밭문서
논문-집(論文集)명 논문을 모아 엮은 책. 준논집(論集)
논문-체(論文體)명 의견이나 주장, 견해 따위를 체계를 세워 이론적으로 펴 나가는 문체. 일반적으로 서론·본론·결론의 세 단계로 구성됨.
논-물명 논에 괴인 물. ¶—을 대다.
논-바닥[—빠—]명 논의 바닥.
논박(論駁)명-하다타 상대의 주장이나 학설의 잘못을 비난하고 반론함. ¶반증을 들어 —하다.
논-밭명 논과 밭. 전답(田畓). 전지(田地). 전토(田土)
속담 **논밭은 다 팔아먹어도 향로 촛대는 지닌다** : 다 없앤다 해도 몇 가지는 남아 있게 마련이라는 말.

▶ '논밭'과 관련된 고유어들
○ 각담/고랑창/논꼬/논도랑/논두렁/논둑/뙈기/무넘기/밭도랑(밭돌)/밭두둑/밭이랑/우리구멍
○ 검은그루/고논/고래실/깊드리/묵정밭/언막이/오려논/자드락밭/장구배미/천둥지기/휜그루

논밭=전지(—田地)[—받—][명] 가지고 있는 모든 논과 밭. ☞전답(田畓). 전토(田土)

논-배미[—빼—][명] 논두렁 따위로 둘러싸인 논의 하나하나의 구획. ¶구획 정리로 —가 넓고 네모반듯해졌다. [준]배미 ☞논다랑이

논법(論法)[—뻡][명] 논술하는 방법. 논리의 전개 방법. ¶주관적인 —.

논변(論辨·論辯)[명][-하다][타] ①말하여 이치를 밝힘. ②의견을 베풀어 말함, 또는 그 의견.

논-병아리[—뼝—][명] 논병아릿과의 겨울 철새. 몸길이 26cm 안팎. 몸빛은 여름에는 머리와 등이 흑색이고 배는 암갈색, 겨울에는 머리와 등이 암갈색이고 나머지는 황갈색임. 연못이나 저수지, 하천에서 삶. 여름에도 돌아가지 않고 텃새로 되는 경향을 보임. 수찰(水鶆)

논보(論報)[명][-하다][타] 지난날, 하급 관아에서 상급 관아로 의견을 달아 보고하던 일, 또는 그 보고.

논-보리[—뽀—][명] 벼를 거두어들인 논에 그루갈이로 심는 보리. ☞밭보리

논봉(論鋒)[명] ①논박할 때 쓰는 격렬한 논조. ¶예리한 —으로 반론하다. ②논박할 대상. ¶—을 딴 데로 돌리다.

논사(論士)[명] 논객(論客)

논설(論說)[명][-하다][타] 사물의 이치를 들어 의견을 말하는 일, 또는 그 글. 특히 신문의 사설 따위 시사적인 문제에 관하여 논술한 말이나 글을 가리키는 경우가 많음.

논설-란(論說欄)[명] 신문이나 잡지 따위에 고정적으로 논설문을 싣는 난.

논설-문(論說文)[명] 어떤 문제에 대하여 자기의 의견이나 주장을 펼쳐서 읽는 이의 생각이나 행동을 자기가 바라는 방향으로 이끌기 위한 글.

논설=위원(論說委員)[명] 신문이나 방송 따위 보도 기관에서, 논설을 맡아보는 위원.

논술(論述)[명][-하다][타] 의견을 진술하는 일. 사물을 논하여 뜻을 설명하는 일. ¶— 고사(考査)

논스톱(nonstop)[명] 열차나 버스, 항공기 따위가 도중에 정거하거나 착륙하지 않고 목적지까지 바로 가는 일. ¶여객기가 모스크바까지 —으로 운행하다.

논식(論式)[명] 논리학에서, 질과 양의 차이에 따라 생기는 삼단 논법의 형식.

논심(論心)[명][-하다][자타] 품고 있는 생각을 서로 말함.

논어(論語)[명] 사서(四書)의 하나. 공자의 언행이나 공자와 제자 사이의 문답 등을 제자들이 모아 엮은 책. 유학(儒學)의 가장 중요한 경전임.

논어언:해(論語諺解)[명] 조선 선조 21년(1588)에 임금의 명에 따라 '논어(論語)'를 한글로 번역한 책. 4권 4책의 목판본.

논어-재(論語齋)[명] 조선 시대 초에 성균관(成均館)에서 논어를 공부하던 한 분과.

논열(論列)[명][-하다][타] 어떤 사실을 하나하나 들어 말함.

논오(論誤)[명][-하다][타] 잘못을 따져 말함. 논과(論過)

논외(論外)[명] ①논하는 범위 밖의 것. ②논할 필요가 없는 것. 문제가 되지 아니하는 것. ¶그 일은 —로 하자.

논의(論議)[명][-하다][타] ①어떤 문제에 대하여 서로 논란하여 토의함. ②의논함.

논-일[—닐][명][-하다][자] 논에서 하는 농사일. ☞밭일

논자(論者)[명] 의견을 세워 논하는 사람. ¶—에 따라 의견을 달리하다.

논-자리[—짜—][명] ①논이 차지한 자리. ②이전에 논이었던 자리. ¶—에 집이 들어섰다.

논장(論藏)[명] 불교에서 이르는 삼장(三藏)의 하나. 불법의 교의(敎義)에 대해서 성현들이 논의하고 연구한 것을 모은 성전(聖典). [준]논(論) ☞경장. 율장

논쟁(論爭)[명][-하다][자타] 어떤 문제에 대하여 서로 다른 의견을 가진 사람끼리 자기 주장을 내세워 다투는 일. 논판(論判). 대론(對論) ¶—의 여지가 없다. ☞논전(論戰)

논저(論著)[명] 논하여 저술함, 또는 그 저술.

논전(論戰)[명][-하다][자타] ①서로 다른 의견이나 이론으로 논박하고 주장하여 다툼. ②언론으로써 다툼. ¶치열한 —을 벌이다. ☞논쟁(論爭)

논점(論點)[—쩜][명] 논의의 중심이 되는 문제점.

논정(論定)[명][-하다][타] 토론하여 결정함. 논결(論決) ¶옳고 그름을 —하다.

논제(論題)[명] ①논설의 제목이나 주제. ¶토론회의 —./—에서 벗어나다. ②지난날, 과거(科擧)에서 보이던 논(論)의 글제. ③지난날, 하급 관아의 보고에 대하여 상급 관아에서 그 잘못을 지적하여 훈령을 보내던 일, 또는 그 훈령. 논훈(論訓)

논조(論調)[—쪼][명] 논술하는 투나 경향. ¶신문의 —./—가 과격하다.

논죄(論罪)[명][-하다][타] 죄의 가볍고 무거움을 논함.

논증(論症)[명][-하다][타] 병의 증세를 논술함.

논증(論證)[명][-하다][타] ①주장의 옳고 그름을 근거를 들어 이론적으로 증명함. ¶완벽한 —./옳음을 —하다. ②논리학에서, 어떤 명제가 진리임을 논리적으로 증명하는 일.

논증-적(論證的)[명] 논리적으로 판단이나 추리를 거듭하여 결론으로 이끄는 것. ¶—인 사고 방식.

논지(論旨)[명] 논설의 취지. 이론의 요지. ¶—가 명쾌하게 드러나다.

논지-하다(論之—)[타][여]《文》논하다

논진(論陣)[명] 논쟁하기 위한 사람들의 구성.

논집(論執)[명][-하다][타] 주장을 논술하여 고집함.

논집(論集)[명] '논문집(論文集)'의 준말.

논찬(論贊)[명][-하다][타] ①남의 업적을 논하여 칭찬함. ②역사나 전기를 기술한 끝에 필자가 덧붙여 논평함.

논찬(論纂)[명][-하다][타] 의논하여 편찬함, 또는 그 책.

논책(論責)[명][-하다][타] 잘못을 따져서 꾸짖음.

논총(論叢)[명] 논문을 모은 책.

논타이틀매치(nontitle match)[명] 권투 따위의 경기에서, 선수권의 방어나 쟁탈이 아닌 경기.

논탄토(non tanto 이)[명] 악보의 빠르기말의 한 가지. '너무 지나치지 않게'의 뜻.

논트로포(non troppo 이)[명] 악보의 빠르기말의 한 가지. '지나치지 않게'의 뜻.

논틀-길[—낄][명] 논배미 사이의 논두렁 위로 난 꼬불탕한 좁은 길.

논틀-밭틀[—받—][명] 논두렁과 밭두렁을 따라서 난 꼬불꼬불한 좁은 길.

논파(論破)[명][-하다][타] 논술하여 다른 이의 의견 따위를 뒤엎음. 설파(說破) ¶반대 의견을 —하다.

논판(論判)[명][-하다][자타] ①논의하여 옳고 그름을 판별함. ②논쟁(論爭)

논평(論評)[명][-하다][타] 어떤 내용이나 결과 등을 비평함, 또는 그 글. ¶시사 문제를 —하다.

논-풀[명] 논에 나는 잡풀.

논-풀이[명] 생땅이나 밭을 논으로 만드는 일. 개답(開畓). 신풀이

논-피[명] 논에 나는 피.

논픽션(nonfiction)[명] 사실을 바탕으로 한 기록 문학 등의 산문 작품, 또는 기록 영화 따위. ☞픽션(fiction)

논-하다(論—)[타][여] ①생각이나 판단을 논리적으로 말하다. 조리 있게 논술하다. ¶통일 문제를 —. ②이치를 따져 말하다. ¶옳고 그름을 —. 논지하다

[한자] 논할 론(論) 〔言部 8획〕 ¶논문(論文)/논설(論說)/논의(論議)/논쟁(論爭)/논지(論旨)/논평(論評)

논핵(論劾)[명][-하다][타] 허물을 들어 규탄함.

논핵-소(論劾疏)[명] 논핵하는 상소.

논훈(論訓)[명][-하다][타] 논제(論題)

논힐(論詰)명-하다타 잘못을 따지며 캐물음.
놀:[1] 명 '노을'의 준말. ¶타는듯 한 －.
놀:[2] 명 '낫놀'의 준말.
놀:[3] 명 바다의 사나운 큰 물결.
놀:[4] 명 벼 뿌리를 파먹는 아주 작고 흰 벌레.
놀:-구멍[-꾸-] 명 낫의 슴베 끝을 꼬부려 둥글게 한 구멍. 슴베가 빠지지 않도록 낫놀을 이 구멍에 꿰어 박음.
놀:-금[-끔] 명 ①팔지 않으면 그만둘 셈으로 아주 낮게 부른 값. ②물건을 팔 때 꼭 받아야 할 가장 낮은 값.
놀놀-하다 형여 털이나 싹 따위가 노르무레하다. ☞눌눌하다
놀놀-히 부 놀놀하게 ☞눌눌히
놀:다(놀고·노니)자 ①재미있게 시간을 보내다. ¶공원에서 －./술래잡기하며 －. ②일 없이 세월을 보내다. ¶빈둥빈둥 놀고 먹다./회사를 그만두고 지금은 놀고 있다. ③일을 하다가 얼마 동안 쉬다. ¶하루도 노는 날이 없다. ④물건이 요긴하게 쓰이지 아니하다. ¶공장에서 노는 기계./놀고 있는 땅. ⑤박힌 것이 헐거워 흔들리다. ¶나사가 －./이가 －. ⑥이리저리 돌아다니다. ¶맑은 물에서 노는 물고기. ⑦태아가 어미 몸 속에서 꿈틀거리다. ¶뱃속의 아이가 －. ⑧주책없이 함부로 행동하다. ¶건방지게 －./남의 장단에 －.
속담 **노는 입에 염불하기** : 하는 일 없이 노느니보다는 무엇이든지 하는 것이 낫다는 말.〔할 일이 없으면 오금을 긁어라〕/**논 자취는 없어도 공부한 공은 남는다** : 놀지 않고 힘써 공부하면 뒷날 반드시 그 보람이 있는 법이니 공부에 힘쓰라는 말./**놀기 좋아 넉동 치기** : 심심한 때에는 쓸데없는 놀이라도 하게 된다는 말.

한자 **놀 유**(遊)〔辵部 9획〕¶유락(遊樂)/유원지(遊園地)/유흥(遊興)/유희(遊戱)

놀:다[2](놀고·노니)타 ①윷이나 주사위 따위로 승패를 겨루다. ¶윷을 －. ②구경거리로 연기를 하다. ¶굿을 －. ③방해나 작용을 하다. ¶훼방을 －.
놀:다[3](놀고·노니)형 드물어서 귀하다. ¶대장간에 식칼이 －.
놀:-들다(-들고·-드니)자 벼를 놀이 파먹어서 벼가 누렇게 변하다.
놀:라다 자 ①갑자기 무서움을 느끼다. ¶뱀을 보고 깜짝 －. ②뜻밖의 일을 당하거나 하여 마음에 충격을 받다. ¶사망 소식을 듣고 －. ③신기하거나 훌륭한 것을 보고 매우 감동하다. ¶그의 비상한 재주에 －.
속담 **놀란 토끼 벼랑 바위 쳐다보듯** : 위급한 상황을 벗어날 길이 난감하여 눈만 껌벅이고 있는 모습을 비유하여 이르는 말.

한자 **놀랄 경**(驚)〔馬部 13획〕¶경도(驚倒)/경동(驚動)/경악(驚愕)/경이(驚異)/경탄(驚歎)

놀:라움 명 놀라운 느낌. ¶－을 나타내다. 준놀람
놀:란-가슴 명 전에 놀란 일로 툭하면 두근거리는 가슴.
놀:란-피 명 거멓게 변한 피. ☞생피
놀:란-흙 명 한번 파서 건드린 흙. ☞생흙
놀:람 명 '놀라움'의 준말.
놀:랍다(놀랍고·놀라워)형ㅂ ①놀랄만 하다. ¶놀라운 소식./놀라운 사건. ②훌륭하고 갸륵하다. 선겁다 ¶놀라운 발전./그의 씨름 기술은 참으로 －.
놀래기 명 ①놀래깃과의 사랑놀래기·용치놀래기·청줄청소놀래기 따위의 바닷물고기를 통틀어 이르는 말. ②놀래깃과의 바닷물고기. 몸길이 20cm 안팎에 모양은 체고가 낮은 방추형임. 연안의 해초류와 바위가 많은 지역에 삶.
놀:래다 타 남을 놀라게 하다. ¶여기 숨어서 놀래 주자.
놀량 명 ①경기 선소리의 첫째 가락. 일정한 장단이 없이 높은 소리와 가성(假聲)을 많이 써서 아주 느리게 부름. ②서도 선소리의 첫째 가락. 세마치장단·도드리장단·자진타령장단 등을 섞어서 부름.
놀량-목 명 목청을 떨어 속되게 내는 노랫소리.
놀려-대:다 타 남을 자꾸 놀리다.
놀려-먹다 타 제 마음대로 이리저리 놀리다. ¶어린 동생을 －.
×**놀롤-하다** 형여 →놀놀하다
놀리다[1] 타 ①사람이나 기계를 쉬게 하다. ¶불경기로 일부 기계를 －. ②구경거리로 재주를 부리게 하다. ¶원숭이를 －. ③일정하게 움직이게 하다. ¶손끝을 －./펜대를 －. ④말을 함부로 하다. ¶입을 －.
놀리다[2] 타 남이 애달아 하도록 비웃거나 빈정거리다. ¶장구머리라고 －./새신랑을 －.
놀림 명 놀리는 짓. ¶－을 받다./－을 당하다.
놀림-가:마리[-까-] 명 '놀림감'을 속되게 이르는 말.
놀림-감[-깜] 명 놀림의 대상이 되는 사람. ¶－이 되다. 속놀림가마리
놀림-거리[-꺼-] 명 놀림의 대상이 될만 한 사실이나 사람. ¶－가 되다.
놀림-조(-調)[-쪼] 명 놀리는 것 같은 말투나 태도.
놀면-하다 형여 보기 좋게 좀 노르다. ☞눌면하다
놀면-히 부 놀면하게 ☞눌면히
놀부 명 ①흥부전(興夫傳)에 나오는 주인공의 한 사람. 흥부의 형으로 마음씨가 나쁘고 심술궂음. ②마음씨 나쁜 사람을 비유하여 이르는 말.
놀부-심사(-心思)명 흥부전의 놀부처럼 인색하고도 심술궂은 마음씨.
놀부타:령(-*打令)명 타령의 한 가지. 심술궂고 인색한 놀부가 그 동생 흥부를 학대하다가 벌을 받는 내용임.
놀-소리[-쏘-] 명-하다자 젖먹이가 혼자 놀면서 군소리를 내는 일, 또는 그 군소리. ☞옹알이
놀아-나다 자 ①얌전하던 사람이 방탕해지다. ②실속 없이 들뜬 행동을 하다. ¶남의 꾐에 －.
놀아-먹다 자 ①일정하게 하는 일이 없이 놀면서 지내다. ②방탕한 짓을 하며 지내다. ¶유흥가에서 －.
놀음 명-하다자 '놀음놀이'의 준말.
놀음-놀이 명-하다자 여럿이 모여 즐겁게 노는 일. ¶－에 정신이 팔리다. 준놀음. 놀이[1]
놀음놀이-판 명 놀음놀이를 하고 있는 자리. 준놀음판
놀음-차 명 지난날, 잔치 때 놀아 준 데 대한 보수로 기생이나 악공에게 주는 돈을 이르던 말.
놀음-판 명 '놀음놀이판'의 준말.
놀이[1] 명-하다자 ①즐겁게 노는 일. 유희(遊戱) ¶－ 친구 ☞물놀이. 뱃놀이. 탈놀이 ②'놀음놀이'의 준말.

한자 **놀이 희**(戱)〔戈部 13획〕¶유희(遊戱)/잡희(雜戱)/희롱(戱弄)/희유(戱遊) ▷ 속자는 戯

놀이[2] 명-하다자 겨울을 지낸 꿀벌이나 깬 지 오래지 않은 어린 벌들이, 맑은 봄날에 떼를 지어 제 벌통 밖으로 나와 날아다니는 짓.
놀이-꾼 명 놀음놀이를 하는 사람.
놀이-딱지 명 ①두꺼운 종이에 그림·글씨 등을 인쇄하여 만든 어린이 장난감. ②종이를 접어 정사각형으로 만든 어린아이 장난감. ¶－를 치다. 준딱지
놀이-마당 명 놀음놀이를 하는 곳. 특히 판소리나 춤, 탈놀이 따위를 하는 곳을 이름.
놀이-터 명 주로 아이들이 놀이하는 곳. ¶어린이 －
놀이-판 명 '놀음놀이판'의 준말.
놀잇-배 명 놀음놀이를 하는 배. 유선(遊船)
놀:-지다[1] 자 하늘이 노을로 물들다. ¶놀진 저녁 하늘.
놀:-지다[2] 자 큰 물결이 일어나다. ¶놀진 바다.
놀:-치다 자 큰 물결이 사납게 일어나다.
놈[1] 명 ①'사내'를 욕으로 이르는 말. ¶나쁜 －./못된 －. ☞년. 새끼[2]. 자식 ②'어린아이'를 귀엽게 이르는 말. ¶고 － 똘똘하게 생겼네./하, 고－ 봐라!

한자 **놈 자**(者)〔老部 5획〕¶기술자(技術者)/당사자(當事者)/철학자(哲學者)

놈[2] 의 어떤 동물이나 물건을 가벼이 여기어 이르는 말. ¶쥐란 －이 또 나타났어.

놈-팡이 명 ①하는 일 없이 빈들빈들 노는 사내를 얕잡아 이르는 말. ②여자의 상대가 되는 사내를 얕잡아 이르는 말. ¶어떤 -와 눈이 맞다.
×놈-팽이 명 →놈팡이
놉 명 끼니를 먹이고 날삯으로 시키는 품꾼. ¶-을 부리다. ☞삯꾼
놉-겪이 명-하다 자 놉에게 끼니를 먹여 치러 내는 일.
놋 명 '놋쇠'의 준말.
놋갓-장이[놋깐-] 명 놋그릇을 만드는 일을 직업으로 삼는 사람. 주장(鑄匠)
놋갓-점(-店)[놋깐-] 명 놋점
놋-구멍(櫓-)명 놋좆을 끼우도록 노 허리에 낸 구멍.
놋-그릇[녿-] 명 놋쇠로 만든 그릇. 놋기명. 유기(鍮器)
놋-기명(-器皿)[녿-] 명 놋그릇
놋다리-밟:기[녿-밥-] 명 경북 지방에서 대보름날 밤에 하는 민속 놀이의 한 가지. 많은 부녀자들이 한 줄로 서서 몸을 굽혀 앞 사람의 허리를 잡아 다리를 만들고, 그 위를 처녀가 노래에 맞추어 걸어감.
놋-대야[녿-] 명 놋쇠로 만든 대야.
놋-대:접[녿-] 명 놋쇠로 만든 대접.
놋-동이[녿-] 명 놋쇠로 만든 동이.
놋-방울[녿-] 명 놋쇠로 만든 방울.
놋-쇠[녿-] 명 구리와 아연을 섞어서 만든 쇠붙이. 두석(豆錫). 유철(鍮鐵). 황동(黃銅) 준 놋
놋-숟가락[녿-] 명 놋쇠로 만든 숟가락. 준 놋숟갈
놋-숟갈[녿-] 명 '놋숟가락'의 준말.
놋-요강(-尿鋼)[녿뇨-] 명 놋쇠로 만든 요강.
놋-점(-店)[녿-] 명 놋그릇을 만드는 공장. 놋갓점
놋-젓가락[녿-] 명 놋쇠로 만든 젓가락.
놋-좆(櫓-)명 뒤 끝의 뱃전에 자그맣게 내민 못 모양의 돌기. 놋구멍에 끼워 노질을 함.
놋-칼[녿-] 명 놋쇠로 만든 칼.
농 명 옷 따위를 넣어 두는 데 쓰이는 상자 모양의 자그마한 가구. ☞장농
농:(弄)[1] 명-하다 자 ①실없이 장난하는 일, 또는 그 장난. ¶-이 다툼으로 번지다./-을 하다. ②'농담(弄談)'의 준말. ¶-을 걸다.
농:(弄)[2] 명 국악 성악곡(聲樂曲)인 가곡 곡조 이름의 한 가지. 계면조(界面調)의 '언롱(言弄)'과 '평롱(平弄)', 우조의 '우롱(羽弄)'의 세 가지가 있음.
농(膿)명 고름[1]
농(籠)명 버들이나 싸리의 채로 네모나게 결어서 안팎을 종이로 바른 그릇. 뚜껑을 여닫게 만듦. ☞채롱
농(濃)-《접두사처럼 쓰이어》'흐무러지게', '진한', '짙은'의 뜻을 나타냄. ¶농질산(濃窒酸)/농황산(濃黃酸)/농갈색(濃褐色)/농적색(濃赤色)/농익다
농가(農家)명 농사를 짓는 사람의 집이나 가구(家口). 농삿집 ¶- 소득 ☞전가(田家)
농가(農歌)명 '농부가(農夫歌)'의 준말.
농:가성진(弄假成眞)성구 장난삼아 한 것이 참으로 한 것같이 됨을 이르는 말. 가롱성진(假弄成眞)
농가월령가(農家月令歌)명 조선 헌종 때의 문인 정학유(丁學游)가 지었다는 월령가. 농가에서 달마다 해야 할 일과, 철에 따른 풍속, 지켜야 할 범절 등을 내용으로 함. ☞세시기(歲時記)
농가-진(膿痂疹)명 한방에서, 고름집이 생겼다가 딱지가 앉는 피부병을 통틀어 이르는 말.
농:간(弄奸)명-하다 자타 남을 속이거나 남의 일을 그르치게 하려는 간사한 짓. 농간질 ¶-에 넘어가다.
농간(을) 부리다 관용 남을 속이거나 남의 일을 그르치게 하려고 간사한 꾀를 부리다.
농:간-질(弄奸-)명-하다 자타 농간(弄奸)
농-갈색(濃褐色)[-쌕] 명 짙은 갈색.
농감(農監)명 지주(地主)를 대신하여 농사일을 관리하고 감독하는 직책, 또는 그 직책을 맡은 사람.
농개(膿疥)명 한방에서, 고름이 잡히는 옴을 이르는 말.
농거(農車)명 농사를 짓는 데 쓰이는 수레.
농-게(籠-)명 달랑겟과의 게. 등딱지는 너비가 0.3cm이며 모나고 파란 빛깔을 띰. 수컷의 큰 집게발은 붉은빛을 띰. 바닷가의 개펄에 삶. 농해(籠蟹)
농경(農耕)명-하다 자 논밭을 갈아 농사를 짓는 일.
농경-기(農耕期)명 농사를 짓는 시기.
농경-지(農耕地)명 농사를 짓는 땅.
농곡(農穀)명 농사지은 곡식.
농공(農工)명 ①농업과 공업을 아울러 이르는 말. ②농부와 직공을 아울러 이르는 말.
농공(農功)명 농사짓는 일.
농공=가무(農功歌舞)명 삼한(三韓) 때부터 이어 내려오는 민속 의식의 한 가지. 농사지을 때 신에게 풍작을 기원하거나 감사 드리기 위하여 무리를 이루어 노래하고 춤을 춤.
농공병:진(農工竝進)성구 농업과 공업이 아울러 발전함을 이르는 말.
농-공업(農工業)명 농업과 공업을 아울러 이르는 말.
농과(農科)[-꽈] 명 농업에 관한 전문 학술과 기술을 연구하는 분과.
농:과성진(弄過成嗔)성구 장난도 지나치면 상대편의 노염을 사게 됨을 이르는 말.
농:교(弄巧)명-하다 자 지나치게 기교를 부림.
농구(農具)명 농사짓는 데 쓰는 기구. 농기구(農器具)
농구(籠球)명 구기(球技)의 한 가지. 선수가 다섯 사람씩인 두 팀이 일정한 시간에 서로 상대편 바스켓에 공을 넣어 득점을 겨루는 경기. 바스켓볼(basketball)
농구-화(籠球靴)명 농구 경기를 할 때 신는 운동화.
농군(農軍)명 농사짓는 일꾼.
농:권(弄權)[-꿘] 명-하다 자 권력을 마음대로 부림.
농궤(膿潰)명-하다 자 종기가 곪아서 터짐.
농극(農隙)명 농사짓는 틈이나 여가. ☞농한(農閑)
농:기(弄技)명-하다 자 재주를 부림.
농기(農期)명 농사철
농기(農旗)명 풍년을 빌기 위하여 모낼 때와 추수할 때, 농가에서 풍악을 울리며 세우는 기. 기다란 깃발에 '農者天下之大本也(농자천하지대본야)'라고 씀.
농기(農器)명 농구(農具)
농기(農機)명 '농기계(農機械)'의 준말.
농-기계(農機械)명 농사짓는 데 쓰이는 기계. 경운기·탈곡기·이앙기 따위. 준 농기(農機)
농-기구(農器具)명 농사짓는 데 쓰이는 기구. 농구(農具). 농기(農器)
농기-맞이(農旗-)명 호남 지방에서, 대보름날에 하는 민속 놀이의 한 가지. 각 마을의 농악대가 농기를 들고 나와, 농기가 만들어진 햇수에 따라 형제의 차례를 정한 다음, 농악을 울리며 잔치를 베풀어 즐김.
농노(農奴)명 중세 유럽의 봉건 사회에서, 영주(領主)에게 매여 지내던 농업 노동자. 농민과 노예의 중간 신분.
농노=해:방(農奴解放)명 지난날, 유럽의 봉건 사회가 무너질 무렵, 농노에게 토지 자유 처분권을 주어서 자유 활동을 승인한 일.
농-녹색(濃綠色)명 짙은 녹색.
농뇨(膿尿)명 고름이 섞인 오줌.
농다(濃茶)명 농차(濃茶)
농:단(壟斷)명-하다 타 시장의 높은 곳에 올라가 사방을 둘러보고 물건을 팔기 좋은 곳으로 가서 이윤을 독차지했다는 데서, 간교한 수단으로 이익을 독차지함을 이르는 말.
농:단지술(壟斷之術)성구 이익을 독차지하는 기술이나 술책을 이르는 말.
농:담(弄談)명-하다 자 실없이 장난으로 말하는 일, 또는 그런 말. 농변(弄辯) ¶-으로 잘 웃긴다. 준 농(弄) ☞진담(眞談)
농담(農談)명 농사에 관한 이야기.
농담(濃淡)명 빛깔이나 맛의 짙음과 옅음. 진함과 묽음. ¶색의 -./-의 차이.
농:담-조(弄談調)[-쪼] 명 농담으로 하는 말투. 농조(弄

調) ¶ －로 말을 건네다.
농대-석(籠臺石)명 비석의 받침돌.
농도(農道)명 농삿길. 농로(農路)
농:도(濃度)명 ①혼합 기체나 액체 속에 들어 있는 구성 성분의 비율. ¶커피의 －. ②빛깔의 짙고 옅은 정도. ¶빨강의 －. ③표현의 짙고 옅은 정도. ¶－ 짙은 애정 묘사.
농독-증(膿毒症)명 곪은 자리로부터 화농균이 혈액 속으로 퍼져서 부스럼이 되는 병.
농동우명 '미나리아재비'의 딴이름.
농-들다(膿－)(－들고·－드니)자 곪아서 농이 생기다.
농땡이명 일을 하지 않으려고 꾀부리는 짓, 또는 그런 사람. ¶－ 부리다./－ 치다.
농락(籠絡)명-하다타 남을 교묘한 꾀로 속여 제 마음대로 놀리는 짓. 뇌롱(牢籠) ¶여자를 －하는 술수.
농란(濃爛)어기 '농란(濃爛)하다'의 어기(語基).
농란-하다(濃爛－)형여 농익은 상태에 있다.
농람(濃藍)명 짙은 남색.
농량(農糧)명 농사짓는 동안에 먹을 양식.
농로(農老)명 노농(老農)
농로(農路)명 농삿길. 농도(農道)
농루(膿漏)명 고름이 계속 흘러 나오는 증세.
농루-안(膿漏眼)명 고름으로 된 눈곱이 많이 나오는 급성 결막염. 주로 임균(淋菌)의 감염으로 말미암음.
농류(膿瘤)명 염증으로 생긴 고름이 몰려서 솟은 혹.
농리(農利)명 농사로 생기는 이익.
농림(農林)명 농업과 임업을 아울러 이르는 말.
농림=금융(農林金融)[－늉]명 농림 경영에 필요한 자금을 공급하는 금융.
농림-업(農林業)명 농업과 임업을 아울러 이르는 말.
농립(農笠)명 '농립모(農笠帽)'의 준말.
농립-모(農笠帽)명 여름에 농사일을 할 때 쓰는 전이 넓은 모자. 밀짚모자 따위. 준농립(農笠)
농마(農馬)명 농사일에 부리는 말.
농막(農幕)명 농작물을 지키거나 농사짓기에 편하도록 논밭 가까이에 간단하게 지은 막. 밭집 ☞농장(農庄)
농목(農牧)명 농업과 목축업을 아울러 이르는 말.
농목-민(農牧民)명 농업과 목축을 생업으로 삼는 사람.
농무(農務)명 ①농사일 ②농업에 관한 사무.
농무(濃霧)명 짙게 낀 안개. 대무(大霧) ¶－로 항공기가 결항하다.
농묵(濃墨)명 진한 먹물.
농민(農民)명 농사를 직업으로 삼는 사람. 곡인(穀人). 농인(農人). 전민(田民) ☞농군. 농부
농민=문학(農民文學)명 농민의 생활을 소재로 한 문학.
농민=운:동(農民運動)명 농민의 경제적·정치적 지위를 향상시키려고 하는 사회 운동.
농밀(濃密)어기 '농밀(濃密)하다'의 어기(語基).
농밀-하다(濃密－)형여 밀도가 짙다. ¶색채가 －.
농-바리[－빠－]명-하다자 농을 실은 것처럼 한 아이의 등에 두 아이가 매달리는 일, 또는 그런 장난.
농번-기(農繁期)명 농사일이 한창 바쁜 철. ¶－에는 일손을 쉽게 구할 수 없다. ☞농한기(農閑期)
농:법(弄法)[－뻡]명-하다자 법을 제 마음대로 악용함.
농법(農法)[－뻡]명 농사를 짓는 방법. ¶유기(有機) －
농:변(弄辯)명-하다자 ①농담(弄談) ②수다스럽게 지껄임, 또는 그 말.
농병(農兵)명 ①평시에는 농사를 짓고, 유사시에는 무장하여 군사가 되는 사람. ②농민들로 조직된 군대, 또는 그 군인.
농병(膿病)[－뼝]명 누에의 전염병의 한 가지. 바이러스로 감염되며, 살갗이 젖빛 또는 누른빛으로 변하고 고름을 흘리며 죽음.
농본-주의(農本主義)명 농업을 국가 산업의 근본으로 삼는 주의.
농부(農夫)명 농사를 직업으로 삼는 남자. 농사꾼 ☞농군(農軍). 농민(農民)
농부(農婦)명 ①농사일을 하는 여자. ②농가의 부녀자(婦女子).
농부-가(農夫歌)명 농부가 부르는 노동요. 준농가(農歌)
농불(籠佛)명 채롱 부처
농사(農事)명 ①-하다자 논밭을 갈아 농작물을 심고 가꾸는 일. ¶－에 보람을 느끼다./감자 －가 잘 되었다. ②농업에 관한 일.

한자 **농사 농**(農)〔辰部 6획〕¶농가(農家)/농민(農民)/농부(農夫)/농사(農事)/농업(農業)/농촌(農村)

농사-꾼(農事－)명 농부(農夫)
속담 **농사꾼이 죽어도 종자(種子)는 베고 죽는다**: 답답할 정도로 인색하기만 한 사람을 두고 하는 말.
농사-력(農事曆)명 자연 현상이나 동식물의 상태에 따라 농사짓는 절기를 나타낸 책력.
농사-일(農事－)명-하다자 농사짓는 일. 농무(農務)
농사직설(農事直說)명 조선 세종 11년(1429)에 왕명에 따라 정초(鄭招) 등이 엮은 농사 기술서. 각 도의 관찰사가 농부들에게서 들은 농사에 관한 지식을 모아 엮은 내용. 1권 1책.
농사-짓:다(農事－)[－짇－](－짓고·－지어)자ㅅ 농사를 직업으로 삼아 일하다.
농사-철(農事－)명 농사를 짓는 시기. 농기(農期). 농시(農時). 농절(農節) 준농철
농산(農産)명 '농산물(農産物)'의 준말.
농산=가공품(農産加工品)명 농산물에 수공(手工)을 더하여 형태나 질을 변화시킨 제품. 간장, 술, 김치 따위.
농산-물(農産物)명 농사를 지어 생산하는 것. 곡식이나 채소, 과실 따위. 준농산(農産)
농산물=검:사법(農産物檢査法)[－뻡]명 농산물의 품종, 품질, 건조, 조제, 선별(選別), 용량, 포장 등을 검사할 목적으로 제정한 법률.
농산어-촌(農山漁村)명 농촌·산촌·어촌을 통틀어 이르는 말.
농산=자:원(農産資源)명 농업 생산의 바탕이 되는 자원.
농산=제:조(農産製造)명 농산물을 가공하여 제품으로 만드는 일. 삼·차·담배 등의 제조.
농삼-장[－쌈－]명 상자를 넣으려고 삼노끈을 엮어 만든 망태. 준삼장
농삿-길(農事－)명 농사짓는 데 이용되는 길. 농도(農道). 농로(農路)
농삿-집(農事－)명 농민의 집이나 가구(家口). 농가
농상(農桑)명 농사짓는 일과 누에 치는 일.
농상(農商)명 ①농업과 상업을 아울러 이르는 말. ②농민과 상인을 아울러 이르는 말.
농상공-부(農商工部)명 1895년(조선 고종 32)에 '농상아문(農商衙門)'과 '공무아문(工務衙門)'을 통합하여 설치했던 관아.
농상-아문(農商衙門)명 1894년(조선 고종 31)에 설치했던 관아. 농업·상업·공업에 관한 일을 맡아보았음. ☞공무아문(工務衙門)
농색(濃色)명 짙은 빛. ☞담색(淡色)
농서(農書)명 농사에 관한 책.
농:설(弄舌)명-하다자 쓸데없이 자꾸 지껄임. ☞요설(饒舌)
농:성(弄聲)명 창(唱) 곡조의 한 가지. 울려서 내는 성조(聲調)를 이름.
농성(籠城)명-하다자 ①성문을 굳게 닫고 적으로부터 성을 지킴. ②어떠한 목적을 이루기 위하여 한자리에서 떠나지 않고 지킴. ¶작업장에서 －하다.
농소(膿巢)명 고름집
농-수산(農水產)명 농업과 수산업을 아울러 이르는 말.
농숙(濃熟)명-하다자 무르녹듯이 익음.
농시(農時)명 농사철
농시방극(農時方劇)성구 농사철이 되어 일이 한창 바쁨을 이르는 말.
농시방장(農時方張)성구 농사철이 되어 농사일이 한창 벌어짐을 이르는 말.

농신(農神)명 민속에서, 농사를 다스린다는 신.
농아(聾啞)명 ①귀머거리와 벙어리를 아울러 이르는 말. ②발성기에는 탈이 생기지 않았으나, 귀머거리라서 말을 배우지 못하여 된 벙어리.
농아=교:육(聾啞教育)명 귀머거리와 벙어리에 대한 대화법 등의, 사회 적응을 위한 특별 교육.
농:아-사(弄兒詞)명 어린아이를 재우거나 달래며 어를 때, 길게 목청을 빼어 노래처럼 하는 말.
농아=학교(聾啞學校)명 귀머거리와 벙어리에게 말을 가르치는 일을 중심으로 사회 적응을 위한 특별한 교육을 하는 학교.
농악(農樂)명 농촌에서 명절이나 농사철에 징·꽹과리·북·소고 등으로 연주하는 민속 음악. 지난날에는 굿을 가리키는 말이었으나, 근래에는 민속 놀이에도 곁들이는 음악으로 발전하였음. 풍물놀이
농악-대(農樂隊)명 농악을 하는 사람들의 집단.
농악-무(農樂舞)명 농민들이 연주하는 꽹과리·새납·징·북 따위의 농악에 맞추어 추는 민속 춤.
농암집(聾巖集)명 조선 중종 때의 학자 농암 이현보(李賢輔)의 시문집(詩文集). 현종 6년(1665)에 펴낸 것으로, '어부사(漁父詞)'·'농암가(聾巖歌)'·'효빈가(效嚬歌)' 등이 실려 있음. 5권 2책의 목판본.
농액(濃液)명 짙고 걸쭉한 액체.
농액(膿液)명 고름[1]
농약(農藥)명 농산물이나 가축의 병충해를 구제(驅除)하거나, 제초 또는 식물의 생장 촉진 등에 쓰는 약품.
농양(膿瘍)명 화농성(化膿性) 염증으로 신체 조직 내에 고름이 괴는 병.
농어명 농엇과에 딸린 바닷물고기. 몸길이 80cm 안팎. 몸빛은 회색을 띤 청록색이고 아래턱이 위턱보다 깊. 근해어로 우리 나라에 흔함. 어린 것은 민물에 살다가 초겨울에 바다로 나감. 노어(鱸魚)
농-어촌(農漁村)명 농촌과 어촌을 아울러 이르는 말.
농:언(弄言)명-하다자 우스개로 하는 말.
농업(農業)명 땅을 일구어 곡식이나 채소 등의 작물을 가꾸거나 가축을 쳐서 생활에 필요한 자재를 생산하는 산업. 경업(耕業)
농업=경제학(農業經濟學)명 농업에 관한 경제 현상을 연구하는 경제학의 한 분야.
농업=공:황(農業恐慌)명 농산물의 생산 과잉 또는 수요 감퇴로 말미암아 농업 경영에 큰 타격을 입는 일.
농업=기반=공사(農業基盤公社)명 농업의 생산성을 높이고 농어촌의 경제적·사회적 발전에 이바지하기 위해 세운 법인.
농업=보:험(農業保險)명 농작물에 대한 재해를 보상하기 위한 보험.
농업=센서스(農業census)명 국제 연합 식량 농업 기구의 계획에 따라 10년마다 실시되는 세계적 규모의 농업 국세 조사.
농업=시대(農業時代)명 인류가 농업을 주요한 생업으로 삼고 어렵(魚獵)을 부업으로 하던 시대.
농업=식물(農業植物)명 사람이 심어 가꾸는 식물.
농업=용:수(農業用水)[-농-]명 관개용으로 쓰이는 물, 또는 그 물을 공급하거나 저장하는 저수지 따위의 물.
농업=인구(農業人口)명 농업을 직업으로 삼는 인구.
농업=자:본(農業資本)명 농업에 투자하는 자본. ☞농자(農資)
농업적=임업(農業的林業)명 토지에 자본과 노력을 들여서 장기간에 임목(林木)을 재배·육성하는 임업.
농업=정책(農業政策)명 농업 경영, 농업 재정, 농업 인구 등 농업 전반에 걸친 경제 정책.
농업=지리학(農業地理學)명 농업 분포에 관한 경제 지리학의 한 부문.
농업=지역(農業地域)명 국토 이용 관리법에 따라 지정한 용도 지역의 하나. 주로 농경이나 원예, 축산 따위에 이용되며, 경지 지구와 취락 지구로 분류됨. ☞산림 지역(山林地域)
농업=혁명(農業革命)명 봉건적인 농업 경영으로부터 근대적인 농업 경영으로 옮아감에 따른 급격한 변화.
농업=협동=조합(農業協同組合)명 조합원인 농업인을 위하여 영농 자금의 융자, 공동 구입과 공동 판매, 시설의 공동 이용, 기술 지도 따위를 목적으로 조직한 조합. 단위 조합과 시·군 지부, 중앙회로 이루어져 있음. 준 농협(農協)
농염(濃艷)어기 '농염(濃艷)하다'의 어기(語基).
농염-하다(濃艷-)형여 매우 요염하다. ¶농염한 자태.
농예(農藝)명 ①농업과 원예(園藝)를 아울러 이르는 말. ②농사에 관한 기술.
농예=화:학(農藝化學)명 농업 생산에 관한 화학적 문제를 연구하는 응용 화학의 한 분과. 비료, 토양, 농약, 식물 영양과 농산품 제조 등에 관한 여러 화학적 작용을 연구함.
농:와(弄瓦)명 '농와지경(弄瓦之慶)'의 준말.
농:와지경(弄瓦之慶)성구 딸이 태어난 경사. 농와지희 준 농와 ☞농장지경(弄璋之慶)
농:와지희(弄瓦之喜)성구 농와지경(弄瓦之慶)
농:완(弄玩)명-하다타 가지고 놂.
농요(農謠)명 농부들이 부르는 민요.
농용(農用)명 농사에 씀.
농우(農牛)명 농사일에 부리는 소.
농원(農園)명 주로 원예 작물을 심어 가꾸는 농장.
농:월(弄月)명-하다자 달을 바라보며 즐김.
농월(朧月)명 흐려 보이는 달.
농음(濃陰)명 짙은 녹음(綠陰).
농이(膿耳)명 한방에서, 귓구멍에서 고름이 나는 병을 이르는 말.
농-익다(濃-)[-닉-]자 무르익다 ¶농익은 홍시. ☞농란하다. 설익다
농인(農人)명 농민(農民) ☞농부(農夫)
농자(農者)명 '농사' 또는 '농업'의 뜻. ¶ -천하지대본(農者天下之大本)이라.
농자(農資)명 농사짓는 데 드는 자금. 영농 자금
농자(聾者)명 귀머거리
농작(農作)명-하다타 농사를 지음.
농작-물(農作物)명 농사로 논이나 밭에 심어서 가꾸는 식물. 준 작물(作物)
농잠(農蠶)명 농업과 양잠(養蠶)을 아울러 이르는 말.
농-장(-*欌)[-짱]명 장농
농:장(弄杖)명 격구(擊毬)
농:장(弄璋)명 '농장지경(弄璋之慶)'의 준말.
농장(農庄)명 농장(農場)을 관리하기 위하여 농장 근처에 설비를 갖추어 놓은 집. ☞농막(農幕)
농장(農莊)명 고려 말 또는 조선 초기에 세력가들이 사사로이 가졌던 농지.
농장(農場)명 농사지을 땅과 농구, 가축과 그 밖에 농사에 필요한 설비를 갖춘 곳. ¶약초 재배 -/- 관리
농장(濃粧)명 짙은 화장.
농장(濃醬)명 진간장
농-장수[-짱-]명 지난날, 근담배를 농에 담아 메고 다니면서 파는 사람을 이르던 말.
농:장지경(弄璋之慶)성구 아들이 태어난 경사. 농장지희 준 농장(弄璋) ☞농와지경(弄瓦之慶)
농:장지희(弄璋之喜)성구 농장지경(弄璋之慶)
농:장-희(弄杖戲)명 격구(擊毬)
농-적색(濃赤色)명 짙은 붉은빛.
농절(農節)명 농사철
농정(農政)명 농사에 관계된 정책이나 행정.
농:조(弄調)[-쪼]명 농담하는 말투. 농담조
농조(籠鳥)명 '농중조(籠中鳥)'의 준말.
농조(籠彫)명 속을 비워 두고 겉을 파서 만든 조각.
농조연:운(籠鳥戀雲)성구 갇힌 새가 구름을 그리워한다는 뜻으로, 속박을 받는 몸이 자유를 그리는 마음을 비유하여 이르는 말.
농주(農酒)명 농사지을 때에 먹기 위해 농가에서 빚는 술.

농중-조(籠中鳥)명 ①새장에 가두어 기르는 새. ②자유롭지 못한 몸을 비유하여 이르는 말. 준농조(籠鳥)
농즙(濃汁)명 걸쭉한 즙.
농즙(膿汁)명 고름[1]
농지(農地)명 농사를 짓는 땅. 농처(農處). 농토(農土)
농지=개:량=사:업(農地改良事業)명 농업 용지의 생산성과 이용도를 높이기 위한 경지 정리, 농지 확장, 수리 시설과 배수 시설의 완비 따위의 사업.
농지=개:혁(農地改革)명 농촌의 민주화와 농업 경영의 합리화를 위하여, 토지 소유권을 부재 지주(不在地主)로부터 경작자에게 이양하는 개혁.
농:-지거리(弄-) [-찌-] 명-하다자 점잖지 않게 함부로 농담하는 일, 또는 그 농담.
농지-세(農地稅) [-쎄] 명 농지를 대상으로 하여 그 소유자에게 매기는 지방세의 한 가지.
농지=전:용(農地轉用)명 농지를 택지나 공장 용지 따위로 전용하는 일.
농지=정:리(農地整理)명 경지 정리(耕地整理)
농-질산(濃窒酸) [-싼] 명 진한 질산. ☞희질산
농-짝명 낱개로 된 농.
농차(濃茶)명 농도가 진한 차. 농다(濃茶)
농찬(農饌)명 농사철에 일꾼을 겪기 위해 만드는 반찬.
농창(膿瘡)명 살의 깊은 데까지 곪는 피부병의 한 가지.
농채(濃彩)명 짙은 빛깔, 또는 그 채색법. ☞담채(淡彩)
농처(農處)명 농지(農地)
농-철(農-)명 '농사철'의 준말.
농초(農草)명 자기 집에서 쓰려고 심어 가꾼 담배.
농촌(農村)명 주민의 대부분이 농사를 짓고 사는 마을. ¶ - 계몽 소설/- 문제 ☞도시
농촌=진:흥(農村振興)명 농촌의 생산력과 생활 수준을 향상시키는 일.
농축(濃縮)명-하다타 용액 따위를 졸여 농도를 높임. ¶ - 오렌지주스
농축=우라늄(濃縮uranium)명 핵분열을 일으키는 우라늄 235의 비율을 인공적으로 높인 우라늄. 원자로의 연료로 쓰임.
농치다자 좋은 말로 풀어서 성난 것을 노그라지게 하다. ☞눙치다
농탁(農濁)명 농사철에 일꾼을 겪기 위해 빚은 막걸리.
농탁(濃濁)어기 '농탁(濃濁)하다'의 어기(語基).
농탁-하다(濃濁-)형여 진하고 걸쭉하다.
농:탕(弄蕩)명 남녀가 음탕한 소리와 난잡한 행동으로 놀아 대는 짓.
농탕(을) 치다관용 남녀가 음탕한 소리와 난잡한 행동으로 놀아 대다.
농탕(濃湯)명 국거리가 흐무러지게 흠씬 끓인 국. 유진국
농토(農土)명 농지(農地) ¶비옥한 -.
농-투성이(農-)명 '농부(農夫)'를 낮잡아 이르는 말.
농:-트다(弄-) (-트고·-터)자 스스럼없이 서로 농을 하는 사이가 되다.
농:-판(弄-)명 장난이나 농담을 하는 자리.
농포(農布)명 농가에서 쓰기 위하여 짜는 베.
농포(農圃)명 농작물을 재배하는 밭.
농포(膿疱)명 피부의 수포(水疱)가 곪아서 고름이 괸 것.
농:필(弄筆)명-하다자 ①희롱조로 글을 지음, 또는 그 글. ②글씨를 멋을 부려 흥청거려서 씀, 또는 그 글씨. ③사실을 왜곡하여 글을 씀, 또는 그 글.
농학(農學)명 농업 생산에 관한 원리나 기술을 연구하는 학문.
농한(農閑·農閒)명 농사일이 그리 바쁘지 않음. ☞농극(農隙). 농번(農繁)
농한-기(農閑期)명 농사일이 그리 바쁘지 않은 시기. ☞농번기(農繁期)
농해(籠蟹)명 '농게'의 딴이름.
농향(濃香)명 짙은 향기.
농혈(膿血)명 피고름
농혈-리(膿血痢)명 이질 또는 대장염에 걸려서 피고름이 섞인 똥을 누는 병.

농협(農協)명 '농업 협동 조합(農業協同組合)'의 준말.
농형(農形)명 농사가 되어가는 형편. 농황(農況). 연사(年事). 연형(年形)
농홍(濃紅)명 짙은 붉은빛. 진홍(眞紅)
농화(濃化)명-하다자타 짙어짐, 또는 짙게 함.
농화(濃和)명-하다자 하는 일이 무르익음.
농황(農況)명 농형(農形)
농-회색(濃灰色)명 짙은 회색.
농후(濃厚)어기 '농후(濃厚)하다'의 어기(語基).
농후=사료(濃厚飼料)명 섬유나 물의 함량은 적고, 단백질·지방·탄수화물이 풍부한 사료. 쌀겨·콩·보리·귀리·옥수수 따위.
농후-하다(濃厚-)형여 ①빛깔이나 향기, 성분 따위가 진하다. ¶색이 -./농후한 용액./농후한 사료. ②가능성이나 경향이 뚜렷하다. ¶혐의가 -./빈혈 증세가 -. ☞희박하다
농후-히부 농후하게
농흉(膿胸)명 흉막강(胸膜腔)에 고름이 괴는 병. 결핵균·폐렴균·화농균 등으로 말미암음.
높-낮이[놉-]명 높고 낮음. 고저(高低) ¶지형의 -.
높다[놉-]형 ①아래에서 위까지의 길이가 길다. ¶산이 -./높은 지대. ②앞으로 내민 상태가 보통보다 크다. ¶높은 코. ③온도나 습도 따위를 나타내는 수치가 보통보다 크다. ¶열이 -./기온이 -./높은 압력. ④소리의 진동수가 많다. ¶높은 소리. ⑤지위나 신분, 능력이나 수준이 뛰어나다. ¶신망이 -./높은 지위./품질이 -./높은 기술./높은 안목. ⑥이름이 널리 알려져 있다. ¶이름이 -./높은 명성. ⑦값이나 비율 따위가 보통보다 위에 있다. ¶물가가 -./높은 세율. ⑧기세가 세차다. ¶높은 사기(士氣). ⑨나이가 많다. ¶연세가 높은 어른.
속담 **높은 가지가 부러지기 쉽다** : 높은 지위에 오를수록 그 자리를 오래 보전하기가 어렵다는 말. 〔높은 나무에 바람이 세다〕/**높은 데 송아지 간 발자국만 있고 온 발자국은 없다** : 어느새 사라졌는지도 모르게 무엇이 사라졌을 때 이르는 말.

한자 높을 고(高)〔高部〕¶고공(高空)/고관(高官)/고도(高度)/고리(高利)/고지(高地) ▷속자는 髙
높을 륭(隆)〔阜部 9획〕¶융기(隆起) ▷속자는 隆
높을 숭(崇)〔山部 8획〕¶숭려(崇麗)/숭상(崇尙)
높을 존(尊)〔寸部 9획〕¶존귀(尊貴)/존엄(尊嚴)

높다랗다[놉-] (높다랗고·높다란)형ㅎ 썩 높다. ¶높다란 축대.
높-드리[놉-]명 ①골짜기의 높은 곳. ②높고 메마른 데 있는 논밭.
높디-높다[놉-놉-]형 더할 수 없을 만큼 높다. ¶높디높은 산봉우리.
높-바람[놉-]명 '북북동풍'의 뱃사람말. ☞갈바람
높새[놉-]명 녹새풍(綠塞風). 높새바람
높새-바람[놉-]명 '북동풍'의 뱃사람말. 높새 ☞두새바람. 마파람
높쌘-구름[놉-]명 '고적운(高積雲)'의 딴이름. ☞높층구름. 중층운(中層雲)
높은-기둥명 대청의 한가운데에 있는, 다른 기둥보다 높은 기둥. 고주(高柱)
×**높은-밥**명 → 고봉밥
높은음자리-표(-音-標)명 음악에서, 오선의 둘째 줄이 '사' 음의 자리임을 나타내는 기호. '𝄞'로 나타냄. 고음부 기호(高音部記號). 사음자리표 ☞낮은음자리표
높을-고(-高) [-꼬]명 한자 부수(部首)의 한 가지. '髚'나 '髜' 등에서 '高'의 이름.
높이[1]명 높은 정도. ¶- 500미터 가량의 산.
높이[2]부 높게 ¶- 날다./- 평가하다.
높이다타 ①높게 하다. ¶땅을 -./목소리를 -./사기를 -. ②존경하는 마음으로 받들다. 존대하다. ¶말씨

를 -. ☞낮추다
높이-뛰기 명 육상 경기에서, 도약 경기의 한 가지. 일정한 거리를 도움닫기하여 한 발로 발 구르기를 한 다음, 가로대를 떨어뜨리지 않고 넘어서 그 높이를 겨루는 경기. ☞멀리뛰기. 세단뛰기. 장대높이뛰기
높임 명 ①높게 함. ②상대편을 높이어 이르는 일. ☞존칭(尊稱)
높임-말 명 〈어〉존경어(尊敬語). 경어(敬語) ☞낮춤말
높임-법(-法)[-뻡] 명 〈어〉존경법(尊敬法) ☞낮춤법
높지거니[놉-] 부 높직하게
높직-높직[놉-놉-] 부-하다 형 여럿이 다 높직한 모양을 나타내는 말. ¶집들이 저마다 높직높직하다. ☞나직나직
　높직높직-이 부 높직높직하게 ☞나직나직이
높직-하다[놉-] 형여 좀 높다. ☞나직하다
　높직-이 부 높직하게 ☞나직이
높층-구름(-層-)[놉-] 명 '고층운(高層雲)'의 딴이름. ☞비층구름. 중층운(中層雲)
높-하늬[놉-] 명 높하늬바람
높-하늬바람[놉-] 명 '북서풍'의 뱃사람말. 높하늬
놓기 명 컴퓨터 작업에서, 마우스로 선택한 대상을 원하는 위치로 옮긴 다음에 마우스버튼에서 손을 떼는 동작. 드롭(drop)
놓다 타 ①물건을 옮겨 일정한 자리에 있게 하다. ¶꽃병을 탁자 위에 -./가방을 책상 옆에 -. ②구조물 따위를 시설하다. ¶다리를 -./구들을 -./전화를 -. ③짐승이나 물고기를 잡으려고 장치를 해 두다. ¶덫을 -./통발을 -. ④아름답게 꾸미려고 무늬 따위를 박아 넣다. ¶수를 -./자개로 무늬를 -. ⑤주된 음식에 섞어 넣다. ¶콩을 놓은 밥./떡에 밤을 -. ⑥이불이나 옷 속에 솜이나 털을 넣다. ¶이불에 솜을 -./오리털을 놓은 점퍼. ⑦참외 따위를 심어 가꾸거나 기르다. ¶참외를 -./콩나물을 -. ⑧수판 따위로 셈을 하다. ¶수판을 -. ⑨셈에서, 어떤 수를 보태다. ¶스물에다 열을 더 -. ⑩값을 정하여 말하다. ¶값을 -. ⑪접바둑에서, 하수(下手)가 두 점 이상을 미리 두다. ¶두 점 놓고 두다. ⑫잡거나 쥐고 있던 상태를 그만두다. ¶들었던 수화기를 -./잡았던 밧줄을 -./잡았던 손을 -. ⑬자유롭지 못하던 상태를 풀다. ¶닭을 놓아 기르다. ⑭하던 일을 그만두고 하지 않다. ¶일손을 놓고 쉬다./필화(筆禍) 사건 후로 붓을 -. ⑮시름이나 근심하는 마음을 풀어 없애다. ¶한시름을 -./마음을 놓지 못하다. ⑯어떤 목적을 위하여 사람이나 동물을 보내다. ¶중매인을 -./매를 놓아 꿩을 잡다. ⑰불을 지르거나 피우다. ¶모깃불을 -. ⑱총포의 탄환을 발사하다. ¶총을 한 방 -. ⑲주사 바늘이나 침을 찌르다. ¶침을 -./주사를 -. ⑳이자나 세를 받으려고 빌려 주다. ¶이자 돈을 -./셋방을 -. ㉑빨리 가려고 힘을 더하다. ¶시속 100km를 놓아 달리다./줄달음을 -. ㉒말을 낮추어 하다. ¶젊은이에게 말을 -. ㉓상대편을 방해하거나 겁주거나 하는 행동을 해대다. ¶헤살을 -./엄포를 -./퇴짜를 -. ㉔'놓고'의 꼴로 쓰이어, '문제의 대상으로 하여'의 뜻을 나타냄. ¶그 안건을 놓고 논쟁이 벌어졌다.
조동 본용언(本用言) 다음에 쓰이어 ①행동의 결과를 그대로 가짐을 뜻하는 말. ¶달력을 걸어 -. ②뒷말의 이유나 근거가 됨을 나타내는 말. ¶집이 워낙 작아 놓아서 손님을 초대하기 곤란하다.

한자 **놓을 방**(放) 〔攴部 4획〕 ¶개방(開放)/방류(放流)/방목(放牧)/방축(放畜)/방출(放出)/방화(放火)

놓아-가다[노-] 자 배나 말이 빨리 가다. ¶놓아가는 말.
놓아-두다[노-] 타 ①들었던 것을 내려서 어떤 곳에 두다. ¶짐을 현관에 놓아두고 가다. ②물건을 건드리지 않고 그대로 두다. ¶손대지 말고 가만 놓아두어라. ③마음대로 하도록 내버려두다. ¶아이가 울든지 말든지 그냥 -. 준 놔두다
놓아-먹다[노-] 자 보살피는 이 없이 제멋대로 자라다.
놓아-먹이다[노-] 타 가축을 우리에 가두지 않고 한데에 내놓아 먹이다. 방사하다. ¶염소를 -.
　놓아먹인 말 관용 놓아먹인 말과 같이 막 자라서 버릇없이 굴거나 길들이기 어려운 사람을 이르는 말.
놓아-주다[노-] 타 잡히거나 얽매이거나 갇힌 것을 풀어주다. ¶낚은 물고기를 -./훈계하여 -.
놓이다[노-] 자 놓아지다. ¶마을 앞에 다리가 -./탁자 위에 놓인 꽃./난처한 처지에 놓이게 되다./이제 마음이 놓인다. 준 뇌다[1]
놓치다[노-] 타 ①잡거나 쥐고 있던 것을 떨어뜨리거나 놓다. ¶엄마 손을 -. ②얻었거나 가졌던 것을 잃어버리다. ¶그는 애인을 놓치고 싶지 않았다. ③잡거나 얻을 수 있는 것을 그렇게 하지 못하다. ¶도둑을 -./승리를 -. ④시간이나 알맞은 때를 지나다. 그냥 보내다. ¶기차를 -./혼기를 -. ⑤남의 말이나 글을 흘리거나 빠뜨리다. ¶한 마디라도 놓칠세라 귀기울여 듣다.
　속담 **놓친 고기가 더 크다** : 제 것이 될뻔 하다가 놓친 것이 마음에 몹시 걸려 아까워한다는 말. 〔나간 머슴이 일은 잘했다/놓친 고기 크게 뵌다〕
놔 준 '놓아'의 준말. ¶그곳에 -.
놔-두다 타 '놓아두다'의 준말.
뇌 명 땅 속의 푸석돌로 이루어진 층.
뇌(腦)명 ①두개골로 보호되고 있는, 중추 신경계의 주요부. 대뇌·소뇌·간뇌·중뇌·연수로 구분됨. 뇌수(腦髓). 머릿골[1]. 수뇌(髓腦) ②'두뇌(頭腦)'의 준말.
뇌각(牢却)명-하다 타 아주 물리침.
뇌간(腦幹)명 뇌 가운데서 대뇌 반구와 소뇌를 제외한 간뇌·중뇌·연수로 이루어진 부분.
뇌감(腦疳)명 한방에서, 영양이 나쁘거나 선병질(腺病質)인 어린아이의 머리에 나는 헌데를 이르는 말.
뇌개(腦蓋)명 두개(頭蓋)
뇌개-골(腦蓋骨)명 두개골(頭蓋骨). 머리뼈
뇌거(牢拒)명-하다 타 딱 잘라 거절함.
뇌격(雷擊)명-하다 타 어뢰로 적의 함선을 공격함.
뇌격-기(雷擊機)명 어뢰(魚雷)로 적의 함선을 공격하는 비행기.
뇌-경색(腦梗塞)명 뇌혈전(腦血栓)이나 뇌전색(腦栓塞) 따위로 뇌동맥이 막혀, 그 혈관의 지배를 받는 뇌 조직이 괴사(壞死)하는 병. 뇌연화증(腦軟化症)
뇌고(雷鼓)명 국악기 혁부(革部) 타악기의 한 가지. 여섯 개의 작은북을 한 묶음으로 하여 틀에 매단 것임. 천제(天祭) 의식의 강신악(降神樂)에 쓰임.
뇌고(牢固)어기 '뇌고(牢固)하다'의 어기(語基).
뇌고-하다(牢固-)형여 튼튼하고 굳다.
뇌공(雷公)명 뇌신(雷神)
뇌관(雷管)명 폭약이나 화약을 폭발시키기 위해 점화하는 장치. 금속성 용기에 기폭제(起爆劑) 따위를 잰 것. 도화선이나 전기로 발화시킴. ¶- 장치
뇌교(腦橋)명 중뇌와 연수의 사이에 있는 부분.
뇌금(雷金)명 염화금(塩化金)에 암모니아수를 더하여 만든 폭발성 화합물. 기폭제(起爆劑)로 쓰임.
뇌까리다 타 ①불쾌하게 생각되는 남의 말을 그대로 되받아서 자꾸 뇌다. ②아무렇게나 되는대로 지껄이다. ¶불평의 말을 함부로 -.
뇌:꼴-스럽다(-스럽고·-스러워)형ㅂ 아니꼽고 얄밉다. ¶녀석이 까부는 게 -.
　뇌꼴-스레 부 뇌꼴스럽게
뇌-농양(腦膿瘍)명 뇌 안에 화농균(化膿菌)이 들어가서 고름집을 만들어 고름이 괴는 병.
뇌:다[1] 자 '놓이다'의 준말.
뇌:다[2] 타 ①더 보드랍게 하려고 가루를 다시 고운 체로 치다. ②한 말을 자꾸 되풀이하다. ¶같은 말을 잇달아 뇌어 말하다.
뇌:덕(賴德)명-하다 자 남의 덕을 보는 일. 소덕(所德)
뇌동(雷同)명-하다 자 자기의 주견 없이 덮어놓고 찬성하여 함께 어울림.
뇌동(雷動)명-하다 자 천둥이 치듯이 시끄럽게 떠듦.

뇌-동맥 (腦動脈) 명 대뇌 동맥(大腦動脈)
뇌동:맥=경화증 (腦動脈硬化症) [-쯩] 명 뇌동맥이 굳어지는 병. 어지럼증, 건망증, 손발 저림, 두통, 귀울음 따위의 증세가 나타남.
뇌동부:화 (雷同附和) 성구 부화뇌동(附和雷同)
뇌-두통 (雷頭痛) 명 한방에서 이르는 눈병의 한 가지. 열독이 눈을 범하여 눈동자에 핏발이 서고 잘 보이지 않으며 두통이 심함.
뇌락 (磊落) 어기 '뇌락(磊落)하다'의 어기(語基).
뇌락장:렬 (磊落壯烈) 성구 기상이 쾌활하고 도량이 넓으며 지기(志氣)가 씩씩함을 이르는 말.
뇌락-하다 (磊落-) 형여 작은 일에 얽매이지 않고 성미가 너그럽다. ¶ 성품이 -.
뇌:랗다 (뇌랗고·뇌란) 형ㅎ 생기가 없이 아주 노랗다. ☞ 뉘렇다
뇌려풍비 (雷厲風飛) 성구 일하는 솜씨가 벼락같이 날쌔고 빠름을 비유하여 이르는 말.
뇌력 (腦力) 명 정신을 써서 생각하는 힘.
뇌력 (賴力) 명-하다 자 남의 힘을 입음.
뇌롱 (牢籠) 명-하다 타 농락(籠絡)
뇌뢰낙락-하다 (磊磊落落-) 형여 매우 뇌락하다.
뇌리 (腦裡) 명 머리 속. 생각이나 의식 속. ¶ -에 떠오르다./그 모습이 -에서 떠나지 않는다.
뇌막 (腦膜) 명 두개골 속의 뇌를 싸고 있는 얇은 껍질. ☞ 뇌척수막(腦脊髓膜). 수막(髓膜)
뇌막-염 (腦膜炎) [-념] 명 뇌척수막염(腦脊髓膜炎)
뇌-매독 (腦梅毒) 명 뇌에 매독균이 침입하여 생기는 병. 정신 장애나 반신불수 등이 따름.
뇌명 (雷名) 명 '뇌성대명(雷聲大名)'의 준말.
뇌명 (雷鳴) 명 ①천둥소리가 남, 또는 그 소리. ☞ 뇌성(雷聲) ②굉장히 큰 소리를 비유하여 이르는 말.
뇌문 (雷紋·雷文) 명 사각형을 여러 개 겹쳐 이은 무늬. 그릇이나 돗자리의 가장자리에 흔히 쓰임.
뇌물 (賂物) 명 사사로운 이익을 얻기 위하여 권력자에게 몰래 주는 부정한 돈이나 물건. 뇌사(賂謝). 회뢰(賄賂)
뇌물-죄 (賂物罪) [-쬐] 명 수뢰죄(受賂罪)와 증뢰죄(贈賂罪)를 아울러 이르는 말.
뇌변 (雷變) 명 벼락을 맞는 변고.
뇌-병 (腦病) [-뼝] 명 뇌에 생기는 질환.
뇌-병:원 (腦病院) 명 '정신 병원'을 달리 이르는 말.
뇌봉전:별 (雷逢電別) 성구 우레같이 만났다가 번개같이 헤어진다는 뜻으로, 갑자기 잠깐 만났다가 곧 헤어짐을 비유하여 이르는 말.
뇌-빈혈 (腦貧血) 명 심한 출혈이나 그 밖의 원인으로 뇌의 혈액량이 적어져서 생기는 병. 얼굴빛이 창백해지며 식은땀을 흘리고, 현기증이 일어나며 의식을 잃는 경우도 있음. ▷腦의 속자는 脳
뇌사 (牢死) 명-하다 자 옥사(獄死)
뇌사 (腦死) 명 대뇌와 뇌간의 기능이 정지하여 회복 불가능한 상태. 이를 '사망'으로 판정하는 견해도 있음.
뇌사 (雷肆) 명 서연(書筵)
뇌사 (賂謝) 명 뇌물(賂物)
뇌산 (雷酸) 명 무기산의 한 가지. 시안산의 이성질체(異性質體).
뇌산-수은 (雷酸水銀) 명 뇌산과 수은의 염. 수은과 질산을 알코올에 작용시켜 만든 흰빛의 결정체. 건조 상태에서는 약간의 마찰이나 충격으로 폭발하므로 기폭제로 쓰임. 뇌홍(雷汞)
뇌살 (惱殺) 명-하다 타 애가 타도록 몹시 괴롭힘. 특히 여자가 미모와 성적 매력으로 남자의 마음을 호리며 괴롭히는 일. ¶ 남자를 -하는 자태.
뇌성 (雷聲) 명 천둥소리. 우렛소리 ¶ 멀리서 -이 울리다. ☞ 뇌명(雷鳴)
뇌성에 벽력 관용 어려운 일이나 불행한 일이 겹쳐서 닥침을 이르는 말.
뇌성대:명 (雷聲大名) 성구 ①세상에 크게 떨친 이름을 이르는 말. ②남을 높이어 그의 '명성'을 이르는 말. 준 뇌명(雷名)
뇌성=마비 (腦性痲痹) 명 뇌성 소아마비(腦性小兒痲痹)
뇌성-벽력 (雷聲霹靂) 명 우렛소리와 벼락을 아울러 이르는 말.
속담 **뇌성벽력은 귀머거리라도 듣는다** : 아주 명백한 사실은 누구나 다 알 수 있다는 말. [청천백일은 소경이라도 밝게 안다]
뇌성=소:아마비 (腦性小兒痲痹) 명 뇌의 발달 과정에서, 뇌의 장애로 생기는 비진행성(非進行性)의 운동 기능 장애를 통틀어 이르는 말. 태아기에서 신생아기에 걸쳐 여러 가지 원인으로 발생함. 뇌성 마비(腦性痲痹)
뇌쇄 (牢鎖) 명-하다 타 단단히 잠금.
뇌수 (牢囚) 명-하다 타 단단히 가둠, 또는 그렇게 갇힌 죄수.
뇌수 (腦髓) 명 뇌(腦)
뇌-수면 (腦睡眠) 명 잠이 비교적 얕게 든 상태. ☞ 체수면(體睡眠)
뇌-수종 (腦水腫) 명 뇌실(腦室)과 뇌막(腦膜) 사이에 뇌척수액이 괴어서 생기는 병.
뇌신 (惱神) 명-하다 자 정신을 어지럽게 함.
뇌신 (雷神) 명 민속에서, 우레를 맡고 있다는 신. 뇌공
뇌신 (儡身) 명 ①꼭두각시. 괴뢰(傀儡) ②실패하여 영락한 몸.
뇌-신경 (腦神經) 명 뇌에서 나온 말초 신경. 시신경·청신경·후신경 따위 열두 쌍이 있으며, 운동이나 감각의 기능을 맡음.
뇌실 (腦室) 명 척추동물의 뇌의 내부에 있는, 뇌척수액(腦脊髓液)이 차 있는 곳.
뇌압 (腦壓) 명 두개(頭蓋) 안의 뇌척수액(腦脊髓液)의 압력. 뇌에 어떤 병증이 생기면 뇌압이 오르면서 두통·구토·경련이나 시력 장애 등이 나타남.
뇌약 (牢約) 명-하다 타 굳게 약속함, 또는 그 약속.
뇌-연화증 (腦軟化症) [-쯩] 명 뇌경색(腦梗塞)
뇌염 (腦炎) 명 뇌의 염증성(炎症性) 질환을 통틀어 이르는 말. 바이러스성 뇌염과 출혈성 뇌염으로 크게 나뉨.
뇌옥 (牢獄) 명 죄인을 가두어 두는 곳. 감옥(監獄)
뇌우 (雷雨) 명 번개·천둥과 함께 내리는 비.
뇌운 (雷雲) 명 번개와 천둥 또는 뇌우를 몰고 오는 구름. 대개 적란운(積亂雲)임.
뇌-일혈 (腦溢血) 명 뇌의 혈관이 터져 출혈(出血)이 일어나는 일. 동맥 경화가 진행되어 혈압이 높아졌을 때 일어나는 경우가 가장 흔함. 의식 장애가 일어나며, 출혈 부위에 따라 증상이 다르지만 대부분 회복 후에도 반신(半身) 마비나 언어 장애 등이 따름. 뇌출혈(腦出血)
뇌자 (牢子) 명 군뢰(軍牢)
뇌장 (腦漿) 명 뇌척수액(腦脊髓液)
뇌전 (雷電) 명 천둥과 번개.
뇌전-도 (腦電圖) 명 뇌파(腦波)의 움직임을 기록한 도표.
뇌-전류 (腦電流) 명 뇌의 신경 세포가 움직일 때 일어나는 매우 적은 양의 전류.
뇌-전색 (腦栓塞) 명 혈액이 엉긴 작은 덩어리 따위가 뇌혈관을 막아 뇌 조직에 장애를 일으키는 병증(病症).
뇌정 (牢定) 명-하다 타 확실하게 자리잡음. 돈정(敦定)
뇌정 (雷霆) 명 천둥
뇌정-벽력 (雷霆霹靂) 명 천둥과 벼락.
뇌-졸중 (腦卒中) [-쭝] 명 뇌의 급격한 혈액 순환 장애로 갑자기 의식을 잃거나 운동 마비를 일으키는 증세. 뇌일혈로 생기는 경우가 가장 흔함.
뇌-종:양 (腦腫瘍) 명 두개(頭蓋) 안에 생기는 종양을 통틀어 이르는 말. 두통·현기증·구토·경련·마비·시력 장애 등의 증세가 나타남.
뇌:주 (酹酒) 명-하다 자 땅에 술을 부어 강신(降神)을 빎, 또는 그 술. ☞ 축주(縮酒)
뇌증 (腦症) [-쯩] 명 중병(重病)이나 고열로 뇌가 손상되어 의식 장애를 일으키는 증세.
뇌지 (雷芝) 명 '연(蓮)'의 딴이름.
뇌진 (雷震) 명-하다 자 천둥이 울리고 벼락이 침.
뇌-진:탕 (腦震蕩) 명 머리에 강한 충격이 있은 후에, 일시

적으로 의식을 잃는 가벼운 뇌의 장애. 실신(失神)·현기증·귀울음·흥분·두통 따위의 증세가 나타나지만, 대부분 곧 회복됨.

뇌창(腦瘡)명 정수리에 난 부스럼.
뇌-척수(腦脊髓)명 중추 신경계를 구성하는 뇌와 척수를 아울러 이르는 말.
뇌척수-막(腦脊髓膜)명 척추동물의 중추 신경계(中樞神經系)를 싸고 있는 막 모양의 조직. 뇌막과 척수막으로 이루어져 있음. 수막(髓膜)
뇌척수막-염(腦脊髓膜炎)[-념]명 세균이나 바이러스의 감염으로 뇌막이나 척수막에 염증이 생기는 병. 발열·두통·의식 장애 등이 나타나며 사망률이 높음. 뇌막염(腦膜炎)
뇌척수-액(腦脊髓液)명 척수와 뇌실(腦室)에 차 있는 무색 투명한 액체. 일정한 압력을 유지하여 뇌와 척수를 보호하고, 뇌의 림프액 구실도 함. 뇌장(腦漿)
뇌천(腦天)명 정수리
뇌-출혈(腦出血)명 뇌일혈(腦溢血)
뇌-충혈(腦充血)명 뇌의 혈관 속을 흐르는 혈액의 양이 늘어난 상태. 흥분·과로·일사병 등으로 일어나며, 심하면 의식 장애를 일으킴.
뇌파(腦波)명 뇌의 활동에 따라 일어나는 전위(電位) 변화를 증폭기로 증폭하여 기록한 그림. 간질·뇌종양·뇌일혈 따위의 뇌의 병변 진단에 이용됨.
뇌포(腦胞)명 척추동물의 발생에서, 신경관(神經管)의 앞쪽 끝 부분에 생기는 부푼 부분. 나중에 뇌가 되는 부분임. ☞수뇌(髓腦)
뇌풍(腦風)명 한방에서 이르는 풍병(風病)의 한 가지. 뒷머리와 목덜미, 등이 차가워지고 오한(惡寒)·두통·현기증이 일어남.
뇌-하다형여 천하고 더럽다.
뇌-하:수체(腦下垂體)명 간뇌(間腦)의 시상 하부(視床下部)에 드리워 있는 조그만 내분비 기관. 각종 호르몬을 분비하며, 다른 내분비선의 기능을 조절함. 골밑샘
뇌-혈전(腦血栓)[-쩐]명 뇌의 동맥에 생긴 혈전(血栓) 때문에 혈액의 흐름이 나빠져 뇌에 장애가 일어나는 병. 반신 마비나 실어(失語) 따위의 증세가 나타남.
뇌형(牢刑)명 지난날, 주리를 트는 형벌을 이르던 말.
뇌홍(雷汞)명 뇌산수은(雷酸水銀)
뇌화(雷火)명 ①번갯불 ②벼락이 떨어져 일어난 불.
뇌환(雷丸)명 대의 뿌리에 기생하는 버섯의 한 가지. 지름 1~2cm. 고르지 않은 덩어리 모양인데, 겉은 검고 속은 흼. 촌충의 구충제로 쓰임.
뇌후(腦後)명 ①뒤통수 ②무덤의 뒤쪽.
뇌후-종(腦後腫)명 뒤통수에 나는 발찌.
뵛:보명 됨됨이가 천하고 너저분한 사람.
누대 '누구'의 준말.
 속담 **누가 흥(興)이야 항(恒)이야 하랴**: 관계없는 남의 일에 이래라 저래라 할 수 없다는 말. [흥이야 항이야]
누(婁)명 '누수(婁宿)'의 준말.
누:(累)명 남으로 말미암아 입는 정신적·물질적 괴로움이나 손해. ¶ -를 끼치다./주위 사람들에게 -가 되다.
누:(漏)명 ①'누수(漏水)'의 준말. ②'각루(刻漏)'의 준말.
누(樓)명 ①다락집 ②'누각(樓閣)'의 준말.
누(壘)명 야구 경기장의 베이스.
누:가(累加)명-하다자타 ①자꾸 보태어짐, 또는 자꾸 보태어 나감. ¶빚이 -되다./점수를 -하다. ②수학에서, 같은 수를 거듭 보태어 나감. ☞누감(累減)
누:가(累家)명 대대로 이어 온 집안.
누가(nougat 프)명 캔디의 한 가지. 설탕·물엿·젤라틴·땅콩 따위를 원료로 하여 만듦. 대체로 희고 무름.
누가복음(∠Luke福音)명 신약성서 중의 셋째 편. 사도(使徒) 바울의 동반자이며 의사인 누가가 이방인에게 전도하기 위하여 쓴 것. 가난한 사람, 죄인, 여성 등에게 강한 공감을 나타내고 있음.
누:각(漏刻)명 각루(刻漏)
누각(樓閣)명 사방이 탁 트이게 높이 지은 다락집. 대각(臺閣) 준누(樓) ▷樓의 속자는 楼
누:각(鏤刻)명-하다타 ①쇠붙이나 나무에 글자나 무늬, 그림 등을 새기는 일. 각루(刻鏤) ②글을 아름답게 다듬거나 꾸미는 일.
누:각-전(漏刻典)명 신라 때, 각루(刻漏) 곧 물시계로 시간을 재는 일을 맡아보던 관아.
누:감(累減)명-하다자타 ①수량 따위가 자꾸 줆, 또는 자꾸 줄여 나감. ②수학에서, 같은 수를 거듭 뺌. ☞누가(累加). 누증(累增)
누:감-세(累減稅)[-쎄]명 과세 물건의 수량이나 가격이 증가함에 따라 낮은 세율을 적용하는 조세. 역진세(逆進稅) ☞누진세(累進稅)
누:거(陋居)명 ①너절하고 좁은 집. ②남에게 자기의 집을 겸손하게 이르는 말.
누:-거만(累巨萬)명 여러 거만의 뜻으로, 매우 많음 또는 매우 많은 금액을 이르는 말. ¶ -의 부(富).
누:거만-년(累巨萬年)명 매우 오랜 세월.
누:거만-재(累巨萬財)명 매우 많은 재산.
누:견(陋見)명 ①좁은 생각. 변변찮은 의견. ②남에게 자기의 생각이나 의견을 겸손하게 이르는 말.
누:계(累計)명-하다타 소계(小計)를 차례차례 가산해 나감, 또는 그 합계. 누산(累算) ¶지출의 -를 내다.
누:고(漏告)명-하다타 ①어떤 부분을 빼고 말하지 않음. ②비밀을 남에게 알림.
누:고(漏鼓)명 지난날, 시각을 알리기 위하여 치던 북.
누:공(漏空)명 투조(透彫)
누:공(鏤工)명 쇠붙이나 도자기에 무늬 등을 새기는 일.
누:관(淚管)명 눈물이 눈에서 비강(鼻腔)으로 흐르는 길. 누도(淚道). 누로(淚路)
누구대 ①모르는 사람, 또는 이름을 알 수 없는 사람을 가리키거나 물을 때 쓰는 말. ¶저 사람은 누굴까?/당신은 -십니까? ②특정의 인물이 아닌 어떤 사람을 가리키는 말. ¶누군가 오는 모양이다./-도 해낼 수 없을 것이다. 준누. 뉘[4]

한자 **누구 수**(誰) [言部 8획] ¶수모(誰某)/수하(誰何)

▶ **'누구'라는 말의 쓰임**
 사람에게는 '누구'라는 말을 쓸 수 있고, 동물에게는 '누구'를 쓸 수 없다.
 ¶저 듬직한 청년은 누구냐? (○)
 저 작은 강아지는 누구냐? (×)

누구-누구대 '누구'의 복수(複數)로, '누구와 누구'를 이르는 말. ¶오실 손님은 -입니까?/-는 이미 알고 있는 모양이다.
누군준 '누구는'의 준말. ¶- 주고 - 안 주니?
누굴준 '누구를'의 준말. ¶- 찾니?
누그러-뜨리다(트리다)타 누그러지게 하다. ¶노여움을 -. ☞가라앉히다
누그러-지다자 ①흥분이나 긴장, 태도 따위가 좀 부드러워지다. ¶화가 -./강경한 태도가 -. ②기후나 증세 따위가 좀 수긋해지다. ¶추위가 -./통증이 좀 -.
누그름-하다형여 좀 누글누글하다. ☞노그름하다
 누그름-히부 누그름하게 ☞노그름히
누글-누글부-하다형 ①물체가 눅눅하거나 연한 모양을 나타내는 말. ¶굳은 인절미를 불에 -하게 굽다. ②됨됨이나 태도가 꿋꿋하지 아니하고 무르거나 느즈러진 모양을 나타내는 말. ☞노글노글
누:금(鏤金)명-하다자 ①금속에 무늬나 그림 따위를 새기는 일, 또는 그 조각. ②금속이나 도자기, 나무 따위에 무늬나 그림을 새기고 금을 박는 일, 또는 그 작품.
누긋-누긋[-근-]부-하다형 ①물체가 버석버석하거나 뻣뻣하지 아니하고 좀 눅눅한 모양을 나타내는 말. ¶구운 지 오래되어 - 눅은 김. ②성질이나 태도가 태평스럽고 눅은 모양을 나타내는 말. ☞노긋노긋
누긋-하다[-근-]형여 ①물체가 버석버석하거나 뻣뻣하지 아니하고 좀 눅눅하다. ¶김이 누긋해지다. ②성질

이나 태도가 무르고 느긋하다. ¶누긋한 성질. ③추위가 좀 누그러진듯 하다. ¶추위가 ㅡ. ☞노긋하다

누긋-이 부 누긋하게 ☞노긋이

누:기(陋氣) 명 더러운 기운.

누:기(淚器) 명 눈물을 분비하는 눈물샘과, 그것을 비강으로 흐르게 하는 누도(淚道)를 통틀어 이르는 말.

누:기(漏氣) 명 축축한 물기운.

누:기-차다(漏氣ㅡ) 형 축축한 기운이 많다.

누:기-치다(漏氣ㅡ) 자 축축한 기운이 나다.

누꿈-하다 형여 한동안 성하였던 전염병이나 해충 따위가 좀 뜸해지다.

누꿈-히 부 누꿈하게

누:-끼치다(累ㅡ) 자 남을 귀찮고 성가시게 하다. 남에게 폐스럽게 하다.

누:나 명 사내아이가 손윗누이를 부르는 말.

누:낭(淚囊) 명 누도(淚道)의 한 부분. 아래위의 누소관(淚小管)으로부터 흘러 온 눈물이 모이는 주머니.

누:년(累年·屢年) 명 여러 해. 누세(累歲) ¶ㅡ에 걸친 가뭄./ㅡ에 걸친 풍작.

누:누-이(累累ㅡ·屢屢ㅡ) 부 여러 번. 자꾸 ¶ㅡ 강조하다./ㅡ 당부하다./ㅡ 설명하다. ▷屢의 속자는 屡

누:님 명 손윗누이를 높이어 부르는 말.

누다 타 똥이나 오줌을 몸 밖으로 내보내다.

속담 **누지 못하는 똥을 으드득 누라 한다** : 되지도 않을 일을 억지로 하게 하는 것은 부질없는 일이라는 말. 〔배지 않은 아이를 낳으라 한다/내 노랑 병아리만 내라 한다〕

누-다락(樓ㅡ) 명 다락집의 위층.

누:대(累代·屢代) 명 여러 대. 누세(累世) ¶ㅡ의 가업.

누대(樓臺) 명 누각(樓閣)과 대사(臺榭).

누:대=봉:사(累代奉祀) 명 여러 대의 조상의 제사를 받드는 일. ☞사대봉사(四代奉祀)

누:대=분산(累代墳山) 명 여러 대의 조상의 묘가 있는 곳.

누더기 명 ①누덕누덕 기운 헌 옷. ②더럽고 몹시 해진 천으로 된 물건. 남루(襤褸)

속담 **누더기 속에서 영웅 난다** : 가난하고 천한 집에서 훌륭한 인물이 나왔음을 이르는 말. 〔개천에서 용(龍) 난다/개똥 밭에 인물 난다〕

누덕-누덕 부 -하다 형 해지거나 터진 자리를 여기저기 마구 기워 볼품이 없는 모양을 나타내는 말. ¶ㅡ 기운 저고리. ☞노닥노닥². 너덕너덕

누:도(淚道) 명 누관(淚管)

누:도(累度·屢度) 명 여러 번. 여러 차례.

누:-되다(累ㅡ) 자 남을 성가시게 하는 일이 되다.

누:두(漏斗) 명 깔때기

누:드(nude) 명 ①벌거벗은 몸. 알몸. 나체(裸體) ②그림·조각·사진 등의 나체상(裸體像).

누:드쇼:(nude+show) 명 여성이 벌거벗은 몸으로 춤 따위를 보여 주는 연예(演藝).

누:락(漏落) 명 -하다 자타 기록에서 빠짐, 또는 기록에서 빠뜨림. 낙루(落漏) ¶명부에 ㅡ되다.

누:란(累卵) 명 포개어 쌓아 놓은 알이라는 뜻으로, 몹시 불안정하고 위태로운 상태를 비유하여 이르는 말. ¶국가가 ㅡ의 위기에 처해 있다.

누:란지세(累卵之勢) 성구 포개어 쌓아 놓은 알과 같은 형세라는 뜻으로, 몹시 위태로운 형세를 비유하여 이르는 말.

누:란지위(累卵之危) 성구 알을 포개어 쌓아 놓은 것처럼 몹시 위태로운 형세를 이르는 말

누런-빛 명 누런 빛깔. ☞노란빛

누렁 명 ①누런 빛깔. ②누런 물감. ☞노랑

누렁-개 명 털빛이 누른 개. 누렁이. 황구(黃狗)

누렁-물 명 흙이 섞여 있거나 하여, 빛깔이 누르퉁퉁하게 흐려 있는 물. ☞먼물

누렁-우물 명 물이 궂어서 먹지 못하는 우물. ☞먼우물

누렁-이 명 ①털빛이 누른 개. 누렁개. 황구(黃狗) ②누른 빛깔의 물건. ☞노랑이

누:렇다(누렇고·누런) 형ㅎ 빛깔이 매우 누르다.

한자 누를 황(黃) 〔黃部〕 ¶황국(黃菊)/황금(黃金)/황사(黃砂)/황토(黃土)/황화(黃花) ▷속자는 黄

누:레-지다 자 누렇게 되다. ☞노래지다

누:로(淚路) 명 누관(淚管)

누룩 명 밀을 굵게 갈아 반죽하여 덩이를 만들어서 띄운 것. 지에밥과 함께 술을 빚는 재료로 쓰임. 곡자(曲子). 종곡(種麴). 주매(酒媒)

누룩-곰팡이 명 자낭균류(子囊菌類)에 딸린 곰팡이. 균사(菌絲)는 무색으로 솜처럼 퍼지며 균사의 자루 끝에 포자(胞子)가 많이 생기면 누른빛을 나타냄. 아밀라아제가 함유되어 있어서 녹말을 당분으로 변화시키므로 양조용으로 쓰임. 곡균

누룩-두레 명 도자기 가마를 만들 때 쓰는, 누룩 덩이 같은 흙덩이.

누룩-밑 명 홍국(紅麴)을 만드는 재료. 찐 찹쌀밥을 물에 말아 독에 넣어 익혀서 만듦. 국모(麴母)

누룽지 명 솥 바닥에 눌어붙은 밥, 또는 그것을 긁은 것. 눌은밥

누르기 명 유도에서, 굳히기의 한 가지. 상대편의 등이 바닥에서 떨어지지 않도록 윗몸을 누르는 기술.

누르께-하다 형여 새뜻하지도 짙지도 않게 누르다. ☞노르께하다

누르끄레-하다 형여 좀 엷게 누르께하다. ☞노르끄레하다

누르다[1](누르고·눌러) 타르 ①아래로, 또는 옆으로 힘주어 밀거나 무게를 더하다. ¶벨을 ㅡ. /종이를 돌로 눌러 놓다. ②이기다. ¶상대편을 2대 0으로 눌렀다./다른 후보를 누르고 당선되었다. ③남을 꼼짝못하게 하다. ¶무력으로 약자를 ㅡ. ④참다. 감정이나 욕망을 가라앉히다. ¶흥분을 ㅡ./기쁨을 ㅡ.

한자 누를 압(押) 〔手部 5획〕 ¶압정(押釘)/압형(押型)
누를 억(抑) 〔手部 4획〕 ¶억압(抑壓)/억제(抑制)

누르다[2](누르니·누르러) 형러 좀 엷게 노르다. ☞노르다

누르디-누르다(ㅡ누르니·ㅡ누르러) 형러 아주 누르다.

누르락-붉으락 부 몹시 화가 나서 얼굴빛이 누렇게 되었다가 벌겋게 달아올랐다가 하는 모양을 나타내는 말. ☞붉으락푸르락

누르락-푸르락 부 몹시 화가 나서 얼굴빛이 누렇게 되었다가 푸른빛을 띨 정도로 하얘졌다가 하는 모양을 나타내는 말.

누르무레-하다 형여 희미하게 누르다. ☞노르무레하다

누르미 명 도라지나 버섯, 고기 등을 갸름하게 썰어서 꼬챙이에 꿰어 밀가루를 묻히고, 달걀을 풀어 입혀서 기름에 지진 음식.

누르스레-하다 형여 누르스름하다 ☞노르스레하다

누르스름-하다 형여 조금 누른듯 하다. 누르스레하다 ☞노르스름하다

누르스름-히 부 누르스름하게 ☞노르스름히

누르퉁퉁-하다 형여 ①산뜻하지 않게 누르다. ②부은 살이 핏기가 없이 누르다.

누른-빛 명 황금과 같은 빛. 누른색. 황색 ☞노른빛

누른-색(ㅡ色) 명 황금과 같은 색. 누른빛

누를-황(ㅡ黃) 명 한자 부수(部首)의 한 가지. '黈'·'黇' 등에서 '黃'의 이름.

누름-단추 명 벨을 울리거나 기계를 작동시키기 위하여 손가락 끝으로 누르는, 단추처럼 볼록 튀어나온 부분.

누름-돌[ㅡ똘] 명 김칫돌 등과 같이, 물건을 눌러 두는 돌.

누름-적(ㅡ炙) 명 쇠고기·도라지·파·박 오가리 등을 길게 썰어 꼬챙이에 색을 맞추어 꿰고, 참기름·간장·후춧가루 등으로 양념하여 밀가루를 묻히고 달걀을 풀어 씌워 번철에 지진 음식. 황적(黃炙)

누릇-누릇[ㅡ른ㅡ] 부 -하다 형 군데군데가 누르스름한 모양을 나타내는 말. ☞노릇노릇

누릇누릇-이 부 누릇누릇하게 ☞노릇노릇이

누릇-하다 형여 꽤 누른 기가 있다. ☞노릇하다
누리[1] 명 메뚜깃과의 곤충. 몸길이 5~7cm로 큰 메뚜기임. 머리와 가슴, 다리는 녹색이며, 그 밖의 부분은 갈색임. 여름에 나타나 양지바른 풀밭에 살면서 잡초를 먹음. 세계 각지에 분포하며, 중국이나 중앙 아시아에 사는 종류는 떼를 지어 농작물에 큰 피해를 입힘.
누리[2] 명 우박(雨雹)
누리[3] 명 '세상'을 예스럽게 이르는 말. ¶눈이 온 ―를 새하얗게 덮었다.
누리다[1] 타 자기에게 주어진 좋은 일을 받아들여 즐기다. ¶문화 생활을 ―./복을 ―./영화(榮華)를 ―.

한자 누릴 향(享) 〔亠部 6획〕 ¶향년(享年)/향락(享樂)/향복(享福)/향유(享有)/향춘객(享春客)

누리다[2] 형 ①털이 타는 냄새와 같다. ②노루나 염소에서 나는 냄새와 같다. ③고기에 기름기가 많아 비위가 상하도록 메스껍다. ④마음쓰는 것이 매우 인색하고 더럽다. ☞노리다[3]
누리장-나무 명 마편초과의 낙엽 관목. 산기슭의 양지바른 곳에서 자람. 높이 2m 안팎. 잎은 오동나무 잎과 비슷하나 조금 작으며 마주 남. 여름에 흰 다섯잎꽃이 피며, 열매는 남빛으로 익음. 꽃과 열매는 아름다우나 줄기와 잎에서 고약한 냄새가 나는 것이 특징임. 어린잎은 먹을 수 있음.
누리척지근-하다 형여 조금 누린내가 나는듯 하다. 준 누리치근하다. 누척지근하다 ☞노리착지근하다
누리척지근-히 부 누리척지근하게 ☞노리착지근히
누리치근-하다 형여 '누리척지근하다'의 준말. ☞노리치근하다
누리치근-히 부 누리치근하게 ☞노리치근히
누린-내 명 ①털 따위가 타는 냄새. ②염소나 노루에서 나는 냄새. 조취(臊臭) ☞노린내
누린내-풀 명 마편초과의 여러해살이풀. 각지의 산이나 들에 자람. 네모진 줄기는 높이 1m 안팎이며, 잎자루가 있는 넓은 달걀꼴의 잎은 끝이 뾰족하고 마주 남. 줄기와 잎에서는 고약한 냄새가 남. 늦여름에 잎겨드랑이에서 꽃대가 뻗으며, 보랏빛 꽃이 원추(圓錐) 꽃차례로 핌. 한방에서, 관절염 등에 약재로 씀.
누릿-하다 형여 냄새가 약간 누리다. ☞노릿하다
누-마루(樓―) 명 다락마루
누:만(累萬) 명 '여러 만'이란 뜻으로, 수량이 굉장히 많음을 나타내는 말.
누:만-금(累萬金) 명 ①여러 만 냥의 돈. ②굉장히 많은 액수의 돈. ¶―을 준다 해도 바꾸지 않겠다.
누:망(漏網) 명-하다 자 범인이 수사망을 빠져 달아남.
누:망(縷望) 명 실낱 같은 한 가닥의 희망. 일루(一縷)의 희망. ▷縷의 속자는 縷
누:명(陋名) 명 ①부끄러운 평판에 오르내리는 이름. ②억울하게 뒤집어쓴 불명예(不名譽).
누명을 벗다 관용 사실이 밝혀져 부끄러울 것 없는 떳떳한 몸이 되다.
누명을 쓰다 관용 사실이 아닌 일로 말미암아 이름이 더럽혀지다.
누:문(漏聞) 명-하다 타 새어 나온 말을 얻어들음.
누문(樓門) 명 다락집 밑으로 드나들게 된 문.
누:범(累犯) 명 ①전에 죄를 범했던 사람이 다시 죄를 저지르는 일, 또는 그런 사람. ②형법에서, 금고(禁錮) 이상의 형을 받았던 사람이 형이 가중(加重)될만 한 범죄를 반복하는 일, 또는 그런 사람. ☞재범(再犯)
누:범=가중주의(累犯加重主義) 명 누범에 대해서는 그 형벌을 가중해야 한다는 주의, 또는 그 제도. 우리 나라의 형법은 누범 가중주의를 택하고 있으며, 누범에 대해서는 그 죄에 정해진 형의 2배까지 가중할 수 있음.
누벨바그(nouvelle vague 프) 명 새 물결이라는 뜻으로, 1950년대 후반에 전개된 프랑스 영화계의 새로운 영화 운동. 젊은 감독들이 즉흥 연출, 장면의 비약적 전개, 미완결 스토리, 감각적 표현 등으로 종래의 영화 개념을 바꾸어 놓음. 2~3년 만에 사라졌으나 세계 영화계에 끼친 영향은 매우 큼.
누:보(累報·屢報) 명-하다 타 여러 번 보도함.
누보로망(nouveau roman 프) 명 앙티로망(antiroman)
누비 명 천을 두 겹으로 포개 놓고, 그 사이에 솜을 두어 줄이 죽죽 지게 박는 바느질, 또는 그렇게 만든 것.
누비다 타 ①천을 두 겹으로 포개 놓고, 그 사이에 솜을 두어 죽죽 줄이 지게 박다. ¶이불을 누벼 만들다. ②서로 부딪치지 않도록 요리조리 피하면서 빠져 나가다. ¶사람들 사이를 ―. ③어떤 분야에서 마음껏 활동하다. ¶재계(財界)를 ―.
누비-바지 명 솜을 두어 누빈 바지. 방한용으로 입음.
누비-버선 명 솜을 두어 누빈 버선. 방한용으로 신음.
누비-옷 명 누비어 지은 옷.
누비-이불 명 솜을 얇게 두어 누빈 이불.
누비-질 명-하다 자 누비는 일.
누비-처네 명 누비어 만든 처네.
누비-포대기 명 솜을 얇게 두어 누비어 만든 포대기.
누비=혼인(―婚姻) 명 두 성(姓) 사이에 많이 겹쳐 혼인하는 일, 또는 그런 혼인.
누:삭(累朔·屢朔) 명 여러 달. 누월(累月)
누:산(累算) 명-하다 타 누계(累計)
누상(樓上) 명 다락 위. ☞누하(樓下)
누:선(淚腺) 명 눈물을 분비(分泌)하는 선(腺). 눈물샘
누선(樓船) 명 갑판 위에 판자로 다락집을 꾸며 놓은 배. 지난날, 군선(軍船)이나 놀잇배 따위로 쓰였음.
누:설(漏泄·漏洩) 명-하다 자타 ①물 따위가 샘, 또는 새게 함. ②비밀로 한 일이 새어 나감, 또는 새어 나가게 함. ¶기업의 기밀이 ―되다.
누성(婁星) 명 누수(婁宿)
누:세(累世·屢世) 명 여러 대(代). 여러 세대(世代). 누대(累代)
누:세(累歲·屢歲) 명 누년(累年)
누:-소관(淚小管) 명 누관(淚管)의 한 부분. 눈구석의 아래위 눈꺼풀 가장자리에서 누낭(淚囊)에 이르는 관.
누:속(陋俗) 명 천덕스러운 풍속이나 풍습. 누습(陋習). 누풍(陋風)
누:수(淚水) 명 눈물[1]
누수(婁宿) 명 이십팔수(二十八宿)의 하나. 서쪽의 둘째 별자리. 누성(婁星) 준 누(婁)
누:수(漏水) 명 ①-하다 자 물이 샘, 또는 새는 물. ②누수기나 각루(刻漏) 따위 물시계의 물. 준 누(漏)
누:수-기(漏水器) 명 작은 구멍에서 새어 나오는 물의 양으로 시간을 재는 옛날의 시계. 물시계
누:습(陋習) 명 누속(陋俗)
누:습(漏濕) 어기 '누습(漏濕)하다'의 어기(語基).
누:습-하다(漏濕―) 형여 누기가 차서 눅눅하다. ¶지하실은 언제나 ―.
누:시누:험(屢試屢驗) 성구 여러 번 시험하고 여러 번 겪음을 이르는 말. ▷屢의 속자는 屡
누:실(陋室) 명 ①좁고 너절한 방. ②남에게 자기의 방을 겸손하게 이르는 말.
누:실(漏失) 명-하다 타 빠뜨려 잃어버림.
누심(壘審) 명 야구에서, 일루·이루·삼루 가까이에서 그 누(壘)에 관계되는 판정을 맡아보는 심판. 베이스엄파이어(base umpire) ☞구심(球審)
누:안(淚眼) 명 눈물이 글썽이는 눈.
누:액(淚液) 명 눈물[1]
누에 명 누에나방의 애벌레. 몸길이 6cm 안팎이며 13개의 마디가 있음. 몸빛은 회백색(灰白色)이며 갈색의 무늬가 있음. 뽕을 먹고 자라는 기간과 먹지 않고 잠을 자는 기간을 되풀이하는데, 보통 네 번 잠을 자고 나면 탈바꿈하여 고치를 지음. 고치에서 명주실을 뽑음.
누에(가) 오르다 관용 누에가 고치를 지으려고 섶에 오르다.
누에(를) 치다 관용 누에를 기르다.
누에-고치 명 고치[1]

한자 누에 잠(蠶) 〔虫部 18획〕 ¶ 잠구(蠶具)/잠농(蠶農)/잠령(蠶齡)/잠사(蠶絲)/잠업(蠶業) ▷ 속자는 蚕

누에-나방 명 누에나방과의 곤충. 누에의 성충(成蟲)임. 편 날개의 길이 4cm 안팎. 암컷은 날개가 희고 몸이 굵으며, 수컷은 날개가 잿빛이고 좀 작음. 입이 퇴화하여 먹이를 먹을 수 없으므로, 번데기에서 우화(羽化)하여 며칠 만에 교미(交尾)하고 알을 낳은 뒤에 죽음. 원잠아(原蠶蛾). 잠아(蠶蛾)

누에-농사(-農事) 명 누에를 치는 일. 잠농. 잠작

누에-늙은이 명 누에가 늙은 것처럼 겉마르고 휘늘어진 사람을 놀리어 이르는 말.

누에-떨기 명 알에서 깬 누에를 누엣자리에 떨어 놓고 첫 뽕을 주는 일. 소잠(掃蠶)

누에-똥 명 누에의 똥. 거름이나 약재로 씀. 잠분(蠶糞)

누에-머리 명 누에의 머리 모양을 한 산봉우리를 이르는 말. 잠두(蠶頭)

누에머리-손톱 명 너비에 비해 길이가 퍽 짧은 엄지손가락의 손톱.

누에-씨 명 누에의 알. 잠종(蠶種)

누에-올리기 명 고치 지을 때가 된 누에를 섶에 올리는 일.

누에-채반(-盤) 명 잠박(蠶箔)

누에-파리 명 침파릿과의 곤충. 몸길이 1.5cm 안팎. 몸빛은 회백색(灰白色)이고 날개는 갈색임. 누에나 멧누에 따위의 살갗이나 털끝에 알을 슬면, 그것이 누엣구더기가 되어 누에의 몸 속으로 들어가 기생하여 누에를 죽게 함. 잠향(蠶蠁)

누엣-구더기 명 ①뽕파리의 애벌레. 뽕잎에 슬어 놓은 뽕파리의 알이, 그 뽕잎을 먹은 누에의 몸 속에서 깨어 구더기가 된 것. ②누에파리의 애벌레. 누에의 살갗이나 털끝에 슬어 놓은 누에파리의 알이 깨어 구더기가 된 것. 잠저(蠶蛆)

누엣-자리 명 누에채반에 거적이나 종이를 깔아 시렁에 올려 놓고 누에를 치는 자리.

누:열(陋劣) 어기 '누열(陋劣)하다'의 어기(語基).

누:열-하다(陋劣-) 형여 하는 짓이나 마음이 더럽고 비열하다. ¶ 누열한 수단으로 남을 모함하다.

누:옥(陋屋) 명 ①초라하고 너절한 집. ②남에게 자기의 집을 겸손하게 이르는 말. ☞봉문(蓬門). 편암(片庵)

누:옥(漏屋) 명 비가 새는 집.

누운-다리 명 베틀다리

누운-단 명 웃옷의 아랫단.

누운-목(-木) 명 잿물에 삶은 후 물에 빨아 희고 부드럽게 한 무명. 누인 무명.

누운-변(-邊) 명 변리(邊利)를 다달이 물거나 하지 않고 본전과 함께 한목에 갚는 변리. 장변(長邊) ☞선변

누울-외(-椳) 명 재래식 한옥에서, 벽 속에 가로로 뉘어 얽는 외. 준눌외 ☞설외

누워-먹다 자 편하게 놀고 먹다.

누:월(累月·屢月) 명 여러 달. 누삭(累朔)

누이 명 남자가 동기(同氣)인 여자를 일컫는 말. 곧 손윗누이와 손아랫누이를 일컫는데, 손아랫누이를 일컫는 경우가 많음. 준뉘[3]

속담 **누이 믿고 장가 안 간다** : 누이에게 장가갈 셈으로 혼처를 물색하지 않는다는 뜻으로, 당치않은 생각을 하는 어리석음을 비웃는 말.〔앞집 처녀 믿다가 장가 못 간다/동네 색시 믿고 장가 못 간다〕/**누이 좋고 매부 좋다** : 서로에게 다 이롭고 좋다는 말.

한자 누이 매(妹) 〔女部 5획〕 ¶ 매부(妹夫)/매제(妹弟)/매형(妹兄)/자매(姉妹)

누이다[1] 타 ①눕게 하다. 눕히다 ¶ 환자를 자리에 -. ②쓰러뜨리다. 눕히다 ¶ 상대편을 한 주먹에 -. ③이자만 갚고 원금은 그대로 빚으로 두다. ¶ 빚을 한 해 더 -. ④무명·모시·명주 따위를 잿물에 삶아서 물에 빨아 희고 부드럽게 하다. ¶ 모시를 -. 준뉘다[1]

누이다[2] 타 오줌이나 똥을 누게 하다. ¶ 아기를 안고 오줌을 -. 준뉘다[2]

누이-동생(-*同生) 명 자기보다 나이가 아래인 누이. 여동생. 여제(女弟)

누이-바꿈 명 -하다 자 누이를 처남과 혼인시키는 일. 곧 두 남자가 각각 상대편의 누이와 결혼하게 되는 일.

누:일(累日·屢日) 명 여러 날. 적일(積日)

누임 명 -하다 타 무명·모시·명주 따위를 누이는 일. 준뉨

누:작(漏杓) 명 석자

누:적(累積) 명 -하다 자타 포개어져 쌓임, 또는 포개어 쌓음. 적루(積累) ¶ 적자가 -되다./피로가 -되다.

누:적(漏籍) 명 -하다 자 호적·병적·학적 따위에서 빠짐.

누:적=채:무(累積債務) 명 국제 수지가 적자인 나라가, 외국에서 많은 자금을 빌려 씀으로써 원리금(元利金)의 상환이 어려워진 채무.

누:전(漏電) 명 -하다 자 절연(絕緣)이 잘못되었거나 전선이 손상되어 전류가 전선 밖으로 새어 흐르는 상태. 감전이나 화재의 원인이 됨.

누:전(漏箭) 명 ①물시계의 누호(漏壺)에 세우는, 눈금이 새겨진 화살. 이 눈금이 시간을 가리킴. ②어디서인지 모르게 날아와서 사람을 맞힌 화살.

누:점(淚點)[-쩜] 명 눈구석의 아래위 눈꺼풀에 있는, 누관(淚管)의 입구가 되는 부분.

누:점(漏點) 명 물시계에서 떨어지는 물방울.

누:정(漏丁) 명 -하다 타 조선 시대, 병역이나 부역(賦役)에 빠지려고 사내아이를 호적에 올리지 않던 일.

누:정(漏精) 명 -하다 자 유정(遺精)

누:조(累朝) 명 여러 대의 조정(朝廷).

누:주(淚珠) 명 눈물 방울.

누:증(累增) 명 -하다 자타 수량 따위가 자꾸 늚, 또는 자꾸 늘림. ¶ 적자가 -하다. ☞누감(累減)

누:지(陋地) 명 ①누추한 곳. ②남에게 자기가 사는 곳을 겸손하게 이르는 말.

누:지다 형 습기를 먹어 조금 축축한 기운이 있다. ¶ 방바닥이 -./빨래가 -.

누:진(累進) 명 -하다 자 ①계급이나 지위 따위가 자꾸 올라감. ②금액이나 수량이 많아짐에 따라, 그에 대한 비율도 자꾸 높아지는 일.

누:진=과세(累進課稅) 명 누진 세율에 따라 세금을 부과하는 일.

누:진-세(累進稅)[-쎄] 명 과세 물건의 수량이나 가격이 증가함에 따라 높은 세율을 적용하는 조세. ☞누감세(累減稅). 비례세(比例稅). 역진세(逆進稅)

누:진=세:율(累進稅率) 명 과세 표준의 증가에 따라 차차 높아지는 세율.

누:차(累次·屢次) 명 ①여러 차례. 누회(累回) ¶ -에 걸쳐 협상하다. ②〔부사처럼 쓰임〕 ¶ - 독촉을 했다.

누:창(漏瘡) 명 감루(疳瘻)

누척지근-하다 형여 '누리척지근하다'의 준말. ☞노착지근하다

누척지근-히 부 누척지근하게 ☞노착지근히

누:천(累千) 명 여러 천. 썩 많은 수.

누:천(陋賤) 어기 '누천(陋賤)하다'의 어기(語基).

누:-천년(累千年) 명 여러 천 년. 오랜 세월.

누:천-하다(陋賤-) 형여 너절하고 천하다.

누:최(漏催) 명 -하다 자 시계가 때를 재촉함. 어떤 시간이 바싹 가까이 닥침.

누:추(陋醜) 어기 '누추(陋醜)하다'의 어기(語基).

누:추-하다(陋醜-) 형여 보잘것없고 더럽다. ¶ 누추하지만 잠시 들어오시오. 준누하다

누:출(漏出) 명 -하다 자 새어 나감. 새어 나옴. ¶ 가스가 -하다./자료가 -되다.

누치 명 모래무지아과의 민물고기. 몸길이 45cm 안팎. 잉어와 비슷하나 몸이 좀 가늘고 길며, 입가의 수염도 한 쌍뿐임. 몸빛은 은빛 바탕에 등은 어두운 회색임. 우리나라와 중국, 일본 등지에 널리 분포함. 눌어(訥魚)

누:치(漏痔·瘻痔) 명 치루(痔漏)

누:칠(累七) 명 불교에서, 사람이 죽은 뒤 49일까지, 이레

마다 추선 공양(追善供養)을 하는 일.
누:탈(漏脫)명-하다자 새어서 빠져 달아남. 탈루(脫漏)
누:태(漏胎)명-하다자 한방에서, 임신한 여자가 배도 아프지 않고 하혈(下血)하는 일을 이르는 말.
누:택(陋宅)명 ①누추한 집. ②남에게 자기 집을 겸손하게 이르는 말.
누:토(累土)명-하다자 흙을 쌓아 올림, 또는 쌓아 올린 그 흙.
누:퇴(累退)명-하다자 ①계급이나 지위 따위가 차차 내려감. ②비율이 차차 내려감.
누:퇴-세(累退稅)[-쎄]명 누진세(累進稅)의 한 가지. 과세 표준의 어느 한도까지는 누진세로 하고, 그 한도를 넘는 부분은 비례세(比例稅)로 하는 일.
누:풍(陋風)명 누속(陋俗)
누:풍-증(漏風症)[-쯩]명 한방에서, 과음(過飮)으로 말미암아 온몸에 땀이 나고 열이 나며 목이 마르고 몸이 느른해지는 병을 이르는 말.
누:하(淚河)명 몹시 흐르는 눈물을 이르는 말.
누하(樓下)명 다락 아래. 누각(樓閣)의 아래. ☞누상
누:-하다(陋-)형여 '누추하다'의 준말.
누:한(∠淚痕)명 도자기의 표면에 나타나 있는, 잿물이 흘러내린 자국을 이르는 말.
누:항(陋巷)명 ①좁고 지저분한 동네. ②남에게 자기가 사는 동네를 겸손하게 이르는 말.
누:항사(陋巷詞)명 조선 광해군 때 박인로(朴仁老)가 지은 가사. 친구 이덕형(李德馨)이 작자의 생활상을 물었을 때 그 답으로 지은 것으로, 안빈낙도(安貧樂道)하는 일상을 노래한 내용임.
누:혈(漏血)명 한방에서, 피가 나오는 치질을 이르는 말.
누:호(淚湖)명 각막이나 결막 표면을 씻어 내린 눈물이 일단 괴는 곳.
누:호(漏戶)명 호적에서 빠진 집.
누:호(漏壺)명 물시계에서, 물이 새어 나오는 그릇과 그 물을 받는 그릇을 이르는 말.
누:회(累回·屢回)명 여러 번. 누차(累次)
누:흔(淚痕)명 눈물 자국.
눅눅-하다형여 ①물기나 기름기가 있어 좀 무름하고 부드럽다. ¶과자가 -. ②좀 축축한 기운이 있다. ¶옷이 -. ☞녹녹하다
눅눅-히부 눅눅하게 ☞녹녹히
눅-느즈러지다자 누긋하고 느즈러지다.
눅다형 ①반죽 따위가 무르다. ¶밀가루 반죽이 너무 -. ②뻣뻣하던 것이 습기를 받아 부드럽다. ¶김이 눅으니 맛이 없다. ③성미가 누긋하고 너그럽다. ¶성질이 눅은 사람. ④추위가 풀려 푸근하다. ¶해동(解凍)한 것처럼 날씨가 -. ⑤값이 싸다. ¶시세가 -.
눅신-눅신부-하다형 매우 눅신한 모양을 나타내는 말. ☞녹신녹신
눅신-하다형여 질기거나 차진 것이 물러져서 부드럽다. ¶찰흙을 눅신하게 반죽하다. ☞녹신하다
눅신-히부 눅신하게 ☞녹신히
눅실-눅실부-하다형 매우 눅실한 모양을 나타내는 말. ☞녹실녹실
눅실-하다형여 매우 눅신하다. ☞녹실하다
눅은-도리명 풍류(風流) 곡조의 마디를 눅게 하는 도막.
눅이다타 ①굳은 물건을 데우거나 물을 끼얹거나 하여 누긋누긋하게 만들다. ¶장판지를 물에 -./굳은 절편을 -. ②마음을 부드럽게 가지다. ¶긴장을 풀고 마음을 -. ③목소리를 부드럽게 하다. ¶화를 삭이고 목소리를 -.
눅지다자 ①반죽 같은 것이 무름하여지다. ②추위나 성미 따위가 누그러지다.
눅진-눅진부-하다형 매우 눅진한 모양을 나타내는 말. ¶- 잘 휘다. ☞녹진녹진
눅진-하다형여 ①질기거나 차진 물체가 누긋하면서 끈끈한 기운이 있다. ¶밀가루 반죽이 -. ②성질이 누긋하면서 끈기가 있다. ¶성미가 -. ☞녹진하다
눅진-히부 눅진하게 ☞녹진히
눈[1]명 ①사람이나 동물이 갖추고 있는, 무엇을 보는 구실을 하는 기관(器官). 사람은 얼굴의 중심에 있으며 안구와 시신경으로 이루어짐. ②보는 기능, 또는 보는 능력. 시력(視力) ¶-이 좋다./-이 많이 나빠졌다. ③무엇을 보고 그 좋고 나쁨을 가려내는 능력. ¶작품을 보는 -이 있다./-이 밝다. ④보는 방향. 눈길[1]. 시선(視線) ¶남의 -을 끌다./-이 마주치다. ⑤눈빛[1] ¶-이 사납다./부드러운 -으로 바라보다. ⑥보는 방법. 관점(觀點) ¶전문가의 -./이상한 -으로 본다.
눈 깜짝할 사이관용 매우 짧은 동안. 순간(瞬間)
눈도 깜짝 안 한다관용 조금도 두려워하거나 놀라지 않는다.
눈 밖에 나다관용 미움을 받게 되다.
눈에 거슬리다관용 보기 싫을 정도로 못마땅하다.
눈에 들다관용 마음에 들다. 좋아하게 되다.
눈에 밟히다관용 잊혀지지 않고 눈에 선하게 나타나다.
눈에 불을 켜다관용 ①무엇을 찾으려고 눈을 크게 뜨고 덤비다. ②몹시 욕심이 나서 눈을 빛내다.
눈에 선하다관용 잊히지 않고 눈에 보이는듯 하다.
눈에 설다관용 눈에 익지 않다. 처음 보는 것 같다.
눈에 쌍심지를 켜다관용 눈을 부릅뜨며 몹시 화를 내다.
눈에 어리다관용 모습이 뚜렷이 머리에 떠오르다.
눈에 없다관용 관심 밖이다. 안중(眼中)에 없다.
눈에 차다관용 마음에 들다. 흡족하다
눈에 흙이 들어가다관용 죽다. 죽어서 땅 속에 묻히다.
눈을 뜨다관용 ①깨달아 알게 되다. ¶현실에 -. ②숨어 있던 본능(本能)이나 지능 따위가 활동하기 시작하다. ¶성(性)에 -.
눈을 맞추다관용 ①서로 마주보다. ②남녀가 서로 사랑하는 눈치를 보이다.
눈을 붙이다관용 잠깐 잠을 자다.
눈을 주다관용 ①그쪽을 보다. ②넌지시 눈길을 보내어 어떤 뜻을 전하다.
눈이 꺼지다관용 눈이 움쑥 들어가다.
눈이 높다관용 ①여간한 것은 눈에 차지 않을 만큼 도도하다. ②사물의 좋고 나쁨을 가려내는 능력이 뛰어나다.
눈이 뒤집히다관용 ①환장을 하여 마구 행동하다. ②심한 충격을 받고 이성(理性)을 잃을 지경이 되다.
눈이 맞다관용 ①두 사람의 눈치가 서로 통하다. ②남녀 사이에 서로 사랑하는 마음이 생기다.
눈이 멀다관용 ①눈이 안 보이게 되다. ②무슨 일에 정신을 빼앗겨 다른 일은 돌아보지도 않다.
눈이 빠지도록 기다리다관용 몹시 애타게 오래 기다리다.
눈이 삐다관용 무엇을 잘못 알아보거나 그릇 판단했을 때 나무라는 투로 이르는 말.
눈이 시퍼렇다관용 아직 멀쩡하게 살아 있다.
눈이 어둡다관용 ①시력(視力)이 약하다. ②옳고 그름을 분별하지 못하다. 판단력이 없다. ¶재물에 눈이 어두워 비리(非理)를 저지르다. ③어떤 일의 속내를 잘 모르다. ¶장삿속에는 -./세계의 움직임에 -.
속담 **눈 가리고 아웅 한다** : 아무도 넘어가지 않을 얕은 수로 남을 속이려 한다는 말.〔귀 막고 방울 도둑질한다/머리카락 뒤에서 숨바꼭질한다〕/**눈보다 동자가 크다** : 무슨 일이 상례(常例)에서 벗어나 현상이 뒤바뀌었다는 말.〔배보다 배꼽이 더 크다/아이보다 배꼽이 더 크다/기둥보다 서까래가 더 굵다/주인보다 객이 많다〕/**눈 씻고 볼래야 볼 수 없다** : 아주 보기 어렵다는 말./**눈 어둡다 하더니 다홍 고추만 잘 딴다** : 이리저리 핑계만 대고 남의 일을 조금도 도와 주지 않는 사람을 두고 이르는 말./**눈은 있어도 망울이 없다** : 사물을 정확하게 분별하는 안목과 식견이 없음을 이르는 말./**눈은 풍년이나 입은 흉년이다** : 눈에 보이는 것은 많지만 정작 자기가 먹을 것은 없다는 말./**눈을 떠야 별을 보지** : 자기가 바라는 결과를 얻으려면 그에 상당하는 일을 순서대로 해야 한다는 말.〔잠을 자야 꿈을 꾸지/죽어 보아야 저승을 알지/산에 가야 범을 잡지/임을 보아야 아이를 낳지/하늘을 보아야 별을 따지〕/**눈이 아무리 밝아도 제 코는 안 보인**

다 : 아무리 똑똑하더라도 제 자신은 잘 모른다는 말./눈 익고 손 설다 : 무슨 일이든지 보기에는 쉬운 것 같으나 실제로 하기는 어렵다는 말.

한자 눈 목(目) 〔目部〕 ¶목격(目擊)/목도(目睹)/목독(目讀)/목례(目禮)/목전(目前)/목측(目測)
눈 안(眼) 〔目部 6획〕 ¶안경(眼鏡)/안광(眼光)/안구(眼球)/안약(眼藥)/안중(眼中)

눈² 명 식물의 줄기나 가지, 또는 잎겨드랑이에서 돋아나는 작은 돌기. 싹터서 꽃이나 잎으로 자라는 것. 꽃눈·잎눈·혼합눈 따위가 있음.

눈³ 명 눈금

눈⁴ 명 ①그물의 구멍. ②당혜(唐鞋)나 운혜(雲鞋) 따위의 코와 뒤울의 꾸밈새.

눈:⁵ 명 대기 속의 수증기가 빙점(氷點) 이하에서 냉각되어, 결정체가 되어서 떨어지는 것.

속담 **눈 먹던 토끼 얼음 먹던 토끼가 다 각각** : 사람은 자기가 겪어 온 환경에 따라서 그 능력과 생각이 각각 다르다는 말./**눈 온 뒷날은 거지가 빨래를 한다** : 눈 온 뒷날은 거지가 입고 있던 옷을 벗어 빨아 입을 만큼 날씨가 따스하다는 말./**눈 위에 서리 친다** : 어려운 일이나 불행한 일이 겹쳐서 닥친다는 말.〔엎친 놈 위에 덮치기/엎친 데 덮친다〕 ☞설상가상(雪上加霜)

한자 눈 설(雪) 〔雨部 3획〕 ¶강설량(降雪量)/설경(雪景)/설봉(雪峰)/설산(雪山)/폭설(暴雪)

눈-가[-까] 명 눈의 가장자리.

눈-가늠[-까-] 명 눈대중으로 얼른 셈하여 목표를 정하는 일. ¶밥물을 -으로 붓다.

눈-가다 자 눈길이 그리로 가다. ¶눈가는 곳이 다 절경.

눈:-가루[-까-] 명 가루처럼 보드라운 눈송이.

눈-가림 명-하다 자 겉만 꾸미어 남의 눈을 속이는 일.

눈-가장[-까-] 명 눈의 가장자리.

눈-가죽[-까-] 명 눈두덩의 살가죽.

눈-감다[-따] 자 ①위아래의 눈시울을 마주 붙이다. ¶눈감으면 떠오르는 풍경. ②죽다 ③보고도 못 본체 하다. 알고도 모르는체 하다. ¶세상 일에 눈감고 살다.

눈감아 주다 관용 남의 허물이나 잘못을 알고도 모르는체 하여 주다. ¶이번 한 번만 눈감아 주겠다.

속담 **눈감고 아웅 한다** : 얕은 수로 남을 속이려 한다는 말./**눈감으면 코 베어 먹을 세상** : 세상 인심이 험악하고 무섭다는 말.

눈-거칠다(-거칠고·-거치니) 형 ①눈에 거슬리어 보기 싫다. ②눈에 들지 아니하다.

눈-겨룸 명-하다 자 눈싸움

눈-결[-껼] 명 눈에 슬쩍 뜨이는 잠깐 동안. ¶-에 보았지만 대단한 미인이었다.

눈-곱[-꼽] 명 눈에서 나오는 분비물이 엉긴 것. 눈물이나 피지(皮脂), 벗겨진 상피 세포 등이 주성분임.

눈곱만 하다 관용 보잘것없이 매우 작다.

눈-괴불주머니[-쭈-] 명 양귀비과의 두해살이풀. 산지(山地)의 습한 곳에서 자람. 줄기 높이 60cm 안팎. 줄기는 모가 지고, 가지가 많이 갈라져 엉키며 잎은 마주 남. 7~9월에 노란 꽃이 가지 끝이나 줄기 끝에 총상(總狀) 꽃차례로 핌.

눈:-구덩이[-꾸-] 명 눈이 많이 쌓인 움푹한 구덩이. 눈구멍²

눈:-구름 명 ①눈과 구름을 아울러 이르는 말. ②눈을 내리게 할듯 한 구름.

눈-구멍¹[-꾸-] 명 눈알이 박힌 구멍. 안공(眼孔). 안과(眼窠). 안와(眼窩). 안확

눈:-구멍²[-꾸-] 명 눈구덩이

눈-구석[-꾸-] 명 눈의 코 쪽 구석. ☞눈초리

속담 **눈구석에 쌍 가래톳 선다** : 너무나도 분한 일을 당하여 어이없고 기가 막힌다는 말.

눈-금[-끔] 명 자나 저울, 온도계 등에 길이·무게·분량·도수(度數) 따위를 표시하기 위하여 그은 금. 눈³

눈금-판(-板)[-끔-] 명 계량 기구나 계측 기구에서 눈금이 표시되어 있는 판.

눈:-기운(-氣運)[-끼-] 명 눈이 내릴듯 한 기미.

눈-기이다 타 남의 눈을 속이다.

눈-길¹[-낄] 명 눈으로 보는 방향. 눈이 가는 곳. 시선

눈길을 거두다 관용 보고 있던 것에서 눈을 돌리다. ¶눈길을 거두고 돌아서다.

눈길을 끌다 관용 사람들이 바라보게 하다. 사람들이 관심을 갖게 하다. 눈길을 모으다.

눈길을 모으다 관용 눈길을 끌다.

눈길을 주다 관용 ①어느 곳을 바라보다. ②넌지시 눈길을 보내어 어떤 뜻을 전하다.

눈:-길²[-낄] 명 눈이 쌓인 길.

눈-까풀 명 눈알의 겉면을 덮는 얇은 피부. '눈꺼풀'을 작은 어감(語感)으로 이르는 말.

눈깔 명 '눈¹'의 속된말.

눈깔-귀머리장군(-將軍) 명 연의 한 가지. 귀머리장군의 삼각형 속에 크고 작은 흰 점이 두셋씩 있는 연.

눈깔-머리동이 명 연의 한 가지. 먹머리동이의 양쪽에 동그란 흰 점이 하나씩 있는 연.

눈깔-바구니 명 가는 대오리로 구멍이 많게 결은 바구니.

눈깔-사탕(-砂^糖) 명 알사탕

눈깔-허리동이 명 연의 한 가지. 허리동이 좌우의 검은 띠에 크고 동그란 흰 점이 하나씩 있는 연.

눈-깜작이 명 눈을 자주 깜작거리는 사람. 준 깜작이 ☞눈깜짝이. 눈끔적이. 눈끔쩍이

눈-깜짝이 명 눈을 자주 깜짝거리는 사람. 준 깜짝이 ☞눈깜작이. 눈끔적이. 눈끔쩍이

한자 **눈깜짝할 순**(瞬) 〔目部 12획〕 ¶순간(瞬間)/순발력(瞬發力)/순시(瞬時)/순식간(瞬息間)

눈-꺼풀 명 눈알의 겉면을 덮는 얇은 피부. 안검(眼瞼) ☞눈까풀. 안포(眼胞)

×눈-꼬리 명 →눈초리

눈-꼴 명 ①눈의 생김새나 그 움직임을 속되게 이르는 말. ¶-이 좋지 않다. ②'사납다'·'시다' 따위의 말과 함께 쓰이어, 남을 못마땅하게 바라볼 때의 '눈'을 뜻하는 말. ¶-이 사납다./-이 틀리다.

눈꼴(이) 사납다 관용 태도나 행동이 보기에 몹시 거슬리거나 아니꼽다.

눈꼴(이) 시다 관용 하는 짓이나 꼴이 같잖아서 보기에 아니꼽다.

눈꼴이 틀리다 관용 불쾌하여 보기가 싫다.

눈-꼽재기 명 '눈곱'의 속된말.

눈:-꽃 명 나뭇가지 위에 흰 눈이 얹혀 마치 꽃송이처럼 보이는 것. 설화(雪花) ¶마른 나무에 -이 피었구나.

눈-끔적이 명 ①눈을 자주 끔적거리는 사람. 준 끔적이 ☞눈깜작이. 눈깜짝이. 눈끔쩍이 ②택견에서, 손질의 한 가지. 품밟기를 하면서 상대편의 눈앞에 손바닥을 가로 저어 상대편의 눈을 끔적이게 하여 정신을 혼란시키는 동작.

눈-끔쩍이 명 눈을 자주 끔쩍거리는 사람. 준 끔쩍이 ☞눈깜작이. 눈깜짝이. 눈끔적이

눈-다랑어 명 고등엇과의 바닷물고기. 몸길이 2m 안팎. 참치와 비슷하며, 몸이 굵고 눈이 크며 가슴지느러미가 길. 몸빛은 등이 검푸르고 배는 흼. 온대와 열대의 외양(外洋)에 분포함.

눈-대중[-때-] 명-하다 타 크기·거리·수량 따위를 눈으로 대강 어림잡아 헤아리는 일. 눈어림. 눈짐작. 목측(目測) ¶-으로 100m는 될 것 같다.

눈-독[-똑] 명 욕심을 내어 눈여겨보는 일.

눈독을 들이다 관용 욕심을 내어 눈여겨보다. ¶남의 물건에 -.

눈독-들다[-똑-] 자 눈독이 쏘이다.

눈독-들이다[-똑-] 타 욕심을 내어 눈여겨보다. ¶그 물건은 임자가 있으니 눈독들이지 마라.

눈-동:자(-瞳子)[-똥-] 명 눈알 한가운데 있으며, 홍채

(虹彩)에 둘러싸인 작고 동그란 부분. 검게 보이는 부분이며, 이곳을 통하여 빛이 망막으로 들어감. 동공(瞳孔). 동자(瞳子). 모자(眸子). 안정(眼睛)

눈-두덩[-뚜-] 명 눈언저리의 두두룩한 부분. 속 눈퉁이 ☞두덩

눈-딱부리 명 유난히 툭 불거져 나온 큰 눈, 또는 그런 눈을 가진 사람을 이르는 말. 준 딱부리

눈-딱지 명 보기 싫거나 험상궂게 생긴 눈을 이르는 말.

눈-뜨다(-뜨고·-떠) 자 ①눈을 열다. ¶차마 눈뜨고 볼 수 없는 슬픈 광경. ②잠에서 깨어나다. ¶눈뜨니 이미 날이 밝았다. ③깨달아 알게 되다. ¶현실에 -. ④숨어 있던 본능이나 지능 따위가 활동하기 시작하다. ¶사랑에 -.

속담 **눈뜨고 도둑맞는다** : 뻔히 알면서도 손해를 본다는 말. /**눈뜨고 절명(絕命)한다** : 몹시 마음에 걸리는 것을 남기고 죽는다는 말. /**눈뜨고 코 베어 갈 세상** : 빤히 알면서도 속고 손해를 보는 무서운 세상이라는 말.

눈뜬-장:님 명 ①눈을 떠어도 보이지 않는 눈을 가진 사람. 청맹과니 ②글을 보고도 읽을 줄 모르는 사람.

눈-망울 명 ①눈알 앞쪽의 두두룩한 부분, 곧 눈동자가 있는 곳. ②눈알

눈-맞다[-맏-] 자 ①두 사람의 눈치가 서로 통하다. ②남녀간에 서로 사랑하는 뜻이 통하다.

눈-맞추다 [-맏-] 자 ①서로 눈을 마주보다. ②남녀가 서로 사랑하는 눈치를 보이다.

눈매 명 눈맵시

눈-맵시 명 눈의 생긴 모양. 눈매 ¶-가 곱다.

눈-멀:다(-멀고·-머니) 자 ①눈이 보이지 않게 되다. 시력을 잃다. ②어떤 일에 정신을 빼앗겨 사리(事理)를 분별하지 못하게 되다. ¶권력에 -./사랑에 -.

눈먼 돈 관용 ①임자 없는 돈. ②뜻하지 않게 생긴 공돈.

속담 **눈먼 개 젖 탐한다** : 제 능력 이상의 짓을 한다는 말. /**눈먼 고양이 갈밭 헤매듯** : 뚜렷한 목적이 없이 여기저기 떠돌아다닌다는 말. /**눈먼 고양이 달걀 어르듯 한다** : 제게 소중한 것인 줄 알고 애지중지함을 이르는 말. [눈먼 구렁이 꿩의 알 굴리듯 한다/눈먼 구렁이 달걀 어르듯]/**눈먼 놈이 앞장선다** : 무슨 일이 있을 때, 못난이가 먼저 나댄다는 말. /**눈먼 말 워낭 소리 따라간다** : 주관 없이 덮어놓고 남의 말에 따르는 사람을 두고 이르는 말. /**눈먼 소경더러 눈멀었다 하면 성낸다** : 자기의 단점을 남이 말하는 것은 누구나 싫어한다는 말. /**눈먼 탓이나 하지 개천 나무래 무엇하나** : 자기의 부족한 점을 생각하지 않고 남을 원망하는 일을 두고 이르는 말.

한자 **눈멀 맹**(盲) [目部 3획] ¶맹도견(盲導犬)/맹목(盲目)/맹아(盲啞)/맹인(盲人)/맹자(盲者)

눈-물[1] 명 ①눈물샘에서 분비되는 액체. 평소에는 조금씩 분비되어 눈을 축이거나 씻는 구실을 하는데, 정신적 감동이나 어떤 자극을 받으면 분비가 왕성해짐. 누수(淚水). 누액(淚液) ②우는 일. ¶- 없이는 들을 수가 없다./-로 호소하다. ☞누선(淚腺) ③남을 동정하는 마음을 비유하여 이르는 말. ¶피도 -도 없는 사람. ④고생이나 고통을 비유하여 이르는 말. ¶땀과 -로 이루어낸 일.

눈물을 머금다 관용 ①눈에 눈물이 글썽해지다. ②눈물을 삼키다.

눈물을 삼키다 관용 나오려는 울음을 꾹 참다. 분한 마음이나 슬픔 따위를 꾹 참다. 눈물을 머금다. ¶눈물을 삼키고 후퇴하다.

눈물을 짜다 관용 ①눈물을 질금질금 흘리며 울다. ②억지로 울다.

눈물이 앞을 가리다 관용 몹시 슬퍼서, 앞이 보이지 않을 정도로 자꾸 눈물이 흐르다.

한자 **눈물 루**(淚) [水部 8획] ¶감루(感淚)/낙루(落淚)/누선(淚腺)/누액(淚液)/별루(別淚)/쌍루(雙淚)

눈:-물[2] 명 눈이 녹은 물.

눈물-겹다(-겹고·-겨워) 형ㅂ 절로 눈물이 나올 만큼 느껍거나 가엾다. ¶눈물겨운 장면./눈물겨운 노력.

눈물-바다[-빠-] 명 여러 사람이 한꺼번에 울음을 터뜨리어 온통 울음소리로 뒤덮인 상태를 비유하여 이르는 말. ¶-가 되다./-를 이루다.

눈물-샘[-쌤] 명 눈구멍의 바깥쪽 위에 있는, 눈물을 분비하는 샘. 누선(淚腺)

눈물-지다 자 눈물이 흐르다.

눈물-짓:다[-짇-](-짓고·-지어) 자ㅅ 눈물을 흘리다. 울다 ¶고향을 생각하며 눈물짓는다.

눈:-바람[-빠-] 명 ①눈과 함께, 또는 눈 위로 불어오는 찬바람. 설한풍(雪寒風) ②눈과 바람. 설풍(雪風)

눈:-발[-빨] 명 줄이 죽죽 서 보이게 내리는 눈의 줄기.

눈발(이) 서다 관용 눈이 곧 내릴듯 하다.

눈-방울[-빵-] 명 생기가 있는 또록또록한 눈알.

눈:-밭 명 ①눈이 쌓인 평지(平地). 설전(雪田) ②높은 산의 마루나 중턱에 눈이 쌓여 있는 비교적 평평한 곳.

눈-병(-病)[-뼝] 명 눈에 생긴 병. 안병(眼病). 안질

눈:-보라 명 바람에 불리어 몰아치는 눈. 풍설(風雪)

눈:보라-치다 자 눈보라가 휘몰아치다.

눈-부시다 형 ①빛이 세어 바로 보기 어렵다. ¶눈부신 한여름의 태양. ②황홀할 만큼 아름답다. ¶눈부시게 아름다운 여인. ③활동이나 성과가 대단하다. ¶선수들의 활약이 -.

눈-부처 명 눈동자에 비쳐 나타난 사람의 형상. 동인(瞳人). 동자부처

눈-붙이다[-부치-] 자 잠시 동안 잠을 자다. ¶눈붙일 틈도 없다.

눈:-비 명 눈과 비를 아울러 이르는 말.

눈-비음 명-하다 자 남의 눈에 들도록 겉으로만 꾸밈.

눈-빛[1] [-삧] 명 ①눈에 나타나는 기색. 눈[1] ¶못마땅해하는 -./인자한 -. ②눈에서 내비치는 빛. 안광(眼光) ¶날카로운 -.

눈:-빛[2] [-삧] 명 눈(雪)의 빛깔. 하얀 빛. 설광(雪光)

눈:-사람[-싸-] 명 눈을 뭉쳐 사람 모양으로 만든 것.

눈:-사태(-*沙汰) 명 산비탈에 많이 쌓인 눈이 무너지면서 비탈을 미끄러져 내리는 일.

눈-살[-쌀] 명 두 눈썹 사이의 살갗. ☞이맛살

눈살(을) 찌푸리다 관용 못마땅하거나 통증을 느끼거나 하여 두 눈썹 사이를 찡그리다. ¶물을 튀기며 지나가는 차가 눈살을 찌푸리게 한다.

눈:-서리 명 눈과 서리를 아울러 이르는 말.

눈:-석이 명 '눈석임물'의 준말.

눈:-석임 명-하다 자 쌓인 눈이 속으로 녹아 스러짐.

눈:석임-물 명 쌓였던 눈이 녹아 흐르는 물. 준 눈석이

눈-설:다(-설고·-서니) 형 눈에 익지 아니하다. ¶객지에 오니 모든 것이 -. ☞눈익다

눈-속임 명-하다 타 남의 눈을 속이는 짓. ¶순간적인 -으로 사람을 감탄하게 하는 마술.

눈:-송이[-쏭-] 명 내리는 눈의 송이. 설편(雪片). 설화(雪花)

눈-시울[-씨-] 명 눈의 가장자리의 속눈썹이 난 곳. 목광(目眶) ¶-을 붉히다./슬픈 장면에 -을 적셨다.

눈-싸움[1] 명-하다 자 서로 마주보며, 눈을 깜박이지 않고 오래 있기를 겨루는 장난. 눈겨룸 준 눈쌈[1]

눈:-싸움[2] 명-하다 자 눈을 뭉쳐 서로 던져 맞히는 장난. 설전(雪戰) 준 눈쌈[2]

눈-쌈[1] 명-하다 자 '눈싸움[1]'의 준말.

눈:-쌈[2] 명-하다 자 '눈싸움[2]'의 준말.

눈-썰미 명 한두 번 보고도 그대로 할 수 있는 재주. 목교(目巧) ¶-가 있어 일을 익히는 것이 빠르다.

눈썹 명 두 눈두덩 위에 가로로 길게 모여 난 짧은 털. 미모(眉毛)

속담 **눈썹도 까딱하지 않다** : 조금도 동요하는 빛이 없이 아주 태연하다는 말. /**눈썹 새에 내 천(川) 자를 누빈다** : 눈살을 찌푸린다는 말. /**눈썹 싸움을 한다** : 몰려오는 졸음을 이기려고 몹시 애를 쓴다는 말. /**눈썹에 불붙

는다 : 뜻하지 않은 큰 걱정거리가 갑자기 닥쳐 매우 위급하게 되었다는 말. ☞연미지액(燃眉之厄)/**눈썹에서 떨어진 액(厄)이라** : 뜻밖의 걱정거리가 갑자기 생겼다는 말.〔눈썹에 불 붙는다〕 ☞낙미지액(落眉之厄)

한자 눈썹 미(眉)〔目部 4획〕 ¶미간(眉間)/미목(眉目)/백미(白眉)/아미(蛾眉)/양미(兩眉)/초미(焦眉)

눈썹-끈 명 눈썹줄
눈썹-노리 명 베틀에서, 눈썹대의 끝 부분. 잉앗대를 당겨 올렸다 내렸다 하기 위한 눈썹줄이 여기에 걸림.
눈썹-대 명 베틀의 용두머리 두 끝에서 앞으로 길게 내뻗친 가는 막대기. 끝 부분은 '눈썹노리'라고 함.
눈썹-먹 명 눈썹을 그리는 데 쓰는 먹.
눈썹-바라지 명 벽의 중턱에 가로로 나란히 낸 두 개의 작은 들창.
눈썹-줄 명 베틀의 눈썹대 끝인 눈썹노리에 매어 잉앗대를 거는 줄. 눈썹끈
눈썹-차양(-遮陽) 명 처마끝에 다는 폭이 좁은 차양.
눈-씨 명 쏘아보는 눈빛.
눈:아(嫩芽) 명 새로 나오는 어린 싹.
눈:-안개 명 눈발이 자욱하여 마치 안개가 낀듯 사방이 희뿌옇게 보이는 상태.
눈-알 명 빛을 느끼어 물건을 볼 수 있는, 척추동물의 감각 기관. 대체로 공 모양이며, 각막·수정체·망막·홍채(虹彩)·공막(鞏膜) 등으로 이루어져 있음. 눈망울. 안구(眼球). 안주(眼珠)
눈-앞 명 ①눈에 보이는 가까운 곳. ¶ —에 불쑥 나타난 토끼./—에서 일어난 사고. ②가까운 장래. ¶결혼을 —에 두다. 목전(目前). 현전(現前)
눈앞이 캄캄하다 관용 어찌할 바를 몰라 아득하다.
눈-약(-藥)[-냑] 명 눈병을 치료하는 데 쓰는 약. 안약(眼藥)
눈-어둡다(-어둡고·-어두워) 형ㅂ ①시력이 좋지 못하다. ②어떤 일에 정신이 팔려 이성이 흐리다.
눈-어리다 형 눈의 감각이 흐리다.
눈-어림 명-하다 타 눈대중
눈-언:저리 명 눈의 가장자리.
눈엣-가시 명 몹시 미워 늘 눈에 거슬리는 사람을 이르는 말. 안중정(眼中釘)
눈여겨-보다[-녀-] 타 주의하여 자세히 보다.
눈:엽(嫩葉) 명 새로 나오는 부드러운 잎.
눈-요기(-療飢)[-뇨-] 명-하다 자 먹고 싶거나 갖고 싶은 것을 그저 보기만 하는 것으로 그치는 일. ¶사지는 못하더라도 —나 실컷 해야지.
눈-웃음 명 눈으로만 웃는 웃음. ¶살짝 —을 치다.
눈웃음-짓:다[-짇-](-짓고·-지으니) 자ㅅ 소리 없이 눈으로만 웃음을 나타내다.
눈웃음-치다 자 눈웃음을 웃다.
눈-익다[-닉-] 형 여러 번 보아서 눈에 설지 않다. ¶눈익은 풍경. ☞눈설다
눈-인사(-人事) 명-하다 자 눈짓으로 가볍게 하는 인사. 목례(目禮) ¶ —를 나누다.
눈:-자라기 명 아직 곧추 앉지 못하는 어린아이.
눈-자위[-짜-] 명 눈알의 언저리. 안광(眼眶)
눈자위(가) 꺼지다 관용 사람이 죽다.
눈:-잣나무[-잔-] 명 소나뭇과의 상록 침엽 교목. 높은 산이나 추운 지방에서 자람. 높이 2m 안팎. 잣나무와 비슷하나 땅을 기어가듯 옆으로 뻗으며, 바늘꼴 잎이 다섯 개씩 무더기로 남. 꽃은 6~7월에 피고 열매는 이듬해 9월경에 익음. 왜송(倭松)
눈-접(-椄) 명 식물의 접붙이기의 한 가지. 새 가지에 돋아난 눈을, 둘레의 물관부째 도려내어 대목(臺木)의 껍질을 갈라 연 부분에 꽂아 접붙이는 일. 아접(芽椄) ☞가지접. 순접(筍椄)
눈-정기(-精氣)[-쩡-] 명 눈의 광채.
눈-정신(-精神)[-쩡-] 명 눈총기
눈-조리개 명 홍채(虹彩)
×**눈-진물이** 명 →눈짓물이
눈-짐작[-찜-] 명-하다 타 눈대중
눈-짓[-찟] 명-하다 자 눈으로 어떤 뜻을 나타내 보이는 짓. ¶ —으로 아내를 밖으로 내보내다.
눈-짓물이[-진-] 명 눈시울이 짓무른 사람을 놀리어 이르는 말.
눈:초(嫩草) 명 새로 싹튼 어린 풀.
눈-초리 명 ①눈의 귀 쪽으로 가늘게 좁혀진 구석. 눈구석의 반대쪽. 내자(內眥). 목자(目眥) ②눈길 ¶ —가 날카롭다.
눈-총 명 미워하며 쏘아보는 눈길. 비난하는 눈길. ¶사람들의 —을 받다.
눈총(을) 맞다 관용 남의 미움을 받다.
눈총(을) 주다 관용 비난하는 눈길로, 또는 미워하는 눈길로 날카롭게 쏘아보다.
눈-총기(-聰氣) 명 눈으로 본 것을 정확히 기억하는 재주. 눈정신 ¶ —가 있다.
눈치 명 ①남의 마음이나 일의 낌새를 살펴서 알아채는 일. ¶ —가 빠르다./—가 없다./—를 보다. ②겉으로 드러나는 어떤 의도나 태도. ¶자리를 피하려는 —였다./나를 좋아하는 —이다. ③속으로 싫어하는 기미. ¶ —가 보이다.
눈치가 다르다 관용 태도나 하는 짓이 여느 때와 달리 이상스럽다. ¶처음과는 눈치가 달라졌다.
눈치(가) 보이다 관용 남이 자기를 귀찮아하는 것 같다.
눈치(가) 있다 관용 남의 마음이나 일의 낌새를 알아채는 재주가 있다.
눈치(를) 보다 관용 남의 마음의 기미를 미리 살피다.
속담 **눈치가 빠르면 절에 가도 젓갈을 얻어먹는다** : 눈치가 빠른 사람은 어디를 가나 불편 없이 지낼 수 있다는 말./**눈치나 있으면 떡이나 얻어먹지** : 둔하고 미련한 사람을 두고 이르는 말./**눈치는 형사(刑事)다** : 눈치가 빨라 말을 하지 않아도 남의 경우를 잘 알아차리는 사람을 이르는 말.
눈치-꾼 명 남의 눈치만 보면서 행동하는 사람.
눈치-놀음 명 눈치를 보아 가면서 그에 맞추어 행동하거나 태도를 나타내는 일.
눈-치레 명-하다 자 실속도 없이 겉으로만 번지르르하게 꾸미는 일.
눈치-채다 타 남의 마음을 눈치로 알아채다.
눈치-코치 명 '눈치'를 강조하여 이르는 말.
눈치코치 다 안다 관용 눈치가 있어 여러 가지를 다 짐작할 수 있다.
눈치코치도 모른다 관용 남의 생각이 어떤지를 전혀 짐작하지 못한다.
눈치-하다 타여 마음속으로 귀찮게 여기어 싫어하다. ¶어쩐지 눈치하는 것 같다.
눈칫-밥 명 눈치를 살펴 가면서 얻어먹는 밥. ¶ —을 먹으면서 학교를 다녔다.
눈-코 명 눈과 코를 아울러 이르는 말.
눈코 뜰 새 없다 관용 몹시 바쁘다.
눈코 사이 관용 아주 가까운 거리. ¶학교까지는 —다.
눈-퉁이 명 '눈두덩'의 속된말.
눈-트다(-트고·-터) 자 새싹이 돋아 나오다.
눈-표(-標) 명 눈에 얼른 보이도록 한 표. ☞안표(眼標)
눈표(가) 나다 관용 눈에 잘 띄다.
×**눈-허리** 명 →코허리
×**눈허리가 시다** 관용 →코허리가 시다.
눈-흘기다 자타 눈알을 옆으로 굴려 언짢은 기색을 나타내다.
눋:다(눋고·눌어) 자ㄷ 누른빛이 나도록 조금 타다. ¶밥이 —./옷이 —.
눌 준 '누구를'의 준말. ¶ — 찾아가려는고.
눌눌-하다 형여 털이나 싹 따위가 누르무레하다. ☞놀놀하다
눌눌-히 부 눌눌하게 ☞놀놀히
눌:러 부 ①그대로 계속하여. ¶이곳에 — 살기로 하였

다./하루 더 − 있기로 하다. ②용서하여. 너그럽게
눌:러-듣다(−듣고·−들어)[타ㄷ] 탓하지 않고 너그러이 듣다. ¶지루한 강연이지만 눌러들을 수밖에.
눌:러-보다[타] 탓하지 않고 너그러이 보다. ¶잘못된 곳이 있더라도 눌러보아 주십시오.
눌:러-쓰다(−쓰고·−써)[타] 모자 따위를 푹 내려쓰다. ¶눌러쓴 등산모가 세찬 바람에 날아갔다.
눌:러-앉다[−안따][자] 그 자리에 그대로 계속 머무르다. ¶나만이라도 고향에 눌러앉아야지.
눌:리다[1][자] 누름을 당하다. ¶상대편의 기세에 −./롤러에 눌려 납작해진 오징어.
눌리다[2][타] 눋게 하다. ¶깜빡 하여 옷을 눌리고 말았다.
눌:림-감:각(−感覺)[명] 압각(壓覺)
눌:림-끈[명] 베틀의 눌림대에 걸어 베틀다리에 매는 끈. 눌림줄
눌:림-대[−때][명] 베틀의 비경이에 걸린 날실이 잉아를 따라 들먹거리지 않도록 매어 두는 막대.
눌:림-줄[−쭐][명] 눌림끈
눌면-하다[형여] 보기 좋게 좀 누르다. ☞놀면하다
눌면-히[부] 눌면하게 ☞놀면히
눌변(訥辯)[명] 자꾸 더듬거리는 서투른 말솜씨. ☞능변(能辯). 달변(達辯)
눌삽(訥澁)[−쌉][어기] '눌삽(訥澁)하다'의 어기(語基).
눌삽-하다(訥澁−)[−쌉−][형여] 말을 더듬거려 듣기에 답답하다.
눌어(訥魚)[명] '누치'의 딴이름.
눌어-붙다[−붇−][자] ①밥 같은 것이 조금 타서 바닥에 붙다. ¶고기가 번철에 눌어붙었다. ②한군데 오래 머물러 떠나지 아니하다. ¶친구 집에 눌어붙어 있다.
눌언(訥言)[명] 말을 더듬는 일.
눌:-외(−椳)[명] '누울외'의 준말.
눌은-밥[명] ①솥바닥에 눌어붙은 밥. 또는 그것을 긁은 것. 누룽지 ②밥을 지은 솥바닥 따위에 눌어붙은 밥에 물을 부어 불린 밥. 물눌은밥
눌-하다(訥−)[형여]《文》말이 술술 나오지 아니하다.
눕다[1](눕고·누워)[자ㅂ] ①등이나 옆구리를 바닥에 대고 몸을 길게 펴다. ¶자리에 −./편히 −. ②병으로 일어나지 못하다. ¶병석(病席)에 −. ③길다란 물체가 가로로 놓이다. ¶웬 전봇대가 길바닥에 누워 있다.
[속담] **누운 나무에 열매 안 연다** : 가만히 있으면 아무 것도 되는 일이 없으니, 열심히 움직여 일해야 한다는 말./**누운 돼지가 앉은 돼지 나무란다** : 자기보다 나은 사람을 탓하여 나무란다는 말.〔가랑잎이 솔잎더러 바스락거린다고 한다〕/**누운 소 똥누듯 한다** : 일을 매우 쉽게 한다는 말./**누운 소 타기** : 매우 하기 쉬운 일이라는 말./**누울 자리 보고 발 뻗친다** : 어떤 일을 할 때, 나중 일까지도 헤아려 시작해야 한다는 말./**누워 떡 먹기** : 하기가 매우 쉽다는 말.〔땅 짚고 헤엄치기/주먹으로 물 찧기/호박에 침 주기/무른 땅에 말뚝 박기/식은 죽 먹기〕/**누워서 침 뱉기** : 남을 해치려다가 오히려 자기에게 그 해가 돌아온다는 말.〔내 얼굴에 침 뱉기./제 갗에 침 뱉기./하늘 보고 침 뱉기〕

[한자] **누울 와**(臥)〔臣部 2획〕¶앙와(仰臥)/와구(臥具)/와룡(臥龍)/와병(臥病)/취와(醉臥) ▷속자는 卧

눕:다[2](눕고·누워)[자ㅂ] 이자(利子)는 갚고 원금(元金)은 그대로 빚으로 있다. ¶원금은 아직 누워 있다.
눕히다[타] 누이다[1] ¶아기를 요에 −.
눙치다[자] 언짢아진 감정이나 서먹서먹해진 분위기 따위를 풀어서 누그러지게 하다. ¶어색하던 분위기를 농담으로 −. ☞농치다
뉘[1][명] 쌀에 섞여 있는, 겉껍질이 벗겨지지 않은 벼의 낟알. ¶−를 가려내고 밥을 짓다.
뉘[2][명] 자손에게서 받는 덕(德).
뉘(를) 보다[관용] 자손의 덕을 보다.
뉘[3][명] '누이'의 준말.
뉘[4][대] '누구'의 준말.
뉘[5][준] '누구의'의 준말.
[속담] **뉘 덕으로 잔뼈가 굵었기에** : 남의 은혜를 입고 자랐으면서도 그 은혜를 모르고 있음을 이르는 말./**뉘 집에 죽이 끓는지 밥이 끓는지 아나** : 여러 사람의 사정을 다 알기는 어렵고, 또 알 필요도 없다는 말.〔뉘 집 숟가락이 몇 갠지 아나〕
뉘:다[1][타] '누이다[1]'의 준말. ¶몸을 −.
뉘:다[2][타] '누이다[2]'의 준말. ¶아기를 안고 오줌을 −.
뉘:렇다(뉘렇고·뉘런)[형ㅎ] 생기가 없이 아주 누렇다. ☞뇌랗다
뉘-반지기[명] 뉘가 많은 쌀.
뉘앙스(nuance 프)[명] 말의 의미·음색(音色)·색조(色調)·감정(感情) 따위의 미묘한 차이. ¶말의 −가 다르다.
뉘엿-거리다(대다)[−엳−][자] ①해가 산이나 지평선 너머로 차츰차츰 넘어가다. ②게울듯이 속이 자꾸 메슥거리다.
뉘엿-뉘엿[−엳−][부] 뉘엿거리는 모양이나 느낌을 나타내는 말. ¶해가 서산에 − 넘어간다.
뉘우쁘다(뉘우쁘고·뉘우뻐)[형] 뉘우치는 생각이 있다.
뉘우치다[타] 제가 한 일에 대하여 그러지 않았더라면 좋았을 걸 하고 스스로 깨닫다. ¶이제라도 뉘우쳤으니 그나마 다행이다. [준]뉘웇다

[한자] **뉘우칠 회**(悔)〔心部 7획〕¶참회(懺悔)/회개(悔改)/회심(悔心)/회오(悔悟)/회한(悔恨)

뉘우침[명] 뉘우치는 일. 자기 잘못을 스스로 깨닫는 일. ☞참회(懺悔). 회개(悔改)
뉘웇다[−욷−][타] '뉘우치다'의 준말.
뉘지근-하다[형여] '뉘척지근하다'의 준말.
뉘척지근-하다[형여] 누린내가 좀 메스꺼울 정도로 심하다. [준]뉘지근하다
뉨[명]**-하다**[타] '누임'의 준말.
뉴:딜(New Deal)[명] 1933년 이후, 미국 대통령 루스벨트 정권이 경제 공황(經濟恐慌)을 극복하기 위해 실시한 여러 가지 정책을 통틀어 이르는 말.
뉴:똥[명] 견(絹)으로 짠 옷감의 한 가지. 빛깔이 곱고 부드러우며 잘 구겨지지 않음.
뉴:런(neuron)[명] 신경 조직의 구성 단위가 되는 것. 세포체(細胞體)·수상 돌기(樹狀突起)·축삭 돌기(軸索突起)로 이루어짐. 신경 단위(神經單位). 신경원(神經元)
뉴:로컴퓨:터(neuro computer)[명] 신경망 이론을 바탕으로 하여 고도의 정보 처리를 할 수 있도록 만든 컴퓨터. 학습, 패턴 인식, 연상 따위를 할 수 있음.
뉴:룩(new look)[명] 가장 새롭게 유행하는 옷.
뉴:모:드(new+mode)[명] 복식(服飾)의 새로운 유행. 또는 그런 옷이나 모자 따위.
뉴:미:디어(new media)[명] 전자 공학 기술이나 통신 기술의 발전으로 신문·라디오·텔레비전 따위에 이어 등장한 새로운 정보 매체. 쌍방향 케이블 텔레비전, 문자 다중 방송, 인터넷 따위.
뉴:세라믹스(new ceramics)[명] 뛰어난 기능을 가진 새로운 요업(窯業) 제품을 통틀어 이르는 말. 내열성(耐熱性)이 있고 단단하며 녹슬지 않는 등의 특성이 있어, 로켓의 부품이나 인공 관절 등으로 이용됨.
뉴:스(news)[명] 어떤 사실이나 사건 등에 대한 새 소식. 보도(報道), 특히 신문이나 방송의 보도를 이름. ¶톱−/귀가 번쩍 뜨이는 −.
뉴:스밸류(news value)[명] 사건의 중요성이나 참신성 등에서 본 뉴스로서 지니는 가치.
뉴:스소:스(news source)[명] 뉴스의 출처(出處). 뉴스의 정보원(情報源).
뉴:스쇼:(news+show)[명] 스튜디오의 사회자가 현장으로부터의 중계나 게스트와 주고받는 이야기 등을 곁들이면서, 시사적(時事的)인 화제를 다각적으로 구성해서 보도하는 텔레비전 프로그램.
뉴:스=영화(news映畫)[명] 시사성(時事性)이 있는 사건

따위를 촬영, 편집하여 상영(上映)하는 영화.

뉴:스캐스터(news caster)명 뉴스 프로그램에 출연하여, 해설이나 논평을 하면서 프로그램을 진행하는 사람.

뉴:실버(new silver)명 운동, 여행 등 동적(動的)이고 사회적인 활동에 열중하는 고령자(高齡者)를 일컫는 말.

뉴:크리티시즘(new criticism)명 20세기 전반의 미국 문예 비평의 한 경향. 문학 작품을 그 자체로서 독립·완결된 하나의 언어 세계로 보아, 작품을 객관적으로 분석·평가하려고 하였음. 신비평(新批評)

뉴:턴(newton)명 힘의 단위. 질량 1kg의 물체에 작용하여 매초 1m의 가속도를 생기게 하는 힘의 크기. 10만 다인(dyne)과 같음. 기호는 N

뉴:턴=역학(Newton力學)명 물체의 운동 상태의 시간적 변화와 작용하는 힘의 관계를 뉴턴의 운동 법칙에 따라 기술(記述)하는 역학 체계. 고전 역학(古典力學)

뉴:트론(neutron)명 중성자(中性子)

뉴:트리노(neutrino)명 중성 미자(中性微子)

뉴:패션(new fashion)명 새로운 디자인, 또는 새로운 양식의 옷차림.

뉴:페이스(new face)명 ①새로 등장한 영화 배우나 탤런트. ②어떤 분야에 새로 등장한 사람.

느근-거리다(대다)자 길고 가는 물체가 부드럽고 탄력 있게 자꾸 움직이다. ☞나근거리다

느근-느근부 느근거리는 모양을 나타내는 말.

느글-거리다(대다)자 느글느글한 느낌이 자꾸 나다.

느글-느글부-하다형 속이 매우 느끼하여 곧 게울 것 같은 느낌을 나타내는 말.

느긋-거리다(대다)[-귿-]자 느긋느긋한 느낌이 자꾸 나다.

느긋-느긋[-귿-]부-하다형 먹은 것이 내리지 않아 좀 느끼한 느낌을 나타내는 말.

느긋-하다[1] [-귿-]형여 먹은 것이 내리지 않아 좀 느끼하다.

느긋-하다[2] [-귿-]형여 마음에 부족함이 없이 여유가 있고 넉넉하다. ¶느긋하게 생각하다. 준늑하다

느긋-이부 느긋하게 ¶ — 바라보다.

느껍다(느껍고·느꺼워)형ㅂ 어떠한 느낌이 가슴에 사무치어 벅차다. ¶느꺼운 정경(情景).

느끼다[1]자 ①설움이 북받치거나 하여 흑흑 흐느끼는 소리를 내다. ¶흑흑 느껴 울다. ②갑자기 찬 기운을 받거나 하여 가쁘게 숨을 쉬다. ¶찬물을 뒤집어 쓰고는 흑흑 —.

느끼다[2]타 ①외부의 자극을 받아 그것이 어떠함을 알게 되다. ¶추위를 —./통증(痛症)을 —. ②어떤 감정을 마음에 가지다. ¶슬픔을 —./긴장감을 —./친근감을 —. ③무엇을 깨닫거나 알게 되다. ¶책임을 —./고마움을 —.

한자 **느낄 감**(感) 〔心部 9획〕 ¶감각(感覺)/감격(感激)/감동(感動)/감상(感想)/감탄(感歎)/감화(感化)

느끼-하다형여 음식에 기름기가 많아 비위에 거슬릴 정도로 개운하지 않다. ☞개운하다

느낌명 ①자극을 받아 일어나는 감각(感覺). ¶손가락 끝이 곱아서 —이 둔해졌다. ②어떤 사물에서 받는 인상이나 감정. ¶—이 좋다./이미 봄이 온 —이다.

느낌씨명〈어〉감탄사(感歎詞) ☞토씨

느낌-표(-標)명 문장 부호의 한 가지. 감탄이나 놀람, 부르짖음, 명령 등 강한 느낌을 나타낼 때 쓰이는 부호로 ! 표를 이름. 감탄 부호(感歎符號) ¶앗!/날씨가 참 좋구나!/빨리 와!/철수야!/어서 말해! ☞온점

> ▶ **느낌표를 쓰지 않는 경우**
> 감탄형 어미로 끝난 문장이라도 감탄 정도가 약할 때에는 느낌표 대신 온점을 쓰기도 한다.
> ¶개나리의 꽃망울이 봉곳한 것을 보니, 봄이 오긴 왔구나.

-느냐어미 동사 어간이나 형용사 '있다'·'없다'·'계시다'의 어간, 또는 '-았(었)-'·'-겠-' 밑에 붙어, '해라' 할 자리에 쓰이는 의문 표현의 종결 어미. ¶무엇을 보느냐?/방에 계시느냐?/경치가 좋았느냐? ☞-냐

-느냐고어미 ①'-느냐 하고'가 줄어든 말. ¶무엇을 하느냐고 물었다. ②'-느냐'의 힘줌말. ¶어딜 가느냐고? ③'느냐 이라고'가 줄어든 말로, 되묻는 형식의 의문 표현에 쓰이는 종결 어미. ¶네가 모르느냐고?

-느냐는어미 '-느냐 하는'이 줄어든 말. ¶사느냐 죽느냐는 문제.

-느뇨어미 '-느냐'의 예스러운 말. ¶흥망성쇠(興亡盛衰)를 뉘 아느뇨?

-느니[1]어미 '-느니라'의 반말체로, '하게' 할 자리에 쓰이는 사실성이나 사실 표현의 종결 어미. ¶동풍이 불면, 비가 오느니./산이 높으면, 골이 깊느니.

-느니[2]어미 동사 어간이나 '있다'·'없다'·'계시다'의 어간, '-았(었)-', '-겠-'에 붙어, 열거함을 나타내는 연결 어미. ¶가느니 못 가느니 말도 많다.

-느니[3]어미 '보다, 차라리'를 동반하여, '-는 것보다'의 뜻으로 쓰이는 부사형 어미. ¶앓느니 죽지.

-느니라어미 동사 어간이나 '있다'·'없다'·'계시다'의 어간, '-았(었)-'·'-겠-'에 붙어, '해라' 할 자리에 쓰이는, 필연적이거나 당연한 사실임을 표현하는 종결 어미. ¶만물은 변하느니라./그는 애국자였느니라. ☞-니라

느닷-없:다[-닫업-]형 아무 예고도 없이 아주 뜻밖이고 갑작스럽다. ¶느닷없는 질문.

느닷-없이부 느닷없게 ¶ — 들이닥치다.

-느라고어미 동사 어간에 붙어 목적이나 원인, 근거를 나타내는 부사형 어미. ¶먼 학교에 다니느라고 고생을 많이 했다./공부하느라고 끼니도 잊고 있었다.

×**느러-지다**자 →늘어지다

느럭-느럭부-하다형 말이나 움직임이 매우 느린 모양을 나타내는 말. ☞느릿느릿

느런-히부 죽 늘어서. 죽 벌려서. ¶부드러운 곡선을 그리며 — 이어지는 가로수. ☞나란히

느렁이명 노루나 사슴의 암컷.

느루부 대번에 몰아치지 않고 오래도록.

느루 먹다관용 양식을 절약하여 예정보다 더 오래 먹다. ¶쌀을 아껴 —.

느루 잡다관용 ①손에 쥐고 있는 것을 느슨하게 가지다. ¶고삐를 —. ②예정 날짜 따위를 여유 있게 정하다. ¶공사 기간을 좀 느루 잡아야겠다.

느루-배기명 해산(解産)한 다음 달부터 바로 월경이 있는 일, 또는 그러한 여자.

느른-하다형여 ①몸이 고단하고 힘이 없다. ¶이삿짐을 다 정리하고 나니, 온몸이 —. ②풀기 없는 천 따위가 힘없이 매우 부드럽다. ☞나른하다

느른-히부 느른하게

느릅-나무명 느릅나뭇과의 낙엽 교목. 우리 나라 각지의 산지에 자람. 높이는 20m 안팎이며, 껍질은 회갈색이고 줄기에는 흔히 혹 모양의 돌기가 생김. 달걀꼴의 잎은 어긋맞게 나며 잎자루가 짧음. 잎에 앞서 황록색의 자잘한 꽃이 봄에 무더기로 핌. 어린잎은 먹을 수 있고 나무껍질은 약재로 쓰임. 떡느릅나무

느리개명 서까래의 위 끝이 들리는 것을 막기 위하여 눌러 대는 나무.

느리-광이명 몸놀림이 느린 사람을 이르는 말. 느림보. 늘보

느리다형 ①움직임이 더디다. ¶몸놀림이 —./속도가 —. ☞빠르다 ②짜임새 따위가 느슨하거나 성글다. ¶노끈의 꼬임새가 —./배낭의 멜빵이 —. ☞되다 ③성미가 눅어 야무지지 못하다. ¶성질이 —. ☞급하다

속담 **느린 소도 성낼 적이 있다**: 성미가 누긋하고 무던해 보이는 사람도 성이 나면 무섭다는 말.

한자 **느릴 완**(緩) 〔糸部 9획〕 ¶완급(緩急)/완만(緩慢)/완보(緩步)/완서(緩徐)/완행(緩行)

느림명 기(旗) 따위의 가장자리에 꾸미개로 늘어뜨리는

좁은 헝겊이나 줄 따위.
느림-보 명 느리광이
느릿-느릿 [-릳-] 부 -하다 형 ①몸놀림이 매우 느린 모양을 나타내는 말. ¶ - 기어가다. ②꼬임새나 짜임새가 느슨하거나 설핏한 모양을 나타내는 말. ¶ - 꼬인 노끈. ☞나릿나릿
속담 **느릿느릿 걸어도 황소 걸음** : 행동은 더디지만 쉬지 않고 꾸준히 해 나가는 것이 믿음직스럽다는 말. 〔드문드문 걸어도 황소 걸음〕
느릿-하다 [-릳-] 형여 느린듯 하다.
느물-거리다(대다) 자 능글능글하고 끈덕지게 굴다.
느물-느물 부 느물거리는 모양을 나타내는 말. ¶ - 농담을 걸어 오다.
느물다 (느물고·느무니) 자 능글능글한 태도로 끈덕지게 굴다.
느슨-하다 형여 ①죄거나 맨 것이 단단하지 아니하고 좀 헐겁다. ¶넥타이를 느슨하게 매다./느슨하게 조인 나사. ②태도나 마음가짐 따위가 풀려 있다. ¶기강이 -./단속이 -. ☞나슨하다
　느슨-히 부 느슨하게 ☞나슨히
느시 명 느싯과의 겨울 철새. 몸길이 수컷 1m, 암컷 80cm 안팎. 모래땅·초원·논밭 등지에서 삶. 몸은 통통하고 부리는 굵고 짧음. 등은 황갈색 바탕에 검은 얼룩이 흩어져 있고 머리와 목, 배는 흼. 우리 나라와 시베리아, 중국 등지에 분포함. 천연기념물 제206호임. 능에. 독표(獨豹). 야안(野雁)
느즈러-지다 자 ①졸라맨 것이 느슨해지다. ¶허리띠가 좀 느즈러져 있다. ②마음이 풀려 맥이 없어지다. ¶방학이 되자 그만 학습 태도가 느즈러지고 말았다. ③날짜가 밀려 나가다. ¶병이 악화되어 퇴원 날짜가 -.
느지감치 부 꽤 늦게. ¶ - 잠자리에 들다. ☞느지거니. 일찌감치
느지거니 부 꽤 느직하게. ☞일찌거니
느지막-하다 형여 좀 느직하다.
　느지막-이 부 느지막하게 ¶ - 아침밥을 먹다.
느직-하다 형여 ①좀 늦다. ¶느직하게 집에 들어가다./기한을 느직하게 잡다. ②좀 느슨하다.
　느직-이 부 느직하게
느치 명 거저릿과의 작은 갑충(甲蟲). 몸길이 6~10mm로 직사각형 모양이며 납작하게 생겼음. 몸빛은 흑갈색 또는 적갈색이나 유충은 회갈색이며, 꽁무니에 한 쌍의 돌기가 있음. 세계 각지에 분포하며, 쌀·보리·밀 등 저장(貯藏) 곡물의 해충임.
느타리 명 느타릿과에 딸린 버섯의 한 가지. 봄에서 가을에 걸쳐 활엽수림의 썩은 나무 줄기에 포개져 남. 갓은 지름 5~15cm의 반원형으로, 위쪽의 빛깔은 회갈색 또는 황갈색이며 한쪽에 짧은 줄기가 있음. 먹을 수 있으며 인공으로도 많이 재배함. 느타리버섯
느타리-버섯 명 느타리
느티-나무 명 느릅나뭇과의 낙엽 교목. 높이 30m, 줄기 지름 2m 안팎으로 그늘이 넓어 정자 나무로 많이 심음. 나무껍질은 회갈색이고, 길둥근 잎은 어긋맞게 남. 봄에 엷은 황록색의 잔 꽃이 피고, 암수한그루임. 재목은 단단하고 결이 고와 건축재·가구재 등으로 널리 쓰임. 귀목나무. 규목(槻木)
느티-떡 명 느티나무의 어린잎을 쌀가루에 섞어 찐 시루떡. 흔히 음력 사월 초파일에 만들어 먹음. 괴엽병
느헤미야서 (Nehemiah書) 명 구약성서의 한 편. 바빌론에 잡혀갔다가 돌아온 유대인들의 이야기를 느헤미야가 기록한 역사책.
늑간 (肋間) 명 늑골과 늑골 사이.
늑간-근 (肋間筋) 명 늑골 사이에 붙은 근육. 안팎의 두 켜로 이루어지며, 바깥 켜는 숨을 들이쉴 때 늑골을 끌어올리고, 안 켜는 내쉴 때 늑골을 끌어내리는 구실을 함.
늑간=신경 (肋間神經) 명 척수 신경(脊髓神經) 중 늑간에 분포하는 신경. 열두 쌍이 있음.
늑간=신경통 (肋間神經痛) 명 늑간 신경에 일어나는 통증(痛症). 늑골이나 척추의 질환, 외상(外傷), 주위로부터의 압박, 신경염(神經炎), 유착(癒着) 등으로 말미암아 일어남.
늑골 (肋骨) 명 ①흉곽(胸廓)을 이루고 있는 열두 쌍의 뼈. 위쪽의 일곱 쌍은 척추로부터 몸의 양쪽을 싸듯이 굽어서 흉골(胸骨)에 붙고, 아래쪽 다섯 쌍은 짧으며 앞쪽은 떨어져 있음. 갈비. 갈비뼈 ②선체(船體)의 바깥쪽을 이루는 갈비뼈 모양의 뼈대.
늑대 명 갯과의 짐승. 몸길이 1.2m 안팎. 개와 비슷하나 다리가 길고 굵으며, 늘 꼬리를 늘어뜨리고 있음. 털빛은 황갈색이나 검은 털이 섞여 있음. 성질이 사나워 사람을 해치기도 함. 우리 나라, 중국, 시베리아, 인도, 북아메리카, 동남 아시아 등지에 널리 분포함.
늑막 (肋膜) 명 폐(肺)의 표면과 흉벽(胸壁)의 안쪽을 이중으로 싸고 있는 막. 흉막(胸膜)
늑막-강 (肋膜腔) 명 늑막으로 둘러싸인 빈 곳. 흉막강(胸膜腔)
늑막-염 (肋膜炎) [-념] 명 늑막에 일어나는 염증. 건성(乾性)과 습성(濕性)이 있으며, 건성은 염증 뿐이나 습성은 늑막강(肋膜腔)에 삼출액(滲出液)이 굄. 보통은 폐결핵이나 폐렴의 합병증(合倂症)으로 일어나나, 외상(外傷)으로 말미암은 것도 있음. 흉막염(胸膜炎)
늑목 (肋木) 명 기계체조에 쓰는 기구의 한 가지. 몇 개의 기둥을 세우고, 기둥과 기둥 사이에 둥근 막대를 평행(平行)으로 많이 끼워 놓은 것임.
늑봉 (勒捧) 명 -하다 타 빚진 사람에게 금품을 강제로 받아 냄.
늑-연:골 (肋軟骨) 명 늑골과 흉골을 결합하는 연골.
늑장 명 일을 서두르지 않고 꾸물거리며 시간을 끄는 일. 늦장 ¶ -을 피우다.
　늑장(을) 부리다 관용 일을 서두르지 않고 꾸물거리며 시간을 끌다.
늑장 (勒葬) 명 -하다 타 시신(屍身)을 남의 땅에 억지로 매장(埋葬)하는 일. ☞모장(冒葬)
늑재 (肋材) 명 선박의 뼈대인 늑골(肋骨)로 쓰이는 목재나 강재(鋼材).
늑정 (勒停) 명 -하다 타 지난날, 관직을 박탈(剝奪)하는 일을 이르던 말.
늑주 (勒住) 명 -하다 타 지난날, 사람을 일정한 곳에 억지로 머물러 있게 하거나 살게 하는 일을 이르던 말.
늑-줄 명 ①팽팽하게 동여맨 줄이 좀 느즈러진 것. ②엄한 단속이나 감독을 조금 늦추는 일.
　늑줄(을) 주다 관용 엄한 단속이나 감독을 좀 늦추다.
늑징 (勒徵) 명 -하다 타 지난날, 관원이 금품을 강제로 거두어들이는 일을 이르던 말.
늑탈 (勒奪) 명 -하다 타 강탈(強奪)
늑표 (勒票) 명 지난날, 폭력이나 위력으로 받아 낸 증서를 이르던 말.
늑-하다 형여 '느긋하다'의 준말.
늑한 (勒限) 명 지난날, 채무자가 강압에 못 이겨 받아들인, 빚 갚을 기한을 이르던 말.
늑혼 (勒婚) 명 지난날, 강제로 맺은 혼인을 이르던 말.
늑흔 (勒痕) 명 목을 졸라 죽인 흔적.
-는 조 받침 없는 말에 두루 붙어, 다른 말과 구별지어 보이는 구실을 하는 보조 조사. ¶고추는 작아도 맵다./그는 돈은 모른다./재주는 곰이 넘고 돈은 주인이 받는다./여행을 자주는 간다./그이는 빨리는 걷는다./달리는 도리가 없다./길이 다르지는 않다./권력이 길지는 못하다./친구를 너무 믿지는 마라. ☞-은
-는 어미 동사 어간이나 '있다'·'없다'·'계시다'의 어간에 붙어, 사실적 현재나 시간적 현재를 나타내는 관형사형 어미. ¶가는 사람 오는 사람./있는 사람과 없는 사람./앞 못 보는 사람. ☞-ㄴ[1]
-는가 어미 동사 어간이나 형용사 '있다'·'없다'·'계시다'의 어간 또는 '-았(었)-'·'-겠-' 밑에 붙어, '하게' 할 자리에 쓰이는 의문 표현의 종결 어미. ¶어디 가는가?/책은 많았는가? ☞-ㄴ가
-는감 어미 '-는가 뭐'가 줄어든 말. 동사 어간이나 '-았

(었)-'·'-겠-' 밑에 붙어, '해라' 할 자리에 반박하거나 반문하는 투로 표현함. ¶자기는 모르는감./세상 사람이 그걸 믿겠는감. ☞-ㄴ감

는개 명 안개가 낀 것처럼 보이면서 이슬비보다 가늘게 내리는 비. 무우(霧雨). 연우(煙雨)

-는걸 어미 '-는 것을'이 줄어서 변한 말. 일반적인 경향, 또는 자주 일어나는 일이나 어떤 사실을 완곡하게 알리는 감동적인 표현의 어미. ¶인심(人心)은 하루하루 변하는걸./돈은 있다가도 없는걸./그 사람은 알고 있는걸. ☞-ㄴ걸

-는고 어미 '-는가'보다 예스러운 말투의 의문 표현의 종결 어미. ¶어찌하여 싫다 하는고?/어느 곳에 사시는고? ☞-ㄴ고

-는구나 어미 동사 어간에 붙어, 새삼스러운 느낌이나 놀라움을 나타내는 감탄 표현의 종결 어미. ¶해가 뜨는구나!/그림을 잘도 그리는구나!

-는구려 어미 동사 어간에 붙어, '하게' 할 자리에 감탄적으로 나타내는 사실 표현의 종결 어미. ¶세월이 덧없이 가는구려.

×-는구료 어미 → -는구려

-는구먼 어미 동사 어간에 붙어, '하게' 할 자리에 새삼스러운 느낌이나 놀라움을 곁들여 나타내는 사실 표현의 종결 어미. ¶그의 말이 맞는구먼.

×-는구면 어미 → -는구먼

-는군 어미 '-는구나'·'-는구먼'의 준말. ¶벌써 꽃이 지는군./책을 제법 잘 읽는군.

-는다 어미 받침 있는 어간에 붙어, 현재나 미래 또는 일반적인 사실을 나타내는 데 쓰이는 사실 표현의 종결 어미. ¶이제 밥을 먹는다./내년에 학위(學位)를 받는다./모든 생물은 죽는다. ☞-ㄴ다

-는다고 어미 ①'-는다 라고'가 줄어든 말. ¶추리 소설을 즐겨 읽는다고 하더라. ②되묻는 뜻을 나타냄. ¶이 개가 도둑을 잡는다고? ③'-는다 해서'의 뜻을 나타냄. ¶먹는다고 다 먹겠느냐? ☞-ㄴ다고. -다고

-는다느냐 어미 '-는다 하느냐'가 줄어든 말. 받침 있는 동사 어간에 붙어, '해라' 할 자리에 전해 들은 사실을 확인하는 의문 표현의 종결 어미. ¶머리를 깎는다느냐? ☞-ㄴ다느냐

-는다느니 어미 받침 있는 동사 어간에 붙어, 열거하는 뜻을 나타내는 연결 어미. ¶먹는다느니 안 먹는다느니 말도 많았다. ☞-ㄴ다느니. -라느니

-는다는 어미 '-는다 하는'이 줄어든 말. ¶너를 믿는다는 말이다. ㊟-는단 ☞-ㄴ다는

-는다니 어미 '-는다 하니'가 줄어든 말. 원인·이유·근거를 나타냄. ¶못 믿는다니 별수가 없지. ☞-ㄴ다니

-는다니까 어미 '-는다 하니까'가 줄어든 말. ¶길을 막는다니까 돌아가시오. ☞-ㄴ다니까

-는다마는 어미 '-는다 하지마는'이 줄어든 말. ¶책은 읽는다마는 뜻은 잘 모르겠다. ☞-ㄴ다마는

-는다만 어미 '-는다마는'의 준말. ¶욕은 먹는다만 할 말은 해야지. ☞-ㄴ다만

-는다며 어미 '-는다면서'의 준말. ¶그를 못 믿는다며 가버렸다./나를 못 믿는다며? ☞-ㄴ다며

-는다면서 어미 '-는다 하면서'가 줄어든 말. ①이유나 핑계의 뜻을 나타냄. ¶친구가 찾는다면서 외출하였다. ②반문하거나 빈정거리는 뜻을 나타내며 끝맺음. ¶가게를 얻는다면서? ☞-ㄴ다면서

-는다손 어미 주로 '치다'와 어울려, 양보하여 가정함을 나타내는 연결 어미. ¶아무리 빨리 걷는다손 치더라도 한 시간 안에는 못 갈 것이다. ☞-ㄴ다손

-는다지 어미 '-는다 하지'가 줄어든 말. 사실을 캐어묻는 뜻을 나타내는 반말 투의 끝맺음. ¶약은 잘 먹는다지? ☞-ㄴ다지

-는단 어미 '-는다는'의 준말. ¶열매가 맺는단 말이야. ☞-ㄴ단

-는단다 어미 '-는다 한다'가 줄어든 말. 강조하거나 타이르는 뜻을 나타냄. ¶가을이 되면 열매를 맺는단다./할아버지의 말씀은 언제나 맞는단다. ☞-ㄴ단다

-는담 어미 '-는다는 말인가' 또는 '-는다는 말인고'가 줄어든 말. 의문이나 감탄의 뜻을 나타냄. ¶그것도 묻는담?/어찌 그날을 잊는담! ☞-ㄴ담

-는답니까 어미 '-는다 합니까'가 줄어든 말. '-는답니다'의 의문형. ¶그는 미신을 믿는답니까? ☞-ㄴ답니까

-는답니다 어미 '-는다 합니다'가 줄어든 말. 어떤 사실을 간접 전달하거나 객관적으로 표현하는 데 쓰임. ¶그곳을 자주 찾는답니다./비원은 오후 10시에 문을 닫는답니다. ☞-ㄴ답니다

-는답디까 어미 '는다 합디까'가 줄어든 말. '-는답디다'의 의문형. ¶뭘 찾는답디까? ☞-ㄴ답디까

-는답디다 어미 '-는다 합디다'가 줄어든 말. ¶요즘은 수필을 읽는답디다. ☞-ㄴ답디다

-는답시고 어미 '-는다 합시고'가 줄어든 말. 근거나 핑계 삼아 어떤 행동을 하는 것을 못마땅하게 여겨 빈정거리는 뜻을 나타냄. ¶세계 명작을 읽는답시고 책을 끼고 다닌다네. ☞-ㄴ답시고

-는대 어미 '-는다 해'가 줄어든 말. 겪은 사실을 근거로 삼아 사실 표현을 하거나 의문 표현을 할 때 쓰임. ¶그 사람이 담배를 끊는대./누가 술을 끊는대? ☞-ㄴ대

-는대도 어미 '-는다 해도'가 줄어든 말. ¶전기를 끊는대도 반응이 없다. ☞-ㄴ대도

-는대서 어미 '-는다 해서'가 줄어든 말. ¶누군가 막는대서 그만 두겠나? ☞-ㄴ대서

-는대서야 어미 '-는다 해서야'가 줄어든 말. ¶그저 있는대서야 말이 되나. ☞-ㄴ대서야

-는대야 어미 '-는다 해야'가 줄어든 말. ¶아이가 먹는대야 얼마를 먹겠니? ☞-ㄴ대야

-는데 어미 동사 어간이나 '있다'·'없다'·'계시다'의 어간, '-았(었)-'·'-겠-'에 붙어 ①딸리는 관계나 맞서는 관계로 사실 표현을 하는 연결 어미. ¶밥은 잘 먹는데 몸은 약하다./그는 오는데 나는 간다. ②'하게' 할 자리에 감정 섞인 투로 사실 표현을 하는 종결 어미. ¶그이가 종교를 믿는데. ☞-ㄴ데

-는듯 어미 ①어간에 붙어 '그리하는 것으로 추리됨'을 나타냄. ¶그이는 사실을 모르는듯./아는듯 모르는듯./비가 오는듯 하다./눈이 멎는듯 하다./곤히 자는듯 싶다. ②-는듯이

-는듯이 어미 어간에 붙어 '그리하는 것 같이'의 뜻으로 쓰이는 부사성 어미. -는듯 ¶이해하는듯이 끄덕 하다.

-는바 어미 동사 어간이나 '있다'·'없다'·'계시다'의 어간, '-았(었)-'·'-겠-'에 붙어 어떤 사실을 앞에다 내세우고 뒤에 설명을 더하는 경우에 쓰이는 사실 표현의 연결 어미. ¶내가 아는바, 사실이 아니다. ☞-ㄴ바

-는성 어미 어간에 붙어 '-는 것 같다'의 뜻으로 헤아림을 나타냄. ¶비가 오는성 싶다./남을 못 믿는성 싶다./돈이 없는성 싶다. ☞-ㄴ성

-는양 어미 어간에 붙어 '그리하는 것처럼'의 뜻을 나타내는 어미. ¶알아도 모르는양, 몰라도 아는양./없어도 있는양./언제 떠났는지 알면서 왜 모르는양 하느냐. ☞-ㄴ양. -은양

는적-거리다(대다) 자 썩거나 삭아서 힘없이 축축 처지다. ☞난작거리다

는적-는적 부 는적거리는 모양을 나타내는 말. ¶썩은 호박이 ─ 물크러지다. ☞난작난작

-는지 어미 동사 어간이나 '있다'·'없다'·'계시다'의 어간, '-았(었)-'·'-겠-'에 붙어, 어찌하는가 불확실함을 나타냄. ¶그가 가는지 오는지 알 길이 없다./그가 갔는지 왔는지 기별이 없다./밥을 먹는지 굶는지 궁금하구나./가족이 많았는지 적었는지 기억이 잘 나지 않는다. ☞-ㄴ지

-는지고 어미 동사 어간이나 '있다'·'없다'·'계시다'의 어간, '-았(었)-'·'-겠-'에 붙어, 어떤 현재의 사실을 감탄하는 형식으로 나타내는 예스러운 종결 어미. ¶말도 잘 하는지고!/잘도 웃는지고! ☞-지고

-는지라 어미 동사 어간이나 '있다'·'없다'·'계시다'의 어

간, '-았(었)-'·'-겠-'에 붙어, 근거나 이유를 나타내는 연결 어미. ¶마음에 드는지라 사지 않을 수 없었다. ☞-ㄴ지라

는지럭-거리다(대다) 자 크게 덩이진 물체가 물크러질 정도로 심하게 물러지다. ☞난지락거리다

는지럭-는지럭 부 는지럭거리는 모양을 나타내는 말. ☞난지락난지락

는지럭는지럭-하다 형여 크게 덩이진 물체가 물크러질 정도로 심하게 무르다. ☞난지락난지락하다

는질-거리다(대다) 자 크게 덩이진 물체가 물크러질 정도로 물러지다. ☞난질거리다

는질-는질 부 는질거리는 모양을 나타내는 말. ☞난질난질

는질는질-하다 형여 크게 덩이진 물체가 물크러질 정도로 무르다. ☞난질난질하다

는질러-차기 명 택견에서, 발질의 한 가지. 발을 높이 들어 발 장심으로 상대편의 어깨 높이로 밀어 차는 공격 기술.

-는척 어미 -는체

-는체 어미 어간에 붙어 '사실과 달리 취하는 핑계나 거짓 태도'를 나타냄. -는척 ¶없어도 있는체./알고도 모르는 체./영화에 대해 많이 아는체 했다./가는체 하며 손까지 흔들었다.

늘 부 언제나. 만날. 매상(每常). 항상(恒常) ¶ - 걸어서 다닌다./- 공부만 하고 있다./거리가 - 깨끗하다.

> 한자 **늘 상**(常) 〔巾部 8획〕 ¶상근(常勤)/상록(常綠)/상비(常備)/상시(常時)/상존(常存)/항상(恒常)
> **늘 항**(恒) 〔心部 6획〕 ¶항구(恒久)/항상(恒常)/항성(恒性)/항습(恒習)/항시(恒時)/항심(恒心)

늘그막 명 늙을 무렵. 늙었을 때. 늙어 가는 판. ¶-에야 생활이 좀 편해졌다./-에 시작한 바둑. 준 늙마

늘다(늘고·느니) 자 ①본디보다 길어지거나 많아지거나 넓어지거나 커지거나 하다. ¶수업 시간이 늘었다./세간이 많이 늘었구나./부피가 -./②기술이나 실력 따위가 나아지다. ¶말솜씨가 -./학식이 -. ③생활이 넉넉해지다. ¶살림이 많이 늘었다. ☞줄다

늘고 줄고 한다 관용 변경할 수 없는 것이 아니고 융통성이 있다는 말.

> 한자 **늘 증**(增) 〔土部 12획〕 ¶증감(增減)/증강(增強)/증대(增大)/증원(增員)/증폭(增幅) ▷ 속자는 增

늘름 부 ①혀를 크게 내밀었다가 슬쩍 들이는 모양을 나타내는 말. ②무엇을 슬쩍 받아먹거나 집어 가지는 모양을 나타내는 말. ¶떡 하나를 - 삼키다./가방을 - 집어 가다. ☞날름. 널름

늘름-거리다(대다) 자타 혀를 길게 내밀었다 슬쩍 들였다 하다. ☞날름거리다. 널름거리다

늘름-늘름 부 늘름거리는 모양을 나타내는 말. ☞날름날름. 널름널름

늘리다 타 ①크게 하다. ¶집의 칸살을 -. ②많게 하다. ¶재산을 -./수출을 -./횟수를 -.

늘보 명 느리광이

늘비-하다 형여 죽 늘어서 있다. 죽 늘어놓여 있다. ¶서점들이 -./신간(新刊)이 -. ☞즐비하다

늘-삿갓[-삳-] 명 부들로 만든 삿갓.

늘썽-늘썽 부-하다 형 매우 늘썽한 모양을 나타내는 말. ¶-하게 짠 대바구니. ☞날쌍날쌍

늘썽-하다 형여 천이나 대그릇 따위의 짜임새가 좀 성깃하다. ☞날쌍하다

늘씬-늘씬 부-하다 형 여럿이 다 늘씬한 모양을 나타내는 말. ¶- 자란 나무들. ☞날씬날씬

늘씬-하다 형여 몸매가 맵시 있게 길고 가늘다. ¶키가 -. ☞날씬하다

늘어-가다 자 ①차차 불어서 커지거나 많아지다. ¶재산이 -. ②재주·솜씨·실력 등이 점점 나아지다. ¶운전 솜씨가 날로 -.

늘어-나다 자 본디보다 커지거나 길어지거나 많아지다. ¶인구가 -./길이가 -./체중이 -. ☞줄어들다

늘어-놓다 타 ①줄을 지어 벌여 놓다. ¶상품을 죽 -. ②여럿을 어지럽게 여기저기 두다. ¶방바닥에 장난감을 -. ③말을 수다스럽게 길게 하다. ¶불평을 -./자식 자랑을 -./거짓말을 -.

> 한자 **늘어놓을 전**(展) 〔尸部 7획〕 ¶전람(展覽)/전람회(展覽會)/전시(展示)
> **늘어놓을 진**(陳) 〔阜部 8획〕 ¶진설(陳設)/진열(陳列)

늘어-뜨리다(트리다) 타 물체의 한쪽 끝을 아래로 처지게 하다. ¶바위 위에서 자일을 -./머리를 -.

늘어-붙다[-붇-] 자 ①물건이 찐득찐득 들러붙다. ¶기름때가 꾀죄죄하게 늘어붙어 있다. ②떠나지 않고 한 곳에 계속 머물러 있다. ¶방 안에만 늘어붙어 있다.

늘어-서다 자 줄을 지어 서다. ¶입장권을 사려고 -.

늘어-앉다[-안따] 자 줄을 지어 앉다. ¶공원의 벤치에 늘어앉아 있는 노인들.

늘어-지다 자 ①늘어나서 길게 되다. ¶스웨터가 -./행군에 지쳐 행렬은 자꾸 늘어지기만 했다. ②한쪽이 아래로 길게 처지다. ¶버들가지가 늘어진 냇가. ③매달려서 놓지 않다. ¶옷소매를 잡고 -./밧줄을 잡고 -. ④몹시 지치다. ¶몸이 축 -. ☞나라지다 ⑤더할 나위 없이 편해지다. ¶팔자가 -.

늘어지게 자다 관용 피로가 충분히 풀리도록 실컷 자다.

늘-옴치래기 명 늘었다 옴츠렸다 한다는 뜻으로, 늘었다 줄었다 하는 물건을 이르는 말.

늘이다 타 ①길이를 길게 하다. ¶길이를 -./고무줄을 -. ②동안을 길게 하다. ¶체재 기간을 -./수명을 -. ③아래로 길게 처지게 하다. ¶자일을 바위 아래로 -.

> 한자 **늘일 신**(伸) 〔人部 5획〕 ¶신장(伸長)/신장(伸張)/신철(伸鐵)/신축(伸縮)
> **늘일 연**(延) 〔廴部 4획〕 ¶연기(延期)/연명(延命)/연성(延性)/연음(延音)/지연(遲延)

늘임-새 명 말씨를 길게 늘이는 태도.

늘임-표(-標) 명 음악에서, 음표나 쉼표의 위 또는 아래에 붙여, 그 부분을 알맞게 늘여서 연주하라는 기호. '𝄐'로 표시함. 연음 기호(延音記號). 연장 기호(延長記號). 페르마타

늘-자리[-짜-] 명 부들로 짠 돗자리.

늘쩍지근-하다 형여 몹시 느른하다. ☞날짝지근하다

늘쩡-거리다(대다) 자 느른한 태도로 느릿느릿 움직이다. ☞날짱거리다

늘쩡-늘쩡 부 늘쩡거리는 모양을 나타내는 말. ¶- 움직이다. ☞날짱날짱

늘쩡늘쩡-하다 형여 몸놀림이나 태도가 몹시 느리고 여무지지 못하다. ☞날짱날짱하다

늘-채다 자 예정한 수효보다 많이 늘다.

늘컹-거리다(대다) 자 크고 덩이진 물체가 몹시 물러서 저절로 늘어지다. ¶늘컹거리는 반죽. ☞날캉거리다

늘컹-늘컹 부 늘컹거리는 모양을 나타내는 말. ¶- 무른 수수전병. ☞날캉날캉

늘컹늘컹-하다 형여 매우 늘컹하다. ☞날캉날캉하다

늘컹-하다 형여 크고 덩이진 물체가 저절로 늘어질 정도로 몹시 무르다. ☞날캉하다

늘큰-거리다(대다) 자 크게 덩어진 물체가 물러서 자꾸 늘어지다. ☞날큰거리다

늘큰-늘큰 부 늘큰거리는 모양을 나타내는 말.

늘큰늘큰-하다 형여 매우 늘큰하다. ☞날큰날큰하다

늘큰-하다 형여 크게 덩이진 물체가 늘어질 정도로 무르다. ¶반죽이 -. ☞날큰하다

늘키다 타 울음을 시원스레 울지 못하고 꿀꺽꿀꺽 참으면서 느껴 울다.

늘푸른-나무 명 상록수(常綠樹)

늘푸른-넓은잎나무[-넙-] 명 상록 활엽수

늘푸른-떨기나무 명 상록 관목(常綠灌木)

늘푸른-큰키나무 명 상록 교목(常綠喬木)

늘-품(-品)명 앞으로 더 좋아질 가능성. ¶하는 짓을 보니 -이 있어 보인다.
늙다[늑-]형 ①젊은 시절을 지나 나이가 많아져 가다. ¶비록 몸은 늙었지만 기력은 대단하다. ②나이가 많아져 기력이 줄어 가다. ¶정정하던 그도 한 해가 다르게 늙어 간다. ③제 나이에 비해 나이가 든 티가 나다. ¶나이에 비해 많이 늙었다. ④결혼하기에 알맞은 나이가 지나다. ¶늙은 총각. ⑤동물이나 식물이 한창 때를 지나거나 오래되다. ¶늙은 개./늙은 호박./늙은 오이./늙은 소나무.
속담 **늙고 병든 몸은 눈먼 새도 안 앉는다** : 사람이 늙고 병들면 좋아하는 사람도 없고 찾아오는 사람도 없다는 말./**늙어도 소승 젊어도 소승** : 중은 늙거나 젊거나 자기를 가리킬 때 소승(小僧)이라 한다 하여 이르는 말./**늙으면 아이 된다** : 늙으면 말이나 행동이 오히려 철없는 어린아이처럼 된다는 말./**늙은 개가 문 지키기 괴롭다** : 늙은 사람이 늘 쉬지 않고 일하기는 힘들다는 말./**늙은 말이 길을 안다** : 나이와 경험이 많은 사람일수록 일의 이치를 잘 안다는 말./**늙은 소 흥정하듯** : 하는 일이 느리고 더디다는 말.

한자 늙을 로(老)〔老部〕¶노년(老年)/노모(老母)/노목(老木)/노인(老人)/노후(老後)/해로(偕老)

늙-다리[늑-]명 ①늙은 짐승. ②'늙은이'의 속된말.
늙-마[늑-]명 '늘그막'의 준말.
늙-바탕[늑-]명 늙어 버린 처지. 노경(老境). 만경(晩境). 말경(末境). 모경(暮境). 쇠경(衰境) ¶-에 그런 모험을 하다니.
늙수그레-하다[늑-]형여 꽤 늙어 보이다.
늙숙-하다[늑-]형여 늙은 태가 있다. ¶늙숙한 신사.
늙숙-이부 늙숙하게
늙어-빠지다형 아주 늙어 버리다.
늙으신-네명 '늙은이'의 높임말.
늙은-이명 늙은 사람. 나이가 많은 사람. 노인(老人) 높 늙으신네 ☞젊은이
속담 **늙은이도 세 살 먹은 아이 말을 귀담아 들어라** : 나이 어린 사람의 말에도 옳고 지혜로운 것이 있으니 만큼, 덮어 놓고 무시해서는 안 된다는 말.〔어린아이 말도 귀담아 들어라/팔십 노인도 세살 먹은 아이한테 배울 것이 있다/업은 자식에게 배운다〕/**늙은이 아이 된다** : 늙은이는 음식 가리는 것이나 말하는 것이 어린아이와 같다는 말./**늙은이 잘못하면 노망으로 치고 젊은이 잘못하면 철없다 한다** : 잘못의 원인을 개별적으로 규명하지 않고 일반화함을 이르는 말.

한자 늙은이 옹(翁)〔羽部 4획〕¶노옹(老翁)/산옹(山翁)/어옹(漁翁)/옹구(翁嫗)/촌옹(村翁)

늙을-로(-老)명 한자 부수(部首)의 한 가지. '考'·'者' 등에서 '耂', '耆'·'耄' 등에서 '老'의 이름.
늙정이[늑-]명 '늙은이'의 속된말.
늙히다타 늙게 하다. ¶총각을 -.
늠그다(늠그고·늠가)타 곡식의 속껍질을 벗기다.
늠:렬(凜烈)어기 '늠렬(凜烈)하다'의 어기(語基).
늠:렬-하다(凜烈-)형여 추위가 살을 에는듯 하다.
늠렬-히부 늠렬하게
늠:름(凜凜)어기 '늠름(凜凜)하다'의 어기(語基).
늠:름(懍懍)어기 '늠름(懍懍)하다'의 어기(語基).
늠:름-하다(凜凜-)형여 씩씩하고 당당하다. 늠연하다 ¶군복 입은 아들의 늠름한 모습./늠름한 기상(氣象).
늠름-히부 늠름하게
늠름-하다(懍懍-)형여 위태위태하여 몹시 두렵다.
늠름-히부 늠름하게
늠실-거리다(대다)자 엉큼한 마음으로 남의 것을 슬며시 자꾸 넘겨다보다.
늠실-늠실부 늠실거리는 모양을 나타내는 말.
늠:연(凜然)어기 '늠연(凜然)하다'의 어기(語基).
늠:연-하다(凜然-)형여 ① 늠렬하다 ②늠름(凜凜)하다 ¶늠연한 태도.
늠연-히부 늠연하게
늡늡-하다형여 마음이 너그럽고 크다.
늡늡-히부 늡늡하게
능명 넉넉하게 두는 여유. ¶-을 두다./-을 주다.
능(能)명 '재능(才能)'의 준말.
능(陵)명 임금이나 왕후의 무덤. 능묘(陵墓). 능상(陵上). 능침(陵寢)
능(稜)명 '모서리'의 구용어.
능(綾)명 얇고 촘촘하게 짠 비단의 한 가지.
능가(凌駕)명-하다타 남을 앞지름. ¶스승을 -하는 실력./타사(他社)를 -하는 생산 효율.
능간(能幹)어기 '능간(能幹)하다'의 어기(語基).
능간-하다(能幹-)형여 일을 감당할만 한 능력과 재주가 있다.
능갈-맞다[-맏-]형 밉살스럽도록 능청맞다. ¶능갈맞은 너털웃음.
능갈-치다형 교활하고 능청맞다. ¶능갈치게 굴다.
능견난사(能見難思)성구 눈으로 볼 수는 있으나 그 속내나 이치를 헤아릴 수 없음을 이르는 말.
능고토-광(菱苦土鑛)명 마그네사이트
능곡지변(陵谷之變)성구 언덕과 골짜기가 뒤바뀐다는 뜻으로, 세상 일의 극심한 변천을 이르는 말.
능관(陵官)명 지난날, 참봉(參奉)·별검(別檢)·직장(直長) 등 능을 지키는 관원을 이르던 말.
능-구렁이명 ①뱀과에 딸린 파충류의 한 가지. 몸길이 1.2m 안팎. 등은 적갈색이고 배는 황갈색이며, 온몸에 굵고 검은 가로띠가 있음. 산이나 들, 마을의 인가 부근에 살면서 개구리나 쥐 등을 잡아먹음. 독은 없으나 성질은 구렁이와 달리 사나움. 우리 나라와 중국, 타이완 등지에 분포함. ②마음속이 음흉하고 능글맞은 사람을 비유하여 이르는 말. 구렁이
속담 **능구렁이가 되었다** : 세상 일에 익숙해져 모르는체 하면서도 속으로는 다 알고 있음을 이르는 말.
능군(陵軍)명 '수릉군(守陵軍)'의 준말.
능그다(능그고·능거)타 겉보리를 세 번째 찧어 보리쌀이 되도록 하다. ☞대끼다
능글-능글부-하다형 엉큼하고 능청스러운 모양을 나타내는 말. ¶- 웃으며 농담을 건네다.
능글-맞다[-맏-]형 매우 능글능글하다.
능금명 능금나무의 열매. 임금(林檎)
능금-나무명 장미과의 낙엽 활엽 소교목. 높이 10m 안팎. 길둥근 꼴의 잎은 어긋맞게 나고, 4~5월에 엷은 분홍색 꽃이 피며, 7~8월에 지름 5cm 안팎의 불그스름한 열매를 맺음. 과실을 능금이라 하며 사과보다 과즙이 많으나 맛은 덜함.
능금-산(-酸)명 사과산
능-꾼(能-)명 '능수꾼'의 준말.
능-놀:다(-놀고·-노니)자 ①일을 자꾸 미루어 나가다. ②천천히 쉬어 가며 일하다.
능단(綾緞)명 능라(綾羅)
능답(陵畓)명 능에 딸린 논.
능당(能當)명-하다타 능히 감당함.
능동(能動)명 무슨 일을 스스로 움직여 하거나, 자기의 힘을 적극적으로 남에게 작용하는 일. ☞수동(受動)
능동=면:역(能動免疫)명 자동 면역(自動免疫)
능동-문(能動文)명〈어〉문장의 서술어가 능동사로 된 문장. '아이들이 메뚜기를 잡다.', '어머니가 아기를 안다.'와 같은 형식이 이에 해당함. ☞피동문(被動文)
능동사(能動詞)명〈어〉문장의 주어가 제 스스로 하는 동작을 나타내는 동사. '다람쥐가 도토리를 먹다.', '아이가 잔디를 밟다.'에서 '먹다', '밟다' 따위. ☞피동사(被動詞)
능동-성(能動性)[-썽]명 무슨 일을 스스로 움직여 하거나, 자기의 힘을 적극적으로 다른 것에 작용하는 성질. ☞수동성(受動性)
능동-적(能動的)명 제힘으로 움직이거나 작용하는 것. ☞수동적(受動的)

능라(綾羅)명 얇고 촘촘한 비단인 능(綾)과 얇고 거친 비단인 나(羅)를 아울러 이르는 말. 능단(綾緞)

능라-금:수(綾羅錦繡)명 명주실로 짠 피륙을 통틀어 이르는 말.

능라-금:의(綾羅錦衣)명 갖가지 비단으로 지은 아름다운 옷들.

능라-장(綾羅匠)명 능라를 짜는 직공.

능라-주의(綾羅紬衣)명 온갖 비단옷을 통틀어 이르는 말.

능란(能爛)어기 '능란(能爛)하다'의 어기(語基).

능란-하다(能爛—)형여 일이 손에 익어 매우 익숙하다. ¶운전 솜씨가 —./능란한 춤사위.

능란-히부 능란하게

능력(能力)명 ①어떤 일을 해낼 수 있는 힘. ¶—을 발휘하다./—에 따라 대우하다. ②법률에서, 개인으로서 어떤 일을 행사(行使)할 수 있는 자격. 권리의 주체가 될 수 있는 권리 능력, 소송의 당사자가 될 수 있는 당사자 능력 따위.

능력-급(能力給)명 업무에 대한 개인의 능력에 따라 지급되는 임금 형태. 경험·학력·기능·연령 따위가 결정의 기준이 됨.

능력=상실자(能力喪失者)[—짜]명 금치산(禁治産)이나 한정 치산(限定治産)의 선고를 받음으로써, 법률적으로 어떤 일을 행사(行使)할 수 있는 자격을 잃은 사람.

능력-자(能力者)명 어떤 일을 해낼 능력이 있는 사람.

능률(能率)명 일정한 시간에 해낼 수 있는 일의 비율. ¶—이 떨어진다./—이 오르다.

능률-급(能率給)명 작업 능률에 따라 임금을 지급하는 임금 형태.

능률-적(能率的)[—쩍]명 능률을 많이 내거나 능률이 많이 나는 것. ¶—인 학습./작업 방식이 —이다.

능리(能吏)명 유능한 아전.

능멸(凌蔑·陵蔑)명-하다타 깔보고 업신여김. 능모

능모(凌侮·陵侮)명-하다타 능멸(凌蔑)

능묘(陵墓)명 ①능과 묘를 아울러 이르는 말. ②능(陵)

능문(能文)명-하다형 글을 짓는 솜씨가 뛰어남, 또는 그러한 글.

능문능필(能文能筆)성구 글을 짓는 솜씨와 붓글씨 솜씨가 두루 능란함을 이르는 말.

능변(能辯)명 능숙하게 잘 하는 말, 또는 그런 말솜씨. 능언(能言) 유달변(達辯) ☞눌변(訥辯)

능변-가(能辯家)명 말을 능란하게 잘하는 사람. 구변이 좋은 사람.

능사(能士)명 재능이 있는 사람.

능사(能事)명 ① 맡아서 잘 해낼 수 있는 일. ②〔주로 '아니다'와 함께 쓰이어〕 잘하는 일. ¶빨리 하는 것만이 —가 아니다./거짓말을 —로 한다.

능사(綾紗)명 명주실로 짠 얇고 조금 성긴 비단.

능상(陵上)명 능(陵)

능서(能書)명-하다자 글씨를 잘 씀, 또는 잘 쓴 글씨. 유능필(能筆)

능선(稜線)명 산등성이를 따라 죽 이어진 선. ¶산맥의 —을 따라 나아가다.

능소(陵所)명 능이 있는 곳.

능소능대(能小能大)성구 일을 두루 잘함을 이르는 말.

능소니명 곰의 새끼.

능소-화(凌霄花)명 능소화과의 낙엽 활엽 덩굴나무. 줄기는 작은 공기뿌리로 벽이나 다른 나무를 타고 올라감. 잎은 마주 나며, 5~9개의 작은 잎으로 이루어지는 홀수 깃꼴 겹잎임. 여름에 깔때기 모양의 주황색 꽃이 가지 끝에 원추(圓錐) 꽃차례로 핌. 중국 원산인데, 관상용으로 흔히 심음.

능소-회(能所會)명 절에서 쓰는 변말로, '비역'을 이르는 말.

능속(陵屬)명 지난날, 능(陵)에 딸린 하인을 이르던 말.

능수(能手)명 어떤 일에 능란한 솜씨, 또는 그런 솜씨를 가진 사람.

능수-꾼(能手—)명 어떤 일에 능란한 솜씨를 가진 사람. 준능꾼

능수-버들명 버드나뭇과의 낙엽 활엽 교목. 높이 20m 안팎이고, 나무 껍질은 회갈색이며 가지는 가늘고 길게 늘어짐. 잎은 가늘고 길며 가장자리에 잔 톱니가 있고 어긋맞게 남. 암수딴그루로 4월경에 황록색 꽃이 피고 5월경에 열매를 맺음. 우리 나라 특산으로 각지의 냇둑이나 들에서 자라며, 가로수나 관상수로도 심음. 삼춘류(三春柳). 수사류(垂絲柳). 정류(檉柳)

능숙(能熟)어기 '능숙(能熟)하다'의 어기(語基).

능숙-하다(能熟—)형여 능란하고 익숙하다.

능숙-히부 능숙하게

능신(能臣)명 유능한 신하.

능실(菱實)명 마름의 열매.

능언(能言)명 능변(能辯)

능언앵무(能言鸚鵡)성구 말하는 앵무새라는 뜻으로, 말은 잘하나 학식은 보잘것없는 사람을 이르는 말.

능엄경언:해(楞嚴經諺解)명 조선 세조 7년(1461)에 선종(禪宗)의 주요 경전인 '능엄경'을 간경도감(刊經都監)에서 한글로 번역하여 펴낸 책. 10권 10책의 활자본.

능에명 '느시'의 딴이름.

능역(陵役)명 능에 관계되는 역사(役事).

능욕(凌辱·陵辱)명-하다타 ①남을 업신여기어 욕보임. ②여자를 강간(強姦)하여 욕보임.

능원(陵園)명 능(陵)과 원(園)을 아울러 이르는 말. '능'은 왕과 왕비의 무덤, '원'은 왕세자 등 왕족의 무덤임.

능위(稜威)명 임금의 위세(威勢), 또는 위광(威光).

능위-전(陵位田)명 능에 딸린 논밭.

능이(能栮)명 굴뚝버섯과의 버섯. 갓의 지름과 대 길이는 7~25cm. 거죽은 거칠고 흑갈색이며 안쪽은 담홍색임. 먹을 수 있으며 한방에서 육류를 먹고 체했을 때 약재로 쓰기도 함. 활엽수림에서 자람. 능이버섯

능이-버섯(能栮—)명 능이

능인(能仁)명 불교에서, '석가모니'를 달리 이르는 말.

능장(稜杖)명 ①지난날, 궁궐 문에 함부로 드나들지 못하게 가새지르던 굵고 둥근 나무. ②지난날, 밤에 순찰을 돌 때 쓰던 길이 150cm 가량의 막대기.

능준-하다형여 역량(力量)이나 수량 따위가 넉넉하다. ¶그 정도야 능준하게 해낼 수 있다.

능준-히부 능준하게

능지(陵遲)명-하다타 '능지처참(陵遲處斬)'의 준말.

능-지기(陵—)명 능을 관리하는 사람. ☞능참봉

능지-처:참(陵遲處斬)명 지난날, 대역죄(大逆罪)의 죄인에게 내리던 극형(極刑). 죄인을 죽여서 머리·팔·다리·몸통 등 여섯 도막을 낸 다음 각지로 보내어 사람들에게 보였음. 준능지(陵遲)

능직(綾織)명 직물(織物)의 세 기본 조직의 하나. 날실과 씨실을 각각 몇 올씩 건너뛰어 차례로 교차하게 함으로써 빗금무늬가 나타나게 짜는 방법. 사문직(斜紋織) ☞수자직(繻子織). 평직(平織)

능-참봉(陵參奉)명 지난날, 능을 관리하는 일을 맡아보던 종구품의 관직.

속담 **능참봉을 하니까 거둥이 한 달에 스물아홉 번이라** : 모처럼 일자리를 하나 잡으니까 별로 생기는 것 없이 바쁘기만 하다는 말.〔칠십에 능참봉을 하니 하루에 거둥이 열아홉 번씩이라〕

능철(菱鐵·蔆鐵)명 마름쇠

능청명 속은 엉큼하면서도 시치미를 떼고 천연스럽게 꾸미는 태도.

능청(을) 떨다관용 속은 엉큼하면서도 시치미를 떼고 천연스럽게 행동하다.

능청(을) 부리다관용 능청(을) 떨다.

능청(을) 피우다관용 능청(을) 떨다.

능청-거리다(대다)자 줄이나 나뭇가지 따위가 탄력성 있게 휘어 흔들거리다. ☞낭창거리다

능청-능청부 능청거리는 모양을 나타내는 말.

능청-맞다[—맏—]형 속은 엉큼하면서도 겉으로는 천연스럽다. ¶능청맞게 시치미를 떼다.

능청-스럽다(—스럽고·—스러워)형ㅂ 능청맞은 데가 있

다. ¶능청스럽게 둘러대다.
능청-스레[부] 능청스럽게
능청-이[명] 능청맞은 사람.
능침(陵寢)[명] 능(陵)
능통(能通)[어기] '능통(能通)하다'의 어기(語基).
능통-하다(能通-)[형여] 막힘이 없이 능숙하다. ¶중국어에 -./국악에 -.
능품(能品)[명] 그림의 세 가지 품격의 하나. 능숙하게 그린 작품. ☞삼품(三品)
능필(能筆)[명] ①잘 쓴 글씨. ②글씨를 잘 쓰는 사람. [유] 능서(能書)
능-하다(能-)[형여] 어떤 일에 아주 익숙하다. ¶불어에 -./말솜씨가 -.
능-히[부] 능하게 ¶- 감당할만 한 일.

[한자] 능할 능(能) 〔肉部 6획〕 ¶능변(能辯)/능사(能事)/능수(能手)/능숙(能熟)/능통(能通)/만능(萬能)

능-해자(陵垓子)[명] 능이 있는 곳의 경계.
능행(陵幸)[명]-하다[자] 지난날, 임금이 능에 거둥하던 일.
능형(菱形)[명] '마름모'의 구용어.
능화(能化)[명] 불교에서, 능히 중생을 교화하는 이, 곧 부처나 보살을 이르는 말.
능화(菱花)[명] 마름의 꽃.
능활(能猾)[어기] '능활(能猾)하다'의 어기(語基).
능활-하다(能猾)[형여] 재주와 능력이 있고 교활하다.
능활-히[부] 능활하게
늦-가을[늗-][명] 가을의 끝 무렵. 늦은 가을. 계추(季秋). 만추(晩秋). 모추(暮秋). 잔추(殘秋)
늦-갈이[늗-][명]-하다[타] 제철보다 늦게 논밭을 갈고 씨를 뿌리는 일.
늦-거름[늗-][명] ①때를 지나 늦게 주는 거름. ②오래 지나서야 효력이 나타나는 거름. 퇴비나 인분 따위.
늦-겨울[늗-][명] 겨울의 끝 무렵. 늦은 겨울. 계동(季冬). 만동(晩冬). 모동(暮冬). 잔동(殘冬)
늦-김치[늗-][명] 봄철까지 먹을 수 있도록 젓갈을 넣지 않고 담근 김치.
늦-깎이[늗-][명] ①나이가 들어서 중이 된 사람. ②나이가 들어 어떤 일을 시작한 사람. ③사리(事理)를 남보다 늦게 깨달은 사람. ④과일이나 채소 따위가 늦게 익은 것.
늦다[늗-][형] ①시간적으로 뒤지다. ¶더위가 예년보다 -./퇴근이 -. ②시기를 놓쳐 소용이 없다. ¶한 발 늦었다./이제부터라도 늦지 않다. ③밤이 이슥하다. ¶밤이 늦도록 공부하였다. ④죄거나 맨 것이 좀 느슨하다. ¶멜빵이 -.
[자] 일정한 시간에 미치지 못하다. ¶기차 시간에 늦는다고 일행을 재촉했다.
[속담] **늦게 배운 도둑이 날 새는 줄 모른다** : 나이 들어서 시작한 일에 정신이 팔린 사람을 두고 이르는 말./**늦게 잡고 되게 친다** : 늑장을 부리고 머뭇거리면 나중에 급히 서둘러야 하므로 큰 고생을 겪게 된다는 말./**늦은 밥 먹고 파장(罷場) 간다** : 때를 놓치고 뒤늦게 행동을 시작한다는 말.

[한자] 늦을 만(晩) 〔日部 7획〕 ¶만상(晩霜)/만성(晩成)/만시(晩時)/만앙(晩秧)/만추(晩秋)/만학(晩學)
늦을 지(遲) 〔辵部 12획〕 ¶지각(遲刻)/지연(遲延)

늦-더위[늗-][명] 늦여름의 더위. 절후가 가을철에 접어들었는데도 가시지 않는 더위. 노염(老炎). 만염(晩炎) ☞일더위
늦-되다[늗-][자] ①곡식이나 열매 따위가 제철보다 늦게 여물거나 익다. ¶늦되는 벼. ②나이에 비하여 철이 늦게 들다. ¶늦된 아이. ☞올되다[1]. 일되다
늦-둥이[늗-][명] ①늘그막에 낳은 자식. ②똘똘하지 못한 사람을 가벼이 여겨 이르는 말.
늦-마[늗-][명] '늦장마'의 준말.
늦-모[늗-][명] 철 늦게 내는 모. 마냥모. 만앙(晩秧)
늦-모내기[늗-][명] 철 늦게 모내는 일. 만이앙(晩移秧)
늦-바람[늗-][명] ①저녁 늦게 부는 바람. ②나이가 들어서 부리는 난봉. ③'느리게 부는 바람'의 뱃사람말.
늦바람(이) 나다[관용] 늘그막에 난봉을 부리게 되다.
[속담] **늦바람이 용마름 벗긴다** : 젊어서는 모르던 바람을 늘그막에 피우게 되면 걷잡을 수 없다는 말.
늦-배[늗-][명] 늦게 낳거나 깐 짐승의 새끼.
늦-벼[늗-][명] 늦게 익는 벼. 만도(晩稻) ☞올벼
늦-복(-福)[늗-][명] ①늘그막에 누리는 복. ②뒤늦게 돌아오는 복.
늦-봄[늗-][명] 봄의 끝 무렵. 늦은 봄. 계춘(季春). 만춘(晩春). 모춘(暮春). 잔춘(殘春)
늦-부지런[늗-][명] ①늘그막에 부리는 부지런. ②뒤늦게 서두는 부지런.
늦-뿌림[늗-][명]-하다[타] 씨앗을 제철보다 늦게 뿌리는 일. 만파(晩播) ☞올뿌림
늦-사리[늗-][명]-하다[타] 철 늦게 농작물을 거두는 일, 또는 그 농작물.
늦-새끼[늗-][명] 늙은 어미가 낳은 짐승의 새끼. 여러 배 낳은 짐승의 늦배.
늦-서리[늗-][명] 제철보다 늦게 내리는 서리. 만상(晩霜) ☞올서리
늦-심기[늗-끼][명] 곡식이나 식물을 제철이 지나서 심는 일. 만식(晩植)
늦-여름[늗녀-][명] 여름의 끝 무렵. 늦은 여름. 계하(季夏). 만하(晩夏). 모하(暮夏). 잔하(殘夏)
늦은-불[명] ①빗맞거나 설맞은 총알. ②그다지 심하지 않은 곤욕.
늦은-삼절(-三節)[명] 화살의 상사 위 살대의 셋째 마디.
늦-잠[늗-][명] 아침에 늦게까지 자는 잠. 아침잠
늦잠-꾸러기[늗-][명] 늘 아침에 늦게까지 잠을 자는 사람. 늦잠쟁이
늦잠-쟁이[늗-][명] 늦잠꾸러기
늦-잡다[늗-][타] 날짜나 시간을 여유 있게 늦추어 정하다. ¶출발 시간을 한 시간 -.
늦-잡죄다[늗-][타] 느지막이 잡도리를 하다. ¶늦잡죄면 일이 틀어질 수 있다.
늦-장[늗-][명] ①느직하게 보러 가는 장. ②늑장
늦-장마[늗-][명] 제철이 지난 뒤에 지는 장마. [준] 늦마
늦-재주[늗-][명] 뒤늦게 트인 재주.
늦추[늗-][부] ①켕기지 않고 느슨하게. ¶빨랫줄을 - 매다. ②때가 늦게. ¶철이 - 들다./날짜를 - 잡다.
늦추다[늗-][타] ①느슨하게 하다. ¶고삐를 -./줄을 -./나사를 -. ②날짜나 시간을 뒤로 미루다. ¶잔금 지불을 -./출국을 -. ③느리게 하다. ¶속도를 -.
늦-추위[늗-][명] 겨울이 다 지날 무렵의 추위. ¶-가 기승을 부리다.
늦-하늬[늗-][명] 늦하늬바람
늦하늬-바람[늗-][명] '서풍(西風)'의 뱃사람말. 늦하늬
늧[명] 어떤 일이 일어날 기미. 조짐(兆朕) ¶경기 호전의 -이 보인다.
늪[명] 호수보다 물이 얕고 바닥이 진흙이며, 검정말·붕어마름 등 침수 식물(沈水植物)이 많이 자라는 곳. 소(沼)
늴리리[부] 통소·저·태평소 등 관악기의 풍악 소리를 나타내는 말.
늴리리야[명] 경기 민요의 한 가지. 본래 창부타령이던 것이 변한 것임. 후렴이 '늴리리야'로 되어 있음.
닁큼[부] 망설이지 않고 거볍고 재빠르게 움직이는 모양을 나타내는 말. ¶- 일어나지 못해! ☞냉큼
닁큼-닁큼[부] 망설이지 않고 거볍고 재빠르게 자꾸 움직이는 모양을 나타내는 말. ☞냉큼냉큼
-니[1][어미] 받침 없는 형용사 어간이나 '이다'의 '이-'에 붙어, '하게' 할 자리에 사실을 있는 그대로 나타내는 종결 어미. ¶그 길은 나쁘니./그 사람은 착하니./그녀는 숙녀이니. ☞-으니[1]
-니[2][어미] 어간이나 '이다'의 '이-'에 붙어, '해라' 할 자리에 묻는 형식으로 나타내는 종결 어미. ¶무엇을 먹니?/꽃

이 아름답니?/그이가 학생이니?

-니[3] 어미 받침 없는 어간이나 '이다'의 '이-'에 붙어, '-기 때문에'의 뜻으로 어떤 일의 앞선 조건이 되는 것을 보이는 연결 어미. ¶비가 오니 풀이 잘 자란다./산이 크니 골도 깊겠다./그분은 선배이니 공경해야 한다. ☞-으니[2]

-니[4] 어미 받침 없는 형용사 어간이나 '이다'의 '이-'에 붙어, 대등하게 벌여 놓는 어미. ¶짜니 싱거우니 말도 많다./고기니 술이니 푸짐하구나. ☞-으니[3]

-니까 어미 '-니[3]'의 힘줌말. ¶곧 가니까 기다려라./길이 험하니까 조심하라./새이니까 날 수 있지.

-니까는 어미 '-니까'의 힘줌말. ¶좀 일찍 가니까는 아무도 오지 않았더라. 준 -니깐

-니깐 어미 '-니까는'의 준말. ¶날이 따뜻해지니깐 자꾸 졸린다.

-니라 어미 받침 없는 형용사 어간이나 '이다'의 '이-'에 붙어 '해라' 할 자리에 쓰이어, 경험을 바탕으로 사실을 알리는 종결 어미. ¶한 달이 짧으면 다음 한 달이 기니라./그것은 바른 길이 아니니라. ☞-느니라. -으니라

니스(ニス 일) 명 바니시(varnish)

니어미스(near miss) 명 비행 중인 항공기끼리 공중 충돌의 위험이 있을 정도로 접근한 상태를 이르는 말.

니오븀(Niobium 독) 명 니오브(Niob)

니오브(Niob 독) 명 희유 원소(稀有元素)의 하나. 내식성(耐蝕性)과 내열성(耐熱性)이 높고, 전성(展性)과 연성(延性)이 강한 회백색의 금속. 내열 합금으로 제트 엔진이나 가스터빈 등에 쓰임. 니오븀〔원소 기호 Nb/원자 번호 41/원자량 92.91〕

니은 명 한글 자모(字母) 'ㄴ'의 이름.

니치(niche) 명 벽감(壁龕)

니커보커스(knickerbockers) 명 무릎 가까이에서 졸라매게 되어 있는 품이 넉넉한 바지. 등산이나 도보 여행 등을 할 때 흔히 입음.

니케(Nike 그) 명 그리스 신화에 나오는 승리의 여신.

니켈(nickel) 명 금속 원소의 하나. 광택이 있는 은백색의 금속으로 단조(鍛造)와 단접(鍛接)이 가능하고, 전성(展性)과 연성(延性)이 강하며, 강한 자성(磁性)을 지녔음. 공기·물·알칼리 등에 잘 침식되지 않으며, 합금 성분과 촉매 등으로 널리 쓰임.〔원소 기호 Ni/원자 번호 28/원자량 58.69〕

니켈-강(nickel鋼) 명 탄소강(炭素鋼)에 니켈을 넣어 만든 특수강(特殊鋼). 탄소강에 비해 강도가 크고 질김. 자동차와 교량, 내연 기관 등에 쓰임.

니켈크롬-강(nickel chrome鋼) 명 니켈과 크롬을 함유하는 특수강(特殊鋼). 매우 강인하여 기계 부품에 쓰임.

니코틴(nicotine) 명 담배에 들어 있는 알칼로이드. 냄새가 나는 유상(油狀)의 담황색 액체로 공기에 닿으면 갈색으로 변함. 수용성이며 독성이 강하여 말초 신경을 흥분, 마비시키고, 장과 혈관을 수축시키며, 혈압의 상승을 촉진시킴. 농약·접촉제·훈증제 따위에 쓰임.

니코틴-산(nicotine酸) 명 수용성 비타민인 비타민 B 복합체의 한 가지. 동물의 간이나 살코기, 콩, 곡식 등에 들어 있음. 몸에 결핍되면 피부가 붉은갈색으로 변하는 펠라그라를 일으킴.

니코틴-제(nicotine劑) 명 니코틴을 유효 성분으로 하는 살충제.

니코틴=중독(nicotine中毒) 명 니코틴으로 말미암은 중독. 담배를 피우거나 담배 공장의 먼지를 흡입하여 생기고, 급성 중독과 만성 중독이 있음. 급성은 두통·구토·혼수·경련을 일으키고, 심장 마비나 허탈로 쓰러지기까지 함. 만성은 호흡기·소화기·순환기에 각종 장애를 일으킴.

니콜프리즘(Nicol prism) 명 방해석(方解石)의 복굴절을 이용하여 만든, 자연광(自然光)으로부터 편광(偏光)을 얻는 장치. 영국의 물리 학자 W. 니콜이 고안함.

니크롬(nichrome) 명 니켈과 크롬을 주성분으로 하는 합금. 전기 저항이 크고 열에 강하여 전열기, 전기 다리미, 전기 장판 등에 쓰임.

니크롬-선(nichrome線) 명 니크롬으로 만든 전열선(電熱線). 열에 강하여 전열기·저항선 등에 쓰임.

니트(knit) 명 뜨개질하여 만든 옷이나 옷감.

니트로글리세린(nitroglycerin) 명 질산이나 황산의 혼합물과 글리세린의 반응으로 생기는 삼질산 에스테르. 무색투명한 유상(油狀)의 액체. 충격에 아주 민감하고 폭발력이 강함. 화약(火藥)의 원료, 혈관 확장제, 로켓의 연료 등에 쓰임.

니트로벤젠(nitrobenzene) 명 벤젠과 질산의 화합물. 무색투명하며 특유의 냄새가 남. 독성이 강하고 피부에 흡수되기 쉬움. 아닐린의 원료, 유기(有機) 반응의 용매(溶媒), 산화제(酸化劑) 등에 쓰임.

니트로셀룰로오스(nitrocellulose) 명 황산이나 질산, 물의 혼합액에 셀룰로오스를 넣어 만든 섬유소의 질산 에스테르. 질소의 함유량에 따라 성질이 달라짐. 무연 화약, 셀룰로이드, 래커 등에 쓰임. 질산 섬유소

니트로포스카(Nitrophoska 독) 명 비료의 세 요소인 질소·인산·칼리가 모두 함유된 화학 비료. 함유율에 따라 여러 종류가 있고, 알갱이 모양의 흰색 결정(結晶)임. ☞금비(金肥)

니트로=화:합물(nitro化合物) 명 분자 속에 니트로기(基)를 함유한 유기 화합물을 통틀어 이르는 말. 일반적으로 폭발성을 지님.

니힐리즘(nihilism) 명 허무주의

닉네임(nickname) 명 별명. 애칭(愛稱)

×**닐리리** 부 →늴리리

님[1] 의 바느질에 쓰려고 일정한 길이로 끊어 놓은 실을 세는 말. ¶면사(綿絲) 일곱 ─.

님[2] 의 사람의 성이나 이름에 붙어, 그 사람을 높이어 일컫는 말. ¶홍길동 님

-님 접미 ①보통 명사에 붙어 '손→손님, 달→달님, 해→해님'처럼 예사말을 공대말로 만드는 말. ②상대편이나 상대편과 관계 있는 사람의 호칭어나 직명에 붙여, 높여 부르거나 대우하는 표현의 말씨로 쓰임. ¶선생님/회장님/과장님의 숙부님이 오셨다.

> ▶ **'-님' ─ '아버지, 아버님', '어머니, 어머님'**
> 남 앞에서 살아 계신 아버지나 어머니를 가리켜 일컬을 때 '아버님', '어머님'이라 하지 아니한다. 직접 부를 때도 마찬가지이다.
> 그러나 세상을 떠나신 부모를 남에게 일컬을 때에는 '아버님', '어머님'이라 표현한다. 또 편지 글 등에서도 '-님'를 붙여 쓴다.

님비(NIMBY) 명 내 마당에서는 안 된다는 뜻으로, 지역 이기주의를 이르는 말. 쓰레기나 산업 폐기물의 처리 시설이나 핵 폐기장 따위의 필요성은 인정하면서도 자기 주거지에 들어서는 것은 반대하는 일 따위. [not in my backyard] ☞지역 이기주의

님프(nymph) 명 그리스 신화에 나오는 자연계의 여러 정령(精靈)을 통틀어 일컫는 말. 노래와 춤을 좋아하는 젊고 아름다운 아가씨로 나타남. 요정(妖精)

×**닝큼** 부 →닁큼

닢 의 잎이나 동전, 가마니 따위의 개수를 나타내는 말. ¶은행잎 세 ─./동전 다섯 ─./가마니 네 ─.

ㄷ 훈민정음 자모 **ㄷ** 훈몽자회 자모 ㄷ

ㄷ불규칙=용:언(—不規則用言)[디귿—농—] 명 〈어〉ㄷ 불규칙 활용을 하는 용언. 동사에만 있음. '걷다·긷다·깨닫다·듣다·묻다' 따위.

ㄷ불규칙=활용(—不規則活用)[디귿—] 명 〈어〉용언이 활용할 때 어간의 받침 'ㄷ'이 모음 어미 앞에서 'ㄹ'로 바뀌는 활용. '듣다'가 '듣고·들어'로 되는 따위.

ㄷ자-집(—字—)[디귿—] 명 건물의 평면(平面)을 'ㄷ' 자 꼴로 지은 집. 디귿자집

다[1] 명 서양 음악의 장음계(長音階) 첫째(단음계 셋째) 음계 이름 '시(C)'에 해당하는 우리말 음계 이름. 이탈리아 음계 이름 '도(do)'에 해당함.

다[2] 부 ①남기거나 빠짐이 없이 모두·모조리. 몽땅·전부(全部). ¶이미 자리가 — 찼다./네가 — 가져라. ②일의 진행이나 행동의 정도가 마지막 단계나 상태에 이르렀음을 나타내는 말. ¶찌개가 — 끓었다./키가 — 컸다./기한이 — 되었다./양식이 — 되다./이 신발도 — 되었군. ③뜻밖이거나 놀랍거나 언짢은 감정을 강조하여 이르는 말. ¶별일 — 보겠구나./웬일로 이런 곳엘 — 오셨습니까? ④이룰 수 없게 된 일을 반어적(反語的)으로 강조하여 이르는 말. ¶비가 이렇게 오니 소풍은 — 갔구나./배가 아프니 공부는 — 했다.

명 ①일정한 범위 안에 있는 것 모두. ¶그게 —야./—들 어디 갔니? ②더할 나위 없이 그만인 것. ¶돈이면 —냐?

속담 **다 가도 문턱 못 넘기**: 애써 일을 하였으나 끝맺음을 못하여 수고한 보람이 없음을 이르는 말./**다 닳은 대갈마치**: 세상 풍파를 겪을 대로 다 겪어서 마음이 굳고 성질이 깐깐하며 어수룩한 데라고는 조금도 없는 사람을 두고 이르는 말./**다 된 죽에 코 풀기**: 거의 다 된 일을 헤살놓거나 망쳐 버리는 행동을 이르는 말./**다 팔아도 내 땅**: 어떻게 하든 결국에는 내 이익이 된다는 말.

다(茶) 명 조선 시대, 궁중에서 '숭늉'을 이르던 말.

-다[1] 조 '-다가[1]'의 준말.

다(多)-《접두사처럼 쓰이어》'많은', '여러 가지'의 뜻을 나타냄. ¶다목적(多目的)/다방면(多方面)

-다[2] 어미 활용하는 말의 기본이 되는 형태를 보이는 기본 어미. ¶가꾸다/가깝다/이다

-다[3] 어미 ①형용사의 어간에 붙어, 현재의 상태를 나타내는 서술의 종결 어미. ¶산이 높다./물이 깊다. ②'이다'의 '이-'에 붙어 사물을 지정하여 나타내는 종결 어미. ¶세종은 한글을 만드신 위대한 임금이다.

-다[4] 어미 '-다가[2]'의 준말. ¶여기서 쉬다 갑시다./날씨가 맑았다 흐렸다 한다./있다 없다 하는 게 돈이다./두부 먹다 이 빠진다.

-다가[1] 조 '-에', '-에게' 따위에 붙어, 강조의 뜻을 나타내는 보조 조사. ¶산에다가 나무를 심었다./호박에다가 침 주기. 준 -다[1]

다가-《접두사처럼 쓰이어》복합 동사의 앞자리에 놓이어, 시간적 또는 공간적으로 '가까이 닿게'의 뜻을 나타냄. ¶다가서다/다가앉다/다가오다

-다가[2] 어미 ①어간이나 '이다'의 '이-'에 붙어, 동작이나 상태가 일단 그치고 다시 다르게 옮아감을 나타내는 연결 어미. ¶비가 오다가 눈이 내린다./소란하다가 조용하다. ②어떤 결과를 가져오는 원인이 될 것임을 나타내는 연결 어미. ¶계속 우기다가 망신을 당할라./여기 앉았다가 잡히겠다. 준 -다[4]

다가-가다 자 어떤 대상이 있는 쪽으로 가까이 가다. ¶아이는 선생님 앞으로 다가가서 공손히 인사를 했다.

다가-놓다 타 어떤 대상이 있는 쪽으로 더 가까이 옮겨 놓다. ¶장롱을 벽 쪽으로 —.

-다가는 어미 '-다가[2]'에 보조 조사 '-는'이 어울려 된 말. '-다가[2]'의 힘줌말. 준 -다간 ¶웃다가는 울곤 한다./남을 깔보다가는 큰일난다.

-다가도 어미 '-다가[2]'에 보조 조사 '-도'가 어울려 된 말. ¶알다가도 모를 일.

다가-들다(—들고·—드니) 자 ①어떤 대상이 있는 쪽으로 바싹 가까이 가거나 오다. ¶비를 피해 처마 밑으로 다가들었다. ②맞서기 위하여 덤벼들다. ¶함부로 다가들면 위험하다.

다가=백신(多價vaccine)[—까—] 명 병원균(病原菌)에 여러 가지 유형이 있는 경우에 그 여러 가지 병원균에 두루 효과가 있는 항원(抗原)이 들어가도록 만든 백신.

다가-붙다[—붇—] 자 어떤 대상이 있는 쪽으로 더 가까이 옮아가 붙다.

다가-서다 자 어떤 대상이 있는 쪽으로 더 가까이 옮아가 서다. ¶한 걸음 —.

다가-앉다[—안따] 자 어떤 대상이 있는 쪽으로 더 가까이 옮아가 앉다. ¶그녀 곁으로 바싹 다가앉았다.

다가-오다 자 ①이쪽으로 더 가까이 오다. ¶그가 손을 흔들며 다가왔다. ②어떤 때가 가까이 닥쳐오다. ¶납입금을 낼 기한이 —.

다가-채기 명 씨름에서, 서로 버티고 있다가 갑자기 뒤로 물러서면서 상대편을 잡아채어 넘어뜨리는 기술.

다가=함:수(多價函數)[—까—쑤] 명 하나의 독립 변수의 값에 대하여 종속 변수의 값이 둘 이상인 함수. ☞일가함수(一價函數)

다각(多角) 명 ①여러 모. 여러 개의 각. ☞다각형(多角形) ②여러 방면. 여러 부문.

다각(茶角) 명 -하다 타 절에서, 차를 달여 여러 사람에게 이바지하는 일, 또는 그 일을 맡은 사람.

다각=경영(多角經營) 명 한 기업이 여러 종류의 사업을 동시에 경영하는 일.

다각-기둥(多角—) 명 밑면이 다각형인 기둥 모양의 입체. ☞각기둥

다각-농(多角農) 명 '다각 농업'의 준말.

다각=농업(多角農業) 명 토지와 노력을 합리적으로 배분하여 여러 가지 농작물을 심어 가꾸거나 축산 따위를 같이 경영하는 농업. 다각 영농(多角營農) 준 다각농(多角農) ☞단작 농업(單作農業)

다-각도(多角度) 명 ①여러 모. 여러 각도. ¶사고의 원인을 —로 분석 검토하다. ②여러 방면. ¶해결 방법을 —로 모색하다

다각=묘:사(多角描寫) 명 어떤 하나의 대상을 여러 면에서 그려 내는 표현 방법.

다각=무:역(多角貿易) 명 세 나라 이상의 여러 나라와 다각적인 결제(決濟) 방식으로 이루어지는 무역. 무역 수지의 불균형을 막고 무역의 확대를 꾀할 수 있음.

다각-뿔(多角—) 명 밑면이 다각형인 뿔체. ☞각뿔

다각=영농(多角營農) 명 다각 농업(多角農業)

다각-적(多角的) 명 여러 방면이나 부문에 걸친 것. ¶—인 견해./—인 검토.

다각적=결제(多角的決濟)[—쩨] 명 다각 무역에서, 당사국끼리 채권과 채무를 상계하여 전체의 수지 균형을 유지하는 결제 방식.

다각-주(多角柱)명 '다각기둥'의 구용어.
다각-집(多角一)명 추녀의 귀가 여러 개로 된 집.
다각-추(多角錐)명 '다각뿔'의 구용어.
다각=측량(多角測量)명 기준점 측량의 한 가지. 어떤 한 점에서부터 끼인각과 거리를 측정하여 차례로 각 점의 위치를 정하는 측량법. 트래버스 측량
다각-탑(多角塔)명 탑신(塔身)의 평면이 다각형으로 된 탑.
다각-형(多角形)명 여러 선분으로 에워싸인 평면 도형. 다변형(多邊形)
-다간 어미 '-다가는'의 준말. ¶함부로 먹다간 체하지.
다갈-색(茶褐色)[-쌕] 명 붉은빛보다 검은빛을 더 많이 띤 갈색.
다갈-솥 명 전이 있는 작고 오목한 솥. ☞옹달솥. 화솥
다감(多感)어기 '다감(多感)하다'의 어기(語基).
다-감:각(多感覺)명 어느 한 군데를 자극했을 때, 여러 군데의 자극처럼 느끼게 되는 비정상적인 지각(知覺).
다감다정(多感多情)성구 다정다감(多情多感)
다감-하다(多感一)형여 감정이 풍부하다. 느낌이 많고 감동하기 쉽다. ¶다감한 성격의 소녀.
다겁(多怯)어기 '다겁(多怯)하다'의 어기(語基).
다겁-하다(多怯一)형여 겁이 많다. 무서움을 몹시 타다.
다-결정(多結晶)[-쩡] 명 결정축의 방향이 제각각인 많은 작은 결정이 모여 이루어진 결정. 천연적인 결정체의 대부분이 이에 딸림. ☞단결정(單結晶)
-다고 어미 ①간접 인용을 나타냄. ¶옳다고 말했다./내용이 좋다고 하였다. ②반문의 종결 어미. ¶진작에 끝냈다고?/너는 몰랐다고? ③'-다 해서'의 뜻으로 근거나 원인, 이유를 나타내는 연결 어미. ¶쓰다고 안 먹을 수 없지./아프다고 결근을 해서 되나?
다공-도(多孔度)명 다공질인 물질에서, 구멍 부분의 부피가 전체 부피에서 차지하는 비율.
다공-질(多孔質)명 ①내부 또는 표면에 작은 구멍이 많은 물질. ②단단하지 못하고 푸석하게 된 바탕.
다과(多寡)명 수량의 많음과 적음을 이르는 말.
다과(茶菓)명 차와 과자. ¶손님에게 -를 대접하다.
다과-회(茶菓會)명 차나 과자 따위를 베풀며 여는 모임.
다관(茶罐)명 차를 우리는 데 쓰이는 그릇. 주전자 비슷하게 생겼음. 차관 ☞차선(茶筅)
다구(茶臼)명 찻잎을 빻는 데 쓰이는 절구.
다구(茶具)명 차를 우려 마시는 데 쓰이는 여러 가지 기구. 다기(茶器). 차제구(茶諸具)
다국적=기업(多國籍企業)명 여러 나라에 계열 회사를 거느리고 세계적 규모로 활동하는 기업. 세계 기업
다그-치다 타 반응이나 결과 따위를 빨리 보거나 얻으려고 바싹 몰아치다. ¶다그쳐 묻다. 준다궂다
다극(多極)명 ①전극이 많음. ②중심이 되는 사람이 없이 세력이 분산되어 서로 대립하고 있는 상태.
다극-관(多極管)명 다극 진공관(多極眞空管)
다극=진공관(多極眞空管)명 이극 진공관에 한 개 이상의 그리드(grid)를 넣은 진공관을 통틀어 이르는 말. 다극관(多極管)
다금-바리 명 바릿과의 바닷물고기. 농어와 비슷하나 몸 길이가 1.2m에 이름. 몸빛은 등이 자줏빛을 띤 청색, 배는 은백색임. 비늘이 잘고 주둥이가 긴 것이 특징임.
다금-유(茶金釉)[-뉴] 명 질이 연한 석간주(石間硃) 잿물. 천연의 사금석(砂金石)에서 뽑은 것으로, 도자기의 거죽을 오톨도톨하게 만듦. 사금석유(砂金石釉)
다급(多級)명 전교생을 여러 학급으로 편성한 체제. ☞단급
다급-스럽다(-스럽고·-스러워)형ㅂ 보기에 다급한듯하다.
  다급-스레 부 다급스럽게 ¶- 달려오다.
다급-하다¹ 타여 끌어당겨서 제가 차지하다.
다급-하다² 형여 미처 어떻게 할 여유가 없을 만큼 일이 바싹 닥쳐서 매우 급하다. ¶다급한 상황.
  다급-히 부 다급하게

다궂다[-근-] 타 '다그치다'의 준말.
다기(茶器)명 ①다구(茶具) ②부처 앞에 맑은 물을 떠놓는 그릇.
다기(多技)어기 '다기(多技)하다'의 어기(語基).
다기(多岐)어기 '다기(多岐)하다'의 어기(語基).
다기망양(多岐亡羊)성구 달아난 양을 찾는데 갈림길이 많아서 끝내는 양을 잃고 말았다는 뜻으로 ①학문의 길도 여러 갈래여서 진리를 깨치기 어렵다는 말. ②방침이 너무 많아서 어찌할 바를 모른다는 말. ☞망양지탄(亡羊之歎)
다기-지다(多氣一)형 마음이나 행동이 야물고 오달지다.
다기-차다(多氣一)형 매우 다기지다.
다기-하다(多技一)형여 여러 가지 기예에 능통하다. ¶그는 참으로 다기한 사람이야.
다기-하다(多岐一)형여 갈래가 많다.
다난(多難)어기 '다난(多難)하다'의 어기(語基).
다난-하다(多難一)형여 일을 겪거나 치르는 데 어려움이 많다. ¶다난했던 한 해가 저물었다.
다냥-하다 형여 '당양하다'의 변한말.
다녀-가다 자타거라 ①어떤 곳에 왔다가 가다. ¶친구가 -. ②들렀다가 가다. ¶친구가 -.
다녀-오다 자타너라 ①어떤 곳에 갔다가 오다. ¶학교에 다녀오겠습니다./고향을 -. ②들렀다가 오다. ¶나간 김에 시장에도 다녀올게.
다년(多年)명 ①여러 해. ¶-에 걸친 계획. ②'다년간(多年間)'의 준말.
다년-간(多年間)명 ①여러 해 동안. ¶-의 노력 끝에 결실을 거두었다. ②〖부사처럼 쓰임〗 여러 해 동안에. ¶- 심혈을 기울인 연구 결과가 나왔다. 준다년(多年)
다년-생(多年生)명 여러해살이 ☞이년생. 일년생
다년생=식물(多年生植物)명 여러해살이 식물. ☞이년생 식물. 일년생 식물
다년생=초본(多年生草本)명 여러해살이풀
다년식=재:배(多年式栽培)명 한 번 심은 모종으로 여러 해 동안 거듭 수확하는 재배 방식.
다년-초(多年草)명 여러해살이풀
다년호(∠大年號)명 조선 시대, 중국의 연호를 높이어 이르던 말.
다뇨-증(多尿症)[-쯩] 명 수분의 섭취량과 관계없이 오줌을 누는 횟수와 양이 병적으로 많은 증세.
-다느냐 어미 '-다 하느냐'가 줄어든 말. ¶그곳은 춥다느냐?/누가 왔다느냐?/다 좋다느냐? ☞-는다느냐. -ㄴ다느냐
-다느니 어미 형용사 어간이나 '-았(었)-', '-겠-'에 붙어 열거함을 나타내는 연결 어미. ¶갔다느니 왔다느니 말도 많다./좋다느니 나쁘다느니 여러 말 하지 마라. ☞-느니²
-다는 어미 '-다 하는'이 줄어든 말. ¶믿겠다는 말을 들었느냐?/싫다는 말을 하더냐? ☞-는다는. -ㄴ다는
다능(多能)어기 '다능(多能)하다'의 어기(語基).
다능-하다(多能一)형여 여러 가지 재능을 지니고 있다.
-다니 어미 '-다 하니'가 줄어든 말. ①근거나 원인 따위를 나타내는 연결 어미. ¶겨울에 꽃이 피다니 무슨 변고냐?/네가 좋다니 기쁘다. ②확인을 하는 물음의 종결 어미. ¶누가 봤다니?/해가 몇 시에 뜬다니?
-다니까 어미 '-다 하니까'가 줄어든 말. ①어떤 사실의 근거나 원인, 이유 등을 나타내는 연결 어미. ¶네가 분명히 보았다니까 믿어야지./설악산은 험하다니까 조심해라. ②충분한 근거나 이유 등이 있음을 나타내는 종결 어미. ¶내 눈으로 보았다니까./내일은 틀림없이 비가 내린다니까.
다니다 자타 ①왔다 갔다 하다. 지나가고 지나오고 하다. ¶이곳은 사람이 많이 다니는 길목이다. ②일정한 곳을 늘 갔다 오다. ¶대학에 -./직장을 -. ③정해 놓고 드나들다. ¶늘 다니는 단골 미장원./감기를 치료하러 병원을 다니다. ④무엇을 하려고 왔다 갔다 하다. ¶여행을 -./인사를 -. ⑤어떤 곳에 들르다. ¶친정에 다니러 갔다. ⑥전차나 버스, 선박 등이 정해진 노선을 오고

가고 하다. ¶서울과 부산간을 다니는 급행 열차.

한자 다닐 행(行)〔行部〕¶행로(行路)/행인(行人)

▶ '다니다'가 윗말에 붙어 복합어를 이룬 말들
¶날아-다니다/돌아-다니다/따라-다니다/떠돌아-다니다/뛰어-다니다/지나-다니다/쫓아-다니다

다니엘-서(Daniel書)명 구약성서 중의 한 편. 다니엘에 관한 전승을 바탕으로 하여, 박해를 받는 이스라엘 민족의 구원과 메시아의 재림 등을 기록한 내용임.
다니엘=습도계(Daniel濕度計)명 1820년에 영국의 화학자이며 물리학자인 다니엘이 발명한 이슬점 습도계.
다닐-행(－行)명 한자 부수(部首)의 한 가지. '術'·'衛' 등에서 '行'의 이름.
다님 명 '달님'을 멋스럽게 이르는 말.
다다 부 ①힘 닿는 데까지, 또는 될 수 있는 대로. ¶－ 생산량을 늘리기에 힘쓴다. ②오직 ¶－ 공부만 한다.
다다(dada)명 ①'다다이즘'의 준말. ②'다다이스트'의 준말.
다다귀-다다귀 부 자그마한 것들이 사이가 배게 붙어 있는 모양을 나타내는 말. ¶가지마다 － 열린 머루. ☞더더귀더더귀
다다기 명 다다기찰
다다기-외 명 눈마다 열매를 맺는 오이.
다다기-찰 명 철 늦게 익는 찰벼의 한 품종. 다다기
다다닥 부 막대 따위가 돌아가는 바퀴살에 스칠 때 나는 소리를 나타내는 말. ☞따다닥. 타다닥
다다르다 자 ①일정한 곳에 이르러 닿다. ¶다섯 시간이나 걸려서 산꼭대기에 다다랐다. ②어떤 기준이나 수준에 미치다. ¶분위기가 절정에 다다랐다./목표량에 －.

한자 다다를 부(赴)〔走部 2획〕¶부임(赴任)

다다미(たたみ. 疊 일)명 일본식 마루방에 까는, 짚과 돗자리로 만든 두꺼운 깔개.
다다미-방(たたみ房)[－빵]명 다다미를 깐 방.
다다이스트(dadaist)명 다다이즘을 주장하고 신봉하여 따르는 예술가. 준 다다(dada)
다다이즘(dadaism)명 제1차 세계 대전 말기에 유럽에서 일어난 새로운 예술 운동. 과거의 모든 사회적·예술적 전통을 부정하고 반이성·반도덕·반예술을 부르짖었음. 준 다다(dada)
다다익선(多多益善)성구 많으면 많을수록 더욱 좋음을 이르는 말.
다닥-냉이 명 겨잣과의 두해살이풀. 들에 절로 자라며, 줄기 높이는 30~60cm이고 잎은 깃꼴이거나 선형(線形)임. 5~7월에 흰 꽃이 핌. 애순은 먹을 수 있고, 씨는 약으로 쓰임.
다닥-다닥 부-하다 형 자그마한 것들이 사이가 배게 붙어 있거나 몰려 있는 모양을 나타내는 말. ¶대추나무에 대추가 － 열려 있다./－ 돋아 있는 버섯들. ☞더덕더덕
다닥-뜨리다(트리다) 자 무엇에 닿아서 마주치다. 마주쳐서 닥뜨리다.
다닥-치다 자 ①마주쳐서 닿다. ②어떤 일이 바싹 닥치다. ¶드디어 결전의 날이 다닥쳤다.
다단(多段)명 여러 단.
다단(多端)어기 '다단(多端)하다'의 어기(語基).
다단계=판매(多段階販賣)명 도매·소매 단계를 거치지 않고 소비자들이 판매원이 되어 연쇄적인 소개로 시장을 넓혀 가는 판매 방식.
다단-식(多段式)명 여러 단계나 부분으로 나눈 방식.
다단식=로켓(多段式rocket)명 로켓의 기체를 몇 부분으로 나누어 첫 단에서부터 차례로 점화(點火)하여 연소가 끝난 부분을 차례로 떼어버리는 방식으로 된 로켓.
다-단:조(－短調)[－쪼]명 '다' 음을 으뜸음으로 하는 단조. 시단조 ☞다장조
다단=증폭기(多段增幅器)명 여러 단으로 된 증폭기.
다단-하다(多端－)형여 일이 흐트러져 가닥이 많다. ¶사무가 복잡하고 －.
×다닫다 자 → 다다르다

다달-거리다(대다) 자타 같은 음절을 되풀이하며 말을 자꾸 더듬다. ☞더덜거리다
다달-다달 부 다달거리는 모양을 나타내는 말.
다달-이 부 달마다. 매삭(每朔). 매월(每月). 축월(逐月) ¶－ 조금씩 나누어 갚다.
다담(茶啖)명 손에게 대접하기 위하여 차려 내는 다과(茶菓). 차담(茶啖)
다담-상(茶啖床)[－쌍]명 손에게 다과를 대접하기 위하여 차려 내는 상. 차담상(茶啖床)
다당-류(多糖類)명 ①가수 분해로 한 분자에서 두 개 이상의 단당류 분자를 생성하는 탄수화물을 통틀어 이르는 말. ☞단당류(單糖類) ②다당류 가운데서 특히 덱스트린과 같이 분자량이 크며 물에 녹지 않거나 끈끈한 상태의 물질을 이루는 당류.
다당실-거리다(대다) 자 좀 느리게 당실거리다. ☞당실거리다. 더덩실거리다
다당실-다당실 부 다당실거리는 모양을 나타내는 말. ☞당실당실. 더덩실더덩실
다대[1] 명 해어진 옷을 덧대어 깁는 헝겊.
다대[2] 명 양지머리의 배꼽 위에 붙은 고기. 편육으로 쓰임.
다대(多大)어기 '다대(多大)하다'의 어기(語基).
다대-수(多大數)명 대다수(大多數)
다대-하다(多大－)형여 많고도 크다. ¶다대한 업적.
다도(茶道)명 차를 손에게 대접하거나 마실 때의 방식과 예의 범절.
다독(多讀)명-하다 타 책을 많이 읽음. ☞삼다(三多)
다독-거리다(대다) 타 ①흩어지기 쉬운 물건을 가볍게 자꾸 두드려 다지다. ¶새로 심은 꽃나무에 북을 주고 －. ②어린아이를 재우거나 달래려고 손으로 가만가만 두드리다. ¶우는 아이를 다독거리며 달래다. ③마음을 다스하게 어루만지다. ¶상처 입은 마음을 －. 다독이다 ☞따독거리다
다독-다독 부 다독거리는 모양을 나타내는 말. ☞따독따독
다독-이다 타 다독거리다 ☞따독이다
다듬-거리다(대다) 자타 말을 하거나 글을 읽을 때 술술 하지 못하고 조금 더듬다. ☞더듬거리다. 따듬거리다
다듬다[－따] 타 ①손이나 도구로 매만져서 맵시가 나게 하거나 고르게 만들다. ¶재목을 －./머리를 －. ②푸성귀 따위의 못쓸 부분을 가려서 떼어 내다. ¶파를 －./배추를 －. ③이미 쓴 글을 더 좋은 글이 되도록 손질하여 고치다. ¶문장을 다시 －. ④종이나 옷감 따위의 구김살이 펴지도록 방망이로 두드리거나 하여 반드럽게 하다. ¶모시를 －. ⑤새나 짐승이 깃이나 털을 매만져서 고르게 하다. ⑥소리가 고르고 맑게 나도록 목을 트이게 하다. ¶목소리를 －.
다듬-다듬 부 다듬거리는 모양을 나타내는 말. ¶－ 책을 읽다./－ 말을 꺼내다. ☞더듬더듬. 따듬따듬
다듬-이 명 ①-하다 타 '다듬이질'의 준말. ②'다듬잇감'의 준말.
다듬이-질 명-하다 타 옷감을 넓다듬이를 한 뒤에 홍두깨에 올려서 다시 다듬어 구김살을 펴지게 하는 일. 준 다듬이. 다듬질
다듬이-포대기 명 다듬잇감을 싸는 포대기.
다듬잇-감 명 다듬이질할 옷이나 옷감 따위. 준 다듬이
다듬잇-돌 명 다듬이질할 때 밑에 받쳐 놓는 돌이나 단단한 나무. 침석(砧石)
다듬잇-방망이 명 다듬이질할 때 쓰는 두 개의 나무 방망이. 침저(砧杵)
다듬잇-방석(－*方席)명 다듬잇돌 밑에 까는 깔개.
다듬잇-살 명 다듬이질이 알맞게 되어 옷감에 생기는 풀기나 윤기. ¶－이 잘 잡히다.
다듬작-거리다(대다) 자타 ①보이지 않는 것을 찾거나 알아보려고 손이나 지팡이 따위로 여기저기를 찬찬히 대었다 떼었다 하다. ¶양초를 찾으려고 서랍 안을 －. ②말을 하거나 글을 읽을 때 나릿나릿하게 좀 더듬다. ¶

그는 흥분하면 말을 다듬작거린다. ☞더듬적거리다. 따듬작거리다
다듬작-다듬작 부 다듬작거리는 모양을 나타내는 말. ☞더듬적더듬적. 따듬작따듬작
다듬-질 명 -하다 타 ①새기거나 만든 물건을 마지막으로 매만져 다듬는 일. ②'다듬이질'의 준말.
다디-달다(-달고·-다니) 형 매우 달다. ¶다디단 꿀.
다따가 부 난데없이 갑자기. ¶- 귀한 손님이 오시다.
다떠위다 자 뭇사람이 한데 모여 시끄럽게 떠들며 들이 덤비다.
다라니(∠陀羅尼. Dhāraṇī 범) 명 불교에서, 선법을 갖추고 악법을 막는다는 뜻으로, 범어로 된 긴 문구를 번역하지 않고 음(音) 그대로 외는 일.
다라니-주(∠陀羅尼呪) 명 범어로 된 짧은 문구. 여러 부처와 보살의 선정(禪定)으로부터 생겨난 진언(眞言).
다라-수(多羅樹) 명 야자나뭇과의 상록 교목. 높이 30m, 둘레 2m 안팎. 줄기는 편편하고 미끄러우며, 잎은 지름 3m 정도로 60~80개의 작은 잎으로 모여 나고 겹잎임. 목재는 건축 재료, 수액은 설탕 원료로 쓰임.
다:라지다 형 성질이 깐질기고 사람됨이 야무져서 여간한 일에는 겁이 없다. ¶안차고 -.
다라진-살 명 가늘고 무거운 화살.
다락 명 ①재래식 한옥에서, 부엌과 천장 사이에 물건을 넣어 둘 수 있도록 만든 공간. ②다락방 ③다락집

한자 **다락 루**(樓)〔木部 11획〕¶고루거각(高樓巨閣)/누각(樓閣)/누대(樓臺)/종루(鐘樓) ▷ 속자는 楼

다락-같다[-갇-] 형 ①물건 값이 매우 비싸다. ②덩치가 당당하게 크다. ¶다락같은 무소.
다락-같이 부 다락같게 ¶채소 값이 - 뛰었다.
다락-다락 부 악지를 부리며 몹시 조르는 모양을 나타내는 말. ☞더럭더럭
다락-마루 명 다락처럼 높게 만든 마루.
다락-방(-房) 명 ①다락처럼 만든 방. ②사람이 거처할 수 있도록 꾸민 다락. ③다락 ☞고미다락
다락-장지(∠-障子) 명 다락에 달린 미닫이문.
다락-집 명 높은 기둥 위에 벽이 없이 마루를 놓아, 사방을 바라볼 수 있도록 지은 집. 누(樓). 다락
다람쥐 명 ①쥐목의 날다람쥐·하늘다람쥐 따위를 통틀어 이르는 말. ②다람쥣과의 동물. 생김새가 쥐와 비슷하나 더 크고 꼬리가 굵으며, 털은 붉은 갈색이고 등에 다섯 가닥의 검은 줄이 있음. 나무를 잘 타며 앞니가 발달되어 있음.
속담 **다람쥐 쳇바퀴 돌듯** : 앞으로 나아가지 못하고 제자리걸음만 한다는 말.
다람쥐-꼬리 명 석송과(石松科)의 여러해살이풀. 높은 산에 절로 자라며, 줄기 높이는 15cm 안팎. 줄기는 가늘고 바늘 모양의 잔잎이 빽빽이 나서, 다람쥐 꼬리처럼 보임.
다:랍다(다랍고·다라워) 형ㅂ ①아니꼬울 만큼 인색하다. ②때가 묻어 깨끗하지 못하다. ☞더럽다
다랑귀 명 두 손으로 붙잡고 매달리는 짓.
다랑귀(를) 떼다 관용 다랑귀(를) 뛰다.
다랑귀(를) 뛰다 관용 ①두 손으로 붙잡고 매달리다. ②남에게 매달려 몹시 졸라대다. 다랑귀(를) 떼다.
다랑-논 명 다랑이로 된 논. 다랑전 ☞제전(梯田)
다랑-어(-魚) 명 '참다랑어'의 딴이름.
다랑이 명 산골짜기에 층층으로 된, 좁고 작은 논배미.
다랑-전(-田) 명 다랑논
다래¹ 명 ①다래나무의 열매. ②아직 익지 아니한 목화의 열매.
다래² 명 관(棺)의 천판(天板)과 지판(地板) 사이에 끼우는 양 옆의 널.
다래³ 명 말다래
다래끼¹ 명 아가리가 좁고 바닥이 넓은 작은 바구니. 대나 싸리, 칡덩굴 따위로 만듦.
다래끼² 명 눈시울에 나는 작은 부스럼. 맥립종(麥粒腫). 안검염(眼瞼炎). 투침(偸鍼)
다래-나무 명 다랫과의 덩굴나무. 잎은 어긋맞게 나며 5월경에 흰 꽃이 피고, 열매는 황록색으로 익음. 깊은 산에 자라며, 열매와 줄기는 약으로 쓰임. 등리(藤梨)
다래-다래 부 -하다 형 작은 물건이 많이 매달려 있거나 늘어져 있는 모양을 나타내는 말. ¶말린 꽃들이 벽에 - 매달려 있다. ☞드레드레¹
다래-정:과(-正果) 명 다래를 살짝 쪄서 말린 다음 꿀에 졸인 정과.
다량(多量) 명 많은 분량. ☞대량. 소량
다려-소리[-쏘-] 명 어부들이 그물을 당기면서 가락을 맞추어 부르는 소리.
다령-관(多靈觀) 명 한 사람이 여러 개의 영혼을 가진다고 하는 관념.
다례(茶禮) 명 ①차례(茶禮) ②귀한 손을 맞아 차(茶) 따위를 대접하는 예식.
다로(茶爐) 명 차를 우릴 물을 끓이는 데 쓰는 화로.
다로기 명 목이 긴 가죽 버선. 털이 안으로 가게 지은 것으로, 추운 지방에서 겨울에 신으며 신발 대신 신기도 함. 피말(皮襪)
다루다 타 ①어떤 일을 맡아서 처리하다. ¶무역 업무를 다루는 부서. ②물건을 쓰임새에 따라 움직이거나 부리다. ¶짐이 커서 다루기 힘들다./악기를 잘 -./소를 다루어 밭을 갈다. ③거칠고 빳빳한 물건을 매만져서 부드럽게 하다. ¶악어 가죽을 -. ④사람을 부리거나 상대하다. ¶고집이 센 아이를 잘 -./아랫사람을 잘 -. ⑤무엇을 감으로 삼아 이용하다. ¶옥을 잘 다루어 공예품을 만들다.
다룬가죽-위(-韋) 명 한자 부수(部首)의 한 가지. '韓'·'韜' 등에서 '韋'의 이름. 가죽위
다르다(다르고·달라) 형르 ①같지 아니하다. ¶쌍둥이인데 얼굴 모습이 -./형제이지만 성격은 아주 -. ②예사롭지 않거나 보통의 경우보다 두드러진 데가 있다. ¶기술자라서 역시 솜씨가 다르군. ③'다른'의 꼴로 쓰이어, '여느', '보통의', '그 밖의' 등의 뜻을 나타냄. ¶다른 때와는 달리 명랑해 보인다./다른 사람들은 모두 앉아라.

한자 **다를 수**(殊)〔歹部 6획〕¶수상(殊常)/특수(特殊)
다를 이(異)〔田部 6획〕¶상이(相異)/이견(異見)
다를 타(他)〔人部 3획〕¶타국(他國)/타인(他人)

다르랑 부 나직이 코를 고는 소리를 나타내는 말. ☞드르렁. 드르릉
다르랑-거리다(대다) 자타 자꾸 다르랑 소리를 내다. ¶눕자마자 -./코를 다르랑거리며 골다. ☞드르렁거리다. 드르릉거리다
다르랑-다르랑 부 자꾸 나직이 코를 고는 소리를 나타내는 말. ☞드르렁드르렁. 드르릉드르릉
다르르¹ 부 ①단단하고 동근 물건이 단단한 바닥 위를 구르는 소리를 나타내는 말. ¶탁구공이 - 굴러가다. ②재봉틀로 얇은 옷감을 박을 때 나는 소리를 나타내는 말. ③쇠바퀴가 달린 가벼운 미닫이를 여닫을 때 나는 소리를 나타내는 말. ☞드르르¹. 따르르¹
다르르² 부 -하다 형 어떤 일에 막힘이 없이 통할 정도로 환한 모양을 나타내는 말. ¶그 책을 - 외고 있다./그는 그 방면에는 -하다. ☞드르르². 따르르²
다르륵 부 ①단단하고 동근 물건이 단단한 바닥 위를 구르다가 멈추는 소리를 나타내는 말. ②재봉틀로 얇은 옷감을 박다가 멈추는 소리를 나타내는 말. ③미닫이로 된, 쇠바퀴가 달린 가벼운 문짝을 열거나 닫다가 멈추는 소리를 나타내는 말. ☞드르륵
다르륵-거리다(대다) 자타 자꾸 다르륵 소리를 내다. ☞드르륵거리다
다르륵-다르륵 부 다르륵거리는 소리를 나타내는 말. ☞드르륵드르륵
다른 관 이것이 아닌 그 밖의. 관계없는. 딴³ ¶- 사람들은 모두 어디로 갔느냐?
다름-없:다[-업-] 형 다른 대상(對象)과 견주어 보아

같거나 비슷하다. 다를 바 없다.
다름-없이 부 다름없게
다릅-나무 명 콩과의 낙엽 활엽 교목. 높이는 15m 안팎이며 잎은 깃꼴 겹잎으로 어긋맞게 남. 여름에 나비 모양의 흰 꽃이 피고 가을에 길이 5cm 안팎의 길둥근 열매가 익음. 목재는 여러 가지 기구를 만드는 데 쓰이며, 껍질은 물감의 원료나 섬유용으로 쓰임.
다리[1] 명 ①동물의 몸통 아래에 달리어 서거나 걷거나 뛰는 등의 기능을 하는 부분. 각(脚) ②물건의 아래쪽에 붙어서 그것을 받치는 부분. ③안경테 양쪽에 달아 귀에 걸게 된 길다란 부분.
다리(를) 뻗고 자다 관용 걱정이나 시름이 없어져서 마음 편히 잠을 자다.
속담 **다리 부러진 장수 성 안에서 호령한다** : 못난 사람은 집 안에서만 큰소리치고 호기를 부릴 뿐 밖에 나가서는 꿈쩍도 못한다는 말.

한자 다리 각(脚) 〔肉部 7획〕 ¶각력(脚力)/각선미(脚線美)/각희(脚戲)/건각(健脚)/양각(兩脚)

다리[2] 명 ①강·개천·길·골짜기 등에, 건너다닐 수 있도록 가로질러 놓은 시설물. 교량(橋梁) ¶―를 놓다./―를 건너다. ②중간에 거쳐야 할 과정이나 단계. ¶몇 ―를 거쳐서 겨우 일이 이루어지다. ③중간에서 두 대상을 소개하거나 관련지어 주는 일. ¶―를 놓아 주다.
다리를 건너다 관용 말이나 물건 따위가 어떤 사람을 거쳐 다른 사람에게로 넘어가다.
다리(를) 놓다 관용 상대편과 관련을 짓기 위하여 사이에 다른 사람을 넣다.
속담 **다리 아래서 원을 꾸짖는다** : 직접 만나서 말하지는 못하고 들리지 않는 곳에서 불평이나 욕을 한다는 말.

한자 다리 교(橋) 〔木部 12획〕 ¶고가교(高架橋)/교각(橋脚)/교량(橋梁)/육교(陸橋)/철교(鐵橋)

다리[3] 명 지난날, 여자의 머리숱이 많아 보이도록 덧드리는 딴머리를 이르던 말. 월자(月子). 수체(首髢) ¶―를 드리다./―를 풀다. ☞어여머리
-다리 접미 ①'됨됨이나 상태'의 뜻으로, 대상을 속되게 이름. ¶모양다리 ②어떤 상태에 있는 부류(部類)의 뜻을 나타냄. ¶늙다리/키다리
다리-기술(-技術) 명 씨름에서, 다리나 발목으로 상대편의 다리를 걸어 후리거나 당기면서 밀어 넘어뜨리는 공격 재간. 낚시걸이·밭다리걸기·안다리걸기·발목걸어틀기 따위가 있음.
다리-꼭지 명 여자의 머리에 드리는 다리를 맺은 꼭지.
다리다 타 옷이나 천 따위의 구김살을 펴려고 다리미로 문지르다. ¶와이셔츠를 다려서 입다.
다리미 명 다리미질을 하는 제구. 쇠붙이로 된 매끄러운 바닥을 뜨겁게 달구어서 씀. 울두(熨斗). 화두(火斗)
다리미-질 명-하다 자타 다리미로 옷이나 천 따위를 문질러 구김살을 펴는 일. 준 다림질
다리미-판(-板) 명 ①다리미질을 할 때 밑에 받치거나 까는 판. ②뜨거운 다리미를 올려 놓는 기구.
다리-받침 명 다리의 양쪽 끝에서 다리를 떠받치는 구조물. 교대(橋臺)
다리-밟기[-밥-] 명-하다 자 음력 정월 대보름날 밤에 다리를 밟는 풍습. 이날 열두 다리를 밟으면 그 해의 재액(災厄)을 물리칠 수 있다고 함. 답교(踏橋)
다리-뼈 명 다리를 이루고 있는 뼈. 넓적다리뼈와 정강이뼈로 나뉨. 각골(脚骨). 퇴골(腿骨)
다리-살 명 넓적다리의 안쪽.
다리-속곳 명 여자의 한복 차림에서, 맨 속에 입는 속곳. 홑겹으로 된 긴 감을 허리띠에 달아서 참. ☞단속곳. 속속곳
다리-쇠 명 화로 위에 얹어 두어, 그 위에 주전자나 냄비 따위를 올려 놓도록 쇠붙이로 만든 기구. 구멍쇠
다리-씨름 명-하다 자 두 사람이 마주앉아서 같은 쪽 다리의 정강이 안쪽을 서로 걸어 대고 상대편의 다리를 옆으로 넘기는 놀이. 발씨름
다리아랫-소리 명 아쉽거나 답답할 때 남에게 동정이나 도움을 얻으려고 비라리치는 말.
다리=운:동(-運動) 명 다리를 움직여서 하는 운동을 통틀어 이르는 말.
다리=재간(-才幹) 명 씨름 등에서, 다리를 쓰는 재간.
다리-통 명 다리의 둘레. ¶―이 굵다.
다리-품 명 길을 걷는 데 드는 수고.
다리품(을) 팔다 관용 ①길을 많이 걷다. ②품삯을 받고 남의 심부름으로 먼 길을 다녀오다.
다리-훅치기 명 씨름에서, 오른다리를 상대편의 다리 사이에 넣어서 상대편의 오른다리를 걸어 넘기는 기술.
다림 명 어떤 물체가 수평 또는 수직인지를 살펴보는 일.
다림(을) 보다 관용 ①겨냥대어 살펴보다. ②이해 관계를 따지어 살펴보다.
×**다림-방**(-房)[-빵] 명 → 고깃간
다림-줄[-쭐] 명 다림을 볼 때, 수직인지 아닌지를 살펴보기 위하여 추를 달아 늘어뜨리는 줄.
다림-질 명-하다 자타 '다리미질'의 준말.
다림-추(-錐) 명 다림줄에 달아 늘어뜨리는 추.
다림-판(-板) 명 다림을 볼 때, 그 물체가 수평인지 아닌지를 겨냥대어 살펴보는 기구.
다릿-골 명 다리뼈 속에 있는 골.
다릿골(이) 빠지다 관용 길을 많이 걸어서 다리가 몹시 피로해지다.
다릿골-독[-똑] 명 배가 부르고 매우 크게 만든 독. 대독
다릿-돌 명 시내나 도랑을 건너 다니기 위하여 띄엄띄엄 놓은 돌. ☞디딤돌. 징검돌
다릿-마디 명 다리의 뼈마디. ¶―가 쑤시다.
다릿-목 명 다리가 놓여 있는 길목.
속담 **다릿목 아래서 원 꾸짖기** : 맞서서는 아무 소리 못하는 주제에 보이지 않고 들리지 않는 곳에서는 큰소리치고 잘난체 함을 이르는 말.
다릿-심 명 다리의 힘. 각력(脚力) ¶―이 좋다.
다릿-짓 명-하다 자 다리를 움직이는 짓.
-다마는 어미 종결 어미 '-다'에 '그렇지마는'의 뜻인 '하지마는'이 어울려 된 말. 앞의 사실을 인정하면서 단서를 다는 연결 어미. ¶밥은 먹었다마는 배가 부르지 않다./돈도 돈이다마는 명예를 생각해야지. 준 -다만
-다마다 어미 -고말고 ¶네 얘기가 맞다마다.
다:만 부 ①'오직 그뿐'이라는 뜻으로, 포괄하는 범위를 한정하여 나타내는 말. 주로 '뿐', '따름', '만' 등과 함께 쓰임. ¶나는 ― 네가 행복하기를 바랄 뿐이다. ②앞에 서술된 사실에 대하여 예외적인 사항이나 조건 따위를 덧붙일 때, 말머리에 쓰는 말. 단(但). 단지(但只) ¶퇴원해도 좋습니다. ― 흡연은 삼가야 합니다.

한자 다만 단(但) 〔人部 5획〕 ¶단서(但書)
다만 지(只) 〔口部 2획〕 ¶단지(但只)

-다만 어미 '-다마는'의 준말. ¶머리는 좋다만 노력이 부족하다./일도 일이다만 좀 쉬어야지.
다망(多忙) 어기 '다망(多忙)하다'의 어기(語基).
다망(多望) 어기 '다망(多望)하다'의 어기(語基).
다망-하다(多忙-) 형여 일이 많아서 매우 바쁘다. ¶공사(公私) ―.
다망-하다(多望-) 형여 장래에 기대되는 바가 많다.
다매(多賣) 명-하다 타 많이 팖.
다매(茶梅) 명 '동백나무'의 딴이름.
-다며 어미 '-다면서'의 준말. ¶몹시 바쁘다며 떠났다.
다면(多面) 명 ①면이 많은 것, 또는 많은 면. ②여러 방면. 다방면(多方面)
-다면 어미 '-다 하면'이 줄어든 말. 어떤 사실을 미리 조건으로 삼아 내거는 연결 어미. ¶싫다면 그만두어라./돈이 있다면 자선 사업을 해라./네가 하겠다면 나도 해야지. 준 -담[2]
다면-각(多面角) 명 셋 이상의 평면이 한 점에서 만나 이

루어진 뾰족한 형상. 삼면각(三面角)·사면각(四面角) 따위. 우각(隅角)
-다면서 어미 ①'-다고 하면서'가 줄어든 말. ¶몸이 아프다면서 어디를 가려는가?/돈이 많다면서 자랑을 하더라. ②어떤 사실을 기정 사실로 받아들여 확인하는 물음의 종결 어미. ¶당신은 말이 많다면서?/그의 말을 듣고 웃었다면서?
다면-성(多面性)[-썽] 명 여러 방면에 걸친 다양한 성질.
다면-적(多面的) 명 '다방면적(多方面的)'의 준말.
다면-체(多面體) 명 넷 이상의 평면 다각형으로 둘러싸인 입체. 사면체·육면체 따위.
다모(多毛) 어기 '다모(多毛)하다'의 어기(語基).
다모(茶母) 명 조선 시대, 서울의 여러 관아에 딸려 주로 차(茶)를 끓이는 일을 맡아 하던 관비. 차모(茶母)
다모-객(多謀客) 명 잔꾀가 많은 사람. 꾀자기
다모-작(多毛作) 명 한 경작지에서 한 해에 세 번 이상 종류가 다른 작물을 지어 거두는 일. ☞이모작(二毛作). 일모작(一毛作)
다모-증(多毛症)[-쯩] 명 잔털이 날 자리에 억센 털이 많이 나는 상태. ☞무모증(無毛症)
다모토리 명 ①큰 잔으로 소주를 마시는 일, 또는 큰 잔으로 파는 소주. ②다모토릿집
다모토릿-집 명 큰 잔으로 소주를 파는 선술집. 다모토리
다모-하다(多毛-) 형여 몸에 털이 많다.
다:목 명 콩과의 상록 교목. 높이는 5m 안팎. 줄기에 잔가시가 있고, 봄에 나비 모양의 노란 꽃이 핌. 목재는 활을 만드는 데 쓰이며, 껍질이나 뿌리는 물감의 원료로 쓰임. 단목(丹木). 소방목(蘇方木)
다:목-다리 명 냉기로 말미암아 살빛이 검붉어진 다리. 적각(赤脚)
다-목적(多目的) 명 여러 가지 목적이 있는 것. 여러 가지 목적을 겸한 것.
다목적-댐(多目的dam) 명 여러 가지 목적으로 이용되도록 만든 댐. 수력 발전, 홍수 방지, 관개(灌漑), 공업 용수 등 여러 가지 용도를 겸함. ☞단일 목적댐
다묵-장어(-長魚) 명 원구류(圓口類)에 딸린 하등 척추동물. 몸길이는 15~20cm로 뱀장어와 비슷함. 몸빛은 등 쪽이 진한 갈색, 배 쪽은 흼. 변태 후에 성어가 되면 전혀 먹지 않고 산란이 끝나면 곧 죽음. 우리 나라와 일본 등지에 분포함. 환경부의 보호 야생 동물임.
다문(多聞) 어기 '다문(多聞)하다'의 어기(語基).
다문-다문 부 -하다 형 ①동안이 잦지 않고 좀 뜨게. ¶그 동안 네 소식은 - 들었다. ②촘촘하지 않고 드물게. 띄엄띄엄 ¶묘목을 - 심다. ☞드문드문
다문박식(多聞博識) 성구 보고 들은 것이 많고, 학식이 넓음을 이르는 말.
다문-천(多聞天) 명 ①불교에서 이르는 사왕천(四王天)의 하나. 다문천왕이 다스린다는 수미산 북쪽 중턱의 천국. ②'다문천왕'의 준말.
다문천-왕(多聞天王) 명 불교에서 이르는 사천왕(四天王)의 하나. 수미산 북쪽 중턱에 살며, 다문천을 다스린다고 함. 비사문천왕(毘沙門天王) 준 다문천(多聞天)
다문-하다(多聞-) 형여 널리 들어 아는 것이 많다. ☞과문하다
다물다(다물고·다무니) 타 입술 또는 그와 같이 두 쪽으로 마주 보는 물건을 꼭 맞대다. ¶꼭 다문 입.
다물-다물 부 물건이 무더기무더기로 쌓여 있는 모양을 나타내는 말.
다미-씌우다 타 '안다미씌우다'의 준말.
다박-나룻 명 다보록하게 난 짧은 수염. 다박수염
다박-머리 명 어린아이의 다보록하게 난 짧은 머리털, 또는 그런 머리털을 가진 아이. ☞더벅머리
다박-수염(-鬚髥) 명 다박나룻
다반(茶飯) 명 '항다반(恒茶飯)'의 준말.
다반(茶盤) 명 찻그릇을 올려 놓는 쟁반. 차반
다반-사(茶飯事) 명 '항다반사(恒茶飯事)'의 준말. ¶그는 결석을 -로 여긴다.
다발 명 ①꽃이나 푸성귀 따위의 묶음. ¶-을 묶다. ②〔의존 명사로도 쓰임〕 꽃이나 푸성귀 따위의 묶음을 세는 단위. 속(束) ¶장미 두 -./열무 한 -. ☞단¹
다발(多發) 명 ①-하다 자 어떤 일이 많이 일어남. ¶교통사고가 -하는 지점. ☞빈발(頻發) ②여러 대의 발동기를 장치한 것. ☞단발(單發) ¶- 비행기
다발-기(多發機) 명 발동기를 세 대 이상 장치한 항공기. ☞단발기(單發機). 쌍발기(雙發機)
다발-나무 명 다발을 지어 묶은 땔나무.
다발-성(多發性)[-썽] 명 ①여러 가지 일이 일어나는 성질. ②병이 두 군데 이상의 신체 부위에서 동시에 발생하는 성질. ¶- 신경염 ☞단발성(單發性)
다발-식(多發式)[-씩] 명 발동기를 세 대 이상 장치한 구조. ¶- 비행기 ☞단발식(單發式)
다방(茶房) 명 ①커피나 홍차(紅茶) 등의 음료를 파는 집. 끽다점(喫茶店). 다실(茶室). 다점(茶店). 차실(茶室). 찻집 ②고려·조선 시대, 궁중에서 차·술·채소·약 등에 관한 일을 맡아보던 부서.
다-방면(多方面) 명 여러 방면. 여러 분야. 다면(多面) ¶-에 재주가 있다.
다방면-적(多方面的) 명 여러 방면에 걸친 것. 준 다면적(多面的)
다밭다[-받-] 형 ①동안이 몹시 가깝다. ¶개학일이 -. ②길이가 몹시 짧다. ¶작은 키에 다밭은 목.
다배=현:상(多胚現象) 명 하나의 종자 속에 두 개 이상의 배가 생기는 현상.
다번(多煩) 어기 '다번(多煩)하다'의 어기(語基).
다번-하다(多煩-) 형여 ①매우 번거롭다. ②어수선하고 복잡하게 많다. 번다(煩多)하다
다변(多辯) 어기 '다변(多辯)하다'의 어기(語基).
다변(多變) 어기 '다변(多變)하다'의 어기(語基).
다변-가(多辯家) 명 입심 좋게 말을 많이 하는 사람.
다변-성(多辯性)[-썽] 명 말을 많이 하는 성질.
다변-성(多變性)[-썽] 명 변화가 많은 성질.
다변-하다(多辯-) 형여 말이 많다. ☞장설(長舌)
다변-하다(多變-) 형여 변화가 많다.
다변-형(多邊形) 명 다각형(多角形)
다변-화(多邊化) 명 -하다 자타 방법이나 모양이 단순하지 않고 갈래가 많아 복잡해짐. ¶-하는 국제 정세.
다병(多病) 어기 '다병(多病)하다'의 어기(語基).
다병-하다(多病-) 형여 몸에 병이 많거나 잦다.
다보록-다보록 부 -하다 형 곳곳이 다보록한 모양을 나타내는 말. ☞더부룩더부룩
다보록-하다 형여 머리털이나 풀, 작은 나무 따위가 짧고 촘촘하게 나서 소담하다. ☞더부룩하다
다보록-이 부 다보록하게 ☞더부룩이
다보-여래(多寶如來) 명 동방 보정 세계(東方寶淨世界)의 교주(敎主)로서, 법화경(法華經)의 중심적인 부처. 석가모니가 영취산에서 법화경을 설법할 때에 다보탑을 출현시켜 설법이 진실임을 증명·찬양하였다고 함.
다보-탑(多寶塔) 명 ①석가모니가 영취산에서 법화경을 설법할 때에 땅 밑에서 솟아나왔다는, 다보여래의 사리를 모신 탑. 보탑(寶塔) ②경상북도 경주시의 불국사 경내에 있는 탑. 신라 시대, 김대성이 세움.
다복(多福) 어기 '다복(多福)하다'의 어기(語基).
다복다남(多福多男) 성구 복이 많고 아들이 여럿이라는 뜻으로, 팔자가 좋음을 이르는 말.
다복-다복 부 -하다 형 곳곳이 다복한 모양을 나타내는 말. ¶- 난 토끼풀. ☞더북더북
다복-솔 명 가지가 많이 퍼져 다보록한, 키 작은 소나무. 왜송(矮松)
다복-스럽다(多福-)(-스럽고·-스러워) 형ㅂ 복이 많아 보이다. ¶다복스러운 얼굴 모습.
다복-스레 부 다복스럽게
다복-하다 형여 작은 나무나 풀 따위가 한곳에 소복하게 있다. ☞더북하다
다복-하다(多福-) 형여 복이 많다.

다부(多夫)명 한 여자가 둘 이상의 남편을 가지는 일. ☞다처(多妻)
다-부닐다(-부닐고·-부니니)자 다붙어서 붙임성 있게 굴다.
다부지다 형 ①생김새가 단단하고 옹골차다. ¶다부진 몸매. ②벅찬 일을 견디어 해내는 강단이 있다. ¶일하는 모습이 다부져 보인다.
다북-쑥 명 쑥[1]
다분(多分)어기 '다분(多分)하다'의 어기(語基).
다-분야(多分野)명 여러 분야. ¶-에 능통하다.
다분-하다(多分-)형여 분량이나 비율이 비교적 많거나 높다. ¶눈이 내릴 확률이 -.
  다분-히 부 다분하게 ¶그의 강연은 - 정치적이다.
다불과(多不過) '많아도 그 이상은 되지 못함'의 뜻.
다불-다불 부 -하다 형 가늘고 보드라운 머리털 따위가 늘어져 달싹달싹 움직이는 모양을 나타내는 말.
다붓-다붓[-붇-] 부 -하다 형 여럿이 다 바싹 붙어 있는 모양을 나타내는 말.
다붓-하다[-붇-] 형여 서로 아주 가깝게 붙어 있다.
  다붓-이 부 다붓하게
다-붙다[-붇-] 자 사이가 뜨지 않게 바싹 다가붙다.
다-붙이다[-부치-] 타 다붙게 하다.
다비(茶毘 ∠jhāpita 범)명 불교에서, 불에 태운다는 뜻으로 '화장(火葬)'을 이르는 말.
다비=농업(多肥農業)명 농작물의 수확량을 늘리기 위하여 일정한 경작지에 많은 거름을 주는 농업 방법. 작은 규모의 농업에서 볼 수 있음.
다비성=작물(多肥性作物)[-썽-]명 거름을 많이 주어야 수확이 많은 작물.
다비-소(茶毘所)명 불교에서, '화장터'를 이르는 말.
다빡 부 앞뒤를 헤아리지 않고 볼쏙 행동하는 모양을 나타내는 말. ☞더뻑
다빡-거리다(대다)자 앞뒤를 헤아리지 않고 볼쏙볼쏙 행동하다. ☞더뻑거리다
다빡-다빡 부 다빡거리는 모양을 나타내는 말. ☞더뻑더뻑
다뿍 부 분량이 차거나 남을 만큼 좀 넉넉한 모양을 나타내는 말. ¶사탕을 주머니에 - 넣다./밥을 공기에 - 담다. ☞드뿍
다뿍-다뿍 부 여럿이 다 넘칠 만큼 넉넉하게 담긴 모양을 나타내는 말. ☞드뿍드뿍
다사(多士)명 여러 선비, 또는 많은 인재.
다사(多思)명 -하다 타 많이 생각함. ☞삼다(三多)
다사(多謝)명 -하다 타 ①깊이 감사함. ②깊이 사과함. ¶망언(妄言)-
다사(多事)어기 '다사(多事)하다'의 어기(語基).
다사다난(多事多難)성구 여러 가지로 일도 많고 어려움도 많음을 이르는 말. ¶-했던 지난해.
다사다단(多事多端)성구 일이나 사건의 실마리가 여러 가지로 뒤얽혀 복잡함을 이르는 말. ¶-한 국제 정세.
다사다망(多事多忙)성구 여러 가지로 일이 많아 몹시 바쁨을 이르는 말. ¶-한 일상 생활.
다사-롭다(-롭고·-로워)형ㅂ 조금 따사한 느낌이 있다. ☞따사롭다
  다사-로이 부 다사롭게
다사-스럽다(多事-)(-스럽고·-스러워)형ㅂ ①보기에 바쁜 데가 있다. ②보기에 쓸데없는 일에 간섭을 잘 하는 데가 있다.
  다사-스레 부 다사스럽게
다사제제(多士濟濟)성구 뛰어난 인물이 많음을 이르는 말. 제제다사(濟濟多士)
다사-하다 형여 좀 따사하다. ☞따사하다
다사-하다(多事-)형여 일이 많다.
다산(多産)명 -하다 타 ①아이 또는 새끼나 알을 많이 낳음. ②물품을 많이 생산함.
다산-계(多產系)명 새끼나 알을 많이 낳는 품종의 계통.
다산=염기(多酸塩基)[-념-]명 수산기(水酸基)를 둘 이상 가진 염기. 수산화칼슘 따위.
다산-형(多產型)명 아이 또는 새끼나 알을 많이 낳게 생긴 체형(體型).
다상(多相)명 여러 개의 상(相).
다상=교류(多相交流)명 주파수는 같으나 위상을 달리하는 둘 또는 그 이상의 교류 방식. ☞단상 교류
다색(多色)명 여러 가지 빛깔. ☞단색(單色)
다색(茶色)명 ①갈색(褐色) ②차(茶)의 종류.
다색-성(多色性)명 편광(偏光)이 결정체를 통과할 때, 빛의 진동 방향에 따라 빛깔을 달리하는 현상.
다색=인쇄(多色印刷)명 세 가지 이상의 색을 겹쳐 박는 인쇄. ☞단색 인쇄(單色印刷)
다색-판(多色版)명 여러 가지 색으로 인쇄하는 판. ☞단색판(單色版)
다색-훈(多色暈)명 흑운모(黑雲母)·각섬석(角閃石) 따위 속에 방사성 광물이 들어 있을 때, 그 둘레에 생기는 여러 가지 색의 얼룩점을 이르는 말.
다생(多生)명 ①-하다 자 많이 남. ②불교에서, 차례차례로 태어나는, 헤아릴 수 없이 많은 여러 세상을 이르는 말.
다서(多書)명 많은 책.
다섯 수 ①수의 고유어 이름의 하나. 넷에 하나를 더한 수. ②물건 따위를 셀 때의 다섯 개.
  관 단위를 나타내는 말 앞에 쓰이어 ①수량이 넷에 하나를 더한 수임을 나타냄. ②차례가 넷째의 다음임을, 또는 횟수가 네 번째의 다음임을 나타냄. ☞닷. 오(五)

한자 **다섯 오**(五) 〔二部 2획〕 ¶오감(五感)/오곡(五穀)/오복(五福)/오음(五音)/오장(五臟)

다섯-모[-섣-]명 물체의 둘레에 이루어진 다섯 개의 모, 또는 그런 형상. 오각(五角)
다섯목-가래질[-섣-]명 -하다 자 다섯 사람이 함께하는 가래질. 한 사람은 가랫장부를 잡고, 양쪽에서 두 사람씩 가랫줄을 잡아당김.
다섯목-한카래[-섣-]명 다섯목가래질을 하기 위하여 수를 채운 사람 수.
다섯-무날[-섣-]명 조수(潮水)의 간만(干滿)의 차가 같은, 음력 열나흘과 스무아흐레를 아울러 이르는 말. ☞무날. 무수기
다섯잎-꽃[-섣닙-]명 꽃잎이 다섯 장인 꽃. 무궁화·벚꽃·배꽃 따위. 오판화(五瓣花) ☞여섯잎꽃
다섯-째[-섣-]수 넷째의 다음 차례.
다섯-콩[-섣-]명 장난감 공기에 쓰이는 다섯 개의 돌을 재미 있게 이르는 말.
다성부=음악(多聲部音樂)명 둘 이상의 독립된 성부로 이루어진 대위법적인 음악. 다성 음악. 복선율 음악(複旋律音樂). 폴리포니(polyphony) ☞단성부 음악
다성=음악(多聲音樂)명 다성부 음악
다성=잡종(多性雜種)명 형질이 다수의 인자에 따라서 결정된 잡종. 멘델 법칙이 적용되지 않음. ☞단성 잡종
다세(多世)명 많은 시대나 연대.
다-세대(多世帶)명 여러 세대, 또는 세대가 여럿인 것.
다세대=주:택(多世帶住宅)명 여러 가구가 각각 독립된 주거 생활을 할 수 있도록 지은 공동 주택. 건축법에서, 주택으로 쓰이는 1개 동의 연면적이 660m² 이하이며, 층수가 4개층 이하인 주택을 이름.
다-세:포(多細胞)명 한 생물체 안에 여러 개의 세포가 있는 것. 겹세포. 복세포 ☞단세포
다세포=동물(多細胞動物)명 많은 세포로 한 개체를 이룬 동물. 복세포 동물 ☞단세포 동물
다세포=생물(多細胞生物)명 많은 세포가 모여 한 개체를 이루는 생물. 단세포 생물에 비하여 체제가 진화되어 세포 사이에 형태나 작용의 차이가 나타나서 조직이 분화되어 있음. 원핵생물과 단세포 원생생물을 제외한 거의 모든 생물이 이에 딸림. 복세포 생물 ☞단세포 생물
다세포=식물(多細胞植物)명 많은 세포로 한 개체를 이룬 식물. 복세포 식물 ☞단세포 식물
다소(多少)명 ①분량이나 정도의 많음과 적음. ¶인원의

ㅡ에 따라 일의 처리 속도가 달라진다. ②어느 정도. 조금 ¶ ㅡ나마 보탬이 되었으면 한다. ③'다소간(多少間)'의 준말. ¶ ㅡ의 어려움은 예상된다.
부 어느 정도로. ¶ ㅡ 과장된 몸짓.

다소(茶素)명 카페인(caffeine)

다소-간(多少間)명 많고 적음의 정도. ¶ ㅡ의 의견 차이는 예상하고 있다.
부 얼마간 ¶ 도착 시간이 ㅡ 늦어지겠다. 준 다소(多少)

ㄷ

다소곳-하다[ㅡ곧ㅡ]형여 ①고개를 좀 숙이고 말이 없다. ¶ 그녀는 수줍은듯 다소곳하게 앉아 있었다. ②온순한 성질이나 태도가 있다. ¶ 동생은 아버지의 말씀을 늘 다소곳하게 따른다.
다소곳-이부 다소곳하게

다-소득(多所得)명 많은 벌이, 또는 벌이가 많음. ☞고소득(高所得)

다소불계(多少不計)성구 많고 적음을 헤아리지 아니함을 이르는 말.

-다손어미 형용사 어간이나 '-았(었)-', '-겠-'에 붙어, 주로 '치다'와 어울려, 양보하여 가정함을 나타내는 연결 어미. ¶ 기회가 좋다손 치더라도 아무렴 준비 없이 뛰어들겠느냐./셋까지는 많다손 치더라도 둘은 돼야지.

다솔(多率)명-하다타 식구나 아랫사람을 많이 거느림. ¶ ㅡ 하인/ㅡ 식구

다수(多數)명 많은 수효, 또는 수효가 많음. 과수(夥數) ¶ 그 안건은 ㅡ의 찬성으로 통과되었다. ☞소수(少數)

다수=강:화(多數講和)명 동맹국 가운데 몇 나라가 상대국과 맺는 강화. ☞단독 강화(單獨講和). 전면 강화(全面講和)

다수-결(多數決)명 회의에서, 토의되는 안건의 가부(可否)를 많은 사람의 의견에 따라 결정하는 일. ¶ ㅡ의 원칙에 따라 결정하다.

다수-당(多數黨)명 의회에서, 의석의 수를 많이 차지하는 정당. ☞소수당(少數黨)

다수=대:표제(多數代表制)명 다수인의 지지를 받은 사람을 당선자로 결정하는 선거 제도. ☞소수 대표제(少數代表制)

다수=의:견(多數意見)명 많은 사람들의 의견. ☞소수 의견(少數意見)

다수=정당제(多數政黨制)명 의회 정치 국가에서, 정당이 여럿으로 분립(分立)된 정치 체제를 이르는 말.

다수-파(多數派)명 어떤 모임이나 단체에서 의견이 나뉠 때, 더 많은 수를 차지하는 쪽을 이르는 말. ☞소수파

다-수확(多收穫)명 많은 수확. ¶ ㅡ 품종

다수확=작물(多收穫作物)명 일정한 경작지에서 다른 작물에 비하여 더 많은 수확을 얻을 수 있는 농작물.

다:스(∠dozen)명 ①물품의 열두 개 묶음을 이르는 말. ¶ 양말을 ㅡ로 샀다. ②〔의존 명사로도 쓰임〕 물품 열두 개를 한 묶음으로 하여 세는 말. 타(打) ¶ 색연필 두 ㅡ.

다스름명 국악기를 연주하기 전에 악기의 음률을 고르기 위하여 먼저 짧은 곡조를 연주해 보는 일, 또는 그 악곡. ☞조율(調律)

다스리다타 ①나라·사회·집안 등의 일을 보살피고 처리하다. ¶ 집안을 잘 ㅡ./나라를 ㅡ. ②어지러운 일이나 상태를 바로잡아 가라앉히다. ¶ 마음을 ㅡ./난리를 ㅡ. ③사물을 일정한 목적과 쓰임에 따라 잘 가다듬어 좋게 하다. ¶ 산과 물을 잘 ㅡ./머리를 곱게 빗어 ㅡ. ④저지른 죄에 대하여 벌을 주다. ¶ 법정 최고형으로 ㅡ. ⑤병이나 상처를 낫게 하기 위하여 약을 쓰거나 몸의 원기를 돕거나 하며 손을 쓰다. ¶ 병을 ㅡ./고혈압을 ㅡ.

한자 **다스릴 리**(理)〔王部 7획〕 ¶ 관리(管理)/이국(理國)
다스릴 치(治)〔水部 5획〕 ¶ 치가(治家)/치국(治國)/치독(治毒)/치병(治病)/치산(治産)

다스-하다형여 좀 따스하다. ☞드스하다. 따스하다

다슬기명 다슬깃과의 민물 고둥. 흔히 냇물에 사는데 길이는 2cm 안팎이고, 나사 모양의 껍데기는 황갈색 또는 흑갈색이며 때로 흰 얼룩무늬가 있음. 페디스토마의 제1 중간 숙주임. 대사리

다습명 말이나 소, 개 따위의 '다섯 살'을 이르는 말. ☞나릅. 여습

다습(多濕)어기 '다습(多濕)하다'의 어기(語基).

다습다(다습고·다스워)형ㅂ 좀 따습다. ¶ 다스운 아랫목. ☞드습다. 따습다

다습-하다(多濕ㅡ)형여 습기가 많다. 고습하다 ¶ 고온(高溫) 다습한 기후.

다시부 ①하던 행동을 되풀이하여 또. 거듭 또. ¶ 처음부터 ㅡ 쓰다. ②하다가 그친 것을 이어서 또. ¶ ㅡ 공부를 시작하다. ③새로 또. 고쳐서 새로이. ¶ ㅡ 그려라.

한자 **다시 갱**(更)〔曰部 3획〕 ¶ 갱기(更起)/갱생(更生)/갱신(更新)/갱진(更進)
다시 부(復)〔彳部 9획〕 ¶ 부활(復活)/부흥(復興)

다시(多時)명 많은 시간. 오랜 시일.

다시금부 '다시'를 강조하여 이르는 말. ¶ 부모님에 대한 고마움을 ㅡ 느꼈다.

다시다타 ①음식을 먹거나 먹는 것처럼 침을 삼키면서 입을 놀리다. ¶ 입맛을 ㅡ. ②〔주로 '무엇', '아무 것' 따위의 말과 함께 쓰이어〕 음식을 조금 먹다. ¶ 무엇 다실 것이라도 좀 내오너라.

다시마명 갈조류(褐藻類)에 딸린 바닷말. 길이 2~4m, 폭 20~40cm의 넓은 띠 모양임. 잎은 황갈색 또는 흑갈색으로 바탕은 두껍고 미끄러우며 둘레로 쭈글쭈글한 주름이 있음. 뿌리로 바위에 붙어 삶. 먹을 수 있으며, 요오드의 원료로도 쓰임. 곤포(昆布). 해대(海帶)

다시마-냉:국(ㅡ冷ㅡ)명 다시마를 끓여 식힌 국물에 오이·다시마를 채썰어 넣고, 간장·식초·고춧가루로 양념하여 만든 찬국.

다시마-부각명 다시마의 한 면에 찰밥을 붙여서 소금을 조금 뿌려 말려 두었다가 기름에 튀겨서 먹는 반찬.

다시마-산자(ㅡ糤子)명 다시마를 넓게 잘라 편 다음, 한쪽에 질게 지은 찰밥을 발라 말려서 기름에 튀긴 반찬. 튀각산자

다시마-쌈명 깨끗이 씻은 다시마로 싸 먹는 쌈.

×다시마-자반명 →부각

다시마-장아찌명 잘게 썬 다시마에 북어 도막이나 멸치를 넣고 간장에 조린 반찬. 다시마조림

다시마-정:과(ㅡ正果)명 다시마와 물엿을 한데 섞어 약한 불에서 서서히 조린 다음, 꿀을 넣어 다시 조린 정과.

다시마-조림명 다시마장아찌

다시마-튀각명 다시마를 네모지게 또는 갸름하게 잘라서 기름에 튀겨 소금과 설탕을 묻힌 반찬.

다시맛-국명 다시마를 쌀뜨물에 하룻밤 담가 두었다가 삶아서 알맞은 길이로 썰고 파를 넣어 충분히 끓인 다음 양념을 한 국.

다시-없:다[ㅡ업ㅡ]형 그보다 더 나은 것이 없다. ¶ 이 일이 네게는 다시없는 기회이다.
다시-없이부 다시없게

다시-증(多視症)[ㅡ쯩]명 하나의 물체가 여러 개로 보이는 증세.

-다시피어미 ①동사의 어간에 붙어, '하는 것과 비슷하게'의 뜻을 지녀 부사적으로 쓰이는 어미. ¶ 돈을 물 쓰다시피 쓴다. ②'하는 것과 같이'의 뜻을 지녀 부사적으로 쓰이는 어미. ¶ 모두가 알다시피 상황이 어렵다.

다식(多食)명-하다타 음식을 많이 먹음. ☞소식(少食)

다식(茶食)명 우리 나라의 전통 과자의 한 가지. 녹말·콩·쌀·송화·검은깨 따위의 가루를 꿀이나 조청에 반죽하여 다식판에 박아낸 과자.

다식(多識)어기 '다식(多識)하다'의 어기(語基).

다식-과(茶食果)명 유밀과의 한 가지. 밀가루·꿀·기름·생강즙·소주를 한데 넣고 반죽한 다음 다식판에 박아서 기름에 지진 과자.

다식-증(多食症)명 정신병의 한 증세로, 음식을 아무리 많이 먹어도 배가 부르지 않다고 느껴, 지나치게 먹게 되

는 증세. ☞거식증(拒食症)

다식-판(茶食板)명 다식을 박아 내는 틀.

다식-하다(多識-)형여 아는 것이 많다. ☞박식(博識)

다신-교(多神敎)명 종교의 한 형태로, 많은 신을 인정하면서 믿고 숭배하는 종교. ☞단일신교(單一神敎)

다실(茶室)명 다방(茶房)

다심(多心)어기 '다심(多心)하다'의 어기(語基).

다심-스럽다(多心-)(-스럽고·-스러워)형ㅂ 다심한 데가 있다.

다심-스레부 다심스럽게

다심-하다(多心-)형여 근심이나 걱정이 많다.

다액(多額)명 많은 금액. 많은 액수. 거액(巨額). 큰돈 ¶- 보상금 ☞고액(高額). 소액(少額)

다양(多樣)어기 '다양(多樣)하다'의 어기(語基).

다양-성(多樣性)[-썽]명 다양한 특성.

다양-하다(多樣-)형여 모양이나 양식(樣式)이 여러 가지다. ¶다양한 생활 양식./취미가 -.

다언(多言)어기 '다언(多言)하다'의 어기(語基).

다언-하다(多言-)형여 말수가 많다. ☞과언(寡言)하다

다언혹중(多言或中)성구 말을 많이 하다 보면 그 중에는 더러 맞는 말이 있다는 말.

다연(茶煙)명 차(茶)를 달일 때 나는 연기.

다염기-산(多塩基酸)명 화학에서, 황산이나 인산 등과 같이, 분자 중에 금속 원소와 바꾸어 놓을 수 있는 수소를 두 개 이상 가진 산.

다예(多藝)어기 '다예(多藝)하다'의 어기(語基).

다예-하다(多藝-)형여 여러 가지 예능(藝能)이 있다. 또는, 여러 가지 기예(技藝)에 능하다.

다:오타 ①같은 또래의 사람이나 손아랫사람에 대하여 자기에게 줄 것을 요구하는 말. ¶그 책을 이리 -./얘야, 그 짐 이리 -. ②상대편에게 무엇을 어떻게 해 주기를 요청하는 말. ¶우리에게 자유를 -. ☞달라

조동 본용언(本用言) 다음에 쓰이어, 부탁하거나 사정하는 뜻을 나타냄. ¶내 말을 믿어 -./등을 밀어 -.

-다오어미 ①'-다 하오'가 줄어든 말. ¶그는 아무 것도 모른다오./산이 험하다오. ②'하오' 할 자리에 어찌하였거나 어떠하다는 것을 친근한 느낌으로 나타내는 종결 어미. ¶인생은 짧고 예술은 길다오./나는 정말 잊었다오.

다옥-하다형여 풀이나 나무 따위가 우거져 있다. 무성하다

다올-대[-때]명 베의 날실을 풀기 위하여 도투마리를 밀어서 넘기는 막대기.

다욕(多辱)어기 '다욕(多辱)하다'의 어기(語基).

다욕(多慾)어기 '다욕(多慾)하다'의 어기(語基).

다욕-하다(多辱-)형여 욕됨이 많다.

다욕-하다(多慾-)형여 욕심이 많다. ☞과욕하다

다우(多雨)명 비가 내리는 날이 많음, 또는 내린 비의 양이 많음. ¶고온(高溫) - ☞과우(寡雨)

다우메탈(Dow metal)명 경합금(輕合金)의 한 가지. 마그네슘·구리·아연·망간 따위를 섞어 만든 것으로, 가볍고 강하여 항공기나 자동차 등에 쓰임.

다운(down)명-하다자타 권투에서, 상대 선수의 주먹을 맞고 쓰러지는 일. ¶강펀치를 맞고 -되다.

다운로:드(download)명 컴퓨터 통신망을 통하여 다른 컴퓨터의 기억 장치에서 파일이나 프로그램을 받아 오는 일. ☞업로드(upload)

다원(多元)명 ①요소나 근원이 여러 가지인 것, 또는 많은 근원. ②수학에서, 방정식의 미지수가 여러 개 있는 것. ☞일원(一元)

다원(茶園)명 차를 재배하는 밭. 차나무 밭.

다원-론(多元論)[-논]명 철학에서, 우주의 모든 현상에는 각각 독립한 본체가 있다는 것을 인정하고, 이 본체들은 서로 환원될 수 없으며 아울러 있다는 이론. ☞단원론(單元論). 일원론(一元論)

다원=묘:사(多元描寫)명 소설 구성에서, 몇 개의 시점으로 대상을 따로 묘사하여 전체적인 조화를 꾀하는 방법. ☞일원 묘사(一元描寫)

다원=방:송(多元放送)명 방송 편성 방식으로, 두 군데 이상의 지점에서 수집한 자료를 한 방송국에서 정리하여, 하나의 프로그램으로 내보내는 방송.

다원=방정식(多元方程式)명 수학에서, 둘 이상의 미지수를 포함한 방정식.

다원적=국가(多元的國家)명 국가 주권의 절대성을 인정하지 아니하고, 부분 사회가 연합하여 전체 사회를 구성하는 나라.

다:위니즘(Darwinism)명 ①생물의 진화에 관하여, 자연 선택과 적자생존(適者生存)을 주장하는 다윈의 학설. ②다윈의 진화론에 바탕을 둔 진화론적인 견해.

다육(多肉)명-하다형 식물의 잎이나 줄기, 과일 등에 살이 많음. ¶- 품종

다육-경(多肉莖)명 수분이 많아서 살이 두툼한 식물의 줄기. 선인장의 줄기 따위.

다육-과(多肉果)명 살과 즙이 많아서 과육(果肉)이 부드러운 열매. 귤이나 포도 따위. ☞장과(漿果)

다육=식물(多肉植物)명 잎이나 줄기의 일부 또는 전체에 수분을 많이 함유한 식물. 수분이 적고 건조한 땅에서도 잘 자람. 다장 식물(多漿植物). 저수 식물(貯水植物)

다육-엽(多肉葉)[-녑]명 수분이 많아서 살이 두툼한 식물의 잎. 용설란(龍舌蘭) 따위.

다육-질(多肉質)명 살이 많은 성질이나 품질.

다음명 ①어떤 차례에서, 기준의 바로 뒤. ¶- 주말에는 산에 갑시다./너 -이 내 차례다. ②어떤 일이나 과정이 끝난 뒤. ¶숙제를 끝낸 -에는 나가 놀아도 좋다. ③얼마간의 시간이나 시일이 지난 뒤. ¶-에 만나서 이야기하자. ④주로 '-가(이) 아닌 다음에야'의 꼴로 쓰이어, 그 아닌 사실을 강조할 때 쓰임. ¶바보가 아닌 -에야 그 말을 못 알아듣겠습니까? 준담[3]

다음(多淫)어기 '다음(多淫)하다'의 어기(語基).

다음-가다자 등급이나 수준, 차례 따위에서 첫째의 다음이 되다. 버금가다 ¶장관 다음가는 직위.

다음-날명 ①어떤 일정한 날의 바로 뒤에 오는 날. 이튿날. 익일(翌日) ②다음에 오는 어느 날. 뒷날. 훗날 준담날

다음-다음명 다음의 다음. ¶-이 우리 차례다. 준담담

다음-자(多音字)[-짜]명 음이 두 가지 이상인 한자(漢字). 金(김·금), 殺(살·쇄), 度(도·탁) 따위.

> ▶ **한자의 다음자(多音字) 예**
> 降(강·항)/見(견·현)/龜(구·귀·균)/茶(다·차)/宅(댁·택)/樂(락·악·요)/北(배·북)/便(변·편)/復(복·부)/不(부·불)/參(삼·참)/索(삭·색)/說(설·세·열)/省(생·성)/數(삭·수)/識(식·지)/惡(악·오)/易(역·이)/刺(자·척)/切(절·체)/暴(포·폭)/畫(화·획)

다음자리-표(-音-標)명 서양 음악에서, 높은음자리표와 낮은음자리표의 사이에 '시(C)' 음의 자리를 정한 표. 우리 나라 음계 이름 '다'에 해당함. 가온음자리표

다-음절(多音節)명 셋 이상으로 된 음절.

다음절-어(多音節語)명 세 음절(音節) 이상으로 이루어진 단어. 소나무, 비행기 따위. ☞단음절어(單音節語)

다음-하다(多淫-)형여 음사(淫事)의 정도가 지나치다.

다의(多義)명-하다형 한 단어가 여러 뜻을 가지고 있음.

다이내믹-하다(dynamic-)형여 동적(動的)이며 힘이 있다. 역동적이다

다이너마이트(dynamite)명 공업용 폭발약. 니트로글리세린을 규조토(硅藻土) 등에 흡수시켜 만듦.

다이너모(dynamo)명 발전기(發電機)

다이너모미:터(dynamometer)명 ①동력계(動力計) ②악력계(握力計) ③망원경의 배율계(倍率計).

다이너미즘(dynamism)명 ①역본설(力本說) ②기계 또는 인간의 힘찬 움직임을 회화나 조각에 표현하려는 현대 미술의 한 주의(主義).

다이닝키친(dining+kitchen)명 부엌과 식당을 겸하도록 된 방.

다이렉트마:케팅(direct marketing)명 매도자(賣渡者)가 중간 상인을 거치지 않고 소비자에게 직접 판매하는 활동. 우편 발송, 카탈로그 판매, 방문 판매 따위.

다이렉트메일(direct mail)명 상품이나 서비스를 선전하기 위하여 특정 고객들에게 직접 보내는 편지나 광고지 등의 우편물. 준디엠(DM)

다:-이를까감 사실이 분명하고 옳으므로 자세한 이야기까지 다 말할 필요가 없다는 뜻. ¶어찌 ─, 자연의 고마움을.

다이빙(diving)명-하다자 ①높은 곳에서 물 속으로 뛰어드는 일, 또는 그러한 운동이나 경기.〔경기에는 스프링보드다이빙과 하이다이빙 등이 있음.〕②비행기의 급강하(急降下). ③잠수(潛水)

다이빙-대(diving臺)명 다이빙보드

다이빙보:드(diving board)명 다이빙을 할 수 있도록 일정한 높이로 만들어 놓은 대. 다이빙대

다이빙패스(diving pass)명 럭비에서, 스크럼하프가 패스를 멀리 하기 위해 점프하면서 던지는 패스.

다이스(dies)명 암나사의 일부가 칼날로 되어 있어, 수나사를 깎아 만드는 공구.

다이아(∠diamond)명 '다이아몬드(diamond)'의 준말.

다이아나(Diana)명 로마 신화에 나오는 달과 사냥의 여신(女神).

다이아몬드(diamond)명 ①탄소의 결정으로, 광물 중에서 가장 단단한 것. 보통 무색투명하고, 광택이 있음. 금강석. 찬석(鑽石) ②야구장의 내야(內野). ③트럼프패의 하나. 붉은 빛깔로 마름모꼴이 그려져 있음. 준다이아

다이아몬드게임(diamond game)명 실내에서 하는 놀이의 한 가지. 다이아몬드 모양의 말판에서 각자 자기 말밭에 놓여 있는 말을 건너편 자기 말밭에 먼저 이동시킨 사람이 이기는 놀이임.

다이아몬드혼-식(diamond婚式)명 결혼 기념식의 한 가지. 서양 풍속으로, 결혼 60주년 또는 75주년을 맞아 부부가 다이아몬드로 된 선물을 주고받으며 기념함. ☞회혼례(回婚禮). 금혼식(金婚式)

다이아진(diazine)명 '술파다이아진'의 준말.

다이어그램(diagram)명 ①도표(圖表). 도식(圖式) ②행사 예정표나 진행표. ③열차 운행표

다이어리(diary)명 '일기장(日記帳)'의 뜻으로, 날짜별로 간단한 기록을 할 수 있도록 종이를 묶어 놓은 것.

다이어트(diet)명 몸무게를 줄이거나 건강을 위하여 제한된 식사를 하는 일.

다이얼(dial)명 ①시계나 나침반 따위의 글자판. ②전화에 달린 원형 글자판. ③라디오의 주파수를 맞추는 회전식 손잡이.

다이얼게이지(dial guage)명 길이 또는 평면의 요철이나 축 중심의 기울기 따위를 정밀하게 재는 측량 기계.

다이얼로그(dialogue)명 대화 또는 문답.〔특히, 극이나 소설의 대화 부분을 이름.〕☞모놀로그

다이오:드(diode)명 음극과 양극을 하나의 진공 용기 안에 넣고 봉한 전자관(電子管). 교류를 직류로 바꾸는 정류기(整流器)나 검파기(檢波器)로 쓰임. 이극 진공관(二極眞空管)

다이옥신(dioxine)명 두 개의 벤젠 핵을 산소로 결합한 유기 화합물. 독성이 매우 강하며, 암을 일으키거나 기형아 출산의 원인이 됨. 석탄, 석유, 담배 등을 태우거나 농약 등 화학 물질을 만드는 공장에서 발생함.

다이제스트(digest)명 내용을 간추려 적은 것, 또는 요점만 간추린 저작물이나 편찬물.

다이캐스팅(die casting)명 주조법(鑄造法)의 한 가지. 구리·알루미늄·주석·납 등의 합금을 녹여, 강철로 만든 거푸집에 압력을 주어 눌러 넣는 방법으로 대량 생산에 알맞음.

다인(dyne)의 힘의 C.G.S. 단위. 질량 1g의 물체에 작용하여 1초 동안에 1cm의 가속도를 내게 하는 힘. 기호는 dyn

다일(多日)명 여러 날.

다임(dime)의 미국 은화의 단위. 1달러의 10분의 1.

다자-간(多者間)명 여러 사람 사이, 또는 여러 단체나 여러 국가 사이. ¶ ─ 실무 협상

다-자녀(多子女)명-하다형 아들딸이 많음.

다-자손(多子孫)명-하다형 자손이 많음.

다-자엽(多子葉)명 뭇떡잎 ☞단자엽(單子葉)

다자엽-식물(多子葉植物)명 뭇떡잎식물

다자엽-종자(多子葉種子)명 뭇떡잎씨앗

다작(多作)명-하다타 ①작품을 많이 지음. ☞과작(寡作). 삼다(三多) ②농산물을 많이 짓거나 물품을 많이 만듦.

다잡다타 ①단단히 붙들어 잡다. ¶삽 자루를 다잡고 일을 시작하다. ②비정상적이거나 바르지 않은 상태를 다그쳐 바로잡다. ¶몸의 중심을 다잡아 바로 서다. ③들뜨거나 어지러운 마음을 다그쳐 잡다. ¶마음을 다잡고 공부를 시작했다. ④엄하게 다스리거나 잡도리하다. ¶조그만 병도 시초에 다잡아야 큰 병이 되지 않는다.

다잡아-먹다타〔'마음을 다잡아먹다'의 꼴로 쓰이어〕단단히 결심하다. 단단히 마음을 다그쳐 잡다. ¶이번에는 꼭 합격하리라고 마음을 다잡아먹었다.

다잡-이명-하다타 늑줄 주었던 것을 바싹 잡아 죄는 일.

다장-근(多漿根)명 저장근(貯藏根) 중에서 무나 당근 등과 같이 즙액이 많은 뿌리.

다장=식물(多漿植物)명 다육 식물(多肉植物)

다-장조(─長調)[─쪼]명 '다' 음을 으뜸음으로 하는 장조. 시장조 ☞다단조

다재(多才)어기 '다재(多才)하다'의 어기(語基).

다재다능(多才多能)성구 재주와 능력이 남달리 많음을 이르는 말.

다재다병(多才多病)성구 재주가 많은 사람은 흔히 몸이 약하고 잔병이 많음을 이르는 말.

다재-하다(多才─)형여 재주가 많다. ☞다능하다

다적(茶積)명 차(茶)를 지나치게 즐긴 나머지 인이 박이어 나중에는 마른 차를 그대로 씹어 먹게 되는 병.

다전선고(多錢善賈)성구 밑천이 넉넉하면 장사를 잘할 수 있다는 말. ☞장수선무(長袖善舞)

다점(多占)명 완전 자유 경쟁과 독점의 중간에 일어나는 상품 매매의 한 형태. 공급자나 수요자가 많은 상품을 쌓아 두고 가격이나 공급량을 인위적으로 조절하는 경우를 이르는 말.

다점(多店)명 다방(茶房)

다점(多點)[─쩜]명-하다형 ①많은 점수, 또는 점수가 많음. ②많은 점, 또는 점이 많음.

다정(多精)명 하나의 난자에 여러 개의 정자가 들어가는 현상. ☞단정(單精)

다정(茶亭)명 ①지난날, 진찬(進饌) 때 쓰던 기구의 한 가지. 찻물을 끓이거나 따라 마시는 데 쓰는 그릇들을 벌여 놓던 탁자. ②'다정자(茶亭子)'의 준말. ③간단한 다방(茶房).

다정(茶精)명 카페인(caffein)

다정(多情)어기 '다정(多情)하다'의 어기(語基).

다정다감(多情多感)성구 정이 많고 느낌도 많음을 이르는 말. 다감다정(多感多情)

다정다한(多情多恨)성구 애틋한 정도 많고 한스러운 일도 많음을 이르는 말.

다정불심(多情佛心)[─씸]성구 정이 많고, 자비로운 마음을 이르는 말.

다정=수정(多精受精)명 수태 과정에서, 하나의 난자에 두 개 이상의 정자가 들어가서 이루어지는 수정.

다정-스럽다(多情─)(─스럽고·─스러워)형ㅂ 다정한 데가 있다. ¶다정스러운 오누이.

다정-스레부 다정스럽게

다정-자(茶亭子)명 다구(茶具)를 벌여 놓는 탁자(卓子). 준다정(茶亭)

다정큼-나무명 장미과의 상록 활엽 관목. 높이 2～4m. 잎은 길둥근 꼴로 어긋맞게 나고, 여름에 흰 꽃이 원추(圓錐) 꽃차례로 피며 가을에 까맣고 동근 열매를 맺음.

남쪽 해안에서 흔히 자라며 관상용으로 심기도 함. 나무껍질은 염색용으로 쓰임.

다정-하다(多情－)형여 ①정(情)이 많다. ②사귐이 두터워 매우 정답다. ¶다정한 연인./다정하게 걸어가다.
다정-히부 다정하게

다-조(－調)[－쪼]명 서양 음악에서, '다' 음이 으뜸음으로 구성된 곡조.

다조(多照)어기 '다조(多照)하다'의 어기(語基).

다조-기(多照期)명 농작물 따위에 햇볕이 쬐는 시간이 많은 시기.

다조-성(多調性)[－썽]명 음악 기법으로, 둘 이상의 서로 다른 조성(調性)을 동시에 사용하여 작곡하는 방법.

다조지다타 일이나 말을 급하게 재촉하다. 준다좆다

다조-하다(多照－)형여 농작물에 햇볕이 쬐는 시간이 많다. ☞과조(寡照)하다

다족(多足)명-하다형 ①많고 넉넉함. ②발이 많음, 또는 많은 발.

다족(多族)어기 '다족(多族)하다'의 어기(語基).

다족-류(多足類)명 다지류(多肢類)

다족-하다(多族－)형여 일가가 많다. ¶다족한 집안.

다종(多種)명 여러 가지 종류, 또는 종류가 많은 것.

다종(茶鍾)명 ①찻종(茶鍾) ②지난날, 차를 따라 마시던 그릇. 꼭지 달린 뚜껑이 있고, 잔대의 굽이 높음.

다종다양(多種多樣)성구 가짓수와 모양이 여러 가지임.

다좆다[－졷－]타 '다조지다'의 준말.

다좇치다[－졷－]타 몹시 다조지다. ¶다좇쳐 묻다. 준다좇다

다좇다[－졷－]타 ①다급히 좇다. ②'다좇치다'의 준말.

다죄다타 다잡아 죄다. ¶나사를 －.

다중(多重)명 여러 겹. ¶－ 포장

다중(多衆)명 많은 사람. 뭇사람 유대중(大衆)

다중=방:송(多重放送)명 한 주파수로 여러 가지 방송을 동시에 내보내는 방송. 다중식 방송 ¶음성 －

다중-성(多重星)명 천구상에, 매우 가까운 위치에 겹쳐 보이는 두 개 이상의 항성(恒星). 맨눈으로 보면 하나의 별로 보임. 중성(重星) ☞이중성(二重星). 삼중성

다중식=방:송(多重式放送)명 다중 방송

다중=전:신(多重電信)명 다중 통신

다중=통신(多重通信)명 한 통신 회선(通信回線)을 이용하여 두 가지 이상의 신호를 보내는 통신 방식. 다중 전신(多重電信). 수중 통신(數重通信)

다즙(多汁)명-하다형 물기나 즙이 많음.

다즙=사료(多汁飼料)명 호박이나 무 등과 같이 물기가 많은 사료.

다지(多智)어기 '다지(多智)하다'의 어기(語基).

다지다[1]타 ①무르거나 들떠 있는 것을 눌러서 굳고 단단한 상태로 만들다. ¶집터를 －./곰방대에 담배를 다져 넣다. ②일의 바탕을 튼튼하게 하다. ¶기반을 －. ③마음이나 뜻을 가다듬어 굳게 하다. ¶결의를 －./마음을 굳게 다져 먹다. ④틀림없도록 강조하거나 확인하다. ¶한 번 더 그 사실을 다져 물었다.

다지다[2]타 고기나 채소 따위를 칼로 여러 번 쳐서 잘게 만들다. ¶마늘을 －. ☞이기다[2]

다지-류(多肢類)명 절지동물(節肢動物)의 한 강(綱). 머리에 한 쌍의 더듬이와 몇 개의 홑눈이 있고 몸통은 여러 개의 마디로 되어 있으며, 마디마디에 한두 쌍의 발이 달려 있음. 지네·노래기 따위. 다족류(多足類) ☞갑각류(甲殼類). 백족지충(百足之蟲)

다지르다(다지르고·다질러)타르 다짐받기 위하여 다지다. ¶용기를 내자고 스스로 마음을 －.

다지=선:택법(多肢選擇法)명 다항 선택법(多項選擇法)

다지-하다(多智－)형여 지혜가 많다.

다직-하다형여 주로 '다직하면'·'다직해서'·'다직해야'의 꼴로 쓰이어, '기껏 많이 잡으면', '기껏 많이 잡아서', '기껏해야'의 뜻을 나타냄. ¶다직해야 4km의 거리다.

다질리다타 다지름을 당하다.

다짐명-하다자 ①이미 한 일이나 앞으로 할 일이 틀림없음을 조건을 붙여 말하는 일, 또는 그 말. ¶그의 －의 말을 믿는다./약속을 지키겠다고 －하다. ②〔타동사처럼 쓰임〕 마음을 굳게 다잡다. ¶충성을 다할 것을 －하다.
다짐(을) 두다관용 ①틀림이 없도록 단단히 다짐하다. ②다짐장을 써서 올리다.
다짐(을) 받다관용 ①단단히 다져서 틀림없이 그렇게 하겠다는 약속을 받다. ②다짐장을 쓰게 하여 받다.

다짐-기(－記)[－끼]명 다짐장

다짐-장(－狀)[－짱]명 다짐하는 글을 적은 종이나 서류. 다짐기

다짜-고짜부 다짜고짜로

다짜고짜-로부 옳고 그름을 가리지 않고 덮어놓고. 다짜고짜 ¶－ 덤벼들다.

다채(多彩)어기 '다채(多彩)하다'의 어기(語基).

다채-롭다(多彩－)(－롭고·－로워)형ㅂ 여러 가지 빛깔이나 모양, 종류 등이 한데 어울려 다양하고 호화스럽다. 다채하다 ¶다채로운 행사가 펼쳐지다.
다채-로이부 다채롭게

다채-유(多彩釉)명 여러 가지 빛깔의 잿물, 또는 그러한 잿물을 입혀 구운 도자기. ☞삼채(三彩)

다채-하다(多彩－)형여 다채롭다

다처(多妻)명 한 남자가 둘 이상의 아내를 가지는 일. ¶일부(一夫) － ☞다부(多夫)

다층(多層)명 여러 층, 또는 층이 많은 것. ¶－ 건물 ☞단층(單層)

다층-림(多層林)명 수관(樹冠)이 고르지 않고 여러 층으로 된 숲. ☞단층림(單層林)

다층-탑(多層塔)명 탑의 몸체가 여러 층으로 된 탑. 삼층탑·오층탑 따위.

다치다자타 ①부딪치거나 맞거나 하여 상하다. ¶부주의로 손을 －./사고로 많은 사람이 －. ②손을 대거나 하여 건드리다. ¶진열된 작품을 다치면 안 됩니다. ③남의 마음이나 감정을 자극하여 상하게 하다. ¶그녀의 여린 마음을 다치지 마라. ④재산이나 명예 따위에 해를 끼치다. ¶작가로서 명예를 －.

한자 **다칠 상**(傷)〔人部 11획〕¶경상(輕傷)/사상자(死傷者)/상처(傷處)/중상(重傷)/창상(創傷)

다카포(da capo 이)명 악보의 나타냄말의 한 가지. 처음으로 돌아가서 되풀이하여 연주하라는 뜻. 약호는 D.C.

다카포알피네(da capo al fine 이)명 악보의 나타냄말의 한 가지. 처음으로 돌아가서 피네(fine) 기호가 있는 데까지 연주하라는 뜻.

다카포=형식(da capo形式)명 다카포를 이용한 악곡의 형식. 미뉴에트(minuet)·행진곡 등에 쓰임.

×**다쿠앙**(たくあん. 澤庵 일)명 →단무지

다큐멘터리(documentary)명 ①문장이나 방송 또는 영상 매체를 사용하여 만든, 주제와 줄거리가 있는 기록물을 통틀어 이르는 말. 주로 역사적·사회적 사건을 허구적 요소 없이 그림. 기록 문학, 기록 영화 따위. ②'다큐멘터리 영화'의 준말.

다큐멘터리=영화(documentary映畫)명 기록 영화(記錄映畫) 준다큐멘터리

다:크스테이지(dark stage)명 다크스튜디오

다:크스튜:디오(dark studio)명 인공 광선만을 사용하여 사진을 찍는 암실 촬영소. 다크스테이지

다:크오:픈(dark open)명 연극에서, 무대 조명이나 불을 끈 어두운 상태에서 막을 여는 일. 약호는 D.O.

다:크호:스(dark horse)명 ①인물이나 역량은 알 수 없으나 뜻밖의 변수로 작용할 가능성이 있는 유력한 경쟁 상대. ②경마(競馬)에서, 아직 실력은 알 수 없으나 뜻밖의 좋은 결과를 가져올지도 모르는 말.

다탁(茶卓)명 차를 마실 때, 찻잔을 올려 놓는 탁자. ☞다정자(茶亭子)

다탕(茶湯)명 ①차를 달인 물. ②차와 과자 또는 과일 등을 차린 간단한 음식.

ㄷ

다태(多胎)명 포유동물에서, 한 개의 난자(卵子)가 수정된 뒤에 둘 이상으로 분리되어 별개의 개체가 되는 일, 또는 두 개 이상의 난자가 동시에 수정되는 일.
다태=동물(多胎動物)명 한 태(胎) 안에 여러 마리의 새끼를 배는 동물. 돼지·개 따위.
다태-아(多胎兒)명 다태 임신으로 밴 태아.
다태=임:신(多胎妊娠)명 한 태(胎) 안에 둘 이상의 태아를 밴 상태. ☞쌍태 임신
다투다 자타 ①서로 싸우다. 옥신각신 하다. ¶다투지 말고 사이좋게 지내라. ②권력이나 우승을 차지하기 위해 맞서서 힘을 쓰거나 애를 쓰다. ¶둘이는 서로 1등을 다투는 사이다./집권을 ―. ③〔시간을 나타내는 일부 명사와 함께 쓰이어〕 시급하거나 절박하다. ¶1분 1초를 ―./촌각을 ―. ④어떤 정도만큼의 정확성을 필요로 하다. ¶한 치를 ―.

한자 **다툴 쟁**(爭) 〔爪部 4획〕 ¶논쟁(論爭)/쟁의(爭議)/쟁취(爭取)/쟁탈(爭奪)/항쟁(抗爭) ▷ 속자는 争

다툼 명 -하다 자타 다투는 일. ¶자리 ―을 벌이다.
다툼-질 명 -하다 자 서로 다투는 짓. ¶―을 일삼다.
다팔-거리다(대다) 자타 ①다보록한 머리털 따위가 좀 길게 늘어져 자꾸 날리다, 또는 그리 되게 하다. ¶머리가 바람에 ―. ②마음이 들떠서 자꾸 경망스레 행동하다. ☞더펄거리다
다팔-다팔 부 다팔거리는 모양을 나타내는 말. ¶― 하지 말고 좀 침착해라. ☞더펄더펄
다팔-머리 명 짧게 늘어져 다팔거리는 머리털, 또는 그런 머리털을 가진 사람. ¶귀여운 ― 소녀. ☞더펄머리
다포=농업(多圃農業)명 농토를 경작지, 휴경지(休耕地), 목초 재배지 등으로 갈라서 몇 년에 한 번씩 엇바꾸어 짓는 농업.
다포-약(多胞葯)명 셋 이상의 약포(葯胞)로 된 꽃밥. 향나무꽃 따위의 꽃밥이 이에 딸림. ☞단포약(單胞葯)
다프네(Daphne)명 그리스 신화에 나오는 요정. 아폴론의 구애를 뿌리치고 달아나 월계수로 변하였다고 함. ☞님프(nymph)
다:-하다 자타여 ①있던 것이 더는 남아 있지 않고 모두 없어지다. ¶목숨이 ―./힘이 ―. ②하던 일을 끝마치다. ¶시험 공부를 ―./숙제를 ―. ③마음이나 힘 또는 필요한 물자 따위를 다 쏟거나 들이다. ¶최선을 ―./있는 힘을 다해서 봉사하다.

한자 **다할 극**(極) 〔木部 9획〕 ¶극단(極端)/극도(極度)/극언(極言)/극지(極地)/극치(極致)/극한(極限)
다할 진(盡) 〔皿部 9획〕 ¶진력(盡力)/소진(消盡)/진성(盡誠)/진심(盡心)/진운(盡運) ▷ 속자는 尽

다한(多恨)어기 '다한(多恨)하다'의 어기(語基).
다한-증(多汗症)[―쯩]명 보통 사람보다 땀이 지나치게 많이 나는 상태.
다한-하다(多恨―)형여 한스러움이 많다. 원한이 많다.
다항=선:택법(多項選擇法)명 시험 방법의 한 가지. 한 문제에 대하여 여러 답을 늘어놓고, 그 가운데서 정답을 가려내게 하는 방법. 다지 선택법(多肢選擇法)
다항-식(多項式)명 두 개 이상의 단항식을 덧셈표 또는 뺄셈표로 연결한 식. ☞단항식(單項式)
다핵=도시(多核都市)명 기능을 달리하는 여러 개의 도시가 결합하여 형성된 거대 도시.
다핵=세:포(多核細胞)명 두 개 이상의 핵을 가진 세포.
다행(多幸)명 -하다 형 일이 뜻밖에 잘 되어 좋음. ¶불행 중 ―이다. 준 행(幸)
다행-히 부 다행하게

한자 **다행 행**(幸) 〔干部 5획〕 ¶행운(幸運)

다행다복(多幸多福)성구 운수가 좋고 복이 많음을 이르는 말.
다행-스럽다(多幸―)(―스럽고·―스러워)형ㅂ 다행한 느낌이 들다. ¶다행스럽게도 다친 데는 없다.
다행-스레 부 다행스럽게
다혈(多血)명 ①보통 사람보다 몸 안에 피가 많은 상태. ☞빈혈(貧血) ②정서의 움직임이 빠르고, 감정에 치우치기 쉬움. ☞다혈질(多血質)
다혈구=혈증(多血球血症)[―쯩]명 혈액 속에 적혈구의 수가 정상보다 많아서 헤모글로빈의 양이 증가된 상태. 생리적인 것과 병적인 것이 있음.
다혈-증(多血症)[―쯩]명 적혈구가 정상보다 많아지는 증세. 심장의 고동이 빨라지며 얼굴이 붉어지고 호흡 곤란을 느낌.
다혈-질(多血質)[―찔]명 히포크라테스가 가른 사람의 네 기질(氣質)의 하나. 낙천적이고 쾌활하며 사교적이나, 자극에 민감하고 흥분하기 쉬움. ☞담즙질(膽汁質)
다혈-한(多血漢)명 '다혈질인 남자'를 속되게 이르는 말.
다형(多形)명 동질 이상(同質異像)
다형=변:정(多形變晶)명 광물질이 같은 화학 조성을 가지면서, 큰 압력이나 암장(岩漿)의 접촉으로 다른 모양의 재결정을 이루는 일.
다형-화(多形花)명 같은 종에 딸린 식물의 다른 그루 또는 같은 그루 가운데서 생기는, 서로 형태를 달리하는 두 종류 이상의 꽃. 국화나 수국 따위.
다호(茶壺)명 찻잎을 담아 두는 단지.
다홍(―紅)명 짙은 붉은 빛깔, 또는 그런 빛깔의 물감. 다홍빛. 다홍색 ☞굴색
다홍-빛(―紅―)[―삗]명 다홍. 다홍색
다홍-색(―紅色)명 다홍. 다홍빛
다홍-치마(―紅―)명 ①붉은 빛깔의 치마. 홍상(紅裳). 홍치마 ②위의 반은 희고 아래의 반은 붉게 칠한 방패연. ☞치마연
다화(茶話)명 차를 마시며 하는 이야기.
다화-과(多花果)명 여러 꽃에서 생긴 많은 열매가 한데 모여 한 개의 열매처럼 생긴 과실. 오디나 무화과 따위. 겹열매. 복화과(複花果) ☞단화과(單花果)
다화-성(多化性)[―썽]명 곤충이 한 해에 세 세대(世代) 이상 되풀이하는 성질. ☞화성(化性)
다화-잠(多化蠶)명 다화성을 가진 누에. 〔중국 남부나 인도 등의 아열대나 열대 지방에서 기르며, 고치는 물레 모양임.〕
다화-회(茶話會)명 차를 마시면서 이야기하는 모임. ☞다과회(茶菓會)
다황화-물(多黃化物)명 황화알칼리 수용액을 방치하거나, 황화물 수용액에 황을 녹여서 만드는 화합물.
다회(多繪)명 여러 올의 실을 짜거나 땋아서 만든 끈을 통틀어 이르는 말. 허리띠·대님·망건당줄 따위. 끈목 ☞광다회(廣多繪). 동다회(童多繪). 원다회(圓多繪)
다회-장(多繪匠)명 조선 시대, 공조(工曹)에 딸리어 끈목 만드는 일을 전문으로 하던 사람.
닥[1] 명 ①'닥나무'의 준말. ②닥나무 껍질. 한지(韓紙)의 원료가 됨.
닥:[2] 부 ①딱딱한 바탕에 금이나 줄을 단번에 힘있게 긋는 모양, 또는 그 소리를 나타내는 말. ¶줄을 ― 긋다. ②작고 단단한 물체를 거칠게 긁을 때 나는 소리, 또는 그 모양을 나타내는 말. ☞득
닥-굿 명 껍질을 벗기기 위하여 닥나무를 찌는 구덩이.
닥굿-하다[―굳―]자여 구덩이에 닥을 넣고 찌다.
닥-나무 명 뽕나뭇과의 낙엽 활엽 관목. 잎은 뽕잎과 같은 모양으로 톱니가 있으며 어린잎에는 잔털이 많음. 초가을에 뱀딸기와 비슷한 열매가 익음. 나무 껍질은 한지(韓紙)를 만들고, 열매는 약재로 씀. 준닥[1]
닥다그르르 부 ①단단하고 동근 물건이 단단하고 매끄러운 바닥에 떨어져 튀었다가 구르는 소리, 또는 그 모양을 나타내는 말. ②천둥이 먼 데서 갑자기 무엇에 부딪치는듯이 울리는 소리를 나타내는 말. ☞덕더그르르. 딱따그르르
닥다글-거리다(대다) 자 닥다글닥다글 소리가 나다. ☞덕더글거리다. 딱따글거리다
닥다글-닥다글 부 단단하고 동근 물건이 단단하고 매끄

러운 바닥에 자꾸 부딪히면서 굴러가는 소리, 또는 그 모양을 나타내는 말. ☞덕더글덕더글. 딱따글딱따글

닥:-닥 부 ①딱딱한 바탕에 금이나 줄을 힘있게 자꾸 긋는 모양, 또는 그 소리를 나타내는 말. ¶줄을 — 긋다. ②작고 단단한 물체를 자꾸 거칠게 긁을 때 나는 소리, 또는 그 모양을 나타내는 말. ☞득득

닥-뜨리다(트리다) 자타 ①가까이 닥쳐오는 일에 마주서다. ¶어려운 사건에 —. ②물체와 물체가 세게 마주 닿다. ¶전봇대에 이마를 —. ③마구 다조지다.

닥스훈트(Dachshund 독) 명 개의 한 품종. 허리가 길고 다리가 짧은 독일종의 개. 굴에 숨은 오소리나 여우를 사냥하는 데 쓰이거나 애완용으로 기름.

닥작-닥작 부-하다 형 먼지나 때 따위가 넓은 면으로 두껍게 끼어 있는 모양을 나타내는 말. ☞덕적덕적

닥지-닥지 부-하다 형 ①먼지나 때 따위가 많이 끼거나 붙어 있는 모양을 나타내는 말. ②여러 번 덧발리거나 덧붙어 있는 모양을 나타내는 말. ¶물감을 — 칠하다. ☞덕지덕지

닥-채 명 껍질을 벗겨 낸 닥나무의 가느다란 가지.

닥쳐-오다 자 가까이 다다라 오다. ¶시험 날짜가 이틀 앞으로 닥쳐왔다.

닥치다 자 어떤 일이나 때가 가까이 다다르다. ¶재난이 —./결전의 날이 —.

닥치는 대로 관용 이것저것 가릴 것 없이. 눈에 보이는 대로. 함부로 마구. ¶— 가방에 챙겨 넣었다.

한자 **닥칠 박**(迫)〔辵部 5획〕¶급박(急迫)/긴박(緊迫)/박근(迫近)/박두(迫頭)/임박(臨迫)

닥터스톱(doctor+stop) 명 권투에서, 한쪽 선수가 부상하였을 때 경기를 계속하는 것이 불가능하다는 의사의 판단에 따라 심판이 상대편 선수의 승리를 선언하고 경기를 끝맺는 일. ☞아르에스시(RSC)

닥풀 명 아욱과의 한해살이풀. 줄기 높이 1m 안팎. 잎은 어긋맞게 나고 8~9월에 엷은 노란빛의 꽃이 핌. 뿌리를 물에 우려 내면 끈끈한 점액이 나와 풀을 갠 물처럼 되는데, 종이를 뜨는 데 쓰임. 공예 작물로 재배함.

닦다[닥—] 타 ①더러운 것이나 물기를 없애기 위하여 그 거죽을 씻거나 문지르다. ¶방바닥을 —./땀을 —. ②윤기가 나도록 문지르다. ¶구두를 —. ③바닥을 평평하게 골라서 다지다. ¶집터를 —./길을 —. ④어떤 일을 위한 기초나 바탕을 튼튼히 하다. ¶사업의 기반을 —. ⑤수련을 필요로 하는 일을 배우고 익혀서 높은 단계가 되도록 힘쓰다. ¶학문을 —./도를 —. ⑥셈을 맞추어 내용을 밝히다. ¶셈을 —. ⑦'홀닦다'의 준말.

속담 **닦은 방울 같다**: ①눈이 아름답고 빛남을 이르는 말. ②하는 짓이 똑똑하고 영리함을 이르는 말./**닦은 콩 먹기**: 그만둔다 그만둔다 하면서도 딱 끊지 못하고 끝장을 본다는 말.

한자 **닦을 수**(修)〔人部 8획〕¶수도(修道)/수련(修鍊)/수양(修養)/수학(修學)/수행(修行)

닦달[닥—] 명-하다 타 몰아대어 나무라거나 을러멤. ¶오늘 안에 일을 끝내라고 —하다.

닦달-질[닥—] 명-하다 자타 ①남을 을러메어 다루는 짓. ②갈고 닦아 다듬는 일.

닦아-대:다 타 마구 홀닦다.

닦아-세우다 타 홀닦아 꼼짝 못 하게 하다.

닦아-주다 타 몹시 몰아대어 꾸짖어 주다.

닦음-질 명-하다 타 깨끗하게 닦는 일.

닦이다 자 ①닦음을 당하다. ②'홀닦이다'의 준말.

닦이-장이 명 닦이질을 직업으로 삼는 사람.

닦이-질 명-하다 자타 헌 재목이나 낡은 집 따위를 닦아서 깨끗이 하는 일.

단[1] 명 ①짚이나 푸성귀, 땔나무 따위의 묶음. ②〔의존 명사로도 쓰임〕짚이나 푸성귀, 땔나무 따위의 묶음을 세는 단위. ¶열무 두 —. ☞다발

단:[2] 명 '옷단'의 준말.

단(段)[1] 명 ①책이나 신문 따위 인쇄물의 지면(紙面)을 가로나 세로로 나란히 나누어 놓은 구분. ¶—을 나누다. ②바둑이나 장기, 유도·검도·태권도 등에서, 실력의 정도를 나타내는 등급을 이르는 말. ¶—을 따다. ☞급(級)[1] ③계단을 이루는 턱이 진 부분의 낱개.

단(短) 명 화투 놀이에서, 청단(靑短)·초단(草短)·홍단(紅短)을 이르는 말.

단(緞) 명 '비단'의 준말.

단(壇) 명 ①강의나 연설 따위를 하기 위하여 주변보다 조금 높게 만든 자리. ¶—에 오르다. ②제사를 지내기 위하여 흙이나 돌을 쌓아 올려 만든 터.

한자 **단 단**(壇)〔土部 13획〕¶강단(講壇)/교단(敎壇)/단상(壇上)/등단(登壇)/연단(演壇)

단:(斷) 명 ①결단(結斷) ②단안(斷案) ③불교에서, 번뇌를 끊고 죽음에 대한 공포를 없애는 일을 이르는 말.

단(段)[2] 의 ①지면(紙面)의 구획을 나타내는 단위. ¶2— 조판(組版). ②바둑이나 장기, 유도·검도·태권도 따위의 등급을 나타내는 단위. ¶태권도 3—. ③계단의 낱개를 세는 단위. ¶층계를 세 —씩 뛰어 올라갔다. ④척관법의 넓이 단위의 하나. 1단은 300평으로 1정(町)의 10분의 1. 약 922m^2임. ☞단보(段步). 묘(畝) ⑤자동차 기어의 변속 단계를 나타내는 단위. ¶5— 기어.

단(單) 관 숫자와 관련된 명사 앞에 놓이어, '단지', '겨우'의 뜻을 나타내는 말. ¶— 한 사람.

단(但) 부 ①다만 ②계약서나 영수증 따위에서, '이 내용은 다름이 아니라'의 뜻을 나타내는 말. ¶일금 십오만 원. —, 동화책 한 질 대금임.

단(單)-《접두사처럼 쓰이어》'홑'의 뜻을 나타냄. ¶단벌/단세포(單細胞)/단시조(單時調)/단모음(單母音) ☞복(複)-. 중(重)- ▷ 單의 속자는 単

단(短)-《접두사처럼 쓰이어》'짧은'의 뜻을 나타냄. ¶단거리(短距離)/단기간(短期間) ☞장(長)-

-단(團)《접미사처럼 쓰이어》'단체', '조직'의 뜻을 나타냄. ¶교수단(敎授團)/관광단(觀光團)/기자단(記者團)/소년단(少年團)/대표 선수단(代表選手團)

-단 어미 '-다는'의 준말. ¶언제나 그리 바쁘단 말인가?

단가(單家) 명 가난하고 세력이 없는 집안. 한가(寒家)

단가(單價)[—까] 명 낱개의 값. 물건의 낱 단위(單位)의 값. 낱값 ¶생산 —를 낮추다.

단:가(短歌) 명 ①시조(時調) 또는 시조와 비슷한 형식의 짧은 시가(詩歌)를 가사(歌辭)에 상대하여 이르는 말. ☞장가(長歌) ②판소리를 부르기 전에 목청을 가다듬기 위하여 부르는 짧은 노래를 이르는 말. 초두가(初頭歌). 허두가(虛頭歌)

단가(團歌) 명 어떤 단체의 정신이나 기풍이 담긴 노래.

단가(檀家) 명 불교에서, 절에 시주(施主)하는 사람의 집을 이르는 말.

단가-살림(單家—) 명-하다 자 단가살이

단가-살이(單家—) 명-하다 자 식구가 적어 단출한 살림을 이르는 말. 단가살림

단가-표(單價標)[—까—] 명 부기(簿記)나 계산서 따위에서 단가를 표시할 때, 숫자의 앞에 쓰는 '@(동그람에이)'를 이르는 말. 낱값표

단각(丹殼) 명 홍수피(紅樹皮)

단:각(短角) 명 '단각과(短角果)'의 준말.

단:각-과(短角果) 명 열과(裂果)의 한 가지. 장각과(長角果)보다 넓으나 작고 길이가 짧음. 다닥냉이의 열매 따위. 준 단각(短角)

단각-반(單脚盤) 명 소반 면 아래 한가운데에 다리가 하나뿐인 반. 외다리소반 ☞삼각반(三脚盤)

× **단간**(單間) 명 → 단칸

단:간(短簡) 명 단찰(短札)

단:간(斷簡) 명 '단편잔간(斷編殘簡)'의 준말.

× **단간-마루**(單間—) 명 → 단칸마루

× **단간-방**(單間房) 명 → 단칸방

× **단간-살림**(單間—) 명 → 단칸살림

× **단간-살이**(單間-)명 → 단칸살이
단:간-잔편(斷簡殘編)명 옛 문장이나 문서 가운데, 많은 부분이 없어지고 남은 한 부분. 단편잔간(斷編殘簡)
단:갈(短碣)명 무덤 앞에 세우는, 크기가 작고 머리가 둥근 비석. ☞갈(碣)
단-감명 단감나무의 열매. 단단하며 맛이 닮. 감시(甘柿) ☞홍시(紅柿)
단감-나무명 감나무의 개량 품종의 한 가지.
단강(鍛鋼)명 불에 달군 다음 망치로 두드리거나 늘이어 필요한 형태로 만든 강철. ☞단조(鍛造)
단거(單擧)명-하다타 오직 한 사람만을 천거함.
단:-거리명 ①단으로 묶은 땔나무. ②지난날, 큰 단으로 묶어 흥정하는 땔나무를 이르던 말.
단-거리(單-)명 ①오직 그것 하나 뿐인 재료. ②단벌
단:-거리(短距離)명 ①짧고 가까운 거리. ②'단거리 달리기'의 준말. ☞중거리(中距離)
단:거리=경:영(短距離競泳)명 수영 경기에서, 50~200m 거리의 경영을 이르는 말.
단:거리=경:주(短距離競走)명 단거리 달리기 ☞중거리 경주(中距離競走)
단:거리=달리기(短距離-)명 육상 경기에서, 100m·200m·400m 달리기를 이르는 말. 단거리 경주 준단거리 ☞중거리 달리기
단거리-서방(單-)명 기생이나 작부 따위가 정을 주는 남자 가운데 가장 마음에 드는 사람.
단:거리=선:수(短距離選手)명 단거리 달리기나 단거리 경영(競泳)의 선수.
단:거리=탄:도=미사일(短距離彈道missile)명 사정 거리가 800km 이하인 미사일. 단거리 탄도 유도탄. 에스아르비엠(SRBM) ☞대륙간 탄도 미사일
단:거리=탄:도=유도탄(短距離彈道誘導彈)명 단거리 탄도 미사일
단거리-흥정(單-)명-하다타 지난날, 뱃사공이 터주를 위하는 데 쓰려고, 납으로 만든 작은 다리미·가위·인두 따위를 사는 일을 이르던 말.
단건(單件)명 단벌
단걸음-에(單-)부 도중에 쉬지 않고 곧장. ¶십 리 길을 – 달려오다.
단:검(短劍)명 양날로 된, 길이가 짧은 칼. ☞단도(短刀). 장검(長劍)
단:견(短見)명 ①좁고 얕은 식견(識見)이나 소견. 단려(短慮) ②자기의 생각이나 의견을 겸손하게 이르는 말.
단:견(斷見)명 불교에서, 사람이 한번 죽으면 몸과 마음이 모두 영원히 없어져 버린다고 보는 그릇된 견해를 이르는 말. ☞상견(常見)
단결(團結)명-하다자 여러 사람이 한마음 한뜻으로 뭉침. 단합(團合) ▷ 團의 속자는 団
단:결(斷決)명-하다타 딱 잘라서 결정함.
단:결(斷結)명-하다자 불교에서, 세상 번뇌를 끊어 없앰을 이르는 말.
단결-권(團結權)[-꿘]명 노동 삼권(勞動三權)의 하나. 노동자가 사용자와 노동 조건의 유지와 개선 등을 교섭하기 위하여 단체를 조직하고 단결할 수 있는 권리.
단:결-에부 ①열기가 아직 식지 않았을 때에. ¶쇠는 – 두들겨야 한다. ②좋은 기회가 지나가기 전에. 단김에 ¶ – 그 일을 처리하는 것이 좋겠다.
단-결정(單結晶)[-쩡]명 전체가 하나의 결정으로 이루어져 있고, 어느 부분의 결정축이든지 모두 평행으로 되어 있는 결정체. ☞다결정(多結晶)
단:경(短徑)명 '짧은지름'의 구용어. ☞장경(長徑)
단경(端境)명 '단경기(端境期)'의 준말.
단:경(斷經)명 여자가 나이가 들어 월경(月經)이 아주 끊어지는 일. ▷ 斷의 속자는 断
단경-기(端境期)명 지난날, 철이 바뀌어 묵은 쌀 대신에 햅쌀이 나오는 무렵, 곧 음력 구시월을 이르던 말. 준단경(端境) ☞춘궁기(春窮期)
단:경-기(斷經期)명 여성의 월경이 아주 끊어지게 되는 갱년기를 이르는 말. 폐경기(閉經期)
단계(段階)명 일의 차례를 따라 나아가는 과정. ¶마무리 –에 접어들다. 유계단(階段)
단:계(短計)명 속이 들여다보이는 하찮은 꾀. 얕은꾀
단계-석(端溪石)명 중국 광동성 단계 지방에서 나는, 품질이 좋은 벼룻돌. 준단석(端石)
단계-연(端溪硯)명 단계석으로 만든 벼루. 돌결이 아름답고 품질이 좋음. 준단연(端硯)
단계-적(段階的)명 일정한 차례로 나뉘거나 일정한 단계를 거치는 것.
단고(單袴)명 남자 한복의 여름 홑바지. 고의(袴衣)
단:곡(短曲)명 짧은 악곡(樂曲).
단:곡(斷穀)명-하다자 기도나 기원 등이 이루어지기를 바라며 곡류를 먹지 아니함.
단골[1]명 ①늘 정해 놓고 거래를 하는 관계, 또는 그런 사람을 이르는 말. ¶ – 손님/–을 정하다. ②'단골집'의 준말. ③'단골 무당'의 준말.
단골[2]명 ①기와집 지붕을 이을 때 쓰이는 반 동강의 기와. ②도리 등에 얹힌 서까래와 서까래 사이.
단:골(短骨)명 길이·넓이·두께 따위가 거의 같은, 작은 뼈를 이르는 말. 손·발의 작은 뼈 따위. ☞장골(長骨)
단골-마루명 이층 이상의 집에서 아래층 지붕 위의 마루.
단골=무:당명 굿을 하거나 고사를 지낼 때, 늘 정해 놓고 불러오는 무당. 준단골[1]
단골-집[-찝]명 늘 정해 놓고 거래하는 집. 준단골[1]
단골-판(-板)명 서까래와 서까래 사이, 곧 단골을 막는 나무판자.
단공(鍛工)명-하다타 쇠붙이를 단련(鍛鍊)함, 또는 그 일을 하는 사람.
단공-로(鍛工爐)명 대장간에서, 쇠붙이를 달구는 노(爐)를 이르는 말. 단열로(鍛熱爐)
단공-목(單孔目)명 포유류의 한 목(目). 원시적인 난생(卵生) 포유동물임. 오스트레일리아에만 서식함. 오리너구리·바늘두더지 따위. ☞유대목(有袋目)
단과(單果)명 홑열매
단과=대학(單科大學)[-꽈-]명 한 가지 계통의 학부로만 구성된 대학. 대학(大學)[1] ☞종합 대학(綜合大學)
단:-과지(短果枝)명 과실 나무에서, 열매를 맺는 길이 10cm 이하의 가지를 이르는 말. ☞장과지(長果枝)
단관(單冠)명 홑으로 된 닭의 볏. 홑볏
단-관절(單關節)명 두 개의 뼈로 이루어진 관절. 어깨나 다리의 관절 따위. ☞복관절(複關節)
단광(單光)명 '단색광(單色光)'의 준말.
단광(團鑛)명 광석의 가루나 작은 알갱이를 굳혀서 만든 덩어리.
단괴(團塊)명 퇴적암 속에서, 주위와 다른 특정 성분이 응축되어 덩이를 이룬 부분.
단:교(斷交)명-하다자 ①교제를 끊음. 절교(絶交) ②국가간의 외교 관계를 끊음. ¶ – 정책
단:교(斷郊)명-하다자 교외를 가로질러 나감.
단:교=경:주(斷郊競走)명 크로스컨트리(cross-country)
단구(丹丘)명 신선(神仙)이 산다는 곳.
단구(段丘)명 수면의 강하(降下)나 지반(地盤)의 융기(隆起) 따위로 말미암아 강이나 호수, 바다의 연안에 생기는 층계 모양의 지형. 하안 단구(河岸段丘)나 해안 단구(海岸段丘) 따위.
단:구(短句)[-꾸]명 한시(漢詩)에서, 글자 수가 적은 글귀를 이르는 말. ☞장구(長句)
단:구(短晷)명 짧은 해. 짧은 낮.
단:구(短軀)명 단신(短身) ☞장구(長軀)
단구(單球)명 백혈구(白血球)의 한 가지. 혈액 속에 있는 세포로서, 전체 백혈구의 6% 가량을 차지하며, 강한 식균(食菌) 작용을 함.
단구(單鉤)명 '단구법(單鉤法)'의 준말.
단:구(斷口)명 ①물체의 잘린 면. 단면(斷面) ②광물을 쪼개었을 때 나타나는 불규칙한 단면.
단구-법(單鉤法)[-뻡]명 붓을 잡는 법의 한 가지. 엄지

와 집게손가락으로 붓대를 잡고, 가운뎃손가락으로 붓대를 가볍게 받침. [준]단구(單鉤) ☞쌍구법(雙鉤法)
단-국 [명] 맛이 단 국물.
단국(檀國)[명] 배달나라
단군(檀君)[명] 우리 겨레의 시조(始祖)로 받드는 태초의 임금. 기원전 2333년에 고조선(古朝鮮)을 세웠다고 함. 단군 왕검(檀君王儉)
단군-교(檀君敎)[명] 단군(檀君)을 받들어 섬기는 종교를 통틀어 이르는 말. 대종교(大倧敎) 따위.
단군=기원(檀君紀元)[명] 단군이 즉위한 해, 곧 기원전 2333년을 원년(元年)으로 삼는 우리 나라의 기원. [준]단기(檀紀)
단군=왕검(檀君王儉)[명] 단군(檀君)
단군=조선(檀君朝鮮)[명] 단군이 기원전 2333년에 아사달(阿斯達)에 도읍하고 건국했다는 고조선(古朝鮮).
단-굴절(單屈折)[-쩔] [명] 입사광(入射光)에 대하여 굴절광(屈折光)이 하나밖에 없는 굴절 현상. ☞복굴절(複屈折) ▷ 單의 속자는 単
단권(單卷)[명] '단권책(單卷冊)'의 준말.
단권-책(單卷冊)[명] 한 권으로 이루어진 책. [준]단권
단궤(單軌)[명] '단궤 철도'의 준말. ☞복궤(複軌)
단궤=철도(單軌鐵道)[명] 단선 궤도(單線軌道) 위를 열차가 운행하는 철도. 모노레일(monorail) [준]단궤(單軌) ☞복궤 철도(複軌鐵道)
×**단귀**(短句)[명] → 단구(短句)
단:-귀틀(短-)[명] 장귀틀과 장귀틀 사이를 가로지른 짧은 귀틀.
단규(端揆)[명] 지난날, '우의정'을 달리 이르던 말.
단극=전위(單極電位)[명] 고체·액체·기체 등의 단체(單體)와 그 이온(ion)을 함유하는 용액을 접촉시킬 때 양자의 경계 면에 나타나는 전위. 전극 전위(電極電位)
단근(單根)[명] 가랑이가 돋지 않고 외줄로 뻗은 뿌리. ☞복근(複根)
단:근-질 [명]-하다[타] 지난날, 불에 달군 쇠로 몸을 지지던 형벌. 낙형(烙刑)
단금(鍛金)[명] 쇠를 불에 달군 다음, 두드려서 원하는 형태를 만드는 일.
단:금(斷金)[명] 쇠붙이라도 끊을 만큼 강하고 굳다는 뜻으로, 교분이 매우 두터움을 이르는 말.
단:금-우(斷金友)[명] 교분이 매우 두터운 벗.
단:금지계(斷金之契)[성구] 쇠붙이라도 끊을만 한 굳은 약속이라는 뜻으로, 매우 두터운 우정을 이르는 말.
단:금지교(斷金之交)[성구] 쇠붙이라도 끊을만 한 굳은 교제라는 뜻으로, 매우 두터운 우정을 이르는 말.
단급(單級)[명] 여러 학년의 학생을 하나의 학급으로 편성한 체제, 또는 그 학급. ☞다급(多級)
단기(段棋·段碁)[명] 단바둑
단기(單技)[명] 단 한 가지의 재주.
단기(單記)[명]-하다[타] ①낱낱을 따로 적음. ②그것 하나만을 적음. ☞연기(連記)
단기(單機)[명] ①'단일 기계(單一機械)'의 준말. ②한 대의 비행기, 또는 편대(編隊)를 이루지 않고 단독으로 비행하는 군용기.
단기(單騎)[명] 혼자서 말을 타고 가는 일, 또는 그 사람.
단:기(短氣)[명] ①한방에서, 숨이 차고 기운과 담력이 약해지는 증세를 이르는 말. ②너그럽지 못하고 조급한 성질을 이르는 말.
단:기(短期)[명] 짧은 기간. 단기간(短期間) ☞중기(中期)
단기(團旗)[명] 어떤 단체를 상징하는 기.
단기(檀紀)[명] '단군 기원(檀君紀元)'의 준말. ☞서기
단:기(斷機)[명] '단기지계(斷機之戒)'의 준말.
단:-기간(短期間)[명] 짧은 기간. 단기(短期) ☞장기간
단:기=거:래(短期去來)[명] '단기 청산 거래(短期淸算去來)'의 준말. ☞장기 거래(長期去來)
단:기=공채(短期公債)[명] 부족한 자금을 일시적으로 보충하기 위해 발행하는 공채. 상환 기한은 보통 1년 이내임.
단:기=금리(短期金利)[명] 갚아야 할 기한이 1년 이내인 대출에 대하여 지급되는 이자.
단:기=금융(短期金融)[-늉] [명] 단기간에 걸쳐 갚기로 하고 꾸어 쓰는 자금. 상환 기한은 보통 1년 이내임. ☞장기 금융(長期金融)
단:기=금융=시:장(短期金融市場)[-늉-] [명] 단기 자금(短期資金)이 거래되는 시장. 콜 시장이나 어음 할인 시장 따위. ☞자본 시장(資本市場)
단:기=대:부(短期貸付)[명] 상환 기한이 비교적 짧은 대부. 보통 1년 이내임.
단-기명(單記名)[명] 이름을 하나만 적는 일. ☞연기명(連記名)
단기명=투표(單記名投票)[명] 선거인이 후보자 가운데 단 한 사람만을 지정하는 투표. 단기 투표 ☞연기명 투표
단기=무기명=투표(單記無記名投票)[명] 투표 용지에 선거인의 이름은 밝히지 않고, 후보자 한 사람만을 지정하는 투표.
단:기=사:채(短期社債)[명] 단기 자금이 필요할 때 회사에서 발행하는 채권.
단:기=시효(短期時效)[명] 보통 3~5년 이하의 기간에 이루어지는 시효.
단:기=신:탁(短期信託)[명] 보통 5년 이하의 기간에 이루어지는 신탁. ☞장기 신탁
단:기=어음(短期-)[명] 지급 기한이 비교적 짧은 어음. 그 기한이 보통 30일 또는 60일 이내임. ☞장기 어음
단:기=예:보(短期豫報)[명] 72시간 이내를 대상으로 하는 일기 예보. ☞장기 예보(長期豫報)
단:기=자:금(短期資金)[명] ①1년 미만의 단기간에 회수(回收)되는 자금. ②금융 기관 사이에 매우 짧은 기간에 대차(貸借)되는 자금. [준]단자(短資) ☞장기 자금
단:기=자:본(短期資本)[명] ①기업의 운영 자본 가운데 단기간 내에 갚아야 하는 자본. ②기업에 단기간 투입되어 운용되는 자본.
단:기지계(斷機之戒)[성구] 맹자가 수학(修學) 도중에 집에 돌아오자 그의 어머니가 짜고 있던 베틀의 실을 자르면서 그를 훈계하였다는 고사에서, 학문은 중도에 그만둠이 없이 꾸준히 계속해야 함을 이르는 말. [준]단기(斷機) ☞삼천지교(三遷之敎)
단:기-채(短期債)[명] 짧은 기간 안에 갚기로 하고 얻는 부채(負債). ☞장기채(長期債)
단:기=채:권(短期債券)[-꿘] [명] 상환 기간이 짧은 채권. 단기 공채(短期公債), 단기 사채(短期社債) 따위.
단:기=청산=거:래(短期淸算去來)[명] 증권 거래소에서 하는 거래 방법의 한 가지. 매매 약정을 한 날로부터 7일 이내에 물건과 대금을 주고받는 거래 방법. [준]단기 거래(短期去來) ☞장기 청산 거래
단기=투표(單記投票)[명] 단기명 투표(單記名投票) ☞연기 투표(連記投票)
단:김-에 [부] 단결에 ¶쇠뿔도 ― 빼랬다.
단-꿈 [명] 달콤한 행복감. ¶신혼의 ―에 젖어 있다.
　단꿈을 꾸다 [관용] 달콤한 행복감에 젖다.
단나(檀那·旦那 ∠Dāna 범)[명] 시주(施主)
단:-나무 [명] 단으로 묶은 땔나무.
단:-내 [명] ①물체가 높은 열에 눌어서 나는 냄새. ②몸의 열이 높거나 숨이 찰 때 입이나 코 안에서 나는 냄새. ¶심한 감기로 입에서 ―가 난다.
단-너:삼 [명] '황기(黃芪)'의 딴이름.
단념(丹念)[명] 정성스러운 마음. 단심(丹心). 성심(誠心)
단:념(短念)[명] 쉰네 개 이하의 구슬을 꿰어 만든 짧은 염주. 단주(短珠)
단:념(斷念)[명]-하다[타] 품었던 생각을 아주 끊어 버림. 절념(絶念). 체념(諦念)
-단다 [어미] 〔'-다 한다'가 줄어든 말.〕 ①어떤 사실을 간접적으로 전달하는 종결 어미. ¶어제 시골에 갔단다./채식이 건강에 좋단다. ②움직일 수 없는 사실임을 강조하는 뜻으로 쓰이는 종결 어미. ¶좋은 약은 입에 쓰단다./역사는 끝이 없단다.
단단-막(-膜)[명] 공막(鞏膜)

단:단무타(斷斷無他)[성구] 오직 한 가지 신념밖에 다른 마음이 없음을 이르는 말.
단:단상약(斷斷相約)[성구] 서로 굳게 약속함을 이르는 말.
단단-하다[형여] ①무르지 않고 굳다. ¶이 돌은 매우 ―. ②사람의 몸이 야무지고 튼튼하다. ¶그는 마른듯 하면서도 단단한 체구를 가졌다. ③틀림이 없고 미덥다. ¶단단히 약속하다./단단한 결심. ④묶거나 죈 것이 헐겁거나 느슨하지 않다. ¶끈이 풀리지 않도록 단단하게 묶어라. ⑤속에 든 것이 촘촘하거나 알차다. ¶배추 속이 ―./학문은 기초가 단단해야 한다. ⑥보통 정도보다 더 심하다. ¶단단히 주의를 주다. ☞든든하다
단단-히[부] 단단하게
[속담] **단단하기만 하면 벽에 물이 고이나** : ①무슨 일이든지 모든 조건이 고루 갖추어져야 이루어진다는 말. ②너무 아끼면서 돈을 모으려는 사람에게 핀잔하여 이르는 말. /**단단한 땅에 물이 괸다** : 아끼고 쓰지 않는 사람에게 재물이 모인다는 말.

[한자] **단단할 경**(硬)〔石部 7획〕¶경구개(硬口蓋)/경골(硬骨)/경도(硬度)/경질(硬質)

단당(段當)[명] 농토 1단보(段步)에 대한 수확량·생산비·비료 등의 양. ¶― 수확량/― 생산비/― 비료량
단당-류(單糖類)[명] 가수 분해로는 더 이상 간단한 화합물로 분해되지 않는 당류를 통틀어 이르는 말. 포도당·과당 따위. ☞다당류(多糖類)
단-대목(單―)[명] ①명절이나 큰일이 바싹 다가온 때. ¶추석 ― ②어떤 일의 진행 과정에서, 가장 중요한 고비나 자리. ¶―에 와서야 합의를 얻어내다. [준]단목
단:덕(斷德)[명] 불교에서 이르는 삼덕(三德)의 하나. 여래가 온갖 번뇌를 다 끊어 남김이 없는 덕. ☞은덕(恩德). 지덕(智德)
단도(單刀)[명] 한 자루의 칼.
단:도(短刀)[명] 한쪽 날만 세운, 길이가 짧은 칼. 보통, 길이 한 자 이내의 것을 이름. ☞단검(短劍). 장도(長刀)
단도(檀徒)[명] 시주(施主)하는 사람들.
단-도목(單都目)[명] 지난날, 수령(守令)의 치적(治績)이 좋지 않을 때, 그 첫 임기에 파면시키던 일.
단도직입(單刀直入)[성구] 혼자서 한 자루의 칼을 휘두르며 적진으로 거침없이 쳐들어간다는 뜻으로, 말을 하거나 글을 쓸 때, 군말이나 허두(虛頭)를 빼고 곧바로 본 문제에 들어감을 이르는 말. ¶―으로 말하다.
단독(丹毒)[명] 피부 또는 점막의 헌데나 다친 곳으로 균이 들어가 생기는 급성 전염병. 다친 부위의 피부가 벌겋게 부으면서 높은 열이 나고 마비가 옴. 풍단(風丹)
단독(單獨)[명] ①단 한 사람. 혼자 ¶― 회담/―으로 행동하다. ②단 하나. ☞공동(共同)
단독=강:화(單獨講和)[명] 동맹국에서 이탈한 한 나라가 상대국과 단독으로 맺는 강화, 또는 많은 상대국 중 어느 한 나라와 단독으로 맺는 강화. ☞다수 강화(多數講和). 전면 강화(全面講和)
단독=개:념(單獨槪念)[명] 한정된 속성으로 한 사물에만 적용되는 개념. '서울', '세종 대왕' 따위. ☞일반 개념(一般槪念)
단독=결실(單獨結實)[명] 단위 결실(單爲結實)
단독=경제(單獨經濟)[명] 개인·가족·공동 단체 등과 같이 낱낱의 독립된 경제 주체로 이루어지는 경제. ☞공동 경제(共同經濟)
단독-국(單獨國)[명] 단일한 주권 아래에 있는 독립된 나라. 단일국(單一國)
단독=기관(單獨機關)[명] 의사 결정이나 집행을 한 사람이 맡아 하는 기관. 행정 각부의 장관이나 도지사(道知事) 등이 이에 딸림. ☞합의 기관(合議機關)
단독=내:각(單獨內閣)[명] 하나의 정당으로 구성된 내각. ☞연립 내각(聯立內閣)
단독=메이커(單獨maker)[명] 생산 단계의 어느 하나 또는 둘만을 단독으로 경영하는 업자. ☞일관 메이커
단독-범(單獨犯)[명] 단독 정범(單獨正犯) ☞공범(共犯)
단독=법원(單獨法院)[명] 한 사람의 판사가 단독으로 재판권을 행사하는 법원. ☞합의제 법원(合議制法院)
단독=상속(單獨相續)[명] 한 사람이 단독으로 받는 상속. 호주 상속 따위. ☞공동 상속(共同相續)
단독=심리(單獨審理)[명] 단독 재판(單獨裁判)에서, 한 사람의 판사가 하는 심리.
단독-일신(單獨一身)[―씬][명] 가족이나 일가친척이 없는 홀몸.
단독=재판(單獨裁判)[명] 한 사람의 판사가 맡아서 하는 재판. ☞합의 재판(合議裁判)
단독=점유(單獨占有)[명] 하나의 물건을 한 사람이 혼자서 차지하는 일. ☞공동 점유(共同占有)
단독=정:범(單獨正犯)[명] 혼자서 범죄의 구성 요건에 해당하는 행위를 한 사람, 또는 그런 행위. 단독범(單獨犯) ☞공동 정범(共同正犯). 정범(正犯)
단독-제(單獨制)[명] ①한 사람이 결정하는 제도. ②법원에서, 단독 재판을 하는 제도. ☞합의제(合議制)
단독=주택(單獨住宅)[명] 한 채씩 따로따로 지은 살림집. ☞공동 주택(共同住宅)
단독=책임(單獨責任)[명] 개인이나 법인 혼자서 지는 책임.
단독=판사(單獨判事)[명] 혼자서 재판권을 행사하는 판사.
단독=해:손(單獨海損)[명] 선박이나 화물이 항해 중의 사고로 손해를 입었을 때, 그 손해나 비용을 선주(船主)나 화주(貨主)가 혼자서 부담하는 일. ☞공동 해손
단독=행동(單獨行動)[명] 다른 사람이나 단체와 관계 없이 개인적으로 하는 행동. ☞단체 행동(團體行動)
단독=행위(單獨行爲)[명] 당사자 한쪽만의 의사 표시에 따라 성립되는 법률 행위. 추인(追認)이나 유언, 기부 따위. 일방 행위(一方行爲)
단독=회:견(單獨會見)[명] 쌍방이 단독으로 만나서 하는 회견.
단-돈[명] 돈의 액수 앞에 쓰이어, '아주 적은 돈'임을 강조하는 말. ¶― 백 원도 없다.
단-동(單―)[명] 윷놀이에서, 한 동을 이르는 말.
단동(丹銅)[명] 구리에 약간의 아연(亞鉛)을 섞은 합금(合金). 건축용 장식이나 장신구를 만드는 데 쓰임.
단동=기관(單動機關)[명] 피스톤의 한쪽 면에만 증기의 압력이나 가스의 폭발 압력이 작용하여 운전되는 왕복식 기관. 초기의 증기 기관에 사용되었음.
단동-내:기(單―)[명] 단동으로 끝내는 윷놀이. 단동치기
단동무니(單―)[명] 윷놀이에서, 상대편이 한 동도 나지 못한 사이에 넉 동이 모두 나서 이기는 일을 이르는 말.
단동-불출(單―不出)[명] 윷놀이에서, 한 동도 나지 못하고 지는 일을 이르는 말.
단동-치기(單―)[명] 단동내기
단:두(短頭)[명] 사람의 머리 모양의 하나. 머리를 위에서 볼 때, 길이에 대한 폭의 비(比)가 0.81 이상인 머리형을 이름. 한국인·일본인·몽골인이 이에 딸림. ☞장두(長頭). 중두(中頭)[1]
단:두(斷頭)[명]-하다[자타] 목을 자름.
단:두-대(斷頭臺)[명] 죄인의 목을 자르는 형구(刑具). ☞기요틴(guillotine)
단두대에 오르다[관용] 사형을 당하게 되다. 저지른 죄의 심판을 받게 되다.
단두대의 이슬로 사라지다[관용] 역사적 인물 등이 사형대에서 처형되어 죽다.
단-둘[명] 단 두 사람. ¶―만의 오붓한 시간을 가지다.
단락(段落)[명] ①일이 다 된 끝. ¶지금까지 해 온 일을 일단 ―을 지어라. ②긴 글에서, 내용으로 보아 일단 끊어지는 곳. ¶이 글은 세 ―으로 이루어져 있다.
단:락(短絡)[명]-하다[타] 합선(合線)
단락-짓:다(段落―)[―짇―](―짓고·―지어)[타ㅅ] 일이 끝을 맺다. ¶그 일은 이제 그만 단락짓는 게 어떨까?
단란(團欒)[어기] '단란(團欒)하다'의 어기(語基).
단란-하다(團欒―)[형여] ①매우 원만하다. ②가족 등의 가까운 사람들이 친밀하게 한 곳에 모여 즐기다. ¶가족들과 단란한 한때를 보내다.

단량-체(單量體)명 단위체(單位體)
단:려(短慮)명 좁고 얕은 소견. 짧은 생각. 단견(短見) ☞경려(輕慮)
단려(端麗)어기 '단려(端麗)하다'의 어기(語基).
단려-하다(端麗-)형여 행실이 단정하고 겉모양이 아름답다.
단련(鍛鍊)명-하다타 ①쇠붙이를 불에 달구어 두들겨서 단단하게 만듦. ②몸과 마음을 튼튼하고 굳세게 만듦. ¶청소년기에는 심신을 -하는 것이 특히 중요하다. ③벅차고 힘든 일을 익숙하게 익힘. ¶처음에는 훈련이 고되고 힘들었으나 곧 -이 되었다. ④괴롭거나 귀찮은 일로 시달림. ¶술 취한 손님의 -을 겪다. 연단(鍊鍛)

한자 **단련할 련**(鍊) 〔金部 9획〕 ¶단련(鍛鍊)/수련(修鍊)/연단(鍊鍛)/연마(鍊磨)/정련(精鍊)

단령(團領)명 조선 시대, 깃을 둥글게 만든 공복(公服)의 한 가지. 관원들이 평소의 집무복으로 입었음. 변 덜렁[1] ☞직령(直領)
단:록(短麓)명 높지 않은 산기슭.
단류=전:신(單流電信)명 직류(直流)를 사용하는 전신 방법의 한 가지. 전건(電鍵)으로 전류를 단속(斷續)하여 통신하는 방법임.
단리(單利)명 원금에 대해서만 계산하는 이자. ☞복리(複利)
단리-법(單利法)[-뻡]명 원금에 대해서만 약정된 이율을 적용하여 이자를 계산하는 방법. ☞복리법
단립(團粒)명 토양학에서, 작은 흙 알갱이들이 모여 덩어리를 이룬 것을 이르는 말.
단-마비(單痲痺)명 얼굴이나 팔다리 가운데 어느 한 부분의 근육에만 일어나는 운동 마비. 주로 대뇌 피질에 병소(病巢)가 있을 때 나타남.
단막(單幕)명 연극이나 희곡의 구성이 하나의 막으로 이루어진 것.
단막-극(單幕劇)명 한 막으로 이루어진 연극. 일막극(一幕劇) ☞장막극(長幕劇)
단말(端末)명 ①단말기 ②컴퓨터의 입출력 장치가 있는 부분.
단말-기(端末機)명 컴퓨터에서, 중앙 처리 장치에 통신망으로 연결되어 자료를 입력하거나 처리 결과를 출력하는 장치. 단말. 터미널(terminal)
단:-말마(斷末魔)명 죽음에 다다랐을 때의 고통, 또는 목숨이 끊어지려 하는 마지막 순간에 모질음을 쓰는 일을 이르는 말. ¶-의 고통./-의 비명 소리.
단-맛명 꿀이나 사탕 따위와 같이 당분이 있는 것에서 느끼는 맛. 감미(甘味)
속담 **단맛 쓴맛 다 보았다**: 세상의 온갖 즐거움과 괴로움을 다 겪었다는 말.
단망(單望)명 조선 시대, 임금에게 관원을 천거할 때 삼망(三望)의 관례에 따르지 않고 후보자 한 사람만을 추천하던 일. ☞이망(二望)
단:망(斷望)명-하다자타 희망이 끊어짐, 또는 희망을 끊어 버림.
단:면(斷面)명 ①물체의 잘린 면. 단구(斷口). 절단면(切斷面) ¶지층의 -. ②전체 사물이나 현상의 부분적인 면. ¶인생의 한 -을 표현한 작품.
단:면-도(斷面圖)명 물체를 어떤 부분에서 평면으로 잘랐다고 가정하여, 그 내부의 구조를 그린 도면.
단:면-상(斷面相)명 단면의 모양. ▷斷의 속자는 断
단:면-적(斷面積)명 단면의 넓이.
단:멸(斷滅)명-하다자 끊어져 없어짐. ¶두 사람의 관계가 -하다.
단:명(短命)명-하다형 목숨이 짧음. 박명(薄命) 높 단수(短壽) ☞장명(長命)
단:명-구(短命句)[-꾸]명 단명을 예감하게 하는 표현의 글귀.
단-명수(單名數)명 한 가지 단위만으로 나타내는 명수. 120분, 5.5m 따위. ☞복명수
단명=어음(單名-)명 어음상의 채무자가 한 사람인 경우. 배서(背書)가 없는 약속 어음이나 자기를 지급인으로 하여 발행한 환어음 따위. ☞복명 어음. 자기앞 어음
단모(旦暮)명 아침과 저녁. 단석(旦夕). 조석(朝夕)
단:모(短毛)명 짧은 털. ☞장모(長毛)
단모리-장단명 국악의 민속악 장단의 한 가지. 휘모리장단과 비슷하나 조금 빠르며 4분의 4박자임. 산조와 판소리 등에 쓰임. ☞엇모리장단
단-모:음(單母音)명〈어〉모음의 한 갈래. 발음할 때 입술이나 혀, 입 모양이 고정되어서 한결같이 발음되는 모음. 'ㅏ·ㅓ·ㅗ·ㅜ·ㅡ·ㅣ·ㅐ·ㅔ·ㅚ·ㅟ'를 이름. 홑홀소리 ☞이중 모음(二重母音)
단-목(單-)명 '단대목'의 준말.
단목(丹木)명 '다목'의 딴이름.
단목(椴木)명 '피나무'의 딴이름.
단목(檀木)명 '박달나무'의 딴이름.
단-무지명 무로 담근 일본식 짠지. 무를 통째로 새들새들하게 말린 다음, 소금과 쌀겨를 고루 뿌려 담금.
단:무타려(斷無他慮)성구 다른 근심이 조금도 없음을 이르는 말.
단문(袒免)명 시마(緦麻) 이하의 상복에서, 두루마기 따위 웃옷의 오른쪽 소매를 벗고 머리에 사각건(四角巾)을 쓰는 상례(喪禮)를 이르는 말.
단:문(短文)명 ①짤막한 글. ☞장문(長文) ②-하다형 글을 아는 것이 그리 넉넉하지 못함.
단문(單文)명〈어〉주어와 서술어의 관계가 한 번만으로 이루어진 문장. 곧 '산이 높다.', '물이 깊다.'와 같은 구성의 문장. 홑문장. 홑월 ☞복문(複文). 중문(重文)
단:문(斷紋)명 도자기에 올린 잿물에 나타난 무늬 같은 금. 문편(紋片)
단문-고증(單文孤證)명 한쪽의 문서에 따른 한 가지 증거라는 뜻으로, '불충분한 증거'라는 말.
단문-친(袒免親)명 상례(喪禮)에서, 상복을 입지 않아도 되는 본종(本宗)의 가까운 친척. 곧 종고조부(從高祖父), 고대고모(高大姑母), 재종 증조부(再從曾祖父), 재종 증대고모(再從曾大姑母), 삼종 조부(三從祖父), 삼종 대고모(三從大姑母), 삼종 백숙부(三從伯叔父), 삼종 고모(三從姑母), 사종 형제 자매(四從兄弟姉妹)를 통틀어 이름. 무복친(無服親)
단-물명 ①칼슘염이나 마그네슘염 따위의 광물질이 거의 섞이지 않았거나 적게 섞인 물. 비누가 잘 풀리며 공업 용수로도 알맞음. 연수(軟水) ☞센물 ②뭍에 있는, 짜지 않은 물. 담수(淡水). 민물 ☞짠물 ③어떤 물질이 가지고 있는, 단맛이 나는 물기. 감수(甘水)
단물-고기[-꼬-]명 민물고기 ☞짠물고기
단물-나다자 옷 따위가 오래되고 낡아서 빛깔이 바래고 바탕이 해어지게 되다.
단:미(斷尾)명-하다자 개나 고양이 등 가축의 꼬리의 일부 또는 전부를 자르는 일. 품종의 특징을 나타내거나 맵시를 내기 위해서 자름.
단-바둑(段-)[-빠-]명 바둑에서, 초단(初段) 이상의 바둑 솜씨, 또는 그런 솜씨를 가진 사람. 단기(段棋)
단박부 그 자리에서 곧. 단박에 ¶- 승낙하다.
단박-에부 단박 ¶요청을 - 받아들이다.
단:-반:경(短半徑)명 짧은반지름 ☞장반경
단발(單發)명 ①총알이나 포탄의 한 발, 또는 한 번의 발사. ②발동기를 하나만 장치한 것. ③'단발총'의 준말. ④야구에서, 하나의 안타로 그쳐, 득점에 연결되지 못하는 일. ☞다발(多發). 쌍발(雙發). 연발(連發)
단:발(短髮)명 짧은 머리털. ☞장발(長髮)
단:발(斷髮)명-하다자 ①머리털을 짧게 깎거나 자름, 또는 그 머리털. ②목을 덮지 않을 정도로 머리털을 가지런히 자름, 또는 그런 머리 모양.
단발-기(單發機)명 발동기를 하나만 장치한 항공기. ☞다발기(多發機). 쌍발기(雙發機)
단:발-령(斷髮令)명 1895년(조선 고종 32)에 성인 남성의 상투의 풍속을 없애고 머리털을 짧게 깎게 한 명령.

단:발=머리(斷髮―)[명] 단발한 머리, 또는 그런 머리 모양을 한 사람.
단발-성(單發性)[―썽][명] ①어떤 일이 한 번으로 그치는 성질. ②병이 신체의 한 부위에서만 발생하는 성질. ☞다발성(多發性)
단발-식(單發式)[―씩][명] 발동기를 하나만 장치한 구조. ¶― 항공기 ☞다발식. 쌍발식(雙發式)
단발=장치(單發裝置)[명] 총을 쏠 때마다 탄환을 한 발씩 재게 된 장치.
단발-총(單發銃)[명] 총을 쏠 때마다 탄환을 하나씩 재어 쏘게 되어 있는 총. [준]단발(單發) ☞연발총(連發銃)
단-밤[명] 맛이 단 밤. 감률(甘栗)
단방(單方)[명] ①'단방문(單方文)'의 준말. ②'단방약(單方藥)'의 준말. ③더없이 효력이 좋은 약.
단방(單放)[명] ①총포 따위의 단 한 방, 또는 한 방만 쏘는 일. ¶―에 명중하다. ②뜸을 뜰 때, 단 한 번 뜨는 일. ③단번(單番)
단-방(單房)[명] 하나밖에 없는 방. ¶― 거처(居處)
단:방(斷房)[명]-하다[자] 방사(房事)를 함이 없이 지냄.
단-방문(單方文)[명] 한 가지 약재만으로 처방한 약방문. [준]단방(單方)
단방-약(單方藥)[―냑][명] 한 가지 약재만으로 병을 다스리는 약. [준]단방(單方)
단방-치기(單放―)[명]-하다[타] ①어떤 일을 단번에 해치움. ②결말을 내기 위하여 마지막으로 한 번 해보는 일.
단-배[명] 음식을 달게 많이 먹을 수 있는 배.
단배(를) 곯리다[관용] 음식을 달게 먹을 수 있는 배를 고프게 하다.
단배(를) 주리다[관용] 음식을 달게 먹을 수 있는 배를 굶주리게 하다.
단배(單拜)[명]-하다[자] 한 번 절함, 또는 그 절. ☞재배(再拜)
단배(團拜)[명]-하다[자] 여럿이 모여 한꺼번에 절함, 또는 그렇게 하는 절.
단배(壇排)[명] 불교에서, 불사(佛事)에 임시로 단을 만드는 데 쓰이는 등상이나 널 따위를 이르는 말.
단:-배:자(短褙子)[명] 길이가 짧은 배자.
단:백(蛋白)[명] ①알의 흰자위. 난백(卵白) ②'단백질(蛋白質)'의 준말.
단:백-광(蛋白光)[명] 물체의 밀도 따위로 말미암아 굴절률이 고르지 않을 때, 물체 안에 들어온 빛이 산란되어 나타나는 산광(散光)의 한 가지.
단:백-뇨(蛋白尿)[명] 오줌 속에 단백질이 일정량 이상 섞여 나오는 상태. 신장에 질환이 있을 때나 과격한 운동 뒤에 나타남.
단:백=분해=효소(蛋白分解酵素)[명] 단백질이나 아미노산의 결합물 속의 펩티드 결합을 가수 분해하는 효소를 통틀어 이르는 말.
단백-사위[명] 윷놀이의 마지막 판에, 이편에서 자기 차례에 윷을 던져 이기지 못하면 상대편에서는 도만 나도 이기게 되어 있을 경우에 이편의 말을 이르는 말.
단:백-석(蛋白石)[명] 함수 규산(含水硅酸)이 주성분인 광물. 반투명 또는 불투명의 젖빛 광물인데 진주와 같은 광택이 나는 것은 보석이 됨. 오팔(opal)
단:백=소화=효소(蛋白消化酵素)[명] 단백 분해 효소 가운데서 단백질을 아미노산으로 분해하는 효소. 펩신(pepsin)·트립신(trypsin)·에렙신(erepsin) 따위.
단:백-유(蛋白乳)[―뉴][명] 카세인을 넣어 단백질의 함량을 높인 우유. 식이 요법에 쓰임.
단:백-질(蛋白質)[명] 수많은 아미노산이 결합하여 생긴 고분자 화합물. 세포 원형질의 주성분이며, 여러 화학 반응에 촉매로 작용하고 항체 형성 등에 중요한 구실을 함. 흰자질 [준]단백(蛋白)
단:백철-액(蛋白鐵液)[명] 단백질과 염화철을 주성분으로 하는, 적갈색의 투명한 물약. 위궤양 치료제나 강장제 따위로 쓰임.
단-백호(單白虎)[명] 풍수설에서, 주산(主山)에서 남쪽을 향하여 오른쪽으로 벋어 있는 여러 갈래의 산줄기 가운데서 맨 안쪽에 있는 줄기를 이르는 말.
단번(單番)[명] 단 한 번. 한 차례. 단방(單放) ¶―에 승패가 판가름나다.
단-벌(單―)[명] ①한 벌 뿐인 옷. 단거리. 단건(單件). 홑벌 ¶― 신사(紳士) ②오직 그것 하나 뿐인 것.
단벌-가다(單―)[자] 오직 하나 뿐으로, 그보다 나은 것은 없다. ¶단벌가는 재주.
단벽(丹碧)[명] 단청(丹靑)
단별(段別)[명] 어떠한 단계나 단락을 단위로 나눈 구별.
단:병(短兵)[명] 적과 가까운 거리에서 싸울 때 쓰는, 칼이나 창 따위 길이가 짧은 병기. ☞장병(長兵)
단:병-접전(短兵接戰)[명] 칼이나 창 따위를 가지고 적에게 가까이 다가가 싸우는 전투.
단보(段步)[의] 척관법의 넓이 단위의 하나. 땅의 넓이를 잴 때, 단(段) 단위로 끝나고 우수리가 없는 경우에 씀. 1단보는 300평임. ☞정보(町步)
단복(單複)[명] ①단수와 복수를 아울러 이르는 말. ②단식과 복식을 아울러 이르는 말.
단복-고창(單腹鼓脹)[명] 한방에서, 배가 몹시 붓는 병을 이르는 말. ☞고창(鼓脹)
단-본위(單本位)[명] '단본위제(單本位制)'의 준말. ☞복본위(複本位)
단본위-제(單本位制)[명] 한 가지 금속을 본위 화폐로 삼는 화폐 제도. 금본위제와 은본위제 따위가 있음. [준]단본위(單本位) ☞복본위제(複本位制)
단-봇짐(單―)[명] 아주 간단하게 꾸린 봇짐.
단봉-낙타(單峰駱駝)[명] 낙타과의 동물. 몸길이 3m, 키 2m 안팎. 등에 육봉(肉峰)이 하나만 있고 다리가 길며 털이 짧음. 아라비아나 인도 등지에 분포함. 단봉약대. 단봉타(單峰駝) ☞쌍봉낙타(雙峰駱駝)
단봉-약대(單峰―)[―냑―][명] 단봉낙타
단봉-타(單峰駝)[명] 단봉낙타
단-분수(單分數)[―쑤][명] 분모와 분자가 모두 정수(整數)로 된 분수. ☞번분수(繁分數)
단분자-층(單分子層)[명] 고체나 액체의 표면에 생기는, 두께가 분자 하나의 지름밖에 안 되는 얇은 층. 일분자층(一分子層)
단:불용대(斷不容貸) '단연코 용서하지 않음'의 뜻.
단-비[명] 때맞추어 알맞게 내리는 비. 감우(甘雨) ¶가뭄 끝에 반가운 ―가 내린다. ☞자우(慈雨)
단비(單比)[명] 하나의 수끼리의 비. 2 : 3이나 5 : 8 따위. ☞복비(複比)
단비(團匪)[명] 지난날, '비적(匪賊)'을 이르던 말.
단-비:례(單比例)[명] 하나의 식으로 표시되는 비례. 3 : 6 = 10 : 20 따위. ☞복비례(複比例)
단사(丹砂)[명] 진사(辰砂)
단사(單絲)[명] 외올실 ☞복사(複絲)
단사(簞食)[명] 대오리로 결어 만든 도시락에 담은 밥.
단사=자리(丹絲―)[명] 오랏줄로 묶였던 자국.
단사=정계(單斜晶系)[명] 결정계(結晶系)의 한 가지. 길이가 다른 세 결정축 가운데서 두 축은 경사지게 만나고, 다른 한 축은 그것들과 직각으로 만나는 결정의 형태. 휘석이나 정장석, 석고 따위가 이에 딸림.
단사표음(簞食瓢飮)[성구] 대오리로 결어 만든 도시락에 담은 밥과 표주박에 든 물이라는 뜻으로, 청빈한 생활을 비유하여 이르는 말. [준]단표(簞瓢)
단사호장(簞食壺漿)[성구] 대오리로 결어 만든 도시락에 담은 밥과 병에 담은 마실 것이라는 뜻으로, 백성이 간소한 음식을 마련하여 군대를 환영함을 이르는 말.
단:산(斷產)[명]-하다[자] ①아이를 낳던 여자가 아이를 낳지 못하게 됨. ②아이를 낳지 아니함. ¶아이를 둘 낳은 뒤 ―하였다.
단산=꽃차례(團繖―)[―꼳―][명] 유한(有限) 꽃차례에 딸린 특수한 꽃차례. 꽃차례의 변태로 꽃꼭지가 없는 작은 꽃이 많이 모여 핌. 수국 따위. 단산 화서(團繖花序) ☞은두(隱頭) 꽃차례

단산=화서(團繖花序)명 단산(團繖) 꽃차례
단-살(單-)명 단 한 대의 화살. ¶과녁을 -에 맞히다.
단삼(丹蔘)명 ①꿀풀과의 여러해살이풀. 줄기 높이는 40~80cm. 전체에 털이 많으며, 줄기는 자줏빛이고 잎은 깃꼴 겹잎으로 마주 남. 6~8월에 푸른 자줏빛 잔 꽃이 피며, 뿌리는 약재로 쓰임. ②한방에서, '단삼의 뿌리'를 약재로 이르는 말. 보혈(補血)의 효과가 있어 임산부에게 쓰임.
단삼(單衫)명 적삼 ▷單의 속자는 単
단상(單相)명 ①'단상 교류(單相交流)'의 준말. ②유성 생식을 하는 생물에서, 감수 분열(減數分裂)에 따라 절반으로 준 염색체의 수를 나타내는 핵상(核相).
단:상(短喪)명 삼년상의 기한을 줄여, 한 해만 상복을 입는 일.
단상(壇上)명 연단이나 교단 따위의 단 위. ☞단하
단:상(斷想)명 그때그때 떠오르는 단편적인 생각.
단상=교류(單相交流)명 단 하나의 위상(位相)으로 공급되는 교류 방식. 가정의 전등선과 같은 보통 교류를 이름. 준단상(單相) ☞다상 교류(多相交流)
단색(丹色)명 붉은 빛깔.
단색(單色)명 한 가지 빛깔. ☞다색(多色)
단색-광(單色光)명 스펙트럼으로 더 이상 분해되지 않는, 한 가지 빛깔로 된 단일 파장의 빛. 준단광(單光) ☞복색광(複色光)
단색=인쇄(單色印刷)명 한 가지 색으로만 박는 인쇄. ☞다색 인쇄(多色印刷)
단색-판(單色版)명 한 가지 색으로만 인쇄하는 판. ☞다색판(多色版)
단색-화(單色畫)명 한 가지 색으로만 그린 그림. 모노크롬(monochrome)
단생=보:험(單生保險)명 한 계약의 피보험자가 한 사람인 생명 보험. ☞연생 보험(聯生保險)
단서(丹書)명 ①붉은 글씨로 쓴 글이나 문서. ②바위나 돌에 새긴 글. ③조서(詔書)
단:서(但書)명 법률 조문이나 문서 따위에서, 본문 다음에 덧붙여 그 내용에 대한 어떤 조건이나 예외 따위를 적은 글. 대개 '단' 또는 '다만'이라는 말을 앞에 씀.
단서(端緖)명 실마리
단:서-법(斷敍法)[-뻡]명 수사법(修辭法)의 한 가지. 문장에 강조의 효과를 나타내고자 문맥을 잇는 접속어를 쓰지 않는 표현 방법. '날씨는 덥다, 부채도 없다, 선풍기도 없다, 이 여름을 어떻게 나지?'와 같은 표현 방법. ☞접서법(接敍法)
단석(旦夕)명 ①아침과 저녁. 단모(旦暮). 조석(朝夕) ②위급한 시기나 절박한 상태.
단석(單席)명 ①뒤에 딴 것을 대지 않고, 외겹으로 만든 돗자리. ②한 겹만 깐 자리.
단석(端石)명 '단계석(端溪石)'의 준말.
단선(單線)명 ①외줄 ②'단선 궤도(單線軌道)'의 준말. ☞복선(複線)
단선(團扇)명 둥글부채 ☞접선(摺扇)
단:선(斷線)명-하다자타 ①줄이 끊어짐, 또는 줄을 끊음. ②전선이나 선로(線路)가 끊어져 전류나 열차가 통하지 못하게 됨.
단선=궤:도(單線軌道)명 하나의 궤도를 상행하거나 하행하는 열차가 함께 사용하는 철길. 단선 철도 준단선(單線) ☞복선 궤도(複線軌道)
단-선율(單旋律)명 어떤 하나의 성부(聲部)가 주선율을 맡고 다른 성부는 그것을 화성적(和聲的)으로 반주하는 음악 형식.
단선=철도(單線鐵道)[-또]명 단선 궤도 준단철(單鐵)
단설(單設)명 제례(祭禮)에서, 한 위의 신주(神主)만 모시고 제사지내는 일. ☞합설(合設)
단성(丹誠)명 진정에서 우러나오는 참된 정성. 단충(丹衷). 적성(赤誠)
단성(單性)명 생물이 암수 어느 한쪽의 생식 기관만을 가지는 일. 홑성
단성=결실(單性結實)[-씰]명 수정하지 않고, 단순히 어떤 자극에 따라 씨방이 발달하여 씨 없는 열매를 맺는 현상. 단위 결실
단성부=음악(單聲部音樂)명 하나의 성부(聲部)로 이루어진 음악. ☞다성부 음악(多聲部音樂)
단성=생식(單性生殖)명 단위 생식(單爲生殖)
단성=잡종(單性雜種)명 한 쌍의 대립 형질 사이에서 생긴 잡종. ☞양성 잡종(兩性雜種)
단성=합창(單聲合唱)명 남성(男聲)이나 여성(女聲)의 어느 한 성부(聲部)만으로 이루어진 합창. ☞혼성 합창
단성-화(單性花)명 한 꽃 안에 암술과 수술 중 어느 한쪽만 갖춘 꽃. 소나무·밤나무·은행나무·호박 따위의 꽃. 자웅 이화(雌雄異花) ☞양성화(兩性花)
단세(單稅)명 한 가지 조세(租稅)만을 인정하는 일. ☞복세(複稅)
단-세:포(單細胞)명 한 생물체를 이루는 단 하나의 세포. 단포(單胞) ☞다세포(多細胞)
단세포=동:물(單細胞動物)명 하나의 세포로 한 개체를 이룬 '동물성 원생생물'을 이전에 이르던 말. 아메바나 짚신벌레 따위. ☞다세포 동물
단세포=생물(單細胞生物)명 하나의 세포로 한 개체를 이룬 생물. ☞다세포 생물
단세포=식물(單細胞植物)명 하나의 세포로 한 개체를 이룬 '식물성 원생생물' 등을 이전에 이르던 말. 균류나 편모류, 하등의 조류 따위. ☞다세포 식물
단:소(短簫)명 국악기 죽부(竹部) 관악기의 한 가지. 퉁소보다 좀 짧고 가늘며, 지공(指孔)이 앞에 넷, 뒤에 하나가 있음. ☞소금(小笒)
단소(壇所)명 제단이 있는 곳.
단:소(短小)어기 '단소(短小)하다'의 어기(語基).
단:소-하다(短小-)형여 여느 것보다 짧고 작다. ☞장대하다
단속(團束)명-하다타 ①주의를 기울여 단단히 다잡거나 보살핌. ¶직원들 -에 신경 써 주십시오. ②규범과 질서, 명령 따위를 어기지 않도록 통제함. ¶음주 운전 -을 강화하다.
단속(緞屬)명 비단붙이
단:속(斷續)명-하다자 끊어졌다 이어졌다 함.
단-속:곳(單-)명 여자의 한복 차림에서, 치마 바로 아래에 입는 가랑이가 넓은 홑옷. ☞다리속곳. 속속곳
단:속-기(斷續器)명 전자석(電磁石)이나 유도 코일 따위를 전로(電路) 속에 끼워서 전로가 끊어졌다 이어졌다 하게 하는 장치. 초인종 따위에 이용됨.
단:속-음(斷續音)명 끊어졌다 이어졌다 하며 나는 소리.
단:속-적(斷續的)명 끊어졌다 이어졌다 하는 것. ¶-으로 들려오는 벨 소리.
단-손(單-)명 ①혼자서 일을 하는 처지. 혼잣손 ¶-으로 그 많은 손님들을 모두 치르다. ②〖부사처럼 쓰임〗〔주로 '단손에'의 꼴로 쓰이어〕한 번만 손을 쓰듯 빠르게. 손쉽게 ¶-에 처리하다.
단:-솥명 뜨겁게 달아 있는 솥.
속담 **단솥에 물 붓기** : 형편이 이미 기울어 도와 주어도 보람이 없는 경우를 이르는 말.
단수(段數)[-쑤]명 ①단(段)으로 등급을 매기는 경우의 단의 수. ¶그의 바둑 -는 얼마나 됩니까? ②술수를 쓰는 재간의 정도. ¶-가 높다.
단수(單手)명 바둑이나 장기에서, 다음 한 수로 승패를 결정짓거나 상대편의 말이나 돌을 잡게 된 상태, 또는 그 한 수를 이르는 말.
단:수(短袖)명 짧은 소매.
단:수(短壽)명-하다형 '단명(短命)'의 높임말.
단수(單數)명 단일한 수. 홑셈. 홑수 ☞복수(複數)
단수(端數)[-쑤]명 수학에서, '끝수'의 구용어.
단:수(斷水)명-하다자타 ①물길이 막힘, 또는 물길을 막음. ②수도(水道)의 급수가 끊어짐, 또는 급수를 끊음.
단:-수로(短水路)명 수영 경기장에서, 수로가 25m 이상, 50m 미만인 것. ☞장수로(長水路)

단수=여권(單數旅券)[-꿘]명 한 번만 쓸 수 있는 일반 여권. ☞복수 여권(複數旅券)
단순(丹脣)명 붉은 입술. 주순(朱脣)
단순(單純)어기 '단순(單純)하다'의 어기(語基).
단순=노동(單純勞動)명 전문적인 기술이 없어도 할 수 있는 단순한 노동.
단순=누:진율(單純累進率)명 하나의 과세 표준에 대하여, 단일한 세율을 적용하여 세액을 정하는 누진 세율.
단순=단:백질(單純蛋白質)명 아미노산만으로 이루어진 단백질. 알부민이나 글로불린 따위. ☞복합 단백질
단순-림(單純林)명 같은 종류의 나무만으로 이루어진 숲. ☞혼효림(混淆林)
단순=박자(單純拍子)명 홑박자
단순=사:회(單純社會)명 아직 분업이나 분화가 이루어지지 않아, 필요한 모든 기능이 전체 속에서 수행되는 낮은 형태의 사회. ☞복합 사회(複合社會)
단순=산:술=평균(單純算術平均)명 몇 개의 수를 합하여 그 개수로 나눈 수. 단순 평균 ☞가중 산술 평균
단순=상품=생산(單純商品生産)명 생산자 스스로가 생산 수단을 가지고 자기의 노동력으로 상품을 만들어 내는 일.
단순=설립(單純設立)명 주식 회사를 설립할 때, 발행 주식의 모두를 발기인이 넘겨받아 회사를 설립하는 일. 동시 설립. 인수 설립. 발기 설립
단순=승인(單純承認)명 상속인이 피상속인의 채무를 포함한 재산의 모든 권리와 의무를 제한 없이 이어받을 것을 승인하는 일. ☞한정 승인(限定承認)
단순-어(單純語)명 단일어(單一語)
단순=온천(單純溫泉)명 수온을 25℃ 이상 유지하며, 물 1kg에 들어 있는 유리 탄산이나 고형(固形) 성분이 1,000mg 이하인 온천. 단순천(單純泉)
단순-음(單純音)명 상음(上音)이 섞이지 아니한 단일 진동수의 소리. 소리굽쇠를 가볍게 두드렸을 때 나는 소리와 같음. 단음(單音)
단순=음표(單純音標)명 점이 붙지 않은 음표. 온음표나 이분 음표 따위. 민음표
단순-장(單純葬)명 한 번 장사지내고 그치는 장법(葬法). ☞복장(複葬)
단순=재:생산(單純再生産)명 추가로 투자가 이루어지지 않고, 처음과 같은 규모로 거듭되는 생산.
단순-천(單純泉)명 단순 온천
단순=평균(單純平均)명 단순 산술 평균 ☞가중 평균
단순-하다(單純-)형여 ①복잡하지 않고 간단하다. ¶이 기계는 구조가 -. ②다른 것이 섞이지 않고 한 가지로 되어 있다. ¶단순한 개념. ③외곬이고 순되다. ¶그는 성격이 -. ④어떤 제한이나 조건이 없다. ¶그 모임은 단순한 친목 단체가 아니라 정치적 성격을 띠고 있다. ☞복잡하다
 단순-히부 단순하게
단순호치(丹脣皓齒)성구 붉은 입술과 하얀 이라는 뜻으로, 여자의 아름다운 얼굴을 이르는 말. 주순호치(朱脣皓齒). 호치단순(皓齒丹脣)
단순-화(單純化)명-하다자타 단순하게 됨, 또는 단순하게 함. ¶구조를 -하다
단-술명 엿기름 우린 물에 지에밥을 넣어 따뜻한 방에 두어 밥알이 몇 알 뜨도록 삭힌 다음, 달여서 차가운 곳에 두고 마시는 음료. 감주(甘酒). 감차(甘茶). 예주(醴酒) ☞식혜(食醯)
단숨-에(單-)부 단번에 내쳐서. 쉬지 아니하고 곧장. 한숨에 ¶맥주 한 조끼를 - 들이켜다.
단승(單勝)명 '단승식(單勝式)'의 준말.
단승-식(單勝式)명 경마나 경륜(競輪) 등에서 1등을 알아맞히는 방식, 또는 그 투표권. 준단승(單勝). 단식(單式) ☞복승식(複勝式). 연승식(連勝式)
단:시(短視)명 ①시야가 좁아서 앞일이나 사물의 전체를 보지 못하는 일. ②근시안(近視眼)
단:시(短詩)명 짧은 형식의 시. ☞장시(長詩)
단:시(短蓍)명 '단시점(短蓍占)'의 준말.
 단시(를) 치다관용 단시점을 치다.
단:-시간(短時間)명 짧은 시간. ☞장시간(長時間)
단:-시일(短時日)명 짧은 시일. ☞장시일(長時日)
단:시-점(短蓍占)[-쩜]명 솔잎 따위를 뽑아서 간단하게 치는 점. 준단시(短蓍)
단-시조(單時調)명 한 수(首)로 하나의 작품을 이룬 시조. 단형 시조(單形時調) ☞연시조(連時調)
단:-시조(短時調)명 시조 형식의 한 가지. 가장 기본적이고 대표적인 것으로, 3장에 총 자수 45자 안팎임. 평시조(平時調)
단식(單式)명 ①단순한 방식이나 형식. ②'단식 경기(單式競技)'의 준말. ③'단식 부기(單式簿記)'의 준말. ④'단승식(單勝式)'의 준말. ☞복식(複式)
단:식(斷食)명-하다자 수행(修行)이나 기원(祈願)·치료·투쟁 따위를 하기 위해 얼마 동안 의식적으로 음식을 먹지 않는 일. 절곡(絕穀). 절식(絕食) ☞금식(禁食)
단식=경:기(單式競技)명 테니스나 탁구 따위에서 양편이 일 대 일로 하는 경기. 준단식(單式) ☞복식 경기
단:식=동맹(斷食同盟)명 무슨 일에 대하여 항의하는 수단으로, 여러 사람이 한꺼번에 단식하는 일. 기아 동맹(飢餓同盟)
단식=부기(單式簿記)명 다른 계정과 관련 없이 단순히 재산의 출납과 증감만을 적는 부기. 간단한 회계에 쓰임. 준단식(單式) ☞복식 부기(複式簿記)
단식-성(單食性)명 한 가지의 생물만을 먹는 동물의 식성.
단:식=요법(斷食療法)[-뇨뻡]명 일정 기간 생수 이외의 음식물을 섭취하지 않음으로써 병을 치료하거나 체질 개선, 정신 수양 등의 효과를 높이는 민간 요법. 절식 요법(絕食療法)
단식=인쇄(單式印刷)명 특수한 타자기로 찍은 것을 원지(原紙)로 하여 평판 사진판을 만들어 하는 오프셋 인쇄.
단:식-재(斷食齋)명 '금식재(禁食齋)'의 구용어.
단식=화:산(單式火山)명 간단한 원뿔 모양을 이룬 화산.
단신(單身)명 혼자의 몸. 홑몸 ¶-으로 부임하다.
단:신(短身)명 키가 작은 몸, 또는 그런 몸을 가진 사람. 단구(短軀) ☞장신(長身)
단:신(短信)명 ①간략하게 쓴 편지. ②짤막하게 전하는 소식. ¶문화 -
단신=복엽(單身複葉)명 홑잎새겹잎
단신-총(單身銃)명 총신(銃身)이 하나인 엽총.
단실(單室)명 단 하나뿐인 방.
단실=자방(單室子房)명 홑씨방 준단자방(單子房) ☞복실 자방(複室子房)
단심(丹心)명 정성스러운 마음. 거짓 없이 참된 마음. 단념(丹念). 적심(赤心) ☞충심(衷心)
단심가(丹心歌)명 고려 말기의 충신 정몽주(鄭夢周)가 지은 시조. 이방원(李芳遠)의 '하여가(何如歌)'에 답한 것으로, 임금에 대한 충성심을 읊은 내용임.
단아(單芽)명 홑눈
단아(端雅)어기 '단아(端雅)하다'의 어기(語基).
단아-하다(端雅-)형여 단정하고 아담하다.
단악(丹堊)명 붉은 칠을 한 벽, 또는 붉은 벽토(壁土).
단:악(斷惡)명-하다자 악한 일이나 행동을 하지 않음.
단:악수선(斷惡修善)성구 불교에서, 악업을 끊고 선업을 닦아 선도(善道)에 들어감을 이르는 말.
단안(單眼)명 ①짝을 이루지 않은 하나의 눈. 외눈 ☞양안(兩眼) ②홑눈 ☞복안(複眼)
단:안(斷岸)명 낭떠러지
단:안(斷案)명-하다타 ①어떤 일에 대한 생각을 최종적으로 결정함, 또는 결정된 그 생각. 단(斷) ¶-을 내리다. ②삼단 논법에서, 앞의 전제로부터 이끌어 낸 결론.
단-안:경(單眼鏡)명 ①한쪽 눈에만 대는 외알 안경. ②한쪽 눈에 대고 보는 망원경. 모노클(monocle) ☞쌍안경
단-안산(單案山)명 풍수설에서, 가장 안쪽에 있는 안산을 이르는 말. 내안산(內案山)
단안=시:야(單眼視野)명 한쪽 눈만으로 그 위치를 변경하지 않고 보는 외계의 범위. ☞양안 시야(兩眼視野)

단압(鍛壓)명-하다타 금속 재료를 단련하거나 압연(壓延)함.

단압=기계(鍛壓機械)명 금속 재료를 자르거나 깎는 이외의 방법으로 성형(成形)이나 가공을 하는 데 쓰는 기계를 통틀어 이르는 말. 프레스나 압연기 따위.

단:애(斷崖)명 깎아지른듯 한 낭떠러지. 절애(絕崖)

단:야(短夜)명 여름의 짧은 밤. ☞장야(長夜)

단야(鍛冶)명-하다타 쇠붙이를 벼리어 연장을 만듦. 대장일

단약(丹藥)명 먹으면 장생불사(長生不死)의 신선이 된다고 하는 영약(靈藥). 선단(仙丹)

단양(端陽)명 단오(端午)

단어(單語)명 뜻을 지닌 낱덩이의 말로, 단독으로 쓸 수 있는 말. '꽃, 아름답다, 청춘' 따위. 낱말[2]

단언(端言)명-하다자 바른말, 또는 바른말을 함.

단:언(斷言)명-하다타 딱 잘라서 말함, 또는 그러한 말. ¶ -하지만, 자네는 합격해.

단:언-적(斷言的)명 정언적(定言的)

단:언적=명제(斷言的命題)명 정언적 명제(定言的命題)

단:언적=판단(斷言的判斷)명 정언적 판단(定言的判斷)

단엄(端嚴)어기 '단엄(端嚴)하다'의 어기(語基).

단엄침중(端嚴沈重)성구 단정하고 위엄이 있으며, 침착하고 무게가 있음을 이르는 말.

단엄-하다(端嚴-)형여 단정하고 위엄이 있다.

단:여(短^欐)명 기둥 윗머리 사개통에 들보나 도리를 받치기 위하여 가로나 세로로 얹는 짧은 나무. 단연(短椽)

단-여의(單女衣)[-녀-]명 조선 시대, 궁중에서 홑으로 지은 속속곳을 이르던 말.

단역(端役)명 연극이나 영화 등에서, 비중이 적고 간단한 배역, 또는 그런 역을 맡은 배우를 이르는 말. ☞엑스트라(extra). 주역(主役)

단:연(短椽)명 단여

단연(端硯)명 '단계연(端溪硯)'의 준말.

단:연(斷煙)명-하다자 담배를 피우는 습관을 끊음. 금연(禁煙)

단:연(斷然)[1]부 두말할 것도 없이 확실하게. ¶ - 앞서다. / - 우세하다.

단연(端然)어기 '단연(端然)하다'의 어기(語基).

단:연(斷然)[2]어기 '단연(斷然)하다'의 어기(語基).

단:연-코(斷然-)부 '단연(斷然)[1]'의 힘줌말. ¶ - 내 꿈을 이루고야 말겠다.

단연-하다(端然-)형여 바르게 정돈되어 가지런하다.
단연-히부 단연하게

단:연-하다(斷然-)형여 결단하는 태도가 있다.
단연-히부 단연하게

단열(單列)명 한 줄. 외줄

단:열(斷熱)명-하다자 열의 전도(傳導)를 막음.

단열=기관(單列機關)명 실린더가 한 줄로 나란히 있고, 한 개의 크랭크축을 따라 동력을 다른 곳으로 전달하는 기관.

단열-로(鍛熱爐)명 대장간에서, 쇠붙이를 달구는 노(爐). 단공로(鍛工爐)

단:열=벽돌(斷熱甓-)명 가마나 노(爐) 따위의 내화(耐火) 벽돌 바깥쪽에 쌓아 열의 손실을 막는, 열전도율이 낮은 벽돌.

단:열=변:화(斷熱變化)명 열역학에서, 외부와의 열을 주고받지 않고 일어나는 물질의 상태 변화. 기체의 단열 압축이나 단열 팽창 따위. ☞등온 변화(等溫變化)

단:열=압축(斷熱壓縮)명 물질이 외부와 열을 주고받음이 없이 그 부피가 작아지는 현상. ☞단열 팽창(斷熱膨脹)

단:열-재(斷熱材)[-째]명 열을 막거나 보온하는 데 쓰이는 건축 재료. 석면, 유리 섬유, 코르크 따위.

단:열=팽창(斷熱膨脹)명 물질이 외부와 열을 주고받음이 없이 그 부피가 늘어나는 현상. ☞단열 압축(斷熱壓縮)

단엽(單葉)명 ①홑꽃잎 ②홑잎 ③비행기의 주익(主翼)이 하나인 것. ☞복엽(複葉)

단엽-기(單葉機)명 '단엽 비행기(單葉飛行機)'의 준말.

단엽=비행기(單葉飛行機)명 주익(主翼)이 하나씩으로 된 비행기. 준단엽기 ☞복엽 비행기

단영(丹楹)명 붉게 칠한 기둥. 단주(丹柱)

단영(單營)명 다른 영문(營門)의 통제를 받지 않는 독립된 군영(軍營).

단예(端倪)명 ①일의 처음과 끝. 시종(始終) ②맨 가. ③ -하다타 미루어 헤아림.

단오(端午)명 음력 오월 초닷샛날을 명절로 이르는 말. 그네뛰기와 씨름·탈춤 등의 놀이를 하며, 여자들은 창포물에 머리를 감는 풍습이 있음. 단양(端陽). 단옷날. 중오절(重五節). 천중절(天中節)

단오-떡(端午-)명 수리취떡

단오-병(端午餠)명 수리취떡

단오-부(端午符)명 '단오부적(端午符籍)'의 준말.

단오-부적(端午符籍)명 민속에서, 액(厄)을 물리친다고 하여, 단옷날 문이나 기둥에 붙이는 부적. 준단오부

단오-부채(端午-)명 조선 시대, 단옷날에 임금이 신하들과 여러 관아에 나누어 주던 부채. 단오선

단오-선(端午扇)명 단오부채

단오-장(端午粧)명 단옷날에 여성들이 머리에 꽂는 노리개. 창포의 뿌리로 만든 비녀에 수(壽)·복(福)의 글자를 새기고, 끝에 붉은 연지를 발라 머리에 꽂아 재액을 물리친다고 함.

단오-절(端午節)명 '단오'를 명절로 이르는 말.

단:옥(斷獄)명-하다타 중대한 범죄 사건을 처리함.

단옷-날(端午-)명 단오

단용-재(單用財)명 한 번의 사용으로 소모되어 버리는 재화(財貨). 생산용 원자재, 식량, 연료 따위. ☞내용재(耐用財)

단:운(斷雲)명 조각구름

단원(單元)명 ①단자(單子) ②동일한 주제나 내용을 중심으로, 편의상 하나로 편성한 학습 단위. 학습 단원

단원(團員)명 어떤 단체를 구성하는 사람, 또는 어떤 단체에 딸리어 있는 사람.

단원(團圓)[1]명 소설이나 연극 따위의 결말. 끝

단원(團圓)[2]어기 '단원(團圓)하다'의 어기(語基).

단원-론(單元論)[-논]명 ①철학에서, 우주의 본체는 오직 하나라고 하는 견해나 학설. 일원론(一元論) ②모든 생물은 전부 동일한 조상으로부터 생겨 나왔다고 하는 학설. 단원설 ☞다원론(多元論)

단원-설(單元說)명 단원론

단원-제(單院制)명 '단원 제도(單院制度)'의 준말.

단원=제:도(單院制度)명 단 하나의 의원(議院)으로 이루어진 의회 제도. 일원 제도(一院制度) 준단원제 ☞양원 제도(兩院制度)

단원-하다(團圓-)형여 ①둥글둥글하다 ②가정이 원만하다.

단원=학습(單元學習)명 미리 짜여진 학습 단원에 따라 이루어지는 학습.

단월(端月)명 '음력 정월(正月)'을 달리 이르는 말.

단월(檀越)명 시주(施主)

단위(單位)[1]명 ①길이·넓이·질량·시간 등을 수치로 나타내는 데 기준이 되는 분량의 표준. 미터(m)·그램(g)·초(秒) 따위. 하나치 ¶미터법에서 사용하는 길이의 -는 m·cm·km 등이다. ②어떤 집단이나 조직 등을 구성하는 데 기본이 되는 한 덩어리. ¶마을 -로 사업을 진행하다. ③학습량을 재는 기준이 되는 양. 흔히, 학습 시간으로 나타냄.

단위(單位)[2]명 한 위(位)의 신주(神主).

단위(單位)[3]명 선종에서, 승당(僧堂) 안에 명패를 붙여 지정한 자리를 이르는 말.

단위=결과(單爲結果)명 단위 결실

단위=결실(單爲結實)[-씰]명 수정하지 않고, 단순히 어떤 자극에 따라 씨방이 발달하여 씨 없는 열매를 맺는 현상. 단독 결실. 단성 결실. 단위 결과

단위-계(單位系)명 몇 개의 기본 단위와 거기서 이끌어 낸 다른 단위들이 계열을 이루는 일련의 단위 집단. CGS

ㄷ

단위계, MKS 단위계, MTS 단위계 따위.

> ▶ **단위를 나타내는 의존 명사**(依存名詞)
> 단위를 나타내는 의존 명사는 그 앞의 수관형사(數冠形詞)와 띄어 쓴다.
> ¶나무 한 그루/고기 두 근/열 길 물 속
> 은 넉 냥(-쭝)/바느질 실 한 님/엽전 두 닢
> 금 서 돈(-쭝)/북어 한 쾌/논 두 마지기
> 쌀 서 말/물 한 모금/실 한 바람
> 사과 한 접/열 바퀴/새끼 두 발
> 국수 한 사리/벼 석 섬/밥 한 술
> 흙 한 줌/집 세 채/밤 한 톨
> 김 네 톳/풀 한 포기/바늘 한 쌈
> 다만, 아라비아 숫자 뒤에 붙는 의존 명사는 모두 붙여 쓸 수 있다.
> ¶100원/50미터/20그램/1년 12개월

단위=넓이(單位-)명 단위 면적

단위=노동=조합(單位勞動組合)명 연합 단체를 구성하는 단위가 되는 노동 조합. 독립된 규약과 대표자 및 재정을 가지고 있음.

단위=면:적(單位面積)명 면적을 측량할 때 기준이 되는 면적. 어떤 단위계에서 넓이의 단위가 1인 면적. CGS 단위계에서는 1cm²임. 단위 넓이

단위=부대(單位部隊)명 규정된 편제에 따라 일정한 규모로 구성된 군의 조직 단위.

단위=상점(單位商店)명 한 종류나 같은 계통의 상품을 전문적으로 파는 상점. ☞백화점

단위=생식(單爲生殖)명 유성 생식의 한 가지. 난세포가 수정을 하지 않은 상태에서 발생하여 새로운 개체를 만드는 일. 단성 생식. 처녀 생식 ☞양성 생식

단위-체(單位體)명 고분자 화합물을 구성하는 단위가 되는, 분자량이 적은 물질. 폴리스티렌 중에서 스티렌 따위. 단량체. 모노머(monomer) ☞중합체

단음(單音)명 ①〈어〉음성학에서, 음성을 그 이상 나눌 수 없는 낱낱의 소리를 이르는 말. 곧 자음과 모음으로 나뉘는데, 그것이 결합하여 음절(音節)을 이룸. 홑소리 ☞음운(音韻). 음소(音素) ②단순음(單純音) ③음악에서, 단일한 선율만을 내는 소리.

단:음(短音)명 짧게 나는 소리. 짧은소리 ☞장음(長音)

단:음(斷音)명-하다자 ①음을 끊는 일. ②〈어〉자음의 하나. 발음함과 동시에 끊어지는 소리. 파열음·촉음 따위. ☞속음(續音)

단:음(斷飮)명-하다자 습관적으로 마시던 술을 끊음. 금주(禁酒). 단주(斷酒)

단:-음계(短音階)명 둘째와 셋째, 다섯째와 여섯째 음 사이의 음정이 반음이고, 나머지 음정은 온음인 7음 음계. 마이너(minor) ☞장음계(長音階)

단:음=기호(斷音記號)명 한 음씩 짧게 끊어 연주하거나 노래하라는 뜻의 악보 기호. 끊음표. 스타카토

단음=문자(單音文字)[-짜]명 한글의 자모(字母)나 로마 글자처럼 낱낱의 글자가 낱낱의 소리를 나타내는 표음 문자(表音文字). ☞음절 문자(音節文字)

단-음악(單音樂)명 한 성부(聲部)가 주선율을 전개하고 다른 성부는 그것을 화성적(和聲的)으로 반주하는 음악, 또는 그런 형식. 모노포니(monophony)

단음절-어(單音節語)명 하나의 음절(音節)로 이루어진 단어. '눈·코·입·귀' 따위. ☞다음절어(多音節語)

단:-음정(短音程)명 장음정보다 반음을 낮춘 음정.

단:음=주법(斷音奏法)[-뻡]명 낱낱의 음을 끊어서 연주하는 법.

단의(單衣)명 ①홑옷 ②속곳 ③남자 한복의 여름 홑바지. 고의(袴衣)

단-익공(單翼工·單翼栱)명 전각(殿閣)이나 궁궐 등과 같은 포살미한 집의 기둥 위에 얹히는 한 개의 촛가지가 달린 나무. 단입공(單入工). 초익공(初翼工)

단인(端人)[1]명 단정한 사람.

단인(端人)[2]명 조선 시대, 외명부 품계의 하나. 정팔품과 종팔품 문무관의 아내에게 내린 봉작(封爵). ☞유인(孺人)[2]

단일(單一)명-하다형 사물의 구성이나 내용이 단 하나로 되어 있음. ¶- 민족/- 구조

단:일(短日)명 낮이 밤보다 짧은 날.

단일=경작(單一耕作)명 ①한 경작지에 한 가지 작물만 심어 거두는 일. 단작(單作) ②한 경작지에서 한 해에 한 차례만 작물을 심어 거두는 일. 일모작(一毛作)

단일=경제(單一經濟)명 경제 주체가 한 자연인인 경제.

단일-국(單一國)명 단일한 주권 아래에 있는 독립된 나라. 단독국(單獨國). 단일 국가 ☞복합국

단일=국가(單一國家)명 단일국 ☞복합 국가

단일=기계(單一機械)명 가장 간단한 구조를 가진 기계. 지레·도르래·축바퀴 따위. 준단기(單機)

단일-란(單一卵)명 난세포 안에 난황을 모아 두고 있는 알. 내황란(內黃卵) ☞복합란(複合卵)

단일=목적=댐(單一目的dam)명 농업용·발전용·상수도용 따위 가운데 어느 한 가지 목적만을 위하여 설비한 댐. ☞다목적댐

단일-물(單一物)명 하나만으로 독립된 개체를 이룬 물건.

단일=민족(單一民族)명 하나의 혈연(血緣)으로 이루어진 민족.

단일-성(單一性)[-썽]명 단일한 성질이나 특성.

단:일성=식물(短日性植物)[-썽-]명 단일 식물

단:일=식물(短日植物)명 일조 시간(日照時間)이 일정 시간 이하가 되어야 꽃이 피는 식물. 보통 낮이 12시간보다 짧아지면 꽃이 피는 식물을 이름. 담배·국화·메밀 따위. 단일성 식물 ☞장일 식물(長日植物)

단일신-교(單一神敎)[-씬-]명 여러 신의 존재를 인정하면서, 그 중 특히 한 신을 최고의 신으로 숭배하는 종교. ☞다신교(多神敎). 일신교(一神敎)

단일-어(單一語)명 단어로서 더 이상 나눌 수 없는 형태의 말. '머리, 이마, 물, 좋다, 넓다, 깊다' 따위. 단순어(單純語) ☞복합어(複合語). 파생어(派生語)

단일=진:자(單一振子)명 단진자(單振子)

단일현=운:동(單一弦運動)명 단진동 운동(單振動運動) 준단현 운동(單弦運動)

단일-화(單一化)명-하다자타 하나가 됨, 또는 하나로 만듦.

단일=환:율(單一換率)명 어떤 한 외국의 통화(通貨)를 기준으로 삼아 정한 환율. 국제 거래에 이것을 일률적으로 적용함.

단-입공(單入工·單入栱)명 단익공(單翼工)

단자(單子)[1]명 ①하소연하거나 청원(請願)하는 바를 적은 글. ②부조나 선물 등 남에게 보내는 물건의 이름과 수량을 적은 목록. ③사주(四柱) 또는 후보자의 이름 등을 적은 종이. ¶사주 -

단자(單子)[2]명 철학에서, 형체를 가지고 있지 않으며 무엇으로도 나눌 수 없는 궁극적인 실체를 이르는 말. 단원(單元). 모나드(monad)

단자(單字)[-짜]명 ①단어를 표시한 글자. ②한 글자. 외자 ¶-로 된 이름.

단:자(短資)명 '단기 자금(短期資金)'의 준말. ¶- 회사

단자(團子·團餈)명 떡의 한 가지. 찹쌀이나 찰수수 따위의 가루를 익반죽하여 동글동글하게 빚어 끓는 물에 삶아 낸 다음, 고물이나 엿물을 발라 먹음.

단자(端子)명 전기 기기에서 발생한 전력을 외부로 이끌어 내거나 전력을 외부로부터 전기 기기에 공급하는 회로의 끝 부분. 터미널(terminal)

단자(緞子)명 윤이 나며 무늬가 있고 두꺼운, 수자직(繻子織)의 견직물.

단자-론(單子論)명 단자란 더 이상 분해할 수 없는 단일한 것으로, 그 하나하나가 독립적이고 자유로운 작용에 따라 우주를 이루는 실제적 요소이며, 단자 간의 조화 원리란 신의 예정에 따른다고 풀이한 라이프니츠의 학설. 모나드론(monad論)

단-자방(單子房)명 '단실 자방(單室子房)'의 준말.

단:자=시:장(短資市場)명 단기 자금이 거래되는 시장. 상

업 어음이 할인 매매되는 할인 시장과 금융 기관 상호간의 단기 자금이 거래되는 콜 시장이 있음.
단:자=업자(短資業者)명 단자 시장에서, 어음의 할인 및 매매 중개와 금융 기관 상호간의 단자 거래의 중개를 전문으로 하는 사람.
단-자엽(單子葉)명 외떡잎 ☞다자엽(多子葉)
단자엽-식물(單子葉植物)명 외떡잎식물
단자엽-종자(單子葉種子)명 외떡잎씨앗
단-자예(單子蕊)명 홑암술 ☞복자예(複子蕊)
단-자음(單子音)명〈어〉한글 자음의 한 갈래. 자음으로서 더 이상 나눌 수 없는 소리. 곧 예사소리인 'ㄱ·ㄴ·ㄷ·ㄹ·ㅁ·ㅂ·ㅅ·ㅇ·ㅈ·ㅎ'과 된소리인 'ㄲ·ㄸ·ㅃ·ㅆ·ㅉ'이 이에 딸림. 홑닿소리 ☞복자음(複子音)
단자=전:압(端子電壓)명 전등(電燈)이나 전동기 등 전기 에너지를 소비하는 장치의 단자 간에 나타나는 실제의 전압.
단:자=회:사(短資會社)명 단기 금융 시장에서 단기 어음이나 채무 증서의 발행, 어음의 할인·매매·보증 등의 일을 하는 회사.
단작(單作)명-하다타 한 경작지에 한 가지 작물만을 심어 거두는 일. 단일 경작(單一耕作)
단작-노리개(單作-)명 부녀자가 한복 차림에 차는 장신구의 한 가지. 하나의 패물을 한 가닥의 진사(眞絲) 끈에 달아 만든 노리개. ☞삼작노리개
단작=농업(單作農業)명 한 가지 작물만을 재배하는 농업 경영 방식. ☞다각 농업(多角農業)
단:작-스럽다(-스럽고·-스러워)형ㅂ 하는 짓이나 말이 보기에 매우 아니꼽고 다라운 데가 있다. ¶제 잇속만 찾아 단작스럽게 설치고 다닌다. ☞던적스럽다
단작-스레부 단작스럽게
단잔(單盞)명 ①단 한 잔. ②제사 때, 단헌(單獻)으로 드리는 잔.
단-잠명 달게 깊이 든 잠. ¶-을 깨우다. 유숙면(熟眠)
단장(丹粧)명-하다자타 ①얼굴이나 머리, 옷차림 등을 잘 매만져 곱게 꾸밈. ¶곱게 -하고 앉아 있는 신부. ②손질하여 새롭게 꾸밈. ¶방을 새로 -하다.

한자 **단장할 장**(粧)〔米部 6획〕¶치장(治粧)/화장(化粧)

단:장(短杖)명 ①짧은 지팡이. 스틱(stick) ②손잡이가 꼬부라진 짧은 지팡이. ☞개화장(開化杖)
단:장(短長)명 짧은 것과 긴 것. 장단(長短)[1]
단:장(短墻)명 낮은 담.
단장(團長)명 '단(團)' 자가 붙은 단체의 우두머리.
단:장(斷章)명 ①시(詩)나 문장의 한 부분. ②일정한 체계 없이 산문체로 적은 토막글. ③-하다타 남의 시문(詩文) 중에서 일부를 따와서 쓰는 일.
단:장(斷腸)명 창자가 끊어질듯이 슬프고 괴로움을 이르는 말. ¶-의 슬픔.
단장고명 사냥하는 데 쓰는 매의 몸에 꾸미는 치장.
단:장-곡(斷腸曲)명 애끊는듯이 몹시 슬픈 곡조.
단:장-처(斷腸處)명 몹시 슬퍼서 창자가 끊어지는듯 한 경우를 이르는 말.
단장-포(單裝砲)명 한 포탑(砲塔)에 포신(砲身)을 한 문(門)만 갖춘 대포.
단:재(短才)명 ①-하다형 재주가 변변하지 못함, 또는 그런 재주. ②남에게 자기의 재능을 겸손하게 이르는 말. 비재(菲才). 천재(淺才)
단:재-기(斷裁機)명 종이·천·철판 따위를 마름질하는 기계. 재단기(裁斷機)
단적(端的)[-쩍]명곧바르고 명백한 것. ¶-인 예(例)./특징을 -으로 나타내다.
단전(丹田)명 ①도가(道家)에서, 하단전(下丹田)을 흔히 이르는 말. ②삼단전(三丹田)
단전(單傳)명-하다타 ①그 사람에게만 전함. ②불교에서, 글자나 말이 아니라, 직접 마음에서 마음으로 전함을 이르는 말.
단:전(短箭)명 길이가 짧은 화살. 짧은작
단:전(斷電)명-하다자 전기 공사나 그 밖의 이유로 전기의 공급이 중단됨.
단:절(短折)명-하다자 젊은 나이에 죽음, 또는 그런 죽음. 요절(夭折)
단:절(斷切)명-하다타 자르거나 베어 끊음. 절단(切斷)
단:절(斷折)명-하다타 꺾거나 부러뜨림.
단:절(斷絶)명-하다타 교류나 관계를 끊음. 절단(絶斷) ¶국교(國交)를 -하다.
단:점(短點)[-쩜]명 모자라거나 허물이 되는 점. 단처(短處). 단행(短行) ¶누구에게나 -은 있는 법이다. ☞결점(缺點). 장점(長點)
단접(鍛接)명-하다타 쇠붙이의 접합할 부분을 불에 달구어 망치로 두드리거나, 압력을 주어 한데 붙이는 일.
단정(丹頂)명 '단정학(丹頂鶴)'의 준말.
단정(單精)명 수정(受精)할 때, 하나의 난자에 하나의 정자가 들어가는 현상. ☞다정(多精)
단정(端艇·短艇)명 작은 배. ☞보트(boat)
단:정(斷定)명-하다타 ①딱 잘라 결정함. ¶그 일을 맡기로 -하다. ②분명하게 판단을 내림, 또는 그 판단. ¶그렇게 -할만 한 이유가 있다.
단:정(斷情)명-하다자 정을 끊음.
단정(端正)어기 '단정(端正)하다'의 어기(語基).
단정(端整)어기 '단정(端整)하다'의 어기(語基).
단정=꽃차례(單頂-)[-꼳-]명 유한 꽃차례의 한 가지. 꽃대의 꼭대기에 꽃 하나가 피는 꽃차례. 개양귀비꽃·튤립 따위. 단정 화서(單頂花序)
단:정-코(斷定-)부 딱 잘라 말하건대 틀림없이. ¶이번에는 - 우리 팀이 승리할 것이다.
단정-하다(端正-)형여 ①자세나 용모가 정돈되고 똑바른 상태에 있다. ¶옷을 단정하게 입다. ②행실이 얌전하고 바르다. ¶품행이 -.
단정-히부 단정하게
단정-하다(端整-)형여 깨끗하게 정돈되어 있다.
단정-히부 단정하게
단정-학(丹頂鶴)명 '두루미'의 딴이름. 준단정(丹頂)
단정=화서(單頂花序)명 단정 꽃차례
단:조(短調)[-조]명 단음계(短音階)의 곡조. 마이너(minor) ☞장조(長調)
단조(鍛造)명-하다타 쇠붙이를 불에 달군 다음 망치로 두드리거나 늘이어 연장 따위를 만듦.
단조(單調)어기 '단조(單調)하다'의 어기(語基).
단조-공(鍛造工)명 쇠붙이의 단조 작업을 하는 직공.
단조=기계(鍛造機械)명 쇠붙이를 두들겨서 여러 가지 형체의 물건을 만드는 기계.
단조-롭다(單調-)(-롭고·-로워)형ㅂ 단조한 느낌이 있다. ¶단조로운 가락.
단조-로이부 단조롭게
단조-품(鍛造品)명 불에 달군 쇠붙이를 두드리거나 늘이어 만든 물품.
단조-하다(單調-)형여 상태나 가락 따위가 변화 없이 되풀이되어 새로운 맛이 없다. ¶단조한 생활.
단족(單族)명 세력이 없고 외로운 집안.
단족-국(單族國)명 단일한 민족으로 구성된 국가.
단:종(斷種)명-하다자타 ①씨가 끊어짐. ②생식이나 번식 능력을 없앰.
단-종선(單縱線)명 악보에서, 소절(小節)의 구분에 쓰이는 한 가닥의 세로줄.
단:종=수술(斷種手術)명 단종시킬 목적으로 생식 능력을 없애는 수술.
단-종진(單縱陣)명 세로로 외줄을 이룬 진(陣).
단좌(單坐)명 혼자 앉음 ☞고좌(孤坐)
단좌(端坐)명-하다자 단정하게 앉음. ¶-하여 명상에 잠기다. ☞정좌(正坐)
단좌(團坐)명-하다자 여러 사람이 둥글게 모여 앉음.
단좌(單座)앞말 주로 항공기 따위에서 조종석이 한 자리임을 뜻하는 말. ¶- 전투기 ☞복좌(複座)
단:죄(斷罪)명-하다타 죄를 처단함. 과죄(科罪)

단주(丹朱)명 ①붉은빛 ②진사(辰砂)
단주(丹柱)명 붉은 빛깔의 칠을 한 기둥. 단영(丹楹)
단:주(短珠)명 쉰네 개 이하의 구슬을 꿰어 만든 짧은 염주. 단념(短念)
단주(端舟)명 조그마한 배.
단주(端株)명 거래 단위에 미달하는 수의 주(株). 보통 100주 미만을 이름.
단:주(斷酒)명-하다자 습관적으로 마시던 술을 끊음. 금주. 단음(斷飮)
단:주(斷奏)명-하다타 음악에서, 각각의 음을 짧게 끊어 연주함, 또는 그런 연주.
단:주-법(斷奏法)[-뻡]명 음악에서, 선율을 끊는 것처럼 연주하는 방법.
단:죽(短竹)명 짧은 담뱃대. 곰방대
단중(端重)어기 '단중(端重)하다'의 어기(語基).
단중-하다(端重-)형여 단정하고 무게가 있다.
단중-히부 단중하게
단지명 배가 부르고 목이 짧은 자그마한 항아리.
단지(段地)명 층이 진 땅.
단:지(短枝)명 마디와 마디 사이가 짧은 가지. 은행나무·소나무 따위의 가지가 이에 딸림.
단:지(短智)명-하다형 지혜가 짧음, 또는 짧은 지혜.
단지(團地)명 주택이나 공장 등 같은 종류의 건물이나 시설들을 계획적·집단적으로 형성한 곳. ¶주택 -/공업 -/-를 조성(造成)하다.
단:지(斷指)명-하다자 ①지난날, 생명이 위독한 사람에게 피를 내어 먹이기 위하여 손가락을 자르던 일. ②굳은 맹세의 뜻을 보이기 위하여 손가락을 자르는 일.
단:지(斷趾)명-하다자타 발뒤꿈치를 자르던 옛 형벌.
단:지럽다(단지럽고·단지러워)형ㅂ 말이나 행동이 다랍다. ☞던지럽다
단:지(但只)부 다만 ¶나는 - 네가 돌아오기를 바란다.
단:지-증(短肢症)[-쯩]명 팔다리의 뼈가 형성되지 않았거나 제대로 자라지 아니하여 팔다리가 매우 짧은 선천성 기형.
단:지-증(短指症)[-쯩]명 선천적으로 손가락 또는 발가락이 짧은 기형.
단-진:동(單振動)명 '단진동 운동'의 준말.
단진동=운:동(單振動運動)명 단진자의 운동이나 용수철의 탄성 운동처럼 운동체가 항상 어떤 정점(定點)을 향하고, 또 그 정점으로부터의 거리에 비례하는 힘을 받을 때 하는 운동. 단일현 운동(單一弦運動) 준 단진동
단-진:자(單振子)명 길이가 변하지 않고 질량을 무시할 수 있는 가는 실에, 작고 무거운 추를 매달아 하나의 연직면(鉛直面) 안에서 움직이게 만든 장치. 단일 진자
단짝명 매우 친하여 늘 함께 어울려 다니는 사이, 또는 그러한 벗. 단짝패. 단패 ¶- 동무
단짝-패명 단짝
단차(單差)명-하다타 지난날, 관원을 임명할 때 한 사람만을 천거받아 임명하던 일.
단:찰(短札)명 ①요긴한 말만 쓴, 짤막한 편지. 단간(短簡) ②자기가 쓴 편지를 겸손하게 이르는 말.
단참(單站)명 중도에 쉬지 않고 단숨에 하는 일. ¶-에 집까지 달려왔다.
단창(單窓)명 겉창이 달려 있지 아니한 외겹창.
단:창(短槍)명 자루가 짧은 창. ☞장창(長槍)
단채-식(段彩式)명 지도에서 지형과 높낮이를 나타내는 방법의 한 가지. 등고선을 기준으로 높이에 따라 빛깔을 달리함.
단-채유(單彩釉)명 유약과 채색이 한 가지 빛깔로 된 자기(瓷器). 청자(青瓷) 따위.
단:처(短處)명 ①잘못되거나 모자라는 점. 결점. 단점 ②능하지 못한 점. ☞장처(長處)
단:척(短尺)명 정한 잣수에 다 차지 못한 피륙.
단:천(短淺)어기 '단천(短淺)하다'의 어기(語基).
단:천-하다(短淺-)형여 학문이나 지혜 따위가 모자라고 얕다.
단철(單鐵)명 '단선 철도(單線鐵道)'의 준말. ☞복철
단철(鍛鐵·煅鐵)명 ①-하다자 쇠를 두드려 단련함, 또는 그 쇠. ②연철(鍊鐵)
단철-장(鍛鐵場·煅鐵場)명 대장간
단:첨(短檐)명 길이가 짧은 처마. ☞왜첨(矮檐)
단청(丹青)명-하다자타 ①절이나 궁궐, 누각의 벽·기둥·천장 따위에 여러 가지 빛깔로 그림이나 무늬를 그리는 일, 또는 그 그림이나 무늬. 단벽(丹碧) ②그림이나 장식에 색을 칠함. 채색(彩色)
단-청룡(單青龍)명 풍수설에서, 청룡 가운데 가장 안쪽에 있는 산을 이르는 말. 내청룡(內青龍)
단:-청판(短廳板)명 마룻바닥에 짧게 깐 바둑판 널.
단체(單體)명 홑원소 물질
단체(團體)명 ①같은 목적을 위하여 모인 사람들의 무리. ¶- 행동/- 생활/영화를 -로 관람하다. ②두 사람 이상이 공동의 목적을 이루기 위하여 맺은 동아리. ¶이익 -/친목 -/정치 - ☞집단(集團)

한자 **단체 사**(社)〔示部 3획〕¶결사(結社)/공사(公社)/입사(入社)/퇴사(退社)/회사(會社)

단체=경:기(團體競技)명 단체끼리 승패를 겨루는 경기. ☞개인 경기. 단체전
단체=교섭(團體交涉)명 ①개인적으로 하지 않고, 단체의 자격으로 교섭하는 일. ②근로자가 근로 조건을 유지·개선하기 위하여 단결하여 사용자와 교섭하는 일.
단체=교섭권(團體交涉權)명 노동 삼권의 하나. 근로자가 단체 교섭을 할 수 있도록 보장한 권리.
단체-법(團體法)[-뻡]명 단체의 조직과 활동에 관한 준칙을 정한 법규를 통틀어 이르는 말.
단체=보:험(團體保險)명 어떤 단체를 대상으로 하나의 보험 계약을 맺어, 그 단체에 딸린 사람은 모두 피보험자가 되는 보험.
단체=분리(團體分離)명 선광 작업에서, 광석을 잘게 부순 뒤 선별하려는 광물을 광석에서 분리하는 일.
단체-상(團體賞)명 단체에게 주는 상. ☞개인상
단체=수술(單體-)명 단체 웅예
단체=연금(團體年金)명 사업주가 종업원의 퇴직 연금을 주기 위하여 보험 회사와 단체 보험을 계약하고, 그 보험료의 전부 또는 일부를 부담하는 연금 제도.
단체=웅예(單體雄蕊)명 합생 웅예(合生雄蕊)의 한 가지. 한 꽃 중의 수술이 서로 붙어서 하나로 된 수술. 동백꽃이나 목화꽃 따위의 수술이 이에 딸림. 단체 수술
단체=자치(團體自治)명 지방 자치 단체가 중앙 정부로부터 독립하여 행정 사무를 맡아 처리하는 일.
단체-전(團體戰)명 단체끼리 승패를 겨루는 운동 경기. ☞개인전. 단체 경기
단체=정신(團體精神)명 개인보다 단체를 중요하게 여기는 정신.
단체=행동(團體行動)명 한 집단이나 단체의 사람들이 통일적으로 하는 행동. ☞단독 행동(單獨行動)
단체=행동권(團體行動權)[-꿘]명 노동 삼권의 하나. 근로자가 사용자에 대항하여 근로 조건의 유지·개선을 위하여 파업·태업·시위 등의 단체 행동을 할 수 있는 권리.
단체=협약(團體協約)명 ①개인과 단체 또는 단체와 단체 사이에 맺는 특수한 계약. ②노동 조합과 사용자가 서로의 권리와 의무에 관하여 맺는 협정. 노동 협약
단:-촉(短-)명 돌기가 짧은 장부촉.
단:촉(短促)어기 '단촉(短促)하다'의 어기(語基).
단:촉=꺾쇠(短-)[-꺽-]명 한쪽 끝이 구부러지고 뾰족하며, 다른 쪽은 넓적하고 못을 박는 구멍이 있는 꺾쇠.
단:촉-하다(短促-)형여 ①시일이 촉박하다. ②음성이 짧고 급하다.
단:총(短銃)명 ①짤막한 총. ②한 손으로 다룰 수 있도록 만든 작은 총. 권총(拳銃)
단총-박이명 짚의 속대로 꼰 총을 박아서 만든 짚신.
단추[1]명 ①옷자락 따위에서, 벌어지거나 떨어진 두 짝을

맞대어 여미기 위해 한쪽 부분에 달아서 다른 쪽 구멍에 끼우도록 만든 물건. ¶ －를 달다. /－를 잠그다. ②기계 장치 따위에서, 어떤 작동을 하게 하려고 누르는 꼭지.
단:추[2] 명 단으로 묶은 푸성귀.
단추-매듭 명 단추로 쓰이는 '연봉매듭'을 이르는 말.
단:축(短軸) 명 ①짧은지름 ☞장축(長軸) ②사방 정계(斜方晶系)나 삼사 정계(三斜晶系)에 딸린 결정(結晶)의 앞뒤 축(軸).
단:축(短縮) 명 -하다 자타 시간이나 거리 따위를 짧게 줄이는 일. ¶ 수업 시간을 －하다. /두 지점 사이의 거리가 －되다. ☞연장(延長)
단:축=노동(短縮勞動) 명 실업 구제 대책의 한 가지. 불경기 때 실업자가 생기는 것을 막기 위하여 근로자 1인당의 노동 시간을 단축하는 일.
단출-하다 형여 ①식구나 구성원이 많지 않아서 홀가분하다. ¶ 식구가 －. ②차림이나 일이 간편하다. ¶ 짐을 단출하게 꾸리다. /단출한 차림새.
단출-히 부 단출하게
× **단춧-고** 명 → 단춧고리
단춧-고리 명 단추를 끼울 수 있도록 헝겊이나 끈 따위로 만든 고리.
단춧-구멍 명 ①단추를 끼우기 위하여 만든 구멍. ②단추를 달 때 실을 꿸 수 있도록 단추에 뚫어 놓은 구멍.
단충(丹忠) 명 진정에서 우러나오는 참된 충성.
단충(丹衷) 명 단성(丹誠)
단취(團聚) 명 -하다 자 한 집안 식구나 친한 사람들끼리 화목하게 한데 모이는 일.
단층(單層) 명 ①단 하나의 층, 또는 단 하나의 층으로 이루어진 것. ¶ － 건물 ☞다층(多層) ②'단층집'의 준말. ③같은 성질의 바위로 이루어진 층.
단:층(斷層) 명 지각 변동으로 생긴 지각의 틈을 따라 지층이 아래위로 어긋나서 층을 이룬 현상, 또는 그런 지층.
단:층-곡(斷層谷) 명 지표(地表)에 드러난 단층면이 침식되어 이루어진 골짜기.
단층-림(單層林) 명 수관(樹冠)이 한 층으로 고른 숲. ☞다층림(多層林)
단:층-면(斷層面) 명 단층 운동으로 말미암아 서로 어긋난 두 지반(地盤)의 경계 면.
단:층=분지(斷層盆地) 명 단층 운동으로 말미암아 지반이 내려앉아서 생긴 분지.
단:층=산맥(斷層山脈) 명 단층 운동으로 말미암아 생긴 산줄기.
단:층=산지(斷層山地) 명 단층 운동으로 말미암아 한쪽이 높게 형성된 산지.
단:층-애(斷層崖) 명 단층면이 노출되어 있는 낭떠러지.
단:층=운:동(斷層運動) 명 지각(地殼)의 강한 횡압력(橫壓力)을 받아서 지층에 금이 생기고, 이로 말미암아 지반이 한쪽은 솟고 한쪽은 가라앉아서 단층이 생기는 지각 운동.
단:층=지진(斷層地震) 명 단층이 생성되는 과정에서 일어난다고 생각되는 지진.
단층-집(單層－)[－찝] 명 한 층으로 된 집. 준 단층
단:층=촬영(斷層撮影) 명 검사하고자 하는 곳의 단면만을 X선으로 촬영하는 일.
단:층=해:안(斷層海岸) 명 단층 운동으로 말미암아 생겨난 해안. 낭떠러지로 이루어짐.
단:층-호(斷層湖) 명 단층으로 둘러싸인 오목한 땅에 물이 괴어 이루어진 호수.
단-칠(丹－) 명 붉은 칠.
단:침(短針) 명 ①짧은 바늘. ②시침(時針) ☞장침(長針)
단칭(單稱) 명 하나의 사물만을 나타내는 명칭. ☞복칭
단칭=명:제(單稱命題) 명 단칭 판단을 표현하는 명제.
단칭=판단(單稱判斷) 명 논리학에서, 주어(主語)가 단독 개념인 판단. '장영실은 과학자이다.' 따위.
단-칸(單－) 명 하나로 된 칸.
단칸-마루(單－) 명 겨우 한 칸 넓이의 마루.
단칸-방(單－房)[－빵] 명 겨우 한 칸 뿐인 방. ¶ －에서 신혼 살림을 시작하다.

속담 **단칸방에 새 두고 말할까** : 한집 식구처럼 친하게 지내는 사이에 비밀이 있을 리 없다는 말.
단칸-살림(單－) 명 -하다 자 ①단칸방에서 사는 살림. ②매우 가난한 살림을 비유하여 이르는 말. 단칸살이
단칸-살이(單－) 명 -하다 자 단칸살림
단칼-에(單－) 부 ①한 번의 칼질에. ¶ 대나무를 － 베다. ②'단 한 번에'를 비유하여 이르는 말. ¶ 부탁을 － 거절하다.
단타(單打) 명 야구에서, 타자가 한 루(壘)를 갈 수 있게 친 안타. 싱글히트(single hit). 일루타(一壘打)
단:타(短打) 명 야구에서, 장타를 목적으로 하지 않고 진루(進壘)를 위해 방망이를 짧게 잡고 정확하게 공을 치는 타격. ☞장타(長打)
단-탕:건(單宕巾) 명 관이나 갓을 쓰지 않고 탕건만을 쓴 차림새.
단-통(單－) 명 ①그 자리에서 대번에 하는 일. ¶ －에 결판을 내다. /－에 해치우다. ②〔부사처럼 쓰임〕 ¶ － 화를 내다.
단통-총(單筒銃) 명 총열이 하나로 되어 쏠 때마다 총알을 재어서 쏘는 엽총.
단-틀(單－) 명 단 하나 뿐인 기계.
단:파(短波) 명 파장이 짧은 전파. 보통 파장이 10~100m, 주파수가 3~30MHz인 전파를 이름. 먼 거리의 무선 전신이나 방송 등에 쓰임. ☞장파(長波). 중파(中波)
단:파=방:송(短波放送) 명 단파를 사용하는 방송. 주로 국내의 원격지 방송이나 해외 방송 등에 쓰임.
단:파=요법(短波療法)[－뻡] 명 단파를 이용하여 신경, 관절, 뼈, 피부 등의 병을 치료하는 요법.
단-파의(單罷議) 명 -하다 타 한 번 의논하고 곧 결정하는 일.
단:-파장(短波長) 명 단파의 파장. ☞장파장(長波長)
단-판(單－) 명 단 한 번에 승패를 결정하는 판.
단판(單瓣) 명 한 겹으로 된 꽃잎. 홑꽃잎 ☞중판(重瓣)
단판(端板) 명 운동 신경이 말단의 근육 섬유와 닿은 부분.
단판-걸이(單－) 명 단 한 번으로 승패를 겨루는 일.
단판-씨름(單－) 명 단 한 번에 승패를 내는 씨름.
단판-화(單瓣花) 명 하나의 꽃잎으로 이루어진 꽃. 홑꽃 ☞중판화(重瓣花)
단-팥묵[－팓－] 명 엿에 설탕과 팥 앙금, 우무를 넣고 조린 다음 식혀서 굳힌 일본식 과자. 양갱(羊羹)
단-팥죽[－팓－] 명 팥을 삶아 으깨어 설탕 따위를 넣은 음식. 찹쌀 새알심을 넣기도 함.
단-패(－牌) 명 단짝
단패(單牌) 명 단 두 사람으로 된 짝패.
단패=교군(單牌轎軍) 명 지난날, 가마를 메고 먼 길을 갈 때 교대할 사람이 없이 단 두 사람이 한 패가 되어 메고 가던 교군.
단:편(短篇) 명 ①짤막하게 지은 글. ②'단편 소설(短篇小說)'의 준말. ☞장편(長篇)
단:편(斷片) 명 ①여럿으로 끊어지거나 쪼개진 조각. ②전체 중의 토막진 한 부분. ¶ 생활의 －. /추억의 －.
단:편(斷編·斷篇) 명 문장이나 문서 등의 한 부분. ¶ 메모의 －으로 당시의 상황을 헤아리다.
단:편=소:설(短篇小說) 명 길이가 짧은 소설의 한 형식. 단순한 줄거리와 긴밀한 구성, 간결한 문체로 주제를 다루는 것이 특징임. 준 단편 ☞장편 소설(長篇小說)
단:편=영화(短篇映畫) 명 영사 시간이 비교적 짧은 영화.
단:편-잔간(斷編殘簡) 명 옛 문장이나 문서 따위에서 많은 부분이 없어지고 남은 한 부분. 단간잔편(斷簡殘編) 준 단간(斷簡)
단:편-집(短篇集) 명 단편 소설을 모아 엮은 책.
단:평(短評) 명 짤막한 비평.
단포(單胞) 명 단세포(單細胞)
단포-약(單胞葯) 명 한 개의 약포로 된 꽃밥. 목화·부용 따위의 꽃밥이 이에 딸림. ☞다포약(多胞葯)
단표(簞瓢) 명 ①도시락과 표주박. ②'단사표음(簞食瓢飮)'의 준말.

단표누:항(簞瓢陋巷)성구 도시락과 표주박과 누추한 거리라는 뜻으로, 소박한 생활을 비유하여 이르는 말.
단-표자(單瓢子)명 한 개의 표주박.
단풍(丹楓)명 ①'단풍나무'의 준말. ②늦가을에 식물의 잎이 누르거나 붉게 변하는 현상, 또는 누르거나 붉게 변한 나뭇잎. ¶ -이 지다. ③화투 딱지의 한 가지. 시월을 상징하여 단풍을 그린 딱지. 열, 청단 띠, 껍데기 두 장으로 이루어짐. ☞오동(梧桐)
단풍이 들다관용 식물의 잎이 누르거나 붉게 변하다.
속담 **단풍도 떨어질 때 떨어진다** : 무슨 일에나 제 때가 있다는 말.

한자 **단풍 풍**(楓) 〔木部 9획〕 ¶ 단풍(丹楓)/상풍(霜楓)/풍림(楓林)/풍악산(楓嶽山)

단풍-나무(丹楓-)명 ①단풍나뭇과의 낙엽 활엽 교목을 통틀어 이르는 말. ②단풍나뭇과의 낙엽 활엽 교목. 높이 10m 안팎. 잎은 손바닥 모양으로 깊게 갈라졌으며, 가을에 붉게 또는 노랗게 변함. 5월경에 꽃이 산방(繖房) 꽃차례로 피고, 열매는 시과(翅果)임. 각지의 산지에 자라며 관상용으로 가꾸기도 함. 준단풍
단풍-놀이(丹楓-)명-하다자 가을 산 등에 단풍이 든 아름다운 경치를 보고 즐기며 노는 일.
단풍-마(丹楓-)명 맛과의 여러해살이풀. 잎은 단풍나무 잎과 비슷한 모양이며 잎자루가 길고 어긋맞게 남. 6~7월에 엷은 황록색 꽃이 핌. 뿌리는 한방에서 약재로 쓰이고, 어린잎은 먹을 수 있음.
단풍-약(丹楓約)[-냑]명 풍약
단풍-잎(丹楓-)[-닙]명 ①늦가을에 노랗게 또는 붉게 변한 나뭇잎. ②단풍나무의 잎.
단풍-취(丹楓-)명 국화과의 여러해살이풀. 줄기 높이 30~80cm. 잎은 손바닥 모양이며 여름에 흰 꽃이 이삭 모양으로 핌. 어린잎은 먹을 수 있음.
단피-화(單被花)명 꽃받침이나 꽃부리 중 어느 한쪽을 갖추지 못한 꽃. 뽕나무나 밤나무 따위의 꽃. ☞무피화(無被花). 양피화(兩被花)
단:필(短筆)명 잘 쓰지 못한 글씨. 졸필(拙筆)
단필-정:죄(丹筆定罪)명 지난날, 의율(擬律)의 서면에 왕이 붉은 글씨로써 그 죄형을 정해 기록하던 일.
단하(丹霞)명 붉은 노을.
단하(壇下)명 단의 아래. ☞단상(壇上)
단학-흉배(單鶴胸背)명 한 마리의 학을 수놓은 흉배. 조선 시대, 문관(文官)의 관복에 당하관(堂下官)의 표시로 붙였음. ☞쌍학흉배(雙鶴胸背)
단합(團合)명-하다자 여러 사람이 한마음 한뜻으로 한데 뭉침. 단결(團結) ¶ 전교생이 -하다.
단항(單桁)명 양쪽 끝만 받친 배다리.
단항-식(單項式)명 숫자와 몇 개의 문자의 곱으로만 이루어진 식. $5a^2bc$, $8xy^3$ 따위. ☞다항식(多項式)
단행(單行)명-하다자 ①혼자서 감. 독행(獨行) ②혼자서 함. ③단 한 번만 하는 행동.
단:행(短行)명 단점(短點)
단행(端行)명 바른 행동. 단정한 행동.
단:행(斷行)명-하다타 결단하여 실행함. 결행(決行) ¶ 금융 개혁을 -하다.
단행-범(單行犯)명 단 한 번의 위법 행위로 성립된 범죄.
단행-법(單行法)[-뻡]명 특수한 사항에 관하여 특별히 제정한 법률. 저작권법, 어음법 따위.
단행-본(單行本)명 총서(叢書)나 전집(全集), 잡지 등에 상대하여 독립된 한 권으로 출판한 책을 이르는 말.
단향(壇享)명 단(壇)에서 지내는 제사.
단향(檀香)명 ①'단향목(檀香木)'의 준말. ②단향목의 목재(木材).
단향-목(檀香木)명 자단(紫檀)이나 백단(白檀) 따위의 향나무를 통틀어 이르는 말. 전단(栴檀) 준단향(檀香)
단헌(單獻)명 제례에서, 술잔을 한 번만 올리는 일. ☞삼헌(三獻)

단:현(斷絃)명-하다자 ①현악기의 줄이 끊어지는 일, 또는 끊어진 그 줄. ②금슬(琴瑟)의 줄이 끊어졌다는 뜻으로, 아내의 죽음을 비유하여 이르는 말. ☞속현(續絃)
단현=운:동(單弦運動)명 '단일현 운동'의 준말.
단형=시조(單形時調)명 한 수로 하나의 작품을 이룬 시조. 단시조(單時調)
단:호(短狐)명 '물여우'의 딴이름.
단:호(斷乎)어기 '단호(斷乎)하다'의 어기(語基).
단:호-하다(斷乎-)형여 마음먹은 일을 실행하는 태도가 결단성 있고 엄격하다. ¶ 단호한 태도.
단호-히부 단호하게 ¶ 부당한 요구를 - 거절하다.
단호-흉배(單虎胸背)명 한 마리의 범을 수놓은 흉배. 조선 시대, 무관(武官)의 관복에 당하관(堂下官)의 표시로 붙였음. ☞쌍호흉배(雙虎胸背)
단혼(單婚)명 일부 일처의 결혼. ☞복혼(複婚)
단:혼(斷魂)명 넋을 잃을 정도로 애통한 일.
단:화(短靴)명 ①목이 짧은 구두. ☞장화(長靴) ②굽이 낮은 여자 구두.
단:화(短話)명 짧은 이야기.
단화-과(單花果)명 홑열매 ☞다화과(多花果). 복화과
단환(團環)명 배목이 달린 둥근 문고리.
단황-란(端黃卵)명 노른자위가 알 속의 한쪽 가에 치우쳐 있는 알. ☞등황란(等黃卵). 중황란(中黃卵)
단회(團會)명 분위기가 좋고 단란한 모임.
닫다[1](닫고·달아)자ㄷ 빨리 가거나 오거나 하다. 달리다[1] ¶ 전속력으로 -.
속담 **닫는 데 발 내민다** : 남이 어떤 일에 열중하고 있는데 중간에서 그것을 방해한다는 말./**닫는 말에 채찍질** : ①힘껏 잘 하고 있는데도 자꾸 더욱 잘 하기를 재촉한다는 뜻. ②잘 되어 가고 있는 일을 더 빠르고 더 잘 되도록 북돋아 준다는 말. ☞주마가편(走馬加鞭)/**닫는 사슴을 보고 얻은 토끼를 잃는다** : 지나친 욕심을 부리다가는 도리어 손해를 본다는 말.
닫다[2]타 ①열린 문이나 뚜껑, 서랍 따위를 도로 제자리로 가게 하여 막다. ¶ 창문을 -./그릇 뚜껑을 꼭 닫아라. ②입을 다물어 말하지 않는 상태를 이루다. ¶ 심술이 나서 말문을 닫아 버리다. ③운영하던 일을 그만두거나 얼마 동안 하지 아니하다. ¶ 자금난으로 문을 닫고 말았다. ☞열다[2]

한자 **닫을 폐**(閉) 〔門部 3획〕 ¶ 개폐(開閉)/폐문(閉門)/폐색(閉塞)/폐장(閉場)/폐점(閉店)

닫아-걸다(-걸고·-거니)타 문이나 창을 닫고 빗장을 지르거나 고리를 걸다. ¶ 방문을 -.
닫집명 궁궐 안의 옥좌 위나 법당의 불좌 위에 장식으로 만들어 다는 집의 모형. 감실(龕室). 당가(唐家). 천개(天蓋)
닫치다타 문이나 창을 힘주어 닫다.
닫히다[다치-]자 열려 있던 문 따위가 닫아지다. ¶ 차문이 자동으로 -.
달[1]명 지구의 위성. 스스로 빛을 내지 못하고 밤에는 햇빛을 받아 밝은 빛을 냄. 지구와 태양의 위치에 따라 초승달·반달·보름달·그믐달 등의 모양을 나타냄. 월구(月球) ¶ -이 뜨다./-이 밝다./이지러진 -.
달이 차다관용 만월(滿月)이 되다.
속담 **달도 차면 기운다** : 세상의 모든 것이 한번 성하고 나면 다시 쇠하게 마련이라는 뜻. 〔열흘 붉은 꽃 없다/그릇도 차면 넘친다/봄 꽃도 한때〕/**달 밝은 밤이 흐린 낮만 못하다** : 자식이 아무리 효도를 한다 하더라도 못난 남편만 못하다는 뜻으로 비유하여 이르는 말.
달[2]명 한 해를 열둘로 가른 것의 하나.
달(이) 가시다관용 사람이 죽어서 부정(不淨)하던 그 달이 지나가다.
달(이) 차다관용 해산(解産)할 달이 다 되다.

한자 **달 월**(月) 〔月部〕 ¶ 만월(滿月)/월광(月光)/월급(月給)/월말(月末)/월식(月蝕)/월영(月影)/월훈(月暈)

달[3]명 '달뿌리풀'의 딴이름.

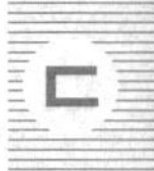

달[4] 의 한 해를 열둘로 가른 것의 하나를 세는 단위. ¶일을 시작한 지 두 ㅡ이 지났다./석 ㅡ 예정으로 떠나다.
-달 어미 '-다 할'이 줄어든 말. ¶이렇달 재주가 없다./돈을 마달 사람이 있겠는가?
달가닥 부 속이 빈, 작고 단단한 물체가 다른 단단한 물체에 한 번 가볍게 부딪힐 때 나는 소리를 나타내는 말. ¶부엌에서 ㅡ 소리가 나다. ☞덜거덕. 딸까닥
달가닥-거리다(대다) 자타 자꾸 달가닥 소리가 나다, 또는 그런 소리를 내다. ☞덜거덕거리다. 딸까닥거리다
달가닥-달가닥 부 달가닥거리는 소리를 나타내는 말. ☞덜거덕덜거덕. 딸까닥딸까닥
달가당 부 작고 단단한 쇠붙이 따위가 다른 단단한 물체에 한 번 가볍게 부딪힐 때 울려 나는 소리를 나타내는 말. ☞달까당. 덜거덩. 딸가당
달가당-거리다(대다) 자타 자꾸 달가당 소리가 나다, 또는 그런 소리를 내다. ¶달가당거리며 마차가 지나가다. ☞달까당거리다. 덜거덩거리다. 딸가당거리다
달가당-달가당 부 달가당거리는 소리를 나타내는 말. ☞달까당달까당. 덜거덩덜거덩. 딸가당딸가당
달각 부 ①엇걸리게 만든 작고 단단한 두 물체가 가볍게 엇걸리거나 풀릴 때 나는 소리를 나타내는 말. ¶ㅡ, 고리를 거는 소리가 나다. ②속이 빈, 가볍고 단단한 두 물체가 한 번 맞부딪힐 때 나는 소리를 나타내는 말. ¶조롱박끼리 부딪혀 ㅡ 소리를 내다. ☞덜걱. 딸깍
달각-거리다(대다) 자타 자꾸 달각 소리가 나다, 또는 그런 소리를 내다. ☞덜걱거리다. 딸깍거리다
달각-달각 부 달각거리는 소리를 나타내는 말. ☞덜걱덜걱. 딸깍딸깍
달-감(ㅡ甘) 명 한자 부수(部首)의 한 가지. '甚'·'甜' 등에서 '甘'의 이름.
달갑다(달갑고·달가워) 형ㅂ 마음에 들어서 흡족하다. ¶손님을 달갑게 맞아들이다./달갑지 않은 소식.
달강 부 작고 단단한 쇠붙이 따위가 다른 단단한 물체에 한 번 가볍게 부딪힐 때 울려 나는 소리를 나타내는 말. ☞덜겅. 딸강
달강-거리다(대다) 자타 자꾸 달강 소리가 나다, 또는 그런 소리를 내다. ☞덜겅거리다. 딸강거리다
달강-달강[1] 부 달강거리는 소리를 나타내는 말. ☞덜겅덜겅. 딸강딸강
달강-달강[2] 감 어린아이를 데리고 시장질할 때 부르는 노래의 후렴 소리.
달강-어(達江魚) 명 성댓과의 바닷물고기. 몸길이 30cm 안팎. 몸의 앞 부분은 원통형이고 대가리가 큼. 몸빛은 붉은빛인데 배는 연한 황백색임. 달궁이
달개 명 처마 끝에 잇대어 집을 늘여 짓거나 차양을 달아서 원채에 잇대어 지은 집. ☞툇간
달개비 명 '닭의장풀'의 딴이름.
달개-집 명 ①원채에서 달아 낸 달개로 된 집. ②몸채의 뒤편 귀에 낮게 지은 외양간.
달걀 명 닭이 낳은 알. 계란(鷄卵). 계자(鷄子)
속담 **달걀도 굴러가다 서는 모가 있다** : ①언제 끝날지 모르게 질질 끌던 일도 드디어 끝날 때가 있다는 말. ②누구에게나 좋게만 대하는 사람도 때로는 성낼 때가 있다는 말./**달걀로 바위 치기** : 보잘것없고 힘없는 것이 강한 것에 대항해 보아야 소용없다는 말. 〔달걀로 성(城) 치기〕 ☞이란격석(以卵擊石)/**달걀 지고 성 밑으로 못 가겠다** : 너무 의심이 많고 걱정을 많이 하는 사람을 두고 이르는 말.
달걀-가루[ㅡ까ㅡ] 명 달걀의 흰자위와 노른자위를 인공적으로 말려서 가루로 만든 식품. 건조란(乾燥卵)
달걀-꼴 명 달걀과 같은 모양.
달걀-노른자 명 ①달걀 속에 흰자위가 둘러싸고 있는 노란 부분. ②어떤 사물의 가장 중요한 부분을 비유하여 이르는 말. ¶서울에서 ㅡ인 땅에 살다.
달걀-흰자 명 달걀 속의 노른자를 둘러싸고 있는 흰 부분.
달-거리 명 ①한 달에 한 번씩 앓는 전염성 열병. ②-하다 자 월경(月經) ③십이잡가(十二雜歌)의 하나. 정월부터 삼월까지는 그 달의 정경과 행사와 회포 따위를 월별로 늘어놓고, 그 뒤는 여러 가지 내용을 담고 있음.
달견(達見) 명 뛰어난 식견. 사리에 밝은 식견. 달식(達識)
달-고기 명 달고깃과의 바닷물고기. 몸길이 50cm 안팎. 몸빛은 담갈색이고 몸 중앙에 커다란 검은 반점이 하나 있으며 그 주위에 밝은 색의 테두리가 있음. 점도미
달곰삼삼-하다 형여 달곰하면서 삼삼한 맛이 있다.
달곰새곰-하다 형여 달곰하면서 새곰한 맛이 있다. ☞달콤새콤하다
달곰쌉쌀-하다 형여 달곰하면서 쌉쌀한 맛이 있다.
달곰씁쓸-하다 형여 달곰하면서 씁쓸한 맛이 있다.
달곰-하다 형여 감칠맛이 있게 좀 달다. ☞달금하다
달곰-히 부 달곰하게 ☞달금히. 달콤히
달관(達官) 명 높은 관직. 고관(高官) ¶ㅡ 현직(顯職)
달관(達觀) 명 ①-하다 타 사물을 넓고 멀리 내다보는 일. ¶세계의 정세를 ㅡ하다. ②작은 일에 얽매이지 않고 사물의 진리나 도리 따위를 깨닫는 일. ¶ㅡ의 경지에 이르다.
달구 명 집터 등을 다지는 데 쓰는 기구. 굵고 둥근 나무토막이나 쇳덩이, 돌덩이에 손잡이나 줄을 달아 만듦.
달구다 타 ①쇠나 돌 따위에 열을 더해서 뜨겁게 하다. ¶쇠를 달구어 벼리다. ②불을 때어 방을 뜨겁게 하다.
달구리[1] 명 한식(寒食) 무렵에 심는 올벼의 한 가지. 까끄라기가 없으며 엷은 황색임.
달구리[2] 명 이른 새벽에 닭이 울 무렵.
달구지 명 마소가 끄는 짐수레.
달구지-풀 명 콩과의 여러해살이풀. 줄기 높이 30cm 안팎이며 가름한 다섯 잎이 달구지 바퀴살 모양으로 남. 6~9월에 나비 모양의 진홍색 꽃이 잎겨드랑이에 10~20송이씩 두상(頭狀) 꽃차례로 핌.
달구-질 명-하다 자 집 지을 터나 그 밖의 땅을 달구로 단단히 다지는 일.
달구-치다 타 꼼짝 못하게 몰아치다. ¶아랫사람을 ㅡ.
달굿-대 명 땅을 다지는 데 쓰는 몽둥이. 두 손으로 위쪽을 쥐고 아래 끝으로 땅바닥을 다짐.
달궁이 명 '달강어(達江魚)'의 딴이름.
달그락 부 속이 빈, 가볍고 단단한 물체가 다른 단단한 물체에 부딪혀 갈리는 소리를 나타내는 말. ☞덜그럭
달그락-거리다(대다) 자타 자꾸 달그락 소리가 나다, 또는 그런 소리를 내다. ☞덜그럭거리다
달그락-달그락 부 달그락거리는 소리를 나타내는 말. ☞덜그럭덜그럭. 딸그락딸그락
달그랑 부 작고 얇은 쇠붙이 따위가 다른 단단한 물체에 한 번 가볍게 부딪혀 울리어 나는 소리를 나타내는 말. ☞덜그렁. 딸그랑
달그랑-거리다(대다) 자타 자꾸 달그랑 소리가 나다, 또는 그런 소리를 내다. ☞덜그렁거리다
달그랑-달그랑 부 달그랑거리는 소리를 나타내는 말. ☞덜그렁덜그렁. 딸그랑딸그랑
달근달근-하다 형여 재미 있고 마음에 들다.
달금새금-하다 형여 달금하면서 새금한 맛이 있다. ☞달큼새큼하다. 새금달금하다
달금-하다 형여 달기는 하되, 단맛이 좀 엷은듯 하다. ☞달곰하다. 달큼하다
달금-히 부 달금하게 ☞달곰히. 달큼히
달기(疸氣) 명 황달(黃疸)
달기(達氣) 명 ①활달하고 명랑한 기운. ②보기에 환하여 장차 귀하고 높게 될 기색.
달기-살 명 소의 다리 안쪽에 붙은 고기. 주로 찌갯거리로 씀. 죽바디
달기-씨개비 명 '닭의장풀'의 딴이름.
달까닥 부 속이 빈, 작고 단단한 물체가 다른 단단한 물체에 한 번 세게 부딪힐 때 나는 소리를 나타내는 말. ☞달가닥. 덜꺼덕. 딸까닥
달까닥-거리다(대다) 자타 자꾸 달까닥 소리가 나다, 또는 그런 소리를 내다. ¶부엌에서 달까닥거리는 소리가 나다. ☞달가닥거리다. 덜꺼덕거리다

달까닥-달까닥 부 달까닥거리는 소리를 나타내는 말. ☞달가닥달가닥. 덜꺼덕덜꺼덕. 딸까닥딸까닥

달까당 부 작고 단단한 쇠붙이 따위가 다른 단단한 물체에 한 번 세게 부딪힐 때 울리어 나는 소리를 나타내는 말. ☞달가당. 덜꺼덩

달까당-거리다(대다) 자타 자꾸 달까당 소리가 나다, 또는 그런 소리를 내다. ¶달까당거리며 달구지가 지나가다. ☞달가당거리다. 덜꺼덩거리다

달까당-달까당 부 달까당거리는 소리를 나타내는 말. ☞달가당달가당. 덜꺼덩덜꺼덩

달깍 부 ①엇갈리게 만든 작고 단단한 두 물체가 세게 엇걸리거나 풀릴 때 나는 소리를 나타내는 말. ¶ ― 하고 자물쇠를 잠그다. ②속이 빈, 가볍고 단단한 두 물체가 한 번 세게 맞부딪힐 때 나는 소리를 나타내는 말. ☞달각. 덜꺽. 딸깍

달깍-거리다(대다) 자타 자꾸 달깍 소리가 나다, 또는 그런 소리를 내다. ¶바람에 창문이 ―. ☞달각거리다

달깍-달깍 부 달깍거리는 소리를 나타내는 말. ☞달각달각. 덜꺽덜꺽. 딸깍딸깍

달깡 부 작고 단단한 쇠붙이 따위가 다른 단단한 물체에 한 번 세게 부딪힐 때 울리어 나는 소리를 나타내는 말. ☞달강. 덜껑. 딸깡

달깡-거리다(대다) 자타 자꾸 달깡 소리가 나다, 또는 그런 소리를 내다. ☞달강거리다. 덜껑거리다

달깡-달깡 부 달깡거리는 소리를 나타내는 말. ☞달강달강[1]. 덜껑덜껑. 딸깡딸깡

달-꼴 명 초승달이나 반달 모양. 월형(月形)

달-나라 명 달의 세계. 월세계(月世界)

달-님 명 '달'을 의인화(擬人化)하여 이르는 말. ☞해님

달다[1](달고·다니)자 ①음식 따위를 지나치게 끓이어 물이 바싹 졸아붙다. ¶탕약이 너무 달았다. ②쇠나 돌 따위가 높은 열을 받아 몹시 뜨거워지다. ¶방바닥이 ―./난로가 빨갛게 달았다. ③열이 나거나 부끄러워서 몸이 뜨거워지다. ¶얼굴이 빨갛게 달아오르다. ④몹시 안타깝고 조마조마하여 마음이 타다. ¶속이 ―./애가 달아 어쩔 줄 모르다. ⑤추위에 살이 얼어서 부르터 터지다.

달게 굴다 관용 보채면서 몹시 조르다.

속담 **단 솥에 물 붓기** : 형편이 이미 기울어 아무리 도와주어도 보람이 없다는 말.

달다[2](달고·다니)타 ①물건을 높이 걸어 늘어뜨리다. ¶배에 돛을 ―./태극기를 ―. ②물건을 일정한 곳에 붙이다. ¶단추를 ―./이름표를 ―. ③어떤 말이나 글에 관계되는 토·주석·제목 따위를 덧붙이다. ¶소설에 제목을 ―./본문에 주석을 ―. ④장부에 셈한 것을 기록하여 올리다. ¶외상값을 달아 두다. ⑤윷 등의 놀이판에서 처음으로 말을 놓다. ¶네가 말을 달아라. ⑥물건을 잇대어 붙이다. ¶기관차에 객차를 ―. ⑦저울 따위로 무게를 헤아리다. ¶몸무게를 ―. ⑧전선 따위를 건너질러 시설하다. ¶전기를 ―. ⑨동행하거나 거느리다. ¶엄마는 어디를 가나 아이를 달고 다닌다.

속담 **달고 치는데 안 맞는 장사가 있나** : 아무리 강한 사람이라도 여러 사람의 합친 힘에는 못 당한다는 말. 〔매위에 장사 있나〕

달다[3](달고·다니)형 ①꿀이나 설탕과 같은 맛이 있다. ¶화채가 너무 ―. ②입맛이 당기도록 맛이 좋다. ¶입맛이 달아 아무거나 잘 먹는다. ③마음에 즐거운 느낌이 있다. ¶달게 자다. ④마땅하고 기껍다. ¶벌을 달게 받다. ☞쓰다[5]

달게 받다 관용 어떤 조처나 비판 등을 불만 없이 받아들이다. ¶어떤 벌도 ―.

달게 여기다 관용 달갑게 생각하다.

달다 쓰다 말이 없다 관용 아무런 반응을 나타내지 아니하다.

속담 **달면 삼키고 쓰면 뱉는다** : 신의나 지조를 돌보지 않고 자기에게 이로우면 가까이 하고 불리하면 배척하는 이기적인 태도를 이르는 말.

한자 **달 감**(甘)〔甘部〕¶감고(甘苦)/감률(甘栗)/감미(甘味)/감언(甘言)/감주(甘酒)

달달[1] 부 무섭거나 추워서 몸을 작게 몹시 떠는 모양을 나타내는 말. ¶추워서 몸을 ― 떨다. ☞덜덜[1]

달달[2] 부 작은 바퀴나 발동기 등이 순조롭지 않게 움직이는 소리를 나타내는 말. ¶전동기가 ― 힘없이 돌아가다. ☞덜덜[2]. 딸딸

달달[3] 부 ①콩이나 깨 따위를 좀 센 불에 잘 휘저어 가며 바싹 볶는 모양을 나타내는 말. ②사람을 못 견디게 들볶는 모양을 나타내는 말. ☞들들

달달 볶다 관용 ①콩이나 깨 따위를 휘저으며 볶다. ②사람을 몹시 괴롭히다. ☞들들 볶다

달달-거리다(대다)[1] 자타 달달 떨다. ☞덜덜거리다[1]

달달-거리다(대다)[2] 자타 달달 소리가 나다, 또는 그런 소리를 내다. ☞덜덜거리다[2]. 딸딸거리다

달:-대[―때] 명 달풀의 줄기. 갈대의 줄기와 비슷함.

달도(達道)[―또] 명 ①사람이 마땅히 지켜야 할 도리. ② **-하다** 자 도에 통달함.

×**달디-달다** 형 →다디달다

달-떡 명 달 모양으로 둥글게 빚은 흰 떡. 주로 혼인 잔치 때 씀. 월병(月餠)

달:-뜨다(달뜨고·달떠)자 마음이 가라앉지 아니하고 좀 들썽거리다. ¶마음이 ―./허영에 달떠서 집을 뛰쳐나가다. ☞들뜨다

달:라 타 ①손아랫사람에 대하여 자기에게 줄 것을 요구하는 말. ¶그 책을 ―. ②상대편에게 무엇을 어떻게 해 주기를 강력히 요구하는 말. ¶우리에게 일자리를 ―.
조동 본용언(本用言) 다음에 쓰이어, 부탁하거나 사정하는 뜻을 나타냄. ¶놀러 가게 해 ―./나를 도와 ―.

달라-붙다[―붇―] 자 ①끈기 있는 것이 착 붙다. ¶풀칠한 벽지가 벽에 착 ―./거머리처럼 ―. ②응석을 부리거나 어리광을 부리며 감기듯이 붙좇다. ¶아이가 엄마에게 달라붙어 떨어지지 않는다. ③무슨 일에 끈기 있게 매달리거나 열중하다. ¶컴퓨터에만 달라붙어 공부는 뒷전이다. ④끈질기게 맞서다. ¶결판이 날 때까지 끈질기게 ―. ☞들러붙다

달라-지다 자 변하여 다르게 되다. ¶몇 년 사이에 고향이 몰라보게 달라졌다.

달랑[1] 부 몹시 놀라거나 겁이 나서 가슴이 따끔하게 울리는 느낌을 나타내는 말. ¶갑자기 뒤에서 치는 바람에 가슴이 ― 내려앉을뻔 했다. ☞덜렁[2]

달랑[2] 부 생각 없이 가볍게 행동하는 모양을 나타내는 말. ¶쓸데없이 아무 일에나 ― 나서다. ☞덜렁[3]

달랑[3] 부 ①물체가 하나만 놓이거나 매달려 있는 모양을 나타내는 말. ¶동전 하나만 ― 남다./김치 한 가지만 ― 놓인 밥상. ②무엇을 하나만 가볍게 지닌 모양을 나타내는 말. ¶지갑만 ― 들고 나서다. ☞덜렁[4]

달랑-거리다(대다)[1] 자타 작은 물체가 매달려 자꾸 가볍게 흔들리다, 또는 그렇게 흔들다. 달랑이다[1] ¶단추가 떨어질듯이 달랑거린다. ☞덜렁거리다[1]

달랑-거리다(대다)[2] 자 차분하거나 꼼꼼하지 아니하고 경망하게 행동하다. 달랑이다[2] ¶달랑거리다가 우산을 차에 두고 내렸다. ☞덜렁거리다[2]

달랑-달랑[1] 부 작은 물체가 매달려 가볍게 흔들리는 모양을 나타내는 말. ☞덜렁덜렁[1]

달랑-달랑[2] 부 차분하거나 꼼꼼하지 아니하고 경망하게 행동하는 모양을 나타내는 말. ¶일을 ― 해치우다. ☞덜렁덜렁[2]

달랑달랑-하다 형여 돈, 식량, 소모품 따위가 거의 다 떨어져 곧 없어질 상태에 있다. ¶기름이 ―./돈이 ―.

달랑-쇠 명 성질이 침착하지 못하고 달랑거리는 사람을 놀리어 이르는 말. 달랑이 ☞덜렁쇠

달랑-이 명 달랑쇠 ☞덜렁이

달랑-이다[1] 자타 달랑거리다[1] ☞덜렁이다[1]

달랑-이다[2] 자 달랑거리다[2] ☞덜렁이다[2]

달래 명 백합과의 여러해살이풀. 들에 절로 자람. 줄기 높이는 5~12cm. 땅 속에 둥글고 흰 비늘줄기가 있으며 가

늘고 깊. 파와 같은 냄새가 나고 양념이나 나물로 먹을 수 있음. 야산(野蒜)

달래다 타 ①분노나 슬픔, 흥분 따위를 말이나 어떤 수단을 써서 가라앉히다. ¶향수를 ─./음악을 들으며 마음을 ─. ②마음이 움직이도록 좋은 말로 잘 꾀어 타이르다. ¶잘 달래서 공부를 하게 하다.

한자 **달랠 세**(說) 〔言部 7획〕 ¶유세(遊說)

달래-달래 부 가볍게 흔들거리며 걷는 모양을 나타내는 말. ☞덜레덜레. 탈래탈래

달러(dollar)의 ①미국의 화폐 단위. 1달러는 100센트. 기호는 $. 불(弗) ②캐나다·홍콩·싱가포르·말레이시아 등의 화폐 단위.

달러박스(dollar box)명 돈을 벌어 주는 물건이나 사람을 비유하여 이르는 말.

달러블록(dollar bloc)명 금융·경제상, 미국 달러를 중심으로 결합한 국가들. ☞달러 지역

달러=지역(dollar地域)명 자국 통화 가치의 기준을 미국 달러에 두고, 대외 거래 전반을 미국 달러로 하는 지역.

달러-환(dollar換)명 액면 금액이 미국의 화폐 단위로 표시된 환.

달려-가다 자 달음박질하여 빨리 가다. 뛰어가다

달려-나가다 자 밖으로 달음박질하여 빨리 가다. 뛰어나가다 ¶교문 밖으로 ─./쏜살같이 ─.

달려-들다(─들고·─드니)자 ①와락 대들다. 별안간 덤비다. ¶개가 갑자기 ─. ②어떠한 일에 끼어들다. ¶섣불리 주식 시장에 달려들지 마라.

달려-오다 자타 달음박질하여 빨리 오다. 뛰어오다

달력(─曆)명 일 년 중의 월(月), 일(日), 이십사절기, 요일(曜日), 행사일 등을 날짜에 따라 적어 놓은 것. 월력(月曆) ☞일력(日曆)

달리 부 다르게 ¶─ 무슨 수를 내야겠다.

달리(達理)명-하다자 이치에 통달함.

달리기 명-하다자 ①달음질하는 일. ②일정한 거리를 달려서 빠르기를 겨루는 트랙 경기의 한 가지. 단거리 달리기, 중거리 달리기, 장거리 달리기, 마라톤 따위가 있음.

달리다[1] 자 ①사람이나 짐승이 다리를 빨리 움직이어 나아가다. ¶말이 ─. ②기계 따위가 빨리 움직이다. ¶달리는 열차를 바라보고 있다.

속담 **달리는 말에 채찍질** : ①형편이나 힘이 한창 좋을 때 더욱 힘을 내야 함을 이르는 말. ②힘껏 하는 데도 더 잘하라고 할 때 쓰는 말./**달리다 딸기 따먹듯** : 음식이 양에 차지 않음을 비유하여 이르는 말.

한자 **달릴 분**(奔) 〔大部 6획〕 ¶광분(狂奔)/분치(奔馳)
달릴 주(走) 〔走部〕 ¶경주(競走)/역주(力走)/주력(走力)/주자(走者)/주파(走破)/주행(走行)
달릴 추(趨) 〔走部 10획〕 ¶분추(奔趨)

달리다[2] 자 ①힘에 부치거나 미치지 못하다. ¶그와 겨루기에는 힘이 달린다. ②뒤를 잇대기에 모자라다. ¶자금이 달리어 어려움을 겪다.

달리다[3] 자 ①물건에 걸리거나 붙어 늘어져 있다. ¶장대 끝에 달려 있는 깃발./처마 끝에 달린 풍경. ②열매 따위가 맺혀 붙어 있다. ¶감나무 가지에 달린 까치밥. ③몸통에 연결되거나 붙어 있다. ¶원숭이 꽁무니에 달린 꼬리. ④딸리어 있다. ¶그에게는 달린 식구가 여럿이다. ⑤어떻게 할 나름이다. ¶성패는 오직 그의 노력에 달렸다. ⑥저울에 얹히다. ¶저울에 달려 나타난 무게.

달리다[4] 자 몹시 고단하거나 하여 눈이 퀭하여지다. ¶몹시 앓아 눈이 ─.

달리다[5] 타 기계나 짐승을 다루어서 빨리 가게 하다. ¶광야에서 말을 ─.

달:리아(dahlia)명 국화과의 여러해살이풀. 줄기 높이 1.5m 안팎이고, 고구마 모양의 알뿌리로 자람. 잎은 깃꼴 겹잎이고 가장자리에 톱니가 있음. 여름과 가을에 품종에 따라 여러 가지 빛깔의 꽃이 핌. 멕시코 원산으로 관상용으로 재배함. 양국(洋菊). 천축모란

달리-하다 타여 사정이나 조건 따위를 서로 다르게 가지다. ¶운명을 ─./해법을 ─. ☞같이하다

달림-길[─낄]명 달리기 경기에서, 선수가 달리도록 정해 놓은 일정한 길. 경주로(競走路) ☞트랙(track)

달림-문골(─門─)[─꼴]명 돌쩌귀가 달린 쪽의 울거미 문골.

달마(達磨∠dharma 범)명 ①자연의 법칙과 인간의 질서를 이르는 말. ②불교에서, 일체의 법을 이르는 말.

달-마중 명-하다자 달맞이

달마티안(Dalmatian)명 개의 한 품종. 흰 바탕에 검은 얼룩점이 흩어져 있음. 새끼는 태어난 지 2~3주일이 지나 얼룩점이 나타남. 털이 짧고, 발이 빠르고 튼튼함. 사냥개나 목양견(牧羊犬) 따위로도 이용됨. 유고슬라비아의 달마티안 지방 원산임.

달마티카(dalmatica 라)명 가톨릭에서, 미사와 행렬 등 장엄한 의식 때 부제(副祭)가 제의(祭衣) 위에 입는 예복. 넓고 짧은 소매가 달리고 양 옆이 터지고 길이는 무릎까지 옴.

달막-거리다(대다) 자타 ①묵직한 물체의 일부나 전체가 조금 들렸다 내려졌다 하다, 또는 그리 되게 하다. ②몸의 일부가 가볍게 조금 쳐들렸다 놓였다 하다, 또는 그리 되게 하다. ¶달막거리는 어깨를 어루만지다./의자에 앉아 발을 ─. ③말을 하려는듯이 입술을 가볍게 달싹거리다. ¶망설이며 입만 ─. ④마음이 가라앉지 아니하고 울렁거리다. ¶공연히 가슴이 달막거리기 시작하다. 달막이다 ☞들먹거리다[1]. 딸막거리다

달막-달막 부 달막거리는 모양을 나타내는 말. ☞들먹들먹. 딸막딸막

달막-이다 자타 달막거리다 ☞들먹이다[1]. 딸막이다

달망-이 명 폭약 구멍을 비스듬히 가로 뚫으려고, 쇠망치를 가로 쳐서 움직이는 일.

달망-지다 형 보기보다 실하고 단단하다.

달-맞이 명-하다자 음력 정월 대보름날 보름달을 보고 소원을 빌거나 농사일을 점치는 풍속. 초저녁에 횃불을 켜 들고 동산에 올라가 달이 뜨는 것을 보고 절을 한 뒤에 달집을 사름. 달빛을 보고 그 해의 풍년과 흉년을 점쳤음. 달마중. 영월(迎月)

달맞이-꽃 명 바늘꽃과의 여러해살이풀. 줄기 높이 1m 안팎. 여름에 노란 꽃이 잎겨드랑이에서 피고 열매는 삭과(蒴果)임. 저녁 때 피었다가 다음날 아침 해가 돋으면 시듦. 칠레 원산으로 각지의 둑길 등에 자람.

달-머슴 명 ①한 달을 한정하여 머슴살이하는 일, 또는 그 사람. ②달마다 품삯을 정하고 하는 머슴살이, 또는 그 사람.

달-무늬 명 초승달 모양의 무늬.

달-무리 명-하다자 달 언저리에 둥그렇게 생겨 구름처럼 보이는 허연 테. 월훈(月暈) ¶─가 지다./─가 서다. ☞햇무리

속담 **달무리한 지 사흘이면 비가 온다** : 달무리가 지면 오래지 않아 비가 온다는 말.

달문(達文)명 ①익숙한 솜씨로 잘 쓴 글. ②뜻이 분명하고 문맥이 잘 통하는 문장.

달-물 명 물장수에게 달마다 값을 치르고 쓰는 물.

달-밑 명 솥 밑의 둥근 부분.

달:-바자 명 달풀로 엮어 울타리를 만든 바자.

달:-발 명 달풀로 엮어 만든 발.

달-밤[─빰]명 달이 떠서 밝은 밤. 월야(月夜)

속담 **달밤에 삿갓 쓰고 나온다** : 가뜩이나 미운 것이 더 미운 짓만 한다는 말.

달-변(─邊)[─뼌]명 한 달을 단위로 계산하는 이율. 월리(月利). 월변(月邊) ☞날변

달변(達辯)명 막힘이 없이 술술 잘 하는 말솜씨. 유능변(能辯) ☞눌변(訥辯)

달-별 명 ①달과 별. ②행성의 인력에 끌려서 그 행성의 둘레를 도는 별. 위성(衛星)

달병(疸病)[─뼝]명 황달(黃疸)

달보드레-하다 형여 약간 달콤하다. ☞들부드레하다

달본(達本)명 신본(申本)
달-불이명 농가에서, 음력 정월 열나흗날 저녁에 콩 열두 알에 열두 달을 표시하여 수수깡 속에 넣고 우물에 넣었다가 그 콩이 불은 정도를 보고 그 달에 비가 내리고 안 내리고를 점치는 일. 월자(月滋). 윤월(潤月)
달-빛[-삗]명 달에서 비치는 빛. 월광(月光). 월색(月色). 월화(月華)
달뿌리-풀명 볏과의 여러해살이풀. 줄기 높이 2m 안팎. 가을에 이삭 모양의 자줏빛 꽃이 핌. 주로 연못이나 냇가, 강변에 자라며 생김새가 갈대와 비슷함. 달[3]. 달풀
달사(達士)[-싸]명 이치에 밝아서 사물에 얽매여 지내지 않는 사람.
달-삯[-싻]명 한 달을 단위로 셈하는 품삯.
달상(達相)[-쌍]명 장차 귀하고 높은 인물이 될 얼굴 생김새.
달성(達成)[-썽]명-하다타 뜻한 바를 이룸. ¶생산 목표를 -하다.
달세뇨(dal segno 이)명 악보의 나타냄말의 한 가지. 𝄋 표시가 있는 곳으로 돌아가서 연주하라는 뜻. 약호는 D.S. ☞도돌이표
달소(達宵)[-쏘]명-하다자 밤을 세움. 달야(達夜)
달-소수명 한 달이 조금 넘는 동안. ¶- 만에 여행에서 돌아오다.
달솔(達率)[-쏠]명 백제의 16관등 중 둘째 등급. ☞은솔(恩率)
달-쇠[-쐬]명 문짝 따위를 달아매는 갈고랑쇠.
달-수(-數)[-쑤]명 달의 수. 월수(月數) ¶-가 차서 태어나다.
달식(達識)[-씩]명 사물의 내용이나 장래를 내다보는 뛰어난 견식. 달견(達見)
달싹부 ①가벼운 물건의 일부나 전체가 조금 쳐들렸다 내려지는 모양을 나타내는 말. ②몸의 일부가 한 번 조금 쳐들렸다 놓이는 모양을 나타내는 말. ③말을 알아듣기 힘들 정도로 입술을 조금 벌렸다 다무는 모양을 나타내는 말. ¶무슨 말을 할 듯이 입술을 - 하다가 만다. ☞들썩. 딸싹
달싹-거리다(대다)자타 ①잇달아 달싹 하다. ¶엉덩이가 -./입만 달싹거릴 뿐 말이 없다. ②가만히 있기 힘들 정도로 마음이 자꾸 좀 들뜨다, 또는 그리 되게 하다. ¶소풍 갈 생각을 하니 마음이 -. 달싹이다 ☞들썩거리다[1]. 딸싹거리다
달싹-달싹부 달싹거리는 모양을 나타내는 말. ☞들썩들썩. 딸싹딸싹
달싹-이다자타 달싹거리다 ☞들썩이다[1]. 딸싹이다
달싹-하다형여 붙었던 것이 조금 떠들려 있다. ¶벽지가 달싹하게 들뜨다. ☞들썩하다[1]. 딸싹하다
달아-나다자 ①잡히지 않으려고 빨리 뛰어가다. ¶쏜살같이 -. ②잡혀 있던 곳에서 도망치다. ¶범인이 국외로 -. 속뛰다[1] ③본디 있던 것이 없어지거나 떨어지다. ¶외투 단추가 달아나고 없다. ④어떠한 의욕이나 느낌 따위가 사라지다. ¶밥맛이 -./잠이 -.
속담 **달아나는 노루 보고 얻은 토끼를 놓았다** : 큰 것을 탐내다가 가진 것마저 잃었다는 말.〔혹 떼러 갔다가 혹 붙여 온다〕

한자 달아날 배(北)〔匕部 3획〕¶패배(敗北)

달아날-주(-走)[-쭈]명 한자 부수(部首)의 한 가지. '起'·'超'·'趙' 등에서 '走'의 이름.
달아-매다타 ①높이 걸어 드리워지도록 잡아매다. ¶높은 나무에 그네를 -. ②딴 데로 가지 못하게 움직이지 않는 물건에 묶다. ¶말뚝에 고삐를 -.
달아-보다타 ①저울로 무게를 재어 보다. ¶몸무게를 -. ②사람의 됨됨이를 시험해 보다. ¶도량을 -.
달아-오르다자 ①쇠붙이 따위가 몹시 뜨거워지다. ¶난로가 벌겋게 -. ②애타거나 열이 나서 몸이나 마음이 화끈해지다. ¶부끄러움에 얼굴이 -.
달야(達夜)명-하다자 밤을 새움. 밤샘. 경야(竟夜). 달소(達宵)
달언(達言)명 ①도리에 통한 말. 사리에 맞는 말. ②활달한 말.
달-월(-月)명 한자 부수(部首)의 한 가지. '望'·'朝' 등에서 '月'의 이름. ☞육달월
달음박-질명-하다자 빨리 달려가는 발걸음. 뜀박질 준 달음질. 담박질
달음박질-치다자 힘있게 달음박질하다.
달음-질명-하다자 ①'달음박질'의 준말. ②빨리 달리기를 겨루는 경기를 통틀어 이르는 말.
달의(達意)명 자기의 의사를 상대편이 잘 알 수 있도록 드러내어 통하게 하는 일.
달이다타 ①끓여서 진하게 만들다. ¶간장을 -. ②한약 따위에 물을 붓고 끓여서 우러나도록 하다. ¶약을 -.
달인(達人)명 ①널리 사물의 도리에 정통한 사람. 달관한 사람. 달자(達者) ②학문이나 기예 등 어떤 분야에 통달한 사람.
달인대:관(達人大觀)성구 널리 사물의 도리에 정통한 사람은 사물을 관찰하는 데도 공명정대함을 이르는 말.
달자(達者)[-짜]명 달인(達人)
달자(韃子)[-짜]명 지난날, 몽골 지방에 살던 민족을 서북변(西北邊)의 오랑캐라는 뜻으로 이르던 말.
달작(達作)[-짝]명 뛰어난 작품. 걸작(傑作)
달-장[-짱]명 날짜로 거의 한 달 동안. ¶일을 마치는 데에 -이나 걸리다.
달-장근(-將近)[-짱-]명 지나간 날짜가 거의 한 달 가까이 됨을 이르는 말. ¶집을 나온 지 -이 되다.
달재(達才)[-째]명 널리 사리에 통달한 재주, 또는 그런 재주를 가진 사람.
달제어(獺祭魚)[-쩨-]성구 수달이 물고기를 잡아다가 먹지는 않고 제사를 지내듯 벌여 놓고 있다는 뜻으로, 시문을 지을 때 많은 책을 벌여 놓고 참고함을 비유하여 이르는 말.
달존(達尊)[-쫀]명 세상 사람이 모두 존경할만 한 사람.
달증(疸症)[-쯩]명 황달(黃疸)
달-집[-찝]명 음력 정월 대보름날 저녁에 달맞이할 때, 불을 질러 밝게 하기 위하여 생소나무 가지 따위를 집채처럼 쌓아 만든 무더기.
달짝지근-하다형여 단맛이 입 안을 감치듯이 약간 달다. ☞달작지근하다. 들쩍지근하다
달차근-하다형여 '달착지근하다'의 준말.
달착지근-하다형여 단맛이 입 안을 감치듯이 매우 달다. ¶국물을 약간 달착지근하게 끓이다. ☞달짝지근하다. 들척지근하다
달창-나다자 ①물건을 너무 오래 써서 닳아 해지거나 구멍이 뚫리다. ¶구두가 -. ②많던 것이 조금씩 써서 다 없어지게 되다. ¶쌀독의 쌀이 -.
달-첩(-妾)명 한 달에 얼마씩 돈을 받기로 하고 몸을 허락하는 여자.
달초(撻楚)명-하다타 초달(楚撻)
달:-치다자타 ①지나칠 정도로 뜨겁게 달다. ¶시뻘겋게 달친 쇠꼬챙이. ②마음이 몹시 안타깝고 흥분되다. ¶마음이 달쳐 더 기다릴 수가 없다. ③바싹 졸아들도록 끓이다. ¶보약을 -.
달카닥부 속이 빈, 작고 단단한 물체가 다른 단단한 물체에 한 번 거칠게 부딪힐 때 나는 소리를 나타내는 말. ¶- 문을 닫고 뛰쳐나가다. ☞덜커덕. 딸카닥
달카닥-거리다(대다)자타 자꾸 달카닥 소리가 나다, 또는 그런 소리를 내다. ☞덜커덕거리다. 딸카닥거리다
달카닥-달카닥부 달카닥거리는 소리를 나타내는 말. ☞덜커덕덜커덕. 딸카닥딸카닥
달카당부 작고 단단한 쇠붙이 따위가 다른 단단한 물체에 한 번 거칠게 부딪힐 때 울리어 나는 소리를 나타내는 말. ☞덜커덩. 딸카당
달카당-거리다(대다)자타 자꾸 달카당 소리가 나다, 또는 그런 소리를 내다. ☞덜커덩거리다. 딸카당거리다
달카당-달카당부 달카당거리는 소리를 나타내는 말.

☞덜커덩덜커덩. 딸카당딸카당

달칵 부 ①엇갈리게 만든 작고 단단한 두 물체가 거칠게 엇걸리거나 풀릴 때 나는 소리를 나타내는 말. ②속이 빈, 가볍고 단단한 두 물체가 한 번 거칠게 맞부딪힐 때 나는 소리를 나타내는 말. ☞덜컥. 딸칵

달칵-거리다(대다) 자타 자꾸 달칵 소리가 나다, 또는 그런 소리를 내다. ☞덜컥거리다. 딸칵거리다

달칵-달칵 부 달칵거리는 소리를 나타내는 말. ☞덜컥덜컥. 딸칵딸칵

달캉 부 작고 단단한 쇠붙이 따위가 다른 단단한 물체에 한 번 거칠게 부딪힐 때 울리어 나는 소리를 나타내는 말. ☞덜컹. 딸캉

달캉-거리다(대다) 자타 자꾸 달캉 소리가 나다, 또는 그런 소리를 내다. ☞덜컹거리다. 딸캉거리다

달캉-달캉 부 달캉거리는 소리를 나타내는 말. ☞덜컹덜컹. 딸캉딸캉

달콤새콤-하다 형여 맛이 달콤하면서 새콤하다. ☞달곰새곰하다. 새콤달콤하다

달콤-하다 형여 ①감칠맛이 있게 꽤 달다. ¶국물 맛이 약간 —. ②흥미가 나게 아기자기하거나 마음을 사로잡는 느낌이 있다. ¶달콤한 말로 유혹하다. ☞달곰하다. 달큼하다

달콤-히 부 달콤하게

달큼새큼-하다 형여 맛이 달큼하면서 더하여 새큼한 맛이 있다. ☞달금새금하다. 새큼달큼하다

달큼-하다 형여 단맛이 좀 짙은듯 하다. ☞달금하다. 들큼하다

달큼-히 부 달큼하게

달통(達通) 명 -하다 자 사물의 이치에 정통함.

달팔십(達八十)[—씹] 성구 중국의 주나라 강태공(姜太公)이 무왕(武王)을 만나 여든 살에 정승이 된 뒤에 80년을 호화롭게 살았다는 데서, 호화롭게 삶을 이르는 말. ☞궁팔십(窮八十)

달팽이 명 달팽잇과의 연체동물을 통틀어 이르는 말. 암수한몸으로 난생(卵生)임. 등에는 나선형의 껍데기가 있고, 몸 표면에서는 액체를 분비하며 머리에는 두 쌍의 더듬이가 있음. 발은 편평하고 점액을 분비하면서 이동함. 산와(山蝸). 와우(蝸牛)

달팽이 눈이 되다 관용 핀잔을 받거나 또는 겁이 날 때, 움찔하고 기운을 펴지 못하다.

달팽이 뚜껑 덮는다 관용 입을 꼭 다문 채 좀처럼 말을 하지 않으려고 하다.

달팽이-관(—管) 명 속귀의 일부로서, 달팽이 껍데기 모양으로 생긴 관. 가운뎃귀를 거쳐 온 소리의 진동을 받아들여 청신경에 전하는 곳. 와우각(蝸牛殼)

달-포 명 한 달 남짓한 동안. 월여(月餘). 월경(月頃) ¶서울로 온 지 —가 지났다. ☞날포. 해포

달:풀 명 '달뿌리풀'의 딴이름.

달-품[1] 명 한 달에 얼마씩 품삯을 받기로 하고 파는 품. ☞날품

달:-품[2] 명 달뿌리풀의 꽃. ☞새품

달-피나무 명 '피나무'의 딴이름.

달필(達筆) 명 글씨를 매우 잘 쓰는 일, 또는 그러한 글씨. ☞악필(惡筆). 졸필(拙筆)

달-하다(達—) 자타여 ①일정한 정도나 수준에 이르다. ¶인구가 오십만 명에 —./절정에 —. ②일정한 곳에 다다르다. ¶산의 정상에 —./목적지에 —. ③뜻을 이루다. ¶목적을 —. ④복을 누리다. 영화를 누리다.

달효(達孝) 명 지극하고 변함이 없는 효도.

닭 명 꿩과의 새. 주로 알과 고기를 이용하기 위해 기르는 가축의 하나로, 여러 품종이 있음. 머리에 붉은 볏이 있고 날개는 퇴화하여 날지 못하나 다리는 튼튼함.

속담 **닭도 제 앞 모이 긁어 먹는다** : 제 앞일은 제가 처리해야 한다는 말./**닭 볏이 될 망정 쇠꼬리는 되지 마라** : 크고 훌륭한 자의 뒤꽁무니를 쫓아다니는 것보다는 차라리 작고 보잘것없는 데서 남의 우두머리가 되는 것이 낫다는 말./**닭 소 보듯, 소 닭 보듯** : 서로 마주 보고도 덤덤히 대하거나, 아무 관심이 없이 지냄을 이르는 말./**닭의 새끼 봉이 되랴** : 아무리 하여도 본디 타고난 성품은 고칠 수 없다는 말./**닭이 천이면 봉이 한 마리 있다** : 여럿이 모이면 그 가운데는 뛰어난 이도 있다는 말. 〔새 잡아 잔치할 것을 소 잡아 잔치한다〕/**닭 잡아 겪을 나그네 소 잡아 겪는다** : 어떤 일을 처음에 소홀히 하다가 나중에 큰 손해를 보게 됨을 이르는 말./**닭 잡아먹고 오리발 내어 놓는다** : 자기가 저지른 나쁜 일이 드러나게 되자 엉뚱한 수단으로 남을 속이려 한다는 말./**닭 쫓던 개 지붕만 쳐다본다** : 하려고 애쓰던 일이 실패로 돌아가거나, 함께 애쓰다가 남에게 뒤떨어져 어쩔 도리가 없게 됨을 이르는 말.

한자 닭 계(鷄)〔鳥部 10획〕¶계관(鷄冠)/계란(鷄卵)/계륵(鷄肋)/양계(養鷄)/투계(鬪鷄) ▷ 雞는 동자

닭-고기[닥—] 명 닭의 살코기. 계육(鷄肉)

닭-고집(—固執)[닥—] 명 고집이 센 사람을 놀리어 이르는 말. ☞쇠고집

닭-곰탕(—湯)[닥—] 명 닭을 푹 곤 다음 살을 잘게 뜯어 양념하여 다시 닭 국물에 넣어 끓인 국.

닭-국[닥—] 명 닭고기와 무 조각을 함께 넣고 끓인 맑은장국. 계탕(鷄湯)

닭-김치[닥—] 명 김치의 한 가지. 닭 내장을 빼고 그 안에 다진 쇠고기와 채썬 표고, 석이를 두부와 함께 양념하여 넣고 삶아 낸 다음, 닭을 건져 고기를 뜯고 속에 든 것을 헤쳐 그릇에 담아 김칫국과 닭 삶은 국물을 부은 뒤 차게 해서 먹는 음식.

닭-날[닥—] 명 간지(干支)의 지지(地支)가 유(酉)인 날을, 지지의 동물 이름으로 상징하여 이르는 말. ☞유일(酉日)

닭-둥우리[닥—] 명 둥우리처럼 만든 닭의 어리, 또는 둥우리로 된 닭의 보금자리.

닭-띠[닥—] 명 간지(干支)의 지지(地支)가 유(酉)인 해에 태어난 일, 또는 그 사람을 지지의 동물 이름으로 상징하여 이르는 말. ☞유생(酉生)

닭-백숙(—白熟)[닥—] 명 내장을 뺀 닭을 통째로 맹물에 넣고 삶은 음식.

닭-살[닥—] 명 ①털을 뽑은 닭의 껍질처럼 오톨도톨한 살갗. ②'소름'을 속되게 이르는 말. ¶—이 돋다.

닭-서리[닥—] 명 주로 농촌에서, 장난으로 몇몇 사람이 함께 남의 집 닭을 몰래 훔쳐서 잡아먹는 일.

닭-싸움[닥—] 명 -하다 자 ①닭, 특히 싸움닭끼리 싸우게 하여 승패를 결정하는 구경거리. ②두 사람이 각각 한쪽 다리를 다른 쪽 다리의 무릎 위 높이로 수평이 되게 올려 잡고 상대편을 밀쳐 넘어뜨리는 놀이. 준 닭쌈

닭-쌈[닥—] 명 -하다 자 '닭싸움'의 준말.

닭-유(—酉)[닥뉴] 명 한자 부수(部首)의 한 가지. '配'·'醉' 등에서 '酉'의 이름.

닭의-비짜루 명 백합과의 여러해살이풀. 줄기 높이 1m 안팎. 가지가 많고 잎은 뾰족하며 마디마디 촘촘히 어긋맞게 남. 초여름에 종 모양의 누런빛을 띤 흰빛의 작은 꽃이 피며 열매는 동그란 장과(漿果)로 가을에 붉게 익음. 우리 나라 산지에 분포하며 어린줄기는 먹을 수 있음.

닭의-어리 명 싸리나 나뭇가지 따위로 엮은, 닭을 가두거나 넣어 두는 물건.

닭의-장(—*欌) 명 닭을 가두는 장, 또는 밤에 닭이 들어가 잘 수 있게 만든 장. 계사(鷄舍). 닭장

닭의장-풀(—*欌 —) 명 닭의장풀과의 한해살이풀. 들이나 길가에 절로 자라며, 줄기 높이 15~50cm. 줄기의 마디가 굵고 잎은 길둥글며 어긋맞게 남. 7~8월에 파란빛의 꽃이 피며, 어린순과 줄기는 먹을 수 있고 약재로도 쓰임. 계장초(鷄腸草). 달개비. 달기씨깨비

닭의-홰 명 닭의장이나 닭의어리 속에 닭이 올라앉을 수 있게 가로지른 나무.

닭-장(—*欌)[닥—] 명 닭의장

닭-잦추다[닥잗—] 자 닭이 새벽에 재우쳐 울다.

닭-죽(—粥)[닥—] 명 죽의 한 가지. 닭고기를 토막내서

냄비에 넣고 살이 풀어지도록 곤 뒤에 그 국물에 닭고기 살 찢은 것과 멥쌀을 함께 넣어 쑨 죽.

닭-찜[닥-] 명 닭을 잘게 토막내고 갖은양념을 하여 냄비에 넣고 국물이 바특하게 푹 삶은 음식.

닭-튀김[닥-] 명 닭을 토막내거나 통째로 기름에 튀긴 음식.

닭-해 명 간지(干支)의 지지(地支)가 유(酉)인 해를, 지지의 동물 이름으로 상징하여 이르는 말. ☞유년(酉年)

닮다[담따] 타 ①어떤 생김새나 됨됨이 따위가 비슷하거나 차츰 같아지다. ¶엄마를 -./그들은 성격이 많이 닮았다. ②어떠한 것을 본떠서 그와 같아지다. ¶형의 반만 닮았으면 좋겠다.

한자 닮을 사(似) 〔人部 5획〕 ¶상사(相似)/유사(類似)
닮을 초(肖) 〔肉部 3획〕 ¶불초(不肖)/초상(肖像)

닮은-꼴 명 ①크기는 관계없이, 똑같이 생긴 둘 이상의 도형. ②모습이 매우 비슷함을 이르는 말.

닮음 명 두 개의 다각형이 대응되는 각이 같거나 변의 비(比)가 같은 것.

닮음=변:환(-變換) 명 어떤 도형을 늘리거나 줄여서 닮은 도형으로 변환하는 일.

닮음-비(-比) 명 닮은 두 도형에서, 대응하는 변의 비.

닳다 자 ①오래 써서 낡거나 갈리다. ¶신발이 다 -. ②액체 따위가 졸아들다. ¶등잔에 기름이 다 -. ③살가죽이 얼어서 붉어지다. ④세상일에 시달리거나 어려운 일을 많이 겪어 생각이 약아지다. ¶사람이 너무 닳아서 순진한 맛이 없다.

담[1] 명 집의 둘레나 일정한 공간을 막기 위하여 흙이나 돌 따위로 쌓아 올린 것. 담장. 장옥(墻屋). 장원(墻垣)
속담 **담하고 말하는 셈이다** : 이해할 줄 모르는 사람과 더불어 말함은 소용없다는 말.

담[2] 명 한방에서, '매독(梅毒)'을 달리 이르는 말.

담:[3] 명 '다음'의 준말. ¶-에 보자.

담:[4] 명 머리를 빗을 때, 빗에 빗기는 머리털의 결. ¶-이 좋다.

담:(毯) 명 짐승의 털을 물에 빨아 짓이겨서 편평하고 두툼하게 만든 조각. 담요 따위의 재료로 쓰임.

담:(痰) 명 ①가래[4] ②접질리거나 삔 부위에 몸을 순환하던 분비액이 응결되어 결리고 아픈 증세. ¶-이 결리다. ③'담병(痰病)'의 준말.

담:(膽) 명 ①쓸개 ②한방에서 이르는 육부(六腑)의 하나. ③'담력(膽力)'의 준말.

담:(淡)- 《접두사처럼 쓰이어》 '묽은', '엷은'의 뜻을 나타냄. ¶담갈색(淡褐色)/담녹색(淡綠色)

-담(談) 《접미사처럼 쓰이어》 '이야기'의 뜻을 나타냄. ¶경험담(經驗談)/정치담(政治談)/회견담(會見談)/성공담(成功談)/무용담(武勇談)

-담[1] 어미 '-단 말인가'가 줄어든 말. 물음, 반문, 감탄, 핀잔 등의 뜻을 나타내는 반말 투의 종결 어미. ¶무슨 말이 그리 많담./누가 이것을 만들었담.

-담[2] 어미 '-다면'의 준말. 〔입말에 많이 쓰임.〕 ¶싫담 그만둬라.

담가(擔架) 명 들것

담가(譚歌) 명 전설·신화·역사 따위의 이야기를 바탕으로 지은 가곡(歌曲).

담-가라 명 털의 빛깔이 거무스름한 말.

담:-갈색(淡褐色)[-쌕] 명 엷은 갈색.

담:결(痰結) 명 한방에서, 가래가 뭉쳐 목구멍에 붙어서 뱉을 수도 없고 삼킬 수도 없는 병을 이르는 말.

담:-결석(膽結石)[-썩] 명 담석(膽石)

담:관(膽管) 명 '수담관(輸膽管)'의 준말.

담:괴(痰塊) 명 한방에서, 살가죽 속에 생기는 종독(腫毒)과 같은 멍울을 이르는 말. 습기로 말미암은 담 때문에 생김. 담핵(痰核)

담:교(淡交) 명 사심이 없는 담박한 사귐을 이르는 말.

담구(擔具) 명 어깨에 메고 물건을 나르는 기구를 통틀어 이르는 말.

×**담구다** 타 →담그다

담그다(담그고·담가) 타 ①액체 속에 넣어 두다. ¶빨래를 -./계곡 물에 손발을 -. ②술·김치·장·젓갈 따위를 만들 때, 익거나 삭게 하려고 여러 가지 재료를 버무려 그릇에 넣다, 또는 그런 음식들을 일정한 방법으로 만들다. ¶동동주를 -./고추장을 -.

담금-질 명-하다 타 쇠를 불에 달구었다가 찬물 속에 넣는 일.

담:기(膽氣)[-끼] 명 담력(膽力) ▷膽의 속자는 胆

담기다[1] 자 담음을 당하다. ¶바구니에 담긴 과일./웃음이 가득 담긴 얼굴. ☞담다

담기다[2] 자 담금을 당하다. ¶김치가 맛있게 담기었다. ☞담그다

담-꾼(擔-) 명 무거운 물건을 메어서 운반하는 품팔이꾼.

담:날 명 '다음날'의 준말. ¶-에 만나자.

담:낭(膽囊) 명 쓸개

담:낭-염(膽囊炎)[-념] 명 쓸개에 생기는 염증. 쓸개즙의 분비에 이상이 생겼을 때, 혈액이나 장에서 생긴 세균의 감염으로 생김. 대개 담석증이 함께 나타나고 통증도 비슷함.

담:-녹색(淡綠色) 명 엷은 녹색. 연두색 준 담록(淡綠)

담:다[-따] 타 ①어떤 물건을 그릇 따위에 넣다. ¶물을 담은 항아리./바구니에 채소를 -. ②어떤 생각이나 감정을 글이나 그림 따위로 나타내다. ¶시골 풍경을 화폭에 -./향수를 담은 시. ③어떤 표정이나 감정을 나타내다. ¶얼굴에 미소를 담고 바라보다. ④어떤 생각이나 감정을 마음에 품다. ¶항상 아버지의 말씀을 마음속에 담고 지낸다. ⑤욕설 따위를 입에 올리다. ¶차마 입에 담지 못할 말을 하다.

담:담 명 '다음다음'의 준말.

담:담(淡淡) 어기 '담담(淡淡)하다'의 어기(語基).

담:담-하다(淡淡-) 형여 ①달빛이나 물빛이 엷고 맑다. ②음식이 느끼하지 않다. ¶담담한 음식을 좋아하다. ③음식의 맛이 싱겁다. ¶국맛이 너무 -. ④감정이나 심리가 두드러지지 않고 고요하고 침착하다. ¶담담한 목소리로 말하다. ☞덤덤하다
담담-히 부 담담하게

담당(擔當) 명-하다 타 어떤 일을 맡음, 또는 그 일을 맡은 사람. ¶재정을 -하다. ▷擔의 속자는 担

담당-관(擔當官) 명 중앙 행정 기관의 최고 책임자를 도와 정책의 기획과 연구, 조사를 맡아서 하는 공무원.

담당-자(擔當者) 명 어떠한 일을 맡은 사람.

담:대(膽大) 어기 '담대(膽大)하다'의 어기(語基).

담:대심소(膽大心小) 성구 문장을 짓는 데 주의해야 할 일로, 뜻은 크게 가지되 표현은 세심해야 한다는 말.

담:대-하다(膽大-) 형여 겁이 없고 용기가 대단하다. 담차다 ☞담소(膽小)하다. 담약하다
담대-히 부 담대하게

담:-두시(淡豆豉) 명 한방에서, 콩을 쪄서 띄운 뒤 겉에 생긴 곰팡이를 햇볕에 말려 털어 버린 것을 약재로 이르는 말. 열병의 약으로 쓰임.

담:-들다(痰-) (-들고·-드니) 자 몸의 어느 부위에 담이 뭉쳐서 결리고 아픈 병이 생기다.

담락(湛樂) 명-하다 타 오래도록 즐김.

담:략(膽略) 명 겁을 모르는 대담한 용기와 뛰어난 슬기. ¶-이 뛰어나다.

담:략(膽略) 어기 '담략(膽略)하다'의 어기(語基).

담:략-하다(膽略-) 형여 겁이 없고 꾀가 많다.

담:력(膽力) 명 겁이 없고 용감한 기운. 담기(膽氣) ¶-을 기르다. 준 담(膽)

담:록(淡綠) 명 '담녹색(淡綠色)'의 준말.

담론(談論) 명-하다 타 담화하고 의논함, 또는 담화와 의논. 논담(論談)

담륜-자(擔輪子) 명 환형동물이나 연체동물의 변태하기 전의 어린 시기를 이르는 말. 작은 팽이 모양으로 투명하며 섬모의 테를 둘렀음.

담:묵(淡墨) 명 그림을 그릴 때 묽게 쓰는 먹물, 또는 그런 먹물 빛깔.

담:미(淡味)명 진하지 않은 맛. 담담한 맛.

담:박(淡泊)어기 '담박(淡泊)하다'의 어기(語基).

담박-질 명-하다자 '달음박질'의 준말.

담:박-하다(淡泊-)형여 ①욕심이 없고 마음이 깨끗하다. ②맛이나 빛이 산뜻하다. 담백하다 ¶맛이 -./담박한 빛깔.

담:반(膽礬)명 삼사 정계(三斜晶系)에 딸린 황산구리 결정. 유리 광택이 나고 대개 반투명한 파란빛을 띰. 살충제·안료(顔料)·매염제(媒染劑) 등으로 쓰임. 석담(石膽)

담방 부 목직한 것이 물에 떨어져 잠길 때 나는 소리를 나타내는 말. ¶돌멩이를 - 연못 속으로 내던지다. ☞덤벙. 탐방

담방-거리다[1](대다)자타 잇달아 담방 소리가 나다, 또는 그런 소리를 내다. ☞덤벙거리다[1]. 탐방거리다

담방-거리다[2](대다)자 좀 달떠서 함부로 덤비거나 서두르다. 담방이다 ☞덤벙거리다[2]

담방-담방[1] 부 담방거리는 소리를 나타내는 말. ☞덤벙덤벙[1]. 탐방탐방

담방-담방[2] 부 좀 달떠서 함부로 덤비거나 서두르는 모양을 나타내는 말. ¶마음이 급해서 - 짐을 싸다. ☞덤벙덤벙[2]

담방-이다 자 담방거리다[2] ☞덤벙이다

담:배 명 ①가짓과의 한해살이 재배 식물. 남아메리카 원산으로 줄기 높이는 1.5~2m. 잎은 길이 30cm 안팎에 끝이 뾰족한 길둥근 모양이며 어긋맞게 남. 꽃은 7~8월에 원줄기 끝에서 원추(圓錐) 꽃차례로 핌. 가을에 잎을 따 말려서 담배의 재료로 쓰며 니코틴 성분이 있어 농업용 살충제로 쓰임. ②담배 잎을 말려서 만든 살담배, 잎담배, 궐련 따위를 통틀어 이르는 말. 남초(南草). 연초(煙草). 영초(靈草)

속담 **담배 씨로 뒤웅박을 판다**: 사람이 매우 잘거나 잔소리가 심함을 이르는 말.

담:배-꼬투리 명 담배 잎의 단단한 줄기. 준꼬투리

담:배-꽁초 명 궐련을 피우다 남은 작은 도막. 꽁초

×**담배-꽁추** 명 →담배꽁초

×**담배-꽁치** 명 →담배꽁초

담:배-물부리[-뿌-]명 ①궐련을 끼워 입에 물고 빠는 물건. ②담배설대의 한쪽에 끼워, 입에 물고 빠는 물건. 준물부리

담:배-밤나방 명 밤나방과의 곤충. 편 날개 길이 30mm 안팎. 몸빛은 회갈색에 갈색 줄무늬가 있으며, 애벌레는 담배 따위의 잎을 갉아먹는 해충임.

담:배-설대[-때]명 담배통과 담배물부리 사이에 끼워 맞추는 가느다란 대통. 간죽(竿竹) 준설대

담:배-쌈지 명 살담배나 잎담배 따위를 넣고 다니는 주머니. 쌈지. 초갑(草匣)

담:배-질 명-하다자 일삼아 담배만 자꾸 피우는 일. ¶하는 일 없이 -로 세월만 보내다.

담:배-칼 명 잎담배를 썰어서 살담배를 만드는 데 쓰는 칼. 작두와 비슷하게 생겼음.

담:배-통(-桶)명 ①담배설대 아래에 맞추어 끼운, 담배를 담는 통. 대통 ②담배를 넣어 두는 통.

담:배-풀 명 '여우오줌'의 딴이름.

담:배-합(-盒)명 담배를 담는, 쇠붙이로 만든 합.

담:백(淡白)어기 '담백(淡白)하다'의 어기(語基).

담:백-하다(淡白-)형여 담박하다

담:뱃-갑(-匣)명 담배를 넣는 갑.

담:뱃-값 명 ①담배의 값. ②담배 살 돈, 또는 그 정도의 약간의 용돈. ¶-도 없다. ③약간의 사례금. ¶수고를 했으니 -이라도 주어라.

담:뱃-귀 명 담배 잎을 엮기 위하여 원줄기에서 잎을 딸 때, 잎꼭지에 붙게 한 줄기 부분.

담:뱃-낫 명 담뱃귀를 따는 데 쓰는 작은 낫.

담:뱃-대 명 담배를 피우는 데 쓰는 기구. 살담배를 재는 대통에 설대를 박고 그 끝에 연기를 빠는 물부리를 끼운 구조임. 연관(煙管). 연대(煙臺). 연죽(煙竹) 준대

담:뱃-불 명 ①담배에 붙이는 불. ②담배가 타는 불. ¶-로 말미암은 산불.

담:뱃-순(-筍)명 담배의 원순과 곁순.

담:뱃-재 명 담배가 탄 재. ¶-를 떨다.

담:뱃-진(-津)명 담배가 탈 때 나오는 진.

담-벼락[-뼈-]명 ①담 또는 벽의 겉으로 드러난 부분. ②미욱하고 고집스러워 사물을 전혀 이해하지 못하는 사람을 비유하여 이르는 말.

×**담-벽**(-壁)명 →담벼락

담:벽(淡碧)명 '담벽색(淡碧色)'의 준말.

담:벽-색(淡碧色)명 엷은 파란빛. 담청색 준담벽(淡碧)

담:병(痰病)[-뼝]명 한방에서, 몸의 분비액이 큰 열을 받아서 생기는 병을 통틀어 이르는 말. 담증(痰症) 준담(痰)

담보(擔保)명-하다타 ①맡아서 보장함. ②대차(貸借) 관계에서, 채무자가 채무를 이행하지 아니할 경우에 대비해서 채무자가 채권자에게 그 변제의 보증을 위해 제공하는 것. ☞무담보(無擔保)

담보=가격(擔保價格)[-까-]명 담보로 제공하는 물건의 시가(時價)와 이에 대한 대부금의 비율.

담보=계:약(擔保契約)명 담보자가 상대편인 피담보자에게 손해를 주지 않을 것을 약정하는 계약.

담보-권(擔保權)[-꿘]명 채무자가 채무를 이행하지 않았을 때, 채권자가 그 이행을 확보할 수 있는 권리.

담보=대:부(擔保貸付)명 담보부 대부(擔保附貸付)

담보-물(擔保物)명 담보로 제공하는 물건. 담보품

담보=물권(擔保物權)[-꿘]명 일정한 물건을 채권 담보로 제공하는 것을 목적으로 하는 물권. 유치권(留置權)·선취득권(先取得權)·질권(質權)·저당권(抵當權) 등이 있음. ☞용익 물권(用益物權)

담보부=공채(擔保附公債)명 담보물을 붙여 발행하는 공채.

담보부=대:부(擔保附貸付)명 은행이 담보물을 잡고 하는 대부. 담보 대부(擔保貸付)

담보부=사채(擔保附社債)명 회사가 담보를 제공하고 발행하는 채권.

담보=조약(擔保條約)명 조약을 맺은 나라 사이에서, 조약의 이행을 확보하기 위해 다시 체결하는 조약. 곧 조약의 내용 실현에 관한 보장을 약속하는 조약임.

담보=책임(擔保責任)명 ①일반적으로 담보를 함과 동시에 생기는 책임. ②계약 당사자가 급부(給付)한 목적물에 결함이 있을 때 부담하는 손해 배상과 그 밖의 책임.

담보=청구권(擔保請求權)[-꿘]명 법률의 특별 규정이나 특약에 따라서 담보의 제공을 청구할 수 있는 권리.

담보-품(擔保品)명 담보물(擔保物)

담:복(禫服)명 상중(喪中)에 있는 사람이 담제(禫祭) 뒤 길제(吉祭) 전까지 입는 흰 옷 또는 옥색 옷.

담부(擔負)명-하다타 짐을 등에 지고 어깨에 멤.

담부지역(擔負之役)성구 짐을 지거나 메는 일이라는 뜻으로, 막벌이 일을 비유하여 이르는 말.

담북-장(-醬)명 ①메줏가루에 쌀가루와 고춧가루를 섞고 물을 알맞게 부은 다음, 새앙을 이겨 넣고 소금을 쳐서 익힌 된장. ②청국장

담불[1] 명 ①곡식이나 나무를 높이 쌓아 올린 무더기. ¶마당에 볏짐이 -로 쌓이다. ②말이나 소, 개 따위의 열 살을 이르는 말. 열릅 ¶- 소 ☞하릅. 한습

담불[2] 의 벼 백 섬을 세는 단위.

담비 명 족제빗과의 동물. 몸길이 40~50cm. 족제비와 비슷하나 몸이 더 크고 다리가 짧음. 몸빛은 황갈색이나 겨울에는 담색(淡色)으로 변하며, 모피는 부드럽고 광택이 남. 야행성으로 작은 새나 들쥐, 과실 따위를 먹고 삶. 한국, 일본 등지에 분포함. 산달(山獺)

담빡 부 아무 생각 없이 가볍게 행동하는 모양을 나타내는 말. ¶말이 끝나기도 전에 - 실행으로 옮기다. ☞덤뻑

담뿍 부-하다형 ①무엇에 담긴 물건의 양이 더없이 가득한 모양을 나타내는 말. ¶소쿠리에 밤을 - 담아 주다. ②적시거나 묻힌 액체의 양이 충분한 모양을 나타내는 말. ¶붓에 먹물을 - 묻히다. ③어떤 기색이 얼굴에 가득한 모양을 나타내는 말. ¶행복감이 - 담긴 밝은 모습.

☞듬뿍

담뿍-이 부 담뿍하게 ☞듬뿍이

담뿍-담뿍 부 -하다 형 여럿이 모두 담뿍한 모양을 나타내는 말. ☞듬뿍듬뿍

담:사(禫祀) 명 담제(禫祭)

담상-담상 부 -하다 형 사이가 촘촘하지 아니하고 좀 상기거나 다문다문한 모양을 나타내는 말. ¶ － 피어 있는 들꽃. ☞듬성듬성

담:색(淡色) 명 엷은 빛. ☞농색(濃色)

담석(儋石) 명 '한 두 섬의 곡식'이라는 뜻으로, 적은 양의 곡식, 또는 적은 분량을 이르는 말.

담:석(膽石) 명 사람이나 소, 양의 쓸개, 또는 수담관(輸膽管)에 생기는 단단한 덩어리. 담결석(膽結石)

담:석-증(膽石症) 명 수담관이나 쓸개에 결석이 생겨 심한 통증을 느끼는 병. 황달·구토·발열 등의 증세가 나타남. 담석통. 인황병(人黃病)

담:석-통(膽石痛) 명 담석증(膽石症)

담:설(痰泄) 명 한방에서, 담병(痰病)으로 말미암아 설사가 나는 병을 이르는 말.

담:성(痰聲) 명 목구멍에서 가래가 끓는 소리.

담세(擔稅) 명 -하다 자 납세의 의무를 짐.

담세=능력(擔稅能力) 명 세금을 낼 수 있는 능력.

담세-자(擔稅者) 명 납세의 의무를 실제로 지는 사람. 세금을 내는 사람.

담소(談笑) 명 -하다 자 웃으면서 이야기함. 언소(言笑)

담:소(淡素) 어기 '담소(淡素)하다'의 어기(語基).

담:소(膽小) 어기 '담소(膽小)하다'의 어기(語基).

담소자약(談笑自若) 성구 놀라운 일이거나 근심되는 일이 있어도 말하고 웃고 하는 태도가 여느 때와 다름이 없음을 이르는 말. 언소자약(言笑自若)

담:소-하다(淡素－) 형여 담담하고 소박하다.

담:소-하다(膽小－) 형여 겁이 많고 용기가 없다. 담약하다 ☞담대하다

담:수(淡水) 명 단물. 민물 ☞함수(鹹水)

담:수(湛水) 명 괴어 있는 물.

담:수(痰祟) 명 한방에서 이르는 담병(痰病)의 한 가지. 기운이 허약하여 몸의 각 기관의 기능이 약해지며, 보고 듣고 말하고 움직이는 일들이 비정상적으로 되는 증세.

담:수(痰嗽) 명 한방에서, 위 속에 있는 습담이 폐로 올라올 때에는 기침이 나고, 담이 나올 때에는 기침이 그치는 병을 이르는 말.

담수(潭水) 명 깊은 못이나 늪의 물.

담:수=동:물(淡水動物) 명 수산 동물(水產動物)의 한 가지. 강이나 호소(湖沼) 등 민물에 사는 동물을 통틀어 이름. ☞기수 동물(汽水動物). 해산 동물(海產動物)

담:-수란(淡水卵) 명 우리 나라 전래의 달걀 반숙(半熟) 요리. 달걀을 깨어 수란짜에 담아 끓는 물에 반숙한 음식. 물수란. 수란(水卵)

담:수=양:식(淡水養殖) 명 하천이나 호소(湖沼) 등의 민물에서, 대량으로 물고기를 기르고 번식시키는 일.

담:수-어(淡水魚) 명 민물고기

담:수=어업(淡水漁業) 명 강·저수지·논 등의 민물에서 물고기를 길러 식용으로 공급하는 어업.

담:수-장(淡水醬) 명 무장

담:수-조(淡水藻) 명 민물에서 자라는 조류(藻類). ☞해조(海藻)

담:수=직파(湛水直播) 명 벼 재배에서, 갈아 써레질한 무논에 볍씨를 뿌리는 방법. 한랭지(寒冷地)의 벼농사에 알맞은 방법임. ☞건답 직파(乾畓直播)

담:수=진주(淡水眞珠) 명 민물에서 생산되는 진주. 바다에서 나는 진주보다 질이 떨어지나 대량 생산이 가능함.

담:수-호(淡水湖) 명 민물로 이루어진 호수. 물 1L당 0.5g 이하의 염분이 들어 있음.

담:수-화(淡水化) 명 -하다 자타 바닷물의 염분 농도가 줄어 민물로 됨, 또는 그렇게 만듦.

담:습(痰濕) 명 한방에서, 담(痰) 때문에 생기는 습기를 이르는 말.

담시(譚詩) 명 자유로운 형식의 짧은 서사시(敍事詩). 중세 유럽의 음유 시인이 영웅 전설이나 연애담을 자유로운 가락으로 읊었던 데서 유래함. 발라드(ballade)

담시-곡(譚詩曲) 명 발라드(ballade)

담:식(淡食) 명 -하다 자 ①음식을 싱겁게 먹음. ¶ －하는 것이 건강에 좋다. ②느끼한 음식보다 담백한 것을 즐겨 먹음.

담심(潭心) 명 깊은 못의 중심이나 바닥.

담심(潭深) 어기 '담심(潭深)하다'의 어기(語基).

담심-하다(潭深－) 형여 ①물이 깊다. ②학문이 깊다.

담-쌓다 자 ①담을 만들다. ②관계나 교제를 끊다. ¶그와는 담쌓고 지낸다. ③하던 일을 그만두다. ¶그는 공부와는 담쌓고 지낸다.

담쏙 부 ①작은 손으로 탐스럽게 움켜쥐는 모양을 나타내는 말. ¶사탕을 － 쥐다. ②팔로 다정스레 끌어안는 모양을 나타내는 말. ¶아이를 － 끌어안다. ☞듬쑥

담쏙-담쏙 부 ①작은 손으로 자꾸 탐스럽게 움켜쥐는 모양을 나타내는 말. ②팔로 다정스레 자꾸 끌어안는 모양을 나타내는 말. ☞듬쑥듬쑥

담:아(淡雅) 어기 '담아(淡雅)하다'의 어기(語基).

담:아-하다(淡雅－) 형여 맑고 아담하다.

담:액(膽液) 명 쓸개즙

담:약(膽弱) 어기 '담약(膽弱)하다'의 어기(語基).

담:약-하다(膽弱－) 형여 겁이 많고 용기가 없다. 담소(膽小)하다 ☞담대하다

담:연(淡煙) 명 엷게 낀 연기. 부연 연기.

담:연(痰涎) 명 가래침

담:연(淡然) 어기 '담연(淡然)하다'의 어기(語基).

담:연-하다(淡然－) 형여 욕심이 없고 깨끗하다.

담연-히 부 담연하게

담:열(痰熱) 명 한방에서, 얼굴이 붉어지고 신열, 기침, 호흡 곤란 등을 일으키는 담병을 이르는 말.

담:염(淡鹽) 명 -하다 타 얼간[2]

담여(擔舁) 명 -하다 타 가마나 상여 따위를 어깨에 멤.

담:-요(毯－) [－뇨] 명 털 따위로 굵게 짜거나 두껍게 눌러서 만든 요. 담자(毯子). 모포. 탄자

담:용(膽勇) 어기 '담용(膽勇)하다'의 어기(語基).

담:용-하다(膽勇－) 형여 대담하고 용감하다.

담:운(淡雲) 명 엷고 맑게 낀 구름.

담:월(淡月·澹月) 명 으스름달.

담:음(痰飮) 명 한방에서, 마신 물이 몸 안에서 고루 흩어지지 아니하고 한곳에 괴어 생기는 병을 이르는 말.

담임(擔任) 명 -하다 타 책임을 지고 맡아봄, 또는 맡아보는 사람. ¶ － 선생 ▷ 擔의 속자는 担

담:자(淡姿) 명 맑고 깨끗한 자태.

담자(毯子) 명 '탄자'의 원말. 담요

담자균-류(擔子菌類) [－뉴] 명 균계 진균류의 한 아문(亞門). 몸체는 다세포의 균사(菌絲)가 모여 이루어졌으며, 유성 생식 때에는 포자낭을 형성함. 알려진 종류 중 과반수가 버섯을 형성하고 전체의 3분의 1가량은 산 식물에 기생하여 병을 일으키기도 함. ☞자낭균류

담:자리꽃-나무 [－꼳－] 명 진달래과의 소관목. 높이 10～15cm, 줄기는 땅 위에 붙어서 가로퍼지고 잎은 넓은 타원형임. 여름에 자홍색의 여러 겹꽃이 피며, 고산 지대에 자라며 관상용으로 심기도 함.

담:-자색(淡紫色) 명 엷은 자줏빛.

담-장(－墻) 명 집의 둘레나 일정한 공간을 둘러막기 위하여 흙이나 돌 따위로 쌓아 올린 것. 담[1]

> 한자 담장 원(院) 〔阜部 7획〕 ¶원내(院內)/원외(院外)
> 담장 장(墻) 〔土部 13획〕 ¶장내(墻內)/장리(墻籬)/장벽(墻壁)/토장(土墻) ▷ 墻과 牆은 동자

담:장(淡粧) 명 -하다 자 엷게 화장함, 또는 엷고 깨끗한 화장.

담-장이 명 '토담장이'의 준말.

×**담장이-덩굴** 명 →담쟁이덩굴

담-쟁이 명 담쟁이덩굴

담쟁이-덩굴 명 포도과의 여러해살이 덩굴성 식물. 줄기

에 있는 덩굴손으로 바위나 나무 등에 달라붙어 감아 올라감. 잎은 세 갈래로 갈라졌으며, 초여름에 황록색 꽃이 피고 열매는 둥근 모양으로 검게 익음. 우리 나라 여러 곳의 돌담이나 산골짜기 숲 밑에 자람. 낙석(絡石). 담쟁이

담:제(禫祭)명 대상(大祥)을 치른 다음다음 달에 지내는 제사. 담사(禫祀)

담:제-인(禫制人)명 대상(大祥)을 치른 뒤로부터 담제(禫祭)를 지낼 때까지의 상중(喪中)에 있는 사람, 또는 그런 사람이 스스로를 일컫는 말.

담:종(痰腫)명 한방에서, 담(痰)이 한곳으로 몰려서 된 종기를 이르는 말.

담:즙(膽汁)명 쓸개즙

담:즙-산(膽汁酸)명 쓸개즙의 주요 성분의 한 가지. 쓸개즙의 쓴맛을 내며, 음식물의 소화·흡수와 비타민 등의 작용을 도움.

담:즙-질(膽汁質)명 히포크라테스가 가른 사람의 네 기질(氣質)의 하나. 격정적이고 화를 잘 내며, 고집이 세고 공격적임. ☞우울질(憂鬱質)

담:증(痰症)[-쯩] 명 한방에서, 몸의 분비액이 큰 열을 받아서 생기는 병을 통틀어 이르는 말. 담병(痰病)

담-집[-찝] 명 토담집

담:-차다(膽-)형 겁이 없고 용기가 대단하다. 담대하다 ¶담찬 소리를 하다.

담:채(淡彩)명 엷은 채색. ☞농채(濃彩). 진채(眞彩)

담:채(淡菜)명 한방에서, 삶아 말린 홍합을 약재로 이르는 말.

담:채-화(淡彩畫)명 묵화(墨畫)에서, 엷은 채색을 써서 그린 그림.

담:천(痰喘)명 가래가 끓어서 숨이 차는 일.

담:천(曇天)명 ①흐린 하늘이나 날씨. ②기상 관측에서, 하늘에 구름이 80% 이상 낀 날씨를 이르는 말. ☞청천(晴天)

담:-청색(淡靑色)명 엷은 파란빛. 담벽색(淡碧色)

담:체(痰滯)명 한방에서, 담이 한곳에 몰려서 뭉쳐 생긴 병을 이르는 말.

담:-초자(曇硝子)명 투명하지 않은, 젖빛 유리.

담총(擔銃)명-하다자 총을 어깨에 멤.

담:치 명 ①'홍합'의 딴이름. ②'섭조개'의 딴이름.

담:타(痰唾)명 ①가래와 침을 아울러 이르는 말. ②가래가 섞인 침.

담타기 명 남에게 넘겨씌우거나 남에게서 넘겨 맡는 허물이나 걱정거리. ☞덤터기

담타기(를) 쓰다관용 ①남의 허물이나 걱정거리를 넘겨 맡다. ②공연한 누명을 쓰다.

담타기(를) 씌우다관용 ①남에게 허물이나 걱정거리를 넘겨씌우다. ②누명을 씌우다.

담:탕(淡蕩)어기 '담탕(淡蕩)하다'의 어기(語基).

담:탕-하다(淡蕩-)형여 날이 맑게 개어 화창하다.

담-틀 명 흙담을 쌓는 데 쓰는 틀. 널빤지로 만들며, 그 안에 흙을 넣고 단단하게 다지어 흙을 굳힘. 축판(築板). 토담틀

담판(談判)명-하다타 서로 의논하여 옳고 그름을 판단함. ¶-을 내다./-을 벌이다./-을 짓다.

담:팔-수(膽八樹)[-쑤] 명 담팔수과의 상록 활엽 교목. 높이 10m 안팎. 잎은 매끄러우며 어긋맞게 나고 톱니가 있음. 7월경에 흰 꽃이 잎겨드랑이에서 피고, 타원형 열매는 핵과(核果)로 9월경에 암자색으로 익음. 나무는 가구재로, 나무껍질은 물감의 원료로 쓰임. 제주도 서귀포의 북한계 자생지는 천연 기념물 제163호임.

담:-하다(淡-)형여《文》①빛이나 냄새가 엷다. ¶담한 청색 옷을 입다. ②마음이 깨끗하고 욕심이 적다. ¶성품이 -. ③음식 맛이 느끼하지 않고 산뜻하다. ¶이 생선찜은 담한 맛이 특색이다.

담:학(痰瘧)명 한방에서 이르는 학질(瘧疾)의 한 가지. 감기와 위병 등으로 말미암아 두통과 구토를 일으키고, 심하면 정신이 흐릿해져 까무러치기도 함.

담:한(膽寒)어기 '담한(膽寒)하다'의 어기(語基).

담:한-하다(膽寒-)형여 담이 서늘해지도록 몹시 놀라고 두렵다.

담합(談合)명-하다타 ①남이 모르게 미리 의논하여 정함. ②담합 행위를 하는 일.

담합=행위(談合行爲)명 입찰할 때, 입찰자들끼리 미리 입찰 가격 등을 협정하는 일.

담:해(痰咳)명 ①가래와 기침을 아울러 이르는 말. ②가래가 나오는 기침.

담:핵(痰核)명 담괴(痰塊)

담:향(淡香)명 엷고 향긋한 향기.

담:향(痰響)명 가래가 끓는 소리.

담호호:지(談虎虎至)성구 '호랑이도 제 말 하면 온다'는 속담을 한문식으로 옮긴 구(句)로, 이야기에 오른 사람이 마침 그 자리에 나타났을 때 하는 말.

담:-홍색(淡紅色)명 엷은 홍색. ☞장밋빛

담:화(淡畫)명 한 가지 빛깔을 써서 엷고 산뜻하게 그린 그림.

담:화(痰火)명 한방에서, 담(痰)으로 말미암아 나는 열이나 답답한 증세를 이르는 말.

담화(談話)명 ①-하다자 격식 없이 이야기를 나눔, 또는 그 이야기. ②어떤 일에 대한 견해나 취할 태도 따위를, 공적으로 밝히는 말. ¶-를 발표하다.

담:화(曇華)명 칸나(canna) ☞우담화(優曇華)

담화(擔花)명 '담화랑(擔花郞)'의 준말. 탐화(探花)

담화-랑(擔花郞)명 탐화랑(探花郞) 준 담화(擔花)

담화-문(談話文)명 어떤 일에 대한 견해나 태도를 격식을 차리지 아니하고 공적으로 밝힌 글.

담화-체(談話體)명 담화 형식으로 쓴 문체.

담:-황색(淡黃色)명 엷은 황색.

담:-흑색(淡黑色)명 엷은 흑색.

답(畓)명 문서 따위에서 '논'의 뜻으로 쓰는 글.

답(答)명-하다자 ①'대답(對答)'의 준말. ¶어서 -해 보렴. ②'해답(解答)'의 준말. ¶문제의 -은 '나'이다. ③'회답(回答)'의 준말. ¶편지를 받자마자 -을 보내다.

답간(答簡)명-하다자 답장(答狀)

답결(畓結)명 논에 대한 세금.

답곡(畓穀)명 논에서 나는 곡식. ☞벼

답교(踏橋)명-하다자 다리밟기

답구(踏臼)명 디딜방아

답권(畓券)명 논의 소유권을 증명하는 서류. 논문서

답농(畓農)명 논에서 짓는 농사. 논농사

-답니까 어미 ①'-다 합니까'가 줄어든 말. ¶그는 언제 왔답니까?/정원이 넓답니까? ②어떤 사실을 간접으로 에돌아 되묻는 형식의 종결 어미. ¶그가 나를 믿었답니까?/공부가 그렇게 어렵답니까? ☞-답니다

-답니다 어미 ①'-다 합니다'가 줄어든 말. ¶한 해가 지났답니다./그는 옳답니다. ②어떤 사실을 간접으로 에돌아 남이 한 말인양 표현하여 단정하는 종결 어미. ¶나는 내 눈으로 똑똑히 봤답니다./뜻이 있는 곳에 길이 있답니다.

-답다 접미 명사에 붙어 형용사가 되게 하는 말로 '그것의 성질을 지니고 있다'의 뜻을 나타냄. ¶군인답다/신사답다/꽃답다/청년답다/어른답다/학생답다 ☞-롭다. -스럽다

답답-하다 형여 ①숨이 막힐듯이 가쁘고 괴롭다. ¶가슴이 -. ②근심이나 걱정 따위로 애가 타고 안타깝다. ¶전화를 받고 답답하던 마음이 풀리다. ③시원한 느낌이 없다. ¶답답한 목소리. ④사람됨이 활달하지 못하고 고지식하다. ¶정말 답답한 사람이로군.

답답-히 부 답답하게

속담 **답답한 송사(訟事)다**: 금방 해결되지 않는 송사와 같다는 뜻으로, 무슨 일이 몹시 답답함을 이르는 말.

한자 **답답할 울**(鬱) 〔鬯部 19획〕 ¶억울(抑鬱)/울기(鬱氣)/울적(鬱寂)/울화(鬱火) ▷ 속자는 欝

-답디까 어미 '-다 합디까'가 줄어든 말. 어떤 사실에 대

하여 사실 여부를 확인하는 물음의 종결 어미. ¶직접 봤답디까?/바로 만나겠답디까?/산이 높답디까?/누가 그곳에 살고 있답디까?

-답디다 어미 '-다 합디다'가 줄어든 말. 말하는 이가 이미 있는 사실에 근거를 두고, 그 사실을 확인하여 전달하는 종결 어미. ¶그들은 모른답디다./돈이 많답디다./내일은 날씨가 맑답디다./속이 시원하답디다. ☞-더라

ㄷ

답례(答禮) 명 -하다 자 남에게서 받은 예(禮)를 도로 갚음. ¶-로 선물을 준비하다.

답무(踏舞) 명 -하다 자 발로 장단을 맞추면서 춤을 춤, 또는 그런 춤.

답방(答訪) 명 -하다 타 남의 방문을 받은 데 대하여 그 답례로 방문함, 또는 그런 방문.

답배(答-) 명 -하다 자 지난날, 신분이 낮은 사람에게 답장을 보내는 일, 또는 그 답장을 이르던 말.

답배(答杯) 명 -하다 자 술잔을 받고 답례로 술잔을 줌, 또는 그 술잔.

답배(答拜) 명 -하다 자 남에게 절을 받고 답례로 절을 함, 또는 그 절.

답변(答辯) 명 -하다 자 묻는 말에 대하여 밝히어 대답함, 또는 그 대답. ¶-을 요구하다.

답보(答報) 명 -하다 타 대답으로 보고함, 또는 그 보고. 회보(回報)

답보(踏步) 명 -하다 자 제자리걸음 ¶- 상태에 있다.

답사(答謝) 명 -하다 자 남의 은혜나 호의에 대해 사례함, 또는 그 사례.

답사(答辭) 명 ①식장 같은 데서, 축사나 환영사 등에 대한 답으로 하는 말. ¶졸업생 대표의 -. ②-하다 자 답언(答言)

답사(踏査) 명 -하다 타 실제로 현장에 가서 보고 조사함. ¶고적을 -하다.

답삭 부 머뭇거리지 않고 냉큼 물거나 움켜잡는 모양을 나타내는 말. ¶손을 - 움켜잡다. ☞덥석. 탑삭

답산(踏山) 명 -하다 자 무덤 자리를 잡기 위하여 실지로 산을 돌아다니며 살펴봄.

답서(答書) 명 -하다 자 답장(答狀)

답습(踏襲) 명 -하다 타 앞 사람이 해 내려온 것을 그대로 따름. 도습(蹈襲). 습답(襲踏)

-답시고 어미 '-다 합시고'가 줄어든 말. 자랑삼아 으스대는 데 대하여 언짢게 여기어 빈정거리는 뜻을 나타냄. ¶돈이 있답시고 거들거린다.

답신(答申) 명 -하다 자 상부 기관이나 윗사람의 물음에 대하여 의견을 말함.

답신(答信) 명 -하다 타 회답으로 보내는 서신이나 통신. 회신(回信) ¶한 달이 지나도 -이 없다.

답신-서(答申書) 명 상부 기관이나 윗사람의 물음에 대하여 답으로 보내는 문서.

답-쌓이다[-싸-] 자 ①한군데로 들이 덮쳐 쌓이다. ¶바람에 모래가 날려 -. ②사람이나 사물이 한꺼번에 들이몰리다. ¶관객들이 답쌓여 발 디딜 틈이 없다.

답안(答案) 명 ①문제에 대한 해답. ②답안지 ¶-을 작성하다.

답안-지(答案紙) 명 문제에 대한 해답을 쓴 종이. 답안(答案). 답지(答紙)

답언(答言) 명 -하다 자 대답으로 말을 함, 또는 그 말. 답사(答辭)

답엽(踏葉) 명 -하다 자 낙엽을 밟으며 거닒.

답월(踏月) 명 -하다 자 달밤에 거닒.

답읍(答揖) 명 -하다 자 답례로 읍(揖)을 함, 또는 그 읍.

답응(答應) 명 -하다 자 물음에 대답함, 또는 그 대답. 응답(應答)

답인(踏印) 명 -하다 자 문서 등에 관인(官印)을 찍음. 개인(蓋印). 타인(打印)

답작-거리다(대다) 자 ①아무 일에나 경망하게 잘 나서거나 끼어들다. ②스스럼없이 붙임성 있게 행동하다. 답작이다 ☞덥적거리다

답작-답작 부 답작거리는 모양을 나타내는 말. ☞덥적덥적

답작-이다 자 답작거리다 ☞덥적이다

답장(答狀) 명 -하다 자 회답하는 편지. 답간(答簡). 답서(答書). 답찰(答札). 회서(回書). 회한(回翰)

답전(答電) 명 -하다 자 회답의 전보를 보냄, 또는 그 전보. 반전(反電). 회전(回電)

답주(畓主) 명 논 임자. ☞전주(田主)

답지(答肢) 명 시험을 치르는 이에게 문제에 대한 정답을 가려내도록, 보기로 든 몇 가지의 답의 예. ¶네 가지 - 가운데서 정답을 가려내시오.

답지(答紙) 명 답안지(答案紙)

답지(遝至) 명 -하다 자 한군데로 몰려듦. ¶성금(誠金)이 -하다./격려의 편지가 -하다.

답찰(答札) 명 -하다 자 답장(答狀)

답척(踏尺) 명 -하다 자 무덤 자리의 거리를 잴 때 줄을 땅에 대고 척수(尺數)를 헤아리는 일. ☞부척(浮尺)

답청(踏靑) 명 -하다 자 ①봄에 푸릇푸릇 돋아 난 풀을 밟으며 거니는 일. 청답(靑踏) ②당송(唐宋) 때 이후의 중국 풍속의 한 가지. 청명절(淸明節)에 교외를 산책하며 자연을 즐기는 일.

답청-절(踏靑節) 명 '삼짇날'을 달리 이르는 말. 이 날 들에 나가서 푸른 풀을 밟는 풍습이 있음.

답치기 명 질서 없이 함부로 덤벼드는 짓. 생각 없이 덮어놓고 하는 짓. ¶-로 대답하는 말.

답치기(를) 놓다 관용 질서 없이 함부로 덤벼들다.

답토(畓土) 명 논으로 된 땅.

답통(答通) 명 통문(通文)에 대한 회답.

답파(踏破) 명 -하다 타 먼 길이나 험한 길을 걸어서 마침내 이름. ¶백두 대간(白頭大幹)을 -하다.

답포(答砲) 명 -하다 자 외국 군함에서 받은 예포(禮砲)에 대한 답례로 군함이나 포대(砲臺)에서 예포를 발사함, 또는 그 예포.

답품(踏品) 명 -하다 타 답험(踏驗)

답험(踏驗) 명 -하다 타 조선 시대, 논밭의 위치나 토질, 농작물의 작황 따위를 알아보기 위해서 찾아가서 조사하던 일. 답품(踏品)

답호(褡䕶) 명 조선 시대, 관복(官服)의 한 가지. 조끼 모양으로 뒷솔기가 단에서 허리까지 트여 있음. 길이가 두루마기처럼 길.

닷 관 다섯의. [양의 단위를 나타내는 일부 의존 명사 앞에 쓰임.] ¶- 냥./- 되./- 말./- 마지기. ☞댓. 수관형사(數冠形詞)

속담 **닷 돈 보고 보리밭에 갔다가 명주 속옷 찢었다** : 작은 것을 탐내다가 도리어 큰 손해를 보았다는 뜻./**닷 돈 추렴에 두 돈 오 푼 내었나** : 여러 사람 앞에서 업신여김을 당하거나 권리를 제대로 누리지 못하였을 때 불만조로 이르는 말.

닷곱[닫-] 명 다섯 홉. 반 되.

속담 **닷곱에도 참녜, 서 홉에도 참견** : 남의 사소한 일까지 참견하여 간섭한다는 뜻. [남의 잔치에 감 놓아라 배 놓아라 한다]

닷곱=장님[닫-] 명 반쯤은 장님이라는 뜻으로, 시력(視力)이 매우 나쁜 사람을 이르는 말.

닷새[닫-] 명 ①다섯 날. ¶- 동안 집을 비우다. ②'닷샛날'의 준말.

속담 **닷새를 굶어도 풍잠 멋으로 굶는다** : 체면을 지키기 위해서 곤란을 무릅쓴다는 뜻.

닷샛-날[닫-] 명 ①한 달의 다섯째 날. 본 초닷샛날 준 닷새 ②다섯째의 날. ¶오늘이 새집으로 이사한 지 -이다.

당 명 '망건당'의 준말.

당(堂) 명 ①'당집'의 준말. ②집채의 가운데 있는 큰 마루. 대청(大廳) ③서당(書堂) ④큰 절의 문 앞에 그 절의 이름난 중을 세상에 알리기 위하여 세우는 깃대. ⑤신불(神佛) 앞에 세우는 기의 한 가지.

당(幢) 명 ①조선 시대, 향악에 맞추어 추는 궁중 무용에

쓰는 기의 한 가지. ②신라 시대, 군대의 단위. 대당(大幢)·귀당(貴幢)·구서당(九誓幢) 등이 있음. ③불전이나 불당 앞에 세워 부처와 보살의 위엄과 공덕을 기리는 기의 한 가지. ☞당간 지주. 짐대

당(糖)명 ①물에 녹아 단맛을 내는 탄수화물. 단당류와 이당류 따위. ②당류(糖類), 곧 탄수화물을 통틀어 이르는 말. ③'자당(蔗糖)'의 준말.

당(黨)명 ①무리. 동아리 ②'정당(政黨)'의 준말.

당(唐)-접두 '중국에서 들어온', '외래의'의 뜻을 나타냄. ¶당모시/당백사(唐白絲)/당삼채(唐三彩)/당악기(唐樂器) ☞향(鄕)-

한자 당나라 당(唐) 〔口部 7획〕 ¶당삼채(唐三彩)/당시(唐詩)/당악(唐樂)/당학(唐學)

당(堂)-접두 촌수(寸數)가 오촌(五寸)인 친족 관계에 쓰임. ¶당고모(堂姑母)/당숙모(堂叔母) ☞종(從)-

당(當)-《접두사처럼 쓰이어》①'이'의 뜻을 나타냄. ¶당지점(當支店)/당열차(當列車) ②'당년(當年)'의 뜻을 나타냄. ¶당십육세(當十六歲)

-당(當)《접미사처럼 쓰이어》'-에 대하여'의 뜻을 나타냄. ¶시간당(時間當)/호구당(戶口當)/일인당(一人當)/평당(坪當)

당가(唐家)명 닫집

당가(當家)명 ①-하다자 집안일을 주관하여 맡음. ②바로 이 집, 또는 바로 그 집.

당각(當刻)명 바로 그 시각. ▷當의 속자는 当

당간(幢竿)명 짐대 ☞당간 지주

당간=지주(幢竿支柱)명 짐대를 지탱하기 위해 짐대 양쪽에 하나씩 세운 기둥 모양의 받침대.

당-감이명 '당감잇줄'의 준말.

당감잇-줄명 짚신이나 미투리 등의 총에 꿰어 줄이고 늘이는 끈. 준당감이

당경(唐鏡)명 중국 당나라 때의 거울. 백동, 은, 철 따위로 만들었으며, 무늬가 매우 화려함.

당고(堂鼓·唐鼓)명 중국의 현대극, 주로 춤극에 쓰는 큰 북의 한 가지. 쇠붙이로 만들며, 위로 향하게 놓고 침.

당고(當故)명-하다자 부모의 상사(喪事)를 당함. 당상(當喪). 조간(遭艱). 조고(遭故)

당-고금(唐-)[-꼬-]명 이틀거리

당-고모(堂姑母)명 '종고모(從姑母)'를 친근하게 일컫는 말.

당-고모부(堂姑母夫)명 '종고모부(從姑母夫)'를 친근하게 일컫는 말.

당과(當窠)명 그 사람에게 알맞은 관직.

당과(糖菓)명 서양식 사탕 과자. 캔디(candy)

당관(唐官)명 지난날, 중국 명나라에서 우리 나라에 파견하는 관원을 일컫던 말.

당구(堂狗)명 서당에서 기르는 개.

당구(撞球)명 우단을 깐 네모난 대(臺) 위에 몇 개의 당구공을 올려놓고 당구봉 끝으로 쳐서 승패를 가리는 놀이. 구희(球戲)

당구(鐺口)명 절에서 밥짓는 큰 솥을 이르는 말.

당구-공(撞球-)명 당구를 칠 때 쓰는, 여러 가지 빛깔의 둥근 공. 상아 또는 플라스틱으로 만듦. 당구알

당구-대(撞球臺)명 당구를 치는, 긴 네모꼴의 평평한 대(臺). 바닥에는 우단을 깔고, 사면의 가장자리는 공이 밖으로 나가지 못하도록 턱지게 하였음.

당구-봉(撞球棒)명 당구공을 치는 데 쓰는 길쭉한 막대기. 큐(cue)

당구-알(撞球-)명 당구공

당구-장(撞球場)명 당구를 칠 수 있게 시설해 놓은 곳.

당-구:혈(-久穴)[-꾸-]명 폐광의 갱도(坑道).

당국(當局)명 ①그 일을 처리할 책임과 권한을 가진 기관. ¶학교 -/관계 -에 알리다. ②'당국자'의 준말.

당국(當國)명 ①바로 이 나라, 또는 바로 그 나라. ②국제간의 교섭 사건에 직접 관계가 있거나 관계한 나라. 당사국(當事國)

당국-자(當局者)명 그 일을 처리할 책임과 권한을 가진 사람. 준당국(當局)

당-국화(唐菊花)[-꾹-]명 '과꽃'의 딴이름.

당-굿(堂-)[-꿋]명 '도당굿'의 준말.

당권(黨權)[-꿘]명 당의 주도권. ▷黨의 속자는 党

당궤(唐机)명 ①지난날, 중국에서 만든 책상을 이르던 말. ②중국풍으로 만든 책상. 대개 자단(紫檀)으로 만듦.

당귀(當歸)명 한방에서, 승검초의 뿌리를 약재로 이르는 말. 보혈제·강장제·진정제 등으로 쓰임.

당귀-주(當歸酒)명 ①승검초의 뿌리와 잎을 소주에 담그고 꿀을 섞어 봉해 두었다가 2~3일 지난 뒤에 먹는 술. ②승검초를 으깨어 담근 술.

당귀-차(當歸茶)명 승검초의 어린순을 따뜻한 꿀물에 넣어 우린 차.

당규(黨規)명 당의 규칙. 당칙(黨則)

당극(幢戟)명 기(旗)가 달린 창(槍).

당근명 미나릿과의 두해살이풀. 밭에 재배하는 채소의 한 가지로 줄기 높이는 1m 안팎. 잎은 깃 모양의 겹잎이고 여름에 흰 꽃이 핌. 뿌리는 긴 원뿔꼴로 적황색이며 맛이 달고 향기가 있음. 호나복(胡蘿蔔). 홍나복(紅蘿蔔). 홍당무

당근-정:과(-正果)명 당근을 꽃 모양으로 썰어 끓는 물에 잠깐 익힌 다음, 설탕물에 넣어 약한 불로 조린 정과.

당금(唐錦)명 지난날, 중국에서 나는 비단을 이르던 말.
  당금 같다관용 매우 훌륭하고 귀하다는 뜻.

당금(當今)명 바로 이제. 현금(現今)
  부 바로 이제. 이제 막. ¶- 출발했습니다.

당금-아기(唐錦-)명 당금같이 귀하게 기르는 아기.

당금지지(當禁之地)명 딴사람이 뫼를 쓰지 못하게 금하는 땅.

당기(當期)명 ①이 시기. ☞이때 ②어떤 법률 관계를 여러 기(期)로 구별하였을 때, 지금 경과 중에 있는 기간.

당기(黨紀)명 당의 기율(紀律).

당기(黨旗)명 어떤 당을 상징하는 기.

당기다[1]자 ①마음이 무엇에 끌리어 움직이다. ¶비위가 -./마음에 -. ②입맛이 돋우어지다. ¶입맛이 당기는 계절.

당기다[2]타 ①끌어서 가까이 오게 하다. ¶그물을 -./의자를 당겨 앉다. ②정해진 시간이나 기일을 줄이다. ¶예정 날짜를 -. ☞미루다 ③줄을 팽팽하게 하다. ¶활시위를 -. ☞늦추다 ④일정한 방향으로 잡아 끌다. ¶방아쇠를 -.

×**당기다**[3]자 →댕기다

×**당기다**[4]타 ①→댕기다 ②→땅기다

당길-문(-門)명 밖에서 잡아당겨 열게 되어 있는 문. ☞밀문

당길-심[-씸]명 자기 쪽으로만 끌어당기려는 욕심.

당김-음(-音)명 음악에서, 센박과 여린박의 위치를 바꾸어 리듬에 변화를 주는 기법. 싱커페이션

당-까마귀(唐-)명 '떼까마귀'의 딴이름.

당-나귀(唐-)명 말과의 짐승. 말과 비슷하나 몸집이 조금 작고 앞머리의 긴 털이 없음. 체력이 강하고 질병에 대한 저항력이 높으며, 참을성이 있어 부리기에 알맞음. 나귀
  속담 **당나귀 귀 치레**: 어울리지 않은 곳을 쓸데없이 꾸미어 오히려 모양을 더 흉하게 만든다는 말.〔머리 없는 놈 댕기 치레하듯/더벅머리 댕기 치레하듯〕/**당나귀 새끼가 보다, 술 때 아는 걸 보니**: 술 잘 마시는 사람이 술 먹을 때를 용하게 알아서 옴을 놀리는 말.〔당나귀는 닭보다 때를 잘 알며, 한번 술을 주면 그맘때가 되면 술을 달라고 소리 지르고 밟고 차고 한다고 함.〕/**당나귀 찬물 건너가듯**: 글을 막힘 없이 줄줄 읽는다는 뜻.

당나귀-기침(唐-)명 한방에서, 당나귀 울음소리와 같은 소리를 내면서 하는 기침을 이르는 말. 백일해나 오래된 감기를 앓을 때 흔히 하는 기침임.

당-나무명 당산나무

당-나발(∠唐喇叭)명 나발의 한 가지. 보통의 나발보다 조금 큼.

당나발(을) 불다 관용 터무니없는 거짓말을 하다.
당내(堂內) 명 ①동성 동본의 유복친(有服親), 곧 팔촌 이내의 일가. ②불당이나 사당의 안.
당내(黨內) 명 당의 내부. ¶ - 문제
당내-지친(堂內至親) 명 ①팔촌(八寸) 이내의 친척. ②가장 가까운 일가. 준 당내친
당내-친(堂內親) 명 '당내지친(堂內至親)'의 준말.
당년(當年) 명 ①그 해. ②그 해의 나이. ¶ - 18세. ③그 연대.
당년-초(當年草) 명 ①한해살이풀 ②한 해 동안만 쓰는 물건을 비유하여 이르는 말.
당년-치기(當年-) 명 한 해 동안밖에 견디지 못하는 물건. 여러 해 동안 쓸 수 없는 물건.
당노 명 말의 허리 치레로 꾸미는 물건.
당뇨(糖尿) 명 당이 많이 섞여 나오는 오줌.
당뇨-병(糖尿病) [-뼝] 명 혈액 속에 포도당이 증가하여 당뇨가 오래 계속되는 병. 오줌을 누는 횟수가 잦고 갈증이 심하며 쉽게 피로해짐.
당-단:백질(糖蛋白質) 명 탄수화물과 단백질이 결합한 복합 단백질. 연골 속에 들어 있음.
당달-봉:사(-奉事) 명 청맹과니
당-닭(唐-) [-딱] 명 ①닭의 한 품종. 몸이 매우 작고 날개는 땅에 닿아 발이 보이지 않음. 볏이 크고 꽁지는 길어서 볏에 거의 닿도록 위로 뻗쳐 있음. 중국 원산이며, 완상용(玩賞用)으로 기름. ②키가 작고 몸이 똥똥한 사람을 놀리어 이르는 말.
속담 **당닭의 무녀리나 작기도 하다** : 당닭의 첫배로 난 무녀리처럼 작다는 뜻으로, 여럿 모인 중에서 가장 작음을 이르는 말.
당당(堂堂) 어기 '당당(堂堂)하다'의 어기(語基).
당당-하다(堂堂-) 형여 ①겉모습이 의젓하다. ¶ 체격이 당당한 청년. ②거리낌없고 떳떳하다. ¶ 당당하게 싸워 이겨라. ③형세나 위세 등이 대단하다. ¶ 기세가 -.
당당-히 부 당당하게
당대(當代) 명 ①그 시대. ¶ -에 이름을 떨쳤다. ②이 시대. ¶ -의 저명한 작가. 당세(當世) ☞ 선대(先代) ③사람의 한평생. ¶ -에 모은 재산. ☞ 누대(累代)
당대발복(當代發福) 성구 어버이를 명당에 모신 덕으로 그 아들의 대에서 부귀를 누리게 되는 일.
당도(當到) 명 -하다 자 일정한 곳이나 정한 기일에 이름. ¶ 목적지에 -하다.
당도(當塗·當途) 명 -하다 자 당로(當路)
당도(糖度) 명 과일이나 통조림 따위에 함유된 당분의 양을 백분율로 나타낸 것.
당도-계(糖度計) 명 빛의 굴절률을 이용하여 과일 따위에 함유된 당도를 재는 계기.
당도리 명 바다로 다니는 큰 나무배.
당돌(唐突) 어기 '당돌(唐突)하다'의 어기(語基).
당돌-하다(唐突-) 형여 ①꺼리거나 어려워함이 없이 올차고 도랑도랑하다. ¶ 태도가 -. ②윗사람을 대하는 태도가 버릇이 없고 주제넘다. ¶ 당돌하게 따지고 들다.
당돌-히 부 당돌하게 ¶ - 나서다.
당동벌이(黨同伐異) 성구 일의 옳고 그름과는 상관없이 뜻이 맞는 사람끼리는 한 패가 되고 그렇지 않은 사람은 배척함을 이르는 말. 동당벌이(同黨伐異)
당두(當頭)[1] 명 절에서, '그 자리' 또는 '그곳'이라는 뜻으로 쓰는 말.
당두(當頭)[2] 명 -하다 자 기일 따위가 닥쳐옴. 박두(迫頭) ¶ 합격자 발표일이 -하다.
당-두루마리(唐-) [-뚜-] 명 당지(唐紙)로 만든 두루마리. 당주지(唐周紙)
당락(當落) 명 당선과 낙선을 아울러 이르는 말. 붙는 일과 떨어지는 일.
당랑(堂郞) 명 지난날, 같은 관아에 있는 당상관(堂上官)과 당하관(堂下官)을 이르던 말.
당랑(螳螂) 명 '사마귀[2]'의 딴이름.
속담 **당랑이 수레를 버티는 셈** : 자기의 능력에 넘치는 일에 무모하게 대듦을 비유하여 이르는 말.
당랑거:철(螳螂拒轍) 성구 사마귀가 팔을 벌리고 수레를 막으려 한다는 뜻으로, 제 분수를 모르고 하지도 못할 일을 하려 덤비는 무모한 짓을 이르는 말. 당랑지부
당랑-력(螳螂力) 명 사마귀가 수레바퀴를 막는 힘이라는 뜻으로, 아주 미약한 힘이나 병력을 이르는 말.
당랑박선(螳螂搏蟬) 성구 당랑재후
당랑재:후(螳螂在後) 성구 매미를 노리는 사마귀가 뒤에서 저를 노리는 황작(黃雀)이 있음을 모른다는 뜻으로, 눈앞의 욕심에만 눈이 어두워 장차 닥칠 큰 재화(災禍)를 알지 못함을 이르는 말. 당랑박선(螳螂搏蟬)
당랑지부(螳螂之斧) 성구 당랑거철(螳螂拒轍)
당래(當來) 명 내세(來世)
당래지직(當來之職) 명 신분에 알맞은 지위나 직무, 또는 마땅히 차례가 돌아올 직무나 직분.
당략(黨略) 명 한 당파나 정당의 계략, 또는 정략(政略).
당량(當量) 명 두 물질이 과부족 없이 반응했을 때의 물질의 양. 특히 '화학 당량' 또는 '전기 화학 당량'을 이름. 등가량(等價量)
당량=농도(當量濃度) 명 용액 1L 안에 포함되어 있는 용질의 양을 당량으로 나타내는 농도.
당로(當路) 명 ①-하다 자 중요한 직위에 있음. ②-하다 자 정권을 잡음. 당도(當塗) ③'당로자(當路者)'의 준말.
당로(當壚) 명 -하다 자 술청에 앉아 술을 팖.
당로-자(當路者) 명 중요한 직위에 있는 사람. 준 당로
당록(堂錄) 명 '도당록(都堂錄)'의 준말.
당론(黨論) 명 ①붕당(朋黨)에서 논의된 의논. ②당의 의견이나 논의. ③조선 시대, 관리들이 붕당을 만들거나 여러 파로 갈리어 헐뜯고 멀리하던 일.
당료=식물(糖料植物) 명 설탕의 원료가 되는 식물. 사탕수수나 사탕무 따위.
당류(糖類) 명 잘 녹으며 단맛이 있는 탄수화물. 곧 단당류(單糖類)·이당류(二糖類)·다당류(多糖類)를 통틀어 이르는 말.
당류(黨類) 명 같은 무리에 딸리는 사람들. ☞ 끼리끼리
당륜(黨倫) 명 당의 윤리.
당률(當律) 명 어떤 범죄에 해당하는 형률(刑律).
당리(棠梨) 명 팥배나무의 열매. 팥배
당리(黨利) 명 당의 이익. ¶ - 당략에 급급하다.
당마(塘馬) 명 척후(斥候)의 임무를 띤, 말 탄 군사.
당-마루(堂-) 명 너새
당망(搪網) 명 후릿그물
당-먹(唐-) 명 지난날, 중국에서 나는 먹을 이르던 말. 당묵
당면(唐麪) 명 잡채 따위의 재료가 되는, 감자 가루로 만든 마른국수. 분탕(粉湯). 호면(胡麪)
당면(當面) 명 -하다 자타 ①일이 눈앞에 닥침. ¶ - 과제/-한 문제. ②서로 얼굴을 마주 대함. 대면(對面)
당-멸치(唐-) 명 당멸칫과의 열대성 바닷물고기. 몸길이 30cm 안팎. 가늘고 길며 비늘은 벗겨지기 쉬운 둥근 모양임. 몸빛은 등 쪽은 회청색, 배 쪽은 은백색임. 동인도 제도 해역에서 우리 나라 남쪽 바다에 걸쳐 분포함. 먹을 수 있음.
당명(黨名) 명 당이나 당파의 이름.
당명(黨命) 명 당이나 당파에서 내리는 명령.
당-모시(唐-) 명 지난날, 중국에서 생산되는 모시를 이르던 말. 폭이 넓고 올이 톡톡함. 당저(唐紵). 당포(唐布). 백당포(白唐布)
당목(唐木) 명 굵게 꼰 무명실로 폭이 넓고 바닥을 곱게 짠 피륙. 서양에서 중국을 통하여 우리 나라에 들어왔음. 당목면. 생목. 서양목. 양목
당목(撞木) 명 절에서 종이나 징을 치는 나무 막대.
당목(瞠目) 명 -하다 타 당시(瞠視)
당-목면(唐木綿) 명 당목(唐木)
당목-어(撞木魚) 명 '귀상어'의 딴이름.
당무(當務) 명 -하다 타 어떤 사무나 직무 등을 맡음. 또는 현재 맡고 있는 사무나 직무.

당무(黨務)명 당의 사무. ¶ ― 회의를 주재하다.
당무-자(當務者)명 어떤 사무를 직접 맡아보는 사람. 실무자(實務者)
당묵(唐墨)명 당먹
당미(糖米)명 수수쌀
당밀(糖蜜)명 ①사탕수수나 사탕무에서 사탕을 뽑아 내고 남은, 담황색의 끈적끈적한 액체. 사탕밀 ②식물에서 나오는 맛이 단 물질.
당밀-주(糖蜜酒)[―쭈]명 당밀을 발효시켜 증류한 술.
당방(當方)명 우리 쪽. 이쪽
당-방초(唐防草)명 중국식의 벽돌.
당배(黨輩)명 함께 어울리는 무리들.
당백(當百)명 '당백전(當百錢)'의 준말.
당-백사(唐白絲)명 ①중국에서 나는 흰 명주실. ②중국에서 나는 흰 명주실로 만든 연줄. ☞상백사
당백-전(當百錢)명 한 푼이 엽전 백 푼과 맞먹던 돈. 1866년(조선 고종 3)에 경복궁(景福宮)을 중건할 때 만들었음. 준당백(當百)
당번(當番)명-하다자 번드는 차례가 됨, 또는 번든 그 사람. ☞비번(非番)
당벌(黨閥)명 같은 당의 사람들이 단결하여 다른 당을 배척하는 일, 또는 그런 목적으로 이루어진 당.
당보(塘報)명 지난날, 적의 형편이나 지형 따위를 정찰하고 탐색하는 일을 맡은 군사가 높은 곳에 올라가 정세를 살핀 다음 깃발을 휘둘러 알리던 일.
당보(黨報)명 정당에서 발행하는 신문.
당보-군(塘報軍)명 당보수(塘報手)
당보-기(塘報旗)명 지난날, 당보수(塘報手)가 적의 동정을 살피어 알릴 때 쓰던 깃발. 사방 한 자 크기의 누런빛 깃발로, 흔드는 모양에 따라 신호의 뜻이 구별되었음.
당보-수(塘報手)명 당보의 임무를 띤 군사. 당보군
당보=포수(塘報砲手)명 지난날, 적의 형편이나 지형 따위를 정찰하고 탐색하는 일을 맡던 총군(銃軍).
당본(唐本)명 당책(唐册)
당부명-하다타 어찌하라고 말로써 단단히 부탁하는 일, 또는 그 부탁. ¶협조를 ―하다.
당부(當否)명 옳은 것과 그른 것. 마땅한 것과 그렇지 아니한 것. 알맞은 것과 알맞지 않은 것. ¶―를 가리다.
당부-악(唐部樂)명 당악(唐樂)
당분(糖分)명 당류의 성분.
당분-간(當分間)명 앞으로 얼마 동안.
부 앞으로 얼마 동안에. ¶― 서울을 떠나 있고 싶다.
당붕(黨朋)명 붕당(朋黨)
당비(黨比)명 같은 무리끼리 서로 두터이 사귀는 일.
당비(黨費)명 ①당원이 당 규약에 따라 당에 내는 돈. ②당의 살림에 쓰이는 비용.
당-비름(唐―)[―삐―]명 '색비름'의 딴이름.
당-비:상(唐砒霜)명 지난날, 중국에서 나는 비상을 이르던 말. 당신석(唐信石)
당-비파(唐琵琶)명 현악기의 한 가지. 오동나무로 짠 길둥근 몸통에 열두 괘(棵)를 붙이고 네 가닥의 줄을 연결하여 만들었음. 연주법은 전해지지 않음.
당-뽕(唐―)명 뽕나뭇과의 낙엽 활엽 관목. 중국 원산으로, 봄누에와 가을누에의 먹이로 쓰임. 중부 이남 지역에서 많이 가꿈. 노상(魯桑)
당사(唐絲)명 지난날, 중국에서 나는 명주실을 이르던 말.
당사(堂舍)명 큰 집과 작은 집.
당사(當寺)명 이 절. 당산(當山)
당사(當社)명 이 회사. 본사(本社)
당사(當事)명-하다자 어떤 일에 직접 관계함.
당사(黨舍)명 정당의 사무소로 쓰는 건물.
당사-국(當事國)명 국제간 교섭 사건에 직접 관계가 있거나 관계한 그 나라. 당국(當國)
당사-자(當事者)명 ①그 일에 직접 관계가 있거나 관계한 사람. 본인(本人) ¶―에게 직접 알리다. ②법률에서, 어떤 법률 행위에 직접 관계하는 사람. 준당자(當者) ☞제삼자(第三者)
당사자=능력(當事者能力)명 민사 소송법에서, 소송의 당사자가 될 수 있는 법적인 능력.
당사자-주의(當事者主義)명 형사 소송의 진행에서, 소송의 주도권을 당사자에게 주고 법원은 개입하지 않는 주의. ☞직권주의(職權主義)
당사자=참가(當事者參加)명 소송이 진행 중일 때, 제삼자가 당사자로서 참가하는 일. ☞보조 참가(補助參加)
당-사:주(唐四柱)[―싸―]명 중국에서 유래한, 그림으로 보는 사주.
당사:주-책(唐四柱册)[―싸―]명 중국에서 유래한, 사주점을 칠 때 보는 책. 점괘에 따른 길흉화복을 그림으로 나타내었음. 당화적(唐畫籍)
당-사:향(唐麝香)[―싸―]명 한방에서, 중국에서 나는 사향을 이르는 말.
당삭(當朔)명 ①그 달. ②-하다자 아이를 밴 여자가 아이를 낳을 달을 맞음, 또는 그 달. 당월(當月). 대기(大期). 임삭(臨朔). 임월(臨月)
당산(堂山)명 민속에서, 토지나 마을의 수호신(守護神)이 있다고 이르는 산이나 언덕.
당산(當山)명 당사(當寺)
당산-굿(堂山―)명 당산에서 마을을 위해 제사를 지낼 때, 농악을 하며 노는 굿.
당산-나무(堂山―)명 민속에서, 마을의 수호신으로 모시며 제사를 지내는 나무. 당나무
당산-제(堂山祭)명 당산에서 마을의 수호신에게 지내는 제사.
당-삼채(唐三彩)명 중국 당(唐)나라 때 만들어지던 연질 도기(軟質陶器). 잿물이 녹색·황색·백색 또는 녹색·황색·남색의 세 가지 빛깔로 되어 있는 데서 붙여진 이름임.
당상(堂上)명 ①대청의 위. ②조선 시대, 정삼품의 문관인 통정 대부(通政大夫)와 무관인 절충 장군(折衝將軍) 이상의 품계를 이르던 말. ☞당하(堂下) ③지난날, 아전들이 자기의 상관을 이르던 말.
당상(當喪)명-하다자 당고(當故)
당상-관(堂上官)명 당상인 관원. ☞당하관
당상=수:의(堂上繡衣)명 지난날, 당상관으로서 암행어사가 된 사람을 이르던 말. ☞당하수의
당서(唐書)명 당책(唐册)
당석(當席)명 앉은 그 자리. 바로 그 자리.
당선(唐扇)명 지난날, 중국에서 나는 부채를 이르던 말.
당선(當選)명-하다자 ①선거에서 뽑힘. ¶야당 후보가 많이 ―되다. ②심사나 선발에서 뽑힘. ¶국전에 ―된 작품. ☞낙선(落選). 입선(入選)
당선-권(當選圈)[―꿘]명 당선될 가능성이 있는 범위. ¶― 안에 들다.
당선=무효(當選無效)명 당선자가 선거법을 위반하여 그 당선이 무효가 되는 일.
당선=소송(當選訴訟)명 선거에 관한 소송의 한 가지. 낙선자가 당선자의 당선 효력에 이의가 있을 때 제기하는 소송임.
당선-작(當選作)명 당선된 작품.
당설(溏泄)명 한방에서, 배가 부르고 아프며 설사가 나는 병을 이르는 말.
당성(黨性)[―썽]명 자기 당의 이익을 위하여 적극적으로 활동하는 충실성.
당세(當世)명 ①그 시대. 그 세상. ②이 시대. 이 세상. 당대(當代) ☞내세(來世). 전세(前世)
당세(當歲)명 ①그 해. ②금년. 올해
당세(黨勢)명 당파의 세력. 당의 형세나 기세.
당세-풍(當世風)명 ①그 시대나 그 세상의 풍조(風潮). ②지금 세상의 풍조.
당소(當所)명 ①이곳. 당처(當處) ②연구소·영업소·출장소 따위의 '소(所)' 자가 붙는 기관에서 일하는 사람이 자기의 근무처를 이르는 말.
당속(唐屬)명 지난날, 중국에서 들여오는 여러 가지 물건을 통틀어 이르던 말.

당속(糖屬)명 설탕에 조려 만든 음식. 편강, 귤병 따위.
당송(唐宋)명 당나라와 송나라를 아울러 이르는 말.
당송=팔대가(唐宋八大家)[-때-]명 중국 당나라와 송나라 때에 글을 잘 짓던 여덟 명의 문장가. 당나라의 한유(韓愈)·유종원(柳宗元), 송나라의 구양수(歐陽脩)·왕안석(王安石)·증공(曾鞏)·소순(蘇洵)·소식(蘇軾)·소철(蘇轍)을 이름. 준팔대가
당수명 쌀, 좁쌀, 보리, 녹두 따위 곡식을 물에 불려서 간 가루나 마른 메밀가루에 술을 조금 치고 물을 부어 미음 비슷하게 쑨 음식.
당수(黨首)명 당의 우두머리.
당-수복(唐壽福)명 담뱃대의 한 가지. 백통에 은이나 오금(烏金)으로 '수(壽)' 자나 '복(福)' 자를 장식으로 박아 넣어 만듦.
당숙(堂叔)명 '종숙(從叔)'을 친근하게 일컫는 말.
당-숙모(堂叔母)명 '종숙모(從叔母)'를 친근하게 일컫는 말. ☞당숙(堂叔)
당승(唐僧)명 ①중국 당나라 때의 중. ②중국의 중.
당시(唐詩)명 중국 당나라 때의 한시(漢詩). 절구(絶句)·율(律) 등의 근체시(近體詩)를 이르며, 이 시대에 그 형식이 완성되었음.
당시(當時)명 어떠한 일이 생긴 그때. ¶ -를 회상하다.
당:시(瞠視)명-하다타 매우 놀라거나 이상하게 여겨 눈을 휘둥그렇게 뜨고 바라봄. 당목(瞠目)
당시(黨是)명 그 정당의 기본 방침.
당시=승상(當時丞相)명 권세가 높은 사람.
당신 대 ①'하오' 할 자리에, 상대되는 사람을 일컫는 제이인칭 대명사. 댁[3] ¶ -은 왜 가만히 있는 거요? ②그 자리에 없는 웃어른을 높여 일컫는 제삼인칭 대명사. ¶그 어른은 -의 고향을 그리워하셨다. ③부부간에 서로 상대편을 일컫는 말.
당-신:석(唐信石)명 당비상(唐砒霜)
당실-거리다(대다) 자 흥에 겨워 팔을 벌리고 몸을 가볍게 우줄거리다. ☞다당실거리다. 덩실거리다
당실-당실 부 당실거리는 모양을 나타내는 말. ¶장단에 맞춰 - 춤을 추다. ☞다당실다당실. 덩실덩실
당실-하다 형여 ①맵시 있게 덩그렇다. ¶당실하게 지어 놓은 기와집. ☞덩실하다 ②귀엽고 동그랗다. ¶눈이 당실하니 예쁜 소녀.
당싯-거리다(대다)[-싣-]자 어린아이가 누워서 춤을 추듯이 팔다리를 귀엽게 자꾸 놀리다. ☞덩싯거리다
당싯-당싯[-싣-]부 당싯거리는 모양을 나타내는 말. ☞덩싯덩싯
당-아욱(唐-)명 아욱과의 두해살이풀. 줄기 높이는 1m 안팎이며, 거친 털이 나 있음. 잎은 여러 갈래로 갈라져 손바닥 모양이며, 초여름에 불그스름한 빛깔의 꽃이 핌. 관상용으로 재배함. 금규(錦葵)
당악(唐樂)명 ①중국 당나라 때의 음악. ②삼악(三樂)의 하나. 당송(唐宋) 이후의 중국 음률(音律)에 따라서 제정한 풍류. 당부악(唐部樂) ☞아악(雅樂). 향악(鄕樂)
당-악기(唐樂器)명 ①중국 당나라 때의 악기. ②당악을 연주하는 악기. 퉁소·적·비파·아쟁 따위.
당안(唐雁)명 '거위[1]'의 딴이름.
당야(當夜)명 그 날 밤. 즉야(卽夜)
당약(唐藥)명 중국에서 들어온 약.
당약(當藥)[1]명 그 병에 맞는 약. 당제(當劑)
당약(當藥)[2]명 한방에서, 자주쓴풀의 뿌리와 줄기 말린 것을 약재로 이르는 말. 고미제(苦味劑)로 쓰임.
당양(當陽)어기 '당양(當陽)하다'의 어기(語基).
당양지지(當陽之地)명 햇볕이 잘 드는 곳.
당양-하다(當陽-)형여 양지바르다. 변다냥하다
당:언(讜言)명 바른말. 이치에 맞는 말.
당업(糖業)명 '제당업(製糖業)'의 준말.
당업-자(當業者)명 그 사업을 직접 경영하는 사람.
당연(唐硯)명 중국에서 생산된 벼루.
당연(當然)어기 '당연(當然)하다'의 어기(語基).
당:연(瞠然)어기 '당연(瞠然)하다'의 어기(語基).
당연-시(當然視)명-하다타 당연한 것으로 여김.
당연지사(當然之事)명 마땅한 일. 당연한 일.
당연-하다(當然-)형여 이치로 보아 마땅하다. ¶당연한 귀결이다./당연한 조처이다.
 당연-히부 당연하게
당:연-하다(瞠然-)형여 놀라거나 이상하게 여겨 바라보는 눈이 휘둥그렇다.
 당연-히부 당연하게
당오(當五)명 '당오전'의 준말.
당오-전(當五錢)명 1883년(조선 고종 20)에 만들어 쓰던 돈. 닷 푼이 엽전 백 푼과 맞먹음. 준당오(當五)
당오-평(當五坪)명 조선 시대 말기에 당오전(當五錢)의 가치가 떨어져 엽전 한 냥과 당오전 닷 냥이 같은 값으로 된 셈평. 준당평(當坪)
당용(當用)앞말 당장 필요한 데 씀을 뜻하는 말. ¶ - 일기/- 한자
당우(唐虞)명 중국의 도당씨(陶唐氏)와 유우씨(有虞氏), 곧 요순(堯舜) 시대를 아울러 이르는 말. 중국 역사에서 이상적인 태평 시대로 여김.
당우(堂宇)명 ①크고 화려한 집. 전당(殿堂) ②정당(正堂)과 옥우(屋宇)라는 뜻으로, 대청이 있는 큰 집과 규모가 작은 집을 아울러 이르는 말.
당우(黨友)명 ①같은 당파에 딸려 있는 사람. ②외부에서 그 당파를 돕는 사람.
당우=삼대(唐虞三代)명 중국 고대의 요순(堯舜) 시대와 하(夏)·은(殷)·주(周) 삼대(三代)를 통틀어 이르는 말.
당원(黨員)명 당에 든 사람, 곧 당적을 가진 사람. 당인(黨人). 정당원(政黨員)
당원-질(糖原質)명 글리코겐(glycogen)
당월(當月)명 ①바로 그 달. ②당삭(當朔)
당위(當爲)명 마땅히 있어야 할 것, 또는 마땅히 하여야 할 일. ▷當의 속자는 当
당위=법칙(當爲法則)명 마땅히 하여야 할 도덕 법칙.
당위-성(當爲性)[-썽]명 마땅히 그렇게 해야 할 성질.
당위-적(當爲的)명 마땅히 그렇게 해야 하는 것.
당위-학(當爲學)명 윤리학·논리학·미학(美學) 따위와 같이 규범의 법칙을 연구하는 학문.
당유(糖乳)명 우유에 설탕을 섞고 가열하여 농축한 것. 가당 연유(加糖煉乳)
당의(唐衣)명 조선 시대, 여자들이 저고리 위에 덧입던 예복의 한 가지. 저고리와 비슷한 모양이나, 소매가 넓고 길이가 무릎 가까이에 닿으며 옆은 겨드랑이에서부터 터져 있음. 당저고리
당의(糖衣)명 알약 등의 변질을 막고 먹기에 좋도록 하기 위하여, 약의 겉면에 입힌 당분이 섞인 막(膜).
당의(黨意)명 당의 뜻. 당의 의사(意思). ¶ -를 따라 행동하다. ▷黨의 속자는 党
당의(黨議)명 ①당에서 내세우는 의견. ②당의 결의.
당의-정(糖衣錠)명 당의를 입힌 알약.
당인(黨人)명 당에 든 사람, 곧 당적을 가진 사람. 당원
당일(當日)명 일이 있는 바로 그 날. ¶ -로 일을 끝내다.
당일-치기(當日-)명-하다자 그 날 하루에 끝을 내는 일. ¶ - 여행/수험 준비를 -로 하다.
당자(當者)명 '당사자(當事者)'의 준말.
당장(堂長)명 지난날, 서원(書院)에 딸린 사내종을 이르던 말.
당장(當場)명 ①무슨 일이 일어난 바로 그 자리, 또는 그때. ¶그 -에서 대답하기는 어려웠다./-이라도 달려갈 수 있다. ②〔부사처럼 쓰임〕 바로 그 자리에서 곧. ¶ - 해치우다.
 속담 **당장 먹기엔 곶감이 달다**: ①당장 먹기 좋고 몸에 편한 것은 그때 뿐이지, 참으로 좋고 이로운 것은 못 된다는 말. ②나중에야 어찌 되든지 우선 하기 쉬운 일을 먼저 시작함을 비유하여 이르는 말.
당장-법(糖藏法)[-뻡]명 식품 저장법의 한 가지. 잼이나 젤리 등의 가공법으로 식품에 설탕이나 전화당(轉化糖)을 섞어 저장하는 방법임.

당장졸판(當場猝辦)성구 어떤 일에 부닥쳐서 그 자리에서 갑자기 마련하여 차림을 이르는 말.
당재(唐材)명 중국에서 나거나 들여오는 한약재.
당쟁(黨爭)명 당파를 이루어 서로 다투는 일. 당파 싸움 ¶영조는 -을 막기 위해 탕평책(蕩平策)을 썼다.
당저(唐紵·唐苧)명 당모시
당-저고리(唐-)명 당의(唐衣)
당적(黨籍)명 당원으로 등록된 문서. ¶-을 옮기다.
당전(堂前)명 대청 앞.
당절(當節)명 ①그 철. ②한창인 철. 당철. 제철
당점(當店)명 이 점포. 이 상점.
당정(黨政)명 정당과 정부, 특히 여당과 정부를 아울러 이르는 말. ¶- 협의
당정(黨情)명 당의 사정. 당내의 정세.
당제(當劑)명 그 병에 맞는 약. 당약(當藥)[1]
당조(當朝)명 ①지난날, 지금의 왕조 또는 지금의 조정(朝廷)이라는 뜻으로 쓰던 말. ②당대(當代)
당조짐 명-하다타 정신을 차리도록 단단히 잡도리함. ¶아이에게 차를 조심하라고 -하다.
당좌(當座)명 '당좌 예금(當座預金)'의 준말.
당좌=계:정(當座計定)명 부기에서, 당좌 예금의 예입·인출·차월·대월의 발생과 소멸을 기록하고 정리하기 위한 계정.
당좌=대:부(當座貸付)명 은행의 대부 방법의 한 가지. 미리 기한을 정하지 않고, 은행에서 요구할 때나 차주(借主)가 갚고자 할 때 갚기로 하는 대부.
당좌=대:월(當座貸越)명 은행의 대부 방법의 한 가지. 당좌 예금 거래처에서 예금의 잔액을 초과하여 발행한 수표나 어음에 대해서도 은행이 지급하는 일. 일정 기간과 금액을 한도로 함. 준대월(貸越)
당좌=수표(當座手票)명 은행에 당좌 예금 거래를 하는 이가 예금을 기초로 하여 그 은행에게 발행하는 수표.
당좌=예:금(當座預金)명 수표나 어음의 지급을 위하여 넣어 두는 예금. 이자가 없는 것이 원칙이며, 수표나 어음을 발행하여 언제든지 자유롭게 찾을 수 있음. 준당좌
당좌=차:월(當座借越)명 '당좌 대월(當座貸越)'을 돈을 빌려 쓴 쪽에서 이르는 말.
당주(堂主)명 지난날, 나라에서 하는 기도(祈禱)를 맡아서 하는 소경 무당을 이르던 말.
당주(當主)명 당대(當代)의 호주, 또는 지금의 주인.
당-주지(唐周紙)[-쭈-]명 당두루마리
당-줄[-쭐]명 '망건당줄'의 준말.
당중(當中)명-하다타 어떤 곳의 꼭 가운데가 되게 하는 일, 또는 그곳.
당지(唐紙)명 중국에서 나는 종이의 한 가지. 겉면은 누런 빛이며 거칠고 잘 찢어지나 먹물을 잘 흡수함.
당지(當地)명 ①일이 일어난 그곳. ②자기가 있는 곳.
당-지기(堂-)명 지난날, 서당(書堂)이나 당집 따위를 맡아서 지키던 사람. 당직(堂直)
당지다 자 눌려서 단단히 굳어지다.
당-지질(糖脂質)명 당과 지질이 공유 결합(共有結合)한 화합물을 통틀어 이르는 말. 무정형의 흰 가루임.
당직(堂直)명 당지기
당직(當直)명-하다자 ①근무하는 곳에서 숙직이나 일직 따위의 번을 듦, 또는 그 사람. ②조선 시대, 의금부의 도사(都事)가 당직청에 번을 들던 일, 또는 그 사람. 상직(上直)
당직(黨職)명 ①당에서 맡은 직책. ②'당직자'의 준말.
당:직(讜直)어기 '당직(讜直)하다'의 어기(語基).
당직-자(當直者)명 숙직이나 일직 따위의 근무 차례가 되어 번을 드는 사람.
당직-자(黨職者)명 당의 직책을 맡은 사람. 준당직
당직-청(當直廳)명 조선 시대, 의금부(義禁府)에 딸려 소송 사무를 맡아보던 관아.
당:직-하다(讜直-)형여 말이 충성스럽고 곧다.
당질(堂姪)명 '종질(從姪)'을 친근하게 일컫는 말.
당질(糖質)명 ①당분이 들어 있는 물질. ②탄수화물과 그 유도체를 통틀어 이르는 말. ☞지질(脂質)

당-질녀(堂姪女)명 '종질녀'를 친근하게 일컫는 말.
당-질부(堂姪婦)명 '종질부'를 친근하게 일컫는 말.
당-질서(堂姪壻)[-써]명 '종질서(從姪壻)'를 친근하게 일컫는 말.
당-집(堂-)[-찝]명 신을 모셔 놓고 무당이 경을 읽거나 제사를 지내는 집. 서낭당 따위. 준당(堂)
당차(當次)명-하다자 순서를 정해 놓고 돌아오는 차례에 따라 함.
당차(當差)명-하다자 조선 시대, 죄인의 신분에 따라 차등을 두어 노역을 시키던 일, 또는 그 형벌을 이르던 말.
당차다 형 나이나 몸집 등에 비하여 마음씨나 하는 행동이 야무지고 오달지다. ¶김 군은 당찬 데가 있지.
당착(撞着)명-하다자 ①말이나 행동 따위의 앞뒤가 서로 맞지 않음. ¶-에 빠지다. ②서로 맞부딪침.
당찮다 형 '당치 않다'가 줄어든 말. ¶당찮은 말을 하는구나.
당참(堂參)명 ①조선 시대, 새로 수령이 되거나 다른 고을로 옮길 때 의정부에 가서 신고하던 일. ②'당참채(堂參債)'의 준말.
당참-전(堂參錢)명 당참채(堂參債)
당참-채(堂參債)명 조선 시대, 새로 수령이 되거나 다른 고을로 옮길 때 이조(吏曹)에 바치던 예물. 당참전(堂參錢) 준당참(堂參)
당창(唐瘡)명 한방에서, '매독(梅毒)'을 이르는 말. 창병(瘡病)
당-창포(唐菖蒲)명 '글라디올러스(gladiolus)'의 딴이름.
당-채련(唐-)명 ①중국에서 만든 나귀 가죽. 빛깔이 검고 윤기가 있음. ②때가 많이 끼어 까마반드르해진 옷을 비유하여 이르는 말.
당책(唐冊)명 중국에서 박아낸 책. 당본(唐本). 당서
당처(當處)명 ①어떤 일이 일어난 바로 그 자리. ②이곳. 당소(當所)
당-철(當-)명 ①그 철. ②한창인 철. 당절(當節). 제철
당첨(當籤)명-하다자 제비에 뽑힘. ¶복권에 -되다.
당청(唐靑)명 중국에서 나는 파란 물감.
당체(唐體)명 ①한자 글씨체의 한 가지. 가로 그은 획은 가늘고, 내리그은 획은 굵음. ②명조체(明朝體)
당초(唐椒)명 '고추'의 딴이름.
당초(當初)명 일의 맨 처음. 애초 ¶-의 예정대로 일이 진행되다.
당초-에(當初-)부 부정하는 말과 함께 쓰이어, '맨 처음부터 도무지'의 뜻을 나타내는 말. ¶그 일은 - 시작하지 말았어야 했다. 준당최
당최 부 '당초에'의 준말. ¶무슨 말을 하는지 - 모르겠다.
당-추자(唐楸子)명 '호두'의 딴이름.
당춘(當春)명-하다자 봄을 맞음. 봄이 됨.
당-치석(唐治石)명 중국에서 갈아서 만든 옥돌.
당칙(黨則)명 당의 규칙. 당규(黨規) ¶-을 준수하다.
당침(唐針)명 지난날, 중국에서 만든 바늘을 이르던 말.
당코 명 여자 저고리 깃의 뾰족하게 내민 끝.
당-탄(唐-)명 씨를 뽑지 않은 당태.
당-태(唐-)명 중국에서 나는 솜.
당파(撞破)명-하다타 쳐서 깨뜨림.
당파(鐺鈀·鐺把)명 ①십팔기 또는 무예 이십사반(武藝二十四般)의 하나. 보졸(步卒)이 당파창을 가지고 하던 무예. ②'당파창(鐺鈀槍)'의 준말.
당파(黨派)명 ①당 안의 나누어진 갈래. ②주의·주장이나 이해를 같이하는 사람들끼리 뭉쳐 이룬 단체. 파당
당파=싸움(黨派-)명 당파를 이루어 서로 다투는 일. 당쟁(黨爭)
당파-창(鐺鈀槍)명 지난날, 군기(軍器)의 한 가지. 창끝이 세 갈래로 갈라져 있고 자루가 길며, 길이는 일곱 자 여섯 치임. 삼지창(三枝槍) 준당파(鐺鈀)
당판(堂板)명 마룻바닥에 깐 널조각. 마루청. 청널
당-팔사(唐八絲)[-싸]명 중국에서 만든, 여덟 가닥으로 꼰 노끈.

당평(當坪)명 '당오평(當五坪)'의 준말.
당평-전(當坪錢)명 지난날, 당오평(當五坪)으로 환산(換算)한 돈을 이르던 말.
당폐(黨弊)명 당파로 말미암아 생기는 폐단.
당포(唐布)명 당모시
당품(當品)명 조선 시대, 정이품이나 종이품에 해당하는 관직을 종이품에, 종이품이나 정삼품에 해당하는 관직을 정삼품에 임명하던 일.
당풍(黨風)명 당의 기풍. ¶ – 쇄신에 힘쓰다.
당-피리(唐–)명 당악기(唐樂器)의 한 가지. 목관 악기로, 앞쪽에 일곱, 뒤쪽에 하나의 구멍이 있고, 위쪽을 얇게 깎아 서를 꽂음.
당하(堂下)명 ①대청의 아래. ②조선 시대, 정삼품의 문관인 통훈 대부(通訓大夫) 이하와 무관인 어모 장군(禦侮將軍) 이하의 품계를 이르던 말. ☞당상(堂上)
당하(當下)명 어떤 일을 당한 그때, 또는 그 자리.
당하-관(堂下官)명 당하인 관원. ☞당상관(堂上官)
당-하다(當–)[1] 자타여 ①어떤 때나 형편에 이르거나 처하다. ¶가뭄을 당하여 논밭이 갈라졌다. ②어떤 해나 일을 겪다. ¶사기를 –./망신을 –./거절을 –. ③겨루어 이겨 내다. ¶적군 열 명을 당해 내다.
당-하다(當–)[2] 형여 이치에 맞고 마땅하다. ¶학자가 재물을 탐내다니 당할 소린가./당치도 않은 소리 말게.
당하=수:의(堂下繡衣)명 지난날, 당하관(堂下官)으로서 암행어사가 된 사람을 이르던 말. ☞당상 수의
당학(唐瘧)명 한방에서, 이틀씩 걸러서 앓으며 좀처럼 낫지 않는 학질을 이르는 말. 당고금. 이틀거리
당-항:라(唐亢羅)명 중국에서 난 항라. 생항라(生亢羅)
당해(當該)앞말 바로 그것에 해당함을 뜻하는 말. ¶ – 사무(事務)/– 연도(年度)
당헌(棠軒)명 조선 시대, '선화당(宣化堂)'을 예스럽게 이르던 말.
당헌(黨憲)명 정당에서 정한 강령이나 기본 방침.
당-형제(堂兄弟)명 종형제(從兄弟)
당혜(唐鞋)명 가죽신의 한 가지. 울이 깊고 코가 작으며, 코와 뒤꿈치 쪽에 덩굴 모양의 무늬가 있음.
당호(堂號)명 당우(堂宇)의 호. 본채와 별채에 지어 붙인 이름. ¶ –를 짓다.
당호(幢號)명 불교에서, 수행력이 다른 이의 사표(師表)가 될만 하여 법맥(法脈)을 이어받을 때 받는 법호(法號)를 이르는 말.
당혼(當婚)명-하다자 혼인할 나이가 됨. ¶ –한 자식이 둘이나 있습니다.
당홍(唐紅)명 지난날, 중국에서 나는, 자줏빛을 조금 띤 붉은 물감을 이르던 말.
당화(糖化)명-하다자타 녹말 따위의 다당류가 산이나 효소의 작용으로 가수 분해(加水分解)되어 단당류 또는 이당류로 바뀌는 일, 또는 그렇게 바꾸는 일.
당화(黨禍)명 당파(黨派)끼리의 다툼으로 말미암아 일어나는 재앙과 피해.
당-화:기(唐畵器)명 ①채화(彩畵)를 그려 넣어 구운 중국의 사기그릇. ②중국의 청화 자기(青華瓷器)를 본떠 만든 그릇.
당화-소(糖化素)명 '녹말 당화소(綠末糖化素)'의 준말.
당-화:적(唐畫籍)명 당사주책(唐四柱册)
당황(唐黃)명 지난날, '성냥'을 이르던 말.
당황(唐慌)어기 '당황(唐慌)하다'의 어기(語基).
당-황련(唐黃連)명 한방에서, 중국에서 들여온 황련의 뿌리를 약재로 이르는 말. 건위제(健胃劑)로 쓰임.
당-황모(唐黃毛)명 중국에서 나는 족제비의 꼬리털. 붓을 매는 데 쓰임.
당황-하다(唐慌–)형여 갑작스러운 일에 부닥쳐 얼떨떨하다. ¶당황한 기색이 역력하다.
동 갑작스러운 일에 부닥쳐 어쩔 줄 몰라 하다.
당회(堂會)명 장로교나 성결교 등에서, 그 교회 안의 목사와 장로들의 모임을 이르는 말.

닻명 배를 멈추어 서게 하기 위하여 밧줄이나 쇠줄에 매어 물 속에 던지는, 쇠나 나무 따위로 만든 갈고리가 달린 기구. ¶ –을 내리다.
닻을 감다관용 ①물 속에 넣었던 닻줄을 감아 끌어올리다. 닻을 올리다. ②하던 일을 그만두고 단념하다.
닻을 올리다관용 닻을 감다.
닻을 주다관용 닻줄을 풀어서 닻을 물 속에 넣다.
닻-가지[닫–]명 닻의 끝에 달린 갈고리. 네 갈고리가 보통이나, 두 갈고리도 있음.
닻-고리[닫–]명 닻의 맨 위쪽에 달려 있는, 닻줄을 매는 고리.
닻-꽃[닫–]명 용담과의 두해살이풀. 산지의 풀밭에서 절로 자라며, 줄기 높이는 10~60cm. 잎은 길둥근꼴로 끝이 뾰족하고 마주 남. 7~8월에 꽃받침과 꽃부리가 닻 모양으로 갈라진 연노랑 꽃이 핌.
닻-나비[닫–]명 '뿔나비나방'의 딴이름.
닻-돌[닫–]명 나무로 만든 닻을 가라앉히기 위하여 잡아맨 돌.
닻-별[닫–]명 '카시오페이아(Cassiopeia)자리'를 달리 이르는 말.
닻-장[닫–]명 닻채 위로 가로 박아 닻줄을 매는 나무.
닻-줄[닫–]명 닻을 매단 줄.
닻-채[닫–]명 닻의 자루가 되는 부분.
닻-혀[닫–]명 닻가지의 맨 끝.
닿:다자 ①사물이 서로 맞붙어 사이에 빈틈이 없게 되다. ¶치마가 땅에 닿아 끌리다./물건을 서로 닿지 않게 두다. ②목적한 곳에 이르다. ¶부산에 닿는 대로 전화해라. ③어떤 곳이나 정도에 미치다. ¶인정의 손길이 –. ④사물이 서로 관련되거나 인연이 맺어지다. ¶인연이 닿으면 또 만나겠지요.

한자 **닿을 촉**(觸)〔角部 13획〕¶감촉(感觸)/접촉(接觸)/촉각(觸覺)/촉감(觸感)/촉진(觸診) ▷속자는 触

닿-소리명〈어〉자음(子音) ☞홀소리
닿치다자 어떤 물건이 서로 세차게 마주 닿다.
대[1]명 ①식물의 줄기. ¶ –가 가늘다. ②가늘고 길며 속이 빈 막대 모양의 물건을 통틀어 이르는 말. ③'담뱃대'의 준말.
대[2]명 ①줏대 ¶ –가 센 사람. ②품성이나 성정(性情). ¶ –가 바른 사람.
대[3]명 볏과의 상록 교목을 통틀어 이르는 말. 볏과 중 가장 큰 식물로, 줄기는 곧고 마디가 있으며 속이 비어 있음. 드물게 황록색 꽃이 피는데, 꽃이 피고 나면 말라 죽음. 열대에서 온대에 걸쳐 분포하며, 애순은 먹을 수 있고, 줄기는 세공용으로 쓰임.
속담 **대 끝에서도 삼 년이라** : 곧 떨어질락말락 하는 대 끝에서도 삼 년을 견딘다는 뜻으로, 어려운 일을 당해도 오래 참고 견딤을 이르는 말.

한자 **대 죽**(竹)〔竹部〕¶죽기(竹器)/죽림(竹林)/죽순(竹筍)/죽장(竹杖)/죽창(竹槍)

대[4]의 ①쥐어박거나 때리는 횟수를 세는 단위. ¶매열 –. ②담배통에 담배를 넣는 수량, 또는 담배를 피우는 횟수를 세는 단위. ¶담배 한 –. ③곧고 긴 물건을 세는 단위. ¶난초에서 두 –의 꽃줄기가 돋았다. ④주사나 침을 맞는 횟수를 세는 단위. ¶침 몇 –면 금방 나을 걸세.
대[5]관 길이를 나타내는 단위인 '자' 앞에 쓰이어, '다섯'의 뜻을 나타내는 말. ¶명주 – 자 가웃. ☞닷. 댓
대:(大)명 큰 것. ¶ –를 위하여 소(小)를 희생하다. ☞소(小)
대:(代)[1]명 ①남이 할 일에 그 사람과 바꾸어 들어 그 일을 하는 것. ¶네가 나 –로 다녀오너라. ②이어 내려오는 가계(家系). ¶ –를 잇다./–가 끊기다. ③어떤 지위를 이어 그 자리에 있는 동안. ¶영·정조 –에는 탕평책을 써서 왕권을 강화하였다. ④지질 시대를 구분하는 단위의 하나. 가장 큰 단위로서 고생대(古生代)·중생대(中生代)·신생대(新生代) 따위로 나뉨. ☞기(紀)

▶ 가계(家系)의 '대(代)'와 '세(世)'
ㅇ '대(代)'는 자기로부터 위의 대로 셀 때 쓰는 말이다. 자기까지 합하여 8대가 되면 그 조상을 7대조라 한다.
ㅇ '세(世)'는 시조(始祖)로부터 아래 대로 셀 때 쓰는 말이다. 시조를 1세로 하여 아래로 세어 자기까지 합하여 20대면, 시조의 20세 손(孫)에 해당한다.

대(垈) 명 '대지(垈地)'의 준말.
대(隊)[1] 명 ①둘 이상의 사람이 행동을 같이하기 위해 조직한 집단. ¶ -를 이루어 북극 탐험에 도전하다./-를 지어 먼 곳을 다니면서 장사하는 상인. ②'대열(隊列)', '대오(隊伍)', '편대(編隊)'의 준말. ¶ -를 지어 행진하다./-를 지어 곡예 비행을 하다.
대(臺)[1] 명 흙이나 돌 따위를 높이 쌓아 사방을 둘러볼 수 있게 만든 곳. ¶ -에 오르다./-를 쌓다.
대:(對)[1] 명 ①서로 같거나 비슷한 종류로 이루어진 짝. ¶ -를 이루다. ②서로 상대되는 뜻을 나타내는 말. ¶ 이 두 가지는 서로 -가 된다.
대:(代)[2] 의 가계나 어떤 지위를 이어받은 순서를 나타내는 단위. ¶삼 - 독자./제5- 대통령.
대(隊)[2] 의 둘 이상의 사람이 행동을 같이하기 위해 조직한 집단을 세는 단위. ¶ 제1-가 선발대로 출발하다./제2-는 물자 보급 업무를 맡다.
대(臺)[2] 의 비행기나 자동차, 기계 따위를 세는 단위. ¶승용차 세 -./컴퓨터 한 -.
대:(對)[2] 의 두 짝으로 한 벌이 되는 물건을 세는 단위. ¶ 주련(柱聯) 한 -.
대:(對)[3] 의 ①사물끼리의 대비나 대립을 나타내는 말. ¶ 청군 - 백군. ②수(數)나 문자 사이에서 비율이나 득점의 비(比) 따위를 나타내는 말. ¶남은 이익은 6 - 4로 나누자. ▷ 對의 속자는 対
대(大)- 《접두사처럼 쓰이어》'큰', '거대한', '위대한', '중대한' 따위의 뜻을 나타냄. ¶ 대강당(大講堂)/대규모(大規模)/대학자(大學者)/대용단(大勇斷) ☞소(小)-
-대(代)[1] 《접미사처럼 쓰이어》 대금(代金)의 뜻을 나타냄. ¶ 유류대(油類代)
-대(代)[2] 《접미사처럼 쓰이어》'시대(時代)', '연대(年代)', '연령(年齡)'의 뜻을 나타냄. ¶ 2000년대(年代)/30대
-대(帶) 《접미사처럼 쓰이어》'시간이나 공간의 범위'의 뜻을 나타냄. ¶ 시간대(時間帶)/화산대(火山帶)/녹지대(綠地帶)/산지대(山地帶) ▷ 帶의 속자는 带
-대(臺) 《접미사처럼 쓰이어》①'수(數)나 값 따위의 대강의 범위'의 뜻을 나타냄. ¶80점대/십만원대 ②'물건을 받치거나 올려 놓게 만든 것'의 뜻을 나타냄. ¶촛대/화장대(化粧臺)
-대 어미 '-다 해'가 줄어든 말. 들은 바를 옮겨 말하는 반말 투의 종결 어미. 사실 표현으로나 물음으로 함께 쓰임. ¶그 사람은 통이 크대./돈이 아주 많대?
대:가(大加) 명 고구려 때, 각 부(部)의 으뜸 관직인 부족장을 이르던 말.
대:가(大家) 명 ①큰 집. 대하(大廈) ②대대로 번창한, 문벌이 높은 집안. 거가대족(巨家大族) ③학문이나 기예 따위의 전문 분야에서 뛰어나 권위가 있는 사람. 대방가(大方家) ¶ 역사학의 -./판소리의 -. ☞거장(巨匠)
대:가(大駕) 명 임금이 타는 수레. 보가(寶駕). 승여(乘輿). 어가(御駕). 용가(龍駕)
대:가(代價) [-까] 명 ①물건의 값으로 치르는 돈. 값 ②노력이나 수고한 일에 대한 결과, 또는 일을 이루기 위해 들인 노력이나 수고. ¶밤낮으로 노력한 -.
대:가(對價) [-까] 명 자기의 재산이나 노력 따위를 남에게 제공하거나 이용하게 하고, 그 보수로 얻는 재산상의 이익. ¶ 정당한 -를 받다.
대가(臺駕) 명 고귀한 사람이 타는 탈것.
대:-가극(大歌劇) 명 그랜드오페라(grand opera)
대:-가다 자 ①시간에 맞추어 목적한 곳에 이르다. ☞대오다 ②배를 오른쪽으로 저어 간다는 뜻으로 뱃사람들이 하는 말.
대:-가람(大伽藍) 명 큰 절.

대가리 명 ①'머리[1]'를 속되게 이르는 말. 대강이 준 대갈[1] ②동물의 머리. ¶닭 -/생선 - ③길쭉한 물건의 앞 부분이나 꼭대기. ¶못 -
대가리(를) 싸고 덤비다 관용 기를 쓰고 덤비다.
대가리에 피도 안 마르다 관용 아직 어리다.
속담 **대가리를 잡다가 꽁지를 잡았다** : 큰 것을 바라다가 작은 것밖에 얻지 못하였다는 말./**대가리에 쉬슨 놈** : 어리석고 둔한 사람을 비유하여 이르는 말.
대:-가사(大家舍) 명 큼직하게 지은 집.
대:-가야(大伽倻) 명 육가야(六伽倻)의 하나. 지금의 경상 북도 고령 부근에 자리했던 고대 군장 국가(君長國家)로, 6세기 중엽에 육가야 중 맨 마지막으로 신라에 병합됨.
대:-가족(大家族) 명 ①식구가 많은 가족. ☞소가족 ②우리 나라의 전통적 가족 구성 형태로, 조부모·부모·형제 및 그 배우자와 자녀들이 한 집에 사는 가족. ☞핵가족 ③직계(直系)와 방계(傍系)의 친족이나 노비 따위로 이루어진 가족. 고대 씨족 사회에서 볼 수 있음.
대:가족-주의(大家族主義) 명 단체의 모든 구성원을 한 가족으로 여기고 협족적인 단결로 그 단체의 이익을 꾀하려는 주의.
대:가-파천(大駕播遷) 명 임금이 서울을 떠나 다른 곳으로 피함.
대각 부 ①작고 단단한 물건이 가볍게 한 번 맞부딪힐 때 나는 소리를 나타내는 말. ¶ -, 바가지가 부딪히는 소리. ②좀 단단하고 가는 물건이 가볍게 부러질 때 나는 소리를 나타내는 말. ¶겨릅대가 - 부러지다. ☞대깍. 데걱. 때각. 때깍
대:각(大角)[1] 명 너비 30cm 이상으로 네모지게 잘라 낸 재목(材木).
대:각(大角)[2] 명 국악기 관악기의 한 가지. 군대에서 호령할 때나 아악(雅樂) 따위를 연주할 때 쓰던 나발. 흔히 나무로 만들어 칠을 하는데, 아악에 쓰는 것은 은(銀)으로 만들었음. ☞주라(朱喇)
대:각(大角)[3] 명 북두칠성의 남쪽에 주황으로 빛나는 별. 예로부터 방위나 역일(曆日)을 헤아리는 데 기준으로 삼았음.
대:각(大角)[4] 명 사슴의 수컷.
대:각(大覺) 명 ①-하다 자 도(道)를 닦아 크게 깨달음, 또는 그런 사람. ②'부처'를 달리 이르는 말.
대:각(對角) 명 다각형(多角形)에서, 어떤 한 변 또는 어떤 한 각과 마주보는 각. 맞각. 맞선각
대각(臺閣) 명 ①조선 시대, 사헌부(司憲府)와 사간원(司諫院)을 통틀어 이르던 말. ②사방이 탁 트이게 높이 지은 다락집. 누각(樓閣)
대:-각간(大角干) 명 신라 시대, 17관등 위에 설정했던 특수한 관등. 국가에 특별한 공이 있는 사람에게 최대의 예우로 주었음.
대각-거리다(대다) 자타 자꾸 대각 소리가 나다, 또는 그런 소리를 내다. ☞대깍거리다. 데걱거리다. 때각거리다. 때깍거리다
대각-대각 부 대각거리는 소리를 나타내는 말. ☞대깍대깍. 데걱데걱. 때각때각. 때깍때깍
대:각=묘:사(對角描寫) 명 대상과 반대되는 각도(角度)로 묘사하여, 그 대상을 드러내는 문예상의 표현 기법.
대:각-선(對角線) 명 다각형(多角形)에서 서로 이웃하지 않는 두 꼭지점을 잇는 선분, 또는 다면체(多面體)에서 같은 면에 있지 않는 두 꼭지점을 잇는 선분. 맞모금
대:각=세:존(大覺世尊) 명 도(道)를 크게 깨달아 세상 사람들에게 존경과 숭배를 받는 사람이라는 뜻으로, '부처'를 높이어 이르는 말.
대:각-수(大角手) 명 지난날, 군중(軍中)에서 대각을 불던 취타수(吹打手).
대:간(大姦·大奸) 명 매우 간사하고 악독한 사람.
대:간(大簡) 명 길고 넓게 만든 편지지.
대간(臺諫) 명 조선 시대, 사헌부(司憲府)의 관원과 사간

원(司諫院)의 관원을 아울러 이르던 말.
대:간사충(大姦似忠)성구 간사한 사람은 아첨하는 수단이 교묘하여, 마치 충성하는 사람처럼 보임을 이르는 말.
대갈[1] 명 '대가리'의 준말.
대갈[2] 명 말굽에 편자를 대고 박는 징. ¶ ―을 박다.
대:갈(大喝)명-하다타 큰 소리를 내어 꾸짖음.
대갈-놀음 명-하다자 ①때리며 싸우는 짓. ②우두머리로 행세하는 짓.
대갈-마치 명 ①말굽에 대갈을 박는 작은 마치. ②온갖 어려운 일을 겪어서 아주 야무진 사람을 비유하여 이르는 말.
대갈-머리 명 '머리[1]'를 속되게 이르는 말.
대갈-못 명 대가리가 큰 쇠못. 대두정(大頭釘)
대갈-빼기 명 '머리[1]'를 속되게 이르는 말.
대갈-통 명 '머리통'을 속되게 이르는 말.
대:감(*大監)명 ①조선 시대, 정이품(正二品) 이상의 관원을 높이어 일컫던 말. ¶ ― 마님 ②무당이 집이나 터, 나무, 돌 따위에 붙어 있는 신(神)이나 그 밖의 여러 신을 높이어 이르는 말.
속담 **대감 죽은 데는 안 가도 대감 말 죽은 데는 간다**: 세상 인심이 예의(禮儀)와 실리(實利)를 저울질하여 자기에게 더 이로운 쪽으로 움직이게 됨을 이르는 말.
대:감(大鑑)명 책 이름 다음에 쓰이어, 그 한 권만으로도 그 분야 전체에 관한 대강의 지식을 얻을 수 있도록 엮은 책. ¶지리 ― ☞대전(大全)
대:감-굿(*大監―)[―꾿]명 대감놀이
대:감-놀이(*大監―)명 무당이 터주 앞에서 하는 굿. 풍악을 울리고 춤을 추면서 재앙을 물리고 복을 빎. 대감굿
대:-감독(大監督)명 ①풍부한 경험으로 일을 잘하는 감독. ②성공회(聖公會)나 영국 교회 최고의 성직(聖職).
대:감-상(*大監床)[―쌍]명 굿을 할 때, 무당이 대감이라는 신에게 올리는 제물을 차린 상.
대:감-제(*大監祭)명 무당이 대감이라는 신을 받들어 올리는 제사. ☞대감놀이
대-갑석(臺甲石)명 탑의 대중석(臺中石) 위에 덮는 돌.
대-갓끈[―갇―]명 아주 가느다란 댓가지를 마디마디 잘라서 실에 꿰고, 구슬로 격자(格子)를 쳐서 만든 갓끈. 죽영(竹纓)
대:갓-집(大家―)명 대대로 세력 있고 번성한 집안.
대:강(大江)명 큰 강.
대:강(大綱)명 ①'대강령(大綱領)'의 준말. ②세밀하지 않은 대체의 줄거리. ¶ ―의 내용을 파악하다.
부 ①세밀하지 않은 정도로. 개략으로 ¶나도 네 사정은 ― 알고 있어. ②알뜰히 챙기지 아니하고 쉽고 빠르게. 대충 ¶책을 ― 훑어보다./― 해 둬.
대:강(代講)명-하다자 남을 대신해서 강의나 강연을 하는 일, 또는 그 강의나 강연.
대:-강:당(大講堂)명 ①많은 사람이 모일 수 있는 큰 강당. ¶ ―에서 졸업식을 하다. ②절에서, 불경을 강의하는 큰 강당.
대:강-대:강(大綱大綱)부 자세하지 않고 적당히 간단하게. 대충대충 ¶시간이 없으니 ― 하시오.
대:-강령(大綱領)명 일의 가장 중요한 부분을 추린 줄거리. 준 대강(大綱)
대강이 명 ①'머리[1]'를 속되게 이르는 말. 대가리 ②식물 뿌리의 윗부분을 이르는 말. ¶인삼 ―
대:강-장류(大江長流)명 크고 긴 강.
대:-강풍(大強風)명 큰센바람
대:-갚음(對―)명-하다타 남에게서 받은 은혜나 원한을 그대로 갚는 일.
대:개(大概)명 ①대부분 ¶그런 상황이라면 ―의 사람들은 포기할 텐데. ②대체적인 사연. ¶ ―의 줄거리. ③〔부사처럼 쓰임〕대부분 ¶ ― 알고 있다.

한자 대개 개(概)〔木部 11획〕¶개관(概觀)/개괄(概括)/개론(概論)/개설(概說)/개요(概要) ▷속자는 槪

대:개(大蓋)부 일의 큰 원칙으로 보아서 말하건대.
대:-개:념(大概念)명 삼단 논법(三段論法)에서, 결론의 빈사(賓辭)가 되는 개념. '새는 동물이다. 까치는 새다. 그러므로 까치는 동물이다.'에서 '동물'에 해당하는 것을 이름. 대사(大辭) ☞대명사(大名辭). 소개념(小概念)
대:객(待客)명-하다자 손을 대접함.
대:객(對客)명-하다자 손을 마주 대함.
대:거(大擧)명-하다타 ①많은 사람을 움직여서 일을 일으킴, 또는 그 일. ②널리 인재(人材)를 천거함. ③크게 서둘러서 일을 함.
부 한꺼번에 많이. ¶젊은 인재를 ― 등용하다./유명 인사가 ― 참석하다.
대:거(帶鋸)명 띠톱 ▷帶의 속자는 帯
대:거(貸去)명-하다타 남이 꾸어 감.
대:-거리(代―)명-하다자 서로 번을 갈마듦. 교대(交代) ¶ ―로 운전하다.
대:-거리(對―)명-하다자 ①대갚음하는 짓. ②맞서 대듦, 또는 그런 말이나 행동. ¶손윗사람에게 ―를 하다니.
대:검(大劍)명 큰 검. ☞소검(小劍)
대:검(帶劍)명 ①-하다자 칼을 참, 또는 찬 그 칼. 패검(佩劍)[2] ②소총의 총구(銃口)에 꽂는 칼. 총검(銃劍)
대:겁(大怯)명-하다자 크게 두려워함.
대:견(對見)명-하다자 마주 대하여 봄.
대견-스럽다(―스럽고·―스러워)형ㅂ 보기에 대견하다. ¶군복을 입은 아들의 모습이 ―.
대견-스레 부 대견스럽게
대견-하다 형여 ①흐뭇하도록 마음에 흡족하다. ¶어린 나이에 집안일을 돕는 모습이 ―. ②무던히 대단하거나 소중하다. ¶아들의 의젓한 태도를 대견하게 여기다.
대견-히 부 대견하게
대:결(代決)명-하다자타 남을 대신하여 결재함.
대:결(對決)명-하다자타 ①양자(兩者)가 서로 맞서서 이기고 지거나 옳고 그름을 판가름함. ¶축구 ―을 펼치다. ②법정에서, 원고와 피고를 무릎맞춤시켜 판결을 내림.
대:겸(大歉)명 크게 흉년이 드는 일.
대:겸-년(大歉年)명 크게 흉년이 든 해.
대:경(大經)명 ①사람이 지켜야 할 가장 큰 도리. ②불교에서, 가장 근본이 되는 경전이라는 뜻으로, 화엄경(華嚴經)·열반경(涅槃經)·무량수경(無量壽經)·대일경(大日經)을 이르는 말. ③예기(禮記)와 춘추좌씨전(春秋左氏傳)을 아울러 이르는 말.
대:경(大慶)명 큰 경사(慶事).
대:경(大驚)명-하다자 크게 놀람.
대:경-대:법(大經大法)명 공명정대한 원리와 법칙.
대:경소:괴(大驚小怪)성구 매우 놀라고 좀 괴이하게 여김을 이르는 말.
대:경실색(大驚失色)[―쌕]성구 몹시 놀라 얼굴빛이 하얗게 변함을 이르는 말.
대:-경주인(代京主人)명 지난날, 경주인(京主人)을 대신하여 매를 맞던 사람.
대:계(大戒)명 구족계(具足戒)
대:계(大系)명 ①대략적인 체계. ②하나의 커다란 주제 아래 주요한 것을 계통을 세워 엮어 만든 총서(叢書) 따위를 이르는 말. ¶문화사 ―
대:계(大計)명 큰 계획. ¶미래를 위한 ―를 세우다.
대:계(大薊)명 한방에서, 엉겅퀴의 뿌리를 약재로 이르는 말. 지혈제(止血劑) 또는 외과약(外科藥)으로 씀.
대계(臺啓)명 조선 시대, 사헌부(司憲府)나 사간원(司諫院)에서 관원의 잘못을 임금에게 고하던 일.
대:계-수(大溪水)명 육십갑자의 갑인(甲寅)과 을묘(乙卯)에 붙이는 납음(納音). ☞사중토(沙中土)
대:고 부 무리하게 자꾸. ¶ ― 조르다.
대:고(大故)명 ①어버이의 상사(喪事). ②큰 사고.
대:고(大賈)명 큰 규모로 장사하는 사람.
대:고(大鼓)명 ①큰 북. ②국악기의 한 가지. 나무나 금속으로 테를 두르고 쇠가죽을 메워 만든 북.
대-고리 명 대오리로 엮어 만든 고리.
대:-고모(大姑母)명 할아버지의 누이. 아버지의 고모. 왕

고모(王姑母)

대:고모-부(大姑母夫)명 대고모의 남편.

대:-고풍(大古風)명 한시체(漢詩體)의 한 가지. 운(韻)을 달지 않고 칠언십팔구(七言十八句) 이상의 장편으로 이루어짐. ☞소고풍(小古風)

대:곡(大哭)명-하다자 큰 소리로 슬프게 욺.

대:곡(大斛)명 '대곡'의 원말.

대:곡(代哭)명-하다자 남이 상주(喪主)를 대신하여 곡을 함.

대:곡(對曲)명 서로 다른 방향으로 뻗은 산맥(山脈)의 끝이 꺾여 굽은 것처럼 이어져 있는 것.

대:곤(大棍)명 조선 시대, 죄인의 볼기를 치던 곤장(棍杖)의 한 가지. ☞중곤(重棍). 중곤(中棍)

대공명 들보 위에 세워 마룻보를 받치는 짤막한 기둥.

대:공(大工)명 솜씨가 뛰어난 장인(匠人).

대:공(大公)명 ①유럽에서, 군주(君主) 집안의 남자를 이르는 말. ②유럽에서, 작은 나라의 군주를 이르는 말.

대:공(大功)[1]명 큰 공로. 대훈로(大勳勞). 혁공(奕功) ☞소공(小功)[1]

대:공(大功)[2]명 지난날, 오복(五服)의 하나. 대공친(大功親)의 상사(喪事)에 아홉 달 동안 입던 복제(服制).

대:공(大空) 명 크고 넓은 하늘.

대:공(對共)앞말 공산주의 또는 공산주의자를 상대로 함을 뜻하는 말. ¶ — 수사

대:공(對空)앞말 공중으로부터 해 오는 공격에 대항함을 뜻하는 말. ¶ — 무기/— 방어/— 화기

대:공-국(大公國)명 대공(大公)을 군주로 하는 나라. 룩셈부르크·리히텐슈타인 등.

대:공=미사일(對空missile)명 공중의 목표물에 대하여 지상에서 발사하는 미사일.

대:-공사(大公使)명 대사와 공사를 아울러 이르는 말.

대:공=사격(對空射擊)명 공중의 목표물을 향하여 지상(地上)이나 함정(艦艇)에서 하는 사격.

대:공지정(大公至正)성구 치우침이 없이 매우 공평하며 지극히 올바름을 이르는 말.

대:공지평(大公至平)성구 마음에 사사로움이나 편벽됨이 없이 매우 공정하고 지극히 평등함을 이르는 말.

대:공-친(大功親)명 지난날, 대공의 복(服)을 입던 친척. 사촌 형제 자매, 중자부(衆子婦), 중손(衆孫), 중손녀(衆孫女), 질부(姪婦)와 남편의 조부모, 남편의 백숙 부모(伯叔父母)·남편의 질부 등이 이에 딸림.

대:공-포(對空砲)명 공중의 목표물을 향하여 지상(地上)이나 함정(艦艇)에서 쏘는 포.

대:공=화:기(對空火器)명 공중의 목표물을 향하여 쏘는 고사포나 유도탄 따위의 화기.

대:과(大科)명 ①지난날, 소과(小科)에 상대하여 과거(科擧)의 문과(文科)를 이르던 말. ②'대과 급제(大科及第)'의 준말.

대:과(大過)[1]명 큰 허물. ¶ — 없이 임기를 마치다.

대:과(大過)[2]명 '대과괘(大過卦)'의 준말.

대:과(待窠)명-하다자 관직이 나기를 기다림.

대:과-괘(大過卦)명 육십사괘(六十四卦)의 하나. 태괘(兌卦) 아래 손괘(巽卦)가 놓인 괘로 못물이 나무를 쓰러뜨림을 상징함. 준대과(大過)[2] ☞함괘(咸卦)

대:과=급제(大科及第)명 지난날, 문과 급제(文科及第)를 장하게 이르던 말. 준대과(大科)

대:관(大官)명 ①대신(大臣) ②높은 관직, 또는 그런 자리에 있는 관원. ③지난날, '내자시(內資寺)'를 달리 이르던 말.

대:관(大觀)명 ①-하다타 널리 살피어 전체를 내다봄. ②규모가 크고 볼만 한 경치. 장관(壯觀)

대:관(代官)명 어떤 관직의 대리(代理)로 일하는 관리.

대관(臺官)명 조선 시대, 사헌부(司憲府)의 대사헌(大司憲) 이하 지평(持平)까지의 관원을 이르던 말.

대:관(戴冠)명-하다자 대관식 때, 제왕(帝王)이 왕관을 받아 쓰는 일.

대:관-식(戴冠式)명 유럽에서, 제왕(帝王)이 왕위에 올랐음을 공포하기 위하여 왕관을 쓰는 의식.

대:관절부 [주로 의문을 나타내는 말과 함께 쓰이어] 이러고저러고 간에 요점만 말하건대. 대체 ¶ — 어찌 된 일이냐?

대:-괄호(大括弧)명 문장 부호의 한 가지. [ ] 표를 이름. ①묶음표 안의 말이 바깥 말과 음이 다를 때 쓰임. ¶봄[春]/돼지고기[豚肉]/海風[바닷바람] ②묶음표 안에 또 묶음표가 있을 때에 쓰임. ¶명령을 하는 데 불확실[단호(斷乎)하지 못함.]은 불확실[모호(模糊)함.]을 낳는다. ☞소괄호(小括弧)

대:광=반:응(對光反應)명 눈에 빛을 비추면 동공이 반사적으로 수축되는 현상.

대:광보국숭록-대:부(大匡輔國崇祿大夫)명 조선 시대, 정일품 문관에게 내린 품계의 하나. 서른 등급 중 첫째 등급임. ☞보국숭록대부(輔國崇祿大夫)

대:괴(大塊)명 ①큰 덩어리. ②지구(地球) ③하늘과 땅 사이의 대자연.

대:괴(大魁)명 ①우두머리 ②장원 급제

대:괵(∠大斛)명 지난날, 곡식 스무 말을 되는 데 쓰던 그릇. 전석(全石) 원대곡

의 지난날, 곡식 스무 말 되는 분량을 나타내던 단위. 전석(全石) ☞소괵. 평석(平石)

대:교(大敎)명 중이 경교(經敎)를 연구하는 과목의 한 가지로서 '화엄경(華嚴經)'을 이르는 말.

대:교(待敎)명 ①예문관(藝文館)의 정팔품 관직. ②규장각(奎章閣)의 정칠품부터 정구품까지의 관직.

대:교(對校)명-하다자 ①학교와 학교가 맞서서 겨룸. ¶ — 경기(競技) ②원고(原稿)나 전의 교정쇄(校正刷)와 대조하여 교정함.

대:-교:구(大敎區)명 가톨릭에서, 행정상 가른 관할 구역 중 가장 규모가 큰 구역. 보통 대주교(大主敎)가 관할함. ¶서울 —

대:-교:사(大敎師)명 불교에서, 중에게 주는 최고의 법계(法階)를 이르는 말.

대:교=학인(大敎學人)명 불교에서, 대방광불 화엄경(大方廣佛華嚴經)을 공부하는 사람을 이르는 말.

대구(大口)명 대구과의 한대성 바닷물고기. 몸길이 1.2m 안팎. 몸빛은 엷은 회갈색에 배 부분은 흼. 입이 썩 크고 아래턱에 수염이 하나 있음. 고기는 먹을 수 있고, 아가미는 젓갈로, 간은 간유의 원료로 쓰임. 대구어

대:구(帶鉤)명 혁대의 자물단추.

대:구(對句)[—꾸]명 대(對)를 맞춘 시(詩)의 글귀. 나란히 짝을 맞춰 표현한 어격(語格)이나 의미가 상대되는 둘 이상의 구(句). ▷對의 속자는 対

대구루루부 동글고 단단한 물건이 단단한 바닥에 떨어져 구르는 소리, 또는 그 모양을 나타내는 말. ¶솔방울이 바닥에 — 구르다. ☞데구루루. 때구루루

대:구-법(對句法)[—꾸뻡]명 수사법(修辭法)의 한 가지. 비슷한 어조의 문구(文句)를 짝지어 문장에 변화를 주는 표현 방법. '낮말은 새가 듣고, 밤말은 쥐가 듣는다.'와 같은 표현법임. 대우법(對偶法)

대:-구분(大區分)명-하다타 크게 구분함, 또는 그 구분. ☞소구분(小區分)

대구-어(大口魚)명 대구(大口)

대구-저:냐명 대구전유어(大口煎油魚)

대구-전:유어(大口煎油魚)명 대구 살을 저며 밀가루를 묻히고, 달걀을 풀어 씌워 지진 음식. 대구저냐

대구-죽(大口粥)명 대구와 쌀로 쑨 죽. 바싹 마른 대구를 살만 가려 가루로 만들어 멥쌀과 함께 쑮.

대:-구치(大臼齒)명 뒤어금니 ☞소구치(小臼齒)

대구-탕(大口湯)명 생선 대구로 끓인 국. 쌀뜨물에 고추장, 된장을 섞어 풀어 체에 거른 물에 토막친 대구와 무, 쇠고기, 실파를 넣고 푹 끓임. 거의 다 끓었을 때 미나리를 넣음. 대굿국

대:-구품(大九品)명 불가(佛家)에서, 가사(袈裟) 여든한 벌을 만드는 일을 이르는 말.

대구-횟대(大口—)명 둑중갯과의 바닷물고기. 몸길이 40cm 안팎. 모양은 가늘고 긴 원통형이며 머리가 크고,

몸빛은 어두운 갈색임. 먹을 수 있음.

대:국(大局)[명] ①일이 벌어진 대강의 형편이나 사정. ②바둑이나 장기에서, 판면을 전체적으로 본 형세.

대:국(大國)[명] 영토가 넓거나 경제력, 군사력 등이 강대한 나라. 대방(大邦) ☞소국

대:국(對局)[명]-하다[자] ①어떠한 국면에 대함. ②마주 상대하여 바둑이나 장기를 둠.

대:국-적(大局的)[명] 부분적인 것이나 개인적인 것에 얽매이지 않고 전체를 생각하는 것. 대승적 ¶ ― 견지(見地) ☞소국적

대:국-주의(大國主義)[명] 국제 관계에서, 경제력이나 군사력이 강대한 나라가 그 힘을 이용하여 약소국을 억누르는 태도.

대:군(大君)[명] ①조선 시대, 정실 왕비가 낳은 왕자, 또는 그 봉작(封爵). 왕자대군(王子大君) ②고려 시대, 종친(宗親)의 정일품 봉작(封爵).

대:군(大軍)[명] 병사의 수효가 아주 많은 군대. 대병(大兵) ¶십만(十萬) ―

대:군(大郡)[명] 면적이 넓고 인구가 많은 군(郡).

대:군(大群)[명] 큰 떼. 많은 무리. ☞소군(小群)

대:-군물(大軍物)[명] 기치(旗幟)나 창검(槍劍) 따위의 여러 가지를 갖춘, 군진(軍陣)의 물건.

대굴-대굴[부] 작은 물체가 잇달아 구르는 모양을 나타내는 말. ¶밤송이가 ― 굴러간다. ☞데굴데굴. 때굴때굴

대굿-국(大口―)[명] 대구탕(大口湯)

대궁[명] 먹다가 밥그릇 안에 남은 밥. 군밥. 잔반(殘飯)

대:궁(大弓)[명] 지난날, 예식(禮式) 때 쓰던 활의 한 가지. 여섯 자 길이에 모양은 각궁(角弓)과 같음. 예궁(禮弓)

대:궁(對宮)[명] 장기에서, 양쪽 궁(宮)이 그 사이에 다른 장기짝이 놓이지 않은 상태로, 직접 맞서게 놓인 관계.

대:궁-장군(對宮將軍)[명] 장기에서, 대궁이 된 때 부르는 장군. 이 장군을 받지 못하면 비기게 됨.

대:권(大卷)[명] 면수(面數)가 많은 책.

대:권(大圈)[―꿘][명] ①대원(大圓) ②지구 표면의 대원(大圓).

대:권(大權)[―꿘][명] 국가의 원수(元首)가 국가를 통치하는 헌법상의 권한.

대:권=코:스(大圈course)[―꿘―][명] 지구의 대권(大圈)을 따르는 길. 지구상 두 지점 사이의 가장 짧은 거리가 됨.

대:권=항:로(大圈航路)[―꿘―][명] 선박이나 비행기의 운항에서, 대권 코스를 따라 설정한 항로. 출발점과 종착점을 연결하는 가장 짧은 거리임.

대:궐(大闕)[명] 임금이 거처하는 곳. 궁궐(宮闕)

[한자] 대궐 궐(闕) 〔門部 10획〕 ¶궁궐(宮闕)/궐내(闕內)/궐문(闕門)/궐중(闕中)/대궐(大闕)

× **대귀**(對句)[명] → 대구(對句)

대:규(大叫)[명]-하다[자] 크게 소리쳐 부르짖음.

대:-규모(大規模)[명] 일의 범위가 아주 넓고 큰 것. ☞소규모(小規模)

대:규환=지옥(大叫喚地獄)[명] 불교에서 이르는 팔열 지옥(八熱地獄)의 하나. 규환 지옥 가운데 가장 고통이 심하여 큰 소리로 울부짖는다고 함.

대그락[부] 속이 빈, 작고 단단한 물체가 다른 단단한 물체에 한 번 부딪혀 갈리는 소리를 나타내는 말. ☞데그럭. 때그락

대그락-거리다(대다)[자타] 자꾸 대그락 소리가 나다, 또는 그런 소리를 내다. ☞데그럭거리다. 데그럭데그럭. 때그락거리다

대그락-대그락[부] 대그락거리는 소리를 나타내는 말. ☞데그럭데그럭. 때그락때그락

대그르르-하다[형여] 덩이로 된, 고만고만한 것들 가운데서 좀 굵다. ¶대그르르한 사과. ☞디그르르하다

대-그릇[명] 대를 결어 만든 그릇. 죽기(竹器). 죽물(竹物)

[한자] 대그릇 롱(籠) 〔竹部 16획〕 ¶등롱(燈籠)

대:극(大戟)[명] ①대극과의 여러해살이풀. 줄기 높이는 80 cm 안팎이며, 잔털이 나 있고 곧게 자람. 잎은 버들잎 모양으로 어긋맞게 나며, 6~8월에 녹황색 잔 꽃이 핌. 산과 들에 절로 자라며 뿌리는 약으로 쓰임. ②한방에서, 대극의 뿌리를 약재로 이르는 말. 단맛이 나는 극약(劇藥)으로, 대소변을 통하게 하고 부증(浮症)·적취(積聚) 등의 병증에 씀. 버들옻

대:극(大極)[명] 임금의 지위.

대:극(對極)[명] 서로 반대되는 극(極).

대:극-적(對極的)[명] 서로 극과 극으로 맞서 있는 것.

대:근(代勤)[명]-하다[자타] 대신 근무함.

대근-하다[형여] 견디기에 힘들다. ¶농사일이 생각보다 ―.

대글-대글[부]-하다[형] 덩이로 된, 고만고만한 것들 가운데 몇 개가 알이 좀 굵은 모양을 나타내는 말. ¶ ― 실한 것으로만 골라 담다. ☞디글디글. 때글때글

대:금(大金)[1][명] 많은 돈.

대:금(大金)[2][명] 국악기 금부(金部) 타악기의 한 가지. 징보다 조금 작으며, 놋쇠로 만듦. 붉은 실로 드린 끈을 왼손으로 잡고, 사슴 가죽을 감은 망치로 쳐서 소리를 냄.

대:금(大笒)[명] 국악기 죽부(竹部) 관악기의 한 가지. 삼금(三笒) 가운데서 가장 큼. 열세 개의 지공(指孔)이 뚫렸고 음역이 넓어 다른 악기의 음정을 잡아 주는 구실을 함. 젓대

대:금(大禁)[명]-하다[타] 지난날, 나라에서 중대한 금제 사항(禁制事項)을 전국적으로 금지하던 일.

대:금(代金)[명] ①물건의 값. ¶신문 ― ②물건의 값으로 치르는 돈. 대가(代價)

대:금(貸金)[명]-하다[자] ①돈을 빌려 줌, 또는 빌려 준 돈. ②돈놀이를 함, 또는 그 돈. ¶고리 ― 업자

대:금=교환=우편(代金交換郵便)[명] 우체국이 수취인에게 물건을 전하고 돈을 받아서 발송인에게 보내 주는 특수 우편 제도.

대:금=상환(代金相換)[명] 대금을 받음과 동시에 물건을 상대편에게 넘겨주는 일.

대:금-업(貸金業)[명] 돈놀이

대:금=추심(代金推尋)[명] 은행이 고객이나 수취인의 의뢰에 따라 수수료를 받고, 어음·배당금·예금 증서의 현금 추심을 하는 일.

대:급(貸給)[명]-하다[타] 대여(貸與)

대:기(大忌)[명]-하다[타] 크게 꺼리거나 싫어함.

대:기(大起)[명] 간조와 만조 때의 해수면의 높이 차가 가장 클 때, 또는 그때의 밀물과 썰물. 매월 음력 보름과 그믐 무렵에 일어남. 한사리[1]

대:기(大氣)[명] ①지구를 둘러싸고 있는 무색 투명한 기체. 공기(空氣) ②천체의 표면을 둘러싸고 있는 기체.

대:기(大朞)[명] 사람이 죽은 지 두 돌이 되어 지내는 제사. 대상(大祥) ☞소기(小朞)

대:기(大期)[명] 당삭(當朔)

대:기(大旗)[명] ①큰 깃발. ②'대오방기(大五方旗)'의 준말.

대:기(大器)[명] ①큰 그릇. ②큰일을 할만 한 뛰어난 인재. ☞소기(小器) ③신기(神器)

대:기(待機)[명]-하다[자] ①기회가 오기를 기다림. ②군대 등에서, 전투 준비를 마치고 출동 명령을 기다림.

대:기(對機)[명] ①불교에서, 설법을 듣는 사람을 이르는 말. ②-하다[자] 선가(禪家)에서, 스승이 학인(學人)의 물음에 대답하는 일을 이르는 말.

대:기(對鰭)[명] 수평 지느러미 ☞수직기(垂直鰭)

대:기-권(大氣圈)[―꿘][명] 지구를 둘러싸고 있는 대기의 범위. 기권(氣圈)

대:기만:성(大器晩成)[성구] 큰 그릇을 만드는 데는 시간이 오래 걸린다는 뜻으로, 크게 될 인물은 오랜 공적과 수양을 쌓아 충분한 준비를 갖춘 후에 늦게 이루어짐을 이르는 말.

대:기=명:령(待機命令)[명] 언제나 출동할 수 있는 자세로 대기하라는 명령.

대:기=발령(待機發令)[명] 공무원 또는 회사의 직원을 무보직(無補職) 상태로 두는 일.

대:기-소(待機所)명 대기하도록 마련한 장소.
대:기=속도(對氣速度)명 항공기의 공기에 대한 속도. ☞대지 속도(對地速度)
대:기-수(大旗手)명 지난날, 진중(陣中)에서 방위(方位)를 표시하는 깃발을 받쳐들던 군사.
대:기-압(大氣壓)명 대기의 압력. 기압(氣壓)
대:-기업(大企業)명 규모가 큰 기업. ☞소기업
대:기=오:염(大氣汚染)명 산업 활동이나 교통 등의 인간 생활에서 생기는 유독 물질이 공기를 더럽히는 일. ¶도시의 심각한 –.
대:기=요법(大氣療法)[–뻡]명 호흡기 질환, 특히 폐결핵 환자에게 맑은 공기를 마시게 하여 병을 다스리는 요법. 개방 요법(開放療法)
대:-기운(大機運)명 좋은 기회나 운수.
대:기=조석(大氣潮汐)명 기압의 변화로 나타나는 대기의 진동 현상.
대:기-차(大氣差)명 대기(大氣) 속에서 일어나는 광선의 굴절로 말미암아 눈에 보이는 천체(天體)의 방향과 그 실제 위치 사이에 생기는 차.
대:-기치(大旗幟)명 조선 시대, 진중(陣中)에서 방위를 표시하던 깃발.
대:-기후(大氣候)명 넓은 지역에 걸친 기후. 계절풍 기후와 대륙성 기후 등이 있으며, 생물의 지리적 분포에 큰 영향을 미침.
대:길(大吉)명-하다형 매우 길함. 매우 좋음. ¶입춘–
대깍부 ①작고 단단한 물건이 세게 한 번 맞부딪힐 때 나는 소리를 나타내는 말. ¶나무 그릇이 – 하고 부딪히다. ②좀 단단하고 가는 물건이 단번에 부러질 때 나는 소리를 나타내는 말. ¶버드나무 회초리를 – 부러뜨리다. ☞대각. 데꺽[1]. 때각. 때깍
대깍-거리다(대다)자타 자꾸 대깍 소리가 나다, 또는 그런 소리를 내다. ☞대각거리다. 데꺽거리다. 때각거리다. 때깍거리다
대깍-대깍부 대깍거리는 소리를 나타내는 말. ☞대각대각. 데꺽데꺽[1]. 때각때각. 때깍때깍
대-꼬챙이명 대나무로 만든 꼬챙이.
속담 **대꼬챙이로 째는 소리를 한다**: 사람의 목소리가 매우 높이 쨍쨍 울려 듣기 거북함을 이르는 말.
대:꾸명-하다자 '말대꾸'의 준말.
대:꾼-하다형여 앓거나 지쳐서 눈이 옴폭 들어가고 정기가 없다. ¶며칠을 앓더니 눈이 대꾼해졌다. ☞데꾼하다. 때꾼하다
대끼다[1]자 여러 가지 일에, 단련될 만큼 몹시 시달리다.
대끼다[2]타 애벌 찧은 수수나 보리 따위의 곡식에 물을 조금 쳐 가면서 마지막으로 깨끗이 찧다. ☞능그다
대:나(大儺)명 조선 시대, 섣달 그믐 전날 밤 궁궐 뜰에서 역신(疫神)을 쫓아내기 위하여 벌이던 의식. 관상감(觀象監)이 주관하였음.
대:-나마(大奈麻)명 신라의 17관등 중 열째 등급.
대-나무명 '대[3]'를 목본(木本)으로 이르는 말.
대-나물명 석죽과의 여러해살이풀. 줄기 높이 1m 안팎으로, 잎은 피침형 또는 선형임. 6~7월에 줄기 끝에서 흰 꽃이 핌. 어린잎은 먹을 수 있고, 뿌리는 약으로 쓰이며 관상용으로 심기도 함.
대:나-의(大儺儀)명 대나(大儺)를 행하는 의식.
대-낚명 낚싯대를 써서 하는 낚시질. 대낚시
대-낚시[–낙–]명 대낚
대:난(大難)명 큰 재난(災難).
대:납(代納)명-하다타 ①남을 대신하여 세금 따위를 냄. ②다른 물건으로 대신하여 냄. ¶세금을 곡식으로 –하다.
대:-납회(大納會)명 증권 거래소에서 실시하는 그 해의 최종 입회(立會). ☞대발회(大發會)
대:-낮명 환히 밝은 낮. 백일(白日). 백주(白晝)
속담 **대낮에 도깨비에게 홀렸나**: 도무지 이해가 되지 않는 일을 당하였을 때 하는 말.
대:내(大內)명 임금이 거처하는 곳. 대전(大殿)
대내(隊內)명 부대나 군대 따위의 대(隊)의 안.
대:내(對內)앞말 내부(內部) 또는 국내(國內)에 대함을 뜻하는 말. ¶– 정책/– 여론 ☞대외(對外)
대-내리다자 '손대내리다'의 준말.
대:내-적(對內的)명 나라나 사회 등의 내부에 관계되는 것. ¶–인 여건이 좋은 때다. ☞대외적(對外的)
대:내=주권(對內主權)[–꿘]명 다른 나라의 간섭을 받지 않고 나라 안에 대하여 행사하는 주권.
대:녀(代女)명 가톨릭에서, 세례 성사나 견진 성사를 받는 여자를 그 대모(代母)에 상대하여 이르는 말. ☞대자(代子)
대:년(待年)명-하다자 약혼한 뒤에 혼인할 해를 기다림.
대:년-군(待年軍)명 조선 시대, 군역(軍役)에 있는 사람이 죽거나 복무하지 못하게 되는 경우에 그 뒤를 이을 16세 미만의 남자를 이르던 말.
대:-년호(大年號)명 '다년호'의 원말.
대:-놀음명 기생이 풍악을 갖추어 노는 놀음.
대-농명 대로 엮어 만든 농.
대:-농(大–)명 크게 만든 장농.
대:농(大農)명 큰 규모로 짓는 농사, 또는 그렇게 농사짓는 농민. 호농(豪農) ☞소농(小農). 중농(中農)
대:-농가(大農家)명 큰 규모로 농사를 짓는 농가. ☞소농가(小農家). 세농가(細農家)
대:-농지(大農地)명 크게 농사를 짓는 땅. ☞소농지
대:뇌(大腦)명 척추동물의 뇌의 대부분을 차지하는 한 쌍의 반구형의 덩어리. 정신 작용과 지각, 운동, 기억 등 신경계의 중추적 작용을 함. 큰골 ☞소뇌(小腦)
대뇌=동맥(大腦動脈)명 뇌 속에 분포하는 동맥. 뇌동맥
대:뇌=수질(大腦髓質)명 대뇌 피질(大腦皮質) 밑에 있는 신경 섬유의 집단.
대:뇌=피질(大腦皮質)명 동물체의 신경 작용을 조절하는 기관으로, 대뇌 표면을 둘러싼 회백질(灰白質)의 부분.
대님명 한복 바지를 입은 뒤에 바짓가랑이의 끝 쪽을 접어 가든하게 발목을 졸라매는 끈.
대:다[1]자 정해진 시간에 가서 닿다. ¶기차 시간에 –./출발 시간에 대려고 서두르다.
대:다[2]타 ①서로 닿게 하다. ¶청진기를 가슴에 –. ②뒤를 보살펴 주다. ¶자금을 –./변호사를 –. ③서로 연결이 되게 하다. ¶과장님에게 전화를 대 주십시오. ④노름이나 내기 따위에서, 돈이나 물건을 걸다. ⑤논밭 따위에 물이 들어가게 하거나 물을 끌어들이다. ¶삼촌은 논에 물을 대러 나가셨다. ⑥어떤 행동을 드러내다. ¶몸이 아프다는 핑계를 대고 결석을 했다. ⑦탈것 따위를 이르러 멈추어 서게 하다. ¶골목에 차를 –./항구에 배를 –.
조동 본용언(本用言) 다음에 쓰이어, 그 움직임의 정도가 심하거나 계속됨의 뜻을 나타냄. ¶크게 웃어 –./자꾸 먹어 –.

> ▶ **보조 동사 '대다'**
> 한글 맞춤법에서, 보조 용언은 띄어 씀을 원칙으로 하되, 경우에 따라 붙여 씀도 허용하는 것으로 규정되어 있다. 보조 동사 '대다'의 경우, 본동사에 붙여 써서 자연스러운 경우가 많다.
> ¶까불어-대다/놀려-대다/떠들어-대다/몰아-대다/문질러-대다/쏘아-대다/윽박질러-대다

한자 **댈 급**(給)〔糸部 6획〕¶공급(供給)/급수(給水)/급유(給油)/수급(需給)

대:다[3]자타 ①서로 견주다. 비교하다 ¶서로 신발의 크기를 대어 보았다. ②말하거나 밝히다. ¶바른 대로 대면 용서해 주마. ③무엇을 목표로 하여 겨누거나 향하다. ¶하늘에 대고 맹세할 수 있어./총부리를 –.
-대:다접미 의성어나 의태어에 붙어, 그런 소리나 움직임이 되풀이됨을 나타냄. -거리다 ¶출렁대다/펄럭대다/소곤대다
대다리명 구두창에 갑피를 대고 맞꿰매는 가죽 테.

대:-다수(大多數)명 ①썩 많은 수. 태다수(太多數) ②거의 모두. 다대수(多大數) ¶ -의 국민들이 찬성하다.
대:단(大緞)명 지난날, 중국에서 생산되던 비단의 한 가지. 한단(漢緞)
대:-단나(大檀那)명 절에 보시(布施)를 많이 한 시주(施主). 큰단나
대:-단원(大單元)명 단원 학습에서, 비교적 오랜 시간이 걸리는 단원. 흔히 소단원으로 다시 구분하여 학습함. ☞소단원(小單元)
대:-단원(大團圓)명 ①연극이나 영화 따위에서, 엉킨 사건의 실마리를 풀어 결말을 짓는 마지막 장면. ¶ -의 막을 내리다. ②맨 끝. 대미(大尾)
대:단찮다형 '대단하지 않다'가 줄어든 말. ¶상처가 -./대단찮은 일이다.
대:단-하다형여 ①아주 중요하다. ¶그게 그렇게 대단한 일이냐? ②보통 정도보다 매우 심하다. ¶고집이 -./추위가 -. ③크기나 분량 따위가 크고도 많다. ¶대단한 규모./인기가 -. ④몹시 뛰어나거나 특별하다. ¶대단한 사람이야. ⑤병세가 몹시 나쁘다. ¶병세가 -.
대단-히부 대단하게
대:담(大談)명-하다자 큰소리
대:담(對談)명-하다자 어떤 일에 관해 서로 마주 대하여 말함, 또는 그 말.
대:담(大膽)어기 '대담(大膽)하다'의 어기(語基).
대:담-스럽다(大膽-)(-스럽고·-스러워)형ㅂ 보기에 대담한 데가 있다. ¶대담스러운 행동.
대담-스레부 대담스럽게
대:담-하다(大膽-)형여 겁이 없이 용감하다. ¶대담한 태도. ☞소담(小膽)하다
대담-히부 대담하게
대:답(對答)명-하다자 ①물음에 대하여 자기 뜻을 나타냄, 또는 그 말. ②부름에 응함, 또는 그 말소리. ¶큰 소리로 -하다. ③어떤 요구나 작용 등에 대한 반응이나 해답. 준답(答)

한자 대답 답(答) 〔竹部 6획〕 ¶답변(答辯)/답사(答辭)/답장(答狀)/응답(應答)/회답(回答)

대:답양단(對踏兩端)성구 서로 상반되는 양끝을 밟는다는 뜻으로, 서로 다른 길을 감을 이르는 말.
대:당(對當)[1]명 대당 관계(對當關係)
대:당(對當)[2]어기 '대당(對當)하다'의 어기(語基).
대:당=관계(對當關係)명 주사(主辭)와 빈사(賓辭)는 같지만, 양(量)과 질(質) 중의 한쪽 또는 양쪽을 달리하는 두 판단의 참과 거짓의 관계. 대당(對當)
대:당-액(對當額)명 어떤 사물의 가치에 상당한 액수.
대:당-하다(對當-)형여 낫고 못함이 없이 서로 걸맞다. ¶대당한 상대를 만나다.
대:대(大帶)명 남자의 심의(深衣)와 여자의 원삼(圓衫)에 매는 넓은 띠.
대:대(大隊)명 ①지난날, '군사 50명의 한 무리'를 이르던 말. ②군대 편성 단위의 하나. 연대의 하위 부대로, 대개는 4개 중대로 이루어짐. ③공군 부대 편성의 한 단위. 4, 5개 편대로 구성됨. 전대(戰隊)의 아래, 편대의 위임. ④많은 사람으로 조직된 하나의 집단.
대:대(代代)명 거듭된 세대. 세세(世世). 열대(列代)
대대로부 형편이 되어가는 대로. ¶무리하게 하지 말고 - 하여라.
대:대-로(代代-)부 여러 대를 이어. ¶ - 농사를 짓다.
대:-대로(大對盧)명 고구려 후기 관직의 하나. 국정을 총괄하는 관직으로, 14관등 중 최고의 등급임. ☞태대형(太大兄). 대부사자(大夫使者)
대:대-손손(代代孫孫)명 대(代)를 이어 내려오는 여러 자손을 이르는 말. 세세손손(世世孫孫). 자자손손(子子孫孫) ¶ -으로 영화를 누리다.
대:대-장(大隊長)명 대대를 지휘, 통솔하는 지휘관.
대:대-적(大大的)명 일의 범위나 규모가 썩 큰 것. ¶ -인 조사 활동을 벌였다.
대:덕(大德)명 ①넓고도 큰 인덕(仁德), 또는 그런 덕을 지닌 사람. 홍덕(鴻德) ②고려 시대, 교종(敎宗)과 선종(禪宗)의 법계(法階)의 한 가지. 대선(大選)의 위, 대사(大師)의 아래. ③조선 시대, 교종(敎宗) 법계의 한 가지. 중덕(中德)의 위, 대선사(大禪師)의 아래. ④불교에서, 도(道)가 높은 중을 이르는 말.
대:덕(對德)명 백제의 16관등 중 열한째 등급. ☞문독(文督).
대:도(大刀)명 큰 칼.
대:도(大度)명-하다형 도량이 큼, 또는 큰 도량.
대:도(大都)명 '대도회(大都會)'의 준말.
대:도(大盜)명 범행 규모가 큰 도둑. 거도(巨盜)
대:도(大道)명 ①사람으로서 마땅히 지켜야 할 근본이 되는 도리. 대륜(大倫) ¶ -를 깨닫다. ②큰길. 넓은 길. 대로(大路)
대:-도구(大道具)명 연극 따위의 무대 장치 중에서, 건물이나 나무, 바위처럼 비교적 큰 도구들을 소도구에 상대하여 이르는 말. ☞소도구(小道具)
대:-도시(大都市)명 큰 도시. 지역이 넓고 인구가 많으며 정치·경제·문화·교육 등의 중심이 되는 도시. 대도회(大都會)
대:도시-권(大都市圈)[-꿘]명 큰 도시를 중심으로 하여 밀접한 관계를 맺고 있는 주변 지역.
대:-도호부(大都護府)명 고려·조선 시대의 지방 행정 구역의 한 가지, 또는 그 관아. 1895년(조선 고종 32)에 폐지됨.
대:도호부-사(大都護府使)명 고려·조선 시대, 지방 행정 관아의 으뜸 관직. 정삼품임.
대:-도회(大都會)명 대도시(大都市) 준대도(大都)
대-독명 배가 부르고 매우 크게 만든 독. 다릿골독
대:독(代讀)명-하다타 식사(式辭)나 축사(祝辭) 따위를 대신 읽음.
대돈-변(-邊)[-뻔]명 지난날, 돈 한 냥에 대하여 매달 한 돈씩 느는 비싼 변리(邊利)를 이르던 말.
대동명 지난날, 푸줏간에서 고기를 파는 사람을 이르던 말.
대:동(大同)[1]명-하다자 ①큰 세력이 한데 뭉침. ②온 세상이 번영하여 화평하게 됨.
대:동(大同)[2]명 ①조선 시대, 대동법(大同法)에 따라서 거두어들이는 쌀이나 무명 따위를 통틀어 이르던 말. ②'대동법'의 준말.
대:동(大東)명 동쪽의 큰 나라라는 뜻으로, '우리 나라'를 달리 이르는 말. ☞해동(海東)
대:동(大洞)명 ①한 동네의 전부. ②큰 동네.
대:동(帶同)명-하다타 데리고 함께 감. ¶여러 수행자를 -하고 나타나다.
대:동(大同)어기 '대동(大同)하다'의 어기(語基).
대:동-단결(大同團結)명 많은 사람이나 당파가 같은 이념 아래 함께 뭉침.
대:동=당상(大同堂上)명 선혜 당상(宣惠堂上)
대:-동맥(大動脈)명 ①심장의 좌심실에서부터 시작되는 대순환의 본줄기를 이루는 큰 동맥. ☞대정맥(大靜脈) ②교통의 가장 중요한 간선로(幹線路)를 비유하여 이르는 말. ¶나라의 -인 경부 고속 도로.
대:동:맥-판(大動脈瓣)명 대동맥과 좌심실 사이에 있는, 혈액이 심장으로 역류하지 못하도록 방지하는 판.
대:동-목(大同木)명 조선 시대, 대동법(大同法)에 따라서 쌀 대신 거두던 무명.
대:동-미(大同米)명 조선 시대, 대동법(大同法)에 따라서 거두던 쌀.
대:동-법(大同法)[-뻡]명 조선 시대, 선조 이후에 각 지방에서 현물로 바치던 공물(貢物)을 쌀로 환산하여 거두어들이던 납세법.
대:동-보(大同譜)명 한 씨족(氏族)에 딸린 모든 파보(派譜)를 합쳐서 엮은 족보.
대:동=사목(大同事目)명 대동법(大同法)에 관한 규정.
대:동-선(大同船)명 조선 시대, 대동미(大同米)를 실어 보내는 데 쓰던 관아의 배.

대:동소이-하다(大同小異-)형여 거의 같고 조금 다르다. ¶모양은 달라도 성능은 -.
대:동시선(大東詩選)명 1918년에 장지연(張志淵)이 역대 한시를 가려 모아 엮은 책. 12권 6책.
대:동야:승(大東野乘)명 조선 초부터 인조 때까지의 야사(野史)·일화·소화(笑話)·만록(漫錄)·수필 등을 모아 엮은 책. 엮은이와 편찬 연대는 분명하지 않음. 72권 72책.
대:동-전(大同錢)명 조선 시대, 대동법(大同法)의 실시에 따라 거두어 들이던 돈.
대:동지론(大同之論)명 여러 사람의 공론(公論).
대:동지역(大同之役)명 모든 사람이 다 함께 하는 부역.
대:동지환(大同之患)명 모든 사람이 다 함께 당하는 근심스런 일이나 재난.
대:동-포(大同布)명 조선 시대, 대동법(大同法)의 실시에 따라 거두어 들이던 베.
대동풍아(大東風雅)명 대한 제국 융희 2년(1908)에 김교헌(金喬軒)이 엮은 가집(歌集). 상권에 시조 184수, 하권에 시조 137수와 가창(歌唱) 가사 5편이 수록됨. 2권 1책.
대:동-하다(大同-)형여 대체로 보아 같다. ¶한국인과 일본인은 외모가 -.
대:두(大斗)명 열 되들이 말. ¶- 한 말. ☞소두(小斗)
대:두(大豆)명 '콩1'의 딴이름.
대두(擡頭)명-하다자타 ①어떠한 현상이나 세력이 고개를 듦. ¶신진 세력의 -. ②여러 줄로 써 나가는 글 속에서 경의를 표시해야 할 때, 줄을 바꾸어 쓰되 다른 줄보다 몇 자 올리거나 비우고 쓰는 일.
대:-두뇌(大頭腦)명 일의 가장 중요한 부분. 대머리
대두리명 ①큰 다툼. 큰 시비. 큰 야단. ¶-가 벌어지다. ②일이 크게 벌어진 판. ¶사소한 말다툼이 -가 되었다.
대:두-박(大豆粕)명 콩에서 기름을 짜고 남은 찌꺼기. 거름이나 사료로 쓰임. 콩깻묵
대:-두온(大頭瘟)명 한방에서, 열이 심하여 두통이 나고 얼굴과 귀의 앞뒤가 부어 오르며, 때로는 목구멍 속이 벌겋게 붓는 병을 이르는 말. 노두풍(顱頭風)
대:두-유(大豆油)명 콩에서 짠 기름. 콩기름
대:-두정(大頭釘)명 대갈못 ☞광두정(廣頭釘)
대:둔-근(大臀筋)명 궁둥이 부분에 있는 큰 근육. 골반 뒷면에서 시작하여 아래 바깥쪽을 향해 비스듬히 붙어, 엉덩이를 움직이거나 몸을 바로 세우는 구실을 함.
대:득(大得)명-하다자 뜻밖에 좋은 성과를 얻음.
대:-들다(-들고·-드니)자 요구하거나 반항하느라고 맞서서 달려들다. ¶형에게 대들다니.
대:-들보(大-)[-뽀]명 ①큰 들보. 대량(大樑) ②한 나라나 집안을 이끄는 중요한 사람을 비유하여 이르는 말. 속담 **대들보 썩는 줄 모르고 기왓장 아끼는 격**: 장차 크게 손해 볼 줄은 모르고, 당장 돈이 좀 든다고 사소한 것을 아끼는 어리석은 행동을 이르는 말.
대:등(大登)명-하다자 큰 풍년이 듦.
대:등(代登)명-하다자 대신으로 등장하거나 나타남.
대:등(對等)어기 '대등(對等)하다'의 어기(語基).
대-등거리명 대를 결어서 만든 등거리. 여름에 옷에 땀이 배지 않도록 적삼 밑에 받쳐 입음. ☞등등거리
대:등적=연결=어:미(對等的連結語尾)[-쩍년-]명 〈어〉연결 어미의 한 가지. 말을 끝맺지 아니하고 뒤따르는 절(節)과 대등 관계로 이어지는 어미. '산이 높고, 물이 깊다.', '여름은 더우며, 겨울은 춥다.'에서 '높고'의 '-고', '더우며'의 '-며'와 같은 어미를 이름. ☞종속적 연결 어미(從屬的連結語尾)
대:등-절(對等節)명〈어〉대등적 연결 어미로 이어진 문장에서, 앞의 절(節)과 뒤의 절을 상대적으로 이르는 말. '해가 지고, 달이 떴다'와 같은 구성의 글. ☞종속절
대:등=조약(對等條約)명 국제 관계에서, 양쪽의 권리와 의무가 대등한 조약.
대:등-하다(對等-)형여 양쪽이 서로 엇비슷하다. ¶두 선수의 기량이 -.
대-뚫이[-뚤-]명 막힌 담뱃대를 뚫는 물건.
대뜰명 댓돌과 집채 사이에 있는 좁고 긴 뜰.
대뜸부 이것저것 생각할 것 없이 그 자리에서 곧. ¶- 화부터 내다.
대:란(大亂)[1]명 큰 난리. ¶-이 일어났다.
대:란(大亂)[2]어기 '대란(大亂)하다'의 어기(語基).
대:란-치마명 치마의 밑단에 두 층의 스란을 붙여 만든 치마. 조선 시대, 궁중에서 비(妃)나 빈(嬪)이 대례복(大禮服)으로 입었음. ☞스란치마
대:란-하다(大亂-)형여 크게 어지럽다. ¶나라가 대란하니 민심이 흉흉하다.
대:래(貸來)명-하다타 돈을 꾸어 옴.
대:략(大略)[1]명 뛰어난 계략. 슬기로운 꾀.
대:략(大略)[2]명 대강의 줄거리. ¶그 일의 내용을 -만 말하겠다.
부 ①개략으로 ¶사건의 전모는 - 다음과 같다. ②대체로. 약 ¶- 5개월 정도 걸릴 것이다.
대:략-적(大略的)명 기본이 되는 큰 줄거리로 이루어진 것. ¶-인 내용.
대:량(大量)명 ①많은 분량. ☞다량. 소량 ②큰 도량.
대:량(大樑)명 대들보
대:량-목(大樑木)명 대들보가 될만 한 큰 재목.
대:량=생산(大量生産)명-하다타 기계의 힘을 사용해서 똑같은 모양의 물건을 한꺼번에 많이 만들어 내는 일. 준 양산(量産)
대:려(大呂)명 십이율(十二律)의 둘째 음. ☞육려(六呂)
대:력(大力)명 대단히 센 힘, 또는 그런 힘을 가진 사람.
대:련(對聯)명 ①시문(詩文) 따위에서, 대(對)가 되는 연. ②문이나 기둥에 써 붙이는 대구(對句).
대:련(對鍊)명-하다자 겨루기
대:렴(大殮)명-하다타 소렴한 다음날 시신에게 옷을 거듭 입히고 이불로 싸서 베로 묶는 일. ☞소렴(小殮)
대:렴-금(大殮衾)명 대렴 때에 쓰는 이불.
대:령(大領)명 군대 계급의 하나. 영관급(領官級)으로 준장의 아래, 중령의 위.
대:령(大靈)명 ①근본되는 신령(神靈). ②위대한 신령.
대:령(待令)명-하다자타 ①윗사람의 지시나 명령을 기다림. ¶문 밖에 -하였습니다. ②미리 갖추어 두고 기다림. 등대(等待). 등후
대:령=목수(待令木手)명 조선 시대, 호조(戶曹)에 딸려서 나라의 목공 일을 맡아 하던 목수.
대:례(大禮)명 ①지난날, 조정(朝廷)의 중대한 의식을 이르던 말. 대사(大事) ②혼인을 치르는 예식. ③규모가 큰 예식.
대:례-복(大禮服)명 지난날, 나라의 중대한 의식 때에 관원이 입던 예복.
대로의 ①어미 '-ㄴ', '-는' 다음에 쓰이어, '그 모양이나 상태와 같이'의 뜻. ¶시키는 - 하다./느낀 - 말해 보아라. ②어미 '-는' 다음에 쓰이어, '어떤 상태나 행동이 나타나는 즉시'의 뜻. ¶가져오는 - 먹어 치우다./날이 새는 - 떠나거라. ③'대로'를 사이에 두고 동일한 형용사가 반복되는 형태로 쓰이어, '매우 어떠하다'는 뜻. ¶굽을 - 굽은 허리. ④어미 '-은', '-는' 다음에 쓰이어, '만큼'의 뜻. ¶너 하고 싶은 - 해라./될 수 있는 - 빨리 끝내라. ⑤어미 '-ㄹ(을)' 다음에 쓰이어, '할 수 있는 만큼 최대한'의 뜻. ¶될 - 되어라./좋을 - 해라.
대:로(大老)명 덕이 높아 존경을 받는 노인.
대:로(大路)명 폭이 넓고 큰 길. 대도(大道). 큰길 ☞소로(小路)
대:로(大^怒)명-하다자 크게 성냄.
대:로(代勞)명-하다타 남을 대신하여 수고함, 또는 그러한 수고.
-대로조 명사에 붙어, '-에 따라 그대로'의 뜻을 나타내는 보조 조사. ¶너는 너대로, 나는 나대로./생각대로 하다./무엇이든지 법대로 합시다./값은 정가(定價)대로 받습니다.

대:록(大祿)명 많은 녹봉(祿俸).
대:록(大綠)명 청자(青瓷)를 만들 때, 몸에 덧입히는 푸른 잿물.
대:록(帶綠)명 녹색을 띠고 있는 것.
대:론(對論)명-하다자타 ①서로 마주 대하여 논의함, 또는 그러한 논의. ②논쟁(論爭)
대론(臺論)명 조선 시대, 사헌부(司憲府)나 사간원(司諫院)의 탄핵(彈劾)을 이르던 말.
대롱명 가느스름하고 길며 속이 비어 있는 것. ¶유리 ─으로 물을 빨아올리다.

한자 대롱 관(管) 〔竹部 8획〕 ¶관상(管狀)/관악(管樂)/금관(金管)/도관(導管)/목관(木管)/혈관(血管)

대롱-거리다(대다)자 대롱대롱 흔들리다. ☞되롱거리다. 디룽거리다
대롱-대롱부 작은 물체가 매달려 가볍게 흔들리는 모양을 나타내는 말. ¶밧줄에 ─ 매달리다. ☞되롱되롱. 디룽디룽
대:뢰(大牢)명 고대 중국에서 천자가 사직에 제사를 지낼 때 소·양·돼지를 제물로 쓰던 일. 태뢰(太牢) ☞소뢰(少牢)
대:료(大僚)명 지난날, 보국(輔國) 이하의 관원이 '정승(政丞)'을 일컫던 말.
대:루(對壘)명-하다자 보루를 쌓고 적군과 대치하는 일.
대:루-원(待漏院)명 조선 시대, 이른 아침 대궐 안으로 들어갈 사람이 대궐 문이 열릴 때까지 기다리도록 마련한 곳. 대루청(待漏廳)
대:루-청(待漏廳)명 대루원(待漏院)
대:류(對流)명-하다자 더워진 유체(流體)가 위쪽으로 이동하면 그 자리에 주변의 차가운 유체가 흘러 들어가는 일이 되풀이되는 현상.
대:류-권(對流圈)[─꿘]명 대기권 중에서 가장 낮은 층. 지표 위로 17km 안팎인 곳으로, 대류가 일어나며 구름이 생기거나 비가 내리는 등의 기상 현상이 일어남. 바로 윗면을 권계면(圈界面)이라 하고, 그 윗면을 성층권(成層圈)이라 함.
대:류=방:전(對流放電)명 음극과 양극이 반대되는 전기를 띤 두 금속판을 마주 세웠을 때, 그 사이를 작은 전자가 오가며 전기가 중화되는 현상.
대:류=전:류(對流電流)명 전기를 띤 물체가 운동할 때 나타나는 전류. 보통 기체나 액체 속의 이온 전류를 이름. 휴대 전류(携帶電流)
대:륙(大陸)명 지구 위의 매우 넓은 육지. 유라시아·아프리카·북아메리카·남아메리카·오스트레일리아·남극의 여섯 대륙이 있음. 내륙(內陸). 대주(大洲)
대:륙간=탄:도=미사일(大陸間彈道missile)명 사정(射程) 거리 6,400km 이상인 미사일. 대륙간 탄도 유도탄. 아이시비엠(ICBM) ☞중거리 탄도 미사일
대:륙간=탄:도=유도탄(大陸間彈道誘導彈)명 대륙간 탄도 미사일
대:륙=기단(大陸氣團)명 대륙성 기단(大陸性氣團)
대:륙=기후(大陸氣候)명 대륙성 기후(大陸性氣候)
대:륙=대지(大陸臺地)명 대륙 내부에 넓게 펼쳐져 있는 반반한 평지.
대:륙-도(大陸島)명 대륙의 일부가 지각 변동이나 수식(水蝕)으로 말미암아 떨어져 나오거나, 바다 밑의 융기(隆起)로 말미암아 이루어진 섬. 분리도(分離島) 준 육도(陸島) ☞대양도(大洋島)
대:륙-법(大陸法)명 독일과 프랑스를 중심으로 하는 유럽 대륙의 법. 로마법의 영향이 강하여 분석적·논리적이며 성문법(成文法)을 중심으로 함. ☞영미법(英美法)
대:륙-붕(大陸棚)명 대륙이나 큰 섬 주변에 있는 평균 깊이 200m이고 경사가 완만한 해저 지역. 연안 해저 지역(沿岸海底地域). 육붕(陸棚)
대:륙=빙하(大陸氷河)명 대륙을 넓게 덮으며 발달하는 빙하. 오늘날에는 남극 대륙과 그린란드에서만 볼 수 있는데, 두께가 1,000m 이상에 이름. 내륙빙(內陸氷). 내륙 빙하 ☞산악 빙하(山嶽氷河)
대:륙=사면(大陸斜面)명 대륙붕 끝에서 대양저(大洋底)에 이어지는 경사면(傾斜面). 평균 경사도는 2~4°, 깊이는 200~3,000m임.
대:륙성=기단(大陸性氣團)명 대륙의 상공에서 생기는 건조하고 한랭한 기단. 대륙 기단 ☞해양 기단
대:륙성=기후(大陸性氣候)명 해양에서 멀리 떨어진 대륙 내부의 특유한 기후. 해양 기후에 비하여 밤과 낮 또는 여름과 겨울의 기온 차가 크며, 강수량이 적고 건조함. 내륙 기후. 내륙성 기후. 대륙 기후 ☞해양성 기후
대:륙-송사리(大陸─)명 송사릿과의 민물고기. 몸길이 3~4cm로 송사리보다 약간 작음. 우리가 흔히 '송사리'라고 부르는 종의 하나임. 서해로 흐르는 하천과 서해의 섬, 중국 대륙에 분포함.
대:륙=이동설(大陸移動說)명 대륙이 해와 달의 인력 또는 지구 자전의 원심력으로 말미암아 분열과 이동을 거듭한다는 학설. 1912년, 독일의 과학자인 베게너(A. L. Wegener)가 제창함.
대:륙-적(大陸的)명 ①대륙이나 대륙에 관련된 것들에만 있는 특유한 것. ②성질이 대범하고 인내력이 강한 것. ¶─인 기질이 있다.
대:륙-종개(大陸─)명 종갯과의 민물고기. 몸길이 12~20cm이며 미꾸라지와 비슷함. 우리 나라와 몽고, 중국 북부에 분포함.
대:륙-판(大陸坂)명 대륙붕의 끝에서부터 갑자기 경사가 가파르게 되어 해저(海底)에 이르는 깊이 200~3,000m의 부분.
대:륜(大倫)명 사람으로서 마땅히 지켜야 할 근본 되는 도리. 대도(大道)
대:륜(大輪)명 꽃송이가 같은 종류의 다른 것보다 큰 것.
대:륜-선(大輪扇)명 조선 시대에 왕비나 공주, 옹주가 쓰던 큰 부채. 동그랗게 펴서 겉살을 맞붙이면 양산(陽傘)이 됨.
대:리(大利)명 큰 이익. 거리(巨利) ☞소리(小利)
대:리(代理)명-하다타 ①대리인 ¶─ 출석 ②대리인이 한 법률 행위를 본인 자신이 행위한 것과 마찬가지로 법률 효과를 발생시키는 제도. 법정 대리, 임의 대리 따위. ③지난날, 왕세자가 왕을 대신하여 임시로 정치를 하던 일. 대청(代聽)
대:리=공사(代理公使)명 ①공사의 자리가 비어 있거나 직무 수행이 불가능할 때 일시적으로 그 직무를 대리하는 외교관. ②외무(外務) 공무원의 대외 직명의 하나. 제4급의 외교 사절로 변리 공사(辨理公使)의 아래임.
대:리-관(代理官)명 어떤 관리를 대신하여 그가 맡은 일을 처리하는 관리.
대:리=교환(代理交換)명 어음 교환소의 가맹 은행이 비가맹 은행의 위임을 받아, 그 대리인이 되어 어음 교환을 하는 일.
대:리-권(代理權)[─꿘]명 대리인과 본인 사이의 법률 관계로서, 대리인의 행위가 본인에게 직접 효과가 나타나게 하기 위하여 대리인에게 주어진 자격.
대:리=기명(代理記名)명 대리인이 본인을 대신하여 증서 등에 이름을 적는 일.
대:리-모(代理母)명 불임 부부나 자식 기르기를 원하는 독신자를 위해 대신 아기를 낳아 주는 여자. ☞씨받이
대:리-상(代理商)명 상인이나 회사 등의 위탁을 받고, 상행위를 대리하거나 중개하는 독립된 상인.
대:리-석(大理石)명 석회암이 높은 열과 센 압력을 받아 변질된 돌. 조각이나 건축 재료로 쓰임.
대:리=소송(代理訴訟)명 대리인을 시켜서 하는 소송.
대:리-업(代理業)명 대리상(代理商)의 영업.
대:리=의사(代理意思)명 자기가 한 법률 행위의 효과를 본인에게 귀속시키려는 대리인의 의사.
대:리-인(代理人)명 ①다른 사람을 대리하는 사람. ②다른 사람을 대신하여 스스로 의사 표시를 하며, 제삼자로부터 의사 표시를 받을 권한을 가지는 사람. 법정 대리인과 임의 대리인이 있음. 대리. 대리자

대:리-자(代理者)명 대리인

대:리=전쟁(代理戰爭)명 전쟁이나 내란 등에서, 분쟁 당사자 이외의 제삼국이 어느 한쪽을 원조하여 깊이 개입하고 있기 때문에, 분쟁 당사자들은 마치 제삼국을 대리하며 싸우는 것처럼 보이는 전쟁이나 분규.

대:리-점(代理店)명 대리상(代理商)이 영업하는 점포나 회사.

대:리=점유(代理占有)명 간접 점유 ☞자기 점유

대:리=행위(代理行爲)명 민법상 대리인이 본인을 위하여 하는 법률 행위. 본인을 위한 일이라는 의사 표시가 있어야 효력이 발생됨.

대림-끝명 활의 아래아귀와 밭은오금의 사이.

대:림-목(大林木)명 육십갑자의 무진(戊辰)과 기사(己巳)에 붙이는 납음(納音). ☞노방토(路傍土)

대:림-절(待臨節)명 가톨릭에서, 예수의 재림(再臨)에 대하여 준비하는 기간. 성탄 전 4주간을 이름.

대:립(代立)명 조선 시대, 군역이나 부역 따위에 복무하여야 할 사람이 자기 대신에 다른 사람으로 복무하게 하는 일을 이르던 말.

대:립(對立)명-하다자 ①의견이나 처지, 속성 따위가 서로 반대되거나 모순됨. ¶감정 -/의견이 -되다. ②서로 반대되는 처지에서 맞섬, 또는 그러한 상태. ¶두 세력이 -하고 있다.

대:립=유전자(對立遺傳子)명 대립 인자(對立因子)

대:립=의무(對立義務)명 채권에 대한 채무 따위와 같이 권리와 대립하는 의무. ☞고립 의무(孤立義務)

대:립=인자(對立因子)명 대립 형질을 지배하는 유전자. 대립 유전자

대:립적=범죄(對立的犯罪)명 대향범(對向犯)

대:립=형질(對立形質)명 대립 유전자에 따라 지배되는, 대립적으로 존재하는 한 쌍의 형질.

×**대릿골-독**명 →다릿골독

대:마(大馬)명 바둑에서, 많은 돌로 널리 자리를 잡은 말.

대:마(大麻)명 삼[2]

대:-마구종(大馬驅從)명 지난날, 세도(勢道)가 당당하고 재산이 많은 집의 마부(馬夫)의 우두머리를 이르던 말.

대마디-치기명 택견에서, 발질의 한 가지. 발등으로 상대편의 무릎 바깥쪽 옆을 차는 공격 기술.

대-마루명 ①재래식 한옥에서, 지붕 위의 가장 높게 마루진 부분. ②'대마루판'의 준말.

대마루-판명 일이 되고 안 됨과, 이기고 짐이 결정되는 마지막 판. 준대마루

대:마불사(大馬不死)[-싸]성구 바둑에서, 대마는 마침내는 살길이 생겨 쉽게 죽지 않음을 이르는 말.

대:-마비(對痲痹)명 양 팔 또는 양 다리가 좌우 대칭적으로 운동 마비를 일으킨 상태.

대:마-사(大麻絲)명 삼실

대:마상전(大馬相戰)성구 바둑에서, 대마를 두고 서로 싸우는 경우를 이르는 말.

대:마-유(大麻油)명 삼씨에서 짜낸 기름. 삼씨기름

대:마-인(大麻仁)명 한방에서, 삼씨의 알맹이를 약재로 이르는 말. 맛이 달며, 강장제(强壯劑)로 씀.

대:마-초(大麻草)명 환각제로 쓰이는 삼의 이삭이나 잎. ☞마리화나

대:-막리지(大莫離支)명 고구려 말기의 최고 관직 이름. 막리지를 한 단계 올린 관직으로, 정권(政權)과 병권(兵權)을 함께 쥐고 있었음. ☞태대막리지

대:-만두(大饅頭)명 만두의 한 가지. 잘게 빚은 여러 개의 만두를 다시 크게 싸서 장국에 끓이거나 찐 것. 큰 그릇에 담아 내면 껍질을 잘라 속에 든 작은 만두를 덜어 먹음. 큰만두

대:-만원(大滿員)명 어떤 장소에 사람이 더 들어갈 수 없을 만큼 꽉 참, 또는 정원에 이름. ¶강연장은 -을 이루었다. 유 초만원(超滿員)

대-말명 아이들이 말놀음할 때, 두 다리로 걸터 타고 다니는 대막대기. 죽마(竹馬)

대:망(大望)명 ①큰 희망. ②큰 야망. ¶-을 가지다.

대:망(大蟒)명 '이무기'의 딴이름.

대:망(待望)명-하다타 기다리고 바람. ¶민족의 통일을 -하다.

대:매[1]명-하다타 노름이나 내기 등에서, 마지막으로 이기고 짐을 결판내는 일. 양쪽이 같은 끗수일 때에는 다시 한 번 겨루거나 제비를 뽑아 결정함.

대:매[2]명 단 한 번 때리는 매.

대:매(大罵)명-하다타 몹시 욕하여 꾸짖음.

대:맥(大麥)명 '보리'의 딴이름.

대:맥(代脈)명-하다자 한방에서, 의원 대신에 맥을 진찰하는 일, 또는 그 사람을 이르는 말.

대:맥(帶脈)명 기경 팔맥의 하나. 허리 부위를 띠처럼 한 바퀴 두르고 있는 경락임.

대:맥-장(大麥醬)명 보리와 검은콩으로 메주를 쑤어 담근 간장.

대:-머리명 머리털이 빠져서 살갗이 드러난 머리, 또는 그런 사람. 독두(禿頭). 독정(禿頂). 돌독 ☞민머리

대:-머리(大-)명 일의 가장 중요한 부분. 대두뇌

대:-머릿장(大-*欌)명 매우 크게 만든 머릿장.

대:면(大面)명 신라 때 있었던 탈춤 놀이의 한 가지. 황금빛 탈을 쓰고, 구슬 달린 채찍으로 귀신 쫓는 시늉을 하며 춤을 추었다고 함.

대:면(對面)명-하다자타 서로 얼굴을 마주 봄, 또는 마주 보고 앉음. 당면(當面). 대안(對顔)

대:면=통행(對面通行)명 보도(步道)와 차도(車道)의 구별이 없는 도로에서, 보행자와 차의 진행 방향을 반대로 정하여 다니게 하는 방법. 우리 나라의 경우는 사람은 왼쪽, 차는 오른쪽임.

대:명(大名)명 '크게 드러난 이름'이라는 뜻으로, 남을 높이어 그의 이름을 이르는 말. ☞고명(高名)

대:명(大命)명 임금의 명령. 어명(御命). 천명(天命). 칙명(勅命)

대:명(代命)명 ①-하다자 횡액에 걸려 남을 대신해 죽는 일. ②-하다타 살인한 사람을 사형에 처하는 일. 대살(代殺)

대명(臺命)명 조정(朝廷)의 명령.

대:명률직해(大明律直解)명 명나라 법전인 '대명률(大明律)'을 한글로 번역한 책. 조선 태조 때, 고사경(高士褧)·조준(趙浚) 등이 이두(吏讀)로 풀이하고, 정도전(鄭道傳) 등이 다듬어서 펴내었음. 30권 4책.

대:명-매(大明梅)명 매화나무의 한 가지. 꽃이 한 겹으로 붉게 핌.

대:-명사(大名辭)명 논리학에서, 대개념을 언어로 나타낸 것을 이르는 말. ☞소명사. 대개념(大槪念)

대:-명사(代名詞)명 ①〈어〉품사(品詞)의 하나. 사람이나 물건·곳·방향 등을 이름 대신 이르거나 가리키는 단어. 대상에 따라 '나'·'너' 등 인칭 대명사, '이것'·'저것'·'여기'·'어디' 등 지시 대명사로 구별됨. 대이름씨 ☞체언(體言). 수사(數詞) ②그것의 특징을 가장 잘 지녔거나 나타내고 있는, 본보기로 삼을만 한 대상을 이를 때 쓰는 말. ¶심청은 효녀의 -이다.

> ▶ **대명사와 관형사의 구별**
> '이·그·저'에 조사가 붙은 것은 대명사, 조사가 붙지 않은 것은 관형사이다. ☞체언. 수식언
> ¶그가 달려 온다. 〔대명사〕
> 그 사람이 또 왔다. 〔관형사〕

대:-명일(大名日)명 큰 명절날.

대:명-죽(大明竹)명 볏과에 딸린 대의 한 가지. 높이는 160cm 안팎이며, 잎은 어긋맞게 나며 껍데기는 자줏빛을 띤 초록빛임. 관상용으로 심으며, 줄기는 피리나 퉁소 등을 만드는 데 쓰임.

대:명-천지(大明天地)명 아주 환하게 밝은 세상.

대:모(大母)명 유복친(有服親) 이외의 할머니뻘 되는 여자 친척.

대:모(大謀)명 큰 모의(謀議).

대:모(代母)명 가톨릭에서, 여자가 세례 성사나 견진 성사

를 받을 때 신앙의 증인이 되어 주는 여자 후견인. ☞대녀(代女). 대부(代父)

대:모(玳瑁)명 바다거북과에 딸린 거북의 한 종류. 머리는 뾰족하고 앞발은 길며, 등 껍데기는 누른 바탕에 암갈색의 구름무늬가 있음. 열대와 아열대의 바다에 살며, 물고기와 조개 등을 잡아먹고 삶.

대:모-갑(玳瑁甲)명 대모의 껍데기. 담뱃갑·안경테·장식품을 만드는 데 쓰임.

대:모=갓끈(玳瑁—)명 대모의 껍데기와 구슬 따위를 번갈아 꿰어 만든 갓끈.

대:모=관자(玳瑁貫子)명 대모의 껍데기로 만든 관자.
속담 **대모 관자 같으면 되겠다** : 쓸모가 많아서 여러 방면에서 찾는 이가 많으면 좋겠다는 말./**대모 관자 같으면 뛰겠다** : 사람을 너무 자주 부를 때 이르는 말.

대:모-테(玳瑁—)명 대모의 껍데기로 만든 안경테.

대:모=풍잠(玳瑁風簪)명 대모의 껍데기로 만든 풍잠.

대:모한 관 '대강의 줄거리가 되는 중요한'의 뜻. ¶— 것부터 말해 보아라.

대목 명 ①가장 긴요한 고비나 때. ¶우리 사업은 지금이 가장 중요한 —이다. ②어떤 일을 앞둔 가장 요긴한 동안. ¶추석 —/김장 — ③글의 한 도막이나 단락. 대문(大文)[1] ¶여기가 이 소설의 가장 슬픈 —이야.

대:목(大木)명 ①나무를 다루어 집을 짓거나 여러 가지 물건을 만드는 일을 전문으로 하는 사람. 목수(木手) ②규모가 큰 건축 일을 잘하는 목수. ☞소목

대목(臺木)명 식물을 접붙일 때 바탕으로 삼는 나무. 접대(椄臺). 접본(椄本) ☞접가지. 접수(椄穗). 접지(椄枝)

대목-장(—場)명 큰 명절을 바로 앞두고 서는 장.
속담 **대목장에 목이 쉰다** : 가장 긴요한 고비에 탈이 난다는 말.

대-못 명 대나무를 깎아서 만든 못. 죽정(竹釘) ☞쇠못

대:-못(大—)명 길고 굵은 못. 대정(大釘)

대못-박이[—몯—]명 대못이 단단한 물건을 뚫지 못한다는 뜻으로, 가르쳐도 깨닫지 못하는 어리석고 둔한 사람을 비유하여 이르는 말.

대:몽(大夢)명 장차 크게 좋은 일이 생길 징조로 보이는 길한 꿈.

대:묘(大廟)명 종묘(宗廟)

대:무(大霧)명 짙게 낀 안개. 농무(濃霧)

대:무(代務)명-하다타 대신 사무를 처리함. 대판(代辦)

대:무(對舞)명-하다자 마주 서서 춤을 춤, 또는 그렇게 추는 춤.

대:무-인(代務人)명 남을 대신하여 사무를 보는 사람.

대:무지년(大無之年)명 매우 심한 흉년. 대살년(大殺年)

대문(大文)[1]명 ①글의 한 도막이나 단락. 대목 ②주해(註解)가 붙은 책의 본문.

대:문(大文)[2]명 ①훌륭한 문장. ②훌륭한 문덕(文德).

대:문(大門)명 큰 문. 집의 정문.
속담 **대문 밖이 저승이라** : 사람은 언제 죽을지 모른다는 말. (문턱 밑이 저승이라/저승 길이 대문 밖이다)/**대문이 가문**(家門) : 아무리 좋은 가문(家門)도 집이 가난하여 집채나 대문이 작으면 보잘것없어 보이고, 세도(勢道)가 없는 집도 집채나 대문이 크면 훌륭한 집안같이 보인다는 뜻으로, 겉보기가 훌륭해야 남에게 존중을 받는다는 말./**대문 턱 높은 집에 정강이 높은 며느리 들어온다** : 일이 잘 되어가려고 다 경우에 맞게 되어간다는 말. (확 깊은 집에 주둥이 긴 개가 들어온다)

대:문(大蚊)명 '각다귀'의 딴이름.

대:문(大紋)명 큰 무늬.

대:문(帶紋)명 띠 모양의 무늬. 띠무늬

대:문-가(對門家)명 대문이 서로 마주 선 건넛집.

대:문-간(大門間)[—깐]명 대문의 안쪽으로 있는 공간.

대문대문-이(大文大文—)부 글의 대문마다.

대:문-띠(大門—)명 대문짝의 널에 가로 대고 못을 박은 길쭉한 나무나 철판.

대:-문자(大文字)[—짜]명 영어 따위 서양 글자에서 큰 글씨체의 글자. ☞소문자(小文字)

대:-문장(大文章)명 매우 잘 지은 훌륭한 글, 또는 그런 글을 짓는 사람.

대:문-짝(大門—)명 대문의 문짝.
대문짝만 하다 관용 글씨나 글 따위가 보통보다 크다. ¶대문짝만 하게 써 붙이다.

대:문-채(大門—)명 대문이 있는 집채.

대:물(代物)명 대용품(代用品)

대:물(貸物)명 세를 받고 빌려 주는 물건. 세물(貰物)

대:물(對物)명-하다자 어떠한 물건에 대한 것, 또는 그 물건.

대:물-경(對物鏡)명 대물 렌즈 ☞접안경(接眼鏡)

대:물=담보(對物擔保)명 특정한 재산으로 채무의 이행을 보증하는 일. 전당(典當)이나 저당(抵當) 따위. ☞대인 담보(對人擔保)

대:물=렌즈(對物lens)명 현미경이나 망원경 따위의 광학 기기에서, 물체로 향한 쪽의 렌즈. 대물경 ☞접안(接眼) 렌즈

대:-물리다(代—)타 어떠한 사물이나 기업 따위를 자손에게 물려주어 잇게 하다. ¶대물려 내려오는 가보.

대:-물림(代—)명 ①-하다자 대를 물리어 잇는 일. ¶—하여 내려온 논밭. ②대를 물려 내려오는 물건. ¶이 병풍은 우리 집안의 —이다.

대:물=방위(代物方位)명 정당 방위 요건의 하나. 어떤 물건이나 동물로 말미암아 급박하거나 부당한 침해가 생긴 경우, 그 물건이나 동물에 대하여 하는 방위 행위.

대:물=변:제(代物辨濟)명 채무자가 채권자의 동의를 얻어 본디의 채무나 손해에 대한 보상을 다른 물건으로 대신 물어주는 일.

대-물부리[—뿌—]명 대로 만든 담배 물부리.

대:물-세(對物稅)[—쎄]명 집이나 토지 따위의 물건을 과세의 대상으로 하는 세금. 물품세·재산세·소비세 따위. 물세(物稅)

대:물=신:용(對物信用)명 질권(質權)이나 저당권 등과 같이 물적인 것에 기초를 둔 신용. ☞대인 신용

대:미(大米)명 쌀 ☞소미(小米)

대:미(大尾)명 맨 끝. 대단원(大團圓) ¶—를 장식하다.

대미(黛眉)명 눈썹먹으로 그린 눈썹.

대:민(大民)명 문벌(門閥)이나 지체가 좋은 시골 사람.

대:민(對民)앞말 민간인을 상대로 함을 뜻하는 말. ¶—업무/— 봉사

대-바구니 명 대오리로 엮어 만든 바구니. 죽롱(竹籠)

대-바늘 명 뜨개바늘의 한 가지. 끝이 곧고 뾰족하게 대로 만듦. 죽침(竹針) ☞코바늘. 가터뜨기

대:박(大舶)명 큰 배. 대선(大船)

대:반(大半)명 전체의 절반이 넘는 것. 태반

대:반(大盤)명 ①큰 소반, 또는 큰 목판. ②많이 잘 차린 음식.

대:반(對盤)명 재래식 혼례에서, 신랑 신부나 후행 온 사람을 옆에서 접대하는 일, 또는 그 일을 맡은 사람.

대:-반석(大盤石)명 ①큰 바위. ②사물이 아주 견고하여 움직이지 않음을 비유하여 이르는 말.

대-반석(臺盤石)명 돌탑을 세울 때, 기단(基壇)의 밑바닥에 까는 반석.

대:반야-경(大般若經)명 대반야바라밀다경

대:반야바라밀다-경(大般若波羅蜜多經)[—따—]명 반야(般若)를 설명한 여러 경전을 모아 정리한 불교 경전. 당나라의 현장(玄奘)이 번역한 것으로, 대승 불교의 근본 사상이 설명되어 있음. 총 600권. 대반야경

대:반-열반경(大般涅槃經)명 석가모니의 죽음에 관하여 풀이한 불교 경전. 열반경(涅槃經)

대-받다 타 남의 말에 맞서서 대거리하다.

대:-받다(代—)타 ①앞사람의 사물을 뒷사람이 이어받다. ②선대(先代)의 일을 후손이 이어받다.

대-발 명 쪼갠 대를 결어 만든 발. 죽렴(竹簾)

대:-발회(大發會)명 증권 거래소에서 실시하는 그 해의 최초의 입회(立會). ☞대납회(大納會)

대:방(大方)명 ①한방에서, 성인을 진료하는 의술, 또는

그 의사를 이르는 말. ②한방에서, 작용이 센 약들을 한 번에 많이 써서 병을 다스리는 약방문을 이르는 말.

대:방(大邦)명 큰 나라. 대국(大國)

대:방(大房)명 ①넓고 큰 방. ②집안의 가장 어른 되는 부인이 거처하는 방. ③절에서, 여러 중이 함께 쓰는 넓은 방. 큰방.

대:방-가(大方家)명 대가(大家)

대:방광불화엄-경(大方廣佛華嚴經)명 '화엄경(華嚴經)'의 정식 이름.

대:-방상(大方牀)명 대여(大輿) ☞소방상(小方牀)

대:-방전(大方甎)명 성벽이나 담을 쌓는 데 쓰는 네모 반듯한 벽돌.

대-밭명 대를 심은 밭, 또는 대가 많이 자라고 있는 땅. 죽전(竹田)

대:배(大杯·大盃)명 큰 술잔. 대백(大白)

대:배(大拜)명-하다타 지난날, 의정(議政) 관직을 받음을 이르던 말.

대:-배심(大陪審)명 배심제에서, 정식 기소를 결정하기 위한 배심.

대:-백(大白)명 대배(大杯)

대:백(戴白)명 흰 머리털이 많이 남, 또는 흰 머리털이 많은 노인.

대:-백의(大白衣)명 불교에서, 삼십삼관음(三十三觀音)의 하나로 흰 옷을 입은 관음을 이르는 말.

대번부 '대번에'의 준말.

대:번(代番)명-하다타 숙직이나 일직 따위를 대신함, 또는 그런 사람. 대직(代直)

대번-에부 서슴지 않고 단숨에. 그 자리에서 당장. 준대번 ¶내 부탁을 — 거절했다.

대:범(大犯)명 크고 중한 범죄. 대죄(大罪)

대:범(大泛·大汎)어기 '대범(大泛)하다'의 어기(語基).

대:범-스럽다(大泛—)(—스럽고·—스러워)형ㅂ 보기에 대범한 데가 있다.

　대범-스레부 대범스럽게

대:범-하다(大泛—)형여 ①사물에 대한 태도가 까다롭거나 잘지 않고 너그럽다. ¶대범한 성격. ②감정을 나타내는 태도가 알뜰하거나 애틋하지 않고 예사롭다.

　대범-히부 대범하게

대:법(大法)[1]명 가장 중요한 법규.

대:법(大法)[2]명 ①부처의 뛰어난 가르침. ②'대승(大乘)'을 달리 이르는 말.

대-법관(大法官)명 대법원을 구성하는 법관. 대법원장을 포함하여 열네 명임.

대-법원(大法院)명 우리 나라의 최고 법원. 상고 사건, 항고 사건, 선거 소송 등을 최종 심리로 재판함.

대-법정(大法廷)명 대법원의 재판 기관으로서, 대법관 3분의 2 이상으로 구성된 합의체. ☞소법정

대:-법회(大法會)명 규모가 큰 법회.

대:벽(大辟)명 고대 중국의 오형(五刑)의 하나. 죄인의 목을 베던 형벌.

대:변(大便)명 사람의 똥. ☞소변(小便)

대:변(大辯)명 아주 뛰어난 말솜씨. 달변(達辯)

대:변(大變)명 ①큰 변화. ②크나큰 변고(變故).

대:변(代辨)명-하다타 ①남을 대신하여 갚아 줌. 대상(代償) ②대신 사무를 처리함. 대판(大辦)

대:변(代辯)명-하다타 어떤 개인이나 기관을 대신하여 의견·입장·태도 따위를 책임지고 말함. ¶형의 생각을 —하다. ☞대언(代言)

대:변(待變)명-하다자 병세가 몹시 위중하여 살아날 가망이 없게 됨을 남이 이르는 말.

대:변(貸邊)명 복식 부기에서, 장부상의 계정 계좌의 오른쪽에 있는 부분. 자산의 감소나 부채 또는 자본의 증가나 이익 등을 기입함. ☞차변(借邊)

대:변(對邊)명 한 변 또는 한 각과 마주 대하고 있는 변. 맞변

대:변(對辯)명-하다자 대답하여 말함.

대:변-보다(大便—)자 똥을 누다. 뒤보다

대:변=불리(大便不利)명 똥을 누는 일이 고르지 않거나 시원하지 않은 상태.

대:변=불통(大便不通)명 변비가 심하여 똥이 잘 나오지 않는 상태.

대:변-인(代辯人)명 어떤 기관이나 단체를 대신하여 의견이나 태도 따위를 밝혀 말하는 일을 맡은 사람. 대변자

대:변-자(代辯者)명 대변인(代辯人)

대:변-지(代辯紙)명 어떤 기관의 의견이나 태도를 대변하는 신문이나 잡지. ¶당(黨) —

대:별(大別)명-하다타 크게 가름.

대:병(大兵)명 병사의 수효가 아주 많은 군대. 대군(大軍) ¶—을 일으키다.

대:병(大柄)명 큰 권력(權力). ¶—을 잡다.

대:병(大病)명 중태에 빠진 병. 중병(重病)

대:보(大寶)명 ①매우 귀중한 보물. ☞지보(至寶) ②임금의 도장. 옥새(玉璽) ③임금의 자리. 보위(寶位)

대보(臺輔)명 지난날, 중국에서 천자를 보좌하던 삼공(三公)을 이르던 말.

대:-보다타 서로 견주어 보다. ¶키를 —.

대:-보름(大—)명 '대보름날'의 준말.

대:보름-날(大—)명 음력 정월 보름을 그 해의 첫 보름날이라 하여 특별히 이르는 말. 귀밝이술을 마시고 부럼을 깨며, 오곡밥을 해 먹음. 상원(上元) 준대보름

대:-보살(大菩薩)명 덕(德)이 많고 지혜가 뛰어난 보살.

대:보-탕(大補湯)명 '십전 대보탕(十全大補湯)'의 준말.

대:복(大福)명 많은 복.

대:-복덕(大福德)명 많은 복덕.

대:본(大本)명 ①같은 종류의 물건 중에서 가장 큰 본새. ②크고 중요한 근본.

대:본(貸本)명 세를 받고 빌려 주는 책. 세책(貰冊)

대본(臺本)명 ①연극·영화·방송 등을 공연하거나 제작할 때, 기본이 되는 글이 적힌 책. ¶연극 — ②어떤 토대가 되는 책. ¶번역 —

대:-본원(大本願)명 불타(佛陀)가 중생을 제도(濟度)하려는 큰 염원.

대:봉(大封)명 큰 봉토(封土).

대:봉(代捧)명-하다타 꾸어 준 돈이나 물건 대신에 다른 것으로 받음.

대:봉-치다(代捧—)타 없어진 돈이나 물건 따위를 다른 것으로 대신 보충하다.

대:부(大夫)명 고려·조선 시대, 벼슬의 품계에 붙여 부르던 명칭. ¶숭정(崇政) —/숭록(崇祿) —

대:부(大父)명 조부의 항렬(行列)에 해당하는, 유복친(有服親)이 아닌 일가의 남자를 일컫는 말. ☞족숙(族叔)

대:부(大富)명 재물이 썩 많은 부자. 거부(巨富)

대:부(代父)명 가톨릭에서, 남자가 세례 성사나 견진 성사를 받을 때 신앙의 증인이 되어 주는 남자 후견인. ☞대자(代子). 대모(代母)

대:부(貸付·貸附)명-하다타 ①은행 따위에서, 이자와 기한을 정하고 돈을 꾸어 줌. ¶은행에서 신용 —를 받다. ②돌려받기로 약속하고, 어떠한 물건을 남에게 빌려 주어 사용과 수익(收益)을 허락함.

대:부-금(貸付金)명 이자와 기한을 정하고 꾸어 주는 돈.

대:-부대(大部隊)명 규모가 큰 부대 ☞소부대

대:-부등(大不等)명 매우 큰 아름드리의 굵은 나무, 또는 그런 재목. ☞소부등(小不等)

속담 **대부등에 곁낫질이라** : 아주 큰 아름드리 나무에 낫을 비스듬히 내리친다는 뜻으로, 아주 큰 일에 그것을 감당해 낼 수 없는 작은 것으로 대함을 이르는 말.

대:-부모(大父母)명 할아버지와 할머니.

대:부-모(代父母)명 가톨릭에서, 대부(代父)와 대모(代母)를 아울러 이르는 말. ☞대자녀(代子女)

대:-부분(大部分)명 ①반이 훨씬 지나 전체량에 거의 가까운 수효나 분량. ¶용돈의 —을 책 사는 데 쓴다. ②〔부사처럼 쓰임〕 거의 다. 대개 ¶사람들은 — 그 안건에 찬성했다. ☞일부분(一部分)

대:부-사:자(大夫使者)명 고구려의 14관등 중 넷째 등급.

☞조의두대형(早衣頭大兄)

대:부=신탁(貸付信託)명 신탁 은행이 대부 신탁 증권을 발행하여 모은 자금을 운영해서 만든 이익을 증권 소유자에게 배분하는 형태의 신탁.

대:부=이:자(貸付利子)명 증권이나 어음 따위의 일정한 담보물을 제공 받고 빌려 준 금전에 대한 이자.

대:-부인(大夫人)명 남을 높이어 주로 세상을 떠난 그의 어머니를 일컫는 말. 모부인(母夫人)

대:부=자본(貸付資本)명 산업 자본에 대하여, 화폐의 형태로 자본을 빌려 줌으로써 이자를 얻는 자본. 은행 자본 따위.

ㄷ

대:부-항(大父行)명 할아버지와 같은 항렬. 조항(祖行)

대:북(大北)명 조선 시대 사색 당파의 하나. 선조 때, 북인(北人)의 홍여순(洪汝諄)·이산해(李山海) 등이 같은 당파인 남이공(南以恭)·유영경(柳永慶) 등과 대립하여 이룬 당파. ☞소북(小北)

대:불(大佛)명 크게 만든 부처. 큰 불상.

대:불-개안(大佛開眼)명 불교에서, 큰 불상이 다 만들어졌을 때, 눈동자를 그려 넣고 불공을 드리는 의식.

대:불-전(大佛殿)[-쩐]명 절에서, 대불을 모신 법당.

대:불핍인(代不乏人)성구 어느 시대나 인재가 없지 아니함을 이르는 말.

대:-불행(大不幸)명 큰 불행.

대:붕(大鵬)명 '붕새'의 딴이름.

대-비명 가는 댓가지나 잘게 쪼갠 대오리를 엮어 만든 비.

대:-비(大-)명 마당 따위를 쓰는 큰 비.

대:비(大妃)명 선왕(先王)의 후비(后妃).

대:비(大悲)명 ①불교에서, 중생의 고통을 구제하려는 부처의 큰 마음. ②'관세음보살'을 달리 이르는 말.

대:비(對比)명 ①-하다타 서로 맞대어 비교함, 또는 그러한 비교. ¶수돗물과 약물을 -하다. ②서로 반대되거나 다른 성질의 것을 느낄 때, 그들 특성의 차이가 더욱 과장되어 느껴지는 현상. ¶색상 - /맛의 -.

대:비(對備)명-하다자 앞으로 일어날 일에 대응하기 위하여 미리 준비함, 또는 그런 준비. ¶만일의 사태에 -하여야 한다.

대:비=가격(對比價格)[-까-]명 일정한 기간에 생기는 어떤 생산물의 가격 변동을 밝히기 위하여 기초로 설정하는 가격.

대:비-각(大悲閣)명 관세음보살의 불상을 모신 불당.

대:비-관음(大悲觀音)명 불교에서, '관세음보살'을 달리 이르는 말. 대비보살(大悲菩薩)

대:비-보살(大悲菩薩)명 대비관음(大悲觀音)

대:비-자(大悲者)명 불교에서, 여러 부처와 보살, 특히 관세음보살을 이르는 말.

대:비=착시(對比錯視)명 대비되는 사물의 크기나 모양에 관하여 일어나는 착시. 큰 도형과 작은 도형이 나란히 있을 때, 작은 도형이 본디보다 더 작게 보이는 현상 따위.

대:비=현:상(對比現象)명 시간적으로나 공간적으로 가까운 다른 자극의 영향 때문에 먼저 받은 자극의 감수성이 변하는 현상.

대:빈(大賓)명 정중히 모셔야 할 귀한 손. ☞큰손

대-빗명 대로 만든 빗. 죽비(竹篦). 죽소(竹梳)

대빗(davit)명 닻을 끌어올리거나, 보트를 달아올리고 내리기 위하여 배 위에 설치한 기둥.

대:사(大士)명 ①불교에서, 부처와 보살을 통틀어 이르는 말. ②불교에서, 도심(道心)이 굳은 사람을 이르는 말.

대:사(大寺)명 대찰(大刹)

대:사(大使)명 '특명 전권 대사(特命全權大使)'을 흔히 이르는 말. ☞공사(公使). 영사(領事)

대:사(大事)명 ①결혼·회갑·초상 따위의 잔치나 예식을 치르는 일. 큰일[2] ②대례(大禮) ☞소사(小事)

속담 **대사 뒤에 병풍 지고 간다**: 간이 커 염치없는 짓을 한다는 말./**대사에 낭패 없다**: 관혼상제와 같은 큰일은 시작해 놓으면 어떻게든 다 치를 수 있게 된다는 말.

대:사(大舍)명 신라 때, 17관등의 열두째 등급.

대:사(大社)명 조선 시대, 나라에서 토지의 신(神)과 오곡(五穀)의 신에게 제사지내던 곳. 태사(太社)

대:사(大祀)명 조선 시대, 종묘(宗廟)·영녕전(永寧殿)·원구단(圜丘壇)·사직단(社稷壇)에 올리던 제사.

대:사(大師)명 ①'고승(高僧)'을 높이어 이르는 말. ¶사명 - ②고려·조선 시대, 덕이 높은 승려에게 주던 법계(法階)의 한 가지. ③사회에서 흔히 남자 중을 높이어 일컫는 말.

대:사(大赦)명-하다타 ①일반 사면(一般赦免) ②가톨릭에서, 고백 성사를 통하여 죄를 용서 받은 뒤, 그 잠벌(暫罰)을 교회에서 면제하여 주는 일.

대:사(大蛇)명 큰 뱀. ☞장사(長蛇)

대:사(代射)명-하다타 지난날, 무과 시예(武科試藝)를 남에게 대신 응하게 하던 일.

대:사(代謝)명 ①생체 내의 물질이 화학적으로 변하여 갈마드는 일, 또는 그에 따라 에너지가 들고 나는 일. ②'신진 대사(新陳代謝)'의 준말.

대사(臺詞·臺辭)명 배우가 각본(脚本)에 따라 무대 위에서 하는 말. ¶-를 외다.

대사(臺榭)명 크고 높게 세운 누각이나 정각.

대:-사간(大司諫)명 조선 시대, 사간원(司諫院)의 정삼품 으뜸 관직. 간장(諫長)

대:-사:객(待使客)명-하다자 지난날, 외국에서 오는 사신과 객인(客人)을 접대하던 일.

대:-사공(大司空)명 조선 시대, '공조 판서(工曹判書)'를 달리 이르던 말.

대:사-관(大使館)명 대사가 주재국에서 사무를 집행하는 공관(公館). ¶영국 - ☞공사관. 영사관

대:-사구(大司寇)명 조선 시대, '형조 판서(刑曹判書)'를 달리 이르던 말.

대:사=기능(代謝機能)명 생물체의 세포 안의 원형질이 노폐물을 내보내고 다시 자양분을 섭취하여 그 부족을 채우는 작용.

대:-사도(大司徒)명 조선 시대, '호조 판서(戶曹判書)'를 달리 이르던 말.

대:사-령(大赦令)명 일반 사면을 베풀게 하는 국가 원수의 명령.

대:사-례(大射禮)명 조선 시대, 임금이 성균관에 나아가 옛 성인에게 제사를 지내고 나서 활을 쏘던 예식.

대사리명 '다슬기'의 딴이름.

대-사립명 대나무로 엮어서 만든 사립문.

대:-사마(大司馬)명 조선 시대, '병조 판서(兵曹判書)'를 달리 이르던 말.

대:-사문(大沙門)명 ①불교에서, '석가모니'를 높이어 이르는 말. ②불교에서, 사미와 구별하여 '비구(比丘)'를 이르는 말.

대:-사성(大司成)명 ①고려 시대, 성균감(成均監)·성균관(成均館)·국자감(國子監)의 종삼품 관직. ②조선 시대, 성균관의 정삼품 으뜸 관직. 반장(伴長)

대:-사:자(大使者)명 고구려의 14관등 중 여섯째 등급. 지방에 파견되어 조세나 공물을 징수하는 일을 맡아봄. ☞대형가(大兄加)

대:사-전(大赦典)명 나라에서 베푸는 대사(大赦)의 은전(恩典).

대:-사제(大司祭)명 ①가톨릭에서, 사제의 으뜸이며 근원인 '예수 그리스도'를 이르는 말. ②대제사장

대-사초(-莎草)명 방동사니과의 여러해살이풀. 줄기는 모여 나고, 줄기 높이는 30cm 안팎이며 잎은 긴 타원형임. 꽃은 늦봄에 피고, 주로 산지에 자라며 우리 나라와 일본·중국 등지에 분포함.

대:-사헌(大司憲)명 고려·조선 시대, 사헌부(司憲府)의 종이품 으뜸 관직. 준대헌(大憲)

대:산(大蒜)명 '마늘'의 딴이름.

대:살(代殺)명-하다타 살인한 사람을 사형에 처하는 일. 대명(代命)

대:-살년(大殺年)명 매우 심한 흉년이 든 해. 대무지년(大無之年) ☞대유년(大有年)

대살-지다형 몸이 강마르고 야무지다.

대:-살판(大-)명 국궁(國弓)의 활쏘기에서, 화살 50대를 쏘아 25대를 과녁에 맞히는 일. ☞소살판
대:-삼작(大三作)명 '대삼작노리개'의 준말.
대:삼작-노리개(大三作-)명 크고 화려하게 꾸민 삼작노리개. 주로 궁중에서 쓰였음. 준대삼작(大三作)
대-삿갓[-삳깓]명 ①속대로 엮어 만든 삿갓. ②중이 쓰는 삿갓. 가늘게 쪼갠 대오리로 만들며, 보통 삿갓보다 훨씬 작음. ☞갈삿갓
대:상(大商)명 큰 규모로 장사하는 사람. ☞거상(巨商)
대:상(大祥)명 사람이 죽은 지 두 돌이 되어 지내는 제사. 대기(大朞). 상사(祥事) ☞소상(小祥)
대:상(大喪)명 지난날, 임금의 상사(喪事)를 이르던 말.
대:상(大賞)명 경연 대회 등에서, 가장 우수한 성적을 올린 사람이나 단체에게 주는 상.
대:상(代償)명-하다타 ①상대편에게 끼친 손해를 다른 물건으로 대신 물어주는 일. ②남을 대신하여 갚아 주는 일. 대변(代辨)
대:상(帶狀)명 띠처럼 좁고 긴 모양.
대상(隊商)명 사막 지방에서, 낙타나 말에 상품을 싣고 떼를 지어 먼 곳을 다니면서 장사하는 상인(商人)의 무리.
대상(臺上)명 ①대의 위. ☞대하(臺下) ②지난날, 하인이 주인을 높이어 이르던 말.
대:상(對象)명 ①어떤 일의 상대나 목표가 되는 것. ¶그는 나의 선망의 -이다./노인을 -으로 건강 진단을 실시하다. ②인식 작용의 목적이 되는 객관의 사물.
대:상=감:정(對象感情)명 인지(認知)의 대상에서 느껴지는 감정. 빛·소리·모양·예술미(藝術美) 따위.
대:상=개:념(對象概念)명 사물이나 대상을 나타내는 개념으로, 판단의 주사(主辭)가 될 수 있는 개념. ☞속성개념(屬性概念) ▷ 對의 속자는 対
대:상=도시(帶狀都市)명 한 줄의 도로를 따라 띠 모양으로 길쭉하게 이루어진 도시. ▷ 帶의 속자는 帯
대:상-론(對象論)명 대상 일반이 가지고 있는 본래의 고유한 성질을 밝혀 내는 학문.
대:상-물(對象物)명 대상이 되는 물건.
대:상부동(大相不同)성구 서로 조금도 비슷하지 않고 아주 다름을 이르는 말.
대:상-성(對象性)[-썽]명 ①대상으로서 가지는 속성이나 특성. ②인식론에서, 지식의 객관적 타당성.
대:상=수입(代償輸入)명 어떤 사정이나 행위에 대한 대상으로 물건을 수입하는 일.
대:상-애(對象愛)명 정신 분석학에서, 리비도(libido)가 자기 이외의 대상을 향하여 발산되는 사랑. ☞자기애
대-상자(-箱子)명 대오리로 결어 만든 상자. 죽상자
대:상=포진(帶狀疱疹)명 바이러스의 감염으로 나타나는 수포성 질환. 몸에 띠 모양으로 수포가 생기며 열이 남.
대:상=행동(代償行動)명 자기가 요구하던 것을 얻지 못하였을 경우, 그와 비슷한 다른 목표물로 그 욕구를 충족시키려는 행동. 자동차를 갖고 싶은데 돈이 없어 사지 못하는 사람이 자동차 모형을 수집하는 행동 따위.
대:생(對生)명-하다자 잎차례의 한 가지. 식물의 잎이 각 마디마다 두 장씩 마주 붙어서 나는 것. 마주나기 ☞호생(互生)
대:서(大書)명-하다타 글씨를 드러나 보이도록 크게 씀, 또는 크게 쓴 글씨.
대:서(大暑)명 ①몹시 심한 더위. ②이십사 절기(二十四節氣)의 하나. 소서(小暑)와 입추(立秋) 사이의 절기로, 양력 7월 23일께. ☞처서(處暑)
대:서(代序)명-하다자 남을 대신하여 머리말을 씀, 또는 그 머리말. ☞자서(自序)
대:서(代書)명-하다타 ①관청 행정이나 법률 행위에 필요한 서류 따위를 남을 대신하여 작성함, 또는 작성한 그 글이나 글씨. ②남을 대신하여 글이나 글씨를 씀, 또는 그 쓴 글이나 글씨. 대필(代筆)
대:서(代署)명-하다타 남을 대신하여 서류 등에 서명함.
-대서 어미 '-다 해서'가 줄어든 말. ¶키가 크대서 건강한가?/얼룩무늬가 있대서 얼루기라 하지. ☞-ㄴ대서
대:-서다 자 ①뒤를 따라 서다. ②맞서서 대들다. ③사이가 뜨지 않게 바싹 가까이 다가서다.
대:서-사(代書士)명 대서인(代書人)
대:서-소(代書所)명 대서를 영업으로 하는 곳.
-대서야 어미 '-다 해서야'가 줄어든 말. ¶소원이 없대서야 어찌 성취가 있겠는가. ☞-ㄴ대서야
대:서-양(大西洋)명 오대양의 하나. 유럽·아프리카 대륙과 아메리카 대륙 사이에 있는 바다. 세계에서 두 번째로 크며, 지구 표면적의 약 6분의 1을 차지함. ☞인도양(印度洋). 태평양(太平洋)
대:서-업(代書業)명 남의 부탁을 받아 관공서에 낼 서류 따위를 써 주고 보수를 받는 직업.
대:서-인(代書人)명 남의 부탁을 받아 관공서에 낼 서류 따위를 써 주는 일을 직업으로 삼는 사람. 대서사(代書士). 서사(書士)
대:서=특필(大書特筆)명 신문 따위의 출판물에서, 어떤 기사를 특별히 크게 다루어 싣는 일. 특필 대서
대:석(貸席)명 세를 받고 빌려 주는 좌석.
대석(臺石)명 ①비석이나 동상 따위의 밑을 받치는 돌. 받침돌 ☞하대석 ②댓돌
대:석(對石)명 한 마지기의 논에서 벼 한 섬이 나는 일.
대:석(對席)명-하다자 자리를 마주 함.
대:석=판결(對席判決)명 소송 당사자의 양쪽이 모두 법정에 참가한 자리에서 심리하여 내리는 판결. 대심 판결(對審判決) ☞결석 판결(缺席判決)
대:선(大仙)명 ①뛰어난 신선(神仙). ②신선 중에서 가장 높다는 뜻으로, '석가여래'를 달리 이르는 말.
대:선(大船)명 큰 배. 대박(大舶)
대:선(大選)[1]명 고려·조선 시대, 승과(僧科)에 합격한 사람에게 주던 초급 법계(法階). 대선(大禪)
대:선(大選)[2]명 대통령 선거
대:선(大禪)명 대선(大選)[1]
대:-선:거구(大選擧區)명 한 선거구에서 두 사람 이상의 의원을 동시에 뽑는 선거구. ☞소선거구(小選擧區)
대:-선사(大禪師)명 ①선종(禪宗)에서, 가장 높은 법계(法階)를 이르는 말. ②고려 시대, 법계의 하나. 선종의 최고 계급을 이르던 말. ③조선 시대, 법계의 하나. 선사(禪師)의 위, 도대선사(都大禪師)의 아래 계급을 이르던 말.
대:설(大雪)명 ①많이 내리는 눈. 큰눈. 장설(壯雪) ②이십사 절기(二十四節氣)의 하나. 소설(小雪)과 동지(冬至) 사이로 양력 12월 7일께. ☞소설(小雪)
대:설=경:보(大雪警報)명 기상 경보의 하나. 강설량이 30cm 이상 예상될 때 발표함.
대:설=주:의보(大雪注意報)명 기상 주의보의 하나. 강설량이 10cm 이상 예상될 때 발표함.
×대-설대명 →담배설대
대:성(大成)명-하다자타 크게 이루어짐, 또는 크게 이룸. ¶사업가로서 -하다./학문을 -하다.
대:성(大姓)명 ①겨레붙이가 번성한 성. ②지체가 높은 성. 거성(巨姓)
대:성(大盛)명-하다자 크게 번성함.
대:성(大聖)명 ①큰 성인(聖人). ②'공자(孔子)'를 높이어 이르는 말. ③석가모니처럼 정각(正覺)을 얻은 사람을 높이어 이르는 말.
대:성(大聲)명 크게 내는 소리.
대:성=가문(大姓家門)명 겨레붙이가 번성하고 세력이 있는 집안.
대:성-마(戴星馬)명 이마에 흰 털의 점이 있는 말. 별박이. 적로마(駒盧馬)
대:-성성(大猩猩)명 고릴라(gorilla)
대:성-악(大晟樂)명 중국 송나라 때의 음악. 고려·조선 시대, 궁중 음악의 기초가 됨.
대:성-전(大成殿)명 문묘(文廟) 안에 있는, 공자(孔子)의 위패를 모신 전각(殿閣).
대:성지행(戴星之行)성구 별을 이고 가는 길이라는 뜻으로, 객지에서 부모의 부음(訃音)을 받고 밤을 새워 집으

로 돌아가는 일을 이르는 말.

대:성-통:곡(大聲痛哭) 명 큰소리로 몹시 섧게 욺. 방성통곡(放聲痛哭)

대:-성:황(大盛況) 명 매우 성대하고 활기찬 상황.

대:세(大勢) 명 ①일의 대체적인 형편이나 상태. ¶ —를 바로잡다. ②큰 권세나 세력. ¶ —를 잡다.

대:세(代洗) 명 가톨릭에서, 신부(神父)를 대신하여 평신도가 약식으로 세례를 베푸는 일.

대:세-권(對世權) [-꿘] 명 절대권(絶對權) ☞대인권(對人權)

대:-세지(大勢至) 명 '대세지보살(大勢至菩薩)'의 준말.

대:세지-보살(大勢至菩薩) 명 삼불(三佛)의 하나. 아미타불의 오른쪽에 자리하며, 지혜(智慧)의 빛으로 중생을 삼악도(三惡道)에서 건지는 보살임. 준 대세지(大勢至). 세지보살(勢至菩薩)

대:소(大小) 명 사물의 크고 작음을 이르는 말.

대:소(大笑) 명 -하다 자 소리 내어 크게 웃는 일.

대:소(代訴) 명 -하다 타 당사자를 대신하여 소송함.

대:소(對訴) 명 -하다 자타 맞고소

대:-소:가(大小家) 명 ①한집안의 큰집과 작은집을 아울러 이르는 말. ②지난날, 큰마누라의 집과 작은마누라의 집, 또는 큰마누라와 작은마누라를 아울러 이르던 말. 높 대소댁(大小宅)

대:-소:기(大小朞) 명 대소상(大小祥)

대:-소:댁(大小宅) [-땍] 명 '대소가(大小家)'의 높임말.

대:-소동(大騷動) 명 큰 소동.

대:-소:민(大小民) 명 지난날, 관원과 일반 백성을 아울러 이르던 말. 곧, 모든 백성을 가리킴.

대:소-법(對消法) [-뻡] 명 분수의 형식으로 아래위의 수를 약분(約分)하는 방법.

대:-소:변(大小便) 명 똥과 오줌. ¶ —을 가리다. 준 변(便) ☞대소피(大小避)

대:-소:사(大小事) 명 크고 작은 모든 일.

대:-소:상(大小祥) 명 대상(大祥)과 소상(小祥)을 아울러 이르는 말. 대소기(大小朞)

대:-소:수(帶小數) 명 자연수와 소수(小數)로 이루어진 수. 3.14 따위.

대:-소:아(大小雅) 명 시경(詩經)의 '대아(大雅)'와 '소아(小雅)'를 아울러 이르는 말.

대:-소:역(大小疫) 명 천연두(天然痘)와 홍역(紅疫).

대:-소:월(大小月) 명 큰달과 작은달.

대:소=인원(大小人員) 명 높고 낮은 모든 관원.

대:-소:장(大小腸) 명 대장(大腸)과 소장(小腸).

대:-소:종(大小宗) 명 대종(大宗)과 소종(小宗).

대-소쿠리 명 대오리로 결어 만든 소쿠리.

대:-소피(大小避) 명 대소변(大小便)을 에둘러 이르는 말. ☞소피(小避)

대:속(代贖) 명 -하다 타 ①크리스트교에서, 예수가 십자가에 못박혀 흘린 피로 인류의 죄를 대신 씻어 구원하였다는 일을 이르는 말. ②남의 죄나 고통을 대신 당하는 일. ③남의 죄를 대신 갚는 일.

대:손(貸損) 명 외상 매출금이나 대부금 따위를 돌려 받지 못하여 손해를 입는 일.

대:-솔(大—) 명 큰 소나무. 대송(大松)

대솔(帶率) 명 -하다 자타 ①영솔(領率) ②'대솔하인(帶率下人)'의 준말.

대:솔-장작(大—) 명 큰 소나무를 베어서 팬 장작.

대:솔-하라지(大—) 명 대솔의 가지를 잘라 만든 장작.

대솔-하인(帶率下人) 명 ①고귀한 사람을 모시고 다니는 하인. ②-하다 자 하인을 거느리는 일. 준 대솔(帶率)

대:송(大松) 명 대솔

대:송(代送) 명 -하다 타 다른 것으로 대신 보냄. 체송(替送)

대:송(代誦) 명 -하다 타 가톨릭에서, 교회법상의 의무를 지키지 못한 사람이 그 대신에 기도(祈禱)를 바치는 일, 또는 그 기도.

대:송(對訟) 명 -하다 자 응소(應訴)

대:수(大水) 명 큰물. 홍수(洪水)

대:수(∠大事) 명 주로 반어적 의문문에 쓰이어, '대단한 일', '중요한 일'의 뜻을 나타내는 말. ¶한 끼쯤 굶은들 그게 어디 —냐?/덩치만 크면 —냐?

대:수(大壽) 명 장수(長壽)

대:수(大綬) 명 무궁화 대훈장이나 각종 1등급의 훈장을 달 때, 어깨에서 허리에 걸쳐 드리우는 넓고 큰 띠. ☞소수(小綬)

대:수(大數) 명 ①큰 수. ☞소수(小數) ②큰 운수. ③물건의 수가 많은 것.

대:수(代囚) 명 -하다 타 지난날, 죄인이 어떤 사정으로 복역할 수 없거나 범인을 잡지 못하였을 때, 그 관계자나 근친자를 대신 가두어 두는 일을 이르던 말.

대:수(代數)[1] [-쑤] 명 세대(世代)의 수효.

대:수(代數)[2] 명 '대수학(代數學)'의 준말.

대수(臺數) [-쑤] 명 대(臺)로 세는 차·기계 따위의 수.

대:수(對手) 명 적수(敵手)

대:수=곡면(代數曲面) 명 삼차원에서, 한 개의 대수 방정식의 자취가 나타내는 곡면.

대:수=곡선(代數曲線) 명 직각 좌표 위에 로그 함수의 자취가 나타내는 곡선.

대:수=기하학(代數幾何學) 명 대수 방정식의 자취, 대수 곡면, 대수 곡선 등에 대하여 연구하는 수학의 한 분야.

대:수대:명(代數代命) 성구 자신의 운수를 전가(轉嫁)한다는 뜻으로, 재앙을 다른 사람에게 옮겨 화(禍)를 막음을 이르는 말.

대:수-롭다(∠大事—) (-롭고·-로워) 형ㅂ 주로 부정문이나 의문문에 쓰이어, '대단하다', '중요하다'의 뜻을 나타내는 말. ¶대수롭지 않은 일로 야단이다./그게 무슨 대수로운 일이냐?

대수-로이 부 대수롭게

대:수=방정식(代數方程式) 명 미지수(未知數)에 관한 대수식만으로 이루어진 방정식.

대:수=법칙(大數法則) 명 확률론의 기본 법칙. 관측 횟수를 늘릴수록 계산상의 확률에 가까워진다는 법칙.

대:-수술(大手術) 명 많은 시간과 인력·장비가 필요한, 큰 규모의 수술.

대:수-식(代數式) 명 몇 개의 수와 문자가 +, −, ×, ÷, $\sqrt{\ }$의 연산 기호와 거듭제곱으로 연결된 식.

대:수-학(代數學) 명 수나 문자를 써서, 수의 성질이나 관계를 연구하는 수학의 한 분과. 준 대수(代數)[2]

대-순(—筍) 명 죽순(竹筍)

대:-순환(大循環) 명 체순환(體循環) ☞소순환(小循環)

대-숲 명 대나무로 이루어진 숲. 죽림(竹林)

대:습=상속(代襲相續) 명 법정 상속권자가 어떤 이유로 상속권을 상실하였을 경우, 그의 직계 비속이 대신 상속하는 일. ☞본위 상속(本位相續)

대:승(大乘) 명 불교의 이대 유파의 하나. 자기의 해탈만을 목적으로 삼지 아니하고, 널리 모든 인간을 평등하게 구제하며 깨달음에로 이끄는 일이 부처의 참다운 가르침의 길이라고 주장하는 교법. ☞소승(小乘)

대:승(大勝) 명 -하다 자 ①크게 이김. ②대승리(大勝利). 대첩(大捷) ☞대패(大敗)

대:승(代承) 명 -하다 자 대(代)를 잇는 일.

대:승-경(大乘經) 명 대승의 교법을 해설한 다섯 가지 불경. 곧, 화엄경(華嚴經)·반야경(般若經)·법화경(法華經)·열반경(涅槃經)·대집경(大集經)을 이름. ☞소승경

대:-승리(大勝利) 명 큰 승리. 대승(大勝)

대:승=불교(大乘佛敎) 명 불교에서, 대승을 주지(注旨)로 하는 교파를 통틀어 이르는 말. 우리 나라와 북부 인도, 중국, 일본 등지에 널리 퍼져 있으며, 삼론종(三論宗)·법상종(法相宗)·화엄종(華嚴宗)·천태종(天台宗)·진언종(眞言宗)·율종(律宗)·선종(禪宗) 등이 이에 딸림. ☞소승 불교(小乘佛敎)

대:승-적(大乘的) 명 ①대승의 정신에 맞는 것. ②부분적인 것이나 개인적인 것에 얽매이지 않고 전체를 생각하는 것. 대국적(大局的) ¶ —인 견지에서 일을 해결하자. ☞소승적(小乘的)

대:시(待時)명-하다자 ①시기를 기다림. ②기회가 오기를 기다리는 일.
대시(臺侍)명 지난날, 대간(臺諫)으로서 시종(侍從)이 되는 일, 또는 그 사람을 이르던 말.
대시(dash)명 ①줄표 ②수학 등에서 쓰이는 기호 (′), (″)를 이르는 말. a′, b″ 따위로 쓰임.
대:식(大食)명 ①-하다타 음식을 많이 먹음. ☞소식(小食) ②아침·점심·저녁에 먹는 끼니를 간식에 상대하여 이르는 말. ③'대식가(大食家)'의 준말.
대:식(對食)명-하다자 마주 앉아서 음식을 먹음.
대:식-가(大食家)명 음식을 남달리 많이 먹는 사람. 준대식 ☞건담가(健啖家). 건식가(健食家). 소식가
대:식-한(大食漢)명 음식을 많이 먹는 남자.
대:신 명-하다타 ①남을 대리하는 일. 대행(代行) ¶친구 ―으로 일을 보다. /아버지가 어머니를 ―하다. ②다른 것으로 바꾸어 쓰는 일, 또는 그 물건. 대용(代用). 대체(代替) ¶꿩 ― 닭. /대답을 미소로 ―하다. ③어떤 일이나 행동에 대한 대가, 또는 보상. ¶돈을 주는 ―에 통장을 만들어 주렴. ④〔부사처럼 쓰임〕 누구를 대리하거나 무엇을 대용하여. ¶그 신은 벗고 ― 이걸 신어라. /형이 ― 사과했다.

한자 **대신 대**(代) 〔人部 3획〕 ¶대납(代納)/대독(代讀)/대리(代理)/대변(代辯)/대서(代書)/대행(代行)
대신할 섭(攝) 〔手部 18획〕 ¶섭정(攝政)/섭행(攝行)

대:신(大臣)명 ①지난날, 이품 이상의 관직인 재상(宰相)을 달리 이르던 말. ②1894년(조선 고종 31) 이후에 설치했던 내각(內閣) 각 부의 으뜸 관직. ③군주 국가에서 장관을 이르는 말. 대관(大官)
속담 **대신 댁 송아지 백정 무서운 줄 모른다** : 남의 권력만 믿고 안하무인으로 거만하게 행동함을 이르는 말.
대:신(大神)명 ①무속에서, '신(神)'을 높이어 이르는 말. 천동대신 따위. ②'무당'을 높이어 이르는 말.
대신(臺臣)명 지난날, 사헌부(司憲府)의 대사헌(大司憲) 이하 지평(持平)에 이르는 관원을 통틀어 이르던 말.
대:실(貸室)명-하다자타 요금을 받고 방을 빌려 주는 일, 또는 요금을 받고 빌려 주는 방.
대:실소:망(大失所望)성구 바라던 일이 헛일이 되어 크게 실망함을 이르는 말.
대:심(對審)명-하다타 소송의 양쪽 당사자인 원고(原告)와 피고(被告)를 법정에 출석시켜 심리하는 일. 민사 소송에서는 구두 변론, 형사 소송에서는 공판 기일의 절차를 뜻함.
대:심=판결(對審判決)명 대석 판결(對席判決)
×**대-싸리** 명 →댑싸리
×**대싸리-비** 명 →댑싸리비
대:아(大我)명 ①철학에서, 우주의 유일 절대의 본체를 이르는 말. ②불교에서, 개인의 사사로운 의견이나 집착을 떠난 자유자재(自由自在)의 경지, 곧 '참된 나'를 이르는 말. ☞소아(小我)
대:아(大雅)명 서로 나이가 비슷한 문인이나 학자끼리 우편물 겉봉의 상대편 이름 다음, '-님께' 정도의 뜻으로 쓰는 한문 투의 말. ☞귀하(貴下). 아형(雅兄)
대:-아라한(大阿羅漢)명 ①불교에서, 아라한 가운데 지위나 덕이 가장 높은 사람을 이르는 말. ②'아라한'을 높이어 이르는 말.
대:-아찬(大阿飡)명 신라 때, 17관등의 다섯째 등급.
대:악(大惡)명 아주 못된 짓, 또는 그런 짓을 하는 사람.
대:악(大嶽·大岳)명 큰 산.
대악(碓樂)명 신라 자비왕 때, 백결(百結)이 방아 찧는 소리를 흉내내어 지었다는 노래. '삼국사기(三國史記)'에 그 사실만 전하고 내용은 전하지 않음.
대:악무도(大惡無道)성구 매우 악독하고 사람의 도리에 어긋남을 이르는 말.
대:-악절(大樂節)명 큰악절 ☞소악절(小樂節)
대:안(代案)명 어떤 안을 대신하는 다른 안. ¶―을 내다.
대:안(對岸)명 강·호수·바다 따위의 건너편에 있는 언덕이나 기슭.
대:안(對案)명 상대편의 안에 맞서서 내놓는 이편의 안. ☞대안(代案)
대:안(對顔)명-하다자 서로 마주 봄, 또는 마주 보고 앉음. 대면(對面) 유대좌(對坐)
대안(臺顔)명 존안(尊顔)
대:안(大安)어기 '대안(大安)하다'의 어기(語基).
대:안=렌즈(對眼lens)명 접안 렌즈
대:안-하다(大安―)형여 서로 나이가 비슷한 친구 사이의 편지에서, '평안하다'의 뜻으로 쓰는 말.
대암-풀 명 '자란(紫蘭)'의 딴이름.
대:액(大厄)명 몹시 사나운 운수.
대야 명 얼굴이나 손발 따위를 씻을 때 물을 담아 쓰는 둥글넓적한 그릇. 세숫대야. 세면기(洗面器)
-대야 어미 '-다 해야'가 줄어든 말. '-다고 해봐야'의 뜻을 나타냄. ¶갔대야 얼마를 갔겠어? /높대야 그 높이지.
대:약(大約)명 사물의 골자.
대:양(大洋)명 대륙을 둘러싼 넓고 큰 바다. 특히, 태평양·대서양·인도양·북극해·남극해를 가리켜 오대양(五大洋)이라 함.
대:양(對揚)명-하다타 지난날, 임금의 명령을 받들어 그 뜻을 백성에게 널리 알리던 일.
대:양-도(大洋島)명 대륙과 관계없이 처음부터 따로 떨어져 대양 가운데에 있는 섬. 산호도·화산도 등. 준양도(洋島) ☞대륙도(大陸島)
대:양=문화(大洋文化)명 내해(內海)의 문명으로부터 영향을 받아, 근대 이후 태평양과 대서양을 중심으로 발달한 바다 중심의 문화.
대:양-저(大洋底)명 대륙 사면에 이어지는 비교적 평탄하고 넓은 해저 지형. 깊이는 4,000~6,000m임.
대:양적=기후(大洋的氣候)명 해양성 기후(海洋性氣候)
대:양-주(大洋洲)명 오세아니아(Oceania)
대:어(大魚)명 큰 물고기.
대어를 낚다 관용 ①큰일을 성취하거나 가치 있는 것을 얻다. ②능력이나 실력이 대단한 사람을 얻다.
대:어(大漁)명 물고기가 많이 잡히는 일. 풍어(豊漁) ☞흉어(凶漁)
대:어(對語)명 ①-하다자 마주 대하여 말함. 대언(對言). 대화(對話) ②글이나 말에서, 의미상 서로 대응이 되는 말. '인생은 짧고, 예술은 길다'에서 '인생'과 '예술', '짧다'와 '길다', 또는 한자말에서 빈부(貧富), 대소(大小), 고저(高低) 따위.
대:언(大言)명-하다자 큰소리
대:언(代言)명-하다자 남을 대신하여 말함. ☞대변(代辯)
대:언(對言)명-하다자 마주 대하여 말함. 대어(對語)
대:언장:담(大言壯談)성구 제 분수에 맞지 않은 말을 희떱게 지껄이는 일을 이르는 말. 대언장어(大言壯語) ☞호언장담(豪言壯談)
대:언장:어(大言壯語)성구 대언장담(大言壯談)
대:업(大業)명 ①큰 사업. ②나라를 세우는 큰 일. 홍업
대:여(大輿)명 지난날, 국상(國喪) 등에 쓰던 큰 상여. 대방상(大方牀) ☞소여(小輿)
대:여(貸與)명-하다타 물건이나 돈 따위를 빌려 주거나 꾸어 줌. 대급(貸給) ¶도서를 ―하다. /사업 자금을 ―하다. ☞차여(借與)
대:여=금고(貸與金庫)명 금융 기관이 그 일부를 열쇠와 함께 고객에게 빌려 주는 금고. 유가 증권이나 귀금속, 중요 서류 따위의 보관에 쓰임.
대:여-꾼(大輿―)명 지난날, 대여(大輿)를 메는 사람을 이르던 말.
대:-여섯 수 ①다섯이나 여섯. ¶그 가운데서 ―은 찬성했지. ②〔관형사처럼 쓰임〕 ¶― 사람. /― 마리. 준대엿 ☞예닐곱
대:역(大役)명 ①책임이 큰 일. ¶―을 맡아 어깨가 무겁다. ②국가적인 큰 공사.
대:역(大逆)명 왕권(王權)을 침해하거나 부모를 살해하는 등의 큰 죄.

ㄷ

ㄷ

대:역(代役)명-하다자타 ①지난날, 품삯을 받고 남의 신역(身役)을 대신 치르던 일. ②연극 따위에서, 배우가 사정상 자신이 맡은 배역을 맡을 수 없을 때 그 배역을 대신 맡아 하는 일, 또는 그 사람.

대:역(對譯)명-하다타 원문(原文)과 번역문을 대조해 볼 수 있도록 나란히 나타내는 일, 또는 그런 번역. ¶영문 소설을 국문으로 ─해 놓은 책.

대:역무도(大逆無道)성구 대역(大逆)을 저질러 사람의 도리에 크게 어긋남을 이르는 말. 대역부도(大逆不道)

대:역부도(大逆不道)성구 대역무도(大逆無道)

대:역-세(代役稅)명 조선 시대, 신역(身役), 특히 군역(軍役) 대신에 바치던 베.

대:역-죄(大逆罪)명 대역(大逆)을 저지른 죄.

대:역-토(大驛土)명 육십갑자의 무신(戊申)과 기유(己酉)에 붙이는 납음(納音). ☞차천금(釵釧金)

대:연(大宴)명 크게 베푸는 잔치.

대:-연:습(大演習)명 큰 규모의 전술 훈련.

대:열(大悅)명-하다자타 크게 기뻐함, 또는 큰 기쁨.

대:열(大閱)명-하다자타 임금이 몸소 사열(查閱)하는 일.

대:열(大熱)명 고열(高熱)

대열(隊列)명 ①대를 지어 늘어선 줄. ②어떤 활동을 목적으로 하거나 공통된 사항으로 이루어진 무리. ¶예술가의 ─에 들다. 준대(隊)[1]

대:-엿수 '대여섯'의 준말.

대:-엿새[─엳─]명 닷새나 엿새 가량. ☞사나흘

대:영(大營)명 큰 군영(軍營).

대:-예참(大禮懺)명 불교에서, 부처나 보살의 이름을 잇달아 부르면서 절을 많이 하는 예(禮).

대:오(大悟)명-하다자 ①번뇌에서 벗어나 진리를 크게 깨닫는 일. ②크게 깨달음. ¶─ 각성하다.

대:오(大烏)명 신라 때, 17관등의 열다섯째 등급.

대오(隊伍)명 대를 지어 늘어선 오(伍). 준대(隊)[1]

대:-오공(大蜈蚣)명 '왕지네'의 딴이름.

대:-오다자 정한 시간에 맞추어 오다. ¶열차가 도착 시간에 ─. ☞대가다

대-오리명 가늘게 쪼갠 댓개비.

대:-오:방기(大五方旗)명 지난날, 진중에서 방위를 나타내며 각기 딸린 부대를 명령하던 군기(軍旗). 주작기(朱雀旗)·청룡기(青龍旗)·등사기(螣蛇旗)·백호기(白虎旗)·현무기(玄武旗)의 다섯 가지. 준대기(大旗)

대:오-철저(大悟徹底)[─쩌]명 ①크게 깨달아 번뇌와 의혹이 모두 없어짐. ②우주의 대아(大我)를 모두 앎.

대:옥(大獄)명 큰 옥사(獄事). 곧, 중대한 범죄 사건으로 여러 사람이 감옥에 갇히는 일을 이르는 말.

대:-완구(大碗口)명 조선 시대의 가장 큰 화포(火砲).

대:왕(大王)명 ①'선왕(先王)'의 높임말. ②훌륭하고 업적이 뛰어난 임금을 높이어 이르는 말.

대:왕=대:비(大王大妃)명 살아 있는 임금의 할머니, 곧 전전(前前) 임금의 비(妃).

대:외(對外)앞말 외부 또는 외국에 대함을 뜻하는 말. ¶─ 무역/─ 활동 ☞대내(對內)

대:외-적(對外的)명 외부 또는 외국을 상대로 하는 것. ¶─인 문제. ☞대내적(對內的)

대:외=투자(對外投資)명 외국에 대한 자본의 투자. 해외투자(海外投資)

대:요(大要)명 대략의 줄거리. ☞개요(概要)

대:욕(大辱)명 큰 치욕(恥辱).

대:욕(大慾)명 큰 욕망이나 욕심. ☞소욕(小慾)

대:용(大用)명-하다타 큰 관직에 임용함.

대:용(大勇)명 참된 용기.

대:용(代用)명-하다타 다른 것을 대신으로 씀, 또는 그 물건. ¶상자를 의자 ─으로 쓰다.

대:용(貸用)명-하다타 돈을 꾸어 쓰거나 물건 따위를 빌려 씀. 차용(借用)

대:용-물(代用物)명 대신으로 쓰는 물건.

대:용-식(代用食)명 주식(主食) 대신으로 먹는 음식.

대:용=연료(代用燃料)명 석유류 대신으로 쓰는 연료.

대:용-작(代用作)명 ①대파(代播) ②대용 작물

대:용=작물(代用作物)명 심으려던 곡식을 심을 수 없을 경우에 그 대신으로 심는 농작물. 대용작

대:용=증권(代用證券)[─꿘]명 현금화하여 사용할 수 있도록 증권 관리 위원회가 지정하는 주식이나 채권 따위 상장 유가 증권.

대:용-품(代用品)명 어떤 물품 대신으로 쓰이는 물품. 대물(代物). 대품(代品)

대:용=효과(代用效果)명 대체 효과(代替效果)

대우명-하다타 이른봄에, 보리나 밀 따위를 심은 밭이랑에 콩·팥·깨 따위를 심는 일. 유부룩 ☞간작(間作)

대우(를) 파다관용 다른 작물을 심은 밭이랑에 콩이나 팥 따위를 심다.

대:우(大雨)명 큰비 ☞호우(豪雨)

대:우(大愚)명 매우 어리석음, 또는 그러한 사람. ☞대지(大智). 상우(上愚)

대:우(大憂)명 ①큰 근심. ②부모의 상(喪). 친상(親喪)

대:우(待遇)명 ①-하다타 예의를 갖추어 대함. ¶─를 받다./깍듯이 ─하다. ②직장 등에서 받는 봉급이나 지위의 수준. ¶─ 개선/부장 ─

대:우(對偶)명 ①-하다자타 둘이 서로 짝을 이룸. ②'대우법(對偶法)'의 준말. ③한 명제(命題)의 결론을 부정한 것을 가설로 하고, 가설을 부정한 것을 결론으로 한 명제. 곧, 'A이면 B가 아니다.'라는 명제에 대하여, 'A가 아니면 B이다.'라는 명제. 한 명제와 그 대우 명제의 참과 거짓은 일치함.

대우-갈이명-하다자 갓모자를 갈아 고치는 일.

대:우-법(待遇法)[─뻡]명<어>말하는 이가 존경이나 겸양의 뜻을 나타내는 말씨의 표현법. 존경법(尊敬法)과 겸양법(謙讓法)이 있음.

대:우-법(對偶法)[─뻡]명 대구법(對句法) 준대우

대:-우:주(大宇宙)명 자아(自我)를 '소우주(小宇宙)'라 이르는 데 상대하여 실제의 우주를 이르는 말.

대:운(大運)명 ①큰 행운. 매우 좋은 운수. ②하늘과 땅 사이에 돌아가는 운명이나 운수.

대운(이) 트이다관용 큰 행운이 생기다.

대-울명 '대울타리'의 준말.

대-울타리명 대를 엮어 만들거나, 또는 대를 총총히 심어서 이룬 울타리. 죽리(竹籬). 죽책(竹柵) 준대울

대:웅-성(大熊星)명 큰곰자리의 별.

대:웅-전(大雄殿)명 절에서, 본존(本尊)을 모신 불당(佛堂). 금당(金堂). 본당(本堂)

대:웅-좌(大熊座)명 큰곰자리 ☞소웅좌(小熊座)

대:원(大圓)명 ①큰 원. ②구면(球面)을 그 중심을 지나도록 평면으로 잘랐을 때 생기는 원, 또는 그 둘레. 대권(大圈) ☞소원(小圓)

대:원(大願)명 ①큰 소원. ②불교에서, 부처가 중생(衆生)을 구하려 하는 소원, 또는 중생이 부처가 되고자 하는 소원을 이르는 말.

대:원(代願)명-하다타 ①남을 대신하여 원함. ②남을 대신하여 신불에 비는 일, 또는 그러한 사람.

대원(隊員)명 대(隊)를 이루고 있는 구성원.

대:원-군(大院君)명 지난날, 임금에게 형제나 자손이 없어 종친(宗親) 중에서 왕위를 이을 때, 그 왕위를 이은 임금의 친아버지를 이르는 말. ¶흥선(興宣) ─

대:원-근(大圓筋)명 겨드랑이의 근육.

대:원=본존(大願本尊)명 불교에서, 모든 중생(衆生)을 고해(苦海)에서 건져내어 극락으로 이끈 뒤에 부처가 되겠다는 소원을 가진 보살. ☞지장 보살(地藏菩薩)

대:-원수(大元帥)명 군(軍)의 최고 통솔자인 '원수(元帥)'를 높이어 이르는 말.

대:월(大月)명 큰달 ☞소월(小月)

대:월(貸越)명 '당좌 대월(當座貸越)'의 준말.

대:월-금(貸越金)명 은행에서 당좌 대월한 돈.

대:월-한(貸越限)명 은행이 예금주와 의논하여 정한 당좌 대월의 최고 금액.

대:위(大位)명 높은 지위. 유고위(高位)

대:위 (大尉) 명 군대 계급의 하나. 위관급(尉官級)으로 소령의 아래, 중위의 위.

대:위 (代位) 명 -하다 자 제삼자가 타인의 법률상 지위를 대신하여 그가 가진 권리를 취득하거나 행사하는 일.

대:위=개:념 (對位概念) 명 동위 개념(同位概念)

대:위-법 (對位法) [-뻡] 명 ①작곡 기법의 한 가지. 주된 선율에 다른 선율을 조합시켜 하나의 조화된 곡을 이루는 기법. ☞화성법(和聲法) ②건축·문학·영화 따위에서, 두 가지의 대조적인 양식이나 발상 따위를 결합시켜 작품을 만드는 기법.

대:위=변:제 (代位辨濟) 명 제삼자 또는 공동 채무자 중의 한 사람이 채무를 변제함으로써, 채권자의 채권이 그 변제자에게로 넘어가는 일.

대:위=소권 (代位訴權) [-꿘] 명 채권자 대위권

대:유 (大有) 명 '대유괘(大有卦)'의 준말.

대:유 (大儒) 명 뛰어난 유학자. 거유(巨儒)

대:유-괘 (大有卦) 명 육십사괘(六十四卦)의 하나. 이괘(離卦) 아래 건괘(乾卦)가 놓인 괘로 불이 하늘에 있음을 상징함. 준 대유(大有) ☞겸괘(謙卦)

대:유-년 (大有年) 명 큰 풍년이 든 해. ☞대살년(大殺年)

대:유-법 (代喩法) [-뻡] 명 수사법(修辭法)의 한 가지. 사물의 일부로 그 전체를 나타내거나, 대상과 관련 있는 다른 사물이나 그 속성으로 사물 자체를 나타내는 표현 방법. ☞제유법(提喩法). 환유법(換喩法)

대:-유성 (大遊星) 명 대행성(大行星)

대:-윤도 (大輪圖) 명 방위(方位)를 가리켜 보이는 큰 윤도(輪圖).

대:-윤차 (大輪次) 명 지난날, 과거에서 낙방한 사람에게 다시 보이는 시험을 이르던 말.

대:은 (大恩) 명 넓고 큰 은혜. 홍은(鴻恩)

대:은=교:주 (大恩教主) 명 중생을 구제하는 부처의 은혜가 넓고 크다는 뜻으로, '석가모니'를 높이어 이르는 말.

대:음 (大飮) 명 -하다 타 술을 많이 마심. ☞술고래

대:음 (對飮) 명 -하다 자타 대작(對酌)

대:음-순 (大陰脣) 명 여성 생식기의 가장 바깥쪽에 있는, 두드러진 부위.

대:읍 (大邑) 명 땅이 넓고 주민과 산물이 많은 고을. ☞소읍(小邑). 웅읍(雄邑)

대:응 (對應) 명 -하다 자 ①맞서서 서로 응함. ②어떤 일이나 사태에 알맞은 태도·행동을 취함. ¶ - 조처 ③집합·함수·도형 등에서 원소나 요소가 서로 짝을 이루는 일, 또는 그러한 관계. ¶1 대 1 -.

대:응-각 (對應角) 명 합동 또는 닮은꼴인 두 도형에서 대응하는 각. 짝진각

대:응-변 (對應邊) 명 합동 또는 닮은꼴인 두 도형에서 대응하는 변. 짝진변

대:응=수출 (對應輸出) 명 원료·기재 등을 수입한 사람이 그에 대응하는 외화(外貨)를 획득하기 위하여 하는 수출.

대:응=원리 (對應原理) 명 양자론(量子論)에서, 어떤 종류의 양은 고전 물리학의 양과는 성질이 다름에도 불구하고, 그들 사이에는 일정한 대응이나 이행(移行)의 관계가 성립된다는 원리.

대:응-점 (對應點) [-쩜] 명 합동 또는 닮은꼴인 두 도형에서 대응하는 점. 짝진점

대:응-책 (對應策) 명 어떤 일 또는 사태에 맞서서 취하는 방법이나 꾀. ¶ -을 논하다.

대:의 (大衣) 명 불교에서 이르는 삼의(三衣)의 하나. 중이 설법을 할 때나 시주 걸립을 할 때 입는 옷임.

대:의 (大意) 명 말이나 글 등의 대강의 내용, 또는 그 뜻. 대의(大義). 대지(大旨)

대:의 (大義) 명 ①사람으로서 마땅히 하거나 지켜야 할 큰 의리. ②대의(大意)

대:의 (大疑) 명 -하다 타 크게 의심함, 또는 큰 의문이나 의심.

대:의 (大醫) 명 의술이 뛰어난 의사. 명의(名醫)

대:의 (代議) 명 ①다른 사람을 대신하여 의논하는 일. ②선거를 통해 선출된 의원이 국민의 의사를 대표하여 정치를 담당하는 일. ¶ - 정치(政治)

대:의=기관 (代議機關) 명 대의원(代議員)들로 구성되어 정사(政事)를 논의하는 기관.

대:의멸친 (大義滅親) 성구 큰 도리(道理)를 지키기 위하여 부모나 형제도 돌아보지 않음을 이르는 말.

대:의-명분 (大義名分) 명 사람으로서 마땅히 지켜야 할 도리와 본분, 또는 떳떳한 명목.

대:의-원 (代議員) 명 정당이나 어떤 단체의 대표로 선출되어 회의에 참석하여 토의나 의결 따위를 하는 사람.

대:의=정치 (代議政治) 명 국민이 선출한 대표자를 통하여 국가 권력을 행사하는 정치.

대:의-제 (代議制) 명 대의 제도(代議制度)

대:의=제:도 (代議制度) 명 국민이 선출한 대표자를 통하여 국가 권력을 행사하는 정치 제도. 대의제

대:의-충절 (大義忠節) 명 사람으로서 마땅히 지켜야 할 큰 의리를 따르려는 꿋꿋한 태도.

대:-이름씨 (代-) 명 <어>대명사(代名詞) ☞셈씨

대:인 (大人) 명 ①몸집이 큰 사람. 거인(巨人) ②'대인 군자(大人君子)'의 준말. ☞소인(小人)[1] ③신분이나 관직이 높은 사람. ④남의 아버지를 높이어 일컫는 말. ⑤'남'을 높이어 일컫는 말.

대:인 (代人) 명 ①-하다 자 남을 대신함. ②대리인

대:인 (代印) 명 -하다 자 남을 대신하여 도장을 찍음, 또는 찍은 그 도장.

대:인 (待人) 명 ①-하다 자 사람을 기다림. ②사람이나 무엇을 기다리는 사람.

대:인 (對人) 명 -하다 자 다른 사람을 상대하는 일. ¶ - 관계가 무난하다.

대:인=고권 (對人高權) [-꿘] 명 대인 주권(對人主權)

대:인=군자 (大人君子) 명 말과 행실이 바르고 점잖으며 덕이 높은 사람. 준 대인(大人)

대:인-권 (對人權) [-꿘] 명 상대권(相對權) ☞대세권(對世權)

대:-인기 (大人氣) [-끼] 명 대단한 인기.

대:인-난 (待人難) 명 약속을 하고 제때에 오지 않는 사람을 기다리는 괴로움과 안타까움.

대:인=담보 (對人擔保) 명 채무자의 신용으로 채무의 이행을 보증하는 일. ☞대물 담보

대:인=방어 (對人防禦) 명 농구 등에서, 각 선수가 상대 팀의 선수를 한 사람씩 맡아 수비하는 일. 맨투맨디펜스(man-to-man defence) ☞지역 방어

대:인-세 (對人稅) [-쎄] 명 인세(人稅)

대:인=신:용 (對人信用) 명 채권자가 채무자의 인품이나 지위 등을 믿고 따로 담보물을 취하지 않는 신용. ☞대물 신용

대:인=주권 (對人主權) [-꿘] 명 사람, 곧 국민에 대하여 행사하는 국가의 최고 권력. 대인 고권 ☞영토 주권

대:일-여래 (大日如來) 명 진언 밀교(眞言密教)의 본존(本尊). 우주의 실상을 구체적인 형상으로 나타내어 보이는 이지(理智)의 부처임.

대:일-조 (對日照) [-쪼] 명 갠 날 밤에 태양과 정반대 쪽의 황도(黃道) 위에 희미하게 보이는 빛.

대:임 (大任) 명 중대한 임무나 책임. 유 중임. 중책(重責)

대:임 (代任) 명 -하다 타 남을 대신하여 임무를 맡아 처리함, 또는 그 사람.

대:입 (代入) 명 -하다 타 ①다른 것을 대신 넣음. ②대수식(代數式)에서, 특정한 문자 대신으로 다른 수나 문자를 바꾸어 넣는 일. ¶ x에 3을 -하다.

대:입-법 (代入法) 명 연립 방정식을 푸는 방법의 한 가지. 어떤 특정한 수치 대신에 다른 수나 문자를 넣어서 해(解)를 구하는 방법. ☞등치법(等値法)

대-자 명 대로 만든 자. 죽척(竹尺)

대:자 (大字) 명 큰 글자. ☞소자(小字)

대:자 (大慈) 명 -하다 형 ①크게 자비로움. ②불교에서, 부처가 중생(衆生)을 사랑하는 마음이 큼을 이르는 말.

대:자 (代子) 명 가톨릭에서, 세례 성사나 견진 성사를 받는 남자를 그 대부에 상대하여 이르는 말. ☞대녀(代女)

대:자 (代赭) 명 ①'대자석(代赭石)'의 준말. ②'대자색(代

赭色)'의 준말. ③석간주(石間硃)
대:자(帶子)명 직물의 한 가지. 실을 꼬아 너비는 좁고 길이는 길며 두껍게 짠 것, 또는 그 직물로 짠 허리띠.
대:자(帶磁)명-하다자 자화(磁化)
대:자(對自)명 철학에서, 다른 것과의 관계 속에서 자기를 자각하고, 자기 자신과 대립하는 또 하나의 자아를 이르는 말. ☞즉자(卽自)
대:-자귀(大-)명 자귀의 한 가지. 자귀 가운데 가장 큰 것으로, 두 손으로 들고 서서 깎음. 선자귀. 큰자귀
대:자-녀(代子女)명 가톨릭에서, 대자(代子)와 대녀(代女)를 아울러 이르는 말. ☞대부모(代父母)
대-자리명 가늘게 쪼갠 댓개비를 엮어서 만든 자리. 죽석(竹席) ☞짚자리
대:자-보(大字報)명 큰 글자로 쓰어진 대형의 벽신문이나 벽보를 흔히 이르는 말.
대:자-색(代赭色)명 대자석(代赭石)의 빛깔과 같은, 적갈색과 황갈색에 가까운 어두운 붉은빛. 준대자(代赭)
대:자-석(代赭石)명 적철광(赤鐵鑛)의 한 가지. 점토를 많이 함유하여 흙과 같이 잘 부스러지며 빛깔은 붉은빛임. 안료(顔料)나 한방의 약재로 쓰임. 철주(鐵朱). 토주(土朱). 혈사(血師) 준대자(代赭). 자석(赭石)
대:-자연(大自然)명 넓고 큰, 위대한 자연. ¶ -의 신비.
대:-자재(大自在)명 ①속박이나 장애를 받지 않고 자유로운 일. 커다란 자유. ②'대자재천(大自在天)'의 준말.
대:-자재천(大自在天)명 불교에서, 대천세계(大千世界)를 다스리는 신을 이르는 말. 천주(天主) 준대자재(大自在). 자재천(自在天)
대:작(大作)[1]명 ①뛰어난 작품. 걸작(傑作) ②내용이 방대하고 규모가 큰 작품, 또는 그것의 제작. ¶평생을 바쳐 이룩한 -.
대:작(大作)[2]명-하다자 바람이나 구름, 아우성 소리 따위가 크게 일어남. ¶북풍이 -하다.
대:작(大斫)명 굵게 팬 장작. ☞소작(小斫)
대:작(大爵)명 높은 작위(爵位).
대:작(代作)명-하다타 ①남을 대신하여 작품을 만드는 일, 또는 그 작품. ②대파(代播)
대:작(對酌)명-하다자타 서로 마주하여 술을 마심. 대음(對飮) ☞독작(獨酌). 자작(自酌)
대:장명 ①'대장장이'의 준말. ②'대장일'의 준말.
대:장(大庄)명 큰 전답(田畓), 곧 많은 논밭을 이르는 말.
대:장(大壯)명 '대장괘(大壯卦)'의 준말.
대:장(大將)명 ①군대 계급의 하나. 장관급(將官級)으로 원수의 아래, 중장의 위. ☞사성 장군(四星將軍) ②조선 시대, 도성을 지키는 각 군영의 장수를 이르던 말. 장신(將臣) ③한 무리의 우두머리를 흔히 이르는 말. ¶골목 - ④일부 명사 다음에 쓰이어, 어떤 일을 잘하거나 즐겨 하는 사람을 놀리어 이르는 말. ¶싸움 -/욕 -
대:장(大腸)명 ①소화관(消化管)의 일부. 소장과 항문 사이의 부분. 소장보다 굵고 짧으며, 맹장(盲腸)·결장(結腸)·직장(直腸)의 세 부위로 이루어짐. 주로 수분을 흡수하며, 대변을 만듦. 큰창자 ☞소장(小腸) ②한방에서 이르는 육부(六腑)의 하나.
대:장(大檣)명 기선(汽船)의 두 돛대 가운데 뒤쪽에 있는 돛대. 선주기(船主旗)의 게양에 쓰임.
대:장(代將)명 대신하여 출전한 장수.
대:장(帶仗)명-하다자 무기를 몸에 지님.
대장(隊長)명 한 대(隊)를 지휘·통솔하는 사람.
대장(臺長)명 ①기상대·천문대 등과 같이 '대(臺)' 자가 붙는 기관의 책임자. ②조선 시대, 사헌부(司憲府)의 장령(掌令)과 지평(持平)을 달리 이르던 말.
대장(臺狀)명 신문의 한 면을 조판한 다음, 대교(對校)를 하기 위하여 간단히 박아낸 종이. 유교정지(校正紙)
대장(臺帳)명 ①어떤 사항을 근거가 되도록 일정한 양식으로 기록한 장부나 원부(原簿). ¶토지 - ②상업상의 모든 계산을 기록한 원부. ¶출납 -
대:장-간(-間)[-깐]명 풀무를 놓고 쇠를 다루어 온갖 연장을 만드는 곳. 단철장(鍛鐵場). 야장간(冶匠間)
속담 **대장간에 식칼이 논다** : 칼을 만드는 대장장이의 집에 오히려 식칼이 없다는 뜻으로, 어떠한 물건이 마땅히 있음직한 곳에 의외로 없거나 많지 않음을 이르는 말.
대:-장경(大藏經)명 일체의 불경을 통틀어 모은 경전, 곧 경장(經藏)·율장(律藏)·논장(論藏) 등을 모아 놓은 책. 일체경(一切經) 준장경(藏經)
대:장경=목판(大藏經木版)명 경상 남도 합천(陜川) 해인사(海印寺)에 있는 대장경의 목판.
대:장-괘(大壯卦)명 육십사괘(六十四卦)의 하나. 진괘(震卦) 아래 건괘(乾卦)가 놓인 괘로, 우레가 하늘에 있음을 상징함. 준대장(大壯) ☞진괘(晉卦)
대:-장군(大將軍)명 ①신라 시대, 무관의 으뜸 관직. ②고려 시대, 무관의 종삼품 벼슬. 상장군(上將軍)의 아래, 장군(將軍)의 위.
대:장-균(大腸菌)명 포유류의 창자 속에 사는 세균의 한 가지. 보통, 질병의 원인이 되지는 않으나 때로 방광염·신우염 등을 일으키기도 함.
대:장-기(大將旗)명 조선 시대, 군영의 대장이 군대를 지휘할 때 쓰던 군기.
대:-장부(大丈夫)명 건장하고 씩씩한 남자. 준장부(丈夫) ☞졸장부(拙丈夫)
대:-장선(大長線)명 마루 밑의 장선을 받치고 있는 나무.
대:장-염(大腸炎)[-념]명 대장에 생기는 염증.
대:장-인(大將印)명 지난날, 장수(將帥)가 가지던 도장.
대:장-일[-닐]명-하다자 쇠를 다루어 연장 따위를 만드는 온갖 일. 단야(鍛冶) 준대장
대:장-장이명 대장일을 직업으로 하는 사람. 야공(冶工). 야장(冶匠) 준대장
대장-준(臺狀準)명 조판한 뒤에 박아낸 대장을 교정지와 맞대어 보며 하는 교정.
대:장=카타르(大腸catarrh)명 대장에 생기는 카타르성 염증. 아랫배가 아프고 설사를 자주 함.
대:장-패(大將牌)명 포도대장(捕盜大將)이 차던 패.
대:재(大才)명 크게 뛰어난 재주, 또는 그런 재주를 지닌 사람. ☞소재(小才)
대:재(大災)명 큰 재앙.
대:재(大材)명 큰 인물, 또는 뛰어난 재주를 가진 사람.
대:재(大齋)명 '금식재(禁食齋)'의 구용어.
대:쟁(大箏)명 국악기 사부(絲部) 현악기의 한 가지. 중국에서 전래된 15현(絃)의 악기를 13현으로 변조한 것으로, 오늘날에는 쓰이지 않음.
대:저(大著)명 내용과 규모가 방대한 저술이나 저서.
대:저(大抵)부 대체로 보아. 무릇[2]
대-저울명 저울의 한 가지. 눈금이 있는 저울대 끝에 접시와 고리가 있어, 여기에 물건을 얹거나 달고 추를 좌우로 이동시켜 무게를 닮.
대:적(大賊)명 ①비싸고 귀한 것만 훔치는 도둑. ☞소적(小賊) ②무리가 많은 도둑. ③큰 잘못을 저지른 죄인.
대:적(大敵)명 수가 많거나 세력이 강한 적. ☞강적(強敵). 소적(小敵)
대:적(對敵)명-하다자타 ①적과 마주함. ②적으로 상대함. 저적(抵敵) ¶-할 태세를 갖추다.
대:전(大全)명 ①완전히 갖추어 모자람이 없음. ②어떤 분야에 관한 사항을 빠짐없이 모아 엮은 책. ¶성리(性理) - ③책 이름 뒤에 쓰이어, 언해(諺解)된 책의 원본임을 나타내는 말. ¶논어(論語) - ☞대감(大鑑)
대:전(大典)명 ①나라의 큰 의식(儀式). ②큰 법전.
대:전(大殿)명 ①지난날, 임금이 거처하던 궁전. 대내(大內) ②'대전 마마'의 준말.
대:전(大篆)명 한자(漢字)의 팔체서(八體書)의 하나. 중국 주(周)나라 때 태사(太史) 주(籒)가 만들었음. 전주(篆籒) ☞소전(小篆)
대:전(大戰)명-하다자 여러 나라가 넓은 지역에 걸치어 벌이는 큰 전쟁. ¶제2차 세계 -
대:전(代錢)명 물건 대신으로 주거나 받는 돈.
대전(垈田)명 ①텃밭 ②터와 밭.
대:전(帶電)명 물체가 전기를 띰.

대:전(對戰)[명]-하다[자] 맞서 싸움. ¶우승 팀과 ─하다.
대:전=마:마(大殿─)[명] 지난날, 임금을 높이어 일컫던 말. [준]대전(大殿)
대:전-승전색(大殿承傳色)[명] 조선 시대, 임금의 명령을 전달하던 내시부(內侍府)의 한 관직.
대:-전제(大前提)[명] 삼단 논법에서, 대개념(大概念)을 포함한 전제. 대개 첫째 전제임. ☞소전제(小前提)
대:전차-포(對戰車砲)[명] 적의 전차나 장갑차를 부수는 데 쓰는 대포.
대:전-체(帶電體)[명] 정전기(靜電氣)를 띠는 물체.
대:절(大節)[명] ①대의를 위하여 죽음으로써 지키는 절개(節槪). ②크게 빛나는 절개.
대:절(貸切)[명]-하다[타] 전세(專貰)
대:점(貸店)[명] '대점포(貸店鋪)'의 준말.
대:점(對點)[─쩜][명] 원(圓)이나 구(球)의 지름의 양끝에 있는 한 쌍의 점. 맞점
대:점(大漸)[어기] '대점(大漸)하다'의 어기(語基).
대:-점:포(貸店鋪)[명] 가게를 세놓음, 또는 세놓는 가게. [준]대점(貸店)
대:점-하다(大漸─)[형여] 임금의 병세가 점점 심해지다.
대:접[1][명] 위가 넓고 운두가 낮은, 숭늉이나 국 따위를 담는 그릇.
대:접[2][명] 소의 사타구니에 붙은 고기. 대접살
대:접(待接)[명]-하다[타] ①음식을 차려 손을 맞음. ☞접대 ¶융숭한 ─을 받다. ②마땅한 예로써 사람을 대우하거나 대함. ¶스승으로 모셔 깍듯이 ─하다.
대:접-감[명] 썩 굵은 종류의 납작감.
대:접-무늬[명] 대접 모양으로 크고 둥글게 놓은, 비단의 무늬.
×**대접-문**(─紋)[명] →대접무늬
대:접-받침[명] 풋집이나 단익공(單翼栱)·주삼풋집의 기둥 위에 끼워 공포(栱包)를 받치는, 넓적하게 네모진 나무토막. 대접소로. 주두(柱枓) ☞접시받침
대:접-살[명] 대접[2]
대:접-소:로(─小櫨)[명] 대접받침
대:접-쇠[명] 문장부가 들어가는 둔테의 구멍 가에 박는 편자 모양의 쇠. 마제철(馬蹄鐵)
대:접-자루[명] 소의 대접에 붙은 고기. 구이에 씀.
대:정(大正)[명] '대정자(大正字)'의 준말.
대:정(大定)[명]-하다[타] 일을 확실히 결정함.
대:정(大政)[명] ①지난날, 해마다 음력 십이월에 베풀던 도목 정사(都目政事). ☞소정(小政) ②서임(敍任)의 수효가 많은 정사. ③천하를 다스리는 정치.
대:정(大釘)[명] ①서까래를 거는 데나 대문짝에 박는 큰 못. ②대못
대:정-각(對頂角)[명] '맞꼭지각'의 구용어.
대:-정맥(大靜脈)[명] 몸의 각 기관에 흩어져 있는 피를 모아서 심장의 우심방(右心房)으로 들여보내는 두 개의 큰 정맥(靜脈). ☞대동맥(大動脈)
대:-정:자(大正字)[─짜][명] 알파벳의 대문자 인쇄체. A·B·C 따위. [준]대정(大正) ☞소정자(小正字)
대:정-코(大定─)[부] 결단코. 기어이 ¶─ 가야겠다.
대:제(大帝)[명] '황제(皇帝)'를 높이어 일컫는 말.
대:제(大祭)[명] ①성대히 지내는 제사. ②조선 시대, 종묘에서 사맹삭(四孟朔)의 상순과 납일(臘日)에 지내던 제사와, 사직에서 정월 첫 신일(辛日)에 지내던 제사 및 영녕전(永寧殿)에서 정월과 칠월의 상순, 중춘(仲春)·중추(仲秋)의 첫 무일(戊日)과 납일에 지내던 제사. 대제사(大祭祀). 대향(大享)
대:-제:사(大祭祀)[명] 대제(大祭)
대:-제:사장(大祭司長)[명] 크리스트교에서 구약 시대에 하느님에게 제사하는 일을 맡아보던 제사장들 중의 우두머리를 이르는 말. 대사제(大司祭)
대:-제:전(大祭典)[명] ①큰 제사 의식. ②큰 잔치.
대:-제학(大提學)[명] ①고려 시대, 예문관(藝文館)·보문각(寶文閣)·우문관(右文館)·진현관(進賢館)의 으뜸 관직. ②조선 시대, 예문관·홍문관(弘文館)·집현전(集賢殿)의 정이품 으뜸 관직.

대:조(大棗)[명] '대추[1]'의 딴이름.
대:조(大朝)[명] ①지난날, 왕세자가 섭정하고 있을 때의 임금을 일컫던 말. ②지난날, 조정(朝廷)에서 초하루나 보름날 아침에 하던 큰 조회(朝會).
대:조(大潮)[명] 간조와 만조 때의 해수면의 높이 차가 가장 클 때, 또는 그때의 밀물과 썰물. 매월 음력 보름과 그믐 무렵에 일어남. 사리[1]. 한사리 ☞소조(小潮)
대:조(帶鳥)[명] '때까치'의 딴이름.

대:조(對照)[명]-하다[타] ①둘 이상의 대상을 맞대어 같고 다름을 견주어 봄. ☞비준(比準) ¶사진과 실물을 ─해 보다. ②서로 두드러지게 달라서 대비됨. ¶서로 다른 두 색조가 재미있는 ─를 이루었다.
대:조-법(對照法)[─뻡][명] 수사법(修辭法)의 한 가지. 상반(相反)되는 사물을 맞세워 실상을 좀더 분명하게 나타내는 표현 방법. '인생은 짧고 예술은 길다.', '여자는 약하나 어머니는 강하다.', '흑(黑)과 백(白)'과 같은 표현법임.
대:조-적(對照的)[명] 서로 달라서 비교가 되는 것. ¶겉모습은 같으나 성격은 ─이다.
대:조-조각(大棗糙角)[명] 대추주악
대:조-차(大潮差)[명] 한사리 때의 간조(干潮)와 만조(滿潮)의 높이 차를 여러 해 동안 조사하여 평균한 값.
대:조-표(對照表)[명] 어떤 사항을 알아보기 쉽게 대조해 놓은 일람표. ¶대차 ─
대:족(大族)[명] 자손이 많고 세력이 있는 집안.
대:졸(大卒)[명] '대학교 졸업(大學校卒業)'을 줄여서 이르는 말.
대:종(大宗)[명] ①동성동본의 일가 가운데, 조상 때부터 대대로 맏이로만 이어져 내려온 계통. ②사물의 주류. ¶쌀이 농산물의 ─을 이룬다.
대:종(大腫)[명] 큰 종기.
대:종(大鐘)[명] 쇠로 만든 큰 종.
대:-종가(大宗家)[명] 여러 종가 중에서, 시조의 제사를 받드는 가장 큰 종가.
대:-종계(大宗契)[명] 문중(門中)의 각 종파 사람들이 모여 맺는 계(契).
대:종-교(大倧教)[명] 단군을 받드는, 우리 나라 고유의 종교. 조화신(造化神)인 환인(桓因), 교화신(教化神)인 환웅(桓雄), 치화신(治化神)인 환검(桓儉)의 삼위 일체인 '한얼님', 곧 하느님을 신앙의 대상으로 함.
대:-종백(大宗伯)[명] 조선 시대, '예조 판서(禮曹判書)'를 달리 이르던 말.
대:-종사(大宗師)[명] ①대종교에서, 성통공완(性通功完)한 사람을 높이어 이르는 말. 최고의 품계로, 교를 창시한 나철(羅喆)에게만 붙임. ②조계종(曹溪宗)에서, 비구(比丘) 법계의 첫째. ③원불교(圓佛教)에서, 교조(教祖)를 이르는 말.
대:-종손(大宗孫)[명] 대종가의 맏자손.
대:-종중(大宗中)[명] 큰 종중. 대개 5대 이상의 선조에서 갈린 자손들의 집안을 말함.
대좌(臺座)[명] 불상(佛像) 등을 모시는 대(臺).
대:좌(對坐)[명]-하다[자] 마주 대하여 앉음. [유]대안(對顔)
대:죄(大罪)[명] 크고 중한 범죄. 거죄(巨罪). 대범(大犯)
대:죄(待罪)[명]-하다[자] 죄인이 처벌을 기다림.
대:죄=거:행(戴罪擧行)[명] 지난날, 죄과(罪科)가 정해질 때까지 현직에 그대로 두고 일을 보게 하던 일.
대:주(大主)[명] 무당이 단골집의 바깥 주인을 일컫는 말. ☞계주(季主)
대:주(大洲·大州)[명] 매우 넓은 육지. 대륙(大陸)
대:주(大柱)[명] 방아의 굴대를 떠받치고 있는 네 기둥.
대:주(大酒)[명] 호주(豪酒)
대:주(大註)[명] 경서(經書) 등에, 원문과 같은 크기의 글자로 단 주석.
대:주(大蔟)[명] 태주(太蔟)
대:주(代走)[명] 야구에서, 본래의 주자(走者)를 대신하여 다른 선수를 주자로 뛰게 함.

대:주(貸株)명 주식의 신용 거래에서, 증권 회사가 고객에게 주식을 빌려 주거나 기관 투자자들 간에 주식을 빌려 주는 일.
대:-주객(大酒客)명 주량이 아주 큰 술꾼.
대:-주교(大主教)명 가톨릭에서, 대교구를 행정적으로 주관하는 최고 성직, 또는 그 직위에 있는 사람.
대:-주다 타 ①필요한 돈이나 물건 등을 끊이지 않게 마련해 주다. 조달하다 ¶학비를 —./물자를 —. ②알고자 하는 것을 알려 주다. ¶주소와 전화 번호를 —./공원으로 가는 길을 —. ③가르쳐 주다. ¶붓 다루는 법을 —. ④남에게 일러주다. ¶그가 한 짓이라고 친구에게 —.
대:-주자(代走者)명 야구에서, 본래의 주자(走者)를 대신하여 나간 선수. 핀치러너(pinch runner)
대:-주주(大株主)명 한 회사의 발행 주식을 많이 가지고 있는 사람. ☞소주주(小株主)
대-죽(—竹)명 한자 부수(部首)의 한 가지. '笑'·'等' 등에서 '竹'의 이름.
대중 명-하다 타 ①짐작으로 어림잡아 헤아림. ¶눈으로 —하다. ②어떠한 표준이나 기준으로 삼음. ¶사람의 키를 —하여 문 높이를 맞추다.
　대중(을) 삼다 관용 어림하는 표준으로 삼다.
　대중(을) 잡다 관용 대강 헤아려 짐작하다.
　대중(을) 치다 관용 어림하여 셈을 치다.
대:중(大衆)명 ①수가 많은 사람의 무리. 유 다중(多衆) ☞군중(群衆) ②사회를 구성하는 대다수의 사람. ☞공중(公衆). 민중(民衆) ③불가(佛家)에서, 많이 모인 중, 또는 비구·비구니·우바새·우바이를 통틀어 이르는 말.
대:중=가요(大衆歌謠)명 대중들이 즐겨 부르는 노래. 감각적·통속적·오락적인 가사와 곡조로 이루어짐. 유행가 ☞가요
대:중-공:양(大衆供養)명 불교에서, 신자들이 중들에게 음식을 차려서 대접하는 일을 이르는 말. ☞만발공양.
대:중=과:세(大衆課稅)명 수입이 적은 근로자 등 일반 대중에게 부담이 되는 조세. 소득세·소비세 따위.
대중-말 명 표준어(標準語)
대:중=매체(大衆媒體)명 '대중 전달 매체'의 준말.
대:중=목욕탕(大衆沐浴湯)명 개인이나 단체의 전용 목욕탕이 아닌, 일반 대중이 요금을 내고 이용할 수 있는 목욕탕. 준 대중탕 ☞공동 목욕탕
대:중=문학(大衆文學)명 대중성·상업성·오락성에 기초한 흥미 위주의 문학. ☞순수 문학. 통속 문학
대:중=문화(大衆文化)명 대중이 누리는 문화. 대중 사회를 기반으로 성립되며, 대량 생산·대량 소비를 전제로 하므로 상품화·획일화·저속화되는 경향이 있음.
대:중=사:회(大衆社會)명 대중이 모든 분야에 진출하여 그 기반을 이루는 사회. 매스소사이어티(mass society)
대:중=산림(大衆山林)명 절의 크고 작은 일들을 중들의 결의에 따라 처리하는 절.
대중-석(臺中石)명 석탑에서, 기단(基壇)의 중간 부분을 이루는 돌.
대:중-성(大衆性)[—썽]명 ①일반 대중이 공통적으로 갖고 있는 성질. ②대중의 기호와 성향에 맞는 성질.
대:중=소:설(大衆小說)명 일반 대중을 대상으로 하는, 흥미 위주의 소설. ☞순수 소설. 통속 소설
대:중=식당(大衆食堂)명 일반 대중이 싼값으로 간편하게 이용할 수 있도록 마련된 음식점.
대:중=심리(大衆心理)명 군중 심리(群衆心理)
대중-없:다[—업—]형 ①미루어 짐작할 수가 없다. ¶아버지의 귀가 시간은 —. ②어떠한 기준을 잡을 수가 없다. ¶인구 수가 나라마다 —.
　대중-없이 부 대중없게
대:중=오:락(大衆娛樂)명 대중이 널리 쉽게 즐기며 놀 수 있는 오락.
대:중=운:동(大衆運動)명 일정한 정치적·경제적·사회적 공동 목적을 달성하기 위하여 대중이 주체가 되어 단체로 하는 활동.
대:중=작가(大衆作家)명 대중 소설을 쓰는 사람.
대:중=잡지(大衆雜誌)명 대중을 상대로 발간하는 흥미 위주의 잡지.
대:중-적(大衆的)명 널리 일반 대중을 중심으로 한 것.
대:중=전달(大衆傳達)명 신문·잡지·라디오·텔레비전·영화 등, 대중 매체를 통하여 대량의 정보를 대중에게 널리 전달하는 일. 매스컴
대:중=전달=매체(大衆傳達媒體)명 대량의 정보를 대중에게 널리 전달하는 매체. 신문·방송·출판·영화 따위. 매스미디어(mass media) 준 대중 매체
대:중=조작(大衆操作)명 정치 권력을 가진 사람이 대중 매체 등을 이용하여 자신의 의도대로 교묘하게 대중을 조종하는 일.
대:중-처:소(大衆處所)명 중이 많이 사는 절을 이르는 말.
대:중-탕(大衆湯)명 '대중 목욕탕'의 준말.
대:중-판(大衆版)명 일반 대중을 상대로 대량으로 발행한 값싼 출판물.
대:중-화(大衆化)명-하다 자타 어떤 사물이 일반 대중 사이에 널리 퍼져 친근해짐, 또는 그렇게 되게 함.
대:증(對症)명 병의 증세에 대처함.
대:증(對證)명-하다 자 ①서로 마주하여 증거를 내세움. ②관계자를 대질시켜 증거 조사를 함.
대:-증광(大增廣)명 지난날, 왕실에 큰 경사가 있을 때 임시로 보이던 과거.
대:증-식(帶證式)명 삼단 논법의 한 가지. 대·소 전제 중 한쪽 또는 양쪽에 이유가 붙은 추론.
대:증=요법(對症療法)[—뇨뻡]명 병의 증세에 따라 적절한 처치를 하는 치료법. ☞병인 요법(病因療法)
대:지(大旨)명 대의(大意)
대:지(大地)명 ①〔하늘에 상대하여 이르는〕 넓고 큰 땅. ¶끝없는 —를 달린다./푸른 —. ②좋은 묏자리.
대:지(大志)명 원대한 뜻. 홍지(鴻志) ☞웅지(雄志)
대:지(大智)명 뛰어난 지혜. ☞대우(大愚)
대:지(代指)명 한방에서 이르는, 손가락 끝에 나는 독한 종기. 사두창(蛇頭瘡) ☞생인손
대지(垈地)명 ①지목(地目)의 하나. 건물을 짓는 데 쓰는 땅. 준 대(垈) ②주택을 짓는 데 쓰는 땅. 택지(宅地)
대:지(帶紙)명 지폐나 서류 따위의 다발 가운데를 감아 매는 데 쓰는 좁고 긴 종이. 띠종이
대:지(貸地)명 세를 받고 빌려 주는 땅. ☞차지(借地)
대지(臺地)명 주위의 지형보다 높고 평평한 땅. ☞탁상지(卓狀地)
대지(臺紙)명 그림이나 사진 따위를 붙일 때 그 밑바탕이 되는 두꺼운 종이.
대:지(對地)앞말 공중에서 지상, 해상에서 지상을 대함을 뜻하는 말. ¶— 속도
대:지=공:격(對地攻擊)명 공중에서 지상의 목표물을 향하여 하는 공격. ▷對의 속자는 対
대-지르다(—지르고·—질러)자르 찌를듯이 날카롭게 대들다.
대:지=속도(對地速度)명 항공기의 지면에 대한 속도. 실속(實速) ☞대기 속도(對氣速度)
대:-지주(大地主)명 넓은 땅을 소유한 사람. 큰 지주.
대:지=측량(大地測量)명 지구를 회전 타원체로 보고, 그 굽은 정도를 고려하여 하는 측량.
대-지팡이 명 대로 만든 지팡이. 죽장(竹杖)
대:직(大職)명 높은 지위. ¶—을 맡다.
대:직(代直)명-하다 타 숙직이나 일직 따위를 대신함, 또는 그런 사람. 대번(代番)
대:진(大陣)명 많은 군사로 이루어진 진영.
대:진(大震)명 큰 지진. ☞강진(強震)
대:진(代診)명-하다 타 담당 의사를 대신하여 진찰함, 또는 진찰하는 그 사람.
대:진(代盡)명-하다 자 제사지내는 대(代)의 수가 다함. 보통 4대까지의 조상의 제사를 지냄. 친진(親盡)
대:진(對陣)명-하다 타 ①양편 군사가 서로 마주하여 진을 침. ②놀이나 경기에서 편을 갈라 서로 맞섬.

대:질(對質)명-하다자 서로 어긋나는 말을 하는 두 사람을 대면시켜 진술하게 함.
대-질리다자 대지름을 당하다.
대:질=심문(對質審問)명 서로 어긋나는 말을 하는 원고·피고·증인 등을 대면시켜 따져 묻는 일.
대:-집행(代執行)명 행정에서, 강제 집행의 하나. 행정 관청의 명령을 받은 사람이 이를 이행하지 않을 경우, 행정 관청이 직접 또는 제삼자로 하여금 그 사람을 대신하여 행하고 비용을 징수하는 일. 대체 집행
대:짜(大-)명 같은 종류의 물건 중에서 가장 큰 것.
대:짜-배기(大-)명 대짜인 물건. 여럿 중에서 가장 큰 것. ¶수박을 -로 사다.
대-쪽명 ①대를 쪼갠 조각. 댓조각 ②성미나 절개 등이 곧은 것을 비유하여 이르는 말. ¶- 같은 사람.
대:차(大車)명 ①소 두 필이 끄는 큰 수레. ②'대차륜(大車輪)'의 준말.
대:차(大差)명 큰 차이. ☞소차(小差)
대:차(大借)명-하다자 약차(藥借)의 한 가지. 매우 독한 약을 먹어 힘을 굳세게 하는 일. ☞약차(藥借)
대:차(貸借)명 ①-하다타 꾸어 주거나 꾸어 옴. 차대(借貸) ②물건이나 돈을 빌린 사람이 빌려 준 사람에게 반환해야 하는 계약을 통틀어 이르는 말. 사용 대차·소비 대차·임대차를 말함. ③부기에서, 계정 계좌의 대변과 차변, 또는 그 분개(分介)를 이르는 말.
대:차=거래(貸借去來)명 증권 회사가 고객과의 신용 거래에 필요한 돈이나 주식을 증권 금융 회사에서 빌리는 일.
대-차다형 성미가 곧고 꿋꿋하며 세차다.
대:차=대:조표(貸借對照表)명 일정한 시점에서 기업의 재정 상황을 명백히 알 수 있게 나타낸 표. 차변(借邊)에 자산을, 대변(貸邊)에 부채와 자본을 기재함.
대:-차륜(大車輪)명 ①큰 수레바퀴. ②기계 체조의 한 가지. 양손으로 철봉을 잡고 몸 전체로 원을 그리며 크게 도는 운동. 준대차(大車)
대차-매듭명 끈으로 채반처럼 맺은 매듭.
대:차=차액(貸借差額)명 대변(貸邊)과 차변(借邊)의 차이 나는 금액.
대:찬(代撰)명-하다타 제찬(制撰)
대:찰(大札)명 남의 편지를 높이어 이르는 말.
대:찰(大刹)명 규모가 크거나 이름난 절. 거찰(巨刹). 대사(大寺)
대창명 소 따위 큰 짐승의 큰창자. ☞곱창
대-창(-槍)명 대를 깎아 만든 창. 죽창(竹槍)
대:창(大漲)명-하다자 강이나 시내 등이 불어서 넘침.
대:-창옷(大-)명 대창의(大氅衣)
대:-창의(大氅衣)명 조선 시대, 사대부(士大夫)가 평상시에 입던 창의의 한 가지. 소매가 넓고 길이가 길며 양쪽 겨드랑이 밑에 무가 없이 트이고, 아랫부분이 앞뒤 두 자락씩 네 자락으로 갈라져 있음. 대창옷
대:책(大冊)명 면수가 많아 두껍거나, 크기가 큰 책.
대:책(大責)명-하다타 몹시 꾸짖음, 또는 큰 꾸지람.
대:책(對策)명 ①어떤 일에 대응하는 계획이나 방법. ¶-을 세우다. ②조선 시대, 과거 시험의 한 과목. 그때 그때의 정치 문제를 주고 그 대책을 논하게 했음.
대:처(大處)명 도회지(都會地)
대:처(對處)명-하다자 어떤 일에 대하여 적당한 조처를 취함, 또는 그 조처.
대:-처:네명 이불을 쌓고 그 위에 덮는 보.
대:처-승(帶妻僧)명 아내가 있는 중. 화택승(火宅僧) ☞비구승(比丘僧)
대:척명-하다자 말대꾸
대:척(對蹠)명-하다자 어떤 일에 대하여 서로 정반대가 됨.
대:척-적(對蹠的)명 정반대가 되는 것. ¶물과 불의 성질은 -이다.
대:척-점(對蹠點)명 지구 표면의 한 지점과 지구의 중심점이 연결되는 직선의 연장이 지구의 그 반대쪽 표면과 만나는 점. 대척지(對蹠地)
대:척-지(對蹠地)명 대척점(對蹠點)
대:천(大川)명 큰 내, 또는 이름난 내.

속담 **대천 가의 논은 살 것이 아니다** : 큰 강가의 논은 비가 조금만 내리더라도 물이 져서 수해를 입기 쉽다는 말. /**대천 바다도 건너 봐야 안다** : 무엇이나 바로 알려면 실제로 겪어 보아야 한다는 말. [물은 건너 보아야 알고 사람은 지내 보아야 안다/길고 짧은 것은 대어 보아야 안다] /**대천 바다 육지 되어 행인(行人)이 다니거든** : 도저히 이루어질 가망이 없는 일이어서 기약할 수 없음을 이르는 말.
대:천(大闡)명 지난날, 문과의 전시(殿試)에 급제한 일을 이르던 말.
대:천(戴天)명 하늘을 머리에 인다는 뜻으로, '이 세상에 살고 있음'을 이르는 말.
대:-천문(大泉門)명 머리의 한가운데에서, 앞머리뼈와 윗머리뼈 사이에 있는 가장 큰 천문(泉門).
대:천-바다(大千-)명 매우 넓고 큰 바다.
대:-천세계(大千世界)명 불교에서, 중천세계(中千世界)의 천 배가 되는 세계를 이르는 말.
대:천지원수(戴天之怨讎)성구 불구대천지수
대:첩(大捷)명-하다자 크게 이김. 대승(大勝) ¶한산 -/행주 - ☞대패(大敗)
대-청명 대나무 줄기의 안벽에 붙은, 얇고 흰 꺼풀.
대:청(大靑)명 겨잣과의 두해살이풀. 줄기 높이 30~70cm로 바닷가에서 자람. 잎은 버들잎 모양이며 5~6월에 가지 끝이나 원줄기 끝에 노란 꽃이 총상(總狀) 꽃차례로 핌. 열매는 해독제·해열제로 쓰고, 잎과 줄기는 푸른 색 염료인 인디고 원료로 씀. 중국 원산으로 우리 나라 함경 남도 원산 이북에 분포함.
대:청(大廳)명 재래식 한옥에서, 방과 방 사이에 있는 큰 마루. 당(堂). 대청마루 준청(廳)
대:청(代聽)명-하다타 지난날, 왕세자가 왕을 대신하여 임시로 정치를 하던 일. 대리(代理)
대청(臺廳)명 지난날, 사헌부(司憲府)나 사간원(司諫院)에서 임금에게 아뢸 일이 있을 때 모여 회의하던 곳.
대:청-마루(大廳-)명 대청(大廳)
대:-청소(大淸掃)명-하다타 대규모로 하는 청소.
대:체(大體)명 사물의 기본적인 큰 줄거리. ¶일의 -를 알아보다. ☞대강. 대략
부 [주로 의문을 나타내는 말과 함께 쓰이어] 이러고저러고 간에 요점만 말하건대. 대관절. 도대체 ¶- 이유가 뭐냐?
대:체(代替)명-하다타 다른 것으로 바꿈. ¶계획안을 다른 것으로 -하다.
대:체(對替)명-하다타 어떤 계정의 금액을 다른 계정에 옮겨 적는 일.
대:체=계:정(對替計定)명 어떤 금액을 한 계정에서 딴 계정으로 대체하는 일, 또는 그 계정.
대:체-로(大體-)부 일반적으로. 전체로 보아서. 대략(大略) ¶- 장사가 잘 된다.
대:체-물(代替物)명 거래 관계에서, 같은 종류, 같은 품질, 같은 양의 물건으로 대신할 수 있는 것. 쌀·화폐·소금 등. ☞부대체물(不代替物)
대:체=식량(代替食糧)명 쌀이나 밀 등 주된 식량 대신 이용할 수 있는 식량. 고구마·감자·옥수수 따위.
대:체=에너지(代替energy)명 석유를 대신하여 이용되는 석탄·원자력·태양열 등의 에너지.
대:체=원칙(代替原則)명 같은 성질의 물건을 생산할 때, 되도록 비용이 적게 드는 생산 요소로 대신하는 원칙.
대:체-재(代替財)명 서로 대신하여 쓸 수 있는 관계에 있는 두 가지의 재화. 홍차와 커피, 만년필과 볼펜, 버터와 마가린 따위.
대:체=저:금(對替貯金)명 우편 저금의 절차에 따라 우체국에 계좌를 개설한 사람이, 우체국을 통하여 거래하는 다른 사람에게 거래 금액을 옮길 수 있도록 하는 저금. 먼 곳에 있는 사람에게 송금하는 데 편리함.
대:체-적(大體的)명 ①전체에서 대강의 요점만 나타낸 것. ¶-인 결론. ②대충 그러한 것. ¶-으로 쉬운 문

제가 출제되다.
대:체=전표(對替傳票)명 대체 거래에 쓰이는 전표.
대:체=집행(代替執行)명 대집행(代執行)
대:체=효:과(代替效果)명 같은 용도에 쓰이는 두 상품의 가격이 변하였을 때, 상대적으로 가격이 낮아진 상품 쪽으로 소비자의 수요가 늘어나는 일. 대용 효과
대:-초(大-)명 큰 초. ☞거촉(巨燭). 중초
대:초(大草)명 ①크게 쓴 초서(草書). ②알파벳의 필기체 대문자. ☞소초(小草)[1]
대:초열=지옥(大焦熱地獄)명 불교에서 이르는 팔열 지옥(八熱地獄)의 하나. 맹렬하게 불타는 쇠성〔鐵城〕·쇠집〔鐵室〕·쇠다락〔鐵樓〕 속에 들어가 가죽과 살이 타는 극심한 고통을 받는다고 함. 살생·도둑질·음행·음주·거짓말 등의 죄를 범한 자가 떨어진다고 함. 극열 지옥(極熱地獄)
대:-초원(大草原)명 매우 넓고 푸른 들판. 대평원(大平原)
대:촉(代促)어기 '대촉(代促)하다'의 어기(語基).
대:촉-하다(代促-)형여 한 세대(世代)의 햇수가 짧다.
대:촌(大村)명 큰 마을.
대:총(大塚)명 규모가 큰 옛 무덤. 큰 무덤.
대:총(大總)부 '대충'의 본딧말.
대:-총재(大冢宰)명 지난날, '이조 판서(吏曹判書)'를 달리 이르던 말.
대:추[1] 명 대추나무의 열매. 대조(大棗). 목밀(木蜜)[1]
대추 씨 같다 관용 몸집은 작으나 야무지고 단단하여 빈틈이 없는 사람을 비유하여 이르는 말.
대:추[2] 명 남이 쓰다가 물려준 물건.
대추-경단(-瓊團)명 찹쌀가루로 경단을 만들어 잘게 썬 대추를 묻혀 삶은 떡.
대:추-나무 명 갈매나뭇과의 낙엽 교목. 가지에는 무딘 가시가 있으며 6월경에 황록색의 작은 꽃이 핌. 잎은 달걀 모양이며 매끄러움. 열매는 가을에 황갈색으로 익는데 먹거나 약으로 씀. 우리 나라와 중국을 비롯한 아시아·유럽 등지에 분포함. 조목(棗木)
속담 **대추나무 방망이다** : 어려운 일에도 잘 견디는 단단하고 모진 사람을 비유하여 이르는 말./**대추나무에 연 걸리듯** : 여러 곳에 빚을 많이 짐을 비유하여 이르는 말.〔고슴도치 외 걸머지듯〕
대:추-미음(-米飮)명 대추와 찹쌀을 푹 삶아 체에 밭아서 쑨 미음.
대:추-벼 명 늦벼의 한 가지. 까끄라기가 없고 빛이 붉음.
대:추-주악 명 씨를 발라 낸 대추를 찧어 찹쌀 가루와 반죽한 것에, 꿀이나 설탕을 섞은 팥소를 넣고 납작하게 빚은 다음 기름에 지진 떡. 대조조각(大棗糙角)
대:추-죽(-粥)명 대추와 찹쌀을 고아서 쑨 죽. 마른 대추를 씻어 찹쌀과 섞어 물을 붓고, 약한 불에서 무르도록 끓인 다음 체에 밭아서 씨와 껍질을 걸러 내고 소금과 꿀로 간을 하여 먹음.
대:추-차(-茶)명 대추와 생강을 오래 달여 밭아서, 꿀을 타고 잣을 띄워 마시는 차.
대:추-초(-炒)명 대추를 푹 쪄서 계핏가루·꿀·참기름을 치고 버무려 대추 모양으로 만든 과자.
대:추-편포(-片脯)명 쇠고기를 다져 설탕·후춧가루·소금으로 양념하여 대추 모양으로 빚어 참기름을 발라 말린 음식. 대추포
대:추-포(-脯)명 대추편포
대:축(大祝)명 지난날, 종묘(宗廟)나 문묘(文廟) 제사에서 축문(祝文)을 읽던 사람, 또는 그 관직.
대:축(大畜)명 '대축괘(大畜卦)'의 준말.
대:축(對軸)명 대폭(對幅)
대:축-괘(大畜卦)명 육십사괘(六十四卦)의 하나. 간괘(艮卦) 아래 건괘(乾卦)가 놓인 괘로, 하늘이 산 가운데 있음을 상징함. 준 대축(大畜) ☞이괘(頤卦)
대:축척=지도(大縮尺地圖)명 축척의 크기가 1만분의 1, 2만 5천분의 1, 5만분의 1인 지도. ☞소축척 지도
대:춘(大椿)명 ①중국 고대의 전설에 나오는 장수(長壽)나무. ②사람의 장수를 축하할 때 쓰는 말.
대:춘(待春)명-하다자 봄을 기다림.
대:춘지수(大椿之壽)명 대춘의 수명이라는 뜻으로, 장수(長壽)를 이르는 말.
대:출(貸出)명-하다타 ①물건을 빌려 줌. ¶도서를 -하다. ②돈을 꾸어줌. ¶사업 자금을 -하다. ☞차입(借入)
대:출=초과(貸出超過)명 금융 기관에서 예금액에 비하여 과대하게 대출하는 일. 오버론(overloan)
대충 부 ①어림잡아 ¶- 스무 마리 정도./- 열 포기 정도. ②건성으로. 대강 ¶책을 - 읽다./감자를 - 찌다.
대:충(大蟲)명 '범'의 딴이름.
대:충(代充)명-하다타 대신하여 다른 사람이나 사물로 채움.
대충-대충 부 대강대강 ¶일을 - 끝내다.
대:취(大醉)명 술에 몹시 취함. 명정(酩酊)
대:-취:타(大吹打)명 지난날, 취타(吹打)와 세악(細樂)을 대규모로 갖추었던 군악(軍樂). 왕의 성밖 거둥 때, 총대장의 출입 때, 진문(陣門)의 개방·폐쇄 때, 육해군영의 의식 등에 연주되었음.
대:치(代置)명-하다타 어떤 것을 다른 것으로 바꾸거나 갈아 놓음. 개치(改置)
대:치(對峙)명-하다자 서로 맞서서 버팀. ☞대립(對立)
대:치(對置)명-하다타 마주 대하여 놓음.
대:치(大熾)어기 '대치(大熾)하다'의 어기(語基).
대:치-하다(大熾-)형여 기세가 크게 성하다.
대:칙(大則)명 근본이 되는 규칙. 큰 원칙.
대:침(大針)명 큰 바늘. ☞소침(小針)
대:침(大鍼)명 끝이 조금 둥글고 긴 침.
대:칭(大秤)명 백 근까지 달 수 있는 큰 저울. 근칭(斤秤) ☞소칭(小秤). 중칭(中秤)
대:칭(對稱)명 점·선·면 또는 이것들로 이루어진 도형이, 어떤 점·선·면을 사이에 두고 같은 거리에 서로 맞서는 일.
대:칭=도형(對稱圖形)명 한 점이나 직선을 사이에 두고, 서로 맞서는 위치에 있는 같은 모양의 두 도형. 맞선꼴 준 대칭형
대:칭-률(對稱律)명 $a=b$이면 $b=a$인 관계를 이르는 말.
대:칭-면(對稱面)명 대칭 관계에 놓인 두 입체 도형 사이의 평면. 맞선면
대:칭=배:사(對稱背斜)명 배사 구조의 한 가지. 양쪽의 지층(地層)이 반대 방향으로 기울고 그 대응하는 기울기가 같은 구조.
대:칭-식(對稱式)명 둘 이상의 문자를 포함하는 식에서, 그 중의 어떤 두 문자의 순서를 바꾸어도 값이 변하지 않는 식. 곧, $a^2+b^2+c^2$은 a, b, c에 대한 대칭식임.
대:칭=위치(對稱位置)명 이등분된 선분에 대하여 서로 대칭되는 자리.
대:칭=이동(對稱移動)명 도형을 점·직선·평면에 대하여 대칭이 되도록 옮기는 일.
대:칭-점(對稱點)[-쩜]명 대칭 관계에 놓인 두 도형 사이의 점.
대:칭-축(對稱軸)명 하나의 직선을 축으로 하여 두 도형이 선대칭일 때의 그 직선.
대:칭-형(對稱形)명 '대칭 도형'의 준말.
대-칼 명 대로 만든 칼. 죽도(竹刀)
대컨 부 대체로 보아. 무릇[2]
대:타(代打)명-하다자 ①야구에서, 정식 차례의 타자(打者)를 대신해서 치는 일. ②'대타자(代打者)'의 준말.
대:타-자(代打者)명 야구에서, 정식 차례의 타자를 대신해서 치는 선수. 핀치히터(pinch hitter) 준 대타(代打)
대:탁(大卓)명 매우 잘 차린 음식상.
대:-탈(大^頉)명 큰 탈. 큰 사고.
대-테 명 대를 쪼개어 결어 만든 테. 나무통이나 오지그릇 따위를 매는 데 쓰임.
대:토(代土)명-하다타 ①팔고 대신 장만한 땅. ②땅을 서로 바꾸는 일. 환지(換地) ③지주가 소작인이 부치던 땅을 떼고 대신 주는 땅.
대:-톱(大-)명 ①큰 동가리톱. ②큰톱
대-통(-桶)명 담뱃대에서, 담배를 담는 부분.

㊀속담 **대통 맞은 병아리 같다** : 남에게 얻어맞거나 너무나 뜻밖의 일을 당하여 정신이 멍한 모양을 이르는 말.
대-통(一筒)명 쪼개지 않고 짧게 자른 대의 도막.
대:통(大通)[1] 명 -하다 자 운수 따위가 크게 트임.
대:통(大通)[2] 명 조선 시대, 과거 시험이나 서당에서 성적을 매기던 등급의 하나. 대통(大通)·통(通)·약통(略通)·조통(粗通)·불통(不通)의 다섯 등급 가운데서 첫째 등급.
대:통(大桶)명 ①큰 통. ②소금을 많이 담은 큰 멱서리.
대:통(大統)명 왕위(王位)를 잇는 계통. ¶ -이 끊기다. ☞황통(皇統)
대:통령(大統領)명 공화국의 원수(元首). 행정부의 최고 직책으로 국가를 대표함.
대:통령-령(大統領令)명 대통령제에서, 법률에서 위임받은 사항과, 법률을 집행하기 위하여 필요한 사항에 관해 대통령이 내릴 수 있는 명령. ☞부령(部令). 총리령
대:통령-제(大統領制)명 민주 국가의 정부 형태의 한 가지. 대통령이 입법부의 간섭 없이 내각을 구성하여 책임을 지고 정책을 수행하는 제도. 대통령 중심제. 대통령 책임제 ☞의원 내각제(議員內閣制)
대:통령=중심제(大統領中心制)명 대통령제
대:통령=책임제(大統領責任制)명 대통령제
대:통-운(大通運)명 크게 트인 운수.
대:퇴(大腿)명 넓적다리
대:퇴-골(大腿骨)명 넓적다리뼈
대:퇴-근(大腿筋)명 넓적다리에 있는 근육.
대:퇴=사:두근(大腿四頭筋)명 사두 고근(四頭股筋)
대:파(大波)명 큰 파도.
대:파(大破)명 -하다 자타 ①크게 부서짐, 또는 크게 부서뜨림. ¶건물이 -하다. ②크게 쳐부숨. ¶적군을 -하다.
대:파(代播)명 -하다 타 모를 내지 못한 논에 다른 곡식의 씨를 뿌리는 일. 대용작(代用作). 대작(代作)
대:판(大一)명 ①'대판거리'의 준말. ②큰 도량. ③〔부사처럼 쓰임〕 크게. 대판거리로 ¶ - 싸우다.
대:판(大板)명 장농 등의 밑바닥에 대는 큰 널조각.
대:판(大版)명 사진이나 인쇄물 따위의 판의 크기가 큰 것. ☞소판(小版). 중판(中版)
대:판(代辦)명 -하다 타 ①남을 대신하여 갚아 줌. ②대신 사무를 처리함. 대무(代務)
대:판-거리(大一)명 크게 벌이거나 벌어진 판국. ¶동네 잔치를 -로 벌이다. ㊀대판
대:패 명 나무 표면을 곱게 밀어 깎는 연장.
대:패(大敗)명 -하다 자 ①크게 실패함. ②싸움이나 경기 따위에서 크게 짐. ¶농구 경기에서 상대팀에 -하다. ☞대승(大勝). 참패(慘敗)
대:패=아가리 명 대패에서 대팻밥이 나오는 구멍.
대:패-질 명 -하다 자 대패로 나무를 밀어 깎는 일.
대:팻-날 명 대패에 끼우는 쇠 날.
대:팻-밥 명 대패질할 때 깎이어 나오는 아주 얇은 나뭇조각. 포설(鉋屑)
대:팻-손 명 대팻집 위쪽에 가로 낸 손잡이.
대:팻-집 명 대팻날이 박히는 나무 틀.
대:-평원(大平原)명 ①넓고 평평한 들판. ②대초원
대:폐(大弊)명 큰 폐해(弊害).
대포 명 ①'대폿술'의 준말. ¶- 한 잔에 얼굴이 불그레해지다. ②'대폿잔'의 준말. ¶탁주를 -로 마시다.
대:포(大布)명 활을 쏠 때 쓰는 과녁의 한 가지. 무명 따위로 크게 만든 과녁. ☞소포(小布). 솔[4]. 중포(中布)
대포(大砲)명 ①화약의 힘으로 포탄(砲彈)을 쏘는 무기. ㊀포(砲) ②'거짓말', '허풍'의 곁말.
대포(를) 놓다 관용 ①허풍을 떨다. ②거짓말을 하다.

한자 **대포 포**(砲) 〔石部 5획〕 ¶포격(砲擊)/포병(砲兵)/포성(砲聲)/포수(砲手)/포탄(砲彈)

대포-알(大砲一)명 대포의 탄알.
대포-쟁이(大砲一)명 '거짓말쟁이', '허풍쟁이'의 곁말.
대:폭(大幅)명 ①천 따위의 큰 폭. 넓은 폭. ②〔부사처럼 쓰임〕 크게. 썩 많이. ¶버스 요금이 - 인상되다.
대:폭(對幅)명 한 쌍의 서폭(書幅)이나 화폭(畫幅). 대축(對軸)
대:폭-적(大幅的)명 정도가 매우 큰 것. 범위가 매우 넓은 것. ¶구성원을 -으로 줄이다. /-인 인사 이동.
대폿-술 명 큰 잔에 따라 마시는 술. ㊀대포
대폿-잔 명 막걸리나 약주 따위를 마실 때 쓰는 큰 술잔. ¶-에 막걸리를 가득 따르다. ㊀대포
대폿-집 명 술을 대폿잔에 부어 파는 술집.
대:표(代表)명 ①'대표자(代表者)'의 준말. ¶-를 선출하다. ②-하다 타 어떤 조직이나 단체를 대신하여 그 의사를 나타냄. ¶회사를 -하여 발언하다. ③-하다 타 전체의 상태나 성질을 잘 나타냄. ¶고려 청자는 고려 시대를 -하는 예술품이다.
대:표-값(代表一)[-깞] 명 통계에서, 자료의 특징이나 경향을 나타내는 수의 값. 최빈수·중앙값·평균값 따위.
대:표-권(代表權)[-꿘] 명 대표하는 권한.
대:표=민주제(代表民主制)명 국민이 대표 기관을 통해 간접적으로 정치에 참여하는 민주 정치 제도. 간접 민주제(間接民主制)
대:표-부(代表部)명 정식으로 국교를 맺지 않은 나라나 국제 기구 등에 설치하여, 정부를 대표하는 재외 공관(在外公館).
대:표=사:원(代表社員)명 합명 회사나 합자 회사에서 회사를 대표하는 권한을 가진 사원. 합명 회사의 각 사원, 합자 회사의 무한 책임 사원이 있음.
대:표-음(代表音)명 <어>한글의 자음이 음절(音節) 끝소리나 안울림소리 앞에서 발음될 때의 대표격인 음(音)을 이르는 말. 곧 'ㅅ·ㅆ·ㅈ·ㅊ'는 'ㄷ'으로, 'ㅋ·ㄲ'는 'ㄱ'으로, 'ㅍ'은 'ㅂ'으로 발음됨을 이름. '웃다[욷-]', '덖다[덕-]', '덮다[덥-]'로 발음되는 따위.
대:표=이:사(代表理事)명 이사회나 주주 총회에서 선임되어 회사를 대표하는 이사.
대:표-자(代表者)명 여러 사람을 대표하는 사람. ㊀대표
대:표-작(代表作)명 어떤 한 시대나 어느 작가의 특징이 가장 잘 나타나 있는 작품, 또는 그 가운데서 가장 뛰어난 작품. ¶'국화 옆에서'는 서정주의 -이다.
대:표-적(代表的)명 어떤 집단이나 분야에서 대표할만 하게 전형적이거나 두드러진 것. ¶-인 작품. /-인 예.
대:표=전:화(代表電話)명 회사나 기관 등에서 두 회선 이상의 전화를 가설한 경우, 그 가운데서 대표로 정한 전화 번호.
대푼 명 '돈 한 푼'이라는 뜻으로, 아주 적은 돈을 이르는 말.
대푼-변(一邊)[-뼌] 명 백 분의 일이 되는 이자.
대푼-짜리 명 ①돈 한 푼 값에 해당하는 물건. ②보잘것없는 물건.
대푼-쭝 명 한 푼의 무게.
대:-품(代一)명 받은 품 대신에 갚아 주는 품.
대:품(大品)명 성품(聖品) ☞칠품(七品)
대:품(代品)명 대용품(代用品)
대:풍(大風)명 세게 부는 바람. 큰바람
대:풍(大豐)명 곡식이 썩 잘된 풍작이나 풍년. ¶올해는 -이다. ☞대흉(大凶)
대:-풍류(大風流)명 국악에서, 피리나 대금과 같은 관악기가 중심이 되는 합주를 이르는 말. ☞줄풍류
대:풍-창(大風瘡)명 나병(癩病)
대:피(待避)명 -하다 타 위험을 일시적으로 피함. ¶홍수로 주민들이 -하다.
대:피-선(待避線)명 단선 궤도(單線軌道)에서, 한 열차가 지나는 동안 다른 열차가 잠시 피하여 있도록 옆에 만들어 놓은 선로.
대:피-소(待避所)명 ①비상시에 대피하도록 만들어 놓은 곳. ②철교나 터널 따위에 기차의 통과를 기다리도록 만들어 놓은 곳.
대:피-호(待避壕)명 적의 폭격이나 포격 등을 피하기 위하여 파 놓은 구덩이. ☞방공호(防空壕)
대:필(大筆)명 ①큰 붓. ②썩 잘 쓴 글씨나 시문(詩文).

대:필(代筆)명-하다타 남을 대신하여 글이나 글씨를 씀. 또는 그 쓴 글이나 글씨. 대서(代書) ¶편지를 －하다. ☞자필(自筆)
대:하(大河)명 ①큰 강. ②중국의 '황하(黃河)'를 달리 이르는 말. ☞장강(長江)
대:하(大廈)명 큰 집. 광하(廣廈). 대가(大家)
대:하(大蝦)명 보리새웃과의 새우. 몸이 크고, 몸빛은 연한 잿빛인데 푸른 잿빛 점무늬가 흩어져 있음. 얕은 바다의 진흙질 바닥에 삶. 우리 나라와 중국 등지의 근해에 분포함. 왕새우·홍하(紅蝦)
대:하(帶下)명 ①여성의 내부 생식기에서 분비되는 분비물. ②'대하증(帶下症)'의 준말.
대하(臺下)명 대의 아래. ☞대상(臺上)
대:하-고루(大廈高樓)명 규모가 큰 집과 높은 누각이라는 뜻으로, 웅장한 건물을 이르는 말.
대:-하다(對－)[1] 자여 주로 '대한', '대하여'의 꼴로 쓰이어 ①'대상으로 하는', '대상으로 하여'의 뜻을 나타냄. ¶사건에 대한 조사가 이루어지다./청소년 문제에 대하여 토론하다./환경에 대한 관심이 높아지다./자식에 대한 부모의 사랑. ②'대응하는', '대응하여'의 뜻을 나타냄. ¶노동에 대한 대가./질문에 대한 대답.
대:-하다(對－)[2] 타여 ①마주하여 보다. ¶얼굴을 대하고 앉다. ②만나거나 상대하다. ¶사람을 대할 기회가 많다. ③어떤 태도를 보이다. ¶손을 친절하게 －.

한자 대할 대(對) 〔寸部 11획〕 ¶대담(對談)/대면(對面)/대비(對備)/대인(對人) ▷속자는 対

대:하=소:설(大河小說)명 소설의 한 형식. 여러 대에 걸친 시대 배경, 많은 등장 인물, 사건의 중첩 등을 특징으로 하는 방대한 분량의 소설.
대하-전:유어(大蝦煎油魚)명 대하의 껍질을 벗기고 뜨거운 증기에 잠깐 익히어 얇게 저민 다음, 밀가루를 묻히고 달걀을 풀어 씌워 지진 음식.
대:하-증(帶下症)[－쯩]명 한방에서, 여성의 내부 생식기에서 분비되는 분비물이 질(膣) 밖에까지 흘러나오는 상태를 병증으로 이르는 말. 냉(冷) 준대하(帶下) ☞백대하(白帶下)
대:학(大學)[1]명 ①고등 교육 기관의 하나. 학교 제도의 마지막 단계인 최고 교육 기관으로, 학술 연구와 지도적 인격 도야 등을 목적으로 함. ②단과 대학(單科大學)
대:학(大學)[2]명 중국 유교(儒教) 경전의 하나. 본디 '예기(禮記)' 중의 한 편이던 것을 송나라 때 사서(四書)의 하나로 삼음. 지은이와 연대에 대해서는 여러 설이 있음.
대:학-가(大學街)명 ①대학이 있는 거리. ②대학을 중심으로 이루어진 사회.
대:학-교(大學校)명 종합 대학을 단과 대학과 구별하여 이르는 말. 종합 대학은 자연계가 포함된 세 개 이상의 단과 대학과 대학원이 있어야 함.
대:학=병:원(大學病院)명 의과 대학에 딸려 있는 병원.
대:학-생(大學生)명 대학에 다니는 학생.
대:학언:해(大學諺解)명 조선 선조의 명에 따라, 교정청(校正廳)에서 '대학'을 한글로 풀이하여 선조 21년(1588)에 펴낸 책. 1권 1책.
대:학-원(大學院)명 대학을 졸업한 사람이 학술이나 기예(技藝)를 좀더 자세히 연구하는 곳. 석사 학위 과정과 박사 학위 과정이 있음.
대:학원-생(大學院生)명 대학원에 다니는 사람.
대:학율곡언:해(大學栗谷諺解)명 조선 선조 9년(1576)에 이이(李珥)가 왕명에 따라 '대학'에 토를 달고 한글로 풀이한 책. 필사본이 전하다가 영조 25년(1749)에 홍계희(洪啓禧)가 간행함. 1권 1책.
대:-학자(大學者)명 학식이 매우 뛰어난 사람.
대:한(大汗)명 지난날, 몽골 민족의 황제를 이르던 말.
대:한(大旱)명 큰 가뭄. ☞장한(長旱)
속담 대한(大旱) 칠 년에 비 바라듯 : 몹시 간절히 기다린다는 뜻.
대한(大寒)명 ①매우 심한 추위. ②이십사 절기(二十四節氣)의 하나. 소한(小寒)과 입춘(立春) 사이의 절기로, 양력 1월 21일께. ☞우수(雨水)
속담 대한이 소한 집에 가서 얼어 죽는다 : 대한 때보다도 소한 무렵이 더 추움을 이르는 말.
대:한(大韓)명 ①'대한 민국(大韓民國)'의 준말. ②'대한제국(大韓帝國)'의 준말.
대:한문전(大韓文典)명 조선문전(朝鮮文典)
대:한=민국(大韓民國)명 우리 나라의 이름. 준대한(大韓). 한(韓). 한국(韓國)
대:한=민국=임시=정부(大韓民國臨時政府)명 1919년 기미 독립 운동 직후 중국 상해에서 임시로 조직하여 선포한 우리 나라 정부. 광복 때까지 항일 운동의 중심 기관이었음. 상해 임시 정부
대:한불갈(大旱不渴)성구 내나 논, 못 따위가 물이 넉넉하여 아무리 가물어도 마르지 않음을 이르는 말.
대:한=약전(大韓藥典)명 우리 나라 의약품 법전. 준약전
대:한=제국(大韓帝國)명 조선 고종 34년(1897)에 새로 정하여 1910년 한일 병합 전까지 썼던 우리 나라 이름. 왕을 황제(皇帝)라 일컫고, 연호(年號)를 광무(光武)라 하였음. 준대한(大韓). 한(韓). 한국(韓國)
대:함(大喊)명 크게 외치는 목소리. 고함(高喊)
대:함(大艦)명 큰 군함(軍艦).
대:합(大蛤)명 백합과의 조개. 조가비는 둥근 세모꼴이며 매끄럽고, 길이 10cm, 높이 7cm, 폭 4cm 안팎임. 몸빛은 보통 회백색에 적갈색의 세로무늬가 있으며, 안쪽은 흼. 대합조개. 무명조개
대:합-숙회(大蛤熟膾)명 대합을 반숙하여 초고추장에 찍어 먹는 음식.
대:합-실(待合室)명 역이나 병원 등에 사람들이 기다리면서 쉴 수 있도록 시설해 놓은 곳.
대:합-조개(大蛤－)명 대합
대:합-죽(大蛤粥)명 대합과 쌀로 쑨 죽. 대합의 살로 맑은장국을 끓이다가 쌀을 넣고 쑤거나, 대합을 그대로 푹 고다가 쌀을 넣고 쑴.
대:항(對抗)명-하다자타 맞서서 버티거나 겨룸. ¶반 －배구 경기./끝까지 －하다.
대:항-력(對抗力)명 ①대항하는 힘. ②법률에서, 이미 성립된 권리 관계를 다른 사람에게 주장할 수 있는 힘.
대:항-로(對抗路)명 요새전(要塞戰)에서, 공격하는 편이 갱도(坑道)를 뚫는 데 대항하기 위하여 방어하는 편이 뚫는 갱도.
대:항=연:습(對抗鍊習)[－년－]명 군대를 두 편으로 갈라서 한 편을 적군으로 가정하고 하는 전투 연습.
대:항=요건(對抗要件)[－뇨껀]명 ①대항할 수 있는 조건. ②법률에서, 이미 발생한 권리 관계를 남에게 주장하는 데 필요한 조건. 등기나 등록, 통지 따위.
대:항-전(對抗戰)명 운동이나 무예 등에서 서로 맞서 승패를 겨루는 일.
대:항-책(對抗策)명 대항할 방법이나 꾀.
대:해(大害)명 큰 재해나 손해.
대:해(大海)명 넓은 바다.
대:해-수(大海水)명 육십갑자의 임술(壬戌)과 계해(癸亥)에 붙이는 납음(納音). ☞해중금(海中金)
대:해일적(大海一滴)[－쩍]성구 큰 바다에 떨어진 한 방울의 물이라는 뜻으로, 매우 적은 것 또는 보잘것없는 존재를 비유하여 이르는 말. ☞창해일속(滄海一粟)
대:행(大行)명 ①큰 덕행. ②조선 시대, 왕이나 왕비가 죽은 뒤 시호(諡號)를 정하기 전의 칭호.
대:행(大幸)명 크게 다행한 일.
대:행(代行)명-하다타 어떤 일을 대신하여 함. ¶업무를 －하다. ☞섭행(攝行)
대:행=기관(代行機關)명 어떤 기관이나 개인이 할 일을 대신하여 하는 기관.
대:-행성(大行星)명 ①수성·금성·지구·화성·목성·토성·천왕성·해왕성·명왕성의 아홉 개 행성을 이르는 말. ☞소행성 ②지구보다 큰 목성·토성·천왕성·해왕성, 곧 목성형 행성을 이르는 말. 대유성(大遊星)

대:향(大享) 명 대제(大祭)

대:향(大饗) 명 지난날, 임금이 특별한 경축 행사에서 베풀던 성대한 잔치.

대:향-범(對向犯) 명 형법에서, 상대편이 있어야 성립되는 범죄. 수뢰죄(受賂罪) 따위. 대립적 범죄

대:헌(大憲) 명 '대사헌(大司憲)'의 준말.

대:-헌:장(大憲章) 명 영국 입헌 정치의 토대가 된 '마그나 카르타(Magna Carta)'를 우리말로 옮긴 말.

대:현(大賢) 명 매우 어질고 학식이 높은 사람.

대:형(大兄) 명 ①편지 글에서, 벗을 높이어 그 이름 뒤에 쓰는 말. ②대종교(大倧教)에서, 사교(司教)·정교(正教)의 교직을 가진 사람을 높이어 이르는 말.

대:형(大形) 명 크기가 큰 것. ¶ - 경기장/- 구조물 ☞소형(小形)

대:형(大型) 명 규격이나 규모가 큰 것. ¶ - 자동차/- 선박 ☞소형(小型)

대형(隊形) 명 여럿이 질서 있게 늘어선 형태. ¶ -을 갖추다./전투 -

대:형가(大兄加) 명 고구려의 14관등 중 일곱째 등급. ☞발위사자(拔位使者)

대:형-기(大型機) 명 수송기나 여객기 등과 같이 비교적 기체(機體)가 큰 비행기.

대:형-주(大型株) 명 자본금의 규모가 큰 회사의 주식. ☞소형주(小型株)

대:형-화(大型化) 명 -하다 자타 사물의 크기나 규모가 크게 됨, 또는 사물의 크기나 규모를 크게 함. ¶ 건물의 -./서점을 -하다.

대:호(大戶) 명 식구 수가 많고 살림이 넉넉한 집안.

대:호(大呼) 명 -하다 타 큰소리로 부름.

대:호(大虎) 명 큰 범.

대:호(大湖) 명 큰 호수.

대:호(大豪) 명 큰 부자(富者).

대:호(對壕) 명 적의 사격을 피하면서 공격할 수 있도록 파 놓은 구덩이.

대:호-지(大好紙) 명 한지(韓紙)의 한 가지. 폭이 넓고 길이가 길며, 품질이 좀 낮음. 조선 시대에 시권(試券) 용지로도 쓰였음. ☞소호지(小好紙)

대:혹(大惑) 명 -하다 자 무엇에 몹시 반함.

대:혼(大婚) 명 임금의 혼인을 이르는 말.

대:혼=기간(待婚期間) 명 법률에서, 여자가 혼인 관계 해소일(解消日)로부터 일정한 기간이 지나지 아니하면 재혼할 수 없도록 정한 기간. 이 기간 중 임신한 아이의 친부(親父)를 명확히 하기 위한 것으로, 지금의 법률에서는 6개월로 되어 있음.

대:홍(大紅) 명 도자기의 겉면에 입히는 잿물의 한 가지. 짙은 붉은빛임.

대:화(大火) 명 큰 화재 ☞소화(小火)

대:화(大禾) 명 가화(嘉禾)

대:화(大禍) 명 큰 재화(災禍).

대:화(帶化) 명 -하다 자 식물의 줄기 따위가 비정상적으로 납작하게 되는 일. 사철나무·산나리 등에서 볼 수 있음.

대:화(對話) 명 -하다 자 마주 대하여 말함. 대어(對語). 대언(對言) ¶ -를 나누다.

대:화-극(對話劇) 명 대화를 중심으로 구성된 극(劇).

대:화-문(對話文) 명 대화 형식으로 된 글.

대:화-법(對話法)[-뻡] 명 ①대화하는 방법. ②대화를 거듭하는 가운데 질문을 던져 상대편의 대답에 모순이 있음을 지적함으로써, 상대편이 스스로 무지(無知)를 깨닫고 진리를 알도록 이끄는 방법. 문답법(問答法)

대:-화상(大和尙) 명 ①'중'을 높이어 이르는 말. ②나이가 많고 덕이 높은 화상(和尙).

대:화-자(對話者) 명 ①대화하는 사람. ②법률에서, 상대편이 의사 표시를 하면 그것을 바로 알 수 있는 상태에 있는 사람을 이르는 말. ☞격지자(隔地者)

대:화-체(對話體) 명 사람이 서로 이야기를 주고받는 형식으로 된 문장. 회화체(會話體)

대:환(大患) 명 ①큰 근심. ②큰 병.

대:-환영(大歡迎) 명 -하다 타 오는 사람을 매우 기쁘고 반갑게 맞이하는 일.

대:황(大黃) 명 한방에서, 장군풀의 뿌리를 약재로 이르는 말. 대소변이 잘 통하지 않는 병이나 어혈(瘀血) 등에 쓰임.

대:-황락(大荒落) 명 고갑자(古甲子)에서, 십이지(十二支)의 여섯째인 '뱀'을 이르는 말.

대:황-봉(大黃蜂) 명 '말벌'의 딴이름.

대:황-신(大皇神) 명 한배검

대:회(大會) 명 ①큰 모임이나 회의. ¶ 궐기 - ②기술이나 재주 등을 겨루는 큰 모임. ¶ 글짓기 -/체육 -

대:회-장(大會場) 명 대회를 여는 곳.

대:회전=경:기(大回轉競技) 명 스키 경기의 하나. 비탈진 코스의 곳곳에 세운 깃대를 통과하면서 활강한 속도로 승패를 겨룸.

대:-회향(大茴香) 명 한방에서, 회향의 익은 열매를 약재로 이르는 말. 산증(疝症)·각기(脚氣)·위장병·구토 등에 쓰임. 회향(茴香)

대:효(大孝) 명 ①지극한 효성, 또는 지극한 효자. ②부모의 상중(喪中)에 있는 사람에게 쓰는 편지에서 그 사람을 높이어 이르는 말.

대:효(大效) 명 큰 효험. ¶ -를 얻다.

대:후(待候) 명 -하다 타 웃어른의 명령을 기다림.

대-후비개 명 담뱃대의 대통 속을 후비는 데 쓰는 작은 쇠갈고리.

대:훈(大訓) 명 ①본받을만 한 훌륭한 교훈. ②지난날, 임금이 백성에게 하던 훈시(訓示).

대:훈(大勳) 명 '대훈로(大勳勞)'의 준말.

대:훈(帶勳) 명 -하다 자 훈위(勳位)나 훈장을 가지고 있음.

대:-훈로(大勳勞) 명 국가에 대한 큰 공로. 대공(大功) 준 대훈(大勳)

대:휴(代休) 명 휴일에 일한 대신으로 평일에 얻는 휴가.

대:흉(大凶)[1] 명 큰 흉년. 살년(殺年) ☞대풍(大豊)

대:흉(大凶)[2] 어기 '대흉(大凶)하다'의 어기(語基).

대:흉-근(大胸筋) 명 척추동물의 가슴 부위에 있는 삼각형의 크고 넓은 근육. 팔 운동과 호흡 운동에 관계함.

대:흉-하다(大凶-) 형여 아주 흉악하다.

대:흑(黛黑) 명 눈썹을 그리는 먹.

대:흑-색(帶黑色) 명 거무스름한 빛깔.

대:희(大喜) 명 -하다 자 크게 기뻐함, 또는 큰 기쁨.

댁(宅)[1] 명 상대편을 높이어 그 가정이나 집을 이르는 말. ¶ 선생님 -/-이 어딘가요?

댁(宅)[2] 명 지난날, 양반이 하인에게 자기 집을 이르던 말.

댁(宅)[3] 대 나이가 서로 비슷한 사람이나 그 손아랫사람에게 이름 대신 부르는 말. 당신 ¶ -의 직업은 뭐요?

댁(宅)[4] 의 남편의 성과 직함 또는 친족 호칭에 붙이어, 그의 '아내'를 이르는 말. ¶ 윤 과장 -/처남 -

댁내(宅內) 명 상대편을 높이어 그의 집안을 이르는 말. ¶ - 두루 평안하신지요?

댁네(宅-) 명 나이가 비슷한 친구나 손아랫사람의 '아내'를 이르는 말.

댁대구루루 부 동글고 단단한 물건이 단단한 바닥에 떨어져 튀었다가 천천히 구르는 소리, 또는 그 모양을 나타내는 말. ☞댁데구루루. 땍때구루루

댁대굴-거리다(대다) 자 댁대굴댁대굴 소리가 나다. ☞댁데굴거리다. 땍때굴거리다

댁대굴-댁대굴 부 동글고 단단한 물건이 단단한 바닥에 자꾸 부딪히면서 천천히 구를 때 나는 소리, 또는 그 모양을 나타내는 말. ☞댁데굴댁데굴. 땍때굴땍때굴

댁-대:령(宅待令) 명 -하다 자 지난날, 지체 높은 집안에 자주 불려가서 일을 하곤 하는 사람이, 부르기를 기다릴 것 없이 대령이라도 하듯이 그 집에 자주 드나드는 일을 이르던 말.

댁-사:람(宅-) 명 지난날, 지체 높은 집안의 주인을 높이어 그 집에 자주 드나드는 사람을 이르던 말. 그 사람이 사는 동네나 관직 이름 다음에 썼음. ¶ 가회동 -./이대감 -.

댄디즘(dandyism)명 세련된 복장과 몸가짐으로 정신적 우월을 은연중에 과시하는 경향. 19세기 초 영국 사교계의 청년 사이에 유행했으며, 프랑스로 건너가서는 예술가의 자존심을 보여 주는 정신적 귀족주의로 변모함.
댄서(dancer)명 ①무용가(舞踊家) ②춤 추는 일을 직업으로 삼는 사람.
댄스(dance)명 ①서양식 춤. ②'사교 댄스'의 준말.
댄스홀:(dance hall)명 사교 댄스를 출 수 있도록 마련된 곳. 무도장(舞蹈場)
댐(dam)명 발전(發電)·수도(水道)·관개(灌漑) 등의 목적으로, 강물이나 바닷물을 막아 돌이나 콘크리트 등으로 쌓아 올린 큰 둑. 언제(堰堤). 제언(堤堰)
댐:-나무명 목기나 가구 등에 마치질할 때, 마치 자국이 나지 않게 덧대는 나무.
댐식=발전(dam式發電)[-쩐]명 하천의 물을 댐으로 가로막아 물의 낙차(落差)를 이용하여 발전하는 방식. ☞ 수로식 발전(水路式發電)
댑싸리명 명아줏과의 한해살이풀. 줄기 높이는 1m 안팎. 잎은 가늘고 길며 끝이 뾰족함. 7~8월에 연녹색이나 붉은빛의 꽃이 잎겨드랑이에서 핌. 우리 나라 각처에서 자라는데, 어린잎은 먹을 수 있고, 줄기는 비를 만듦. 씨는 한방에서 '지부자(地膚子)'라 하여 강장제나 이뇨제로 쓰임. 지부(地膚)
속담 **댑싸리 밑의 개 팔자** : 더운 여름날 그늘에 누워 있는 개처럼 남부러울 것 없이 마음 편한 팔자를 이르는 말.
댑싸리-비명 댑싸리로 만든 비.
댓:수 ①다섯 가량. ¶일꾼 ―이 모이다. ②〔관형사처럼 쓰임〕다섯 가량의. ¶― 집./― 개.
댓-가지명 대나무의 가지.
댓-개비명 대를 쪼개어 잘게 깎은 개비.
댓-고리명 대오리를 결어 옷 따위를 넣도록 만든 상자.
댓-닭명 닭의 한 품종. 대개 몸집이 크고 뼈대가 튼튼하며 근육이 발달했음. 힘이 세어 싸움은 잘하나 알을 많이 낳지 못함.
댓-돌(臺―)명 ①지붕의 낙숫물이 떨어지는 곳에 흙이 패지 않도록 돌려 가며 놓은 돌. 대석(臺石). 첨계(檐階). 툇돌 ②섬돌
댓바람-에[댄―]부 단번에. 서슴없이 곧. 댓바람으로 ¶일을 ― 해치우다.
댓바람-으로[댄―]부 댓바람에
댓-살명 대를 가늘게 쪼갠 오리.
댓:-새[댄―]명 닷새 가량.
댓-속명 ①대의 속. ②대의 속 부스러기.
댓-잎[-닢]명 대나무의 잎. 죽엽(竹葉)
댓-조각명 대를 쪼갠 조각. 대쪽
댓-줄기명 대나무의 줄기.
댓-진(―津)명 담뱃대 구멍에 낀 진.
속담 **댓진 먹은 뱀** : 뱀이 댓진을 먹으면 즉사하는 데서, 이미 운명이 다한 사람을 이르는 말.
댓진=구새(―津―)명 댓진처럼 검고 윤이 나는 구새.
댓-집명 담뱃대의 설대에 맞추게 되어 있는 물부리와 통의 구멍.
댓:-째[댄―]수 다섯째쯤 되는 차례.
-댔자어미 '-다 했자'가 줄어든 말. '-다 해 봤자'의 뜻으로 쓰임. ¶받았댔자, 얼마나 될까?/길댔자 한 해이다.
댕부 작은 쇠붙이나 종 따위를 가볍게 칠 때 낮게 울리어 나는 소리를 나타내는 말. ☞뎅. 땡²
댕:가리명 씨가 달린 채 말리는 무나 배추 따위의 꽃줄기.
댕:가리-지다형 성질이 깜찍하고 야무지다.
댕강부 ①작은 쇠붙이 따위가 단단한 물체에 가볍게 부딪힐 때 맑게 나는 소리를 나타내는 말. ②가는 물체가 단번에 부러지거나 떨어져 나가는 모양을 나타내는 말. ¶숟가락을 ― 부러뜨리다. ☞뎅겅. 땡강
댕강-거리다(대다)자타 자꾸 댕강 소리가 나다, 또는 그런 소리를 내다. ☞뎅겅거리다. 땡강거리다
댕강-댕강부 댕강거리는 소리를 나타내는 말. ☞뎅겅뎅겅. 땡강땡강
댕그랑부 ①작은 방울이나 종 따위가 가볍게 흔들릴 때 맑게 울리어 나는 소리를 나타내는 말. ¶방울이 ― 울리다. ②작은 쇠붙이 따위가 다른 쇠붙이에 가볍게 한 번 부딪힐 때 맑게 울리어 나는 소리를 나타내는 말. ¶자선 냄비에 동전을 ― 떨어뜨렸다. ☞뎅그렁. 땡그랑
댕그랑-거리다(대다)자타 댕그랑 소리가 나다, 또는 그런 소리를 내다. ☞뎅그렁거리다. 땡그랑거리다
댕그랑-댕그랑부 댕그랑거리는 소리를 나타내는 말. ☞뎅그렁뎅그렁. 땡그랑땡그랑
댕글-댕글부 막힘 없이 글을 잘 읽어 나가는 소리를 나타내는 말. ¶― 책 읽는 소리. ☞뎅글뎅글
댕기명 한복을 입을 때, 미혼인 여자의 길게 땋은 머리 끝에 드리는 장식용 끈이나 헝겊.
댕기다¹ 자 불이 옮아 붙다. ¶짚북데기에 불이 ―.
댕기다² 타 불을 옮겨 붙이다. ¶장작에 불을 ―.
댕기-물떼새명 물떼샛과의 새. 몸길이 32cm 안팎. 뒷머리에는 5~7cm의 가늘고 긴 장식 깃이 있음. 몸빛은 얼굴에서 위 가슴에 이르는 부분이 검은빛, 몸 아래 부분이 흰빛이며, 등 쪽은 금빛이 도는 녹색임. 유럽과 아시아 북부에서 번식하며, 우리 나라와 일본, 유럽 남부, 북아프리카 등지에서 겨울을 남. 푸른도요
댕기-풀이명-하다자 지난날, 관례(冠禮)를 지낸 사람이 벗들에게 한턱내는 일을 이르던 말.
댕-댕¹ 부 작은 쇠붙이나 종 따위를 자꾸 가볍게 칠 때 낮게 울리어 나는 소리를 나타내는 말. ☞뎅뎅. 땡땡¹
댕댕² 부-하다형 살가죽 따위가 단단하게 부풀어 있는 모양을 나타내는 말. ¶종아리에 ―하게 알이 박이다. ☞딩딩. 땡땡. 탱탱
댕댕-거리다(대다)자타 댕댕 소리가 나다, 또는 그런 소리를 내다. ☞뎅뎅거리다. 땡땡거리다
댕댕이명 '댕댕이덩굴'의 딴이름.
댕댕이-나무명 인동과의 낙엽 관목. 높이 1.5m 안팎. 잎은 길둥글고 끝이 뾰족하며 마주 남. 5~6월에 누른빛이 도는 흰 꽃이 피며, 열매는 7~8월에 검게 익는데 먹을 수 있음. 우리 나라와 일본, 사할린 등지에 분포함.
댕댕이-덩굴명 새모래덩굴과의 낙엽 덩굴 식물. 줄기는 3m 안팎으로 벋으며, 6~8월에 누른빛이 도는 흰 꽃이 잎겨드랑이에 핌. 열매는 10월경 핵과(核果)로 검게 익음. 산기슭의 양지바른 곳에서 자라며, 뿌리는 한방에서 '방기(防己)'라 하여 약재로 쓰임. 우리 나라와 일본, 중국, 타이완 등지에 분포함. 댕댕이. 상춘등(常春藤)
댕댕-하다형여 ①느즈러지지 않고 켕겨 팽팽하다. ¶기타 줄을 댕댕하게 조이다. ②빈 구석이 없이 옹골차다. ¶그는 보기보다 ―. ③무르지 않고 단단하다. ¶복숭아가 댕댕하니 먹음직스럽구나. ☞땡땡하다
댕돌-같다[-갇-]형 돌과 같이 야무지고 단단하다. ¶댕돌같은 몸.
댕돌-같이부 댕돌같게
더부 ①그것에다 보태어. ¶― 많이 담아라. ②동안이 길게. ¶― 기다려라. ③정도가 심하게. ¶증세가 ― 나빠졌다. ④어떤 정도나 수준 이상으로. ¶― 멀리, ― 높이, ― 힘차게. ☞덜
속담 **더도 덜도 말고 늘 가윗날만 같아라** : 오곡백과가 풍성하고 즐겁게 지내는 한가위처럼 늘 풍성하고 즐겁게만 살았으면 좋겠다는 말.
더구나부 '더군다나'의 준말. ¶직장 다니랴, 공부하랴, ― 집안 살림까지 해야 하니 얼마나 힘들겠니?
-더구나어미 어간이나 '이다'의 '이-'에 붙어 '해라' 할 자리에 사실이 그러함을 확인해 말하는 감탄의 종결 어미. ¶골이 깊더구나!/시간이 지났더구나!/그이는 신사이더구나! 준-더군 ☞-구나
-더구려어미 어간이나 '이다'의 '이-'에 붙어 '하오' 할 자리에 사실이 그러함을 확인하며 말하는 감탄의 종결 어미. ¶물이 퍽 차더구려!/무던한 사람이더구려!
×**-더구료**어미 → -더구려
-더구먼어미 어간이나 '이다'의 '이-'에 붙어 '하게' 할 자리에 사실인 것을 알고 새삼스럽거나 뜻밖임을 나타내는

종결 어미. ¶날씨가 무덥더구먼! /캐나다는 나라꽃이 단풍이더구먼! ㊟-더군
×-더구면 어미 →-더구먼
-더군 어미 ①'-더구나'의 준말. ¶골이 깊더군! ②'-더구먼'의 준말. ¶날씨가 무덥더군!
더군다나 부 그 위에 한층 더. ㊟더구나
더그레 명 ①지난날, 영문(營門)의 군사들이 입던 세 자락의 웃옷. 호의(號衣) ②지난날, 단령(團領)의 안에 받치던 감.
더그매 명 지붕 안쪽과 천장 사이의 공간.
더그아웃(dugout) 명 야구장의 선수 대기석. 일루와 삼루 쪽에 있는데 반지하식으로 되어 있음.
더금-더금 부 조금씩 자꾸 더하거나 더해지는 모양을 나타내는 말. ¶쌀을 — 보태다. /— 주름이 늘다. ☞더끔더끔
더기 명 고원(高原)의 평평한 땅. ㊟덕²
더기-밭 명 고원의 평평한 땅을 일구어 만든 밭.
×더깨비 명 →덧게비
더껑이 명 걸쭉한 액체 위에 엉겨 붙어 굳어진 꺼풀. 웃더껑이 ¶곰국이 식어 허옇게 —가 앉았다.
더께 명 매우 찌든 물건에 낀 거친 때.
더끔-더끔 부 자꾸 더하거나 더해지는 모양을 나타내는 말. ¶— 돈을 불려 가다. ☞더금더금
-더냐 어미 어간이나 '이다'의 '이-'에 붙어 '해라' 할 자리에 사실이 어떤가를 확인해 묻는 종결 어미. ¶길더냐 짧더냐? /일을 하더냐, 놀고 있더냐? /그 말이 사실이더냐, 거짓이더냐?
더넘 명 넘겨 맡은 걱정거리. 더넘이
더넘-스럽다(—스럽고·—스러워) 형ㅂ 쓰기에 거북할 정도로 덩치가 크다. ¶이 책상은 내가 쓰기엔 —.
더넘-스레 부 더넘스럽게
더넘이 명 더넘
더넘-차다 형 쓰기에 거북할 정도로 벅차다. ¶그런 고급 물건은 내게 —.
-더니¹ 어미 어간이나 '이다'의 '이-'에 붙어, '-더냐'와 같은 뜻으로 쓰이는 의문의 종결 어미. ¶무엇을 배우더니? /산이 높더니? /그이가 누구이더니?
-더니² 어미 어간이나 '이다'의 '이-'에 붙어, 어떠한 일을 사실로 확인하여 그것을 전제로 내거는 연결 어미. ¶날씨가 흐리더니 비가 내린다. /공부를 못하더니 우등생이 되었다. /옛날엔 개울이더니 지금은 큰길이 되었구나.
-더니마는 어미 '-더니²'의 힘줌말. ¶날씨가 흐리더니마는 비가 내린다. /옛날에는 길이 좁더니마는 지금은 한길이 되었다. /텅 빈 벌판이더니마는 도시가 되어 있었다.
-더니만 어미 '-더니마는'이 줄어든 말. ¶내내 울상이더니만 그를 보자 밝아졌다. /초등 학생이더니만 늠름한 대학생이 되었구나.
-더니이까 어미 어간이나 '이다'의 '이-'에 붙어, '-습디까(-ㅂ디까)'의 뜻으로 웃사람에게 쓰는 예스러운 어미. ¶강건하더니이까?
더-더구나 부 '더더군다나'의 준말.
더-더군다나 부 '더군다나'의 힘줌말. ㊟더더구나
더더귀-더더귀 부 작은 것들이 사이가 좀 뜨게 붙어 있는 모양을 나타내는 말. ¶나무 그루터기에 운지버섯이 — 나 있다. ☞다다귀다다귀
더더기 명 어떤 물건에 더덕더덕 엉겨 붙어 있는 것. ¶신발에 진흙이 —로 붙어 있다.
더더리 명 말을 자꾸 더듬는 사람.
더덕 명 초롱꽃과의 여러해살이 덩굴성 식물. 8~9월에 꽃의 겉은 연한 녹색이고 안쪽에는 자갈색 무늬가 배열된 꽃이 종 모양으로 핌. 뿌리는 도라지 정도의 굵기인데, 먹을 수 있으며 한방에서는 '사삼(沙蔘)'이라 하여 약재로 씀.
더덕-구이 명 더덕을 물에 담그거나 데쳐서 쓴맛을 우려내고, 얇게 저며 두들겨 갖은양념을 발라서 구운 음식.
더덕-더덕 부-하다 형 작은 것들이 사이가 좀 뜨게 붙어 있거나 몰리어 있는 모양을 나타내는 말. ¶포스터가 — 붙어 있다. ☞다닥다닥

더덕-바심 명-하다 자 더덕을 두드리어 잘게 바수는 일.
더덕-북어(—北魚) 명 겨울에 덕장서 얼려 가며 말린 명태. 빛이 누렇고 살이 연함. 황태(黃太)
더덕-지 명 더덕을 물에 담가 쓴맛을 우려내고, 다진 파와 마늘·고춧가루·젓갈로 버무려 익힌 김치.
더덜-거리다(대다) 자타 같은 음절을 되풀이하며 말을 심하게 자꾸 더듬다. ☞다달거리다
더덜-더덜 부 더덜거리는 모양을 나타내는 말.
더덜뭇-하다[—묻—] 형여 맺고 끊는 힘이 모자라다.
더덜뭇-이 부 더덜뭇하게
더-덜이¹ 명-하다 타 더함과 덜함.
더덜이(가) 없이 관용 더하지도 덜하지도 않게. ¶조금의 — 딱 정량이다.
×더덜이² 명 →더더리
더덩실-거리다(대다) 자 좀 느리게 덩실거리다. ☞다당실거리다. 덩실거리다
더덩실-더덩실 부 더덩실거리는 모양을 나타내는 말. ☞다당실다당실. 덩실덩실
더데 명 ①화살촉 중간의 둥글고 불룩한 부분. ②더뎅이
더뎅이 명 부스럼 딱지나 때 따위가 거듭 붙어서 된 조각. 더데 ¶팔에 웬 부스럼 —냐.
더뎅잇-병(—病) 명 창가병(瘡痂病)
더-도리 명-하다 자타 절에서, 음식을 몫몫이 도르고 남은 것을 다시 더 도르는 일, 또는 더 도르는 그 음식을 이르는 말. 가반(加飯)
더듬-거리다(대다) 자타 ①보이지 않는 것을 찾거나 알아보려고, 손이나 지팡이 따위로 이리저리 대 보다. ¶더듬거리며 양초를 찾다. ②말을 하거나 글을 읽을 때 술술 하지 못하고 자꾸 막히다. ¶여자 앞에만 서면 말을 더듬거린다. ☞다듬거리다. 떠듬거리다
더듬다[—따] 타 ①잘 보이지 않는 상황에서, 손이나 지팡이 따위로 여기저기를 대었다 떼었다 하다. ¶동전을 찾기 위해 주머니 속을 —. ②분명치 않은 길이나 자취를, 이리저리 짐작하여 찾아가다. ¶산길을 더듬어 절에 이르다. /일행의 발자취를 더듬어 뒤쫓다. ③어렴풋한 기억이나 생각 따위를, 이리저리 생각하여 떠올리다. ¶유년 시절의 기억을 —. ④말을 하거나 글을 읽을 때, 술술 하지 못하고 자꾸 막히다. ¶말을 —.
더듬-더듬 부 더듬거리는 모양을 나타내는 말. ¶안경을 찾느라고 책상 위를 — 하다. /국어책을 — 읽다. ☞다듬다듬. 떠듬떠듬
더듬-이¹ 명 '말더듬이'의 준말.
더듬-이² 명 촉각(觸角)
더듬이-질 명-하다 타 더듬어 찾는 짓. ㊟더듬질
더듬적-거리다(대다) 자타 ①보이지 않는 것을 찾거나 알아보려고, 손이나 지팡이 따위로 여기저기를 천천히 대었다 떼었다 하다. ¶캄캄한 방 안을 조심스레 —. ②말을 하거나 글을 읽을 때 느릿느릿하게 자꾸 더듬다. ¶한 대목을 몹시 더듬적거리며 읽다. ☞다듬작거리다. 떠듬적거리다.
더듬적-더듬적 부 더듬적거리는 모양을 나타내는 말. ☞다듬작다듬작. 떠듬적떠듬적
더듬-질 명-하다 타 '더듬이질'의 준말.
더디 부 느리게 ¶시간이 — 간다.
더디다 형 어떤 움직임이나 일의 진행 속도 따위가 느리다. ¶행동이 —. /승진이 남보다 —.
더디-더디 부 몹시 느리게. ¶달팽이가 — 기어가다.
-더라 어미 어간이나 '이다'의 '이-'에 붙어, 특별히 듣는 이를 정하지 않고, 사실임을 확인하여 나타내는 종결 어미. ¶사람이 제 아니 오르고 산만 높다 하더라. /그곳엔 사람이 살지 않더라. /그것이 바로 진실이더라.
-더라도 어미 어간이나 '이다'의 '이-'에 붙어, 사실로 받아들여 가정이나 양보의 조건으로 삼는 연결 어미. ¶비가 내리더라도 떠나겠다. /밉더라도 사랑하라. /손해를 보더라도 이 일은 해야 한다.
-더라면 어미 주로 '-았(었)-'과 함께 쓰이어, 지난 사실

로 받아들여 가정하는 연결 어미. ¶비가 좀더 내렸더라면 대풍(大豐)이 되었을 텐데. /그가 재산가였더라면 교육 사업을 했을 것이다.

-더라손 어미 어간이나 '이다'의 '이-'에 붙어, '치더라도'와 함께 쓰이어, 이미 굳어진 사실로 받아들여 가정하는 뜻을 나타냄. ¶아무리 인정머리 없더라손 치더라도, 찾아간 손님 대접이 그래서야. /꿈이더라손 치더라도 허망하게 생각할 것은 없다.

ㄷ

-더랍니까 어미 '-더라 합니까'가 줄어든 말. 사실이었는가를 간접적으로 확인해 묻는 종결 어미. ¶아무도 말을 하지 않더랍니까? /그분이 진정한 애국자였더랍니까?

-더랍니다 어미 '-더라 합니다'가 줄어든 말. 사실이었음을 간접적으로 확인해 답하는 종결 어미. ¶아무도 대답하지 않더랍니다. /그분이 진정한 애국자였더랍니다.

-더랍디까 어미 '-더라 합디까'가 줄어든 말. 사실이었다는 것을 간접적으로 전해 들었는가를 확인해 묻는 종결 어미. ¶그게 그리 좋더랍디까? /아무도 모르고 있더랍디까? /그것이 사실이더랍디까?

-더랍디다 어미 '-더라 합디다'가 줄어든 말. 사실이었다는 것을 간접적으로 전해 들었다고 확인해 답하는 종결 어미. ¶거짓이 아니더랍디다.

더러 부 ①어느 정도. 일부 ¶자세히 보면 — 닮은 구석이 눈에 띈다. ②이따금. 간혹 ¶— 예쁜 짓도 한다.

-더러 조 체언에 붙어, '-에게', '-에 대하여'의 뜻으로 쓰이는 부사격 조사. 높여 대우하지 않을 자리에 쓰임. ¶나더러 가라고? /호랑이더러 날고기 봐 달란다. /가랑잎이 솔잎더러 바스락거린다 한다. ☞-보고

> ▶ **조사 '-더러'의 쓰임**
> '-더러'는 사람을 나타내는 말이나 대상을 의인화한 경우에만 쓰이고 그 밖의 명사에는 쓰지 않는다.
> ¶그 아이더러 앉으라고 해라. (○)
> 저 개더러 오라고 해라. (×)

더러-더러 부 '더러'의 힘줌말.

더러러러 부 장구의 채편을 채로 굴리는 소리를 나타내는 말. ☞기덕. 덕³. 덩². 쿵²

더:러움 명 더러워지는 일. 더러워진 자국. ¶흰 양말은 —을 잘 탄다. 준 더럼

더러움(을) 타다 관용 쉽게 더러워지다.

더:러워-지다 자 ①몸이나 물건 등이 더럽게 되다. ¶손이 —. /옷이 —. /물이 —. ②마음이 도덕적으로 그릇되거나 거친 상태가 되다. ¶성질이 —. ③몸이 성적으로 순결을 잃다. ¶더러워진 몸. ④명예나 이름 따위가 손상되다. ¶이름이 —.

더럭 부 어떤 느낌이나 감정 따위가 갑자기 생기는 상태를 이르는 말. ¶— 화가 치밀다. /— 겁이 나다.

더럭-더럭 부 ①억지를 부리며 몹시 조르는 모양을 나타내는 말. ¶— 조르다. ②어리석은 말이나 행동을 자꾸 하는 모양을 나타내는 말. ¶헛소리를 — 하다.

더:럼 명 '더러움'의 준말.

더:럽다 (더럽고·더러워) 형ㅂ ①몸이나 물건 등이 때·흙·먼지 따위가 묻어 지저분하다. ¶구두가 —. /더러운 손. ②말이나 행실이 도덕적으로 그릇되거나 성적으로 난잡하다. ¶심보 한번 —. /더러운 자식. ③어떤 일이 못마땅하거나 역겹다. ¶까짓 것, 더러워서 안 한다. ④'더럽게'의 꼴로 쓰이어, '매우 심하게', '아니꼽게', '나쁘게'의 뜻을 속되게 나타내는 말. ¶배낭이 더럽게 무겁네. /더럽게 깨끗한척 하네. /일이 더럽게 되어 가네. ☞다랍다

속담 **더러운 처(妻)와 악한 첩(妾)이 빈방보다 낫다** : 아무리 못된 아내라도 없는 것보다는 있는 것이 나음을 비유하여 이르는 말.

한자 **더러울 오**(汚) 〔水部 3획〕 ¶오명(汚名) /오물(汚物) /오수(汚水) /오염(汚染) /오점(汚點)

더:럽히다 타 ①더럽게 하다. ¶새 옷을 —. ②명예나 신념, 정조 따위에 흠이 가게 하다. ¶가문의 명예를 —. 준 더레다

더:레다 타 '더럽히다'의 준말.

더리다 형 ①격에 맞지 아니하여 썩 내키지 않다. ②싱겁고 어리석다. ③야비하고 더럽다.

더미 명 ①한데 모여 쌓인 물건의 큰 덩어리. ¶흙— /잿— ②〔의존 명사로도 쓰임〕 ¶모래 두 —.

더미 (dummy) 명 ①사격장이나 진열대, 영화 등에서 쓰는 사람의 모형. ②럭비나 미식 축구에서, 가지고 있는 공으로 상대편의 주의를 끌고 그 틈에 수비를 뚫는 기술.

더미-씌우다 타 책임이나 허물을 남에게 지우다. 안다미씌우다

더버기 명 한군데에 무더기로 쌓이거나 덕지덕지 붙은 것, 또는 그 상태. ¶쓰레기 — /진흙 —

더벅-거리다(대다) 자 두 팔을 늘어뜨리고 맥없이 자꾸 걷다.

더벅-더벅 부 더벅거리는 모양을 나타내는 말. ¶무거운 발걸음으로 — 걷다.

더벅-머리 명 더부룩하게 흩어진 머리털, 또는 그런 머리털을 가진 사람. ☞다박머리

속담 **더벅머리 댕기 치레하듯** : 바탕이 좋지 않은 것에 어울리지 않게 지나친 겉치레를 하면 도리어 더 흉하다는 말.

더부룩-더부룩 부 -하다 형 머리털이나 풀, 나무 따위가 곳곳에 몹시 자라 수북한 모양을 나타내는 말. ☞다보록다보록

더부룩-하다 형여 ①머리털이나 풀, 나무 따위가 몹시 자라 수북하다. ¶수염이 더부룩하게 자라다. ②먹은 것이 잘 삭지 아니하여 뱃속이 그들먹하게 찬듯 하고 시원하지 아니하다. ¶속이 —. ☞다보록하다. 터부룩하다

더부룩-이 부 더부룩하게 ☞다보록이. 터부룩이

더부-살이[1] 명 -하다 자 ①남의 집에서 지내면서 일을 해주고 품삯을 받는 일, 또는 그러한 사람. ☞남의집살이 ②하는 일 없이 남의 집에 얹히어 지내는 사람.

속담 **더부살이가 주인 마누라 속곳 베 걱정한다** : 남의집살이하는 주제에 주인 마누라의 속곳 만들 베를 걱정한다는 뜻으로, 주제넘게 남의 일을 걱정함을 이르는 말. 〔더부살이 환자(還子) 걱정〕

더부-살이[2] 명 다른 식물에 기생하는 식물.

더북-더북 부 -하다 형 곳곳이 더북한 모양을 나타내는 말. ¶잡초가 — 나다. ☞다복다복

더북-하다 형여 풀이나 나무 따위가 한곳에 심하게 우거져 있다. ☞다복하다

더불어 부 '함께', '같이'의 뜻을 나타내는 말. ¶— 사는 사회. /형과 — 여행을 떠나다.

더블 (double) 명 ①두 배. 갑절 ¶택시비를 —로 내다. /— 스코어 ②이중 ¶—파울 /—스틸 ③둘의. 두 쌍의 ¶—베드 /—데이트 ④'더블브레스트'의 준말. ☞싱글

더블드리블 (double dribble) 명 -하다 타 농구나 핸드볼 따위에서, 한 번 드리블한 다음 패스나 슛을 하지 않고 다시 드리블하는 반칙.

더블바순: (double basson) 명 콘트라파곳

더블베이스 (double bass) 명 콘트라베이스

더블브레스트 (∠double breasted) 명 옷섶을 깊게 겹치고 단추를 두 줄로 단 상의나 외투. 준 더블

더블스틸: (double steal) 명 야구에서, 두 주자가 동시에 도루(盜壘)하는 일.

더블유 (W·w) 명 ①영어 자모(字母)의 스물셋째 글자의 이름. ②전력(電力)의 단위. 와트(watt) ③텅스텐의 원소 기호.

더블유더블유더블유 (WWW) 명 월드와이드웹 [World Wide Web]

더블유비:에이 (WBA) 명 1962년에 만든 프로 권투계 최초의 통합 기구. [World Boxing Association]

더블유아이피오 (WIPO) 명 세계 지적 소유권 기구 [World Intellectual Property Organization]

더블유에이치오: (WHO) 명 세계 보건 기구 [World Health Organization]

더블유엠오(WMO)명 세계 기상 기구 [World Meteorological Organization]

더블유티:오:(WTO)명 세계 무역 기구 [World Trade Organization]

더블캐스트(double cast)명 연극 따위에서, 두 배우가 같은 배역을 맡아 번갈아 출연하는 일.

더블클릭(double click)명-하다타 컴퓨터 입력 기기인 마우스의 단추를 잇달아 두 번 누르는 일.

더블파울(double foul)명 농구에서, 양편의 두 선수가 거의 동시에 반칙을 하는 일.

더블펀치(double punch)명 권투에서, 한쪽 주먹으로 두 번 연달아 치는 일.

더블폴:트(double fault)명 테니스에서, 두 번의 서브를 다 실패하는 일.

더블플레이(double play)명 야구에서, 두 사람의 주자를 한꺼번에 아웃시키는 일. 병살(併殺)

더블헤더(double header)명 야구에서, 한 팀이 하루에 같은 상대 팀과 같은 구장에서 두 번 계속 경기하는 일.

더:비(Derby)명 영국 엡섬(Epsom)에서 해마다 한 차례씩 거행되는 경마 대회. 4살 된 서러브레드 종 암·수의 혼합 경기임.

더빙(dubbing)명-하다타 ①영화·방송 따위에서, 녹음한 것에 다른 효과음을 첨가하여 다시 녹음하는 일. ②외국 영화의 대사를 우리말로 바꿔 녹음하는 일.

더뻑부 앞뒤를 헤아리지 않고 불쑥 행동하는 모양을 나타내는 말. ¶ – 뛰어들다. ☞다빡

더뻑-거리다(대다)자 앞뒤를 헤아리지 않고 불쑥불쑥 행동하다. ☞다빡거리다

더뻑-더뻑부 더뻑거리는 모양을 나타내는 말. ☞다빡다빡

×**더뿌룩-하다**형여 →더부룩하다

더-새다타 길을 가다가 해가 저물어 어디에 들어가서 밤을 지내다. ¶헛간에서 밤을 –.

더스트슈:트(dust chute)명 아파트 따위의 각 층에서 쓰레기를 맨 아래층으로 내버리게 만든, 관 모양의 설비.

더-아니부 '더욱 아니'가 줄어든 말. ¶ – 좋은가.

더-없이부 더할 나위 없이. 매우 ¶ – 기쁘구나.

×**더우기**부 →더욱이

×**더우기-나**부 →더욱이나

더욱부 전보다 정도가 한층 심하게. ¶가을이 되니 하늘이 – 높아졌다./– 생각이 난다.

더욱-더부 한층 더. ¶못 본 사이 – 예뻐졌구나.

더욱-더욱부 갈수록 더욱. ¶냇물이 – 불어난다.

더욱-이부 그러한 위에다가 더. ¶어른이라도 힘들 텐데, – 어린애가 아니냐.

더욱이-나부 그러한 위에다가 더욱 또. ¶이 밤에 갈 수 있겠니? – 길도 미끄러운데.

더운-갈이명-하다자 몹시 가물 때에 소나기의 빗물을 가두어 논을 가는 일.

더운-무대명 난류(暖流) ☞찬무대

더운-물명 덥게 데운 물. 온수(溫水) ☞찬물

더운-밥명 새로 지은 따뜻한 밥. 온반(溫飯) ☞찬밥

더운-약(一藥)[-냑]명 더운 성질이 있는 약. 몸을 덥게 하는 약. 온제(溫劑) ☞찬약

더운-점:심(一*點心)명 새로 지어 먹는 점심.

더운-찜질명 아픈 곳을 따뜻이 찜질하는 치료법. 온찜질 ☞온엄법(溫罨法). 찬찜질

더운-피명 온혈(溫血) ☞찬피

더운피=동물(一動物)명 정온 동물 ☞찬피 동물

더워-하다자여 덥게 느끼다. ☞추워하다

더위명 ①여름철의 더운 기운. ☞추위 ②더위로 생기는 병. 서증(暑症)

더위(가) 들다관용 더위(를) 먹다.

더위(를) 먹다관용 더위에 지쳐서 헛헛하고 헛배가 부르거나 하는 병이 생기다. 더위(가) 들다.

더위(를) 타다관용 덥게 느끼다, 또는 더위서 힘들어 하다.

속담 **더위 먹은 소 달만 보아도 헐떡인다**: 어떤 일에 크게 혼이 난 사람은 그와 비슷한 것만 보아도 의심하며 두려워한다는 말.〔자라 보고 놀란 가슴 소댕 보고 놀란다/국에 덴 것이 냉수를 불고 먹는다/국에 덴 놈 물 보고도 분다/불에 놀란 놈이 부지깽이만 보아도 놀란다〕

더위-잡다타 높은 데로 올라가려고 무엇을 끌어 잡다. ¶작은 바윗돌을 더위잡고 오르다.

더위-지기명 사철쑥

더위-팔기명-하다자 정월 대보름 아침에 만나는 사람의 이름을 불러 대답하면 '내 더위 사 가라'고 말하는 풍속. 이렇게 더위를 팔면 그 해에는 더위를 타지 않는다고 함. 매서(賣暑)

더위-팔다자 더위팔기를 하다.

-더이까어미 어간이나 '이다'의 '이-'에 붙어, '-습디까(-ㅂ디까)'의 뜻으로 쓰이는 예스러운 어미. ¶무슨 말을 하더이까?/누구를 믿더이까?/그 길이 바른길이었더이까?

-더이다어미 어간이나 '이다'의 '이-'에 붙어, '-습디다(-ㅂ디다)'의 뜻으로 쓰이는 예스러운 어미. ¶인사를 하더이다./잘 지내더이다./그것이 사랑이더이다.

더치다[1]자 나아가던 병세가 도로 더하여지다. ¶과로로 감기가 –. ☞덧나다[1]

더치다[2]타 남의 감정을 건드려서 언짢게 하다. 덧들이다 ¶가만히 있는 사람을 더치는 바람에 싸움이 벌어졌다. ☞덧나다[1]

더치페이(Dutch+pay)명-하다타 비용을 사람의 수로 나누어 평등하게 내는 일. 또는 여러 사람이 함께 음식을 먹었을 때, 자기의 비용을 자기가 내는 일.

더킹(ducking)명 권투에서, 윗몸을 이리저리 움직여서 상대의 공격을 피하는 일.

×**더퍼리**명 →더펄이

더펄-개명 온몸에 털이 길게 나서 더펄거리는 개.

더펄-거리다(대다)자타 ①더부룩한 머리털 따위가 좀 길게 늘어져 자꾸 날리다, 또는 그리 되게 하다. ②마음이 들떠서 자꾸 경망스레 행동하다. ☞다팔거리다

더펄-더펄부 더펄거리는 모양을 나타내는 말. ¶더벅머리를 – 날리며 뛰어가다./– 참견하다. ☞다팔다팔

더펄-머리명 더펄거리는 머리털, 또는 그러한 머리털을 가진 사람. ☞다팔머리

더펄-이명 성미가 침착하지 못하고 덜렁대는 사람을 가벼이 여겨 이르는 말.

더-하기명 어떤 수에 다른 수를 보태어 그 합계를 구하는 일. 가산(加算). 보태기 ☞곱하기. 나누기. 빼기

더하기 빼기관용 아주 쉬운 계산.

더-하다[1]자타여 ①본디보다 심하다. ¶날이 갈수록 심술이 더해만 가는구나. ②어떤 수에 다른 수를 보태어 그 합계를 구하다. ☞가(加)하다 ¶5에 3을 –. ☞곱하다. 나누다

더할 나위 없다관용 아주 좋거나 만족스러워 그 이상 더 말할 것이 없다. 최상이다 ¶더할 나위 없이 행복하다.

> 한자 **더할 가**(加)〔力部 3획〕¶가감(加減)/가미(加味)/가속(加速)/가압(加壓)/가중(加重)
> **더할 첨**(添)〔水部 8획〕¶첨가(添加)/첨기(添記)/첨부(添附)/첨삭(添削)/첨서(添書)/첨잔(添盞)

더-하다[2]형여 다른 쪽보다 한쪽이 더 심하다. ¶빠르기로는 빛보다 더한 게 없다. ☞덜하다[2]

더-한층(一層)부 이전 상태나 정도에 덧붙여서 더 심하게. ¶ – 새로운 각오로 일하다.

덕[1]명 ①나뭇가지나 기둥 사이에 걸쳐 맨 시렁. 덕대[2] ¶–에 명태를 걸어 말리다. ②물 위에서 낚시질할 수 있도록 설치한 발판 모양의 대(臺).

덕[2]명 '더기'의 준말.

덕[3]부 장구채로 채편을 치는 소리를 나타내는 구음(口音). ☞기덕. 더러러러. 덩[2]. 쿵[2]

덕(德)명 ①고매하고 너그러운 인품. ¶–이 높다./–이 없다. ②도덕적 의지대로 행동할 수 있는 인격적 능력. ¶–을 닦다. ③덕택(德澤) ¶네 –에 잘 됐어. ④'공덕

(功德)'의 준말. ¶ ―을 쌓다.
덕(을) 보다 관용 남의 덕택을 입다.

한자 **덕 덕**(德) 〔彳部 12획〕 ¶ 덕교(德敎)/덕택(德澤)/덕화(德化)/미덕(美德)/은덕(恩德)/인덕(仁德)

덕교(德敎) 명 도덕으로써 바른길로 인도하는 가르침.
덕국(德國) 명 지난날, '독일(獨逸)'을 이르던 말.
덕기(德氣) 명 ①어질고 인정이 많은 마음씨. ¶ ―를 갖추다. ②덕스러운 얼굴빛. ¶ ―가 어린 얼굴.
덕기(德器) 명 어질고 너그러운 도량과 재능, 또는 그것을 갖춘 사람.
덕-낚시[―낙―] 명 저수지 등의 물 가운데에 설치한 덕에 앉아 하는 낚시.
덕담(德談) 명 -하다 자 상대편에게 잘 되라고 축복하는 말. ¶새해 ―을 듣다. ☞악담(惡談)
덕대[1] 명 -하다 타 지난날, 아이의 시체를 덕을 매어 그 위에 올려 놓고 짚을 틀어 엮은 것 따위로 덮어 놓던 일, 또는 그 시체.
덕대[2] 명 나뭇가지나 기둥 사이에 걸쳐 맨 시렁. 덕[1]
덕대[3] 명 ①남의 광산의 일부에 대한 채굴권을 얻어 경영하는 사람. ②'굿덕대'의 준말.
덕대-갱(―坑) 명 덕대가 맡아 광석을 캐는 구덩이.
덕더그르르 부 ①단단하고 둥근 물건이 단단하고 매끄러운 바닥에 떨어져 튀었다가 구르는 소리, 또는 그 모양을 나타내는 말. ¶볼링 공이 ― 소리를 내며 레인을 구르다. ②천둥이 가까운 곳에서 급자기 무엇에 부딪치는 듯이 울리는 소리를 나타내는 말. ☞닥다그르르. 떡떠그르르
덕더글-거리다(대다) 자 덕더글덕더글 소리가 나다. ☞닥다글거리다. 떡떠글거리다
덕더글-덕더글 부 단단하고 둥근 물건이 단단하고 매끄러운 바닥에 자꾸 부딪히면서 굴러가는 소리, 또는 그 모양을 나타내는 말. ☞닥다글닥다글. 떡떠글떡떠글
덕량(德量) 명 어질고 너그러운 마음씨 또는 도량.
덕론(德論) 명 덕(德)의 본질이나 종류, 실천 방법 등을 논의하는 윤리학의 한 부문.
덕망(德望) 명 덕행으로 얻은 명망(名望). ¶ ―이 높다.
덕목(德目) 명 충(忠)·효(孝)·인(仁)·의(義) 등 덕(德)을 나누는 명목.
덕목-주의(德目主義) 명 규범으로 할 덕목을 해설하고 교육시켜, 도덕적 행위를 하도록 하려는 태도나 방법.
덕문(德門) 명 덕행(德行)이 높은 집안.
덕분(德分) 명 고맙게 해 준 보람. ¶선생님 ―으로 병이 나았습니다. 유 덕택(德澤)
덕불고(德不孤) 성구 덕이 있는 사람은 남을 감화시켜 따르게 하므로 외롭지 아니함을 이르는 말.
덕색(德色) 명 남에게 은혜를 베풀고 내는 생색(生色).
덕색-질(德色―) 명 -하다 자 덕색을 드러내는 일.
덕석 명 추울 때 소의 등을 덮어 주는 멍석. 우의(牛衣)
속담 **덕석이 멍석인 듯이** : 실물이 아닌 것이 그와 비슷함을 빙자하여 그 실물처럼 자처함을 이르는 말.
덕석-밤 명 넓적하고 큰 밤.
덕성(德性) 명 어질고 너그러운 성질. ¶ ―을 기르다. /―을 갖추다.
덕성(德星) 명 ①목성(木星) ②서성(瑞星)
덕성-스럽다(德性―) (―스럽고·―스러워) 형ㅂ 덕이 있어 보이다. ¶덕성스러운 얼굴.
덕성-스레 부 덕성스럽게
덕솔(德率) 명 백제의 16관등 중 넷째 등급. ☞한솔(扞率)
덕-스럽다(德―) (―스럽고·―스러워) 형ㅂ 덕이 있어 보이다. ¶덕스러운 얼굴.
덕-스레 부 덕스럽게
× **덕-아웃**(dugout) 명 → 더그아웃
덕어(德語) 명 지난날, '독일어'를 이르던 말.
덕업(德業) 명 덕스러운 일이나 업적. ¶ ―을 쌓다.
덕업상권(德業相勸) 성구 향약(鄕約)의 네 덕목 중의 하나. 좋은 행실은 서로 권장함을 이르는 말. ☞환난상휼(患難相恤)
덕용(德容) 명 ①여자의 덕행(德行)과 용모. ②덕이 있어 보이는 얼굴.
덕우(德友) 명 ①덕성(德性)과 신의로써 사귄 벗. ②덕이 있는 벗.
덕육(德育) 명 덕성(德性)을 기르고 인격을 높이는 교육. ☞지육(智育). 체육(體育)
덕윤:신(德潤身) 성구 덕을 쌓으면 반드시 그 인격이 겉으로 드러남을 이르는 말.
덕음(德音) 명 ①도리에 맞는 좋은 말. ②좋은 소문이나 명성. ③지난날, 임금의 말이나 목소리를 이르던 말. 옥음 ④상대를 높이어 그의 편지나 안부를 이르는 말.
덕의(德義) 명 사람으로서 마땅히 지켜야 할 도덕상(道德上)의 의무.
덕의-심(德義心) 명 덕의(德義)를 소중히 여기고 지키려는 마음.
덕인(德人) 명 덕이 있는 사람.
덕-장 명 물고기 따위를 말리기 위하여 덕을 매어 놓은 곳, 또는 그렇게 맨 덕. ¶ ―에서 오징어를 말리다.
덕적-덕적 부 -하다 형 먼지나 때 따위가 넓은 면으로 겹겹이 끼어 있는 모양을 나타내는 말. ¶ ― 때가 끼어 있는 마루. ☞닥작닥작
덕정(德政) 명 덕으로 다스리는, 어질고 바른 정치(政治). ¶ ―을 펴다.
덕조(德操) 명 변함이 없는 굳은 절조(節操).
덕지-덕지 부 -하다 형 ①먼지나 때 따위가 두껍게 끼거나 붙어 있는 모양을 나타내는 말. ¶목에 때가 ― 낀 아이. ②보기 싫게 덧발리거나 덧붙어 있는 모양을 나타내는 말. ¶분을 ― 찍어 바른 얼굴. /광고지가 ― 붙어 있는 벽. ☞닥지닥지
덕치-주의(德治主義) 명 덕망이 있는 사람이 도덕적으로 눈뜨지 못한 대중을 지도·교화함을 정치의 요체로 하는 중국의 정치 사상.
덕택(德澤) 명 남에게 끼친 혜택. 덕(德) ¶오늘의 내 성공은 선생님 ―이다. 유 덕분(德分)
덕풍(德風) 명 왕이나 군자(君子) 등의 높은 덕이 널리 감화(感化)하는 일.
덕행(德行) 명 어질고 착한 행실. ¶ ―을 베풀다.
덕화(德化) 명 -하다 타 덕으로써 감화(感化)시킴, 또는 그런 감화. ☞위복(威服)
덖다[1][덕―] 자 때가 덕지덕지 붙어 몹시 찌들다.
덖다[2][덕―] 타 물기가 조금 있는 고기나 약재 따위를, 물을 더하지 않고 가마솥 따위에 볶듯이 익히다. ¶좋은 차(茶)는 아홉 번을 덖는다.
-던[1] 어미 어간이나 '이다'의 '이-'에 붙어, 경험한 사실을 나타내는 관형사형 어미. ¶무덥던 날. /믿었던 사람에게 발등을 찍히다. /그리 넓던 방이 왜 이리 좁은가? /옛 서울이던 송도를 찾았다.
-던[2] 어미 '-던가'의 준말. ¶그가 뭐라던? /짐이 무겁던? /그 말이 사실이던?
-던가 어미 '하게' 할 자리에 사실 여부를 묻는 종결 어미. ¶길던가 짧던가 모나던가 둥글던가? /방에서 공부를 하던가? /산이 험하던가? /행실이 양반이던가? 준 -던[2]
-던걸 어미 '-던 것을'이 줄어든 말. 겪은 일을 사실 중심으로 어떠했다는 것을 감탄적으로 나타냄. ¶그 사람은 모르고 있던걸. /정원이 꽤 넓던걸. /얼굴이 말랐던걸. /형편이 말이 아니던걸. /힘이 장사이던걸.
-던고 어미 어간이나 '이다'의 '이-'에 붙어, 어떤 일을 사실적으로 묻거나 스스로 자신에게 묻는 종결 어미. ¶값이 어떻던고? /어디로 가던고? /내가 왜 그랬던고. /그의 이름이 무엇이던고?
-던데 어미 어간이나 '이다'의 '이-'에 붙어 ①'사실이 그러한데'의 뜻으로 쓰이는 연결 어미. ¶물건이 좋던데 왜 안 샀니? /말이 많던데 일이 잘 될까? /좋은 물건이던데 버렸어? ②'사실이 그러하다'의 뜻을 감탄적으로 나타냄. ¶마음이 크던데. /그 사람 큰 인물이던데.
-던들 어미 '-았(었)-'을 동반하여 지난 사실과 상반되는

사실을 가정으로 조건을 삼는 연결 어미. ¶내가 알았던들 그대로 두었겠느냐?/조금만 일렀던들 만났을 텐데./만나지 않았던들 실망은 없었을 텐데./사실이었던들 어찌 도리가 있었겠는가?

던:적-스럽다(—스럽고·—스러워)[형ㅂ] 하는 짓이나 말이, 보기에 매우 아니꼽고 더러운 데가 있다. ¶돈 좀 있다고 던적스럽게 행동하네. ☞단작스럽다

던적-스레[부] 던적스럽게

던져-두다[타] ①어떤 물건을 놓아두고 그대로 내버려두다. ¶책가방을 던져두고 바깥에 나가 놀다. ②하던 일을 그만두고 손대지 아니하다. ¶자기 일은 던져두고 남의 일만 돕는다.

-던지[어미] 어간이나 '이다'의 '이-'에 붙어, '-ㄴ 것인지'의 뜻으로 사실이 어떠하였는지 분명치 못하여 아슴푸레함을 나타내는 연결 어미. ¶얼마나 말을 잘하던지 정말 놀랐다./키가 어찌나 크던지 우러러보았다./그가 누구였던지 생각이 나지 않는다.

던지기[명] 씨름에서, 상대를 들어 앞으로 내던지는 기술. ☞들배지기. 들여놓기

던지기=운:동(—運動)[명] 필드 경기에서, 창던지기·포환던지기·원반던지기 따위를 통틀어 이르는 말. 투척 경기(投擲競技)

던지다[타] ①물체를 손으로 일정한 방향으로 멀리 나아가게 하다. ¶돌을 —./가방을 —. ②어떤 곳이나 대상에게 몸을 내밀어 뛰어들다. ¶바다에 몸을 —./아버지의 품에 몸을 —. ③어느 곳에 맥없이 쓰러지듯 앉거나 눕다. ¶고단하여 침대에 몸을 —. ④어떤 일을 위해 목숨을 내어 놓거나 바치다. ¶대의를 위해 몸을 —. ⑤시선이나 웃음, 말 따위를 어떤 대상에게 향하여 보내다. ¶눈길을 —./질문을 —. ⑥물체가 빛이나 그림자를 어느 곳에 퍼지게 하거나 나타내다. ¶달빛이 수면 위에 은은한 빛을 —./건물들이 긴 그림자를 땅 위에 던지고 있다. ⑦어떤 일이나 사실이 어떤 대상에 영향을 미치다. ¶그 사건은 사회에 충격을 던졌다. ⑧하던 일을 일시적으로 내버려두다. ¶던져 놓았던 소설을 다시 읽기 시작하다. ⑨보태거나 주다. ¶후보에게 표를 —.

[한자] **던질 투**(投)〔手部 4획〕¶투구(投球)/투석(投石)/투수(投手)/투신(投身)/투척(投擲)
던질 포(抛)〔手部 4획〕¶포척(抛擲)/포치(抛置)

던:지럽다(던지럽고·던지러워)[형ㅂ] 말이나 행동이 더럽다. ☞단지럽다

던질-낚시[—낙—][명] 낚싯줄 끝에 낚싯봉과 미끼를 달아 멀리 던져서 낚는 낚시 방법. 손으로 던지거나 릴을 이용하는 방법 등이 있음.

덜:[부] ①한도에 미처 다 차지 못하게. ¶사과가 — 익다./빨래가 — 마르다./밥이 — 되다./잠이 — 깨다. ②어떤 비교 대상이나 기준보다 덜하거나 못하게. ¶어제보다 — 춥다./— 아프다. ☞더

덜거덕[부] 속이 빈, 크고 단단한 물체가 다른 단단한 물체에 한 번 가볍게 부딪힐 때 나는 소리를 나타내는 말. ¶— 소리를 내며 서랍을 정리하다. ☞달가닥. 떨꺼덕

덜거덕-거리다(대다)[자타] 자꾸 덜거덕 소리가 나다, 또는 그런 소리를 내다. ☞달가닥거리다. 떨꺼덕거리다

덜거덕-덜거덕[부] 덜거덕거리는 소리를 나타내는 말. ☞달가닥달가닥. 떨꺼덕떨꺼덕

덜거덩[부] 크고 단단한 쇠붙이 따위가 다른 단단한 물체에 한 번 가볍게 부딪힐 때 울리어 나는 소리를 나타내는 말. ¶철문이 — 열렸다. ☞달가당. 덜꺼덩. 떨거덩

덜거덩-거리다(대다)[자타] 자꾸 덜거덩 소리가 나다, 또는 그런 소리를 내다. ☞달가당거리다. 덜꺼덩거리다. 떨거덩거리다

덜거덩-덜거덩[부] 덜거덩거리는 소리를 나타내는 말. ☞달가당달가당. 덜꺼덩덜꺼덩. 떨거덩떨거덩

덜걱[부] ①엇걸리게 만든 단단한 두 물체가 가볍게 엇걸리거나 풀릴 때 나는 소리를 나타내는 말. ②속이 빈, 거볍고 단단한 두 물체가 한 번 맞부딪힐 때 나는 소리를 나타내는 말. ☞달각. 떨꺽

덜걱-거리다(대다)[자타] 자꾸 덜걱 소리가 나다, 또는 그런 소리를 내다. ☞달각거리다. 덜꺽거리다

덜걱-덜걱[부] 덜걱거리는 소리를 나타내는 말. ☞달각달각. 덜꺽덜꺽. 떨꺽떨꺽

덜걱-마루[명] 디딜 때마다 덜걱덜걱 소리가 나는 허술한 마루.

덜겅[부] 크고 단단한 쇠붙이 따위가 다른 단단한 물체에 한 번 가볍게 부딪힐 때 울리어 나는 소리를 나타내는 말. ☞달강. 떨겅

덜겅-거리다(대다)[자타] 자꾸 덜겅 소리가 나다, 또는 그런 소리를 내다. ☞달강거리다. 떨겅거리다

덜겅-덜겅[부] 덜겅거리는 소리를 나타내는 말. ☞달강달강[1]. 떨겅떨겅

덜그럭[부] 속이 빈, 거볍고 단단한 물체가 다른 단단한 물체에 부딪혀 갈리는 소리를 나타내는 말. ☞달그락. 덜그럭덜그럭. 떨그락

덜그럭-거리다(대다)[자타] 자꾸 덜그럭 소리가 나다, 또는 그런 소리를 내다. ☞달그락거리다

덜그럭-덜그럭[부] 덜그럭거리는 소리를 나타내는 말. ☞달그락달그락. 떨그럭떨그럭

덜그렁[부] 크고 얇은 쇠붙이 따위가 다른 단단한 물체에 한 번 가볍게 부딪힐 때 울리어 나는 소리를 나타내는 말. ☞달그랑. 떨그렁

덜그렁-거리다(대다)[자타] 자꾸 덜그렁 소리가 나다, 또는 그런 소리를 내다. ☞달그랑거리다

덜그렁-덜그렁[부] 덜그렁거리는 소리를 나타내는 말. ☞달그랑달그랑. 떨그렁떨그렁

덜꺼덕[부] 속이 빈, 크고 단단한 물체가 다른 단단한 물체에 한 번 세게 부딪힐 때 나는 소리를 나타내는 말. ☞달까닥. 덜거덕. 떨꺼덕

덜꺼덕-거리다(대다)[자타] 자꾸 덜꺼덕 소리가 나다, 또는 그런 소리를 내다. ☞달까닥거리다

덜꺼덕-덜꺼덕[부] 덜꺼덕거리는 소리를 나타내는 말. ☞달까닥달까닥. 덜거덕덜거덕. 떨꺼덕떨꺼덕

덜꺼덩[부] 크고 단단한 쇠붙이 따위가 다른 단단한 물체에 한 번 세게 부딪힐 때 울리어 나는 소리를 나타내는 말. ☞달까당. 덜거덩. 떨꺼덩

덜꺼덩-거리다(대다)[자타] 자꾸 덜꺼덩 소리가 나다, 또는 그런 소리를 내다. ☞달까당거리다

덜꺼덩-덜꺼덩[부] 덜꺼덩거리는 소리를 나타내는 말. ☞달까당달까당. 덜거덩덜거덩. 떨꺼덩떨꺼덩

덜꺽[부] ①엇걸리게 만든 단단한 두 물체가 세게 엇걸리거나 풀릴 때 나는 소리를 나타내는 말. ②속이 빈, 거볍고 단단한 두 물체가 한 번 세게 맞부딪힐 때 나는 소리를 나타내는 말. ☞달깍. 덜걱. 떨꺽

덜꺽-거리다(대다)[자타] 자꾸 덜꺽 소리가 나다, 또는 그런 소리를 내다. ☞달깍거리다. 덜걱거리다

덜꺽-덜꺽[부] 덜꺽거리는 소리를 나타내는 말. ☞달깍달깍. 덜걱덜걱. 떨꺽떨꺽

덜껑[부] 크고 단단한 쇠붙이 따위가 다른 단단한 물체에 한 번 세게 부딪힐 때 울리어 나는 소리를 나타내는 말. ☞달깡. 덜겅. 떨껑

덜껑-거리다(대다)[자타] 자꾸 덜껑 소리가 나다, 또는 그런 소리를 내다. ☞달깡거리다. 덜겅거리다

덜껑-덜껑[부] 덜껑거리는 소리를 나타내는 말. ☞달깡달깡. 덜겅덜겅. 떨껑떨껑

덜께기[명] 늙은 장끼. 늙은 수꿩.

덜:다(덜고·더니)[타] ①어떤 수나 양을 적게 하다. ¶밥을 —. ②좋지 않은 상태나 정도를 줄이거나 가볍게 하다. ¶근심을 —./마음의 부담을 —. ☞보태다

[한자] **덜 감**(減)〔水部 9획〕¶감가(減價)/감량(減量)/감면(減免)/감봉(減俸)/감속(減速)/감축(減縮)
덜 생(省)〔目部 4획〕¶생략(省略)/생력(省力)
덜 손(損)〔手部 10획〕¶손익(損益)/손해(損害)
덜 제(除)〔阜部 7획〕¶제거(除去)/제외(除外)

덜덜[1] 부 무섭거나 추워서 몸을 몹시 떠는 모양을 나타내는 말. ¶비를 맞고 몸을 ― 떨다. ☞달달[1]

덜덜[2] 부 큰 바퀴나 발동기 등이 순조롭지 않게 움직이는 소리를 나타내는 말. ☞달달[2]. 떨떨

덜덜-거리다(대다)[1] 자타 덜덜 떨다. ☞달달거리다[1]

덜덜-거리다(대다)[2] 자타 자꾸 덜덜 소리가 나다, 또는 그런 소리를 내다. ¶경운기가 덜덜거리며 가다. ☞달달거리다[2]. 떨떨거리다

덜:-되다 형 하는 짓이나 생각이 모자라거나 철이 덜 들어 마땅치 아니하다. ¶덜된 인간이라고 놀리다.

덜렁[1] 명 '단령(團領)'의 변한말.

덜렁[2] 부 몹시 놀라거나 겁이 나서 가슴이 뜨끔하게 울리는 느낌을 나타내는 말. ¶들킬까봐 가슴이 ― 내려앉았다. ☞달랑[1]

덜렁[3] 부 계획 없이 함부로 행동하는 모양을 나타내는 말. ¶준비도 없이 ― 일부터 벌이다. ☞달랑[2]

덜렁[4] 부 ①물체가 외따로 하나만 놓이거나 매달려 있는 모양을 나타내는 말. ¶빈방에 ― 놓인 화분./천장에 ― 매달린 전등. ②무엇을 하나만 지닌 모양을 나타내는 말. ¶배낭만 ― 메고 길을 떠나다. ☞달랑[3]

덜렁-거리다(대다)[1] 자타 큰 물체가 매달려 자꾸 흔들리다, 또는 그렇게 흔들다. 덜렁이다[1] ¶보따리를 덜렁거리며 가다. ☞달랑거리다[1]

덜렁-거리다(대다)[2] 자 찬찬하지 아니하고 경망하게 행동하다. 덜렁이다[2] ☞달랑거리다[2]

덜렁-덜렁[1] 부 큰 물체가 매달려 자꾸 흔들리는 모양을 나타내는 말. ☞달랑달랑[1]

덜렁-덜렁[2] 부 찬찬하지 아니하고 경망하게 행동하는 모양을 나타내는 말. ☞달랑달랑[2]

덜렁-말 명 덜렁거리는 말. 광당마(光唐馬)

덜렁-쇠 명 성질이 침착하지 못하고 덜렁거리는 사람을 놀리어 이르는 말. 덜렁이 ☞달랑쇠

덜렁-이 명 덜렁쇠 ☞달랑이

덜렁-이다[1] 자타 덜렁거리다[1] ☞달랑이다[1]

덜렁-이다[2] 자 덜렁거리다[2] ☞달랑이다[2]

덜레-덜레 부 가볍게 흔들거리며 걷는 모양을 나타내는 말. ☞달래달래. 털레털레

덜름-하다 형여 ①입은 옷이 아랫도리가 드러나도록 짧다. ¶작년에 입던 바지가 ―. ②어울리지 않게 홀로 우뚝하다. ¶덜름하게 서 있는 건물.

덜리다 자 덞을 당하다. ¶짐이 ―./걱정이 ―.

덜:-먹다 자 하는 짓이 온당하지 못하고 제멋대로 나가다.

덜미[1] 명 뒷덜미와 목덜미 부분을 통틀어 이르는 말.

덜미(를) 넘겨짚다 관용 남의 속을 떠보다.

덜미(를) 누르다 관용 ①재촉하여 몰아세우다. ②남의 약점을 잡아 꼼짝못하게 하다. 덜미(를) 잡다.

덜미(를) 잡다 관용 덜미(를) 누르다.

덜미(를) 잡히다 관용 ①발각되다 ②쉽게 여기고 덤빈 일이 뜻밖으로 어렵게 꼬여 벗어나지 못하게 되다.

덜미(를) 짚다 관용 ①덜미잡이를 하다. ②덜미를 누르듯이 몹시 재촉하다. 덜미(를) 치다.

덜미(를) 치다 관용 덜미(를) 짚다.

덜미[2] 명 남사당패의 여섯 가지 놀이 중에서 마지막 놀이인 '꼭두각시놀음'을 이르는 말. ☞풍물(風物)

덜미-걸이 명 택견에서, 손질의 한 가지. 손으로 상대편의 목덜미를 잡아 끌어당기면서 앞으로 나아가는 공격 기술. ☞덜미잽이

덜미-쇠 명 남사당패에서, 꼭두각시놀음을 하는 재인(才人)의 우두머리.

덜미-잡이 명-하다 타 뒷덜미를 움켜잡고 몰아가는 일.

덜미-잽이 명 택견에서, 손질의 한 가지. 손바닥으로 상대편의 목덜미를 누르며 앞으로 나아가는 공격 기술.

덜밋-대:문(―大門) 명 재래식 한옥에서, 집의 큰채 뒤쪽에 있는 대문.

덜어-내:다 타 많은 데서 얼마간을 떼어 내다. ¶밥을 한 숟가락 ―.

덜커덕 부 속이 빈, 크고 단단한 물체가 다른 단단한 물체에 한 번 거칠게 부딪힐 때 나는 소리를 나타내는 말. ☞달카닥. 덜거덕. 떨커덕

덜커덕-거리다(대다) 자타 자꾸 덜커덕 소리가 나다, 또는 그런 소리를 내다. ☞달카닥거리다

덜커덕-덜커덕 부 덜커덕거리는 소리를 나타내는 말. ☞달카닥달카닥. 덜거덕덜거덕. 떨커덕떨커덕

덜커덩 부 크고 단단한 쇠붙이 따위가 다른 단단한 물체에 한 번 거칠게 부딪힐 때 울리어 나는 소리를 나타내는 말. ¶― 하며 객차가 연결되었다. ☞달카당. 떨커덩

덜커덩-거리다(대다) 자타 자꾸 덜커덩 소리가 나다, 또는 그런 소리를 내다. ☞달카당거리다

덜커덩-덜커덩 부 덜커덩거리는 소리를 나타내는 말. ☞달카당달카당. 덜거덩덜거덩. 떨커덩떨커덩

덜컥[1] 부 ①엇걸리게 만든 단단한 두 물체가 거칠게 엇걸리거나 풀릴 때 나는 소리를 나타내는 말. ②속이 빈, 거볍고 단단한 두 물체가 한 번 거칠게 맞부딪힐 때 나는 소리를 나타내는 말. ☞달칵. 덜걱. 떨컥

덜컥[2] 부 ①갑자기 놀라거나 겁이 나서 가슴이 내려앉는 느낌을 나타내는 말. ¶― 겁이 나다. ②어떤 일이 매우 갑작스럽게 일어나는 모양을 나타내는 말. ¶건강하던 사람이 ― 몸져눕다.

덜컥-거리다(대다) 자타 자꾸 덜컥 소리가 나다, 또는 그런 소리를 내다. ☞달칵거리다

덜컥-덜컥 부 덜컥거리는 소리를 나타내는 말. ☞달칵달칵. 덜걱덜걱. 떨컥떨컥

덜컹[1] 부 크고 단단한 쇠붙이 따위가 다른 단단한 물체에 한 번 거칠게 부딪힐 때 울리어 나는 소리를 나타내는 말. ☞달캉. 덜겅. 떨컹

덜컹[2] 부 놀라거나 겁이 나서 가슴이 내려앉는 느낌을 나타내는 말. ¶사이렌 소리에 가슴이 ― 했다.

덜컹-거리다(대다) 자타 자꾸 덜컹 소리가 나다, 또는 그런 소리를 내다. ☞달캉거리다

덜컹-덜컹 부 덜컹거리는 소리를 나타내는 말. ☞달캉달캉. 덜겅덜겅. 떨컹떨컹

덜퍽-부리다 자 큰 소리를 지르면서 몹시 심술을 부리다.

덜퍽-스럽다(―스럽고·―스러워) 형ㅂ 덜퍽지게 보이다. ¶찌개를 덜퍽스럽게 끓이다.

덜퍽-스레 부 덜퍽스럽게

덜퍽-지다 형 ①푸지고 탐스럽다. ¶고기랑 찌개랑 덜퍽지게 담아 내다. ②넉넉하게 크고 든든하다. ¶덜퍽진 체격. ☞덤턱스럽다

덜:-하다[1] 자타여 ①이전보다 약해지거나 적어지거나 감해지다. ¶올 겨울은 추위가 ―. ②이전보다 줄이거나 적게 하거나 하다. ¶요즈음에는 술을 ―. ☞더하다[1]

덜:-하다[2] 형여 비교하여 보아 낮거나 적다. ¶맛이 ―./값이 ―./품질이 ―. ☞더하다[2]

덤: 명 ①물건을 팔거나 살 때 제 값어치 외에 조금 더 얹어 주거나 받는 물건. ¶―으로 한 개를 더 받다. ②맞바둑에서 먼저 두는 흑 쪽의 유리함을 없애고자 백 쪽에 몇 집을 더 보태어 계가하는 일. ¶―으로 6호 반을 보태어 주다.

덤덤-하다 형여 ①음식의 맛이 싱겁고 밍밍하다. ¶국맛이 ―. ②표정의 변화가 없이 묵묵하다. ¶덤덤하게 바라보다. ③감정의 움직임이나 별 느낌이 없이 무관심하다. ¶덤덤한 심경./덤덤하게 대하다.

덤덤-히 부 덤덤하게

덤:-받이[―바지] 명 개가하여 온 아내가 전 남편 사이에서 낳아 데리고 들어온 자식. 의붓자식

덤벙 부 묵직한 것이 물에 떨어져 잠길 때 나는 소리를 나타내는 말. ¶― 물에 뛰어들다. ☞담방. 텀벙

덤벙-거리다(대다)[1] 자타 잇달아 덤벙 소리가 나다, 또는 그런 소리를 내다. ☞담방거리다[1]. 텀벙거리다

덤벙-거리다(대다)[2] 자 좀 들떠서 함부로 덤비거나 서두르다. 덤벙이다 ☞담방거리다[2]

덤벙-덤벙[1] 부 덤벙거리는 소리를 나타내는 말. ☞담방담방[1]. 텀벙텀벙

덤벙-덤벙[2] 부 좀 들떠서 함부로 덤비거나 서두르는 모양

을 나타내는 말. ¶일을 ─ 하다. ☞담방담방[2]
덤벙-이다 자 덤벙거리다[2] ☞담방이다
덤벼-들다(─들고·─드니)자 함부로 대들다. ¶작은 아이가 큰 아이에게 ─.
덤부렁-듬쑥 부-하다 형 수풀이 우거지고 깊숙한 모양을 나타내는 말.
덤불 명 엉클어진 수풀. ¶찔레 ─
속담 **덤불이 커야 도깨비가 난다** : 무슨 일이나 조건이 잘 갖추어져야 잘 된다는 말. [산이 깊어야 범이 있다/물이 깊어야 고기가 모인다/숲이 깊어야 도깨비가 나온다]
덤불-김치 명 무청이나 배추 지스러기 따위로 담근 김치.
덤불-딸기 명 '덩굴딸기'의 딴이름.
덤불-지다 자 덤불을 이루다. ¶가시나무가 ─.
덤불-혼인(─婚姻)명 인척 관계에 있는 사람끼리 하는 혼인. ☞겹혼인
덤비다 자 ①대들거나 덤벼들다. ¶쥐가 고양이에게 ─./함부로 덤비지 말아라. ②침착하지 않고 서두르다. ¶덤비면 실수하기 쉽다.
덤뻑 부 앞뒤를 헤아리지 아니하고 함부로 행동하는 모양을 나타내는 말. ☞담빡
덤터기 명 남에게 떠넘기거나 남에게서 넘겨 맡는 공연한 허물이나 걱정거리. ☞담타기. 도뢰(圖賴)
덤터기(를) 쓰다 관용 ①남의 허물이나 걱정거리를 넘겨 맡다. ¶덤터기를 쓰게 되다. ②공연한 누명을 쓰다.
덤터기(를) 씌우다 관용 ①남에게 걱정거리나 허물을 떠넘기다. ②누명을 씌우다.
덤턱-스럽다(─스럽고·─스러워)형ㅂ 푸지고 매우 크다. ¶통째 구운 돼지가 덤턱스럽게 보인다.
덤턱-스레 부 덤턱스럽게
덤프-차(dump車)명 덤프트럭
덤프트럭(dump truck)명 짐 칸을 뒤쪽으로 기울여서 실은 짐을 한꺼번에 부릴 수 있는 구조로 된 트럭. 덤프차
덤핑(dumping)명-하다 타 손해를 무릅쓰고 싼값으로 상품을 내다파는 일.
덤핑=방지=관세(dumping防止關稅)명 외국의 덤핑으로 국내 산업이 피해를 입거나 피해를 입을 우려가 있을 경우, 또는 국내 산업을 보호할 필요가 있을 경우 부과하는 고율 관세.
덥:다(덥고·더워)형ㅂ ①날씨나 기온에서 열기를 느끼다. ¶날씨가 ─./방이 ─. ☞춥다 ②체온이 보통 사람보다 높다. ¶인삼은 몸을 덥게 한다. ③물체 등에 열기가 남아 있다. ¶더운 밥./더운 물. ☞차다[4]

한자 **더울 서**(暑) [日部 9획] ¶극서(極暑)/서기(暑氣)/폭서(暴暑)/피서(避暑)/혹서(酷暑)
더울 염(炎) [火部 4획] ¶염량(炎涼)/염서(炎暑)/염천(炎天)/염하(炎夏)/폭염(暴炎)

덥석 부 머뭇거리지 않고 닁큼 물거나 움켜잡는 모양을 나타내는 말. ¶손을 ─ 잡다./사양도 않고 ─ 받다./개가 고깃점을 ─ 물다. ☞답삭. 텁석
덥적-거리다(대다) 자 ①아무 일에나 조심성 없이 나서거나 끼여들다. ②스스럼없이 함부로 대하며 붙임성 있게 행동하다. 덥적이다 ☞답작거리다
덥적-덥적 부 덥적거리는 모양을 나타내는 말. ¶남의 일에 ─ 나서다. ☞답작답작
덥적-이다 자 덥적거리다 ☞답작이다
덧- 접두 '덧붙이거나 거듭 보탬'의 뜻을 나타냄. ¶덧씌우다/덧붙이다/덧신/덧니/덧저고리/덧양말
덧-가지[덛─]명 쓸데없이 더 난 가지.
덧-거름[덛─]명 농작물이 자라는 도중에 밑거름을 보충하기 위해 주는 거름. 뒷거름. 웃거름. 보비(補肥). 추비(追肥) ☞밑거름
덧-거리[덛─]명-하다 타 ①정해진 수량 외에 덧붙은 물건. ②사실보다 지나치게 보태어 말하는 일, 또는 그 말.
덧거리-질[덛─]명-하다 타 덧거리를 하는 짓.
덧-거칠다[덛─](─거칠고·─거치니)형 일이 수월하지 아니하고 가탈이 많다. ¶일을 덧거칠게 만들다.
덧-걸다[덛─](─걸고·─거니)타 걸어 놓은 것 위에 포개어 걸다.
덧-걸리다[덛─]자 ①덧걺을 당하다. ¶한 옷걸이에 여러 옷이 덧걸려 있다. ②한 가지 일에 다른 일이 겹쳐 걸리다.
덧-걸이[덛─]명 택견에서, 발질의 한 가지. 다리로 상대편의 다리 바깥쪽을 걸어 넘어뜨리는 공격 기술.
덧게비[덛─]명 다른 것 위에 필요 없이 덧엎어 대는 일, 또는 그렇게 하는 물건.
덧게비(를) 치다 관용 다른 것 위에 덧엎어 대다. ¶광고지 위에 다른 광고지가 덧게비를 치고 있다.
×**덧-구두**[덛─]명 →덧신
덧-그:림[덛─]명 그림 위에 얇은 종이 따위를 덮어 대고 본떠 그린 그림.
덧-깔다[덛─]타 깔아 놓은 것 위에 겹쳐 깔다. ¶요 위에 담요를 ─.
덧-나다[1][덛─]자 ①병이나 상처 또는 부스럼 따위를 잘못 다스려서 더치게 되다. ¶칼에 베인 상처가 ─. ②남에게서 언짢은 일을 당하여 노염이 일어나다. ☞도지다. 더치다. 덧들이다
덧-나다[2][덛─]자 이미 나 있는 위에 덧붙거나 제자리를 벗어나서 나다. ¶이가 ─.
덧-날[덛─]명 대팻날 위에 덧붙여 끼우는 날.
덧날-막이[덛─]명 대패 덧날 위에 가로 끼우는 쇠붙이.
덧-내:다[덛─]타 덧나게 하다. ¶종기를 짜서 ─.
덧-널[덛─]명 '곽(槨)'을 속되게 이르는 말.
덧-놓다[덛─]타 놓은 것 위에 겹치어 놓다. ¶책들을 ─./벽돌을 덧놓아 쌓다.
덧-눈[덛─]명 종자식물에서, 한 잎겨드랑이에 생긴 여러 곁눈 중에서 가장 크고 정상적인 것 이외의 눈. 부아(副芽)
덧-니[덛─]명 이가 나는 줄의 곁에 겹으로 난 이.
덧니-박이[덛─]명 덧니가 난 사람.
덧-대:다[덛─]타 댄 위에 겹치어 대다. ¶옷에 천을 덧대어 깁다.
덧-덮다[덛덥─]타 덮은 위에 겹치어 덮다. ¶이불을 덧덮고 자다.
덧-두리[덛─]명 ①물건을 바꿀 때, 값을 따져 셈하고 모자라는 만큼을 채워 내는 돈. ②본래 정한 액수 외에 얼마만큼 더 보태는 돈. 웃돈
덧-들다[덛─]자 선잠이 깨어 다시 잠이 잘 들지 아니하다. ¶걱정 때문에 잠이 ─.
덧-들이다[1] [덛─]타 ①남의 감정을 건드려 언짢게 하다. 더치다[2] ②병을 더치게 하다. ☞덧나다[1]
덧-들이다[2] [덛─]타 잠을 덧들게 하다.
덧-머리[덛─]명 가발(假髮)
덧-문(─門)[덛─]명 ①겉창 ②문 바깥쪽에 덧단 문을 통틀어 이르는 말.
덧-묻다[덛─]자 묻은 것 위에 겹치어 묻다. ¶여러 가지 빛깔의 물감이 ─.
덧-물[덛─]명 강이나 호수 따위의 얼음 위에 괴어 있는 물.
덧-바르다[덛─](─바르고·─발라)타르 바른 것 위에 겹치어 바르다. ¶유화 물감을 ─.
덧-바지[덛─]명 바지 위에 덧입는 통이 넓은 큰 바지.
덧방-나무[덛─]명 수레의 양쪽 가장자리에 덧댄 나무.
덧방-붙이다[덛─부치─]타 조각을 덧대어 붙이다.
덧-버선[덛─]명 양말 위에 덧신는 목 없는 양말.
덧-보태다[덛─]타 보탠 것 위에 겹치어 보태다. ¶학우들이 모은 성금에 선생님이 돈을 ─.
덧-뵈기[덛─]명 남사당패의 여섯 가지 놀이 중에서, 다섯째 놀이인 '탈놀음'을 이르는 말.
덧뵈기-쇠[덛─]명 남사당패에서, 덧뵈기를 맡은 사람 가운데의 우두머리.
덧뵈기-춤[덛─]명 경상 남도 지방의 야유(野遊)나 오광대(五廣大) 등 탈춤에서 쓰이는 춤사위. 경상 남도 지방의 모든 춤의 기본을 이룸.

덧-붙다[덛붇-] 자 ①있는 것 위에 겹치어 붙다. ②군더더기로 붙거나 딸리다. ¶친척 집에 덧붙어 살다.

덧-붙이[덛부치] 명 '덧붙이기'의 준말.

덧-붙이기[덛부치-] 명 덧붙여서 하는 일, 또는 그러한 물건. 준 덧붙이

덧-붙이다[덛부치-] 타 ①덧붙게 하다. ¶덤으로 하나를 덧붙여 주다. ②앞서 한 말에 더 하여 말하다. ¶끝에 가서 한 마디를 -.

덧-빗[덛-] 명 머리를 깎을 때, 머리털을 조금 길게 남기기 위하여 이발기에 덧끼는 빗 모양의 쇠붙이.

덧-뺄셈[덛-] 명 ①한 식(式)에 덧셈표와 뺄셈표가 혼합된 셈. ②'덧셈'과 '뺄셈'을 아울러 이르는 말.

덧-뿌리다[덛-] 자 ①뿌린 위에 다시 뿌리다. ¶물을 -. ②씨앗을 뿌린 뒤에 다시 더 뿌리다. 추파하다

덧-뿌림[덛-] 명 씨앗을 뿌린 뒤에 다시 더 뿌리는 일. 추파(追播)

덧-새벽[덛-] 명 새벽 위에 덧붙여 바르는 새벽.

덧-셈[덛-] 명 어떤 수에 다른 수를 보태어 그 합계를 구하는 셈. 가산(加算) ☞뺄셈

덧셈-법(-法)[덛-뻡] 명 어떤 수에 다른 수를 보태어 그 합계를 구하는 셈법. 가법(加法) ☞뺄셈법

덧셈-표(-標)[덛-] 명 덧셈을 나타내는 표인 '+'의 이름. 가표(加標). 가호(加號) ☞뺄셈표

덧-소금[덛-] 명 채소나 생선 따위를 절일 때 맨 위에 소복이 덧놓는 소금.

덧-수(-數)[덛-] 명 가수(加數)[1]

덧-신[덛-] 명 구두 위에 덧신는 신. ¶진 땅에서 다닐 때 -을 신다./실내에서 -을 신다.

덧-신:다[덛-] 타 양말이나 신을 신은 위에 겹치어 신다. ¶양말을 -.

덧-쓰다[덛-](-쓰고·-써) 타 쓴 위에 겹치어 쓰다.

덧-씌우다[덛-] 타 덧쓰게 하다. ¶천막 위에 비닐을 -.

덧-양말(-洋襪)[덛냥-] 명 양말 위에 덧신는 목이 짧은 양말.

덧-양판[덛냥-] 명 대패질할 때, 양판 위에 올려 놓는 좁고 길쭉한 나무.

덧-없:다[덛업-] 형 ①세월이 속절없이 빠르다. ¶덧없는 세월. ②쓸데없다 ¶덧없는 생각. ③헛되고 허전하다. 허무하다. 무상하다 ¶덧없는 인생.

덧-없이 부 덧없게 ¶- 흘러간 세월.

덧-옷[덛-] 명 옷을 입은 위에 덧입는 옷.

덧-입다[덛닙-] 타 입은 위에 더 겹치어 입다. ¶양복 위에 코트를 -.

덧-장판[덛-] 명 헌 장판 위에 덧바르는 장판.

덧-저고리[덛-] 명 저고리 위에 겹치어 입는 저고리. ☞겉저고리. 속저고리

덧-정(-情)[덛-] 명 ①어떤 것에 깊은 정이 들어 그에 딸린 것까지 다정하게 느껴지는 정. ②주로 '없다'와 함께 쓰이어, '끌리는 마음'을 이르는 말. ¶-이 없다.

덧-줄[덛-] 명 ①덧대어 들인 줄. ②악보에서, 오선(五線)의 아래나 위에 필요에 따라 더 긋는 짧은 선. 가선

덧-창(-窓)[덛-] 명 겉창

덧-칠[덛-] 명-하다 타 ①칠한 위에 더 하는 칠. 가칠 ②그릇을 굽기 전에, 고운 진흙을 푼 물에 담가 겉면에 얇은 막을 입히는 일.

덧-토시[덛-] 명 토시 위에 겹치어 끼는 토시.

덧-폭[덛-] 명 도포(道袍) 뒷자락에 덧댄 딴 폭.

덩[1] 명 지난날, 공주(公主)나 옹주(翁主)가 타던 가마.

덩[2] 부 장구의 북편과 채편을 동시에 치는 소리를 나타내는 구음(口音). ☞기덕. 더러러러. 덕[3]. 떵[2]. 쿵[2]

덩-거칠다(-거칠고·-거치니) 형 풀이나 떨기나무가 덩굴지게 우거져 거칠다.

덩굴 명 벋어나가 다른 물건을 감아 오르기도 하고 땅바닥에 벋기도 하는 식물의 줄기. 넝쿨 ¶칡의 -.

덩굴-걷이[-거지] 명-하다 자 밭에 심은 덩굴진 식물을 걷어치우는 일, 또는 그때 따낸 열매.

덩굴-나무 명 덩굴이 벋어 나가는 나무. 칡·등나무·포도나무 따위가 이에 딸림. 만목(蔓木) ☞덩굴풀

덩굴=뒤집기 명 밭에 심은 오이나 호박 따위의 덩굴을 뒤집는 일.

덩굴-딸:기 명 장미과의 낙엽 관목. 줄기는 갈고리 같은 가시가 많고 잎은 깃꼴 겹잎임. 5월경에 연분홍이나 흰 꽃이 새로 나온 가지 끝에 한 송이씩 핌. 열매는 작고 동근 것이 뭉쳐 있는 모양인데, 6~8월에 붉게 익으며 먹을 수 있음. 줄딸기. 덤불딸기

덩굴-성(-性)[-썽] 명 덩굴로 벋는 성질. 만성(蔓性)

덩굴성=식물(-性植物)[-썽-] 명 덩굴이 지고, 줄기가 다른 물체에 감기거나 덩굴손 따위로 다른 물체를 감아 올라가는 식물. 나팔꽃·오이·담쟁이덩굴·칡·등나무 따위. 만성 식물(蔓性植物)

덩굴-손[-쏜] 명 포도나 나팔꽃 따위와 같이, 가지나 잎이 실같이 변형하여 다른 물체를 감아 줄기를 지탱하게 하는 가는 덩굴. 권수(卷鬚)

덩굴-장미(-薔薇) 명 장미과의 덩굴성 낙엽 관목. 줄기는 5m 안팎으로 벋으며 가시가 드문드문 있음. 꽃은 6~7월에 피는데, 품종에 따라 여러 가지 색이 있음.

덩굴-줄기 명 덩굴성 식물의 줄기 부분. 만경(蔓莖). 만연경(蔓延莖)

덩굴-지다 자 식물의 줄기가 덩굴이 되어서 가로 벋다. ¶나팔꽃이 덩굴져 벋다.

덩굴-치기 명 필요 없는 덩굴을 잘라 내는 일.

덩굴-풀 명 덩굴이 벋어 나가는 풀. 나팔꽃·박 따위가 이에 딸림. 만초(蔓草) ☞덩굴나무

덩그러니 부 덩그렇게 ¶텅 빈 방에 - 걸린 액자.

덩그렇다(덩그렇고·덩그런) 형ㅎ ①우뚝 솟아 높다. ¶덩그렇게 서 있는 대웅전. ②키가 썩 크다. ¶덩그렇게 키만 큰 녀석. ③넓은 공간이 텅 비어 쓸쓸하다. ¶덩그렇게 빈 창고.

덩달아 부 속내도 모르면서 남이 하니까 따라서. 덩달아서 ¶영문도 모르고 - 나선다.

덩달아서 부 덩달아

덩덕새-머리 명 빗지 아니하여 더부룩한 머리.

덩-덩그렇다(-덩그렇고·-덩그런) 형ㅎ 매우 덩그렇다.

덩두렷-하다[-렫-] 형여 매우 두렷하다. ¶덩두렷한 보름달./덩두렷하게 떠오르다.

덩두렷-이 부 덩두렷하게

덩둘-하다 형여 ①매우 둔하고 어리석다. ¶사람이 덩둘하여 남의 꼬임에 잘 넘어가다. ②어리둥절하여 멍하다.

덩드럭-거리다(대다) 자 자꾸 잘난체 하며 매우 거만하게 행동하다. ☞거드럭거리다

덩드럭-덩드럭 부 덩드럭거리는 모양을 나타내는 말. ☞거드럭거드럭

덩실 부 팔다리를 장단에 맞추어 크고 흥겹게 놀리는 모양을 나타내는 말. ¶- 춤을 추다. ☞ 당실. 더덩실

덩실-거리다(대다) 자 팔다리를 장단에 맞추어 크고 흥겹게 자꾸 놀리다. ☞당실거리다

덩실-덩실 부 덩실거리는 모양을 나타내는 말. ☞당실당실

덩실-하다 형여 우람하고 시원스럽게 솟아 있다. ☞당실하다

덩싯-거리다(대다)[-싣-] 자 누워서 팔다리를 부드럽게 자꾸 놀리다. ☞당싯거리다

덩싯-덩싯[-싣-] 부 덩싯거리는 모양을 나타내는 말. ☞당싯당싯

덩어리 명 ①크게 뭉쳐서 이루어진 것. ¶바위 - ②〔의존 명사로도 쓰임〕 ¶수박 두 -. ☞덩이

덩어리-지다 자 덩어리가 되다. ¶덩어리진 찬밥.

덩이 명 ①작게 뭉치어 이루어진 것. ¶모래 - ②〔의존 명사로도 쓰임〕 ¶주먹밥 두 -. ☞덩어리

덩이-덩이 명 여러 덩이. ¶눈을 - 뭉쳐 놓다.

덩이-뿌리 명 식물 뿌리의 한 가지. 비정상적으로 살이 쪄서 둥글거나 물렛가락 모양으로 자란 것. 무나 고구마의 뿌리 따위가 이에 딸림. 괴근(塊根)

덩이-줄기 명 땅속줄기의 일부가 양분을 저장하여 살이 찐 것. 감자나 토란 따위가 이에 딸림. 괴경(塊莖)

덩이-지다 자 덩이가 되다.
덩저리 명 ①뭉쳐서 쌓인 물건의 부피. ¶ ―가 크다. ② '덩치'를 속되게 이르는 말. ¶ ―가 작은 돼지.
덩치 명 몸집이나 물건의 크기. ¶ ―가 큰 남자.
덩칫-값 명 주로 '-을 하다' 또는 '못하다'의 꼴로 쓰이어, 덩치에 어울리는 행동을 홀하게 이르는 말. ¶ ―도 못하다./―을 해야지.
×덩쿨 명 →덩굴
덩크슛:(dunk shoot) 명 농구에서, 선수가 뛰어올라 바스켓 위에서 공을 내리꽂듯이 넣는 일.
덫 명 ①짐승을 꾀어 잡는 기구의 한 가지. ¶ ―에 걸리다./―을 놓다./―에 치이다. ②남을 어려운 처지에 빠뜨리려 하는 꾀를 비유하는 말. ¶사기꾼의 ―에 걸려 살림이 거덜나다. ☞함정
속담 **덫에 치인 범이요 그물에 걸린 고기**: 곧 죽을 처지에 이르러 어쩔 수 없는 몸이 되었음을 이르는 말. (산 밖에 난 범이요 물 밖에 난 고기)
덫-걸이[덛―] 명 씨름의 혼합기술의 한 가지. 상대편이 배지기로 공격할 때나 왼다리가 앞으로 나왔을 때에 오른다리로 상대편의 왼다리를 밖으로 걸어 당기면서 윗몸을 밀어 넘어뜨리는 공격 재간. ☞꼭뒤집기. 들어잡채기. 자반뒤집기
덮개[1][덥―] 명 ①무엇을 덮는 물건을 통틀어 이르는 말. ¶차에 ―를 씌우다. ②뚜껑 ¶장독 ―
덮개[2][덥―] 명 불교에서, 착한 마음을 덮어서 가리는 탐욕이나 진심(瞋心)을 이르는 말.
덮개-유리(―琉璃)[덥―] 명 현미경의 대물 렌즈 밑에 끼워, 깔유리 위에 덮어 합치는 유리 조각. 커버글라스
덮-그물[덥―] 명 주로 물이 얕은 곳에서, 고기를 덮어씌워 잡는 그물.
덮다[덥―] 타 ①가리거나 보호하기 위해 무엇을 얹다. ¶밥상을 ―./이불을 ―. ②펼쳐져 있던 것을 접다. ¶읽던 책을 덮고 일어서다. ③일정한 공간을 둘러싸거나 빈데 없이 가득 채우다. ¶안개가 온 산을 ―./먹구름이 하늘을 ―. ④어떤 사실이나 행동을 감추거나 따지지 않다. ¶실수를 덮어 주다.

한자 덮을 개(蓋) 〔艸部 10획〕 ¶개관(蓋棺)/개복(蓋覆)/개석(蓋石)/개세(蓋世)/개와(蓋瓦)
덮을 폐(蔽) 〔艸部 12획〕 ¶은폐(隱蔽)/폐차(蔽遮)

덮-두들기다[덥―] 타 사랑스러워서 어루만져 두들기다. ¶할아버지가 손녀를 안고 ―.
덮밥[덥―] 명 여러 가지 재료를 볶거나 부치거나 튀겨 밥 위에 얹어 내는 음식. 고기 덮밥, 버섯 덮밥, 오징어 덮밥 따위.
덮어-놓고 부 ①옳고 그름을 따지지 않고. ¶ ― 꾸짖기만 한다. ②사정을 헤아리지 않고 함부로. ¶ ― 일을 떠맡기다. ☞무턱대고
속담 **덮어놓고 열넉 냥 금**: 내용을 살피지 않고 함부로 판단함을 이르는 말.
덮어-놓다 타 ①하던 일을 그만두거나 제쳐놓다. ¶일을 잠시 덮어놓고 음악을 듣다. ②어떤 일을 감추거나 따지지 않다. ¶그 문제는 덮어놓는 게 좋다.
덮어-두다 타 ①어떤 일을 더 이상 따지지 않다. ¶지난 일을 ―. ②어떤 사실을 숨긴 채 비밀로 하다. ¶영원히 덮어두어야 할 사실.
덮어-쓰다(―쓰고·―써) 타 ①머리가 가리도록 푹 쓰다. ¶모자를 귀 밑까지 ―./이불을 덮어쓰고 자다. ②먼지나 액체 따위를 온몸에 뒤집어쓰다. ¶분필 가루를 ―. ③남의 허물이나 책임 따위를 억울하게 대신 뒤집어쓰다. ¶누명을 ―./책임을 ―.
덮어-씌우다 타 덮어쓰게 하다. ¶허물을 남에게 ―.
덮을-아(―襾) 명 한자 부수(部首)의 한 가지. '要'·'覃' 등에서 '襾'의 이름.
덮이다 자 덮음을 당하다. ¶산이 온통 눈으로 ―.
덮치기[덥―] 명 새를 잡는 큰 그물.
덮치다[덥―] 자타 ①겹쳐 누르다. ¶매가 병아리를 ―. ②여러 가지 일이 한꺼번에 닥치다. ¶엎친 데 덮친 격. ③갑자기 들이치다. ¶산더미 같은 파도가 ―.
데 의 ①곳. 처소 ¶오갈 ― 없다. ②경우. 처지 ¶이 닭는 ― 쓰는 치약. ③일. 것 ¶그림 그리는 ― 소질이 있다.
데- 접두 '제대로 되지 못함'의 뜻을 나타냄. ¶데삶기다/데알다/데생각 ☞데되다
-데 어미 어간이나 '이다'의 '이-'에 붙어 ①'하게' 할 자리에 쓰이어, 경험적 사실을 나타내는 종결 어미. ¶그 사람이 좋다고 하데./여름은 아주 덥데./북악산은 명산이데. ②'-던가'의 뜻으로 쓰임. ¶누가 그리 말하데?/어느 것이 좋데?/그 사람이 누구였데?
데걱 부 ①단단한 물건이 가볍게 한 번 맞부딪힐 때 나는 소리를 나타내는 말. ¶가마솥 뚜껑을 ― 닫았다. ②좀 단단하고 굵은 물건이 가볍게 부러질 때 나는 소리를 나타내는 말. ¶ ― 분필을 부러뜨리다. ☞대각. 떼꺽
데걱-거리다(대다) 자타 자꾸 데걱 소리가 나다, 또는 그런 소리를 내다. ☞대각거리다. 떼꺽거리다
데걱-데걱 부 데걱거리는 소리를 나타내는 말. ☞대각대각. 데꺽데꺽[1]. 떼걱떼걱. 떼꺽떼꺽
데구루루 부 둥글고 단단한 물건이 단단한 바닥에 떨어져 구르는 소리, 또는 그 모양을 나타내는 말. ¶볼링 공이 레인을 ― 구르다. ☞대구루루. 떼구루루
데굴-데굴 부 물체가 잇달아 구르는 모양을 나타내는 말. ¶참외가 ― 구르다. ☞대굴대굴. 떼굴떼굴
데그럭 부 속이 빈, 크고 단단한 물체가 다른 단단한 물체에 한 번 부딪혀 갈리는 소리를 나타내는 말. ☞대그락. 떼그럭
데그럭-거리다(대다) 자타 자꾸 데그럭 소리가 나다, 또는 그런 소리를 내다. ☞대그락거리다. 떼그럭거리다
데그럭-데그럭 부 데그럭거리는 소리를 나타내는 말. ☞대그락대그락. 떼그럭떼그럭
-데기 접미 어떤 처지에 있거나 처신하는 사람을 가벼이 여기어 이름. ¶부엌데기/얌심데기/소박데기
데꺽[1] 부 ①단단한 물건이 세게 한 번 맞부딪힐 때 나는 소리를 나타내는 말. ②좀 단단하고 굵은 물건이 단번에 부러질 때 나는 소리를 나타내는 말. ¶굵은 나뭇가지가 ― 꺾이다. ☞대깍. 데걱. 떼걱. 떼꺽
데꺽[2] 부 서슴지 않고 바로. ¶말이 끝나자마자 ― 치우다.
데꺽-거리다(대다) 자타 자꾸 데꺽 소리가 나다, 또는 그런 소리를 내다. ☞대깍거리다. 떼걱거리다
데꺽-데꺽[1] 부 데꺽거리는 소리를 나타내는 말. ☞대깍대깍. 떼걱떼걱
데꺽-데꺽[2] 부 서슴지 않고 잇달아 바로. ¶묻는 대로 ― 대답하다.
데:꾼-하다 형여 앓거나 지쳐 눈이 움푹 들어가고 정기가 없다. ¶몸살을 앓고 나니 눈이 ―. ☞대꾼하다
데니:어(denier) 의 생사나 나일론사 등 실의 굵기를 재는 단위. 450m의 실의 무게가 0.05g일 때 1데니어라 함. 기호는 D
데님(denim) 명 날실은 색실, 씨실은 표백한 무명실로 짠 튼튼한 능직(綾織)의 면직물. 흔히 작업복 따위를 만드는 데 쓰임. 청색 데님은 청바지의 원단임.
데:다 자 ①불 또는 뜨거운 물체나 기운에 살이 닿아 상하다. ¶가스 불에 ―. ②어떤 일에 몹시 놀라거나 고통을 당하여 진저리가 나다. ¶물에 데어 수영을 배우지 못하다. ③〖타동사처럼 쓰임〗 ¶손을 ―./얼굴을 ―.
속담 **덴 데 털 안 난다**: 한 번 낭패를 보면 다시 일어서기 힘듦을 이르는 말./**덴 소 날치듯 한다**: 사람이 화가 나서 펄펄 뛰는 모양을 비유하여 이르는 말.
데데-하다 형여 변변하지 못하여 보잘것없다. ¶하는 말이나 짓거리가 ―.
데-되다 자 됨됨이가 제대로 이루어지지 못하다. ¶데된 도자기.
데드라인(deadline) 명 ①최후 한계선 ②어떤 일의 마감 시간.
데드볼:(dead ball) 명 구기(球技) 등에서, 경기가 한때 중단된 상태.

데드볼:라인(deadball line)명 럭비 따위의 직사각형 경기장의 바깥 네 줄 중 짧은 쪽의 두 끝줄.
데려-가다타 함께 거느리고 가다. ¶목욕탕에 아들을 ―. ☞데려오다
데려-오다타 함께 거느리고 오다. ¶집에 친구를 ―. ☞데려가다
데리다타 '거느리다'의 뜻을 나타내는 불구 동사. '데리고', '데리러', '데리어(데려)'의 꼴로만 쓰임. ¶그는 늘 애완견을 데리고 산책한다./수업을 마친 딸을 데리러 갔다./선보일 청년을 데리어 왔다.
데릭=기중기(derrick起重機)명 기중기의 한 가지. 철골(鐵骨) 구조의 높은 기둥과 그 아래 비스듬히 달린 팔로 이루어져 있음. 팔 끝에 갈고리나 큰 그릇이 달려 있는데 항만에서 뱃짐을 싣고 부리는 데 쓰임. 부양 기중기
데릴-사위[―싸―]명 처가(妻家)에서 데리고 사는 사위. 예서(豫壻). 초서(招壻). 췌서(贅壻)
데릴사윗-감[―싸―]명 ①데릴사위가 될만 한 사람. ②품행이 썩 얌전한 남자를 비유하여 이르는 말. ③남에게서 귀염을 받지 못할 사람을 놀리어 이르는 말.
데림-추명 주견 없이 남에게 끌려 다니는 사람을 얕잡아 이르는 말.
데면데면-하다형여 ①꼼꼼하지 못하여 행동에 조심성이 없다. ¶무슨 일이나 데면데면하게 해치운다. ②대하는 태도가 친밀감이 없고 덤덤하다. ¶서로 ―.
데면데면-히부 데면데면하게
데모(∠demonstration)명 ①시위(示威) ②컴퓨터에서, 프로그램이나 하드웨어의 성능을 보이는 시범(示範).
데:-밀다(―밀고·―미니)타 밖에서 안으로 들여보내다. ¶신문을 문틈으로 ―.
데본기(Devon紀)명 지질 시대 구분의 하나. 고생대 가운데 네 번째로 오래된 시대. 약 4억 1600만 년 전부터 약 3억 6700만 년 전까지의 시기. 어류와 양치식물이 번성하였고 양서류가 나타났음. ☞실루리아기
데뷔-하다(début―)자여 사교계·문단·연예계 등에 처음으로 등장하다. ¶문단에 화려하게 ―.
데살로니가서(∠Thessalonica書)명 신약성서 중의 한 편. 사도 바울로가 데살로니가에 있는 초대 교회에 보낸 편지. 전서 5장과 후서 3장으로 되어 있음.
데-삶기다[―삼―]자 데삶음을 당하다. 덜 삶아지다. ¶감자가 데삶겼다.
데-삶:다[―삼따]타 푹 삶지 아니하고 약간 삶다.
데생(dessin 프)명 소묘(素描) ¶― 기법
데생각-하다타여 깊이 생각하지 아니하다.
데-생기다자 생김새나 됨됨이가 덜 이루어지다.
데설-궂다[―굳―]형 꼼꼼하지 않고 털털하다. ¶오빠는 언니보다 ―.
데설데설-하다형여 데설궂은 성질이 있다.
데스마스크(death mask)명 죽은 사람의 얼굴을 석고 따위로 본을 떠서 만든 탈.
데스크(desk)명 신문사·방송국·출판사·편집국의 각 부서(部署)의 책임자.
데스크톱컴퓨:터(desktop computer)명 작고 가벼워서 책상 위에 설치할 수 있는 컴퓨터. 대부분의 개인용 컴퓨터와 워크스테이션 등이 이에 해당됨.
데시그램(decigram)의 1그램의 10분의 1이 되는 질량의 단위. 기호는 dg
데시기다타 먹고 싶지 않은 음식을 억지로 먹다.
데시리터(deciliter)의 1리터의 10분의 1이 되는 용량의 단위. 기호는 dL
데시미터(decimeter)의 1미터의 10분의 1이 되는 길이의 단위. 기호는 dm
데시벨(decibel)의 ①음압(音壓)이나 소리의 세기를 표준에 비교하여 나타내는 단위. ②전류나 전압의 증폭 또는 감쇠의 정도를 나타내는 단위. 기호는 dB
데시아:르(deciare)의 면적의 단위. 1아르의 10분의 1, 곧 10m²에 해당함. 기호는 da

데-식다자 힘이 빠지거나 열의가 약해지다.
데-알다타 대충 알다. 겉핥기로 알다. ¶데알고서 아는 체 하다.
데억-지다형 지나치게 크거나 많다. ¶데억지게 마련한 잔치 음식.
데우다타 식은 것이나 찬 것을 덥게 하다. ¶국을 ―./물을 ―./데운 우유
데유(―油)명 끓여서 걸쭉하게 만든 들기름. 지난날, 갈모나 쌈지 따위를 결는 데 썼음.
데이지(daisy)명 국화과의 여러해살이풀. 주걱 모양의 잎이 뿌리에서 나오며, 봄부터 가을에 걸쳐 지름 2.5~5cm의 하양·빨강·분홍 등의 꽃이 줄기 끝에 핌. 유럽 원산임.
데이터(data)명 ①판단이나 결론을 내리는 데 근거가 되는 정보 또는 사실. ②컴퓨터에서, 프로그램을 운용할 수 있도록 기호와 숫자로 나타낸 자료. ¶― 입력
데이터뱅크(data bank)명 많은 자료를 컴퓨터에 입력해 두고, 이용자의 요구에 따라 자료를 제공해 주는 기관. 정보 은행(情報銀行)
데이터베이스(data base)명 컴퓨터에서, 자료의 중복 등록을 줄여 효율적으로 처리하기 위하여 특정 업무나 프로그램에 딸리지 않고, 유기적으로 결합하여 다양한 업무에 이용할 수 있도록 설계한 정보 자료 파일.
데이터베이스마:케팅(database marketing)명 고객에 대한 여러 가지 정보를 데이터베이스화하여 고객의 성향을 분석하고, 그에 알맞은 판매 전략을 세우는 일.
데이터=처:리=장치(data處理裝置)명 데이터의 분류·참조·계산·판단 등을 하는 장치. 주로 컴퓨터에서 쓰임.
데이터=통신(data通信)명 중앙 컴퓨터와 단말 장치를 전화·전신 회선에 연결하여 정보를 교환하게 한 체계.
데이트(date)명-하다자 이성끼리 만나는 일, 또는 그 약속.
데-익다형 덜 익다.
데:치다타 끓는 물에 잠깐 넣어 슬쩍 익혀 내다. ¶시금치를 ―./데쳐서 무친 나물.
데카그램(decagram)의 1그램의 10배에 해당하는 질량의 단위. 기호는 dag
데카당(décadent 프)명 ①퇴폐적(頹廢的) ②퇴폐적인 생활을 하는 사람.
데카당=문학(décadent文學)명 퇴폐 문학(頹廢文學)
데카당스(décadence 프)명 ①허무적·퇴폐적인 경향이나 생활 태도. ②19세기 말 프랑스를 중심으로 하여 일어난 문예상의 한 경향. 허무적·퇴폐적·병적·탐미적인 내용을 중시하고 관능주의적 성격을 띠었음. 퇴폐주의(頹廢主義)
데카:르(decare)의 1아르의 10배가 되는 면적(面積)의 단위. 기호는 daa
데카리터(decaliter)의 1리터의 10배가 되는 용량(容量)의 단위. 기호는 daL
데카미:터(decameter)의 1미터의 10배가 되는 길이의 단위. 기호는 dam
데칼린(Dekalin 독)명 나프탈렌에 수소를 작용시켜 만든 무색의 액체. 용제(溶劑), 발동기의 연료 등으로 쓰임.
데칼코마니(décalcomanie 프)명 회화(繪畫) 기법의 한 가지. 종이에 그림 물감을 칠한 다음, 접어 눌렀다가 폈을 때 나타나는 우연적·환상적 효과를 나타내는 기법.
데크레센도(decrescendo 이)명 악보의 셈여림말의 한 가지. '점점 여리게'의 뜻. 줄여서 'decresc.'로 쓰고, 기호는 > ☞크레센도(crescendo)
데타셰(détaché 프)명 바이올린·비올라 따위를 연주하는 기법의 한 가지. 활을 현에서 떼지 않고, 음을 끊어 음절(音節)을 분리하여 연주하는 기법. 분리음(分離音)
데탕트(détente 프)명 긴장 완화. 특히 적대 관계에 있는 두 진영이나 나라들 사이에 화해의 분위기가 조성되는 상태를 이르는 말.
데퉁-맞다[―맏―]형 매우 데퉁스럽다.
데퉁-바리명 데퉁스러운 사람.
데퉁-스럽다(―스럽고·―스러워)형ㅂ 말이나 행동이 조심스럽지 않고 엉뚱하며 미련한 데가 있다.

데퉁-스레 부 데퉁스럽게

데퉁-하다 형여 말이나 행동이 조심스럽지 않고 엉뚱하며 미련하다.

데포르마시옹(déformation 프) 명 작품의 대상이 되는 자연물의 형태를 의식적으로 확대하거나 변형시켜 묘사하는 근대 미술의 한 표현 기법.

데포르메(déformer 프) 명 데포르마시옹으로 표현하는 일.

데포-제(depot劑) 명 단 한 번의 주사로 약효를 오래 지속시키는 약.

덱(deck) 명 ①갑판(甲板) ②기차나 전차의 바닥, 또는 승강구의 바닥.

덱데구루루 부 둥글고 단단한 물건이 단단한 바닥에 떨어져 튀었다가 천천히 구르는 소리, 또는 그 모양을 나타내는 말. ¶봉지가 찢어져 사과가 여기저기로 - 굴러가다. ☞댁대구루루. 떽떼구루루

덱데굴-거리다(대다) 자 덱데굴덱데굴 소리가 나다. ☞댁대굴거리다. 떽떼굴거리다

덱데굴-덱데굴 부 둥글고 단단한 물건이 단단한 바닥에 자꾸 부딪히면서 천천히 구를 때 나는 소리, 또는 그 모양을 나타내는 말. ☞댁대굴댁대굴. 떽떼굴떽떼굴

덱스트린(dextrine) 명 녹말을 산이나 열 또는 효소로 가수 분해를 할 때 생기는 여러 가지 중간 생물을 통틀어 이르는 말. 백색이나 엷은 황색 가루로, 물에 녹으면 점성(粘性)이 생겨 풀의 재료로 쓰임. 호정(糊精)

덴:-가슴 명 어떤 일로 몹시 놀라서 그와 비슷한 일을 당했을 때 놀라 두려워하는 마음. ¶자라 보고 - 솥뚜껑 보고 놀란다.

덴겁-하다 자여 뜻밖의 일을 당하여 몹시 허둥지둥하다.

덴덕-스럽다(--스럽고·--스러워) 형ㅂ 산뜻하지 않고 좀 더러운 느낌이 있다.

덴덕-스레 부 덴덕스럽게

덴덕지근-하다 형여 몹시 덴덕스럽다.

덴:-둥이 명 ①불에 데어 상처가 많은 사람. ②미운 사람을 낮잡아 이르는 말.

덴-바람 명 '북풍(北風)'의 뱃사람말. 된바람. 뒤바람

덴뿌라(∠てんぷら 일. tempero 포) 명 튀김[1]

델리카토(delicato 이) 명 악보의 나타냄말의 한 가지. '섬세하고 아름다운 기분으로'의 뜻.

델린저=현:상(Dellinger現象) 명 태양 표면의 폭발 현상으로 일어나는 무선 통신 전파의 장애 현상.

델타(delta) 명 ①그리스어 자모의 넷째 글자 '$\Delta \cdot \delta$'의 이름. ②삼각주(三角洲)

델타=날개(delta-) 명 삼각 날개

델타=변:조(delta變調) 명 펄스 변조의 한 형식. 전파의 진폭을 아주 적은 일정한 값으로 증감시킬 때 일어나는 양(+)·음(-)의 펄스를 이용하여 데이터 신호, 음성 신호, 영상 신호 등을 부호화하는 방법.

델타-선(delta線) 명 전기를 띤 입자가 물질을 통과할 때, 물질 중에 이차적으로 발생하는 비교적 에너지가 많은 전자선.

델타=함:수(delta函數) 명 영국의 물리학자 디랙(Dirac)이 도입한 수학의 적분 함수. 변수나 함수의 변량을 나타냄.

뎅 부 좀 큰 쇠붙이나 종 따위를 가볍게 칠 때 웅숭깊게 울리어 나는 소리를 나타내는 말. ☞댕. 뗑

뎅겅 부 ①큰 쇠붙이 따위가 단단한 물체에 가볍게 부딪힐 때 낮게 나는 소리를 나타내는 말. ②굵은 물체가 단번에 부러지거나 잘려 나가는 모양을 나타내는 말. ¶연필이 - 부러지다. ☞댕강. 뗑겅

뎅겅-거리다(대다) 자타 자꾸 뎅겅 소리가 나다, 또는 그런 소리를 내다. ☞댕강거리다. 뗑겅거리다

뎅겅-뎅겅 부 뎅겅거리는 소리를 나타내는 말. ☞댕강댕강. 뗑겅뗑겅

뎅그렁 부 ①큰 방울이나 종 따위가 가볍게 흔들릴 때 웅숭깊게 울리어 나는 소리를 나타내는 말. ②큰 쇠붙이 따위가 다른 쇠붙이에 가볍게 한 번 부딪힐 때 웅숭깊게 울리어 나는 소리를 나타내는 말. ☞댕그랑. 뗑그렁

뎅그렁-거리다(대다) 자타 뎅그렁 소리가 나다, 또는 그런 소리를 내다. ☞댕그랑거리다. 뗑그렁거리다

뎅그렁-뎅그렁 부 뎅그렁거리는 소리를 나타내는 말. ☞댕그랑댕그랑. 뗑그렁뗑그렁

뎅글-뎅글 부 글을 막힘 없이 잘 읽는 소리를 나타내는 말. ☞댕글댕글

뎅-뎅 부 좀 큰 쇠붙이나 종 따위를 자꾸 가볍게 칠 때 웅숭깊게 울리어 나는 소리를 나타내는 말. ¶절의 종소리가 - 울리다. ☞댕댕[1]. 뗑뗑

뎅뎅-거리다(대다) 자타 뎅뎅 소리가 나다, 또는 그런 소리를 내다. ☞댕댕거리다. 뗑뗑거리다

도 명 ①윷판의 첫째 말밭 이름. ②윷놀이에서, 네 개의 윷가락을 던져서 윷가락 셋은 엎어지고 하나만 젖혀진 경우의 이름. 말은 한 말밭만 나아갈 수 있음. ☞개. 돗밭

도(刀) 명 무기로 쓰이는, 한쪽 날을 세운 긴 칼. ☞검(劍). 칼[1]

도(度)[1] 명 ①정도(程度). 한도(限度) ¶-를 지나친 행동. ②물건의 길이나 너비를 재는 기구, 곧 온갖 자〔尺〕를 통틀어 이르는 말.

도:(道)[1] 명 ①도리(道理) ②종교상으로 깊이 통하여 알게 되는 이치, 또는 깊이 깨달은 경지. ③기예(技藝)·방술(方術)·무술 따위의 방법.

도(를) 닦다 관용 종교상의 가르침을 깨닫거나 수양하기 위하여 힘쓰다.

도:(道)[2] 명 지방 행정 구역의 하나. 정부가 직접 관할하는 상급 지방 자치 단체임.

도:(度)[2] 의 ①각도(角度)의 단위. ②온도(溫度)의 단위. ③경도(經度)나 위도(緯度)의 단위. ④횟수를 세는 단위. ¶2- 인쇄 ⑤시력이나 안경의 강약을 나타내는 단위. ⑥음정(音程)의 단위.

도(do 이) 명 서양 음악의 장음계(長音階) 첫째(단음계 셋째)의 이탈리아 음계 이름. 우리 나라 음계 이름 '다'에 해당함. ☞시(C)

-도 조 '또한 마찬가지로'의 뜻으로 쓰이는 보조 조사. ①하나 더 보태어 말할 때 쓰임. ¶미술 선생님은 노래도 잘하신다./나도 할 수 있다. ②여럿을 들어 말할 때 쓰임. ¶지위도 명예도 사랑도 다 잃었다./주는 것도 받는 것도 안 된다. ③강조를 나타냄. ¶강물은 오늘도 내일도 흐른다./잘도 걷는다. ④전면적인 부정을 나타냄. ¶가진 게 한 푼도 없다./아무도 모른다. ⑤반복함을 나타냄. ¶오늘도 공부한다./내일도 해가 뜬다. ⑥감탄스러움을 나타냄. ¶예쁘기도 해라. ⑦양보의 '-이라도'의 뜻으로 쓰임. ¶쌀이 없으면 보리쌀도 좋소./일요일도 괜찮소. ⑧'-에도'의 준 꼴로 쓰임. ¶기러기 떼도 길잡이가 있다.

도(都)- 접두 '우두머리'임을 뜻함. ¶도승지(都承旨)

-도(度)《접미사처럼 쓰이어》①'연도(年度)'의 뜻을 나타냄. ¶명년도(明年度)/내년도(來年度) ②'정도(程度)'의 뜻을 나타냄. ¶정확도(正確度)/의존도(依存度)/기여도(寄與度) ③'도수(度數)'의 뜻을 나타냄. ¶이용도(利用度)/활용도(活用度)

-도(圖)《접미사처럼 쓰이어》'그림', '도면(圖面)', '도형(圖形)' 따위의 뜻을 나타냄. ¶기상도(氣象圖)/지적도(地籍圖)/산수도(山水圖)

도가(都家) 명 ①같은 장사를 하는 상인들이 모여서 계(契)나 장사에 관하여 의논하는 집. ②세물전(貰物廛) ③어떤 물건을 만들어서 도매를 하는 집. 도갓집 ¶술 -

도가(棹歌) 명 뱃노래

도:가(道家) 명 ①중국 제자백가(諸子百家)의 하나. 노자(老子)를 시조로 하는 학파로, 만물의 생성 원리인 도(道)의 사상을 바탕으로 하여 무위자연(無爲自然)의 처세를 신조로 삼았음. ②'도가자류(道家者流)'의 준말.

도:가(道歌) 명 ①도덕적이고 교훈적인 뜻을 담은 단가(短歌). ②시천교(侍天敎)에서, 의식 때 부르는 노래.

도:가(導駕) 명 지난날, 임금의 거둥 때 관원이 먼저 나가 백성에게 길을 쓸고 황토를 깔게 하던 일.

속담 **도가 적간(摘奸) 지나간듯 하다** : 일한 것이 시원스

렵고 흰칠하다는 뜻.

도가니[1] 명 '무릎도가니'의 준말.

도가니[2] 명 ①높은 온도의 열로 쇠붙이를 녹이는 데 쓰는, 내열성의 우묵한 그릇. 감과(坩堝) ②여럿이 흥분이나 감격 따위로 들끓는 상태. ¶열광의 –./감격의 –.

도가니-탕(–湯) 명 소의 무릎도가니와 양지머리를 함께 푹 곤 탕 음식.

도가-머리 명 ①새의 대가리에 길고 더부룩하게 난 털, 또는 그러한 새. 관모(冠毛) ☞후투티 ②부스스하게 일어난 머리털을 놀리어 이르는 말.

ㄷ

도:가자-류(道家者流) 명 도교(道敎)를 믿고 그 도를 닦는 사람. 준도가(道家). 도류(道流)

도:각(倒閣) 명 -하다 자 반대파가 집권 내각을 무너뜨림.

도감(島監) 명 지난날, 울릉도를 다스리던 관직, 또는 그 관원. 도장(島長)

도감(都監)[1] 명 지난날, 국장(國葬)이나 국혼(國婚) 따위가 있을 때, 임시로 설치되어 그 일을 맡아보던 관아.

도감(都監)[2] 명 절에서, 돈이나 곡식을 맡아보는 일, 또는 그 중.

도감(圖鑑) 명 같은 종류의 사항들을 식별하거나 이해하기 쉽게 그림이나 사진을 모아서 설명한 책. 도보(圖譜) ¶국학 –/식물 – ▷圖의 속자는 図

도-감고(都監考) 명 ①지난날, 감고의 으뜸 관직. ②지난날, 말감고의 으뜸 관직. 시장이나 곡식이 집산하는 곳에서 말감고들을 거느렸음.

도-감관(都監官) 명 궁방(宮房)의 논밭의 도조(賭租)를 감독하고 거두어들이던 아전의 우두머리.

도감=당상(都監堂上) 명 도감의 일을 맡아 지휘·감독하던 제조(提調).

도-감사(都監寺) 명 선사(禪寺)에서, 절의 모든 일을 감독하는 직책. 도사(都寺)

도감=포:수(都監砲手) 명 훈련 도감(訓鍊都監)의 포수.

속담 **도감 포수 마누라 오줌 짐작하듯** : 분명하지 않은 일을 짐작만으로 믿고 하다가는 낭패하기 쉽다는 뜻. 〔도감 포수의 오줌 짐작이라〕

도갓-집(都家–) 명 도가(都家)

속담 **도갓집 강아지 같다** : 사람을 많이 치러 내서 온갖 일에 눈치가 빠름을 이르는 말.

도:강(渡江) 명 -하다 자 강을 건넘. ¶– 작전 ☞도하(渡河)

도강(都講) 명 -하다 자타 ①글방에서, 여러 날 배운 글을 훈장 앞에서 외는 일. ②군사(軍事)를 배우고 익히는 일.

도:강록(渡江錄) 명 조선 정조 때, 연암(燕巖) 박지원(朴趾源)이 지은 기행문. '열하일기(熱河日記)'에 실려 전함.

도:강-선(渡江船) 명 강을 건너는 데 쓰는 배.

도개 명 질그릇 따위를 만들 때, 그 그릇의 속을 매만지는 데 쓰는 작은 방망이.

도개-교(跳開橋) 명 가동교(可動橋)의 한 가지. 배가 아래로 지나갈 수 있게, 위로 열리도록 장치한 다리. 다리의 한쪽만 열리는 방식과 양쪽으로 열리는 방식이 있음. ☞선개교(旋開橋). 승개교(昇開橋)

도갱이 명 짚신이나 미투리의 뒤축에서 돌기총까지 건너간 줄.

도거(逃去) 명 -하다 자 도망하여 감. 달아남.

도거리 명 따로따로 나누지 않고 한데 합쳐서 몰아치는 일. ¶–로 팔아 넘기다. ☞통거리

도검(刀劍) 명 칼과 검을 아울러 이르는 말.

도결(都結) 명 지난날, 구실아치가 공전(公錢)이나 군포(軍布)를 축내고 그것을 메우기 위해 결세(結稅)를 정액 이상으로 받던 일.

도:경(道經) 명 도교(道敎)의 경전(經典).

도:경(道警) 명 '도(道) 경찰청'의 줄어든 말. ☞시경(市警)

도경(圖經) 명 산수(山水)의 지세(地勢)를 그린 책.

도:계(到界) 명 -하다 자 지난날, 관찰사가 직책을 맡아 근무할 곳에 다다르던 일.

도:계(道界) 명 도와 도의 경계.

도:계(道啓) 명 지난날, 각 도의 관찰사가 임금에게 올리는 글을 이르던 말.

도고(都賈·都庫) 명 -하다 타 조선 시대, 상품을 도거리로 독차지하여 파는 일, 또는 그런 상인이나 조직을 이르던 말.

도:고(道高) 어기 '도고(道高)하다'의 어기(語基).

도고지 명 시위를 맬 때 심고가 맞닿는, 활의 양끝 부분.

도:고-하다(道高–) 형여 ①도덕적 수양이 높다. ②도덕적 수양이 높은체 하며 교만하다.

도고-히 부 도고하게

도공(刀工) 명 도검(刀劍)을 만드는 일을 전문으로 하는 사람. 도장(刀匠)

도공(陶工) 명 도자기(陶瓷器)를 만드는 일을 전문으로 하는 사람. ☞옹기장이

도공(圖工) 명 ①화공(畫工) ②도화(圖畫)와 공작(工作)을 아울러 이르는 말. ③제도공(製圖工)

도:과(倒戈) 명 -하다 자 창(槍)을 거꾸로 한다는 뜻으로, 자기편을 배신하고 적과 내통하여 반란을 일으키는 일.

도:과(道科) 명 조선 시대, 임금이 감사(監司)에게 명하여 그 도에서 보이던 과거 시험.

도관(陶棺) 명 찰흙을 구워서 만든 고대의 관(棺). 옹관(甕棺). 와관(瓦棺)

도:관(道冠) 명 도사(道士)가 쓰는 건(巾).

도:관(道觀) 명 ①도교(道敎)의 사원(寺院). ②도사(道士)가 도를 닦는, 산 속의 깨끗하고 으슥한 곳.

도:관(導管) 명 ①물관 ②액체나 기체 등이 통하게 만든 관.

도:관-부(導管部) 명 물관부

도광(韜光) 명 -하다 자 ①빛을 감추어 밖에 비치지 않게 함. ②재능이나 지위·학식 따위를 감추어 남에게 알리지 않음.

도광-지(塗壙紙) 명 장사지낼 때, 무덤 속의 네 벽에 대는 흰 종이.

도:괴(倒壞) 명 -하다 자타 건물 따위가 무너짐, 또는 건물 따위를 무너뜨림.

도괴(掉拐) 명 씨아손

도:교(道敎) 명 황제(黃帝)와 노자(老子)를 교조로 하는 중국 고유의 종교. 신선(神仙) 사상에 민간 신앙이 결합되고, 노장 사상(老莊思想)과 불교를 받아들여 이루어짐. 도학(道學). 현문(玄門). 황로학(黃老學)

도:구(倒句) 명 뜻을 강조하기 위하여 어순(語順)을 바꾸어 놓은 글귀.

도:구(渡口) 명 나루

도구(搗臼) 명 절구

도:구(道具) 명 ①일할 때 쓰는 연장. 기재(器財) ②불도(佛道)를 닦는 데 필요한 기구.

도구(賭具) 명 노름판에 쓰는 물건. 골패나 화투 따위.

도국(島國) 명 섬나라

도국(都局) 명 음양가(陰陽家)에서 흔히 쓰는 말로, 산세가 싸고돌아서 이루어진 땅의 형국을 이르는 말.

도굴(盜掘) 명 -하다 타 ①광업권이 없이, 또는 광주(鑛主)의 승낙 없이 몰래 광물을 캐내는 일. ②고분(古墳) 따위를 허가 없이 파헤쳐 부장품(副葬品)을 훔치는 일.

도:궤(倒潰) 명 -하다 자 넘어져서 무너짐.

도규(刀圭) 명 ①한방에서, 약을 뜨는 숟가락을 이르는 말. ②의술(醫術)

도규-가(刀圭家) 명 의술(醫術)로 병을 고치는 사람.

도규-계(刀圭界) 명 의술(醫術)을 다루는 사람들의 사회.

도규-술(刀圭術) 명 의술(醫術)

도그르르 부 단단하고 동근 물건이 단단하고 매끄러운 바닥 위를 가볍게 구르는 모양을 나타내는 말. ¶달걀이 식탁 위로 – 굴러가다. ☞두그르르. 또그르르

도그마(dogma) 명 ①독단적인 신념이나 학설. ②교회에서, 부동의 진리로 인정되어 이성으로써 비판과 증명이 허용되지 않는 교의(敎義).

도근-거리다(대다) 자 심장이 도근도근 뛰다. ☞두근거리다

도근-도근 부 몹시 놀라거나 흥분하거나 하여, 작은 가슴이 자꾸 뛰는 모양을 나타내는 말. ¶편지를 받고 심장이 – 뛴다./놀라서 가슴이 – 한다. ☞두근두근

도근-점(圖根點)[-쩜] 명 평판(平板) 측량의 기초가 되는 측점(測點).
도근=측량(圖根測量)명 도근점(圖根點)의 위치를 결정하기 위한 측량.
도글-도글 부 단단하고 동근 물건이 단단한 바닥 위를 가볍게 잇달아 구르는 모양을 나타내는 말. ☞두글두글. 또글또글
도금(淘金)명-하다 자 사금을 일어서 금을 골라냄.
도:금(鍍金)명-하다 타 금속이나 비금속에 금이나 은 따위를 얇게 입히는 일. ☞은도금
도:금-액(鍍金液)명 도금할 때 쓰는 금속 염류의 수용액.
도급(都給)명-하다 타 일정한 기간 안에 끝내야 할 일의 양과 그에 대한 보수를 정하고, 일을 도거리로 맡거나 맡기는 일. 청부(請負) ¶건축 공사를 -으로 맡다.
도급=계:약(都給契約)명 도급으로 할 일에 관하여 주문자와 도급인 사이에 맺는 계약. 청부 계약(請負契約)
도급-금(都給金)명 주문자가 도급인에게 주는, 도급한 일에 대한 보수. 청부금(請負金)
도급-기(稻扱機)명 벼훑이
도급-업(都給業)명 도급 일을 전문으로 하는 사업, 또는 그 직업. 청부업(請負業)
도급-인(都給人)명 도급으로 일을 맡은 사람. 청부인
도급=한:도(都給限度)명 건설 업체가 국내에서 한 공사당 맡을 수 있는 상한 금액.
도:기(到記)명 지난날, 성균관(成均館) 유생(儒生)의 출결을 알기 위하여 식당에 들어간 횟수를 적던 장부.
도기(陶器)명 붉은 질흙을 빚어서 조금 낮은 온도에서 구운 그릇. 오지그릇과 질그릇을 아울러 이르는 말. ☞자기(瓷器). 토기(土器)
도기(都妓)명 행수 기생(行首妓生)
도기(賭技)명-하다 자 노름
도깨-그릇 명 독·바탱이·중두리·항아리 따위의 그릇을 통틀어 이르는 말. ㊣독그릇 ☞고내기
도깨비 명 잡된 귀신의 한 가지. 사람의 형상이며, 이상한 힘과 재주로 사람에게 짓궂은 장난을 많이 한다고 함. 괴귀(怪鬼). 망매(魍魅)
속담 **도깨비는 방망이로 떼고 귀신은 경으로 뗀다**: 귀찮은 존재를 떼는 데는 그에 맞는 방법이 있다는 말./**도깨비 달밤에 춤추듯**: 멋없이 거드름 부리는 모양을 두고 이르는 말./**도깨비도 수풀이 있어야 모인다**: 무슨 일이나 의지할 곳이 있어야 이루어진다는 말./**도깨비 땅 마련하듯**: 무엇을 하기는 하나 결국 헛일이라는 말./**도깨비를 사귀었나**: 까닭 모르게 재산이 부쩍부쩍 늘어감을 이르는 말./**도깨비 사귄 셈이라**: 귀찮은 사람이 늘 따라다니며 떨어지지 않아 골치를 앓음을 이르는 말./**도깨비 수키왓장 뒤듯**: 쓸데없이 분주하기만 하고 별 목적 없이 이것저것 공연히 뒤짐을 이르는 말.
도깨비-감투 명 머리에 쓰면 제 몸이 남에게 보이지 않는다고 하는 상상의 감투.
도깨비-놀음 명 갈피를 잡을 수 없게 괴상하게 되어가는 일. ¶이게 무슨 -이냐.
도깨비-바늘 명 국화과의 한해살이풀. 줄기는 네모지고, 8~9월에 가지나 줄기 끝에 노란 꽃이 핌. 열매에 갈고리 같은 가시가 있어 사람의 옷 따위에 잘 붙음. 산이나 들에 절로 자람. 어린싹은 먹을 수 있고 생즙은 약으로 씀. 귀침초(鬼針草)
도깨비-불 명 ①어두운 밤에, 묘지나 축축한 땅 따위에서 인(燐)의 작용으로 일어나는 파르스름한 불빛. 귀린(鬼燐). 음화(陰火). 인화(燐火) ②원인 모르게 일어난 화재. 귀화(鬼火). 신화(神火)
도꼬마리 명 국화과의 한해살이풀. 줄기 높이는 1.5m 안팎. 잎은 넓은 삼각형이고 8~9월에 노란 꽃이 핌. 열매는 수과(瘦果)이며 겉에 갈고리 모양의 가시가 나 있음. 들이나 길가에서 흔히 볼 수 있음. 열매는 한방에서 '창이자(蒼耳子)'라 하여 약재로 씀.
도꼬마리-떡 명 도꼬마리 잎을 쌀가루에 섞어 찐 시루떡.
도꼬마리-벌레 명 명충나방과의 곤충. 도꼬마리의 줄기에 기생하며, 한방에서 부스럼 등의 약재로 쓰임.
도-꼭지(都-)명 어떤 방면에서 으뜸가는 사람을 가벼이 여겨 이르는 말.
도:끼 명 나무를 찍거나 패는 데 쓰는 연장의 한 가지. 쐐기 모양의 큰 쇠날에 머리 쪽으로 긴 자루가 달려 있음.
속담 **도끼가 제 자루 못 찍는다**: ①제 허물을 스스로 알아서 고치기는 어렵다는 말. ②제 일을 제 힘으로 못하고, 남의 손을 빌려서야 하게 된 경우를 이르는 말./**도끼 가진 놈이 바늘 가진 놈을 못 당한다**: 작은 것이라고 깔보다가는 오히려 당하게 된다는 말./**도끼는 날을 달아 써도 사람은 죽으면 그만**: 물건은 다시 고쳐 쓸 수 있지만, 사람은 생명을 다시 이어 살 수 없다는 말.〔도끼는 무디면 갈기나 하지, 사람은 죽으면 다시 오지 못한다/도끼라 날 달아 쓸까〕/**도끼 등에 칼날을 붙인다**: 서로 맞지 않는 것을 붙이려 하는 헛된 짓을 두고 이르는 말./**도끼로 제 발등 찍는다**: 남을 해치려고 한 것이 도리어 자기를 해치는 결과가 되었다는 말.

한자 **도끼 근**(斤)〔斤部〕¶부근(斧斤)

도:끼-나물 명 절에서, 쇠고기 같은 육류를 이르는 변말.
도:끼-눈 명 분하거나 미워서 매섭게 노려보는 눈. ¶감히, 누구한테 -을 뜨고 덤비느냐?
도:끼-목수(-木手)명 솜씨가 서툴고 연장도 제대로 갖추지 못한 목수.
도:끼-벌 명 멧갓에서 벌목한 원목을 도끼로 켠 것. ☞자귀벌
도:끼-벌레 명 '방아벌레'의 딴이름.
도:끼-질 명-하다 자 도끼로 나무 따위를 찍거나 패는 일.
도끼-집 명 온갖 연장을 쓰지 않고, 도끼 정도로 거칠게 건목만 쳐서 지은 집.
도나-캐나 부 하찮은 아무나. 무엇이나 ¶- 다 한 마디씩 하며 나선다.
도난(盜難)명 도둑을 맞는 재난(災難).
도남(圖南)명 붕새가 날개를 펴고 남명(南冥)으로 가려고 한다는 뜻으로, 웅대한 일을 계획함을 이르는 말.
도남의 날개 관용 어느 곳에 가서 큰 사업을 해 보겠다는 계획을 비유하여 이르는 말.
도:-내기 명 ①창(窓)을 끼우거나 빼낼 수 있게, 창틀 위쪽의 홈통을 창짝 넓이보다 더 깊게 파낸 고랑. ②중방(中枋) 따위를 기둥에 들이끼울 때, 기둥 한쪽에 중방 둘레의 높이보다 훨씬 길게 파낸 끌 구멍.
도:넛(doughnut)명 밀가루 반죽을 둥글게 또는 고리 모양으로 만들어 기름에 튀긴 서양 과자.
도:넛-판(doughnut板)명 1분에 45회 회전하는 EP음반(音盤). 전체 지름이 170mm, 가운데 구멍의 지름이 38mm로 도넛과 모양이 비슷하여 붙은 이름. 이피반
도:넛화=현:상(doughnut化現象)명 도심부의 상주 인구는 줄고 그 변두리 인구는 뚜렷이 늘어 소음, 대기 오염, 교통 혼잡, 땅값 상승 등의 원인으로 일어나는 현상.
도:념(道念)명 도를 추구하는 마음. 도심(道心)
도:뇨(導尿)명-하다 자 배뇨 불순이나 수술을 할 때, 방광에 괸 오줌을 카테터(Katheter)로 뽑아내는 일.
도닉(逃匿)명-하다 자 달아나 숨음. 도둔(逃遁). 도찬(逃竄) ☞도피(逃避)
도:닐다(도닐고·도니니)자 가장자리로 빙빙 돌며 다니다. ¶호숫가를 -.
-도다 어미 '해라' 할 자리에, 감동적으로 서술하는 예스러운 어미. ¶봄이 가도다./꽃이 지도다.
도:다녀-가다 자 왔다가 머물지 않고 빨리 가다. ☞도다녀오다
도:다녀-오다 자 갔다가 머물지 않고 빨리 오다 ☞도다녀가다
도다리 명 가자밋과의 바닷물고기. 체형은 마름모꼴이며 몸길이는 30cm 안팎. 주둥이는 짧고 작으며 두 눈이 모두 몸의 오른쪽에 있음. 몸빛은 회색 또는 누런 갈색이고 크고 작은 암갈색 얼룩점이 퍼져 있는데, 눈이 없는 쪽은 흰빛임.

도닥-거리다(대다) [타] ①단단하지 않은 작은 물체를 가볍게 자꾸 두드리다. ¶흙을 덮고 －. ②괴롭거나 지친 마음을 어루만지다. 도닥이다 ☞두덕거리다. 또닥거리다. 토닥거리다

도닥-도닥 [부] 도닥거리는 소리, 또는 그 모양을 나타내는 말. ¶－ 위로해 주다. ☞두덕두덕. 토닥토닥

도닥-이다 [타] 도닥거리다 ☞두덕이다. 토닥이다

도:달(到達)[명]-하다[자] 정한 곳이나 어떤 수준에 다다름. ¶세계 수준에 －하다. ☞도착(到着)

도:달(導達)[명]-하다[자] 윗사람이 알지 못하는 사정을 아랫사람이 때때로 넌지시 알려 줌.

도:달-점(到達點)[－쩜][명] 도달하거나 앞으로 도달할 곳, 또는 그 결과.

도:달-주의(到達主義)[명] 민법에서, 상대편이 있는 의사 표시는 그 통지가 상대편에게 도달한 때부터 효력이 생긴다는 주의. 수신주의(受信主義) ☞발신주의

도담-도담 [부] 어린아이가 탈없이 잘 놀며 자라는 모양을 나타내는 말.

도담-스럽다(－스럽고·－스러워)[형][ㅂ] 보기에 도담한 데가 있다.

도담-스레 [부] 도담스럽게

도담-하다 [형][여] 어린아이가 탐스럽고 야무지다.

도당(徒黨)[명] 주로 불순한 사람들의 무리. ¶괴뢰 －/－을 지어 말썽을 피우다.

도당(都堂)[명] ①조선 시대, '의정부(議政府)'를 달리 이르던 말. ②마을의 수호신을 제사지내는 집.

도당-굿(都堂－)[－꿋][명] 마을 사람들이 도당에 모여 복을 비는 굿. 도당제(都堂祭) [준]당굿

도당-록(都堂錄)[명] 조선 시대, 홍문관의 교리(校理) 이하의 관원을 뽑을 때, 홍문관에서 내세운 후보를 의정부에서 골라 뽑아 임금에게 올리던 기록. [준]당록(堂錄)

도당-제(都堂祭)[명] 도당굿

도-대:선사(都大禪師)[명] 조선 시대, 법계(法階)의 하나로, 선종(禪宗)의 최고 계급을 이르던 말.

도-대:체(都大體)[부] ①'대체(大體)'를 강조하여 이르는 말. ¶－ 무슨 일이냐? ②주로 부정적이거나 부정형인 술어와 함께 쓰이어, '유감스럽게도 전혀'의 뜻을 나타냄. ¶－ 뭐가 뭔지 모르겠다./－가 말이 안 되는 얘기다. ☞도무지. 도통(都統)[1]

도:덕(道德)[명] 사람으로서 마땅히 지켜야 할 도리, 또는 규범의 총체. ¶공중 －/－ 의식 ☞도의(道義)

도:덕가(道德歌)[명] 조선 중종 때 주세붕(周世鵬)이 지은 가사. 육현가(六賢歌)·엄연곡(儼然曲)·도동곡(道東曲)·태평곡(太平曲) 등 모두 27장으로 이루어져 있음.

도:덕-계(道德界)[명] 도덕률이 완전히 실현된 세계.

도:덕=과학(道德科學)[명] 도덕상의 사실을 객관적인 사회적 사실로 보고, 다른 사회적 사실과 관련·대비하여 그 법칙을 탐구하려는 학문. 프랑스의 사회 학자 레비브륄(Lévy-Bruhl)이 제창함.

도:덕-관(道德官)[명] 도덕적 선악(善惡)을 가려내는 인간 본유의 심적 기관(器官). 보통은 양심이나 이성 따위의 넓은 도덕심을 뜻함.

도:덕=관념(道德觀念)[명] 도덕에 관한 생각, 또는 도덕을 근본으로 하는 생각. ¶－이 없는 사람.

도:덕=교:육(道德敎育)[명] 도덕적 심성을 기르기 위한 교육. 사회가 이상으로 여기는 규범에 적응할 수 있도록 지도함. ☞덕육(德育)

도:덕=군자(道德君子)[명] 도학 군자(道學君子)

도:덕-률(道德律)[명] 도덕적 가치나 행위의 기준이 되는 보편 타당한 법칙. 도덕법

도:덕-법(道德法)[명] 도덕률

도:덕=사:회학(道德社會學)[명] 도덕을 사회 현상으로 파악하고, 이것을 다른 사회 현상이나 전체적인 사회 상황과 관련하여 연구하는 학문.

도:덕-성(道德性)[명] 도덕적으로 옳은 것. 도덕적 가치, 판단, 행동 따위에 관한 가치를 이름.

도:덕-심(道德心)[명] 도덕을 힘써 지키고 행하려는 마음.

도:덕=원리(道德原理)[명] 증명을 필요로 하지 않는, 도덕의 통일적 최고 근본 명제.

도:덕=의:무(道德義務)[명] 도덕 현상에 대하여 옳고 그름을 가리고, 바른 일을 행할 의무.

도:덕=의:식(道德意識)[명] 주관적 양심에 따른 행위가 아니라, 객관적이고 보편적인 공공 의식에 바탕하여 바른 일을 행하려는 적극적인 마음.

도:덕=재:무장=운:동(道德再武裝運動)[명] 1938년 미국의 부크먼(F. Buchman)이 주창한 세계적인 정신 운동. 저마다 도덕과 신앙으로 각성한다면 전쟁이 없는 평화로운 세계를 이룰 수 있다고 주장함. 엠아르에이 운동

도:덕-적(道德的)[명] ①도덕에 관한 것. ¶－인 문제. ②도덕의 규범에 꼭 알맞은 것. ¶－인 행동.

도:덕=철학(道德哲學)[명] 윤리학의 한 부문. 도덕의 보편적 원리나 법칙을 연구함.

도데카포니(Dodekaphonie 독)[명] 십이음 음악

도도(陶陶)[어기] '도도(陶陶)하다'의 어기(語基).

도도(滔滔)[어기] '도도(滔滔)하다'의 어기(語基).

도도록 [부]-하다[형] 가운데가 좀 볼록하게 솟은 모양을 나타내는 말. ¶뺨에 － 내민 종기. ☞두두룩

도도록-이 [부] 도도록하게 ☞두두룩이

도도록-도도록 [부]-하다[형] 여럿이 다 가운데가 좀 솟아서 볼록볼록한 모양을 나타내는 말. ☞두두룩두두룩

도:도-하다 [형][여] 자신을 몹시 세우며 남을 거들떠보지 않는 태도가 있다. ¶도도하게 굴다.

도도-히 [부] 도도하게

도도-하다(陶陶－)[형][여] 매우 화락(和樂)하다.

도도-히 [부] 도도하게

도도-하다(滔滔－)[형][여] ①넓은 물줄기의 흐름이 막힘이 없이 힘차다. ¶도도하게 흐르는 강물. ②말하는 것이 힘차고 거침이 없다. ¶도도한 웅변.

도도-히 [부] 도도하게

도독(荼毒)[명] ①심한 해독. ②씀바귀의 독.

도독(都督)[명] 신라 시대, 지방의 각 주(州)를 맡아 다스리던 장관.

도독-도독 [부]-하다[형] 여럿이 다 도독한 모양을 나타내는 말. ¶－ 난 여드름. ☞두둑두둑

도독-하다[1] [형][여] 동그스름하게 솟아올라 있다. ¶아기의 붉고 도독한 뺨. ☞두둑하다[1]

도독-이 [부] 도독하게 ☞두둑이[2]

도독-하다[2] [형][여] 좀 두껍다. ☞도톰하다. 두둑하다[2]

도독-이 [부] 도독하게 ☞도톰히. 두둑이[2]

도돌-도돌 [부]-하다[형] 물체의 거죽에 자잘한 것이 돋아 고르지 않은 모양을 나타내는 말. ¶땀띠가 － 나다. ☞도톨도톨. 두툴두툴

도돌이-표(－標)[명] 악곡(樂曲)의 어떤 부분을 되풀이하여 연주하거나 노래 부르라는 표시. 기호는 '𝄆'나 '𝄇'. 리피트(repeat). 반복 기호(反復記號)

도:동곡(道東曲)[명] 조선 중종 때, 주세붕(周世鵬)이 지은 모두 9장으로 된 경기체가(景幾體歌). '무릉잡기(武陵雜記)'에 실려 전함.

도동실 [부] 매우 가볍게 동실 뜨거나 떠 있는 모양을 나타내는 말. 흔히 '도리동실'과 어울리어 '동실동실'을 율동감 있게 표현함. ¶－ 떠 있는 종이배./－ 도리동실 꽃신이 떠가네. ☞두둥실

도동실-도동실 [부] 매우 가볍게 동실동실 뜨거나 떠서 움직이는 모양을 나타내는 말. ☞두둥실두둥실

도두 [부] 위로 돋우어 높게. ¶발끝을 － 세워 넘어다보다.

도두(刀豆)[명] '작두콩'의 딴이름.

도두(桃蠹)[명] 복숭아나무를 파먹는 벌레. 한방에서, 몸의 나쁜 기운을 물리치는 데 약으로 쓰임.

도:두(渡頭)[명] 나루

도두-뛰다 [자] 힘껏 높이 뛰다.

도-두령(都頭領)[명] 여러 두령 가운데 우두머리.

도두-보다 [타] 실제보다 좋게 보다. ¶물건을 가격보다 －./사람을 －. [준]돋보다 ☞낮추보다

도두-보이다 [자] 실제보다 좋게 보이다. ¶새 옷을 입으니

훨씬 도두보인다. ㊟도두뵈다. 돋보이다
도두-뵈:다 자 '도두보이다'의 준말.
도두-치다 타 시세보다 더 많게 셈치다. ¶값을 도두쳐 치르다.
도둑 명 남의 물건을 훔치거나 빼앗는 짓, 또는 그런 짓을 하는 사람. 도적(盜賊). 적도. 투아(偸兒)
도둑을 맞다 관용 도둑에게 물건을 잃거나 빼앗기다.
속담 **도둑에게 열쇠 준다** : 믿을 수 없는 사람을 신용하여 일을 맡기는 어리석음을 이르는 말. 〔고양이보고 반찬가게 지켜 달란다〕/**도둑을 뒤로 잡지 앞으로 잡나** : 도둑은 범행을 한 뒤 분명한 증거를 가지고 잡아야지 의심만으로 잡아서는 안 된다는 말. /**도둑을 맞으려면 개도 안 짖는다** : 일이 잘 안 되려면 모든 것이 제대로 되지 않는다는 말. /**도둑의 때는 벗어도 자식의 때는 못 벗는다** : 자식의 잘못은 부모가 어쩔 수 없이 책임져야 한다는 말. /**도둑의 묘에 잔 부어 놓기** : 대접 받을 자격이 없는 사람에게 과분한 대접을 함과 같이 일을 잘못 처리하였다는 뜻. /**도둑의 씨가 따로 없다** : 타고난 도둑은 없으니, 곧 누구나 도둑이 될 수 있다는 말. /**도둑이 매를 든다** : 잘못한 사람이 도리어 기세를 올리고 나무라는 경우를 이르는 말. 〔방귀 뀐 놈이 성낸다〕/**도둑이 제 발 저리다** : 죄를 지으면 그것이 폭로될까 하는 두려움 때문에 모르는 가운데 그것을 드러낸다는 말.

한자 도둑 도(盜) 〔皿部 7획〕 ¶괴도(怪盜)
도둑 적(賊) 〔貝部 6획〕 ¶도적(盜賊)/적굴(賊窟)

도둑-개 명 임자가 없는, 아무 데나 멋대로 돌아다니는 개.
도둑-고양이 명 임자가 없는, 아무 데나 멋대로 돌아다니는 고양이. ㊟도둑괭이
도둑-괭:이 명 '도둑고양이'의 준말.
속담 **도둑괭이가 살찌랴** : 언제나 남의 것만 탐내는 사람은 재산을 모으지 못한다는 말.
도둑-글 명 남이 배우는 옆에서 몰래 듣고 배우는 글.
도둑-놈 명 '도둑'을 낮잡아 이르는 말.
속담 **도둑놈 개 꾸짖듯** : 남이 들을까 두려워서 입 속으로 중얼거림을 이르는 말. /**도둑놈 개에게 물린 셈** : 자신의 잘못이 있기 때문에 욕을 당하여도 아무 말도 못함을 이르는 말. /**도둑놈 딱장받듯** : 도둑에게 갖은 문초를 가하여 죄를 불게 하듯, 남을 너무 욱대김을 이르는 말. /**도둑놈 문 열어 준 셈** : 나쁜 사람에게 좋은 기회를 주어 제가 도리어 해를 입음을 이르는 말. /**도둑놈 소 몰듯** : 무슨 일을 황급히 서두르는 모양을 이르는 말. /**도둑놈은 한 죄, 잃은 놈은 열 죄** : 도둑은 물건을 훔친 죄 하나밖에 없으나, 잃은 사람은 간수를 잘못한 죄, 공연히 남을 의심하는 죄 따위 여러 죄를 짓게 됨을 이르는 말.
도둑놈의-갈고리 명 콩과의 여러해살이풀. 줄기 높이는 60~90cm이며, 뿌리는 목질임. 달걀꼴의 긴 잎은 끝이 뾰족하고, 엷은 분홍색의 꽃이 7~8월에 핌. 열매에는 갈고리 모양의 털이 퍼져 나 있어 사람의 옷에 잘 붙음. 산이나 들에 자람. 온 포기를 한방에서 약재로 쓰거나 가축의 사료로 씀.
도둑-눈 명 밤 사이에 사람이 모르게 내린 눈.
도둑-맞다[-맏-] 자타 도둑에게 물건을 잃거나 빼앗기다.
속담 **도둑맞고 사립 고친다** : 시기를 놓치고 때늦게 준비한다는 말. 〔소 잃고 외양간 고친다〕/**도둑맞고 죄 된다** : 도둑을 맞고 공연히 무고한 사람까지 의심하게 됨을 경계하는 말. /**도둑맞으면 어미 품도 들춰 본다** : 물건을 잃게 되면 누구나 다 의심스럽게 여겨진다는 말.
도둑-장가 명 남에게 알리지 않고 몰래 드는 장가.
도둑-질 명-하다 타 남의 물건을 훔치거나 빼앗는 짓.
속담 **도둑질은 내가 하고 오라는 네가 져라** : 나쁜 짓을 해서 이익은 제가 차지하고, 그것에 대한 벌은 남보고 받으라는 말. /**도둑질을 하더라도 사모 바람에 거드럭거린다** : 나쁜 짓을 하면서도 관직에 있다는 유세로 도리어 뽐내며 남을 야단친다는 말. /**도둑질을 해도 손이 맞아야 한다** : 무슨 일이든지 서로 뜻이 잘 맞아야 이룰 수 있다는 말.

도둑-합례(-合禮) 명 지난날, 성례를 치르고 몇 해 뒤에 합례를 시키던 조혼 풍습(早婚風習)에서, 어른 몰래 저희끼리 미리 잠자리를 같이하는 일을 이르는 말.
도둔(逃遁) 명-하다 타 도닉(逃匿)
도드라-지다 형 ①드러나게 도도록하다. ¶도드라진 이마. ②겉으로 드러나서 눈에 띄게 또렷하다. ¶도드라진 장점. /도드라지게 나타나다. ③〔자동사처럼 쓰임〕 도도록하게 내밀다. ☞두드러지다
도드리 명 다시 돌아서 들어간다는 뜻으로, 보통 빠르기의 국악 장단의 한 가지, 또는 이 장단에 맞춘 악곡이나 춤. 6박 1장단으로 구성됨. 환입(還入)
도드미 명 구멍이 꽤 굵은 채.
도듬 명 벽장문이나 맹장지 따위의 가장자리를 화류(樺榴) 같은 나무로 꾸민 테. ¶액자의 -. /벽장문의 -.
도등(挑燈) 명-하다 자 등잔의 심지를 돋우어 불을 더 밝게 함.
도떼기-시:장(-市場) 명 정상적인 시장이 아닌 곳에서, 상품·중고품·고물 따위의 도산매·방매·비밀 거래로 벅적거리는 시장 형태를 속되게 이르는 말.
도:-뜨다(-뜨고·-떠) 형 말과 행동의 정도가 높다. ¶나이치고는 -.
도라-젓 명 숭어 창자로 담근 젓.
도라지 명 초롱꽃과의 여러해살이풀. 뿌리는 굵고 줄기 높이는 40~100cm. 잎은 긴 달걀꼴이거나 창(槍) 모양이며, 7~8월에 종 모양의 보랏빛이나 흰빛의 꽃이 핌. 산과 들에 흔히 자람. 뿌리는 먹을 수 있고, 한방에서 '길경(桔梗)'이라 하여 약재로도 씀. ㊟도랒
도라지타:령(-*打令) 명 ①경기 선소리의 마지막 토막. 관동 팔경을 노래함. ②경기 민요의 한 가지. ☞산타령. 양산도(陽山道)
도:락(道樂) 명 ①재미나 취미로 하는 일. ¶꽃 가꾸기를 -으로 삼다. ②주색이나 도박 따위에 빠지는 일. ③색다른 일을 좋아하는 것.
도:란(Dohran 독) 명 무대에 서는 배우의 화장에 쓰는 유성(油性)의 분. 제조 회사명에서 유래된 제품명임.
도란-거리다(대다) 자 도란도란 이야기하다. ☞두런거리다
도란-도란 부 나직한 목소리로 정답게 서로 이야기하는 소리, 또는 그 모양을 나타내는 말. ¶화롯가에 둘러앉아 - 이야기하다. ☞두런두런
도:란-형(倒卵形) 명 거꿀달걀꼴
도랑 명 폭이 좁은 작은 개울. 개골창. 구거(溝渠). 수거(水渠) ¶-을 내다. /-을 치다.
속담 **도랑(개천)에 든 소** : 도랑 양편에 우거진 풀을 다 먹을 수 있는 소라는 뜻으로, 먹을 복이 많거나 양쪽에서 이익을 봄을 비유하여 이르는 말. /**도랑 치고 가재 잡는다** : ①일의 차례가 뒤바뀌었음을 비유하여 이르는 말. ②한 가지 일로 두 가지 이익을 봄을 비유하여 이르는 말.
도랑(跳踉) 어기 '도랑(跳踉)하다'의 어기(語基).
도랑도랑-하다(跳踉跳踉-) 형여 말이나 하는 짓이 몹시 도랑방자하다.
도랑방:자-하다(跳踉放恣-) 형여 말이나 하는 짓이 똑똑하고 거리낌이 없다. ㊟도랑하다
도랑이 명 개의 몸에 생기는 피부병. 옴과 비슷함.
도랑-창 명 지저분한 도랑. ㊟돌창
도랑-치마 명 무릎이 드러날 만큼 짧은 치마.
도랑-하다(跳踉-) 형여 '도랑방자하다'의 준말.
도랒 명 '도라지'의 준말.
도래[1] 명 ①여닫이로 된 문이나 창이 절로 열리지 않도록 문 기둥에 못으로 박아 돌려 댈 수 있게 한 짧은 나뭇개비. ②소나 말·염소 따위 짐승에 맨 고삐가 잘 돌게 하려고, 굴레 또는 목사리와 고삐와의 사이에 단 고리. ③'낚시도래'의 준말.
도래[2] 명 둥근 물건의 둘레. ¶모자 -에 띠를 두르다.
도:래(到來) 명-하다 자 닥쳐오거나 다가옴. ¶새로운 시대

가 ―하다.
도:래(渡來)명-하다자 ①물을 건너옴. ②바다를 건너 외국에서 옴.
도래-걷이[―거지]명 재래식 한옥에서, 보가 두리기둥에 짜여지는 어깨에 도래를 띄워서 기둥을 싸게 하는 방식을 이르는 말.
도래-떡명 초례상(醮禮床)에 놓는 큼직하고 둥근 흰떡.
속담 도래떡이 안팎이 없다 : 두루뭉실하여 판단하기 어렵다는 뜻.
도래-마디명 곤충의 관절지(關節肢)의 둘째 마디. 체절(體節)의 밑마디와 넓적다리마디 사이에 있는 작은 다리마디임. 전절(轉節)
도래-매듭명 전통 매듭의 한 가지. 두 줄을 어긋나게 두 번 겹쳐 매듭을 지음. ☞생쪽매듭
도래-목정명 소의 목덜미 위쪽에 붙은 몹시 질긴 고기.
도래-방석(―*方席)명 짚으로 둥글게 짠 방석.
도래-샘명 빙 돌아서 흐르는 샘물.
도래-솔명 무덤 가에 둘러선 소나무.
도래-송:곳명 ①끝이 반달 모양으로 생긴 송곳. ②자루가 길고 끝이 나사처럼 생긴 큰 송곳. ☞나사송곳
도:량(度量)명 ①너그럽게 사물을 잘 포용하는 품성. ¶―이 넓다. ☞국량(局量) ②-하다타 〔'길이를 재는 자와 양을 재는 되'라는 뜻으로〕 재거나 되거나 하여 사물의 수량을 헤아림.
도량(跳梁)명-하다자 거리낌없이 함부로 날뛰며 다님. ¶도둑이 ―하다.
도:량(∠道場)명 불도(佛道)를 닦는 곳, 또는 부처와 보살이 도(道)를 얻는 곳. 일반적으로 절 안을 가리킴.
도:량=교주(∠道場敎主)명 '관세음보살(觀世音菩薩)'을 높이어 이르는 말.
도량-스럽다(跳梁―)(―스럽고·―스러워)형ㅂ 보기에 함부로 날뛰어 버릇이 없는 태도가 있다.
도량-스레부 도량스럽게
도:량=창옷(∠道場―)명 절에서 '장삼(長衫)'을 이르는 말.
도:량=천수(∠道場千手)명 불교에서, 도량을 돌며 천수경(千手經)을 외는 일.
도:량형(度量衡)명 길이와 용적과 무게, 또는 그것을 재는 법이나 기구.
도:량형-기(度量衡器)명 길이·부피·무게를 재는 자·되·저울 따위의 기구.
도:량형=동맹(度量衡同盟)명 통일된 도량형을 쓰기 위하여 1875년에 체결된 국제 동맹. 미터법이 채택되었음.
도:량형=사:무국(度量衡事務局)명 대한 제국 때, 도량형기에 관한 사무를 맡아보던 관아.
도:량형=원기(度量衡原器)명 도량형의 통일과 정확을 꾀하여 그 기본 단위의 기준으로서 만들어 보존하는 기구. 보통 백금과 이리듐의 합금으로 만듦. ☞미터 원기. 킬로그램 원기
도려-내:다타 물건 따위의 어느 한 부분을 잘라 내다. ¶목판 한복판을 ―./과일 속을 ―.
도려-빠:지다자 물건 따위의 어느 한 부분이 도려낸 것처럼 몽땅 빠져 나가다. ☞두려빠지다
도:력(道力)명 ①도(道)의 힘. ②도를 닦아서 얻은 힘.
도:련[1]명 저고리나 두루마기 자락의 끝 둘레.
도:련[2]명-하다타 종이 따위의 가장자리를 가지런하게 베어내는 일.
도련(을) 치다관용 종이 따위의 가장자리를 가지런하게 베어내다.
도련-님명 ①'도령'을 높이어 일컫는 말. ②형수가 결혼하지 않은 시동생을 높이어 일컫는 말. ☞서방님
도련님 천량관용 쓰지 않고 오붓하게 모은 돈을 비유하여 이르는 말.
속담 도련님은 당나귀가 제격이라 : 제격에 맞게 물건을 쓰거나 행동해야 함을 이르는 말.〔보리밥에는 고추장이 제격이다〕/도련님 풍월에 염(簾)이 있으랴 : 어리고 서투른 사람이 하는 일에 너무 가혹한 평을 할 것이 아니라는 말.
도:련-지(擣錬紙)명 다듬잇돌에 다듬어 윤기가 있고 매끄럽게 만든 종이.
도:련-칼명 도련을 치는 데 쓰는 칼.
도렷-도렷[―렫―]부-하다형 ①여럿이 다 도렷한 모양을 나타내는 말. ¶사람들의 눈이 ― 빛나다. ②매우 도렷한 모양을 나타내는 말. ¶―한 발음./의식이 ―하다. ☞두렷두렷. 또렷또렷
도렷-하다[1][―려―]형여 ①보이거나 들리는 것이 좀 똑똑하다. ¶도렷하게 보이다./도렷한 말소리. ②의식이나 기억 따위가 흐리마리하지 않고 꽤 생생하거나 맑다. ¶의식이 ―./기억이 ―. ☞두렷하다[1]. 또렷하다
도렷-이[1]부 도렷하게 ☞두렷이[1]. 또렷이
도렷-하다[2][―려―]형여 동그랗다 ¶색종이를 도렷하게 오리다. ☞두렷하다[2]
도렷-이[2]부 도렷하게 ☞두렷이[2]
도:령[1]명 '총각'을 대접하여 이르는 말. 높도련님
도:령[2]명 무당이 지노귀새남을 할 때, 문을 세워 놓고 돌아다니며 굿하는 의식.
도령(을) 돌다관용 무당이 지노귀새남을 할 때, 세워 놓은 문을 돌아다니다.
도령(都令)명 도승지(都承旨)
도:령=귀:신(―鬼神)명 총각이 죽어서 된다는 귀신. 몽달귀. 몽달 귀신
도:령-당혜(―唐鞋)명 지난날, 나이가 좀 많은 사내아이들이 신던 가죽신.
도:령-차(―車)명 장기에서, '졸'을 놀리어 이르는 말.
도로부 ①먼저대로 다시. ¶― 시작하다./― 물리다./― 찾다. ②되돌아서서 ¶가다가 ― 오다.
도로 아미타불(阿彌陀佛)이 되다관용 애만 쓰고 아무 소득이 없게 되다. ¶그 동안 애써서 한 일이 ―.
도로(徒勞)명 헛된 수고. ¶―에 그치다.
도:로(道路)명 사람이나 차가 다닐 수 있도록 만든 비교적 큰 길. ¶포장 ―/― 공사/―를 건설하다.
도:로-교(道路橋)명 도로와 도로를 잇기 위해 놓은 다리.
도:로-망(道路網)명 그물처럼 여러 갈래로 복잡하게 얽힌 도로의 체계.
도로무공(徒勞無功)성구 헛되이 수고만 하고 아무런 보람이 없음을 이르는 말. ☞노이무공(勞而無功)
도로무익(徒勞無益)성구 헛되이 수고만 하고 아무런 이로움이 없음을 이르는 말.
도:로-변(道路邊)명 도로의 양쪽 가. ☞길가. 노변(路邊). 도방(道傍)
도:로=원표(道路元標)명 도로 노선의 기점이나 종점, 경유지를 나타내는 푯말.
도:로-율(道路率)명 도시나 일정한 지역의 전체 넓이에 대하여 도로가 차지하는 비율.
도:로=표지(道路標識)명 안전하고 원활한 도로 교통을 위하여 도로변이나 차도 위쪽에 설치한 표지판. 안내 표지, 경계 표지, 규제 표지, 지시 표지, 보조 표지 등이 있음. 교통 안전 표지
도록(都錄)명 사람이나 물건의 이름을 통틀어 적은 목록.
도록(盜錄)명-하다타 남의 글이나 문헌에서 그 일부를 자기가 쓴 것처럼 따서 적음. ☞도작. 표절
도록(圖錄)명 ①그림이나 사진 등을 넣은 기록. ②자료로서 그림이나 사진 등을 모아 실은 책.
-도록어미 어간에 붙어, 그 낱말이나 그 낱말이 이끄는 구절을 부사형이 되게 하는 어미. ¶그는 늦도록 공부하였다./내가 혀가 닳도록 말을 했잖나?
도론(徒論)명 쓸데없는 논의.
도롱-고리명 조의 한 품종. 줄기와 열매가 희읍스름하고 까끄라기가 없으며, 여름에 익음.
도롱뇽명 양서류 도롱뇽목의 동물을 통틀어 이르는 말. 몸길이는 10~18cm임. 몸빛은 갈색 바탕에 암갈색의 무늬가 있으며, 머리는 납작하고 주둥이 끝이 둥긂. 눈이 튀어나왔으며, 꼬리는 몸통 길이보다 조금 짧고 납작함. 개울이나 못, 습지 등에서 지렁이나 곤충을 잡아먹고 살며, 우리 나라 특산종임.

도롱이 명 지난날, 농부가 비가 내리는 날 들일을 할 때 어깨에 걸쳐 두르던 우장(雨裝)의 한 가지. 짚이나 띠 따위를 엮어 만듦. 녹사의(綠蓑衣). 사의

도롱태[1] 명 사람이 밀거나 끌게 만든 간단한 나무 수레.

도롱태[2] 명 '새매'의 딴이름.

도뢰(圖賴) 명 -하다 자 말썽을 일으키고 그 허물을 남에게 넘겨씌움. ☞덤터기

도료(塗料) 명 칠감 ☞안료(顔料). 염료(染料)

도루(盜壘) 명 -하다 자 야구에서, 주자(走者)가 수비의 허술한 틈을 타서 다음 베이스까지 달려가는 일. 스틸(steal)

도루-마(-麻) 명 중국에서 나는 베의 한 가지. 여름 옷감으로 쓰임.

도루묵 명 도루묵과의 바닷물고기. 몸길이 25cm 안팎. 비늘이 없고 입이 큼. 등은 황갈색에 회갈색 무늬가 있고, 배는 은백색임. 깊은 바닷속에 살다가 산란기에는 수심 2m 안팎의 해초가 많은 연안에 알을 낳음. 우리 나라와 일본, 사할린, 캄차카, 알래스카 등지의 연해에 분포함. 목어(木魚)[2]

도류(徒流) 명 도형(徒刑)과 유형(流刑).

도:류(道流) 명 '도가자류(道家者流)'의 준말.

도류-안(徒流案) 명 지난날, 도형(徒刑)과 유형(流刑)에 처할 사람들의 이름을 적던 책.

도륙(屠戮) 명 -하다 타 참혹하게 마구 죽임. 도살(屠殺)

도르다(도르고·돌라) 타르 ①둘레를 돌려 감다. ¶병풍을 돌라 치다./목도리를 -. ②몫몫이 갈라서 돌리다. ¶떡을 -. ③그럴듯한 말로 남을 속이다. ¶감시병을 돌라서 도망치다. ④남의 것을 몰래 빼돌리다. ¶회사의 기밀을 -. ⑤돈이나 물건, 일 따위를 형편에 맞게 이리저리 돌려서 대다. ¶사업 자금을 -. ⑥먹은 것을 게우다. ¶먹은 것을 모두 돌라 내다. ☞두르다

도르래[1] 명 대를 얇게 깎아 비행기의 프로펠러처럼 만든 장난감. 한가운데 판 두 구멍에 자루 끝을 꽂아 자루를 두 손바닥으로 비벼 돌리면 얇은 대쪽이 공중으로 날아오름.

도르래[2] 명 바퀴에 홈을 파서 줄을 건 다음, 바퀴를 돌려 줄에 매단 물건을 오르내리게 하는 장치. 두레박이나 기중기 따위에 쓰임. 활차(滑車)

도르르[1] 부 종이 따위가 절로 말리는 모양을 나타내는 말. ¶대팻밥이 - 말리다. ☞두르르[1]. 또르르[1]

도르르[2] 부 작고 동근 것이 가볍게 구르는 모양을 나타내는 말. ¶구슬이 - 구르다. ☞두르르[2]. 또르르[2]

도르리 명 -하다 타 ①여러 사람이 돌아가며 음식을 내어 함께 먹는 일. ¶점심을 -하다. ②똑같이 나누어 주거나 고루 돌라주는 일.

도리 명 들보와 직각으로 기둥과 기둥을 연결하여 얹는 나무. 위에 서까래를 얹음. 형(桁)

도리(桃李) 명 ①복숭아와 자두. ②복숭아꽃과 자두꽃. ③남이 천거한 어진 사람을 비유하여 이르는 말.

도:리(道里) 명 이정(里程)

도:리(道理) 명 ①사람이 어떤 처지에서 마땅히 해야 할 바른 일. 도(道)[1] ¶자식의 -./친구의 -를 지키다. ②어떤 일을 해 나갈 마땅한 방법. ¶어쩔 -가 없다.

도리-금(-金) 명 조선 시대, 정이품 관원의 금관자를 만들 때 사용한 둥근 모양의 금. 환금(環金)

도리기 명 -하다 타 여러 사람이 추렴한 돈으로 음식을 마련하여 나누어 먹는 일. ¶갈비 -

도리깨 명 곡식의 낟알을 떠는 데 쓰는 농기구의 한 가지. 긴 작대기 끝에 서너 개의 회초리가 달려 있는데, 그것으로 곡식 이삭을 후려쳐서 낟알을 떪. 연가(連枷)

도리깨-꼭지 명 도리깨채 끝의 구멍에 끼워 도리깻열을 잡아매게 하는 작은 나무 비녀.

도리깨-질 명 -하다 자타 도리깨로 곡식 이삭을 후려쳐서 낟알을 떠는 일.

도리깨-채 명 도리깨의 몸자루인 긴 작대기. 도리깻장부

도리깨-침 명 탐이 나거나 너무 먹고 싶어서 저절로 삼키어지는 침. ☞군침

도리깻-열[-녈] 명 도리깨채에 달아 곡식의 이삭을 후려치도록 된 서너 개의 회초리. 자편(子鞭)

도리깻-장부 명 도리깨채

도리다 타 ①둥글게 베어내거나 파다. ¶상한 부분을 -. ②글이나 장부의 어떤 행에 꺾자를 쳐서 지우다.

도리-도리 감 ①어린아이에게 도리질을 시킬 때 하는 말. ②[명사처럼 쓰임] 어린아이가 도리질을 하는 일.

도리-동실 부 물 위나 공중에 매끄러지듯 가볍게 떠가는 모양을 나타내는 말. 흔히 '도동실'과 함께 '동실동실'을 율동감 있게 표현함. ¶- 떠가는 나뭇잎 하나./도동실 - 떠가는 풍선. ☞두리둥실

도리-머리 명 -하다 자 싫거나 아니라는 뜻을 나타내기 위하여 머리를 좌우로 흔드는 몸짓. 도리질 ¶-를 흔들다./-를 치다.

도리-목(-木) 명 도리로 쓰는 재목.

도리반-거리다(대다) 자타 고개를 요리조리 돌리며 주위를 돌아보다. ☞두리번거리다

도리반-도리반 부 도리반거리는 모양을 나타내는 말. ☞두리번두리번

도리-사(-紗) 명 중국에서 나는 베의 한 가지. 도루마보다 올이 고우며, 여름 옷감으로 쓰임.

도리스-식(Doris式) 명 고대 그리스의 건축 양식의 하나. 기둥이 굵고 주춧돌이 없으며, 기둥머리는 운두가 낮은 사발 모양으로 간단히 장식됨. 건축 양식이 간소하나 장중한 기풍이 있음. ☞이오니아식. 코린트식

도리암직-하다 형여 자그마한 키에 얼굴이 동글납작하며 몸맵시가 있다. ¶도리암직한 아낙네.

도리어 부 ①바라거나 헤아리던 것과는 달리. 반대로 ¶잘하려던 일이 - 잘못되다. ②마땅히 어떠해야 하는데, 그와는 달리. 부당하게 ¶잘못을 저지른 이가 - 성을 내다. 준 되레 ☞오히려

한자 **도리어 반**(反) [又部 2획] ¶반격(反擊)/반문(反問)

도리-옥(-玉) 명 조선 시대, 정일품 관원과 종일품 관원의 옥관자를 만들 때 사용한 품질이 좋은 둥근 옥. 환옥(環玉)

도리-질 명 -하다 자 말귀를 겨우 알아듣는 어린아이가 어른이 시키는 대로 머리를 좌우로 흔드는 재롱. ☞도리도리 ②도리머리

도:리-천(忉利天) 명 욕계 육천(欲界六天)의 둘째 하늘. 수미산(須彌山) 꼭대기에 있는데, 가운데에 임금인 제석천(帝釋天)이 사는 성이 있으며, 그 사방에 하늘 사람들이 사는 성이 여덟 개씩 있다고 함. 삼십삼천

도리-칼 명 지난날, '행차칼'을 달리 이르던 말.

도:리-표(道里表) 명 이정표(里程表)

도린-결 명 사람이 별로 가지 않는 외진 곳. ¶집 뒤의 -에 작업실을 만들다.

도림-장이 명 도림질을 직업으로 삼는 사람.

도림-질 명 -하다 자타 실톱으로 널빤지를 오리면서 여러 가지 모양을 만드는 일.

도:립(倒立) 명 -하다 자 물구나무서는 일. 물구나무서기

도:립(道立) 명 도(道)에서 세워 운영함. ¶- 병원

도:립=운:동(倒立運動) 명 물구나무서기 운동

도마 명 요리 재료를 썰거나 다지거나 할 때 쓰는 조리 용구. 두껍고 단단한 나무나 플라스틱 따위로 만듦.

도마 위에 오르다 관용 비판의 대상이 되다.

도마 위에 올려 놓다 관용 비판하거나 논하다.

속담 **도마에 오른 고기** : 더 이상 어찌할 수 없는 막다른 처지를 비유하여 이르는 말./**도마 위의 고기가 칼을 무서워하랴** : 이미 죽음을 각오한 사람이 무엇을 무서워하겠느냐는 말.

도마(跳馬) 명 뜀틀

×**도마도** 명 →토마토

도-마름(都-) 명 지난날, 마름의 우두머리를 이르던 말.

도마-뱀 명 파충류 도마뱀과의 동물을 통틀어 이르는 말. 온몸이 비늘로 덮여 있고 짧은 네 발이 있음. 몸빛은 보통 황갈색이며, 콧구멍에서 꼬리까지 암갈색의 띠가 뻗

어 있음. 원통형의 긴 꼬리는 위험을 당하면 저절로 끊어졌다가 새로 남. 산 속의 풀섶이나 돌 틈에서 삶. 석룡자(石龍子). 석척(蜥蜴)
도마-질 명-하다 자타 도마 위에 요리 재료를 놓고 썰거나 다지는 일. ¶ -이 서투르다.
도막 명 ①짧게 잘린 토막. ¶ 나무 -/-을 내다./-을 치다./-이 나다. ②음악에서, 큰악절 하나로 이루어진 형식을 이르는 말. ☞동기(動機) ③〔의존 명사로도 쓰임〕 짧게 잘린 토막을 세는 단위. ¶ 갈치 두 -을 굽다. ☞동강¹. 토막
도막-도막 부 ①여러 도막으로 자르는 모양을 나타내는 말. ¶ - 자르다. ②도막마다 ¶ - 가지런히 모으다. ③〔명사처럼 쓰임〕 ¶ 끊긴 -을 잇다. ☞토막토막
도말(塗抹) 명-하다 타 ①발라서 가림. ☞도포(塗布) ②이리저리 그럴듯한 말로 꾸며 댐. ¶ 일이 미루어진 이유를 -하다. ③어떤 존재를 완전히 없앰.
도말=연:고(塗抹軟膏)[-련-] 명 피부에 바르는 연고.
도맛-밥 명 도마질할 때 생기는 도마 부스러기.
도망(逃亡) 명-하다 자 ①사람이나 동물이 쫓겨 달아남. ¶ 범인이 -하여 몸을 숨기다. ②몰래 피해 자취를 감춤. ¶ 외국으로 -하다. 도주(逃走)

> 한자 **도망할 도**(逃) 〔辵部 6획〕 ¶ 도거(逃去)/도망(逃亡)/도주(逃走)/도피(逃避)

도망(悼亡) 명-하다 타 죽은 아내를 생각하여 슬퍼함.
도망(稻芒) 명 벼의 까끄라기.
도망-가다(逃亡-) 명 도망치다. 도망하다
도망-꾼(逃亡-) 명 도망하는 사람.
도망망자-집(逃亡亡字-)[-짜-] 명 건물의 평면(平面)을 '亡' 자 꼴로 지은 집. 준망자집
도망-질(逃亡-) 명-하다 자 도망하는 짓.
도망질-치다(逃亡-) 자 도망질을 하다.
도망-치다(逃亡-) 자 도망가다 ¶ 몰래 -.
도맡다[-맏-] 타 도거리로 몰아서 맡다. ¶ 살림을 도맡아 하다./책임을 도맡아 지다.
도매(都賣) 명-하다 타 생산자나 제조업체로부터 물건을 대량으로 사들여 소매상 등에게 파는 일. ☞소매(小賣)
도매(盜賣) 명-하다 타 물건을 훔쳐서 팖. 투매(偸賣)
도매-가(都賣價)[-까] 명 '도매 가격'의 준말. ☞소매가(小賣價)
도매=가격(都賣價格)[-까-] 명 도매할 때 이루어지는 상품의 가격. 도맷값 준도매가 ☞소매 가격(小賣價格)
도매=물가=지수(都賣物價指數)[-까-] 명 도매 단계에서 물가 수준의 변동을 나타내는 지수. 일정한 시기를 100으로 하여 백분율로 나타냄.
도매-상(都賣商) 명 도매를 하는 장사, 또는 그 가게나 장수. ☞소매상(小賣商)
도매=시:장(都賣市場) 명 도매상들이 모여 이룬 시장. ¶ 농산물 - ☞소매 시장
도매-업(都賣業) 명 도매를 하는 영업. ☞소매업
도매-점(都賣店) 명 도매를 하는 가게. 도맷집 ☞소매점
도맷-값(都賣-) 명 도매 가격(都賣價格)
도맷-집(都賣-) 명 도매점(都賣店)
도메인(domain) 명 ①관계형 데이터베이스에서 하나의 속성이 취할 수 있는 값의 집합. ②인터넷에서 호스트 시스템이나 망의 일부분을 식별하기 위한 인터넷 주소의 지정 단위.
도면(刀麵) 명 ①칼싹두기 ②칼국수
도면(圖免) 명-하다 타 책임이나 맡은 일에서 벗어나려고 꾀함, 또는 꾀를 써서 벗어남. 규면(規免)
도면(圖面) 명 건축물·기계·토지·임야 등의 구조나 형태 등을 기하학적으로 나타낸 그림. 도본(圖本)
도명(逃命) 명-하다 자 목숨을 보전하기 위하여 피하여 달아남.
도모(圖謀) 명-하다 타 어떤 일을 이루기 위하여 수단과 방법을 꾀함. ¶ 이익을 -하다.
도목-정(都目政) 명 '도목 정사(都目政事)'의 준말.
도목=정사(都目政事) 명 고려·조선 시대, 해마다 음력 유월과 섣달에 관원의 근무 성적이나 공로, 허물을 따져 관직을 떼거나 올리던 일. 준도목정. 도정(都政)
도묘(稻苗) 명 볏모
도무(蹈舞) 명 뛰며 춤춘다는 뜻으로, 너무 좋아서 어쩔 줄을 모르고 날뜀을 이르는 말. ☞수무족도(手舞足蹈)
도무덤 명 지난날, 전사한 병사의 시체를 한데 몰아서 묻은 무덤을 이르던 말.
도무지 부 부정적인 말 앞에 쓰이어 ①아무리 애를 써 보아도. ¶ - 일이 제대로 되지 않는다. ②조금도. 도시(都是). 도통(都統). 전혀 ¶ - 알 수 없는 사람./- 재미가 없다. ☞도대체(都大體)
도묵(塗墨) 명-하다 자 먹을 칠함.
도:문(到門) 명-하다 자 ①문 앞에 다다름. ②지난날, 과거에 급제하여 홍패(紅牌)를 받고서 집에 돌아옴을 이르던 말.
도:문=잔치(到門-) 명 지난날, 과거에 급제한 사람이 집에 돌아와 베푸는 잔치를 이르던 말.
도:미 명 도밋과의 바닷물고기를 통틀어 이르는 말. 몸은 길둥글고 옆으로 납작하며, 몸빛은 검은빛이나 붉은빛을 띰. 연안성 어류로 바다 밑바닥에 삶. 준돔
도미(掉尾) 명-하다 자 낚시에 걸린 물고기가 꼬리를 세차게 치는 데서 생긴 말로, 어떤 일의 끝판에 더욱 활약하는 것을 이르는 말.
　도미를 장식하다 관용 일의 마지막을 멋지게 끝내다.
도미(稻米) 명 입쌀
도:미-국수 명 도미를 잘게 칼집을 내어 살짝 구워 냄비에 담고 너비아니, 양지머리, 완자, 각색 전유어를 그 위에 얹은 다음, 쑥갓·미나리 등과 고명을 넣고 맑은장국을 부어 끓여서 국수를 넣어 가며 먹는 음식.
도미넌트(dominant) 명 딸림음
도미노(domino) 명 ①상아로 만든 스물여덟 장의 패를 가지고 노는 서양 골패. ②가장 무도회(假裝舞蹈會)에 쓰이는 두건, 또는 두건이 달린 겉옷.
도미-저:냐 명 도미전유어
도미-전:유어(-煎油魚) 명 도미의 살을 저며 소금을 뿌린 다음, 밀가루를 묻히고 달걀을 풀어 씌워서 지진 음식. 도미저냐
도미-회(-膾) 명 도미를 생긴 모양 그대로 회를 떠서 초고추장에 찍어 먹는 회.
도민(島民) 명 섬사람
도:민(道民) 명 도(道)에 적(籍)을 두고 거주하는 사람.
도밋-국 명 맑은장국을 팔팔 끓이다가 도미와 쑥갓을 넣고 다시 끓인 국.
도:박(到泊) 명-하다 자 항구 등에 배가 와서 머무름.
도박(賭博) 명-하다 자 ①노름 ②요행수를 바라고 위험한 일이나 가능성이 적은 일에 손을 대는 일.
도박-꾼(賭博-) 명 도박을 일삼는 사람. 노름꾼. 도박사. 박도(博徒)
도박-사(賭博師) 명 도박꾼
도박-장(賭博場) 명 노름하는 곳. ☞노름판
도박-죄(賭博罪) 명 형법에서, 재물을 걸고 도박을 함으로써 이루어지는 범죄를 이르는 말.
도반(桃盤) 명 '선도반(仙桃盤)'의 준말.
도:반(道伴) 명 함께 불도(佛道)를 닦는 벗.
도발(挑發) 명-하다 타 일부러 남을 집적거려 좋지 않은 일을 일으킴. ¶ 전쟁을 -하다./-을 일삼다.
도발-적(挑發的)[-쩍] 명 마치 도발하듯이 하는 것. ¶ -인 행위.
도방(都房) 명 고려 시대, 무신 정권 때 경대승(慶大升), 최충헌(崔忠獻) 등이 자신의 신변 보호를 위하여 설치하였던 사병(私兵) 기관.
도:방(道傍) 명 길의 가장자리. 길가 ☞노방(路傍). 노변(路邊). 도로변(道路邊)
도:배(到配) 명-하다 자 지난날, 귀양살이할 죄인이 귀양지에 도착함을 이르던 말.
도배(島配) 명-하다 타 지난날, 죄인을 섬으로 귀양보냄을

이르던 말.
도배(徒配)명-하다타 지난날, 도형(徒刑)에 처한 뒤에 귀양보냄을 이르던 말.
도배(徒輩)명 함께 어울려 같은 짓을 하는 무리.
도:배(道配)명-하다타 지난날, 귀양보낼 사람을 그 도(道) 안에서 귀양살이시킴을 이르던 말.
도배(*塗褙)명-하다타 종이로 벽이나 장지 등을 바름.
도배-장이(*塗褙-)명 도배 일을 직업으로 삼는 사람.
도배-지(*塗褙紙)명 도배하는 데 쓰는 종이. 벽지(壁紙)
도:백(道伯)명 ①관찰사(觀察使) ②도지사(道知事)
도벌(盜伐)명-하다타 산의 나무를 몰래 벰. 도작(盜斫). 투작(偸斫)
도범(盜犯)명 도둑질을 한 범죄, 또는 그 범인.
도법(圖法)[-뻡]명 '작도법(作圖法)'의 준말.
도베르만(Dobermann)명 개의 한 품종. 어깨 높이 70cm 안팎. 검은 갈색 또는 푸른 잿빛이고, 몸통과 털이 짧음. 19세기 말 독일 사람 도베르만(L. Dobermann)이 육종한 것으로, 경찰견이나 군용견으로 기름.
도벽(陶甓)명 오지벽돌
도벽(盜癖)명 물건을 훔치는 버릇.
도벽(塗壁)명-하다자 벽에 종이나 흙을 바름.
도병(刀兵)명 병기(兵器)와 군사를 아울러 이르는 말.
도-병마사(都兵馬使)명 고려 시대, 변경의 국방 문제를 논의하던 합의 기관. 현종 때 설치되어 1279년(충렬왕 5)에 도평의사사(都評議使司)로 이름을 고침.
도보(徒步)명-하다자 탈것을 타지 않고 걸어감. ¶전철역에서 학교까지는 -로 10분 거리이다.
도보(圖譜)명 도감(圖鑑) ▷ 圖의 속자는 図
도:복(道服)명 ①도사(道士)가 입는 겉옷. ②유도나 태권도 따위를 할 때 입는 옷.
도본(圖本)명 도면(圖面)
도봉(都封)명-하다자타 많은 물건을 한데 모아 봉함.
도봉(盜蜂)명 꽃에서 꿀을 따지 않고 남의 벌통이나 벌집에서 꿀을 훔치는 꿀벌을 이르는 말.
도봉-색(都捧色)명 지난날, 각 고을에서 조세를 받아들이는 일을 하는 아전을 이르던 말.
도:부(到付)[1]명-하다자 공문(公文)이 다다름.
도:부(到付)[2]명-하다타 장수가 물건을 가지고 이곳저곳 돌아다니며 파는 일. 도붓장사
도:부-꾼(到付-)명 '도붓장수'를 얕잡아 이르는 말.
도부-치다자 장수가 물건을 가지고 이곳저곳 팔러 다니다.
도북(圖北)명 지도 위의 수직 좌표선에 따라 정해진 북쪽. ☞자북(磁北). 진북(眞北)
도:불습유(道不拾遺)성구 〔길에 떨어진 물건을 주워 가지지 않는다는 뜻으로〕 ①나라가 잘 다스려져 세상 풍속이 아름다움을 비유하여 이르는 말. ②형벌이 준엄하여 백성이 법을 어기지 않음을 비유하여 이르는 말.
도:붓-장사(到付-)명 도부(到付)[2] ☞앉은장사
도:붓-장수(到付-)명 이곳저곳 돌아다니며 물건을 파는 사람. 행고(行賈). 행상(行商)
도비(徒費)명-하다타 돈이나 시간 등을 헛되이 씀.
도비(都鄙)명 서울과 시골. 경향(京鄕)
도비순설(徒費脣舌)성구 입술과 혀를 헛되이 쓴다는 뜻으로, 부질없이 말을 늘어놓음을 이르는 말.
도비심력(徒費心力)성구 보람없는 일에 부질없이 애를 씀을 이르는 말.
도사(陶沙)명 백반을 갈아 푼 물에 교질(膠質)을 섞은 물질. 종이에 발라 먹이나 물감 등이 번지는 것을 막는 데 씀. 반수(礬水)
도사(悼詞)명 사람의 죽음을 슬퍼하는 뜻을 적은 글.
도사(都寺)명 도감사(都監寺)
도사(都事)명 조선 시대, 충훈부(忠勳府)·중추부(中樞府)·의금부(義禁府) 등의 종오품 관직. 관원의 감찰과 규탄 따위의 일을 맡아봄.
도사(屠肆)명 조선 시대, 쇠고기나 돼지고기 등을 팔던 가게. ☞푸주
도:사(道士)명 ①도를 닦는 사람. 도인(道人) ②불도(佛道)를 닦아 깨달은 사람. ③어떤 일에 도(道)가 트여서 잘하는 사람을 비유하여 이르는 말. ¶퀴즈를 푸는 데는 그가 -다./컴퓨터 -
도:사(道使)명 삼국 시대, 점령 지역을 다스리기 위하여 파견하던 지방 관원.
도:사(導師)명 ①중생을 불도(佛道)로 이끄는 사람. ②법회(法會)에서 의식을 지도하는 중.
도사-개명 개의 한 품종. 일본 시코쿠 섬 도사(지금의 고치) 원산의 개. 몸이 크고 살이 많으며, 공격적이고 싸움을 잘함.
도-사경회(都査經會)명 개신교에서, 각 파가 합동하여 베푸는 사경회.
도-사공(都-)명 사공의 우두머리.
도-사:령(都使令)명 사령의 우두머리.
도:사리명 ①다 익지 못하고 저절로 떨어진 과실. ☞낙과(落果) ②못자리에 난 어린 잡풀.
도사리다자타 ①사람이 엉덩이를 내리고 다리를 구부려 웅크리는 자세를 하다. ②몸을 웅크리고 가만히 무엇을 노리다. ¶맹수가 먹이를 잡으려고 몸을 -. ③마음을 단단히 다잡다. ¶마음을 도사려 먹고 출발하다. ☞도스르다 ④마음속에 모진 생각이 자리하다. ¶원한이 마음속 깊이 -. ⑤어떤 좋지 못한 일이 일어날 기미가 숨어 있다. ¶위험이 -.
도:산(到山)명-하다자 장사(葬事)를 지낼 때, 상여(喪輿)가 산소에 이름.
도산(逃散)명-하다자 뿔뿔이 달아나 흩어짐.
도:산(倒産)[1]명-하다자 재산을 모두 잃고 망함. 파산
도:산(倒産)[2]명-하다자 해산할 때에 아이의 발이 머리보다 먼저 나옴, 또는 그런 해산. 역산(逆産)
도산검:수(刀山劍水)성구 ①칼이 솟아 있는 것 같은 산수라는 뜻으로, 매우 험난한 지경을 비유하여 이르는 말. ②가혹한 형벌을 비유하여 이르는 말.
도-산:매(都散賣)명-하다타 도매(都賣)와 산매(散賣)를 아울러 이르는 말.
도산십이곡(陶山十二曲)명 조선 명종 때, 이황(李滉)이 지은 연시조. 작가가 만년에 도산 서원(陶山書院)에서 후학을 가르치던 심회를 읊은 내용임.
도-산지기(都山-)명 산지기 가운데의 우두머리.
도살(盜殺)명-하다타 ①남몰래 사람을 죽이는 일. 암살(暗殺) ②허가 없이 가축을 잡아 죽이는 일. 밀도살
도살(屠殺)명-하다타 ①참혹하게 마구 죽임. 도륙(屠戮) ②가축을 잡음. 재살(宰殺)
도살-장(屠殺場)[-짱]명 소나 돼지 따위의 가축을 잡는 곳. 도수장(屠獸場). 도축장(屠畜場)
도:상(途上)명 ①어떤 목적지로 가고 있는 도중. ②어떤 일이 진행되고 있는 도중. ¶발전 -에 있는 나라.
도상(都相)명 도제조(都提調)
도:상(道上)명 길 위. 노상(路上)
도:상(道床)명 철도 선로의 노반(路盤)과 침목(枕木) 사이의 층. 자갈이나 작게 깨뜨린 돌 등을 깔아 열차의 무게를 노반(路盤)에 넓게 분산하여 선로에 탄성을 더하는 구실을 함.
도상(圖上)명 지도나 도면의 위. ¶- 작전/- 정찰
도상(圖像)명 그림으로 그린 사람이나 사물의 모습.
도색(桃色)명 ①복숭아꽃과 같은 분홍빛. ②남녀 사이의 색정적인 일. ¶- 잡지
도색=영화(桃色映畫)[-녕-]명 남녀 사이의 색정적인 장면을 찍은 음란한 영화.
도색=유희(桃色遊戲)[-뉴-]명 도덕적으로 건전하지 못한, 남녀 사이의 색정적인 짓.
도:생(倒生)명-하다자 ①거꾸로 생겨남. ②식물의 뿌리를 머리로 보고 가지를 손발로 보아 거꾸로 난다는 뜻으로, 풀과 나무를 달리 이르는 말.
도생(圖生)명-하다자 살아 나가기를 꾀함.
도서(島嶼)명 크고 작은 여러 섬. ¶- 지방
도서(圖書)명 ①글씨나 그림, 책 따위를 통틀어 이르는 말. ②책(冊) ¶아동 -/- 전시회

도서(圖署)명 책·그림·글씨·문서 따위에 찍는 도장.
도서-관(圖書館)명 책을 비롯하여 온갖 기록된 자료들을 모아 두고 일반인이 볼 수 있도록 한 시설.
도:-서다[1] 자 ①길을 가다가 돌아서다. ②바람이 불던 방향을 바꾸다. ③아이를 낳을 때 태아가 자리를 떠서 돌다. ④해산 뒤 젖멍울이 풀려 젖이 나기 시작하다.
도:-서다[2] 자 부스럼이나 천연두의 자리가 조금 나아서 꺼덕꺼덕해지다.
ㄷ
도서-실(圖書室)명 책을 모아 두고 볼 수 있게 한 방.
도석(悼惜)명-하다타 죽은 이를 애석히 여겨 슬퍼함.
도:석(道釋)명 도교와 불교를 아울러 이르는 말.
도:석-화(道釋畫)명 동양화에서, 도교와 불교 관계의 인물화를 이르는 말.
도:선(渡船)명 나룻배
도:선(導船)명-하다자 연해(沿海)의 구역을 지나는 배에 안내자가 타서 안전한 뱃길로 인도하는 일.
도:선(導線)명 전기의 양극을 이어 전류를 통하게 하는 쇠붙이 줄.
도선(徒善)어기 '도선(徒善)하다'의 어기(語基).
도:선-사(導船士)명 뱃길을 안내할 수 있는 자격을 가진 사람. ☞항해사(航海士)
도:선-장(渡船場)명 나루터
도선-하다(徒善—)형여 착하기만 하고 두름성이 없다.
도설(圖說)명-하다타 그림이나 사진 등을 이용하여 설명함, 또는 그런 책.
도설(塗說)명 뜬소문
도:섭명 능청스럽고 수선스럽게 변덕을 부리는 짓. ¶—을 부리다.
도섭(徒涉)명-하다자 걸어서 물을 건넘.
도:섭(渡涉)명-하다타 옷을 걷고 걸어서 물을 건넘.
도:섭-스럽다(—스럽고·—스러워)형ㅂ 능청스럽고 수선스럽게 변덕을 부리는 태도가 있다.
도섭-스레부 도섭스럽게 ¶— 굴다.
도:섭-쟁이명 능청스럽고 수선스럽게 변덕을 잘 부리는 사람을 얕잡아 이르는 말.
도성(都城)명 ①지난날, 도읍지가 성으로 이루어져 있었다는 데서, '서울'을 이르던 말. ¶—이 함락되다. ②도읍 둘레에 둘러쌓은 성곽(城郭). ¶—을 쌓다.
도성(濤聲)명 파도 소리.
도:세(道稅)명 도에서 도민에게서 받는 지방세. 보통세와 목적세가 있음.
도소-주(屠蘇酒)명 설날에 마시는 술의 한 가지. 산초·방풍·백출·육계 등을 섞어 빚는데, 이것을 마시면 한 해의 나쁜 기운을 없애며 오래 살 수 있다고 함.
도:속(道俗)명 승려와 속인을 아울러 이르는 말.
도:속=공:수계(道俗共守戒)명 불교에서 이르는 삼계(三戒)의 하나. 재가(在家)한 사람과 출가(出家)한 사람이 모두 지켜야 할 계. ☞재가계. 출가계
도솔(兜率)명 '도솔천(兜率天)'의 준말.
도솔가(兜率歌)명 ①신라 유리왕 때 지어졌다는 노래. 우리 나라 가악(歌樂)의 시초로 '삼국사기'에 전하나, 작자와 가사는 전하지 않음. ②신라 경덕왕 때 월명사(月明師)가 지은 사구체(四句體)의 향가. '삼국유사'에 실려 전함. 산화가(散花歌)
도솔-천(兜率天)명 욕계 육천(慾界六天)의 넷째 하늘. 환락으로 차 있는 외원(外院)과 미륵보살이 사는 내원(內院)으로 이루어진다고 함. 준도솔(兜率)
도:수(度數)[—쑤]명 ①거듭하는 횟수. ¶—가 잦다. ②각도·온도·광도 따위의 정도를 나타내는 수. ¶안경 —가 높다. ③어떠한 정도. ¶—가 지나치다. ④통계 자료의 각 계급에 해당하는 수량.
도수(徒手)명 맨손
도:수(導水)명-하다자 물이 일정한 쪽으로 흐르도록 물길을 만들어 끌어 댐. ¶— 공사/— 시설
도:수-거(導水渠)명 물줄기의 방향을 바꾸기 위해 만든 암거(暗渠).
도수공권(徒手空拳)성구 맨손과 맨주먹이라는 뜻으로, 아무 것도 가진 것이 없음을 이르는 말. 적수공권
도:수-관(導水管)명 물을 끌어대는 관.
도:수-교(導水橋)명 계곡이나 도로 등을 건너질러 물을 대기 위해 다리 모양으로 만든 시설.
도:수-로(導水路)명 물을 끌어대기 위해 만든 도랑.
도수리-구멍명 도자기를 굽는 가마의 옆으로 나 있는, 불을 때는 구멍.
도:수=분포(度數分布)[—쑤—]명 통계 자료의 기술 방법. 측정한 값을 몇 개의 계급으로 가르고, 각 계급에 딸린 수량을 조사하여 계열화한 것.
도:수-신(道帥臣)명 지난날, 관찰사(觀察使), 병마 절도사(兵馬節度使), 수군 절도사를 통틀어 이르던 말.
도수-장(屠獸場)명 도살장(屠殺場)
도:수-제(度數制)[—쑤—]명 쓴 횟수에 따라 요금을 계산하여 거두어들이는 제도.
도수=체조(徒手體操)명 맨손 체조 ☞기계 체조
도숙-붙다[—붇—]자 머리털이 내리 나서 이마가 좁게 되다. 준숙붙다
도순(都巡)명-하다자 지난날, 각 군영의 순라(巡邏)가 성실하게 일하는지를 조사하던 일.
도:술(道術)명 도를 닦아 여러 가지 신기한 일을 할 수 있는 기술이나 재주.
도스(DOS)명 하드디스크, 플로피디스크와 같은 자기 디스크를 위주로 동작하는 운영 체제. 디스크에서 파일을 읽어 오거나 기록하는 작업과 이러한 작업을 위하여 디스크 장치를 제어하고 관리하는 작업 등을 수행함. [disk operating system]
도스르다(도스르고·도슬러)타르 무슨 일을 이루려고 별러서 마음을 긴장시켜 다잡다. ¶마음을 도스르고 면접관 앞으로 나섰다. ☞도사리다
도:스킨(doeskin)명 ①무두질한 암사슴의 가죽. ②암사슴 가죽을 본뜬, 겉면이 부드럽고 윤이 나는 모직물. 예복에 많이 쓰임.
도습(蹈襲)명-하다타 ①답습(踏襲) ②남의 말이나 글을 따다가 씀. 초습(剿襲)
도:승(道僧)명 도를 깨달은 중.
도-승지(都承旨)명 ①고려 시대, 왕명의 출납과 군기(軍機)를 맡아보던 종오품 관직. ②조선 시대, 승정원(承政院)의 여섯 승지 중 으뜸인 정삼품 관직. 도령(都令)
도시(都市)명 어떤 지방의 경제·정치·문화·교통 등의 중심이 되고, 인구 밀도가 높은 지역. 도회지(都會地) ¶— 개발/—로 인구가 집중되다. ☞촌락(村落)
도시(盜視)명-하다타 몰래 엿봄.
도시(圖示)명-하다타 그림이나 도표 따위로 그려 보임.
도시(都是)부 도무지 ¶— 이해할 수 없다.
도시=가스(都市gas)명 도시에서, 공급 관을 통해 여러 수요자에게 공급되는 연료 가스.
도시=계:획(都市計畫)명 도시 생활에 필요한 구획·교통·위생·주택·행정 따위에 관한 계획.
도시=공학(都市工學)명 도시 문제를 감안하여, 도시의 설계나 건설 등을 공학적인 면에서 연구하는 학문.
도시=국가(都市國家)명 도시 자체가 정치적으로 독립하여 하나의 나라를 이루고 있는 공동체. 고대의 그리스·로마 등에 있었음.
도시다타 연장으로 물건의 가장자리나 굽은 부분을 깎거나 잘라 내어 곱게 다듬다.
도시락명 ①고리버들이나 대오리로 결어 만든 작은 고리짝. 주로 점심밥을 담아 가지고 다니는 데 썼음. ②간편하게 가지고 다닐 수 있도록 만든 음식 그릇. ¶—을 싸 가지고 가다. ③도시락밥 ¶—을 먹다.
도시락-밥명 간편하게 가지고 다니다가 꺼내 먹을 수 있게 한 밥. 도시락
도시-림(都市林)명 도시 기능이 원활히 발휘되도록 환경을 유지하는 삼림(森林). 공원이나 고궁, 정원, 가로수 등 삼림 상태를 이룬 것을 통틀어 이르는 말.
도시미:터(dosimeter)명 방사선의 에너지 양을 재는 데 쓰이는 기구.

도시=산:업(都市産業)명 도시의 재개발이나 새로운 도시를 건설할 때, 도시에 필요한 시설을 공급하는 산업. 도시 교통 시스템, 유선 텔레비전과 컴퓨터를 결합한 영상 시스템, 쓰레기 처리 시스템, 지역 냉난방 시스템 따위.
도시-화(都市化)명-하다자타 도시의 보편적 생활 양식이 발전하고 확대되는 과정.
도식(徒食)명-하다자 하는 일 없이 놀고 먹음. ¶무위–
도식(盜食)명-하다자타 ①음식을 훔쳐 먹음. ②다른 사람 몰래 음식을 먹음.
도식(塗飾)명-하다타 ①칠하여 꾸밈. ¶페인트로 지붕을 –했다. ②거짓으로 꾸밈.
도식(圖式)명 사물의 구조나 관계 등을 일정한 양식으로 나타낸 그림, 또는 그 양식. ¶음식물의 소화 과정을 –으로 나타내다.
도:식-병(倒植病)명 한방에서, 술에 취한 상태처럼 사물이 뒤죽박죽으로 보이는 병을 이르는 말.
도식-적(圖式的)명 ①도식과 같은 것. ②사물 따위를, 그 본질이나 특성을 밝히려 하지 않고, 일정한 틀에 맞추려는 경향과 같은 것. ¶–인 사고./–인 수법.
도식-화(圖式化)명-하다자타 도식으로 만듦. ¶건물의 구조를 –하여 설명하다.
도신(逃身)명-하다자 몸을 피하여 달아남.
도실(桃實)명 '복숭아'의 딴이름.
도심(都心)명 도시의 중심부. ☞교외(郊外)
도심(盜心)명 남의 물건을 훔치려는 마음.
도:심(道心)명 ①도념(道念) ②불도를 닦아 깨달음에 이르고자 하는 마음.
도심-지(都心地)명 '도심 지대(都心地帶)'의 준말.
도심=지대(都心地帶)명 도시의 중심이 되는 지대. 준도심지(都心地)
도심-질 명-하다자 물체의 가장자리나 굽은 부분을 깎거나 잘라 내어 다듬는 일.
도안(刀眼)명 환도의 몸이 자루에서 빠지지 않게 슴베와 아울러 비녀장을 박도록 자루에 낸 구멍.
도안(圖案)명-하다타 공예품 등을 만들 때, 형태·색채·무늬 등을 그림으로 나타내는 일, 또는 그것을 나타낸 그림. ¶가구를 –하다./광고 –/상표 –
도:액(度厄)명-하다자 액막이
도야(陶冶)명-하다자타 질그릇을 굽는 일과 대장일이라는 뜻으로, 사람의 타고난 성품이나 재능을 닦아 훌륭하게 기름을 이르는 말. ¶인격을 –하다.
도약(跳躍)명-하다자 ①몸을 날려 위로 뛰어오름. ②'도약 경기(跳躍競技)'의 준말.
도약(擣藥·擣葯)명-하다타 환약(丸藥) 재료를 골고루 섞어 반죽하여 찧는 일.
도약=경:기(跳躍競技)명 육상 경기에서, 멀리뛰기·높이뛰기·장대높이뛰기·세단뛰기 따위를 통틀어 이르는 말. 뜀뛰기 준도약 ☞투척 경기(投擲競技)
도약-대(跳躍臺)명 ①도약의 발판이 되는 대. ②크게 발전하는 데 발판이 되는 바탕이나 기회.
도약=운:동(跳躍運動)명 뜀뛰기
도-약정(都約正)명 조선 시대, 향약(鄕約)의 우두머리를 이르던 말.
도약-판(跳躍板)명 ①수영에서 물로 뛰어내리도록 마련해 둔 발판. 스프링보드(springboard) ②뜀뛰기에서 발을 구르는 판. 구름판. 발판
도:양(渡洋)명-하다자 바다를 건넘. 도해(渡海)
도어(刀魚)명 '갈치'의 딴이름.
도어체크(door check)명 열렸던 문이 자동으로 천천히 닫히게 하는 장치.
도언(徒言)명 실없는 말.
도업(陶業)명 요업(窯業)
도역(徒役)명 조선 시대, 도형(徒刑)에 처하여 몹시 힘든 노동을 시키던 일.
도연(刀煙)명 한방에서, 칼이나 도끼를 달구어 대나무 껍질에 댈 때 묻어 나는 진을 약재로 이르는 말.
도연(陶硯)명 자기로 만든 벼루. 자연(瓷硯)
도연(徒然)어기 '도연(徒然)하다'의 어기(語基).
도연(陶然)어기 '도연(陶然)하다'의 어기(語基).
도연-하다(徒然–)형여 하는 일이 없어서 심심하다.
 도연-히부 도연하게
도연-하다(陶然–)형여 ①거나하다 ②감흥으로 황홀하다.
 도연-히부 도연하게 ¶– 명연주에 귀를 기울이다.
도열(逃熱)명-하다자 열이 식음.
도열(堵列)명-하다자 많은 사람이 죽 늘어섬, 또는 그 대열. ¶–하여 귀빈을 맞이하다.
도열-병(稻熱病)[–뼝]명 벼에 생기는 병의 한 가지. 벼가 병균에 감염되면 잎에 암갈색의 얼룩점이 생기면서 말라 죽는 병.
도염-서(都染署)명 고려·조선 시대, 염색 일을 맡아보던 관아.
도:영(到營)명-하다자 지난날, 새로 부임하는 관찰사가 감영에 다다름을 이르던 말.
도:영(倒影)명 수면에 거꾸로 비친 그림자. ¶천지(天池)에 영봉(靈峰)의 –이 비치다.
도:영(導迎)명-하다타 잘 인도하여 맞이함.
도:영화기(導迎和氣)성구 온화한 기색으로 남의 환심을 삼을 이르는 말.
도예(陶藝)명 도자기에 관한 미술과 공예. ¶– 작품
도와(陶瓦)명 질기와
도:외(度外)명 어떤 한도나 범위의 밖.
도:외-시(度外視)명-하다타 어떤 범위 밖의 것으로 여기고 상관하지 않음. ¶현실을 –하다.
도요(陶窯)명 도기를 굽는 가마.
도요-새 명 도요샛과의 새를 통틀어 이르는 말. 날개가 길고 꽁지는 짧으며, 몸 크기는 종류에 따라 차이가 많음. 몸빛은 대체로 잿빛 또는 갈색이며, 줄무늬나 점무늬 등 복잡한 무늬가 있음. 대부분 나그네새이며 물가에서 삶.
도용(盜用)명-하다타 남의 것을 허가 없이 씀. ¶이름을 –하다./아이디어를 –하다.
도우(屠牛)명-하다자 소를 잡음.
도우-탄(屠牛坦)명 쇠백장
도움 명 돕는 일. ¶–을 주다./일하는 데 –이 되다.
도움-닫기 명 ①도약 경기인 멀리뛰기·높이뛰기·세단뛰기 따위에서, 반동을 얻기 위해 도약판까지 달리는 일을 이르는 말. ②기계 체조의 뜀틀 운동에서, 반동을 얻기 위해 도약판까지 달리는 일을 이르는 말. 조주(助走)
도움-말 명 조언(助言)
도원(桃園)명 복숭아나무가 많은 정원, 또는 복숭아 밭.
도원(桃源)명 '무릉도원(武陵桃源)'의 준말.
도원결의(桃園結義)성구 중국 후한 말기에 유비(劉備)와 관우(關羽), 장비(張飛)가 도원에서 형제의 의를 맺었다는 고사(故事)에서, 의형제를 맺음을 이르는 말.
도원-경(桃源境)명 무릉도원처럼 아름다운 곳. ☞이상향(理想鄕)
도-원수(都元帥)명 ①지난날, 난리가 났을 때 임시로 군무(軍務)를 도맡던 장수. ②지난날, 한 지방의 병권(兵權)을 도맡던 장수.
도월(涂月)명 '음력 섣달'을 달리 이르는 말. 납월(臘月)
도월(桃月)명 '음력 삼월'을 달리 이르는 말. 모춘(暮春)
도위(都尉)명 '부마도위(駙馬都尉)'의 준말.
도-유:사(都有司)명 지난날, 향교(鄕校)나 서원(書院), 종중(宗中), 계중(契中)에서 그 사무를 맡아보던 우두머리.
도은집(陶隱集)명 고려 말기의 이숭인(李崇仁)의 시문집. 조선 태종 6년(1406)에 권근(權近)이 왕명에 따라 엮어 펴냈음. 5권 2책.
도:음(導音)명 음악에서, 선율을 안정된 음으로 이끄는 음. 으뜸음의 반음 아래의 음으로, 보통 장음계와 단음계의 제7음을 가리킴. 이끎음
도읍(都邑)명 지난날, '서울'을 이르던 말.

한자 도읍 도(都) 〔邑部 9획〕 ¶고도(古都)/도시(都市)/도심(都心)/도읍(都邑)/수도(首都)

도읍-지(都邑地)명 한 나라의 도읍이 되는 곳.
도읍-하다(都邑—)자여 어느 곳을 도읍으로 삼다.
도:의(道義)명 사람으로서 해야 할 도리와 의로운 일. ¶ —를 지키다./—를 저버리다. ☞도덕(道德)
도의(擣衣)명-하다타 다듬잇방망이로 옷을 다듬이질하여 매끄럽고 윤기 있게 다듬는 일.
도:의-심(道義心)명 도의를 중히 여기는 마음.
도:의-적(道義的)명 도의에 맞는 것. ¶ —인 책임.
도이장가(悼二將歌)명 고려 예종(睿宗)이 지은 팔구체 향가 형식의 노래. 고려의 개국 공신(開國功臣)인 신숭겸(申崇謙)과 김낙(金樂)을 추도하는 내용임.
도인(刀刃)명 ①칼날 ②칼을 통틀어 이르는 말.
도인(桃仁)명 한방에서, 복숭아 씨의 알맹이를 약재로 이르는 말. 파혈(破血)이나 해소·변비 등에 쓰임.
도:인(道人)명 ①도를 닦는 사람. 도사(道士) ②천도교에서, 천도교도를 이르는 말.
도:인(導因)명 어떤 사태를 이끌어 낸 원인.
도:인-법(導引法)[—뻡]명 도가(道家)의 양생법(養生法). 호흡, 식이 요법, 운동, 경혈 마찰 등으로 몸에 활력을 불어넣고 병을 다스림.
도:일(度日)명-하다자 세월을 보냄.
도:임(到任)명-하다자 지난날, 지방관이 부임하는 고장에 이름을 이르던 말. 상관(上官) ☞착임(著任)
도:입(導入)명-하다타 ①바깥에서 끌어들임. ¶ 신기술 —/외자(外資) — ②일정한 체재(體裁)를 갖춘 글이나 악곡 또는 학습에서, 본격적인 부분이나 주요 부분으로 들어가기 전 단계를 이르는 말. ¶ 논문의 — 부분.
도자(刀子)명 작은 칼.
도자(陶瓷·陶磁)명 도기와 자기를 아울러 이르는 말.
도자(韜藉)명 신주(神主)를 모시는 궤를 씌우는 집.
도자-기(陶瓷器·陶磁器)명 ①질그릇·오지그릇·사기그릇 따위를 통틀어 이르는 말. ②질흙으로 빚어서 비교적 높은 온도로 구워 낸 그릇이나 건축 재료를 통틀어 이르는 말. 흔히 자기·도기·석기(炻器)와 특수 도자기 따위로 분류됨.
도자래기명 '멸치'의 딴이름.
도자-장(刀子匠)명 조선 시대, 공조(工曹)에 딸리어 장도를 만드는 일을 전문으로 하는 사람을 이르던 말.
도자-전(刀子廛)명 지난날, 작은 칼과 패물(佩物) 따위를 팔던 가게.
도작(盜作)명-하다타 남의 작품의 구상이나 문장 등을 함부로 자기 작품에 끌어다 쓰는 일, 또는 그렇게 만든 작품. ☞도록(盜錄). 표절(剽竊)
도작(盜斫)명-하다자 도벌(盜伐)
도작(稻作)명-하다자 벼농사
도장(刀匠)명 도공(刀工)
도장(島長)명 도감(島監)
도장(徒長)명-하다자 식물의 줄기나 가지가 보통 이상으로 길고 연약하게 자라는 현상. 비가 많이 내리거나 일조량이 모자라거나 하여 자라게 됨. 웃자람
도:장(倒葬)명-하다타 조상의 묘지 윗자리에 자손의 묘를 씀, 또는 그렇게 하는 장사.
도장(盜葬)명-하다타 남의 산이나 묏자리에 몰래 장사지냄. 암장(暗葬). 투장(偸葬)
도장(塗裝)명-하다타 물체의 겉면을 보호하고 아름답게 꾸미기 위해 도료를 칠함. ¶ — 공사를 맡다.
도:장(道場)명 무예를 익히는 곳.
도장(圖章)명 ①개인이나 단체 등의 이름을 새기어 문서 등에 찍는 물건. ¶ —을 찍다. ②문서 등에 찍어 놓은 인발. 인(印). 인장(印章) ☞인영(印影)

> 한자 **도장 인**(印) 〔卩部 4획〕 ¶ 검인(檢印)/인감(印鑑)/인갑(印匣)/인보(印譜)/인장(印章)

도:장(導掌)명 지난날, 남의 논밭을 관리하고 도조(賭租)나 조세(租稅) 따위를 받아 지주에게 바치던 사람.
도장-방(—房)명 부녀자가 거처하는 방. 규방(閨房)
도장-방(圖章房)[—빵]명 도장포(圖章鋪)
도장-왈짜[—짜]명 아무 일에나 나서서 잘난체 하는 사람을 속되게 이르는 말.
도-장:원(都壯元)명 장원(壯元)
도장-지(徒長枝)명 웃자란 가지.
도장-집(圖章—)[—찝]명 ①도장포 ②도장을 넣는 주머니.
도장-포(圖章鋪)명 도장을 새기는 집. 도장방. 도장집
도:저(到底)어기 '도저(到底)하다'의 어기(語基).
도:저-하다(到底—)형여 ①학문이나 생각, 기술 따위의 정도가 매우 깊다. ¶ 사상이 —./의술이 —. ②생각이나 태도 따위가 올곧고 철저하다.
도:저-히(到底—)부 〔부정의 용언과 함께 쓰이어〕 아무리 해도. 절대로 ¶ — 이해할 수 없는 일.
도적(盜賊)명 도둑
도전(挑戰)명-하다자 ①싸움이나 경기에 승패를 걸고 맞섬. ¶ 선수권 보유자에게 —하다. ②어려운 일이나 새로운 기록 등에 맞서 겨룸. ¶ 암벽 등반에 —하다./세계 기록에 —하다.
도전(盜電)명-하다자 요금을 내지 않고 전력을 몰래 씀.
도:전(渡田)명 조선 시대, 직전법(職田法)에 따라 각 나루의 경비를 충당하기 위하여 나누어 준 논밭을 이르던 말.
도:전(導電)명 전기가 물질의 한 곳으로부터 다른 곳으로 옮아가는 현상.
도전-적(挑戰的)명 싸움을 걸거나 맞서려고 하는 것. ¶ —인 행동.
도정(都正)명 조선 시대, 종친부(宗親府)·돈령부(敦寧府)·훈련원(訓鍊院)에 딸린 정삼품 당상관 관직.
도정(都政)명 '도목 정사(都目政事)'의 준말.
도정(搗精)명-하다타 곡식을 찧거나 쓿음. ¶ —한 쌀.
도:정(道政)명 한 도(道)를 다스리는 정사(政事).
도:정(道程)명 ①길의 이수(里數), 곧 길의 거리. ②여행의 경로. 노정(路程) ☞역정(歷程)
도:정-표(道程標)명 이정표(里程表)
도제(徒弟)명 중세 유럽 도시에서, 일정한 분야의 전문 기능을 가진 스승 밑에서 그 지식과 기술을 전수 받기 위하여 같이 먹고 자며 배우던 제자.
도제(陶製)명 오지로 된 물건.
도:제(道諦)명 불교에서 이르는 사제(四諦)의 하나. 팔정도(八正道)만이 고(苦)를 없애는 길이라는 진리.
도제=제:도(徒弟制度)명 중세 유럽 도시에서 수공업자가 기술자를 양성하기 위해 도제를 두던 제도.
도-제조(都提調)명 조선 시대, 품계가 정일품인 관원이 기술 계통, 잡직 계통의 관아의 업무를 겸직한 관직 이름. 도상(都相) ☞제조(提調)
도조(賭租)명 남의 논밭을 빌려서 부치고 그 세(稅)로 해마다 내는 벼. 도지(賭地)
도:종-지(道種智)명 삼지(三智)의 하나. 깨달음에 이르는 온갖 올바른 법을 배워 중생을 제도하는 보살의 지혜. ☞일체종지(一切種智)
도죄(徒罪)명 도형(徒刑)을 받을 죄.
도죄(盜罪)명 남의 재물을 훔친 죄.
도주(逃走)명-하다자 도망(逃亡)
도주-죄(逃走罪)[—쬐]명 형법에서, 체포 또는 구금된 이가 도주함으로써 이루어지는 죄를 이르는 말.
도중(島中)명 섬의 안.
도중(徒衆)명 사람의 무리.
도:중(途中)명 ①길을 떠나서 어디에 이르기까지의 동안. 노차(路次). 중로(中路) ¶ 여행 —에 만난 사람. ②어떤 일을 하고 있는 동안. ¶ 작업 —에 잠시 쉬다. 중도(中途)
도중(都中)명 ①어떤 모임이나 단체, 계(契) 등의 구성원 전체. ②조선 중기 이후에 자주적으로 조직한 상인 동업자의 단체.
도:중(道中)명 길 가운데. 노중(路中)
도중-하:차(途中下車)명-하다자 ①차를 타고 가다가 목적지에 닿기 전에 내림. ②어떤 일을 하다가 끝까지 다 하지 못하고 도중에 그만둠을 비유하여 이르는 말.

도지(賭地)명 ①도조를 내기로 하고 빌려 쓰는 논밭이나 집터. ②도조(賭租)

도:지개명 틈이 나거나 뒤틀린 활을 바로잡는 틀.

도지개(를) 틀다관용 가만히 있지 못하고, 몸을 괜히 비비꼬며 움직이다.

도지기명 한 노는계집과 세 번째 상관하는 일. ☞갱짜

도:지다[1] 자 ①나았거나 나아가던 병이나 상처가 덧나다. ¶등창이 ―. ②가라앉았던 노여움이 다시 나다. ¶내 말대꾸에 그의 화가 도졌다. ③없어졌던 것이 되살아나다. ¶낭비벽이 ―.

도지다[2] 형 ①매우 심하다. ¶도지게 아프다. ②몸이 단단하다. ¶작은 놈이 꽤 ―.

도지-밭(賭地―)명 도조를 내고 빌려 부치는 밭.

도지볼:(dodge ball)명 피구(避球)

도:-지사(道知事)명 한 도의 행정 사무를 총괄하는 지방 장관. 도백(道伯) 준 지사(知事)

도:진(渡津)명 나루

도짓-논(賭地―)명 도조를 내고 빌려 부치는 논.

도짓-돈(賭地―)명 ①한 해에 얼마씩의 변리를 내기로 하고 꾸어 쓰는 돈. ②도조로 내는 돈.

도짓-소(賭地―)명 도조를 내고 빌려 부리는 소.

도차(陶車)명 물레[2]

도차지명 -하다 타 독차지

도:착(到着)명 -하다 자 목적지에 다다름. ¶― 시각/공항에 ―하다. ☞도달(到達). 출발(出發)

도:착(倒錯)명 ①-하다 자 뒤바뀌어 거꾸로 됨. ¶수미(首尾) ― ②본능이나 감정, 덕성의 이상으로 사회 도덕에 어그러진 행동을 나타내는 일. ¶성적(性的) ―

도:착=가격(到着價格)명 상품이 사려는 사람이 있는 곳에 다다를 때까지의 가격. 곧 생산자 가격에 운송비가 포함된 가격.

도:착-순(到着順)명 도착한 차례. ☞선착순(先着順)

도찬(逃竄)명 -하다 자 도닉(逃匿)

도찰(刀擦)명 -하다 타 글이나 그림 등의 잘못된 부분을 칼로 긁어 내어 고침.

도찰(塗擦)명 -하다 타 바르고 문지름. ¶연고를 ―하다.

도찰-제(塗擦劑)[―쩨]명 살갗에 발라 문질러서 스며들게 하는 약. 찰제(擦劑)

도참(圖讖)명 앞으로 일어날 길흉을 예언하는 이치, 또는 그 실현 방법. ¶― 사상

도창(刀槍)명 칼과 창을 아울러 이르는 말.

도채-장이(塗彩―)명 채색을 올리는 일을 직업으로 삼는 사람.

도:처(到處)명 이르는 곳, 또는 온갖 곳. ¶―에 꽃이 만발해 있다./―에 햇과일이다.

도:처낭:패(到處狼狽)성구 ①하는 일마다 잘 되지 않음을 이르는 말. ②가는 곳마다 변을 만남을 이르는 말.

도:처선화당(到處宣化堂)성구 '관찰사 닿는 곳에 선화당'이라는 말을 한문식으로 옮긴 구(句)로, 가는 곳마다 호사하는 복된 처지라는 뜻. [옛날, 관찰사는 어디를 가나 극진한 대접을 받은 데서 이르는 말.]

도척(刀尺)명 ①칼자 ②가위와 자라는 뜻으로, 마름질을 비유하여 이르는 말. ③사람을 평가하여 임면(任免)하는 권력을 비유하여 이르는 말.

도:천(道薦)명 -하다 타 지난날, 감사가 자기 도(道) 안에서 학식이 높은 사람을 임금에게 추천하던 일.

도천수관음가(禱千手觀音歌)명 신라 경덕왕 때, 희명(希明)이 지었다는 십구체(十句體) 향가. 눈먼 아들을 위해 분황사(芬皇寺) 천수관음 앞에서 빌면서 부른 노래라 전함. 도천수대비가

도천수대비가(禱千手大悲歌)명 도천수관음가

도:첩(度牒)명 고려·조선 시대, 나라에서 중에게 내주던 신분 증명서.

도:첩-권:모증(倒睫拳毛症)[―쯩]명 한방에서, 속눈썹이 안쪽을 향해 나서 눈동자를 찌르는 병을 이르는 말.

도청(淘淸)명 -하다 타 흐린 액체를 가라앉혀서 맑고 깨끗하게 만듦.

도청(都請)명 -하다 타 여러 가지를 몰아서 한꺼번에 청구함, 또는 그 청구.

도청(盜聽)명 -하다 타 몰래 엿들음. ¶― 장치

도:청(道廳)명 도(道)의 행정 사무를 맡아보는 관청.

도:청도설(道聽塗說)성구 ①길에서 들은 이야기를 곧 남에게 옮긴다는 뜻으로, 좋은 말을 듣고도 마음에 깊이 새겨 자기 것으로 만들지 않음을 이르는 말. ②길거리의 뜬소문을 이르는 말. ☞유언비어(流言蜚語)

도:체(道體)명 도를 닦는 몸이라는 뜻으로, 편지 등에서 상대편을 높이어 이르는 한문 투의 말.

도체(圖體)명 -하다 타 스스로 관직이 바뀌기를 꾀함.

도:체(導體)명 열이나 전기 따위를 전하는 물체. ☞부도체(不導體). 양도체(良導體)

도-체찰사(都體察使)[―싸]명 ①고려 시대, 나라에 난리나 비상 사태가 일어났을 때 임금의 명령으로 지방의 군무(軍務)를 총괄하던 임시 관직. ②조선 시대, 임금의 명령으로 지방의 군무를 총괄하던 임시 관직.

도총(都總)명 도합(都合)

도-총:관(都摠管)명 조선 시대, 오위 도총부(五衛都摠府)의 으뜸 관직. 오위의 군무(軍務)를 총괄하던 정이품 관직임.

도-총:섭(都摠攝)명 조선 시대, 승병(僧兵)의 우두머리인 동시에 전국의 절과 중들을 총괄 감독하던 중.

도-총:제사(都摠制使)명 고려 말, 군사 통솔 기관인 삼군도총제부(三軍都摠制府)의 으뜸 관직.

도축(屠畜)명 -하다 자 가축을 잡아죽임.

도축-장(屠畜場)명 도살장(屠殺場)

도출(挑出)명 -하다 타 시비나 싸움을 걺.

도:출(導出)명 -하다 타 어떤 판단이나 결론을 이끌어 냄. ¶협상 끝에 합의를 ―하다.

도충(稻蟲)명 벼를 해치는 벌레를 통틀어 이르는 말.

도취(陶醉)명 -하다 자 ①거나하게 술에 취함. ¶―하여 노래를 부르다. ②무엇에 마음을 빼앗겨 열중하거나 기분이 좋아짐. ¶음악에 ―하다./단풍에 물든 산을 ―한 듯 바라보다.

도취(盜取)명 -하다 타 훔쳐 가짐.

도취-경(陶醉境)명 ①술에 취한듯이 기분이 매우 좋은 상태. ②아름다운 것이나 훌륭한 것에 마음이 흠뻑 빠져 황홀한 상태.

도:치(倒置)명 -하다 자타 뒤바꾸거나 뒤바뀜.

도치(陶齒)명 사기로 만든 의치(義齒). 주로 장석(長石) 가루를 개어 본을 떠서 구워 만듦.

도:치-법(倒置法)[―뻡]명 수사법(修辭法)의 한 가지. 말뜻을 강조하거나 어조(語調)를 고르기 위하여 어순(語順)을 일부러 정상적인 차례에서 벗어나게 바꾸어 놓는 방법. '쏘아라, 그 표적을.', '가자, 백두대간으로.'와 같은 표현법임.

도칠-기(陶漆器)명 옻칠을 한 오지그릇.

도침(陶枕)명 ①도기(陶器)로 된 베개. 자침(瓷枕) ②도자기를 구울 때 괴는 물건.

도침(搗砧·擣砧)명 -하다 타 천이나 종이 따위를 다듬잇돌에 다듬어서 윤기가 나고 매끄럽게 하는 짓.

도침(을) 맞다관용 천이나 종이 따위가 다듬이질로 윤기가 나고 매끄럽게 되다.

도-캐명 윷놀이에서, '도'나 '개' 또는 '도'와 '개'를 이르는 말. ☞도컬

도캐-간(―間)명 윷놀이에서, '도나 개 중 어느 하나'의 뜻으로 이르는 말.

도-컬명 윷놀이에서, '도'나 '걸' 또는 '도'와 '걸'을 이르는 말.

도컬-간(―間)명 윷놀이에서, '도나 걸 중 어느 하나'의 뜻으로 이르는 말.

도킹(docking)명 -하다 자 ①인공 위성, 우주선 등이 우주 공간에서 결합하는 일. ②수리할 선박을 독(dock)에 넣는 일.

도탄(塗炭)명 '진흙탕이나 숯불에 빠졌다'는 뜻으로, 고통이 매우 심하거나 비참한 처지를 이르는 말.

도탑다(도탑고·도타워)형ㅂ 정이나 사랑 따위가 따뜻하고 깊다. ¶부부간의 도타운 정. ☞두텁다
도타-이부 도탑게 ☞두터이

한자 **도타울 독**(篤)〔竹部 10획〕¶독실(篤實)/독후(篤厚)
도타울 돈(敦)〔攴部 8획〕¶돈독(敦篤)/돈후(敦厚)

도태(淘汰)명-하다자타 ①곡식이나 광물 등을 물에 일어서 쓸모가 없는 것을 가려냄. ②여럿 가운데에서 필요하지 않거나 알맞지 아니한 것을 줄여서 없앰, 또는 줄어서 없어짐. ¶불량품을 -하다. ③자연 환경이나 조건에 적응하지 못한 생물이 멸종하는 현상. ☞적자 생존(適者生存)

도태-법(淘汰法)[-뻡]명 광산에서, 광립(鑛粒)이나 광사(鑛砂) 등을 물에 담가 비중의 차이를 이용하여 선광(選鑛)하는 방법.

도토(陶土)명 도자기를 만드는 흙. 자토(瓷土). 질흙

도토리명 떡갈나무를 비롯한 갈참나무·물참나무·졸참나무 등 참나뭇과 나무의 열매를 이르는 말. 모양은 동근 모양, 길둥근 모양 등이며 크기도 여러 가지임. 겉에는 단단하고 매끄러운 껍질이 있고 그 속에 한 개의 씨가 들어 있음. 흔히 묵을 만들어 먹음. 곡실(槲實) ☞상수리

도토리=깍정이명 도토리 밑을 싸고 있는 조그만 종지 모양의 받침.

도토리-나무명 '떡갈나무'의 딴이름.

도토리-묵명 묵의 한 가지. 도토리를 맷돌에 갈아서 물에 담가 떫은 맛을 우려 낸 다음, 그 녹말을 풀 쑤듯 끓여 그릇에 담아 식혀 굳힌 묵. 상실유(橡實乳) ☞녹두묵. 메밀묵

도톨-도톨부-하다형 물체의 거죽에 자잘한 것이 돋아 거친 모양을 나타내는 말. ¶여드름이 - 나다. ☞두툴두툴

도톰-하다형여 보기 좋을 정도로 두껍다. ¶도톰한 입술./귓불이 -. ☞도독하다². 두툼하다
도톰-히부 도톰하게 ☞도독이². 두툼히

도통(悼痛)명-하다자타 남의 죽음이나 불행을 애통해 함.

도통(都統)¹명 도합(都合)
부 도무지 ¶무슨 말인지 - 이해할 수 없다. ☞도대체

도통(都統)²명 '도통사(都統使)'의 준말.

도:통(道通)명-하다자 사물의 깊은 이치를 깨달아 훤히 앎. ¶그 분야에 -한 사람.

도:통(道統)명 도학(道學)을 전하는 계통.

도통-사(都統使)명 ①고려 말기, 각 지방의 군대를 통솔하던 무관 관직. 준도통(都統) ②조선 후기, 대궐을 지키는 일을 맡아보던 관아의 장수(將帥).

도투락명 '도투락댕기'의 준말.

도투락-댕기명 지난날, 어린 계집아이가 드리는 댕기를 이르던 말. 자줏빛의 비단을 겹쳐 포개고, 두 끝을 뾰족하게 하여 허리를 접은 곳에 댕기를 달았는데, 그 종댕기를 머리카락에 넣어서 땋았음. 준도투락

도투마리명 베틀로 베를 짤 때에 날실을 감는 틀.
속담 **도투마리 잘라 넉가래 만들기**: 아주 하기 쉬운 일을 비유하여 이르는 말.

도트맵(dot map)명 어느 지역의 인구나 생산물 등을 점의 크기나 빽빽한 정도로써 그 분포를 나타낸 지도.

도틀어부 도파니 ¶떨이를 - 사다.

도:파-관(導波管)명 마이크로파를 전송(傳送)하는, 속이 빈 금속관.

도파니부 있는 대로 모두 몰아서. 도틀어. 통틀어 ¶- 얼마면 사겠습니까?

도판(圖版)명 인쇄물에 실리는 그림.

도편(刀鞭)명 지난날, 무장할 때 갖추던 칼과 채찍.

도편-각(圖偏角)명 독도법에서, 진북(眞北)을 기준으로 하여 도북(圖北)까지 잰 각도.

도-편수(都-)명 집을 지을 때 책임을 지고 일을 맡아서 하는 목수의 우두머리. ☞편수¹

도폐(刀幣)명 중국 고대의 화폐. 칼 모양으로 생겼음.

도포(塗布)명-하다타 약이나 도료 따위를 바르거나 칠함. ¶상처에 연고를 -하다. ☞도말(塗抹)

도:포(道袍)명 지난날, 보통 예복으로 입던 남자의 웃옷. 옷 길이가 길어 거의 발목까지 내려오고 소매가 넓음.
속담 **도포를 입고 논을 갈아도 제멋이다**: 격에 맞지 않고 어색한 일이라도 사람은 저마다 하고 싶은 대로 하는 것이라는 말./**도포 입고 논 썰기**: 격에 맞지 않고 어색함을 이르는 말.

도-포수(都砲手)명 여러 사람이 사냥할 때, 사냥을 지휘하는 포수의 우두머리를 이르는 말.

도포-제(塗布劑)명 ①피부나 점막 따위에 바르는 약. ②나무의 가지나 줄기의 상한 곳에 발라 벌레 따위의 해(害)를 막는 약.

도:포-증(倒飽症)[-쯩]명 한방에서, 먹은 것이 다 소화가 된 뒤에도 배가 부르고 더부룩한 증세를 이르는 말.

도:포-짜리(道袍-)명 지난날, 도포를 입은 사람을 낮잡아 이르던 말.

도:폭-선(導爆線)명 가는 금속관이나 종이·실 따위로 폭약을 감아서 끈처럼 만든 도화선.

도:표(道標)명 이르는 곳이나 방향, 거리 따위를 나타내는 표지. 길표. 노표(路標) ☞이정표(里程標)

도표(圖表)명 사물의 수량이나 계통 등을 선이나 그림 등으로 나타낸 것. ▷圖의 속자는 図

도플러=효:과(Doppler效果)명 음파(音波)의 파장이나 진동수가 파원(波源)이나 관측자의 움직임에 따라서 변화하여 관측되는 현상. 파원이 움직이면 파장이 변화하고, 관측자가 움직이면 진동수가 변화함.

도피(逃避)명-하다자 달아나서 피함. ¶-한 피의자를 검거하다./현실에서 -하려 하다.

도피=문학(逃避文學)명 현실 문제에서 벗어나 향락적·탐미적인 비현실 세계를 다룬 문학.

도피-주의(逃避主義)명 현실 문제를 받아들이지 않고 관념적인 비현실 세계로 도피하려는 태도.

도필(刀筆)명 ①지난날, 중국에서 죽간(竹簡)에 글자를 새기거나 잘못 새긴 글자를 깎아 내는 칼을 이르던 말. ②도필리(刀筆吏)

도필-리(刀筆吏)명 지난날, 아전(衙前)을 낮추어 이르던 말. 죽간에 잘못 새긴 글자를 늘 아전이 고쳤기 때문에 생긴 말임. 도필(刀筆)

도:핑(doping)명 운동 선수가 운동 능력을 높이기 위하여 흥분제나 근육 강화제 따위의 약물을 사용하는 일.

도:핑테스트(doping test)명 약물 검사(藥物檢查)

도하(都下)명 서울 지방, 또는 서울 안.

도:하(渡河)명-하다자 강을 건넘. ☞도강(渡江)

도-하기(都下記)명 지출한 돈의 액수를 한데 몰아 적은 기록.

도-하다(賭-)타여《文》성패를 전제로 하여 무엇을 걸다.

도:학(道學)명 ①도덕에 관한 학문. ②성리학(性理學) ③도교(道教)

도:학=군자(道學君子)명 도학을 닦아 덕이 높은 사람. 도덕 군자(道德君子)

도:학=선생(道學先生)명 도학 이론에는 밝으나 실제 세상 일에는 어둡고 융통성 없는 사람을 놀리어 이르는 말.

도:학-자(道學者)명 도학을 연구하는 사람.

도:학-파(道學派)명 조선 시대, 한학계의 한 갈래. 사장파(詞章派)를 비평하고 도학을 중시한 학파. 조광조(趙光祖)가 그 중심 인물이었음. ☞사장파(詞章派)

도한(盜汗)명 몸이 허약하여 잠자는 동안에 나는 식은땀.

도한(屠漢)명 백장

도:-함수(導函數)[-쑤]명 어떤 함수를 미분하여 낸 함수.

도합(都合)명-하다타 ①모두 합한 것. 모두 합한 셈. 도총(都總). 도통(都統)¹ ¶남녀 -하여 스무 사람. ②〔부사처럼 쓰임〕모두 합하여. ¶- 얼마나 되느냐.

도:항(渡航)명-하다자타 선박이나 항공기 편으로 해외에 감.

도:해(渡海)명-하다자타 바다를 건넘. 도양(渡洋)

도해(圖解)명-하다타 ①그림으로 나타내어 설명함, 또는 그렇게 엮은 책. ¶선박의 구조를 -하다./사람의 몸을 -한 책. ②그림에 붙인 해설.

도:현(倒懸)명-하다자 ①거꾸로 매달림. ②위험이 바싹 가까이 닥침.
도형(徒刑)명 지난날, 오형(五刑)의 하나. 강제 노동을 시키던 형벌로, 복역(服役) 기간은 1~3년까지였는데 그 기간에 따라 다섯 등급이 있었음. ☞유형(流刑)
도형(圖形)명 ①그림의 모양. 그림꼴 ②수학에서, 점·선·면, 또는 그것들이 모여 이루어진 꼴을 이르는 말. 사각형·원·구 따위. ¶평면 –/입체 –
도:호(道號)명 ①불교에 입도(入道)한 뒤의 이름. ②도사(道士)의 호(號).
도호-부(都護府)명 ①고려·조선 시대, 지방 관아의 하나. 목(牧)보다는 작고 군(郡)보다는 큰 지방에 두었음. ②중국 당나라 때, 점령 지역에 설치했던 지방 관아.
도호부-사(都護府使)명 고려·조선 시대, 도호부의 으뜸 관직, 또는 그 관원.
도:혼(倒婚)명-하다자 형제 자매 사이에 동생이 먼저 혼인하는 일, 또는 그 혼인. 역혼(逆婚)
도홍(桃紅)명 '도홍색'의 준말.
도홍-띠(桃紅–)명 조선 시대, 당상관이 겉옷 위에 띠던 도홍색의 술띠.
도홍-색(桃紅色)명 복숭아꽃 같은 연분홍빛. 준도홍
도화(挑禍)명-하다자 재앙이나 화(禍)를 일으킴.
도화(桃花)명 복숭아꽃
도:화(道化)명-하다자 도(道)로써 바른길로 이끎.
도화(圖畫)명 ①도안과 그림을 아울러 이르는 말. ②그림을 그림, 또는 그려 놓은 그림.
도:화(導火)명 ①폭약을 터지게 하는 불. ②사건이 일어나게 되는 원인.
도화-서(圖畫署)명 조선 시대, 그림에 관한 일을 맡아보던 관아.
도:화-선(導火線)명 ①폭약이 터지도록 불을 붙이는 심지. ②어떠한 사건을 일으키는 직접적인 원인. ¶진주만 기습이 태평양 전쟁의 –이 되었다.
도화-수(桃花水)명 복숭아꽃이 필 무렵에 얼음이 녹아 흘러내리는 시냇물이란 뜻으로, 봄철의 시냇물을 이르는 말.
도화-주(桃花酒)명 ①복숭아꽃을 넣어 빚은 술. ②복숭아꽃과 같은 연분홍빛을 띤 술.
도화-지(圖畫紙)명 그림을 그리는 데 쓰는 종이를 통틀어 이르는 말.
도회(都會)[1]명 '도회지(都會地)'의 준말.
속담 **도회 소식을 들으려면 시골로 가거라** : 가까이 있는 것이나 가까이에서 생긴 일을 더 모를 수 있다는 말. [등잔 밑이 어둡다]
도회(都會)[2]명-하다자 계회(契會)·종회(宗會)나 유림(儒林)의 모임 등의 총회를 이르는 말.
도회(韜晦)명-하다자타 ①자기의 속마음이나 재능·지위 등을 감추고 드러내지 않음. ②종적을 감춤.
도회-병(都會病)[–뼝]명 ①도시의 소음이나 대기 오염 등 생활 환경으로 말미암아 대도시에 사는 사람에게 일어나기 쉬운 건강 장애. ②시골에 사는 사람이 도시를 동경하는 경향을 이르는 말.
도회-지(都會地)명 어떤 지방의 정치·경제·문화·교통 등의 중심이 되고 인구 밀도가 높은 지역. 대처(大處). 도시(都市) 준도회(都會)[1]
도흔(刀痕)명 칼날에 베인 흔적.
도흥정명-하다타 물건을 한데 몰아서 사고 파는 일. 도거리로 흥정하는 일. ☞모개로
독명 큰 오지그릇이나 질그릇. 운두가 높고 중배가 부르며 전이 달려 있음.
속담 **독 안에 든 쥐** : 아무리 애써도 벗어나지 못하고 꼼짝할 수 없는 처지를 이르는 말. [푸줏간에 든 소]
독(毒)명 ①건강이나 생명을 해치는 성분. ¶–이 든 생선. ②'해독(害毒)'의 준말. ③'독기(毒氣)'의 준말. ④'독약(毒藥)'의 준말.
독(이) **오르다**관용 ①독살이 치밀다. ②고추 따위가 매운 맛이 들다.
독(을) **올리다**관용 독살이 나게 하다.
독(을) **품다**관용 독한 마음을 가지다.

한자 독 독(毒) [毋部 4획] ¶독균(毒菌)/독기(毒氣)/독물(毒物)/독배(毒杯)/독성(毒性)/독약(毒藥)

독(獨)명 '독일(獨逸)'의 준말.
독(櫝)명 ①'주독(主櫝)'의 준말. ②나무로 짠 궤를 이르는 말.
독(牘)명 조선 초기, 아악(雅樂)에서 쓰던 악기의 한 가지. 길이 1~2m의 굵은 대나무 통으로, 속이 비고 밑은 터져 있으며 통 끝에 구멍이 두 개 나 있음. 두 손으로 쥐고 바닥에 짓찧어 소리를 냄.
독(dock)명 선박을 건조(建造)하거나 수리하기 위하여 조선소나 항만에 시설한 설비. 선거(船渠) ☞건독(乾dock). 습독(濕dock)
독(獨)-《접두사처럼 쓰이어》'단독', '홀로'의 뜻을 나타냄. ¶독무대(獨舞臺)/독사진(獨寫眞)/독살림/독차지/독채
독-가스(毒gas)명 사람이나 동물에게 해를 끼치는 독기가 있는 가스. 주로 군사 목적으로 쓰는 것을 이름.
독가스-탄(毒gas彈)명 독가스를 넣어 만든 포탄이나 폭탄. 준가스탄
독각=대왕(獨脚大王)명 ①귀신의 한 가지. ②아주 말썽 많고 까다로운 사람을 비유하여 이르는 말.
독감(毒感)명 ①아주 독한 감기. ②'유행성 감기'를 달리 이르는 말.
독거(獨居)명-하다자 ①다른 식구가 없이 혼자 삶, 또는 홀로 지냄. 독처(獨處) ②교도소에서, 하나의 감방에 죄수 한 사람이 혼자 지내는 일을 이르는 말. ☞잡거(雜居). 혼거(混居)
독-거미(毒–)명 독을 지닌 거미. 세계에 있는 35만 5천여 종의 거미 중에서 30여 종이 독을 지니고 있다고 함.
독경(讀經)명-하다자 ①불교에서, 경문을 소리 내어 읽는 일. 독송(讀誦) ☞간경(看經) ②판수 등이 신을 내리게 하려고 징을 치면서 경문을 외는 일.
독경(篤敬)어기 '독경(篤敬)하다'의 어기(語基).
독경-대(讀經臺)명 경전(經典)을 올려 놓고 읽을 수 있게 만든 받침대. 성경대(聖經臺)
독경-하다(篤敬–)형여 언행이 독실하고 공손하다.
독공(篤工)명-하다자타 부지런히 공부함. 학업에 힘씀.
독공(獨功)명 판소리하는 사람이 득음(得音)을 위하여 토굴 속이나 폭포 앞에서 하는 발성 연습.
독과(督過)명-하다타 잘못을 꾸짖음.
독-과점(獨寡占)명-하다자타 독점(獨占)과 과점(寡占)을 아울러 이르는 말. ¶– 사업/– 상품
독교(獨轎)명 ①말 한 마리가 끄는 가마. ②지난날, 가마를 소의 등에 싣고, 소를 모는 사람이 뒤채를 잡고 다루어서 가던 가마. 가마를 멜 사람이 없을 때 하였음.
독균(毒菌)명 독이 있는 균류(菌類).
독-그릇명 '도깨그릇'의 준말.
독-극물(毒劇物)명 독물(毒物)과 극물(劇物)을 아울러 이르는 말. 법률에 따라 지정되고 제조·관리에 통제를 받는 비의약품(非醫藥品)임.
독기(毒氣)명 ①독의 성분이나 기운. ②사납고 모진 기운이나 기색. ¶–를 품은 말투. 준독(毒)
독-나방(毒–)명 독나방과의 나방. 몸빛은 황색이며 앞날개에 넓은 갈색의 띠가 있음. 날개의 가루가 사람의 살갗에 묻으면 염증이 생겨 몹시 가려움. 독아(毒蛾)
독납(督納)명-하다타 세금을 내도록 독촉함.
독녀(獨女)명 외딸 ☞독자(獨子)
독농(篤農)명 근농(勤農)
독농-가(篤農家)명 근농가(勤農家)
독-니(毒–)명 독사(毒蛇)의 이처럼 독액(毒液)을 내는 이. 독아(毒牙)
독단(獨斷)명 ①자기 혼자의 생각으로 결정하는 일, 또는 그 결정. ¶회장 –으로 처리하다. ②다른 사람과 의논함이 없이 혼자만의 생각으로 그릇되게 판단하는 일, 또

는 그런 판단. ¶모름지기 -과 편견을 버려야 한다.
독단-적(獨斷的)명 독단으로 하는 경향이 있는 것. ¶-으로 회사를 운영하다. ▷獨의 속자는 独
독담(獨擔)명 '독담당(獨擔當)'의 준말.
독-담당(獨擔當)명-하다타 어떤 일을 혼자서 담당함. 준 독담(獨擔). 독당(獨當)
독당(獨當)명 '독담당(獨擔當)'의 준말.
×독대명 →반두
독대(獨對)명-하다자 ①단둘이 만남. ¶업무 보고를 위해 사장과 -하다. ②지난날, 신하가 혼자 임금 앞에서 정치에 관한 의견을 말하던 일.
독도-법(讀圖法)[-뻡]명 지도에 표시된 내용을 해독하는 방법. ▷讀의 속자는 読
독-동이명 독같이 생긴 동이.
독두(禿頭)명 대머리
독두-병(禿頭病)[-뼝]명 머리털이 차차 빠져서 대머리가 되는 병. ☞탈모증(脫毛症)
독락(獨樂)명-하다자타 홀로 즐김.
독락당(獨樂堂)명 조선 선조 때, 박인로(朴仁老)가 지은 가사. 이언적(李彦迪)이 거처하던 독락당을 찾아가 선생을 추모하고 그 주변 경치를 읊은 내용임.
독락팔곡(獨樂八曲)명 조선 중기, 송암(松巖) 권호문(權好文)이 지은 경기체가. 자연 속에 사는 멋을 읊은 내용으로 전 8연(聯)임. '송암집(松巖集)'에 실려 전함.
독란(瀆亂)명-하다타 정치나 인륜을 더럽히고 어지럽게 함.
독려(督勵)명-하다타 하는 일이 잘 되어 가도록 감독하며 격려함. ¶부하 직원들을 -하다.
독력(獨力)명 혼자의 힘. ¶-으로 살아가다.
독로:시:하(篤老侍下)성구 일흔 살이 넘은 부모를 모시고 있는 처지를 이르는 말.
독립(獨立)명-하다자 ①다른 것과 떨어져 따로 되어 있는 것. ②남의 도움이나 간섭을 받지 않고 스스로 일을 해 나감. ¶-하여 사업을 경영하다./사법부의 -. ③한 나라가 완전한 주권을 행사할 수 있는 상태가 됨. ¶-을 선언하다. ④개인이 한 집안을 이루고 완전히 사권(私權)을 행사하는 능력을 가짐. ¶분가하여 -하다.
독립=가옥(獨立家屋)명 ①외따로 떨어져 있는 집. 외딴집 ②한 채씩 따로따로 지은 집.
독립-구(獨立句)명〈어〉문장에서 독립어의 구실을 하는 구. '자유와 평화, 인류가 바라는 것은 바로 이것이다.'에서 '자유와 평화'와 같은 구성의 말.
독립-국(獨立國)명 독립권을 가진 나라.
독립-군(獨立軍)명 나라의 독립을 위하여 조직된 군대.
독립-권(獨立權)명 국제법에서 이르는 국가 기본권의 하나. 한 나라가 다른 나라의 간섭을 받지 않고, 국내 정치나 외교(外交)를 자유롭게 할 수 있는 권리.
독립=기관(獨立機關)명 헌법에 따라, 다른 기관의 지휘나 감독을 받음이 없이 독립적으로 직무를 수행하는 기관. 국회·법원·감사원 따위.
독립-독행(獨立獨行)명 남에게 의지하지 아니하고 독자적으로 행동함.
독립-문(獨立門)명 서울 서대문구 현저동에 있는 석조문. 독립협회가 영은문(迎恩門)을 헐고 그 자리에 자주독립의 결의를 다지기 위하여 1896년에 발의, 1897년 11월 20일에 완공함. 사적 제32호.
독립=변:수(獨立變數)명 함수 관계에서, 다른 수의 변화와 관계없이 독립적으로 변하는 수. ☞종속 변수
독립=사:건(獨立事件)[-껀]명 수학에서, 한 사건이 일어날 확률이 다른 사건이 일어날 확률에 아무런 영향을 주지 아니할 때, 이 두 사건을 이르는 말. ☞종속 사건
독립=사:상(獨立事象)명 '독립 사건'의 구용어.
독립=선언(獨立宣言)명 한 국가가 독립한다는 뜻을 나라 안팎에 널리 알리는 일, 또는 그 선언.
독립=선언문(獨立宣言文)명 독립 선언서
독립=선언서(獨立宣言書)명 ①한 나라의 독립을 나라 안팎에 널리 알리는 글. ②1919년 삼일 운동 때 민족 대표 33인이 우리 나라의 독립을 선언한 글. 독립 선언문
독립-성(獨立性)명 남에게 의존하지 아니하는 성질.
독립=성분(獨立成分)명〈어〉문장 성분의 하나. 다른 성분과 관계를 맺지 않는 데서 붙인 이름으로 감탄사나 부름, 대답 등이 이에 딸림. ☞독립어(獨立語). 주성분(主成分). 부속 성분(附屬成分)
독립=신문(獨立新聞)명 1896년(건양 1), 서재필(徐載弼)이 창간한, 우리 나라 최초의 국문판 민영 신문.
독립-심(獨立心)명 남에게 의지하지 않고 혼자의 힘으로 해 나가려는 마음. ¶어린이에게 -을 길러 주다.
독립-어(獨立語)명〈어〉문장 성분의 하나. 문장에서 주성분(主成分)이나 부속 성분(附屬成分)과 관계를 맺지 않는 외딴 성분. '어머나, 저런 일이.', '아, 높기도 하구나.', '덕수야, 빨리 해.', '보라, 저 넓디넓은 초원을.', '어서! 서둘러.'에서 '어머나', '아', '덕수야', '보라', '어서' 따위.
독립-언(獨立言)명〈어〉단어를 문법상의 기능에 따라 분류한 말의 하나. 문장에서 외딴 존재라는 뜻으로 붙인 이름으로, 감탄사를 본 바탕으로 하여 부름이나 대답 등이 이에 해당함. '아, 봄이로구나.'에서 '아' 따위. ☞관계언(關係言). 독립 성분(獨立成分)
독립=영양(獨立營養)명 생체가 살아가는 데 필요한 모든 유기물을 이산화탄소나 물과 같은 무기물에서 합성할 수 있는 영양 형식.
독립=운:동(獨立運動)명 나라의 독립을 이룩하기 위하여 벌이는 투쟁.
독립-인(獨立人)명 법에서, 제 힘으로 생계를 세우고 사권(私權)을 행사할 수 있는 사람을 이르는 말.
독립=자존(獨立自存)명 남에게 기대지 않고 독립하여 스스로의 힘으로 살아가는 일.
독립=자존(獨立自尊)명 남에게 매이거나 기대지 아니하고 스스로 자기의 인격과 품위를 지키는 일.
독립-적(獨立的)명 남에게 기대거나 매이지 아니하고 제 힘으로 해 나가는 것. ¶-인 생활.
독립=채:산제(獨立採算制)명 동일한 기업이나 조직의 한 부문이 다른 부문과 독립하여 수지(收支) 조절을 꾀하는 경영 방법.
독립=협회(獨立協會)명 1896년 7월부터 1898년 12월에 걸쳐 민족주의, 민주주의, 근대화 운동을 전개한 우리 나라 최초의 근대적인 사회 정치 단체.
독말-풀(毒-)명 가짓과의 한해살이풀. 줄기 높이는 1~2m이고 자줏빛이며, 7~9월에 나팔 모양의 연한 자줏빛 꽃이 핌. 잎은 달걀꼴이고 가장자리에 고르지 않은 톱니가 있음. 열매의 겉은 가시 같은 돌기가 많음. 열대 아메리카 원산으로, 우리 나라 각처의 들·길가·밭에서 자람. 씨와 잎은 한방에서 진통제 등으로 쓰임.
독맥(督脈)명 한방에서 이르는 기경 팔맥의 하나. 꼬리뼈 끝에서 시작하여 척추를 따라 올라가서 목덜미를 거쳐 정수리를 넘어 윗잇몸에 이르는 경락임. ☞임맥(任脈)
독-메(獨-)명 외따로 떨어져 있는 작은 산. 독산(獨山)
독목(禿木)명 잎이 다 떨어진 나무.
독목-교(獨木橋)명 외나무다리
독목-주(獨木舟)명 통나무를 파서 만든 배. 마상이
독-무대(獨舞臺)명 ①어떤 일이나 분야에서 유난히 뛰어나서, 겨룰 사람이 없을 만큼 독차지로 활약하는 판. ¶팔씨름이라면 그의 -지. ②자기 마음대로 행동하는 판. 독장(獨場). 독판
독문(獨文)명 ①독일어로 적은 글. ②'독문학'의 준말.
독-문학(獨文學)명 독일의 문학, 또는 그것을 연구하는 학문. 준 독문
독-물명 빛깔이 진한 감색(紺色).
독물(毒物)명 ①독성이 있는 물질, 또는 그런 약. ②악독한 사람을 비유하여 이르는 말.
독물-학(毒物學)명 독물의 작용 및 중독의 예방·치료 방법을 연구하는 학문.
독-미나리(毒-)명 미나릿과의 여러해살이풀. 습지에 자라는데 줄기 높이는 1m 안팎. 잎은 깃꼴이며 어긋맞게 남. 땅속줄기는 굵고 마디가 있으며 마디 사이는 비어 있

음. 6~8월에 하얀 꽃이 복산형(複繖形) 꽃차례로 핌. 독성이 강한 풀임.
독박(督迫)명-하다타 심하게 독촉함.
독방(獨房)명 ①혼자서 쓰는 방. 독실(獨室) ②교도소나 구치소에서, 수용자를 한 사람만 가두어 두는 감방.
독방-제(獨房制)명 한 사람의 죄수를 한 방에 가두는 제도. ☞잡거제(雜居制)
독배(毒杯)명 독약이 든 잔.
독백(獨白)명-하다자타 ①연극에서, 배우가 마음속의 생각을 관객에게 전달하려고 상대자 없이 혼자서 말하는 일, 또는 그 대사(臺詞). 모놀로그(monologue) ②홀로 중얼거리는 일, 또는 그 말. ☞혼잣말. 대화(對話)
독-버섯(毒-)명 독이 있는 버섯. 독이(梋)
독-벌(毒-)명 독을 가진 벌. 독봉(毒蜂)
독-벌레(毒-)명 독을 가진 벌레. 독충(毒蟲)
독법(讀法)명 글을 읽는 법.
독별-나다(獨別-)형 혼자만 특별하게 두드러지다. ¶독별나게 목소리가 크다.
독보(獨步)명-하다자 ①홀로 걸음. ②남이 따를 수 없게 앞서감. ¶-의 경지.
독-보(櫝-)명 주독(主櫝)을 덮는 보. 신주보
독보-적(獨步的)명 어떤 분야에서 남이 따를 수 없을 만큼 홀로 뛰어난 것. ¶심장 이식 기술에서 -인 존재.
독본(讀本)명 어떤 분야에 대해서 이해하기 쉽게 쓴 입문서(入門書). ¶영어 회화 -/글짓기 -
독봉(毒蜂)명 독벌
독봉(督捧)명-하다타 지난날, 세금 등을 독촉하던 일.
독부(毒婦)명 몹시 악독한 계집.
독부(獨夫)명 ①인심을 잃어서 남의 도움을 받지 못하게 된 남자. ②홀아비
독불장군(獨不將軍)성구 혼자서는 장군이 될 수 없다는 뜻으로, 스스로 잘난체 하며 뽐내다가 남에게서 따돌림을 받는 사람을 이르는 말.
독사(毒死)명-하다자 독약으로 말미암아 죽음.
독사(毒砂)명 '황비철광(黃砒鐵鑛)'을 달리 이르는 말.
독사(毒蛇)명 독선(毒腺)과 독아(毒牙)를 가지고 있는 뱀을 통틀어 이르는 말.
독사(讀史)명-하다자 역사책을 읽음.
독-사진(獨寫眞)명 한 사람만 찍은 사진.
독산(禿山)명 나무가 없이 맨바닥이 드러난 산. 민둥산
독산(獨山)명 ①한 집안에서만 대대로 산소를 쓰는 산. ②외따로 떨어져 있는 작은 산. 독메
독살(毒殺)명-하다타 독물(毒物)을 먹이거나 독약을 써서 죽임. 독해(毒害)
독살(毒煞)명 모질고 사나운 기운.
독살(을) 부리다관용 모질고 악한 성질로 남을 못되게 방해하다.
독살(을) 피우다관용 독살을 부리다.
독-살림(獨-)명-하다자 ①부모나 다른 사람에게 기대지 아니하고 혼자서 따로 사는 살림. ②본사(本寺)의 지원 없이 독립적으로 꾸려 가는 작은 절의 살림살이.
독살-스럽다(毒煞-)(-스럽고·-스러워)형ㅂ 보기에 모질고 사나운 기운이 있다. ¶독살스러운 표정.
독살-스레부 독살스럽게 ¶- 쏘아보다.
독살-풀이(毒煞-)명-하다자 마음에 품고 있던 독살을 대상에게 행동으로 나타내는 일. 준독풀이
독삼-탕(獨蔘湯)명 한방에서, 맹물에 인삼(人蔘) 한 가지만을 넣어 달인 탕약을 이르는 말.
독상(獨床)명 혼자 먹게 차린 음식상. 외상 ☞각상(各床). 겸상(兼床)
독상(獨相)명 조선 시대, 영의정(領議政)·좌의정(左議政)·우의정(右議政)의 세 자리 중 두 자리는 비어 있고 한 사람만 있는 경우를 이르던 말.
독-샘(毒-)명 독선(毒腺)
독생-자(獨生子)명 크리스트교에서, 하느님의 외아들인 예수를 이르는 말.
독서(讀書)명-하다자 책을 읽음. ¶-의 계절.

> ▶ 독서 방법의 여러 가지
> 난독(亂讀) / 남독(濫讀) / 낭독(朗讀) / 목독(目讀) / 묵독(默讀) / 미독(味讀) / 세독(細讀) / 속독(速讀) / 숙독(熟讀) / 완독(玩讀) / 음독(音讀) / 적독(摘讀) / 정독(精讀) / 통독(通讀)

독-서당(獨書堂)명 지난날, 집안의 사람들만을 가르치려고 마련하였던 서당.
독서-당(讀書堂)명 조선 시대, 국가의 인재를 기르기 위하여 덕(德)과 재주가 있는 젊은 문신(文臣)에게 휴가를 주어 오로지 학업에만 전념하게 하던 곳. 호당(湖堂)
속담 **독서당 개가 맹자 왈 한다**: 어리석은 사람도 늘 보고 들은 일은 능히 할 수 있다는 말.
독서삼도(讀書三到) 성구 중국 송나라 때, 주희(朱熹)가 글을 숙독(熟讀)하는 법으로 말한 안도(眼到)·구도(口到)·심도(心到)의 세 가지를 이르는 말. 글을 읽을 때는 눈과 입과 마음을 오로지 글 읽기에만 집중해야 그 참뜻을 이해할 수 있다는 뜻임.
독서삼매(讀書三昧)성구 오직 책 읽기에만 골몰한 경지를 이르는 말. ¶-에 빠지다.
독서삼여(讀書三餘)성구 책 읽기에 좋은 세 여가로, 겨울과 밤, 비가 내릴 때를 이르는 말. ☞삼여(三餘)
독서=삼품과(讀書三品科)명 신라 시대의 관리 등용 시험 제도. 국학(國學)의 졸업생들에게 독서한 과목을 시험 보이고 세 등급으로 나누어 인재를 등용했음. 독서 출신과(讀書出身科)
독서상우(讀書尙友)성구 책을 읽음으로써, 옛 현인(賢人)과 벗이 될 수 있다는 말.
독서-실(讀書室)명 글을 읽거나 공부를 하기 위하여 따로 차려 놓은 방.
독서=출신과(讀書出身科)명 독서 삼품과(讀書三品科)
독서-회(讀書會)명 책을 서로 돌려보며, 읽은 감상과 의견을 말하는 모임.
독선(毒腺)명 독사 따위가 독을 분비하는 선(腺). 독샘
독선(獨船)명 혼자서 타려고 빌린 배.
독선(을) 잡다관용 배를 혼자서 타려고 빌리다.
독선(獨善)명 자기만이 옳다고 생각하고 행동함. ¶-에 빠지다./-으로 치우치다.
독선기신(獨善其身)성구 남에게 끼치게 되는 영향은 생각지 아니하고 자기 한 몸의 처신만을 온전히 하는 일을 이르는 말.
독-선생(獨先生)명 한 집의 아이만을 맡아 가르치는 선생. ¶-을 두다./-을 앉히다.
독선-적(獨善的)명 자기 혼자만이 옳다고 믿고 행동하는 것. ¶-인 행동.
독선-주의(獨善主義)명 남의 이해(利害)나 처지는 상관하지 않고, 혼자만이 옳다고 치는 사고 방식.
독설(毒舌)명 ['독을 가진 혀'라는 뜻으로] 남을 지나치게 헐뜯거나 잘못되기를 바라는 몹쓸 말. ¶-을 퍼붓다.
독성(毒性)명 독이 있는 성분. ¶-이 강하다.
독성(篤性)명 인정이 두터운 성향.
독성(瀆聖)명-하다자 '신성 모독(神聖冒瀆)'의 구용어.
독소(毒素)명 ①강한 독성의 물질. 생물체가 만들어 내거나 썩어서 생김. 뱀독·전갈독·복어독·리신·디프테리아균 따위가 있음. ②매우 해롭거나 나쁜 요소. ¶사회의 -./- 조항(條項)
독송(讀誦)명-하다타 ①글 따위를 소리를 내어 읽거나 외움. 송독(誦讀) ②독경(讀經) ¶불경을 -하다.
독수(毒水)명 독이 들어 있는 물.
독수(毒手)명 남을 해치려는 악독한 수단. 독아(毒牙)
독수(獨修)명-하다타 독습(獨習)
독수공방(獨守空房)성구 여자가 남편 없이 혼자서 밤을 지내는 일을 이르는 말. 독숙공방(獨宿空房)
독-수리(禿-)명 수릿과의 겨울 철새. 몸빛은 검은빛이 도는 짙은 갈색이고, 머리와 윗목이 벗어져 드러나 있음. 몸길이는 1m가 넘으며, 죽은 동물이나 새, 물고기

따위를 잡아먹음. 암벽이나 큰 나무 위에 둥지를 틂. 지중해 서부에서 아시아 동부에 걸쳐 분포함. 천연 기념물 제243호임. 독취(禿鷲)

독수리-자리(禿－)명 여름철에 남쪽 하늘의 은하수 가운데에 있는 별자리. 으뜸별은 견우성(牽牛星)이고, 밝은 별이 많아 잘 보임.

독숙공방(獨宿空房)성구 독수공방(獨守空房)

독순-법(讀脣法)[－뻡]명 독순술(讀脣術)

독순-술(讀脣術)명 청각 장애자 등이 말하는 사람의 입술이 움직이는 모양만을 보고 그 말을 이해하는 기술. 독순법 ☞구화법(口話法)

독습(獨習)명-하다타 혼자 배워서 익힘. 독수(獨修)

독습(讀習)명-하다타 글을 읽으며 스스로 익힘.

독시(毒矢)명 독약을 묻힌 화살. 독화살. 독전(毒箭)

독시(毒弑)명-하다타 독약으로 윗사람을 죽임.

독식(獨食)명-하다타 ①혼자서 먹음. ②이익을 혼자 차지함.

독신(獨身)명 ①가족이 없이 혼자인 사람. ¶전란 후 －으로 지냈다. ②배우자가 없이 혼자인 사람. 독신자(獨身者) ¶결혼하지 않고 －으로 지낸다. 홀몸 ☞단신(單身)

독신(篤信)명-하다타 종교를 열성적이고 진실하게 믿는 일, 또는 그러한 믿음.

독신(獨愼)명 ①혼자서 스스로 말과 행동을 삼감. ②교도소에서, 규율을 어긴 재소자(在所者)를 독방에 가두어 근신(謹愼)하게 하는 일.

독신(瀆神)명-하다자 신을 모독함.

독신-자(獨身者)명 배우자가 없이 혼자인 사람. 독신

독신-자(篤信者)명 어떠한 종교나 주의를 열성스럽고 착실하게 믿는 사람.

독신-주의(獨身主義)명 결혼하지 않고 평생 혼자서 지내려는 주의.

독실(獨室)명 혼자서 쓰는 방. 독방(獨房)

독실(篤實)어기 '독실(篤實)하다'의 어기(語基).

독실-하다(篤實－)형여 열성스럽고 착실하다. ¶독실한 신앙./독실한 신자.

독실-히부 독실하게

독심(毒心)명 남을 해치려고 하는 모진 마음.

독심(篤心)명 열성스럽고 착실한 마음.

독심-술(讀心術)명 표정이나 근육의 미세한 변화를 보고 남의 생각을 알아내는 기술.

독아(毒牙)명 ①독액을 내는 이. 독니 ②독수(毒手)

독아(毒蛾)명 독나방

독액(毒液)명 독기가 들어 있는 액체.

독야청청(獨也靑靑)성구 홀로 푸르다는 뜻으로, 홀로 절개를 지켜 늘 변함이 없음을 이르는 말.

독약(毒藥)명 독성(毒性)이 강한 의약품. 극약(劇藥)보다 작용이 강함. 준독(毒)

독어(獨語)[1]명-하다자 혼잣말. 독언(獨言)

독어(獨語)[2]명 도이칠란트어의 한자어.

독언(獨言)명 독어(獨語)[1]

독염(毒焰)명 ①독기를 내뿜는 불꽃. ②독살을 피우는 기세를 비유하여 이르는 말.

독와(獨臥)명-하다자 홀로 잠. 독침(獨寢)

독왕(獨往)명-하다자 스스로의 힘과 생각으로 떳떳이 행동함.

독우(篤友)명 ①매우 도타운 우애(友愛). ②정이 두텁고 성실한 벗.

독우(犢牛)명 송아지

독-우물명 밑바닥이 없는 독을 묻어서 만든 우물. 옹정

독음(讀音)명 ①글을 읽는 소리. ②한자의 음(音).

독이(毒栮)명 독버섯

독-이(獨－)부 혼자서. 단독으로 ¶－ 너만 반대하는 이유가 뭐냐. ☞유독(唯獨)

독인(毒刃)명 독을 바른 칼날이라는 뜻으로, 사람을 해치려는 악인의 칼을 이르는 말.

독임(獨任)명 ①혼자서 맡은 임무. ②-하다타 한 사람에게 모든 것을 맡김.

독자(獨子)명 외아들 ☞독녀(獨女)

독자(獨自)명 ①자기 혼자. ¶－로 개발한 상품. ②다른 것과는 달리 그것만이 가진 것. ¶－의 화풍.

독자(讀者)명 책·신문·잡지 따위의 출판물을 읽는 사람.

독자-란(讀者欄)명 신문이나 잡지 따위에서, 독자가 투고한 글을 모아 싣는 지면.

독자-성(獨自性)[－썽]명 독자적인 성질. ¶－을 잃다.

독자-적(獨自的)명 ①남에게 의지하지 않고 혼자의 힘으로 하는 것. ¶－으로 개발하다./－인 행동. ②다른 것과 같지 않고 독특한 것. ¶－인 작품./－인 연구.

독작(獨酌)명-하다타 혼자 술을 따라 마심. ☞대작(對酌)

독장(獨場)명 독무대

독장난명(獨掌難鳴)성구 고장난명(孤掌難鳴)

독-장수명 독을 파는 장수.

독장수-구구(－九九)명 독장수셈

독장수-셈명 실현성이 없는 허황한 셈이나 헛수고를 비유하여 이르는 말. 독장수구구. 옹산(甕算)

독장-치다(獨場－)자 어떤 판을 혼자서 휩쓸다. 독판치다 준장치다

독재(獨裁)명 ①특정한 개인·단체·당파·계급 등이 모든 권력을 쥐고 사물을 단독으로 지배하거나 처리하는 일. ¶일당(一黨) － ②'독재 정치'의 준말.

독재-자(獨裁者)명 ①일을 독단(獨斷)으로 처리하는 사람. ②독재 정치를 하는 사람.

독재=정치(獨裁政治)명 특정한 개인·정당(政黨)·계급 등이 한 국가의 권력을 마음대로 행사하는 정치. 준독재

독전(毒箭)명 독화살. 독시(毒矢)

독전(督戰)명-하다자 전투를 감독하고 격려함.

독전-대(督戰隊)명 지난날, 전투를 할 때 자기 쪽의 군사를 감시·감독·격려하던 군대.

독-점(－店)명 도깨그릇을 구워 만드는 곳.

독점(獨占)명-하다타 ①혼자서 모두 차지함. 도차지. 독차지. ②특정 자본이 생산과 시장을 지배하고 이익을 독차지하는 일. ☞과점(寡占). 복점(複占)

독점=가격(獨占價格)[－까－]명 시장에서, 사는 쪽이나 파는 쪽이 시장을 독점하는 결과로 이루어지는 가격. ☞경쟁 가격(競爭價格)

독점=관세(獨占關稅)명 특정 국산품이 국내 시장을 독점 지배할 수 있도록 하는 보호 관세.

독점=기업(獨占企業)명 시장의 독점, 유통의 조절, 금융의 연계, 또는 경영의 합리화 등을 이루기 위하여 서로 결합하거나 연합한 기업을 이르는 말.

독점=사:업(獨占事業)명 ①경쟁 대상이 없는 사업. 우편·철도·전기·상수도 따위. ②생산과 판매를 한 회사가 독점하는 사업.

독점=자:본(獨占資本)명 거대 금융 기관과 결합하여 해당 산업 분야의 경제계 전체를 지배하는 거대 기업 자본을 통틀어 이르는 말. ☞금융 자본

독점=자:본주의(獨占資本主義)명 소수의 거대 기업이 생산·자본·시장은 물론 경제계 전체에 지배적인 힘을 가지게 되는 경향, 또는 그러한 자본주의의 체제.

독점-적(獨占的)명 혼자서 차지하는 것, 또는 그러한 경향이 있는 것. ¶－인 위치.

독점적=경:쟁(獨占的競爭)명 같은 시장에 있는 여러 상품 중에서, 품질·가격·디자인 등이 우수한 상품이 어느 정도 독점적 지위를 차지하게 되는 상태의 경쟁.

독정(禿頂)명 대머리

독정(獨政)명-하다자 조선 시대, 이조 판서에게 사고가 있을 때, 참판(參判) 또는 참의(參議) 가운데서 한 사람이 대신 인사(人事)에 관한 사무를 맡아보던 일.

독제(毒劑)명 한방에서, 독성이 있는 약제를 이르는 말.

독존(獨存)명-하다자 홀로 존재함.

독종(毒腫)명 여간한 치료로는 다스리기 어려운 부스럼.

독종(毒種)명 ①성격이 매우 모질고 독한 사람. ②성질이 매우 독한 짐승의 종자.

독좌(獨坐)명-하다자 혼자 앉아 있음.

독좌-상(獨坐床)명 재래식 혼례에서, 혼인날 신랑과 신

부가 맞절을 할 때에 차려 놓는 음식상, 또는 그 음식을 차리는 데 쓰는 붉은 빛깔의 상.

독주(毒酒)명 ①알코올 도수가 매우 높은 술. 매우 독한 술. ②독약을 탄 술.

독주(獨走)명-하다자 ①혼자 달림. ②달리기 경기에서, 경주 상대를 앞질러 혼자 달림. ③남을 아랑곳하지 않고 독자적으로 행동함.

독주(獨奏)명-하다타 악기를 혼자서 연주함, 또는 그 연주. ☞합주(合奏). 중주(重奏)

독지(篤志)명 인정이 많고 친절한 마음.

독지-가(篤志家)명 ①마음이 돈독한 사람. ②비영리 사업이나 뜻 깊은 일 등에 특별히 마음을 써서 돕는 사람.

독직(瀆職)명-하다자 직책을 더럽히는 일. 특히, 공무원이 지위나 직권을 남용하여 부정한 행위를 저지르는 일을 이름. ¶ - 행위 유오직(汚職)

독직-죄(瀆職罪)명 공무원이 지위나 직권을 남용하여 부정한 행위를 저지른 죄.

독진(獨鎭)명 조선 시대, 변방이나 군사 요지에 독립하여 있던 진영(鎭營).

독질(毒疾)명 잘 낫지 않는 고약한 병.

독질(篤疾)명 매우 위독한 병.

독-차지(獨-)명-하다타 혼자 모두 차지함. 독점(獨占). 도차지 ¶귀여움을 -하다./유산을 -하다.

독창(禿瘡)명 머리에 생기는 피부병의 한 가지. 군데군데 붉은 반점(斑點)이 생겨 그 자리의 머리털이 빠짐.

독창(毒瘡)명 잘 낫지 않는 고약한 부스럼.

독창(獨唱)명-하다자타 혼자서 노래를 부름, 또는 그러한 노래. ☞제창(齊唱). 중창(重唱). 합창(合唱)

독창(獨窓)명 문짝이 하나로만 된 창.

독창(獨創)명-하다타 자기 혼자의 힘으로 독특하고 새로운 것을 만들거나 고안해 냄.

독창-성(獨創性)[-썽]명 혼자의 힘으로 독특하게 만들거나 고안해 내는 성질. ¶-을 살리다.

독창-적(獨創的)명 혼자의 힘으로 독특하게 만들거나 고안해 낸 것. ¶-인 작품.

독-채(獨-)명 독립적으로 따로 되어 있는 집채. ¶-에서 살다./-를 쓰다.

독책(督責)명-하다타 ①몹시 재촉함. ☞독촉 ②몹시 꾸짖음. ☞가책(苛責)

독처(獨處)명-하다자 다른 식구 없이 홀로 지냄. 독거(獨居) ☞혼거(混居)

독천(獨擅)명-하다자 혼자서 자기 마음대로 함.

독초(毒草)명 ①독이 있는 풀. 독풀 ②독한 담배.

독촉(督促)명-하다타 빨리 하도록 재촉함. ¶원고를 -하다./성화같이 -하다. ☞독책(督責)

독촉-장(督促狀)명 의무나 약속 등을 빨리 이행하도록 독촉하는 문서.

독축(讀祝)명-하다자 제례에서, 주인이 축문을 읽는 절차. 주인과 참사(參祀)한 사람이 모두 꿇어앉고 주인이 축문을 읽음. ☞아헌(亞獻). 초헌(初獻)

독충(毒蟲)명 독벌레

독충(篤忠)명 도타운 충성.

독취(禿鷲)명 '독수리'의 딴이름.

독칙(督飭)명-하다타 감독하고 타이름.

독침(毒針)명 ①벌이나 전갈 따위의 일부 곤충의 복부 끝에 있는, 독을 내쏘는 바늘 같은 기관. ②독약을 바른 바늘이나 침.

독침(獨寢)명-하다자 홀로 잠. 독와(獨臥)

독탕(獨湯)명 혼자 쓰도록 만든 목욕탕. ☞공동탕

독트린(doctrine)명 정책상의 원칙 따위를 나타낸 교서.

독특(獨特)어기 '독특(獨特)하다'의 어기(語基).

독특-하다(獨特-)형여 특별히 다르다. ¶독특한 경영 방침./음식 맛이 -./독특한 성격.

독특-히부 독특하게

독파(讀破)명-하다타 책 따위를 끝까지 다 읽어 냄.

독-판(獨-)명 독무대(獨舞臺)

독판-치다(獨-)자 어떤 판을 혼자서 휩쓸다. 독장치다

독표(獨豹)명 '느시'의 딴이름.

독-풀(毒-)명 독이 있는 풀. 독초(毒草)

독-풀이(毒-)명 '독살풀이'의 준말.

독필(禿筆)명 몽당붓 ☞모지랑붓

독필(毒筆)명 남을 비방하거나 해치려는 뜻으로 놀리는 붓끝, 또는 그러한 내용의 글.

독-하다(毒-)형여 ①독기가 있다. ¶독한 풀. ②마음이 몹시 모질다. ¶독한 사람. ③의지나 마음이 굳세다. ¶마음을 독하게 먹다. ④맛이나 냄새 따위가 지나치게 심하다. ¶독한 양주. ☞순하다

독학(督學)명-하다자 학교의 행정이나 학업을 감독함.

독학(篤學)명-하다자 열심히 성실하게 배움.

독학(獨學)명-하다자타 스승이 없이 혼자 힘으로 배움. ¶-으로 대학에 들어가다. ☞자수(自修)

독항-선(獨航船)명 원양 어업에서, 물고기를 잡아 모선(母船)에 넘기는 소형 어선. ☞공모선(工母船)

독해(毒害)명-하다타 ①독으로 말미암은 해. ¶-를 입다. ②독물(毒物)이나 독약을 써서 죽임. 독살(毒殺)

독해(獨害)명 혼자서만 입는 해.

독해(讀解)명-하다타 글을 읽고 뜻을 이해함.

독해-력(讀解力)명 글을 읽고 뜻을 이해할 수 있는 능력. ¶영문(英文) -/-이 뛰어나다.

독행(篤行)명 ①부지런하고 성실한 행실. ②도타운 행실.

독행(獨行)명-하다자 ①혼자서 감. 단행(單行) ②세태를 따르지 않고 지조를 굳게 지키며 혼자 나아감. ③남을 의지하지 않고 혼자 힘으로 처리함.

독혈(毒血)명 독기가 섞인 나쁜 피.

독혈-증(毒血症)[-쯩]명 혈액 전염병의 한 가지. 온몸의 피가 세포에서 생기는 독소에 침해당하는 증세. 대개 고열이 나며 심장 쇠약으로 사망함.

독호(獨戶)명 ①늙고 아들이 없는 집안. ②지난날, 온전히 한 집 몫으로 세금이나 추렴을 내는 집을 반호(半戶)에 상대하여 이르던 말.

독화(讀畫)명-하다자 그림을 음미하면서 봄.

독화(黷貨)명 옳지 않은 수단으로 얻은 돈.

독-화살(毒-)명 독약을 묻힌 화살. 독시(毒矢). 독전

독활(獨活)명 '땃두릅'의 딴이름.

독후(篤厚)어기 '독후(篤厚)하다'의 어기(語基).

독후-감(讀後感)명 책을 읽고 난 뒤의 느낌, 또는 그 느낌을 적은 글.

독후-하다(篤厚-)형여 독실하고 인정이 두텁다.

독흉(獨凶)명 풍년이 든 해에, 한 지방이나 한 농가에만 든 흉년. 독흉년(獨凶年)

독-흉년(獨凶年)명 독흉(獨凶)

돈:[1] 명 ①상품의 교환 가치를 나타내며, 상품을 매매할 때 지급 수단으로 쓰이며, 가치 저장의 수단이 되기도 하는 물건. 오늘날에는 정부가 발행하는 지폐와 주화를 이르며, 넓은 뜻으로 신용 화폐를 포함하기도 함. 금전(金錢). 화폐(貨幣) ②재산(財産)이나 재물(財物)을 달리 이르는 말. ¶-이 많다./-을 모으다.

돈(을) 굴리다 관용 돈을 여기저기 빌려 주거나 투자하여 액수를 늘리다. ¶여유 돈을 굴려 재미를 보다.

돈(을) 만지다 관용 돈을 다루다. ¶돈을 만지는 직업은 위험이 늘 따른다.

돈(을) 먹다 관용 '뇌물을 받다'를 속되게 이르는 말.

돈(을) 먹이다 관용 '뇌물을 주다'를 속되게 이르는 말.

돈(을) 뿌리다 관용 돈을 마구 많이 쓰다. ¶그는 국회의원에 당선되기 위해 돈을 뿌리다시피 했다.

속담 **돈 나는 모퉁이 죽는 모퉁이** : 돈을 벌기가 아주 어렵다는 말./**돈 떨어지자 입맛 난다** : 돈을 다 쓰고 나면 돈이 필요한 일이 많이 생긴다는 말.〔뒤주 밑이 긁히면 밥맛이 더 난다〕/**돈만 있으면 개도 멍첨지라** : 천한 사람도 돈을 많이 가지고 있으면 귀하게 대접받는다는 말./**돈만 있으면 귀신도 부릴 수 있다** : 돈만 있으면 세상에 못할 일이 없다는 말./**돈 모아 줄 생각 말고 자식 글 가르쳐라** : 자식을 위하는 가장 좋은 유산은 지식과 덕을 가르치는 것이라는 말.〔황금 천 냥이 자식 교육만 못하

다]/**돈 없는 놈이 큰 떡 먼저 든다** : 자격을 갖추지 못한 사람이 먼저 나댈 때 이르는 말. /**돈은 더럽게 벌어도 깨끗이 쓰면 된다** : 아무리 천한 일을 하여서 번 돈이라도 보람 있게 쓰면서 살면 된다는 말. 〔개처럼 벌어서 정승같이 산다〕/**돈이 돈을 번다** : 돈이 많아야 이익을 많이 남길 수 있다는 말. 〔돈이 많으면 장사를 잘하고 소매가 길면 춤을 잘 춘다〕/**돈이 없으면 적막 강산**(寂寞江山)**이요 돈이 있으면 금수강산**(錦繡江山)**이라** : 경제적인 여유가 있어야 삶을 즐길 수 있다는 말. /**돈 주고 못 살 것은 지개**(志槪) : 지개 있는 사람은 재물에 팔리지 않는다는 말. /**돈 한 푼을 쥐면 손에서 땀이 난다** : 돈을 끔찍이 알고 돈밖에 모른다는 말.

한자 돈 전(錢) 〔金部 8획〕 ¶금전(金錢)/동전(銅錢)/엽전(葉錢)/전곡(錢穀)/전량(錢糧) ▷ 속자는 銭
돈 폐(幣) 〔巾部 12획〕 ¶지폐(紙幣)/화폐(貨幣)

돈:² 의 ①척관법의 무게 단위의 하나. 1돈은 1냥의 10분의 1, 1푼의 열 곱절. 3.75g임. 주로 귀금속이나 한약재 등의 무게를 달 때 씀. 돈쭝 ②지난날, 엽전을 세던 단위. 한 냥의 10분의 1, 곧 열 푼.

돈가스(∠とんカツ 일) 명 얇고 넓적하게 썬 돼지고기에 밀가루와 빵가루를 입혀 기름에 튀겨 낸 음식. 포크커틀릿(pork cutlet)

돈:-거리[-꺼-] 명 돈을 받고 팔 수 있는 물건. ¶- 될 만 한 것을 하나씩 내다 팔다.

돈견(豚犬) 명 돼지와 개를 아울러 이르는 말.

돈:-고지[-꼬-] 명 엽전 모양으로 둥글게 썰어서 말린 호박고지.

돈:교(頓敎) 명 불교에서, 수행(修行)의 과정을 거치지 아니하고 바로 성불(成佛)할 수 있다고 하는 가르침, 또는 단숨에 대승(大乘)의 이법(理法)을 말하는 가르침. ☞점교(漸敎)

돈:-구멍[-꾸-] 명 ①돈이 생겨 나는 곳이나 방법. 돈이 유통되는 길. 돈길. 전로(錢路) ¶-이 뚫리다. ☞돈줄 ②지난날, 쇠붙이로 된 돈에 뚫린 구멍을 이르던 말.

돈:-궤(-櫃)[-꿰] 명 돈을 넣어 두는 궤.

돈:-길[-낄] 명 돈구멍

돈:-꿰:미 명 엽전을 꿰는 꿰미.

돈:-끈 명 엽전을 꿰어 묶는 끈.

돈:끽(頓喫) 명 한꺼번에 마음껏 많이 먹음.

돈-나무 명 돈나뭇과의 상록 관목. 높이는 2~3m. 잎은 진한 녹색으로, 두껍고 광택이 남. 5~6월에 흰색이었다가 차차 노란색으로 색깔이 변하는 꽃이 핌. 우리 나라 남부 바닷가의 산기슭에 자라며 관상용으로 심기도 함.

돈:-내:기 명-하다 자 ①돈을 걸고 다투는 내기. ②노름

돈:-냥(-兩) 명 ①많지 않은 돈. 돈푼. 돈닢. 쇳냥. 전냥(錢兩) ¶-이나 있어 보이는 여자. ②한 냥 안팎의 돈. ¶-도 안 되는 돈.

돈녕(敦寧) 명 왕의 친척.

돈녕-부(敦寧府) 명 조선 시대, 왕의 친척들의 친목을 꾀하여 설치했던 관아.

돈:-놀이 명-하다 자 남에게 돈을 꾸어 주고 이자를 받는 것을 직업으로 삼는 일. 대금업. 방채(放債). 변놀이

돈:놀이-꾼 명 돈놀이를 직업으로 하는 사람.

돈:-닢 명 ①쇠붙이로 된 돈의 낱개. ②돈냥

돈:단무심(頓斷無心) 성구 어떤 사물에 대하여도 탐탁하게 여기는 마음이 없음을 이르는 말. 돈담무심

돈:담무심(頓淡無心) 성구 돈단무심(頓斷無心)

돈대(墩臺) 명 조금 높직한 평지.

한자 돈대 대(臺) 〔至部 8획〕 ¶돈대(墩臺)/망대(望臺)

돈:-도지(-賭地)[-또-] 명 빚돈을 쓰고 한 해에 한 번씩 얼마의 돈이나 곡식으로 이자를 내는 도조(賭租).

돈:-독(-毒)[-똑] 명 돈을 지나치게 밝히는 경향. ¶-이 오르다. /-이 들다.

돈독(敦篤) 어기 '돈독(敦篤)하다'의 어기(語基).

돈독-하다(敦篤-) 형여 인정이나 애정 따위가 두텁다. 돈후하다 ¶친구간의 돈독한 우정. ☞돈목하다
돈독-히 부 돈독하게

돈:-돈[-똔] 명 낱으로 헤아릴만 한 푼돈.

돈:돈-쭝[-똔-] 명 저울로 달아서 몇 돈이 안 될 무게.

돈들-막 명 돈대(墩臺)에서 가파르게 비탈진 곳.

돈:-등화(-燈花) 명 촛불이나 등잔불의 심지 끝에 동그랗게 앉은 불꽃.

돈:-만(-萬) 명 만으로 헤아릴 만큼의 돈. 전만(錢萬)

돈:-맛 명 돈을 벌어 모으거나 쓰는 재미. ¶-을 보더니 사람이 변했다.

돈:-머리 명 돈의 액수. ¶-가 많은 돈. 준 머리²

돈모(豚毛) 명 돼지의 털. 저모(猪毛)

돈목(敦睦) 어기 '돈목(敦睦)하다'의 어기(語基).

돈목-하다(敦睦-) 형여 ①정이 두텁고 화목하다. ②돈친하다 ☞돈독하다

돈-바르다(-바르고·-발라) 형르 성격이 너그럽지 못하고 몹시 까다롭다.

돈박(敦迫) 명-하다 타 자주 재촉함.

돈:-반(-半) 명 ①지난날, 엽전으로 한 돈 닷 푼을 이르던 말. ②한 돈에 닷 푼을 더한 무게. 돈반쭝
속담 **돈반 밥 먹고 열네 닢 놓고 사정한다** : 빚진 돈을 갚을 때 약간 모자라 사정하면 채권자가 들어주지 않을 수 없다는 말.

돈:-반(頓飯) 명-하다 타 밥을 한 번에 많이 먹음.

돈:반-쭝 명 돈반

돈:-방석(-*方席)[-빵-] 명 돈을 아주 많이 가지고 있음을 비유하여 이르는 말.
돈방석에 앉다 관용 아주 많은 돈을 가지게 되다. 흔히, 벼락 부자가 되는 경우를 이름.

돈:-백(-百)[-빽] 명 백으로 헤아릴 만큼의 돈. 전백

돈:-벌레[-뻘-] 명 돈만 아는 사람을 비유하여 이르는 말. ☞수전노(守錢奴)

돈:-벌:이[-뻘-] 명-하다 자 돈을 버는 일. ¶쏠쏠한 -. /-에 나서다.

돈:-변(-邊)[-뼌] 명 '돈변리'의 준말.

돈:-변리(-邊利)[-뼌-] 명 빚돈에 대한 이자. 준 돈변

돈:-복(-福)[-뽁] 명 돈이 많이 벌리게 타고난 복.

돈:복(頓服) 명-하다 타 약 따위를 여러 번으로 나누어 먹지 않고 한 번에 먹음. ☞분복(分服)

돈:사 의 지난날, 돈을 몇 냥으로 세고 남은 돈을 이르던 말. ¶두 냥 -. ☞푼사

돈사(豚舍) 명 돼지우리

돈:사(頓死) 명-하다 자 갑자기 죽음. ☞급사(急死)

돈:세(遯世) 명 둔세(遁世)

돈:수(頓首) 명-하다 자 ①이마가 땅에 닿도록 엎드려 절함. ②편지의 첫머리나 끝에 상대편을 공경하는 뜻으로 쓰는 한문 투의 말. 계수(稽首)

돈:수재:배(頓首再拜) ①이마가 땅에 닿도록 조아려 두 번 절함의 뜻. ②편지의 첫머리나 끝에 상대편을 공경하는 뜻으로 쓰는 한문 투의 말.

돈실(敦實) 어기 '돈실(敦實)하다'의 어기(語基).

돈실-하다(敦實-) 형여 인정이 많고 성실하다.

돈아(豚兒) 명 편지 글 등에서, 남에게 자기 아들을 낮추어 이르는 말. 가돈(家豚). 가아(家兒). 미돈(迷豚). 미식(迷息). 미아(迷兒)

돈:-약과(-藥果)[-냑-] 명 엽전만 한 크기의 약과.

돈어(豚魚) 명 ①돼지와 물고기를 아울러 이르는 말. ②미련하고 못난 사람을 비유하여 이르는 말.

돈역(豚疫) 명 돈역균(豚疫菌)으로 말미암아 일어나는 돼지의 법정 전염병. 패혈증을 일으킴.

돈역-균(豚疫菌) 명 돈역을 일으키는 병원균.

돈:연(頓然) 어기 '돈연(頓然)하다'의 어기(語基).

돈:연-하다(頓然-) 형여 소식이 감감하다.
돈연-히 부 돈연하게

돈:오(頓悟) 명-하다 타 ①문득 깨달음. ②불교에서, 한 순간에 진리를 깨달음을 이르는 말. ☞점오(漸悟)

돈유(豚油) 명 돼지기름

돈육(豚肉)명 돼지고기
돈의문(敦義門)명 조선 시대, 서울 도성(都城)의 정서에 세운 성문(城門). 달리 서대문(西大門), 새문, 신문(新門)이라고도 이름. ☞숭례문(崇禮門)
돈:-저:냐 명 쇠고기, 돼지고기, 생선 따위를 두부, 파, 나물 따위와 섞어 다진 것을 동글납작하게 빚어 밀가루와 달걀을 씌워 지진 저냐.
돈:-전:병(-煎餠)명 찹쌀가루를 반죽하여 동전 모양으로 납작하고 동글게 만든 다음, 잘게 썬 대추를 박아 번철에 지진 떡.
돈:절(頓絶)명-하다자 소식이 딱 끊어짐.
돈:-점(-占)명 동전 따위를 던져서 그 드러나는 앞뒤의 면을 보고 길흉(吉凶)을 점치는 일. 척전(擲錢)
돈:점-박이(-點-)명 ①몸에 엽전만 한 점들이 박힌 말이나 표범을 이르는 말. ②바탕에 엽전만 한 점이 드문드문 있는 먹초.
돈정(敦定)명-하다타 확실하게 자리잡음. 뇌정(牢定)
돈종(敦宗)명-하다자 일가끼리 정이 두텁고 화목하게 지냄.
돈:좌(頓挫)명-하다자 기세 따위가 중도에서 갑자기 꺾이거나 틀어짐.
돈:-줄[-쭐]명 돈을 융통할 수 있는 연줄. 금맥(金脈) ☞돈구멍
돈지(豚脂)명 돼지기름
돈지(頓智)명 즉지(卽智)
돈:-질 명-하다자 노름판에서 건 돈을 주고받는 짓.
돈:-짝 명 엽전 둘레만큼의 크기.
돈:-쭝 의 돈²
돈책(豚柵)명 돼지우리
돈:-천(-千)명 천으로 헤아릴 만큼의 돈. 전천(錢千)
돈:-치기 명-하다자 지난날, 지정한 엽전을 목대로 맞히는 내기를 이르던 말. 투전(投錢)
돈친(敦親)어기 '돈친(敦親)하다'의 어기(語基).
돈친-하다(敦親-)형여 일가 친척 사이에 정이 두텁고 화목하다. 돈목하다
돈키호테-형(Don Quixote型)명 현실을 무시하고 자기 나름대로의 정의감에 따라 저돌적으로 행동하는 인간형. ☞햄릿형
돈:-타:령(-*打令)명-하다자 돈이 없다는 푸념이나, 돈 쓸 일을 늘어놓는 사설.
돈:-팔이 명 학문·예술·기술 등을 돈벌이로만 하는 일.
돈:-푼 명 얼마 되지 않는 돈. 돈냥. 돈닢. 쇳냥. 전냥(錢兩) ¶-이나 있는 사람.
돈피(豚皮)명 돼지 가죽
돈피(獤皮)명 ①노랑담비의 털가죽. ②담비 종류의 털가죽을 통틀어 이르는 말. 사피(斜皮). 서피(黍皮). 초피
속담 **돈피 옷 잣죽에 자랐느냐** : ①생활을 매우 호사스럽게 하려는 사람을 보고 하는 말. ②기혈(氣血)이 약한 사람을 보고 하는 말.
돈-하다 형여 ①매우 팽팽하고 튼튼하다. ¶돈한 밧줄. ②지나치게 무겁다. ¶돈한 짐을 옮기느라 힘이 빠지다.
돈후(敦厚)어기 '돈후(敦厚)하다'의 어기(語基).
돈후-하다(敦厚-)형여 인정이 두텁다. 돈독하다
돈후-히 부 돈후하게
돋구다 타 안경의 도수 따위를 더 높게 하다. ☞돋우다
돋다¹ 자 ①밖으로 생겨 나오다. ¶싹이 -./뿔이 -./움이 -. ②살갗 등에 도도록하게 내밀다. ¶종기가 -./닭살이 -./소름이 -. ③해·달·별 따위가 하늘에 떠오르다. ¶하늘에 총총히 돋아 있는 별./아침 해가 바다에서 -.
돋다² 타 '돋우다'의 준말.
돋-보기 명 ①원시안(遠視眼)인 사람이 쓰는, 볼록 렌즈로 만든 안경. 노안경(老眼鏡). 노인경(老人鏡). 돋보기안경. 원시경(遠視鏡) ②확대경(擴大鏡)
돋보기-안경(-眼鏡)명 돋보기
돋-보다 타 '도두보다'의 준말. ☞낮보다
돋-보이다 자 '도두보이다'의 준말. 준돋뵈다
돋-뵈다 자 '돋보이다'의 준말.
돋아-나다 자 ①온전히 밖으로 생겨 나오다. ¶움이 -./날개가 -. ②살갗 등에 도드라지게 내밀다. ¶두드러기가 -./여드름이 -.
돋우다 타 ①낮은 데를 높이다. ¶팬 땅을 돋우어 고르다./논을 돋우어 밭으로 만들다. ②낮은 것을 쌓거나 더하거나 밀어올리거나 하여 높게 하다. ¶발꿈치를 들어 키를 -./고추 모의 북을 -./등잔의 심지를 -. ③정도를 더하다. ¶목청을 -./화력(火力)을 -. ④어떤 감정을 부추기어 불러일으키다. ¶용기를 -./사기를 -./적개심을 -./흥취를 -. ⑤입맛을 당기게 하다. ¶식욕(食慾)을 -. 준돋다² ☞돋구다
속담 **돋우고 뛰어야 복사뼈라** : 아무리 도망쳐 보아야 별 수없다는 말.

한자 **돋울 도**(挑)〔手部 6획〕¶도발(挑發)/도전(挑戰)

돋움 명 높아지도록 밑을 괴는 물건.
돋을-무늬 명 어떤 면에 도드라지게 나타낸 무늬.
돋을-별[-뼐]명 해가 떠오를 때의 볕.
돋을-새김 명 평평한 면에 그림이나 글씨 등을 도드라지게 새기는 일, 또는 그 조각. 부각. 부상조. 부조(浮彫). 양각(陽刻). 철조(凸彫). 초각(峭刻)¹ ☞섭새김
돋을-양지(-陽地)[-량-]명 돋을볕이 비치는 양지.
돋음-갱이 명 당감잇줄에 총을 꿴 위에, 모양을 내기 위해 딴 줄을 덧대고 총갱기를 친 미투리.
돋치다 자 ①돋아서 내밀다. ¶가시가 -./날개가 -./뿔이 -. ②값이 오르다. ¶과일 값이 곱절로 돋쳤다.
돌¹ 명 ①어느 한 때로부터 온 한 해가 되는 날. ②'첫돌'·'돌날'의 준말. ③〔의존 명사로도 쓰임〕어떤 특정한 날이 해마다 돌아오는 그 날의 횟수를 세는 단위. ¶개교 20-./회사 창립 50-. ☞주년

▶ **'돌'과 '돐'**
지난날에는 주기(週期), 곧 '어느 한 때로부터 온 한 해가 되는 날'을 '돐'이라 하고, '태어난 날'을 '돌'이라 하여 구별하여 썼으나 표준어 규정(1988. 1. 19)에서 '돐'을 없애고 '돌'로 적기로 하였다.

돌:² 명 ①바위보다는 작으나 모래보다는 큰 광물질의 단단한 덩어리. ¶-이 많은 강가. ②자갈·바위·광석 따위를 통틀어 이르는 말. ③토목 공사나 건축 등에 쓰이는 석재(石材). ¶-로 지은 집./-로 놓은 다리. ④곡식이나 음식물에 섞인 굵은 모래. ¶-을 골라내다. ⑤사람의 장기(臟器)에서, 조직의 일부 세포나 물질이 병적으로 굳어 딴딴하게 된 것. 결석(結石) ⑥생각하는 것이 모자라거나 어리석은 머리를 비유하여 이르는 말. ☞돌대가리 ⑦인정이 없거나 무감각한 사람을 비유하여 이르는 말. ¶싸늘하기가 - 같다./- 같은 남자.
돌(을) 던지다 관용 ①경멸하다. 비난하다 ¶그녀에게 돌을 던질 자 누구인가. ②바둑에서, 자기가 졌음을 인정하고 그만두다.
속담 **돌도 십 년을 보고 있으면 구멍이 뚫린다** : 무슨 일이나 정성을 다하여 애써 하면 안 되는 것이 없다는 말./**돌로 치면 돌로 치고 떡으로 치면 떡으로 친다** : 남이 나를 대하는 것만큼 나도 남을 대접하는 태도를 이르는 말.〔떡으로 치면 떡으로 치고 돌로 치면 돌로 친다〕/**돌을 차면 발부리만 아프다** : 화가 난다고 해서 아무 상관도 없는 이에게 분풀이하면 도리어 자기만 손해가 된다는 말.〔성내어 바위를 차니 제 발부리만 아프다〕

한자 **돌 석**(石)〔石部〕¶석굴(石窟)/석기(石器)/석등(石燈)/석물(石物)/석재(石材)/석판(石版)

돌- 접두 '야생(野生)의 것' 또는 '품질이 조잡함'을 뜻함. ¶돌배/돌미나리/돌벼
돌-감 명 돌감나무의 열매.
돌감-나무 명 산이나 들에 절로 나서 자라는 감나무.
돌개-바람 명 ①구풍(颶風) ②회오리바람
돌개-발따귀 명 택견에서, 발질의 한 가지. 공중으로 높

이 뛰어올라 몸을 회전시키면서 발등으로 상대편의 뺨을 차는 공격 기술.

돌개-질 명 택견에서, 발질의 한 가지. 원품으로 서 있다가 제자리에서 높이 뛰어올라 좌우로 몸을 돌리는 동작.

돌개-휘차기 명 택견에서, 발질의 한 가지. 공중으로 높이 뛰어 몸을 회전시키면서 한 발이 땅에 닿는 동시에 다른 발 장심으로 상대편의 상체를 차는 공격 기술.

돌:-검(-劍) 명 청동기 시대의 유물인, 돌로 만든 검. 찌르거나 베는 데 쓰였음. 석검(石劍) ☞돌칼

돌격(突擊) 명 -하다 자 ①뜻하지 않은 때에 냅다 침. ②적진으로 거침없이 나아가 공격함. 유 돌관(突貫). 돌진

돌격-대(突擊隊) 명 적진으로 앞장서 쳐들어가는 부대.

돌격-장(突擊將) 명 난데없이 달려들기를 잘하는 사람.

돌:-결[-껼] 명 돌의 결. ☞석리(石理)

돌:-경(-磬) 명 아악기(雅樂器)의 한 가지. 돌로 된 경쇠로 소리가 맑음. 석경(石磬)

돌:-계집 명 아이를 낳지 못하는 여자. 석녀(石女)

돌-고기 명 모래무지아과의 민물고기. 몸길이는 10～15 cm이며 등은 어두운 갈색에 배는 백색임. 몸은 조금 통통하고 머리는 가늘고 뾰족한 편임. 옆구리 중앙에는 검은 세로띠가 있음. 우리 나라와 일본 남부의 하천에 분포함.

돌:-고드름 명 석회 동굴의 천장에서 침전물(沈澱物)이 고드름 모양으로 드리워져 굳은 것. 석종유(石鍾乳). 아관석(鵝管石). 종유석(鍾乳石)

돌-고래¹ 명 돌고랫과의 포유동물을 통틀어 이르는 말. 주둥이가 비교적 가늘고 길며 아래위 양 턱에 많은 이빨이 나 있음. 몸빛은 등 쪽이 주로 짙은 갈색이나 검정색이고, 배는 백색임. 대개 무리를 지어 난류에서 사는데, 한 번에 한 마리의 새끼를 낳음. 물 속에서 서로 전파를 주고받으며 의사를 교환함.

돌:-고래² 명 온돌 구조에서, 골을 따로 내지 않고 돌을 듬성듬성 놓아 만든 방고래.

돌-곪다[-곰따] 자 종기가 겉은 딴딴하고 속은 곪다.

돌:-공이 명 돌로 만든 공이. 길쭉한 돌덩이에 나무 자루를 가로 박은 것.

돌관(突貫) 명 -하다 자 ①힘차게 내밀어서 꿰뚫음. ②어떤 일을 단숨에 해치움. ③고함을 지르며 적진으로 공격해 들어감. 유 돌격(突擊). 돌진(突進)

돌관=작업(突貫作業) 명 한달음에 몰아치는 작업.

돌기(突起) 명 ①-하다 자 불쑥 솟음, 또는 불쑥 솟아 있음. ¶ -한 지형. ②어떤 것의 한 부분이 도드라지게 내민 것. ☞돌출(突出)

돌:-기둥 명 돌로 된 기둥. 석주(石柱)

돌:-기와 명 지붕을 일 때에 기와처럼 쓰는, 얇고 넓적한 돌조각.

돌:기-총 명 짚신이나 미투리의 중턱 양쪽에 박은 굵은 총. ☞도갱이

돌:-길[-낄] 명 ①돌이나 자갈이 많은 길. ②바닥에 돌을 깔아 놓은 길.

돌:-김 명 바닷물 속의 돌에 붙어서 자란 김. 석태(石苔)

돌:꼇 명 실을 감고 푸는 데 쓰는 기구. 굴대의 꼭대기에 '十' 자 모양으로 댄 막대기의 네 끝에 짧은 기둥을 세워 굴대가 돌아감에 따라 실을 감거나 풀거나 함.

돌:꼇-잠[-껻-] 명 누운 자리에서 가만히 자지 않고, 이리저리 굴러다니면서 자는 잠.

돌:-나물 명 돌나물과의 여러해살이풀. 들이나 산에 자라며 줄기 높이는 15cm 안팎. 줄기는 가로 벋으며 마디마다 뿌리가 남. 돌려난 잎은 길둥글며 늦봄에 창 모양의 노란색 다섯잎꽃이 핌. 어린잎과 줄기는 나물로 먹으며 잎의 즙은 해독제로 쓰임.

돌-날 명 첫돌이 되는 날. 준 돌¹

돌-능금 명 산이나 들에 저절로 자란 능금나무의 열매.

돌:다¹ 자 ①물체가 축을 중심으로 원을 그리며 움직이다. 회전하다 ¶차 바퀴가 -./물레방아가 -. ②다른 쪽으로 방향을 바꾸다. ¶오른쪽으로 -. ③일정한 공간 안에서 물건이 차례로 전하여지다. ¶회람이 -./모금함이 -. ④가까운 길을 두고 에돌다. ¶멀리 돌아서 가다. ⑤제 기능대로 움직이거나 작동하다. ¶기계가 -./머리가 잘 -. ⑥돈이나 물자 등이 오가다. ¶자금이 잘 -. ⑦생겨 고이다. ¶눈물이 핑 -./군침이 -./기름기가 -. ⑧전염병이나 소문 따위가 퍼지다. ¶홍역이 -./재개발설이 -. ⑨기억이나 말 따위가 드러나지 않고 안에서 되풀이되다. ¶머리 속에서 뱅뱅 돌 뿐 기억나지 않는 얼굴./이름을 부르려고 해도 입 안에서 뱅뱅 돌 뿐 생각나지 않는다. ⑩정신이 이상해지다. ¶머리가 -. ⑪어떤 기운이나 빛 따위가 나타나다. ¶생기가 -./붉은빛이 -./향기가 -. ⑫현기증이 나다. ¶머리가 빙빙 -./눈이 핑핑 -. ⑬어떤 기운이 몸 안에 퍼지다. ¶약 기운이 -./술기운이 -.

돌:다² 타 ①이곳 저곳을 다니다. ¶전세계를 -. ②어떤 둘레를 따라 움직이다. ¶운동장을 세 바퀴 -./동네를 한 바퀴 -. ③무엇의 주위를 원을 그리듯이 둘러 움직이다. ¶지구가 태양을 -. ④일정한 구역을 살피다. ¶의사가 회진을 -./정찰을 -./경비원이 순찰을 -.

한자 돌 선(旋)〔方部 7획〕¶선반(旋盤)/선회(旋回)
돌 순(巡)〔巛部 4획〕¶순행(巡行)/순회(巡廻)
돌 회(廻)〔廴部 6획〕¶윤회(輪廻)/회전(廻轉)

돌-다리¹[-따-] 명 도랑에 놓은 조그만 다리.

돌:-다리² 명 돌로 놓은 다리. 석교(石橋)

속담 **돌다리도 두드려 보고 건너라** : 무슨 일이라도 세심한 주의를 기울여 가며 하라는 말.

돌:-단풍(-丹楓) 명 범의귓과의 여러해살이풀. 줄기 높이 30cm 안팎. 줄기는 가로 벋으며, 잎은 손바닥 모양으로 갈라져 있음. 5월경에 흰 꽃이 줄기 끝에 핌. 물가 바위 틈에 절로 자라는데, 관상용으로 심기도 함. 어린 잎은 먹을 수 있음.

돌:-담 명 돌로 쌓은 담.

돌:-담불[-땀-] 명 산이나 들에 쌓여 있는 돌무더기.

돌:-대[-때] 명 회전축(回轉軸)

돌:-대가리 명 몹시 둔한 머리, 또는 그러한 머리를 가진 사람을 얕잡아 이르는 속된 말.

돌:-덩어리[-떵-] 명 돌덩이

돌:-덩이[-떵-] 명 돌멩이보다 크지만 바위보다는 작은 돌. 돌덩어리. 석괴(石塊)

돌:-도:끼 명 석기 시대의 유물인, 돌로 만든 도끼. 석부

돌:도끼-장이 명 지난날, 도끼로 돌을 다루는 일을 직업으로 하는 사람을 이르던 말.

돌독(突禿) 명 대머리

돌돌¹ 부 종이 따위를 여러 겹으로 마는 모양을 나타내는 말. ☞둘둘. 똘똘¹

돌돌² 부 작고 동근 물건이 좀 느리게 구르는 모양을 나타내는 말. ¶포도알이 쟁반 위를 - 구르다. ☞똘똘²

돌돌³ 부 많지 아니한 시냇물 따위가 좁은 목으로 부딪히며 흐르는 모양을 나타내는 말. ¶실개천 물이 - 굽이져 흐른다.

돌돌-하다 형 여 똑똑하고 영리하다. ☞똘똘하다

돌-돔 명 돌돔과에 딸린 바닷물고기. 몸길이 40cm 안팎. 모양은 양쪽 옆이 납작하고 체고가 높은 달걀꼴임. 몸빛은 어릴 때는 밝은 회흑색 바탕에 일곱 줄의 선명한 검은 가로줄 무늬가 나 있다가 자라면서 줄무늬가 희미해지며 짙은 회흑색이 됨.

돌-동부 명 콩과의 여러해살이풀. 덩굴 길이 3m 안팎. 잎은 세모꼴이며 석 장의 작은 잎으로 된 겹잎임. 8～9월에 홍자색 꽃이 총상(總狀) 꽃차례로 피고 10월에 기다란 열매가 맺음. 돌팥

돌:-딴죽 명 씨름이나 택견에서 쓰는 기술. 한 발의 뒤축만 디디고, 홱 돌아서며 딴 발을 뒤로 벋어 상대편을 걸어치는 딴죽.

돌-떡 명 돌날에 만들어 먹는 떡.

돌:-띠 명 어린아이의 두루마기나 저고리 따위의 등 뒤로 돌려 가슴에 매게 된 긴 옷고름.

돌라-가다 타 남의 물건을 슬쩍 빼돌려 가져가다.

돌라-내:다 타 남의 물건을 슬쩍 빼돌리다.
돌라-놓다 타 여러 몫으로 동그랗게 늘어놓다. ☞돌려놓다. 둘러놓다
돌라-대:다 타 ①필요한 돈이나 물건 따위를 마련하여 대다. ¶사업 자금을 ─. ②그럴듯한 말로 꾸며 대다. ¶돌라대어 의심을 누그러뜨리다. ☞둘러대다
돌라-막다 타 가장자리를 돌아가며 가려서 막다. ¶담을 ─./울타리를 ─. ☞둘러막다
돌라-맞추다 [─맏─] 타 ①형편에 따라 다른 물건 따위로 대신하여 맞추다. ②그럴듯한 말로 요리조리 꾸며 대어 맞추다. ¶모임에 빠진 이유를 ─. ☞둘러맞추다
돌라-매다 타 돌려 감아서 두 끝을 매다. ¶다친 손가락에 붕대를 ─. ☞둘러매다
돌라방-치다 타 소용되는 것을 살짝 빼돌리고 대신 다른 것을 넣다. 준 돌라치다 ☞둘러방치다
돌라-버리다 타 먹은 것을 일부러 게워 버리다.
돌라-보다 타 요리조리 두루 살펴보다. ☞둘러보다
돌라-붙다 [─붇─] 타 형편을 보아 이로운 쪽으로 돌아서 붙다. ☞둘러붙다
돌라-서다 자 여러 사람이 동글게 늘어서다. ¶선생님 가까이에 아이들이 돌라섰다. ☞둘러서다
돌라-싸다 타 ①돌라서 감싸다. ¶채소를 신문지로 ─. ②빙 돌라서 에워싸다. ¶산이 마을을 ─. ☞둘러싸다
돌라-쌓다 타 둘레를 에워서 쌓다. ¶연못가에 돌을 ─. ☞둘러쌓다
돌라-앉다 [─안따] 자 여러 사람이 가운데를 향해 동글게 늘어앉다. ¶원탁에 ─. ☞둘러앉다
돌라-주다 타 몫몫이 갈라서 여러 군데로 나누어 주다. ¶반 아이들에게 과자를 ─.
돌라-치다 타 '돌라방치다'의 준말.
돌려-나기 명 잎차례의 한 가지. 식물의 잎이 줄기 한 마디에 세 개 이상씩 수레바퀴 모양으로 나는 일. 윤생(輪生) ☞마주나기
돌려-내:다 타 ①남을 꾀어서, 있던 곳에서 빼돌려 내다. ②한 동아리에 들이지 않고 따돌리다.
돌려-놓다 타 ①방향을 다른 쪽으로 바꾸어 놓다. 돌라놓다 ¶뱃머리를 ─. ②몫으로 따로 떼어놓거나 남겨 두다. ③따돌려 제외하다. ¶성격이 편협한 사람으로 ─.
돌려-받다 타 꾸어 주거나 빌려 주거나 빼앗겼던 물건이나 돈을 받아 가지게 되다.
돌려-보내다 타 ①가져온 것을 도로 보내다. ¶선물을 ─. ②찾아온 사람을 그냥 보내다. ¶손님을 ─.
돌려-보다 타 서로 돌려 가며 여럿이 보다. ¶돌림판을 ─./각자의 감상문을 ─.
돌려-뿌리치기 명 씨름의 허리 기술의 한 가지. 오른쪽으로 돌면서 그 회전력을 이용하여 상대편을 넘어뜨리는 공격 재간. ☞공중던지기
돌려-쓰다 타 ①돈이나 물건을 변통하여 쓰다. ②용도를 이리저리 바꾸어 쓰다.
돌려-주다 타 ①빌리거나 꾸었던 남의 물건이나 돈을 도로 보내 주거나 갚다. ②돈 따위를 융통하여 주다.
돌려-짓기 [─짇─] 명-하다 타 한 경작지에 여러 가지 작물을 일정한 연한마다 순서에 따라 바꾸어 심는 일. 양분을 조절하고 병충해를 덜 받는 효과가 있음. 윤작(輪作) ☞이어짓기
돌로로소 (doloroso 이) 명 악보의 나타냄말의 한 가지. '슬픈 기분으로'의 뜻.
돌리 (dolly) 명 영화나 텔레비전 등의 촬영에서, 카메라를 이동시키는 데 쓰이는 촬영대(撮影臺). 바퀴가 달려 있어 전후 좌우로 움직임.
돌리다[1] 자 ①따돌림을 당하다. ¶사람들에게 돌린 구두쇠. ②그럴듯한 말에 속다. ¶감언이설에 ─. ☞둘리다[1]
돌리다[2] 타 ①물체가 축을 중심으로 원을 그리며 움직이게 하다. ¶선풍기를 ─./다이얼을 ─. ②방향 따위를 바꾸게 하다. ¶고개를 ─./눈길을 ─./택시를 시청 쪽으로 ─. ③여기저기로 보내다. 차례로 넘기다. ¶초대장을 ─./회람을 ─. ④제 기능대로 움직이거나 작동하게 하다. ¶기계를 ─./공장을 ─. ⑤영화 따위를 보여 주다. ¶필름을 ─. ⑥관심이나 주의를 다른 데로 쏠리게 하다. ¶관중들의 관심을 딴 데로 ─. ⑦소문 따위를 퍼뜨리다. ⑧에둘러 표현하다. ¶돌려서 말하다. ⑨기운이나 정신을 차리다. ¶숨을 ─. ⑩병 따위의 위험한 고비를 넘기다. ¶우선 위기를 돌려 놓고 보자. ⑪뜻이나 마음을 바꾸다. ¶마음을 돌려 용서하다.
돌리다[3] 타 ①음식 따위를 고루 나누어 주다. ¶떡을 ─./팥죽을 ─. ②배달물을 배달하다. ¶우유를 ─./신문을 ─. ③몫몫이 나누어 주거나 보내다. ¶기념품을 ─. ④달리 생각하다. ¶없었던 일로 ─. ⑤돈이나 물자를 융통하다. ¶자금을 ─./의약품을 ─. ⑥일의 결과를 남에게 넘기다. ¶우승의 영광을 감독에게 ─./잘못을 동생에게 ─. ⑦시간적으로 미루다. ¶급하지 않은 일은 다음날로 돌리자. ⑧몫으로 제쳐놓다. ⑨어떠한 일로 여기다. ¶운명으로 ─.
돌림 명 ①차례로 돌아가는 일. ¶직원끼리 ─으로 당직을 서다. ②'돌림병'의 준말. ③항렬(行列) ¶주석 석(錫)자 ─. ④[의존 명사로도 쓰임] 한 바퀴씩 차례로 돌아가는 횟수. ¶식구들이 감기를 한 ─ 앓았다.
돌림-감기 (─感氣) [─깜─] 명 전염성이 있는 감기. 시감(時感). 유행성 감기. 윤감(輪感). 인플루엔자
돌림-노래 명 2성부(聲部) 이상을 지닌 악곡에서, 같은 선율을 일정한 간격을 두고 따라 부르는 노래. 최초로 노래가 끝난 성부는 다시 처음으로 돌아가서 되풀이하여 노래함. 윤창(輪唱)
돌림-띠 명 벽·천장·처마 등의 가장자리에 수평으로 띠처럼 돌려 붙인 장식용 돌출부.
돌림-배지기 명 씨름의 허리 기술의 한 가지. 오른쪽으로 계속 돌면서 상대편을 들어 배지기 비슷하게 넘어뜨리는 공격 재간. ☞엉덩배지기
돌림-병 (─病) [─뼝] 명 한동안 보통 병보다 두드러지게 많이 발생하는 병. 유행병(流行病). 윤증(輪症) ¶─이 돌다. 준 돌림 ☞전염병(傳染病)
돌림-자 (─字) [─짜] 명 항렬자(行列字)
돌림-쟁이 명 한 동아리에 끼이지 못하고 따돌림을 당하는 사람을 가벼이 여겨 이르는 말.
돌림-턱 명 여럿이 돌아가며 하는 음식 대접.
돌림-통 명 돌림병이 돌아다니는 시기.
돌림-판 (─板) 명 공통적인 내용을 여러 사람에게 알리기 위해 돌리는 판.
돌림-편지 (─片紙) 명 여러 사람이 돌려 가며 보도록 쓴 편지. ☞윤첩(輪牒)
돌마낫-적 명 첫돌이 될락말락한 때.
돌:-말 명 규조류(硅藻類). 황색편모조류
돌-맞이 명 아기가 첫돌을 맞는 일, 또는 첫돌을 맞는 아기. ☞돌잡이
돌:-매 명 맷돌
돌-매화나무 (─梅花─) 명 돌매화나뭇과의 상록 소교목. 가는 가지에 혁질(革質)의 길둥근 잎이 빽빽하게 남. 6~7월에 흰 꽃이 줄기 끝에 한 송이씩 피고, 8~9월에 삭과(蒴果)가 검게 익음. 높은 산의 바위 틈에서 절로 자람. 암매(岩梅)
돌:멩이 명 돌덩이보다 좀 작은 돌. 괴석(塊石)
돌:멩이-질 명-하다 타 돌멩이를 던지는 짓. 준 돌질
돌:-무더기 명 돌덩이가 쌓인 무더기.
돌:-무덤 명 외부를 돌로 높이 쌓아 올려 만든 무덤. 고구려 고분(古墳) 따위. 석총(石塚)
돌:-무지 명 돌이 많이 깔려 있는 땅.
돌:무지-무덤 명 구덩이를 파거나 구덩이 없이 시신을 놓고 그 위에 흙을 덮지 않고 돌만으로 쌓아 올린 무덤. 적석총(積石塚)
돌:-문 (─門) 명 ①돌로 만든 문. ②돌이나 바위 따위가 자연적으로 문과 같은 모양이 된 것.
돌:-물 명 소용돌이치는 물의 흐름.
돌:-물레 명 농가에서 새끼로 바나 고삐를 꼴 때 쓰던 기구. 새끼를 길게 늘이고 그 한 끝을 물레에 맨 다음 다른

한 끝을 잡고 돌리면 꼬아지도록 된 장치.

돌-미나리 명 논이나 개천 주위 같은 곳에 저절로 자라는 미나리.

돌:-미륵(-彌勒) 명 돌로 만들어 세운 미륵불.

돌:-반지기 명 잔돌이나 모래가 많이 섞인 쌀.

돌발(突發) 명 -하다 자 뜻밖의 일이 갑자기 일어남. ¶ - 사건/전쟁이 -하다.

돌발-적(突發的) [-쩍] 명 뜻밖의 일이 갑자기 일어나는 것. ¶ -인 사태가 발생하다.

ㄷ

돌:-방(-房) 명 돌로 쌓아 만든 고분 내부의 묘실(墓室). 관(棺)이나 부장품 따위를 넣어 두는 곳임. 석실(石室)

돌-배 명 돌배나무의 열매.

돌배-나무 명 장미과의 낙엽 활엽 소교목. 높이는 5m 안팎. 잎은 달걀꼴에 가장자리에 톱니가 있고, 봄에 흰 꽃이 산방(繖房) 꽃차례로 피며 가을에 지름 2cm 안팎의 둥근 열매가 익음. 나무는 목재로 쓰임.

돌변(突變) 명 -하다 자 갑작스럽게 달라짐. ¶ 안색이 -하다.

돌:-보다 타 마음을 기울여 보살피다. ¶ 아기를 -./아내의 건강을 -./살림을 -.

돌-복(-服) [-뽁] 명 아이가 돌이나 명절 때 입는 한복. 사내아이는 보라색 풍차바지, 색동 저고리, 오방색 두루마기, 남색 전복을 차려 입음. 계집아이는 분홍색 치마에 색동 저고리를 입음.

돌:-부리 [-뿌-] 명 땅 속에 묻힌 돌멩이의 땅 위로 뾰족 내민 부분. ¶ -에 걸려 넘어지다.

속담 **돌부리를 차면 발부리만 아프다** : 쓸데없이 성을 내면 자기만 해롭다는 말. 〔성나 바위 차기/성내어 바위를 차니 제 발부리만 아프다〕

돌:-부처 명 ①돌로 새겨 만든 불상(佛像). 석불(石佛) ☞나무부처 ②지나칠 정도로 무던하고 착한 사람을 비유하여 이르는 말. ③감각이 둔하고 고집이 센 사람을 비유하여 이르는 말.

속담 **돌부처도 꿈적인다** : 남편이 바람을 피우면 아무리 무던한 부인도 화를 낸다는 말. 〔시앗을 보면 길가의 돌부처도 돌아앉는다〕

돌:-비(-碑) 명 돌로 만들어 세운 비. 비석(碑石). 석비

돌비(突沸) 명 액체가 끓는점에 이르러도 끓지 않다가 계속 열을 받으면 끓는점보다 높은 온도에서 갑자기 격렬하게 끓는 현상.

돌비(突飛) 명 -하다 자 힘있게 펄쩍 뛰어나옴.

돌:-비늘 명 운모(雲母)

돌:-비알 [-삐-] 명 깎아 세운듯 한 바위 벼랑.

돌:-사닥다리 명 돌덩이가 많아 아주 험한 산길.

돌:-사막(-沙漠) 명 지표에 바위나 돌덩이, 자갈 따위가 많이 노출되어 있는 사막. 암석 사막

돌:-산(-山) [-싼] 명 바위나 돌이 많은 산. 석산(石山)

돌-상(-床) [-쌍] 명 돌날에 돌잡힐 때, 어린아이 앞에 차려 놓는 상.

돌-상어 명 모래무지아과의 민물고기. 몸길이는 15cm 안팎. 몸빛은 붉거나 누른 갈색에 가로띠가 많이 있음. 물살이 빠른 여울의 자갈밭에 삶. 우리 나라 고유종으로 한강과 섬진강, 금강 상류에만 분포하는 진귀한 종임.

돌:-살촉 명 석기 시대의 유물인, 돌로 만든 화살촉. 석촉

돌:-샘 명 바위 틈에서 흘러나오는 샘물. 석간수(石間水)

돌:-석(-石) 명 한자 부수(部首)의 한 가지. '磊'·'砂' 등에서 '石'의 이름.

돌:-소금 명 땅 속이나 건조 지대의 지상에서 천연으로 나는 소금. 경염(硬塩). 석염(石塩). 암염(岩塩)

돌:-솜 명 섬유상(纖維狀)이며 마그네슘이 많은 함수(含水) 규산염 광물. 내화재·보온재·단열재·절연재 등으로 쓰였으나 발암 물질로 판명된 이후 사용하지 않음. 석면(石綿). 석융(石絨). 아스베스토스(asbestos)

돌송(突誦) [-쏭] 명 -하다 타 글을 거침없이 줄줄 욈.

돌:-솥 명 돌로 만든 솥. 석정(石鼎)

돌:-순(-筍) 명 석순(石筍)

돌:-싸움 명 -하다 자 돌팔매질로 승패를 겨루는, 우리 나라의 옛 민속 놀이. 석전(石戰) 준 돌쌈

돌:-쌈 명 '돌싸움'의 준말.

돌아-가다 자 ①축을 중심으로 계속 돌며 움직이다. ¶ 팽이가 빠르게 돌아가고 있다. ②본래 있던 자리나 오던 길로 되돌아 다시 가다. ¶ 나 내일 고향으로 돌아간다./인간은 결국에는 자연으로 돌아간다. ☞돌아오다 ③먼길로 에돌아 가다. ¶ 고속 도로가 막히면 국도로 돌아가라. ④한쪽으로 뒤틀어지다. ¶ 입이 왼쪽으로 -. ⑤차례를 옮겨 가다. ¶ 돌아가며 집들이를 하다. ⑥몫이 차례로 돌라지다. ¶ 빵이 각자에게 두 개씩 돌아간다. ⑦돈이나 물자가 잘 유통되다. ¶ 자금이 잘 -. ⑧'죽다'를 완곡하게 이르는 말. ¶ 돌아가신 분의 명복을 빕니다. ⑨일이나 형편이 어떠한 상태로 되어 가다. ¶ 형편만 잘 돌아가면 네가 원하는 피아노를 사 주마. ⑩어떤 결과로 끝나다. ¶ 모든 노력이 수포로 돌아갔다. ⑪기능이 제대로 움직이다. ¶ 잘 돌아가던 기계가 갑자기 멈추었다./그는 머리가 잘 돌아간다. ⑫〔타동사처럼 쓰임〕 어떤 곳의 둘레를 따라서 가다. ¶ 산모퉁이를 -.

돌아-가시다 자 '죽다'의 높임말.

돌아-내리다 자 ①마음에 있으면서도 겉으로는 그렇지 않은체 하다. 비쌔다 ¶ 이제 그만 돌아내리고 네 진심을 이야기해 봐. ②연(鳶) 따위가 빙빙 돌면서 떨어지다.

돌아-눕다(-눕고·-누워) 자ㅂ 방향을 바꾸어 눕다. ¶ 돌아눕더니 코를 골기 시작했다.

돌아-다니다 자 ①이리저리 여러 곳을 쏘다니다. ¶ 밤늦게 돌아다니는 것은 위험하다. ☞나다니다 ②널리 퍼지다. ¶ 요즘 전염성 안질이 돌아다니고 있다. ③〔타동사처럼 쓰임〕 ¶ 밤거리를 -.

돌아다-보다 타 고개를 뒤로 돌리어 보다.

돌아-들다(-들고·-드니) 자 ①돌고 돌아서 다시 제자리로 오다. ¶ 그는 2년 만에 고향으로 돌아들었다. ②어느 곳으로 휘어져 들어가거나 들어오다. ¶ 한탄강 줄기가 돌아드는 벌판. ③〔타동사처럼 쓰임〕 굽이를 돌아서 들어가거나 들어오다. ¶ 개천이 산모퉁이를 -.

돌아-보다 타 ①고개를 뒤로 돌리어 보다. ②지난 일을 다시 생각하여 보다. ¶ 젊은 시절을 -. ③돌보다 ④돌아다니며 살피다. ¶ 사무실 안을 -.

한자 **돌아볼 고**(顧) 〔頁部 12획〕 ¶ 고견(顧見)/고려(顧慮)/고시(顧視)/회고(回顧)

돌아-서다 자 ①뒤로 향하고 서다. ¶ 그가 갑자기 돌아서서 말했다. ②어떤 사람과 관계를 끊고 멀리하다. ¶ 이만한 일로 돌아설 사람이 아니다. ③병세나 기분 등이 본디의 정상적인 상태로 되다. ¶ 병세가 좀처럼 돌아서지 않는다.

돌아-앉다 [-안따] 자 ①자리잡고 있던 방향을 바꾸어 앉다. ¶ 돌아앉아 옷매무새를 가다듬었다. ②사물이 있는 반대쪽을 향하여 앉다. ¶ 싸움이라도 했는지 두 사람은 돌아앉아 있었다. 준 돌앉다

돌아-오다 자 ①떠났던 곳이나 가던 길로 다시 오다. ¶ 10년 만에 고향으로 -. ☞돌아가다 ②일정한 때나 차례가 닥치다. ¶ 돌아오는 할머니 제사 때는 꼭 올 거지? ③본디 상태로 되다. ¶ 이제야 정신이 돌아온 모양이다. ④몫이 돌라지다. ¶ 나한테까지 돌아올 게 있겠느냐? ⑤곧장 오지 않고 에돌아서 오다. ¶ 골목길로 -. ⑥〔타동사처럼 쓰임〕 어떤 곳의 둘레를 따라서 오다. ¶ 호수 주위를 -.

한자 **돌아올 귀**(歸) 〔止部 14획〕 ¶ 귀가(歸家)/귀국(歸國)/귀로(歸路)/귀향(歸鄕) ▷ 속자는 帰
돌아올 환(還) 〔辵部 13획〕 ¶ 귀환(歸還)/생환(生還)
돌아올 회(回) 〔囗部 3획〕 ¶ 회귀(回歸)

돌아-치다 자 몹시 바쁘게 서두르며 왔다갔다 하다.

돌-앉다 [-안따] 자 '돌아앉다'의 준말.

돌:-알[1] 명 수정(水晶)으로 만든 안경알.

돌:-알[2] 명 삶아 익힌 달걀. 숙란(熟卵). 팽란(烹卵)

돌연(突然)[1] 부 갑자기. 별안간. 돌연히 ¶ - 굉음이 울리

다. /— 가스가 폭발하다.
돌연(突然)² 어기 '돌연(突然)하다'의 어기(語基).
돌:-연대(—蓮臺) 명 돌로 만든, 부처의 연꽃 모양의 대좌(臺座). 석연대(石蓮臺)
돌연-변:이(突然變異) 명 생물의 형질에 어버이와 다른 형질이 생겨 유전하는 현상. 우연 변이(偶然變異)
돌연변:이-설(突然變異說) 명 생물은 유전자의 돌연변이로 새 형질이 생겨나고 진화한다는 학설.
돌연-변:종(突然變種) 명 돌연변이로 말미암아 새로이 발생하고 그 유전 형질이 고정된 종(種).
돌연-사(突然死) 명 -하다 자 까닭을 알 수 없이 갑자기 죽는 일. ¶근무 중에 —하다. ☞급사(急死). 돈사(頓死)
돌연-하다(突然—) 형 여 갑작스럽다
돌연-히 부 돌연하게. 돌연¹
돌올(突兀) 어기 '돌올(突兀)하다'의 어기(語基).
돌올-하다(突兀—) 형 여 우뚝 솟아 있다.
돌올-히 부 돌올하게
돌:-옷 명 돌 위에 난 이끼.
돌:-우물 명 벽을 돌로 쌓아 올린 우물. 석정(石井)
돌이켜-보다 타 지난 일을 되돌아보다.
돌이키다 타 ①고개나 몸의 방향을 돌리다. ¶고개를 —. ②지난 일을 다시 생각하다. ¶과거를 돌이켜 생각하면 즐거웠던 날들이 먼저 떠오른다. ③본디의 상태로 되돌아가다. ¶돌이킬 수 없는 잘못을 저지르다. ④먹었던 마음을 고쳐 달리 생각하다. ¶마음을 돌이켜 먹고 꿋꿋이 살아라.
돌입(突入) 명 -하다 자 ①세찬 기세로 갑자기 뛰어듦. ¶우주선이 대기권에 —하다. ②어떤 중대한 사태로 옮아가는 일. ¶잦은 분쟁 끝에 전쟁으로 —하다.
돌-잔치 명 돌날에 베푸는 잔치.
돌-잡이 명 ①태어난 지 첫돌이 되거나 그만한 시기의 아이. 돌쟁이 ②-하다 타 첫돌날에 돌상에 여러 가지 물건을 차려 놓고 돌쟁이에게 제 마음대로 골라잡게 하는 일.
돌-잡히다 타 돌쟁이에게 돌잡이를 하게 하다.
돌:-장이 명 돌을 다루는 일을 직업으로 삼는 사람. 석공(石工). 석수(石手)
돌-쟁이 명 돌잡이
돌전(突戰)[—쩐] 명 -하다 자 돌진하여 싸움.
돌:-절구 명 돌을 우묵하게 파서 만든 절구. 석구(石臼)
속담 **돌절구도 밑 빠질 때가 있다**: 아무리 튼튼한 것이라도 오래 쓰면 결딴나는 날이 있다는 말.
돌제(突堤)[—쩨] 명 연안에서 강이나 바다로 좁고 길게 내민 둑. 선창(船艙)·방파제(防波堤)·방사제(防砂堤) 따위.
돌:-중방(—中枋) 명 골목 어귀에 문지방처럼 가로질러 놓은 좁다란 돌.
돌진(突進)[—찐] 명 -하다 자 거침없이 나아감. 유 돌격(突擊). 돌관(突寬)
돌:-질 명 '돌멩이질'의 준말.
돌:-집[—찝] 명 석재(石材)를 주로 써서 지은 집.
돌:-짬 명 갈라진 돌과 돌의 틈.
돌:-쩌귀 명 문짝을 여닫게 하기 위해 암짝은 문설주에, 수짝은 문짝에 박아 맞추어 꽂게 된, 쇠붙이로 만든 두 개의 물건. ☞경첩
속담 **돌쩌귀에 녹이 슬지 않는다**: ①항상 쓰이는 물건은 썩지 않는다는 말. ②무슨 일이든지 쉬지 않고 부지런히 하면 탈이 생기지 않는다는 말. 〔부지런한 물방아는 얼새도 없다/홈통은 썩지 않는다〕/**돌쩌귀에 불이 난다**: 자주 쉴 새 없이 문을 여닫음을 이르는 말.
돌차(咄嗟) 명 -하다 자타 혀를 차며 애석하게 여김.
돌차-간(咄嗟間) 명 매우 짧은 동안. 얼마 안 되는 사이.
돌-참나무 명 너도밤나뭇과의 상록 활엽 교목. 높이는 10 m, 지름 1m 안팎. 길둥근 잎이 어긋맞게 나며, 6월경에 꽃이 피고 이듬해 가을에 열매가 익음. 일본 원산임.
돌창 명 '도랑창'의 준말.
돌-창포 명 '꽃장포'의 딴이름.
돌체(dolce 이) 명 악보의 나타냄말의 한 가지. '부드럽게'의 뜻.

돌출(突出) 명 -하다 자 ①갑자기 튀어나옴. ②밖으로 쑥 불거져 나옴, 또는 그런 것. ☞돌기(突起)
돌:-층계(—層階) 명 돌로 쌓아 만든 층계.
×**돌-치** 명 → 돌계집
돌치시모(dolcissimo 이) 명 악보의 나타냄말의 한 가지. '매우 부드럽게'의 뜻.
돌:-칼 명 석기 시대의 유물인, 돌로 만든 칼. 석도(石刀) ☞돌검
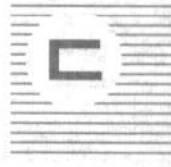
돌-콩 명 콩과의 한해살이풀. 잎은 세 쪽의 겹잎이며 줄기는 가늘고 길어서 다른 물체를 감아 올라감. 7~8월에 연한 자줏빛 꽃이 피며, 가을에 콩과 비슷하고 털이 많은 열매가 열림.
돌탄(咄嘆) 명 -하다 자타 혀를 차며 탄식함.
돌:-탑(—塔) 명 돌로 쌓아 만든 탑. 석탑(石塔)
돌:퇴(—退) 명 건물의 둘레에 쭉 붙여 지은 툇간.
돌파(突破) 명 -하다 타 ①뚫고 나감. ¶상대 팀 수비진을 정면으로 —하다. ②어떤 목표나 수준을 넘어섬. ¶2시간대의 기록을 —하다.
돌파-구(突破口) 명 ①뚫고 나가는 통로나 목. ¶—가 열리다. ②곤란한 문제 따위를 해결하는 실마리. ¶새로운 —를 모색하다.
돌:-팔매 명 무엇을 맞히기 위하여 멀리 던지는 돌멩이.
돌:팔매-질 명 -하다 자 돌멩이를 멀리 던지는 짓.
돌:-팔이 명 ①일정한 주소가 없이 떠돌아다니며 기술이나 물건을 파는 사람. ¶— 장사 ②제대로 자격을 갖추지 않고 전문직에서 일하는 사람을 속되게 이르는 말. ¶— 의사
돌-팥 명 '돌동부'의 딴이름.
돌풍(突風) 명 갑자기 세차게 부는 바람.
돌-피 명 볏과의 한해살이풀. 줄기 높이 80~150cm. 피와 비슷하나 조금 작고 잎은 선 모양임. 들에서 자라며, 가축의 사료로 쓰임.
돌핀(dolphin) 명 부두에 배를 매어 두기 위하여 쇠나 콘크리트로 만들어 놓은 말뚝.
돌핀킥(dolphin kick) 명 접영에서 하는 다리 동작의 한 가지. 양발을 움츠려 위로부터 아래로 물을 차며 앞으로 나아가는 몸놀림임.
돌:-함(—函) 명 돌로 만든 함. 석함(石函)
돌:-합(—盒) 명 돌로 만든 합.
돌:-확 명 돌을 절구처럼 우묵하게 파서 만든 확.
×**돐** 명 → 돌
×**돐-날** 명 → 돌날
돔: 명 '도미'의 준말.
돔:(dome) 명 ①반구형(半球形)으로 된 지붕. ②사원(寺院) 따위의 큰 건축물. ③위가 둥근 모양인 산봉우리.
돔발-상어 명 돔발상엇과의 바닷물고기. 몸길이 1m 안팎. 주둥이는 길고 뾰족하며, 두 개의 등지느러미 앞에 크고 날카로운 가시가 하나씩 있음. 몸빛은 회갈색이고 배 쪽은 백색에 가까움. 우리 나라 남해와 중국해 등에 분포함.
돕:다(돕고·도와) 타 ㅂ ①남을 위하여 힘을 쓰거나 거들어 잘 되게 하다. ¶선생님을 많이 도와 드려라. /불우 이웃을 —. ②몸의 기운이나 기능을 좋아지게 하다. ¶소화를 돕는 약. /신체의 발육을 —. ③〔주로 '밤을 도와'의 꼴로 쓰이어〕'밤을 새워', '밤을 이용하여'의 뜻. ¶밤을 도와 먼 길을 달려갔다. ④〔주로 '길을 도와'의 꼴로 쓰이어〕'길을 재촉하여'의 뜻. ¶네가 보고 싶어 길을 도와 여기까지 왔다.

한자 **도울 부**(扶)〔手部 4획〕¶부조(扶助)/부호(扶護)
도울 원(援)〔手部 9획〕¶구원(救援)/원조(援助)
도울 조(助)〔力部 5획〕¶구조(救助)/내조(內助)
도울 좌(佐)〔人部 5획〕¶보좌(補佐)
도울 찬(贊)〔貝部 12획〕¶찬조(贊助) ▷ 속자는 賛
도울 협(協)〔十部 6획〕¶협력(協力)/협조(協助)
도울 호(護)〔言部 14획〕¶구호(救護)/변호(辯護)

▶ ㅂ 불규칙 용언의 모음 조화 표기
'돕다'와 같은 단음절 어간 '돕-'에 어미 '-아'가 결합하는 경우는 '-와'로 표기한다.
¶ 돕다〔助〕/돕고/도와/도와서/도와도
¶ 곱다〔麗〕/곱고/고와/고와서/고와도
그 밖의 경우에는 '-워'로 표기한다.
¶ 아름답다/아름답고/아름다워/아름다워서
¶ 괴롭다/괴롭고/괴로워/괴로워서

ㄷ

돕지 명 앞을 여미지 아니하고 두 쪽이 나란히 맞닿게 된, 갑옷이나 마고자 따위의 섶. 개금(開襟)
×돗 명 →돗자리
돗-가락 명 윷놀이에서, 윷을 던지기 전에 손에서 윷짝 하나가 잘못 흘러 떨어지면 그것이 '도'가 날 징조라 하여 장난으로 이르는 말.
돗-바늘[돋-] 명 돗자리 따위를 꿰매는 데 쓰는 굵고 큰 바늘.
돗-밭[돋-] 명 윷판의 맨 첫 밭.
돗-자리[돋-] 명 왕골이나 골풀의 줄기를 잘게 쪼개어 짠 자리. 석자(席子)
돗-총이[돋-] 명 몸의 털빛이 검푸른 말.
돗-틀[돋-] 명 돗자리를 짜는 틀.
동[1] 명 재래식 한복 윗옷의 소매 부분, 또는 소매에 다른 천으로 이어 댄 조각. ¶ －을 달다.
동[2] 명 어느 때부터 어느 때까지의 사이. 동안
동이 뜨다 관용 ①시간의 사이가 오래다. ②거리가 멀다. 동안이 뜨다.
동[3] 명 일의 이치나 조리.
동(이) 닿다 관용 조리에 맞다. ¶ 그는 동이 닿지 않는 말만 늘어놓는다.
동[4] 명 뒤를 이어 대는 사물.
동(을) 대다 관용 떨어지지 않도록 계속 이어 대다.
동이 나다 관용 계속 이어 대지 못하고 도중에 떨어지다.
동[5] 명 배추나 무, 상추 따위의 꽃이 피는 줄기.
동[6] 명 ①광맥에서, 광물의 함유량이 적은 부분. ☞동먹다 ②뚫는 돌의 굳은 정도.
동[7] 명 한덩이로 크게 묶은 묶음.
동[8] 의 '동거리'의 준말.
동[9] 의 ①여러 가지 물건의 한 묶음의 단위. 붓 열 자루, 먹 열 장, 백지 백 권, 생강 열 접, 곶감 백 접, 조기나 비웃 이천 마리, 피륙 쉰 필, 볏짚 백 단 등이 각각 한 동임. ②윷놀이에서, 말이 첫 밭에서 시작하여 끝 밭을 나가는 단위를 세는 단위. ¶ 마지막 한 －이 남았다.
동[10] 부 작은북 따위를 한 번 두드릴 때 나는 소리를 나타내는 말. ☞둥[2]
동(東) 명 동쪽 ☞남. 북. 서
동이 트다 관용 새벽이 되어 동쪽 하늘이 훤하게 밝아오다. ¶ 동이 틀 무렵에 집을 나섰다.
속담 **동에 번쩍 서에 번쩍** : 정처가 없고 종적을 걷잡을 수 없을 만큼 왔다갔다 함을 이르는 말. /**동의 일 하라면 서의 일 한다** : 남의 말을 제대로 알아듣지 못하여 딴전만 부리는 경우를 두고 비유하여 이르는 말. ☞동문서답(東問西答)
동(垌) 명 크게 쌓은 둑. ¶ －을 막다.
동:(洞) 명 지방 행정 구역의 하나. 시·읍·구(區)의 아래에 둠. ¶ － 대항 축구 대회
동(胴) 명 ①격검(擊劍)할 때에 가슴과 배를 보호하기 위하여 가리는 호구(護具). ②동부(胴部)
동(童) 명 족보(族譜)에서, 결혼하지 아니한 남자를 나타내는 말. ☞관(冠)
동(棟) 명 용마루나 추녀마루 따위의 지붕마루.
의 집채의 수 또는 차례를 세는 단위. ¶ 두 －의 연립 주택을 짓고 있다. /아파트 몇 － 몇 호에 사십니까?.
동(銅) 명 ①구리 ¶ －을 입히다. ②동메달
동가(同家) 명 ①같은 집안. ②같은 집.
동가(同價)[－까] 명 같은 값.
동가(東家) 명 동쪽에 있는 이웃.
동:가(動駕) 명 -하다 자 지난날, 임금이 타는 수레가 대궐 밖으로 나가는 일을 이르던 말.
동:가(童歌) 명 ①어린이들이 즐겨 부르는 노래. ②어린이들의 정서를 표현한 노래. 동요(童謠)
동가리-톱 명 가로로 자르는 톱. 준 동톱 ☞내릴톱
동가선(東歌選) 명 조선 정조 때 백경현(白景炫)이 엮은 시조집. 235수의 시조가 실려 있음.
동가식서가숙(東家食西家宿) 성구 동쪽 집에서 밥을 먹고 서쪽 집에서 잠을 잔다는 뜻으로, 떠돌아다니면서 여기저기에서 얻어먹고 지냄을 이르는 말.
동가홍상(同價紅裳)[－까－] 성구 '같은 값이면 다홍치마'라는 말을 한문식으로 옮긴 구(句)로, 같은 조건이면 좋은 것을 가려서 한다는 뜻.
동간(胴間) 명 몸통의 길이.
동감(同感) 명 -하다 자 남과 같게 느끼거나 생각함, 또는 그 느낌이나 생각. ¶ 그 의견에 전적으로 －한다.
동:감(動感) 명 움직이는듯 한 느낌. ¶ 이 조각에는 －이 잘 나타나 있다.
동갑(*同甲) 명 ①같은 나이. ¶ 내외가 －이다. ②나이가 같은 사람. ¶ －끼리 모였다. 동경(同庚)
동갑-계(*同甲契) 명 동갑끼리 친목을 꾀하여 맺는 계. 동경계(同庚契) 준 갑계(甲契)
동강[1] 명 ①가늘고 긴 도막의, 잘리거나 쓰고 남은 짤막한 도막. ¶ 연필 － ②〔의존 명사로도 쓰임〕 ¶ 나무젓가락이 두 － 나다. ☞토막
동강(을) 내다 관용 동강이 나게 부러뜨리다.
동강(을) 치다 관용 동강이 나게 자르다.
동강(이) 나다 관용 부러져 동강이 되다.
동강[2] 부 긴 물건이 작은 도막으로 잘라지는 모양을 나타내는 말. ¶ 당근을 － 자르다.
동강-동강 부 긴 물건이 여러 도막으로 잘라지는 모양을 나타내는 말. ¶ 왜무를 － 자르다.
동강-이 명 동강 난 물건.
동강-치마 명 치맛단의 길이가 무릎까지 오는 짧은 치마.
동개 명 활과 화살을 넣어 등에 지도록 만든 물건. 흔히 가죽으로 만듦. 동아(筒兒)
동개-살 명 깃을 크게 댄 화살.
동개-철(－鐵) 명 문짝의 위아래에 장부가 쪼개지지 않도록 하기 위하여 싸서 댄 넓은 쇳조각.
동개-활 명 동개에 넣어 등에 지고 말을 달리며 쏘는, 각궁보다 작게 만든 활.
동갱(銅坑) 명 광산에서, 구리를 캐어 내는 구덩이.
동거(同居) 명 -하다 자 ①한 집에서 같이 삶. 동처(同處) ☞별거(別居) ②법적으로 혼인하지 않은 남녀가 한 집에서 같이 살면서 부부 생활을 하는 일. 동서(同棲)
동-거리 명 물부리 끝에 달린 쇠. 준 동[8]
동검(銅劍) 명 구리에 주석이나 아연을 합금한 청동(靑銅)으로 만든 칼.
동-검구(銅鈐口) 명 도자기의 아가리를 구리로 싸서 물리는 꾸밈새. 동철환(銅掇環)
동격(同格)[－껵] 명 같은 자격이나 지위.
동:결(凍結) 명 -하다 자타 ①물 따위가 얼어붙는 일. 유 빙결(氷結) ②자산이나 자금 따위의 사용과 이동을 금지하는 일, 또는 그런 상태. ¶ 자산 －
동경(同庚) 명 동갑(同甲)
동경(同慶) 명 -하다 타 함께 경축함.
동경(東京) 명 고려 시대의 사경(四京)의 하나. 지금의 경주(慶州)를 이르던 말.
동경(東經) 명 본초 자오선(本初子午線)을 0도로 하고 동쪽 180도까지의 사이에 있는 경선. ☞서경(西經)
동경(動徑) 명 평면 또는 공간에 있는 한 점의 위치를 나타낼 때, 기준이 되는 점으로부터 그 점에 그은 직선을 벡터(vector)로 한 선분(線分).
동경(銅鏡) 명 청동으로 만든 거울.
동:경(憧憬) 명 -하다 타 무엇을 마음에 두고 그리워하여 간절히 생각함. ¶ 이상향에 대한 －. /화가를 －하다.
동경-개(東京－) 명 동경이
동경-계(同庚契) 명 동갑계(同甲契)

동경-이(東京-)명 예전에, 경주 지방에 많았다고 하는 꼬리가 짧은 개. 동경개
동계(冬季)명 겨울철. 동절(冬節) ☞춘계(春季)
동계(同系)명 같은 계통. 같은 계열.
동:계(洞契)명 동네의 일을 하기 위하여 만든 계.
동:계(動悸)명-하다자 심장의 고동이 여느 때보다 심해져 가슴이 두근거림.
동계=교배(同系交配)명 동식물의 유전자 조성을 고르게 하기 위해 계통적으로 가까운 것끼리 교배시키는 일.
동고(同苦)명-하다자 고생을 함께함.
동고(銅鼓)명 청동으로 만든 타악기.
동고동락(同苦同樂)성구 괴로움이나 즐거움을 함께함을 이르는 말.
동-고리명 작고 동글납작하게 만든 버들고리.
동고-병(胴枯病)[-뼝]명 자낭균 따위의 침입으로 말미암아 나무의 줄기나 가지에 오목하고 크게 말라 죽은 무늬가 생기는 병.
동-고비명 동고빗과의 텃새. 몸길이 13.5cm 안팎. 몸빛은 등 쪽은 청회색이고 배 쪽은 백색임. 부리는 굵고 길며 꽁지는 짧음. 울창한 산림 지역에서 삶.
동고서저-형(東高西低型)명 기압 배치형의 하나. 여름철에 우리 나라 동쪽인 오호츠크 해 방면에 고기압이, 서쪽인 시베리아 방면에 저기압이 자리하는 상태를 이르는 말. ☞서고동저형(西高東低型)
동고-선(同高線)명 등고선(等高線)
동:곡(童曲)명 어린이들이 연주하기에 알맞게 지은 악곡.
동골-태(銅骨胎)명 구릿빛 같은 황갈색을 띤 도자기.
동곳명 상투를 튼 뒤에 풀어지지 않도록 꽂는 물건.
동곳(을) 빼다관용 잘못을 인정하고 굴복하다.
동곳-잠(-簪)[-곧-]명 동곳 모양의 옥비녀.
동공(同工)명 재주나 솜씨가 같은 일, 또는 같은 재주나 솜씨.
동공(同功)명 공로가 서로 같은 일, 또는 같은 공로.
동:공(瞳孔)명 눈동자. 동자(瞳子). 수확(水廓)
동공-견(同功繭)명 두 마리의 누에가 함께 지은 고치. 공동견(共同繭). 쌍고치
동:공=반:사(瞳孔反射)명 빛이 밝으면 반사적으로 동공이 작아지고 어두우면 동공이 반사적으로 커지는 현상.
동공이:곡(同工異曲)성구 재주나 솜씨는 같으나 표현하는 형식이나 맛은 서로 다름을 이르는 말. 동공이체
동공이:체(同工異體)성구 동공이곡(同工異曲)
동공일체(同功一體)성구 ①공훈(功勳)과 지위가 서로 같음을 이르는 말. ②일의 공을 들인 보람이 서로 같음을 이르는 말.
동과(冬瓜)명 '동아'의 딴이름.
동과(同科)[-꽈]명 ①동등한 등급. ②같은 죄과(罪科). ③같은 과(科).
동:과-자(冬瓜子)명 한방에서, 동아의 씨를 약재로 이르는 말. 부종(浮腫)과 소갈(消渴)에 약으로 쓰임.
동관(同官)명 같은 관청의 같은 등급의 관리.
동관(彤管)명 대에 붉은 칠을 한 붓. 주로 여자들이 씀.
동광(銅鑛)명 ①구리를 캐는 광산. 동산(銅山). 동점(銅店) ②구리가 섞여 있는 광석.
동교(東郊)명 ①동쪽에 있는 들이나 교외(郊外). ②지난날, 서울의 동대문 밖 근처를 이르던 말.
동교-치(東郊-)명 지난날, 동대문 밖에서 소나 말에 싣고 서울로 들여 오던 땔나무.
동구(東歐)명 '동구라파'의 준말. ☞서구(西歐)
동:구(洞口)명 ①동네 어귀. ¶고향의 － 밖에는 커다란 느티나무가 있다. ②절로 들어가는 산문(山門)의 어귀.
동-구라파(東歐羅巴)명 동유럽 준동구 ☞서구라파
동구래명 ①'동구래깃'의 준말. ②'동구래저고리'의 준말.
동구래-깃명 깃부리가 반원형으로 된 옷깃. 준동구래 ☞목판깃
동구래-저고리명 길이가 짧고 앞섶이 좁으며, 앞 도련이 둥글고 뒷길이보다 좀 길게 만든 여자의 저고리. 준동구래
동구리명 대나무나 버드나무 가지로 촘촘하게 엮어 만든 상자. 음식을 담아 나를 때 쓰며, 아래위 두 짝으로 되어 있음.
동:구안=대:궐(洞口-大闕)[-때-]명 지난날, '창덕궁(昌德宮)'을 흔히 이르던 말.
동국(東國)명 ①동쪽에 있는 나라. ②지난날, 중국에 대하여 '우리 나라'를 이르던 말.
동국세:시기(東國歲時記)명 조선 순조 때, 홍석모(洪錫謨)가 당시의 연중 행사와 풍속을 적은 책. 필사본(筆寫本)으로 전하다가 1911년 조선 광문회(朝鮮光文會)에서 활자본으로 펴냄.
동국신속삼강행실도(東國新續三綱行實圖)명 조선 광해군 9년(1617)에 이성(李惺) 등이 왕명에 따라 엮은, '삼강행실도(三綱行實圖)'의 속편(續編). 신라·고려·조선 시대의 충신·효자·열녀의 덕행을 기린 내용으로, 한문으로 된 본문을 한글로 번역하고, 그 내용을 그림으로 나타내었음. 18권 18책의 목판본.
동국여지승람(東國輿地勝覽)명 조선 성종 때, 왕명에 따라 노사신(盧思愼) 등이 편찬한 우리 나라의 지리서. 중국의 '대명일통지(大明一統志)'를 본떠 만든 것으로, 각 도의 지리·풍속과 특기 사항 등을 기록했음. 55권 25책의 활자본.
동국이:상국집(東國李相國集)명 고려 고종 때의 문신(文臣) 이규보(李奎報)의 문집. 고종 28년(1241)과 이듬해에 걸쳐 전·후집(前後集)으로 나누어 전 53권 14책으로 간행되었으며, 그의 시문과 함께 '동명왕편(東明王篇)' 등의 장편 서사시와 갖가지 잡고(雜考)가 실려 있음.
동국정:운(東國正韻)명 조선 세종 때, 신숙주(申叔舟)·성삼문(成三問) 등이 편찬한 우리 나라 최초의 한자 음운서(音韻書). 중국의 운서(韻書)인 '홍무정운(洪武正韻)' 등을 참고하여 우리 나라의 한자음을 새로운 체계로 정리한 것임. 전 6권.
동국-중:보(東國重寶)명 고려 숙종 때에 만든 엽전의 한 가지.
동국통감(東國通鑑)명 조선 성종 때, 서거정(徐居正)·정효항(鄭孝恒) 등이 왕명에 따라, 신라 시조 박혁거세(朴赫居世)로부터 고구려·백제를 거쳐 고려 공양왕(恭讓王)에 이르기까지 1,400년 동안의 역사를 기록한 책. 56권 26책.
동국-통보(東國通寶)명 고려 숙종 때에 만든 엽전의 한 가지.
동군(東君)명 ①민속에서, 봄을 맡은 동쪽의 신(神)을 이르는 말. 청제(青帝) ②'태양' 또는 '태양의 신'을 달리 이르는 말.
동:군(洞君)명 지난날, 마을 안의 젊은 남자를 이르던 말.
동:굴(洞窟)명 깊고 넓은 굴. 동혈(洞穴)
동:굴=미술(洞窟美術)명 동굴의 벽이나 천장에 그려진 석기 시대의 그림이나 조각을 통틀어 이르는 말.
동:굴=유적(洞窟遺跡)명 인간이 동굴을 주거(住居)로서 사용한 흔적이 있는 유적.
동:굴=인류(洞窟人類)명 동굴에서 살던 구석기 시대의 인류를 통틀어 이르는 말.
동궁(彤弓)명 붉은 칠을 한 활.
동궁(東宮)명 ①지난날, 왕세자나 황태자를 이르던 말. 동저(東儲) ②지난날, 세자궁(世子宮)이나 황태자궁(皇太子宮)을 달리 이르던 말. ③대한 제국 때, 궁내부(宮內府)에 딸린 관아의 하나. 황태자에게 봉사(奉仕)하고 보도(輔導)와 시강(侍講)을 맡아보았음.
동권(同權)[-꿘]명 같은 권리. 평등한 권리.
동궐(東闕)명 지난날, '창덕궁'을 달리 이르던 말.
동귀일철(同歸一轍)성구 같은 결과로 돌아감을 이름.
동-귀틀명 마루의 장귀틀과 장귀틀 사이를 가로질러서 청널의 잇몸을 받는 짧은 귀틀.
동규(冬葵)명 '아욱'의 딴이름.
동규-자(冬葵子)명 한방에서, 아욱의 씨를 약재로 이르는 말. 유종·이질 등의 치료에 쓰임.
동:귤(童橘)명 '금감(金柑)'의 딴이름.

동그라미 명 ①동그란 모양, 또는 동그랗게 그린 도형. 원(圓)[1] ¶ -를 치다. ☞둥그러미. 똥그라미 ②'동그라미표'의 준말. ③'돈'의 곁말. ¶ -가 한 푼도 없다.
동그라미-표(-標) 명 무엇이 맞거나 옳음을 나타내는 표시로 동그랗게 그리거나 찍는 표. 공표(空標) 준 동그라미 ☞가위표
동그라-지다 자 넘어지면서 구르다. ¶눈길에 미끄러져서 -. ☞둥그러지다
동그람-에이(-a) 명 ①부기(簿記)나 계산서 등에서, 단가(單價)를 나타내는 기호 @의 이름. ☞단가표 ②인터넷에서 전자 우편 주소를 쓸 때, 사용자 이름과 도메인 이름을 구분해 주는 기호 @의 이름. 골뱅이. 앳(at)
동그랑-쇠 명 ①굴렁쇠 ②삼발이
동그랗다(동그랗고·동그란) 형ㅎ 보기에 동글다. ¶동그란 동전. ☞둥그렇다. 똥그랗다
동그래-지다 자 동그랗게 되다. ¶깜짝 놀라 눈이 -. ☞둥그레지다. 똥그래지다
동그마니 부 외따로 오뚝하게. ¶운동장 가에 - 앉아 있는 한 여자 아이.
동그스레-하다 형여 동그스름하다 ☞둥그스레하다. 똥그스레하다
동그스름-하다 형여 좀 동그랗다. 동그스레하다 ☞둥그스름하다. 똥그스름하다
동그스름-히 부 동그스름하게 ☞둥그스름히
동:극(童劇) 명 '아동극(兒童劇)'의 준말.
동근(同根) 명 ①근본이 같은 일. ②자라난 뿌리가 같은 일. ③형제(兄弟)
동-근고(同勤苦) 명 -하다 자 일하기와 고생을 같이함.
동글갸름-하다 형여 생김새가 동글게 갸름하다.
동글납대대-하다 형여 생김새가 동글고 납작스름하다. ¶동글납대대하게 생긴 그릇. ☞둥글넓데데하다
동글납작-하다 형여 생김새가 동글고 납작하다. ¶동글납작하게 부친 전유어. ☞둥글넓적하다
동글다(동글고·동그니) 형 모양이 작게 둥글다. 자 동그랗게 되다. ¶바람을 불어넣자 동그는 풍선.
동글-동글 부 -하다 형 조금도 모난 데 없이 동그란 모양을 나타내는 말. ¶경단을 - 빚다. /-한 조약돌. ☞둥글둥글. 똥글똥글
동글반반-하다 형여 생김새가 동그스름하고 반반하다. ¶동글반반한 얼굴. ☞둥글번번하다
동글리다 타 동글게 만들다. ¶찰흙을 조금 떼어 손바닥으로 -. /탁자 모서리를 -. ☞둥글리다
동글-붓 명 끝이 뾰족하지 않고 동그스름하게 생긴 붓.
동글-수시렁이 명 수시렁잇과의 곤충. 몸길이 3mm 안팎이며, 몸빛은 검으나 희고 누른 비늘털이 겉날개에 띠 무늬를 이루고 있음.
동금(同衾) 명 -하다 자 동침(同寢)
동급(同級) 명 ①같은 등급. 동등(同等) ②같은 계급. ③같은 학급.
동급-생(同級生) 명 같은 학급의 학생.
동긋-하다[-귿-] 형여 동그스름한 느낌이 있다. ☞둥긋하다
동긋-이 부 동긋하게 ☞둥긋이
동기(冬期) 명 겨울의 기간. ☞춘기(春期)
동기(同氣) 명 형제와 자매, 남매를 통틀어 이르는 말. 형제(兄弟)
동기(同期) 명 ①같은 시기. ②'동기생(同期生)'의 준말.
동:기(動機) 명 ① 어떤 일을 생각하거나 행동하게 된 직접적인 원인, 또는 목적. ¶마음을 돌리게 된 -가 무엇인가? /범행의 -를 알아보다. ②음악에서, 악곡을 구성하는 최소 단위. 모티프(motif)
동:기(童妓) 명 지난날, 어린 기생을 이르던 말.
동기(銅器) 명 구리 그릇
동기-간(同氣間) 명 형제 자매의 사이. ¶ -의 우애.
동기=방학(冬期放學) 명 겨울 방학을 이르는 말.
동기상구(同氣相求) 성구 기풍(氣風)이나 뜻이 같은 무리끼리는 서로 통하여 응함을 이르는 말.
동기-생(同期生) 명 학교 교육이나 강습 등을 같은 시기에 함께 받은 사람. 준 동기(同期)
동:기-설(動機說) 명 행위의 도덕적 가치를 평가할 때 행위의 결과보다 동기를 중시하는 학설. ☞결과설(結果說)
동기=시대(銅器時代) 명 인류가 구리로 생활 기구를 만들어 쓰던 시대. 석기 시대와 청동기 시대의 사이임.
동기일신(同氣一身)[-씬] 성구 형제 자매는 한몸과 같다는 말.
동-나다 자 ①늘 쓰던 물건이 다 떨어져 없어지다. ¶연료가 -. ②상품이 다 팔리다. ¶상품이 -.
동-나무 명 조그마하게 단으로 묶어 파는 땔나무.
× **동남**(東南) 명 → 남동(南東)
동:남(童男) 명 사내아이 ☞동녀(童女)
동-남동(東南東) 명 동쪽과 남동쪽의 가운데 방위.
동:남-동:녀(童男童女) 명 사내아이와 계집아이를 아울러 이르는 말.
동남-아(東南亞) 명 '동남 아시아'의 준말.
동남=아시아(東南Asia) 명 아시아의 남동부 지역. 인도차이나 반도와 말레이 군도 지역을 통틀어 이르는 말. 준 동남아(東南亞)
× **동남-풍**(東南風) 명 → 남동풍(南東風)
동-납월(冬臘月) 명 동짓달과 섣달을 아울러 이르는 말.
동:내(洞內) 명 동네 안. 동중(洞中)
동:냥 명 -하다 자타 ①거지나 동냥아치가 집집이 돌아다니며 구걸하는 일, 또는 그렇게 받는 돈이나 물건. ②수도하는 중이 시주를 얻으려고 이집 저집 돌아다니는 일, 또는 그렇게 받는 곡식 따위.
동냥(을) 가다 관용 동냥(을) 보내다
동냥(을) 보내다 관용 손·발·귀 따위와 함께 쓰이어, 반응이 없거나 제대로 행동하지 않을 때 타박하여 이르는 말. 동냥(을) 가다 ¶귀를 동냥 보냈는지 불러도 대답을 하지 않는다. /오른손은 동냥 보냈느냐, 왼손으로 밥을 먹게.
속담 **동냥은 안 주고 쪽박만 깬다** : 요구하는 것은 주지 않고 방해만 놓는다는 뜻. 〔동냥도 아니 주고 자루 찢는다/부조 안 한 나그네 제상 친다〕/**동냥하려다가 추수 못 본다** : 작은 것을 탐내어 다니다가 큰 것을 놓치게 됨을 이르는 말.
동:냥-아치 명 동냥을 하러 다니는 사람. 준 동냥치
속담 **동냥아치 쪽박 깨진 셈** : 먹고 사는 데 쓰는 유일한 기술이나 도구가 못 쓰게 됨을 비유하여 이르는 말.
동:냥=자루[-짜-] 명 동냥질할 때 가지고 다니는 자루.
속담 **동냥자루도 마주 벌려야 들어간다** : 아무리 보잘것없는 일이라도 서로 힘을 합쳐야 이룰 수 있다는 말. /**동냥자루도 제멋에 찬다** : ①천한 동냥질도 제가 하고 싶어서 한다는 말. ②세상 사람이 좋다고 하는 일은 하지 않고 나쁘다고 하는 일만 하는 사람을 보고 하는 말. 〔도포를 입고 논을 갈아도 제멋이다/오이를 거꾸로 먹어도 제멋〕/**동냥자루를 찼나** : 먹고도 곧 허기져서 또 먹을 궁리만 함을 우스개로 하는 말.
동:냥-젖 명 남의 젖을 얻어먹는 일, 또는 그 젖. ¶심 봉사는 심청이를 -으로 키웠다.
동:냥-중[-쭝] 명 동냥하러 다니는 중. 자미승(粢米僧). 재미중
동:냥-질 명 -하다 자타 동냥하러 다니는 짓.
동:냥-치 명 '동냥아치'의 준말.
속담 **동냥치가 동냥치 꺼린다** : 제가 무슨 일을 청구하러 갔을 때 다른 사람도 와서 구하면, 방해자로 여기고 미워한다는 말.
동:네(洞-) 명 ①자기가 살고 있는 집의 근처. ②다른 여러 집이 모여 사는 곳. 유 마을
속담 **동네 개 짖는 소리만 못하게 여긴다** : 남의 말을 듣고도 무시함을 이르는 말. 〔어디 개가 짖느냐 한다〕/**동네 북인가** : 이 사람 저 사람이 만만히 보고 집적거리거나 분풀이의 대상으로 삼는다는 말. /**동네 색시 믿고 장가 못 든다** : 될성 싶지도 않은 것을 막연하게 믿고만 있다가는 낭패만 본다는 말. 〔앞 집 처녀 믿다가 장가 못 간

다/이웃집 색시 믿고 장가 못 간다]/**동네 송아지는 커도 송아지란다**：늘 눈앞에 두고 보면 자라나고 커져서 변한 것을 알아내기 어렵다는 말.

동:네-방네(洞－坊－)명 온 동네. 이 동네 저 동네 온통. ¶－ 소문을 퍼뜨리고 다니다.

동:녀(童女)명 계집아이 ☞동남(童男)

동년(同年)명 ①같은 해. ②같은 나이. 동령(同齡). 동치(同齒) ③과거에 동시에 급제하여 방목(榜目)에 같이 적히는 일, 또는 그 사람. 동방(同榜)

동년-계(同年契)명 지난날, 대과(大科)에 함께 급제한 사람끼리 맺던 계.

동년-배(同年輩)명 같은 나이 또래의 사람. ¶여기 모인 사람은 모두 －다.

동-녘(東－)명 동쪽의 방향. 동방(東方). 동쪽 ¶－ 하늘/－이 밝아 오다.

속담 **동녘이 훤하면 세상인 줄 안다**：날이 밝으면 낮인 줄 알고 해가 지면 밤인 줄밖에 모르는 어리석고 답답한 사람이라는 뜻. [동녘이 번하니까 다 내 세상인 줄 안다/동녘이 번하니까 세상만 여긴다]

한자 **동녘 동**(東) [木部 4획] ¶동국(東國)/동문(東門)/동방(東方)/동양(東洋)/동풍(東風)

동:뇌(凍餒)명 헐벗고 굶주림. 동아(凍餓)

동니(銅泥)명 구릿가루를 아교와 섞어 만든 채료(彩料).

동-다회(童多繪)명 단면이 둥근 끈목. 노리개나 매듭술 따위를 만드는 데 씀. 원다회(圓多繪) ☞끈목. 다회

동단(東端)명 동쪽 끝. ☞서단(西端)

동-달이[1] 명 조선 시대, 군복의 한 가지. 검은 두루마기에 붉은빛의 안을 받치고 붉은 소매를 달았으며, 뒷솔기가 길게 터져 있음. 협수(夾袖)

동-달이[2] 명 지난날, 군복의 소매 끝에 등급에 따라 대던 가는 줄. ¶외 －/두 －

동:답(洞畓)명 동네 사람들의 공동 소유인 논.

동당부 가야금이나 거문고를 이어 탈 때 나는 소리를 나타내는 말. ☞둥당. 둥덩

동당(同黨)명 ①같은 당. ②같은 무리.

동:당(東堂)명 ①집의 몸채의 동쪽에 있는 당(堂). ②식년과(式年科) ③증광시(增廣試)

동당-거리다(대다)자타 자꾸 동당 소리가 나다, 또는 그런 소리를 내다. ☞둥당거리다. 둥덩거리다

동당-동당부 동당거리는 소리를 나타내는 말. ☞둥덩둥덩

동당벌이(同黨伐異)성구 당동벌이(黨同伐異)

×동당이-치다타 →동댕이치다

동당-치기명 투전이나 골패로 하는 노름의 한 가지.

동:-대구(凍大口)명 얼린 대구.

동대문(東大門)명 '흥인지문(興仁之門)'을 달리 이르는 말. ☞남대문(南大門)

동댕이-치다타 ①힘껏 집어던지다. ¶막내는 집에 들어서자마자 책가방을 동댕이쳐 버리고는 뛰어나갔다. ②하던 일을 내팽개치듯 그만두다.

동덕(同德)명 천도교에서, 교인끼리 서로 부르는 호칭.

동도(同道)명-하다자 ①같은 도(道). ②동행(同行)[1] ③같은 일에 종사하는 일, 또는 그런 사람.

동도(東道)명 ①대종교에서, 천산(天山)의 동쪽 지방을 이르는 말. ②동쪽의 길.

동도서말(東塗西抹)성구 이리저리 간신히 꾸며 대어 맞춤을 이르는 말.

동도-주(東道主)명 일정한 방면에서 일정한 곳으로 다니는 길손을 늘 묵게 하여 대접하는 주인.

동-도지(東桃枝)명 동쪽으로 벋은 복숭아나무의 가지. 민속에서 귀신을 쫓는 데 씀.

동독(東瀆)명 지난날, 사독(四瀆)의 하나인 지금의 낙동강을 이르던 말.

동:독(董督)명-하다타 감시하고 독촉함.

동-돌[-똘]명 ①너무 무거워서 한두 개 이상은 더 져서 나를 수 없는 큰 버력. ②광물을 캐 들어가는 도중에 갑자기 만난 굳은 모암(母岩).

동동[1] 부 작은 물건이 가볍게 떠 있거나 떠서 움직이는 모양을 나타내는 말. ¶연못에 － 떠 있는 나뭇잎./밥알이 － 떠 있는 식혜. ☞둥둥[1]

동동[2] 부 매우 안타깝거나 추워서 발을 자꾸 구르는 모양을 나타내는 말. ¶추워서 발을 － 구르다./분해서 발만 － 구르다.

동-동[3] 부 작은북 따위를 잇달아 두드릴 때 나는 소리를 나타내는 말. ☞둥둥[2]

동:동(動動)명 고려 때의 속요(俗謠). 임을 그리는 여인의 심정을 월령가 형식으로 노래한 내용임. 모두 13장으로 이루어져 있는데, '악학궤범(樂學軌範)'에 한글로 실려 전함.

동:동(憧憧)어기 '동동(憧憧)하다'의 어기(語基).

동동-거리다(대다)타 발을 동동 구르다.

동동-걸음명 일이 급하거나 추워 발을 동동거리며 걷는 걸음.

동동다리명 고려 시대, 궁중 잔치에서 동동무(動動舞)를 출 때 부르던 노래. 가사는 전해지지 않고 '고려사(高麗史)'에 제목과 유래만 전함.

동:동-무(動動舞)명 고려 시대, 궁중의 잔치에서 추던 춤의 한 가지.

동동-주(－酒)명 술 위에 밥알이 동동 뜨도록 빚은 술. 멥쌀, 누룩가루, 밀가루, 물로 빚는 법과 찹쌀, 누룩가루, 물로 빚는 법이 있음. 부의주(浮蟻酒)

동:동촉촉(洞洞屬屬)성구 공경하고 삼가서 매우 조심함을 이르는 말.

동동-팔월(－八月)명 바쁜 가운데 어느새 갔는지도 모르게 쉬 지나간다고 하여 '음력 팔월'을 달리 이르는 말. ☞건들팔월. 깐깐오월. 미끈유월. 어정칠월

동:동-하다(憧憧－)형여 걱정스러운 일로 마음이 가라앉지 않고 들떠 있다.

동:-두민(洞頭民)명 ①한 동네의 어른이 되는 사람. ②한 동네 안에서 식견(識見)이 높은 사람.

동:-두부(凍豆腐)명 언두부

동두서미(東頭西尾) 제상(祭床)에 제물을 차리는 격식의 하나. 생선으로 만든 제물은 머리를 동쪽으로, 꼬리는 서쪽으로 향하게 차림을 이르는 말. 두동미서

동두철신(銅頭鐵身)[－씬]성구 동두철액(銅頭鐵額)

동두철액(銅頭鐵額)성구 구리로 된 머리와 쇠로 된 이마라는 뜻으로, 용맹스러움을 비유하여 이르는 말. 동두철신(銅頭鐵身)

동등(冬等)명 지난날, 등급을 춘하추동(春夏秋冬)의 넷으로 가른 것의 넷째 등급을 이르던 말. ☞춘등(春等)

동등(同等)[1] 명 같은 등급. 동급(同級)

동등(同等)[2] 명-하다형 자격·권리·처지 등이 꼭 같음. ¶－의 학력./－한 대우. ☞평등(平等)

동등-권(同等權)[-꿘]명 서로 똑같이 가지는 권리.

동-떨어지다자 ①둘 사이의 거리가 멀리 벌어지다. ¶우리 집은 학교와 동떨어져 있다. ②둘 사이에 관련성이 거의 없이 따로 되다. ¶현실과 동떨어진 이야기.

동떨어진 소리관용 ①남에게 대하여 반말도 아니고 경어도 아닌 어정쩡한 말투. ②조리가 닿지 않는 말.

동-뜨다(－뜨고·－떠)형 ①보통보다 훨씬 뛰어나다. ¶촉각이 －. ②동안이 뜨다.

동라(銅鑼)명 지난날, 군진(軍陣)에서 쓰던 구리로 만든 징.

동락(同樂)명-하다자 다른 사람과 함께 즐김.

동:란(動亂)명 폭동이나 반란, 전쟁 따위로 사회가 질서를 잃고 몹시 어지러워지는 일. ¶－이 일어나다.

동량(棟梁·棟樑)명 ①기둥과 들보. ②'동량지재(棟梁之材)'의 준말. ¶장차 이 나라의 －이 될 청소년들.

동량-재(棟梁材)명 '동량지재'의 준말.

동량지재(棟梁之材)성구 '대들보감'이라는 뜻으로, 한 나라나 한 사회를 이끌어 갈만 한 인재를 비유하여 이르는 말. 준 동량(棟梁). 동량재(棟梁材)

동려(同侶)명 짝이 되는 벗. 반려(伴侶)

동력(同力)명 힘을 같이 쓰는 일, 또는 같이 쓰는 그 힘.

동:력(動力)명 기계를 움직이는 힘. 물·바람·전기 등이 동력을 일으키는 근원이 됨.
동:력=경운기(動力耕耘機)명 원동기를 장치하여 논밭을 갈거나 김을 매는 데 쓰는 농업 기계. 자동 경운기
동:력-계(動力計)명 원동기나 발동기 따위의 동력을 측정하는 장치. 다이너모미터(dynamometer)
동:력-로(動力爐)명 핵분열로 생기는 열을 동력으로 쓰는 원자로.
동:력=변:질(動力變質)명 지각의 수축으로 일어나는 압력을 받아서 암석이 변질하는 일.
동:력-삽(動力-)명 동력을 이용하여 흙 따위를 푸는 삽.
동:력-선(動力線)명 배전선 가운데, 일반 전동기에 전력을 공급하는 전선. ☞전등선(電燈線)
동:력-원(動力源)명 동력의 근원이 되는 것. 물·바람·전기 따위.
동:력=자:원(動力資源)명 동력을 일으키는 자원. 물·바람·석탄·석유·우라늄·햇볕 따위.
동:력-차(動力車)명 원동기가 있어 스스로 움직이는 철도 차량. 동차(動車)와 기관차 따위.
동렬(同列)명 ①같은 줄. ②같은 수준이나 위치. ③같은 반열(班列)이나 항렬(行列).
동:렬(凍裂)명-하다자 얼어서 터지거나 갈라지는 일. 유 동파(凍破)
동:렴(凍簾)명 무덤 속의 송장이 땅의 찬 기운으로 얼어서 오래되어도 썩지 않는 일.
동령(同齡)명 같은 나이. 동년(同年)
동령(東嶺)명 동쪽에 있는 재.
동:령(動令)명 예령(豫令)에 대하여, 실제 동작을 시작하도록 지시하는 구령의 마지막 부분. '일동 차렷'이라는 구령에서 '차렷'을 이름.
동:로(凍露)명 이슬이 얼어붙어서 된 서리.
동록(銅綠)명 구리가 산화하면서 그 거죽에 생기는 푸른 녹. 동청(銅青). 상록(霜綠)
동록이 슬다 관용 동록이 생겨서 파랗게 빛깔이 변하다.
동뢰(同牢)명-하다자 부부가 음식을 같이 먹는 일.
동뢰-연(同牢宴)명 재래식 혼례에서, 교배(交拜)를 마치고 신랑과 신부가 술잔을 나누는 잔치.
동뢰연-과:부(同牢宴寡婦)명 혼인을 한 지 얼마 안 되어 남편을 잃은 여자.
동료(同僚)명 같은 직장이나 같은 부문에서 함께 일을 하는 사람.

한자 동료 료(僚)〔人部 12획〕¶동료(同僚)/요배(僚輩)/요속(僚屬)/요우(僚友)

동류(同流)명 ①같은 유파(流派). ②동배(同輩)
동류(同類)명 ①같은 무리. ②같은 종류. 동종(同種)
동류(東流)명-하다자 강물 따위가 동쪽으로 흐르는 일.
동류=의:식(同類意識)명 자기가 딸린 계층이나 집단에서, 자신과 타인이 같은 무리라고 생각하는 의식. 강한 연대감과 친밀감을 가지게 됨.
동류-항(同類項)명 다항식에서, 계수는 다르지만 문자와 차수가 같은 두 개 이상의 항. '$4x^2+5y-7+7x^2$'에서 '$4x^2$'과 '$7x^2$'을 그 문자에 대한 동류항이라 함.
동:륜(動輪)명 증기 기관이나 전동기 등의 원동기로부터 직접 회전 동력을 받아서 차량을 움직이게 하는 바퀴.
동률(同率)명 같은 율. 같은 비례.
동리(洞里)명 ①지방 행정 구역인 동(洞)과 리(里). ②마을 ¶개울에서 ― 꼬마들이 물장난을 친다.
동:리(凍梨)명 ①언 배. ②노인의 피부에 반점이 생기는 것이 마치 언 배의 껍질과 같다는 데서, 노인의 피부를 이르는 말. ③나이 '아흔 살'을 이르는 말. 구질(九秩) ☞망백(望百). 백수(白壽)
동리-군자(東籬君子)명 동쪽 울타리 가의 군자(君子)라는 뜻으로, '국화(菊花)'를 달리 이르는 말.
동-마루(棟-)명 기와로 쌓아 올린 지붕 마루.
동:-마찰(動摩擦)명 한 물체가 다른 물체의 면에 닿아서 운동할 때, 그 닿는 면에서 생기는 저항.
동-막이(垌-)명-하다타 둑을 쌓아 물을 막는 일.
동-매명 물건을 가로 동이는 매끼. ☞장매
동:맥(動脈)명 ①심장으로부터 몸의 각 부분으로 피를 보내는 핏줄. ☞정맥(靜脈) ②어떤 분야나 조직에서 정보를 교류하거나 물자를 나르는 기본 통로를 비유하여 이르는 말. ¶고속 국도는 우리 국토의 ―이다.
동:맥=경화(動脈硬化)명 동맥의 혈관 벽이 두꺼워지고 굳어져서 탄력을 잃은 상태.
동:맥-관(動脈管)명 동맥혈(動脈血)을 보내는 혈관.
동:맥-류(動脈瘤)명 동맥의 안쪽 벽이 부분적으로 늘어난 병증.
동:맥-망(動脈網)명 동맥의 말초(末梢)가 여러 갈래로 갈라져서 그물 모양을 이룬 부분.
동:맥-벽(動脈壁)명 동맥관(動脈管) 안쪽의 벽.
동:맥=색전증(動脈塞栓症)[-쯩]명 동맥벽의 염증이나 경화증으로 말미암아 생긴 응고물이 혈관 벽에 붙어 혈액의 통로를 막는 증세.
동:맥=수혈(動脈輸血)명 피가 모자라서 위급할 때 정맥 대신에 동맥에 하는 수혈.
동:맥=주:사(動脈注射)명 동맥에 약액(藥液)을 주입하는 주사. ☞정맥 주사
동:맥-혈(動脈血)명 동맥을 통하여 심장으로부터 몸의 각 부분으로 보내지는, 산소가 풍부하고 선홍색을 띤 혈액.
동:맥=혈전(動脈血栓)[-쩐]명 심장이나 상류의 동맥 또는 정맥에서 생긴 혈전이 떨어져 나와 혈류를 타고 가서 하류 동맥을 막는 질환.
동맹(同盟)명-하다자 둘 이상의 국가나 단체 또는 개인이 동일한 목적이나 이익을 위하여 같이 행동하기로 약속하는 일. ¶군사 ―을 맺다.
동맹(東盟)명 고구려 때의 제천(祭天) 행사. 해마다 시월에 농사를 마치면 온 백성이 모여서 하늘에 제사하고 노래와 춤으로 즐기던 풍속으로, 일종의 추수 감사제(秋收感謝祭)임. 동명(東明)
동맹-가(同盟家)명 같은 공훈으로 함께 기록된 공신(功臣)의 집안.
동맹-국(同盟國)명 동맹을 맺은 나라. 맹방(盟邦)
동맹=조약(同盟條約)명 둘 이상의 나라가 공동의 이익이나 목적을 위하여 맺는 조약.
동맹=태업(同盟怠業)명 노동자가 기업주를 상대로 하여 어떤 요구 조건을 실현시키고자 집단적으로 업무를 게을리 하는 행위.
동맹=파:업(同盟罷業)명 노동자가 기업주를 상대로 하여 어떤 요구 조건을 실현시키고자 집단적으로 업무를 정지하는 행위. 동맹 휴업 준 파업
동맹=해:고(同盟解雇)명 같은 업종의 사업자들이 노동자의 요구를 물리치고자 서로 동맹하여 한꺼번에 많은 노동자를 해고하는 일.
동맹=휴교(同盟休校)명 동맹 휴학
동맹=휴업(同盟休業)명 ①동맹 파업 ②동일한 업종의 사업자들이 서로 단결하여 동시에 휴업하는 일.
동맹=휴학(同盟休學)명 어떤 주장이나 항의의 표시로 학생들이 집단적으로 수업을 거부하고 등교를 하지 않는 일. 동맹 휴교 준 맹휴(盟休)
동-먹다 자 광맥이 거의 동이 나다.
동-메달(銅medal)명 구리로 만든 메달. 올림픽 등의 경기 대회에서 3위를 한 사람에게 줌. 동(銅) ☞금메달. 은메달
동면(冬眠)명-하다자 다람쥐나 박쥐, 개구리, 뱀 따위의 동물이 겨울 동안 활동을 멈춘 상태로 땅 속 등에서 이듬해 봄까지 잠자는 것과 같은 상태에 있는 현상. 겨울잠 ☞하면(夏眠)
동면(東面)명 ①동쪽 면. ②-하다자 동쪽을 향함.
동면=마취(冬眠痲醉)명 체온을 25~30°C로 내려서 몸의 신진 대사를 저하시키면서 마취하는 방법. 주로, 뇌나 대혈관, 심장을 수술할 때 씀.
동면=요법(冬眠療法)[-뇨뻡]명 약물을 사용하여 환자를 인공적으로 동면 상태로 만든 다음 치료하는 방법.

동명(同名)명 이름이 같은 일, 또는 같은 이름.
동명(東明)명 동맹(東盟)
동명(東溟)명 동쪽에 있는 바다. 동해(東海)
동:명(洞名)명 동(洞) 또는 동네의 이름.
동명-수(同名數)[-쑤]명 같은 수효의 사람.
동명-이:인(同名異人)명 같은 이름을 가진 다른 사람.
동명일기(東溟日記)명 조선 순조 때 의유당(意幽堂) 김씨가 지은 한글 기행문. 동해(東海)의 해 뜨는 광경을 중심으로 느낀 바를 적은 내용임.
동:-명태(凍明太)명 얼린 명태. 준동태(凍太)
동모(冬毛)명 겨울털 ☞하모(夏毛)
동모(同謀)명-하다타 공모(共謀)
동-모란(冬牡^丹)명 겨울에 피는 모란.
동모-매(同母妹)명 같은 어머니에게서 난 누이. 동복 누이 준모매(母妹)
동모-제(同母弟)명 같은 어머니에게서 난 아우. 동복 아우 준모제(母弟)
동목(冬木)명 겨울이 되어 잎이 떨어진 나무.
동:몽(童蒙)명 나이가 어린 사내아이.
동:몽=교:관(童蒙敎官)명 조선 시대, 소년들을 지도하고 가르치기 위하여 군·현에 둔 관직. 준교관(敎官)
동:몽선습(童蒙先習)명 조선 중종 때 박세무(朴世茂)가 엮은 책. 서당에서 천자문(千字文)을 뗀 아이들의 교재로 널리 쓰였음. 오륜(五倫)의 중요한 뜻을 서술하고, 부록에는 중국과 조선의 역대(歷代) 세계(世系)와 역사의 대강을 기록하였음. 1권 1책.
동몽선습언:해(童蒙先習諺解)명 조선 숙종 때, '동몽선습(童蒙先習)'을 한글로 풀이하여 펴낸 책. 1권 1책.
동무명 ①늘 친하게 어울리는 사람. 유벗². 친구 ②어떤 일을 하는 데 서로 짝이 되거나 함께 일하는 사람. ③한 덕대 아래에서 함께 일하는 인부.
속담 **동무 따라 강남 간다** : 자기는 하고 싶지 않으나 남에게 끌려서 덩달아 같이 행동함을 이르는 말. [권에 비지떡/권에 못이겨 방립 쓴다]/**동무 몰래 양식 내기** : 비용과 노력을 들이고도 아무런 공적이 나타나지 않음을 이르는 말. [절 모르고 시주하기/비단옷 입고 밤길 간다/어둔 밤에 눈 끔적이기]
동무(東廡)명 조선 시대, 여러 유현(儒賢)의 위패를 배향하던, 문묘(文廟)의 동쪽 행각(行閣). ☞서무(西廡)
동:무(童舞)명 아이들이 추는 춤.
동무니의 윷놀이에서, 한 말에 어우른 말의 수를 세는 단위. ¶두 -./석 -./넉 -.
동무-분철(-分鐵)명 자본주가 없이 인부끼리 광물을 캐내어 이익을 분배하는 일.
동무-장사명-하다자 두 사람 이상이 같이 하는 장사.
동무-장수명 함께 장사를 하는 사람들.
동문(同文)명 ①같은 글자 또는 같은 글. ¶이하(以下) - ②'동문 전보(同文電報)'의 준말.
동문(同門)명 ①같은 문. ②'동문생(同門生)'의 준말. ¶- 후배를 만나다. ③같은 문중(門中)이나 종파(宗派), 또는 그 사람.
동문(東門)명 동쪽으로 낸 문. ☞서문(西門)
동:문(洞門)명 ①동굴의 입구, 또는 거기에 세운 문. ②동네 어귀에 세운 문.
동문-동학(同門同學)명 동문수학(同門受學)
동문-생(同門生)명 한 스승에게서 같이 배운 사람, 또는 같은 학교를 졸업한 사람. 준동문 ☞동창생
동문서답(東問西答)성구 묻는 말과는 아주 딴판인 엉뚱한 대답을 함을 이르는 말. 문동답서(問東答西)
동문선(東文選)명 조선 성종 때, 서거정(徐居正) 등이 왕명에 따라, 신라로부터 조선 초기까지의 시문(詩文)을 정선(精選)하여 엮은 책. 154권 45책.
동문-수학(同門受學·同門修學)명 한 스승 또는 한 학교에서 함께 학문을 닦고 배우는 일. 동문동학
동문유:해(同文類解)[-뉴-]명 조선 영조 24년(1748)에 현문항(玄文恒)이 엮어 예조(禮曹)에서 펴낸 만주어(滿洲語) 학습서. 천문(天文)·시령(時令)·지리·인륜 등으로 분류, 한자로 된 단어 아래에 한글로 여진(女眞) 말과 우리말을 적은 형식임. 2권 2책의 목판본.
동문=전:보(同文電報)명 발신인이, 같은 착신국(着信局) 관할 안의 여러 곳이나 여러 사람에게 같은 내용으로 보내는 특수한 전보. 준동문(同文)
동:물(動物)명 ①생물계를 크게 둘로 구별한 것의 하나. 식물에 상대되는 생물, 곧 사람·길짐승·날짐승·물고기·벌레 따위를 이름. 제 힘으로 움직일 수 있고, 식물이나 다른 동물을 먹이로 하여 영양분을 섭취함. ②인간 이외의 동물, 곧 '짐승'을 이르는 말.
동:물=검:역(動物檢疫)명 전염병 예방을 위하여 동물이나 축산물 등의 수출입 때, 항구나 공항에서 검역하는 일. ☞식물 검역(食物檢疫)
동:물-계(動物界)명 생물의 다섯 분류 체계의 한 계(界). 단순한 해면동물(海綿動物)에서부터 고등한 척추동물(脊椎動物)에 이르기까지 그 종류가 다양함. ☞원핵생물계(原核生物界)
동:물=공:포(動物恐怖)명 작은 벌레만 보아도 공연히 무서움을 느끼는 강박 관념.
동:물-납(動物蠟)명 동물의 몸이나 분비물에서 나온 납(蠟). 꿀벌의 밀랍(蜜蠟) 따위.
동-물림명-하다타 가늘고 긴 물건을 서로 맞대고 그 이은 틈에 대는 장식.
동:물=문학(動物文學)명 자연 속의 동물 세계를 관찰하여 묘사하는 문학. 파브르의 '곤충기', 시튼의 '동물기' 따위.
동:물-상(動物相)[-쌍]명 특정한 지역에 사는 동물의 분포 상태. ¶열대 지방의 -. ☞식물상
동:물-성(動物性)[-썽]명 ①동물의 몸이 가진 특유한 성질. ②동물의 몸에서 나온 것이나 동물에서 채취한 것. ¶- 식품/- 섬유 ☞식물성
동:물성=기관(動物性器官)[-썽-]명 감각·신경·운동기관 등 동물체에서만 고도로 발달된 기관.
동:물성=기능(動物性機能)[-썽-]명 운동·감각 등, 특히 동물에만 뚜렷이 있는 기능.
동:물성=섬유(動物性纖維)[-썽-]명 동물의 털이나 누에고치에서 얻는 섬유. 양털이나 명주 따위.
동:물성=식품(動物性食品)[-썽-]명 동물에서 채취한 먹을거리. 고기·알 따위.
동:물성-유(動物性油)[-썽뉴]명 동물체에서 채취한 기름. 돼지기름·쇠기름 따위.
동:물=숭배(動物崇拜)명 원시 종교에서, 어떠한 동물을 거룩하게 보고 신으로 여겨서 우러러 섬기는 일.
동:물=시험(動物試驗)명 어떤 연구를 위하여 사람 대신 동물에게 하는 시험. 주로 쥐나 토끼, 개 따위의 동물을 사용함. 동물 실험(動物實驗)
동:물=실험(動物實驗)명 ①동물 시험 ②동물의 기능이나 형태 등을 연구하기 위하여 동물을 써서 하는 실험.
동:물=심리학(動物心理學)명 사람을 제외한 동물의 의식 상태와 행동 및 특징을 연구하는 심리학의 한 분야.
동:물-암(動物岩)명 생물암의 한 가지. 동물의 유골이나 겉껍질, 분비물 따위가 쌓여 이루어진 암석. ☞식물암
동:물=우:화(動物寓話)명 동물을 의인화(擬人化)하여 인간 사회를 풍자적으로 그린 이야기. '이솝 우화' 따위.
동:물-원(動物園)명 온갖 동물을 모아 기르면서 여러 사람에게 구경시키는 곳.
동:물-적(動物的)[-쩍]명 ①동물의 성질을 가지는 것. ②지각이 없이 본능대로만 행동하는 것. ¶-인 행동.
동:물=전:기(動物電氣)명 동물의 몸에서 일어나는 전기.
동:물=지리구(動物地理區)명 동물상(動物相)의 차이에 따라 지구 표면을 몇 개의 지역으로 구분한 것. 크게 북계(北界)·신계(新界)·남계(南界)로 가름. ☞식물구계
동:물=지리학(動物地理學)명 동물의 지리적 분포 상태를 연구하는 학문. ☞식물 지리학
동:물-질(動物質)[-찔]명 동물의 몸을 이루는 물질. 대개 지방과 단백질이 많으며 탄수화물은 적음. ¶- 비료 ☞식물질

동:물-체(動物體)명 동물의 몸.
동:물-학(動物學)명 생물학의 한 분과. 동물의 분류나 형태, 구조, 생리, 유전, 진화와 환경의 관계 등을 연구함. ☞식물학
동:민(洞民)명 한 동네에 사는 사람.
동-바명 지게에 짐을 싣고 동이어 매는 밧줄.
동-바리명 ①툇마루나 좌판 밑을 받치는 짧은 기둥. 준 동발 ②광산에서, 구덩이나 갱도 따위가 무너지지 않도록 갱내의 양쪽에 세워서 버티는 통나무 기둥. 갱목(坑木) ③들보 위에 세워 중도리와 마룻보를 받치는 짧은 기둥. 쪼구미
동바릿-돌명 동바리를 괸 돌.
동박-새명 동박샛과의 텃새. 모양과 크기가 참새와 비슷한데 등은 녹색이고 날개와 꽁지는 녹갈색, 배는 흰빛임. 눈 가장자리가 은백색이며 울음소리가 아름다움. 백안작(白眼雀)
동반(同伴)명-하다자타 ①무슨 일을 하거나 길을 갈 때에, 함께 하거나 함께 감. ¶아동들이 부모를 −하여 등교하다. ②어떤 현상이 함께 나타남. ¶세찬 바람을 −한 폭우./고열을 −한 통증.
동반(同班)명 ①서로 같은 반. ②같은 반열(班列).
동반(東班)명 지난날, 문관(文官)의 반열을 이르던 말. 문반(文班). 학반(鶴班) ☞서반(西班)
동반(銅盤)명 구리로 만든 쟁반.
동반(銅礬)명 황산동·초석·명반 가루를 섞어 만든 담녹색 막대 모양의 화공 약품. 부식제 따위에 쓰임.
동-반:구(東半球)명 지구를 동경 160도, 서경 20도 선에서 동서의 양쪽으로 나눈 것의 동쪽 부분. ☞서반구(西半球)
동반-자(同伴者)명 ①짝이 되어 함께 일을 하거나 함께 가는 사람. 유반려자(伴侶者) ②어떤 운동에 직접 참여하지는 않으나 그것과 뜻을 같이하고 어느 정도 협력하기는 하는 사람. 유동조자(同調者)
동발명 ①지겟다리 ②'동바리'의 준말.
동발(銅鈸)명 국악기 금부(金部) 타악기의 한 가지. 자바라와 비슷한 모양이나 좀 작음. 승무(僧舞)나 처용무(處容舞)에서 쓰임. ☞향발(響鈸)
동방(同榜)명 지난날, 같은 때에 과거에 급제하여 방목(榜目)에 같이 적히던 일, 또는 그 사람. 동년(同年)
동방(東方)명 ①동녘. 동쪽 ②동쪽에 있는 지방. 동부 지역 ③동부 아시아의 여러 나라를 가리키는 말.
속담 **동방 누룩 뜨듯 떴다**: 얼굴빛이 누르께하고 기운 없어 보이는 사람을 보고 이르는 말.
동방(東邦)명 ①동쪽에 있는 나라. ②중국에 상대하여, '우리 나라'를 이르던 말.
동:방(洞房)명 ①침실(寢室) ②'동방 화촉(洞房華燭)'의 준말.
동방=교:회(東方敎會)명 '그리스 정교회'를 달리 이르는 말.
동-방구리명 동이보다 배가 더 불룩하게 생긴 질그릇의 한 가지.
동방=급제(同榜及第)명 지난날, 대과(大科)에 함께 급제하던 일.
동방=내:각(同傍內角)명 두 직선에 제3의 직선이 교차하여 여러 개의 각을 이룰 때, 처음 두 직선의 안쪽에서 마주보는 두 각.
동방-예의지국(東方禮儀之國)명 동쪽에 있는 예의를 잘 지키는 나라라는 뜻으로, 지난날, 중국에서 '우리 나라'를 이르던 말.
동방=정:교(東方正敎)명 그리스 정교회
동:방=화촉(洞房華燭)명 혼례를 치른 뒤에 신랑이 신부 방에서 첫날밤을 보내는 의식. 준동방(洞房)
속담 **동방 화촉 노(老) 도령이 숙녀 만나 즐거운 일**: 매우 즐거운 일이라는 말.〔칠십 노인 구대 독자 생남하여 즐거운 일/삼춘(三春) 고한(苦旱) 가문 날에 감우(甘雨) 오니 즐거운 일/천리 타향 고인(故人) 만나 반가워서 즐거운 일〕

동배명 사냥에서, 몰이꾼과 목을 지키는 사람이 그 구실을 갈라 맡는 일.
동배(同輩)명 나이나 신분이 서로 같거나 비슷한 사람. 동류(同流). 배류(輩流). 제배(儕輩) ¶둘은 −로서 정의가 도타운 사이다.
동백(冬柏)명 동백나무의 열매.
동백(東伯)명 조선 시대, '강원도 관찰사'를 달리 이르던 말.
동백-기름(冬柏−)명 동백나무의 씨에서 짠 기름. 지난날, 머릿기름이나 등잔 기름 등으로 쓰였음.
동백-나무(冬柏−)명 동백나뭇과의 상록 교목. 높이는 7 m 안팎. 잎은 길둥글며 두껍고 윤이 남. 4~5월에 붉은빛의 꽃이 피고 열매는 늦가을에 붉게 익음. 씨로는 기름을 짬. 다매(茶梅). 산다(山茶)
동-백하(冬白蝦)명 겨울에 잡히는 작은 새우.
동백-화(冬柏花)명 동백나무의 꽃.
동벽-토(東壁土)명 한방에서, 볕을 많이 쬔 동쪽 벽의 흙을 이르는 말. 설사나 곽란 등의 약재로 쓰임.
동변(東邊)명 ①동편 ②어떤 지역의 동쪽 가장자리.
동:변(童便)명 한방에서, 열두 살 이하의 사내아이의 오줌을 약재로 이르는 말. 두통·육혈(衄血)·학질·번갈(煩渴)·해수·종창 등에 쓰거나 약재를 우리는 데 씀.
동-별영(東別營)명 조선 시대, 훈련도감의 본영(本營)을 이르던 말. 동영(東營)
동병(同病)명 성질이 같은 병.
동:병(動兵)명-하다자 군사를 움직여 일으킴.
동병상련(同病相憐)성구 ①같은 병을 앓는 사람끼리 서로 가엾게 여김을 이르는 말. ②처지가 어려운 사람끼리 서로 동정하고 도움을 이르는 말.
동보=무선(同報無線)명 통신사에서, 뉴스를 지국이나 계약된 신문사에 일시에 속보(速報)하는 방법.
동복(冬服)명 겨울옷 ☞춘추복(春秋服). 하복(夏服)
동복(同腹)명 한 어머니에게서 태어난 동기. ¶− 형제 ☞이복(異腹). 한배[1]
동:복(童僕·僮僕)명 사내아이 종. 동수(童竪)
동복각-선(同伏角線)명 등복각선(等伏角線)
동복=누이(同腹−)명 동모매(同母妹)
동복=동생(同腹*同生)명 동모제(同母弟)
동복=아우(同腹−)명 동모제(同母弟)
동본(同本)명 같은 본관(本貫).
동봉(同封)명-하다타 두 가지 이상을 한데 넣어 봉함. ¶재직 증명서를 −하다. ☞각봉(各封)
동부명 ①콩과의 한해살이 덩굴풀. 재배 식물로 잎은 세 쪽 겹잎이며 여름에 나비 모양의 꽃이 핌. 종자는 팥과 비슷하나 약간 길. 씨와 어린 깍지는 먹을 수 있음. 광저기 ②동부의 열매.
동부(東部)명 어떤 지역의 동쪽 부분. ¶− 지방 ☞서부
동부(胴部)명 몸통. 구간(軀幹). 동(胴). 동체(胴體)
동:부(動部)명 움직이는 부분.
동부(銅斧)명 구리나 청동으로 만든 도끼.
동부레기명 뿔이 날 만큼 자란 무렵의 송아지.
동-부새(東−)명 농가에서 '동풍(東風)'을 이르는 말.
동-부인(同夫人)명-하다자 아내와 함께 감. ¶−해서 참석하다.
×**동북**(東北)명 → 북동(北東)
동-북동(東北東)명 동쪽과 북동쪽의 가운데 방위.
동북=아시아(東北Asia)명 아시아의 북동부 지역.
×**동북-풍**(東北風)명 → 북동풍(北東風)
동-분리(同分利)명-하다자 동업을 하는 사람들끼리 이익을 똑같이 나누는 일.
동-분모(同分母)명 두 개 이상의 분수에서 분모가 서로 같은 것. 유공통 분모(共通分母) ☞이분모(異分母)
동분서주(東奔西走)성구 바쁘게 이리저리 돌아다님을 이르는 말. 동서분주. 동치서주(東馳西走)
동분=이:성체(同分異性體)명 분자식은 같으나 성질이 다른 둘 또는 그 이상의 화합물을 통틀어 이르는 말.
동:빙(凍氷)명-하다자 물이 얾. 결빙(結氷) ☞해빙
동-빙고(東氷庫)명 조선 시대, 한강 연안 두모포에 있던 얼음 창고. 궁중의 제사에 쓸 얼음을 갈무리하고 그 출

낭을 맡아보았음. ☞서빙고(西氷庫). 석빙고(石氷庫)

동:빙-제(凍氷祭)명 조선 시대, 추위를 다스리는 뜻으로 지내던 제사. 겨울이 너무 따뜻할 때, 섣달에 얼음을 떠서 빙고에 넣을 때, 춘분날 빙고를 열 때 등에 지냈음. ☞사한제(司寒祭)

동:빙한설(凍氷寒雪)성구 얼어붙은 얼음과 차가운 눈이라는 뜻으로, '심한 추위'를 이르는 말.

동사(同死)명-하다자 같이 죽음. 죽음을 함께함.

동사(同社)명 ①같은 회사. ②이미 말한 그 회사.

동사(同事)명 동업(同業)

동사(東史)명 동쪽에 있는 나라의 역사라는 뜻으로, 지난날 '우리 나라의 역사'를 이르던 말.

동:사(洞祠)명 마을에서 공동으로 섬기는 동신(洞神)을 모시기 위해 지은 사당.

동:사(凍死)명-하다자 얼어 죽음.

동:사(動詞)명〈어〉품사(品詞)의 하나. 사람이나 사물의 움직임이나 작용 등을 나타내는 단어. 용언(用言)으로서 서술어의 구실을 함. 기능에 따라 본동사, 보조 동사로, 동작의 미침에 따라 자동사와 타동사로, 움직임의 성질에 따라 사동사(使動詞), 피동사(被動詞), 능동사(能動詞)로, 형태에 따라 규칙 동사와 불규칙 동사 등으로 구별됨. 움직씨 ☞용언(用言). 형용사(形容詞)

> ▶ **'동사'와 '형용사'의 구별**
> 용언의 활용에서 흔히 '-는다, -어라, -자'와 같은 어미로 활용되면 동사로, 그렇지 않은 것은 형용사로 판단하는 방법에 따르고 있으나 그것은 어디까지나 편법(便法)에 지나지 않는다. '무게를 달다 : 맛이 달다'에서 '달다'를 견주어 보면 표기는 똑같다. 그렇다면 어째서 앞엣것은 동사이고 뒤엣것은 형용사일까. 그것은 어디까지나 어근(語根)인 어간(語幹)의 의미의 특성 때문이다.
> 의미의 특성으로 말미암아 활용의 실제가 달라진다. '젊다, 밝다'는 다 형용사이다. '밝다'가 동사화하려면 '밝아지다'로 바뀌어야 하는데 '밝는다'라는 말꼴로 쓰면서 동사로 보는 것은 잘못이다. 활용어가 많은 동사의 영향을 받아 형용사가 동사적 활용을 좇는 현상이라 할 수 있다.

동사(銅絲)명 구리철사

동:사-구(動詞句)[-꾸]명〈어〉문장에서 동사처럼 서술어 구실을 하는 구. '그는 약을 먹지 않는다.'에서 '먹지 않는다.'와 같은 구성의 말. ☞명사구(名詞句)

동사리명 동사릿과의 민물고기. 몸길이 10~13cm로 몸빛은 갈색임. 각 지느러미는 짧고 배지느러미는 합쳐져 있지 않으나 빨판을 이룸. 우리 나라 고유종으로 전국에 널리 분포함.

동:-사:무소(洞事務所)명 행정 구역의 하나인 동(洞)의 여러 가지 행정 사무를 맡아보는 곳.

동산명 ①마을 부근에 있는 작은 언덕이나 산. 소구(小丘) ¶-에 올라 동네를 내려다보다. ②규모가 큰 집의 울 안에 풍치 있게 꾸민 숲이나 작은 산.

> 한자 **동산 원**(園)〔囗部 10획〕¶정원(庭園)
> **동산 원**(苑)〔艸部 5획〕¶원유(苑囿)

동:산(動産)명 모양과 성질을 바꾸지 않고 움직일 수 있는 재산. 곧 토지 및 정착물 이외의 모든 유체물(有體物)을 이름. ☞부동산(不動産)

동산(銅山)명 구리를 캐는 광산. 동광(銅鑛)

동산-금혈(銅山金穴)명 매우 풍성한 자원(資源)이나 재원(財源)을 이르는 말.

동산-바치명 꽃이나 나무 따위를 가꾸고 손질하는 일을 직업으로 하는 사람. 원예사(園藝師) ☞정원사

동-산소(同山所)명-하다자 두 집안의 무덤을 한 땅에 같이 씀.

동:산=은행(動産銀行)명 기업에 자금을 공급하기 위하여, 동산(動産)을 담보로 대부를 하고 주식과 사채(社債)의 발행 업무를 맡아 하는 은행.

동:산=저:당(動産抵當)명 동산을 채무자가 스스로 점유하고 사용하면서, 이것에 담보권을 설정하는 일.

동:산-질(動産質)명 동산을 담보의 목적물로 하는 질권(質權). ☞부동산질(不動産質)

동-살[1][-쌀]명 창짝 따위에 가로지른 문살. ☞장살

동-살[2][-쌀]명 동이 트면서 비치는 훤한 햇살.

동살이 잡히다관용 동이 터서 훤한 햇살이 비치기 시작하다.

동삼(冬三)명 '동삼삭(冬三朔)'의 준말.

동:삼(童蔘)명 '동자삼(童子蔘)'의 준말.

동-삼삭(冬三朔)명 겨울의 석 달, 곧 음력으로 시월·동짓달·섣달을 이르는 말. 삼동(三冬) 준동삼(冬三) ☞하삼삭(夏三朔)

동상(同上) '위에 적힌 사실과 같음'의 뜻. 상동(上同)

동상(東床·東牀)명 남을 높이어 그의 새 사위를 이르는 말. ☞서랑(壻郎)

동:상(凍上)명-하다자 심한 추위로 땅 속의 수분이 얼어서 지면이 솟아오르는 일.

동:상(凍傷)명 심한 추위에 살가죽이 얼어서 상하는 일, 또는 그런 상처. ¶-에 걸리다.

동상(銅像)명 구리 등으로 사람이나 동물의 형상을 만들어 놓은 기념물. ¶이순신 장군의 -.

동상(銅賞)명 금(金)·은(銀)·동으로 상의 등급을 가른 때의 삼등상.

동상각몽(同床各夢)성구 동상이몽(同床異夢)

동-상갑(冬上甲)명 입동(立冬)이 지난 뒤에 처음으로 돌아오는 갑자일(甲子日).

동상-례(東床禮)명-하다자 재래식 혼례에서, 혼인을 치른 뒤에 신랑이 신부 집에서 마을 사람이나 친구들에게 음식을 대접하는 일.

동-상방(東上房)명 남향 대청의 왼편에 안방을 만든 집. ☞서상방(西上房)

동상이:몽(同床異夢)성구 겉으로는 같이 행동하면서도 생각은 서로 다름을 이르는 말. 동상각몽(同床各夢)

동상-전(東床廛)명 조선 말까지 서울 종로의 종각 뒤에서 재래식 잡화를 팔던 가게.

속담 **동상전에 들어갔나** : 먼저 말을 해야 할 경우에 말없이 웃기만 함을 이르는 말.

동색(同色)명 ①같은 빛깔. ☞이색(異色) ②같은 파벌.

동색=친구(同色*親舊)명 같은 당파에 딸린 친구.

동생(*同生)명 ①남자의 손아래 여자 동기(同氣)를 이르는 말. ②여자의 손아래 남자 동기를 이르는 말. ③같은 항렬의 이성(異性)의 손아래 동기를 이르는 말. ☞아우

속담 **동생 줄 것은 없어도 도둑 줄 것은 있다** : ①가난하여 제 손으로 남에게 줄 것은 없어도 도둑이 가져갈만 한 것은 있다는 말. ②매우 인색하여 동생에게 주는 것조차 아까워하는 사람도 도둑이 빼앗아 가는 것은 막을 수 없다는 말.〔벗 줄 것은 없어도 도둑 줄 것은 있다〕

동생공:사(同生共死)성구 생사를 같이함을 이르는 말.

동서명 자매의 남편끼리나 형제의 아내끼리의 관계, 또는 그런 관계에 있는 사람.

속담 **동서 시집살이는 오뉴월에 서릿발 친다** : 힘든 시집살이 중에서도 동서 밑에서 지내는 시집살이가 가장 힘들다는 말. /**동서 춤추게** : 무슨 일을 자기가 하고 싶어서 남에게 권함을 이르는 말.〔제가 춤추고 싶어서 동서를 권한다〕

동서(同棲)명-하다자 ①서로 다른 종류의 동물이 한곳에서 함께 삶. ②법적으로 혼인하지 않은 남녀가 한 집에서 함께 살면서 부부 생활을 함. 동거(同居)

동서(東西)명 ①동쪽과 서쪽. ②동양과 서양.

동서를 모르다관용 기본적인 사물의 이치조차 분간할 줄 모른다.

동서-고:금(東西古今)명 동양이나 서양, 옛날이나 지금이라는 뜻으로, 모든 시대 모든 지역을 뜻하는 말. 고금동서(古今東西) ¶-을 통하여 유례가 없는 일.

동서남북(東西南北)명 동쪽·서쪽·남쪽·북쪽의 사방(四方)을 이르는 말.

동서대:취(東西貸取)성구 여기저기 빚을 짐을 이르는 말.

동추서대(東推西貸). 동취서대(東取西貸)
동서-맥(東西脈)명 동쪽에서 서쪽으로 뻗은 광맥.
동-서무(東西廡)명 문묘(文廟)에서, 동무(東廡)와 서무(西廡)를 아울러 이르는 말.
동-서반(東西班)명 동반(東班)과 서반(西班)을 아울러 이르는 말.
동서분주(東西奔走)성구 동분서주(東奔西走)
동서불변(東西不辨)성구 동쪽과 서쪽을 분별하지 못할 정도로 어리석음을 이르는 말.
동-서양(東西洋)명 동양과 서양을 아울러 이르는 말.
동-서전(東西銓)명 지난날, 동전(東銓)과 서전(西銓), 곧 이조(吏曹)와 병조(兵曹)를 아울러 이르던 말.
동석(同席)명 ①같은 석차(席次). ②-하다자 자리를 같이하여 앉음, 또는 같은 자리. 동좌(同坐) ¶ -해도 될까요? ☞별석(別席)
동:석(凍石)명 질이 썩 고운 활석(滑石)의 한 가지. 도장이나 조각의 재료로 쓰이며, 곱돌이나 석필돌 따위가 이에 딸림.
동선(冬扇)명 '동선하로(冬扇夏爐)'의 준말.
동선(同船)명 ①같은 배. ②-하다자 같은 배를 함께 탐. 동주(同舟)
동선(銅線)명 구리줄
동선하:로(冬扇夏爐)성구 겨울철의 부채와 여름철의 화로라는 뜻으로, 철에 맞지 않아 쓸데없이 된 물건, 또는 격에 어울리지 않는 물건을 비유하여 이르는 말. 하로동선(夏爐冬扇) 준동선(冬扇)
동설(銅屑)명 구리를 갈아 만든 가루.
동섬서홀(東閃西忽)성구 동에서 번쩍 하고 서에서 얼씬한다는 뜻으로, 바쁘게 이리 갔다 저리 갔다 함을 이르는 말.
동성(同性)명 ①성질이 같음. ②성별이 같음. ☞이성(異性)
동성(同姓)명 같은 성, 또는 성씨(姓氏)가 같음. ☞이성(異姓) ☞동성동본
속담 **동성은 백대지친**(百代之親) : 같은 성씨이면 촌수가 멀더라도 친척임에 틀림없다는 말.
동성(同聲)명 ①같은 소리. ②음악에서 합창할 때, 남성 또는 여성만 노래하는 일, 또는 그 노래.
동성-동명(同姓同名)명 성과 이름이 같음. 동성명
동성-동본(同姓同本)명 성(姓)과 본관(本貫)이 같음.
동-성명(同姓名)명 동성동명(同姓同名)
동성=불혼(同姓不婚)명 같은 부계(父系) 혈족간의 혼인을 피하는 일.
동성상응(同聲相應)성구 같은 유끼리는 서로 호응함을 이르는 말. ☞유유상종(類類相從)
동성-아주머니(同姓-)명 '고모(姑母)'를 친근하게 일컫는 말.
속담 **동성아주머니 술도 싸야 사 먹지** : 아무리 친분이 있다 하더라도 제게 이익이 없는 일은 하지 않는다는 말.
동성-애(同性愛)명 동성(同性)의 사람을 애정의 대상으로 삼는 일.
동:세(動勢)명 그림이나 조각 작품에서 느껴지는 운동감.
동소(同素)명 ①같은 바탕이나 소질. ②같은 원소(元素).
동소문(東小門)명 '홍화문(弘化門)'을 달리 이르는 말. ☞남소문(南小門)
동소-체(同素體)명 같은 원소로 되어 있으나 원자의 배열 상태나 결합 방법, 성질이 다른 홑원소 물질. 산소[O]와 오존[O_3] 따위를 이름.
동손(銅損)명 전기 기기의 코일에서 발생하는 저항 손실.
동수(同數)[-쑤]명 같은 수효.
동:수(洞首)명 지난날, 한 동네의 우두머리를 이르던 말.
동:수(童豎)명 ①사내아이. 동자(童子) ②사내아이 종. 동복(童僕)
동숙(同宿)명-하다자 한 방이나 한 곳에서 함께 자거나 묵음. 반침(伴寢)
동:-숭어(凍-)명 얼린 숭어.
동승(同乘)명-하다자 탈것에 함께 탐. ¶회사까지 -해서 갑시다.
동:승(童僧)명 나이가 어린 중. 동자승. 동자중
동시(同時)명 같은 시간. 같은 때. ¶눈길이 마주친 것은 거의 -였다.
동시(同視)명-하다타 ①동일시(同一視) ②똑같이 대우함.
동:시(凍屍)명 얼어 죽은 시체. 강시(殭屍)
동:시(童詩)명 ①어린이의 정서와 동심(童心)의 세계를 표현한 시. ②어린이가 지은 시.
동시=녹음(同時錄音)명 영화나 텔레비전 프로그램 등을 촬영할 때, 촬영과 동시에 녹음하는 일.
동시=대:비(同時對比)명 서로 다른 성질의 것을 동시에 비교하면 그 특성이나 차이가 한결 뚜렷해지는 일.
동시=설립(同時設立)명 단순 설립(單純設立). 발기 설립
동시-에(同時-)부 ①다 같이. 한꺼번에 ¶전 소대원이 - 앞으로 내달았다. ②아울러 ¶그는 교수인 - 과학자다. ③곧바로 잇달아. ¶경기 시작을 알리는 주심의 호각 소리와 - 1회전이 시작되었다.
동시=통역(同時通譯)명 국제 회의 등에서, 발표자가 말을 시작함과 동시에 하는 통역.
동:-식물(動植物)명 동물과 식물을 아울러 이르는 말.
동:신(童身)명 아직 이성과 성적 관계를 가진 일이 없이 순결한 몸.
동신(銅神)명 재물을 다랍게 아끼는 사람을 낮잡아 이르는 말. 구리귀신
동:신-제(洞神祭)명 정월 대보름날 동민들의 연중 무병(年中無病)과 평온 무사 및 풍년을 위하여 마을의 수호신에게 지내는 제사.
동실부 작은 물체가 물 위나 공중에 가볍게 뜨거나 떠 있는 모양을 나타내는 말. ¶풍선이 하늘에 - 떠 있다. ☞둥실
동실-동실[1]부 작은 물체 여럿이 물 위나 공중에 가볍게 뜨거나 떠 있는 모양을 나타내는 말. ¶색색의 풍선들이 - 떠 있다./물 위에 - 떠 가는 나뭇잎. ☞둥실둥실[1]
동실-동실[2]부-하다형 동글고 토실토실한 모양을 나타내는 말. ¶ - 귀여운 얼굴. ☞둥실둥실[2]
동심(同心)명 ①-하다자 마음을 같이함, 또는 같은 마음. ②수학에서, 몇 개의 도형이 모두 같은 중심을 가지는 것을 이르는 말.
동:심(動心)명-하다자 마음이 움직임.
동:심(童心)명 어린이의 마음, 또는 어린이와 같은 순진한 마음. ¶ -의 세계로 돌아가다.
동심-결(同心結)명 두 고를 내고 맞죄어서 매는 매듭. 납폐(納幣)에 쓰는 실이나 염습의 띠를 매는 매듭 따위.
동심-동력(同心同力)명 마음을 같이하고 힘을 모음.
동심-선(同深線)명 등심선(等深線)
동심-원(同心圓)명 수학에서, 같은 중심을 가지나 반지름이 다른 둘 이상의 원을 이르는 말.
동:아명 박과의 한해살이풀. 줄기가 굵으며 덩굴손으로 다른 것에 기어오름. 잎은 어긋맞게 나고 여름에 노란 꽃이 피며, 길둥근꼴의 호박 비슷한 열매가 가을에 익음. 열대 아시아 원산임. 동과(冬瓜)
속담 **동아 속 썩는 것은 밭 임자도 모른다** : 남의 속에 깊은 걱정이 있는 것은 아무리 가깝게 지내는 사람도 알 수 없다는 말.
동아(冬芽)명 여름이나 가을에 생겨 겨울을 넘기고 이듬해 봄에 싹이 트는 눈. 겨울눈
동아(東亞)명 '동아시아'의 준말.
동:아(凍餓)명 헐벗고 굶주리는 일. 동뇌(凍餒)
동:아(童牙)명 어린아이
동아(∠筒兒)명 활과 화살을 넣어 등에 지도록 만든 물건. 동개
동아리[1]명 긴 물건의 한 부분. ¶생선의 가운데 -.
동아리[2]명 같은 목적을 가지고 패를 이룬 무리. ¶오늘 미술 - 모임이 있다.
동:아-석박지[-석-]명 동아로 담근 석박지. 동아를 도려서 속을 긁어 버리고 고명과 조기 젓국, 양념을 넣은 다음 도려낸 뚜껑을 덮고 종이로 틈을 발라 두었다가 겨울에 먹음.

동:아-선 명 동아를 잘게 썰어 기름에 볶은 다음 잣가루를 묻혀 겨자를 찍어 먹는 술안주.

동-아시아(東Asia)명 아시아의 동부. 곧 우리 나라와 중국, 일본을 포함하는 지역. 준 동아(東亞)

동:아-정:과(-正果)명 동아 살을 길쭉길쭉하게 썰어 약간 삶아서 횟물에 이틀쯤 담가 두었다가 다시 맑은 물에 담가 회분을 가신 다음 꿀로 조린 정과.

동아-줄 명 굵고 튼튼하게 드린 줄. ¶ －을 늘이다.

한자 동아줄 삭(索) 〔糸部 4획〕 ¶ 강삭(鋼索)/삭도(索道)

동-아프리카(東Africa)명 아프리카 대륙의 동부 지역. 일반적으로 에티오피아에서부터 모잠비크 잠베지 강(江)까지의 지역을 이름. ☞서아프리카

동안 명 어느 때부터 어느 때까지의 사이. 동² ¶ 잠자는 －./숨을 참는 －이 오래다.

동안이 뜨다 관용 ①시간의 사이가 길다. ②거리가 멀다. 동이 뜨다.

동안(東岸)명 강이나 바다, 호수 등의 동쪽 연안. ☞서안(西岸)

동:안(童顔)명 ①어린아이의 얼굴. ②나이 많은 사람의, 어린아이 모습과 같은 얼굴. ☞홍안(紅顔)

동-안거(冬安居)명 -하다 자 불교에서, 중들이 해마다 음력 시월 보름날부터 이듬해 정월 대보름날까지 일정한 곳에 모여 수행하는 일. ☞결제(結制). 안거(安居). 하안거(夏安居). 해제(解制)

동:압(動壓)명 '동압력'의 준말. ☞정압(靜壓)

동:-압력(動壓力)명 운동하는 유체(流體)를 정지시키는 데 필요한 압력. 준 동압 ☞정압력(靜壓力)

동액(同額)명 같은 액수. 같은 금액.

동야(冬夜)명 겨울밤

동:야(凍野)명 툰드라(tundra)

동양(東洋)명 동쪽 아시아와 그 부근의 여러 나라를 서양에 상대하여 이르는 말. 유 극동(極東). 원동(遠東)

동양(同樣)명 같은 모양.

동:양(動陽)명 -하다 자 양기(陽氣)가 움직임.

동양-미(東洋美)명 동양적인 특색을 지닌 아름다움.

동양-사(東洋史)명 유라시아 대륙의 동부 지역 여러 나라의 역사.

동양=음악(東洋音樂)명 동양의 여러 민족 사이에서 생겨 전해 내려오는 고유한 양식의 음악을 통틀어 이르는 말.

동양-학(東洋學)명 동양의 언어·문학·역사·철학·종교·풍습 등을 연구하는 학문. ☞서양학(西洋學)

동양-화(東洋畫)명 우리 나라와 중국, 일본 등에서 발달한 화풍의 그림. 먹이나 안료(顔料)를 써서 화선지나 비단에 그리는데, 흔히 산수(山水)나 사군자(四君子) 등을 제재로 함. ☞서양화(西洋畫)

동어(-魚)명 숭어의 새끼.

동어(鮦魚)명 '가물치'의 딴이름.

동어=반:복(同語反復)명 같은 말, 또는 거의 비슷한 뜻의 말을 되풀이하는 데 지나지 않는 표현. 'A는 A이다'라 하는 따위.

동업(同業)명 ①같은 종류의 직업이나 영업. ②-하다 자 두 사람 이상이 영업을 함께함, 또는 함께하는 영업. 동사(同事) ¶ 선배와 －을 하다.

동:여(動輿)명 -하다 자 지난날, 왕세자가 대궐 밖으로 나가는 일을 이르던 말.

동여-매다 타 ①감아 묶어서 흩어지거나 움직이지 않게 하다. ¶ 머리를 －. ②어떤 규칙으로써 행동의 자유를 제한하다.

속담 **동여맨 놈이 푸느니라** : 처음 일을 시작한 사람이 끝을 맺게 마련이라는 뜻의 말. ☞결자해지(結者解之)

동:역(董役)명 -하다 자타 토목이나 건축 따위의 큰 공사를 감독함.

동:-역학(動力學)[-녁-]명 물체의 운동과 힘의 관계를 다루는 역학의 한 부문. ☞정역학(靜力學)

동연(同硯)명 -하다 자 동접(同接)

동연(同然)어기 '동연(同然)하다'의 어기(語基).

동연=개:념(同延概念)명 등가 개념(等價概念)

동연-하다(同然-)형여 다름이 없다.

동연-히 부 동연하게

동영(冬營)명 ①진영(陣營)을 구축하고 겨울을 넘기는 일, 또는 겨울의 진영. ②겨울을 넘기기 위한 경제상의 준비.

동영(東營)명 ①조선 시대, 원주에 있던 강원도의 감영. ②조선 시대, 서울의 창덕궁(昌德宮) 선인문(宣仁門) 아래와 경희궁(慶熙宮) 개양문(開陽門) 아래에 각각 있던 어영청의 분영(分營). ③조선 시대, 서울의 창덕궁 동쪽에 있던 훈련도감의 분영. ④동별영(東別營)

동온하:정(冬溫夏凊)성구 겨울에는 따뜻하게, 여름에는 시원하게 해 드린다는 뜻으로, 부모를 잘 섬기어 효도함을 이르는 말. 준 온정(溫凊)

동-옷 명 남자가 입는 저고리. 동의(胴衣). 동저고리 ¶ － 바람으로 뛰어나왔다.

동:와(童瓦)명 수키와

동:요(動搖)명 -하다 자 ①흔들려서 움직임. ¶ 파도가 높아지자 배가 －하기 시작했다. ②불안하고 혼란스러워 갈팡질팡함. ¶ 물가의 －를 막기 위한 정책. ③생각이나 태도가 확고하지 못하고 흔들림. ¶ 그의 집요한 설득에도 마음에 －됨이 없다.

동:요(童謠)명 ①어린이들이 즐겨 부르는 노래. ②어린이들의 정서를 표현한 노래. 동가(童歌)

동:용(動容)명 행동과 몸을 가지는 태도.

동:용-주선(動容周旋)명 몸가짐과 일을 변통하는 솜씨.

동우(冬雨)명 겨울비 ☞동우(凍雨). 추우(秋雨)

동우(同友)명 서로 뜻과 취미가 같은 벗.

동우(同憂)명 -하다 자 함께 근심함.

동:우(凍雨)명 ①겨울에 내리는 찬 비. ☞동우(冬雨) ②빗방울이 지상 부근의 찬 공기에 닿아 얼어서 내리는 현상, 또는 내리는 얼음의 낱알.

동운(彤雲)명 붉은빛을 띤 구름. ¶ 석양에 비낀 －.

동:운(凍雲)명 겨울의 찬 구름.

동:원(凍原)명 사철 거의 눈과 얼음으로 뒤덮인 북극해 연안의 벌판. 여름 동안만 지표의 일부가 녹아서 선태류나 지의류가 자람. 동야(凍野). 툰드라(tundra)

동:원(動員)명 -하다 자타 ①병력의 일부 또는 전부를 전쟁 등의 비상 사태에 대처할 수 있는 태세로 전환하는 일. ②전쟁 등의 비상 사태에 대처하기 위하여 나라 안의 물적·인적 자원을 통제하고 운용하는 일. ¶ 군수 물자를 －하다. ③어떤 목적을 위하여 사람이나 물자·기술 따위를 한꺼번에 집중시키는 일. ¶ 행사에 청중을 －하다. ☞복원(復員)

동:원-령(動員令)[-녕]명 군대를 동원하도록 내리는 명령. ☞복원령(復員令)

동원-비:기(東園祕器)명 조선 시대, 왕실에서 쓰던 관(棺). 장생전(長生殿)에서 미리 만들어 두었다가 썼음.

동월(同月)명 ①같은 달. ②그 달.

동위(同位)명 같은 위치. 등위(等位)

동위-각(同位角)명 두 개의 직선이 한 직선과 만날 때에 생기는 여덟 개의 각 가운데, 한 직선에서 보아 같은 위치에 있는 한 쌍의 각. 등위각(等位角)

동위=개:념(同位概念)명 하나의 유개념(類概念)에 딸린 종개념(種概念)끼리의 관계. 대위 개념(對位概念). 등급 개념(等級概念). 병립 개념(竝立概念)

동위=원리(同位原理)명 동일률·모순율·배중률을 통틀어 이르는 말.

동위=원소(同位元素)명 원자 번호는 같으나 질량수가 다른 원소. 수소와 중수소 따위. 동위체

동위-체(同位體)명 동위 원소

동유(同遊)명 -하다 자 같이 놂.

동유(桐油)명 유동(油桐)의 씨에서 짜낸 기름. 인쇄 잉크나 도료(塗料) 등의 원료로 쓰임. 오동유(梧桐油)

동:유(童幼)명 어린아이

동-유럽(東Europe)명 유럽의 동부 지역, 곧 지난날 사회주의 국가였던 유럽 동부의 여러 나라 및 러시아 서부 지

역을 이르는 말. 동구라파 ☞서유럽
동유-지(桐油紙)명 동유(桐油)를 짜서 결은 종이.
동유-칠(桐油漆)명 동유에 활석(滑石) 등을 섞고 안료(顔料)를 넣어 만든 칠감.
동음(同音)명 같은 소리. 동일한 음.
동음-어(同音語)명 글자의 음은 같으나 뜻이 다른 말. 동음 이의어
동음=이:의(同音異義)명 글자의 음은 같으나 뜻이 다른 것. ☞동음어
동음=이:의어(同音異義語)명 동음어(同音語)
동음=이:자(同音異字)명 글자의 음은 같으나 글자가 다른 것, 또는 그 글자.
동의(冬衣)명 겨울옷
동의(同意)명 ①같은 의미. ②같은 의견. ☞이의(異意) ③-하다자 의견이나 의사를 같이함. ¶이 의견에 -하는 사람은 손을 들어 주십시오. ④다른 사람의 행위를 승인 또는 시인하는 의사 표시.
동의(同義)명 같은 뜻. ☞이의(異義)
동의(胴衣)명 ①남자가 입는 저고리. 동옷 ②조끼
동:의(動議)명-하다자타 회의 때에 토의할 문제를 제기하는 일, 또는 그 제의. ¶긴급 -
동의-나물명 미나리아재빗과의 여러해살이풀. 줄기 높이는 50cm 안팎. 줄기는 가로누워 뻗으며 자라고 흰 뿌리는 수염 모양임. 5~6월에 노란 꽃이 줄기 끝에 한두 개씩 핌. 우리 나라 각처의 산 속 습지에서 자람.
동-의대(-衣襨)명 조선 시대, 궁중에서 '저고리'를 이르던 말.
동의-머리명 '어여머리'를 속되게 이르는 말.
동의보:감(東醫寶鑑)명 조선 선조 29년(1596)에 의관(醫官) 허준(許浚)이 왕명에 따라 편찬하기 시작하여 광해군 5년(1613)에 완성한 의서(醫書). 탕액편(湯液篇)에는 약재 이름을 한글로 적어 놓았음. 25권 25책.
동의-어(同義語)명 뜻이 같은 말. ☞반의어(反義語)
동이명 모양이 둥글고 배가 부르며 아가리가 넓고, 양옆에 손잡이가 있는 질그릇.
동이(同異)명 같은 것과 다른 것. 이동(異同)
동이(東夷)명 동쪽 오랑캐라는 뜻으로, 고대 중국에서 중국의 동쪽 지방에 사는 이민족(異民族)을 낮잡아 이르던 말. ☞남만(南蠻). 서융(西戎). 북적(北狄)
×**-동이**접미 →-둥이
동이-나물명 미나리아재빗과의 여러해살이풀. 잎은 톱니가 있는 둥근꼴이며, 줄기는 속이 비었고 4~5월에 황금빛의 꽃이 핌. 우리 나라 특산종으로, 산 속의 습지에서 자람.
동이다타 줄이나 끈, 실 따위로 감거나 둘러서 묶다.
동이-배지기명 씨름에서, 상대 선수를 자기의 배 위까지 번쩍 들어올리는 기술.
동이-연(-鳶)명 머리나 허리에 띠를 두른 연. ☞머리동이. 허리동이
동인(同人)명 ①같은 사람. ②앞에 말한 그 사람. ③어떤 일에 뜻을 같이하여 모이는 사람. ¶문학 - ④'동인괘(同人卦)'의 준말. ⑤'동인회(同人會)'의 준말.
동인(同仁)명 멀고 가까움에 차별을 두지 아니하고 널리 평등하게 사랑하는 일.
동인(同寅)명 지난날, 궁중의 관원들이 서로 '동료(同僚)'라는 뜻으로 쓰던 말.
동인(東人)명 조선 시대, 당파(黨派)의 하나. 선조 때 김효원을 중심으로 한 사람들로, 심의겸(沈義謙)을 중심으로 한 서인(西人)에 대해서 이르던 말.
동:인(動因)명 어떤 현상의 변화나 발생의 직접적인 원인. ¶민란의 -이 된 관리들의 부패상.
동인(銅人)명 구리로 만든 사람의 형상. 온몸에 침 구멍이 뚫려 있어 침술을 익힐 때에 씀.
동인(銅印)명 구리에 새긴 인장(印章). 동장(銅章)
동:인(瞳人·瞳仁)명 눈동자에 비쳐서 나타난 사람의 형상. 눈부처. 동자부처
동인-괘(同人卦)명 육십사괘(六十四卦)의 하나. 건괘(乾卦) 아래 이괘(離卦)가 놓인 괘로 하늘과 불을 상징함. 준동인(同人) ☞대유괘(大有卦)
동인-도(銅人圖)명 침술을 배우는 데 쓰는 인체(人體)의 그림. 경락(經絡)과 경혈(經穴)을 그려 놓은 것임.
동인=잡지(同人雜誌)명 주의·경향·뜻을 같이하는 사람들끼리 모여 만드는 잡지. 준동인지
동인-지(同人誌)명 '동인 잡지'의 준말.
동-인형(胴人形)명 ①내장 같은 것이 보이도록 만든 인형. ②소도구(小道具)의 한 가지. 배우 대신 사용하는 인형.
동인-회(同人會)명 주의·경향·뜻을 같이하는 사람들끼리 모이는 모임. 준동인(同人)
동일(冬日)명 겨울날 ☞추일(秋日)
동일(同一)명-하다형 똑같음. ¶- 수법/-한 내용.
동일(同日)명 같은 날, 또는 그 날.
동일=개:념(同一槪念)명 외연(外延)과 내포(內包)가 일치하는 개념.
동일-률(同一律)명 일정한 사고 과정에 있어서, 동일한 말은 동일한 뜻과 내용을 가지고 있어야 한다는 법칙. 동일 원리(同一原理). 자동률(自動律)
동일-법(同一法)[-뻡]명 ①같은 방법. ②'A는 B다'라는 정리(定理)에서 가정(假定)의 A와 결론의 B가 각각 하나일 때는 그 정리의 역(逆)도 성립된다고 보는 일종의 간접 증명법.
동일-설(同一說)[-썰]명 동일 철학(同一哲學)
동일-성(同一性)[-썽]명 둘 이상의 사상이나 사물이 꼭 같거나 한결같은 성질이나 특성.
동일-시(同一視)[-씨]명-하다타 ①둘 이상의 사물을 똑같은 것으로 봄. 동시(同視) ②심리학에서, 다른 인물과 자기를 의식·무의식적으로 같은 존재로 여겨 욕구를 만족시키려는 심리 현상. ¶소설의 주인공과 나를 -하다.
동일=원리(同一原理)명 동일률(同一律)
동일=철학(同一哲學)명 물질과 정신, 주관과 객관은 본질적으로 다른 것이 아니고, 하나의 절대적 실체가 현상으로서 달리 나타나는 것일 뿐, 실상은 같은 것이라고 하는 철학. 동일설(同一說)
동일-체(同一體)명 ①같은 몸. ②질이나 모양이 서로 같은 물체.
동:임(洞任)명 동리(洞里)의 공무를 맡아보는 사람.
동자명-하다자 밥짓는 일. 부엌일 ¶새벽 -
동자(同字)명 같은 글자.
동:자(童子)명 ①사내아이. 동남(童男). 동수(童豎) ②중이 되려고 절에서 불법(佛法)을 배우는, 출가(出家)하지 않은 사내아이. ③절에서 심부름하는 아이를 이르는 말. ④'보살(菩薩)'을 달리 이르는 말.
동:자(瞳子)명 눈동자. 동공(瞳孔)
동자개명 동자갯과의 민물고기. 몸길이는 20cm 안팎이며 잿빛 갈색 바탕에 반점이 있음. 등지느러미와 배지느러미에 센 가시가 있고, 주둥이에 네 쌍의 수염이 있음.
동:자-기둥(童子-)명 들보 위에 세워 중도리와 마룻보를 받치는 짧은 기둥. 동바리. 동자주(童子柱). 쪼구미
동:자-꽃(童子-)명 석죽과의 여러해살이풀. 줄기 높이는 1m 안팎. 줄기는 곧게 서고 마디가 뚜렷함. 잎은 길둥근 꼴로 마주나며, 6~7월에 주황색 꽃이 줄기 끝에 하나씩 핌. 우리 나라 각처의 산지에 분포함.
동-자르다(-자르고·-잘라)타르 ①길게 토막을 내서 끊다. ②관계를 끊다.
동:자-목(童子木)명 목재 가구에서, 서랍 따위의 사이를 칸 막아서 짜는 좁은 나무.
동:자-보살(童子菩薩)명 ①'어린 사내아이의 귀신'을 무당이 이르는 말. ②사람의 양쪽 어깨에 있다는 귀신. 동자부처
동:자-부처(童子-)명 동자보살
동:자-부처(瞳子-)명 눈동자에 비쳐서 나타난 사람의 형상. 눈부처. 동인(瞳人)
동:자-삼(童子蔘)명 어린아이 모양으로 생긴 산삼(山蔘)을 이르는 말. 동삼(童蔘)

동:자-석(童子石)명 ①사내아이의 형상으로 만들어 무덤 앞에 세워 놓는 돌. ②돌난간의 기둥 사이에 세우는 죽석(竹石)을 받치는 돌. 동자주(童子柱)
동:자-승(童子僧)명 동승
동자-이:음(同字異音)명 글자는 같으나 음이 다름.
동:자-아치명 지난날, 반찬 만드는 일을 맡아보는 계집종을 이르던 말. 반빗아치. 찬비(饌婢) 준 동자치
동:자-주(童子柱)명 ①동자기둥 ②동자석(童子石)
동:자-중(童子一)명 나이가 어린 중. 동승(童僧)
동:자-치명 '동자아치'의 준말.
동작(東作)명 봄철에 농사를 짓는 일, 또는 봄철에 짓는 농사.
동:작(動作)명 -하다 자 무슨 일을 하려고 몸을 움직임. 몸놀림
동:작-상(動作相)명 〈어〉문장에서, 동작의 진행 상태를 나타내는 문법적 의미. 국어에서는 보조 용언으로 나타냄. '아이들이 놀고 있다.'는 진행상(進行相)이고, '일을 끝내어 버렸다.'는 완료상(完了相)이 되는 따위.
동:작=전:류(動作電流)명 생물의 조직, 특히 신경 세포가 자극을 받거나 상처를 입은 경우에 그 부분에 일어나는 전류.
동:잠(動箴)명 사물잠(四勿箴)의 하나. 예(禮)가 아니거든 움직이지 말라는 가르침.
동:장(洞長)명 행정 구역의 단위인 동(洞)의 행정 책임자, 또는 그 직위.
동장(銅章)명 ①구리에 새긴 도장. 동인(銅印) ②구리로 만든 기념장(紀念章)을 통틀어 이르는 말.
동-장군(冬將軍)명 심한 겨울 추위를 이르는 말.
동-장대(東將臺)명 산성 동쪽에 만들어 놓은 높은 대. 지난날, 수비 장수가 지휘하던 곳임.
동재(同齋)명 -하다 자 절에서 밥을 짓는 일.
동재(東齋)명 조선 시대, 성균관(成均館)이나 향교(鄕校)의 명륜당(明倫堂) 앞 동쪽에 있는, 유생(儒生)이 거처하며 글을 읽던 곳.
동재=차례(同齋一)명 절에서 밥을 짓는 당차(當次).
동저(東儲)명 지난날, 왕세자나 황태자를 이르던 말. 동궁(東宮)
동:저(凍猪)명 내장을 빼고 튀해서 얼린 돼지고기.
동-저고리명 남자가 입는 저고리. 동옷
동저고릿-바람명 의관(衣冠)을 갖추지 않은 차림새.
동:적(動的)[-쩍]명 움직임이 있는 것. 활동성이 있는 것. ¶-인 표현. ☞정적(靜的)
동:적=위험(動的危險)[-쩍-]명 사회 사정의 변동 따위로 사업 경영이 받는 위험. ☞정적 위험(靜的危險)
동-적전(東耤田)명 조선 시대, 지금의 서울 동쪽에 있던 적전(耤田). 종묘 사직의 제사에 쓸 곡식을 심던 논밭임. ☞서적전(西耤田)
동전(同前) '앞의 것과 같음'의 뜻.
동전(東銓)명 조선 시대, '이조(吏曹)'를 달리 이르던 말. ☞서전(西銓)
동:전(動轉)명 -하다 자 변하여 달라짐.
동전(銅錢)명 구리 또는 구리의 합금으로 만든 돈. 구리돈. 동화(銅貨)
동:-전:기(動電氣)명 유동하고 있는 전기. 반드시 자기(磁氣) 작용을 동반함. ☞정전기(靜電氣)
동:-전:력(動電力)명 전류를 일으키는 원동력. 전동력
동절(冬節)명 겨울철. 동계(冬季) ☞추절(秋節)
동점(同點)[-쩜]명 같은 점수. ¶경기는 -으로 끝나다.
동점(東漸)명 -하다 자 문명이나 세력 따위가 동쪽으로 점차 옮아가 퍼짐. ☞서점(西漸)
동점(東點)[-쩜]명 지평선과 자오선이 만나는 두 점 중에서 동쪽에 있는 점.
동점(銅店)명 구리를 캐는 광산. 동광(銅鑛)
동접(同接)명 -하다 자 같은 곳에서 함께 학업을 닦음, 또는 그런 벗. 동연(同硯)
동정명 한복 저고리의 깃 위에 조붓하게 덧붙인 흰 헝겊 오리.
속담 **동정 못 다는 며느리 맹물 발라 머리 빗는다** : 일솜씨는 없는 주제에 겉치레만 꾸미려 하는 밉살스런 행동을 비꼬아 이르는 말.
동정(同定)명 -하다 자 생물의 분류학상의 소속과 명칭을 정하는 일.
동정(同情)명 -하다 타 남의 어려운 사정을 자기 일처럼 생각하여 마음 아파함, 또는 그런 마음으로 도움을 줌. ¶-을 베풀다.
동정(東庭)명 ①집 안의 동쪽에 있는 뜰. ②성균관(成均館) 명륜당(明倫堂)의 동쪽에 있는 뜰. 지난날, 승학시(陞學試)를 받는 유생(儒生)이 앉던 곳임.
동:정(動靜)명 ①어떤 일이나 상황 등이 벌어지고 있는 낌새. ¶-을 살피다. 유 동태(動態). 동향(動向) ②움직이는 일과 가만히 있는 일.
동:정(童貞)명 이성과 성적 관계를 가진 일이 없는 사람, 또는 그러한 상태. ¶-을 지키다.
동:정-귤(洞庭橘)명 좋은 품종의 귤을 이르는 말.
동정-금(同情金)명 딱한 처지에 놓인 사람을 돕는 뜻으로 주는 돈.
동:정-남(童貞男)명 동정인 남자. 정남(貞男) ☞동정녀
동:정-녀(童貞女)명 ①동정인 여자. 정녀(貞女) ☞동정남 ②가톨릭에서, '성모(聖母)'를 달리 이르는 말.
동:정=생식(童貞生殖)명 난편 생식(卵片生殖)
동정서벌(東征西伐)성구 여러 나라를 이리저리 정벌함을 이르는 말.
동:정-설(童貞說)명 동정녀인 성모(聖母)가 성령으로 예수를 잉태하여 낳았다는 설.
동정식(同鼎食)성구 한솥밥을 먹는다는 뜻으로, 한집에서 같이 삶을 이르는 말.
동정=파:업(同情罷業)명 파업 중인 노동자를 지원하기 위하여 다른 직장의 노동자가 일으키는 파업.
동제(東帝)명 민속에서, 봄을 맡은 동쪽의 신(神)을 이르는 말. 청제(青帝)
동제(銅製)명 구리로 만드는 일, 또는 그 물건.
동조(同祖)명 조상이 같은 일, 또는 같은 조상.
동조(同調)명 ①음악에서, 같은 가락을 이르는 말. ②시(詩)에서, 같은 음률이나 율격을 이르는 말. ③-하다 자 남의 의견이나 주장에 찬동하여 따르거나 보조를 같이 함. ¶회원의 대다수가 그의 의견에 -했다. ④-하다 자 어떤 진동체 고유의 진동수를, 밖으로부터 오는 진동력의 진동수에 일치시켜 공명을 일으키도록 조절하는 일.
동조(東朝)명 ①지난날, 정치에 관여하게 된 태후가 정사(政事)를 보던 곳. ②지난날, 수렴청정(垂簾聽政)하는 태후를 이르던 말.
동조-기(同調器)명 라디오 수신기나 텔레비전 수상기 따위에서, 특정한 주파수의 전파를 선택하는 부분. 튜너(tuner)
동조=바리콘(同調varicon)명 가변 축전기(可變蓄電器)
동조서율(東棗西栗) 제상(祭床)에 제물을 차리는 격식의 하나. 동쪽에 대추를, 서쪽에 밤을 차림을 이르는 말. ☞홍동백서(紅東白西)
동조-자(同調者)명 어떤 의견이나 주장에 찬동하고 지지하는 사람. 유 동반자(同伴者)
동조=회로(同調回路)명 외부의 전기 진동과 같은 진동수를 가지고, 이것과 공진(共振)하는 전기 회로.
동족(同族)명 ①같은 겨레. 동일한 종족. ☞이족(異族) ②동종(同宗)
동족=계:열(同族系列)명 분자 구조 중에서 메틸렌기〔-CH^2-〕의 수를 달리하는 일련의 유기 화합물.
동:족방:뇨(凍足放尿)성구 '언 발에 오줌 누기'란 말을 한문식으로 옮긴 구(句)로, 어떠한 사물이 한때의 도움이 될 뿐, 바로 효력이 없어진다는 뜻.
동족상잔(同族相殘)성구 같은 겨레끼리 서로 싸우고 죽임을 이르는 말. 민족상잔(民族相殘)
동족-애(同族愛)명 같은 겨레에 대한 사랑.
동족=제:도(同族制度)명 한 가족에서 갈라져 나간 분가(分家)들이 본가(本家)를 중심으로 어떤 형태의 협력 및

종속 관계로써 하나의 사회를 이루는 제도.
동족-체(同族體)명 동족 계열(同族系列)에 딸린 유기 화합물.
동존(同存)명-하다자 공존(共存)
동종(同宗)명 ①같은 종파(宗派). ②한 조상으로부터 갈라져 내려온 동성동본의 일가. 동족(同族)
동종(同種)명 같은 종류. 동류(同類) ☞이종(異種)
동좌(同坐)명-하다자 자리를 같이하여 앉음, 또는 같은 자리. 동석(同席)
동주(同舟)명-하다자 같은 배를 함께 탐. 동선(同船)
동주(東珠)명 방합 속에서 생긴 진주. 명주(明珠)
동주상구(同舟相救)성구 같은 운명에 처했을 때에는 아는 사이건 모르는 사이건 서로 돕게 됨을 이르는 말.
동죽명 동죽조개
동죽-조개명 개랑조갯과의 바닷조개. 가막조개와 모양이 비슷하며 조가비는 황갈색이고 4~5월에 산란함. 우리 나라와 일본, 중국 등지에 분포함. 동죽
동-줄[-쭐]명 ①물레의 몸을 동여 얽은 줄. ②동줄기
동-줄기[-쭐-]명 마소의 등에 실은 짐 위에 걸어, 배에 둘러서 졸라매는 줄. 동줄
동중(同衆)명 같은 무리.
동:중(洞中)명 동네 안. 동내(洞內)
동중=원소(同重元素)명 질량수는 같으나 원자 번호, 곧 양성자 수가 다른 원자. 동중체
동중-체(同重體)명 동중 원소
동지(冬至)명 이십사 절기(二十四節氣)의 하나. 대설(大雪)과 소한(小寒) 사이의 절기로, 양력 12월 22일께. 북반구에서는 밤이 가장 긴 날. 아세(亞歲) ☞대한(大寒). 하지(夏至)
속담 **동지 때 개딸기** : 동지 때에 개딸기가 있을 수 없으니, 철이 지나 도저히 얻을 수 없는 것을 바란다는 말.
동지(同旨)명 취지가 같은 일.
동지(同地)명 같은 땅, 또는 같은 지방.
동지(同志)명 목적이나 뜻을 같이하는 일, 또는 그런 사람. ¶-가 되다.
동:지(動止)명 '행동거지(行動擧止)'의 준말.
동지-두죽(冬至豆粥)명 동지팥죽
동지-받이(冬至-)[-바지]명 동짓달 보름께에 함경도 근해에 몰려드는 명태의 떼.
동지-사(冬至使)명 조선 시대, 해마다 동짓달에 중국으로 보내던 사신.
동지-상:사(冬至上使)명 조선 시대, 동지사의 우두머리를 이르던 말.
동지-선(冬至線)명 '남회귀선'을 달리 이르는 말.
동지-섣달(冬至-)명 동짓달과 섣달을 아울러 이르는 말.
동지-시식(冬至時食)명 동지팥죽
동지-점(冬至點)[-쩜]명 적도에서 남반구(南半球) 쪽으로 가장 먼 점. 황도(黃道) 위의 춘분점에서 서쪽으로 90° 떨어져 있고, 태양이 이 점을 지날 때에 동지가 됨. ☞하지점(夏至點)
동지-팥죽(冬至-粥)[-팓-]명 동짓날 쑤어 먹는 팥죽. 귀신을 쫓는다는 뜻으로 대문에 뿌리거나, 나이 수만큼의 새알심을 먹는다든지 하는 민속적인 뜻을 지님. 동지두죽(冬至豆粥). 동지시식(冬至時食)
동진(東進)명-하다자 동쪽으로 나아감.
동:진(童眞)명 불교에서, 한평생 여자와 관계하지 않은 사람을 이르는 말.
동질(同質)명 ①같은 본질, 또는 같은 성질. ②같은 물질. ☞이질(異質)
동질=다상(同質多像)명 동질 이상
동질=이:상(同質異像)명 같은 화학 조성을 가진 물질이 서로 다른 결정 구조와 물리적 성질을 가지는 것. 탄소로 된 흑연과 다이아몬드 따위. 다형(多形). 동질 다상
동짓-날(冬至-)명 동지가 되는 날.
동짓-달(冬至-)명 '음력 십일월'을 달리 이르는 말. 지월(至月). 창월(暢月)
동-쪽(東-)명 해가 떠오르는 쪽. 동(東). 동녘. 동방(東方) ☞서쪽
동차(同次)명 다항식(多項式)에서, 각 항의 차수가 어떤 문자에 대해 같은 일.
동:차(動車)명 '기동차(汽動車)'의 준말.
동:차(童車)명 젖먹이를 태워 밀고 다니게 만든, 네 바퀴로 된 수레. 유모차(乳母車)
동차-식(同次式)명 각 항의 차수가 모두 같은 다항식.
동참(同參)명-하다자 ①함께 참가함. ¶산림 녹화 운동에 -하다. ②신도와 중이 한 법회에 참례하여, 같이 정업(淨業)을 닦음.
동참-불공(同參佛供)명 여러 사람이 적은 돈이나 물품을 모아서 한꺼번에 드리는 불공.
동참-재자(同參齋者)명 한 법회에 적은 돈을 내고 동참하여 정업(淨業)을 닦는 사람.
동창(同窓)명 ①같은 학교 또는 같은 스승에게서 공부한 사이. ②'동창생(同窓生)'의 준말.
동창(東窓)명 동쪽으로 낸 창. ☞서창(西窓)
동:창(凍瘡)명 한방에서, 심한 추위로 말미암아 살가죽이 얼어서 생기는 헌데를 이르는 말.
동창-생(同窓生)명 같은 학교를 졸업한 사람. 준동창
동창-회(同窓會)명 같은 학교를 졸업한 사람들로 이루어진 모임. 교우회(校友會)
동처(同處)명 ①같은 곳, 또는 그 곳. ②-하다자 한 집에서 같이 삶. 동거(同居)
동:척(童尺)명 나무로 된 짧은 자.
동천(冬天)명 ①겨울 하늘. 한천(寒天) ②겨울날
동천(東天)명 동쪽 하늘. ☞서천(西天)
동:천(洞天)명 산과 내로 둘러싸인 경치가 좋은 곳.
동:천(動天)명-하다자 하늘을 움직일 만큼 세력이 성함.
동:천지감귀신(動天地感鬼神)성구 천지를 움직이고 귀신을 감동하게 한다는 뜻으로, 시문(詩文)을 썩 잘 지었음을 비유하여 이르는 말.
동철(冬鐵)명 겨울에, 미끄러지지 않도록 나막신의 굽이나 말편자에 박는 징이나 못.
동철(銅鐵)명 ①구리와 쇠를 아울러 이르는 말. ②'구리[1]'를 달리 이르는 말.
동-철환(銅掇環)명 도자기의 아가리를 구리로 싸서 물리는 꾸밈새. 동검구(銅鈐口)
동:첩(童妾)명 ①나이 어린 첩. ②동기(童妓) 출신의 첩.
동:청(-靑)명 동양화에서, 검게 찍은 점이나 칠한 곳에 진한 녹색으로 검은 테만 남기고 눌러 찍는 채색.
동청(冬靑)명 '사철나무'의 딴이름.
동청(銅靑)명 구리가 산화하면서 그 거죽에 생기는 푸른 녹. 동록(銅綠)
동체(同體)명 ①한 몸. ②같은 물체. ☞이체(異體)
동체(胴體)명 몸통. 동부(胴部)
동:체(動體)명 ①움직이는 것. ②유체(流體)
동:초(動哨)명 군대에서, 일정한 구역을 순찰하는 보초. ☞부동초(不動哨)
동촉(銅鏃)명 청동으로 만든 화살촉.
동촌(同村)명 ①같은 마을. ②그 마을.
동촌(東村)명 ①동쪽 마을. ②지난날, 서울 안에서 동쪽으로 치우쳐 있는 동네를 이르던 말.
동총(冬葱)명 움 속에서 기른, 누런 빛깔의 파. 움파
동:총(動塚)명-하다타 무덤을 옮기려고 파냄.
동추서대(東推西貸)성구 여기저기 빚을 짐을 이르는 말. 동서대취(東西貸取). 동취서대
동충-하:초(冬蟲夏草)명 동충하초과의 버섯을 통틀어 이르는 말. 자실체의 크기와 빛깔은 다양하나 모양은 긴 곤봉형임. 거미·매미·나비·벌 따위 벌레의 번데기나 애벌레에 기생하여 자람. 겨울에는 벌레이던 것이 여름에는 풀이 된다는 뜻의 이름으로, 약용으로 널리 쓰임.
동취(銅臭)명 구리돈에서 풍기는 냄새라는 뜻으로, 재물을 자랑하거나 재물로 출세한 사람을 낮잡아 이르는 말.
동취서대(東取西貸)성구 동추서대(東推西貸)
동치(同値)명 ①같은 값, 또는 같은 수치. ②두 개의 방정식이 같은 근(根)을 가지는 것. 등치(等値)

동치(同齒)명 같은 나이. 동년(同年)
동:치(童穉)명 어린아이
동치다 타 작은 것을 휩싸서 동이다. ¶손가락을 붕대로 감아 —. ☞둥치다
동:치미 명 물김치의 한 가지. 무를 통째 또는 크게 썰어 소금에 잠깐 절이고, 끓인 소금물을 식혀서 부어 담금.
동:치미-냉:면(—冷麵)명 삶아 건진 메밀 국수를 동치미 국물에 만 냉면. ☞나박김치냉면
동치서주(東馳西走)성구 바쁘게 이리저리 돌아다님을 이르는 말. 동분서주(東奔西走)
동치-성(同齒性)[—썽]명 앞니·송곳니·어금니 등의 구별이 없이 이의 형태가 모두 같은 성질. 돌고래의 이 따위. ☞이치성(異齒性)
동-침(—鍼)명 침의 한 가지. 가늘고 길어서 침을 깊이 놓을 때 쓰임.
동침(同寢)명-하다자 남녀가 잠자리를 같이함. 동금(同衾). 동품
동키펌프(donkey pump)명 왕복식 증기 펌프의 한 가지. 주로 선박에 물을 공급하는 데 쓰임.
동:탁(童濯)어기 '동탁(童濯)하다'의 어기(語基).
동:탁-하다(童濯—)형여 ①산에 나무나 풀이 없다. ②씻은듯이 매우 깨끗하다.
동:탄부득(動彈不得)성구 곤란한 지경에 빠져서 꼼짝 할 수 없음을 이르는 말. 꼼짝부득
동:탕(動蕩)어기 '동탕(動蕩)하다'의 어기(語基).
동:탕-하다(動蕩—)형여 얼굴이 토실토실하고 아름답다.
동:태(凍太)명 '동명태(凍明太)'의 준말.
동:태(動胎)명 한방에서, 태아가 놀라 움직여서, 임부(姙婦)의 배와 허리가 아프고 낙태할 염려가 있는 병을 이르는 말.
동:태(動態)명 움직이거나 변해 가는 상태. ¶적군의 —를 살피다. 유동정(動靜) ☞정태(靜態)
동:태-구이(凍太—)명 동태를 가로로 토막내어 양념하여 구운 음식.
동:태-순대(凍太—)명 순대의 한 가지. 내장을 뺀 동태 속에 쇠고기·돼지고기·두부·숙주나물 등을 다진 것에 찹쌀 가루를 섞어 소를 하여 넣고 아가리를 오므려 묶은 다음 쪄서 먹는 음식.
동:태=집단(動態集團)명 일정한 기간에 발생한 사물의 시간적인 연속 상태를 내용으로 하는 통계 집단.
동:태-찌개(凍太—)명 맑은장국에 토막친 동태와 고춧가루·무 등을 넣고 끓인 찌개.
동:태=통계(動態統計)명 일정한 기간 안의 시간적 경과에 따라 변동이 진행되는 모양을 조사하는 통계. 인구 변동에 대한 통계 따위. ☞정태 통계(靜態統計)
동:탯-국(凍太—)명 맑은장국에 무를 넣어 끓이다가 토막친 동태를 넣고 끓인 국.
동토(東土)명 ①동쪽의 땅. ②동방에 있는 나라.
동:토(凍土)명 언 땅. 얼어붙은 땅.
동:토-대(凍土帶)명 사철 거의 눈과 얼음으로 뒤덮인 북극해 연안의 벌판. 여름 동안만 지표의 일부가 녹아서 선태류나 지의류가 자람. 툰드라(tundra)
동-톱 명 '동가리톱'의 준말.
동:통(疼痛)명 신경의 자극으로 몸이 쑤시고 아픈 고통.
동퇴서비(東頹西圮)성구 허술한 집이 이리저리 쏠림을 이르는 말.
동-트기(東—)명 동쪽 하늘이 밝아 올 무렵. 새벽
동-트다(東—)(—트고·—터)자 동쪽 하늘이 밝아 오다.
동:티(∠動土)명 ①민속에서, 건드려서는 안 될 땅을 파거나 나무를 베거나 돌을 다치게 하였을 때 지신(地神)이 성을 내어 받게 된다는 재앙. ②건드려서는 안 될 것을 잘못 건드려서 생기는 걱정이나 불행.
동:티-나다 자 ①동티가 생겨 재앙이 일어나다. ②공연히 건드려 일이 잘못되다.
동:티-내:다 타 ①동티가 나게 하다. ②공연히 건드려 일이 잘못되게 하다.
×동파(冬—)명 →움파
동파(同派)명 ①같은 종파(宗派)나 유파(流派). ②그 파.
동:파(凍破)명-하다자 얼어서 터짐. ¶겨울에는 수도관이 —하지 않도록 대비해야 한다. 유동렬(凍裂)
동-판(—板)명 광산에서, 방아확 앞에 잇대어 비스듬히 깔아 놓은 널빤지. 복대기를 모으는 구실을 함.
동판(銅版)명 평평한 구리 평면에 그림이나 글씨를 새긴 인쇄 원판.
동판-화(銅版畫)명 동판으로 찍은 그림.
동-팔참(東八站)명 지난날, 압록강과 산해관(山海關) 사이에 있던 여덟 군데의 역참.
동패(銅牌)명 구리로 만든 상패. ☞동메달
동패서상(東敗西喪)성구 이르는 곳마다 실패하거나 패망함을 이르는 말.
동편(東便)명 동쪽 방면. 동변(東邊) ☞서편(西便)
동:-편사(洞便射)명-하다자 지난날, 고을에서 활을 잘 쏘는 사람을 뽑아 다른 고을과 활쏘기를 겨루던 일. 골편사
동편-제(東便制)명 판소리 성조(聲調)의 하나. 우조(羽調)를 많이 쓰고 굵고 웅장한 시김새로 짜여 있음. 구례, 순창, 운봉, 흥덕 등 전라도 동쪽에서 성행함. ☞서편제
동포(同胞)명 한 어머니에게서 태어난 형제 자매라는 뜻으로, '같은 겨레'를 이르는 말. ¶칠천 만 —.
동:포(洞布)명 조선 시대, 동네에서 바치던 군포(軍布).
동포-애(同胞愛)명 한 나라 또는 한 겨레에 딸리는 사람들끼리 서로 아끼고 사랑하는 마음.
동표서랑(東漂西浪)성구 정처 없이 이리저리 떠돌아다님을 이르는 말.
동:품(同—)명-하다자 동침(同寢)
동품(同品)명 ①같은 품계. ②같은 물품.
동풍(東風)명 동쪽에서 불어오는 바람. 곡풍(谷風). 명서풍(明庶風). 양풍(陽風). 조풍(條風). 동부새 ☞샛바람. 서풍(西風)
속담 **동풍 닷 냥이다**: 난봉이 나서 돈을 함부로 날려 버림을 비웃는 말./**동풍 맞은 익모초**: 알지도 못하면서 무슨 일에 부화뇌동함을 비유하여 이르는 말./**동풍 안개 속에 수숫잎 꼬이듯**: 심술이 사납고 성깔이 순하지 못함을 비유하여 이르는 말.〔꼬기는 칠팔월 수숫잎 꼬이듯〕
동:풍(動風)명 한방에서, 병으로 온몸 또는 몸의 어느 한 부분에 경련이 일어나는 증세를 이르는 말.
동풍-삭임(東風—)명 동풍이 불다가 사라진 뒤.
동풍-신연(東風新燕)명 봄바람을 따라 새로 찾아오는 제비를 이르는 말.
동필(同筆)명 같은 사람의 글씨.
동:-하다(動—)자여 ①마음이 움직이다. ¶마음이 —. ②어떤 욕구나 감정이 일어나다. ¶구미가 —./호기심이 —./물욕이 —.
동:-하중(動荷重)명 운동체가 구조물에 주는 힘. ☞정하중(靜荷重)
동학(同學)명-하다자 한 학교나 한 스승에게서 함께 배움, 또는 그런 벗.
동학(東學)명 ①서학(西學)에 상대하여 '천도교(天道敎)'를 달리 이르는 말. ②조선 시대, 유생들을 가르치기 위하여 서울 동부에 두었던 사학(四學)의 하나. ☞서학(西學)
동학-군(東學軍)명 조선 말기, 동학당(東學黨)으로 조직하였던 군사.
동학-당(東學黨)명 조선 말기, 동학교(東學敎)를 믿는 사람들의 무리를 이르던 말.
동한(冬寒)명 겨울의 추위.
동:한(凍寒)명 얼어붙을 정도로 심한 추위.
동-합금(銅合金)명 구리를 주성분으로 한 합금을 통틀어 이르는 말. 구리합금
동항(同行)명 겨레붙이의 같은 항렬(行列).
동:항(凍港)명 겨울에는 바닷물이 얼어붙어 선박이 드나들 수 없는 항구. ☞부동항(不凍港)
동해(東海)명 ①동쪽에 있는 바다. 동명(東溟) ②한반도

(韓半島) 동쪽의 바다. ☞남해(南海)
동:해(凍害)명 농작물 등이 추위로 얼어서 해를 입는 일.
동:해(童孩)명 어린아이
동해-부인(東海夫人)명 '홍합(紅蛤)'의 딴이름.
동해-안(東海岸)명 동쪽 해안.
동행(同行)[1]명-하다자 ①두 사람 이상이 함께 감, 또는 함께 가는 그 사람. 동도(同道) ②부역(賦役)에 함께 나감. 반행(伴行)
동행(同行)[2]명 불교에서, 같이 수행하는 사람을 이르는 말.
동행(同行)[3]명 글의 같은 행.
동행(東行)명-하다자 ①동쪽으로 감. ②동쪽 지방으로 감. ☞서행(西行)
동행-자(同行者)명 ①함께 길을 가는 사람. ②함께 불도(佛道)를 닦는 사람.
동행-중(同行衆)명 같은 종파의 사람들이나 신도들.
동향(同鄕)명 고향이 같음, 또는 같은 고향. ¶그는 나와 ―이다.
동향(東向)명 ①동쪽 방향. ②-하다자 동쪽을 향함. 향동(向東) ☞서향(西向)
동:향(動向)명 사람의 마음이나 사물의 형세·상태 따위가 움직여 가는 경향이나 방향. ¶여론의 ―이 주목된다./경기(景氣) ― 유동정(動靜)
동향-집(東向-)[-찝]명 동쪽을 향해 있는 집.
동향-판(東向-)명 집터나 뫼자리가 동쪽을 향한 터전.
동헌(東軒)명 지난날, 고을 원이나 감사(監司)·병사(兵使)·수사(水使) 등이 공사(公事)를 처리하던 건물.
속담 **동헌에서 원님 칭찬한다** : ①겉치레로 칭찬함을 이르는 말. ②아첨함을 이르는 말.
동혈(同穴)명 ①같은 구덩이. ②-하다자타 부부가 죽은 뒤에 한 무덤에 묻히는 일.
동:혈(洞穴)명 깊고 넓은 굴. 동굴
동:혈(動血)명-하다자 희로애락(喜怒哀樂)의 감정이 얼굴에 뚜렷이 드러남.
동-협문(東夾門)명 궁궐이나 관아의 삼문(三門) 가운데 동쪽에 있는 문. ☞서협문(西夾門)
동형(同形)명 같은 모양, 또는 같은 형식. ☞이형(異形)
동형(同型)명 같은 틀, 또는 같은 모형.
동형=배:우자(同形配偶子)명 유성 생식을 하는 생물의 두 배우자의 모양과 크기가 서로 같은 것. ☞이형 배우자
동호(同好)명-하다자 같은 취미를 가지고 함께 즐김, 또는 그런 사람.
동호-인(同好人)명 취미나 즐기는 일이 같은 사람. 동호자(同好者)
동호-자(同好者)명 동호인
동호지필(董狐之筆)성구 진나라의 사관 동호가 권세를 두려워하지 않고 직필을 하였다는 데서, 사실을 숨기지 않고 그대로 씀을 이르는 말.
동호-회(同好會)명 취미나 즐기는 일이 같은 사람끼리의 모임. ¶연날리기 ―
동혼-식(銅婚式)명 결혼 기념식의 한 가지. 서양 풍속으로, 결혼 15주년을 맞아 부부가 구리로 된 선물을 주고받으며 기념함.
동화(同化)명-하다자타 ①질이 다른 것이 서로 같아짐, 또는 다른 것을 닮아 그것과 같게 됨. ②밖에서 얻은 지식 따위를 자기 것으로 만듦. ③생물이 외부로부터 섭취한 영양물을 자기 몸의 고유한 성분으로 변화시키는 현상. ¶탄소 ― 작용 ④〈어〉음운이 서로 이어질 때, 어느 한쪽 또는 양쪽이 영향을 받아 비슷하거나 같은 소리로 바뀌는 현상. 상호 동화, 순행 동화, 역행 동화 따위.
동화(同和)명-하다자 같이 화합함.
동:화(動畫)명 동작이나 모양이 조금씩 다른 그림이나 인형 따위를 한 장면씩 촬영하여 영사(映寫)했을 때 화상(畫像)이 잇달아 움직이는 것처럼 보이게 한 것. 애니메이션(animation) ☞만화 영화
동:화(童話)명 어린이를 대상으로 하고 동심(童心)을 바탕으로 해서 지은 이야기.
동화(銅貨)명 구리 또는 구리의 합금으로 만든 돈. 동전(銅錢) ☞금화(金貨). 은화(銀貨)
동화-교(東華敎)명 증산(甑山) 강일순(姜一淳)을 교조(敎祖)로 하는 훔치교(吽哆敎) 계통의 한 종파.
동:화-극(童話劇)명 어린이를 대상으로 하는, 동화를 소재로 꾸민 연극.
동화-근(同化根)명 엽록소를 가지고 광합성을 하는 뿌리. 줄기나 잎이 퇴화된 일부 식물에서 볼 수 있음.
동화-력(同化力)명 동화하는 힘, 또는 동화시키는 힘.
동화=작용(同化作用)명 '탄소 동화 작용'의 준말.
동화=전:분(同化澱粉)명 광합성으로 엽록체 속에 생기는 녹말. ☞저장 전분
동화=정책(同化政策)명 식민지를 가진 나라가 식민지 원주민의 고유한 언어·문화·생활 양식 등을 없애고 자기 나라의 것에 동화시키려고 쓰는 정책.
동화=조직(同化組織)명 세포 속에 많은 엽록체를 가지고 있어 탄소 동화 작용만 하는 조직.
동-활자(銅活字)[-짜]명 구리로 만든 활자.
동:-활차(動滑車)명 '움직도르래'의 구용어. ☞정활차(定滑車)
동홰명 횃불을 켜는 커다란 홰.
동회(冬灰)명 한방에서, 명아주를 불에 태운 재를 약재로 이르는 말. 여회(藜灰)
동:회(洞會)명 '동사무소'를 이전에 이르던 말.
동:회(動蛔)명-하다자 뱃속에서 회충이 꿈틀거림.
돛명 바람을 받아 배가 밀려가게 하기 위하여 돛대에 다는 넓은 천. ¶―을 달다.
돛단-배[돋-]명 돛을 단 배. 돛에 닿는 바람의 힘으로 배가 움직임. 돛배. 범선(帆船)
돛-대[돋-]명 돛을 달기 위하여 배 위에 세운 높은 기둥. 범장(帆檣). 장간(檣竿)
돛-배[돋-]명 돛단배
돛-새치[돋-]명 황새칫과의 바닷물고기. 몸길이 3.3m 안팎. 모양은 청치와 비슷하나 등지느러미가 돛처럼 크고 넓음. 몸빛은 등은 진한 암청색, 배는 황백색임. 옆구리에는 코발트색 반점 가로띠가 여러 줄 나 있음. 작은 물고기와 오징어 따위를 잡아먹으며 온대와 열대의 외양 표층을 유영하며 삶. ☞기어(旗魚)
돛-양태[돈냥-]명 돛양탯과에 딸린 꽁지양태·민양태·날돛양태·도화양태·꽃돛양태·망토돛양태 따위의 바닷물고기를 통틀어 이르는 말. 몸은 가늘고 긴 원통형이며, 등지느러미가 돛처럼 펼쳐져 있음.
돠르르부 물 따위가 좁은 목으로 급하게 쏟아져 내리는 소리를 나타내는 말. ☞똬르르
돨:돨부 먹은 것이 잘 삭지 아니하여 뱃속이 끓는 소리를 나타내는 말. ☞돨돨
돼:지명 ①멧돼짓과의 가축. 몸이 뚱뚱하고 목이 굵으며 다리와 꼬리는 짧음. 삐죽한 주둥이에 넓적한 코를 가지고 있고, 고기는 맛이 좋아 여러 가지로 가공되며 가죽은 공예품 따위로 쓰임. ②욕심이 많고 몹시 미련한 사람을 비유하여 이르는 말. ③몹시 살이 찐 사람을 놀리어 이르는 말. ④윷놀이에서, '도'의 곁말.
속담 **돼지가 깃을 물어 들이면 비가 온다** : 미련한 사람의 직감이 들어맞음을 비유하여 이르는 말./**돼지 값은 칠 푼이요 나무 값은 서 돈이라** : 주로 하는 일보다 그것을 하기 위한 부분적인 일에 비용이나 힘이 많이 들 때에 이르는 말.〔한 냥 장설에 고추장이 아홉 돈어치라/한 푼짜리 푸닥거리에 두부가 오 푼〕/**돼지는 흐린 물을 좋아한다** : 더러운 것은 더러운 것과 사귀기를 좋아한다는 말./**돼지 발톱에 봉숭아를 들이다** : 격에 맞지 않는 지나친 치장을 이르는 말.〔돼지우리에 주석 자물쇠/가게 기둥에 입춘/개 발에 편자/짚신에 국화 그리기/삿갓에 쇄자질/거적문에 돌쩌귀/초립에 옻칠한다/홀중의에 겹말/방립(方笠)에 쇄자질〕

한자 돼지 돈(豚)〔豕部 4획〕¶돈견(豚犬)/돈육(豚肉)/돈지(豚脂)/양돈(養豚)

돼:지갈비-구이명 구이의 한 가지. 돼지갈비를 진간장·

참기름・깨소금・후춧가루 따위로 양념하여 재웠다가 구운 음식.

돼:지갈비-찜 명 찜의 한 가지. 돼지갈비에 갖은양념을 하여 잠깐 볶다가 물을 붓고 익힌 다음, 풋고추를 넣고 다시 조미하여 뜸을 들인 찜.

돼:지-감자 명 '뚱딴지[1]'의 딴이름.

돼:지-고기 명 돼지의 고기. 돈육(豚肉). 제육

> ▶ **돼지고기의 주요 부위(部位) 이름**
> 어깨살/등심/안심/뒷다리살/돼지머리/돼지족/삼겹살/갈비

돼:지고기-구이 명 구이의 한 가지. 돼지고기를 얇게 저며서, 파・마늘・참기름・후추・깨소금 등을 섞은 간장으로 주물러 재웠다가 구운 음식.

돼:지-기름 명 돼지비계 등에서 짜 낸 기름. 식용유나 비누의 원료로 쓰임. 돈지(豚脂)

돼:지-꿈 명 꿈속에서 돼지를 보는 꿈. 흔히 재물을 얻는 다는 꿈을 이름. ¶어젯밤에 ―을 꾸었다.

돼:지-날 명 간지(干支)의 지지(地支)가 해(亥)인 날을, 지지의 동물 이름으로 상징하여 이르는 말. ☞해일

돼:지-띠 명 간지(干支)의 지지(地支)가 해(亥)인 해에 태어난 일, 또는 그 사람을 지지의 동물 이름으로 상징하여 이르는 말. ☞해생(亥生)

돼:지-머리 명 돼지의 머리 부분을 고기로 이르는 말. 편육 등에 쓰임. ☞돼지족

돼:지머리-편육(―片肉) 명 돼지머리를 손질하여 양파・생강・통후추・마늘을 함께 넣고 삶아서 뜨거울 때 뼈를 골라 내고 누른 음식.

돼:지-비계 명 돼지의 가죽 안쪽의 기름기로 된 부분.

돼:지-시(―豕) 명 한자 부수(部首)의 한 가지. '豬'・'豫' 등에서 '豕'의 이름.

돼:지-우리 명 돼지를 가두어 기르는 곳. 돈사(豚舍). 돈책(豚柵)

돼:지-족(―足) 명 돼지의 발을 고기로 이르는 말. 찜・편육 등에 쓰임. ☞돼지머리

돼:지-주둥이 명 광산에서 쓰는 무자위의 하부판(下部瓣)을 장치한 부분.

돼:지=콜레라(―cholera) 명 돼지에게 걸리는 급성 전염병. 바이러스로 말미암아 장 점막에 염증이 생겨 일어나며 전염성이 강하고 치사율이 높음.

돼:지-해 명 간지(干支)의 지지(地支)가 해(亥)인 해를, 지지의 동물 이름으로 상징하여 이르는 말. ☞해년

돼:지해-머리(―亥―) 명 한자 부수(部首)의 한 가지. '亢'・'玄' 등에서 '亠'의 이름.

되[1] 명 곡식이나 액체 따위의 분량을 되는 데 쓰는 그릇. 의 척관법의 부피 단위의 하나. 1되는 1말의 10분의 1, 1홉의 열 곱절. 약 1.8L임. 승(升) ¶보리 한 ―./밀가루 두 ―./막걸리 한 ―.

속담 **되 글을 가지고 말 글로 써먹는다** : 조금 배운 글을 매우 효과적으로 써먹는다는 말./**되로 주고 말로 받는다** : ①남을 조금 건드렸다가 크게 갚음을 당한다는 말. ②조금 주고 그 대가를 많이 받는다는 말.〔한 되 주고 한 섬 받는다〕

한자 **되 승**(升)〔十部 2획〕¶두승(斗升)

되:[2] 명 ①지난날, 두만강 북쪽과 그 근방에 살던 이민족(異民族). ②지난날, 중국 동북 지방에 살던 여진족(女眞族)을 이르던 말. 오랑캐

되- 접두 '도로', '다시'의 뜻을 나타냄. ¶되새기다/되묻다/되받다/되팔다

-되 어미 ①어간이나 '이다'의 '이-'에 붙어 사실을 인정하는 조건으로 서술되는 연결 어미. ¶찬성은 하되, 서명은 못하겠다./밥은 밥이되 못 먹는 밥은? ②대립적인 관계에 놓이게 하는 연결 어미. ¶인생은 짧되, 예술은 길다./그는 예술가이되, 나는 행정가이다. ③인용하는 말을 유도할 때에 쓰임. ¶세상 사람들이 말하되, 세종대왕은 성군이시다.

되-가웃 명 한 되 반 정도 되는 분량.

되-갈다(―갈고・―가니) 타 ①논밭을 다시 갈다. ②가루 따위를 다시 갈다.

되-걸리다 자 ①나았던 병에 다시 걸리다. ②남에게 덮어씌우려다가 도리어 제가 당하다. 되치이다

되:게 부 몹시. 되우. 된통 ¶― 춥다.

되-깎이 명 환속한 사람이 다시 중이 되는 일, 또는 그 중. 재삭(再削). 중삭(重削). 환삭(還削)

되-깔리다 자 도리어 눌리다.

되-내기 명 지난날, 단나무 장수들이 나무를 팔 때, 많게 또는 볼품 있게 보이려고 다시 묶던 땔나무.

되-넘기 명 물건을 사서 곧 도로 넘겨 파는 일.

되-넘기다 타 물건을 사서 금방 되팔다.

되넘기-장사 명 물건을 사서 곧 도로 넘겨 파는 장사.

되-넘:다[―따] 타 다시 넘다.

되-놓다 타 도로 놓다. ¶고른 상품을 ―.

되-뇌:다 타 같은 말을 되풀이하다.

되는-대로 부 아무렇게나 함부로. ¶― 지껄이다.

되다[1] 자 ①어떠한 것이 만들어지거나 이루어지다. ¶밥이 다 ―./그 제품은 언제까지 되겠습니까? ②일이 어떤 상태로 이루어지다. ¶사업이 잘 ―. ③사람이나 사물이 이전과 다른 존재나 사물로 바뀌거나 변하다. ¶어른이 ―./폐허가 ―. ④필요한 요소나 조건을 갖추어 이루어지다. ¶된 인물./잘 된 작품. ⑤사회적・인간적으로 어떠한 관계에 놓이다. ¶그와 나는 사촌이 된다./나의 남편이 될 사람. ⑥어떤 수량에 차거나, 때・나이・계절 따위에 이르다. ¶사과 한 알의 값이 오백 원쯤 된다./결혼할 나이가 ―. ⑦어떤 일이 가능하거나 허용되는 상태에 놓이다. ¶될 소리를 해라./될 수 있는 대로 빨리 와. ⑧어떤 심적인 상태에 놓이다. ¶안심이 ―./걱정이 ―. ⑨가꾸거나 기르는 것이 잘 자라다. ¶상추가 잘 ―./농사가 잘 ―. ⑩소용에 닿다. ¶그 말씀은 나의 평생 교훈이 되었다. ⑪어떠한 결과를 가져오다. ¶헛수고가 ―./재앙이 ―. ⑫어떤 작용이나 행위・현상들이 베풀어지거나 이루어지다. ¶합격이 ―./금지가 ―. ⑬일정한 액수의 돈이 갖추어지거나 마련되다. ¶돈이 되는 대로 공사를 시작할 참이다. ⑭'되도록'・'될수록'의 꼴로 쓰여, '가능한 대로'의 뜻을 나타냄. ¶되도록 빨리 완성하여라./될수록 무리하지 말아라. ⑮일정한 자격이나 신분을 나타내는 명사 뒤에 '된'의 꼴로 쓰여, 그런 자격이나 신분을 가지다. ¶자식 된 도리/국민 된 의무.

조동 본용언(本用言) 다음에 쓰이어 ①어떤 대상이 이전의 상태와 다르게 변함을 나타냄. ¶이제 겨우 글을 읽게 ―./겨우 죽을 먹게 ―./온 산이 눈에 덮여 버리게 ―. ②어떤 일이 가능한 상태에 놓임을 나타냄. ¶이제 그만 가도 된다./이 책을 가져도 됩니까?

속담 **되는 것도 없고 안 되는 것도 없다** : 옳은 방법으로 하는 일은 안 되고 나쁜 방법으로 하는 일은 되는, 어지러운 세상을 이르는 말./**되는 집에서는 가지 나무에 수박이 열린다** : 잘 되려면 하는 일마다 뜻밖의 좋은 수가 생긴다는 말./**되면 더 되고 싶다** : 사람의 욕심은 끝이 없음을 비유하여 이르는 말.〔말 타면 경마 잡히고 싶다/말 타면 종 두고 싶다/바다는 메워도 사람의 욕심은 못 채운다〕

한자 **될 화**(化)〔匕部 2획〕¶기화(氣化)/액화(液化)/우화(羽化)/진화(進化)/퇴화(退化)

> ▶ **'되므로'와 '됨으로'의 뜻 구별**
> ① 되므로 ―'되는 까닭으로'의 뜻
> ¶그가 한 일이 여러 사람의 모범이 되므로 표창하였다.
> ② 됨으로 ―'됨'이라는 명사형에 조사 '-으로'가 붙은 꼴로 '되는 것으로 해서'의 뜻
> ¶저수지가 새로 생기게 됨으로 농업 용수 부족이 해결된다.

되다² 타 논밭을 다시 갈다.
되다³ 타 말이나 되 등으로 분량을 헤아리다.
되:다⁴ 형 ①물기가 적어 빡빡하다. ¶반죽이 ─. ☞묽다. 질다 ②줄 따위가 몹시 켕겨 팽팽하다. ¶허리띠가 너무 ─. ☞느리다 ③일이 힘에 겹다. ¶일하기가 퍽 ─. ④심하다 ¶되게 춥다.
-되다 《접미사처럼 쓰이어》일부 명사나 부사 등에 붙어 형용사가 되게 하는 말로 '그런 상태나 성질을 지니고 있음'의 뜻을 나타냄. ¶거짓되다/참되다/덜되다/버릇되다/확인되다

ㄷ

되:다랗다(되다랗고·되다란) 형ㅎ 묽지 않고 꽤 되다. ¶반죽이 되다랗게 되었다.
되-대:패 명 바닥과 날의 가운데가 볼록하여, 둥근 바닥을 깎거나 바닥을 둥글게 만들 때에 쓰는 대패.
되-돌다(─돌고·─도니) 자 ①돌던 방향을 바꾸어 거꾸로 돌다. ②향하고 있던 방향을 반대쪽 방향으로 바꾸다.
되-돌리다 타 ①되돌게 하다. ¶가던 발길을 ─./외출하려다 몸을 되돌려 문단속을 하다. ②어떤 현상이나 상황을 본디 상태로 되게 하다. ¶포기하려던 마음을 ─. ③도로 돌려 주다. ¶빌린 책을 되돌려 주다.

한자 **되돌릴 반**(返)〔辵部 4획〕¶반납(返納)/반송(返送)/반품(返品)/반환(返還)

되-돌아가다 자 ①오던 길을 다시 되짚어가다. ②다시 원래의 상태로 되다.
되-돌아들다(─돌아들고·─돌아드니) 자 떠났던 곳을 되짚어 다시 돌아들다.
되-돌아보다 자타 ①다시 돌아보다. ②지난 일을 다시 생각해 보다. ¶지난날을 ─.
되-돌아오다 자 가던 것을 그만두고 되짚어서 다시 오다. ¶원점으로 ─.
되-두부(─豆腐) 명 되비지에 호박이나 호박순을 넣고 끓인 음식. 반두부(半豆腐)
되-들다(─들고·─드니) 자 다시 들어오다.
　되들고 되나다 관용 많은 사람이 들고나고 하다.
되:디-되:다 형 몹시 되다. ¶반죽이 ─.
되:-때까치 명 때까칫과의 산새. 때까치와 비슷하나 꼬리가 길며, 앞머리는 엷은 회백색이고 머리와 등·꽁지는 회색 바탕에 적갈색 반점이 섞여 있음. 가을에 우리 나라를 거쳐 동남 아시아에서 겨울을 남.
되똑 부 작은 물체가 중심을 잃고 한쪽으로 조금 갸울어지는 모양을 나타내는 말. ¶사발이 오른쪽으로 ─ 기울다. ☞뒤뚝
되똑-거리다(대다) 자타 작은 물체가 중심을 잃고 요리조리 자꾸 갸울어지다, 또는 그렇게 갸울이다. ¶되똑거리며 걷다./밥상을 되똑거리며 들고 가다. 되똑이다 ☞뒤뚝거리다
되똑-되똑 부 되똑거리는 모양을 나타내는 말. ¶장난감 로봇이 ─ 걷고 있다. ☞뒤뚝뒤뚝
되똑-이다 자타 되똑거리다 ☞뒤뚝이다
되똥 부 작은 물체가 중심을 잃고 한쪽으로 갸울어지는 모양을 나타내는 말. ☞뒤뚱
되똥-거리다(대다) 자타 작은 물체가 중심을 잃고 이리저리 자꾸 갸울어지다, 또는 그렇게 갸울이다. 되똥이다 ¶오뚜기가 ─. ☞뒤뚱거리다
되똥-되똥 부 되똥거리는 모양을 나타내는 말. ¶펭귄이 ─ 걸어간다. ☞뒤뚱뒤뚱
되똥-이다 자타 되똥거리다 ☞뒤뚱이다
되-뜨다(─뜨고·─떠) 형 이치에 어긋나다.
되람직-하다 형여 '도리암직하다'의 준말.
되:레 부 '도리어'의 준말.
되록-거리다(대다) 타 작은 눈알을 반작이며 열기 있게 굴리다. ¶눈을 되록거리며 주위를 살피다. ☞뒤룩거리다¹. 뙤록거리다
되록-되록¹ 부 되록거리는 모양을 나타내는 말. ¶눈알을 ─ 굴리다. ☞뒤룩뒤룩¹. 뙤록뙤록
되록-되록² 부-하다 형 사람됨이 영리하고 활발한 모양을 나타내는 말. ¶─ 대답하다./빼어난 생김새에 ─한 머리.
되롱-거리다(대다) 자 갸직한 물체가 늘어진 채로 매달려 느리게 흔들리다. ☞대롱거리다. 뒤룽거리다
되롱-되롱 부 되롱거리는 모양을 나타내는 말. ¶─ 매달린 백열등. ☞대롱대롱. 뒤룽뒤룽
되룽-거리다(대다) 자 젠체하며 거만을 부리다. ¶부하 직원 앞에서 ─.
되:리 명 거웃이 없는 여자.
되-매기 명 헌 참빗에서 골라 모은 살로 다시 맨 빗.
되-먹다 타 먹지 않다가 다시 먹다.
되-먹히다 자 남을 해치려다가 도리어 제가 해를 입다.
되모시 명 이혼하고 처녀 행세를 하는 여자.
되-묻다¹ 타 파낸 것을 다시 묻다.
되-묻다²(─묻고·─물어) 타ㄷ ①상대편의 물음에는 대답하지 않고 도리어 묻다. ②다시 거듭하여 묻다. ¶그는 믿어지지 않는듯 계속 되물었다.
되-밑 명 곡식을 되로 되고 나서 한 되에 차지 않게 남은 분량.
되-바라지다 형 ①그릇 따위가 운두가 낮고 위가 벌어져 바닥이 드러나다. ¶되바라진 접시. ②너그럽게 감싸 주는 맛이 적다. ¶되바라진 사람은 인심을 잃게 마련이다. ③어린 나이에 말과 행동이 어수룩한 구석이 없고 얄미울 정도로 지나치게 똑똑하다. ¶너무 되바라져서 정이 안 간다. ☞바라지다
되-받다 타 ①도로 받다. ¶빌려 준 책을 되받아 왔다. ②꾸중을 듣거나 잘못을 지적받을 때 도리어 말대답을 하고 반항하다. ☞뒤받다
되-받이[─바지] 명-하다 타 ①언어들은 말을 다른 사람에게 다시 써먹는 일. ②남이 받은 물건을 다시 넘겨받는 일.
되-부르다(─부르고·─불러) 타르 다시 부르다. ¶퇴사했던 사람을 ─.
되-비지 명 ①물에 불린 콩을 맷돌에 되직하게 갈아 콩물을 빼지 않은 것. 콩비지 ②콩비지에 돼지고기와 배추김치를 썰어 넣고 끓인 찌개. 콩비지찌개
되사 의 말로 되고 나서 남는 한 되 가량의 분량. ¶두 말 ─./닷 말 ─. ☞가웃
되-살다(─살고·─사니) 자 ①거의 죽은듯 했던 것이 다시 살아나다. ¶시들었던 꽃이 정성껏 물을 주자 되살아났다. ②먹은 음식이 삭지 않고 도로 불어 오르다. ③잊고 있던 감정이나 기억 따위가 다시 생기다. ¶그 장면을 보는 순간 과거의 아픔이 되살아 났다.

한자 **되살아날 소**(蘇)〔艸部 16획〕¶소복(蘇復)/소생(蘇生)/소성(蘇醒)/소식(蘇息)/회소(回蘇)

되-살리다 타 다시 살아나게 하다. ¶오염된 강을 ─.
되:-새 명 되샛과의 겨울 철새. 몸길이 15cm 안팎. 머리·등·날개는 검은 회색이고 가슴과 어깨는 적황색, 배는 백색임. 추수 철에 떼를 지어 다니며 농작물에 피해를 줌. 몬티새
되-새기다 타 ①배가 부르거나 입맛이 없어 음식을 자꾸 내씹다. ②골똘하게 자꾸 생각하다. 되씹다 ¶친구의 충고를 ─./영화의 마지막 장면을 ─.
되-새김 명-하다 자타 되새김질
되새김-질 명-하다 자타 소나 염소 따위의 반추 동물(反芻動物)이 한 번 삼킨 먹이를 입으로 되올려 씹어서 다시 삼키는 일. 되새김. 반추(反芻)
되술래-잡다 타 범인이 도리어 순라(巡邏)를 잡는다는 뜻으로, 마땅히 잘못을 빌어야 할 사람이 도리어 남을 나무라다.
되술래-잡히다 자 나무라야 할 사람이 도리어 나무람을 듣다.
되-쏘다 타 ①도로 쏘다. ¶빛을 ─. ②다시 쏘다.
되-씌우다 타 제가 당할 일을 도리어 남에게 넘기다. ¶자기의 잘못을 남에게 ─.
되-씹다 타 ①했던 말을 자꾸 되풀이하다. ¶넋두리를 되씹곤 한다. ②같은 일을 되풀이하여 생각하다. ¶분했던

일을 되씹고 되씹는다. ③되새기다 ¶추억을 -.

되알-지다 형 ①해내는 태도가 매우 야무지다. ¶떡 만드는 누이동생의 모습이 되알져 보인다. ②힘에 겨워 벅차다. ③몹시 올차고 야무지다. ¶되알지게 익은 벼이삭.

되양되양-하다 형여 하는 짓이나 말이 경솔하다.

되어-가다 자 ①일이 다 이루어져 가다. ¶일이 잘 -. ②어떠한 때가 거의 다 되다. ¶약속 시간이 다 -.

되우 부 매우. 몹시. 심하게. 되게. 된통 ¶- 앓다.

되우-새 명 '가창오리'의 딴이름.

-되이 《접미사처럼 쓰이어》'그런 상태나 성질을 지니고 있게'의 뜻을 나타냄. ¶참되이/헛되이

되작-거리다(대다) 타 물건을 요리조리 들추면서 뒤지다. 되작이다 ☞되착거리다. 뒤적거리다

되작-되작 부 되작거리는 모양을 나타내는 말. ¶신문을 - 뒤지다. ☞되착되착. 뒤적뒤적

되작-이다 타 되작거리다 ☞되착이다. 뒤적이다

되잖다 형 '되지 않다'가 줄어든 말로, 올바르지 않거나 이치에 닿지 않다. ¶되잖은 행동을 일삼다.

되-지기[1] 명 밥이 거의 다 되어 갈 무렵 찬밥을 그 위에 얹어 찌거나 데우는 일, 또는 그런 밥.

되-지기[2] 명 ①씨 한 되를 뿌릴만 한 논밭의 넓이. 열 되지기가 한 마지기가 됨. ②〔의존 명사로도 쓰임〕 논밭의 넓이를 헤아리는 단위. ¶전답 한 -도 없는 살림.

되지-못하다[-몯-] 형여 ①제대로 이루어지지 못하여 보잘것없다. ¶되지못한 물건. ②말이나 행동이 옳지 못하다. ¶되지못한 녀석.

속담 **되지못한 풍잠(風簪)이 갓 밖에 어른거린다** : 좋지도 않은 것이 자주 나타나 번쩍거린다는 말.

되직-하다 형여 묽지 아니하고 조금 된듯 하다. ¶밥이 되직하게 되었다.

되직-이 부 되직하게

되-질 명-하다 타 되로 되어서 헤아리는 일. ☞됫박질. 말질

되-짚다[-집-] 타 ①다시 짚다. ¶맥을 -. ②곧 되돌아서다, 또는 곧 돌아서다. 〔주로 '되짚어'의 꼴로 쓰임.〕 ¶되짚어 생각하다./올라온 길을 되짚어 내려가다.

되짚어-가다 자 오던 길을 곧 되돌아가다.

되짚어-보내다 타 온 사람이나 물건을 그 길로 곧 다시 돌려보내다. ¶선물을 -./심부름 온 아이를 -.

되짚어-오다 자 어느 곳까지 갔다가 곧 되돌아오다.

되착-거리다(대다) 타 물건을 요리조리 들추면서 함부로 뒤지다. 되착이다 ☞되작거리다. 뒤척거리다[1]

되착-되착 부 되착거리는 모양을 나타내는 말. ☞되작되작. 뒤척뒤척[1]

되착-이다 타 되착거리다 ☞되작이다. 뒤척이다[1]

되-찾다[-찬-] 타 다시 찾다. ¶웃음을 -.

되-채다[1] 타 혀를 제대로 놀려서 말을 분명하게 하다. ¶말을 똑똑하게 -.

되-채다[2] 타 남의 말을 가로채거나 되받아 말하다.

되처 부 또다시. 재차(再次) ¶- 묻다.

되-치이다 자 ①남에게 덮어씌우려다가 도리어 제가 당하다. ②하려던 일이 뒤집혀서 엉뚱하게 되다. 되걸리다

되통-스럽다(-스럽고·-스러워) 형ㅂ 생각이나 하는 짓이 매련하고 둔한 데가 있다. ☞뒤퉁스럽다

되통-스레 부 되통스럽게

되-틀다(-틀고·-트니) 타 ①가볍게 약간 뒤틀다. ②돌아가는 방향과 반대쪽으로 틀다.

되-팔다 타 샀던 물건을 딴사람에게 도로 팔다. 전매하다 ¶물건을 헐값에 사 두었다가 되팔아 이익을 남기다.

되-풀이[1] 명-하다 자 같은 말이나 몸짓을 거듭하는 일.

되-풀이[2] 명-하다 자 ①곡식 한 되의 값이 얼마인지 풀어 보는 셈. ②곡식을 되로 파는 일.

된:-기역 명〈어〉된소리로 발음되는 기역, 곧 'ㄲ'의 음가(音價). ☞쌍기역

된:-디귿 명〈어〉된소리로 발음되는 디귿, 곧 'ㄸ'의 음가(音價). ☞쌍디귿

된:-똥 명 물기가 적어 덩이로 뭉쳐 나오는 똥. 경변

된:-마 명 '된마파람'의 준말.

된:-마파람 명 '남동풍'의 뱃사람말. 준 된마

된:-바람 명 ①빠르고 세차게 부는 바람. ②'북풍(北風)'의 뱃사람말. 덴바람. 뒤바람 ③풍력 계급(風力階級) 6급에 해당하는 바람. 풍속(風速)은 매초 10.8~13.8m. 큰 나뭇가지가 흔들리고, 전선에서 소리가 나며, 우산을 받기가 힘들 정도임. 해상에는 큰 파도가 일기 시작하고, 온 해면이 흰 파도로 변함. ☞센바람

된:-밥 명 ①고들고들하게 지은 밥. ☞진밥 ②국이나 물에 말지 않은 밥.

된:-불 명 ①정통으로 급소를 맞히는 총알. ☞선불 ②치명적인 타격.

된불을 맞다 관용 ①급소에 정통으로 총알을 맞다. ②치명적인 타격을 입다.

된:-비알 명 몹시 험한 비탈.

된:-비읍 명〈어〉①된소리로 발음되는 비읍, 곧 'ㅃ'의 음가(音價). ☞쌍비읍 ②된소리 표시로 쓰인 'ㅂ', 곧 'ᄡᅳᆯ기', 'ᄠᅳᆮ' 등에서 'ㅂ'을 가리킴.

된:-사:람 명 도덕적인 사람. ¶행동거지를 보니 -이군. ☞든사람

된:-새 명 '된새바람'의 준말.

된:-새바람 명 '북동풍'의 뱃사람말. 준 된새

된:-서리 명 ①늦가을에 많이 내린 서리. 숙상(肅霜). 엄상(嚴霜) ☞무서리 ②모진 재앙이나 심한 타격을 비유하여 이르는 말.

된서리(를) 맞다 관용 모진 재앙이나 심한 타격을 받다.

된:-서방 명 몹시 까다롭고 횡포한 남편.

된서방을 만나다 관용 ①매우 까다로운 주인이나 윗사람을 만나다. ②매우 까다롭고 어려운 일을 당하다. 된서방을 맞다.

된서방을 맞다 관용 된서방을 만나다.

된:-소리 명〈어〉한글 자음의 한 갈래. 후두(喉頭)를 긴장시키거나 성문(聲門)을 막고 소리 내는 자음. 곧 'ㄲ·ㄸ·ㅃ·ㅆ·ㅉ'이 이에 딸림. 경음(硬音) ☞거센소리. 예사소리

> ▶ **된소리 표기**
> 한 단어 안에서 뚜렷한 까닭 없이 나는 된소리는 둘째 음절의 첫소리를 된소리로 적는다.
> ① 두 모음 사이에서 나는 된소리
> ¶소쩍새/으뜸/기쁘다/해쓱하다/거꾸로
> ② 'ㄴ·ㄹ·ㅁ·ㅇ' 받침 다음에 나는 된소리
> ¶산뜻하다/살짝/담뿍/몽땅
> 다만, 'ㄱ·ㅂ' 받침 다음에 나는 된소리는 된소리로 적지 않는다. ¶낙지[낙찌]/접시[접씨]

된:소리-되기 명〈어〉예사소리인 'ㄱ·ㄷ·ㅂ·ㅅ·ㅈ'이 된소리인 'ㄲ·ㄸ·ㅃ·ㅆ·ㅉ'으로 발음되는 현상. 입고[입꼬], 높더라[놉떠라], 잊지[읻찌] 따위. 경음화(硬音化) ☞거센소리되기

된:-시옷 명〈어〉①된소리로 발음되는 시옷, 곧 'ㅆ'의 음가(音價). ☞쌍시옷 ②된소리 표시로 쓰인 'ㅅ', 곧 'ᄭᅮᆷ', 'ᄯᅡᆯ' 등의 'ㅅ'을 가리킴.

된:-장(-醬) 명 ①간장을 담가서 장물을 떠낸 뒤에 남은 건더기. 토장 ②메주에 소금물을 부어 햇볕을 쬐어 익혔다가 간장을 떠내지 않고 그냥 쓰는 장. 장재(醬滓)

속담 **된장에 풋고추 박히듯** : 어떤 한 곳에 가서 자리를 뜨지 않고 꼭 들어박혀 있음을 비유하여 이르는 말.

된:장-국(-醬-)[-꾹] 명 된장을 풀어서 끓인 국을 두루 이르는 말. 토장국

된:장-떡(-醬-) 명 된장에 파·마늘·생강·고춧가루·찹쌀 가루를 넣고 섞은 다음 반대기를 지어 기름을 발라 구운 떡.

된:장-찌개 명 된장을 잘 갠 다음, 속뜨물로 걸러서 끓이다가 버섯·두부·풋고추·양파 등을 넣어 끓인 찌개.

된:-지읒 명〈어〉된소리로 발음되는 지읒, 곧 'ㅉ'의 음가(音價). ☞쌍지읒

된:-침(-針) 명 ①아프게 놓는 침. ②상대편이 정신을 차

리도록, 뜨끔하게 일깨우거나 꾸짖는 말. ¶ －을 놓다.
된:통 부 아주 호되게. 되우. 되게. 몹시 ¶ － 당하다./－ 걸리다./－ 혼이 나다.
된:-풀 명 물을 타서 개지 않은, 쑨 채로 있는 풀.
된:-하늬 명 '북서풍'의 뱃사람말. ☞높하늬바람
될뻔-댁(－宅)[－땍] 명 무슨 일이 될뻔 하다가 안 된 사람을 놓으로 이르는 말. ¶ 장관 －.
될성-부르다[－썽－](－부르고·－불러) 형르 앞으로 잘 될 가망이 있다.
속담 **될성부른 나무는 떡잎부터 알아본다** : 장래성이 있는 사람은 어릴 적부터 남다른 데가 있다는 말.〔잘 자랄 나무는 떡잎부터 알아본다/열매 될 꽃은 첫 삼월부터 안다/용 될 고기는 모이 철부터 안다/푸성귀는 떡잎부터 알고 사람은 어렸을 때부터 안다〕
됨됨-이 명 사람이나 물건의 된 품. ¶ 그 사람 －로 보건대, 앞으로 성공하겠다.
됫-밑 명 곡식을 되로 되고 난 뒤에 한 되가 못 되게 남은 분량. ☞말밑[1]
됫-박 명 ①되 대신으로 쓰는 바가지. ②'되[1]'를 흔히 이르는 말. ③〔의존 명사로도 쓰임〕 ¶ 쌀 두 －.
됫박-질 명 -하다 자타 ①됫박으로 되는 일. ☞되질 ②양식을 낱 되로 조금씩 사들이는 일.
됫-밥 명 한 되 가량의 곡식으로 지은 밥.
됫-술 명 ①한 되 가량의 술. ②되로 되어서 파는 술.
두:[1] 관 '둘'의 뜻. ¶ － 개/－ 권/－ 마리/－ 사람
두 눈 딱 감다 관용 더 이상 다른 것을 생각하지 않다. ¶ 두 눈 딱 감고 용서하다.
두 다리 쭉 뻗다 관용 편히 지내다. 안심하다 ¶ 이제 두 다리 쭉 뻗고 잘 수 있겠다.
두 마리 토끼를 쫓다 관용 두 가지 일을 동시에 꾀하다.
두 손 맞잡고 앉다 관용 아무 일도 하지 않고 가만히 있다.
두 손(을) 들다 관용 포기하다. 항복하다
두 손(을) 털고 나서다 관용 가지고 있던 것을 다 잃어 남은 것이 없게 되다. ¶ 경마장에서 －.
두 주머니(를) 차다 관용 다른 목적에 쓸 재물을 준비하다. ¶ 아내 모르게 두 주머니를 차다.
속담 **두 소경 한 막대 짚고 걷는다** : 똑같이 어리석은 사람이 같은 잘못을 저지르는 경우를 두고 이르는 말./**두 손뼉이 맞아야 소리가 난다** : ①어떤 일을 함께 할 때는 양편의 뜻이 맞아야 일을 할 수 있다는 말. ②말 상대를 하기 때문에 싸움이 된다는 말.〔두 손뼉이 울어야 소리가 난다/도둑질을 해도 손이 맞아야 한다〕/**두 손의 떡** : 두 가지 일이 똑같이 있는데, 어느 것부터 먼저 해야 할지 모를 경우를 이르는 말./**두 절 개 같다** : 두 절에 딸린 개가 이 절로 갔다 저 절로 갔다 하다가 아무 데서도 얻어먹지 못한다는 뜻으로 ①돌보아 줄 사람이 너무 많아서 서로 미루는 통에 도리어 하나도 도움을 받지 못하게 됨을 이르는 말. ②사람이 마음씨가 굳지 못하여 늘 갈팡질팡하다가 마침내는 아무 일도 이루지 못함을 이르는 말.〔주인 많은 나그네 밥 굶는다/주인 많은 나그네 조석이 간 데 없다〕

한자 **두 량**(兩)〔入部 6획〕 ¶ 양가(兩家)/양국(兩國)
두 재(再)〔冂部 4획〕 ¶ 재개(再改)/재독(再讀)

두:[2] 감 돼지 따위의 짐승을 몰 때 하는 말.
두(斗)[1] 명 '두수(斗宿)'의 준말.
두(豆) 명 굽이 높고 뚜껑이 있는, 나무로 된 제기(祭器). 고기붙이나 국을 담는 데 씀.
두(斗)[2] 의 척관법의 부피 단위의 하나. 1두는 1석(石)의 10분의 1, 1승(升)의 열 곱절. 약 18L임. 말[2]
두(頭) 의 말·소·돼지·양 따위 네발짐승의 수를 세는 단위. ¶ 소 백 －. ☞마리. 필(匹)
두가리 명 나무로 만든 음식 그릇.
두각(頭角) 명 ①짐승의 머리에 있는 뿔. ②여럿 중에서 특히 뛰어난 학식이나 재능을 이르는 말.
두각(을) 나타내다 관용 여럿 중에서 학식·재능·기예(技藝) 등이 뛰어나 눈에 띄다. ¶ 씨름에서 －.
두개(頭蓋) 명 척추동물의 머리 부분의 골격. 뇌개(腦蓋). 두로(頭顱)
두개-골(頭蓋骨) 명 척추동물의 두개를 이루는 뼈를 통틀어 이르는 말. 뇌개골(腦蓋骨). 두골(頭骨). 두해(頭骸). 머리뼈
두개-근(頭蓋筋) 명 두개에 붙어 있는 근육.
두거(頭擧) 명 전통 성악곡인 가곡의 한 가지. 이삭대엽(二數大葉)의 첫머리를 높은 음으로 처리한 변화곡. 남창(男唱)과 여창(女唱), 우조(羽調)와 계면조(界面調)에 각각 한 곡씩 있음. ☞중거(中擧). 평거(平擧)
두건(頭巾) 명 남자 상제가 상중(喪中)에 머리에 쓰는, 베로 만든 쓰개. 효건(孝巾) 준 건(巾)
두겁 명 가늘고 긴 물건 끝에 씌우는 물건. 붓두겁 따위.
두겁-조상(－祖上) 명 조상 가운데에서 가장 이름을 떨친 사람.
두견(杜鵑) 명 ①'두견이'의 딴이름. ②'진달래'의 딴이름.
두견-새(杜鵑－) 명 '두견이'의 딴이름.
두견-이(杜鵑－) 명 두견잇과의 여름 철새. 몸길이 28cm 안팎. 뻐꾸기와 비슷하나 좀 작음. 몸빛은 등 쪽이 어두운 청갈색 또는 회색이고, 배 쪽은 흰 바탕에 검은 가로줄 무늬가 있음. 스스로 집을 짓지 않고 휘파람새 따위의 둥지에 알을 낳아 번식함. 우리 나라와 동북 아시아에 분포하며 타이완이나 인도 등지에서 겨울을 남. 귀촉도(歸蜀道). 두견(杜鵑). 두견새. 두백(杜魄). 두우(杜宇). 망제(望帝). 불여귀(不如歸). 시조(時鳥). 자규(子規). 촉백(蜀魄)
속담 **두견이 목에 피 내어 먹듯** : 남에게 억울한 일이나 못할 짓을 하여 재물을 빼앗음을 비유하여 이르는 말.
두견-전병(杜鵑煎餠) 명 진달래꽃을 듬성듬성 박아서 만든 부꾸미.
두견-화(杜鵑花) 명 '진달래꽃'의 딴이름.
두견화-전(杜鵑花煎) 명 ①진달래꽃에 찹쌀 가루를 묻혀 기름에 띄워 지진 전. 참꽃전 ②진달래꽃을 앞뒤로 많이 박아 만든 차전병. 삼월 삼짇날 신주나 신에게 바침.
두고-두고 부 ①오랜 세월을 두고 여러 번에 걸쳐서. ¶ 그 사건은 － 이야깃거리가 되었다. ②오래도록. 영구히. 영원히 ¶ － 잊지 못할 은혜.
두곡(斗斛) 명 ①곡식을 되는 말과 휘. ②되질하는 일.
두곡(斗穀) 명 한 말쯤 되는 곡식. 말곡식
두골(頭骨) 명 두개골. 머리뼈
두:골-밀이 명 두 줄로 홈을 파서 만든 장지틀이나 창틀.
두공(斗拱·枓栱) 명 공청(空廳)이나 불벽(佛壁) 따위에 장화반(長花盤) 대신으로 쓰는 나무.
두구(頭垢) 명 비듬
두구리 명 '약두구리'의 준말.
두그르르 부 좀 묵직하고 둥근 물건이 단단하고 매끄러운 바닥 위를 가볍게 구르는 모양을 나타내는 말. ¶ 볼링 공이 레일 위를 － 구르다. ☞도그르르. 뚜그르르
두근-거리다(대다) 자 심장이 두근두근 뛰다. ☞도근거리다
두근-두근 부 몹시 놀라거나 흥분하거나 하여 가슴이 자꾸 뛰는 모양을 나타내는 말. ¶ 기대로 가슴이 － 뛰다. ☞도근도근
두글-두글 부 좀 묵직하고 둥근 물건이 단단한 바닥 위를 가볍게 잇달아 구르는 모양을 나타내는 말. ☞도글도글. 뚜글뚜글
두기(斗起) 명 -하다 자 험하게 삐죽삐죽 나옴, 또는 그러한 것.
두:길마-보기 명 양쪽에 다리를 걸치고 유리한 쪽으로 기회를 보는 일. 준 두길보기
두:길-보기 명 '두길마보기'의 준말.
두꺼비 명 양서류(兩棲類) 두꺼빗과 동물을 통틀어 이르는 말. 개구리와 비슷하나 더 크며, 몸빛은 등 쪽은 갈색이고 몸통과 다리에는 흑갈색의 무늬가 있음. 몸의 옆쪽에도 같은 색의 세로줄이 있음. 등에는 울퉁불퉁한 돌기가 있으며, 적을 만나면 독액을 냄. 벌레나 지렁이 따위를 잡아먹으며, 습한 곳에서 삶. 섬여(蟾蜍)

속담 **두꺼비 꽁지만 하다** : 아주 작아서 거의 없는듯 하다는 말.〔게 꽁지만 하다/노루 꼬리만 하다〕/**두꺼비 돌에 치였다** : 아무 까닭 없이 벌을 받거나 원망을 듣는다는 말./**두꺼비 파리 잡아먹듯** : 아무 것이나 닥치는 대로 받아먹음을 이르는 말.

두꺼비-기름 명 두꺼비를 졸여서 받아 낸 기름. 피부병에 약으로 씀.

두꺼비-씨름 명 엎치락뒤치락하여 승패가 나지 않는 싸움이나 경기 따위를 비유하여 이르는 말.

속담 **두꺼비 씨름 누가 질지 누가 이길지** : 서로 다투나 승패의 결말이 빨리 나지 않는다는 말.

두꺼비-집 명 ①두껍닫이 ②보습의 술바닥이 들어가 박히게 된 빈 속. ③'안전 개폐기'를 흔히 이르는 말.

두껍다(두껍고·두꺼워) 형ㅂ 물체의 두께가 보통 정도 또는 기준이 되는 대상의 것보다 크다. ☞얇다

두껍다랗다(두껍다랗고·두껍다란) 형ㅎ 꽤 두껍다. ☞얄따랗다

두껍-다리 명 골목의 도랑이나 시궁창에 걸쳐 놓은 작은 돌다리.

두껍-닫이[-다지] 명 미닫이를 열 때에 문짝이 들어가 가리어지게 만든 빈 곳. 두꺼비집

×**두껍-창** 명 →두껍닫이

두께 명 물건의 두꺼운 정도. ¶ -가 얇다.

두남(斗南) 명 북두칠성의 남쪽 천지라는 뜻으로, 온 천하를 이르는 말.

두남-두다 타 ①편들다. 잘못을 두둔해 주다. ¶자꾸 두남두면 버릇이 나빠진다. ②불쌍히 여겨 도와 주다.

두뇌(頭腦) 명 ①머릿골[1] 준 뇌(腦) ②사물을 슬기롭게 판단하는 능력. ¶ -가 명석하다. ③지식 수준이 높은 사람. ¶국내의 -들이 모인 연구소. ④풍수지리설에서, 입수(入首)와 혈(穴)이 이루어진 곳에서 조금 높은 곳을 이르는 말.

두:눈-박이 명 눈이 두 개 있는 것.

두다 타 ①어떤 일정한 곳에 있게 하다. ¶음료수를 냉장고에 -. ②어떤 방향으로 있게 하다. ¶머리를 남쪽으로 두고 자다./책에 시선을 두고 움직이지 않았다. ③간직하거나 보관하다. ¶귀중한 물건이니 서랍에 잘 두어라. ④어떤 일정한 상태로 있게 하다. ¶그대로 -./먹다가 둔 과자. ⑤밥이나 떡 따위의 기본 재료에 다른 재료를 섞다. ¶떡에 콩을 -. ⑥솜이나 털 따위를 펴 넣다. ¶이불에 솜을 -. ⑦사람을 쓰거나 거느리다. ¶직원 세 명을 -. ⑧자손이나 손아랫사람, 평교간의 사람들을 가지다. ¶딸만 둘을 -./좋은 친구를 -. ⑨머물거나 묵게 하다. ¶손님을 -. ⑩설치하거나 마련해 놓다. ¶대통령 밑에 자문 기구를 -. ⑪바둑·장기·고누 따위를 놀다. ¶하루 종일 바둑만 -. ⑫시간적·공간적 사이를 떼어 놓거나 남겨 놓다. ¶시간을 두고 생각하다./일정한 간격을 -. ⑬어떤 대상이나 생각을 마음속에 간직하거나 기억하다. ¶꽃집 아가씨에게 마음을 -. ⑭어떤 근거나 기틀로 삼다. ¶진화론에 기초를 둔 학설. ⑮수결(手決)을 쓰다. ¶도장 대신 펜으로 수결을 -. ⑯제쳐 놓거나 돌보지 않다.〔주로 '두고'의 꼴로 쓰임.〕¶네 것을 두고 왜 남의 물건에 손을 대니? ⑰어느 기간 내내.〔주로 '두고'의 꼴로 때를 나타내는 말과 함께 쓰임.〕¶평생을 두고 그리워하다. ⑱무엇을 대상으로 하다.〔주로 '두고'의 꼴로 쓰임.〕¶하늘을 두고 맹세하다./그를 두고 하는 말이다.

조동 본용언(本用言) 다음에 쓰이어, 그 동작의 결과를 그대로 지니어 감을 나타냄. ¶미리 쌓아 -./많이 먹어 -./불을 켜 -.

한자 둘 치(置)〔网部 8획〕¶방치(放置)/설치(設置)

두담(斗膽) 명 아주 큰 쓸개.

두:대-박이 명 두 개의 돛대를 세운 큰 배.

두더지 명 두더짓과의 동물. 몸은 원통형으로 쥐와 비슷하게 생겼으며, 다리와 꼬리는 짧고, 머리는 뾰족하며 눈이 작고 퇴화되어 있음. 땅 속에서 땅굴을 만들어 생활하고, 지렁이나 애벌레를 먹고 삶. 논두렁을 뚫거나 농작물을 해치는 해로운 동물임. 전서(田鼠)

속담 **두더지 혼인 같다** : 제 분수를 모르고 엉뚱한 희망을 가지는 것을 비유하여 이르는 말.

두더지-소금 명 한방에서, 두더지의 내장을 빼고 그 속에 소금을 넣어 불에 구워 꺼낸 것을 이르는 말. 너리 먹었을 때 이 소금으로 이를 닦아 낫게 함. 약소금

두덕-거리다(대다) 타 단단하지 않은 작은 물체를 가볍게 자꾸 두드리다. 두덕이다 ☞도닥거리다

두덕-두덕 부 두덕거리는 소리, 또는 그 모양을 나타내는 말. ¶묘목에 물을 주고 - 두드리다. ☞도닥도닥

두덕-이다 타 두덕거리다 ☞도닥이다

두덜-거리다(대다) 자 못마땅한 투로 혼잣말을 자꾸 하다. ☞투덜거리다

두덜-두덜 부 두덜거리는 모양을 나타내는 말. ¶무슨 일을 시키기만 하면 - 불평의 말을 한다. ☞투덜투덜

두덩 명 우묵하거나 움푹 파인 곳의 가장자리로 돌아가며 약간 두두룩한 곳.

속담 **두덩에 누운 소** : 할 일 없이 편하게 놀고 지내는 좋은 팔자를 비유하여 이르는 말.

두덩-톱 명 톱양이 짧고, 배가 둥근 톱. 널빤지에 홈을 팔 때에 씀.

두:도막=형식(-形式) 명 한 개의 곡이 두 개의 큰악절로 이루어지는 형식. 이부 형식(二部形式)

두독(蠹毒) 명-하다 자 남에게 끼치는 해독.

두동미서(頭東尾西) 동두서미(東頭西尾)

두:동-지다 형 서로 모순되어 앞뒤가 맞지 않다.

두:-두 감 돼지 따위의 짐승을 잇달아 부르거나 몰 때 하는 말.

두두룩 부-하다 형 가운데가 좀 불룩하게 솟아 있는 모양을 나타내는 말. ¶ - 쌓인 짚더미. ☞도도록

두두룩-이 부 두두룩하게 ☞도도록이

두두룩-두두룩 부-하다 형 여럿이 모두 두두룩한 모양을 나타내는 말. ☞도도록도도록

두둑 명 ①밭과 밭 사이에 경계를 이루어 두두룩하게 된 언덕. ②논밭을 갈아서 골을 타 만든 두두룩한 바닥.

두둑-두둑 부-하다 형 여럿이 다 두둑한 모양을 나타내는 말. ¶흙을 -하게 쌓다. ☞도독도독

두둑-하다[1] 형여 둥그스름하게 솟아올라 있다. ¶두둑하게 솟은 언덕. ☞도독하다[1]

두둑-이[1] 부 두둑하게 ☞도독이[1]

두둑-하다[2] 형여 ①썩 두껍다. ¶속옷을 두둑하게 껴 입다. ②넉넉하고도 남음이 있다. ¶용돈을 두둑하게 주다./배짱이 -. ☞도독하다[2]. 두툼하다

두둑-이[2] 부 두둑하게 ☞도독이[2]. 두툼히

두둔 명-하다 타 어떤 사람을 편들어 감싸 줌. ¶친구를 -하다.

두-둥둥 부 북 따위를 약하고 세게 잇달아 칠 때 나는 소리를 나타내는 말.

두둥-둥실 부 부드럽게 부푼 것이 거볍게 떠서 크게 움직이는 모양. ¶흰구름이 - 흘러가다.

두둥실 부 매우 가볍게 둥실 뜨거나 떠 있는 모양을 나타내는 말. 흔히, '두리둥실'과 어울리어 '둥실둥실'을 율동감 있게 표현함. ¶흰구름이 - 떠 있는 하늘./- 두리둥실 떠가는 구름. ☞도동실. 둥실

두둥실-두둥실 부 매우 가볍게 둥실둥실 뜨거나 떠 있는 모양을 나타내는 말. ☞도동실도동실. 둥실둥실[1]

두드러기 명 약제(藥劑)나 음식의 중독으로 말미암아 생기는 급성 피부병. 피부가 부르트며 몹시 가려움. 심마진(蕁麻疹). 은진(癮疹)

두드러-지다 동 ①두두룩하게 내밀다. ¶힘줄이 -. ②겉으로 뚜렷하게 드러나다. ¶부정 사실이 -.

형 ①드러나게 두두룩하다. ¶멍울이 -. ②겉으로 드러나서 눈에 띄게 뚜렷하다. ¶두 사람의 재능은 두드러진 차이를 보인다. ☞도드라지다

두드리다 타 ①약간 힘을 주어 여러 번 치거나 때리다. ¶창문을 -./어깨를 -. ☞뚜드리다

두들기다 타 보통 정도보다 센 힘으로 마구 쳐서 때리다. ¶굵은 빗방울이 창문을 -./흠씬 두들겨 맞다. ☞두드리다. 뚜들기다

두락(斗落)의 마지기²

두랄루민(duralumin)명 알루미늄에 구리·망간·마그네슘 등을 섞어 만든 합금의 한 가지. 매우 가볍고 단단하여, 항공기나 자동차 따위를 만드는 데 쓰임.

두량(斗量)명-하다타 ①말이나 되로 곡식의 분량을 되어서 헤아림, 또는 그 분량. ②어떤 일을 두루 헤아려 처리함. ¶큰일을 잘 -하다.

두럭명 ①노름이나 놀이를 하기 위하여 여러 사람이 모인 떼. ②여러 집이 한데 모인 집단.

두런-거리다(대다)자 두런두런 이야기하다. ¶그들은 밤늦도록 두런거리다 잠이 들었다. ☞도란거리다

두런-두런부 나직한 목소리로 조용히 서로 이야기하는 소리, 또는 그 모양을 나타내는 말. ¶옆방에서 어른들이 - 이야기하시는 소리가 들린다. ☞도란도란

두렁명 논이나 밭의 가장자리에 작게 쌓은 둑이나 언덕. 속담 **두렁에 누운 소**: 아무 할 일 없이 편하여 팔자가 좋다는 말./**두렁에 든 소**: 먹을 복이 많은 사람을 가리키는 말.〔개천에 든 소〕

두렁-길[-낄]명 논두렁 위로 난 길.

두렁이명 어린아이의 배와 아랫도리를 둘러 가리는, 치마같이 생긴 옷. 두렁치마

두렁-치마명 두렁이

×**두렁-허리**명 →드렁허리

두레¹명 농촌에서, 모내기·김매기 등의 농사일을 공동으로 하기 위하여 마을이나 부락 단위로 둔 조직.

두레²명 낮은 곳의 물을 높은 곳의 논으로 퍼올리는 데 쓰는 농기구를 통틀어 이르는 말.

두레-꾼명 두레에 참가한 농군.

두레-농사(-農事)명 두렛일

두레-먹다자 ①농군들이 음식을 장만하고 모여 놀다. ②여러 사람이 둘러앉아 먹다.

두레-박명 줄을 길게 매어 우물물을 퍼 올리는 데 쓰는 바가지. ☞타래박

두레박-줄명 두레박에 길게 달아 맨 줄.

두레박-질명-하다자 두레박으로 물을 긷는 일.

두레박-틀명 우물 가에 기둥을 세우고 그 위에 긴 나무를 가로질러 한 끝에는 돌을 매달고 다른 한 끝에는 두레박을 매달아서 물을 푼 뒤에 돌이 내려오는 힘을 이용하여 두레박을 올리기에 힘이 덜 들게 만든 장치. 길고(桔槹)

두레-반상(-飯床)명 여러 사람이 둘러앉아서 음식을 먹을 수 있도록 차린 상.

두레-상(-床)명 여러 사람이 둘러앉아서 음식을 먹을 수 있도록 크고 둥글게 만든 상.

두레-우물명 두레박으로 물을 긷는 우물. ☞박우물

두레-질명-하다자 두레로 물을 푸는 일.

두렛-날명 두렛일을 하는 날.

두렛-논명 두레로 일을 하는 논.

두렛-일[-닐]명 여럿이 두레를 짜서 공동으로 하는 농사일. 두레농사

두려-빠:지다자 어떤 한 부분이 뭉떵 빠져 나가다. ¶머리 한 줌이 -./가방 손잡이가 -. ☞도려빠지다

두려움명 두려운 느낌. 공포(恐怖) ¶-이 생기다./-에 질린 표정.

두려워-하다타여 ①두려운 느낌을 가지다. ¶실패를 -. ②어떤 사람을 공경하고 어려워하다. ¶어른을 두려워할 줄 알아야 한다.

한자 **두려워할 구**(懼)〔心部 18획〕¶위구(危懼)
두려워할 외(畏)〔田部 4획〕¶경외(敬畏)
두려워할 포(怖)〔心部 5획〕¶경포(驚怖)

두렵다(두렵고·두려워)형ㅂ ①위험이나 위협을 느껴 마음이 무섭고 불안하다. ¶세상에 두려울 것이 없다. ②좋지 않은 일이 생길까 봐 염려스럽다. ¶합격자 발표일이 다가오자 두려운 마음이 들었다. ③가까이 대하기가 송구스럽고 어렵다. ¶아버지를 두렵게 생각하다.

한자 **두려울 공**(恐)〔心部 6획〕¶공포심(恐怖心)

두렷-두렷[-련-]부-하다형 ①여럿이 다 두렷한 모양을 나타내는 말. ¶밤하늘에 별들이 - 떠 있다. ②매우 두렷한 모양을 나타내는 말. ¶-한 무늬. ☞도렷도렷

두렷-하다¹[-려-]형여 ①보이는 것이 꽤 똑똑하다. ¶두렷한 발자국. ②내세우는 바가 거의 확실하다. ¶증거가 -./주관이 -. ☞도렷하다¹. 뚜렷하다

두렷-이¹부 두렷하게 ☞도렷이¹. 뚜렷이

두렷-하다²[-려-]형여 둥그렇다 ¶두렷하게 떠 있는 달. ☞도렷하다²

두렷-이²부 두렷하게 ☞도렷이²

두령(頭領)명 여러 사람을 거느리는 우두머리. ☞수괴(首魁). 수령(首領)

두로(頭顱)명 두개(頭蓋)

두록(斗祿)명 얼마 안 되는 적은 녹봉.

두루부 ①빠짐없이 골고루. ¶- 살피다. ②일반적으로. 널리 ¶- 쓰이다.

한자 **두루 주**(周)〔口部 5획〕¶주도(周到)
두루 편(遍)〔辵部 9획〕¶보편(普遍)

두루-두루부 ①'두루'의 힘줌말. ¶- 살피다. ②사람을 대할 때에 모두에게 모나지 않고 원만하게. ¶그저 - 지내는 것이 좋다.

두루마기명 재래식 한복의 한 가지. 나들이할 때 입는 웃옷으로, 소매·앞길·뒷길·무·섶·깃이 갖추어져 있는, 길이가 긴 옷. 주의(周衣). 주차의(周遮衣)

두루마리명 종이를 가로로 길게 이어서 둥글게 둘둘 만 것. 주지(周紙)

두루-뭉수리명 ①어떠한 일이나 형태가 짜임새 있게 이루어지지 못하고 두루뭉실한 것. ¶이렇게 일을 -로 처리하면 안 된다. ②말이나 행동이 분명하지 못한 사람을 놀리어 이르는 말.

두루뭉술-하다형여 두루뭉실하다

두루뭉실-하다형여 ①아주 둥글지도 않고 모나지도 않고 그저 둥그스름하다. ¶두루뭉실한 얼굴. ②언행이나 태도, 성격 따위가 맺고 끊는 데가 없고 분명하지 않다. 두루뭉술하다 ¶두루뭉실하게 넘어가려고 하지 마라.

두루미¹명 두루밋과의 겨울 철새. 몸길이 1.4m 안팎으로, 목과 다리와 부리가 매우 길. 머리 꼭대기는 붉고, 이마·목·다리와 날개 끝은 검은빛이며, 몸통의 나머지 부분은 흰빛임. 연못이나 초원 등에서 민물고기나 잠자리, 개구리 등을 먹고 삶. 천연 기념물 제202호임. 백두루미. 단정학(丹頂鶴). 백학(白鶴). 선금(仙禽). 선학(仙鶴). 야학(野鶴). 학(鶴)

한자 **두루미 학**(鶴)〔鳥部 10획〕¶백학(白鶴)/단정학(丹頂鶴)/선학(仙鶴)/학무(鶴舞)/학슬(鶴膝)

두루미²명 아가리가 좁고 목이 길며, 단지 모양으로 배가 둥글게 된 큰 병.

두루미-꽃명 백합과의 여러해살이풀. 줄기 높이는 8~15cm. 잎은 심장 모양으로 2~3개가 어긋맞게 나며, 5~6월에 작은 흰 꽃이 이삭 모양의 총상(總狀) 꽃차례로 핌. 열매는 둥글고 붉게 익음. 우리 나라 각처 높은 산의 침엽수 밑에 자람.

두루-주머니명 아가리에 잔주름을 잡고, 끈 두 개를 좌우에 꿰어서 여닫는 작은 주머니. 끈을 조르면 아가리가 오그라져서 전체가 거의 둥글게 됨. 염낭

두루-춘풍(-春風)명 누구에게나 좋은 얼굴로 대하는 일, 또는 그러한 사람을 이르는 말. 사면춘풍(四面春風). 사시춘풍(四時春風)

두루-치명 두루치기³

두루-치기¹명 ①한 가지 물건을 이리저리 둘러쓰는 일, 또는 그런 물건. ②한 사람이 여러 방면에 다 능통한 일, 또는 그런 사람.

두루-치기²명 쇠고기나 돼지고기, 조갯살, 낙지 따위에

여러 가지 채소를 썰어 넣고 갖은양념으로 버무린 다음, 뒤섞어 가며 볶은 음식.

두루-치기[3] 명 지난날, 하층민 여자들이 입던, 폭이 좁고 길이가 짧은 치마. 두루치

두룽-다리 명 모피로 둥글고 기름하게 만든 방한(防寒) 모자.

두류(豆類) 명 콩·팥·완두·녹두·땅콩 따위 씨를 먹는 콩과 식물을 통틀어 이르는 말. 두숙류(豆菽類)

두류(逗遛·逗留) 명 -하다 자 다른 고장에서 한 동안 머무름. 체류(滯留)

두르다[1](두르고·둘러) 타르 ①둥글게 싸서 가리거나 띠다. ¶목도리를 -./치마를 -./머리에 띠를 -. ②담 따위를 쌓거나 막다. ¶울타리를 -. ☞둘러막다 ③둥글게 내젓다. ¶팔을 한 바퀴 -. ④한 바퀴 돌다. ¶회사 내를 둘러보다. ⑤가를 잇달아 대거나 치다. ¶선을 -./테를 -. ⑥사물을 이리저리 변통하다. ¶돈을 -. ⑦프라이팬이나 번철 등에 기름을 고르게 바르다. ⑧바로 가지 아니하고 멀리 돌다. ¶쉬운 길로 둘러가다. ⑨이리저리 그럴듯하게 남을 속이다. ☞도르다 ⑩사람을 마음대로 다루다. ¶신출내기라고 함부로 -.

두르르[1] 부 넓은 종이 따위가 본디 말렸던 대로 되말리는 모양을 나타내는 말. ¶달력을 - 말다. ☞도르르[1]

두르르[2] 부 ①좀 크고 둥근 것이 가볍게 구르는 모양, 또는 그 소리를 나타내는 말. ¶바퀴가 빠져 - 굴러간다. ②재봉틀로 옷감 따위를 땀이 길게 박는 소리를 나타내는 말, 또는 그 모양을 나타내는 말. ¶치맛단을 - 박다. ☞도르르[2]. 뚜르르[2]

두르-풍(-風) 명 추울 때 어깨에 둘러 덧입는 웃옷.

두름 의 ①굴비나 명태 따위 물고기를 열 마리씩 두 줄로 엮은 것을 나타내는 단위. ¶굴비 열 -. ②고사리 따위 산나물을 열 모숨씩 엮은 것을 나타내는 단위. ¶고사리 한 -. ☞축[2] ③〔명사처럼 쓰임〕 '몇 두름'의 뜻. ¶청어 -이나 마련하다.

두름-길[-낄] 명 둘러서 가는 길. 우로(迂路) ¶밤이라서 넓은 -로 해서 가다. ☞지름길

두름-성(-性)[-썽] 명 일을 잘 변통하는 솜씨. 주변성 ¶-이 없다.

두름-차기 명 택견에서, 발질의 한 가지. 원품으로 서서 발을 몸의 바깥쪽에서 안쪽으로 돌리면서 발등으로 상대편의 어깨 높이로 차는 공격 기술.

두릅 명 두릅나무의 애순.

두릅-나무 명 오갈피나뭇과의 낙엽 활엽 관목. 높이 3~4 m. 줄기와 잎에 가시가 있고, 7~9월에 황록색 꽃이 피고 10월경에 열매가 맺음. 애순은 '두릅'이라 하여 나물을 해먹고, 나무껍질·뿌리·열매는 약재로 쓰임.

두릅-나물 명 두릅을 살짝 데쳐서 다진 마늘, 파·참기름·간장·고추장·식초 따위로 무친 나물. 목두채(木頭菜). 문두채(吻頭菜)

두릅-회(-膾) 명 연한 두릅에 녹말가루를 묻혀 살짝 데쳐서 초고추장에 찍어 먹는 회.

두리기 명 두리반에 음식을 차려 놓고 여럿이 둘러앉아 먹는 일.

두리-기둥 명 둘레가 둥근 기둥. 원주(圓柱) ☞모기둥

두리기-상(-床) 명 여럿이 둘러앉아 먹게 차린 음식상.

두리넓적-하다[-넙-] 형여 둥그스름하고 넓적하다. ¶두리넓적한 얼굴.

두리두리-하다 형여 얼굴이나 눈의 생김이 크고 둥글다. ¶두리두리한 얼굴이 사내답다.

두리-둥실 부 물 위나 공중에 미끄러지듯 가볍게 떠가는 모양을 나타내는 말. 흔히 '두둥실'과 어울리어 '둥실둥실'을 율동감 있게 표현함. ¶- 떠가는 조각 구름./두둥실 - 배 떠나간다. ☞도리동실

두리-목(-木) 명 둘레가 둥근 재목.

두리-반(-盤) 명 크고 둥근 소반. ☞모반

두리번-거리다(대다) 자타 고개를 이리저리 돌리며 주위를 둘러보다. ¶있는 곳이 어딘 줄을 몰라 -. ☞도리반거리다

두리번-두리번 부 두리번거리는 모양을 나타내는 말. ☞도리반도리반

두리-하님 명 지난날, 혼행(婚行) 때 새색시를 따라가던 당의(唐衣)에 족두리를 쓴 여자 하인.

두리-함지박 명 둥근 함지박.

두릿-그물 명 물고기 떼를 빙 둘러막아 차차 그 넓이를 좁혀서 아래쪽을 훌치듯 하여 잡는 그물. 선망(旋網)

두:-말 명 -하다 자 ①이미 한 말과 모순되는 딴말. ¶한 입으로 -하다./-하기 없다. ②한 말에 또 하는 말. 이러니저러니 하는 말. ¶사장의 서슬에 - 못하고 물러났다./- 않고 승낙하다.

두말 말다 관용 이러니저러니 여러 말 말다. ¶두말 말고 따라오기나 해라.

두말하면 잔소리 관용 이미 한 말이 틀림없으므로 더 말할 필요가 없음을 강조하여 이르는 말.

두말할 나위 없다 관용 너무나도 뻔한 일이므로 더 보태어 말할 필요가 없다.

두:말-없:이 부 이러니저러니 군소리 없이. ¶- 시키는 대로 하다.

두:매-한짝 명 다섯 손가락을 이르는 말.

두멍 명 물을 길어 담아 두고 쓰는 큰 가마나 독.

두메 명 도시에서 멀리 떨어져 있는 외진 산골 지방. 두메산골. 산협(山峽)

속담 **두메로 꿩 사냥 보내 놓고** : 먼저 해야 할 일은 먼저 하라는 말./**두메 앉은 이방(吏房)이 조정(朝廷) 일 알듯** : 출입 없이 집에 들어앉은 사람이 세상 풍조나 먼 데 일을 잘 안다는 말.

두메-산골(-山-)[-꼴] 명 두메

두메-싸립 명 바닥을 싸리 껍질로 삼은 두멧사람이 신는 미투리.

두멧-구석 명 두메의 구석진 곳.

두멧-길 명 두메산골에 난 길.

두멧-사:람 명 두멧구석에서 사는 사람.

두면(痘面) 명 얽은 얼굴.

두면(頭面)[1] 명 머리와 낯을 아울러 이르는 말.

두면(頭面)[2] 명 조선 시대, 궁중에서 '갓'을 이르던 말.

두목(頭木) 명 '두절목(頭切木)'의 준말.

두목(頭目) 명 ①좋지 못한 집단의 우두머리. ¶불량배의 -. ②지난날, 무역을 목적으로 중국 국사(國使)를 따라 우리 나라에 온 북경 상인을 이르던 말.

두묘(痘苗) 명 종두(種痘)에 쓰이는 재료. 독을 약화한 두창(痘瘡) 바이러스의 액체.

두:-무날 명 무수기에 따라 음력 11일과 26일을 아울러 이르는 말. ☞무날

두문(杜門) 명 ①출입을 안 하거나 못 하게 문을 닫아 막는 일. ②음양가(陰陽家)가 이르는 팔문(八門) 가운데 흉하다는 문의 하나.

두문불출(杜門不出) 성구 집 안에만 틀어박혀 세상 밖에 나가지 않음을 이르는 말.

두미(頭尾) 명 ①머리와 꼬리. ②처음과 끝. 수미(首尾)

두미(가) 없다 관용 말의 앞뒤의 조리가 맞지 않다. ¶그의 말에는 -.

두박(豆粕) 명 콩에서 기름을 짜고 남은 찌꺼기. 거름이나 사료(飼料)로 쓰임. 콩깻묵

두발(頭髮) 명 머리털

두:발-당성 명 ①두 발로 차는 발길질. ②택견에서 발질의 한 가지. 제 자리에서 공중으로 높이 뛰어올라 두 발로 상대편의 얼굴을 걷어차는 공격 기술.

두:발-제기 명 두 발로 번갈아 차는 제기. ☞외발제기

두:-밤중(-中)[-쭝] 명 '한밤중'의 속된말.

두백(杜魄) 명 '두견이'의 딴이름.

두:-벌 명 초벌 다음에 두 번째로 하는 일. ¶- 칠하다.

두:벌-갈이 명 -하다 타 논이나 밭을 두 번째 가는 일. 앞뒤갈이. 재경(再耕)

두:벌-대(-臺) 명 '두벌장대'의 준말.

두:벌-솎음 명 -하다 타 남새·모종·열매 따위를 두 번째로 솎는 일, 또는 그 솎은 것.

두:벌-일[-릴] 명 처음에 한 일이 잘못되어 다시 하는 일. ¶ -이 안 되도록 하게.
두:벌-잠 명 한 번 들었던 잠에서 깨었다가 다시 드는 잠. 개잠 ¶ -이 들었다.
두:벌-장대(-長臺) 명 장대석(長臺石)을 두 켜로 모아 쌓은 대(臺). 준 두벌대
두:벌-주검 명 두벌죽음을 당한 송장.
두:벌-죽음 명 ①송장이 해부(解剖)나 검시(檢屍)를 당하는 일. ②시체가 화장을 당하는 일. ③지난날, 무덤에서 송장을 파내어 다시 극형(極刑)에 처하던 일.
두병(斗柄) 명 북두칠성에서, 국자의 자루 부분에 해당하는 세 개의 별을 이르는 말. 표(杓) ☞괴(魁)
두병(痘病) 명 두창(痘瘡)
두부(豆腐) 명 콩으로 만든 음식의 한 가지. 물에 불린 콩을 맷돌에 갈아 자루에 넣고 짠 콩 물을 익힌 다음 간수를 넣어 엉기게 한 것. 두포(豆泡) ☞물두부. 순두부
속담 **두부 먹다 이 빠진다** : ①마음을 놓는 데서 실수가 생기는 법이니 조심해야 한다는 말. ②틀림없다고 생각하다가 뜻밖의 실수를 한다는 말.
두부(頭部) 명 ①머리[1] ②물건의 윗부분. ¶불상의 -.
두부-국(豆腐-)[-꾹] 명 맑은장국에 두부를 넣고 끓인 국.
두부껍질-비빔(豆腐-) 명 익어 가는 두부의 겉을 긁어 말렸다가 물에 불려 기름과 초를 치고, 마른 새우살·해삼·버섯·죽순 따위를 불려 넣어 만든 음식.
두부-살(豆腐-) 명 사람의 희고 무른 살.
속담 **두부살에 바늘 뼈** : 아주 허약하여 조금만 아파도 몹시 엄살을 부리는 사람을 놀리어 이르는 말. [바늘 뼈에 두부살]
두부-선(豆腐-) 명 두부에 다진 쇠고기를 섞고 양념을 해서 주무른 뒤에, 쪄 내어 초장에 찍어 먹는 음식.
두부-어(杜父魚) 명 '볼락'의 딴이름.
두부-장(豆腐醬) 명 두부를 베자루에 넣어 된장이나 고추장에 오랫동안 박아 두었다가 먹는 음식.
두부-저:냐(豆腐-) 명 두부를 넓적하게 저며서 기름에 지진 음식. 두부전
두부-전(豆腐煎) 명 두부저냐
두부-찌개(豆腐-) 명 두부를 주재료로 하여 고추장이나 새우젓의 젓국을 넣고 끓인 찌개.
두비(豆肥) 명 콩깻묵을 썩여서 만든 거름.
두사(頭詞) 명 표(表) 또는 전문(箋文) 등의 첫머리에 쓰는 말.
두삭-류(頭索動物) 명 원삭동물(原索動物)의 한 강(綱). 척삭(脊索)이 머리 부분까지 뻗어 있고 그 등 쪽을 따라 신경이 나 있음. 몸은 물고기 모양인데 심장이 없음. 아가미 부분에 틈만 있고 혈액은 빛깔이 없음. 창고기가 이에 딸림. ☞미삭류(尾索類)
두상(頭上) 명 ①머리[1] ②머리 위.
두상(頭狀) 명 사람의 머리와 같은 모양.
두상(頭像) 명 미술에서, 머리 부분만을 나타낸 조각 작품을 이르는 말. ☞흉상(胸像)
두상=꽃차례(頭狀-)[-꼳-] 명 무한(無限) 꽃차례의 한 가지. 꽃자루가 없는 여러 꽃이 꽃대 끝에 머리 모양으로 퍼져 빽빽이 피는 것. 국화나 민들레 따위. 두상 화서(頭狀花序) ☞산방(繖房) 꽃차례
두상-화(頭狀花) 명 꽃대 끝에 많은 꽃이 붙어 머리 모양을 이루는 꽃. 국화나 해바라기, 민들레 따위.
두상=화서(頭狀花序) 명 두상 꽃차례 ☞무한 화서(無限花序)
두새-바람 명 '동동남풍'의 뱃사람말.
두색-류(頭索類) 명 두삭류(頭索類)
두서(頭書) 명 ①머리말 ②본문(本文) 앞에 쓴 글.
두서(頭緖) 명 일의 차례나 갈피. ¶자랑의 말을 - 없이 늘어놓다.
두서(가) 없다 관용 말이나 행동이 이랬다저랬다 하여 갈피를 잡을 수 없다. ¶일에 -.
두-서너 관 둘이나 서넛 가량의. ¶- 개./- 마리의 소.
두-서넛 수 둘이나 서넛 가량. ¶참외 -은 먹을 수 있다.
두석(豆錫) 명 놋쇠
두설(頭屑) 명 비듬
두성(斗星) 명 ①두수(斗宿) ②'북두칠성(北斗七星)'을 달리 이르는 말.
두-세 관 둘이나 셋의. 두셋의 ¶- 마리. ☞서너
두-셋 수 둘이나 셋. ¶-은 있어야겠다. ☞서넛
두셋-째[-섿-] 수 둘째나 셋째. ¶반에서 -는 간다.
두소(斗筲) 명 -하다 형 ['두(斗)'는 한 말들이 말, '소(筲)'는 한 말 두 되들이 대그릇이라는 뜻으로] ①녹봉(祿俸)이 적음을 비유하여 이르는 말. ②도량이 좁음을 비유하여 이르는 말.
두소지인(斗筲之人) 성구 말로 되면 한 말이나 한 말 두 되쯤의 작은 그릇이라는 뜻으로, 도량이 좁고 변변하지 못한 사람을 이르는 말.
두:손-매무리 명 -하다 타 성질이 거칠거나 황겁하여 무슨 일을 함부로 거칠게 얼버무려 내는 일.
두송(杜松) 명 '노간주나무'의 딴이름.
두송-실(杜松實) 명 한방에서, 노간주나무의 열매를 약재로 이르는 말. 관절염·부종(浮腫) 등에 쓰임.
두수(斗宿) 명 이십팔수(二十八宿)의 하나. 북쪽의 첫째 별자리. 두성(斗星) 준 두(斗)
두수(斗數)[-쑤] 명 말수[1]
두수(抖擻) 명 -하다 자 ①정신을 도사림. ②두타(頭陀)
두수(頭數) 명 소나 말, 돼지 따위 큰 가축의 마릿수.
두:수-없:다[-업-] 형 달리 주선하거나 변통할 여지가 없다. ¶이렇게 하는 길 밖에는 -.
두수-없이 부 두수없게
두숙-류(豆菽類) 명 콩·팥·완두·녹두 따위 씨를 먹는 콩과 식물을 통틀어 이르는 말. 두류(豆類)
두습 명 말이나 소, 개 따위의 두 살을 이르는 말. 이듭 ☞사릅. 세습. 하릅
두승(斗升) 명 ①말과 되. 마되 ②얼마 안 되는 양을 비유하여 이르는 말.
두시(豆豉) 명 약전국
두시(杜詩) 명 당나라의 시인인 두보(杜甫)의 시(詩).
두시언:해(杜詩諺解) 명 분류두공부시언해(分類杜工部詩諺解)
두식(蠹蝕) 명 -하다 자 ①좀먹음. ②좀먹듯이 개먹음.
두신(痘神) 명 민속에서, 집집마다 찾아다니며 천연두를 앓게 한다는 여자 귀신을 이르는 말. 역신(疫神). 호구별성(戶口別星)
두신=지수(頭身指數) 명 신장(身長)을 두부(頭部)의 길이로 나눈 몫.
두실(斗室) 명 두옥(斗屋)
두아(豆芽) 명 콩나물
두어 관 둘 가량의. ¶- 사람./한 - 개.
두어-두다 타 가만히 두고 건드리지 않다. ¶손대지 말고 그대로 두어두어라. 준 둬두다
두억-시니 명 민속에서, 못되고 사나운 귀신의 한 가지. 야차(夜叉)
두엄 명 풀이나 짚, 또는 가축의 분뇨 따위를 썩인 거름. 퇴비(堆肥)
두엄-간(-間)[-깐] 명 두엄을 쌓아 두는 헛간.
두엄-걸:채 명 두엄을 실어 내는 소의 걸채.
두엄-더미[-떠-] 명 두엄을 쌓은 더미.
두엄-발치 명 두엄을 넣어서 썩이는 웅덩이.
두엄-자리[-짜-] 명 두엄을 모아 쌓는 자리. 두엄터
두엄-터 명 두엄자리
두엄-풀 명 두엄으로 쓰는 풀.
두엇 수 둘 가량. ¶일꾼 -만 구해 주게.
두여머-조자기 명 '천남성(天南星)'의 딴이름.
두역(痘疫) 명 두창(痘瘡). 천연두(天然痘)
두연(斗然)[1] 부 문득 ☞갑자기
두연(斗然)[2] 어기 '두연(斗然)하다'의 어기(語基).
두연-하다(斗然-) 형여 솟아 있는 모양이 우뚝하다.
두연-히 부 두연하게

두옥(斗屋)명 아주 작은 집. 두실(斗室)
두우(斗牛)명 이십팔수(二十八宿) 가운데 북두칠성(北斗七星)과 견우성(牽牛星)을 아울러 이르는 말.
두우(斗宇)명 온 누리. ☞우주(宇宙)
두우(杜宇)명 '두견이'의 딴이름.
두우쟁이명 모래무지아과의 민물고기. 하천의 모래펄에 삶. 몸길이 20~25cm. 긴 원통형에 등은 황갈색이며, 배는 은백색임.
두운(頭韻)명 운율의 수사법의 한 가지. 시(詩) 따위의 행이나 구의 첫머리마다 같은 운의 말을 두어 음조를 고르는 기법. ☞각운(脚韻)
두위(頭圍)명 머리 둘레.
두유(豆乳)명 불린 콩을 갈아서 짜 낸 것을 익힌, 우유 같은 액체. 간수를 넣으면 두부가 됨. ☞콩국
두유(豆油)명 콩을 짜서 만든 기름. 콩기름
두음(頭音)명〈어〉음절(音節)의 첫소리. ☞말음(末音)
두음=경화(頭音硬化)명〈어〉음절의 첫소리가 된소리로 변하는 발음 경향. '가마귀'가 '까마귀', '벋다'가 '뻗다'로 되는 따위.
두음-법(頭音法)[-뻡]명 시(詩)에서, 한 구절마다 또는 한 구절씩 걸러서 두 구절마다 첫머리를 같은 음으로 하여 짓는 기법.
두음=법칙(頭音法則)명〈어〉우리말에서, 단어의 첫소리에 'ㄹ'이나 'ㄴ'을 꺼리는 현상. '리화(梨花)→이화', '리발(理髮)→이발', '녀자(女子)→여자', '니토(泥土)→이토'로 표기하거나 말하는 따위. ☞말음 법칙

> ▶ '두음 법칙'에 따른 표기 예
> 접두사처럼 쓰이는 한자가 붙어서 된 단어나 복합어에서, 뒷 단어의 첫 소리가 'ㄴ' 또는 'ㄹ' 소리로 나더라도 두음 법칙에 따라 적는다.
> ¶신여성(新女性)/공염불(空念佛)/역이용(逆利用)/수학 여행(修學旅行)
> ○ '신년-도(新年度)'나 '구년-도(舊年度)'와 같이 분석되는 구조의 단어는 두음 법칙이 적용되지 않는다.
> ○ 고유어 중에서 다음과 같은 의존 명사는 두음 법칙이 적용되지 않는다.
> ¶녀석(고얀 녀석)/년(괘씸한 년)/님(바느질 실 한 님)/닢(엽전 한 닢, 가마니 두 닢)

두:-이(-二)명 한자 부수(部首)의 한 가지. '于'·'互' 등에서 '二'의 이름.
두:-이레명 아기가 태어난 지 열나흘이 되는 날. 이칠일(二七日) ☞세이레. 첫이레
두:인-변(-人邊)명 한자 부수(部首)의 한 가지. '待'·'得' 등에서 '彳'의 이름.
두자(∠骰子)명 주사위
두자-골(∠骰子骨)명 주사위뼈
두:-잠명 누에가 두 번째 자는 잠. ☞석잠. 이령(二齡). 이령잠(二齡蠶). 첫잠
두장(痘漿)명 천연두(天然痘)의 고름.
두전(頭錢)명 거간꾼이 받는 돈. 구문(口文)
두절(杜絶)명-하다자 교통이나 통신이 막혀서 끊어지는 일. ¶조난선과 통신이 -되었다. ☞불통(不通)[1]
두절(頭切)명 '두절목(頭切木)'의 준말.
두절-목(頭切木)명 재목을 다듬을 때 잘라 낸 끄트머리 나무토막. 끝동 준두목(頭木). 두절(頭切)
두정(蠹政)명 백성을 해롭게 하는 정치.
두정-골(頭頂骨)명 두개골 중 대략 뒤쪽 위를 덮은 한 쌍의 뼈 조각. 노정골(顱頂骨)
두족(頭足)명 ①소나 돼지의 머리와 네발. ②두족류의 발.
두족-류(頭足類)명 연체동물(軟體動物)의 한 강(綱). 몸은 머리·몸통·발의 세 부분으로 되어 있으며, 머리의 입 주위에 여덟 개 또는 열 개의 발이 있음. 오징어·낙지·앵무조개 따위.
두주(斗酒)명 말술
두주(頭註)명 책 따위의 본문 위쪽에 따로 마련한, 어구의 해석이나 설명. ☞각주(脚註)
두주불사(斗酒不辭)[-싸]성구 말술도 사양하지 않을 만큼 주량이 매우 큼을 이르는 말.
두죽(豆粥)명 ①콩죽 ②팥죽
두:줄백이-집명 앞뒤의 물림이 없이 지은 양통집.
두중-각경(頭重脚輕)명 정신이 어찔하고 다리에 힘이 없어 쓰러지는 일.
두진(痘疹)명 두창(痘瘡)으로 춥고 열이 나며 온몸에 붉은 점이 생기는 증세.
두질(頭質)명-하다자 두 사람의 말이 서로 엇갈릴 때, 제삼자나 말을 전한 사람과 마주 대하여 전에 한 말을 그대로 다시 하게 하여 옳고 그름을 가리는 일. 무릎맞춤
두:짝-열:개[-녈-]명 두 짝으로 여닫게 된 문.
×**두-째**수 →둘째
두찬(杜撰)명 ①전거(典據)나 출처가 확실하지 못한 저술. ②틀린 곳이 많은 저술.
두창(痘瘡)명 법정 전염병의 한 가지. 바이러스가 매개균으로, 열이 나고 온몸에 발진(發疹)이 나타나고 사망률이 높으며 자칫하면 얼굴이 얽게 됨. 종두(種痘)의 실시로 현재는 연구용으로만 남아 있음. 두역(痘疫). 천연두(天然痘). 호역(戶疫) ☞천포창(天疱瘡)
두창(頭瘡)명 머리에 나는 온갖 부스럼.
두창경험방(痘瘡經驗方)명 조선 현종 4년(1663)에 박진희(朴震禧)가 쓴 천연두 치료에 관한 책. 방문(方文)마다 한문에 한글로 풀이를 달았음. 1권 1책의 목판본.
두창집요(痘瘡集要)명 조선 선조 41년(1608)에 허준(許浚)이 왕명에 따라 엮은 천연두 치료법에 관한 의서(醫書). 2권 2책.
두채(豆彩)명 두청(豆青)의 빛깔을 내는 채색.
두청(豆青)명 잠두처럼 엷은 청록색의 중국 청자의 빛깔.
두초-류(豆草類)명 가축의 사료나 녹비(綠肥)로 쓰는 콩과 식물을 통틀어 이르는 말.
두충(杜冲)명 두충과의 낙엽 교목. 높이 10m 가량. 잎은 어긋맞게 나며 길둥글고, 봄에 잔 꽃이 핌. 나무껍질을 자르면 흰빛의 고무질 유즙이 나옴. 껍질과 잎은 강장제로 쓰임. 중국 원산임.
두타(頭陀)명 ①속세의 번뇌(煩惱)를 버리고 아무런 탐심(貪心)이 없이 청정하게 불법을 닦는 일, 또는 그러한 사람. 두수(抖擻) ②산과 들로 다니면서 온갖 괴로움과 쓰라림을 무릅쓰며, 불도(佛道)를 닦는 중.
두탁명 '투탁(投託)'의 변한말.
두태(豆太)명 ①콩과 팥을 아울러 이르는 말. ②'콩팥'을 군두목으로 이르는 말.
두태-쥐(豆太-)명 소의 콩팥 속에 생긴 군살 덩이. 전골에 쓰임.
두텁다(두텁고·두터워)형ㅂ 믿음이나 사랑 따위가 깊고 굳다. ¶친구간의 두터운 우정./두터운 신임을 받다. ☞도탑다
　두터-이부 두텁게 ☞도타이

> 한자 두터울 후(厚)〔厂部 7획〕¶후대(厚待)/후덕(厚德)/후박(厚朴)/후사(厚謝)/후사(厚賜)/후의(厚意)

두텁-떡명 찹쌀가루를 꿀에 반죽하여 귤병과 대추를 소로 박고 팥고물을 많이 묻혀 쪄 낸 떡.
두:톨-박이명 알이 두 톨만 생겨서 여문 밤송이, 또는 그런 밤. 보통은 알이 세 톨임.
두통(頭痛)명 머리가 아픈 일. 머리가 아픈 증세. ¶심한 -./-에 시달리다.
두통-거리(頭痛-)[-꺼-]명 골칫거리
두툴-두툴부-하다형 물체의 거죽에 굵직한 것들이 돋아 거친 모양을 나타내는 말. ¶-한 악어 가죽. ☞도톨도톨
두툼-하다형여 ①꽤 두껍다. ¶두툼한 손. ②어지간히 넉넉하다. ¶두툼한 호주머니. ☞도톰하다
　두툼-히부 두툼하게 ¶날씨가 추우니 옷을 - 입어라. ☞도톰히. 두둑이[2]
두트레-방석(-*方席)명 짚으로 둥글게 엮은 두툼한 방석. 한쪽 끝에 쥐기 좋게 고리를 달았음. 주로 독을 덮는

데 쓰고 깔고 앉기도 함.
두폐(杜弊)명-하다자 폐단을 막음.
두포(豆泡)명 두부(豆腐)
두풍(頭風)명 ①한방에서, 머리가 늘 아프거나 부스럼이 나는 병을 이르는 말. ②한방에서, 머리가 늘 가려우며 비듬이 생기는 병을 이르는 말. 백설풍(白屑風)
두피족(頭皮足)명 잡은 소의 머리와 가죽과 네발을 아울러 이르는 말.
두한-족열(頭寒足熱)[-녈]명 건강법의 한 가지. 머리는 차게 하고, 발은 덥게 함을 이르는 말.
두해(頭骸)명 두개골. 머리뼈
두:해-살이명 식물 가운데서, 가을에 싹이 터서 겨울을 나고 이듬해까지 자라는 것. 월년생(越年生). 이년생(二年生) ☞여러해살이
두:해살이=식물(-植物)명 두해살이풀
두:해살이-풀명 가을에 싹이 터서 푸른 잎으로 겨울을 난 다음, 이듬해 봄에 꽃이 피고 열매를 맺는 식물. 보리·무·유채 따위. 월년생 식물(越年生植物). 월년생 초본(越年生草本). 월년초(越年草). 이년생 식물. 이년생 초본. 이년초 ☞여러해살이풀
두호(斗護)명-하다타 남을 두둔하여 감쌈. ¶세도가의 -를 받다.
두황(豆黃)명 콩가루
두후-잡증(痘後雜症)명 천연두(天然痘)를 앓고 나서 조리를 잘못하여 생긴 여러 가지 병증.
두흉-갑(頭胸甲)명 절지동물(節肢動物)의 두흉부를 싸고 있는 껍데기.
두-흉부(頭胸部)명 ①두부와 흉부. ②절지동물에서, 두부와 흉부가 들러붙어 하나로 된 부분.
두흔(痘痕)명 마마딱지가 떨어진 자리에 생긴 얽은 자국. 마맛자국
둑[1]명 윷놀이에서, 두 동을 이르는 말. ¶-이 나다.
둑[2]명 ①큰물이 넘쳐흐르지 못하게 하거나 물을 가두어 두려고 강이나 못, 웅덩이의 가장자리를 따라 쌓은 언덕. 방강(防江). 제방(堤防). 축답(築畓) ¶큰물로 -이 터지다. ②낮은 땅에 높이 길을 내기 위해 돌과 흙으로 쌓아 올린 언덕.

한자 둑 제(堤)〔土部 9획〕¶방조제(防潮堤)/방파제(防波堤)/제방(堤防)/제언(堤堰)

둑(ᄉ纛)명 지난날, 임금이 타는 수레 앞이나 군대의 대장(大將)의 앞에 세우던 기의 한 가지. 삼지창(三枝槍)에 붉은 술을 많이 달았음. ☞교룡기(蛟龍旗)
둑-가다자 윷놀이에서, 두 동째 가다.
둑-길명 둑 위로 난 길. ¶-을 따라 산책하다.
둑중개명 둑중갯과의 민물고기. 몸길이 15cm 안팎. 몸빛은 등은 잿빛을 띤 갈색, 배는 연한 잿빛임. 몸은 길쭉하고 아래턱이 위턱보다 짧음. 눈 위에 더듬이가 있으며 콧구멍 옆에 작은 가시가 나 있음. 우리 나라 외에는 중국과 러시아의 국경 부근을 흐르는 아무르 강에 분포함.
둔(屯)명 '둔괘(屯卦)'의 준말.
둔:(遯)명 '둔괘(遯卦)'의 준말.
둔:각(鈍角)명 두 직선이나 두 면이 서로 만나 이루는 90°보다 크고 180°보다 작은 각. ☞예각(銳角). 평각(平角)
둔:각=삼각형(鈍角三角形)명 내각의 세 각 중에서 하나가 둔각인 삼각형. ☞예각 삼각형(銳角三角形)
둔감(屯監)명 조선 후기, 둔땅을 감독하던 사람.
둔:감(鈍感)어기 '둔감(鈍感)하다'의 어기(語基).
둔:감-하다(鈍感-)형여 감각이 무디다. ¶냄새에 -./유행에 -. ☞민감하다
둔:갑(遁甲)명-하다자 술법을 써서 마음대로 제 몸을 감추거나 변하게 함. ¶여우가 사람으로 -한다나.
둔:갑-법(遁甲法)명 둔갑을 하는 술법. 둔갑술
둔:갑-술(遁甲術)명 둔갑법
둔:갑장신(遁甲藏身)성구 둔갑술로 몸을 감추어서 남이 보지 못하게 함을 이르는 말.
둔-괘(屯卦)명 육십사괘(六十四卦)의 하나. 감괘(坎卦) 아래 진괘(震卦)가 놓인 괘로 우뢰가 구름 아래 있음을 상징함. 준둔(屯) ☞몽괘(蒙卦)
둔:-괘(遯卦)명 육십사괘(六十四卦)의 하나. 건괘(乾卦) 아래 간괘(艮卦)가 놓인 괘로 산 위에 하늘이 있음을 상징함. 준둔(遯) ☞대장괘(大壯卦)
둔:기(鈍器)명 ①무딘 날붙이. ☞이기(利器) ②날이 없는 흉기. 사람을 해칠만 한 몽둥이나 벽돌 따위.
둔답(屯畓)명 ①조선 시대, 군대가 군량을 충당하기 위해서 농사를 짓던 논. ②조선 시대, 관아의 경비를 보충하기 위해 농사를 짓던 논. ☞둔땅. 둔전(屯田)
둔덕명 두두룩하게 언덕진 곳. ¶- 위에서 바람을 쐬다.
둔덕-지다형 땅이 언덕처럼 두두룩하다.
둔:도(鈍刀)명 날이 무딘 칼.
둔:도(遁逃)명-하다자 도망쳐 달아남.
둔-땅(屯-)명 둔전(屯田)과 둔답(屯畓)을 아울러 이르는 말. 둔토(屯土)
둔:리(鈍利)명 ①무딘 것과 날카로운 것. ②불운(不運)과 행운(幸運)을 아울러 이르는 말.
둔:박(鈍朴)어기 '둔박(鈍朴)하다'의 어기(語基).
둔:박-하다(鈍朴-)형여 미련하고 순박하다.
둔박-히부 둔박하게
둔병(屯兵)명 ①어떤 곳에 머물러 있는 군사. ②'둔전병(屯田兵)'의 준말.
둔:보(鈍步)명 굼뜬 걸음.
둔부(臀部)명 엉덩이
둔:사(遁辭)명 발뺌하려고 꾸며 대는 말.
둔석(窀穸)명 무덤 구덩이.
둔:세(遁世)명-하다자 ①현실 사회의 번거로움에서 떠나 삶. 돈세(遯世) ②둔속(遁俗)
둔:속(遁俗)명-하다자 속세를 떠나 불문(佛門)에 들어감. 둔세(遁世)
둔:열(鈍劣)어기 '둔열(鈍劣)하다'의 어기(語基).
둔:열-하다(鈍劣-)형여 둔하고 용렬하다.
둔영(屯營)명 군사가 주둔하는 군영(軍營).
둔옹(臀癰)명 둔종(臀腫)
둔:재(鈍才)명 감각이 둔하고 재주가 없음, 또는 그런 사람. ☞영재(英才). 준재(俊才)
둔:적(遁迹)명-하다자 종적을 감춤.
둔전(屯田)명 ①고려 시대, 군대가 군량을 충당하기 위해 농사를 짓던 밭. ②조선 시대, 관둔전(官屯田)과 국둔전(國屯田)을 아울러 이르는 말. ☞둔답(屯畓). 둔땅
둔전-병(屯田兵)명 지난날, 변경에 주둔·정착하여 평시에는 농사를 짓고 전시(戰時)에는 전투에 나가던 병사. 준둔병(屯兵)
둔종(臀腫)명 볼기짝에 나는 종기. 둔옹(臀癰)
둔:주(遁走)명-하다자 도망쳐 달아남.
둔:주-곡(遁走曲)명 푸가(fuga)
둔:중(鈍重)어기 '둔중(鈍重)하다'의 어기(語基).
둔:중-하다(鈍重-)형여 ①성질이나 동작이 둔하고 느리다. ¶육중한 몸매에 둔중한 걸음걸이. ②소리가 둔하고 무겁다. ¶멀리서 들려오는 둔중한 포성. ③주위의 상태가 께느른하고 활발하지 못하다. ¶비보를 접한 실내의 둔중한 분위기.
둔:질(鈍質)명 굼뜬 성질.
둔:총(鈍聰)명 아둔한 총기(聰氣).
둔취(屯聚)명-하다자 여러 사람이 한 곳에 모여 있음.
둔치명 ①바다나 강의 가장자리. ②큰물이 질 때, 물에 잠기는 강가의 터진 땅. ¶한강 -
둔-치다(屯-)자 군대나 군중이 한 곳에 무리지어 머무르다. ¶국경에 둔친 군대.
둔:탁(鈍濁)어기 '둔탁(鈍濁)하다'의 어기(語基).
둔:탁-하다(鈍濁-)형여 ①성질이 굼뜨고 흐리터분하다. ②소리가 둔하고 흐리다.
둔테명 '문둔테'의 준말.
둔토(屯土)명 둔땅
둔:통(鈍痛)명 둔하고 무지근하게 느끼는 아픔. ☞극통
둔:팍-하다(鈍-)형여 미련하고 굼뜨다.

둔:-패기 명 '아둔패기'의 준말.
둔폄(遯窆)명-하다타 하관(下棺)하여 묻음.
둔:피(遁避)명-하다자 세상에 나서서 활동하지 아니하고 숨어서 피함. ☞은둔(隱遁)
둔:필(鈍筆)명 서투른 글씨, 또는 글씨가 서투른 사람.
둔:필승총(鈍筆勝聰)성구 무딘 붓이 총명한 것보다 낫다는 뜻으로, 서투르더라도 글로 남기는 것이 기억하는 것보다는 훨씬 오래 보전됨을 이르는 말.
둔:-하다(鈍-)형여 ①동작이 느리고 굼뜨다. ¶몸놀림이 -. ②느낌이나 감각이 날카롭지 못하다. ¶신경이 -./둔한 느낌의 아픔. ③깨우침이나 이해가 늦다. ¶머리가 -./감성이 둔한 사람. ④재주가 모라자다. ¶재주가 둔한 사람./붓끝이 -. ⑤소리가 무겁고 무디다. ¶멀리서 둔하게 들려 오는 천둥소리.
둔:한(鈍漢)명 아둔하고 미련한 사람.
둔:화(鈍化)명-하다자 둔하게 됨. ¶성장이 -하다.
둘: 수 ①수의 고유어 이름의 하나. 하나에 하나를 더한 수. ¶-에 -을 보태다./-은 소꿉동무였다. ②물건 따위를 셀 때의 두 개. ¶- 가운데서 하나를 고르다. ☞이(二)
둘도 없다 관용 ①오직 하나 뿐이고 더는 없다. ¶둘도 없는 목숨. ②가장 좋거나 귀중하다. ¶둘도 없는 벗.
속담 **둘이 먹다가 하나가 죽어도 모르겠다** : 옆의 사람이 죽는 것도 모를 만큼 음식 맛이 기막히게 좋다는 말.

한자 두 이(二) 〔二部〕 ¶이분(二分)/이언(二言)
두 이(貳) 〔貝部 5획〕 ¶이백(貳百) ▷二의 갖은자 貳

둘되다 형 미련하고 무디게 생기다. ¶둘된 사람.
둘둘 부 얇고 넓은 종이 따위를 여러 겹으로 마는 모양을 나타내는 말. ¶족자를 - 말다. ☞돌돌[1]. 뚤뚤
둘러-놓다 타 여럿을 둥글게 벌여 놓다. ¶의자를 빙 둘러놓고 앉다. ☞돌라놓다
둘러-대:다 타 ①필요한 돈이나 물건 따위를 이러저리 둘러서 갖다 대다. ¶모자라는 운영 자금을 -. ②그럴듯한 말로 꾸며 대다. ¶둘러대느라고 진땀을 빼다. ☞돌라대다
둘러-막다 타 둘레를 돌아가며 가려서 막다. ¶사유지를 -. ☞돌라막다
둘러-맞추다[-맏-] 타 ①다른 물건으로 대신 그 자리에 맞추다. ②말을 둘러대어 맞추다. ¶늦은 까닭을 어름어름 -. ☞돌라맞추다
둘러-매다 타 한 바퀴를 둘러 감아서 두 끝을 매다. ¶장작을 끈으로 -. ☞돌라매다
둘러-메다 타 물건을 번쩍 들어서 어깨에 메다. ¶배낭을 -./총을 -.
둘러방-치다 타 소용되는 것을 슬쩍 빼돌리고 대신 다른 것으로 넣다. ☞돌라방치다
둘러-보다 타 이리저리 두루 살펴보다. ¶사방을 -./공장 안을 한 바퀴 -. ☞돌라보다
둘러-붙다[-붇-] 자 형편을 살피다가 이로운 쪽으로 돌아서 붙좇다. ☞돌라붙다
둘러-빠:지다 자 바닥이 빙 둘러서 움푹 꺼지다.
둘러-서다 자 여러 사람이 둥글게 늘어서다. ¶사람들이 둘러서서 약장수의 선전을 듣고 있다. ☞돌라서다
둘러-싸다 타 ①둘러서 감싸다. ¶아기의 몸을 포대기로 -. ②빙 둘러서 에워싸다. ¶모닥불을 둘러싸고 앉다. ☞돌라싸다 ③('둘러싸고'의 꼴로 쓰이어) 어떤 문제를 논의의 중심으로 삼다. ¶환경 오염을 둘러싸고 토론하다.
둘러-싸이다 자 ①둘러서 감쌈을 당하다. ②빙 둘러서 에워쌈을 당하다. ¶마중 나온 사람들에게 -.
둘러-쌓다 타 둘레를 빙 둘러서 쌓다. ¶서울 외곽을 둘러쌓은 곡성(曲城). ☞돌라쌓다
둘러-쓰다 타 ①머리에 두르거나 뒤집어쓰다. ¶수건을 -. ②둘러서 몸을 가리다. ¶이불을 -. ③액체나 가루 따위를 뒤집어쓰다. ¶먼지를 -. ④남의 책임이나 누명 따위를 뒤집어쓰다. ¶모든 책임을 혼자 -.
둘러-앉다[-안따] 자 여러 사람이 가운데를 향해 둥글게 늘어앉다. ¶모닥불 가에 -. ☞돌라앉다
둘러-엎다[-업-] 타 ①물건을 뒤집어엎다. ¶밥상을 -. ②하던 일을 그만두고 치우다.
둘러-치다[1] 타 ①휘둘러서 세게 내던지다. ②매나 몽둥이 따위를 휘둘러서 세게 때리다. ¶떡메를 -.
속담 **둘러치나 메어치나 일반** : 수단과 방법은 어떻든 결과는 마찬가지라는 말.
둘러-치다[2] 타 병풍이나 그물 따위를 죽 둘러서 가리거나 막다. ¶울타리를 -.
둘레 명 ①가로 둘린 테두리나 바깥 언저리. ¶운동장 -에는 나무들이 빙 둘러서 있다. ②물체의 가를 한 바퀴 돈 길이. ¶가슴 -/나무 -
둘레-돌 명 능묘(陵墓)의 봉토(封土) 주위를 둘러서 쌓은 돌. 호석(護石)
둘레-둘레[1] 부 주위를 이러저리 둘러보는 모양을 나타내는 말. ¶교실 안을 - 살펴보다.
둘레-둘레[2] 부 여럿이 빙 둘러앉은 모양을 나타내는 말. ¶- 모여 앉아 이야기를 나누다.
둘리다[1] 자 그럴듯한 꼬임에 속다. ☞돌리다[1]
둘리다[2] 자 ①둘러서 가려지다. ¶돌담으로 둘린 궁궐. ②남에게 휘두름을 당하다.
둘-소[-쏘] 명 새끼를 낳지 못하는 암소. 둘암소
둘-암소 명 둘소
둘-암캐 명 새끼를 낳지 못하는 암캐.
둘-암탉 명 알을 낳지 못하는 암탉.
둘-암퇘지 명 새끼를 낳지 못하는 암퇘지.
둘:-잇단음표(-音標)[-읻-] 명 원래 3등분해야 할 것을 2등분한 음표. ☞셋잇단음표
둘:-잡이 명 장기에서, 말 하나로 상대편의 말 두 개를 잡는 수. 양득(兩得)
둘:-째 수 첫째의 바로 다음. ¶- 아들
둘째 가라면 서럽다 관용 자타(自他)가 공인하는 첫째다. ¶동네에서 둘째 가라면 서러운 씨름꾼.
둘째(로) 치고 관용 이차적인 것으로 돌리고. 대수롭지 않은 것으로 치고. ¶비용은 - 행선지부터 정하자.
속담 **둘째 며느리 삼아 보아야 맏며느리 착한 줄 안다** : 비교할 것이 없으면 진가(眞價)를 알기 어렵다는 말.

> ▶ 서수사(序數詞)의 고유어
> '둘째 · 셋째 · 넷째'와 같은 단어는 '제2 · 제3 · 제4'와 같이 사물의 차례를 나타낼 때 쓰이기도 하고, '두 개째', '세 개째', '네 개째'의 뜻으로도 쓰이는 말이다.
> 다만 '둘째'는 십 단위 이상의 서수사로 쓰일 때에는 '열두째 · 스물두째'로 쓰고, '열두 개째'는 '열둘째'로, '스물두 개째'는 '스물둘째'로 쓴다.

둘:째-손가락[-까-] 명 '집게손가락'을 차례를 따라 이르는 말.
둘-치 명 새끼를 낳지 못하는 암컷.
둘-하다 형여 둔하고 미련하다.
둥[1] 의 ①'~ 둥 ~ 둥'의 꼴로 쓰이어, 무슨 일을 하는듯도 하고 안 하는듯도 함을 나타내는 말. 앞의 '둥'은 어미 '-ㄴ·-은·-는·-ㄹ·-을' 따위의 뒤에 쓰고, 뒤의 것은 '만·마는·말' 다음에만 씀. ¶일을 하는 - 마는 -./비가 온 - 만 - 하다. ②'-다는(-라는) 둥 -다는(-라는) 둥'의 꼴로 쓰이어, '이리한다거니 저리한다거니', 또는 '이러하다거니 저러하다거니' 말이 많음을 나타냄. ¶잘한다는 - 잘 못한다는 -./옳다는 - 그르다는 -./잘 되리라는 - 안 되리라는 -.
둥[2] 부 큰북 따위를 두드릴 때 나는 소리를 나타내는 말. ☞동[10]
둥개다 자타 일을 감당하지 못하고 쩔쩔매며 뭉개다. ¶그 일 하나 가지고 며칠을 둥개고 있니?
둥개-둥개 감 '둥둥'에 가락을 넣어 더 흥겹게 어르는 말.
둥구미 명 '멱둥구미'의 준말.
둥굴-대[-때] 명 둥글게 만들어 굴리는 평미레.
둥굴레 명 백합과의 여러해살이풀. 줄기 높이는 30~60cm

이고 길둥근 잎은 어긋맞게 남. 초여름에 끝이 푸른 빛을 띤 흰 꽃이 피고 열매는 장과(漿果)로 동글고 검게 익음. 산과 들에 자라는데 어린잎과 뿌리줄기는 먹을 수 있음. 한방에서 뿌리줄기는 번갈증·당뇨병 따위의 치료에 씀. 위유(萎蕤). 토죽(菟竹)

둥굴이 명 껍데기를 벗긴 통나무.

둥그러미 명 둥그런 모양, 또는 둥그렇게 그린 그림. ☞동그라미. 똥그라미

둥그러-지다 자 넘어지면서 두그르르 구르다. ¶씨름판 밖으로 나가 ─. ☞동그라지다

둥그렇다(둥그렇고·둥그런) 형ㅎ 보기에 둥글다. ¶둥그런 보름달. ☞동그랗다

둥그레-모춤 명 볏모 네 움큼을 한데 묶은 단.

둥그레-지다 자 둥그렇게 되다. ☞동그래지다

둥그스레-하다 형여 둥그스름하다 ☞동그스레하다

둥그스름-하다 형여 좀 둥그렇다. 둥그스레하다 ☞동그스름하다

둥그스름-히 부 둥그스름하게 ☞동그스름히

둥근-귀 명 재목의 귀를 둥글게 귀접이한 면.

둥근-끌 명 날이 활 모양으로 생긴 끌.

둥근-대패 명 대패의 한 가지. 날이 반달 모양으로 되어 나무의 면을 둥글게 밀어 내는 데 쓰임. 배둥근대패 ☞굴림대패

둥근-톱 명 모양이 둥근 기계톱의 한 가지. ☞띠톱

×**둥근-파** 명 → 양파

둥글넓데데-하다[─넙─] 형여 생김새가 둥글고 넓적스름하다. ☞동글납대대하다

둥글넓적-하다[─넙─] 형여 생김새가 둥글고 넓적하다. ¶둥글넓적하게 반대기를 짓다. ☞동글납작하다

둥글다(둥글고·둥그니) 형 해나 공의 모양과 같다, 또는 특별히 모난 데가 없는 상태에 있다. ¶둥근 해./둥글게 에워싸다./둥글게 살다.

자 둥그렇게 되다. ¶보름이 되면 둥그는 달. ☞동글다

> 한자 둥글 단(團)〔口部 11획〕¶단선(團扇)/단좌(團坐)
> 둥글 원(圓)〔口部 10획〕¶원무(圓舞)/원반(圓盤)
> 둥글 환(丸)〔丶部 2획〕¶환약(丸藥)

둥글-둥글 부-하다 형 ①조금도 모난 데 없이 둥그런 모양을 나타내는 말. ¶─한 수박./얼굴이 ─하다. ②모나지 않고 두루 너그러운 모양을 나타내는 말. ¶─ 살아가다./─한 성격. ☞동글동글. 뚱글뚱글

둥글리다 타 ①둥글게 만들다. ¶목재 끝을 대패로 ─. ②둥근 물건을 원을 그리며 자꾸 굴리다. ¶경단을 콩고물에 ─. ☞동글리다

둥글뭉스레-하다 형여 끝이 둥글고 뭉툭하다.

둥글번번-하다 형여 생김새가 둥그스름하고 번번하다. ☞동글반반하다

둥글-부채 명 김이나 종이로 둥그스름하게 만든 부채. 단선(團扇). 원선(圓扇) ☞접부채

둥긋-하다[─귿─] 형여 궁그스름한 느낌이 있다. ☞동긋하다

둥긋-이 부 둥긋하게 ☞동긋이

둥당 부 가야금이나 거문고를 이어 탈 때 나는 소리를 나타내는 말. ☞동당. 둥덩. 뚱땅

둥당-거리다(대다) 자타 자꾸 둥당 소리가 나다, 또는 그런 소리를 내다. ☞동당거리다. 둥덩거리다

둥당-둥당 부 둥당거리는 소리를 나타내는 말. ☞동당동당. 둥덩둥덩

둥덩 부 ①가야금이나 거문고를 이어 탈 때 나는 소리를 나타내는 말. ②북을 이어 칠 때 나는 소리를 나타내는 말. ☞동당. 둥당

둥덩-거리다(대다) 자타 자꾸 둥덩 소리가 나다, 또는 그런 소리를 내다. ☞동당거리다. 둥당거리다

둥덩-둥덩 부 둥덩거리는 소리를 나타내는 말. ☞동당동당. 둥당둥당

둥덩산-같다(─山─)[─갇─] 형 ①수북하게 쌓여 많다. ②배가 몹시 불룩하게 나온 모양을 이르는 말.

둥덩산-같이 부 둥덩산같게

둥-덩실 부 북소리에 맞추어 팔다리를 크고 느리게 놀리며 춤을 추는 모양을 나타내는 말. ¶─ 탈춤을 추다.

둥덩이 명 소의 앞다리에 붙은 살.

둥둥[1] 부 큰 물체가 공중이나 물 위에 가볍게 떠 있거나 떠서 움직이는 모양을 나타내는 말. ¶파란 하늘에 흰 구름이 ─ 떠간다. ☞동동[1]

둥-둥[2] 부 큰북 따위를 잇달아 두드릴 때 나는 소리를 나타내는 말. ☞동동[3]

둥둥[3] 감 아기를 안거나 쳐들고 어를 때 하는 말. ¶우리 아기 ─. ☞둥개둥개

둥둥이-김치 명 국물을 많이 하여 건더기가 둥둥 뜨게 담근 김치.

둥실 부 큰 물체가 물 위나 공중에 가볍게 뜨거나 떠 있는 모양을 나타내는 말. ¶아침 해가 ─ 떠오르다. ☞동실

둥실-둥실[1] 부 큰 물체 여럿이 물 위나 공중에 가볍게 뜨거나 떠 있는 모양을 나타내는 말. ¶─ 떠가는 흰구름. ☞동실동실[1]. 두둥실두둥실

둥실-둥실[2] 부-하다 형 둥글고 투실투실한 모양을 나타내는 말. ¶─ 복스럽게 생긴 얼굴. ☞동실동실[2]

둥싯-거리다(대다)[─싣─] 자타 큰 몸을 굼뜨게 잇달아 움직이다.

둥싯-둥싯[─싣─] 부 큰 몸을 굼뜨게 잇달아 움직이는 모양을 나타내는 말.

둥어리-막대 명 길마의 둥글막대 아래에 수숫잎처럼 틀어막아서 댄 나무.

둥우리 명 ①댑싸리나 짚으로 바구니 비슷하게 엮어 만든 그릇. 유 둥주리 ②나무 칸살에 새끼로 엮어 만든 반원형의 제구. 병아리 따위를 넣어 기르는 데 씀. ③둥지

둥우리-장수 명 지난날, 둥우리에 쇠고기를 담아서 지고 다니면서 팔던 장수.

-둥이 접미 ①'아이'나 '사람'의 뜻을 나타냄. ¶막내둥이/귀염둥이/검둥이/흰둥이 ②'짐승'의 뜻을 나타냄. ¶검둥이/흰둥이

둥주리 명 짚으로 크고 두껍게 엮은 둥우리. 지난날, 추운 날에 밖을 지키는 사람이 들어앉거나 먼길 가는 사람이 말 등에 얹고 그 안에 들어앉기도 하였음. 유 둥우리

둥주리-감 명 모양이 둥근 감의 한 가지.

둥지 명 둥우리 모양의 새의 보금자리. 둥우리 ¶제비 ─

둥지(를) 치다 관용 새가 보금자리를 만들다.

둥지(를) 틀다 관용 둥지(를) 치다. ¶까치가 ─.

둥치 명 큰 나무의 밑동. ¶묵은 ─에서 새싹이 돋다.

둥치다 타 ①휩싸서 동이다. ¶선물 꾸러미를 ─. ☞동치다 ②너덜너덜한 것을 몰아서 잘라 버리다.

둬:-두다 타 '두어두다'의 준말.

둬:-둬 감 분봉하려고 통을 나와 한데 모여 붙은 벌떼를, 벌을 받는 그릇에 몰아넣을 때 하는 말. 드레드레

둬:-둬:-둬 감 돼지를 몰거나 쫓을 때 하는 말.

뒈:-쓰다(─쓰고·─써) 타 '뒤어쓰다'의 준말.

뒈:지다 자 '죽다[1]'를 속되게 이르는 말.

×**뒝-박** 명 → 뒤웅박

뒝:-벌 명 꿀벌과에 딸린 벌의 한 가지. 몸빛은 어두운 갈색이고 검은 가로줄이 있으며, 날개는 흑갈색임. 몸이 통통함. 땅 속에 집을 짓고 삶.

뒤: 명 ①향하고 있는 쪽과 반대되는 쪽. 곧 등이 있는 쪽. ¶휙 ─를 돌아보다./─에서 다가가다./학교 ─의 야산. ☞앞 ②나중. 이후(以後) ¶─에 후회하다./하루 ─에 도착하다. ③지난날. 과거 ¶─를 돌아보다. ④다음 ¶처리를 ─로 돌리다./─에 기다리다. ⑤대를 이을 후손. ¶─가 끊기다./─를 잇다. ⑥앞 부분에 대하여 그 다음 부분. 나머지 ¶잘 나가다가 ─에 가서 탈이 나다./그 ─는 상상에 맡긴다. ⑦뒤끝. 뒷일 ¶─를 부탁하다./─를 고려하다. ⑧사람이 죽은 후. 사후(死後) ¶─에 남은 유족. ⑨일이 끝난 다음의 흔적이나 자취. ¶─가 없는 사람./조상이 살아간 ─를 더듬다. ⑩어떤 일의 결과나 흔적. ¶수술한 ─가 좋다./홍수 ─의 복구 작업./─가 깨끗한 술. ⑪겉으로 드러나지 않은 이면(裏

面). 배후(背後) ¶ -에서 조종하다./-에 숨은 미담. ⑫뒷받침하거나 뒷바라지하는 일. ¶ -가 든든하다./-를 밀어 주는 사람이 없다. ⑬어떤 수준에 미치지 못하는 상태. ¶ 학업에서 남의 -에 처지다. ⑭'망건뒤'의 준말. ⑮사람의 '궁둥이'를 이르는 말. ¶ 평상 끝에 -를 걸치다. ⑯사람의 '똥'을 점잖게 이르는 말. ¶ -가 마렵다./-를 보다. ⑰'뒷밭'의 준말. ☞후(後)

뒤가 구리다 관용 옳지 못한 속내를 숨기고 있어서 떳떳하지 못하다.

뒤가 급하다 관용 '똥이 금방 나올듯 하다'를 완곡하게 이르는 말.

뒤가 깨끗하다 관용 ①일이 끝난 뒤에 아무 문제도 남기지 않아 말끔하다. ②술을 마신 후에 뒤탈이 없이 깨는 것이 맑다.

뒤가 꿀리다 관용 자기의 잘못으로 말미암아 마음이 떳떳하지 못하고 켕기다.

뒤가 늘어지다 관용 ①한번 앉으면 좀처럼 일어나지 않다. ②일을 마무리 짓는 것이 느리다.

뒤가 드러나다 관용 숨기거나 비밀로 한 일이 탄로나다. 뒤가 들리다.

뒤가 들리다 관용 ①밑천이 떨어지다. ②뒤가 드러나다.

뒤가 딸리다 관용 뒤를 계속해서 댈 힘이 모자라다.

뒤가 저리다 관용 자기의 언행이 뒤에 가서 잘못될까 봐 조마조마하다.

뒤가 켕기다 관용 자기의 잘못이 뒤에 가서 드러나 후환이 있을까 봐 은근히 겁이 나다.

뒤를 거두다 관용 뒷일을 수습하다.

뒤(를) 꽂다 관용 윷놀이에서, 말을 뒷밭에 놓다.

뒤를 노리다 관용 남의 언행을 지켜보아 잘못이나 약점을 찾아내려고 기회를 엿보다.

뒤를 누르다 관용 뒷일이 염려되어 미리 다짐하다. 뒤를 다지다. ¶ 나중에 딴소리를 하지 않게 -.

뒤를 다지다 관용 ①뒤에 일이 잘못되지 않도록 미리 다짐을 하다. ②뒤를 누르다.

뒤를 달다 관용 앞서 한 말에 덧붙여 말하다.

뒤를 대다 관용 돈이나 물자가 떨어지지 않게 계속 대어 주다.

뒤를 두다 관용 ①뒷일을 생각하여 여유를 두다. ②뒷날로 미루다. ③무슨 일 끝에 좋지 않은 감정을 풀지 않고 마음에 품고 있다.

뒤를 밟다 관용 사람이나 짐승을 잡거나 살피기 위하여 몰래 뒤를 따르다.

뒤를 방이다 관용 뒤방이다

뒤를 빼다 관용 ①어떤 자리에서 피하여 빠져 나오다. ②발뺌을 하다.

뒤를 사리다 관용 뒷일이 잘못될까 봐 미리부터 걱정하여 언행을 조심하다.

뒤(를) 잇다 관용 ①대(代)를 잇다. ②일이나 말을 그치지 않게 계속하다.

뒤를 재다 관용 결과적으로 자기에게 유리할지 이리저리 타산하면서 결단을 내리지 않다.

속담 **뒤로 오는 호랑이는 속여도 앞으로 오는 팔자는 못 속인다** : 사람은 운명에 따라서 사는 것이지 그것을 제 마음대로 할 수 없다는 말./**뒤로 호박씨 깐다** : 겉으로는 얌전한체 하나 남이 보지 않는 데서는 딴 짓을 할 때 이르는 말./**뒤에 난 뿔이 우뚝하다** : 젊은 사람이 늙은 사람보다 더 훌륭하게 되었을 때 이르는 말.〔나중 난 뿔이 우뚝하다〕/**뒤에 볼 나무는 그루를 돋우어라** : 뒷일을 미리부터 깊이 생각하여 손을 쓰라는 말.〔뒤에 볼 나무는 뿌리를 높이 잘라라〕

한자 뒤 후(後) 〔彳部 6획〕 ¶ 후년(後年)/후일(後日)

뒤- 접두 ①'마구'·'함부로'의 뜻을 나타냄. ¶ 뒤엉키다/뒤흔들다/뒤섞다 ②'몹시'·'아주'의 뜻을 나타냄. ¶ 뒤놀다/뒤늦다 ③'모두'·'죄다'의 뜻을 나타냄. ¶ 뒤덮다 ④'반대로'·'거꾸로'의 뜻을 나타냄. ¶ 뒤집다/뒤바뀌다/뒤엎다

뒤:-걸이 명 노름판에서, 바닥에 깐 여럿 중 맨 끝의 것에 돈을 거는 일, 또는 그 돈.

뒤:-구르다(-구르고·-굴러) 타르 ①일의 뒤끝을 말썽이 없도록 단단히 다지다. ②총포를 쏘았을 때, 그 자체의 반동으로 뒤로 움직이다. 구르다[1]

뒤-까불다(-까불고·-까부니) 타 몸을 뒤흔들면서 방정맞게 굴다.

뒤:곁 명 뒤뜰이나 뒷마당을 흔히 이르는 말. 후정(後庭)

× **뒤꼭지-치다** 자 →뒤통수치다

뒤:-꽁무니 명 꽁무니

뒤:-꽂다[-꼳-] 타 윷놀이에서, 말을 뒷밭에 놓다. 준 꽂다

뒤:-꽂이 명 조선 시대에 부녀자의 쪽찐 머리 뒤에 덧꽂던 비녀 이외의 장신구를 통틀어 이르는 말. 연봉·과판·귀이개 따위.

뒤:-꾸머리 명 '발뒤꾸머리'의 준말.

뒤:-꿈치 명 ①'발뒤꿈치'의 준말. ¶ 새 구두라서 -가 아프다. ②신이나 양말 따위의 발뒤꿈치가 닿는 부분. ¶ 양말 -가 나가다./신발 -를 접어서 신다.

뒤-끓다 자 ①뒤섞여서 마구 끓다. 몹시 끓다. ¶ 쇳물이 뒤끓는 용광로./젊은이의 뒤끓는 피. ②사람이나 동물의 많은 수가 같은 곳에서 움직이다. ¶ 거리에 뒤끓는 군중들.

뒤:-끝 명 ①일의 맨 나중이나 끝. ¶ -이 좋으면 만사가 좋다. ②어떤 일이 있은 바로 그 뒤. ¶ 비 온 -.

뒤끝(을) 보다 관용 일의 나중 결과를 보다. ¶ 누가 잘 될지 뒤끝을 보아야 알지.

뒤:-내:다 자타 함께 일을 하다가 중도에서 싫증을 내다.

뒤:내려-긋:다[-귿-](-긋고·-그어) 자ㅅ 한글의 모음 'ㅏ·ㅑ·ㅓ·ㅕ·ㅗ·ㅘ·ㅛ·ㅜ·ㅝ·ㅠ·ㅡ' 따위의 오른편에 'ㅣ'를 붙여 긋다. ¶ 'ㅏ'에 뒤내려그으면 'ㅐ'가 된다.

뒤:넘기-치다 타 ①뒤로 넘어뜨리다. ②엎치락뒤치락 하면서 서로 넘어뜨리다.

뒤-넘다[-따] 자 뒤로 넘어지다. 뒤집히어 넘어지다. ¶ 돌고래의 뒤넘는 재주.

뒤넘-스럽다(-스럽고·-스러워) 형ㅂ ①되지못하게 건방지다. ¶ 뒤넘스러운 짓을 하다. ②어리석고 주제넘다. ¶ 뒤넘스럽게 말참견을 하다.

뒤넘-스레 부 뒤넘스럽게

뒤-놀:다(-놀고·-노니) 자 ①이리저리 몹시 흔들리다. ¶ 사나운 파도에 배는 뒤놀았다. ②고정되지 않고 마구 흔들거리다. ¶ 나사가 풀리어 -. ③정처 없이 마음대로 돌아다니다.

뒤-놓다 타 뒤집어 놓다.

뒤:-늦다[-늗-] 형 제때가 지나서 새삼스럽게 늦다. ¶ 뒤늦은 꾀./뒤늦게 무슨 딴소리니?

뒤다[1] 자 곧지 않고 구부러지다.

뒤다[2] 타 '뒤지다[2]'의 준말.

뒤:-대 명 어느 지방을 중심으로 하여 그 북쪽 지방을 이르는 말. 윗녘 ☞앞대

뒤-대:다[1] 타 ①비뚜로 말하다. ¶ 뒤대지 말고 똑바로 말해라. ②거꾸로 가르치다.

뒤:-대:다[2] 타 ①뒤를 돌보아 주다. ¶ 학비 뒤대기가 바쁘다. ②뒷돈을 이어 주다.

뒤-대:패 명 굽은 재목의 안쪽을 깎는 대패. 대팻집의 앞뒤 끝이 들려 배가 부르고 대팻날도 굽어 있음. 혹대패

뒤-덮다[-덥-] 타 온통 가려서 덮다. ¶ 밤새 눈이 온 누리를 뒤덮었다.

뒤-덮이다 자 뒤덮게 되다. ¶ 연잎으로 뒤덮인 연못.

뒤:-돌다(-돌고·-도니) 타 뒤로 돌다. ¶ 뒤돌아서 급히 가다.

뒤:-돌아보다 자 ①뒤쪽으로 눈을 돌려 보다. ¶ 누구나 뒤돌아볼 만큼 아름다운 여성이다. ②지난 일을 돌이켜 생각하여 보다. ¶ 행복했던 그 시절을 -.

뒤:-두다 타 ①뒷일을 생각하여 여유를 두다. ②뒷날로 미루다. ③무슨 일 끝에 좋지 않은 감정을 풀지 않고 마음에 품고 있다.

뒤-둥그러지다 자 ①뒤틀려서 우그러지다. ②생각이나 성질이 비뚤어지다.
뒤:-따라가다 타 뒤를 따라가다.
뒤:-따라오다 타 뒤를 따라오다.
뒤:-따르다(-따르고·-따라) 타 ①뒤를 따라가거나 따라오다. ②남의 뜻이나 일을 따라 좇다. ¶아버지를 뒤따라 나도 의사가 되겠다. ③〔자동사처럼 쓰임〕 어떤 일의 과정에 부수되거나 결과로서 생기다. ¶기술 개발에는 많은 어려움이 뒤따랐다.
뒤:-딱지 명 시계 따위의 뒤에 붙은 뚜껑.
뒤:-땅 명 윷놀이에서, 상대편 말이 다 앞선 뒤의 말밭들.
뒤-떠들다(-떠들고·-떠드니) 타 왁자하게 떠들다. 함부로 떠들어 대다.
뒤-떨:다(-떨고·-떠니) 타 몸을 몹시 떨다.
뒤:-떨어지다 자 ①뒤에 처지다. ¶행군에서 뒤떨어져 걷다. ②뒤에 떨어져 남아 있다. ¶중도에서 뒤떨어진 산악 대원. ③실력이나 발전 정도가 남만 못하다. ¶성적이 -./문명이 뒤떨어진 나라. ④시대 조류에 맞지 아니하다. ¶유행에 -./뒤떨어진 사고 방식. ☞앞서다
뒤뚝 부 물체가 중심을 잃고 한쪽으로 조금 기울어지는 모양을 나타내는 말. ¶탁자가 - 앞으로 기울다. ☞되똑
뒤뚝-거리다(대다) 자타 물체가 중심을 잃고 요리조리 자꾸 기울어지다, 또는 그렇게 기울이다. 뒤뚝이다 ☞되똑거리다
뒤뚝-뒤뚝 부 뒤뚝거리는 모양을 나타내는 말. ¶의자가 - 흔들리다. ☞되똑뒤똑
뒤뚝-이다 자타 뒤뚝거리다 ☞되똑이다
뒤뚱 부 물체가 중심을 잃고 한쪽으로 기울어지는 모양을 나타내는 말. ¶몸이 - 하고 중심을 잃다. ☞되똥
뒤뚱-거리다(대다) 자타 물체가 중심을 잃고 이리저리 자꾸 기울어지다, 또는 그렇게 기울이다. 뒤뚱이다 ☞되똥거리다
뒤뚱-뒤뚱 부 뒤뚱거리는 모양을 나타내는 말. ¶곰 한 마리가 - 걸어간다. ☞되똥되똥
뒤뚱-발이 명 걸음을 뒤뚱거리며 걷는 사람을 얕잡아 이르는 말.
뒤뚱-이다 자타 뒤뚱거리다 ☞되똥이다
뒤-뜨다(-뜨고·-떠) 자 ①뒤틀려서 들뜨다. ¶문짝이 -. ②뒤받아서 버티거나 대들다. ¶나이를 몰라보고 어른에게 -.
뒤:-뜰 명 집채의 뒤에 있는 뜰. ☞앞뜰
뒤:란 명 집채 뒤의 울타리 안. 호리(戶裏)
뒤:로-돌아 감 오른쪽으로 180° 돌아 방향을 바꾸어 서라는 구령(口令).
뒤:로-하다 타여 뒤에 남겨 두고 떠나다. ¶고향을 뒤로 하고 먼길을 떠나다.
뒤룩-거리다(대다)[1] 타 부리부리한 눈알을 번적이며 열기 있게 자꾸 굴리다. ☞되록거리다. 뛰룩거리다
뒤룩-거리다(대다)[2] 자타 군살이 처지도록 살진 몸을 둔하게 자꾸 움직이다.
뒤룩-뒤룩[1] 부 부리부리한 눈알을 번적이며 열기 있게 자꾸 굴리는 모양을 나타내는 말. ¶왕방울만 한 눈을 - 굴리다. ☞되록되록[1]. 뛰룩뛰룩
뒤룩-뒤룩[2] 부-하다 형 군살이 처지도록 살져서 뚱뚱한 모양을 나타내는 말. ¶- 살진 몸.
뒤룽-거리다(대다) 자 묵직한 물체가 늘어진 채로 매달려 느리게 흔들리다. ☞되롱거리다. 디룽거리다
뒤룽-뒤룽 부 뒤룽거리는 모양을 나타내는 말. ¶양파 망태기가 - 매달려 있다. ☞되롱되롱. 디룽디룽
뒤-미처 부 그 뒤에 곧 이어. ¶- 주문 대기가 바쁘다.
뒤:-미치다 자 뒤이어 곧 한정한 곳에 이르다.
뒤:-밀치기 명 씨름 기술의 한 가지. 갑자기 상대편을 뒤로 밀쳐 넘어뜨리는 기술.
뒤-바꾸다 타 차례나 위치를 반대로 바꾸다. ¶차례를 -./그림을 뒤바꾸어 놓다.
뒤-바뀌다 자 반대로 바뀌다. ¶차례가 -.
뒤:-바람 명 된바람
뒤-바르다(-바르고·-발라) 타르 함부로 더덕더덕 바르다. 처바르다 ¶담벼락에 뒤발라 놓은 온갖 광고물.
뒤:-받다 타 ①잘못한 것을 나무랄 때 도리어 반항하다. ②남의 의견에 반대되는 말로 다시 받다. ☞되받다
뒤:-받치다 타 ①남이 한 말에 맞받아 더 보태다. ②뒤에서 지지하고 도와 주다.
뒤발-하다 타여 무엇을 온몸에 뒤집어써서 바르다.
뒤:-밟다[-밥-] 타 사람이나 짐승을 잡거나 살피기 위하여 슬그머니 뒤를 따르다.
뒤:-방이다 타 윷놀이에서, 말을 뒷밭을 거쳐 방에 놓다.
뒤-버무리다 타 뒤섞어서 마구 버무리다.
뒤-범벅 명 함부로 뒤섞여서 이것저것이 분간이 안 되는 상태. ¶눈물과 콧물이 -이 된 얼굴.
뒤범벅-되다 자 함부로 뒤섞여서 이것저것이 분간 못 하게 되다.
뒤범벅-상투 명 짧은 머리털로 아무렇게나 뭉뚱그려 맨 상투.
뒤변덕-스럽다(-스럽고·-스러워) 형ㅂ 몹시 변덕스럽다.
  뒤변덕-스레 부 뒤변덕스럽게
뒤:-보다[1] 자 '똥을 누다'를 에둘러서 이르는 말.
뒤-보다[2] 타 착각으로 잘못 보다.
뒤:-보다[3] 타 '뒤보아주다'의 준말.
뒤:보아-주다 타 뒤에서 돌보아 주다. 준뒤보다[3]
뒤:뽈-치기 명-하다 자 남의 밑에서 그를 도와 주며 고생하는 일.
뒤:뽈-치다 타 남의 밑에서 그를 도와 주며 고생하다.
뒤:-서다 자 ①남의 뒤에 서서 가다. ¶앞서거니 뒤서거니 하다. ☞앞서다 ②남의 뒤에 처지거나 남보다 뒤떨어지다. 뒤지다[1]
뒤-섞다[-석-] 타 ①물건을 한데 마구 섞다. ¶모래와 부엽토를 -. ②함부로 섞다. ¶서류를 뒤섞어 놓다.
뒤-섞이다 자 물건이 한데 마구 섞이다. ¶시멘트와 모래가 -./기대와 불안이 뒤섞인 감정.
뒤숭숭-하다 형여 ①정신이 어수선하다. ¶꿈자리가 -./마음이 뒤숭숭해졌다. ②물건이 어수선하게 흩어져 있다. ¶방 안이 뒤숭숭하게 어질러져 있다.
뒤스럭-거리다(대다) 자타 ①부산하게 이리저리 뒤적이다. ¶서랍을 -. ②번잡스럽고 부산하게 자꾸 행동하다. ¶이곳 저곳 뒤스럭거리며 수선을 떤다.
뒤스럭-뒤스럭 부 뒤스럭거리는 모양을 나타내는 말.
뒤스럭-스럽다(-스럽고·-스러워) 형ㅂ 말과 행동이 부산한 데가 있다.
  뒤스럭-스레 부 뒤스럭스럽게
뒤스르다(뒤스르고·뒤슬러) 타르 사물을 정리하느라고 이리저리 바꾸거나 변통하다.
뒤안-길[-낄] 명 ①건물의 뒤로 나 있는 길. ¶고궁의 -. ②빛을 보지 못하고 드러나지 않는 곳. ¶역사의 -로 사라지다.
뒤:-어금니 명 앞쪽의 어금니 바로 안쪽에 있는 이. 대구치(大臼齒)
×**뒤어-내다** 타 →뒤져내다
×**뒤어-보다** 타 →뒤져보다
뒤어-쓰다(-쓰고·-써) 타 ①눈을 위로 홉뜨다. ②뒤집어쓰다 준뒈쓰다
×**뒤어-지다** 자 →뒈지다
뒤-얽다[-억-] 타 마구 얽다.
뒤-얽히다 자 마구 얽히다. ¶칡덩굴이 뒤얽힌 산비탈.
뒤-엉키다 자 마구 엉키다. ¶낚싯줄이 -.
뒤-엎다[-업-] 타 뒤집어엎다 ¶삽으로 흙을 -.
뒤:-울 명 갑피(甲皮) 중에서 발꿈치를 싸는 뒤축의 가죽.
뒤웅 명 뒤웅박
뒤웅-박 명 쪼개지 않고 꼭지 근처에 구멍을 뚫어 속을 파낸 박. 씨앗 등을 담아 매달아 놓는 그릇으로 쓰임. 뒤웅
속담 **뒤웅박 신은 것 같다** : 되어가는 꼴이 위태위태하다는 말./**뒤웅박 차고 바람 잡는다** : 주둥이가 좁은 뒤웅박을 가지고 바람을 잡는다는 뜻으로, 허무맹랑한 말을 떠

벌이고 돌아다닌다는 말.

뒤웅-스럽다(-스럽고·-스러워)형ㅂ 뒤웅박처럼 생겨 보기에 미련하다.

뒤웅-스레부 뒤웅스럽게

뒤:-이어부 어떤 일의 뒤를 이어서 곧. ¶혼례에 — 피로연이 베풀어졌다.

뒤재주-치다타 ①물건을 함부로 내던지다. ②물건을 함부로 뒤집어 놓다.

뒤적-거리다(대다)타 ①물건을 이러저리 들추면서 뒤지다. ¶책을 —. ②이리저리 젓거나 뒤집다. 뒤적이다 ☞되작거리다. 뒤척거리다[1]

뒤적-뒤적부 뒤적거리는 모양을 나타내는 말. ¶서랍을 — 뒤지다./신문을 — 넘기다./나물을 — 하며 볶다. ☞되작되작. 뒤척뒤척[1]

뒤적-이다타 뒤적거리다 ☞되작이다. 뒤척이다[1]

뒤져-내:다타 샅샅이 뒤져서 찾아내다.

뒤져-보다타 샅샅이 뒤져서 찾아보다.

뒤져올-치(-夊)명 한자 부수(部首)의 한 가지. '麦'·'変' 등에서 '夊'의 이름.

뒤:-조지다타 일의 뒤끝을 단단히 다지다.

뒤:-좇다[-졷-]타 뒤를 따라 좇다.

뒤:좇아-가다타 ①뒤를 지체하지 않고 따라가다. ¶신발끈을 고쳐 매고 나서 뜀박질하여 —. ②남의 뜻을 따라 그대로 하다.

뒤:좇아-오다타 지체하지 않고 뒤를 따라오다. ¶뒤좇아오면서 이름을 부른다.

뒤주명 쌀 따위를 담아 두는 세간.

속담 **뒤주 밑이 긁히면 밥맛이 더 난다** : 생활 용품이 없어지는 것을 보면 더 애석하게 여겨지고 생각이 간절해진다는 말.

뒤죽-박죽명 ①이것저것이 뒤섞여 갈피를 잡을 수 없게 된 상태. ¶서랍 안의 물건을 —으로 만들다./머리 속이 —이다. ②〔부사처럼 쓰임〕 ¶상자 안에 온갖 장난감이 — 들어 있다.

뒤:-쥐명 뒤쥣과의 포유동물. 몸길이 8cm 안팎. 쥐와 비슷하나 쥐보다 주둥이가 뾰족하고, 몸빛은 갈색을 띰. 숲이나 들에서 곤충이나 벌레를 잡아먹고 삶.

뒤:-지(-紙)명 밑씻개로 쓰는 종이.

뒤:-지다[1]자 ①남의 뒤에 처지거나 남보다 뒤떨어지다. 뒤서다 ¶대오에서 —./시대에 —./뒤진 기술. ☞앞서다 ②미치지 못하다. ¶민첩성이 젊은이에게 —.

뒤지다[2]타 ①물건을 찾으려고 이리저리 들추거나 헤치다. ¶서랍을 —./벽장 안을 뒤져서 찾다. ②책장 따위를 한 장 한 장 들추어 넘기다. ¶그 대목을 찾으려고 책을 —. 준 뒤다[2]

뒤집개-질명-하다타 사물을 뒤집어 놓는 짓.

뒤집기명 씨름 기술의 한 가지. 상체를 상대편의 배 아래로 숙이고 손과 허리의 힘으로 상대편을 들어 어깨 뒤로 뒤집어 넘기는 기술.

뒤집다타 ①안이 겉으로 나오게 하다. 겉이 안으로 들어가게 하다. ¶옷깃을 —./양말을 뒤집어 깁다. ②밑이 위로 되게 하다. 위가 밑이 되게 하다. ¶손바닥을 —./컵을 뒤집어 놓다. ③차례를 거꾸로 하다. ¶서류의 차례를 뒤집어 철하다. ④말이나 생각, 계획 따위를 다른 것으로 바꾸다. ¶먼젓번에 한 말을 이번에 —./계획을 뒤집고 다시 세우기로 하다. ⑤처지나 형편 따위를 뒤바뀌게 하다. 역전시키다 ¶안타 한 방이 경기를 뒤집었다. ⑥제도나 정권 따위를 폭력이나 다른 방법으로 뒤엎어 다른 것으로 바꾸다. ¶부패 정권을 —. ⑦평온한 곳을 야단 법석이 나도록 어지럽히다. ¶그 사건이 평온했던 집안을 발칵 뒤집어 놓았다. ⑧눈을 크게 흡뜨다. ¶눈을 뒤집고 덤벼들다.

뒤집고 핥다관용 속속들이 자세히 알다.

한자 **뒤집을 번**(反)〔又部 2획〕 ¶번순(反脣)/번위(反胃)
뒤집을 번(飜)〔飛部 12획〕 ¶번복(飜覆)/번안(飜案)/번의(飜意) ▷ 飜과 翻은 동자
뒤집을 복(覆)〔襾部 12획〕 ¶전복(顚覆)

뒤집어-쓰다(-쓰고·-써)타 ①머리에 내리 덮어쓰다. 뒤어쓰다 ¶털벙거지를 —. ②온몸을 가려서 내리 덮어쓰다. ¶이불을 머리까지 —. ③물이나 먼지 따위를 온몸에 내리받다. ¶뿌연 먼지를 —./배가 파도를 —. ④남의 허물이나 책임 따위를 억울하게 넘겨받다. ¶죄를 —./누명을 —.

뒤집어-씌우다타 남에게 뒤집어 쓰게 하다. ¶남에게 누명을 —.

뒤집어-엎다[-업-]타 ①위아래가 뒤집히도록 엎어 놓다. ¶상을 —./쟁기로 흙을 —. ②일·생각·계획·결정 따위를 망쳐 놓거나 딴것으로 바꾸어 놓다. ¶사업을 —./학설을 —. ③형세 따위를 뒤바꾸어 놓다. ¶전세를 —/경기를 막판에 —. ④제도나 정권 따위를 폭력이나 다른 방법으로 없애거나 딴것으로 바꾸어 놓다. ¶군사 정권을 —. ⑤소란하게 떠들고 볶아치다. 뒤엎다

뒤집히다자 뒤집음을 당하다. ¶우산이 —./정권이 —./집안이 발칵 —./황금에 눈이 —.

뒤:-쪽명 향한 방향과 반대되는 쪽. 후편(後便) ¶집 —에 동산이 있다. ☞앞쪽

> ▶ **'뒤쪽'의 '뒤'에 사이시옷을 받치어 적지 않는 까닭**
> ○ 고유어로 된 복합어에서 뒷말의 첫소리가 된소리로 날 경우에는 사이시옷을 받치어 적는다.
> ¶귀+밥 → 귀빱 → 귓밥/나루+배 → 나루빼 → 나룻배/내+가 → 내까 → 냇가
> ○ 다만, 고유어로 된 복합어이면서 뒷말의 첫소리가 된소리이거나 거센소리인 경우에는 사이시옷을 받치어 적지 않는다. '뒤쪽'이 이와 같은 경우이다.
> ¶갈비뼈/허리띠/아래층/나무통

뒤:-쫓기다[-쫃-]자 뒤쫓음을 당하다. ¶경찰에게 —.

뒤:-쫓다[-쫃-]타 뒤를 따라 쫓다. ¶범인을 —.

뒤:쫓아-가다타 뒤를 따라 쫓아가다.

뒤:쫓아-오다타 뒤를 쫓아오다. ¶바둑이가 —.

뒤:-차(-車)명 ①다음 번에 오는 차. ¶—를 타자. ②뒤쪽에서 오는 차. ¶—가 앞차를 앞지르다. ☞앞차

뒤:-차기명 태권도에서, 뒤에 위치한 상대편의 얼굴이나 몸통 따위를 발의 측면이나 뒤꿈치로 차는 공격 기술. ☞앞차기

뒤:-창명 신이나 구두의 뒤꿈치에 대는 창. ☞앞창

뒤:-채[1]명 뒤편에 있는 집채. ☞앞채[1]

뒤:-채[2]명 ①가마·상여·들것 따위의 채의 뒷부분. ②뒷마구리 ☞앞채[2]

뒤:-채다자 ①매우 많아서 쓰고도 남다. ②함부로 늘어놓아서 발길에 걸리다.

뒤:-처리(-處理)명-하다타 일의 뒤끝의 처리. ¶—를 잘하다. ☞뒷갈망. 후감(後勘)

뒤:-처지다자 함께 나아가다가 남보다 뒤떨어지게 되다. ¶함께 달리다가 차차 —.

뒤척-거리다(대다)[1]타 물건을 이리저리 들추면서 함부로 뒤지다. 뒤척이다[1] ☞되착거리다. 뒤적거리다

뒤척-거리다(대다)[2]타 누운 몸을 가만히 있지 못하고 이리저리 뒤치다. 뒤척이다[2] ¶잠이 오지 않아 몸을 —./밤새 뒤척거리며 잠을 못 이루다.

뒤척-뒤척[1]부 물건을 이리저리 들추면서 함부로 뒤지는 모양을 나타내는 말. ¶서랍을 — 뒤지다. ¶신문을 — 넘기다. ☞되착되착. 뒤적뒤적

뒤척-뒤척[2]부 누운 몸을 가만히 있지 못하고 이리저리 뒤치는 모양을 나타내는 말.

뒤척-이다[1]타 뒤척거리다[1] ☞되착이다. 뒤적이다

뒤척-이다[2]타 뒤척거리다[2] ¶꿈자리가 사나운지 자꾸 몸을 뒤척인다.

뒤쳐서부 일이 사리에 뒤집혀서.

뒤쳐-지다자 물건이 뒤집혀서 젖혀지다. ¶바람에 신문지가 —.

뒤:-초리명 갈큇발들이 갈큇밑에 한데 모여 엇갈려진 곳.

뒤:-축명 ①신이나 버선의 발뒤축이 닿는 부분. ¶양말

ㄷ

ㅡ이 닳다. ②'발뒤축'의 준말.

뒤:축걸어-밀기 명-하다타 씨름의 다리기술의 한 가지. 오른쪽 발꿈치로 상대편의 오른쪽 발꿈치를 걸어 당겨 상대편을 밀어 넘어뜨리는 공격 재간. ☞오금걸이

뒤치다 타 엎어진 것을 젖혀 놓거나 자빠진 것을 엎어 놓다. ¶전을 뒤치며 부치다./아기가 몸을 ㅡ.

뒤:-치다꺼리 명-하다자 ①뒤에서 일을 보살펴 주는 일. ¶아이들의 ㅡ에 바쁘다. ②일이 끝난 뒤에 뒤끝을 마저 정리하는 일. 뒷수쇄 ¶ㅡ를 깨끗이 하다.

뒤치락-거리다(대다) 타 ①몸을 엎드렸다가 다시 반듯이 누웠다가 하다. ¶밤이 깊도록 잠들지 못하여 ㅡ. ②무엇을 엎어 놓았다 다시 뒤집었다 하다. ¶김을 뒤치락거리며 굽다.

뒤:-탈 (ㅡ^頉)명 일을 치르고 난 뒤에 생기는 탈. 후탈 ¶ㅡ 없이 수습되다.

뒤:-터지다 자 몹시 앓아 거의 죽게 된 때에 똥이 함부로 나오다.

뒤:-턱 명 ①두 턱이 진 물건의 뒤쪽에 있는 턱. ☞앞턱 ②노름판에서, 남이 태운 돈에 붙여서 돈을 태우는 짓.

뒤턱(을) 놓다 관용 노름판에서, 따로 한 몫을 보지 않고 남에게 붙여 돈을 태워 놓다.

뒤:-통수 명 머리의 뒤쪽. 뒷골. 뒷머리. 뇌후(腦後). 후두(後頭) ¶ㅡ가 튀어나와 있다.

뒤통수를 보이다 관용 ①져서 달아나다. ②상대편에게 약점을 보이다.

뒤통수(를) 치다 관용 ①뒤에서 기습을 가하듯이 느닷없이 타격을 주다. ②바라던 일이 낭패되어 낙심하다.

뒤퉁-스럽다(ㅡ스럽고·ㅡ스러워)형ㅂ 생각이나 하는 짓이 미련하고 둔한 데가 있다. ☞되퉁스럽다

뒤퉁-스레 부 뒤퉁스럽게

뒤:-트기 명 '창의(氅衣)'의 속된말.

×**뒤:-틀** 명 →매화틀

뒤-틀다(ㅡ틀고·ㅡ트니)타 ①꼬아서 비틀다. ¶진통이 올 때마다 몸을 ㅡ. ②일이 틀어지도록 헤살을 놓다. ¶다 된 일을 뒤틀어 망쳐 놓다.

뒤-틀리다 자 ①꼬여서 비틀어지다. ¶줄기가 뒤틀린 묘한 나무. ②일이 제대로 되어 나가지 못하게 되다. ¶일이 뒤틀리기 시작하니까 걷잡을 수 없이 되다. ③감정이나 심사가 사납게 비틀어지다. ¶심사가 ㅡ.

뒤틀어-지다 자 ①일이 올곧은 채로 있지 못하고 뒤틀리다. ¶일이 ㅡ. ②생각이 딴 방향으로 어그러지다. ¶짐작이 뒤틀어지고 말다. ③사이가 좋지 않게 되다. ¶그들 사이가 ㅡ.

뒤틈-바리 명 어리석고 하는 짓이 거친 사람을 얕잡아 이르는 말.

뒤:-편 명 ①뒤편짝 ¶학교 ㅡ에 산이 있다. ②나중에 가는 인편이나 차편(車便). 후편(後便)

뒤:편-짝 명 뒤가 되는 쪽. 뒤편 ☞앞편짝

뒤:-폭(ㅡ幅)명 ①옷의 뒤가 되는 조각. 후폭(後幅) ¶저고리의 ㅡ. ②나무로 짜는 세간의 뒤쪽에 대는 널조각. ③물건의 뒤의 너비. ☞앞폭

뒤:-풀이 명 ①어떠한 말이나 글 아래에, 그 뜻을 잇대어서 풀이 비슷하게 노래체로 만들어 붙인 말. ¶천자(千字) ㅡ ②본격적인 놀이 뒤에 따르는 마무리 과정. ¶곧 ㅡ가 있겠습니다.

뒤:-품 명 옷의 뒤 겨드랑이 밑의 넓이. ¶ㅡ이 넉넉하다.

뒤-흔들다(ㅡ흔들고·ㅡ흔드니)타 ①함부로 마구 흔들다. ¶폭풍이 나무를 ㅡ. ②큰 파문을 일으키다. ¶세상을 뒤흔들어 놓은 대사건. ③거침없이 마음대로 하다. ¶암흑가를 뒤흔드는 깡패 두목.

뒤-흔들리다 자 뒤흔들리게 되다. ¶폭풍에 나뭇가지들이 ㅡ.

뒨장-질 명-하다타 마구 뒤져내는 짓.

뒨장-하다 타여 마구 뒤져내는 짓을 하다

뒵들다(뒵들고·뒵드니)자 서로 덤벼들어 말다툼하다.

뒷:-가슴마디 명 곤충의 세 가슴마디의 뒷마디. 한 쌍의 뒷다리가 달렸고 등에는 뒷날개가 달렸음. ☞앞가슴마디

뒷:-가지 명 길맛가지의 뒷부분이 되는 나무. ☞앞가지

뒷:-간(ㅡ間)명 똥·오줌을 누게 만들어 놓은 곳. 변소. 서각(西閣). 정방(淨房). 측간(廁間). 측실(廁室)

속담 **뒷간과 사돈집은 멀어야 한다** : 뒷간은 가까우면 냄새가 나고, 사돈집이 가까우면 말이 많으니 서로 멀리 있는 것이 좋다는 말./**뒷간 기둥이 물방앗간 기둥을 더럽다 한다** : 더 큰 흉을 지닌 사람이 남의 작은 흉을 봄을 비웃어 이르는 말.〔가랑잎이 솔잎더러 바스락거린다고 한다/가마 밑이 노구솥 밑을 검다 한다/똥 묻은 개가 겨 묻은 개를 나무란다/숯이 검정 나무란다〕 **뒷간에 갈 적 맘 다르고, 올 적 맘 다르다** : 제 사정이 급할 때에는 다급하게 굴다가, 일을 다 보고 나면 마음이 변한다는 말./**뒷간 쥐에게 하문(下門)을 물렸다** : 창피한 꼴을 당하고 차마 입 밖에 내지 못함을 이르는 말.

뒷:-갈망 명-하다타 일이 벌어진 뒤끝을 감당하여 처리하는 일. 뒷감당 ¶일을 벌여 놓고 ㅡ을 못한다.

뒷:-갈이 명 ①벼를 베고 난 논에 보리나 채소를 심는 일. ②농작물을 거둔 뒤에 논밭을 가는 일.

뒷:-감기 명 '뒷갱기'의 원말.

뒷:-감당(ㅡ堪當)명-하다타 뒷갈망

뒷:-개 명 윷판의 뒷밭의 둘째 말밭 이름. 곧 '뒷도'와 '뒷걸'의 사이임. ☞앞개

뒷:-갱기 명 짚신 또는 미투리의 도갱이를 감아서 싼 물건. 원뒷감기 ☞앞갱기

뒷:-거:래(ㅡ去來)명-하다타 몰래 하는 떳떳하지 못한 거래. 유암거래(暗去來)

뒷:-거름 명-하다자 농작물이 자라는 도중에 밑거름을 보충하기 위해 주는 거름. 덧거름

뒷:-거리 명 ①도시의 큰 거리에서 들어간 뒤쪽 길거리. ②어떠한 처소의 뒤쪽 길거리. ☞뒷길[1]. 앞거리

뒷:-걱정 명-하다자 뒤에 벌어질 일이나 또는 뒤에 남겨 둔 일에 대한 걱정. ¶나에게 맡기고 ㅡ을 말게.

뒷:-걸 명 윷판의 뒷밭의 셋째 말밭 이름. 곧 '뒷개'와 '뒷윷'의 사이임. ☞앞걸

뒷:-걸음 명 ①뒤로 걷는 걸음. ②퇴보(退步)

뒷걸음을 치다 관용 ①뒷걸음을 걷다. 뒷걸음질하다 ②본래보다 못하게 되거나 뒤떨어지다. 퇴보하다

뒷:걸음-질 명-하다자 뒷걸음을 치는 짓. ¶ㅡ하다가 냅다 달아나다.

뒷:걸음질-치다 자 뒷걸음을 치다.

뒷:-결박(ㅡ結縛)명-하다타 두 손을 등뒤로 젖혀 함께 묶는 일. 뒷짐결박

뒷:-경과(ㅡ經過)명 일이 벌어진 뒤의 경과. ¶수술의 ㅡ가 양호하다.

뒷:-고대 명 깃고대의 목의 뒤쪽에 닿는 부분.

뒷:-골 명 뒤통수

뒷:-골:목 명 큰길 가에 늘어선 건물 뒤에 있는 골목.

뒷:-공론(ㅡ公論)명-하다자 ①일이 끝난 뒤에 쓸데없이 이러쿵저러쿵 말하는 일. ②뒤에서 이러니저러니 쓸데없이 쑥덕거리는 짓. ¶나서서 떳떳이 말하지 않고 ㅡ만 일삼다.

뒷:-구멍 명 ①뒤에 있는 구멍. ②드러내지 않고 넌지시 행동하는 길이나 수. ¶ㅡ으로 거래하다.

속담 **뒷구멍으로 호박씨 깐다** : 겉으로는 어리석은체 하면서도 속이 엉큼하여 딴 짓을 함을 비유하여 이르는 말.

×**뒷-굼치** 명 →뒤꿈치

뒷:-귀 명 말귀를 알아듣는 능력을 이르는 말.

뒷귀(가) 먹다 관용 어리석어서 들은 것을 이해하지 못하다.

뒷귀(가) 밝다 관용 들은 것을 빨리 이해하다.

뒷귀(가) 어둡다 관용 들은 것을 잘 이해하지 못하다.

뒷:-그루 명 그루갈이에서, 나중에 심는 농작물. 후작(後作)[2] ¶ㅡ로 배추를 심다. ☞뒷갈이. 앞그루

뒷:-길[1] 명 ①건물이나 마을의 뒤에 난 길. ¶ㅡ로 등교하다. ☞뒷거리. 앞길[1] ②앞으로 있을 과정. ¶ㅡ은 순탄하리라. ③정상적이 아니거나 떳떳하지 못한 수단이나 방법. ¶ㅡ로 빼내다.

뒷:-길² 명 지난날, 남도(南道) 지방에서 서도(西道)나 북도(北道)를 이르던 말. ☞앞길²
뒷:-길³ 명 웃옷의 뒤쪽에 대는 길. ☞앞길³
뒷:-날 명 다음에 올 어느 날. 일후(日後). 후일(後日). 훗날 ¶ ―로 미루다. /―을 기약하다.
뒷:-날개 명 ①곤충의 뒷가슴마디의 등에 달린 날개. ②꼬리날개 ☞앞날개
뒷:눈-질 명-하다 자 뒤쪽으로 눈을 흘깃흘깃 하는 짓.
뒷:-다리 명 ①네발짐승의 뒤쪽에 있는 다리, 또는 곤충의 세 쌍의 다리 중 가장 뒤쪽에 있는 한 쌍의 다리. 후각(後脚). 후지(後肢) ②두 다리를 앞뒤로 벌렸을 때, 뒤에 놓인 다리. ③네 다리로 된 물건의 뒤쪽 다리. ☞앞다리
뒷다리를 잡다 관용 벗어나지 못하도록 상대편의 약점을 잡다.
뒷다리를 잡히다 관용 굽죄이는 일이 있어서 상대편에게서 벗어나지 못하게 되다.
뒷:-담 명 집의 뒤쪽에 있는 담.
뒷:-담당(―擔當) 명-하다 타 뒷일을 맡아 처리하는 일.
뒷:-대:문(―大門) 명 정문(正門) 밖에 집 뒤로 따로 난 대문. ☞앞대문
×뒷-대야 명 →뒷물대야
뒷:-덜미 명 목덜미 아래 어깻죽지 사이. ¶ ―를 잡히다. ☞덜미¹. 등덜미
뒷:-도 명 윷판의 뒷밭의 첫째 말밭 이름. 곧 '모'와 '뒷개'의 사이임. ☞앞도
뒷:-도장(―圖章) 명 약속 어음의 뒷보증을 설 때 찍는 도장.
뒷:-돈 명 ①뒤에 잇대어 쓰는 밑천. ②장사판이나 노름판에서, 뒤를 대는 밑천. ¶ ―이 달리다.
뒷:-동 명 일의 뒷부분, 또는 일의 뒤에 관련된 토막.
뒷:-동산 명 집이나 마을 뒤에 있는 동산.
뒷:-들 명 집이나 마을 뒤에 있는 들. ☞앞들
뒷:-등 명 '등'을 달리 이르는 말. ☞앞가슴
뒷:-마감 명-하다 타 일의 뒤를 마물러서 끝내는 일.
뒷:-마구리 명 걸채의 뒤쪽에 가로 댄 나무. 뒤채² ☞앞마구리
뒷:-마당 명 집채 뒤에 있는 마당. ☞뒤뜰. 앞마당
뒷:-마루 명 집 뒤쪽에 붙은 마루.
뒷:-마무리 명-하다 타 일의 뒤끝을 마무르는 일, 또는 그 마무른 것.
뒷:-막이 명 나무로 만든 가구의, 뒤쪽에 대서 막는 나무.
뒷:-말 명-하다 자 ①일이 끝난 뒤에 이러니저러니 딴말을 하는 것, 또는 그 딴말. 뒷소리 ¶ ―이 많다. ②계속되는 이야기의 뒤를 잇는 일, 또는 그 말. ¶목이 메어 ―을 잇지 못하다.
뒷:-맛 명 ①음식을 먹은 뒤에 입 안에 감도는 맛. 뒷입맛. 후미(後味) ¶ ―이 향긋하다. /쌉쌀한 ―. ②일을 끝마친 뒤의 느낌. ¶ ―이 쓰다.
뒷:-맵시 명 뒤에서 본 고운 모양새. ¶ ―에 끌리다.
뒷:-머리 명 ①뒤통수 ②머리의 뒤쪽에 난 머리털. ¶ ―를 기르다. ③어떤 일이나 긴 물건, 또는 행렬의 뒤쪽. ¶열차의 ―. ☞앞머리
뒷:-면 명 뒤쪽의 면. 후면(後面) ☞앞면
뒷:-면:도(―面刀) 명-하다 자 뒷머리털이 난 가장자리를 따라 잔털을 깎는 일.
뒷:-모 명 윷판의 뒷밭의 다섯째 말밭 이름. 곧 '뒷윷'과 쨀밭의 '찌도'의 사이임. 뒷밭에서 말이 '방' 쪽으로 꺾어 들어갈 수 있는 말밭임. ☞앞모
뒷:-모개 명 윷판의 뒷밭인 '뒷모'에서 안으로 꺾어 들어간 둘째 말밭 이름. 곧 '뒷모도'와 '방'의 사이임.
뒷:-모도 명 윷판의 뒷밭인 '뒷모'에서 안으로 꺾어 들어간 첫째 말밭 이름. 곧 '뒷모'와 '뒷모개'의 사이임.
뒷:-모습 명 뒤에서 본 모습. ¶시야에서 사라질 때까지 ―을 바라보다. ☞앞모습
뒷:-모양(―模樣) 명 ①뒤에서 본 모양. ☞앞모양 ②일이 끝난 뒤의 꼴이나 형편. ¶ ―이 우습게 되었다.
뒷:-목 명 타작할 때, 곡식을 갈무리하고 나서 마당에 흩어져 남은 찌꺼기 곡식.
뒷:-몸 명 주로 네발짐승의, 몸의 뒷부분.
뒷:-무릎 명 무릎의 구부러지는 오목한 안쪽 부분. 오금
뒷:-문(―門) 명 ①집의 뒤쪽으로 난 문. 후문(後門) ☞앞문 ②정당하지 못한 방법으로 해결하는 길을 비유하여 이르는 말. ¶ ―으로 입학하다.
뒷:-물 명-하다 자 사람의 국부(局部)나 항문을 씻는 물, 또는 그런 데를 씻는 일.
뒷:물-대야 명 뒷물할 때 쓰는 대야.
뒷:-밀이 명-하다 자타 수레 따위의 뒤를 밀어 주는 일, 또는 그런 사람.

뒷:-바닥 명 신바닥의 뒤쪽.
뒷:-바라지 명-하다 자타 보살피며 도와 주는 일. ¶자식들 ―에 골몰하신 어머니. ☞바라지¹
뒷:-바퀴 명 수레나 차 따위의 뒤에 달린 바퀴.
뒷:-받침 명-하다 자타 뒤에서 받쳐 주는 일, 또는 그런 사람이나 물건. ¶후원회의 ―으로 단체를 이끌어 간다. /주장을 ―할 증거가 없다.
뒷:-발 명 ①네발짐승의 뒤쪽에 있는 두 발. ¶말의 ―에 차이다. ②두 발을 앞뒤로 벌렸을 때, 뒤쪽에 놓인 발. ☞앞발
뒷:발-굽[―꿉] 명 마소 따위 짐승의 뒷발의 굽.
뒷:-발길[―낄] 명 뒷발로 걷어차는 발이나 그 힘.
뒷:-발막 명 뒤가 발막처럼 솔기가 없이 된 남자의 가죽신의 한 가지.
뒷:발목-걸이 명 씨름의 다리기술의 한 가지. 오른 발목으로 상대편의 왼 발목을 바깥으로 걸어 밀어붙여 넘어뜨리는 공격 재간. ☞호미걸이
뒷:발-질 명-하다 자 ①짐승이 뒷발로 차는 짓. ②한쪽 발을 뒤로 뻗어 차는 짓.
뒷:발-치기 명 택견에서, 발질의 한 가지. 발등으로 상대편의 두 발 중에서 뒤쪽에 놓인 발의 회목을 차서 중심을 잃게 하는 공격 기술.
×뒷-발톱 명 →며느리발톱
뒷:-방(―房) 명 ①몸채 뒤꼍에 있는 방. 후방(後房) ②집의 큰방의 뒤에 딸려 있는 방.
뒷:방-마:누라(―房―) 명 첩에게 권리를 빼앗기고 뒷방으로 쫓겨나 지내는 본마누라.
뒷:-밭 명 ①집이나 마을 따위의 뒤에 있는 밭. ②윷판의 돗밭으로부터 둘레를 따라 여섯째 밭인 '뒷도'에서 '뒷모'까지의 말밭을 이르는 말. 준 뒤 ☞앞밭. 쨀밭
뒷:-배 명 드러나지 않게 뒤에서 보살펴 주는 일.
뒷배(를) 보다 관용 드러나지 않게 뒤에서 보살펴 주다. ¶뒷배를 보아 주는 독지가(篤志家).
뒷:-배포(―排布) 명 검도(劍道)에서, 적을 치거나 찌르고 나서 더욱 마음을 다잡는 일.
뒷:-보:증(―保證) 명-하다 자 ①배서(背書) ②정보증인(正保證人)이 의무를 이행하지 못할 때, 뒤에서 대신 그 의무를 이행하는 일.
뒷:-볼 명 버선의 뒤꿈치에 덧대는 헝겊 조각. ¶ ―을 대다. ☞앞볼
뒷:북-치다 타 어떤 일이 다 끝난 뒤에 쓸데없이 수선을 떨다. ¶다 만든 뒤에 와서 뒷북친다.
뒷:-사:람 명 ①뒤에 있거나 뒤따라오는 사람. ¶ ―과 거리가 점점 멀어지다. /시험지를 ―에게 돌리다. ②다음 세대(世代)의 사람. 후세(後世)의 사람. 후인(後人) ¶ ―의 심판에 맡기다.
뒷:-산(―山) 명 집이나 마을 뒤에 있는 산. ☞앞산
뒷:-생각 명 ①뒷일에 대한 생각. ¶ ―도 없이 함부로 낭비하다. ②일이 끝난 다음에 일어나는 생각이나 느낌. ¶때늦은 ―.
뒷:-설거지 명-하다 자 ①설거지 ②큰일을 치른 다음에 하는 뒤처리.
뒷:-세:상(―世上) 명 뒤에 올 세상. 후세(後世)
뒷:-셈 명-하다 자 어떤 일이 끝나고 셈하는 일, 또는 그 셈.
뒷:-소리 명-하다 자 ①뒷말 ¶ ―가 많다. ②뒤에서 응원하는 소리. ③민요에서, 한 사람이 앞소리를 메기면 뒤

따라 여러 사람이 함께 받아 부르는 소리. 받는소리 ☞ 앞소리

뒷:-소:문(-所聞)명 어떤 일이 끝난 뒤에 그 일에 관하여 나도는 소문. 후문(後聞) ¶해괴한 -이 나돌다.

뒷:-손[1] 명 ①뒤로 내미는 손. ¶수줍어서 -으로 편지를 내민다. ②겉으로는 사양하는체 하고 뒤로 슬그머니 내밀어 받는 손. ¶-을 내밀다./-을 벌리다.

뒷:-손[2] 명 ①마무리하는 손질. ②뒷일을 수습하는 일.

뒷손(을) 보다 관용 마무리를 하기 위해 매만지거나 뒷일을 수습하다.

뒷손(을) 쓰다 관용 남몰래 조처하거나 뒷수습을 하다.

뒷손(이) 가다 관용 마무리하거나 뒷일을 수습하는 데 손질이 들다.

뒷손(이) 없다 관용 일의 뒤끝을 마무르는 성질이 없다.

뒷:손가락-질[-까-] 명 -하다 자 ①남을 뒤에서 손가락으로 가리키는 짓. ②남이 없는 뒤에서 흉을 보거나 비난하는 일. 뒷손질 ¶남에게 -을 받다.

뒷:손-질 명 -하다 자 ①손을 뒤로 돌려 하는 동작. ¶따라가던 나를 -로 세웠다. ②일을 기본적으로 마치고 나서, 다시 손을 대어 잘 매만지거나 마무리하는 일. ¶-이 꼼꼼하다. ③남몰래 뒤로 손을 쓰는 짓. ④뒷손가락질

뒷:-수쇄(-收刷)명 -하다 자 일이 끝난 뒤에 뒤끝을 마저 정리하는 일. 뒤치다꺼리 ¶말끔히 -하다.

뒷:-수습(-收拾)명 -하다 자 이미 벌어진 일이나 끝난 일의 뒤끝을 마무리하는 일. ¶사고의 -에 애를 먹다.

뒷:-심 명 ①뒤에서 도와 주는 힘. ¶-을 믿고 으스대다. ②끝판까지 견디어 내는 힘. ¶-이 세다.

뒷:오금-잡기[-집-] 명 씨름의 손기술의 한 가지. 상대편을 앞으로 끌어당기면서 상대편의 왼 오금을 오른손으로 걸어 밀어붙여 넘어뜨리는 공격 재간. ☞콩꺾기

뒷:-욕(-辱)[-뇩] 명 -하다 자 ①일이 끝난 뒤에 욕하는 일, 또는 그 욕. ②본인이 없는 데서 욕하는 일, 또는 그 욕. ¶-을 삼가다.

뒷:-윷[-늇] 명 윷판의 뒷밭의 넷째 말밭 이름. 곧 '뒷걸'과 '뒷모'의 사이임. ☞앞윷

뒷:-이야기[-니-] 명 ①이어지는 이야기의 남은 부분. ¶할아버지께 -를 재촉하다. ②어떤 일이 있고 난 뒤에 나오는 이야기. ¶사건의 -./난공사의 -.

뒷:-일[-닐] 명 뒷날에 일어나는 일. 후사(後事). 훗일 ¶-은 걱정하지 마라.

뒷:-입맛[-닙-] 명 뒷맛

뒷:-자락 명 등뒤에 늘어진 옷자락. ☞앞자락

뒷:-자손(-子孫)명 후손(後孫)

뒷:-전 명 ①뒤쪽이 되는 부근. ¶-으로 물러앉다. ②겉으로 드러나지 않는 배후나 이면. ¶-에서 쑥덕공론하다. ③등한히 여겨 뒤로 미루는 차례. ¶-으로 돌리다./공부는 -이다. ④뱃전의 뒷부분. ¶배의 -에 올라앉다. ⑤무당굿의 열두거리 가운데 마지막 거리.

뒷전(을) 놀다 관용 ①무당굿의 열두거리에서 마지막 거리를 놀다. ②뒷전(을) 보다. ③일의 뒤치다꺼리를 하다.

뒷전(을) 보다 관용 뒤에서 슬며시 딴 짓을 하다. 뒷전(을) 놀다.

뒷:전-풀이 명 무당이 뒷전을 노는 일.

뒷:-정:리(-整理)명 -하다 타 일의 뒤끝을 바로잡아 마무르는 일.

뒷:-조사(-調査)명 -하다 타 은밀히 살피고 알아보는 일, 또는 그런 조사. ¶비리 혐의로 -를 받다.

뒷:-줄 명 ①뒤쪽의 줄. ¶-에 앉다. ☞앞줄 ②뒤에서 보살펴 주는 연줄, 또는 배후의 세력. ¶그는 -이 든든하다. ☞셋줄

뒷:-지느러미 명 물고기의 항문 뒤, 꼬리지느러미 앞에 있는 지느러미. 볼기지느러미

뒷:-질 명 -하다 자 물에 뜬 배가 앞뒤로 흔들리는 일.

뒷:-짐 명 두 손을 등뒤로 젖혀 마주 잡는 일.

뒷짐(을) 지다 관용 두 손을 등 쪽으로 젖혀 마주 잡다. ¶뒷짐을 지고 어슬렁거리다.

뒷:짐-결박(-結縛)명 -하다 타 뒷결박

뒷:-집 명 집 뒤쪽으로 이웃해 있는 집. ☞앞집

속담 **뒷집 마당 벌어진 데 솔뿌리 걱정한다**: 쓸데없이 남의 걱정을 한다는 말. 솔뿌리는 벌어진 바가지 따위를 깁는 데 쓰임. /**뒷집 짓고 앞집 뜯어내란다**: ①사리(事理)는 제쳐놓고 제 욕심만 채우려 한다는 뜻. ②제게 조금 해롭다고 해서 저보다 먼저 한 사람의 일을 못하게 한다는 뜻.

뒷:회목-차기 명 택견에서, 발질의 한 가지. 발등으로 상대편의 발 회목의 뒷부분을 차는 공격 기술.

뒹굴다(뒹굴고·뒹구니)자 ①누워서 몸을 이리저리 구르다. ¶풀밭에서 개하고 뒹굴고 놀다. ②한곳에 늘어붙어 빈둥빈둥 놀다. ¶방 안에서만 -. ③여기저기 어지럽게 널려 구르다. ¶마당에 뒹구는 돌멩이를 치우다.

듀공(dugong)명 듀공과의 포유동물. 얕은 바다에 살며 해초를 먹음. 해우(海牛)와 비슷한데, 몸길이 2.7m 안팎, 몸빛은 푸른 회색임. 꼬리지느러미는 깊게 팬 반달 모양이고, 주둥이에 털이 있음. 새끼를 가슴에 안고 젖을 먹임.

듀:스(deuce)명 탁구·배구·테니스 따위에서, 마지막 한 점을 남기고 동점이 된 경우를 이르는 말. 어느 한쪽이 잇따라 두 점을 얻으면 승패가 남.

듀:스어게인(deuce again)명 듀스 뒤, 다시 한 점씩을 같이 얻어 동점이 된 경우를 이르는 말.

듀엣(duet)명 ①이중주(二重奏), 또는 이중창(二重唱). ②2인조로 추는 춤.

듀:테론(deuteron)명 중양성자(重陽性子)

듀:테륨(deuterium)명 중수소(重水素)

드- 접두 형용사에 붙어 '매우'·'몹시'의 뜻을 나타냄. ¶드넓다/드높다/드다르다/드세다

드나-나나 부 들어가거나 나오거나. ¶동생은 - 말썽만 피운다.

드나-들다(-들고·-드니)자 ①쉴새없이 들어갔다 나왔다 하다. ¶드나드는 손이 많다./이웃 아이가 뻔질나게 -. ②일정한 곳에 왔다갔다 하다. ¶강원도에 드나들면서 약재 장사를 하다. ③고르지 못하고 들쭉날쭉하다. ¶바다로 드나드는 해안선. 준나들다

속담 **드나드는 개가 꿩을 문다**: 부지런히 활동하는 사람이라야 일을 이루고 재물을 얻을 수 있다는 말.

드난 명 -하다 자 지난날, 여자가 남의 집 행랑에서 지내면서 그 집의 일을 거들어 주며 고용살이하던 일.

드난-꾼 명 드난살이하는 사람.

드난-살이 명 -하다 자 드난으로 살아가는 생활.

드-날리다 타 ①손으로 들어 날리다. ②들날리다 ¶이름을 -. ☞떨치다

드-넓다[-널따] 형 활짝 틔어서 아주 넓다. ¶드넓은 평야. ☞비좁다

드-높다[-놉-] 형 매우 높다. ¶드높은 가을 하늘./사기가 -.

드-높이 부 드높게 ¶교가가 - 울려 퍼지다.

드-다르다(-다르고·-달라)형르 전혀 다르다.

드-던지다 타 물건을 함부로 들어 내던지다.

드디어 부 여러 가지 일을 겪은 뒤에 그 결과로. 마침내 ¶3일간의 협상 끝에 - 합의에 이르렀다.

×**-드라** 어미 →-더라

드라마(drama)명 ①연극. 희곡 ②텔레비전이나 라디오 등의 연속극. ¶텔레비전 - ③어떤 극적인 사건. ¶한 편의 -라 하겠다.

드라마티스트(dramatist)명 극작가(劇作家)

드라마틱-하다(dramatic-)형여 연극처럼 파란이 많다. 극적이다 ¶사건의 드라마틱한 전개.

드라이(dry)명 -하다 타 ①'드라이클리닝(dry cleaning)'의 준말. ②젖은 머리털을 말리며 손질하는 일.

드라이독(dry dock)명 건독

드라이버(driver)명 ①골프에서, 원거리용(遠距離用)의 골프채를 이르는 말. ②나사못의 대가리에 파인 홈에 대고 틀어서 나사못을 박거나 빼는 기구.

드라이브(drive)명 -하다 자타 ①자동차를 몰거나 타고 멀

리 나가는 일. ②테니스나 탁구 따위에서, 공을 깎듯이 하여 세게 치는 일. ③골프에서, 공을 멀리 보내기 위해 세게 치는 일.

드라이브웨이(driveway)명 드라이브하기에 알맞은 길.

드라이브인(drive-in)명 자동차에 타고 있는 사람을 대상으로 한, 길가에 있는 각종 서비스 시설. 식당·은행·극장 따위가 있음.

드라이브인시어터(drive-in theater)명 자동차를 탄 채로 영화를 볼 수 있도록 시설한 야외 극장.

드라이아이스(dry ice)명 이산화탄소를 압축·액화한 뒤 냉각해 고체로 만든 것. 냉각제로 쓰임. 고체 탄산

드라이어(drier)명 ①세탁물 따위의 건조기(乾燥器). ②건조제(乾燥劑) ③'헤어드라이어(hair drier)'의 준말.

드라이클리:닝(dry cleaning)명 물 대신 벤젠 따위로 때를 빼는 세탁. 건조 세탁(乾燥洗濯) 준 드라이(dry)

드래그(drag)명 끌기

드래프트-제(draft制)명 프로 야구나 프로 축구의 신인 선수 선발 제도의 한 가지. 각 구단이 선발 회의를 거쳐 신인 선수를 일괄적으로 교섭함.

드램(dram)의 영국에서 쓰이는 무게의 단위. 보통 1.772g이고, 약을 다는 데에는 3.888g에 해당함.

드러-나다자 ①가려져 있거나 보이지 않던 것이 나타나다. ¶가뭄으로 저수지 바닥이 ―./속살이 ―. ②알려져 있지 않은 것이 밝혀지다. ¶화성의 신비가 드러날 것이다./범인의 정체가 ―.

속담 **드러난 상놈이 울 막고 울랴** : 아무 것도 없는 것을 세상이 다 아는 바니, 구태여 가난한 것을 남부끄럽게 여길 것이 아니라는 말.

한자 **드러날 저**(著)〔艸部 9획〕¶저명(著名)
드러날 현(見)〔見部〕¶노현(露見)

드러-내:다타 드러나게 하다. ¶남들 앞에 모습을 ―./본성을 ―./가슴을 ―.

한자 **드러낼 로**(露)〔雨部 12획〕¶노출(露出)
드러낼 창(彰)〔彡部 11획〕¶표창(表彰)
드러낼 폭(暴)〔日部 11획〕¶폭로(暴露)
드러낼 현(顯)〔頁部 14획〕¶현충(顯忠)

드러냄-표(―標)명 문장 부호의 한 갈래. 문장 안에서 중요한 부분을 강조할 때 쓰임. 가로쓰기 글에서는 글자 위, 세로쓰기 글에서는 글자 오른쪽에 ◦ 또는 · 표로 나타냄. 현재부(顯在符) ☞안드러냄표

드러-눕다(―눕고·―누워)자ㅂ ①편히 눕다. ¶침대에 벌렁 ―. ②병으로 자리에 눕다. ¶지난 겨울에 드러누운 채 일어나지 못한다.

드러머(drummer)명 드럼 연주자.

드러-쌓이다[―싸―]자 썩 많이 싸이다, 또는 한군데에 많이 모이다. 준 드러쌔다

드러-쌔:다자 '드러쌓이다'의 준말.

드러-장이다자 많은 물건이 가지런히 차곡차곡 쌓이다. ¶창고에 물건이 ―.

드럼(drum)명 ①서양 음악에서, '북'을 통틀어 이르는 말. ☞사이드드럼(side drum) ②드럼통

드럼-통(drum桶)명 ①기름 따위를 담는 원통형의 철통. 드럼 ②키가 작고 뚱뚱한 사람을 놀리어 이르는 말.

드렁-거리다(대다)자타 드렁드렁 소리가 나다, 또는 그런 소리를 내다. ☞드릉거리다

드렁-드렁부 ①발동기 따위가 움직이어 일정한 동안을 두고 울리는 소리를 나타내는 말. ¶고깃배가 ― 소리를 내며 움직이다. ②일정한 동안을 두고 요란하게 코를 고는 소리를 나타내는 말. ¶― 코를 골다. ☞드릉드릉

드렁-칡명 둔덕을 따라 벋은 칡.

드렁허리명 드렁허릿과의 민물고기. 몸길이 60cm 안팎으로, 장어와 비슷하게 생겼으나 꼬리 끝이 짧고 뾰족함. 배지느러미와 가슴지느러미가 없으며, 몸빛은 등이 짙은 황갈색이고 배는 주황색이나 연노랑색임. 논이나 호수 등에서 어린 물고기나 곤충, 지렁이 따위를 잡아먹고 삶. 사선(蛇鱓)

드레명 인격적으로 점잖은 무게. ¶나이에 비해 꽤 ―가 있어 보인다. ☞드레지다

드레-나다자 바퀴 따위가 헐거워져 흔들거리다.

드레-드레[1]부-하다형 물건들이 많이 매달려 있거나 늘어져 있는 모양을 나타내는 말. ¶― 늘어진 버드나무 가지. ☞다래다래

드레-드레[2]감 분봉(分蜂)하려고 통을 나와 한데 모여 붙은 벌떼를, 벌을 받는 그릇에 몰아넣을 때 하는 말. 둬둬

드레스(dress)명 원피스로 된 여성복(女性服).

드레스폼:(dress form)명 목에서 허리까지 사람 형상으로 만든 틀. 시침 바느질을 한 양복을 입혀 놓고 모양을 잡는 데 쓰임.

드레시-하다(dressy―)형여 주로 여성복이, 우아하고 아름답다. ¶드레시한 원피스.

드레싱(dressing)명 식품에 치는 소스의 한 가지. 샐러드유나 식초·향신료 따위를 섞어 만듦. ¶프렌치―

드레싱룸:(dressing room)명 옷을 갈아 입는 방.

드레저(dredger)명 준설기(浚渫機)

드레-지다형 ①됨됨이가 점잖아 무게가 있다. ¶드레지게 생겼다. ②물건의 무게가 가볍지 않다.

드레-질명-하다타 ①남의 됨됨이가 무겁고 가벼움을 떠보는 일. ②물건의 무게를 헤아리는 일.

드로어즈(drawers)명 무릎 길이의 여성용 속바지.

드로:잉(drawing)명 ①제도(製圖) ②단색의 선화(線畫). ③경기의 상대편을 고르는 추첨.

드롭(drop)명 놓기

드롭샷(drop shot)명 테니스 따위에서, 공에 역회전(逆回轉)을 주어 공이 네트를 넘자마자 떨어지게 치는 일.

드롭스(drops)명 설탕에 향료를 넣어 여러 가지 모양으로 굳혀 만든 사탕 과자.

드롭킥(dropkick)명-하다타 럭비에서, 손에 든 공을 땅에 떨어뜨려 튀어오르는 순간에 차는 일.

드롭트골(dropped goal)명 럭비에서, 드롭킥한 공이 득점이 된 골. 3점을 얻음.

드르렁부 ①좀 큰 발동기 따위가 움직이어 울리는 소리를 나타내는 말. ②코를 요란하게 고는 소리를 나타내는 말. ☞다르랑. 드르릉

드르렁-거리다(대다)자타 자꾸 드르렁 소리가 나다, 또는 그런 소리를 내다. ¶발동기가 ―./코를 드르렁거리며 자다. ☞다르랑거리다. 드르릉거리다

드르렁-드르렁부 드르렁거리는 소리를 나타내는 말. ☞다르랑다르랑. 드르릉드르릉

드르르[1]부 ①단단하고 둥근 물건이 단단한 바닥 위를 구르는 소리를 나타내는 말. ¶볼링 공이 ― 굴러가다. ②재봉틀로 두꺼운 옷감을 박을 때 나는 소리를 나타내는 말. ③미닫이로 된, 쇠바퀴가 달린 큰 문짝을 여닫을 때 나는 소리를 나타내는 말. ¶창문이 ― 열리다./― 장농문을 열다. ☞다르르[1]. 뜨르르[1]

드르르[2]부-하다형 어떤 일에 막힘 없이 통할 정도로 훤한 모양을 나타내는 말. ¶어려운 문제를 ― 풀다./원서(原書)를 ― 읽어 나가다. ☞다르르[2]. 뜨르르[2]

드르륵부 ①단단하고 둥근 물건이 단단한 바닥 위를 구르다가 멈추는 소리를 나타내는 말. ②재봉틀로 두꺼운 옷감을 박다가 멈추는 소리를 나타내는 말. ③쇠바퀴가 달린 큰 문짝을 열거나 닫다가 멈추는 소리를 나타내는 말. ☞다르륵

드르륵-거리다(대다)자타 자꾸 드르륵 소리가 나다, 또는 그런 소리를 내다. ☞다르륵거리다

드르륵-드르륵부 드르륵거리는 소리를 나타내는 말. ☞다르륵다르륵

드르릉부 ①큰 발동기 따위가 움직이어 울리는 소리를 나타내는 말. ¶엔진이 ― 소리를 내며 작동하다. ②코를 심하게 고는 소리를 나타내는 말. ☞다르랑. 드르렁

드르릉-거리다자타 자꾸 드르릉 소리가 나다, 또는 그런 소리를 내다. ☞다르랑거리다. 드르렁거리다

드르릉-드르릉부 드르릉거리는 소리를 나타내는 말.

☞다르랑다르랑. 드르렁드르렁

드릉-거리다(대다) 자타 드릉드릉 소리가 나다, 또는 그런 소리를 내다. ☞드렁거리다

드릉-드릉 부 ①큰 발동기 따위가 움직이어 일정한 동안을 두고 크게 울리는 소리를 나타내는 말. ¶증기선이 – 소리를 내며 움직이다. ②일정한 동안을 두고 심하게 코를 고는 소리를 나타내는 말. ☞드렁드렁

ㄷ

드리다[1] 타 ①무엇을 '주다'의 높임말. ¶선생님께 선물을 –. ②상대편을 높이어 말이나 인사, 축하 따위를 하다. ¶말씀을 –./문안을 –. ③신이나 부처에게 비는 일을 하거나 정성을 바치다. ¶기도를 –./불공을 –.
조동 본용언(本用言) 다음에 쓰이어, 윗사람을 위해 하는 일을 나타냄. '주다'의 높임말. ¶일을 도와 –./할아버지의 어깨를 주물러 –.

한자 **드릴 정**(呈) 〔口部 4획〕 ¶경정(敬呈)/근정(謹呈)/봉정(奉呈)/증정(贈呈)
드릴 헌(獻) 〔犬部 16획〕 ¶헌금(獻金)/헌시(獻詩)/헌정(獻呈)/헌화(獻花)/헌혈(獻血) ▷ 속자는 献

드리다[2] 타 떨어 놓은 곡식을 바람에 날리어 검불이나 티 따위를 털어 버리다. ¶바람받이에서 벼를 –.

드리다[3] 타 ①몇 가닥의 끈이나 실 따위를 하나로 꼬거나 땋다. ¶동아줄을 –. ②땋아 늘인 머리의 끝에 댕기를 달다. ¶댕기를 –.

드리다[4] 타 집에 방, 마루, 창 따위의 구조를 만들다. ¶방을 한 칸 더 –.

드리다[5] 타 물건 파는 일을 그만두고 가게의 문을 닫다. ¶열두 시에 가게를 –.

드리다[6] 타 '드리우다'의 준말.

드리블(dribble) 명 -하다 자타 ①축구나 럭비 따위에서, 공을 두 발로 차며 몰고 가는 일. ②배구에서, 경기 중에 한 사람의 몸에 연속으로 두 번 이상 공이 닿는 일. 반칙의 한 가지임. ③농구나 핸드볼 따위에서, 공을 손으로 튀기면서 몰고 가는 일.

드리-없:다[–업–] 형 경우에 따라 변하여 일정하지 않다. ¶시세가 –./관람객 수가 –.
드리-없이 부 드리없게

드리우다 자타 ①어떤 물체를 위에서 아래로 처져 늘어지게 하다. ¶방문에 발을 –. ②그늘, 그림자, 어둠 따위가 뒤덮이다. ¶땅에 그림자를 –./어둠이 드리워진 하늘. ③이름이나 명예를 후세에 전하다. ¶그대 이름을 길이 드리우리라. ④아랫사람에게 교훈을 주다. ¶성현이 우리에게 드리우신 가르침. 준 드리다[6]

한자 **드리울 수**(垂) 〔土部 5획〕 ¶수렴(垂簾)/수륜(垂綸)/수식(垂飾)/수조(垂釣)

드릴(drill) 명 맨 끝에 송곳날을 붙인, 구멍을 뚫는 공구.

드림 명 ①매달아서 길게 드리우는 물건을 통틀어 이르는 말. ¶–을 단 우승기. ②'기드림'의 준말.

드림-댕기 명 지난날, 여자가 예장(禮裝)할 때 드리던 댕기. 혼례 때에는 뒤 댕기인 도투락댕기와 짝을 이루는 앞 댕기로 하고, 다른 예복에서는 뒤 댕기 없이 앞 댕기인 드림댕기만 함. 검은 자주색에 금박을 하고, 갈라진 양 끝은 진주나 산호 따위로 꾸밈.

드림-새 명 막새

드림-셈 명 몇 차례로 나누어 주고받는 셈.

드림-장막(–帳幕) 명 위에서 아래로 드리우는 장막.

드림-줄[–쭐] 명 재래식 한옥에서, 마루에 오르내릴 때 붙잡을 수 있게 늘어뜨린 줄.

드림-추(–錘) 명 위에서 아래로 늘어뜨려 벽이나 기둥 따위의 수직 여부를 알아보는, 줄에 추를 매단 기구.

드림-흥정 명 물건을 사고 팔 적에, 값을 여러 차례에 나누어 주기로 하고 하는 흥정.

드링크-제(drink劑) 명 조그만 병에 넣은 청량제(清涼劑)나 약액제(藥液劑)를 이르는 말.

드-맑다[–막–] 형 매우 맑다. ¶드맑은 가을 하늘.

드문-드문 부 -하다 형 ①동안이 잦지 않고 꽤 뜨게. ¶모임에 – 나오다. ②사이가 배지 않고 꽤 뜨게. ¶– 인가(人家)가 눈에 띄다. ☞다문다문. 뜨문뜨문
속담 **드문드문 걸어도 황소 걸음** : 속도는 느리나 오히려 믿음직스럽고 알차다는 말.

드물다(드물고·드무니) 형 ①시간적으로 사이가 잦지 않고 뜨다. ¶인적이 드문 시간. ☞잦다 ②공간적으로 사이가 배지 않고 뜨다. ¶인가가 드문 산간 벽지. ③흔하지 않다. ¶세계적으로 드문 온천 지대./드물게 보는 미인. ☞흔하다

한자 **드물 희**(稀) 〔禾部 7획〕 ¶희귀(稀貴)/희서(稀書)/희세(稀世)/희성(稀姓)/희소(稀少)/희유(稀有)

드므 명 넓적하게 만든 독.

드-바쁘다 형 몹시 바쁘다. ¶드바쁜 농사철.

드-바삐 부 몹시 바쁘게.

드뿍 부 분량이 차거나 남을 만큼 꽤 넉넉한 모양을 나타내는 말. ¶바구니에 과일을 – 담다./셋이 먹고도 남을 만큼 – 주다. ☞다뿍

드뿍-드뿍 부 여럿이 모두 분량이 차거나 남을 만큼 꽤 넉넉한 모양을 나타내는 말. ☞다뿍다뿍

드-새다 타 길을 가다가 집이나 잘만 한 곳을 찾아 들어가 밤을 지내다. ¶민가에서 하룻밤을 –.

드-세다 형 ①기세나 고집이 몹시 세다. ¶기가 –./고집이 드센 여자. ②일 따위가 견디어 내기 힘들게 세차다. ¶팔자가 –./드센 시집살이. ③집터를 지킨다는 귀신이 불행을 가져올 만큼 몹시 사납다. ¶집터가 –.

드스-하다 형여 좀 드습다. ☞다스하다. 뜨스하다

드습다(드습고·드스워) 형ㅂ 좀 뜨뜻하다. ☞다습다. 뜨습다

드잡이 명 -하다 자타 ①서로 머리나 멱살을 끌어 잡고 싸우는 일. ②빚을 준 사람이 빚을 갚지 못한 사람의 솥 따위를 떼어 가거나 그릇 따위를 가져가는 짓. ③가마를 메는 사람의 어깨를 쉬게 하려고 다른 사람이 가마채 밑으로 들장대를 밀어넣고 받쳐 들고 가는 일, 또는 그렇게 하는 사람.

드티다 자타 ①밀리거나 비켜나거나 하여 조금 틈이 생기다, 또는 그렇게 틈을 내다. ¶자리를 드티면 한 사람은 더 앉겠다. ②예정했던 날짜가 어그러져 연기되다, 또는 그렇게 연기하다. ¶마감 날짜가 드티지 않도록 하다.

드팀-새 명 드틴 정도나 기미. ¶조금도 –를 주지 않고 다그치다.

드팀-전(–廛) 명 지난날, 온갖 피륙을 팔던 가게.

득: 부 ①딱딱한 바탕에 금이나 줄을 세차게 한 번 긋는 모양, 또는 그 소리를 나타내는 말. ¶바닥에 줄을 – 긋다. ②단단한 물체를 거칠게 긁을 때 나는 소리, 또는 그 모양을 나타내는 말. ¶호미로 굳은 땅을 – 긁다. ☞닥[2]

득(得)[1] 명 풍수지리설에서, 혈(穴) 또는 내명당(內明堂) 안에서 흐르는 물을 이르는 말.

득(得)[2] 명 소득이나 이득을 이르는 말. ¶–이 되다.
득(을) 보다 관용 소득이나 이득을 얻다.

득가(得暇) 명 -하다 자 ①겨를을 얻음. ②득유(得由)

득계(得計) 명 -하다 자 득책(得策)

득공(得功) 명 -하다 자 공을 이룸, 또는 성공함.

득군(得君) 명 -하다 자 임금의 신임(信任)을 얻음.

득남(得男) 명 -하다 자 아들을 낳음. 생남(生男)

득남-례(得男禮) 명 아들을 낳은 일을 기뻐하여 한턱내는 일. 득남턱. 생남례(生男禮)

득남-턱(得男–) 명 득남례(得男禮)

득녀(得女) 명 -하다 자 딸을 낳음. 생녀(生女)

득달(得達) 명 -하다 자 목적지에 다다름, 또는 목적을 달성함.

득달-같다[–갇–] 형 잠시도 지체하지 않다.
득달-같이 부 득달같게 ¶– 달려오다.

득담(得談) 명 -하다 자 남으로부터 비방이나 나무라는 말을 듣게 됨. 득방(得謗)

득당(得當) 어기 '득당(得當)하다'의 어기(語基).

득당-하다(得當-)형여 틀리거나 잘못됨이 없이 아주 마땅하다.
득도(得度)명-하다자 ①미혹의 세계에서 깨달음의 피안에로 이름. ②출가(出家)하여 불문(佛門)에 듦.
득도(得道)명-하다자 ①도를 깨달음. ②오묘한 뜻을 깨침. ☞구도(求道)
득돌-같다[-갇-]형 ①잠시도 지체하지 않다. ②시키는 대로 하여 조금도 어김이 없다.
 득돌-같이부 득돌같게
득:-득부 ①딱딱한 바탕에 금이나 줄을 세차게 자꾸 긋는 모양, 또는 그 소리를 나타내는 말. ¶작대기로 땅에 줄을 - 긋다. ②단단한 물체를 자꾸 거칠게 긁을 때 나는 소리, 또는 그 모양을 나타내는 말. ¶누룽지를 - 긁다. ☞닥닥
득력(得力)명-하다자 숙달하거나 깊이 깨달아서 확고한 힘을 얻음.
득롱망:촉(得隴望蜀)성구 중국의 한(漢)나라 때 광무제(光武帝)가 농(隴)나라를 평정한 뒤에 다시 촉(蜀)나라를 쳤다는 고사에서, 인간의 욕심은 끝이 없음을 비유하여 이르는 말.
득리(得利)명-하다자 이익을 얻음. 획리(獲利)
득리(得理)명-하다자 사물의 이치를 깨달음.
득면(得免)명-하다타 좋지 않은 일이나 책임 따위를 잘 피하여 면함.
득명(得名)명-하다자 명성이 높아짐, 또는 이름이 널리 알려짐.
득문(得聞)명-하다타 얻어들음.
득물(得物)명-하다자 물건을 얻음.
득민(得民)명-하다자 민심(民心)을 얻음.
득방(得謗)명-하다자 득담(得談)
득배(得配)명-하다자 배우자를 얻음.
득병(得病)명-하다자 병을 얻음. 병에 걸림.
득보기명 아주 못난 사람을 이르는 말.
득부상부(得斧喪斧)성구 '얻은 도끼나 잃은 도끼나'라는 말을 한문식으로 옮긴 구(句)로, 얻은 것과 잃은 것이 같아서 이익도 손해도 없다는 뜻.
득불보:실(得不補失)성구 얻은 것으로는 잃은 것을 보충하지 못한다는 뜻으로, 손해가 됨을 이르는 말.
득상(得喪)명 득실(得失)
득색(得色)명 일이 뜻대로 되어 뽐내는 기색.
득세(得勢)명-하다자 ①세력을 얻음. ☞실세(失勢) ②형세(形勢)가 좋게 됨.
득소실다(得少失多)성구 적게 얻고 많이 잃음. 소득보다 손실이 큼을 이르는 말.
득송(得訟)명-하다자 소송에 이김. 득신(得伸). 승소(勝訴)
득수(得數)명 '몫'의 구용어.
득수-득파(得水得破)명 풍수지리설에서, 산 속에서 흘러나와 산 속으로 흘러가는 물을 이르는 말.
득승(得勝)명-하다자 싸움이나 경쟁에서 이김. 승리를 거둠.
득시(得時)명-하다자 좋은 때를 만남.
득시글-거리다(대다)자 무엇이 떼로 모여 매우 어수선하게 움직이다. ¶천장에 쥐가 -./수많은 사람들로 득시글거리는 거리. ☞득실거리다
득시글-득시글부-하다형 득시글거리는 모양을 나타내는 말. ¶쥐들이 - 들끓다. ☞득실득실
득신(得辛)명 음력 정월의 맨 처음 드는 신일(辛日). 초하루에 들면 일일 득신, 열흘날에 들면 십일 득신이라 하여 그 해 농사의 풍흉(豐凶)을 점침.
득신(得伸)명-하다자 ①뜻을 펴게 됨. ②소송에 이김. 득송(得訟). 승소(勝訴)
득실(得失)명 ①얻는 것과 잃는 것. 득상(得喪) ②이익과 손해. 이해(利害) ¶-을 따지다. ③성공과 실패. ④장점과 단점.
득실-거리다(대다)자 무엇이 매우 많이 모여 어수선하게 움직이다. ¶방 안에 개미가 -. ☞득시글거리다
득실-득실부-하다형 득실거리는 모양을 나타내는 말. ☞득시글득시글

득실상반(得失相半)성구 이로움과 해로움이 서로 같음을 이르는 말.
득심(得心)명 뜻대로 이루어져 만족해 하는 마음.
득유(得由)명-하다자 말미를 얻음. 득가(得暇)
득음(得音)명-하다자 노래의 음색이나 창법 따위가 썩 아름다운 경지에 이름.
득의(得意)명-하다자 뜻을 이루어 만족해 함, 또는 뽐냄. ¶-한 기색.
득의만:면(得意滿面)성구 뜻을 이루어 기쁜 기색이 얼굴에 가득함을 이르는 말.
득의양양(得意揚揚)[-냥]성구 뜻하는 바를 이루어서 뽐내고 우쭐거림을 이르는 말. ¶개선 장군처럼 -하다.
득인(得人)명-하다자 쓸만 한 사람을 얻음.
득인심(得人心) '인심을 얻음'의 뜻.
득점(得點)명-하다자 시험이나 경기 등에서 점수를 얻음, 또는 얻은 그 점수. ¶-의 기회를 놓치다. ☞실점
득점-타(得點打)명 야구에서, 점수를 얻는 안타(安打).
득정(得情)명-하다자 범죄를 저지른 실정을 알아냄.
득제(得題)명-하다자 지난날, 소장(訴狀)이나 청원서(請願書)에 자기에게 이로운 제사(題辭)를 받던 일.
득죄(得罪)명-하다자 잘못을 저질러 죄가 됨.
득중(得中)명 ①-하다자 지나치거나 모자람이 없이 꼭 알맞게 됨. ②-하다형 지나치거나 모자람이 없이 꼭 알맞음. ¶-한 방안.
득지(得志)명-하다자 소원대로 뜻을 이룸.
득진(得眞)명-하다자 ①사물의 진상을 알아냄. ②참된 경지에 이름.
득참(得參)명-하다자 참여할 수 있게 됨.
득책(得策)명-하다자 훌륭한 계책을 얻음, 또는 그 계책. 득계(得計)
득첩(得捷)명-하다자 과거에 급제함.
득체(得體)명-하다자 체면을 유지함.
득총(得寵)명-하다자 지극한 사랑을 받음.
득탈(得脫)명-하다자 불교에서, 불법(佛法)의 참된 이치를 깨달아 번뇌에서 벗어남을 이르는 말.
득통(得通)명-하다자 불교에서, 신통력(神通力)을 얻음을 이르는 말.
득표(得票)명-하다자 투표에서, 찬성의 표를 얻음, 또는 얻은 표의 수. ¶과반수의 -로 당선되다.
득:-하다자여 날씨가 갑자기 추워지다. ¶한번 득하는 날이면 사나흘은 얼어붙는다.
득-하다(得-)타여《文》얻다 ¶자격을 득한 자.
득행(得幸)명-하다자 임금의 각별한 사랑을 받음.
득효(得效)명-하다자 약 따위의 효력을 봄.
-든어미 '-든지'의 준말. ¶가든 말든 상관 마시오./길든 짧든 상관없소./무엇이든 물어 보시오.
×**-든가**어미 →-던가
×**-든걸**어미 →-던걸
×**-든고**어미 →-던고
든-난벌명 든벌과 난벌. 나들이옷과 집에서 입는 옷. 난든벌
×**-든데**어미 →-던데
든든-하다형여 ①사람의 몸이 옹골차고 굳세다. ¶든든해 보이는 체력. ②뱃속이 차서 허수한 느낌이 없다. ¶아침을 든든하게 먹다. ③마음이 허전하거나 불안하지 않고 미덥다. ¶자네와 같이 가니 마음이 든든하네. ④권세나 재력 따위가 어떤 일을 뒷받침할만 하다. ¶든든한 배경./장사 밑천이 -. ☞단단하다. 뜬뜬하다
 든든-히부 든든하게
든-바람명 '남동풍'의 뱃사람말.
든-번(-番)명 숙직(宿直)이나 일직(日直) 근무를 하기 위해 갈마드는 번, 또는 그 사람. 상번(上番) ☞난번
든-벌명 집 안에서만 입는 옷이나 신는 신 따위를 이르는 말. ☞난벌. 든난벌. 막벌
든-사:람명 유식한 사람. ¶-이라 분별력이 남달라.
든-손명 ①일을 시작한 손. ¶-에 이것도 마저 하게. ②

〔부사처럼 쓰임〕 서슴지 않고 곧 또는 망설임 없이 얼른. ¶일을 마치거든 ― 돌아오게나.

-든지 어미 어간이나 '이다'의 '이-'에 붙어, 구애 받지 않고 선택적이라는 뜻을 나타내는 어미. ¶비가 오든지 눈이 오든지 할 것 같다./크든지 작든지 상관없다./꿩이든지 닭이든지 가릴 것 없다./무엇이든지 관계없다./쌀이든지 콩이든지 주는 대로 받는다./일등이든지 이등이든지 아니겠느냐?/논리학이든지 수학이든지 어느 하나를 선택하라. 준-든 ☞-거나

ㄷ

든직-하다 형여 사람됨이 속이 깊고 묵중하다. ☞듬직하다. 뜸직하다 ¶든직한 젊은이.

든-침:모(-針母) 명 남의 집에 묵으면서 바느질을 맡아 하는 침모. ☞난침모

듣-그럽다(-그럽고·-그러워) 형ㅂ 어떠한 소리가 듣기 싫다. ¶떠드는 소리가 ―.

듣기 명 국어나 외국어 학습의 한 부분. 남의 말을 올바르게 듣고 이해하는 일. ☞말하기. 쓰기. 읽기

듣다[1](듣고·들어) 자ㄷ 빗물이나 눈물 따위가 방울방울 떨어지다. ¶눈물이 ―./빗방울 듣는 소리.

듣거니 맺거니 관용 눈물 방울이 떨어지기도 하고 맺히기도 하고.

듣다[2](듣고·들어) 자ㄷ ①약 따위가 병에 효험이 있다. ¶두통에 잘 듣는 약. ②기구나 기계 따위가 제대로 움직이다. ¶브레이크가 잘 듣지 않는다.

듣다[3](듣고·들어) 타ㄷ ①소리를 귀로 느끼다. ¶새소리를 ―./파도 소리를 ―. ②말이나 소리를 통하여 그 뜻을 이해하거나 음미하다. ¶소식을 ―./소문을 ―./음악을 듣고 있다. ③칭찬이나 꾸지람 등을 받다. ¶선생님의 칭찬을 ―./꾸중을 ―. ④요청이나 요구를 받아들이다. ¶부탁을 들어주다. ⑤이르는 말대로 따르다. ¶어머니 말씀을 잘 듣는 어린이.

속담 **듣기 좋은 노래도 한두 번이지** : 아무리 좋은 노래라도 여러 번 들으면 싫어진다는 말.〔듣기 좋은 이야기도 늘 들으면 싫다〕/**들으면 병이요 안 들으면 약이다** : 들어서 근심될 일이라면 차라리 안 듣는 것이 낫다는 말./**들은 말 들은 데 버리고 본 말 본 데 버려라** : 들은 말이나 본 일을 남에게 옮기지 말라는 말./**들을 이 짐작** : 옆에서 아무리 그럴싸하게 말하여도 듣는 사람에 따라서 나름대로 짐작을 하니, 말한 그대로만 될 리는 없다는 말.

한자 들을 문(聞)〔耳部 8획〕¶견문(見聞)/다문(多聞)/백문(百聞)/진문(診聞)/풍문(風聞)
들을 청(聽)〔耳部 16획〕¶경청(傾聽)/청각(聽覺)/청강(聽講)/청문(聽聞)/청중(聽衆) ▷속자는 聴

듣다-못해[-몯-] 부 무슨 말을 참고 듣다가 더 이상 참을 수가 없어서. ¶― 자리에서 일어서다.

듣보기-장사 명 들어박힌 장사가 아니고, 시세를 듣보아 가며 요행수를 바라고 하는 장사. 유투기상(投機商)

속담 **듣보기 장사 애 말라 죽는다** : 요행수를 바라면서 애를 몹시 태우는 사람을 두고 이르는 말.

듣-보다 타 무엇을 찾느라고 여기저기 듣고 보고 하여 알아보다. ¶혼처를 ―.

듣-잡다(-자와) 타ㅂ '듣다[3]'를 겸손하게 이르는 말.

들:[1] 명 ①넓고 평평한 땅. ¶산이나 ―에 피는 꽃. ☞벌판. 평야(平野). 평원(平原) ②논이나 밭으로 된 넓은 땅. ¶벼가 익어 가는 ―./―에 일하러 가다.

한자 들 야(野)〔里部 4획〕¶산야(山野)/야경(野景)/야생(野生)/전야(田野)/평야(平野)/황야(荒野)

들[2] 의 둘 이상의 명사를 들어 말할 때, 그러한 '여럿'을 뜻하는 말. 등(等)[2] ¶개·고양이·닭 ―을 기르다. 유따위 ☞-들

들-[1] 접두 '함부로', '심하게'의 뜻을 나타내는 말. ¶들까불다/들놀리다/들부딪다

들-[2] 접두 '품질이 낮은' 또는 '야생의'의 뜻을 나타내는 말. ¶들국화/들깨/들소/들장미/들쥐

-들 접미 ①그것이 복수임을 나타내는 말. ¶사람들/우리들/너희들/여러분들 ②《접미사처럼 쓰이어》'여러분들'의 준꼴. ¶어서들 오시오./빨리들 일어나시오./잘 알아듣지들 못해요/많이 드시오들.

들:-개[-깨] 명 주인 없이 돌아다니는 개. 야견(野犬)

들-것[-껏] 명 환자나 물건을 실어서 나르는 기구. 길게 만든 천 조각 따위의 양쪽에 막대기를 대어 만들고, 앞뒤에서 두 사람이 들고 나름. 담가(擔架) ¶부상자가 ―에 실려 나가다.

들고-나가다 타 연의 줄을 얼레에서 풀어 주다가 줄이 떨어졌을 때, 얼레를 든 채로 연을 따라 나가다.

들고-나다[1] 자 들어왔다가 나갔다가 하다. ¶많은 사람들이 ―./창고에 들고나는 물품들./종일 들고나는 바닷물.

들고-나다[2] 자 ①남의 일에 참견하여 나서다. ¶이웃집 싸움에 공연히 ―. ②집 안의 물건을 팔려고 가지고 나가다. ¶입지 않는 옷을 골라 벼룩 시장에 ―.

들고-뛰다 자 '달아나다'를 속되게 이르는 말. ¶사고를 내고 겁이 나서 ―.

들고-버리다 자 '달아나다'를 속되게 이르는 말.

들고-빼:다 자 '달아나다'를 속되게 이르는 말.

들고-일어나다 자 어떤 일에 여럿이 항의하고 나서다. ¶공해 문제로 시민들이 ―.

들고-주다 자타 ①'달아나다'를 속되게 이르는 말. ②난봉이 나서 재물을 함부로 쓰다.

들고-튀다 자 '달아나다'를 속되게 이르는 말.

들고-파다 타 한 가지만 가지고 열심히 연구하거나 공부를 하다. ¶영어만 ―.

들:-국화(-菊花) 명 산이나 들에 저절로 자라는 국화를 통틀어 이르는 말. 감국·산국 따위. 야국(野菊)

들-그물 명 물 속에 펼쳐 두고 물고기가 그 위에 왔을 때 들어올려서 잡는 그물. ☞부망(敷網)

들그서-내:다 타 속에 든 물건들을 함부로 들썩이어 끄집어내다. ¶농 속 옷가지까지 ―.

들-기름 명 들깨로 짠 기름. 법유(法油)

들:-길[-낄] 명 들에 난 길. 야경(野徑)

들-까부르다(-까부르고·-까불러) 타르 몹시 흔들어서 까부르다. 준들까불다

들까불-거리다(대다) 타 자꾸 들까부르다. ¶상모를 돌리느라고 고개를 ―.

들-까불다(-까불고·-까부니) 타 '들까부르다'의 준말.

들까불-들까불 부-하다 타 자꾸 들까부르는 모양을 나타내는 말.

들-까불리다 자 들까부름을 당하다.

들-깨 명 ①꿀풀과의 한해살이풀. 줄기 높이 60~90cm. 온몸에 털이 있고, 잎은 달걀꼴로 마주 나며 특이한 냄새가 있음. 여름에 작은 흰 꽃이 피고, 잎은 '깻잎'이라 하여 먹음. 백소(白蘇) ②들깨의 씨. 작고 둥글며 회갈색임. 짜서 들기름을 내거나 볶아서 양념으로 쓰기도 함. 수임(水荏). 야임(野荏). 임자(荏子)

들깨-죽(-粥) 명 들깨와 쌀을 불려 맷돌에 갈아서 쑨 죽. 들깨와 쌀을 각각 물에 불려 맷돌에 갈아서 깨를 간 웃물에 쌀 간 것을 넣고 끓이다가 깨 가라앉은 것을 넣고 쑮.

들깨-풀 명 꿀풀과의 한해살이풀. 줄기 높이 20~60cm. 잎은 마주 나고 8~9월에 담자색 꽃이 총상(總狀) 꽃차례로 핌. 잎은 먹을 수 있고, 씨에서 짜낸 기름은 방수지를 만드는 데 쓰이며 식용유나 등화유로도 쓰임.

들깻-묵 명 들기름을 짜고 난 찌끼. 밑밥이나 거름 등으로 쓰임. ☞깻묵

들깻-잎 명 들깨의 잎사귀. 깻잎

들:-꽃 명 산이나 들에서 절로 자라는 식물의 꽃. 야생화(野生花)

들-꾀:다 자 벌레 등이 모여 뒤끓다. ¶진딧물이 ―.

들:-꿩 명 들꿩과의 텃새. 몸길이 35cm 안팎. 등은 회색에 적갈색 무늬가 있고, 배 부분은 백색인데 흑색과 적갈색의 반문이 있음. 고산 지대에서 나무의 순과 열매를 먹고 삶. 송계(松鷄)

들-끓다 자 ①한자리에 많이 모여서 뒤끓듯이 움직이다.

¶ 할인 매장이 손님들로 ―. ②여론이나 감정이 세차게 끓어오르다. ¶ 여론이 ―./적개심이 ―.
들-나무 명 마소의 편자를 신기는 곳에 세운 기둥. 마소를 움직이지 못하게 붙잡아 맴.
들:-나물 명 들에서 나는 나물. 쑥·냉이·달래·씀바귀 따위. 야채(野菜) ☞산나물
들-날리다 자타 세력이나 이름을 세상에 널리 떨치다. 또는 떨치게 하다. 드날리다 ¶ 이름이 ―./명성을 ―.
들-내 명 들깨나 들기름에서 나는 냄새.
들:-녘 명 들이 있는 곳. 또는 들이 있는 쪽. ¶ 벼가 누렇게 익어 가는 ―.
속담 **들녘 소경 머루 먹듯** : 멋도 모르고 덤벙댄다는 말.
들-놀다(―놀고·―노니) 자 들썩거리며 이리저리 흔들다. ¶ 마루청이 ―.
들:-놀리다 타 남을 함부로 마구 놀려 주다.
들:-놀이 명 들에서 노는 놀이. 야유(野遊)
들:-농사(―農事) 명 목축, 누에치기, 버섯 재배 등이 아닌 '논농사'나 '밭농사'를 이르는 말.
들-놓다 타 들었다 놓았다 하다. ¶ 사과 상자를 ―.
들다[1](들고·드니) 자 ① ㉠밖에서 안으로 가거나 오거나 하다. ¶ 잠자리에 ―./어서 안으로 드십시오. ㉡다른 길로 가거나 오거나 하다. ¶ 골목길로 ―./길을 잘못 들었다. ②안에 담기거나 섞이거나 하다. ¶ 가방에 든 서류./감에는 비타민 C가 많이 들어 있다. ③햇살이나 불길 따위가 어디에 미치다. ¶ 볕이 잘 드는 남향집./불이 잘 드는 아궁이. ④도둑 따위가 침입하다. ¶ 간밤에 도둑이 들었다. ⑤ ㉠물감이나 색이 천 따위에 스미다. ¶ 옷에 풀물이 ―. ㉡어떤 풍조에 휩싸이다. ¶ 나쁜 물이 ―. ⑥ ㉠단체나 조직의 구성원이 되다. 가입하다 ¶ 야구부에 ―./해양 소년단에 ―. ㉡돈의 융통을 위하여 어떤 조직에 들어가다. ¶ 계에 ―./보험에 ―. ⑦어떤 기준 안에 끼이다. ¶ 등수에 ―./가작(佳作)에 ―. ⑧돈·노력·물자·시간 따위가 필요한 데 쓰이다. ¶ 돈이 많이 ―./힘이 드는 일./공이 든 세공. ⑨어떤 곳에 살거나 묵으러 가다. ¶ 새 집에 ―./여관에 들기로 하다. ⑩병 따위가 몸에 생기다. ¶ 감기가 ―./멍이 ―. ⑪어떤 때나 철이 시작되거나 닥치다. ¶ 가을이 ―./장마철에 ―./이 달 들어 부쩍 지출이 늘었다. ⑫나이가 꽤 많아지다. ¶ 나이 든 사람./나이가 들수록 눈이 어두워진다. ⑬안이나 속에 무엇이 생기다. ¶ 배추 속이 ―./알이 든 청어./무 밑이 들었다. ⑭마음에 맞거나 차다. ¶ 첫눈에 ―./마음에 드는 옷. ⑮음식이 제 맛이 생기다. ¶ 김치 맛이 ―./포도에 단맛이 ―. ⑯일부 명사와 함께 쓰이어 그 명사가 뜻하는 상태가 되거나 이루어지다. ¶ 풍년이 ―./가뭄이 ―./잠이 들었나 보다. ⑰버릇이 생기다. ¶ 나쁜 버릇이 ―./일찍 자는 습관이 ―. ⑱지각·생각·느낌 따위가 생기다. ¶ 철이 ―./무서운 생각이 ―./정이 ―. ⑲의식이 되돌아오거나 정신을 차리게 되다. ¶ 정신이 ―.
타 ①일부 명사와 함께 쓰이어 그 명사가 뜻하는 행동을 하다. ¶ 시중을 ―./역성을 ―./중매를 ―. ②대상이 되다. ¶ 편을 ―.
조동 본용언(本用言) 다음에 쓰이어 '굳이 하려고 하다'의 뜻을 나타냄. ¶ 우기려 ―./싸우려 ―.
속담 **드는 정은 몰라도 나는 정은 안다** : 정이 들 때는 드는 줄 모르게 들어도, 싫어질 때는 정이 떨어져 나가는 것을 역력히 알 수 있다는 말./**드는 줄은 몰라도 나는 줄은 안다** : 느는 것은 표적이 안 나도 줄어든 것은 곧 알아차릴 수 있다는 말./**든 거지 난 부자** : 집안 살림은 거지꼴이면서, 밖으로는 부자같이 보이는 사람을 이르는 말./**든 버릇 난 버릇** : 후천적 습성이 선천적 성격처럼 되어 버림을 이르는 말./**든부자 난 거지** : 실속은 부자지만 겉으로는 가난해 보이는 사람을 이르는 말./**들어서 죽 쑨 놈 나가도 죽 쑨다** : ①집에서 늘 일만 하던 사람은 밖에 나가 다른 곳에 가도 일만 하게 된다는 말. ②집에서 하던 버릇은 집을 나서도 버리지 못한다는 말./**들 적 며느리 날 적 송아지** : 며느리는 시집올 적에만 대접을 받고, 송아지는 태어날 적에만 귀염을 받는다는 뜻으로, 며느리는 시집에 들어와서는 일만 하고 산다는 뜻으로 이르는 말.

한자 들 입(入) 〔入部〕 ¶ 입구(入口)/입대(入隊)/입문(入門)/입사(入社)/입학(入學)/출입(出入)

들다[2](들고·드니) 자 쇠붙이 연장의 날이 날카로워 잘 베어지다. ¶ 칼이 잘 ―.
속담 **들지 않는 솜틀은 소리만 요란하다** : ①어리석고 못난 사람일수록 젠체하고 호령하며 나선다는 말. ②되지도 않을 일을 가지고 소문만 크게 낸다는 말.
들다[3](들고·드니) 자 ①내리던 비나 눈이 그치고 날씨가 개다. ¶ 날이 들면 떠나자. ②땀이 그치다. ¶ 땀이 ―.
들다[4](들고·드니) 타 ①놓인 것을 손에 쥐어 위로 올리다. ¶ 짐을 들어 화물차에 싣다. ②손에 쥐거나 가지다. ¶ 가방을 들고 가다./손에 든 태극기를 흔들다. ③몸의 일부를 위쪽으로 쳐들다. ¶ 고개를 ―./택시를 보고 손을 ―. ④실지 예나 증거를 끌어 말하다. ¶ 예를 ―./확실한 증거를 ―.

한자 들 거(擧) 〔手部 14획〕 ¶ 거두(擧頭)/거배(擧杯)/거수(擧手)/거양(擧揚)/거촉(擧燭) ▷ 속자는 挙
들 제(提) 〔手部 9획〕 ¶ 제등(提燈)/제시(提示)

들다[5] 타 음식을 '먹다' 또는 '마시다'를 점잖게 이르는 말. ¶ 아침을 ―./주스 한 잔 드시지요.
들:-대 명 가까운 들녘.
들-도리[―또―] 명 들연이 얹히는 도리. 가에 선 기둥 위의 도리를 상량(上樑) 도리와 구별하여 이르는 말.
들-돌[―똘] 명 체력을 단련하기 위하여 들었다 놓았다 하는 돌이나 쇠로 만든 운동 기구.
들-두드리다 타 함부로 자꾸 두드리다.
들-두들기다 타 함부로 자꾸 두들기다.
들들 부 ①콩이나 깨 따위를 좀 약한 불에 잘 휘저어 가며 볶는 모양을 나타내는 말. ②곡식을 맷돌에 가는 모양, 또는 그 소리를 나타내는 말. ③남을 몹시 들볶는 모양을 나타내는 말. ☞달달[3]
들들 볶다 관용 ①콩이나 깨 따위를 좀 약한 불에 잘 휘저으며 볶다. ¶ 콩을 ―. ②사람을 견디지 못하도록 몹시 들볶다. ¶ 사람을 못살게 ―. ☞달달 볶다
들-때리다 타 몹시 때리다.
들때-밑 명 권세 있는 집에 사는 고약한 하인.
들-떠들다(―떠들고·―떠드니) 자 여럿이 몹시 떠들다. ¶ 문밖에서 들떠드는 소리.
들-떡쑥 명 국화과의 여러해살이풀. 줄기 높이 15~45cm이고 회백색에 털이 많음. 잎은 잎자루가 없고 선형(線形) 또는 바늘 모양이며 뒷면에 회백색의 솜털이 밀생함. 6~8월에 황갈색 꽃이 두상(頭狀) 꽃차례로 핌. 우리 나라 각처의 밭이나 들판의 건조한 곳에서 자람.
들떼-놓고 부 꼭 집어 바로 말하지 않고. ¶ ― 빈정대다.
들-떼리다 타 남의 감정을 건드려 덧내다.
들-뛰다 자 몹시 뛰다.
들-뜨다(―뜨고·―떠) 자 ①단단한 데 붙은 얇은 물건이 안쪽으로 떨어져 들고일어나다. ¶ 장판지가 ―. ②마음이 가라앉지 않고 들썽거리다. ¶ 마음이 ―./들뜬 기분을 가라앉히다. ☞달뜨다 ③살빛이 누렇고 부석부석하게 되다. ¶ 누렇게 들뜬 얼굴.
들-뜨리다 타 '들이뜨리다'의 준말.
들-뜨이다 자 어떤 충동이나 자극을 입어 마음이 들썽거려지다.
들락-거리다(대다) 자 자꾸 들락날락 하다. 들랑거리다 ¶ 수시로 사무실을 ―./추운데 자꾸 ―.
들락-날락 부 자꾸 들어왔다 나갔다 하는 모양을 나타내는 말. 들랑날랑 ¶ 많은 사람이 ― 하는 출입문.
들랑-거리다(대다) 자 자꾸 들랑날랑 하다. 들락거리다
들랑-날랑 자 들락날락 ¶ 대문을 ― 하다.
들러-가다 자타 지나는 길에 어떤 데를 들렀다가 가다. ¶ 하교 길에 친구 집에 ―.

들러리 명 ①결혼식에서, 신랑 신부를 보살펴 식장으로 인도하고 거들어 주는 사람. ②주인공을 빛내기 위해 곁따르는 사람.
들러리(를) 서다 관용 ①결혼식에서, 들러리 구실을 하다. ②주인공을 빛내기 위해 곁다리 구실을 하다.
들러-붙다 자 ①끈기 있는 것이 척 붙다. ¶껌이 옷에 ─./찰거머리처럼 ─. ②응석을 부리거나 어리광을 부리며 감기듯이 붙좇다. ¶아이들이 들러붙어 자꾸 귀찮게 하다. ③무슨 일에 끈기 있게 매달리거나 열중하다. ¶종일 컴퓨터에만 들러붙어 지내다. ④끈질기게 맞서다. ¶다시 한 번 겨루자고 끈질기게 ─. ☞달라붙다
들레다 자 야단스럽게 떠들다.
들려-주다 타 듣도록 하여 주다. ¶경험담을 ─.
들르다(들르고·들러) 자 지나는 길에 잠깐 거치다. ¶퇴근 길에 슈퍼마켓에 ─.
들리다[1] 자 ①소리가 귀청을 울려 청각이 일어나다. ¶새소리가 ─./들릴락말락한 작은 소리. ②소문 따위가 퍼져서 사람이 듣게 되다. ¶이상한 소문이 ─.
들리다[2] 자 ①못된 귀신이 들러붙다. ¶귀신이 ─. 유 씌다 ②병이 덮치다. ¶감기에 ─.
들리다[3] 자 물건이 뒤가 끊어져 모두 없어지다. ¶밑천이 ─./상품이 다 ─.
들리다[4] 자 남에게 듦을 당하다. ¶몸이 번쩍 ─./기중기에 들린 화물 컨테이너.
들리다[5] 타 남으로 하여금 듣게 하다. ¶아이들에게 옛날 이야기를 ─.
들리다[6] 타 남을 시켜서 물건을 들게 하다. ¶짐꾼에게 큰 가방을 ─.
들마 명 가게의 문을 닫을 무렵. ¶외상값은 ─에 갚겠다.
들-맞추다[─맏─] 타 겉으로 얼렁뚱땅하여 남의 비위를 맞추다.
들-머리 명 들어가는 첫머리. ¶골목 ─에 있는 집.
들머리-판 명 다 들어먹고 끝장나는 판. 준 들판[1]
들머리판(을) 내다 관용 다 들어먹고 끝장나게 하다.
들먹-거리다(대다)[1] 자타 ①묵직한 물체의 일부나 전체가 조금 들렸다 내려졌다 하다, 또는 그리 되게 하다. ¶천둥 소리에 땅이 들먹거리듯 했다. ②몸의 일부가 조금 쳐들렸다 놓였다 하다, 또는 그리 되게 하다. ¶어깨가 ─./일어나려고 엉덩이를 ─. ③말을 하려는듯이 입술을 가볍게 들썩거리다. ¶말없이 입술만 ─. ④마음이 가라앉지 아니하고 울렁거리다. ¶가슴이 들먹거리고 이마에 땀이 솟다. 들먹이다[1] ☞달막거리다. 뜰먹거리다
들먹-거리다(대다)[2] 타 어떤 일을 자꾸 들추어 입에 올리다. 들먹이다[2] ¶지난 일을 ─.
들먹다 형 못생기고 마음이 올바르지 못하다.
들먹-들먹 부 들먹거리는 모양을 나타내는 말. ☞달막달막. 뜰먹뜰먹
들먹-이다[1] 자타 들먹거리다[1] ☞달막이다. 뜰먹이다
들먹-이다[2] 타 들먹거리다[2]
들메 명-하다 타 신을 들메는 일.
들메:-끈 명 신을 들메는 끈.
들메:-나무 명 목서과의 낙엽 교목. 높이 20m 안팎. 잎은 겹잎으로 마주 나고 이른봄에 누른 빛깔의 작은 꽃이 핌. 산의 습지에 자라며 목재는 건축재나 가구재로 쓰임.
들메:다 타 신이 벗어지지 않도록 끈으로 신을 발에다 동여매다. 들메하다 ☞들메. 들메끈
들무새[1] 명 무엇을 만들거나 뒷바라지를 하는 데 쓰이는 재료나 감.
들무새[2] 명-하다 타 막일에서 남을 힘껏 도움.
들:-바람[─빠─] 명 들에서 불어오는 바람.
들-배지기 명 씨름의 허리기술의 한 가지. 상대편을 무릎 위까지 들어올려 배지기로 넘어뜨리는 공격 재간. ☞맞배지기
들병-장수(─甁─)[─뼝─] 명 지난날, 병에 술을 담아 가지고 다니면서 파는 장사치를 이르던 말.
들-보[1][─뽀] 명 목조 건물의 칸과 칸 사이의 두 기둥을 건너지르는 나무. 도리와 직각을 이룸. 준 보

한자 들보 량(梁) 〔木部 7획〕 ¶교량(橋梁)/동량(棟梁)

들-보[2][─뽀] 명 지난날, 사내의 다리 샅에 병이 생겼을 적에 샅에 차는 헝겊을 이르던 말.
들보[3] 감 마소를 몰 때, 발을 들라고 고삐의 한 끝을 당기면서 하는 말. ☞어디여. 이랴
들-볶다[─복─] 타 남을 몹시 못살게 굴다. ¶부하 직원을 ─.
들-볶이다 자 들볶음을 당하다. 시달리다 ¶아침부터 빚쟁이에게 ─.
들부드레-하다 형여 약간 들큼하다. ☞달보드레하다
들-부딪다[─딛─] 자타 함부로 세게 부딪다.
들부셔-내:다 타 지저분하고 너절한 것을 말끔히 부시다. 깨끗이 씻어 내다. ¶김칫독을 ─.
들-부수다 타 '들이부수다'의 준말.
들-붓다[─붇─] 타 '들이붓다'의 준말.
들:-비둘기[─삐─] 명 야생의 비둘기. ☞집비둘기
들-살[─쌀] 명 기울어져 가는 집을 살잡이할 때 쳐들어서 바로잡는 지레.
들:-새[─쌔] 명 ①들에서 사는 새. ☞물새. 바다새. 산새 ②산이나 들에서 사는 새. 야생의 새. 야조(野鳥). 야금(野禽) ☞가금(家禽)
들:-소[─쏘] 명 ①물소를 제외한 야생의 소를 통틀어 이르는 말. 야우(野牛) ②북아메리카에 사는, 몸집이 큰 종류의 소. 머리가 몸통에 비하여 크며, 어깨 부분이 불룩하게 솟고 몸의 앞 부분에 긴 털이 남. 평원이나 삼림에 떼지어 살며, 현재는 보호 동물임.
들-손[─쏜] 명 그릇에 달아 놓은 손잡이.
들-쇠 명 ①재래식 한옥에서, 분합(分閤)이나 겉창을 들어올려서 거는 보꾹에 매달린 긴 갈고리. 조철(銚鐵) ②가구에서, 가구를 들거나 서랍이나 문짝을 열 때 잡을 수 있도록 만든 쇠붙이로 된 손잡이.
들숨[─쑴] 명 안으로 들이쉬는 숨. ☞날숨
들숨 날숨 없다 관용 꼼짝달싹할 수 없다.
들썩 부 ①거벼운 물건의 일부나 전체가 좀 크게 쳐들렸다 내려지는 모양을 나타내는 말. ¶이불이 ─ 하다. ②몸의 일부가 한 번 좀 크게 쳐들렸다 놓이는 모양을 나타내는 말. ¶엉덩이를 ─ 쳐들다. ☞달싹. 뜰썩
들썩-거리다(대다)[1] 자타 ①잇달아 들썩 하다. ②가만히 있지 못할 정도로 마음이 자꾸 들뜨다, 또는 그리 되게 하다. ¶들썩거리는 마음을 다잡아먹다. 들썩이다[1] ☞달싹거리다. 뜰썩거리다
들썩-거리다(대다)[2] 자 시끄럽고 부산하게 떠들어대다. ¶사람들이 들썩거리는 바람에 잠에서 깨다.
들썩-들썩[1] 부 ①잇달아 들썩 하는 모양을 나타내는 말. ②가만히 있지 못할 정도로 자꾸 들뜨는 모양을 나타내는 말. ☞달싹달싹[1]. 뜰썩뜰썩
들썩-들썩[2] 부 시끄럽고 부산하게 떠들어대는 모양을 나타내는 말. ¶─하는 분위기.
들썩-이다[1] 자타 들썩거리다[1] ☞달싹이다. 뜰썩이다
들썩-이다[2] 자 들썩거리다[2]
들썩-하다[1] 형여 ①붙었던 것이 좀 크게 쳐들려 있다. ¶벽지가 ─. ②물건이 잘 덮이지 아니하여 밑이 조금 떠들려 있다. ¶뚜껑이 ─. ☞달싹하다. 뜰썩하다
들썩-하다[2] 형여 시끄럽고 부산하다. 부산하게 떠들썩하다. ¶아이들이 돌아오자 교실 안이 ─.
들썽-거리다(대다) 자 마음이 어수선하게 들떠서 움직이다. ¶마음이 들썽거려 일이 손에 잡히지 않는다.
들썽-들썽 부 들썽거리는 모양을 나타내는 말. ¶모두들 ─ 들떠 있다.
들썽-하다 형여 하고 싶거나 마음 졸이는 일이 있어 마음이 몹시 어수선하게 들떠 있다. ¶마음이 들썽하여 글자가 눈에 잘 들어오지 않는다.
들-쑤시다[1] 자 '들이쑤시다[1]'의 준말. ¶잇몸이 ─.
들-쑤시다[2] 타 '들이쑤시다[2]'의 준말. ¶개미 구멍을 들쑤셔 막아 버리다.
들쑥-날쑥 부-하다 형 멋대로 조금 들어가기도 하고 나오

기도 하여 고르지 않은 모양을 나타내는 말. 들쭉날쭉
들-쓰다(-쓰고·-써)㉺ ①위로부터 푹 덮어쓰다. 푹 눌러쓰다. ¶모자를 -. ②물이나 먼지 따위를 온몸에 뒤집어쓰다. ¶먼지를 -. ③남의 허물이나 책임 따위를 억울하게 지게 되다. ¶누명을 -.
들-씌우다㉺ 들쓰게 하다. ¶이불을 -./그 책임을 그에게 -.
들안아-놓기㉻ 씨름의 허리기술의 한 가지. 양 무릎을 굽히면서 상대편을 무릎 위로 올리면서 두 오금을 감아 당겨 윗몸을 밀어붙여 넘어뜨리는 공격 재간. ☞들어놓기
들-앉다[-안따]㉶ '들어앉다'의 준말.
들-앉히다㉺ '들여앉히다'의 준말.
들어-가다[1]㉶ ①밖에서 안으로 가다. ¶방으로 -./욕조에 -. ②조직이나 단체의 구성원이 되다. ¶고등 학교에-./출판사에 -. ③일정한 범위나 한계 안에 포함되다. ¶합격자 명단에 -./우수 작품 속에 -. ④돈·재료·노력 따위가 쓰이다. ¶교육비가 많이 -./목재가 많이 들어간 집. ⑤말이나 글의 내용이 이해되어 기억에 남다. ¶머리에 쏙쏙 들어가게 가르치다. ⑥어떤 내용이나 소식이 남에게 알려지다. ¶이 일이 선생님의 귀에 들어가면 안 된다. ⑦새로운 때나 상태가 비롯되다. ¶방학에 -./새로운 국면에 -. ⑧겉면이 우묵하게 안쪽으로 꺼지다. ¶볼과 눈이 쑥 -. ⑨구멍에 꽂히다. ¶못이 들어가지 않는 벽. ⑩사이에 끼이다. ¶그림이 많이 들어간 책. ⑪〔타동사처럼 쓰임〕 ㉠안으로 가다. ¶골목길을 -. ㉡조직이나 단체 따위의 구성원이 되다. ¶대학을 들어가면 배낭 여행을 가도 좋다. ⑫〔보조 동사처럼 쓰임〕 동사가 나타내는 행동이 시작되거나 진행 중임을 나타냄. ¶송충이가 솔잎을 먹어 -.
들어-가다[2]㉺ 물건을 몰래 훔쳐서 가져 가다.
들어-내:다㉺ ①물건을 들어 밖으로 내놓다. ¶창고에서 짐을 -. ②사람을 있던 곳에서 쫓아내다.
들어-놓기㉻ 씨름의 허리기술의 한 가지. 상대편을 가슴 높이까지 들어올려 몸에다 바짝 붙이고 허리를 당겨 엉덩방아를 찧게 하는 공격 재간.
들어니-쓰기㉻-하다㉺ 장기를 둘 때, 한번 집은 장기짝은 있던 자리에 도로 놓지 못하고 반드시 써야만 하는 일, 또는 그 규칙. 거드렁이
들어-맞다[-맏-]㉶ ①틀리지 않고 꼭 맞다. ¶예언이 -./꿈이 딱 들어맞았다. ②빈틈이 없이 꽉 차게 끼이다. ¶몸에 딱 들어맞는 옷.
들어-맞추다[-맏-]㉺ 꼭 맞게 하다. ¶원고 마감 시간에 -.
들어-먹다㉺ 있는 재물이나 밑천을 모조리 털어 없애다. ¶장사 밑천을 다 -.
×**들어-박이다**㉶ →들어박히다
들어-박히다㉶ ①빈틈없이 촘촘히 박히다. ¶총총들이 들어박힌 석류 알. ②나다니지 아니하고 한군데서만 지내다. ¶집 안에만 들어박혀 지낸다. ③깊이 들어가 빠지지 않다. ¶총탄이 어깨에 -.
들어-붓다[-붇-](-붓고·-부어)㉺㉦ ①들어올려서 붓다. ¶들통의 물을 독에 -. ②술을 많이 들이마시다. ¶빈속에 소주를 -. ③〔자동사처럼 쓰임〕 비가 퍼붓듯이 쏟아지다. ¶소나기가 들어붓듯이 쏟아지다.
들어-붙다[-붇-]㉶ 들러붙다
들어-서다㉶ ①밖에서 안으로 옮아 서다. ¶마을 어귀에 -./차가 고속 도로로 -. ②안쪽으로 다가서다. ¶열차가 곧 도착하니 안전선 안으로 한 발 들어서십시오. ③어떤 곳에 자리잡고 서다. ¶새 아파트가 -./공원이 -. ④새로운 제도나 체제가 자리를 잡다. ¶새 정부가 -. ⑤어떤 상태나 시기가 시작되다. ¶우주 시대에 -./수확기에 -. ⑥가까이 대들어 버티고 서다. ¶들어서서 노려보다.
들어-앉다[-안따]㉶ ①안으로 들어가 앉다. ¶빚쟁이가 방에 들어앉아 가지 않는다. ②안쪽으로 다가앉다. ¶좀 안쪽으로 들어앉으시오. ③어떤 곳에 자리를 잡다. ¶골짜기에 오붓이 들어앉은 마을. ④자리를 차지하고 앉다. ¶새 주인이 -. ⑤직장을 그만두고 집 안에 있다. ¶집에 들어앉아 집필에 전념하다. ㉮들앉다
들어-열:개㉻ 위쪽으로 들어 열게 된 문.
들어-오다㉶ ①밖에서 안쪽으로 오다. ¶문을 열고 -./어서 들어오시오. ②조직이나 단체의 구성원이 되다. ¶새로 들어온 회원. ③사상이나 사조의 영향이 밖에서 미치어 오다. ¶온갖 서양 문물이 -. ④수입 등이 생기다. ¶이자가 꼬박꼬박 -. ⑤말이나 글의 내용이 이해되어 기억에 남다. ¶흥미 있게 가르쳐서 머리에 잘 -. ㉮들오다

속담 **들어오는 복도 문 닫는다**: 방정맞은 짓만 한다고 나무라는 말./**들어온 놈이 동네 팔아먹는다**: 도중에 끼어든 사람이 전체에 누(累)를 끼친다는 말.
들어-올리다㉺ 아래에서 위로 쳐들어 올리다. ¶120kg의 역기를 -.
들어-잡채기㉻ 씨름의 혼합기술의 한 가지. 오른다리를 상대편의 다리 사이에 넣고 상대편을 가슴 가까이 당기면서 왼쪽으로 젖혀 넘어뜨리는 공격 재간. ☞옆채기
들어-주다㉺ 부탁이나 요구 따위를 허가하여 주다. ¶어려운 부탁을 -.
들어-차다㉶ 많이 들어서 꽉 차다. ¶욕조에 물이 가득 -./관객이 들어찬 농구장.
들엉㉷ 장수가 물건을 사라고 외칠 때, '들'의 뜻으로 길게 하는 말. ¶배추 - 사려.
들-엉기다㉶ 들러붙어서 엉기다.
들-엎드리다[-업-]㉶ 집에만 들어앉아서 활동을 아니하다. ¶집에만 들엎드려 지내다.
들여-가다㉺ ①밖에서 안으로 가지고 가다. ¶저녁상을 방으로 -. ②가게에서 물건을 사서 집으로 가져 가다. ¶쌀을 -./배추를 -.
들여-놓다㉺ ①밖에서 안으로 가져다 놓다. ¶화분을 마루에 -. ②안으로 들어오게 하다. ¶이 집에 아무도 발을 들여놓지 못하게 하라. ③물건을 사서 집에 가져다 놓다. ¶백과사전을 월부로 -. ④〔주로 '발을 들여놓다'의 꼴로 쓰이어〕 관계를 맺다. 진출하다 ¶정계에 발을 -.
들여다-보다㉺ ①밖에서 안을 엿보다. ¶문틈으로 방 안을 -. ②가까이 대고 자세히 보다. ¶현미경을 -./신문을 -. ③속내를 알다. ¶속셈을 -. ④어디에 들러서 찾아보다. ¶입원 중인 친구를 -.
들여다-보이다㉶ 속에 있는 것이 눈에 뜨이다. ¶방 안이 -./속셈이 훤히 -. ㉮들여다뵈다
들여다-뵈:다㉶ '들여다보이다'의 준말.
들여-대:다㉺ 바싹 가까이 대다. ¶대문 앞에 차를 -.
들여-디디다㉺ 안쪽을 향하여 발을 옮겨 디디다.
들여디딘 발관용 '어떤 일에 이미 손을 댔거나 시작하였음'을 이르는 말. ☞내친걸음
들여-보내다㉺ 밖에서 안이나 속으로 들어가게 하다. ¶갱 속으로 구조대를 -.
들여-세우다㉺ ①안쪽으로 들여서 세우다. ②계통을 잇기 위해, 후보를 구하여 들어서게 하다. ¶후계자를 -.
들여-쌓다㉺ 밖에 있는 물건을 안으로 들여다가 쌓다. ¶연탄을 창고 안에 -.
들여-앉히다㉺ ①안쪽으로 다가서 앉히다. ¶책상을 벽쪽으로 더 -. ②안으로 들여보내어 자리에 앉히다. ③나다니는 일을 그만두게 하여 집 안에 있게 하다. ¶큰애를 들여앉히고 농사일을 돕게 하다. ④일정한 자리나 지위를 맡게 하다. ¶공장장으로 -. ㉮들앉히다
들여-오다㉺ ①밖에서 집 안이나 방 안으로 가져 오다. ¶술상을 -. ②새로 사서 집이나 나라 안으로 가져 오다. ¶새 가구를 -./외국에서 첨단 기계를 -.
들:-연(-椽)[-련]㉻ 재래식 한옥에서, 오량(五樑) 이상으로 지은 집의 도리에 걸친 맨 끝의 긴 서까래를 이르는 말. 야연(野椽). 장연(長椽). 평연(平椽)
들-오다㉶ '들어오다'의 준말.
들:-오리㉻ 강이나 호수 등에 사는 야생의 오리.
들온-말㉻ 외래어(外來語)
들은-귀㉻ ①들은 경험. 들은 적. ¶-가 있어서 하는 말

이오. ②이로운 말을 듣고 그 기회를 놓치지 않으려고 함을 이르는 말. ¶ －가 밝다.

들은-풍월(－風月)명 가다오다 얻어들어 알고 있는 변변치 못한 지식. ¶ －은 있어서 제법 지껄이는군.

들음-들음[1] 명 여기저기서 조금씩 얻어들어 알게 된 것. ¶ －이 있어 짐작은 했다.

들음-들음[2] 명 어떤 일에 돈이나 물자가 조금씩 조금씩 들게 된 것. ¶ 잔치를 치르는 데 －이 여간 아니었다.

ㄷ

들이 부 '들입다'의 준말. ¶ － 밀어내다.

들이- 접두 ①'안으로 들게'의 뜻을 나타냄. ¶ 들이밀다/들이빨다 ②'마구', '힘차게'의 뜻을 나타냄. ¶ 들이부수다/들이붓다 ③'갑자기'의 뜻을 나타냄. ¶ 들이닥치다

-들이 《접미사처럼 쓰이어》'들다'의 전성형으로 '담을 수 있는 분량, 또는 그 그릇'의 뜻을 나타냄. ¶ 한 말들이/2리터들이

들이-곱다 자 안쪽으로 꼬부라지다. ☞내곱다

들이-굽다 자 안쪽으로 꾸부러지다. ¶ 팔이 들이굽지 내굽나. ☞들이곱다. 내굽다

들이-긋다[1] [－귿－](－긋고·－그어) 자ㅅ 병독(病毒)이 몸 안으로 몰리다.

들이-긋다[2] [－귿－](－긋고·－그어) 타ㅅ ①줄을 안쪽으로 다가서 긋다. ¶ 조금씩 줄을－. ②계속하여 자꾸 긋다. ¶ 파란 줄만 －.

들이-끌:다(－끌고·－끄니) 타 안쪽으로 잡아 끌다.

들이-끼우다 타 틈으로 들여보내서 끼우다.

들이-끼이다 자 틈으로 들어가서 끼이다.

들이다[1] 타 ①안으로 들어오도록 하거나 들어가도록 하다. ¶ 손을 집 안으로 －. ②맛을 붙이다. ¶ 고기 맛을 －./낚시에 맛을 －. ③피륙 따위에 물이 들게 하다. ¶ 손톱에 빨간 물을 －. ④돈·물자·노력 따위를 쓰다. ¶ 정성을 －./거액을 －./많은 시간과 노력을 들인 작품. ⑤들어와서 집에 함께 살게 하다. ¶ 하숙생을 －. ⑥잠을 이루게 하다. ¶ 자장가를 불러 잠을 －. ⑦잘 가르쳐서 버릇이 들도록 하다. ¶ 개에게 길을 －./습관을 －. ⑧부릴 사람을 고용하다. ¶ 다시 가정부를 －./새로 들인 일꾼.

한자 들일 납(納) 〔糸部 4획〕 ¶ 수납(收納)/출납(出納)

들이다[2] 타 땀을 그치게 하다. ¶ 그늘에 앉아 땀을 －.

들이-닥치다 자 별안간 닥치다. ¶ 도박장에 경찰이 －.

들이-대:다[1] 타 ①바싹 가져다 대다. ¶ 총을－. ②물건을 가져다가 마주 대다. ¶ 피의자에게 증거물을 －. ③돈이나 물건을 남의 뒤로 잇대어 주다. ¶ 계속해서 생활비를 －. ④물을 끌어들이어 대다. ¶ 논에 물을 －.

들이-대:다[2] 자 ①어떤 지점에 급히 가서 닿다. ¶ 차를 문 앞에 －. ②함부로 또는 세게 대들다. ¶ 상사에게 －.

들이-덤비다 자 남에게 마구 덤벼들다.

들이-뜨리다 타 안을 향하여 아무렇게나 집어넣다. 준 들뜨리다

들이-마시다 타 ①액체나 기체를 빨아들여서 목구멍으로 넘기다. ¶ 냉수를 －./새벽 공기를 －. ②마구 마시다. ¶ 안주도 없이 술을 －.

들이-맞추다[－맏－] 타 제자리에 가져다 대어 맞추다. ¶ 너트를 볼트에 －.

들이-몰:다(－몰고·－모니) 타 ①안쪽으로 몰다. ¶ 염소 떼를 우리 안으로 －. ②거세게 몰다. ¶ 말을 －.

들이-몰리다 자 ①안쪽으로 몰려가다. ②한곳으로만 몰리다. ¶ 건너편 가게로만 손님들이 －.

들이-밀:다(－밀고·－미니) 타 ①안쪽으로 밀다. ¶ 옷장을 조금 더 벽 쪽으로 －. ②함부로 냅다 밀다. ¶ 만원 버스의 사람들이 서로 －. ③안으로 들여보내다. ¶ 문밖에서 얼굴을 방 안으로 －. ④어떤 일에 돈이나 물건을 함부로 들이다. ¶ 사업체를 살리려고 자금을 －. ⑤어떤 문제 거리를 내놓고 말하다. ¶ 재해에 대한 보상 문제를 당국에 －. 준 디밀다

들이-밀리다 자 ①안쪽으로 밀리다. ②냅다 밀리다.

들이-박다 타 ①속으로 깊이 들어가도록 박다. ¶ 못을 깊숙이 －. ②안쪽으로 들여서 박다. ¶ 못을 좀더 안으로 －. ③마구 박다.

들이-받다 타 ①머리를 들이대고 받다. ¶ 소는 여간해서 사람을 들이받지 않는다. ②함부로 냅다 받다. ¶ 과속으로 달리다가 앞차를 －.

들이-부수다 타 마구 두들겨 깨뜨리다. 준 들부수다

들이-불:다(－불고·－부니) 자 ①바람이 안쪽으로 불다. ¶ 창문을 여니, 찬 바람이 방 안으로 들이불었다. ②바람이 마구 불다. ¶ 벌판에 모진 바람이 －.

들이-붓:다[－붇－](－붓고·－부어) 타ㅅ ①그릇 따위의 속으로 쏟아 붓다. ¶ 쌀을 쌀통에 －. ②세차게 붓다. ¶ 물을 들이붓듯이 비가 내린다. 준 들붓다

들이-비추다 타 ①밖에서 안쪽으로 비추다. ¶ 달빛이 방 안을 －. ②강하게 비추다. ¶ 갑자기 조명을 －.

들이-비치다 자 ①밖에서 안쪽으로 비치다. ¶ 석양이 들이비치는 방. ②세차게 비치다. ¶ 조명이 －.

들이-빨다(－빨고·－빠니) 타 힘있게 빨다. ¶ 담배를 －.

들이-세우다 타 ①안쪽으로 들여다가 세우다. ②어떤 자리에 보내어 그 일을 맡게 하다.

들이-쉬:다 타 숨을 들이켜 쉬다. ¶ 새벽 공기를 깊이 －. ☞내쉬다

들이-쌓다 타 ①안쪽으로 들여다가 쌓다. ☞내쌓다 ②한곳에 많이 쌓다. ¶ 두엄을 －.

들이-쌓이다[－싸－] 자 한곳에 많이 쌓이다. ¶ 들이쌓인 자재.

들이-쏘다 타 ①밖에서 안쪽으로 쏘다. ¶ 굴 안으로 총을 －. ②들입다 쏘다. ¶ 적진을 향하여 화살을 －.

들이-쑤시다[1] 자 들입다 쑤시듯이 아프다. ¶ 귀가 －. 준 들쑤시다[1]

들이-쑤시다[2] 타 ①남을 가만히 있지 못하게 들썩이다. ¶ 가만히 있는 사람을 들이쑤셔 한패로 끌어들이다. ②무엇을 찾으려고 샅샅이 헤치다. 준 들쑤시다[2]

들이-울:다(－울고·－우니) 자 들입다 울다.

들이-웃:다[－욷－] 자 들입다 웃다.

들이-조르다(－조르고·－졸라) 타르 마구 조르다. ¶ 자전거를 사달라고 들이조르는 아이.

들이-지르다(－지르고·－질러) 타르 ①들입다 세게 지르다. ②닥치는 대로 많이 먹다. ③큰소리를 마구 내다. ¶ 서로 고함을 －.

들이-찌르다(－찌르고·－찔러) 타르 ①안쪽으로 향하여 찌르다. ②들입다 찌르다.

들이-찧다 타 들입다 찧다.

들이-치다[1] 자 비나 눈 따위가 바람에 불려서 안쪽으로 세차게 뿌리다. ¶ 진눈깨비가 마루까지 －.

들이-치다[2] 타 막 들어가면서 세차게 치다.

들이-켜다[1] 타 세게 들이마시다. ¶ 탁주 한 사발을 죽 －.

들이-켜다[2] 타 톱 따위로 마구 켜다.

들이-키다 타 안쪽으로 옮기다. ¶ 화분을 들이켜 놓다.

들이-퍼붓다[－붇－](－퍼붓고·－퍼부어) 자타ㅅ ①비나 눈이 마치 퍼서 붓듯이 마구 쏟아지다. ¶ 갑자기 소나기가 －. ②마구 퍼붓다. ¶ 물동이에 물을 －. ③욕 따위를 마구 하다. ¶ 욕설을 －.

들:-일[－릴] 명 밭이나 논에서 하는 일. ☞집안일

들-입(－入) 명 한자 부수(部首)의 한 가지. '內'·'全'·'兩' 등에서 '入'의 이름.

들입다 부 마구 무리하게. 마구 세차게. ¶ － 때리다./－ 밀다. 준 들이. 딥다

들-장대(－長－)[－짱때] 명 지난날, 교군꾼의 어깨를 쉬게 하기 위하여 딴사람이 양 옆에서 가마채 밑을 받쳐서 들어 주는 장대를 이르던 말.

들:-장미(－薔薇)[－짱－] 명 ①'찔레나무'의 딴이름. ②들에서 저절로 나는 장미.

들-장지(∠－障子)[－짱－] 명 들어올려서 매달아 놓게 된 장지.

들-재간(－才幹)[－째－] 명 씨름에서, 상대편을 들어올리는 배지기 따위의 기술을 통틀어 이르는 말.

들:-쥐[－쮜] 명 인가에 살지 않고 들이나 산에 사는 쥐를

통틀어 이르는 말. 등줄쥐·멧밭쥐 따위. 야서(野鼠)

들:-짐승[-찜-] 명 들에서 사는 짐승.

들쩍지근-하다 형여 입에 당기지 않게, 좀 짙게 달다. ☞달짝지근하다. 들척지근하다

들쭉 명 들쭉나무의 열매.

들쭉-나무 명 진달랫과의 낙엽 활엽 관목. 높은 산에 자람. 높이 1m 안팎. 줄기는 암갈색이고 잎은 달걀꼴임. 7월경에 연듯빛 또는 담홍색의 종 모양의 꽃이 피고, 신맛이 나는 장과(漿果)가 열림. 수홍화(水紅花)

들쭉-날쭉 부-하다 형 줄지어 있는 것이 조금 들어가기도 하고 나오기도 하여 고르지 않은 모양을 나타내는 말.

들쭉-정과(-正果) 명 들쭉을 말려서 만든 정과.

들-차다 형 ①뜻이 굳세고 몸이 튼튼하다. ¶들차게 생긴 젊은이. ②몹시 거세다. ¶들차게 부는 바람.

들-창(-窓) 명 ①벽의 위쪽에 자그맣게 낸 창. ☞바라지[2] ②들어올려서 여는 창.

들창-눈이(-窓-) 명 마주볼 때도 위를 보는 것처럼, 늘 눈의 위 꺼풀이 쳐들려 있는 사람.

들창-코(-窓-) 명 코끝이 위로 들려서 콧구멍이 드러나 보이는 코, 또는 그런 코를 가진 사람.

들척지근-하다 형여 입에 당기지 않게, 덤덤하게 달다. 준 들치근하다 ☞달착지근하다. 들쩍지근하다

들추다 타 ①속에 있는 것이 드러나도록 헤치다. ¶수북이 쌓인 낙엽을 -. ②무엇을 찾으려고 자꾸 뒤지다. ¶서랍을 -. ③드러나지 않은 지난 일 등을 끄집어 드러나게 하다. ¶과거의 비리를 -.

들추어-내:다 타 들추어서 나오도록 하다. ¶남의 잘못을 -. 준 추어내다

들치근-하다 형여 '들척지근하다'의 준말.

들-치기 명-하다 타 날쌔게 남의 물건을 들고 뛰는 좀도둑, 또는 그러한 짓. ☞날치기

들치다 타 겉에 덮인 것이나 드리운 것의 일부를 쳐들다. ¶발을 들치고 방 안을 들여다보다.

들큰-거리다(대다) 자타 불쾌한 말로 남의 비위를 자꾸 거슬리게 하다. ¶눈치 없이 -.

들큰-들큰 부 들큰거리는 모양을 나타내는 말. ¶- 비위를 건드리다.

들큼-하다 형여 단맛이 있되, 덤덤하게 달다. ☞달큼하다
 들큼-히 부 들큼하게 ☞달큼히

들키다 자 숨기려던 일이 남의 눈에 뜨이거나 알려지다. ¶수박 서리를 하다가 -.

들:-타:작(-*打作) 명-하다 자 들에서 하는 타작.

들통 명 비밀 따위가 드러나는 판. ¶-이 나다.

들-통(-桶) 명 들손이 달려 들게 된, 쇠붙이나 플라스틱으로 만든 통 모양의 그릇.

들통-나다 자 숨긴 일이 드러나다. 발각되다 ¶가짜 신분이 -./거짓말이 -.

들통-내:다 타 숨긴 일을 드러내다.

들-판[1] 명 '들머리판'의 준말.

들:-판[2] 명 들을 이룬 벌판. ¶오곡이 익어 가는 -.

들판-나다 자 ①다 들어먹고 끝장이 나다. ¶들판난 신세. ②노름에서 밑천을 죄다 잃다.

들피 명 굶주려서 몸이 여위고 쇠약해지는 일.

들피-지다 자 굶주려서 몸이 몹시 여위고 기운이 쇠약해지다. ¶기근으로 -.

×**듬뿌룩-하다** 형여 →더부룩하다

듬뿍 부-하다 형 ①무엇에 담긴 물건의 양이 더없이 그득한 모양을 나타내는 말. ¶사발에 밥을 - 담다./쟁반에 찐 감자를 - 담다. ②여유 있게 넉넉한 모양을 나타내는 말. ¶화초에 물을 - 주다./참기름을 - 두르다./고명을 - 얹다. ☞담뿍
 듬뿍-이 부 듬뿍하게 ☞담뿍이

듬뿍-듬뿍 부-하다 형 여럿이 모두 듬뿍한 모양을 나타내는 말. ☞담뿍담뿍

듬성-듬성 부-하다 형 사이가 촘촘하지 아니하고 좀 성기거나 드문드문한 모양을 나타내는 말. ¶머리털이 - 나다. ☞담상담상

듬쑥 부 ①큰 손으로 많은 양을 움켜쥐는 모양을 나타내는 말. ¶흙을 - 움켜쥐다. ②큰 팔로 휘감아 안는 모양을 나타내는 말. ¶반가움에 - 끌어안다. ☞담쏙

듬쑥-듬쑥 부 ①큰 손으로 자꾸 많은 양을 움켜쥐는 모양을 나타내는 말. ②큰 팔로 자꾸 휘감아 안는 모양을 나타내는 말.

듬직-하다 형여 ①사람됨이 가볍지 아니하고 믿음이 있다. ¶성실하고 듬직한 청년. ②나이가 제법 들어 보이다. ¶이젠 나이가 듬직해 보이는군.
 듬직-이 부 듬직하게

듭시다 자 조선 시대, 궁중에서 '들다'의 뜻으로 높이어 이르던 말. ¶침소에 -.

-듯 어미 ①어간에 붙어 '마치 그리하거나 그러함과 같음'의 뜻을 나타내는 어미. ¶소 닭 보듯./가물에 콩 나듯. ②-듯이 ¶산이 푸르듯 내 마음도 푸르다./강 건너 불 보듯 한다.

-듯이 어미 ①어간에 붙어 '그리하거나 그러한 것같이'의 뜻을 나타내는 부사성 어미. ¶구름에 달 가듯이 가는 나그네./해가 밝듯이 달도 밝다./남의 일 보듯이 했다./산이 푸르듯이 내 마음도 푸르다. ②'이다'의 '이-'에 붙어 '그것과 같이'의 뜻을 나타내는 부사성 어미. -듯 ¶저 가지들이 한 나무이듯이 우리 남매도 하나란다.

등 명 ①척추동물의 가슴과 배의 반대 면. ¶지게를 -에 지다./-을 긁어 주다./-이 따뜻하다./말 -에 올라타다. ②물건의 앞이나 밑의 반대편. 물건의 뒤쪽. ¶책의 -./칼의 -으로 치다.
 등(을) 대다 관용 남의 세력이나 힘에 의지하다.
 등(을) 돌리다 관용 ①관계를 하지 않고 배척하다. ②배반하다
 등(을) 타다 관용 산등성이를 따라서 가다.
 등(이) 달다 관용 뜻대로 되지 않거나 다급해져 등이 화끈화끈할 지경으로 몹시 조마조마해지다.
 등(이) 닿다 관용 ①마소의 등가죽이 길마에 닿아 벗어지다. ②의지할만 한 대상에게 연줄이 닿다.
 등(이) 터지다 관용 치명적인 타격이나 해를 입다.
 속담 **등 따시면 배부르다** : ①옷을 잘입고 있는 사람이라면 배도 부른 사람이라는 말. ②추운 날에 따뜻한 데 누워 있으면 먹지 않아도 배고픈 줄 모른다는 말./**등 치고 간 내먹기** : 겉으로 위해 주는척 하며, 실제로는 해를 끼치거나 빼앗음을 이르는 말./**등 치고 배 문지르다** : 남을 구박하거나 윽박지르면서, 제삼자가 보는 데서는 돌봐 주는척 함을 이르는 말.

한자 등 배(背) 〔肉部 5획〕 ¶배낭(背囊)/배면(背面)

등:(等)[1] 명 '등급(等級)'의 준말. ¶- 안에 들다.
 의 등수나 등위를 나타내는 말. ¶삼 -으로 입상하다.

등(燈) 명 불을 켜서 어두운 곳을 밝히는 기구.

한자 등 등(燈) 〔火部 12획〕 ¶등대(燈臺)/등롱(燈籠)/등화(燈火)/외등(外燈)/전등(電燈) ▷ 속자는 灯

등(橙) 명 '등자(橙子)'와 '등자나무'를 통틀어 이르는 말.

등(藤) 명 콩과의 낙엽 덩굴성 식물. 4~5월에 나비 모양의 연보라 또는 흰 꽃이 총상(總狀) 꽃차례로 핌. 동양 특산으로, 산이나 들에 절로 자라며 관상용으로 심기도 함. 등나무

등(籐) 명 야자나뭇과의 덩굴성 식물. 아시아의 열대 지방에서 자라는데, 줄기 길이가 매우 길며 꽃은 잘고 이삭 모양으로 핌. 줄기는 윤이 나고 질기며 잘 휘므로, 의자나 가구 등 공예품의 재료로 쓰임. 등나무

등:(等)[2] 의 둘 이상의 명사를 들어 말할 때, 그러한 '여럿'을 뜻하는 말. 들[2] ¶사과·복숭아·배 -. 유 따위

등:가(等價) [-까] 명 ①가치나 가격이 같음, 또는 그러한 가치나 가격. ¶- 교환 ②논리학에서 이르는 등치.

등가(燈架) 명 등잔걸이

등:가=개:념(等價概念) [-까-] 명 논리학에서, 고찰점을 달리하는 데 따라 그 내포(內包)는 일치하지 않더라도 외연(外延)에서는 완전히 일치하는 개념. 예컨대 '샛

별'과 '개밥바라기'는 외연에서 같은 '금성'을 가리키는 따위. 동연 개념(同延概念). 등치 개념(等値概念)
등-가구(籐家具)명 등의 줄기를 재료로 하여 만든 가구.
등:가-량(等價量)[-까-]명 당량(當量)
등:가-물(等價物)[-까-]명 값이나 가치가 같은 물건.
등:가속도=운:동(等加速度運動)명 가속도가 항상 일정한 운동. 진공(眞空) 속의 낙하 운동 따위.
등-가죽[-까-]명 등에 붙어 있는 가죽. 등피
등:각(等角)명 서로 크기가 같은 각.
등:각(等覺)명 ①모든 부처의 깨달음은 한결같이 평등하다는 뜻에서, '부처'를 달리 이르는 말. ②보살(菩薩)의 수행 단계에서, 오십이위(五十二位)의 버금 자리. 정각(正覺)의 부처와 거의 같다는 뜻. 등정각(等正覺)
등:각=다각형(等角多角形)명 내각이 다 같은 다각형.
등:각=도법(等角圖法)[-뻡]명 정각 도법(正角圖法)
등:각-류(等脚類)명 등각목(等脚目)에 딸린 갑각류를 통틀어 이르는 말. 몸길이 1cm 안팎. 대개 납작한 몸에 가슴은 일곱 마디, 배는 여섯 마디로 됨. 민물이나 바닷물, 뭍에 사는 것이 있고 기생하는 것도 있음. 갯강구·쥐며느리 따위.
등:각=사다리꼴(等脚-)명 등변 사다리꼴
등:각=삼각형(等角三角形)명 정삼각형(正三角形)
등:각=삼각형(等脚三角形)명 이등변 삼각형
등간(燈竿)명 ①등대 ②항로 표지로 등불을 켜도록 기둥 위에 등을 매단 것.
등갈퀴-나물명 콩과의 여러해살이 덩굴풀. 줄기 높이는 80~120cm. 잔털이 많고 5~6월에 남자색의 꽃이 총상(總狀) 꽃차례로 핌. 가축의 먹이로 쓰이고 어린잎은 먹을 수 있음.
등-갓(燈-)명 ①등불 또는 촛불 위를 가려서 그을음을 받아 내는 제구. ②전등이나 램프 등의 위를 씌워서 빛을 반사시켜 더 밝게 하는 갓 모양의 것.
등거리명 등을 덮을만 하게 걸치는 홑옷. 깃이 없고 소매는 짧거나 아주 없이 만듦.
등:-거리(等距離)명 같은 거리.
등:거리=도법(等距離圖法)[-뻡]명 정거 도법(正距圖法)
등:거리=외:교(等距離外交)명 어느 나라와도 특별한 관계를 맺지 않고, 각 나라에 같은 거리를 둔 관계를 유지하는 외교.
등-걸명 나무의 줄기를 베고 난 그루터기. 나뭇등걸
등걸-밭명 나뭇등걸이 많은 밭.
등걸-불[-뿔]명 ①나뭇등걸을 태우는 불. ②타다가 남은 불. ☞깜부기불
등걸-숯명 나뭇등걸을 구워 만든 숯. 골동탄(骨董炭). 근탄(根炭)
등걸음-치다자 ①송장을 옮기어 가다. ②등덜미를 잡아 쥐고 몰아가다.
등걸-잠명 옷을 입은 채로 덮개 없이 아무 곳에서나 쓰러져 자는 잠. ☞말뚝잠
등겨명 벼의 겨.
속담 **등겨 먹던 개가 말경(末境)에는 쌀을 먹는다**: 처음에는 조금씩 나쁜 짓을 하던 것이 점점 재미를 붙여서 더 나빠지기 쉽다는 말. /**등겨 먹던 개는 들키고 쌀 먹던 개는 안 들킨다**: 흔히 큰 죄를 지은 사람은 교묘히 빠지고, 그보다 덜한 죄를 지은 사람은 애매하게 남의 죄까지 뒤집어쓰게 된다는 말.
등겨-장(-醬)명 장의 한 가지. 보리의 속겨를 익반죽하여 쪄서 뭉쳐 불에 구워 매달아 띄워 말린 다음, 가루로 빻고 보리밥을 섞어 매우 치대고 소금으로 간을 하여 담근 장. 시금장
×**등경**(燈檠)명 →등잔걸이
×**등경-걸이**(燈檠-)명 →등잔걸이
등고(登高)명-하다자 높은 곳에 오름. 등척(登陟)
등:고(等高)명 높이가 같음.
등:고-선(等高線)명 지도에서, 해면으로부터 같은 높이에 있는 지점들을 이은 선. 동고선(同高線). 수평 곡선(水平曲線) ¶ - 지도
등고자비(登高自卑)성구 ①높은 곳에 오르려면 낮은 곳에서부터 오른다는 뜻으로, 모든 일은 그 차례를 밟아야 함을 이르는 말. ②지위가 높아질수록 스스로를 낮춤을 이르는 말.
등-골[1][-꼴]명 ①등골뼈 ¶ -이 휘게 일하다. ②척추동물의 등골뼈 속에 있는, 뇌의 연수(延髓)와 이어진 하얀 끈 모양의 기관. 중추 신경계를 이루어 감각과 운동의 자극을 전달하고, 반사 기능을 맡음. 척수(脊髓)
등골(을) 뽑다관용 남의 재물을 등쳐먹거나 악착같이 착취하다.
등골(이) 빠지다관용 견디기 어려운 정도로 몹시 힘든 일을 하다. ¶등골 빠지게 일을 하다.
등-골[2][-꼴]명 등의 한가운데로 기다랗게 고랑이 진 곳. ¶ -에 땀이 흐르다.
등골이 서늘하다관용 무서움으로 등골에 찬 바람이 이는 것같이 섬뜩하다.
등골이 오싹하다관용 무서움으로 등골에 소름이 끼치는 것같이 섬뜩하다.
등골(鐙骨)명 등자뼈
등골-나물명 국화과의 여러해살이풀. 줄기 높이는 1m 안팎. 줄기와 잎에 잔털이 있으며, 톱니가 있는 잎은 마주 남. 7~10월에 자줏빛을 띤 흰 꽃이 핌. 어린잎은 먹을 수 있음.
등골-막(-膜)[-꼴-]명 등골을 싸고 있는 껍질막.
등골-뼈[-꼴-]명 척추동물의 등마루를 이루는 뼈. 등골[1]. 등뼈. 척골(脊骨). 척량(脊梁). 척량골. 척주(脊柱). 척추(脊椎). 척추골
등-공예(籐工藝)명 등(籐)의 줄기로 의자·바구니·지팡이 따위를 만드는 일, 또는 그것으로 만든 물건.
등과(登科)명-하다자 과거에 급제함. 과제(科第). 등제
등관(登官)명-하다자 관직에 오름.
등광(燈光)명 등불의 빛.
등교(登校)명-하다자 학생이 학교에 감. ¶자전거로 -하다. ☞하교(下校)
등-교의(籐交椅)명 등의자(籐椅子)
등귀(騰貴)명-하다자 물건 값이 뛰어오름. 상귀(翔貴). 앙등(昂騰) ¶물가가 -하다. ☞하락(下落)
등극(登極)명-하다자 임금의 자리에 오름. 등조(登祚). 즉위(卽位)
등:극=결합(等極結合)명 공유 결합(共有結合)
등글개-첩(-妾)명 등의 가려운 데를 긁어 주는 첩이라는 뜻으로, 늙은이가 데리고 사는 젊은 첩을 이르는 말.
등-글기명 본보기로 삼은 그림을 그대로 본떠서 그리는 일, 또는 본떠서 그린 그림. 임화(臨畫)
등글월-문(-攴·-攵)명 한자 부수(部首)의 한 가지. '敍'·'毆' 등에서 '攴', '改'·'攻' 등에서 '攵'의 이름.
등-긁이명 등을 긁는 데 쓰는 기구.
등:급(等級)명 ①신분이나 값, 품질 등에 따라 위아래나 좋고 나쁨을 나누어 구별하는 단계. 등위(等位) ¶ -을 매기다. / -을 올리다. 준등(等)[1] ②천체(天體)의 밝기에 따라 나누는 단계. 맨눈으로 볼 수 있는 항성을 1~6 등성으로 나눔.

한자 등급 급(級) 〔糸部 4획〕 ¶계급(階級)/고급(高級)/급수(級數)/동급(同級)/등급(等級)/특급(特級)

등:급=개:념(等級概念)명 동위 개념(同位概念)
등기(登記)명-하다타 ①일정한 사항을 등기부에 기재하여 권리 관계와 그 밖의 사실을 안전 또는 명확하게 하는 제도. ¶부동산을 -하다. ②'등기 우편(登記郵便)'의 준말. ¶편지를 -로 부치다.
등:기(謄記)명-하다타 원본에서 옮겨 베낌. 등초(謄抄)
등기-료(登記料)명 등기할 때에 드는 수수료.
등기=명의(登記名義)명 등기부에 권리자로서 적혀 있는 명의.
등기-부(登記簿)명 등기 사항을 적어서 등기소에 갖추어 두는 장부.
등기-선(登記船)명 선박 등기부에 등기된 배. 총톤수 20

톤 이상의 배는 선박 등기법에 따라 등기하여야 함. 등부선(登簿船)

등기-소(登記所) 명 등기 사무를 맡아보는 관청.

등기=우편(登記郵便) 명 특수하게 다루는 우편의 한 가지. 우체국에서 우편물을 안전하게 부치기 위하여, 우편물의 발송인, 배달 경로, 수령인을 기록하여 만약에 사고가 났을 경우에 일정한 손해 배상을 하는 우편 제도. 준 등기(登記)

등기=자:본(登記資本) 명 은행이나 회사 등이 정관에 기재하여 등기를 마친 자본의 액수. 공칭 자본(公稱資本)

등기필-증(登記畢證)[-쯩] 명 등기소에서, 등기가 완료되었음을 증명하여 주는 증명서. 권리증(權利證)

등-꽃(藤-) 명 등나무의 꽃. 등화(藤花)

등-나무(藤-) 명 등(藤)

한자 **등나무 등**(藤) 〔艸部 15획〕 ¶ 등화(藤花)

등-나무(籐-) 명 등(籐)

등-날 명 ①산줄기에서, 등마루의 날카롭게 선 줄. ②소 따위 척추동물의 등줄기.

등-널 명 의자의 등에 붙이는 널빤지. 배판(背板)

등년(登年) 명 여러 해가 걸림.

등단(登壇) 명 -하다 자 ①연단(演壇)이나 교단에 오름. ¶ 연사의 -. ☞강단(降壇). 하단(下壇) ②어떤 사회적 분야에 등장함. ¶신춘 문예를 통해 -하다. ③지난날, 대장 관직에 오르던 일.

등-대(燈-)[-때] 명 ①관등절(觀燈節)에 등을 달기 위해 세우는 대. ②지난날, 과장(科場)의 선비들이 동접(同接)의 표지로 가지고 들어가던 등을 단 대. ③지난날, 주막 따위의 술등을 달아 놓는 대. 등간(燈竿)

등:대(等待) 명 -하다 타 미리 갖추어 두고 기다림. 대령(待令). 등후(等候)

등:대(等對) 명 -하다 자 같은 자격으로 마주 대함.

등대(燈臺) 명 해안이나 섬에 세워서 밤에 등불을 밝혀 놓아 뱃길의 목표나 위험한 곳을 알리는 탑 모양의 높은 건물. 광탑(光塔)

등대-선(燈臺船) 명 등선(燈船)

등대-수(燈臺手) 명 등대지기

등대-지기(燈臺-) 명 등대를 지키는 사람. 등대수

등대-풀(燈臺-) 명 대극과(大戟科)의 두해살이풀. 줄기 높이 30cm 안팎. 줄기를 꺾으면 유액이 나오며, 가지가 갈라지는 끝에 다섯 잎이 돌려남. 5월경에 황록색의 작은 꽃이 피는데, 유독 식물임.

등댓-불(燈臺-) 명 등대에서 비치는 불빛.

등-덜미[-떨-] 명 등의 윗부분.

등-덮개[-덥-] 명 ①겨울에 입는 솜저고리 같은 것. ②소나 말의 등을 덮어 주는 거적대기.

등도(登途) 명 -하다 자 길을 떠남. 등정(登程)

등-뒤 명 등이 있는 뒤쪽. 배후(背後) ¶ -로 다가가다.

등:등(等等) 의 여러 사물 가운데 몇 가지를 들어 말한 다음에 놓이어, 그 밖에 '여러 가지'의 뜻을 나타내는 말. ¶사과·포도·복숭아 -의 과일.

등등(騰騰) 어기 '등등(騰騰)하다'의 어기(語基).

등-등거리(籐-) 명 등(籐) 줄기의 오리로 결어 만든 등거리. 여름에 옷에 땀이 배지 않도록 적삼 밑에 받쳐 입음. 등배자(籐褙子) ☞대등거리

등등-하다(騰騰-) 형여 뽐내는 의기가 아주 높다. 서슬이 푸르다. ¶기세가 -.

등-딱지 명 게나 거북 따위의 등을 덮고 있는 단단한 껍데기. 배갑(背甲)

등-때기 명 '등'의 속된말.

×**등-떠리** 명 →등때기

등락(登落) 명 급제(及第)와 낙제를 아울러 이르는 말.

등락(騰落) 명 -하다 자 값이 오르고 내림. ¶주가의 -이 심하다./물가의 -을 헤아릴 길이 없다.

등:량(等量) 명 같은 분량.

등:렬(等列) 명 서로 대등한 항렬(行列)이나 반열(班列).

등록(登錄) 명 -하다 타 ①장부에 정식으로 올림. ¶대학의 - 마감 날. ②법령의 규정에 따라 일정한 사항을 관청의 장부에 적어 두고 공식적으로 증명하는 일. ¶자동차를 해당 기관에 -하다.

등록(謄錄) 명 -하다 타 ①선례(先例)를 적은 기록. ②베끼어 적는 일.

등록=공채(登錄公債) 명 공채 증권부(公債證券簿)에 채권자와 채권액을 등록할 뿐 증권은 발행하지 않는 공채.

등록-금(登錄金) 명 ①등록할 때 내는 돈. ②학교에 등록할 때 내는 납부금.

등록=상표(登錄商標) 명 특허청에 등록 절차를 마친 상표. 전용권(專用權)을 보호 받음.

등록-세(登錄稅) 명 재산권의 취득·이전·변경·소멸 등에 관한 등기나 등록할 때에 치르는 세금.

등록=의:장(登錄意匠) 명 특허청에 등록 절차를 마친 의장. 의장의 전용권(專用權)을 보호 받음.

등롱(燈籠) 명 대오리나 쇠 살로 원통형의 틀을 만들고 겉에 종이나 사(紗)를 발라 그 속에 촛불을 켜서 어두움을 밝히는 기구. 걸어 놓거나 들고 다님. ☞제등. 초롱

등롱-꾼(燈籠-) 명 지난날, 의식 때 등롱을 드는 사람을 이르던 말.

등롱-대(燈籠-)[-때] 명 등롱을 걸어서 드는 대.

등롱-초(燈籠草) 명 '꽈리'의 딴이름.

×**등-룡문**(登龍門) 명 →등용문(登龍門)

등루(登樓) 명 -하다 자 ①누각에 오름. ②기생집에 놀러 감.

등루거:제(登樓去梯) 성구 남을 다락에 올려 놓고 사닥다리를 치운다는 뜻으로, 사람을 꾀어서 어려운 지경에 빠지게 함을 비유하여 이르는 말.

등:류(等類) 명 같은 종류. 동류(同類)

등리(藤梨) 명 '다래나무'의 딴이름.

등림(登臨) 명 -하다 자 ①'등산임수(登山臨水)'의 준말. ②높은 곳에 오름.

등-마루 명 ①등의 가운데에 등골뼈가 있어 두두룩하게 줄이 진 부분. ☞등줄기 ②산이나 언덕 따위의 두두룩하게 높은 곳. 등성마루

등-멍석(籐-) 명 등(籐) 줄기의 오리로 결어 만든 멍석.

등메 명 헝겊으로 가의 선을 두르고, 뒤에 부들자리를 대어 꾸민 돗자리.

등명(燈明) 명 신(神)이나 부처 앞에 켜 놓은 등불.

등명-접시(燈明-) 명 심지를 놓고 기름을 부어서 불을 켜는 데 쓰는 접시.

등-목 명 목물²

등문-고(登聞鼓) 명 신문고(申聞鼓)

×**등-물** 명 →등목

등-밀이 명 ①함지박이나 나막신 따위의 구붓한 등 바닥을 밀어 깎는 연장. ②등을 대패로 오목하게 밀어서 만든 창살.

등-바대[-빠-] 명 홑옷의 깃고대 안쪽으로 길고 넓게 덧붙여서 등까지 검치게 된 헝겊.

등반(登攀) 명 -하다 자타 높은 곳에 기어오름. 반등(攀登) ¶깎아지른 암벽을 -하다. ☞등산(登山)

등반-대(登攀隊) 명 험하거나 높은 산 따위에 올라갈 목적으로 조직한 무리. ¶ -를 편성하다.

등-받이[-바지] 명 의자 따위에 앉을 때 사람의 등이 닿는 부분.

등:방(等方) 명 기체나 액체 또는 유리 따위 물질의 물리적 성질이 그 물질 안의 방향에 따라 변하지 않는 일. ☞이방(異方)

등:방-성(等方性)[-썽] 명 기체나 액체 등과 같이 빛의 굴절률, 열의 전도율, 팽창률 등 물질의 물리적 성질이 방향에 따라 변하지 않는 성질. ☞이방성(異方性)

등:방위각-선(等方位角線) 명 자기 자오선(磁氣子午線)의 방위각이 같은 지점을 지도 위에 이은 선. 준 등방위선(等方位線)

등:방위-선(等方位線) 명 '등방위각선'의 준말.

등:방-체(等方體) 명 등방성(等方性)을 가지고 있는 물체. ☞이방체(異方體)

등배=운:동(-運動) 명 맨손 체조의 한 가지. 다리를 벌리

ㄷ

고 서서 허리를 젖혔다 굽혔다 하는 등과 배의 운동.
등-배자(籐褙子)명 등등거리
등-번호(-番號)명 운동 선수의 운동복 뒷면에 붙이는 번호. 배번(背番)
등:변(等邊)명 다각형(多角形)에서, 각 변의 길이가 같은 것, 또는 같은 변. ☞부등변
등:변=다각형(等邊多角形)명 각 변의 길이가 서로 같은 다각형.
등:변=사다리꼴(等邊-)명 평행하지 아니한 두 변의 길이가 같은 사다리꼴. 등각 사다리꼴
등:변=삼각형(等邊三角形)명 정삼각형(正三角形)
등:변-선(等變線)명 기압이나 기온 따위의 변화도가 같은 지점을 일기도(日氣圖) 위에 이은 선.
등:복각-선(等伏角線)명 자침(磁針)의 복각(伏角)이 같은 지점을 지도 위에 이은 선. 동복각선(同伏角線) 준등복선(等伏線)
등:복-선(等伏線)명 '등복각선(等伏角線)'의 준말.
등:본(謄本)명 원본을 그대로 베낀 서류. ¶등기부 -/주민 등록 -/호적 - ☞원본(原本). 초본(抄本)
등부(登簿)명-하다타 관공서의 장부에 정식으로 등기하거나 등록하는 일.
등부-선(登簿船)명 등기선(登記船)
등부=톤수(登簿ton數)[-쑤]명 선박의 운항에 필요한 부분의 용적을 제외한 나머지의 용적. 곧 화물과 승객을 싣는 데 이용되는 용적을 톤 단위로 나타낸 것.
등:분(等分)명-하다타 ①똑같이 가름, 또는 그 분량. ¶재산을 삼 -하다. ②등급의 구분. ¶-의 기준.
등분(登盆)명-하다타 땅에 심었던 화초(花草)를 화분에 옮겨 심음. ☞퇴분(退盆)
등-불(燈-)[-뿔]명 ①등잔불 ②등에 켠 불. 등화(燈火) ¶-을 밝히다.
등:비(等比)명 두 개의 비가 똑같은 것, 또는 똑같은 비.
등:비=급수(等比級數)명 등비 수열의 각 항을 덧셈 기호 '+'로 연결한 것. 기하 급수(幾何級數) ☞등차 급수(等差級數)
등:비=수:열(等比數列)명 서로 접한 두 항 사이의 비가 항상 일정한 수열. ☞등차 수열(等差數列)
등-뼈명 등골뼈
등뼈-동:물(-動物)명 척추동물(脊椎動物) ☞민등뼈동물
등사(縢絲)명 사립(絲笠)을 만들 때 싸개 대신에 촘촘하게 늘어놓아 붙이는 명주실.
등사(謄寫)명-하다타 등초(謄抄)
등산(登山)명-하다자 산에 오름. ☞하산(下山)
등산-가(登山家)명 등산을 잘하거나 즐기는 사람.
등산-객(登山客)명 산에 오르는 사람. 산객(山客) ¶일요일이면 -이 줄을 잇는다.
등산-로(登山路)명 산으로 오르는 길. ¶여러 - 중의 일부를 폐쇄하다.
등산임수(登山臨水)성구 산에 오르기도 하고 물가에 가기도 함을 이르는 말. 준등림(登臨)
등산=철도(登山鐵道)[-또]명 등산객을 산기슭에서 중턱이나 정상까지 실어 나르는 철도.
등산-화(登山靴)명 등산할 때 신는 신.
등-살[-쌀]명 등에 있는 근육. 배근(背筋)
등살이 꼿꼿하다관용 일이 매우 거북하여 꼼짝달싹 할 수가 없다.
등살(이) 바르다관용 등의 근육이 뻣뻣하여 펴고 구부리기가 거북하다.
등상(凳床·凳牀)명 발판이나 걸상으로 쓰게 만든, 나무로 된 세간.
등상(籐牀)명 등(籐)의 줄기로 만든 걸상.
등색(橙色)명 익은 귤 껍질의 빛깔. 등자색. 오렌지색. 울금색(鬱金色)
등석(燈夕)명 관등절(觀燈節) 날 저녁.
등석(籐席)명 등(籐)의 오리로 결어 만든 자리.
등선(登仙)명-하다자 ①하늘로 올라가서 신선이 됨. ☞우화등선 ②존귀한 사람의 죽음을 이르는 말.
등선(登船)명-하다자 승선(乘船)
등선(燈船)명 배 위의 높은 곳에 등을 달아 뱃길이나 암초가 있는 곳, 수심이 낮은 곳 등을 알려 주는 배. 등대를 세우기 어려운 곳에 정박하여 등대 구실을 함. 등대선
등성(登城)명-하다자 성(城) 위에 오름.
등성-마루명 등마루
등성이명 ①사람이나 동물의 등마루가 되는 부분. ②'산등성이'의 준말.
등세(騰勢)명 시세가 오르는 형세. 오름세 ☞낙세(落勢)
등-세:공(籐細工)명-하다타 등(籐)의 줄기로 세공을 하는 일, 또는 그 세공품.
등:소(等訴)명-하다자 등장(等狀)
등:속(等速)명 속도가 일정한 것, 또는 그러한 속도.
등:속(等屬)의 명사에 붙어서 그것과 비슷한 것들을 몰아서 이르는 말. 따위 ¶감·배·사과 -.
등:속도=운:동(等速度運動)명 속도가 일정한 운동. ☞부등속 운동
등-솔[-쏠]명 '등솔기'의 준말.
등-솔기[-쏠-]명 옷의 등 쪽 가운데에 있는, 두 폭을 맞붙여 꿰맨 솔기. 준등솔
등-쇠[-쐬]명 아주 가늘고 좁은 톱을 끼워 쓰는 활등같이 휜 틀.
등:수(等數)[-쑤]명 등급이나 순위에 따라 정한 차례. ¶-가 높다./-에 들다.
등:시-성(等時性)[-썽]명 주기 운동의 각 주기가 진폭의 크고 작음에 관계없이 일정한 성질.
등:식(等式)명 둘 이상의 수나 식을 같음표 '='로 묶어 그 값이 서로 같음을 나타내는 관계식(關係式). ☞부등식
등:신명 몹시 아둔하고 어리석은 사람을 얕잡아 이르는 말. ☞얼간이
등:신(等身)명 사람의 키만 한 크기. 등신대(等身大)
등:신-대(等身大)명 ①실물과 같은 크기. ②사람의 키만 한 크기. 등신(等身)
등:신-불(等身佛)명 사람만 한 크기로 만든 불상(佛像).
등:신-상(等身像)명 실물과 같은 크기로 조각한 상.
등심명 소나 돼지의 등골뼈에 붙은 연한 고기. 구이·전골·산적 등에 쓰임. 심육(心肉) ☞안심
등심(燈心)[1]명 심지
등심(燈心)[2]명 한방에서, '골풀의 속'을 약재로 이르는 말. 이뇨·해열 등에 쓰임.
등:심-선(等深線)명 지도에서, 바다·호수·강 등의 같은 깊이에 있는 지점들을 이은 곡선. 동심선(同深線)
등심-초(燈心草)명 한방에서, 골풀을 약재로 이르는 말.
등쌀명 몹시 귀찮게 구는 짓. ¶모기 -에 잠을 설치다.
등쌀(을) 대다관용 남에게 몹시 귀찮게 굴다.
등씸명 괭이 날 바닥 복판에 두두룩하게 선 줄.
등아(燈蛾)명 '불나방'의 딴이름.
등:압-선(等壓線)명 일기도에서, 기압이 같은 지점을 이은 곡선.
등양(騰揚)명-하다자 세력이나 지위가 높아서 들날림.
×**등어리**명 →등
등에명 등엣과의 곤충을 통틀어 이르는 말. 머리는 반구형(半球形)이며 겹눈이 매우 큼. 크기는 파리보다 좀 크며 개울·습지·산림 등지에 삶. 날개맥은 복잡하고 벌과 비슷하나 날개가 한 쌍인 점이 다름. 꽃의 꿀이나 식물의 즙 등을 먹는 무리와 동물의 피를 빨고 전염병을 옮기는 무리가 있음.
등영(燈影)명 ①등불이나 전등 따위의 빛. ②등불에 비치어 생긴 그림자.
등:온(等溫)명 온도가 일정한 것, 또는 그러한 온도.
등:온=동:물(等溫動物)명 정온 동물
등:온=변:화(等溫變化)명 기체의 온도를 일정하게 유지하면서 압력이나 부피를 변화시키는 일. ☞단열 변화
등:온-선(等溫線)명 지도에서, 온도가 같은 지점을 이은 곡선. ☞등심선(等深線)
등:온-층(等溫層)명 대류권의 위에 있는, 기온이 거의 일정한 대기층. 보통 성층권(成層圈)을 이름. ☞상온층

등:외(等外)명 정한 등급의 밖. ¶ -로 밀려나다.

등:외-상(等外賞)명 정한 등급에 들지 않았으나 그 중의 우수한 작품이나 사람에게 주는 상.

등:외-품(等外品)명 정한 등급 안에 들지 못한 물품.

등용(登用·登庸)명-하다타 인재(人材)를 뽑아서 쓰는 일. ☞거용(擧用). 기용(起用)

등-용문(登龍門)명 중국 황하(黃河)의 용문을 잉어가 거슬러 올라가면 용이 된다는 전설에서, 입신출세(立身出世)의 관문을 비유하여 이르는 말.

> ▶ '등용문(登龍門)'의 표기
> '용문(龍門)'은 중국 황하(黃河) 상류에 있는 물살이 센 여울이다.
> '등용문'이란 말은 구성이 접두사처럼 쓰인 '등(登)'자가 '용문'에 붙어서 이루어진 말이므로 두음 법칙에 따라 '등-용문'으로 표기한다. '공-염불(空念佛)', '역-이용(逆利用)'도 그와 같은 표기 예이다.

등:우량-선(等雨量線)명 일기도에서, 강우량이 같은 지점을 이은 곡선.

등원(登院)명-하다자 '원(院)'의 이름이 붙은 기관에 나가는 일. 특히, 국회 의원이 국회에 나가는 일을 이름.

등:원(等圓)명 지름이 같은 원.

등:위(等位)명 ①등급(等級) ②같은 위치. 동위(同位)

등:위-각(等位角)명 동위각(同位角)

등유(燈油)명 등불을 켜는 데 쓰는 기름. ☞경유. 석유

등-의자(籐椅子)명 등(籐)의 줄기를 결어 만든 의자. 등교의(籐交椅)

등:인(等因)명 지난날, '서면으로 알려 준 사실에 따라서'라는 뜻으로, 답하는 공문(公文)의 첫머리에 쓰던 말.

등자(橙子)명 등자나무의 열매. 약재나 향료 등으로 씀.

등자(鐙子)명 말을 탔을 때 두 발을 받치는 장비. 안장에 달아 말의 양쪽 옆구리로 늘어뜨리게 되어 있음.

등자를 치다 관용 글귀나 조목(條目) 따위를 맞추어 보고 확인했다는 표시로 그 글줄의 머리에 등자 모양의 '△' 표를 하다.

등자-걸이명 호미에서, 호미자락이 자루로 이어지는 굽은 부분. ☞낚시걸이

등자-나무(橙子-)명 운향과의 상록 활엽 교목. 여름에 흰 꽃이 피며 열매는 '등자'라 하는데, 겨울에 노랗게 익으며 조미료·건위제·향수의 원료 등으로 쓰임.

등:자력-선(等磁力線)명 지구 표면에서 지자력(地磁力)의 크기가 같은 지점을 이은 선.

등자-뼈(橙子-)명 중이(中耳) 속의 세 청골(聽骨) 중 안쪽의 뼈. 귀로 들어온 음파를 내이(內耳)로 전달함. 등골(鐙骨)

등자-색(橙子色)명 등색(橙色)

등잔(燈盞)명 기름을 담아 등불을 켜는 그릇.

속담 **등잔 밑이 어둡다** : 가까이 있는 것이나 가까이에서 생긴 일을 더 모를 수 있다는 말. ☞등하불명(燈下不明)

등잔-걸이(燈盞-)명 등잔을 올려 놓는 기구. 등가(燈架) ☞유경(鍮檠)

등잔-불(燈盞-)[-뿔]명 등잔에 켠 불. 등불. 등화

속담 **등잔불에 콩 볶아 먹을 놈** : 어리석고 옹졸하여, 하는 짓마다 보기에 답답한 일만 하는 사람을 이르는 말.

등장(登場)명-하다자 ①무대나 연단 등에 나옴. ¶연단에 연사가 -하다. ☞퇴장(退場) ②연극·영화 등에서 어떤 인물로 나옴. ¶주인공으로 -하다. ☞출연(出演) ③어떠한 일이나 분야에 관련 인물로 나타남. ¶역사의 주인공으로 -하다./연극계의 새 별로 -하다. ④새로운 제품이 세상에 나옴. ¶새로운 의학 기구의 -. ☞출현(出現)

등:장(等狀)명-하다자 지난날, 두 사람 이상이 연명(連名)하여 억울한 일 따위를 관아에 호소하던 일. 등소(等訴)

등:장(等張)명-하다형 두 용액의 삼투압(滲透壓)이 서로 같은 것. 〔주로 각종 용액의 농도를 혈액 등의 체액과 비교할 때 쓰는 말임.〕 ☞고장(高張). 저장(低張)

등:장-액(等張液)명 삼투압이 서로 같은 두 용액. 주로 혈액 등의 체액과 삼투압이 같은 용액을 이름. 생리적 식염수 따위. 등장 용액(等張溶液) ☞고장액(高張液). 저장액(低張液)

등:장=용액(等張溶液)[-농-]명 등장액

등장=인물(登場人物)명 ①무대(舞臺)나 영화 장면 등에 나오는 사람. ②소설이나 희곡 따위의 작품 속에 나오는 사람.

등재(登梓)명-하다타 글씨나 그림 따위를 판에 새김. 판각(板刻)

등재(登載)명-하다타 ①신문이나 잡지 따위에 실음. ¶독자의 의견을 -하다. ②대장이나 장부 따위에 올림. ¶호적에 이름을 -하다. ☞게재(揭載)

등:적=도법(等積圖法)[-뻡]명 정적 도법(正積圖法)

등적-색(橙赤色)명 등자색을 띤 붉은빛.

등정(登頂)명-하다자 산 따위의 정상에 오름.

등정(登程)명-하다자 길을 떠남. 등도(登途)

등:-정:각(等正覺)명 등각(等覺). 정각(正覺)

등제(登第)명-하다자 과거(科擧)에 급제함. 과제(科第). 등과(登科)

등조(登祚)명-하다자 임금의 자리에 오름. 등극. 즉위

등-줄기[-쭐-]명 등골뼈를 따라 두두룩하게 줄이 진 자리 전체. ¶식은땀이 -를 타고 흘러내리다. ☞등마루

등:지(等地)의 지명(地名) 뒤에 쓰이어 '그러한 곳들'의 뜻을 나타내는 말. ¶대구·경산 -에서 나는 사과.

등-지느러미명 물고기의 등에 있는 지느러미.

등-지다자타 ①서로 사이가 틀어져 멀어지다. ¶이웃과 등지고 살다니. ②무엇을 뒤에 두다. ¶산을 등지고 앉은 집채. ③무엇을 멀리 하거나 받아들이지 아니하다. ¶유행을 등지고 산다. ④아무런 관계도 가지지 아니하다. ¶현대 문명을 등지고 사는 미개인. ⑤버리거나 떠나다. ¶조국을 등지고 가는 사람들.

등진 가재 관용 남의 세력에 의지하고 있는 사람을 이르는 말.

등:질(等質)명 ①같은 질. ②물이나 유리 따위와 같이, 물체의 어느 부분을 취하더라도 물리적·화학적으로 같은 성질을 가지는 것. 균질(均質)

등:질-체(等質體)명 어느 부분을 취하더라도 물리적·화학적으로 같은 성질을 가지는 상태의 물체.

등-짐[-찜]명 ①등에 진 짐. ¶무거운 -을 내려놓다. ②등으로 지는 짐. ¶-으로 나르다.

등짐-장수[-찜-]명 물건을 등에 지고 팔러 다니는 사람. 부상(負商)

등:차(等差)명 ①일정한 기준에 따른 등급의 차이. ¶-가 많이 나다./-를 없애다. ②수학에서, 차(差)가 같은 것, 또는 같은 차(差).

등:차=급수(等差級數)명 각 항이 그 앞의 항에 일정한 수를 더한 것으로 이루어진 급수. 산술 급수(算術級數) ☞등비 급수(等比級數)

등:차=수:열(等差數列)명 각 항이 그 앞의 항에 일정한 수를 더한 것으로 이루어진 수열. ☞등비 수열

등-창(-瘡)명 등에 나는 큰 부스럼. 배종(背腫). 배창

등-채(籐-)명 지난날, 무장할 때 쓰던 채찍. 굵은 등나무 도막의 머리 부분에 사슴의 가죽이나 비단 끈을 달았음. 등편(籐鞭)

등-채기명 씨름의 혼합기술의 한 가지. 오른손으로 상대편의 어깨 너머로 샅바를 잡아 앞으로 힘껏 당기어 넘어뜨리는 공격 재간. ☞꼭뒤집기

등척(登陟)명-하다자 높은 곳에 오름. 등고(登高). 등행

등천(登天)명-하다자 하늘에 오름. 승천(昇天)

등청(登廳)명-하다자 관청에 출근함. ☞퇴청(退廳)

등쳐감아-돌리기명 씨름의 혼합기술의 한 가지. 등 쪽으로 샅바를 잡은 상태에서 오른다리로 상대편의 오른쪽 오금을 감아 올리는 동시에 윗몸을 앞으로 굽히면서 왼쪽으로 크게 돌아 넘어뜨리는 공격 재간. ☞덫걸이

등쳐감아-젖히기명 씨름의 혼합기술의 한 가지. 등 쪽으로 샅바를 잡은 상태에서 오른다리로 상대편의 오른다리를 감고 몸을 뒤로 젖히면서 당기어 넘어뜨리는 공격

재간. ☞무릎틀기
등쳐-먹다 타 옳지 않은 방법으로 남의 재물을 빼앗아 가지다.
등초(謄抄·謄草) 명 -하다 타 원본에서 옮겨 베낌. 등기(謄記). 등사(謄寫). 등출(謄出)
등촉(燈燭) 명 등불과 촛불을 아울러 이르는 말.
등:축(等軸) 명 길이가 같은 결정체(結晶體)의 축.
등:축=정계(等軸晶系) 명 결정계(結晶系)의 한 가지. 길이가 같은 세 개의 결정축이 서로 직각을 이루며 만나는 결정의 형태. 금강석·방연광(方鉛鑛)·황철광·암염(岩塩) 따위가 이에 딸림.
등:출(謄出) 명 -하다 타 등초(謄抄)
등:치(等値) 명 두 개의 방정식이 같은 근(根)을 가지는 것. 동치(同値)
등:치=개:념(等値概念) 명 등가 개념(等價概念)
× **등-치기** 명 →등채기
등-치다 타 옳지 않은 방법으로 남의 재물을 빼앗다.
등:치-법(等値法) [-뻡] 명 연립 방정식을 푸는 방법의 한 가지. 각 방정식을 어느 한 미지수에 대하여 풀어 그것을 같다고 하고, 한 미지수를 없애어 해(解)를 구하는 방법. ☞대입법(代入法)
등:치선-도(等値線圖) 명 어떠한 사항에 대하여, 같은 값을 가진 점을 선으로 연결해 놓은 지도를 통틀어 이르는 말. 기온·강수량·인구 밀도 따위를 나타내는 분포도가 있음.
등-칡(藤-) 명 쥐방울덩굴과의 덩굴성 낙엽 관목. 산기슭에 자라며, 줄기 길이는 10m 안팎. 잎은 둥근 심장형임.
등-침:대(藤寢臺) 명 등(藤)의 줄기를 결어 만든 침대.
등-태 명 짐을 질 때, 등이 배기지 않도록 짚 따위로 엮어 등에 걸치는 물건.
등-토시(藤-) 명 등(藤)의 오리로 결어 만든 토시. 여름에 땀이 옷에 배지 않도록 낌.
등-판 명 등을 이루는 넓적한 부분.
등판(登板) 명 -하다 자 야구에서, 투수가 투구(投球)할 자리에 서는 일. ☞강판(降板)
등:패(等牌) 명 지난날, 역사(役事)를 할 때에 일꾼을 감독·지휘하던 사람.
등패(籐牌) 명 ①등(籐)의 줄기를 휘어 심을 하고 대 껍질로 결어 만든 둥근 방패. ②십팔기(十八技) 또는 무예이십사반(武藝二十四般)의 하나.
등편(籐鞭) 명 등채
등:표(等標) 명 등호(等號)
등표(燈標) 명 암초(暗礁)나 수심이 얕은 곳의 위치를 표시하는 등불.
등-피(-皮) 명 등가죽
등피(燈皮) 명 남포 위에 덧씌우는 유리로 만든 물건.
등피-유(橙皮油) 명 감귤류의 과일 껍질을 말려 수개월간 물에 담가 두었다가 증류하거나 압착기로 짠 기름. 비누나 향수 따위의 원료로 씀.
등:피-화(等被花) 명 꽃받침과 꽃잎의 색깔이 같은 꽃. ☞이피화(異被花)
등하(登遐) 명 -하다 자 지난날, 임금이 세상을 떠남을 이르던 말. 붕어(崩御). 승하(昇遐)
등하불명(燈下不明) 성구 '등잔 밑이 어둡다'는 말을 한문식으로 옮긴 구(句)로, 가까이 있는 것이나 가까이에서 생긴 일을 오히려 더 모를 수도 있다는 뜻.
등하-색(燈下色) 명 불을 켜 놓고 하는 성교(性交).
등:한(等閑·等閒) 어기 '등한(等閑)하다'의 어기(語基).
등:한-시(等閑視) 명 -하다 타 소홀히 하거나 대수롭지 않게 보아 넘김. ¶건강 관리를 ―하다.
등:한-하다(等閑-) 형여 어떤 일에 소홀하거나 무심하다. ¶맡은 일에 ―.
등한-히 부 등한하게 ¶고객 관리를 ― 하다.
등:할(等割) 명 크기가 같은 할구(割球)로 분열되는 난할(卵割). 성게·활유어 따위의 등황란(等黃卵)에서 볼 수 있음. ☞부등할(不等割)
등행(登行) 명 -하다 자 높은 곳에 오름. 등척(登陟)
등-허리 명 등의 허리 부분.
등-헤엄 명 배영(背泳)
등현-례(登舷禮) [-녜] 명 승무원 전원이 양쪽 뱃전에 벌여 서서 하는 해군 예식의 한 가지. 귀빈의 마중과 배웅, 또는 멀리 가는 군함에 대한 경의로써 베풂.
등:호(等號) 명 두 수나 식이 서로 같음을 나타내는 부호. '='로 나타냄. 같음표. 등표(等標) ☞부등호(不等號)
등호(燈號) 명 지난날, 과거를 보는 곳에 들어가는 사람이 각각 자기의 등불에 표지로 쓰던 글자.
등화(燈火) 명 ①등불 ②등잔불
등화(燈花) 명 촛불 등의 심지 끝이 타서 맺힌 불똥.
등화(가) 앉다 관용 심지 끝에 불덩어리가 생기다.
등화(가) 지다 관용 등화(가) 앉다.
등화(藤花) 명 등나무의 꽃. 등꽃
등화가:친(燈火可親) 성구 가을 밤은 서늘하여 등불 아래서 글을 읽기에 좋다는 말.
등화가:친지절(燈火可親之節) 성구 등불 아래서 글을 읽기에 좋은 철이라는 뜻으로, 가을을 이르는 말.
등화=관:제(燈火管制) 명 적기(敵機)의 공습 목표가 되지 않도록 경계 경보(警戒警報)나 공습 경보(空襲警報)가 내려진 경우에 불을 가리거나 끄는 일.
등화=신:호(燈火信號) 명 등불로 신호하는 일.
등:활(等活) 명 '등활지옥'의 준말.
등:활=지옥(等活地獄) 명 불교에서 이르는 팔열 지옥(八熱地獄)의 하나. 고통을 받아 죽었다가 서늘한 바람이 불어와서 다시 살아나면, 또 다시 전과 같은 고통을 받는다는 지옥. 살생을 한 사람이 간다고 함. 준 등활(等活)
등:황-란(等黃卵) 명 노른자위가 매우 적고 세포질 안에 고르게 분포되어 있는 알. 성게의 알 따위. ☞단황란(端黃卵). 중황란(中黃卵)
등황-색(橙黃色) 명 등색(橙色)보다 조금 붉은 빛깔을 띤 누른 빛깔.
등황-석(橙黃石) 명 빛깔이 등황색인 광석의 한 가지.
등:후(等候) 명 -하다 타 등대(等待)
등-힘 명 활을 잡을 때, 손등에서부터 팔등을 지나 어깨까지 뻗는 힘.
디:(D·d) 명 ①영어 자모(字母)의 넷째 글자의 이름. ②차례나 등급(等級) 등의 넷째. ¶ ― 학점. ③서양 음악의 장음계(長音階) 둘째(단음계 넷째)의 미국·영국 음계 이름. 우리 나라 음계 이름 '라'에 해당함. ☞레(re)
-디[1] 어미 '해라'할 자리에 사실 여부를 묻는 종결 어미. ¶값이 얼마 하디? /몸에 크디? /그게 무엇이디? ☞-더냐. -더니'
-디[2] 어미 형용사의 힘줌말을 만들기 위하여 거듭할 때 쓰임. ¶차디차다/크디크다/희디희다
디그르르-하다 형여 덩이로 된 그만그만한 것들 가운데서 좀 굵다. ¶디그르르한 감자. ☞대그르르하다. 띠그르르하다
디귿 명 〈어〉한글 자모(字母) 'ㄷ'의 이름.
디귿자-집(-字-) 명 건물의 평면(平面)을 'ㄷ' 자 꼴로 지은 집. ㄷ자집
디글-디글 부 -하다 형 덩이로 된 그만그만한 것들 가운데 몇 개가 알이 좀 굵은 모양을 나타내는 말. ¶ ― 굵은 사과. ☞대글대글. 띠글띠글
디기탈리스(digitalis 라) 명 현삼과(玄蔘科)의 여러해살이풀. 줄기 높이는 1m 안팎이며, 잎은 달걀꼴임. 여름에 짙은 반점이 있는 붉은 자줏빛이나 흰 꽃이 핌. 잎은 한방에서 강심제나 이뇨제로 씀.
디노미네이션(denomination) 명 과거의 화폐 단위명 대신 새로운 화폐 단위명을 만드는 일. 유통 화폐의 가치를 법정 비율에 따라 일률적으로 저하하는 것으로, 인플레이션 때문에 화폐 가치가 떨어져 모든 금액의 표시가 커짐으로써 계산상·거래상 불편이 심할 때 실시함.
디:-단:조(D短調) [-쪼] 명 라단조
디:데이(D-day) 명 ①공격 개시일 ②계획을 실제 행동으로 옮기는 날. ¶ ―를 잡다.
디디다 타 ①어떤 것 위를 체중을 실어 밟거나 올라서다.

¶ 자갈길을 맨발로 ―. ②찾아와 보다. ¶ 오랜 방랑 끝에 고향 땅을 ―. ③메주나 누룩 따위의 반죽을 보에 싸서 내리눌러 덩어리를 짓다. 준 딛다

디:디:티:(DDT) 명 살충제의 한 가지. 인체에 그 독성이 축적되므로 우리 나라에서는 제조·판매·사용이 금지되었음. [dichloro diphenyl trichloroethane]

디딜-방아[―빵―] 명 발로 디디어서 곡식을 찧는 방아. 답구(踏臼)

디딜-풀무 명 발로 디디어 바람을 내는 풀무.

디딤-널 명 발로 디디기 위해 놓는 널.

디딤-돌[―똘] 명 ①마루 아래나 뜰에 놓아 디디고 오르내리게 한 돌. ☞징검돌 ②어떤 문제를 풀어 가는 데 바탕이 되거나 바탕으로 삼는 것을 빗대어 이르는 말. ¶ 아내의 내조가 성공의 ―이 되었다.

디렉터리(directory) 명 컴퓨터에서, 같은 계열의 프로그램이나 자료들을 한곳에 모아 놓은 덩어리.

디룽-거리다(대다) 자 디룽디룽 흔들리다. ☞대롱거리다. 뒤룽거리다

디룽-디룽 부 큰 물체가 매달려 흔들리는 모양을 나타내는 말. ¶ ― 매달린 수세미외. ☞대롱대롱

디모데서(∠Timotheos書) 명 신약성서 중의 한 편. 사도 바울로가 에베소에 있는 제자 디모데에게 보낸 편지. 전서와 후서가 있음.

디몰토(di molto 이) 명 악보의 빠르기말의 한 가지. '매우'·'대단히'의 뜻.

디미누엔도(diminuendo 이) 명 악보의 셈여림말의 한 가지. '점점 여리게'의 뜻. 기호는 dim

디-밀다(―밀고·―미니) 타 '들이밀다'의 준말.

디바이더(divider) 명 제도기(製圖器)의 한 가지. 치수를 다른 곳에 옮기거나 선분을 분할하는 데 씀. 양각기(兩脚器). 걸음쇠

디버그(debug) 명 컴퓨터 프로그램 안에 있는 버그를 없애는 일을 이르는 말.

디버깅(debugging) 명 컴퓨터 프로그램 안에 있는 오류, 곧 버그를 찾아내어 수정하는 일을 이르는 말.

디:브이디:(DVD) 명 디지털 다기능 디스크 [digital versatile disk]

디스인플레이션(disinflation) 명 인플레이션 억제 정책. 통화량(通貨量)의 증가를 억제하고 물가 안정을 꾀하여 서서히 인플레이션을 억누름.

디스카운트(discount) 명 -하다 자타 물건 값의 일부를 깎아 주는 일.

디스켓(diskette) 명 컴퓨터의 외부 기억 장치의 한 가지. 자성(磁性) 물질을 입힌 폴리에스테르의 작은 원반. 데이터의 입력이나 파일 저장에 쓰임. 플로피디스크(floppy disk) ☞시디(CD)

디스코(disco) 명 경쾌한 레코드 음악에 맞추어 자유롭게 추는 춤.

디스코테크(discothèque 프) 명 경쾌한 레코드 음악에 맞추어 자유롭게 춤을 출 수 있도록 만들어 놓은 댄스홀.

디스크(disk) 명 ①음반(音盤) ②자기 디스크나 자기 디스크 장치를 통틀어 이르는 말. ③'추간판 헤르니아'를 흔히 이르는 말.

디스크드라이브(disk drive) 명 컴퓨터에서, 디스크를 동작하게 하여 데이터를 판독하거나 기록하는 장치.

디스크자키(disk jockey) 명 라디오 프로그램이나 디스코텍 등에서, 레코드 음악이나 가벼운 이야기를 들려주는 사람. 준 디제이

디스크팩(disk pack) 명 여러 장의 자기 디스크를 같은 축에 고정하여 놓은 것. 흔히, 여섯 장을 한 묶음으로 함.

디스토마(distoma 라) 명 편형동물에 딸린 흡충류(吸蟲類)를 통틀어 이르는 말. 보통 주둥이 둘레와 배에 빨판이 있고, 사람이나 돼지·개·고양이 등에 기생함. 반드시 중간 숙주를 거침. 간디스토마·폐디스토마 따위.

디스프로슘(dysprosium) 명 란탄족 원소의 하나. 자성(磁性)이 강하고 수용액은 황색, 산화물은 무색임. [원소 기호 Dy/원자 번호 66/원자량 162.50]

디스플레이(display) 명 ①상품 등을 보기 좋게 배치하는 일. ②동물이 나타내는 과시 행동. 번식기에 수컷이 암컷에게 구애하는 짓이나, 적을 위협하기 위해 털을 곧추 세우는 짓 따위. ③컴퓨터의 출력 표시 장치.

디아나(Diana) 명 로마 신화에 나오는 달과 사냥의 여신(女神). 그리스 신화의 아르테미스에 해당함.

디아스타아제(Diastase 독) 명 엿기름이나 누룩곰팡이로 만든 담황색 가루약. 녹말을 엿당과 덱스트린으로 가수 분해하는 아밀라아제를 주성분으로 함. 소화제 따위로 쓰임.

디:엔에이(DNA) 명 디옥시리보 핵산 [deoxyribo nucleic acid] ☞아르엔에이(RNA)

디:엠(DM) 명 '다이렉트메일(direct mail)'의 준말.

디:엠제트(DMZ) 명 비무장 지대(非武裝地帶) [demilitarized zone]

디오니소스(Dionysos) 명 그리스 신화에 나오는 포도 재배와 술의 신(神). 로마 신화의 바커스에 해당함.

디오니소스-형(Dionysos型) 명 예술 활동의 한 유형. 역동·열정·광포·파괴를 지향하며 도취적(陶醉的), 창조적(創造的), 격정적(激情的)인 음악·무용·서정시의 본질임. 니체가 '비극의 탄생'에서 주창함. ☞아폴론형

디오라마(diorama 프) 명 ①세밀하게 그린 인물이나 물건, 배경 등을 조화시켜 어떤 장면을 입체적으로 나타내는 일. ②원근법(遠近法)을 이용한 배경 그림 앞에, 인물이나 동물 등 입체 모형을 놓고 조명하여 실제 광경처럼 보이게 만든 장치. 환시화(幻視畫)

디옥시리보오스(deoxyribose) 명 단당류(單糖類)의 한 가지. 리보오스에서 산소 한 분자를 빼앗긴 것. 디옥시리보 핵산의 성분으로서 생체 속에 있음.

디옥시리보=핵산(deoxyribo核酸) 명 디옥시리보오스라는 당(糖)을 지닌 핵산. 유전자의 본체로서 모든 생체의 세포 안에 있음. 디엔에이(DNA) ☞리보 핵산

디옵터(diopter) 의 광학에서, 렌즈나 렌즈 계통의 배율을 나타내는 단위. 렌즈의 배율은 1미터를 초점 거리로 나눈 것과 같음. 기호는 Dptr 또는 D.

디자이너(designer) 명 공예(工藝)·건축·의상 등의 도안(圖案)이나 조형(造形)을 전문으로 하는 사람.

디자인(design) 명 -하다 타 제품이나 건축의 미적 효과나 기능 등을 생각하여 그 형태를 구상하는 일, 또는 구상한 도안(圖案)·설계도(設計圖)·의장(意匠) 따위.

디:-장조(D長調)[―쪼] 명 라장조

디저:트(dessert) 명 정식 서양 요리의 순서에서, 식후에 차려 내는 과일이나 아이스크림·치즈·과자·커피 따위. 후식(後食)

디:제이(DJ) 명 '디스크자키(disk jockey)'의 준말.

디:젤=기관(Diesel機關) 명 내연 기관의 한 가지. 실린더 안에 공기를 빨아들여, 압축하여 높은 온도로 되게 한 다음 중유나 경유를 뿜어 연소시켜서 피스톤을 움직이게 함. 디젤엔진(Diesel engine). 중유 기관(重油機關)

디:젤엔진(Diesel engine) 명 디젤 기관

디지털(digital) 명 숫자를 이용한 표현으로 정보를 나타내는 일. ☞아날로그(analogue)

디지털=다기능=디스크(digital多技能disk) 명 일반 콤팩트디스크 크기의 디스크 한 장에 콤팩트디스크의 6~8배의 영상·소리 정보를 담을 수 있는 매체. 초창기에는 고화질·고음질의 영화를 한 장에 담을 수 있는 디지털 비디오디스크의 의미로 알려졌으나, 현재는 다매체로 활용할 수 있는 디지털 다기능 디스크의 의미로 흔히 쓰임. 디브이디(DVD). 디지털비디오디스크

디지털=방:송(digital放送) 명 방송 신호를 디지털로 내보내는 방송. 아날로그 방송보다 화면과 소리의 품질이 뛰어남.

디지털비디오디스크(digital video disk) 명 디지털 다기능 디스크

디지털=시계(digital時計) 명 바늘을 사용하지 아니하고 숫자로 시간을 나타내는 시계.

디지털=신:호(digital信號) 명 데이터를 전기적인 두 가지

상태로 표현하는 신호. 일반적으로 0과 1로 표현함.

디지털카메라(digital camera)명 촬영한 영상을 디지털 형태로 저장하는 카메라. 촬영 후 외부 컴퓨터와 연결하여 영상을 보내거나 편집, 수정, 출력 따위를 할 수 있음.

디지털컴퓨터(digital computer)명 데이터를 수치로 표시하고, 불연속적인 자료의 조합으로 연산을 하거나 논리 수행을 하는 컴퓨터. 보통 컴퓨터라 할 때 이것을 의미함. ☞아날로그컴퓨터(analogue computer)

디지털=통신(digital通信)명 전화·팩시밀리·텔레비전·컴퓨터의 데이터 등 모든 정보를 0과 1로 구성되는 디지털 신호로 바꾸어서 하는 통신 방식. 통신 회선의 사용 효율이 높고 잡음이 적은 고품질의 통신이 가능함.

디:티:피(DTP)명 탁상 출판(卓上出版) [desktop publising]

디펜스(defence)명 방어(防禦) 또는 수비(守備).

디폴:트(default)명 외채 원리금의 상환 기일이 되었는데도 이를 갚지 못하는 상태. 채권자가 디폴트가 발생했다고 판단하여 채무자나 제삼자에게 통지하는 것을 디폴트 선언이라고 하며, 사실상의 국가 부도를 뜻함.

디프레션(depression)명 불경기(不景氣)

디프테리아(diphtheria)명 디프테리아균의 감염으로 일어나는 급성 전염병의 한 가지. 어린아이에게 잘 걸리는 전염병으로, 열이 나고 목이 아프며 호흡 곤란 상태가 됨. 마비풍(馬脾風)

디플레(∠deflation)명 '디플레이션'의 준말.

디플레이션(deflation)명 통화량(通貨量)의 수축에 따라 장기간에 걸쳐서 물가가 계속 떨어지는 현상. 생산 수준의 저하, 실업의 증가, 경기의 불황 등으로 변해 감. 통화 수축(通貨收縮) 준디플레 ☞인플레이션(inflation)

디:피:(DP)명 ①전쟁이나 정치적인 변화 따위로 말미암아 피난하여 온 사람. [displaced person] ②'디피이(DPE)'의 준말.

디:피:이:(DPE)명 필름의 현상·인화·확대. 흔히, 그러한 일을 하는 가게의 간판에 붙임. 준디피(DP) [developing, printing, enlarging]

디:피:티(DPT)명 디프테리아·백일해·파상풍의 예방 혼합 백신. [diphtheria, pertussis, tetanus]

딛다타 '디디다'의 준말.

딜:러(dealer)명 ①증권 회사나 금융 기관 등에서, 자기의 계산과 위험 부담으로 증권을 사고 팔고 하는 업자. ②카드 놀이에서, 카드를 돌라주는 사람. ③유통에서, 상품의 매입·재판매를 하는 사람.

딜레마(dilemma 라)명 선택해야 할 길은 두 가지 중 하나인데, 그 어느 쪽도 바람직하지 않은 매우 난처한 처지에 놓인 상황을 뜻하는 말.

딜레탕트(dilettante 프)명 학문이나 예술을 취미로 즐기는 사람.

딜레탕티슴(dilettantisme 프)명 학문이나 예술을 취미로 즐기려는 태도, 또는 그러한 경향.

딜-목(-木)명 광산에서, 광 구덩이의 천장을 떠받치는 나무.

딥다부 '들입다'의 준말.

딩딩부-하다형 살가죽 따위가 좀 뜬뜬하게 부풀어 있는 모양을 나타내는 말. ¶배가 －하여 거북하다. ☞댕댕. 띵띵. 팅팅

따갑다(따갑고·따가워)형ㅂ ①살갗에 자극이 될 정도로 열이 썩 높다. ¶햇볕이 －. ②날카로운 끝으로 살을 쑤시는듯 한 느낌이 있다. ¶햇볕에 탄 살갗이 벗겨져 몹시 －. ③자꾸 여러 번 거듭하다. ¶귀가 따갑도록 말하다. ④좋지 않게 보는 느낌이 있다. ¶주위의 따가운 시선./따가운 눈총을 받다. ☞뜨겁다

따개명 병이나 깡통 따위의 뚜껑을 따는 물건.

따개비명 따개빗과의 조개. 몸길이 1～1.5cm. 삿갓 모양을 하고 있으며, 몸은 각판(殼板)으로 싸여 있고 암수한몸으로 난생(卵生)임. 껍질은 어두운 잿빛 또는 자줏빛을 띤 잿빛 바탕에 흰 줄이 많음. 바닷물이 드나드는 갯바위에 붙어 삶.

따:귀명 '뺨따귀'의 준말.

따깜-질명-하다자타 큰 덩이에서 조금씩 뜯어내는 짓.

따끈-따끈부-하다형 매우 따끈한 느낌을 나타내는 말. ¶－한 국물. ☞뜨끈뜨끈. 차끈차끈

따끈-하다형여 알맞게 따뜻한 느낌이 있다. ¶따끈한 숭늉./방바닥이 －. ☞뜨끈하다. 차끈하다

따끈-히부 따끈하게 ☞뜨끈히. 차끈히

따끔-거리다(대다)자 뾰족한 것에 찔린 것과 같은 느낌이 자꾸 들다. ☞뜨끔거리다

따끔-나:리명 지난날, 순검(巡檢)을 놀리어 이르던 말.

따끔-따끔부-하다형 따끔거리는 느낌을 나타내는 말. ¶옷에 붙은 까끄라기가 － 찌른다./주사 맞은 자리가 －하다. ☞뜨끔뜨끔

따끔-령(－令)명 정신이 번쩍 들도록 따끔히 내리는 명령.

따끔-하다형여 ①뾰족한 것에 찔린 것과 같은 아픈 느낌이 있다. ¶주사를 맞는 순간 따끔했다. ②마음이 찔린 듯이 따가운듯 한 느낌이 있다. ¶따끔한 충고의 말을 해 주다. ☞뜨끔하다

따끔-히부 따끔하게 ☞뜨끔히

따낸-돌명 바둑에서, 상대편 말을 잡아 바둑판에서 들어낸 돌을 이르는 말.

따:니명 돈치기의 한 가지. 벽에 동전을 던져서 멀리 튀겨 나간 사람부터 차례로 돈이 떨어진 자리에 서서 그 돈으로 다음 자리의 동전을 맞히면 따먹게 됨.

따:니-치다자 따니의 내기를 하다.

따님명 남을 높이어 그의 딸을 이르는 말. 영애(令愛). 영양(令孃) ¶댁의 －도 졸업반입니까?/저분의 －은 아주 미인이지요. ☞아드님

따다[1] 타 ①무엇에 매달렸거나 들러붙은 것을 잡아떼다. ¶사과를 －./굴을 －./버섯을 －./꿀벌이 꿀을 따려 날아다니다. ②전체에서 한 부분을 떼어 내다. ¶모서리를 －. ③막거나 닫아 놓은 것을 열거나 떼어 내다. ¶깡통을 －./물꼬를 －. ④종기나 물집 따위를 찔러서 터뜨리거나 째다. ¶물집을 －. ⑤글이나 말 따위에서 필요한 부분을 뽑아서 쓰다. ¶시의 한 구절을 따서 이야기하다./아이 이름을 따서 상호를 짓다. ⑥노름·내기·경기 따위에서 이겨 돈이나 상품 따위를 차지하다. ¶경마장에서 돈을 －./올림픽에서 금메달을 －. ⑦노력을 기울여 자격이나 점수 따위를 얻다. ¶운전 면허를 －./학점을 －.

속담 **따 놓은 당상**(堂上): 틀림없이 될 것이니 조금도 염려할 것이 없다는 말. 〔떼어 놓은 당상〕

한자 **딸 적**(摘) 〔手部 11획〕 ¶적과(摘果)/적아(摘芽)

따다[2] 타 ①무엇이라 핑계하고 찾아온 사람을 만나 주지 아니하다. ¶손님을 －. ②싫거나 필요 없는 사람을 돌려내어, 그 일에 관계되지 않게 하다. ¶줄기차게 따라오는 그를 따 버리고 왔다.

따다닥부 딱딱한 막대 따위가 세게 돌아가는 바퀴살에 스칠 때 나는 소리를 나타내는 말. ☞다다닥. 타다닥

따다-바리다타 ①무엇을 뜯어내어 죽 벌여 놓다. ②얄미운 태도로 이야기를 꺼내어 늘어놓다. ☞뜯어벌이다

따독-거리다(대다)타 ①흩어지기 쉬운 물건을 가볍게 누르듯이 자꾸 두드려 다지다. ②어린아이를 재우거나 달래려고 손으로 가볍게 두드리다. ③마음을 따스하게 어루만지다. 따독이다 ☞다독거리다

따독-따독부 따독거리는 모양을 나타내는 말.

따독-이다타 따독거리다 ☞다독이다

따-돌리다타 ①무슨 일을 할 때에 밉거나 싫은 사람을 따로 떼어 멀리하다. ¶잘난체 하는 그를 모두들 따돌린다. ②찾아오거나 뒤따르는 사람을 떼어 버리다. ¶미행자를 －.

따들싹-하다[1] 형여 잘 덮이거나 가려지지 아니하여 물건의 어느 한 부분이 조금 떠들려 있다. ¶벽지가 따들싹하게 일어나 있다. ☞떠들썩하다[1]

따들싹-하다[2] 형여 ①여러 사람이 재깔이어 약간 시끄럽다. ②소문이 돌아서 좀 왁자하다. ③제한적인 범위 안

에서, 여론이 일다. ☞떠들썩하다[2]

따듬-거리다(대다) 자타 말을 하거나 글을 읽을 때 심하게 다듬거리다. ¶책을 따듬거리며 읽다./따듬거리며 이름을 대다./따듬거리는 습관이 있다. ☞다듬거리다. 떠듬거리다

따듬-따듬 부 따듬거리는 모양을 나타내는 말. ¶겁에 질려 — 말하다. ☞다듬다듬. 떠듬떠듬

따듬작-거리다(대다) 자타 나릿나릿하게 따듬거리다. ☞다듬작거리다. 떠듬적거리다

따듬작-따듬작 부 따듬작거리는 모양을 나타내는 말. ¶— 글을 읽다. ☞다듬작다듬작. 떠듬적떠듬적

따듯-하다[—듣—] 형여 좀 따뜻한 기운이 있다. ☞따뜻하다. 뜨듯하다

따듯-이 부 따듯하게 ☞따뜻이. 뜨듯이

따따따 부 나팔 소리를 나타내는 말.

따뜻-하다[—뜯—] 형여 ①기분 좋을 정도로 온도가 높다. ¶따뜻한 봄날./따뜻한 햇볕./물을 따뜻하게 데우다. ②마음씨 따위가 포근한 데가 있다. ¶따뜻한 정./따뜻한 마음. ☞따듯하다. 뜨뜻하다

따뜻-이 부 따뜻하게 ☞따듯이. 뜨뜻이

한자 **따뜻할 난**(暖) 〔日部 9획〕 ¶난기(暖氣)/난류(暖流)/난방(暖房)/난열(暖熱)/온난(溫暖)
따뜻할 온(溫) 〔水部 10획〕 ¶온기(溫氣)/온대(溫帶)/온수(溫水)/온정(溫情)/온화(溫和) ▷ 속자는 温

-따라 조 체언에 붙어, '-에 따라 유별나게'의 뜻을 나타내는 보조 조사. ¶오늘따라 날씨가 차다./백화점따라 값이 다르다./장소따라 다르게 부르는 값.

따라-가다 타 ①남의 뒤를 좇아가다. ¶앞 사람이 가는 대로 —. ②남이 하는 일이나 시키는 일을 좇아 하다. ¶다수가 지지하는 쪽으로 —.

따라-다니다 타 ①남의 뒤를 좇아 다니다. ¶송아지가 어미 소를 —. ②뒤를 좇듯이 서로 붙어 다니다. ¶자유와 책임은 서로 따라다닌다.

×**따라-먹다** 타 →앞지르다

따라-붙다[—붇—] 타 ①앞선 것을 뒤따라가서 바싹 붙다. ¶앞서 뛰는 선수를 금방 따라붙었다. ②늘 붙어 다니다. ¶동생에게는 짱구라는 별명이 늘 따라붙어 다녔다.

따라서 부 '그러므로', '그렇기 때문에'의 뜻을 나타내는 접속 부사. ¶그 식당은 깨끗하고 친절하다. — 손님이 많다.

따라-오다 타 ①남의 뒤를 좇아서 오다. ¶내 뒤만 따라오너라. ②남이 하는 대로 좇아서 하다. ¶맏이가 잘하면 그 밑의 아이들은 저절로 따라온다. ③앞선 것의 수준이나 정도에 이를 만큼 좇아오다. ¶바둑에서 그를 따라올 사람은 없다.

따라-잡다 타 앞선 것을 따라가 같은 수준이나 정도에 이르다. ¶앞에 달려가는 선수를 —./선진국의 기술을 —.

따라지 명 ①몸집이 작아 보잘것없는 사람이나 하찮은 물건을 이르는 말. 주유(侏儒) ②노름판에서, '한 끗'을 이르는 말. ¶삼팔 — ③따분하고 한심한 처지에 놓인 사람을 이르는 말. ¶— 인생

따로 부 ①한데 어울리지 않고 떨어져서. ¶— 먹다./— 자다. ②서로 다르게. 딴 셈으로. 별도로 ¶여기 말고도 — 다니는 데가 있다.

따로-나다 자 가족의 일부가 딴살림을 차려서 나가다. ¶그는 결혼하면서 따로났다.

따로-내:다 타 가족의 일부를 딴살림을 차려 나가게 하다. ¶이번 봄에 큰아들을 따로냈다.

따로-따로[1] 부 한데 어울리지 않고 저마다 따로. 각각 다르게. ¶— 포장하다./— 학교에 가다.

따로-따로[2] 감 아기에게 따로서기를 가르칠 때, 일으켜 잡은 손을 놓으려 하면서 아기를 어르는 말. 섬마섬마

따로따로-따따로 감 아기에게 따로서기를 가르칠 때, 일으켜 잡은 손을 슬며시 놓고서 아기를 어르는 말.

따로-서다 자 ①한데 뒤섞이지 않고 떨어져서 서다. ②어린아이가 다른 것에 의지하지 않고 저 혼자 서다. ¶우리 아기는 채 돌도 지나지 않아 따로섰다.

×**따루다** 타 →따르다[2]

따르다[1](따르고·따라) 자타르 ①남의 뒤를 좇다. ¶어머니를 따라 시장에 가다. ②어떤 앞선 대상을 좇아 그 수준에 미치다. ¶그의 솜씨를 따를만 한 사람이 없다. ③어떤 대상을 좋아하거나 존경하여 가까이 붙좇다. ¶그 아이는 선생님을 무척 따른다. ④남의 행동이나 말을 본떠서 그와 같이 하다. ¶유행을 따른 옷을 입다. ⑤어떤 일이 다른 일과 아울러 이루어지다. ¶봉사하는 일에는 기쁨이 따른다. ⑥결정되거나 요구된 바를 지켜 그대로 하다. ¶아버지의 말씀을 —. ⑦저마다 어떤 것을 근거로 삼다. ¶학자에 따라 견해가 다르다.

한자 **따를 수**(隨) 〔阜部 13획〕 ¶부수(附隨)/수반(隨伴)/수속(隨俗)/수시(隨時)/수의(隨意)/수행(隨行)
따를 연(沿) 〔水部 5획〕 ¶연안(沿岸)/연해(沿海)
따를 추(追) 〔辵部 6획〕 ¶추적(追跡)/추종(追從)

따르다[2](따르고·따라) 타르 그릇을 기울여 담긴 액체를 밖으로 흐르게 하다. ¶물을 컵에 —./술을 잔에 —.

따르르[1] 부 ①단단하고 둥근 물건이 단단한 바닥 위를 빠르게 구르는 소리를 나타내는 말. ②재봉틀로 얇은 옷감을 빠르게 박을 때 나는 소리를 나타내는 말. ③쇠바퀴가 달린 가벼운 미닫이를 세게 여닫을 때 나는 소리를 나타내는 말. ☞다르르[1]. 뜨르르[1]

따르르[2] 부-하다 형 어떤 일에 막힘이 없이 통할 정도로 매우 환한 모양을 나타내는 말. ☞다르르[2]. 뜨르르[2]

따르릉 부 작은 종이 떨어 울리는 소리를 나타내는 말. ¶자명종이 — 울리다.

따름 의 용언의 어미 '-ㄹ'이나 '-을' 다음에 쓰이어, '오로지 그 뿐'의 뜻을 나타내는 말. ¶그저 네가 걱정될 —이다.

따리[1] 명 배에서, 키의 물 속에 잠기는 부분에 달린 넓적한 나무판.

따:리[2] 명 아첨, 또는 아첨하는 말.

따리(를) 붙이다 관용 남의 환심을 사려고 아첨하거나 살살 꾀다.

따:리-꾼 명 남의 환심을 사려고 아첨하거나 살살 꾀는 일을 잘하는 사람.

따-먹다 타 ①과일 따위를 따서 먹다. ②바둑·장기·고누 따위에서, 상대편의 말이나 돌 등을 잡아 가지다.

따발-총(—銃) 명 소련제의 소형 경기관총(輕機關銃)을 속되게 이르는 말.

따분-하다 형여 ①지루하고 답답하다. ¶하는 일 없이 시간을 보내자니 따분하구나. ②착 까부라져서 힘이 없다. ¶갑자기 긴장이 풀리면서 따분해졌다. ③처지가 어렵고 딱하다. ¶그 사람 참 따분하게 됐어.

따분-히 부 따분하게

따비 명 풀뿌리를 뽑거나 밭을 가는 농기구. 쟁기와 비슷하게 생겼으나 조금 작고 보습이 좁음.

따비-밭 명 따비로나 갈만 한 좁은 밭.

따사-롭다(—롭고·—로워) 형ㅂ 따사한 느낌이 있다. ☞다사롭다

따사-로이 부 따사롭게 ☞다사로이

따사-하다 형여 포근하게 따뜻하다. ¶따사한 봄날. ☞다사하다

따스-하다 형여 좀 따뜻하다. ☞다스하다. 뜨스하다

따습다(따습고·따스워) 형ㅂ 따스한 느낌이 있다. ☞다습다. 뜨습다

따오기 명 저어샛과의 새. 몸길이 76cm 안팎. 해오라기와 비슷하게 생겼는데, 몸빛은 희거나 잿빛이고, 검고 큰 부리는 밑으로 구붓하며, 머리 뒤쪽의 깃털은 길어서 도가머리를 이룸. 산골의 무논이나 연못에 살며, 4~5월에 나무 위에 집을 짓고 한배에 2~3개의 알을 낳음. 천연 기념물 제198호임. 주로(朱鷺)

따옥-따옥 부 따오기가 우는 소리를 나타내는 말.

따옴-말 명 남의 말이나 글에서 한 부분을 끌어다 쓴 말. 인용어(引用語)

따옴-표(—標) 명 문장 부호의 한 갈래. 큰따옴표 (" "),

ㄷ

작은따옴표(‘ ’), 겹낫표(『 』), 낫표(「 」)를 통틀어 이르는 말. 인용부(引用符) ☞묶음표

따위 의 ①둘 이상의 명사를 들어 말할 때, 그와 같은 종류를 뜻하는 말. ¶무·배추·고추 ― 채소. 유들[2]. 등(等)[2] ②말하는 대상을 비웃거나 얕잡아 이르는 말. ¶너 ―는 상대하지 않겠다./슬픔 ― 사치스러운 감정을 가질 여유가 없다.

따지기 명 언 땅이 풀릴 무렵. 해토머리

따지다 타 ①옳고 그른 것을 밝혀 가리다. ¶공과(功過)를 ―./잘잘못을 ―. ②무엇을 밝히려고 샅샅이 캐어묻다. ¶가문을 ―./항렬을 ―./이번 일의 배후를 ―. ③계산이나 셈을 구체적으로 헤아리다. ¶이자(利子)를 ―./날짜를 따져 보다. ④차근차근 검토하다. ¶잘 따져 보고 일을 추진해라.

한자 **따질 규**(糾) 〔糸部 2획〕 ¶규명(糾明)/규문(糾問)/규찰(糾察)/규탄(糾彈)

따짝-거리다(대다) 타 손톱이나 날카로운 물건 따위로 자꾸 뜯거나 긁어대다. 따짝이다 ☞뜨적거리다

따짝-따짝 부 따짝거리는 모양을 나타내는 말. ¶말라붙은 딱지를 ― 뜯다. ☞뜨적뜨적

따짝-이다 타 따짝거리다 ☞뜨적이다

딱[1] 부 ①단단한 물건이 서로 세게 부딪칠 때 나는 소리를 나타내는 말. ¶나무 막대기가 ― 맞부딪다./야구 공을 방망이로 ― 치다. ②가늘고 단단한 물건이 단번에 부러질 때 나는 소리를 나타내는 말. ¶나뭇가지가 ― 부러지다. ☞뚝[1]. 탁[1]

딱[2] 부 ①계속되던 것이 갑자기 멎거나 그치는 모양을 나타내는 말. ¶딸꾹질이 ― 멎다./소나기가 ― 그치다. ☞뚝[2] ②갑자기 또는 단단히 막히는 모양을 나타내는 말. ¶수도관이 ― 막히다./말문이 ― 막혔다. ☞꽉 ③옆으로 다부지게 바라진 모양을 나타내는 말. ¶어깨가 ― 바라진 사람. ④제대로 잘 들어맞은 모양을 나타내는 말. ¶깨어진 조각들을 모아 ― 맞추다./옷이 몸에 ― 맞다./네 짐작이 ― 맞았다. ☞꼭[2] ⑤꼭 알맞은 모양을 나타내는 말. ¶내 발에 ― 어울리는 신./가방에 ― 들어갈 크기. ⑥단단히 달라붙은 모양을 나타내는 말. ¶우표를 ― 붙이다. ☞떡[3]. 착[1]

딱[3] 부 ①굳세게 가로막거나 버티는 모양을 나타내는 말. ¶길을 ― 막아 서다./― 버티고 서다. ②활짝 벌리는 모양을 나타내는 말. ¶어이가 없어 입을 ― 벌리다. ☞짝[4] ③마주 대어 붙이는 모양을 나타내는 말. ¶눈을 ― 감다./입을 ― 다물다. ☞꼭[1] ④바짝 갖다 대는 모양을 나타내는 말. ¶문틈에 귀를 ― 대고 말을 엿듣다./폭음에 놀라 몸을 땅바닥에 ― 붙이다. ⑤아주 끊는 모양을 나타내는 말. ¶술을 ― 끊었다./관계를 ― 끊다./왕래를 ― 끊다. ☞떡[4]

딱[4] 부 ①달리 생각할 나위 없이. ¶약속을 지키지 않는 사람은 ― 질색이다./정나미가 ― 떨어지다./― 잘라 말하다./시치미를 ― 떼다. ☞뚝[3] ②바로 마주. ¶시선이 ― 마주치다./원수를 외나무다리에서 ― 만나다. ☞떡[5] ③꼭 그 뿐. 〔다음 말을 한정하는 뜻으로 쓰임.〕 ¶― 세 개./― 한 번./― 두 잔만.

딱 부러지게 관용 아주 확실하게. ¶― 단언하다./― 해명하다.

딱 잡아떼다 관용 천연덕스럽게 아니한체 하거나 모르는 체 하다.

×**딱다구리** 명 →딱따구리

딱따구리 명 딱따구릿과의 새를 통틀어 이르는 말. 삼림지대에 살며, 날카롭고 단단한 부리로 나무를 쪼아 구멍을 내고 그 속의 벌레를 잡아먹음. 탁목조(啄木鳥)

딱따그르르 부 ①단단하고 동근 물건이 단단하고 매끄러운 바닥에 떨어져 튀었다가 구를 때 되바라지게 나는 소리, 또는 그 모양을 나타내는 말. ②천둥이 좀 먼 데서 울리는 소리를 나타내는 말. ☞닥다그르르. 떡떠그르르

딱따글-거리다(대다) 자 딱따글딱따글 소리가 나다. ☞닥다글거리다. 떡떠글거리다

딱따글-딱따글 부 단단하고 동근 물건이 단단하고 매끄러운 바닥에 자꾸 부딪히면서 구를 때 되바라지게 나는 소리, 또는 그 모양을 나타내는 말. ☞닥다글닥다글. 떡떠글떡떠글

딱따기 명 예전에, 야경(夜警)을 돌 때 마주 부딪쳐 딱딱 소리를 내던 두 짝의 나무막대기. 격탁(擊柝)

딱따-깨비 명 메뚜깃과의 곤충. 몸은 가늘고 길며 몸빛은 누런빛을 띤 녹색임. 머리 양쪽에는 검은 갈색의 세로줄이 있으며, 날 때에 ‘딱딱딱’ 하는 소리가 남. 우리 나라와 중국, 일본, 말레이시아 등지에 분포함.

딱-딱[1] 부 ①단단한 물체가 잇달아 세게 부딪칠 때 나는 소리를 나타내는 말. ¶이가 ― 맞부딪다. ②가늘고 단단한 물건이 잇달아 부러질 때 나는 소리를 나타내는 말. ¶나뭇가지를 ― 부러뜨리다.

딱-딱[2] 부 ①제대로 잇달아 잘 들어맞는 모양을 나타내는 말. ¶답들이 ― 맞았다./어떤 옷이나 ― 맞는다. ②잇달아 단단히 달라붙는 모양을 나타내는 말. ¶자석에 병마개가 ― 붙는다. ☞떡떡[1]

딱-딱[3] 부 잇달아 활짝 벌리는 모양을 나타내는 말. ¶제비 새끼들이 입을 ― 벌리다. ☞떡떡[2]

딱딱-거리다(대다) 자 딱딱한 말투로 자꾸 을러대다.

딱딱-하다 형여 ①부드럽지 않고 몹시 단단하다. ¶딱딱한 침대./딱딱한 빵. ②태도나 말씨, 분위기 따위가 부드럽지 않고 굳다. ¶딱딱한 말투로 손님을 대하다./딱딱한 분위기.

딱딱-히 부 딱딱하게 ¶― 굳은 빵.

딱부리 명 ‘눈딱부리’의 준말.

딱-새 명 지빠귀아과의 텃새. 몸길이는 14cm 안팎. 수컷은 정수리에서 뒷목까지 은백색이고, 뺨·턱밑·날개는 검은빛인데 날개에 흰 점이 있으며, 가슴·배·허리는 주황빛을 띤 밤색임. 암컷은 몸 전체가 연한 갈색임. 번식기에는 깊은 산 속에서 지내고, 겨울에는 인가의 처마 밑에 깃들이어 벌레를 잡아먹음. 상딱새

딱-선(―扇) 명 살이 적고 거친 쥘부채의 한 가지.

딱-성냥 명 단단한 곳이면 아무 데나 그어도 불이 일어나도록 만든 성냥의 한 가지.

딱장-대[―때] 명 ①온순한 맛이 없고 성질이 딱딱한 사람. ②심성이 사납고 굳센 사람.

딱장-받다 타 도둑에게 온갖 형벌을 주어 잘못이나 죄를 털어놓게 하다.

딱정-벌레 명 딱정벌렛과의 곤충. 몸길이 1.3cm 안팎. 몸빛은 검은색 또는 검은 갈색으로 윤이 남. 촉각은 실 모양이고, 두껍고 딱딱한 딱지날개가 좌우에 붙어 있음. 다른 곤충을 잡아먹고 삶.

딱지[1] 명 ①상처나 헌데에 피·진물·고름 따위가 나와 말라붙어 생기는 껍질. ②종이에 박혀 있는 티. ③시계의 기계를 싸고 있는 겉껍데기. ☞금딱지 ④거북이나 소라 등의 몸을 싸고 있는 껍데기.

딱지가 덜 떨어지다 관용 어린아이에게 있는 쇠딱지가 아직 떨어지지 않았다는 뜻에서, 말이나 행동이 어린애 티를 벗어나지 못했음을 이르는 말.

딱지[2] 명 ‘퇴짜’를 속되게 이르는 말. ¶―를 놓다.

딱지(―紙) 명 ①우표·증지(證紙) 등과 같이, 그림이나 글자 등을 박은 종이 조각을 통틀어 이르는 말. ¶상표 ―/우표 ― ②‘놀이딱지’의 준말. ③사물을 규정하는 좋지 않은 평가나 인정을 속되게 이르는 말.

딱지가 붙다 관용 좋지 않은 평판이 붙다. ¶전과자 ―.

딱지(를) 떼다 관용 ①처음으로 시작하다. ②불법 행위로 말미암아 벌금 통지서를 받다. ¶차선을 위반하여 ―. ③좋지 않은 평판이나 이름을 벗다.

딱지-꽃 명 장미과의 여러해살이풀. 줄기 높이 60cm 안팎. 잎은 깃꼴 겹잎으로 어긋맞게 나며, 6～7월에 노란 꽃이 가지 끝에 모여 핌. 어린잎은 먹을 수 있고, 줄기·잎·뿌리는 한방에서 이질·토혈 등에 약재로 쓰임.

딱지-날개 명 딱정벌레 따위 갑충(甲蟲)의 겉 날개. 매우 단단하여 속 날개와 몸을 보호함. 시초(翅鞘)

딱지-놀이 명 놀이딱지를 가지고 노는 일.

딱지-놓다 자 '퇴짜놓다'의 속된말.
딱지-맞다[-맏-] 자 '퇴짜맞다'의 속된말.
딱지-붙임[-부침] 명-하다 자타 얇은 널빤지에 아교 등을 발라서 다른 두꺼운 것에 붙이는 일.
딱지-치기(-紙-) 명-하다 자 종이 딱지를 바닥에 놓고, 다른 딱지로 쳐서 바닥에 놓인 딱지가 뒤집히면 따먹는 아이들의 놀이.
딱-총(-銃) 명 ①종이로 싼 화약을 놓고 방아쇠를 당기면 딱 소리가 나며 터지도록 만든 장난감 총. ②불놀이 제구의 한 가지. 화약을 종이로 싸거나 대통 같은 것의 속에 넣고, 그 끝에 달린 심지에 불을 댕겨 터뜨려 소리나 불꽃이 나게 함. 지총(紙銃). 지포(紙砲). 폭죽(爆竹) ☞줄불
딱총-나무 명 인동과(忍冬科)의 낙엽 활엽 관목. 잎은 깃꼴 겹잎이고 톱니가 있음. 5~6월에 황록색 꽃이 가지 끝에 원추(圓錐) 꽃차례로 피고, 9월경에 붉은 색의 동근 열매가 익음. 산기슭의 습기가 많은 골짜기에 자람. 어린잎은 먹을 수 있고, 가지는 한방에서 관절염·골절(骨折) 등에 약재로 쓰임.
딱-하다 형여 ①사정이나 처지가 가엾고 애처롭다. ¶그의 사정이 너무도 딱하니 도와줍시다. ②일을 처리하기가 어렵고 난처하다. ¶일이 참 딱하게 되었다.
딱-히 부 딱하게 ¶- 여기다.

한자 **딱할 민**(憫) 〔心部 12획〕 ¶민망(憫惘)/연민(憐憫)

딱-히 부 확실히. 꼭 집어서. ¶- 머물 곳이 있다.
딴[1] 명 '딴꾼'의 준말.
딴[2] 의 〔주로 '딴은', '딴에는'의 꼴로 쓰이어〕 자기 나름의 생각이나 기준을 나타냄. ¶제 -에는 최선을 다한 것입니다.
딴[3] 관 다른 ¶- 데 가지 말고 집으로 오너라.
딴-것 명 다른 것. ¶-으로 주세요.
딴-기(-氣) 명 냅뜰 기운.
딴기가 적다 관용 기력이 약하여 냅뜰 기운이 없다.
딴꽃-가루받이[-꼳-바지] 명 타화 수분(他花受粉)
딴꽃-정받이(-精-)[-꼳-바지] 명 타화 수정(他花受精)
딴:-꾼 명 ①지난날, 포도청에서 포교(捕校)의 심부름을 하며 도둑 잡는 일을 거들던 사람. 준 딴[1] ②말이나 행동이 도리에 어긋나고 사나운 사람.
딴딴-하다 형여 ①물체가 무르지 않고 매우 굳다. ¶무가 -./근육이 딴딴하게 뭉치다./딴딴하게 못이 박인 손바닥. ②사람의 몸이 매우 야무지고 튼튼하다. ¶몸이 -. ☞단단하다. 뜬뜬하다
딴딴-히 부 딴딴하게 ☞단단히. 뜬뜬히
딴-마음 명 ①다른 것을 생각하는 마음. 객심(客心) ②배반할 생각을 가진 마음. 양심(兩心). 외심(外心)[1]. 이심(異心). 타심(他心) ¶-을 먹다.
딴-말 명-하다 자 ①아무 관계없는 말. ¶묻는 말과 상관없는 -만 하다. ②미리 정한 것과 어긋나는 말. ¶이제 와서 무슨 -이냐? 딴소리
딴말-쓰기 명 윷판 없이 말(言)만으로 말을 쓰면서 하는 윷놀이.
딴-맛 명 ①본디의 맛과 달라진 맛. ②색다른 맛. ¶김밥을 야외에서 먹으니 -이 나네.
딴-머리 명 여자의 밑머리에 덧대어서 얹는 머리털. 본머리 ☞밑머리
딴-사:람 명 ①다른 사람. ②모습이나 성격, 신분 따위가 전과 매우 달라진 사람. ¶화장을 하고 새 옷을 입으니 -이 되었다.
딴-살림 명-하다 자 따로 벌여 사는 살림. ¶-을 살다.
딴-상투 명 자기 머리털이 아닌 다른 머리털로 만들어 얹은 상투.
딴-생각 명-하다 자 ①다른 데로 쓰는 생각. ¶- 말고 열심히 공부해라. ②엉뚱하게 품은 생각. ¶남몰래 -을 품다.
딴-소리 명-하다 자 딴말
딴-솥 명 방고래와 상관없이 따로 걸어 놓고 쓰는 솥.
딴-요대(-腰帶)[-뇨-] 명 허리띠의 한 가지. 여러 실가닥을 어슷비슷하게 땋아서 넓적하게 만들고, 땋아서 만든 술을 양끝에 닮.
딴은 부 그러고 보니 그것도. 〔남의 말을 긍정하는 뜻을 나타냄.〕 ¶- 그렇군.
딴-이 명 한글 모음 'ㅣ'가 쓰인 경우를 이르던 말. 고어 표기에서 한자(漢字)와 어울려 적을 수 없었기 때문에 '孔子ㅣ, 兵戈ㅣ'처럼 쓴 것을 이름.

> ▶ **'ㅣ'(딴이)의 표기**
> '딴이'란 '이'에서 첫소리 'ㅇ'을 떼어낸 'ㅣ'를 이르는 말인데, '이' 소리를 제외한 나머지의 모음으로 끝난 말 아래에 쓰였다. '우리 始祖ㅣ'(용비어천가 3장) 등에서 볼 수 있다. 자음과 직접 어울리지 않는 'ㅣ'를 가리키는 이름으로, 결국 앞서는 모음과 어울리어 소리를 이룬다. '죰은 혀ㅣ라'는 곧 '죰은 혜라'로 적게 되나 한자로 표기된 경우에는 글자로 어울리게 할 수 없으므로 '始祖ㅣ'처럼 적을 수밖에 없었다. 하지만 소리의 어울림은 '시좨'로 된다.

딴-이름 명 본래의 이름 외에 달리 가진 이름. 별명(別名). 이명(異名)
딴-전 명 일과 관계없이 하는 딴말이나 딴 짓. 딴청
딴전(을) 보다 관용 일과 아무 관계없는 말이나 동작을 하다. 딴전(을) 부리다.
딴전(을) 부리다 관용 딴전(을) 보다.
딴죽 명 ①발로 상대편 다리를 쳐서 쓰러뜨리는 재주. ②택견에서, 발질의 한 가지. 발바닥으로 상대편의 다리를 앞이나 옆에서 밀어 때리면서 앞으로 나아가는 공격 기술.
딴죽(을) 걸다 관용 발로 상대편의 다리를 걸어 당기다.
딴죽(을) 치다 관용 ①발로 상대편의 다리를 후려치다. ②이미 동의하였던 일을 딴전을 부리며 어기다.
딴죽-받기 명 택견에서, 발질의 한 가지. 상대편이 딴죽을 걸어올 때 딴죽으로 되받아 방어와 공격을 동시에 하는 기술.
딴-채 명 본채와 별도로 떼어서 지은 집채. 별채
딴-청 명 딴전
딴-판 명 ①다른 판. ②아주 다른 모양. ¶동생과 나는 -으로 생겼다. ③아주 다른 판국. ¶일의 시작과 결과가 -이다. ④〔부사처럼 쓰임〕 ¶내 생각은 너와 - 다르다.
딸 명 여자로 태어난 자식. 여식(女息). 여아(女兒)
속담 **딸 덕에 부원군** : 다른 사람의 덕을 입어서 호강스러운 자리에 있게 됨을 이르는 말./**딸 삼 형제를 시집보내면 고무 도둑도 안 든다** : 딸을 시집보낼 때에는 많은 비용이 들어서 집안이 망할 지경에까지 이른다는 말. 〔딸 셋을 여의면 기둥뿌리가 팬다/딸이 셋이면 문을 열어 놓고 잔다〕/**딸 손자는 가을 볕에 놀리고 아들 손자는 봄볕에 놀린다** : 딸 손자를 아들 손자보다 더욱 귀엽게 여긴다는 말./**딸 없는 사위** : ①인연이 끊어져서 정이 멀어졌다는 말. ②쓸데없게 된 물건을 이르는 말./**딸의 굿에 가도 전대(纏帶)가 셋** : 아무리 남을 위하여 하는 일이라도 자기의 이익을 바라고 있다는 말. 〔딸의 굿에 가도 자루 아홉을 가지고 간다〕/**딸의 집에서 가져온 고추장** : 물건을 몹시 아껴 두고 씀을 이르는 말.
딸가닥 부 속이 빈, 작고 야문 물체가 다른 단단한 물체에 한 번 가볍게 부딪힐 때 나는 소리를 나타내는 말. ☞달가닥. 딸까닥. 딸카닥. 떨거덕
딸가닥-거리다(대다) 자타 자꾸 딸가닥 소리가 나다, 또는 그런 소리를 내다. ☞달가닥거리다. 딸까닥거리다. 떨거덕거리다
딸가닥-딸가닥 부 딸가닥거리는 소리를 나타내는 말. ☞달가닥달가닥. 딸까닥딸까닥. 떨거덕떨거덕
딸가당 부 작고 매우 단단한 쇠붙이 따위가 다른 단단한 물체에 한 번 가볍게 부딪힐 때 울리어 나는 소리를 나타내는 말. ☞달가당. 딸까당. 떨거덩
딸가당-거리다(대다) 자타 자꾸 딸가당 소리가 나다, 또

는 그런 소리를 내다. ☞달가당거리다. 딸카당거리다. 떨거덩거리다
딸가당-딸가당 부 딸가당거리는 소리를 나타내는 말. ☞달가당달가당. 딸카당딸카당. 떨거덩떨거덩
딸각 부 ①엇걸리게 만든 작고 매우 단단한 두 물체가 가볍게 엇걸리거나 풀릴 때 나는 소리를 나타내는 말. ②속이 빈, 가볍고 매우 단단한 두 물체가 한 번 맞부딪힐 때 나는 소리를 나타내는 말. ☞달각. 떨걱
딸각-거리다(대다) 자타 자꾸 딸각 소리가 나다, 또는 그런 소리를 내다. ☞달각거리다. 떨걱거리다
딸각-딸각 부 딸각거리는 소리를 나타내는 말. ☞달각달각. 떨걱떨걱
딸강 부 작고 매우 단단히 쇠붙이 따위가 다른 단단한 물체에 한 번 가볍게 부딪힐 때 울리어 나는 소리를 나타내는 말. ☞달강. 떨겅
딸강-거리다(대다) 자타 자꾸 딸강 소리가 나다, 또는 그런 소리를 내다. ☞달강거리다. 떨겅거리다
딸강-딸강 부 딸강거리는 소리를 나타내는 말. ☞달강달강. 떨겅떨겅
딸그락 부 속이 빈, 가볍고 단단한 물체가 다른 단단한 물체에 세게 부딪혀 갈리는 소리를 나타내는 말. ☞달그락. 떨그럭
딸그락-거리다(대다) 자타 자꾸 딸그락 소리가 나다, 또는 그런 소리를 내다. ☞달그락거리다. 떨그럭거리다
딸그락-딸그락 부 딸그락거리는 소리를 나타내는 말. ☞달그락달그락. 떨그럭떨그럭
딸그랑 부 작고 얇은 쇠붙이 따위가 다른 단단한 물체에 한 번 세게 부딪힐 때 울리어 나는 소리를 나타내는 말. ☞달그랑. 떨그렁
딸그랑-거리다(대다) 자타 자꾸 딸그랑 소리가 나다, 또는 그런 소리를 내다. ☞달그랑거리다. 떨그렁거리다
딸그랑-딸그랑 부 딸그랑거리는 소리를 나타내는 말. ☞달그랑달그랑. 떨그렁떨그렁
딸:기 명 ①장미과에 딸린 산딸기·뱀딸기 등을 통틀어 이르는 말. ②장미과의 여러해살이풀. 잎은 뿌리에서 나오며, 잎자루가 길고 세 개의 커다란 잎이 달림. 4~5월에 흰 꽃이 피고 꽃이 진 뒤에 꽃 턱이 발달한 열매는 붉게 익는데, 날로 먹거나 잼 등을 만들어 먹음.
딸:기-송이 명 한 꼭지에 모여 달린 딸기의 덩이.
딸:기-술 명 ①딸기에 설탕을 넣어 발효시켜 만든 술. ②딸기의 즙을 짜서 넣은 술.
딸:기-코 명 코끝이 붉은 코, 또는 그런 코를 가진 사람.
딸:기-편 명 편의 한 가지. 딸기를 삶아 체에 밭친 다음, 꿀과 생강즙·녹말을 넣어 뭉근한 불에 휘저으면서 익혀 엿처럼 굳힌 음식.
딸:기-혀 명 성홍열(猩紅熱)의 한 증세. 높은 신열로 말미암아 혀가 빨갛게 붓는 상태. 매설(莓舌)
딸:깃-물 명 딸기에서 짜 낸 즙.
딸까닥 부 속이 빈, 작고 야문 물체가 다른 단단한 물체에 한 번 세게 부딪힐 때 나는 소리를 나타내는 말. ☞달가닥. 딸가닥. 떨꺼덕
딸까닥-거리다(대다) 자타 자꾸 딸까닥 소리가 나다, 또는 그런 소리를 내다. ☞달가닥거리다. 딸가닥거리다. 떨꺼덕거리다
딸까닥-딸까닥 부 딸까닥거리는 소리를 나타내는 말. ☞달가닥달가닥. 딸가닥딸가닥. 떨꺼덕떨꺼덕
딸까당 부 작고 매우 단단한 쇠붙이 따위가 다른 단단한 물체에 한 번 세게 부딪힐 때 울리어 나는 소리를 나타내는 말. ☞달가당. 달까당. 떨꺼덩
딸까당-거리다(대다) 자타 자꾸 딸까당 소리가 나다, 또는 그런 소리를 내다. ☞달가당거리다. 달까당거리다. 떨꺼덩거리다
딸까당-딸까당 부 딸까당거리는 소리를 나타내는 말. ☞달가당달가당. 달까당달까당. 떨꺼덩떨꺼덩
딸깍 부 ①엇걸리게 만든 작고 매우 단단한 두 물체가 세게 엇걸리거나 풀릴 때 나는 소리를 나타내는 말. ②속이 빈, 가볍고 매우 단단한 두 물체가 한 번 세게 맞부딪힐 때 나는 소리를 나타내는 말. ☞달각. 떨꺽
딸깍-거리다(대다) 자타 자꾸 딸깍 소리가 나다, 또는 그런 소리를 내다. ☞달각거리다. 떨꺽거리다
딸깍-딸깍 부 딸깍거리는 소리를 나타내는 말. ☞달각달각. 떨꺽떨꺽
딸깍-발이 명 지난날, 마른날에도 나막신을 신는다는 뜻으로, 가난한 선비를 이르던 말. ¶남산골 —
딸깡 부 작고 매우 단단한 쇠붙이 따위가 다른 단단한 물체에 한 번 세게 부딪힐 때 울리어 나는 소리를 나타내는 말. ☞달강. 떨겅
딸깡-거리다(대다) 자타 자꾸 딸깡 소리가 나다, 또는 그런 소리를 내다. ☞달강거리다. 떨겅거리다
딸깡-딸깡 부 딸깡거리는 소리를 나타내는 말. ☞달강달강. 떨겅떨겅
×딸꼭-단추 명 →똑딱단추
딸꾹 부 딸꾹질하는 소리를 나타내는 말.
딸꾹-거리다(대다) 자 딸꾹질하는 소리가 자꾸 나다.
딸꾹-딸꾹 부 딸꾹거리는 소리를 나타내는 말.
딸꾹-질 명 -하다 자 횡격막과 호흡 작용을 돕는 근육이 갑자기 경련을 일으키면서 성문(聲門)이 열려 소리를 내는 증세. 애역(呃逆). 폐기(肺氣)
딸-년 명 남에게 자기의 딸을 낮추어 이르는 말.
딸딸 부 작은 발동기 등이 약하게 움직이는 소리를 나타내는 말. ¶경운기가 — 소리를 내다. ☞달달[2]. 떨떨
딸딸-거리다(대다) 자타 딸딸 소리가 나다, 또는 그런 소리를 내다. ☞달달거리다[2]. 떨떨거리다
딸랑 부 작은 방울이나 종 따위가 한 번 가볍게 흔들리어 울리는 소리를 나타내는 말. ☞떨렁
딸랑-거리다(대다) 자타 자꾸 딸랑 소리가 나다, 또는 그런 소리를 내다. 딸랑이다 ¶강아지 목에 달린 방울이 —. ☞떨렁거리다
딸랑-딸랑 부 딸랑거리는 소리를 나타내는 말. ¶워낭이 — 울리다. ☞떨렁떨렁
딸랑-이 명 흔들면 딸랑딸랑 소리가 나는 아기의 장난감.
딸랑-이다 자타 딸랑거리다 ☞떨렁이다
딸리다 자 어떠한 것에 매이거나 붙어 있다. 속하다 ¶가장에게 딸린 식구.

> 한자 딸릴 례(隷) 〔隶部 8획〕 ¶노예(奴隷)/예속(隷屬)/예하(隷下) ▷ 隷와 隸는 동자
> 딸릴 속(屬) 〔尸部 18획〕 ¶소속(所屬)/속국(屬國)/영속(領屬)/전속(專屬)/직속(直屬)

딸림-음(一音) 명 음계의 다섯째 음. 으뜸음보다 완전 5도 위이거나 완전 4도 아래인 음. 도미넌트(dominant). 속음(屬音) ☞버금딸림음. 으뜸음
딸막-거리다(대다) 자타 ①묵직한 물체의 일부나 전체가 동안이 잦게 조금 들렸다 내려졌다 하다, 또는 그리 되게 하다. ②몸의 일부가 동안이 잦게 가벼이 쳐들렸다 놓였다 하다, 또는 그리 되게 하다. ¶어깨를 —. 딸막이다 ☞달막거리다. 뜰먹거리다
딸막-딸막 부 딸막거리는 모양을 나타내는 말. ☞달막달막. 뜰먹뜰먹
딸막-이다 자타 딸막거리다 ☞달막이다. 뜰먹이다
딸:보 명 ①속이 좁아 너그럽지 못한 사람. ②몸집이 작아 보잘것없는 사람.
딸싹 부 ①가벼운 물건의 일부나 전체가 좀 요란하게 쳐들렸다 내려지는 모양을 나타내는 말. ②몸의 일부가 가볍게 조금 쳐들렸다 놓이는 모양을 나타내는 말. ¶어깨를 한 번 — 하다. ③말이 들리지 않을 정도로 입술을 약하게 벌렸다 다무는 모양을 나타내는 말. ¶말을 할듯이 입술을 — 하다가 말다. ☞달싹. 뜰썩
딸싹-거리다(대다) 자타 ①잇달아 딸싹 하다. ②마음이 가볍게 들떠서 움직이다. ¶온종일 기대로 마음이 —. 딸싹이다 ☞달싹거리다. 뜰썩거리다
딸싹-딸싹 부 딸싹거리는 모양을 나타내는 말. ☞달싹달싹. 뜰썩뜰썩
딸싹-이다 자타 딸싹거리다 ☞달싹이다. 뜰썩이다

딸싹-하다 형여 붙었던 것이 가볍게 조금 떠들려 있다. ☞달싹하다. 들썩하다

딸-아이 명 ①남에게 자기의 딸을 이르는 말. ②딸로 태어난 아이. 준딸애 ☞아들아이

딸-애 명 '딸아이'의 준말.

딸-자식(-子息) 명 ①딸로 태어난 자식. ②남에게 자기의 딸을 이르는 말. ☞아들자식

딸카닥 부 속이 빈, 작고 야문 물체가 다른 단단한 물체에 한 번 거칠게 부딪힐 때 나는 소리를 나타내는 말. ☞달가닥. 달카닥. 떨커덕

딸카닥-거리다(대다) 자타 자꾸 딸카닥 소리가 나다, 또는 그런 소리를 내다. ☞달가닥거리다. 달카닥거리다. 떨커덕거리다

딸카닥-딸카닥 부 딸카닥거리는 소리를 나타내는 말. ☞달가닥달가닥. 달카닥달카닥. 떨커덕떨커덕

딸카당 부 작고 매우 단단한 쇠붙이 따위가 다른 단단한 물체에 한 번 거칠게 부딪힐 때 울리어 나는 소리를 나타내는 말. ☞달가당. 딸가당. 떨커덩

딸카당-거리다(대다) 자타 자꾸 딸카당 소리가 나다, 또는 그런 소리를 내다. ☞달가당거리다. 딸가당거리다. 떨커덩거리다

딸카당-딸카당 부 딸카당거리는 소리를 나타내는 말. ☞달가당달가당. 딸가당딸가당. 떨커덩떨커덩

딸칵 부 ①엇걸리게 만든 작고 매우 단단한 두 물체가 거칠게 엇걸리거나 풀릴 때 나는 소리를 나타내는 말. ¶자물쇠가 - 열리다. ②속이 빈, 가볍고 매우 단단한 두 물체가 한 번 거칠게 맞부딪힐 때 나는 소리를 나타내는 말. ☞달각. 떨컥

딸칵-거리다(대다) 자타 자꾸 딸칵 소리가 나다, 또는 그런 소리를 내다. ☞달각거리다. 떨컥거리다

딸칵-딸칵 부 딸칵거리는 소리를 나타내는 말. ☞달각달각. 떨컥떨컥

딸캉 부 작고 매우 단단한 쇠붙이 따위가 다른 단단한 물체에 한 번 거칠게 부딪힐 때 울리어 나는 소리를 나타내는 말. ☞달강. 떨컹

딸캉-거리다(대다) 자타 자꾸 딸캉 소리가 나다, 또는 그런 소리를 내다. ☞달강거리다. 떨컹거리다

딸캉-딸캉 부 딸캉거리는 소리를 나타내는 말. ☞달강달강. 떨컹떨컹

땀[1] 명 ①사람이나 동물의 땀샘에서 분비되는 맑고 찝찔한 액체. ¶-이 나다./-을 들이다. ②무슨 일에 들인 '노력'이나 '공력', '수고'를 비유하여 이르는 말. ¶-의 대가./-의 결정이다.

한자 땀 한(汗) 〔水部 3획〕 ¶발한(發汗)/취한(取汗)

땀[2] 명 ①바느질할 때에 실을 꿴 바늘로 한 번 뜬 자리. ¶-을 곱게 뜨다. ②〔의존 명사로도 쓰임〕 실을 꿴 바늘로 한 번 뜬 자리를 세는 단위. ¶한 -/세 -

땀-구멍[-꾸-] 명 살갗에 나 있는, 땀이 나오는 구멍.

땀-국[-꾹] 명 때가 낀 옷이나 몸에 흠뻑 젖어 든 땀.

땀-기(-氣)[-끼] 명 땀이 약간 나는 기운.

땀-나다 자 ①몸 밖으로 땀이 나오다. ②몹시 힘이 들거나 애가 쓰이다. ¶땀나는 일.

땀-내 명 땀에 젖은 옷이나 몸에서 나는 냄새.

땀-내:다 자 땀이 많이 나오게 하다.

땀-들이다 자 ①나던 땀이 안 나도록 몸을 식히다. ¶그늘에서 잠시 땀들이고 가자. ②잠시 쉬다. ¶땀들일 사이도 없이 열심히 일하다.

땀-등거리[-뜽-] 명 베나 모시로 지어, 여름에 가슴과 등에만 걸쳐 입는 땀받이 옷.

땀땀-이 부 바느질할 때, 바늘로 뜬 땀마다. ¶- 정성이 깃들어 있다.

땀-띠 명 땀을 너무 많이 흘림으로써 피부가 자극되어 생기는 발진. 좁쌀 모양으로 돋으며, 돋은 부위가 가렵고 따끔따끔함. 한진(汗疹)

땀-받이[-바지] 명 ①땀을 흡수하려고 껴입는 속옷. ②땀을 흡수하려고 적삼 뒷길 안에 받친 헝겊. 한의(汗衣)

땀-발[-빨] 명 흘러내리는 땀의 줄기. ¶-이 솟다.

땀-방울[-빵-] 명 물방울 모양으로 맺힌 땀.

땀-빠지다 자 ①진땀이 나다. ②진땀이 나도록 힘들거나 애를 많이 쓰다. ¶땀빠지게 일하다.

땀-빼:다 자 힘들거나 어려운 고비를 당하여 몹시 고생하다. ¶공사 기간을 단축하느라고 -.

땀-샘 명 포유류의 피부에 있는, 땀을 분비하는 외분비선(外分泌腺). 한선(汗腺)

땀-수(-數)[-쑤] 명 바느질 땀의 수.

땀-수건[-쑤-] 명 땀을 닦는 데 쓰는 수건.

땀지근-하다 형여 말이나 행동이 느리고 땀직하다. ☞뜸지근하다

땀직-땀직 부-하다 형 매우 땀직한 모양을 나타내는 말. ☞뜸직뜸직

땀직-하다 형여 말이나 행동이 무게가 있는듯 하다. ☞뜸직하다

땀직-이 부 땀직하게 ☞뜸직이

땀-질 명-하다 자타 목공에나 가구 제작 등을 할 때에 끌이나 칼로 쓸데없는 부분을 따내는 일.

땃-두릅[딷-] 명 ①오갈피나뭇과의 여러해살이풀. 줄기 높이는 2m 안팎. 잎은 크고 넓으며, 깃꼴 겹잎으로 어긋맞게 남. 7~8월에 연한 녹색의 꽃이 산형(繖形) 꽃차례로 피며, 어린 줄기와 잎은 데쳐서 먹을 수 있고, 뿌리는 한방에서 약재로 씀. 우리 나라 각처의 산지에 자람. 독활(獨活) ②땃두릅나무의 애순. 데치거나 삶아 먹을 수 있음.

땃-두릅나무[딷-] 명 오갈피나뭇과의 낙엽 활엽 관목. 높이는 2~3m. 원줄기는 갈라지지 않고, 줄기에 긴 가시가 많으며, 손바닥 모양의 잎은 어긋맞게 남. 7~8월에 황록색 꽃이 피며, 애순은 먹을 수 있고 줄기와 가지는 한방에서 약재로 씀. 우리 나라 각처의 높은 산 숲 속에 자람.

땅[1] 명 ①바다·강·호수 등 물이 있는 곳을 제외한 지구의 표면. ¶-에 사는 생물. ②부동산인 논밭이나 집터 따위를 두루 이르는 말. ¶기름진 -./-을 팔고 이사하다. ③통치권이 미치는 일정한 지리적 범위나 영토(領土). ¶독도는 우리의 -이다. ④곳. 지방 ¶경기도 - ⑤토양. 흙 ¶-이 걸다.

땅에 떨어지다 관용 권위·명성·시세 따위가 회복하기 힘들 정도로 형편없이 되다. ¶위신이 -.

땅을 치다 관용 몹시 분하고 억울해 하다. ¶땅을 치고 후회해도 소용없다.

속담 **땅 넓은 줄은 모르고 하늘 높은 줄만 안다** : 키만 훌쭉하게 크고 마른 사람을 놀리어 이르는 말./**땅에서 솟았나, 하늘에서 떨어졌나** : ①전혀 기대하지 않던 것이 갑자기 나타남을 이르는 말. ②부모나 조상을 몰라보는 사람을 두고 나무라는 말./**땅을 열 길 파면 돈 한 푼이 생기나** : 자질구레한 재물이나 이익도 귀중함을 깨우쳐 이르는 말./**땅 짚고 헤엄치기** : 일이 아주 쉽다는 말.〔겉보리 돈 삼기/누워 떡 먹기/수양딸로 며느리 삼기/누운 소 똥 누듯 한다/주먹으로 물 찧기/호박에 침 주기〕/**땅 파다가 은(銀) 얻었다** : 대수롭지 않은 일을 하다가 의외의 이익을 얻었다는 말.

한자 땅 곤(坤) 〔土部 5획〕 ¶건곤(乾坤)/곤괘(坤卦)
땅 지(地) 〔土部 3획〕 ¶대지(大地)/지면(地面)/지상(地上)/토지(土地)/평지(平地)
땅 이름 구(龜) 〔龜部〕 ¶구미(龜尾) ▷ 속자는 亀

땅[2] 부 ①총을 쏠 때 야물게 터지며 나는 소리를 나타내는 말. ②작은 쇠붙이나 단단한 물건이 세게 부딪힐 때 울려 나는 소리를 나타내는 말. ¶망치로 철판을 - 치다. ☞떵[1]. 탕[2]

땅-가림 명 한곳에 같은 작물을 연거푸 심지 않는 일. ☞기지(忌地)

땅-가물 명 가뭄으로 푸성귀 따위가 마르는 재앙.

땅-값[-깞] 명 땅의 가격. 토가(土價)

땅-강아지[-깡-] 명 땅강아짓과의 곤충. 땅 속에 살며

몸길이 3cm 안팎. 몸빛은 다갈색 또는 흑갈색이며, 온몸에 짧고 연한 털이 촘촘히 나 있음. 짧은 날개로 날아다니며, 앞다리는 땅파기에 알맞음. 농작물의 뿌리를 갉아먹는 해로운 벌레임. 토구(土狗). 하늘밥도둑

땅-개[-깨] 명 ①몸집이 작고 다리가 짤막한 개. ②땅딸막하고 잘 싸다니는 사람을 속되게 이르는 말.

땅-거미[1] 명 해가 진 뒤 완전히 어두워지기 전까지의 어스레한 때. 박모(薄暮) ¶-가 지다.

땅-거미[2] [-꺼-] 명 땅거밋과의 거미. 몸길이 1.5cm 안팎. 몸빛은 검붉고, 머리가 크며 턱이 앞으로 튀어나와 있음. 마른 땅 속이나 나무줄기 밑에 주머니 모양의 집을 짓고 삶.

땅-걸[-껄] 명 뒤집힌 걸이라는 뜻으로, 윷놀이에서 '도'를 놀림조로 이르는 말.

땅-고름 명-하다 자 땅바닥을 평평하게 다듬거나 고르는 일.

땅-고집(-固執)[-꼬-] 명 융통성이 없는 심한 고집.

땅-광[-꽝] 명 뜰이나 집채 아래에 땅을 파서 만든 광. 지하실(地下室)

땅-굴(-窟)[-꿀] 명 ①땅 속으로 뚫린 굴. ②땅을 깊숙이 파서 굴처럼 만든 구덩이. 토굴(土窟)

땅-그네 명 땅에 기둥을 세우고 맨 그네.

땅기다 자 몹시 켕기어지다. ¶세수를 하고 나니 얼굴이 땅긴다.

땅-까불 명-하다 자 닭 따위가 모래나 흙을 파헤치며 몸을 비벼대거나 흙을 끼얹는 짓.

땅-꽂이 명 지구 자전의 회전축, 곧 남극과 북극을 잇는 축. 지축(地軸)

땅-꾼 명 뱀을 잡아 파는 일을 직업으로 삼는 사람.

땅-내 명 땅에서 나는 흙의 냄새.

땅내(를) 맡다 관용 ①옮겨 심은 식물이 새로운 땅에 뿌리를 내려 생기 있게 되다. ②동물이 그 땅에서 삶을 얻다.

땅-덩어리[-떵-] 명 땅덩이

땅-덩이[-떵-] 명 땅의 큰 덩이, 곧 국토·대륙·지구 등을 이르는 말. 땅덩어리

땅-두멍[-뚜-] 명 도자기 만드는 흙의 앙금을 가라앉히기 위하여 땅을 파서 만든 구덩이.

땅-따먹기 명 땅뺏기

땅딸막-하다 형여 키가 작고 옆으로 딱 바라지다. 땅딸하다

땅딸-보 명 키가 작고 옆으로 딱 바라진 사람을 놀리어 이르는 말.

땅딸-하다 형여 땅딸막하다

땅-땅[1] 부 ①총알 따위가 자꾸 야물게 터져 나는 소리를 나타내는 말. ②작은 쇠붙이나 단단한 물건이 자꾸 세게 부딪힐 때 울려 나는 소리를 나타내는 말. ☞떵떵[1]. 탕탕[2]

땅땅[2] 부 ①실속 없이 큰소리만 치는 모양을 나타내는 말. ¶큰소리만 - 치다. ☞탕탕[3] ②위세를 보이며 몹시 으르대는 모양을 나타내는 말. ☞떵떵[2]

땅땅-거리다(대다)[1] 자타 자꾸 땅땅 소리가 나다, 또는 그런 소리를 내다. ☞떵떵거리다[1]. 탕탕거리다

땅땅-거리다(대다)[2] 자타 ①세력이나 재물이 넉넉하여 호화롭게 거드럭거리며 지내다. ②실속은 없이 큰소리만 치다. ③위세를 보이며 몹시 으르대다. ☞떵떵거리다[2]

땅-뙈:기 명 논밭의 얼마 되지 않는 조각.

땅-뜀 명 무거운 것을 들어 땅에서 뜨게 하는 일.

땅뜀(도) 못하다 관용 ①무거운 것을 땅에서 조금도 들어 올리지 못하다. ②조금도 알아차리지 못하다. ③엄두도 못 내다. 생각조차 못하다.

땅-마지기 명 몇 마지기의 논이나 밭.

땅-문서(-文書) 명 땅의 소유권을 증명하는 문서.

땅-바닥[-빠-] 명 ①땅의 거죽. 지면(地面) ¶-이 갈라지다. ②아무 것도 깔지 않은, 땅의 맨바닥. ¶-에 주저앉다.

땅-버들[-뻐-] 명 '갯버들[1]'의 딴이름.

땅-버섯[-뻐-] 명 나무나 바위가 아닌, 땅에서 나는 버섯을 통틀어 이르는 말.

땅-벌[-뻘] 명 말벌과에 딸린 벌의 한 가지. 몸빛은 검은 바탕에 노란 무늬가 많은데, 변이가 심함. 땅 속에 집을 짓고 삶. 토봉(土蜂)

땅-벌레[-뻘-] 명 땅풍뎅이의 애벌레. 흙 속에 살며, 작물의 뿌리를 갉아먹는 해충임.

땅-보탬 명-하다 자 사람이 죽어서 땅에 묻힘을 이르는 말.

땅-볼[-뽈] 명 낫질을 할 때, 낫의 날 중에 땅 쪽에 닿는 면.

땅-볼:(-ball) 명 야구나 축구 경기 등에서, 땅 위로 굴러가도록 치거나 찬 공.

땅-빈대 명 대극과의 한해살이풀. 줄기는 여러 갈래로 퍼져서 땅에 깔리고, 길둥근꼴의 작은 잎이 마주 남. 8~9월에 연한 자주색 꽃이 피고, 열매는 익으면 세 쪽으로 갈라짐.

땅-뺏:기[-뺃-] 명 어린이 놀이의 한 가지. 땅바닥에 큰 원을 그리고, 두 사람이 제각기 그 원 안에서 조그만 돌조각이나 사금파리를 말로 삼아 손가락으로 튕겨 말이 간 지점을 선으로 연결하면서 땅을 빼어 나가는 놀이. 땅따먹기. 땅재먹기

땅속-뿌리[-쏙-] 명 땅 속에 묻혀 있는 식물의 뿌리. 지하근(地下根) ☞땅위뿌리

땅속-줄기[-쏙-] 명 땅 속에 묻혀 있는 식물의 줄기. 뿌리줄기·덩이줄기·알줄기·비늘줄기 등으로 구별됨. 지하경(地下莖) ☞땅위줄기

땅-심 명 땅이 작물을 자라게 할 수 있는 능력. 지력(地力). 토력(土力) ¶-이 좋다.

땅-울림 명-하다 자 ①무거운 물건이 떨어지거나 지나갈 때 지면이 울리는 일. ②지진 등으로 지반(地盤)이 진동하여 울리는 일, 또는 그 소리. 지명(地鳴)

땅위-뿌리 명 줄거리에서 뿌리가 땅 위로 벋어서 공기 중의 수분을 흡수하는 뿌리. 석곡풀·풍란 따위. 지상근(地上根) ☞땅속뿌리

땅위-줄기 명 땅 위로 나온 식물의 줄기. 기경(氣莖). 지상경(地上莖) ☞땅속줄기

땅-임자[-님-] 명 토지의 소유자.

땅-자리[-짜-] 명 참외나 호박 따위 열매의 거죽이 땅에 닿아 빛깔이 변한 부분.

땅-재먹기 명 땅뺏기

땅-재주[-째-] 명 땅 위에서, 손으로 바닥을 짚고 몸을 공중에서 뒤집어 넘는 등의 여러 가지 동작을 하면서 부리는 재주. ☞공중제비

땅-줄기[-쭐-] 명 땅으로 뻗어나간 줄기.

땅-콩 명 콩과의 한해살이풀. 밑동에서부터 가지가 나와 무성하게 지면을 덮으며, 줄기 높이는 60cm 안팎. 잎은 깃꼴 겹잎이며, 7~9월에 나비 모양의 노란 꽃이 핌. 열매는 땅 속에 고치 모양으로 달림. 길둥근 씨는 먹을 수 있으며, 지방과 단백질이 많아 기름을 짜기도 함. 북아메리카 원산으로, 주로 모래땅에서 자람. 낙화생(落花生). 호콩

땅콩-기름 명 땅콩에서 짠 기름. 낙화생유(落花生油)

땅콩-미숫가루 명 쪄서 말려 볶은 찹쌀과 볶은 땅콩, 참깨를 함께 섞어서 빻은 미숫가루.

땅콩-버터:(-butter) 명 땅콩을 으깨어 이겨서 버터 맛이 나도록 조미한 식품.

땅-파기 명 ①땅을 파는 일. ②어리석어 사리를 분별할 줄 모르는 사람, 또는 그런 사람과의 시비를 비유하여 이르는 말.

땅-풍뎅이 명 풍뎅잇과의 곤충. 몸길이 1.5cm 안팎. 몸빛은 금속 광택이 나는 녹색·청색·갈색 등 여러 가지이며, 몸은 딱딱한 날개로 덮여 있고 배에 털이 많음. 성충은 7월경에 나타나 식물의 잎을 먹고, 애벌레는 '땅벌레'라 하여 뿌리를 갉아먹는 해충임.

땋다 타 머리털이나 실 따위를 세 가닥으로 갈라 서로 엇걸어 짜 엮어서 한 가닥으로 만들다. ¶길게 땋은 머리에 댕기를 드리다.

때[1] 명 ①시간의 어떤 점이나 부분. ¶버스가 떠날 -가 되었다. ②'일정한 시기·시대·연대'의 뜻. ¶신라 -의

장수. ③무슨 일을 하는 데 좋은 기회나 운수. ¶ －가 왔다./－를 놓치다. ④끼니, 또는 끼니를 먹는 시간. ¶ 두 －를 굶다./자꾸 －를 거르면 건강을 해친다. ⑤어떤 경우. ¶ －에 따라서는 그럴 수도 있다. ⑥'계절'의 뜻. ¶ －는 바야흐로 꽃 피고 새 우는 봄이다.

한자 때 시(時)〔日部 6획〕 ¶ 상시(常時)/시간(時間)/시기(時期)/시일(時日)/시한(時限)/평시(平時)
때 신(辰)〔辰部〕 ¶ 생신(生辰)/탄신(誕辰)

때² 명 ①물건에 흙·먼지·얼룩 등이 앉거나 묻어서 낀 것. ¶ －가 묻다./－를 빼다. ②몸에 피부 분비물과 먼지 등이 섞이어 낀 것. ¶ －를 밀다./－를 불리다. ③까닭 없이 뒤집어쓴 더러운 이름. ¶ 죄인의 －를 벗다. ④속되거나 순수하지 못한 요소. ¶ 세속의 －가 묻다. ⑤시골티나 어린티. ¶ 아직 －도 벗지 못하다.

때:-가다 자 '잡히어 가다'를 속되게 이르는 말.

때각 부 ①작고 매우 단단한 물건이 가볍게 한 번 맞부딪힐 때 나는 소리를 나타내는 말. ¶ 수저를 － 상 위에 놓다. ②단단하고 가는 물건이 가볍게 부러질 때 나는 소리를 나타내는 말. ¶ 연필심이 － 부러지다. ☞대각. 대깍. 때깍. 떼걱

때각-거리다(대다) 자타 자꾸 때각 소리가 나다, 또는 그런 소리를 내다. ☞대각거리다. 대깍거리다

때각-때각 부 때각거리는 소리를 나타내는 말. ¶ － 들려오는 구두 소리. ☞대각대각. 대깍대깍. 때깍때깍. 떼걱떼걱

때구루루 부 동글고 단단한 물건이 단단한 바닥에 떨어져 빠르게 구르는 소리, 또는 그 모양을 나타내는 말. ¶ 동전이 방바닥을 － 굴러가다. ☞대구루루. 떼구루루

때굴-때굴 부 작은 물체가 잇달아 빠르게 구르는 모양을 나타내는 말. ¶ 어린아이가 － 구르며 떼를 쓴다. ☞대굴대굴. 떼굴떼굴

때그락 부 속이 빈, 작고 단단한 물체가 다른 단단한 물체에 한 번 세게 부딪혀 갈리는 소리를 나타내는 말. ☞대그락. 떼그럭

때그락-거리다(대다) 자타 자꾸 때그락 소리가 나다, 또는 그런 소리를 내다. ☞대그락거리다

때그락-때그락 부 때그락거리는 소리를 나타내는 말. ☞대그락대그락. 떼그럭떼그럭

때그르르-하다 형여 덩이로 된, 고만고만한 것들 가운데서 좀 굵고 야물다. ☞대그르르하다. 띠그르르하다

때글-때글 부-하다 형 덩이로 된, 고만고만한 것들 가운데 몇 개가 알이 좀 굵고 야문 모양을 나타내는 말. ☞대글대글. 띠글띠글

-때기 접미 일부 명사에 붙어 그 말을 속되게 이름. ¶ 귀때기/배때기

때-까치 명 때까칫과의 텃새. 몸길이 20cm 안팎. 붉은 갈색의 머리와 검은 빛깔의 날개를 가졌으며, 가슴과 배는 흼. 부리가 날카로움. 덤불 속이나 나뭇가지에 둥지를 틀고 삶. 개고마리. 대조(帶鳥). 백설조(百舌鳥)

때깍 부 ①작고 매우 단단한 물건이 세게 한 번 맞부딪힐 때 나는 소리를 나타내는 말. ¶ －, 바가지가 부딪히는 소리. ②단단하고 가는 물건이 단번에 부러질 때 나는 소리를 나타내는 말. ☞대각. 대깍. 때각. 떼꺽

때깍-거리다(대다) 자타 자꾸 때깍 소리가 나다, 또는 그런 소리를 내다. ☞대각거리다. 대깍거리다

때깍-때깍 부 때깍거리는 소리를 나타내는 말. ☞대각대각. 대깍대깍. 때각때각. 떼꺽떼꺽

때깔 명 과일이나 피륙 따위의 선뜻 눈에 드러나 비치는 맵시와 빛깔. ¶ －이 무척 곱다.

때꼭 감 술래잡기에서, 숨었던 아이가 잡히지 아니하고 제자리로 돌아와 술래를 놀리는 말.

때-꼽재기 명 엉기어 붙은 때의 조각이나 부스러기.

때꾼-하다 형여 몹시 앓거나 지쳐서 눈이 옴폭 꺼져 들어가고 정기가 없다. ☞대꾼하다. 떼꾼하다

때-늦다[－늗－] 형 정한 시간보다 늦다. ¶ 때늦은 비.

때:다¹ 자 '죄지은 사람이 잡히다'를 속되게 이르는 말. ¶ 도둑질하다 때어 들어갔다.

때:다² 타 아궁이 따위에 불을 넣다. ¶ 군불을 －.

때:다³ 타 '때우다'의 준말.

때때 명 알록달록하게 지은, 어린아이의 고운 옷이나 신발 따위를 이르는 말. 고까. 꼬까

때때-로 부 가끔. 곁곁이. 시시로 ¶ － 생각나는 그 사람.

때때-신 명 알록달록하게 지은, 어린아이의 고운 신을 이르는 말. 고까신. 꼬까신

때때-옷 명 알록달록하게 지은, 어린아이의 고운 옷을 이르는 말. 고까옷. 꼬까옷

때때-중 명 나이가 어린 중.

때려-눕히다 타 때려서 쓰러지게 만들다.

때려-부수다 타 마구 때리거나 두드려서 쓰지 못하게 만들다.

때려-치우다 타 '이제까지 해 오던 일을 아주 그만두다'를 속되게 이르는 말.

때로 부 ①경우에 따라서. 때에 따라서. ②가끔. 이따금

때로-는 부 '때로'의 힘줌말. ¶ － 원망한 적도 있었지.

때리다 타 ①사람이나 짐승, 물건 따위를 손이나 손에 쥔 물건으로 치다. ¶ 뺨을 －./몽둥이로 －. ②어떤 물체를 세차게 부딪다. ¶ 유리창을 때리는 굵은 빗줄기. ③말이나 글로 남의 잘못이나 문제점을 호되게 비판하다. ¶ 국회 의원의 비리를 신문에서 －. ④어떤 일이나 이야기가 충격을 느끼게 하거나 감동을 주다. ¶ 마음을 때리는 충고. ⑤'물건 값이나 세금, 형량 따위를 정하여 부르다'를 속되게 이르는 말. ¶ 세금을 많이 －.

속담 **때리는 시늉하면 우는 시늉을 한다** : 서로 손이 잘 맞는다는 말./**때리는 시어머니보다 말리는 시누이가 더 밉다** : 직접 해치는 사람보다 겉으로는 위해 주는척 하면서 속으로는 해하려는 사람이 더 밉다는 말./**때린 놈은 다릴 못 뻗고 자도 맞은 놈은 다리를 뻗고 잔다** : 남에게 해를 입힌 사람의 마음은 불안하나 해를 입은 사람은 오히려 마음이 편안하다는 말.〔때린 놈은 가로 가고 맞은 놈은 가운데로 간다〕

때림-끌 명 나무 자루 위에 쇠로 만든 테가 끼어 있는 끌.

때림-도:끼 명 볼이 좁고 자루가 길어, 굵은 장작이나 뗏목을 패는 데 쓰는 도끼.

때-마침 부 그때에 알맞게. 바로 때맞춰. ¶ 전화로 친구를 불러내려고 하는데 － 그가 왔다.

때-맞다[－맏－] 형 늦지도 이르지도 않게 때가 꼭 알맞다. ¶ 때맞게 단비가 내렸다.

때-맞추다[－맏－] 자 때에 알맞도록 하다. ¶ 때맞추어 친구가 찾아왔다.

때-매김 명 〈어〉시제(時制)

때문 의 어떤 말 뒤에 쓰이어, 앞의 말이 어떤 일의 원인이나 까닭이 됨을 나타냄. ¶ 너 －에 망신당했다.

때-묻다 자 ①몸이나 물건 따위에 때가 묻어 더러워지다. ¶ 때묻은 장갑. ②욕심 따위로 말미암아 순수성을 잃거나 마음이 더러워지다. ¶ 때묻지 않은 순수한 마음을 간직하다.

때-밀이 명 ①목욕탕에서 다른 사람의 몸의 때를 밀어서 씻어 주는 일을 직업으로 삼는 사람. ②-하다 자 몸에 낀 때를 밀어서 씻어 내는 일.

때-아닌 관 ①제때가 아닌. ¶ － 장마. ②뜻하지 아니한. ¶ 그의 － 방문에 모두 놀랐다.

때-없:이 부 일정한 때가 없이 언제나. 아무때나 ¶ 그는 － 불쑥 찾아오곤 했다.

때우다 타 ①뚫어지거나 해진 자리에 다른 조각을 대어 막히게 하다. ¶ 솥을 －. ②간단한 음식으로 끼니를 해결하다. ¶ 국수로 점심을 －. ③어떤 일을 제대로 하지 못하고 적당히 치러 넘기다. ¶ 승진 턱을 밥 한 끼로 때우려 하다. ④어떤 간단한 괴로움을 겪음으로써 큰 액운을 면하다. ¶ 액운을 －. 준 때다³

때움-질 명-하다 타 '땜질'의 본딧말.

때죽-나무 명 때죽나뭇과의 낙엽 소교목. 높이 10m 안팎. 잎은 길둥글고 어긋맞게 나며, 초여름에 흰 다섯잎꽃이 총상(總狀) 꽃차례로 피고, 9～10월에 동그란 열매

가 익음. 씨로는 기름을 짜고, 목재는 기구를 만드는 데 쓰임. 우리 나라와 일본, 중국 등지에 분포함.

때-찔레 명 장미과의 낙엽 관목. 높이 1~1.5m. 온몸에 가시가 많고, 톱니가 있는 달걀꼴의 두꺼운 잎은 어긋맞게 남. 5~7월에 자홍색 다섯잎꽃이 피고, 8월경에 둥근 열매가 익음. 바닷가의 모래땅이나 산기슭에 자라며, 열매는 먹을 수 있고 약으로도 쓰임. 꽃은 향수 원료로, 뿌리는 물감 원료로 쓰임. 해당화(海棠花)

ㄷ

때찔레-꽃 명 때찔레

때-타다 자 때가 잘 묻거나 끼다. ¶하얀 옷은 금방 때타는 것이 흠이다.

떽-때구루루 부 동글고 단단한 물건이 단단한 바닥에 세게 떨어져 튀었다가 빠르게 구르는 소리, 또는 그 모양을 나타내는 말. ☞댁대구루루. 떽떼구루루

떽때굴-거리다(대다) 자 떽때굴떽때굴 소리가 나다. ☞댁대굴거리다. 떽떼굴거리다

떽때굴-떽때굴 부 동글고 단단한 물건이 단단한 바닥에 자꾸 부딪히면서 빠르게 구를 때 야물게 나는 소리, 또는 그 모양을 나타내는 말. ☞떽떼굴떽떼굴

땔:-감[-깜] 명 불을 때는 데 쓰는 감. 땔거리. 불땔감 ☞연료(燃料)

땔:-거리[-꺼-] 명 땔감

땔:-나무 명 불을 때는 데 쓰는 나무. 시목(柴木). 시신(柴薪). 화목(火木) 준나무

땔:나무-꾼 명 아주 순박하기만 하고 꾸밀 줄 모르는 사람을 놀리어 이르는 말.

땜:[1] 명 어떠한 액운(厄運)을 넘기거나, 또는 다른 고생으로 대신 겪는 일.

땜:[2] 명-하다 타 '땜질'의 준말.

땜:-납 명 납과 주석을 주성분으로 한 납땜용 합금. 생철·함석 따위를 때우는 데 쓰임. 백랍(白鑞) 준납

땜-인두 명 '납땜인두'의 준말.

땜:-일[-닐] 명-하다 자 쇠붙이에 땜질하는 일.

땜:-장이 명 땜질하는 일을 직업으로 삼는 사람.

땜:-질 명-하다 타 ①깨지거나 뚫어진 것을 때우는 일. ②해어진 옷 따위를 깁는 일. ③임시 방편으로 잘못된 부분만을 손질하는 일. 본때움질 준땜

땜:-통 명 머리의 흠집을 속되게 이르는 말.

×**땟갈** 명 →때깔

땟-국 명 ①꾀죄죄하게 묻은 때. ¶-이 흐르는 옷을 입고 있는 모습이 처량하다. ②땟물

땟-물 명 ①겉으로 드러나는 자태나 맵시. ¶-이 훤하구먼. ②때를 씻어 낸 물. 때가 섞인 더러운 물. 땟국

땟물(을) 벗다 관용 말이나 태도, 옷차림 따위가 어색하거나 촌스러운 티가 없이 훤하게 되다. 땟물(이) 빠지다. 땟물(이) 지다.

땟물(이) 빠지다 관용 땟물(을) 벗다.

땟물(이) 지다 관용 땟물(을) 벗다.

땡[1] 명 ①화투나 골패 따위의 노름에서, 같은 짝 두 장으로 이루어진 패. ¶-을 잡다. ②우연히 들어온 복이나 뜻밖에 생긴 좋은 수를 속되게 이르는 말. ③〔의존 명사로도 쓰임〕화투나 골패 따위의 노름에서, 같은 짝 두 장으로 이루어진 패가 나타나는 수. ¶삼 -./구 -.

땡[2] 부 작은 쇠붙이나 종 따위를 세게 칠 때 야물게 울리어 나는 소리를 나타내는 말. ☞댕. 뗑

땡-감 명 덜 익어서 맛이 떫은 감.

땡강 부 ①작은 쇠붙이 따위가 단단한 물체에 세게 부딪힐 때 야물게 나는 소리를 나타내는 말. ②작은 쇠붙이 따위가 단번에 부러질 때 야물게 나는 소리, 또는 그 모양을 나타내는 말. ☞댕강. 뗑겅

땡강-거리다(대다) 자타 자꾸 땡강 소리가 나다, 또는 그런 소리를 내다. ☞댕강거리다. 뗑겅거리다

땡강-땡강 부 땡강거리는 소리를 나타내는 말. ☞댕강댕강. 뗑겅뗑겅

땡그랑 부 ①작은 방울이나 종 따위가 세게 흔들릴 때 야물게 울리어 나는 소리를 나타내는 말. ¶풍경 소리가 - 울리다. ②작은 쇠붙이 따위가 다른 쇠붙이에 세게 한 번 부딪힐 때 야물게 울리어 나는 소리를 나타내는 말. ¶-, 동전이 떨어지다. ☞댕그랑. 뗑그렁

땡그랑-거리다(대다) 자타 자꾸 땡그랑 소리가 나다, 또는 그런 소리를 내다. ☞댕그랑거리다. 뗑그렁거리다

땡그랑-땡그랑 부 땡그랑거리는 소리를 나타내는 말. ☞댕그랑댕그랑. 뗑그렁뗑그렁

땡글-땡글 부-하다 형 땡땡하고 둥글둥글한 모양을 나타내는 말. ¶-한 방울토마토.

땡-땡[1] 부 작은 쇠붙이나 종 따위를 자꾸 세게 칠 때 야물게 울리어 나는 소리를 나타내는 말. ☞댕댕[1]

땡땡[2] 부-하다 형 살가죽 따위가 딴딴하게 부풀어 있는 모양을 나타내는 말. ¶장딴지가 -하게 붓다. ☞댕댕[2]. 띵띵. 탱탱

땡땡-거리다(대다) 자타 땡땡 소리가 나다, 또는 그런 소리를 내다. ☞댕댕거리다. 뗑뗑거리다

땡땡-구리 명 화투나 골패 따위의 노름에서, 같은 짝을 뽑는 일. ☞땡[1]

땡땡-이[1] 명 ①둥근 대 틀에 종이를 바르고 테의 양쪽에 구슬을 달아 흔들면 땡땡 소리가 나는 아이들 장난감의 한 가지. ②'종(鐘)'의 속된말.

땡땡-이[2] 명 해야 할 일을 하지 않고 남의 눈을 피해 게으름을 부림을 속되게 이르는 말.

땡땡이(를) 치다 관용 수업이나 업무를 빼먹다.

땡땡이-부리다 자 '남의 눈을 피해 게으름을 부리며 일을 열심히 아니하다'를 속되게 이르는 말.

땡땡이-중 명 꽹과리를 치며 동냥을 다니는 중을 가벼이 여겨 이르는 말.

땡땡이-판 명 '끝판'을 속되게 이르는 말.

땡땡-하다 형여 ①매우 팽팽하다. ¶공에 바람을 넣어 -. ②빈 구석이 없이 매우 옹골차다. ¶그 녀석 참 땡땡하게 생겼구나. ③무르지 않고 딴딴하다. ¶사과가 푸석거리지 않고 -. ☞댕댕하다

땡-잡다 자 '뜻밖에 좋은 수가 나다'를 속되게 이르는 말.

땡추 명 '땡추중'의 준말.

땡추-중 명 계율을 어기면서 중답지 않게 행동하는 중. 준땡추

떠-가다 자 공중이나 물 위를 떠서 가다. ¶하늘에 구름이 -./호수 위를 떠가는 돛단배.

떠구지 명 지난날, 큰머리를 틀 때 머리 위에 얹던 나무로 만든 틀.

떠꺼-머리 명 지난날, 혼인할 나이가 지난 처녀·총각의 길게 땋아 늘인 머리, 또는 그런 사람을 이르던 말.

떠꺼머리-처:녀(-處女) 명 지난날, 나이가 차도록 시집을 가지 못하고 머리를 땋아 늘인 처녀를 이르던 말.

떠꺼머리-총:각(-總角) 명 지난날, 나이가 차도록 장가를 가지 못하고 머리를 땋아 늘인 총각을 이르던 말.

떠껑-지(-紙) 명 한지(韓紙) 백 권을 한 덩이로 하고, 그 덩이를 싸는 두꺼운 종이.

떠나-가다 자 ①본디 있던 곳을 떠나서 다른 곳으로 옮겨 가다. ¶멀리 떠나간 사람. ②주로 '떠나가게'·'떠나가라 하고'·'떠나갈듯이'의 꼴로 쓰이어, '매우 크게 소리를 지르거나 떠들다'를 강조하여 이르는 말. ¶동네가 떠나가라 하고 소리를 질렀다.

떠나다 자타 ①어떤 목적지를 향하여 몸을 움직여서 가다. ¶서울로 -. ②없어지거나 사라지다. ¶머리 속에서 떠나지 않는 생각. ③있던 자리나 곳을 옮기려고 뜨다. ¶고향을 떠난 지 10년이 넘었다./회사를 -. ④어떤 일을 하러 나서다. ¶배낭 여행을 -./낚시를 -. ⑤어떤 길을 통하여 나서다. ¶먼 길을 -./그는 서둘러 밤길을 떠났다. ⑥벗어나거나 관계를 끊다. ¶그는 오래 전에 내 곁을 떠났다. ⑦'죽다'를 에둘러 이르는 말. ¶그가 떠난 지 여러 해 되었지.

한자 떠날 리(離) 〔隹部 11획〕 ¶이농(離農)/이륙(離陸)/이임(離任)/이직(離職)/이향(離鄕)

떠날 서(逝) 〔辵部 7획〕 ¶급서(急逝)/서거(逝去)/영서(永逝)/조서(早逝)

떠-내:다 타 ①액체의 얼마큼을 퍼내다. ¶냄비에서 국을 한 그릇 ―. ②작은 나무나 뗏장 따위를 흙과 함께 파내다. ¶묘목을 뿌리째 ―. ③살이나 고체의 얼마큼을 도려내거나 떼어 내다. ¶대구의 포를 ―.

떠-내려가다 자 물 위에 떠서 물을 따라 내려가다. ¶나뭇잎이 ―.

떠-넘기다 타 자기가 할 일이나 책임을 억지로 남에게 넘기다. ¶그는 곤란한 일이 생기면 남에게 떠넘긴다.

떠-놓다 타 액체·가루·곡식 따위를 떠서 놓다. ¶물을 한 대접 ―.

떠:는-잠(―簪) 명 큰머리나 어여머리를 할 때 머리 앞 중앙과 양 옆에 꽂는, 떨새를 붙인 꾸미개. 떨잠. 보요(步搖)

떠-다니다 자 ①공중(空中)이나 물 위를 떠서 오고 가고 하다. ¶푸른 하늘에 떠다니는 흰구름. ②정처 없이 이리저리 다니다.

한자 떠다닐 표(漂) 〔水部 11획〕 ¶표랑(漂浪)/표류(漂流)/표박(漂泊)/표우(漂寓)/표착(漂着)/표풍(漂風)

떠다-밀:다(―밀고·―미니) 타 ①힘을 주어 밀다. ¶등을 ―. ②자기가 할 일을 남에게 밀어 넘기다.

떠다-박지르다(―박지르고·―박질러) 타르 떠다밀어 넘어뜨리다. ¶입간판을 ―.

떠-대:다 타 묻는 말에 대하여 거짓으로 꾸미어 대답하다.

떠-돌:다(―돌고·―도니) 자 ①정처 없이 이리저리 돌아다니다. ¶한평생을 떠돌며 지내다. ②공중에 떠서 이리저리 움직이다. ¶무심히 떠도는 구름. ③어떤 기운이나 기미가 겉으로 드러나 보이다. ¶전화를 받은 그의 얼굴에 기쁨의 빛이 떠돌았다. ④소문이나 뜬소문 따위가 여러 곳으로 퍼지다. ¶진위를 알 수 없는 소문이 ―.

떠돌-뱅이 명 떠돌아다니는 사람을 얕잡아 이르는 말.

떠돌아-다니다 자타 정처 없이 이리저리 다니다.

떠돌-이 명 떠돌아다니는 사람.

떠돌이-별 명 태양의 둘레를 공전(公轉)하며, 스스로는 빛을 내지 않는 별을 통틀어 이르는 말. 태양에 가까운 순서로 수성·금성·지구·화성·목성·토성·천왕성·해왕성·명왕성의 아홉 개가 알려져 있음. 유성(遊星). 행성(行星). 혹성(惑星) ☞붙박이별

떠돌이-새 명 가까운 지역을 철따라 옮겨 다니면서 사는 새. ☞나그네새. 철새. 텃새

떠둥그-뜨리다(트리다) 타 어떤 물체를 떠들어 엎어지게 하거나 쓰러뜨리다. ¶맨홀 뚜껑을 ―./개울 속의 큰 돌을 떠둥그뜨리고 가재를 잡다. 준 떠둥그리다

떠둥-그리다 타 '떠둥그뜨리다'의 준말.

떠:들다[1](떠들고·떠드니) 자 ①큰 소리로 시끄럽게 말하다. ¶쉬는 시간이 되자 아이들이 떠들기 시작했다. ②문제로 삼아 크게 떠벌리다. ¶환경 단체들이 정부의 개발 정책에 대해 떠들기 시작했다.

한자 떠들 소(騷) 〔馬部 10획〕 ¶소동(騷動)/소란(騷亂)/소연(騷然)/소요(騷擾)/훤소(喧騷) ▷ 속자는 騒

떠-들다[2](―들고·―드니) 타 덮거나 가린 것을 한 부분만 걷어 쳐들거나 잦히다. ¶커튼을 떠들고 밖을 내다보다.

떠들썩-거리다(대다) 자 여러 사람이 큰 소리로 자꾸 시끄럽게 말하다.

떠들썩-떠들썩 부 떠들썩거리는 모양을 나타내는 말.

떠들썩-하다[1] 형여 잘 덮이거나 가려지지 아니하여 물건의 어느 한 부분이 떠들려 있다. ¶장판이 ―. ☞따들싹하다[1]

떠들썩-하다[2] 형여 ①여러 사람이 큰 소리로 떠들어서 시끄럽다. ②소문이 퍼져서 왁자하다. ¶온 동네가 ―. ③여론이 크게 일어나다. ☞따들싹하다[2]

떠들어-대:다 자 계속해서 매우 시끄럽게 떠들다. ¶대문 밖에서 아이들이 모여 앉아 떠들어대고 있다.

떠-들치다 타 ①힘있게 들치다. ②남의 비밀이나 약점 따위를 들추어내다.

떠듬-거리다(대다) 자타 말을 하거나 글을 읽을 때 심하게 더듬거리다. ☞더듬거리다. 따듬거리다

떠듬-떠듬 부 떠듬거리는 모양을 나타내는 말. ☞더듬더듬. 따듬따듬

떠듬적-거리다(대다) 자타 느릿느릿하게 떠듬거리다. ☞더듬적거리다. 따듬작거리다

떠듬적-떠듬적 부 떠듬적거리는 모양을 나타내는 말. ☞더듬적더듬적. 따듬작따듬작

떠름-하다 형여 ①조금 떫다. ¶익지 않은 밤이 ―. ②언행이나 태도가 좀 모호하고 모자라는 느낌이 있다. ③달갑게 여기는 마음이 적다. ¶뭔가 떠름한 얼굴이다.
떠름-히 부 떠름하게

떠릿-보 명 대청 위의 큰 보.

떠-맡기다[―맏―] 타 자기가 할 일을 억지로 남에게 넘기다. ¶동료에게 책임을 ―.

떠-맡다[―맏―] 타 어떤 일을 온통 자기가 맡아서 처리하다. ¶행사 뒷정리를 ―.

떠-먹다 타 떠서 먹다. ¶국을 ―.

떠-메다 타 ①들어서 어깨에 메다. ¶쌀자루를 ―. ②어떤 일이나 책임을 도맡아서 지다.

떠-밀:다(―밀고·―미니) 타 '떼밀다'의 원말.

떠-받다 타 머리나 뿔로써 세게 받아 밀치다. ¶황소끼리 떠받아 힘을 겨루다.

떠-받들다(―받들고·―받드니) 타 ①밑을 받치고 번쩍 쳐들어서 올리다. ②소중하게 다루다. ¶아들이라고 너무 떠받들면 버릇이 나빠진다. ③공경하여 섬기거나 위하다. ¶평생의 은인으로 ―.

떠-받치다 타 주저앉거나 쓰러지지 않도록 밑에서 받쳐 버티다.

떠버리 명 늘 시끄럽게 떠벌리는 사람을 가벼이 여기어 이르는 말.

떠-벌:리다 타 지나치게 과장하여 이야기를 늘어놓다. ¶터무니없는 이야기를 동네방네 떠벌리고 다닌다.

떠-벌:이다 타 일을 크게 벌이다. ¶무슨 일이건 처음부터 크게 떠벌이지 말게.

떠-보다 타 남의 속마음이나 됨됨이, 능력 따위를 넌지시 알아보다. ¶그의 마음을 슬쩍 ―.

떠:세 명 -하다 타 재물이나 세력 따위를 믿고 젠체하며 억지를 쓰는 짓. ¶―를 부리다.

떠-안:다[―따] 타 어떤 일이나 책임 따위를 도맡아서 지다. ¶결국 모든 책임을 내가 떠안게 되었다.

떠-오다 자 물 위나 공중에 떠서 오다. ¶돛단배가 ―.

떠-오르다(―오르고·―올라) 자르 ①뜨거나 솟아서 위로 올라오다. ¶해가 ―. ②기억이나 생각이 되살아나다. 생각이 나다. ¶어머니의 말씀이 ―.
떠오르는 달이라 관용 인물이 훤하고 아름다운 미인을 비유하여 이르는 말.
떠오르는 별 관용 어떤 분야에 새로이 나타나 두각을 나타내는 사람을 비유하여 이르는 말.

떠죽-거리다(대다) 자 ①젠체하며 자꾸 지껄이다. ¶회의 시간 내내 혼자 ―. ②싫은체 하며 자꾸 사양하다. 떠죽이다

떠죽-떠죽 부 떠죽거리는 모양을 나타내는 말. ¶― 하지 말고 주는 대로 받아라.

떠죽-이다 자 떠죽거리다

떠지껄-하다 형여 여러 사람이 큰 소리로 지껄여 떠들썩하다.

떡[1] 명 곡식 가루를 반죽하여 찌거나 찐 것을 절구 또는 안반에서 치거나, 번철에 지지거나 한 음식을 통틀어 이르는 말.
떡 먹듯 관용 예사로 손쉽게. ¶거짓말을 ― 한다.
떡을 치다 관용 어떤 일을 제대로 다루지 못하고 망치다.
떡이 되다 관용 ①일이 엉키어 크게 곤욕을 당하다. ②흠씬 두들겨 맞아 몸이 늘어지다.
속담 **떡 고리에 손 들어간다** : 오래도록 탐내던 것을 마침내 가지게 된다는 말. /**떡도 떡같이 못해 먹고 찹쌀 한 섬만 다 없어졌다** : 많은 비용을 들여 애써 한 일에, 알맞은 효과나 이익은 못 보고 헛수고만 한 결과가 됨을 이르는 말. /**떡도 떡이려니와 합이˙더 좋다** : ①실질적인 내

용도 요긴하지만 거기에 딸린 형식도 요긴한 것인데, 그것이 갖추어졌음을 이르는 말. ②내용보다 형식이 더 좋을 때를 이르는 말. /**떡도 먹어 본 사람이 먹는다** : 무슨 음식이나 늘 먹어 본 사람이 더 잘 먹는다는 말. 〔고기도 먹어 본 사람이 많이 먹는다〕/**떡 떼어 먹듯 한다** : 분명히 딱 잘라 한다는 말. /**떡 본 김에 제사 지낸다** : 우연히 좋은 기회가 왔을 때, 벼르던 일을 해치운다는 말. 〔엎어진 김에 쉬어 간다/활을 당기어 콧물 씻는다/소매 긴 김에 춤춘다〕/**떡 삶은 물에 중의 데치기** : ①한 가지 일을 하면서 겸하여 다른 일까지 하게 됨을 이르는 말. ②버리게 된 것을 훌륭히 활용함을 이르는 말. 〔떡 삶은 물에 풀한다/군불에 밥짓기〕/**떡으로 치면 떡으로 치고 돌로 치면 돌로 친다** : 제게 잘해 준 이에게는 저도 잘해 주고, 제게 해롭게 한 이는 자기도 해치는 태도를 이르는 말. /**떡이 별 떡 있지 사람은 별 사람 없다** : 떡의 종류는 헤아릴 수 없이 많지만 사람은 별 차이가 없다는 말. /**떡 주무르듯 한다** : 이랬다저랬다 저 하고 싶은 대로 다룬다는 말. /**떡 줄 놈은 생각도 않는데 김칫국부터 마신다** : 해 줄 사람은 생각지도 않는데 일이 다 된 것처럼 여기고 미리부터 기대한다는 말. 〔떡 줄 사람은 꿈도 안 꾸는데 김칫국부터 마신다/떡 줄 사람에게는 묻지도 않고 김칫국부터 마신다/떡방아 소리 듣고 김칫국 찾는다〕

한자 떡 병(餠) 〔食部 8획〕 ¶송병(松餠)/월병(月餠)/전병(煎餠)/화병(畫餠) ▷ 속자는 飩

떡[2] 명 인방이나 기둥이 물러나는 것을 막기 위하여 검처 대는 나무쪽.

떡[3] 부 ①움직이던 것이 갑자기 멈추는 모양을 나타내는 말. ¶발동기가 ― 멈추어 서다. ②옆으로 튼실하게 벌어진 모양을 나타내는 말. ¶― 벌어진 어깨. ③제대로 들어맞은 모양을 나타내는 말. ¶부속이 ― 들어맞다. ④단단히 들러붙는 모양을 나타내는 말. ¶쇠붙이가 자석에 ― 들러붙다. ⑤크게 벌여 베푸는 모양을 나타내는 말. ¶한 상 ― 벌어지게 차려 내다. ☞딱[2]

떡[4] 부 ①매우 든든하게 막거나 버티는 모양을 나타내는 말. ¶― 버티고 서서 꿈쩍 않는다. ②크게 벌리는 모양을 나타내는 말. ¶하마가 큰 입을 ― 벌리다. ③아무 거리낌없이 당당한 모양을 나타내는 말. ¶안방을 ― 차지하고 들어앉다. ☞딱[3]

떡[5] 부 바로 마주. ¶눈길이 ― 마주치다. /길에서 ― 마주치다. ☞딱[4]

떡-가래 명 가래떡의 낱개. ¶―를 빼다.

떡-가루 명 떡 만드는 재료가 되는 곡식 가루.

속담 **떡가루 두고 떡 못할까** : 으레 되기로 정해 있는 것을 했다고, 자랑할 것이 무어냐고 핀잔을 주는 말.

떡갈-나무 명 참나뭇과의 낙엽 교목. 높이 20~25m. 잎은 두껍고 길둥글며 가장자리가 물결 모양으로 갈라져 있음. 암수한그루로, 늦봄에 황갈색의 잔 꽃이 이삭 모양으로 늘어져 핌. 열매인 도토리는 먹을 수 있으며, 나무는 단단하여 선박재·기구재 및 참숯의 원료로 쓰임. 견목(樫木). 도토리나무. 역목(櫟木) 준 갈나무

떡갈-잎[―립] 명 떡갈나무의 잎. 준 갈잎

떡갈잎-풍뎅이[―립―] 명 풍뎅잇과의 곤충. 몸길이 3cm 안팎. 몸빛은 적갈색에 회백색의 잔털이 나 있으며, 가슴 아래는 누른빛의 긴 털이 많음. 참나무 등의 잎을 갉아먹는 해충임.

떡-값 명 설이나 추석 따위 명절에, 회사나 조직체 등에서 사원이나 소속원들에게 주는 특별 수당을 속되게 이르는 말. ¶연말에 ―이 나오다.

떡-고물 명 떡의 거죽에 묻히는 고물.

떡-고추장(―醬) 명 흰무리에 메줏가루를 섞어 넣고 담근 고추장.

떡-국 명 가래떡을 얄팍하고 어슷하게 썰어 고기 맑은장국에 넣고 끓인 음식. 고명으로는 고기 볶은 것, 알반대기·파 따위를 얹음. 설날의 대표적인 절식(節食)임. 병탕(餠湯)

떡국을 먹다 관용 설을 쇠어 한 살을 더 먹다.

떡국-점(―點) 명 떡국에 넣으려고 얄팍하고 어슷하게 썬 가래떡의 조각.

떡국-차례(―茶禮) 명 설날에, 메 대신에 떡국으로 지내는 차례. 새해 차례

떡느릅-나무 명 '느릅나무'의 딴이름.

떡-돌 명 떡을 칠 때, 안반 대신 쓰는 넓적한 돌.

떡-돌멩이 명 바둑을 둘 때, 다닥다닥 붙여 놓은 바둑돌.

떡떠그르르 부 ①단단하고 둥근 물건이 단단하고 매끄러운 바닥에 떨어져 튀었다가 구를 때 크게 나는 소리, 또는 그 모양을 나타내는 말. ②천둥이 가까운 곳에서 급자기 울리는 소리를 나타내는 말. ☞덕더그르르. 딱따그르르

떡떠글-거리다(대다) 자 떡떠글떡떠글 소리가 나다. ☞덕더글거리다. 딱따글거리다

떡떠글-떡떠글 부 단단하고 둥근 물건이 단단하고 매끄러운 바닥에 자꾸 부딪히면서 구를 때 크게 나는 소리, 또는 그 모양을 나타내는 말. ☞덕더글덕더글. 딱따글딱따글

떡-떡[1] 부 자꾸 단단히 들러붙는 모양을 나타내는 말. ¶엿끼리 ― 들러붙다. ☞딱딱[2]

떡-떡[2] 부 자꾸 크게 벌리는 모양을 나타내는 말. ¶입을 ― 벌리다. ☞딱딱[3]

떡-메 명 떡을 치는 데 쓰는 메. 흰떡이나 인절미 따위를 칠 때 씀.

떡-무거리 명 체에 밭치고 남은 떡가루의 찌꺼기.

떡-밥 명 낚시 미끼의 한 가지. 쌀겨에 콩가루와 번데기 가루 따위를 섞어 반죽한 다음 조그맣게 뭉쳐서 씀.

떡-방아 명 떡가루를 만들기 위하여 물에 불린 곡식을 찧는 방아.

떡-보[1] 명 떡을 몹시 즐겨서 많이 먹는 사람을 놀리어 이르는 말.

떡-보[2] 명 안반에 떡을 놓고 처음으로 칠 때에 흩어지는 것을 막기 위하여 싸는 보자기.

떡-볶이 명 양념에 잰 쇠고기를 볶다가 삶은 흰떡과 볶은 채소를 함께 버무려 볶은 음식. 가래떡을 세로로 네 등분하여 쓰거나 떡볶이용 가는 가래떡을 씀.

떡-부엉이 명 메떨어지고 상스러운 사람을 비유하여 이르는 말.

떡-살 명 흰떡 따위를 눌러 갖가지 모양과 무늬를 찍어내는 데 쓰는 판.

떡-소 명 송편이나 개피떡 따위의 떡 속에, 맛을 내기 위해 넣는 고명.

떡-심 명 ①억세고 질긴 근육. ②성질이나 행동 따위가 몹시 끈기 있게 질긴 사람을 비유하여 이르는 말.

떡심이 풀리다 관용 낙심하여 맥이 풀리다.

떡-쌀 명 떡을 만들 쌀. ¶미리 ―을 담그다.

떡-쑥 명 국화과의 두해살이풀. 줄기 높이 15~40cm. 온몸에 흰 솜털이 있으며 잎은 어긋맞게 나고, 5~7월에 줄기 끝에 황색 잔 꽃이 핌. 산과 들에 절로 자라며, 어린잎은 떡을 해 먹음.

떡-암:죽(―粥) 명 말린 흰무리를 빻은 가루로 쑨 암죽.

떡-잎[―닙] 명 씨앗에서 싹이 트면서 맨 처음 나오는 잎. 자엽(子葉)

떡-조개 명 매우 작은 전복.

떡-줄 명 허드렛실로 만든 연줄.

떡-집 명 떡을 만들어서 파는 가게.

×**떡-충이** 명 → 떡보[1]

떡-판(―板) 명 ①떡을 칠 때 쓰는 두껍고 넓적한 나무판. 안반 ②절편의 무늬를 박아 내는 나무판. 절편판 ③기름틀의 한 부분으로, 기름떡을 올려 놓는 판.

떡-팥 명 떡고물이나 떡소로 쓰이는 삶은 팥.

떤:-음(―音) 명 악곡 연주에서, 지정한 음과 그 2도 위의 음을 떨듯이 빠르게 반복하며 연주하는 일, 또는 그렇게 연주하는 음. 트릴(trill). 기호는 tr

떨거덕 부 속이 빈, 크고 여문 물체가 다른 단단한 물체에 한 번 가볍게 부딪힐 때 나는 소리를 나타내는 말. ☞덜거덕. 딸가닥. 떨꺼덕. 떨커덕

떨거덕-거리다(대다) 자타 자꾸 떨거덕 소리가 나다, 또는 그런 소리를 내다. ☞덜거덕거리다. 딸가닥거리다. 떨꺼덕거리다. 떨커덕거리다

떨거덕-떨거덕 부 떨거덕거리는 소리를 나타내는 말. ☞덜거덕덜거덕. 딸가닥딸가닥. 떨꺼덕떨꺼덕. 떨커덕떨커덕

떨거덩 부 크고 매우 단단한 쇠붙이 따위가 다른 단단한 물체에 한 번 가볍게 부딪힐 때 울리어 나는 소리를 나타내는 말. ☞덜거덩. 딸가당. 떨꺼덩. 떨커덩

떨거덩-거리다(대다) 자타 자꾸 떨거덩 소리가 나다, 또는 그런 소리를 내다. ☞덜거덩거리다. 딸가당거리다. 떨꺼덩거리다. 떨커덩거리다

떨거덩-떨거덩 부 떨거덩거리는 소리를 나타내는 말. ☞덜거덩덜거덩. 딸가당딸가당. 떨꺼덩떨꺼덩. 떨커덩떨커덩

떨거지 명 겨레붙이나 한통속으로 지내는 사람들을 얕잡아 이르는 말.

떨걱 부 ①엇걸리게 만든 매우 단단한 두 물체가 가볍게 엇걸리거나 풀릴 때 나는 소리를 나타내는 말. ②속이 빈, 거볍고 매우 단단한 두 물체가 한 번 맞부딪힐 때 나는 소리를 나타내는 말. ☞덜걱. 딸각. 떨꺽. 떨컥

떨걱-거리다(대다) 자타 자꾸 떨걱 소리가 나다, 또는 그런 소리를 내다. ☞덜걱거리다. 떨컥거리다

떨걱-떨걱 부 떨걱거리는 소리를 나타내는 말. ☞덜걱덜걱. 딸각딸각. 떨꺽떨꺽. 떨컥떨컥

떨겅 부 크고 매우 단단한 쇠붙이 따위가 다른 단단한 물체에 한 번 가볍게 부딪힐 때 울리어 나는 소리를 나타내는 말. ☞덜겅. 딸강. 떨껑. 떨컹

떨겅-거리다(대다) 자타 자꾸 떨겅 소리가 나다, 또는 그런 소리를 내다. ☞덜겅거리다. 떨컹거리다

떨겅-떨겅 부 떨겅거리는 소리를 나타내는 말. ☞덜겅덜겅. 딸강딸강. 떨껑떨껑. 떨컹떨컹

떨그럭 부 속이 빈, 거볍고 단단한 물체가 다른 단단한 물체에 세게 부딪혀 갈리는 소리를 나타내는 말. ☞덜그럭. 딸그락

떨그럭-거리다(대다) 자타 자꾸 떨그럭 소리가 나다, 또는 그런 소리를 내다. ☞덜그럭거리다

떨그럭-떨그럭 부 떨그럭거리는 소리를 나타내는 말. ☞덜그럭덜그럭. 딸그락딸그락

떨그렁 부 크고 얇은 쇠붙이 따위가 다른 단단한 물체에 한 번 세게 부딪힐 때 울리어 나는 소리를 나타내는 말. ¶ ―, 냄비가 바닥에 떨어지다. ☞덜그렁. 딸그랑

떨그렁-거리다(대다) 자타 자꾸 떨그렁 소리가 나다, 또는 그런 소리를 내다. ☞덜그렁거리다

떨그렁-떨그렁 부 떨그렁거리는 소리를 나타내는 말.

떨기 명 ①풀이나 꽃·나무 따위의 여러 줄기가 한 뿌리에서 나와 다보록하게 된 무더기. ②〔의존 명사로도 쓰임〕 ¶ 한 ―의 장미. ☞그루. 포기

떨기-나무 명 나무의 분류에서, 키가 작고 중심 줄기가 분명하지 않으며, 밑동에서 여러 가닥으로 갈라져 나는 나무. 진달래·앵두나무 따위. 관목(灌木) ☞큰키나무

떨꺼덕 부 속이 빈, 크고 여문 물체가 다른 단단한 물체에 한 번 세게 부딪힐 때 나는 소리를 나타내는 말. ☞덜거덕. 덜꺼덕. 딸까닥. 떨거덕

떨꺼덕-거리다(대다) 자타 자꾸 떨꺼덕 소리가 나다, 또는 그런 소리를 내다. ☞덜거덕거리다. 덜꺼덕거리다. 딸까닥거리다. 떨거덕거리다

떨꺼덕-떨꺼덕 부 떨꺼덕거리는 소리를 나타내는 말. ☞덜거덕덜거덕. 덜꺼덕덜꺼덕. 딸까닥딸까닥. 떨거덕떨거덕

떨꺼덩 부 크고 매우 단단한 쇠붙이 따위가 다른 단단한 물체에 한 번 세게 부딪힐 때 울리어 나는 소리를 나타내는 말. ☞덜거덩. 덜꺼덩. 딸까당. 떨거덩

떨꺼덩-거리다(대다) 자타 자꾸 떨꺼덩 소리가 나다, 또는 그런 소리를 내다. ☞덜거덩거리다. 덜꺼덩거리다. 딸까당거리다. 떨거덩거리다

떨꺼덩-떨꺼덩 부 떨꺼덩거리는 소리를 나타내는 말. ☞덜거덩덜거덩. 덜꺼덩덜꺼덩. 딸까당딸까당. 떨거덩떨거덩

떨꺽 부 ①엇걸리게 만든 매우 단단한 두 물체가 세게 엇걸리거나 풀릴 때 나는 소리를 나타내는 말. ②속이 빈, 거볍고 매우 단단한 두 물체가 한 번 세게 맞부딪힐 때 나는 소리를 나타내는 말. ☞덜걱. 덜꺽. 딸깍. 떨걱

떨꺽-거리다(대다) 자타 자꾸 떨꺽 소리가 나다, 또는 그런 소리를 내다. ☞덜걱거리다. 떨걱거리다

떨꺽-떨꺽 부 떨꺽거리는 소리를 나타내는 말. ☞덜걱덜걱. 덜꺽덜꺽. 딸깍딸깍. 떨걱떨걱

떨껑 부 크고 매우 단단한 쇠붙이 따위가 다른 단단한 물체에 한 번 세게 부딪힐 때 울리어 나는 소리를 나타내는 말. ☞덜겅. 덜껑. 딸깡. 떨겅

떨껑-거리다(대다) 자타 자꾸 떨껑 소리가 나다, 또는 그런 소리를 내다. ☞덜겅거리다. 떨겅거리다

떨껑-떨껑 부 떨껑거리는 소리를 나타내는 말. ☞덜겅덜겅. 덜껑덜껑. 딸깡딸깡. 떨겅떨겅

떨:다[1](떨고·떠니) 자 ①물체가 아주 작은 폭으로 빠르게 되풀이하여 흔들리다. ¶ 나뭇잎이 바르르 ―. ②몹시 인색하여 좀스럽게 행동하다. ¶ 돈 몇 푼에도 벌벌 ―. ③두려워하거나 겁내다. ¶ 공포에 ―.

한자 떨 진(振) 〔手部 7획〕 ¶ 진동(振動)/진폭(振幅)
떨 진(震) 〔雨部 7획〕 ¶ 진공(震恐)/진동(震動)

떨:다[2](떨고·떠니) 타 ①추위·두려움·분함 따위로 말미암아 몸을 작은 폭으로 빠르고 잦게 흔들다. ¶ 분하여 입술을 바르르 ―. ②소리의 진동을 변화 있게 울리다. ¶ 목소리를 ―. ③어떤 동작이나 성질을 경망스럽게 자꾸 하거나 나타내다. ¶ 애교를 ―./소란을 ―.

떨:다[3](떨고·떠니) 타 ①붙은 것을 떨어지게 하다. ¶ 흙을 ―. ☞털다 ②전체 중에서 얼마를 덜어내거나 빼다. ¶ 원금에서 이자는 떨고 주세요. ③팔다 남은 물건을 한꺼번에 팔거나 사다. ¶ 사과를 떨어서 싸게 사다. ④가지고 있던 생각이나 시름 따위를 잊거나 없애다. ¶ 걱정을 떨고 일어나다.

한자 떨 불(拂) 〔手部 5획〕 ¶ 불거(拂去)/불식(拂拭)

떨떠름-하다 형여 좀 떨떨한 데가 있다. ¶ 떨떠름한 표정.
떨떠름-히 부 떨떠름하게

떨떨 부 수레바퀴나 기계 등이 고장이 나서 제대로 움직이지 않으면서 내는 소리를 나타내는 말. ¶ 양수기가 고장이 나 ― 소리만 낸다. ☞덜덜[2]. 딸딸

떨떨-거리다(대다) 자타 자꾸 떨떨 소리가 나다, 또는 그런 소리를 내다. ☞덜덜거리다[2]. 딸딸거리다

떨떨-하다 형여 ①격에 어울리지 아니하여 조금 천격스럽다. ¶ 떨떨한 옷맵시. ②매우 떠름하다. ¶ 떨떨하게 여기다. ③정신이 몹시 얼떨하다. 얼떨떨하다 ¶ 정신이 ―. ④말이나 행동이 분명하지 못하고 모자라는듯 하다. ¶ 그는 보기보다 ―.
떨떨-히 부 떨떨하게

떨:-뜨리다(트리다) 타 거만하게 뽐내다.

떨렁 부 큰 방울이나 종 따위가 한 번 가볍게 흔들리어 울리는 소리를 나타내는 말. ☞딸랑

떨렁-거리다(대다) 자타 자꾸 떨렁 소리가 나다, 또는 그런 소리를 내다. 떨렁이다 ¶ 방울이 ―./방울을 ―. ☞딸랑거리다

떨렁-떨렁 부 떨렁거리는 소리를 나타내는 말. ¶ 워낭을 ― 울리다. ☞딸랑딸랑

떨렁-이다 자타 떨렁거리다 ☞딸랑이다

떨리다[1] 자 ①추위·두려움·분함 따위로 말미암아 몸이 작은 폭으로 빠르고 잦게 흔들리다. ¶ 추워서 몸이 부들부들 ―. ②소리의 진동이 변화 있게 울려 나오다. ¶ 목소리가 ―.

떨리다[2] 자 붙어 있던 것이 떨어져 나오다. ¶ 먼지가 잘 ―.

떨:-새 명 큰 비녀나 족두리의 꾸미개의 한 가지. 가늘게 만든 용수철 위에 은으로 나는 새 모양을 만들어 붙여,

움직임에 따라 가볍게 흔들리게 만든 것. ☞떨잠
떨어-내:다 타 떨어져서 나오게 하다. ¶먼지를 ─.
떨어-뜨리다(트리다) 타 ①위에 있던 것을 아래로 떨어지게 하다. ¶책을 ─. ②매달렸거나 붙었던 것을 떨어지게 하다. ¶나무에 달린 밤송이를 장대로 쳐서 ─./두 친구 사이를 ─. ③가지고 있던 물건을 빠뜨려서 흘리다. ¶손수건을 ─. ④남을 뒤에 처지게 하다. ¶부상자는 떨어뜨려 두고 가라. ⑤시험 따위에 붙지 않게 하다. ¶두 사람만 남기고 모두 ─. ⑥품위나 질 따위를 낮아지게 하다. ¶품위를 떨어뜨리는 행동. ⑦값을 깎아서 싸게 하다. ¶공급량을 늘려 가격을 ─. ⑧옷이나 신발 따위를 해어뜨리어 못 쓰게 만들다. ¶운동화를 벌써 두 켤레나 떨어뜨렸다. ⑨쓰던 물건의 뒤가 달리게 하다. ¶식량을 벌써 떨어뜨렸니? ⑩고개를 숙이다. 시선을 내리깔다. ¶시선을 발끝으로 ─. ⑪배고 있던 아이를 지우다. ¶교통 사고로 임신한 아이를 ─. ⑫줄 물품 중에서 얼마를 남기다. ¶오만 원만 갚고 나머지는 ─. ⑬속력이나 온도 따위를 줄이거나 낮추다. ¶차는 골목길로 들어서자 속력을 떨어뜨렸다.
×**떨어-먹다** 타 →털어먹다
떨어-버리다 타 어떤 생각이나 걱정 따위를 없애다.
떨어-지다 자 ①위쪽에 있던 것이 아래로 내려지다. ¶박이 지붕에서 ─. ②가지고 있던 물건이 빠져서 흘려지다. ¶길에 손수건이 떨어져 있다. ③붙었거나 달렸던 것이 따로의 상태가 되다. ¶단추가 ─. ④값·수준·정도 따위가 전보다 낮아지다. ¶성적이 ─./품질이 ─. ⑤해가 지다. ¶어느덧 해가 떨어지고 어둠이 깔리기 시작했다. ⑥배고 있던 아기가 지다. 유산하다. ¶애 떨어질뻔 했네. ⑦병이나 버릇, 어떤 기운 따위가 없어지다. ¶학질이 ─./귀신이 ─. ⑧옷이나 신발 따위가 해어지다. ¶다 떨어진 가방. ⑨어떤 것이 뒤를 대지 못하여 없어지다. ¶쌀이 ─./일감이 ─. ⑩시험이나 선발 따위에서 뽑히지 못하다. ¶선거에 출마하여 ─. ⑪어떤 상태나 처지에 빠지다. ¶곤한 잠에 ─./술에 곯아 ─. ⑫진지나 성 따위가 적에게 넘어가다. ¶요새가 적의 손에 ─. ⑬지시·명령·신호 따위가 내리다. ¶집합 명령이 ─. ⑭어떤 일이나 책임 따위가 맡겨지다. ¶그 일은 결국 나에게 떨어졌다. ⑮손안에 들거나 자기 몫으로 되다. ¶차액이 내게 ─. ⑯관계가 끊기거나 헤어지다. ¶이사를 하여 친구와 떨어지게 되었다. ⑰둘 사이의 거리가 뜨다. ¶멀리 떨어진 곳. ⑱숨·마음·감각 따위가 끊어지거나 없어지다. ¶숨이 ─./입맛이 ─./정이 ─. ⑲셈에서, 다 치르지 못하고 얼마가 남게 되다. ¶지난 주에 떨어진 돈이 얼마입니까? ⑳셈에서, 나머지가 없이 나누어지거나 어긋나지 아니하다. ¶20은 4나 5로 나누어 떨어진다./계산이 딱 맞아 ─. ㉑다른 사람과 함께 지내지 않고 따로 있다. ¶가족들과 떨어져 산다. ㉒뒤에 처지거나 남아 있다. ¶모두 떠나 버리고 나만 혼자 ─. ㉓일이 손에서 벗어나 끝나다. ¶지금 하는 일은 언제쯤 손에서 떨어집니까? ㉔사물의 질이나 수준이 다른 것보다 낮거나 못한 상태를 보이다. ¶인물이 ─./다른 상점의 물건보다 질이 ─.
속담 **떨어진 주머니에 어패(御牌) 들었다** : 겉모양은 허술하고 보잘것없으나, 실속은 뜻밖에 훌륭하고 소중함을 이르는 말.〔베 주머니에 의송(議送) 들었다/허리띠 속에 상고장(上告狀) 들었다〕

한자 **떨어질 락**(落)〔艸部 9획〕¶낙과(落果)/낙마(落馬)/낙엽(落葉)/낙하(落下)/추락(墜落)
떨어질 령(零)〔雨部 5획〕¶영락(零落)
떨어질 타(墮)〔土部 12획〕¶타락(墮落)

떨어-치다 타 세차게 힘을 들여서 떨어지게 하다.
떨이 명 -하다 타 팔다 남아 다 떨어서 싸게 파는 물건, 또는 그렇게 파는 일. ¶─로 싸게 사다.
떨:-잠(─簪) 명 지난날, 큰머리나 어여머리를 할 때 머리 앞 중앙과 양 옆에 꽂던, 떨새를 붙인 꾸미개. 떠는잠. 보요(步搖)
떨:치다[1] 자타 위세나 명성 따위가 높이 들날리거나 들날리게 하다. ¶이름이 ─./용맹을 ─.

한자 **떨칠 분**(奮)〔大部 13획〕¶발분(發奮)/분격(奮激)/분기(奮起)/분려(奮勵)/분력(奮力)/분발(奮發)

떨:치다[2] 타 세게 흔들어서 떨어지게 하다. ¶붙잡는 애인의 손을 떨치고 떠나다.
떨커덕 부 속이 빈, 크고 여문 물체가 다른 단단한 물체에 한 번 거칠게 부딪힐 때 나는 소리를 나타내는 말. ☞덜거덕. 덜커덕. 딸카닥. 떨거덕
떨커덕-거리다(대다) 자타 자꾸 떨커덕 소리가 나다, 또는 그런 소리를 내다. ☞덜거덕거리다. 덜커덕거리다. 딸카닥거리다. 떨거덕거리다
떨커덕-떨커덕 부 떨커덕거리는 소리를 나타내는 말. ☞덜거덕덜거덕. 덜커덕덜커덕. 딸카닥딸카닥. 떨거덕떨거덕
떨커덩 부 크고 매우 단단한 쇠붙이 따위가 다른 단단한 물체에 한 번 거칠게 부딪힐 때 울리어 나는 소리를 나타내는 말. ☞덜거덩. 딸카당. 떨거덩
떨커덩-거리다(대다) 자타 자꾸 떨커덩 소리가 나다, 또는 그런 소리를 내다. ☞덜거덩거리다. 딸카당거리다. 떨거덩거리다
떨커덩-떨커덩 부 떨커덩거리는 소리를 나타내는 말. ☞덜거덩덜거덩. 딸카당딸카당. 떨거덩떨거덩
떨컥 부 ①엇걸리게 만든 매우 단단한 두 물체가 거칠게 엇걸리거나 풀릴 때 나는 소리를 나타내는 말. ②속이 빈, 거볍고 매우 단단한 두 물체가 한 번 거칠게 맞부딪힐 때 나는 소리를 나타내는 말. ☞덜컥. 딸칵. 떨컥
떨컥-거리다(대다) 자타 자꾸 떨컥 소리가 나다, 또는 그런 소리를 내다. ☞덜걱거리다. 딸칵거리다. 떨걱거리다
떨컥-떨컥 부 떨컥거리는 소리를 나타내는 말. ☞덜걱덜걱. 떨걱떨걱
떨컹 부 크고 매우 단단한 쇠붙이 따위가 다른 단단한 물체에 한 번 거칠게 부딪힐 때 울리어 나는 소리를 나타내는 말. ☞덜겅. 딸캉. 떨겅
떨컹-거리다(대다) 자타 자꾸 떨컹 소리가 나다, 또는 그런 소리를 내다. ☞덜겅거리다. 떨겅거리다
떨컹-떨컹 부 떨컹거리는 소리를 나타내는 말. ☞덜겅덜겅. 떨겅떨겅
떨-켜 명 나무에서, 낙엽이 질 무렵에 잎자루와 가지가 붙은 곳에 생기는 특수한 세포층. 이층(離層)
떫:다[떨따] 형 ①덜 익은 감의 맛과 같다. ②하는 짓이나 행동이 덜되고 떨떨하다.
속담 **떫기로 고욤 하나 못 먹으랴** : 다소 힘들다고 해서 그만 일이야 못하겠느냐고 하는 말./**떫은 배도 씹어 볼 만 하다** : 무슨 일이나 처음에 좋지 않더라도 차차 정을 붙이고 지내노라면 재미를 느낄 수도 있다는 말.〔신 배도 맛들일 탓이라〕
떫:디-떫:다[떨띠떨따] 형 매우 떫다.
떫:은-맛 명 덜 익은 감과 같은 맛. 삽미(澁味)
떰치 명 소의 길마 밑에 덮는 짚방석 비슷한 깔개.
떳떳-하다[떧떠ㅌ─] 형여 굽힐 것이 없이 당당하고 버젓하다. ¶떳떳한 행동.
떳떳-이 부 떳떳하게

한자 **떳떳할 상**(常)〔巾部 8획〕¶상경(常經)/상도(常道)/상리(常理)/정상(正常)

떵[1] 부 두껍고 매우 단단한 쇠붙이 따위가 세게 부딪힐 때 울리어 나는 소리를 나타내는 말. ☞땅[2]. 텅[2]
떵[2] 부 장구의 북편과 채편을 동시에 힘차게 치는 소리를 나타내는 구음(口音). ☞기덕. 덕[3]. 덩[2]. 쿵[2]
떵-떵[1] 부 두껍고 매우 단단한 쇠붙이 따위가 자꾸 세게 부딪힐 때 울리어 나는 소리를 나타내는 말. ☞땅땅[1]
떵떵[2] 부 ①헛되이 큰소리만 함부로 치는 모양을 나타내는 말. ¶큰소리를 ─ 치다. ②함부로 으르대는 모양을 나타내는 말. ¶─ 으르대다. ☞땅땅[2]
떵떵-거리다(대다)[1] 자타 자꾸 떵떵 소리가 나다, 또는

그런 소리를 내다. ☞땅땅거리다[1]. 텅텅거리다

떵떵-거리다(대다)[2] 자타 ①세력이나 재물이 넉넉하여 매우 호화롭게 지내다. ②헛되이 큰소리만 함부로 치다. ③함부로 으르대다. ☞땅땅거리다[2]

떼[1] 명 사람이나 동물이 한곳에 많이 몰린 것. ¶기러기 -./양이 -를 지어 가다. ☞무리[1]

한자 떼 부(部) 〔邑部 8획〕 ¶부대(部隊)/부류(部類)

떼[2] 명 뿌리째 떠낸 잔디. ¶-를 입히다.

떼[3] 명 ①긴 나무나 대나무를 가지런히 엮어 물에 띄워 짐을 나르거나 타고 다니게 만든 물건. ②뗏목

떼[4] 명 이치에 맞지 않는 의견이나 요구를 고집하는 짓. ¶-를 쓰다. 속 떼거리[2] ☞억지

떼[5] 명 그물을 칠 때, 위 가장자리에 달아서 그물을 뜨게 하는 물건.

떼-거리[1] 명 '떼[1]'의 속된말. ¶-로 몰려다니다.

떼-거리[2] 명 '떼[4]'의 속된말. ¶-를 쓰다.

떼-거:지 명 ①떼를 지어 다니는 거지. ②재변 따위로 말미암아 갑자기 많이 생긴 이재민을 속되게 이르는 말.

떼걱 부 ①매우 단단한 물건이 가볍게 한 번 맞부딪힐 때 나는 소리를 나타내는 말. ②단단하고 굵은 물건이 가볍게 부러질 때 나는 소리를 나타내는 말. ¶나무 가지가 - 부러지다. ☞데걱. 떼꺽

떼걱-거리다(대다) 자타 자꾸 떼걱 소리가 나다, 또는 그런 소리를 내다. ☞데걱거리다. 떼꺽거리다

떼걱-떼걱 부 떼걱거리는 소리를 나타내는 말. ☞데걱데걱. 떼꺽떼꺽

떼구루루 부 둥글고 단단한 물건이 단단한 바닥에 떨어져 빠르게 구르는 소리, 또는 그 모양을 나타내는 말. ¶사과가 소쿠리에서 떨어져 - 구르다. ☞데구루루. 때구루루

떼굴-떼굴 부 물체가 잇달아 빠르게 구르는 모양을 나타내는 말. ☞데굴데굴. 때굴때굴

떼그럭 부 속이 빈, 크고 단단한 물체가 다른 단단한 물체에 한 번 세게 부딪혀 갈리는 소리를 나타내는 말. ☞데그럭. 때그락

떼그럭-거리다(대다) 자타 자꾸 떼그럭 소리가 나다, 또는 그런 소리를 내다. ☞데그럭거리다

떼그럭-떼그럭 부 떼그럭거리는 소리를 나타내는 말. ☞데그럭데그럭. 때그락때그락

떼-까마귀 명 까마귓과의 겨울 철새. 까마귀와 비슷하나 좀 작고, 부리 밑에 털이 없는 것이 특징임. 수백 마리씩 떼지어 삶. 당까마귀

떼꺽 부 ①매우 단단한 물건이 세게 한 번 맞부딪힐 때 나는 소리를 나타내는 말. ②단단하고 굵은 물건이 단번에 부러질 때 나는 소리를 나타내는 말. ¶대쪽이 - 부러지다. ☞데걱. 떼걱

떼꺽-거리다(대다) 자타 자꾸 떼꺽 소리가 나다, 또는 그런 소리를 내다. ☞데걱거리다. 떼걱거리다

떼꺽-떼꺽 부 떼꺽거리는 소리를 나타내는 말. ☞데걱데걱. 떼걱떼걱

떼-꾸러기 명 늘 떼를 쓰는 버릇이 있는 사람. 떼쟁이

떼꾼-하다 형여 몹시 앓거나 지쳐서 눈이 움푹 꺼져 들어가고 정기가 없다. ☞데꾼하다. 때꾼하다

떼-꿩 명 떼를 지어 날아다니는 꿩.

속담 **떼꿩에 매를 놓다** : 한꺼번에 욕심을 너무 부리면 하나도 이루지 못한다는 말.

떼:다[1] 타 ①붙었던 것을 떨어지게 하다. ¶벽에 붙은 그림을 -./가격표를 -. ②사이를 두거나 떨어지게 하다. ¶간격을 -. ③태아를 유산(流産)시키다. ¶아이를 -. ④주었던 권리를 빼앗거나 직위에서 물러나게 하다. ¶소작권을 -./부장 자리를 -. ⑤발이나 걸음을 옮기어 놓기 시작하다. ¶지친 발걸음을 떼어 놓다. ⑥말문을 열거나 말을 시작하다. ¶입을 -. ⑦전체에서 한 부분을 덜거나 갈라내다. ¶월급에서 -. ⑧문서를 발행하거나 받다. ¶호적 등본을 -./영수증을 -. ⑨함께 있던 사람이나 동물을 따로 있게 하다. ¶어미 개로부터 강아지를 떼어 놓다. ⑩장사할 물건을 산지나 도매상에서 사다. ¶도매 시장으로 과일을 떼러 갔다. ⑪배우던 책이나 교육 과정을 끝내다. 수료하다. ¶천자문을 -. ⑫계속하거나 관계하던 것을 그만두다. ¶젖을 -./정을 -./눈길을 -. ⑬나쁜 버릇이나 병을 고치다. ¶노름에서 손을 -./학질을 -.

속담 **떼어 놓은 당상(堂上)** : 틀림없이 될 것이니 조금도 염려할 것이 없다는 말. 〔따놓은 당상/떼어 둔 당상 좀 먹으랴/받아 놓은 밥상〕

떼:다[2] 타 남에게 빌려 온 것을 돌려주지 않다. ¶돈을 -.

떼-도둑 명 떼를 지어 다니는 도둑. 군도(群盜)

떼-도망(-逃亡) 명 -하다 자 한 집안이나 집단이 모두 달아남.

떼-돈 명 한꺼번에 많이 생긴 돈. ¶-을 벌다.

떼떼 명 '말더듬이'를 놀리어 이르는 말.

떼:-먹다 타 '떼어먹다'의 준말.

떼-밀기 명 택견에서, 손질의 한 가지. 손 장심으로 상대편의 가슴을 떠밀어 넘어뜨리는 공격 기술.

떼:-밀다(-밀고·-미니) 타 힘을 주어 밀다. ¶뒤에서 사람들이 떼미는 바람에 넘어질뻔 하다. 원 떠밀다

떼-부자(-富者) 명 떼돈을 벌어 부자가 된 사람.

떼-새 명 ①떼를 지어 날아다니는 새. ②'물떼새'의 준말.

떼-송:장 명 갑자기 한때에 많이 죽어서 생긴 송장.

떼-쓰다(-쓰고·-써) 자 자기의 의견이나 요구만을 억지로 주장하다. ¶과자를 사달라고 떼쓰는 아이.

떼어-먹다 타 남에게 주거나 갚아야 할 것을 주지 않거나 갚지 않다. 잘라먹다 ¶외상 값을 -. 준 떼먹다

떼이다 타 남에게 빌려 준 것을 못 받게 되다.

떼-쟁이 명 늘 떼를 쓰는 버릇이 있는 사람. 떼꾸러기

떼적 명 비나 바람 따위를 막으려고 둘러치는 거적 같은 것.

떼전 명 떼를 이룬 사람들. ¶-이 많다.

떼-전(-田) 명 한 물꼬에 딸려 한 집에서 경작하는, 여러 배미로 크게 떼지어 있는 논.

떼-짓:다[-짇-](-짓고·-지어) 자ㅅ 여럿이 모이어 떼를 이루다. ¶아이들이 떼지어 몰려다니다.

떼:-치다 타 ①붙잡거나 달라붙는 것을 떼어 물리치다. ②부탁이나 요구 등을 딱 잘라 거절하다. ¶그의 부탁을 차마 떼칠 수가 없었다. ③어떤 감정이나 생각 등을 딱 끊어 버리다. ¶그녀에 대한 생각을 떼칠 수가 없다.

떽-떼구루루 부 둥글고 단단한 물건이 단단한 바닥에 세게 떨어져 튀었다가 빠르게 구르는 소리, 또는 그 모양을 나타내는 말. ☞덱데구루루. 땍때구루루

떽떼굴-거리다(대다) 자 떽떼굴떽떼굴 소리가 나다. ☞덱데굴거리다. 땍때굴거리다

떽떼굴-떽떼굴 부 둥글고 단단한 물건이 단단한 바닥에 자꾸 부딪히면서 빠르게 구를 때 여물게 나는 소리, 또는 그 모양을 나타내는 말. ☞덱데굴덱데굴

뗀:-석기(-石器) 명 구석기 시대, 돌을 깨어서 다듬어 만든 도구. 돌도끼나 돌칼 따위. 타제 석기(打製石器) ☞간석기

뗏-말 명 떼를 지어 다니는 말.

속담 **뗏말에 망아지** : 여럿의 틈에 끼어 그럴듯하게 엄벙덤벙 지내는 사람을 이르는 말.

뗏-목(-木) 명 산림에서 베어낸 나무를 물길을 따라 띄워 옮기기 위해 나무들을 떼로 엮은 것. 떼[3]

뗏-밥 명 한식 때 떼가 잘 자라도록 무덤에 뿌리는 흙.

뗏밥을 주다 관용 무덤에 난 떼에 흙을 뿌리다.

뗏-일[-닐] 명 둑이나 비탈진 면 등에 떼를 입히는 일.

뗏-장 명 흙이 붙은 채로 뿌리째 떠낸 잔디의 낱장.

뗑 부 좀 큰 쇠붙이나 종을 세게 칠 때 여물게 울리어 나는 소리를 나타내는 말. ☞뎅. 땡[2]

뗑겅 부 ①큰 쇠붙이 따위가 단단한 물체에 세게 부딪힐 때 여물게 나는 소리를 나타내는 말. ②큰 쇠붙이 따위가 대번에 부러질 때 여물게 나는 소리, 또는 그 모양을 나타내는 말. ☞뎅겅. 땡강

뗑겅-거리다(대다) 자타 자꾸 뗑겅 소리가 나다, 또는 그런 소리를 내다. ☞뎅겅거리다. 땡강거리다

뗑겅-뗑겅 부 뗑겅거리는 소리를 나타내는 말. ☞뎅겅뎅겅. 땡강땡강
뗑그렁 부 ①큰 방울이나 종 따위가 세게 흔들릴 때 여물게 울리어 나는 소리를 나타내는 말. ②큰 쇠붙이 따위가 다른 쇠붙이에 세게 한 번 부딪힐 때 여물게 울리어 나는 소리를 나타내는 말. ☞뎅그렁. 땡그랑
뗑그렁-거리다(대다) 자타 자꾸 뗑그렁 소리가 나다, 또는 그런 소리를 내다. ☞뎅그렁거리다
뗑그렁-뗑그렁 부 뗑그렁거리는 소리를 나타내는 말. ☞뎅그렁뎅그렁. 땡그랑땡그랑
뗑-뗑 부 좀 큰 쇠붙이나 종 따위를 자꾸 세게 칠 때 여물게 울리어 나는 소리를 나타내는 말. ☞뎅뎅. 땡땡[1]
뗑뗑-거리다(대다) 자타 뗑뗑 소리가 나다, 또는 그런 소리를 내다. ☞뎅뎅거리다. 땡땡거리다
또 부 ①어떠한 행동이나 사실을 거듭하여. ¶ － 사고가 났다. ②그 뿐 아니라 다시 더. ¶ － 무슨 일이냐? ③그래도 ¶함께 간다면 － 모르지만 혼자 가기는 싫다.

한자 또 역(亦) 〔亠部 4획〕 ¶역시(亦是)/역연(亦然)

또그르르 부 단단하고 동근 물건이 단단하고 매끄러운 바닥 위를 빠르게 구르는 모양을 나타내는 말. ¶구슬이 － 구르다. ☞도그르르. 뚜그르르
또글-또글 부 단단하고 동근 물건이 단단한 바닥 위를 빠르게 잇달아 구르는 모양을 나타내는 말. ¶쇠구슬들이 － 굴러가다. ☞도글도글. 뚜글뚜글
또깡-또깡 부-하다 형 말이나 행동이 똑똑 자른듯이 매우 분명한 모양을 나타내는 말.
또는 부 그렇지 않으면. 혹은 ¶내일 － 모레.
또-다시 부 거듭하여 다시. ¶ － 먼 길을 떠나다.
또닥-거리다(대다) 타 좀 굳고 작은 물체로 단단한 물건을 가볍게 자꾸 뚜드리다. 또닥이다 ¶볼펜으로 책상을 －. ☞도닥거리다. 뚜덕거리다. 토닥거리다[2]
또닥-또닥 부 또닥거리는 소리, 또는 그 모양을 나타내는 말. ¶ － 다듬이질을 하다. ☞도닥도닥. 뚜덕뚜덕. 토닥토닥[2]
또닥-이다 타 또닥거리다 ☞도닥이다. 뚜덕이다
또드락-거리다(대다) 타 또드락또드락 소리를 내다. ☞뚜드럭거리다
또드락-또드락 부 길고 야문 물체로 단단한 물건을 가락맞게 잇달아 두드리는 소리, 또는 그 모양을 나타내는 말. ¶댓가지로 － 장단을 맞추다. ☞뚜드럭뚜드럭
또드락-장이 명 금박(金箔)을 두드려서 세공품을 만드는 사람을 속되게 이르는 말.
또라-젓 명 숭어 창자로 담근 젓.
또랑-또랑 부-하다 형 아주 또렷하고 똑똑한 소리, 또는 그 모양을 나타내는 말. ¶ －한 목소리로 시를 낭송하다.
또래 명 나이나 어떤 정도가 같거나 어금지금한 무리. ¶같은 －의 아이들.
또렷-또렷[－렫－] 부-하다 형 ①여럿이 다 또렷한 모양을 나타내는 말. ¶ －한 글씨. ②매우 또렷한 모양을 나타내는 말. ¶정신이 －하다. ☞도렷도렷. 뚜렷뚜렷
또렷-하다[－려－] 형여 ①보이거나 들리는 것이 똑똑하다. ¶흔적이 또렷하게 남아 있다./또렷한 말소리. ②의식이나 기억 따위가 흐리마리하지 않고 생생하거나 맑다. ¶또렷한 의식./기억이 －. ☞도렷하다[1]. 뚜렷하다
또렷-이 부 또렷하게 ☞도렷이[1]. 뚜렷이
또르르[1] 부 종이 따위가 본디 말렸던 대로 탄력 있게 되말리는 모양을 나타내는 말. ☞도르르[1]. 뚜르르[1]
또르르[2] 부 작고 동근 것이 빠르게 구르는 모양을 나타내는 말. ¶구슬이 － 구르다. ☞도르르[2]. 뚜르르[2]
또바기 부 또박
또박 부 언제나 한결같이 꼭 그렇게. 또바기 ¶그는 새벽에 － 이곳을 지나간다.
또박-거리다(대다) 자 또박또박 소리를 내며 걷다. ☞뚜벅거리다
또박-또박[1] 부 발자국 소리를 또렷이 내며 반듯하고 야무지게 잇달아 걷는 소리, 또는 그 모양을 나타내는 말. ¶ － 걷다. ☞뚜벅뚜벅
또박-또박[2] 부 ①-하다 형 말소리나 글씨가 분명한 모양을 나타내는 말. ¶ － 말하다./－ 읽다./글씨를 － 쓰다. ②정해진 차례나 규칙을 거르지 않고 행동하는 모양을 나타내는 말. ¶ － 적금을 붓다.
또아리 명 갈퀴의 아래 치마와 뒤초리 중간에 갈퀫발을 한데 모아 휘감아 맨 부분.
속담 **또아리로 샅 가린다** : 가린다고 가렸으되 가장 요긴한 곳을 가리지 못했음을 이르는 말.
×**또아리** 명 →똬리
또야-머리 명 조선 시대, 내·외명부(內外命婦)가 예장(禮裝)할 때에 똬리처럼 틀던 머리.
또-우(－又) 명 한자 부수(部首)의 한 가지. '反'·'取' 등에서 '又'의 이름.
또한 부 ①마찬가지로. 한가지로. 역시(亦是) ¶너 － 예쁘다. ②거기에다 더하여. ¶인물도 잘났을 뿐더러 － 말솜씨도 좋구나.
똑[1] 부 조금도 틀림없이. 영낙없이 ¶웃는 얼굴이 － 제 아버지로구나./뒷모습이 － 그 사람이다.

▶ '똑'과 '꼭'의 뜻 구별
① '똑'이라는 말은 반드시 사물의 모양이나 성질을 나타내는 말 앞에 쓰인다.
¶얼굴이 아버지를 똑 닮다./
하는 짓이 똑 여우 같다.
② '꼭'은 '어김없이, 반드시'의 뜻으로, 이 말은 행동을 나타내는 말 앞에 쓰인다.
¶내일은 꼭 오셔야 합니다./
약속한 시간에 꼭 가겠습니다.

똑[2] 부 ①작고 단단한 물건이 가볍게 부러질 때 나는 소리, 또는 그 모양을 나타내는 말. ¶연필심이 － 부러지다./바늘이 － 부러지다. ②작고 목직한 것이 떨어지는 소리, 또는 그 모양을 나타내는 말. ¶감이 － 떨어지다./밤톨이 － 떨어지다. ③단단한 물건을 가볍게 한 번 두드릴 때 나는 소리를 나타내는 말. ¶누군가 창문을 － 하고 두드린다. ④작은 물방울 따위가 떨어지는 소리, 또는 그 모양을 나타내는 말. ¶수도꼭지에서 물방울이 － 떨어지다. ☞뚝[2]. 톡[1]
똑[3] 부 ①거침없이 떼거나 자르는 모양을 나타내는 말. ¶고추 꼭지를 － 따서 버리다. ②돈이나 물건을 다 써서 바닥이 난 모양을 나타내는 말. ¶돈이 － 떨어지다./쌀이 － 떨어지다 ☞뚝[2]
똑-같다[－갇－] 형 조금도 다름이 없다. ¶둘이 똑같은 모양의 옷을 입었다.
똑-같이 부 똑같게
똑딱 부 작고 단단한 두 물체가 동안을 두고 가볍게 부딪칠 때 나는 소리를 나타내는 말. ¶똑딱단추를 － 채웠다 떼다. ☞뚝딱[1]. 톡탁
똑딱-거리다(대다) 자타 자꾸 똑딱 소리가 나다, 또는 그런 소리를 내다. 똑딱이다 ¶시계추가 －. ☞뚝딱거리다. 톡탁거리다
똑딱-단추 명 암단추와 수단추를 맞추어 눌러 채우는 단추. 맞단추. 스냅(snap)
똑딱-똑딱 부 똑딱거리는 소리를 나태내는 말. ¶다듬이질하는 소리가 － 들린다. ☞뚝딱뚝딱[1]. 톡탁톡탁
똑딱-선(－船) 명 발동기로 움직이는 작은 배. ☞통통배
똑딱-이다 자타 똑딱거리다 ☞뚝딱이다. 톡탁이다
똑-떨어지다 자 ①맞아떨어지다. 꼭 일치하다. ¶계산이 －. ②말이나 행동 따위가 분명하다. ¶그렇게는 할 수 없다고 똑떨어지게 대답했다.
똑-똑[1] 부 잇달아 똑 하는 소리를 나타내는 말. ¶방문을 － 두드리다. ☞뚝뚝[1]
똑-똑[2] 부 거침없이 자꾸 떼거나 부러뜨리는 모양을 나타내는 말. ¶삭정이를 － 부러뜨리다. ☞뚝뚝[2]
똑똑-하다 형여 ①보이는 모양이나 들리는 소리가 환히 알 수 있게 또렷하다. ¶돋보기를 쓰니 작은 글씨도 똑똑하게 보인다. ②태도나 행동이 사리에 밝고 분명하다.

¶그는 매우 똑똑한 사람이다.

똑똑-히 부 똑똑하게

똑-바로 부 ①굽은 데가 없이 아주 곧바로. ¶이 길을 따라 – 가시오. ②틀림이 없이 바른 대로. ¶– 말해라.

똑-바르다(–바르고·–발라) 형르 ①어느 쪽으로도 기울지 않고 아주 바르다. ¶가르마를 똑바르게 타다. ②도리나 사리에 맞다. ¶그는 정신이 똑바른 사람이다.

×똑-하다 형여 →꼭하다

똘기 명 채 익지 않은 과실.

똘똘[1] 부 ①얇은 물건을 여러 겹으로 야무지게 마는 모양을 나타내는 말. ¶종이를 – 말다. ②작게 하나로 뭉치는 모양을 나타내는 말. ¶밥을 – 뭉쳐 주먹밥을 만들다. ③여럿이 모여 하나가 되는 모양을 나타내는 말. ¶– 뭉쳐 싸우다. ☞돌돌[1]. 뚤뚤

똘똘[2] 부 단단하고 동근 물건이 빠르게 구르는 모양을 나타내는 말. ☞돌돌[2]

똘똘-이 명 똑똑하고 영리한 아이를 귀엽게 이르는 말.

똘똘-하다 형여 매우 똑똑하고 영리하다. ☞돌돌하다

똘마니 명 ①주로 불량한 무리에서, '부하'를 낮추어 이르는 말. ②본데없이 자란 아이를 이르는 말.

똘-배 명 똘배나무의 열매. 보통 배보다 작으며, 맛은 시고 떪음. 산리(山梨)

똘배-나무 명 콩배나무

똥 명 ①사람이나 동물이 먹은 음식물이 소화되고 남은 찌끼. 분(糞) ¶–을 누다./–이 마렵다. ②갈아 쓰던 먹물이 벼루에 말라서 붙은 찌끼. 먹똥 ③쇠붙이가 녹고 나서 나오는 찌끼. ¶구리 –

똥(이) 되다 관용 '체면이 형편없이 되다'를 속되게 이르는 말.

속담 **똥 누고 밑 아니 씻은 것 같다** : 일한 뒤가 개운하지 못하고 꺼림칙하다는 말./**똥 누러 가서 밥 달라고 하느냐** : 처음에 목적하던 일을 하러 가서 전연 딴 짓을 하고 있다는 말./**똥 누러 갈 적 마음 다르고 올 적 마음 다르다** : ①사람의 마음이 자주 변하는 경우를 이르는 말. ②제가 급할 때는 애써 다니다가도 그 일을 다 마치면 모르는체 하고 지내는 경우를 이르는 말.〔뒷간에 갈 적 맘 다르고 올 적 맘 다르다〕 ☞여측이심(如廁二心)/**똥 때문에 살인 난다** : 세상에서 흔히 보잘 것 없는 것을 가지고도 서로 이익을 다투느라고 큰 사고를 일으키기도 한다는 말./**똥 떨어진 데 섰다** : 뜻밖에 재수 좋은 일이 생겼다는 말./**똥 먹던 강아지는 안 들키고 겨 먹던 강아지는 들킨다** : 흔히 크게 죄를 저지른 자는 안 들키고 그보다 덜한 자가 들키어 애매하게 남의 죄까지 뒤집어씀을 이르는 말.〔등겨 먹던 개는 들키고 쌀 먹던 개는 안 들킨다〕/**똥 먹은 곰의 상(相)** : 곰은 구린 것을 매우 싫어하므로 매우 불쾌하여 심히 얼굴을 찌푸린다는 말.〔똥 주워 먹은 곰 상판대기〕/**똥 묻은 개가 겨 묻은 개 나무란다** : 제 흉은 더 많으면서 대단치 않은 남의 허물을 흉본다는 말.〔그슬린 돼지가 달아맨 돼지 타령한다/허청 기둥이 칙간 기둥 흉본다/똥 묻은 접시가 재 묻은 접시를 흉본다/똥 묻은 돼지가 겨 묻은 돼지를 나무란다〕/**똥 싸고 성낸다** : 자기가 잘못하고 도리어 화를 낸다는 말./**똥은 건드릴수록 구린내만 난다** : 악한 사람을 건드리면 더 불쾌한 일만 생긴다는 말./〔북은 칠수록 소리가 난다/똥은 칠수록 튀어오른다〕/**똥은 말라도 구리다** : 한 번 한 나쁜 일은 쉽사리 그 흔적을 없애기 어렵다는 말./**똥이 무서워 피하랴** : 약하거나 더러운 사람은 상대하여 겨루는 것보다 피하는 것이 낫다는 말.〔똥이 무서워 피하나, 더러워 피하지〕/**똥 친 막대기** : 천하게 되어 가치가 없게 된 물건을 이르는 말.

똥-감태기 명 온몸에 똥을 뒤집어쓴 모습을 이르는 말.

똥-값[–깞] 명 형편없는 헐값을 속되게 이르는 말. 갯값 ¶–이 된 주식.

똥-개[–깨] 명 잡종의 개를 흔히 이르는 말.

똥-구멍[–꾸–] 명 똥을 몸 밖으로 내보내는 소화 기관의 맨 끝 부분. 항문(肛門)

속담 **똥구멍으로 호박씨 깐다** : 겉으로는 얌전해 보이나 속은 의뭉스러워서 우물쭈물하며 딴 짓을 함을 이르는 말./**똥구멍이 찢어지게 가난하다** : 매우 가난하다.〔가랑이가 찢어지게 가난하다〕/**똥구멍 찔린 소 모양** : 어쩔 줄 모르고 쩔쩔 매는 모양을 두고 이르는 말.

똥그라미 명 똥그란 모양, 또는 똥그랗게 그린 그림. ☞동그라미. 뚱그러미

똥그랗다(똥그랗고·똥그란) 형ㅎ 매우 동그랗다. ☞뚱그렇다

똥그래-지다 자 똥그랗게 되다. ☞동그래지다. 뚱그래지다

똥그스레-하다 형여 똥그스름하다 ☞동그스레하다. 뚱그스레하다

똥그스름-하다 형여 좀 똥그랗다. 똥그스레하다 ☞동그스름하다. 뚱그스름하다

똥그스름-히 부 똥그스름하게 ☞동그스름히

똥글-똥글 부-하다 형 조금도 모난 데 없이 똥그란 모양을 나타내는 말. ¶–한 구슬. ☞동글동글. 뚱글뚱글

똥기다 타 모르는 사실을 살짝 일러주거나 하여 깨닫게 하다. ¶조금만 똥기니 금방 눈치를 챈다. ☞뚱기다

똥-끝 명 똥구멍에서 먼저 나오는 똥자루의 첫 끝.

똥끝(이) 타다 관용 ①몹시 애를 써서 똥자루가 굳어지고 빛깔이 까맣게 되다. ②몹시 마음을 졸이다.

똥-독(–毒)[–똑] 명 똥 속에 있는 독기. ¶–이 오르다.

똥똥 부-하다 형 ①키가 작고 살이 쪄서 가로퍼져 있는 모양을 나타내는 말. ¶–한 체형./–한 아이. ②물체의 한 부분이 붓거나 부풀어서 도드라진 모양을 나타내는 말. ¶– 부은 종아리./배가 –한 항아리. ☞뚱뚱. 통통[3]

똥똥-히 부 똥똥하게 ☞뚱뚱히

똥-물 명 ①똥이 섞인 물. ②심하게 토할 때, 먹었던 음식물이 다 나오고 맨 나중에 나오는 누르스름한 물.

똥-배[–빼] 명 멋없이 불룩하게 나온 배를 속되게 이르는 말. ¶–가 나오다.

똥-싸개 명 ①똥을 가누지 못하는 아이. ②실수로 똥을 싼 아이를 놀리는 말. ☞오줌싸개

똥-오줌 명 똥과 오줌. 분뇨(糞尿). 시뇨(屎尿)

한자 **똥오줌 변**(便) 〔人部 7획〕 ¶대변(大便)/변기(便器)/변비(便祕)/변소(便所)/배변(排便)/변통(便通)

똥-줄[–쭐] 명 급작스럽게 내깔기는 똥의 줄기.

똥줄이 나다 관용 똥줄이 빠지다.

똥줄이 당기다 관용 몹시 두려워서 겁을 내다.

똥줄이 빠지다 관용 ①몹시 힘들다. ②몹시 혼이 나서 급히 서둘다. 똥줄이 나다.

똥-집[–찝] 명 ①'대장(大腸)'을 속되게 이르는 말. ②'몸집이나 몸무게'를 속되게 이르는 말. ¶–이 무겁다. ③'위(胃)'를 속되게 이르는 말.

똥-차(–車) 명 ①똥을 실어 나르는 차. ②오래되어 낡은 차를 속되게 이르는 말.

똥창 명 소의 창자 가운데 새창의 한 부분. 국 끓이는 데나 구이용으로 씀.

똥창이 맞다 관용 '서로 뜻이 맞다'를 속되게 이르는 말.

똥-칠 명-하다 자 ①똥을 묻히는 짓. ②크게 망신 당함을 비유하여 이르는 말.

똥-털 명 똥구멍 가에 난 털.

똥-통(–桶) 명 ①똥을 받으려고 뒷간에 마련한 통, 또는 똥을 나르는 통. ②형편없거나 몹시 낡은 것을 비유하여 이르는 말.

똥-파리 명 ①똥에 잘 모여드는 파리를 통틀어 이르는 말. ②똥파릿과의 곤충. 몸길이 1.5cm 안팎. 몸빛은 황갈색이며, 등 쪽에는 옅은 황색 바탕에 갈색 세로줄 무늬가 있음. ③아무 일에나 함부로 간섭하거나 잇속을 찾아 덤벼드는 사람을 속되게 이르는 말.

똬르르 부 물 따위가 좁은 목으로 매우 급하게 쏟아져 내리는 소리를 나타내는 말. ¶물줄기가 – 하고 쏟아지다. ☞돠르르

똬:리 명 ①무거운 물건을 일 때, 정수리에 얹어서 물건을 받치는 동근 모양의 받침. ②실이나 노끈 따위를 동글게

사려 놓은 것, 또는 그와 같은 모양. ¶―를 지어 놓은 밧줄./뱀이 ―를 틀다.

똴:똴 [부] 먹은 것이 잘 삭지 아니하여 뱃속에서 끓는 소리를 나타내는 말. ☞돨돨

뙈:기 [명] ①일정하게 경계를 지어 놓은 논밭의 구획. ☞논뙈기. 밭뙈기 ②〔의존 명사로도 쓰임〕 ¶밭 한 ―./여러 ―의 논.

뙤다 [자] ①물건의 한 귀가 조금 떨어지다. ②그물코나 바느질한 자리의 올이 터지거나 끊어지다.

뙤록-거리다(대다) [타] 작은 눈알을 반짝이며 열기 있게 굴리다. ¶먹이를 찾느라 눈을 뙤록거리는 생쥐. ☞되록거리다. 뛰룩거리다

뙤록-뙤록 [부] 작은 눈알을 반짝이며 열기 있게 굴리는 모양을 나타내는 말. ☞되록되록[1]. 뛰룩뛰룩

뙤약-볕 [명] 몹시 뜨겁게 내리쬐는 볕. 폭양(暴陽) ¶― 아래에서 열심히 일하다.

뙤-창(―窓) [명] '뙤창문'의 준말.

뙤창-문(―窓門) [명] 방문에 낸 작은 창. [준]뙤창

뚜: [부] 기적(汽笛)이나 나팔 따위가 울리는 소리를 나타내는 말. ¶― 하고 기적이 울린다.

뚜그르르 [부] 단단하고 둥근 물건이 단단하고 매끄러운 바닥 위를 빠르게 구르는 모양을 나타내는 말. ¶볼링 공이 레인 위를 ― 굴러가다. ☞두그르르. 또그르르

뚜글-뚜글 [부] 묵직하고 둥근 물건이 단단한 바닥 위를 빠르게 잇달아 구르는 모양을 나타내는 말. ¶드럼통이 비탈길을 ― 구르다. ☞두글두글. 또글또글

뚜깔 [명] 마타릿과의 여러해살이풀. 줄기 높이는 1m 안팎. 줄기 전체에 짧은 털이 빽빽이 나 있고 잎은 마주 나며, 7~8월에 흰 꽃이 가지 끝에 산방(繖房) 꽃차례로 핌. 우리 나라 각처의 산이나 들에서 자람. 어린잎은 먹을 수 있음.

뚜껑 [명] ①그릇이나 상자 따위의 아가리를 덮는 물건. 덮개[1] ¶주전자 ―/항아리 ―/상자의 ―을 덮다. ☞마개 ②'모자(帽子)'를 속되게 이르는 말.

뚜껑(을) 열다 [관용] 일의 결과를 보다. ¶선거는 끝났고, 뚜껑을 열어 볼 일만 남았다.

뚜껑-밥 [명] ①밥이 많아 보이도록 사발 안에 작은 그릇이나 접시를 엎어 놓고 담은 밥. ②밑에는 잡곡밥을 담고 위에만 쌀밥을 담은 밥. ③잘 먹이는 것처럼 겉치레로 차린 음식.

뚜껑-이불[―니―] [명] 이불잇을 시치지 않은 솜이불.

뚜께-머리 [명] 머리털을 잘못 깎아서 뚜껑을 덮은 것처럼 층이 진 머리.

뚜께-버선 [명] 바닥이 다 해져서 발등만 덮게 된 버선.

뚜덕-거리다(대다) [타] 좀 굳은 물체로 단단한 물건을 가볍게 자꾸 뚜드리다. 뚜덕이다 ☞두덕거리다. 또닥거리다. 투덕거리다.

뚜덕-뚜덕 [부] 뚜덕거리는 소리, 또는 그 모양을 나타내는 말. ¶북어를 방망이로 ― 두드리다. ☞두덕두덕. 또닥또닥. 투덕투덕

뚜덕-이다 [타] 뚜덕거리다 ☞두덕이다. 또닥이다. 투덕이다

뚜덜-거리다(대다) [자] 못마땅한 투로 제법 또렷하게 자꾸 혼잣말을 하다. ☞두덜거리다. 투덜거리다

뚜덜-뚜덜 [부] 못마땅한 투로 제법 또렷하게 자꾸 혼잣말을 하는 모양을 나타내는 말. ¶돌아서기가 무섭게 ― 불평을 하다. ☞두덜두덜. 투덜투덜

뚜두두둑 [부] ①굵은 빗방울이나 우박 따위가 잇달아 세차게 내리는 소리를 나타내는 말. ¶갑자기 우박이 ― 떨어졌다. ②나뭇가지 따위가 서서히 부러지는 소리를 나타내는 말.

뚜드럭-거리다(대다) [타] 뚜드럭뚜드럭 소리를 내다. ☞또드락거리다

뚜드럭-뚜드럭 [부] 길고 여문 물체로 단단한 물건을 가락맞게 잇달아 뚜드리는 소리, 또는 그 모양을 나타내는 말. ¶대장간에서 ― 망치 소리가 들린다. ☞또드락또드락

뚜드리다 [타] 힘을 주어 여러 번 세게 치거나 때리다. ¶대문을 ―. ☞두드리다

뚜들기다 [타] 매우 센 힘으로 마구 쳐서 때리다.

뚜:-뚜 [부] 기적이나 나팔 소리가 자꾸 울리는 소리를 나타내는 말.

뚜렷-뚜렷[―렫―] [부]-하다[형] ①여럿이 다 뚜렷한 모양을 나타내는 말. ¶밤하늘에 별들이 ― 떠 있다. ②매우 뚜렷한 모양을 나타내는 말. ¶―한 무늬. ☞두렷두렷

뚜렷-하다[―려―] [형여] ①보이는 것이 매우 똑똑하다. ¶맨눈으로 잔글씨가 뚜렷하게 보인다. ②내세우는 바가 확실하다. ¶목표가 ―./근거가 ―. ☞두렷하다[1]. 또렷하다

뚜렷-이 [부] 뚜렷하게 ☞두렷이[1]. 또렷이

[한자] **뚜렷할 선**(鮮) 〔魚部 6획〕 ¶선명(鮮明)/선미(鮮美)/선색(鮮色)/선연(鮮姸)

뚜르르[1] [부] 넓은 종이 따위가 본디 말렸던 대로 탄력 있게 되말리는 모양을 나타내는 말. ¶지도를 ― 말다. ☞두르르[1]. 또르르[1]

뚜르르[2] [부] ①좀 크고 둥근 것이 빠르게 구르는 모양, 또는 그 소리를 나타내는 말. ¶굴렁쇠가 비탈길로 ― 굴러가다. ②재봉틀로 옷감 따위를 땀이 촘촘하게 박는 소리, 또는 그 모양을 나타내는 말. ¶바지의 솔기를 ― 박다. ☞두르르[2]. 또르르[2]

뚜벅-거리다(대다) [자] 뚜벅뚜벅 소리를 내며 걷다. ☞또박거리다

뚜벅-뚜벅 [부] 발자국 소리를 뚜렷이 내며 여무지게 잇달아 걷는 소리, 또는 그 모양을 나타내는 말. ¶― 걷다. ☞또박또박[1]

뚜-쟁이 [명] ①매음(賣淫)을 주선하는 사람을 이르는 말. ②'중매인(仲媒人)'을 낮잡아 이르는 말.

뚝[1] [부] ①크고 단단한 물건이 단번에 부러질 때 나는 소리, 또는 그 모양을 나타내는 말. ¶의자 다리가 ― 부러지다./바늘이 ― 부러지다. ☞딱[1] ②크고 묵직한 것이 떨어지는 소리, 또는 그 모양을 나타내는 말. ¶사과나무에서 사과가 ― 떨어지다. ③굵은 물방울 따위가 떨어지는 소리, 또는 그 모양을 나타내는 말. ¶닭똥 같은 눈물을 ― 떨어뜨리다. ☞똑[2]

뚝[2] [부] ①계속되던 것이 갑자기 아주 그치거나 끊어지는 모양을 나타내는 말. ¶눈물을 ― 그치다. ☞딱[2] ②거침없이 떼거나 자르는 모양을 나타내는 말. ¶재산을 ― 떼어 주다./말허리를 ― 자르다. ③딴청을 부리는 모양을 나타내는 말. ¶시치미를 ― 떼다. ④떨어진 정도가 매우 큰 모양을 나타내는 말. ¶마을에서 ― 떨어진 곳./성적이 ― 떨어지다./사기가 ― 떨어지다. ☞똑[3]

뚝[3] [부] 달리 생각할 나위 없이 아주. ¶정이 ― 떨어지다. ☞딱[4]

뚝딱[1] [부] 좀 크고 단단한 두 물체가 동안을 두고 가볍게 부딪칠 때 나는 소리를 나타내는 말. ¶― 소리를 내며 말뚝을 박다. ☞똑딱. 툭탁

뚝딱[2] [부] 일을 거침없이 쉽게 해치우는 모양을 나타내는 말. ¶밥 한 그릇을 ― 먹어치우다.

뚝딱-거리다(대다) [자타] 자꾸 뚝딱 소리가 나다, 또는 그런 소리를 내다. 뚝딱이다 ¶뚝딱거리며 탁자를 고치다. ☞똑딱거리다. 툭탁거리다[1]

뚝딱-뚝딱[1] [부] 잇달아 뚝딱 하는 소리를 나타내는 말. ¶의자에 ― 못질을 하다. ☞똑딱똑딱. 툭탁툭탁

뚝딱-뚝딱[2] [부] 여러 일을 거침없이 쉽게 해치우는 모양을 나타내는 말. ¶저녁 준비를 ― 끝내다.

뚝딱-이다 [자타] 뚝딱거리다 ☞똑딱이다. 툭탁이다

뚝-뚝[1] [부] 잇달아 뚝 하는 소리를 나타내는 말. ☞똑똑[1]

뚝-뚝[2] [부] ①거침없이 자꾸 떼거나 자르는 모양을 나타내는 말. ¶두부를 ― 자르다./말허리를 ― 자르다. ②매우 크게 자꾸 떨어지는 모양을 나타내는 말. ¶점수가 ― 떨어지다./가격이 ― 떨어지다. ③여러 개가 매우 멀리 떨어져 있는 모양을 나타내는 말. ¶집들이 ― 떨어져 있다. ☞똑똑[2]

뚝뚝-하다 형여 ①천 따위가 부드럽지 않고, 거칠고 단단하다. ②말씨나 성품이 부드럽지 않고 굳다. ¶뚝뚝한 성격. 준뚝하다 ☞무뚝뚝하다

뚝-발이 명 '절뚝발이'의 준말.

뚝배기 명 아가리가 넓고 운두가 높은, 작은 오지그릇. 찌개를 끓이거나 곰국을 담는 데 씀. ☞고내기

속담 **뚝배기보다 장 맛** : 겉보기보다는 내용이 훨씬 좋음을 이르는 말.〔뚝배기 봐선 장 맛이 달다〕

뚝별-나다 형 걸핏하면 불뚝불뚝 화를 내는 성질이 있다.

뚝별-스럽다(-스럽고·-스러워) 형ㅂ 뚝별난 성향이 있다. ¶뚝별스러운 사람.

뚝별-스레 부 뚝별스럽게

뚝별-씨 명 걸핏하면 불뚝불뚝 화를 내는 성질, 또는 그런 사람.

뚝-심 명 ①굳세게 버티는 힘. ¶-이 세다./-이 좋다. ②좀 미련하게 불뚝 내는 힘.

뚝지 명 도칫과의 바닷물고기. 몸길이 40cm 안팎. 몸빛은 연한 갈색에 불규칙한 검은 점이 많이 흩어져 있음. 암컷이 바위에 알을 슬면 수컷이 부화할 때까지 보호하는 습성이 있음. 동해와 오호츠크해 등에 분포함. 멍텅구리

뚝-하다 형여 '뚝뚝하다'의 준말.

뚝-향나무(-香-) 명 측백나뭇과의 상록 소교목. 높이 3.5m 안팎. 잎은 바늘 모양과 비늘 모양이 섞여 있으나 대부분은 비늘 모양임. 꽃은 암수한그루로 4월경에 피고 둥근 열매는 이듬해 10월경에 익음. 지난날 둑에 많이 심은 데서 이 이름이 붙음. 경상북도의 특산종임.

뚤뚤 부 ①얇고 넓은 종이 따위를 여러 겹으로 여무지게 마는 모양을 나타내는 말. ¶멍석을 - 말다. ②크게 하나로 뭉치는 모양을 나타내는 말. ¶옷가지를 - 뭉쳐 보자기로 싸다. ☞둘둘. 똘똘[1]

뚫다 타 ①구멍을 내다. ¶철판을 -. ②막히거나 가려진 것을 헤치거나 갈라 통하게 하다. ¶막힌 하수관을 -. ③장애물을 헤치거나 난관을 극복하다. ¶빗길을 뚫고 달려가다./뚫고 넘어야 할 과제. ④융통하거나 해결할 길을 찾아내다. ¶자금줄을 -. ⑤깊이 연구하여 이치를 깨닫거나 통하다. ¶상대의 마음을 -.

뚫리다[뚤-] 자 뚫어지다 ¶터널이 -.

뚫어-뜨리다(트리다)[뚤-] 타 힘을 들여 뚫어지게 하다.

뚫어-지다[뚤-] 자 ①구멍이나 틈이 생기다. ¶구멍이 -. ②길 따위가 열리어 오갈 수 있게 되다. ③주로 '뚫어지게'의 꼴로 '보다'와 함께 쓰여 '눈길을 한군데 모아 주의 깊게'의 뜻을 나타내는 말.

속담 **뚫어진 벙거지에 우박 맞듯** : 정신을 못 차릴 정도로 마구 떨어지거나 쏟아짐을 비유하여 이르는 말.

뚫을-곤(-丨)[뚤-] 명 한자 부수(部首)의 한 가지. '中'·'串' 등에서 '丨'의 이름.

뚱그렇다(뚱그렇고·뚱그런) 형ㅎ 매우 둥그렇다. ☞둥그렇다. 똥그랗다

뚱그레-지다 자 뚱그렇게 되다. ☞둥그레지다. 똥그래지다

뚱그스레-하다 형여 뚱그스름하다 ☞둥그스레하다. 똥그스레하다

뚱그스름-하다 형여 좀 뚱그렇다. 뚱그스레하다 ☞둥그스름하다. 똥그스름하다

뚱그스름-히 부 뚱그스름하게 ☞둥그스름히

뚱글-뚱글 부-하다 형 조금도 모난 데 없이 뚱그런 모양을 나타내는 말. ¶-한 호박./눈을 -하게 뭉치다. ☞둥글둥글. 똥글똥글

뚱기다 타 ①현악기의 줄 따위를 튀기어 소리가 울리어 나게 하다. ¶기타 줄을 -. ②깨닫지 못하거나 모르는 사실을 슬며시 깨우치거나 일러주다. ¶넌지시 뚱겨 주니까 얼른 알아차리더라. ☞똥기다

뚱기-치다 타 세차게 뚱기다.

뚱딴지[1] 명 국화과의 여러해살이풀. 줄기 높이는 1.5~3m. 온몸에 잔털이 있고, 길둥근 잎은 마주 나는데 윗부분에서는 어긋맞게 남. 8~10월에 노란 꽃이 피며, 덩이줄기는 사료나 알코올의 원료로 쓰임. 북아메리카 원산임. 돼지감자

뚱딴지[2] 명 ①우둔하고 무뚝뚝한 사람을 이르는 말. ②전주(電柱) 따위에 고정해 전선을 매거나 전기의 절연체로 쓰는 여러 모양으로 된 기구. 애자(礙子)

뚱땅 부 가야금이나 거문고를 이어 탈 때 나는 소리를 나타내는 말. ☞둥당

뚱땅-거리다(대다) 자타 자꾸 뚱땅 소리가 나다, 또는 그런 소리를 내다. ☞둥당거리다

뚱땅-뚱땅 부 잇달아 뚱땅 하는 소리를 나타내는 말. ☞둥당둥당

뚱뚱 부-하다 형 ①살이 쪄서 가로퍼진 모양을 나타내는 말. ¶-하게 살이 찌다. ②물체의 한 부분이 부어 두드러진 모양을 나타내는 말. ¶장딴지가 - 붓다. ☞똥똥. 퉁퉁[2]

뚱뚱-히 부 뚱뚱하게 ☞똥똥히

뚱뚱-보 명 뚱뚱이 준뚱보

뚱뚱-이 명 살이 쪄서 뚱뚱한 사람. 뚱뚱보 ☞홀쭉이

뚱-보 명 ①성질이 뚱해서 붙임성이 없는 사람. ②'뚱뚱보'의 준말.

뚱:-하다 형여 ①말수가 적고 행동이 묵직하다. ¶뚱한 성격. ②못마땅하여 시무룩하다. ¶하루 종일 뚱하니 말이 없다.

뛰 부 기적(汽笛)이나 고동이 울리는 소리를 나타내는 말.

뛰-놀다(-놀고·-노니) 자 ①이리저리 뛰어다니며 놀다. ¶운동장에서 뛰노는 아이들. ②맥박 따위가 세게 뛰다. ¶맥박이 세차게 -.

뛰다[1] 자 ①어느 자리를 세게 굴러 몸이 멀리 가거나 높이 떠오르다. ¶높이 -./멀리 -. ②무슨 일을 위하여 바쁘게 움직이다. ¶기울어진 사업을 되일으키려 부지런히 -. ③힘껏 내닫다. ¶전철 역까지 열심히 -. ④기쁨이나 기대 등으로 심장이 두근거리거나 맥박이 발딱거리다. ¶기뻐 가슴이 마구 -./설레임으로 뛰는 가슴. ⑤값이 갑자기 오르다. ¶주가(株價)가 -./김장철에 채소 값이 -. ⑥〔'펄펄', '펄쩍' 등의 말과 어울려 쓰이어〕 어떤 일을 딱 잡아떼려는 태도를 보이다. ¶헛소문이라고 하면서 펄쩍 -. ⑦'달아나다'를 속되게 이르는 말. ¶경찰을 피해 -. ⑧차례가 빠지고 넘어가다. ¶차례가 15에서 17로 -.

한자 **뛸 도**(跳)〔足部 6획〕¶고도(高跳)/도약(跳躍)
뛸 약(躍)〔足部 14획〕¶비약(飛躍)/약기(躍起)

뛰다[2] 타 ①두껍고 긴 널 한가운데에 굄을 괴어 두 끝에 한 사람씩 올라서서, 몸을 떠올렸다가 내렸다가 하다. ¶널을 -. ②그네의 밑싣개에 올라서거나 앉아서, 몸을 움직이어 앞뒤로 왔다갔다 하다. ¶그네를 -. ③차례를 거르거나 넘기다. ¶세 사람을 뛰고 네 사람째부터 일어서게 하다.

뛰룩-거리다(대다) 타 부리부리한 눈알을 번쩍이며 열기 있게 자꾸 굴리다. ☞뒤룩거리다[1]. 뙤록거리다

뛰룩-뛰룩 부 뛰룩거리는 모양을 나타내는 말. ¶커다란 눈알을 - 굴리다. ☞뒤룩뒤룩[1]. 뙤록뙤록

뛰어-가다 자타 달음박질하여 빨리 가다. 달려가다 ¶학교까지 뛰어갔다./먼 길을 단숨에 -.

뛰어-나가다 자 밖으로 달음박질하여 빨리 가다. 달려나가다 ¶초인종 소리에 -.

뛰어-나다 자 여럿 중에서 다른 것보다 훨씬 낫다. ¶뛰어난 기술./그의 작품이 가장 -.

한자 **뛰어날 걸**(傑)〔人部 10획〕¶걸물(傑物)/걸인(傑人)/걸작(傑作)/걸출(傑出)
뛰어날 일(逸)〔辵部 8획〕¶일군(逸群)/일문(逸文)/일재(逸才)/일지(逸志)
뛰어날 탁(卓)〔十部 6획〕¶탁견(卓見)/탁론(卓論)/탁설(卓說)/탁월(卓越)

뛰어-나오다 자 밖으로 달음박질하여 빨리 나오다. ¶건물 밖으로 -./불이 난 집에서 -.

뛰어-내리다 자 몸을 솟구쳐 높은 곳에서 아래로 내려오

다. ¶담장 위에서 ㅡ.

뛰어-넘다[-따] 타 ①몸을 솟구쳐 높은 것을 넘다. ¶담을 ㅡ. ②차례를 거르고 나아가다. ¶그 아이는 한 학년을 뛰어넘었다. ③어떠한 한계나 기준에서 벗어나다. ¶시간과 공간을 뛰어넘는 이야기.

한자 뛰어넘을 초(超)〔走部 5획〕 ¶초과(超過)/초월(超越)/초인(超人)/초탈(超脫)

ㄷ

뛰어-다니다 자 ①뛰면서 여기저기 돌아다니다. ②이리저리 바삐 돌아다니다.

뛰어-들다(ㅡ들고·ㅡ드니) 자 ①갑자기 들어가거나 들어오다. ¶고양이가 갑자기 차도로 뛰어들었다. ②어떤 상황이나 사물 따위의 안이나 속으로 들어가거나 들어오다. ¶바다에 ㅡ./싸움에 ㅡ. ③어떤 일에 한몫 끼거나 덤벼들다. ¶사업에 ㅡ.

뛰어-오다 자 달음박질하여 빨리 오다. ¶먼 길을 단숨에 ㅡ.

뛰어-오르다(ㅡ오르고·ㅡ올라) 자르 ①몸을 솟구쳐서 높은 데에 오르다. ②가격이나 지위 따위가 갑자기 높이 오르다. ¶물가가 ㅡ.

뛰쳐-나가다 자타 ①매우 급하게 뛰어나가다. ¶빗소리를 듣고 빨래를 걷으러 뛰쳐나갔다. ②어떤 곳에서 떠나다. ¶집을 ㅡ.

뛰쳐-나오다 자타 ①매우 급하게 뛰어나오다. ¶불이 나자 모두들 건물 밖으로 뛰쳐나왔다. ②어떤 곳에서 떠나 나오다. ¶직장에서 ㅡ.

뜀 명 ①두 발을 모으고 몸을 솟구쳐 앞으로 나아가는 일. ②몸을 솟구쳐 높은 데에 오르거나 높은 것을 넘는 일.

뜀-걸음 명 행진할 때, 약 90cm의 보폭으로 1분 동안에 180보를 걷는 걸음. ☞바른걸음

뜀-뛰기 명 ①도약 경기(跳躍競技) ②팔다리와 몸통의 근육 단련을 위해 몸을 솟구쳐 뛰어올랐다 내렸다 하는 운동을 통틀어 이르는 말. 도약 운동(跳躍運動)

뜀-뛰다 자 두 발을 모으고 몸을 솟구쳐 앞으로 나아가거나 높은 곳으로 오르다.

뜀박-질 명-하다 자 ①뜀뛰는 일. ②달음박질 준 뜀질

뜀-질 명 '뜀박질'의 준말.

뜀-틀 명 ①기계 체조 용구의 한 가지. 여러 층으로 포개 놓을 수 있는 사다리꼴의 상자 모양으로 만든 나무틀. 그 위를 여러 가지 방법으로 뛰어넘거나 물구나무서기 따위를 함. 도마(跳馬) ②'뜀틀 운동'의 준말.

뜀틀=운:동(ㅡ運動) 명 기계 체조의 한 가지. 도움닫기 후에 구름판을 구르고 뜀틀을 손으로 짚은 다음 뛰어넘음. 준 뜀틀

뜨개-바늘 명 '뜨개질바늘'의 준말.

뜨개-실 명 뜨개질할 때 쓰는 실.

뜨개-질 명-하다 자 털실 따위로 옷이나 장갑 등을 뜨는 일.

뜨개질-바늘 명 뜨개질하는 데 쓰는, 대나 쇠로 만든 바늘. 준 뜨개바늘 ☞대바늘. 코바늘

뜨갯-것 명 뜨개질하여 만든 물건. 편물(編物)

뜨거워-지다 자 뜨겁게 되다. ¶냄비가 ㅡ.

뜨거워-하다 타여 뜨거운 기색을 나타내다.

뜨겁다(뜨겁고·뜨거워) 형ㅂ ①온도가 매우 높다. ¶뜨거운 냄비. ☞차다[4] ②무안하거나 부끄러워 얼굴이 달아올라 있다. ¶낯이 ㅡ. ③감정이나 분위기가 흥분되어 있음을 비유하여 이르는 말. ¶뜨거운 사랑./뜨거운 박수. ☞따갑다. 차갑다

한자 뜨거울 열(熱)〔火部 11획〕 ¶열기(熱氣)

뜨겁디-뜨겁다(ㅡ뜨겁고·ㅡ뜨거워) 형ㅂ 몹시 뜨겁다.

-뜨기《접미사처럼 쓰이어》'뜨다'의 전성형으로 '사람을 얕잡아 가리킴'의 뜻을 나타냄. ¶시골뜨기/촌뜨기

뜨끈-뜨끈 부-하다 형 매우 뜨끈한 느낌을 나타내는 말. ¶ㅡ한 군고구마. ☞따끈따끈

뜨끈-하다 형여 알맞게 뜨거운 느낌이 있다. ¶뜨끈하게 끓인 곰국. ☞따끈하다

뜨끈-히 부 뜨끈하게 ☞따끈히

뜨끔-거리다 자 ①상처나 염증이 있는 자리가 결리거나 찌르는듯 한 느낌이 자꾸 나다. ②마음이 켕기는 느낌이 자꾸 들다. ¶그 일을 생각할 때마다 마음이 뜨끔거린다. ☞따끔거리다

뜨끔-뜨끔 부-하다 형 뜨끔거리는 느낌을 나타내는 말. ¶상처가 ㅡ 아프다./삐끗한 허리가 ㅡ 한다. ☞따끔따끔

뜨끔-하다 형여 ①상처나 염증이 있는 자리가 결리거나 찌르는듯 한 아픈 느낌이 있다. ②마음에 켕기는 느낌이 있다. ☞따끔하다

뜨끔-히 부 뜨끔하게 ☞따끔히

뜨내기 명 ①일정한 거처가 없이 떠돌아다니는 사람. ②늘 있지 않고 가끔 한 번씩 하게 되는 일.

뜨내기-손님 명 어쩌다가 한두 번 찾아오는 손님.

뜨내기-장사 명 ①어쩌다가 한두 번 하는 장사. ②한자리에 머물러 하는 장사가 아니라 이리저리 돌아다니면서 하는 장사.

뜨다[1](뜨고·떠) 자 ①액체의 아래로 가라앉지 않고 그 위에 있다. ¶물 위에 꽃잎이 몇 장 떠 있다. ☞가라앉다 ②공중에 머물러 있거나 공중으로 오르다. ¶연이 ㅡ./구름이 떠 있다. ③해, 달, 별 등이 돋다. ¶해가 ㅡ./보름달이 ㅡ. ☞지다[1] ④어떤 생각이나 사물에 사로잡혀 마음이 안정되지 않고 들썽들썽하다. ¶소풍 전날 마음이 떠 있는 학생들.

한자 뜰 부(浮)〔水部 7획〕 ¶부력(浮力)/부상(浮上)/부양(浮揚)/부유(浮游)/부조(浮藻)/부표(浮漂)

뜨다[2](뜨고·떠) 자 ①물기 있는 물체가 쌓여서 생기는 훈훈한 기운으로 썩기 시작하다. ¶잘 뜬 두엄은 좋은 거름이 된다. ②메주나 누룩 따위가 발효하다. ¶메주 뜨는 냄새. ③병 따위로 얼굴빛이 누르스름하고 부은듯 한 상태가 되다. ¶얼굴이 누렇게 떴다.

뜨다[3](뜨고·떠) 자 ①착 달라붙지 않고 틈이 생기다. ¶도배한 자리가 ㅡ. ②서로 거리가 생기게 되다. ¶도탑던 정이 날로 ㅡ./달리는 차량의 거리가 점점 ㅡ. ③동안이 생기게 되다. ¶배차 간격이 꽤 ㅡ.

한자 뜰 거(距)〔足部 5획〕 ¶거리(距離)/상거(相距)

뜨다[4](뜨고·떠) 자타 ①사람이 다른 곳으로 가려고 있던 곳을 떠나다. ¶자리를 ㅡ./서울로 ㅡ./직장을 ㅡ. ②〔'세상' 등과 함께 쓰이어〕 '죽다'를 완곡하게 이르는 말. ¶세상을 ㅡ.

뜨다[5](뜨고·떠) 타 ①어떤 곳에 많이 있는 물건을 삽이나 숟가락 따위로 덜어 내거나 퍼 내다. ¶국을 ㅡ./점심을 한술 ㅡ. ②꿀벌이 모아 놓은 꿀을 그릇에 옮겨 담다. ¶꿀을 ㅡ. ☞채밀(採蜜) ③물에 가라앉지 않은 것을 건어 내거나 건져 내다. ④종이나 김 따위를 틀에 펴서 낱장으로 만들다. ¶한지(韓紙)를 ㅡ. ⑤〔'각(脚)'과 함께 쓰이어〕 잡은 짐승의 고기를 일정한 크기로 갈라 놓다. ¶각을 ㅡ. ⑥〔'포(脯)'와 함께 쓰이어〕 잡은 짐승의 고기를 얇게 저미다. ¶포를 ㅡ. ⑦큰 덩어리에서 일정한 크기의 조각으로 떼어 내다. ¶얼음장을 ㅡ./잔디를 ㅡ. ⑧옷감을 필요한 만큼 끊어서 사다. ¶한복감을 ㅡ.

뜨다[6](뜨고·떠) 타 ①감았던 눈의 눈까풀을 올리고 보다. ¶눈을 크게 ㅡ. ☞감다[3] ②보지 못하던 눈이 볼 수 있게 되다. ¶앞이 안 보이던 누나가 눈을 ㅡ. ③처음으로 귀가 청력이 생겨 소리를 듣다. ¶아기가 귀를 ㅡ. ④〔자동사처럼 쓰임〕 ¶갓난아기가 벌써 귀가 떴다. ☞뜨이다[1]

뜨다[7](뜨고·떠) 타 ①실이나 끈 따위를 짜거나 얽어 무엇을 만들다. ¶그물을 ㅡ./조끼를 ㅡ. ②실을 꿴 바늘로 한 땀 한 땀 바느질을 하다. ¶치맛단을 ㅡ. ③살갗에 먹실로 문신을 새기다. ¶문신을 ㅡ. ☞뜨이다[2]

뜨다[8](뜨고·떠) 타 ①소 따위가 무엇을 뿔로 들이받거나 밀치다. ¶황소가 울타리를 뜨고 뛰쳐나갔다. ②무거운 물건을 바닥에서 위로 들어올리다. ¶지렛대로 화물을 ㅡ. ③씨름에서, 상대편을 번쩍 들어올리다. ¶그는 배지기로 상대 선수를 떠서 넘어뜨렸다. ☞뜨이다[3]

뜨다[9](뜨고·떠)타 어떤 물체의 형태나 무늬, 글씨 따위를 똑같게 본을 만들다. ¶석고로 틀니의 본을 ㅡ./비석에서 탁본(拓本)을 ㅡ./쏘가리의 어탁(魚拓)을 ㅡ.

뜨다[10](뜨고·떠)타 한방에서, 병을 다스리려고 약쑥 따위를 경혈(經穴)에 놓고 태우다. ¶뜸을 ㅡ.

뜨다[11](뜨고·떠)형 ①움직임이 느리다. ¶몸놀림이 ㅡ./걸음걸이가 ㅡ. ②변화가 더디다. ¶자람이 ㅡ. ③사이나 거리가 좀 떨어져 있다. ¶모종의 포기 사이가 ㅡ. ④동안이 좀 오래다. ¶되풀이되는 동안이 ㅡ. ⑤말수가 적다. ¶듬직한 체격에 말도 ㅡ. ⑥반응 등이 무디다. ¶감각이 ㅡ./열에 떠서 쉬 달구어지지 않는 쇠붙이.
속담 **뜬 소 울 넘는다**: 평소에 동작이 느린 사람이 뜻밖에 장한 일을 이루었을 때 이르는 말./**뜬 솥도 달면 힘들다**: 무던해 보이던 사람도 한번 성이 나면 무섭다는 말. [뜬쇠도 달면 어렵다]

뜨더귀 명 -하다 타 조각조각 뜯어내거나 갈가리 찢어 내는 짓, 또는 그 조각.

뜨더귀-판 명 사물을 여럿으로 뜯어내는 마당, 또는 여러 갈래로 찢어 내는 판. ¶일감을 가져다가 ㅡ을 만들었다.

뜨덤-거리다(대다)자 ①유창하지 못하게 더듬거리며 글을 읽다. ②말을 자꾸 더듬다.

뜨덤-뜨덤 부 뜨덤거리는 모양을 나타내는 말.

뜨듯-하다[-듣-]형여 좀 뜨뜻한 기운이 있다. ¶숭늉이 마시기 좋게 ㅡ. ☞따듯하다. 뜨뜻하다
뜨듯-이 부 뜨듯하게 ☞따듯이. 뜨뜻이

뜨뜻미지근-하다[-뜯-]형여 ①뜨뜻한듯 하면서 미지근하다. ¶목욕물이 ㅡ. ②'결단성과 적극성이 없다'는 뜻으로 비유하여 이르는 말. ¶뜨뜻미지근한 태도.

뜨뜻-하다[-뜯-]형여 뜨겁지 않을 정도로 온도가 알맞다. ¶우유를 뜨뜻하게 데우다./방바닥이 ㅡ. ☞따뜻하다. 뜨듯하다
뜨뜻-이 부 뜨뜻하게 ☞따뜻이. 뜨듯이

×**뜨락** 명 →뜰

뜨르르[1] 부 ①단단하고 둥근 물건이 단단한 바닥 위를 빠르게 구르는 소리를 나타내는 말. ¶볼링 공이 ㅡ 굴러가다. ②재봉틀로 두꺼운 옷감을 빠르게 박을 때 나는 소리를 나타내는 말. ¶모직 바지를 재봉틀로 ㅡ 박다. ③미닫이로 된, 쇠바퀴가 달린 큰 문짝을 세게 여닫을 때 나는 소리를 나타내는 말. ¶창문을 ㅡ 열다. ☞드르르[1]. 따르르[1]

뜨르르[2] 부 -하다 형 ①어떤 일에 막힘 없이 통할 정도로 매우 훤한 모양을 나타내는 말. ¶어머니는 동네 일에는 ㅡ하다. ②소문 따위가 야단스럽게 널리 퍼진 상태를 나타내는 말. ¶마을에 소문이 ㅡ하다. ☞드르르[2]. 따르르[2]

-뜨리다 접미 동사에 붙어 그 동작을 하게 하거나 힘주어 나타냄. -트리다 ¶떨어뜨리다/깨뜨리다

뜨막-하다 형여 한참 동안 뜨음하다.

뜨문-뜨문 부 -하다 형 ①동안이 잦지 않고 매우 뜨게. ¶ㅡ 그의 소식을 들을 수 있었다. ②사이가 배지 않고 뜨게. ¶객석에 ㅡ 관객이 앉아 있다. ☞드문드문

뜨물 명 쌀 따위를 씻어 낸 뿌연 물.
속담 **뜨물 먹고 주정하다**: ①술도 먹지 않고 공연히 취한체 하면서 주정한다는 말. ②뻔히 알면서 억지를 부리거나 거짓말을 한다는 말.

뜨스-하다 형여 좀 뜨뜻하다. ☞드스하다. 따스하다

뜨습다(뜨습고·뜨스워)형ㅂ 뜨스한 느낌이 있다. ☞드습다. 따습다

뜨악-하다 형여 마음에 꺼림칙하여 선뜻 내키지 않는 상태에 있다. ¶뜨악한 표정을 짓다.

뜨음-하다 형여 잦거나 심하던 것이 한동안 머츰하다. ¶요즈음 고객의 발길이 ㅡ. 준 뜸하다

뜨이다[1] 자 ①감았던 눈이 열리다. ¶아침에는 안 깨워도 눈이 뜨인다. ②눈에 보이다. ¶골동품이 눈에 ㅡ. ③귀가 솔깃해지다. ④두드러지게 드러나 보이다. ¶키가 커서 눈에 잘 ㅡ. 준 띄다[1] ☞뜨다[6]

뜨이다[2] 자 ①실, 끈, 노 따위로 어떤 물건이 떠지다. ②실을 꿴 바늘로 한 땀 한 땀 바느질이 되다. 살갗에 문신 따위가 새겨지다. ☞뜨다[7]

뜨이다[3] 자 ①뿔에 세게 들이받히다. ②무거운 물건이 바닥에서 위로 들어올려지다. ③씨름에서, 상대편에게 번쩍 들어올려지다. ☞뜨다[8]

뜬-걸:그물 명 걸그물의 한 가지. 물 위에 떠 있게 침. ☞부자망(浮刺網)

뜬-것 명 ①떠돌아다니는 못된 귀신. 뜬귀신. 부행신(浮行神) ②뜬계집

뜬-계:집 명 어쩌다가 관계를 맺게 된 여자. 뜬것

뜬-구름 명 ①하늘에 떠다니는 구름. 부운(浮雲) ②덧없는 세상일을 비유하여 이르는 말.

뜬-귀신(-鬼神)명 뜬것

뜬-눈 명 밤에 잠을 자지 못한 눈. ¶그에 대한 걱정 때문에 ㅡ으로 밤을 새웠다.

뜬-돈 명 우연히 생긴 돈. ¶복권이 당첨되어 ㅡ을 만지다.

뜬뜬-하다 형여 ①물체가 물렁물렁하지 않고 매우 굳다. ¶알이 배겨 뜬뜬한 종아리. ②사람의 몸이 다부지고 튼튼하다. ☞든든하다. 딴딴하다
뜬뜬-히 부 뜬뜬하게 ☞든든히. 딴딴히

뜬-벌:이 명 -하다 자 정해진 벌이가 아니고, 닥치는 대로 하는 벌이.

뜬-세:상(-世上)명 덧없는 세상. 부세(浮世)

뜬-소:문(-所聞)명 근거 없이 떠도는 소문. 도설(塗說). 부언낭설(浮言浪說). 유언비어(流言蜚語). 헛소문

뜬-쇠[1] 명 탄소 함유량이 적은 쇠. 무르고 잘 늘어나 철선이나 철판 따위를 만드는 데 쓰임. 무른 쇠. 연철(軟鐵)
속담 **뜬쇠도 달면 어렵다**: 성질이 유순한 사람도 한번 성이 나면 무섭다는 말. [뜬 솥도 달면 힘들다]

뜬-쇠[2] 명 남사당놀이에서, 각 놀이의 으뜸이 되는 사람.

뜬-숯 명 장작을 때고 난 뒤나 피운 참숯을 다시 꺼서 만든 숯.

뜬-용(-龍)명 궁전이나 법당 등의 천장에 만들어 놓은 용 모양의 장식. 부룡(浮龍)

뜬-잎[-닢]명 물 위에 떠 있는 부엽 식물의 잎. 부엽(浮葉)

뜬-재물(-財物)명 ①우연히 생긴 재물. ②빌려 주고 받지 못하는 재물.

뜬-저울 명 액체의 비중을 재는 비중계. 부칭(浮秤)

뜯게 명 낡아서 못 입게 된 옷 따위.

뜯게-질 명 -하다 타 뜯게 옷이나 빨래할 옷의 솔기를 뜯는 일.

뜯기다[1] 자 ①뜯음을 당하다. ②노름판에서 돈을 잃다.

뜯기다[2] 타 ①뜯게 하다. ②소나 염소 따위 가축에게 풀을 뜯어먹게 하다.

뜯다 타 ①전체에서 일부분을 찢듯이 떼어 내다. ¶닭 털을 ㅡ./스케치북에서 도화지를 한 장 ㅡ. ②붙거나 봉해 있는 것을 떼거나 헐어서 열다. ¶벽보를 ㅡ./봉투를 ㅡ. ③물것 따위가 물다. ¶어젯밤에는 모기가 몹시 뜯었다. ④짜여 있는 것을 따로따로 떼어 내다. ¶기계를 뜯어 수리하다. ⑤현악기의 줄을 퉁겨 소리를 내다. ¶가야금을 ㅡ. ⑥남을 졸라 돈이나 재물 따위를 얻어 내다. ¶개평을 ㅡ.

뜯어-고치다 타 근본적으로 새롭게 고치다. ¶낡은 제도를 ㅡ.

뜯어-내:다 타 ①붙어 있는 것을 떼어 내다. ②조각조각 떼어 내다. ¶기계의 부품을 하나씩 ㅡ. ③남을 졸라서 무엇을 얻어 내다. ¶용돈을 ㅡ.

뜯어-말리다 타 맞붙어 싸우는 사이에 들어 못 싸우게 말리다. ¶싸움을 ㅡ.

뜯어-먹다 타 ①음식이나 먹이를 떼거나 뜯어서 먹다. ¶소가 풀을 ㅡ./갈비에 붙은 살을 ㅡ. ②남을 졸라서 억지로 재물을 얻어 가지다.

뜯어-벌:이다 타 ①무엇을 뜯어서 죽 벌여 놓다. ¶자전거를 수리하려고 ㅡ. ②얄미운 태도로 이야기를 늘어놓다. ☞따다바리다

뜯어-보다 타 ①여러 모로 자세히 살펴보다. ②서투른 글의 뜻을 이리 풀고 저리 풀고 하여 간신히 읽다.

뜯이[뜨지] 명-하다타 헌 옷을 뜯어 빤 다음 새로 짓는 일.
-뜯이[뜨지]《접미사처럼 쓰이어》'뜯다'의 전성형으로 '거기에서 뜯어내거나 그것만을 뜯어낸 물건'의 뜻을 나타냄. ¶뼈뜯이/알뜯이
뜯이-것[뜨지-] 명 헌 옷을 뜯어 빤 다음 새로 지은 옷. ☞박이것
뜯적-거리다(대다)타 손톱이나 날카로운 도구로 자꾸 뜯거나 긁어대다. 뜯적이다 ☞따짝거리다
뜯적-뜯적 부 뜯적거리는 모양을 나타내는 말. ¶상처의 딱지를 ― 뜯다./붙인 것을 ― 뜯어 지저분하게 만들다. ☞따짝따짝
뜯적-이다 타 뜯적거리다 ☞따짝이다
뜰 명 집 안의 앞뒤나 좌우에 딸린 평평한 땅.

한자 뜰 정(庭) 〔广部 7획〕 ¶궁정(宮庭)/내정(內庭)/전정(前庭)/정원(庭園)/후정(後庭)

뜰먹-거리다(대다)자타 ①묵직한 물체의 일부나 전체가 동안이 잦게 조금 들렸다 내려졌다 하다, 또는 그리 되게 하다. ¶지진으로 집이 ―. ②몸의 일부가 동안이 잦게 조금 쳐들렸다 놓였다 하다, 또는 그리 되게 하다. ¶불편한지 엉덩이를 ―. 뜰먹이다 ☞들먹거리다[1]. 딸막거리다
뜰먹-뜰먹 부 뜰먹거리는 모양을 나타내는 말. ☞들먹들먹. 딸막딸막
뜰먹-이다 자타 뜰먹거리다 ☞들먹이다[1]. 딸막이다
뜰썩 부 ①거벼운 물건의 일부나 전체가 가볍게 쳐들렸다 내려지는 모양을 나타내는 말. ¶바람이 어찌나 부는지 보따리가 ― 한다. ②몸의 일부가 가볍게 쳐들렸다 놓이는 모양을 나타내는 말. ¶발꿈치를 ― 들었다 놓다. ☞들썩. 딸싹
뜰썩-거리다(대다)자타 ①잇달아 뜰썩 하다. ¶뛰어왔는지 숨을 모아쉬며 어깨를 ―. ②마음이 가볍게 들떠서 움직이다. ¶마음이 ―. 뜰썩이다 ☞들썩거리다[1]. 딸싹거리다
뜰썩-뜰썩 부 뜰썩거리는 모양을 나타내는 말. ☞들썩들썩[1]. 딸싹딸싹
뜰썩-이다 자타 뜰썩거리다 ☞들썩이다[1]. 딸싹이다
뜰썩-하다 형여 붙었던 것이 가볍게 떠들려 있다. ☞들썩하다[1]. 딸싹하다
뜰아래-채 명 재래식 한옥 배치에서, 한 집 안에 있는, 몸채 밖의 집채를 이르는 말. ㊟아래채
뜰아랫-방(-房) 명 재래식 한옥에서, 안뜰을 사이에 두고 몸채의 건너편에 자리한 방. ㊟아랫방
뜰-채 명 낚시에 걸린 물고기를 물에서 건져 올리는, 그물이 달린 채.
뜰-층계(-層階) 명 뜰에서 마루에 올라가도록 된 층계.
뜸[1] 명 짚이나 띠, 부들 따위로 거적처럼 엮어서 비바람이나 햇볕을 막는 데 쓰는 물건. 초둔(草芚) ☞통가리[2]
뜸[2] 명 한방 요법의 한 가지. 약쑥을 몸의 경혈(經穴)에 놓고 불을 댕기어 태워서 그 열의 자극으로 병을 다스리는 일. 구(灸). 육구(肉灸)
뜸(을) 뜨다 관용 약쑥을 몸의 경혈에 놓고 불을 댕기어 태워서 병을 다스리다.
뜸[3] 명 찌거나 삶아서 익힌 음식을 얼마 동안 뚜껑을 덮은 채로 두어 속속들이 푹 익게 하는 일. ¶―이 덜 든 밥.
뜸[4] 의 큰 마을에서, 따로 몇 집씩으로 이루어져 있는 작은 동네. ¶위 ―/아래 ―
뜸-깃[-낏] 명 ①뜸을 만드는 데 쓰는 재료, 곧 띠나 부들 따위를 이르는 말. ②뜸의 겉에 넘늘어진 풀잎.
×뜸-단지 명 →부항단지
뜸-들다(-들고·-드니)자 찌거나 삶는 음식이 속속들이 푹 익다. ¶감자가 잘 뜸들었다.
뜸-들이다 타 ①찌거나 삶는 음식을 속속들이 푹 익게 하다. ②어떤 일이 무르익도록 한동안 두고 기다리다. ¶뜸들인 만큼 성과가 좋다.
뜸베-질 명-하다자 소가 뿔로 마구 들이받는 짓.
뜸부기 명 뜸부깃과의 여름 철새. 몸길이는 35cm 안팎. 대체로 부리는 황색이며, 등은 다갈색, 날개는 흑색임. 논이나 연못, 풀밭 등에서 삶.
뜸-새끼 명 길마와 걸채를 얼러 잡아매는 새끼.
뜸-손 명 뜸을 엮는 줄.
뜸-씨 명 효소(酵素)
뜸지근-하다 형여 말이나 행동이 느리고 뜸직하다. ☞땀지근하다
뜸직-뜸직 부-하다형 매우 뜸직한 모양을 나타내는 말. ☞땀직땀직
뜸직-하다 형여 말이나 행동이 속이 깊고 무게가 있는듯하다. ¶사람됨이 ―. ☞땀직하다
뜸직-이 부 뜸직하게 ☞땀직이
뜸-질 명-하다자 뜸을 뜨는 일.
뜸-집[-찝] 명 뜸으로 지붕을 이어 간단하게 지은 움집.
뜸-팡이 명 ①효모균(酵母菌) ②효소(酵素)
뜸:-하다 형여 '뜨음하다'의 준말. ¶한동안 소식이 ―.
뜻 명 ①무엇을 이루겠다고 다져 먹은 마음. ¶―을 굽히지 아니하다. ②말이나 글, 또는 행동으로 나타내거나 가리키는 속내. ¶―을 파악하다. ③어떠한 일이나 행동이 가진 가치나 중요성. ¶이웃돕기는 ― 깊은 일이다.
뜻을 받다 관용 다른 사람의 뜻을 이어받아 그대로 하다.
뜻을 받들다 관용 윗사람의 뜻을 헤아려 그대로 따르다.
뜻을 세우다 관용 장래에 무엇을 하리라고 마음에 품다.
뜻(이) 깊다 관용 의의나 가치가 크다.
뜻(이) 맞다 관용 ①서로 생각이 같다. ¶뜻이 맞는 벗. ②서로 마음에 들다. ¶뜻이 맞아 혼약한 사이다.
속담 **뜻과 같이 되니까 입맛이 변해진다**: 오래 바라던 것이 이루어지니 벌써 싫증을 느낀다.

한자 뜻 의(意) 〔心部 9획〕 ¶사의(謝意)/사의(辭意)/선의(善意)/의미(意味)/의의(意義)
뜻 지(志) 〔心部 3획〕 ¶의지(意志)/지망(志望)
뜻 지(旨) 〔日部 2획〕 ¶본지(本旨)/주지(主旨)
뜻 취(趣) 〔走部 8획〕 ¶취의(趣意)/취지(趣旨)

뜻-글자[뜯-짜] 명 표의 문자(表意文字) ☞소리글자
뜻-매김[뜯-] 명 어떠한 사물의 뜻을 밝혀 정하는 일. 정의(定義)
뜻-밖[뜯-] 명 뜻하지 않은 일, 또는 전혀 생각하지 못한 일. ¶―의 일.
뜻밖-에[뜯-] 부 생각지도 않은 터에. ¶― 일이 잘됐다./모임에서 ― 고향 친구를 만났다.

한자 뜻밖에 우(偶) 〔人部 9획〕 ¶우발(偶發)/우연(偶然)

뜻-하다[뜨-] 타여 ①무엇을 할 마음을 먹다. ¶뜻한 바 있어서 농촌으로 내려갔다. ②말이나 글이 어떤 뜻을 나타내다. ¶그 글이 뜻하는 바를 파악하다. ③〔주로 '않다'와 어울려 쓰이어〕 미리 헤아리다. ¶뜻하지 않은 일이 생기다.
띄:다[1] 자 '뜨이다[1]'의 준말. ¶눈에 ―.
띄:다[2] 타 '띄우다[4]'의 준말. ¶사이를 ―.
띄어-쓰기 명 우리 글을 적을 때, 읽기에 편하도록 띄어 쓰는 일. 〔첫 띄어쓰기의 시도는 1896년 '독립 신문'에서 비롯되었음. 한글 맞춤법 총칙 제2항에 '문장의 각 단어는 띄어 씀을 원칙으로 한다.'고 규정되어 있음.〕
띄엄-띄엄 부-하다형 ①촘촘하지 않고 드물게 있는 모양을 나타내는 말. 다문다문 ¶집들이 ― 있다. ②잇달아 하지 않고 동안이 뜨게 말하거나 읽거나 하는 모양을 나타내는 말. ¶― 말하기 시작했다.
띄우다[1] 타 편지 따위를 부치거나 보내다. ¶고향에 계신 부모님께 편지를 ―.
띄우다[2] 타 물 위나 공중에 뜨게 하다. ¶연을 ―.
띄우다[3] 타 물기 있는 물체에 훈김이 생겨 뜨게 하다. ¶메주를 ―.
띄우다[4] 타 ①사이를 뜨게 하다. ¶포기 사이를 띄워 심다. ②동안이 뜨게 하다. ㊟띄다[2]
띠[1] 명 ①물체의 겉에 두른, 나비가 좁고 긴 물건이나 줄무늬. ¶흰 ―를 두른 모자./금빛 ―를 두른 책 표지. ②

옷을 입을 때 허리 둘레에 돌려 매는 끈. ③아기를 업을 때 돌려 매는 천.

한자 띠 대(帶) 〔巾部 8획〕 ¶ 대상(帶狀)/대지(帶紙)/요대(腰帶)/혁대(革帶) ▷ 속자는 帶

띠[2] 명 화투의 다섯 끗짜리 딱지. 그림 속에 홍색 또는 청색의 갸름한 조각을 그려 놓았음. ☞껍데기. 열[3]

띠[3] 명 '사람이 태어난 해'를 십이지(十二支)의 동물 이름으로 이르는 말. 말띠, 토끼띠 따위.

▶ '띠'와 십이지(十二支)

쥐띠=자생(子生)	말띠=오생(午生)
소띠=축생(丑生)	양띠=미생(未生)
범띠=인생(寅生)	원숭이띠=신생(申生)
토끼띠=묘생(卯生)	닭띠=유생(酉生)
용띠=진생(辰生)	개띠=술생(戌生)
뱀띠=사생(巳生)	돼지띠=해생(亥生)

띠[4] 명 활터에서, 한패 안에서 몇 사람씩 나누어 이룬 패.

띠[5] 명 볏과의 여러해살이풀. 줄기 높이 30~80cm. 잎은 긴 칼 모양이며, 5~6월에 이삭 모양의 꽃이 핌. 어린 줄기의 밑동은 '삘기'라 하는데 먹을 수 있으며, 뿌리는 약재로 쓰임. 모초(茅草). 백모(白茅)

띠-그래프(-graph) 명 띠 모양으로 그린 그래프의 한 가지. 전체에 대하여 각 부분이 차지하는 비율을 길이로 나누어 표시한 것임.

띠그르르-하다 형여 덩이로 된, 그만그만한 것들 가운데서 좀 굵고 여물다. ☞디그르르하다. 때그르르하다

띠글-띠글 부-하다 형 덩이로 된, 그만그만한 것들 가운데 몇 개의 알이 좀 굵고 여문 모양을 나타내는 말. ☞디글디글. 때글때글

띠다 타 ①띠를 허리에 감거나 두르다. ¶ 허리띠를 -. ②어떤 물건을 몸에 지니다. ¶ 이름표를 띠고 가다. ③어떤 용무나 사명 등을 가지다. ¶ 중대한 임무를 띠고 가다. ④어떤 빛깔을 조금 가지다. ¶ 붉은빛을 -. ⑤표정이나 감정, 기운 따위를 조금 드러내다. ¶ 노기를 띤 어조(語調). ⑥어떤 성질이나 특징을 가지다. ¶ 낭만주의적 경향을 띤 작품.

띠돈 명 노리개의 맨 윗부분에 달려 있는 고리. 노리개를

고름 등에 걸게 만든 장식품임.

띠-무늬 명 띠 모양의 무늬. 대문(帶紋)

띠-방(-枋) 명 널빤지로 둘러친 울타리에 가로 댄, 띠 모양의 나무 오리. 띳장

띠-살문(-門) 명 상·중·하의 세 곳에 문살이 띠 모양으로 들어가 있는 문.

띠-쇠 명 나무로 만든 구조물에 겹쳐 대거나 휘감아서 각 부분이 벌어지지 않도록 하는 쇠붙이. 감잡이 따위.

띠-씨름 명-하다 자 허리에 맨 띠를 잡고 하는 씨름. ☞오른씨름. 왼씨름

× **띠알머리** 명 → 띠앗머리

띠앗 명 형제 자매 사이의 우애.

띠앗-머리[-앋-] 명 '띠앗'을 속되게 이르는 말.

× **띠엄-띠엄** 부 → 띄엄띄엄

띠-종이 명 ①책의 내용을 소개한 글을 박아 표지 위에 띠처럼 두른 종이. ②지폐나 서류 따위의 다발 가운데를 감아 매는 데 쓰는 좁고 긴 종이. 대지(帶紙) ③신문이나 잡지 따위를 운송할 때, 띠처럼 둘러서 받을 사람의 주소, 성명 등을 적는 종이.

띠-톱 명 제재(製材)에 쓰는 기계톱. 띠처럼 생긴 얇은 쇠오리 한쪽에 톱니가 있어 고속으로 회전하여 목재를 켬. 대거(帶鋸) ☞둥근톱

띳-과(-銙) 명 지난날, 관원의 공복(公服)에 매던 띠의 꾸밈새. 금은(金銀) 따위로 꾸몄음.

띳-돈 명 지난날, 칼을 차기 위하여 관복의 띠에 달던, 갈고리 모양의 쇠붙이.

띳-술 명 지난날, 공복(公服)의 품대(品帶)에 달던 술.

띳-장 명 ①널빤지로 둘러친 울타리에 가로 댄, 띠 모양의 나무 오리. 띠방 ②광산에서 굿을 할 때, 좌우 기둥 위에 가로 걸치는 나무.

띳-집 명 띠로 지붕을 이은 집. 모사(茅舍). 모옥(茅屋)

띵띵 부-하다 형 살가죽 따위가 뜬뜬하게 부푼 모양을 나타내는 말. ¶ 얼굴이 - 부었다./종아리에 -하게 알이 배다. ☞딩딩. 땡땡[2]. 팅팅

띵-하다 형여 ①머리가 속으로 울리듯 아프다. ¶ 감기 기운으로 머리가 -. ②머리가 아파서 정신이 흐릿하다.

ㄹ 훈민정음 자모 **ㄹ** 훈몽자회 자모 ㄹ

ㄹ

-ㄹ 어미 받침 없는 어간이나 '이다'의 '이-'에 붙어 ①일반적 사실을 나타내거나 미래를 나타내는 관형사형 어미. ¶갈 사람은 가라./놀 때는 놀고 일할 때는 일하라. ②보조적 말과 어울려 관용으로 쓰임. ¶올 것이다./말할 나위 없다./떠날 터이다. ③한자의 뜻을 규정하는 데 쓰임. ¶行 : 갈 행/靑 : 푸를 청 ☞-을²

-ㄹ거나[-꺼-] 어미 받침 없는 동사 어간에 붙어, 스스로 확정하지 못한 뜻을 감탄조로 나타내는 물음의 종결 어미. ¶고향으로 나 돌아갈거나./백일홍은 얼마 동안 필거나. ☞-을거나

-ㄹ걸[-껄] 어미 ①'-ㄹ 것을'이 줄어든 말. '하게' 할 자리에 쓰이어 추측을 나타내는 반말 투의 종결 어미. ¶내일은 비가 내릴걸./그분은 의사일걸. ②받침 없는 동사 어간에 붙어, '그리 하지 못한 것'을 아쉬워함을 나타냄. ¶사랑한다고 말할걸 그랬지? ☞-을걸

-ㄹ게[-께] 어미 받침 없는 동사 어간에 붙어, '하게' 할 자리에 응낙을 나타내는 종결 어미. ¶그 일을 내가 할게. ☞-을게

-ㄹ까 어미 받침 없는 어간이나 '이다'의 '이-'에 붙어 ①'하게' 할 자리에 쓰이는 의문의 종결 어미. ¶그가 동의할까?/값이 비쌀까?/이것이 무엇일까? ②불확실한 사실을 나타냄. ¶그 일이 잘 될까 싶으냐?/내가 시험해 볼까 한다. ☞-을까

-ㄹ꼬 어미 ①받침 없는 어간이나 '이다'의 '이-'에 붙어 '-ㄹ까'보다 부드러운 표현으로 일깨움의 뜻을 지닌 의문형 어미. ¶너는 이런 일을 왜 모를꼬?/저이는 누구일꼬? ②받침 없는 어간에 붙어, 스스로에게 묻거나 상대편에게 상의하는 조로 묻는 종결 어미. ¶먼 길을 어찌 갈꼬?/우리 어디로 놀러갈꼬? ☞-을꼬

-ㄹ는지 어미 받침 없는 어간이나 '이다'의 '이-'에 붙어, '하게' 할 자리에 '그러함과 그러하지 아니함'을 묻는 뜻으로 쓰임. ¶편지는 언제 올는지?/그곳은 따스할는지?/그가 사장일는지 모른다. ☞-을는지

-ㄹ듯[-뜻] 어미 ①받침 없는 어간이나 '이다'의 '이-'에 붙어, '그리하거나 그러할 것으로 추리됨'을 나타냄. ¶내일은 비가 내릴듯./일이 잘 될듯./시간이 빠를듯./비용이 모자랄듯./눈이 올듯 하다./값이 비쌀듯 하다. ②'이다'의 '이-'에 붙어 '그것일 것으로 추리됨'을 나타냄. ¶그것이 사실일듯./그의 편지일듯 싶다. ③-ㄹ듯이

-ㄹ듯이[-뜻-] 어미 ①받침 없는 어간에 붙어, '그리할 것같이'의 뜻을 나타냄. ¶춤이라도 출듯이 기뻐하였다. ②'이다'의 '이-'에 붙어 '그것일 것같이'의 뜻을 나타냄. ¶이것은 새의 발자국일듯이 보인다. -ㄹ듯 ☞-을듯이

-ㄹ라 어미 받침 없는 어간이나 '이다'의 '이-'에 붙어, 일이 그렇게 되지 않을까 염려하는 뜻으로 쓰이는 종결 어미. ¶큰코다칠라./시간에 쫓길라, 어서 가라./그것이 거짓일라, 조심하라. ☞-을라

-ㄹ라고 어미 받침 없는 어간이나 '이다'의 '이-'에 붙어, '당찮다'는 생각에서 되묻는 종결 어미. ¶지금 떠날라고./그리 비쌀라고./호박꽃도 꽃일라고. ☞-을라고

-ㄹ라-치면 어미 받침 없는 어간에 붙어, 여러 번 경험한 사실을 조건으로 내세운 연결 어미. ¶여행을 갈라치면 무슨 일이 생긴다. ☞-을라치면

-ㄹ락-말락 어미 받침 없는 동사 어간에 붙어, '거의 되려다가 말고 함'을 나타냄. ¶산봉우리가 보일락말락 했다. ☞-을락말락

-ㄹ래 어미 받침 없는 동사 어간에 붙어, '해라' 할 자리에서 말하는 이의 의향을 나타내거나 상대편의 의향을 묻는 종결 어미. ¶나는 지금 갈래./너는 언제 갈래? ☞-을래

-ㄹ러니 어미 받침 없는 어간이나 '이다'의 '이-'에 붙어 '-겠더니', '-겠던데'와 비슷한 뜻으로 쓰이는 연결 어미. ☞-을러니

-ㄹ러라 어미 받침 없는 어간이나 '이다'의 '이-'에 붙어 '-겠더라'와 비슷한 뜻으로 쓰이는 종결 어미. ¶믿을 것은 친구일러라. ☞-을러라

-ㄹ런가 어미 어간이나 '이다'의 '이-'에 붙어 '-ㄹ 것인가'의 뜻으로 쓰이는 의문형 어미. ¶비가 언제쯤 그칠런가?/뜻이 얼마나 클런가?/다정(多情)도 병일런가. ☞-을런가

-ㄹ런고 어미 어간이나 '이다'의 '이-'에 붙어 '-ㄹ 것인고'의 뜻으로 쓰이는 종결 어미. ¶언제까지 갈런고?/얼마나 다를런고? ☞-을런고

-ㄹ레 어미 받침 없는 어간이나 '이다'의 '이-'에 붙어 '하게' 할 자리에 쓰이어, '-겠데'의 뜻으로 가능성이나 추측을 나타냄. ¶그 일은 잘 될레./그만 하면 아직은 쓸레./겪어 보니 착한 사람일레. ☞-을레

-ㄹ레라 어미 받침 없는 어간이나 '이다'의 '이-'에 붙어 '-겠더라'의 뜻으로, 가능성이나 추측을 나타냄. ¶고이 접어서 나빌레라.

-ㄹ만 어미 받침 없는 어간이나 '이다'의 '이-'에 붙어, '그리할 만큼의 값어치나 속내, 근거, 이유 등이 있음'을 나타냄. ¶견딜만 하다./일을 해 볼만 하다. ☞-을만

-ㄹ망정 어미 받침 없는 어간이나 '이다'의 '이-'에 붙어, 확정된 조건으로 내세우는 연결 어미. ¶돕지는 못할망정 방해는 하지 마라./가난할망정 바르게 살겠다./적은 돈일망정 고맙게 받으시오. ☞-을망정

-ㄹ밖에[-빡-] 어미 어간이나 '이다'의 '이-'에 붙어, '-ㄹ 수밖에'의 뜻으로 쓰임. ¶떠나라니 떠날밖에 없지 않느냐?/미운 짓만 하니 미울밖에./객지 생활이니 고생일밖에. ☞-을밖에

-ㄹ법[-뻡] 어미 받침 없는 어간에 붙어, '그리하거나 그러할 가능성 또는 근거가 있음'을 인정하는 뜻을 나타냄. ¶비가 올법 한데 안 온다./생각이 각각 다를법 하지./그게 될법 한 말이냐./그럴법 한 이야기. ☞-을법

-ㄹ뻔 어미 받침 없는 어간에 붙어, '그리 되려다가 만 상태였음'을 나타냄. ¶길에서 넘어질뻔 했다./가는 길이 다를뻔 했다. ☞-을뻔

-ㄹ뿐더러 어미 ①'-ㄹ 뿐만 아니라 또한'의 뜻으로 쓰이는 연결 어미. ¶얼굴도 예쁠뿐더러 마음씨도 착하다. ☞-을뿐더러 ②'이다'의 '이-'에 붙어, '무엇일 뿐만 아니라 또한'의 뜻으로 쓰이는 연결 어미. ¶그는 시인일뿐더러 소설가이다. ☞-을뿐더러

-ㄹ성[-썽] 어미 받침 없는 어간이나 '이다'의 '이-'에 붙어, '-ㄹ 것 같다'의 뜻으로 주관적인 헤아림을 나타냄. ¶일이 잘 될성 싶다./좀 길성 싶다./내가 모를성 싶으냐. ☞-ㄴ성. -을성

-ㄹ세 어미 '아니다'의 어간이나 '이다'의 '이-'에 붙어, '하게' 할 자리에 말하는 이가 '확실히 밝혀 둔다'는 뜻으로 쓰는 종결 어미. ¶내가 하는 말은 사실일세./그것은 자식의 도리가 아닐세.

-ㄹ세라[-쎄-] 어미 받침 없는 어간이나 '이다'의 '이-'에 붙어, 그리하거나 그리 될까 염려함을 나타내는 어미. ¶불면 날세라 쥐면 꺼질세라./남에게 뒤질세라 열

심히 공부했다. ☞-을세라

-ㄹ수록 어미 받침 없는 어간이나 '이다'의 '이-'에 붙어, 비례로 더해 가거나 덜해 감을 나타내는 부사형 어미. ¶ 갈수록 태산이다./책임자일수록 책임이 무거운 것이 아니냐?/하면 할수록 이력이 난다. ☞-을수록

-ㄹ시[-씨] 어미 '이다'의 '이-'에나 '아니다'의 어간에 바로 붙어, '-ㄹ 것이'의 뜻으로 헤아리는 바가 확실하다는 것을 나타내는 예스러운 말투의 복합 어미. ¶ 사람일시 분명하다./네 것이 아닐시 틀림없다.

-ㄹ쏘냐 어미 어간이나 '이다'의 '이-'에 붙어, '-ㄹ 것이냐'와 같은 뜻으로 반문을 나타내는 데 쓰이는 예스러운 말투의 어미. ¶ 어찌 고향을 모를쏘냐?/영광이 이에서 더할쏘냐?/앞날을 내다보지 못하는 이가 어찌 선각자일쏘냐? ☞-을쏘냐

-ㄹ양으로 어미 받침 없는 어간에 붙어, '그리하거나 그럴 요량(생각)으로'의 뜻을 나타내는 어미. ¶ 친구를 만날 양으로 시골에 갔다. ☞-을양으로

-ㄹ양이면 어미 받침 없는 어간에 붙어, '그리하거나 그럴 요량(생각)이면'의 뜻으로 조건을 나타내는 어미. ¶ 걸어갈양이면 일찍 떠나거라. ☞-을양이면

-ㄹ작시면[-짝-] 어미 '-는 쪽으로 의지할 것 같으면'의 뜻으로 쓰이는 예스러운 말. ¶ 그 모습을 볼작시면 우습기 그지없다./한 가지를 볼작시면 열 가지를 알 수 있다. ☞-을작시면

-ㄹ지[-찌] 어미 받침 없는 어간이나 '이다'의 '이-'에 붙어 ①추측적인 의문을 나타내는 연결 어미. ¶ 그가 동의할지 모르겠다./산이 험할지 가 봐야 알겠다./그가 누구일지 예상할 수 있는가? ②반말할 자리에 쓰이는 의문의 종결 어미. ¶ 그도 나를 생각할지?/고생이 얼마나 많을지?/그이가 내 아우일지? ☞-을지

-ㄹ지나[-찌-] 어미 받침 없는 어간이나 '이다'의 '이-'에 붙어, '당연히 -ㄹ 것이나'의 뜻으로 쓰이는 예스러운 연결 어미. ¶ 엄벌에 처할지나 이번만은 용서하겠다./형이 연장자일지나 능력에서는 뒤진다. ☞-을지나

-ㄹ지니[-찌-] 어미 받침 없는 어간이나 '이다'의 '이-'에 붙어, '응당 -ㄹ 것이니까'의 뜻으로 쓰이는 연결 어미. ¶ 그곳은 추울지니 건강에 조심하라./내일이면 바쁠지니 오늘 처리하라./그도 사람일지니 믿어 보라. ☞-을지니

-ㄹ지니라[-찌-] 어미 받침 없는 어간이나 '이다'의 '이-'에 붙어, '당연히 그러하여야 할 것이니라'의 뜻으로 쓰이는 예스러운 종결 어미. ¶ 너는 정직할지니라./공부에 힘쓸지니라./그것이 순서일지니라. ☞-을지니라

-ㄹ지라[-찌-] 어미 받침 없는 어간이나 '이다'의 '이-'에 붙어, '당연히 -ㄹ 터인 것이라'의 뜻으로 쓰이는 예스러운 종결 어미. ¶ 온 세상이 비난할지라 조심할지어다./나의 시련일지라, 나 이제 가노라. ☞-을지라

-ㄹ지라도[-찌-] 어미 받침 없는 어간이나 '이다'의 '이-'에 붙어, '불확실한 사실을 가정(假定)으로 하거나 조건으로 하는 연결 어미. ¶ 결과가 나쁠지라도 동기가 좋으면 탓할 수 없다./무슨 말을 할지라도 나는 받아들이겠다. ☞-을지라도

-ㄹ지어다[-찌-] 어미 받침 없는 동사 어간이나 '이다'의 '이-'에 붙어, '마땅히 하여야 한다'의 뜻으로 쓰이는 예스러운 종결 어미. ¶ 스승을 존경할지어다./은혜는 반드시 보답할지어다. ☞-을지어다

-ㄹ지언정[-찌-] 어미 받침 없는 어간이나 '이다'의 '이-'에 붙어, '가정(假定)이나 조건으로 받아들임'을 나타내는 연결 어미. ¶ 속임을 당할지언정 속여서는 안 된다./죄인일지언정 사람은 미워 마라. ☞-을지언정

-ㄹ진대[-찐-] 어미 받침 없는 어간이나 '이다'의 '이-'에 붙어, '인정하는 조건'으로 내세우는 연결 어미. ¶ 성공을 못할진대 무슨 얼굴로 돌아가랴./바른 일일진대 무엇을 두려워하랴. ☞-을진대

-ㄹ진댄[-찐-] 어미 '-ㄹ진대'의 힘줌말. ¶ 사랑할진댄 무엇이 아까우랴.

-ㄹ진저[-찐-] 어미 받침 없는 어간이나 '이다'의 '이-'에 붙어, '마땅히 그러하거나 그리해야 할 것이라'의 뜻을 나타내는 예스러운 감탄의 종결 어미. ¶ 모름지기 힘쓸진저!/그 말씀이야말로 진실일진저! ☞-을진저

라 명 서양 음악의 장음계(長音階) 둘째(단음계 넷째) 음계 이름 '디(D)'에 해당하는 우리말 음계 이름. 이탈리아 음계 이름 '레(re)'에 해당함.

라(la 이) 명 서양 음악의 장음계(長音階) 여섯째(단음계 첫째)의 이탈리아 음계 이름. 우리 나라 음계 이름 '가'에 해당함. ☞에이(A)

라(Ra) 명 이집트 신화에 나오는 태양신.

-라[1] 어미 받침 없는 동사 어간에 붙어, 명령을 나타내는 종결 어미. ¶ 가라/오라/보라

-라[2] 어미 '아니다'의 어간이나 '이다'의 '이-'에 붙어 ①'-라서'의 준말. ¶ 진짜가 아니라 사지 않았지./겨울이라 바람이 차다. ②'-라고'의 준말. ¶ 진리가 아니라 했지?/그를 은인이라 했다.

-라[3] 어미 '아니다'의 어간에 붙어, 대조적 관계에 놓이게 하는 연결 어미. ¶ 그것은 말이 아니라 사슴이다.

-라고[1] 어미 받침 없는 동사 어간에 붙어 ①명령의 내용을 알리는 뜻을 나타냄. ¶ 그가 가라고 했다. ②되묻는 뜻을 나타냄. ¶ 나보고 지금 나가라고? ③'-라 해서'의 뜻을 나타냄. ¶ 하라고 진짜 하냐?

-라고[2] 어미 '아니다'의 어간이나 '이다'의 '이-'에 붙어 ①인용(따옴)의 기능을 하는 어미. ¶ '세상은 요지경'이라고 하는 말은 맞지 않다./정치인이라고 하는 사람들. 준 -라[2] ②되묻는 뜻을 나타내는 어미. ¶ 그 말이 누구의 말이라고? ③'-라 해서'의 뜻을 나타냄. ¶ 선생이라고 백과 사전은 아니다.

라놀린(lanolin) 명 양털에서 뽑아 낸 기름. 자극성이 없고 피부에 잘 흡수되는 성질이 있어 연고(軟膏)나 화장품의 원료로 쓰임. 양모지(羊毛脂)

-라느냐 어미 ①'-라고 하느냐'가 줄어든 말. ¶ 누가 가라느냐? ②'이다라고 하느냐', '아니다라고 하느냐'의 어미가 줄어든 말. ¶ 어느 말이 진실이라느냐?/어떤 이가 길이 아니라느냐?

-라느니 어미 ①명령형 어미 '-라'에 열거형 어미 '-느니'가 어울려 된 말. '-라느니 ~-라느니'형으로 쓰임. ¶ 가라느니 오라느니 말도 많다. ②'이라느니, 아니라느니'의 어미. ¶ 사슴이라느니 사슴이 아니라느니 서로 우기고 있었다.

-라는 어미 '-라 하는'이 줄어든 말. ①'어찌하라고 말하는〔지시하는〕'의 뜻을 지닌 관형사형 어미. ¶ 곧 오라는 편지. ②'아니다'나 '이다'라고 말하는 이의 뜻으로 쓰이는 관형사형 어미. ¶ 민심(民心)이 천심(天心)이라는 말./돈이 전부가 아니라는 사실.

-라니 어미 '-라 하니'가 줄어든 말. ①영문을 나타내는 연결 어미. ¶ 집을 비우라니 말이 되나? ②무슨 영문인지 모름을 나타내는 종결 어미. ¶ 그가 범인이라니?

-라니까 어미 '-라 하니까'가 줄어든 말. ①시킴의 근거나 이유, 핑계를 나타내는 연결 어미. ¶ 떠나라니까 떠나지요./아니라니까 어쩔 수 없네. ②동사 어간에 붙어 다그치는 명령형 어미로 쓰임. ¶ 어서 오라니까./여기 보라니까. ③'아니다, 이다'보다 강한 단정의 뜻을 나타냄. ¶ 내 것이 아니라니까./그는 신사라니까.

-라니까는 어미 '-라니까'의 힘줌말. 준 -라니깐

-라니깐 어미 '-라니까는'의 준말.

라니냐(la Niña 에) 명 적도 부근의 동부 태평양에서, 해면의 수온이 비정상적으로 낮아지는 현상. 강력한 편동풍(偏東風)이 적도상의 난수대(暖水帶)를 서쪽으로 밀어냄으로써, 심해의 냉수대(冷水帶)가 상승하여 일어난다고 함. ☞엘니뇨(el Niño)

라-단:조(-短調)[-쪼] 명 '라' 음을 으뜸음으로 하는 단조. 디단조 ☞라장조

-라도[1] 조 받침 없는 체언에 붙어, 굳이 차별 짓지 않음의 뜻을 나타내는 보조 조사. ¶ 그런 일이라면 나라도 할 수 있다./천리만리라도 따라가겠소./입이 열 개라도 할 말이 없다. ☞이라도

-라도[2] 어미 '아니다'의 어간이나 '이다'의 '이-'에 붙어, '-라 하더라도'의 뜻을 나타냄. ¶일등이 아니라도 무슨 상관이냐?/일등이라도 이등만 못할 수 있다.

라돈(radon) 명 라듐이 붕괴하면서 생기는 희유 기체(稀有氣體) 방사성 원소의 하나. 감마선원(γ線源)으로 의료용으로 쓰임. 〔원소 기호 Rn/원자 번호 86/원자량 222〕

라듐(radium) 명 알칼리 토금속(土金屬)의 하나. 알파·베타·감마의 세 가지 방사선을 내며, 천연 상태에서 은백색 고체이나 공기 중에서 산화하여 검게 변함. 1898년, 프랑스의 퀴리 부부가 발견한 최초의 방사성 원소임. 〔원소 기호 Ra/원자 번호 88/원자량 226〕

ㄹ

라:드(lard) 명 돼지 비계를 가공하여 만든 반고체의 기름. 식품의 조리(調理)에 쓰이며, 약품이나 화장품의 원료로도 쓰임.

-라든지 어미 ①거듭하여 쓰여 '시키는 것 가운데 어느 하나를 선택하는'의 뜻을 나타냄. ¶앉으라든지 서라든지 말씀을 하세요. ②'아니다'의 어간이나 '이다'의 '이-'에 붙어, '-라 하는 것이든지'의 뜻으로 쓰임. ¶닭이라든지 오리라든지 많이 있었다./사실이라든지 사실이 아니라든지 그것은 재판에서 가릴 일이다.

라디안(radian) 명 평면각(平面角)의 단위. 1라디안은 원의 반지름과 같은 길이의 호(弧)에 대한 중심각의 크기로, 57도 17분 44.8초임. 기호는 rad

라디에이터(radiator) 명 방열기(放熱器)

라디오(radio) 명 방송국에서 전파를 이용하여 보도(報道)나 음악 등을 보내는 음성 방송, 또는 그 수신 장치. 사용하는 전파에 단파, 중파, 초단파의 구별이 있음.

라디오미터(radiometer) 명 복사계(輻射計)

라디오부이(radio buoy) 명 라디오 부표

라디오=부표(radio浮標) 명 해상(海上) 사고가 났을 때 물 위에 띄워 위치를 전파로 알리는 무선 전파 발신기. 라디오부이(radio buoy)

라디오비:컨(radio beacon) 명 무선 표지 준 비컨

라디오=송:신기(radio送信機) 명 라디오 방송의 전파를 보내는 기계 장치.

라디오아이소토:프(radioisotope) 명 방사성 동위 원소

라디오존데(Radiosonde 독) 명 대기 상층(上層)의 기상 상태를 관측하기 위하여, 기구에 실어 올려 보내는 무선 송신 장치. 기압·온도·습도 따위를 측정해 지상으로 송신함. 존데(Sonde)

라디오컴퍼스(radio compass) 명 무선 방향 지시기

라르간도(largando 이) 명 악보의 빠르기말의 한 가지. '속도를 늦추어 가면서'의 뜻.

라르게토(larghetto 이) 명 악보의 빠르기말의 한 가지. '느리고 폭넓게'의 뜻.

라르고(largo 이) 명 악보의 빠르기말의 한 가지. '아주 느리고 폭넓게'의 뜻.

라르기시모(larghissimo 이) 명 악보의 빠르기말의 한 가지. '가장 폭이 넓고 느리게'의 뜻.

라마(Lama) 명 '덕(德)이 높은 스승'이라는 뜻의 티베트 말로, 라마교의 고승(高僧)을 이르는 말.

라마(llama) 명 낙타과의 동물. 생김새가 낙타와 비슷하나 몸집이 작고 다리도 짧음. 등에 혹이 없고 긴 털은 흑색·갈색·백색임. 남아메리카의 산악 지대에서 살며, 수컷은 탈것이나 짐의 운반에 이용됨. 고기는 먹으며, 지방은 등유(燈油)로, 가죽은 구두의 재료로 쓰임. 야마

라마-교(Lama教) 명 티베트를 중심으로 발전한 불교. 8세기 중엽 인도에서 전래한 밀교(密教)가 주술(呪術)을 중시하는 티베트 고유 신앙과 혼합되어 발전함. 북인도, 몽고, 네팔, 중국 동북 지방 등지에도 퍼져 있음. 나마교(喇嘛教)

라마단(Ramadān 아) 명 이슬람교에서, 금욕과 재계(齋戒)를 하는 기간. 이슬람력(曆)의 아홉째 달로, 한 달 동안 교도(教徒)들은 해가 뜰 때부터 해가 질 때까지 아무 것도 먹지 않고, 흡연뿐만 아니라 성행위도 금함.

라마-승(Lama僧) 명 라마교의 승려. 나마승(喇嘛僧)

라:멘(Rahmen 독) 명 골조(骨組) 구조의 결합 부분을 고정시킨 건축물의 구조 형식, 또는 그러한 구조물. 흔히 기둥과 보 따위가 철근이나 철골로 이루어짐.

라멘타빌레(lamentabile 이) 명 악보의 나타냄말의 한 가지. '슬픈듯이'의 뜻. 라멘토소(lamentoso)

라멘토소(lamentoso 이) 명 라멘타빌레(lamentabile)

-라며 어미 '-라면서'의 준말.

라면(∠拉麵·老麵) 명 ①밀가루로 만든 중국식 국수의 한 가지. ②국수를 쪄서 익힌 뒤 기름에 튀겨서 말리고, 분말 수프를 따로 넣어, 즉석에서 간편하게 조리할 수 있도록 만든 식품.

-라면 어미 '-라 하면'이 줄어든 말. ①'하라고 명령하면'의 뜻으로 쓰임. ¶잊으라면 잊지요./가라면 가지요. ②'아니다'의 어간이나 '이다'의 '이-'에 붙어, 전제나 가정(假定)의 조건을 나타냄. ¶영광이라면 영광이지./동지가 아니라면 적이라는 생각은 위험하다./공것이라면 양잿물도 먹는다./사실이라면 따라야 한다.

-라면서 어미 ①'-라고 하면서'가 줄어든 말. ¶동생에게는 공부하라면서 언니는 잠을 잔다./말로는 절약하라면서 씀씀이는 헤프다./형님 친구라면서 찾아왔다. ②'아니다'의 어간이나 '이다'의 '이-'에 붙어, 상대의 말이 사실과 다를 때 항의조로 반문하는 종결 어미. ¶그분이 사장이 아니라면서?/네가 회장이라면서? 준 -라며

라벤더(lavender) 명 꿀풀과의 상록 여러해살이풀. 줄기 높이 60cm 안팎. 긴 달걀꼴의 잎에는 솜털이 덮였음. 이삭 모양의 보라색 꽃이 피는데, 향기가 좋아 꽃을 증류하여 향유를 추출함. 지중해 연안에 널리 분포함.

라벨(label 프) 명 상품명이나 상품에 관한 여러 사항을 인쇄하여 상품에 붙이는 종이나 헝겊 조각 따위. 레이블(label). 레테르(letter)

라비(rabbi) 명 '랍비(rabbi)'의 영어식 이름.

라비린토스(Labyrinthos 그) 명 그리스 신화에서, 다이달로스가 크레타의 왕 미노스의 명을 받아 만든 미로(迷路)로 된 궁. 미노스의 딸인 인신 우두(人身牛頭)의 미노타우로스를 가두기 위해 만들었다고 함.

라비올리(ravioli 이) 명 이탈리아 요리의 한 가지. 밀가루를 반죽하여 얇게 펴고 잘게 썬 고기와 야채 따위를 싸서 익혀 먹음.

-라서 어미 '아니다'의 어간이나 '이다'의 '이-'에 붙어, '-기 때문에'의 뜻으로 쓰임. ¶초면이 아니라서 대화가 쉬웠다./소금이라서 매우 무거웠다. 준 -라[2]

-라손 어미 '아니다'의 어간이나 '이다'의 '이-'에 붙어, 주로 '치다'와 어울려, 양보하여 가정함을 나타내는 연결 어미. ¶그게 사실이라손 치자./그의 말이 거짓이 아니라손 치더라도 동의하지 않겠다.

라스(lath) 명 모르타르를 바르기 위해 바닥에 까는 그물 모양의 철망.

라스트스퍼:트(last spurt) 명 달리기나 수영 따위 경주에서, 결승점 가까운 곳에서 마지막으로 온힘을 다해 달리거나 헤엄치는 일.

라스트신:(last scene) 명 영화·연극·텔레비전드라마 등의 마지막 장면.

-라야 어미 '아니다'의 어간이나 '이다'의 '이-'에 붙어, '꼭 필요한 조건'임을 나타내는 연결 어미. ¶이중 국적자가 아니라야 가능하다./군인이라야 한다. ☞-어야

-라야만 어미 '-라야'의 힘줌말. ¶회원이라야만 입장할 수 있다.

-라오 어미 ①'-라 하오'가 줄어든 말. 들은 말을 옮기는 표현에 쓰임. ¶이분은 친척이 아니라오./저분이 친구라오. ②'이라'나 '아니라'를 '하오' 할 자리에 맞추어 완곡하게 표현하는 종결 어미. ¶이것이 무궁화라오./그것이 우정이 아니라오? ☞-다오

라우드스피:커(loudspeaker) 명 확성기 준 스피커

라우탈(Lautal 독) 명 알루미늄에 구리 4~6%와 규소 1~2%, 소량의 망간을 넣어 만든 주물용 알루미늄 합금. 자동차·항공기·선박 등의 부품이나 광학 기계의 재료로 쓰임.

라운드(round) 명 ①권투 경기의 한 회(回). 보통 3분 동

안 경기하고 1분 동안 쉼. ②골프에서, 경기자가 코스의 18홀을 한 바퀴 도는 일.

라운드테이블(round table)명 원탁(圓卓)

라운지(lounge)명 호텔·공항·여객선 따위에 마련된 휴게실이나 사교실(社交室).

라이거(liger)명 사자의 수컷과 범의 암컷을 교배한 잡종. 사자보다 약간 크며, 몸빛은 사자와 비슷하나 좀 어둡고 희미한 갈색 무늬가 있음. 'lion'과 'tiger'를 합쳐서 줄인 말. ☞타이곤(tigon)

라이너(liner)명 ①야구에서, 타자가 방망이로 쳐서 땅에 닿지 않고 직선으로 날아가는 공. 라인드라이브(line drive) ②정해진 일정표에 따라 특정 노선을 왕복하는 선박이나 항공기. 정기선(定期船)이나 정기 항공기 따위. ③코트의 안에 대는 천이나 털 따위의 안감.

라이노타이프(linotype)명 구문용(歐文用) 주식기(鑄植機)의 한 가지. 키(key)를 누르면 한 행에 해당하는 모형(母型)이 모여지고, 이것에 녹은 활자 합금이 부어져 문자가 한 행씩 주조되도록 장치한 기계.

라이닝(lining)명 ①녹슬거나 삭지 않도록 고무·법랑·알루미늄 따위를 금속의 표면에 덧바르거나 입히는 일. ②코트 안쪽에 안감을 대는 일.

라이덴-병(Leiden甁)명 축전기(蓄電器)의 한 가지. 절연이 잘 된 유리병의 안팎에 납지(鑞紙)를 붙이고 끝에 사슬이 달린 금속 막대를 병마개의 한가운데를 통해 안으로 꽂아 사슬을 병 바닥의 납지와 접속시킨 것.

라이벌(rival)명 같은 분야나 같은 목적에서 맞서는 경쟁자. ☞맞적수. 호적수(好敵手)

라이브러리(library)명 ①컴퓨터에서 즉시 불러 내어 사용할 수 있도록 자기 테이프에 저장한 프로그램군(群). ②수시로 선별, 열람할 수 있도록 일정한 법칙에 따라 배열, 저장한 정보 집단.

라이선스(licence)명 ①허가. 인가(認可) ②면허(免許) 또는 특허(特許).

라이어(lyre)명 ①악기에 다는 악보꽂이. ②리라(lyra)

라이온스클럽(Lions Club)명 1917년에 미국에서 조직된 국제적 민간 사회 봉사 단체. 우리 나라는 1959년에 발족함.

라이카-판(Leica版)명 사진의 삼십오 밀리판. 가로 36 mm, 세로 24mm임.

라이터(lighter)명 담뱃불 따위를 붙일 때 성냥 대신으로 쓰는 기구.

라이터-돌(lighter-)명 라이터에 쓰는 발화석(發火石). ㈜돌[2]

라이트(light)명 조명. 조명등

라이트-급(light級)명 권투나 레슬링 따위에서, 선수의 몸무게에 따라 나눈 체급의 하나. 권투의 경우 아마추어는 57~60kg이고, 프로는 58.97~61.23kg임. ☞페더급

라이트모티프(Leitmotiv 독)명 악극(樂劇)이나 표제 음악 등에서, 곡 중의 주요 인물이나 장면, 특정한 감정 등을 나타내는 악구(樂句). 곡 중에서 되풀이 사용하여 극(劇)의 진행을 암시하고 악곡의 통일감을 줌.

라이트미들-급(light middle級)명 아마추어 권투에서, 선수의 몸무게에 따라 나눈 체급의 하나. 67~71kg임.

라이트윙(right wing)명 축구나 하키 등에서, 공격의 오른쪽 위치, 또는 그 선수. 우익(右翼) ☞레프트윙

라이트잽(right jab)명 권투에서, 오른팔을 어깨로부터 곧바로 뻗어 상대편의 얼굴이나 턱을 가볍게 치는 타격. ☞레프트잽(left jab)

라이트체인지(light change)명 명전(明轉)

라이트펜(light pen)명 감광 소자(素子)를 가진, 연필 모양의 입력 장치. 컴퓨터의 화면을 지시하여 점을 찍거나 그림 등을 그릴 수 있음.

라이트플라이-급(light fly級)명 권투 따위에서, 선수의 몸무게에 따라 나눈 체급의 하나. 아마추어는 48kg 이하이고, 프로는 48.99kg 이하임.

라이트필:더(right fielder)명 야구에서, 외야의 오른쪽 지역을 맡아 지키는 선수. 우익수(右翼手) ☞레프트필더

라이트필:드(right field)명 야구에서, 외야의 오른쪽 지역. 우익(右翼) ☞레프트필드(left field)

라이트하:프(right half)명 축구나 하키 등에서, 오른쪽에 있는 하프백의 위치, 또는 그 위치의 선수. ☞레프트하프(left half)

라이트헤비-급(light heavy級)명 권투나 레슬링 따위에서, 선수의 몸무게에 따라 나눈 체급의 하나. 권투의 경우 아마추어는 75~81kg이고, 프로는 72.57~79.38kg임. ☞미들급

라이프보:트(lifeboat)명 구명정(救命艇)

라이프사이클(life cycle)명 ①생명의 탄생으로부터 발전·소멸에 이르는 과정. ②사람의 일생을 몇 개의 단계로 나누어 생각한 과정. ③제품이 시장에 도입되어 쇠퇴하기까지의 과정.

라이프스타일(life style)명 생활 양식(生活樣式)

라이플(rifle)명 총신(銃身) 안벽에 나선 모양의 홈을 새겨 명중률을 높인 소총.

라인(line)명 ①선(線). 줄 ②행(行) ③항공기나 선박의 행로. ④기업에서, 구매·제조·운반·판매 따위의 활동을 나누어 하고 있는 부문. ¶생산 - ⑤기업이나 관청의 국(局)·실(室)·부(部)·과(課)·계(係) 등과 같은 수직적 조직 단계.

라인댄스(line+dance)명 여러 사람의 여성 무용수가 한 줄로 늘어서서 다리를 동시에 움직이며 추는 춤.

라인드라이브(line drive)명 라이너(liner)

라인아웃(line out)명 ①럭비에서, 공이 터치라인 밖으로 나가서 경기를 다시 시작할 때, 양 팀의 공격수가 두 줄로 늘어서서 공을 서로 빼앗는 일. ②야구에서, 주자(走者)가 야수(野手)에게 잡히지 않으려고 베이스라인에서 3피트 이상 벗어났을 때 아웃되는 일.

라인업(lineup)명 ①야구에서, 출전 선수의 타격 순서, 또는 수비 위치를 이르는 말. ②운동 경기를 시작하기 전에 양편 선수가 한 줄로 늘어서 정렬하는 일. ③어떤 일을 함께 하기 위해 모인 사람들의 구성. 진용(陣容)

라인즈맨(linesman)명 축구·배구·테니스 따위에서 선심(線審)을 이르는 말.

라인크로스(line cross)명 ①배구·배드민턴 경기에서, 서브하는 선수가 규정된 선을 넘거나 밟는 반칙. ②핸드볼 따위의 경기에서, 선수가 규정된 선을 넘거나 밟는 반칙. ③하키 경기에서, 선수의 손·발·스틱 등이 규정된 선을 넘는 반칙.

라인프린터(line printer)명 컴퓨터의 출력 장치에서, 한 번에 한 행씩을 단위로 하여 인쇄하는 것.

라일락(lilac)명 물푸레나뭇과의 낙엽 관목. 유럽 남동부 원산의 관상용 식물로, 높이는 5m 안팎. 잎은 달걀꼴로 마주 나고, 4~5월에 연보랏빛 꽃이 피는데 짙은 향기가 남. 서양수수꽃다리. 자정향(紫丁香)

라임(lime)명 운향과의 상록 관목. 잎은 어긋맞게 나며 흰 꽃이 핌. 열매는 신맛과 향기가 강하며, 익기 전에 따서 즙을 내어 주스나 향료 따위로 씀. 지중해 원산임.

라-장조(-長調)[-쪼]명 '라' 음을 으뜸음으로 하는 장조. 디장조 ☞라단조

-라지 어미 ①'-라 하지'가 줄어든 말. 까닭을 묻는 뜻을 나타냄. ¶왜 오라지 않니? ②상관하지 않겠다는 뜻을 나타냄. ¶놀리려면 놀리라지./볼 테면 보라지. ③'아니다'의 어간이나 '이다'의 '이-'에 붙어, 사실을 확인하기 위해 묻는 반말 투의 종결 어미. ¶나이가 스무 살이라지?/그이가 총각이 아니라지?/고향이 남쪽이라지?

라커룸(locker room)명 스포츠센터나 스포츠 경기에서, 옷을 갈아입고 소지품 따위를 보관할 수 있는 시설을 해 둔 방. 선수 대기실을 이르기도 함.

라켓(racket)명 테니스·탁구·배드민턴 따위에서, 공이나 셔틀콕을 치는 채.

라켓볼(racquetball)명 가로 6.1m, 세로 12.2m, 높이 6.1m의 코트 안에서 라켓으로 공을 때려 벽면에다 치고 받는 운동. 스쿼시와 비슷하며, 1949년 미국에서 창안됨.

라텍스(latex)명 ①고무나무 껍질에서 분비되는 유백색의 점액(粘液). 생고무의 원료이며, 각종 점착제(粘着劑)의 제조에 쓰임. ②합성 고무를 제조할 때 생기는 반응 생성물. 각종 고무 제품의 원료로 쓰임.

라틴=민족(Latin民族)명 주로 남부 유럽에 분포하며 라틴어에서 갈라진 언어를 사용하는 민족. 대부분이 가톨릭을 믿음.

라틴아메리카(Latin America)명 북아메리카 남부로부터 남아메리카에 걸쳐, 지난날 라틴 민족의 지배를 받아 라틴 문화의 전통을 배경으로 하는 사람들이나 그 나라들을 통틀어 이르는 말. 중남미(中南美)

라틴-어(Latin語)명 인도유럽 어족(語族) 이탈리아 어파(語派)에 딸린 언어. 이탈리아 어, 에스파냐 어, 포르투갈 어 등 유럽권 언어의 모체가 됨. 그리스 어와 함께 전문·학술 용어의 바탕이 되었으며, 현재까지 로마가톨릭 교회의 공용어(共用語)로 사용되고 있음.

라틴=음악(Latin音樂)명 중남미 여러 나라의 음악을 통틀어 이르는 말. 맘보·삼바·탱고 따위.

라펠(lapel)명 코트나 재킷 따위의 접은 옷깃.

라피다멘테(rapidamente 이)명 악보의 나타냄말의 한 가지. '급하게·빠르게'의 뜻.

-락 어미 받침 없는 동사나 형용사 어간에 붙어, 되풀이됨을 나타내는 부사형 어미. ¶갈매기가 오락가락 한다./얼굴이 붉으락푸르락 했다./비가 올락 말락 한다.

락타아제(lactase)명 젖당을 가수 분해하는 효소.

락토오스(lactose)명 젖당

-란(亂)《접미사처럼 쓰이어》'난리'의 뜻을 나타냄. ¶임진란(壬辰亂)/민병란(民兵亂)

-란(欄)《접미사처럼 쓰이어》한자어와 어울려 '배당된 지면(紙面)'의 뜻을 나타냄. ¶가정란(家庭欄)/광고란(廣告欄)/기입란(記入欄) ☞난(欄)

-란 어미 '-라 하는'이 줄어든 말. ¶빨리 오란 편지를 받았다./사랑이란 두 글자. ☞-으란

-란다 어미 ①'-라 한다'가 줄어든 말. 간접적인 전달의 뜻을 나타내는 종결 어미. ¶그 애가 중학생이란다./제발 그만두란다. ☞-으란다 ②'아니다'의 어간이나 '이다'의 '이-'에 붙어, 객관적인 사실임을 강조하는 뜻으로 쓰이는 종결 어미. ¶여기가 우리의 조국이란다.

란제리(∠lingerie 프)명 여성이 양장할 때 입는 속옷.

란탄(Lanthan 독)명 란탄족 원소의 하나. 은백색 금속으로 공기 중에서 산화하여 회백색으로 흐려짐. [원소 기호 La/원자 번호 57/원자량 138.91]

란탄족=원소(Lanthan族元素)명 전이 금속 중에서 원자 번호 57번 란탄에서 71번 루테튬까지의 열다섯 개 원소를 통틀어 이르는 말. 물리적·화학적 성질이 서로 비슷함. 희토류 원소

-랄 어미 ①명령의 어미 '-라'와 어울린 '-라 할', '-라고 할'이 줄어든 말. ¶가랄 수도 오랄 수도 없다. ☞-으랄 ②지정의 어미 '-라'와 어울린 '이라 할', '아니라 할'이 줄어든 말. ¶그런 사람을 참된 스승이랄 수 있다./거짓이 아니랄 수 있느냐?

랄렌탄도(rallentando 이)명 악보의 빠르기말의 한 가지. '점점 느리게'의 뜻. 기호는 rall ☞아첼레란도

-람 어미 ①명령의 어미 '-라'에 '하면'이 어울려 된 말. ¶가람 가고 오람 오지요. ☞-으람 ②지정의 어미 '-라면'의 준말. ¶내일이람 어떠냐?/노는 날이람 좋겠다. ③받침 없는 어간이나 '이다'의 '이-'에 붙어, '-라는 말인가'의 뜻으로 가벼운 의문, 핀잔, 느낌 등의 뜻을 나타냄. ¶누가 보람?/그게 무엇이람./그런 봉사가 어디 예삿일이람!

람다(lambda 그)명 그리스 어 자모의 열한째 글자 'Λ·λ'의 이름.

의 부피 단위의 한 가지. 1람다는 1리터의 100만분의 1임. 기호는 λ

-랍니까 어미 '-라 합니까'가 줄어든 말. ①명령의 어미 '-라'와 어울린 말로 의문의 뜻을 나타냄. ¶타랍니까 내리랍니까? ☞-으랍니까 ②지정의 어미 '-라'와 어울린 말로 의문의 뜻을 나타냄. ¶누구의 책임이랍니까?/모두가 사실이 아니랍니까?

-랍니다 어미 '-라 합니다'가 줄어든 말. ①명령의 어미 '-라'와 어울린 말로 어떠한 사실을 일러줌을 나타냄. ¶곧 떠나랍니다. ☞-으랍니다 ②지정의 어미 '-라'와 어울린 말로, 어떠한 사실을 일러줌을 나타냄. ¶이것이 순정이랍니다./자유는 방종이 아니랍니다. ☞-답니다

-랍디까 어미 '-라 합디까'가 줄어든 말. ①명령 받은 바를 사실로 확인하여 묻는 어미. ¶어디로 떠나랍디까?/무슨 일을 하랍디까? ☞-으랍디까 ②지정하는 바를 사실로 확인하여 묻는 어미. ¶며칠이랍디까?/신사가 아니랍디까? ☞-답디까

-랍디다 어미 '-라 합디다'가 줄어든 말. ①받침 없는 동사 어간에 붙어, 시킴을 간접적으로 전달하는 어미. ¶신문을 잘 보랍디다./말을 삼가랍디다. ☞-으랍디다 ②'아니다'의 어간이나 '이다'의 '이-'에 붙어, 사실 여부를 확실하게 알리는 종결 어미. ¶돈이 행복의 조건이 아니랍디다./산은 산이요 물은 물이랍디다.

랍비(rabbi 히)명 유대교에서, 율법 교사(律法敎師)를 높이어 일컫는 말. '나의 스승'이라는 뜻.

-랍시고 어미 '-라 합시고'가 줄어든 말. '아니다'의 어간이나 '이다'의 '이-'에 붙어, 이유나 구실(빌미)로 삼는 연결 어미. ¶남의 물건이랍시고 함부로 다루어서야.

-랑 조 ①받침 없는 체언에 붙어, 열거하여 포함되어 있음을 나타내는 보조 조사. ¶닭고기랑 돼지고기랑 먹었다./나랑 너랑 함께 놀자. ②받침 없는 체언에 붙어, '-와', '-하고'의 뜻으로 쓰이는 접속 조사. ¶그는 나랑 다르다./우리는 친구랑 공을 찼다. ☞-이랑

랑게르한스-섬(Langerhans-)명 척추동물의 췌장(膵臟) 내부에 섬 모양으로 흩어져 있는 내분비선. 혈당을 증가시키는 작용을 하는 호르몬인 글루카곤과 혈당을 감소시키는 작용을 하는 인슐린을 분비함.

랑데부(rendez-vous 프)명-하다자 ①밀회(密會) ②둘 이상의 우주선이 우주 공간에서 만나서 같은 궤도로 나란히 비행하는 일.

랑데부홈:런(rendezvous home run)명 야구에서, 두 타자가 잇달아 친 홈런을 이르는 말.

-래(來)《접미사처럼 쓰이어》시간을 나타내는 명사에 붙어 '이래(以來)'의 뜻을 나타냄. ¶작년래(昨年來)/수일래(數日來)/이십년래(二十年來)

-래 어미 '-라 해'가 줄어든 반말 투의 말. ①받침 없는 동사 어간에 붙어, '시킴'을 전달하는 어미. ¶그만 하래./학교에 가래. ☞-으래 ②사실 여부를 확인하여 나타내는 종결 어미. ¶이것은 국산이 아니래./내일이 생일이래.

래드(rad)의 방사선 흡수 에너지의 양을 나타내는 단위. 1래드는 방사선을 쬐는 물질 1g이 흡수하는 1,000에르그(erg)의 에너지량임. 기호는 rd

래디컬-하다(radical-)형여 과격하며 급진적인 성향이 있다. ¶래디컬한 학생 운동.

래빗펀치(rabbit-punch)명 권투에서, 상대 선수가 상체를 굽혔을 때 뒷덜미나 머리 아래 부위를 때리는 반칙.

-래서 어미 '-라 해서'가 줄어든 말. ①동사 어간에 붙어 '어찌하라는 그 말 때문에'의 뜻을 나타냄. ¶공부를 하래서 하나? ☞-으래서 ②아니거나 이거나 하는 이유를 나타냄. ¶내 것이 아니래서 보관시켰다.

-래서야 어미 '-라 해서야'가 줄어든 말. ①명령의 '-라'와 어울린 말로, 그렇게 할 일이 아님을 나타냄. ¶그랬다고 그만두래서야 되나? ☞-으래서야 ②지정의 '-라'와 어울린 말로, '기대할 것이 못 됨'을 나타냄. ¶콩을 팥이래서야 어린아이라고 한들 믿겠냐?

-래야 어미 '-라 해야'가 줄어든 말. ①명령의 어미 '-라'와 어울린 말로, 어찌할 수 없음을 나타냄. ¶가래야 갈 수 없는 고향. ☞-으래야 ②지정의 어미 '-라'와 어울린 말로, 대단하지 않음을 나타냄. ¶회원이래야 겨우 열 사람 정도이다.

-래요 어미 '-라 해요'가 줄어든 말. ①받침 없는 동사 다음에 쓰이어, 어떤 말을 전하는 뜻을 나타냄. ¶그만 자

래요./여기 계시래요./사랑했더래요. ②사실을 확인하여 알리는 뜻을 나타냄. ¶사실이 아니래요./눈은 마음의 창문이래요.

래커(lacquer)명 섬유소나 합성 수지 용액에 안료·가소제(可塑劑)·용제(溶劑) 등을 섞어 만든 칠감. 건조가 빠르고 오래감.

래프팅(rafting)명 레저스포츠의 한 가지. 강이나 계곡의 급류를 1~10인승 보트를 타고 내려가며 즐김.

랙(lac)명 랙깍지진디의 암컷이 분비하는 나무진 같은 물질을 가공한 것. 바니시나 붉은 물감의 원료가 됨. ☞셸락(shellac)

랙-깍지진디(lac-)명 동근깍지진딧과의 곤충. 몸길이 5mm 안팎이며 붉은색임. 처음에는 겹눈과 촉각, 다리 등이 생기나 자라면서 퇴화함. 보리수나무나 고무나무 따위에 기생하며 진을 빨아먹고 랙을 분비함. 인도·타이 등지에 분포함.

랜(LAN)명 공장이나 사무실 등 비교적 좁은 지역 안에 있는, 독립된 각종 컴퓨터 장치를 동축(同軸) 케이블이나 광섬유(光纖維) 등으로 연결하여 하나의 통신망으로 엮어 놓은 것. 근거리 통신망 [local area network]

랜덤샘플링(random sampling)명 임의 추출법

랜덤액세스(random access)명 컴퓨터의 기억 장치에서 정보를 저장된 장소에 관계없이 동시에 불러내는 일. 자기(磁氣) 디스크나 자기 드럼 따위에서 가능함.

랜덤액세스메모리(random access memory)명 램

랜덤파일(random file)명 컴퓨터의 기억 장치에서 정보의 입력 순서나 장소에 관계없이 모든 정보를 동시에 호출·폐기·갱신할 수 있는 파일.

랜드마:크(land mark)명 육표(陸標)

랜드브리지(land bridge)명 시간 단축과 경비 절감을 위해 해상 운송과 육상 운송을 연계하는 화물 수송 방식.

랜딩(landing)명 ①스키에서, 점프를 한 뒤 땅에 떨어지기 직전에 취하는 동작, 또는 떨어진 지점. ②비행기 따위의 착륙.

랜턴(lantern)명 손전등

랠리(rally)명 ①테니스나 탁구 따위의 경기에서, 양쪽 선수가 네트를 사이에 두고 서로 공을 계속해서 주고받는 상태를 이르는 말. ②일반 도로의 정해진 구간에서 장시간에 걸쳐 겨루는 자동차 경주.

램(RAM)명 ①데이터를 임의로 읽거나 변경할 수 있는 기억 장치를 통틀어 이르는 말. 데이터의 저장 위치와 관계없이 동시(同時) 접근이 가능함. 자기 디스크나 컴퓨터의 주기억 장치 따위. ②컴퓨터의 주기억 장치에 쓰이는 반도체 소자. 일반적으로 전원(電源)을 끊으면 기억 내용이 사라짐. 랜덤액세스메모리 ☞롬(ROM)

램프(lamp)명 ①석유·가스·전기 등을 이용하여 빛을 내게 하는 조명 기구. ¶형광 — ②알코올 따위를 연료로 하는 가열 장치. ¶알코올—

램프(ramp)명 '램프웨이'의 준말.

램프웨이(rampway)명 고속도로 등의 인터체인지에서 교차하는 도로를 연결하는 경사진 도로. 대부분 1차선의 일방 통행임. 준램프(ramp)

랩(lap)명 ①트랙을 두 번 이상 도는 경주에서, 트랙 한 바퀴를 이르는 말. ②'랩타임'의 준말.

랩(rap)명 랩뮤직

랩(wrap)명 식료품 따위의 포장용으로 쓰이는, 얇은 폴리에틸렌필름.

랩디졸브(lap dissolve)명 영화 등에서, 하나의 화면이 서서히 사라지면서 다음 화면이 그 위로 서서히 나타나는 일. ☞오버랩(overlap)

랩뮤:직(rap music)명 반복되는 리듬과, 특별한 멜로디 없이 읊조리듯 빠르게 노래하는 팝 음악의 한 형식.

랩소디(rhapsody)명 광시곡(狂詩曲)

랩타임(lap time)명 달리기·스피드스케이팅·수영 등의 경기에서, 전 코스의 일정한 구간마다 걸린 시간. 준랩

랩톱컴퓨:터(laptop computer)명 무릎 위에 놓고 사용할 수 있을 정도로 작고 가벼운 휴대용 퍼스널컴퓨터. 전원(電源)이 없어도 몇 시간은 사용하도록 자체 전원이 내장되어 있음.

-랬다어미 '-라 했다'가 줄어든 말. ¶그런 사람과는 말도 말랬다.

랭킹(ranking)명 순위. 등급. 서열 ¶세계 — 2위.

-랴어미 ①받침 없는 어간에 붙어, 반문하는 뜻을 나타냄. ¶바닷물이 마르랴./기차만큼 빠르랴. ②받침 없는 동사 어간에 붙어, 상대편의 의향을 묻는 뜻을 나타냄. ¶내가 말하랴?/밥을 주랴 떡을 주랴? ③'아니다'의 어간이나 '이다'의 '이-'에 붙어, 반문함을 나타내는 어미. ¶다른 것이 무엇이랴? ④동사 어간에 붙어, 하나하나 들어서 말할 때 쓰임. ¶앞을 보랴 옆을 보랴 정신을 차리지 못했다. ☞-으랴

량(輛)의 열차 등의 차량의 수를 세는 단위. ¶객차 8량으로 구성된 열차.

-량(量)《접미사처럼 쓰이어》'분량(分量)', '수량(數量)'의 뜻을 나타냄. ¶교통량(交通量)/강우량(降雨量)/사용량(使用量)/재고량(在庫量) ☞양(量)

-러어미 받침 없는 동사의 어간에 붙어, 행동의 목적을 나타내는 부사형 어미. ¶저금을 하러 은행에 간다./아우를 만나러 갔다. ☞-으러

러너(runner)명 주자(走者)

-러니어미 '아니라'의 어간이나 '이라'의 '이-'에 붙어, '-더니', '-었는데'의 뜻으로 쓰이는 예스러운 말. ¶갈 곳이 아니러니 했는데 가고 말았다./꿈이러니 했는데 현실이 되어 버렸다.

-러니라어미 '아니라, 이라'를 바탕으로 한 사실 표현의 예스러운 종결 어미. '-더니라'와 비슷한 뜻을 지님. ¶사람이러니라./귀한 분이 아니러니라.

-러니이까어미 '아니라, 이라'를 바탕으로 한 예스러운 의문형 어미. '-더니이까'의 뜻. ¶장본인이 아니러니이까./눈물이러니이까. 준-러이까

-러니이다어미 '아니라, 이라'를 바탕으로 한 사실 표현의 예스러운 종결 어미. '하니이다' 계열에 딸림. '-더니이다'의 예스러운 말. ¶거짓이 아니러니이다. 준-러이다

러닝(running)명 ①달리는 일. 경주(競走) ②'러닝셔츠'의 준말.

러닝메이트(running mate)명 ①미국에서, 헌법상 밀접한 관계에 있는 두 관직 중의 아래 관직의 선거에 입후보한 사람. 특히 부통령 입후보자를 이름. ②어느 일에 보조격으로 일하는 동료. ③어느 특정한 사람과 항상 어울려 함께 다니는 사람을 비유하여 이르는 말.

러닝셔:츠(running shirts)명 운동 경기에서 선수들이 입는 소매가 없는 셔츠, 또는 그러한 모양의 속옷. 준러닝

러닝슈:즈(running shoes)명 미끄럼을 줄이기 위한 밑창을 댄 운동 경기용 신. ☞스파이크슈즈(spike shoes)

러닝홈:런(running home run)명 그라운드홈런

러불규칙=용:언(—不規則用言)[—농—]명〈어〉러불규칙 활용을 하는 용언. 동사 '이르다', 형용사 '누르다·푸르다' 따위.

러불규칙=활용(—不規則活用)명〈어〉용언이 활용할 때, 어간 끝 음절 '르' 아래서 어미 '-어'가 '-러'로 바뀌는 활용. '이르다'가 '이르고·이르러'로, '누르다'가 '누르고·누르러'로 되는 따위.

러브게임(love game)명 테니스 경기에서, 어느 한 편이 점수를 한 점도 얻지 못하고 끝난 경기. 영패(零敗) ¶내리 세 판을 —으로 마치다.

러브레터(love letter)명 연애 편지

러브스토:리(love story)명 사랑 이야기. 연애 소설

러브신:(love scene)명 연극·영화·텔레비전드라마 따위에서, 남녀가 입맞춤·포옹 등을 하는 장면.

러셀(russell)명-하다자 등산에서, 앞서서 눈을 밟아 다져 가면서 나아가는 일.

러스크(rusk)명 굳은 카스텔라나 빵 따위를 얇게 썰고 다시 한입에 먹을 수 있는 크기로 기름하게 썰어 버터나 설탕을 발라 약한 불에 살짝 구운 과자.

러시(rush)명-하다자 어떤 일이 왕성해지거나 어떤 요청

이 몰려드는 일. ¶골드 ―/귀향 차량이 ―를 이루다.
러시아워(rush hour)명 교통량이 한꺼번에 몰려 도로가 혼잡한 출근이나 퇴근 시간.
-러이까 어미 '-러니이까'의 준말.
-러이다 어미 '-러니이다'의 준말.
러키세븐(∠lucky seventh)명 서양에서, '7'을 행운의 숫자라는 뜻으로 이르는 말.
러키존:(lucky zone)명 야구장의 외야 좌우측 담장의 뒤쪽 구역. 홈에서 가장 짧은 거리여서 홈런이 되기 쉬운 데서 붙여진 이름.
러프(rough)명 골프에서, 페어웨이 바깥쪽의 잡초가 있는 구역.
러프-하다(rough―)형여 거칠다. 조악(粗惡)하다
러플(ruffle)명 물결 모양의 주름 장식. 주로 치맛자락 같은 데에 씀.
럭비(Rugby)명 럭비풋볼
럭비=축구(Rugby蹴球)명 럭비풋볼
럭비풋볼:(Rugby football)명 구기(球技)의 한 가지. 15명씩으로 이루어진 두 팀이 길둥근 공을 손이나 발로 자유롭게 다루면서 상대편의 진지에 찍거나 크로스바로 차 넘겨 득점을 겨루는 경기. 경기 시간은 전후반 각 40분씩임. 럭비. 럭비 축구 ☞아메리칸풋볼
럭스(lux)의 조도(照度)의 단위. 1럭스는 1촉광의 광원(光源)에서 1m 떨어진 1m² 표면의 밝기임. 기호는 lx
-런가 어미 '아니라, 이라'를 바탕으로 한 물음의 종결 어미. '-던가'의 예스러운 말. ¶희망이 아니런가./다정(多情)도 병이런가.
-런들 어미 '아니라, 이라'를 바탕으로 지난 사실과 다르게 가정하는 연결 어미. '-었다 하더라도'의 뜻을 나타냄. ¶꽃이런들 이보다 아름다우랴./친한 벗이 아니런들 도와주었겠니?
럼(rum)명 당밀이나 사탕수수를 발효시켜 증류한 술. 당밀주(糖蜜酒). 럼주
럼-주(rum酒)명 럼(rum)
레(re 이)명 서양 음악의 장음계(長音階) 둘째(단음계의 넷째)의 이탈리아 음계 이름. 우리 나라 음계 이름 '라'에 해당함. ☞디(D)
레가토(legato 이)명 악보의 나타냄말의 한 가지. '음(音)과 음 사이를 끊어지지 않도록 매끄럽게'의 뜻.
레가티시모(legatissimo 이)명 악보의 나타냄말의 한 가지. '가장 원활하게'의 뜻.
레게(reggae)명 자메이카의 민속 음악. 트로트 리듬과 비슷한 2·4박자의 리듬이 강약의 변화를 이루면서 경쾌하게 진행되는 것이 특징임.
레귤러멤버(regular member)명 정규 회원
레그혼:(leghorn)명 닭의 한 품종. 이탈리아 레그혼 지방 원산의 난용종(卵用種)으로, 몸빛과 볏 모양에 따라 열두 가지로 나누어짐. 생육 기간이 짧고 산란 능력이 뛰어남. ☞브라마
레늄(Rhenium 독)명 전이 원소에 딸린 희금속(稀金屬) 원소의 하나. 망간과 비슷한 성질을 지녔고, 은백색으로 질산과 황산에 잘 녹으며, 가루는 흑색 또는 암회색임. 공기 중에서는 녹슬지 않으며 가루는 발화성을 띰. 각종 분해 반응의 촉매로 쓰임. [원소 기호 Re/원자 번호 75/원자량 186.21]
레더(leather)명 ①무두질한 가죽. ②'레더클로스'의 준말.
레더클로스(leather cloth)명 ①튼튼한 무명에 도료 따위를 입혀 가죽처럼 보이게 만든 직물. ②멜턴 가공을 한 면(綿)과 모(毛)의 교직(交織). 준레더
레디고(ready-go)감 영화나 텔레비전 드라마의 촬영에서, 감독이나 연출자가 출연자에게 촬영의 시작을 알리려고 외치는 말.
레디메이드(ready-made)명 기성품(既成品)
×레마(lemma)명 →렘마
레모네이드(lemonade)명 과즙 음료의 한 가지. 레몬즙을 물에 섞은 후 설탕 등을 타서 단맛을 낸 것.
레몬(lemon)명 운향과의 상록 소교목. 인도의 히말라야 원산인 재배 식물로 높이 3m 안팎. 잎은 길둥글고 가장자리에 톱니가 있으며 어긋맞게 남. 5～10월에 꽃이 피며, 열매는 길둥글고 노랗게 익음. 구연산(枸櫞酸)과 비타민C가 들어 있고 신맛이 남.
레몬-산(lemon酸)명 구연산
레몬-수(lemon水)명 레몬유를 탄 물.
레몬스쿼시(lemon squash)명 레몬의 과즙을 소다수에 섞어서 만든 음료수.
레몬-유(lemon油)[-뉴]명 레몬 껍질에서 짜낸 기름. 레몬 특유의 향기와 쓴맛이 남. 음식물 등의 향기를 내는 데 쓰임.
레몬-차(lemon茶)명 레몬유를 탄 홍차.
레미콘(re-mi-con)명 목적지까지 운반하는 도중에 개는, 굳지 않은 콘크리트. 트럭믹서에 실어 나름. [ready mixed concrete]
레버(lever)명 지렛대
레스토랑(restaurant 프)명 서양식 음식점. 양식점
레슨(lesson)명 개인 지도 ¶피아노 ―
레슬링(wrestling)명 서양식 씨름. 두 사람의 선수가 정해진 매트 위에서 맨손으로 맞붙어 상대편의 양 어깨가 바닥에 1초 동안 닿게 하여 승패를 결정짓는 운동. 경기 방식에 따라 자유형과 그레코로만형이 있으며, 선수의 몸무게에 따라 체급을 나눔.
레시틴(lecithin)명 인지질(燐脂質)의 한 가지. 세포막의 주요 구성 성분으로, 동물의 뇌·척수·난황 따위와 식물의 종자(種子)·효모 따위에 많이 들어 있음. 식료품이나 의약품에 쓰임.
레오타:드(leotard)명 소매가 없고 아래위가 붙은, 몸에 꼭 끼는 옷. 신축성이 좋은 천으로 만드는데, 체조 등의 스포츠용으로 널리 쓰임.
레오폰(leopon)명 표범의 수컷과 사자의 암컷이 교배하여 낳은 잡종. 몸에는 표범의 무늬가 있고, 수컷은 목에 갈기가 있음. ☞라이거(liger). 타이곤(tigon)
레위기(∠Levi記)명 구약성서의 셋째 책으로, '모세 오경'의 하나. 이스라엘 인들이 지켜야 할 제사에 관한 여러 가지 의식과 규범 등을 기록함.
레이(lei)명 하와이 사람들이 의례 때 목에 걸거나 기념으로 남의 목에 걸어주는 화환(花環).
레이더(radar)명 전파를 발사하고 그 반사파를 받아서 표적물의 존재와 거리를 탐지하는 무선 감시 장치. 항공기나 선박, 기상 관측 등에 널리 이용됨. 전파 탐지기 [radio detecting and ranging]
레이더=기지(radar基地)명 방공(防空) 경계나 통신 등을 목적으로 레이더를 설치한 지역.
레이더-망(radar網)명 레이더를 많이 갖추어 어떤 지역 전체를 관측할 수 있게 한 방위망.
레이블(label)명 라벨(label)
레이서(racer)명 경기용 자동차나 오토바이, 또는 그 경기자.
레이스(lace)명 수에 실을 코바늘 따위로 떠서 여러 가지 무늬를 나타낸 서양식 편물. ¶―로 뜬 식탁보.
레이스(race)명 경주(競走)
레이아웃(layout)명 편집·디자인·설계 등에서, 문자·그림·사진 따위를 일정한 지면 위에다 효과적으로 구성하고 배열하는 일.
레이온(rayon)명 인조 견사(人造絹絲)
레이윈(rawin)명 소형 무선 송신기를 장치한 기구(氣球)를 공중에 띄워 놓고, 지상에서 무선 탐지기로 위치를 알아내어 대기 상층의 풍향(風向)이나 풍속(風速) 등을 측정하는 장치. [radio wind finding]
레이윈존데(rawinsonde)명 라디오존데와 레이윈을 함께 갖추어, 상층의 풍향·풍속 뿐만 아니라 기압·기온·습도까지 측정할 수 있게 된 고층 기상 관측 장치.
레이저(laser)명 양자 역학을 이용하여 전자기파를 증폭하거나 발진하는 장치. 광통신·레이더·의료 등 여러 방면에 쓰임. [light amplification by stimulated emission of radiation]

레이저=광선(laser光線)명 레이저에서 발사되는 단색의 광선. 파장과 위상이 일정하고 세기가 강하여 우주 통신, 기상 관측, 정밀 공작, 외과 수술 등에 널리 쓰임.
레이저디스크(laser disk)명 비디오디스크 방식의 한 가지. 원반 위에 기록된 음성과 화상(畫像)을 레이저로 재생하므로 음질과 화질이 뛰어남. 엘디(LD)
레이저메스(laser+mes 네)명 레이저 광선의 열에너지를 이용하는 수술용 칼. 출혈 없이 예리하게 환부를 자를 수 있음.
레이저=치료(laser治療)명 레이저 광선을 이용하는 치료. 주로 외과 수술에 이용하며, 환부의 절개와 동시에 혈관 단백질의 응고가 가능해 출혈 없이 수술할 수 있음.
레이저=통신(laser通信)명 광통신(光通信)
레이저프린터(laser printer)명 컴퓨터 출력기의 한 가지. 레이저 광선을 이용하여 문자나 그림의 상(像)을 인쇄하는 것으로, 해상도가 높고 고속 인쇄가 가능함.
레이컨(racon)명 신호 전파를 발사하여 항공기나 선박에 다 자기가 있는 곳의 위치나 방향을 알리는 데 사용하는 레이더용의 비컨. [radar beacon]
레인(lane)명 ①볼링에서, 공을 굴리는 마루를 이르는 말. 앨리(alley) ②달리기·경영(競泳)·경마(競馬)·사이클 등의 경기장의 주로(走路).
레인코:트(raincoat)명 비옷
레일(rail)명 차량 따위 움직이는 물체가 그 바퀴를 지지하여 굴러갈 수 있도록 땅 위나 공중에 한 줄 또는 두 줄로 길게 설치한 강재(鋼材). 궤조(軌條) ¶전차 −/열차 − ☞모노레일
레저(leisure)명 ①여가(餘暇) ②늘 하던 일에서 벗어난 자유로운 시간, 또는 그런 시간을 이용하여 스포츠나 여행 등을 즐기는 여가 활동.
레저붐:(leisure boom)명 놀이·관람·오락 따위에 지나치게 쏠리는 사회적 풍조.
레저=산:업(leisure産業)명 여가 활동에 필요한 놀이 시설이나 교통·숙박 등의 편의 시설을 제공하는 산업. 여가 산업
레저스포츠(leisure sports)명 여가 활동으로 하는 스포츠. 스키, 자전거 타기 따위. 준 레포츠(leports)
레제드라마(Lesedrama 독)명 상연 대본으로 쓴 것이 아니라 문학적으로 읽게 하기 위하여 쓴 희곡.
레즈비언(lesbian)명 여성끼리 하는 동성애, 또는 그런 관계의 여자. ☞호모(homo)
레지(∠register)명 다방 등에서 손님을 접대하거나 차를 나르는 여자를 이르던 말.
레지던트(resident)명 수련의(修鍊醫)가 인턴 과정을 마치고 전문 과목을 수련하는 과정, 또는 그런 사람. ☞수련의. 인턴
레지스탕스(résistance 프)명 점령군이나 침략자에 대한 저항 운동. 특히 제2차 세계 대전 중 점령 독일군에 대한 프랑스 인들의 지하 저항 운동을 이름.
레지스탕스=문학(résistance文學)명 저항 문학(抵抗文學)
레지스터(register)명 컴퓨터에서, 적은 양의 데이터나 처리 중의 중간 결과를 일시적으로 기억해 두는 장치. 데이터를 읽고 쓰는 기능이 매우 빠르며, 중앙 처리 장치(CPU) 내부에서 사용됨.
레지에로(leggiero 이)명 악보의 나타냄말의 한 가지. '가볍고 우아하게'의 뜻.
레커-차(wrecker車)명 윈치를 장착하여 고장난 차 따위를 옮기는 자동차. 구난차(救難車) ☞견인 자동차
레코:드(record)명 ①음반(音盤) ②컴퓨터에서, 서로 관련된 데이터들을 하나의 단위로 묶을 때, 필드(field)가 모여서 구성되는 단위.
레코:드플레이어(record player)명 음반에 기록되어 있는 음성 신호를 재생하는 장치. 준 플레이어
×**레코딩**(recording)명 →리코딩
레퀴엠(requiem 라)명 위령곡(慰靈曲). 진혼곡(鎭魂曲)
레크리에이션(recreation)명 일로 말미암은 심신의 피로를 풀고 생활에 새로운 활력을 불어넣기 위해 즐기는 오락이나 스포츠 등의 활동이나 휴양.
레터링(lettering)명 광고 디자인 등에서, 시각 효과를 고려하여 문자(文字)를 디자인하는 일.
레테(Lethe 그)명 그리스 신화에 나오는 망각(忘却)의 강. 죽은 사람의 영혼이 그 강물을 마시면 자신의 과거를 모두 잊어버린다고 함.
레테르(letter 네)명 라벨(label)
레토르트(retort 네)명 물질을 증류하거나 건류하기 위하여 유리나 금속으로 플라스크 모양처럼 만든 화학 실험용 기구.
레토르트=식품(retort食品)명 가공·조리한 뒤 알루미늄박(箔)이나 합성 수지 따위의 봉지나 용기에 넣고 밀봉하여, 고온에서 가열·살균한 저장 식품.
레트(let)명 탁구나 테니스 따위에서, 서브한 공이 네트를 스치고 코트에 들어가거나 상대편 선수가 준비하지 않은 때에 서브하는 일. 폴트(fault)가 아니며, 서브를 다시 할 수 있음.
레퍼리(referee)명 축구·농구·배구·권투 따위의 심판.
레퍼리스톱(referee stop)명 권투에서, 시합 중 선수가 부상하여 시합을 속행(續行)할 수 없다고 심판이 판단하고 시합의 중단을 선언하는 일.
레퍼리타임(referee time)명 농구·배구·핸드볼 경기 등에서, 필요에 따라 심판이 경기를 일시 중단시키는 일.
레퍼토리(repertory)명 연주가나 극단(劇團) 등이 언제라도 연주 또는 상연할 수 있도록 마련한 곡목(曲目)이나 연극 제목의 목록.
레포:츠(leports)명 '레저스포츠'의 준말.
레프트윙(left wing)명 축구나 하키 등에서, 공격의 왼쪽 위치, 또는 그 선수. 좌익(左翼) ☞라이트윙
레프트잽(left jab)명 권투에서, 왼팔을 어깨로부터 곧바로 뻗어 상대편의 얼굴이나 턱을 가볍게 치는 타격. ☞라이트잽
레프트필:더(left fielder)명 야구에서, 외야의 왼쪽 지역을 맡아 지키는 선수. 좌익수 ☞라이트필더
레프트필:드(left field)명 야구에서, 외야의 왼쪽 지역. 좌익(左翼) ☞라이트필드
레프트하:프(left half)명 축구나 하키 등에서, 왼쪽에 있는 하프백의 위치, 또는 그 위치의 선수. ☞라이트하프
레플리카(replica)명 원작자(原作者)가 직접 만든, 그림이나 조각의 모작(模作).
렌즈(lens)명 유리나 수정 등 투명체의 면을 갈아 곡면(曲面)으로 만들어 빛을 한곳으로 모으거나 분산시키는 물체. 볼록렌즈와 오목렌즈로 구별되며, 안경·현미경·망원경 등 광학 기계에 쓰임.
렌치(wrench)명 너트나 볼트 따위를 죄거나 푸는 데 쓰는 공구(工具). 스패너(spanner)
렌탄도(lentando 이)명 악보의 빠르기말의 한 가지. '차차 느리게'의 뜻.
렌터카:(rent-a-car)명 세(貰)를 내고 빌리는 자동차. 세차(貰車)
렌토(lento 이)명 악보의 빠르기말의 한 가지. '아주 느리고 무겁게'의 뜻.
×**렌트카**(rent-a-car)명 →렌터카
렐리지오소(religioso 이)명 악보의 나타냄말의 한 가지. '경건하게'의 뜻.
렘마(lemma 그)명 보조 정리(補助定理)
-려 어미 ①받침 없는 동사 어간에 붙어, '행동하려는 생각(의도)'을 나타냄. ¶유학을 가려 한다. ②'그리 될 경향으로 나아감'을 나타냄. ¶꽃이 지려 한다. ☞-려고
-려거든 어미 '-려 하거든'이 줄어든 말. ¶가려거든 일찍 가려무나. ☞-으려거든
-려고 어미 ①받침 없는 동사 어간에 붙어, '하기 위하여'의 뜻으로 쓰이는 부사형 어미. ¶친구를 만나 보려고 시골에 갔다. ②하고자 하는 뜻을 나타냄. ¶학자가 되려고 마음먹고 있다. ☞-으려고
-려기에 어미 '-려 하기에'가 줄어든 말. ¶말을 하려기에 못 하게 말렸다. ☞-으려기에

-려나 어미 '-려 하나'가 줄어든 말. 받침 없는 어간에 붙어, 추측적인 의문을 나타내는 종결 어미. ¶비가 오려나. /산이 험하려나. ☞-으려나
-려네 어미 '-려 하네'가 줄어든 말. ①'하게' 할 자리에 자기의 의향을 밝히는 종결 어미. ¶나는 고향에 가려네. ②장차 그리하려는 상태를 나타내는 종결 어미. ¶꽃이 피려네. /좀더 가면 바다가 보이려네. ☞-으려네
-려느냐 어미 '-려 하느냐'가 줄어든 말. '-련다'의 의문형. ¶어디 가려느냐? ㉺-련 ☞-으려느냐
-려는 어미 '-려 하는'이 줄어든 말. ¶팔려는 물건들이 많다. ☞-으려는
-려는가 어미 '-려 하는가'가 줄어든 말. ¶무엇을 하려는가? ☞-으려는가
-려는고 어미 '-려 하는고'가 줄어든 말. ¶어떤 일을 하려는고? ☞-으려는고
-려는데 어미 '-려 하는데'가 줄어든 말. ¶청소를 하려는데 손님이 찾아왔다. ☞-으려는데
-려는지 어미 '-려 하는지'가 줄어든 말. ¶무슨 말을 하려는지 헤아릴 수 없다. ☞-으려는지
-려니 어미 ①'-려 하니'가 줄어든 말로, 의도하는 바를 근거로 삼는 연결 어미. ¶있으려니 답답하고 떠나려니 섭섭하다. ②속마음으로 추측함을 나타내는 연결 어미. ¶누군가 도와 주려니 생각하고 있었다. /다시 찾아오려니 여기고 있다. ☞-으려니 ③'아니다'의 어간이나 '이다'의 '이-'에 붙어 '-ㄹ 것인데'의 뜻으로 추측을 나타내는 연결 어미. ¶꿈이려니 여겼는데. /사실이 아니려니 생각했다.
-려니와 어미 ①받침 없는 어간에 붙어, '그리하거니와', '그러하거니와'의 뜻으로 기정 사실로 인정하여 맞세우는 연결 어미. ¶친구도 만나려니와 구경도 해야겠다. /날씨도 차려니와 바람마저 분다. ②'이다'의 '이-'에 붙어, 지정하여 사실로 인정하는 연결 어미. ¶찾아온 손님도 손님이려니와 대접은 어찌하나? ☞-으려니와
-려다 어미 '-려다가'의 준말. ¶범을 그리려다 강아지를 그렸다. ☞-으려다
-려다가 어미 '-려 하다가'가 줄어든 말. ¶신문을 보려다가 그만 잠이 들었다. ㉺-려다 ☞-으려다가
-려던가 어미 '-려 하던가'가 줄어든 말. 제삼자의 하려 하는 행위를 사실로 확인하여 물어 보는 종결 어미. ¶그 이도 같이 가려던가? ☞-으려던가
-려도 어미 '-려 해도'가 줄어든 말. ¶가려도 못 가는 고향. /찾으려도 못 찾는 옛 친구. ☞-으려도
-려면 어미 '-려 하면'이 줄어든 말. ¶하려면 하고 말려면 마라. ☞-으려면
-려면야 어미 '-려면'의 힘줌말. ¶하려면야 무슨 일을 못 하겠느냐? ☞-으려면야
-려무나 어미 받침 없는 동사 어간에 붙어, '해라' 할 자리에 권유하거나 요구하는 뜻을 나타내는 종결 어미. ¶좋은대로 하려무나. /공부를 좀 하려무나. ㉺-렴
-려서는 어미 '-려 해서는'이 줄어든 말. ¶일확천금을 가지려서는 안 돼. ☞-으려서는
-려오 어미 '-려 하오'가 줄어든 말. 판단 형식으로도 의문 형식으로도 쓰임. ¶내가 가려오. /당신이 보려오? ☞-으려오
-력(力)《접미사처럼 쓰이어》'힘'의 뜻을 나타냄. ¶감상력(感想力)/경제력(經濟力)/국방력(國防力)/이해력(理解力)/포용력(包容力)/지도력(指導力)
-련 어미 '-려느냐'의 준말. ¶어느 것을 가지련? ☞-으련
-련다 어미 '-려 한다'가 줄어든 말. 장차 할 의사임을 나타내는 종결 어미. ¶고향으로 돌아가련다. ☞-으련다
-련마는 어미 ①받침 없는 어간에 붙어, 장차 있을 사실을 추측으로 내세우는 연결 어미. ¶꽃은 다시 피련마는 나이야 어찌하리. ②장차 있을 사실을 추측으로 기대하는 뜻을 나타내는 종결 어미. ¶배가 오면 타련마는. ☞-으련마는 ③'아니다'의 어간이나 '이다'의 '이-'에 붙어, 사실로 받아들임을 나타내는 연결 어미. ¶지금은 때가 아니련마는 서두르고 있다. /다 큰 자식이련마는 하는 짓이 어린애라. ㉺-련만
-련만 어미 '-련마는'의 준말. ¶오면 보련만 아니 오는구나. /오늘이 생일이련만 기억해 주는 이가 아무도 없네. ☞-으련만
-렴 어미 '-려무나'의 준말. ¶원하는 대로 하렴. ☞-으렴
-렵니까 어미 '-려 합니까'가 줄어든 말. 행동할 의향을 확인하는 의문형 어미. ¶곧 출발하시렵니까? /무엇을 드시렵니까? ☞-으렵니까
-렵니다 어미 '-려 합니다'가 줄어든 말. ¶나는 가렵니다. /기업의 경영자가 되렵니다. ☞-으렵니다
-렷다 어미 ①받침 없는 어간에 붙어, 일이 일어날 수 있는 확실성이나 가능성을 나타내는 종결 어미. ¶봄이 되면 온갖 꽃이 피렷다. ②당연히 해야 할 일임을 일깨우는 종결 어미. ¶내일은 일찍 일어나렷다. ☞-으렷다 ③'아니다'의 어간이나 '이다'의 '이-'에 붙어, 확신이나 확인을 나타내는 종결 어미. ¶그 말이 거짓이 아니렷다. /네 말이 진실이렷다.
-령(令)《접미사처럼 쓰이어》①'명령'의 뜻을 나타냄. ¶금지령(禁止令)/함구령(緘口令) ②'법규(法規)'의 뜻을 나타냄. ¶시행령(施行令)/임용령(任用令)/동원령(動員令) ☞영(令)
-령(領)《접미사처럼 쓰이어》'영토'의 뜻을 나타냄. ¶영국령(英國領)/자치령(自治領)
-례(例)《접미사처럼 쓰이어》'보기'의 뜻을 나타냄. ¶입법례(立法例)/판결례(判決例) ☞예(例)
-로 조 ①받침 없는 체언에 붙어, 보어가 되게 하는 보격 조사. ¶돈이 휴지로 보인다.〔변성〕/그를 대표로 삼았다.〔자격〕②여러 가지 뜻으로 쓰이는 부사격 조사. ¶감기로 앓고 있다.〔원인〕/고운 자식 매로 키운다.〔방편〕/도끼로 제 발등을 찍는다.〔기구〕/되로 주고 말로 받는다.〔양태〕/쌀로 밥을 짓는다.〔재료〕/고기를 잡으러 바다로 간다.〔향진〕/첫째로 이런 말을 했다.〔차례〕/오후 두 시로 약속하였다.〔한정〕/은혜를 원수로 갚는다.〔선택〕/주먹이 아니라 머리로 겨루자.〔방법〕☞-으로
-로(路)《접미사처럼 쓰이어》'길', '통로'의 뜻을 나타냄. ¶교차로(交叉路)/항공로(航空路)/활주로(滑走路)
로가리듬(logarithm) 명 '로그(log)'의 본딧말.
로고(logo) 명 회사명이나 상표명 등의 문자를 개성적·상징적으로 디자인한 것.
-로고 어미 '아니다'의 어간이나 '이다'의 '이-'에 붙어, 느낌의 감정을 나타내는 예스러운 혼잣말의 어미. ¶이것이야 예삿일이 아니로고. /고얀 녀석이로고.
로고스(logos 그) 명 ①철학에서, 만물을 조화하고 통일하는 이성(理性). ☞에토스 ②크리스트교에서, 삼위일체의 제2위인 성자(聖子)를 일컫는 말.
-로구나 어미 '아니다'의 어간이나 '이다'의 '이-'에 붙어, 지정의 뜻을 나타내는 감탄의 종결 어미. ¶봄이로구나, 봄! /꿈이 아니로구나! ㉺-로군 ☞-구나
-로구려 어미 '아니다'의 어간이나 '이다'의 '이-'에 붙어, 사실을 감탄적으로 지정하는 예스러운 종결 어미. ¶그 말은 사실이 아니로구려! /여기가 백록담이로구려!
-로구먼 어미 '아니다'의 어간이나 '이다'의 '이-'에 붙어, 그것이 사실임을 새삼스러운듯이 표현하는 감탄의 종결 어미. ¶과연 명언이로구먼. /사는 형편이 말이 아니로구먼! ㉺-군
-로군 어미 '-로구나'의 준말. ¶벌써 여름이로군! /그 사람 기술자가 아니로군!
로그(log) 명 수학에서, 1이 아닌 양수 a와 양수 N의 사이에 $N=a^b$의 관계가 있을 때, 그 b를 이르는 말. $b=\log_a N$으로 나타냄. ㉯로가리듬(logarithm)
로그=모눈종이(log-) 명 로그자로 그린 모눈종이.
로그=방정식(log方程式) 명 로그의 진수(眞數) 또는 밑에 미지수를 가진 방정식.
로그인(login) 명 여러 사람이 이용하는 컴퓨터시스템에서, 사용자가 등록된 아이디(ID)와 암호를 입력하여 호스트컴퓨터와 접속하는 일.
로그-자(log-) 명 기점(基點)으로부터 $\log x$의 길이가

되는 점에 x라는 눈금을 나타낸 자.
로그-표(log表)명 상용 로그 값을 나열해 놓은 표.
로그=함:수(log函數)[-쑤]명 어떤 수를 밑으로 한 변수의 로그를 함수로 할 때 그 함수를 이르는 말.
-로다어미 '아니다'의 어간이나 '이다'의 '이-'에 붙어, 긍정 또는 부정으로 지정하는 예스러운 감탄 투의 종결 어미. ¶정직한 사람이로다./인간이 아니로다.
로:더(loader)명 석탄이나 암석, 골재 등을 운반 기계에 싣는 기계.
로돕신(rhodopsin)명 망막(網膜)의 간상(桿狀) 세포에 있는 광(光) 감각 수용체. 시홍(視紅). 시홍소(視紅素)
-로되어미 '-로다'를 기반으로 한 활용형으로, '아니다'의 어간이나 '이다'의 '이-'에 붙어 조건을 나타내는 연결 어미. ¶산은 옛 산이로되, 물은 옛 물이 아니로다./상품(上品)은 아니로되, 중품(中品)은 된다.
로듐(Rhodium 독)명 백금족(白金族) 원소의 하나. 은백색의 금속으로 전성(展性)과 연성(延性)이 뛰어나며 산이나 알칼리에 녹지 아니함. 백금과 합금하여 저항체나 열전쌍(熱電雙), 내열재(耐熱材), 내식재(耐蝕材), 반사 거울 등에 이용됨. [원소 기호 Rh/원자 번호 45/원자량 102.91]
로:드게임(road game)명 원정 경기. 특히 프로 야구에서 본거지의 구장을 떠나서 하는 경기. ☞홈게임
로:드레이스(road race)명 도로 경주. 달리기나 경륜(競輪)등에서, 트랙을 벗어나 도로에서 하는 경기.
로:드롤:러(road roller)명 도로 공사 등에서, 땅을 고르고 다지는 데 쓰이는 기계. 수로기(修路機) 준롤러
로:드쇼:(road show)명 영화나 연극 따위를 일반에게 공개하기에 앞서 특정한 극장에서 개봉하는 일.
-로라어미 '아니다'의 어간이나 '이다'의 '이-'에 붙어, 드러내어 선포하는 뜻을 나타내는 어미. ¶꿈이로라 하였는데…/내로라 하는 양반들. ☞-노라
로:란(LORAN)명 선박이나 비행기가 전파를 이용하여 자기의 위치를 확인할 수 있는 무선 항법 장치. [long range navigation]
로렌슘(lawrencium)명 악티늄족 원소의 하나. 1961년 미국의 로렌스 연구실에서 칼리포르늄 혼합물에 붕소 이온을 가속·충돌시켜서 만듦. [원소 기호 Lr/원자 번호 103/원자량 260]
로:마(Roma)명 '로마 제국'의 준말.
로마가톨릭-교(Roma Catholic教)명 가톨릭교를 그리스 정교와 구별하여 이르는 말.
로마네스크(Romanesque 프)명 11~12세기에 유럽에서 일어난 중세 건축의 한 양식.
로마서(Roma書)명 신약성서 중의 한 편. 사도 바울이 로마인들에게 보낸 열여섯 장으로 된 편지. 크리스트교의 원리와 신앙 체험 등에 관해 적음.
로:마=숫:자(Roma數字)명 고대 로마 시대에 만든 숫자. Ⅰ·Ⅱ·Ⅲ·Ⅳ·Ⅴ 따위. 시계의 문자판이나 문장의 장절(章節) 표시 등에 쓰임. ☞아라비아 숫자
로:마-자(Roma字)[-짜]명 고대 로마 시대에 만든 표음 문자. 오늘날 유럽 여러 나라를 중심으로 세계에서 널리 쓰이며, 알파벳은 스물여섯 자임.
로:마=제:국(Roma帝國)명 서양의 고대 최대 제국. 이탈리아 반도에서 라틴인이 세운 도시 국가로 출발하여, 기원전 510년에 공화정(共和政)을 펴고, 기원전 27년에 제정(帝政)을 확립함. 그리스 문화를 이어받고 크리스트교를 번성시켰으나, 476년 멸망함. 로마(Roma)
로망(roman 프)명 중세 유럽에서 시작된 연애담이나 무용담 따위를 공상적·모험적·전기적(傳奇的)으로 그린 통속 소설.
로맨스(romance)명 ①낭만적인 사랑, 또는 그러한 연애 사건. ②서양 음악에서, 형식이 자유롭고 서정적인 가곡을 이르는 말.
로맨스그레이(romance+grey)명 반백(半白)의 머리가 된 매력 있는 초로(初老)의 남성, 또는 그 머리를 이르는 말.
로맨스-어(Romance語)명 로마 제국이 망한 뒤 라틴어가 분화하고 변천하여 발달한 근대 유럽어를 통틀어 이르는 말. 이탈리아어·프랑스어·에스파냐어 따위.
로맨티시스트(romanticist)명 낭만주의자(浪漫主義者). 낭만파(浪漫派)
로맨티시즘(romanticism)명 낭만주의(浪漫主義)
로맨틱-하다(romantic-)형여 낭만적인 느낌이 있다.
로봇(robot)명 ①사람과 비슷하게 만든 기계 장치. 인조인간(人造人間) ②자동적으로 일하는 기계 장치. ③주관이 없이 남이 시키는 대로 따라만 하는 사람을 비유하여 이르는 말.
로브(lob)명 로빙(lobbing)
로비(lobby)명 ①호텔이나 극장, 공공 건물 등에서 현관으로 이어지는 통로를 겸한 넓은 공간. 휴게실이나 응접실로도 이용됨. ②국회 의사당에서 국회 의원이 외부 사람과 만나는 응접실. ③특정한 목적을 이루기 위해 정당이나 의원 등 관계(官界)를 상대로 영향력을 미치려는 행위.
로비스트(lobbyist)명 특정한 목적을 이루기 위해 입법(立法)에 영향을 끼치도록 정당이나 의원을 상대로 활동하는 사람.
로빈슨=풍속계(Robinson風速計)명 서너 개의 반구형(半球形) 바람개비가 도는 횟수로 풍속을 재는 기계.
로빙(lobbing)명-하다타 ①테니스 따위에서, 공을 받아쳐서 상대편의 머리 위로 넘기어 코트의 구석에 떨어뜨리는 일. 로브(lob) ②축구에서, 상대편 골대 앞에서 공을 높고 느리게 차 올리는 일. ③탁구에서, 포물선을 그리듯이 공을 높고 느리게 상대편에게 넘기는 일.
로사리오(rosario 포)명 '묵주(默珠)'의 구용어.
-로서조 받침이 없거나 'ㄹ' 받침으로 끝나는 체언에 붙어, 신분이나 자격, 지위를 나타내는 부사격 조사. ①'…가 되어서'의 뜻을 나타냄. ¶미성년자로서 해서는 안 될 일./책임자로서 마땅히 해야 할 일. ②'…의 처지에서'의 뜻을 나타냄. ¶부모로서 이르는 말./당사자로서 가만히 있을 수가 없다. ③'…의 자격으로'의 뜻을 나타냄. ¶국가 대표로서 참석하다. ④'…로 인정하고'의 뜻을 나타냄. ¶선배로서 대하다. ☞-으로서
-로세어미 '아니라', '이라'를 바탕으로 한 활용형으로, '하게' 할 자리에 감탄조로 나타내는 사실 표현의 종결 어미. ¶그 말이 장난이 아니로세./처음 듣는 바이로세./참으로 기막힌 일이로세.
로:션(lotion)명 기초 화장품의 한 가지. 보습(補濕) 효과가 있어 살갗을 부드럽게 하는 데 쓰임.
로스(∠roast)명 로스트(roast)
로스-구이(∠roast-)명 소나 돼지의 안심이나 등심 등 연한 살코기를 불에 굽는 일, 또는 그렇게 구운 고기.
로스타임(loss time)명 축구나 럭비, 하키 등에서, 경기 시간 중에 경기 이외의 일로 늦어진 시간을 이르는 말. 주심의 재량에 따라, 정규 경기 시간이 끝난 뒤 경기를 계속하게 됨. ¶-의 적용.
로:스터(roaster)명 생선이나 고기를 굽는 데 쓰는 조리 기구.
로:스트(roast)명 ①고기 따위를 불에 굽는 일. ¶-치킨/-비프 ②소나 돼지의 어깨 부위의 살. 소의 것은 구이에, 돼지의 것은 햄이나 스테이크 등에 쓰임. 로스
로스트제너레이션(Lost Generation)명 잃어버린 세대라는 뜻으로, 제1차 세계 대전 중에 성인이 되어 1920년대에 활동한 미국의 작가들을 이르는 말. 전쟁의 충격으로 종교와 도덕 등 기성 사회에 대한 가치관을 상실하고 절망과 허무를 문학에 반영함. 포크너, 헤밍웨이 등.
-로써조 '-로'와 '써[以]'가 합하여 된 말로, 받침이 없거나 'ㄹ' 받침으로 끝나는 체언에 붙어 재료·수단·방법을 나타내는 부사격 조사. ¶말로써 천 냥 빚을 갚는다./망치로써 못을 박는다./열로써 열을 다스린다. ☞-으로써
로:열박스(royal box)명 경기장이나 극장 등에 마련된 특별석. 귀빈석

ㄹ

로:열젤리(royal jelly)명 꿀벌 중 일벌이 여왕벌이 될 애벌레에게 먹이기 위해 분비하는 담황색의 특수한 영양 물질. 왕유(王乳)

로:열티(royalty)명 ①상표권·실용신안권·특허권 등의 공업 소유권의 사용료. ②저작권의 인세(印稅) 또는 영화·연극·예술 작품 등의 공연료.

-로이 접미 '-롭다'에서 바뀌어, 일부 명사나 관형사에 붙어 부사가 되게 하는 말로 '그러하게', '그럴만하게'의 뜻을 나타냄. ¶곡예를 신기로이 바라보다./결심을 새로이 다짐하다.

로이드=안:경(Lloyd眼鏡)명 둥글고 굵은 셀룰로이드 테의 안경. 미국의 희극 배우 로이드가 영화 속에서 썼던 데서 유래함.

ㄹ

로제트(rosette)명 ①24면으로 된 장미 모양의 다이아몬드. ②옥내 배선에서, 전등용 코드를 끌기 위하여 반자에 설치하는 반구형의 기구.

로:즈메리(rosemary)명 꿀풀과의 상록 관목. 높이는 1m 안팎. 잎은 마주 나며 굽은 솔잎과 닮았음. 초여름에 연한 자주색 꽃이 잎겨드랑이에서 무리지어 핌. 잎과 가지는 향료로 쓰임. 지중해 연안 원산으로 유럽과 아메리카의 온대 지방에 분포함.

로:컬=방:송(local放送)명 지방 방송국이 특정 시간에 그 지역의 시청자를 대상으로 하는 방송.

로케(∠location)명 '로케이션(location)'의 준말.

로케이션(location)명 야외 촬영(野外撮影) 준로케

로켓(locket)명 사진이나 기념품 따위를 넣어 목걸이에 다는 장신구. 금이나 은 따위로 만든 작은 갑(匣).

로켓(rocket)명 고온·고압의 연료 가스를 발생, 분출시켜서 그 반동으로 추진력을 얻는 장치, 또는 그러한 장치로 된 비행체.

로켓엔진(rocket engine)명 비행기 따위의 로켓의 추진력을 이용한 엔진.

로켓-탄(rocket彈)명 로켓의 원리를 이용하여 스스로 날아갈 수 있도록 한 탄환.

로코코(rococo 프)명 18세기에 프랑스를 중심으로 유럽에 유행했던 미술·건축·음악 등의 예술 양식. 경쾌하고 섬세하며 우아함을 특징으로 함.

로크(lock)명 레슬링에서, 상대편을 팔이나 손으로 끼어서 꼼짝못하게 하거나 비틀어 올리는 기술.

로큰롤:(rock'n'roll)명 1950년대에 미국에서 일어나 전 세계적으로 유행한 대중 음악. 흑인의 '리듬앤드블루스'에 백인의 '컨트리 음악'이 섞인 열정적인 음악임.

로:터리(rotary)명 교통량이 많은 도로에서 교차하는 곳의 중앙에 원형(圓形)으로 만들어 놓은 교차로.

로:터리클럽(Rotary Club)명 1905년 미국에서, 사회 봉사와 세계 평화를 목적으로 조직된 국제적 사교 단체. 초기에 회원 각자의 사무실을 돌아가며 집회 장소로 삼은 데서 생긴 이름임.

로:테이션(rotation)명 ①야구에서, 투수를 바꾸는 일, 또는 그 순서. ②배구에서, 서브권을 얻은 팀의 선수들이 시계 방향으로 차례차례 자리를 옮기는 일.

로:틴:(lowteen)명 십대의 전반, 또는 그 나이 또래의 소년 소녀. 흔히 13, 14세를 이름. ☞하이틴(highteen)

로:프(rope)명 섬유나 강선(鋼線)을 꼬아서 만든 밧줄.

로:프웨이(ropeway)명 가공 삭도(架空索道)

로:프-지(rope紙)명 마닐라삼에 화학 펄프를 섞어 만든 강도 높은 종이. 포장지나 전기 절연용 등으로 쓰임.

로:힐:(∠lowheeled shoes)명 굽이 낮은 여자 구두. ☞하이힐

-록(錄)《접미사처럼 쓰이어》'기록(記錄)'의 뜻을 나타냄. ¶방명록(芳名錄)/명인록(名人錄)/의사록(議事錄)/회의록(會議錄) ☞-기(記). -전(傳)

록클라이밍(rock-climbing)명 등산에서, 가파른 암벽을 오르는 일, 또는 그 기술. 준클라이밍(climbing)

록파이버(rock fiber)명 화산암으로 만든 섬유. 석면(石綿)의 대용품.

-론(論)《접미사처럼 쓰이어》①'의론(議論)'의 뜻을 나타냄. ¶위헌론(違憲論)/개헌론(改憲論) ②'이론(理論)'의 뜻을 나타냄. ¶진화론(進化論)/문법론(文法論) ③'논평(論評)'의 뜻을 나타냄. ¶예술 지상론(藝術至上論) ④'의견(意見)'의 뜻을 나타냄. ¶찬반론(贊反論)/협상 무용론(協商無用論) ⑤'문제(問題)'의 뜻을 나타냄. ¶한자 제한론(漢字制限論)/개정론(改正論)

론도(rondo 이)명 ①18세기 프랑스에서 발달한 두 박자의 경쾌한 춤곡. 합창과 독창이 되풀이하여 연주됨. ②주제가 몇 번 되풀이되는 동안에 다른 선율의 부주제가 삽입되는 형식의 악곡. 회선곡(回旋曲)

론치(launch)명 ①군함에 실려 있는 대형 보트. ②항구나 하천, 호수 따위에서 교통이나 유람에 쓰이는 원동기가 달린 작은 배.

론:코:트(lawn court)명 잔디를 심어 만든 테니스코트. 그래스코트(grass court) ☞클레이코트(clay court)

론:테니스(lawn tennis)명 테니스의 정식 이름. 영국에 론코트가 많은 데서 유래함.

롤:러(roller)명 ①원통형의 구르는 물체. ②'로드롤러(road roller)'의 준말.

롤:러베어링(roller bearing)명 회전축과 축받이 사이의 마찰을 줄이기 위해 롤러를 끼운 축받이.

롤:러스케이트(roller skate)명 신발 밑바닥에 작은 바퀴가 네 개 달린 놀이 기구. 콘크리트·대리석·널빤지 바닥의 경기장이나 아스팔트 등에서 탐.

롤:링(rolling)명-하다자 ①배나 비행기, 자동차 따위가 좌우로 흔들리는 일. 옆질 ☞피칭(pitching) ②회전하는 압연기(壓延機)의 롤에 금속 재료를 넣어 널빤지 모양으로 만드는 일.

롤:링밀(rolling mill)명 압연기(壓延機)

롤:링폴(rolling fall)명 레슬링에서, 폴의 한 가지. 상대편 선수의 몸을 옆으로 굴려 양어깨가 동시에 바닥에 닿게 하는 일. ☞플라잉폴

롤:-반:지(roll半紙)명 한쪽 면만 윤이 있는, 질이 거친 인쇄 용지.

롤:-빵(roll-)명 둥글게 말아서 구운 빵.

롤:인(roll in)명 ①하키에서, 공이 사이드라인 밖으로 나갔을 때, 심판의 신호로 공을 굴려 들여 다시 경기를 하는 일. ②럭비풋볼에서, 스크럼을 짠 뒤 그 사이에 공을 굴려 넣는 일.

롤:칼라(roll collar)명 목을 따라 뒤집어 접히거나 말린 옷깃을 통틀어 이르는 말.

롤:플레잉(role playing)명 개인이나 단체로 하여금 여러 역할을 맡아 연기하게 한 뒤 토론하거나 평가하는 일. 정신병의 치료, 세일즈맨의 훈련 등에 이용됨.

롤:필름(roll film)명 두루마리처럼 감기어 있는 필름.

롬:(loam)명 ①모래와 석영·운모 가루, 찰흙이 거의 같은 비율로 섞인 흙. ②모래와 찰흙의 혼합물.

롬(ROM)명 컴퓨터 본체에 저장된 데이터를 읽기만 하는 기억 장치(記憶裝置). 기억 내용을 임의로 변경할 수 없으며, 전원(電源)을 꺼도 그 내용이 사라지지 않음. [read only memory] ☞램(RAM)

롬퍼스(rompers)명 윗옷과 바지가 붙어 있는 유아용 옷.

-롭다 접미 형용사가 되게 하는 말로 '그러할만 함', '그러한 데가 있음', '그러한 상태에 있음'을 나타냄. ¶위태롭다/슬기롭다/평화롭다/다채롭다 ☞-답다. -스럽다

롱(long)명 탁구에서, 탁구대로부터 멀리 떨어진 자리에서 공을 길게 치는 타법(打法). ☞쇼트(short)

롱런(long-run)명 ①영화나 연극 등이 오랜 동안 흥행하는 일. ②권투 선수가 챔피언을 오랜 동안 하는 일.

롱숏(long shot)명-하다자 피사체(被寫體)에서 멀리 떨어져서 촬영하는 일. 원거리 촬영

롱슛(long shoot)명-하다자타 농구나 축구 따위에서, 멀리 서 골에 공을 던지거나 차는 일.

롱패스(long pass)명 농구나 축구 따위에서, 멀리 떨어져 있는 같은 편끼리 공을 던지거나 차서 주고받는 일.

뢴트겐(Röntgen 독)의 엑스선과 감마선의 세기를 나타내는 단위. 기호는 R

뢴트겐=사진(Röntgen寫眞)명 엑스선을 써서 눈으로 볼 수 없는 물체나 인체의 내부를 찍는 사진. 엑스선 사진

뢴트겐-선(Röntgen線)명 전자파(電磁波)의 한 가지. 파장(波長)은 0.01~100옹스트롬. 투과력이 강하여 병(病)의 진단, 결정 구조(結晶構造)의 연구, 스펙트럼 분석 등에 쓰임. 1895년 독일의 뢴트겐이 발견함. 엑스선

-료(料)《접미사처럼 쓰이어》'요금(料金)'의 뜻을 나타냄. ¶수험료(受驗料)/시청료(視聽料)/입장료(入場料)/전화료(電話料)

루:머(rumour)명 터무니없는 소문. 뜬소문. 유언(流言). 풍문(風聞). 헛소문 ¶－에 시달리다./－가 돌다.

루멘(lumen)의 광속(光束)의 단위. 1루멘은 1칸델라의 점광원(點光源)을 중심으로 한 반지름 1m의 구면(球面) 위에서 $1m^2$의 면적을 통과하는 빛의 속도임. 기호는 lm

루미네선스(luminescence)명 물질이 열이나 빛, 화학적 자극 등을 받아서 열이 없는 빛을 내는 현상. 냉광(冷光)

루바슈카(rubashka 러)명 러시아 민속 의상의 한 가지. 남자가 입는 블라우스와 비슷한 윗옷으로, 깃을 세우고 한가운데에서 조금 왼쪽의 앞을 허리선에 가깝게 트고 단추나 훅을 달았으며, 허리는 끈 또는 가죽 벨트로 죄어 바지 위로 나오게 입음.

루:버(louver)명 빛의 조절, 환기, 배연(排煙) 등을 위해 천장이나 창문 등에 다는, 좁고 기다란 판자를 일정한 간격을 두고 수평으로 조립한 것.

루블(rubl' 러)명 러시아와 구(舊)소련 권역에서 사용되는 화폐 단위. 1루블은 100코페이카. 기호는 Rub

루:비(ruby)명 강옥석(鋼玉石)의 한 가지. 붉은빛을 띤 투명한 보석. 홍보석(紅寶石). 홍옥(紅玉)

루비듐(Rubidium 독)명 알칼리 금속 원소의 하나. 은백색의 무른 금속으로 화학적 성질은 칼륨과 비슷하고 공기 중에서 쉽게 산화(酸化)하며 물과 반응하여 수소를 만듦. [원소 기호 Rb/원자 번호 37/원자량 85.47]

루:비=유리(ruby琉璃)명 금·은·구리·셀렌 등을 콜로이드 상태로 분산시켜 붉은 빛깔의 루비처럼 만든 유리.

루:스리:프(loose leaf)명 낱장의 종이를 자유로이 갈아 끼울 수 있게 만든 장부나 공책.

루:스볼:(loose ball)명 농구 따위에서, 어느 편의 것인지 구별되지 않는 상태의 볼.

루스티카나(rusticana 이)명 루스티코(rustico)

루스티코(rustico 이)명 악보의 나타냄말의 한 가지. '전원풍으로', '민요적으로'의 뜻. 루스티카나

루어(lure)명 털·플라스틱·나무·금속 따위로 물고기의 미끼 모양을 본떠 만든 낚싯바늘.

루어=낚시(lure－)[－낙－]명 루어로 하는 낚시.

루:주(rouge 프)명 립스틱

루지(luge)명 동계 올림픽 경기 종목의 한 가지. 썰매에 한 사람 이상의 선수가 타고 얼음으로 된 1,000m의 경주로를 내리달려 걸리는 시간을 겨루는 경기.

루테:늄(Ruthenium 독)명 백금족(白金族) 원소의 한 가지. 광택이 있는 은백색의 금속으로 단단하면서도 잘 부스러지고, 산(酸)에 강하여 왕수(王水)에도 잘 녹지 않음. 다른 백금족 원소의 경도(硬度)를 높이는 데에 쓰임. [원소 기호 Ru/원자 번호 44/원자량 101.07]

루테튬(lutetium)명 란탄족 원소의 하나. 순수한 금속으로서는 얻을 수 없으며, 산화물과 이온의 빛은 무색임. [원소 기호 Lu/원자 번호 71/원자량 174.97]

루:트(root)명 수학에서, 제곱근을 나타내는 기호 $\sqrt{}$ 의 이름.

루:트(route)명 ①길 ②물품이나 정보 따위가 전해지는 경로(經路). ¶거래 －/정보 수집 －

루:틴(routine)명 컴퓨터에서, 독립적으로 어떤 한 가지 작업을 수행할 수 있는 일련의 명령어 집단. 프로그램에서는 이러한 명령어들을 이용하여 작업을 수행함.

루:틴(rutin)명 배당체(配糖體)의 한 가지. 달걀 노른자, 메밀, 토마토 줄기 등에 들어 있고, 모세 혈관의 기능을 정상으로 유지하고 혈관을 튼튼히 하는 작용이 있어, 고혈압이나 뇌일혈 등을 예방하는 약에 쓰임.

루:페(Lupe 독)명 확대경(擴大鏡)

루:프(loop)명 ①끈이나 실, 철사 따위로 만든 고리를 통틀어 이르는 말. ②'루프선'의 준말. ③여성용 피임 용구의 한 가지. 플라스틱이나 금속으로 만들며, 자궁(子宮) 안쪽에 장치함.

루:프가:든(roof garden)명 빌딩 등의 옥상에 만든 정원. 옥상 정원(屋上庭園)

루:프-선(loop線)명 지형이 가파른 산지에 고리 모양으로 놓아 기울기가 완만한 철도 선로. 준루프(loop)

루:프안테나(loop antenna)명 도선(導線)을 고리 모양으로 여러 번 감아 만든 안테나. 무선 수신기에 딸림.

루:피:(rupee)의 인도·네팔·파키스탄 등에서 사용되는 화폐 단위.

루:핀(lupine)명 콩과의 한해살이풀, 또는 여러해살이풀. 관상용 식물로, 줄기 높이는 60cm 안팎. 잎은 손바닥 모양으로 갈라져 있는 겹잎임. 꽃은 초여름에 총상(總狀) 꽃차례로 핌. 미국이나 아프리카 등지에 300여 종이 분포함.

루:핑(roofing)명 섬유(纖維)에 아스팔트를 먹이어 만든 지붕 방수 재료. 지붕을 일 때 기와 밑에 깖.

룰:(rule)명 경기 따위의 규칙. ¶야구 경기의 －을 지키다. ☞규약(規約)

룰렛(roulette)명 ①도박 기구의 한 가지, 또는 그 기구로 하는 도박. 회전하는 원반 위에 구슬을 굴려, 그 구슬이 멎는 자리의 숫자로 내기를 함. ②양재(洋裁) 등에서, 종이나 옷감 등의 본 위의 바느질할 자리에 점선을 표시하는, 톱니바퀴가 달린 도구.

룸:라이트(room light)명 실내등. 특히 자동차의 실내에 켜는 작은 전등을 이름.

룸:메이트(roommate)명 기숙사나 하숙 등에서 같은 방을 쓰는 사람.

룸바(rhumba·rumba 에)명 19세기 초, 쿠바에서 발달한 4분의 2박자의 춤곡, 또는 그 춤.

룸:서:비스(room service)명 호텔 등에서, 객실(客室)에 음식 따위를 갖다 주는 일.

룸:쿨:러(room＋cooler)명 실내용의 냉방 장치.

룸펜(Lumpen 독)명 실업자나 부랑자.

룻기(∠Ruth記)명 구약성서 중의 한 편. 모압 지방의 여인 '룻'의 효성, 인정미, 이방인에 대한 관용성 등을 바탕으로 하여 헤브루의 전원 생활을 기록한 것으로, 문학성이 높음.

-류(流)《접미사처럼 쓰이어》①'형식', '방식'의 뜻을 나타냄. ¶자기류(自己流) ②'풍조(風潮)'의 뜻을 나타냄. ¶서양류(西洋流)

-류(類)《접미사처럼 쓰이어》'종류', '부류(部類)'의 뜻을 나타냄. ¶곡물류(穀物類)/공구류(工具類)/보석류(寶石類)/채소류(菜蔬類)/모직물류(毛織物類)

류:머티즘(rheumatism)명 관절과 그 근접 근육에 통증·장애·경결(硬結) 등을 일으키는 질환.

류:신(leucine)명 단백질을 구성하는 필수 아미노산의 한 가지. 1819년 근섬유(筋纖維)와 털에서 처음 발견함.

류:트(lute)명 16세기 유럽에서 유행하였던 현악기. 모양은 만돌린과 비슷하나 조금 크고 줄이 열한 개임. 가장 오래된 현악기이며, 이집트와 아라비아를 거쳐 유럽에 전해졌다고 함.

륙색(rucksack)명 야외에서 필요한 물건을 넣어 등에 지는 등산용 배낭.

-률(律)《접미사처럼 쓰이어》①'규칙', '법칙'의 뜻을 나타냄. ¶도덕률(道德律)/황금률(黃金律) ②'운율(韻律)'의 뜻을 나타냄. ¶정형률(定型律) ☞율(律)

-률(率)《접미사처럼 쓰이어》'비율(比率)'의 뜻을 나타냄. ¶인상률(引上率)/출생률(出生率) ☞율(率)

르네상:스(Renaissance 프)명 14~16세기에 걸쳐 이탈리아를 중심으로 전 유럽에 퍼진 예술과 학문 등의 혁신 운동. 교회 중심의 세계관에서 벗어나 그리스·로마의 고전 문화의 부흥과 인간성의 해방을 부르짖었음. 문예

부흥

르불규칙=용:언(—不規則用言)[—농—]명〈어〉르불규칙 활용을 하는 용언. '고르다·기르다·다르다·빠르다' 따위.

르불규칙=활용(—不規則活用)명〈어〉용언이 활용할 때, 어간 끝 음절 '르'가 '-아(-어)'와 어울릴 때 '으'가 빠지고 '-라(-러)'로 바뀌는 활용. '고르다'가 '고르고·골라'로, '다르다'가 '다르고·달라'로, '무르다'가 '무르고·물러'로 되는 따위.

르포(∠reportage 프)명 '르포르타주'의 준말.

르포라이터(∠reportage+writer)명 사건이나 지역의 풍물 따위를 현지에서 취재하여 기사로 싣거나 책으로 내는 사람.

ㄹ

르포르타:주(reportage 프)명 ①신문·잡지·방송 등에서, 현지 보고나 보고 기사를 이르는 말. ②사회적 관심거리가 되는 현실이나 개인의 특이한 체험을 사실 그대로 그린 문학. 기록 문학. 보고 문학 준르포

-를 조 ①받침 없는 체언에 붙어, 행위의 대상임을 나타내는 목적격 조사. ¶주머니를 만든다./나무를 심는다. ②주는 행위의 대상에 붙어, '-에게'의 뜻으로 쓰이는 부사격 조사. ¶이 돈을 누구를 줄까? ③목적어처럼 쓰이는 부사어에 붙어, '정도, 동안, 처소' 따위의 뜻을 나타내는 조사. ¶십 리를 걸었다./하루를 놀았다./두 끼를 굶었다. ④부사형 어미 아래에 붙어, 강조의 뜻을 나타내는 조사. ¶산이 높지를 않다./그런 말은 하지를 마라./상자를 열어를 봐라. ☞-을[1]

리(里)의 척관법의 길이 단위의 하나. 1리는 1,296척(尺)으로 약 393m임.

리(厘·釐)[1]의 ①돈의 단위. '전(錢)'의 10분의 1. ②척관법의 길이 단위의 하나. 1리는 1푼의 10분의 1, 1모(毛)의 열 곱절. 약 0.3mm임. ③척관법의 무게 단위의 하나. 1리는 1푼의 10분의 1, 1모(毛)의 열 곱절. 37.5mg임. ④백분율의 단위. '푼'의 10분의 1.

리(哩)의 마일(mile)

리(厘)[2]수 소수(小數) 단위의 하나. 분(分)의 10분의 1, 모(毛)의 열 곱절.

-리- 접미 끝소리가 [ㄹ]이거나 불규칙 활용으로 [ㄹ]로 되는 말의 어근(語根)에 붙어 ①'하게 함'의 뜻을 나타냄. ¶물리다/흘리다 /불리다 ②'함을 당함'의 뜻을 나타냄. ¶몰리다/헐리다/뚫리다 ☞-기-. -이-. -히-

-리 어미 ①'-리라'의 준말. ¶그 일은 내가 하리./내일이면 늦으리./영원히 빛나리. ②'-리요'의 준말. ¶오래된 일을 어찌 알리?/무엇이 두려우리. ☞-으리

리고로소(rigoroso 이)명 악보의 나타냄말의 한 가지. '박자를 정확하게'의 뜻.

리골레토(rigoletto 이)명 4분의 3박자의 이탈리아 춤곡, 또는 그 춤.

리:그(league)명 ①야구·축구·농구 따위에서, 우승을 가리려고 경기를 벌이는 경기자의 연맹. ②리그전

리그로인(ligroin)명 석유를 분류할 때, 100~150°C에서 나오는 용매(溶媒)의 한 가지. 인화성(引火性)이 강하고 물에는 잘 녹지 않음. 페인트와 바니시의 용매로 화학 실험에 쓰임.

리그베다(Rig-Veda 범)명 고대 인도 브라만교의 근본 성전(聖典). 기원전 1,500년 경에 써진 것으로 전해지며, 많은 신들에게 바쳐진 방대한 분량의 운문(韻文) 찬가로서 인도 사상의 원천이 됨.

리:그-전(league戰)명 경기에 참가한 개인이나 단체가 다른 모든 선수나 단체와 한 번 이상 맞서 겨루게 되어 있는 경기 방식. 리그(league). 연맹전(聯盟戰) ☞토너먼트(tournament)

리기다-소나무(rigida—)명 소나뭇과의 상록 교목. 북아메리카 원산으로 높이 25m, 지름 1m 안팎. 나무껍질은 붉은빛이 도는 갈색이며 깊게 갈라져 있고, 잎은 세 개씩 또는 네 개씩 모여 남. 어디에서나 잘 자라고 벌레의 피해도 잘 입지 않아서 사방(砂防) 공사의 조림(造林)에 많이 쓰임.

-리까 어미 받침 없는 어간이나 '이다'의 '이-'에 붙어 ①상대편의 의향을 묻는 종결 어미. ¶제가 가오리까?/임이라 부르리까? ②반문하는 뜻을 나타내는 종결 어미. ¶당신의 마음을 왜 모르리까./무엇이 나쁘리까./옛말과 다르리까. ☞-오리까. -으리까

리넨(linen)명 아마(亞麻)의 실로 짠 얇은 직물을 통틀어 이르는 말. 옷감으로 쓰이는 섬유 중에서 가장 오래됨. 아마포(亞麻布)

리놀륨(linoleum)명 실내의 바닥에 깔거나 벽면에 붙이는 건축 재료. 아마인유(亞麻仁油)의 산화물에 코르크 가루나 톱밥, 돌가루, 착색제 등을 섞어서 가열 압착하여 만듦.

-리니 어미 '-ㄹ 것이니'의 뜻으로 쓰이는 예스러운 말투의 연결 어미. ¶이곳은 우리가 지키리니 그대들은 떠나라. ☞-으리니

-리다 어미 받침 없는 동사 어간이나 '이다'의 '이-'에 붙어, '-겠다'의 뜻으로 말하는 이의 의지를 나타내는 예스러운 종결 어미. ¶내가 가리다./사실대로 말하리다. ☞-오리다. -으리다

리:더(leader)명 조직이나 단체에서 앞장서서 여러 사람을 이끄는 사람. ☞주장(主將). 지도자(指導者)

리:더십(leadership)명 지도자로서 갖추어야 할 능력이나 자질. ¶탁월한 —이 필요한 때이다. ☞지도력(指導力). 통솔력(統率力)

리:드(lead)명-하다자타 ①앞장서서 이끄는 일. ②경기 따위에서 상대편보다 우세한 상황으로 앞서는 일. ¶박빙(薄氷)의 —를 지키다. ③야구에서, 주자가 도루나 빠른 진루(進壘)를 위하여 베이스에서 떠나 다음 베이스 쪽으로 조금 다가서는 일.

리:드(reed)명 악기에서, 공기를 불어넣으면 떨며 소리를 내는 얇은 조각. 갈대·대나무·쇠 등으로 만듦. 서

리드미컬-하다(rhythmical—)형여 율동적이다. 운율적인 느낌이 있다.

리:드오르간(reed organ)명 발로 페달을 밟아 공기를 불어넣어, 리드를 진동시켜 소리가 나도록 되어 있는 소형 오르간.

리듬(rhythm)명 ①규칙적인 것이 되풀이되는 일. ¶생활의 —./작업의 —. ②음의 장단과 강약이 일정하게 되풀이되는 것. 음악의 3요소 가운데 하나임. 율동(律動). 절주(節奏) ③글이 지니는 음성적인 가락. 시의 운율.

리듬=체조(rhythm體操)명 반주 음악에 맞추어 곤봉이나 공, 리본, 훌라후프, 밧줄 등의 도구를 사용하면서 연기하는 율동적인 체조. 1984년 로스앤젤레스 올림픽 때부터 올림픽 정식 종목으로 채택됨.

리라(lira 이)의 이탈리아의 화폐 단위.

리라(lyra 그)명 고대 그리스의 현악기. 하프와 비슷하며, 공명 상자의 양끝에 버팀대를 하나씩 세우고 여기에 가로로 지른 막대기에 네 개 또는 7~10개의 현(絃)을 걸었음. 라이어(lyre)

-리라 어미 받침 없는 어간이나 '이다'의 '이-'에 붙어, '-ㄹ 것이다'의 뜻으로 쓰이어 추측이나 의지를 나타내는 종결 어미. ¶내 마음을 그대는 모르리라./결단코 하고 말리라./하늘의 뜻이리라./본심이 아니리라. 준-리 ☞-으리라

-리로다 어미 어간이나 '이다'의 '이-'에 붙어, '-ㄹ 것이로다'의 뜻으로 쓰이는 예스러운 표현의 종결 어미. ¶나는 정처 없이 가리로다./착한 이에게 행운이 따르리로다. ☞-으리로다

리리시즘(lyricism)명 시(詩)나 음악 등 예술 작품에 표현된 서정적인 정취.

리리컬-하다(lyrical—)형여 서정적인 느낌이 있다.

-리만큼 어미 '-ㄹ 이만큼'에서 온 말로, '-ㄹ 것만큼'의 뜻으로 쓰이는 부사형 어미. ¶주리만큼 주었다./배우리만큼 배운 사람이 그래서야 되나? ☞-으리만큼

리:머(reamer)명 드릴 따위로 금속에 뚫은 구멍을 정밀하게 다듬어 마무리하는 공구.

리:메이크(remake)명-하다타 예전에 발표되었던 영화·

음악·드라마 따위를 같은 제목과 줄거리로 새롭게 다시 만드는 일.

리:모컨(∠remote control)명 멀리 떨어진 곳에서 기기나 기계 등을 조종하는 기구.

리모:트컨트롤(remote control)명 멀리 떨어져 있는 기기(器機)나 장치에 전파 따위의 신호를 보내어 자동 제어하는 일. 로켓의 유도, 생산 공장의 집중 관리 따위에 쓰임. 원격 제어(遠隔制御)

리무진(limousine 프)명 ①운전석과 뒤 좌석 사이를 유리로 칸막이한 고급 대형 승용차. ②공항의 여객을 나르는 버스.

리바운드(rebound)명 ①농구에서, 슈팅한 공이 골인하지 않고 바스켓이나 백보드 등에 맞고 튕겨 나오는 일, 또는 그 공을 잡는 일. ②배구에서, 상대편 선수가 블로킹한 손에 맞고 되돌아온 공으로 다시 공격하는 일. ③럭비에서, 공이 선수의 손·팔·다리 이외의 몸에 맞고 상대편 쪽으로 가는 일. ④역도에서, 굽혔던 허리를 펼 때 생기는 반동력으로 일어서는 일.

리바운드슛:(rebound shoot)명 농구에서, 바스켓이나 백보드 등에 맞고 튕겨 나온 공을 잡아서 슈팅하는 일.

리바이벌(revival)명-하다타 보여 주거나 들려주었던 영화·연극·노래 등을 다시 보게 하거나 들려주는 일.

리버럴리스트(liberalist)명 자유주의자

리버럴리즘(liberalism)명 자유주의(自由主義)

리버럴-하다(liberal−)형여 자유주의를 믿고 따르는 태도가 있다. ¶리버럴한 사고(思考)가 창의력을 키운다.

리베이트(rebate)명 ①판매자가 지급 대금의 일부를 사례금이나 보상금 등의 형식으로 지급인에게 돌려 주는 일, 또는 그 돈. ②흔히 '뇌물'의 뜻으로 쓰는 말.

리벳(rivet)명 철재(鐵材) 등을 잇는 데 쓰이는, 대가리가 둥글고 두툼한 버섯 모양의 굵은 못.

리보솜(ribosome)명 생물의 세포질 속에 들어 있는 작은 과립 형태의 물질. 단백질을 합성하는 기능이 있음.

리보오스(ribose)명 탄소 원자 다섯 개를 지닌 단당류(單糖類)의 한 가지. 리보 핵산 등의 구성 요소로서 생물체에 널리 존재함.

리보=핵산(ribo核酸)명 리보오스를 당(糖)의 성분으로 하는 핵산. 식물 바이러스, 일부 동물의 바이러스, 동식물의 세포핵과 세포질 속에 들어 있음. 세포 내에서는 단백질의 합성에 중요한 구실을 함. 아르엔에이(RNA) ☞디옥시리보 핵산

리본(ribbon)명 ①장식용으로 쓰는, 끈이나 띠 모양의 물건. 천이나 종이 따위로 만듦. ②타자기나 워드프로세서 등에 쓰는 띠 모양의 먹지. ③리듬 체조에 쓰는, 손잡이가 있는 띠 모양의 긴 천.

리볼버(revolver)명 회전식 연발 권총.

리뷰:(review)명 새로 나온 책·영화·연극·전람회 등을 비평하는 글, 또는 그러한 글의 기사나 책.

리비도(libido 라)명 정신 분석학에서, 성적(性的) 본능에 따르는 충동을 이르는 말.

리비툼(libitum 라)명 악보의 나타냄말의 한 가지. '자유롭게'의 뜻.

리사이클링(recycling)명 자원 절약이나 환경 오염 방지를 위한 재활용(再活用).

리사이틀(recital)명 독창회, 또는 독주회. ☞조인트리사이틀(joint recital). 콘서트(concert)

리서:치(research)명 ①조사하는 일. ②학문 연구.

리셉션(reception)명 환영하거나 축하하기 위하여 베푸는 공식 연회(宴會).

리셋(reset)명 컴퓨터에서, 기억 장치나 계수기, 레지스터 따위를 초기화(初期化)하는 일.

리소좀(lysosome)명 가수 분해 효소를 다량 함유하고 소화 작용을 하는, 세포질의 작은 기관. 세균 따위의 이물질이나 노후한 자신의 세포를 소화하는 구실을 함.

리스(Riss 독)명 등산에서, 바위의 갈라진 틈.

리:스(lease)명 기계나 설비 따위를 장기간 빌려 주는 일.

리스트(list)명 여러 인명(人名)이나 품명(品名)을 알아보기 쉽게 적어 놓은 표. ☞명부(名簿). 목록(目錄)

리시:버(receiver)명 ①테니스나 탁구 등에서, 상대 선수가 서브한 공을 받는 사람. ☞서버(server) ②음성 전류를 소리로 바꾸는 수신기로, 귀에 대어서 쓰는 것.

리시:브(receive)명-하다타 테니스나 탁구 등에서, 상대 선수가 서브한 공을 받아 넘기는 일. ☞서브(serve)

리신(lysine)명 필수 아미노산의 한 가지. 동물성 단백질에는 많이 들어 있으나 식물성 단백질에는 적게 들어 있음. 물에 잘 녹지만 알코올이나 에테르에는 잘 녹지 않음.

리아스식=해:안(Rias式海岸)명 톱날 모양으로 복잡하게 들쭉날쭉하고 만(灣)과 후미가 많은 해안.

리어엔진버스(rear engine bus)명 엔진을 차체의 뒤쪽에 설치한 버스.

리어카:(rear+car)명 몸체가 쇠파이프로 되어 있고 바퀴가 둘 달린 손수레.

리얼리스트(realist)명 ①실재론자 ②사실주의자 ③현실주의자

리얼리스틱-하다(realistic−)형여 ①사실적이다 ②현실적이다. 현실주의적이다

리얼리즘(realism)명 사실주의(寫實主義)

리얼리티(reality)명 현실감. 현실성(現實性) ☞진실(眞實). 진실성(眞實性)

리얼-하다(real−)형여 사실인 것처럼 느낌이 생생하다. ¶리얼한 드라마.

-리에(裡−)《접미사처럼 쓰이어》한자말에 붙어 '속에'의 뜻을 나타냄. ¶비밀리에/성황리에

-리요어미 받침 없는 어간이나 '이다'의 '이-'에 붙어, 스스로에게 묻거나 하소연하는 종결 어미. ¶이를 어찌하리요?/무엇을 부러워하리요./열사(烈士)가 아니고 무엇이리요. 준-리 ☞-으리요

리을명〈어〉한글 자모(字母) 'ㄹ'의 이름.

리조:트(resort)명 피서(避暑)나 휴양(休養), 행락(行樂) 등을 위하여 사람들이 가는 곳. ☞휴양지(休養地)

리조:트호텔(resort hotel)명 관광지(觀光地)나 휴양지(休養地) 등에 지어 놓은 서양식 숙박 시설.

리졸루토(resoluto 이)명 악보의 나타냄말의 한 가지. '힘차고 분명하게'의 뜻.

리:치(reach)명 권투에서, 선수의 팔 길이.

리케차(rickettsia)명 원핵생물계에 딸린, 세균보다 작고 바이러스보다 큰 비세포성 병원체를 통틀어 이르는 말. 숙주(宿主) 세포 속에서만 증식하고, 흡혈성 곤충이 매개함. 발진티푸스나 발진열 등의 병원체 따위.

리코:더(recorder)명 세로로 부는 목관 악기의 한 가지. 부드러운 음색을 냄.

리코:딩(recording)명 음반이나 테이프, 필름 등에 녹음하거나 녹화하는 일.

리콜:(recall)명 요트 경기에서, 출발 신호보다 먼저 나아간 요트를 불러들이는 일.

리콜-제(recall制)명 ①자동차 따위 상품의 결함을 제조 회사가 발견하고 생산품의 일련 번호를 추적, 거두어들여 해당 부품을 무료로 점검·교환·수리하는 일. ②소환제(召還制)

리퀘스트프로그램(request program)명 라디오나 텔레비전에서, 청취자나 시청자의 희망에 따라 방송하는 프로그램.

리큐:어(liqueur)명 혼성주(混成酒)의 한 가지. 증류주나 알코올에 당류(糖類)나 향미료 따위를 섞어 만듦.

리클라이닝시:트(reclining seat)명 기차나 자동차에서, 등받이를 자유롭게 조절할 수 있는 의자.

리타르단도(ritardando 이)명 악보의 빠르기말의 한 가지. '점점 느리게'의 뜻. 기호는 rit ☞아첼레란도

리터(liter)의 미터법에서 용량의 단위. 1리터는 1세제곱데시미터(dm^3)를 이름. 기호는 L

리:터치(retouch)명 회화·조각·사진 등에서, 수정 또는 가필(加筆)하는 일.

리턴:매치(return match)명 프로 권투 따위에서, 선수권을 빼앗긴 선수가 새로 선수권을 가진 같은 상대에게

다시 도전하여 벌이는 경기.

리턴:키:(return key)명 컴퓨터 키보드의 '엔터키'를 달리 이르는 말.

리테누토(ritenuto 이)명 악보의 빠르기말의 한 가지. '그 부분에서부터 좀 느리게'의 뜻. 기호는 riten

리튬(Lithium 독)명 알칼리 금속 원소의 하나. 은백색의 광택이 나며, 금속 중에서 가장 가벼움. 암석 속에 널리 분포하고, 해초(海草)·담배·커피·우유·혈액 속에도 들어 있음. 원자로의 제어봉, 환원제, 합금 등에 쓰임. 〔원소 기호 Li/원자 번호 3/원자량 6.94〕

리튬=폭탄(Lithium爆彈)명 수소화 리튬의 열핵(熱核) 반응을 이용한 수소 폭탄. 1953년 소련에서 처음 개발됨.

리:트(Lied 독)명 독일에서 발달한, 시와 음악이 결합된 형태의 성악곡. 서정적인 가곡.

리트머스(litmus)명 리트머스이끼나 그 밖의 이끼 종류에서 짜 낸 자줏빛 색소의 한 가지. 알칼리에서는 청색으로, 산에서는 적색으로 변함.

리트머스-이끼(litmus-)명 이끼의 한 가지. 높이는 4~8cm로 담황색이며, 나뭇가지 모양으로 갈라져 있고 끝이 가늚. 예로부터 양털의 염색제로 이용되어 왔고 리트머스 용액의 제조 원료로도 중요시됨. 지중해 연안과 남반구에 널리 분포함.

리트머스=종이(litmus-)명 리트머스 용액에 적셔 물들인 종이. 청색과 적색 두 가지가 있음. 용액 등의 산성과 알칼리성 반응을 시험하는 데 쓰임. 알칼리성 용액은 적색 종이를 청색으로 변화시키고, 산성 용액은 청색 종이를 적색으로 변화시킴.

리트미크(rythmique 프)명 리듬에 기초를 두는 음악 교육법의 한 가지. 신체의 여러 감각과 기능을 발달시켜 심신의 조화를 이루도록 꾀함. 스위스의 음악 교육가 달크로즈(Dalcroze)가 창안함.

리틀-병(Little病)[-뼝]명 뇌성 소아마비의 한 가지. 주로 선천적인 원인이나 분만 장애 때문에 대뇌가 손상되어 일어나는 병으로, 사지(四肢)의 강직성(強直性) 마비가 주요 증세이며, 때로는 지적(知的) 장애가 따름.

리티곤(litigon)명 타이곤(tigon) 수컷과 사자 암컷을 교배한 잡종. 몸이 아주 크고, 사자의 갈기와 누런 털을 가짐. 배는 흰데 호랑이의 굵은 줄무늬가 있음.

리파아제(Lipase 독)명 지방을 글리세린과 지방산으로 가수 분해(加水分解)하는 효소. 동물의 소화 효소로 위액·이자액·장액 속에 분비됨.

리포이드(lipoid)명 유지질(類脂質)

리포:터(reporter)명 신문이나 방송, 잡지 등의 탐방 기자(探訪記者). 보도자

리포:트(report)명 ①조사·연구·실험 등의 결과 보고나 보고서. ②연구 논문.

리프레인(refrain)명 둘 이상의 절(節)로 이루어진 시나 악곡에서, 각 절의 끝에 반복되는 부분. 후렴(後斂)

리:프린트(reprint)명-하다타 ①사진이나 자료 등을 복사하는 일. ②책 따위를 원본과 똑같이 복제하는 일, 또는 그 복제본. ③녹음이나 녹화 테이프를 복제하는 일, 또는 복제한 테이프.

리프트(lift)명 ①동력을 써서 화물을 아래위로 나르는 장치. ☞기중기(起重機) ②갱내용 양수 펌프. ③스키장이나 관광지에서, 낮은 곳에서 높은 곳으로 사람을 실어 나르는 의자 모양의 탈것.

리플레(∠reflation)명 '리플레이션'의 준말.

리플레이션(reflation)명 디플레이션에서 벗어나기 위해, 인플레이션이 되지 않을 정도로 통화량을 늘리는 정책. 준리플레

리플렉터(reflector)명 ①사진을 찍을 때 사용하는 조명용 반사판(反射板). ②자동차나 자전거 뒤에 다는 위험 방지용 반사판.

리:플릿(leaflet)명 ①광고나 선전에 쓰이는 한 장짜리 인쇄물. ②종이 한 장을 몇 페이지로 접은 인쇄물.

리피:트(repeat)명 도돌이표

리:필=제:품(refill製品)명 비워진 용기(容器)에 다시 채워 쓸 수 있도록 내용물만을 따로 파는 제품. 환경 보호와 물자 절약에 효과적임.

리:허빌리테이션(rehabilitation)명 재활 의학(再活醫學)

리허:설(rehearsal)명 연극·무용·방송 따위에서, 본공연에 앞서 실제처럼 하는 예비 연습. ☞총연습

린스(rinse)명 머리를 감은 뒤, 머리털을 보호하기 위해 쓰는 액체. 샴푸나 비누의 알칼리성을 중화하고, 머리털을 윤기 있고 부드럽게 함.

린치(lynch)명 법의 절차를 무시하고 사사로이 잔인한 폭력을 쓰거나 형벌을 주는 일. ¶-를 당하다. ☞사매. 사형(私刑)

린포르찬도(rinforzando 이)명 악보의 셈여림말의 한 가지. '특별히 그 음만 강하게'의 뜻. 기호는 rinf

릴:(reel)명 ①실이나 테이프, 필름 등을 감는 틀. ②낚싯대의 손잡이 부분에 달아 낚싯줄을 풀고 감을 수 있도록 한 장치. ③〔의존 명사로도 쓰임〕 영화 필름의 길이의 단위. 1릴은 약 300m임.

릴:-낚시(reel-)[-낙-]명 낚싯대에 장치된 릴을 이용하여 하는 낚시. ☞견지낚시. 대낚. 방울낚시

릴레이(relay)명 '릴레이 경기'의 준말.

릴레이=경:기(relay競技)명 달리기·수영·스키 등에서, 팀을 이룬 몇 명의 선수들이 일정한 거리를 교대하여 경기하는 일. 준릴레이(relay)

릴리얀:(lily yarn)명 수예(手藝) 재료의 한 가지. 인조견사로 가늘게 꼬아 만든 실.

릴리:프(relief)명 평평한 면에 그림이나 글씨 등을 도드라지게 새기는 일, 또는 그 조각. 돋을새김. 부조(浮彫)

림(rim)명 자동차나 자전거 따위의 바퀴에서, 타이어를 끼우는 둥근 쇠테.

림:(ream)의 양지(洋紙)를 세는 단위. 1림은 일반 용지로는 전지 480장, 신문 용지로는 500장임. ☞연(連)

-림(林)《접미사처럼 쓰이어》'숲'의 뜻을 나타냄. ¶국유림(國有林)/보안림(保安林)/원시림(原始林)/보호림(保護林)

림프(lymph)명 척추동물의 체액의 한 가지. 혈관과 조직을 연결하며, 림프관을 통해 혈액 순환계의 영양소와 면역 항체를 나르는 무색의 액체. 림프액. 임파(淋巴)

림프-관(lymph管)명 림프가 흐르는 관(管). 정맥(靜脈)과 비슷한 구조를 가지고 있으며, 정맥과 같은 방향으로 흐름. 관벽이 혈관보다 얇고 투과성이 높음.

림프-구(lymph球)명 백혈구의 한 가지. 골수(骨髓)와 흉선(胸腺) 등에서 만들어지며, 항체를 생성하고 바이러스의 식균 세포(食菌細胞) 작용을 함. 전체 백혈구 중 성인의 경우 25~28%, 신생아의 경우 50%를 차지함.

림프-샘(lymph-)명 림프절

림프-선(lymph腺)명 림프절

림프-액(lymph液)명 림프(lymph)

림프-절(lymph節)명 림프관의 군데군데에 분포하는, 콩 모양의 조직. 지름이 2~3mm이지만 세균의 침입으로 염증이 생기면 2~3cm로 확대되어 체표에서 만질 수 있음. 림프 속의 세균을 거르는 구실을 함. 림프샘

림프절=결핵(lymph節結核)명 림프절에 결핵균이 침입하여 생기는 만성 염증.

림프절-염(lymph節炎)[-렴]명 림프절에 생기는 염증을 통틀어 이르는 말. 미생물이나 독소, 화학적 물질이 림프관을 통하여 들어가서 일으킴.

립글로스(lip-gloss)명 입술에 영양과 윤기를 주는 화장품. 직접 바르거나 립스틱 위에 바름.

립스틱(lipstick)명 입술 따위에 바르는 색조 화장품의 한 가지. 모양과 크기가 손가락과 비슷하며, 색상이 매우 여러 가지임. 루주(rouge) ☞연지(臙脂)

립싱크(lip sync)명 ①텔레비전이나 영화 따위에서, 화면에 나오는 연기자의 입술 놀림에 맞추어 대사의 발음과 억양을 녹음하는 일. ②텔레비전의 쇼 프로나 공연 따위에서, 녹음된 노래를 내보내면서 가수가 거기에 맞추어 입술만 움직이는 일. [lip synchronize]

립크림:(lip cream)명 입술이 트는 것을 방지하기 위하여

입술에 바르는 크림.

링 (ring) 명 ①고리 모양의 물건을 통틀어 이르는 말. ②권투나 프로 레슬링 따위의 경기장. ③농구에서, 공을 넣는 둥근 쇠테. ④링운동에서, 길게 늘어뜨린 두 줄의 로프 끝에 고리 모양의 쇠 손잡이가 달린 체조용 기구.

링거 (Ringer) 명 '링거액'의 준말.

링거-액 (Ringer液) 명 삼투압, 무기 염류 조성, 수소 이온 농도 따위를 혈청과 같은 수준으로 만든 액체. ㊟ 링거 (Ringer)

링거=주:사 (Ringer注射) 명 링거액을 담아 피부 밑이나 정맥에 놓는 주사. 쇠약하거나 출혈, 중독 증세가 있을 때에 혈액이나 수분을 보충하기 위하여 씀.

×**링게르** (Ringer) 명 →링거 (Ringer)

링사이드 (ringside) 명 권투나 프로레슬링 경기장에서, 링에 가까운 앞줄의 관람석.

링-운:동 (ring運動) 명 남자 체조 경기 종목의 한 가지. 땅에서 2.5m 되는 높이에 있는 대에 50cm의 간격으로 밧줄에 매단 두 개의 고리를 잡고 물구나무서기·매달리기·버티기 따위의 동작을 하는 운동.

링커 (linker) 명 축구 경기에서, 팀의 중앙에서 공격과 수비를 겸하는 선수. 포워드와 풀백을 연결하는 하프백.

링크 (link) 명 ①컴퓨터 작업에서, 여러 목적 프로그램을 하나로 연결하여 실행 프로그램으로 만드는 일. ②기계의 연동 장치. ☞연접봉(連接棒) ③〔의존 명사로도 쓰임〕 야드파운드법에서, 길이의 단위. 1링크는 1체인의 100분의 1로 약 0.2m임.

링크 (rink) 명 실내 스케이트장.

링크=제:도 (link制度) 명 ①수출입에서, 제품의 수출과 그 원료의 수입을 연계시키는 제도. 수출 상품에 사용된 원료의 가격만큼만 원료를 수입하게 하여 수입 제한의 효과를 얻음. ②통제 경제에서, 물건을 판 금액만큼의 물건만 사들이게 하는 제도.

링키지 (linkage) 명 외교 교섭에서, 쌍방의 양보를 교묘하게 연결하여 교섭을 성립시키는 일.

ㅁ

ㅁ 훈민정음 자모　　　　ㅁ　　　　훈몽자회 자모 ㅁ

-ㅁ¹ 접미 받침이 없는 어간에 붙어 명사가 되게 함. ¶기쁨/삶 ☞-ㅁ². -음

> ▶ 용언의 어근에 '-ㅁ/-음'이 붙어서 명사로 된 말은 그 어간의 원형을 밝혀 적는다.
> ¶앎/믿음/얼음/울음/웃음/졸음/죽음

-ㅁ² 어미 받침 없는 어간이나 '이다'의 '이-'에 붙어 ①명사형으로 만드는 어미. ¶함부로 말대꾸함은 잘못이다./넘침은 모자람과 같다./정직함이 자산임을 명심하라. ②공고문이나 판결문 따위에 쓰이는 서술 종결 어미. ¶출입을 금지함./다음과 같이 계약함./벌금형에 처함./내일은 공휴일임. ☞-음

-ㅁ세 어미 받침 없는 동사 어간에 붙어, '하게' 할 자리에 말하는 이가 상대에게 약속함을 나타내는 종결 어미. ¶자네 일엔 간섭 안 함세./곧 편지함세./다음에는 내가 술을 삼세. ☞-음세

-ㅁ에도 어미 명사형 어미 '-ㅁ'에 조사 '-에도'가 붙어서 된 말. 주로 '불구하고'를 동반하여 '어떤 상태인데도 영향 받지 않고'의 뜻으로 쓰임. ¶비가 옴에도 불구하고 여행을 떠났다./날씨가 불순함에도 불구하고 오셔서 감사합니다./겨울임에도 날씨가 춥지 않다.

-ㅁ에랴 어미 받침 없는 어간이나 '이다'의 '이-'에 붙어, 당연한 결과의 이유가 됨을 나타내는 반문의 종결 어미. ¶말하여 무엇하리, 어차피 알게 될 것임에랴./무엇이 아까우리, 공수래공수거임에랴./밝혀서 소용 있나, 진실이 아님에랴.

ㅁ자-집(-字-)[미음짜-] 명 건물의 평면 구조를 'ㅁ' 자 꼴로 지은 집. 미음자집

-ㅁ직 어미 받침 없는 어간이나 '이다'의 '이-'에 붙어, '그럴만한 값어치나 특성 또는 근거가 있음'을 나타냄. ¶이런 좋은 일엔 돈을 아낌없이 씀직 하다./병든 부모가 자식에게 기댐직 하지.

마¹ 명 서양 음악의 장음계(長音階) 셋째(단음계 다섯째) 음계 이름 '이(E)'에 해당하는 우리 나라 음계 이름. 이탈리아 음계 이름 '미(mi)'에 해당함.

마² 명 '남(南)'의 뱃사람말.

마:³ 명 맛과의 여러해살이풀. 뿌리는 기둥 모양의 다육질로 땅 속 깊이 들어가 있음. 줄기는 자줏빛이며 6~7월에 흰 꽃이 잎겨드랑이에 피고 열매는 삭과(蒴果)임. 덩이뿌리는 먹을 수 있으며, 한방에서 '산약(山藥)'이라 하여 강장제로도 씀. 우리 나라 각처의 산지나 밭에서 재배함. 산우(山芋). 서여(薯蕷)

마(馬) 명 장기에서, '馬' 자로 나타낸 장기짝의 하나. 한 편에 둘씩 네 개가 있는데, 선 한 칸을 간 다음에 대각선으로 한 칸을 갈 수 있음. 말 ☞상(象)

마(痲) 명 '삼'의 딴이름.

마(魔) 명 ①일에 헤살을 부리는 것. ¶-가 끼다. ②궂은 일이 자주 일어나는 곳을 이르는 말. ¶-의 건널목.

마가 들다 관용 일에 장애가 생기다.

마(碼) 의 야드(yard)

-마 어미 받침 없는 동사 어간에 붙어, '해라' 할 자리에 동의나 약속, 허락의 뜻을 나타내는 종결 어미. ¶내가 사실을 알아보마./곧 구해 주마. ☞-으마

마:가린(margarine) 명 정제된 동식물성 기름과 경화유(硬化油)를 적당한 비율로 배합한 것에 유화제·향료·색소·소금물 또는 발효유를 넣어 잘 섞고 유화시켜 버터와 같이 만든 식품. 인조 버터

마:가목 명 장미과의 낙엽 교목. 높이 6~8m. 잎은 9~13개의 작은 잎으로 된 깃꼴 겹잎임. 5~6월에 흰 꽃이 피며 10월경에 적색의 둥근 열매가 달림. 열매는 한방에서 천식·위염 등에 약재로 쓰임. 석남등(石南藤)

마가복음(∠Mark福音) 명 신약성서의 둘째 편. 사복음(四福音)의 하나로 그 가운데 가장 오래됨.

마:각(馬脚) 명 말의 다리.

마각이 드러나다 관용 숨기려던 큰 흠이 알지 못하는 사이에 나타나게 되는 일을 비유하여 이르는 말.

마:간-석(馬肝石) 명 벼루를 만드는 데 쓰는 붉은 돌.

마:간-홍(馬肝紅) 명 짙은 붉은 빛깔.

마갈-궁(磨羯宮) 명 황도 십이궁(黃道十二宮)의 열째 궁. 본디 십이 성좌(十二星座)의 염소자리에 대응되었으나, 세차(歲差) 때문에 지금은 서쪽의 궁수자리로 옮아가 있음. ☞보병궁(寶甁宮)

마감 명-하다 자 ①일을 마물러서 끝을 내는 것, 또는 그 때나 단계. ¶오늘 회의는 이만 -하겠습니다./- 공사가 시작되다. ②미리 정해 놓은 일정한 시기에 이르러 끝마치는 일, 또는 그 때. ¶원서 접수를 -하다.

마:갑(馬甲) 명 말에게 입히는 갑옷.

마개 명 병이나 그릇의 아가리나 구멍에 끼워 막는 물건.

마개-뽑이 명 마개를 뽑는 데 쓰이는 기구. ☞병따개

마:거리:트(marguerite) 명 국화과의 여러해살이풀. 줄기 높이는 1m 안팎이고 여름에 국화 비슷한 노랑 또는 흰 꽃이 핌. 아프리카 원산. 관상용으로 재배함.

마:경(馬耕) 명 말을 부려서 논밭을 경작하는 일.

마경(痲莖) 명 삼의 줄기. 삼대　　▷痲의 속자는 麻

마경(魔境) 명 마계(魔界)

마:경언:해(馬經諺解) 명 조선 인조 때, 이서(李曙)가 말〔馬〕에 관하여 100여 가지 항목을 설정하고, 그림을 곁들여 해설한 책. 본디 이름은 '마경초집언해(馬經抄集諺解)'임. 2권 2책.

마:계(馬契) 명 지난날, 삯을 받고 말을 빌려 주는 일을 영업으로 삼던 계.

마계(魔界) 명 악마의 세계. 마경(魔境)

마:계=도가(馬契都家) 명 지난날, 마계(馬契)의 일을 맡아 하던 도가.

마:곗-말(馬契-) 명 ①지난날, 마계에서 기르던 말. ②지난날, 삯을 받고 빌려 주던 말. ③교태(嬌態)를 부리는 늙은 여자를 얕잡아 이르는 말.

마고(痲姑) 명 마고할미

마고(蘑菰) 명 '표고'의 딴이름.

-마고 어미 '-마 하고'가 줄어든 말. ¶- 다음달까지 주마고 약속했다.

마고자 명 저고리 위에 덧입는 웃옷의 한 가지. 깃과 고름이 없으며 여자는 섶을 달지 않으나 남자는 섶을 달고, 길이도 여자 것보다 길게 하여 양 옆 아래를 틈. 섶을 여미지 않고 두 자락을 맞대어 단추를 끼움. 마괘자

마고-할미(痲姑-) 명 ①전설에 나오는 신선(神仙) 할미. 마고 ②'노파'를 달리 이르는 말.

마골(痲骨) 명 껍질을 벗긴 삼대. 겨릅대

마광(磨光) 명-하다 타 옥이나 돌 따위를 갈아서 광을 내는 일, 또는 그 광택.　　▷磨·磨는 동자

마:괘-자(馬褂子) 명 마고자

마-교직(痲交織) 명 날실은 면사, 씨실은 방적한 베실을 사용하여 평직(平織)으로 짠 교직물.

마구 부 ①앞뒤를 헤아리지 않고 외곬으로 세차게. ¶공공

장소에서 — 떠들다. ②몹시 세차게. ¶ — 달리다./비가 — 쏟아지다./대문을 — 두드리다. ③아무렇게나 되는 대로. ¶굵은 바늘로 — 꿰매다./벽에다 — 낙서를 하다. 함부로 ㊌막

마:구(馬具)명 말을 부리는 데 쓰는 연장이나 말에 딸린 꾸미개. 굴레·재갈·고삐·안장 따위.

마:구(馬廐)명 마구간(馬廐間)

마:구-간(馬廐間)[—깐]명 말을 기르는 곳. 구사(廐舍). 마구(馬廐). 말간

마구리명 ①물건이나 목재의 양쪽 머리의 면. ¶서까래 —. ②길쭉한 물건의 두 끝에 덮어 끼우는 것. ¶베개의 —./장구의 —.

마구리-판명 나무토막의 양쪽 머리의 면을 직각이 되게 깎는 틀.

마구-발방명-하다자 법도 없이 함부로 하는 말이나 행동.

마:구-발치(馬廐—)명 마구간의 뒤쪽.

마구-썰:기명 파나 오이 따위를 아무렇게나 써는 방법.

마구-잡이명 이것저것 헤아리지 않고 닥치는 대로 마구 하는 짓. ¶물품을 —로 사들이다.

마:군(馬軍)명 말을 타고 싸우는 군사. 기병(騎兵)

마군(魔軍)명 ①불교에서, 불도(佛道)를 방해하는 온갖 악한 일을 비유하여 이르는 말. ②일이 잘못되도록 헤살을 놓는 무리를 비유하여 이르는 말.

마굴(魔窟)명 ①마귀가 있는 곳. ②못된 무리들이 모여 있는 곳.

마:권(馬券)[—꿘]명 경마(競馬)에서, 우승이 예상되는 말에 돈을 걸고 사는 표.

마권찰장(摩拳擦掌)[—짱]성구 주먹과 손바닥을 비빈다는 뜻으로, 단단히 벼르고 기운을 모아 돌진할 기회를 기다림을 이르는 말.

마귀(魔鬼)명 요사스러운 귀신을 통틀어 이르는 말.

한자 **마귀 마**(魔)〔鬼部 11획〕¶마귀(魔鬼)/마녀(魔女)/마성(魔性)/악마(惡魔)

마그나카르타(Magna Carta 라)명 1215년 영국 왕 존(John)이 귀족들의 강압에 따라 승인한 칙허장(勅許狀). 영국 입헌 정치의 토대가 됨. 대헌장(大憲章)

마그네사이트(magnesite)명 육방 정계(六方晶系)의 광물의 한 가지. 탄산마그네슘이 주성분으로, 무색·회색·백색이거나 황색·홍색을 띠었으며 반투명함. 내화재와 마그네슘의 원료로 쓰임. 능고토광(菱苦土鑛)

마그네슘(Magnesium 독)명 은백색의 가벼운 금속 원소의 하나. 건조한 공기 속에서는 변하지 않으나 습한 공기 속에서는 광택이 서서히 흐려짐. 가열하면 빛을 내면서 타고 산화물이 됨. 산에는 잘 녹지만 알칼리에는 녹지 않음. 특수 건축재, 환원제 따위에 쓰임.〔원소 기호 Mg/원자 번호 12/원자량 24.31〕

마그네슘=합금(Magnesium合金)명 마그네슘을 주성분으로 하는 비중이 가벼운 합금.

마그네시아(magnesia)명 산화마그네슘

마그네시아=벽돌(magnesia甓—)명 산화마그네슘을 주성분으로 하는 염기성 내화 벽돌. 염기성 제강로(製鋼爐)를 쌓는 데 많이 쓰임.

마그네시아시멘트(magnesia cement)명 산화마그네슘을 염화마그네슘 용액에 섞어서 만든 시멘트. 다른 것과 섞어서 세공품이나 건축 재료를 만드는 데 씀.

마그네트론(magnetron)명 자기장 속에서 극초단파를 발진하는 삼극 진공관. 자전관(磁電管)

마그네틱스피:커(magnetic speaker)명 영구 자석 끝에 코일을 설치하여 만든 확성기.

마그녹스(magnox)명 마그네슘을 주성분으로 하여, 알루미늄·칼슘·베릴륨이 첨가된 합금. 원자로의 연료 피복용으로 개발됨.

마그마(magma)명 땅 속 깊은 곳에서 고열에 녹아 반액체 상태로 있는 암석 물질. 암장(岩漿)

마근(麻根)명 한방에서, 삼의 뿌리를 약재로 이르는 말.

×**마기**부 →막상

마기-말로부 실제라고 가정하는 말로. 막상말로 ¶ — 그렇게 되면 큰일이다.

마:나-님명 나이가 많은 부인을 높이어 일컫는 말. ¶ —께서는 요즘 어떠신가?

마냥부 ①원하는 대로 한껏. 흐뭇하도록 ¶공부하라는 말을 안 하니까 — 놀고 있다./몸 생각은 않고 — 먹는다. ②전과 다름없이 언제나. ¶신혼이라 — 좋기만 하다./— 그립다. ③느긋하게 천천히. ¶그렇게 — 하다가는 오늘도 못 끝낸다./바닷가를 — 걸었다.

마냥-모명 철 늦게 내는 모. 늦모 ☞이른모

마네킹(mannequin)명 의류를 파는 상점에서, 선전을 위하여 옷을 입혀 놓는 인체 모형.

마네킹걸:(mannequin girl)명 판매할 옷이나 장신구 따위를 착용하고 사람들에게 보여서 구매욕을 높이는 일을 전문으로 하는 여자.

마녀(魔女)명 ①마력을 지닌 여자. ②여자 마귀.

마노(瑪瑙)명 석영의 한 가지. 빛이 고와 장식품이나 보석으로 쓰이고 미술품의 재료로도 쓰임. 문석(文石)

마노미:터(manometer)명 유체(流體)의 압력을 재는 계기를 통틀어 이르는 말. ☞압력계(壓力計)

마:뇨-산(馬尿酸)명 유기산의 한 가지. 무색의 결정으로 말이나 초식 동물의 오줌 속에 있음.

마:누라명 ①허물없는 자리에서, '아내'를 이르는 말. ¶내 —일세./그 사람 — 덕에 살았어. ②늙은 여자를 속되게 이르는 말. ☞여편네

마누=법전(Manu法典)명 B.C. 200 ~ A.D. 200년에 만들어졌다는 인도 고대의 법전. 종교, 도덕, 생활 규범 등을 정하여 인도 계층 사회의 생활을 규정하였음.

-마는조 종결 어미에 붙어, 앞의 내용과 대립되게 의미를 이어 주는 보조 조사. ¶말이 많다마는, 쓸 말은 적다./봄이 왔다마는, 꽃은 피지 않았다.

마늘명 백합과의 여러해살이풀. 줄기 높이 60cm 안팎. 비늘줄기에서 강한 냄새와 매운 맛이 남. 7월경에 꽃줄기 끝에 담자색의 꽃이 산형(繖形) 꽃차례로 핌. 비늘줄기를 먹을 수 있고 약으로도 씀. 서아시아 원산의 재배식물임. 대산(大蒜). 호산(胡蒜)

마늘-각시명 피부가 하얗고 생김이 반반한 색시를 비유하여 이르는 말.

마늘-김치명 마늘에 천초와 소금을 섞어 담근 김치.

마늘-모명 ①마늘의 쪽과 같이 세모진 모양. ②바둑에서, 입 구(口) 자의 대각선상에 두는 수.

마늘-모(—厶)명 한자 부수(部首)의 한 가지. '広'·'去'·'參' 등에서 '厶'의 이름.

마늘-장아찌명 마늘을 겉껍질만 벗겨서 초와 설탕에 절인 뒤 진간장에 넣어 간을 들여서 먹는 반찬.

마늘-종[—쫑]명 다 자란 마늘의 꽃줄기, 또는 그 끝에 생긴 꽃망울. 산대(蒜薹) ☞팟종

마니(摩尼 ∠Mani 범)명 ①신비로운 힘을 지녔다는 보주(寶珠). 마니주 ②용왕의 뇌 속에서 나왔다는 보주. 이를 가지면 무슨 소원이든지 이루어진다 함.

마니-교(摩尼教)명 3세기경에 페르시아 사람인 마니(Mani)가 배화교(拜火教)를 바탕으로 하고, 크리스트교와 불교의 요소를 가미하여 만든 종교.

마니아(mania)명 '열광(熱狂)'의 뜻으로, 어떤 일을 매우 좋아하여 거기에 광적으로 몰두하는 사람을 이르는 말. ¶영화 —/자동차 —/오디오—

마니-주(摩尼珠)명 마니(摩尼)

마닐라로:프(Manila rope)명 마닐라삼의 섬유로 만든 밧줄. 매우 질겨 선박용으로 사용함.

마닐라-삼(Manila—)명 ①파초과의 여러해살이풀. 줄기 높이 2~7m. 바나나와 비슷한데, 줄기에서 뽑은 섬유는 밧줄·그물·종이, 해저 전선의 거죽을 싸는 재료 등으로 쓰임. ②마닐라삼에서 뽑아 낸 섬유.

마닐라-지(Manila紙)명 목재 펄프에 마닐라삼을 섞어서 만든 종이. 상자나 책의 표지 등에 쓰임.

마:님명 ①지난날, 지체가 높은 집의 부인을 높이어 일컫던 말. ¶ —께서는 뭐라 하시더냐? ②《접미사처럼 쓰이

어》지체가 높은 사람에 대한 존대의 뜻을 나타냄. ¶나리마님/대감마님/영감마님

-마다 조 체언에 붙어, '빠짐없이 하나하나가 다'의 뜻으로 쓰이는 보조 조사. ¶장마다 꼴뚜기 날까?/사람마다 제 잘난 멋에 산다.

마:다-하다 타 ①싫다고 하다. 쓸데없다고 하다. ¶그는 화려한 옷을 마다한다./술꾼이 술을 마다할 때도 있군. ②부정(否定)의 용언 앞에서, '마다하지'를 '마다'로 줄여 '싫다고 하지'의 뜻을 나타냄. ¶먼 길을 마다 않고 달려 오다./힘겨운 일을 마다 않고 맡아 해내다.

마-단:조(-短調)[-쪼] 명 '마' 음을 으뜸음으로 하는 단조. 이단조 ☞마장조

마담(madame 프) 명 '부인'의 뜻으로, 술집이나 다방 따위의 여자 주인을 이르는 말. ¶다방 -

마당[1] 명 담이나 울타리 안, 또는 집 둘레 등에 높낮이 없이 널찍하고 판판하게 닦아 놓은 빈 땅. ☞뜰

마당(을) 빌리다 관용 신랑이 신부의 집에 가서 초례(醮禮)를 지내다.

속담 **마당 삼을 캐었다** : 깊은 산 속에서나 캘 수 있는 삼을 마당에서 캐었다는 뜻으로, 어려운 일을 힘들이지 않고 쉽게 이루었음을 이르는 말./**마당 터진 데 솔뿌리 걱정한다** : 마당이 터졌는데 그릇 터진 데 쓰는 솔뿌리를 걱정한다는 뜻으로, 어떤 일이 벌어졌을 때, 당치않은 것으로 문제를 수습하려 함을 비유하여 이르는 말.〔뒷집 마당 벌어진 데 솔뿌리 걱정한다/마당 벌어진 데 웬 솔뿌리 걱정〕

한자 **마당 장**(場)〔土部 9획〕¶농장(農場)/야구장(野球場)/운동장(運動場)/장내(場內)/장외(場外)

마당[2] 의 ①어떤 일이 벌어지거나 벌어지고 있는 자리나 장면, 또는 상황. ¶놀이 -/죽느냐 사느냐 하는 -에 돈이 다 무슨 소용이냐? ②판소리를 세는 단위. ¶판소리 열두 -.

마당-과:부(-寡婦) 명 초례만 치르고 이내 남편을 여읜 과부. ☞까막과부

마당-놀이 명 철따라 벌이는 민속 놀이를 흔히 이르는 말.

마당-맥질 명 -하다 자 농가에서 추수 전에 여름 동안 팬 마당을 흙을 이겨서 발라 고르게 하는 일.

마당-발 명 ①볼이 넓은 발. ☞채발 ②교제의 범위가 넓은 사람을 비유하여 이르는 말. ¶재계의 -.

마당-밟이 명 민속 놀이의 한 가지. 섣달 그믐이나 음력 정초에 풍물을 치며 집집이 돌아다니면서 지신을 위로하고 잡귀를 몰아내며 집안이 무사하기를 비는 놀이. ☞지신밟기

마당-쓰레기 명 마당질할 때, 마당에 떨어진 것을 쓸어 모은, 쓰레기가 섞인 곡식.

마당-여[-녀] 명 물에 잠겨 있는 넓고 평평한 바위.

마당-질 명 -하다 자타 곡식의 이삭을 떨어서 그 낟알을 거두는 일. 타작

마당-통 명 지난날, 마름이 소작료를 받아들일 때에 수북하게 되어 받던 섬. 지주에게는 평말로 되어 주고 나머지는 마름이 차지했음. ☞가량통

마:대(馬隊) 명 말을 탄 군대(軍隊). ☞기병대(騎兵隊)

마:대(馬臺) 명 장농 따위의 받침 다리.

마대(麻袋) 명 거친 삼실로 짠 큰 자루. ☞포대(包袋)

마도(魔道) 명 ①부정한 도리. 나쁜 길. ②불교에서, 악마의 세계를 이르는 말.

마도로스(∠matroos 네) 명 뱃사람. 수부(水夫). 선원

마도로스파이프(∠matroos 네+pipe) 명 담배통이 뭉툭하고 크며 대가 짧은 서양식 담뱃대. ☞물부리

마도-수(磨刀水) 명 한방에서, 칼을 간 숫돌 물을 이르는 말. 각막염(角膜炎)에 약으로 씀.

마-도요 명 도욧과의 나그네새. 몸길이 58cm 안팎으로 도요새 중 가장 큼. 몸빛은 갈색에 짙거나 엷은 줄무늬가 많이 있으며, 긴 부리가 아래로 구부러져 있음. 갯벌이나 하구(河口), 또는 내륙의 물가에 삶.

마:-도위(馬-) 명 지난날, 말을 사고 팔 때에 흥정을 붙이던 사람.

마돈나(Madonna 이) 명 ①'성모(聖母)' 또는 '성모상(聖母像)'을 달리 이르는 말. ②기품 있는 여자나 연인을 이르는 말.〔본디는 '나의 귀부인'이라는 뜻임.〕

마-되 명 말과 되. 두승(斗升)

마되-질 명 -하다 자 말이나 되로 곡식 따위를 되는 일.

마:두(馬頭) 명 ①지난날, 역마(驛馬)에 관한 일을 맡아보던 사람. ②불교에서, 지옥의 옥졸(獄卒)을 이르는 말.

마:두-관세음(馬頭觀世音) 명 마두 관음(馬頭觀音)

마:두-관음(馬頭觀音) 명 불교에서 이르는 육관음(六觀音)의 하나. 말의 머리를 머리 위에 얹고 있는 관음으로, 눈을 부릅뜬 분노의 모습을 하고 있음. 불법을 듣고도 수행하지 않는 중생을 교화하기 위한 방편으로 그러한 관음이 나타났다고 함. 보통 얼굴은 셋, 팔은 여덟을 가지고 있음. 마두관세음

마:두-납채(馬頭納采) 명 -하다 자 재래식 혼례에서, 혼인하는 날에 채단을 보내는 일, 또는 그 채단.

마:두출령(馬頭出令) 성구 급작스럽게 명령을 내리는 일이나 그 명령을 이르는 말.

마두-충(麻蠹蟲) 명 '삼벌레'의 딴이름.

마:두-희(馬頭戲) 명 줄다리기

마들-가리 명 ①잔가지나 줄거리로 된 땔나무. ☞물거리 ②해진 옷의 남은 솔기. ③새끼나 실 등이 훑이어 맺힌 마디.

마디 명 ①나무나 풀의 줄기에 가지나 잎이 나는 곳. ¶대나무의 -. ②일정한 간격으로 잘록하게 들어가거나 볼록하게 도드라진 곳. ¶곤충의 몸의 -. ③뼈와 뼈가 맞닿은 곳. ¶손가락 - ☞관절(關節) ④실이나 새끼 따위가 맺히거나 얽힌 곳. ¶실을 엇걸어서 -를 짓다. ⑤말이나 글·노래 따위의 한 토막. ¶바빠서 몇 - 주고받지도 못했다./아무 노래나 한 - 불러 보아라. ⑥절(節)[1] ⑦악보에서, 세로줄로 구분된 소절(小節). ⑧정상 진동(定常振動) 또는 정상파(定常波)에서, 진폭이 0 또는 극소가 되는 부분. ⑨〔의존 명사로도 쓰임〕㉠말이나 글, 또는 노래 따위의 도막을 세는 단위. ¶한 -의 말도 없다./몇 -의 노래를 흥얼거린다. ㉡나무 따위의 줄기에 가지나 잎이 나는 곳을 세는 단위. ¶대나무를 세 - 길이로 자르다.

속담 **마디에 옹이** : 마디에 옹이까지 박혔다는 뜻으로 ①어려운 일이 겹쳤음을 이르는 말. ②일이 공교롭게도 잘 안 됨을 이르는 말.〔옹이에 마디/계란에 유골/고비에 인삼/기침에 재채기/하품에 폐기/하품에 딸꾹질〕

한자 **마디 절**(節)〔竹部 9획〕¶골절(骨節)/관절(關節)/소절(小節)/악절(樂節)/죽절(竹節) ▷속자는 節

마디다 형 ①물건이 닳거나 없어지는 동안이 길다. ¶이 비누는 단단해서 -. ☞헤프다 ②자라는 빠르기가 더디다. ¶향나무는 마디게 자란다.

마디-마디 명 ①낱낱의 마디. 모든 마디. ¶그의 말 -에 한이 서려 있다./-가 다 쑤시고 아프다. ②〔부사처럼 쓰임〕마디마다. 촌촌이 ¶- 못이 박인 어머니의 손.

마디발=동:물(-動物) 명 절지동물(節肢動物)

마디-지다 형 마디가 있다. ¶마디진 대나무.

마디-촌(-寸) 명 한자 부수(部首)의 한 가지. '專'·'對' 등에서 '寸'의 이름.

마디-충(-蟲) 명 ①식물의 줄기 속을 파먹는 벌레를 통틀어 이르는 말. ②이화명나방의 애벌레. 이화명충

마디충-나방(-蟲-) 명 '이화명나방'의 딴이름.

마디-풀 명 여뀟과의 한해살이풀. 줄기 높이 30~40cm. 6~7월에 녹색에 흰빛 또는 붉은빛을 띤 작은 꽃이 핌. 어린잎은 먹을 수 있으며, 줄기와 잎은 황달·곽란·복통에 약으로 씀. 편죽(扁竹)

-마따나 조 '말'에 붙어, '말한 바와 같이'의 뜻을 나타내는 조사. ¶옛말마따나 나간 놈 몫은 있어도 자는 놈 몫은 없는 게야.

마땅찮다 형 '마땅하지 않다'가 줄어든 말. ①어떤 조건에 잘 어울리거나 알맞은 대상이 없다. ¶일을 맡길 사람

이 −./입고 갈 옷이 −. ②마음에 들게 좋지 않다. ¶ 사윗감을 마땅찮게 여기다.

마땅-하다 형여 ①어떤 조건에 잘 어울리거나 알맞다. ¶ 마땅한 혼처(婚處)가 나서지를 않는다./마땅한 목재가 없다. ②정도나 이치에 알맞다. 당연하다. 의당하다 ¶ 죄를 지었으니 벌을 받아야 −. ③마음에 들게 좋다. ¶ 네가 한 행동은 마땅하지 못해.

마땅-히 부 마땅하게 ¶ − 해야 할 도리를 하다.

한자 **마땅 당**(當) 〔田部 8획〕 ¶ 당연(當然)/부당(不當)/적당(適當)/정당(正當)/지당(至當) ▷ 속자는 当
마땅 의(宜) 〔宀部 5획〕 ¶ 의당(宜當)/적의(適宜)

마뜩잖다 형 〔'마뜩하지 않다'가 줄어든 말.〕 마음에 들지 않아서 좋지 않다. ¶ 마뜩잖은 얼굴로 바라보다.

마뜩-하다 형여 〔주로 '않다'·'못하다'와 함께 쓰이어〕 마음에 들어서 좋다. ¶ 처음부터 그 사람을 마뜩하게 여기지 않았다./마뜩하지 않은 일을 괜히 말았다.

마뜩-이 부 마뜩하게

마라카스(maracas 포) 명 라틴 음악에 쓰이는 리듬 악기의 한 가지. 마라카 열매의 속을 파 내어 말려 그 씨나 콩 따위를 넣고 흔들어 소리를 냄.

마라톤(marathon) 명 마라톤 경주

마라톤=경:주(marathon競走) 명 육상 경기의 한 종목으로 42.195km를 뛰는 장거리 경주. 마라톤

마라톤=회:담(marathon會談) 명 결말이 쉽게 나지 않고 오래 계속되는 회담을 마라톤에 비유하여 이르는 말.

마:래(馬來) 명 '말레이'의 한자 표기.

마:래미 명 방어의 새끼.

마:량(馬糧) 명 말먹이

마려(磨礪) 명 -하다 타 쇠나 돌 따위를 문질러 가는 일.

마력(魔力) 명 ①사람을 현혹하고 사로잡는 이상한 힘. ¶ 그의 눈빛은 사람을 끌어당기는 −이 있다. ②사람의 힘이 아닌 괴상한 힘. ¶ −을 가진 게 아니라면 어떻게 그런 일을 할 수 있을까? ☞괴력(怪力)

마:력(馬力) 의 동력(動力) 또는 공률(工率)의 단위. 말 한 필의 힘에 해당하는데, 1초당 75kg·m에 해당하는 일의 양으로 746W의 전력에 상당함. 기호는 HP 또는 IP

마련 명 -하다 타 ①준비하여 갖추는 일. ¶ 등록금 −이 걱정이다./보금자리를 −하다. ②어떤 일을 하려고 하는 속셈이나 궁리, 또는 계획. ¶ 무슨 −이 있겠나?
의 주로 '-게' 다음에 '마련이다'의 꼴로 쓰이어, '그렇게 되도록 되어 있음'의 뜻을 나타냄. ¶ 살 사람은 살게 − 이다./해가 지면 쉴 곳을 찾게 −이다.

마련이 아니다 관용 모양이나 사정 따위가 몹시 딱하거나 어렵다. ¶ 불경기라서 회사 사정이 −.

마:렵(馬鬣) 명 말갈기

마렵다(마렵고·마려워) 형ㅂ 똥이나 오줌이 나오려고 하여 누고 싶은 느낌이 있다. ¶ 뒤가 −./오줌이 −.

마:령(馬齡) 명 마치(馬齒)

마:령서(馬鈴薯) 명 '감자'의 딴이름.

마로니에(marronnier 프) 명 칠엽수과의 낙엽 교목. 높이 30m 안팎. 한 개의 잎에 여러 개의 작은 잎이 손바닥 모양으로 붙은 겹잎으로, 작은 잎은 끝이 뾰족하며 가장자리에 톱니가 있음. 5~7월에 붉은 반점이 있는 흰 꽃이 원뿔 모양으로 핌. 10월경에 동근 열매가 열리는데 먹을 수 있고 약재로도 쓰임. 가로수로 심기도 함.

마:록(馬鹿) 명 '고라니'의 딴이름.

마:료(馬蓼) 명 '개여뀌'의 딴이름.

마루[1] 명 ①집채 안에 바닥을 널빤지로 깔아 놓은 곳. 청사(廳事) ¶ 안방과 건넌방 사이에 −가 있다./−를 놓다. ☞대청. 툇마루. 다락마루. 우물마루 ②바닥을 까는 데 쓰이는 짧거나 긴 널조각. ¶ 거실 바닥에 −를 깔다./−로 된 복도.

속담 **마루 구멍에 별 들 날이 있다** : ①마침내 일이 이루어지는 날이 오고야 만다는 말. ②늘 괴로운 처지에만 있는 사람도 좋은 기회를 만날 수 있다는 말.〔개똥밭에도 이슬 내릴 날이 있다./쥐구멍에도 볕 들 날이 있다〕/**마루 아래 강아지가 웃을 노릇** : 어떤 일이 경우에 매우 어긋남을 비유하여 이르는 말.

마루[2] 명 ①등성이가 진 지붕이나 산 따위의 꼭대기. ¶ 고갯−/산등성−/용−/콧− ②일의 한창인 고비. ③파도가 일 때 치솟는 물결의 꼭대기. 물마루

속담 **마루 넘은 수레 내려가기** : 일의 진행이 건잡을 수 없이 빠르고 세찬 기세임을 이르는 말.

마루=높이 명 땅바닥으로부터 용마루까지의 높이.

마루-방(−房) 명 바닥에 널빤지를 깔아서 꾸민 방. ☞구들방

마루=운:동(−運動) 명 체조 경기의 한 종목. 가로세로 12m의 평평한 깔개 위에서 맨손체조·뜀뛰기·공중제비 등을 중심으로 예술미가 가미된 연기를 함. 매트 운동

마루-적심(−積心) 명 용마루의 뒷목을 눌러 박은 적심.

마루-청(−廳) 명 마룻바닥에 깐 널조각. 당판(堂板). 마룻장. 청널. 청판(廳板)

마루-터기 명 산마루나 용마루 따위의 가장 두드러진 턱. 준 마루턱

마루-턱 명 '마루터기'의 준말.

마루-폭 명 바지나 고의의 허리에 달아 사폭을 잇대어 붙이는 양 옆의 긴 헝겊.

마룻-구멍 명 서까래와 보·도리 사이에 있는 구멍.

마룻-귀틀 명 마루청이 끼이거나 얹히게 된 길고 튼튼한 나무.

마룻-대 명 용마루 밑에 서까래가 걸리게 된 도리. 기축(機軸). 상량(上樑)

한자 **마룻대 동**(棟) 〔木部 8획〕 ¶ 동량(棟樑)/동량지재(棟樑之材)

마룻-대공(−臺工) 명 마룻보 위에 마루를 받쳐 세운 동자기둥.

마룻-바닥 명 마루의 바닥.

마룻-보 명 ①두 겹으로 얹는 보에서, 마룻대가 되는 보. ②마룻대의 밑까지 높이 쌓아 올린 보. 종량(宗樑)

마룻-장 명 마루청

마룻-줄 명 배의 돛을 올리고 내리는 데 쓰는 줄. 용총줄

마:륙(馬陸) 명 '노래기'의 딴이름.

마:르(Maar 독) 명 화구(火口)의 둘레가 고리 모양의 작은 언덕으로 둘러싸여 있는 화산. 화산 활동 초기의 미약한 폭발로 형성됨.

마르다[1](마르고·말라) 자르 ①물기가 없어지다. ¶ 빨래가 잘 −./바싹 마른 장작./침이 마르도록 칭찬하다./입 안이 −. ☞건조하다 ②물이 나오거나 흐르거나 괴어 있던 곳에서 물이 나오지 않거나 줄어져서 없어지다. ¶ 우물이 −./가뭄으로 강물이 말라 강바닥이 드러나다. ③물 따위, 마실 것을 마시고 싶은 느낌이 있다. ¶ 입 안이 −./목이 −. ④몸에 살이 빠지다. 여위다 ¶ 앓는 동안 많이 말랐다./좀 마른 체형에 어울리는 옷. ⑤남김없이 쓰이거나 없어지다. ¶ 불경기라 다들 돈이 말랐다./강에 물고기의 씨가 말랐다.

속담 **마른 말은 꼬리가 길다** : 여윈 말은 꼬리가 길어 보인다는 말로, 마르고 여위면 같은 것이라도 더 길게 보인다는 말.

한자 **마를 간**(乾) 〔乙部 10획〕 ¶ 간물(乾物)
마를 건(乾) 〔乙部 10획〕 ¶ 건곡(乾谷)/건과(乾果)/건기(乾期)/건어물(乾魚物)/건조(乾燥)/건초(乾草)
마를 고(枯) 〔木部 5획〕 ¶ 고갈(枯渴)/고엽(枯葉)
마를 조(燥) 〔火部 13획〕 ¶ 건조(乾燥)/조갈(燥渴)

마르다[2](마르고·말라) 타르 옷감이나 재목 따위를 치수에 맞추어 베고 자르다. ¶ 제 손으로 옷감을 말라서 지어 입은 한복.

마르멜로(marmelo 포) 명 장미과의 낙엽 교목. 높이 5~8m이며, 잎은 길둥근꼴임. 봄에 백색 또는 담홍색의 꽃이 피고, 열매는 달고 향기가 있어 날로 먹거나 잼을 만들어 먹을 수 있음.

마르모트(marmotte 프) 명 마멋(marmot)

ㅁ

마르치알레(marciale 이)[명] 악보의 나타냄말의 한 가지. '행진곡조로'의 뜻.
마르카토(marcato 이)[명] 악보의 나타냄말의 한 가지. '한 소리 한 소리를 똑똑 끊어서'의 뜻.
마르크스레닌-주의(Marx-Lenin主義)[명] 레닌이 계승·발전시킨 마르크스주의.
마르크스-주의(Marx主義)[명] 마르크스가 제창한, 사회 발전에 관한 혁명적 사회주의 이론 체계. 마르크시즘
마르크시스트(Marxist)[명] 마르크스주의의 신봉자.
마르크시즘(Marxism)[명] 마르크스주의
마른-[접두] '마르다'의 활용형에서 온 것으로, '물기가 없는'의 뜻을 나타냄. ¶마른안주/마른버짐 ☞진-[1]
마른-갈이[명][-하다][타] 논에 물을 신지 않고 가는 일. ☞물갈이. 진갈이
마른-걸레[명] 물기가 없는 걸레. ¶장농을 ─로 닦다. ☞물걸레. 진걸레
마른-고기[명] 말린 물고기나 짐승의 고기.
마른-과자(─菓子)[명] 수분이 없이 바싹 마르게 만든 과자. 건과자(乾菓子) ☞진과자
마른-국수[명] ①국수틀로 뽑은 그대로 말린 국수. ②국에 말거나 비비지 않은 국수. 건면(乾麵). 괘면
마른-금점(─金店)[명][-하다][자] 다른 사람이 파낸 광석을 사고 팔거나, 광산을 사고 파는 데에 대한 구문 등의 중간 이익을 보는 일.
마른-기침[명][-하다][자] 가래가 나오지 않는 기침. 건수(乾嗽) ☞받은기침. 헛기침
마른-나무[명][-하다][자] ①물기가 없이 바싹 마른 나무. ¶─에 불을 지피다. ☞건목(乾木) ②말라죽은 나무. 고목(枯木) ¶─에 꽃이 필까? ☞생나무
[속담] **마른나무를 태우면 생나무도 탄다** : 안 되던 일도 대세를 타면 잘 될 수 있음을 이르는 말. /**마른나무에 물 내기라** : 없는 것을 짜 내려고 억지를 씀을 이르는 말. 〔마른나무에 물 날까〕/**마른나무에 좀먹듯이** : 알지 못하는 사이에 건강이 나빠지거나 재산이 점점 없어져 감을 이르는 말.
마른-날[명] 비나 눈이 내리지 않는 맑게 갠 날. ☞진날
[속담] **마른날에 벼락맞는다** : 뜻하지 않은 큰 재앙을 입음을 이르는 말. 〔마른하늘에 벼락맞는다〕
마른-논[명] ①조금만 가물어도 물이 곧 마르는 논. ②물이 실려 있지 않은 논. 건답(乾畓) ☞무논
마른-눈[명] 비가 섞이지 않고 내리는 눈. ☞진눈깨비
마른-바가지[명] 물에 적시지 않고 쓰는 바가지. 곡식을 담거나 퍼내거나 하는 데 씀.
마른-반찬(─飯饌)[명] 건어물이나 포·튀각·김·부각 등 저장성이 있도록 만든 반찬. ☞진반찬
마른-밥[명] ①국이 없이 반찬만으로 먹는 밥. ☞술적심 ②둥글게 뭉쳐서 단단하게 만든 밥. 건반(乾飯)
마른-버짐[명] 피부병의 한 가지. 얼굴에 까슬까슬하게 번지는 흰 버짐. 건선(乾癬). 풍선(風癬) ☞진버짐
마른-번개[명] 마른하늘에서 치는 번개.
마른-빨래[명][-하다][자] 흙이 묻은 옷을 말려서 비벼 깨끗이 하는 일. ☞물빨래
마른-신[명] ①기름으로 결지 않은 가죽신. ②마른 땅에서 신는 신. 건혜(乾鞋) ☞진신
마른-안주[명] 포(脯)·호두·땅콩·과자 따위와 같이 물기가 없는 안주. ☞진안주
마른-옴[명] 피부병의 한 가지. 몹시 가렵고 긁으면 허물이 벗어지는 옴. 건개(乾疥) ☞진옴
마른-일[─닐][명][-하다][자] 바느질이나 길쌈 등과 같이, 손에 물을 묻히지 아니하고 하는 일. ☞진일
마른-입[─닙][명] ①국이나 물을 마시지 아니한 입. ¶─이라 밥이 안 넘어간다. ②아침에 일어나서 아직 아무 것도 먹지 않은 입. 잔입 ¶─에 커피는 몸에 안 좋지.
마른-자리[명] 축축하지 않은 자리. ¶진자리 ─ 가려 뉘다. ☞진자리
마른-장(─醬)[명] 가루로 된 간장. 물에 타면 간장같이 됨. 건장(乾醬)
마른-찬:합(─饌盒)[명] 마른반찬이나 다식(茶食) 따위를 담는 찬합. ☞진찬합
마른-천둥[명][-하다][자] 마른하늘에서 치는 천둥. 한뢰(旱雷)
마른-침[명] 몹시 긴장하거나 애가 탈 때 입 안이 말라서, 무의식 중에 힘들여 삼키는 적은 양의 침. 건침
마른침(을) 삼키다[관용] 몹시 긴장하거나 애가 탐을 이르는 말. ¶고사장에 들어서서 ─.
마른-타:작(─*打作)[명][-하다][타] 벼를 베어서 바싹 말린 뒤에 하는 타작. ☞물타작
마른-편포(─片脯)[명] 바싹 말린 편포.
마른-풀[명] 가축의 먹이나 두엄으로 쓰려고 베어 말린 풀. 건초(乾草)
마른-하늘[명] 말갛게 갠 하늘.
[속담] **마른하늘에 벼락맞는다** : 뜻하지 않은 큰 재앙을 입음을 이르는 말. 〔마른날에 벼락맞는다/마른하늘에 날벼락〕 ☞청천벽력(青天霹靂)
마른-행주[명] 물에 적시지 아니한 행주. ¶─로 그릇의 물기를 닦다. ☞물행주. 진행주
마른-홍두깨[명] 다듬잇감을 약간 물기가 있게 하여 홍두깨에 올리는 일. ☞진홍두깨
마름[1][명] ①이엉을 엮어서 말아 놓은 묶음. ②〔의존 명사로도 쓰임〕 이엉의 묶음을 세는 단위. ¶이엉 세 ─.
마름[2][명] 지난날, 지주의 위임을 받아 소작지와 소작인을 관리하던 사람. 사음(舍音)
마름[3][명] ①마름과의 한해살이풀. 뿌리는 진흙 속에 있고 원줄기는 물 위까지 자라며 줄기 끝에 잎이 빽빽하게 나서 물 위에 뜸. 7~8월에 흰 꽃이 피며 열매는 먹을 수 있음.
마름-모[명] 네 변의 길이가 모두 같고 어느 각도 직각이 아닌 사각형. 마름모꼴
마름모-꼴[명] 마름모
마름-새[명] 옷감이나 재목 따위를 마름질해 놓은 모양, 또는 그 상태.
마름-쇠[명] 끝이 날카롭고 네 갈래가 지게 무쇠로 만든 물건. 옛날에 도둑이나 적군의 침입을 막기 위하여 길목 여기저기에 던져 두었음. 능철(菱鐵). 여철(藜鐵)
[속담] **마름쇠도 삼킬 놈** : 남의 것이라면 무엇이나 욕심을 내는, 몹시 탐욕스러운 사람을 이르는 말.
마름-자[명] 마름질하는 데 쓰는 자.
마름-재목(─材木)[명] 일정한 치수로 말라 놓은 재목.
마름-질[명][-하다][자타] 옷감이나 재목 따위를 치수에 맞추어 마르는 일. 재단(裁斷)

[한자] **마름질할 재**(裁) 〔衣部 6획〕 ¶양재(洋裁)/재단(裁斷)/재봉(裁縫)

마리[의] 물고기나 짐승, 벌레 따위의 수효를 세는 단위. ¶잉어 두 ─./개 한 ─./개미 세 ─. ☞두(頭)
마리오네트(marionette 프)[명] 인형극에 쓰이는, 실로 조정하는 인형.
마리화나(marihuana)[명] 마약의 한 가지. 삼의 이삭이나 잎을 말려서 가루로 만든 것. ☞대마초(大麻草)
마:린(馬藺)[명] '꽃창포'의 딴이름.
마림바(marimba)[명] 타악기의 한 가지. 실로폰의 일종으로 음판 밑에 공명관이 장치되어 낮은 음도 잘 울림. 음역이 넓어 독주와 합주에 널리 쓰임.
마립간(麻立干)[명] 신라 시대, 임금의 칭호. ☞이사금(尼師今)
마:마[명] ①지난날, 임금과 그 가족들의 칭호에 붙여서 높임을 나타내던 말. ¶대왕 ─/중전 ─/공주 ─ ②지난날, 벼슬아치의 첩을 높이어 이르던 말. ③[-하다][자] '천연두'를 에둘러 이르는 말. 손님마마 ④'별성마마'의 준말. ⑤'역신마마'의 준말.
[속담] **마마 그릇되듯** : 불길한 징조가 보인다는 뜻으로 하는 말.
마:마-꽃[명] 마마를 앓을 때, 온몸의 살갗에 불긋불긋하게 돋는 것. ☞꽃
마:마-딱지[명] 마마한 자리에 말라붙은 딱지.
마:마-떡[명] 예전에 마마할 때, 마마꽃이 잘 솟으라고 해

먹이던 떡. 흰무리에 소금 간을 하지 않고 붉은 팥을 놓아 만듦. 마마병

마마-병(-餠)명 마마떡

마:맛-자국명 마마딱지가 떨어진 자리에 생긴 얽은 자국. 두흔(痘痕)

마:멀레이드(marmalade)명 오렌지나 레몬 따위의 껍질과 과즙(果汁)을 설탕으로 조린 잼.

마:멋(marmot)명 다람쥣과 마멋속의 포유류를 통틀어 이르는 말. 몸길이는 30~60cm로 다람쥣과 중에서 가장 크며, 몸빛은 잿빛임. 네 다리가 짧고 발톱이 강하며 땅속이나 바위 틈에 집을 짓고 삶. 북아메리카·아시아·유럽 등지에 분포함. 마르모트

마면-사(麻綿絲)명 삼에 면사(綿絲)를 섞어서 만든 실.

마멸(磨滅·摩滅)명-하다자 갈리어 닳아서 없어짐.

마:명-간(馬鳴肝)명 한방에서, 누에의 똥을 약재로 이르는 말. 주로 중풍으로 손발을 자유롭게 쓰지 못하는 데 쓰임. 잠사(蠶砂)

마:모(馬毛)명 말의 털.

마모(磨耗)명-하다자 기계의 부품이나 도구 등이 닳아서 작아지거나 없어짐. ¶나사산이 -되다.

마목명 광산에서, 광석을 캘 때 나오는 쓸모 없는 잡석(雜石). ☞맥석(脈石). 버력

마:목(馬木)명 가마나 상여 등을 놓을 때 괴는, 나무로 만든 네 발 달린 받침틀.

마목(痲木)명 ①한방에서, 근육이 굳어져 감각이 없어지며 몸놀림이 자유롭지 못하게 되는 병을 이르는 말. ②한방에서, 문둥병 증세가 피부에 나타나기 시작할 때에 허는 자리를 이르는 말.

마:목-지기(馬木-)명 상여 등을 메고 갈 때, 상여에 딸린 마목을 지고 가는 사람.

마무(摩撫)명-하다자 무마(撫摩)

마무르다(마무르고·마물러)타르 ①일의 뒤끝을 맺다. ¶맡은 일을 깔끔하게 -. ②물건의 가장자리를 꾸며서 마무리하다. ¶치맛단을 -.

마무리명-하다타 일의 끝을 맺는 일. ¶-가 잘 된 제품.

마:묵(馬墨)명 마황(馬黃)

마묵(磨墨)명-하다자 벼루에 먹을 갊.

마물(魔物)명 사람의 마음을 호리는 요사스러운 물건.

마:미(馬尾)명 ①말의 꼬리. ②말총

마:미-군(馬尾裙)명 말총으로 짜서 바지 모양으로 만든 옛날 여자의 옷.

마:미-전(馬尾廛)명 지난날, 말총을 팔던 가게.

마:미-조(馬尾藻)명 '모자반'의 딴이름.

마:-바리(馬-)명 ①짐을 실은 말, 또는 그 짐. ☞소바리 ②한 마지기에 두 섬 곡식이 나는 것을 이르는 말.

마:바리-꾼(馬-)명 마바리를 몰고 다니는 일을 직업으로 삼는 사람.

×**마바릿-집**(馬-)명 →마방집

마:발(馬勃)명 '말불버섯'의 딴이름.

마발(麻勃)명 삼꽃

마:방(馬房)명 ①지난날, 마구간을 갖추었던 주막집. ②지난날, 절 안에 손의 말을 매어 두던 곳.

마:방-집(馬房-)[-찝]명 지난날, 말을 두고 삯짐 싣는 영업을 하던 집.

속담 **마방집이 망하려면 당나귀만 들어온다**: 일이 잘 안 되려면 일과는 관계없는 해롭고 귀찮은 것들만 끼어든다는 말. [어장이 안 되려면 해파리만 끓는다]

마법(魔法)명 마력(魔力)으로 이상야릇한 일을 하는 술법. ☞마술(魔術). 요술(妖術)

마법-사(魔法師)명 마법(魔法)을 부리는 사람.

마:병명 오래된, 헌 물건. ☞넝마

마:병(馬兵)명 ①기병(騎兵) ②조선 시대, 훈련 도감에 딸리었던 기병.

마:병-장수명 지난날, 값싸고 허름한 물건을 가지고 돌아다니며 팔던 사람.

마:-보병(馬步兵)명 마병(馬兵)과 보병(步兵).

마:봉(馬蜂)명 말벌

마:부(馬夫)명 ①말구종 ②말을 부려 마차 따위를 모는 사람. 마차꾼 ③지난날, 민속에서 배송(拜送)을 낼 때에 싸리말을 가져 가던 사람. ☞차부(車夫)

마:부-대(馬夫臺)명 마차 따위에서, 마부가 앉는 자리.

마부작침(磨斧作針)성구 도끼를 갈아 바늘을 만든다는 뜻으로, 어려운 일이라도 참고 노력하면 언젠가는 이룸을 비유하여 일는 말.

마:부-좌(馬夫座)명 마차부자리

마:부타:령(馬夫*打令)명 지난날, 민속에서 배송(拜送)을 낼 때 싸리말을 가져 가는 사람이 부르던 타령.

마:분(馬分)명 마삯

마:분(馬糞)명 말의 똥.

마분(麻蕡)명 ①한방에서, 삼의 꽃가루를 약재로 이르는 말. 맛이 쓰고 독성이 있음. ②삼씨

마분(磨粉)명 마사(磨砂)

마:분-지(馬糞紙)명 ①짚을 원료로 하여 만든 종이. 빛이 누르고 품질이 낮음. ②판지(板紙)

마:블(marble)명 ①대리석 ②대리석으로 만든 조각물.

마비(痲痺)명 ①신경이나 근육이 정상적인 기능을 잃어 신체의 일부분 또는 전체의 감각이 없어지는 일. ¶손발이 -되다. ②사물이 제 기능을 잃어 제대로 작용하지 못하는 것을 비유하여 이르는 말. ¶교통이 -되다.

마비성=치매(痲痺性癡呆)[-썽-]명 매독(梅毒)에 감염되어 10~20년이 지나 일어나는 뇌(腦)의 질병. 기억력·판단력이 둔해지고, 언어 장애에다 마비 현상까지 일어남. 진행 마비(進行痲痺)

마비-탕(麻沸湯)명 삼의 잎과 뿌리를 달인 물. 한방에서, 골절통 등에 진통제로 씀.

마:비-풍(馬脾風)명 디프테리아(diphtheria)

마빚다[-빋-]타 비집어 내다.

마빡명 '이마'를 속되게 이르는 말.

마사(麻絲)명 삼실

마사(磨砂)명 쇠붙이로 된 물건을 닦거나 윤을 낼 때 쓰는, 규석·백토·속돌 등의 가루. 마분(磨粉)

마-사니명 지난날, 추수할 때 마름을 대신하여 곡식을 되던 사람. ☞말감고

마사:지(massage)명-하다타 ①안마(按摩) ②손으로 피부나 근육을 문지르거나 주물러 자극을 주어 몸의 신진 대사와 기능을 좋게 하는 일. 치료나 미용을 목적으로 함.

마삭-나무명 '마삭줄'의 딴이름.

마삭-줄명 마삭나뭇과의 상록 덩굴성 식물. 줄기 길이 5m 안팎. 적갈색 줄기에서 뿌리가 내려 다른 물체에 붙어 올라감. 5~6월에 흰 꽃이 피며 열매는 9월경에 익음. 우리 나라 남부와 일본 등지에 분포함. 낙석. 마삭나무

마:-삯(馬-)명 말을 세내는 삯. 마분(馬分). 마세(馬貰)

마상명 '마상이'의 준말.

마:상(馬上)명 말의 등 위, 또는 말을 타고 있는 일.

마:상-객(馬上客)명 말을 타고 있는 사람.

마:상-쌍검(馬上雙劍)명 조선 시대, 무예 이십사반(武藝二十四般)의 하나. 무장한 무사가 말에 탄 채 두 손에 요도(腰刀)를 가지고 하던 검술을 이름.

마:상-월도(馬上月刀)명 조선 시대, 무예 이십사반(武藝二十四般)의 하나. 무장한 무사가 말에 탄 채 월도(月刀)를 가지고 하던 검술을 이름.

마:상=유삼(馬上油衫)명 지난날, 말을 탈 때 입던 유삼.

마상이명 ①거룻배 따위의 작은 배. ②통나무를 파서 만든 아주 작은 배. 독목주(獨木舟). 통나무배 준마상

마:상-재(馬上才)명 조선 시대, 무예 이십사반(武藝二十四般)의 하나. 달리는 말 위에서 부리던 여러 가지 재주를 이름. 달리는 말 위에 서서 총 쏘기, 말 옆에 매달려 달리기, 말 위에서 물구나무서서 달리기, 말 잔등에 누워 달리기 등 여덟 가지가 있었음.

마:상-전(馬床廛)명 지난날, 마구(馬具)를 팔던 가게.

마:상-치(馬上-)명 지난날, 말을 탈 때 입거나 신는 우장(雨裝)이나 가죽신을 이르던 말.

마:상-편곤(馬上鞭棍)명 조선 시대, 무예 이십사반(武藝二十四般)의 하나. 말에 탄 무사가 편곤을 가지고 하던

무예를 이름.

마석(磨石)명 ①맷돌 ②명-하다자 돌로 된 물건을 반드럽게 하기 위하여 갊.

마-석기(磨石器)명 '마제 석기(磨製石器)'의 준말.

마:선(馬癬)명 말버짐

마성(魔性)명 ①악마의 성질. ②사람을 미혹시키는 악마와 같은 성질.

마세(-貰)명 ①지난날, 말감고나 말쟁이가 마질을 해 주고 받는 삯을 이르던 말. ②지난날, 추수 때에 마름이 소작료 외에 마질한 삯으로 더 받는 곡식을 이르던 말.

마:세(馬貰)명 마삯

마세(massé 프)명 당구에서, 큐(cue)를 수직으로 세워서 공을 치는 방법을 이르는 말.

마소명 말과 소를 아울러 이르는 말. 우마(牛馬)

속담 **마소의 새끼는 시골로 사람의 새끼는 서울로**: 사람은 도회지에서 자라고 배워야 견문도 넓어지고 크게 될 수 있다는 말.

> ▶ '마소'의 나이를 이르는 말
> ○ 한 살-하릅/한습 ○ 두 살-두습/이듭
> ○ 세 살-사릅/세습 ○ 네 살-나릅
> ○ 다섯 살-다습 ○ 여섯 살-여습
> ○ 일곱 살-이롭 ○ 여덟 살-여듭
> ○ 아홉 살-구릅/이습 ○ 열 살-열릅/담불

마-속명 곡식을 되는 말이나 되의 용량(容量).

마손(摩損·磨損)명-하다자 물체가 쓸리어 닳음.

마수명 ①그 날 첫 번째에 팔리는 일로 미루어 헤아리는 하루 동안의 장사 운수. ¶오늘은 -가 좋다. ②-하다자타 '마수걸이'의 준말.

마-수(-數)명 곡식 따위를 말로 헤아린 수량(數量).

마수(魔手)명 '악마의 손길'이라는 뜻으로, 남을 속이거나 해치는 음험한 손길을 비유하여 이르는 말. 유검은손 ¶사기단의 -에 걸리다./-에서 벗어나다.

마수-걸이명-하다자 새로 가게를 차려 처음으로 물건을 팔게 되는 일, 또는 가게를 열어 그 날 처음으로 물건을 팔게 되는 일. 개시(開市) ¶-도 못하다. 준마수

마:술(馬術)명 ①말을 타는 기술. ②말을 타고 부리는 온갖 재주. 승마술(乘馬術)

마술(魔術)명 ①사람의 마음을 현혹하는 괴상한 술법. ②사람의 눈을 어리게 하여 이상한 일들을 나타내 보이는 재주. 요술(妖術) ☞마법(魔法). 환법(幻法)

마술-사(魔術師)[-싸]명 마술을 하는 일을 전문으로 하는 사람. ☞마법사

마술-쟁이(魔術-)명 '마술사'를 낮잡아 이르는 말.

마스카라(mascara)명 속눈썹을 짙고 길게 보이도록 하기 위하여 칠하는 화장품.

마스코트(mascot)명 행운을 가져온다고 믿어 항상 가까이 두거나 잘 간직하는 작은 장난감이나 동물. ¶그는 강아지를 -처럼 데리고 다닌다.

마스크(mask)명 ①병균이나 먼지 따위를 막기 위하여 입과 코를 가리는 물건. ②탈. 가면(假面) ③야구 포수나 펜싱 선수가 얼굴을 보호하기 위하여 쓰는 기구. ④용모(容貌) ¶빼어난 -의 신인 배우.

마스크워:크(mask work)명 영화 촬영에서, 배우가 일인 이역으로 한 화면에 나와야 할 경우 화면의 일부를 잘라 두세 번으로 촬영해서 합치는 일을 이르는 말.

마스터베이션(masturbation)명 수음(手淫)

마스터키(master key)명 조금씩 다르게 만들어진 여러 개의 자물쇠를 모두 열 수 있는 열쇠.

마스터플랜(master plan)명 기본 계획

마스터-하다(master-)타여 학습·기술·일 등을 완전히 배우거나 익히다. 숙달하다

마스토돈(mastodon)명 장비목(長鼻目) 마스토돈티데아목(亞目)에 딸린 코끼리를 통틀어 이르는 말. 제삼기(第三紀)에 번성하였으나 지금은 화석으로만 발견됨.

마스트(mast)명 돛을 달기 위하여 배 위에 세운 높은 기둥. 돛대

마스티프(mastiff)명 개의 한 품종. 가슴이 두툼하며 살갗이 매끈함. 사나워 투견(鬪犬)이나 호신견(護身犬) 따위로 기름. 영국 원산임.

마승(麻繩)명 삼의 껍질로 꼰 노끈. 삼노끈

마시다타 ①액체를 입 안에 넣어 목구멍으로 넘기다. ¶물을 -./음료수를 -./차를 -. ②기체를 코나 입으로 들이쉬다. ¶맑은 공기를 -./매연을 -. ☞맡다[2]

> 한자 마실 음(飮)〔食部 4획〕¶음료(飮料)/음식(飮食)
> 마실 흡(吸)〔口部 4획〕¶호흡(呼吸)/흡기(吸氣)

마:식(馬食)명 ①말먹이 ②-하다타 말처럼 많이 먹음. ☞우음(牛飮)

마식(磨蝕)명-하다타 물이나 바람 따위에 운반되는 부스러기 물질로 말미암아 암석(岩石)이 깎이는 현상.

마:신(馬身)명 말의 코끝에서 궁둥이까지의 길이. 경마(競馬)에서, 말과 말 사이의 간격을 나타냄. ¶한 - 차로 이겼다.

마신(魔神)명 재앙을 가져온다는 신.

마애(磨崖)명-하다자 암벽(岩壁) 등의 표면을 갈아 글자나 화상을 새기는 일.

마애-불(磨崖佛)명 암벽에 새긴 불상.

마약(痲藥·麻藥)명 아편·모르핀·코카인 등과 같이 중추 신경을 마비시켜 마취·진통 작용을 하는 물질. 오래 쓰면 습관성이나 중독이 됨.

마약=중독(痲藥中毒)명 마약을 계속 써서 정신이나 몸이 그 약에 의존하게 되어 정상적인 생활을 할 수 없는 상태. 아편 중독이나 모르핀 중독 따위.

마에스토소(maestoso 이)명 악보의 나타냄말의 한 가지. '장엄하게'의 뜻.

마:역(馬疫)명 말의 역병(疫病).

마:연(馬煙)명 말이 달릴 때 일어나는 흙먼지.

마연(磨硏)명-하다타 연마(硏磨)

마엽(麻葉)명 한방에서, 삼의 잎을 약재로 이르는 말. 오래된 학질의 치료에 쓰임.

마왕(魔王)명 ①마귀의 우두머리. ②불교에서, 천마(天魔)의 왕을 이르는 말. 정법(正法)을 해치고 중생이 불도에 들어가는 것을 방해하는 귀신임.

마요네:즈(mayonnaise 프)명 샐러드용 소스의 한 가지. 달걀 노른자에 샐러드유·식초·소금 등을 섞어서 만듦.

마우스(Maus 독)명 의학 실험용으로 쓰이는 하얀 생쥐.

마우스(mouse)명 컴퓨터 입력 장치의 한 가지. 길둥근 모양으로 1~3개의 버튼이 있음. 컴퓨터 화면에서 커서·아이콘·선·그림 등을 이동·변화시킬 때 쓰임.

마우스피:스(mouthpiece)명 ①관악기에서, 입에 대고 부는 부분. ②권투 경기를 할 때, 선수가 이와 입 안을 보호하기 위해 입에 무는, 고무 따위로 만든 물건.

마우어하:켄(Mauerhaken 독)명 등산 용구의 한 가지. 바위 틈 같은 데에 박아 카라비너(Karabiner)를 거는 쇠못. 하켄(Haken)

마:우-전(馬牛廛)명 마소를 사고 파는 곳.

마운드(mound)명 ①야구에서, 투수가 타자에게 공을 던질 때 서는 두두룩한 곳. ☞투수판(投手板) ②골프에서, 벙커(bunker)나 그린 주위의 작은 언덕 또는 둑을 이르는 말.

마:위-답(馬位畓)명 조선 시대, 소출(所出)을 역마(驛馬)의 유지 비용에 쓰도록 나라에서 마련해 주던 논. 마윗논. 역위답(驛位畓)

마:위-땅(馬位-)명 조선 시대, 마위답(馬位畓)과 마위전(馬位田)을 아울러 이르던 말. 마전(馬田)

마:위-전(馬位田)명 조선 시대, 소출(所出)을 역마(驛馬)의 유지 비용에 쓰도록 나라에서 마련해 주던 밭. 역위전(驛位田)

마:윗-논(馬位-)명 마위답(馬位畓)

마유(麻油)명 삼씨기름

마유(魔乳)명 태어난 지 3~4일부터 2~3주일까지, 아기의 젖에서 나오는, 초유(初乳)와 비슷한 액체.

마을[1]명 주로 시골에서, 여러 집이 이웃하여 있는 곳. 동리

(洞里). 촌락(村落). 촌리(村里) ¶앞 — (준)말 (유)동네

마을(을) 가다[관용] 이웃에 놀러 가다.

마을(을) 다니다[관용] 이웃에 놀러 다니다.

마을²[명] 지난날, 관원이 모여 행정 사무를 보던 곳. 공서(公署). 관부(官府). 관아(官衙)

[한자] **마을 동**(洞) 〔水部 6획〕 ¶동구(洞口)/동내(洞內)
마을 리(里) 〔里部〕 ¶동리(洞里)/이장(里長)
마을 촌(村) 〔木部 3획〕 ¶농촌(農村)/벽촌(僻村)/산촌(山村)/어촌(漁村)/촌락(村落)/한촌(寒村)

마을-꾼[명] 이웃에 놀러 다니는 사람. (준)말꾼²

마을-리(—里)[명] 한자 부수(部首)의 한 가지. '重'·'野' 등에서 '里'의 이름.

마음[명] ①사람의 이성(理性)·감정·의지(意志) 등 정신 활동의 바탕이 되는 것. ¶건실한 —과 튼튼한 몸./—에 양식이 될 교훈. ②품고 있는 생각이나 뜻. ¶—을 털어놓다./—에 두다./—을 고쳐 먹다./—에 없는 말을 하다니. ③타고난 심정, 또는 성정(性情). ¶—이 너그러운 사람./—이 따뜻하다. ④느낀 생각, 또는 기분. ¶—이 홀가분하다./—에 언짢은 일./—이 무겁다. ⑤사물에 대한 분별이나 판단. ¶한번 —을 정하면 그대로 실행한다. ⑥무슨 일을 하려는 뜻. ¶—이 내키지 않는 일. ⑦무슨 일에 대한 관심. ¶놀이에 —을 빼앗기다./늘 그에게 —을 두고 지낸다. ⑧잊지 않고 있는 심정. ¶—에 새겨진 그리운 정. ⑨성의, 또는 정성. ¶—을 다하여 만들어 낸 제품. (준)맘

마음에 걸리다[관용] 마음이 편치 않거나 걱정되다. ¶그를 도와주지 못한 일이 늘 마음에 걸린다.

마음에 두다[관용] 잊지 아니하고 마음에 간직하다. ¶장난 삼아 한 말이니 마음에 두지 말게.

마음에 들다[관용] 마음에 맞아 만족스레 여기다. ¶그가 하는 일은 모두 마음에 든다.

마음에 맺히다[관용] 마음에서 가시지 아니하고 응어리지듯 남다. ¶부모님께 불효를 한 일이 —.

마음에 새기다[관용] 마음에 깊이 간직하여 잊지 아니하다. ¶선생님의 교훈을 —.

마음에 없다[관용] ①관심이 없다. ¶공부는 마음에 없고 놀이에만 열중한다. ②가지고 싶은 생각이 없다. ¶연구에만 열중할 뿐 재물은 —. ③본마음에는 없다. ¶마음에 없는 칭찬의 말을 늘어놓는다.

마음에 짚이다[관용] 짐작이 가다. ¶그의 예사롭지 않은 행동을 보면 마음에 짚이는 데가 있다.

마음에 차다[관용] 만족하게 여기다. ¶비록 적은 수확이지만 내가 가꾸어 얻은 것이어서 마음에 찬다.

마음은 굴뚝 같다[관용] 무엇을 하고 싶은 생각이 간절하다. ¶마음은 굴뚝 같지만 차마 말은 못했지.

마음을 내다[관용] 일부러 무엇을 하려는 생각을 가지다. ¶모처럼 마음을 내어 왔건만 반기는 기색이 없다.

마음을 돌리다[관용] 이제까지 가지고 있던 생각이나 감정을 바꾸다. ¶외면하다가 마음을 돌려 다시 대하다.

마음을 두다[관용] 관심을 가지다. ¶두 사람은 서로 마음을 두고 지내는 사이 같다.

마음을 먹다[관용] 어떻게 해 보려는 생각을 가지다. 무슨 일을 하려는 생각을 가지다. ¶다시 시도하기로 —./화가가 되려고 —.

마음(을) 붙이다[관용] 무슨 일에 관심을 기울이다, 또는 열중하다. ¶화초 가꾸기에 마음을 붙여 소일하다.

마음을 비우다[관용] 욕심을 버리다.

마음을 빼앗기다[관용] 어떤 사물이나 일에 사로잡히다. ¶그의 매혹적인 눈매에 —.

마음(을) 사다[관용] 남으로 하여금 자기에게 호감을 가지게 하다. ¶재물로 남의 마음을 사려 하다니.

마음(을) 쓰다[관용] ①염려하거나 걱정하다. ¶아이를 객지에 두고 늘 —. ②여러 가지로 관심을 기울이다. ¶자식들이 올바르게 자라도록 —. ③보살피거나 선심을 베풀다. ¶어려운 처지에 있는 이들에게 늘 —.

마음(을) 잡다[관용] 들뜬 마음을 바로잡다. 흐트러진 마음을 가라앉히다. ¶마음을 잡고 공부에 힘쓰다.

마음(을) 졸이다[관용] 염려하며 조바심하다. ¶합격자 발표를 기다리며 —.

마음(을) 주다[관용] 본마음을 그대로 드러내어 보이다. ¶서로 마음을 주고 사귀는 사이다.

마음(을) 풀다[관용] 긴장해 있던 마음을 늦추어 편안히 가지다.

마음(이) 가다[관용] 관심이 쏠리다. ¶예쁜 얼굴에 —.

마음이 달다[관용] 몹시 애태우며 조바심하게 되다. ¶그의 본마음을 헤아리지 못해 —.

마음이 돌아서다[관용] ①틀어졌던 마음이 이전대로 돌아오다. ¶마음이 돌아서서 다시 사귀게 되다. ②이제까지의 마음이 바뀌어 틀어지다. ¶다정하던 그가 대수롭지 않은 일로 —.

마음(이) 쓰이다[관용] 관심이 떠나지 않고 염려가 되다. ¶그가 자주 앓으니 건강에 —.

마음(이) 잡히다[관용] 들뜨거나 흐트러진 마음이 가라앉다. ¶이제 마음이 잡혔는지 일상 생활이 착실해졌다.

마음이 통하다[관용] 서로의 생각이나 뜻이 맞아 잘 이해되다. ¶서로 마음이 통하는 친구 사이다.

[속담] **마음에 없는 염불**(念佛) : 하고 싶지 않은 일을 마지못해 정성은 들이지 않고 형식만 차려서 하는 것을 이르는 말. /**마음을 잘 가지면 죽어도 옳은 귀신이 된다** : 언제나 착한 마음씨를 지니고 살면 죽어도 유감됨이 없음을 이르는 말. /**마음이 맞으면 삶은 도토리 한 알을 가지고도 시장 멈춤을 한다** : 비록 가난하더라도 마음이 맞으면 어떤 어려움도 이겨낼 수 있음을 이르는 말. /**마음이 흔들 비쭉이라** : 변덕이 심한 것을 비유하여 이르는 말. /**마음 잡아 개 장사라** : 겨우 마음을 다잡아서 한다는 일이 그리 신통하지 않음을 이르는 말. /**마음 한번 잘 먹으면 북두칠성이 굽어보신다** : 마음을 바르게 쓰면 신명(神明)도 도우려고 살핀다는 말.

[한자] **마음 심**(心) 〔心部〕 ¶심경(心境)/심리(心理)/심신(心身)/심정(心情)/양심(良心)/효심(孝心)

마음-가짐[명] 마음의 태도. ¶평소의 —으로 대하라./올바른 —. (준)맘가짐 ☞몸가짐

마음-결[—껼][명] 마음을 쓰는 바탕. ¶—이 고운 새댁. (준)맘결

마음-고생(—苦生)[—꼬—][명] 마음속으로 겪는 고생. ¶어린것이 객지에서 —이 대단했겠구나.

마음-껏[부] ①마음을 다하여. 정성을 다하여. ¶부모님 생전에 — 해 드리지 못한 게 후회된다. ②마음에 차도록 한껏. 실컷 ¶— 뛰놀다. (준)맘껏

마음-놓다[자타] 염려함이 없이 안심하다. ¶이제는 마음 놓고 편히 쉬세요. (준)맘놓다

마음-눈[명] 사물의 참모습을 꿰뚫어 보는 날카로운 마음의 능력, 또는 그 작용. 심안(心眼)

마음-대로[부] 생각나는 대로. 하고 싶은 대로. ¶— 이야기하다./제 — 선택하다. (준)맘대로

[한자] **마음대로 자**(恣) 〔心部 6획〕 ¶자의(恣意)

마음-먹다[자타] ①무엇을 하겠다는 생각을 가지다. ¶체질 개선을 위해 단식을 하기로 —./마음먹기에 따라 고된 일도 즐겁게 할 수가 있다. ②'성의나 정성을 다하다'의 뜻을 나타냄. ¶마음먹고 차려 낸 음식인데 좀 드셔야지요. (준)맘먹다

마음-보[—뽀][명] 좋지 않은 면을 이를 때 쓰이어 '마음을 쓰는 본새'를 뜻함. 심보 ¶겉보기와는 달리 —가 고약한 사람이다. (준)맘보

마음-성(—性)[—썽][명] 마음을 쓰는 성질. ¶겪어 보니 —이 고운 사람이더군. (준)맘성

마음-속[—쏙][명] 마음의 속. 심리(心裏). 심중(心中). 의중(意中). 회중(懷中) ¶그의 깊은 —을 헤아릴 수가 없다./—을 떠보다. (준)맘속

마음-심(—心)[명] 한자 부수(部首)의 한 가지. '忌'·'思'·'恥' 등에서 '心'의 이름. ☞심방변

마음-씨 명 마음을 쓰는 태도. ¶얼굴도 예쁘고 ―도 곱다. 준 맘씨
속담 **마음씨가 고우면 옷 앞섶이 아문다** : 아름다운 마음씨는 겉모양에도 나타남을 이르는 말.
마음-자리[-짜-] 명 마음의 본바탕. 심지(心地) 준 맘자리 ☞마음속
마:의(馬醫) 명 조선 시대, 사복시(司僕寺)에 딸려 말의 병을 고치는 일을 맡았던 정칠품의 잡직(雜職), 또는 그 관원을 이르던 말.
마의(麻衣) 명 삼베로 지은 옷.
마이너(minor) 명 ①단조(短調) ②단음계(短音階) ☞메이저(major)
마이너스(minus) 명 ①-하다 타 빼기 ②음수(陰數) 또는 뺄셈의 기호인 '－'를 이르는 말. 뺄셈표 ③음(陰)·양(陽)으로 나눈 것 가운데서 음을 이르는 말. ¶― 전하(電荷) ④병독(病毒)의 반응 검사 등에서, 음성 반응이 나타나는 일. ¶간염 검사에서 ― 반응을 보이다. ⑤손실·적자·불이익 등을 이르는 말. ¶화려한 옷차림은 면접 때 ― 요인이 된다. ☞플러스(plus)
마이너스=성장(minus成長) 명 경제 성장률이 마이너스가 되는 일. 곧 국민 총생산의 실질 규모가 지난해에 비하여 작아지는 일.
마:이동풍(馬耳東風) 성구 남의 말을 귀담아듣지 않고 흘려 버림을 이르는 말.
마이신(mycin) 명 '스트렙토마이신'의 준말.
마이실린(mycillin) 명 스트렙토마이신과 페니실린의 복합제.
마이오세(∠Miocene世) 명 신생대(新生代) 제삼기를 다섯으로 나눈 넷째 지질 시대. 중신세 ☞올리고세
마이카:(my+car) 명 자기 소유의 승용차.
마이카나이트(micanite) 명 열 또는 전기 절연물의 한 가지. 운모의 얇은 조각을 결합시켜 고압·고온으로 처리하여 붙인 것. 본디는 상품명임.
마이카콘덴서(mica condenser) 명 금속판 사이에 운모를 끼워 전기 용량을 크게 한 축전기.
마이크(∠microphone) 명 음파 또는 초음파를 전기 신호로 바꾸는 장치.
마이크로=경제학(micro經濟學) 명 미시 경제학
마이크로그램(microgram) 의 미터법에 따른 질량의 단위. 100만분의 1그램. 기호는 μg
마이크로미:터[1](micrometer) 명 물건의 안지름·바깥지름, 또는 종이의 두께 등을 정밀하게 재는 기구. 백만분의 1mm까지 잴 수 있음. 측미계(測微計)
마이크로미:터[2](micrometer) 의 미터법에 따른 길이의 단위. 100만분의 1미터. 기호는 μm
마이크로밸런스(microbalance) 명 화학 실험 등에서, 1mg 이하의 적은 양을 재는 천칭을 이르는 말.
마이크로버스(microbus) 명 소형 버스
마이크로옴(microhm) 의 전기 저항의 단위. 100만분의 1옴. 기호는 $\mu\Omega$
마이크로웨이브(microwave) 명 파장이 1m 이하인 전자파. 레이더나 텔레비전 따위에 폭넓게 이용됨. 극초단파. 마이크로파
마이크로일렉트로닉스(microelectronics) 명 집적 회로 등에 관련된 전자 기술을 연구하고 개발하는 전자 공학의 한 분야. ☞집적 회로(集積回路)
마이크로카:드(microcard) 명 책이나 신문 따위를 축소 촬영하여 인화지(印畫紙)에 인화한 것. 마이크로카드리더로 확대하여 읽음.
마이크로카:드리:더(microcard reader) 명 마이크로카드의 내용을 확대하여 읽는 데 쓰이는 장치.
마이크로컴퓨터(microcomputer) 명 마이크로프로세서를 사용하여 만든 컴퓨터. 중앙 처리 장치가 하나의 집적 회로로 이루어져 있음. 냉장고·에어컨 등 가전 제품에 많이 사용됨.
마이크로톰:(microtome) 명 생물의 조직을 현미경용 표본으로 얇게 자르는 장치.
마이크로-파(micro波) 명 마이크로웨이브(microwave)
마이크로패럿(microfarad) 의 전기 용량의 단위. 100만분의 1패럿. 기호는 μF
마이크로프로세서(microprocessor) 명 컴퓨터의 중앙 처리 장치에 해당하는 연산 회로와 제어 회로를 하나 또는 여러 개의 직접 회로에 덧붙인 장치.
마이크로필름(microfilm) 명 자료나 문헌 따위를 축소 촬영하여 보존하는 데 쓰이는 불연성(不燃性) 필름.
마:인(馬印) 명 말의 산지(產地)를 표시하기 위하여, 말의 볼기에 찍는 낙인(烙印).
마인(麻仁) 명 삼씨
마일(mile) 의 야드파운드법에 따른 길이의 단위. 1마일은 약 1,609m임. 리(哩). 영리(英里). 기호는 mil
마일포스트(milepost) 명 ①배를 시운전(試運轉)할 때, 기준 속력을 측정하기 위하여 해안에 설치해 놓은 푯대. ②이정표(里程標)
마임(mime) 명 대사가 없이 몸짓과 표정만으로 표현하는 연극, 또는 그 연기. 무언극(無言劇). 묵극(默劇). 팬터마임(pantomime)
마자(麻子) 명 삼씨
마자-유(麻子油) 명 삼씨에서 짠 기름. 삼씨기름
마작(麻雀) 명 중국에서 생긴 실내 오락의 한 가지. 네 사람의 경기자가 136개의 직사각형 패(牌)를 가지고 일정한 규칙에 따라 짝을 맞추어 승패를 겨룸.
마작-꾼(麻雀－) 명 마작을 잘하거나 즐기는 사람.
마장 의 거리의 단위. 오 리나 십 리가 못 되는 거리를 이를 때, '리(里)' 대신으로 씀. ¶서너 ―.
마:장(馬場) 명 ①말을 매어 두거나 놓아 기르는 곳. ②경마장(競馬場)
마장(魔障) 명 어떤 일에 뜻밖의 헤살이 드는 것을 이르는 말. 마희(魔戲)
마:장=마:술(馬場馬術) 명 마술 경기의 하나. 넓이 60×20m의 마장 안에서 말을 다루는 솜씨를 겨룸.
마:-장수(馬－) 명 지난날, 물건을 말에 싣고 다니며 파는 사람을 이르던 말.
마장-스럽다(魔障－)(－스럽고·－스러워) 형ㅂ 일이 이루어지려는 판에 뜻밖의 방해가 있다.
마장-스레 부 마장스럽게
마-장조(－長調)[－쪼] 명 '마' 음을 으뜸음으로 하는 장조. 이장조 ☞마단조
마저 부 남기지 말고 모두. 마지막까지 다. ¶이것도 ― 먹어라. /남아서 일을 ― 해라.
-마저 조 체언에 두루 붙어, '남김없이 그것까지 다'의 뜻으로 쓰이는 보조 조사. ¶교통마저 두절되었다. /이름은커녕 얼굴마저 기억 나지 않는다.
마:적(馬賊) 명 청나라 말기에 중국 동북 지방에서 말을 타고 떼를 지어 다니면서 약탈을 일삼던 무리.
마:전[1] 명 -하다 타 베 따위를 삶거나 빨아서 바램. 폭백(曝白)
마-전[2] 명 지난날, 장터에서 곡식을 마질하던 곳.
마:전(馬田) 명 조선 시대, 마위전(馬位田)과 마위답(馬位畓)을 아울러 이르던 말. 마위땅
마전(麻田) 명 삼을 심어 가꾸는 밭. 삼밭
마전-장이 명 지난날, 마전을 직업으로 삼던 사람.
마전-터 명 마전하는 곳.
마접(魔接) 명 -하다 자 귀신과 접함, 또는 신이 내림. ☞신접(神接)
마:정(馬政) 명 조선 시대, 말의 사육·개량·번식 등에 관한 행정을 이르던 말.
마:제(馬蹄) 명 말굽
마제(磨製) 명 -하다 타 돌 따위를 갈아서 만듦, 또는 그 물건.
마:제굽=토시(馬蹄－) 명 손등 쪽의 부리를 말굽처럼 둥글게 하여 손등을 덮게 만든 토시. 말굽토시
마:제-석(馬蹄石) 명 표면에 말굽과 같은 무늬가 있는, 검푸른 빛깔의 돌.
마제=석기(磨製石器) 명 신석기 시대 이후의, 돌을 갈아

서 만든 도구. 간석기 [준]마석기(磨石器) ☞타제 석기(打製石器)
마:제-연(馬蹄椽)[명] 말굽추녀
마:제-은(馬蹄銀)[명] 말굽은
마:제-철(馬蹄鐵)[명] ①대접쇠 ②말편자
마:제-초(馬蹄草)[명] '참취'의 딴이름.
마:제-추녀(馬蹄-)[명] 말굽추녀
마:제형=자:석(馬蹄形磁石)[명] 말굽 자석
마젤란-운(Magellan雲)[명] 남반구(南半球)에서 맨눈으로 볼 수 있는 두 개의 불규칙한 성운(星雲). 은하계 밖의 성운 중에 지구와 가장 가까이 있는 것으로 약 18만 광년의 거리에 있음.
마:조(馬鯛)[명] '말매미'의 딴이름.
마조-장이(磨造-)[명] 도자기를 굽기 전에 이리저리 매만져서 맵시를 내는 사람.
마조히즘(masochism)[명] 변태 성욕의 한 가지. 이성(異性)에게서 정신적·신체적인 학대를 받음으로써 성적 쾌감이나 만족을 느끼는 일. 피학증(被虐症) ☞사디즘
마졸리카(majolica)[명] 15세기 말에서 16세기에 걸쳐 이탈리아에서 발달한 도기(陶器). 주석이 섞인 흰빛의 불투명 잿물을 입힌 다음 채색 그림을 그렸음.
마주[부] 상대를 바로 향하여. ¶ - 대하다. /- 보다.
마:주(馬主)[명] 경마에서, 말의 주인을 이르는 말.
마주-나기[명] 잎차례의 한 가지. 식물의 잎이 각 마디마다 두 개씩 마주 붙어서 나는 것. 대생(對生) ☞어긋나기
마:주-나무(馬柱-)[명] 말이나 소를 매어 놓는 나무.
마주르카(mazurka)[명] 폴란드의 민속 춤곡, 또는 그 곡에 맞추어 추는 춤.
마주-잡이[명] 두 사람이 앞뒤에서 메는 상여나 들것.
마주-치다[자] ①서로 정면으로 부딪치다. ¶손바닥도 마주쳐야 소리가 난다. /눈길이 마주칠 때마다 살짝 미소를 짓는다. ②우연히 서로 만나다. ¶그 집에서 마주칠 줄 누가 알았을까. ③어떤 상황에 부닥치다. ¶부도(不渡)라는 최악의 사태에 -.
마주-하다[타][여] 마주 대하다. ¶얼굴을 -.
마:죽(馬粥)[명] 말죽
마중[명]-하다[타] 오는 사람이 이르기 전에 나아가 맞이함. ¶역으로 -을 나가다. ☞배웅
마중-물[명] 펌프에서 물이 잘 나오지 않을 때, 물을 끌어 올리기 위하여 붓는 물.
마중지봉(麻中之蓬)[성구] 삼밭에 난 쑥대라는 뜻으로, 좋은 환경에서 자란 사람은 주위의 영향을 받아 자연히 품행이 방정해진다는 말.
마지(麻紙)[명] 삼의 섬유나 삼베를 원료로 하여 뜬 종이. ☞한지(韓紙)
마지(摩旨)[명] 부처에게 올리는 밥. 마짓밥
마:지기¹[명] 조선 시대, 내수사(內需司)와 각 궁방(宮房)에 딸렸던 하인. 노자(奴子) [원]마직(馬直)
마지기²[의] 논밭 넓이의 단위. 한 마지기는 한 말의 씨를 뿌릴만 한 넓이로, 논은 200평, 밭은 300평 안팎임. 두락(斗落) ☞섬지기
마지막[명] 시간이나 순서의 맨 끝. ¶그 영화는 - 장면이 인상적이다. /이것이 - 기회이다.

[한자] **마지막 종**(終)〔糸部 5획〕¶종곡(終曲)/종국(終局)/종막(終幕)/종점(終點)/종헌(終獻)

마:지-못:해[-몯-][부] 마음이 내키지는 않으나 아니 하려야 아니 할 수가 없어. ¶ - 외출을 허락해 주었다.
마:지-아니하다[조동][여] 동사의 연결 어미 '-아'·'-어'·'-여' 뒤에 붙어, '진심으로 그러함'을 강조하여 이르는 말. ¶바라 -. /존경하여 -. [준]마지않다
마:지-않다[조동] '마지아니하다'의 준말.
마:직(馬直)[명] '마지기'의 원말.
마직(麻織)[명] '마직물(麻織物)'의 준말.
마-직물(麻織物)[명] 삼 섬유로 짠 피륙. [준]마직(麻織)
마진(痲疹)[명] 홍역(紅疫)
마:진(margin)[명] ①원가와 판매가와의 차액(差額). ②증권 따위의 위탁 증거금. ③판매 수수료 ④신용장을 개설할 때의 보증금.
마-질[명]-하다[타] 곡식을 말로 되는 일. [원]말질 ☞되질
마:질(馬蛭)[명] '말거머리'의 딴이름.
마짓-밥(摩旨-)[명] 마지(摩旨)
마-쪽[명] '남쪽'의 뱃사람말.
마:차(馬車)[명] 말이 끄는 수레.
마:차-꾼(馬車-)[명] 마차를 부리는 사람. 마부(馬夫). 마차부(馬車夫)
마:차-부(馬車夫)[명] 마차꾼
마:차부-자리(馬車夫-)[명] 북쪽 하늘의 오리온자리 북쪽에 있는 별자리. 마부좌(馬夫座)
마찬가지[명] 서로 같은 것. 매일반. 매한가지 ¶며느리도 자식이나 -다. /예전과 -로 대하다.
마찰(摩擦)[명] ①-하다[자][타] 두 물체가 서로 닿아서 문질리거나 비벼짐, 또는 두 물체를 맞대고 문지름. ¶마른 수건으로 살갗을 -하다. ②두 물체가 맞닿아 있는 상태에서 움직이려고 하거나 움직이고 있을 때, 그 접촉 면에서 운동을 방해하는 힘이 작용하는 현상. ③서로 뜻이 맞지 않아 사이가 벌어져 다투는 일. ¶돈 때문에 벗 사이에 -이 일어났다.
마찰=계:수(摩擦係數)[명] 물체가 가진 마찰력의 크기와, 물체의 접촉 면을 수직으로 누르는 힘의 크기와의 비. 마찰 상수(摩擦常數)
마찰-력(摩擦力)[명] 마찰할 때 생기는 두 물체 사이의 저항력.
마찰=브레이크(摩擦brake)[명] 마찰로 회전을 멈추게 하거나 늦추게 하는 장치.
마찰=상수(摩擦常數)[명] 마찰 계수(摩擦係數)
마찰=손:실(摩擦損失)[명] 마찰이 일어나 에너지가 줄어드는 일, 또는 줄어든 에너지.
마찰-열(摩擦熱)[-렬][명] 물체가 마찰할 때 생기는 열.
마찰-음(摩擦音)[명]〈어〉발음 방법에 따라 구별한 한글 자음의 한 갈래. 날숨이 목청과 입 안의 좁은 통로를 빠져나오는 소리. 윗잇몸과 혀끝 사이에서 나는 'ㅅ·ㅆ'과 좁혀진 목청에서 나는 'ㅎ'이 이에 딸림. 갈이소리 ☞파찰음(破擦音)
마찰=저:항(摩擦抵抗)[명] 유체(流體) 속에 있는 물체 표면에 작용하는 마찰력의 합력(合力)으로 나타나는 저항. 유체가 점성(粘性)을 가지기 때문에 일어남.
마찰적=실업(摩擦的失業)[명] 노동의 수요와 공급이 일시적으로 균형을 이루지 못하여 일어나는 실업.
마찰=전:기(摩擦電氣)[명] 서로 다른 두 물체를 마찰했을 때 표면에 생기는 전기. ☞정전기(靜電氣)
마찰=클러치(摩擦clutch)[명] 마찰을 이용하여 회전 운동을 끊었다 이었다 하는 장치.
마천-각(摩天閣)[명] 마천루
마천-루(摩天樓)[명] 하늘에 닿을듯이 높이 솟은 고층 건물. 마천각
마-천우(麻天牛)[명] '삼하늘소'의 딴이름.
마:철(馬鐵)[명] 말편자
마:철-계(馬鐵契)[명] 지난날, 말편자를 공물(貢物)로 바치기 위하여 조직하였던 계.
마:초(馬草)[명] 말꼴
×**마추다**[타] →맞추다
×**마춤**[명] →맞춤
마충(麻蟲)[명] '삼벌레'의 딴이름.
마취(痲醉)[명]-하다[타] 약물을 써서 감각을 잃고 자극에 반응할 수 없게 하는 일. 몽혼(朦昏)
마취-법(痲醉法)[-뻡][명] 통증이 심한 치료나 수술 따위를 할 때, 고통을 덜기 위하여 전신 또는 국부를 마취시키는 방법.
마취-약(痲醉藥)[명] 마취하는 데 쓰는 약. 마취제. 몽한약(蒙汗藥). 몽혼약(朦昏藥)
마취-제(痲醉劑)[명] 마취약. 몽혼제(朦昏劑)
마치¹[명] 못을 박거나 무엇을 두드리는 데 쓰는 연장. 망치보다 조금 작으며 쇠뭉치에 자루가 달려 있음.

속담 **마치가 가벼우면 못이 솟는다** : 윗사람이 의젓하고 엄격하지 않으면, 아랫사람이 따르지 않고 도리어 반항한다는 말. ☞추경정용(椎輕釘聳)

마치² 부 거의 비슷하게. 흡사(恰似) ¶ — 아무 일도 없었던 것처럼 시치미를 뗀다.

마:치(馬齒) 명 자기의 나이를 낮추어 이르는 말. 마령(馬齡) ☞견마지치(犬馬之齒)

마:치(march) 명 행진곡(行進曲)

마치다¹ 자 ①말뚝이나 못 따위를 박을 때, 밑에 무엇이 받치어 버티다. ¶말뚝을 박는데 암반이 —. ②몸의 어떤 부분이 결리다. ¶명치 끝이 —.

마치다² 타 하던 일을 끝내다. ¶학교 수업을 마치는 대로 곧 집으로 돌아오너라. 준맟다

한자 **마칠 료**(了) 〔亅部 1획〕 ¶수료(修了)/완료(完了)
마칠 졸(卒) 〔十部 6획〕 ¶졸세(卒歲)/졸업(卒業)
마칠 필(畢) 〔田部 6획〕 ¶필생(畢生)/필업(畢業)

마치-질 명 -하다 타 마치로 무엇을 박거나 두드리는 일.

마침¹ 명 음악에서, 악곡(樂曲)의 끝을 이르는 말.

마침² 부 ①어떤 경우나 기회에 꼭 알맞게. ¶ — 잘 왔다. ②공교롭게도 ¶ — 돈이 떨어졌네. ③그때가 바로. ¶ — 버스가 도착할 시간이다.

마침-가락[—까—] 명 일이나 물건이 어떤 경우나 조건에 우연히 딱 들어맞는 일.

마침-구이 명 -하다 타 자기(瓷器)를 만들 때, 애벌구이한 것에 유약을 발라서 마지막으로 구워 내는 일. ☞설구이

마침-내 부 드디어. 끝내 ¶ — 정상에 올랐다.

한자 **마침내 경**(竟) 〔立部 6획〕 ¶필경(畢竟)

마침-맞다[—맏—] 형 어떤 경우나 기회에 꼭 알맞다. ¶막 저녁을 먹으려던 참인데 마침맞게 잘 왔다.

마침-몰라 부 그때를 당하면 어찌 될지 모르나. ¶부도가 나면 —, 파산이야 하겠나.

마침-표(—標) 명 ①문장 부호의 한 갈래. 온점(.), 고리점(。), 물음표(?), 느낌표(!)를 통틀어 이르는 말. 종지부(終止符) ☞쉼표 ②음악에서, 악곡의 끝을 나타내는 기호. 종지 기호(終止記號)

마카로니(macaroni 이) 명 가느다란 대롱처럼 속이 비게 만든 이탈리아식 국수.

마카로니웨스턴(macaroni+western) 명 이탈리아에서 만든, 미국의 서부극을 본뜬 영화. 비정함과 잔혹성이 특징임.

마카로니=인견사(macaroni人絹絲) 명 마카로니처럼 섬유의 속이 비게 만든 특수한 인조 견사. 보온성이 큼.

마칼-바람 명 '북서풍(北西風)'의 뱃사람말.

마:케팅(marketing) 명 상품을 생산자로부터 소비자에게 원활하게 유통시키기 위한 활동. ¶ — 전략을 세우다.

마:켓셰어(market share) 명 시장 점유율(市場占有率) 준셰어(share)

마:크(mark) 명 ①무엇을 상징하여 나타낸 도안이나 상표. ¶태극 — ②-하다 타 축구나 농구에서, 상대편에 접근하여 공격을 견제하고 방해하는 일. ③-하다 타 기록함. ¶마라톤에서 1위를 —하다.

마크라메레이스(macramé+lace) 명 수예의 한 가지. 굵은 실이나 가는 끈을 손으로 맺어 여러 가지 무늬를 짜는 것. 테이블보나 넥타이, 발 따위를 만들거나 장식하는 데 쓰임.

마크로코스모스(Makrokosmos 독) 명 대우주(大宇宙) ☞미크로코스모스(Mikrokosmos)

마키아벨리즘(Machiavellism) 명 이탈리아의 마키아벨리가 그의 저서 '군주론(君主論)'에서 주장한 정치 사상. 목적을 위해서는 수단과 방법을 가리지 않는 행동 양식을 이름.

마타리 명 마타릿과의 여러해살이풀. 줄기 높이 60~150 cm. 잎은 깃꼴로 마주 나며, 7~9월에 노란 꽃이 핌. 어린잎은 먹을 수 있음. 여랑화(女郞花). 패장(敗醬)

마탁(磨琢) 명 -하다 타 ①옥이나 돌을 쪼고 갊. 탁마(琢磨) ②시문을 지을 때, 고치고 다듬음.

마:태(馬太) 명 말에게 먹이는 콩.

마:태(馬駄) 명 말에 실린 짐. 말의 짐바리.

마태복음(∠Matthew福音) 명 신약성서의 첫째 편. 마태가 썼다고 하며, 사복음(四福音)의 하나임.

마투리 명 곡식의 양을 섬을 단위로 하여 셀 때, 한 섬에 차지 못하고 남은 양. 말합(末合) ¶두 섬 —. ☞자투리

마-파람 명 '남풍(南風)'의 뱃사람말. 경풍(景風). 마풍(麻風). 앞바람. 오풍(午風) ☞갈바람

속담 **마파람에 게 눈 감추듯** : 음식을 어느 결에 먹었는지 모를 정도로 빨리 먹어 버림을 비유하여 이르는 말. 〔게 눈 감추듯 한다〕/**마파람에 곡식이 혀를 빼물고 자란다** : 가을에 남풍이 불기 시작하면 곡식이 놀랄 만큼 무럭무럭 자람을 이르는 말.

마:판(馬板) 명 ①마구간 바닥에 깔아 놓은 널빤지. ②마소를 매어 두는 한데의 터.

마:패(馬牌) 명 조선 시대, 관원이 공사(公事)로 지방에 나갈 때, 역마(驛馬)를 징발하는 표로 쓰던 둥근 패. 지름 10cm쯤 되게 구리 따위로 만들었는데, 한 면에는 징발하는 말의 수효를 새기고, 다른 한 면에는 자호(字號)와 날짜를 새겼음. 어사가 인장(印章)으로 쓰기도 했음.

마:편(馬鞭) 명 말을 모는 데 쓰는 채찍. 말채찍

마:편-초(馬鞭草) 명 마편초과의 여러해살이풀. 줄기 높이 30~60cm. 줄기는 모가 지고, 잎은 깃꼴로 톱니가 있으며 윗면에는 잔주름이 많음. 7~8월에 자주색의 작은 꽃은 줄기 끝에서 가늘고 긴 이삭 모양으로 핌. 온 포기를 한방에서 약재로 씀.

마포(麻布) 명 삼실로 짠 피륙. 삼베

마-풀 명 바다에서 나는 조류(藻類)를 통틀어 이르는 말.

마풍(麻風) 명 마파람

마풍(痲瘋) 명 나병의 한 가지.

마풍(魔風) 명 악마가 일으키는 바람이라는 뜻으로, 무시무시하게 휩쓸어 일어나는 바람을 이르는 말.

마:피(馬皮) 명 말의 가죽.

마피(麻皮) 명 삼의 껍질.

마피아(Mafia 이) 명 이탈리아의 시칠리아 섬을 근거로 한 반사회적 비밀 조직. 현재는 미국에서 마약·밀수·매춘·도박 따위에 관련된 거대한 범죄 조직을 이루고 있음.

마:필(馬匹) 명 ①말 몇 마리. ②말¹

마하(Mach 독) 명 마하수

마하(摩訶 ∠mahā 범) 앞말 불교에서, '큼'·'많음'·'위대함'의 뜻을 나타내는 말.

마하-살(摩訶薩) 명 불교에서, '보살(菩薩)'을 높이어 이르는 말.

마하-수(Mach數) 명 유체의 속도와 유체 속의 음속(音速)의 비, 또는 정지해 있는 유체 속의 물체의 속도와 음속의 비. 비행기나 미사일 따위의 속도를 음속을 단위로 하여 잰 값으로서, 마하 1은 초속 약 340m에 해당함. 기호는 M. 마하

마:함(馬銜) 명 재갈

마헤(Mache 독) 의 공기나 온천수 따위에 들어 있는 라듐이나 라돈의 농도를 나타내는 단위.

마현(馬蚿) 명 '노래기'의 딴이름.

마혜(麻鞋) 명 삼이나 노 따위로 짚신처럼 삼은 신. 흔히 날을 여섯 개로 함. 미투리. 승혜(繩鞋)

마호가니(mahogany) 명 멀구슬나뭇과의 상록 교목. 높이는 30m 안팎. 잎은 깃꼴 겹잎이며 여름에 노란 꽃이 핌. 목재는 붉은 갈색으로 나뭇결이 아름답고 단단하여 가구나 건축 내장 마무리재로 쓰임. 북아메리카 남동부와 서인도 제도 등에 분포함.

마호메트-교(Mahomet教) 명 이슬람교

마호메트-력(Mahomet曆) 명 이슬람력

마:-호:주(馬戶主) 명 지난날, 역(驛)에 딸리어 역마를 맡아 기르던 사람.

마:황(馬黃) 명 한방에서, 말의 뱃속에 생기는 우황(牛黃) 비슷한 응결물을 이르는 말. 경간(驚癎)에 약으로 쓰임.

마묵(馬墨)

마황(麻黃)명 마황과의 상록 관목. 모양은 속새와 비슷하고, 여름에 흰 꽃이 핌. 줄기는 한방에서 해열이나 오한, 해수, 백일해 따위에 약재로 쓰임.

마흔 수 ①수의 고유어 이름의 하나. 열의 네 곱절. ②물건 따위를 셀 때의 마흔 개. ☞사십(四十)

관 단위를 나타내는 말 앞에 쓰이어 ①수량이 열의 네 곱절임을 나타냄. ②차례가 서른아홉째의 다음임을, 또는 횟수가 서른아홉 번째의 다음임을 나타냄.

마희(魔戲)명 귀신의 장난이라는 뜻으로, 어떤 일에 뜻밖의 헤살이 드는 일을 이르는 말. 마장(魔障)

막[1] 부 ①이제 방금. ¶ ― 퇴근하려던 참이다. ②바로 그 때. ¶ ― 잠자리에 들자마자 전화가 왔다.

막[2] 부 '마구'의 준말. ¶ ― 떼를 쓰다.

막(幕)명 ①임시로 지은 집. ②칸을 막거나 가리기 위해 둘러치거나 늘어뜨리는 데 쓰이는 천으로 만든 물건. ③극장에서, 무대 앞을 가리는 천으로, 여러 폭을 이어서 만든 물건.

의 연극에서, 내용의 단락을 세는 단위. 무대의 막이 올라갔다가 다시 내릴 때까지의 한 장면임. ¶일 ― 삼 장.

막(을) 내리다 관용 무대 공연 또는 어떤 일을 마치다. ¶장기 순회 공연의 ―.

막(이) 오르다 관용 무대 공연 또는 어떤 일이 시작되다.

막(膜)명 ①생물체의 모든 기관을 싸고 있거나 경계를 이루는 얇은 꺼풀. 고막·복막·세포막 따위. ② 물건의 겉을 덮은 얇은 꺼풀.

막(漠)수 소수(小數) 단위의 하나. 묘(渺)의 10분의 1, 모호(模糊)의 열 곱절.

막- 접두 ①명사 앞에 붙어 '마지막'의 뜻을 나타냄. ¶막차/막장 ②'닥치는 대로', '마구잡이로', '가리는 것 없이 하는'의 뜻을 나타냄. ¶막일/막노동/막말/막벌이 ③동사 앞에 붙어 '마구', '함부로'의 뜻을 나타냄. ¶막보다/막되다/막살다 ④'거친', '품질이 낮은'의 뜻을 나타냄. ¶막도장/막돌/막베

막-가다 자 막되게 행동하다. 앞뒤를 생각하지 않고 행패를 부리다. ¶그렇게 막가다가는 크게 후회할걸.

막간(幕間)명 ①연극에서, 한 막이 끝나고 다음 막이 시작되기까지의 동안. ②어떤 일의 한 단락이 끝나고 다음 단락이 시작될 때까지의 동안. ¶ ―을 이용하다.

막간-극(幕間劇)명 ①연극의 막간에 상연하는 짧은 극. 인테르메초(intermezzo) ②여흥(餘興)으로 상연하는 짧은 극.

막강(莫強)어기 '막강(莫強)하다'의 어기(語基).

막강지국(莫強之國)명 아주 강한 나라.

막강지궁(莫強之弓)명 위력이 있는 아주 센 활.

막강지병(莫強之兵)명 매우 강한 군사.

막강-하다(莫強―)형여 매우 세다.

막객(幕客)명 비장(裨將)

막-걸:다(―걸고·―거니)타 노름판 같은 데서, 가진 돈을 다 걸고 단판으로 내기하다.

막걸리 명 우리 나라 재래식 술의 한 가지. 주로 쌀로 빚어서 맑은술을 떠내지 않고 뒷물을 타 가면서 거른 술. 박주(薄酒). 탁료(濁醪). 탁주(濁酒)

막-걸리다 자 막걺을 당하다.

막골(膜骨)명 척추동물의 경골(硬骨). 연골의 단계를 거치지 않고 섬유성 결합 조직 안에서 직접 만들어지는 뼈임.

막-국수 명 메밀가루를 익반죽하여 밀어서 썬 것을 장국에 넣고 끓인 음식.

막-깎기[―깍―]명 머리털을 바짝 짧게 깎는 일.

막-깎다[―깍―]타 머리털을 바짝 짧게 깎다.

막-낳이[―나―]명 아무렇게나 짠 막치 무명.

막내 명 형제 자매 가운데서 맨 마지막으로 난 사람. ☞맏이

막내-둥이 명 '막내'를 귀엽게 이르는 말.

막내-딸 명 맨 마지막으로 난 딸. 계녀(季女) ☞맏딸

막내-며느리 명 막내아들의 아내. ☞맏며느리

막내-아들 명 맨 마지막으로 난 아들. 말자(末子) ☞맏아들

막내-아우 명 아우들 가운데서 나이가 가장 적은 아우. 말제(末弟)

막냇-누이 명 누이들 가운데서 나이가 가장 적은 누이.

막냇-동생(―*同生)명 동생들 가운데서 나이가 가장 적은 동생.

막냇-사위 명 막내딸의 남편.

막냇-자식(―子息)명 맨 마지막으로 난 아들이나 딸. ☞맏자식

막-노동(―勞動)명-하다 자 가리지 아니하고 닥치는 대로 하는 육체 노동. 막일

막-놓다 타 노름에서, 몇 판에 걸쳐 잃은 돈머리를 합쳐서 한목에 내기를 걸다.

막-눈 명 꼭지눈이나 곁눈이 나는 자리가 아닌, 뿌리나 잎 또는 줄기의 마디 사이에서 나는 눈. 부정아(不定芽). 엇눈 ☞제눈

막능당(莫能當) '무엇으로도 당해 낼 수 없음'의 뜻.

막다 타 ①통하지 못하게 하다. ¶길을 ―. ②가리거나 둘러싸다. ¶사방을 산이 막고 있다. ③어떤 행동을 못하게 하다. ¶말을 막고 나서다. ④어떤 현상이 일어나지 않게 하다. ¶청소년 범죄를 ―. ⑤맞서서 버티거나 물리치다. ¶외적의 침략을 ―. ⑥무엇이 미치지 못하게 하다. ¶추위를 ―. ⑦끝을 맺다. ¶판을 ―.

한자 **막을 거**(拒)〔手部 5획〕¶거부(拒否)/거절(拒絕)
막을 방(防)〔阜部 4획〕¶방범(防犯)/방벽(防壁)/방부(防腐)/방비(防備)/방수(防水)/방어(防禦)
막을 색(塞)〔土部 10획〕¶색원(塞源)/폐색(閉塞)
막을 장(障)〔阜部 11획〕¶장벽(障壁)
막을 저(沮)〔水部 5획〕¶저지(沮止)/저해(沮害)
막을 저(抵)〔手部 5획〕¶저항(抵抗)

막-다르다 형 주로 '막다른'의 꼴로 쓰이어 ①더 나아갈 수 없도록 앞이 막혀 있다. ¶막다른 길. ②일이 더는 어찌할 수 없는 지경에 있다. ¶막다른 고비.

막다른-골:목 명 ①끝이 막혀 더 나갈 수가 없는 골목. ②일이 절박하여 더는 어찌할 수 없는 지경을 비유하여 이르는 말.

속담 **막다른골목이 되면 돌아선다** : 일이 더는 어찌할 수 없는 지경에 이르면 계책이 생긴다는 말.

막다른-집 명 막다른골목의 맨 끝에 있는 집.

막-달 명 아기를 낳을 달. ¶배를 보니 ―이 다 되었다.

막-담:배 명 품질이 낮은 담배. ☞막초

막대 명 '막대기'의 준말.

막대(莫大)어기 '막대(莫大)하다'의 어기(語基).

막대=그래프(―graph)명 여러 가지 사물의 양(量)을 막대 모양의 길이로 나타낸 그래프.

막대기 명 가늘고 긴 나무 따위의 토막. 준막대

막대=자석(―磁石)명 막대 모양으로 생긴 자석. 쇠나 니켈 따위의 길쭉한 토막을 다른 자석으로 문질러 만듦. 봉자석(棒磁石) ☞말굽 자석

막대-잡이 명 ①소경은 대개 지팡이를 오른손에 잡는 데서, 소경에게 그의 '오른쪽'을 이르는 말. ☞부채잡이 ②'길잡이'를 속되게 이르는 말.

막-대:패 명 나무를 애벌로 밀어 깎는 데 쓰는 대패.

막대패-질 명-하다 타 막대패로 대충대충 미는 일.

막대-하다(莫大―)형여 더할 나위 없이 많다. 매우 크고 많다. ¶막대한 재산을 물려받다.

막대-히 부 막대하게

막댓-가지 명 가는 막대기.

막-도장(―圖章)명 인감(印鑑)으로 등록하지 않은, 예사롭게 쓰는 도장.

막-돌 명 별로 쓸모가 없는 돌. 잡석(雜石)

막돌=기초(―基礎)명 막돌로 쌓은 기초.

막돌=주추(―柱―)명 대청 아래 보이지 않는 곳에 막돌로 기둥을 받친 주춧돌.

막-동 명 윷놀이에서, '넉동'을 마지막으로 나는 동이라는 뜻으로 이르는 말.

×막-동이 명 → 막둥이
막돼-먹다 형 '막되다'를 속되게 이르는 말.
막-되다 형 말이나 행실이 거칠고 버릇없다.
막된-놈 명 말이나 행실이 거칠고 버릇없는 사람.
막-둥이 명 ①잔심부름을 시키기 위하여 둔 사내아이. ② '막냇자식'을 귀엽게 일컫는 말.
속담 막둥이 씨름하듯 : 세력이 비슷하여 서로 낫고 못함이 없는 경우를 비유하여 이르는 말.
막론-하다(莫論－) 타여 주로, '막론하고'의 꼴로 쓰이어, '이것 저것 가리고 따지어 말할 것 없이'의 뜻을 나타냄. ¶지위의 고하를 막론하고 …. /남녀 노소를 막론하고 ….
막료(幕僚) 명 ①비장(裨將) ②각군 참모 총장이나 사령관 따위에 딸리어 보좌하는 사람.
막리지(莫離支) 명 고구려 때, 국사를 총괄하여 맡아보던 최고 관직 이름. ☞대막리지(大莫離支)
막막(寞寞) 어기 '막막(寞寞)하다'의 어기(語基).
막막(漠漠) 어기 '막막(漠漠)하다'의 어기(語基).
막막-강궁(莫莫強弓) 명 더할 나위 없이 위력이 센 활.
막막-강병(莫莫強兵) 명 더할 나위 없이 강한 군사.
막막-궁산(寞寞窮山) 명 적막하도록 깊고 높은 산.
막막-대:해(漠漠大海) 명 넓고 아득한 바다.
막막-조(邈邈調) 명 ①고려 시대에 많이 불리던 악곡의 한 가지. 음조가 강하고 급함. ②지나치게 언성이 높은 것, 또는 그렇게 말하는 사람. ③강직한 사람을 비유하여 이르는 말.
막막-하다(寞寞－) 형여 ①쓸쓸하고 괴괴하다. ¶막막한 산중의 밤. ②의지할 데가 없이 외롭고 답답하다. ¶처음 서울에 왔을 때는 참 막막했다. ③아득하고 막연하다. ¶앞길이 －.
막막-히 부 막막하게
막막-하다(漠漠－) 형여 넓고 아득하다. ¶막막한 바다.
막막-히 부 막막하게
막-말 명-하다 자 나오는 대로 함부로 말하거나 속되게 말함, 또는 그렇게 하는 말.
막-매기 명 포(包)를 쓰지 않고 지은 전각(殿閣)이나 신당(神堂).
막무가내 명 '한결같이 고집하여 어찌할 수가 없음'의 뜻. ¶아무리 말려도 －다.
막물-태(－太) 명 맨 끝물에 잡힌 명태.
막-바지 명 ①막다른 곳. ¶골짜기의 －. ②일의 마지막 단계. ¶더위가 －에 이르다.
막-백토(－白土) 명 석비레가 많이 섞인 백토.
막-벌[1] 명 같은 일을 거듭해서 할 때, 마지막으로 하는 차례. ¶－ 논을 매다. ☞애벌
막-벌[2] 명 마구 입는 옷이나 신는 신 따위. ☞난벌. 든벌
막-벌:다(－벌고·－버니) 자 아무 일이든지 닥치는 대로 해서 돈을 벌다.
막-벌:이 명-하다 자 막일로 돈을 버는 일.
막벌이-꾼 명 막벌이로 살아가는 사람. 인부(人夫)
막-베 명 거칠게 짠 베. 조포(粗布)
막-베:먹다 타 본디 가졌던 밑천이나 물건을 함부로 떼어 쓰다.
막벽(幕壁) 명 부벽식(扶壁式) 둑이나 수문(水門)의 정면에 있는, 물이 닿는 부분의 벽.
막부득이(莫不得已) 부-하다 형 정말로 어찌할 수 없이. 참으로 마지못하여. 만부득이 ☞부득이
막-불겅이 명 ①불겅이보다 질이 낮은 살담배. ②곱게 익지 않은 고추.
막불탄복(莫不嘆服) '탄복하지 않을 수 없음'의 뜻.
막비(幕裨) 명 조선 시대에 감사(監司)·유수(留守)·병사(兵使)·수사(水使)·사신(使臣) 등의 지방 장관을 수행하던 무관. 비장(裨將)
막비(莫非) '아닌게아니라'의 뜻.
막빈(幕賓) 명 비장(裨將)
막-뿌리 명 부정근(不定根)
막사(幕舍) 명 ①임시로 허름하게 지은 집. ②군대가 주둔하는 건물. ③지난날, 특수 지역의 경비를 맡던 해병대 부대 단위의 하나.
막-사리 명 얼음이 얼기 전의 조수(潮水).
막-살:다(－살고·－사니) 자 아무렇게나 되는 대로 살다.
막-살이 명 아무렇게나 되는 대로 사는 살림살이.
막상 부 어떤 일에 당하여 실지로. ¶－ 만나고 보니 할 말이 없네.
막상(莫上) 명 극상(極上)
막상막하(莫上莫下) 성구 낫고 못함을 가릴 수 없을 만큼 차이가 거의 없음을 이르는 말. ☞난형난제(難兄難弟)
막상-말로 부 마기말로
막새 명 골지붕의 처마끝을 막아 이는, 와당(瓦當)이 달린 수키와. 드림새. 막새기와. 묘두와(猫頭瓦). 화두와
막새-기와 명 막새
막-서다 자 ①싸울 것같이 대들다. ②어른이나 아이를 가리지 않고 함부로 대들다.
막설(莫說) '말을 그만둠'의 뜻. ¶넋두리를 －하고 정작 하고자 하는 말을 하게.
막-설탕(－雪*糖) 명 정제하지 않은 설탕. 조당(粗糖)
막-술 명 밥을 먹을 때 마지막으로 드는 숟갈.
속담 막술에 목이 멘다 : 지금까지 순조롭게 되어 오던 일이 마지막에 이르러 탈이 남을 비유하여 이르는 말.
막시(膜翅) 명 얇은 막질(膜質)로 된 날개. 개미나 벌 등의 날개 따위.
막심(莫甚) 어기 '막심(莫甚)하다'의 어기(語基).
막심-하다(莫甚－) 형여 더할 나위 없이 심하다. ¶피해가 －. /후회가 －.
막심-히 부 막심하게
막엄(莫嚴) 어기 '막엄(莫嚴)하다'의 어기(語基).
막엄지지(莫嚴之地) 명 더할 나위 없이 엄한 곳이라는 뜻으로, 임금의 앞이나 임금의 처소를 이르는 말.
막엄-하다(莫嚴－) 형여 더할 나위 없이 엄하다.
막엄-히 부 막엄하게
막역(莫逆) 어기 '막역(莫逆)하다'의 어기(語基).
막역간(莫逆間) 명 막역지간(莫逆之間)
막역지간(莫逆之間) 명 벗으로서 아주 허물없이 친한 사이임을 이르는 말. 막역간(莫逆間)
막역지교(莫逆之交) 명 아주 허물없는 사귐.
막역지우(莫逆之友) 명 아주 허물없는 벗.
막역-하다(莫逆－) 형여 뜻이 서로 맞아서, 허물없이 아주 가깝다. ¶막역한 사이.
막역-히 부 막역하게
막연(漠然) 어기 '막연(漠然)하다'의 어기(語基).
막연-하다(漠然－) 형여 ①갈피를 잡을 수 없게 아득하다. ¶앞으로 살 일이 －. ②똑똑하지 못하고 어렴풋하다. ¶막연한 기대를 걸다.
막연-히 부 막연하게
막왕막래(莫往莫來) 성구 서로 오고 가고 함이 없음을 이르는 말. ☞내왕(來往)
막이 명 막는 일, 또는 막는 것.
막이-산지 명 '+'자 모양으로 끼워 맞춘 재목에 빠지거나 흔들리지 않도록 박는 나무못. ☞산지못
막-일[－닐] 명-하다 자 가리지 아니하고 닥치는 대로 하는 육체 노동. 막노동 유 상일 ☞잡일
막일-꾼[－닐－] 명 막일을 하는 사람. 잡역꾼 유 상일꾼
막자 명 약을 빻거나 가는 데 쓰는, 사기나 유리로 만든 작은 방망이. 유봉(乳棒)
막자-사발(－*沙鉢) 명 약을 빻거나 갈아서 가루로 만드는 데 쓰는 그릇. 유발(乳鉢)
막-잠 명 누에의 마지막 잠.
막-잡이 명 ①함부로 쓰는 물건. ☞조용품(粗用品) ② 어떤 물건 가운데서 좋은 것을 골라내고 남은 찌꺼기.
막장 명 ①갱도(坑道)의 막다른 곳. ②-하다 자 갱도 끝에서 광물 따위를 캐는 일.
막-장(－醬) 명 보리밥과 메줏가루를 소금물에 걸직하게 말아 담근, 간장을 떠내지 않은 된장.
막장-꾼 명 광산에서 직접 정으로 돌 구멍을 뚫거나 땅을

파는 노동자.
막-장부촉(-鏃)명 다른 재목에 마구 뚫어 끼우게 한 긴 장부촉.
막장-일[-닐]명-하다자 막장에서 광물을 캐는 일.
막전(幕電)명 먼 곳의 번갯불이 공중에 비쳐서 구름 전체가 한때 훤하게 보이는 현상.
막-전:위(膜電位)명 두 종류의 전해질 용액이 반투막(半透膜)으로 막혀 있을 때에 생기는 전위차(電位差).
막중(莫重)어기 '막중(莫重)하다'의 어기(語基).
막중-국사(莫重國事)명 더할 나위 없이 중대한 나라일.
막중-대사(莫重大事)명 더할 나위 없이 큰 일.
막중-하다(莫重-)형여 더할 나위 없이 중대하다. ¶책임이 -./막중한 임무를 띠다.
막중-히부 막중하게
막지(漠地)명 사막처럼 거칠고 메마른 땅.
막-지르다(-지르고·-질러)타르 ①앞길을 막다. 앞질러 가로막다. ②마구 냅다 지르다.
막지-밀명 밀의 한 가지. 이른봄에 갈아서 6~7월에 익는데, 까끄라기가 길고 빛이 누르며 질이 낮음.
막질(膜質)명 막으로 된 성질이나 성분, 또는 그런 물질.
막-질리다자 막지름을 당하다.
막-차(-車)명 그날 마지막으로 떠나거나 들어오는 차. ¶-를 놓치다. ☞첫차
막차(幕次)명 지난날 임시로 장막을 쳐서 만든, 왕이나 고관이 머무르던 곳.
막-창자명 맹장(盲腸)
막천석지(幕天席地)성구 하늘로 장막을 삼고 땅으로 자리를 삼는다는 뜻으로, 뜻과 기개가 웅대하고 주저함이 없음을 이르는 말.
막-초(-草)명 품질이 아주 낮은 살담배. ☞상초(上草)
막-치명 질이 낮은 물건. 조제품(粗製品)
막-토(-土)명 집을 지을 때, 아무 데서나 파서 쓰는 보통 흙. 막흙
막판명 ①마지막 판. ②일이 아무렇게나 마구 되는 판.
막-필(-筆)명 허름하게 만든, 막 쓰는 붓.
막하(幕下)명 ①지난날, 주장(主將)이 거느리던 장교와 종사관(從事官). 장하(帳下) ②지휘관이나 책임자가 거느리고 있는 부하, 또는 그 지위.
막하(를) 잡다관용 주장(主將)이 자기가 거느릴 막하를 선택하다.
막-해야부 가장 나쁜 경우라도. ¶- 본전은 하겠지.
막후(幕後)명 '막의 뒤'라는 뜻으로, 겉으로 드러나지 않는 부분. ¶-에서 조종하다./- 교섭
막-흙명 막토
막히다자 ①막음을 당하다. ¶기가 -./숨이 -. ②모르는 대목에 부딪쳐 일이 잘 풀리지 않다. ¶생각이 막혀 글이 써지지 않는다. ③어떤 처지에 얽매여 하려던 것을 못하게 되다. ¶출셋길이 -./혼삿길이 -.

한자 **막힐 질**(窒)〔穴部 6획〕¶질급(窒急)/질사(窒死)/질색(窒塞)/질식(窒息)
막힐 체(滯)〔水部 11획〕¶정체(停滯)/지체(遲滯)/체기(滯氣)/체물(滯物)/체증(滯症) ▷ 속자는 滞

만의 동안이 얼마 계속되었음을 나타내는 말. ¶십 년 -에 만나다.
만(卍)명 ①불경에서 '萬'자의 대용으로 쓴 글자. ②불교에서, 부처의 가슴이나 손발에 나타났다는 길상(吉祥)의 표상(表象). 불교나 절의 표지(標識)로 쓰임. ☞만자(卍字)
만(滿)명 주로 '만으로' 꼴로 쓰이어, 시간적으로 꽉 차게 헤아림을 이르는 말. ¶올해 -으로 몇 살이냐?/결혼한 지 -으로 삼 년째이다.
관 ①기간을 나타내는 수 앞에 쓰이어, 날·주·달·년 따위의 일정하게 정해진 기간이 꼭 참을 나타내는 말. ¶- 스무 살이다./- 일 년 만에 회사를 그만두다./- 10개월 만에 아기를 출산하다.
만(灣)명 바다가 육지로 굽어 들어간 곳. 해만(海灣) ¶아산-/영일- ☞후미

만:(萬)수 수의 단위. 천(千)의 열 곱절. ¶토지 -평./자동차 - 대./-에 하나라도 그런 일이 있으면 어쩔 작정이냐? ☞억(億)

한자 **일만 만/많을 만**(萬)〔艸部 9획〕¶만금(萬金)/만년(萬年)/만리(萬里)/만복(萬福) ▷ 약자는 万

-만[1] 조 ①제한의 뜻을 나타내는 보조 조사. ¶공부만 열심히 한다./하나만 알고 둘은 모른다./말만 앞선다./계속 웃기만 한다. ②강조의 뜻을 나타내는 보조 조사. ¶놀고만 있어서 되겠는가./웃기만 해 봐라, 야단이 날 것이다./앞으로 걸어만 가라./늘 늦게만 찾아온다./잘만 한다./세상을 비관적으로만 보지 마라. ③'하다'나 '못하다'와 함께 쓰이어, 나타내는 대상이나 정도를 비교하는 뜻을 나타내는 보조 조사. ¶재주가 너만 못하다./크기가 꼭 밥그릇만 했다./에끼, 짐승만 못한 사람 같으니라구./안 하니만 못하다.
-만[2] 조 '-마는'의 준말. ¶나는 좋다만, 그대 생각은 어떠한가?
만가(挽歌·輓歌)명 ①상여꾼들이 상여를 메고 가면서 부르는 구슬픈 소리. 상엿소리. 해로가(薤露歌) ②죽은 사람을 애도(哀悼)하는 시가(詩歌). 엘레지
만:각(晩覺)명-하다자타 ①늙어서야 지각(知覺)이 듦. ②뒤늦게 깨달음.
만:간(滿干)명 만조와 간조. 밀물과 썰물. 간만(干滿)
만감명 광맥(鑛脈)에 고루 들어 있는 감돌.
만:감(萬感)명 여러 가지 느낌이나 생각. ¶-이 교차하다.
만:강(滿腔)명 마음속이나 온몸에 가득 차는 일. 〔주로 '만강의'의 꼴로 쓰임.〕¶-의 기쁨을 느낍니다.
만:강(萬康)어기 '만강(萬康)하다'의 어기(語基).
만:강-하다(萬康-)형여 '아주 편안하다'의 뜻으로, 편지에 쓰는 한문 투의 말. 만안하다 ¶기체후 일향 만강하옵신지요?
만:개(滿開)명-하다자 많은 꽃이 한꺼번에 활짝 다 핌. 만발(滿發) ▷ 滿의 속자는 満
만:건곤(滿乾坤) '천지에 가득 참'의 뜻. ¶백설이 -할 제 독야청청하리라.
만:겁(萬劫)명 불교에서, 한없이 오랜 세월을 이르는 말. 영겁(永劫) ☞겁(劫)
만:경(晩景)명 ①저녁때의 경치. 모경(暮景) ②늦저녁 햇빛. ③철이 늦은 때의 경치
만:경(晩境)명 늙어 버린 처지. 늙바탕
만:경(萬頃)명 백만 이랑이라는 뜻으로, 지면이나 수면이 한없이 넓음을 이르는 말.
만경(蔓莖)명 덩굴성 식물의 줄기 부분. 덩굴줄기
만경-되다자 눈에 정기(精氣)가 없어지다.
만:경떡명 찹쌀가루에 밤, 씨를 뺀 대추, 삶은 콩, 삶은 팥 등을 버무려서 시루에 찐 떡.
만:경유리(萬頃琉璃)[-뉴-]성구 한없이 너른 유리라는 뜻으로, '유리처럼 반반하고 넓은 아름다운 바다'를 비유하여 이르는 말.
만:경징파(萬頃澄波)성구 한없이 너른 호수나 바다의 맑은 물결을 이르는 말.
만:경-차사(萬頃差使)명 지난날, 지방관의 잘못을 적발하기 위하여 일정한 곳을 지정하지 않고 파견하던 어사.
만:경창파(萬頃蒼波)성구 한없이 너르고 너른 바다를 이르는 말. ¶-에 일엽편주(一葉片舟).
속담 **만경창파에 배 밑 뚫기**: 몹시 심통 사나운 행위를 이르는 말.
만:경-출사(萬頃出使)[-싸]명 지난날, 포교가 정처 없이 다니면서 죄인을 잡던 일.
만:경=타:령(-*打令)명 긴 타령이라는 뜻으로, 요긴한 일을 등한히 함을 이르는 말.
만:계(晩計)명 ①뒤늦은 계획. ②늙바탕의 일을 미리 꾀하는 일, 또는 그 계획.
만계(灣溪)명 연안(沿岸)의 후미진 계곡.
만:고(萬古)명 ①아주 오랜 옛적. ②오랜 세월 동안. ¶-

의 진리. ③오랜 세월을 통하여 그러한 유례가 없는 일. ¶ –의 효부./–의 절색.

만:고(萬苦)명 온갖 괴로움.

만:고강산(萬古江山)성구 오랜 세월을 통하여 변함이 없는 산천(山川)을 이르는 말.

만:고미색(萬古美色)성구 세상에 비길 데가 없이 뛰어난 미인을 이르는 말. 만고절색(萬古絶色)

만:고불멸(萬古不滅)성구 오랜 세월을 두고 길이 없어지지 않음을 이르는 말.

만:고불변(萬古不變)성구 오랜 세월을 두고 길이 변함이 없음을 이르는 말. 만대불변. 만세불변

만:고불역(萬古不易)성구 오랜 세월을 두고 길이 바뀌지 않음을 이르는 말. 만대불역(萬代不易). 만세불역

만:고불후(萬古不朽)성구 오랜 세월을 두고 썩어 없어지지 아니함을 이르는 말. 만대불후. 만세불후

만:고상청(萬古常青)성구 오랜 세월을 두고 변함없이 푸름을 이르는 말.

ㅁ

만:고역적(萬古逆賊)성구 오랜 세월 후에도 죄를 벗을 수 없는 역적. 역사에 유례가 없는 역적을 이르는 말.

만:고절담(萬古絶談)[–땀]성구 세상에 비길 데가 없을 만큼 훌륭한 말을 이르는 말.

만:고절색(萬古絶色)[–쌕]성구 세상에 유례가 없을 만큼 뛰어난 미인을 이르는 말. 만고미색(萬古美色)

만:고절창(萬古絶唱)성구 세상에 비길 데가 없을 만큼 뛰어난 명창을 이르는 말.

만:고천추(萬古千秋)성구 천만년의 기나긴 세월, 곧 영원한 세월을 이르는 말.

만:고풍상(萬古風霜)성구 매우 오랜 동안 겪어 온 많은 고생을 이르는 말.

만곡(彎曲)어기 '만곡(彎曲)하다'의 어기(語基).

만곡-하다(彎曲–)형여 활처럼 굽다. 만굴(彎屈)하다

만:골(萬骨)명 수많은 사람의 뼈.

만:공산(滿空山) '빈 산에 가득 참'의 뜻. ¶명월이 –하니 쉬어 간들 어떠리.

만:공정(滿空庭) '빈 뜰에 가득 참'의 뜻.

만:과(萬科)명 조선 시대, 많은 인원을 뽑던 무과(武科)의 과거.

만과(瞞過)명-하다타 속여 넘김.

만:관(滿貫·滿款)명 마작에서, 최고 점수인 5백, 또는 1천 점이 되는 일.

만관(瞞官)명 지난날, 백성이 관가(官家)를 속이던 일.

만광(–鑛)명 지난날, 광주(鑛主)가 광산을 직접 경영하지 아니하고, 덕대에게 채굴권을 나누어 주고서 분철(分鐵)을 받아들이던 경영 방식의 광산.

만광(을) 트다관용 광주가 분광(分鑛)으로 덕대에게 채굴을 허락하다.

만:교(晩交)명-하다자 늙바탕에 사귐, 또는 그렇게 사귄 친구.

만:구(萬口)명 ①많은 사람의 입. 많은 사람이 하는 말. ②많은 사람.

만구(灣口)명 만의 어귀.

만:구성비(萬口成碑)성구 여러 사람이 칭찬하는 것은 송덕비를 세움과 같음을 이르는 말.

만:구일담(萬口一談)[–땀]성구 여러 사람의 의견이 일치함을 이르는 말.

만:구일사(萬口一辭)성구 여러 사람의 말이 일치함을 이르는 말.

만:구전파(萬口傳播)성구 여러 사람의 입을 통하여 온 세상에 널리 퍼짐을 이르는 말.

만:구칭송(萬口稱頌)성구 만구칭찬(萬口稱讚)

만:구칭찬(萬口稱讚)성구 여러 사람이 한결같이 칭찬함을 이르는 말. 만구칭송(萬口稱頌)

만:국(萬國)명 세계의 모든 나라. 만방(萬邦)

만:국-기(萬國旗)명 세계 각 나라의 국기.

만:국=박람회(萬國博覽會)명 산업의 발달을 촉진시키기 위해서 세계 각국의 생산품을 합동으로 전시하는 국제 박람회. 1928년 파리에서 체결된 국제 박람회 조약에 따라 개최됨. 엑스포(Expo)

만:국=우편=연합(萬國郵便聯合)[–년–]명 국제 연합 전문 기구의 하나. 1875년에 창설하여, 각 나라 사이에 우편물의 상호 교환 등 우편에 관한 여러 업무의 국제 협력 촉진을 목적으로 하는 국제 기관. 유피유(UPU)

만:국=음성=기호(萬國音聲記號)명 국제 음성 기호

만:국=음표=문자(萬國音標文字)[–짜]명 국제 음성 기호(國際音聲記號)

만:국=지도(萬國地圖)명 세계 지도(世界地圖)

만:국=평화=회의(萬國平和會議)명 러시아 황제 니콜라스 2세의 주창으로, 세계 평화를 도모하기 위하여 개최된 국제 회의. 1899년과 1907년에 네덜란드의 헤이그에서 두 차례 열렸음.

만:국=표준시(萬國標準時)명 학술이나 항해(航海) 등에 쓰는 세계 공통의 표준 시간. 그리니치 자오선에서 한밤중을 영시(零時)로 하여 표준함.

만:국=회:의(萬國會議)명 세계 각국의 대표자가 모여서 여는 국제 회의.

만:군(萬軍)명 ①많은 군사. ②크리스트교에서, 이스라엘 민족 전체를 가리키는 말. ③크리스트교에서, '만유(萬有)'의 뜻으로 쓰이는 말.

만군(蠻軍)명 오랑캐의 군사. 야만인의 군대.

만굴(彎屈)어기 '만굴(彎屈)하다'의 어기(語基).

만굴-하다(彎屈–)형여 활처럼 굽다. 만곡(彎曲)하다

만궁(彎弓)명-하다자 활을 당김.

만:권-당(萬卷堂)명 고려 충선왕(忠宣王)이 원나라의 연경(燕京)에 있을 때 세운 서재. 많은 서적을 비치하고 원(元)의 여러 학자와 교유하던 곳으로, 당시 고려와 원나라 문화 교류의 중심 기관이었음.

만:권-시서(萬卷詩書)명 매우 많은 책.

만:근(萬斤)명 매우 무거운 무게. ¶몸이 – 같다.

만:근(輓近)명 몇 해 전부터 지금까지의 기간.

만:금(萬金)명 아주 많은 돈. 만냥(萬兩)

만:기(晩期)명 제철보다 늦은 시기. ☞조기(早期)

만:기(萬機)명 ①여러 가지 정사(政事). 임금의 정무(政務). ②여러 가지 정치상 긴요한 기틀. ③온갖 기밀.

만:기(滿期)명 ①정해 놓은 기한이 다 차는 일. ②어음·수표를 지급하는 시기로서 정해진 날.

만:기-병(滿期兵)명 현역의 복무 기한이 찬 병정.

만:기=어음(滿期–)명 지급해야 할 기한이 다된 어음.

만:기-일(滿期日)명 ①만기가 되는 날. ②어음이나 수표 따위에 적혀 있는 지급 기일.

만:기=제대(滿期除隊)명 군대에서 현역의 복무 기한을 마치고 제대하는 일.

만:끽(滿喫)명-하다타 ①마음껏 먹고 마시는 일. ¶산해진미를 –하다. ②욕망을 충분히 만족시키는 일. ¶자유를 –하다./승리의 기쁨을 –하다.

만나(manna)명 구약성서에서, 모세가 이스라엘 민족을 이집트에서 구출하여 고국으로 돌아갈 때 아라비아의 황야에서 여호와로부터 받았다는 음식물.

만나다자타 ①남과 마주 대하다. ¶찻간에서 동창을 만났다. ②어떤 사물을 보게 되거나 마주치다. ¶사막에서 오아시스를 –. ③어떤 일을 겪다. ¶행운을 –. ④인연으로 관계를 맺다. ¶선생님을 만난 것이 행운입니다. ⑤어떤 때를 당하다. ¶제철을 만난 과일./제 세상을 만난듯이 좋아하다. ⑥어떤 일을 하고 있는 도중에 비나 눈 따위를 맞게 되다. ¶산을 오르는 중에 비를 만났다. ⑦선이나 길, 강 따위가 서로 닿다. ¶이 길은 고속 도로와 만난다./두 강이 만나 바다로 흘러간다.

속담 **만나자 이별** : 만나자마자 곧 헤어짐을 이르는 말. ☞뇌봉전별(雷逢電別)

한자 만날 봉(逢) [辵部 7획] ¶상봉(相逢)/재봉(再逢)
만날 우(遇) [辵部 9획] ¶조우(遭遇)/회우(會遇)

만:난(萬難)명 갖은 고난. ¶–을 극복하다.

만난-각(–角)명 교각(交角)

만난-점(–點)명 교점(交點)

만-날 부 언제나. 늘. 항상. 매일 ¶ ― 놀기만 하다.

속담 **만날 펭그렁이라** : 살아가는 데는 걱정이 없을 만큼 살림이 넉넉하여, 살림살이에는 관심이 없이 늘 빈둥거리며 지냄을 이르는 말.

만:냥(萬兩) 명 아주 많은 돈. 만금(萬金)

만:냥-태수(萬兩太守) 명 지난날, 녹봉(祿俸)을 많이 받는 태수를 이르던 말.

만:냥-판(萬兩―) 명 매우 호화로운 판국을 이르는 말.

만:년(晩年) 명 노년(老年)

만:년(萬年) 명 ①아주 많은 햇수. 오랜 세월. 만세(萬歲) ¶천년― 살아 보세. ②늘 변함이 없는 상태. ¶― 청춘/― 과장 ③〔부사처럼 쓰임〕 ¶ ― 지속될 우정.

만:년불패(萬年不敗) 성구 매우 튼튼하여 오래도록 거덜나거나 깨지지 아니함을 이르는 말.

만:년-빙(萬年氷) 명 ①일년 내내 기온이 낮은 고위도 지방과 높은 산지에 언제나 녹지 않고 얼어 있는 얼음. ②만년설(萬年雪)

만:년-설(萬年雪) 명 일년 내내 기온이 낮은 고위도 지방과 높은 산지에 언제나 녹지 않고 쌓여 있는 눈. 만년빙(萬年氷) ▷ 萬의 속자는 万

만:년지계(萬年之計) 명 아주 먼 뒷날의 일까지 미리 헤아려서 세운 계획.

만:년지택(萬年之宅) 명 오래 견딜 수 있도록 매우 튼튼하게 잘 지은 집.

만:년-청(萬年青) 명 백합과의 상록 여러해살이풀. 줄기 높이 30~50cm. 잎은 끝이 뾰족하고 두꺼우며 녹색임. 5~7월에 연한 노란빛 꽃이 피며, 열매는 둥근 장과(漿果)로 붉은빛이나 노란빛으로 익음.

만:년-필(萬年筆) 명 필기구의 한 가지. 펜대 속에 잉크를 넣어, 쓸 때에 잉크가 알맞게 흘러 나오도록 만든 펜.

만:능(萬能) 명 -하다 형 ①여러 가지 일에 두루 능통함. ¶― 선수/악기를 다루는 데는 ―이다. ②온갖 일을 다 할 수 있음. ¶과학 ―의 시대.

만:능=급혈자(萬能給血者)[―짜] 명 어떤 혈액형의 사람에게도 급혈할 수 있다는 뜻에서, 혈액형이 O형인 사람을 이르는 말.

만다라(∠曼陀羅·曼荼羅. Mandala 범) 명 ①부처와 보살상을 모시고 예배·공양하는 단(壇). ②모든 불법(佛法)을 원만하게 갖추어 결함이 없음을 뜻하는 말. ③부처가 증험(證驗)한 것을 그림으로 나타낸 것.

만다라-화(∠曼陀羅華. Mandalava 범) 명 불교에서, 성화(聖花)로 받드는 흰 연꽃. 부처가 설법할 때나 여러 부처가 나타날 때 하늘에서 내려온다고 함.

만:단(萬短) 명 화투에서, 한 사람이 청단·초단·홍단을 다 차지한 경우를 이르는 말.

만:단(萬端) 명 ①여러 가지 얼크러진 일의 실마리. ②온갖 수단이나 방법. ¶ ―의 준비. ③여러 가지. 온갖 ¶ ―의 준비를 하다.

만:단개:유(萬端改諭) 성구 여러 가지로 잘 타이름.

만:단-설화(萬端說話) 명 온갖 이야기.

만:단-수심(萬端愁心) 명 온갖 근심 걱정.

만:단애걸(萬端哀乞) 성구 남에게 여러 가지로 사정을 말하여 애걸함을 이르는 말.

만:단-정회(萬端情懷) 명 온갖 정과 회포.

만달 명 엉클어진 덩굴의 모양을 그린 그림.

만:달(晩達) 명 -하다 자 늙바탕에 관직과 명망이 높아짐.

만:담(漫談) 명 재미 있고 익살스럽게 세상과 인정을 풍자하는 이야기.

만:담-가(漫談家) 명 만담을 잘하는 사람, 또는 만담을 직업으로 하는 사람.

만:답(漫答) 명 -하다 자 생각나는 대로 아무렇게나 하는 대답. 함부로 하는 대답.

만:당(晩唐) 명 중국 당나라 시대의 문학을 네 시기로 구분한 그 넷째 시기. 곧 문종(文宗) 이후 당나라가 망할 때까지의 시기로 두목(杜牧). 이상은(李商隱). 온정균(溫庭筠) 등의 시인이 활동했음. ☞초당(初唐). 성당(盛唐). 중당(中唐)

만:당(滿堂) 명 사람이 강당 따위 넓은 방에 가득 참, 또는 그 사람들. ☞만장(滿場)

만:대(萬代) 명 아주 오랜 세대. 만세(萬世) ☞백대

만:대불변(萬代不變) 성구 만고불변(萬古不變)

만:대불역(萬代不易) 성구 만고불역(萬古不易)

만:대불후(萬代不朽) 성구 만고불후(萬古不朽)

만대엽(慢大葉) 명 전통 성악곡(聲樂曲)인 가곡의 원형(原形) 중의 한 가지. 매우 느린 곡으로, 평조(平調)만을 사용하였음. 조선 영조 이전에 없어짐. ☞삭대엽(數大葉). 중대엽(中大葉)

만:대-영화(萬代榮華) 명 여러 대를 계속 누리는 영화.

만:대-유전(萬代遺傳) 명 길이길이 전하여 내려오거나 전하여 감.

만:덕(萬德) 명 많은 덕행.

만:도(晩到) 명 -하다 자 시간이 지난 뒤에 옴.

만:도(晩稻) 명 늦게 익는 벼. 늦벼

만:도(滿都) 명 온 장안. 온 도시. ▷ 滿의 속자는 満

만도리 명 -하다 자 논의 마지막 김매기. ☞만물. 이듬

만돌린(mandoline) 명 현악기의 한 가지. 통의 배가 볼록하고 비파(琵琶)와 비슷하며, 네 쌍의 줄을 픽으로 뜯어 소리를 냄.

만:동(晩冬) 명 ①'음력 섣달'을 달리 이르는 말. ②늦겨울. 계동(季冬). 모동(暮冬). 잔동(殘冬) ☞조동

만두(饅頭) 명 밀가루, 메밀가루, 또는 얇게 저민 생선살을 껍질로 하고, 쇠고기, 닭고기, 두부, 숙주나물 등을 소로 하여 빚은 것을 삶거나 찌거나 기름에 지지거나 한 음식.

만두-피(饅頭皮) 명 만두의 껍질이 될, 밀가루나 메밀가루로 만든 얇은 반대기.

만:득(晩得) 명 -하다 타 ①나이 들어 자식을 얻음. 만생(晩生) ②만득자(晩得子)

속담 **만득이 북 짊어지듯** : 늘그막에 자식을 낳아 등에 업은듯 불편해 보인다는 뜻으로, 등에 짊어진 물건이 부피가 크고 둥글며 매우 거북해 보이는 모양을 이르는 말.

만:득-자(晩得子) 명 늙어서 얻은 자식. 만득(晩得). 만생자(晩生子)

만들다(만들고·만드니) 타 ①기술이나 힘을 들여 물건을 이루다. ¶활을 ―./밭을 ―. ②글·노래·문서·책 등을 짓거나 편찬하다. ③법·제도·규칙 등을 정하다. ④모임·단체 등을 이루다. ⑤어떤 일을 하기 위한 돈이나 시간 등을 마련하거나 장만하다. ⑥사람이나 사물을 어떤 형상이나 행동대로 되게 하다. ¶화목한 가정을 ―. ⑦허물이나 상처 등이 생기게 하다. ¶흠집을 ―. ⑧일 따위를 일으키거나 꾸미다. ¶가는 곳마다 말썽을 만든다.

조동 본용언(本用言) 다음에 쓰이어, 그렇게 되게 함을 나타냄. ¶기분을 우울하게 만드는 날씨.

> ▶ **'만들다'의 명사형(名詞形)**
>
> '만들다'의 명사형 만들기에는 '만들음'과 '만듦'의 두 형태가 있을 수 있는데, 앞엣것을 버리고 뒤엣것인 '만듦'으로 적는다.
>
> '알다'의 경우는 '알음'과 '앎'이 다 쓰이는데, '알음'은 서로 아는 안면, 곧 면식(面識)을 뜻하고, '앎'은 명사의 경우 지식(知識)을 뜻하고 명사형인 경우 '알다'의 뜻을 그대로 지닌다.

한자 **만들 조**(造) 〔辵部 7획〕 ¶개조(改造)/제조(製造)/조림(造林)/조선(造船)/조성(造成)/창조(創造)

만듦-새[―듬―] 명 물건의 만들어진 본새나 짜임새.

> ▶ **'만듦새'와 '만듬새'**
>
> '만듦새'를 읽으면 '만듬새'로 소리 난다. 그러나 그 발음대로 표기하지 않는다. 그 까닭은 '만들다'의 어간 '만들-'에 명사를 만드는 접미사 '-ㅁ'이 붙어서 이루어진 말이기 때문이다.

만:래(晩來) 명 노래(老來)

만:량(晩涼) 명 해가 질 무렵의 서늘한 기운.

만:려(萬慮)명-하다자 여러 가지로 생각함, 또는 그 생각.
만:록(萬綠)명 온통 녹색이라는 뜻으로, 여름철의 온갖 푸른 숲을 이르는 말. ¶ -이 우거지다.
만:록(漫錄)명 만필(漫筆)로 된 기록.
만:뢰(萬籟)명 자연계에서 일어나는 온갖 소리.
만:뢰구적(萬籟俱寂)성구 아무 소리도 없이 잠잠하여 매우 고요함을 이르는 말.
만:료(滿了)명-하다자 기한이 차서 끝남. ¶임기가 -되다./형기가 -하다.
만:루(滿壘)명 야구에서, 일루·이루·삼루에 모두 주자가 있는 상태. ¶ - 홈런
만류(挽留)명-하다타 붙들고 말림. 만주(挽住). 만지(挽止). 만집(挽執) ¶출마를 -하다.
만:리(萬里)명 ①천리의 열 곱절. ②매우 먼 거리. ¶이역(異域) -
속담 **만리 길도 한 걸음으로 시작한다** : ①결과가 대단한 것도 그 처음 시작은 보잘것없는 것이었다는 말. ②훌륭하게 된 인물도 범인과 다름 없으나 노력한 결과로 그리 되었다는 말.〔낙락장송도 근본은 종자/천리 길도 한 걸음부터〕

ㅁ

만:리-경(萬里鏡)명 망원경(望遠鏡)
만:리동풍(萬里同風)성구 넓은 지역에 걸쳐 같은 바람이 분다는 뜻으로, 천하가 통일되어 태평함을 비유하여 이르는 말.
만:리-수(萬里愁)명 끝없는 시름.
만:리-장서(萬里長書)명 사연이 긴 편지.
만:리-장설(萬里長舌)명 매우 장황하게 늘어놓는 말.
만:리-장성(萬里長城)명 ①중국 북쪽 변방에 길게 쌓은 성벽. 전국(戰國) 시대부터 쌓기 시작하여 진시황(秦始皇) 때 완성되었음. 현재 남아 있는 것은 명나라가 몽골의 침입에 대비하여 쌓은 것임. 길이 약 2,400km. ②서로 넘나들지 못하도록 가로막은 길고 큰 장벽을 비유하여 이르는 말.
만:리-장천(萬里長天)명 아득히 높고 먼 하늘.
만:리-풍(萬里風)명 먼 곳에서 불어오는 바람.
만:리-화(萬里花)명 목서과의 낙엽 관목. 잎은 넓고 끝이 뾰족한 달걀꼴이며, 4월경에 노란 꽃이 잎보다 먼저 핌. 열매는 삭과(蒴果)로 9월경에 익음. 산골짜기에 저절로 자라는 우리 나라 특산 식물임. 관상용으로 심음.
만마(輓馬)명 수레를 끄는 말.
만:만(萬萬)명 헤아릴 수 없이 많거나 큰 것을 이르는 말. ¶감사 -입니다.
만:만(滿滿)어기 '만만(滿滿)하다'의 어기(語基).
만:만(漫漫)어기 '만만(漫漫)하다'의 어기(語基).
만:만-다행(萬萬多幸)명 아주 다행함. 천만다행
만만디(∠慢慢的 중)부 느릿느릿한 모양. 한가로운 모양. ¶무슨 일이나 -이로군.
만:만부당(萬萬不當)성구 천부당만부당(千不當萬不當)
만:만불가(萬萬不可)성구 아주 불가함을 이르는 말. 천만불가(千萬不可)
만:-만세(萬萬歲)감 '만세'를 강조하는 말.
만만-쟁이명 남에게 만만하게 보이는 사람을 가벼이 여겨 이르는 말.
만만찮다형 '만만하지 않다'가 줄어든 말. ¶만만찮은 상대와 겨루게 되다.
속담 **만만찮기는 사돈집 안방** : 어렵고 거북하며 자유롭지 못함을 이르는 말.〔사돈네 안방 같다〕
만만-하다형여 ①무르고 보드랍다. ¶고기를 칼등으로 두들겨 만만하게 만들다. ②쉽게 대하거나 다룰만 하다. ¶만만한 상대./만만한 일. ☞문문하다
만만-히부 만만하게 ☞문문히
속담 **만만한 데 말뚝 박는다** : 세력이 없는 사람을 업신여기고 호되게 구박한다는 말.
만:만-하다(滿滿-)형여 넘칠 만큼 가득하거나 넉넉하다. ¶자신이 -./여유가 -.
만만-히부 만만하게

만:만-하다(漫漫-)형여 끝이 없이 지루하다.
만만-히부 만만하게
만:망(萬望)명-하다타 간절하게 바람.
만:매(慢罵)명-하다타 만만히 보아 함부로 꾸짖음.
만:면(滿面)명 온 얼굴. ¶ -에 웃음을 띠다.
만:면-수색(滿面愁色)명 얼굴에 가득한, 근심스런 기색.
만:면-수참(滿面羞慙)명 얼굴에 가득한, 부끄러운 기색.
만:면-춘색(滿面春色)명 만면희색(滿面喜色)
만:면-희색(滿面喜色)명 얼굴에 가득한 기쁜 빛. 만면춘색(滿面春色)
만:명(萬明)명 무당이 모시는 신의 한 가지. 신라 때의 장수 김유신의 어머니를 신격화한 것임. 말명
만모(慢侮·謾侮)명 교만한 태도로 남을 업신여김.
만:목(萬目)명 많은 사람의 눈. 많은 사람이 지켜보는 눈.
만:목(滿目)명 ①눈에 가득 차 보임. ②눈에 보이는 데까지의 한계.
만목(蔓木)명 덩굴나무 ☞만초(蔓草)
만:목수참(滿目愁慘)성구 눈에 뜨이는 것이 모두 시름겹고 참혹함을 이르는 말.
만:목황량(滿目荒涼)성구 눈에 뜨이는 것이 모두 거칠고 처량함을 이르는 말.
만:무(萬無)어기 '만무(萬無)하다'의 어기(語基).
만:무방명 ①예의와 염치가 없는 사람들의 무리. ②막되어 먹은 사람.
만:무시:리(萬無是理)성구 절대로 그럴 리가 없음을 이르는 말.
만:무일실(萬無一失)[-씰]성구 ①조금도 축나거나 버릴 것이 없음을 이르는 말. ②실패할 염려가 절대로 없음을 이르는 말.
만:무-하다(萬無-)형여 절대로 없다. ¶돌아올 리 -.
만:문(漫文)명 ①수필 ②사물의 특징을 과장하여 재미 있게 가벼운 필치로 쓴 글. 만필(漫筆) ☞만화(漫畫)
만:문(漫問)명-하다타 생각나는 대로 아무렇게나 함부로 물음.
만물명-하다자 그 해 벼농사에서 마지막으로 김을 매는 일. ☞만도리. 이듬
만:물(萬物)명 온 세상에 있는 모든 물건.
만:물-상(萬物相)[-쌍]명 온갖 물건의 갖가지의 형상.
만:물-상(萬物商)[-쌍]명 일상 생활에 필요한 온갖 물건을 파는 장사, 또는 그런 가게.
만:물지영장(萬物之靈長)명 만물 가운데서 영묘한 힘을 지닌, 가장 뛰어난 존재라는 뜻으로, 사람을 이르는 말.
만:물-탕(萬物湯)명 고기·생선·채소 따위 여러 가지 재료를 넣고 끓인 국.
만:민(萬民)명 모든 백성. 만성(萬姓). 증민(蒸民)
만:민-법(萬民法)[-뻡]명 고대 로마에서, 로마 시민에게만 적용되던 시민법(市民法)에 대응하여 그 영토에 사는 모든 사람에게 적용되도록 만든 법. ☞시민법
만:반(萬般)명 관계되는 모든 것. 갖출 수 있는 모든 것. 제반(諸般) ¶ -의 준비를 하다.
만:반-진수(滿盤珍羞)명 상에 가득히 차린 귀하고 맛있는 음식.
만:발(滿發)명-하다자 많은 꽃이 한꺼번에 활짝 다 핌. 만개(滿開) ¶온갖 꽃들이 -하다.
만:발-공:양(萬鉢供養)명 절에서, 바리때에 밥을 수북수북 담아 대중에게 베푸는 공양을 이르는 말. ☞대중공양(大衆供養)
만:방(萬方)명 ①여러 방면. 모든 곳 ②마음과 힘이 쓰이는 여러 군데.
만:방(萬邦)명 세계의 모든 나라. 만국(萬國). 만역(萬域) ¶세계 -에 알리다.
만:방(萬放)명 바둑에서, 이긴 집 수가 아혼한 집 이상인 상태를 이르는 말.
만:-백성(萬百姓)명 모든 백성.
만:-벌탕명 광산에서, 캐내려고 하는 감돌 위에 있는 버력을 모두 파내는 일.
만:법(萬法)명 ①모든 법률과 규칙을 이르는 말. ②불교에서, 우주 속에 존재하는 온갖 사물과 모든 현상을 이르

는 말. 제법(諸法)
만:법귀일(萬法歸一) 성구 모든 사물은 결국 한군데로 돌아감을 이르는 말.
만:벽-서화(滿壁書畫) 명 벽에 가득하게 걸거나 붙인 글씨와 그림.
만:변(萬變) 명 -하다 자 온갖 변화. 여러 가지로 변화함. ☞만화(萬化)
만:병(萬病) 명 온갖 병. 백병(百病)
만:병-초(萬病草) 명 진달랫과의 상록 활엽 관목. 높이 4 m 안팎이며, 길둥근 잎이 가지 끝에 5~7장씩 모여 남. 7월경에 깔때기 모양의 백색 또는 연한 황색의 꽃이 10~20송이쯤 가지 끝에 모여 핌. 높은 산에 절로 자라며, 잎은 만병엽(萬病葉)이라 하여 한방에서 약재로 씀.
만:병통치(萬病通治) 성구 ①어떤 한 가지 약이 여러 가지 병에 두루 효험이 있음을 이르는 말. ②어떤 한 가지 사물이 여러 가지 사물에 효력을 나타내는 경우를 비유하여 이르는 말.
만보 명 지난날, 삯일을 하는 사람에게 한 가지 일을 할 때마다 한 장씩 주던 표. 그 일을 마친 뒤에 표의 수효를 세어 삯을 치렀음.
만:보(漫步) 명 -하다 자 한가로이 거닒, 또는 그렇게 걷는 걸음걸이. 한보(閑步)
만보(瞞報) 명 -하다 타 거짓으로 속여서 보고함, 또는 그 보고. 무보(誣報)
만:복(晩福) 명 늙바탕에 누리는 복.
만:복(萬福) 명 가지가지 복. 백복(百福) ¶ -이 깃들다.
만:복(滿腹) 명 음식을 많이 먹어서 부른 배. ☞공복
만:복-경륜(滿腹經綸) 명 마음속에 가득히 찬 경륜.
만:복사저포기(萬福寺樗蒲記) 명 조선 시대 초기의 학자 김시습(金時習)이 지은 한문 소설. '금오신화(金鰲新話)'에 실려 전함. ☞이생규장전(李生窺墻傳)
만:부(萬夫) 명 ①많은 남자. ②많은 장정.
만:부당천부당(萬不當千不當) 성구 천부당만부당(千不當萬不當)
만:부당-하다(萬不當—) 형여 매우 부당하다.
만:부득이(萬不得已) 부 -하다 형 정말로 어찌할 수 없이. 참으로 마지못하여. 막부득이(莫不得已) ¶ - 약속을 어길 수밖에 없었네. ☞부득이
만:부부당(萬夫不當) 성구 많은 남자로도 도저히 당해 낼 수가 없음을 이르는 말.
만:분가(萬憤歌) 명 조선 연산군 때의 조위(曺偉)가 지은 가사(歌辭). 무오사화(戊午士禍)로 전라 남도 순천에 유배되었을 때 지은 것으로, 누구에게도 호소할 길 없는 비분을 토로한 내용임. 유배 가사의 효시가 되었음.
만:분-다행(萬分多幸) 명 뜻밖으로 일이 썩 잘 되어서 매우 다행함.
만:분-위중(萬分危重) 명 병세가 매우 무겁고 위태로움.
만:불근:리(萬不近理) 성구 도무지 이치에 맞지 않음.
만:불성설(萬不成說) [-썽-] 성구 말이 말답지 아니함.
만:불성양(萬不成樣) [-썽-] 성구 전혀 꼴이 이루어지지 않음.
만:불실일(萬不失一) [-씰-] 성구 조금도 과실이 없거나 조금도 틀림이 없음.
만:사(萬死) 명 ①한방에서, 아무리 하여도 나을 수 없고 정신이 혼몽해지는 병을 이르는 말. ②아무리 하여도 목숨을 건질 수 없음.
만:사(萬事) 명 온갖 일. 백사(百事). 천만사(千萬事) ¶ -를 제쳐놓다. /-가 뜻대로 안 된다.
속담 **만사는 불여**(不如) **튼튼** : 무슨 일이나 착실하게 튼튼히 하여야 가장 좋다는 말. 〔매사는 불여 튼튼이라〕
만사(輓詞) 명 만장(輓章)
만:사무석(萬死無惜) 성구 죄가 커서, 만 번 죽어도 아까울 것이 없음을 이르는 말.
만:사무심(萬事無心) 성구 ①걱정으로 다른 일에 경황이 없음을 이르는 말. ②무슨 일에든지 신경을 쓰지 않음을 이르는 말.
만:사여생(萬死餘生) 성구 죽을 고비를 면하여 살게 된 목숨을 이르는 말.
만:사여의(萬事如意) 성구 모든 일이 뜻과 같이 됨을 이르는 말.
만:사와해(萬事瓦解) 성구 한 가지의 잘못으로 모든 일이 다 틀어짐을 이르는 말.
만:사일생(萬死一生) 성구 만 번의 죽을 고비를 넘긴다는 뜻으로, 겨우 살아남을 이르는 말.
만:사태평(萬事太平·萬事泰平) 성구 ①모든 일이 잘 되어서 어려움이 없음을 이르는 말. ②어리석어서 모든 일에 아무 걱정이 없이 지냄을 비웃는 말.
만:사형통(萬事亨通) 성구 모든 일이 거리낌없이 잘 됨을 이르는 말.
만:사휴의(萬事休矣) 성구 모든 일이 끝장나거나 모든 방법이 다 헛되게 되어서 달리 어떻게 해볼 길이 없음을 이르는 말.
만:삭(滿朔) 명 아이를 낳을 달이 참. 만월(滿月)
만:산(晩産) 명 -하다 자타 ①늘그막에 아기를 낳음. ②해산 예정일을 훨씬 지나서 아기를 낳게 된 일. ☞조산
만:산(滿山) 명 온 산에 가득 참. ¶진달래가 -에 불붙은 듯 하다.
만:산-편야(滿山遍野) 명 산과 들에 그득히 덮임.
만:살-창(滿-窓) 명 창살의 격자가 가로세로 촘촘한 창.
만삼(蔓蔘) 명 초롱꽃과의 여러해살이 덩굴풀. 전체에 털이 있으며, 뿌리는 도라지 뿌리 모양임. 잎은 달걀꼴로 어긋맞게 나며, 7~8월에 종 모양의 자줏빛 꽃이 핌. 중부 이북의 깊은 산에 자라며, 뿌리는 먹을 수 있고 약으로도 씀.
만:상(晩霜) 명 제철보다 늦게 내리는 서리. 늦서리
만:상(萬狀) 명 많고 많은 여러 가지의 모양. ¶천태-
만:상(萬祥) 명 온갖 상서로운 일.
만:상(萬象) 명 온갖 형상. 형상이 있는 모든 것. ¶삼라-
만상(灣商) 명 지난날, 평안 북도 의주를 근거지로 하여 중국과 무역을 하던 상인.
만:생[1](晩生) 명 -하다 타 나이 들어 자식을 얻음. 만득
만:생[2](晩生) 대 선배에게, '자기'를 낮추어 일컫는 말.
만생(蔓生) 명 식물의 줄기가 덩굴져서 자람.
만:생-자(晩生子) 명 만득자(晩得子)
만:생-종(晩生種) 명 같은 종류의 식물 중에서 보통보다 늦게 성숙하는 품종. 준 만종(晩種) ☞조생종(早生種)
만:서(萬緖) 명 여러 가지 얼크러진 일의 실마리.
만:석(萬石) 명 ①곡식 일만 섬. ②썩 많은 곡식.
만:석-꾼(萬石-) 명 곡식 만 섬 가량이 수확될만 한 농토를 가진 부자.
만:석-들이(萬石-) 명 곡식 만 섬이 날만 한 넓은 땅.
만:선(萬善) 명 온갖 착한 일.
만:선(滿船) 명 ①물고기 따위를 많이 잡아 배에 가득 싣는 일, 또는 그러한 배. ②배에 사람이나 짐을 가득 싣는 일, 또는 그러한 배.
만:선-두리 명 조선 시대, 무관이 공복을 입을 때 머리에 쓰던 방한구(防寒具). 모양이 휘양과 비슷함.
만:성(晩成) 명 -하다 자타 늦게야 이루어지거나 이루는 일. ¶대기(大器)- ☞속성(速成)
만:성(萬姓) 명 ①온갖 성. ②만민(萬民)
만성(慢性) 명 ①병의 증세가 갑작스레 악화되지도 않고 쉽사리 낫지도 않는 성질. ¶- 습진 ☞급성(急性) ②오래 계속되거나 여러 번 거듭하여, 버릇이 되어 익숙해지거나 고치기 힘들게 된 성질이나 상태. ¶-이 된 버릇.
만성(蔓性) 명 식물의 줄기가 덩굴이 되어 벋어 가는 성질. 덩굴성
만성(蠻性) 명 야만적인 성질. ▷蠻의 속자는 蛮
만성-병(慢性病) [-뼝] 명 급격한 증세가 없고, 비교적 경미한 증후로 좀처럼 낫지 않고 오래 지속하는 병. ☞급성병(急性病)
만:성-보(萬姓譜) 명 온갖 성의 세보(世譜)를 모아 엮은 책.
만성=식물(蔓性植物) 명 덩굴이 지고 줄기가 다른 물체를 감거나, 또는 덩굴손 따위로 다른 물체에 붙어 올라가는 식물. 덩굴성 식물

만성-적(慢性的)명 ①버릇이 되어 익숙해지거나 고치기 힘든 것. ¶ － 적자 ②병의 증세가 급히 악화되거나 쉽사리 나아지지도 않는 것. ¶ －인 위장병.
만성적=불황(慢性的不況)명 좀처럼 회복되지 아니하고 오랜 기간에 걸쳐 불황이 계속되는 상태.
만성적=실업(慢性的失業)명 만성적 불황에 따른 장기적이고 높은 비율의 실업. ☞마찰적 실업
만성=전염병(慢性傳染病)[－뼝]명 증세가 천천히 나타나서 경과도 느린 전염병. 결핵·매독·문둥병 따위.
만성=피로(慢性疲勞)명 장기간에 걸쳐 늘 쉽게 피곤해지고 몸이 나른해지는 증세. 피로가 거듭되거나 스트레스·질병 따위로 일어남.
만:세(萬世)명 오랜 세상. 영원한 세월. 만대(萬代)
만:세(萬歲)[1]명 ①오랜 세월. 만년(萬年) ②영원히 번영하는 일. 길이 사는 일.
만:세(萬歲)[2]감 축하나 환호의 뜻으로 외치는 말. ¶ 우리나라 －!/－! 우리가 이겼다.
만:세동락(萬歲同樂)성구 오래도록 함께 즐김을 이름.
만:세-력(萬歲曆)명 ①백년 동안의 매년의 태세(太歲), 매월의 월건(月建), 매일의 일진(日辰), 절후(節候) 등을 적은 책력. ②조선 시대의 역서(曆書)의 한 가지. 조선 정조 6년(1782)에 왕명으로 백중력(百中曆)을 근거로 한 천세력(千歲曆)을 엮게 하여 10년마다 다시 10년씩의 책력을 추가하도록 한 것. 고종 41년(1904)에 '만세력'으로 고쳐 이름.
만:세무강(萬世無疆)성구 ①오랜 세대에 걸쳐 끝이 없음을 이르는 말. ②만수무강(萬壽無疆)
만:세보(萬歲報)명 대한 제국 말기에 발행되었던 국한문(國漢文) 혼용의 일간 신문. 1906년(광무10)에 천도교 교주 손병희(孫秉熙)의 발의로, 오세창(吳世昌)·이인직(李人稙) 등이 발행함.
만:세불망(萬世不忘)성구 영원히 은덕을 잊지 않음을 이르는 말. 영세불망(永世不忘)
만:세불변(萬世不變)성구 만고불변(萬古不變)
만:세불역(萬世不易)성구 만고불역(萬古不易)
만:세불후(萬世不朽)성구 만고불후(萬古不朽)
만:세-후(萬歲後)명 지난날, 살아 있는 임금에 대하여, 그가 '죽은 뒤'를 에둘러 이르던 말.
만속(蠻俗)명 야만스러운 풍속. 만풍(蠻風) 유 만습
만:수(萬水)명 여러 갈래로 흐르는 내.
만:수(萬殊)명 모든 것이 여러 가지로 서로 다른 일.
만:수(萬愁)명 온갖 시름.
만:수(萬壽)명 아주 오래도록 사는 일. ¶ －를 누리다.
만:수(滿水)명 물이 가득 차는 일.
만:수(滿數)명 일정한 수효에 가득 차는 일.
만:수-가사(滿繡袈裟)명 산천·초목·인물·글자를 가득하게 수놓아서 지은 중의 옷.
만:수-국(萬壽菊)명 국화과의 한해살이풀. 줄기 높이 30~60cm. 잎은 겹잎으로 어긋맞게 나거나 마주 나고, 5~8월에 황금빛을 띤 적갈색 꽃이 두상(頭狀) 꽃차례로 핌. 열매에는 갓털이 있음. 멕시코 원산이며, 관상용으로 심음. 전륜화(轉輪花)
만:수-꾼(萬首－)명 시를 만 수나 되게 많이 지은 사람.
만:수무(萬壽舞)명 조선 시대, 향악 정재(鄕樂呈才)의 한 가지. 임금에게 선도(仙桃)를 올리고 만수무강을 빌며 추던 춤으로, 순조(純祖) 때 당악 정재(唐樂呈才)인 헌선도무(獻仙桃舞)의 내용을 본받아 만듦.
만:수무강(萬壽無疆)성구 끝없이 오래 살라는 뜻으로, 장수하기를 축원할 때 쓰는 말. 만세무강(萬世無疆)
만:수-받이[－바지] 명-하다 자타 ①온갖 말과 행위로 아주 귀찮게 구는 것을 싫증내지 않고 좋게 받아 주는 일. ②무당이 굿을 할 때, 한 무당이 소리를 하면 다른 무당이 같은 소리를 받아서 하는 일.
만:수운환(漫垂雲鬟)성구 가닥가닥이 흩어져 드리워진 쪽진 머리를 이르는 말.
만:수일리(萬殊一理)성구 온 세상의 천태만상(千態萬象)이 한 이치로 돌아감을 이르는 말.
만:수-향(萬壽香)명 여러 가지 향료 가루를 반죽하여 국숫발같이 가늘고 길게 만든 향.
만:숙(晩熟)명-하다 자 ①곡식이나 열매 따위가 늦게 익는 일. ②시기나 일 따위가 늦게서야 되어가는 일. ③생물이 늦게 발육하는 일. ☞조숙(早熟)
만:숙-종(晩熟種)명 같은 종류의 작물 가운데서도 특별히 늦게 여무는 품종.
만습(蠻習)명 야만스러운 풍속과 습관을 아울러 이르는 말. 유 만속(蠻俗). 만풍(蠻風)
만:승(萬乘)명 ①일만 채의 수레. ②천자(天子), 또는 천자의 자리.
만:승지국(萬乘之國)명 병거(兵車) 일만 채를 거느릴만한 나라라는 뜻으로, 천자(天子)가 다스리는 나라를 이르는 말. ☞천승지국(千乘之國)
만:승지군(萬乘之君)명 만승지국의 임금, 곧 천자(天子)나 황제를 이르는 말. 만승지주(萬乘之主)
만:승지위(萬乘之位)명 천자나 황제의 높은 지위.
만:승지존(萬乘之尊)명 천자를 높이어 이르는 말.
만:승지주(萬乘之主)명 만승지군(萬乘之君)
만:승-천자(萬乘天子)명 천자를 높이어 이르는 말.
만:시(晩時)명 정한 시간이나 시기보다 늦은 일, 또는 늦은 때.
만시(輓詩)명 만장(輓章)
만:시지탄(晩時之歎)성구 시기가 늦어 기회를 놓친 것을 안타까워하는 탄식을 이르는 말.
만:식(晩食)명-하다 자 끼니때를 지나서 늦게 먹는 일, 또는 그 끼니.
만:식(晩植)명-하다 타 제철보다 늦게 곡식이나 식물을 심는 일. 늦심기
만:식당육(晩食當肉)성구 배가 고플 때 먹으면 맛없는 음식도 고기만큼 맛이 있다는 말.
만:신 명 여자 무당을 대접하여 이르는 말.
만:신(滿身)명 온몸
만:신-창(滿身瘡)명 한방에서, 온몸에 퍼진 부스럼을 이르는 말.
만:신창이(滿身瘡痍)성구 ①온몸이 상처투성이임을 이르는 말. ②성한 데가 하나도 없을 만큼 결함이 많음을 비유하여 이르는 말. ☞백공천창(百孔千瘡)
만:실우환(滿室憂患)성구 집안에 앓는 사람이나 걱정이 많음을 이르는 말. ▷滿의 속자는 満
만심(慢心)명 ①자신을 지나치게 믿고 자랑하며 남을 업신여기는 마음을 이르는 말. ②거만한 마음.
만:심(滿心)명 만족하게 여기는 마음.
만:심환희(滿心歡喜)성구 마음에 흐뭇하여 한껏 기뻐함을 이르는 말.
만:안(萬安)어기 '만안(萬安)하다'의 어기(語基).
만안(灣岸)명 만의 연안. ▷灣의 속자는 湾
만:안-하다(萬安－)형여 '아주 편안하다'의 뜻으로, 윗사람의 안부를 묻거나 전할 때 쓰는 한문 투의 말. 만강하다 ¶ 기체 만안하시옵니까? 유 만왕하다
만:앙(晩秧)명 늦모
만:약(萬若)명 만일(萬一) ¶ －의 경우에 대비하다.
만:양(晩陽)명 저녁 무렵의 저무는 해. 석양(夕陽)
만:양(萬樣)명 여러 가지 모양.
만어(滿語)명 만주어(滿洲語)
만어(蠻語)명 오랑캐의 말. 야만인의 말.
만:억(萬億)명 아주 많은 수.
만:억-년(萬億年)명 끝없이 오랜 세월. 억만년(億萬年)
만:언(漫言)명 깊이 생각하지 않고 함부로 하는 말.
만:언사(萬言詞)명 조선 정조 때, 안조환(安肇煥)이 추자도(楸子島)에 유배되어 지은 가사. 총 3천여 구에 달하는 장편 가사임. 배고픔과 추위에 시달리는 그곳의 실정과, 죄를 뉘우치는 애절한 사연을 읊음.
만:역(萬域)명 세계의 모든 나라. 만방(萬邦)
만연(蔓延·蔓衍)명-하다 자 널리 뻗어서 퍼짐. ¶ 전염병이 －하다./사치 풍조가 －하다.
만:연(漫然)어기 '만연(漫然)하다'의 어기(語基).

만연-경(蔓延莖) 명 덩굴줄기
만연-체(蔓衍體) 명 문장의 길이에 따라 구별한 문체의 한 가지. 많은 어구를 써서 감정을 섬세하게 나타낸, 문장 흐름이 느린 문체. ☞간결체(簡潔體). 건조체(乾燥體). 화려체(華麗體)
만:연-하다(漫然-) 형여 ①어떠한 일을 덮어놓고 되는 대로 하는 태도가 있다. ②헤벌어져 맺힌 데가 없다. ③길고 멀어서 질펀하다.
만연-히 부 만연하게
만:열(滿悅) 명 -하다 자 만족하여 기뻐함, 또는 그 기쁨.
만:염(晩炎) 명 늦더위. 노염(老炎)
만:왕(萬王) 명 ①우주 만물의 왕. ②크리스트교에서, 만인(萬人)을 구원하는 임금이란 뜻으로, '예수'를 이르는 말.
만:왕(萬旺) 어기 '만왕(萬旺)하다'의 어기(語基).
만:왕-하다(萬旺-) 형여 '원기가 매우 왕성하다'의 뜻으로, 윗사람의 안부를 물을 때 쓰는 한문 투의 말. 만중하다 유 만안하다
만용(蠻勇) 명 잘 헤아려 생각하지 않고 함부로 날뛰는 용맹. ¶ -을 부리다.
만:우난회(萬牛難回) 성구 만 마리의 소가 끌어도 돌려 세우기 어렵다는 뜻으로, 매우 고집이 셈을 비유하여 이르는 말.
만:우-절(萬愚節) 명 양력 4월 1일. 서양 풍속에서, 이 날 하루는 거짓말을 하여도 괜찮다고 하여 서로 악의 없이 속이고 즐거워함. 에이프릴풀(April fool)
만:운(晩運) 명 ①늙어서의 운수. ②늙바탕에 돌아오는 행운. ¶ -이 트이다.
만:원(滿員) 명 ①미리 정해 둔 인원이 다 차는 일. ¶ - 사례 ②어떤 자리에 더 들어갈 수 없을 정도로 사람이 가득 차는 일. ¶휴일이라 공원이 -이다./버스가 -이다.
만:원(滿願) 명 ①불교에서, 소원이 이루어지는 일을 이르는 말. ②불교에서, 날짜를 정하여 부처나 보살에게 기원할 때, 그 정한 날수가 참을 이르는 말.
만:월(滿月) 명 ①가장 완전하게 둥근 달. 보름달. 영월(盈月) ☞휴월(虧月) ②만삭(滿朔)
만월(彎月) 명 구붓하게 된 달. 초승달이나 그믐달.
만:유(萬有) 명 우주에 존재하는 모든 것.
만:유(漫遊) 명 -하다 자 목적한 일이 없이 이곳 저곳을 두루 돌아다니면서 노는 일.
만:유루-없:다(萬遺漏-) [-업-] 형 야무지고 철저하게 갖추어져 빠짐이 없다.
만유루-없이 부 만유루없게
만:유신-교(萬有神教) 명 범신교(汎神教)
만:유신-론(萬有神論) 명 범신론(汎神論)
만:유심-론(萬有心論) 명 범심론(汎心論)
만:유=인:력(萬有引力) 명 우주에 있는 모든 물체 사이에 작용하는, 서로 끌어당기는 힘. 우주 인력(宇宙引力)
만:음(漫吟) 명 -하다 자 일정한 글제가 없이 생각나는 대로 시를 지어서 읊는 일.
만:이(晩移) 명 '만이앙(晩移秧)'의 준말.
만이(蠻夷) 명 지난날, 중국에서 그들의 남쪽과 동쪽에 살던 이민족을 아울러서 얕잡아 이르던 말. 번이(蕃夷)
만:-이앙(晩移秧) 명 철 늦게 모를 내는 일. 늦모내기 준 만이(晩移)
만인(挽引) 명 -하다 타 끌어당기거나 잡아당김.
만:인(萬人) 명 수효가 썩 많은 사람. 모든 사람. ¶ - 동락(同樂)/- 평등(平等)
만:인(萬仞) 명 만장(萬丈)
만인(滿人) 명 만주 사람. 만주인(滿洲人)
만인(蠻人) 명 미개한 종족의 사람. 야만인(野蠻人)
만:인-계(萬人契) 명 지난날, 천 사람 이상의 계원을 모아서 각각 돈을 걸게 하고, 계알을 흔들어 뽑아서 등수에 따라 돈을 태우던 계.
만:인-교(萬人轎) 명 지난날, 백성들이 떼로 일어나서 악한 원(員)을 몰아낼 때 태우던 가마.
만:인-산(萬人傘) 명 지난날, 선정(善政)을 베푼 원(員)에게 공덕을 기리는 뜻으로 고을 사람이 주던 물건. 모양은 일산(日傘)과 같은데 비단으로 꾸몄음.
만:인-적(萬人敵) 명 ①군사를 쓰는 책략이 뛰어난 사람. ②만인을 대적할만 한 지혜와 용기를 지닌 사람.
만:인지상(萬人之上) 명 정승의 지위를 이르는 말.
만:인-총중(萬人叢中) 명 많은 사람들이 있는 가운데.
만:일(萬一) 명 ①드물지만 있을지도 모르는 경우. 뜻밖의 경우. 만약(萬若) ¶ -의 사태에 대비하다. ②〔부사처럼 쓰임〕 혹 그러한 경우에는. 만약(萬若). 만혹(萬或). 여혹(如或) ¶ - 비가 내리면 소풍은 연기된다.
만:일(滿溢) 명 -하다 자 가득 차서 넘침.
만입(彎入·灣入) 명 -하다 자 바다나 강의 물이 활을 당긴 모양처럼 뭍으로 휘어드는 일.
만:-자(卍字) [-짜] 명 ①부처의 가슴이나 손발에 나타났다는 길상(吉祥)의 표지(標識)로 쓰는 글자. ☞만(卍) ②'卍' 자 모양의 무늬나 표지.

> ▶ **만자(萬字) 만(卍)**
> '卍' 자는 본디 힌두교의 주신(主神)의 하나인 비슈누의 가슴에 난 선모(旋毛)에서 비롯되었다 한다. 그것이 불교로 들어와 부처의 가슴 등 몸에 나타난 길상(吉祥)의 표상으로 되었고, 중국에서 불경을 번역할 때는 '萬' 자 대용으로 쓰게 되었다 한다.

만:자-기(卍字旗) [-짜-] 명 한복판에 '卍' 자 모양을 붉은빛으로 그려 넣은 기.
만:자-문(卍字紋) [-짜-] 명 '卍' 자를 새긴 무늬.
만:자-창(卍字窓) [-짜-] 명 '완자창'의 원말.
만:자천홍(萬紫千紅) 성구 천자만홍(千紫萬紅)
만:작(晩酌) 명 -하다 자 저녁때 술을 마심, 또는 그 술.
만:작(滿酌) 명 -하다 타 술잔이 가득하도록 술을 따름.
만작-거리다(대다) 타 만작만작 만지다. 만작이다 ¶귓불만 -. ☞만지작거리다
만작-만작 부 물체를 보드라운 손놀림으로 자꾸 만지는 모양을 나타내는 말. ¶옷고름을 - 하다. ☞만지작만지작
만작-이다 타 만작거리다
만:잠(晩蠶) 명 늦게 치는 누에.
만:장(萬丈) 명 만 길이라는 뜻으로, 매우 높거나 깊음을 이르는 말. 만인(萬仞) ¶ -의 절벽.
만:장(萬障) 명 온갖 장애.
만장(輓章·挽章) 명 죽은 이를 슬퍼하여 지은 글. 천이나 종이에 적어 기처럼 만들어서 장사를 지낼 때 상여 뒤에서 들고 따름. 만사(輓詞). 만시(輓詩)
만:장(滿場) 명 모인 사람들로 가득 찬 곳, 또는 그 사람들. ¶ -의 환호를 받다. ☞만당(滿堂)
만:장공도(萬丈公道) 성구 사사로움이 없이 매우 공평하게 한 일을 이르는 말.
만:장기염(萬丈氣焰) 성구 기염만장(氣焰萬丈)
만:장-봉(萬丈峰) 명 썩 높은 산봉우리.
만:장생광(萬丈生光) 성구 ①한없이 빛이 남을 이르는 말. ②고맙기 짝이 없음을 이르는 말.
만장이 명 이물이 뻬죽한 큰 나무배.
만:장-일치(滿場一致) 명 회장에 모인 여러 사람의 의견이 완전히 일치함을 이르는 말.
만:장-절애(萬丈絕崖) 명 매우 높은 낭떠러지.
만:장-중(滿場中) 명 많은 사람이 모인 가운데, 또는 모인 사람들. 만장판
만:장-판(滿場-) 명 만장중(滿場中)
만:장-폭포(萬丈瀑布) 명 매우 높은 데서 떨어지는 폭포.
만:장홍진(萬丈紅塵) 성구 ①매우 높이 퍼져 오른 벌건 먼지를 이르는 말. ②한없이 구차스럽고 번거로운 세상을 비유하여 이르는 말.
만:재(滿載) 명 -하다 타 ①배나 차, 짐승의 등 따위에 가득 싣는 일. ②출판물에, 글이나 그림 따위를 가득 싣는 일.
만:재=흘수선(滿載吃水線) [-쑤-] 명 선박이 사람 또는 어획물·화물 등을 싣고 안전하게 항해할 수 있는 최대한의 흘수(吃水)를 나타내는 선.
만:적(滿積) 명 -하다 타 가득 쌓음.

ㅁ

만:전(萬全)명 -하다형 아주 안전함, 또는 아주 완전함. ¶홍수 예방에 ―을 기하다.
만:전지계(萬全之計)명 실패의 위험성이 없는 아주 완전한 계책(計策). 만전지책
만:전지책(萬全之策)명 만전지계
만:전춘(滿殿春)명 '악장가사(樂章歌詞)'에 실려 전하는 작자를 알 수 없는 고려 가요. 전 5절. 남녀의 애정을 노골적으로 표현하여, 조선 시대 유학자들로부터 '남녀상열지사(男女相悅之詞)'라는 평을 들음. 만전춘별사
만:전춘별사(滿殿春別詞)명 만전춘(滿殿春)
만:절(晩節)명 ①늦은 절기. ②나이가 늙은 시절. ③늦게까지 지키는 절개.
만:절필동(萬折必東)[-똥]성구 중국의 황하(黃河)가 이리저리 꺾이어도 마침내 동쪽으로 흘러간다는 뜻에서, 충신의 절개는 꺾을 수 없음을 비유하여 이르는 말.
만:점(滿點)[-쩜]명 ①규정한 점수에 꽉 찬 점수. ②매우 만족할만 한 정도. ¶신랑감으로는 ―이다.

만:정-도화(滿庭桃花)명 뜰에 가득히 핀 복숭아꽃.
만:정-제신(滿廷諸臣)명 만조백관(滿朝百官)
만:조(滿朝)명 온 조정(朝廷).
만:조(滿潮)명 밀물과 썰물에 따라 해면이 오르내리는 현상 중에서, 수위(水位)가 가장 높아진 상태. 고조(高潮). 찬물때 ☞간조(干潮)
만:조-백관(滿朝百官)명 조정의 모든 관원. 만정제신(滿廷諸臣)
만:조-선(滿潮線)명 만조 때의 바다와 육지의 경계선. 고조선(高潮線) ☞간조선(干潮線)
만조-하다형여 얼굴이나 모습이 초라하고 경망하다.
만:족(滿足)명 ①-하다형 조금도 마음에 모자람이 없어 흐뭇함. ¶―한 미소를 짓다. ②-하다자 흐뭇하게 여김. ¶현실에 ―하다./친절에 ―해 하다.
　만족-히부 만족하게
만족(蠻族)명 야만스러운 종족. 만종(蠻種)
만:족-감(滿足感)명 조금도 모자람 없이 흐뭇한 느낌. ¶승리했다는 ―으로 가슴이 벅차 올랐다.
만:족-스럽다(滿足―)(―스럽고·―스러워)형ㅂ 꽤 만족하거나 만족할만 한 데가 있다. ¶그만하면 ―.
　만족-스레부 만족스럽게
만:종(晩種)명 '만생종(晩生種)'의 준말.
만:종(晩鐘)명 저녁 무렵, 절이나 교회에서 치는 종.
만종(蠻種)명 야만스러운 종족. 만족(蠻族)
만:종-록(萬鍾祿)명 매우 후한 봉록(俸祿).
만:좌(滿座)명 모인 사람들로 가득 찬 자리, 또는 그 사람들. ¶―의 박수를 받다.
만:좌-중(滿座中)명 그 자리에 모인 많은 사람 가운데, 또는 모인 사람들.
만주(挽住)명 -하다타 만류(挽留)
만주-어(滿洲語)명 만주족이 쓰는 말. 우랄알타이 어족(語族)의 퉁구스계(系)에 딸림. 만어(滿語)
만주-인(滿洲人)명 ①만주족 ②만주 사람. 만인(滿人)
만주-족(滿洲族)명 중국의 동북쪽 만주 일대에 거주하는 종족. 남방 퉁구스계에 딸리는데, 금(金)·청(淸) 등의 국가를 세웠음. 만주인(滿洲人)
만:중(萬重)[1]명 썩 많은 여러 겹.
만:중(萬重)[2]어기 '만중(萬重)하다'의 어기(語基).
만:중-하다(萬重―)형여 만왕하다
만:즉일(滿則溢) '가득 차면 넘침'의 뜻.
만지(挽止)명 -하다타 만류(挽留)
만지(蠻地)명 야만족이 사는 땅. ☞번지(蕃地)
만지다타 ①손을 대어, 여기저기 문지르거나 쥐거나 주무르거나 하다. ¶찰흙을 ―./손으로 눈을 만지지 마라. ②다루거나 손질하다. ¶기계를 ―.
만지작-거리다(대다)타 만지작만지작 만지다. ¶찻잔을 만지작거리며 앉아 있다. ☞만작거리다
만지작-만지작부 물체를 보드랍고 잔 손놀림으로 자꾸 만지는 모양을 나타내는 말. ¶전화기 앞에서 동전만 ―하다. ☞만작만작
만:지장서(滿紙長書)성구 사연을 많이 적은 긴 편지를 이르는 말.
만질만질-하다형여 연하고 반드러운 느낌이 있다. ¶아기의 빰이 ―./만질만질한 비단.
만집(挽執)명 -하다타 만류(挽留)
만착(瞞着)명 -하다타 남의 눈을 속이는 일.
만:찬(晩餐)명 손을 청하여 잘 차려서 대접하는 저녁 끼니. 석찬(夕餐) ☞오찬(午餐). 조찬(朝餐)
만:찬-회(晩餐會)명 손을 청하여 저녁 끼니를 겸하여 베푸는 모임. ☞오찬회(午餐會)
만:천(滿天)명 온 하늘.
만-천판명 두어 발 이상 되는 천장까지 텅 빈 버력 바닥.
만:-천하(滿天下)명 온 천하, 또는 온 세계.
만:첩(萬疊)명 여러 겹으로 둘러싸이는 일, 또는 여러 겹.
만:첩-청산(萬疊靑山)명 겹겹이 둘러싸인 푸른 산.
만:청(晩晴)명 저녁 무렵에 갠 날씨, 또는 그 하늘.
만청(蔓菁)명 '순무'의 딴이름.
만청-자(蔓菁子)명 한방에서, 순무의 씨를 약재로 이르는 말. 이뇨제(利尿劑)로 씀.
만초(蔓草)명 덩굴풀 ☞만목(蔓木)
만:추(晩秋)명 늦가을. 계추(季秋). 모추(暮秋). 잔추(殘秋) ☞조추(早秋)
만:춘(晩春)명 늦봄. 계춘(季春). 잔춘(殘春) ☞조춘(早春)
만:취(晩翠)명 겨울에도 변하지 않는 소나무와 대나무의 푸른빛을 뜻하는 말로, 늙어서도 지조를 지킴을 비유하여 이르는 말.
만:취(滿醉·漫醉)명 -하다자 몸을 가누기 어려울 정도로 술에 잔뜩 취함. 난취(爛醉)
만치의 만큼
-만치조 -만큼
만큼의 ①어미 '-ㄹ·-을·-ㄴ·-은·-는' 뒤에 쓰이어, 그와 같은 정도나 한도를 뜻함. ¶놀랄 ― 컸구나./버는 ― 쓰다. ②어미 '-ㄴ·-은·-는·-니·-으니·-느니' 뒤에 쓰이어, 원인이나 근거가 됨을 뜻함. ¶먹은 ― 살이 찐다. 만치 ☞-만큼
-만큼조 체언에 붙어, '그것 정도로'임을 나타내는 보조 조사. -만치 ¶하늘만큼 큰 부모의 은혜. ☞만큼
만:태(萬態)명 여러 가지 형태. 온갖 형태.
만:파(晩播)명 -하다타 씨앗을 제철보다 늦게 뿌리는 일. 늦뿌림 ☞조파(早播)
만:파(萬波)명 한없이 밀려오는 수많은 물결.
만:파(萬派)명 여러 갈래. 많은 갈래.
만파(輓把)명 논밭을 고르는 데 쓰는 갈퀴와 비슷한 농구.
만:파식적(萬波息笛)명 신라 신문왕(神文王) 때 동해(東海)의 용에게서 영험한 대를 얻어 만들었다는 피리. 나라에 근심이 생겼을 때 이 피리를 불면 평온해졌다 함.
만판부 마음이 내키는 대로 실컷. 마음껏 ¶― 떠들고 놀다./― 마시며 즐기다.
만:패불청(萬霸不聽)성구 ①바둑에서, 큰 패가 생겼을 때 상대가 어떠한 패를 쓰더라도 응하지 않는 일을 이르는 말. ②아무리 집적거려도 못 들은체 하고 고집함을 이르는 말.
만:평(漫評)명 -하다타 어떠한 주의나 체계 없이 생각나는 대로 비평하는 일. ¶시사(時事) ―
만:폭(滿幅)명 정한 너비에 꽉 차는 일.
만:풍(晩風)명 저녁 무렵에 부는 바람.
만풍(蠻風)명 야만스러운 풍속. 만속(蠻俗) 유만습
만:필(漫筆)명 만문(漫文)
만:필-화(漫筆畫)명 만화(漫畫)
만:하(晩夏)명 늦여름. 계하(季夏). 모하(暮夏). 잔하(殘夏) ☞초하(初夏)
만:하(晩霞)명 ①저녁노을 ②해질 무렵에 끼는 안개. 석하(夕霞)
만:하-바탕명 소의 지라에 붙은 고기. 설렁탕 거리로 씀.
만:학(晩學)명 -하다자 보통보다 나이가 들어서 공부를 시작함.

만:학(萬壑)명 첩첩이 겹쳐진 많은 골짜기.
만:학-천봉(萬壑千峰)명 첩첩이 겹쳐진 수많은 골짜기와 봉우리. 천봉만학(千峰萬壑)
만:항하사(萬恒河沙)성구 항하(恒河), 곧 지금의 갠지스 강의 모래라는 뜻으로, 헤아릴 수 없을 만큼 많은 수량을 비유하여 이르는 말. 준 항사(恒沙) ☞항하사
만행(蠻行)명 야만스러운 행동. ¶ -을 저지르다. /용서할 수 없는 -.
만:행(萬幸)어기 '만행(萬幸)하다'의 어기(語基).
만:행-루(萬行淚)명 한없이 흐르는 눈물.
만:행-하다(萬幸-)형여 매우 다행하다.
만:향-옥(晩香玉)명 '월하향(月下香)'의 딴이름.
만형(蔓荊)명 '순비기나무'의 딴이름.
만형-자(蔓荊子)명 한방에서, 순비기나무의 열매를 약재로 이르는 말. 두통·경련 등에 약으로 씀.
만:호(萬戶)명 ①썩 많은 집. ②고려 충렬왕 때, 원(元)나라의 제도를 본떠 두었던 무관 관직. ③조선 시대, 각 도의 여러 진(鎭)에 두었던 종사품의 무관 관직.
만:호-장안(萬戶長安)명 집들이 매우 많은 서울.
만:호-중:생(萬戶衆生)명 썩 많은 중생. ☞억조창생(億兆蒼生)
만:호-후(萬戶侯)명 일만 호의 백성을 가진 제후(諸侯), 곧 세력이 큰 제후를 이르는 말.
만:혹(萬或)부 만일(萬一)
만:혼(晩婚)명-하다자 혼기(婚期)가 지나서 늦게 혼인하는 일, 또는 그런 혼인. ☞조혼(早婚)
만:홀(漫忽)어기 '만홀(漫忽)하다'의 어기(語基).
만:홀-하다(漫忽-)형여 무심하고 소홀하다.
만:화명 음식 재료로서, 소의 지라를 이르는 말. ☞양(䑋). 처녑
만:화(晩花)명 제철을 지나서 피는 꽃.
만:화(萬化)명 온갖 변화. 만물의 변화. ☞천변만화
만:화(萬貨)명 많은 물품. 온갖 재화.
만:화(慢火)명 뭉근하게 타는 불. ☞문화(文火)
만:화(滿花)명 가득 핀 온갖 꽃.
만:화(漫畫)명 ①사물의 특징을 과장하여, 주로 선으로 단순하고 경쾌하게 그린 그림. ②사회 비평이나 풍자 따위를 과장하여, 단순하고 경쾌하게 그린 그림. ③어떤 이야기의 줄거리를 따라 간결한 그림으로 그리고 대화 따위를 곁들인 것, 또는 그 책. 만필화(漫筆畫). 만화책 ☞만문(漫文)
만:화-가(漫畫家)명 만화를 전문으로 그리는 사람.
만:화-경(萬華鏡)명 장난감의 한 가지. 원통 속에 긴 사각형의 거울을 세모지게 짜서 끼우고, 색종이나 색유리 조각들을 넣고 돌리면서 들여다보면 온갖 형상이 대칭하여 나타남. ☞요지경(瑤池鏡)
만:화=방석(滿花*方席)명 여러 빛깔의 꽃무늬를 놓아서 짠 방석. ☞만화석(滿花席)
만:화방창(萬化方暢)성구 봄이 되어 만물이 나서 한창 자람을 이르는 말.
만:화-석(滿花席)명 여러 빛깔의 꽃무늬를 줄을 지어 놓아서 짠 돗자리. ☞만화방석
만:화=영화(漫畫映畫)명 만화의 등장 인물과 배경 등을 움직이게 하여 만든 영화, 또는 만화적 기법을 이용하여 만든 영화. ☞동화(動畫). 애니메이션(animation)
만:화-책(漫畫冊)명 내용을 만화로 그려 엮은 책. 만화
만환(彎環)명 둥근 모양. 둥근 물건.
만:황-씨(萬黃氏)명 어리석고 사리에 어두운 사람을 에둘러 이르는 말.
만회(挽回)명-하다타 뒤떨어지거나 잃은 것 따위를 바로잡아 이전의 상태로 돌이키는 일. 회복하는 일. ¶실점(失點)을 -하다.
만:휘군상(萬彙群象)성구 세상 만물의 형상을 이르는 말.
만:흥(漫興)명 특별한 느낌을 받지 않고 저절로 일어나는 흥취.
많:다형 ①수효나 분량이 다른 것에 비하여 더 있다. ¶학생 수가 -. /물려 받은 땅이 꽤 -. ②정도가 일정한 수준보다 더하다. ¶눈물이 -. /한(恨)이 -. /인정이 많은 사람. ☞적다²
많이부 많게 ¶공부를 - 하다.

한자 많을 다(多)〔夕部 3획〕¶다독(多讀)/다량(多量)/다복(多福)/다사(多事)/다작(多作)

맏-접두 '맏이의', '첫째로 나온'의 뜻을 나타냄. ¶맏아들/맏손자/맏물/맏자식

한자 맏 맹(孟)〔子部 5획〕¶맹중계(孟仲季)
맏 백(伯)〔人部 5획〕¶백숙(伯叔)/백씨(伯氏)

×**맏-간**(-間)명 →맏칸
맏-누이명 맏이가 되는 누이. 백자(伯姉) ☞큰누이
맏-동서명 맏이가 되는 동서. ☞큰동서
맏-딸명 맏이가 되는 딸. 장녀(長女) ☞막내딸. 큰딸
맏-며느리명 맏아들의 아내. ☞막내며느리. 큰며느리
속담 **맏며느리 손 큰 것** : 아무짝에도 쓸모 없고 도리어 있으면 해가 되는 것을 이르는 말.〔지어미 손 큰 것/노인 부랑한 것/돌담 배부른 것/계집 입 싼 것〕
맏-물명 그 해에 맨 먼저 나온 과일이나 푸성귀 또는 해산물 따위를 이르는 말. 선물(先物)¹. 선출(先出) ☞끝물. 중물. 초출(初出)
맏-배명 짐승이 새끼를 처음 낳는 일, 또는 그 새끼.
맏-사위명 맏딸의 남편. ☞큰사위¹
맏-상제(-喪制)명 맏이가 되는 상제. 아버지나 어머니의 상사를 당한 맏아들. ☞상주(喪主). 주상(主喪)
맏-손녀(-孫女)명 맏이가 되는 손녀. 손녀 중에서 맨 먼저 태어난 손녀. 장손녀 ☞큰손녀
맏-손자(-孫子)명 맏이가 되는 손자. 손자 중에서 맨 먼저 태어난 손자. 장손자. 주손(胄孫) ☞큰손자
맏-시누명 '맏시누이'의 준말.
맏-시누이명 맏이가 되는 시누이. 준 맏시누 ☞큰시누이
맏-아들명 맏이가 되는 아들. 장남(長男). 장자(長子) ☞막내아들. 맏양반. 큰아들
맏-아이명 맏아들이나 맏딸을 이르는 말. ☞큰아이
맏-양:반(-兩班)[-냥-]명 남의 맏아들을 높이어 이르는 말.
맏-이[마지]명 ①형제 자매 가운데서 맨 처음으로 난 사람. 첫째 ☞막내 ②나이가 남보다 많음, 또는 그런 사람.
맏-자식(-子息)명 맏이가 되는 자식.
맏-잡이명 '맏아들'이나 '맏며느리'를 낮추어 이르는 말.
맏-조카명 맏형의 맏아들. 장조카. 장질(長姪) ☞큰조카
맏-집명 맏아들의 집. ☞큰집
맏-칸명 배의 고물의 첫째 칸. 잠자는 곳으로 쓰임.
맏-파(-派)명 맏아들의 갈래. 곧 장손(長孫)의 계통을 이르는 말. 장파(長派)
맏-형(-兄)명 맏이가 되는 형. 백형(伯兄). 장형(長兄) ☞큰형
맏-형수(-兄嫂)명 맏형의 아내. ☞작은형수. 큰형수
말¹명 말과의 포유동물. 초식성으로 몸집이 크며 어깨 높이 1.5m 안팎. 얼굴이 길고 갈기가 있으며 털이 긴 꼬리가 있음. 발굽은 하나이며 네 다리는 길고 튼튼하여 빨리 달릴 수 있음. 예부터 가축으로 기르는데, 사람이 타고 다닐 수 있고 농사나 짐을 실어 나르는 데 이용되며 스포츠에도 이용됨. 품종이 매우 많음. 마필(馬匹)
속담 **말 가는 데 소도 간다** : 말이 갈 수 있는 데라면 느리기는 해도 소도 또한 갈 수 있다는 뜻으로, 남이 하는 일이면 자신도 노력만 하면 능히 할 수 있다는 말. /**말 갈 데 소 간다** : 가지 말아야 할 데를 간다는 말. /**말 갈 데 소 갈 데 다 다녔다** : 여기저기 온갖 데를 다 쫓아다녔다는 말. /**말 꼬리에 파리가 천리 간다** : 하찮은 것이 남의 세력에 의지해서 기운을 폄을 이르는 말.〔천리마(千里馬) 꼬리에 쉬파리 따라가듯〕/**말 삼은 소 짚신이라** : 신 삼을 줄 모르는 말이 소의 신을 삼는다는 뜻으로, 무엇을 한다고 해 놓은 것이 뒤죽박죽이어서 못쓰게 되었음을 이르는 말. /**말 타면 경마 잡히고 싶다** : 사람의 욕심은 한이 없음을 이르는 말.〔말 타면 종 두고 싶다〕/**말 태**

우고 버선 깁는다 : 일을 미리 준비해 놓지 않고 가까이 닥쳐서야 함을 이르는 말.

한자 말 마(馬) 〔馬部〕 ¶ 마부(馬夫)/마술(馬術)/마장(馬場)/마차(馬車)/백마(白馬)/승마(乘馬)/준마(駿馬)
말 탈 기(騎) 〔馬部 8획〕 ¶ 기마(騎馬)/기병(騎兵)/기사(騎士)/기수(騎手)/기전(騎戰)

말[2] 명 곡식이나 액체 따위의 분량을 되는 데 쓰는 그릇. ¶ 되로 주고 —로 받는다. ☞통말
의 척관법의 부피 단위의 하나. 1말은 1섬의 10분의 1, 1되의 열 곱절. 약 18L임. 두(斗)[2] ¶ 보리 서 —./쌀 너 —./닷 —.
속담 **말 위에 말을 얹는다** : 욕심이 많음을 이르는 말.

한자 말 두(斗) 〔斗部〕 ¶ 두곡(斗穀)/두곡(斗斛)/두량(斗量)/두주(斗酒)

ㅁ

말[3] 명 ①장기·고누·윷 따위에 쓰는 패. ②장기짝의 하나. 앞뒤에 말 마(馬)자를 새겨 놓은 것으로 날 일(日)자 모양으로만 움직일 수 있음. 마(馬) ③사방치기에서 쓰는 납작한 돌을 이르는 말.

말[4] 명 ①조류(藻類)인 민물말과 바닷말을 통틀어 이르는 말. ②가래과의 여러해살이 수초(水草). 줄기 길이는 30 cm 안팎이고 전체가 녹갈색임. 잎은 끝이 뾰족한 선 모양으로 어긋맞게 남. 5~10월에 황록색 꽃이 핌. 연한 줄기와 잎은 먹을 수 있음.

말:[5] 명 ①사람이 음성으로 나타내거나 글자로써 나타내는 생각이나 느낌의 표현. 어사(語辭). 언담(言談). 언사(言辭). 언어(言語) ¶ —을 배우다./그의 —에 귀를 기울이다. ②음성으로 생각이나 느낌을 나타내거나 남에게 전하는 일. ¶ 올바른 —을 가려 쓰다. ③글을 이루는 부분인 단어나 구(句), 어절(語節). ¶ 글을 쓸 때는 적절한 —을 가려 쓴다. ④어떤 대상에 관련되거나 어떤 줄거리가 있는 이야기. ⑤떠도는 이야기. 소문(所聞)
말 같지 않다 관용 하는 말이 이치에 어긋나서 실답지 않다. ¶ 술에 취해 말 같지 않은 말을 지껄여대다.
말(을) 걸다 관용 남에게 말을 건네다. ¶ 숫기가 좋아 처음 본 사람에게도 말을 잘 건다.
말(을) 내다 관용 남이 모르는 일을 이야기하여 알려지게 하다. ¶ 함부로 말을 내지 말아라.
말(을) 놓다 관용 '해라' 투나 '하게' 투의 말씨로 말하다. ¶ 동갑끼리인데 말을 놓읍시다.
말(을) 듣다 관용 ①남이 시키는 대로 하다. ②비난을 당하다. ¶ 윗사람한테 —. ③기계 따위가 다루는 대로 움직이다. ¶ 브레이크가 말을 안 듣는다.
말(을) 붙이다 관용 남에게 말을 건네다.
말(을) 비치다 관용 상대편이 알아차릴 수 있도록 넌지시 말하다. ¶ 도움을 받을까 하여 말을 비쳐 보았지.
말(을) 옮기다 관용 남에게서 들은 말을 다른 사람에게 퍼뜨리다.
말(이) 나다 관용 ①남이 모르고 있던 일이 알려지게 되다. ②이야깃거리로 말이 시작되다. ¶ 말이 나온 김에 다 털어놓으마.
말(이) 되다 관용 ①하는 말이 이치에 맞다. ¶ 말이 되는 소리를 하시오. ②어떤 일에 대하여 서로 의논이 되다.
말(이) 떨어지다 관용 지시·명령·승낙 등의 말이 나오다. ¶ 말 떨어지기가 무섭게 일을 처리했다.
말(이) 많다 관용 ①매우 수다스럽다. ②말썽이 끊이지 않는다. ¶ 그의 행동에 대해서 —.
말(이) 아니다 관용 처지가 너무 딱하여 무어라고 말할 수가 없을 정도이다. ¶ 행색이 —./체면이 —.
말이 안 되다 관용 말이 사리나 도리에 맞지 않다.
말(이) 통하다 관용 서로가 말을 이해하여 듣다.
속담 **말로 온 동리를 다 겪는다** : 음식으로 온 동리 사람을 다 대접하는 대신 말로 때운다는 뜻으로, 말로만 인사치레를 잘하는 사람을 두고 이르는 말./**말만 잘하면 천 냥 빚도 가린다** : ①말은 사회 생활을 하는 데 매우 큰 영향을 미치는 일이므로 말을 할 때는 조심해서 하라는 말. ②말을 잘하는 사람은 세상을 살아가는 데 유리한 점이 많다는 말. 〔천 냥 빚도 말로 갚는다〕/**말 많은 집은 장맛도 쓰다** : 가정에 말이 많으면 살림이 제대로 안 된다는 말./**말 말 끝에 단 장 달란다** : 이런 저런 말을 한 끝에 장을 달라고 한다는 뜻으로, 미리 상대편의 마음을 사 놓은 다음에 자기가 요구하는 말을 꺼낸다는 말./**말은 꾸밀 탓으로 간다** : 말이란 같은 뜻의 말이라도 얼마든지 다르게 이야기할 수 있다는 말./**말은 할수록 늘고 되질은 할수록 준다** : 말은 사람들의 입을 통해 전해지면 전해질수록 과장되게 마련이고, 물건은 옮겨 갈수록 줄어든다는 말./**말은 해야 맛이요 고기는 씹어야 맛이다** : ①무슨 일이든지 실제로 해 보아야 참 맛을 알 수 있음을 이르는 말. ②할 말은 해야 됨을 이르는 말./**말이 많으면 쓸 말이 적다** : 말을 될수록 적게 하라는 말.

한자 말 사(詞) 〔言部 5획〕 ¶ 가사(歌詞)/명사(名詞)

말:[6] 명 '마을[1]'의 준말.
말:[7] 명 톱질을 할 때나 먹줄을 칠 때, 밑에 받치는 나무.
말(末) 의 어떤 기간의 끝, 또는 끝 무렵임을 나타내는 말. ¶ 학년 —에 전학을 오다./9회 —./공사를 금년 —에 시작한다.
말- 접두 명사 앞에 붙어 '큰'의 뜻을 나타냄. ¶ 말개미/말거미/말괴불
-말(末) 《접미사처럼 쓰이어》 ①'끝'의 뜻을 나타냄. ¶ 학기말(學期末)/세기말(世紀末) ☞-초(初) ②'분말(粉末)'의 뜻을 나타냄. ¶ 붕산말(硼酸末)
말-가웃 명 한 말 반 가량 되는 분량. 말아웃
말-간(-間)[-깐] 명 마구간
말-갈:기 명 말의 목 등 쪽에 나 있는 긴 털. 마렵(馬鬣) ☞말총
말:-갈망 명 자기가 한 말의 뒷수습. ¶ —도 못할 말을 함부로 지껄이다.
말-감고(-監考) 명 지난날, 곡식을 팔고 사는 시장에서 되나 말로 되어 주는 일을 직업으로 하던 사람. 준 감고(監考) ☞마사니. 말잡이. 말쟁이[1]
말:갛다(말갛고·말간) 형 ㅎ ①더럽거나 흐리지 아니하고 매우 깨끗하다. ¶ 말간 물./말갛게 갠 하늘. ②정신이 매우 또렷하다. ☞멀겋다
말-개미 명 '왕개미'의 딴이름.
말:개-지다 자 말갛게 되다. ☞멀게지다
말거(抹去) 명 -하다 타 기록 따위를 지워서 없앰. 말소(抹消)
말:-거리[-꺼-] 명 ①말썽이 될만 한 일. 말썽거리 ②이야기가 될만 한 자료. 이야깃거리
말-거머리 명 거머릿과의 환형동물. 몸길이 10~15cm, 폭 1.5~2.5cm, 몸빛은 짙은 녹색이고 등 쪽에 여러 줄의 거무스름한 세로줄이 있음. 턱이 약해 사람의 피를 빨 수 없음. 마질(馬蛭)
말-거미 명 '왕거미'의 딴이름.
말:-결[-껼] 명 무슨 말이 오가는 사이.
×**말-겻** 명 → 말결
말경(末境) 명 ①일의 마지막 부분이나 기간. 유 끝판 ②늙바탕
말:-곁[-껻] 명 남이 말하는 옆에서 덩달아 하는 말.
말곁(을) 달다 관용 남이 말하는 옆에서 덩달아 말하다.
말계(末計) 명 어쩔 수 없는 처지에 이르러 구차하게 궁리해 낸 계책. 궁계(窮計). 궁책(窮策)
말고기-자:반(-*佐飯) 명 술에 취하여 얼굴이 붉은 사람을 놀리어 이르는 말.
말-고삐 명 말굴레에 매어 말을 끄는 줄.
말-곡식 명 한 말쯤 되는 곡식. 두곡(斗穀)
말-곰 명 '큰곰'의 딴이름.
말:-공대(-恭待) 명 -하다 자 상대편에게 높임말을 써서 공손히 대함.
말관(末官) 명 말직(末職)
말괄량이 명 말이나 행동이 얌전하지 않고 덜렁거리는 여자를 이르는 말.
말-괴:불 명 매우 큰 괴불주머니.

말구(末口)명 둥글고 긴 재목의 가는 쪽 끝머리의 지름.
말-구유명 말에게 먹이를 담아 주는 그릇.
말-구종(—驅從)명 지난날, 말을 탈 때 고삐를 잡고 앞에서 끌거나 뒤에서 따르던 하인. 견부(牽夫). 마부(馬夫)
×**말-국**명 →국물
말국(末局)명 ①어떤 일이나 사건이 벌어진 끝판. ②바둑 같은 것을 둘 때의 마무리를 짓는 판국. ☞초판
말:-굳다형 ①말을 할 때 더듬거리고 막히며 수월하지 않다. 구눌하다. 어눌하다. 어둔하다 ②말의 내용이나 표현이 딱딱하다.
말-굴레명 가죽 끈이나 삼줄로 얽어 말의 머리에 씌우는 물건.
말-굽명 ①말의 발톱. 마제(馬蹄) ②'말굽추녀'의 준말.
말굽-도리명 끝이 말굽 모양으로 생긴 도리.
말굽-옹두리명 말굽 모양으로 생긴 소의 옹두리뼈.
말굽-은(—銀)명 지난날, 중국에서 쓰이던 화폐의 한 가지. 은으로 만든 말굽 모양의 화폐임. 마제은(馬蹄銀). 문은(紋銀). 보은(寶銀)
말굽=자석(—磁石)명 말굽 모양으로 만든 자석. 마제형 자석(馬蹄形磁石). 제형 자석(蹄形磁石) ☞막대 자석
말굽-추녀명 안쪽 끝을 말굽 모양으로 만든 추녀, 또는 그 추녀의 양쪽에 붙이는 서까래. 마제연(馬蹄椽). 마제추녀 준말굽 ☞선자추녀
말굽-토시명 마제굽 토시
말권(末卷)명 여러 권이 한 벌을 이루고 있는 책의 맨 마지막 권.
말:-귀[—뀌]명 남이 하는 말의 뜻을 잘 이해하는 능력.
말귀(가) 무디다관용 남이 하는 말의 뜻을 잘 이해하지 못하다. 말귀(가) 어둡다.
말귀(가) 밝다관용 남이 하는 말의 뜻을 빨리 이해하다.
말귀(가) 어둡다관용 말귀(가) 무디다.
말그스레-하다형여 말그스름하다 ☞멀그스레하다
말그스름-하다형여 조금 맑다. 말그스레하다 ¶말그스름한 물약. ☞멀그스름하다
말그스름-히부 말그스름하게 ☞멀그스름히
말긋-말긋[—귿—]부-하다형 액체 속에 섞인 덩어리가 매끄럽고 말랑말랑한 모양을 나타내는 말. ¶콩국에 — 떠 있는 우무./—한 새알심.
말:기명 치마나 바지 등의 맨 위, 허리에 둘러서 댄 부분.
말기(末技)명 하찮은 재주. 말예(末藝) ☞하기(下技)
말기(末期)명 어떤 시기를 셋으로 가를 때의 끝 시기, 또는 끝 무렵. ¶고려 —/정권 —/임신 — ☞말엽(末葉). 초기(初期)
말:-길[—낄]명 말할 실마리, 또는 말할 수 있는 기회. ☞언로(言路)
말길(이) 되다관용 말할 수 있는 길이 트이다.
말:-꼬리명 ①말끝 ②말꼬투리
말꼬리(를) 물고 늘어지다관용 남이 한 말 가운데서 꼬투리를 잡아 자꾸 파고들며 따지다.
말꼬리(를) 물다관용 남의 말이 끝나자마자 곧 이어서 말하다.
말꼬리(를) 잡다관용 남이 한 말 가운데서 시비 거리가 될만 한 실마리를 잡다. 말끝을 잡다. ¶말꼬리를 잡아 따지다.
말:-꼬투리명 말로써 따지게 된 계기. 말꼬리
말-꼴명 말에게 먹이는 풀. 마초(馬草)
말-꾼[1]명 '말몰이꾼'의 준말.
말:-꾼[2]명 '마을꾼'의 준말.
말끄러미부 찬찬한 눈길로 한곳을 바라보는 모양을 나타내는 말. ¶얼굴만 — 쳐다보다. ☞물끄러미
말끔-하다형여 ①너저분한 것이 없이 깔끔하다. ¶탁자 위를 말끔하게 치우다. ②흔적 없이 깨끗하다. ¶병이 말끔하게 낫다. ☞멀끔하다
말끔-히부 말끔하게 ¶— 차려 입다.
말:-끝명 말을 마무르는 끝. 말꼬리 ¶—을 맺다. ☞말머리
말끝(을) 달다관용 말을 끝내다가 거기에 덧붙여 또 말을 하다.
말끝(을) 잡다관용 말꼬리를 잡다.
말끝(을) 흐리다관용 말끝을 분명하게 맺지 않고 얼버무리다.
말-나리명 백합과의 여러해살이풀. 줄기 높이는 80cm 안팎. 잎은 길둥글고 끝이 뾰족함. 6~8월에 여러 송이의 주황색 꽃이 줄기 끝에 핌. 산지에서 자라며 관상용으로 심기도 함.
말-날명 ①간지(干支)의 지지(地支)가 오(午)인 날을, 지지의 동물 이름으로 상징하여 이르는 말. ☞오일(午日) ②음력 시월 중의 오일(午日). 민속에서 이 날은, 말의 건강을 위하여 팥 시루떡을 만들어 마구간에 놓고 고사를 지냄.
말-냉이명 겨잣과의 두해살이풀. 줄기 높이는 60cm 안팎. 근생엽(根生葉)은 한군데에서 모여 나오고 모양은 넓은 주걱 모양임. 5월경에 흰 꽃이 핌. 애순은 먹을 수 있으며, 뿌리는 한방에서 약재로 씀.
말년(末年)명 ①일생의 말기. ¶편안하게 —을 보내다. ☞초년(初年) ②말엽(末葉)의 마지막 몇 해 동안.
말-녹피(—鹿皮)명 무두질한 말의 가죽. ☞유피(鞣皮)
말놀음-질명-하다자 막대기나 친구들의 등을 말로 삼아 타고 노는 아이들의 놀이. ☞말롱질
말:-눈치명 말하는 중에 은연중에 나타나는 말의 뜻.
말다[1](말고·마니)타 ①종이나 천 따위 넓적한 물체를 한 쪽 끝에서부터 돌돌 겹쳐 감다. ¶신문지를 —. ②얇은 것으로 무엇을 감아 싸다. ¶종이로 살담배를 —.
말다[2](말고·마니)타 밥이나 국수 따위를 물이나 국물에 넣어 풀다. ¶밥을 국에 —./장국에 만 국수.
말:다[3](말고·마니)타 ①이제까지 해 오던 일이나 행동을 그만두다. ¶책을 읽다가 —./이제는 아무 걱정 마세요. ②하려던 일을 하지 않기로 하다. ¶여행을 떠나려다가 —. ③'말고'의 꼴로 쓰이어, '아니고'의 뜻을 나타냄. ¶그것 말고 저것을 다오.
조동 본용언(本用言) 다음에 쓰이어 ①그 일이나 행동을 하지 못하게 함을 나타냄. ¶떠들지 말고 기다려라./폭음에 놀라지 마라. ②동사 어미 '-고' 다음에 쓰이어, '그렇게 됨'을 나타냄. ¶그는 내 곁을 떠나고 말았다.

한자 말 물(勿) 〔勹部 2획〕 ¶물경(勿驚)/물입(勿入)

말-다래명 말의 안장 양쪽에 늘어뜨리어 흙이 튀는 것을 막는 물건. 다래[3]. 장니(障泥)
말:-다툼명-하다자 말로써 옳고 그름을 따지면서 다투는 일. 말싸움. 설론(舌論). 설전(舌戰). 언쟁(言爭)
말단(末端)[—딴]명 ①맨 끄트머리. 맨 끝. 말미(末尾) ②조직의 맨 끝, 또는 아랫자리. ¶— 사원/— 부서
말단=가격(末端價格)[—딴—]명 생산자 가격이나 도매 가격에 상대하여, '소매 가격'을 이르는 말. 곧 상품이 유통 과정 말단인 소비자에게 이를 때의 가격.
말단=거:대증(末端巨大症)[—딴—]명 뇌하수체의 기능 이상으로 성장 호르몬이 과잉 분비되어 손·발·코·턱 등 몸의 끝 부분이 비정상적으로 커지는 병. 말단 비대증. 지단 비대증(肢端肥大症). 첨단 거대증. 첨단 비대증
말단=비:대증(末端肥大症)[—딴—]명 말단 거대증
×**말-담**명 →입담
말-대[—때]명 물레질할 때 솜을 둥글고 길게 말아 내는 막대기. 수수깡으로 만듦.
말-대(末代)[—때]명 시대의 끝. ☞말세(末世)
말:-대:꾸명-하다자 남이 하는 말을 순순히 받아들이지 않고, 그 자리에서 자기의 의견을 내세워 말하는 일, 또는 그 말. 대칙[2] ¶번번이 —를 하다. 준대꾸
말:-대:답(—對答)명-하다자 ①윗사람의 말에 대하여 무슨 까닭을 대며 거슬리게 말하는 일, 또는 그런 대답. ¶어른 말씀에 번번이 —을 하는구나. ②묻는 말에 대해 대답하는 일, 또는 그 대답.
말:더듬-이명 말을 더듬는 사람. 준더듬이[1]
말:-동무[—똥—]명 친구 삼아 이야기를 나누며 지내는 상대. 말벗 ¶할아버지의 —가 되어 드리다.
말-두(—斗)명 한자 부수(部首)의 한 가지. '料'·'斜' 등

에서 '斗'의 이름.

말:-떼 명 어군(語群)

말똥-가리 명 수릿과의 텃새. 몸길이는 55cm 안팎. 머리와 가슴은 황갈색이고 어두운 갈색 무늬가 있으며, 배·등·꼬리는 짙은 갈색임. 설치류·조류·양서류·곤충류 등을 잡아먹고 삶. 북반구의 온대에서 한대에 걸쳐 분포함.

말똥-구리 명 풍뎅잇과의 곤충. 몸길이는 2cm 안팎이고 몸빛은 검고 윤이 남. 여름에 말똥이나 쇠똥 따위를 굴려다 그 속에 알을 낳아 새끼를 기름. 쇠똥구리

말똥-굼:벵이 명 말똥구리의 애벌레.

말똥-말똥 부 눈을 똥그랗게 뜨고 말끄러미 바라보는 모양을 나타내는 말. ☞멀뚱멀뚱

말똥말똥-하다 형여 ①정신이 맑고 또렷또렷하다. ②눈동자가 맑고 생기가 있다.

말뚝[1] 명 땅에 두드려 박는 한쪽 끝이 뾰족한 몽둥이. 말목. 말장 ¶ -을 박다.

말뚝[2] 명 '말뚝잠'의 준말.

말뚝-댕기 명 지난날, 머리가 짧아서 제비부리댕기를 드리지 못할 때 하던 어린이용 댕기. 길고 넓적하며 윗부분이 말뚝처럼 삼각형 모양임.

×**말뚝-모** 명 →꼬창모

말뚝-벙거지 명 지난날, 마부(馬夫)나 구종(驅從)들이 쓰던 모자의 한 가지.

말뚝-잠 명 꼿꼿이 앉은 채로 자는 잠. ☞등걸잠

말뚝-잠(-簪) 명 금붙이로 만든 비녀의 한 가지. 길이는 7cm 안팎이며, 좀 납작하고 끝은 가늘고 뾰족함. 비녀 머리 부분은 둥글고 수복(壽福)이나 용(龍) 따위의 글자를 새겼음. 준말뚝[2]

말:-뜨다(-뜨고·-떠) 형 말이 거침없이 잘 나오지 않고 자꾸 막히거나 하여 굼뜨다. ☞말굳다

말:-뜻 명 말에 담긴 뜻. 어의(語意)

말-띠 명 간지(干支)의 지지(地支)가 오(午)인 해에 태어난 일, 또는 그 사람을 지지의 동물 이름으로 상징하여 이르는 말. ☞오생(午生)

말라-깽이 명 몸이 바싹 마른 사람을 놀리어 이르는 말.

말라리아(malaria) 명 학질모기의 병원충이 적혈구에 기생하여 일어나는 법정 전염병. 특유한 열 발작이 주기적으로 되풀이 되며, 지라나 간이 부어 오르고 빈혈을 일으킴. 학질(瘧疾) ☞하루거리. 이틀거리

말라리아-모:기(malaria-) 명 학질모기

말라리아=병:원충(malaria病原蟲) 명 말라리아 원충

말라리아-열(malaria熱) 명 말라리아에 걸려서 발작적으로 일어나는 신열. 흔히 하루 걸러, 또는 이틀 걸러서 일어남. ☞하루거리. 이틀거리

말라리아=요법(malaria療法)[-뻡] 명 독성이 비교적 약한 말라리아 병원충을 접종하여 중추 신경을 치료하는 발열 요법. 매독 치료 등에 쓰임.

말라리아=원충(malaria原蟲) 명 말라리아 병원체로 학질모기의 몸 안에서 포자(胞子)가 생기는데, 학질모기의 침과 함께 사람의 모세 혈관으로 들어가서 적혈구에 기생하며 적혈구를 파괴하여 고열·발작 등을 일으킴. 말라리아 병원충

말라-붙다[-붇-] 자 물기가 바싹 졸거나 말라서 없어지다. ¶가뭄으로 강이 -.

말랑-거리다(대다) 자 자꾸 말랑한 느낌이 나다. ¶고무공이 말랑거려 잘 쥐어지지 않는다. ☞몰랑거리다. 물렁거리다

말랑-말랑 부-하다 형 매우 말랑한 느낌을 나타내는 말. ¶ -한 홍시. ☞몰랑몰랑. 물렁물렁

말랑-하다 형여 ①물체가 굳지 아니하고 좀 무르다. ②사람의 성질이 야무지지 아니하고 좀 무르다. ☞몰랑하다. 물렁하다

말랭이 명 '무말랭이'의 준말.

말려-들다(-들고·-드니) 자 ①감기어 안으로 들어가다. ②자기가 바라지 않는 관계나 일 등에 끌리어 들어가다. ¶생각지도 않은 사건에 -.

말로(末路) 명 ①사람의 일생의 마지막 무렵. ¶한 인생의 -. ☞만년(晩年) ②한창 성한 때를 지나 쇠퇴해 가는 상태. ¶세도가의 딱한 -.

말-롱질 명-하다 자 ①아이들이 말을 타듯 서로 등에 올라타고 노는 장난. ☞말놀음질 ②남녀가 말의 흘레를 흉내내어 하는 성적(性的) 장난.

말류(末流) 명 ①강의 하류. ②한 혈통의 끝. 여예(餘裔) ③어떤 유파(流派)의 작은 분파. ④하찮은 유파.

말류지폐(末流之弊) 성구 일이 잘 되어 가다가 끝판에 생기는 폐단(弊端). 준유폐(流弊)

말리(末利) 명 눈앞의 작은 이익.

말리(茉莉) 명 목서과의 상록 관목. 여름에 나팔 모양의 누렇고 흰 꽃이 핌. 꽃의 향기가 짙어 관상용 또는 향료의 원료로 쓰임. 잎은 먹을 수 있음. 소형(素馨)

말리다[1] 자 겹쳐 감기다, 또는 감겨 싸이다. ¶종이가 저절로 도르르 -.

말리다[2] 타 말게 하다. ¶돗자리를 -.

말리다[3] 타 하려는 일을 하지 못하게 하다. ¶싸움은 말리고 흥정은 붙이랬다.

말리다[4] 타 물기를 마르게 하다. ¶빨래를 햇볕에 -.

말림 명-하다 타 ①조선 시대, 산의 나무나 풀을 함부로 베지 못하게 하여 가꾸던 일. 금양(禁養) ②'말림갓'의 준말.

말림-갓 명 조선 시대, 나무나 풀 따위를 함부로 베지 못하게 금지한 산을 이르던 말. 준갓[3]. 말림 ☞멧갓

말-마(-馬) 명 한자 부수(部首)의 한 가지. '馮'·'馴' 등에서 '馬'의 이름.

말-마당 명 말타기를 익히고 겨루는 곳.

말:-마디 명 말의 토막. ¶ - 한번 건네지 못한 사이.

말마디나 하다 관용 말을 조리 있게 잘하다.

말:-막음 명-하다 자 ①남에게서 자신에 대한 나무람의 말이나 불리한 말이 나오지 않도록 미리 막는 일. ☞입막음 ②서로 주고받던 이야기의 끝을 맺는 일. ¶그만 -하고 일어납시다.

말-말뚝 명 말을 매기 위하여 땅에 박아 놓은 말뚝.

말:-맛 명 말하는 이의 말소리나 말씨에서 느껴지는 독특한 느낌. 어감(語感)

말망(末望) 명 조선 시대, 관원 임명에 천거된 삼망(三望) 가운데 끝 자리 후보자를 이르던 말. ☞수망(首望)

말-매:미 명 매밋과의 곤충. 몸길이 5cm 안팎. 편 날개 길이 6.5cm 안팎으로, 우리 나라 매미류 가운데 가장 큼. 몸빛은 검고 윤이 남. 마조(馬蜩). 왕매미

말:-머리 명 ①말의 첫머리. ¶ -를 꺼내다. ☞말끝. 어두(語頭) ②말의 방향. ¶ -를 돌리다.

말머리-아이 명 혼인한 뒤에 바로 배어 낳은 아이.

말-먹이 명 말을 먹이는 꼴이나 곡식. 마량(馬糧). 마식

말:명 명 ①무당의 열두 거리 굿 중의 열한째 거리. ②만명(萬明)

말:명-놀이 명-하다 자 무당의 열두 거리 굿 중의 열한째 거리를 노는 일, 또는 그 놀이.

말-목(-目) 명 포유류의 한 목(目). 초식 동물로 발 끝의 굽이 하나 또는 세 개로 되어 있음. 말·물소·코뿔소 따위. 기제류(奇蹄類) ☞소목

말목(*抹木) 명 말뚝[1]

말-몫 명 ①지난날, 타작 마당에서 타작한 곡식을 나눌 때, 마당에 처져서 소작인의 차지가 되는 곡식을 이르던 말. ②지난날, 말잡이의 몫으로 주는 곡식을 이르던 말.

말-몰이 명-하다 자 ①말을 몰고 다니는 일. ②'말몰이꾼'의 준말.

말몰이-꾼 명 지난날, 짐 싣는 말을 몰고 다니는 사람을 이르던 말. 구부(驅夫) 준말꾼[1]. 말몰이

말:-무(-毋) 명 한자 부수(部首)의 한 가지. '每'·'毒' 등에서 '毋'의 이름.

말:-문(-門) 명 ①말할 적에 여는 입. ②말을 꺼내는 실마리. ¶ -이 트이다./-이 막히다.

말문(을) 막다 관용 말을 하지 못하게 하다.

말문(을) 열다 관용 입을 떼어 말을 하기 시작하다.

말문(末文)명 문장의 끝을 맺는 글. 결문(結文)
말미명 일정한 일에 매인 사람이 무슨 일로 말미암아 얻는 겨를. ¶ -를 주다./-를 받다./-를 얻다. ☞수유(受由). 휴가(休暇)
말미(末尾)명 ①말이나 글, 번호 등의 이어져 있는 것의 맨 끝. ¶편지 -에 몇 마디 덧붙인다. ②말단(末端)
말미암다[-따]자 까닭이 되다. 인연이 되다. 기인하다 ¶사소한 오해로 말미암아 벗 사이가 벌어졌다.

한자 말미암을 유(由)〔田部〕¶연유(緣由)/유래(由來)

말미잘명 분홍말미잘과의 강장동물. 몸은 높이 2~6cm, 폭 1.5~4cm의 원통 모양으로 한가운데에 입이 있음. 몸빛은 녹색 또는 엷은 노랑색에 흰색 반점이 있으며, 모래 속에 살거나 바위 틈에 붙어 살며 촉수로 먹이를 잡아먹음.
말-밑[1]명 곡식을 말로 되고 난 뒤에 한 말이 못 되게 남은 분량. ☞됫밑
말:-밑[2]명 어원(語源)
말:-밑천[-믿-]명 ①말을 이어 갈 거리. ¶ -이 다 떨어졌다. ②말을 하는 데 들이는 노력. ¶ -이 아깝다.
말-박명 ①큰 바가지. ②곡식을 되는 말 대신 쓰는 바가지.
말반(末班)명 지난날, 지위가 낮은 관원을 이르던 말.
말:-발[-빨]명 상대가 말을 잘 받아들이도록 말을 이끄는 힘. ¶ -이 세다./-이 약하다.
  말발(이) 서다관용 한 말이 상대에게 잘 받아들여져서 말한 대로 일이 이루어지게 되다.
말-발굽[-꿉]명 말의 발굽.
말발도리명 범의귓과의 낙엽 관목. 높이 2m 안팎. 잎은 마주 나며 모양은 길둥글고 가장자리에 잔톱니가 있음. 5~6월에 흰 꽃이 피며 9월경에 삭과(蒴果)인 열매가 익음. 산골짜기 바위 틈에 나며 관상용으로도 심음.
말-밥[-빱]명 한 말 가량의 쌀로 지은 밥.
말-방울명 말의 목에 다는 방울. ☞워낭
말-밭명 윷놀이·고누·장기 따위에서, 말이 다니는 길.
말-뱃대끈명 말의 배에 졸라매는 띠.
말-버둥질명-하다자 말이 땅에 등을 대고 누워 네 다리로 버둥거리는 짓.
말:-버릇[-뻐-]명 늘 사용하여 버릇이 된 말투. 구법(口法). 구습(口習). 언습(言習). 언투(言套) ¶ -이 고약하다.
말-버짐명 피부병의 한 가지. 살갗에 흰 점이 생기고 가려움. 마선(馬癬)
말-벌명 말벌과의 곤충. 몸길이는 수컷이 2cm, 암컷이 2.5cm 안팎. 암컷은 몸빛이 흑갈색이며 황갈색과 적갈색의 무늬가 있음. 성충은 6~10월에 출현하며, 다른 곤충을 잡아먹음. 대황봉(大黃蜂). 마봉(馬蜂). 왕벌
말:-법(-法)[-뻡]명 어법(語法)
말법(末法)[-뻡]명 불교에서 이르는 삼시(三時)의 하나. 석가가 세상을 떠난 뒤 정법(正法)과 상법(像法) 다음에 오는 1만 년 동안. 불법이 쇠퇴한 어지러운 시기. 말법시(末法時)
말법-시(末法時)[-뻡-]명 말법(末法)
말:-벗[-뻣]명 친구삼아 이야기를 나눌만 한 대상. 말동무 ¶노인들의 -이 되어 주다.
말-벗김[-벋-]명-하다자 지난날, 마름이 도조를 거둘 때, 소작인에게서는 수북이 되어서 받고 지주에게 줄 때에는 깎아 되어서 나머지를 가로채던 일.
말:-보[-뽀]명 평소에 말이 없던 사람의 입에서 거침없이 터져 나오는 말.
말복(末伏)명 삼복(三伏) 가운데 마지막 복날. 입추가 지난 뒤의 첫째 경일(庚日). ☞초복(初伏). 중복(中伏)
말:-본명 문법(文法)
말:-본새[-뽄-]명 말하는 태도나 버릇의 됨됨이.
말분(末分)명 사람이 한세상 사는 동안의 끝 부분. ☞늙바탕
말불-버섯명 말불버섯과의 버섯. 높이는 2~8cm이고, 지름이 2~3cm 되는, 기둥 모양의 줄기 위에 둥그런 균산(菌傘)이 있음. 줄기가 아닌 부분의 표면에는 작은 혹이 많음. 마발(馬勃)
말사(末寺)[-싸]명 본사(本寺)에 딸린 절.
말살(抹殺)[-쌀]명-하다타 ①있는 사실을 아주 없애 버림. ¶고유 문화를 -하다. ②존재를 부정하거나 무시함. ¶내 의견이 -되다.
말-상(-相)명 말의 대가리처럼 길게 생긴 얼굴, 또는 그런 얼굴의 사람.
말석(末席)[-썩]명 ①맨 끝의 자리. 말좌(末座). 석말(席末) ¶ -에 끼어 앉다. ②차례나 위계가 있는 자리에서, 맨 아래의 자리. ☞상석(上席). 수석(首席)
말-세(-稅)명 지난날, 말감고가 마되질을 한 삯으로 받던 돈.
말세(末世)[-쎄]명 ①사회 질서나 풍속, 도덕 따위가 어지러워져 망할 날이 얼마 남지 않은 세상. 계세(季世). 말조(末造) ☞말대(末代) ②불교에서, 말법(末法)의 세상. ③크리스트교에서, 예수가 탄생한 때부터 재림(再臨)할 때까지의 세상.
말소(抹消)[-쏘]명-하다타 적혀 있는 사실을 지워 없앰. 말거(抹去). 취소(取消) ¶호적에서 -되다.
말소=등기(抹消登記)[-쏘-]명 이미 기재 된 등기의 전부를 말소하는 등기.
말:-소리[-쏘-]명 ①말하는 소리. 어성(語聲) ¶나직한 -. ②사람의 발음 기관을 통하여 내는 소리. 음성(音聲)
말-소수명 한 말 남짓한 곡식의 양. ☞말가웃
말:-속[-쏙]명 말의 깊은 속뜻.
말속(末俗)[-쏙]명 ①말세(末世)의 풍속. ②어지럽고 타락한 풍속.
말손(末孫)[-쏜]명 먼 후대의 자손. 말예(末裔). 묘예(苗裔). 원손(遠孫)
말-솔명 말의 털을 씻거나 빗기는 솔.
말:-솜씨[-쏨-]명 말하는 솜씨. 구변(口辯). 언변(言辯) ¶ -가 좋다. ☞말재주
말-수(-數)[1][-쑤]명 말로 된 수량. 두수(斗數)
말:-수(-數)[2][-쑤]명 입으로 하는 말의 수효. ¶ -가 많은 사람./-가 적다.
말-술[-쑬]명 ①한 말 가량의 술. 두주(斗酒) ②많이 마시는 술, 또는 술을 많이 마시는 사람.
말-승냥이명 ①늑대를 승냥이에 비해 큰 종류라는 뜻으로 이르는 말. ②키가 볼품없이 크고 성질이 사나운 사람을 비유하여 이르는 말.
말:-시:비(-是非)명-하다자 말로 하는 시비.
말:-실수(-失手)[-쑤]명-하다자 잘못된 말이나 해서는 안 될 말을 하는 실수. 실어(失語). 실언(失言)
말:-싸움명-하다자 말다툼
말:썽명 성가신 일이나 시비가 될만 한 일을 일으키는 말이나 짓. ¶ -을 부리다./-을 일으키다./-을 피우다.
말:썽-거리[-꺼-]명 말썽이 될만 한 일. 말거리
말:썽-꾸러기명 말썽꾼
말:썽-꾼명 걸핏하면 말썽을 부리는 사람. 말썽꾸러기
말:성-부리다자 말썽이 생기게 하다.
말쑥-하다형여 ①말끔하고 깨끗하다. ¶차림새가 -. ②깨끗하고 밝다. ¶훤칠한 키에 말쑥한 얼굴 모습. ☞멀쑥하다
  말쑥-히부 말쑥하게 ¶ - 차려 입다. ☞멀쑥히
말:씀명-하다자타 ①남을 높이어 그의 말을 이르는 말. ¶부모님 - 잘 듣자./무슨 -이신지. ②자기를 낮추어 자기의 말을 이르는 말. ¶ - 드릴 게 있습니다.

▶ **'말씀'의 두 가지 뜻**
'할아버지 말씀'이라고도 하고 '저의 말씀'이라고도 한다. 할아버지는 존경할 자리에 계시는 분이므로 그 분의 말도 그분과 걸맞게 대우되는 표현이 되어야 하기 때문에 이때의 말씀은 '말'의 존경어(尊敬語)이다. '저'는 겸양해야 할 자리에 있으므로 '저의 말씀'의 '말씀'은 저절로 겸양어(謙讓語)이다. 이 두 가지 말이 다 공대말이다.

ㅁ

한자 말씀 변(辯) 〔辛部 14획〕 ¶ 궤변(詭辯)/변론(辯論)
말씀 사(辭) 〔辛部 12획〕 ¶ 사설(辭說)/사연(辭緣)/어사(語辭)/언사(言辭)/축사(祝辭) ▷ 속자는 辞
말씀 설(說) 〔言部 7획〕 ¶ 설명(說明)/해설(解說)
말씀 어(語) 〔言部 7획〕 ¶ 어감(語感)/어법(語法)/어원(語源)/어조(語調)
말씀 언(言) 〔言部〕 ¶ 언론(言論)/언성(言聲)/언어(言語)/언행(言行)/언중(言中)/언중(言衆)
말씀 화(話) 〔言部 6획〕 ¶ 담화(談話)/대화(對話)/화술(話術)/화제(話題)/회화(會話)

말:씀-언(-言) 명 한자 부수(部首)의 한 가지. '語'·'記'·'謦' 등에서 '言'의 이름.
말:-씨 명 ①말에서 느껴지는 어조. ¶ 남도(南道) -/상냥한 -. ②말하는 태도나 버릇. ¶ -가 거칠다.
말:-씨름 명 -하다 자 말다툼
말씬-거리다(대다) 자 자꾸 말씬한 느낌이 나다. ☞몰씬거리다. 물씬거리다.
말씬-말씬 부 -하다 형 매우 말씬한 느낌을 나타내는 말. ¶ -한 홍시. ☞몰씬몰씬². 물씬물씬²
말씬-하다 형여 물체가 익거나 삶기어 말랑하게 무르다. ☞몰씬하다. 물씬하다
말아-먹다 타 재물 따위를 몽땅 없애 버리다. ¶ 유산을 몽땅 -. ☞날리다²
말-아웃 명 말가웃
× **말약**(末藥) 명 → 가루약
말언(末言) 명 아주 변변찮은 말.
말:-없:이 부 ①아무 말도 아니하고. ¶ - 사라지다. ②아무 사고 없이. 말썽 없이. ¶ - 건강하게 자라다.
말-여뀌 명 '개여뀌'의 딴이름.
말엽(末葉) 명 어떤 시대를 셋으로 가를 때의 끝 무렵. 계엽(季葉) ¶ 고려 -/17세기 - ☞말기(末期). 초엽(初葉)
말예(末裔) 명 먼 후대의 자손. 말손((末孫)
말예(末藝) 명 하찮은 재주. 말기(末技)
말오줌-나무 명 인동과의 낙엽 교목. 높이는 5m 안팎. 깃꼴 겹잎이 마주 나고, 4~6월에 황백색 꽃이 피며 열매는 7~9월에 붉고 둥근 핵과(核果)로 익음. 가지는 약재로 쓰이고 어린잎은 먹을 수 있음. 우리 나라 특산종으로 울릉도에 분포함.
말운(末運) 명 ①기울어져 막다른 운수. ②말년(末年)의 운수. ¶ -이 좋다. ③말세(末世)의 시운(時運).
말위(末位) 명 끝자리
말은(抹銀) 명 도자기에 은가루 같은 것을 발라서 광채가 나게 하는 일.
말음(末音) 명 〈어〉음절(音節)의 끝소리. ☞두음(頭音)
말음=법칙(末音法則) 명 〈어〉우리말에서, 음절의 받침으로 쓰인 자음이 받침이 붙은 음절로 끝나거나 다음에 이어지는 자음 앞이나 모음으로 시작되는 실질 형태소 앞에서는 본디 음가가 아닌 다른 음가로 변하게 되는 현상을 이르는 말. '꽃→꼳', '닭→닥', '부엌→부억', '잊고→읻고', '맡다→맏다', '낱알→낟알'로 변하는 따위. 받침 규칙. 종성 규칙(終聲規則) ☞두음 법칙
말:이을-이(-而) 명 한자 부수(部首)의 한 가지. '耐'·'耑' 등에서 '而'의 이름.
말일(末日) 명 ①어떤 기한의 마지막 날. ②그 달의 마지막 날. 그믐날
말자(末子) [-짜] 명 막내아들 ☞장자(長子)
말-잡이 명 곡식을 될 때 마되질을 하는 사람. ☞마사니
말장[-짱] 명 말뚝¹
말:-장난 명 실없이 뜻 없는 말을 그럴듯하게 엮어 늘어놓는 짓.
말장-목(-木) [-짱-] 명 말뚝으로 쓰는 나무.
말:-재간(-才幹) [-째-] 명 말재주
말:-재기 명 쓸데없는 말을 수다스럽게 꾸며 내는 사람.
말:-재주[-째-] 명 말을 잘하는 슬기와 능력. 구재(口才). 말재간. 변재(辯才). 언재(言才) ☞말솜씨
말-쟁이¹ 명 지난날, 삯을 받고 마되질을 하여 주던 사람. ☞말감고. 말잡이
말:-쟁이² 명 ①말수가 많은 사람을 가벼이 여겨 이르는 말. ②말을 잘하는 사람을 가벼이 여겨 이르는 말.
말:-전주 명 -하다 자 이쪽저쪽 다니며 좋지 않은 말을 옮기어 이간질을 하는 짓. ☞말질
말:전주-꾼 명 말전주를 잘 하는 사람.
말절(末節) [-쩔] 명 여러 동강으로 나눈 끝 부분.
말제(末弟) [-쩨] 명 막내아우. 숙계(叔季)
말제(末劑) [-쩨] 명 가루약
말조(末造) 명 말세(末世)
말-조개 명 석패과의 민물조개. 껍데기의 길이는 8cm 안팎으로 민물 조개 가운데서 가장 큼. 살은 먹을 수 있으며 껍데기는 공예 재료로 쓰임. 방합(蚌蛤)
말-조롱 명 민속에서, 사내아이들이 액막이로 주머니 끈이나 옷 끈에 차고 다니던 밤톨만 한 조롱. ☞서캐조롱
말:-조:심 명 -하다 자 말이 잘못되지 않게 하려는 조심.
말좌(末座) [-좌] 명 말석(末席)
말:-주변[-쭈-] 명 말을 그럴듯하게 잘하거나 둘러대는 재주. ¶ -이 좋다. ☞말재주
말-죽(-粥) 명 콩, 겨, 여물 따위를 섞어 쑨 말의 먹이. 마죽(馬粥)
말-쥐치 명 쥐칫과의 바닷물고기. 몸길이 30cm 안팎. 몸은 길둥근꼴이며 몸빛은 청갈색임. 먹을 수 있으며 우리 나라와 일본 근해에 분포함.
말즘 명 가랫과의 여러해살이풀. 물 속에 떼지어 자람. 줄기는 녹갈색이며 잎은 어긋맞게 남. 여름에 누르스름한 꽃이 이삭 모양으로 핌.
말증(末症) [-쯩] 명 고치기 어려운 나쁜 병증. 말질(末疾) ☞고황지질(膏肓之疾)
말직(末職) [-찍] 명 가장 낮은 직위. 말관(末官)
말-질¹ 명 '마질'의 원말.
말:-질² 명 -하다 자 ①옳고 그름을 따지며 서로 말을 주고받는 짓. ②이쪽저쪽 다니며 말을 옮기어 말썽을 일으키는 짓. ☞말전주
말질(末疾) [-찔] 명 말증(末症)
말-집[-찝] 명 모말 모양으로 추녀가 사방으로 빙 둘려 있는 집. 모말집
말짜(末-) 명 ①가장 나쁜 물건. ②버릇없이 행동하는 사람을 이르는 말. ¶ 인간 -
× **말짱** 부 → 말끔
말짱말짱-하다 형여 사람의 성질이 매우 무르고 만만하다. ☞물쩡물쩡하다
말짱-하다¹ 형여 ①흠이 없고 온전하다. ¶ 말짱한 물건을 버리다. ②정신이 흐리지 않고 또렷하다. ¶ 말짱한 정신으로 얘기하다. ③아이가 겉보기와는 다르게 속생각이 있고 약삭빠르다. ¶ 코흘리개인 줄로만 알았는데 꾀가 말짱하구나. ④전혀 터무니없다. ¶ 말짱한 거짓말을 하다. ☞멀쩡하다
말짱-히 부 말짱하게 ☞멀쩡히
말짱-하다² 형여 사람의 성질이 악착스러운 데가 없고 무르다. ☞물쩡하다
말-째(末-) 명 차례의 맨 끝.
말차(抹茶·末茶) 명 차나무의 새싹을 따서 만든 엽차를, 맷돌로 갈아 가루로 만든 것. ☞녹차
말:-참견(-參見) 명 -하다 자 남들이 이야기할 때 옆에서 끼어들어 말하는 일. 말참례
말:-참례(-參禮) 명 -하다 자 말참견
말-채 명 '말채찍'의 준말.
말채-나무 명 층층나뭇과의 낙엽 교목. 높이 10~15m. 나무껍질은 흑갈색이며 그물처럼 갈라짐. 잎은 마주 나고 넓은 달걀꼴이거나 길둥근꼴임. 6월경에 흰 꽃이 가지 끝에 피며 9~10월에 검은빛의 둥근 열매가 익음. 관상용으로 심기도 함.
말-채찍 명 말을 모는 데 쓰는 채찍. 마편(馬鞭). 편책(鞭策) 준 말채
말초(末梢) 명 ①나뭇가지의 끝. 나뭇가지의 끝에서 갈리어 나간 가는 가지. ②사물의 맨 끝 부분.

말초=신경(末梢神經)명 뇌와 척수에서 갈라져 나와 몸의 거죽과 몸 안의 여러 기관에 퍼져 있는 신경. 끝신경
말초-적(末梢的)명 본질에서 벗어난 자질구레하고 하찮은 것. ¶ -인 문제에 사로잡히다.
말-총명 말의 갈기나 꼬리의 털. 마미(馬尾) ☞말갈기
말총-체명 쳇불을 말총으로 짠 체.
말:-추렴(∠-出斂)명-하다자 남들이 말하는 데 한몫 끼어 몇 마디 말을 거드는 일.
말:-치레명-하다자 실속 없이 말로만 꾸미는 일.
말캉-거리다(대다)자 자꾸 말캉한 느낌이 나다. ☞몰캉거리다. 물컹거리다
말캉-말캉부-하다형 매우 말캉한 느낌을 나타내는 말. ¶ - 씹히는 멍게./-한 우무. ☞몰캉몰캉. 물컹물컹
말캉-하다형여 젤리나 우무 따위를 씹을 때처럼 좀 탱글탱글하면서 말랑하다. ☞몰캉하다. 물컹하다
말코[1]명 베틀의 한 부분. 짜여져 나오는 베를 감는 대.
말:-코[2]명 ①말의 코. ②말코처럼 콧구멍이 벌어진 코, 또는 그런 코를 가진 사람을 놀리어 이르는 말.
말-코지명 물건을 걸려고 벽 따위에 달아 두는 나무 갈고리.
말타아제(maltase)명 맥아당(麥芽糖)을 가수 분해(加水分解)하여 포도당을 생성하는 효소. 맥아, 곰팡이, 효모, 이자액, 장액 등 생물계에 널리 분포함.
말토오스(maltose)명 엿당
말:-투(-套)명 말에서 드러나는 독특한 버릇이나 현상. 어투(語套) ¶ -가 거칠다. ☞말버릇. 말본새
말-판명 윷이나 고누 등의 말이 가는 길을 그린 판.
말판(을) 쓰다관용 말판에 말을 놓다.
말-편자명 말굽에 대갈을 박아 붙인 쇠. 마제철(馬蹄鐵). 마철(馬鐵). 편자
말피:기-관(Malpighi管)명 곤충류 및 다족류(多足類)의 소화기에 붙어 있는 실 모양의 배설 기관.
말피:기=소:체(Malpighi小體)명 신소체(腎小體)
말:-하기명 국어나 외국어 학습의 한 부분. 자기의 의사를 상대편이 알아들을 수 있도록 말로 표현하는 일. ☞듣기. 쓰기. 읽기
말:-하다자타여 ①느낌이나 생각을 말로 나타내다. ¶영화를 보고 난 소감을 -./네 의견을 말해 보아라. ②어떤 사실을 알리다. 말로 전하다. ¶선생님의 지시 사항을 말하겠다. ③타이르거나 부탁하다. ¶간절하게 말했지만 거절당했다. ④논하거나 평하여 이르다. ¶그는 너를 늘 좋게 말한다. ⑤드러내거나 뜻하다. ¶폐허의 현장이 전쟁의 참상을 말해 준다. ⑥〔주로 '말하자면'의 꼴로 쓰이어〕 예를 들어 다른 말로 나타내다. ¶말하자면 그렇다는 얘기야.
말할 것도 없다관용 당연하고 확실하여 일부러 말할 필요도 없다. ¶혼자 사느라 고생한 것은 -.
말할 수 없이관용 정도가 심하여 말로써 나타낼 수 없을 만큼. ¶ - 억울하다.
속담 **말하는 매실** : 보거나 듣기만 할 뿐 아무 실속이 없음을 이르는 말.

한자 **말할 담**(談) 〔言部 8획〕 ¶담론(談論)/담소(談笑)/담화(談話)/대담(對談)/환담(歡談)
말할 신(申) 〔田部〕 ¶구신(具申)/상신(上申)/신고(申告)/신청(申請)/추신(追申)

말학(末學)명 후학(後學)
말합(末合)명 ①자투리 ②마투리
말항(末項)명 끝에 적힌 조항(條項)이나 항목.
말-해명 간지(干支)의 지지(地支)가 오(午)인 해를 지지의 동물 이름으로 상징하여 이르는 말. ☞오년(午年)
말행(末行)명 글의 끝 줄.
말향(抹香)명 주로 불공 드릴 때 사용하는 가루 향. 침향(沈香)과 전단(栴檀)의 가루를 썼으나, 지금은 붓순나무의 잎과 껍질로 만듦.
말향-경(抹香鯨)명 '향유고래'의 딴이름.
말향-고래(抹香-)명 '향유고래'의 딴이름.
말:-허리명 하고 있는 말의 중간. ¶ -를 자르다.

말-혁(-革)명 말 안장 양쪽에 꾸밈새로 늘어뜨리는 고삐. 준 혁(革)
말홍(抹紅)명 도자기 위에 산화제이철을 바르는 일.
맑다[막-]형 ①물이나 공기 따위가 더러운 것이 끼거나 섞이지 아니하고 깨끗하다. ¶물이 -./맑은 유리창. ②하늘이나 날씨 따위가 구름이나 안개가 끼지 아니하고 깨끗하다. ¶하늘이 -. ③정신이 또렷하다. ¶맑은 정신./머리가 맑아지다. ④마음이 더럽혀지지 아니하여 밝고 깨끗하다. ¶어린이처럼 맑고 티없는 마음. ⑤소리가 거칠거나 흐리지 아니하다. ¶맑은 목소리./맑은 음색을 지니다. ⑥재물에 욕심이 없어 살림살이가 넉넉지 아니하다. ¶생활이 -./맑은 살림.
속담 **맑은 물에 고기 안 논다** : 물이 너무 맑으면 먹을 것이 없어 고기가 모이지 않는다는 뜻으로, 사람이 너무 청렴하거나 깔끔하면 사람이나 재물이 따르지 않음을 비유하여 이르는 말.

한자 **맑을 아**(雅) 〔隹部 4획〕 ¶정아(靜雅)/청아(清雅)
맑을 청(清) 〔水部 8획〕 ¶청결(清潔)/청계(清溪)/청량(清涼)/청명(清明)/청신(清新) ▷ 清·淸은 동자

맑디-맑다[막-막-]형 더할 수 없이 맑다. ¶맑디맑은 가을 하늘.
맑스그레-하다[막-]형여 조금 맑은듯 하다.
맑은-대쑥명 국화과의 여러해살이풀. 줄기 높이 30~80cm. 잎은 어긋맞게 나며 가장자리가 톱니 모양으로 깊이 패어 들어가 있음. 7~9월에 연한 노란색의 두상화(頭狀花)가 원뿔 모양으로 핌. 어린잎은 먹을 수 있으며 뿌리는 약재로 쓰임. 개제비쑥
맑은-술명 곡식으로 술을 빚어 농익었을 때 술독에 용수를 박아 떠낸 웃국의 술. 청주 ☞막걸리. 약주
맑은-장:국(-醬-)[-꾹]명 ①간장으로 간을 하여 국물을 맑게 끓인 국을 이르는 말. ②얇게 썬 쇠고기에 파·마늘·깨소금·후추 등의 양념을 하고 간을 맞추어 끓인 국. 준 장국
맑히다타 ①흐린 것을 맑게 하다. ¶마음을 맑히는 책. ②어지러운 일을 깨끗하게 처리하다. ¶뒤를 맑히고 떠나다.
맘:명 '마음'의 준말.
맘:-가짐명 '마음가짐'의 준말.
맘:-결[-껼]명 '마음결'의 준말.
맘:-껏부 '마음껏'의 준말. ¶ - 뛰놀다.
맘:-놓다자타 '마음놓다'의 준말.
맘:-대로부 '마음대로'의 준말.
맘:대로-근(-筋)명 수의근(隨意筋) ☞제대로근
맘마명 젖먹이가, 또는 젖먹이에게 '밥'이나 '먹을 것'을 이르는 말. ¶우리 아기가 - 먹고 싶구나.
맘:-먹다자타 '마음먹다'의 준말.
×**맘모스**(mammoth)명 →매머드(mammoth)
맘:-보[-뽀]명 '마음보'의 준말.
맘보(mambo 에)명 제2차 세계 대전 직후 쿠바에서 시작된 라틴아메리카의 댄스 음악. 룸바를 기본으로 하여 재즈의 요소를 더한 강렬한 리듬의 춤곡, 또는 거기에 맞추어 추는 춤을 이름.
맘:-성[-썽]명 '마음성'의 준말.
맘:-속[-쏙]명 '마음속'의 준말.
맘:-씨명 '마음씨'의 준말.
맘:-자리명 '마음자리'의 준말.
맛[1]명 ①음식 따위를 혀에 댈 때에 느끼는 감각. ¶ -이 쓰다./-이 좋다./-을 내다./-을 보다. ②어떤 사물이나 현상에서 느껴지는 느낌이나 분위기. ¶날씨가 제법 겨울 -이 난다./새로운 -이 있다. ③어떤 일에서 느끼는 흥미나 만족감. ¶저 잘난 -에 산다./일할 -이 나질 않는다.

한자 **맛 미**(味) 〔口部 5획〕 ¶가미(加味)/감미(甘味)/미각(味覺)/별미(別味)/일미(一味)/진미(珍味)

맛²명 ①가리맛조개과와 죽합과의 조개를 통틀어 이르는 말. ②가리맛조개

맛-깔[맏-]명 음식 맛의 성질.

맛깔-스럽다[맏-](-스럽고·-스러워)형ㅂ 보기에 맛이 있을듯 하다. ¶김치가 맛깔스럽게 익었다.

맛깔-스레부 맛깔스럽게

맛깔-지다[맏-]형 음식이 입에 맞다. ¶맛깔진 음식.

맛-나다[맏-]형 맛이 좋다. 맛있다

맛난-이[맏-]명 음식의 맛을 더하기 위하여 넣는 재료. 전에는 고기를 잘게 썰어서 갖은양념을 하여 장물을 만들어 썼으나, 요즘에는 화학적으로 만든 것이 많음.

맛-내:다[맏-]타 좋은 맛을 내다. 제 맛을 내다.

맛-들다[맏-](-들고·-드니)자 음식이 익어서 제 맛을 내게 되다. ¶김치가 알맞게 -.

맛-들이다¹[맏-]자 어떤 일의 재미를 알고 좋아하게 되다. ¶한창 살림에 -./등산에 -.

맛-들이다²[맏-]타 맛들게 하다. ¶김치를 -.

맛맛-으로[맏-]부 ①여러 가지 음식을 바꾸어 가며 조금씩 색다른 맛으로. ¶이것저것 - 먹어라. ②입맛이 내키는 대로. ¶- 먹어 대다.

맛문-하다[맏-]형여 몹시 지쳐 있다.

맛-바르다[맏-](-바르고·-발라)형르 ①맛은 있으나 양에 찰 만큼 많지 아니하다. ②양은 적으나 맛이 있다. ¶비싸더라도 맛바른 것으로 사 와라.

맛-보기[맏-]명 맛맛으로 먹으려고 조금 차린 음식.

맛-보다[맏-]타 ①음식의 맛을 알려고 먹어 보다. ¶새로 나온 음료수를 -. ②몸소 겪어 보다. ¶쓴맛 단맛 다 맛보았다.

한자 맛볼 상(嘗)〔口部 11획〕¶상미(嘗味)

맛-부리다[맏-]자 ①맛을 내다. ②맛없이 굴다. 싱겁게 굴다.

맛-살[맏-]명 가리맛이나 긴맛의 껍데기 속에 있는 살.

맛-소금[맏-]명 글루탐산이나 핵산계 조미료를 섞은 조리용 소금.

맛-없:다[맏업-]형 ①음식의 맛이 없거나 나쁘다. ¶맛없는 음식도 달게 먹다. ②하는 짓이 싱겁다.

맛-없이부 맛없게

속담 **맛없는 국이 뜨겁기만 하다** : ①사람답지 못한 자가 교만하고 까다롭게 행동함을 비유하여 이르는 말. ②쓸데없이 도(度)만 지나침을 비유하여 이르는 말.〔못된 음식이 뜨겁기만 하다〕

맛-있다[마딛-/마싣-]형 맛이 좋다. 맛나다

속담 **맛있는 음식도 늘 먹으면 싫다** : 아무리 좋은 일이라도 되풀이하면 싫증이 나기 마련임을 이르는 말.〔듣기 좋은 노래도 한두 번이지〕

맛-장수[맏-]명 하는 짓이 싱거운 사람.

맛-젓[맏-]명 맛살로 담근 젓.

망:(望)¹명 상대편의 동태를 먼저 알기 위하여 동정을 살피는 일. ¶-을 보다./-을 서다./-을 세우다.

망:(望)²명 지난날, 관원을 천거하던 일. 천망(薦望)

망:(望)³명 ①음력 보름날. 망일(望日) ②지구를 중심으로 해와 달이 일직선을 이룰 때의 달의 상태. 만월(滿月). 망월(望月)

망(網)명 ①그물처럼 얽어서 만든 물건을 두루 이르는 말. ¶창에 -을 치다. ②새끼로 그물처럼 얽어서 갈퀴나무 따위를 담아 짊어지도록 만든 큰 망태기.

-망(網)《접미사처럼 쓰이어》'그물 모양의 것'의 뜻을 나타냄. ¶경계망(警戒網)/방송망(放送網)/철도망(鐵道網)/첩보망(諜報網)/통신망(通信網)

망가(亡家)명-하다자 집안이 결딴남, 또는 그런 집안.

망가닌(manganin)명 구리 84%에 망간 12%, 니켈 4% 가량을 섞은 합금. 전기 저항의 온도에 따른 변화가 적기 때문에 저항기·전열기 등을 만드는 데 쓰임.

망가-뜨리다(트리다)타 짜인 물건을 부서뜨리거나 찌그러뜨려 아주 못쓰도록 만들다. ¶장난감을 -.

망가-지다자 짜인 물건이 부서지거나 찌그러져 못쓰게 되다. 망그러지다 ¶선풍기가 -.

망:각(妄覺)명-하다타 외부의 자극을 잘못 지각(知覺)하거나, 외부에서 받는 자극이 없는데도 주관적으로 어떤 지각 체험을 하는 병적 현상. 착각(錯覺)과 환각(幻覺)으로 나뉨.

망각(忘却)명-하다타 잊어버림. 망실(忘失). 망치(忘置) ¶학생의 본분을 -한 행위./-의 세월. ☞기억(記憶)

망각=곡선(忘却曲線)명 기억(記憶)한 것이 시간의 경과에 따라 망각되어 가는 정도를 나타내는 곡선.

망:간(望間)명 음력 보름께.

망간(Mangan 독)명 금속 원소의 하나. 철과 비슷하나 철보다 단단하고 부서지기 쉬우며 화학성도 강함.〔원소 기호 Mn/원자 번호 25/원자량 54.94〕

망간-강(Mangan鋼)명 망간이 들어 있는 강철. 경도(硬度)가 매우 높음.

망간=청동(Mangan青銅)명 황동(黃銅)에 망간을 첨가하여 강도를 높인 합금. 선박용 기계 등에 쓰임.

망개-나무명 갈매나뭇과의 낙엽 활엽 교목. 가지는 적갈색이며 잎은 길둥근꼴로 어긋맞게 남. 7월경에 연한 녹색 꽃이 피고, 열매는 핵과(核果)로 가을에 붉게 익음. 충북, 경북 지방에서 자라며 천연 기념물로 지정되어 있음.

망객(亡客)명 망명객(亡命客)

망:거(妄擧)명 망녕된 행동.

망건(網巾)명 상투를 튼 사람이, 끌어올린 머리카락이 흘어지지 않도록 머리에 동여매는 그물처럼 생긴 물건. 말총이나 곱소리, 머리카락 따위로 만듦.

속담 **망건 쓰고 세수한다** : 앞뒤 순서가 뒤바뀌었음을 놀리어 이르는 말./**망건 쓰자 파장(罷場)된다** : 준비하는 데 너무 시간이 걸려 그만 때를 놓치고 뜻을 이루지 못하게 됨을 비유하여 이르는 말.

망건-골(網巾-)[-꼴]명 망건을 뜨거나 고칠 때에 대고 쓰는 골.

망건-꾸미개(網巾-)명 망건을 꾸미는 헝겊. 망건의 두 끝과 망건편자의 끝 부분을 꾸밈.

망건-당(網巾-)명 망건의 윗부분. 구멍을 내어 윗당줄을 꿰게 되어 있음. 준당

망건-당줄(網巾-)[-쭐]명 망건에 달아 상투에 동여매는 줄. 윗당줄과 아랫당줄이 있음. 준당줄

망건-뒤(網巾-)명 망건의 양쪽 끝. 말총으로 촘촘히 빈틈없게 얽어 뜬 것으로, 머리에 두르면 뒤로 가게 되어 있음. 준뒤

망건-앞(網巾-)명 망건의 이마에 닿는 부분. 말총이나 머리카락으로 성기게 뜸. 준앞

망건-자국(網巾-)[-짜-]명 이마에 망건을 썼던 부분이 하얗게 된 자국.

망건-장이(網巾-)명 망건을 뜨는 일을 직업으로 삼는 사람. ☞망건쟁이

망건-쟁이(網巾-)명 망건을 쓰고 다니는 사람을 낮잡아 이르는 말.

망건-집(網巾-)[-찝]명 망건을 넣어 두는 갑.

망건-편자(網巾-)명 망건을 졸라매기 위하여 아래 시울에 붙여서 말총으로 짠 띠. 준편자

망:견(望見)명-하다타 멀리 바라봄.

망:계(妄計)명 그릇된 계책(計策).

망고명-하다자 ①연을 날릴 때, 얼레의 실을 죄다 풀어 줌. ②마지막 판에 이름. ③살림을 다 떨게 됨. 파산(破產)

망고(mango)명 옻나뭇과의 상록 교목, 또는 그 열매. 높이 30m 안팎. 잎은 깃꼴로 두꺼우며 어긋맞게 남. 1~4월에 붉은빛이 도는 흰 꽃이 피며, 열매는 핵과로 성숙하면 황록색이 됨. 과육은 황색이 돌며 즙이 많아 그냥 먹거나 통조림 등을 만듦.

망:곡(望哭)명-하다자 ①먼 곳에서 부모의 상사(喪事)를 당하였을 때, 그쪽을 바라보고 슬피 욺. ②지난날, 임금이 죽었을 때 서울에서는 대궐 문앞에 모이어, 지방에서는 서울 쪽을 바라보고 곡하던 일.

망골(亡骨)명 ①언행이 난폭한 사람을 낮잡아 이르는 말.

②아주 주책없는 사람을 낮잡아 이르는 말. 망물(亡物)

망곳-살 명 연을 날릴 때, 줄이 다 풀리어 드러난 얼레의 살.

망:구(望九) 명 아흔 살을 바라본다는 뜻으로, 나이 여든한 살을 이르는 말. 망구순(望九旬) ☞망륙. 망칠. 망팔. 망백(望百)

망구다 타 ①망하게 하다. ¶신세를 ―. ②부서뜨려 못쓰게 하다. ¶장난감을 ―.

망:-구순(望九旬) 명 망구(望九)

망국(亡國) 명 -하다 자 나라가 망하거나 나라를 망침, 또는 망한 나라.

망국-민(亡國民) 명 망한 나라의 백성.

망국-신(亡國臣) 명 육사(六邪)의 하나. 나라를 망하게 하는 신하.

망군(亡君) 명 죽은 임금. 선군(先君). 선왕(先王)

망:군(望軍) 명 요망군(瞭望軍)

망:궐-례(望闕禮) 명 지난날, 음력 초하루와 보름에 각 지방의 원(員)이 궐패(闕牌)에 절하던 의식.

×**망그-뜨리다** 타 →망가뜨리다

망그러-뜨리다(트리다) 타 망가뜨리다

망그러-지다 자 망가지다

망그-지르다(―지르고·―질러) 타르 짜인 물건을 찌그러뜨려 못쓰게 만들다. ¶태풍이 담장을 망그질러 놓고 지나가다.

망극(罔極)[1] 명 '망극지통(罔極之痛)'의 준말.

망극(罔極)[2] 어기 '망극(罔極)하다'의 어기(語基).

망극지은(罔極之恩) 명 더할 수 없이 큰 은혜.

망극지통(罔極之痛) 명 그지없는 슬픔. 어버이나 임금의 상사(喪事)에 쓰는 한문 투의 말. 준 망극[1]

망극-하다(罔極―) 형여 어버이나 임금에 관련된 일로 일어난 은혜나 슬픔의 정도가 그지없다. ¶성은(聖恩)이 망극하옵니다./망극한 이 설움.

망:기(望氣) 명 -하다 자 운기(雲氣)를 바라보고 인간사(人間事)의 길흉(吉凶)을 헤아림.

망:기(望記)[―끼] 명 망단자(望單子)

망:기(望旗) 명 ①망대에 걸어 놓는 기. ②망대에서 척후병에게 신호하는 기.

망:-꾼(望―) 명 망을 보는 사람.

망나니 명 ①지난날, 사형 선고를 받은 죄수의 목을 베던 사람. ②언행이 난폭한 사람을 속되게 이르는 말. ③'노래기'의 딴이름.

망녀(亡女) 명 ①죽은 딸. ②언행이 난폭하거나 주책없는 여자. 망골(亡骨)의 여자.

망년(忘年) 명 -하다 자 ①나이를 잊음. ②그 해의 온갖 괴로움을 잊음. ③나이의 차를 따지지 않음.

망년지교(忘年之交) 명 망년지우(忘年之友)

망년지우(忘年之友) 명 나이가 많은 사람이 나이의 차이를 따지지 않고 사귀는 젊은 벗. 망년지교(忘年之交)

망년-회(忘年會) 명 가는 한 해의 모든 괴로움을 잊자는 뜻으로, 연말에 베푸는 연회.

망:념(妄念) 명 망상(妄想)

망:념-간(望念間) 명 음력 보름께부터 그 달 스무날께까지의 동안.

망:녕 명 늙거나 정신이 흐려서 말이나 행동이 정상을 벗어나는 일, 또는 그런 상태. ¶―이 나다.

망녕(을) 부리다 관용 망녕된 말이나 행동을 하다.

망녕(이) 들다 관용 망녕이 생기다.

망:녕-그물 명 꿩이나 토끼 따위를 잡는 그물.

망:녕-되다[―뙤―] 형 늙거나 정신이 흐려서 말이나 행동이 정상을 벗어나 있다. ¶망녕된 행동을 하다.

망녕-되이 부 망녕되게

한자 **망녕될 망**(妄) 〔女部 3획〕 ¶망거(妄擧)/망동(妄動)/망론(妄論)/망발(妄發)/망언(妄言)

망:녕-스럽다(―스럽고·―스러워) 형ㅂ 망녕된듯 하다.

망녕-스레 부 망녕스럽게

망:-다례(望茶禮) 명 음력 보름날에 사당(祠堂)에 지내는 차례. 보름차례

망:단(妄斷) 명 -하다 타 망녕되이 단정함, 또는 그릇된 판단.

망:단(望斷) 명 -하다 타 바라던 일이 실패로 돌아감.

망:-단자(望單子)[―딴―] 명 지난날, 삼망(三望)을 기록하던 단자(單子). 망기(望記)

망:담(妄談) 명 -하다 자 망녕된 말.

망:대(望臺) 명 망을 보기 위하여 세운 높은 대. 관각(觀閣). 망루(望樓)

망덕(亡德) 명 패가망신(敗家亡身)할 못된 짓.

망-돌림 명 씨름 기술의 한 가지. 왼손으로 상대편의 허리춤을 잡고 오른손으로 목덜미를 잡아 팽 돌려 넘어뜨리는 기술.

망:동(妄動) 명 -하다 자 아무 분별없이 망녕되이 행동함, 또는 그런 행동.

망:두-석(望頭石) 명 망주석(望柱石)

망:둑어 명 망둑엇과의 바닷물고기를 통틀어 이르는 말. 몸길이는 10~20cm, 대체로 지느러미가 가늘고 비늘이 빗살 같음. 바닷가의 모래땅이나 개펄에 삶. 망둥이 ☞짱뚱어

망:둥이 명 '망둑어'의 딴이름.

망라(網羅) 명 ①물고기나 새를 잡는 그물. ②-하다 타 널리 흩어져 있는 것들을 빠짐없이 모아서 포함시킴. ¶각계 대표를 ―하다./신제품을 ―한 전시회.

망량(魍魎) 명 이매망량(魑魅魍魎)

망령(亡靈) 명 죽은 이의 넋.

×**망령**(妄靈) 명 →망녕

망:론(妄論) 명 망녕된 말이나 이론. 정당하지 못한 언론.

망:루(望樓) 명 망대(望臺)

망:륙(望六) 명 예순 살을 바라본다는 뜻으로, 나이 쉰한 살을 이르는 말. ☞망칠. 망팔. 망구. 망백

망릉(芒稜) 명 광채(光彩). 위광(威光)

망리(網利) 명 -하다 자 이익을 독차지함.

망막(網膜) 명 안구(眼球)의 가장 안쪽에서 유리체와 접하는 투명하고 얇은 막. 시신경(視神經)이 분포되어 빛을 받아들임. 그물막

망막(茫漠) 어기 '망막(茫漠)하다'의 어기(語基).

망막-염(網膜炎)[―념] 명 매독·결핵·당뇨병·고혈압 등의 영향으로 망막에 일어나는 염증. 시력이 약해지고 망막이 흐려지며 출혈 등이 생김.

망막-하다(茫漠―) 형여 ①그지없이 넓고 멀다. ¶망막한 사막. ②뚜렷하지 않고 막연하다. ¶살아갈 일이 ―./망막한 심정을 달랠 길이 없다.

망망(忙忙) 어기 '망망(忙忙)하다'의 어기(語基).

망망(茫茫) 어기 '망망(茫茫)하다'의 어기(語基).

망망-감여(茫茫堪輿) 명 끝없이 넓은 천지(天地), 또는 아득하게 넓은 천지.

망망-대:해(茫茫大海) 명 한없이 넓고 큰 바다.

망망-하다(忙忙―) 형여 매우 바쁘다.

망망-히 부 망망하게

망망-하다(茫茫―) 형여 ①아득하게 넓고 멀다. ¶망망한 바다. ②막연하고 아득하다. ¶살아갈 일이 ―.

망망-히 부 망망하게

망매(亡妹) 명 세상을 떠난 누이동생.

망매(魍魅) 명 도깨비

망매(茫昧) 어기 '망매(茫昧)하다'의 어기(語基).

망매-하다(茫昧―) 형여 식견이 좁아서 세상일에 어둡고 어리석다.

망명(亡命) 명 -하다 자 정치적 이유 등으로 남의 나라로 몸을 피하여 옮기는 일. ¶제삼국으로 ―하다./― 생활

망명-가(亡命家) 명 망명한 사람. 망명자(亡命者)

망명-객(亡命客) 명 망명한 정객(政客). 망객(亡客)

망명도생(亡命圖生) 성구 몰래 먼 곳으로 몸을 피하여 삶을 꾀함을 이르는 말.

망명=문학(亡命文學) 명 정치적 이유 등으로 외국에 망명한 작가들이 쓴 문학.

망명-자(亡命者) 명 망명한 사람. 망명가(亡命家)

망명=정부(亡命政府) 명 외국으로 망명한 정객들이 조직한

임시 정부.
망모(亡母)명 세상을 떠난 어머니.
망무두서(茫無頭緖)성구 정신이 아득하여 사리를 분간할 수 없음을 이르는 말.
망무애반(茫無涯畔)성구 아득히 넓고 멀어 끝이 없음을 이르는 말. 망무제애(茫無際涯)
망무제애(茫無際涯)성구 망무애반(茫無涯畔)
망:문-과(望門寡)명 망문과부(望門寡婦)
망:문-과:부(望門寡婦)명 정혼(定婚)한 뒤 남자가 죽어서 시집도 가지 못하고 과부가 된 여자, 또는 혼례는 올렸으나 어떤 사정으로 숫색시로 지내는 여자. 까막과부. 망문과(望門寡) ☞마당과부
망:문-상전(望門床廛)명 조선 시대, 서울 종로 네거리 서북편에서 여러 가지 잡화를 팔던 가게.
망:문투식(望門投食)성구 노자가 떨어져, 남의 집을 찾아가서 얻어먹음을 이르는 말.
망물(亡物)[1]명 망골(亡骨)
망물(亡物)[2]명 불교에서, 세상을 떠난 중이 남겨 놓은 물건을 이르는 말.
망:물(妄物)명 망녕되이 도리에 벗어난 짓을 하는 사람.
망민(罔民)명-하다자 백성을 속임.
망박(忙迫)어기 '망박(忙迫)하다'의 어기(語基).
망박-하다(忙迫-)형여 일에 몰려 아주 바쁘다.
망:발(妄發)명-하다자 ①말이나 행동을 잘못해 자신이나 조상을 욕되게 함, 또는 그런 말이나 행동. ②망언(妄言)
망:발-풀이(妄發-)명-하다자 망발한 것을 풀어 버리기 위하여, 그 말을 듣거나 행동을 당한 사람에게 음식을 대접하여 사과하는 일.
망:배(望拜)명-하다자타 멀리 떨어진 곳에서 연고가 있는 쪽을 향하여 절하는 일, 또는 그렇게 하는 절. 요배(遙拜)
망:백(望百)명 백 살을 바라본다는 뜻으로, 나이 아흔한 살을 이르는 말. ☞망륙. 망칠. 망팔. 망구
망:변(妄辯)명-하다자 망녕되거나 조리에 닿지 않게 변론하는 일, 또는 그러한 변론.
망:-보다(望-)자타 상대편의 동정을 알기 위하여 멀리서 몰래 살피다. ¶밖에서 -./망루(望樓)에서 망보는 병사.

한자 망볼 초(哨) [口部 7획] ¶보초(步哨)/초계(哨戒)/초병(哨兵)/초소(哨所)

망부(亡父)명 세상을 떠난 아버지. 선부(先父)
망부(亡夫)명 세상을 떠난 남편. 선부(先夫)
망:부-석(望夫石)명 정렬(貞烈)한 아내가 남편을 기다리다가 그대로 죽어서 되었다는 돌, 또는 그 위에 서서 남편을 기다렸다는 돌.
망:사(望士)명 명망이 높은 선비.
망:사(望祀)명-하다자 멀리 산천(山川)의 신령에게 제사를 지내는 일.
망사(硭砂)명 한방에서, 염화암모늄을 약재로 이르는 말. 노사(硇砂). 북정사(北庭砂)
망사(網紗)명 그물같이 성기게 짠 깁.
망사:생(忘死生) '죽고 사는 일을 돌보지 않음'의 뜻.
망살(忙殺)어기 '망살(忙殺)하다'의 어기(語基).
망살-하다(忙殺-)형여 몹시 바쁘다.
망:상(妄想)명 ①-하다타 이치에 맞지 않는 망녕된 생각을 하는 일, 또는 그런 생각. ¶헛된 -에 빠지다. ②심리학에서, 사실이 아닌 것을 상상하여 사실이라고 굳게 믿는 일, 또는 그런 생각. 과대 망상, 관계 망상, 피해 망상 따위.
망:상(望床)명 잔치 때, 갖가지 음식을 높게 괴어 볼품으로 차린 상.
망상(網狀)명 그물처럼 생긴 모양.
망:상-광(妄想狂)명 망상에 빠지는 정신병, 또는 그 병에 걸린 사람.
망상-맥(網狀脈)명 잎맥의 주맥(主脈)과 지맥(支脈) 사이에 그물처럼 얽혀 있는 가는 맥. 그물맥
망상맥-엽(網狀脈葉)명 잎맥이 그물맥으로 된 잎. 대부분의 쌍떡잎 식물에서 볼 수 있음.
망상-스럽다(-스럽고·-스러워)형ㅂ 요망스럽고 깜찍하다. ¶별 망상스러운 소리를 다 듣겠구나.
　망상-스레부 망상스럽게
망:새명 ①전각(殿閣)이나 문루(門樓)와 같은 큰 건물의 지붕 대마루 양쪽 머리에 장식으로 얹는 기왓장. 취두(鷲頭). 취와(鷲瓦). 치미(鴟尾) ②전각의 합각머리 너새 끝에 얹는 용의 머리처럼 생긴 장식. 용두(龍頭)
망:색(望色)명-하다타 안색을 살핌.
망석(網席)명 멍석
망:석-중명 망석중이
망:석중-이명 ①나무로 만든 꼭두각시의 한 가지. 팔다리에 줄을 매고 그것을 당기거나 놓거나 하여 춤을 추게 함. 망석중 ②남의 말에 잘 놀아나는 사람을 비유하여 이르는 말. 괴뢰(傀儡)
망:석중이-극(-劇)명 망석중이놀이
망:석중이-놀이명 우리 나라 민속 무언(無言) 인형극의 한 가지. 망석중·노루·사슴·잉어·용 따위의 인형을 줄에 달아 놓고 사람이 뒤에 숨어서 놀림. 음력 사월 초파일에, 절에서 하던 놀이임. 망석중이극
망:설(妄說)명-하다자 망언(妄言)
망설-거리다(대다)자타 자꾸 망설이다. ¶그 일에 끼어들기를 -. ☞머뭇거리다
망설-망설부 무슨 일을 하는 데 이리저리 생각만 하고 딱히 마음을 정하지 못하는 모양을 나타내는 말. ¶문 앞에서 - 하다가 돌아온다. ☞머뭇머뭇. 주저주저
망설-이다자타 무슨 일을 하는 데 이리저리 생각만 하고 딱히 마음을 정하지 못하다. ¶할까 말까 -./어디로 가야 할지 -.
망신(亡身)명-하다자 말이나 행동을 잘못하여 창피를 당하는 일. ¶여러 사람 앞에서 -을 당하다.
　속담 **망신하려면 아버지 이름자도 안 나온다** : 일이 안 되려니까 잘 알고 있는 일이나 아주 쉬운 일에도 실수를 하게 된다는 말.
망:신(妄信)명-하다타 이유도 없이 덮어놓고 믿음.
망신-살(亡身煞)[-쌀]명 망신을 당할 운수.
　망신살(이) 뻗치다관용 망신을 당할 운수가 몸에 닥치다. 크게 창피한 꼴을 당하게 되다.
　속담 **망신살이 무지개살 뻗치듯 한다** : 매우 큰 망신을 당하여 많은 사람들에게 심한 욕을 먹는 경우를 이르는 말.
망신-스럽다(亡身-)(-스럽고·-스러워)형ㅂ 망신을 당하는 느낌이 있다.
　망신-스레부 망신스럽게
망실(亡失)명-하다자타 잃어버림. ¶장비를 -하다.
망실(亡室)명 망처(亡妻)
망실(忘失)명-하다타 잊어버림. 망각(忘却)
망:심(妄心)명 번뇌(煩惱)로 더럽혀진 마음.
망아(亡兒)명 죽은 아이.
망아(忘我)명-하다자 어떤 일에 몰두하여 자기 자신을 잊는 일, 또는 그런 상태. ¶-의 경지(境地). ☞무아(無我)
망아지명 말의 새끼.
망야(罔夜)명 밤을 새움. 철야(徹夜)
망야-도주(罔夜逃走)명 밤을 새워 달아남.
망양(茫洋·芒洋)어기 '망양(茫洋)하다'의 어기(語基).
망양보:뢰(亡羊補牢)성구 양을 잃고서야 우리를 고친다는 뜻으로, 이미 손해를 입은 뒤에 대책을 강구함을 비유하여 이르는 말. ☞소 잃고 외양간 고친다.
망양-증(亡陽症)[-쯩]명 한방에서, 몸의 원기(元氣)가 다 빠져 없어지는 병을 이르는 말.
망:양지탄(亡羊之歎)성구 [달아난 양을 찾다가 갈림길이 많아 그만 양을 찾지 못하고 탄식하였다는 고사에서] ①학문의 길이 너무나 갈래가 많아 진리를 얻기 어려움을 이르는 말. ②방법이 많아 어디서부터 손을 대야 할지 어리둥절해짐을 이르는 말. ☞다기망양(多岐亡羊)
망:양지탄(望洋之歎)성구 넓은 바다를 바라보며 하는 한탄이라는 뜻으로, 어떤 일에 자신의 힘이 미치지 못하여 탄식함을 이르는 말.

망양-하다(茫洋-)형여 한없이 넓고 멀다. 끝없이 넓고 멀어 아득하다.
망어(亡魚)명 '삼치'의 딴이름.
망:어(妄語)명 ①거짓말. 헛된 말. ②불교의 오계(五戒) 또는 십악(十惡)의 하나. 진실하지 않은 허망한 말.
망:언(妄言)명-하다자 분별없는 말을 함부로 함, 또는 그렇게 하는 말. 망녕된 말. 망발(妄發). 망설(妄說)
망:언다사(妄言多謝) 편지 글 따위의 끝에, 자기의 글 가운데 실례 되는 점이 있으면 깊이 사과한다는 뜻으로 쓰는 한문 투의 말.
망-얽이(網-)명 노로 그물 뜨듯이 얽어 만든 물건.
망연(茫然)어기 '망연(茫然)하다'의 어기(語基).
망연자실(茫然自失)성구 정신이 나간듯이 멍함을 이르는 말.
망연-하다(茫然-)형여 ①넓고 멀다. ②아득하다 ¶ 살아갈 길이 -. ③아무 생각 없이 멍하다. ¶ 넋을 놓고 망연하게 서 있다.
망연-히부 망연하게
망:외(望外)명 바라던 것 이상으로 좋거나 기대 이상으로 좋음을 이르는 말.
망우(亡友)명 세상을 떠난 친구.
망우(忘憂)명 시름을 잊는 일.
망우-물(忘憂物)명 시름을 잊게 하는 물건이라는 뜻으로, '술'을 에둘러 이르는 말.
망우-초(忘憂草)명 ①'원추리'의 딴이름. ②시름을 잊게 하는 풀이라는 뜻으로, '담배'를 에둘러 이르는 말.
망운(亡運)명 망할 운수.
망:운지정(望雲之情)명 자식이 멀리 객지에서 고향에 계신 어버이를 그리워하는 마음. 망운지회
망:운지회(望雲之懷)명 망운지정(望雲之情)
망울명 ①작고 둥글게 엉긴 덩이. ②림프절이 부어 오른 자리를 이르는 말. ③'꽃망울'의 준말. ☞멍울
망울이 서다관용 림프절이 부어 올라 망울이 생기다.
망울-망울[1]부 망울마다 ☞멍울멍울[1]
망울-망울[2]부-하다형 작은 망울들이 한데 엉기어 있는 모양을 나타내는 말. ☞멍울멍울[2]
망:원-경(望遠鏡)명 먼 곳에 있는 물체를 확대하여 크게 볼 수 있는 광학 기계. 천리경(千里鏡). 만리경(萬里鏡)
망:원=렌즈(望遠lens)명 먼 곳에 있는 물체를 크게 찍기 위한 사진기의 렌즈. 표준 렌즈보다 초점 거리가 길고 사각(寫角)이 좁음.
망:원=사진(望遠寫眞)명 망원 렌즈로 찍은 사진.
망월(忙月)명 농사일로 바쁜 달.
망:월(望月)명 ①-하다자 달을 바라보는 일. 달맞이하는 일. ②보름달. 만월(滿月). 망(望)
망은(忘恩)명-하다자 은혜를 모름, 또는 은혜를 잊음.
망인(亡人)명 죽은 사람. 망자(亡者)
망인(鋩刃)명 날카로운 칼날.
망일(亡逸)명-하다자 ①달아나 자취를 감춤. ②흩어져 없어짐.
망:일(望日)명 음력 보름날. 망(望)
망자(亡子)명 죽은 아들.
망자(亡者)명 죽은 사람. 망인(亡人)
망자(芒刺)명 까끄라기와 가시를 아울러 이르는 말.
망자재:배(芒刺在背)성구 가시를 등에 진다는 뜻으로, 마음이 조마조마하고 편하지 않음을 이르는 말.
망:자존대(妄自尊大)성구 분별없이 스스로 잘난체 함을 이르는 말.
망자-증(芒刺症)[-쯩]명 혓바늘이 돋는 병.
망자-집(亡字-)[-짜-]명 '도망망자집'의 준말.
망:작(妄作)명 분별없이 쓴 하찮은 작품이라는 뜻으로, 자신의 작품이나 저작(著作)을 겸손하게 이르는 말. 유졸작(拙作). 졸저(拙著)
망:전(望前)명 음력 보름날 이전. ☞망후(望後)
망:전(望奠)명 상중(喪中)에, 매월 음력 보름날 아침에 지내는 제사. ☞삭망전(朔望奠). 삭전(朔奠)
망정의 '-기에 망정이지' 또는 '-니 망정이지' 등으로 쓰이어, '-기에 잘 되었지', '-니 다행이지' 등의 뜻을 나타냄. ¶ 지금 왔기에 -이지 큰일날뻔 했다./라면이라도 있었으니 -이지 굶을뻔 했다.
망:정(望定)명-하다자 조선 시대, 천거할 관원 후보자를 선정하던 일. ☞삼망(三望)
망제(亡-)명 '죽은 사람'이라는 뜻으로 무당이 쓰는 말.
망제(亡弟)명 세상을 떠난 아우.
망:제(望帝)명 '두견이'의 딴이름.
망:제(望祭)명 ①먼 곳에서 조상의 무덤이 있는 쪽을 향해 지내는 제사. ②지난날, 매월 음력 보름날 종묘에서 지내던 제사.
망:제-혼(望帝魂)명 망제의 넋이라는 뜻으로, '두견이'를 달리 이르는 말.
망조(亡兆)[-쪼]명 '망징패조(亡徵敗兆)'의 준말.
망조가 들다관용 망하거나 결딴날 조짐이 보이다.
망조(罔措)명-하다자 '망지소조(罔知所措)'의 준말.
망:족(望族)명 명망(名望)이 있는 집안.
망종(亡終)명 ①사람의 목숨이 끊어지는 때. ②일의 마지막. 끝판
망종(亡種)명 행실이 아주 몹쓸 사람을 욕으로 이르는 말.
망종(芒種)명 ①벼나 보리 따위와 같이 까끄라기가 있는 곡식. ②이십사 절기(二十四節氣)의 하나. 소만(小滿)과 하지(夏至) 사이의 절기로, 양력 6월 5일께. ☞소서
망종-길(亡終-)[-낄]명 사람이 죽어서 간다는 길. 저승길
망:주(望柱)명 '망주석(望柱石)'의 준말.
망:주-석(望柱石)명 무덤 앞 양쪽에 세우는 여덟 모로 된 한 쌍의 돌기둥. 망두석. 화표주(華表柱) 준망주(望柱)
망:중(望重)어기 '망중(望重)하다'의 어기(語基).
망중-에(忙中-)부 바쁜 가운데에.
망중유:한(忙中有閑)성구 바쁜 가운데에도 한가한 짬이 있음을 이르는 말.
망:중-하다(望重-)형여 명망(名望)이 높다.
망중한(忙中閑)명 바쁜 가운데의 한가로운 짬. ¶ -을 즐기다. ☞백망중(百忙中)
망지소:조(罔知所措)성구 너무 당황하거나 급하여 허둥지둥 어찌할 바를 모름을 이르는 말. 준망조(罔措)
망:진(望診)명 한방의 진찰 방법의 한 가지. 환자의 표정이나 말, 몸놀림, 얼굴빛, 혀의 빛깔 등을 눈으로 보아서 진찰하는 방법. ☞사진(四診)
망:집(妄執)명-하다자 불교에서, 진실이 아닌 망상의 세계에 집착하는 일.
망징패:조(亡徵敗兆)성구 망하거나 결딴날 조짐을 이르는 말. 준망조(亡兆)
망:참(望參)명-하다자 음력 보름날 사당에 배례하는 일.
망창(茫蒼)어기 '망창(茫蒼)하다'의 어기(語基).
망창-하다(茫蒼-)형여 갑자기 큰일을 당하여 어찌할 바를 모를 만큼 아득하다.
망창-히부 망창하게
망처(亡妻)명 세상을 떠난 아내. 망실(亡室)
망초명 국화과의 두해살이풀. 줄기 높이 50~150cm. 전체에 거쳐 털이 나 있음. 뿌리에서 나는 잎은 인두 모양이고 가장자리에 톱니가 있으나, 줄기에서 나는 잎은 선 모양이고 톱니가 없음. 여름에서 가을에 걸쳐 희고 작은 두상화(頭狀花)가 원추(圓錐) 꽃차례로 핌. 어린잎은 먹을 수 있음. 북아메리카 원산의 귀화 식물로 우리 나라 각처의 들이나 길가에서 흔히 볼 수 있음.
망초[1](芒硝)명 황산나트륨
망초[2](芒硝)명 한방에서, 박초(朴硝)를 두 번 달여서 만든 약재를 이르는 말. 변비(便祕), 체증 따위에 쓰임.
망축(亡祝)명-하다자 불교에서, 세상을 떠난 이의 명복(冥福)을 비는 일.
망:춘(望春)명 '개나리[2]'의 딴이름.
망측(罔測)어기 '망측(罔測)하다'의 어기(語基).
망측-하다(罔測-)형여 정상적인 상태에서 어그러져 어처구니가 없다. ¶ 하는 짓이 해괴하고 -./망측한 소리.
망측-히부 망측하게

망치 명 단단한 물건이나 달군 쇠 따위를 두드리는 데 쓰는 쇠로 만든 연장. 마치보다 크고 무거움.
속담 **망치로 얻어맞은 놈 홍두깨로 친다** : 사람은 자기가 당한 것보다 더 무섭게 앙갚음을 하게 된다는 말.
망치(忘置) 명 -하다 타 망각(忘却)
망치다 타 망하게 하거나 잘못되게 만들다. 결딴내다 ¶ 집안을 ―./다 된 일을 ―.
망치-뼈 명 중이(中耳) 속에 있는 세 청골(聽骨) 중 바깥쪽의 뼈. 고막에 있으며, 고막의 진동을 내이(內耳)로 전달함. 추골(槌骨) ☞등자뼈. 모루뼈
망치-질 명 -하다 자타 망치로 두들기는 짓.
망친(亡親) 명 세상을 떠난 부모.
망:칠(望七) 명 일흔 살을 바라본다는 뜻으로, 나이 예순한 살을 이르는 말. ☞망팔. 망구. 망백
망타(網打) 명 -하다 타 '일망타진(一網打盡)'의 준말.
망:탄(妄誕) 명 터무니없는 거짓말. 믿을 수 없는 말.
망태(網-) 명 '망태기'의 준말.
망태(網太) 명 그물로 잡은 명태.
망태기(網-) 명 물건을 담아서 메거나 걸어 둘 수 있도록 새끼나 노로 그물처럼 성기게 뜬 물건. 준 망태
망토(manteau 프) 명 소매가 없이 어깨로부터 내리 걸쳐 입는 헐렁한 외투의 한 가지.
망투=반:응(Mantoux反應) 명 투베르쿨린 반응의 한 가지. 투베르쿨린의 희석액(稀釋液)을 피부 안에 주사하여 그 반응에 따라 결핵의 감염(感染) 여부를 판정함.
망판(網版) 명 그물판
망:팔(望八) 명 여든 살을 바라본다는 뜻으로, 나이 일흔한 살을 이르는 말. ☞망칠. 망구. 망백
망:패(妄悖) 어기 '망패(妄悖)하다'의 어기(語基).
망:패-하다(妄悖―) 형여 하는 짓이 망녕되고 도리에 어그러져 있다.
망:평(妄評) 명 -하다 타 ①함부로 비평하는 일, 또는 그런 비평. 엉터리 비평 ②자기의 비평을 겸손하게 이르는 말.
망포(亡逋) 명 -하다 자 도망하여 숨음.
망포(蟒袍) 명 곤룡포(袞龍袍)
망-하다(亡―) 자여 개인이나 조직 따위가 결딴나거나 없어지다. ¶나라가 ―./집안이 ―./기업이 ―. ☞흥하다
속담 **망할 놈 나면 흥할 놈 난다** : 망하는 사람이 있으면 흥하는 사람이 있고, 지는 사람이 있으면 이기는 사람이 있는 것이 세상의 이치라는 말.

한자 망할 망(亡) 〔亠部 1획〕 ¶망국(亡國)/망운(亡運)/망조(亡兆)/멸망(滅亡)/패망(敗亡)/흥망(興亡)

망해(亡骸) 명 유해(遺骸)
망:행(妄行) 명 망녕된 행동.
망:향(望鄕) 명 -하다 자 고향을 그리워하는 일.
망:향-가(望鄕歌) 명 고향을 그리는 노래.
망형(亡兄) 명 세상을 떠난 형.
망혜(芒鞋) 명 미투리
망혼(亡魂) 명 죽은 사람의 넋. 유령(幽靈)
망:-홰(望―) 명 조선 시대, 공사(公私)의 큰 예식 때나 의정(議政) 이상의 공행(公行) 때 길을 밝히던 큰 횃불.
망:후(望後) 명 음력 보름날 이후. ☞망전(望前)
맞- 접두 ①'마주'의 뜻을 나타냄. ¶맞들다/맞보다/맞놓다/맞대다 ②'마주하는'의 뜻을 나타냄. ¶맞절/맞단추/맞담배/맞대꾸 ③'서로 비금비금함'의 뜻을 나타냄. ¶맞수/맞바둑 ④'바로 주고받는 관계에 있는'의 뜻을 나타냄. ¶맞돈/맞고소/맞거래
맞-각(―角)[맏―] 명 다각형(多角形)에서, 어떤 한 변 또는 어떤 한 각과 마주보는 각. 대각(對角)
맞-갖다[맏갇―] 형 마음에 맞다. 입맛에 맞다. ¶일자리가 맞갖지 않다./맞갖지 않은 음식.
맞갖잖다[맏갇―] 형 '맞갖지 않다'가 줄어든 말. 마음에 맞지 않다. 입맛에 맞지 않다. ¶이거나 저거나 맞갖잖기는 마찬가지다.
맞-걸:다[맏―](―걸고·―거니) 타 ①노름판에서, 서로 돈을 걸다. ②양쪽에 마주 걸다. ¶두 줄을 맞걸어 대다.
맞-걸리다[맏―] 자 양쪽이 마주 걸리다.
맞-겨루다[맏―] 타 마주 상대하여 겨루다.
맞-결리다[맏―] 자 양쪽이 마주 결리다. ¶두 어깨가 ―./양 옆구리가 ―.
맞-고:소(―告訴)[맏―] 명 -하다 자타 고소당한 사람이 고소한 사람을 마주 고소하는 일. 대소(對訴)
맞-교군(―轎軍)[맏―] 명 두 사람이 마주 메는 가마.
맞-구멍[맏―] 명 마주 뚫린 구멍.
맞꼭지-각(―角)[맏―] 명 두 직선이 교차할 때 생기는 네 각 중 서로 마주보는, 크기가 같은 두 각.
맞-남여(―籃輿)[맏―] 명 두 사람이 메는, 위를 덮지 않은 작은 가마.
맞다[1][맏―] 자 ①겨눈 것이 목표에 들어맞다. 명중하다. 적중하다 ¶화살이 과녁 한복판에 ―. ②예측 따위가 빗나가지 아니하다. ¶그 예언이 맞았다.
맞다[2][맏―] 자 ①틀리거나 어긋나지 아니하다. ¶네 말이 ―./시계가 잘 맞는다. ②헐겁거나 빡빡하거나 하지 않고 알맞게 끼이다. ¶옷이 몸에 맞다./사개가 꼭 ―. ③서로 잘 어울리다. ¶빛깔이 잘 ―./격에 맞는 생활./장단이 ―. ④만족시키다. 합치하다 ¶성미에 ―./입맛에 맞는 음식.

한자 맞을 적(適) 〔辵部 11획〕 ¶적격(適格)/적당(適當)/적량(適量)/적소(適所)/적임(適任)/적재(適材)
맞을 해(該) 〔言部 6획〕 ¶당해(當該)/해당(該當)

맞다[3][맏―] 자타 ①날아오는 것이나 떨어지는 것을 몸에 받다. ¶날아온 돌에 ―./비를 맞으며 걷다. ②때림을 당하다. ¶뺨을 ―./볼기를 ―. ③침 따위로 찌름을 당하다. ¶주사를 ―./침을 ―. ④좋지 않은 일을 당하다. ¶야단을 ―./퇴짜를 ―. ⑤성적의 평가에서 어떤 점수를 받다. ¶100점을 ―. ⑥서명(署名)이나 날인(捺印)을 받다. ¶검인(檢印)을 ―.
속담 **맞기 싫은 매는 맞아도 먹기 싫은 음식은 못 먹는다** : 음식이란 비위에 맞지 않으면 아무리 먹으려 해도 먹을 수 없다는 말./**맞은 놈은 펴고 자고 때린 놈은 오그리고 잔다** : 남에게 해를 끼친 사람은 뒷일이 걱정되어 불안하지만, 해를 입은 사람은 그런 걱정은 없다는 말.
맞다[4][맏―] 타 ①오는 이를 맞이하다. ¶손님을 ―. ②가족으로서 받아들이다. ¶아내를 ―./며느리를 ―. ③어떤 시기나 어떤 일을 맞이하다. ¶여름을 ―./독립을 ―./창립 100주년을 ―.

한자 맞을 영(迎) 〔辵部 4획〕 ¶송영(送迎)/영년(迎年)/영빈(迎賓)/영세(迎歲)/영입(迎入)/영접(迎接)

-맞다[맏―]《접미사처럼 쓰이어》일부 명사나 어근에 붙어 형용사가 되게 하는 말로, '그것을 지니고 있음'의 뜻을 나타냄. ¶궁상맞다/능글맞다
맞-닥뜨리다(트리다)[맏―] 자 서로 마주 부딪치도록 닥뜨리다 ¶집을 나서자마자 빚쟁이와 맞닥뜨렸다.
맞-닥치다[맏―] 자 ①이것과 저것이 함께 닥치다. ②서로 마주 닥치다.
맞-단추[맏―] 명 암단추와 수단추를 맞추어 눌러 채우는 단추. 똑딱단추
맞-담[맏―] 명 돌멩이를 마주 대어 겹으로 쌓은 담. ☞홑담
맞-담:배[맏―] 명 마주 대하여 피우는 담배.
맞담배-질[맏―] 명 -하다 자 마주 대하여 담배를 피우는 짓.〔흔히 나이 차가 많은 경우에 이름.〕
맞-당기다[1][맏―] 자 양쪽으로 끌리다.
맞-당기다[2][맏―] 타 서로 마주 잡아당기다.
맞-닿다[맏―] 자 마주 닿다. ¶하늘과 맞닿은 수평선.
맞-대:꾸[맏―] 명 -하다 자 맞대고 하는 말대꾸.
맞대꾸-질[맏―] 명 -하다 자 맞대고 말대꾸하는 짓.
맞-대:다[맏―] 타 ①마주 대다. ¶무릎을 맞대고 의논하다. ②마주 대하다. ¶맞대 놓고 나무란다.
맞-대매[맏―] 명 -하다 자 둘이 마지막 승패를 겨루는 일.
맞-대:면(―對面)[맏―] 명 -하다 자타 직접 만나 봄. ¶당

사자와 -하다.
맞-대:하다(-對-)[맏-] 자여 서로 마주 대하다.
맞-돈[맏-] 명 물건 따위를 사고 파는 그 자리에서 값으로 주고받는 돈. 즉전(卽錢). 직전(直錢). 현금(現金)
맞-두다[맏-] 타 장기나 바둑 따위에서, 서로 접어 주지 않고 같은 자격으로 두다.
맞-두레[맏-] 명 두레의 한 가지. 물 그릇 네 귀에 연결한 줄을 두 사람이 두 줄씩 나누어 쥐고 함께 물을 퍼올리는 데 쓰임. 쌍두레.
맞두레-질[맏-] 명-하다 자 맞두레로 물을 푸는 일.
맞-들다[맏-](-들고·-드니) 타 양쪽에서 마주 들다. ¶책상을 맞들어 옮기다.
맞-뚫다[맏-] 타 양쪽에서 마주 뚫다.
맞-뚫리다[맏뚤-] 자 맞뚫음을 당하다.
맞-먹다[맏-] 자 서로 같거나 비슷비슷하게 되다. ¶수리비가 사는 값과 맞먹는다.
맞모-금[맏-] 명 대각선(對角線)
맞-물다[맏-](-물고·-무니) 타 양쪽에서 마주 물다.
맞-물리다[1] [맏-] 자 맞묾을 당하다. ¶맞물려 돌아가는 톱니바퀴.
맞-물리다[2] [맏-] 타 맞물게 하다.
맞-미닫이[맏-다지] 명 한 홈에 두 짝을 끼워서 서로 맞닫게 되어 있는 미닫이.
맞-바꾸다[맏-] 타 돈을 얹어 주거나 하지 않고 물건과 물건을 서로 바꾸다. ¶갖고 놀던 장난감을 서로 -.
맞-바느질[맏-] 명-하다 자 실을 꿴 바늘 두 개를 양쪽에서 한 구멍에 마주 넣어 가며 꿰매는 바느질.
맞-바둑[맏-] 명 실력이 같은 사람끼리 두는 바둑. 상선(相先). 호선(互先) ☞접바둑
맞-바라기[맏-] 명 '맞은바라기'의 준말.
맞-바라보다[맏-] 자 마주 바라보다.
맞-바람[맏-] 명 마주 불어오는 바람. 맞은바람
맞-바리[맏-] 명 지난날, 남이 팔러 가는 땔나무를 도중에서 사 가지고 시장에다 팔던 일.
맞-받다[맏-] 타 ①정면으로 받다. ¶햇빛을 -. ②남의 말에 곧 응답하거나, 남의 노래에 곧 화답하다. ③마주 들이받다. ¶두 소가 뿔을 맞받으며 싸운다. ④상대의 공격 따위를 피하지 않고 되받다.
맞-받이[맏바지] 명 맞은편에 마주 바라보이는 곳. ¶우리 집 -에 있는 동산. ☞맞은바라기
맞-발기[맏-] 명 파는 사람과 사는 사람이 각각 한 통씩 간수해 두는 발기.
맞-배지기 명 씨름의 허리 기술의 한 가지. 몸의 중심을 낮추고 무릎을 굽혀 상대편을 정면으로 끌어당기면서 들어올려 던져 넘어뜨리는 공격 재간. ☞들배지기
맞배-지붕[맏-] 명 책을 절반쯤 펴서 엎어놓은 것 같은 모양의 지붕. ☞ 팔작지붕
맞배-집[맏-] 명 맞배지붕으로 된 집. 뱃집[1]
맞-버티다[맏-] 자 마주 버티다.
맞-버팀[맏-] 명-하다 자 서로 버티고 맞섬.
맞-벌이[맏-] 명-하다 자 부부가 모두 벌이를 하며 가정의 생계를 꾸려 나가는 일, 또는 그런 부부.
맞-벽(-壁)[맏-] 명 흙벽을 칠 때, 안쪽에서 먼저 초벽을 치고, 그것이 마른 뒤에 겉쪽에서 마주 벽을 쳐서 만든 벽. 합벽(合壁)
맞-변(-邊)[맏-] 명 대변(對邊)
맞-보[맏-] 명 기둥의 양쪽에 두 개의 보가 마주 끼어 걸린 들보.
맞-보기[맏-] 명 도수가 없는 안경. 평경(平鏡)
맞-보다[맏-] 자타 마주 대하여 보다. 마주 보다.
맞-부딪다[맏-딛-] 자타 마주 부딪다.
맞-부딪뜨리다(트리다)[맏-딛-] 타 마주 부딪뜨리다. ¶축하의 잔을 서로 -.
맞-부딪치다[맏-딛-] 자타 마주 부딪치다.
맞-부딪히다[맏-] 자 맞부딪음을 당하다.
맞-부:패(-牌)[맏-] 명 둘이 동업으로 하는 분광(分鑛). ☞부패
맞-불[맏-] 명 ①산불 따위의 불길을 잡기 위하여, 불이 타는 맞은편에서 마주 지르는 불. ②맞총질 ③남의 담뱃불에 담배를 마주 대고 붙이는 불.
맞불을 놓다 관용 ①불이 타는 쪽을 향하여 마주 불을 지르다. ②맞총질을 하다.
맞-불:다[맏-] 자 마주 불다.
맞-붙다[맏붇-] 자 싸움이나 경기 따위에서, 마주 붙어 겨루다. ¶씨름 결승에서 두 장사가 맞붙었다.
맞-붙들다[맏붇-] 타 마주 붙들다.
맞-붙이[맏부치] 명 ①직접 대면함. ②제철이 아닌 때에 입는 겹옷. ☞솜붙이
맞비겨-떨어지다[맏-] 자 두 가지 셈이 상쇄되어 서로 남고 모자람이 없게 되다. ¶품삯과 빚돈이 -.
맞-비비다[맏-] 타 마주 대고 비비다. ¶손바닥을 -.
×**맞-상**(-床) 명 → 겸상(兼床)
맞-상대(-相對)[맏-] 명-하다 자 마주 상대함, 또는 그런 상대. ¶-하여 겨루다.
맞-서다[맏-] 자 ①서로 향하여 서다. 마주 서다. ②서로 굽히지 않고 버티다. ¶맞서 싸우다. ③어떤 현실에 직면하다. ¶경기(景氣)의 불황(不況)과 -.
맞-선[맏-] 명 남녀가 결혼을 위하여 본인들끼리 직접 만나보는 일. ¶-을 보다. 준 선
맞선-각(-角)[맏-] 명 대각(對角)
맞선-꼴[맏-] 명 대칭 도형(對稱圖形)
맞선-면(-面)[맏-] 명 대칭면(對稱面)
맞-소리[맏-] 명 서로 응답하여 하는 소리.
맞-수(-手)[맏-] 명 '맞적수'의 준말.
맞-쏘이다[맏-] 타 맞쐬다
맞-쐬:다[맏-] 타 서로 비교하여 보다. 서로 대조하다. 맞쏘이다 준 쐬다[2]
맞-씨름[맏-] 명 실력 차이에 관계없이 두 사람이 맞붙어 하는 씨름.
맞아-들이다 타 ①오는 이를 맞이하여 안으로 들이다. ¶손을 -. ②가족으로 받아들이다. ¶며느리를 -.
맞아-떨어지다 자 셈이 어떤 표준에 꼭 맞아서 남거나 모자람이 없이 되다. ¶예산이 딱 맞아떨어졌다.
맞-연귀[맏년-] 명 문짝 같은 것의 귀 끝을 맞추어 짜는 방법의 한 가지.
맞-욕(-辱)[맏뇩] 명 맞대고 하는 욕.
맞은-바라기 명 앞으로 마주 바라보이는 곳. 준 맞바라기 ☞맞받이
맞은-바람 명 맞바람
맞은-쪽 명 마주 보이는 쪽. 맞은편
맞은-편(-便) 명 ①맞은쪽 ②상대편(相對便)
맞이 명-하다 타 오는 것을 맞는 일. ¶설 -/손님을 -하다./새해를 -하다.
맞-잡다[맏-] 타 서로 잡다. 마주 잡다. ¶두 손을 -.
맞-잡이[맏-] 명 서로 맞먹는 것. 서로 비길만 한 것. ¶그때 돈 이만 원은 지금 돈 이십만 원 -요.
맞-장구[맏-] 명 ①두 사람이 마주 치는 장구. ②남의 말에 덩달아 호응하거나 편드는 일.
맞장구(를) 치다 관용 남의 말에 덩달아 호응하거나 편들다. ¶너스레에 맞장구를 쳐 주니 신이 났다.
맞-장:기(-將棋)[맏-] 명 실력이 어슷비슷한 사람끼리 두는 장기.
맞-적수(-敵手)[맏-] 명 재주나 힘이 서로 비슷비슷한 상대. 대수(對手). 적수 준 맞수 ☞호적수(好敵手)
맞-절[맏-] 명-하다 자 서로 마주 하는 절. ¶신랑과 신부가 -하다.
맞-점(-點)[맏-] 명 대점(對點)
맞-접(-椄)[맏-] 명 가지접의 한 방법. 굵기가 비슷한 접본(椄本)과 접가지를 각각 비스듬히 자른 다음, 그 단면끼리 맞붙여 동여맴.
맞-조:상(-弔喪)[맏-] 명 상례에서, 안상제와 바깥상제가 마주 하는 조상. 발상(發喪), 성복(成服) 또는 반우(返虞) 뒤에 함.
맞주름-솔기[맏-] 명 옷감을 이을 때 쓰는 솔기.

맞-줄임[맏-] 명 -하다 자 약분(約分)
맞-총질(-銃-)[맏-] 명 -하다 자 상대편의 총질에 맞서 총을 쏨. 맞불. 응사(應射)
맞추다[맏-] 타 ①어떤 부분을 제자리에 맞게 끼우거나 연결하다. ¶사개를 -./낫자루를 -. ②무엇을 어떤 기준에 맞도록 하다. ¶발을 -./박자를 -./간을 -. ③마주 대다. ¶입을 -. ④어떤 물건을 만들도록 미리 부탁하다. ¶옷을 -./식사를 -. ⑤상대편의 마음에 맞게 하다. ¶비위를 -. ⑥짝을 채우거나 어떤 수량이 되게 하다. ¶짝을 -./인원(人員)을 -. ⑦손해가 없게 하다. ¶수지를 -. ⑧미리 서로 짜다. ¶입을 -. ⑨서로 어긋남이 없는지 알아보기 위하여 대조하다. ¶재고(在庫)와 장부를 맞추어 보다.
맞춤[맏-] 명 맞추어 만든 물건. ¶- 양복/- 구두
맞춤-법(-法)[맏-뻡] 명 말을 글자로 적을 때 어법(語法)에 맞게 적는 일정한 규칙.
맞춰-겨루기[맏-] 명 태권도에서, 정해진 동작과 순서에 따라 겨루면서 공격 기술과 방어 기술을 단련하는 일. 약속 대련(約束對鍊) ☞자유겨루기
맞-통[맏-] 명 노름에서, 물주와 애기패의 끗수가 같게 된 경우를 이르는 말.
맞-혼인(-婚姻)[맏-] 명 ①조혼전(助婚錢) 따위를 주거나 받지 않고, 혼수(婚需)를 신랑과 신부 양쪽에서 각각 부담하여 하는 혼인. ②중매(中媒) 없이 하는 혼인.
맞-흥정[맏-] 명 -하다 자타 중개인(仲介人) 없이 팔 사람과 살 사람이 직접 하는 흥정.
맞히다[1] 타 물음에 대하여 바르게 답하다. ¶정답을 -.
맞히다[2] 타 ①목표에 맞게 하다. ¶총알이 과녁을 -. ②눈이나 비, 이슬 따위를 맞게 하다. ¶비를 -. ③매나 침 따위를 맞게 하다. ¶주사를 -. ④어떤 좋지 않은 일을 당하게 하다. ¶바람을 -./소박을 -.
맟다[맏-] 타 '마치다[2]'의 준말. ¶일을 맟고 만나다.
맡기다[맏-] 타 ①물건 따위를 간수하게 하다. ¶숙소에 가방을 -./형에게 돈을 -. ②남에게 부탁하여 어떤 일을 하게 하다. ¶살림을 -./공사를 -. ③마음대로 하게 하다. ¶운을 하늘에 -./네 상상에 맡기겠다.

한자 **맡길 예**(預) 〔頁部 4획〕 ¶예금(預金)/예치(預置)
맡길 위(委) 〔女部 5획〕 ¶위신(委身)/위양(委讓)/위임(委任)/위촉(委囑)/위탁(委託)
맡길 임(任) 〔人部 4획〕 ¶담임(擔任)/소임(所任)/임기(任期)/임명(任命)/임무(任務)/임직(任職)
맡길 탁(託) 〔言部 3획〕 ¶신탁(信託)/의탁(依託)

맡다[1][맏-] 타 ①물건 따위를 넘겨받아 간수하다. ¶봇짐을 맡아 두었다./귀중품을 -. ②어떤 일을 넘겨받다. ¶담임을 -./살림을 -. /책임을 -. ③허가나 승인 따위를 얻다. ¶허락을 -./결재를 -. ④부탁을 받다. ¶주문(注文)을 -.

한자 **맡을 사**(司) 〔口部 2획〕 ¶사서(司書)/사회(司會)
맡을 직(職) 〔耳部 12획〕 ¶직급(職級)/직능(職能)/직무(職務)/직분(職分)/직위(職位)/직책(職責)

맡다[2][맏-] 타 ①코로 냄새를 느끼다. ¶꽃 향기를 -. ☞마시다 ②어떤 일의 낌새를 알아채다. ¶그들은 이미 냄새를 맡은 모양이다.
맡아-보다 타 어떤 일을 맡아서 하다.
매[1] 명 사람을 때리는 데 쓰는 가늘고 긴 막대기나 회초리, 곤장 따위를 통틀어 이르는 말.
속담 **매 끝에 정든다** : 훌륭한 사람을 만들기 위하여 때리는 사랑의 매는, 때리는 사람과 맞는 사람의 사이를 가깝게 해 준다는 말./**매도 맞으려다 안 맞으면 서운하다** : 어떤 일을 하려다가 못 하게 되면 섭섭하다는 말. 〔정배(定配)도 가려다 못 가면 섭섭하다〕/**매도 먼저 맞는 놈이 낫다** : 어차피 피할 수 없는 일이라면 먼저 치르는 것이 낫다는 말. 〔바람도 올 바람이 낫다〕/**매로 키운 자식이 효성 있다** : 엄하게 키운 자식이, 자라서 철이 들면 부모의 고마움을 깨달아 효도를 하게 된다는 말./**매에는 장사 없다** : 매로 사정없이 때리는 데는 끝까지 견디어 낼 사람이 없다는 말. 〔매 위에 장사 있나/달고 치는데 아니 맞는 장사 있나〕
매[2] 명 '매흙'의 준말.
매[3] 명 ①'맷돌'의 준말. ②'매통'의 준말.
매[4] 명 '매끼'의 준말.
매[5] 명 소렴(小殮) 때, 시신(屍身)에 수의(壽衣)를 입히고 그 위에 매는 헝겊.
매:[6] 명 ①매목 수릿과와 맷과의 새 중에서 독수리와 수리 종류 이외의 새를 통틀어 이르는 말. ②맷과의 텃새. 몸길이는 수컷 40cm, 암컷 50cm 안팎임. 몸빛은 대체로 짙은 잿빛이나 가슴과 배 부분은 흼. 부리는 강하고 날카롭게 굽었으며, 발톱은 크고 갈고리 모양임. 하늘을 높이 날다가, 먹이를 발견하면 급강하하여 잡아먹음. 예로부터 길들여 매사냥에 이용해 옴. 유라시아의 온대 이북, 북아메리카 등지에 분포하며, 우리 나라의 천연 기념물 제323호임. ☞송골매
속담 **매가 꿩을 잡아 주고 싶어 잡아 주나** : 마지못해 남에게 부림을 당하는 처지를 이르는 말./**매 꿩 찬듯** : 암상이 나서 몸을 떠는 모양을 이르는 말./**매를 꿩으로 보았다** : 사납고 독한 사람을 순한 사람으로 잘못 보았다는 말./**매 밥도 못하겠다** : 꿩을 잡는 매를 주기에도 적다는 뜻으로, 분량이 매우 적음을 이르는 말./**매 앞에 뜬 꿩 같다** : 몹시 위험한 처지에 있음을 이르는 말.
매[7] 의 ①맷고기나 살담배를 동여매어 놓고 팔 때, 그것을 세는 단위. ②젓가락의 한 쌍을 세는 단위. ¶나무젓가락 열 -.
매:[8] 부 정도가 몹시 심하게. 많은 공을 들여. ¶- 삶다./- 찧다.
매:[9] 부 양이나 염소의 울음소리를 나타내는 말.
매(妹) 명 손아래 누이. 누이동생. 동생 ☞자(姉)
매- 접두 '매양'의 뜻을 나타냄. ¶매한가지/매일반
매:(每)-《접두사처럼 쓰이어》'-마다', '예외 없이 모든'의 뜻을 나타냄. ¶매학기(每學期)/매주일(每週日)
-매[1] 접미 '모양새', '생김새'의 뜻을 나타냄. ¶눈매/몸매
-매[2] 어미 받침이 없거나 'ㄹ' 받침인 어간, 또는 '이다'의 '이-'에 붙어, 원인·이유·근거 등을 나타내는 예스러운 연결 어미. '-기 때문에'의 뜻과 비슷하게 쓰임. ¶마음의 고향이매, 그리움이 더하다. ☞-으매
매:가(每家) 명 한 집 한 집.
부 집집마다 ▷每의 속자는 毎
매가(妹家) 명 시집간 누이의 집.
매:가(買價)[-까] 명 물건을 사는 값.
매:가(賣家) 명 -하다 자 집을 팖, 또는 파는 집.
매:가(賣價)[-까] 명 물건을 파는 값.
매가리 명 '전갱이'의 딴이름.
매:-가오리 명 매가오릿과의 바닷물고기. 전체적으로 마름모꼴로 생겼으며, 몸의 너비가 1m 안팎에 이름. 눈이 머리의 양편 옆쪽으로 붙었으며, 꼬리가 채찍 모양으로 길고 가시 모양의 등지느러미가 하나 있음. 몸빛은 위쪽은 어두운 갈색이나 아래쪽은 흼. 태생(胎生)임.
매:각(賣却) 명 -하다 타 값을 받고 물건 따위를 팔아 넘김. 매도(賣渡) ¶땅을 -하다. ☞매입(買入)
매-갈이 명 -하다 자 매통에 벼를 넣고 갈아서 현미(玄米)를 만드는 일. 매조미. 조미(造米)
매갈이-꾼 명 매갈이하는 사람.
매갈잇-간(-間) 명 매갈이하는 곳. 매조미간
매개 명 일이 되어가는 형편.
매개(를) 보다 관용 일이 되어가는 형편을 살펴보다.
매개(媒介) 명 -하다 타 사이에 들어 양편을 맺어 줌. ¶학질모기가 말라리아를 -하다.
매-개:념(媒槪念) 명 중개념(中槪念)
매개-댕기 명 지난날, 궁중 의식에서 어여머리를 할 때, 어염족두리를 쓰고 다리를 얹어 고정하던 너비가 좁고 검은 댕기.
매개=모:음(媒介母音) 명 〈어〉받침이 있는 용언 어간에 붙는 어미 '-으니, -으면' 따위의 '으'를 이르던 말. '잡으

니, 막으면'에서 '으'를 이르던 말임. 조성 모음(調聲母音). 조음소(調音素)

매개-물(媒介物)명 매개체(媒介體)

매개=변:수(媒介變數)명 몇 개의 변수 사이의 함수 관계(函數關係)를 간접적으로 나타내기 위해 쓰는 변수. 모수(母數)

매개-체(媒介體)명 어떤 것들의 매개가 되는 것. 매개물(媒介物)

매:거(枚擧)명 -하다 타 하나하나 셈.

매-고르다(-고르고·-골라)형르 모두 가지런히 고르다.

매골명 살이 쭉 빠져 보기에 형편없이 된 사람의 꼴을 이르는 말. ¶아주 -이 되었구나.

매골(埋骨)명 -하다 자 뼈를 묻음.

매골=방자(埋骨-)명 사람이나 짐승의 뼈를 땅에 묻어 남에게 재앙이 내리도록 저주하는 짓.

매:관-매:직(賣官賣職)명 돈이나 재물을 받고 관직을 줌.

매:광(賣鑛)명 -하다 자 광석을 팖.

매괴(玫瑰)명 ①중국에서 나는 붉은 빛깔의 구슬. ②'해당화(海棠花)'의 딴이름. ③해당화의 껍질과 뿌리에서 뽑은 물감.

매괴-유(玫瑰油)명 해당화의 꽃에서 짠 향유(香油).

매괴-화(玫瑰花)명 해당화의 꽃을 달리 이르는 말.

매:구명 민속에서 이르는, 천 년 묵은 여우가 변하여 된다는 괴이한 짐승.

매:국(賣國)명 -하다 자 자신의 이익을 위하여, 자기 나라의 비밀이나 내정(內情)을 적국에 알리는 등 나라에 해를 끼치는 일.

매:국-노(賣國奴)명 매국 행위를 한 놈.

매:국-적(賣國的)명 매국하는 것.

매:국-적(賣國賊)명 매국 행위를 한 역적.

매귀(埋鬼)명 농촌의 민속 행사의 한 가지. 음력 정월 초이튿날부터 대보름 사이에, 농악대들이 농악을 연주하면서 마을을 돌아다니며 집집마다 들어가 악귀(惡鬼)를 물리치고 복을 빌어 줌. ☞지신밟기

매그니튜:드(magnitude)명 지진(地震)의 규모를 나타내는 척도, 또는 그 수치. 기호는 M ☞진도(震度)

매기[1] 명 -하다 자 집을 지을 때 서까래 끝을 가지런히 맞추는 일. 방구매기나 일자매기 따위.

매:기[2] 명 수퇘지와 암소가 교미하여 낳는다는 짐승.

매:기(每期)명 일정하게 구분한 하나하나의 기간.
부 하나하나의 시기 또는 기간마다.

매:기(買氣)명 상품을 사려고 하는 마음.

매기(煤氣)명 그을음이 섞인 공기.

매:기(霉氣)명 장마 때 습기 있는 곳에 생기는 검푸른 곰팡이.

매기다타 값이나 차례, 등수 등을 정하다. ¶값을 -./등급을 -. 준 매다[3]

한자 매길 부(賦)〔貝部 7획〕¶부공(賦貢)/부과(賦課)/부금(賦金)/부렴(賦斂)/부세(賦稅)

매기단-하다타여 일의 뒤끝을 깨끗하게 마무르다.

매김씨명〈어〉관형사(冠形詞) ☞어찌씨

매-꾸러기명 어른에게 걸핏하면 매를 맞는 아이.

매:꿰명 '모의장이'의 변말.

매끄러-지다자 매끄러운 곳에서 밀려 나가거나 넘어지다. ☞미끄러지다

매끄럽다(매끄럽고·매끄러워)형ㅂ ①닿으면 저절로 밀려 나갈 만큼 반드럽다. ¶매끄러운 피부. ②사람이 숫되지 아니하고 약삭빠르다. ③말이나 글 따위가 어색하지 아니하고 조리가 있다. ¶글을 매끄럽게 다듬다. ☞미끄럽다

매끈-거리다(대다)자 자꾸 매끈한 느낌이 나다. ☞미끈거리다

매끈둥-하다형여 생김새가 좀 매끈한듯 하다. ☞미끈둥하다

매끈-매끈부 -하다 형 매우 매끈한 모양, 또는 그 느낌을 나타내는 말. ☞미끈미끈

매끈-하다형여 ①매끄러울 정도로 흠이나 거친 데가 없이 반드럽다. ¶가구가 -. ②생김새가 곱살하고 말쑥하다. ¶매끈한 이마. ☞미끈하다

매끌-거리다(대다)자 매끌매끌한 느낌이 나다. ☞미끌거리다

매끌-매끌부 -하다 형 물체의 거죽이 매우 매끄러운 모양을 나타내는 말. ¶마룻바닥이 -하다./보얗고 -한 피부. ☞미끌미끌

매끼명 볏모·짚·채소·땔나무·가마니 따위를 단으로 묶는 데 쓰는 새끼나 끈 따위. 준 매[4]

매나니명 ①무슨 일을 할 때, 아무 연장도 가지지 않은 맨손. ②아무 반찬도 없는 맨밥.

매너(manner)명 ①태도. 예절. 몸가짐 ¶-가 좋다. ②풍습. 습관 ¶동양인의 -.

매너리즘(mannerism)명 사고(思考)나 표현·행동 등이 일정한 틀에 얽매여서 신선함이나 독창성이 없어지는 상태, 또는 그러한 경향. ¶-에 빠지다.

매:년(每年)명 돌아오는 그 해 그 해. 연년(年年)
부 해마다 ¶- 찾아오는 태풍.

매니저(manager)명 ①관리인(管理人). 지배인(支配人). 감독(監督) ②연예인이나 운동 선수 등에 딸리어, 스케줄 관리나 신변 관리 등을 맡는 사람.

매니큐어(manicure)명 에나멜 따위를 발라 손톱을 아름답게 치장하는 일, 또는 그 화장품. ☞페디큐어

매:다[1] 타 ①끈이나 줄 따위의 두 끝을 엇걸어 마디를 짓다. ¶머리띠를 -./운동화 끈을 -./옷고름을 -./넥타이를 -. ②가축이나 배 따위를 줄 같은 것으로 무엇에 이어 놓다. ¶말뚝에 말을 -. ③밧줄 따위를 공중에 건너질러 놓거나 드리워 있게 하다. ¶나무에 그네를 -./빨랫줄을 -. ④여러 장의 종이를 포개어 책을 만들다. ¶공책을 -.

한자 맬 계(係)〔人部 7획〕¶계루(係累)
맬 계(繫)〔糸部 13획〕¶계류(繫留)/계목(繫牧)/계박(繫縛)/계선(繫船)/계쇄(繫鎖)

매:다[2] 타 논밭의 풀을 뽑다. ¶김을 -.

매:다[3] 타 '매기다'의 준말.

× **매-달**(每-)명 → 매월(每月)

매:-달다(-달고·-다니)타 줄이나 끈, 실 따위를 매어서 달려 있게 하다. ¶소 목사리에 워낭을 -./천장에 등을 -./메주를 시렁에 -.

한자 매달 현(懸)〔心部 16획〕¶현등(懸燈)/현령(懸鈴)

매:-달리다[1] 자 ①무엇을 붙잡고 아래로 늘어지다. ¶나뭇가지에 -./철봉에 -. ②무엇에 몸과 마음을 기대다. ¶다 큰 자식이 아직도 부모에게 매달린다. ③무엇에 몸과 마음이 얽매이다. ¶사업에 -. ④돌보아야 할 대상에게 딸리다. ¶보호자가 꼭 매달려 있어야 한다.

매:-달리다[2] 자 매닮을 당하다. ¶처마에 매달린 풍경./줄기에 매달린 포도 송이.
속담 **매달린 개가 누워 있는 개를 웃는다** : 남보다 못하면서 자기보다 나은 사람을 비웃는다는 말. 〔똥 묻은 개가 겨 묻은 개 나무란다〕

매:대기명 ①진흙과 같이 질척한 것을 뒤바르는 짓. ②정신없이 마구 하는 몸짓.
매대기를 치다 관용 ①진흙과 같이 질척한 것을 뒤바르다. ②정신없이 마구 몸짓을 하다.

매:도(罵倒)명 -하다 자 몹시 꾸짖어 욕함. ¶모리배라고 -하다.

매:도(賣渡)명 -하다 타 값을 받고 물건 따위를 팔아 넘김. 매각(賣却) ¶집을 -하다. ☞매입

매:도=담보(賣渡擔保)명 매매의 형식으로 이루어지는 담보. 담보물을 파는 형식으로 돈을 꾸고, 일정한 기간 안에 원리금을 갚아 되살 수 있게 되어 있음. 기한 안에 되사가지 않으면 담보물은 채권자의 소유가 됨. 매도 저당(賣渡抵當)

매:도=저:당(賣渡抵當)명 매도 담보(賣渡擔保)

매:도=증서(賣渡證書)명 매도한 사실을 증명하는 서류.
매독(梅毒)명 스피로헤타의 감염으로 일어나는 만성 성병. 당창(唐瘡). 창병(瘡病)
매동-그리다 타 대강 매만져서 몽똥그리다. ¶옷 보따리를 -.
매:두몰신(埋頭沒身)[-씬] 성구 ①일에 파묻혀 헤어나지 못함을 이르는 말. ②일에 열중하여 물러날 줄을 모름을 이르는 말.
매:-두피 명 매를 산 채로 잡는 기구. 닭의 둥우리처럼 생겼으나 좀 작음.
매:득(買得)명-하다 타 매입(買入)
매듭¹ 명 ①실이나 끈 따위를 매어 마디를 이룬 것. ¶-을 풀다. ②일의 마무리. ¶이번 일도 그럭저럭 -이 지어졌다. ③어떤 일의 어려운 고비나 순조롭지 못한 부분. ¶이 일도 드디어 -이 풀렸다.
매듭² 명 끈목 따위로 마디를 짓거나 고를 내거나 하여 여러 가지 모양으로 꾸미는 일, 또는 그렇게 만든 장식품.
매듭-장 명 조선 시대, 공조(工曹)에 딸리어 매듭 만드는 일을 전문으로 하는 사람을 이르던 말.
매듭-지다 형 감정 따위가 풀리지 아니하고 맺혀 있다.
매듭-짓다[-짇-] 타 일의 끝을 마무르다.
매듭-풀 명 콩과의 한해살이풀. 각지의 들이나 길가에 자람. 줄기 높이는 10～30cm. 가지를 많이 치고, 잎은 석장의 쪽잎으로 어긋맞게 남. 8～9월에 엷은 홍색의 작은 나비 모양의 꽃이 잎겨드랑이에 핌. 목초(牧草)로도 쓰임. 계안초(鷄眼草)
매력(魅力)명 사람의 마음을 호리어 끄는 힘.
매력-적(魅力的)명 매력이 있는 것. ¶-인 인품.
매련 명-하다 형 답답할 정도로 어리석고 둔함. ¶-을 떨다./-을 부리다. ☞미련
매련-스럽다(-스럽고·-스러워)형ㅂ 매련한 데가 있다. ☞미련스럽다
매련-스레 부 매련스럽게 ☞미련스레
매련-쟁이 명 매련한 사람을 얕잡아 이르는 말. ☞매련퉁이. 미련쟁이
매련-퉁이 명 몹시 매련한 사람을 얕잡아 이르는 말. ☞매련쟁이. 미련퉁이
매료(魅了)명-하다 타 사람의 마음을 호리어 사로잡음. ¶청중을 -하다.
매:리(罵詈)명-하다 타 욕하고 꾸짖음.
매림(梅霖)명 매우(梅雨)
매립(埋立)명-하다 타 매축(埋築)
매-만지다 타 ①손끝으로 자꾸 만지다. ¶장난감을 -. ②가다듬어 손질하다. ¶머리를 -./옷깃을-.
매-맛 명 매를 맞았을 때의 아픈 느낌. ¶-이 어떠냐?
매:매¹ 부 지나칠 정도로 매우 힘을 들이거나 공을 들이어. ¶쌀을 - 찧다./손을 - 씻다.
매:매² 부 양이나 염소가 자꾸 우는 소리를 나타내는 말.
매:매(賣買)명-하다 타 물건 따위를 팔고 삼. 흥정. ¶-가 이루어지다./-가 활발하다.
매:매(每每)부 번번이. 매번(每番)
매매(昧昧)어기 '매매(昧昧)하다'의 어기(語基).
매:매=결혼(賣買結婚)명 신부 집에 재물을 주고 신부를 데려가는 혼인 풍속. 준 매매혼(賣買婚)
매:매-익(賣買益)명 물건을 매매하는 데서 얻는 이익.
매:매-장(賣買帳)[-짱]명 물건을 팔고 사고 한 내용을 적은 장부.
매매-하다(昧昧-)형여 세상일에 어둡다.
매매-히 부 매매하게
매:매-혼(賣買婚)명 '매매 결혼(賣買結婚)'의 준말.
매머드(mammoth)명 ①신생대(新生代) 제4기의 홍적세(洪積世) 후기에 살다가 모두 없어진 코끼릿과의 화석(化石) 포유동물. 키는 약 3.5m. 온몸에 30～40cm의 빳빳한 털이 나 있었고 길고 굽은 엄니가 있었음. ②'거대(巨大)한'의 뜻을 나타내는 말. ¶- 도시
매:명(每名)명 각 사람. 매인(每人) ¶선물이 -에게 고루 돌아갔다.
매:명(買名)명-하다 자 재물을 써서 명예를 삼.
매:명(賣名)명-하다 자 허영이나 이익 따위를 위하여 자기의 이름을 세상에 들날리려고 함.
매목(埋木)명 ①지질 시대의 나무가 물이나 흙 속에 오랜 세월 묻혀 있어서 화석처럼 된 것. ②재목 따위의 갈라진 틈에 박아서 메우는 나무.
매몰(埋沒)명-하다 자타 보이지 않게 파묻힘, 또는 파묻음. ¶산사태로 집이 -되다.
매몰-스럽다(-스럽고·-스러워)형ㅂ 보기에 매몰한 데가 있다. ¶간청을 매몰스럽게 물리치다.
매몰-스레 부 매몰스럽게
매몰-차다 형 아주 매몰하다. ¶매몰차게 거절하다.
매몰-하다 형여 인정이나 싹싹함이 없이 쌀쌀하다. ¶붙잡는 손을 매몰하게 뿌리치다.
매무새 명 옷을 입은 맵시. 옷매무새
매무시 명-하다 자 옷을 입을 때, 매고 여미고 하며 매만지는 일. 옷매무시 ¶언제나 -에 신경을 쓴다.
매:문(賣文)명-하다 자 돈벌이를 위하여 글을 지어 파는 일. ☞매필(賣筆)
매:문-매필(賣文賣筆)명 돈벌이를 위하여 실속 없는 글을 짓거나 붓글씨를 써서 파는 일.
매:물(賣物)명 팔 물건.
매:미 명 매밋과의 곤충을 통틀어 이르는 말. 몸길이 1.2～8cm. 날개는 막질(膜質)이고 투명함. 세모꼴의 머리 양쪽에 동그란 겹눈이 있고, 두 눈 사이에 세 개의 붉은 홑눈이 있음. 더듬이는 가늘고 짧으며, 대롱 모양의 긴 주둥이를 나무에 찔러 넣어 수액(樹液)을 빨아먹음. 수컷은 복부에 있는 발음기를 떨어 욺. 애벌레는 땅 속에서 나무뿌리의 즙을 빨아먹고 사는데, 보통 6～7년이 지나서 땅 위로 나와 성충이 됨.
매:미-채 명 매미를 잡는 데 쓰이는 채.
매:발톱-나무 명 매자나뭇과의 낙엽 활엽 관목. 높이는 2m 안팎이고, 줄기와 가지에 가시가 있음. 잎은 주걱 모양이나 달걀꼴이며, 가장자리에는 가시 모양의 날카로운 톱니가 있음. 4～5월에 노란 이삭 모양의 꽃이 피고, 길둥근 열매가 9～10월에 붉게 익음. 각지의 산기슭이나 산 중턱에 자람. 가지와 잎은 약재로 쓰이고 나무는 산울타리로 심기도 함.
매:방(每*放)명 총 따위를 쏠 때의 한 방 한 방.
부 한 방 한 방마다. ¶- 표적에 명중했다.
매:-방울 명 매사냥할 때, 매의 다리에 다는 방울.
매:방-초시(每榜初試)명 지난날, 과거를 볼 때마다 초시(初試)에는 급제하고, 복시(覆試)에는 낙방하는 일을 이르던 말.
매:번(每番)부 번번이. 매매(每每) ¶경기에서 - 좋은 성적을 거두었다.
매병(梅甁)명 아가리는 좁고 어깨 부분은 크며 아래는 홀쭉하게 생긴 병.
매복(埋伏)명-하다 자 ①몰래 숨어 있음. ②기습하려고 숨어서 상대를 기다리는 일.
매:복(賣卜)명-하다 자 돈을 받고 길흉을 점쳐 줌.
매:복-자(賣卜者)명 점쟁이
매복-치(埋伏齒)명 치관(齒冠)의 전부 또는 대부분이 잇몸 속에 묻혀 있는 이.
매부(妹夫)명 누이의 남편. 손윗누이의 남편인 '자형(姉兄)'과 손아랫누이의 남편인 '매제(妹弟)'를 이름.
속담 매부 밥그릇이 클사 해 한다 : 처가에서는 사위 대접이 극진하므로, 오라비 되는 이는 늘 이를 샘하고 부러워한다는 말.
매:-부리¹ 명 사냥하는 매를 맡아 기르고 부리는 사람.
매:-부리² 명 매의 주둥이.
매:부리-코 명 매부리처럼 코끝이 구부하게 안으로 휜 코, 또는 그런 코를 가진 사람. ☞활등코
매비(埋祕)명-하다 타 몰래 묻어서 감춤.
매:사(每事)명 하나하나의 일. 모든 일. ¶-에 느긋하다.
부 하나하나의 일마다. 모든 일마다. ¶- 신중하다.
매사(昧事)어기 '매사(昧事)하다'의 어기(語基).

매:사가:감(每事可堪) 성구 무슨 일이든지 감당할만 함을 이르는 말.
매:-사냥 명 -하다 자 길들인 매로 꿩 따위의 새를 잡는 일.
매:사불성(每事不成) [-썽] 성구 하는 일마다 이루어지지 않음을 이르는 말.
매사-하다(昧事—) 형여 사리(事理)에 어둡다.
매:삭(每朔) 명 매월
부 다달이 ¶ — 붓는 곗돈.
매상(昧爽) 명 먼동이 틀 무렵.
매:상(買上) 명 -하다 타 정부나 관공서 등에서 민간으로부터 물건을 사들이는 일. ¶추곡(秋穀)을 —하다.
매:상(賣上) 명 '매상고(賣上高)'의 준말.
매:상(每常) 부 늘. 항상(恒常)
매:상=계:정(賣上計定) 명 판매액을 적는 계정.
매:상-고(賣上高) 명 상품을 판 수량이나 팔아서 얻은 돈의 총액. 판매액(販賣額) 준 매상(賣上)
매:상-곡(買上穀) 명 정부가 농민에게서 사들이는 양곡.
매:상-금(賣上金) 명 물건을 팔아서 번 돈.
매:상-미(買上米) 명 정부가 농민으로부터 사들이는 쌀.
매:상=상환(買上償還) 명 정부에서 발행한 공채(公債)를 정부에서 시가(時價)로 사들여 상환하는 일.
매:색(賣色) 명 -하다 자 매춘(賣春)
매:서(賣暑) 명 더위팔기
매:석(賣惜) 명 -하다 타 값이 오를 것을 예측하고 상품을 팔지 않으려고 하는 일. 석매(惜賣)
매:설(苺舌) 명 성홍열(猩紅熱)의 한 증세. 높은 신열로 말미암아 혀가 빨갛게 붓는 상태. 딸기혀
매설(埋設) 명 -하다 타 지뢰나 수도관·가스관·전선 따위를 땅 속에 묻어 설치하는 일.
매섭다(매섭고·매서워) 형ㅂ ①매몰차고 쌀쌀하다. ¶눈초리가 —. ②기세나 정도가 몹시 사납거나 심하다. ¶눈보라가 매섭게 몰아치다./매서운 추위. ☞무섭다
매:세(賣勢) 명 -하다 자 남의 세력에 기대어 젠체하며 거들먹거림.
매:소(賣笑) 명 -하다 자 매춘(賣春)
매:-소래 명 큰 소래기. 굽이 없이 접시 모양으로 크게 만든 질그릇.
매:소-부(賣笑婦) 명 매춘부(賣春婦)
매:수(買收) 명 -하다 타 ①물건 따위를 사들임. ¶공장 용지를 —하다. ②몰래 금품을 주거나 하여 제 편의 사람으로 끌어들임. ¶사람을 —하다. ☞매입
매:수(買受) 명 -하다 타 값을 치르고 물건 따위를 넘겨받음. ¶기계를 —하다.
매스게임(mass game) 명 많은 사람이 단체를 이루어 일제히 하는 체조나 무용.
매스껍다(매스껍고·매스꺼워) 형ㅂ ①구역질이 날 것처럼 뱃속이 거북하다. ¶멀미가 나는지 속이 —. ②말이나 하는 짓이 비위에 거슬릴 만큼 아니꼽다. ¶잘난체 하는 꼴이 —. ☞메스껍다
매스미:디어(mass media) 명 대중 전달 매체
매스소사이어티(mass society) 명 대중 사회(大衆社會)
매스컴(∠mass communication) 명 신문·잡지·라디오·텔레비전·영화 등, 대중 매체를 통하여 대량의 정보를 대중에게 널리 전달하는 일. 대중 전달(大衆傳達)
매슥-거리다(대다) 자 매슥매슥한 느낌이 나다. ☞메슥거리다
매슥-매슥 부 -하다 형 뱃속이 거북하거나 하여 구역질이 날듯 한 느낌을 나타내는 말. ¶점심 먹은 것이 —하다. ☞메슥메슥
매:-시(每時) 명부 '매시간(每時間)'의 준말.
매:-시간(每時間) 명 한 시간 한 시간.
부 한 시간마다. ¶— 잰 체온. 준 매시(每時)
매시근-하다 형여 몸이 노곤하여 기운이 없고 나른하다.
매시근-히 부 매시근하게
매:식(買食) 명 -하다 자 음식을 사서 먹음, 또는 그 음식.
매:신(賣身) 명 -하다 자 ①몸값을 받고 몸을 팖. ②매춘
매실(梅室) 명 겨울에 매실나무를 가꾸는 온실.
매실(梅實) 명 매실나무의 열매.
매실-나무(梅實—) 명 장미과의 낙엽 소교목. 높이 5m 안팎. 달걀꼴의 잎은 어긋맞게 나며, 가장자리에 날카로운 톱니가 있음. 4월경에 잎보다 먼저 꽃이 핌. 채 익지 않은 푸른 열매로 술을 담그기도 함. 중국 원산이며, 우리 나라에서도 재배되고 있음. 매화나무 ☞청매(靑梅)
매실매실-하다 형여 사람이 얄밉게 되바라지고 반드럽다.
매실-주(梅實酒) [-쭈] 명 풋매실을 설탕과 함께 소주에 담가 밀폐하여 익힌 술.
매-싸리 명 종아리채로 쓰이는 가느다란 싸릿가지.
매씨(妹氏) 명 남을 높이어 그의 손아래 누이를 일컫는 말. ☞자씨(姊氏)
매안(埋安) 명 -하다 타 신주(神主)를 무덤 앞에 파묻는 일.
매암 명 제자리에서 뱅글뱅글 돌거나 원을 그리며 빙빙 도는 짓. 준 맴
매암-돌:다 자 ①제자리에서 뱅글뱅글 돌거나 원을 그리면서 빙빙 돌다. ②어떤 테두리 안에서 같은 행동을 되풀이하다. ③일이 진전 없이 제자리걸음하듯 하다. 준 맴돌다

매암-돌리다 타 ①남의 몸을 제자리에서 뱅글뱅글 돌아가게 하다. ②남을 이곳저곳 자꾸 돌아다니게 만들다. 준 맴돌리다
매암-매암 부 매미의 수컷이 우는 소리를 나타내는 말. ☞맴맴[2]
매-암쇠 명 맷돌의 위짝 가운데에 박힌 구멍이 뚫린 쇠. 수쇠가 들어가서 끼이게 됨. 준 암쇠 ☞맷수쇠
매:야(每夜) 명 하루하루의 밤. ¶—에 꿈에서 만나다.
부 밤마다. 야야(夜夜) ¶— 별자리를 관찰하다./— 쓰는 일기.
매:약(賣約) 명 -하다 타 팔기로 약속함. ¶—이 된 그림.
매:약(賣藥) 명 ①-하다 자 약을 팖. ②약국에서, 의사의 처방 없이 팔 수 있는 일반 의약품.
매:양 부 번번이

한자 매양 매(每) 〔毋部 3획〕 ¶매년(每年)/매사(每事)/매시(每時)/매월(每月)/매회(每回)

매어-기르기 명 가축에게 끈을 매어 움직일 수 있는 범위를 제한하여 기르는 방법. 계목(繫牧)
매연(媒緣) 명 -하다 타 양편의 중간에서 인연이 맺어지게 함.
매연(煤煙) 명 그을음과 연기. 특히 탄소 화합물이 불완전하게 연소함으로써 생기는 오염 물질을 이름.
매염(媒染) 명 -하다 타 물감이 섬유에 잘 물들지 않을 때, 매염제를 써서 잘 물들게 하는 일.
매염-료(媒染料) 명 매염제(媒染劑)
매염=물감(媒染—) [-깜] 명 매염제 없이는 염색을 할 수 없는 물감을 통틀어 이르는 말. 매염 염료
매염=염:료(媒染染料) 명 매염 물감
매염-제(媒染劑) 명 섬유에 물이 잘 들게 하는 약제. 백반이나 철·크롬·타닌 따위. 매염료(媒染料)
매옥(埋玉) 명 옥을 묻는다는 뜻으로, 인재(人材)나 미인이 죽어 땅에 묻힘을 아까워하여 이르는 말.
매옴-하다 형여 혀가 알알한 맛을 느낄 만큼 맵다. ☞매움하다. 매콤하다
매용-제(媒熔劑) 명 잿물이 빨리 녹도록 섞는 화학 물질.
매우 부 보통의 정도보다 훨씬 넘게. ¶품질이 — 좋다.
매우(梅雨) 명 6월 상순에서 7월 중순에 걸쳐 중국 양쯔 강 유역, 우리 나라 남부 지역, 일본에서 볼 수 있는 우계(雨季). 우리 나라에서는 여름 장마와 이어지는 경우가 많음. 매림(梅霖)
매우-기(梅雨期) 명 매우(梅雨)가 지는 철.
매욱-스럽다(-스럽고·-스러워) 형ㅂ 매욱한 데가 있다. ☞미욱스럽다
매욱-스레 부 매욱스럽게
매욱-하다 형여 매련하고 어수룩하다. ☞미욱하다
매운-맛 명 고추의 맛과 같은 알알한 맛. 신미(辛味)
매운-재 명 진한 잿물을 내릴 수 있는, 참나무 재와 같은 독한 재.

매운-탕(-湯)명 생선·고기·채소 등을 넣고, 고춧가루를 풀어 얼큰하게 끓인 찌개.
매울-신(-辛)[-씬]명 한자 부수(部首)의 한 가지. '辭'·'辯' 등에서 '辛'의 이름.
매움-하다형여 혀가 얼얼한 맛을 느낄 만큼 맵다. ☞매옴하다
매원(埋怨)명-하다자 원한을 품음.
매원(梅園)명 매실나무 밭.
매:원(買怨)명-하다자 무슨 일로 남의 원한을 삼.
매:월(每月)명 그달 그달. 매삭
부 다달이 ¶- 붓는 곗돈.
매:음(賣淫)명-하다자 매춘(賣春)
매:음-굴(賣淫窟)명 매춘부들이 많이 모여 있는 곳.
매:음-녀(賣淫女)명 매춘부(賣春婦)
매:음-부(賣淫婦)명 매춘부(賣春婦)
매이(枚移)명-하다자 지난날, 관아 사이에 공문을 서로 주고받는 일을 이르던 말.
매이다자 ①맴을 당하다. ¶나뭇가지에 매인 그네./나루에 매인 배. ②남에게 부림을 받거나 무슨 일에 묶여 자유로이 행동할 수 없게 되다. ¶직장에 -./공무(公務)에 -./집안일에 -.
매인 목숨관용 남에게 얽매여 있거나 딸리어 있어서 자유롭지 못한 신세를 이르는 말.
매:인(每人)명 각 사람. 매명(每名) ¶-의 작업량을 점검하다.
매:인-당(每人當)부 각 사람 몫으로. 한 사람 앞에.
매:일(每日)명 그날 그날. 하루하루 ¶-의 생활.
부 날마다 ¶- 다니는 길.
매:일-같이(每日-)[-가치]부 날마다. 거의 날마다. ¶요즘은 - 비가 내린다./- 만나는 사람.
매-일반(-一般)명 마찬가지. 매한가지 ¶이러나 저러나 고생하기는 -이다.
매:일-열(每日熱)[-렬]명 말라리아에 걸려 매일같이 고열(高熱)이 나는 증세.
매:일=운:동(每日運動)명 일주 운동(日周運動)
매:입(買入)명-하다타 사들임. 매득(買得) ☞매각(賣却). 매도(賣渡). 매수(買受)
매:입=상환(買入償還)명 회사가 발행한 자기의 사채(社債)를 유통 시장(流通市場)에서 사들여 상환하는 일. 시장 가격이 내렸을 때 사들임으로써, 결과적으로는 시장 가격이 오름.
매:입=소각(買入消却)명 회사가 발행한 사채(社債)나 주식을 유통 시장(流通市場)에서 사들여, 이를 없애고 실효(失效)시키는 일. 사채의 경우는 만기에 전액을 갚는 부담을 피하기 위한 방법으로, 주식의 경우는 자본 감소의 방법으로 이용됨.
매:입=원가(買入原價)[-까]명 물건을 사들일 때의 값. 원가(原價)
매:입-장(買入帳)명 상품이나 원재료의 매입에 관한 내용을 적는 장부.
매자(昧者)명 어리석고 둔한 사람.
매자(媒子)명 중매(中媒)
매:자(賣子)명 민속에서, 아이가 오래 살기를 비는 뜻에서, 바위나 나무 따위에 아이의 이름을 새겨 수명을 의탁하는 일.
매자기명 방동사닛과의 여러해살이풀. 줄기 높이는 80~150cm. 여름에 줄기 끝에 이삭 모양의 꽃이 피고, 열매는 10월경에 익는데 둥글고 녹색을 띰. 덩이줄기는 한방에서 약재로 쓰임. 우리 나라 곳곳의 늪가나 못가에 자람.
매자-나무명 매자나뭇과의 낙엽 활엽 관목. 높이는 2m 안팎. 가지를 잘 치며, 거꿀달걀꼴의 잎은 마디에서 무더기로 남. 5월경에 노란 잔 꽃이 피고, 열매는 가을에 붉게 익음. 뿌리와 줄기는 한방에서 약재로 쓰이고, 나무는 산울타리로 심기도 함. 우리 나라 중부 이북의 양지쪽 산기슭에 자람.
매자십이(梅子十二)성구 매실나무는 심은 지 열두 해 만에 열매를 맺음을 이르는 말.
매작(媒妁)명-하다타 중매(中媒)
매작지근-하다형여 따뜻한 기운이 있는듯 없는듯 하다. ☞매지근하다. 미적지근하다
매작지근-히부 매작지근하게 ☞매지근히. 미적지근히
매-잡이명 ①매듭의 단단한 정도. ②일을 끝맺어 마무르는 일. ¶-가 야무지다.
매잣-과(-果)명 밀가루 반죽을 얇게 밀어 국수처럼 가늘게 썰어서 실타래 모양으로 감아 한가운데를 맨 다음, 기름에 튀겨 내어 꿀이나 설탕물에 담갔다가 먹는 유밀과.
매장(埋葬)명-하다타 ①송장이나 유골(遺骨) 따위를 땅에 묻음. ②사회나 단체 등에서 못된 짓을 한 사람을 따돌림. ¶체육계에서 -되다.
매장(埋藏)명 ①광물 따위가 땅 속에 묻혀 있음. ②-하다타 묻어서 감춤.
매:장(買贓)명-하다자 장물(贓物)을 사들임.
매:장(賣場)명 판매소(販賣所)
매장-꾼(埋葬-)명 송장을 땅에 묻는 일꾼.
매장-량(埋藏量)명 광물 따위가 땅 속에 묻혀 있는 분량. ¶금의 -이 많다.
매장=문화재(埋藏文化財)명 땅 속이나 물밑, 그 밖의 사람의 눈에 띄지 않는 곳에 묻혀 있는 유형 문화재.
매장-물(埋藏物)명 ①땅 속에 묻혀 있는 물건. ②법률에서, 땅 속이나 다른 물건 속에 묻혀 있어서 그 소유권이 누구에게 있는지 쉽게 알 수 없는 물건.
매:장이-치다(買贓-)타 장물(贓物)을 샀다가 관청에 몰수(沒收)를 당하다.
매장-지(埋葬地)명 장지(葬地)
매:장-치기(每場-)명 ①장날마다 장보러 다니는 일. ②장날마다 장보러 다니는 사람.
×**매저키즘**명 →마조히즘(masochism)
매적(埋積)명-하다타 매축(埋築)
매전(煤田)명 탄전(炭田)
매:절(買切)명-하다타 반품하지 않는다는 조건으로 상품을 도거리로 사는 일.
매:절(賣切)명 품절(品切)
매:점(買占)명-하다타 사재기
매:점(賣店)명 물건을 파는 가게. 경기장이나 극장·역·학교·병원 등에 설치된 소규모의 가게를 이름.
매정-스럽다(-스럽고·-스러워)형ㅂ 매정한 데가 있다. ☞무정스럽다
매정-스레부 매정스럽게 ☞무정스레
매정-하다형여 얄미울 만큼 인정이 없다. ☞무정하다. 유정하다
매정-히부 매정하게 ☞무정히
매제(妹弟)명 손아랫누이의 남편. 계매(季妹) ☞매형. 자형
매:조(每朝)명 매일 아침.
부 아침마다
매조(梅鳥)명 매화와 새가 그려져 있는, 열 끗짜리 화투짝. ☞국준(菊樽)
매-조미(-糙米)명-하다자 매갈이
매조미-간(-糙米間)[-깐]명 매갈잇간
매조미-쌀(-糙米-)명 벼를 매통에 갈아서 겉겨만 벗긴 쌀. 조미(糙米). 현미(玄米)
매조밋-겨(-糙米-)명 왕겨
매-조이명-하다자 매통이나 맷돌의 닳은 이를 끌로 파거나 정으로 쪼아서 날카롭게 하는 일.
매-조이다자 매통이나 맷돌의 닳은 이를 끌로 파거나 정으로 쪼아서 날카롭게 하다. 준매죄다
매-조지명 일의 끝을 단단히 마무르는 일.
매-조지다타 일의 끝을 단단히 마무르다.
매-죄:다자 '매조이다'의 준말.
매죄료=장수명 지난날, 매조이를 직업으로 삼고 돌아다니던 사람.
매:주(每週)명 그 주일 그 주일. 한 주일 한 주일.
부 주마다. ¶- 한 번은 찾아온다.
매:주(買主)명 물건을 사는 사람.

매:주(賣主)명 물건을 파는 사람.
매:주(賣酒)명-하다자 술을 팖.
매죽(梅竹)명 매실나무와 대나무를 아울러 이르는 말.
매죽-잠(梅竹簪)명 비녀의 머리 부분에 매화와 댓잎 모양을 새긴 비녀.
매:지-구름명 비를 머금은 검은 구름.
매지근-하다형여 따뜻한 기운이 조금 있는듯 하다. ☞매작지근하다. 미지근하다
 매지근-히부 매지근하게 ☞매작지근히. 미지근히
매지-매지부 좀 작은 물건을 여러 몫으로 나누는 모양을 나타내는 말. ¶가루약을 ― 나누다. ☞메지메지
매직넘버(magic number)명 프로 야구에서, 수위(首位) 팀이 남은 시합 중 우승에 필요한 경기 횟수.
매직미러(magic mirror)명 매직 유리
매직아이(magic eye)명 그리드(grid) 전압의 변화를 눈으로 볼 수 있게 한 형광(螢光) 진공관. 수신기의 동조(同調)의 지시, 검류계(檢流計) 따위에 쓰임.
매직=유리(magic 琉璃)[―뉴―]명 은이나 주석을 도금한 반투명의 특수 유리. 어두운 쪽에서 보면 보통의 유리처럼 투명해 보이나, 반대쪽에서는 거울처럼 보여 투시(透視)할 수 없음. 매직미러
매직잉크(magic ink)명 유성(油性) 잉크를 쓰는 필기 용구의 한 가지. 빨리 마르고 물기에 강함. 상표명임.
매직테이프(magic tape)명 마음대로 붙였다 뗐다 할 수 있는, 합성 수지로 된 테이프. 겉면이 고리 모양으로 된 것과 갈고리 모양으로 된 것을 한 쌍으로 하여 사용함. 상표명(商標名)임.
매직펜(magic pen)명 펠트로 된 심에 배인 매직잉크로 글씨를 쓰는 펜. ☞펠트펜(felt pen)
매직핸드(magic hand)명 머니퓰레이터(manipulator)
매:진(枚陳)명-하다타 하나하나 들어 말함.
매:진(賣盡)명-하다자 상품이나 입장권, 차표 따위가 모두 팔림. ¶항공권이 ―되다.
매:진(邁進)명-하다자 씩씩하게 나아감.
매-질명-하다타 매로 때리는 짓.
매질(媒質)명 힘이나 파동 등 물리적 작용을 전하는 매개물(媒介物). 음파(音波)를 전하는 공기나 빛을 전하는 공간 따위.
매:집(買集)명-하다타 물건을 사서 모음.
매:집-상(買集商)명 생산자로부터 물품을 사 모아서 도시의 시장에 내다 파는 지방의 상인, 또는 그 장사.
매:-찌명 매의 똥.
매:차(每次)명 각 차례. 한 차례 한 차례. ¶―에 빠짐없이 나가다.
 부 차례마다 ¶― 무사히 통과하다.
매처학자(梅妻鶴子)성구 송(宋)나라 임포(林逋)가 서호(西湖)에 은둔하여 매화와 학만 길렀다는 데서, 유유자적하는 풍류 생활을 비유하여 이르는 말.
매체(媒體)명 ①매질(媒質)이 되는 물체. ②정보 전달의 수단으로 쓰이는 것. 신문이나 잡지·라디오·텔레비전 따위. 미디어 ¶보도 ―/출판 ―
매:초(賣草)명 지난날, 가게에서 파는 담배를 이르던 말.
매초롬-하다형여 한창때에 건강하고 고운 태가 있다. ☞미추룸하다
 매초롬-히부 매초롬하게 ☞미추룸히
매축(埋築)명-하다타 땅이 낮은 곳, 특히 강가나 바닷가를 메워서 토지를 만드는 일. 매립(埋立). 매적(埋積)
매축-지(埋築地)명 강가나 바닷가를 메워서 만든 토지.
매:춘(賣春)명-하다자 돈을 받고 육체적으로 관계하는 일. 매색(賣色). 매소(賣笑). 매신(賣身). 매음(賣淫)
매:춘-부(賣春婦)명 돈을 받고 아무 남자와 육체적으로 관계하는 여자. 갈보. 매소부(賣笑婦). 매음녀(賣淫女). 매음부(賣淫婦)
매:출(賣出)명-하다타 상품을 내다 팖.
매:출-장(賣出帳)[―짱]명 상품을 판 내용을 적는 장부.
매:-치명 매사냥으로 잡은 새나 짐승. ☞불치
매치-광이명 ①매친 사람. ②말이나 행동을 함부로 하는 사람을 얕잡아 이르는 말.
매치다자 ①정신에 약간 이상이 생기어 말이나 하는 짓이 보통 사람과 다르게 되다. ②흥분 따위로 말이나 행동이 정상 상태를 벗어나다. ☞미치다
매치포인트(match point)명 배구나 테니스 따위에서, 시합의 승패를 결정짓는 마지막의 한 점.
매카:시즘(McCarthyism)명 극단적인 반공주의(反共主義), 또는 용공적(容共的)인 사상이나 언론, 정치 활동에 대한 탄압을 뜻하는 말. 1950~1954년, 미국의 상원 의원인 매카시가 주도했음.
매캐-하다형여 연기나 곰팡이 따위의 냄새가 코를 찌르는 것처럼 맵싸하다. ¶매캐한 화약 냄새. ☞메케하다
매콤-하다형여 감칠맛이 있게 꽤 맵다. ¶고추장을 풀어 매콤하게 찌개를 끓이다. ☞매옴하다. 매큼하다
매크로렌즈(macrolens)명 주로 접사(接寫)에 사용하는 사진 촬영용 렌즈.
매크로파:지(macrophage)명 동물체의 모든 조직에 존재하는 아메바 모양의 대형 세포. 세균이나 이물(異物) 따위를 세포 안으로 끌어들여 소화하는 힘이 강함.
매큼-하다형여 톡 쏘는듯이 꽤 맵다. ☞매콤하다. 달큼하다. 새큼하다
매탁(媒託)명-하다자 미리 굳게 언약함.
매탄(煤炭)명 석탄(石炭)
매탄-요(煤炭窯)명 석탄을 때어서 도자기를 굽는 가마.
매태(莓苔)명 '이끼''의 딴이름.
매:토(買土)명-하다자 땅을 삼.
매:토(賣土)명-하다자 땅을 팖.
매-통명 벼를 갈아 겉겨를 벗기는 데 쓰는 기구. 한 아름쯤 되는 굵은 통나무를 잘라 만드는데, 아래위 두 짝으로 되어 있음. 목마(木磨). 목매 준매[3]
매트(mat)명 ①체조나 레슬링 등의 운동을 할 때, 충격을 덜기 위해 바닥에 까는 푹신한 깔개. ②현관이나 사무실의 출입구 등에 두는, 신발의 흙을 떨기 위한 깔개.
매트리스(mattress)명 침대용의 요.
매트=운:동(mat 運動)명 마루 운동
매:-파(―派)명 자기편의 이념이나 주장을, 상대편과 타협하지 않고 강경하게 밀고 나가려는 사람들. 특히 외교 정책 등에서 무력에 따른 해결도 불사하겠다는 사람들을 이름. ☞강경파(強硬派). 비둘기파
매파(媒婆)명 혼인을 중매하는 할멈.
매-판명 매갈이 또는 맷돌질할 때에 바닥에 까는, 전이 없는 둥근 방석.
매:판(買辦)명 ①1770년 무렵부터 중국에 있던 외국 무역 업자들이 중국 상인과 거래하기 위하여 고용했던 중국인. ②외국 자본의 앞잡이가 되어 자신의 이익을 위하여 제 나라의 이익을 해치는 사람을 멸시하여 이르는 말.
매:판=자:본(買辦資本)명 식민지나 개발 도상국 등에서, 외국 자본에 이바지함으로써 이익을 얻는 토착 자본. ☞민족 자본(民族資本)
매:판-적(買辦的)명 식민지나 개발 도상국 등에서, 외국 제국주의의 이익에 이바지하는 것.
매:-팔자(―八字)[―짜]명 놀기만 하면서도 먹고 사는 일에 걱정이 없는 팔자.
매폄(埋窆)명-하다타 관(棺)을 땅 속에 묻음.
매:표(買票)명-하다타 차표나 입장권 따위를 삼.
매:표(賣票)명-하다자 차표나 입장권 따위를 팖.
매:표-구(賣票口)명 차표나 입장권 따위를 파는 창구.
매:표-소(賣票所)명 차표나 입장권 따위를 파는 곳.
매:표-원(賣票員)명 차표나 입장권 따위를 파는 사람.
매-품명 지난날, 관아에 가서 남의 매를 대신 맞아 주고 삯을 받던 일.
 매품을 팔다관용 남의 매를 대신 맞아 주고 삯을 받다.
매:품(賣品)명 파는 물건.
매:필(賣筆)명-하다자 돈벌이를 위하여 붓글씨를 써서 파는 일. ☞매문(賣文)
매-한가지명 마찬가지. 매일반 ¶이거나 저거나 싫기는 ―지.

매-함지 명 맷돌을 들여앉혀 놓고 쓰기에 편리한 함지.
매합(媒合) 명 -하다 타 혼인을 중매함.
× **매-해**(每-) 명 → 매년(每年)
매핵-기(梅核氣) 명 한방에서, 목안이 붓고 침을 삼키기도 뱉기도 어려운 병을 이르는 말.
매향(埋香) 명 향을 묻는다는 뜻으로, 미인을 매장함을 비유하여 이르는 말.
매향(梅香) 명 매화의 향기.
매:혈(買血) 명 -하다 자 혈액을 삼. ☞매혈(賣血)
매:혈(賣血) 명 -하다 자 혈액을 팖. ☞매혈(買血)
매형(妹兄) 명 손윗누이의 남편. 매부(妹夫). 자형(姉兄)
매:호(每戶) 명 각 집. 모든 집. 집집. 호호(戶戶)
부 집집마다 ¶ — 찾아다니며 인사를 하다.
매호씨 명 남사당패에서 줄타는 광대와 재담(才談)을 주고받는 어릿광대.
매혹(魅惑) 명 -하다 타 이상한 매력으로 사람의 마음을 사로잡음. ¶뭇 남성을 —하다.

ㅁ

매혹-적(魅惑的) 명 이상한 매력으로 사람의 마음을 사로잡는 것. ¶—인 목소리.
매혼(埋魂) 명 -하다 자 신주(神主)를 만들기 전에 초상 때만 쓰는 임시의 신위인 혼백(魂帛)을 무덤 앞에 묻는 일.
매홍-지(梅紅紙) 명 지난날, 중국에서 들여오던 붉은 빛깔의 종이.
매화 명 조선 시대, 궁중에서 '똥'을 이르던 말.
매화(梅花) 명 ①매실나무, 또는 매화꽃. ②화투 딱지의 한 가지. 2월을 상징하여 매화꽃을 그린 딱지. 열, 홍단 띠, 껍데기 두 장으로 이루어짐. ☞매조(梅鳥). 벚꽃
속담 **매화도 한철 국화도 한철** : 모든 것은 각각 한창때가 있기는 하나 반드시 쇠하는 데는 다름이 없다는 말.

한자 매화 매(梅) 〔木部 7획〕 ¶매실(梅實)/매화(梅花)

매화가(梅花歌) 명 조선 시대, 십이가사(十二歌詞)의 하나. 작자와 연대는 알려져 있지 않으며, 사랑을 매화꽃에 실어 노래한 내용임. '청구영언(靑丘永言)'과 '남훈태평가(南薰太平歌)' 등에 실려 전함. 매화 타령[1]
매화-나무(梅花-) 명 '매실나무'의 딴이름.
매화-다(梅花茶) 명 매화 봉오리를 따서 말린 것을 끓는 물에 넣어 우린 차. 매화차(梅花茶)
매화-매듭(梅花-) 명 동양 매듭의 기본형의 한 가지. 다섯 꽃잎의 매화 모양으로 얽어 맺은 납작한 매듭.
매화-밥(梅花-) 명 술에 적셔 말린 찰벼를 불에 달군 솥에 모래와 함께 볶아, 낟알이 튀어 매화꽃 모양이 되게 한 튀밥.
매화사(梅花詞) 명 조선 헌종(憲宗) 6년(1840)에 안민영(安玟英)이 지은 여덟 수로 된 연시조. 스승 박효관(朴孝寬)이 가꾼 매화를 보고 읊은 내용임.
매화-산:자(梅花糤子) 명 매화밥을 묻힌 유밀과(油蜜果).
매화-육궁(梅花六宮) 명 바둑에서, 빈 집 여섯을 가진 말의 가운데에 상대편이 한 점만 놓으면 두 집을 내지 못하게 되는 상태인 것을 이르는 말. 새발육궁 ☞오궁도화
매화-잠(梅花簪) 명 비녀의 머리에 매화를 새긴 비녀.
매화-점(梅花點)[-쩜] 명 국악의 악보에서, 가사나 시조 따위의 창법(唱法)을 나타낸 점을 이르는 말.
매화-주(梅花酒) 명 가향주(加香酒)의 한 가지. 찹쌀·누룩·물·매화·엿기름으로 빚은 술.
매화-죽(梅花粥) 명 깨끗이 씻은 매화를 넣어서 쑨 죽.
매화-차(梅花茶) 명 매화다(梅花茶)
매화-총(梅花銃) 명 매화포(梅花砲)
매화타:령(梅花*打令)[1] 명 ①십이잡가(十二雜歌)의 하나인 '달거리'의 후반부를 따로 떼어서 부르는 노래. ②매화가(梅花歌)
매화-타:령(梅花*打令)[2] 명 주제에 어울리지 않게 갈잖은 언행(言行)을 하는 사람을 놀리어 이르는 말. ¶똥 싼 주제에 —이라.
매화-틀 명 조선 시대, 궁중에서 가지고 다닐 수 있게 만든 변기(便器)를 이르던 말.
매화=편:문(梅花片紋) 명 도자기의 겉면 잿물에 선이 굵게 가도록 만든 매화 무늬.
매화-포(梅花砲) 명 종이로 만든 딱총의 한 가지. 불똥 튀는 것이 매화가 떨어지는 것과 비슷하다고 하여 붙여진 이름. 매화총(梅花銃)
매:회(每回) 명 각 회. 한 회 한 회.
부 돌아오는 그 회마다. ¶ — 만나다.
매-흙 명 흙벽이나 흙담의 표면을 곱게 발라 마무르는 데 쓰이는, 찰기가 적고 보드라운 흙. 준 매[2]
매흙-질[-흑-] 명 -하다 자 매흙을 벽 거죽에 바르는 일. 준 맥질
맥(脈) 명 ①'혈맥(血脈)'의 준말. ②'맥박(脈搏)'의 준말. ¶—이 뛰다. /—이 고르다. ③'광맥(鑛脈)'의 준말. ¶—이 끊어지다. ④'맥락(脈絡)'의 준말. ¶—이 이어지지 않는 글. ⑤풍수지리설에서, 산맥이나 지세에서 정기가 흐른다는 줄기를 이르는 말. 지맥(地脈) ¶—을 끊어 놓다. ⑥이어져 내려오는 계통. ¶성리학의 —을 잇다. ⑦기운. 힘
맥(도) 모르다 관용 일의 내용을 알지도 못하다.
맥을 놓다 관용 ①긴장을 풀다. ②맥이 풀려 멍해지다. 의욕을 잃다. 맥놓다
맥(을) 못 추다 관용 힘을 쓰지 못하다.
맥(을) 보다 관용 맥(을) 짚다.
맥(을) 짚다 관용 맥박의 상태를 알아보기 위하여 손가락으로 짚어 보다. 맥(을) 보다.
맥이 풀리다 관용 기운이 없어지다. 긴장이 풀어지다. 맥풀리다
속담 **맥도 모르고 침통 흔든다** : 일의 내용이나 사연도 모르고 덤빈다는 말.
맥(貊) 명 ①상고 시대에 요하(遼河) 부근에 있던 나라. ②상고 시대에 강원도 지방에 있던 나라. 예(濊)와 섞여 살아 '예맥(濊貊)'으로 이르기도 했음.
맥(貘) 명 ①맥과의 동물을 통틀어 이르는 말. 몸길이는 2~2.5m, 어깨 높이 1m 안팎. 몸은 굵고 꼬리는 짧음. 코는 입술과 이어져 뾰족함. 앞다리에 네 개, 뒷다리에 세 개의 발굽이 있음. 풀과 나무의 열매를 먹고 사는데, 말레이 지방이나 중남미에 분포함. ②중국의 전설에서, 인간의 악몽(惡夢)을 먹는다는 상상의 동물. 형태는 곰, 코는 코끼리, 눈은 코뿔소, 꼬리는 소, 발은 범과 비슷하다고 함.
맥각(麥角) 명 호밀이나 보리 등 볏과 식물의 이삭에 맥각균이 기생하여 생기는 단단한 물질, 또는 그것을 말린 것. 주성분은 알칼로이드이며, 자궁(子宮) 수축, 진통(陣痛) 촉진, 지혈(止血) 작용 등이 있어 약으로 쓰임.
맥각-균(麥角菌) 명 자낭균류(子囊菌類)에 딸린 균. 밀·보리·귀리 등의 씨방에 기생하여 병을 일으킴.
맥각-병(麥角病) 명 깜부깃병
맥간(麥稈) 명 밀짚이나 보릿짚의 줄기.
맥간=세:공(麥稈細工) 명 갖가지 색으로 물들인 밀짚이나 보릿짚을 재료로 하는 세공.
맥고(麥藁) 명 밀짚이나 보릿짚.
맥고-모자(麥藁帽子) 명 밀짚모자
맥고-지(麥藁紙) 명 밀짚이나 보릿짚 섬유로 만든 종이.
맥곡(麥穀) 명 맥류(麥類)
맥관(脈管) 명 혈관(血管)이나 림프관 등 동물의 몸 속에서 체액(體液)을 흐르게 하는 관(管)을 통틀어 이르는 말. 맥도(脈道)
맥관-계(脈管系) 명 순환계(循環系)
맥궁(貊弓) 명 고구려의 소수맥(小水貊)에서 났다는 품질이 좋은 활.
맥-낚시(脈-)[-낙-] 명 낚시찌를 쓰지 아니하고 낚싯대나 낚싯줄을 통하여 전해지는 느낌으로 물고기를 낚는 방법. ☞찌낚시
맥노(麥奴) 명 보리깜부기
맥-놀이(脈-) 명 진동수의 차이가 매우 작은 두 소리가 서로 간섭하여 주기적(週期的)으로 강약을 반복하는 현상. 비트(beat)
맥농(麥農) 명 보리농사

맥-놓다(脈—) 자 ①긴장을 풀다. ②맥이 풀려 멍해지다. 의욕을 잃다.
맥도(脈度) 명 맥박이 뛰는 정도.
맥도(脈道) 명 맥관(脈管)
맥동(脈動) 명 -하다 자 ①맥박이 뜀. 박동(搏動) ②맥박이 뛰듯 주기적·율동적으로 움직임. ③지진 이외의 원인으로 말미암은 지각(地殼)의 미세한 진동. 저기압이나 한랭 전선, 태풍 등 기상적(氣象的)인 변동이 심한 경우에 관측됨.
맥-동지(麥同知) 명 보리동지
맥락(脈絡) 명 ①혈관(血管)의 계통. ②무슨 일의 앞뒤의 연결. ¶일관성 있는 —./—을 잇다./—이 끊기다. 준 맥(脈) ☞줄거리
맥락-관:통(脈絡貫通) 명 사리가 명백하여 환하게 통함.
맥락-막(脈絡膜) 명 안구(眼球)의 뒤쪽을 싸는 막. 망막(網膜)의 바깥쪽에 있으며, 광선을 차단하고, 안구에 영양을 공급함.
맥랑(麥浪) 명 보리나 밀의 이삭이 바람에 나부끼는 모양을 물결에 비유하여 이르는 말.
맥량(麥涼) 명 보리나 밀이 익을 무렵의 좀 서늘한 날씨, 또는 그 계절.
맥량(麥糧) 명 여름철의 양식으로 삼는 보리.
맥령(麥嶺) 명 보릿고개
맥류(脈流) 명 흐르는 방향은 일정하나 세기가 시간에 따라 변하는 전류(電流). ☞정상 전류(定常電流)
맥류(麥類) 명 보리 종류, 곧 보리·쌀보리·참밀·귀리·호밀 따위를 통틀어 이르는 말. 맥곡(麥穀)
맥리(脈理) 명 한방에서, 맥박(脈搏)의 상태를 이르는 말.
맥립-종(麥粒腫) 명 다래끼[2]
맥망(麥芒) 명 보리나 밀 따위의 까끄라기.
맥맥-이(脈脈—) 부 끊임이 없이 줄기차게. ¶— 이어 온 민족 정신.
맥맥-하다 형여 ①코가 막혀 숨쉬기가 갑갑하다. ¶감기가 들어 코가 —. ②생각이 잘 떠오르지 않아 답답하다. ¶어떻게 하여야 좋을지 도무지 —.
맥맥-히 부 맥맥하게
맥문-동(麥門冬) 명 ①백합과의 여러해살이풀. 뿌리는 여러 개의 작은 덩이뿌리를 이루며, 기는줄기는 옆으로 뻗음. 너비 1cm 가량의 선 모양의 잎이 뿌리에서 모여 남. 여름에 30~50cm의 꽃대가 뻗어 자줏빛의 잔 꽃이 이삭 모양으로 피고, 가을에 둥근 열매가 짙은 남빛으로 익음. 우리 나라 중부 이남 산지의 나무 그늘에서 자람. 겨우살이풀. 불사초(不死草). 양구(羊韭). 오구(烏韭) ②한방에서, 맥문동의 덩이뿌리를 약재로 이르는 말. 소염·강장·진핵·거담제로 쓰임.
맥박(脈搏) 명 심장의 박동에 따라 일어나는 동맥벽의 진동이 말초 혈관에 전해진 것. 그 수는 심장의 박동수와 거의 같으며, 성인의 경우 보통 1분에 60~80회 정도임. 준 맥(脈)
맥박-계(脈搏計) 명 맥박의 횟수와 강약을 재는 계기.
맥박=곡선(脈搏曲線) 명 맥박의 횟수가 변화하는 상태를 그래프로 나타낸 곡선.
맥반(麥飯) 명 보리밥
맥부(麥麩) 명 밀기울
맥분(麥粉) 명 ①밀가루 ②보릿가루
맥비(脈痹) 명 한방에서, 피가 엉겨 순환이 순조롭지 않아, 몸이 이곳 저곳 조금씩 저려 오는 증세를 이르는 말.
맥-빠:지다(脈—) 자 기운이 빠지다. 긴장이 풀리다. ¶설에 상여금이 없다는 소식에 —.
맥석(脈石) 명 광상(鑛床) 속에 섞여 있는, 가치가 별로 없는 광석을 통틀어 이르는 말. ☞마목. 버력[1]
맥소(脈所) 명 ①짚어서 맥박이 뛰는 것을 알 수 있는 곳. 손목의 안쪽 따위. ②사물의 급소.
맥수지탄(麥秀之歎) 성구 은(殷)나라의 기자(箕子)가 나라가 망한 후에 폐허가 된 옛 도읍지를 지나면서, 그곳에 부질없이 자라는 보리를 보고 한탄했다는 고사(故事)에서, 고국의 멸망을 한탄함을 이르는 말.
맥시(maxi) 명 양장에서, 복사뼈가 가려질 정도의 길이를 이르는 말. 맥시 스커트나 맥시 코트 따위. ☞미니(mini). 미디(midi)
맥시-류(脈翅類) 명 곤충강(綱)의 풀잠자리목(目). 연하고 약한 몸을 가진 원시적인 곤충으로, 날개에 그물 모양의 줄이 있음. 뿔잠자릿과, 명주잠자릿과, 뱀잠자릿과 등이 이에 딸림.
맥시멈(maximum) 명 최대(最大)·최대량·최대한(最大限). ☞미니멈(minimum)
맥아(麥芽) 명 엿기름
맥아-당(麥芽糖) 명 엿당
맥암(脈岩) 명 암석(岩石) 사이에 스며든 마그마가 굳어 맥(脈)을 이룬 화성암(火成岩).
맥압(脈壓) 명 최고 혈압과 최저 혈압의 차(差).
맥압-계(脈壓計) 명 혈압계(血壓計)
맥-없:다(脈—) [—업—] 형 기운이 없다. 맥이 없다.
맥-없이 부 맥없게 ¶기진하여 — 주저앉다.
맥우(麥雨) 명 보리가 익을 무렵에 내리는 비.
맥작(麥作) 명 보리농사, 또는 그 작황(作況).

맥주(麥酒) 명 엿기름가루를 물과 함께 가열하여 당화(糖化)하고 홉(hop)을 넣어 향기와 쓴맛이 나게 한 다음, 효모균(酵母菌)을 넣어 발효시킨 술.
맥주-병(麥酒甁) [—뼝] 명 ①맥주를 담는 병. ②수영을 못하는 사람을 놀리어 이르는 말.
맥-줄(脈—) 명 맥의 줄기.
맥진(脈診) 명 한방의 절진(切診)의 한 가지. 의사가 집게손가락·가운뎃손가락·약손가락으로 환자의 요골(橈骨) 동맥(動脈)의 박동(搏動) 상태를 보아서 병증(病證)을 진찰하는 방법. ☞사진(四診). 촉진(觸診)
맥진(脈盡) 명 -하다 자 맥이 풀리고 기운이 빠짐. ☞기진맥진(氣盡脈盡)
맥진(驀進) 명 -하다 자 앞뒤 헤아리지 않고 세차게 나아감. ¶사막을 —하는 탱크. ☞돌진(突進). 맹진(猛進)
맥-질 명 -하다 자 '매흙질'의 준말.
맥-쩍다 형 ①열없고 겸연쩍다. ¶대하기가 —. ②심심하고 지루하다. ¶창밖을 내다보며 맥쩍게 앉아 있다.
맥차(麥茶) 명 보리차
맥추(麥秋) 명 ①보리가 익어서 거두는 철, 곧 초여름을 이르는 말. 보릿가을 ②음력 4~5월을 달리 이르는 말.
맥탁(麥濁) 명 보리로 담근 막걸리. 보리막걸리
맥탕(麥湯) 명 보리숭늉
맥-풀리다(脈—) 자 기운이 없어지다. 긴장이 풀어지다. ¶그 동안의 노력이 허사라니, 맥풀리는군.
맥피(麥皮) 명 밀기울
맥황(麥黃) 명 보리나 밀 따위에 황이 내려 누렇게 되는 병. 황증(黃蒸)
맥후(脈候) 명 한방에서, 맥박의 횟수나 강약 등에서 나타나는 병의 증세를 이르는 말.
맨:[1] 관 가장. 제일 ¶— 앞쪽에 앉다./— 먼저 출근하다.
맨:[2] 부 온통. 죄다 ¶수영장엔 — 아이들 뿐이다.
맨- 접두 '아무 것도 더하지 아니한 그것만의'의 뜻을 나타냄. ¶맨주먹/맨손/맨발/맨몸/맨밥 ☞민-
맨-꽁무니 명 밑천 없이 맨주먹으로 하는 일, 또는 그렇게 일을 하는 사람. ¶이런 일에 —로 덤벼들다니.
×**맨날** 부 →만날
맨-눈 명 안경이나 현미경 등을 이용하지 않고 무엇을 볼 때의 눈. 나안(裸眼). 육안(肉眼)
맨-다리 명 가린 것 없이 그대로 드러낸 다리. 적각(赤脚)
맨-대가리 명 '맨머리'를 속되게 이르는 말.
맨둥-맨둥 부 -하다 형 산에 나무가 없어 반반한 모양을 나타내는 말. ☞민둥민둥
맨드라미 명 비름과의 한해살이풀. 줄기 높이는 90cm 가량. 줄기는 곧고 단단하며, 달걀꼴의 잎이 어긋맞게 남. 7~8월에 줄기 끝에 빨강·노랑·하양 등 여러 가지 빛깔의 자잘한 꽃이 모여 닭의 볏 모양으로 핌. 열대 아시아가 원산지이며, 현재 세계 각지에 분포함. 계관(鷄冠). 계관초(鷄冠草). 계두(鷄頭)

맨드리 명 ①물건이 만들어진 모양새. ¶ －가 좋다. ②옷을 입고 매만진 맵시.
맨-땅 명 ①아무 것도 깔지 아니한 땅. 맨땅바닥 ¶ －에 앉다. ②갈거나 거름을 주지 아니한 생땅. ☞나지(裸地)
맨-땅바닥[－빠－] 명 맨땅
맨망-떨:다(－떨고·－떠니) 자 진득하지 못하고 요망스럽게 함부로 까불다.
맨망-스럽다(－스럽고·－스러워) 형ㅂ 요망스럽게 까불며 진득하지 아니한 데가 있다.
맨망-스레 부 맨망스럽게
맨망-하다 형여 요망스럽게 까불며 진득하지 아니하다.
맨망-히 부 맨망하게
맨-머리 명 ①쓰개를 쓰지 않은 머리. 노두(露頭) ②낭자를 하지 않고 쪽찐 머리. ㊈맨대가리
맨머릿-바람 명 머리에 아무 것도 쓰지 않고 나선 차림새.
맨-몸 명 ①아무 것도 입지 아니한 벌거벗은 몸. 알몸 ②아무 것도 지니지 않은 몸. ㊈맨몸뚱이
맨-몸뚱이 명 '맨몸'을 속되게 이르는 말. 알몸뚱이
맨-바닥 명 아무 것도 깔지 않은 바닥. 날바닥
맨-발 명 아무 것도 신지 아니한 발.
맨-밥 명 반찬을 곁들이지 아니한 밥.
맨션(mansion) 명 비교적 고급인 고층 아파트.
맨-손 명 ①아무 것도 가지지 않은 손. 도수(徒手). 빈손. 적수(赤手) ¶ －으로 방문(訪問)할 수야 없지. ②장갑 따위를 끼지 않은 손. ¶ －으로 만지지 마십시오.
맨손=체조(－體操) 명 기계나 기구를 쓰지 않고 하는 체조. 도수 체조(徒手體操) ☞기계 체조(器械體操)
맨송-맨송 부 -하다 형 매우 맨송한 모양을 나타내는 말. ☞민숭민숭
맨송-하다 형여 ①털이 날 자리에 털이 없어 반반하다. ¶ 맨송한 머리. ②산에 풀이나 나무가 없어 반반하다. ¶ 맨송한 산마루. ③취한 기색이 없이 정신이 말짱하다. ¶ 맨송한 정신. ☞민숭하다
맨송-히 부 맨송하게 ☞민숭히
맨-입[－닙] 명 아무 것도 먹지 아니한 입. ¶ －을 다시다. /손님을 －으로 보내다.
속담 **맨입에 앞 교군(轎軍) 서라 한다** : 아무 것도 먹지 못한 사람에게 힘이 많이 드는 앞 교군을 서게 한다는 뜻으로, 어려움을 겪고 있는 사람에게 더욱 괴로운 일을 시킨다는 말.
맨:재-준:치 명 소금에 절여 매운재의 빛처럼 파랗게 된 자반 준치.
맨-주먹 명 ①아무 것도 가진 것이 없는 주먹. 공권(空拳). 빈주먹 ¶ －으로 싸우다. ②아무 것도 가진 것이 없는 손. 빈손 ¶ －으로 장사를 시작하다.
맨투맨(man-to-man) 명 ①한 사람에게 한 사람이 대응(對應)하는 일, 곧 일 대 일로 하는 일. ¶ － 방식의 교육. ②'맨투맨디펜스'의 준말.
맨투맨디펜스(man-to-man defence) 명 대인 방어(對人防禦) ㊅맨투맨(man-to-man)
맨틀(mantle) 명 지구의 지각(地殼)과 핵(核) 사이에 있는 층. 지각의 바로 밑에서부터 깊이 약 2,900km까지의 부분으로, 지구 부피의 80% 이상을 차지함.
맨홀:(manhole) 명 지하(地下)의 수도관이나 하수도, 배선(配線) 따위를 점검하거나 수리, 청소하기 위하여 사람이 드나들 수 있도록 만든 구멍.
맬서스-주의(Malthus主義) 명 영국의 경제학자 맬서스가 주장한 학설. 인구는 기하 급수적으로 늘어나나 식량은 산술 급수적으로밖에 불어나지 않으므로, 인구의 과잉을 막기 위해 여러 억제책을 강구해야 한다는 주장.
맴: 명 '매암'의 준말.
맴:-돌:다(－돌고·－도니) 자 '매암돌다'의 준말.
맴:-돌리다 타 '매암돌리다'의 준말.
맴:-돌이 명 ①맴을 도는 일. ②회전체(回轉體)
맴:돌이=전류(－電流) 명 변화하고 있는 자장(磁場) 안의 도체에 전자 유도(電磁誘導)로 말미암아 생기는 소용돌이 모양의 전류. 와전류(渦電流). 푸코 전류
맴매 명 ①어린아이에게 '매[1]'를 이르는 말. ¶ － 가져오너라. ②-하다 타 어린아이에게 '매로 때리다'의 뜻으로 이르는 말. ¶ 그것 만지면 －한다.
맴:-맴[1] 부 아이들이 맴을 돌면서 놀 때 부르는 소리를 나타내는 말. ¶ 고추 먹고 － 달래 먹고 －.
맴:-맴[2] 부 매미의 수컷이 우는 소리를 나타내는 말. ☞매암매암
맵다(맵고·매워) 형ㅂ ①고추나 겨자의 맛처럼 입 안이 화끈거리고 혀가 알알하다. ¶ 매운 풋고추. ②연기 따위가 눈이나 코에 알알하다. ¶ 매운 연기. ③날씨가 몹시 춥다. ¶ 매운 바람. ④모질고 독하다. ¶ 매운 시집살이. / 사람이 몹시 －.

한자 **매울 렬**(烈) 〔火部 6획〕 ¶ 열녀(烈女)/열사(烈士)
매울 신(辛) 〔辛部〕 ¶ 신미(辛味)/신산(辛酸)

맵디-맵다(－맵고·－매워) 형ㅂ 몹시 맵다.
맵살-스럽다(－스럽고·－스러워) 형ㅂ 남에게 미움을 살 만큼 얄미운 데가 있다. ☞밉살스럽다
맵살-스레 부 맵살스럽게 ☞밉살스레
맵시 명 곱게 다듬은 아름다운 모양새. 보기 좋은 모양새. ¶ －가 나다. /옷을 － 있게 입다.
맵싸-하다 형여 맵고도 싸하다.
맵쌀 명 찐 메밀을 말려서 찧어 껍질을 벗긴 것.
×**맵자다** 형 →맵자하다
맵자-하다 형여 모양이 꼭 째여 맵시가 있고 아름답다. ¶ 세모시 옥색 치마에 흰 저고리를 맵자하게 차려 입다.
맵-짜다 형 ①맵고도 짜다. ②성미가 매섭고 빈틈이 없다. ¶ 맵짠 성질.
맷-가:마리 명 매맞아 마땅한 사람.
맷-고기 명 조금씩 매를 지어서 파는 쇠고기.
맷-담:배 명 조금씩 떼어서 파는 살담배.
맷-돌 명 곡식을 가는 데 쓰는 돌로 만든 기구. 둥글넓적한 돌 두 짝을 맷돌중쇠를 심대로 하여 포개 놓고, 위짝의 구멍으로 곡식을 넣어 위짝을 손잡이로 돌려서 갊. 돌매. 마석(磨石). 석마(石磨) ㊅매[3]
맷돌-중쇠(－中－) 명 맷돌의 아래짝의 복판에 박은 뾰족한 '수쇠'와 위짝의 밑면 복판에 박은 구멍 뚫린 '암쇠'를 아울러 이르는 말. 맷돌을 돌릴 때 심대의 구실을 함. ㊅맷중쇠. 중쇠 ☞맷수쇠
맷돌-질 명 -하다 자 맷돌로 곡식을 가는 일.
맷맷-하다[맨맨－] 형여 생김새가 굴곡이나 특징이 없어 좀 멋없다. ☞밋밋하다
맷맷-이 부 맷맷하게 ☞밋밋이
맷-방석(－*方席) 명 매통이나 맷돌 아래에 까는, 짚으로 결어 만든 전이 있는 둥근 방석.
맷-손 명 ①매통이나 맷돌을 돌리는 손잡이. 위짝에 수직으로 달려 있음. ②매질의 세고 여린 정도를 이르는 말. ¶ －이 부드럽다.
맷-수쇠 명 맷돌중쇠의 하나. 맷돌 아래짝 복판에 박힌 뾰족한 쇠. 맷돌을 돌릴 때 심대의 구실을 함. ㊅수쇠 ☞매암쇠
맷-중쇠(－中－) 명 '맷돌중쇠'의 준말.
맷-집 명 매를 잘 견디어 내는 체질, 또는 그런 몸집.
맷집(이) 좋다 관용 된 매를 맞고도 끄떡없을 만큼 몸이 다부지다.
맹:(猛)－《접두사처럼 쓰이어》'맹렬한'의 뜻을 나타냄. ¶ 맹훈련(猛訓練)/맹활약(猛活躍)
맹:격(猛擊) 명 -하다 타 '맹공격(猛攻擊)'의 준말.
맹:견(猛犬) 명 사나운 개.
맹:공(猛攻) 명 -하다 타 '맹공격(猛攻擊)'의 준말.
맹:-공격(猛攻擊) 명 -하다 타 맹렬히 공격함, 또는 그런 공격. ¶ 적의 본진(本陣)에 －을 하다. ㊅맹격(猛擊). 맹공(猛攻)
맹관(盲管) 명 내장 기관(內臟器官) 중 한쪽이 막혀 있는 관(管). 정상적인 사람에게는 맹장이 이에 해당함.
맹관=총창(盲管銃創) 명 총알이나 파편이 들어간 구멍만 있고 나온 구멍이 없는 총상(銃傷). ☞관통상(貫通傷)

맹구(盲溝)명 물이 잘 빠지도록 바닥을 파서 조약돌을 채운 도랑.
맹귀부목(盲龜浮木)성구 맹귀우목(盲龜遇木)
맹귀우목(盲龜遇木)성구 눈먼 거북이 우연히 떠내려 오는 나무를 만났다는 뜻으로, 어려운 판에 뜻밖의 좋은 일을 만나 어려움을 벗어나게 됨을 이르는 말. 맹귀부목
맹근-하다 형여 좀 매지근하다. ☞매지근하다. 밍근하다
맹근-히 부 맹근하게 ☞매지근히. 밍근히
맹:금(猛禽)명 육식(肉食)을 하는 성질이 사나운 새, 곧 맹금류의 새를 이르는 말.
맹:금-류(猛禽類)명 매목(目)과 올빼미목의 새를 통틀어 이르는 말. 날개가 크고 강하여 빠르게 날고, 부리와 발톱이 날카로우며 성질이 사나움. 다른 새나 작은 동물을 잡아먹고 삶. 매·부엉이·수리 따위.
맹:꽁-맹:꽁 부 맹꽁이의 수컷이 울음주머니로 내는 소리를 나타내는 말.
맹:꽁이 명 ①맹꽁잇과의 한 종. 개구리를 닮았으나 머리가 작고 주둥이가 짧으며 몸집이 똥똥함. 등은 푸른빛을 띤 노란빛이고, 머리와 몸 옆쪽으로는 회색의 얼룩무늬가 있음. 흐리거나 비 내리는 날에 논이나 개울에서 맹꽁맹꽁 하고 소리를 냄. 우리 나라와 만주 등지에 분포함. ②아둔하고 소견이 좁은 사람을 놀리어 이르는 말.
맹:꽁이-덩이 명 김을 맬 때 호미로 떠서 덮은 흙덩이.
맹:꽁이-맹(-黽)명 한자 부수(部首)의 한 가지. '黿'·'鼈' 등에서 '黽'의 이름.
맹:꽁이-자물쇠[-쐬]명 조그맣고 납작한 상자 모양의 자물쇠. 막대 모양이나 U자 모양 빗장의 한쪽을 상자에 밀어 넣으면 잘깍 하고 잠기게 되어 있음. 열쇠로 열면 빗장의 한쪽 끝이 상자에서 빠져 나옴.
×맹-눈(盲-)명 →까막눈
맹도-견(盲導犬)명 장님이 길을 가는 것을 인도하고, 보행 중의 안전을 지키도록 훈련된 개.
맹:독(猛毒)명 독성(毒性)이 강한 독.
맹:동(孟冬)명 ①초겨울 ②'음력 시월'을 달리 이르는 말. ☞중동(仲冬). 계동(季冬)
맹동(萌動)명-하다자 ①초목이 싹을 틔우기 시작함. ②어떤 징후(徵候)가 나타남. ③어떤 일이나 생각이 일어나기 시작함. ¶자유주의 정신의 -.
맹:랑-하다 형여 ①생각과는 달리 아주 허망하다. ¶허무하고 -. ②함부로 다룰 수 없을 만큼 깜찍하다. ¶맹랑한 질문./어린아이가 하는 짓이 -. ③처리하기가 매우 어렵다. ¶일이 맹랑하게 되었다.
맹랑-히 부 맹랑하게
맹:렬(猛烈)어기 '맹렬(猛烈)하다'의 어기(語基).
맹:렬-하다(猛烈-)형여 기세가 몹시 사납고 세차다. ¶맹렬한 공격.
맹:모단:기(孟母斷機)성구 맹자가 학업을 중단하고 돌아왔을 때, 그 어머니가 짜던 베를 칼로 끊어, 학문도 중도에서 그만두면 이와 같은 것이라고 맹자를 훈계하였다는 고사(故事)를 두고 이르는 말.
맹:모삼천(孟母三遷)성구 맹자의 어머니가 처음에는 묘지(墓地) 근처에 살다가, 다음에는 시장 근처로, 다시 글방 근처로 이사하면서, 맹자를 좋은 환경에서 가르치려고 노력하였다는 고사(故事)를 두고 이르는 말. ☞삼천지교(三遷之敎)
맹목(盲目)명 ①먼눈[1] ②사리(事理)에 어두운 일, 또는 그런 안목(眼目).
맹목=비행(盲目飛行)명 날씨가 좋지 않거나 어두워서 앞이 안 보일 때, 계기(計器)에만 의존하여 비행하는 일. 계기 비행(計器飛行)
맹목-적(盲目的)명 사리를 분별함이 없이 무턱대고 하는 것. ¶자식에 대한 -인 사랑.
맹문 명 일의 경위(經緯). 일의 내용. ¶-도 모르다.
맹문-이 명 맹문을 모르는 사람.
맹-물 명 ①아무 것도 타지 않은 물. ②하는 짓이 싱겁고 야무지지 못한 사람을 비유하여 이르는 말.
속담 맹물에 조약돌 삶은 맛 : 아무 맛도 없다는 말.〔도끼 삶은 물이라/날속한 이마 씻은 물 같다/냉수에 뼈뜯이〕/맹물에 조약돌을 삶아 먹더라도 제멋에 산다 : 남이 보기에는 아무 재미도 없어 보일지 모르지만, 다 제가 좋아서 한다는 말.
맹:박(猛駁)명-하다타 맹렬히 반박(反駁)함.
맹반(盲斑)명 맹점(盲點)
맹방(盟邦)명 동맹(同盟)을 맺은 나라. 동맹국(同盟國)
맹사(盲射)명-하다타 암사(暗射)
맹사(猛射)명-하다타 맹렬히 쏨, 또는 그런 사격.
맹:삭(孟朔)명 맹월(孟月)
맹산서:해(盟山誓海)성구 산이나 바다를 두고 맹세한다는 뜻으로, 굳은 맹세를 이르는 말.
맹서(盟誓)명-하다자타 '맹세'의 원말.
맹석(盲席)명 무늬 없이 친 돗자리.
맹:선(猛船)명 조선 전기(前期) 때, 군선(軍船)의 한 가지. 대맹선·중맹선·소맹선의 세 종류가 있었음.
맹:성(猛省)명-하다자타 깊이 반성함. ¶당국(當局)의 -을 촉구한다.
맹:세(猛勢)명 맹렬한 기세.
맹세(∠盟誓)명-하다자타 ①신불(神佛) 앞에 약속함, 또는 그 약속. ¶하느님께 -한다. ②무슨 일을 굳게 다짐함, 또는 그 다짐. ¶이기고 돌아오리라 -하다.

한자 맹세 맹(盟)〔皿部 8획〕¶맹세(盟誓)/맹약(盟約)/맹언(盟言)/맹우(盟友)
맹세할 서(誓)〔言部 7획〕¶서약(誓約)/선서(宣誓)

맹세-지거리(∠盟誓-)명 불성실하게 실없이 지껄이는 맹세. '다시 약속을 어기면, 네 아들이다.' 따위. ¶-까지 했건만 식언을 하긴 여전해.
맹세-코(∠盟誓-)부 다짐한 대로 꼭. ¶내 - 나라의 원수를 갚고야 말리라.
맹:수(猛獸)명 사나운 짐승.
맹:습(猛襲)명-하다타 맹렬히 습격함, 또는 그런 습격. ¶적진(敵陣)을 -하다.
맹신(盲信)명-하다타 옳고 그름을 가리지 아니하고 덮어놓고 믿음. ¶사이비 교주(敎主)를 -하다.
맹신-자(盲信者)명 내용도 모르고 덮어놓고 믿는 사람.
맹아(盲兒)명 눈이 먼 아이.
맹아(盲啞)명 소경과 벙어리를 아울러 이르는 말.
맹아(萌芽)명 ①식물의 싹이 트는 일, 또는 그 싹. ②사물의 시작, 또는 그 낌새. ¶근대 문명의 -.
맹아-기(萌芽期)명 ①식물의 싹이 트는 시기. ②사물이 비롯되는 시기. ¶민주주의의 -.
맹아=학교(盲啞學校)명 시각 장애인, 청각 장애인, 언어 장애인에게 보통 교육과 함께 특수 교육을 베푸는 학교. ☞농아 학교(聾啞學校)
맹:악(猛惡)어기 '맹악(猛惡)하다'의 어기(語基).
맹:악-하다(猛惡-)형여 매우 사납고 모질다.
맹약(盟約)명-하다타 굳게 맹세하여 약속함, 또는 그 약속. ¶백년해로하고자 -한 부부.
맹:양(孟陽)명 '음력 정월'을 달리 이르는 말.
맹언(盟言)명 맹세하는 말.
맹:-연:습(猛練習)[-년-]명-하다자 맹렬하게 연습함, 또는 그 연습. ¶전국 대회에 대비하여 -에 들어가다.
맹:용(猛勇)명-하다형 사납고 용감함.
맹:우(猛雨)명 세차게 내리는 비.
맹우(盟友)명 어떤 일을 함께 하기로 서로 맹세한 벗.
맹:월(孟月)명 '맹(孟)'은 '처음'의 뜻으로, 사철의 첫 달, 곧 맹춘(孟春)·맹하(孟夏)·맹추(孟秋)·맹동(孟冬)을 통틀어 이르는 말. 맹삭(孟朔)
맹:위(猛威)명 사나운 위세(威勢). 맹렬한 기세(氣勢). ¶동장군(冬將軍)이 -를 떨치다.
맹이 명 말 안장의 몸뚱이가 되는 부분.
맹인(盲人)명 소경
맹인직문(盲人直門)성구 맹자정문(盲者正門)
맹:자(孟子)명 사서(四書)의 하나. 맹자의 언행을 적은 것으로 일곱 편으로 분류했음.

맹자(盲者)명 소경
맹자단청(盲者丹靑)성구 '소경 단청 구경'이라는 말을 한문식으로 옮긴 구(句)로, 보아도 알지 못하는 것을 본다는 뜻.
맹자실장(盲者失杖)성구 소경이 지팡이를 잃었다는 뜻으로, 믿고 의지할 것이 없어짐을 이르는 말.
맹:자언:해(孟子諺解)명 조선 선조 9년(1576)에 이이(李珥)가 왕명에 따라 '맹자'에 토를 달고 한글로 번역한 책. 영조 25년(1749) 홍계희(洪啓禧)가 펴냄. 7권 7책.
맹자정:문(盲者正門)성구 소경이 문을 바로 찾아 들어간다는 뜻으로, 어리석은 사람이 어쩌다가 이치에 들어맞는 일을 하였을 경우를 비유하여 이르는 말. 맹인직문(盲人直門). 맹자직문
맹자직문(盲者直門)성구 맹자정문(盲者正門)
맹장(盲腸)명 소장(小腸)에서 대장(大腸)으로 옮아가는 부분에 있는 길이 6cm 가량의 끝이 막힌 장관(腸管). 맹장에 달린 충수(蟲垂)를 가리키는 경우도 있음. 막창자
맹:장(猛杖)명 몹시 호되게 치는 장형(杖刑).
맹:장(猛將)명 용맹스러운 장수. ☞강장(强將)
맹장-염(盲腸炎)[-념] 명 ①'충수염(蟲垂炎)'을 흔히 이르는 말. ②맹장에 생기는 염증.
맹-장지(∠盲障子)명 햇빛이나 추위를 막기 위하여 문살 안팎에 두꺼운 종이를 겹쳐 바른 장지. ☞명장지
맹전(盲錢)명 가운데 구멍이 뚫려 있지 않은 쇠 돈. 무공전(無孔錢) ☞유공전(有孔錢)
맹점(盲點)[-쩜] 명 ①시신경(視神經) 섬유가 망막(網膜)을 관통(貫通)하는 부분. 시세포(視細胞)가 분포하지 않으므로 빛이나 빛깔을 지각(知覺)하지 못함. 맹반(盲斑) ②주의를 기울이는 가운데서도 깜박 지나치기 쉬운 점. ¶법(法)의 -을 찌른 범죄.
맹:조(猛潮)명 거센 조수(潮水).
맹:졸(猛卒)명 용맹스러운 병졸(兵卒).
맹종(盲從)명-하다 자타 옳고 그름을 가리지 않고 맹목적으로 따름. ¶권력에 -하다.
맹:종-죽(孟宗竹)명 '죽순대'의 딴이름.
맹주(盟主)명 동맹(同盟)의 중심 인물, 또는 중심 국가.
맹:중:계(孟仲季)명 ①형제 자매의 맏이와 둘째와 셋째(또는 막내). ②어떤 차례에서, 첫째와 둘째와 셋째. ③맹월(孟月)과 중월(仲月)과 계월(季月).
맹:지(猛志)명 억센 의지(意志).
맹진(盲進)명-하다 자 무턱대고 나아감.
맹:진(猛進)명-하다 자 매우 세차게 나아감. ☞맥진(驀進)
맹청(盲廳)명 지난날, 소경들이 모여 장사 따위의 일을 의논하던 도가(都家).
맹추 명 총기가 없고 하리망당한 사람을 놀리어 이르는 말. ☞멍추
맹:추(孟秋)명 ①초가을 ②'음력 칠월'을 달리 이르는 말. 난월(蘭月). 조추(肇秋) ☞계추(季秋). 중추(仲秋)
맹:춘(孟春)명 ①초봄 ②'음력 정월'을 달리 이르는 말. 조춘(肇春) ☞계춘(季春). 중춘(仲春)
맹:타(猛打)명-하다 타 세차게 때리거나 공격함.
맹탐(盲探)명-하다 타 짐작 가는 데도 없이 함부로 뒤지거나 찾음. 맹목적으로 찾음.
맹탕 명 ①맹물같이 싱거운 국. ②실속 없는 일, 또는 싱거운 사람을 이르는 말. ¶사람이 영 -이야.
맹:투(猛鬪)명-하다 자 사납게 싸움.
맹:포(猛暴)어기 '맹포(猛暴)하다'의 어기(語基).
맹:포-하다(猛暴-)형여 몹시 거칠고 사납다.
맹:-포화(猛砲火)명 맹렬하게 쏘아대는 포화.
맹폭(盲爆)명-하다 타 목표도 없이 마구 퍼붓는 폭격.
맹:폭(猛爆)명-하다 타 몹시 세차게 폭격함, 또는 그런 폭격. ¶적(敵)의 군사 시설을 -하다.
맹:풍(猛風)명 몹시 세차게 부는 바람.
맹:풍-열우(猛風烈雨)[-녈-] 명 몹시 세찬 비바람.
맹:하(孟夏)명 ①초여름 ②'음력 사월'을 달리 이르는 말. 수하(首夏) ☞계하(季夏). 중하(仲夏)
맹-학교(盲學校)명 시각 장애인에게 보통 교육과 함께 특수 교육을 베푸는 학교.
맹:호(猛虎)명 사나운 범.
맹:호복초(猛虎伏草)성구 사나운 범이 풀숲에 엎드려 있다는 뜻으로, 영웅이 세상에 나가 활동할 때를 기다리며 숨어 지냄을 이르는 말.
맹:호출림(猛虎出林)성구 사나운 범이 숲에서 나온다는 뜻으로, 용맹스럽고 성급한 성격을 비유하여 이르는 말. ☞이전투구(泥田鬪狗)
맹:화(猛火)명 세차게 타오르는 불길.
맹:-활동(猛活動)[-똥] 명-하다 자 맹렬히 활동함, 또는 맹렬한 활동. ¶당선을 위하여 -하다.
맹:-활약(猛活躍)명-하다 자 맹렬하게 활약함, 또는 맹렬한 활약. ¶선수들의 -으로 우승을 차지하다.
맹:-훈:련(猛訓練)명-하다 자 맹렬하게 훈련함, 또는 맹렬한 훈련. ¶-으로 경기에 대비하다.
맹휴(盟休)명-하다 자 '동맹 휴학(同盟休學)'의 준말.
맺다[맫-] 타 ①실이나 끈, 줄 따위의 끝을 엇걸어 매어 매듭이 지게 하다. ¶실 끝을 -./매듭을 -. ☞풀다 ②물방울이나 열매, 꽃망울 따위를 이루다. ¶이슬을 -./꽃망울을 -./열매를 -. ③끝을 마무르다. ¶말끝을 맺지 못하다./결론(結論)을 -./하던 일의 끝을 -. ④개인이나 조직 따위가 서로 어떤 관계를 가지게 되다. ¶인연을 -./혼인을 -./동맹을 -.
　맺고 끊은듯 하다 관용 말이나 행동, 또는 일을 처리하는 것이 분명하고 빈틈이 없다.
　속담 맺은 놈이 풀지 : 무슨 일이나 처음에 시작한 사람이 그 일을 끝내야 한다는 말.

한자 맺을 결(結)〔糸部 6획〕¶결사(結社)/결성(結成)/결실(結實)/결합(結合)/결혼(結婚)/연결(連結)
맺을 체(締)〔糸部 9획〕¶체결(締結)/체맹(締盟)

맺음-말 명 결론(結論). 결어(結語)
맺이-관(-冠)명 말총으로 그물코를 맺듯이 한 눈 한 눈 매듭을 지어 가며 떠서 만든 관.
맺히다[1] 자 ①마음속에 단단히 자리잡아 잊히지 아니하다. ¶원한이 -. ②사람의 됨됨이가 빈틈이 없다. ¶맺힌 데가 없는 사람.
맺히다[2] 자 ①실이나 끈, 줄 따위가 서로 엇걸려 매여 매듭이 지다. ¶실 끝이 -. ②물방울이나 열매, 꽃망울 따위가 이루어지다. ¶풀잎에 맺힌 이슬./꽃망울이 -. ③살 속에 피가 엉기다. ¶피 멍울이 -.
먈:갛다(먈갛고·먈간)형ㅎ 매우 말갛다.
머 감 어린아이나 여자가, 어리광스럽게 반말로 하는 말 끝에 곁들이는 군말. ¶걔도 같이 갈 텐데, -.
머귀-나무 명 운향과의 낙엽 활엽 교목. 높이 15m 안팎. 잔가지에는 가시가 있고, 깃꼴 겹잎은 어긋맞게 남. 암수딴그루. 8월경에 가지 끝에 황록색의 자잘한 다섯잎꽃이 원추(圓錐) 꽃차례로 빽빽하게 핌. 열매는 11월경에 익으며 매운 맛이 남. 우리 나라에서는 중부 이남의 해안이나 울릉도 등에 자람. 잎은 달여 말라리아나 감기에 약으로 쓰임.
머금다[-따] 타 ①입 속에 넣고 입을 다물다. ¶빨래를 눅이려고 물 한 모금을 머금었다가 내뿜다. ②어떤 생각이나 감정 따위를 품다. ¶원한을 -. ③눈에 눈물을 글썽거리다. ¶눈물을 -. ④나뭇잎이나 풀잎 따위의 표면에 물기를 지니다. ¶이슬을 머금은 꽃잎. ⑤어떤 기운을 띠거나 조금 나타내다. ¶미소를 머금은 입가./꽃 향기를 머금은 봄바람.

한자 머금을 함(含)〔口部 4획〕¶함소(含笑)

머:나-먼 관 멀고 먼. 매우 먼. 먼먼 ¶- 곳으로 떠났다.
머니서플라이(money supply)명 중앙 은행과 시중 금융 기관이 민간(民間)에 대하여 조절하는 통화 공급량. 물가와 상관 관계가 높아 그 운영과 관리가 매우 중요시되고 있음.
머니퓰레이터(manipulator)명 원격 조작으로 작업을 하는, 사람의 손과 같은 구조로 된 장치. 방사능 물질을

다룰 때 등 위험한 작업에서 이용됨. 매직핸드

머:다랗다(머다랗고·머다란)[형ㅎ] 생각보다 꽤 멀다. ¶머다랗게 바라보이는 산봉우리.

머드러기[명] 무더기로 있는 과실이나 생선 따위 중에서 크고 굵은 것. ¶같은 값이면 ―로 주시오.

머루[명] ①포도과의 낙엽 덩굴나무. 우리 나라 각처의 숲속에 자라며, 덩굴손으로 다른 나무를 감고 올라감. 심장 모양의 잎은 어긋맞게 나고, 잎의 뒷면에는 적갈색의 거미줄 같은 털이 있음. 초여름에 황록색의 자잘한 다섯 잎꽃이 원추(圓錐) 꽃차례로 핌. 가을에 열매가 검은빛으로 익는데, 먹기도 하고 약으로도 쓰임. ②왕머루의 열매. 산포도(山葡萄). 야포도(野葡萄)

[속담] **머루 먹은 속** : 대강 짐작을 하고 있는 속마음이라는 말.

머름[명] 재래식 한옥에서, 문지방과 하인방(下引枋) 사이에 솟을동자와 머름청판 따위를 대어 꾸미는 부분.

머름-궁창[명] 머름청판

머름-중방(―中枋)[명] 재래식 한옥에서, 머름 위에 있는 중방, 곧 문지방이 되는 중방.

머름-청판(―廳板)[명] 재래식 한옥에서, 머름의 솟을동자 사이에 끼운 널쪽. 머름궁창

머리[1] [명] ①사람의 목 위의 부분. 두부(頭部). 두상(頭上) ¶―를 숙이다. ②사람의 목 위 부분에서 얼굴 이외의 부분. ¶―를 다쳤다./전봇대에 ―를 받다. [속]박[3] ③'머리털'의 준말. ¶―를 기르다./―가 길다. ④생각하는 힘, 또는 생각. 두뇌(頭腦) ¶―가 좋다./―가 낡았다. ⑤집단(集團)의 우두머리. ¶조직을 끌고 갈 ―가 없다. ⑥어떤 물체의 꼭대기. ¶―에 눈을 이고 있는 산. ⑦무슨 일의 처음. ¶―도 끝도 없는 이야기. ⑧사물의 앞 부분이나 한쪽 끝. ¶전철 ― 쪽 플랫폼에서 만나자. ⑨소나 돼지 따위 동물의 대가리. ¶돼지 ―/― 고기

머리가 가볍다[관용] 마음이 가뜬하다.

머리(가) 굳다[관용] ①생각이 완고(頑固)하다. ②기억력 따위가 무디다.

머리(가) 굵다[관용] 몸이 크게 자라 어른이 되다. 머리(가) 크다.

머리가 돌다[관용] 정신 이상(精神異狀)이 되다.

머리가 돌아가다[관용] 두뇌의 회전이 빠르다.

머리가 무겁다[관용] 마음이 홀가분하지 않다.

머리가 수그러지다[관용] 삼가는 마음이나 공경하는 마음 또는 고마워 하는 마음을 가지게 되다.

머리(가) 크다[관용] 머리(가) 굵다.

머리(를) 깎다[관용] 중이 되다.

머리(를) 모으다[관용] 모여서 의논하다. 지혜를 모으다.

머리(를) 식히다[관용] 흥분을 가라앉히고 쉬다.

머리(를) 싸매다[관용] 단단히 각오하고 덤비다. ¶머리를 싸매고 공부한다.

머리(를) 썩이다[관용] 몹시 마음을 쓰다.

머리(를) 쓰다[관용] 깊이 생각하거나 좋은 방법을 생각하다.

머리(를) 얹다[관용] ①여자가 머리를 쪽찌거나 틀어 올리다. ②처녀가 시집가다. ③어린 기생이 정식으로 기생이 되어 머리를 쪽찌다.

머리(를) 얹히다[관용] ①처녀를 시집보내다. ②어린 기생과 처음으로 관계를 맺어 그 머리를 얹어 주다.

머리를 짜다[관용] 애를 써서 궁리하다.

머리(를) 풀다[관용] 부모를 여의어 상제(喪制)가 되다.

[속담] **머리가 모시 바구니가 되었다** : 머리털이 하얗게 세었다는 말./**머리 간 데 끝 간 데 없다** : ①한(限)이 없다는 말. ②일이 갈피를 잡을 수 없을 만큼 어지럽다는 말./**머리 검은 짐승은 남의 공을 모른다** : 남의 은혜를 저버리는, 짐승보다도 못한 사람이 많다는 말./**머리는 끝부터 가르고 말은 밑부터 한다** : 말은 처음부터 차근차근 해야 한다는 말./**머리 없는 놈 댕기 치레하듯** : 속이 빈 사람일수록 그럴듯하게 겉치레만 한다는 말.

[한자] **머리 두**(頭) 〔頁部 7획〕 ¶두뇌(頭腦)/두발(頭髮)/두부(頭部)/두상(頭上)/두통(頭痛)
머리 수(首) 〔首部〕 ¶수구초심(首丘初心)/수미(首尾)

▶ **머리의 부위 이름들**
정수리/뒤통수/꼭뒤/뒷덜미/이마/천정/미간/눈초리/관자놀이/귓바퀴/귓불/코허리/콧방울/볼/광대뼈/인중/턱/입귀/목젖

머리[2] [명] ①전체를 여러 몫으로 나눈 그 하나하나. ¶그 계(契)에 나도 한 ― 들겠다./비용의 한 ―를 부담하다. ②'돈머리'의 준말.

머리[3] [명] 한자 부수(部首) 유형의 한 가지. 아래위로 구성된 자형(字形)인 '安·冠·茶' 등의 '宀·冖·艹'를 이르는 말. ☞엄

-머리[접미] 명사 아래 붙어 그 말을 속되게 이름. ¶소견머리/성깔머리/주변머리

머리-글[명] 머리말

머리-글자[―짜][명] 영문자(英文字) 등 유럽의 글자에서, 글의 첫머리나 고유 명사 따위의 첫 글자에 쓰는 대문자(大文字). 이니셜(initial)

머리-꼭지[명] 머리의 맨 위인 정수리 부분.

머리-꾸미개[명] 머리를 예쁘게 꾸미는 여러 가지 물건.

머리-끄덩이[명] 머리를 한데 뭉친 끝.

머리-끝[명] 머리의 끝 또는 머리털의 끝. ¶―에서 발끝까지./―이 쭈뼛해지다.

머리-동이[명] ①머리를 색종이로 바른 종이 연. ☞반머리동이 ②머리가 아프거나 할 때 머리를 동이는 물건.

머리-띠[명] 머리를 둘러매는 띠.

머리-말[명] 책의 첫머리에 그 책을 펴낸 취지나 경위 따위에 대하여 간략하게 적은 글. 권두사(卷頭辭). 권두언(卷頭言). 두서(頭書). 머리글. 서문(序文). 서사(序詞). 서언(序言)

머리-맡[명] 누운 사람의 머리 언저리. ¶자리끼를 ―에 두고 자다. ☞발치

머리-빡[명] '머리[1]'의 속된말.

머리-빼기[명] ①머리가 향한 쪽을 속되게 이르는 말. ②'머리[1]'의 속된말.

머리-뼈[명] 척추동물의 두개(頭蓋)를 이루는 뼈를 통틀어 이르는 말. 뇌개골(腦蓋骨). 두개골(頭蓋骨). 두골(頭骨). 두해(頭骸)

머리-새[명] 머리쓰개를 쓴 모양.

머리-수(―首)[명] 한자 부수(部首)의 한 가지. '馘'·'馗' 등에서 '首'의 이름.

머리-쓰개[명] 머리 위에 여자들이 쓰는 가리마나 쓰개치마, 족두리 따위의 쓰개를 통틀어 이르는 말.

머리악-쓰다(―쓰고·―써)[자] '기쓰다'의 속된말.

머리-채[명] 늘어뜨린 머리털. ¶―가 치렁치렁 하다.

머리-처:네[명] 처네. 천의(薦衣)

머리-초[명] 보나 도리, 서까래 따위의 머리 부분에 그린 단청.

머리=치장(―治粧)[명] 머리를 곱게 꾸미는 일.

머리-카락[명] 머리털의 낱개. [준]머리칼

[속담] **머리카락 뒤에서 숨바꼭질한다** : 얕은 꾀를 써서 남을 속이려고 한다는 말.〔귀 막고 방울 도둑질한다/눈 가리고 아웅한다/입 가리고 고양이 흉내〕/**머리카락에 홈 파겠다** : 사람됨이 몹시 옹졸하고, 하는 짓이 매우 각박한 사람을 두고 이르는 말.

머리-칼[명] '머리카락'의 준말.

머리-털[명] 머리에 난 털. 두발(頭髮). 모발 [준]머리[1]

[한자] **머리털 발**(髮) 〔髟部 5획〕 ¶금발(金髮)/모발(毛髮)/백발(白髮)/은발(銀髮)/이발(理髮)/조발(調髮)

머리-통[명] ①머리의 둘레. ¶―이 큰 아이. ②'머리[1]'의 속된말.

머리-핀(―pin)[명] 여자가 머리를 매만져 고정하기 위해, 또는 장식으로 쓰는 핀.

머리-혈(―頁)[명] 한자 부수(部首)의 한 가지. '頂'·'頭' 등에서 '頁'의 이름.

머릿-골[1] [명] ①뇌(腦). 두뇌(頭腦) ②'머리[1]'를 달리 이르

는 말. ㊟골[1] ㊕골머리. 골치
머릿-골[2] 명 기름틀의 머리가 되는 부분으로, 떡판과 챗날을 끼우는 틀.
머릿-기름 명 머리를 치장하는 데 바르는 기름.
머릿-기사(-記事) 명 신문이나 잡지 따위에서, 첫머리에 싣는 중요한 기사. 톱기사 ¶일면 -로 싣다.
머릿-니 명 잇과의 곤충. 사람의 머리털 사이에 기생하면서 피를 빨아먹고 사는데, 옷엣니보다 조금 작음.
머릿-달 명 종이 연의 머리에 붙이는 대오리.
머릿-방(-房) 명 재래식 한옥에서, 안방 뒤에 붙은 방.
머릿-병풍(-屛風) 명 머리맡에 치는 작은 병풍. 곡병(曲屛). 침두 병풍(枕頭屛風). 침병(枕屛)
머릿-살 명 몹시 귀찮거나 성가심을 느낄 때의 '머리'를 이르는 말. ¶-이 아프다.
머릿-수(-數) 명 ①사람의 수. ¶-가 모자라다. ②돈의 액수. 돈머리의 수
머릿-수:건 명 ①머리에 두르는 수건. ②부녀자가 추위를 막기 위하여 머리에 감는 흰 수건.
머릿-장(-*欌) 명 머리맡에 두고 쓰는 야트막한 장.
머릿-줄 명 종이 연의 머릿달 양끝을 잡아당겨 맨 줄.
머무르다(머무르고·머물러) 자르 ①움직이던 것이 멎다. ¶집 앞에서 잠시 머물러 있는 자동차. ②한자리에 그대로 오래 있다. ¶공사 현장에 머물러 있다. ③어떤 곳에 들어서 묵다. ¶며칠 동안 여관에 머물러 있었다. ④어떤 범위나 한계를 넘지 아니하다. ¶사업이 계획에만 -./한때의 감상(感傷)에 -. ㊟머물다

한자 **머무를 류**(留) 〔田部 5획〕 ¶유객(留客)/유급(留級)/유임(留任)/유학(留學)/체류(滯留)
머무를 박(泊) 〔水部 5획〕 ¶숙박(宿泊)/정박(碇泊)
머무를 정(停) 〔人部 9획〕 ¶정거(停車)/정류(停留)
머무를 주(駐) 〔馬部 5획〕 ¶주둔(駐屯)/주재(駐在)

머무적-거리다(대다) 자 말이나 행동을 서슴없이 하지 못하고 좀 미루적거리다. ☞머뭇거리다
머무적-머무적 부 머무적거리는 모양을 나타내는 말. ¶- 시간만 보내다. ☞머뭇머뭇
머물다(머물고·머무니) 자 '머무르다'의 준말.

▶ **준말의 활용 제한**
용언의 준말에 모음 어미를 이어 활용하는 준말의 활용형은 인정하지 않는다.
¶머물다['머무르다'의 준말.]
→ 머물어(×) : 머물러(○)
¶서둘다['서두르다'의 준말.]
→ 서둘어서(×) : 서둘러서(○)
¶서툴다['서투르다'의 준말.]
→ 서툴어서(×) : 서툴러서(○)

머뭇-거리다(대다)[-묻-] 자 말이나 행동을 서슴없이 하지 못하고 좀 미적거리다. ¶머뭇거리며 대답을 하지 못하다. ☞머무적거리다
머뭇-머뭇[-묻-] 부 머뭇거리는 모양을 나타내는 말. ¶- 어렵사리 말을 꺼내다./들어가지 못하고 - 하다. ☞머무적머무적
머스크멜론(muskmelon) 명 멜론의 한 품종. 껍질에 자잘한 그물 무늬가 있으며, 황록색의 살은 연하고 달며 향기가 짙음.
머스터:드(mustard) 명 서양 겨자, 또는 그 열매를 원료로 해서 만든 양념.
머슬머슬-하다 형여 탐탁스럽게 사귀지 않아 어색하다. ¶서로 익숙하지가 않아 대하기가 -.
머슬머슬-히 부 머슬머슬하게
머슴 명 지난날, 농가에서 남의집살이하는 남자를 이르던 말. 고공(雇工)
속담 **머슴 보고 속곳 묻는다** : ①엉뚱하게 아무 관계도 없는 사람에게 물어 본다는 말. ②부끄러운 줄도 모르고, 아무에게나 함부로 묻는 넉살좋은 짓을 이르는 말.
머슴-살이 명-하다 자 머슴 노릇을 하는 생활.
머슴-애 명 ①머슴살이하는 아이. ②사내아이
머시[1] 감 어떤 말이 얼른 생각나지 않거나, 말하기 거북할 때 쓰는 군소리. ¶그 사람의 그 -, 어떻게 됐지?
머시[2] 준 '무엇이'의 준말. ¶- 어찌 됐다고?
머쓱-하다 형여 ①키가 어울리지 않게 커서 멋이 없다. ¶머쓱하게 키만 컸다. ②무안을 당하거나 하여 쑥스럽고 열없다. ¶기대에 어긋났는지 머쓱하게 서 있다.
머쓱-히 부 머쓱하게
머위 명 국화과의 여러해살이풀. 줄기는 매우 짧아 땅 위로 나타나지 않으며, 땅속줄기에서 나오는 잎자루는 길이 60cm 안팎이고, 둥근 잎은 지름 15cm 안팎임. 봄에 잎보다 먼저 비늘잎에 싸인 꽃대가 나와 끝에 흰 잔 꽃이 핌. 각지의 습기 많은 곳에 자라며, 재배하기도 함. 잎자루와 어린잎은 나물로 먹을 수 있음.
머:-지다 자 연줄이 바람에 끊어져서 연이 날아가다.
머:지-않아[-안-] 부 '멀지 아니하여'가 줄어든 말. ¶- 특효약이 나올 것이다.
머:천다이징(merchandising) 명 제조업자나 유통업자가 시장 조사의 결과를 바탕으로 하여 적절한 상품의 개발이나 분량, 가격, 판매 방법, 선전 활동 따위를 계획하는 일.
머춤-하다 형여 잠시 그치어 뜸하다. ¶장마가 -.
머:큐리(Mercury) 명 ①로마 신화에서, 웅변가·도둑·장인(匠人)·상인(商人) 따위의 신. 그리스 신화의 헤르메스에 해당함. ②수성(水星)
머플러(muffler) 명 ①목도리 ②자동차 배기관(排氣管)의 소리를 줄이는 장치. 소음기(消音器)
먹 명 ①그을음을 아교에 개어서 굳힌 물감. 벼루에 물을 붓고 갈아서 먹물을 만듦. ¶-을 갈다. ②'먹물'의 준말. ¶붓에 -을 듬뿍 묻히다.
속담 **먹을 가까이 하면 검어진다** : 좋지 못한 사람과 가까이 사귀면 그를 닮아 나쁜 일에 물들게 된다는 말. ☞근묵자흑(近墨者黑)

한자 **먹 묵**(墨) 〔土部 12획〕 ¶묵즙(墨汁)/묵향(墨香)/묵화(墨畫)/수묵(水墨)/필묵(筆墨) ▷속자는 墨

먹- 접두 '먹물의 빛깔처럼 검은'의 뜻을 나타냄. ¶먹구름/먹장삼
먹-감 명 햇볕을 많이 받은 쪽의 껍질이 거멓게 되는 감. 흑시(黑柿)
먹-감:나무 명 여러 해 묵어 속이 검은 감나무의 심재(心材). 결이 곱고 단단하여 공예품을 만드는 데 쓰임. 오시목(烏柿木)
먹-구렁이 명 뱀과의 구렁이. 몸길이 1m 안팎. 몸빛은 갈색 바탕에 검은 점이 많음. 우리 나라에서 흔히 볼 수 있는 뱀이며 독은 없음. 오사(烏蛇). 흑화사(黑花蛇)
먹-구름 명 ①그 일대가 어둑어둑해질 정도의 두터운 비구름. 먹장구름 ¶하늘에 -이 몰려오다. ②어떤 불길한 일이 일어날 것 같은 불안한 낌새를 비유하여 이르는 말. ¶국경 지대에 -이 드리워지다. 암운(暗雲)
먹국 명-하다 자 주먹 속에 쥔 물건의 수효를 알아맞히는 아이들의 놀이.
먹-그:림 명 ①묵화(墨畫) ②먹으로 먼저 윤곽을 그리고 그 위에 색칠을 한 그림.
먹-꼭지 명 종이 연의 한 가지. 검은 종이를 둥글게 오려 머리에 붙인 것.
먹-놓다 타 재목 따위를 마르려고, 치수에 맞추어 먹이나 연필 따위로 금을 긋다.
먹다[1] 자 ①벌레나 세균 따위가 파 들어가거나 퍼지다. ¶버짐이 -./벌레 먹은 사과. ②연장이 잘 들거나 잘 갈리거나 하다. ¶날을 세웠더니 톱이 잘 먹는다./맷돌이 잘 -. ③칠·물감·화장품 따위가 잘 묻거나 배어들거나 고르게 퍼지다. ¶분이 잘 먹는 피부./칠이 잘 먹지 않는다. ④돈이나 노력 따위가 들다. ¶품이 많이 -./재료가 너무 먹는다. ⑤일러준 말이 받아들여지다. ¶잔소리가 잘 먹어 들어간다. ⑥귀가 들리지 않게 되다. ¶가는귀가 -. ㊕잡수다[1]

속담 **먹지 않는 씨아에서 소리만 난다** : 일을 잘 하지 못하는 사람일수록 떠벌리기를 잘한다는 말.

먹다[2] 타 ①음식을 입에 넣고 마시거나 씹어서 삼키다. ¶밥을 -./술을 -./젖을 -. 높 자시다 ②담배를 피우다. ¶담배를 -. ③생각이나 감정을 품다. ¶직장을 옮기기로 마음을 먹었다./지레 겁을 -. ④나이가 많아지다. 어떤 나이에 이르다. ¶나이를 -./다섯 살 먹은 손자. ⑤종이나 천 따위가 물이나 기름 따위를 빨아들이다. ¶물 먹은 종이. ⑥비난이나 욕설을 듣다. ¶욕을 -. ⑦농사를 지어 수확하다. ¶한 마지기에 넉 섬은 -. ⑧수수료나 배당금 따위를 '받다'를 속되게 이르는 말. ¶구전(口錢)을 -./이익의 2할을 먹기로 하다. ⑨'착복하다', '횡령하다'를 속되게 이르는 말. ¶공금을 -./뇌물을 -. ⑩경쟁이나 경기 따위에서 '어떤 등급을 차지하다'를 속되게 이르는 말. ¶일등을 -. ⑪주먹이나 총알 따위에 '맞다'를 속되게 이르는 말. ¶한 방 먹고 나가떨어졌다. ⑫구기(球技) 따위에서 '점수를 잃다'를 속되게 이르는 말. ¶시작하자마자 한 골 먹었다.

조동 본용언(本用言) 다음에 쓰이어, 그 말을 강조하거나 속되게 이르는 말. ¶깜박 잊어 -./장사를 해 -./놀려 -./어디서 배워 먹은 버릇이냐!

속담 **먹고도 굶어 죽는다** : 어느 정도에서 만족할 줄 모르고 끝없이 욕심을 부리는 사람을 두고 이르는 말./**먹고 자는 식충이도 복을 타고났다** : 사람의 복은 천명으로 타고나는 것이라 아무리 못난 사람이라도 복을 받아 잘 살기도 한다는 말./**먹는 개도 아니 때린다** : 아무리 괘씸하고 밉더라도 음식을 먹고 있는 사람을 꾸짖거나 때려서는 안 된다는 말./**먹는 데는 남이요, 궂은일엔 일가라** : 먹을 것이 생기거나 이익이 생기는 일이 있을 때는 남이 알세라 시치미를 떼고 있다가, 궂은일이나 걱정거리가 있을 때는 친척이나 남의 도움을 바란다는 말./**먹는 떡에도 소를 박으라 한다** : 먹어 곧 없어질 떡이라도, 이왕 할 바에는 제대로 갖추어서 하라는 말./**먹는 소가 똥을 누지** : 원인이 있어야 결과가 있고, 공을 들여야 좋은 보람이 나타난다는 말./**먹다가 보니 개떡 수제비라** : 멋도 모르고 좋아하다가, 새삼스럽게 따져 보니 별것이 아니었다는 말./**먹던 술갈도 떨어진다** : 손에 익은 숟가락도 어쩌다가 떨어뜨리는 수가 있는 것이니, 무슨 일을 할 때는 만의 하나라도 잘못이 없도록 하라는 말./**먹을 것 없는 제사에 절만 많다** : 아무 소득도 없이 수고만 많음을 이르는 말.

한자 **먹을 식**(食) 〔食部〕 ¶식당(食堂)/식용(食用)/식전(食前)/식품(食品)/음식(飮食)/회식(會食)

먹-당기 명 단청을 하려고 구조물에 그어 놓은 먹줄.

먹-도:미 명 '감성돔'의 딴이름. 준 먹돔

먹-돔 명 '먹도미'의 준말.

먹-똥 명 ①먹물이 말라붙은 찌꺼기. ②먹물이 튀어서 난 자국. 똥

먹-머리동이 명 검은 종이를 머리에 붙인 연.

먹먹-하다 형여 갑자기 귀먹은듯이 소리가 잘 들리지 않다. ¶귀가 먹먹해지다. ☞멍멍하다

먹먹-히 부 먹먹하게

먹-물 명 ①먹을 갈아서 만든 검은 물. 묵즙(墨汁) 준 먹 ②먹빛같이 검은 물. ¶오징어 -

먹물-뜨기 명-하다 자타 먹실로 뜨거나 하여, 먹물로 살속에 글자나 무늬를 나타냄. ☞문신(文身). 자자(刺字)

먹-반:달(-半-) 명 반달연의 한 가지. 머리에 반달 모양의 검은 종이를 붙여 만든 연.

먹-보 명 식성이 좋아 어떤 음식이나 가리지 않고 유달리 많이 먹는 사람을 놀리어 이르는 말. 식충이 ☞밥보

먹-빛 명 먹물의 색과 같은 검은 빛깔. 묵색(墨色)

먹-사과 명 참외의 한 품종. 껍질이 검푸르며 맛이 닮.

먹새 명 먹음새

먹-성(-性) 명 음식을 잘 먹거나, 어떤 음식을 좋아하거나 싫어하거나 하는 성미. ¶-이 좋다./-이 변하다./-이 까다롭다.

먹-실 명 먹물을 묻힌 실.

먹실(을) 넣다 관용 바늘에 먹실을 꿰어 살갗을 떠서 글씨나 무늬를 나타내다.

먹은-금 명 물건을 살 때에 든 돈.

먹은-금새 명 물건을 살 때에 든 값의 높고 낮은 정도.

먹을-알 명 ①금이 많이 박힌 광맥이나 광석. ②실속이 있거나 소득이 될만 한 거리. ¶-이 있다.

×**먹음-먹이** 명 →먹음새

먹음-새 명 ①음식을 먹는 모양새. 먹새. 식품(食稟) ¶-가 좋다. ②음식을 만들어 먹는 범절이나 솜씨.

먹음직-스럽다(-스럽고·-스러워) 형ㅂ 보기에 먹음직하다. ¶보기에 먹음직스러운 요리.

먹음직-스레 부 먹음직스럽게

먹음직-하다 형여 음식이 보기에 맛이 있을듯 하다.

먹이 명 ①동물을 기르는 데 쓰는 먹을 거리. 사료(飼料) ¶토끼에게 -를 주다. ②동물을 꾀거나 사로잡는 데 쓰는 먹을 거리. ¶멧돼지를 꾀려고 -를 놓았다.

한자 **먹이 사**(飼) 〔食部 5획〕 ¶사료(飼料)

먹이다 타 ①먹게 하거나 마시게 하다. ¶죽을 -./술을-./약을 -. ②짐승 따위를 기르다. 가축을 치다. ¶돼지를 -. ③두려움 따위를 갖게 하다. ¶겁을 -. ④욕을 얻어먹게 하다. 욕보이다 ¶욕을 -. ⑤스며들게 하거나 묻어 있게 하다. ¶기름을 -./연줄에 사금파리를 -. ⑥넣어 주다. ¶씨아에 목화를 -./작두에 풀을-. ⑦뇌물을 '주다'를 속되게 이르는 말. ¶돈을-. ⑧주먹 따위로 타격을 주다. ¶머리에 알밤을 -./옆구리에 한 대 -.

먹이=사슬 명 먹이 연쇄

먹이=식물(-植物) 명 가축의 먹이로 쓰이는 식물. 사료식물(飼料植物)

먹이=연쇄(-連鎖) 명 먹는 생물과 먹히는 생물이 연쇄적으로 이어지는 관계. 플랑크톤을 멸치가, 멸치를 고등어가, 고등어를 다랑어가, 또 초식 동물을 육식 동물이, 그 육식 동물을 더 강한 육식 동물이 잡아먹는 것 같은 관계를 이름. 먹이 사슬. 식물 연쇄(食物連鎖)

먹이=작물(-作物) 명 가축의 먹이로 쓰기 위하여 가꾸는 농작물. 귀리·보리·옥수수 따위. 사료 작물(飼料作物)

먹이-통(-桶) 명 가축에게 먹이를 담아 주는 통. ☞모이통. 여물통

먹이-풀 명 가축의 먹이로 쓰는 풀.

먹-자 명 목수가 재목에 먹으로 금을 그을 때 쓰는 'ㄱ'자 모양의 자. 묵척(墨尺)

먹자-판 명 ①여러 사람이 모여서 마구 먹고 마시며 노는 자리. ②이익이 생기는 곳이면 남에게 질세라, 체면을 돌보지 아니하고 우르르 달려드는 판국, 또는 그러한 세태(世態).

먹-장 명 낱낱의 먹. 먹의 조각.

먹장을 갈아 부은듯 하다 관용 '시커멓다'를 비유하여 이르는 말. ¶먹장을 갈아 부은듯 한 검은 소나기구름.

먹장-구름 명 먹구름

먹-장삼(-長衫) 명 검은 물을 들인 장삼.

먹장-쇠 명 말이나 소의 배 앞쪽에 얹는 짧은 멍에.

먹-장어(-長魚) 명 꾀장어과의 바닷물고기. 몸길이 60 cm 안팎. 모양은 뱀장어 비슷하며, 몸빛은 엷은 자줏빛을 띤 갈색임. 흔히 '곰장어'로 불림.

먹-종이 명 검정빛의 복사지(複寫紙). 먹지. 묵지(墨紙)

먹-줄 명 ①먹통에 감겨 있으며, 먹물을 묻혀 재목에 선을 치는 데 쓰는 굵고 질긴 실. 승묵(繩墨) ②재목 따위에 먹줄을 퉁겨서 친 검은 줄. ¶-에 따라 톱질하다.

먹줄 친듯 하다 관용 무엇이 쭉 곧고 바르다.

먹줄-꼭지 명 먹줄 끝에 달린, 바늘이 박힌 나무쪽. 재목의 한쪽 끝에 꽂아 고정하는 데 쓰임.

먹-중 명 ①먹장삼을 입은 중. ②산디놀음에 쓰는 탈의 한 가지.

먹지 명 투전 따위의 돈내기에서 이긴 사람을 이르는 말.

먹-지(-紙) 명 먹종이

먹-집게 명 닳아서 짧게 된 먹을 두 개의 나뭇조각 틈에 끼워서 쓰도록 만든 집게.

먹-초 명 꼭지만 남기고 모두 검은빛으로 꾸민 연.

먹-치마 명 아래쪽만 검게 만든 종이 연.

먹-칠 명-하다 자 ①먹으로 칠함. ②검게 칠함, 또는 그런 칠. ③명예나 체면 따위를 더럽히는 일을 비유하여 이르는 말. ¶부모 얼굴에 -하다.

먹-칼 명 댓개비의 끝을 얇게 깎고, 두들겨 풀어서 붓처럼 만들어 쓰는 것. 먹물을 찍어서 재목에 표를 하거나 줄을 긋거나 글씨를 쓰기도 함.

먹통 명 사리에 어두워 답답하고 어리석은 사람을 비유하여 이르는 말.

먹-통(-桶)명 ①먹물을 담아 두는 통. ②목수가 먹줄을 치는 데 쓰는 나무로 만든 먹물 통. 두 부분으로 되어 있으며, 한쪽에는 먹물 먹은 솜이 들어 있고, 한쪽에는 먹줄이 감긴 도르래가 있는데, 먹줄 끝을 잡아당기면 먹줄이 먹물 먹은 솜을 거치면서 먹물을 머금고 나오게 되어 있음.

먹-피 명 멍들어 검게 죽은 피.

먹-황:새 명 황샛과의 새. 몸길이 90cm 안팎으로, 황새와 비슷하나 좀 작음. 몸빛은 대체로 윤이 나는 검은빛이고, 배 부분은 희며, 부리와 다리, 눈 둘레는 붉음. 암벽의 우묵한 곳에 둥지를 짓고, 흰빛의 알을 3~5개 낳음. 유럽과 시베리아 등지에 분포하며, 우리 나라에서는 적은 수가 겨울을 나는 겨울새로 천연 기념물 제200호임.

먹히다[1] 자 ①식욕이 당겨 음식이 잘 넘어가다. ¶밥이 많이 -./술이 잘 먹히지 않는다. ②비용이 들다. ¶노임이 많이 -./자재가 갑절이나 먹힌다. ③말 같은 것이 이해되거나 받아들여지다. ¶충고가 먹혀 들다./선전이 먹혀 들어가기 시작하다.

먹히다[2] 자 ①먹음을 당하다. ¶개구리가 뱀에게 -. ②'빼앗기다'를 속되게 이르는 말. ¶강대국에게 -./대기업에게 먹힌 거나 마찬가지다.

먼:-가래 명 객사한 송장을 그곳에 임시로 묻는 일.

먼:가래-질 명-하다 자타 가랫밥을 떠서 멀리 던지는 가래질.

먼:가랫-밥 명 가래질을 해서 멀리 던진 흙.

먼:-길 명 멀리 가거나 오거나 하는 길. 원로(遠路). 원정(遠程) ¶-에 수고가 많았소.

먼:-나무 명 감탕나뭇과의 상록 활엽 교목. 높이는 10m 안팎. 윤기 있는 가죽질의 잎은 어긋맞게 남. 암수딴그루로, 여름에 햇가지의 잎겨드랑이에 연한 자줏빛 꽃이 핌. 열매는 둥글며, 가을에서 겨울에 걸쳐 붉게 익음. 정원수로 심기도 함. 세계 각지에 분포하며, 우리 나라에서는 제주도의 산지에 자람.

먼:-눈[1] 명 시력을 잃어 보이지 않는 눈. 맹목(盲目)

먼:-눈[2] 명 먼 곳을 바라보는 눈. ¶-으로도 뚜렷이 보이는 큰 건물.

먼눈(을) 팔다 관용 ①멍하니 먼데를 바라보다. ②한눈(을) 팔다.

먼:-데 명 ①거리가 먼 곳. ②'뒷간'을 에둘러 이르는 말.

속담 **먼데 단 냉이보다 가까운 데 쓴 냉이** : 먼데 있는 잘사는 친척보다 비록 가난하더라도 가까이서 서로 잘 알고 지내는 남이 더 낫다는 말./**먼데 무당이 영(靈)하다** : 먼데 있는 것이 좋아 보인다는 말.

먼:-동 명 날이 밝아 올 무렵의 동쪽 하늘.

먼동이 트다 관용 날이 새느라고 동쪽 하늘이 밝아 오다.

먼:-먼 관 멀고 먼. 매우 먼. 머나먼 ¶- 옛날./- 나라.

먼:-물 명 먹을 수 있는 맑은 물. ☞누렁물

먼:-바다 명 기상 예보에서, 한반도를 중심으로 육지로부터 20km(동해) 또는 40km(서해·남해) 밖의 바다를 이르는 말. ☞앞바다

먼:-발치 명 좀 멀리 떨어진 곳. ¶-에서 바라보다./-에서 인사하다.

×먼-발치기 명 →먼발치

먼:빛-으로 부 멀리서 언뜻 보이는 겉모양으로 ¶-도 동생인 줄 알 수 있었다.

먼:-산(-山)명 먼 곳에 있는 산. 멀리 보이는 산. 원산(遠山) ¶우두커니 -만 바라보다.

먼:산-바라기(-山-)명 목을 들어 늘 먼데만 바라보는 것같이 보이는 사람을 놀리어 이르는 말.

먼:-오금 명 활의 한오금과 삼사미의 사이.

먼:-우물 명 마실 수 있는 맑은 우물. ☞누렁우물

먼:-일[-닐] 명 먼 앞날의 일. ¶-까지 내다보다.

먼:장-질 명-하다 자 먼발치에서 총이나 활을 쏘는 일.

먼저 부 시간적으로나 순서상으로 앞서서. ¶내가 - 가겠다./- 도착하다.

명 시간적으로나 순서상으로 앞선 때. ¶누가 -냐?/-의 일이 생각나다. ☞나중

속담 **먼저 꼬리친 개 나중 먹는다** : 무슨 일이나 먼저 서두르는 사람이 끝내는 뒤떨어지게 마련이라는 말./**먼저 난 머리보다 나중 난 뿔이 무섭다** : 후배가 선배보다 능력이 뛰어난 경우를 이르는 말.〔나중 난 뿔이 우뚝하다/뒤에 난 뿔이 우뚝하다〕/**먼저 먹은 후 답답이라** : 제 몫을 남보다 먼저 먹어 치우고 나서, 남이 먹는 것을 부러운듯 바라보고만 있는 경우를 이르는 말./**먼저 배 탄 놈 나중 내린다** : 서두르는 사람이 도리어 뒤떨어지게 된다는 말.

한자 **먼저 선**(先)〔儿部 4획〕¶선결(先決)/선등(先登)/선발(先發)/선착(先着)/선행(先行)/우선(優先)

먼저-께 명 얼마 전의 어느 때. ¶- 만났던 사람이다.

먼젓-번(-番)명 지난번 ¶-에 부탁한 일.

먼지 명 날리거나 쌓이거나 하는 작고 가벼운 티끌. ¶-가 쌓이다./-를 털다.

먼지-떨음 명-하다 타 ①겨우 옷에 묻은 먼지만 떨 뿐이라는 뜻으로, 어린아이를 아프지 않을 만큼 가볍게 때리는 일을 이르는 말. ②걸어 두었던 옷의 먼지를 떤다는 뜻으로, 오래간만에 하는 나들이를 이르는 말. ③노름판 따위에서 정식으로 내기하기 전에 연습 삼아 한번 겨루어 보는 일.

먼지-떨이 명 먼지를 떠는 기구. ☞총채

먼지-잼 명-하다 자 비가 겨우 먼지나 날리지 않을 정도로 조금 내리는 일.

먼:-촌(-寸)명 촌수가 먼 일가. 먼 친척. 원촌(遠寸) ☞근촌(近寸)

멀: 준 '무엇을'의 준말. ¶- 보고 있니.

멀거니 부 정신나간 것처럼 멍청하게 보고 있는 모양을 나타내는 말. ¶- 먼산만 바라보고 있다.

멀건-이 명 정신이 흐리멍덩한 사람을 놀리어 이르는 말.

멀:겋다(멀겋고·멀건)형ㅎ ①매우 묽다. ¶멀겋게 쑨 팥죽. ②산뜻하지 아니하게 좀 맑다. ¶멀건 얼굴빛. ☞허여멀겋다 ③눈이 초점이 없이 흐릿하다. ¶멀건 눈동자. ☞말갛다

멀:게-지다 자 멀겋게 되다. ¶죽이 -. ☞말개지다

멀:-경(-冂)명 한자 부수(部首)의 한 가지. '再'·'冊' 등에서 '冂'의 이름.

멀:고-멀다(-멀고·-머니)형 매우 멀다. 아득하게 멀다. ¶멀고먼 고향 땅.

×멀-국 명 →국물

멀그스레-하다 형여 멀그스름하다 ☞말그스레하다

멀그스름-하다 형여 좀 멀건듯 하다. 멀그스레하다 ☞말그스름하다

멀그스름-히 부 멀그스름하게 ☞말그스름히

멀꿀 명 으름덩굴과의 상록 덩굴나무. 덩굴 길이 15m 안팎. 잎은 손바닥 모양의 겹잎이며, 5~7장의 작은 잎으로 이루어짐. 각각의 작은 잎은 끝이 뾰족한 길둥근 꼴이며, 가장자리는 밋밋함. 봄에 품종에 따라 백색 또는 담홍색의 꽃이 3~7송이씩 아래로 향하여 핌. 10월경에 길이 5cm 안팎의 길둥근 열매가 붉은 갈색으로 익는데 단맛이 있음. 줄기와 뿌리는 한방에서 이뇨제(利尿劑)로 쓰임. 우리 나라 남부 지방의 산중턱의 양달에 자람.

멀끔-하다 형여 매우 훤하고 깨끗하다. ¶멀끔하게 생긴 젊은이. ☞말끔하다

멀끔-히 부 멀끔하게 ☞말끔히

멀:다[1](멀고·머니) 자 ①눈이 보이지 않게 되다. ¶눈이 −. ②귀가 들리지 않게 되다. ¶귀가 −.

멀:다[2](멀고·머니) 형 ①두 곳 사이의 거리가 많이 떨어져 있다. ¶직장이 −./먼 지방, 먼 나라를 여행하다. ②시간적으로 동안이 길다. ¶추석은 아직 멀었다./멀지 않아 만나게 될 것이다. ③들리는 소리가 아득하고 약하다. ¶감이 −./전화가 −. ④친족(親族) 관계가 가깝지 않다. ¶먼 일가./촌수가 −. ⑤친분(親分)이 두텁지 않다. ¶그와는 사이가 먼 편이다. ⑥어느 수준이나 정도에 미치지 못하다. ¶우등생이 되려면 아직 멀었다. ⑦같지 않다. 성격이 다르다. ¶순수 소설과는 좀 먼 작품이다. ⑧시간이나 거리를 나타내는 말 다음에 주로 '멀다 하고' 꼴로 쓰이어, '그 시간이나 거리가 채 못 되어서'의 뜻을 나타냄. ¶하루가 − 하고 편지를 쓰다./십 리가 − 하고 쉬려고만 한다. ☞가깝다

속담 **먼 데 것을 얻으려고 가까운 것을 버린다** : 일의 순서를 뒤바꾼다는 말./**먼 데 무당이 영하다** : 잘 아는 사람보다 새로 만난 사람을 더 가치 있게 여긴다는 말./**먼 사촌보다 가까운 이웃이 낫다** : 멀리 떨어져 사는 친척보다는, 남이라도 가까이서 서로 돕고 지내는 이웃이 낫다는 말.〔가까운 남이 먼 일가보다 낫다〕

한자 멀 소(疏)〔疋部 7획〕¶소격(疏隔)/소원(疏遠)
멀 요(遙)〔辵部 10획〕¶요요(遙遙)/요원(遙遠)
멀 원(遠)〔辵部 10획〕¶원격(遠隔)/원경(遠景)/원근(遠近)/원시(遠視)/원양(遠洋)/원행(遠行)
멀 유(悠)〔心部 7획〕¶유구(悠久)/유원(悠遠)

멀떠구니 명 모이주머니

멀뚱-멀뚱 부 생기 없는 눈으로 멍청하게 바라보는 모양을 나타내는 말. ¶− 쳐다만 보다. ☞말똥말똥

멀뚱멀뚱-하다 형여 건데기가 적어서 국물이 매우 멀겋다. ¶건데기는 없고, 멀뚱멀뚱한 고깃국.

멀:리 부 멀게 ¶− 떠나가는 배./눈앞의 것만 생각하지 말고 − 내다봐야 한다.

멀:리-뛰기 명 육상 경기에서, 도약 경기의 한 가지. 일정한 거리를 도움닫기하여 한 발로 발구르기를 한 다음 뛰어서, 그 뛴 거리를 겨루는 경기. ☞높이뛰기. 세단뛰기

멀:리-보기 명 원시(遠視)

멀:리-하다 타여 ①거리를 두어 떨어져 있게 하다. ¶배는 어느새 항구를 멀리하고 있었다. ②꺼리어 피하다. ¶술과 담배를 −./사람들을 −. ☞가까이하다

멀-마늘 명 수선화의 한 품종. 제주도의 특산종임.

멀미 명-하다 자 ①차나 비행기, 배 따위의 흔들림 때문에, 타고 있는 사람이 구역이 나는 등 기분이 나빠지는 현상. ¶버스를 타면 −가 난다. ②몹시 싫은 느낌을 비유하여 이르는 말.

멀미(가) 나다 관용 몹시 싫은 느낌이 나다. 지긋지긋한 느낌이 생기다. ¶복잡한 도시 생활에 −.

멀쑥-하다 형여 ①생김새나 차림새가 점잖고 번번하다. ¶멀쑥하게 차리다. ②사람이 키가 크고 싱겁다. ¶키만 −. ☞말쑥하다

멀쑥-히 부 멀쑥하게 ☞말쑥히

멀어-지다 자 ①거리가 많이 떨어지게 되다. ¶점점 멀어져 가는 기차. ②들리는 소리가 약해지다. ¶천둥소리가 멀어지더니 이윽고 비도 그쳤다. ③사이가 서로 좋지 않게 되다. ¶친구들과 사이도 멀어졌다.

멀쩡-하다 형여 ①이상이나 흠이 없어 보이거나 쓰기에 괜찮다. ¶멀쩡한 다리./멀쩡한 차. ②정신이 흐리지 아니하고 사물을 잘 가릴 수 있는 상태에 있다. ¶정신이 −. ③아이가 겉보기와 달리 속생각이 있다. ¶소견이 −. ④말이 사실과 다르게 엉뚱하다. ¶멀쩡한 거짓말을 하다. ☞말짱하다[1]

멀쩡-히 부 멀쩡하게 ☞말짱히

멀찌가니 부 멀찌감치 ¶− 떨어져서 걷다.

멀찌감치 부 사이가 좀 멀리 떨어지게. 멀찍이. 멀찌가니 ¶− 뒤따라가다.

멀찌막-하다 형여 꽤 멀찍하다.

멀찌막-이 부 멀찌막하게

멀찍-멀찍 부-하다 형 여럿의 사이가 다 멀찍한 모양을 나타내는 말. ¶자리가 서로 −하다.

멀찍-하다 형여 거리가 제법 멀다. ¶서로 멀찍하게 떨어져 앉다. ☞가직하다

멀찍-이 부 멀찍하게. 멀찌감치 ¶− 서서 바라보다.

멀티미:디어(multimedia) 명 문자·사진·동영상·소리 등 다양한 정보 형태를 통합하여 처리하거나 전달하는 컴퓨터시스템, 또는 그 서비스.

멈추다[1] 자 ①움직임이 멎다. ¶시계가 −./달리던 차가 −./군악대의 행렬이 −. ②내리던 비나 눈 따위가 그치다. ¶비가 −. 멎다

멈추다[2] 타 계속되던 움직임을 멎게 하다. ¶걸음을 −./차를 −./시선을 −./말을 −.

멈칫 부 움직임을 갑자기 멈추는 모양을 나타내는 말. ¶길을 가다가 − 서다.

멈칫-거리다(대다)[−칟−] 자타 자꾸 멈칫 하다.

멈칫-멈칫[−칟−] 부 움직임을 갑자기 자꾸 멈추는 모양을 나타내는 말.

멋 명 ①됨됨이나 차림새·행동·태도 따위가 그럴듯하게 어울리는 세련된 느낌. ¶−을 부리다./옷차림에 −을 내다. ②운치(韻致) 또는 흥취(興趣). ¶−이 있는 표현./국악의 독특한 −./−이 있는 춤사위.

멋도 모르다 관용 일의 까닭이나 속내를 알지 못하다. 멋모르다 ¶멋도 모르고 참견하다.

멋(이) 들다 관용 멋을 내려고 하다.

멋-거리[먿−] 명 멋이 있는 모양.

멋거리-지다[먿−] 형 멋이 들어 있다.

멋-대가리[먿−] 명 '멋'의 속된말.

멋-대로[먿−] 부 마음대로 아무렇게나. 또는 하고 싶은 대로. ¶− 지껄이다.

멋-드러지다[먿−] 형 보기에 아주 멋이 있다. ¶멋드러지게 노래부르다.

멋-모르다[먿−](−모르고·−몰라) 자르 일의 까닭이나 속내를 알지 못하다. 영문도 모르다. ¶멋모르고 덤비다./멋모르고 참견한다.

멋-스럽다[먿−](−스럽고·−스러워) 형ㅂ 멋이 있어 보이다. ¶멋스러운 춤사위.

멋-스레 부 멋스럽게

멋-없:다[머덥−] 형 ①됨됨이나 차림새·행동 따위가 어울리지 않고 싱겁다. ¶멋없는 차림새. ②운치나 흥취가 없다. ¶멋없는 소리 말게.

멋-없이 부 멋없게 ¶− 키만 껑충하다.

멋-있다[머딛−/머싣−] 형 보기에 좋다. 보기에 모양새가 좋다. ¶멋있는 차림새./멋있는 행동.

×**멋-장이** 명 →멋쟁이

멋-쟁이[먿−] 명 ①멋이 있는 사람. ②멋을 잘 부리는 사람. ¶그녀는 회사 내에서 제일 −다.

멋쟁이-새[먿−] 명 되샛과의 겨울 철새. 몸길이 16cm 안팎. 수컷은 머리꼭지·날개·꼬리가 검고, 날개에는 흰 줄무늬가 있으며 빰과 턱밑은 붉고 나머지 부분은 잿빛임. 유라시아 북부에 널리 분포함. 피리새

멋-지다[먿−] 형 ①매우 멋이 있다. ¶멋진 차림새./멋진 사나이./경치가 −. ②매우 훌륭하다. ¶멋진 연설./그림 솜씨가 −.

멋-질리다[먿−] 자 생활·행동을 제멋대로 하게 되다.

멋-쩍다[먿−] 형 ①하는 짓이나 모양새가 격에 어울리지 아니하다. ¶멋쩍은 행동. ②어색하고 쑥스럽다. ¶멋쩍은 얼굴로 머리만 긁적인다.

멍[1] 명 ①부딪치거나 맞아서 살갗 밑에 퍼렇게 맺힌 피. ¶무릎에 −이 들었다. ②'일이나 마음속에 생긴 탈'을 비유하여 이르는 말. ¶가슴속에 맺힌 −.

멍[2] 명 '멍군'의 준말.

멍게 명 미삭류(尾索類)에 딸린 원삭동물(原索動物). 크기는 어른의 주먹만 함. 주황색의 딱딱한 껍질에는 삐죽삐죽한 돌기가 있음. 몸의 아래쪽에는 뿌리 모양의 가는

돌기가 있어, 그것으로 바위 따위에 붙어서 삶. 노란 빛깔의 속살은 먹을 수 있음. 우렁쉥이

멍-구럭 명 성기게 떠서 만든 큰 구럭.

멍군 명-하다 자 장기에서, 장군을 받아 막아내는 일. 준 멍² ☞대궁장군(對宮將軍)

멍군 장군 관용 두 사람의 다툼에서 옳고 그름을 가리기 어려운 때를 이르는 말. 장군 멍군 ¶ 사태는 —이구먼.

멍덕 명 짚으로 바가지처럼 틀어 만든 재래식 벌통 뚜껑.

멍덕-꿀 명 ①멍덕 안의 벌집에 박힌 꿀. ②'멍청이'를 놀리어 이르는 말.

멍덕-딸:기 명 장미과의 덩굴성 낙엽 관목. 줄기 길이는 1~2m. 줄기에 가시가 많고, 잎의 가장자리에 톱니가 있으며, 뒷면에는 흰 솜털이 빽빽이 나 있음. 초여름에 가지 끝이나 잎겨드랑이에 흰 꽃이 모여 피고, 붉게 익은 열매는 먹을 수 있음. 우리 나라 각지의 산과 들에 자람.

멍-들다(—들고·—드니) 자 ①살갗 밑에 퍼렇게 피가 맺히다. ¶ 의자에 부딪쳐 무릎이 멍들었다./멍든 손가락. ②일이나 마음 속에 탈이 생기다. ¶ 부정 부패로 멍든 사회./따돌림을 받아 마음이 —.

멍멍 부 개가 짖는 소리를 나타내는 말.

멍멍-이 명 '개'를 흔히 이르는 말.

멍멍-하다 형여 ①넋이 나간듯 어리벙벙하다. ¶ 그의 얼굴을 멍멍하게 바라만 보았다. ②귓속이 윙윙거려 소리가 잘 들리지 아니하다. ¶ 요란한 기차 소리에 귀가 —. ☞먹먹하다

멍멍-히 부 멍멍하게

멍석 명 새끼와 짚으로 결어 만든 두툼하고 큰 자리. 주로 곡식을 널어 말리는 데 씀. 망석(網席)

멍석-딸:기 명 장미과의 덩굴성 낙엽 관목. 길이 1~1.5m의 줄기는 가로로 벋으며 잔가시가 많음. 잎은 작고 둥근 달걀꼴인데 가장자리에 거친 톱니가 있음. 5~7월에 가지 끝에 붉은빛의 자잘한 꽃이 핌. 열매는 7~8월에 붉게 익는데 먹을 수 있음. 산기슭이나 들판 등에 자람.

멍석-말이 명 지난날의 사형(私刑)의 한 가지. 힘있는 집안이나 동네에서 못된 일 또는 난폭한 행동을 한 사람을 멍석에 말아 뭇매를 치던 일.

멍석-자리 명 ①자리로 쓰는 멍석. ②멍석을 깔아 놓은 자리.

멍에 명 ①수레나 쟁기를 끌게 하기 위하여 마소의 목에 얹는 구부정한 막대기. ¶ 소에게 —를 메우다. ②마음속의 고통스러운 구속이나 무거운 짐을 비유하여 이르는 말. ¶ 가난이라는 —에서 벗어나다.

멍에를 메다 관용 어떤 일에 얽매이어 자유롭지 못하다. 멍에를 쓰다.

멍에를 쓰다 관용 멍에를 메다.

멍에-둔테 명 성문(城門) 따위에 쓰이는 큰 문둔테.

멍에-목 명 ①마소의 목에 멍에를 얹는 부분. ②다리를 걸친 언덕의 목이 되는 곳.

멍에-창방 명 이층으로 지은 집에서, 아래층 서까래 위 끝을 받쳐 가로질러 놓은 나무.

멍울 명 ①풀이나 우유 따위가 엉기어 굳은 작은 덩이. ②몸의 조직이나 림프절에 생기는 작은 덩이. ☞망울

멍울(이) 서다 관용 몸에 멍울이 생기다. ¶ 사타구니에 멍울이 섰다.

멍울-멍울¹ 부 멍울마다 ☞망울망울¹

멍울-멍울² 부-하다 형 좀 큰 멍울들이 한데 엉기어 있는 모양을 나타내는 말. ☞망울망울²

멍청-이 명 멍청한 사람을 놀리어 이르는 말. 멍텅구리 ☞멍덕꿀

멍청-하다 형여 사물을 보는 판단력이 무디고 어리석다. ¶ 하는 짓이 좀 —.

멍청-히 부 멍청하게

멍추 명 총기가 없고 흐리멍덩한 사람을 놀리어 이르는 말. ☞맹추

멍키스패너(monkey spanner) 명 목 부분에 있는 나사를 돌려, 아가리의 크기를 마음대로 조절해서 사용할 수 있게 만든 스패너. 자재 스패너

멍털-멍털 부-하다 형 크고 작은 멍울이 한데 뭉치어 큰 덩이를 이루고 있는 모양을 나타내는 말.

멍텅구리 명 ①'뚝지'의 딴이름. ②멍청이 ③병목이 두툼한 되들이 병(甁).

멍텅구리=낚시[—낙—] 명 여러 개의 바늘을 미끼의 주위에 달아 놓아 거기에 물고기가 걸리게 만든 낚시, 또는 그런 낚시로 하는 낚시질.

멍:-하니 부 멍하게 ¶ — 하늘만 쳐다보고 있다.

멍:-하다 형여 넋이 나간듯 정신이 흐릿하다. ¶ 초점이 없는 멍한 눈.

멍:해-지다 자 넋이 나간듯 정신이 흐릿해지다. ¶ 머리가 멍해졌다.

멎다[먿—] 자 ①움직임이 멈추어지다. ¶ 차가 문 앞에 스르르 —. ②비나 눈 따위가 내리다가 그치다. ¶ 비가 —./천둥이 —. 멈추다

메¹ 명 ①제사 때 제상에 차리는 밥. 제삿밥 ②지난날, 궁중에서 '밥'을 이르던 말.

메² 명 ①메꽃 ②메꽃의 뿌리. 속근근(續筋根)

메³ 명 물건을 치거나 말뚝을 박거나 할 때 쓰는, 나무나 쇠로 만든 큰 방망이. ¶ —로 떡을 치다.

메⁴ 명 '산(山)'의 예스러운 말.

한자 **메 산**(山) 〔山 部〕 ¶ 산간(山間)/산림(山林)/산맥(山脈)/산사(山寺)/산성(山城)/산촌(山村)

메- 접두 '찰기가 없이 메진'의 뜻을 나타냄. ¶ 메수수/메조/메벼 ☞차-. 찰-

메가바(megabar) 의 압력의 단위. 1메가바는 1cm²에 대하여 100만 다인(dyne)의 힘이 가해질 때의 압력임.

메가바이트(megabyte) 의 컴퓨터의 데이터 양을 나타내는 단위. 1메가바이트는 1바이트의 100만 배임. 기호는 MB

메가비트(megabit) 명 컴퓨터의 데이터 양을 나타내는 단위. 1메가비트는 1비트의 100만 배임. 기호는 Mb

메가사이클(megacycle) 의 메가헤르츠(megahertz)

메가톤(megaton) 의 ①100만 톤. ②핵폭탄의 폭발력을 나타내는 에너지의 단위. 1메가톤은 티엔티(TNT) 100만 톤의 폭발력에 상당하는 에너지임. 기호는 MT

메가폰(megaphone) 명 목소리가 크게 또 멀리까지 들리도록 입에 대고 말하는 나팔 모양의 통.

메가폰을 잡다 관용 영화 감독은 메가폰으로 여러 사람에게 지시하므로, '감독이 되어 영화를 만들다'의 뜻으로 쓰이는 말.

메가헤르츠(megahertz) 의 주파수의 단위. 1초에 100만 헤르츠(Hz)의 진동수를 가짐. 메가사이클(megacycle). 기호는 MHz

메갈로폴리스(megalopolis) 명 몇 개의 대도시가 이어져 경제·사회·문화 등의 기능이 하나로 된 거대한 도시 지역. 거대 도시(巨大都市)

메-공이 명 메같이 만든 절굿공이.

메:기 명 메깃과의 민물고기. 몸길이 50cm 안팎. 머리와 입이 크고, 입아귀에 네 개의 긴 수염이 있음. 비늘이 없고 표면이 점액에 싸여 있어 미끌미끌함. 등은 검푸르고 배는 흼. 강이나 호소 따위의 진흙 바닥에 살면서 잔고기나 개구리를 잡아먹음.

메기를 잡다 관용 ①물에 빠지거나 비를 맞아 흠뻑 젖다. ②허탕치다

속담 **메기가 눈은 작아도 저 먹을 것은 알아본다** : 아무리 식견이 좁은 사람이라도 저 살길은 다 마련한다는 말./**메기 아가리 큰 대로 다 못 먹는다** : 입이 크다고 해서 모든 것을 다 먹을 수 없듯이, 무슨 일이나 욕심대로 다 이루어지지는 않는다는 말./**메기 잔등에 뱀장어 넘어가듯** : 무슨 일을 슬그머니 얼버무려 넘어간다는 말.

메기다 타 ①민요 따위를 주고받고 하며 부를 때, 한 사람이 앞소리를 먼저 부르다. ¶ 앞소리를 메기면 여럿이 뒷소리를 부른다. ②양쪽에서 톱을 마주 잡고 톱질을 할 때, 잡아당기는 상대편을 따라 톱을 밀다. ③윷놀이에서, 말을 날밭까지 옮겨 놓다. ④화살을 시위에 물리다.

메:기-입 명 유난히 큰 입, 또는 그런 입을 가진 사람을 놀리어 이르는 말.
메-기장 명 차지지 않고 메진 기장. ☞찰기장
메:기-주둥이 명 '메기입'을 속되게 이르는 말.
메김-소리 명 민요 따위를 주고받으며 부를 때, 한 사람이 앞소리를 부르는 소리. ☞받는소리
메-꽃 명 메꽃과의 여러해살이 덩굴풀. 뿌리줄기는 땅 속에서 사방으로 뻗으며, 군데군데서 순이 돋아서 자람. 줄기는 가늘며, 다른 나무 따위를 감고 올라감. 잎은 어긋맞게 나고 잎자루가 길. 여름에 깔때기 모양의 담홍색 꽃이 잎겨드랑이에 한 송이씩 낮에만 피고, 가을에 열매를 맺음. 각지의 들이나 길가에 자람. 어린순과 뿌리줄기는 먹을 수 있음. 메[2]. 선화(旋花)
메꿎다[-꾿-] 형 고집이 세고 심술궂다.
메나리 명 경상도·강원도·충청도 일부 지방에서 전승되는 민요의 한 가지. 농부들이 김을 매며 부르는 노동요(勞動謠)로 지역마다 노랫말이 다름. 산유화(山有花)
메노(meno 이) 명 악보의 나타냄말의 한 가지. '조금 덜', '좀더 작게'의 뜻.
메뉴(menu) 명 ①음식의 차림표. 식단(食單) ②컴퓨터에서, 화면상에 표시하는 조작 순서의 일람표. 알맞은 조작을 선택함으로써 필요한 처리를 할 수 있음.
메:다[1] 자 구멍 따위가 막히다. ¶하수관이 -./목이 -.
메:다[2] 타 물건을 어깨에 지다. ¶배낭을 -./가마를 -.

한자 멜 담(擔) 〔手部 13획〕 ¶담구(擔具)/담부(擔負)/담총(擔銃)/전담(全擔)/전담(專擔) ▷ 속자는 担

메:다[3] 타 '메우다[2]'의 준말.
메:다-꽂다[-꼳-] 타 '메어다꽂다'의 준말.
메:다-붙이다[-부치-] 타 '메어다붙이다'의 준말.
메달(medal) 명 상이나 기념으로 주는, 금속으로 된 기장(記章). 글자나 도안 등을 돋을새김 한 것이 많음.
메달리스트(medalist) 명 운동 경기 등에서, 입상하여 메달을 받은 사람.
메두사(Medusa) 명 그리스 신화에 나오는 괴물. 머리카락은 모두 뱀이고, 그 모습을 본 사람은 모두 돌로 변한다고 함.
메들리(medley) 명 ①접속곡(接續曲) ②'메들리릴레이'의 준말.
메들리릴레이(medley relay) 명 ①경영(競泳) 종목의 한 가지. 네 사람의 선수가 배영·평영·접영·자유형의 차례로 한 종목씩 같은 거리를 이어서 헤엄침. 혼계영(混繼泳) ②육상 경기에서, 네 사람의 주자(走者)가 서로 다른 거리를 달리는 릴레이. 각각 100m, 200m, 300m, 400m를 달리는 스웨덴릴레이 따위. 준 메들리
메디안(median) 명 중앙값
메-떡 명 멥쌀가루나 메진 곡식으로 만든 떡. ☞찰떡
메-떨어지다 형 말이나 행동이 어울리지 아니하고 촌스럽다. ¶메떨어진 행동.
메뚜기[1] 명 ①메뚜깃과의 곤충을 통틀어 이르는 말. 부종(阜螽) ②벼메뚜기
속담 **메뚜기도 유월이 한철이라** : ①제때를 만난듯이 날뛰는 사람을 비꼬아 이르는 말. ②무엇이나 한창때라는 것은 덧없이 지나가 버린다는 말.
메뚜기[2] 명 탕건(宕巾)이나 책갑(冊匣), 활의 팔찌 등을 고정하기 위하여 끈 끝에 달아서 꽂아 두는 조그만 꽂이. 단추나 갈고리의 구실을 하는 것이며, 흔히 뿔을 깎아서 만듦.
메뚜기-팔찌 명 메뚜기를 꽂아서 소매 위에 고정하게 되어 있는 활의 팔찌.
메뜨다(메뜨고·메떠) 형 답답하도록 몸놀림이 둔하고 굼뜨다.
메로고니(merogony) 명 난편 생식(卵片生殖)
메:롱 감 '그럴 줄 몰랐지'의 뜻으로, 혀를 내밀며 상대편을 놀리는 말.
메르카토르=도법(Mercator圖法)[-뻡] 명 벨기에의 지리학자 메르카토르가 고안한 제도법(製圖法). 경선과 위선이 직각으로 교차하지만, 위도가 높아질수록 거리와 면적이 커짐. 메르카토르 투영법
메르카토르=투영법(Mercator投影法)[-뻡] 명 메르카토르 도법
메르헨(Märchen 독) 명 공상적이고 신비적인 설화(說話)나 동화(童話).
메리고:라운드(merry-go-round) 명 회전 목마(回轉木馬)
메리노(merino 에) 명 양(羊)의 한 품종, 또는 그 양털. 스페인 원산으로, 털은 희고 부드러우며 질이 좋음.
메리야스(∠medias 에) 명 무명실이나 털실을 편직기로 짠 직물. 부드럽고 신축성이 좋아 양말이나 속옷 따위에 많이 이용됨.
메리야스-뜨기(∠medias-) 명 대바늘 뜨개질법의 한 가지. 겉뜨기와 안뜨기를 한 단마다 번갈아 되풀이하여 뜨는 가장 일반적인 뜨개질법임. ☞가터뜨기
×**메리치** 명 →멸치
메리크리스마스(Merry Christmas) 감 '즐거운 성탄절'이라는 뜻으로, 성탄절을 축하하는 인사말.
메리트(merit) 명 ①공적(功績). 공로(功勞). 실적(實績) ②어떤 일을 할만 한 값어치. 이점(利點) ¶-가 있는 일이다.
메리트시스템(merit system) 명 회사가 요구하는 자격이나 능력 등을 고려하여 임금이나 근무 형태를 정하는 제도. ☞능력급(能力給). 자격 임용(資格任用)
메-마르다(-마르고·-말라) 형르 ①땅이 물기가 없고 기름지지 아니하다. ¶메마른 땅. ☞걸다[2] ②거칠고 윤기가 없다. ¶메마른 피부. ③인정이 없거나 감정이 무디다. ¶메마른 생활./정서(情緒)가 -.
메모(memo) 명-하다 타 잊지 않기 위하여 간단히 적어 두는 일, 또는 그런 기록. ¶수첩에 -를 해 두다.
메모리(memory) 명 ①기억(記憶). 추억(追憶) ②컴퓨터에서 자료를 저장하는 장치. 주기억 장치와 보조 기억 장치가 있음. 기억 장치 ③컴퓨터의 기억 장치가 얼마만큼 기억할 수 있는지를 나타내는 수치(數値). 흔히 워드(word), 바이트(byte), 비트(bit) 따위의 단위로 나타냄.
메모-지(memo紙) 명 메모를 하는 데 쓰는 종이.
메모-판(memo板) 명 ①메모를 하기 위하여 만들어 놓은 작은 칠판 따위의 판. ②종이에 적은 전언(傳言)이나 메모 따위를 꽂아 두는 판. 유 전언판(傳言板)
메밀 명 ①마디풀과의 한해살이풀. 붉은빛을 띤 줄기는 속이 비었으며, 높이는 40~80cm임. 심장 모양의 잎은 어긋맞게 남. 여름에서 가을에 걸쳐 백색의 잔 꽃이 모여 핌. 흑갈색의 세모진 열매는, 가루를 내어 국수나 묵을 만들어 먹음. 중앙 아시아 원산으로, 아시아 각지에서 곡식으로 널리 재배하고 있음. ②메밀의 열매. 교맥(蕎麥). 목맥(木麥)
속담 **메밀이 세 모라도 한 모는 쓴다더니** : 변변치 않은 사람이라도 요긴하게 쓰일 때가 있다는 말.
메밀-가루[-까-] 명 메밀을 빻은 가루. 목말(木末). 백면(白麵)
메밀-국수 명 메밀가루에 녹둣가루를 섞은 것을 묽게 익반죽하여 국수틀을 써서 가늘게 뽑은 국수. 백면(白麵)
메밀-꽃 명 ①메밀의 꽃. ②파도가 일 때 하얗게 흩어지는 물보라를 비유하여 이르는 말.
메밀꽃이 일다 관용 ①메밀의 꽃이 피다. ②물보라가 하얗게 부서지면서 물결이 일다.
메밀-나깨 명 메밀가루를 체로 친 뒤 남은 무거리.
메밀-묵 명 묵의 한 가지. 메밀을 물에 불려서 곱게 간 것을 체로 밭아 물에 가라앉힌 다음, 웃물을 따라 버리고 앙금을 거두어 풀을 쑤듯이 되게 끓여 식혀 굳힌 묵.
메밀-새 명 광석 속에 메밀 모양으로 박혀 있는, 산화된 다른 종류의 광물질.
메밀-쌀 명 껍질을 벗긴 메밀의 알맹이.
메밀-응이 명 메밀가루를 타서 국수물보다 되게 쑤어 간을 맞춘 음식.
메-밥 명 멥쌀로 지은 보통의 밥. ☞찰밥
메-벼 명 찰기가 없는 메진 벼. 갱도(秔稻) ☞찰벼

메부수수-하다 형여 말과 행동이 메떨어지다.
메부수수-히 부 메부수수하게
메:-붙이다[-부치-] 타 '메어붙이다'의 준말.
메사(mesa 에)명 꼭대기가 평탄하고 둘레가 급경사를 이룬 탁상 지형(卓狀地形).
메:-산(-山)명 한자 부수(部首)의 한 가지. '嶺'·'岬' 등에서 '山'의 이름.
메소트론(mesotron)명 '메손'의 구용어.
메손(meson)명 중간자(中間子)
메-숲지다[-숩-] 형 산에 나무가 울창하다.
메스(mes 네)명 수술이나 해부를 할 때 쓰는 작고 날카로운 칼. 해부도(解剖刀)
메스껍다(메스껍고·메스꺼워)형ㅂ ①구역질이 날 것처럼 뱃속이 울렁울렁한 느낌이 있다. ¶속이 -. ②말이나 하는 짓이 비위에 거슬리게 꼴사납다. ¶메스껍게 굴다./아니꼽고 -. ☞매스껍다
메스실린더(∠measuring cylinder)명 원통 모양의 유리 그릇에 눈금을 나타낸 것. 액체의 부피를 재는 데 씀.
메스플라스크(∠measuring flask)명 부피를 나타내는 눈금이 있는 플라스크.
메슥-거리다(대다)자 메슥메슥한 느낌이 나다. ¶말만 들어도 메슥거린다. ☞매슥거리다
메슥-메슥 부-하다 형 뱃속이 몹시 거북하거나 하여 구역질이 날듯 한 느낌을 나타내는 말. ¶- 토할 것 같다. ☞매슥매슥
메시아(Messiah)명 ①구약성서에서, 이스라엘 민족이 기다리고 있는 구세주를 일컫는 말. ②신약성서에서, 구세주로 예수 그리스도를 높여 일컫는 말.
메시지(message)명 ①어떤 사실을 알리거나 주장하기 위한, 또는 일깨우기 위한 말이나 글. ☞전언(傳言) ¶-를 전하다./감사의 -. ②문학 작품 등에서 나타내고자 하는 의미 또는 의도. ¶사랑의 -를 담고 있는 작품. ③언어 또는 그 밖의 기호에 따라 전달되는 정보.
메신저(messenger)명 편지, 선물, 전하는 말 따위를 전달하는 일을 전문으로 하는 사람.
메아리 명 산이나 골짜기 따위에서 소리가 되울리는 현상, 또는 그 소리. ☞산울림
메아리-치다 자 ①메아리가 되어 울리다. ②어떤 일에 대한 반응이 일다. ¶승리의 기쁨이 메아리치고 있다.
메어-꽂다[-꼳-] 타 둘러메어서 힘껏 내던지다.
메어다-꽂다[-꼳-] 타 '메어꽂다'의 힘줌말. 준 메다꽂다 ☞메어치다
메어다-붙이다[-부치-] 타 '메어붙이다'의 힘줌말. 준 메다붙이다
메어-붙이다[-부치-] 타 둘러메어서 바닥에 세게 내던지다. 준 메붙이다
메어-치다 타 어깨에 메었다가 바닥에 힘있게 내리치다. ¶상대 선수를 바닥에 -. 준 메치다
메우다[1] 타 ①빈 곳에 무엇을 넣어 채우다. ¶구멍을 -./틈을 -. ②어떤 자리를 가득 채우다. ¶홀을 가득 메운 청중. ③모자라는 것을 채우다. ¶적자를 -. 준 메다[2]
메우다[2] 타 ①통 따위의 테를 끼우거나 체에 쳇불을 끼우다. ¶나무통에 테를 -. ②북통에 가죽을 씌우다. ③마소의 목에 멍에를 얹어서 매다. ¶멍에를 -. ④활에 시위를 얹다. 준 메다[3]
메이데이(May Day)명 ①유럽에서, 해마다 5월 1일에 열리는 농촌의 축제. ②노동자의 단결을 나타내기 위하여 해마다 5월 1일에 열리는 국제적인 노동자의 제전.
메이저(major)명 음악에서, 장조(長調). 장음계(長音階) ☞마이너(minor)
메이커(maker)명 제작자, 특히 유명한 제품의 제조 업자 또는 제조 회사. ¶유명 -의 제품.
메이크업(makeup)명 화장(化粧). 예쁘게 보이기 위한 화장과 배우 등의 무대 화장, 분장(扮裝) 등이 있음.
메인스탠드(main stand)명 경기장의 정면 관람석.
메인스트리:트(main street)명 도시의 중심 도로.
메인이벤트(main event)명 여러 시합이 있는 권투 경기 따위에서, 가장 중요한 시합.
메인타이틀(main title)명 영화 따위 작품의 정식 제목. ☞서브타이틀(subtitle)
메인테이블(main table)명 회의나 연회 따위에서 정면 한가운데 위치한 자리. 회의에서는 의장이, 연회에서는 그 날의 주빈이 앉음.
메-조 명 차지지 않고 메진 조. 경속(粳粟). 황량(黃粱) ☞차조
메조소프라노(mezzo soprano 이)명 성악에서, 여성의 목소리인 소프라노와 알토의 중간 음역(音域), 또는 그 음역의 가수.
메조포르테(mezzo forte 이)명 악보의 셈여림말의 한 가지. '조금 세게'의 뜻. 기호는 mf
메조피아노(mezzo piano 이)명 악보의 셈여림말의 한 가지. '조금 여리게'의 뜻. 기호는 mp
메주 명 메주콩을 삶아서 찧은 다음, 덩이로 만들어 띄워 말린 것. 장을 담그는 재료임.
메주-콩 명 메주를 쑤는 데 쓰는 누런 콩.
메지다 형 쌀이나 좁쌀 따위의 끈기가 적다. ☞차지다
메지-메지 부 물건을 여러 몫으로 가르는 모양을 나타내는 말. ¶떡을 - 나누어 놓다. ☞매지매지
메-질 명-하다 재타 메로 무엇을 내리치거나 때려 박는 일. ¶말뚝을 -하여 박다.
메-찰떡 명 찹쌀가루와 멥쌀가루를 반반씩 섞어서 찐 시루떡. 반나병(半糯餠)
메추라기 명 꿩과의 겨울 철새. 몸 크기는 중병아리와 비슷하나 꽁지가 짧고, 몸빛은 황갈색 바탕에 갈색과 흑색의 가는 세로무늬가 있음. 알과 고기를 얻기 위해 기르기도 함. 준 메추리
메추라기-도요 명 도요샛과의 나그네새. 몸길이 19cm 안팎으로 메추라기와 비슷하며 적갈색과 황갈색의 무늬가 섞여 있고, 등은 검은빛에 다리는 암녹색임. 이동하는 도중인 봄과 가을에 우리 나라를 거쳐 감.
메추리 명 '메추라기'의 준말.
메추리-노린재 명 노린잿과의 곤충. 몸길이 9mm 안팎. 몸빛은 누렇고 머리통의 끝이 뾰족함. 벼의 해충임.
메:-치기 명 유도에서, 업어치기나 후리기 따위의 메치는 기술을 통틀어 이르는 말. ☞굳히기
메:-치다 타 '메어치다'의 준말.
메카(Mecca)명 ①사우디아라비아의 홍해 연안의 도시. 이슬람교의 교조 마호메트의 탄생지로 이슬람교 최고의 성지(聖地)임. ②어떤 분야의 중심지나 발상지(發祥地)로, 그 분야의 사람들의 동경의 고장. ¶영화인의 -, 할리우드./예술가의 -, 파리.
메커니즘(mechanism)명 ①융통성 없이 틀에 박힌 생각, 또는 기계적인 일의 처리. ②사물의 작용 원리나 구조. 기구(機構) ¶인체의 -.
메케-하다 형여 연기나 곰팡이 따위의 냄새가 코를 찌르는 것처럼 매우 맵싸하다. ☞매캐하다
메타세쿼이아(metasequoia 라)명 낙우송과의 낙엽 침엽 교목. 높이 35m, 지름 2m 안팎으로, 깃 모양의 가늘고 긴 잎은 마주 남. 봄에 노란 꽃이 피며 방울 열매가 달림. 현대에 살아 남은 화석 식물의 한 가지임. 중국의 쓰촨성[四川省]과 후베이성[湖北省]에 자생하며, 우리 나라 포항에서 화석이 발견되었음.
메타센터(metacenter)명 경심(傾心)
메타포(metaphor)명 은유(隱喩)
메탄(methane)명 탄화수소의 한 가지. 빛과 냄새가 없는 가연성의 기체. 천연 가스 속에 많이 섞여 있으며, 늪이나 습지 등에서 유기물이 썩어서 발효할 때도 생김. 도시 가스 등으로 이용됨. 메탄가스
메탄가스(methane gas)명 메탄(methane)
메탄올(methanol)명 메틸알코올(methyl alcohol)
메탈리콘(metallicon)명 도금법의 한 가지. 피스톤 모양의 분사기에 금속선을 넣고 전열 또는 가스로 녹여서 압축 공기를 이용하여 도금할 물건에 뿜어서 입히는 방법. 유리와 금속의 접합에도 쓰임.

메-탕(-湯)명 ①'국'의 높임말. ②갱(羹)
메톤-기(Meton期)명 태음년(太陰年)을 계절에 맞추기 위하여, 19태음년에 일곱 번의 윤달을 두는 역법(曆法)의 순환 기간. B.C. 433년 그리스의 메톤이 처음으로 연구하여 만들어 냄. 메톤 주기
메톤=주기(Meton週期)명 메톤기
메트로놈(metronome)명 악곡의 박절(拍節)을 재거나 박자를 규칙적으로 나타내는 기계. 박절기(拍節器)
메트로폴리스(metropolis)명 ①대도시(大都市). 수도(首都) ②중심지. 주요 도시.
메티오닌(methionine)명 황이 들어 있는 필수 아미노산의 한 가지. 카세인, 난백 알부민, 효모 따위의 단백질에 많이 들어 있음.
메틸-기(methyl基)명 알킬기의 한 가지. 메탄에서 수소 원자 하나가 빠진 원자단임. 화학식은 CH_3-임.
메틸렌블루(methylene blue)명 진한 청색의 염기성 염료(染料). 결정성(結晶性)을 가지며 물에 녹고 살균력이 있음. 세포나 조직의 생체 염색제, 산화 환원 반응의 지시약 따위로 쓰임.
메틸바이올렛(methyl violet)명 곱고 값싼 보랏빛의 염기성 염료(染料). 잉크·물감·지시약(指示藥) 등을 만드는 데 쓰임.
메틸벤젠(methyl benzene)명 톨루엔(toluene)
메틸알코올(methyl alcohol)명 목재를 건류(乾溜)할 때 생기는 향기 있는 액체. 독성이 강하며 공업용으로 쓰임. 메탄올(methanol). 목정(木精)
메틸오렌지(methyl orange)명 물에 녹는, 귤색의 결정 색소. 수용액이 산성(酸性)이면 빨간 빛깔, 중성이나 알칼리성이면 노란 빛깔을 나타냄. 지시약으로 쓰임.
멘(men 이)명 '메노(meno)'의 준말.
멘델레븀(mendelevium)명 인공적으로 만든 악티늄족 원소의 하나. 〔원소 기호 Md/원자 번호 101/원자량 258〕
멘델=법칙(Mendel法則)명 1865년에 멘델이 발표한 유전(遺傳)의 법칙. 우열의 법칙, 분리의 법칙, 독립의 법칙 세 가지가 있음.
멘스(∠menstruation)명 월경(月經)
멘톨(menthol)명 박하뇌(薄荷腦)
멘히르(Menhir 독)명 선돌
멜:-대[-때]명 양쪽 끝에 물건을 걸어 어깨에 메는 긴 나무나 대. 멜채
멜라닌(melanin)명 동물의 살갗이나 터럭에 있는 흑색 또는 흑갈색의 색소. 그 양에 따라 살갗이나 터럭, 망막 등의 색이 결정됨.
멜라민(melamine)명 석회 질소를 원료로 하는 합성 물질. 포르말린과 축합하여 멜라민 수지를 만듦.
멜라민=수지(melamine樹脂)명 멜라민을 포르말린과 축합하여 만든 열경화성(熱硬化性) 합성 수지의 한 가지. 내수·내열성이 강하여 식기, 기계, 전기 부분품, 접착제 등의 원료로 쓰임.
멜로드라마(melodrama)명 ①주로 연애를 주제로 제작한 통속적인 내용의 연극이나 영화, 방송극 따위를 통틀어 이르는 말. ②18세기 이탈리아에서 시작된, 음악 반주에 맞추어 대사를 낭독하던 오락성이 강한 음악극.
멜로디(melody)명 선율(旋律). 가락[2]
멜로디오소(melodioso 이)명 악보의 나타냄말의 한 가지. '선율적(旋律的)으로' 또는 '가요적으로'의 뜻.
멜론(melon)명 박과의 한해살이 덩굴풀. 서양 참외의 한 품종임. 열매는 둥글거나 길둥글고 껍질은 푸르며 잔 그물 무늬가 있고 살은 향기가 좋고 먹을 수 있음. 아프리카 원산이며, 온실 재배를 함. ☞머스크멜론(muskmelon)
멜빵명 ①짐을 걸어 어깨에 메는 끈. ②바지나 치마가 흘러내리지 않도록 허리에 달아서 어깨에 걸치는 끈.
멜:채명 멜대
멜턴(melton)명 방모사(紡毛絲)를 써서 평직(平織)이나 사문직(斜紋織)으로 짠 모직물. 직물이 쫀쫀하며 털이 보풀보풀함. 양복이나 코트 감으로 쓰임.
멤버(member)명 단체를 구성하는 일원. 회원(會員)
멤버십(membership)명 단체의 구성원인 사실, 또는 그 지위나 자격.
멥-새명 멧새
멥쌀명 메벼를 찧은 쌀. 갱미(秔米). 경미(粳米) ☞찹쌀
멥쌀-미음(-米飮)명 멥쌀로 쑨 미음.
멧-갓명 나무를 함부로 베지 못하게 금지하여 가꾸는 산. 산판(山坂) ☞말림갓
멧괴-새끼명 성질이 거친 사람을 들고양이에 비유하여 얕잡아 이르는 말.
멧-굿명 농악(農樂)으로 하는 굿.
멧-나물명 산나물
멧-노랑나비명 흰나비과의 나비. 수컷은 앞날개의 윗면이 황색, 암컷은 엷은 연두색인데, 모두 날개마다 주황색 점 무늬가 하나씩 있음. 애벌레는 연녹색이고 6~7월에 나오며 이듬해에 산란함.
×**멧-누에**명 →산누에
×**멧누에-고치**명 →산누에고치
×**멧누에-나방**명 →산누에나방
멧-닭명 들꿩과의 새. 닭의 원종(原種)으로 수컷은 흑색에 남색 윤기가 나고 볏이 붉으며, 암컷은 황색을 띤 적갈색에 흑색 가로띠가 있음. 시베리아 동부의 숲 속에서 삶. 야계(野鷄) ☞가계(家鷄)
멧-대:추명 멧대추나무의 열매. 산조(酸棗)
멧대추-나무명 갈매나뭇과의 낙엽 관목. 모양이 대추나무와 비슷하나 좀 작고 가시가 있음. 6월경에 연녹색 꽃이 피고, 작은 열매가 가을에 익음. 열매는 먹을 수 있고 씨의 알맹이를 '산조인(酸棗仁)'이라 하여 한방에서 약재로 쓰임.
멧-돼:지명 멧돼짓과의 산짐승. 돼지의 원종(原種)으로 빛은 흑색 또는 흑갈색임. 주둥이가 길고 목은 짧으며 날카로운 엄니가 있음. 성질이 사납고 농작물을 해침. 고기는 먹을 수 있으며, 쓸개는 한방에서 약재로 쓰임. 산돼지. 산저(山猪). 야저(野猪)
멧-미나리명 미나릿과의 여러해살이풀. 미나리와 비슷하나 줄기 높이는 1m 안팎임. 애순은 먹을 수 있음.
×**멧-발**명 →산줄기
멧-부리명 산의 봉우리나 등성이의 가장 높은 꼭대기. 산부리
멧-부엉이명 어리석고 메부수수하게 생긴 시골 사람을 깊은 산의 부엉이 같다고 놀리어 이르는 말.
멧-새명 ①멧샛과의 텃새. 참새와 비슷하며 몸길이는 17cm 안팎. 몸빛은 등이 밤색이고 배는 엷은 갈색이며 날개 끝은 검음. 야산이나 논밭 근처의 풀밭이나 덤불에서 삶. 멥새 ②산새
멧-종다리명 바위종다릿과의 겨울 철새. 몸길이는 18cm 안팎. 머리는 암갈색이며 황갈색 띠가 있고, 배는 황갈색이며 옆구리에 밤색의 세로 무늬가 있음. 시베리아에서 번식하고 우리 나라와 중국, 일본 등지에서 월동함.
×**멧-줄기**명 →산줄기
멧-짐승명 '산짐승'을 예스럽게 이르는 말.
-며어미 ①받침이 없거나 'ㄹ' 받침인 어간 또는 '이다'의 '이-'에 붙어, 대등하게 벌리어 이어 가는 어미. ¶산이 험하며 높다./노래를 하며 춤을 추며 놀았다./오른쪽이며 왼쪽이며 하는 것은 상대적인 것이다. ②'-면서'의 준말. ¶책을 보며 읽어라./앞을 보며 걸어라./그는 시인이며 평론가이다. ☞-으며
며가지명 '멱[1]'을 속되게 이르는 말.
며느-님명 남을 높이어 그의 며느리를 일컫는 말.
며느리명 아들의 아내. 자부(子婦) ¶-를 보다.
속담 **며느리가 미우면 발뒤축이 달걀 같다고 나무란다** : 며느리가 미우면 달걀처럼 매끈한 발뒤축을 오히려 달걀 같다고 억지로 트집을 잡아서 허물을 지어내어 나무란다는 말./**며느리가 미우면 손자까지 밉다** : 한 사람이 미우면 그에 딸린 사람까지도 공연히 밉게 보인다는 말./**며느리 늙어 시어미 된다** : 시어미가 되면, 자기가 며느리 때 일은 생각하지 않고 도리어 더 모질게 시어미 노릇을 한다는 말.〔며느리 자라 시어미 되니 시어미 티를 더 잘

한다]/**며느리 사랑은 시아버지, 사위 사랑은 장모** : 흔히 며느리는 시아버지에게서 더 귀염을 받고, 사위는 장모에게서 더 귀염을 받는다는 말.

한자 **며느리 부**(婦)〔女部 8획〕 ¶고부(姑婦)/종부(宗婦)

며느리-고금 명 한방에서, 날마다 앓는 학질을 이르는 말. 축일학(逐日瘧)
며느리-밑씻개[-믿씯-] 명 마디풀과의 한해살이 덩굴풀. 줄기는 잔가시가 있고, 잎은 세모꼴로 어긋맞게 남. 6~7월에 줄기 끝에 담홍색의 작은 꽃이 이삭 모양으로 핌. 들이나 길가에 나며 애순은 나물로 먹을 수 있음. 우리 나라와 중국, 일본 등지에 분포함.
며느리-발톱 명 ①수탉이나 수꿩 등의 발 뒤쪽에 발톱처럼 도드라진 것. ②소나 말 따위의 발 뒤쪽에 있는 각질(角質)의 작은 돌기. 거(距)
며느리-배꼽 명 마디풀과의 한해살이 덩굴풀. 줄기는 길이 2m 안팎. 잔가시가 많고 잎은 거의 세모꼴이며, 7~9월에 연녹색 꽃이 핌. 메밀과 같은 열매를 맺으며 턱잎이 배꼽처럼 생겼음. 애순은 나물로 먹을 수 있고, 성숙한 것은 한방에서 약재로 쓰임. 우리 나라와 일본, 중국, 말레이시아 등지에 분포함.
며느리-서까래 명 재래식 한옥에서, 들연 끝에 덧붙여 다는 모난 서까래. 부연(附椽)
며루 명 꾸정모기의 애벌레. 벼·보리·조·피 따위의 뿌리와 싹을 잘라먹어서 말라 죽게 하는 해충임. 자방충
×**며루치** 명 →멸치
며칟-날 명 그 달의 몇째 날. 며칠 ¶입학식은 -이냐?
며칠 명 ①몇 날. 얼마 동안의 날. ¶-을 쉬다. ②며칟날 ¶오늘이 -이더라?
멱[1] 명 목의 앞쪽. 속 멱가지
멱을 따다 관용 짐승의 멱을 찌르거나 잘라서 죽이다.
멱(이) 차다 관용 그 이상 더할 수 없는 한도에 이르다. ¶멱이 찰 만큼 일거리를 맡기다.
멱[2] 명 장기 둘 때, 마(馬)와 상(象)이 다닐 수 있는 길목. ¶-을 알아야 장기를 두지.
멱[3] 명 '멱서리'의 준말. ¶-을 치다.
멱:[4] 명 '미역[1]'의 준말.
멱:[5] 명 '미역[2]'의 준말. ¶강물에서 -을 감다.
멱(冪) 명 거듭제곱
멱:-감:다[-따] 자 '미역감다'의 준말.
멱근(冪根) 명 거듭제곱근
멱-나다 자 말의 목구멍이 퉁퉁 붓다.
멱-둥구미 명 새끼를 날로 하여 짚으로 둥글고 울이 바구니만 하게 엮어, 곡식을 담는 데 쓰는 그릇. 준 둥구미
멱-따다 타 짐승의 멱을 찌르거나 잘라서 죽이다. ¶돼지 멱따는 소리를 내다.
멱목(幎目) 명 소렴(小殮) 때 송장의 얼굴을 싸는 천. 면모(面帽)
멱-미레 명 소의 턱 밑 부위의 고기. 미레 ☞목정
멱법(冪法) 명 어느 수 또는 식에서 그 거듭제곱의 값을 셈하는 법.
멱-부리 명 턱 밑에 털이 많이 난 닭.
속담 **멱부리 암탉이다** : 턱 밑에 털이 많이 나서 아래를 못 본다는 뜻으로, 바로 눈앞의 일을 잘 모르는 사람을 놀리어 이르는 말.
멱-부지(-不知) 명 ①장기를 둘 때 멱도 모를 정도로 수가 낮거나 또는 그런 사람을 이르는 말. ②사리에 익숙하지 못한 사람을 비유하여 이르는 말.
멱-살 명 ①사람의 멱이 있는 부분의 살. ②목을 여민, 옷의 깃 부분.
멱살을 잡다 관용 싸울 때 멱살을 움켜쥐다. 멱살을 쥐다.
멱살을 쥐다 관용 멱살을 잡다.
멱살-잡이 명-하다 자 멱살을 잡는 일.
멱서리 명 새끼로 날을 촘촘히 하여 짚으로 울을 볏섬만 하게 높이 둥그렇게 엮어 만든, 곡식 따위를 담는 데 쓰는 큰 그릇. 준 멱[3] ☞오쟁이
멱수(冪數) 명 거듭제곱이 되는 수.
멱-신 명 짚 또는 삼으로 멱서리 엮듯이 만든 신.
멱-씨름 명-하다 자 서로 멱살을 잡고 싸움, 또는 그 싸움.
멱-지수(冪指數) 명 지수(指數)
멱-찌르다(-찌르고·-찔러) 타르 칼 따위로 목의 앞쪽을 찌르다.
멱-통 명 산멱통
면:[1] 명 개미나 게 따위가 파내어 놓은 보드라운 흙.
면:[2] 명 남색(男色)의 상대자. ☞비역
면:(面)[1] 명 ①물체의 겉쪽의 평평한 부분. ¶탁자의 -이 매끄럽다./유리의 -이 고르다. ②수학에서, 선의 이동에 따라 생기는 평면이나 곡면을 이르는 말. ③어떤 방면. 어떤 측면. ¶기술적인 -의 지원./진취적인 -./사회의 그늘진 -. ④마주하고 있는 쪽. ¶봉우리 남쪽 -의 비탈. ⑤신문이나 책 등의 지면. 쪽[3] ¶여러 -에 걸쳐 특집 기사를 싣다. ⑥〔의존 명사로도 쓰임〕 ¶세 -이 바다로 에워싸여 있다./네 -으로 된 입체.
면:(面)[2] 명 ①낯. 체면 ¶하찮은 것으로 -을 내다./-이 이 나다./-을 보아서 참는다. ②검도에서, 얼굴과 머리를 보호하려고 쓰는 호구(護具).
면(이) 나다 관용 체면이 서다.
면(을) 내다 관용 체면을 세우다. 체면이 서게 하다.
면:(面)[3] 명 지방 행정 구역의 하나. 군(郡)에 딸리며 몇 개의 이(里)로 이루어짐.
면(綿) 명 무명 또는 무명실. ¶- 양말
면(麵·麪) 명 국수 ¶- 종류를 좋아하다.
-면 어미 받침이 없거나 'ㄹ' 받침인 어간에 붙어, '경우'나 '조건'을 나타내는 어미. ①인과적 조건을 나타냄. ¶졸면 다친다./쉬면 피로가 풀린다. ②필연적인 조건을 나타냄. ¶달도 차면 기운다./나면 죽는다./둘에 셋을 더하면 다섯이다. ③상황 조건을 나타냄. ¶불면 날까 쥐면 꺼질까. ④불확실한 조건을 나타냄. ¶비가 오면 소풍을 중지한다./강이 풀리면 배가 오겠지? ⑤충동 조건을 나타냄. ¶말 타면 경마 잡히고 싶다./헤어지면 보고 싶고, 만나면 그만하고. ⑥주로 과거 시제를 동반하여 '바람'을 나타냄. ¶한번 만나 봤으면. ⑦반복으로 사용하여 강조함을 나타냄. ¶모르면 모르되./하면 하는 사람./그러면 그렇지./하지 않으면 안 된다. ☞-으면 ⑧ '이다'의 '이-'에 붙어 조건을 나타냄. ¶사람이면 말을 해 보라.
면:각(面角) 명 ①두 평면이 만나서 이루는 각. 이면각(二面角) ②광물의 결정체에서 면과 면 사이에 이루어진 모의 정도. ③안면각(顔面角)
면:강(面講) 명-하다 자 지난날, 과거를 볼 때에 시관(試官) 앞에서 글을 외던 일.
면:강(勉強) 명-하다 타 억지로 시킴.
면:검(免檢) 명-하다 자타 검시(檢屍)를 면함.
면:견(面見) 명-하다 타 직접 봄.
면견(綿繭) 명 풀솜을 뽑는 허드레 고치.
면:결(面決) 명-하다 타 면전(面前)에서 결정함.
면:겸(免歉) 명-하다 자 면흉(免凶)
면:경(面鏡) 명 얼굴을 비추어 볼 정도의 작은 거울. 석경(石鏡)
면:계(面界) 명 행정 구획인 면과 면 사이의 경계.
면:관(免官) 명-하다 타 관리를 그 직무에서 물러나게 하는 일. 면직(免職) ☞임관(任官)
면:괴(面愧) 어기 '면괴(面愧)하다'의 어기(語基).
면:괴-스럽다(面愧-)(-스럽고·-스러워) 형ㅂ 면구스럽다 ¶낙방하니 어머니 뵙기가 -.
면괴-스레 부 면괴스럽게
면:괴-하다(面愧-) 형여 면구하다
면:구(面灸) 어기 '면구(面灸)하다'의 어기(語基).
면:구-스럽다(面灸-)(-스럽고·-스러워) 형ㅂ 낯을 들고 남을 대하기가 부끄러운 데가 있다. 면괴스럽다 ¶사돈 뵙기가 면구스럽기 짝이 없습니다.
면구-스레 부 면구스럽게
면:구-하다(面灸-) 형여 낯을 들고 남을 대하기가 부끄럽다. 면괴하다 ¶고생하는 아내 보기가 -.

면국(麵麴·麵麯)명 밀가루로 만든 누룩. 분국(粉麴)
면:-군역(免軍役)명-하다자 군무의 복역을 면하는 일.
면:궁(免窮)명-하다자 궁한 살림살이에서 벗어남.
면:급(免急)명-하다자 위급한 상태에서 벗어남.
면:급(面給)명-하다타 지난날, 문서나 재물을 받을 사람에게 직접 줌을 이르던 말.
면기(眠期)명 누에가 잠을 자는 기간.
면:-나다(面-)자 체면이 서다.
면:난(面赧)어기 '면난(面赧)하다'의 어기(語基).
면:난-하다(面赧-)형여 남을 대할 때 무안하거나 부끄러워하는 기색이 있다.
면:내(面內)명 한 면(面)의 관할 구역 안.
면:-내:다자 ①개미나 게 따위가 구멍을 뚫느라고 보드라운 가루 흙을 파내다. ②남의 물건을 조금씩 훔쳐내다.
면:-내:다(面-)타 체면을 세우다. 체면이 서게 하다.
면:담(面談)명-하다자 서로 만나서 이야기함. 면어(面語). 면화(面話) ¶총장과의 -을 요청하다.
면:당(面當)명-하다자타 면대(面對)
면:대(面對)명-하다자타 ①서로 얼굴을 마주 대하는 일. 면당(面當) ②직접 만나 봄. 면접(面接)
면:대-양증(面戴陽證)[-쯩]명 한방에서, 신경병으로 말미암아 얼굴이 벌겋게 되는 증세를 이르는 말.
면:-대:칭(面對稱)명 물체 또는 도형 중의 서로 대응하는 어느 두 점을 연결한 선분이, 주어진 평면에 따라 수직 이등분되는 위치적 관계. 평면 대칭(平面對稱) ☞선대칭(線對稱). 점대칭(點對稱)
면:도(面刀)명 ①'면도칼'의 준말. ②-하다자타 얼굴의 잔털이나 수염을 깎는 일. ¶아침에 -하기가 바쁘다.
면:도-기(面刀器)명 면도할 수 있도록 만든 기구.
면:도-날(面刀-)명 ①면도칼의 날. ②안전 면도기에 끼우게 된, 날이 선 얇은 쇳조각.
면:도-질(面刀-)명-하다자타 면도하는 일.
면:도-칼(面刀-)명 면도하는 데 쓰는 칼. 준면도(面刀)
면:독(面督)명-하다타 직접 만나서 독촉함.
면:려(勉勵)명-하다자타 ①스스로 힘씀. ¶직무에 -하다. ②남을 격려하여 힘쓰게 함.
면력(綿力)어기 '면력(綿力)하다'의 어기(語基).
면력-하다(綿力-)형여 세력이 없고 힘이 약하다.
면련(綿連)어기 '면련(綿連)하다'의 어기(語基).
면련-하다(綿連-)형여 끊이지 않고 계속 잇닿아 있다.
　면련-히부 면련하게 ¶- 이어지는 고유 문화.
면:례(緬禮)명-하다타 무덤을 옮겨서 장사를 다시 지내는 일. 높면봉(緬奉)
면:류-관(冕旒冠)명 지난날, 임금이 구장복(九章服)이나 십이장복, 곧 대례복에 갖추어 쓰던 관. 위에 네모난 판이 있고, 거죽은 흑색이며 안은 적색임. 앞뒤로 오색 구슬을 꿴 줄을 여러 개 드리움.
면:마(面馬)명-하다자 장기에서, 마(馬)를 궁(宮)의 바로 앞밭에 놓는 일, 또는 그 마.
면:마(面痲)명 얼굴의 마마 자국.
면막(綿邈)어기 '면막(綿邈)하다'의 어기(語基).
면막-하다(綿邈-)형여 매우 멀다.
면말(綿襪)명 솜버선
면:매(面罵)명-하다타 면전(面前)에서 꾸짖는 일.
면-먹다자 ①여럿이 내기 따위를 할 때, 어떤 두 사람 사이에서는 서로 이기고 짐을 따지지 아니하다. ②한편이 되다.
면:면(面面)명 ①여러 면(面), 또는 여러 방면. ②여러 사람의 제각기의 얼굴.
면면(綿綿)어기 '면면(綿綿)하다'의 어기(語基).
면:면상고(面面相顧)성구 서로 말없이 얼굴만 물끄러미 바라봄을 이르는 말.
면:면-이(面面-)부 ①저마다. 앞앞이 ¶각료 - 침통하다. ②여러 면, 또는 각 방면에서.
면면-하다(綿綿-)형여 잇달아 끊임이 없다.
　면면-히부 면면하게 ¶- 이어지는 민족 정신.
면:모(免侮)명-하다자 모욕을 면함.
면:모(面毛)명 얼굴에 난 잔털.
면:모(面帽·幎帽)명 멱목(幎目)
면:모(面貌)명 ①얼굴의 생김새. 면목(面目) ¶-가 수려하다. ②사물의 겉모양. 겉모습 ¶-를 새롭게 하다.
면모(綿毛)명 솜털
면:목(面目)명 ①체면(體面). 낯 ¶-을 세우다./-이 없다. ②얼굴의 생김새. 면모(面貌) ③사물의 모양이나 상태. ¶-을 일신하다.
면:목가:증(面目可憎)성구 얼굴의 생김새가 밉살스러움을 이르는 말.
면:목부지(面目不知)성구 서로 얼굴을 전혀 알지 못함을 이르는 말.
면:목-없:다(面目-)[-업-]형 부끄러워서 남을 볼 낯이 없다. ¶거래를 성사 시키지 못하여 사장에게 -.
　면목-없이부 면목없게
면:무식(免無識) '겨우 무식을 면함, 또는 그 정도의 학식'의 뜻.
면:무안(免無顔) '간신히 무안을 면함'의 뜻.
면:무인색(面無人色)성구 몹시 놀라거나 무서워서 얼굴에 핏기가 없음을 이르는 말. ☞면여토색(面如土色)
면:문(免問)명-하다자 문책이나 처벌을 면함.
면:민(面民)명 면내(面內)의 주민.
면밀(綿密)어기 '면밀(綿密)하다'의 어기(語基).
면밀-하다(綿密-)형여 꼼꼼하고 빈틈이 없다. ¶면밀한 사람. 유세밀하다. 치밀하다 ☞소루하다. 소잡하다
　면밀-히부 면밀하게 ¶서류를 - 검토하다.
면:-바르다(面-)(-바르고·-발라)형르 거죽이 반듯하다. ¶선물 상자를 면바르게 포장하다.
면:박(面駁)명-하다타 면전(面前)에서 무안을 주거나 논박함. ¶-을 당하다./여러 사람 앞에서 -을 주다.
면:박(面縛)명-하다타 양손을 등 뒤로 돌려 묶고, 얼굴을 쳐들게 함.
면-발(麵-)[-빨]명 국숫발 ¶-이 쫄깃하다.
면방(綿紡)명 ①면방적(綿紡績) ②면방직(綿紡織)
면-방적(綿紡績)명 목화 솜에서 실을 뽑는 일. 면방
면-방직(綿紡織)명 무명실을 원료로 하여 피륙을 짜는 일. 면방(綿紡)
면-방추(綿紡錘)명 무명실을 감는 방추.
면:백(免白) '면백두(免白頭)'의 준말.
면:백두(免白頭) 머리에 관을 쓰지 못하는 민머리 신세를 면했다는 뜻으로, '늙은 뒤에 처음으로 변변하지 못한 벼슬을 함'의 뜻. 준면백(免白)
면:벌(免罰)명-하다자 받아야 할 벌을 면함.
면:벚(面-)명 활의 도고지의 거죽을 가로 싼 벚나무 껍질.
면:벽(面壁)명-하다자 불교에서, 벽을 향하고 앉아 참선하는 일을 이르는 말.
면:-벽돌(面甓-)명 건물 표면에 쌓는, 질이 좋은 벽돌.
면병(麵餠)명 ①밀가루떡 ②'제병(祭餠)'의 구용어.
면보명 빵 원면포(麵麭)
면:-보다(面-)자 체면을 차리다.
면:복(冕服)명 지난날, 임금의 대례복인 면류관과 곤룡포를 아울러 이르던 말. 종묘(宗廟) 제사와 정조(正朝), 납비(納妃) 등에 입었음.
면복(綿服)명 솜옷
면:복(緬服)명 부모의 면례(緬禮)를 지낼 때에 입는 시마복(緦麻服).
면복(麵腹)명 국수 먹은 배라는 뜻으로, 국수가 빨리 소화되는 것처럼 쉽게 생긴 복(福)은 오래가지 못함을 비유하여 이르는 말.
면봉(綿棒)명 끝에 솜을 말아 붙인 가느다란 막대. 귀를 후비거나 입·코·귀 속에 약을 바를 때 쓰임.
면:봉(緬奉)명-하다타 '면례(緬禮)'의 높임말.
면:부(面部)명 얼굴 부분. ¶갑주(甲冑)의 -.
면:부득(免不得) '아무리 애써도 면할 수 없음'의 뜻.
면:분(面分)명 얼굴이나 알 정도의 교분. ¶-이 있다./-이 없다.
면:붕(面朋)명 면우(面友)

면:-빗(面-)명 살쩍을 빗어 넘기는 작은 빗. 면소(面梳)
면:사(免死)명-하다자 죽음을 면함.
면:사(面謝)명-하다자 직접 만나서 사과하거나 감사를 드림.
면사(綿絲)명 무명실 ¶목화 섬유로 ―를 뽑다.
면:-사:무소(面事務所)명 한 면의 행정을 처리하는 관청. 준면소(面所)
면:사-포(面紗布)명 혼인 때 신부가 머리에 써서 뒤로 길게 늘어뜨리는 흰 사(紗). ¶―를 쓰다.
면:상(免喪)명 상례에서, 상복을 입는 기간이 끝나 상복을 벗는 일.
면:상(面上)명 얼굴의 위, 또는 얼굴. ¶―을 찡그리다./―을 때리다.
면:상(面相)명 ①얼굴의 생김새. 용모(容貌) ¶잘생긴 ―. ②관상에서, 얼굴의 상. ¶―이 좋다.
면:상(面象)명 장기 둘 때, 상(象)을 궁(宮)의 앞밭에 놓는 일, 또는 그 상(象).
면:상-육갑(面上六甲)[―뉵―]명 사람의 얼굴만 보고 나이를 짐작함.
면상-필(―筆)명 잔글씨를 쓸 때 쓰는 붓.
면:-새(面-)명 ①편평한 물건의 겉모양. ②체면(體面)
면:색(面色)명 얼굴빛. 안색(顔色)
-면서 어미 ①받침이 없거나 'ㄹ' 받침인 어간에 붙어, 어떤 동작이나 상태가 다른 동작이나 상태와 동시에 어울림을 나타내는 연결 어미. ¶잠자면서 꿈꾼다./책을 보면서 읽는다./알면서 묻는다./안다면서 왜 물어? ☞-으면서 ②'이다'의 '이-'에 붙어, '-인 동시에'의 뜻으로 쓰이는 연결 어미. ¶그는 영화 배우이면서 교수이기도 하다.
면서병동(麵西餠東) 제상(祭床)에 제물을 차리는 격식의 하나. 국수는 서쪽에, 떡은 동쪽에 차림을 이르는 말. 병동면서(餠東麵西) ☞반서갱동(飯西羹東)
면:세(免稅)명-하다타 세금을 면제함. ¶― 조치
면:세(面勢)명 ①행정 구역으로서의 한 면의 형세. ②겉으로 드러난 형편이나 상태.
면:세-점(免稅店)명 면세품을 파는 가게.
면:세-점(免稅點)[―쩜]명 일정한 가격이나 수량 이하의 과세 물건에 대하여 과세하지 않도록 되어 있는 한계점. 저소득층의 세 부담을 줄이기 위하여 설정함.
면:세-지(免稅地)명 세금이 면제된 땅.
면:세-품(免稅品)명 ①관세를 면제한 수출품이나 수입품. ②면세된 상품.
면:소(免訴)명-하다자타 형사 소송에서, 공소권이 없어져 기소를 면하는 일. 그 사건에 관해 확정 판결이 났을 때, 사면이 있을 때, 법령이 바뀌었을 때, 공소 시효가 지났을 때 등에 이루어짐.
면:소(面所)명 '면사무소(面事務所)'의 준말.
면:소(面梳)명 면빗
면:소(面訴)명-하다타 직접 만나서 호소함.
면:-솔(面-)명 수염이나 머리털을 손질할 때 쓰는 솔.
면:수(免囚)명 형기를 마치고 감옥에서 나온 사람.
면:수(俛首)명-하다자 머리를 숙임.
면:수(面數)[―쑤]명 물체의 면이나 책 따위의 면의 수.
면:숙(面熟)어기 '면숙(面熟)하다'의 어기(語基).
면:숙-하다(面熟-)형여 낯이 익다.
면:술(面述)명-하다타 상대편과 마주 대하여 자세히 말함. 면진(面陳)
면:시(免試)명-하다자타 시험 치르는 일이 면제됨, 또는 시험을 면제함.
면:시(面試)명-하다자타 마주 대하여 시험함.
면:식(面識)명 서로 아는 안면. 알음 ¶―이 있는 사람이다./전혀 ―이 없다. ☞일면식(一面識)
면식(眠食)명-하다자 ①잠자는 일과 먹는 일. 침식(寢食) ②편지에서, 손윗사람에게 '자기의 일상 생활'의 뜻으로 쓰는 한문 투의 말.
면:식-범(面識犯)명 피해자와 서로 얼굴을 아는 사이인 범죄인. ¶이 사건은 ―의 소행으로 추정된다.
면:신(免新)명-하다자 조선 시대, 관아에 새로 부임한 관원이 전부터 있는 관원들을 청하여 음식을 대접하던 일. 면신례 ☞허참(許參)
면:신-례(免新禮)[―녜]명-하다자 면신
면실(棉實)명 목화의 씨. 면화씨
면실-유(棉實油)[―류]명 목화씨 기름. 면화씨기름. 면화자유(棉花子油) 준면유(棉油)
면:-싸대기(面-)명 '낯'의 속된말.
면:-안(面-)명 집 칸살이나 나무 그릇 따위의 넓이를 잴 때, 마주 대한 안쪽의 두 끝 사이.
면:안(面眼)명 안목(眼目)
면:알(面謁)명-하다타 지체가 높거나 존경하는 사람을 만나 뵘. 배알(拜謁)
면:앙(俛仰)명-하다타 굽어봄과 쳐다봄. 부앙(俯仰)
면:앙정가(俛仰亭歌)명 조선 중종 때, 면앙정(俛仰亭) 송순(宋純)이 지은 가사. 만년에 관직을 떠나서 고향인 전라 남도 담양(潭陽)에 가서 지내면서 그곳의 경치와 생활을 노래한 내용임.
면:액(免厄)명-하다자 액땜
면:약(面約)명-하다자타 서로 만나서 약속함.
면양(緬羊·綿羊)명 가축으로 기르는 양(羊)을 이르는 말. 주로 털을 이용하기 위하여 기르는데, 성질이 순하며 무리를 지어 지냄. 온몸에 빽빽이 나는 가늘고 곱슬곱슬한 털은 모직의 원료로 쓰임.
면:어(面語)명-하다자 면담(面談)
면업(綿業)명 면을 재료로 하는 방적(紡績)·직조(織造)·날염·가공 등의 공업을 통틀어 이르는 말.
면:여토색(面如土色)성구 매우 놀라거나 크게 두려워서, 얼굴이 흙빛처럼 된 상태를 이르는 말. ☞면무인색
면:역(免役)명-하다자 조선 시대, 부역이나 병역 등을 면제하던 일. 제역(除役)
면:역(免疫)명-하다타 ①어떤 병원체에 한 번 감염되었다가 나은 뒤에는 저항성이 생기어 같은 병을 앓지 않게 되는 상태. ②어떠한 일이 자주 되풀이됨에 따라 그에 익숙해지는 일. ¶꾸중을 듣는 데 ―이 되었다.
면:역-성(免疫性)명 면역이 되는 성질.
면:역성=전염병(免疫性傳染病)[―뼝]명 한 번 앓고 나거나 예방하면 다시 감염되더라도 가볍게 앓거나 아주 발병하지 않는 전염병.
면:역-원(免疫原)명 항원(抗原)
면:역-전(免役錢)명 지난날, 부역을 면제 받으려고 관아에 바치는 돈을 이르던 말.
면:역-질(免疫質)명 면역성이 있는 체질.
면:역-체(免疫體)명 항체(抗體)
면:역=혈청(免疫血淸)명 어떤 병원체나 독소(毒素)에 대한 항체(抗體)를 지닌 혈청. 항독소 혈청 또는 항균 혈청이라고도 하며 혈청 요법에 쓰임.
면연(綿延)명-하다자 죽 이어져 끊이지 않음.
면:열(面熱)명 한방에서, 신경 쇠약이나 위장병 등으로 말미암아 신열이 올라 얼굴빛이 붉어지는 증세를 이름.
면:옥(面玉)명 ①관옥(冠玉) ②벼룻집이나 손궤 따위 기물의 겉면을 아름답게 꾸미는 옥.
면:요(免夭)명-하다자 요사(夭死)를 면하였다는 뜻으로, 겨우 쉰 살을 넘기고 죽음을 이르는 말.
면:욕(免辱)명-하다자 치욕을 면함.
면:욕(面辱)명-하다타 마주 대해 욕을 하거나 망신을 줌.
면:우(面友)명 얼굴이나 알고 지낼 정도의 벗. 면붕
면원(綿遠)어기 '면원(綿遠)하다'의 어기(語基).
면원-하다(綿遠-)형여 세대가 끊임없이 이어져 내려옴이 오래다.
면:유(面諭)명-하다타 앞에 두고 타이름.
면유(棉油)명 '면실유(棉實油)'의 준말.
면융(綿絨)명 직물의 한 면이나 양면에 털을 일으킨, 부드러운 감촉의 면직물(綿織物).
-면은 어미 '-면'의 힘줌말. ☞-으면은
면:의(面議)명-하다타 마주 대하여 상의함.
면의(綿衣)명 ①무명옷 ②솜옷
면:임(面任)명 지난날, 지방의 동리에서 호적이나 그 밖의 공무를 맡아보던 사람.

면:자(面刺) 명 -하다 타 면책(面責)

면자(麵子) 명 국수 ▷ 麵과 麪은 동자

면자-전(綿子廛) 명 조선 시대, 솜·무명·비단 따위를 팔던 가게. 면전(綿廛). 면화전(綿花廛)

면작(棉作) 명 목화 농사.

면:장(免狀)[-짱] 명 ①'면허장(免許狀)'의 준말. ②'사면장(赦免狀)'의 준말.

면:장(面長) 명 면의 행정 사무를 맡아보는 책임자.

면:장(面帳) 명 앞에 늘인 휘장.

면:장(面墻) 명 ①집 앞면에 쌓은 담. ②담장을 마주 대한다는 뜻으로, 앞을 내다보지 못하여 견문이 좁음을 비유하여 이르는 말.

면:장우피(面張牛皮) 성구 얼굴에 쇠가죽을 발랐다는 뜻으로, 몹시 뻔뻔스러운 사람을 이르는 말. ☞철면피

면장-탕:반(麵醬湯飯) 명 국수장국밥

면:적(面積) 명 일정한 평면이나 구면의 크기. 넓이

면:적-계(面積計) 명 불규칙한 곡선으로 둘러싸인 평면의 넓이를 측정하는 계기.

면:적=그래프(面積graph) 명 수량의 비율을 면적으로 나타내는 그래프.

면:적=속도(面積速度) 명 운동하는 물체와 좌표의 원점을 잇는 직선인 동경(動徑)이 단위 시간에 스치고 지나가는 면적의 크기로 나타내는 운동 속도. 행성의 궤도 운동에서는 일정함.

면:전(面前) 명 눈앞. 면대한 앞. ¶ -에서 크게 비난하다.

면:전(面傳) 명 -하다 타 마주 대하여 전하여 줌.

면전(綿廛) 명 면자전(綿子廛)

면전(緬甸) 명 '미얀마'의 한자 표기.

면:절(面折) 명 대면하여 심하게 꾸짖음.

면:절정쟁(面折廷爭) 성구 임금 앞에서 그 잘못을 거리낌 없이 간함을 이르는 말.

면:접(面接) 명 ①-하다 자타 직접 만나 봄. 면대(面對) ¶ -실 ②'면접 시험'의 준말. ¶ -을 보다.

면:접=시험(面接試驗) 명 직접 만나 보면서 그 인품이나 언행 등을 시험하는 일. 준 면접(面接)

면:정(面疔) 명 한방에서, 얼굴에 난 염증을 이르는 말. 윗입술과 턱 부분에 특히 많이 생김.

면:정(面情) 명 얼굴이나 아는 정도의 정의(情誼).

면:제(免除) 명 -하다 타 책임이나 의무 따위를 지우지 아니함. 제면(除免) ¶ 세금 -/채무 -/병역 -

면제(綿製) 명 '면제품(綿製品)'의 준말.

면-제:품(綿製品) 명 무명으로 만든 물품. 준 면제(綿製)

면:조(免租) 명 -하다 타 조세의 일부 또는 전부를 면제하는 일. ☞면세(免稅)

면:조-지(免租地) 명 지세(地稅)가 면제된 토지. 철도 용지나 도로·묘지·연못·제방 따위.

면:종(面從) 명 -하다 자 보는 데서만 순종함.

면:종(面腫) 명 한방에서, 얼굴에 난 부스럼이나 여드름 등을 이르는 말. 면창(面瘡)

면:종(勉從) 명 -하다 자 마지못하여 복종함.

면:종복배(面從腹背) 성구 겉으로는 복종하는체 하면서 속으로는 딴마음을 품고 있음을 이르는 말.

면:종후:언(面從後言) 성구 보는 앞에서는 복종하는체 하면서 뒤에서는 헐뜯어 말함을 이르는 말.

면:죄(免罪) 명 -하다 자타 지은 죄를 용서 받음, 또는 지은 죄를 용서함.

면:주(面柱) 명 책의 판면 밖의 여백에 나타내는 제목.

면주(綿紬) 명 명주(明紬)

면주-실(綿紬-) 명 명주실

면:-주인(面主人)[-쭈-] 명 지난날, 고을과 면 사이를 오가며 문건을 전달하던 사람.

면주-전(綿紬廛) 명 조선 시대, 육주비전(六注比廛)의 하나로 명주를 팔던 가게.

면:-줄(面-)[-쭐] 명 장기판의 앞 끝으로부터 셋째 줄. 곧 '포(包)'를 놓는 줄.

면:지(面紙) 명 ①절에서, 죽은 사람의 위패에 쓴 이름을 가리는 오색 종이. ②책의 앞뒤 표지와 속표지 사이에 있는 종이. 앞뒤 한 면은 표지에 붙어 있음.

면:직(免職) 명 -하다 타 ①일하던 자리에서 물러나게 함. ☞파면(罷免). 임명(任命) ②관리를 그 직무에서 물러나게 함. 면관(免官) ¶ - 처분

면직(綿織) 명 ①무명실로 짜는 일. ②'면직물(綿織物)'의 준말. 목면포(木綿布) ☞모직(毛織). 견직(絹織)

면직-물(綿織物) 명 무명실로 짠 피륙. 준 면직(綿織)

면:진(面陳) 명 -하다 타 면술(面述)

면:질(面叱) 명 -하다 타 마주 대하여 꾸짖음.

면:질(面質) 명 -하다 자 무릎맞춤

면:창(面瘡) 명 면종(面腫)

면:책(免責) 명 -하다 자 책망이나 책임을 면함.

면:책(面責) 명 -하다 타 마주 대하여 잘못을 꾸짖음. 면자(面刺). 면척

면:책=특권(免責特權) 명 국회 의원이 국회에서 직무에 따라 한 발언과 표결에 대해서는 국회 밖에서 책임을 지지 아니하는 특권. ☞불체포 특권(不逮捕特權)

면:책=행위(免責行爲) 명 채무자 또는 채무자를 대신하는 제삼자가 면책을 위하여 하는 변제(辨濟)·공탁(供託)·대물 변제 등의 행위를 통틀어 이르는 말.

면:척(面斥) 명 -하다 타 면책(面責)

면:천(免賤) 명 -하다 자타 지난날, 천민의 신분에서 벗어나 평민이 됨, 또는 그렇게 하는 일.

면:청(面請) 명 마주 대하여 청함.

면:추(免醜) 명 -하다 자 얼굴이 못났다 할 정도는 면한 모습임을 뜻하는 말.

면:출(免黜) 명 관직을 갈아 그 지위를 떨어뜨리는 일.

면:-치다(面-) 타 나무나 돌 따위의 면을 여러 가지 모양으로 깎다.

면:-치레(面-) 명 -하다 자 외면치레. 체면치레

면:탁(面託) 명 -하다 타 직접 만나서 부탁함.

면:탈(免脫) 명 -하다 타 죄를 벗음.

면:파(面破) 명 -하다 타 함께 하려던 약속을 만난 자리에서 그만두기로 함.

면:-판(面-) 명 '낯'의 속된말.

면:포(面包) 명 장기에서, 궁(宮)의 앞밭에 포(包)를 놓는 일, 또는 그렇게 놓은 포.

면포(綿布) 명 무명

면포(麵麭) 명 '면보'의 원말.

면포-전(綿布廛) 명 조선 시대, 육주비전(六注比廛)의 하나로 무명을 팔던 가게. 백목전

면-포플린(綿poplin) 명 날과 씨를 주란사실이나 면사로 짜서 실켓 가공을 한 직물.

면:품(面稟) 명 -하다 타 윗사람을 직접 만나서 말씀을 드림.

면-플란넬(綿flannel) 명 무명실로 짠 플란넬.

면:피(面皮) 명 낯가죽

면피가 두껍다 관용 염치없다. 낯가죽이 두껍다.

면:-하다(面-) 자타여 ①어떤 방향이나 대상을 정면으로 향하다. ¶ 삼면이 바다에 면한 반도./길을 면한 창. ②어떤 일에 부닥치다. ¶ 난국을 면한 정국.

면:-하다(免-) 타여 ①책임이나 의무에서 벗어나다. ¶ 책임을 -./병역을 -. ②어떤 일을 당하거나 하지 않게 되다. ¶ 재앙을 -. ③어떤 한계나 어려운 고비를 벗어나다. ¶ 꼴찌를 -./예선에서 탈락을 -.

한자 **면할 면**(免) 〔儿部 5획〕 ¶ 면세(免稅)/면제(免除)/면죄(免罪)/면책(免責)/면화(免禍)/사면(赦免)

면:학(勉學) 명 -하다 자 학업에 힘씀.

면:한(面汗) 명 얼굴에서 나는 땀.

면:한(面寒) 명 한방에서, 히스테리나 위경(胃經)의 한습(寒濕)으로 말미암아 얼굴이 시린 병을 이르는 말.

면:행(勉行) 명 -하다 타 힘써 행함.

면:허(免許) 명 -하다 타 ①행정 기관에서, 일정한 기술을 인정하여 자격을 주는 일, 또는 그 자격. ¶ 자동차 운전 - ②행정 기관에서, 소정의 조건을 갖춤으로써 특정의 행위나 영업 등을 할 수 있도록 그 권리를 허가하는 일. ¶ 영업 -/사업 -/- 정지 처분을 받다.

면:허(面許)명-하다타 면전에서 허락함.
면:허=감찰(免許鑑札)명 행정 기관에서 면허의 증명으로 내주는 감찰.
면:허-료(免許料)명 면허를 받는 데 드는 수수료.
면:허-세(免許稅)[-쎄]명 지방세의 한 가지. 특정의 행위나 영업을 면허할 때 부과하는 세금.
면:허=어업(免許漁業)명 면허에 따라서 어업권이 주어지는 어업. 양식 어업, 정치 어업, 공동 어업 따위.
면:허=영업(免許營業)명 변호사·공증인·의사·약제사·미용사 등과 같이 면허를 받아야 할 수 있는 영업.
면:허-장(免許狀)[-짱]명 면허증(免許證) 준 면장(免狀)
면:허-증(免許證)[-쯩]명 행정 기관에서 면허 내용을 기재하여 내주는 증서. 면허장(免許狀)
면:화(免禍)명-하다자 화를 면함.
면:화(面話)명-하다자 면담(面談)
면화(棉花)명 목화(木花)
면화-씨(棉花-)명 목화의 씨. 면실(棉實). 목화씨
면화씨-기름(棉花-)명 면실유(棉實油)
면-화:약(綿火藥)명 솜화약
면화자-유(棉花子油)명 면실유(棉實油)
면화-전(綿花廛)명 면자전(綿子廛)
면:환(免鰥)명-하다자 아내를 맞아 홀아비 신세를 면함.
면:회(面灰)명-하다자 담이나 벽에 회를 바름, 또는 그 회.
면:회(面會)명-하다자타 찾아가서 만남, 또는 찾아온 사람을 만남. ¶방문객을 -하다./-를 사절하다. ☞면대(面對). 면접(面接)
면:회-소(面會所)명 ①면회하는 곳, 또는 그 건물. ②면회실(面會室)
면:회-실(面會室)명 면회하는 사람들을 위하여 따로 마련한 방. 면회소(面會所)
면:회-흙손(面灰-)[-흑-]명 담이나 벽에 회를 바를 때 쓰는 나무 흙손.
면:흉(免凶)명-하다자 흉년을 겨우 면함. 면겸(免歉)
멸가치명 국화과의 여러해살이풀. 뿌리에서 난 잎은 머위 비슷하고 줄기에는 흰 거미줄 모양의 털이 덮여 있으며, 8~9월에 줄기 끝에 두상화(頭狀花)로 한 개씩 핌. 줄기와 잎은 지혈제·소염제로 쓰고, 애순은 나물로 먹음. 산이나 들의 습한 곳에 자람.
멸각(滅却)명-하다타 남김 없이 없애 버림.
멸공(滅共)명-하다자 공산주의 또는 공산주의자를 멸망시킴. ¶- 정신
멸구명 멸굿과의 곤충을 통틀어 이르는 말. 대부분 몸길이 2cm 이하임. 긴 주둥이가 있는 것이 특징이며, 성충과 애벌레 모두 과수나 농작물의 해충으로 잎이나 줄기의 즙을 빨아먹음. 왕강충이
멸구(滅口)명-하다타 말이 새어 나가지 않게 하려고 비밀을 아는 사람을 죽이거나 가두거나 쫓아냄.
멸균(滅菌)명-하다자타 세균을 죽여 없앰. 살균(殺菌)
멸도(滅度)[-또]명 불교에서, 진리를 깨달아 모든 번뇌의 속박에서 벗어나고 불생불멸의 법을 체득한 경지를 이르는 말. 열반(涅槃)
멸도(滅道)[-또]명 불교에서 이르는 사제(四諦) 중 멸제(滅諦)와 도제(道諦)를 아울러 이르는 말.
멸렬(滅裂)명-하다자 찢기어 형체조차 없어짐.
멸망(滅亡)명-하다자 망하여 없어짐.
멸몰(滅沒)명-하다자 흔적도 없이 사라져 없어짐.
멸문(滅門)명-하다자타 한집안이 멸망하여 없어짐, 또는 멸망시켜 없앰. ¶-의 화를 당하다.
멸문지화(滅門之禍)명 멸문을 당하는 큰 재앙. 멸문지환(滅門之患). 멸족지화(滅族之禍)
멸문지환(滅門之患)명 멸문지화
멸법(滅法)[-뻡]명 무위법(無爲法)
멸법(蔑法)[-뻡]명-하다자 법을 업신여김.
멸사봉:공(滅私奉公)[-싸-]성구 사리사욕을 버리고 나라를 위해 몸을 바쳐 일함을 이르는 말.
멸살(滅殺)[-쌀]명-하다타 몰살(沒殺)
멸상(滅相)[-쌍]명 불교에서 이르는 사상(四相)의 하나. 인연으로 말미암아 생긴 일체의 존재가 사라짐을 이르는 말.
멸성(滅性)[-썽]명-하다자 친상(親喪)을 당하여 지나치게 슬퍼한 나머지 자기의 생명을 잃음.
멸시(蔑視)[-씨]명-하다타 남을 업신여기거나 낮추어 깔봄. ¶자기보다 못한 사람을 -하는 나쁜 버릇.
멸자(滅字)[-짜]명 ①인쇄물에서 잉크가 잘 묻지 않거나 하여 나타나지 않은 글자. ②닳았거나 눌려서 뭉개진, 못쓰게 된 활자.
멸적(滅敵)[-쩍]명-하다자 적을 쳐서 없앰.
멸절(滅絶)[-쩔]명-하다자타 멸망하여 아주 없어짐, 또는 멸망시켜 모조리 없앰. 멸진(滅盡)
멸제(滅諦)[-쩨]명 불교에서 이르는 사제(四諦)의 하나. 괴로움이 소멸된 상태가 곧 이상경(理想境)이라는 진리.
멸족(滅族)[-쪽]명-하다자타 한 가족이나 종족이 멸망하여 없어짐, 또는 멸망시켜 없앰.
멸족지화(滅族之禍)[-쪽-]명 멸문지화(滅門之禍)
멸종(滅種)[-쫑]명-하다자타 생물의 씨가 없어짐, 또는 씨를 없앰. ¶- 위기에 놓인 희귀 식물. 유 절종(絶種)
멸죄(滅罪)[-쬐]명-하다자 불교에서, 참회와 염불 등의 수행을 함으로써 지은 죄를 없애는 일.
멸죄생선(滅罪生善)[-쬐-]성구 현세의 죄장(罪障)을 없애고 후세의 선근(善根)을 낳음을 이르는 말.
멸진(滅盡)[-찐]명-하다자타 멸절(滅絶)
멸치명 멸칫과의 바닷물고기. 몸길이 15cm 안팎으로 길고 원통 모양임. 등은 검푸르고 배는 은백색임. 말리거나 젓·조림 따위를 만들어 먹음. 행어(行魚)
속담 **멸치 한 마리는 어쭙잖아도 개 버릇이 사납다** : 멸치 먹은 개를 나무라는 것은 멸치가 아까워서가 아니라 개 버릇을 고치기 위함이란 뜻으로, 허용해도 좋으나 나쁜 버릇이 들까 봐 걱정이라는 말.
멸치-수제비명 으깬 멸치에 달걀·장·후춧가루를 넣고 섞어서 수제비처럼 맑은장국에 떼어 넣고 끓인 음식.
멸치-자:반(-*佐飯)명 마른 멸치를 간장·설탕·고추장·참기름 등 갖은양념을 하여 볶은 반찬.
멸치-젓명 젓갈의 한 가지. 생멸치의 물기를 뺀 다음 소금을 켜켜이 고르게 뿌려 가며 독에 담아서 돌로 꼭 누르고 봉하여 삭힌 음식.
멸칫국-지명 김치의 한 가지. 무를 네모나게 썰어 소금에 절이고 배추·고추·마늘·생강·미나리와 함께 버무린 다음, 멸치젓국을 쳐서 간을 맞추어 익힌 음식.
멸칭(蔑稱)명-하다타 경멸하여 일컬음, 또는 그런 이름.
멸퇴(滅退)명-하다타 쳐서 무찌름.
멸패(滅霸)명 ①폐단이 생길만 한 자리를 미리 막음. ②바둑에서, 상대편에서 쓸 팻감을 미리 없애는 일.
멸-하다(滅-)자타여 멸망하거나 쳐부수어 없애다. ¶원나라를 멸하고 명나라를 세우다.

한자 **멸할 멸**(滅)〔水部 10획〕¶멸망(滅亡)/멸문(滅門)/멸절(滅絶)/멸족(滅族)/소멸(消滅)/전멸(全滅)

멸후(滅後)명 입멸한 후. 곧 석가모니가 죽은 뒤를 이르는 말. 불멸후(佛滅後)
명:명 '무명'의 준말.
명(名)의 숫자나 수관형사 아래 쓰이어, 사람의 수효를 나타내는 말. ¶오십 -./100-.

▶ **숫자와 의존 명사**(依存名詞)
수효를 나타내는 말에는 한자어와 고유어가 있다. 한자어 계열의 숫자에는 한자어 의존 명사를, 고유어 계열의 숫자에는 고유어 의존 명사를 쓰는 것이 어울리는 표현이다.
¶10명이 한 동아리를 이루다./다섯 사람이 모이다./90세의 노인./예순한 살이 환갑이다./1년에 두 번 만난다./한 해에 두 번 모인다.

명:(命)명 ①목숨 ¶-이 짧다./-이 다하다. ②'운명(運命)'의 준말. ③'명령(命令)'의 준말. ¶-을 받들다. ④'임명(任命)'의 준말.

명이 길다 관용 사람이나 물건의 수명이 길다.
명(銘) 명 ①그릇 또는 금석(金石) 따위에 새긴 한문체의 글. ②공덕을 기리는 글이나 경계의 말. ☞좌우명(座右銘) ③기물(器物)에 제작자의 이름을 새기거나 쓴 것.
명(名)-《접두사처럼 쓰이어》'이름난', '뛰어난'의 뜻을 나타냄. ¶명감독(名監督)/명강연(名講演)/명문장(名文章)/명배우(名俳優)/명사수(名射手)
-명(名)《접미사처럼 쓰이어》'이름'의 뜻을 나타냄. ¶필자명(筆者名)/학교명(學校名)
명가(名家) 명 ①문벌이 좋은 집안. 이름난 훌륭한 집안. 명문(名門) ¶- 자제 ②어떤 분야에서 뛰어난 사람. 명인(名人) ③중국 제자백가(諸子百家)의 하나. 명목(名目)과 실제(實際)가 일치되어야 함을 주장한 학파.
명가(名歌) 명 이름난 노래.
명가(名價)[-까] 명 명예와 좋은 평판.
명가(冥加) 명 ①신불(神佛)의 힘으로 남모르게 가호(加護)를 받는 일. 명조(冥助) ②'명가금(冥加金)'의 준말.
명가-금(冥加金) 명 부처의 가호에 감사하는 마음으로 절에 봉납하는 돈. 준 명가(冥加)
명각(銘刻) 명 -하다 타 ①각명(刻銘) ②마음에 깊이 새김.
명간(銘肝) 명 -하다 타 명심(銘心)
명감(名鑑) 명 사람이나 물건의 이름을 모아서 분류하여 놓은 장부.
명감(明鑑) 명 맑은 거울이라는 뜻으로 ①높은 식견. ②좋은 귀감. ③올바른 감정(鑑定).
명감(冥感) 명 -하다 자 은연중에 감응함.
명감(銘感) 명 -하다 타 명사(銘謝)
명개 명 갯가나 흙탕물이 지나간 자리에 앉은 보드라운 흙.
명거(明渠) 명 위를 덮지 않고 그대로 터놓은 배수로(排水路). 개거(開渠) ☞암거(暗渠)
명:거(命車) 명 초헌(軺軒)
명:건(命巾) 명 명다리
명검(名劍) 명 이름난 좋은 칼. 명도(名刀) ☞보검(寶劍)
명검(名檢) 명 -하다 타 성인의 가르침에서 벗어나지 않도록 언행을 조심함.
명견(名犬) 명 매우 영리하고 뛰어난 개.
명견(明見) 명 ①앞을 내다보는 밝은 식견. ②현명한 의견이나 견해.
명견만:리(明見萬里) 성구 총명하여 만리 밖을 내다본다는 뜻으로, 사물의 관찰과 정세의 판단, 장래에 대한 통찰력이 날카롭고 정확함을 이르는 말.
명결(明決) 명 -하다 타 명단(明斷)
명경(明經) 명 -하다 자 강경(講經)
명경(明鏡) 명 맑은 거울.
명경-과(明經科) 명 고려·조선 시대, 문관(文官) 등용 시험 과목의 하나. 고려에서는 주역(周易)·시경(詩經)·서경(書經)·춘추(春秋)에서, 조선에서는 오경(五經)과 사서(四書)에서 출제하였음. 이 시험에 급제한 사람을 생원(生員)이라 했음. ☞생원과. 제술과(製述科)
명경-대(明鏡臺) 명 불교에서 이르는, 저승길 어귀에 있다는 거울. 생전의 행실을 그대로 비춘다고 함.
명경지수(明鏡止水) 성구 맑은 거울과 고요한 물이라는 뜻으로, 헛된 욕심과 잡념이 없는 맑고 깨끗한 마음을 이르는 말.
명계(冥界) 명 저승. 명도(冥途)
명고(鳴鼓) 명 -하다 자타 ①북을 울리는 일. ②지난날, 성균관의 유생(儒生)이 죄를 지었을 때, 북에 그 유생의 이름을 써서 붙인 뒤에 그 북을 치고 관내(館內)를 돌며 널리 알리던 일.
명곡(名曲) 명 유명한 악곡(樂曲). 뛰어나게 잘 된 악곡.
명공(名工) 명 이름난 장인(匠人). 명장(名匠)
명공(名公) 명 이름난 재상(宰相). 뛰어난 재상.
명공-거:경(名公巨卿) 명 정승이나 판서와 같은 이름난 높은 관원들.
명과(名菓) 명 유명한 과자.
명과(銘菓) 명 독특한 제법으로 만들어 고유한 상표를 붙인, 맛이 좋기로 이름난 과자.
명과기실(名過其實) 성구 이름이 알려진 만큼 실상은 그에 미치지 못함을 이르는 말.
명:과-학(命課學) 명 ①사람의 운명이나 길흉화복에 관한 학문. ②조선 시대, 음양과(陰陽科)의 초시(初試) 시험 과목의 하나.
명관(名官) 명 이름난 훌륭한 수령.
명:관(命官) 명 조선 시대, 전시(殿試)를 주재하는 시관(試官)을 이르던 말.
명관(明官) 명 고을을 잘 다스리는 수령.
명관(冥官) 명 불교에서 이르는 명부(冥府)의 재판관. 염라 대왕의 신하로, 저승에서 육도(六道) 중생의 죄를 재판한다 함.
명관(鳴管) 명 울대
명광(明光) 명 밝은 빛.
명교(名敎) 명 ①사람이 지켜야 할 도리를 밝히는 가르침. ②유교(儒敎)
명:교(命橋) 명 명다리
명구(名句)[-꾸] 명 뛰어나게 잘 된 글귀. 유명한 글귀.
명구-승지(名區勝地) 명 이름난 지역과 경치 좋은 곳.
명군(名君) 명 나라를 잘 다스려 이름난 임금. 명왕(名王)
명군(明君) 명 총명한 임금. 명주(明主)
명궁(名弓) 명 ①활을 잘 쏘기로 이름난 사람. ☞명사수(名射手) ②이름난 활. 매우 좋은 활.
명:궁(命宮) 명 ①사람의 생연월일시(生年月日時)의 방위(方位). ②관상술에서 양미간(兩眉間)을 이르는 말.
명귀(冥鬼) 명 저승에 있다는 귀신.
명:근(命根) 명 ①생명의 근본. ②곧은뿌리
명금(鳴金) 명 -하다 자 징이나 자바라 따위의 금속 악기를 쳐서 울림.
명금(鳴禽) 명 ①고운 소리로 우는 새. ②연작류(燕雀類)에 딸린 새.
명금-류(鳴禽類) 명 연작류(燕雀類)
명기(名技) 명 뛰어난 기예(技藝), 또는 연기(演技).
명기(名妓) 명 이름난 기생.
명기(名器) 명 진귀한 그릇. 이름난 그릇.
명기(明記) 명 -하다 타 분명하게 밝히어 적음.
명기(明氣) 명 ①맑고 아름다운 산천(山川)의 기운. ②밝고 환한 얼굴빛.
명기(明器) 명 장사지낼 때에 무덤 속에 함께 묻기 위해 실물보다 작게 만든 그릇.
명:기(命期) 명 수명(壽命)의 기한.
명기(銘記) 명 -하다 타 마음에 새겨 둠. 명심(銘心)
명기(銘旗) 명 명정(銘旌)
명기(鳴器) 명 곤충이나 새 등의 소리내는 기관. 울음통
명낭(鳴囊) 명 울음주머니
명년(明年) 명 올해의 다음 해. 내년(來年)
명념(銘念) 명 -하다 타 명심(銘心)
명:-다리(命-)[-따-] 명 신불에게 소원을 비는 사람의 생연월일을 써서 신불을 모신 단 앞의 천장 가까운 곳에 매다는 모시나 무명. 명건(命巾). 명교(命橋)
명단(名單) 명 관계자의 이름을 죽 적은 표. ¶체육 대회 참가자 -을 작성하다. ☞명부(名簿)
명단(明旦) 명 내일 아침. 명조(明朝)
명단(明斷) 명 -하다 타 명확하게 판단함, 또는 그 판단. 명결(明決) ¶-을 내리다.
명달(明達) 어기 '명달(明達)하다'의 어기(語基).
명달-하다(明達-) 형여 총명하여 사리에 밝고 두루 통하여 막힘이 없다.
명담(名談) 명 ①사리에 맞게 썩 잘하는 말이나 이야기. ②유명한 격담(格談).
명답(名答) 명 질문한 목적에 맞게 썩 잘한 대답. ¶어려운 질문에 -으로 응수하다.
명답(明答) 명 -하다 자 분명하고 명쾌하게 대답함, 또는 그런 대답.
명당(明堂) 명 ①풍수지리설에서, 집안이나 자손이 장차 번성하고 길하게 된다는 묏자리나 집터를 이르는 말. 명당 자리 ②무덤 앞에 있는 평지. ③지난날, 임금이 조회

(朝會)를 받는 정전(正殿)을 이르던 말. ④어떤 일을 하기에 썩 좋은 자리를 비유하여 이르는 말. ¶별장 자리로는 이곳이 아주 ―이다.

명당-손(明堂孫)[―쏜] 명 '명당 자손'의 준말.

명당=자리(明堂―)[―짜―] 명 명당(明堂)

명당=자손(明堂子孫)[―짜―] 명 명당에 묻힌 사람의 자손. 번성하고 좋은 일을 겪는다고 함. 준명당손

명덕(明德) 명 ①밝고 도리에 맞는 행실. 공명한 덕행. ②사람이 타고난 깨끗한 덕성(德性).

명도(名刀) 명 이름난 좋은 칼. 명검(名劍)

명도(明度) 명 색의 밝기의 정도. 색상·채도와 함께 색의 3요소의 하나임. 검정이 가장 낮고 하양이 가장 높음.

명도(明渡) 명-하다 타 토지나 건물, 선박 등을 남에게 넘겨줌.

명도(明圖) 명 ①사람들의 마음속을 비춘다고 하여, 무당이 수호신(守護神)으로 삼고 위하는 청동 거울. 명두(明斗) ②태주

명:도(命途) 명 명수(命數)

명도(冥途) 명 불교에서, 사람이 죽어서 그 영혼이 간다는 저승을 이르는 말. 명계(冥界). 명부(冥府). 명조(冥曹). 명토(冥土)

명도(銘刀) 명 명(銘)을 새긴 칼.

명두(明斗) 명 ①명도(明圖) ②태주

명라(鳴螺) 명-하다 자 소라를 부는 일.

명란(明卵) 명 ①명태의 알. ②명란젓

명란(鳴鑾) 명 지난날, 임금의 수레에 달던 방울.

명란-젓(明卵―) 명 젓갈의 한 가지. 명태 알에 소금을 뿌리고 반나절쯤 두었다가 다진 마늘, 고춧가루로 양념하여 삭힌 젓. 명란(明卵)

명란젓-찌개(明卵―)[―전―] 명 쇠고기를 참기름, 깨소금, 다진 새우젓, 다진 마늘로 양념하여 살짝 익히다가 물과 명란젓과 움파를 함께 넣어 끓인 찌개. 명란조치

명란-조치(明卵―) 명 명란젓찌개

명랑(明朗) 어기 '명랑(明朗)하다'의 어기(語基).

명랑-보(明朗報) 명 기쁜 소식. 낭보(朗報)

명랑-하다(明朗―) 형여 ①밝고 환하다. ¶명랑한 아침 들길을 달리다. ②마음이나 표정, 목소리 따위가 유쾌하고 밝다. ¶명랑한 아이들의 웃음소리에 시름이 가시다.
 명랑-히 부 명랑하게

명려(明麗) 어기 '명려(明麗)하다'의 어기(語基).

명려-하다(明麗―) 형여 산수의 경치가 새뜻하게 곱다.

명:령(命令) 명 ①-하다 자타 윗사람이 아랫사람에게 어떤 일을 하도록 시키는 일, 또는 그 내용. ¶―을 하달하다./작전 ―이 내리다./지시에 따를 것을 ―하다. 준명(命). 영(令) ②특정한 사람에게 공법상 의무를 부과하는 처분. ③행정 기관이 법률을 집행하기 위하여 제정하는 규칙. 대통령령·총리령·부령 따위. ④재판장이나 수명(受命) 법관이 그 권한에 딸린 일에 관하여 하는 재판. 압류 명령이나 가처분 명령 따위.

> 한자 명령 령(令) [人部 3획] ¶금령(禁令)/법령(法令)/사령(辭令)/지령(指令)/훈령(訓令)

명령(螟蛉) 명 ①'배추벌레'의 딴이름. ②명령자(螟蛉子)

명:령-권(命令權)[―꿘] 명 명령을 내릴 수 있는 권한.

명:령=규범(命令規範) 명 단순히 명령 또는 금지를 규정한 규범. 경찰 법규 따위.

명:령-문(命令文) 명 ①명령의 내용을 적은 글. ②〈어〉그리하거나 그리하지 말기를 바라는 뜻을 나타내는 종결 어미로 끝맺는 문장. '일찍 떠나라.', '일찍 떠나지 마라.'라고 하는 따위. ☞청유문(請誘文)

명:령-서(命令書) 명 명령의 내용을 써서 명령을 받는 사람에게 주는 문서.

명령-자(螟蛉子) 명 타성(他姓)에서 맞아들인 양자를 비유하여 이르는 말. 명령(螟蛉). 명사(螟嗣)

명:령-조(命令調)[―쪼] 명 명령하는 것 같은 말투.

명:령=항:로(命令航路) 명 정부가 필요에 따라 해운업자에게 보조금을 주거나 세금을 면제하는 특권을 주면서 선박의 운항을 명령하는 항로.

명:령-형(命令形) 명〈어〉용언의 활용형의 한 형태. 명령의 뜻을 나타냄. '열어라, 보아라' 따위. ☞청유형

명:령형=어미(命令形語尾) 명〈어〉명령의 뜻을 나타내는 종결 어미. '열어라, 보아라'에서 '-어라, -아라' 따위. ☞청유형 어미

명론(名論) 명 뛰어난 논문이나 이론, 또는 언론.

명론-탁설(名論卓說) 명 뛰어난 논문과 탁월한 학설.

명료(明瞭) 어기 '명료(明瞭)하다'의 어기(語基).

명료-하다(明瞭―) 형여 뚜렷하고 똑똑하다.
 명료-히 부 명료하게 ¶― 기억하다.

명류(名流) 명 이름난 사람들, 또는 그런 사람들의 무리.

명률(明律) 명 조선 시대, 율학청(律學廳)의 종칠품 관직을 이르던 말. 형조에 딸려 형법의 집행과 소송, 노비에 관한 일을 맡아보았음.

명리(名利) 명 명예와 이익. ¶―를 좇다.

명마(名馬) 명 이름난 좋은 말.

명막(冥漠) 어기 '명막(冥漠)하다'의 어기(語基).

명막-하다(冥漠―) 형여 아득히 멀고도 넓다.

명만천하(名滿天下) 성구 명문천하(名聞天下)

명망(名望) 명 명성과 인망. ¶― 있는 인사./―이 높다.

명망-가(名望家) 명 명망이 높은 사람.

명망천하(名望天下) 성구 명문천하(名聞天下)

명매기 명 '칼새'의 딴이름.

명:맥(命脈) 명 ①목숨. 생명 ¶―은 붙어 있으나 회복이 어려울 것 같다. ②어떤 일이 이어져 가는 최소한의 부분. ¶겨우 ―을 이어가다./―이 끊어질 형편.

명면(名面) 명 이름과 얼굴.

명면각지(名面各知) 성구 같은 사람인줄 모르고, 이름과 얼굴을 따로따로 앎을 이르는 말.

명멸(明滅) 명-하다 자 ①불이 켜졌다 꺼졌다 함. 깜박임. ¶―하는 밤거리의 네온사인. ②먼 곳에 있는 것이 보였다 안 보였다 함.

명명(明命) 명 신령이나 임금의 명령.

명:명(命名) 명-하다 타 이름을 지어 붙임. ¶특급 열차를 '새마을호'라고 ―했다.

명명(明明) 어기 '명명(明明)하다'의 어기(語基).

명명(冥冥) 어기 '명명(冥冥)하다'의 어기(語基).

명명백백(明明白白) 성구 의심할 여지 없이 아주 분명하고 뚜렷함을 이르는 말.

명:명-식(命名式) 명 배나 비행기 따위에 이름을 붙이면서 베푸는 의식.

명명-하다(明明―) 형여 ①아주 밝다. ②뚜렷하여 의심할 바가 없다. ¶명명한 사실이다.
 명명-히 부 명명하게

명명-하다(冥冥―) 형여 겉으로 드러나지 않게 아득하다.
 명명-히 부 명명하게

명모(明眸) 명 맑은 눈동자.

명모호치(明眸皓齒) 성구 눈동자가 맑고 이가 희다는 뜻으로, 미인(美人)의 아름다움을 형용하는 말.

명목(名木) 명 ①유서(由緖)가 있어 이름난 나무. ②매우 좋은 향나무. ③이름난 목수.

명목(名目) 명 ①사물을 지목하여 부르는 이름. 명호(名號) ¶―이 다른 공과금 고지서. ②겉으로 내세우는 이름. ¶―상의 사장에 지나지 않는다. ③표면상의 이유나 구실. [주로, '명목으로'의 꼴로 쓰임.] 명분(名分) ¶회비 ―으로 돈을 걷다.

명목(瞑目) 명-하다 자 ①눈을 감음. ②죽는 일.

명목-론(名目論) 명 유명론(唯名論)

명목=소:득(名目所得) 명 화폐액으로 나타낸 소득. [보통 물가에 비하여 소득이 실질적으로 낮아졌을 때의 소득을 이름.] 화폐 소득(貨幣所得) ☞실질 소득(實質所得)

명목=임:금(名目賃金) 명 화폐액으로 나타낸 임금. [액수는 전과 같더라도 물가가 오르면 실질적으로 임금이 내린 셈이 됨.] 화폐 임금 ☞실질 임금

명목=자:본(名目資本) 명 화폐액으로 나타낸 자본. ☞실체 자본(實體資本)

명목=화폐(名目貨幣)명 실질적 가치와는 관계없이, 표시된 가격으로 통용되는 화폐. 지폐나 은행권 따위.
명무(名武)명 지체가 높은 무반(武班).
명문(名文)명 ①이름난 글. ②썩 잘 지은 글. 일문(逸文)
명문(名門)명 ①문벌이 좋은 집안. 이름난 훌륭한 집안. 명가(名家). 명벌(名閥) ¶ ― 출신 ②'명문교(名門校)'의 준말. ¶사학(私學)의 ―.
명문(名聞)명 명성이나 세상의 평판.
명문(明文)명 ①조목조목 뚜렷하게 규정된 문구나 조문(條文). ②어떤 사실을 뚜렷히 밝힌 글.
명:문(命門)명 ①명치 ②한방에서, 생명의 근본이라는 뜻으로, 오른쪽 콩팥을 이르는 말.
명문(銘文)명 ①금석(金石) 따위에 새겨 놓은 글. ②마음속에 새겨 두어야 할 문장이나 문구.
명문-거족(名門巨族)명 이름나고 권세 있는 집안과 크게 번창한 겨레. ☞거가대족(巨家大族)
명문-교(名門校)명 역사와 전통이 있는 이름난 학교. 준 명문(名門)
명문천하(名聞天下)성구 이름이 천하에 널리 퍼짐을 이르는 말. 명만천하(名滿天下). 명망천하(名望天下)
명문-화(明文化)명-하다타 문서나 조문으로 뚜렷하게 밝힘. ¶규정이 ―되다.
명물(名物)명 ①그 지방의 이름난 물건. ¶천안의 ― 호두과자./강화의 ― 화문석. ☞명산물 ②남다른 특징이 있어 인기 있는 사람. ¶우리 학교의 ―인 응원단장.
명미(明媚)어기 '명미(明媚)하다'의 어기(語基).
명미-하다(明媚―)형여 자연의 경치가 맑고 아름답다. ¶명미한 산천의 풍광.
명민(明敏)어기 '명민(明敏)하다'의 어기(語基).
명민-하다(明敏―)형여 총명하고 민첩하다. ¶어려서부터 천성이 명민하고 효성이 지극하였다.
명반(明礬)명 황산알루미늄과 황산칼륨과의 복염(複塩). 무색투명한 결정으로 수렴성이 있음. 매염제나 의약품 따위를 만드는 데 쓰임. 구워서 백반을 만듦.
명반-석(明礬石)명 칼륨과 알루미늄의 함수 황산염으로, 화성암이 변질한 것. 명반의 원료임.
명-반:응(明反應)명 광합성 과정에서 빛을 받아 일어나는 화학 반응. ☞암반응(暗反應)
명발(鳴鈸)명 절에서 쓰이는 동발(銅鈸).
명백(明白)어기 '명백(明白)하다'의 어기(語基).
명백-성(明白性)명 명백한 성질이나 특성.
명백-하다(明白―)형여 분명하고 뚜렷하다. ¶명백한 사실이다./증거가 ―.
명백-히부 명백하게 ¶진상이 ― 밝혀지다.
명벌(名閥)명 명문(名門)
명벌(冥罰)명 신불(神佛)이 내리는 벌.
명법(明法)[―뻡]명 명백하게 정해 놓은 법률.
명:법(命法)명 '제등 명법(諸等命法)'의 준말. ☞통법
명변(明辯)명-하다타 분명하게 말함, 또는 분명한 언변.
명보(名寶)명 이름난 보물.
명복(名卜)명 이름난 점쟁이.
명:복(命服)명 지난날, 사대부(士大夫)의 정복(正服)을 이르던 말. 〔고대 중국에서 사대부의 신분이 일명(一命)에서 구명(九命)까지 있었던 데서 유래함.〕
명복(冥福)명 죽은 뒤에 저승에서 받는 복. ¶―을 빌다.
명부(名簿)명 관계자의 이름이나 주소, 직업 따위를 적은 장부. 명적(名籍) ¶동창회 ― ☞명단(名單)
명:부(命婦)명 지난날, 봉작을 받은 부인을 통틀어 이르던 말. 내명부(內命婦)와 외명부(外命婦)로 구별됨.
명부(冥府)명 ①명도(冥途) ②불교에서, 염라 대왕이 죽은 이의 생전의 행적을 심판한다는 곳. 지부(地府)
명부-전(冥府殿)명 지장보살을 주로 하여 염라 대왕 등 시왕〔十王〕을 모신 절 안의 전각(殿閣).
명부지성부지(名不知姓不知) 이름도 성도 모른다는 뜻으로, 전혀 알지 못하는 사람을 이르는 말.
명분(名分)명 ①신분에 따라 지켜야 할 도리. ¶부모로서 ―을 다하다. ②겉으로 내세우는 이유나 구실. 명목(名目) ¶대외적으로 내세울만 한 ―이 없다.
명:분(命分)명 운수(運數)
명불허전(名不虛傳)성구 이름이 헛되이 전하여진 것이 아니라는 뜻으로, 마땅히 이름날만 한 실상이 있어서 전하여짐을 이르는 말.
명사(名士)명 ①사회에 널리 알려진 사람. ¶각계각층의 ―. ②이름난 선비.
명사(名師)명 명풍(名風)
명사(名詞)명〈어〉품사(品詞)의 하나. 사물의 이름이나 사물을 이름하여 나타내는 단어. 쓰임에 따라 고유 명사와 보통 명사로, 자립성(自立性)의 있고 없음에 따라 자립 명사(自立名詞)와 의존 명사(依存名詞)로 구별됨. 이름씨 ☞체언(體言). 대명사(代名詞)
명사(名辭)명 하나의 개념을 언어로 나타내고 명제를 구성하는 요소가 되는 말. 주사(主辭)와 빈사(賓辭)로 나뉨.
명사(明沙)명 매우 곱고 깨끗한 모래. ¶― 십리
명사(明絲)명 명주실
명사(榠樝)명 '모과'의 딴이름.
명사(銘謝)명-하다타 남이 베푼 은혜 등을 마음속에 깊이 새겨 감사함. 명감(銘感)
명사(螟嗣)명 명령자(螟蛉子)
명사-고:불(名士古佛)명 지난날, 과거의 문과에 급제한 사람의 아버지를 이르던 말. 준고불(古佛)
명사-관(明查官)명 조선 시대, 중요한 사건을 조사하기 위하여 감사(監司)가 특별히 보내던 임시 관원.
명사-구(名詞句)[―꾸]명〈어〉문장에서 명사와 같은 구실을 하는 구. '나의 고향은 제주도다.'에서 '나의 고향'과 같은 구성의 말. ☞주어구(主語句)
명-사수(名射手)명 총이나 활 따위를 잘 쏘아 이름난 사수. ☞명궁(名弓)
명사-절(名詞節)명〈어〉주어와 서술어로 구성되어, 문장에서 명사와 같은 구실을 하는 성분을 이르는 말. '뜻이 굳기가 철석(鐵石) 같다.'에서 '뜻이 굳기'와 같은 구성의 말. ☞관형어절(冠形語節)
명사-형(名詞形)명〈어〉명사의 기능을 하도록 그 꼴이 바뀐 용언(用言)의 활용형. 주로 어미 '-음(ㅁ), -기' 따위가 붙음. '따돌림, 따돌리기'는 '따돌리다'의 명사형임. 다만, 명사가 된 '걸음, 걷기'의 '-음', '-기'는 활용의 테두리를 벗어난 것이므로 어미(語尾)로 보지 않음. ☞관형사형(冠形詞形)
명사형=어:미(名詞形語尾)명〈어〉용언의 어간에 붙어, 서술의 기능을 가지면서 다음에 이어지는 말에 대해서는 명사와 같은 기능을 하게 하는 어미. '부끄럽게 삶이 곧 죽음이요 떳떳이 죽음이 곧 삶이다.', '앉아 있기보다는 누워 있기가 편하다.'에서 '-음'이나 '-기'와 같은 어미가 이에 딸림. ☞관형사형 어미(冠形詞形語尾)
명산(名山)명 이름난 산.
명산(名產)명 '명산물(名產物)'의 준말.
명산-대:찰(名山大刹)명 이름난 산과 큰 절.
명산-대:천(名山大川)명 이름난 산과 큰 내.
명-산물(名產物)명 어떤 고장의 이름난 산물. ¶강화도의 ―인 화문석. 준명산(名產) ☞명물(名物)
명-산지(名產地)명 명산물이 나는 곳. ¶제주도는 감귤의 ―이다.
명-삼채(明三彩)명 적(赤)·녹(綠)·황(黃)이나 적·녹·백(白)의 세 가지 잿물을 올린 명(明)나라 때의 자기. 명자 삼채(明瓷三彩)
명삿-길(鳴沙―)명 밟으면 쇳소리가 난다는, 강원도 동해안의 고운 모랫길.
명상(名相)명 ①'명재상(名宰相)'의 준말. ②이름난 관상쟁이.
명상(瞑想·冥想)명-하다자 고요한 마음으로 깊이 생각함, 또는 그 생각. ¶―에 잠기다.
명상-가(瞑想家)명 명상하기를 즐기는 사람.
명상-곡(瞑想曲)명 고요히 생각에 잠기는듯 한 느낌을 자아내거나 나타내는 기악 소곡(小曲).
명상-록(瞑想錄)명 마음을 고요히 하여 떠오른 생각을 적

ㅁ

은 글.

명색(名色)명 어떤 부류에 넣어 그럴듯하게 불리는 이름. ¶—이 호텔이지 여관만 못하다.
명색이 좋다관용 실속은 없고 이름만 그럴듯하다.
명색(明色)명 밝은 빛. 환한 빛. ☞암색(暗色)
명색(瞑色)명 해질 무렵의 어둑어둑한 빛.
명서-풍(明庶風)명 동풍(東風)
명석(明夕)명 내일 저녁.
명석(明晳)어기 '명석(明晳)하다'의 어기(語基).
명석-하다(明晳—)형여 생각하고 판단하는 것이 뚜렷하고 똑똑하다. ¶명석한 머리.
명성(名聲)명 사회에 널리 알려진 좋은 평판. 성명(聲名). 성문(聲聞). 성예(聲譽) ¶음악계에서 —을 떨치다./그는 청렴하기로 —이 높다./국내외에서 —이 자자하다.
명성(明星)명 샛별
명세(名世)명 한 시대에 이름난 사람.
명세(明細)[1]명 어떤 물품이나 비용 따위를 자세하고 뚜렷하게 밝힌 내용. ¶—를 밝힌 문서.
명세(明細)[2]어기 '명세(明細)하다'의 어기(語基).
명세-서(明細書)명 명세를 적은 문서. ¶거래 —
명:세지재(命世之才)명 ①세상을 건져 바로잡을만 한 큰 인재. ②중국 전국 시대의 사상가인 '맹자(孟子)'를 달리 이르는 말.
명세-하다(明細—)형여 분명하고 자세하다.
명세-히부 명세하게 ¶내역을 — 적다.
명소(名所)명 경치가 아름답거나 고적 따위가 있어 이름난 곳. ¶내 고장의 —를 찾아보자.
명:소(命召)명 명소부(命召符)
명:소-부(命召符)명 조선 시대, 임금의 명령을 받고 비밀히 입궐하는 대신이나 장수들이 차던 표. 명소(命召)
명수(名手)명 기능이나 기술 따위에서 뛰어난 솜씨나 재주를 가진 사람. ¶그는 줄타기의 —이다. 유명인(名人)
명수(名數)[1][—쑤]명 사람의 수효. ¶—대로 표를 나누어 주다.
명수(名數)[2][—쑤]명 어떤 단위를 붙여 나타낸 수. 90 cm, 일곱 자, 세 시간 따위. ☞무명수(無名數)
명:수(命數)명 ①타고난 수명(壽命). ¶—가 짧다. ②운명과 재수. 명도(命途)
명:수-법(命數法)[—뻡]명 정수(整數)를 셀 때, 그 많고 적음에 따라 간단한 말로 조직적으로 명명(命名)하는 방법. 십, 백, 천, 만, 억이라 이르는 십진법 따위.
명수죽백(名垂竹帛)성구 이름이 죽백에 드리워져 있다는 뜻으로, 이름이 청사(靑史)에 길이 빛남을 이르는 말.
명-순:응(明順應)명 어두운 데서 밝은 데로 나갔을 때, 처음에는 눈이 부시다가 차츰 정상 상태로 돌아가는 현상. ☞암순응(暗順應)
명승(名勝)명 아름답기로 이름난 경치. ☞경승(景勝)
명승(名僧)명 학식(學識)과 덕망이 높아서 이름난 중.
명승-지(名勝地)명 경치 좋기로 이름난 곳.
명시(名詩)명 ①이름난 시. ②아주 잘 지은 시.
명시(明示)명-하다타 뚜렷하게 밝혀 보임. ¶헌법에 — 되어 있다./금지 사항을 —하다. ☞암시(暗示)
명시(明視)명-하다타 밝고 똑똑하게 봄.
명시=거:리(明視距離)명 눈이 피로를 느끼지 않고 정상적으로 물체를 가장 똑똑히 볼 수 있는 거리. 건강한 눈은 약 25cm임.
명시-선(名詩選)명 잘 지은 시들을 모아 엮은 책.
명신(名臣)명 이름난 훌륭한 신하.
명:-실(命—)[—씰]명 ①신불에게 소원을 빌 때, 밥그릇에 쌀을 담고 거기에 꽂은 숟가락에 잡아맨 실. ②백일떡이나 돌떡을 받은 집에서 답례로 아기의 명이 길기를 비는 뜻으로, 떡그릇에 담아 보내는 타래실.
명실(名實)명 겉으로 드러난 이름과 실제의 내용. 소문과 실제.
명실-공:히(名實共—)부 겉으로 드러난 이름과 실제의 내용이 똑같게. ¶그는 — 세계적인 지휘자이다.
명실상부(名實相符)성구 겉으로 드러난 이름과 실제의 내용이 어긋나지 않고 들어맞음을 이르는 말.
명심(銘心)명-하다타 마음에 깊이 새겨 잊지 않음. 명간(銘肝). 명기(銘記). 명념(銘念). 명패(銘佩) ☞유념(留念)
명심불망(銘心不忘)성구 마음에 새겨 두어 오래오래 잊지 아니함을 이르는 말.
명:씨-박이다자 눈동자에 하얀 점이 생겨 시력을 잃다.
명아(螟蛾)명 '이화명나방'의 딴이름.
명아자-여뀌명 여뀟과에 딸린 한해살이풀. 줄기 높이는 1m 안팎으로 붉은빛을 띠며, 7~9월에 홍자색 꽃이 가지 끝에 이삭 모양으로 핌.
명아주명 명아줏과의 한해살이풀. 줄기 높이 1m 안팎. 어린잎은 홍자색 가루가 붙어 있음. 6~7월에 황록색 꽃이 원추(圓錐) 꽃차례로 핌. 어린잎은 먹을 수 있고 다 자란 잎과 줄기는 한방에서 약재로 씀.
명아줏-대명 명아주의 줄기.
명안(名案)명 훌륭하고 신통한 안이나 생각.
명암(明暗)명 ①밝음과 어두움. ②그림이나 사진 따위에서, 색의 농담(濃淡)이나 밝음의 정도를 이르는 말. ③기쁜 일과 슬픈 일, 또는 행복과 불행을 비유하여 이르는 말. ¶—이 교차하는 세상사.
명암(冥闇)어기 '명암(冥闇)하다'의 어기(語基).
명암=감:각(明暗感覺)명 시각(視覺)에서, 색채가 없는 흑백 계통에 대한 감각을 이르는 말.
명암-등(明暗燈)명 등댓불이나 자동차의 회전 신호등과 같이 일정한 시간 간격을 두고 명멸(明滅)하는 등불. ☞점멸등(點滅燈)
명암-법(明暗法)[—뻡]명 그림에서, 명암(明暗)의 대비나 변화로 입체감을 나타내는 화법을 이르는 말.
명암=순:응(明暗順應)명 명순응과 암순응.
명암-하다(冥闇—)형여 어둡고 깜깜하다.
명야(明夜)명 내일 밤.
명약(名藥)명 효력이 뛰어나서 이름난 약.
명약관화(明若觀火)성구 불을 보듯 분명하고 뻔함을 이르는 말. ¶그 결과는 —지. 준관화(觀火)
명언(名言)명 ①이치에 맞게 썩 잘한 말. ¶과연 —이다. ②유명한 말. ¶—을 남기다.
명언(明言)명-하다타 분명히 밝혀 말함, 또는 그 말.
명역(名譯)명 매우 훌륭하게 된 번역.
명연(名演)명 훌륭한 연기 또는 훌륭한 연주.
명예(名譽)명 ①세상에서 훌륭하다고 인정을 받는 떳떳한 이름이나 자랑. ¶돈보다 —를 택하다./—를 중히 여기는 사람. ②어떤 분야의 공적을 기리어 직위나 직명 앞에 붙여 주는 칭호. ¶— 교수/— 시장

한자 **명예 예**(譽)〔言部 14획〕¶광예(光譽)/명예(名譽)/성예(聲譽)/영예(榮譽)/예성(譽聲) ▷ 속자는 誉

명예=교:수(名譽教授)명 퇴직한 교수로서 학술이나 교육 분야에서 특별한 공로가 있는 사람에게 대학에서 명예로 주는 교수 칭호(稱號).
명예-롭다(名譽—)(—롭고·—로워)형ㅂ 명예가 될만 하다. ¶명예롭게 퇴역하다.
명예-로이부 명예롭게 ¶수상(受賞)을 — 여기다.
명예=박사(名譽博士)명 학술이나 문화 발전 등에 공헌을 한 사람에게 학위 과정 이수나 학위 논문에 관계없이 주는 학위.
명예-스럽다(名譽—)(—스럽고·—스러워)형ㅂ 명예로운듯 하다. ¶명예스럽게 훈장을 받았다.
명예-스레부 명예스럽게
명예=시:민(名譽市民)명 그 시에 거주하지 않는 사람으로서 그 시에 크게 이바지하였거나 깊은 연고가 있거나 하여 시에서 주는 칭호.
명예-심(名譽心)명 명예를 떨치려는 마음, 또는 명예를 중요하게 여기는 마음.
명예=영사(名譽領事)명 본국에서 파견되지 않고 그 나라에 있는 본국인이나 접수국(接受國)의 국민 중에서 선임

된 영사.
명예-욕(名譽慾)명 명예를 얻으려는 욕심.
명예=제대(名譽除隊)명 전쟁 중 부상을 입거나 평시에 업무 수행 중 부상을 입어서 하는 제대.
명예-직(名譽職)명 봉급을 받지 않고 명예로서 맡아 하면서 다른 본업을 가질 수 있는 직분.
명예=총:영사(名譽總領事)[-녕-]명 총영사의 사무를 위촉받은 사람. 본국으로부터 파견되지 않고 접수국에 거주하는 사람 가운데서 선임함. 봉급은 받지 않으며 다른 본업을 가질 수 있음.
명예-형(名譽刑)명 일정한 자격을 박탈하거나 정지시켜 명예를 떨어뜨리는 형벌. 훈장의 박탈, 자격 상실, 자격 정지 따위.
명예=회복(名譽回復)명 잃었던 명예를 되찾는 일.
명예=훼:손(名譽毁損)명 남의 명예를 떨어뜨리는 일.
명예=훼:손죄(名譽毁損罪)[-쬐]명 남의 명예에 손상을 입힘으로써 이루어지는 죄.
명:완(命頑)어기 '명완(命頑)하다'의 어기(語基).
명완(冥頑)어기 '명완(冥頑)하다'의 어기(語基).
명:완-하다(命頑-)형여 목숨이 모질다.
명완-하다(冥頑-)형여 사리에 어둡고 완고하다.
명왕(名王)명 나라를 잘 다스려 이름난 임금. 명군(名君)
명왕(明王)명 ①정사에 밝은 어진 임금. ②불교에서, 악마를 굴복시키고 불법을 수호한다는 무서운 얼굴을 한 신장(神將). ☞오대 명왕(五大明王)
명왕(冥王)명 '염라대왕(閻羅大王)'을 달리 이르는 말.
명왕성(冥王星)명 태양계의 아홉째 행성. 태양까지의 평균 거리는 59억 1,510만km. 공전 주기는 247.796년. 자전 주기는 6.387일. 적도 반경은 1,137km. 질량은 지구의 0.0022배. 하나의 위성이 있음. ☞수성(水星)
명우(名優)명 뛰어난 연기로 이름난 배우.
명:운(命運)명 운명(運命)
명월(明月)명 ①밝은 달. ②보름달, 특히 음력 팔월 보름달. ¶ -이 만공산(滿空山)하니 ….
명월-청풍(明月淸風)명 밝은 달과 맑은 바람.
명월-포(明月砲)명 공중에 올라가 터지면서 매우 밝은 빛을 내는 딱총의 한 가지.
명:위(命位)명 열 치(寸)를 한 자(尺), 육십 분을 한 시간으로 정하는 따위와 같이 작은 단위가 여럿이 모여서 다른 등급의 단위가 되는 것을 정하는 일.
명유(名儒)명 이름난 선비, 또는 뛰어난 유학자(儒學者).
명유(明油)명 들기름에 무명석(無名石)을 넣어 끓인 기름. 칠을 하거나 물건을 결는 데 쓰임.
명윤(明潤)어기 '명윤(明潤)하다'의 어기(語基).
명윤-하다(明潤-)형여 맑고 윤기가 있다.
명의(名義)명 ①명분과 의리. ②개인이나 기관의 공식적인 이름. ¶ 아내 -로 집을 계약하다.
명의(名醫)명 의술이 뛰어난 의사. 대의(大醫)
명의(明衣)명 염습할 때, 죽은 이에게 맨 먼저 입히는 옷.
명의=개:서(名義改書)명 명의 변경(名義變更)
명의=변:경(名義變更)명 소유자가 바뀌었을 때 그것에 대응하여 증권이나 장부 등의 명의(名義)를 바꾸어 쓰는 일. 명의 개서(名義改書)
명의-인(名義人)명 어떤 사업에서, 개인이나 단체를 대표하여 법적 문서에 정식으로 이름을 내세운 사람.
명이(明夷)명 '명이괘'의 준말.
명이-괘(明夷卦)명 육십사괘(六十四卦)의 하나. 곤괘(坤卦) 아래 이괘(離卦)가 놓인 괘로 밝음이 땅 속으로 들어감을 상징함. 준 명이(明夷) ☞가인괘(家人卦)
명이-주(明耳酒)명 귀밝이술
명인(名人)명 어떤 분야의 기예가 뛰어나 이름난 사람. ¶ 판소리의 -. 유 명수(名手)
명인=방법(明認方法)명 땅에 있는 나무나 따지 않은 과실(果實) 따위를 그대로 둔 채로 거래하는 데 이용하는 특수한 공시(公示) 방법. 논밭 둘레에 새끼줄을 치고 팻말을 세워서 소유자의 이름을 밝히는 따위.
명인-법(明引法)[-뻡]명 인용법(引用法)의 한 가지. 인용하는 내용을 문장 부호로 묶어서 표현하는 방법. ☞암인법(暗引法)
명일(名日)명 ①명절이나 국경일을 두루 이르는 말. ②'명질'의 원말.
명일(明日)명 내일(來日)
명:일(命日)명 사람이 죽은 날. 기일(忌日)
명-자(名字)[-짜]명 ①이름 글자. ②세상에 널리 소문난 평판. ¶ 인근에 -가 자자하다.
명자(明瓷)명 중국 명나라 때에 만든 자기(瓷器).
명자-나무(榠^楂-)명 장미과의 낙엽 활엽 관목. 높이는 2~3m로, 인가 근처에 심는데 가시가 있음. 잎은 길둥글고 가장자리에 잔 톱니가 있으며 어긋맞게 남. 봄에 흰빛이나 붉은빛 꽃이 가지 끝에 잎보다 먼저 핌. 가을에 노랗게 익는 열매는 먹을 수 있고 약재로도 쓰임. 산당화(山棠花)
명:-자리(命-)[-짜-]명 몸 가운데서 다치거나 해를 입으면 목숨이 위험한 자리. 급소(急所)
명자=사미(名字沙彌)[-짜-]명 불교에서 이르는 삼사미(三沙彌)의 하나. 스무 살에서 일흔 살까지의 사미로서, 구족계를 받지 못하여 사미이기는 하나 대승(大僧)이 될만 한 나이이므로 이름만의 사미라는 뜻.
명자=삼채(明瓷三彩)명 명삼채(明三彩)
명작(名作)명 이름난 작품. 뛰어나게 훌륭한 작품. ¶ 세계 - 소설/불후의 -을 남기다. ☞걸작(傑作)
명장(名匠)명 이름난 장인(匠人). 명공(名工)
명장(名將)명 이름난 장군이나 장수.
명장(明匠)명 ①학문이나 기술이 뛰어난 사람. ②'중'을 두루 이르는 말.
명-장지(∠明障子)명 햇빛이 잘 들도록 얇은 종이를 바르거나 유리를 끼운 장지. ☞맹장지
명재(名宰)명 '명재상(名宰相)'의 준말.
명:재경각(命在頃刻)성구 거의 죽게 되어 숨이 곧 넘어갈 지경에 이름을 이르는 말.
명재명-간(明再明間)명 내일이나 모레 사이.
명-재상(名宰相)명 명성이 높은 재상. 준 명상. 명재
명저(名著)명 훌륭한 저술(著述). 유명한 저서(著書).
명적(名籍)명 명부(名簿)
명적(鳴鏑)명 우는살
명전(明轉)명-하다자 연극에서 막을 내리지 않고 조명이 되어 있는 채 무대 장치나 장면을 바꾸는 일. 라이트체인지(light change) ☞암전(暗轉)
명절(名節)[1]명 ①명일(名日) 때의 좋은 시절. ②해마다 일정하게 음력으로 정해 놓고 민속적으로 즐기는 날. 설·단오·한가위 등. 명질 ¶ -을 쇠러 고향에 가다.
명절(名節)[2]명 명예와 절조(節操).
명정(明正)명-하다타 올바르게 밝힘.
명정(酩酊)명-하다자 술에 몹시 취함. 대취(大醉)
명정(銘旌)명 죽은 사람의 품계·관직·성씨를 기록한 기(旗). 붉은 천에 흰 글씨로 쓰며, 상여 앞에 들고 가서 관 위에 펴고 묻음. 명기(銘旗). 정명(旌銘)
명정-거리(銘旌-)[-꺼-]명 죽은 뒤에 명정에라도 올릴 재료라는 뜻으로, 변변하지 못한 사람의 분에 지나친 행동을 비웃는 말.
명정기죄(明正其罪)성구 명백하게 그 죄목을 지적하고 올바르게 처리함을 이르는 말.
명정언순(名正言順)성구 명분이 바르고 말이 이치에 맞음을 이르는 말.
명:제(命題)명 ①-하다자 글의 제목을 정하는 일, 또는 그 제목. ②논리적 판단이나 주장을 언어나 기호로 표현한 것. 'A는 B다.' 따위.
명조(明朝)[1]명 내일 아침. 명단(明旦). 힐조(詰朝) ☞금조(今朝). 작조(昨朝)
명조(明朝)[2]명 ①'명조체'의 준말. ②'명조 활자'의 준말.
명조(冥助)명 모르는 가운데 입는 신불(神佛)의 가호(加護). 명가(冥加)
명조(冥曹)명 명도(冥途)
명조지손(名祖之孫)명 이름난 조상의 자손.

ㅁ

명조-체(明朝體)명 중국 명나라 때의 서풍(書風)을 따른 활자체. 내리긋는 획은 굵고 건너긋는 획은 가늚. 당체(唐體) 준명조(明朝)[2] ☞고딕체[2]. 송조체. 청조체

명조=활자(明朝活字)[-짜] 명 명조체(明朝體)로 된 활자. 준명조(明朝)[2]

명족(名族)명 문벌이 좋은 집안의 겨레붙이.

명존실무(名存實無)성구 이름 뿐이고 실상은 없음을 이르는 말. 유명무실(有名無實)

명:졸지추(命卒之秋)[-찌-] 명 거의 죽게 된 때.

명종(鳴鐘)명-하다자 종을 쳐서 울리는 일.

명좌(瞑坐)명-하다자 눈을 감고 조용히 앉아 있는 일.

명주(名酒)명 이름난 좋은 술.

명주(明主)명 총명한 임금. 명군(明君)

명주(明珠)명 ①빛이 아름다운 구슬. ②방합(蚌蛤) 속에서 생긴 진주.

명주(明紬)명 명주실로 무늬 없이 짠 피륙. 면주(綿紬)

명주 고름 같다관용 성질이 매우 곱고 보드랍다.

속담 **명주 옷은 사촌까지 덥다** : 가까운 사람이 부귀한 몸이 되면 그 도움이 자기에게도 미친다는 말./**명주 전대에 개똥 들었다** : ①겉치장은 그럴듯하나 속은 더럽고 형편없음을 이르는 말. ②옷차림은 훌륭하나 사람은 못났다는 말.

명주(溟洲)명 큰 바다 가운데 있는 섬.

명주(銘酒)명 독특한 방법으로 빚어 고유한 상표를 붙인, 맛이 좋기로 이름난 술.

명주-낳이(明紬-)[-나-] 명 누에고치에서 실을 뽑아서 명주를 짜는 일.

명주-바람(明紬-)명 '명지바람'의 원말.

명주-붙이(明紬-)[-부치] 명 명주실로 짠 각종 피륙. 주속(紬屬)

명주-실(明紬-)명 누에고치에서 뽑아 낸 실. 견사(繭絲). 비단실. 면주실. 명사. 주사(紬絲). 진사(眞絲)

명주-잠자리(明紬-)명 명주잠자릿과의 곤충. 편 날개 길이 8cm, 몸길이 3.5cm 안팎. 몸빛은 암갈색, 더듬이는 흑색, 날개는 투명하며 다리는 누른빛임. 애벌레는 '개미귀신'이라 하며 개미 따위를 잡아먹음. 밤잠자리

명주-전(明紬廛)명 명주를 파는 가게.

명:-줄[-쭐] 명 쟁기에 딸린 것으로 윗덧방과 손잡이를 어울러 걸쳐서 탕개를 트는 데 쓰는 줄.

명:-줄(命-)[-쭐] 명 '수명(壽命)'의 속된말.

명:중(命中)명-하다자타 겨냥한 곳에 바로 맞음, 또는 겨냥한 곳을 바로 맞힘. ¶화살이 과녁에 -하였다.

명:중-률(命中率)명 목표물에 명중하는 비율.

명:중-탄(命中彈)명 목표물에 바로 들어맞은 탄환.

명증(明證)명 ①-하다타 명백하게 증명함, 또는 명백한 증거. 명징(明徵) ②간접적인 추리에 따르지 아니하고 직관적으로 진리임을 인지할 수 있는 일. 직증(直證)

명지(名地)명 이름난 곳.

명지(名紙)명 지난날, 과거 시험 때 쓰던 종이. 시지(試紙). 정초(正草)

명지(明知)명-하다타 분명하고 확실하게 앎.

명지(明智)명 밝은 지혜.

명지-바람(∠明紬-)명 온화하고 부드러운 바람. 원명주바람

명질(∠名日)명 명절(名節)[1]

명징(明徵)명-하다타 명증(明證)

명징(明澄)어기 '명징(明澄)하다'의 어기(語基).

명징-하다(明澄-)형여 밝고 맑다.

명:찬(命撰)명-하다타 임금이 신하에게 책을 지어 펴내도록 시키는 일.

명찰(名札)명 이름표 ☞명패(名牌)

명찰(名刹)명 이름난 절. 유명한 절.

속담 **명찰에 절승** : 이름난 절에 아름다운 경치까지 갖추었다는 뜻으로, 좋은 것이 겹쳤을 때 이르는 말.

명찰(明察)명-하다타 일의 진상이나 사태를 명확하게 살핌.

명창(名唱)명 뛰어나게 잘 부르는 창, 또는 그러한 사람. ¶남도 -/서도 - ☞절창(絶唱)

명창(明窓)명 햇빛이 잘 드는 창.

명창(明暢)어기 '명창(明暢)하다'의 어기(語基).

명창정궤(明窓淨几)성구 밝은 창에 정결한 책상이라는 뜻으로, 검소하게 꾸민 깨끗한 방을 이르는 말.

명창-하다(明暢-)형여 ①목소리가 맑고 시원하다. ②논지(論旨)가 분명하고 조리가 있다.

명천(名川)명 이름난 강이나 내.

명천(明天)명 ①내일 ②맑은 하늘. ③공명정대한 하느님.

명천지하(明天之下)성구 현명한 임금이 다스리는 태평한 세상을 비유하여 이르는 말.

명철(明哲)어기 '명철(明哲)하다'의 어기(語基).

명철보신(明哲保身)성구 사리에 환하여 일을 처리함에 신명을 위험한 자리나 욕된 데 빠뜨리지 않고 잘 보전함을 이르는 말.

명철-하다(明哲-)형여 현명하여 사리에 아주 밝다.

명철-히부 명철하게 ¶ - 판단하고 행동하다.

명첩(名帖)명 명함(名銜)

명:초(命招)명-하다타 임금이 명을 내려 신하를 부르는 일.

명촉(明燭)명 밝은 촛불.

명추(明秋)명 내년 가을. 내추(來秋)

명춘(明春)명 내년 봄. 내춘(來春)

명충(螟蟲)명 명충나방의 애벌레.

명충-나방(螟蟲-)명 '이화명나방'의 딴이름.

명:치 명 급소의 하나로 가슴뼈 아래 한가운데 오목하게 들어간 곳. 명문(命門). 심와(心窩)

명:치-끝 명 명치뼈의 아래쪽.

명:치-뼈 명 명치에 내민 뼈.

명칭(名稱)명 사물을 일컫는 이름. ☞호칭(呼稱)

명-콤비(∠名combination)명 호흡이 잘 맞는 단짝.

명쾌(明快)어기 '명쾌(明快)하다'의 어기(語基).

명쾌-하다(明快-)형여 말이나 글의 내용이 조리가 분명하여 시원스럽다. ¶명쾌한 대답을 듣다.

명쾌-히부 명쾌하게 ¶사건의 진상을 - 밝히다.

명탁(明濁)명 맑게 거른 막걸리.

명:탁(命濁)명 불교에서 이르는 오탁(五濁)의 하나. 사람의 목숨이 짧아서 백 년을 채우기 어려움을 이르는 말. ☞중생탁(衆生濁)

명태(明太)명 대구과의 바닷물고기. 몸길이는 50cm 안팎임. 몸빛은 등은 갈색, 배는 은백색임. 한류성(寒流性) 어종으로 우리 나라의 동해에서 많이 잡힘. 주요 수산 자원의 하나로 냉동하거나 말려 먹으며 내장과 알은 젓갈을 담금. ☞생태. 동태. 북어. 황태

속담 **명태 한 마리 놓고 딴전 본다** : 명태를 파는 것이 목적이 아니고 딴 장사를 한다는 뜻으로, 겉에 벌여 놓은 일과 실지가 다름을 비유하여 이르는 말.

▶ **'명태'의 여러 딴이름**
- 신선한 정도에 따라 ― 생태(生太)/선태(鮮太)
- 말린 것을 ― 건태(乾太)/건명태(乾明太)/북어(北魚)
- 얼린 것을 ― 동태(凍太)/동명태(凍明太)
- 잡은 철에 따라 ― 섣달받이/춘태(春太)
- 크기에 따라 ― 왜태/애기태
- 말린 시기에 따라 ― 황태(黃太)/더덕북어

명태-덕(明太-)명 명태를 말리는 덕.

명태-조치 명 토막친 명태에 쇠고기, 파 등을 넣고 고추장으로 간을 하여 끓인 찌개.

명토(名-)명 누구 또는 무엇이라고 꼭 집어 말하는 설명.

명토(를) 박다관용 누구 또는 무엇이라고 지목하다.

명토(冥土)명 명도(冥途)

명투(明透)어기 '명투(明透)하다'의 어기(語基).

명투-하다(明透-)형여 분명히 알아 환하다.

명판(名判)명 ①훌륭하게 내린 판결이나 판단. ②'명판관(名判官)'의 준말.

명판(名板)명 ①기관(機關)이나 집회, 회의 등의 이름을 적어 여러 사람이 볼 수 있는 곳에 달아 놓는 판. ②상표 따위와 함께 회사나 공장 등의 이름을 적은 패쪽.

명-판관(名判官)명 훌륭한 재판관. 이름난 판관. 준명판

명패(名牌)[명] ①이름이나 직위 등을 써서 책상 위에 놓는 패. ☞이름표 ②문패(門牌)

명:패(命牌)[명] ①지난날, 임금이 삼품(三品) 이상의 신하를 부를 때 보내던 '命'자를 쓴 붉은 나무 패. 여기에 관원의 이름을 적었음. ②지난날, 사형수를 형장으로 데려갈 때 그의 목에 걸던 패.

명패(銘佩)[명]-하다[타] 명심(銘心)

명편(名篇)[명] 썩 잘 쓴 책이나 작품.

명품(名品)[명] 뛰어나거나 이름난 물건이나 작품.

명풍(名風)[명] 이름난 지관(地官). 명사(名師)

명필(名筆)[명] ①뛰어나게 잘 쓴 글씨. ②글씨를 잘 쓰기로 이름난 사람. ¶천하의 -. ㊌웅필(雄筆)

명-하다(名-)[타][여]《文》이름을 붙이다.

명:-하다(命-)[타][여] ①명령하다 ¶양심이 명하는 바. ②임명하다 ¶총무부장에 명함.

명하-전(名下錢)[명] 어떤 일로 돈을 거둘 때 앞앞이 일정하게 배당된 돈.

명:한(命限)[명] 목숨의 한도. ¶-이 다하다.

명함(名銜·名啣)[명] ①자기의 이름·주소·직업·신분 등을 적은 종이쪽. 명첩(名帖). 명함지 ②남을 높이어 그의 이름을 이르는 말. 성함(姓銜)

명함도 못 들이다[관용] 수준이나 정도의 차이가 매우 커서 감히 한데 끼일 수가 없다. ¶명함도 못 들이고 돌아오고 말았다.

명함을 내밀다[관용] 존재를 들어내어 보이다.

명함-지(名銜紙)[명] ①명함 ②명함을 만드는 데 쓰는 종이.

명함-판(名銜版)[명] 크기가 명함만 한 사진판. 길이 8.3 cm, 너비 5.4cm 가량임.

명해(明解)[명]-하다[타] 분명하게 풀이함.

명해(溟海)[명] 망망한 바다.

명향(鳴響)[명]-하다[자] 소리가 메아리처럼 울려 퍼짐.

명현(名賢)[명] 이름난 어진 사람. 유명한 현인(賢人).

명현(明賢)[1][명] 밝고 현명한 사람.

명현(瞑眩)[명] ①-하다[형] 어지럽고 눈앞이 캄캄함. ②한방에서, 환자가 병을 치료하는 과정에서 약을 먹은 뒤 일시적으로 나타나는 불쾌한 반응을 이르는 말.

명현(明賢)[2][어기] '명현(明賢)하다'의 어기(語基).

명현-하다(明賢-)[형][여] 밝고 현명하다.

명호(名號)[명] ①이름과 호. ②명목(名目)

명호(冥護)[명]-하다[타] 드러나지 않게 신불(神佛)이 보호함.

명화(名花)[명] ①이름난 꽃. ②아름다운 기생.

명화(名華)[명] '명문(名門)'을 달리 이르는 말.

명화(名畫)[명] ①유명한 그림. ②유명한 영화.

명화(明火)[명] 재래식 한옥에서, 갑장지문의 한가운데에 울거미를 넣고 '井'자 살, 빗살무늬 살 등을 걸어 종이 한 겹만 발라서 환하게 비치게 한 부분. 불발기

명화-적(明火賊)[명] ①불한당 ②조선 시대, 철종 연간에 횡행하던 도둑의 무리.

명확(明確)[어기] '명확(明確)하다'의 어기(語基).

명확-하다(明確-)[형][여] 아주 뚜렷하고 확실하다. ¶명확한 사실이다./명확한 대답을 듣다.

명확-히[부] 명확하게 ¶- 구분하다.

명환(名宦)[명] 중요한 직위에 있는 관원. ☞미관(美官)

명후-년(明後年)[명] 내후년(來後年)

명후-일(明後日)[명] 내일의 다음날. 모레

명훈(明訓)[명] 사리를 바르게 밝힌 교훈.

명휘(明輝)[명]-하다[자] 밝게 빛남.

명희(名姬)[명] '명기(名妓)'를 달리 이르는 말.

몇[1][수] ①많지 않은 약간의 수효. ¶-이서 의논하다. ②얼마인지 모르는 수효. ¶나이가 -인지 모르겠다.

몇[2][관] 체언 앞에 쓰이어, 확실하지 않은 수효를 나타내는 말. ¶- 시에 모이느냐?/- 살이냐?/- 개인지 세어 보아라./- 사람이나 올까?

> [한자] **몇 기**(幾) [幺部 9획] ¶기개(幾箇)/기십(幾十)/기인(幾人)/기일(幾日)

몇-몇[1] [멷-][명] 적은 수효를 막연하게 이르는 말. ¶-이 놀러 갔던가 보다.

몇-몇[2] [멷-][관] 체언 앞에 쓰이어, 확실하지 않은 적은 수임을 나타내는 말. ¶- 사람이 모이다./- 아이들.

몌구(袂口)[명] 소맷부리

몌별(袂別)[명]-하다[자] 소매를 나눈다는 뜻에서, 아쉽게 헤어짐을 뜻하는 말. ☞이별(離別)

모[1][명] ①옮겨 심기 위하여 볍씨를 뿌려 가꾸어 기른 어린 벼. ¶-를 심다. ②모종

모를 내다[관용] 모를 못자리에서 논으로 옮기어 심다.

모(를) 붓다[관용] 못자리를 만들고 볍씨를 뿌리다.

모(를) 찌다[관용] 모를 내려고 못자리에서 모를 뽑다.

모[2][명] ①둘 이상의 직선이나 평면이 만나는 곳의 꺾인 부분. 각(角)[1] ¶-가 다섯이다./-가 지다. ②성질이나 사물 등에서 특히 표나게 된 점. ¶성격이 -가 나다./-가 없는 사람. ③모서리 ④사물의 어떤 측면이나 보는 각도. ¶여러 -로 살피다. ⑤두부나 묵 따위를 네모지게 만들어 놓은 하나하나. ¶두부 -가 크다.

모가 서다[관용] 날카롭게 모가 생기다.

모를 세우다[관용] 어떤 문제를 날카롭게 다루다.

모를 죽이다[관용] 깎거나 다스리거나 누르거나 하여 모를 없애다.

> [한자] **모 방**(方) [方部] ¶방과(方果)/방면(方面)/방주(方柱)/방주(方舟)/방추(方錐)/방형(方形)

모[3][명] ①윷판의 다섯째 말밭 이름. 곧 '윷'의 다음 말밭으로, 앞밭에서 말이 '방' 쪽으로 꺾어 들어갈 수 있음. ②윷놀이에서, 네 개의 윷가락을 던져서 네 개가 모두 엎어진 경우의 이름. 말은 다섯 말밭을 나아갈 수 있고, 새김이라 하여 한 번 더 던질 수 있음. ☞모밭[1]. 새김[3]

모[4][의] 두부나 묵 따위를 세는 말. ¶두부 세 -.

모(毛)[1][명] 동물의 털을 깎아 만든 섬유.

모:(母)[명] 편지 따위에 '어머니'의 뜻으로 쓰는 말.

모(茅)[명] 제사에서, 강신(降神) 때 쓰는 모삿그릇에 꽂는 띠의 묶음.

모(毛)[2][의] 호(毫)[2]

모:(某)[1][대] 아무개 ¶김(金) -가 찾아오다.

모(毛)[3][수] 소수(小數) 단위의 하나. 리(厘)의 10분의 1, 사(絲)의 열 곱절. 호(毫)[3]

모:(某)[2][관] 아무[2]. 어떤 ¶- 부대./- 회사.

모:(mho)[의] 전기 전도도(傳導度)의 단위. 단면적 1cm², 길이 1cm의 물체의 전기 저항이 1옴일 때의 그 물체의 전도도를 가리킴. 기호는 ℧

-모(帽)《접미사처럼 쓰이어》'모자'의 뜻을 나타냄. ¶근무모(勤務帽)/방한모(防寒帽)/운동모(運動帽)/전투모(戰鬪帽)/학생모(學生帽)

모가비[명] 막벌이꾼이나 광대 같은 패의 우두머리. ☞꼭두쇠

모가-쓰다(-쓰고·-써)[타] 윷놀이에서, 윷판에 말을 쓸 때 모개로 한꺼번에 쓰다.

모가지[명] ①'목'[1]의 속된말. ②해고(解雇)나 면직(免職)을 속되게 이르는 말. ¶그러다가는 -야. ③이삭의 목을 비유하여 이르는 말.

모가지가 떨어지다[관용] '해고되다'를 속되게 이르는 말.

모가지를 자르다[관용] '해고하다'를 속되게 이르는 말.

모가치[명] 제 차지로 돌아오는 몫. ¶이것은 내 -다./제 -를 챙기다.

> ▶ **'모가치'의 본디 꼴**
> '모가치'는 '몫'에 접미사 '-아치'가 결합된 구조이다. 이를 '몫아치'로 적지 않는 까닭은, 명사 뒤에 '-이' 이외의 모음으로 시작된 접미사와 결합된 단어는 그 명사의 원형을 밝혀 적지 않는다는 규정에 따른 것이다. '끄트머리', '바가지', '바깥' 따위도 같은 예이다.

모각(模刻)[명]-하다[타] 원본(原本)을 그대로 본떠서 판목(版木)에 새기는 일.

모각-본(模刻本)[명] 모각한 판으로 박아낸 인쇄물.

모간(毛莨)명 '미나리아재비'의 딴이름.
모간(毛幹)명 털의 피부 밖으로 나온 부분. ☞모근
모감(耗減)명-하다자 모손(耗損)
모감주명 모감주나무의 열매.
모감주-나무명 무환자나뭇과의 낙엽 활엽 교목. 높이는 10m 안팎으로, 잎은 깃꼴 겹잎이고 어긋맞게 나며 가장자리에 불규칙하고 둔한 톱니가 있음. 여름에 누른빛의 꽃이 핌. 열매는 꽈리 모양의 삭과(蒴果)로 3개의 씨가 들었음. 절이나 묘지, 촌락 부근에 심는데, 씨는 염주(念珠)를 만드는 데 쓰임.
모감주-염:주(-念珠)명 모감주 씨로 만든 염주. 빛은 검고 알이 연밥과 모양이 비슷함.
모:강(母薑)명 씨로 쓰는 새앙.
모-개명 윷판의 앞밭 다섯째 말밭인 '모'에서 '방' 쪽으로 꺾어 들어간 둘째 말밭 이름. 곧 '모도'와 '방'의 사이임. 앞모개
모개로부 한데 몰아서. ¶ - 물건을 넘기다.
모개-흥정명-하다타 모개로 흥정하는 일, 또는 그 흥정.
모갯-돈명 액수가 많은 돈. 모개로 된 돈. 목돈. 뭉칫돈 ¶ -을 마련하기 위하여 적금을 붓다. ☞푼돈
모:건(某件)[-껀]명 밝히기 어렵거나 불확실한 어떤 일이나 사건.
모-걷기명-하다타 목재의 모를 깎아 내어 둥글게 하는 일.
모-걸음명 앞이나 뒤로 걷지 아니하고 옆으로 걷는 걸음.
모걸음-질명-하다자 옆으로 걷는 걸음걸이. ¶슬금슬금 -을 하여 피하다.
모:경(冒耕)명-하다자 임자의 허락 없이 남의 땅에서 농사를 짓는 일.
모:경(暮景)명 저녁때의 경치. 만경(晩景)
모:경(暮境)명 늙바탕
모:계(母系)명 ①어머니 쪽의 혈연 계통. ②가계(家系)가 어머니 쪽의 계통으로 이어지는 일. ¶ - 가족/- 사회 ☞부계(父系)
모계(牡桂)명 육계(肉桂)의 한 가지. 껍질은 얇고 기름과 살이 적음. 껍질은 건위 강장제로 쓰임. 목계(木桂)
모계(謀計)명-하다타 계책을 꾀함, 또는 그 계책.
모:계=부화(母鷄孵化)명 어미 닭이 알을 품어서 병아리를 까는 일. ☞인공 부화
모:계=사회(母系社會)명 모계 중심 사회
모:계=제:도(母系制度)명 가계(家系)가 어머니 쪽의 혈통을 바탕으로 이어지는 제도. ☞부계 제도
모:계=중심=사:회(母系中心社會)명 혈통이나 상속 관계가 어머니의 혈통을 중심으로 이루어지는 사회. 모계 사회
모:계-친(母系親)명 모계 혈족 ☞부계친
모:계=혈족(母系血族)[-쪽]명 어머니 쪽의 혈족. 모계친 ☞부계 혈족
모곡(耗穀)명 환자(還子)를 받을 때, 축날 것을 짐작하여 미리 매 섬에 몇 되씩을 덧붙여 받던 곡식.
모골(毛骨)명 터럭과 뼈.
모골이 송연하다관용 끔찍스럽거나 섬뜩하여 몸이 으쓱해지고 머리끝이 쭈뼛하다.
모공(毛孔)명 털구멍
모과(-果)명 네모나게 만든 과줄. 방과(方果). 방약과
모:과(∠木瓜)명 모과나무의 열매. 향기는 있으나 맛은 떫음. 명사(榠樝) ¶ -로 술을 담그다.

> ▶ 목과(木瓜)
> 목과(木瓜)란 모과를 한방에서 약재로 이르는 말이다. 각기·갈증·곽란·부종 등에 약으로 쓰인다.

모:과-나무(∠木瓜-)명 장미과의 낙엽 활엽 교목. 관상수나 과수로 심으며 높이는 10m 안팎. 나무껍질이 해마다 벗겨지며 녹갈색의 구름무늬가 있음. 잎은 길둥글고 끝이 뾰족함. 4월경에 담홍색 꽃이 핌. 길둥근 열매는 방향(芳香)이 나고 가을에 누렇게 익는데 한방에서 이뇨·정장(整腸)·진통의 약재로 쓰임.
모과나무 심사(心思)관용 심술궂고 성깔이 순하지 못한 마음씨를 비유하는 말.
모:과-수(∠木瓜熟)명 ①모과의 껍질을 깎고 썰어서 삶은 다음, 끓인 꿀물에 담근 음식. ②파인애플의 껍질을 벗기고 썰어서 설탕물에 담근 통조림.
모:과-정:과(∠木瓜正果)명 모과의 껍질을 깎고 속을 뺀 다음, 살을 도독하게 저며 살짝 쪄서 꿀에 조린 정과.
모:과-차(∠木瓜茶)명 설탕이나 꿀에 재워 두었던 모과를 잠깐 끓여 잣을 띄워 마시는 차.
모관(毛冠)명 ①가톨릭에서, 성직자가 미사 때에 쓰는 사각 모자. 추기경은 붉은빛, 신부 이하의 성직자는 검은빛임. ②지난날, 모피(毛皮)로 만든 방한용 쓰개를 이르던 말.
모관(毛管)명 ①'모세 혈관(毛細血管)'의 준말. ②'모세관(毛細管)'의 준말.
모:관(某官)명 어떠한 관직. 아무 관직.
모관-수(毛管水)명 모세관 현상으로 말미암아 지표 근처 토양의 입자 사이를 채우고 있는 지하수. 식물이 뿌리로 흡수하여 생장하는 토양 수분임. ☞중력수(重力水)
모관=인:력(毛管引力)명 '모세관 인력'의 준말.
모관=현:상(毛管現象)명 '모세관 현상'의 준말.
모:교(母校)명 그 사람이 배우고 졸업한 학교.
모:교(母敎)명 모훈(母訓)
모구(毛具)명 털로 만든 방한구(防寒具).
모구(毛球)명 모근(毛根)의 가장 아래쪽에 둥근 모양을 이루고 있는 부분.
모구(毛毬)명 지난날, 사구(射毬)에 쓰던 공. 지름 28cm 가량의 공을 채로 결어서 털가죽으로 싸고 고리를 달아 긴 끈을 꿰었음.
모:국(母國)명 다른 나라에 가 있는 사람이 자기 나라를 이르는 말. ☞조국(祖國)
모:국-어(母國語)명 ①자기 조국의 말. 본국어 ②여러 민족으로 이루어진 국가에서 국어 또는 외국어에 대하여 자기 민족 고유의 언어를 이르는 말.
모군(募軍)[1]명-하다자 군인을 모집함. 모병(募兵)
모군(募軍)[2]명 모군꾼
모군을 서다관용 모군꾼이 되어 일을 하다.
모군-꾼(募軍-)명 토목 공사장 같은 데서 삯을 받고 품팔이하는 사람. 모군
모군-삯(募軍-)[-싹]명 모군이 받는 품삯.
모군-일(募軍-)[-닐]명-하다자 토목 공사 같은 일.
모:권(母權)[-꿘]명 ①자식에 대한 어머니로서의 권리. ②어머니가 가족 구성원에 대하여 가진 지배권. ☞부권
모:권-제(母權制)[-꿘-]명 가족이나 친족의 지배권을 여성이 가지는 사회 제도. ☞부권제(父權制)
모규(毛竅)명 털구멍
모규-출혈(毛竅出血)명 한방에서, 온몸의 여러 털구멍에서 피가 나오는 병을 이르는 말.
모근(毛根)명 털이 살갗 속에 박혀 있는 부분. 모낭으로 싸여 있음. ☞모간(毛幹)
모근(毛菫)명 '미나리아재비'의 딴이름.
모근(茅根)명 띠의 뿌리. 한방에서 백모근(白茅根)이라 하여 지혈에 약으로 씀.
모금의 수관형사 뒤에 쓰이어 액체나 기체 따위를 한 번 머금는 분량. ¶물 한 -./담배 한 -./우유 한 -.
모금(募金)명-하다자 기부금 따위를 모음. ¶불우 이웃 돕기 - 운동
모:기명 ①모깃과와 꾸정모깃과의 곤충을 통틀어 이르는 말. ②모깃과에 딸린 곤충의 한 가지. 몸길이 0.5~1.5 cm로 몸빛은 흑갈색임. 투명한 한 쌍의 날개가 있고, 주둥이는 뾰족하여 동물의 살갗에 박아 피를 빨기에 적합함. 암컷은 사람이나 가축의 피를 빨며, 애벌레인 장구벌레는 세균·미생물을 포식함.
모기 소리만 하다관용 소리가 매우 작고 약하다.
속담 **모기 다리에서 피 뺀다** : 자기보다 약한 사람을 착취함을 이르는 말. [벼룩의 간을 내어 먹는다]/**모기 대가리에 골을 내라** : 불가능한 일을 하려는 경우에 이르는 말./**모기도 모이면 천둥소리 난다** : 미약한 것이라도 많이 모이면 큰 힘을 낼 수 있음을 이르는 말./**모기 보고**

칼 빼기 : 대수롭지 아니한 일을 두고 크게 성을 내거나 큰 대책을 세움을 이르는 말. ☞견문발검(見蚊拔劍)

모기(耄期) 명 여든 살에서 백 살까지의 나이.

모-기둥 명 ①모가 난 기둥. ☞두리기둥 ②각기둥

모:기=발순(-發巡)[-쑨] 명 어둑어둑할 무렵 모기떼가 윙윙거리면서 날아다니는 일.

모:기-붙이[-부치] 명 모기붙잇과의 곤충. 모기와 비슷한데 몸이 가늘고 다리는 길며, 몸빛은 황갈색임. 동물의 피를 빨지 않으며, 물가에 사는데 낚싯밥에 쓰임.

모:기-작(冒器作) 명 갑작(匣作)

모:기-장(-帳) 명 모기를 막으려고 치는 망사로 만든 장막. 문장(蚊帳)

모:기-향(-香) 명 모기를 쫓기 위하여 피우는, 제충국(除蟲菊)을 원료로 하여 만든 향.

모:깃-불 명 모기를 쫓으려고 풀 따위를 태워 연기를 피우는 불. ☞모기향

모:깃-소리 명 ①모기가 날아다니는 소리. ②아주 가냘픈 소리를 비유하여 이르는 말.

모꼬지 명 -하다 자 놀이나 잔치 또는 그 밖의 일로 여러 사람이 모이는 일.

모-꼴 명 모 또는 각이 진 형상.

모끼 명 재목의 모서리를 후리는 데 쓰는 대패.

모끼-연(-椽) 명 재래식 한옥에서, 박공 지붕이나 합각 지붕의 박공널에 직각으로 거는 서까래. 목계(木枅)

모끼-질 명 -하다 타 모끼로 재목의 모서리를 후리는 일.

모-나다[1] 자 ①물건의 거죽에 모가 생기다. ②성질이나 행동 등이 두드러지게 드러나거나 표가 나다. ¶여러 사람이 모인 자리에서 모나게 행동하다.

모-나다[2] 형 ①모가 져 있다. ¶모난 돌. ②성질이 원만하지 못하고 까탈스럽다. ¶모난 성격. ③돈이나 물건이 쓰이는 데가 아주 보람 있다. ¶돈을 모나게 쓰다.

속담 **모난 돌이 정 맞는다** : ①사람이 유난히 뛰어나면 남에게서 미움을 받기 쉽다는 말. ②성격이 모난 사람은 남에게 미움을 사게 된다는 말.

모나드(monad) 명 ①철학에서, 실재(實在)를 구성하는 궁극의 물적·심적 요소. 단원(單元). 단자(單子) ②일가 원소(一價元素)

모나드-론(monad論) 명 단자론(單子論)

모-나무 명 옮겨 심기 위해 가꾸는 어린 나무. 묘목(苗木). 나무모

모나자이트(monazite) 명 세륨·토륨·지르코늄·이트륨 따위를 포함한 광석. 단사 정계(單斜晶系)로 주상 결정(柱狀結晶)이며, 색은 황색·갈색·적색을 띰. 희토류 원소(稀土類元素)의 중요 원료로, 경도(硬度)는 5~5.5임. 모나즈석

모나즈-석(monaz石) 명 모나자이트(monazite)

모낭(毛囊) 명 모근(毛根)을 싸고 있는 주머니 모양의 바깥 막. 털에 영양을 공급함. 털주머니

모낭-충(毛囊蟲) 명 ①모낭에 기생하는 병원충. 털진드기 ②진드기목에 딸린 기생충. 사람에게는 해가 적으나 가축에게는 모낭염이나 탈모증 따위 병을 일으킴.

모-내기 명 -하다 자 모를 내는 일. 이앙(移秧). 모심기 ¶알맞게 비가 와서 -하기에 아주 좋다.

모-내:다[1] 자 ①모를 못자리에서 논으로 옮기어 심다. 모심다. ②모종을 내다.

모-내:다[2] 타 모나게 하다.

모넬메탈(Monel metal) 명 니켈 67%, 구리 28% 외에 철·망간·규소를 포함하는 합금의 상품명. 내식성(耐蝕性)이 있고 고온에서 잘 견디어 화학 기계나 열기관 따위에 많이 쓰임.

모:녀(母女) 명 어머니와 딸. 어이딸 ☞부자(父子)

모:년(冒年) 명 -하다 자 나이를 속임.

모:년(某年) 명 아무 해. ¶- 모월 모일(某月某日).

모:년(暮年) 명 노년(老年)

모:념(慕念) 명 사모하는 마음. 모심(慕心)

모노그래프(monograph) 명 하나의 문제만을 대상으로 하는 연구 논문.

모노그램(monogram) 명 두 개 이상의 글자를 하나의 글자 모양으로 도안화한 것. 합일 문자(合一文字)

모노드라마(monodrama) 명 단 한 사람의 배우가 연기하는 연극. 18세기 말 독일의 배우 브란데스가 유행시킴. ☞일인칭 희곡(一人稱戲曲)

모노럴(monaural) 명 방송·녹음·레코드 등에서, 입체 음향이 아닌 보통의 음향. ☞스테레오(stereo)

모노럴레코드(monaural record) 명 입체 음향 방식에 따르지 않은 보통 음반. ☞스테레오레코드

모노레일(monorail) 명 한 가닥 레일로 열차를 달리게 하는 철도. 열차가 레일 위를 달리는 방식과 레일 아래에 매달려 가는 방식이 있음. 단궤 철도(單軌鐵道)

모노마니아(monomania) 명 편집광(偏執狂)

모노머(monomer) 명 단위체(單位體) ☞폴리머(polymer)

모노크롬(monochrome) 명 ①단색화(單色畫) ②영화나 텔레비전, 사진 따위에서 흑백물(黑白物).

모노클(monocle) 명 단안경(單眼鏡)

모노타이프(monotype) 명 자동 주식기(自動鑄植機)의 한 가지. 활자를 자동으로 한 자씩 주조하면서 식자하는 인쇄 기계의 상품명임. ☞주식기

모노톤(monotone) 명 ①단조(單調) ②그림에서, 한 가지 색조(色調)로 나타내는 일.

모노포니(monophony) 명 단음악(單音樂)

모놀로그(monologue 프) 명 독백(獨白) ☞다이얼로그

모눈 명 모눈종이에 그려진, 가로줄과 세로줄의 교차로 이루어진 사각형. 방안(方眼)

모눈-종이 명 일정한 간격으로 가로줄과 세로줄을 직각으로 교차시켜 놓은 바둑판 모양의 종이. 방안지(方眼紙)

모니(∠牟尼. Muni 범) 명 불교에서, 선인(仙人)이라는 뜻으로, 출가하여 마음을 닦고 도를 배우는 이를 높여 이르는 말.

모니-불(牟尼佛) 명 석가모니불(釋迦牟尼佛)

모니터(monitor) 명 ①어떤 시스템의 작동을 관찰·제어·확인하는 소프트웨어나 하드웨어, 또는 그런 일을 하는 기술자. ②텔레비전의 영상이나 음성을 송신에 알맞게 조정하는 시설, 또는 그 기술자. ③방송사·신문사 등의 의뢰를 받은 시청자나 독자가 프로그램이나 기사에 관한 비평·감상·의견 등을 보내는 일, 또는 그러한 사람. ④생산업체의 의뢰를 받아 생산품 등에 관한 의견을 보내는 일, 또는 그러한 사람. ⑤컴퓨터 시스템에 연결되어 사용자가 입력한 정보나 컴퓨터가 처리한 정보를 사용자에게 보여 주기 위한, 텔레비전 모양의 장치.

모닐리아(monilia) 명 칸디다(candida)

모닐리아-증(monilia症)[-쯩] 명 칸디다증

모:닝코:트(morning coat) 명 남자가 입는 서양식 예복의 한 가지. 일반적으로 낮에 입으며, 앞섶이 허리에서부터 벌어지고 등 쪽이 길. ☞연미복(燕尾服)

모:다 타 '모으다'의 준말.

모다기 명 ①물건들이 한데 소복이 쌓인 더미. ②〔의존 명사로도 쓰임〕 ¶두 -./다섯 -. ☞무더기

모다기-령(-令) 명 ①한꺼번에 쏟아져 내리는 여러 명령. ②뭇사람의 공격.

모다기-모다기 부 작은 무더기들이 여기저기 놓여 있는 모양을 나타내는 말. ☞모닥모닥. 무더기무더기

모다깃-매 명 뭇사람이 한꺼번에 내리치는 뭇매.

모닥-모닥 부 작은 무더기들이 사이가 좀 가깝게 놓여 있는 모양을 나타내는 말. ¶퇴비 더미가 - 쌓여 있다. ☞모다기모다기. 무덕무덕

모닥-불 명 잎나무나 삭정이·검불 따위를 모아 피우는 불, 또는 불의 더미. ☞화톳불

모-당(-糖) 명 각설탕

모:당(母堂) 명 자당(慈堂)

모:당(母黨) 명 어머니 편의 일가.

모대(帽帶) 명 ①사모(紗帽)와 각띠. ②-하다 자 관디를 입고 사모를 갖춤.

모대-관(帽帶官) 명 지난날, 관디를 입고 사모를 쓰던 직위가 낮은 관원.

ㅁ

모더니스트(modernist)명 ①모더니즘을 신봉하는 사람. ②현대적 경향을 좇는 사람.
모더니즘(modernism)명 ①현대적 유행이나 풍조를 좇는 경향. ②20세기 초 유럽에서 일어난 표현주의·미래주의·다다이즘·형식주의 등 다양한 반사실주의적 예술 경향을 통틀어 이르는 말. ☞근대주의
모더레이터(moderator)명 감속재(減速材)
모던댄스(modern dance)명 전통 발레에서 벗어나 개성적인 표현을 추구하는 새로운 예술 무용. 현대 무용
모던아:트(modern art)명 초현실주의·추상주의·입체파·미래파 등 20세기에 전개된 새로운 경향의 미술을 통틀어 이르는 말.
모던재즈(modern jazz)명 고도로 진보된 새로운 경향의 현대적인 재즈. 1940년대 이후에 시작되었으며, 리듬·선율·화음에 변혁을 가져옴.
모던-하다(modern-)형여 현대적인 데가 있다.
모데라토(moderato 이)명 악보의 빠르기말의 한 가지. '보통의 빠르기로'의 뜻. ☞안단테
모델(model)명 ①모형(模型). 본보기 ②미술가가 제작하는 데 묘사 대상으로 삼는 사람이나 사물. ③문예 작품·영화·드라마 등의 등장 인물이 되는 실재(實在)의 사람이나 소재가 되는 사건. ④조각에서, 진흙으로 만든 원형(原型). ⑤'패션모델'의 준말.
모델링(modeling)명 ①원형(原型)을 만드는 일. ②그림이나 조각에서, 실체감을 표현하는 일.
모델세트(model set)명 세트에 대한 연구를 위하여 쓰는, 세트의 모형(模型).
모델케이스(model case)명 사례(事例)
모델하우스(model house)명 ①주택의 본보기로 지어 전시하는 집. ②우리 나라에서, 분양할 아파트 따위의 본보기로 지어 놓은 집을 이르는 말.
모뎀(modem)명 컴퓨터 통신으로 데이터를 주고받을 때, 컴퓨터의 디지털 신호를 통신 선로를 통하여 보낼 수 있도록 아날로그 신호로 바꿔 주고, 들어온 아날로그 신호는 디지털 신호로 바꿔 주는 장치. 변복조 장치
모-도명 윷판의 앞밭 다섯째 말밭인 '모'에서 '방' 쪽으로 꺾어 들어간 첫 말밭 이름. 곧 '모'와 '모개'의 사이임. 앞모도
모:도(母道)명 어머니로서 마땅히 지켜야 할 도리. ☞부도(父道). 자도(子道)
모도록부-하다형 남새나 풀 따위의 싹이 배게 나서 도도록한 모양을 나타내는 말. ¶팽이버섯의 싹이 - 나다.
모도록-이부 모도록하게
모도리명 빈틈없이 여무지게 생긴 사람을 이르는 말.
모:-도시(母都市)명 가까이 있는 외곽 도시에 대하여 경제적·사회적으로 지배적 기능을 가지는 도시. ☞위성도시(衛星都市)
모:독(冒瀆)명-하다타 신성하거나 존엄한 대상을 욕되게 함. ¶신(神)을 -하다.
모:동(暮冬)명 ①늦겨울 ②'음력 섣달'을 달리 이르는 말. 만동(晩冬)
모-되명 네 모가 반듯한 되. 목판되
모두명 일정한 수효나 양의 전체. ¶우리 -의 잘못이다./-가 할 일./-의 책임.
부 일정한 수효나 양을 다. ¶- 모여라.

한자 **모두 개**(皆)〔白部 4획〕¶개병(皆兵)/거개(擧皆)
모두 체(切)〔刀部 2획〕¶일체(一切)
모두 총(總)〔糸部 11획〕¶총계(總計)/총괄(總括)
모두 함(咸)〔口部 6획〕¶함고(咸告)

모두(毛頭)명 털끝 ☞모근(毛根)
모:두(冒頭)명 ①이야기나 글의 첫머리 부분. ¶성명서의 -. ②어떤 일의 시작 무렵. ☞벽두(劈頭). 초두(初頭). 허두(虛頭)
모두-거리명-하다자 두 다리를 한데 모으고 뛰거나 넘어짐. ¶모두뜀을 하다가 걸려 -로 넘어지다.
모두-걸기명-하다자 유도에서, 메치기의 한 가지. 상대편을 옆으로 기울이면서 한 발로 상대 몸의 중심이 실린 다리의 발목을 후려 넘기는 기술.
모두-뜀명-하다자 두 발을 한데 모으고 뛰는 뜀.
모두-머리명 외가닥으로 땋아서 쪽찐 머리.
모두-먹기명 ①먹을 것을 내 것 네 것 할 것 없이 뭇사람이 덤벼 먹는 일. ②돈치기에서, 돈을 맞히는 사람이 판돈을 다 가지는 내기. ☞갉아먹기
모:두=절차(冒頭節次)명 형사 소송에서, 1회 공판 기일에 최초로 밟는 절차. 재판정의 인정 신문, 검사의 기소장 낭독 따위.
모:두=진:술(冒頭陳述)명 형사 소송의 모두 절차에서, 재판장의 인정 신문에 이어 검사가 공소장에 따라서 기소의 요지를 진술하는 일.
모두-충(毛蠹蟲)명 '사면발이'의 딴이름.
모둠-발명 뛰어오르려고 두 발을 가지런히 모은 발.
모둠-앞무릎차기[-압-릅-]명 씨름의 혼합기술의 한 가지. 오른손으로 상대편의 앞 무릎을 치면서 오른발바닥으로 상대편의 발목 안쪽을 걷어차 넘어뜨리는 공격 재간. ☞차돌리기
모듈레이션(modulation)명 음악에서, 조바꿈.
모:드(mode)명 ①방법. 형식. 유행 ②음악에서, 선법(旋法). ③최빈수(最頻數)
모드라기-풀명 '끈끈이주걱'의 딴이름.
모드레-짚다[-집-]자 윗몸을 기울여 앞으로 팔을 끌어당기면서 헤엄치다.
모든관 여러 가지의. 전부의. ¶- 나라./- 물건./- 사람은 법 앞에 평등하다.
모들-뜨기명 ①두 눈동자를 안쪽으로 몰아 떠서 보는 사람. ②몸의 중심을 잃고 한쪽으로 쏠리거나 쳐들리어 넘어지는 꼴. [주로 '모들뜨기로'의 꼴로 쓰임.] ¶-로 맥없이 쓰러지다.
모들-뜨다(-뜨고·-떠)타 두 눈동자를 안쪽으로 몰아 뜨다. ☞모들뜨기
모-뜨다(-뜨고·-떠)타 ①남이 하는 짓을 꼭 그대로 흉내내어 본뜨다. ②모(模)하다
모라(帽羅)명 사모(紗帽)의 겉을 싸는 얄팍한 깁.
모라토:리엄(moratorium)명 전쟁이나 천재(天災), 공황(恐慌) 등 비상 사태가 발생하였을 때, 정부가 법령으로 채무의 지급을 일정 기간 미룰 수 있게 하는 일. 지급유예(支給猶豫)
모락-모락부 ①작은 것이 순조롭게 잘 자라는 모양을 나타내는 말. ¶텃밭의 고추 모가 - 잘 자란다. ②연기나 냄새 따위가 조금씩 피어오르는 모양을 나타내는 말. ¶김이 - 나는 국. ☞무럭무럭
모란(牡^丹)명 ①미나리아재빗과의 낙엽 관목. 5월경에 여러 겹의 꽃이 피는데, 빛깔은 품종에 따라 여러 가지가 있음. 중국 원산으로 관상용으로 재배하며, 뿌리의 껍질은 한방에서 목단피(牧丹皮)라 하여 진통·해열 등에 약재로 쓰임. 목작약(木芍藥). 백화왕(百花王). 부귀화(富貴花) ②화투 딱지의 한 가지. 유월을 상징하여 모란꽃을 그린 딱지. 열, 붉은 띠, 껍데기 두 장으로 이루어짐. ☞홍싸리
모란-꽃(牡^丹-)명 모란의 꽃. 화중왕(花中王)
모란-병(牡^丹屛)명 ①모란이 그려진 병풍. ②이해조(李海朝)의 신소설(新小說). 갑오개혁 이후 조선의 사회 체제가 붕괴되어 가는 과정을 그린 내용임. 1911년에 간행됨.
모란-채(牡^丹菜)명 '꽃양배추'의 딴이름.
모람명 뽕나뭇과의 상록 활엽 덩굴나무. 잎은 길둥근 깃꼴로 어긋맞게 나며, 여름에 자홍색 꽃이 피고 열매는 먹을 수 있음. 우리 나라 남부 지방의 해안과 섬에 자생함.
모:람(冒濫)명-하다자 버릇없이 윗사람에게 덤빔.
모람-모람부 가끔가끔 한데 몰아서. ¶과일을 따서 - 상자에 담았다.
모래명 잘게 부서진 돌 알갱이. ¶-와 자갈.
속담 **모래가 싹 난다** : 절대로 있을 수 없는 일을 이르는 말./**모래로 방천(防川)한다** : 아무리 애써도 방법이 틀렸기 때문에 보람없는 헛일을 하게 됨을 이르는 말.〔모

래로 물 막는다/모래 위에 물 쏟은 격〕

한자 모래 사(砂)〔石部 4획〕¶ 사금(砂金)/사낭(砂囊)/사주(砂洲)/황사(黃砂) ▷ 砂·沙는 동자

▶ '모래'의 굵기에 따른 이름
모래는 그 알갱이의 굵기에 따라 여러 이름이 있다. ¶ 잔모래/가는모래/세사(細砂)/모새/왕모래/왕사(王砂) ☞명개

모래-강변(-江邊)명 ①모래가 질편하게 깔려 있는 강가. ②모래톱

모래-땅 명 모래흙으로 이루어진 땅. 사지(沙地)

모래-무지 명 모래무지아과의 민물고기. 몸길이 15~25cm로 홀쭉하고 머리가 크며 입가에 한 쌍의 수염이 있음. 몸빛은 은백색 바탕에 등 쪽은 검고 배 쪽은 흼. 강물의 모래 바닥에서 삶. 사어(鯊魚). 타어(鮀魚)

모래-밭 명 ①모래로 덮이어 있는 곳. ¶ 바닷가에 펼쳐진 -./강가의 -. ②흙에 모래가 많이 섞인 밭.

모래-사장(-沙場)명 모래톱

모래-사탕(-砂^糖)명 입자가 모래알같이 좀 굵은 설탕.

모래-섬 명 바다 쪽으로 조금 떨어진 곳에 모래와 자갈이 쌓여서 물 위로 나타난 모래땅. 사주(砂洲)

한자 모래섬 주(洲)〔水部 6획〕¶ 사주(砂洲)/주서(洲嶼)

모래-시계(-時計)명 가운데가 잘록하게 생긴 유리그릇에 모래를 넣어 작은 구멍으로 모래가 일정하게 흘러내리게 하여, 그 흘러내린 분량으로 시간을 재는 장치. 사루(砂漏)

모래-알 명 모래의 낱낱의 알갱이. 사립(沙粒)

모래-주머니 명 ①모래를 넣은 주머니. ②새의 소화기의 한 가지. 먹이를 으깨어 부수는 작용을 하는데, 곡식을 먹는 새에게만 있음. 사낭(砂囊)

모래-집 명 포유동물의 자궁 안에서 양수(羊水)를 채워 태아를 싸는 반투명의 막. 양막(羊膜)

모래집-물 명 임신 때, 모래집 속을 채우고 있는 액체. 태아를 보호하고, 출산 때에는 태아와 함께 흘러나와 분만을 쉽게 함. 양수(羊水). 포의수(胞衣水)

모래-찜 명 뜨거운 모래땅에 몸을 묻고 땀을 내는 한증 요법(汗蒸療法). 사욕(沙浴). 사증(沙蒸)

모래찜-질 명 -하다 자 모래찜을 하는 일.

모래-톱 명 강가의 넓은 모래 벌판. 모래사장

모래-펄 명 모래가 덮인 개펄.

모래-흙 명 80% 이상이 모래로 이루어진 흙. 경미토(粳米土). 사토(沙土)

모랫-길 명 ①모래밭의 길. ②모래가 깔린 길.

모략(謀略)명 -하다 타 남을 해롭게 하려고 사실을 왜곡하거나 속임수를 써서 일을 꾸밈.

모레 명 내일의 다음날. 명후일(明後日). 재명일(再明日)

모렌도(morendo 이)명 악보의 나타냄말의 한 가지. '차차 느리고 약하게'의 뜻.

모려(牡蠣)명 '굴조개'의 딴이름.

모:련(慕戀)명 -하다 타 이성(異性)을 사랑하여 애타게 그리워함.

모:렴(冒廉)명 -하다 타 '모몰염치(冒沒廉恥)'의 준말.

모:령(耄齡)명 일흔 살, 또는 여든 살.

모:령-성체(冒領聖體)명 가톨릭에서, 죄를 진 사람이 죄의 사함을 받지 않고 성체를 받아 모시는 독성(瀆聖) 행위를 이르는 말.

모:로 부 ①옆으로, 또는 가로. ¶ - 눕다./게가 - 기다. ②모난 쪽으로. ③대각선으로. ¶ - 자르다./- 가다.

속담 **모로 가나 기어가나 서울 남대문만 가면 그만이다**: 어떤 수단이나 방법을 써서라도 목적만 성취하면 된다는 뜻.〔모로 가도 서울만 가면 된다〕/**모로 던져 마름쇠**: 마름쇠는 어떻게 던져도 네 개의 날 중 하나가 바로 서듯이, 무슨 일을 아무렇게나 하여도 실패가 없다는 말.

모:록(冒錄)명 -하다 타 사실이 아닌 것을 사실인 것처럼 기록함, 또는 그 기록.

모롱이[1] 명 산모퉁이의 휘어 굽이진 곳.

모롱이[2] 명 ①웅어의 새끼. ②모쟁이[2]

모루 명 대장간에서 불린 쇠를 올려 놓고 단조(鍛造)할 때 쓰는 받침쇠. 철침(鐵砧)

모루-뼈 명 중이(中耳) 속의 세 청골(聽骨) 중 가운데의 뼈. 망치뼈가 등자뼈 사이에 있으며, 귓구멍으로 들어온 음파를 내이(內耳)로 전달함. 침골(砧骨)

모루-채 명 불린 쇠를 모루 위에 놓고 단조(鍛造)할 때 쓰는 긴 자루가 달린 쇠메.

모-류(毛類)명 ①몸에 털이 난 네발짐승을 통틀어 이르는 말. 모족(毛族) ②솜털이나 강모를 가진 벌레를 통틀어 이르는 말. 송충이·쐐기 따위. 모충(毛蟲)

모르다(모르고·몰라)타르 ①사실을 알지 못하다. ¶ 나는 모르는 일이다. ②안면이 없거나 접하지 못하다. ¶ 모르는 사람. ③어떤 지식이나 기능을 깨치지 못하다. ¶ 아직도 구구법을 모르다니./글을 모르다. ④어떤 일을 겪거나 느끼지 못하다. ¶ 고통을 -./지칠 줄 -./고생을 -. ⑤'밖에' 다음에 쓰이어, 앞의 체언만을 소중히 여김을 나타내는 말. ¶ 제 자식밖에 모르는 사람./돈밖에 모르는 사람. ⑥'-ㄹ지' 다음에 쓰이어, 짐작이나 의문을 나타내는 말. ¶ 오늘 돌아올지 모르겠다./장담을 하더니 해낼지 모르겠다. ⑦'어찌나', '얼마나'와 함께 어미 '-지' 다음에 쓰이어, 앞 말의 뜻을 강조하는 말. ¶ 얼마나 좋은지 모르겠다. ⑧관여하지 않는 태도를 가지다. ¶ 몰라, 오든 말든 네 맘대로 해. ⑨깨닫지 못하는 가운데 절로. ¶ 울컥 화가 치밀어 나도 모르게 자리를 차고 일어섰다. ⑩기억하지 못하다. ¶ 어디였는지 모르겠다. ⑪인식이 없다. ¶ 제 주제를 모르는 사람./턱수염을 기르니, 아무도 나를 몰라보았다.

모르면 모르되(몰라도) 관용 '꼭 이렇다고(그렇다고) 말하기는 어렵지만, 아마'의 뜻으로, 단정해서 말하지 못하고 짐작의 말을 하기에 앞서 하는 말.

속담 **모르면 약이요, 아는 게 병**: 아무 것도 아는 것이 없으면 도리어 마음이 편하여 좋으나, 무얼 좀 알고 있으면 걱정거리만 되어 해롭다는 말.〔모르는 것이 부처/아는 게 병〕

모르덴트(Mordent 독)명 음악의 꾸밈음의 한 가지. 주요음에서 위로나 아래로 2도 음을 거쳐 주요음으로 다시 돌아오는 꾸밈음.

모르모란도(mormorando 이)명 악보의 나타냄말의 한 가지. '고요하게 음을 억제하여 가만가만히 이야기하듯이'의 뜻.

모르모트(marmot 네)명 '기니피그'를 마르모트와 혼동하여 잘못 이르는 말.

모르몬-교(Mormon 敎)명 크리스트교의 한 교파. 성서 외에 모르몬 경(經)을 성전(聖典)으로 삼음. 1830년에 미국인 조셉 스미스가 창립하였음.

모르-쇠 명 아는 것이나 모르는 것이나 덮어놓고 다 모른다고 잡아떼는 일. ¶ 곤란할 때는 -가 제일이다./-로 잡아떼다.

모르쇠를 잡다 관용 덮어놓고 모른다고 잡아떼다.

모르타르(mortar)명 소석회나 시멘트에 모래를 섞어서 물에 갠 것. 시간이 지나면 굳기 때문에 벽돌이나 석재 따위를 맞붙이는 데 쓰임. 교니(膠泥)

모르핀(morphine)명 아편의 주성분(主成分)인 알칼로이드의 한 가지. 냄새가 없고 맛이 쓴 무색의 결정체. 마취제나 진통제로 쓰임.

모르핀=중독(morphine 中毒)명 모르핀으로 말미암은 약물 중독. 한꺼번에 많은 양을 써서 일어나는 급성 중독과 반복해서 주사함으로써 일어나는 만성 중독이 있음. 금단 현상(禁斷現象)이 심함.

모름지기 부 마땅히. 반듯이 ¶ - 국산품을 애용하여야 할 것이다./학생으로서 - 해야 할 일.

한자 모름지기 수(須)〔頁部 3획〕¶ 필수(必須)

모름-하다 형여 생선이 조금 무른듯 하며 싱싱한 맛이 적고 타분하다.

ㅁ

모릉(帽綾)명 사모(紗帽)의 겉을 싸는, 바탕이 얇은 능(綾)의 한 가지.
모리명 투전 노름에서, 여섯 장 가운데 넉 장과 두 장이 각각 같은 글자로 맞추어진 경우를 이르는 말.
모리(謀利)명-하다자 엄청난 이익을 거두려고 남은 생각지 아니하고 부당한 방법으로 제 이익만을 꾀함.
모리-배(謀利輩)명 모리 행위를 하는 사람들.
모린(毛鱗)명 털과 비늘이라는 뜻으로, 짐승과 물고기를 통틀어 이르는 말.
모립(毛笠)명 지난날, 하인들이 쓰던 벙거지.
모-막이명 직육면체로 된 기구의 아래위 두 마구리를 막거나 채우는 물건.
모:만(侮慢)명-하다자 남을 업신여기고 저만 잘난체 함.
모:만:사(冒萬死) '만 번 죽기를 무릅씀' 또는 '만난을 무릅씀'의 뜻.
모-말명 곡식을 되는 네모가 반듯한 말. 방두(方斗)
모말(毛襪)명 털가죽으로 크게 만든 버선. 털너널
모말-집[-찝]명 모말 모양으로 추녀가 사방으로 빙 둘려 있는 집. 말집
모망(茅芒)명 도자기의 입 전두리에 있는 흠. 모멸(茅蔑)
모:매(毋妹)명 '동모매(同母妹)'의 준말.
모:매(侮罵)명-하다타 업신여기어 꾸짖음.
모멘트(moment)명 ①어떤 일을 일으키는 기회. 계기(契機) ②물체를 회전시키는 능력의 크기를 나타내는 양.
모면(謀免)명-하다타 꾀를 써서 어떤 일이나 책임에서 벗어남. ☞도면(圖免)
모면-지(毛綿紙)명 중국에서 생산되는 품질이 낮은 종이의 한 가지.
모:멸(侮蔑)명-하다타 업신여기어 얕봄.
모멸(茅蔑)명 모망(茅芒)
모:명(冒名)명-하다자타 이름을 거짓으로 꾸며 댐, 또는 꾸며 대는 그 이름.
모:모(某某)[1]대 아무아무[1] ¶ -가 추천한 학생.
모:모(某某)[2]관 아무아무[2] ¶ - 인사. /- 회사에 입사하다.
모모-이부 모마다. 이모저모 다.
모:모-인(某某人)명 아무아무 사람.
모:모-한(某某-)관 아무아무라고 손꼽을만 한.
모:몰(冒沒)명 '모몰염치'의 준말.
모:몰염치(冒沒廉恥)[-렴-]성구 염치없는 일인 줄 알면서도 이를 무릅쓰고 함을 이르는 말. 준모렴(冒廉). 모몰(冒沒)
모물(毛物)명 ①털이 붙은 채로 만든 가죽. ②털로 만든 물건을 통틀어 이르는 말.
모물-전(毛物廛)명 지난날, 갖옷과 털로 만든 방한구 등을 팔던 가게.
모밀-잣밤나무[-잔-]명 참나뭇과의 상록활엽 교목. 높이는 20m 안팎. 암수한 그루로 5~6월에 밤꽃 같은 꽃이 핌. 나무는 건축재와 가구재로 쓰이며 열매는 먹을 수 있음. 우리 나라에서는 남해의 섬에 자생함.
모반(-盤)명 소반의 면 둘레를 모나게 다듬어 만든 반. 모의 수에 따라 여덟 모반, 열두 모반 등으로 이름. ☞두리반. 연엽반(蓮葉盤). 원반(圓盤)
모:반(母斑)명 선천적인 원인으로 일어나는 피부 이상이나 점, 주근깨 따위.
모반(謀反·謀叛)명-하다자타 ①지난날, 왕실을 뒤엎을 것을 꾀하던 일. ②남의 나라에 붙어 자기 나라를 배반하고 반역(叛逆)을 꾀함.
모발(毛髮)명 ①사람의 몸에 난 온갖 털. ②머리털
모발=습도계(毛髮濕度計)명 머리털이 습도에 비례하여 늘었다 줄었다 하는 성질을 이용하여 상대 습도를 잴 수 있게 만든 습도계.
모:-방(-方)명 한자 부수(部首)의 한 가지. '族'·'施' 등에서 '方'의 이름.
모-방(-房)명 안방의 한 모퉁이에 있는 작은 방.
모방(模倣)명-하다타 본받거나 본뜸. 모습(模襲). 모본(模本) ☞창작(創作)
모방-기(毛紡機)명 모사(毛絲)를 방적하는 기계. 소모(梳毛) 방적과 방모(紡毛) 방적의 두 가지가 있음.
모방=본능(模倣本能)명 다른 것을 그대로 따라 하려는 인간의 본능. 예술이나 문화의 발생과 발달의 요인이 되며, 유행이나 전통·습관 등을 형성함.
모방-색(模倣色)명 독(毒)이나 악취, 또는 날카로운 가시나 단단한 껍데기 등을 가지고 적의 습격으로부터 자기 몸을 보호하는 동물의 몸빛을 모방하는 일, 또는 그 몸빛. 뱀·벌·나비 따위에서 볼 수 있음.
모방-설(模倣說)명 사회의 모든 결합 관계는 모방을 기초로 하여 이루어지는 것이라고 하는 사회 학설.
모방=예:술(模倣藝術)[-녜-]명 자연이나 현실의 모습을 그대로 본떠서 나타내는 예술. 회화(繪畫)·조각 따위.
모방=유희(模倣遊戲)[-뉴-]명 아이들이 주위의 생활을 모방하면서 즐기는 유희의 한 가지. 소꿉장난, 학교놀이 따위.
모-밭[1]명 윷판의 다섯째 말밭.
모-밭[2]명 나무모를 기르는 밭. 묘포(苗圃)
모:범(冒犯)명-하다타 일부러 법에 어긋나는 말과 행동을 함.
모범(模範)명 본받아 배울만 한 본보기. 모해(模楷) ¶ -으로 삼다. /-을 보이다. 유본보기
모범-림(模範林)명 조림(造林)의 모범이 되거나, 모범을 보이기 위하여 만들어 놓은 숲.
모범-생(模範生)명 학업과 품행이 다른 학생들의 모범이 될만 한 학생.
모범-수(模範囚)명 교도소의 규칙을 잘 지켜 다른 죄수의 모범이 되는 죄수.
모:법(母法)[-뻡]명 ①자법(子法)의 근원이 된 법. ②부령, 시행령, 규칙 따위의 근거가 되는 법률.
모:변(某邊)명 ①아무 쪽의 곳. ②어떠한 사람.
모병(募兵)명-하다자 병정을 뽑음. 모군(募軍)
모본(模本)명 ①본보기 ②모형(模型) ③모방(模倣)
모본-단(模本緞)명 짜임이 곱고 무늬가 아름다우며 윤이 나는 비단의 한 가지. 큰 화초 무늬가 있으며 여덟 올 수자직(繻子織)으로 짠 것으로, 여자의 겨울철 한복감으로 많이 쓰임. 모본단(摹本緞)이라 표기하기도 함.
모:-부인(母夫人)명 대부인(大夫人)
모불사(貌不似)[-싸] ①'꼴이 꼴같잖음'의 뜻. ②'얼굴 모습이 흉악한 사람'의 뜻.
모:빌(mobile)명 가는 철사나 실로 철판, 나뭇조각, 합성수지 따위를 매달아 균형의 아름다움을 나타낸 움직이는 조각.
모:빌-유(mobile油)명 내연 기관이나 회전하는 기계의 마찰 때문에 생기는 열이나 마멸을 줄이기 위하여 치는 기름. ☞윤활유(潤滑油)
모뿔명 각뿔
모뿔-대(-臺)명 각뿔대
모사(毛紗)명 털실로 짠 얇은 사(紗).
모사(毛絲)명 털실
모사(茅沙)명 제사에서 강신(降神)할 때에 쓰는, 그릇에 담은 띠의 묶음과 모래. 땅을 상징함.
모사(茅舍)명 모옥(茅屋)
모:사(某事)명 아무 일.
모사(帽紗)명 사모(紗帽)의 겉을 싸는 얇은 사(紗).
모사(模寫)명-하다타 ①사물을 본떠서 그대로 그림. ②어떤 그림을 본떠 그와 똑같이 그림.
모사(謀士)명 ①꾀를 내어 일을 잘 이루게 하는 사람. ②남을 도와 계책을 세우는 사람. 책사(策士)
모사(謀事)명-하다자타 일을 꾀하거나, 일을 해결하기 위하여 꾀를 냄.
모사-기(茅沙器)명 모삿그릇
모사-꾼(謀事-)명 꾀를 내어 일을 잘 꾸미는 사람.
모사-본(模寫本)명 원본을 본떠서 베낀 책.
모사재인(謀事在人)성구 일을 꾸미는 것은 사람에게 달렸다는 뜻으로, 결과는 천운(天運)에 맡기고 일을 힘써 꾀하여야 함을 이르는 말. ☞성사재천(成事在天)
모사=전:송(模寫電送)명 팩시밀리(facsimile)

모-사탕(-砂^糖)명 각설탕
모산지배(謀算之輩)명 꾀를 부리어 이해 타산을 일삼는 무리.
모살(謀殺)명-하다타 미리 일을 꾸며 사람을 죽임, 또는 그런 일을 꾀함.
모삿-그릇(茅沙-)명 모사를 담는 그릇. 모사기(茅沙器)
모:상(母喪)명 모친상 ☞부상(父喪)
모상(模相)명 대상의 겉모습을 있는 그대로 본떠서 나타낸 것.
모새명 몹시 잘고 고운 모래. 가는모래
모새-나무명 진달랫과의 상록 관목. 높이 3m 안팎. 가지가 많고, 어긋맞게 나는 잎은 길둥글고 광택이 남. 6월경에 은방울 모양의 홍백색 꽃이 피며, 열매는 장과(漿果)로 11월경에 둥글고 까맣게 익음. 관상용으로 심으며, 열매는 먹을 수 있고 술을 담그는 데 쓰기도 함. 우리 나라와 일본, 중국 등지에 분포함.
모-색(毛色)명 ①털빛 ②비단의 검은빛.
모색(摸索)명-하다타 더듬어 찾음. ¶활로를 -하다.
모:색(暮色)명 날이 저물어 갈 무렵의 어스레한 빛.
모색(茅塞)어기 '모색(茅塞)하다'의 어기(語基).
모색-하다(茅塞-)형여 띠풀이 무성하여 길이 막히듯이, 마음이 욕심 때문에 어둡고 답답하다.
모생-약(毛生藥)[-냑]명 발모제(發毛劑). 양모제(養毛劑)
모:서(母書)명 '어머니가 썼음'의 뜻으로, 자녀에게 보내는 편지 끝에 쓰는 한문 투의 말. ☞부서(父書)
모서(謀書)명 거짓으로 꾸민 문서.
모서리명 ①물건의 모가 진 가장자리. ¶식탁 -/책상 - ②다면각(多面角)으로 된 물체의 가장자리. 모[2]
모서-인(謀書人)명 문서를 위조하는 사람.
모선(毛扇)명 지난날, 관원이 겨울에 얼굴을 가리던 방한구(防寒具)의 한 가지. 네모반듯한 비단의 양쪽에 긴 막대 자루를 달고, 이 자루를 담비 털이나 수달피로 싸서 손을 따뜻하게 하고 비단으로 얼굴을 보호함. ☞사선(紗扇). 포선(布扇)
모:선(母船)명 원양 어업 등에서, 부속 어선을 거느리고 어획물의 처리·저장 시설을 갖춘 큰 배. ☞독항선
모:선(母線)[1]명 수학에서, 원기둥·원뿔·구(球) 등의 평면 도형을 입체 도형으로 만들 때, 평면 도형의 중심축을 회전축으로 삼는 회전체의 선분(線分).
모:선(母線)[2]명 발전소나 변전소에서 개폐기를 거쳐서 각 외선(外線)에 전류를 분배하는 간선(幹線).
모:선망(母先亡) '어머니가 아버지보다 먼저 세상을 떠남'의 뜻. ☞부선망(父先亡)
모:설(冒雪)명-하다자 내리는 눈을 무릅씀.
모:설(暮雪)명 날이 저물 무렵에 내리는 눈.
모:성(母性)명 여성이 어머니로서 지니는 본능적인 특성.
모:성-애(母性愛)명 어머니가 자녀(子女)에게 가지는 본능적인 사랑. ☞부성애(父性愛)
모:성-형(母性型)명 모성을 갖춘 여성형.
모:세(暮歲)명 한 해의 마지막 무렵. 세모(歲暮). 세밑
모세-관(毛細管)명 ①'모세 혈관(毛細血管)'의 준말. ②모세 혈관과 같이 아주 가느다란 관. 준모관(毛管)
모세관=인:력(毛細管引力)명 고체에 접근된 액체면의 분자를 고체가 잡아 끄는 힘. 준모관 인력(毛管引力)
모세관=현:상(毛細管現象)명 가는 유리관을 액체 속에 세웠을 때, 관 안쪽의 액면(液面)이 대기(大氣)의 압력 관계로 관 밖의 액면보다 높아지거나 낮아지는 현상. 준모관 현상(毛管現象)
모:세-교(Mose敎)명 구약 시대에 모세를 종교적·민족적 영웅으로 숭배하고, 모세의 율법을 기초로 하여 유일신 여호와를 믿던 종교.
모:세=오:경(Moses五經)명 구약 성서의 처음 다섯 편. 곧 창세기·출애굽기·레위기·민수기·신명기를 이름.
모:-세:포(母細胞)명 분열 전의 세포. ☞낭세포
모세=혈관(毛細血管)명 동맥과 정맥 사이를 잇는 가느다란 혈관. 실핏줄 준모관(毛管). 모세관(毛細管)
모:션(motion)명 ①동작. 행위 ②몸짓
모:소(某所)명 모처(某處)
모:소(侮笑)명-하다타 남을 업신여기어 비웃음.
모-소주(麰燒酒)명 밀소주
모손(耗損)명-하다자 닳거나 줄어서 없어짐. 모감(耗減)
모-송곳명 모가 진 송곳.
모:수(母數)명 ①보합산(步合算)에서, 원금을 이르는 말. ②매개 변수(媒介變數) ③추계학(推計學)에서, 모집단(母集團)의 특성을 나타내는 값을 이르는 말.
모:수(母樹)명 씨나 꺾꽂이감을 얻기 위해 가꾸는 나무.
모수(茅蒐)명 '꼭두서니'의 딴이름.
모:수-림(母樹林)명 임업용(林業用)의 씨나 묘목을 얻기 위하여 가꾸는 숲.
모수자천(毛遂自薦)성구 중국의 전국 시대에 조(趙)나라의 모수(毛遂)가 초(楚)나라에 구원을 청하러 갈 왕의 사자로 자신을 천거했다는 고사(故事)에서, 스스로를 천거함을 이르는 말.
모순(矛盾)명 ①중국의 전국 시대에 초(楚)나라의 어떤 상인이 창과 방패를 팔면서, 창은 어떤 방패도 뚫을 수 있고 방패는 어떤 창도 막을 수 있다고 하여 앞뒤가 맞지 않는 말을 했다는 고사에서 비롯된 말로, 말이나 행동의 앞뒤가 서로 어긋나 맞지 않음을 뜻함. ¶-된 말. ②논리학에서, 서로 대립하고 부정하여 양립할 수 없는 관계를 이르는 말.
모순=개:념(矛盾概念)명 삶과 죽음, 있음과 없음 따위와 같이 서로 부정하여 중간 개념을 용인하지 않는 두 개념. ☞반대 개념(反對概念)
모순=대:당(矛盾對當)명 논리학에서, 한쪽이 참이면 다른 쪽은 반드시 거짓이고, 한쪽이 거짓이면 다른 쪽은 반드시 참이 되는 관계를 이르는 말. 두 판단이 모두 참이거나 모두 거짓이 될 수 없음.
모순=명사(矛盾名辭)명 모순 개념을 나타낸 명사.
모순-법(矛盾法)[-뻡]명 모순율(矛盾律)
모순-성(矛盾性)[-썽]명 모순이 되는 성질.
모순=원리(矛盾原理)명 모순율(矛盾律)
모순-율(矛盾律)[-뉼]명 논리학에서, 동일 사물에 대하여 같은 의미로 긍정도 하고 부정도 할 수는 없다는 원리. 모순법. 모순 원리 ☞동위 원리(同位原理)
모숨명 볏모나 잎담배 따위와 같은 가늘고 긴 물건이 한 줌 안에 들만 한 분량.
모숨-모숨부 여러 모숨으로.
모:스-부호(Morse符號)명 점과 선을 배합하여 문자 기호를 나타내는 전신 부호. 미국인 모스가 고안함. ☞에스오에스(SOS)
모스크(mosque)명 이슬람교의 예배소.
모슬(毛蝨)명 '사면발이'의 딴이름.
모슬렘(Moslem)명 이슬람교를 믿는 사람.
모슬린(mousseline 프)명 ①가는 소모사(梳毛絲)로 그리 촘촘하지 않게 평직으로 짠 얇고 부드러운 모직물. ②아주 가는 외올실로 설핏하게 짠 부드러운 면직물.
모습명 ①사람의 생긴 모양이나 됨됨이. 양자(樣姿) ¶어머니의 -./웃는 -이 예쁘다. ②자연이나 사물의 겉모양. ¶산의 웅장한 -./조국의 발전한 -.

한자 모습 태(態) 〔心部 10획〕 ¶교태(嬌態)/생태(生態)/용태(容態)/자태(姿態)/태도(態度)/형태(形態)

모습(模襲·摸襲)명-하다타 모방(模倣)
모시명 ①모시풀의 껍질로 만든 실로 짠 피륙. 여름철 옷감으로 많이 쓰임. 저마포(苧麻布). 저포(苧布) ②'모시풀'의 준말.
속담 **모시 고르다 베 고른다**: ①처음에 뜻하던 바와는 전혀 다른 결과에 이름을 이르는 말. ②좋은 것을 골라 가지려다가 도리어 잘못 골라 좋지 못한 것을 가지게 됨을 이르는 말.
모시(毛詩)명 중국 한(漢)나라 때의 모형(毛亨)이 전하였다는 데서, '시전(詩傳)'을 달리 이르는 말.
모:시(某時)명 아무 시간. 아무 때.
모시-나비명 호랑나빗과의 곤충. 편 날개 길이 5~6cm.

수컷의 몸에는 회백색의 긴 털이 많이 나며 암컷에는 없음. 날개는 비늘 가루가 적어 반투명한 데서 이 이름이 유래하였음. 애벌레는 암탈개비라 하며 낙엽이나 돌 밑에서 겨울을 나고, 성충은 5월경 출현함.

모:시다 타 ①웃어른을 가까이 있으면서 받들다. ¶부모님을 –. ②윗사람을 안내하여 일정한 곳으로 가거나 오거나 하다. ¶점심 대접을 하려고 식당으로 –. ③윗사람을 어떤 자리에 앉게 하다. ¶상석에 –./회장으로 –. ④존경하는 마음으로 어떤 자리에 정중히 자리잡게 하다. ¶사당에 신주를 –./선친을 선산에 –. ⑤차례나 제사 따위를 지내다. ¶부모님 차례를 –.

한자 **모실 시**(侍)〔人部 6획〕¶시녀(侍女)/시립(侍立)/시비(侍婢)/시종(侍從)/협시(夾侍)/협시(脇侍)

모시-실 명 모시풀 껍질의 섬유에서 뽑은 실. 저마사

모시-전(–廛)명 모시를 파는 가게. ☞저포전(苧布廛)

모시-조개 명 '가무락조개'의 딴이름.

모시-풀 명 쐐기풀과의 여러해살이풀. 줄기 높이는 1~2m. 잎은 달걀 모양이며 뒤쪽에 잔털이 있음. 밭에 재배하며 껍질은 모시를 짜는 원료가 됨. 어린잎은 떡에 넣기도 하고 나물로 해서 먹을 수 있음. 저마(苧麻) 준 모시

모시-항:라(–亢羅)명 모시로 짠 항라(亢羅). 저항라

모식(模式)명 표준이 될 전형적인 형식.

모식-도(模式圖)명 알기 쉽게 설명하기 위하여 복잡한 사물을 단순화하여 나타낸 그림.

모신(謀臣)명 슬기와 꾀가 뛰어난 신하.

모:심(慕心)명 사모하는 마음. 모념(慕念)

모-심:기[–끼] 명-하다 자 모내기

모-심:다[–따] 자 모내다

모싯-빛 명 ①모시의 빛. ②엷은 노랑.

모:씨(母氏)명 아랫사람과 이야기할 때 그의 어머니를 이르는 말.

모:-씨(某氏)대 '아무개'의 높임말.

모아-들다(–들고·–드니)자 모여들다

모아-짜다 타 여럿을 모아서 한 덩이가 되게 하다.

모악-동:물(毛顎動物)명 동물계의 한 문(門). 머리·몸통·꼬리의 세 부분으로 되어 있으며, 암수한몸임. 몸길이 1~2cm로 가는 대롱 모양임. 머리에는 한 쌍의 눈과 좌우로 악모(顎毛)가 있으며 배와 꼬리에 지느러미가 있음. 바다에서 살며 유생(幼生)은 부유 생활을 함. 화살벌레가 이에 딸림.

모:암(母岩)명 ①광상(鑛床) 둘레의 암석, 또는 광물이 들어 있는 암석. ②풍화한 흙이나 모래에 대해 그 본디의 암석을 이르는 말.

모:애(慕愛)명-하다 타 사모하고 사랑함.

모:액(母液)명 고체와 액체가 혼합된 용액에서 고체 또는 침전물(沈澱物)을 제거한 나머지 액체.

모액(帽額)명 여름철에 치는 발의 윗머리에 가로로 길게 댄 헝겊.

모:야(暮夜)명 이슥한 밤.

모:야-모:야(某也某也) '아무아무'의 뜻.

모:야무지(暮夜無知)성구 이슥한 밤중에 하는 일이라서 보고 듣는 사람이 없음을 이르는 말.

모양 명 ①사람이나 물건의 겉에 나타난 생김새나 차림새. ¶얼굴 –으로 보아 부자간 같다./–을 잔뜩 내고 나들이를 하다. ②어떠한 형편이나 상태. ¶약속은 지켜야지 사람이 왜 그 –이오./이 –으로 불경기가 계속되면 큰일이다./사는 –. ③체면 ¶–이 말이 아니다.
의 겉으로 드러나는 판국으로 미루어, 추측이나 짐작을 나타내는 말. ¶그 친구 결혼할 –이야./회사를 옮길 –이더군.
모양(을) 내다 관용 꾸미어 맵시를 내다.
모양(이) 사납다 관용 꼴이 보기에 흉하다.
모양이 아니다 관용 차마 볼 수 없을 만큼 모양새가 말이 아니다.
모양이 있다 관용 모양이 좋거나 아름답다.
속담 **모양이 개잘량이라** : 모양이 깔고 앉는 하찮은 개가죽처럼 되었다는 뜻으로, 위신과 체면이 떨어져 형편없이 되었다는 말.

한자 **모양 모**(貌)〔豸部 7획〕¶면모(面貌)/미모(美貌)/외모(外貌)/용모(容貌)/풍모(風貌)
모양 상(像)〔人部 12획〕¶영상(映像)/영상(影像)
모양 양(樣)〔木部 11획〕¶양상(樣相)/양태(樣態)
모양 자(姿)〔女部 6획〕¶자용(姿容)/자태(姿態)
모양 형(形)〔彡部 4획〕¶형체(形體)/형태(形態)

모양-다리 명 '모양새'를 속되게 이르는 말.

모양-새 명 ①모양의 됨됨이. ②체면 ¶지금 내 –가 말이 아닐세.

모양-체(毛樣體)명 안구(眼球)의 수정체를 둘러싸는 윤상(輪狀)의 조직. 수정체의 두께, 곧 초점 거리를 조절하는 작용을 함.

모양체-근(毛樣體筋)명 모양체의 내부에 있는 평활근. 모양체의 신축(伸縮)을 맡아 조절함.

모:어(母語)명 ①자기 나라의 말. ②같은 계통에 딸린 몇 가지 언어의 근원이 되는 언어. 독일어·프랑스어·이탈리아어에 대한 라틴어 따위. 조어(祖語) ③어머니 품에서 배운, 바탕이 되는 말.

모여-들다(–들고·–드니)자 '모이어 들다'가 줄어든 말. ¶놀이 마당에 구경꾼이 –. 모아들다

모여-오다 타 궁중에서 '가져오다'를 이르던 말.

모역(謀逆)명 ①-하다 자타 반역을 꾀함. ②지난날, 종묘·궁전·능 등을 파괴하려고 한 죄를 이르던 말.

모연(募緣)명-하다 타 중이 시주(施主)로 하여금 재물을 절에 기부하게 하여 선연(善緣)을 맺게 하는 일.

모:연(暮煙)명 저녁 무렵에 피어 오르는 연기.

모연-문(募緣文)명 절에서, 모연하는 글.

모영(毛穎)명 털붓

모오리-돌 명 모난 데가 없이 둥근 돌. ☞몽우리돌

모옥(茅屋)명 ①띠로 지붕을 이은 집. 띳집. 모사(茅舍). 모자(茅茨) ②자기의 집을 낮추어 이르는 말.

모와(牡瓦)명 수키와 ☞빈와(牝瓦)

모욕(侮辱)명-하다 타 깔보아 욕되게 함. ¶–을 당하다./–을 주다. ▷侮의 속자는 侮

모욕-감(侮辱感)명 모욕을 당하는 느낌.

모욕-적(侮辱的)명 깔보고 업신여기는 것.

모욕-죄(侮辱罪)명 공연히 남을 모욕함으로써 성립하는 죄. 친고죄임.

모용(毛茸)명 식물의 표면에 생기는 잔털.

모용(貌容)명 얼굴 모양. 용모(容貌)

모우(牡牛)명 수소 ☞빈우(牝牛)

모:우(冒雨)명-하다 자 내리는 비를 무릅씀.

모:우(暮雨)명 저녁 무렵에 내리는 비. ☞효우(曉雨)

모:운(暮雲)명 저녁 무렵에 끼는 구름.

모:월(某月)명 아무 달. ¶– 모일(某日)

모:유(母乳)명 ①어머니의 젖. ②포유동물의 어미의 젖. 어미젖

모:유=영양법(母乳營養法)[–뻡] 명 낳은 아기에게 어머니의 젖을 먹여 기르는 자연 영양법의 한 가지.

모으다(모으고·모아)타 ①널려 있거나 흩어져 있는 것을 한곳으로 합치다. ¶이삭을 주워 –./휴지를 –. ②여러 사람을 한곳으로 오게 하다. ¶관광객을 –./학생을 운동장에 –. ③돈이나 재물을 써 없애지 않고 합쳐 두다. ¶돈을 모아 부자가 되다./쓰지 않는 것이 모으는 것이다. ④목적을 가지고 어떤 물건을 수집하다. ¶고서화를 –./골동품을 –./헝겊을 모아 조각보를 만들었다. ⑤정신이나 힘, 눈길 따위를 한곳에 집중하다. ¶많은 사람의 시선을 모았다./정신을 모아 공부하다./온 가족이 힘을 모아 농사일을 한다. 준 모다

한자 **모을 종**(綜)〔糸部 8획〕¶종리(綜理)/종합(綜合)
모을 집(輯)〔車部 9획〕¶집록(輯錄)/집요(輯要)
모을 집(集)〔隹部 4획〕¶수집(收集)/채집(採集)
모을 축(蓄)〔艸部 10획〕¶비축(備蓄)/저축(貯蓄)

모:음(母音)명〈어〉말소리의 한 갈래. 성대(聲帶)를 울려 내는 소리로 음절(音節)을 이룰 때 중심이 되는 음임. 한글에는 'ㅏ·ㅓ·ㅗ·ㅜ·ㅡ·ㅣ·ㅐ·ㅔ·ㅚ·ㅟ' 열 개의 단모음(單母音)과 'ㅑ·ㅕ·ㅛ·ㅠ·ㅒ·ㅖ·ㅘ·ㅙ·ㅝ·ㅞ·ㅢ' 열한 개의 이중 모음(二重母音)이 있음. 홀소리 ☞자음(子音). 가운뎃소리

모:음-곡(-曲)명 기악곡의 한 형식. 몇 개의 소품곡을 모아서 하나의 곡으로 만든 여러 악장(樂章)으로 된 악곡. 조곡(組曲)

모:음=동화(母音同化)명〈어〉앞 음절(音節)의 모음 'ㅏ·ㅓ·ㅗ·ㅜ'가 뒤따르는 음절의 'ㅣ' 모음의 영향으로 'ㅐ·ㅔ·ㅚ·ㅟ'로 변하는 현상. '아비→애비', '어미→에미', '고기→괴기' 따위로 바뀌어 발음되는 현상인데 표준 발음으로 인정하지 않음.

모:음=삼각도(母音三角圖)명〈어〉모음을 발음할 때의 입을 벌리는 정도, 혀의 위치 등으로 분류하여 삼각형 속에 배치해 보인 것.

모:음=악보(-樂譜)명 합주·합창·중주·중창 등에서, 각 악기별 또는 성부별로 된 여러 악보를 아래위로 늘어놓아 한눈에 전체의 곡을 볼 수 있게 적은 악보. 스코어(score). 총보(總譜)

모:음=조화(母音調和)명〈어〉같은 성질의 모음끼리 어울리려는 현상. 우리말에서 어간과 어미, 또는 흉내말 등에서 두드러지게 나타남. '막아, 먹어'. '반짝반짝, 번쩍번쩍'과 같은 어울림의 현상. 홀소리 어울림

모의(毛衣)명 갖옷

모의(模擬)명-하다타 실제와 비슷한 상황과 형식, 내용을 본떠서 시험적으로 해봄.

모의(謀議)명-하다타 ①어떤 좋지 않은 일을 꾀하고 의논함. ②여럿이 같은 생각으로 범죄의 계획 및 실행 수단을 의논함.

모의=고사(模擬考査)명 모의 시험

모의=국회(模擬國會)명 학교 등에서, 국회를 모방하거나 풍자하여 의사의 진행 및 토론 등을 학생들이 해보는 가상의 국회.

모의=시:험(模擬試驗)명 실제의 시험과 똑같은 방식으로 치르는 시험. 모의 고사(模擬考査)

모의-장(毛衣-)명 '모의장이'의 준말.

모의-장이(毛衣-)명 지난날, 모물전에서 갖옷붙이를 만들던 장인. 준모의장

모의=재판(模擬裁判)명 학교 등에서, 재판을 모방하여 논고·변론·심리·선고 따위의 전과정을 학생들이 연습해 보는 일.

모의-전(模擬戰)명 군대에서 실전에 대비하여 훈련을 목적으로 하는 가상의 전투.

모이명 닭이나 날짐승의 먹이. ¶닭 -

모이다[1] 자 ①널려 있거나 흩어져 있는 것이 한곳으로 합쳐지다. ②여럿이 한곳으로 오다. ¶온 가족이 한자리에 모였다. ③돈이나 재물이 들어와 쌓이다. 축적되다 ¶돈이 모이면 집을 마련해야지. ④목적 아래 어떤 물건이 수집되다. 준뫼다

한자 **모일 회**(會)〔曰部 9획〕¶회담(會談)/회동(會同)/회식(會食)/회의(會議)/회합(會合) ▷속자는 会

모이다[2] 형 작고도 야무지다.

모이=작물(-作物)명 모이로 쓰려고 재배하는 작물.

모이-주머니명 조류의 소화관의 한 부분. 식도에 이어진, 주머니 모양의 부분으로 삼킨 먹이를 한동안 저장해 두는 곳임. 멀떠구니. 소낭(嗉囊)

모이-통(-桶)명 모이를 담는 통. ☞여물통

×**모인**(∠拇印)명 →무인(拇印)

모:인(某人)명 아무 사람.

모:인(冒認)명-하다타 남의 것을 제 것처럼 꾸며 속임.

모인(摹印)명 팔체서(八體書)의 하나. 옥새(玉璽) 글자에 쓰는 고전(古篆).

모:일(某日)명 아무 날. ¶모월(某月) -

모임명 여러 사람이 어떤 목적을 가지고 한곳에 모이는 일. 회합(會合) ¶한 달에 한 번씩 -을 가지다.

모잇-그릇명 닭장이나 새장 따위에 모이를 넣어 주거나 담아 두는 그릇.

모:자(母子)명 어머니와 아들. ☞부녀(父女)

모:자(母姉)명 어머니와 손윗누이. 자모(姉母)

모:자(母慈)명 어머니의 사랑.

모자(茅茨)명 ①띠와 남가새. ②모옥(茅屋)

모자(眸子)명 눈동자

모자(帽子)명 ①머리에 쓰도록 만든 물건을 통틀어 이르는 말. ②'갓모자'의 준말. ③바둑에서, 변(邊)에 있는 상대편의 돌 위로 한 칸 사이를 두고 모자를 씌우듯 두어 누르는 수, 또는 그 돌. ☞모착(帽着)

한자 **모자 모**(帽)〔巾部 9획〕¶군모(軍帽)/정모(正帽)/착모(着帽)/탈모(脫帽)/학생모(學生帽)

모:자=가정(母子家庭)명 아버지가 없이 어머니와 자식만이 사는 가정.

모:자라다 자 ①지식이나 능력 따위가 어떤 표준에 미치지 못하다. ¶배움이 모자라서 뒤지다./힘이 -. ②일정한 수량이나 정도에 차지 못하다. ¶여러 사람이 먹기에는 음식이 -./돈이 -. ☞자라다
형 ①일정한 수량이나 정도에 미치기에 부족하다. ¶열 개에서 한 개가 -. ②지능이 정상적인 사람보다 낮다. ¶좀 모자란 사람. ☞자라다

모자반명 갈조류(褐藻類)에 딸린 바닷말. 줄기 길이 1m 이상으로, 잎은 길둥글며 작은 가지에는 쌀알만 한 기포(氣胞)가 있음. 부착근(附着根)으로 바위에 붙어 삶. 말리면 빛이 푸르며 나물을 해 먹거나 비료로 쓰고, 태워서 칼륨을 만듦. 마미조(馬尾藻)

모:자=보:건법(母子保健法)[-뻡]명 임산부의 생명과 건강을 보호하고 건강한 자녀를 출산하여 건전하게 기르도록 함으로써 국민의 건강 보건 향상에 이바지할 것을 목적으로 만든 법. 1973년에 공포함.

모:자-복지법(母子福祉法)명 모자 가정이 건강하고 문화적인 생활을 할 수 있게 함으로써 모자 가정의 생활 안정과 복지 증진에 이바지할 것을 목적으로 만든 법.

모-자:석(毛磁石)명 한방에서, 겉에 털처럼 돋은 것이 있는 자석(磁石)을 이르는 말. 약으로 쓰임.

모자이크(mosaic)명 나무나 돌, 색유리 따위의 조각을 붙이거나 박아서 모양이나 무늬를 나타낸 미술 작품.

모자이크-난(mosaic卵)명 수정란에서 세포의 각 부분이나 할구(割球)가 특정한 기관만을 만들도록 되어 있는 동물의 알. 연체동물이나 환형동물의 알 따위. ☞조절란(調節卵)

모자이크-병(mosaic病)명 식물에 바이러스가 기생하여 잎에 얼룩얼룩한 반점(斑點)이 생기고 가장자리가 오그라드는 병.

모자-챙(帽子-)명 모자에 달리어 있는 챙.

모자-표(帽子標)명 모자에 붙이는 일정한 표지. 모장(帽章) 준모표(帽標)

모:자-합(母子盒)명 큰 합 안에 작은 합이 들어 있는 합.

모작(模作)명-하다타 남의 작품을 그대로 본떠서 만듦, 또는 그 작품. ☞창작(創作). 패러디(paroday)

모작-패명 금광(金鑛)에서, 몇 사람의 광부가 한 패가 되어 채광하여, 광주(鑛主)에게 정한 분철(分鐵)을 주고 남는 광석에서 나는 이익을 나누어 가지는 일, 또는 그러한 무리.

모-잡이명 모낼 적에 모만 심는 일꾼. ☞모쟁이[1]

모장(毛帳)명 모피(毛皮)로 만든 방장(房帳).

모:장(冒葬)명-하다타 권력을 써서 남의 땅에 억지로 묘를 쓰는 일. ☞늑장(勒葬)

모장(帽章)명 모자표(帽子標)

모:재(母材)명 ①바탕이 되는 재료. 콘크리트에서 시멘트 따위. ②용접할 때 그 대상이 되는 금속.

모재(募財)명-하다자 돈을 여러 곳에서 모음.

모잽이-헤엄명 수영법의 한 가지. 모로 누운 자세로 머리를 올리고 치는 헤엄. ☞송장헤엄

모-쟁이[1] 명 모낼 적에 모춤을 별러 도르는 일꾼. ☞모잡이
모쟁이[2] 명 숭어의 새끼. 모롱이[2]
모적(蟊賊) 명 지난날, 백성의 재물을 함부로 빼앗는 탐관오리를 이르던 말.
모전(毛廛) 명 지난날, '과물전(果物廛)'을 이르던 말.
모전(毛氈) 명 ①짐승의 털을 가공하여 색을 맞추어 무늬를 넣고 두툼하게 짠 부드러운 담요. ②양탄자
모전-태(毛氈苔) 명 '끈끈이주걱'의 딴이름.
모-점(-點)[-쩜] 명 문장 부호의 한 가지. 세로쓰기 글에서, 짧은 멈춤을 나타낼 때 쓰이는 부호인 '、' 표를 이름. ☞가운뎃점
모:정(母情) 명 자식에 대한 어머니의 정. ☞부정(父情)
모정(茅亭) 명 짚이나 새 따위로 지붕을 이은 정자.
모:정(慕情) 명 그리는 마음.
모:제(母弟) 명 '동모제(同母弟)'의 준말.
모:제르-총(Mauser銃) 명 독일의 마우저가 발명한 연발식 권총.
모조(毛彫) 명 털처럼 가는 선만을 나타내어 나무나 쇠붙이 따위에 조각하는 일, 또는 그런 조각품.
모조(模造) 명 ①-하다 타 본떠서 만듦. 의제(擬製) ②'모조지(模造紙)'의 준말. ③'모조품(模造品)'의 준말.
모조-금(模造金) 명 금과 비슷한 빛깔과 광택을 가지며, 내식성(耐蝕性)이 있는 합금을 통틀어 이르는 말.
모조=대:리석(模造大理石) 명 스토니(stony)
모조리 부 하나도 빼지 않고 모두. 처음부터 끝까지 죄다. ¶서랍마다 — 뒤지며 찾다.
모조-석(模造石) 명 인조석(人造石)
모조-지(模造紙) 명 양지(洋紙)의 한 가지. 품질이 질기고 윤이 남. 주로 인쇄용으로 쓰임. 준 모조(模造) ☞백상지(白上紙)
모조-품(模造品) 명 다른 것을 본떠서 만든 물건. 준 모조
모족(毛族) 명 모류(毛類)
모종 명 -하다 타 옮겨 심기 위해 씨앗을 뿌려 기른 어린 식물, 또는 그것을 옮겨 심는 일. 모[1] ¶고추 —/가지 —
모종(을) 내다 관용 모종을 옮겨 심다.

한자 **모종 묘**(苗) 〔艸部 5획〕 ¶묘목(苗木)/묘상(苗床)/묘판(苗板)/묘포(苗圃)/양묘(養苗)/육묘(育苗)

모:종(某種) 명 어떠한 종류. ¶—의 사건.
모:종(暮鐘) 명 절이나 교회에서 해질 무렵에 치는 종소리. 만종(晩鐘) ☞효종(曉鐘)
모종-비[-삐] 명 모종하기에 마침맞게 내리는 비.
모종-순(-筍)[-쑨] 명 모종할 화초나 나무의 어린순.
모종-판 명 모종을 가꾸는 자리.
모:주 명 '모주망태'의 준말.
모:주(母主) 명 ①자당(慈堂) ②편지에서, '어머님'의 뜻으로 쓰는 한문 투의 말. ☞부주(父主)
모:주(母酒) 명 ①지게미에 물을 부어 거른 술. ②술을 거르고 남은 찌꺼기. 밑술. 재강
속담 **모주 먹은 돼지 껄때청** : 컬컬하게 쉰 목소리를 모주 먹은 돼지가 꽥꽥 지르는 소리에 비유한 말. (뜨물 먹은 당나귀 청)/**모주 장사 열 바가지 두르듯** : 술장사가 항아리에 술이 많이 있는 것처럼 바가지로 휘휘 저어서 뜨듯 한다는 데서, 없으면서 있는체 하거나 보잘것없는 내용을 겉만 꾸민다는 말.
모주(謀主) 명 일을 주장하여 꾀하는 사람.
모주(謀酒) 명 -하다 자 술 마시기를 꾀함.
모:주-꾼 명 술을 매우 좋아하여 지나치게 많이 마시는 사람을 이르는 말. ☞모주망태
모:주-망태 명 술을 늘 대중없이 많이 마시는 사람을 놀리어 이르는 말. 준 모주 ☞모주꾼
모:죽지랑가(慕竹旨郎歌) 명 신라 효소왕(孝昭王) 때, 득오곡(得烏谷)이 친구 죽지랑의 죽음을 추모하여 지은 노래. 팔구체(八句體) 향가로, '삼국유사'에 실려 전함.
×**모지**(∠拇指) 명 →무지(拇指)
모-지다 형 ①모양이 둥글지 않고 모가 나 있다. ¶모진 얼굴. ②성미나 태도가 원만한 맛이 없이 지나치게 딱딱하다. ¶성격이 모져서 어울리기 어렵다.
모지라-지다 자 물건의 끝이 닳아서 없어지다. ¶싸리비가 다 —. ☞무지러지다
모지락-스럽다(—스럽고·—스러워) 형ㅂ 억세고 거세어 아주 모질어 보이다. ¶성질이 —.
모지락-스레 부 모지락스럽게 ¶— 뿌리치다.
모지랑-붓 명 붓끝이 모지라져서 못쓰게 된 붓. 퇴필(退筆) ☞독필(禿筆)
모지랑-비 명 끝이 다 닳은 비.
모지랑이 명 끝이 닳아 없어진 물건. ¶호미가 —가 다 되다. ☞무지렁이
모직(毛織) 명 '모직물(毛織物)'의 준말.
모직-물(毛織物) 명 털실로 짠 온갖 물건. 준 모직(毛織)
모진(耗盡) 명 -하다 자 줄거나 닳아서 다 없어짐.
모질(媢嫉) 명 강샘
모:질다(모질고·모지니) 형 ①사람으로서는 차마 못할 짓을 함부로 하는 성질이 있다. ¶자식을 버리는 모진 부모도 있다. ②보통 사람으로서는 참고 견디지 못할 일을 배겨낼 만큼 억세다. ¶마음을 모질게 다잡아먹다./모진 목숨. ③기세가 몹시 험하고 사납다. ¶모진 눈보라.
속담 **모진 년의 시어미 밥 내 맡고 들어온다** : 며느리에게 몹시 구는 시어머니가 끼니 때면 집에 돌아온다는 뜻으로, 미운 사람은 미운 짓만 한다는 말./**모진 놈 옆에 있다가 벼락맞는다** : 모진 사람과 가까이 하면 반드시 그 화를 입게 되니 조심하라는 말.

한자 **모질 학**(虐) 〔虍部 3획〕 ¶잔학(殘虐)/포학(暴虐)/학대(虐待)/학살(虐殺)/학정(虐政)

모:질음 명 고통을 견디어 내려고 모질게 쓰는 힘.
모질음(을) 쓰다 관용 모질게 기를 쓰다. ¶산모(産母)가 진통으로 —.
모집(募集) 명 -하다 타 널리 모음. ¶사원 —
모집=공채(募集公債) 명 발행하여 재정 자금을 거두어들이는, 강제 공채가 아닌 모든 공채. ☞교부 공채
모집다 타 ①잘못이나 허물을 분명하게 지적하다. ②모조리 집다.
모:-집단(母集團) 명 통계 조사의 대상이 되는 전체 집단. 표본을 뽑아 내는 바탕이 됨.
모집=설립(募集設立) 명 발행 주식의 일부를 발기인이 넘겨받고 나머지는 주주를 모아서 주식 회사를 세우는 일. ☞발기 설립(發起設立)
모짝 부 한번에 다 있는 대로 몰아서. ☞무쩍
모짝-모짝 부 ①한편에서부터 차례로 모조리 베거나 뽑거나 하는 모양을 나타내는 말. ¶모를 — 쪄 나가다. ②조금씩 개먹어 들어가는 모양을 나타내는 말. ¶누에가 뽕잎을 — 먹어 치우다. ☞무쩍무쩍
모쪼록 부 아무쪼록 ¶— 오래오래 사십시오.
모-찌기 명 -하다 자 모판에서 모를 뽑는 일.
모착(帽着) 명 -하다 자 바둑에서, 변에 있는 상대편의 돌 위로 한 칸 사이를 두고 모자를 씌우듯 두어 세력을 꺾는 일. ☞모자(帽子)
모착-하다 형여 위아래를 잘라 낸듯이 짧고 똥똥하다. ¶모착하게 생긴 사내아이.
모채(募債) 명 -하다 자타 공채나 사채를 모음.
모책(謀策) 명 -하다 자타 일을 처리할 꾀를 부림, 또는 그 꾀. ☞묘책(妙策)
모:처(某處) 명 아무 곳. 모소(某所) ¶—에서 비밀 회담을 하다.
모처럼 부 ①오래간만에. 일껏 ¶— 교외로 나가다./— 날씨가 활짝 개었다. ②벼르고 별러서 처음으로. 벼른 끝에. ¶— 새 옷을 사다.
속담 **모처럼 능참봉을 하니까 한 달에 거둥이 스물아홉 번** : 겨우 소원이 이루어지기는 하였으나 도리어 복잡하고 시끄러운 일만 연달아 일어날 경우에 이르는 말. (여든에 능참봉을 하니 한 달에 거둥이 스물아홉 번이라)/**모처럼 태수가 되니 턱이 떨어져** : 모처럼 고을 원이 되어 잘먹게 되었다고 생각했는데 턱이 떨어져서 마음대로

먹지 못하게 되었다는 데서, 애써 이룬 일이 보람없게 된 경우에 이르는 말.〔재주를 다 배우니 눈이 어둡다〕

모:처-혼(母處婚)명 모계 사회에서 신랑이 신부 쪽에 가서 사는 혼인 방식. ☞부처혼(父處婚)

모:천(母川)명 소하어(遡河魚)가 알에서 깨어나서 바다로 내려갈 때까지 자라는 하천.

모:천(暮天)명 해가 저물 녘의 하늘.

모:천국-주의(母川國主義)명 송어나 연어 등 공해(公海)를 회유하는 소하어(遡河魚)에 대해서 모천을 가진 나라가 어획량을 정할 권리가 있다고 하는 주장.

모첨(茅簷)명 띳집의 처마.

모:체(母體)명 ①아이나 새끼를 밴 어미의 몸. ②바탕이나 기본이 되는 물체.

모:체=공장(母體工場)명 몇 개의 분공장(分工場)을 두고 있거나 새로 난 공장의 모체가 되는 공장.

모:체=전염(母體傳染)명 병원체가 어미의 몸을 통하여 다음 세대에 전염되는 일.

모초(毛綃)명 중국에서 나는 비단의 한 가지. 생사(生絲)로 짠 얇은 비단으로, 가는 올의 날실과 굵은 올의 씨실로 짬. 모초단(毛綃緞)

모초(茅草)명 띠[5]

모초-단(毛綃緞)명 모초(毛綃)

모추(毛錐)명 털붓. 모추자(毛錐子)

모:추(暮秋)명 ①늦가을. 만추(晩秋) ②'음력 구월'을 달리 이르는 말. 현월(玄月)

모추-자(毛錐子)명 모추(毛錐)

모:춘(暮春)명 ①늦봄. 만춘(晩春) ②'음력 삼월'을 달리 이르는 말. 도월(桃月)

모-춤명 서너 움큼씩 되게 볏모나 모종을 묶은 단. ¶ －이 좀 크다.

모춤-하다형여 길이나 분량 따위가 어떤 한도보다 조금 모자라다. ☞남짓하다

모충(毛蟲)명 솜털이나 강모를 가진 벌레를 통틀어 이르는 말. 송충이·쐐기 따위. 모류(毛類)

모충(謀忠)명-하다자 남을 돕기 위하여 꾀를 내어 줌.

모:측(母側)명 어머니 곁. 어머니 슬하. ☞부측(父側)

모치(牡痔)명 수치질

모:치(暮齒)명 노년(老年)

모:친(母親)명 어머니 ☞부친. 자당(慈堂). 자친(慈親)

모:친-상(母親喪)명 어머니가 돌아가셔서 장사지내는 일. 모상(母喪) ☞부친상(父親喪)

모침(貌侵)어기 '모침(貌侵)하다'의 어기(語基).

모침-하다(貌侵－)형여 됨됨이가 좀 모자라다.

모:칭(冒稱)명-하다타 이름을 거짓으로 꾸며 댐. ☞사칭(詐稱). 위명(僞名)

모카신(moccasin)명 아메리칸 인디언의 신을 본떠서 부드러운 가죽으로 뒤축이 없게 만든 구두.

모카커:피(Mocha coffee)명 예멘의 모카에서 나는 질이 좋은 커피.

모:켓(moquette)명 첨모직(添毛織)의 한 가지. 벨벳과 비슷한 직물로서 주로 소파나 객차 의자의 겉감으로 많이 쓰임.

모코명 옛날에 입던 길이가 짧은 저고리.

모탕명 ①나무를 쪼개거나 장작을 팰 때, 밑에 받쳐 놓는 나무토막. ②곡식이나 물건을 땅바닥에 쌓을 때, 밑에 괴는 나무.

모탕-세(－貰)[－쎄]명 지난날, 여각(旅閣)이나 장터에서 남의 곡식이나 물건 따위를 쌓아 보관하여 주고 받던 셋돈.

모태명 ①인절미나 흰떡 따위를 안반에 놓고 한차례에 쳐서 낼 수 있는 떡의 분량. ②〔의존 명사로도 쓰임〕¶ 흰떡 한 －./인절미 두 －를 메로 치다.

모:태(母胎)명 ①어미의 태 안. ②사물 현상이 일어나거나 발전하는 밑바탕.

모태-끝명 한 모태의 흰떡으로 가래떡을 만들어 같은 길이로 자르고 난 나머지의 떡.

모:터(motor)명 ①발동기를 통틀어 이르는 말. ②전동기(電動機)

모:터바이시클(motor bicycle)명 가솔린 기관을 장치하여 자동적으로 움직이게 만든 자전거. 모터바이크. 모터사이클(motor cycle). 오토바이

모:터바이크(motor bike)명 모터바이시클

모:터보:트(motor boat)명 모터를 추진기로 삼는 보트. 발동기정(發動機艇)

모:터사이클(motor cycle)명 모터바이시클

모테명 지난날, 관원이 비가 내릴 때 머리에 쓰던 우장(雨裝). 모양은 갈모테와 같으나 훨씬 큼.

모:텔(motel)명 자동차 여행자용 숙박 시설.

모:토(母土)명 궂지를 때 깎아 낸 흙.

모토(를) 뽑다관용 모토를 깎아 내다.

모토(moto 이)명 악보의 나타냄말의 한 가지. '움직임을 가지고' 또는 '빠르게'의 뜻.

모토(motto)명 표어(標語)나 신조(信條), 좌우명 따위로 삼는 말.

모투저기다타 돈이나 물건을 조금씩 여투다.

모퉁이명 ①구부러지거나 꺾여 돌아간 자리. ¶ －를 돌아 자취를 감추다./담 － ②중앙이나 복판을 중심으로 하여 언저리나 구석진 곳. ¶ 마당 －에 서 있는 은행나무./운동장 한 －에서 혼자 노는 아이. ③일정한 자리가 아닌 어떤 곳. ¶ 어느 －에서 일을 하는지 보이지 않는다./서울 어느 －에서 사는지 모르겠다.

모퉁잇-돌명 ①주춧돌 ②교회의 초석이라는 뜻으로, '예수'를 비유하여 이르는 말.

모:티브(motive)명 모티프(motif)

모:티비즘(motivism)명 동기설(動機說)

모티프(motif 프)명 ①동기(動機) ②예술 작품에서 표현의 동기가 되는 중심 사상. ☞주제(主題) ③음악 형식을 구성하는 가장 작은 단위. 둘 이상의 음이 모여 선율의 기본이 되며 일정한 의미를 가진 소절을 이룸. 모티브(motive)

모-판명 ①밭의 두둑처럼 못자리의 사이사이를 떼어 직사각형으로 구획하여 다듬어 놓은 곳. ②묘상(苗床)

모판-흙명 기름진 흙이나 두엄 따위를 섞어 씨를 뿌리기 전에 모판 바닥에 까는 흙. 상토(床土)

모포(毛布)명 담요

모표(帽標)명 '모자표(帽子標)'의 준말.

모-풀명 못자리에 거름으로 넣는 풀.

모:풍(冒風)명-하다자 불어 오는 바람을 무릅씀.

모피(毛皮)명 털가죽 ¶ － 코트/－ 모자

모피(謀避)명-하다타 꾀를 부려서 피함. ☞모면

모피수-류(毛皮獸類)명 모피가 주로 이용되는 짐승들. 족제비나 물개, 너구리, 여우 따위.

모필(毛筆)명 털붓

모필-화(毛筆畫)명 붓으로 그린 그림.

모:하(暮夏)명 ①늦여름. 만하(晩夏) ②'음력 유월'을 달리 이르는 말. 차월(且月)

모-하다(模－)타여《文》①본뜨다 ②본보기대로 그리다. 모뜨다

모하메드-교(Mohammed敎)명 이슬람교

모:한(冒寒)명-하다자 심한 추위를 견디어 냄.

모:함(母艦)명 ①'항공 모함(航空母艦)'의 준말. ②'잠수 모함(潛水母艦)'의 준말.

모함(謀陷)명-하다타 나쁜 꾀를 써서 남을 어려움에 빠뜨림. ☞모해(謀害). 무함(誣陷). 참함(讒陷)

모:항(母港)명 그 배의 근거지가 되는 항구.

모해(模楷)명 모범(模範)

모해(謀害)명-하다타 나쁜 꾀를 써서 남을 해침.

모:험(冒險)명-하다자타 ①위험을 무릅씀. ②요행을 바라며 덮어놓고 무슨 일을 하여 봄.

모:험-가(冒險家)명 모험을 즐기거나 자주 하는 사람.

모:험-담(冒險談)명 모험적인 사실이나 행동에 대한 이야기. ☞무용담(武勇談)

모:험=사:업(冒險事業)명 ①위험스러우나 성공을 운명에 맡기고 시작하는 사업. ②새로운 분야를 개척하는 사업.

모:험=소:설 (冒險小說) 명 주인공의 모험을 주제로 한 소설. ☞탐험 소설(探險小說)

모:험-심 (冒險心) 명 위험을 무릅쓰고 행동하려는 마음. ¶ -이 많은 소년.

모:험-적 (冒險的) 명 위험을 무릅쓰고 하는 것. ¶ - 행동.

모:험-주의 (冒險主義) 명 요행을 바라며 무리하고 위험한 행동을 하는 경향이나 태도.

모헤어 (mohair) 명 ①앙고라염소의 털. 가늘어 고급 양복감에 많이 쓰임. ②앙고라염소의 털로 짠 윤이 나고 얇은 피륙. ③부드러운 털이 겉면에 나오게 짠 여자용 옷감의 한 가지. 외투감으로 쓰임.

모혈 (毛血) 명 지난날, 종묘와 사직의 제향(祭享)에 제물로 바치던 산짐승의 피와 털.

모혈-반 (毛血盤) 명 지난날, 종묘와 사직의 제향(祭享)에 쓸 짐승의 털과 피를 사를 때 쓰던 받침 그릇.

모:형 (母型) 명 활자를 주조(鑄造)할 때, 활자의 글자를 이루는 데 쓰이는 쇠붙이로 된 틀.

모형 (牡荊) 명 마편초과의 낙엽 관목. 높이는 3m 안팎으로 더부룩한 것이 특징이며, 톱니가 있는 겹잎이 마주 남. 여름에 엷은 자색의 꽃이 잎겨드랑이에 주렁주렁 핌. 관상용으로 심으며, 줄기와 잎은 이뇨와 통경의 약재로 쓰임.

모형 (模型) 명 ①똑같은 모양의 물건을 만들기 위한 틀. ②물건의 원형대로 줄여 만든 본. 추형(雛型) ③그림본 ④수본 ⑤작품을 만들기 전에 미리 만들어 보는 본보기. 모본(模本) ☞실물(實物)

모형-도 (模型圖) 명 모형을 그린 그림.

모형=비행기 (模型飛行機) 명 비행기를 본떠서 만든 장난감이나 교육용 비행기.

모호 (模糊)[1] 수 소수(小數) 단위의 하나. 막(漠)의 10분의 1, 준순(逡巡)의 열 곱절.

모호 (模糊)[2] 어기 '모호(模糊)하다'의 어기(語基).

모호-하다 (模糊-) 형여 말이나 태도, 내용이 흐릿하여 똑똑하지 못하다. ¶내용이 -./모호한 태도.

모화 (帽花) 명 어사화(御賜花)

모:화 (慕化) 명 -하다 자 덕(德)을 사모하여 그 가르침을 좇아 감화됨.

모:화 (慕華) 명 -하다 자 중국의 문물이나 사상을 따름.

모:화-관 (慕華館) 명 조선 시대, 중국 사신(使臣)을 영접하던 곳. 서울 서대문 밖에 있었음.

속담 **모화관 동냥아치 떼쓰듯** : 경우에 닿지 않는 말로 성가시게 구는 경우를 이르는 말.

모-화-대 (帽靴帶) 명 사모(紗帽)와 목화(木靴), 각대(角帶)를 통틀어 이르는 말.

모:화=사상 (慕華思想) 명 중국의 문물을 따르려는 사상.

모:-회:사 (母會社) 명 다른 회사에 대하여 자본이나 거래 관계 등에서 실질적으로 지배권을 가지고 있는 회사. ☞자회사(子會社)

모:후 (母后) 명 임금의 어머니.

모:훈 (母訓) 명 어머니의 가르침. 모교(母敎). 자훈(慈訓)

목[1] 명 ①사람이나 동물의 머리와 몸통이 이어지는 잘록한 부분, 또는 그것에 해당하는 부분. ¶젖먹이가 -을 가누다./스웨터의 -. ②'목구멍'의 준말. ③어떤 물건에서 아가리에 가까운 부분. ¶-이 짧은 양말./술병의 -이 길다. ④곡식에서 이삭이 붙은 부분. ¶수수의 -을 자르다. ⑤통로의 중요한 곳. ¶토끼가 다니는 -을 지키다./-이 좋은 가게.

목에 핏대를 세우다 관용 목줄띠가 두드러져 보이도록 감정이 격하여 악을 쓰다. ¶목에 핏대를 세우고 따지다.

목을 걸다 관용 죽음을 무릅쓰다. ¶목을 걸고 지키다.

목(을) 놓고 관용 목(을) 놓아 ¶ - 울며 부르짖다.

목(을) 놓아 관용 목청껏 큰 소리를 내어. ¶ - 울다./- 통곡하다.

목(을) 따다 관용 짐승을 잡을 때 목을 베거나 찌다. ¶닭의 -./돼지 목 따는 소리.

목(을) 자르다 관용 '해고하다' 또는 '파면하다'의 속된말.

목(을) 조이다 관용 못살게 괴롭혀 살기가 고통스럽게 하다. ¶탐관오리가 백성의 -.

목(을) 축이다 관용 목이 말라서 물 따위를 마시다. ¶일하다가 막걸리로 -.

목이 간들거리다 관용 ①목숨이 위험한 지경에 놓이다. ②어떤 직위에서 떨려 날 형편에 이르다.

목(이) 곧다 관용 좀처럼 남에게 굽히지 않고 억지가 아주 세다.

목이 달아나다 관용 ①죽임을 당하다. ②'해고되다' 또는 '파면되다'의 속된말.

목이 붙어 있다 관용 ①살아 있다. ②해고되지 않고 겨우 머물러 있다.

목(이) 빠지게 관용 〔'기다리다'와 함께 쓰이어〕 몹시 애타게. ¶- 기다려도 오지 않는 임.

목(이) 쉬다 관용 목청에 탈이 나서 목소리가 흐리게 나오다. ¶고래고래 소리질러 -.

목이 잠기다 관용 목이 쉬어서 목소리가 잘 나오지 아니하다. ¶독감에 걸려 -.

목이 찢어지게 관용 있는 목소리를 다하여. ¶- 불러도 돌아보지 않는다.

목(이) 타다 관용 몹시 물을 마시고 싶다.

속담 **목 짧은 강아지 겻섬 넘어다보듯 한다** : 키가 작은 사람이 앞이 가려서 잘 보이지 않는 무엇을 보려고 할 때 목을 빼들고 발돋움하여 안타깝게 넘어다보는 모양을 비유하여 이르는 말.

목[2] 명 금광에서 함지질할 때 나오는, 납이나 은 따위가 섞여 있는 가루 모양의 광석.

목[3] 의 지난날, 조세(租稅)를 매길 때 쓰던 논밭의 면적 단위. 결(結)[3]

목 (木) 명 ①무명 ②오행(五行)의 하나. 방위로는 동쪽, 계절로는 봄, 빛깔로는 파랑을 상징함. ③'목요일(木曜日)'의 준말.

목 (目) 명 ①예산 편성 구분의 하나. 항(項)의 아래, 절(節)의 위임. ②생물 분류상의 한 단계. 강(綱)의 아래, 과(科)의 위. 식육목 따위. ☞아과(亞科)

목 (牧) 명 고려·조선 시대, 지방 행정 단위의 하나. 으뜸 관직은 목사(牧使)였음.

목 (木)-《접두사처럼 쓰이어》①'나무로 만든'의 뜻을 나타냄. ¶목도장(木圖章)/목기러기/목제기(木祭器) ②'무명'의 뜻을 나타냄. ¶목양말

-목 (木)《접미사처럼 쓰이어》'나무'의 뜻을 나타냄. ¶고사목(枯死木)

목가 (牧歌) 명 ①목동이나 목자(牧者)의 노래. ②전원 생활을 주제로 한 서정적인 시가(詩歌).

목-가스 (木gas) 명 목재를 건류(乾溜)할 때 생기는 가연성(可燃性) 가스.

목가-적 (牧歌的) 명 목가처럼 한가롭고 소박하여 전원다운 맛이 있는 것. ¶-인 풍경.

목각 (木刻) 명 ①-하다 타 나무에 그림이나 글씨, 무늬 따위를 새김, 또는 그렇게 새긴 것. ☞석각(石刻) ②'목각화(木刻畫)'의 준말. ②'목각 활자(木刻活字)'의 준말.

목각-화 (木刻畫) 명 나무에 새긴 그림. 준 목각

목각=활자 (木刻活字) [-짜] 명 나무에 새긴 활자. 준 목각

목간 (木竿) 명 장나무

목간 (木幹) 명 나무의 줄기.

목간 (木簡) 명 글을 적은 나뭇조각. 종이가 없던 때에 나뭇조각에 쓴 문서나 편지. ☞죽간(竹簡)

목간 (沐間) 명 ①'목욕간(沐浴間)'의 준말. ②-하다 자 목욕간에서 목욕함.

목간-통 (沐間桶) 명 목욕통

목갑 (木匣) 명 나무로 만든 갑(匣).

목강 (木強) 어기 '목강(木強)하다'의 어기(語基).

목강-하다 (木強-) 형여 좀처럼 남에게 굽히지 않고 억지가 아주 세다. 목(이) 곧다.

목-거리 명 한방에서, 목이 부어서 아픈 병을 이르는 말. ☞볼거리

목-걸이 명 귀금속이나 보석 따위로 만들어 목에 거는 장식품. ☞귀고리

목검(木劍)명 검술을 익힐 때 쓰는, 나무로 검처럼 만든 물건. 목도(木刀)

목격(目擊)명-하다타 제 눈으로 직접 봄. 목견(目見). 목도(目睹) ¶현장을 ―하다.

목격-담(目擊談)명 목격한 것에 대한 이야기.

목견(目見)명-하다타 목격(目擊)

목계(木枅)명 모끼연

목계(木桂)명 모계(牡桂)

목-곧이[-고지]명 융통성이 없이 고집이 센 사람을 놀리어 이르는 말. ☞강항령(強項令)

목골(木骨)명 건축에서 뼈대를 나무로 한 것, 또는 나무 뼈대. ¶―에 벽돌로 벽을 쌓은 집. ☞철골(鐵骨)

목-골통이(木―)명 나무로 파서 만든 대통.

목공(木工)명 ①나무를 다루어서 물건을 만들어 내는 일. ¶―에 소질이 있다. ②목수(木手)

목공=기계(木工機械)명 나무를 다루는 데 쓰이는 기계.

목-공:단(木貢緞)명 무명실로 짠 공단.

목공=선반(木工旋盤)명 갈이틀

목공-소(木工所)명 나무를 다루어 가구나 창틀 등의 물건을 만드는 곳.

목-공예(木工藝)명 나무로 공예품을 만드는 일.

목공-품(木工品)명 나무를 다루어 만든 모든 물건.

목과(木瓜)명 한방에서, 모과를 약재로 이르는 말. 성질이 따뜻하며 각기(脚氣)나 갈증, 곽란 등에 쓰임.

목곽(木槨)명 나무로 만든 외곽. 낙랑 시대와 삼국 시대의 옛 무덤에서 볼 수 있음.

목관(木棺)명 나무로 짠 관(棺). ☞석관(石棺)

목관(木管)명 나무로 만든 관(管).

목관(牧官)명 목사(牧使)

목관=악기(木管樂器)명 나무로 만든 관악기. 대금이나 클라리넷 따위. ☞금관 악기

목광(目眶)명 눈시울

목괴=포장(木塊鋪裝)명 길바닥 전면에 목침만 한 나무토막을 촘촘히 세우는 일.

목교(木橋)명 주된 골조가 나무로 이루어진 다리. 나무다리 ☞강교(鋼橋). 석교(石橋)

목교(目巧)명 눈썰미

목구(木毬)명 지난날, 격구(擊毬)할 때 쓰던 붉은 칠을 한 나무로 만든 공. 목구자. 목환(木丸)

목-구멍명 입 안에서 기도(氣道)와 식도(食道)로 통하는 곳. 인후(咽喉). 후문(喉門) 준목[1]

목구멍에 풀칠하다관용 아주 굶지나 않을 정도로 겨우 먹고 살아가다. ☞입에 풀칠을 하다.

속담 **목구멍의 때도 못 씻었다**: 먹은 음식이 아주 적어서 성에 차지 않을 때 이르는 말.〔간에 기별도 안 갔다〕/**목구멍의 때를 벗긴다(씻는다)**: 오랜만에 좋은 음식을 배불리 먹는다는 말./**목구멍이 포도청**: 먹고 살기 위하여 차마 하지 못할, 해서는 안 될 일까지도 하게 된다는 말.

한자 목구멍 인(咽)〔口部 6획〕¶인후(咽喉)
목구멍 후(喉)〔口部 9획〕¶후두(喉頭)/후설(喉舌)

목구멍-소리명〈어〉성문음(聲門音)

목구-자(木毬子)명 목구(木毬)

목궁(木弓)명 애끼찌나 산뽕나무로 만든 활.

목귀명 목재의 모서리를 모끼로 후려 다듬은 것.

목균(木菌)명 말려서 꼬챙이에 꿴 버섯.

목극(木屐)명 나막신

목극토(木剋土)성구 오행설(五行說)에서 이르는 상극(相剋) 관계의 하나. '나무〔木〕가 흙〔土〕을 이김'을 이름. ☞토극수(土剋水). 상생(相生)

목근(木根)명 나무뿌리

목근(木筋)명 콘크리트 구조물에 철근 대신 심으로 쓰이는 나무. ☞목골(木骨)

목근(木槿)명 '무궁화' 또는 '무궁화나무'의 딴이름.

목금(木琴)명 실로폰(xylophone)

목기명 기름틀의 기름챗날과 머리틀 사이에 끼는 목침 같은 나무토막.

목기(木器)명 나무로 만든 그릇. ☞목물(木物)

목-기러기(木―)명 나무로 깎아 만든 기러기. 재래식 혼례 때 산 기러기 대신으로 신랑이 신부 집에 가지고 감. 목안(木雁)

목기-법(木寄法)[-뻡]명 조각술(彫刻術)의 한 가지. 조각을 할 때, 두 가지 이상의 나무를 가지고 한 나무로 조각한 것처럼 하는 법. 기본법(寄本法)

목기-전(木器廛)명 나무 그릇을 파는 가게. 함지박이나 바리, 키 따위를 팖. ☞목물전(木物廛)

목-낭청(睦郎廳)명 '춘향전'에 나오는 낭청 자리에 있는 목씨 성을 가진 인물로, 자기 주견이 없이 이래도 응 하고 저래도 응 하는 사람을 놀리어 이르는 말.

목낭청-조(睦郎廳調)[-쪼]명 분명하지 않은 태도나 어름어름 얼버무리는 말씨를 이르는 말.

목-놀림명 젖먹이의 목구멍을 축일 만큼 적게 먹이거나, 그만큼 나오는 젖의 분량.

목농(牧農)명 ①'목축 농업(牧畜農業)'의 준말. ②목축과 농업을 아울러 이르는 말.

목-누름명 씨름에서, 상대편의 목덜미를 팔로 눌러 엎어지게 하는 재주의 한 가지.

목눌(木訥)어기 '목눌(木訥)하다'의 어기(語基).

목눌-하다(木訥―)형여 고지식하고 말주변이 없다.

목-다리(木―)명 ①나무다리 ②목발[1]. 협장(脇杖)

×**목단**(牧丹)명 → 모란

×**목단-화**(牧丹花)명 → 모란꽃

목-달구(木―)명 굵은 나무토막으로 만든 달구.

목-달이명 ①버선목의 안찝 헝겊이 겉으로 넘어와 목이 된 버선. ②바닥이 다 해져 발등만 덮이는 버선.

목담명 광산촌 등에서 버력으로 쌓은 담.

목대[1]명 지난날, 돈치기 할 때 준돈을 맞히는 데 쓰이던 물건. 두꺼운 엽전이나 당백전을 두세 겹 붙이고 구멍에 봉을 박아 만들거나 납 따위로 동글납작하게 만듦.

목대[2]명 멍에 양끝의 구멍에 꿰어, 소의 목 아래쪽으로 감싸게 된 두 개의 가는 나무.

목-대야(木―)명 나무를 깎아 파고 다듬어서 만든 대야. ☞놋대야

목대-잡다타 여러 사람을 거느리고 지휘하다.

목대-잡이명 목대잡아 일을 시키는 사람.

목-대:접(木―)명 나무를 깎아 파고 다듬어서 만든 대접.

목-덜미명 목의 뒷부분.

목도명-하다타 무거운 물건을 밧줄로 얽어서 목도채에 걸어 두 사람 이상이 메고 나름, 또는 그 일에 쓰는 도구.

목도(木刀)명 목검(木劍)

목도(目睹)명-하다타 제 눈으로 직접 봄. 목격(目擊)

목도-꾼명 목도질을 하는 일꾼.

목-도리명 추위를 막거나 멋을 내려고 목에 두르는 물건.

목-도장(木圖章)명 나무에 새긴 도장. 목인(木印)

목도-질명-하다자타 목도를 하는 일.

목도-채명 목도할 때 어깨에 메는 굵은 막대. ¶―를 맞메고 발을 맞춰 나아간다.

목도-판명 목도질을 하는 일터.

목독(目讀)명-하다타 묵독(默讀)

목-돈명 ①액수가 많은 돈, 또는 조금씩 나누지 않고 한목에 내거나 들이는 돈. 모갯돈. 뭉칫돈 ②굿할 때 비용으로 쓰라고 무당에게 먼저 주는 돈.

목-돌림명 한방에서, 목이 아픈 돌림병을 통틀어 이르는 말.

목돗-줄명 목도질할 때 짐을 얽어서 목도채에 거는 줄.

목동(牧童)명 목장에서 가축을 치는 아이. 목수(牧豎)

목두(木頭)명 재목을 다듬을 때 잘라 낸 끄트머리 나무토막. 두절목(頭切木)

목두기명 ①'목둣개비'의 준말. ②민속에서, 무엇인지 모르는 귀신의 이름을 이르는 말.

목두-채(木頭菜)명 두릅나물

목-둘레명 목의 둘레.

목둣-개비(木頭―)명 재목을 다듬을 때에 잘라 낸 나뭇개비. 준목두기

ㅁ

목등-뼈 명 등골뼈의 맨 위 일곱 개의 뼈. 경추(頸椎)
목란(木蘭) 명 '목련(木蓮)'의 딴이름.
목람(木藍) 명 잎이나 줄기에서 천연의 쪽빛 물감을 채취할 수 있는 목본 식물. ☞쪽[2]
목랍(木蠟) 명 옻나무의 열매를 짓찧어서 만든 납(蠟). 양초나 성냥, 연고 따위를 만드는 데 쓰임. 목밀[2]. 목초
목력(目力) 명 안력(眼力)
목련(木蓮) 명 목련과의 낙엽 활엽 교목. 자목련과 백목련이 있으며, 3~4월에 향기가 있는 꽃이 잎사귀보다 먼저 핌. 열매는 9~10월에 익음. 나뭇결이 촘촘하여 기구재나 건축재로 쓰이고, 꽃망울은 약으로 쓰임. 목란(木蘭). 목필(木筆)
목련-화(木蓮花) 명 목련의 꽃.
목렴(木廉) 명 풍수설에서 꺼리는 일로, 무덤 속의 송장에 나무 뿌리가 감기는 일.
목례(目禮) 명 -하다 자 눈짓으로 가볍게 하는 인사. 눈인사 ¶ -를 하고 지나다./가볍게 -하다.
목로(木壚) 명 ①'목로 술집'의 준말. ②선술집에서, 술잔을 벌여 놓는 좁고 기다랗게 널빤지로 만든 상(床)을 이르는 말.
목로=술집(木壚-)[-찝] 명 선술집의 한 가지. 술청에서 목로를 차려 놓고 술을 파는 집. 목로 주점 준 목로(木壚). 목롯집
목로=주점(木壚酒店) 명 목로 술집
목록(目錄) 명 ①책 첫머리에 그 책 내용의 제목이나 항목을 차례대로 벌여 놓은 것. 목차(目次). 차례[1] ¶책의 -을 대강 훑어보다. ②물품의 이름을 죽 벌이어 적은 것. ¶도서 -을 만들다.
목롯-집 명 '목로 술집'의 준말.
목류(木瘤) 명 옹두리
목리(木理) 명 ①나뭇결 ②나이테
목리(木履) 명 나막신
목리-문(木理紋) 명 나뭇결 무늬.
목마(木馬) 명 ①어린아이들의 놀이에 쓰이는, 말 모양으로 만들어 타는 물건. ②기계 체조에 쓰이는, 한 단 한 단 쌓아 올릴 수 있게 된 기구의 한 가지. ③건축할 때 쓰이는 발돋움의 한 가지.
목마(木磨) 명 매통
목마(牧馬) 명 -하다 자 말을 먹여 기름, 또는 기른 그 말.
목-마르다(-마르고·-말라) 형르 ①물이 마시고 싶다. ¶목마른 참이라 시원한 물을 달게 마셨다. ②주기를 매우 바라는 상태에 있다. ¶목마르게 비를 기다리다.
속담 **목마른 놈이 우물 판다** : 어떤 일에 가장 절실히 필요를 느끼는 사람이 먼저 서둘러 일을 시작한다는 말. [갑갑한 놈이 송사한다]/**목마른 사람에게 물소리만 듣고 갈(渴)을 추기라 한다** : 보거나 듣기만 하되 아무런 실속이 없음을 비유하여 이르는 말./**목마른 송아지 우물 들여다보듯** : 무엇이나 애타게 먹고 싶거나 가지고 싶은 것을 보고만 있으려니 더욱 안타깝다는 말. [소금 먹은 소 굴우물 들여다보듯]

한자 **목마를 갈**(渴) [水部 9획] ¶갈구(渴求)/갈망(渴望)/갈앙(渴仰)/갈증(渴症)/기갈(飢渴)/해갈(解渴)

목마-장(牧馬場) 명 말을 먹여 기르는 곳.
목-마:패(木馬牌) 명 지난날, 나무로 만들었던 마패.
목-말 명 남의 어깨 위에 올라 두 다리를 벌리고 목 뒤로 앉거나 어깨를 딛고 서는 일.
목말(을) 타다 관용 남의 어깨 위에 올라 두 다리를 벌리고 목 뒤로 앉거나 어깨를 딛고 서다.
목말(을) 태우다 관용 목말을 타게 하다. ¶아버지가 어린 아들을 -.
목말(木末) 명 메밀가루
목망(木䖟) 명 '등에'의 딴이름.
목-매(木-) 명 매통
목-매기 명 '목매기 송아지'의 준말.
목매기=송아지 명 아직 코를 꿰지 않고, 목에 고삐를 맨 송아지. 준 목매기
목-매:다 자타 목매달다

한자 **목맬 교**(絞) [糸部 6획] ¶교사(絞死)/교살(絞殺)/교수(絞首)/교형(絞刑)

목-매:달다 자타 죽거나 죽이려고 목을 줄에 걸어 매어 달다. 목매다
목-매아지 명 아직 굴레를 씌우지 아니하고 고삐로 목을 맨 망아지. 준 목매지
목-매지 명 '목매아지'의 준말.
목맥(木麥) 명 '메밀'의 딴이름.
×**목-맺히다** 자 →목메다
목-메(木-) 명 나무로 만든 메. ☞돌메
목-메:다 자 ①음식물 따위로 목구멍이 막히다. ¶고구마 먹다가 목멜라, 김칫국부터 먼저 먹어라. ②감정이 복받치어 목소리가 아니 나오다. ¶애타게 찾던 가족을 만나 목메어 울기만 한다.
속담 **목멘 개 겨 탐하듯** : 자기 분수를 돌보지 않고 힘에 겨운 일을 하려고 함을 이르는 말.

한자 **목메어 울 오**(嗚) [口部 10획] ¶오열(嗚咽)
목멜 열(咽) [口部 6획] ¶애열(哀咽)

목멱-산(木覓山) 명 서울의 '남산'을 달리 이르는 말.
목면(木棉·木綿) 명 ①무명 ②목화(木花) ③여러해살이 목본의 목화. 봄에 붉은 꽃이 피고 열매는 길둥글며 버들개지와 같은 솜털로 덮여 있음. 담요 따위의 원료는 되지만 방직용으로는 쓰이지 않음.
목면-공(木棉公) 명 목화를 중국에서 가져와 퍼뜨린 문익점(文益漸)을 달리 이르는 말.
목면-사(木綿絲) 명 무명실
목면-직(木綿織) 명 무명실로 짠 피륙. 무명
목면-포(木綿布) 명 무명실로 짠 베. 무명베
목목-이 부 중요한 길목마다. ¶- 가두 검색(街頭檢索)이 벌어지다.
목-무장 명 지난날, 씨름을 할 때 한 손으로 상대편의 상투를 꺼들고, 다른 손으로 상대편의 턱을 돌리어 넘기는 씨름 재주를 이르던 말. 준 무장[1]
목문(木紋) 명 ①나뭇결 ②나뭇결과 같은 무늬.
목문-지(木紋紙) 명 나뭇결과 같은 무늬를 나타낸 양지(洋紙)의 한 가지.
목물[1] 명 사람의 목까지 닿을 만 한 깊이의 물. ¶냇물이 -이 넘을 만큼 불었다.
목-물[2] 명 -하다 자 윗도리옷을 벗고 바닥에 손을 짚고 구부려 허리에서 목까지를 물로 씻는 일. 대개 남이 물을 끼얹어 가면서 씻어 줌. 등목
목물(木物) 명 나무로 만든 물건. ☞목기(木器)
목물-전(木物廛) 명 나무 그릇을 전문으로 파는 가게. ☞목기전(木器廛)
목민(牧民) 명 임금이나 원이 백성을 다스리는 일.
목민-관(牧民官) 명 목민지관(牧民之官)
목민지관(牧民之官) 명 조선 시대에 백성을 다스리는 관원이라는 뜻으로, 수령(守令) 곧 원(員)을 달리 이르던 말. 목민관(牧民官)
목밀(木蜜)[1] 명 '대추[1]'의 딴이름.
목밀(木蜜)[2] 명 목랍(木蠟)
목밑-샘[-민-] 명 갑상선(甲狀腺)
목반(木盤) 명 음식 따위를 담아 나르는 데 쓰는 그릇의 한 가지. 얇은 널빤지를 바닥으로 하고 조붓한 전을 둘레에 댄 나무 그릇. 목판(木板)
목-반자(木-) 명 ①널조각만 대고 종이를 바르지 않은 반자. 널반자 ②'소란반자'를 달리 이르는 말.
목-발(木-)[1] 명 다리가 온전하지 못한 사람이 걸을 때 겨드랑이에 끼고 짚는 지팡이. 목다리. 협장(脇杖)
×**목-발**(木-)[2] 명 →지겟다리
목방(木房) 명 지난날, 목수의 일터를 이르던 말.
목방(木棒) 명 '목봉(木棒)'의 원말.
목방=모군(木房募軍) 명 지난날, 목방에 딸리어 품팔이하는 사람을 이르던 말. ☞모군(募軍)

목배(木杯)명 나무로 만든 잔. 나무잔
목-백일홍(木百日紅)명 '배롱나무' 또는 '배롱나무 꽃'을 '백일초(百日草)'와 구별하여 이르는 말.
목보(木保)명 조선 시대, 병역을 면제 받은 장정이 나라에 무명을 바치는 일을 이르던 말.
목본(木本)명 목부(木部)가 발달한 여러해살이의 땅위줄기를 가진 식물. 나무 ☞수목(樹木). 초본(草本)
목봉(木棒)명 몽둥이 원목방(木棒)
목부(木部)[1]명 ①나무로 되어 있는 부분. ②물관부
목부(木部)[2]명 국악기의 만든 재료에 따른 분류의 하나. 나무로 만든 국악기를 통틀어 이르는 말로, 새납·박(拍)·축(柷) 등이 있음. ☞금부(金部)
목부(牧夫)명 목장에서 가축을 돌보는 사람. 목인(牧人)
목부=섬유(木部纖維)명 물관부 섬유
목-부용(木芙蓉)명 '부용(芙蓉)'의 딴이름.
목불(木佛)명 나무를 깎아 만든 부처. 나무부처
목불식정(目不識丁)성구 고무래를 보고도 '丁' 자를 알아보지 못한다는 뜻으로, 배운 것이 없어 글자를 전혀 모르거나, 또는 그런 사람을 이르는 말. ☞일자무식(一字無識)
목불인견(目不忍見)성구 차마 눈뜨고 볼 수 없음을 이르는 말. ☞불인견(不忍見). 불인정시(不忍正視)
목-비명 모를 낼 무렵에 많이 내리는 비.
목비(木碑)명 나무로 만든 비. ☞비목(碑木)
목사(木絲)명 무명실
목사(牧使)명 고려·조선 시대에 목(牧)의 병권을 가지고 다스리던 원(員). 목관(牧官)
목사(牧師)명 개신교에서, 교의(敎義)를 해설하고 예배를 인도하며 교회나 교구의 관리나 신자의 지도 따위의 일을 맡아보는 교직, 또는 그 사람.
목사-리명 소 굴레의 한 부분. 소의 목 위로 두르는 굵은 줄과 밑으로 두르는 가는 줄로 이루어져 있음.
목산(目算)명 암산(暗算)
목살(木煞)명 민속에서, 나무에 붙어 있다는 귀신, 또는 그 귀신으로 말미암은 재앙을 이르는 말. ¶마을 어귀의 노목(老木)을 베어 -을 맞았다는 소문이 돌다.
목상(木商)명 ①지난날, 뗏목이나 재목, 장작 등을 도매로 팔고 사는 장수를 이르던 말. ②'재목상'의 준말.
목상(木像)명 나무로 만든 사람의 형상. 목우(木偶)
목-상자(木箱子)명 나무로 만든 상자. 나무 상자
목새명 벼의 줄기와 잎이 누렇게 시드는 병.
목생화(木生火)성구 오행설(五行說)에서 이르는 상생(相生) 관계의 하나. '나무[木]에 불[火]이 남'을 이름. ☞상극(相剋). 화생토(火生土)
목서(木犀)명 '물푸레나무'의 딴이름.
목석(木石)명 ①나무와 돌. 수목이나 암석(岩石). ②나무나 돌처럼 사람다운 감정이 없는 사람을 비유하여 이르는 말. ¶그렇다면야 -이지, 보통 사람이라고 할 수가 있겠나.
목석간:장(木石肝腸)성구 나무나 돌과 같이 아무런 감정도 없는 마음씨를 이르는 말.
목석난부(木石難傅)성구 목석불부(木石不傅)
목석불부(木石不傅)성구 나무에도 돌에도 붙일 데가 없다는 뜻으로, 가난하고 외로워 의지할 데가 없음을 이르는 말. 목석난부(木石難傅)
목석초화(木石草花)명 나무·돌·풀·꽃이라는 뜻으로, '자연'을 달리 이르는 말.
목석-한(木石漢)명 나무나 돌처럼 인정이 없고 감정이 무딘 사나이를 비유하여 이르는 말.
목선(木船)명 나무로 만든 배. 나무배
목-선반(木旋盤)명 갈이틀
목설(木屑)명 톱으로 나무를 켤 때 생기는 톱밥. ☞거설(鋸屑)
목성(木姓)명 오행(五行)의 목(木)에 해당하는 성(姓). 김(金)·고(高)·우(禹)·원(元) 등. ☞화성(火姓)
목성(木性)명 나뭇결
목성(木星)명 태양계의 다섯째 행성. 태양계 행성 가운데서 가장 큰 별로, 태양까지의 평균 거리는 7억 7830 km. 공전 주기는 11.86년. 자전 주기는 0.414일. 적도 반지름은 71,492km. 질량은 지구의 317.83배. 백열두 개의 위성이 있음. 덕성(德星). 세성(歲星). 태세(太歲) ☞토성(土星)
목성(木聲)명 오행(五行)의 목(木)에 해당하는 음성. 목쉰 음성을 이름.
목성-양치(木性羊齒)명 줄기가 나무 모양으로 된 고사리. 열대(熱帶)나 난대(暖帶) 지방에 자람.
목성형=행성(木星型行星)명 태양계의 아홉 행성 가운데서 목성(木星)·토성(土星)·천왕성(天王星)·해왕성(海王星)의 네 행성. 주로 수소와 헬륨 등의 가스로 이루어짐. 지구형 행성보다 반지름과 질량이 크고, 평균 밀도, 자전(自轉) 주기가 비교적 작음. 대행성(大行星)
목소(木梳)명 나무로 만든 빗.
목-소리명 ① 사람의 발음 기관을 통하여 내는 소리. 후성(喉聲) ¶그의 -가 아직도 귀에 쟁쟁하다. ②말소리의 음색(音色). ¶낭랑한 -. ③어떤 생각이나 의견. ¶비판의 -가 높아 간다.
목송(目送)명-하다타 떠나가는 사람의 뒷모습을 바라보며 보내는 일.
목수(木手)명 나무를 재료로 하여 건물을 짓거나 물건을 만드는 일을 전문으로 하는 사람. 목공(木工)
속담 **목수가 많으면 집을 무너뜨린다** : 여러 사람이 함께 하는 일에 저마다의 의견이나 주장이 많으면 도리어 일을 그르치게 된다는 말. [목수가 많으면 기둥이 기울어진다]
목수(木髓)명 고갱이
목수(牧豎)명 목동(牧童)
목-수:건(木-)명 무명으로 만든 수건.
목숨명 ①생물이 살아 있게 하는 힘의 바탕이 되는 것. 명(命). 생명(生命) ¶-의 위험을 무릅쓰는 모험. ②타고난 생명이 이어지는 기간. 명(命). 수명(壽命) ¶-이 길다./-이 다하다.
목숨을 거두다관용 죽음에 이르다. ¶응급 조처도 보람 없이 목숨을 거두고 말았다.
목숨을 건지다관용 목숨을 잃을뻔 하다가 다시 살아나다. ¶구급대의 덕분으로 간신히 -.
목숨(을) 걸다관용 어떤 목적을 위하여 죽을 각오를 하다. ¶목숨을 걸고 싸우다.
목숨을 끊다관용 ①스스로 죽다. ②남을 죽이다.
목숨을 던지다관용 어떤 목적을 위하여 주저함이 없이 죽을 각오를 하다.
목숨을 도모하다관용 죽을 지경에 빠져서 살길을 찾다.
목숨(을) 바치다관용 어떤 대상을 위하여 목숨을 걸고 일하다. ¶나라와 겨레를 위해 -.
목숨을 버리다관용 ①죽다 ②죽을 결심을 하다. ¶목숨을 버리고 적진에 뛰어들다.

한자 목숨 명(命) [口部 5획] ¶단명(短命)/명기(命期)/명맥(命脈)/운명(殞命)/인명(人命)/천명(天命)
목숨 수(壽) [士部 11획] ¶수명(壽命)/수한(壽限)/장수(長壽)/천수(天壽)/향수(享壽) ▷ 속자는 寿

목-쉬:다자 목이 잠겨 소리가 거칠게 나오거나 제대로 나오지 않다.
목슬(木蝨)명 나무진디
목식(木食)명-하다자 나무 열매나 잎 등을 날것으로 먹으면서 생활하는 일.
목신(木神)명 민속에서, 나무에 깃들여 있다고 믿는 신령(神靈). 나무귀신
목신(木腎)명 한방에서, 음경(陰莖)이 까닭없이 계속 발기(勃起)하는 증세를 이르는 말.
목신(牧神)명 그리스 신화나 로마 신화에서, 산야(山野)와 목축(牧畜)을 맡아본다는 신(神). 반은 사람이고 반은 짐승의 형상임. 목양신(牧羊神)
목-실(木-)명 무명실
목실(木實)명 나무 열매.
목심(木心)명 나뭇고갱이

ㅁ

목안(木雁)명 목기러기
목야(牧野)명 가축을 놓아 기르는 들.
목양(牧羊)명-하다자 양을 치는 일.
목양(牧養)명-하다자 목축(牧畜)
목양-견(牧羊犬)명 목장에서, 놓아 기르는 양 떼를 지키거나 몰도록 길들인 개.
목-양말(木洋襪)[-냥-]명 무명실로 짠 양말.
목양-신(牧羊神)명 목신(牧神)
목양-자(牧羊者)명 양을 치는 사람.
목어(木魚)[1]명 ①목탁(木鐸) ②절에서 쓰는 기구의 한 가지. 나무로 잉어 모양을 만들어 속을 파낸 것으로, 매달아 두고 불사(佛事) 때 두드림. 어판(魚板)
목어(木魚)[2]명 '도루묵'의 딴이름.
목엽(木葉)명 나뭇잎
목엽-석(木葉石)명 식물의 흔적이 또렷이 남아 있는 돌.
목영(木纓)명 옻칠한 나무 구슬을 꿰어 만든 갓끈.
목왕지절(木旺之節)명 오행(五行)에서 목기(木氣)가 왕성한 절기라는 뜻으로, '봄'을 이르는 말. ☞화왕지절(火旺之節)
목요(木曜)명 '목요일(木曜日)'의 준말.
목요-일(木曜日)명 요일(曜日)의 하나. 한 주의 다섯째 날로, 수요일의 다음날임. 준목(木). 목요(木曜) ☞칠요일(七曜日)
목욕(沐浴)명-하다자 물로 온몸을 씻는 일.

한자 목욕할 욕(浴)〔水部 7획〕¶목욕(沐浴)/욕실(浴室)/욕의(浴衣)/욕조(浴槽)/욕탕(浴湯)/욕통(浴桶)

목욕-간(沐浴間)명 목욕할 수 있도록 마련한 칸살. 준목간(沐間)
목욕-료(沐浴料)명 대중 목욕탕에서 목욕할 때 내는 요금.
목욕-물(沐浴-)명 목욕할 물. 목욕하는 물.
목욕-실(沐浴室)명 목욕할 수 있도록 마련한 방. 준욕실
목욕-장(沐浴場)명 목욕탕과 같이 여러 사람이 함께 목욕을 할 수 있는 시설을 두루 이르는 말.
목욕=재계(沐浴齋戒)명 목욕하여 몸을 깨끗이 하고 부정한 일을 멀리하며 삼가는 일.
목욕-탕(沐浴湯)명 ①목욕할 수 있도록 마련해 놓은 시설. ②여러 사람이 목욕할 수 있도록 시설해 두고 영업을 하는 곳. 준욕탕(浴湯) ☞대중 목욕탕(大衆沐浴湯)
목욕-통(沐浴桶)명 ①목욕간에 설치해 놓은, 사람이 들어가게 된 곳. ②목욕물을 담는 통. 목간통(沐間桶). 욕조(浴槽) 준욕통(浴桶)
목우(木偶)명 나무로 만든 사람의 형상. 목상(木像). 목우인(木偶人). 목인(木人)
목우(牧牛)명 ①기르는 소. ☞축우(畜牛) ②-하다자 소를 기르는 일.
목우-인(木偶人)명 ①목우(木偶) ②재주와 능력이 없는 사람을 비유하여 이르는 말.
목우자수심결언:해(牧牛子修心訣諺解)명 고려 희종(熙宗) 때의 중 목우자(牧牛子)가 지은 '수심결(修心訣)'을 혜각 존자(慧覺尊者) 신미(信眉)가 우리말로 번역한 책. 1권 1책. 목판본임.
목우-장(牧牛場)명 소를 놓아 기르는 곳.
목-운:동(-運動)명 머리와 목을 움직여 하는 운동.
목월(睦月)명 '음력 정월(正月)'을 달리 이르는 말.
목-유경(木鍮檠)[-뉴-]명 나무로 만든 등잔 받침. ☞유경(鍮檠)
목이(木耳·木栮)명 ①나무에 돋은 버섯. ②'목이버섯'의 준말.
목이-버섯(木耳-)명 목이과 버섯의 한 가지. 가을에 뽕나무, 딱총나무 등의 죽은 나무에 많이 돋아 남. 안쪽은 적갈색, 겉은 연한 갈색이며, 잿빛의 짧은 털이 빽빽이 나 있음. 말려서 요리 감으로 씀. 준목이(木耳)
목인(木人)명 목우(木偶)
목인(木印)명 목도장(木圖章)
목인(牧人)명 목장에서 가축을 돌보는 사람. 목부(牧夫)
목자(目子)명 눈
 목자를 부라리다 관용 눈을 부라리다.
목자(目眥)명 눈초리 ¶-가 날카롭다.
목자(牧子)명 조선 시대, 나라의 목장에서 소나 말을 기르는 사람을 이르던 말.
목자(牧者)명 ①소나 양 따위 가축을 돌보며 기르는 사람. 특히 양을 치는 사람을 이름. ②크리스트교에서, 신자를 보호하고 지도하는 성직자(聖職者)를 양을 치는 사람에 비유하여 이르는 말. 가톨릭에서 사제(司祭)를, 개신교에서 목사(牧師)를 이름.
목자-위전(牧子位田)명 조선 시대, 목자(牧子)에게 급료로 쌀을 주지 않는 대신, 부쳐 먹게 하던 논밭.
목-작약(木芍藥)명 모란
목잔(木棧)명 나무로 사닥다리처럼 놓은 길.
목잠명 곡식의 이삭이나 줄기가 말라 죽는 병.
목잠(木簪)명 나무로 만든 비녀. 지난날, 여자 상제가 꽂았음.
목장(木匠)명 조선 시대, 군기시(軍器寺) 등에 딸리어 나무를 다루는 공장(工匠)을 이르던 말.
목장(牧場)명 울타리 등의 시설을 하여, 말·소·양 등을 놓아 기르는 일정한 땅.
목재(木材)명 건축물, 공작물(工作物), 펄프 등의 재료나 원료로 쓰이는 나무. ☞석재(石材). 재목(材木). 철재(鐵材)
목재=건류(木材乾溜)명 목재를 가열 분해하여 고체, 액체, 가스 등의 생성물을 얻는 일.
목재-상(木材商)명 목재를 파는 가게, 또는 그 장수.
목재-업(木材業)명 목재를 대상으로 하는 기업.
목재=펄프(木材pulp)명 목재를 원료로 하여 만드는 펄프. 주로 제지(製紙)에 쓰임.
목저(木杵)명 나무달굿대
목저(木箸)명 나무젓가락
목적(木賊)명 ①'속새'의 딴이름. ②한방에서 '속새'의 줄기를 약재로 이르는 말. 안질(眼疾)·치질·빈혈·하혈(下血) 등에 쓰임.
목적(目的)명 ①이루려 하는 일, 또는 나아가는 목표. ¶-을 이루다. ②이성(理性)이나 의지(意志)가 행위(行爲)에 앞서 행위의 목표로 삼는 것. ③-하다타 어떤 일을 이루려고 뜻을 정하는 일. ¶-한 바를 끝내 이룩하다.
목적(牧笛)명 목동이 가축을 다룰 때 부는 피리.
목적-격(目的格)명〈어〉목적어(目的語)의 자리. '닫다〔閉〕, 읽다, 찢다'와 같은 타동사가 '-을 닫다, -을 읽다, -을 찢다'와 같은 구성을 갖출 때의 말의 자리. '나는 가을을 좋아한다.'에서 '가을을'이 이에 해당함. ☞보격(補格)
목적격=조:사(目的格助詞)명〈어〉의미상으로 구별한 격 조사의 한 가지. 체언(體言)에 붙어 문장에서 그 체언이 목적어의 구실을 하게 하는 조사. '그는 가방을 들었다.', '그는 노래를 부른다.'에서 '-을', '-를'이 이에 해당함. ☞보격 조사(補格助詞)
목적-구(目的句)명〈어〉문장에서 목적어의 구실을 하는 구. '나는 산에 오르기를 좋아한다.'에서 '산에 오르기를'과 같은 구성의 말. ☞보어구(補語句)
목적-론(目的論)명 철학에서, 모든 사상(事象)은 어떠한 목적을 지니며, 그 목적에 따라서 생겨나고 변화해 가고 있는 것이라고 하는 이론. ☞기계론(機械論)
목적-물(目的物)명 어떤 행위의 목적이 되는 물건.
목적-범(目的犯)명 형법상 범죄의 성립에 고의(故意) 이외에 목적을 필요로 하는 범죄. 내란죄·무고죄·위조죄 따위.
목적=사:회(目的社會)명 개인의 일정한 목적을 위하여 결합된 인위적인 사회 집단. 주식 회사 따위. ☞기능 사회(機能社會)
목적-세(目的稅)명 특정한 사업의 경비를 마련하기 위하여 징수하는 세금. 도시 계획세, 교육세 따위. ☞특별세(特別稅). 보통세(普通稅) ☞괘종(掛鐘)
목적=소:설(目的小說)명 예술성보다도 어떠한 목적을 전제(前提)로 하여 지은 소설.

목적-시(目的詩) 명 예술성보다도 어떠한 목적을 전제(前提)로 하여 지은 시(詩).

목적-어(目的語) 명 〈어〉문장 성분의 하나. 서술어인 타동사의 움직임의 대상이 되는 말. 체언(體言)이나 체언과 같은 구실을 하는 말에 목적격 조사가 붙은 말이 이에 딸림. '부모는 자식을 사랑한다.'에서 '자식을' 따위. ☞보어(補語). 부사어(副詞語)

> ▶ 독특한 목적어
> ㅇ 체언+보조 조사 → 목적어
> ¶너는 밥부터 먹어라./나는 죽도 좋아한다.
> ㅇ 본용언+보조 용언의 명사형+목적격 조사 → 목적어
> ¶그가 오지 않음을 알린다.
> 얼굴이 예쁘지 못함을 슬퍼한다.
> ▶ 목적어 꼴로 된 부사어〔시간·공간을 나타내는 말에 '-을(-를)'이 붙는 말〕
> ¶학이 천 년을 산다고?/누에가 석잠을 잔다.
> 나는 이미 사십 리를 달렸다./하늘을 난다.
> 아이들이 학교를 간다./산길을 간다.

목적=의식(目的意識) 명 자기의 행위의 목적에 대한 분명한 자각(自覺).

목적-절(目的節) 명 〈어〉주어(主語)와 서술어(敍述語)로 구성되어, 문장에서 서술어의 목적어 구실을 하는 성분을 이르는 말. '우리는 눈이 내리기를 기다렸다.'에서 '눈이 내리기를'과 같은 구성의 말. ☞부사절(副詞節)

목적-지(目的地) 명 이르는 목표로 삼는 곳.

목적=지향성(目的志向性)[-썽] 명 무엇을 목적하고 지향하는 경향이나 상태.

목적=프로그램(目的program) 명 어셈블리어나 고급 언어 등으로 작성된 원시 프로그램을 컴퓨터가 이해할 수 있는 기계어나 기계어에 가까운 코드로 번역하여 생성한 프로그램.

목적형-론(目的刑論) 명 교육형론(敎育刑論)

목전(木箭) 명 지난날, 무과(武科) 시험에 쓰던 나무로 만든 화살.

목전(木栓) 명 코르크(cork)

목전(目前) 명 ①매우 가까운 앞. 눈앞 ¶-에서 벌어진 격렬한 경기 장면. ②가까운 앞날. ¶입학 시험 날이 -에 다가왔다. 유목첩(目睫)

목전지계(目前之計) 명 눈앞의 일만 생각하는 얕은 꾀.

목전-층(木栓層) 명 나무의 겉껍질 안쪽의 껍질. 보굿켜

목절삐 명 소의 멍에와 목대를 얽어 매는 끈.

목-접이 명-하다 자 목이 접질리거나 부러지는 일.

목-젓가락(木-) 명 나무젓가락

목정 명 소의 목덜미 부위의 고기. 편육·탕·조림·구이 등에 쓰이고, 육질이 질기고 맛이 진함. ☞멱미레

목정(木釘) 명 나무못

목정(木精) 명 메틸알코올

목-정강이 명 목덜미의 뼈.

목정-골(-骨) 명 소 목덜미의 뼈.

목-젖 명 여린입천장의 뒤 끝 한가운데에 있는 젖꼭지처럼 생긴 동그스름한 살. 현옹(懸壅). 현옹수(懸壅垂)

  목젖이 내리다 관용 감기를 앓거나 하여 목젖이 부은 상태를 이르는 말.

  목젖(이) 떨어지다 관용 '몹시 먹고 싶어하다.'의 뜻으로 이르는 말.

목젖-살[-젇-] 명 편육으로 쓰는 쇠고기의 한 부분.

목제(木製) 명 나무를 재료로 하여 만든 것, 또는 그 물건. ¶- 가구/- 제기 ☞목조(木造)

목-제:기(木祭器) 명 나무로 만든 제기.

목조(木造) 명 나무로 지은 것, 또는 그런 건축물. ¶- 가옥/- 교량 ☞목제(木製). 석조(石造)

목조(木彫) 명 나무를 재료로 삼아 무엇을 조각하는 일, 또는 그 조각품.

목조(木槽) 명 나무로 만든 구유.

목조롱-벌 명 호리병벌과에 딸린 벌의 한 가지. 몸길이 2.5cm 안팎. 몸빛은 대체로 흑갈색이나, 누른 부분과 황갈색 부분도 있음. 날개는 색갈이 돌고 광택이 있음.

목조-탑(木造塔) 명 목탑(木塔)

목족(睦族) 명-하다 자 동족(同族)끼리 화목하게 지내는 일.

목종(木鐘) 명 지난날, 집을 나무로 만들어 꾸민 시계를 이르던 말. ☞괘종(掛鐘)

목주(木主) 명 위패(位牌)

목주가(木州歌) 명 신라 때, 한 효녀(孝女)가 지어 불렀다는 가요. 작자와 가사·제작 연대는 전해지지 않고, '고려사' 악지(樂志)에 제목과 얽힌 이야기가 실려 전함.

목-주련(木柱聯) 명 나무로 만든 주련.

목-주초(木柱礎) 명 나무주추

목죽(木竹) 명 나무와 대를 아울러 이르는 말.

목-줄[1] 명 낚싯바늘을 매어 본줄에 잇는 줄.

목-줄[2] 명 목줄띠 ¶-을 세워 악을 쓰다.

목줄-띠 명 목구멍에 있는 힘줄. 목줄[2] 준줄띠

목지(木芝) 명 영지(靈芝)의 한 가지. 산 속의 썩은 나무에 기생하는데, 모양이 연꽃 또는 나는 새와 같음.

목지(牧地) 명 ①목장이 있는 땅. ②목장을 만들 수 있는 땅.

목직목직-하다 형여 여러 개가 다 목직하다. ¶돌덩이가 -. ☞묵직묵직하다

목-직성(木直星) 명 민속에서, 사람의 나이에 따라 그 운수를 맡아본다고 이르는 아홉 직성의 하나. 길한 직성으로 남자는 열여덟 살, 여자는 열아홉 살에 처음 드는데 9년에 한 번씩 돌아온다고 함. ☞제웅직성

목직-하다 형여 작은 물건이 보기보다 좀 무거운듯 하다. ¶벼루가 작기는 하지만 -.

목질(木質) 명 ①나무와 같은 성질. ②나무줄기 속의 목질화(木質化)한 단단한 부분. ③목재와 비슷한 성질.

목질-부(木質部) 명 물관부

목질부=섬유(木質部纖維) 명 물관부 섬유

목질-화(木質化) 명-하다 자 식물의 세포벽에 리그닌이 쌓여 조직이 나무처럼 단단해지는 현상. 목화(木化)

목차(目次) 명 책 첫머리에 그 책 내용의 제목이나 항목을 차례대로 벌여 놓은 것. 차례[1]

목찰(木札) 명 ①나무를 깎거나 다듬을 때 생기는 잔 조각. 지저깨비 ②나무로 만든 패(牌). 목패(木牌)

목채(木寨) 명 목책(木柵). 울짱

목책(木柵) 명 나무 말뚝을 박아 만든 울타리. 목채(木寨). 울짱

목척(木尺) 명 나무 자.

목첩(目睫) 명 눈과 속눈썹이라는 뜻으로, 매우 가까운 때나 곳을 이르는 말. ¶큰일이 -에 닥치다. 유목전(目前)

목청 명 ①후두(喉頭)의 가운데에 있는, 소리를 내는 기관. 성대(聲帶). 청 ②목에서 울려 나오는 소리. ¶-을 가다듬어 노래를 부르다.

  목청을 돋우다 관용 목소리를 높이다. ¶목청을 돋우어 열변을 토하다.

목청(木靑) 명 녹색(綠色)

목청-껏 부 있는 힘을 다하여 큰 소리로. ¶- 외치다.

목청-문(-門) 명 성문(聲門)

목청-소리 명 〈어〉성문음(聲門音)

목체(木體) 명 ①나무의 형체(形體). ②관상에서, 사람의 상격(相格)을 오행(五行)으로 나누어 이를 때 목(木)에 해당하는 상(相). ☞금체(金體)

목-초(木-) 명 목랍(木蠟)

목초(木醋) 명 '목초산(木醋酸)'의 준말.

목초(牧草) 명 가축의 먹이가 되는 풀. 유꼴[2]

목-초산(木醋酸) 명 목재를 건류(乾溜)하여 만드는 수용성(水溶性) 액체, 곧 초산(醋酸). 준목초(木醋)

목-촉대(木燭臺) 명 목촛대

목-촛대(木-臺) 명 나무로 만든 촛대. 목촉대(木燭臺)

목총(木銃) 명 나무를 다듬어서 총 모양으로 만든 것.

목추(木杻) 명 씨아의 가락.

목축(牧畜) 명-하다 자 목장에서 가축을 많이 기르고 번식시키는 일, 또는 그런 산업. 목양(牧養). 축목(畜牧)

목축-가(牧畜家) 명 목축을 직업으로 하는 사람.

목축-농(牧畜農)명 목축을 전문으로 하는 농업, 또는 그런 농가(農家).
목축=농업(牧畜農業)명 목축을 전문으로 하는 농업. 준 목농(牧農) ☞목축농(牧畜農)
목축-업(牧畜業)명 목축을 큰 규모로 하는 산업.
목측(目測)명-하다타 눈대중으로 잼. ¶나무의 높이를 -으로 헤아리다. ☞실측(實測)
목침(木枕)명 나무토막으로 만든 베개.
목-침:대(木寢臺)명 나무로 만든 침대.
목침-돌림(木枕-)명-하다자 지난날, 놀이의 한 가지. 목침을 돌려 차례에 당한 사람이 노래를 부르거나 옛이야기를 하며 즐김.
목침-제(木枕題)[-쩨]명 아주 어려운 시문(詩文)의 글제라는 뜻으로 이르는 말.
목-칼(木-)명 나무칼
목-타다형 목이 몹시 마르다.
목-타르(木tar)명 나무 타르
목탁(木鐸)명 ①절에서 중이 염불(念佛), 독경(讀經), 예배(禮拜)할 때에 두드리는 불구(佛具). 나무를 둥글넓적하게 다듬어 속을 파서 방울처럼 만든 것인데, 고리 같은 손잡이가 있음. 이에 딸린 작은 막대기로 두드려 소리를 냄. 목어(木魚)[1] ②세상 사람들을 깨우쳐 참되게 이끌어 주는 사람이나 기관을 비유하여 이르는 말. ¶신문은 사회의 -이다.
목탁-귀(木鐸-)명 모이라는 신호로 치는 목탁 소리를 듣는 귀.
속담 **목탁귀가 밝아야 한다** : 귀가 어두우면 먹을 밥도 못 얻어먹는다는 말.
목탁-귀:신(木鐸鬼神)명 ①목탁만 치다가 죽은 중의 귀신. ②목탁 소리만 나면 모여든다는 귀신.
목탁-동:냥(木鐸-)명 중이 목탁을 치면서 하는 동냥.
목탁-석(木鐸夕)명 절에서, 아침저녁마다 도량을 돌아다니면서 목탁을 두드리고 천수다라니(千手陀羅尼)를 외우며 대중을 깨우는 일.
목탄(木炭)명 ①숯 ②밑그림이나 소묘(素描) 등에 쓰는 결이 곱고 무른 숯. ¶-으로 그린 그림.
목탄=가스(木炭gas)명 목탄의 불완전 연소(不完全燃燒)로 생기는 일산화탄소를 주성분으로 하는 가스.
목탄-지(木炭紙)명 목탄화(木炭畫)를 그릴 때에 쓰는, 결이 좀 거친 종이.
목탄-차(木炭車)명 숯을 때어 그 가스로 동력을 일으켜서 가는 자동차.
목탄-화(木炭畫)명 목탄으로 목탄지 등에 그린 그림. ☞소묘(素描)
목탑(木塔)명 나무로 지은 탑. 목조탑(木造塔) ☞석탑(石塔). 전탑(塼塔)
목토(木兎)명 '부엉이'의 딴이름.
목통명 ①목구멍의 넓이. ②목의 둘레. ¶-이 굵다. ③욕심이 많은 사람을 놀리어 이르는 말. ④돈이나 물건을 아끼지 않고 손크게 쓰는 태도. ¶-이 크다.
목통(木通)명 ①'음름덩굴'의 딴이름. ②한방에서, 으름덩굴의 말린 줄기를 약재로 이르는 말. 임질과 부증(浮症)에 쓰임. 통초(通草)
목통(木桶)명 나무통
목판(木板)명 ①널조각 ②음식 따위를 담아 나르는 데 쓰는 그릇의 한 가지. 얇은 널빤지를 바닥으로 하고 조붓한 전을 둘레에 댄 나무 그릇. 목반(木盤)
목판(木版·木板)명 나무에 글·그림을 새긴 인쇄용의 판.
목판-깃(木板-)명 넓적하고 모양 없이 단 옷깃. ☞동구래깃
목판-되(木板-)명 네모가 반듯한 되. 모되
목판-본(木版本)명 목판으로 인쇄한 책. 판각본
목판=인쇄(木版印刷)명 글씨나 그림을 새긴 목판(木版)에 인쇄용 물감을 바르고 종이를 얹은 다음, 그 종이 위를 문질러서 찍어 내는 인쇄.
목-판장(木板墻)명 널빤지로 둘러친 울타리. 널판장
목판-화(木版畫)명 ①목판에다 조각한 그림. ②그림을 조각한 목판에 잉크나 물감을 묻혀서 종이 따위에 찍어 낸 그림.
목-팔사(木八絲)[-싸]명 몇 오리씩 합친 무명실 여덟 가닥을 엇결어 꼰 동그란 끈목.
목패(木牌)명 나무로 만든 패. 목찰(木札)
목편(木片)명 나뭇조각
목포(木布)명 ①포목(布木) ②절에서, 땔나무를 하는 사람의 옷감을 이르는 말.
목-포:수(-砲手)명 짐승이 다니는 목을 지키는 포수.
목표(目標)명 ①가서 닿으려 하는 곳. ¶산의 정상을 -로 하여 오르기 시작했다. ② 쏘거나 공격하는 대상. ¶과녁을 -로 하여 활을 쏘다. ③어떤 일을 이루려고 작정한 수준. ¶수출 -를 달성하다./연간 3만 대의 자동차를 생산할 -를 세우다.
목피(木皮)명 나무껍질
목필(木筆)명 '목련(木蓮)'의 딴이름.
목하(目下)명 바로 지금. ¶-의 사태를 주시하다.
부 바로 지금. 당장 ¶- 사고의 원인을 규명 중이다.
목합(木盒)명 나무로 만든 합(盒).
목향(木香)명 국화과의 여러해살이풀. 줄기 높이는 2m 안팎이고 잎은 둥글며 온몸에 잔털이 빽빽하게 나고 7~8월에 누른빛의 꽃이 핌. 관상용으로 재배하기도 함. 뿌리는 한방에서 약으로 쓰임.
목험(木杴)명 곡식이나 눈 따위를 한곳에 밀어 모으는 데 쓰는 연장. 넓적한 널쪽에 긴 자루가 달렸음. 넉가래
목협(木鋏)명 나뭇가지를 치는 큰 가위.
목형(木型)명 나무로 만든 골.
목혜(木鞋)명 나막신
목혼-식(木婚式)명 결혼 기념식의 한 가지. 서양 풍속으로, 결혼 5주년을 맞아 부부가 나무로 만든 선물을 주고받으며 기념함. ☞석혼식(錫婚式). 지혼식(紙婚式)
목홀(木笏)명 나무로 만든 홀. 조선 시대에 오품 이하의 관원이 조하(朝賀) 때 지니던 것.
목홍(木紅)명 다목을 끓여 우려낸 붉은 물감.
목홍-빛(木紅-)[-삗]명 ①목홍(木紅)의 빛. ②목홍을 들인 붉은빛.
목화(木化)명-하다자 목질화(木質化)
목화(木花)명 아욱과의 한해살이풀. 재배하는 농작물인데, 줄기 높이는 60cm 안팎이며 곧게 자람. 잎은 3~5갈래의 손바닥 모양이고, 가을에 담황색·백색·홍색 꽃이 핌. 열매가 익어 벌어지면 하얀 섬유가 붙은 씨가 드러남. 섬유는 면화(棉花)라 하는데 피륙이나 실의 원료가 되며 씨로는 기름을 짬. 목면(木棉). 면화(棉花). 양화(涼花). 초면(草綿)
목화(木畫)명 공예 기법의 한 가지. 자개나 상아·수정·금·은·진주 따위를 재료로 목공예품의 표면에 상감(象嵌)을 하여 여러 가지 무늬를 나타내는 기법.
목화(木靴)명 ①검은 녹비로 목을 길게 만든 신. 조선 시대에 문무(文武) 관원이 관복을 입을 때 신었음. 화자(靴子) ②조선 시대에 무동(舞童)이 신던 목이 긴 신. 검은 곰 가죽으로 만들어 청색(靑色)·자색(紫色) 사피(斜皮)로 꾸몄음.
속담 **목화 신고 발등 긁기** : 하기는 하여도 시원스럽지 않거나 마음에 차지 않음을 이르는 말. [신 신고 발바닥 긁기]
목화-밭(木花-)명 목화를 심은 밭.
목-화:석(木化石)명 나무가 화석이 된 것. 석탄(石炭)·규화목(硅化木) 따위.
목화-송이(木花-)명 다래가 익어 벌어져 피어난 송이.
목화-수(木火獸)명 포문이 범 아가리처럼 된 옛 대포(大砲)의 한 가지.
목화수-거(木火獸車)명 옛 병거(兵車)의 한 가지. 뚜껑을 덮은 수레 위에 사자·범·표범 따위의 맹수 형상을 나무로 다듬어 앉히고, 수레 가운데 화기(火器)를 장치하여 발사하면 맹수의 입으로 불을 뿜으면서 탄알이 날아가는 장치임.
목화-씨(木花-)명 면화씨

목환(木丸)명 지난날, 격구(擊毬)할 때 쓰던 붉은 칠을 한 나무 공. 목구(木毬)

목-활자(木活字)[-짜]명 나무로 새겨 만든 활자.

목회(木灰)명 나무가 타서 생긴 재. 나뭇재

목회(牧會)명-하다자 개신교에서, 목사가 교회 일을 맡아서 신자의 신앙 생활을 지도하는 일.

목회-유(木灰釉)명 나뭇재를 원료로 하여 만든 도자기의 잿물.

목-휘양(木-)명 무명으로 만든 휘양.

몫[1]명 ①여럿으로 나누어 가지는 저마다의 분량. ¶이것은 네 -이다. ②저마다에게 맡겨진 일. ¶자기의 -을 성실하게 해내다. ③〔의존 명사로도 쓰임〕 ¶회원 수대로 열 -으로 나누다.

몫[2]명 나눗셈에서, 피제수(被除數)를 제수(除數)로 나눈 수를 이르는 말.

몫몫-이부 한 몫 한 몫마다. ¶- 돌라주다.

몬다위명 ①마소의 어깻죽지. ②낙타의 등에 두두룩하게 솟은 살.

몬닥부 무른 물건이 작은 덩이로 뚝 떨어지거나 끊어지는 모양을 나타내는 말. ¶질흙 반죽 한 덩이가 - 떨어지다. ☞몬탁. 문덕

몬닥-몬닥부 자꾸 몬닥 떨어지거나 끊어지는 모양을 나타내는 말. ¶두부가 물러서 - 떨어지다. ☞문덕문덕

몬순:(monsoon)명 계절풍(季節風)

몬순:=기후(monsoon氣候)명 계절풍 기후(季節風氣候)

몬순:=지대(monsoon地帶)명 계절풍 지대

몬존-하다형여 성질이 가라앉아 있다.

몬탁부 무른 물건이 작은 덩이로 톡 떨어지거나 끊어지는 모양을 나타내는 말. ☞몬닥. 문턱

몬탁-몬탁부 자꾸 몬탁 떨어지거나 끊어지는 모양을 나타내는 말. ☞몬닥몬닥. 문턱문턱

몬티새명 '되새'의 딴이름.

몰:(∠mogol 포)명 ①단자(緞子)와 비슷한 견직물의 한 가지. ②인견사나 금실·은실 따위를 가느다란 철사 두 개에 촘촘히 끼워 비틀어서 만든 장식용 끈.

몰(mol 라)의 ①물질의 양을 나타내는 계량 단위의 한 가지. 분자나 원자, 이온 등 같은 수의 물질 입자가 아보가드로의 수만큼 존재할 때 1몰이라고 함. 몰분자. 그램분자 ②화학에서, 몰농도의 단위.

몰-접두 '한데 몰아서 함'을 나타냄. ¶몰밀다/몰박다/몰몰아/몰매

몰(沒)-접두 '그것에서 벗어나 없음'을 뜻함. ¶몰상식(沒常識)/몰인정(沒人情)/몰지각(沒知覺)

몰:-가죽(∠mogol-)명 양(羊)이나 사슴의 가죽을 다루어서 만든, 두껍고 주름이 있는 가죽.

몰각(沒却)명-하다타 마음에 두지 아니함. ¶염치를 -하다.

몰각(沒覺)명-하다타 깨달아 알지 못함. ¶자기의 본분(本分)을 -한 행위를 하다.

몰강-스럽다(-스럽고·-스러워)형ㅂ 성질이 억세고 모질며 악착스럽다.
  몰강-스레부 몰강스럽게

몰개명 모래무지아과에 딸린 민물고기. 우리 나라의 특산종으로 대동강·섬진강·낙동강 등의 여울에 모여 삶. 몸길이는 14cm 안팎. 몸빛은 은빛이고 몸놀림이 매우 재빠름. 잡식성이며 수질 오염에 비교적 잘 견딤.

몰-경계(沒經界)어기 '몰경계(沒經界)하다'의 어기(語基).

몰경계-하다(沒經界-)형여 경계가 없다. 분간되는 한계가 전혀 없다. ☞몰경위하다. 무경계하다

몰-경위(沒涇渭)어기 '몰경위(沒涇渭)하다'의 어기(語基).

몰경위-하다(沒涇渭-)형여 경위가 없다. ☞무경위하다

몰골(沒骨)명 볼품이 없이 된 얼굴이나 모양새. ¶-이 사납다./-이 흉하다. ▷沒의 속자는 没

몰골-법(沒骨法)[-뻡]명 동양화에서, 대상의 윤곽을 선으로 그리지 않고 바림으로 화면 효과를 나타내는 기법. ☞구륵법(鉤勒法). 선염(渲染)

몰골-스럽다(沒骨-)(-스럽고·-스러워)형ㅂ 모양새가 볼품이 없이 흉하다.
  몰골-스레부 몰골스럽게

몰끽(沒喫)명-하다타 음식을 남기지 않고 다 먹음. 몰식(沒食). 몰탄(沒呑)

몰년(歿年·沒年)명 ①사람이 죽은 해. 졸년(卒年) ☞생년(生年) ②사람이 죽었을 때의 나이. ☞향년(享年)

몰-농도(mol濃度)명 용액의 농도를 나타내는 방법의 한 가지. 용액 1리터 중에 녹아 있는 용질(溶質)의 물질량〔몰 수(數)〕으로 나타냄. 분자 농도(分子濃度)

몰닉(沒溺)명-하다자 무슨 일에서 헤어날 수 없을 만큼 깊이 빠지거나 열중함.

몰:다(몰고·모니)타 ①가축을 부리어 바라는 곳으로 가게 하다. ¶소를 몰아 풀을 뜯기러 가다. ② 가축이나 짐승을 일정한 곳으로 가게 후리다. ¶양 떼를 우리 안으로 -./사냥감을 골짜기로 몰아 사로잡다. ③자동차 등 탈것을 다루어서 일정한 곳으로 가게 하다. ¶자동차를 몰고 여행길에 올랐다./경비행기를 몰고 세계 일주에 성공하다. ④물건을 마음대로 다루어서 바라는 곳으로 가다. ¶공을 몰아 골에 차 넣다. ⑤함께 이끌다. ¶태풍이 대단한 폭우를 몰고 왔다. ⑥무엇을 한곳에다 모으거나 아우르다. ¶재활용품을 한데 몰아 처리하다. ⑦허물을 씌우거나 당치 않게 다루다. ¶행인을 범인으로 -./멀쩡한 이를 철부지로 -.

> 한자 몰 구(驅)〔馬部 11획〕¶구군(驅軍)/구사(驅使)/구축(驅逐)/구치(驅馳) ▷속자는 駆

몰두(沒頭)[-뚜]명-하다자 어떤 한 가지 일에 온 정신을 기울임. 열중(熱中) ☞전념(專念)

몰두몰미(沒頭沒尾)[-뚜-]성구 밑도 끝도 없음을 이르는 말. 무두무미(無頭無尾)

몰두-배(沒頭拜)[-뚜-]명 뒷짐을 지고 이마가 땅에 닿을 정도로 하는 절.

몰:라-보다타 ①알만 한 사람이나 사물을 보고도 모르다. ¶지난날 함께 지낸 적이 있건만, 누구인지를 -. ☞알아보다 ②만나거나 보거나 한 적이 없어서 보아도 모르다. ¶그가 이 고장 저명 인사임을 몰라보았지. ③공경해야 할 사람에게 무례하거나 소홀하게 대하다. ¶대선배를 -.

몰:라-주다타 알아주지 아니하다. ¶사모하는 마음을 -./남의 속을 몰라주니 야속하다. ☞알아주다

몰락(沒落)명-하다자 ①번성하다가 아주 보잘것없이 됨. ¶-한 귀족의 후예. ②멸망하여 없어짐. ¶경영이 부실하여 -한 기업.

몰랑-거리다(대다)자 자꾸 몰랑한 느낌이 나다. ¶몰랑거리는 고무 지우개. ☞말랑거리다. 물렁거리다

몰랑-몰랑부-하다형 매우 몰랑한 느낌을 나타내는 말. ¶- 부드러운 찹쌀떡./-한 인절미. ☞말랑말랑. 물렁물렁

몰랑-하다형여 ①물체가 찰기 있게 좀 무르다. ¶몰랑한 개피떡. ②사람의 성질이 야무지지 아니하고 무르다. ☞말랑하다. 물렁하다

몰:래부 남이 모르게 가만히. ¶- 뒤를 밟다./- 간직한 소중한 물건.

> 한자 몰래 밀(密)〔宀部 8획〕¶밀고(密告)/밀렵(密獵)/밀매(密賣)/밀어(密語)/밀항(密航)/밀회(密會)

몰려-가다자 ①많은 사람이 어느 한곳으로 모두 가다. ¶고적대를 보려고 사람들이 -. ②여러 사람이 쫓기거나 피하여 가다. ¶난민들이 지향없이 -.

몰려-나다자 있던 데서 쫓기어 나가다. ¶조직에서 -.

몰려-나오다자 ①쫓기어 나오다. ②여러 사람이 한꺼번에 밖으로 나오다. ¶관중들이 경기장에서 -.

몰려-다니다자 ①쫓기어 다니다. ¶사자들에게 몰려다니는 얼룩말들. ②떼를 지어 다니다. ¶친한 벗끼리 -./들소가 -.

몰려-들다(-들고·-드니)자 ①여럿이 어느 한곳으로 모여들다. ¶구경꾼들이 -./참새들이 -. ②여럿이 한꺼

번에 들어오다. ¶전시장에 관람객이 -.
몰려-오다 자 여럿이 한꺼번에 이리로 오다. ¶관중이 -./철새들이 -.
몰렴(沒廉) 어기 '몰렴(沒廉)하다'의 어기(語基).
몰렴-하다(沒廉-) 형여 몰염치하다
몰리(沒利) 명-하다 자 손해를 봄. 실리(失利)
몰리다 자 ①어느 한곳으로 모여들다. ¶양 떼가 우리로 -./광장에 군중이 -. ②한쪽으로 밀리다. ¶약한 선수가 자꾸 구석으로 -. ③일이 한꺼번에 밀리다. ¶일이 몰리어 바쁘게 지내다. ④ 어려운 처지에 빠지게 되다. ¶책임 추궁에 -. /일의 독촉에 -. ⑤허물을 쓰게 되다. ¶산업 스파이로 -./범인으로 -. ⑥무엇이 모자라 어려움을 겪게 되다. ¶사업 자금에 몰리어 한동안 상품 생산을 중단하다.
몰리브덴(Molybdän 독) 명 금속 원소의 하나. 은백색(銀白色)의 광택이 나는 단단한 금속으로 크롬과 비슷함. 주요 광석은 휘수연광(輝水鉛鑛)·수연광(水鉛鑛) 따위임. 합금 재료, 전기 재료 등에 쓰임. 수연(水鉛) 〔원소 기호 Mo/원자 번호 42/원자량 95.94〕
몰리브덴-강(Molybdän鋼) 명 몰리브덴을 더한 강철. 성질이 강하여 총신(銃身)이나 기계의 부분품을 만드는 데 쓰임.
몰매 명 여럿이 한꺼번에 덤벼들어 때리는 매. 물매[5]. 뭇매
몰매-질 명-하다 타 여럿이 한꺼번에 덤벼들어 때리는 짓. 물매질. 뭇매질
몰-몰아 부 모두 몰아서. ¶포도를 떨이로 - 사다.
몰미(沒味) 어기 '몰미(沒味)하다'의 어기(語基).
몰미-하다(沒味-) 형여 '몰취미하다'의 준말.
몰-밀다(-밀고·-미니) 타 모두 한데 밀다. ☞통틀다
몰-밀어 부 모두 한데 합쳐서. ¶감자의 수확량이 - 5톤은 되겠다. ☞통틀어
몰-박다 타 한곳에 몰아 박다.
몰방(沒放) 명-하다 자타 ①총이나 대포를 한곳을 향하여 한꺼번에 쏘는 일. ②광산에서, 남포가 한꺼번에 터지는 일, 또는 남포를 한꺼번에 터뜨리는 일.
몰방-질(沒放-) 명-하다 타 총이나 대포를 한곳을 향하여 한꺼번에 쏘아대는 짓.
몰-분자(mol分子) 명 몰(mol)
몰사(沒死)[-싸] 명-하다 자 모두 다 죽음. ¶산사태로 한 가족이 -했다.
몰살(沒殺)[-쌀] 명-하다 타 모두 다 죽임. 멸살(滅殺)
몰-상식(沒常識)[-쌍-] 어기 '몰상식(沒常識)하다'의 어기(語基).
몰상식-하다(沒常識-)[-쌍-] 형여 도무지 상식이 없다. ¶몰상식한 언행.
몰서(沒書)[-써] 명 ①부쳐 온 원고(原稿)의 글을 신문이나 잡지에 싣지 않는 일, 또는 그 글. ②주소와 이름이 적혀 있지 않아 전할 수도 돌려보낼 수도 없는 편지.
몰세(沒世)[-쎄] 명 ①세상을 떠나는 일. ②한평생을 마칠 때까지의 동안. 유생애(生涯) ③세상이 끝날 때까지의 동안. ☞영구(永久). 영세(永世)
몰소(沒燒)[-쏘] 명-하다 자타 모조리 다 탐, 또는 다 태움.
몰송(沒誦)[-쏭] 명-하다 타 책의 내용을 모두 욈.
몰수(沒收)[-쑤] 명-하다 타 형법에서, 주형(主刑)에 따라 처하는 부가형(附加刑)의 한 가지. 주형의 범죄 행위와 일정한 관계가 있는 물건을 박탈하는 형벌. ¶장물을 -하다.
몰수(沒數)[-쑤] 명 어떤 수량의 전부. 진수(盡數)
몰수=게임(沒收game)[-쑤-] 명 몰수 경기(沒收競技)
몰수=경:기(沒收競技)[-쑤-] 명 구기(球技)에서, 경기의 지각, 경기의 계속 거부, 고의적인 지연 행위, 거듭되는 반칙, 선수의 정원 부족 등의 사태가 발생하였을 경우에 심판이 과실이 없는 편에게 승리를 선언하는 경기. 몰수 게임
몰수-이(沒數-)[-쑤-] 부 어떤 수량을 모두 다. ¶가진 도서를 - 기증하다.
몰식(沒食)[-씩] 명-하다 타 음식을 남기지 않고 다 먹음. 몰끽(沒喫)
몰식-자(沒食子)[-씩-] 명 한방에서, 어리상수리혹벌의 산란으로 너도밤나뭇과의 식물에 생긴 벌레혹을 약재로 이르는 말. 시리아와 이란 등지가 주산지이며, 몰식자산의 원료가 됨. 무식자(無食子)
몰식자-벌(沒食子-)[-씩-] 명 어리상수리혹벌
몰식자-봉(沒食子蜂)[-씩-] 명 어리상수리혹벌
몰식자-산(沒食子酸)[-씩-] 명 화학에서, 오배자나 몰식자의 타닌을 가수 분해하여 만든 산. 바늘 모양의 흰 결정으로 환원성이 강하며 떫음. 사진 현상액, 염료의 원료, 지혈제 등으로 쓰임. 갈산
몰실(沒實) 어기 '몰실(沒實)하다'의 어기(語基).
몰실-하다(沒實-) 형여 무실하다
몰씬[1] 부 ①냄새가 코를 찌를듯이 짙게 풍기는 상태를 나타내는 말. ¶온천의 유황 냄새가 - 난다. ②김이나 연기가 단번에 조금 솟아오르는 모양을 나타내는 말. ¶연기가 - 솟아오르다. ☞몰칵. 몰큰. 물씬
몰씬[2] 부-하다 형 물체가 물러서 몰랑한 상태를 나타내는 말. ¶-한 인절미.
몰씬-거리다(대다) 자 물체가 폭 물러서 만지는 대로 자꾸 몰랑한 느낌이 나다. ☞물씬거리다
몰씬-몰씬[1] 부 ①냄새가 코를 찌를듯이 자꾸 짙게 풍기는 상태를 나타내는 말. ② 김이나 연기가 잇달아 조금씩 솟아오르는 모양을 나타내는 말. ☞물씬물씬[1]
몰씬-몰씬[2] 부-하다 형 물러서 매우 몰랑한 상태, 또는 여러 물체가 모두 물러서 몰랑한 상태를 나타내는 말. ☞물씬물씬[2]
몰씬-하다 형여 물체가 폭 물러서 만지면 몰랑한 느낌이 있다. ☞물씬하다
몰아 부 가리지 않고 모두 한꺼번에. ¶크기를 가리지 않고 - 담다.
몰아(沒我) 명 무슨 일에 열중하여 스스로를 잊고 있는 상태. ¶-의 경지에 있다.
몰아-가다 타 ①몰아서 데리고 가다. ¶목양견이 양 떼를 -. ②있는 대로 휩쓸어 가다. ☞몰아오다
몰아-내:다 타 억지로 나가게 하다. 몰아서 쫓아내다. ¶곳간에서 쥐들을 -.
몰아-넣다 타 ①어디로 휘몰아 들어가게 하다. ¶젖소를 우리로 -. ②있는 대로 휩쓸어 담다. ¶낙엽을 자루에 -. ③어떤 상태에 빠뜨리다. ¶상대를 궁지에 몰아넣었다.
몰아-대:다 타 기를 펴지 못하도록 몹시 몰다. ¶책임을 물으며 -./진상을 밝히라고 -.
몰아-들이다 타 몰아서 한꺼번에 들어오게 하다. ¶놓아 기르던 오리들을 우리로 -.
몰아-받다 타 ①여러 번에 나누어 받을 것을 한꺼번에 받다. ②여러 사람이 각각 받을 것을 한 사람이 대신하여 다 받다.
몰아-붙이다[-부치-] 타 한편으로 모두 밀어붙이다.
몰아-세:다 타 '몰아세우다'의 준말.
몰아-세우다 타 매우 심하게 나무라다. 준몰아세다
몰아-쉬:다 타 숨을 한꺼번에 모아 쉬다.
몰아-오다 자타 ①한곳으로 한꺼번에 밀려오다. ¶먹구름이 몰아오더니 갑자기 폭우가 쏟아졌다. ②있는 대로 휩쓸어 오다. ¶떨이 고추를 -.
몰아-주다 타 ①여러 번에 나누어 줄 것을 한꺼번에 주다. ②한 사람에게 모두 주다. ¶회장 선출 투표에서 표를 박 군에게 -.
몰아-치다 타 ①한곳으로 한꺼번에 몰리게 하다. ②한꺼번에 세게 몰려 닥치다. ¶눈보라가 -./비바람이 -. ③한꺼번에 갑작스럽게 하거나 서두르다. ¶일을 빨리 끝내도록 -.
몰-염치(沒廉恥) 어기 '몰염치(沒廉恥)하다'의 어기(語基).
몰염치-하다(沒廉恥-) 형여 인간으로서 알아야 할 염치가 없다. 몰렴하다 ¶몰염치한 처사.
몰이 명-하다 타 사냥할 때나 물고기를 잡을 때 짐승이나 물고기를 후리는 일.

몰이-꾼 명 몰이를 하는 사람. 구군(驅軍)
몰-이:해(沒理解)[-리-] 어기 '몰이해하다'의 어기.
몰이해-하다(沒理解-)[-리-] 형여 도무지 이해함이 없다.
몰-인격(沒人格)[-껵] 어기 '몰인격하다'의 어기(語基).
몰인격-하다(沒人格-)[-껵-] 형여 사람답지 못하다.
몰-인정(沒人情) 어기 '몰인정(沒人情)하다'의 어기(語基).
몰인정-하다(沒人情-) 형여 인정이 전혀 없다. ¶참으로 몰인정하게 거절 당했다.
몰입(沒入) 명-하다 자 어떤 한 가지 일에 온 마음을 기울임. ¶그림 그리기에 -하다.
몰잇-그물 명 물고기 떼를 안으로 몰아넣어서 잡는 그물.
몰자-비(沒字碑)[-짜-] 명 글자가 없는 비석이라는 뜻으로, 풍채는 좋으나 무식한 사람을 놀리어 이르는 말.
몰자-한(沒字漢)[-짜-] 명 글을 전혀 모르는 사람을 낮잡아 이르는 말.
몰-지각(沒知覺) 어기 '몰지각(沒知覺)하다'의 어기(語基).
몰지각-하다(沒知覺-) 형여 지각이 전혀 없다. ¶상식 밖의 몰지각한 행동. ▷沒의 속자는 沒
몰책(沒策) 어기 '몰책(沒策)하다'의 어기(語基).
몰책-하다(沒策-) 형여 계책(計策)이 없다.
몰촉(沒鏃) 명-하다 자 ①활을 쏠 때, 활을 너무 당기어 살촉이 줌통 안으로 들어옴. ②활을 세게 쏘아 살촉이 묻히도록 박힘.
몰-취:미(沒趣味) 어기 '몰취미(沒趣味)하다'의 어기(語基).
몰취미-하다(沒趣味-) 형여 취미가 전혀 없다. 무취미하다 ¶몰취미한 성격. 준 몰미하다
몰칵 부 고약한 냄새가 갑자기 확 끼치는 상태를 나타내는 말. ¶두엄 냄새가 - 끼치다./닭장에서 닭똥 냄새가 - 난다. ☞몰씬[1]. 몰큰. 물컥
몰칵-몰칵 부 고약한 냄새가 확확 끼치는 상태를 나타내는 말. ☞몰씬몰씬[1]. 몰큰몰큰. 물컥물컥
몰캉-거리다(대다) 자 자꾸 몰캉한 느낌이 나다. ¶몰캉거리는 고무 지우개. ☞말캉거리다. 물컹거리다
몰캉-몰캉 부-하다 형 매우 몰캉한 느낌을 나타내는 말. ¶- 씹히는 포도알. ☞말캉말캉. 물컹물컹
몰캉-하다 형여 우무 따위를 씹을 때처럼 좀 탱글탱글하면서 몰랑하다. ¶몰캉한 청포묵. ☞말캉하다
몰큰 부 짙은 냄새가 갑자기 풍겨 오는 상태를 나타내는 말. ¶기름 냄새가 - 풍긴다./짙은 화장 냄새가 - 풍겼다. ☞몰씬[1]. 몰칵. 물큰
몰큰-몰큰 부 짙은 냄새가 자꾸 풍겨 오는 상태를 나타내는 말. ☞몰씬몰씬[1]. 몰칵몰칵. 물큰물큰
몰탄(沒呑) 명-하다 타 음식을 남기지 않고 다 먹음. 몰끽(沒喫)
몰토(molto 이) 명 악보의 빠르기말의 한 가지. 다른 말에 덧붙어 '매우'의 뜻.
몰판(沒板) 명-하다 자 바둑에서, 바둑판에 살아 있는 말이 하나도 없게 진 상태를 이르는 말.
몰패(沒敗) 명-하다 자 ①여지없이 짐. ②여럿이 모두 짐.
몰풍(沒風) 어기 '몰풍(沒風)하다'의 어기(語基).
몰풍-스럽다(沒風-)(-스럽고·-스러워) 형ㅂ ①보기에 몰풍하다. ②성격이 매몰스럽다.
몰풍-스레 부 몰풍스럽게
몰-풍정(沒風情) 어기 '몰풍정(沒風情)하다'의 어기(語基).
몰풍정-하다(沒風情-) 형여 아무런 풍정(風情)도 없다.
몰-풍치(沒風致) 어기 '몰풍치(沒風致)하다'의 어기(語基).
몰풍치-하다(沒風致-) 형여 풍치가 없다.
몰풍-하다(沒風-) 형여 풍치(風致)나 풍정(風情)이 없다.
몰-하다 형여 짐작한 것보다 부피가 작은듯 하다.
몰-하다(歿-) 자여 《文》 죽다. 졸(卒)하다
몰후(歿後) 명 세상을 떠난 뒤. ▷歿의 속자는 歿
몸[1] 명 ①사람이나 동물의 머리·몸통·손발 등을 통틀어 이르는 말. ¶마루에 -을 누이다. 신체(身體) ②손발을 제외한 몸통. ¶-을 젖히는 운동./-을 앞으로 구부리다. ③체격(體格) ¶-이 다부지고 성격이 활달하다. ¶남달리 -이 크다. ☞몸매 ④체력(體力), 또는 건강 상태. ¶-을 단련하다./-이 상하지 않게 잘 다스리다. ⑤육체(肉體) ¶-의 수분 부족으로 탈진 상태가 되다. ⑥'몸엣것'의 준말. ¶-이 있을 때에는 요통이 심하다. ⑦행동의 주체(主體), 또는 그 사람 자신. ¶바쁜 -이라 쉴 겨를이 없다./군인의 -으로서 국방의 의무를 다하다./요즈음은 -이 열이라도 모자랄 지경이다.
몸 둘 바를 모르다 관용 황송하거나 부끄러워서 몸가짐이나 행동을 어떻게 해야 할지 모르다.
몸에 배다 관용 버릇처럼 익숙해지다. ¶일이 몸에 배어 힘들이지 않고 잘 해내다.
몸(을) 가지다 관용 ①아이를 배다. ②월경을 치르다.
몸(을) 더럽히다 관용 정조를 빼앗기다.
몸을 던지다 관용 ①목숨을 끊으려고 깊은 물에 뛰어들거나 높은 데서 떨어지다. ¶절벽에서 -. ②어떤 일에 스스로 나아가 온 힘을 다하다. ¶정계(政界)에 -.
몸(을) 두다 관용 남의 집에서 신세지며 지내다.
몸(을) 바치다 관용 ①남을 위하여 몸과 마음을 다해 힘쓰다. ②남을 위하여 스스로 목숨을 희생하다. ¶몸을 바쳐 나라를 지킨 용사. ③정조를 바치다.
몸(을) 버리다 관용 ①건강을 해치다. ¶몸을 버리게 되는 줄도 모르고 담배를 피워 댄다. ②정조(貞操)를 더럽히다.
몸(을) 붙이다 관용 남의 집에서 신세지며 지내다. ¶친구 집에 -. ☞몸(을) 두다.
몸(을) 쓰다 관용 ①몸을 움직이다. ¶누워만 있지 말고 몸을 좀 쓰게. ②몸으로 재간을 부리다. ¶씨름은 몸을 쓰는 법을 제대로 알아야 이길 수 있다.
몸을 아끼다 관용 게을러 일하기를 꺼리다. ¶그는 무슨 일이든지 몸을 아끼며 배돈다.
몸(을) 팔다 관용 돈을 받고 정조를 팔다. ☞매음(賣淫). 매춘(賣春)
몸(을) 풀다 관용 ①긴장이나 피로를 누그러뜨리다. ¶준비 운동으로 -./목욕을 하여 -. ②아이를 낳다. ¶산모(産母)가 몸을 푼 지 이레가 지났다. ☞해산(解産)
몸을 허락하다 관용 여성이 순결을 지키지 아니하고 성교(性交)를 허락하다.
몸(이) 나다 관용 몸에 살이 올라 뚱뚱해지다. ¶나이가 들면서 점점 -.
몸(이) 달다 관용 몹시 초조해지다. ¶몸이 달아 안절부절못하다.
몸이 있다 관용 월경이 있다.
속담 **몸 꼴 내다 얼어 죽는다** : 모양내느라고 옷을 얇게 입어 얼어죽겠다고 놀리어 이르는 말./**몸이 되면 입도 되다** : 힘써 일하면 먹는 것도 잘 먹게 된다는 말.

한자 몸 신(身) [身部] ¶신명(身命)/신체(身體)/육신(肉身)/전신(全身)/투신(投身)/헌신(獻身)
몸 체(體) [骨部 13획] ¶육체(肉體)/체감(體感)/체격(體格)/체력(體力)/체질(體質) ▷속자는 体

몸[2] 명 잿물을 올리기 전의 도자기의 덩치. 항태(缸胎)
몸[3] 명 한자 부수(部首) 유형의 한 가지. 글자의 바깥 둘레를 이루는 자형(字形)이 '國·間·區' 등의 '口·門·匚'를 이르는 말. ☞받침[3]
몸-가짐 명 몸을 움직이거나 가만히 있거나 할 때의 모습. ¶다소곳한 -./-이 의젓하다.
몸-가축 명-하다 자 몸을 매만져 가꾸는 일.
몸-값[-깞] 명 ①팔린 몸의 값. ②볼모로 잡아 둔 사람을 놓아 주는 대가로 요구하는 돈.
몸-거울 명 온몸을 비추어 볼 수 있는 큰 거울. 체경(體鏡)
몸-굿[-꿋] 명 무당이 되려고 할 때, 신이 내리기를 빌면서 하는 굿. ☞내림굿
몸-기(-己) 명 한자 부수(部首)의 한 가지. '巴'·'巷' 등에서 '己'의 이름.
몸-길이 명 몸의 길이. 보통 네발짐승의 경우 머리에서 엉덩이 끝까지, 어류는 주둥이에서 꼬리지느러미가 시작하는 곳까지의 길이를 이름. 뱀이나 도마뱀의 경우는 온몸의 길이를 이름. 체장(體長)

몸-놀림 명 몸을 움직이는 일, 또는 몸의 움직임. ¶ -이 날렵하다.
몸-높이 명 몸의 서 있는 높이.
몸-닦달[-닥-] 명-하다 자 어려운 고비를 참으면서 받는 몸의 단련.
몸-단속(-團束) 명-하다 자 ①몸에 위험이 미치지 못하도록 조심하는 일. ②옷차림에 흐트러짐이 없도록 매무시를 빈틈없이 하는 일.
몸-단장(-丹粧) 명-하다 자 몸의 차림새를 매만져서 맵시 있게 꾸미는 일. 몸치장 ☞몸가축
몸-담:다[-따] 자 생활을 위해서 어떤 조직 등에 딸리어 일하다. ¶ 교직(敎職)에 -.
몸-때 명 월경을 치르는 때.
몸-뚱어리 명 '몸뚱이'의 속된말.
몸-뚱이 명 ①몸의 덩치. 체구(體軀) ②'몸'의 속된말.
몸-매 명 ①몸의 모양새. ¶ 아름다운 -. ②몸맵시 ¶ -를 가꾸다.
몸-맨두리 명 ①몸의 모양새. ②몸맵시
몸-맵시 명 몸의 맵시. 몸매. 몸맨두리 ¶ -가 나다.
몸-무게 명 몸의 무게. 체중(體重)[1]
몸-바탕 명 타고난 몸의 성질. 체질(體質)
몸-받다 타 윗사람 대신으로 일을 하다. ¶ 아버지의 사업을 아들이 몸받아 하다.
몸-보신(-補身) 명-하다 자 보약이나 영양분이 많은 음식물을 먹어 몸의 건강을 돕는 일. 보신(補身)
몸-부림 명-하다 자 ①북받치는 감정을 이기지 못하여 기를 쓰면서 몸을 뒤틀거나 부딪거나 하는 짓. ②잠을 잘 때에 몸을 이리저리 뒤치는 짓.
몸부림-치다 자 몹시 몸부림을 하다.
몸-빛[-삧] 명 동물의 몸 거죽의 빛깔. 체색(體色)
몸빠진-살 명 가느다란 화살. ☞부픈살
몸살 명 과로로 말미암아 팔다리가 아프고 느른하며 기운을 차리지 못하는 병.
몸살(이) 나다 관용 몸살을 앓다.
속담 몸살 차살 한다 : 몹시 귀찮게 행동한다는 말.
몸살-기(-氣)[-끼] 명 몸살을 앓고 있는 기운, 또는 몸살이 날 것 같은 기운. ¶ -가 있어서 나들이를 삼가다.
몸-상(-床)[-쌍] 명 환갑 잔치 같은 데서 큰상 앞에 놓는 간단하게 차린 음식상.
몸-서리 명 몹시 싫거나 무섭거나 하여 몸이 떨림.
몸서리-나다 자 몹시 싫거나 무서워서 몸이 떨리다.
몸서리-치다 자 몹시 싫거나 무서워서 몸을 떨다. ¶ 사고 현장을 보고 -.
몸소 부 남의 힘을 빌리지 않고 제 손으로. 손수 ¶ - 시범을 보이다. ☞친히
몸-소:지(-燒紙)[-쏘-] 명 치성을 드릴 때, 부정 소지 다음에 관계된 이의 건강을 위해 사르는 소지.
몸-솔[-쏠] 명 몸의 가려운 데를 긁는, 솔처럼 만든 기구.
몸-수:고 명-하다 자 몸으로 힘들여 일함, 또는 그 수고. ¶ 혼잣손으로 -가 많았겠다.
몸-수색(-搜索) 명-하다 타 무엇을 찾아내려고 남의 몸을 뒤지는 일.
몸-시계(-時計)[-씨-] 명 주머니에 넣고 다니게 만든 작은 시계. 회중시계(懷中時計)
몸-신(-身) 명 한자 부수(部首)의 한 가지. '躬'·'軀' 등에서 '身'의 이름.
몸-약(-藥)[-냑] 명 지난날, 광산에서 '다이너마이트'를 이르던 말. 물약
몸엣-것 명 ①월경(月經)으로 나오는 피. 월경수(月經水) ②'월경'을 달리 이르는 말. 준 몸[1]
몸져-눕다(-눕고·-누워) 자ㅂ 병이나 마음의 고통 등으로 자리에 드러눕게 되다.
몸-조리(-調理) 명-하다 자 허약해진 몸의 기력을 회복하기 위하여 약을 쓰거나 음식물을 잘 섭취하거나 하여 몸을 다스리는 일.
몸-조:심 명-하다 자 ①몸에 탈이 나지 않도록 마음을 써서 잘 다스리는 일. ¶ 철이 바뀔 때 -해야 한다. ②말이나 행동을 함부로 하지 아니하고 삼가는 일. ¶ 시부모를 모실 때는 늘 -하도록 당부했다.
몸-종[-쫑] 명 지난날, 양반 집안의 여자에게 딸려서, 잔심부름을 하는 계집종을 이르던 말.
몸-주체 명 자기의 몸을 스스로 거두는 일.
몸-집[-찝] 명 몸의 부피. 몸의 덩치. 체구(體軀) ¶ -이 우람한 청년./-이 왜소하다.
몸-짓[-찟] 명 몸을 움직이는 모양. ¶ -이 우스꽝스럽다./놀랍다는 -을 한다.
몸짓-하다[-찓-] 자여 감정이나 어떤 뜻을 나타내기 위해 몸을 움직이다. ¶ 겸연쩍은듯 어깨를 으쓱하며 -.
몸-차림 명 ①몸을 꾸민 모양새. ¶ -이 돋보인다./-이 수수하다. ②-하다 자 몸치장 ¶ -에 시간이 꽤 걸린다.
몸-채 명 한 집터 안에 있는 여러 채의 집 가운데 중심되는 집채. 본가(本家). 본채. 원채
몸-체(-體) 명 물체의 몸이 되는 부분. ¶ 비행기의 -.
몸-치장(-治粧) 명-하다 자 몸의 차림새를 매만져서 맵시 있게 꾸미는 일. 몸단장. 몸차림 ☞몸가축
몸-통 명 사람이나 동물 등의 몸의 중심 부분, 곧 머리와 손발 등을 제외한 가슴과 배 부분. 구간(軀幹). 동부(胴部). 동체(胴體)
몸통-뼈 명 몸통을 이루는 뼈대. 구간골(軀幹骨)
몸-팽창(-膨脹) 명 체적 팽창(體積膨脹)
몸피 명 몸통의 굵기.
몸-하다 자여 월경(月經)을 치르다. ☞몸[1]
몸-흙 명 인삼 재배에서, '거름을 섞은 흙'을 이르는 말.
몹(mop) 명 'T' 자 모양의 자루 끝에 걸레를 단 청소 도구.
몹:시 부 아주 심하게. 매우 ¶ 아랫사람을 - 꾸짖다./- 기뻐하다./- 뜨겁다.
속담 몹시 데면 회(膾)도 불어 먹는다 : 무슨 일에 놀란 사람은 그와 비슷한 것만 보아도 지레 겁을 낸다는 말.
몹:쓸 관 못되고 고약한. ¶ - 병으로 고생했다./- 사람./- 짓을 하다.
못[1] 명 ①땅을 넓고 깊게 파서 물을 가두어 둔 곳. ②저절로 넓게 팬 땅에 늘 물이 괴어 있는 곳. 웅덩이보다 크고 호수보다 규모가 작음. 지당(池塘) ☞저수지

한자 못 담(潭) 〔水部 12획〕 ¶ 담수(潭水)/벽담(碧潭)
못 지(池) 〔水部 3획〕 ¶ 지당(池塘)/연지(蓮池)
못 택(澤) 〔水部 13획〕 ¶ 소택(沼澤) ▷ 속자는 沢

못[2] 명 한쪽 끝을 뾰족하게 만든 물건. 쇠나 대나무 따위로 만듦. 두드려 박아서 물건과 물건을 한데 붙이기도 하고, 물건을 고정하기도 하고, 무엇을 거는 데 쓰기도 함.
못(을) 박다 관용 ①원통한 생각을 마음에 맺히게 하다. ¶ 남의 가슴에 못 박는 일일랑 하지 마라. ②어긋남이 없도록 다짐을 두다. ¶ 약속을 지키도록 -.
못(이) 박히다 관용 원통한 생각이 마음에 깊이 맺히다. ¶ 그 한 마디로 나의 마음에는 못이 박히었지.
못[3] 명 손바닥이나 발바닥 등의, 많이 스치는 살갗에 생기는 두껍고 단단한 살. 굳은살. 변지(胼胝)
못(이) 박이다 관용 굳은살이 생기다. ¶ 손바닥에 못이 박이도록 삽질을 했다.
못:[4] 부 일부 동사 앞에 쓰이어 ①그와 같이 할 수 없거나 하지 못한다는 뜻을 나타내는 말. ¶ 더위에 - 견디다./그가 나를 - 알아본다./매운 음식을 - 먹다. ②그와 같이 해서는 안 된다고 말리는 뜻을 나타내는 말. ¶ 이 등산로(登山路)는 당분간 - 다닙니다./이 옹달샘 물은 - 먹습니다.
속담 못 먹는 감 찔러나 본다 : 자기가 차지하지 못할 바에는 차라리 심술을 부리어 망쳐 놓는다는 말. 〔나 못 먹을 밥에는 재나 넣지/못 먹는 호박 찔러나 본다〕/못 먹는 버섯은 삼월 달부터 난다 : 먹지도 못할 버섯이 일찍부터 돋아나듯이, 되지 않을 것이 일찍부터 나댄다는 말./못 먹는 씨아가 소리만 난다 : ①되지 못한 사람이 큰소리치며 잘난체 하고 떠든다는 말. ②일을 시작하여 이루지도 못할 것을 야단스레 소문만 퍼뜨린다는 말. 〔들지 않는 솜틀은 소리만 요란하다〕/못 먹는 잔치에 갓만

부순다 : 아무 것도 생기는 것 없이 분주하기만 하고 도리어 손해만 입는다는 말. /**못 믿는 도둑개같이** : 남을 몹시 의심하는 이를 두고 비유하여 이르는 말. /**못 오를 나무는 쳐다보지도 마라** : 자기의 처지나 능력으로 보아서 할 수가 없는 일은 애당초 생각도 하지 말라는 말. /**못 입어 잘난 놈 없고, 잘 입어 못난 놈 없다** : 돈이 많아 옷을 잘 입으면 누구든지 잘나 보이고, 가난하여 못 입으면 천대와 멸시를 면하지 못한다는 말.

못-가새 명 가새모춤에서, 가위다리 모양으로 묶은 모의 움큼, 곧 모 한 춤을 넷으로 나눈 하나.

못:갖춘-마디[몯갇-] 명 박자표에 제시된 박자에 부족한 마디. 불완전 소절(不完全小節) ☞갖춘마디

못갖춘-마침[몯갇-] 명 악곡이 완전히 끝났다는 느낌을 주지 않는 형태. 불완전 종지(不完全終止)

못-걸이[몯-] 명 무엇을 거는 데 쓰는 물건. 조붓한 나무에 일정한 간격으로 못을 박아서 벽 같은 데 붙여 씀.

못:-나다[몯-] 형 ①사람됨이 똑똑하지 못하다. ¶못난 짓만 한다. ②겉모습이 잘생기지 못하다. ¶비록 못난 얼굴이지만 마음씨는 착하다. ☞잘나다

속담 **못난 놈 잡아들이라면 없는 놈 잡아간다** : 아무리 잘났더라도 돈이 없고 궁하면 못난 놈 대접밖에 못 받고, 못난 놈도 돈만 있으면 좋은 대접을 받는다는 말. /**못난 색시 달밤에 삿갓 쓰고 나선다** : 미운 사람이 일마다 보기 싫은 짓만 한다는 말.

못:난-이[몯-] 명 못난 사람.

못:내 [몯-] 부 ①잊지 못하거나 잊혀지지 않고 늘. ¶그의 얼굴이 – 그립다. ②그지없이 ¶뜻밖에 그를 만나 – 반기다.

못:-논[몯-] 명 모를 심은 논.

못:다[몯-] 부 다하지 못한 상태로. ¶선조가 – 이룬 꿈을 마침내 후손이 이룩하다. /어제 – 한 일을 오늘 모두 마무르다.

못-대가리[몯-] 명 평평하게 만든 못의 윗부분. 장도리 따위로 쳐서 박거나 도로 뽑을 수 있게 만들었음.

못-동[몯-] 명 광산에서, 파 들어가는 구덩이에 갑자기 나타난 딴딴한 부분.

못:-되다[몯-] 형 성질이나 하는 짓이 악하거나 고약한 데가 있다. ¶못된 성격. /못된 행동.

속담 **못된 나무에 열매만 많다** : 못된 것이 번성하고 아름다운 것은 도리어 적다는 말. [못된 소나무에 솔방울만 많다/못된 일가가 항렬만 높다] /**못된 바람은 수구문으로 들어온다** : 시비나 비방이 자기에게 돌아올 때 그 억울함을 호소하여 이르는 말. [못된 바람은 동대문 구멍으로 돌아온다] /**못된 송아지 엉덩이에 뿔 난다** : 되지 못한 사람이 엇가는 짓을 함을 이르는 말. [못된 벌레 장판 방에서 모로 긴다] /**못된 음식이 뜨겁기만 하다** : 사람답지 못한 사람이 교만하고 까다로운 행동을 함을 이르는 말.

못:마땅-하다[몯-] 형여 마음에 맞갖지 않다. ¶못마땅한 표정이 역력하다.

못마땅-히 부 못마땅하게 ¶며느리를 – 여기다.

못:-미처[몯-] 부 ①채 이르지 못하여. ¶결승점에 – 경기를 포기하다. ②[명사처럼 쓰임] ¶경기장 –에 운동구 가게가 있소.

못-바늘[몯-] 명 종이 따위를 꿰는 데 쓰는, 못같이 생긴 바늘. 무공침(無孔針)

못-박이[몯-] 명 소의 간에 박힌 염통 줄기, 또는 그 간.

못-밥 명 모내기를 하는 사람이 일하다가 들에서 먹는 밥을 이르는 말.

못-비 명 모를 낼 만큼 넉넉히 내리는 비.

못-뽑이[몯-] 명 못 뽑는 데 쓰는 연장. 노루발장도리나 방울집게 따위.

못:-살:다[몯-] 자 ①가난하게 살다. ¶못사는 이웃을 돕다. ②주로 '못살게'의 꼴로 쓰이어, '기를 펴지 못하게', '부대끼어 견디지 못하게'의 뜻을 나타냄. ¶남을 못살게 굴다. ☞잘살다

속담 **못살면 조상 탓** : 자기의 잘못이나 무능함을 남의 탓으로 돌리어 원망함을 이르는 말. [못살면 터 탓]

못:-생기다[몯-] 형 ①생김새가 잘생긴 데가 없다. ¶얼굴은 좀 못생겼다. ☞잘생기다 ②사람됨이 똑똑하지 못하고 모자란 데가 있다.

속담 **못생긴 며느리 제삿날에 병 난다** : 밉살스러운 사람이 일마다 미운 짓만 저지른다는 말.

못-서까래 명 네모진 서까래.

못-서다 자 세로로 줄을 지어 늘어서다.

못:-쓰다[몯-] (-쓰고·-써) 자 ①옳지 않다, 또는 어떤 행동을 해서는 안 된다. ¶장난치면 못써. ②[흔히 '못쓰게'의 꼴로 쓰이어], 얼굴이나 몸이 축나다. ¶얼굴이 못쓰게 되었구먼.

못-자리 명 볍모를 기르는 논이나 논바닥. 묘상(苗床). 묘판(苗板). 앙판(秧板)

못자리-하다 자여 논에 볍씨를 뿌리다.

못-정[몯-] 명 ①못대가리를 깊숙이 박을 때 쓰는 연장. ②광산에서, 광석을 떼 낼 때 쓰는 끝이 뾰족한 연장.

못정-떨이[몯-] 명-하다 타 광산에서, 남포로 깨뜨린 바위나 광석을, 못정을 대고 망치로 쳐서 떨어뜨리는 일.

못정-버력[몯-] 명 광산에서, 남포를 폭발시키지 않고 못정으로만 뜯어낼 수 있는 버력.

못-주다[몯-] 자 못을 박다.

못-줄 명 모를 심을 때 가로 줄을 맞추기 위하여 일정한 간격을 표시하여 쓰는 줄.

못:지-않다[몯-] 형 '못하지 아니하다'가 줄어든 말. ¶소년이지만 어른 못지않은 체력을 발휘했다.

못지-않이 부 못지않게

못-질[몯-] 명-하다 자 못을 박는 일.

못:-하다[1] [몯-] 타여 능력이 없거나 일정한 수준에 못 미치다. ¶거짓말을 못한다. /술을 못한다. /공부를 못하는 학생. /음치라서 노래를 못한다. /말을 못하는 벙어리.

조동 본용언(本用言) 다음에 쓰이어 ①'이루어질 수 없다', '할 수 없다'의 뜻을 나타냄. ②'그보다 더는 할 수가 없다'의 뜻을 나타냄. ¶참다 못하여 단단히 꾸짖었다.

못:-하다[2] [몯-] 형여 ①주로 부사격 조사 '보다'나 보조조사 '만' 다음에 쓰이어, '그 정도가 낮거나 덜하다'의 뜻을 나타냄. ¶소문으로만 듣는 것이 한 번 보는 것보다 –. ②'못하여도', '못해도'의 꼴로 부사처럼 쓰이어, '적어도'의 뜻을 나타냄. ¶일의 양을 보니 마무리까지는 못해도 반 년은 걸리겠다.

조형 본용언(本用言) 다음에 쓰이어 ①'정도나 상태가 미칠 수 없다'의 뜻을 나타냄. ¶깨끗하지 못한 물. /아름답지 못한 목소리. ②'못하여', '못해'의 꼴로 쓰이어, '그 정도가 매우 심해'의 뜻을 나타냄. ¶먹다 못해 남기다. /기다리다 못해 돌아가다. /바다 빛깔이 짙푸르다 못해 검은빛으로 보인다.

한자 **못할 렬**(劣) [力部 4획] ¶열세(劣勢)/우열(優劣)

몽: 명 '몽니'의 준말.

몽(蒙) 명 '몽괘(蒙卦)'의 준말.

몽개-몽개 부 연기나 구름이 몽키어 조금씩 피어오르는 모양을 나타내는 말. ¶굴뚝에서 메케한 연기가 – 나다. ☞뭉게뭉게

몽고(朦瞽) 명 소경

몽고-말(蒙古-) 명 말과에 딸린 말의 한 품종. 몽골 원산으로 어깨 높이 1.3m 안팎. 머리가 크고 귀가 작으며 몸이 단단함. 말의 원종(原種)으로 알려져 있음.

몽-고:문(蒙古文) 명-하다 자 지난날, 옛사람이 지은 글귀를 그대로 쓰는 일을 이르던 말.

몽고=문자(蒙古文字) [-짜] 명 몽골 문자

몽고-반(蒙古斑) 명 황색 인종의 어린아이의 엉덩이나 허리 부분에 나타나는 파란 점. 태어난 다음에 나타나서 일고여덟 살 가량 되면 절로 없어짐. 소아반(小兒斑). 아반(兒斑)

몽고-풍(蒙古風)[1] 명 몽골의 풍속이나 양식.

몽고-풍(蒙古風)[2] 명 몽골의 고비 사막으로부터 중국 동북 지방과 중국 북쪽으로 부는 건조한 바람.

몽골=문자(Mongol文字) [-짜] 명 몽골 말을 적는 데 쓰

이는 표음 문자(表音文字). 14세기에 위구르 문자를 바탕으로 하여 만든 것으로 내리씀. 몽고 문자(蒙古文字)
몽-괘(蒙卦)명 육십사괘(六十四卦)의 하나. 간괘(艮卦) 아래 감괘(坎卦)가 놓인 괘로 산 아래 샘물이 남을 상징함. 준몽(蒙) ☞수괘(需卦)
몽구리명 머리털을 박박 깎은 머리. ☞뭉구리
몽그라-뜨리다(트리다)타 몽그라지게 하다. ☞뭉그러뜨리다
몽그라-지다자 쌓인 물건이 무너져 주저앉다. ¶논둑이 센 물살에 ─. ☞뭉그러지다
몽그작-거리다(대다)자타 ①나아가는 시늉만 하면서 제자리에서 바비작거리다. ②일을 제때 하지 못하고 우물쭈물 하다. ☞몽긋거리다. 뭉그적거리다
몽그작-몽그작부 몽그작거리는 모양을 나타내는 말. ¶할 일을 ─ 미루다. ☞몽긋몽긋. 뭉그적뭉그적
몽근-겨명 곡식의 겉겨가 벗겨진 뒤에 나온 고운 겨. 속겨 ☞쌀겨
몽근-벼명 까끄라기가 없는 벼.
몽근-짐명 부피에 비하여 무게가 제법 무거운 짐. ☞부픈짐
몽글-거리다(대다)자 망울진 것이 몰랑몰랑하고 매끄러워 만지면 요리조리 볼가지는 느낌이 나다. ☞몽클거리다. 뭉글거리다
몽글다형 ①곡식의 낟알이 까끄라기나 허섭쓰레기가 없이 깨끗하다. ②알속이 있다.
속담 **몽글게 먹고 가늘게 싼다** : 욕심을 부리지 않고 분수에 맞게 처신함이 옳은 일이며, 그것이 곧 마음 편한 일이기도 하다는 말.
몽글리다타 ①곡식의 낟알을 몽글게 하다. ②어려운 일에 잘 견디어 내게 하다. ③매무시를 잘하여 모양을 내다.
몽글-몽글부-하다형 ①망울진 것이 몰랑몰랑하고 매끄러워 만지면 요리조리 볼가지는 느낌, 또는 그 모양을 나타내는 말. ¶목에 생긴 멍울이 ─ 움직이다. ②물 따위에 갠 가루가 덜 풀리어 동글동글하게 덩이져 있는 모양을 나타내는 말. ¶물에 갠 밀가루가 ─ 덩이져 있다. ☞몽클몽클[2]. 뭉글뭉글
몽글-하다[1]형여 ①망울진 것이 몰랑하고 매끄럽다. ②물 따위에 갠 가루가 덜 풀리어 동글게 덩이져 있다. ☞몽클하다[1]. 뭉글하다[1]
몽글-하다[2]형여 먹은 음식물이 제대로 삭지 아니하고 속에 좀 몽쳐 있는듯 하다. ☞몽클하다[3]. 뭉글하다[2]
몽:-금척(夢金尺)명 금척무(金尺舞)를 출 때에 쓰는, 길이 한 자 되는 금빛의 자. 조선 태조(太祖)가 건국하기 전에 꿈에 신선에게서 받았다는 것을 상징하여 만들었다 함. 금척(金尺)
몽긋-거리다(대다)[-귿-]자타 나아가는 시늉만 하면서 제자리에서 뱌빗거리다. ☞몽그작거리다. 뭉긋거리다
몽긋-몽긋[-귿-]부 몽긋거리는 모양을 나타내는 말. ☞몽그작몽그작. 뭉긋뭉긋
몽깃-돌명 밀물이나 썰물 때에 뱃머리가 밀려 나가지 않도록 배 고물에 다는 돌.
몽니명 심술궂게 욕심부리는 성질. 준몽
몽니-궂다[-굳-]형 짓궂게 몽니부리는 성질이 있다.
몽니-부리다자 심술궂게 욕심을 부리다. 준몽부리다
몽니-사:납다(-사납고·-사나워)형ㅂ 몽니가 심하다.
몽니-쟁이명 몽니를 함부로 부리는 사람.
몽달-귀(-鬼)명 총각이 죽어서 된다는 귀신. 도령 귀신. 몽달 귀신 ☞손말명
몽달=귀신(-鬼神)명 몽달귀
몽당-붓명 붓끝이 모지라진 붓. 독필(禿筆) ☞모지랑붓. 퇴필(退筆)
몽당-비명 끝이 모지라진 비.
몽당-소나무명 몽당솔
몽당-솔명 키가 낮고 다보록한 소나무. 몽당소나무 ☞왜송(矮松)
몽당-연필(-鉛筆)[-년-]명 많이 써서 매우 짧아진 연필.
몽당이명 ①끝이 닳아 떨어져서 거의 못 쓸 정도가 된 물건. ②실이나 노끈 등을 둥글게 감은 뭉치.
몽당-치마명 ①모지라져서 아주 짧아진 치마. ②치마의 기장이 매우 짧은 치마.
×**몽동**(艨艟)명 → 몽충(艨艟)
몽동-발이명 붙었던 것이 다 없어지고 몸뚱이만 남은 물건. ¶우산이 세찬 바람에 부서져 ─가 되었다.
몽두(蒙頭)명 조선 시대, 죄인을 잡아 올 때 죄인의 얼굴을 싸서 가리던 베.
몽두리(蒙頭里)명 몽두의(蒙頭衣)
몽두의(蒙頭衣)명 ①무당이 굿을 할 때 입는 옷. ②'장옷'을 달리 이르는 말. ③'배자(褙子)'를 달리 이르는 말. 몽두리(蒙頭里)
몽둥이명 좀 길고 굵은 막대기. 간봉(杆棒)
속담 **몽둥이를 들고 포도청(捕盜廳) 담에 오르다** : 죄를 지은 사람이 죄상이 드러날 것이 두려워 선수를 쓴 것이 도리어 제 죄를 드러내고 마는 경우를 비유하여 이르는 말. [도둑이 도둑이야 한다]/**몽둥이 세 개 맞아 담 안 뛰어넘을 놈 없다** : 누구나 다급해지면 평소에 할 수 없었던 일도 능히 해내게 됨을 비유하여 이르는 말.
몽둥이=세:례(-洗禮)명 몽둥이로 마구 때리는 일.
몽둥이-질명-하다타 몽둥이로 때리는 일.
몽둥이-찜명-하다타 몽둥이로 마구 때리는 짓. 몽둥이찜질
몽둥이-찜질명-하다타 몽둥이찜
몽둥잇-바람명 몽둥이로 세차게 얻어맞거나 때리는 서슬. ¶─에 달아났다.
몽땅[1]부 있는 대로 모두. ¶전재산을 ─ 장학 기금으로 내놓다.
몽땅[2]부 물체의 한 부분이 작게 잘리거나 끊어지는 모양을 나타내는 말. ☞몽탕. 뭉떵
몽땅-몽땅부 물체가 잇달아 작게 잘리거나 끊어지는 모양을 나타내는 말. ☞몽탕몽탕. 뭉떵뭉떵
몽땅몽땅-하다형여 여럿이 다 몽땅하다. ☞몽탕몽탕하다. 뭉떵뭉떵하다
몽땅-하다형여 생김새가 뚝 끊어서 몽똥그려 놓은듯 굵고 짤막하다. ☞몽탕하다. 뭉떵하다
몽똑부-하다형 ①짤막한 물체의 끝이 똑 끊어 놓은듯이 무딘 모양을 나타내는 말. ¶연필 끝이 ─하다. ②생김새가 굵으면서 짤막한 모양을 나타내는 말. ¶─한 엄지 발가락. ☞몽톡. 뭉뚝
몽똑-몽똑부-하다형 여럿이 다 몽똑한 모양을 나타내는 말. ☞몽톡몽톡. 뭉뚝뭉뚝
몽똥-그리다타 물건을 되는 대로 몽치어 싸다. ¶짐들을 몽똥그려 여럿이 나누어 들다. ☞뭉뚱그리다
몽롱(朦朧)어기 '몽롱(朦朧)하다'의 어기(語基).
몽롱=세:계(朦朧世界)명 ①술에 취하거나 졸음으로 어렴풋하게 된 의식 상태. ②아는 것이 또렷하지 아니하고 어렴풋한 상태.
몽롱창망(朦朧蒼茫)성구 어슴푸레하고 넓고 멀어 아득한 상태를 뜻하는 말.
몽롱-하다(朦朧─)형여 ①희미하게 흐리어 또렷하지 아니하다. ¶안개 속에 비치는 몽롱한 등댓불. ②의식이 또렷하지 아니하고 흐릿하다. ¶머리가 몽롱하여 사람을 알아보지 못한다./만취하여 몽롱한 상태이다.
몽리(蒙利)명-하다자 ①덕을 봄. ②저수지 등 농업 용수(農業用水) 시설로부터 물을 받음.
몽:리(夢裏)명 꿈속. 몽중(夢中)
몽:매(夢寐)명 잠을 자며 꿈을 꾸는 일. ¶─에도 잊지 못하던 그를 만나다. ☞몽매간
몽매(蒙昧)어기 '몽매(蒙昧)하다'의 어기(語基).
몽:매-간(夢寐間)명 꿈을 꾸는 동안. ¶─에도 잊을 수 없다. ☞몽매(夢寐)
몽매-하다(蒙昧─)형여 어리석고 사리에 어둡다.
몽몽(濛濛)어기 '몽몽(濛濛)하다'의 어기(語基).
몽몽-하다(濛濛─)형여 안개나 연기, 먼지 등이 자옥하다. ¶바람에 날려온 몽몽한 황사(黃砂).
몽몽-히부 몽몽하게

몽방(蒙放)명 죄인이 풀려 남.
몽:-부리다 자 '몽니부리다'의 준말.
몽비(蒙批)명-하다자 지난날, 상소에 대하여 임금의 비답(批答)을 받음을 이르던 말.
몽:사(夢事)명 꿈에서 보거나 겪은 일.
몽산화상법어약록언:해(蒙山和尙法語略錄諺解)명 중국 원나라 몽산화상(蒙山和尙)의 법어(法語)를 간략하게 적은 것을 조선 세조 때 중 혜각존자(慧覺尊者) 신미(信眉)가 한글로 번역한 책. 1권 1책의 목판본.
몽상(蒙喪)명-하다자 부모상(父母喪)을 당해 상복을 입음.
몽:상(夢想)명 ①꿈속의 생각. ②-하다타 실현될 가능성이 없는 일을 상상함.
몽:상-가(夢想家)명 실현될 가능성이 없는 허황한 생각을 일삼는 사람. ☞공상가(空想家)
몽:상-곡(夢想曲)명 몽상과 같은 분위기를 자아내는 기악용(器樂用)의 소곡(小曲).
몽:색(夢色)명 몽설(夢泄)
몽:설(夢泄)명-하다자 남자가 잠을 자면서 꿈에 성적(性的)인 흥분을 느끼어 사정(射精)하는 일. 몽색(夢色). 몽유(夢遺). 몽정(夢精)
몽:송(霿淞)명 상고대
몽:수(蒙首)명 고려 시대에 부녀자가 나들이할 때 남에게 얼굴을 보이지 않으려고 덮어쓰던 쓰개의 한 가지. 정수리에서부터 내려뜨려 얼굴과 눈만 내놓고 끝이 땅에 끌리게 했음.
몽수(矇瞍)명 장님으로서 점치는 일을 직업으로 하는 사람. ☞판수
몽실-몽실 부-하다형 매우 몽실한 느낌, 또는 그 모양을 나타내는 말. ☞뭉실뭉실
몽실-하다 형여 통통하게 살지고 기름져 보드랍다. ☞뭉실하다
몽애(蒙騃)어기 '몽애(蒙騃)하다'의 어기(語基).
몽애-하다(蒙騃-)형여 미거하다
몽어노:걸대(蒙語老乞大)명 조선 영조 17년(1741)에 이최대(李最大)가 몽골어를 우리말로 대역(對譯)하여 펴낸 몽골어 학습서. 8권 8책의 목판본.
몽:염(夢魘)명 잠자다가 가위에 눌림.
몽:예(夢囈)명-하다자 잠꼬대
몽:외(夢外)명 꿈에도 생각지 않았던 뜻밖.
몽:외지사(夢外之事)명 천만 뜻밖의 일.
몽우(濛雨)명 안개가 자옥이 끼어 있는 것처럼 보이면서 내리는 비. ☞보슬비
몽:유(夢遺)명-하다자 몽설(夢泄)
몽:유-병(夢遊病)[-뼝]명 자다가 일어나서 어떤 행동을 하다가 다시 잠이 든 뒤, 깨어나서는 그 일을 전혀 기억하지 못하는 병적인 증세.
몽윤(蒙允)명 임금에게 상주(上奏)한 일에 대하여 임금의 허락을 받음.
몽은(蒙恩)명-하다자 은혜를 입음. 몽혜(蒙惠)
몽:정(夢精)명-하다자 몽설(夢泄)
몽:조(夢兆)명 꿈자리
몽:중(夢中)명 꿈속. 몽리(夢裏)
몽:중-몽(夢中夢)명 꿈속의 꿈이라는 뜻으로, 이 세상이 덧없음을 비유하여 이르는 말.
몽:중설몽(夢中說夢)성구 꿈속에서 꿈 이야기를 한다는 뜻으로, 무슨 말을 하는지 종잡을 수 없음을 이르는 말.
몽진(蒙塵)명-하다자 임금이 난리를 만나 다른 곳으로 피함.
몽짜 명 몽니를 부리는 짓, 또는 그런 사람.
몽짜(를) 치다 관용 겉으로는 어리석은체 하면서 속마음으로는 딴생각을 가지다.
몽짜-스럽다(-스럽고·-스러워)형ㅂ 보기에 몽짜를 부리는 태도가 있다.
몽짜-스레 부 몽짜스럽게
몽총-하다[1] 형여 ①인정미나 붙임성이 없고 쌀쌀하다. ②행동하는 데 강하게 밀고 나가는 힘이 없고 대가 약하다. ¶천성이 몽총하여 고난을 헤쳐 나아가기 힘들다.
몽총-히 부 몽총하게
몽총-하다[2] 형여 부피나 길이 등이 좀 모자라다. ¶바지 기장이 -./머리털을 몽총하게 자르다.
몽총-히 부 몽총하게
몽충(艨艟)명 병선(兵船)
몽치 명 짤막한 몽둥이.
몽치다[1] 자 여럿이 합쳐서 한 덩이가 되다. ☞뭉치다[1]
몽치다[2] 타 여럿을 합쳐 한 덩이로 만들다. ☞뭉치다[2]
몽클 부 ①연기나 김 따위가 솟아오르는 모양을 나타내는 말. ¶솥뚜껑을 열자 김이 - 솟아오른다. ②세찬 감정이 갑자기 복받치는 느낌을 나타내는 말. ☞뭉클
몽클-거리다(대다) 자 덩이진 물체의 거죽이 몰랑몰랑하고 보드라워 만지면 요리조리 볼가지는 느낌이 나다. ☞몽글거리다. 뭉클거리다
몽클-몽클[1] 부 연기나 김 따위가 자꾸 솟아오르는 모양을 나타내는 말. ☞뭉클뭉클[1]
몽클-몽클[2] 부-하다형 덩이진 물체의 거죽이 몰랑몰랑하고 보드라워 만지면 요리조리 볼가지는 느낌, 또는 그 모양을 나타내는 말. ☞몽글몽글. 뭉클뭉클[2]
몽클-하다[1] 형여 덩이진 물체의 거죽이 매우 몰랑하고 보드랍다. ☞몽글하다[1]. 뭉클하다[1]
몽클-하다[2] 형여 세찬 감정이 갑자기 복받치는 느낌이 있다. ¶몽클한 동포애를 느끼다. ☞뭉클하다[2]
몽클-하다[3] 형여 먹은 음식물이 제대로 삭지 아니하고 속에 몽쳐 있는듯 하다. ☞몽글하다[2]. 뭉클하다[3]
몽키다 자 여럿이 엉키어 작은 덩어리가 되다. ☞뭉키다
몽타:주(montage 프)명 ①영화에서, 따로 촬영한 여러 화면을 편집하여 하나의 작품으로 구성하는 기법. ②'몽타주 사진'의 준말.
몽타:주=사진(montage寫眞)명 몇 장의 사진에서 한 부분씩을 따서 하나로 합성한 사진. 흔히 범죄 용의자를 본 사람의 증언을 바탕으로 비슷한 모습의 것을 합성하여 만든 사진을 이름. 합성 사진(合成寫眞) 준몽타주
몽탕 부 물체의 한 부분이 단번에 작게 잘리거나 끊어지는 모양을 나타내는 말. ¶무 꼬리를 - 자르다. ☞몽땅[2]. 뭉텅
몽탕-몽탕 부 물체가 잇달아 작게 잘리거나 끊어지는 모양을 나타내는 말. ☞몽땅몽땅. 뭉텅뭉텅
몽탕몽탕-하다 형여 여럿이 다 몽탕하다. ☞몽땅몽땅하다. 뭉텅뭉텅하다
몽탕-하다 형여 생김새가 톡 끊어서 몽똥그려 놓은듯 굵고 짤막하다. ☞몽땅하다. 뭉텅하다
몽:태-치다 타 남의 것을 슬쩍 훔쳐 가지다.
몽톡 부-하다형 ①짤막한 물체의 끝이 톡 끊어 놓은듯이 무딘 모양을 나타내는 말. ¶-한 엄지발가락. ②생김새가 통통하면서 짤막한 모양을 나타내는 말. ☞몽똑. 뭉툭
몽톡-몽톡 부-하다형 여럿이 다 몽톡한 모양을 나타내는 말. ☞몽똑몽똑. 뭉툭뭉툭
몽-하다(蒙-)타여《文》은혜나 도움을 입다.
몽학(蒙學)[1] 명 지난날, 어린아이의 공부를 이르던 말.
몽학(蒙學)[2] 명 조선 시대, 몽골어에 관한 학문을 이르던 말.
몽한-약(蒙汗藥)[-냑]명 마취약(痲醉藥)
몽혜(蒙惠)명-하다자 은혜를 입음. 몽은(蒙恩)
몽혼(朦昏)명 마취(痲醉)
몽혼-약(朦昏藥)[-냑]명 마취약(痲醉藥)
몽혼-제(朦昏劑)명 마취제(痲醉劑)
몽:환(夢幻)명 ①꿈과 환상. ②덧없음을 비유하여 이르는 말. ¶-의 세상.
몽:환-곡(夢幻曲)명 주로 피아노곡으로 작곡된, 고요한 밤의 정서를 나타낸 서정적인 소곡. 야상곡(夜想曲)
몽:환-극(夢幻劇)명 ①꿈이나 환상의 세계를 제재로 삼은 희곡. ②꿈이나 환상의 세계에서 전개되는 인간 생활을 그린 희곡.
몽:환-적(夢幻的)명 꿈이나 환상과 같은 느낌이 나는 것.
뫼: 명 사람의 무덤. 묘(墓) ☞산소(山所). 산처(山處)
뫼(를) 쓰다 관용 묏자리를 잡아 시체나 유골을 묻다.
뫼:다 자 '모이다'의 준말.
묏:-자리 명 뫼를 쓸 자리.

묘:(卯)명 ①십이지(十二支)의 넷째. 토끼를 상징함. ②'묘방(卯方)'의 준말. ③'묘시(卯時)'의 준말.

한자 넷째 지지 묘(卯) 〔卩部 3획〕 ¶기묘(己卯)/묘방(卯方)/묘시(卯時)/정묘(丁卯)

묘:(妙)명 무어라 표현할 수 없을 만큼 매우 빼어남, 또는 그런 일. ¶조물주의 조화(造化)의 ―에 감탄하다./운용의 ―를 실감하다.
묘:(昴)명 '묘수(昴宿)'의 준말.
묘:(墓)명 뫼
묘:(廟)명 ①'종묘(宗廟)'의 준말. ②'문묘(文廟)'의 준말.
묘(畝)의 척관법의 넓이 단위의 하나. 1묘는 1단(段)의 10분의 1로 30평임. ☞홉
묘(渺)수 소수(小數) 단위의 하나. 애(埃)의 10분의 1, 막(漠)의 열 곱절.
묘:각(妙覺)명 보살(菩薩) 수행의 최후의 지위. 부처의 지위에 해당함. ☞불과(佛果). 정각(正覺)
묘:간(妙簡)명-하다타 잘 골라 뽑음. 묘선(妙選)
묘:갈(墓碣)명 무덤 앞이나 곁에 세우는 묘표(墓表)의 한 가지. 개석(蓋石)을 얹지 아니하고 위를 둥글게 만든 작은 비석.
묘:갈-명(墓碣銘)명 묘갈에 새겨 놓은 글.
묘:경(妙境)명 ①경치가 매우 좋은 곳. ②예술이나 기예(技藝) 등이 매우 뛰어난 경지.
묘:계(妙計)명 교묘한 계략. 교묘한 꾀.
묘:계(墓界)명 고려·조선 시대에 신분과 관직의 등급에 따라서 정했던 묘지의 범위. ☞묘역(墓域). 영역(塋域)
묘:계(廟啓)명-하다타 지난날, 조정에서 임금에게 상주(上奏)하던 일.
묘:곡(妙曲)명 기묘한 곡조.
묘:공(妙工)명 매우 뛰어난 솜씨, 또는 그런 솜씨를 지닌 사람.
묘:구(妙句)명 빼어나게 좋은 글귀나 표현.
묘:구=도적(墓丘盜賊)명 ①무덤 속의 물건을 훔쳐 가는 도둑. ②시체를 파내다 감추고 돈을 요구하는 강도. 준묘적(墓賊)
묘:기(妙技)명 절묘한 기술. ¶―를 부리다. ☞기기(奇技). 묘공(妙工)
묘:기(妙妓)명 예쁜 기생.
묘:기(描記)명-하다타 묘사하여 기록함.
묘:기백출(妙技百出)성구 절묘한 기술과 재주가 여러 가지로 자꾸 나옴을 이르는 말.
묘:년(卯年)명 간지(干支)의 지지(地支)가 묘(卯)인 해. 정묘년(丁卯年)·계묘년(癸卯年)·신묘년(辛卯年) 따위. ☞십이지(十二支). 태세(太歲). 토끼해
묘:년(妙年)명 묘령(妙齡) ☞방년(芳年). 방령(芳齡)
묘:노(墓奴)명 지난날, 묘지기를 이르던 말.
묘:답(墓畓)명 '묘위답(墓位畓)'의 준말. ☞묘위전(墓位田). 묘위토(墓位土). 묘제(墓祭)
묘:당(廟堂)명 ①지난날, 종묘(宗廟)와 명당(明堂)이라는 뜻으로, '조정(朝廷)'을 이르던 말. ②조선 시대에 '의정부(議政府)'를 달리 이르던 말.
묘:도=문자(墓道文字)[―짜]명 묘표(墓表)·묘지(墓誌)·묘비(墓碑)·묘갈(墓碣) 등에 새긴 글자.
묘:두-와(猫頭瓦)명 막새
묘:려(妙麗)어기 '묘려(妙麗)하다'의 어기(語基).
묘:려-하다(妙麗―)형여 매우 뛰어나게 화려하다.
묘:령(妙齡)명 한창 젊은 나이, 특히 여성의 젊은 나이. 묘년(妙年) ☞방년(芳年). 방령(芳齡)
묘:리(妙理)명 오묘한 이치. ¶주역(周易)의 ―.
묘:막(墓幕)명 무덤 가까운 곳에 지은, 묘지기가 지내는 집. 병사(丙舍)
묘:말(卯末)명 십이시(十二時)의 묘시(卯時)의 끝 무렵. 지금의 오전 일곱 시가 되기 바로 전.
묘:망(渺茫)어기 '묘망(渺茫)하다'의 어기(語基).
묘:망-하다(渺茫―)형여 끝없이 넓고 아득하다.
묘:맥(苗脈)명 일이 일어날 실마리.
묘:명(杳冥)어기 '묘명(杳冥)하다'의 어기(語基).
묘:명-하다(杳冥―)형여 어둡침침하고 아득하다.
묘:모(廟謨)명 나라를 다스리는 방략(方略).
묘:목(苗木)명 ①옮겨 심기 위해 가꾸는 어린 나무. 모나무 ②모종할 어린 나무. 나무모
묘:목(眇目)명 애꾸눈이
묘목(墓木)명 무덤 가에 심은 나무. 구목(丘木)
묘:묘(杳杳)어기 '묘묘(杳杳)하다'의 어기(語基).
묘:묘-하다(杳杳―)형여 그지없이 가마아득하다.
 묘묘-히부 묘묘하게
묘:문(墓門)명 무덤이 있는 데로 들어가는 어귀.
묘:미(妙味)명 무어라 말할 수 없는 미묘한 재미, 또는 미묘한 맛. 묘취(妙趣) ¶견지 낚시의 ―를 즐기다.
묘박(錨泊)명-하다자 배가 닻을 내리고 한군데에 머무름. ☞정박(碇泊)
묘:방(卯方)명 ①팔방(八方)의 하나. 정동방(正東方)을 중심으로 한 45도 범위 안의 방위(方位). ②이십사 방위(二十四方位)의 하나. 정동방을 중심으로 한 15도 범위 안의 방위. 갑방(甲方)과 을방(乙方)의 사이. 준묘(卯) ☞유방(酉方)
묘:방(妙方)명 ①절묘한 방법. 묘법(妙法) ②효험이 있는 훌륭한 약방문.
묘:법(妙法)[―뻡]명 ①절묘한 방법. 묘방(妙方) ②불교에서, 신기하게 묘한 법문(法文)을 이르는 말.
묘:법연화경(妙法蓮華經)[―뻡―]명 대승 불교(大乘佛敎) 경전의 하나. 석가모니가 세상에 온 뜻을 말한 내용으로, 서기 5세기 초에 인도의 중 구마라습(鳩摩羅什)이 한문으로 번역함. 8권 28품. 법화경(法華經)
묘:법연화경언:해(妙法蓮華經諺解)[―뻡―]명 조선 세조(世祖) 9년(1463)에 임금의 명에 따라 윤사로(尹師路)와 황수신(黃守信) 등이 '묘법연화경'을 우리말로 번역하여 간경 도감(刊經都監)에서 간행한 책. 7권. 목판본. 법화경언해(法華經諺解)
묘:비(墓碑)명 무덤 앞에 묘표(墓表)로 세운 돌. 묘석(墓石) ☞비(碑)
묘:비-명(墓碑銘)명 묘비에 새긴 글. 죽은 사람의 경력이나 사적(事績) 등에 관한 것임.
묘:사(妙思)명 묘한 생각.
묘:사(描寫)명-하다타 어떤 물건의 모양이나 상태, 또는 마음으로 느낀 일을 말이나 그림, 음악 등으로 표현하는 일. ¶해돋이 정경을 ―하다.
묘:사(墓祀)명 묘제(墓祭)
묘:사(廟社)명 종묘(宗廟)와 사직(社稷).
묘사-유파(卯仕酉罷)명 조선 시대, 관원이 묘시(卯時 : 오전 다섯 시～일곱 시)에 출근하여 유시(酉時 : 오후 다섯 시～일곱 시)에 퇴근하는 일을 이르던 말.
묘:사=음악(描寫音樂)명 자연의 음을 악기로써 재구성하여 정경(情景) 등을 묘사하는 음악.
묘:사-체(描寫體)명 대상을 사실 그대로 표현한 문체.
묘:산(妙算)명 교묘하고 슬기로운 꾀.
묘:삼(苗蔘)명 씨앗을 심은 지 일 년 남짓 자란 어린 인삼. ☞묘장뇌(苗長腦)
묘:상(苗床)명 ①모종을 키우려고 만든 곳. 모판 ②못자리. 묘판(苗板)
묘:상-각(墓上閣)명 장사(葬事) 때, 비나 햇볕을 가리기 위해 임시로 굿 위에 짓는 뜸집.
묘:생(卯生)명 간지(干支)의 지지(地支)가 묘(卯)인 해에 태어난 일, 또는 그 해에 태어난 사람. 정묘생(丁卯生)이나 을묘생(乙卯生) 등. ☞묘년(卯年). 토끼띠
묘:석(墓石)명 묘비(墓碑)
묘:선(妙選)명-하다타 잘 골라 뽑음. 묘간(妙簡)
묘:성(昴星)명 묘수(昴宿)
묘:소(妙所)명 매우 빼어난 곳. 묘처(妙處)
묘:소(墓所)명 무덤이 있는 곳. 산소(山所) ☞뫼
묘:-소:년(妙少年)명 예쁘장하게 생긴 소년.
묘:수(妙手)명 ①뛰어난 솜씨, 또는 뛰어난 솜씨를 가진 사람. ☞명수(名手) ②바둑이나 장기 등에서, 다른 사

람이 헤아리지 못할 묘한 수.
묘:수(妙數)명 사람의 기묘한 운수.
묘수(昴宿)명 이십팔수(二十八宿)의 하나. 서쪽의 넷째 별자리. 묘성(昴星). 육련성(六連星) ㊟묘(昴)
묘:술(妙術)명 ①교묘한 술법. ②교묘한 꾀.
묘:시(卯時)명 ①십이시(十二時)의 넷째 시(時). 지금의 오전 다섯 시부터 일곱 시까지의 동안. ②하루를 스물넷으로 가른, 일곱째 시. 지금의 오전 다섯 시 삼십 분부터 여섯 시 삼십 분까지의 동안. ㊟묘(卯) ☞을시(乙時). 진시(辰時)
묘:시(藐視)명-하다타 얕잡아 봄.
묘:시-조(妙翅鳥)명 가루라(迦樓羅)
묘:실(墓室)명 무덤 안의 주검이 안치된 방. 널방 ☞현실(玄室)
묘:아-자(猫兒刺)명 호랑가시나무의 열매.
묘:악(廟樂)명 종묘(宗廟)의 제향(祭享) 때 연주하는 아악(雅樂).
묘:안(妙案)명 교묘한 방안. 아주 좋은 착상(着想). ¶ ―이 떠오르다.
묘:안-석(猫眼石)명 보석의 한 가지. 금록석(金綠石)에 딸린 것으로, 반투명의 엷은 초록빛을 띠며, 방향에 따라 청회색의 빛이 고양이 눈처럼 움직임.
묘:알(廟謁)명-하다자 임금이 종묘(宗廟)에 나아가 참배함.
묘:약(妙藥)명 신통하게 효험이 있는 약. ☞비약(祕藥)
묘:역(墓域)명 묘소(墓所)로서 정한 구역.
묘:연(杳然)어기 '묘연(杳然)하다'의 어기(語基).
묘:연(渺然)어기 '묘연(渺然)하다'의 어기(語基).
묘:연-하다(杳然―)형여 ①아득하게 멀다. ②앞길이 없이 가마아득하다. ¶ 행방이 ―.
묘연-히부 묘연하게
묘:연-하다(渺然―)형여 그지없이 넓다. ¶ 묘연한 대양.
묘연-히부 묘연하게
묘:예(苗裔)명 먼 후대의 자손. 말손(末孫). 원손(遠孫)
묘:완(妙腕)명 매우 뛰어난 수완.
묘:우(廟宇)명 신주(神主)를 모신 집.
묘:원(渺遠)어기 '묘원(渺遠)하다'의 어기(語基).
묘:원-하다(渺遠―)형여 까마득하게 멀다.
묘원-히부 묘원하게
묘:월(卯月)명 '음력 이월'을 달리 이르는 말. 월건(月建)의 지지(地支)가 정묘(丁卯)·기묘(己卯)처럼 묘(卯)인 데서 이름. ☞일진(日辰). 태세(太歲)
묘:-위답(墓位畓)명 생산되는 곡식 등을 산소에서 지내는 제사 비용으로 쓰기 위해 경작하는 논. ㊟묘답(墓畓) ☞묘위전. 묘위토(墓位土)
묘:-위전(墓位田)명 생산되는 곡식 등을 산소에서 지내는 제사 비용으로 쓰기 위해 경작하는 밭. ㊟묘전(墓田) ☞묘위답(墓位畓). 묘위토
묘:-위토(墓位土)명 생산되는 곡식 등을 산소에서 지내는 제사 비용으로 쓰기 위해 경작하는 논밭. ☞묘위답(墓位畓). 묘위전(墓位田). 위토(位土)
묘:유(卯酉)명 동(東)과 서(西). 동서(東西)
묘:유-권(卯酉圈)[―꿘]명 묘유선
묘:유-선(卯酉線)명 천구(天球)에서, 천정(天頂)을 지나 자오선(子午線)과 직각으로 엇걸리는 대원(大圓). 묘유권(卯酉圈)
묘:음(妙音)명 무어라 말할 수 없이 아름다운 음성(音聲)이나 음악.
묘:음-조(妙音鳥)명 가릉빈가(迦陵頻伽)
묘:의(廟議)명 지난날, 조정의 회의를 이르던 말.
묘:일(卯日)명 간지(干支)의 지지(地支)가 묘(卯)인 날. 정묘(丁卯)·계묘(癸卯) 등. ☞토끼날. 월건(月建). 일진(日辰). 태세(太歲)
묘:-입신(妙入神)명-하다형 신의 경지에 들었다고 할 정도로 솜씨가 뛰어나고 교묘함. ¶ 그의 바둑 실력은 ―의 경지에 들었다./성형 의사의 ―한 솜씨.
묘:-장뇌(苗長腦)명 묘삼(苗蔘)을 산에 옮겨 심어 가꾼 산삼. ☞경삼(驚蔘)
묘:적(墓賊)명 '묘구 도적(墓丘盜賊)'의 준말.
묘:전(墓田)명 '묘위전(墓位田)'의 준말.
묘:절(妙絕)어기 '묘절(妙絕)하다'의 어기(語基).
묘:절-하다(妙絕―)형여 더할 나위 없이 교묘하다. ¶ 묘절한 조각 솜씨.
묘:정(卯正)명 십이시(十二時)의 묘시(卯時)의 중간. 지금의 오전 여섯 시.
묘:제(墓制)명 묘(墓)에 관한 관습이나 제도.
묘:제(墓祭)명 산소에서 지내는 제사. 묘사(墓祀)
묘:좌(卯坐)명 묏자리나 집터 등이 묘방(卯方)을 등진 좌향(坐向).
묘:좌-유향(卯坐酉向)명 묏자리나 집터 등이 묘방(卯方)을 등지고 유방(酉方)을 향한 좌향(坐向).
묘:주(卯酒)명 아침에 마시는 술. 아침술. 조주(朝酒)
묘:지(墓地)명 무덤이 있는 땅, 또는 그 구역. 택조(宅兆) ☞산소(山所). 장지(葬地)
묘:지(墓誌)명 죽은 사람의 성명(姓名)이나 관직, 경력(經歷), 사적(事績), 생몰(生沒) 연월일, 자손의 이름 등을 새기어 무덤 옆에 묻는 돌이나 전(塼), 또는 거기에 새긴 글. 광지(壙誌) ☞묘비(墓碑). 묘표(墓表)
묘:-지기(墓―)명 남의 산소를 지키며 거기에 관계되는 일을 하는 사람. 묘직(墓直)
묘:지-명(墓誌銘)명 묘지(墓誌) 끝에 죽은 사람의 공덕(功德)을 기리어 새긴 글.
묘:직(墓直)명 묘지기
묘:진(墓陳)명 조선 시대, 묘지에 딸려 있어 조세를 면제받던 논밭.
묘:책(妙策)명 교묘한 책략(策略). 묘계(妙計). 묘산(妙算) ¶ ―을 궁리하다./―으로 절박한 국면에서 벗어나다.
묘:처(妙處)명 매우 빼어난 곳. 묘소(妙所)
묘:체(妙諦)명 오묘한 진리. ¶ 좌선의 ―를 터득하다.
묘:초(卯初)명 십이시(十二時)의 묘시(卯時)의 처음. 지금의 오전 다섯 시가 막 지난 무렵.
묘:촌(墓村)명 조상의 산소 아래에 있는 마을.
묘:출(描出)명-하다타 어떤 사물의 상태나 생각 등을 글이나 그림으로 나타내는 일. ¶ 잠재 의식을 그림으로 ―하다.
묘:취(妙趣)명 무어라 말할 수 없는 미묘한 재미, 또는 미묘한 맛. 묘미(妙味)
묘:탑(廟塔)명 불상(佛像)을 안치(安置)해 둔 탑.
묘:태(妙態)명 빼어나게 아름다운 모습.
묘:판(苗板)명 못자리. 묘상(苗床)
묘:포(苗圃)명 묘목(苗木)을 심어서 기르는 밭. 모밭
묘:표(墓表·墓標)명 죽은 사람의 성명(姓名), 생몰(生沒) 연월일, 사적(事績) 등을 새기어 무덤 앞에 세우는 푯돌. 표석(表石)
묘:품(妙品)명 그림의 세 가지 품격의 하나. 정밀 교묘한 작품. ☞삼품(三品)
묘:품(妙稟)명 뛰어나게 훌륭한 품성, 또는 그런 품성을 지닌 사람.
묘:필(妙筆)명 ①매우 잘 쓴 글씨. ②매우 잘 그린 그림.
묘:하(墓下)명 조상의 산소가 있는 땅.
묘:-하다(妙―)형여 ①색다르고 신기하다. ¶ 묘한 기계 장치./묘한 옷차림./묘한 맛. ②이상야릇한 데가 있다. ¶ 묘한 사건이 잇달아 일어나다./빈집에서 밤마다 묘한 소리가 들린다. ③매우 뛰어나다. ¶ 묘한 재주./묘한 계책(計策)./바둑의 수가 ―. ④공교롭다 ¶ 묘한 인연으로 그와 다시 만나다.

한자 묘할 묘(妙) 〔女部 4획〕 ¶ 교묘(巧妙)/기묘(奇妙)/묘미(妙味)/묘수(妙手)/미묘(微妙)/신묘(神妙)

묘:항현령(猫項懸鈴)성구 '고양이 목에 방울 달기'라는 속담을 한문식으로 옮긴 구(句)로, 언뜻 생각하기에는 좋은 것 같지만, 사실은 현실성이 없는 방법이라는 뜻.
묘:혈(墓穴)명 송장이나 유골을 묻을 구덩이. 광(壙). 광혈(壙穴). 지실(地室)
묘:호(廟號)명 임금의 시호(諡號).

묘:화(描畫)명-하다자 그림을 그리는 일.
묘:휘(廟諱)명 임금이 죽은 뒤에 지은 휘(諱).
무[1]명 웃옷의 양쪽 겨드랑이 아래에 댄 딴 폭.
무:[2]명 겨잣과의 한해살이 또는 두해살이풀. 주로 뿌리를 먹는 채소로, 줄기 높이는 60cm 안팎이며 잎은 깃꼴 겹잎임. 봄에 담자색이나 백색의 꽃이 핌. 씨는 한방에서 소화 불량이나 이질 등에 약으로 쓰임. 나복(蘿蔔). 청근(菁根)

▶ '무 ← 무우'〔준말이 표준어로 된 단어〕
본딧말보다 준말이 널리 쓰이는 다음 말들을 표준어로 삼았다.
¶귀치 않다 → 귀찮다/기음 → 김/또아리 → 똬리/무우 → 무/무이다 → 미다/비음 → 빔/새암 → 샘/새앙쥐 → 생쥐/장사아치 → 장사치

무:(戊)명 십간(十干)의 다섯째. ☞십간(十干). 십이지(十二支). 천간(天干)

한자 **다섯째 천간 무**(戊)〔戈部 1획〕¶무신(戊申)/무야(戊夜)/무오(戊午)

무(無)명 ①아무 것도 없음을 이르는 말. ¶－에서 유(有)를 창조하다./오랜 노력이 －로 돌아가다. ②불교에서, '사물(事物)도 현상(現象)도 전혀 없음'을 이르는 말. ③철학에서, '특정한 존재가 없음', 또는 '존재 그 자체가 없음'을 이르는 말. ☞유(有)
무(無)-《접두사처럼 쓰이어》'그것이 없음'을 뜻함. ¶무관심(無關心)/무사고(無事故)/무성의(無誠意)/무조건(無條件)/무책임(無責任)
무:가(巫歌)명 무당의 노래.
무:가(武家)명 지난날, 대대로 무관(武官) 관직을 지낸 집안을 이르던 말.
무가(無價)[－까]명 ①매긴 값이 없는 것. ②값을 매길 수 없을 만큼 귀중한 것. ¶－의 보물.
무가내(無可奈) 무가내하(無可奈何)
무가내하(無可奈何) '한결같이 고집하여 어찌할 수가 없음'의 뜻. 무가내
무가-보(無價寶)[－까－]명 값을 매길 수 없을 만큼 귀중한 보배.
무-가치(無價値)어기 '무가치(無價値)하다'의 어기(語基).
무가치-하다(無價値－)형여 아무 값어치가 없다.
무간(無間)어기 '무간(無間)하다'의 어기(語基).
무간=지옥(無間地獄)명 불교에서 이르는 팔열 지옥(八熱地獄)의 하나. 오역(五逆)이나 불법을 비방하는 등의 대악을 저지른 사람이 떨어지는 곳. 다른 지옥의 천 곱절의 고통을 받는다고 함. 아비지옥(阿鼻地獄)
무간-하다(無間－)형여 사귀며 지내는 사이가 허물없이 가깝다. ¶무간한 친구.
무:감(武監)명 '무예별감(武藝別監)'의 준말.
무-감:각(無感覺)명-하다형 ①감각이 마비되어 아무 느낌이 없음. ¶손발이 －인 상태이다. ②감수성(感受性)이 둔하여 감정의 표현이 없거나 주변의 일에 아무런 관심이 없음. ¶남의 어려운 사정 따위에는 무감각한 사람.
무감각=지진(無感覺地震)명 지진의 세기에 따른 계급의 하나. 진도(震度) 0에 해당하는 것으로, 인체(人體)에는 느껴지지 않으나 지진계(地震計)에는 기록되는 정도의 지진을 이름. 무감 지진 ☞미진(微震)
무감=지대(無感地帶)명 무감각 지진이 일어난 지대. ☞유감 지대(有感地帶)
무감=지진(無感地震)명 무감각 지진 ☞유감 지진
무강(無疆)어기 '무강(無疆)하다'의 어기(語基).
무:-강즙(－薑汁)명 무를 갈아 짜 낸 물.
무강-하다(無疆－)형여 끝이 없다. 무궁하다
무개(無蓋)앞말 뚜껑이나 덮개, 지붕 등이 없음을 뜻하는 말. ¶무개차(無蓋車) ☞유개(有蓋)
무개-차(無蓋車)명 ①지붕이 없는 자동차. ②무개 화차(無蓋貨車) ☞유개차(有蓋車)
무개=화:차(無蓋貨車)명 지붕이 없는 화차. 상자 모양으로 된 것과 바닥만 있는 것 등이 있음. 무개차(無蓋車) ☞유개 화차(有蓋貨車)
무:거(武擧)명 무과(武科)
무거(無據)어기 '무거(無據)하다'의 어기(語基).
무거리명 곡식 따위를 빻아서 가루를 내고 처진 찌끼.
무거리-고추장(－醬)명 메줏가루의 무거리로 담근 고추장. ☞보리고추장. 찹쌀고추장
무거-하다(無據－)형여 터무니없다. 무계하다
무겁명 활터의 과녁 뒤에 흙으로 둘러싼 곳.
무겁(無怯)어기 '무겁(無怯)하다'의 어기(語基).
무겁다(무겁고·무거워)형ㅂ ①무게가 많이 나가다. 가볍지 아니하다. ¶무거운 짐을 나르다./비중이 －. ②몸놀림 따위가 재지 아니하고 느리다. ¶발걸음이 －. ③생각이나 태도가 차분하고 조심스럽다. ¶입이 －./무겁게 말문을 열다. ④마음이 밝고 개운하지 아니하다. ¶그를 보내고 무거운 마음으로 돌아서다./머리가 －. ⑤분위기가 어둡고 답답하다. ¶무거운 분위기. ⑥상태나 정도가 심하다. ¶무거운 죄를 짓다./증세가 예상보다 －. ⑦가볍게 여길 수 없을 만큼 중요하다. ¶이 사업에 대한 책임이 －. ☞가볍다

한자 **무거울 중**(重)〔里部 2획〕¶경중(輕重)/중량(重量)/중벌(重罰)/중죄(重罪)/중형(重刑)

무겁디-무겁다(－무겁고·－무거워)형ㅂ 매우 무겁다.
무겁-하다(無怯－)형여 겁이 없다.
무겁-한량명 지난날, 무겁에서 화살이 과녁에 맞았는지 안 맞았는지를 살피는 사람을 이르던 말.
무게명 ①물체의 무거운 정도. 중량(重量) ¶－를 달다./－가 무겁다. ②지구상의 물체에 작용하는 중력(重力)의 크기. ③사람됨의 점잖고 의젓한 느낌. ¶지도자다운 － 있는 태도. ④깊이 있고 신중한 느낌. ¶－ 있는 한 마디의 말. ⑤그 사물이 지닌 높은 값어치. ¶－ 있는 대작을 남기다.
속담 **무게가 천근이나 된다** : ①무엇이 매우 무겁다는 뜻. ②사람됨이 의젓하고 믿음직스러움을 이르는 말.
무게-중심(－中心)명 물체의 각 부분에 작용하는 중력의 합력(合力)이 작용하는 점. 중심(重心)
무:격(巫覡)명 무녀(巫女)와 박수. 무당 ☞무고(巫瞽)
무결(無缺)어기 '무결(無缺)하다'의 어기(語基).
무결-하다(無缺－)형여 흠이 없다. 결점이 없다.
무:경(武經)명 병법(兵法)에 관하여 기록한 책.
무-경계(無經界)어기 '무경계(無經界)하다'의 어기(語基).
무경계-하다(無經界－)형여 사물의 옳고 그름이 분간되는 한계가 없다. ☞몰경계하다
무-경위(無涇渭)어기 '무경위(無涇渭)하다'의 어기(語基).
무경위-하다(無涇渭－)형여 옳고 그름을 분간함이 없다. ☞몰경위하다
무:경-칠서(武經七書)[－써]명 고대 중국의 일곱 가지 병서(兵書). 곧 손자(孫子)·오자(吳子)·사마법(司馬法)·울요자(尉繚子)·육도(六韜)·삼략(三略)·이위공문대(李衛公問對)를 이름. 칠서(七書)
무계(無稽)어기 '무계(無稽)하다'의 어기(語基).
무계-하다(無稽－)형여 터무니없다. 무거하다
무-계:획(無計畫)명-하다형 계획이 없음. 뚜렷한 계획도 없이 무슨 일을 하는 경향이 있음.
무:고(巫瞽)명 무당과 판수. ☞무격(巫覡)
무:고(巫蠱)명-하다타 무술(巫術)로써 남을 저주함.
무고(無告)명-하다형 괴로움을 하소연할 상대가 없음, 또는 그런 처지에 있는 사람. ☞무고자(無告者). 무고지민
무:고(誣告)명-하다타 남에게 벌을 받게 할 목적으로 없는 사실을 거짓으로 꾸며 해당 기관에 신고함.
무:고(舞鼓)명 ①지난날, 나라 잔치 때 쓰던 북. ②북춤
무고(無故)어기 '무고(無故)하다'의 어기(語基).
무고(無辜)어기 '무고(無辜)하다'의 어기(語基).
무고-감(無辜疳)명 한방에서, 어린아이의 얼굴빛이 누렇게 되고 팔다리가 바짝 마르는 감병(疳病)을 이르는 말.

무고-자(無告者)명 조선 시대, 배우자가 없는 늙은이나 부모가 없는 어린이 등 의지할 곳 없는 사람을 이르던 말. ☞무고지민(無告之民)

무:고-죄(誣告罪)[-쬐]명 남에게 형사 처분 또는 징계 처분을 받게 할 목적으로, 없는 사실을 거짓 꾸며 해당 기관에 신고함으로써 이루어지는 죄.

무고지민(無告之民)명 ①괴로움을 하소연할 상대가 없는 사람들. ②의지할 데가 없는 사람들. ☞무고(無告). 무고자(無告者)

무고-하다(無故-)형여 ①아무런 까닭이 없다. ②아무 탈이 없이 편안하다. ¶그 동안 가족이 모두 -.
무고-히부 무고하게

무고-하다(無辜-)형여 아무 잘못이나 허물이 없다. ¶무고한 사람에게 허물을 씌우다.
무고-히부 무고하게

무:곡(武曲)명 무곡성(武曲星)

무:곡(貿穀)명-하다자 장사를 하려고 곡식을 많이 사들임, 또는 그 사들인 곡식. ☞무미(貿米)

무:곡(舞曲)명 무도(舞蹈)를 위해 작곡된 악곡. 무곡의 리듬과 형식을 빌려 순수하게 연주용으로 작곡된 곡도 이에 포함됨. 무도곡(舞蹈曲). 춤곡

무:곡-성(武曲星)명 구성(九星)의 여섯째 별. 무곡

무골-충(無骨蟲)명 ①뼈가 없는 벌레. ②줏대가 없는 사람을 비유하여 이르는 말.

무골-충이명 기둥이나 문얼굴 등의 가장자리에 줄을 두드러지게 쇠시리한 것.

무골호:인(無骨好人)성구 줏대 없이 좋은 사람이라는 뜻으로, 모난 데 없이 순하여 남의 비위에 두루 맞는 사람을 이르는 말.

무:공(武功)명 나라를 위해서 싸운 군사상의 공적(功績). 무열(武烈). 무훈(武勳)

무:공(誣供)명 죄인이 거짓으로 꾸며 대는 진술.

무공(無功)어기 '무공(無功)하다'의 어기(語基).

무공-전(無孔錢)명 가운데에 구멍이 뚫려 있지 않은 쇠돈. 맹전(盲錢) ☞유공전(有孔錢)

무공-주(無孔珠)명 구멍을 뚫지 않은 진주.

무공-침(無孔針)명 못바늘

무:공=포장(武功褒章)명 국토 방위에 힘써 그 공적이 두드러진 사람에게 주는 포장. ☞근정 포장(勤政褒章)

무공-하다(無功-)형여 공이 없다. 공적이 없다.

무:공=훈장(武功勳章)명 뚜렷한 무공을 세운 군인에게 주는 훈장. 태극·을지·충무·화랑·인헌(仁憲)의 다섯 등급이 있음. ☞근정 훈장(勤政勳章)

무:과(武科)명 고려·조선 시대, 무관(武官)을 뽑던 과거(科擧). 무거(武擧) ☞문과(文科)

무과실=책임(無過失責任)명 손해가 나게 한 사람에게 고의나 과실이 없어도 법률상 손해 배상 책임을 지게 하는 일. ☞과실 책임(過失責任)

무:관(武官)명 ①군인 신분으로 군사에 관한 사무를 맡아보는 관리. ②지난날, 군사에 관한 사무를 맡아보는 무반(武班)의 관원을 이르던 말. 무변(武弁) ☞문관(文官)

무관(無冠)명 일정한 지위가 없음. 무위(無位)
무관의 제왕(帝王)관용 비록 지위는 없으나 실질적인 힘을 가진 사람이라는 뜻에서, '신문 기자'를 비유하여 이르는 말.

무관(無關)어기 '무관(無關)하다'의 어기(語基).

무-관계(無關係)어기 '무관계(無關係)하다'의 어기(語基).

무관계-하다(無關係-)형여 관계가 없다. 무관하다 ¶나와는 무관계한 일이라서 관심이 없다.

무:관-석(武官石)명 지난날, 능(陵)이나 대관(大官)의 무덤 앞에 세우던 무관(武官) 형상의 석상(石像). 무석인(武石人) ☞문관석(文官石)

무-관심(無關心)명-하다형 관심이 없음. ¶안전에 대한 -이 큰 사고의 원인이 된다./짐짓 -한 태도를 보이다.

무관-하다(無關-)형여 관계가 없다. 무관계하다 ¶자기와는 무관한 일에 참견하다.

무:괴(武魁)명 지난날, 무과(武科)의 장원(壯元)을 이르던 말. ☞문괴(文魁)

무괴(無愧)명 불교에서, 남의 처지를 헤아리지 않고 제 마음대로 악한 짓을 저지르면서도 부끄러운 마음이 없음을 이르는 말.

무괴어심(無愧於心) 마음에 부끄러울 것이 없음.

무:구(武具)명 무기 등 전쟁에 쓰이는 온갖 기구. 병구

무:구(誣構)명-하다타 죄가 없는 사람을 죄가 있는 것처럼 속여서 꾸며 댐.

무구(無垢)어기 '무구(無垢)하다'의 어기(語基).

무구정광대다라니경(無垢淨光大陀羅尼經)명 통일신라 시대에 발간된 세계 최고(最古)의 목판 인쇄본. 경주 불국사 석가탑에서 발견됨. 국보 제126호.

무구-조충(無鉤條蟲)명 무구촌충(無鉤寸蟲)

무구-촌:충(無鉤寸蟲)명 촌충과의 기생충. 소를 중간 숙주(宿主)로 하여, 사람의 창자에 기생함. 머리에는 갈고리가 없고 몸길이 4~10m, 몸 마디는 1,000~2,000 마디. 무구조충. 민촌충 ☞유구촌충

무구-포(無口匏)명 아가리가 없는 박이라는 뜻으로, 입을 다물고 말을 아니함을 비유하여 이르는 말.

무구-하다(無垢-)형여 ①번뇌에서 벗어나 깨끗하다. ②몸이나 마음이 더럽혀짐이 없이 깨끗하다. ¶순진 무구한 어린이./무구한 소녀의 얼굴. ☞순진하다
무구-히부 무구하게

무구-호(無口湖)명 물이 흘러 나가는 하천이 없는 호수. 카스피 해, 사해(死海) 따위. ☞유구호(有口湖)

무-국적(無國籍)명 어느 나라의 국적도 가지지 않음.

무궁(無窮)어기 '무궁(無窮)하다'의 어기(語基).

무궁무진(無窮無盡)성구 한이 없고 끝이 없음을 이르는 말. 무진무궁(無盡無窮)

무궁-세(無窮世)명 끝이 없는 세상.

무궁-아(無窮我)명 천도교에서, 도를 닦아 천인합일(天人合一)의 경지에 이른, 소아(小我)를 벗어난 대아(大我)를 이르는 말.

무궁-하다(無窮-)형여 끝이 없다. 다함이 없다. 무강하다 ¶무궁한 시간과 공간./무궁한 우주.
무궁-히부 무궁하게

무궁-화(無窮花)명 ①무궁화나무 ②무궁화나무의 꽃. 근화(槿花). 목근(木槿). 조근(朝槿)

무궁화-나무(無窮花-)명 아욱과의 낙엽 활엽 관목. 높이 2~3m, 가지가 많고 7~8월에 꽃이 피는데, 품종에 따라 백색·자색·홍색 등의 꽃이 핌. 관상용, 울타리용으로 심으며, 꽃·뿌리·껍질은 한방에서 약재로 쓰임. 우리 나라의 국화(國花)임. 근화(槿花). 목근(木槿). 무궁화(無窮花)

무궁화=대:훈장(無窮花大勳章)명 우리 나라의 최고 훈장. 대통령에게 주는 훈장이며, 대통령의 배우자나 우방(友邦)의 국가 원수(元首)와 그 배우자에게 주기도 함. ☞건국 훈장(建國勳章)

무권=대:리(無權代理)[-꿘-]명 대리권이 없는 사람이 한 대리 행위. 좁은 뜻으로는 표현 대리(表見代理)를 제외한 그 밖의 대리권 없이 한 대리 행위를 이름.

무-궤도(無軌道)명-하다형 ①궤도가 없음. ②하는 말이나 행동이 바른 길에서 벗어나 있음. ¶-한 생활./-한 행동.

무궤도=전:차(無軌道電車)명 도로 위에 가설된 가공 전선(架空電線)에서 전력을 공급받아 궤도 없이 달리는 전차. 트롤리버스(trolley bus)

무-규각(無圭角)명-하다형 ①규각이 없음. ②하는 말이나 행동이 모나거나 어긋남이 없음.

무-규율(無規律)명-하다형 일정한 규율이 없음. ¶언뜻 보기에는 -인 것 같지만, 거기에는 엄격한 규율이 있다.

무-규칙(無規則)명-하다형 일정하게 정해 놓은 규칙이 없음. ¶-으로 지내는 일상 생활./-한 무늬.

무균(無菌)앞말 세균이 없음을 뜻하는 말. ¶- 발아(發芽)/- 상태/- 병실

무극(無極)[1]명 ①주자학에서, 우주의 근원인 태극(太極)의 무한정함을 이르는 말. ②전극(電極)이 없음.

ㅁ

무극(無極)[2] 어기 '무극(無極)하다'의 어기(語基).
무극=결합(無極結合) 명 공유 결합(共有結合)
무극-대:도(無極大道) 명 천도교에서, 우주 본체인 무극(無極)의 영능(靈能)을 이르는 말.
무극=분자(無極分子) 명 분자 안의 양전하(陽電荷)와 음전하(陰電荷)의 중심이 일치하여 전기 이중극(電氣二重極)의 성질을 나타내지 않는 분자.
무극-하다(無極-) 형여 끝이 없다.
무근(無根) 어기 '무근(無根)하다'의 어기(語基).
무근지설(無根之說) 명 근거가 없는 뜬소문. ☞낭설(浪說)
무근-하다(無根-) 형여 근거가 없다. ¶무근한 소문이 퍼지다. ☞무거하다. 무계하다
무급(無給) 명 급여가 지급되지 않음. ¶-으로 봉사하다./- 휴가 유무료(無料) ☞유급(有給)
무:기(武技) 명 무술(武術)에 관한 재주. 무예(武藝)
무:기(武氣) 명 무인의 굳센 기상.
무:기(武器) 명 ①전쟁에 쓰이는 온갖 도구. 병기(兵器). 병혁(兵革) 유군기(軍器) ②어떤 일을 하는 데 효과적인 수단이 되는 것을 비유하여 이르는 말. ¶능변(能辯)을 -로 삼아 경쟁자와 겨루다.
무기(無期) 명 ①'무기한(無期限)'의 준말. ¶-로 연기하다. ☞유기(有期) ②'무기 징역(無期懲役)'의 준말. ¶-로 선고가 내리다.
무:기(舞妓) 명 지난날, 나라 잔치 때 춤을 추던 기생.
무:기(誣欺) 명-하다 타 거짓으로 꾸미어 속임.
무기(無機) 앞말 물이나 공기, 또는 광물 등과 같이 생활 기능을 가지고 있지 않음을 뜻하는 말. ¶- 비료/- 염류(塩類) ☞유기(有機)
무:기-고(武器庫) 명 무기를 넣어 두는 창고. 군기고(軍器庫). 병기고(兵器庫)
무기=공채(無期公債) 명 원금을 갚는 기한을 미리 정하지 아니한 공채. 영구 공채(永久公債) ☞유기 공채(有期公債)
무기=금:고(無期禁錮) 명 무기형(無期刑)의 한 가지. 노역(勞役)을 시키지 않고 종신토록 감금하는 형벌. ☞유기 금고(有期禁錮)
무-기력(無氣力) 어기 '무기력(無氣力)하다'의 어기(語基).
무기력-하다(無氣力-) 형여 무슨 일을 할 수 있는 기운과 힘이 없다. ¶상대편의 공격에 -하게 무너지다.
무-기명(無記名) 명 ①이름을 적지 않음. ☞기명(記名) ②'무기명식(無記名式)'의 준말.
무기명-식(無記名式) 명 증권이나 투표 등에서, 권리자의 성명 또는 상호를 적지 않는 방식. 준무기명(無記名) ☞기명식(記名式)
무기명=투표(無記名投票) 명 비밀 투표의 한 가지. 투표 용지에 투표자의 이름을 적지 않고 하는 투표. ☞기명 투표(記名投票)
무기-물(無機物) 명 물·공기·광물이나 무기 화합물(無機化合物)로 이루어지는 물질. ☞유기물(有機物)
무기=비:료(無機肥料) 명 무기질 성분으로 이루어진 비료. 황산암모늄·질산암모늄·염소산칼륨·과인산석회 따위. ☞유기 비료(有機肥料)
무기-산(無機酸) 명 화학에서, 산성인 무기 화합물을 통틀어 이르는 말. 황산(黃酸)·초산(硝酸)·인산(燐酸)·염산(塩酸) 따위. ☞유기산(有機酸)
무기성(無記性) 명 불교에서 이르는 삼성(三性)의 하나. 선과 악 중의 어떤 결과도 가져오지 않는 중간 성질.
무기-수(無期囚) 명 무기형을 선고받고 복역 중인 죄수.
무기=연기(無期延期) 명 어떤 일을 하는 데 이미 예정했던 때를, 언제라고 정하지 아니하고 미루는 일. ¶예정했던 집회가 -되다.
무기=염류(無機塩類) 명 무기산과 염기가 반응하여 생긴 물질. 염화나트륨·황산암모늄·질산칼슘 따위.
무기-질(無機質) 명 ①광물의 성질을 가진 것. ②영양소로서 생체(生體)를 유지하는 데 꼭 있어야 하는 원소. 탄소·산소·수소·질소 이외의 칼슘·마그네슘·인·칼륨·황산·염소·철 따위. ☞유기질(有機質)
무기질=섬유(無機質纖維) 명 규석·석회석·화산암 같은 광석을 녹여서 실로 만든 화학 섬유.
무기=징역(無期懲役) 명 무기형의 한 가지. 종신토록 교도소에 가두어 두는 징역. 준무기(無期) ☞유기 징역
무기-체(無機體) 명 물·공기·광물 등과 같이 생활 기능을 가지고 있지 않은 무기물의 물체. ☞유기체(有機體)
무-기한(無期限) 명 일정한 기한이 없음. ¶발표회를 -으로 연기하다. 준무기(無期) ☞유기한
무기-형(無期刑) 명 죄수를 교도소에 종신토록 가두어 두는 자유형(自由刑). 무기 징역, 무기 금고 등이 있음. 종신형(終身刑) ☞유기형(有期刑)
무기=호흡(無氣呼吸) 명 생물이 산소 없이 하는 호흡. 산화 작용이 아니고 세포 내 분자의 분해에 따라 생활에 필요한 에너지를 얻는 현상으로, 발효 등이 이런 현상임. 분자내 호흡(分子內呼吸) ☞유기 호흡(有氣呼吸)
무기=화:학(無機化學) 명 무기 화합물을 연구 대상으로 삼는 화학의 한 분과. ☞유기 화학(有機化學)
무기=화:합물(無機化合物) 명 탄소 화합물이 아닌 천연으로 나는 화합물이나 이산화탄소 등과 같은 간단한 탄소 화합물을 통틀어 이르는 말. ☞유기 화합물
무:-김치 명 무로 담근 김치. ☞무깍두기. 무짠지
무:김치-나물 명 나물의 한 가지. 짠 무김치를 물에 우려서 짠맛을 빼고, 썰어서 볶거나 양념하여 무친 반찬.
무:김치-지지미 명 지지미의 한 가지. 무김치를 잘게 썰어 고기와 파를 넣고 양념을 하여 지진 반찬.
무:-깍두기 명 깍두기의 한 가지. 무를 깍둑썰기하여 소금에 절인 다음, 고춧가루·새우젓·파·마늘 따위로 버무려 담근 김치.
무꾸리 명-하다 자 무당이나 판수, 그 밖의 신령을 모신 사람에게 가서 길흉을 점치는 일.
무꾸리-질 명-하다 자 무꾸리하는 짓.
무:-나물 명 나물의 한 가지. 무를 채 썰어서 다진 마늘과 파·간장·생강즙을 넣어 무친 다음, 물을 조금 부어 은근한 불에 익혀 냄.
무난(無難) 어기 '무난(無難)하다'의 어기(語基).
무난-하다(無難-) 형여 ①어려울 것이 없다. ¶예선을 무난하게 통과하다./이 일은 자네라면 무난하게 해낼 것이다. ②눈에 띄게 이렇다 할 결점이 없다. ¶옷 빛깔이 잘 어울리고 -./신인이지만 연기가 -.
무난-히 부 무난하게
무날 명 ①음력으로 한 달 동안에 무수기가 같은 두 날을 아울러 이르는 말. 음력으로 아흐렛날과 스무나흗날을 기준으로 함. ②〔의존 명사로도 쓰임〕 ¶일곱 -.
무남-독녀(無男獨女) 명 아들이 없는 집안의 외딸. ☞무매독자(無妹獨子)
무낭-마(無囊馬) 명 불알을 깐 말.
무너-뜨리다(트리다) 타 무너지게 하다. ¶거센 물결이 둑을 -./사회 질서를 -.
무너-지다 자 ①건물이나 구조물 또는 포개어 쌓인 것 등이 내려앉거나 흩어지다. ¶벽돌 담이 -./방어선이 -. ②질서나 체제 따위가 아주 흐트러지다. ¶생산 체제가 -. ③어떤 계획이나 구성 따위가 이루어지지 못하고 깨어지다. ¶원대한 구상이 -.

한자 무너질 괴(壞) 〔土部 16획〕 ¶괴멸(壞滅)/괴열(壞裂)/도괴(倒壞)/파괴(破壞) ▷ 속자는 壊
무너질 붕(崩) 〔山部 8획〕 ¶붕괴(崩壞)/붕락(崩落)

무-넘기 명 ①물이 괴어 저절로 아래 논으로 흘러 넘어가게 논두렁의 한곳을 낮춘 부분. ☞물꼬 ②봇물을 대기 위하여 도랑을 걸쳐 막은 부분. 무넘이
무-넘이 명 무넘기
무:녀(巫女) 명 여자 무당. 무당. ☞무격(巫覡)
무녀리 명 한 태에서 태어난 여러 마리의 짐승 가운데 맨 먼저 나온 새끼. 원문열이
무념(無念) 명-하다 형 ①마음속에 아무런 생각이 없음. ②무아(無我)의 경지에 들어 잡된 생각이 없음.
무념무상(無念無想) 성구 무상무념(無想無念)

무-논 명 ①늘 물이 실려 있는 논. 수답(水畓). 수전(水田) ☞마른논 ②물을 쉽게 댈 수 있는 논. ☞골답

무뇨-증(無尿症)[-쯩] 명 신장(腎臟) 기능의 장애나 수뇨관(輸尿管) 폐쇄 등으로 방광에 오줌이 보내어지지 않아 오줌이 나오지 않는 증세.

무느다(무느고·무너) 타 쌓여 있거나 포개진 물건을 흩어지게 하다. ¶흙더미를 -. 준 문다

무능(無能) 명 -하다 형 ①능력이 없음. ¶-한 관리자. ②재능(才能)이 없음. ☞유능(有能)

무-능력(無能力) 명 -하다 형 일을 해낼 힘이 없음. 아무 일도 할 수 없음. ¶-한 사람./정부의 -을 비판하다.

무능력-자(無能力者) 명 ①능력이 없는 사람. ②민법에서, 단독으로 완전한 법률 행위를 할 수 없는 사람. 곧 미성년자, 금치산자, 한정치산자를 이름.

무능-무력(無能無力) 명 아무 능력이 없음.

무능-태(無能胎) 명 능력은 없고 착하기만 한 사람을 얕잡아 이르는 말. 무룡태

무늬 명 ①물건의 거죽에 나타나 있는 일정한 모양. 문(紋) ¶물결 -/나이테 - ②직물이나 공예품 등을 장식한 여러 가지 그림이나 모양. 문양(文樣). 문채(文彩)

무늬(를) 놓다 관용 ①어떤 바탕에 무늬를 그리거나 찍거나 새기다. ¶무늬를 놓은 벽지. ②무늬를 수놓다.

무:단(武斷) 명 ①무력(武力)으로 정치를 함. ☞문치(文治) ②무력을 배경으로 삼아 일을 처리함.

무단(無斷) 명 -하다 형 상대편에게 미리 승낙이나 허가를 얻지 않음. ¶기록을 -으로 복사(複寫)하다.

무단-히 부 무단하게

무단=결근(無斷缺勤) 명 미리 알리거나 허락을 받지 아니한 결근.

무단=결석(無斷缺席)[-썩] 명 미리 알리거나 허락을 받지 아니한 결석.

무:단=정치(武斷政治) 명 군대나 경찰의 무력을 배경으로 삼아 다스리는 정치. ☞문화 정치(文化政治)

무단=출입(無斷出入) 명 어떤 장소에 관계없는 사람이 허락을 받지 아니하고 함부로 드나드는 일.

무단-히(無端-) 부 아무 까닭 없이. ¶- 트집을 잡다.

무-담보(無擔保) 명 ①담보가 될 것을 내어 놓지 아니하는 일. ¶-로 융자를 신청하다. ②담보를 잡지 아니하는 일. ¶-로 대부(貸付)하다. ☞담보

무:당 명 ①노래와 춤 등으로 굿을 하여 무아(無我)의 경지에 이른 상태에서 신(神)과 접하여, 사람의 길흉을 점치거나 굿하는 일을 전문으로 하는 사람. 여자 무당을 무녀(巫女), 남자 무당을 박수라 이름. 무격(巫覡). 무자(巫子). 사무(師巫) ②무녀(巫女) ☞영매(靈媒)

속담 **무당의 영신인가** : 맥없이 있다가도 어떤 일을 맡기면 기쁘게 받아들이어 날뛰는 사람을 이르는 말./**무당이 제 굿 못하고 소경이 저 죽을 날 모른다** : 자기 일은 자기가 처리하기 어렵다는 말.

무:당-가뢰 명 길앞잡잇과의 곤충. 몸길이는 1.3cm 안팎이고 전체가 암갈색임. 등 쪽은 구리색이고 배 쪽은 금속 광택이 남. 쇠길앞잡이

무:당-개구리 명 무당개구릿과의 개구리. 몸길이 4~5 cm. 등은 얼룩진 녹색이며, 배는 빨간 바탕에 검은 구름 무늬가 있음. 피부에 작은 혹이 많음. 적을 만나면 검은 구름 무늬가 있는 빨간 배를 위로 향하여 죽은체 함. 산 속의 개울이나 늪에 삶. 비단개구리

무:당-벌레 명 ①무당벌렛과에 딸린 딱정벌레를 통틀어 이르는 말. ②무당벌렛과의 딱정벌레. 몸은 달걀 모양으로 둥글고, 아래쪽은 편평하며 표면은 미끄러운데, 겉날개는 황갈색이거나 검은빛 바탕에 얼룩무늬가 있음. 진딧물을 잡아먹는 벌레로, 우리 나라와 중국, 타이완, 일본 등지에 삶.

무:당-서방 명 ①무당의 남편. 무부(巫夫) ②공것을 좋아하는 사람을 놀리어 이르는 말.

무대[1] 명 바다에서, 일정한 방향으로 띠 모양으로 흐르는 바닷물의 흐름. 해류(海流)

무:대[2] 명 ①지지리 못나고 어리석은 사람을 이르는 말. ②투전이나 골패 노름에서, 열 또는 스무 끗으로 꽉 차서 무효가 된 경우를 이르는 말.

무대(無代) 명 '무대상(無代償)'의 준말.

무:대(舞臺) 명 ①음악·무용·연극 등을 하기 위하여 관객석보다 좀 높게 만들어 놓은 곳. 스테이지(stage) ②활약하는 곳. 솜씨나 역량을 발휘하는 곳. ¶세계를 -로 동분서주하다./정치 -에서 활약이 대단하다.

무:대=감독(舞臺監督) 명 연극(演劇)에서, 연출자의 의도에 따라 연기, 무대 장치, 조명, 효과, 의상, 공연 진행 등을 지도하고 감독하는 사람.

무:대-극(舞臺劇) 명 무대에서 관객 앞에서 상연하는 연극.〔영화나 방송극 등과 구별하여 이름.〕

무:대=미:술(舞臺美術) 명 무대의 정경(情景)과 분위기를 꾸며서 연극이나 무용 등의 연출과 연기를 돕는 무대 장치, 무대 조명, 의상 등을 통틀어 이르는 말.

무-대:상(無代償) 명 어떤 일에 대한 삯이나 값을 받지 아니함. 준 무대(無代)

무:대=연:극(舞臺演劇) 명 무대극(舞臺劇)

무:대=예:술(舞臺藝術) 명 연극이나 무용 등과 같이, 무대에서 상연함으로써 표현되는 예술.

무:대=의상(舞臺衣裳) 명 무대 예술에서 연기자가 입는 모든 옷.

무:대=의:장(舞臺意匠) 명 무대의 설비, 의상·조명 등의 예술적인 꾸밈새.

무:대=장치(舞臺裝置) 명 무대 예술에서, 그 장면의 분위기를 나타내기 위하여 무대에 꾸미는 여러 가지 장치.

무:대=조:명(舞臺照明) 명 무대 예술에서, 정경(情景)을 효과적으로 나타내기 위하여 사용하는 조명.

무:대=효:과(舞臺效果) 명 무대 예술에서, 무대 장치·조명·음향 효과 등으로 연극의 진행이나 연출의 효과를 돕는 일, 또는 그 기술.

무더기 명 ①물건을 한데 수북이 쌓은 더미. ②〔의존 명사로도 쓰임〕 ¶한 -./여러 -. ☞모다기

무더기-무더기 부 무더기들이 여기저기 놓여 있는 모양을 나타내는 말. ¶두엄이 - 쌓여 있다. ☞모다기모다기. 무덕무덕

무-더위 명 바람기가 없고 습기가 많아 찌는듯 한 더위. 증열(蒸熱). 증염(蒸炎) ☞불더위

무:덕(武德) 명 무인(武人)이 갖춘 위엄과 덕망.

무덕(無德) 어기 '무덕(無德)하다'의 어기(語基).

무덕-무덕 부 무더기들이 사이가 좀 가깝게 놓여 있는 모양을 나타내는 말. ¶낟가리가 - 널려 있다. ☞모닥모닥. 무더기무더기

무덕-지다 형 '무드럭지다'의 준말.

무덕-하다(無德-) 형여 덕망이 없다. ☞유덕하다

무던-하다 형여 ①마음씨가 수수하고 너그럽다. ¶무던한 성품./무던한 신랑감을 고르다. ②정도가 어지간하다. ¶대접이 그만하면 무던한 편이지.

무던-히 부 무던하게 ¶- 기다리다./- 애를 쓰다.

속담 **무던한 외며느리 없다** : 외며느리는 웬만큼 잘해도 좋은 평을 듣기 어렵다는 말.

무덤 명 송장이나 유골을 땅에 묻은 곳. 구묘(丘墓). 분묘(墳墓). 유택(幽宅). 총묘(塚墓) ☞산소(山所)

한자 **무덤 묘**(墓)〔土部 11획〕 ¶묘소(墓所)/묘지(墓地)
무덤 분(墳)〔土部 12획〕 ¶고분(古墳)/분묘(墳墓)

무덥다(무덥고·무더워) 형ㅂ 바람기가 없고 습기가 많아 찌는듯이 덥다. ¶무더운 밤./무더운 여름.

무:도(武道) 명 ①무인이 지켜야 할 도리. ②무인으로서 갖추어야 하는 무술이나 무예. ☞문도(文道)

무:도(舞蹈) 명 -하다 자 춤을 추는 일, 또는 그 춤. 주로 서양 음악에 맞추어 추는 춤을 이름.

무도(無道) 어기 '무도(無道)하다'의 어기(語基).

무:도-곡(舞蹈曲) 명 무곡(舞曲). 춤곡

무-도:리(無道理) 어기 '무도리(無道理)하다'의 어기.

무도리-하다(無道理-) 형여 어찌할 도리가 없다.

무도막심(無道莫甚) 성구 말이나 행동이 더할 수 없이 도

리에 어긋남을 이르는 말.
무:도-병(舞蹈病)[-뼝]명 손발이나 얼굴 등의 근육이 저절로 움직여 마치 춤을 추는듯 한 몸짓이 되는 병.
무:도-장(武道場)명 무술을 연습하거나 겨루는 곳.
무:도-장(舞蹈場)명 사교 춤을 출 수 있도록 마련된 곳. 댄스홀(dance hall)
무도-하다(無道-)형여 ①도리에 벗어난 데가 있다. ②하는 행동이 사람의 도리에 어그러져 있다.
무:도-회(舞蹈會)명 여러 사람이 사교 춤을 추는 모임.
무:독(武督)명 백제의 16관등 중 열셋째 등급. ☞좌군(佐軍)
무독(無毒)명-하다형 ①독성(毒性)이 없음. ¶- 약품/무독한 버섯. ☞유독(有毒) ②성질이 착하고 순함.
무:동(舞童)명 ①지난날, 나라 잔치 때 노래를 부르며 춤을 추던 사내아이. ②농악이나 걸립굿 등에서 상쇠의 목말을 타고 춤을 추는 아이.
무두-귀(無頭鬼)명 목이 잘려 죽은 사람의 귀신.
무두무미(無頭無尾)성구 밑도 끝도 없음을 이르는 말. 몰두몰미(沒頭沒尾)
무:두-장이명 가죽을 다루는 일을 직업으로 삼는 사람.
무:두-질명-하다자타 ①무두대로 날가죽에 붙어 있는 기름을 훑어 내고 가죽을 부드럽게 다루는 일. ②몹시 시장하거나 속이 쓰라린 상태를 비유하여 이르는 말.
무:둣-대명 무두질할 때 쓰는 칼.
무:드(mood)명 기분. 분위기. 정서(情緖)
무드기부 두두룩하게 많이. 무덕지게
무드럭-지다형 두두룩하게 많이 쌓여 있다. 준무덕지다
무득무실(無得無失)성구 얻는 것도 잃는 것도 없음을 이르는 말. ☞무해무득(無害無得)
무-득점(無得點)명 경기 따위에서, 점수를 얻지 못하는 일. ¶경기가 -으로 끝나다.
무등(無等)부 그 위에 더할 나위 없이. ¶- 좋아하다.
무등-호:인(無等好人)명 더할 나위 없이 좋은 사람.
무디다형 ①끝이나 날이 날카롭지 아니하다. ¶면도날이 -. ②느낌이 날카롭지 아니하다. ¶감각이 -. ③느낌에 따라 일어나는 변화가 더디다. ¶운동 신경이 -. ④말씨가 느리고 무뚝뚝하다. ¶무딘 말씨.

한자 무딜 둔(鈍) 〔金部 4획〕 ¶둔감(鈍感)/둔기(鈍器)/둔지(鈍智)/둔화(鈍化)/우둔(愚鈍)

무뚝뚝-하다형여 성질이 인정스러운 데나 아기자기한 맛이 없다. ¶무뚝뚝한 남자. ☞뚝뚝하다
무뚝-무뚝부 ①덩어리로 된 물건을 이로 큼직큼직하게 베어먹는 모양을 나타내는 말. ¶무를 - 베어먹다. ②어떤 자리에서 이따금 사리에 맞는 말을 하곤 하는 모양을 나타내는 말.
무뜩부 생각지 않던 일이 언뜻 떠오르는 모양을 나타내는 말. ¶까맣게 잊고 있던 일이 - 생각나다. ☞문뜩
무뜩-무뜩부 생각지 않던 일이 언뜻언뜻 떠오르는 모양을 나타내는 말. ☞문뜩문뜩
무-뜯다타 '물어뜯다'의 준말.
무람-없:다[-업-]형 스스럼이나 버릇이 없다. ¶선생님 앞에서 무람없는 행동을 하다.
  무람-없이부 무람없게 ¶벗에게 - 속마음을 털어놓다.
무랍명 굿을 하거나 물릴 때에, 귀신에게 준다고 물에 말아 문간에 내어 두는 한술 밥. 물밥
무:략(武略)명 군사에 관한 계책. 군략(軍略)
무량(無量)어기 '무량(無量)하다'의 어기(語基).
무량-겁(無量劫)명 불교에서, 무한한 시간을 이르는 말. 아승기겁(阿僧祇劫)
무량-대:복(無量大福)명 헤아릴 수 없이 많은 복덕.
무량대:수(無量大數)수 수의 단위. 불가사의(不可思議)의 억 곱절.
무량무변(無量無邊)성구 헤아릴 수 없이 많고 넓음을 이르는 말.
무량-상:수(無量上壽)명 한없이 긴 수명. ☞무량수
무량-세:계(無量世界)명 그지없이 크고 넓은 세계.
무량-수(無量壽)명 ①한없이 오랜 수명. ☞무량상수(無量上壽) ②무량수불(無量壽佛)
무량수경(無量壽經)명 정토종(淨土宗) 삼부경(三部經)의 하나. 석가모니가 그 출세의 본뜻인 타력의 법문을 설법한 내용.
무량수-불(無量壽佛)명 불교에서, 아미타불(阿彌陀佛)의 수명이 한없이 오랜 데서 '아미타불'을 이르는 말. 무량수(無量壽)
무량-하다(無量-)형여 ①헤아릴 수 없이 많다. ②그지없다. 무한량하다 ¶감개가 -.
무럭-무럭부 ①순조롭게 잘 자라는 모양을 나타내는 말. ¶- 자라나는 아이들./- 자란 김장파. ②연기나 김, 냄새 따위가 많이씩 피어 오르는 모양을 나타내는 말. ¶찜통을 열자 김이 - 난다. ☞모락모락
무럼-생선(-生鮮)명 ①'해파리'를 식료품으로 이르는 말. ②살이 무른 사람을 비유하여 이르는 말. ③줏대가 없는 사람을 얕잡아 이르는 말.
무럽다(무럽고·무러워)형ㅂ 모기나 빈대·벼룩 따위의 물것에 물려 가렵다.
무려(無慮)부 ①어떤 수효 앞에 놓여 '대충', '대강'의 뜻을 나타내는 말. ¶장마가 - 한 달은 계속된듯 싶다. ②큰 수효 앞에 놓여 '자그마치'의 뜻을 나타내는 말. ¶관객이 - 5만 명이나 모였다.
무:력(武力)명 군대의 힘. ¶소요를 -으로 진압하다.
무력(無力)어기 '무력(無力)하다'의 어기(語基).
무력-감(無力感)명 스스로 힘에 부치거나 힘이 없음을 깨달았을 때의 맥빠진듯 한 느낌.
무력성=체질(無力性體質)명 몸이 호리호리하고 가슴이 좁고 편편하며 근육의 발달이 좋지 아니한 체질.
무력-심명 활의 양냥고자에 감은 물건.
무력-전(-氈)명 활의 양냥고자 밑에 붙인 작은 전 조각.
무:력-전(武力戰)명 무력을 써서 하는 전쟁.
무력-증(無力症)명 늙거나 오래 앓거나 굶주리거나 하여, 온몸의 기운이 빠져 힘을 쓰지 못하는 증세.
무력-피(-皮)명 활의 양냥고자 밑에 붙인 장식용 가죽.
무력-하다(無力-)형여 ①힘이 없다. ②세력이 없다. ¶무력한 집단. ☞유력하다 ③능력이 없다. ¶현대를 살아가기에 무력한 사람.
무력-화(無力化)명-하다자타 힘이 없게 됨, 또는 힘을 쓰지 못하게 함. ¶적군을 기세로써 -하다.
무렴(無廉)어기 '무렴(無廉)하다'의 어기(語基).
무렴-하다(無廉-)형여 ①염치가 없다. ¶무렴한 행동. ②염치없음을 느끼어 마음이 거북하다.
  무렴-히부 무렴하게
무렵의 말하는 어느 때의 전후(前後)까지를 막연히 포함하여 이르는 말. ¶중학교를 졸업할 -에 알게 된 친구.
무례(無禮)명-하다형 예의가 없음. 예의에 어긋남. ¶제 -를 용서해 주십시오./-한 행동.
  무례-히부 무례하게
무로감 마소를 몰 때, 뒤로 물러나라고 부리는 말.
무:로(霧露)명 안개와 이슬을 아울러 이르는 말.
무:로-이(霧露異)명 ①안개가 몹시 짙거나 오랫동안 끼는 현상. ②이슬이 이상하게 많이 내리는 현상.
무록-관(無祿官)명 조선 시대, 녹봉(祿俸)이 없는 관직, 또는 그 관원을 이르던 말.
무론(毋論·無論)명 물론(勿論)
무롸-가다자 '무르와가다'의 준말.
무롸-내:다자 '무르와내다'의 준말.
무뢰-배(無賴輩)명 일정한 직업이 없이 불량한 행동을 하는 무리. ☞무뢰한(無賴漢)
무뢰-한(無賴漢)명 일정한 직업이 없이 불량한 행동을 하며 돌아다니는 사람. ☞무뢰배(無賴輩)
무료(無料)명 ①값이나 요금을 치르지 않아도 되는 일. ¶전시품을 -로 관람하다./-로 입장하다. ☞유료(有料) ②남을 위하여 어떤 일을 하고도 삯을 받지 않는 일. ¶- 봉사(奉仕) 유무급(無給)
무료(無聊)어기 '무료(無聊)하다'의 어기(語基).
무료-하다(無聊-)형여 ①지루하고 심심하다. ¶무료한

나날을 보내다. ②부끄럽고 열없다. ¶무료한 표정으로 앉아 있다.
무료-히 부 무료하게
무룡-태 명 능력은 없고 착하기만 한 사람을 얕잡아 이르는 말. 무능태(無能胎)
무루(無漏) 명 불교에서, 번뇌(煩惱)가 없음, 또는 그런 경지를 이르는 말.
무류(無謬) 어기 '무류(無謬)하다'의 어기(語基).
무류(無類) 어기 '무류(無類)하다'의 어기(語基).
무류-하다(無謬―) 형여 오류가 없다. 그릇된 데가 없다.
무류-하다(無類―) 형여 ①유례(類例)가 없다. ②비길 데가 없다. 무비하다
무륜무척(無倫無脊) 성구 일에 차례가 없음을 이르는 말.
무르-녹다 자 ①과일이나 열매 따위가 익을 대로 충분히 잘 익다. ¶오곡백과가 무르녹은 계절. ②어떤 상태가 한창 고비에 이르다. ¶잔치 분위기가 바야흐로 무르녹아 가다. /단풍이 무르녹을 무렵. /녹음이 무르녹는 어느 여름날. ☞무르익다
무르다[1](무르고·물러) 자르 굳은 물건이 익어서 물렁하게 되다. ¶메주콩을 흠씬 무르게 삶다.
무르다[2](무르고·물러) 자타르 ①샀던 물건을 도로 주고, 치른 돈을 되받다. ¶새로 산 신발이 헐거워서 ―. ②한번 약속하거나 결정한 일을 없던 것으로 하다. ¶약혼한 일을 ―. ③남에게 넘겨주었던 것을 되받거나 되찾다. ¶팔았던 물건을 ―. ④바둑이나 장기 등에서, 한번 둔 것을 두지 않은 것으로 하다. ¶장기에서 한 수를 ―. ⑤있던 자리에서 뒤로 옮아가다. ¶뒤로 조금만 물러앉아라.
무르다[3](무르고·물러) 형르 ①단단하지 않다. ¶무른 감. ②바탕이 성글어 힘이 적다. ③마음이나 힘이 약하다. ¶마음이 물러서 남에게 싫은 소리를 못한다.
속담 **무른 감도 쉬어 가면서 먹어라** : 쉬운 일이라도 차근차근 조심해서 해야 한다는 말. 〔구운 게도 다리를 떼고 먹는다/얕은 내도 깊게 건너라/돌다리도 두들겨 보고 건너라/식은 죽도 불어 가며 먹어라/아는 길도 물어 가라〕/**무른 땅에 말뚝 박기** : ①매우 하기 쉬운 일을 이르는 말. ②권세 있는 사람이 힘이 없는 사람을 억누르기 쉽다는 말. /**무른 메주 밟듯** : 함부로 짓밟고 다님을 이르는 말. /**물러도 준치 썩어도 생치** : 값어치 있는 물건은 좀 썩거나 헐어도 제 값어치를 지니고 있다는 말. 〔썩어도 준치〕
무르와-가다 자 윗사람 앞에서 물러가다. 준무롸가다
무르와-내:다 자 ①웃어른 앞에 있는 것을 들어 내오다. ②웃어른에게서 무엇을 타내다. 준무롸내다
무르-익다 자 ①과일이나 열매 따위가 익을 대로 푹 익다. 농익다 ¶무르익은 홍시. /오곡이 무르익는 가을. ②어떤 일을 하는 데 알맞은 때가 되다. ¶기회가 무르익기를 기다려 일을 실행하다. ③어떤 상태가 한창 고비에 이르다. ¶개혁 기운이 ―. /봄기운이 ―. ☞무르녹다
무르춤-하다 자여 물러설듯이 행동을 갑자기 멈추다. ¶강아지가 무르춤하며 빤히 쳐다본다. 준무춤하다
무르팍 명 '무릎'의 속된말. 준물팍
무르팍-걸음 명 '무릎걸음'의 속된말.
무름-병(―病)[―뼝] 명 누에와 같은 곤충의 소화관이나 혈액 속에 세균이 번식하여 먹이를 잘 먹지 않고, 움직임이 느려지며 피부의 탄력이 없어져 마침내 연약해지는 병. 연화병(軟化病)
무름-하다 형여 좀 무르다.
무릅쓰다 타 ①어렵고 고된 일을 참고 견디어 내다. ¶고난을 무릅쓰고 학업에 정진하다. /추위를 무릅쓰고 강물에 뛰어들다. ②위에서 내리는 것을 그대로 몸으로 받다. ¶폭우를 무릅쓰고 달리다.

한자 **무릅쓸 모**(冒) 〔冂部 7획〕 ¶모범(冒犯)/모설(冒雪)/모풍(冒風)/모한(冒寒)/모험(冒險)

무릇[1] 명 백합과의 여러해살이풀. 봄에 비늘줄기에서 가느다란 잎이 두세 개 마주나고 가을에 담자색 이삭꽃이 핌. 들이나 밭에 저절로 자람.
무릇[2] 부 〔어떤 말을 시작할 때, 말머리에 하는 예스러운 말로〕 대체로 보아서. 대저(大抵). 대컨 ¶―, 군자는 글을 널리 배우느니라.
무릇-하다[―른―] 형여 무른듯 하다.
무:릉-도원(武陵桃源) 명 속세(俗世)와 멀리 떨어진 평화스러운 별천지(別天地)를 이르는 말. 중국 동진(東晉)의 시인 도연명(陶淵明)의 글 '도화원기(桃花源記)'에 나오는 말. 준도원(桃源) ☞선경(仙境)
무릎 명 정강이와 넓적다리 사이의 관절의 앞쪽. 슬두(膝頭) 속무르팍
무릎을 맞대다 관용 상대편과 가까이 마주 앉다. ¶무릎을 맞대고 대책을 궁리하다.
무릎(을) 꿇다 관용 굴복하다. 항복하다 ¶한동안 기세가 등등하더니 마침내 ―.
무릎-걸음[―릅―] 명 꿇은 무릎으로 마치 걷듯이 몸을 옮기는 일. 속무르팍걸음
무릎-깍지[―릅―] 명 앉아서 두 무릎을 세워 두 팔 안에 무릎이 안기도록 깍지를 끼는 일.
무릎-꿇림[―릅꿀―] 명-하다 타 지난날, 죄인을 문초할 때 등에 두 손을 뒤로 묶고 뜰에 두 무릎을 꿇리던 일.
무릎대어-돌리기[―릅―] 명 씨름의 혼합기술의 한 가지. 오른발바닥을 상대편의 왼 무릎 바깥쪽에 대어 오른쪽으로 돌려 던져 넘어뜨리는 공격 재간. ☞등채기
무릎-도가니[―릅―] 명 소 무릎의 종지뼈와 거기에 붙은 고깃덩이. 준도가니
무릎-도리[―릅―] 명 무릎의 바로 아래쪽.
무릎-마디[―릅―] 명 대퇴골(大腿骨)과 경골(脛骨)이 이어진 마디. 슬관절(膝關節)
무릎-맞춤[―릅맏―] 명-하다 자 두 사람의 말이 서로 엇갈릴 때, 제삼자나 말을 전한 사람과 마주 대하여 전에 한 말을 그대로 다시 하게 하여 옳고 그름을 가리는 일. 두질(頭質). 면질(面質) ☞대질(對質)
무릎=반:사(―反射)[―릅―] 명 슬개골(膝蓋骨) 아래의 힘줄을 약간 두드렸을 때, 사두 고근(四頭股筋)이 수축하여 무릎이 펴지는 반사. 슬개건 반사(膝蓋腱反射)
무릎-베개[―릅―] 명-하다 자 남의 무릎을 베개 삼아 베는 일. ¶―를 한 채 잠이 들다.
무릎-장단[―릅―] 명 무릎을 치며 장단을 맞추는 일.
무릎-재기[―릅―] 명 택견에서, 발질의 한 가지. 원품으로 서서 두 무릎을 번갈아 가며 가슴 높이까지 들어올렸다 내렸다 하는 동작.
무릎-짚기[―릅집―] 명 택견에서, 발질의 한 가지. 양발을 어깨 너비보다 조금 넓게 벌려 선 상태에서 두 손바닥으로 무릎을 짚어 체중을 싣고 다리를 굽혔다 폈다 하는 동작.
무릎-치기 [―릅―] 명 바짓가랑이 길이가 무릎까지 오는 짧은 바지.
무릎-틀기[―릅―] 명 씨름의 혼합기술의 한 가지. 상대편과 몸의 오른쪽 부분이 맞닿아 있을 때에 상대편의 무릎 바깥쪽에 무릎 바깥쪽을 붙이고 왼쪽으로 틀어 젖혀 넘어뜨리는 공격 재간. ☞빗장걸이
무리[1] 명 사람이나 동물이 한곳에 떼를 이루어 모인 상태, 또는 한곳에 모인 동아리. ¶구경꾼이 ―를 지어 가다. /꿀벌이 ―를 지어 살다. ☞도중(徒衆)

한자 **무리 군**(群) 〔羊部 7획〕 ¶군거(群居)/군락(群落)/군무(群舞)/군서(群棲)/군중(群衆)/군집(群集)
무리 당(黨) 〔黑部 8획〕 ¶도당(徒黨) ▷ 속자는 党
무리 대(隊) 〔阜部 9획〕 ¶대상(隊商)/대열(隊列)
무리 도(徒) 〔彳部 7획〕 ¶도배(徒輩)/도중(徒衆)
무리 류(類) 〔頁部 10획〕 ¶동류(同類)/부류(部類)
무리 배(輩) 〔車部 8획〕 ¶동배(同輩)/연배(年輩)
무리 중(衆) 〔血部 6획〕 ¶관중(觀衆)/군중(群衆)

무리[2] 명 어떤 생산물 등이 한꺼번에 많이 나오는 시기. ¶참외가 한창 쏟아져 나올 ―.
무리[3] 명 흰쌀을 물에 불려, 맷돌에 갈아서, 물에 담가 웃물을 여러 번 갈면서 가라앉힌 것. 죽이나 응이를 쑬 때

씀. 쌀무리. 수미분(水米粉). 수분(水粉)
무리[4] 명 해나 달의 둘레에 생기는 둥근 테 모양의 빛. ☞달무리. 햇무리
무리(無理)[1] 명 -하다 타 힘에 겨운 일을 억지로 함. ¶몸에 -가 가다./다급하더라도 -하지는 말게.
무리(無理)[2] 명 -하다 형 ①사리에 맞지 않고 억지스러움. ¶그의 반론을 들으니 -가 없다./그가 화를 내는 것도 -가 아니다./-한 주장. ②이루기가 어렵거나 하기가 어려움. ¶-한 명령./-한 일을 시키다. ③정도에 지나침. ¶자네의 체력으로는 -한 일일세./-한 요구.
무리-고치 명 깨끗하지 못한 고치. ☞쌀고치
× **무리꾸럭** 명 →물이꾸럭
무리-난:제(無理難題) 명 ①무리하여 해결하기 어려운 문제. ②까닭없이 부리는 트집.
무리-떡 명 무리로 만든 떡.
무리-무리 부 어떤 생산물 등이 계절이나 형편에 따라 나오되 때를 따라 여러 차례로. ¶과일이 철 따라 - 나오다. ☞물물이
무리-바닥 명 쌀무리를 바닥에 먹인 미투리.
무리-방정식(無理方程式) 명 미지수에 따른 무리식을 가진 방정식.
무리-수(無理數) 명 분수로 나타낼 수 없는 실수(實數). 순환하지 않는 무한 소수로 나타내는 수. ☞유리수(有理數)
무리-식(無理式) 명 무리수가 들어 있는 대수식(代數式). ☞유리식(有理式)
무리-풀 명 ①무릿가루로 쑨 풀. ②무릿가루를 맹물에 타서 걸죽하게 갠 물. 종이를 배접(褙接)할 때 종이 빛을 희게 하려고 칠함.
무:림(茂林) 명 나무가 우거진 숲.
무릿-가루 명 무리를 말린 흰 가루.
무릿-매[-릳-] 명 노끈을 겹쳐 그 끝에 작은 돌을 낀 다음, 노끈 양끝을 모아 잡고 휘두르다가 노끈의 한 끝을 놓아 돌을 멀리 던지는 팔매.
무릿매-질[-릳-] 명 -하다 자 무릿매로 하는 팔매질.
무:마(撫摩) 명 -하다 타 ①어루만짐. ②달래고 타이름. 마무(摩撫) ¶피해자들을 -하다.
무:-말랭이 명 반찬거리로 쓰려고 잘게 썰어 말린 무. 준 말랭이
무:말랭이-장아찌 명 장아찌의 한 가지. 무말랭이를 물에 살짝 씻어서 물기를 꼭 짠 다음, 간장에 절였다가 참기름, 깨소금 등의 양념으로 무친 반찬.
무-맛(無-) 명 아무 맛이 없음을 이르는 말. ¶음식의 간을 보니 -이다. ☞무미(無味)
무망(无妄) 명 '무망괘(无妄卦)'의 준말.
무:망(務望) 명 -하다 타 애써서 바람.
무망(無妄) 명 '무망중(無妄中)'의 준말.
무:망(誣罔) 명 -하다 타 거짓 사실을 꾸며 남을 속임. 기망(欺罔)
무망(無望) 어기 '무망(無望)하다'의 어기(語基).
무망-괘(无妄卦) 명 육십사괘(六十四卦)의 하나. 건괘(乾卦) 아래 진괘(震卦)가 놓인 괘로 천하에 우레가 행함을 상징함. 준 무망(无妄) ☞대축(大畜)
무망-중(無妄中) 명 ①뜻하지 아니한 판. 준 무망(無妄) ②〔부사처럼 쓰임〕 뜻하지 아니한 판에. ¶- 수해를 입다./- 사고를 당하다.
무망지복(毋望之福) 명 뜻밖에 얻은 행복.
무망-하다(無望-) 형여 ①희망이 없다. ②가망이 없다. ¶무망한 사업에 손을 대다.
무매-독신(無妹獨身) 명 형제자매가 없는 혼자 몸.
무매-독자(無妹獨子) 명 딸이 없는 집안의 외아들. ☞무남독녀(無男獨女)
무면도:강(無面渡江) 성구 '무면도강동'의 준말.
무면도:강동(無面渡江東) 성구 중국 초(楚)나라 때 항우(項羽)의 고사에서 나온 말로, 하고자 하던 일을 이루지 못하여 고향으로 돌아갈 면목이 없는 형편을 이르는 말. 준 무면도강(無面渡江)
무-면:허(無免許) 명 면허가 없는 것. ¶- 운전
무명 명 무명실로 짠 피륙. 면(綿). 면포(綿布). 목(木). 목면포(木綿布). 무명베. 백목(白木) 준 명
무:명(武名) 명 무인이 용맹이나 무공(武功)으로써 알려진 이름. ☞문명(文名)
무명(無名) 명 ①이름이 없는 것. ¶-의 별./-의 작품. ②-하다 형 사회에 이름이 알려져 있지 아니함. ¶- 작가(作家)/-한 신인 시절.
무명(無明) 명 불교에서, 번뇌로 말미암아 진리에 어둡고 불법을 이해하지 못하는 마음의 상태를 뜻하는 말.
무명=계약(無名契約) 명 비전형 계약(非典型契約) ☞유명 계약(有名契約)
무명-골(無名骨) 명 궁둥이뼈. 관골(髖骨). 관비(髖髀)
무명-베 명 무명실로 짠 베. 목면포(木綿布). 무명
무명-석(無名石) 명 바위에 붙어 있는, 흑갈색의 윤이 나는 쌀알만 한 광물. 무명이(無名異)
무명=세:계(無明世界) 명 불교에서, 세상의 번뇌에 사로잡힌 고뇌의 세계인 사바 세계(娑婆世界)를 이르는 말.
무명-소:졸(無名小卒) 명 이름이 알려지지 않은 하찮은 사람.
무명-수(無名數) 명 단위를 붙이지 아니한 보통의 수를 명수(名數)에 상대하여 이르는 말. 불명수(不名數) ☞명수(名數)
무명-술(無明-) 명 불교에서, 무명(無明)이 빚어낸 번뇌가 본심을 흐리게 하는 일을 술에 비유하여 이르는 말.
무명-실 명 목화의 솜을 자아 만든 실. 면사(綿絲). 목면사(木綿絲). 목사(木絲). 목실
무명-씨(無名氏) 명 ①이름을 드러내지 않은 사람. ②이름을 모르는 사람. 실명씨(失名氏) ¶-의 작품.
무명-옷 명 무명으로 지은 옷. 면의(綿衣)
무명-이(無名異) 명 바위에 붙어 있는, 흑갈색의 윤이 나는 쌀알만 한 광물. 무명석(無名石)
무명-자(無名子) 명 ①화소청(畫燒青) ②흑자석(黑赭石)
무명-조개 명 '대합(大蛤)'의 딴이름.
무명-지(無名指) 명 약손가락 ☞무지(拇指). 식지(食指). 인지(人指)
무명지사(無名之士) 명 이름이 사회에 널리 알려지지 아니한 인사(人士).
무명지인(無名之人) 명 이름이 사회에 널리 알려지지 아니한 사람.
무명-초(無名草) 명 ①이름이 없는 풀. ②이름이 알려지지 아니한 풀.
무명-활 명 목화를 타서 솜을 만드는 데 쓰는 기구. 준 활 ☞솜틀. 타면기(打綿機)
무모(無毛) 명 -하다 형 털이 없음.
무모(無謀) 어기 '무모(無謀)하다'의 어기(語基).
무모-증(無毛症)[-쯩] 명 머리털·수염·액모(腋毛)·음모(陰毛) 따위가 없거나 발육이 불완전한 상태. ☞다모증(多毛症)
무모-하다(無謀-) 형여 꾀나 분별이 없다. ¶무모한 모험을 강행하다.
  무모-히 부 무모하게
무:문(舞文) 명 ①함부로 말을 꾸미어 자기에게 유리한 글을 쓰는 일, 또는 그 글. ☞곡필(曲筆) ②법률을 제멋대로 해석하여 남용하는 일.
무문(無紋) 어기 '무문(無紋)하다'의 어기(語基).
무:문-곡필(舞文曲筆) 명 함부로 말을 꾸미어 사실과 동떨어진 글을 쓰는 일. 무문농필(舞文弄筆)
무문-근(無紋筋) 명 내장벽을 싼, 횡문(橫紋)이 없는 근육. 불수의근이나 평활근 따위.
무:문-농:필(舞文弄筆) 명 무문곡필(舞文曲筆)
무문-하다 형여 무늬가 없다.
무물부존(無物不存) 성구 없는 물건이 없음을 이르는 말.
무물불성(無物不成)[-썽] 성구 돈이 없이는 아무 일도 이루지 못함을 이르는 말.
무뭉스레-하다 형여 무뭉스름하다
무뭉스름-하다 형여 뭉뚝하고 둥그스름하다.

무:미(貿米)명-하다자 이익을 보고 팔려고 쌀을 많이 사들임. ☞무곡(貿穀)
무미(無味)어기 '무미(無味)하다'의 어기(語基).
무미건조-하다(無味乾燥-)형여 〔맛이나 재미가 없이 메마르다는 뜻으로〕 글이나 그림 또는 분위기 등이 딱딱하고 운치나 재미가 없다. 건조무미하다 ¶무미건조한 이야기./무미건조한 생활./무미건조한 분위기.
무미-스럽다(無味-)(-스럽고·-스러워)형ㅂ 보기에 무미하다.
　무미-스레부 무미스럽게
무미익-기(無尾翼機)명 주익(主翼)만 있고 꼬리날개가 없는 비행기.
무미-하다(無味-)형여 ①맛이 없다. ②재미가 없다. ¶무미한 나날을 보내다. ③아무 취미가 없다. 몰취미하다. ¶무미한 생활. ④무의미하다
무:반(武班)명 지난날, 무관의 반열을 이르던 말. 서반(西班). 호반(虎班) ☞문반(文班)
무반동-포(無反動砲)명 포탄을 발사할 때, 가스 압력을 뒤로 빠져 나가게 하여 포신의 반동이 없게 만든 화포. 보병에서 주로 대전차 화기로 씀.
무-반주(無伴奏)명 반주가 없는 것. ¶-로 노래하다./-곡/- 합창
무반-향(無班鄕)명 지난날, 문벌이 높은 사람이 살지 않는 시골을 이르던 말.
무:-밥명 쌀에 무채를 섞어 지은 밥, 또는 무채를 밥솥 바닥에 깔고 그 위에 쌀과 양념한 돼지고기를 켜켜이 얹어 지은 밥.
무방(無妨)어기 '무방(無妨)하다'의 어기(語基).
무-방비(無防備)명-하다형 적의 침입이나 위험 또는 재해(災害)에 대한 준비가 없음. ¶홍수에 -한 상태이다.
무방비=도시(無防備都市)명 군사적인 방비가 없는 도시. 국제법상 전시에도 공격이 금지되어 있음. 개방 도시(開放都市) ☞방수 도시(防守都市)
무방-하다(無妨-)형여 거리낄 것이 없다. 괜찮다 ¶자기가 느낀 바를 말해도 -.
무-배:당(無配當)명 이익 배당이 없는 일, 특히 주식에서 배당이 없는 일.
무배=생식(無配生殖)명 난세포 이외의 체세포에서 수정이 없이 포자체(胞子體)를 만드는 일.
무배유=종자(無胚乳種子)명 배(胚)만 있고 따로 배유(胚乳)가 없으며, 떡잎 부분이 매우 살쪄 그 속에 많은 양분을 저장하고 있는 종자. 완두나 밤 따위. ☞유배유종자(有胚乳種子)
무백혈-병(無白血病)[-뼝]명 백혈병의 한 증세. 백혈병 경과 중에, 말초(末梢) 혈액 속의 백혈구 수가 정상 또는 정상 이하로 감소되어 있는 상태를 이름.
무법(無法)명-하다형 ①법이 없거나, 법이 지켜지지 않고 문란함. ¶- 지대 ②도리에 벗어나고 예의가 없음. ¶-한 테러 행위.
무법-자(無法者)명 법이나 사회 질서를 무시하고, 거칠고 사나운 행동을 일삼는 사람.
무법-천지(無法天地)명 제도와 질서가 문란하여 법이 없는 것과 같은 세상.
무:변(武弁)명 무관(武官)
무변(無邊)[1]명 '무변리(無邊利)'의 준말.
무변(無邊)[2]명-하다형 가없음. 끝 간 데 없음.
무변-광:야(無邊曠野)명 가없이 넓은 벌판. 무변대야
무변-대:야(無邊大野)명 무변광야(無邊曠野)
무변-대:양(無邊大洋)명 무변대해(無邊大海)
무변-대:해(無邊大海)명 가없이 넓은 바다. 무변대양
무-변리(無邊利)명 변리가 없음. 준무변(無邊)[1]
무변=세계(無邊世界)명 가없이 넓은 세계.
무변-전(無邊錢)명 변리가 붙지 않는 빚돈.
무-변:태(無變態)명 동물이 알에서 깨어 성충이 되기까지 변태(變態)를 하지 아니하는 일.
무병(無病)명-하다형 몸에 병이 없음. ¶가족의 -을 빌다./- 무탈하다.
무병-장수(無病長壽)명 병이 없이 오래 삶.
무:보(誣報)명-하다타 거짓으로 속여서 보고함, 또는 그 보고. 만보(瞞報)
무-보:수(無報酬)명 보수가 없음. ¶-로 봉사하다.
무보:증=사:채(無保證社債)명 금융 기관 등 보증 기관의 보증 없이 발행되는 일반 사채.
무:복(巫卜)명 무당과 점쟁이를 아울러 이르는 말.
무:복(巫服)명 무당이 굿할 때 입는 옷.
무복지친(無服之親)명 무복친(無服親) ☞유복지친
무복-친(無服親)명 ①복제(服制)에 들지 않는 가까운 친척. 무복지친(無服之親) ☞유복친(有服親) ②단문친(袒免親)
무본-대:상(無本大商)명 밑천 없이 하는 큰 장수라는 뜻으로, '도둑'을 비꼬아서 이르는 말.
무:부(巫夫)명 무당서방
무:부(武夫)명 ①용맹스러운 장부. ②무인(武人)
무:부(珷玞)명 붉은 바탕에 흰 무늬가 있는 옥 비슷한 돌.
무부무군(無父無君)성구 어버이도 임금도 안중에 없이 함부로 행동하는 태도를 이르는 말. ☞난신적자(亂臣賊子)
무-분별(無分別)어기 '무분별(無分別)하다'의 어기(語基).
무분별-하다(無分別-)형여 분별이 없다. ¶무분별한 행동./외국의 문화를 무분별하게 받아들이다.
무분-전(無分廛)명 조선 시대, 능력이 없어서 국역(國役)을 분담하지 않는 가게를 이르던 말. ☞유분전
무불간섭(無不干涉)성구 무슨 일에나 나서서 간섭하지 않는 것이 없음을 이르는 말. ☞무사불참(無事不參)
무불통달(無不通達)성구 무불통지(無不通知)
무불통지(無不通知)성구 무슨 일이든지 두루 통달하여 훤히 앎을 이르는 말. 무불통달(無不通達)
무:브망(mouvement 프)명 그림이나 조각 등에 표현되는 약동감(躍動感).
무:비(武備)명 전쟁을 위한 준비. 병비 유군비(軍備)
무비(無比)명-하다형 견줄만 한 것이 없음. ¶천하 -한 미모.
무비-일색(無比一色)[-쌕]명 비길 데 없이 뛰어난 미인. 천하일색(天下一色)
무빙(無氷)명-하다자 강이나 호수 따위가 얼지 않음.
무:빙(霧氷)명 기온이 빙점(氷點) 이하일 때 공기 중의 수증기나 물방울이 나뭇가지 등에 엉겨 붙어 생긴 얼음.
무:사(武士)명 무예(武藝)를 익히고 무도(武道)를 닦아서 군사에 관한 일을 하던 사람. 무인(武人) ☞문사(文士)
무:사(武事)명 무예(武藝)와 전쟁에 따른 일.
무:사(武砂)명 '무사석(武砂石)'의 준말.
무사(無死)명 야구에서, 공격측에 아웃당한 선수가 없음을 이르는 말. 노아웃
무사(無事)명-하다형 ①걱정할만 한 일이 없음. ¶-한 나날을 보내다. ②아무 탈이 없음. ¶온 가족이 -하다./피랍자들은 다행히 -했다.
　무사-히부 무사하게 ¶- 임무를 수행하다.
무사(無嗣)명-하다형 무후(無後)
무:사(蕪辭)명 ①되는대로 조리 없이 늘어놓는 말. ②자기가 한 말을 겸손하게 이르는 말.
무사(無私)어기 '무사(無私)하다'의 어기(語基).
무사(無邪)어기 '무사(無邪)하다'의 어기(語基).
무사(無似)어기 '무사(無似)하다'의 어기(語基).
무사가:답(無辭可答)성구 사리에 맞아 감히 무어라고 대답할 말이 없음을 이르는 말.
무-사:고(無事故)명 사고가 없음. ¶- 운전
무사-귀:신(無祀鬼神)명 자손이 다 죽어서 죽은 뒤에 제사를 지내 줄 사람이 없는 귀신.
무사독학(無師獨學)성구 스승이 없이 혼자서 학문을 익히는 일을 이르는 말.
무사득방(無事得謗)성구 아무 까닭이 없이 남에게서 비방을 듣는 일을 이르는 말.
무-사마귀명 피부에 낟알만 하게 사마귀처럼 돋아 난 군살. 백우(白疣). 우목(疣目)
무사무려(無思無慮)성구 아무 생각이나 근심이 없음을

이르는 말.
무사=분열(無絲分裂)명 세포가 분열할 때, 핵(核) 속에 방추체(紡錘體)나 염색체(染色體) 등이 형성되지 않고 핵이 단순히 둘로 나뉘는 분열. 직접 분열(直接分裂) ☞유사분열(有絲分裂)
무사분주(無事奔走)성구 쓸데없이 바쁘게 돌아다니는 일을 이르는 말.
무사불참(無事不參)성구 자기에게 관계가 있거나 없거나 간에 참견하지 아니하는 일이 없음을 이르는 말. ☞무불간섭(無不干涉)
무사-석(武砂石)명 성문(城門)을 쌓을 때, 홍예(虹霓) 옆에 층층이 쌓는 돌. 준무사(武砂)
무사자통(無師自通)성구 스승도 없이 스스로 공부하여 깨쳐 아는 일을 이르는 말.
무사-주의(無事主義)명 모든 일에 말썽 없이 무난히 지내려는 소극적인 태도나 경향.
무사태평(無事泰平)성구 ①아무 탈 없이 편안함을 이르는 말. ②아무 일에도 개의하지 않고 마음에 근심 걱정이 없음을 이르는 말.
무사-하다(無私-)형여 사사로운 감정에 사로잡히거나 잇속을 챙기거나 하는 데가 없다. ¶공평하고 무사한 태도.
무사-하다(無邪-)형여 도리에 벗어나거나 부정(不正)한 데가 없다.
무사-하다(無似-)형여 글에서 자기를 가리키는 말 앞에서, '무사한'의 꼴로 쓰이어, 자신이 '할아버지나 아버지만 못한', '하찮은'의 뜻으로 스스로를 낮추어 이르는 말. ¶무사한 자식./무사한 놈.
무:산(霧散)명-하다자 안개가 걷히듯 흩어져 사라짐. ¶새로 구상한 사업 계획이 -되다.
무산(無産)앞말 재산이 없음을 이르는 말. ¶- 계급 ☞유산(有産)
무산=계급(無産階級)명 자본주의 사회에서, 생산 수단을 가지고 있지 아니하여 노동한 삯으로 생활하는 계급을 이르는 말. 제사 계급(第四階級) ☞유산 계급
무산-자(無産者)명 재산이 없는 사람, 또는 무산 계급인 사람. ☞유산자(有産者)
무산=정당(無産政黨)명 무산 계급의 이익이나 의사를 대표하는 정당.
무산-증(無酸症)[-쯩]명 위산 결핍증(胃酸缺乏症)
무산지몽(巫山之夢)관용 중국 초(楚)나라의 양왕(襄王)이 낮잠을 자다가 무산의 선녀를 만나 즐거움을 누렸다는 고사(故事)에서, 남녀간의 은밀한 만남을 이르는 말.
무살명 물렁물렁하게 찐 살.
무-삶이명-하다타 논에 물을 실어 삶는 일, 또는 그런 논. ☞건삶이
×무삼명 →수삼(水蔘)
무상(無上)명-하다형 그 이상 없음. 더할 수 없이 좋음. ¶-의 영광./-한 기쁨.
무상(無相)명 ①일정한 형태나 모습이 없는 것. ②불교에서, 모든 집착을 떠난 초연(超然)한 경지를 이르는 말.
무상(無常)명-하다형 ①덧없음. ¶인생의 허무와 -을 느끼다. ②늘 변하고 일정하지 않음. ¶변화가 -하다./출입이 -하다./-으로 드나들다. ③불교에서, 상주(常住)하는 것이 없다는 뜻으로, 영원히 변하지 않는 것은 없음을 이르는 말. ¶제행 -
무상(無想)명 불교에서, 마음속에 아무런 상념(想念)이 없음을 이르는 말.
무상(無償)명 ①보상이 없음. ¶-으로 봉사하다. ②값을 치르지 않아도 되는 일. ¶곡식을 -으로 공급하다. ☞유상(有償)
무상(無狀)어기 '무상(無狀)하다'의 어기(語基).
무상=계:약(無償契約)명 당사자의 한쪽만 이익을 얻게 되는 계약. 증여(贈與), 사용 대차(使用貸借), 무이자의 소비 대차(消費貸借) 따위. 유상 계약(有償契約)
무상-관(無想觀)명 세상만사는 다 덧없고 변화한다고 보는 관념.
무상=교:육(無償敎育)명 교육을 받는 학생에게서 교육비를 받지 아니하고, 무료로 실시하는 교육 형태.
무상=기간(無霜期間)명 늦은 봄의 마지막 서리가 내린 날에서 초겨울의 첫서리가 내린 날까지의 기간.
무상-대:복(無上大福)명 더없이 큰 복.
무상=대:부(無償貸付)명 대가를 받지 아니하고 거저 빌려 주는 일. ☞유상 대부(有償貸付)
무상무념(無想無念)성구 불교에서, 모든 잡념이 사라져 마음이 빈듯이 담담한 상태를 이르는 말.
무상=배:부(無償配付)명 값을 받지 않고 거저 나누어 주는 일.
무-상시(無常時)명 일정한 때가 없음을 뜻하는 말로, 어느 때라고 정해진 것이 아닌 보통 때. [주로 '무상시로'의 꼴로 쓰임.] 무시(無時) ¶-로 드나들다.
무상신속(無常迅速)성구 불교에서, 인간 세상의 변천이 매우 빠름을, 또는 세월과 수명의 덧없음을 이르는 말.
무상왕:래(無常往來)성구 아무 때나 거리낌없이 왔다갔다 함을 이르는 말.
무상=원조(無償援助)명 무상으로 거저 도와 주는 일.
무상-주(無償株)명 납입(納入) 의무가 없이 무상으로 발행되는 주식. 발기인주(發起人株) 따위.
무상=증자(無償增資)명 적립금을 자본으로 전입하거나 주식 배당을 출자하는 따위와 같이 자본의 법률상 증가만을 가져오는 명목상의 증자. ☞유상 증자(有償增資)
무상-출입(無常出入)명 아무 때나 거리낌없이 드나듦.
무상-하다(無狀-)형여 ①아무 형상이 없다. ②예절이 없다. ③이렇다 할 공적이나 착한 행실이 없다.
무상해:탈(無相解脫)성구 불교에서, 일체의 법이 무상함을 깨달아 집착과 번뇌에서 벗어나는 경지에 들어감을 이르는 말.
무상=행위(無償行爲)명 어떤 일에 대한 보상이 없이 출연(出捐)함을 내용으로 하는 법률 행위. ☞유상 행위(有償行爲)
무색(-色)명 물감을 들인 빛깔. ¶- 치마
무색(無色)[1]명 아무 빛깔이 없음. ¶- 투명한 유리. ☞유색(有色)
무색(無色)[2]어기 '무색(無色)하다'의 어기(語基).
무색-계(無色界)명 불교에서 이르는 삼계(三界)의 하나. 색계(色界) 위에 있어 물질의 속박을 벗어나서 정신적으로만 사는 세계. 무색천(無色天)
무색=광:물(無色鑛物)명 철(鐵)이나 마그네슘이 들어 있지 아니하여 무색이거나 흰 빛깔을 띠고 있는 조암 광물(造岩鑛物). 석영(石英)·장석(長石) 따위.
무색-옷(-色-)명 물을 들인 천으로 지은 옷. 색복(色服). 색의(色衣). 화복(華服) 준색옷
무색-천(無色天)명 무색계(無色界)
무색-하다(無色-)형여 ①볼 낯이 없어 부끄럽다. ¶무색하여 어쩔 줄을 몰라 하다./무색한 웃음을 띠다. ②너무나 놀랍거나 비교가 되지 않아 할 말이 없다. ¶가수가 무색할 정도의 노래 솜씨.
무생-물(無生物)명 돌이나 물처럼 생명이나 생활 기능이 없는 물체. ☞생물(生物)
무:-생채(-生菜)명 생채의 한 가지. 곱게 채친 무를 고춧가루·식초·소금·설탕·참기름으로 무친 음식.
무-서리명 늦가을에 처음 내리는 묽은 서리. ☞된서리
무서움명 무서워하는 느낌. ¶-을 잘 타다. 준무섬
무:석(武石)명 '무석인(武石人)'의 준말.
무:-석인(武石人)명 지난날, 능(陵)이나 대관(大官)의 무덤 앞에 세우던, 무관(武官) 형상으로 만든 석상(石像). 무관석. 장군석 준무석 ☞문석인(文石人)
무:-선명 선의 한 가지. 무에 깊이 칼집을 넣고 그 사이에 쇠고기와 표고로 만든 소를 끼운 다음 육수나 채소 국물을 부어 끓인 음식.
무:선(武選)명 지난날, 무관(武官), 군사(軍士)의 임명이나 그 밖의 무과(武科)에 관계되는 일을 이르던 말.
무선(無線)명 ①전선이 없거나 가설하지 않은 일. ☞유선(有線) ②'무선 전신(無線電信)'의 준말. ③'무선 전화

(無線電話)'의 준말.
무:선(舞扇)명 춤출 때 쓰는 부채.
무선-국(無線局)명 전파로 정보를 보내는 무선 설비와 그 설비를 다루는 기구. 수신(受信)만을 목적으로 하는 것은 이에 포함되지 않음.
무선=기상=관측기(無線氣象觀測機)명 기상 관측기의 지시치를 자동적으로 무선 전송하는 장치.
무선=나침반(無線羅針盤)명 운항 중인 비행기나 선박이 무선 표지(無線標識)로부터 오는 전파를 받아 그 위치와 방위를 재는 계기.
무선=방향=지시기(無線方向指示器)명 운항 중인 비행기나 선박이 무선 표지(無線標識)로부터 오는 신호 전파를 받아 그 위치와 방위를 알아내는 장치. 라디오컴퍼스(radio compass). 무선 방향 탐지기(無線方向探知機)
무선=방향=탐지기(無線方向探知機)명 무선 방향 지시기(無線方向指示器)
무:선-사(武選司)명 조선 시대, 병조(兵曹)에 딸려 있던 관아의 하나. 무과(武科)에 관한 일을 맡아보았음.
무선=송:신(無線送信)명 전파로 신호를 보내는 일. 곧 무선 전신과 무선 전화 등의 송신.
무선=유도탄(無線誘導彈)명 무선 지령 방식으로 쏘아 보내는 유도탄. 가이디드미사일
무선=전:신(無線電信)명 전선이 없이, 전파를 이용한 부호(符號)로 보내는 통신. 준 무선(無線). 무전(無電) ☞유선 전신(有線電信)
무선=전:화(無線電話)명 전선이 없이, 전파를 이용한 전화. 준 무선(無線). 무전(無電) ☞유선 전화(有線電話)
무선=조종(無線操縱)명 전파를 이용하여 기계·차량·항공기·탱크·함선·탄환 등을 조종하는 일.
무선=주파수(無線周波數)명 무선 통신에서 쓰는 가청 주파수(可聽周波數)보다 높은, 수만 헤르츠(Hz) 이상의 주파수.
무선=중계국(無線中繼局)명 송신국과 수신국이 멀리 떨어져 있을 때, 그 중간에서 무선 통신을 중계하기 위해 설치한 무선국.
무선=통신(無線通信)명 전선이 없이, 전파를 이용한 통신. 무선 전신이나 무선 전화, 라디오 방송, 텔레비전 방송 따위. ☞유선 통신(有線通信)
무선=표지(無線標識)명 특정한 방향에 전파를 보내어 항공기나 선박 등에게 그 위치나 방위를 알리는 장치. 라디오비컨
무선=항:법(無線航法)명 전파 항법(電波航法)
무섬 명 '무서움'의 준말.
무섬(을) 타다 관용 ①무서움을 느끼다. ¶이상한 소리를 듣고 —. ②남들보다 무서움을 잘 느끼다.
무섭다(무섭고·무서워)형ㅂ ①마음에 두렵거나 불안한 느낌이 있다. ¶집에 혼자 있기가 —./무서운 장면. ②남에게 두려움을 줄 정도로 성질이 사납거나 두렵다. ¶성이 나면 —./무섭게 쏘아보다. ③기세 따위가 맹렬하다. ¶무서운 속력./비가 무섭게 퍼붓다./밤낮을 가리지 않고 무섭게 일하다. ④끔찍스러울 정도로 엄청나다. ¶조그마한 실수가 무서운 결과를 가져오다. ⑤['-ㄹ까 무섭다'의 꼴로 쓰이어] 어떤 일이 생길까 하여 불안하거나 걱정스럽다. ¶그대로 두면 버릇이 될까 —./남이 볼까 —. ⑥'-기가 무섭게'의 꼴로 쓰이어 '-자마자 곧바로'의 뜻으로 쓰이는 말. ¶자리에 눕기가 무섭게 코를 골다. ☞매섭다
속담 **무섭다니까 바스락거린다** : 남의 약점을 알고 더욱 곤란하게 한다는 말.
무성(無聲)명 음성이나 소리가 없음. ¶— 영화
무성(無性)앞말 하등 생물에서 성(性)의 구별이 없음. ¶— 생식/— 세대 ☞유성(有性)
무:성(茂盛)어기 '무성(茂盛)하다'의 어기(語基).
무성=생식(無性生殖)명 아메바 따위와 같이, 암수의 어울림이 없이 한 개체가 분열하거나 한 부분이 싹과 같이 성장 분리하여 새로운 개체를 이루는 생식 방법. ☞유성 생식(有性生殖)
무성=세:대(無性世代)명 세대 교번(世代交番)을 하는 생물에서, 포자체(胞子體)를 생육(生育)의 주체로 삼는 시기를 이르는 말. ☞유성 세대(有性世代)
무성-시(無聲詩)명 소리 없는 시라는 뜻으로, '그림'을 달리 이르는 말.
무성-아(無性芽)명 식물체(植物體)의 조직의 일부 또는 세포가 번식하기 위한 기관으로, 모체에서 떨어져 나와 싹이 돋아 새 개체가 되는 작은 기관(器官). 포자식물(胞子植物)에서 볼 수 있음.
무성=영화(無聲映畫)[—녕—]명 발성 영화(發聲映畫)가 생기기 이전에 나온, 음성(音聲)과 음향(音響)이 없이 영상(映像)만 비치는 영화.
무성-음(無聲音)명〈어〉소리를 낼 때 목청을 떨어 울리지 않고 내는 소리. 한글의 파열음(破裂音) 'ㅂ·ㅃ·ㅍ·ㄷ·ㄸ·ㅌ·ㄱ·ㄲ·ㅋ', 파찰음(破擦音) 'ㅈ·ㅉ·ㅊ', 마찰음(摩擦音) 'ㅅ·ㅆ·ㅎ' 등이 이에 딸림. 안울림소리. 청음(清音) ☞유성음(有聲音). 울림소리
무-성의(無誠意)명-하다형 성의가 없음. ¶일에 —하다./—한 태도.
무성-하다(茂盛—)형여 풀이나 나무 따위가 우거져 있다. 다옥하다 ¶잡초가 —./무성한 수풀.
무성-히부 무성하게

한자 **무성할 무**(茂) 〔艸部 5획〕 ¶무성(茂盛)/번무(繁茂)

무세(無勢)어기 '무세(無勢)하다'의 어기(語基).
무세-하다(無勢—)형여 ①세력이 없다. 무세력하다. ②장사를 하는 데 흥정이 적고 시세가 없다.
무소 명 무솟과 짐승. 몸길이 4m, 어깨 높이 2m 안팎. 몸집이 코끼리에 버금가는 큰 짐승으로 피부는 두껍고 털은 거의 없음. 코끝에 난 뿔은 피부가 각질화(角質化)한 것인데 인도산(印度産)은 한 개, 그 밖의 것은 두 개임. 뿔은 한방에서 약재로 쓰임. 코뿔소
무:소(誣訴)명-하다타 없는 일을 거짓으로 꾸미어 소송(訴訟)을 제기하는 일.
무소:가:취(無所可取)성구 아무 쓸모가 없음을 이르는 말.
무소:고기(無所顧忌)성구 아무 거리낄 것이 없음을 이르는 말. 무소기탄(無所忌憚)
무-소권(無訴權)[—꿘]명 소송할 권리가 없는 일.
무소:기탄(無所忌憚)성구 무소고기(無所顧忌)
무-소:득(無所得)명-하다형 아무 것도 얻는 바가 없음. 소득이 없음. ¶—으로 생계가 곤란하다./—한 일만 생긴다.
무소:부재(無所不在)성구 하느님의 품성으로서, 어디고 존재하지 아니한 데가 없음을 이르는 말.
무소:부지(無所不至)성구 어디고 이르지 않는 곳이 없음을 이르는 말.
무소:부지(無所不知)성구 무엇이든지 모르는 것이 없음을 이르는 말.
무소:불능(無所不能)성구 무엇이든지 능히 하지 못하는 일이 없음을 이르는 말.
무소:불위(無所不爲)성구 무엇이든지 못할 일이 없음을 이르는 말.
무-소:속(無所屬)명 어떤 단체나 당파(黨派)에 딸려 있지 아니한 상태, 또는 그러한 사람.
무-소식(無消息)명-하다형 소식이 없음. ¶한번 떠난 후로는 아주 —이다.
속담 **무소식이 희소식**(喜消息) : 소식이 없는 것은 무사히 잘 있다는 뜻이니, 곧 기쁜 소식이나 다름없다는 말.
무-소:용(無所用)어기 '무소용하다'의 어기(語基).
무소용-하다(無所用—)형여 소용이 없다.
무-소:유(無所有)명 가진 것이 없음.
무:속(巫俗)명 무당의 풍속.
무손(無孫)명-하다형 자손이 없음.
무손(無損)어기 '무손(無損)하다'의 어기(語基).
무손-하다(無損—)형여 손해가 없다.
무솔다(무솔고·무소니)자 땅에 습기가 많아서 푸성귀 따위가 물러서 썩다. ¶채소밭이 —. 준 솔다

ㅁ

무:송(霧凇)명 나무나 풀에 눈같이 내린 서리. 몽송(霧凇). 상고대

무쇠 명 ①탄소 2.1~3.6%와 규소나 망간 등이 조금 들어 있는 쇠. 녹는점이 낮고 강철보다 약함. 생철(生鐵). 선철(銑鐵). 수철(水鐵). 주철(鑄鐵) ②매우 강하고 굳센 것을 비유하여 이르는 말. ¶ - 주먹/- 다리

속담 **무쇠도 갈면 바늘 된다** : 아무리 어려운 일이라도 꾸준히 힘쓰면 이룰 수 있다는 말.

무수(無水)앞말 ①물이나 물기가 없음을 나타내는 말. ¶ - 알코올 ②결정수(結晶水)가 없음을 나타내는 말. ¶ - 아황산(無水亞黃酸) ③화합물이나 결정(結晶)에서 물 분자가 떨어져 나간 것임을 나타내는 말. ¶ -물(無水物)

무수(無數)어기 '무수(無數)하다'의 어기(語基).

무수=규산(無水硅酸)명 이산화규소(二酸化硅素)

무수기 명 썰물과 밀물의 차(差). ☞무날

무수다 타 닥치는 대로 사정없이 때리거나 부수다.

무수-다(無水茶)명 차의 재료인 마른 차를 먼저 먹고, 물은 나중에 마시는 차.

무수리[1] 명 지난날, 궁궐 나인에게 세숫물 시중을 드는 계집종을 이르던 말. 수사이(水賜伊)

무-수리[2] 명 황샛과의 물새. 몸길이 150cm 안팎. 목은 굵고 암갈색의 털이 목도리 모양으로 둘렸음. 몸빛은 등 쪽이 흑갈색이고 배는 백색임. 말레이 반도와 인도, 미얀마 등지에 분포함.

무수-물(無水物)명 화합물(化合物)이나 결정(結晶)에서 물 분자가 떨어져 나간 물질. 물과 반응하여 본디의 물질로 되돌아감.

무수-산(無水酸)명 산(酸)의 화학식에서 물 분자를 제외한 꼴로 나타낼 수 있는 화합물. 물과 반응하여 산을 만드는 산화물.

무수=아:비산(無水亞砒酸)명 삼산화비소(三酸化砒素)

무수=아:황산(無水亞黃酸)명 이산화황(二酸化黃)

무수=알코올(無水alcohol)명 물이 들어 있지 않은 에틸알코올. 농도 95%인 알코올에 생석회를 섞어 탈수·증류하여 만듦.

무수-옹(無愁翁)명 ①근심이나 걱정이 없이 편안히 지내는 복이 있는 노인. ②어리석어서 근심이나 걱정을 모르고 지내는 사람을 이르는 말.

무수=인산(無水燐酸)명 오산화인(五酸化燐)

무수-주(無水酒)명 지난날, 물을 전혀 타지 않은 술을 이르던 말.

무수=탄:산(無水炭酸)명 이산화탄소(二酸化炭素). 탄산무수물(炭酸無水物)

무수=탄:산나트륨(無水炭酸natrium)명 탄산나트륨 무수물

무수=탄:산소다(無水炭酸soda)명 소다회

무수-하다(無數-)형여 셀 수 없이 많다. ¶무수한 별들이 반짝이다./무수한 사람들이 모여들다.

무수=황산(無水黃酸)명 삼산화황(三酸化黃)

무순(無順)명 정해진 차례가 없음.

무술 명 제사 때에 술 대신에 쓰는 맑은 찬물. 현주(玄酒)

무:술(戊戌)명 육십갑자의 서른다섯째. ☞기해(己亥)

무:술(巫術)명 무당이 신령이나 정령(精靈) 또는 사람의 죽은 영혼 등과 직접 교류하여 일을 점치거나 예언을 하거나 또는 병을 다스리거나 하는 일. ☞샤머니즘

무:술(武術)명 검(劍)이나 창(槍)을 비롯한 온갖 무기를 쓰는 법과, 그것을 가지고 싸우거나 겨루는 데 필요한 기술. ☞무예(武藝)

무:술-년(戊戌年)명 육십갑자로 해를 이를 때, 무술(戊戌)이 되는 해. 곧 천간(天干)이 무(戊)이고 지지(地支)가 술(戌)인 해. ☞기해년(己亥年). 술년(戌年)

무:술-주(戊戌酒)[-쭈] 명 누런 수캐의 삶은 고기를 찹쌀과 함께 쪄서 빚은 술.

무쉬 명 조수(潮水)가 조금 붇기 시작하는 물때. 조금의 다음날인 초아흐렛날과 스무나흗날. 소신(小汛)

무스카리(muscari)명 나릿과 무스카리속의 여러해살이 풀를 통틀어 이르는 말. 지중해 연안을 중심으로 분포하며, 품종은 약 50종에 이름. 히아신스와 비슷한데 꽃줄기가 벋어 이삭 모양의 꽃이 핌.

무슨 관 ①무엇인지 모르는 일. 이름·물건·사정·대상 등을 알고자 할 때, '어떤', '어찌 된', '무엇이라고 하는' 등의 뜻으로 묻는 말. ¶여기에 - 나무를 심을까?/자네는 - 일을 하고 있나?/그 말은 - 뜻으로 한 말이냐? ②분명하게 가리켜 말하지 않거나 정해지지 아니한 일을 말할 때 이르는 말. ¶꼭 - 일이 생길 것 같은 예감이 든다./- 묘안이 없겠나? ③순조롭지 않거나 뜻하지 아니한 일에 대하여 못마땅한 느낌을 말할 때 이르는 말. ¶ - 장마가 이리도 오래 하지?/- 주의 사항이 이리도 많은가? ④사실과 반대되는 뜻을 강조하는 말. ¶하늘이 맑은데 - 우박이 내린다고…. ⑤자기가 한 일에 대한 겸손의 뜻이나 감사의 뜻으로 이르는 말. ¶제가 거들기는 했습니다만 - 수고랄 것이 있어야지요./이렇게 - 선물까지 주시다니….

무슨 바람이 불어서 관용 무슨 마음이 나서. 무슨 일이 있기에. ¶ - 불쑥 나타났지?

무-승:부(無勝負)명 운동 경기 등에서, 승패가 없이 비기는 일.

무:-승지(武承旨)명 지난날, 무과(武科) 출신의 승지를 이르던 말.

무시(無始)명 ①불교에서, 아무리 거슬러 올라가도 그 처음이 없음을 이르는 말. ②시작을 알 수 없으리 만큼 아득히 먼 과거. ☞태초(太初)

무시(無時)명 주로 '무시로', '무시에'의 꼴로 쓰이어, '일정한 때가 없음'을 뜻하는 말. 무상시(無常時) ¶ -로 아이가 보고 싶다./-로 찾아오다./-에 경보가 울리다.

무시(無視)명-하다타 ①존재하는 것의 값어치를 인정하지 아니함. 또는 있는 것을 마치 없는 것처럼 여김. ¶대장의 존재를 -하다./소수의 의견을 -하다./정지 신호를 -하다. ②남을 업신여김. ¶약자를 -하다.

무시근-하다 형여 성미가 느리고 흐리터분하다.

무시무시-하다 형여 무서운 느낌을 자꾸 생기게 하는 기운이 있다. ¶무시무시한 꿈을 꾸다./무시무시한 이야기.

무시무종(無始無終)성구 불교에서, 시작도 없고 끝도 없다는 뜻으로, 진리 또는 윤회의 무한성을 이르는 말.

무시-복(無時服)명-하다타 약을 일정한 때가 없이 아무 때나 먹음.

무시-이:래(無始以來)명 불교에서, 먼 옛날부터 지금까지를 이르는 말.

무-시험(無試驗)명 시험을 치르지 않는 일. ¶ -으로 채용되다.

무식(無識)명-하다형 아는 것이 없음. ¶ -이 드러나다./배운 것이 없어 -하다. ☞유식(有識)

속담 **무식한 도깨비가 조복 마른다** : 아무 것도 모르면서 어려운 일을 하려고 하는 어리석음을 이르는 말.

무식-꾼(無識-)명 '무식한 사람'을 낮추어 이르는 말. 무식쟁이

무식-자(無食子)명 몰식자(沒食子)

무식-쟁이(無識-)명 무식꾼

무:신(戊申)명 육십갑자의 마흔다섯째. ☞기유(己酉)

무:신(武臣)명 지난날, 무관인 신하를 이르던 말. ☞문신(文臣)

무신(無信)어기 '무신(無信)하다'의 어기(語基).

무-신경(無神經)명-하다형 ①감각이 둔함. ②자극이나 부끄럼 등에 대한 반응이 없음.

무:신-년(戊申年)명 육십갑자로 해를 이를 때, 무신(戊申)이 되는 해. 곧 천간(天干)이 무(戊)이고 지지(地支)가 신(申)인 해. ☞기유년(己酉年). 신년(申年)

무신-론(無神論)[-논] 명 ①신의 존재를 부정하는 종교·철학상의 견해나 학설. 자연주의, 유물론, 무신론적 실존주의 등이 이에 딸림. ☞불가지론(不可知論). 유신론(有神論) ②인격신론(人格神論)에 대하여 범신론(汎神論)·이신론(理神論) 등을 이름.

무신론-자(無神論者)[-논-] 명 무신론을 주장하는 사람.

신(神)의 존재를 인정하지 않는 사람.
무신론적=실존주의(無神論的實存主義)[-논-쫀-] 명 무신론의 처지에서 자유로운 인간의 실존(實存)을 주장하는 사상.
무신무의(無信無義) 성구 신의(信義)도 의리(義理)도 없음을 이르는 말. 무의무신(無義無信)
무신-하다(無信-) 형여 신의가 없다.
무실(無實) 어기 '무실(無實)하다'의 어기(語基).
무실무가(無室無家) 성구 몹시 가난하여 들어 살 집이 없음을 이르는 말.
무:실역행(務實力行) 성구 참되고 실속이 있도록 힘써 실행함을 이르는 말.
무실-하다(無實-) 형여 ①사실이나 실상이 없다. ②마음가짐에 성실함이 없다. 몰실하다
무심(無心)[1] 명 '무심필(無心筆)'의 준말.
무심(無心)[2] 어기 '무심(無心)하다'의 어기(語基).
무심-결(無心-)[-껼] 명 〔주로 '무심결에'의 꼴로 쓰이어〕 특별히 마음을 쓰지 아니하여 깨닫지 못한 결, 또는 그 사이. ¶ -에 눈을 깜박이는 버릇이 있다./-에 발을 헛디뎠다. 유무심중(無心中)
무심-재(無心材) 명 나뭇고갱이가 없는 재목.
무심-중(無心中) 명 ①특별히 마음을 쓰지 아니하여 깨닫지 못한 가운데, 또는 그 사이. ¶ -에 입에 올리다. 유무심결 ②〔부사처럼 쓰임〕 ¶ - 한 말이 오해를 사다.
무심-코(無心-) 부 별다른 뜻이나 생각이 없이. ¶ - 한 일이 오해를 샀다.
무심-필(無心筆) 명 딴 털로 속을 박지 않고 맨 붓. 준무심(無心)[1]
무심-하다(無心-) 형여 ①아무 생각이 없다. ¶무심한 심경. ②사물이나 식물 따위처럼 감정이 없다. ¶옛 성터에 무심한 수풀만 무성하다. ③누구에게 마음을 두거나 염려함이 없다. ¶무심한 사람, 한마디 소식도 없이 지내다니…. ④잡념이나 욕심이 없다.
무심-히 부 무심하게 ¶ - 뛰노는 아이들.
무쌍(無雙) 어기 '무쌍(無雙)하다'의 어기(語基).
무쌍-하다(無雙-) 형여 견줄만 한 것이 없이 뛰어나다. ¶용감 -. 유무이하다
무아(無我) 명 ①나를 잊음. '나'라는 관념이 없음. ¶ -의 경지(境地). ②사사로운 마음이 없음. ☞망아(忘我) ③불교에서, 모든 사물에 내재하여 언제나 변화하지 않는 실체(實體)란 존재하지 않음을 이르는 말.
무아-경(無我境) 명 정신이 한곳에 쏠려 스스로를 잊어버리고 있는 경지. ¶ -에 빠지다.
무아도취(無我陶醉) 성구 자아(自我)를 잊고 무엇에 흠뻑 취함을 이르는 말.
무아-애(無我愛) 명 사사로운 욕심이 없는 참되고 순결한 사랑.
무:악(巫樂) 명 무속(巫俗) 의식에서 연주하는 음악.
무:악(舞樂) 명 춤을 출 때에 연주하는 아악(雅樂).
무안(無顔) 명-하다 형 부끄러워 마주할 면목이 없음. ¶ 무안하여 얼굴이 붉어졌다.
무안(을) 주다 관용 남을 무안하게 하다.
무안(을) 타다 관용 남보다 유난히 쉽게 무안해 하다.
무안-스럽다(無顔-)(-스럽고·-스러워) 형ㅂ 무안한 느낌이 있다.
무안-스레 부 무안스럽게
무-안타(無安打) 명 야구에서, 안타가 없는 일.
무애(無涯) 어기 '무애(無涯)하다'의 어기(語基).
무애(無礙) 어기 '무애(無礙)하다'의 어기(語基).
무애가(無㝵歌) 명 신라 때의 가요(歌謠). 신라 무열왕(武烈王) 때 원효(元曉)가 속인(俗人)이 되어 지은 노래라 함. '삼국유사'와 '고려사'에 그 유래만 전하고 가사는 전하지 아니함.
무애-하다(無涯-) 형여 끝이 없이 넓다.
무애-하다(無礙-) 형여 일에 막힘이나 거침새가 없다.
무액=기압계(無液氣壓計) 명 아네로이드 기압계
무액면=주식(無額面株式) 명 주권(株券)에 권면액(券面額)이 없는 주식. ☞액면 주식(額面株式)

무:야(戊夜) 명 지난날, 하루의 밤 시간을 다섯으로 등분한 다섯째 시간. 지금의 오전 세 시부터 다섯 시까지의 동안. 오경(五更) ☞갑야(甲夜). 오야(五夜)
무:양(撫養) 명-하다 타 윗사람이 아랫사람을 잘 보살펴 기름. 무육(撫育)
무양(無恙) 어기 '무양(無恙)하다'의 어기(語基).
무양무양-하다 형여 너무 고지식하여 융통성이 없다.
무양무양-히 부 무양무양하게
무양-하다(無恙-) 형여 몸에 병이나 탈이 없다. 주로 윗사람에게 자기를 두고 말할 때, 또는 아랫사람의 안부를 물을 때 쓰는 한문 투의 말.
무어[1] 대 '무엇'의 준말. ¶그게 대체 -야?
무어니 무어니 해도 관용 '이러니 저러니 말할 수 있겠지만'의 뜻으로, 그 다음에 할 말을 강조할 때 쓰는 말. ¶ - 가정이 화목해야 한다.
무어[2] 감 ①남의 말에 대하여 감탄이나 놀람의 뜻으로 되묻는 말. ¶ -, 그가 세계 신기록을 수립했다고?/-, 공장에 불이 났다고? ②어떤 일이 마음에 못마땅할 때, 또는 나무랄 때 말머리에 하는 말. ¶ -, 그걸 말이라고 하니? ③여러 말을 할 것 없다는 뜻으로 말머리를 돌릴 때 쓰는 말. ¶ -, 다 그런 거지.
무언(無言) 명 말이 없이 잠잠함. ¶ -으로 한 약속./-의 항변.
무:언(誣言) 명-하다 자 없는 일을 꾸며서 남을 해치는 말.
무언-극(無言劇) 명 대사(臺詞) 없이 몸짓이나 표정만으로 표현하는 연극. 묵극(默劇). 팬터마임
무언-중(無言中) 명 ①말이 없는 가운데. ¶ -에 서로 마음이 통하다. ②〔부사처럼 쓰임〕 ¶ - 장래를 약속한 사이다./- 암시하다.
무언-증(無言症)[-쯩] 명 말하지도 않고 물음에도 대답하려 하지 않는 병적인 상태.
무얼 준 '무엇을'의 준말. ¶ - 그리 생각하나?
무엄(無嚴) 어기 '무엄(無嚴)하다'의 어기(語基).
무엄-스럽다(無嚴-)(-스럽고·-스러워) 형ㅂ 보기에 삼가고 어려워하는 마음이나 태도가 없다.
무엄-스러이 부 무엄스럽게
무엄-하다(無嚴-) 형여 삼가고 어려워하는 마음이나 태도가 없다. ¶무엄하게도 어른께 함부로 굴다니.
무엄-히 부 무엄하게
무업(無業) 명 직업이 없음. 무직(無職)
무엇 대 사람이 아닌 사물이나 곳 등의 이름을 모르거나 또는 아직 정해지지 않은 일이나 분명하지 않은 것 등을 가리키는 말. ¶저것이 -이냐? 준무어[1]. 뭣 ☞지시 대명사(指示代名詞)
무엇-하다[-언-] 형여 마음에 못마땅하거나 난처하거나 미안하거나 하여 말하기가 거북한 경우에 말을 바로 하는 대신에 쓰는 말. ¶너와 헤어지기는 좀 무엇하지만, 어쩔 수 없구나. 준뭣하다
무에 준 '무엇이'의 준말. ¶ - 그리 우습지?
무에리-수에 감 지난날, 돌팔이인 장님 점쟁이가 자기에게 점을 치라고 거리에 다니면서 외치던 소리. 원문수(問數)에
무여-열반(無餘涅槃) 명 불교에서, 온갖 번뇌를 말끔히 없애고 분별하는 슬기를 떠나, 육신까지도 없이 하여 정적(靜寂)에 들어선 경지를 이르는 말. ☞유여열반(有餘涅槃)
무:역(貿易) 명-하다 타 국제간에 상품을 거래하는 일. 넓은 뜻으로, 기술(技術)·용역(用役)과 자본의 이동까지 아울러 이르기도 함. ☞교역(交易). 통상(通商)
무역(無射) 명 십이율(十二律)의 열한째 음. ☞육려(六呂). 육률(六律)
무:역=금융(貿易金融)[-늉] 명 수출 업체에 지원해 주는 각종 금융 대출. 수출 상품 생산에 필요한 원자재 구입 자금 등을 거래 은행이 낮은 금리로 꾸어 주는 일을 이름.
무:역=백서(貿易白書) 명 무역에 관한 정부의 실정(實情) 보고서. 통상 백서(通商白書)

무:역-상(貿易商)명 상품의 수출입을 영업으로 삼는 상인, 또는 회사. ☞무역업(貿易業)
무:역-선(貿易船)명 무역 화물을 실어 나르는 선박.
무:역=수지(貿易收支)명 국제간의 상품 거래에 따라 생기는 대금(代金)의 수입(收入)과 지급.
무:역=어음(貿易－)명 상품의 수출입에 필요한 자금을 마련하기 위하여 발행되는 환어음.
무:역-업(貿易業)명 상품의 수출입을 전문으로 하는 사업. ☞무역상(貿易商)
무:역외=수지(貿易外收支)명 상품의 수출입에 따르는 수지 이외의 수지. 용역 제공의 대가, 해운·공운(空運) 등의 운임, 보험·투자 수익·특허료 등을 이름.
무:역=은행(貿易銀行)명 무역 금융 업무를 전문으로 하는 은행. ☞무역 금융(貿易金融)
무:역=의존도(貿易依存度)명 한 나라의 경제가 무역에 의존하고 있는 정도를 나타내는 지표. 국민 총생산 또는 국민 소득에 대한 수출액·수입액의 비율로써 나타냄.
무:역=자유화(貿易自由化)명 무역에서, 관세나 수입 수량 제한 등 여러 가지 통제를 완화하거나 철폐하여 국제간에 자유롭게 상거래를 할 수 있게 하는 일.
무:역-풍(貿易風)명 남북 위도(緯度) 30도 부근에 있는 아열대 고기압대에서 늘 적도(赤道) 쪽으로 부는 편동풍(偏東風). 북반구에서는 북동풍, 남반구에서는 남동풍이 됨. 항신풍(恒信風)
무:역-항(貿易港)명 무역선이 드나들 수 있는 설비와 무역 화물을 다루는 기관과 시설을 갖춘 항구. 상항(商港)
무:역=협정(貿易協定)명 두 나라 이상의 나라 사이에 수출입 품목의 범위를 비롯한 예정 금액이나 결제 방법 등을 결정하고 그것에 따라 거래를 성립시키는 협정.
무연(無緣)명-하다형 ①아무 인연이 없음. 아무 관계가 없음. ②죽은 사람을 조상할 연고자가 없음. ③불교에서, 전생에서 부처나 보살과 인연을 맺은 일이 없음을 이르는 말.
무연(無煙)앞말 연기가 나지 않음을 뜻하는 말. ¶－탄(無煙炭)/－ 화약(無煙火藥)
무:연(憮然)어기 '무연(憮然)하다'의 어기(語基).
무연-분(無鉛粉)명 연백(鉛白)이 들어 있지 아니한 분.
무연-분묘(無緣墳墓)명 자손이나 관리하는 연고자가 없는 무덤. 무연총(無緣塚). 무주총(無主塚)
무연=중생(無緣衆生)명 전생에 부처나 보살과 인연을 맺은 일이 없는 중생.
무연-총(無緣塚)명 무연 분묘(無緣墳墓)
무연-탄(無煙炭)명 탄화(炭化)가 잘 되어 탈 때 연기가 나지 아니하는 석탄. 탄소분이 90% 이상이며, 휘발성 물질이나 불순물이 적음. ☞유연탄(有煙炭)
무연-탑(無緣塔)명 무연 분묘(無緣墳墓)
무연-하다형여 아득하게 넓다. ¶무연한 대평원.
무연-히부 무연하게
무:연-하다(憮然－)형여 ①실망하거나 낙담(落膽)하여 멍하다. ②뜻밖의 일이어서 어이없다.
무연-히부 무연하게
무연=화:약(無煙火藥)명 흑색 화약에 비하여 터질 때 연기가 매우 적게 나는 화약. 니트로셀룰로오스나 거기에 니트로글리세린 등을 첨가하여 만듦.
무연=휘발유(無鉛揮發油)명 대기 오염의 원인이 되는 납의 화합물이 들어 있지 아니한 휘발유.
무:열(武列)명 무반(武班)
무:열(武烈)명 무공(武功)
무염(無塩)앞말 소금기가 없음, 또는 간이 없음을 뜻하는 말. ¶－식(無塩食)
무염-식(無塩食)명 간을 조금만 하여 매우 싱겁게 만든 음식.
무염지욕(無厭之慾)명 만족할 줄 모르는 한없는 욕심.
무:예(武藝)명 무술(武術)에 관한 재주. 무기(武技)
무:예도보통지언:해(武藝圖譜通志諺解)명 조선 선조 때 나온 '무예도보통지(武藝圖譜通志)'를 정조 14년(1790)에 이덕무(李德懋)·박제가(朴齊家)가 왕명에 따라 한글로 번역한 책. 1권 1책의 목판본.
무:예-별감(武藝別監)명 조선 시대, 훈련 도감의 군사 중에서 뽑혀 궁궐 문 옆에서 숙직하며 호위하는 일을 맡아보던 무사. 준무감(武監)
무:예=이:십사반(武藝二十四般)명 조선 시대, 스물네 가지의 무예(武藝)를 이르던 말. 곧 십팔기(十八技)에 기창(騎槍)·마상월도(馬上月刀)·마상쌍검(馬上雙劍)·마상편곤(馬上鞭棍)·격구(擊毬)·마상재(馬上才)를 더한 것임. 이십사기(二十四技). 이십사반 무예(二十四般武藝)
무:오(戊午)명 육십갑자의 쉰다섯째. ☞기미(己未)
무:오-년(戊午年)명 육십갑자로 해를 이를 때, 무오(戊午)가 되는 해. 곧 천간(天干)이 무(戊)이고 지지(地支)가 오(午)인 해. ☞기미년(己未年). 오년(午年)
무:오=말날(戊午－)명 음력(陰曆) 시월의 무오일(戊午日). 지난날, 이 날에 마구(馬廏)에 고사를 지내는 풍습에서 생긴 말임.
무:옥(誣獄)명 지난날, 무고한 사람을 죄인으로 몰아 관가에 고발하여 일으킨 옥사(獄事)를 이르던 말.
무외(無畏)명 ①두려움이 없음. ②불교에서, 부처나 보살이 대중에게 설법(說法)하되 태연하여 두려움이 없음을 이르는 말.
무외-시(無畏施)명 불교에서 이르는 삼시(三施)의 하나. 계(戒)를 지니어 남을 침해하지 아니하며, 앓는 이나 외로운 이에게 기쁨과 위안을 베풀어 온갖 두려움을 없애어 주는 일을 이르는 말. ☞법시(法施). 재시(財施)
무욕(無慾)어기 '무욕(無慾)하다'의 어기(語基).
무욕-하다(無慾－)형여 욕심이 없다.
무:용(武勇)명 ①무예와 용맹. ②굳세고 용맹스러움. ¶－을 떨친 노병(老兵).
무:용(舞踊)명 음악에 맞추어 몸을 율동적으로 움직이어 감정이나 의사 등을 나타내는 예술. ☞무도(舞蹈)
무용(無用)어기 '무용(無用)하다'의 어기(語基).
무:용-가(舞踊家)명 무용을 전문으로 하는 사람.
무:용-곡(舞踊曲)명 무용을 위하여 연주하는 악곡.
무:용-극(舞踊劇)명 무용을 중심으로 하여 구성된 연극.
무:용-단(舞踊團)명 무용을 전문으로 하는 사람으로 이루어진 단체.
무:용-담(武勇談)명 전쟁에서 무용을 떨친 이야기.
무:용-수(舞踊手)명 극단 등에서 무용을 전문으로 맡아 출연하는 사람.
무용-장물(無用長物)명 있어도 아무 쓸모가 없고, 도리어 거치적거리기만 하는 물건.
무용지물(無用之物)명 쓸모가 없는 물건이나 사람.
무용지용(無用之用)성구 언뜻 보기에 쓸모가 없는 것이 오히려 큰 구실을 한다는 말.
무용-하다(無用－)형여 쓸모가 없다. 쓸데가 없다.
×**무우**명 →무²
무:우(霧雨)명 안개가 낀 것처럼 보이면서 이슬비보다 가늘게 내리는 비. 는개. 연우(煙雨)
무우(無憂)어기 '무우(無憂)하다'의 어기(語基).
무우-석(無隅石)명 뭉우리돌
무우-수(無憂樹)명 '보리수(菩提樹)'를 달리 이르는 말. 근심이 없는 나무라는 뜻으로, 석가모니의 어머니인 마야부인(摩耶夫人)이 람비니원(藍毘尼園)의 이 나무 아래서 석가모니를 순산한 데서 이 이름으로 불림.
무:우-제(舞雩祭)명 '기우제(祈雨祭)'의 예스러운 말. 준우제(雩祭)
무우-하다(無憂－)형여 아무 근심이 없다.
무우-화(無憂華)명 불교에서, 무우수(無憂樹)의 꽃을 이르는 말.
무:운(武運)명 전쟁에서, 이기고 지는 운수.
무운-시(無韻詩)명 운자(韻字)를 쓰지 않는 시. 압운(押韻)이 없는 시.
무:위(武威)명 무력의 위세. ¶－를 과시한다.
무위(無位)명 일정한 지위가 없음. 무관(無冠)
무위(無爲)명 ①아무 일도 하지 아니함. ②도가(道家)가 제창한 인간의 이상적인 행위로서, 자연의 법칙에 따라서 행동하고 사람의 지혜나 힘을 더하지 아니함을 이름. ③불교에서, 여러 가지 원인이나 인연으로 생기는 것이 아닌 존재를 이르는 말. 곧 시간적 생멸 변화(生滅變化)를 초월한 상주 절대(常住絶對)의 진실을 이름.

무:위(撫慰)명-하다타 달래며 위로함.

무위(無違)어기 '무위(無違)하다'의 어기(語基).

무위도식(無爲徒食)성구 하는 일 없이 먹고 놀기만 함을 이르는 말. ☞유수도식(遊手徒食)

무위무능(無爲無能)성구 하는 일도 없고, 일할 능력도 없음을 이르는 말.

무위무사(無爲無事)성구 ①하는 일이 없어 탈도 없음을 이르는 말. ②하는 일도 없고 할 일도 없음을 이르는 말.

무위무책(無爲無策)성구 하는 일도 없고 해볼만 한 방책도 없음을 이르는 말.

무위-법(無爲法)[-뻡]명 불교에서, 생멸 변화(生滅變化)가 없는 무인 무과(無因無果)의 참된 법을 이르는 말. 멸법(滅法)

무위이화(無爲而化)성구 ①공들여 하지 않아도 저절로 이루어짐을 이르는 말. ②성인의 위대한 덕은 특별한 일을 하지 아니하여도 백성을 절로 교화함을 이르는 말.

무위자연(無爲自然)성구 ①사람의 힘을 더함이 없는 본디 그대로의 자연. ②인위적인 행위를 함이 없이 자연 그대로 살아감이 최고의 경지에 이르는 길임을 이르는 말. 〔노장 사상의 기본 개념을 나타낸 말임.〕

무위지치(無爲之治)성구 성인의 덕은 위대하여 특별한 일을 하지 아니하여도 천하가 저절로 잘 다스려짐을 이르는 말.

무위-하다(無違-)형여 어김이 없다.

무:육(撫育)명-하다타 윗사람이 아랫사람을 잘 보살펴 기름. 무양(撫養)

무:육지은(撫育之恩)명 잘 보살펴 길러 준 은혜.

무:음(茂蔭)명 무성한 나무의 짙은 그늘.

무:음(誣淫)어기 '무음(誣淫)하다'의 어기(語基).

무:음-하다(誣淫-)형여 거짓되고 음탕하다.

무의무신(無義無信)성구 의리(義理)도 신의(信義)도 없음을 이르는 말. 무신무의(無信無義)

무의무탁(無依無托)성구 몸을 의지할 곳이 없음을 이르는 말.

무-의미(無意味)어기 '무의미(無意味)하다'의 어기(語基).

무의미-하다(無意味-)형여 ①아무런 뜻이 없다. ②하찮고 값어치가 없다. ¶무의미한 공론(空論)만 되풀이하다. ☞무의의하다

무의-범(無意犯)명 과실범(過失犯)

무-의:식(無意識)명 ①의식이 없음. ¶ - 상태(狀態) ②자기가 하고 있는 일에 대하여 깨닫지 못함, 또는 그러한 상태. ¶-으로 손발을 놀리다. ③보통 때는 의식되지 않는 마음의 영역(領域). 유잠재 의식(潛在意識)

무의식-적(無意識的)명 의식함이 없는 것. 무의식으로 하는 것. ¶무의식적인 행동.

무-의의(無意義)어기 '무의의(無意義)하다'의 어기(語基).

무의의-하다(無意義-)형여 아무런 의의(意義)가 없다. ☞무의미하다

무-의:지(無意志)명 의지의 장애로 결의(決意)를 하지 못하고 행위가 불가능하여 멍한 상태.

무의-촌(無醫村)명 의사나 의료 시설이 없는 시골 마을.

무이(無異)부 다를 것이 없이. 마찬가지로. ¶여기가 - 지상 낙원이로군.

무이(無二)어기 '무이(無二)하다'의 어기(語基).

×무이다자 →미다'

무-이:식(無利息)명 무이자(無利子)

무-이:자(無利子)명 이자가 없음. 이자가 붙지 아니함. 무이식(無利息)

무이-하다(無二-)형여 다시 없다. 둘도 없다. ¶유일무이한 친구. 유무쌍하다

무익(無益)어기 '무익(無益)하다'의 어기(語基).

무익-하다(無益-)형여 아무 이로울 것이 없다. 이익이 없다. ☞유익하다

무:인(戊寅)명 육십갑자의 열다섯째. ☞기묘(己卯)

무:인(武人)명 ①지난날, 무예(武藝)를 닦은 사람을 이르던 말. 무부(武夫). 무사(武士) ☞문인(文人) ②군인

무:인(拇印)명 엄지손가락의 지문(指紋)에 먹이나 인주 따위를 묻혀 도장 대신 찍는 일, 또는 그 손가락 무늬. 손도장. 지장(指章)

무인(無人)명 ①사람이 없거나 살지 않음. ¶ - 고도(無人孤島)/- 지대(無人地帶) ②기계 따위를 다루거나 부리는 사람이 없음을 뜻함. ¶ - 자동차/- 판매기 ☞유인(有人)

무인=고도(無人孤島)명 무인 절도(無人絶島)

무인-기(無人機)명 '무인 비행기'의 준말.

무:인-년(戊寅年)명 육십갑자로 해를 이를 때, 무인(戊寅)이 되는 해. 곧 천간(天干)이 무(戊)이고 지지(地支)가 인(寅)인 해. ☞기묘년(己卯年). 인년(寅年)

무인-도(無人島)명 사람이 살지 않는 섬.

무인부지(無人不知)성구 소문이 널리 퍼져서 모르는 사람이 없음을 이르는 말.

무인=비행기(無人飛行機)명 레이더나 텔레비전 등의 전자 장치로써 자동 조정 또는 원격 조정되는 비행기. 준무인기(無人機)

무인=절도(無人絶島)[-또]명 육지에서 멀리 떨어진, 사람이 살지 않는 외딴 섬. 무인 고도(無人孤島)

무인=증권(無因證券)[-꿘]명 증권에 기재된 권리가 증권의 발행 행위로 발생하고, 그 행위의 원인이 된 법률 관계에는 영향을 받지 않는 유가 증권. 불요인 증권

무인지경(無人之境)명 사람이 살지 않는 지역.

무인=판매대(無人販賣臺)명 물품을 파는 사람이 없이, 물품을 팔 수 있도록 만들어 놓은 설비.

무일가:관(無一可觀)성구 하나도 볼만 한 것이 없음을 이르는 말.

무일가:취(無一可取)성구 하나도 취할만 한 것이 없음을 이르는 말.

무일물(無一物) '무엇 하나 가지고 있지 않음'의 뜻.

무일불성(無一不成)[-썽]성구 이루지 못함이 하나도 없음을 이르는 말.

무일불위(無日不爲)성구 날마다 하지 않는 날이 없음을 이르는 말.

무-일푼(無一-)명 돈이 한 푼도 없음.

무임(無任)명 '무임소(無任所)'의 준말.

무임(無賃)명 삯돈을 치르지 않음.

무임-소(無任所)명 공통적 직책 이외에 따로 맡겨진 임무가 없음. ¶ - 장관 준무임(無任)

무임=승차(無賃乘車)명 차비를 내지 아니하고 공으로 차를 타는 일.

무임=승차권(無賃乘車券)[-꿘]명 차비를 내지 아니하고 공으로 차를 탈 수 있는 표.

무:자(戊子)명 육십갑자의 스물다섯째. ☞기축(己丑)

무:자(巫子)명 무당

무자(無子)명-하다형 ①아들이 없음. ②'무자식'의 준말.

무-자각(無自覺)어기 '무자각(無自覺)하다'의 어기(語基).

무자각-하다(無自覺-)형여 스스로 깨달음이 없다.

무-자:격(無資格)명-하다형 자격이 없음. ¶ - 의사 ☞유자격(有資格)

무:자-년(戊子年)명 육십갑자로 해를 이를 때, 무자(戊子)가 되는 해. 곧 천간(天干)이 무(戊)이고 지지(地支)가 자(子)인 해. ☞기축년(己丑年). 자년(子年)

무-자:력(無資力)어기 '무자력(無資力)하다'의 어기(語基).

무자력-하다(無資力-)형여 자산상(資産上)의 지급 능력이 없다.

무-자리명 후삼국과 고려 시대에, 일정한 거주지가 없이 떠돌아다니며 사냥을 하거나 고리를 결어 팔던 무리. 수척(水尺). 양수척(楊水尺)

무자맥-질명-하다자 물 속에 들어가서 팔다리를 놀리며 떴다 잠겼다 하는 짓. 함영(涵泳) 준자맥질

무-자:본(無資本)명 자본이 없음. ¶-으로 장사를 시작

ㅁ

하다.
무-자비(無慈悲)[어기] '무자비(無慈悲)하다'의 어기(語基).
무자비-하다(無慈悲－)[형][여] 딱하게 여기거나 사정을 보아줌이 없이 냉혹하다. ¶무자비한 살생(殺生).
무-자식(無子息)[명] 자녀가 없음. [준]무자(無子)
[속담] **무자식 상팔자**(上八字) : 자식 없는 것이 온갖 걱정을 덜게 되어 차라리 낫다는 뜻.
무-자위[명] 지난날, 물을 자아올리던 농기구. 수룡(水龍). 수차(水車) ☞양수기(揚水機)
무자치[명] 뱀과에 딸린 뱀의 한 가지. 몸길이 70～100cm. 등은 적갈색에 검은 줄무늬가 있고, 배는 누르며 검은 점이 흩어져 있음. 물에도 땅에도 살며 독이 없음. 무좌수
무작-스럽다(－스럽고·－스러워)[형][ㅂ] 무지하고 우악한 태도가 있다.
무작-스레[부] 무작스럽게
무-작위(無作爲)[명] 일부러 꾸미어 하지 않음. 자기의 생각을 개입하지 아니하고 우연에 맡김. ¶여럿 가운데서 －로 표본을 추출하다.
무작위=추출법(無作爲抽出法)[－뻡][명] 기본 집단에서 통계를 위한 표본을 뽑을 때, 일정한 기준 없이 되는 대로 뽑는 방법. 임의 추출법
무-작정(無酌定)[명]-하다[형] ①작정한 것이 없음. ¶－으로 일을 벌이다./－하고 기차를 탔다. ②좋고 나쁨의 헤아림이 없음. ¶－으로 야단만 친다. ③〔부사처럼 쓰임〕 ㉠작정함이 없이. ¶－ 상경(上京)하였다. ㉡좋고 나쁨을 가림이 없이. ¶－ 화를 내다.
무작-하다[형][여] 무지하고 우악하다. ¶무작한 짓.
무:잡(蕪雜)[어기] '무잡(蕪雜)하다'의 어기(語基).
무:잡-하다(蕪雜－)[형][여] 사물이 뒤섞이어 어수선하다.
무잡-히[부] 무잡하게
무장[1][명] '목무장'의 준말.
무장[2][부] 갈수록 더. ¶－ 재미가 난다.
무-장(－醬)[명] 장의 한 가지. 가을이나 초겨울에 작은 메줏덩이를 만들어 띄워 말렸다가 초봄에 메줏덩이를 굵직굵직하게 깨어서 심심하게 소금으로 간을 하여 담근 장. 담수장(淡水醬)
무:장(武將)[명] 군대의 장수. 무인(武人)의 장수.
무:장(武裝)[명]-하다[자][타] ①싸움이나 전쟁을 대비한 장비나 차림새. ¶－ 군인/－ 강도/첨단 무기로 －하다. ②필요로 하는 사상이나 기술 따위를 단단히 갖추는 일을 비유하여 이르는 말. ¶정신적으로 －하다.
무장-공자(無腸公子)[명] 〔창자 없는 동물이라는 뜻으로〕 ①'게[1]'를 이르는 말. ②기개나 담력이 없는 사람을 놀리어 이르는 말.
무장무애(無障無礙)[성구] 아무런 장애나 거리낌이 없음을 이르는 말.
무-장아찌[명] 장아찌의 한 가지. 무를 통째로 된장에 묻어 두었다가 다시 고추장에 묻어 두어 간이 배게 하여 담금. ☞고추장아찌
무:장=중립(武裝中立)[명] 자기 나라를 방위할 수 있는 군사력을 가지고 중립을 지키는 일.
무장지졸(無將之卒)[명] ①장수가 없는 군사. ②이끌어 나가는 지도자가 없는 무리.
무장-찌개(－醬－)[명] 무장에 쇠고기·파·두부 또는 생선 따위를 넣고 끓인 찌개.
무:장=평화(武裝平和)[명] 군사력의 균형으로 서로 견제함으로써 평화를 유지하는 상태.
무:장=해:제(武裝解除)[명] ①항복한 군사 또는 포로의 무기를 강제로 거두거나 빼앗아 버리는 일. ②어떤 지역에 무력 분쟁이 일어나지 않도록 전투 장비를 철거하는 일.
무:재(武才)[명] 무예에 관한 재주.
무:재(茂才)[명] 재주가 빼어난 사람. 수재(秀才)
무재(無才)[어기] '무재(無才)하다'의 어기(語基).
무재-하다(無才－)[형][여] 재주가 없다.
무저-갱(無底坑)[명] 크리스트교에서, 악마가 벌을 받아 한번 떨어지면 영원히 빠져 나올 수 없다는, 끝없이 깊은 구렁을 이르는 말.
무-저:당(無抵當)[명] 돈의 대차(貸借) 등에서, 저당물을 잡지 않는 일.
무-저울[명] 이십팔수의 하나인 미성(尾星)의 끝에 나란히 있는 두 개의 별. 두 별이 반듯하게 놓이면 그 해에 비가 고르게 온다고 함.
무-저항(無抵抗)[명]-하다[자] 학대를 받아도 항거하지 않음.
무저항-주의(無抵抗主義)[명] 정치적인 압박에 대하여 비폭력적으로 저항하는 주의. 톨스토이와 간디 등이 주장했음. ☞간디이즘
무적(無敵)[명]-하다[형] 대적할 적이 없음. 겨룰만 한 상대가 없음. ¶－의 용사.
무적(無籍)[명]-하다[형] ①호적이 없음. ②국적이 없음.
무:적(霧笛)[명] 안개가 끼었을 때에 조심하라는 신호로 배나 등대에서 울리는 고동. ☞경무호(警霧號)
무전[명] 자전거의 한 가지. 앞바퀴는 손으로 눌러 브레이크를 걸게 되어 있고, 뒷바퀴는 페달을 반대 방향으로 밟아 멈추게 되어 있음.
무전(無電)[명] ①'무선 전신(無線電信)'의 준말. ¶－을 치다. ②'무선 전화(無線電話)'의 준말. ¶－을 받다.
무전(無錢)[명] 돈이 없음.
무전-기(無電機)[명] 무선 전신 또는 무선 전화용 기계.
무전=여행(無錢旅行)[－녀－][명] 여비 없이 다니는 여행. ¶배낭 하나만 메고 －을 떠났다.
무전-취:식(無錢取食)[명] 치를 돈도 없이 남이 파는 음식을 먹는 일.
무절-재(無節材)[－째][명] 옹이가 없는, 질이 좋은 재목.
무-절제(無節制)[－쩨][명]-하다[형] 절제함이 없음.
무-절조(無節操)[－쪼][명]-하다[형] 절조가 없음.
무정(無情)[어기] '무정(無情)하다'의 어기(語基).
무-정:견(無定見)[명]-하다[형] 일정한 주견이 없음.
무정-란(無精卵)[명] 수정하지 않은 알. 홀알 ☞수정란
무정=명사(無情名詞)[명]〈어〉의미론상으로 구별한 명사의 한 갈래. 감각이나 감정을 지니고 있지 않은 식물이나 무생물을 가리키는 명사. '나무·돌·물·책상' 따위. ☞유정 명사(有情名詞)

> ▶ **무정 명사의 부사격 조사**
> ① 무정 명사에는 '-에', 유정 명사에는 '-에게'를 쓴다.
> ¶꽃나무에 물을 준다./아기에게 젖을 먹인다.
> ② '-한테'는 유정 명사에만 쓴다.
> ¶꽃나무한테 물을 준다. (×)
> 아기한테 젖을 먹인다. (○)
> ▶ **무정 명사와 '-에서'**
> 주격을 나타내는 '-에서'는 무정 명사에는 쓰이나 유정 명사에는 쓰이지 않는다.
> ¶우리 나라에서 국제 영화제를 개최한다. (○)
> 전교 학생들에서 환경 정리를 한다. (×)

무정-물(無情物)[명] 나무나 돌처럼, 감각이나 감정을 지니고 있지 않은 물건.
무-정부(無政府)[명] ①정부가 없는 일. ②정치적·사회적으로 혼란스럽고 무질서한 상태에 있는 일. ¶－ 상태
무정부-주의(無政府主義)[명] 모든 정치적·사회적 권력을 부정하고 개인의 완전한 자유와 독립이 보장되는 사회를 이상으로 삼는 정치 사상. 아나키즘(anarchism)
무정부주의-자(無政府主義者)[명] 무정부주의를 이상으로 삼는 사람. 아나키스트(anarchist)
무정-세:월(無情歲月)[명] 덧없이 흘러가는 세월.
무-정:수(無定數)[어기] '무정수(無定數)하다'의 어기(語基).
무정수-하다(無定數－)[형][여] 일정한 수효가 없다.
무정-스럽다(無情－)(－스럽고·－스러워)[형][ㅂ] 무정한 데가 있다. ¶무정스러운 처사. ☞매정스럽다
무정-스레[부] 무정스럽게 ☞매정스레
무:-정승(武政丞)[명]-하다[형] 무인 출신의 정승.
무정액-증(無精液症)[명] 정액이 전혀 나오지 않거나 배출하지 못하는 병적 상태.
무-정:위(無定位)[명]-하다[형] 일정한 방위가 없음.
무정위=검:류계(無定位檢流計)[명] 무정위침을 응용하여

코일 속의 약한 전류를 재는 기계.

무정위-침(無定位針)명 극(極)의 강도가 같은 두 자침을 같은 축(軸)의 위아래에 평행으로 두고, 극이 반대되게 한 물건. 두 극이 서로 같은 힘으로 어울리기 때문에, 지자기(地磁氣)의 작용을 받지 않으며, 자침이 어떤 방향으로든지 놓이게 됨.

무정자-증(無精子症)[-쯩]명 정액(精液) 속에 정자가 없는 병적 상태.

무정지책(無精之責)명 아무 까닭이 없이 책망함.

무정-하다(無情-)형여 인정이나 동정심이 없다. ¶무정한 사람./무정한 세월./무정하게도 1년이 지나도록 소식이 없다. ☞매정하다. 유정하다

무정-히부 무정하게 ☞매정히

무-정:형(無定形)명-하다형 일정한 형체가 없음.

무정형=물질(無定形物質)[-찔]명 결정 상태에 있지 않은 물질. 황 가루, 탄소 가루, 유리 따위.

무정형=탄:소(無定形炭素)명 분명한 결정상을 이루지 않은 탄소. 목탄·유연(油煙)·코크스 따위.

무제(無題)명 ①제목이 없음. ②제목을 붙이지 아니한 시나 미술 따위의 작품.

무제(無際)어기 '무제(無際)하다'의 어기(語基).

무제약-자(無制約者)명 철학에서, 스스로 존립하여 다른 것으로부터 어떠한 제약도 받지 않는 존재를 이르는 말. 〔곧 자기가 모든 다른 것의 제약이 되는 존재. 신이나 절대자 등을 나타내는 말로 쓰임.〕

무제-하다(無際-)형여 넓고 멀어서 끝이 없다.

무-제:한(無制限)명 ①-하다형 제한이 없음. ¶이민을 -으로 받아들이다. ②〔부사처럼 쓰임〕 제한이 없이. ¶수입 쇠고기를 - 방출하다.

무제한-급(無制限級)[-끕]명 스포츠에서, 몸무게의 상한(上限)이 없는 가장 무거운 체급.

무제한=법화(無制限法貨)명 금액에 제한이 없이 법률상 화폐로 통용하는 화폐. 금화나 한국 은행권 등.

무:조(撫棗)명-하다자 재래식 혼례에서, 시아버지가 새며느리가 올리는 폐백 대추를 받는 일.

무-조건(無條件)[-껀]명 ①-하다형 아무런 조건이 없음. ¶-으로 찬성하다. ②〔부사처럼 쓰임〕 ¶- 반대하다.

무조건=반:사(無條件反射)[-껀-]명 본디 동물이 지니고 태어난 반사. 입 안에 음식물을 넣으면 본능적으로 침이 나오는 행동 따위. ☞조건 반사(條件反射)

무조건-적(無條件的)[-껀-]명 아무 조건도 없는 것. ¶-인 복종.

무조건=항복(無條件降伏)[-껀-]명 전쟁에 진 나라가 아무 조건도 붙이지 않고 하는 항복.

무조-지(無租地)명 세금을 받지 않는 토지.

무족(無足)명 무지기

무족가:책(無足可責)성구 가히 책망을 할만 한 값어치가 없음을 이르는 말.

무족-기(無足器)명 굽이 없는 그릇. 대접이나 접시 따위.

무족-정(無足鼎)명 발이 없는 솥이라는 뜻으로, 신이 없어서 나들이를 못하는 가난한 사람을 비유하는 말.

무존장(無尊丈) '어른에게 버릇이 없음'의 뜻.

무존장-아문(無尊丈衙門)명 어른에게 버릇없이 함부로 구는 사람을 이르는 말.

무좀명 발가락 사이 또는 발바닥 따위에 물집이 생기거나 가렵고 살갗이 벗겨지거나 하는 피부병의 한 가지.

무-종아리명 장딴지와 발뒤꿈치의 사이.

무좌수명 '무자치'의 딴이름.

무죄(無罪)명 ①-하다형 허물이 없음. ②법률상 범죄가 되지 아니함. 죄가 없음. ¶- 판결 ☞유죄(有罪)

속담 **무죄한 놈 뺨 치기** : 몰인정하고 심술 사나운 짓을 함을 이르는 말.

무주(無主)앞말 임자가 없음을 뜻하는 말.

무주-고:총(無主古塚)명 자손이나 거두어 주는 연고자가 없는 옛 무덤.

무주-고혼(無主孤魂)명 자손이나 거두어 주는 연고자가 없어 떠돌아다니는 외로운 영혼.

무주-공당(無主空堂)명 임자가 없는 빈집.

무주-공산(無主空山)명 임자가 없는 빈 산.

무주-공처(無主空處)명 임자가 없는 빈 곳.

무주-물(無主物)명 임자가 없는 물건.

무-주의(無主義)명-하다형 아무 주의도 없음.

무-주장(無主掌)어기 '무주장(無主掌)하다'의 어기(語基).

무주장-하다(無主掌-)형여 일을 책임지고 맡아보는 사람이 없다.

무주-총(無主塚)명 무연분묘(無緣墳墓)

무:-죽다형 야무진 맛이 없다.

무:중(霧中)명 안개가 낀 속.

무-중:량(無重量)명 무중력(無重力)

무-중:력(無重力)명 중력 작용이 없어 중량을 느끼지 못하는 현상. 무중량(無重量)

무중력=상태(無重力狀態)명 중력이 0이 된 것 같은 상태. 중력과 관성력(慣性力)이 평형을 이루는 경우에 일어나는 현상. 우주 공간을 비행하는 로켓의 안 등에서 나타남.

무중생유(無中生有)성구 ①모든 만물은 무(無)에서 생겨남을 이르는 말. ②없는 일을 날조함을 이르는 말.

무지명 곡식이 완전히 한 섬이 못 되는 것.

무:지(拇指)명 엄지손가락

무지(無地)명 모두가 한 빛깔로 무늬가 없음, 또는 그런 물건. ¶-옷감

무지(無知)명-하다형 ①아는 것이 없음. 지식이 없음. ¶-의 소치./-한 탓으로 저지른 일. ②어리석고 우악함. ¶-하게 굴다.

무지(無智)명-하다형 지혜가 없음.

무-지각(無知覺)명-하다형 지각이 없음.

속담 **무지각이 상팔자** : 아예 아무 것도 모르는 것이 오히려 마음이 편하다는 뜻.

무지개명 공중에 떠 있는 물방울이 햇빛을 받아 나타나는 반원형의 일곱 빛깔 띠. 〔흔히 비가 그친 뒤 해가 뜬 곳의 반대쪽에서 나타남.〕 제궁(帝弓). 채홍(彩虹). 천궁(天弓). 홍예(虹霓) ☞수무지개. 쌍무지개. 암무지개

무지개-다리명 아치교

무지개-떡명 켜마다 다른 빛깔을 물들여 시루에 찐 떡.

무지개-송어(-松魚)명 연어과의 민물고기. 몸길이 80~100cm임. 머리에서 꼬리까지 주홍색 띠가 있으며 배를 제외한 몸 전체에 검은 반점이 흩어져 있음. 일반 송어와는 달리 바다로 내려가지 않고 민물에서 일생을 보냄. 북태평양 연안으로 흐르는 하천에 분포하며, 전세계에 양식 어종으로 널리 퍼져 있음.

무지근-하다형여 ①대변이 잘 안 나와 기분이 무겁다. ②머리나 가슴이 무엇에 눌린듯이 무겁다. 준무직하다

무지근-히부 무지근하게

무지기명 지난날, 부녀자들이 명절이나 잔치 때 치마 속에 입던 짧은 통치마. 세 층, 다섯 층, 일곱 층으로 입는데, 끝단에 여러 빛깔의 물을 들이어, 다 입으면 무지개 빛을 이룸. 무족(無足) ☞오합무지기

무지러-지다자 물건의 끝이 몹시 닳거나 잘라져 없어지다. ¶무지러진 붓. ☞모지라지다

무지렁이명 ①무지러져서 못 쓰게 된 물건. ¶-가 되었는데도 버리지 않는다. ☞모지랑이 ②아는 것이 없고 어리석은 사람. ¶세상 물정 모르는 -.

무지르다(무지르고·무질러)타르 ①한 부분을 잘라 버리다. ②중간을 끊어 두 동강을 내다.

무지막지(無知莫知)성구 몹시 무지하고 상스러움을 이르는 말.

무지망작(無知妄作)성구 아무 것도 모르고 함부로 덤비는 짓을 이르는 말.

무지몰각(無知沒覺)성구 무지하고 지각(知覺)이 없음을 이르는 말.

무지몽매(無知蒙昧)성구 무지하고 사리에 어두움을 이르는 말.

무지무지-하다형여 놀라울 정도로 대단하거나 규모가 엄청나다. ¶무지무지하게 큰 저택.

무지-문맹(無知文盲)명 아는 것도 없고 글도 모름. 또는 그런 사람.
무지-스럽다(無知-)(-스럽고·-스러워)형ㅂ 무지한 데가 있다. ¶무지스럽게 우기다.
무지-스레부 무지스럽게
무직(無職)명 직업이 없음. 무업(無業) ☞유직(有職)
무직-하다형여 '무지근하다'의 준말.
무:진(戊辰)명 육십갑자의 다섯째. ☞기사(己巳)
무진(無盡)[1]부 힘이 다하도록 몹시. ¶- 애쓰다.
무진(無盡)[2]어기 '무진(無盡)하다'의 어기(語基).
무진-년(戊辰年)명 육십갑자로 해를 이를 때, 무진(戊辰)이 되는 해. 곧 천간(天干)이 무(戊)이고 지지(地支)가 진(辰)인 해. ☞기사년(己巳年). 진년(辰年)
속담 **무진년 팥 방아 찧듯** : 무진년에 흉년이 들었으나 팥만은 잘 되어 집집마다 팥을 찧어 먹었다는 데서, 분주히 방아 찧는 모양을 이르는 말.
무진-동(-銅)명 황화철 성분이 50% 이상 든 구리.
무:-진디명 진딧과에 딸린 벌레. 몸길이 2mm 안팎, 몸빛은 짙은 황록색임. 날개는 투명하고, 날개가 없는 것은 둥글고 짧음. 겨잣과 식물에 모이는 해충임.
무진무궁(無盡無窮)성구 무궁무진(無窮無盡)
무진장(無盡藏)명 ①-하다형 한없이 많이 있음. ¶-으로 묻혀 있는 석유. ②불교에서, 덕이 넓어 끝이 없음을 뜻하는 말. ③〔부사처럼 쓰임〕¶- 흘러내리는 폭포수.
무진-하다(無盡-)형여 다함이 없다. 한량이 없다. ¶천연 자원은 무진한 것이 아니다.
무진=회:사(無盡會社)명 '상호 신용 금고(相互信用金庫)'를 이전에 이르던 말.
무질다(무질고·무지니)형 무지러져 끝이 뭉뚝하다.
무질리다자 무지름을 당하다.
무-질서(無秩序)[-써]명-하다형 질서가 없음. ¶도로 교통의 -를 바로잡다.
무-집게명 물건을 물리는 데 쓰는 연장.
무:-짠지명 무를 통째로 소금에 짜게 절여 담근 김치. 김장 때 담가 이듬해 여름까지 먹음. 짠지 ☞파짠지
무쩍부 있는 것을 다 한 번에 몰아서. ☞모짝
무쩍-무쩍부 ①한편에서부터 있는 대로 차례차례 베거나 뽑거나 하는 모양을 나타내는 말. ¶무를 - 뽑다. ②좀 많이씩 개먹어 들어가는 모양을 나타내는 말. ¶배추벌레가 배춧잎을 - 먹어 들어간다. ☞모짝모짝
무찌르다(무찌르고·무찔러)타르 적을 쳐부수거나 쳐서 남김없이 없애다. ¶적군을 -.
무찔리다자 무찌름을 당하다.
무-차별(無差別)명-하다형 아무런 차별을 두지 않음. 차별이 없음. ¶- 폭격
무차별-적(無差別的)[-쩍]명 아무런 차별 없이 하는 것. ¶-으로 사격을 하다.
무착(無着)명 불교에서, 집착이 없음을 이르는 말.
무-착륙(無着陸)명-하다자 항공기가 목적지에 이르기까지 한 번도 도중에 착륙하지 않는 일. ¶- 비행
무찰(無札)명 차표나 입장권 등을 지니지 않는 일.
무:참(誣譖)명-하다타 없는 사실을 꾸미어 남을 참소함.
무참(無慘)어기 '무참(無慘)하다'의 어기(語基).
무참(無慚)어기 '무참(無慚)하다'의 어기(語基).
무참-스럽다(無慘-)(-스럽고·-스러워)형ㅂ 매우 참혹한 데가 있다. ¶무참스럽게 살해하다.
무참-스레부 무참스럽게
무참-스럽다(無慚-)(-스럽고·-스러워)형ㅂ 열없는 느낌이 있다. ¶핀잔을 듣고 무참스러운 표정을 짓다.
무참-스레부 무참스럽게
무참-하다(無慘-)형여 더없이 참혹하다.
무참-히부 무참하게 ¶- 버려지다.
무참-하다(無慚-)형여 매우 열없다. 몹시 부끄럽다. ¶무참해 하는 표정.
무참-히부 무참하게 ¶- 웃는다.
무:-채명 채칼로 치거나 가늘게 썬 무. 또는 그것을 무친 반찬.
무-채:색(無彩色)명 명도(明度)의 차이는 있으나 색상(色相)과 순도(純度)가 없는 색. 하양·회색·검정 따위. ☞유채색(有彩色)
무책(無策)명-하다형 계책이 없음. ¶-이 상책이다.
무-책임(無責任)명 ①책임이 없음. ¶이번 사고에 관해서 그는 -이다. ②-하다형 책임감이 없음. ¶-한 발언.
무책임=행위(無責任行爲)명 법률상 아무런 책임이 없는 행위.
무처가:고(無處可考)성구 가히 상고(詳考)할만 한 곳이 없음을 이르는 말.
무처부당(無處不當)성구 무슨 일이든지 감당하지 못할 것이 없음을 이르는 말.
무척부 썩 많이. 매우. 대단히 ¶- 착한 사람./그림을 - 좋아하다.
무:척(舞尺)명 신라 때, 궁중에서 춤을 추는 사내를 이르던 말.
무척추-동:물(無脊椎動物)명 척추가 없는 동물을 통틀어 이르는 말. 원삭·극피·절지·환형·연체·편형·강장·해면 동물 따위. 민등뼈동물 ☞척추동물
무:천(舞天·儛天)명 예(濊) 때에, 추수를 마치고 시월에 택일하여 하늘에 지내던 제사.
무:천매:귀(貿賤賣貴)성구 싼 값으로 사서 비싼 값으로 팖을 이르는 말.
무:-청명 무의 잎과 줄기를 아울러 이르는 말.
무:청(蕪菁)명 '순무'의 딴이름.
무청-깍두기명 김치의 한 가지. 작고 연한 무를 무청이 달린 채로 다듬어 소금에 절였다가 파·마늘·생강·새우젓·고춧가루·소금 따위로 버무려 담근 깍두기.
무체(無體)명 형체가 없는 것. ☞유체(有體)
무체-물(無體物)명 법률에서, 유체물 이외의 전기·열·광선 따위와 같이 형체가 없는 것을 이르는 말.
무체=재산권(無體財產權)[-꿘]명 발명·고안·창작이나 영업상의 신용 등 무체물에 대해서 지배할 수 있는 재산권을 통틀어 이르는 말. ☞물권(物權)
무촉-전(無鏃箭)명 사구(射毬)를 할 때 살대 끝을 솜으로 싸서 모구(毛毬)를 쏘는 화살.
무:추(舞錐)명 송곳의 한 가지. 활처럼 굽은 나무 따위에 시위를 메고, 그 시위로 송곳 자루를 곱걸어서 돌리며 구멍을 뚫음. 활비비
무축-농(無畜農)명 '무축 농가'의 준말.
무축=농가(無畜農家)명 가축을 기르지 아니하는 농가. 준무축농
무춤부 놀라거나 열없는 느낌이 들어 무르춤한 태도로. ¶경적 소리에 길을 가다가 - 섰다.
무춤-하다자여 '무르춤하다'의 준말.
무취(無臭)명-하다형 냄새가 없음.
무-취미(無趣味)어기 '무취미(無趣味)하다'의 어기(語基).
무취미-하다(無趣味-)형여 취미가 전혀 없다. 몰취미하다. 무미하다
무치(無恥)어기 '무치(無恥)하다'의 어기(語基).
무치다타 나물 따위에 양념을 하여 골고루 버무리다. ¶냉이에 양념을 두어 -.
무치-하다(無恥-)형여 부끄러움이 없다.
무침명 나물 따위의 먹을거리를 양념하여 국물 없이 버무린 반찬. ¶시금치 -
무:크(mook)명 잡지와 단행본의 특성을 한데 갖춘 출판물. 편집 체재나 발행 방식은 잡지와 비슷하나, 단행본처럼 부정기적으로 간행됨. 'magazine'+'book'의 합성 조어(造語)임.
무타(無他)명 다른 까닭이 없는 것.
무탈(無^頉)어기 '무탈하다'의 어기(語基).
무탈-하다(無^頉-)형여 ①아무 탈이 없다. ¶무탈하게 잘 지내다. ②까다롭거나 스스럼이 없다. ¶그와는 서로 무탈한 사이다. ③탈을 잡힐 데가 없다. ¶당당하고 무탈한 행동.
무태-장어(-長魚)명 뱀장어과의 물고기. 몸길이는 1.5m 안팎임. 몸빛은 황갈색 바탕에 작은 얼룩무늬가 흩

어져 있음. 깊은 바다에서 산란하며 치어가 민물로 회유하여 5~8년간 성장함. 열대성 어류로 곤충을 잡아먹는 육식성이며 제주도 천지연 등에서 서식함. 천연 기념물 제258호로 지정 보호되고 있음.

무턱-대고 부 특별한 까닭이나 요량이 없이 마구. ¶구체적인 기획도 없이 ─ 사업을 시작하다니…. ☞덮어놓고

무텅이 명 거친 땅에 논밭을 일구어 곡식을 심는 일.

무-테(無─) 명 테가 없는 것, 또는 그런 물건. ¶─ 안경

무통=분만(無痛分娩) 명 마취나 정신 요법 따위로 산모가 진통을 덜 느끼고 아이를 쉽게 낳는 일.

무퇴(無退) 명-하다 자 뒤로 물러서지 아니함.

무-투표(無投票) 명 투표하지 아니하는 일. ¶─ 당선

무트로 부 한목에 많이. ¶─ 가져라.

무:-트:림 명 무를 날로 먹고 난 뒤에 나오는 트림.

무파(無派) 명 어느 파에도 딸리지 않음.

무판-화(無瓣花) 명 안쪽 꽃턱이 없는 꽃.

무패(無敗) 명 싸움이나 경기에 한 번도 지지 않는 일. ¶ 5승 ─의 전적.

무편(無片) 명 '무편삼(無片蔘)'의 준말.

무편-거리(無片─) 명 한방에서, 무편삼으로 지은 약재를 이르는 말.

무편-달이(無片─) 명 한방에서, 달아서 편을 지을 수 없는 인삼을 이르는 말.

무편무당(無偏無黨) 성구 불편부당(不偏不黨)

무편-삼(無片蔘) 명 열엿 냥 한 근에 백 뿌리 이상이 달리는 아주 잔 인삼. 준 무편(無片) ☞십편거리

무폐(無弊) 어기 '무폐(無弊)하다'의 어기(語基).

무:폐(蕪廢) 어기 '무폐(蕪廢)하다'의 어기(語基).

무폐-하다(無弊─) 형여 아무 폐단이 없다.

무:폐-하다(蕪廢─) 형여 땅을 버려 두어 풀이 우거지고 거칠다. ¶묵정밭이 무폐하기 이를 데 없다.

무:포(巫布) 명 지난날, 무당에게서 조세로 거두던 포목.

무-표정(無表情) 명-하다 형 아무런 감정의 표시가 없음. ¶─한 얼굴.

무풍(無風) 명 바람이 없거나 불지 않는 일.

무풍-대(無風帶) 명 '회귀 무풍대'의 준말. ¶열대 ─

무풍=지대(無風地帶) 명 ①바람이 불지 않는 지역. ②다른 곳으로부터 자극이나 영향을 받지 않는, 평화롭고 안온한 곳.

무피-화(無被花) 명 꽃받침과 꽃부리가 없는 꽃. 삼백초과·후춧과·버드나뭇과 따위의 식물에서 볼 수 있음. 나화(裸花) ☞유피화(有被花). 단피화(單被花)

무하(無瑕) 어기 '무하(無瑕)하다'의 어기(語基).

무-하:기(無下記) 명 ①쓴 돈을 장부에 올리지 않는 일. ②쓰고 남은 돈은 임의로 처분하고 모자라는 것은 채워 넣는 일.

무:-하다(貿─) 타여 《文》이익을 많이 남겨 팔려고 물건을 도거리로 사다.

무:-하다(無─) 형여 《文》없다

무하지증(無何之症) [─쯩] 명 병명을 알 수 없는 병.

무하-하다(無瑕─) 형여 아무 흠이 없다.

무학(無學) 명 ①배운 것이 없음. ②무학도(無學道)

무학-도(無學道) 명 불교에서 이르는 삼도(三道)의 하나. 수행을 쌓아 얻은 최고의 지위. 궁극적인 깨달음에 이르러, 더 배울 바가 없이 된 경지를 이름. 무학(無學)

무한(無限) 명-하다 형 한이 없음. ¶─한 공간. ☞유한

무한-히 부 무한하게 ¶─ 긴 시간 같다.

무한=궤:도(無限軌道) 명 강철판을 띠 모양으로 이어 앞뒤 차바퀴의 둘레에 씌워 바퀴를 회전시키는 장치. 탱크나 불도저 따위에 사용되며, 가파른 비탈이나 험한 길에도 달릴 수 있음. 캐터필러(caterpillar)

무한=급수(無限級數) 명 항(項)의 수가 한없이 많은 급수. ☞유한 급수

무한=꽃차례(無限─) [─꼳─] 명 꽃차례의 하나. 아래에 있는 꽃부터 위쪽으로 차례차례 피어 가는 꽃차례. 수상(穗狀) 꽃차례, 총상(總狀) 꽃차례, 산방(繖房) 꽃차례, 산형(繖形) 꽃차례, 두상(頭狀) 꽃차례 등이 있음. 무한 화서(無限花序) ☞유한 꽃차례

무-한년(無限年) 명-하다 형 햇수의 한정이 없음.

무한-대(無限大) 명 ①-하다 형 한없이 큼. ¶─의 우주. ②수학에서, 변수(變數)의 절대값을 한없이 크게 할 경우의 그 변수. '$x\to\infty$'로 나타냄. ☞무한소(無限小)

무한-량(無限量) 명 ①-하다 형 일정하게 정해진 양(量)이 따로 없을 만큼 많음. ¶─처럼 보이는 바닷물. /─한 매장량. ②〔부사처럼 쓰임〕한량없이 ¶─ 기쁘다. ☞무량(無量)하다

무한-소(無限小) 명 ①-하다 형 한없이 작음. ¶─의 세계. ②수학에서, 어떤 수를 한없이 작게 할 경우의 극한(極限). 영(零)에 수렴하는 변수(變數). '$x\to 0$'로 나타냄. ☞무한대(無限大)

무한=소:수(無限小數) 명 수학에서, 소수점 이하가 한없이 계속되는 소수. 원주율이나 순환 소수 따위. ☞유한 소수

무한=수:열(無限數列) 명 수학에서, 항(項)이 한없이 계속되는 수열. ☞유한 수열

무한-원(無限遠) 명 렌즈의 초점 따위가 한없이 먼 것, 또는 그런 거리.

무-한:정(無限定) 명 ①-하다 형 수량이나 범위 따위가 제한되어 정해진 것이 없음. ¶─으로 기다릴 수는 없다. ②〔부사처럼 쓰임〕한정 없이. ¶─ 연기하다.

무한=직선(無限直線) 명 수학에서, 정반대의 두 방향으로 한없이 뻗어 나간 직선. ☞유한 직선

무한=집합(無限集合) 명 원소(元素)의 개수가 무한한 집합. ☞유한 집합

무한=책임(無限責任) 명 채무자의 전재산(全財産)을 채무의 담보로 삼는 책임. ☞유한 책임

무한=책임=사:원(無限責任社員) 명 회사의 채무에 대하여, 회사 채권자에게 연대하여서 무한 책임을 지는 사원. ☞유한 책임 사원

무한=화서(無限花序) 명 무한 꽃차례 ☞유한 화서

무:함(誣陷) 명-하다 타 없는 사실을 꾸며 남을 함정에 몰아넣음. ☞모함(謀陷)

무-항산(無恒產) 명-하다 형 일정한 생업이나 가산(家產)이 없음.

무-항심(無恒心) 명-하다 형 항상 변함없어야 할 올바른 마음이 없음.

무해(無害) 명-하다 형 해로움이 없음. ¶인체에 ─하다. ☞유해(有害)

무해무득(無害無得) 성구 해로움도 없고 이로움도 없음을 이르는 말. ☞무득무실(無得無失)

무해=통항권(無害通航權) 명 외국 선박이 연안국의 평화와 안녕 질서를 해치지 않는 한도에서 그 나라의 영해를 자유로이 통항할 수 있는 권리. 잠수함이 물 속으로 다니는 것은 제외됨.

무-허가(無許可) 명 해당 기관의 허가를 받지 않는 일. ¶─ 건축/─ 상점

무-현:관(無顯官) 명 조상 중에 높은 관직을 지낸 사람이 없음을 이르는 말.

무혈(無血) 명 피를 흘리지 않음. ☞유혈(有血)

무혈-복(無穴鰒) 명 ①꼬챙이에 꿰지 않고 말린 큰 전복. ②지난날, 과거(科擧)를 엄중히 감시하여 부정 행위를 못하게 함을 비유하여 이르던 말.

무혈=점령(無血占領) 명 피를 흘릴만 한 전투도 하지 않고 적진을 점령하는 일.

무혈-충(無血蟲) 명 피도 눈물도 없는 벌레라는 뜻으로, 냉혹한 사람을 욕으로 이르는 말.

무혈=혁명(無血革命) 명 피를 흘리지 않고 평화 수단으로 일으키는 혁명.

무혐(無嫌) 명-하다 형 무혐의(無嫌疑)

무-혐의(無嫌疑) 명-하다 형 혐의가 없음. 무혐(無嫌) ¶─로 처리되었다.

무:협(武俠) 명 무술이 뛰어난 협객. ¶─ 소설

무형(無形) 명-하다 형 형체나 형상이 없음. ¶─의 재산. ☞유형(有形)

무형=고정=자:산(無形固定資產)명 고정 자산 가운데 물체의 형태가 없는 것. 광업권·상품권·특허권 등의 법적 권리와 영업권 따위가 있음. ☞유형 고정 자산
무형무적(無形無迹)성구 형상이나 자취가 없음을 이르는 말. 준무형적(無形迹)
무형=문화재(無形文化財)명 연극·음악·공예·기술, 그 밖의 무형의 문화적 소산으로 역사적 또는 예술적 가치가 큰 것. ☞유형 문화재
무형=문화재=기능=보:유자(無形文化財技能保有者)명 중요 무형 문화재의 기능을 가지고 있다고 인정되는 사람. 흔히 '인간 문화재'라고도 함.
무형-물(無形物)명 형체가 없는 물건. 바람·소리 따위. ☞유형물
무-형식(無形式)명-하다형 형식이 없음.
무형-인(無形人)명 유형인(有形人)인 자연인에 상대하여 '법인(法人)'을 달리 이르는 말.
무형=자:본(無形資本)명 무형 재산으로 이루어진 자본. 상표권·특허권·전매권·저작권 따위를 이름. ☞유형 자본
무형=재산(無形財產)명 저작권이나 특허권 따위와 같이 물체의 형태를 갖추지 않은 재산. ☞유형 재산
무-형적(無形迹)명-하다형 '무형무적(無形無迹)'의 준말.
무:호(蕪瑚)명 무회(無灰)
무호동:이작호(無虎洞狸作虎)성구 '범 없는 골에 살쾡이가 범 노릇 한다'는 속담을 한문식으로 옮긴 구(句)로, 잘난 사람이 없는 곳에서 못난 사람이 젠체한다거나 되지못한 사람이 큰소리친다는 뜻.
무:화(武火)명 세차게 타는 불. ☞문화(文火)
무화-과(無花果)명 ①무화과나무의 열매. ②무화과나무
무화과-나무(無花果-)명 뽕나뭇과의 낙엽 활엽 관목. 높이는 2～3m, 잎은 손바닥 모양으로 3～7갈래로 깊게 갈라져 있음. 꽃은 초여름에 단성화(單性花)로 피고, 열매는 암자색(暗紫色)으로 익는데 먹을 수 있고, 잎은 한방에서 약재로 쓰임. 무화과(無花果)
무환=수입(無換輸入)명 대금 결제를 위한 외국환을 발행하지 않아도 되는 수입. 증여품, 상품 견본, 구급품 따위의 무상(無償) 수입을 이름.
무환=수출(無換輸出)명 대금 결제를 위한 외국환을 발행하지 않아도 되는 수출. 증여품, 상품 견본, 구급품 따위의 무상(無償) 수출을 이름.
무환자-나무(無患子-)명 무환자나뭇과의 낙엽 교목. 높이 20m 안팎. 잎은 길둥근꼴에 톱니가 있고 6월경에 백색 또는 자주색 꽃이 핌. 재목은 가구의 재료가 되며, 나무껍질은 민간에서 거담제로 쓰임. 우리 나라와 일본, 중국, 인도 등지에 분포함.
무회(無灰)명 미역의 오래 묵은 뿌리. 흑산호와 비슷하며 센 불에는 타는데 재가 남지 아니함. 궐련 물부리나 장식품 따위를 만드는 데 쓰임. 무호(蕪瑚)
무-회:계(無會計)명 광업에서, 덕대가 광부(鑛夫)에게 생활 필수품을 대 주고 채광을 시킨 뒤에 광주(鑛主)에게는 분철(分鐵)을, 광부에게는 분철에 상당하는 광석을 주고, 나머지를 본인이 차지하는 일.
무회계=금점(無會計金占)명 분철 금점(分鐵金占)
무회-주(無灰酒)명 다른 것을 섞지 않고 전국으로 된 술. 순료(醇醪). 순주(醇酒)
무효(無效)명-하다형 ①효과나 효력이 없음. ¶백약(百藥)이 -다./계약을 -로 하다. ②법률상 행위의 효과가 없는 일. ¶유언장이 -가 되다. ☞유효(有效)
무효-화(無效化)명-하다자타 무효로 됨, 또는 무효가 되게 함. ¶당선이 -되었다.
무후(無後)명-하다자타 대(代)를 이을 후손이 없음. 무사(無嗣) ¶-가 걱정인 노인./돈이 무슨 소용이랴, -한 팔자인걸.
무후-총(無後塚)명 자손이 끊기어 돌보아 주는 사람이 없는 무덤.
무:훈(武勳)명 무공(武功) ¶혁혁한 -./-을 세웠다.
무훼무예(無毁無譽)성구 훼방도 칭찬도 없음을 이름.
무휴(無休)명 쉬지 않는 것. 쉬는 날이 없는 것.
무:휼(撫恤)명-하다타 불쌍히 여기어 위로하고 물질을 베풀어 도와 줌.
무:희(舞姬)명 춤추는 일을 전문으로 하는 여자.
묵명 메밀·녹두·도토리 따위의 앙금을 되게 쑤어 굳힌 음식. ¶-을 쑨다.
묵객(墨客)명 붓으로 글씨를 쓰거나 그림을 그리는 데 능숙한 사람. ¶시인 - ▷ 墨의 속자는 墨
묵계(默契)명-하다자 말없는 가운데 서로 뜻이 맞음, 또는 합의가 이루어짐. 묵약(默約) ¶서로 -가 이루어졌다.
묵고(默考)명-하다타 말없이 곰곰 생각함.
묵과(默過)명-하다타 알고도 모르는체 하여 넘김. ¶그냥 -할 수 없는 잘못.
묵광(墨光)명 붓글씨와 그림의 먹 빛깔.
묵-국명 국의 한 가지. 녹말묵을 반듯하게 썬 것과, 다져서 반대기를 지어 달걀을 씌운 쇠고기나 닭고기를 함께 끓인 맑은 장국. 청포탕(淸泡湯)
묵국(墨國)명 지난날, '멕시코'를 이르던 말.
묵극(默劇)명 무언극(無言劇)
묵-기도(默祈禱)명-하다자 묵도(默禱)
묵-나물명 말려 두었다가 이듬해 봄에 먹는 산나물.
묵낙(默諾)명-하다타 ①말없이 은연중에 승낙의 뜻을 나타내는 일. ②모르는체 하고 슬그머니 허락하는 일.
묵념(默念)명-하다자 ①묵상(默想) ②죽은 이를 추모하여 마음속으로 빌거나 생각하는 일. ¶전몰 용사를 추모하여 -하다.
묵다[1]자 일정한 곳에서 나그네로 머무르다. 유(留)하다 ¶시골에서 오래 묵었다./여관에서 하룻밤을 묵었다.

한자 묵을 관(館) 〔食部 8획〕 ¶객관(客館)/관사(館舍)/여관(旅館)/역관(驛館)

묵다[2]자 ①때가 지나서 오래되다. ¶묵은 쌀./묵은 해를 보내고 새해를 맞는다. ②사용되지 않고 그대로 남아 있다. ¶묵은 땅을 다시 간다.
속담 **묵은 거지보다 햇거지가 더 어렵다** : 무슨 일이든지 오랫동안 해 온 사람이 처음 시작한 이보다 참을성 있고 마음이 굳다는 말./**묵은 낙지 꿰듯** : 일을 매우 쉽게 함을 이르는 말./**묵은 낙지 캐듯** : 일을 단번에 시원스럽게 해치우지 않고 두고두고 조금씩 하는 모양을 이르는 말./**묵은 장 쓰듯** : 조금도 아끼지 않고 헤프게 씀을 이르는 말.
묵-당수명 물에 불린 녹두를 갈아 전대에 담아 짠 것을 묵보다 묽게 쑤어 먹는 음식.
묵대(墨帶)명 먹물을 들인 베 띠. ☞묵립(墨笠)
묵도(默禱)명-하다자 말없이 마음속으로 기도함, 또는 그 기도. 묵기도(默祈禱) ¶-를 올리다.
묵독(默讀)명-하다타 소리를 내지 않고 글을 읽음. 목독(目讀) ☞낭독(朗讀). 음독(音讀)
묵동(墨童)명 지난날, 문인(文人)이 나들이할 때, 붓·먹·벼루·종이가 든 사우낭(四友囊)을 지고 따르던 아이. ☞시동(侍童)
묵량(默諒)명-하다타 말이 없는 가운데 양해하여 줌.
묵례(默禮)명-하다자 말없이 머리만 숙여 인사함, 또는 그렇게 하는 인사.
묵리(墨吏)명 탐관(貪官)
묵립(墨笠)명 먹을 칠한 갓. ☞묵최(墨衰)
묵묵(默默)어기 '묵묵(默默)하다'의 어기(語基).
묵묵무언(默默無言)성구 입을 다문 채 말이 없음을 이르는 말.
묵묵부답(默默不答)성구 아무 대답도 하지 않음을 이르는 말.
묵묵-하다(默默-)형여 아무 말이 없이 잠잠하다. ¶불러도 대답 없이 묵묵하였다.
묵묵-히부 묵묵하게 ¶- 앉아 있다.
묵문(墨紋)명 도자기에 입힌 잿물에 잘게 간 금.
묵-물명 제물묵 거리로 녹두를 물에 불려 간 것.
묵-밭명 '묵정밭'의 준말.

묵비(默祕)명-하다타 비밀로 하여 말하지 아니함.
묵비-권(默祕權)[-꿘]명 용의자나 피고인이 자기에게 불리한 진술을 거부하고 침묵할 수 있는 권리. ¶ -을 행사하다.
묵-비지명 묵을 쑤기 위하여 녹두를 갈아 거른 찌끼.
묵사리명 연안(沿岸) 가까이 밀려든 조기 떼가 알을 슬려고 머무르는 일, 또는 그때.
묵-사발(-*沙鉢)명 ①묵을 담은 사발. ②일이나 물건이 형편없이 되거나 망그러진 상태를 속되게 이르는 말. ¶ 일을 -로 만들었다.
묵삭(墨削)명-하다타 먹으로 글씨를 지워 버림.
묵살(默殺)명-하다타 말없이 무시하여 문제로 삼지 아니함. ¶남의 제안을 -한다.
묵상(墨床)명 먹을 갈아 올려놓는 받침.
묵상(默想)명-하다자타 ①말없이 생각에 잠김. ¶ -에 잠겼다. ②말없이 마음속으로 기도함. ¶잠시 -합시다. 묵념(默念)
묵-새기다자 일없이 한곳에 묵으면서 세월을 보내다.
묵색(墨色)명 먹물의 색과 같은 검은 빛깔. 먹빛
묵색임리(墨色淋漓)성구 붓글씨나 그림의 먹빛이 번지르르함을 이르는 말.
묵색창윤(墨色蒼潤)성구 먹빛이 썩 좋아 예술적인 아름다움이 있음을 이르는 말.
묵선(墨線)명 먹줄, 또는 먹줄로 친 검은 직선.
묵-솜명 묵은 솜. ☞햇솜
묵수(墨守)명-하다타 자기의 주장을 굳이 지켜 고치지 아니하는 일.〔중국 전국 시대에 묵자(墨子)가 지키는 성(城)이 몇 번이나 공격을 받았지만 함락되지 않았다는 고사(故事)에서 유래한 말.〕
묵시(默示)명-하다타 ①말없는 가운데 은근히 자기의 뜻을 나타내어 보임. ②크리스트교에서, 여호와가 신의(神意)를 사람에게 나타내어 보이는 일. ☞계시(啓示)
묵시(默視)명-하다타 ①말없이 눈여겨봄. ②간예하지 않고 지켜봄.
묵시록(默示錄)명 요한계시록. 계시록(啓示錄)
묵약(默約)명-하다자 묵계(默契)
묵어(墨魚)명 '오징어'의 딴이름.
묵언(默言)명-하다자 말없이 잠자코 있음.
묵연(默然)어기 '묵연(默然)하다'의 어기(語基).
묵연-하다(默然-)형여 말없이 잠잠하다.
묵연-히부 묵연하게 ¶ - 생각에 잠긴다.
묵우(默祐)명-하다타 잠잠히 말없이 도움.
묵은-닭명 깬 지 한 해 이상 된 닭. ☞햇닭
묵은-세:배(-歲拜)명 섣달 그믐날 저녁에 그 해를 보내는 인사로 웃어른에게 드리는 절.
묵은-쌀명 해묵은 쌀. 고미(古米). 구미(舊米) ☞햅쌀
묵은-장(-將)명 묵장
묵은-장(-醬)명 담근 지 해를 넘긴 장.
묵은-장군(-將軍)명 묵장
묵은-해명 '지난해'를 새해에 상대하여 이르는 말.
묵음(默音)명 글자는 있되 발음되지 않는 소리. '닭'의 'ㄹ'이나 '값'의 'ㅅ' 따위.
묵이의 오래 두었던 일이나 물건. ¶한 해 -와 두 해 -.
묵이-배명 처음 딸 때는 맛이 시고 떫으나 오래 묵을수록 맛이 달고 물이 많아지는 배.
묵인(默認)명-하다타 모르는체 하고 슬며시 인정하여 줌. ¶유흥장 출입을 -한다. 유묵허(默許)
묵-장(-將)명 장기(將棋)에서, 쌍방이 다 모르고 지나치어 버린 장군. 묵은장. 묵은장군
묵-재명 불이 꺼지고 남은 식은 재.
묵적(默寂)어기 '묵적(默寂)하다'의 어기(語基).
묵적-하다(默寂-)형여 잠잠하고 고요하다. ¶묵적한 산사(山寺)의 밤.
묵정-밭명 오래 버려 두어 거칠어진 밭. 진전(陳田) 준 묵밭 유휴경지(休耕地)
묵정-이명 묵어서 오래된 물건.
묵존(默存)명-하다타 말없이 마음속으로 생각함.
묵종(默從)명-하다자 군소리 없이 복종함. ¶상관에게 -만 해 왔다.
묵좌(默坐)명-하다자 잠잠히 앉아 있음.
묵주(默珠)명 가톨릭에서, '묵주의 기도'를 드릴 때 쓰는 성물(聖物)의 한 가지. 흔히 쓰이는 묵주는 큰 구슬 1개에 작은 구슬 10개씩을 1단(段)으로 하여 모두 5단을 줄에 꿰어 테 모양이 되게 하고, 여기서 갈라져 나온 줄에다 큰 구슬 1개와 작은 구슬 3개를 꿰고 끝에 십자가를 매닮.
묵주(默鑄)명 지난날, 관가의 묵인을 얻어서 사사로이 돈을 만들던 일, 또는 그 돈.
묵주=기도(默珠祈禱)명 가톨릭에서, 묵주를 가지고 성모 마리아에게 드리는 기도.
묵-주머니명 ①묵물을 짜는 큰 주머니. ②짓이겨 못쓰게 된 물건. ③말썽이 일어나지 않도록 잘 달래거나 주무르는 일.
묵주머니를 만들다관용 ①물건을 짓이겨 못쓰게 만들다. ②싸움을 말려 잘 조정하다.

묵죽(墨竹)명 먹으로 그린 대나무 그림.
묵중(默重)어기 '묵중(默重)하다'의 어기(語基).
묵중-하다(默重-)형여 말수가 적고 몸가짐이 무게 있다. ¶묵중한 성품.
묵중-히부 묵중하게
묵즙(墨汁)명 ①먹물 ②낙지 뱃속의 검은 물. 고락
묵즙-낭(墨汁囊)명 낙지 뱃속의 검은 물이 들어 있는 주머니. 고락
묵지(墨池)명 벼루의 앞쪽에 오목하게 팬 부분. 먹을 갈기 위해 벼룻물을 붓거나 간 먹물이 고이는 곳임. 연지(硯池)
묵지(墨紙)명 먹종이
묵직묵직-하다형여 여럿이 다 묵직하다. ☞목직목직하다
묵직-하다형여 부피에 비하여 좀 무거운듯 하다. ¶묵직한 가방. ☞목직하다
묵-채(-菜)명 생채의 한 가지. 채친 묵, 볶은 쇠고기, 미나리, 편육, 알고명을 함께 섞어서 간장·식초·설탕·깨소금·참기름으로 무친 음식.
묵척(墨尺)명 먹자
묵철(-鐵)명 무쇠로 만든 탄알. 주로 새잡이에 씀.
묵첩(墨帖)명 이름이 난 이의 글씨나 매우 잘 쓴 글씨를 모아 꾸민 책. 흔히 접책(摺冊)으로 됨. 서첩(書帖)
묵-청포(-淸泡)명 탕평채(蕩平菜)
묵최(墨衰)명 상례(喪禮)에서, 베 직령(直領)에 묵립과 묵대를 갖춘 옷차림. 아버지가 살아 있을 때 돌아간 어머니의 담제(禫祭) 뒤나 생가(生家) 부모의 소상(小祥) 뒤에 입음.
묵필(墨筆)명 ①먹과 붓. 필묵(筆墨) ②먹물을 찍어서 쓰는 붓. ¶ -로 사군자를 그린다.
묵향(墨香)명 먹의 향기.
묵허(默許)명-하다타 잠자코 내버려둠으로써 슬며시 허락함. 유묵인(默認)
묵형(墨刑)명 고대 중국의 오형(五刑)의 하나. 죄인의 이마나 팔뚝에 먹실로 죄명을 써 넣던 형벌. 경형(黥刑). 자묵(刺墨). 자자(刺字)
묵화(墨畫)명 먹으로 그린 동양화. 먹그림
묵화(를) 치다관용 묵화를 그리다.
묵회(默會)명-하다타 말없는 가운데 깨달아 앎.
묵훈(墨暈)명 먹물이 약간 번진 흔적.
묵흔(墨痕)명 먹물이 묻은 흔적.
묵히다타 ①쓰지 않고 그냥 두다. ¶이 가양주는 묵힐수록 감칠맛이 난다. ②논밭을 경작하지 않고 쉬게 하다. ¶땅을 한 해 -.
묶다[묵-]타 ①끈 따위로 한데 모아 잡아매다. ¶짐을 -./땔나무를 -. ②사람이나 동물을 움직이지 못하게 얽어 매다. ¶포승으로 죄인을 -./손발을 -. ③여럿을 한군데로 합치다. ¶영농 체험담을 묶어서 책으로 펴내다.

한자 묶을 속(束) 〔木部 3획〕 ¶구속(拘束)/속박(束縛)/속발(束髮)/속수(束手)/속수(束數)

묶어-치밀다 자 한데 몰려 올라오다.
묶음 명 ①여럿을 한데 모아서 묶은 것이나 덩이. ¶서류 - ②〔의존 명사로도 쓰임〕 꽃이나 푸성귀 따위의 묶어 놓은 덩이를 세는 단위. 속(束) ¶장미 한 -.
묶음-표(-標) 명 문장 부호의 한 갈래. 소괄호( ), 중괄호{ }, 대괄호[ ]를 통틀어 이르는 말. 괄호부(括弧符) ☞이음표
묶이다 자 묶음을 당하다. ¶땔나무가 잘 묶이지 않는다./손발을 묶인 채 끌려가다.
문(文)[1] 명 ①문법에서, 주어와 서술어를 갖추어 하나의 통일된 생각이나 물음을 나타내는 말의 형식을 이름. 보통 마침표로 맺음. ②문장(文章) ③학문이나 예술, 문학 따위를 '무(武)'에 상대하여 이르는 말.
문(門)[1] 명 ①드나들 수 있도록 틔워 놓은 곳이나 여닫게 해 놓은 시설. 대문·방문·창문·성문 따위. ②거쳐야 할 관문. ¶대학의 -이 좁다.
속담 **문 돌쩌귀에 불나겠다** : 돌쩌귀가 닳아서 불이 날 정도로 문을 자주 여닫음을 이르는 말./**문 바른 집은 써도 입 바른 집은 못 쓴다** : 너무 시비(是非)를 가려서 지나치게 까다롭게 따지는 사람은 남의 미움과 노여움을 사기 쉽다는 말.

한자 문 문(門) 〔門部〕 ¶대문(大門)/문간(門間)/문외(門外)/방문(房門)/창문(窓門)/폐문(閉門)

문(門)[2] 명 생물 분류상의 한 단계. 계(界)의 아래, 강(綱)의 위. 척추동물문 따위. ☞강(綱)
문(紋) 명 무늬
문:(問) 명 ①'문제(問題)'의 준말. ②지난날, 경서(經書)의 뜻 등을 구두 시험으로 묻던 문제.
문(文)[2] 의 신발 크기를 나타내는 단위. 1문은 약 2.4cm. ☞문수(文數)
문(門)[3] 의 대포 따위를 세는 단위. ¶대포 다섯 -.
-문(文)《접미사처럼 쓰이어》'글', '문장', '문서'의 뜻을 나타냄. ¶감상문(感想文)/기행문(紀行文)/인용문(引用文)/담화문(談話文)
-문(門)《접미사처럼 쓰이어》어느 씨족(氏族)의 집안을 가리킴. ¶최문(崔門)/김문(金門)
문간(門間)[-깐] 명 대문이나 중문이 있는 자리.
문간-방(門間房)[-깐빵] 명 문간 곁에 있는 방.
문간-채(門間-)[-깐-] 명 대문 양쪽으로 있는 집채. 행랑채
문감(門鑑) 명 문표(門標)
문갑(文匣) 명 문서나 문구 따위를 넣어 두는 방세간의 한 가지. 가로 길고 높이가 낮으며 서랍이 여러 개임.
문객(門客) 명 ①권세 있는 집의 식객. ②덕을 보려고 권세 있는 집에 문안 드리러 날마다 드나드는 손. ¶-이 줄을 잇다.
문건(文件)[-껀] 명 공적인 성격을 띤 문서나 서류. ¶통상에 관한 -.
문격(文格)[-껵] 명 ①글을 짓는 격식. ②글의 품격.
문:견(聞見) 명 보고 들어서 깨달아 얻은 지식. 견문
문경(刎頸) 명-하다 타 ①목을 벰. ②해고함.
문경지교(刎頸之交) 성구 죽고 살기를 같이할 만큼 절친한 사귐, 또는 그런 벗을 이르는 말.
문:계(問啓) 명-하다 타 조선 시대, 승정원(承政院) 승지가 관직에서 쫓겨난 사람을 왕명으로 계판(啓板) 앞에 불러 그 까닭을 물어서 아뢰던 일.
문고(文庫) 명 ①많은 책을 모아 정리하고 보관하여 두는 곳. 서고(書庫) ②책이나 문서 따위를 담아 두는 상자. ③출판물의 한 형식. 널리 보급하기 위해 값이 싸고 가지고 다니기 편하도록 자그마하게 만든 총서(叢書). ¶세계 명작 -/아동 -/추리 -
문고(文藁) 명 한 사람의 시문(詩文)을 모아 놓은 원고.
문-고리(門-)[-꼬-] 명 문을 여닫거나 잠그는 데 쓰는 쇠고리.
문고-본(文庫本) 명 문고 형식으로 펴낸 책.
문고-판(文庫版) 명 문고본의 판. 크기는 세로 14.8cm, 가로 10.5cm인 A6판이 표준임.
문곡(文曲) 명 문곡성(文曲星)
문곡-성(文曲星) 명 구성(九星)의 넷째 별. 문곡(文曲)
문-골(門-)[-꼴] 명 문얼굴
문과(文科)[1][-꽈] 명 ①수학이나 자연 과학 이외의 인문 과학 분야. ②인문 과학 분야를 연구하는 대학의 분과(分科). ¶- 대학 ☞이과(理科)
문과(文科)[2] 명 조선 시대, 문관(文官)을 뽑던 과거(科擧). ☞무과(武科)
문과수비(文過遂非) 성구 허물을 어름어름 숨기고 뉘우치지 않음을 이르는 말.
문과=중:시(文科重試) 명 조선 시대, 십 년마다 병년(丙年)에 문관인 당하관(當下官)에게 보이는 과거를 이르던 말. 문신 중시(文臣重試)
문관(文官) 명 ①군인이 아닌 신분으로 군사에 관한 행정 사무를 맡아보는 관리. ②지난날, 문과 출신의 관원을 이르던 말. ☞무관(武官)
문관-석(文官石) 명 능(陵)이나 대관(大官)의 무덤 앞에 세우는 문관(文官) 형상의 석상(石像). 문석인(文石人) ☞무관석(武官石)
문광(文框) 명 문얼굴
문괴(文魁) 명 지난날, 문과(文科)의 장원(壯元)을 이르던 말. ☞무괴(武魁)
문교(文交) 명 글로써 서로 사귀는 일. 문자교(文字交)
문교(文敎) 명 ①문화와 교육. ¶- 정책 ②학문으로 사람을 교화하는 일.
문교(文驕) 명 학식을 믿고 부리는 교만.
문구(文句)[-꾸] 명 글의 구절. ¶관용이 된 -.
문구(文具) 명 ①'문방구(文房具)'의 준말. ②문식(文飾)
문:구(問求) 명-하다 타 모르는 것을 알려고 물음.
문-구멍(門-)[-꾸-] 명 문에 뚫린 구멍. ¶-으로 들여다보다.
문-군사(門軍士)[-꾼-] 명 지난날, 종묘나 궁궐 또는 관청의 문을 지키는 군사를 이르던 말.
문권(文券)[-꿘] 명 땅이나 집 따위의 권리를 증명하는 서류. 문기(文記). 문서(文書)
문궐(門闕) 명 궁궐의 문.
×**문귀**(文句) 명 → 문구(文句)
문금(文禽) 명 '공작(孔雀)'의 딴이름.
문금(門禁) 명-하다 자 지난날, 인정(人定) 이후에 도성(都城)의 문을 닫고 드나들지 못하게 하던 일.
문기(文氣) 명 문장의 기세.
문기(文記) 명 문권(文券)
문-끈(門-) 명 문짝에 다는 손잡이의 끈. 영자(纓子)
문:난(問難) 명-하다 자 풀기 어려운 문제를 논의함.
문내(門內) 명 ①문의 안. 문안 ☞문외 ②문중(門中)
문-넘이(門-) 명 지난날, 대궐이나 관아에 물품을 바칠 때나 죄수가 옥에 들어갈 때 문지기가 달라는 뇌물을 이르던 말.
문념무희(文恬武嬉) 성구 문무관(文武官)이 편히 지내며 놀기만 한다는 뜻으로, 국가의 기강이 해이해졌음을 이르는 말.
문다[-따] 타 '무느다'의 준말.
문단(文段) 명 문장의 한 단락.
문단(文壇) 명 문인들의 사회. 문림(文林). 문원(文苑). 문학계(文學界). 사단(詞壇) ¶-의 등용문.
문단(紋緞) 명 무늬가 있는 비단.
문-단속(門團束) 명-하다 자 탈이 없도록 문을 단단히 닫아 잠그는 일. ¶외출할 때 -을 잘 하시오.
문-닫다(門-) 자 ①하루의 영업을 마치다. ②영업 따위를 하다가 그만두다. 폐업하다 ¶문닫는 서점이 많다.
문:달(聞達) 명-하다 자 이름이 널리 세상에 드러남.
문담(文談) 명 ①글이나 문학에 관한 이야기. 문화(文話) ②편지로 하는 상담(相談).

문답(文答)명-하다타 글로써 회답하는 일, 또는 그 회답.
문:답(問答)명 ①물음과 대답. ②-하다자 서로 묻고 대답함. ¶인생 철학에 대해서 -하다.
문:답-법(問答法)명 대화를 거듭하는 가운데 질문을 던져 상대편의 대답에 모순이 있음을 지적함으로써 상대편이 스스로 무지(無知)를 깨닫고 진리를 알도록 이끄는 방법. 대화법(對話法)
문:답-식(問答式)명 ①서로 묻고 대답하는 방식. ②학습자의 자기 활동을 중요시하여 서로 묻고 대답하는 형식으로 진행하는 방법. ¶- 학습법
문당호대(門當戶對)성구 문벌이 엇비슷함을 이르는 말.
문:대(問對)명-하다타 지난날, 구두 시험에서 유교 경서의 뜻을 묻고 그에 대해 대답하는 일을 이르던 말.
문대다타 여기저기 마구 문지르다. ¶소가 등을 나무에 -./시멘트 바른 흙손으로 -.
문-대:령(門待令)명-하다자 밖에서 문 열기를 기다리는 일.
문덕부 무른 물건이 큰 덩이로 뚝 떨어지거나 끊어지는 모양을 나타내는 말. ☞몬닥. 문턱
문덕(文德)명 ①학문의 덕. ②문인(文人)이 갖춘 위엄과 덕망. ☞무덕(武德)
문덕곡(文德曲)명 조선 태조 2년(1393)에 정도전(鄭道傳)이 지은 송축가(頌祝歌). 조선 창업의 공덕 가운데 특히 태조의 문덕(文德)을 기린 것으로, 전 4장으로 이루어져 있음.
문덕-문덕부 자꾸 문덕 떨어지거나 끊어지는 모양을 나타내는 말. ¶밀가루 반죽이 너무 질어 - 떨어진다. ☞몬닥몬닥. 문턱문턱
문도(文道)명 ①문학의 길. 학예의 길. ②문인(文人)이 닦아야 할 도리. ☞무도(武道)
문도(門徒)명 이름난 학자 밑의 제자(弟子).
문:도(聞道)명-하다자 도(道)에 관하여 들음, 또는 도에 관하여 듣고 깨달음.
문독(文督)명 백제의 16관등 중 열두째 등급. 무독(武督)과 함께 문무를 구별한 우리 나라 최초의 관직명임. ☞무독(武督)
문-돋이(紋-)[-도지]명 돋을무늬로 짠 비단.
문동(文童)명 서당에서 함께 글공부하는 아이.
문-동개(門-)[-똥-]명 대문의 아래 지도리를 꽂아 받치는 문둔테의 구멍.
문:동답서(問東答西)성구 동문서답(東問西答)
문동-당(門冬糖)명 당속(糖屬)의 한 가지. 설탕에 조린 맥문동.
문동-정:과(門冬正果)명 맥문동 뿌리의 심을 빼고, 꿀을 넣어 중탕한 정과.
문두-채(吻頭菜)명 두릅나물
문-둔테(門-)명 문장부를 끼는 구멍이 파인 나무. 두꺼운 널빤지로 문얼굴 위아래에 가로 댐. 준둔테
문둥-병(-病)[-뼝]명 나병(癩病)
문둥-이명 나환자(癩患者)
문드러-지다자 썩거나 물러서 힘없이 처져 떨어지다. ¶토마토가 오래되어 문드러졌다.
문득부 ①어떤 생각이나 느낌이 갑자기 떠오름을 나타내는 말. 두연(斗然)[2] ¶- 묘안이 떠오르다./- 그녀가 그리워진다. ②하던 일을 갑작스레 멈추는 모양을 나타내는 말. ¶곤히 자다가 - 깼다./- 걸음을 멈추고 하늘을 쳐다보았다. ☞문뜩
문득-문득부 어떤 생각이나 느낌이 갑자기 자꾸 떠오름을 나타내는 말. ☞문뜩문뜩
문뜩부 ①어떤 생각이나 느낌이 언뜻 떠오르는 모양을 나타내는 말. ¶어제 일이 - 생각났다. ②하던 일을 갑자기 멈추는 모양을 나타내는 말. ¶책을 읽다가 - 창 밖을 내다보았다. ☞무뜩. 문득
문뜩-문뜩부 어떤 생각이나 느낌이 언뜻언뜻 떠오르는 모양을 나타내는 말. ☞무뜩무뜩. 문득문득
문-띠(門-)명 널문 뒤쪽에 가로 댄 좁다란 나무.
문란(紊亂)어기 '문란(紊亂)하다'의 어기(語基).
문란-하다(紊亂-)형여 도덕이나 질서 따위가 흐트러져서 어지럽다. ¶풍기가 -./문란한 사회 질서.
문란-히부 문란하게
문력(文力)명 ①글의 힘. ②글을 아는 힘.
문례(文例)명 문장 짓는 법이나 쓰는 법의 실례(實例). 문장의 보기. ¶서간문의 -를 참조하다. ☞예문
문:례(問禮)명-하다타 예절에 관하여 물음.
문로(門路)명 ①임금의 수레가 드나드는 정문의 길. ②학문을 닦아 나가는 지름길.
문루(門樓)명 궁문이나 성문 위의 다락집. 초루(譙樓)
문리(文理)명 ①한문의 문맥을 깨쳐서 아는 힘. ¶-가 트이다. ②사물 현상의 이치를 깨달아 아는 힘. ¶-가 환하다. ③문과(文科)와 이과(理科).
문리(門吏)명 지난날, 문을 지키던 관원. 문지기
문림(文林)명 ①문단(文壇) ②시문(詩文)을 모아 엮은 책. 시문집(詩文集)
문망(文望)명 학문으로 알려진 명망(名望). ¶-이 높다.
문망(門望)명-하다타 조선 시대, 의정(議政)이 문에 들어올 때 하례인이 문 앞에서 큰 소리를 질러 알리던 일.
문맥(文脈)명 글의 맥락(脈絡). 글의 앞뒤 관계. 글발 ¶-이 통하지 않다. ☞어맥(語脈)
문맥이 닿다관용 문맥이 통하다.
문맥(門脈)명 '문정맥(門靜脈)'의 준말.
문맹(文盲)명 배우지 못해 글에 어두움, 또는 그런 사람.
문맹-자(文盲者)명 배우지 못하여 글을 모르는 사람.
문-머리(門-)명 문얼굴의 윗부분.
문면(文面)명 편지 따위의 글에 나타난 내용이나 취지. ¶-으로 짐작하다.
문명(文名)명 문인으로서 잘 알려진 이름. ¶-을 떨치다. ☞무명(武名)
문명(文明)명-하다형 ①인지(人智)가 발달하고 세상이 개화(開化)하여 물질적·기술적으로 풍족해지는 일, 또는 그런 사회 상태. 〔흔히 정신 문화에 상대하여, 과학이나 기술의 진보, 사회 제도의 발달 등에 따른 경제적·물질적 문화를 이름.〕 ¶물질 -/서양 -/- 생활/-의 이기(利器). ☞문화(文化). 야만(野蠻) ②문채(文彩)가 나고 뚜렷함.
문:명(問名)명 ①-하다자 이름을 물음. ②재래식 혼례(婚禮)의 여섯 가지 예법의 하나. 그 둘째 절차로서, 장가들일 아들을 둔 집에서, 신부로 맞이하고자 하는 여자의 어머니 성명을 묻는 일. 그 외가(外家)의 집안을 알아보기 위한 것임. ☞납길(納吉). 납채(納采). 육례(六禮)
문명=개화(文明開化)명 봉건적 제도와 폐습을 타파하고 발달한 문명을 받아들여 생활이 편해지는 일.
문명-국(文明國)명 문명이 발달하고 국민의 생활 수준이 높은 나라.
문명-병(文明病)[-뼝]명 물질 문명의 발달에 따라 생기는 신경 쇠약이나 근시 따위의 병. 문화병(文化病)
문명=비:평(文明批評)명 문명의 여러 현상을 연구·분석하여 그 가치를 논하는 일, 또는 그 평론.
문명-사(文明史)명 인류 문명의 변천과 발달의 역사.
문명-인(文明人)명 문명 사회에 사는, 인지(人智)가 발달한 사람. ☞미개인(未開人). 야만인(野蠻人)
문:목(問目)명 죄인을 신문(訊問)하는 조목.
문묘(文廟)명 공자(孔子)를 모신 사당. 근궁(芹宮). 성묘(聖廟). 합사묘(合祀廟) 준묘(廟)
문묘-악(文廟樂)명 '문묘제례악(文廟祭禮樂)'의 준말.
문묘제:례악(文廟祭禮樂)명 공자의 신위(神位)를 모신 사당에서 제사를 지낼 때 아뢰는 음악. 석전제악(釋奠祭樂) 준문묘악(文廟樂)
문무(文武)명 ①문관(文官)과 무관(武官). ②문식(文識)과 무략(武略). 서검(書劍)
문무겸전(文武兼全)성구 문식(文識)과 무략(武略)을 아울러 갖춤을 이르는 말. 문무쌍전(文武雙全)
문-무관(文武官)명 문관과 무관을 아울러 이르는 말.
문무-백관(文武百官)명 모든 문관과 무관. ¶근정전(勤政殿)에 -이 늘어서 있다.
문무-석(文武石)명 '문무석인(文武石人)'의 준말.

문무-석인(文武石人)명 능(陵) 앞에 세우는 문석인(文石人)과 무석인(武石人). 준문무석(文武石)
문무쌍전(文武雙全)성구 문무겸전(文武兼全)
문묵(文墨)명 시문을 짓거나 서화를 쓰거나 그리는 일. ☞문필(文筆)
문-문(門門)명 한자 부수(部首)의 한 가지. '開'·'閉' 등에서 '門'의 이름.
문문-하다형여 ①무르고 부드럽다. ¶문문한 감. ②함부로 대하거나 다룰만 하다. ¶고분고분 따라 주니 문문하게 본다./문문하게 생각하다. ☞만만하다
문문-히부 문문하게 ¶ー 보인다. ☞만만히
문:문-하다(問問ー)타여 물건을 보내어, 남의 경사를 축하하거나 슬픈 일을 위문하다.
문물(文物)명 문화의 산물. 학문이나 예술, 종교, 법률 따위 문화에 관한 모든 것.
문물=제:도(文物制度)명 ①문물과 제도. ②문물에 관한 제도.
문미(門楣)명 문 위에 가로 대는 나무.
문-바람(門ー)[ー빠ー]명 문이나 문틈으로 들어오는 바람. 문풍(門風) ¶ー을 막다.
문-밖(門ー)명 ①문의 바깥. ¶ー 출입/ー에서 웬 소란이냐? ②성문 밖. 문외(門外) ¶ー에 산다. ☞문안
문반(文班)명 지난날, 문관의 반열을 이르던 말. 동반(東班). 학반(鶴班) ☞무반(武班)
문-발(門ー)[ー빨]명 문에 치는 발.
문방(文房)명 ①책을 읽거나 글을 쓸 수 있도록 마련된 방. 서재(書齋) ②'문방구(文房具)'의 준말.
문방-구(文房具)명 학용품과 사무용품을 통틀어 이르는 말. 문방제구(文房諸具) 준문구(文具). 문방(文房)
문방-사보(文房四寶)명 문방사우(文房四友)
문방-사우(文房四友)명 종이, 붓, 먹, 벼루의 네 가지를 선비의 벗으로 비유하여 이르는 말. 문방사보(文房四寶) 준사우(四友)
문방-제구(文房諸具)명 문방구(文房具)
문방-치레(文房ー)명-하다자 문방을 모양 나게 꾸미는 일.
문:-배명 문배나무의 열매. 문향리(聞香梨)
문:배-나무명 장미과의 낙엽 활엽 교목. 높이 10m 안팎. 산돌배나무와 비슷한데 꽃이 큼. 열매는 먹을 수 있고, 나무는 기구재로, 껍질은 물감으로 씀.
문배-유(玟坏釉)명 자기(瓷器)의 겉에 올려서 윤을 내고, 물이 스며들지 않게 하는 유리 성질의 가루.
문:배-주(ー酒)명 소주의 한 가지. 좁쌀로 누룩을 만들어 수수밥을 섞어 빚어 발효시킨 다음 증류한 술. 문배나무의 향기와 비슷한 데서 붙여진 이름임.
문:뱃-내명 ①문배의 냄새. ②술 취한 사람의 입에서 나는 냄새. 문배의 냄새와 비슷함.
문벌(門閥)명 대대로 내려오는 가문의 사회적 신분이나 지위. 가벌(家閥). 문지(門地). 세벌(世閥) ¶ー이 좋은 집안. ☞가문(家門)

한자 **문벌 벌**(閥)〔門部 6획〕¶가벌(家閥)/문벌(門閥)/벌열(閥閱)/벌족(閥族)/족벌(族閥)

문범(文範)명 글의 본보기, 또는 본보기가 되는 문장. ¶ー을 참조하다.
문법(文法)[ー뻡]명 ①말의 구성이나 운용상의 규칙, 또는 그것을 연구하는 학문. 말본 ¶비교 ー ②어법(語法)
문:법(聞法)[ー뻡]명-하다자 불교에서, 설법(說法)을 듣는 일을 이르는 말.
문병(門屛)명 집 안이 들여다보이지 않도록 대문이나 중문 안쪽에 가로막은 담이나 널빤지.
문:병(問病)명-하다자타 앓는 사람을 찾아보고 위로하는 일. ¶입원 환자를 ー하러 갔다.
문:복(問卜)명-하다자 점쟁이에게 길흉을 묻는 일. 문수
문부(文賦)명 한문 운문체(韻文體)의 한 가지. 산문적인 기세의 흐름을 띤 것으로 송(宋)나라 때에 성하였음.
문부(文簿)명 뒤에 상고할 글발과 장부. 문서(文書). 문안(文案). 문적(文蹟). 부책(簿册)
문:부(聞訃)명-하다자 부고(訃告)를 들음.
문비(門扉)명 문짝
문비(門裨)명 악귀를 쫓는 뜻으로 대문에 붙이는 신장(神將)의 그림.
속담 **문비를 거꾸로 붙이고 환쟁이만 나무란다** : 제가 잘못하여 놓고 애매한 남만 그르다고 한다는 말.
문-빗장(門ー)[ー빋ー]명 문을 닫고 가로질러 잠그는 막대기나 쇠장대. ¶ー을 지르다. 준빗장
문빙(文憑)명 증거가 될만 한 문서.
문사(文士)명 ①문학이나 시문을 짓는 데 뛰어난 사람. ②문필에 관한 일을 하는 사람. 유사인(詞人) ③학문으로써 입신(立身)한 선비. ☞무사(武士)
문사(文事)명 학문이나 예술 등에 관한 일. ☞무사
문사(文思)명 ①글의 구상(構想). ②글에 담긴 사상.
문사(文詞·文辭)명 ①문장(文章) ②문장에 나타난 말.
문사(刎死)명-하다자 스스로 목을 베어 죽음.
문사(門士)명 문지기
문사(紋紗)명 생사로 발이 성기게 무늬를 넣어 짠 생견. 얇고 가벼워 여름 옷감에 쓰임.
문사-극(文士劇)명 배우가 아닌 문인들이 상연하는 연극. 문인극(文人劇)
문:사-낭청(問事郎廳)명 조선 시대에 죄인을 신문할 때 기록과 낭독을 맡던 임시 관직.
문-살(門ー)[ー쌀]명 문짝의 뼈대가 되는 나무오리나 대오리.
문:상(問喪)명-하다자타 유족을 찾아가서, 세상을 떠난 이에 대해 함께 슬퍼하면서 위로의 말을 함. 조문(弔問). 조상(弔喪) ¶초상집에 ー하러 가다.
문:상-객(問喪客)명 문상하러 온 사람. 조객(弔客). 조문객(弔問客). 조상객(弔喪客) ¶ー이 줄을 잇다.
문-새(門ー)명 문의 생김새.
문생(門生)명 ①'문하생(門下生)'의 준말. ②고려 시대, 과거에 급제한 사람이 시관에게 자기를 이르던 말.
문서(文書)명 ①글로 나타낸 서류. 공적인 성격을 띤 서류. ¶기밀 ー/외교 ー ②뒤에 상고할 글발과 장부. 문부(文簿) ③땅이나 집 따위의 권리를 증명하는 서류. 문권(文券)
속담 **문서 없는 상전** : 까닭도 없이 남에게 몹시 까다롭게 구는 사람을 이르는 말.

한자 **문서 권**(券)〔刀部 6획〕¶문권(文券)
문서 부(簿)〔竹部 13획〕¶명부(名簿)/문부(文簿)
문서 장(狀)〔犬部 4획〕¶상장(賞狀)/서장(書狀)/소장(訴狀)/행장(行狀) ▷ 속자는 状
문서 적(籍)〔竹部 14획〕¶병적(兵籍)/선적(船籍)/지적(地籍)/학적(學籍)/호적(戶籍)

문서=변:조(文書變造)명 남의 명의로 된 문서의 내용을 권한 없이 바꾸는 일.
문서=손:괴(文書損壞)명 남의 명의로 된 문서를 권한 없이 손상하거나 없애는 일.
문서=위조(文書僞造)명 남의 명의로 된 문서를 권한 없이 작성하거나 권한이 있어도 허위 내용의 문서를 작성하는 일.
문서=은닉(文書隱匿)명 남의 문서를 감추는 일.
문서-청(文書廳)명 조선 시대, 호조(戶曹)의 선혜청(宣惠廳)의 서리(書吏)가 공문서를 처리하던 곳.
문서-화(文書化)명-하다타 말로 결정한 것을 문서로 만듦. ¶합의 사항을 ー하다.
문석(文石)명 ①마노(瑪瑙) ②'문석인(文石人)'의 준말.
문석(紋石)명 표면에 무늬가 있는 돌.
문-석인(文石人)명 능(陵)이나 대관의 무덤 앞에 세우는 문관(文官) 형상의 석상(石像). 문관석(文官石) 준문석(文石) ☞무석인(武石人)
문선(文選)[1]명-하다자 ①좋은 글을 가려 뽑음, 또는 그렇게 하여 엮은 책. ②활판(活版) 인쇄에서, 원고대로 활자를 찾아 모으는 일. 채자(採字)
문선(文選)[2]명 조선 시대, 문관을 선발·임명하고 봉급을

사정하는 등의 인사 문제를 이르던 말.
문선(門扇)명 문짝
문선(門線)명 문짝을 지탱하도록 문 양쪽에 세운 벽선.
문:선(問禪)명-하다자 불교에서, 선사(禪師)와 선객(禪客)이 법(法)을 묻고 대답하는 일을 이르는 말.
문선-왕(文宣王)명 공자(孔子)의 시호(諡號).
속담 **문선왕 끼고 송사한다** : 권위 있는 사람의 이름을 내세워 세도를 부림을 비유하여 이르는 말.
문-설주(門-)[-쭈] 명 문짝을 끼워 달기 위하여 문의 양쪽에 세운 기둥. 선단 준설주
문성(門聲)명 문소리
문세(文勢)명 글의 힘, 또는 문장의 기세.
문-소리(門-)[-쏘-] 명 ①문을 여닫을 때 나는 소리. ②지난날, 관원이 자비를 타고 문에 드나들 때 하례(下隸)가 주의시키던 소리. 문성(門聲)
문:-소:문(聞所聞)명-하다타 소문으로 전하여 들음.
문-손잡이(門-)명 문에 달린 손잡이.
문-쇠(門-)[-쐬] 명 농이나 장 따위의 한 부분으로, 문짝 옆에 길이로 댄 나무.
문수(文殊)명 '문수보살(文殊菩薩)'의 준말.
문수(文數)[-쑤] 명 신발의 치수. ☞문(文)²
문수(紋繡)명 비단 따위의 무늬와 수.
문:수(問數)명-하다자 문복(問卜)
문수-당(文殊堂)명 문수보살을 모시는 당.
문수-보살(文殊菩薩)명 석가여래(釋迦如來)의 왼편에 있는, 지혜를 맡은 보살. 준문수(文殊)
문:수-에(問數-)감 '무에리수에'의 원말.
문승(蚊蠅)명 모기와 파리를 아울러 이르는 말.
문식(文飾)명-하다자 ①실속 없이 겉만 그럴듯하게 꾸미는 일. 문구(文具) ②글을 아름답게 꾸밈.
문식(文識)명 학문과 지식을 아울러 이르는 말.
문신(文臣)명 문관인 신하. ☞무신(武臣)
문신(文身)명-하다자 살갗에 바늘이나 칼로 상처를 내어 먹물 따위로 글자나 그림을 새기는 일, 또는 그 글자나 그림. ☞먹물뜨기. 자묵(刺墨). 자자(刺字). 자청(刺青)
문신(門神)명 민속에서, 문을 지킨다는 귀신.
문신=정시(文臣庭試)명 조선 시대, 임금의 특지(特旨)로 당상관(堂上官) 이하의 문관에게 보이던 과거.
문신=중:시(文臣重試)명 문과 중시(文科重試)
문아풍류(文雅風流)성구 시문(詩文)을 짓고 읊조리며 멋스럽게 지냄을 이르는 말.
문안(文案)명 ①문부(文簿) ②문서나 문장의 초안.
문-안(門-)명 ①문의 안. 문내(門內) ②성문(城門)의 안. ¶ -에 산다. ☞문밖
문:안(問安)명-하다자 웃어른께 안부를 여쭘, 또는 그러한 인사. ¶ - 인사를 올리다.
문안(을) 드리다 관용 웃어른께 안부를 여쭈어 인사하다.
문안(이) 계시다 관용 조선 시대, 궁중에서 왕이나 왕후, 왕자 등이 병이 들어 몸이 편찮음을 이르던 말.
문:안-비(問安婢)명 지난날, 정초에 새해 문안을 전하러 다니던 여자 하인.
문:안-사(問安使)명 조선 시대, 중국 조정에 문안하기 위하여 보내던 사신.
문:안-침(問安鍼)명 병든 데를 찔러 보는 침이라는 뜻으로, 시험삼아 미리 타진해 봄을 비유하여 이르는 말.
문:안-패(問安牌)명 지난날, 각 궁전에 문안을 드릴 때에 출입증으로 내보이던 둥근 나뭇조각의 패.
문야(文野)명 문명과 야만을 아울러 이르는 말.
문약(文弱)어기 '문약(文弱)하다'의 어기(語基).
문약-하다(文弱-)형여 오직 글만 숭상하여 상무(尙武)의 정신이 없고 나약하다. ¶문약한 선비.
문양(文樣)명 무늬 ¶정교한 -.
문어(文魚)명 낙짓과의 연체동물. 몸통은 공처럼 둥글고 여덟 개의 다리에는 수많은 빨판이 있음. 몸빛은 붉은 갈색이며 연한 빛깔을 띤 그물 모양의 무늬가 있고, 환경에 따라 변색함. 적의 습격을 받으면 먹물을 내뿜고 달아남. 우리 나라와 일본, 알래스카, 북아메리카 근해에 분포함. 팔초어(八梢魚)
문어(文語)명 음성으로 하는 말에 대하여 글에서만 쓰는 말을 이름. '요즈음'을 '시하(時下)'로, '글월 올립니다'를 '상서(上書)하나이다'로 적는 따위. 글말. 문장어(文章語) ☞구어(口語)
문-어귀(門-)명 문으로 들어가는 목의 첫머리.
문어-문(文語文)명 문어(文語)로 쓰인 문장.
문어-오림(文魚-)명 말린 문어의 발을 여러 가지 모양으로 오려서 만든 음식. 예식이나 잔치 때에 어물(魚物)을 괴는 데 쓰임. 문어조
문어-조(文魚條)명 문어오림
문어-체(文語體)명 문어(文語)로 쓰인 문체. 글말체. 문장체(文章體) ¶ -의 격조 있는 문장.
문언(文言)명 ①문장 속의 어구. ②편지의 문구.
문-얼굴(門-)명 문짝의 상하 좌우의 테를 이룬 나무. 문골. 문광(門框) ☞문틀
문-열이(門-)명 '무녀리'의 원말.
문-염자(門簾子)[-념-] 명 추위를 막으려고 창문이나 장지문에 치는 방장(房帳)의 한 가지.
문예(文藝)명 ①'문학 예술(文學藝術)'의 준말. ②학문과 예술을 아울러 이르는 말. ③시·소설·희곡 따위와 같이 미적(美的) 현상을 언어로 표현하는 예술을 통틀어 이르는 말. ¶신춘 - 작품 ☞사예(詞藝)
문예-가(文藝家)명 문예 분야에서 일가를 이룬 사람.
문예=과학(文藝科學)명 문예학(文藝學)
문예-극(文藝劇)명 문예 작품을 각색하여 상연하는 연극.
문예-란(文藝欄)명 신문이나 잡지에서, 문예에 관한 기사를 싣는 난을 이르는 말.
문예-면(文藝面)명 신문이나 잡지에서, 문예에 관한 기사를 싣는 지면을 이르는 말.
문예=부:흥(文藝復興)명 14~16세기에 걸쳐 이탈리아를 중심으로 전 유럽에 퍼진 예술과 학문 등의 혁신 운동. 교회 중심의 세계관에서 벗어나 그리스·로마의 고전 문화의 부흥과 인간성의 해방을 부르짖었음. 르네상스
문예=비:평(文藝批評)명 문예 평론(文藝評論)
문예=사조(文藝思潮)명 한 시대의 문예 창작에 흐르는 공통적인 사상의 흐름이나 경향. 문학 사조(文學思潮)
문예=연감(文藝年鑑)명 한 해 동안에 문예계에서 일어난 온갖 일을 수집하여 기록한 책.
문예=영화(文藝映畫)명 문예 작품을 각색하여 예술적 가치에 중점을 두고 만든 영화.
문예=작품(文藝作品)명 시·소설·희곡 등 문학 예술에 관한 작품.
문예-지(文藝誌)명 시·소설·희곡·수필·평론 따위의 문학 작품을 주로 싣는 잡지. 문학 잡지(文學雜誌)
문예=평:론(文藝評論)명 문예 사조나 문예 작품에 대한 비평. 문예 비평(文藝批評)
문예-학(文藝學)명 문학을 체계적·과학적으로 연구하는 학문. 문예 과학(文藝科學)
문외(門外)명 ①문의 바깥. ②성문(城門) 밖. 문밖 ☞문안 ③전문(專門) 분야의 밖.
문외-한(門外漢)명 어떤 일에 대하여 직접적인 관련이 없거나 전문적인 지식이 없는 사람. ¶천문학에 관해서는 -이다.
문우(文友)명 글을 통하여 사귄 벗. 글벗
문운(文運)명 ①학문이나 예술이 발전하는 형세. ②문인으로 성공할 운수.
문운(門運)명 한 가문의 운수.
문웅(文雄)명 문호(文豪)
문원(文苑)명 문단(文壇)
문은(紋銀)명 말굽은
문음(門蔭)명 지난날, 공신(功臣)의 자손이나 왕실의 친척 관계 등 문벌의 특별한 연줄로 관직에 임명되는 일을 이르던 말.
문음무(文蔭武)명 문관(文官)·음관(蔭官)·무관(武官)을 아울러 이르는 말.
문의(文義·文意)명 글의 뜻. ¶ -를 파악하다.

문:의(問議)명-하다타 물어서 의논하거나 알아봄. ¶전화로 －하다.
문인(文人)명 ①문예 분야에서 창작을 전문으로 하는 사람. ②학문이나 문장에 재주가 있는 사람을 '무인(武人)'에 상대하여 이르는 말.
문인(門人)명 문하생(門下生)
문인-극(文人劇)명 문사극(文士劇)
문인-화(文人畫)명 동양화에서, 직업적인 화가가 아닌 문인이 여기(餘技)로 그린 그림을 이르는 말.
문:일지십(聞一知十)성구 하나를 들으면 열 가지를 미루어 안다는 뜻으로, 매우 총명함을 이르는 말.
문임(文任)명 조선 시대, 홍문관(弘文館)과 예문관(藝文館)의 제학(提學)으로서 나라의 문서를 맡아보던 관직.
문자(文字)[1]명 한자로 된 성구(成句)나 속담.
문자(를) 쓰다관용 한자로 된 어려운 성구나 속담을 섞어서 말하다. ¶유식한척 －.
문자(文字)[2][－짜]명 말과 소리를 적기 위하여 정한 기호. 표음 문자와 표의 문자 따위. 글자
문자 그대로관용 조금도 과장 없이 사실 그대로.
문자-교(文字交)[－짜－]명 문교(文交)
문자=다중=방:송(文字多重放送)[－짜－]명 텔레비전 방송과 동시에 또 다른 전파를 이용하여 문자나 도형 따위의 정지(靜止) 화상 정보를 보내는 방송 방식. 텔레텍스트(teletext) 준문자 방송 ☞음성 다중 방송
문자-반(文字盤)[－짜－]명 시계나 계기(計器) 따위에서, 문자나 기호를 표시해 놓은 반(盤).
문자=방:송(文字放送)[－짜－]명 '문자 다중 방송'의 준말.
문-자새(門－)명 문호(門戶)와 창(窓).
문자=언어(文字言語)[－짜－]명 글자로 나타내는 말. ☞음성 언어(音聲言語)
문자-연(門字鳶)[－짜－]명 먹으로 '門' 자를 그린 연.
문자-학(文字學)[－짜－]명 문자의 기원과 역사, 기능 등을 연구하며, 개별적인 문자들의 발생과 발전, 특성 등을 밝히는 학문.
문-잡다(門－)자 아이를 낳을 때에 아이의 머리가 나오기 시작하다.
문장(文狀)명 지난날, 관아의 문서를 이르던 말. 문첩(文牒)
문장(文章)명 ①사상이나 감정을 글자로 나타낸 하나의 통일된 언어 표현. 글. 글월. 문(文)[1]. 문사(文詞). 월 ②문법에서 이르는 문(文)보다 큰 단위. 보통 몇 개의 문으로 이루어진 글을 이름. ③'문장가(文章家)'의 준말.
문장(門長)명 한 집안에서 항렬(行列)과 나이가 가장 위인 사람을 이르는 말.
문장(門帳)[－짱]명 문이나 창 등에 치는 휘장. 커튼
문장(蚊帳)명 모기장
문장-가(文章家)명 문장에 뛰어난 사람. 준문장(文章)
문장-론(文章論)명 문장의 성격·구조·기능 등을 연구하는 학문.
문장-법(文章法)[－뻡]명 ①문장을 짓는 방법. ②문장의 구문(構文)이나 단어의 결합 관계 따위에 관한 법칙.
문-장부(門－)[－짱－]명 재래식 한옥에서, 널문짝의 한쪽 끝의 아래위로 상투같이 내밀어 문둔테의 구멍에 끼우게 된 것. 장부[1]
문장=부:사(文章副詞)명 〈어〉부사의 한 갈래. 문장 전체를 꾸미거나 문장과 문장 사이에서 문맥(文脈)을 나타내어 보이는 부사. '참으로 그의 체력은 대단했다.', '산이 높다. 그러니 골이 깊지.'에서 '참으로', '그러니' 따위. ☞성분 부사(成分副詞)
문장=부:호(文章符號)명 문장에 대한 이해를 돕기 위하여 덧붙이는 여러 가지 부호. 마침표〔終止符〕, 쉼표〔休止符〕, 따옴표〔引用符〕, 느낌표〔感歎符〕, 물음표〔疑問符〕, 묶음표〔括弧符〕, 이음표〔連結符〕, 드러냄표〔顯在符〕, 안드러냄표〔潛在符〕 따위. ☞구두점(句讀點)
문장삼이(文章三易)성구 문장이 마땅히 갖추어야 할 세 가지 요건, 곧 보기 쉽고, 알기 쉽고, 읽기 쉽게 글을 쓰라는 말.
문장=성분(文章成分)명 문장을 이루는 성분. 주어·서술어·목적어·보어·관형어·부사어·독립어 따위.
문장-어(文章語)명 문어(文語)
문장-접(文章接)명 조선 시대, 독서당(讀書堂)에서 공부하는 문신(文臣)을 이르던 말.
문장-체(文章體)명 문어체(文語體)
문재(文才)명 글을 터득하거나 짓는 재주. 글재주
문:재-승(聞齋僧)명 중이 절에서 재(齋)를 올린다는 소문을 듣고 곧 달려간다는 뜻으로, 자기가 바라거나 좋아하는 일을 하게 되어 기뻐하는 사람을 비유하는 말.
문적부 무르거나 연한 물건이 힘없이 떨어지거나 잘리는 모양을 나타내는 말. ☞문덕. 문척
문적(文蹟)명 문부(文簿)
문적(文籍)명 문서나 서적(書籍)을 이르는 말.
문적(門跡)명 불교에서, 조사(祖師)의 법문(法門)을 이어받은 절, 또는 그 중을 이르는 말.
문적-문적부 무르거나 연한 물건이 힘없이 자꾸 떨어지거나 잘리는 모양을 나타내는 말. ☞문덕문덕. 문척문척
문전(文典)명 문법 책. 어전(語典)
문전(門前)명 문 앞. ¶－에서 돌려보내다.
속담 **문전 나그네 흔연 대접** : 신분에 상관없이 자기를 찾아온 사람을 친절히 대접하라는 말.
문전-걸식(門前乞食)[－씩]명 이 집 저 집 다니면서 빌어먹음.
문전성시(門前成市)성구 권세나 명성을 이용하려고 찾아오는 사람이 많아 문 앞이 저자를 이루다시피 함을 이르는 말. 문정약시(門庭若市)
문전=옥답(門前沃畓)명 집 가까이에 있는 기름진 논.
문전=옥토(門前沃土)명 집 가까이에 있는 기름진 땅.
문전작라(門前雀羅)성구 문 앞에 참새 그물을 친다는 뜻으로, 방문객이 끊어짐을 이르는 말.
문정(文政)명 ①문치(文治)를 주로 하는 정치. ②문교(文敎)에 관한 행정.
문정(門庭)명 대문이나 중문 안에 있는 뜰.
문:정(問情)명-하다자 ①사정을 물음. ②지난날, 외국의 배가 항구에 처음으로 들어왔을 때, 관리를 보내어 그 사정을 묻던 일.
문-정:맥(門靜脈)명 모세혈관이 합류하여 굵어진 정맥이 다시 갈라져서 모세혈관의 망(網)을 이루는 정맥. 특히 간문맥(肝門脈)을 이름. 준문맥(門脈)
문정약시(門庭若市)성구 문전성시(門前成市)
문제(文題)명 문장이나 시의 제목. 글제
문제(門弟)명 '문제자(門弟子)'의 준말.
문:제(問題)명 ①해답을 필요로 하는 물음. ¶시험 －/수학 －가 어렵다. 준문(問) ②당면한 사항. ¶경제 －/주택 － ③사회적으로 화젯거리가 되는 일. ¶－의 사건./－의 국회 의원. ④말썽거리가 될만 한 일. ¶새로운 －를 야기하였다.
문제(가) 없다관용 문제로 삼을 정도가 아니다. 염려할 것이 없다.
문:제-극(問題劇)명 정치나 사회 문제 따위를 다루는 연극. 관객들에게 특정한 문제에 대하여 주의와 관심을 환기하는 데 효과적임.
문:제=소:설(問題小說)명 ①정치나 사회, 종교 등에 관한 특수한 문제를 다루어 쓴 소설. ②논쟁이나 문제를 일으킨 소설.
문:제-시(問題視)명-하다타 문제 거리로 삼아 주시하는 일.
문:제-아(問題兒)명 지능이나 성격, 행동 따위가 보통의 아동과 현저하게 달라 특별한 지도를 필요로 하는 아동. 문제 아동
문:제=아동(問題兒童)명 문제아
문:제=의:식(問題意識)명 어떤 대상에 대하여 그 중요성을 인식하고 항상 관심을 가지고 생각하려는 태도. ¶－이 결여되어 있다.
문-제자(門弟子)명 문하에서 가르침을 받는 제자. 문하생(門下生) 준문제(門弟)
문:제-작(問題作)명 주목이나 화제를 불러일으킬만 한 작품. ¶금년도 최대의 －.

문:제-화(問題化)명-하다자타 논의의 대상이 되는 일, 또는 논의의 대상으로 삼는 일.
문조(文鳥)명 납부리샛과의 새. 몸길이 15cm 안팎. 몸은 잿빛이고, 머리와 꽁지는 검으며 뺨은 백색임. 부리는 굵고 분홍색임. 몸 전체가 하얀 것은 개량종으로 '백문조(白文鳥)'라고 함. 자바, 발리 섬 원산인데, 애완용으로 기름.
문족(門族)명 한 집안의 겨레붙이.
문:죄(問罪)명-하다자 죄를 캐어 물음. ¶엄히 —하다.
문주-란(文珠蘭)명 수선화과의 여러해살이풀. 줄기 높이 50cm 안팎. 뿌리줄기는 둥근 기둥 모양이며, 곧은 줄기에는 길쭉한 잎이 사방으로 벌어져 있음. 7~9월에 꽃대 끝에 흰 꽃이 여러 송이 모여서 핌. 제주도의 바닷가에 자생하며 관상용으로도 재배함.
문중(門中)명 동성동본의 가까운 집안. 문내(門內) ¶최씨 —의 사람.
문-중방(門中枋)[—쭝—]명 문이 들어갈 높이의 벽에 있는 중방.
문증(文證)명 증명이나 증거를 글로 적은 표.
문지(門地)명 문벌(門閥)
문-지기(門—)명 문을 지키는 사람. 문사(門士). 문직
문-지도리(門—)[—찌—]명 문짝을 달고 여닫게 하는 물건. 문장부나 돌쩌귀 따위.
문지르다(문지르고·문질러)타르 몸이나 물체를 서로 대어 비비다. ¶손바닥으로 배를 살살 —.

한자 **문지를 마**(摩) 〔手部 11획〕 ¶마찰(摩擦)/무마(撫摩)

문-지방(門地枋)[—찌—]명 드나드는 문 아래, 양쪽 문설주 사이에 가로 댄 나무.
속담 **문지방(문턱)이 닳도록 드나든다**: 뻔질나게 드나든다는 말.〔문 돌쩌귀에 불이 난다〕
문직(文職)명 문관(文官)의 직책.
문직(門直)명 문지기
문직(紋織)명 무늬를 넣어 짜는 일, 또는 그런 피륙.
문진(文鎭)명 서진(書鎭)
문진(蚊陣)명 모기의 떼.
문:진(問診)명 한방의 진찰 방법의 한 가지. 환자에게 자기나 가족의 병력(病歷), 병을 앓은 경과나 상황, 자각 증세 등을 물어 보아서 진찰하는 방법. ☞사진(四診)
문:진(聞診)명 한방의 진찰 방법의 한 가지. 환자의 목소리나 숨결, 입내 등을 청각(聽覺)과 후각(嗅覺)으로 진찰하는 방법. ☞사진(四診)
문질(文質)명 겉에 드러난 꾸밈과 속의 실질(實質).
문질(門疾)명 한 집안에 대대로 내려오는 바람직하지 않은 내림이나 병. ☞유전병(遺傳病)
문질리다[1] 자 문지름을 당하다.
문질리다[2] 타 문지르게 하다.
문집(文集)명 시나 글을 모아서 엮은 책.
문-짝(門—)명 문의 한 짝. 문비(門扉). 문선(門扇)
문짝-알갱이(門—)명 장농 따위의 문짝에 낀 네모나 여덟 모가 진 널빤지.
문창(門窓)명 문과 창문을 아울러 이르는 말.
문창-성(文昌星)명 북두칠성(北斗七星) 가운데 '개양(開陽)'을 달리 이르는 말.
문-창호(門窓戶)명 문과 창호를 아울러 이르는 말.
문채(文采·文彩)명 ①아름다운 광채. ②무늬
문:책(問責)명-하다타 잘못을 캐묻고 책망함. ¶책임자를 —하였다./상사에게서 —을 당하다.
문척부 무르거나 연한 물건이 쉽게 떨어지거나 잘리는 모양을 나타내는 말. ¶순두부를 숟가락으로 — 떠내다. ☞문적
문척-문척부 무르거나 연한 물건이 쉽게 자꾸 떨어지거나 잘리는 모양을 나타내는 말. ☞문적문적
문첩(文牒)명 지난날, 관아의 문서를 이르던 말. 문장(文狀)
문체(文體)명 ①문장의 양식(樣式). 구어체와 문어체, 간결체와 만연체, 산문체와 운문체 따위. ②지은이의 문장 표현상의 개성적인 특징. ¶작품의 —. ③한문의 형식. 논(論)·서(序)·주(奏)·서(書)·지(誌) 따위.

▶ **문체의 여러 가지**
구어체(口語體)/문어체(文語體)
산문체(散文體)/운문체(韻文體)
간결체(簡潔體)/만연체(蔓衍體)
강건체(剛健體)/우유체(優柔體)
건조체(乾燥體)/화려체(華麗體)

문체-론(文體論)명 문체를 연구 대상으로 삼는 학문.
문:초(問招)명-하다타 범죄 피의자(被疑者)의 범죄 사실을 밝히기 위해 여러 가지를 따져 묻는 일.
문출(門黜)명 지난날, 죄인을 성문 밖으로 내쫓던 가벼운 형벌.
문치(文治)명-하다타 학문이나 법령으로써 세상을 다스리는 정치. 문덕(文德)으로써 다스리는 정치.
문치(文致)명 문장의 운치(韻致).
문치(門齒)명 앞니
문치적-거리다(대다)자 해야 할 일을 시원스레 해 나가지 못하고 미루적거리다. ☞문칫거리다
문치적-문치적부 문치적거리는 모양을 나타내는 말. ¶— 시간만 보낸다. ☞문칫문칫
문칫-거리다(대다)[—친—]자 해야 할 일을 시원스레 해 나가지 못하고 미적거리다. ☞문치적거리다
문칫-문칫[—친—]부 문칫거리는 모양을 나타내는 말. ¶— 게으름만 피운다. ☞문치적문치적
문턱부 무른 물건이 큰 덩이로 툭 떨어지거나 끊어지는 모양을 나타내는 말. ☞몬탁. 문덕
문-턱(門—)명 문짝의 밑이 닿는 문지방의 윗머리.
문턱에 들어서다관용 어떤 일이나 현상이 시작되다. ¶바람이 제법 선선한 것을 보니 가을의 문턱에 들어섰구나.
문턱-문턱부 자꾸 문턱 떨어지거나 끊어지는 모양을 나타내는 말. ☞몬탁몬탁. 문덕문덕
문투(文套)명 ①글을 짓는 법식. ②글에 나타나는 특징적인 버릇. 글투
문-틀명 미닫이 따위의 문짝을 달고 여닫게 따로 마련한 틀. ¶알루미늄 — ☞창틀
문-틈(門—)명 닫힌 문의 틈바구니. ¶—으로 외풍이 들어온다./문풍지로 —을 막았다.
문패(文貝)명 '자패(紫貝)'의 딴이름.
문패(門牌)명 집주인의 주소나 성명을 적어 대문이나 대문 기둥 등에 다는 패.
문편(紋片)명 도자기에 올린 잿물에 나타난 무늬 같은 금. 가요문(哥窯紋). 단문(斷紋) ☞해조문(蟹爪紋)
문포(門布)명 지난날, 중국에서 들여오던 삼베의 한 가지.
문표(門標)명 지난날, 대궐이나 영문 따위의 출입을 허가하여 주던 표. 문감(門鑑)
문품(門品)명 한 가문의 공통적인 품성.
문풍(文風)명 글을 숭상하는 풍습.
문풍(門風)명 ①한 가문의 풍습. ②문바람
문:풍(聞風)명-하다자 뜬소문을 들음.
문-풍지(門風紙)명 문틈으로 새어 드는 바람을 막기 위하여 문짝 가를 돌아가며 바른 종이. 준풍지(風紙)
문필(文筆)명 ①글과 글씨. ¶—이 좋다. ②글을 짓거나 글씨를 쓰는 일. ¶— 생활
문필-가(文筆家)명 문학 작품의 창작이나 번역 등을 전문으로 하는 사람.
문필쌍전(文筆雙全)성구 글을 짓는 재주와 글씨를 쓰는 재주를 아울러 갖추고 있음을 이르는 말.
문하(門下)명 ①학문의 가르침을 받는, 스승의 아래. ¶퇴계 —에서 배출된 학자들. ②'문하생(門下生)'의 준말. ③문하생이 드나드는 권세 있는 집.
문하-부(門下府)명 고려 시대와 조선 시대 초기에 정사(政事)를 총괄하던 관아.
문하-생(門下生)명 ①문하에서 가르침을 받는 제자. 교하생(敎下生). 문인(門人). 문제자(門弟子) 준문생(門生). 문하(門下) ②권세 있는 집안에 드나드는 사람.
문하-시:중(門下侍中)명 ①고려 시대, 문하부(門下府)

의 으뜸 관직. ②조선 초기의 문하부의 으뜸 관직.
문하-인(門下人)명 권세 있는 집안에 드나드는 지위가 낮은 사람.
문학(文學)명 ①자연 과학과 정치·법률·경제 등에 관한 학문 이외의 학문. 순문학·사학·철학·언어학 따위를 통틀어 이르는 말. ②정서(情緖)나 사상 따위를 상상의 힘을 빌려서 언어로 나타낸 예술 작품. 시·소설·희곡·수필 따위. ¶ ―을 전공하다. ③시·소설·희곡 따위 문학 작품을 연구하는 학문.
문학-가(文學家)명 문학 작품을 창작하거나 문학을 연구하는 사람. 문학자
문학=개:론(文學槪論)명 문학 전반에 관한 개요를 논술하는 일, 또는 그 책.
문학-계(文學界)명 ①문학의 세계. 문학에 관한 분야. ②문단(文壇)
문학-도(文學徒)명 문학을 배우고 연구하는 학도.
문학-론(文學論)명 문학의 본질이나 작품의 감상 및 이해에 관한 계통적인 이론.
문학-사(文學士)명 대학의 문과를 졸업한 학사.
문학-사(文學史)명 문학의 변천·발전의 역사, 또는 그것을 연구하는 학문.
문학=사조(文學思潮)명 문예 사조(文藝思潮)
문학-상(文學賞)명 문학 부문의 공적이 뛰어나거나 우수한 작품을 쓴 이에게 주는 상. ¶노벨 ―
문학=예:술(文學藝術)[―네―]명 ①시·소설·희곡 따위 문학에 관한 예술. ②문학과 그 밖의 예술. 준문예
문학-자(文學者)명 문학가
문학=작품(文學作品)명 문학에 딸린 예술 작품. 시·소설·희곡 따위를 통틀어 이르는 말.
문학=잡지(文學雜誌)명 문학에 관한 기사나 작품을 주로 싣는 잡지. 문예지(文藝誌)
문학-적(文學的)명 ①문학에 관한 것. ¶ ― 소질이 있다. ②문학과 같은 것. ¶ ―인 표현.
문학=청년(文學靑年)명 문학을 좋아하고 작가를 지망하는 청년.
문한(文翰)명 ①글 짓는 일에 관계되는 일. ②문장에 능한 사람.
문한(門限)명 지난날, 궁문(宮門)과 성문을 닫던 시한.
문한-가(文翰家)명 대대로 문필에 능한 사람이 난 집안.
문합(吻合)명 ①-하다자 두 가지 사물이 서로 부합함. ②-하다타 수술로써 혈관이나 신경, 장관(腸管) 따위의 양 끝을 서로 이어 붙이는 일.
문:향(聞香)명-하다자 향내를 맡음.
문:향-리(聞香梨)명 문배
문헌(文獻)명 ①옛날의 문물 제도의 전거(典據)가 되는 기록. ②학술 연구에 참고가 될만 한 기록이나 책. ¶여러 ―을 참조하다.
문헌-학(文獻學)명 ①문헌을 통하여 한 시대 한 민족의 문화를 역사적으로 이해하려는 학문. ②서지학(書誌學)
문형(文型)명 문장의 구조적인 유형(類型). ¶기본 ―
문형(文衡)명 조선 시대, '대제학(大提學)'을 이르던 말.
문호(文豪)명 크게 뛰어난 문학가. 문웅(文雄)
문호(門戶)명 ①집으로 드나드는 문. 유출입구(出入口) ②문벌(門閥) ③외부와 교류하기 위한 통로를 비유적으로 이르는 말. ¶외국에 ―를 개방하였다.
문호=개방(門戶開放)명 ①아무나 자유로이 드나들 수 있게 허락하는 일. ②나라의 항구나 영토를 다른 나라의 경제적 활동을 위해 터놓는 일.
문화(文火)명 뭉근하게 타는 불. ☞만화(慢火). 무화(武火)
문화(文化)명 ①학문이나 기술, 교육 따위의 진보와 보급으로 사회가 발전하고 생활 수준이 높아진 상태. ¶고도의 ―. ②진리나 이상을 추구하는 학문·예술·종교 등 인간의 여러 정신적 활동과 그 소산(所産). ¶활발한 ― 활동. ☞문명(文明) ③한 사회에서 이루어지고 전승되어 온 고유한 사상·행동·생활 양식. ¶한국의 전통 ―./양국의 ― 교류. ④권력보다 문덕(文德)으로써 백성을 가르쳐 이끄는 일.
문화(文華)명 ①문장의 화려함, 또는 그런 문장. ②문화의 찬란함.
문화(文話)명 문담(文談)
문화=가치(文化價値)명 ①어떤 것이 문화재로서 지니고 있는 가치. ②진·선·미 따위와 같이 선험적이고 보편타당한 가치.
문화=경관(文化景觀)명 자연 경관에 도로·경작지·촌락 등과 같이 사람의 손길이 미친 요소가 더하여 이루어진 경관을 자연 경관에 상대하여 이르는 말.
문화=과학(文化科學)명 역사적·정신적 현상을 연구 대상으로 하는 과학. ☞자연 과학
문화=국가(文化國家)명 경찰 국가 따위의 개념에 대립하여, 문화의 향상 발전을 시정(施政)의 기본 방침으로 하는 국가.
문화-권(文化圈)[―꿘]명 종교나 풍속 따위가 비슷한 문화적 특징을 가지는 지역.
문화=단체(文化團體)명 문화 활동을 목적으로 하는 단체.
문화=변:용(文化變容)명 서로 다른 문화를 가진 집단이 지속적인 접촉을 통하여 그 한쪽 또는 양쪽의 집단이 원래의 문화 유형에 변화를 일으키는 현상.
문화-병(文化病)[―뼝]명 문명병(文明病)
문화-보(文化寶)명 문화적 가치가 있는 보물.
문화=복합(文化複合)명 어떤 공통된 기능을 수행하기 위하여 여러 문화 요소를 결합하여 하나의 체계를 이룬 것.
문화-비(文化費)명 ①교육·예술 등 일반 문화 발전을 위하여 필요로 하는 비용. ②가계비 중에서 사교나 교양, 오락 따위에 쓰이는 비용.
문화-사(文化史)명 종교·학문·예술·사상·풍속·제도 등 인간의 정신적·사회적 활동의 소산을 포괄적으로 기술한 역사.
문화=사:절(文化使節)명 문화의 교류나 선전을 위하여 외국에 파견하거나 외국에서 초빙하는 사절. 학자나 예술가인 경우가 많음.
문화=사:회학(文化社會學)명 사회 현상의 내용으로서 문화를 연구 대상으로 하는 사회학.
문화=생활(文化生活)명 현대적 생활 용품과 문화 시설을 이용하면서 편리하고 능률적으로 생활하는 양식.
문화=수준(文化水準)명 어떤 지역이나 사회의 문화 발달의 정도. ¶ ―이 높다.
문화=시:설(文化施設)명 문화를 향상 발달시키는 데 필요한 설비. 도서관·학교·극장·박물관 등.
문화=심리학(文化心理學)명 개인을 에워싼 문화 환경이나 언어·예술·신화·종교 등의 문화 영역과 개인 심리의 관계를 연구하는 심리학의 한 갈래.
문화=영화(文化映畫)명 극영화에 상대하여 과학 영화, 교육 영화, 기록 영화 따위를 통틀어 이르는 말.
문화=요소(文化要素)명 서로 밀접한 관계를 가지면서 전체의 문화를 이루는 요소. 곧 정치·경제·예술·학문·종교·풍습 등.
문화=유산(文化遺産)명 전대(前代)에서 전하여 오고 후대에 계승할만 한 가치를 지닌 문화나 문화재.
문화=유:형(文化類型)명 문화의 여러 요소와 특질이 장기간에 걸쳐 일정한 성격으로 통합되어 이루어진 양식.
문화-인(文化人)명 ①지식과 교양을 갖춘 사람. ②학문이나 예술 분야에서 일하는 사람.
문화=인류학(文化人類學)명 인류학의 한 분야. 생활 방식과 관습·언어·종교 등을 비교, 연구하여 인류 공통의 특징적 성격을 밝히려는 학문. ☞형질 인류학
문화-재(文化財)명 ①문화 활동의 소산으로 문화적 가치가 있는 것. ②보호의 대상이 되는 유·무형 문화재, 기념물, 민속 자료를 통틀어 이르는 말.
문화재=보:호법(文化財保護法)[―뻡]명 문화재의 보호와 활용을 도모하여 국민의 문화 향상에 이바지하고자 제정하는 법률.
문화-적(文化的)명 문화 면이나 문화 수준에서 본 것.
문화=정치(文化政治)명 힘으로 하지 않고 교화로써 국민을 다스리는 정치. ☞무단 정치(武斷政治)

문화-주의(文化主義)명 문화의 향상과 문화 가치의 실현을 인간 생활의 최고 목적으로 하는 주의.
문화=주:택(文化住宅)명 살기 좋게 꾸며서 편리하고 위생적인 신식 주택.
문화=포장(文化褒章)명 문화 예술 활동을 통하여 문화 발전에 이바지한 공적이 뚜렷한 사람에게 주는 포장. ☞체육 포장(體育褒章)
문화=훈장(文化勳章)명 문화 예술 발전에 공을 세워 국민 문화 향상과 국가 발전에 이바지한 공적이 뚜렷한 사람에게 주는 훈장. 금관 문화 훈장, 은관 문화 훈장, 보관 문화 훈장, 옥관 문화 훈장, 화관 문화 훈장의 다섯 등급이 있음. ☞체육 훈장(體育勳章)
문회(門會)명 문중의 일을 의논하기 위한 일가의 모임.
문:후(問候)명-하다자 웃어른에게 안부를 물음. ☞문안
묻다[1] 자 물이나 가루, 때 같은 것이 들러붙다. ¶옷자락에 커피가 ―.
묻다[2] 타 ①구덩이에 물건을 넣고 그 위를 덮어서 보이지 않게 하다. ¶낙엽을 ―. ②죽은 이를 장사지내다. ¶비명에 간 그를 양지바른 산자락에 묻었다. ③드러나지 않게 감추어 남에게 알려지지 않게 하다. ¶그의 실수를 묻어 주다./애틋한 정을 가슴에 ―.
속담 **묻은 불이 일어났다** : 뒤탈이 없도록 막아 버린 일이 다시 생겨났다는 말.

한자 **묻을 매**(埋) 〔土部 7획〕 ¶매몰(埋沒)/매설(埋設)/매장(埋葬)/매장(埋藏)

묻다[3](묻고·물어)타ㄷ ①모르는 일에 대하여 남에게 대답을 바라는 내용으로 말하다. 질문하다 ¶길을 물어 보다./까닭을 물어 보다. ②인사의 말을 하다. ¶안부를―./근황을 ―. 높묻잡다 ③책임 따위를 따지거나 추궁하다. ¶책임을 ―.
속담 **묻지 말라 갑자생**(甲子生) : 물어 보지 않아도 그 정도는 다 안다고 할 때 쓰는 말.

한자 **물을 문**(問) 〔口部 8획〕 ¶문답(問答)/문안(問安)/문의(問議)/자문(自問)/질문(質問)/환문(喚問)
물을 자(諮) 〔言部 9획〕 ¶자문(諮問)/자의(諮議)

묻을-무명 움 속에 묻어 두고 겨울에 먹는 무.
묻잡다(묻잡고·묻자와)타ㅂ 삼가 묻다.
묻히다[1] [무치-] 자 묻음을 당하다. ¶땅 속에 묻힌 보물./까맣게 묻힌 사실.
묻히다[2] [무치-] 타 묻게 하다. ¶붓에 먹물을 ―.
물[1] 명 ①자연계에서 빗물·강물·샘물 따위로 존재하는 무미·무취·무색의 투명한 액체. 화학적으로 수소와 산소의 화합물. 분자식은 H_2O임. ¶―에서 노는 아이들./꽃밭에 ―을 주다. ②식수(食水) ¶―을 마시다. ③'강·호수·바다'를 두루 이르는 말. ¶산을 넘고 ―을 건너다./―에 빠지다. ④'밀물'과 '썰물'을 아울러 이르는 말. ¶―이 들어온다./―이 나가는 때. ⑤액체 상태인 것. 즙액(汁液)이나 수액(樹液) 따위. ¶―이 많은 배./나무에 ―이 올랐다. ⑥큰물. 홍수(洪水) ¶논밭이 ―에 잠기다. ⑦환경의 영향을 비유하여 이르는 말. ¶외국 ―을 먹다./도회지 ―을 먹다.
물 뿌린듯이 관용 한자리에 모인 많은 사람이 숙연해지는 모양을 이르는 말.
물에 빠진 새앙쥐 관용 물에 흠뻑 젖어 몰골이 초췌해진 사람을 비유하여 이르는 말.
물 찬 제비 관용 몸매가 물을 차며 날아오르는 제비처럼 날씬하고 맵시 있는 사람을 비유하여 이르는 말.
물 퍼붓듯 한다 관용 ①말이 막힘 없이 빠르고 세차다. ②비가 억수같이 옴을 이르는 말.
속담 **물 건너 손자 죽은 사람 같다** : 우두커니 먼 데를 바라보고 서 있는 사람을 보고 하는 말./**물 만 밥이 목이 멘다** : 물에 말아 먹는 밥이 잘 넘어가지 않는다는 뜻으로, 서럽고 답답한 일이 있음을 이르는 말./**물 먹은 배만 튀긴다** : 실속은 없으면서 겉으로 잘사는척 한다는 말./**물 밖에 난 고기** : ①제 능력을 발휘할 수 없는 처지에 몰려난 사람을 이르는 말. ②운명이 결정되어 아주 죽을 처지가 되었다는 말.〔도마에 오른 고기〕/**물 본 기러기, 꽃 본 나비** : 가장 바라던 바, 특히 임을 만나 기뻐하는 경우를 이르는 말./**물에 물 탄듯 술에 술 탄듯** : 말이나 행동이 조금도 변화가 없고 효력이 없음을 이르는 말./**물에 빠지더라도 정신 잃지 마라** : 아무리 어려운 처지나 고생스런 경우라도 정신을 차리고 일을 수습하면 잘 되게 마련이라는 말.〔범에게 물려 가도 정신을 차려라〕/**물에 빠지면 지푸라기라도 잡는다** : 사람이 위급한 처지에 놓이면 하찮은 것에도 의지하려 한다는 말./**물에 빠진 놈 건져 놓으니까 망건 값(내 봇짐) 내라 한다** : 남에게 은혜를 입고서도 그 공을 알기는커녕 도리어 원망한다는 말./**물에 죽을 신수면 접시 물에도 빠져 죽는다** : 사람이 죽으려면 대수롭지 않은 일에도 죽는다는 말./**물 위에 수결 같다** : 아무리 해도 흔적이나 효과가 없다는 말./**물 위의 기름** : 사람이 서로 어울리지 아니하여 떨어져 돌기만 함을 이르는 말.〔찬 물에 기름 돈다〕/**물은 건너 보아야 알고 사람은 지내보아야 안다** : 사람은 오래 지내면서 겪어 보아야 비로소 알 수 있다는 말./**물이 깊어야 고기가 모인다** : 덕망이 있어야 사람이 따른다는 말./**물이 깊을수록 소리가 없다** : 덕이 높고 생각이 깊은 사람은 아는체 하거나 떠벌리지 않는다는 뜻.〔곡식 이삭은 잘 될수록 고개를 숙인다〕/**물이 아니면 건너지 말고 인정이 아니면 사귀지 말라** : 사람은 잇속이나 딴생각으로 사귀지 말고 순수한 인정으로 사귀어야 한다는 말./**물이 와야(가야) 배가 오지** : 선행 조건이 이루어져야 어떤 목적하는 일이 이루어지는 경우에 쓰는 말./**물인지 불인지 모른다** : 사리를 분간하지 못하거나 따져 보지 않고 마구 행동함을 이르는 말.

한자 **물 수**(水) 〔水部〕 ¶수도(水道)/수력(水力)/수로(水路)/수면(水面)/수문(水門)/수질(水質)/수초(水草)

물[2] 명 ①물건에 묻거나 배어서 나타나는 빛깔. ¶붉은 ―이 들다./―이 바래다./―이 빠지다. ②사상이나 행동 양식 따위의 영향을 비유하여 이르는 말. ¶물질주의 사상에 ―이 들었다.
물[3] 명 물고기의 싱싱한 정도. ¶―이 좋은 생선./―이 간 고등어.
물[4] 의 ①옷을 한 번 빨 때마다의 번수. ¶옷을 한 ― 입었다. ②채소·과일·해산물 따위가 사이를 두고 한목 무리로 나오는 차례. ¶첫 ―의 오이.
물(物)명 철학에서, 인간의 감각으로 느껴 알 수 있는 사물, 또는 느껴 알 수는 없어도 그 존재를 사유할 수 있는 온갖 것을 통틀어 이르는 말.
-물(物)《접미사처럼 쓰이어》'물건', '물질'의 뜻을 나타냄. ¶담보물(擔保物)/간행물(刊行物)/장애물(障礙物)/위험물(危險物) ☞-인(人)
물-가[-까]명 바다나 강, 못 따위의 가장자리. 물녘. 수반(水畔). 수변(水邊). 수애(水涯) ¶―에서 야영하다.

한자 **물가 애**(涯) 〔水部 8획〕 ¶수애(水涯)/애안(涯岸)

물가(物價)[-까]명 물건 값. 상품의 시장 가격. ¶―가 올랐다.
물가-고(物價高)[-까-]명 ①물건 값의 정도. 물건 값의 시세. ②물가가 오르는 일, 또는 오른 물가. ¶―에 시달리다.
물가=연동제(物價連動制)[-까-]명 임금이나 금리 따위를 일정한 방식에 따라 물가의 변동에 알맞게 조절하는 정책.
물가=조절(物價調節)[-까-]명 물가의 지나친 등귀·하락을 알맞은 물가로 조절하는 일.
물가=지수(物價指數)[-까-]명 물가의 변동을 나타내는 통계 숫자. 일정한 곳과 시기의 물가를 100으로 하여 그 후의 물가의 변동을 백분율로 나타내는 숫자. ☞생산 지수(生産指數)
물가=통:제(物價統制)[-까-]명 국가 기관이 물가의 안정과 물자 수급의 원활함을 꾀하려고 물가를 일정하게

제한하여 조절하는 일.
물가=평준(物價平準)[-까-] 명 물가 지수로써 나타내는 상품 가격의 평균 위치.
물각유:주(物各有主) 성구 물건에는 각각 그 임자가 있음을 이르는 말.
물-갈래[-깔-] 명 냇물이나 강물 따위의 갈려 나가는 가닥. 물이 갈려 나가는 부분.
물-갈음 명 -하다 타 광택이 나도록 석재(石材)의 표면에 물을 쳐 가면서 가는 일.
물-갈이 명 -하다 자 논에 물을 대고 가는 일. ☞마른갈이
물-갈퀴 명 ①오리나 수달, 개구리 따위의 발가락 사이에 있는 막(膜). 복(蹼) ¶-가 있는 물새. ②잠수할 때, 발에 끼는, 오리발 모양의 물건. 오리발
물-감[1][-깜] 명 ①물건에 빛깔을 들이는 재료. 염색의 재료. 염료(染料) ¶쪽이나 치자는 -의 원료다. ②그림에 색을 칠하는 재료. 수채화 물감과 유화 물감 따위가 있음. 그림 물감. 채료(彩料) ☞색료(色料). 안료(顔料)
물-감[2] 명 둥주리감의 한 품종. 수분이 많고 맛이 달며, 살이 연함. 수시(水柿) ☞단감
물-개[-깨] 명 물갯과의 포유동물. 몸길이는 수컷이 2m, 암컷은 1.3m 안팎. 몸빛은 암갈색이고 사지는 지느러미 모양임. 북태평양 등지에 무리지어 서식함. 바닷개. 올눌(膃肭). 해구(海狗)
물-개고마리[-깨-] 명 '물때까치'의 딴이름.
×**물-개아지** 명 →하늘밥도둑
물갬-나무 명 '물오리나무'의 딴이름.
물-거름 명 똥물이나 오줌 또는 물에 녹인 화학 비료처럼, 액체 상태로 된 거름. 수비(水肥)
물거리[1] 명 싸리 따위와 같이 잡목의 우죽이나 잔가지로 된 땔나무. ☞마들가리
물-거리[2] 명 물고기가 가장 잘 낚이는 때.
물-거:리(-距離)[-꺼-] 명 조수의 밀물이 찼을 때에 배가 다닐 수 있는 물길의 거리.
물-거미 명 ①물거밋과의 거미. 몸길이 1~1.5cm로 가늘고 긺. 물 속의 물풀 사이에 집을 짓고 수면에서 몸의 털에 공기를 붙여 날라 공기의 방을 만듦. 수중 생활을 하지만 공기 호흡을 함. ②물 위에 떠다니면서 사는 거미와 비슷하게 생긴 게아재비·소금쟁이 따위의 곤충을 흔히 이르는 말.
속담 **물거미 뒷다리 같다** : 몸이 가늘고 다리가 길어 키만 큰 사람을 비유하여 이르는 말.
물-거울 명 거울 삼아 모양을 비추어 보는 물.
물-거품 명 ①물에 생기는 거품. ¶폭포가 -을 일으킨다. ②노력이 헛되게 된 상태를 비유하여 이르는 말. 수말(水沫). 수포(水泡). 포말(泡沫)
물건 명 ①일정한 형체를 갖추고 있는 모든 물질적인 것. ¶내가 쓰는 -./쓸모 없는 -./처음 보는 -. ☞물품(物品) ②사고 파는 상품. ¶-이 달린다./-이 많다. ③제 구실을 하거나 뛰어난 존재를 빗대어 이르는 말. ¶보기에는 저래도 저 놈이 -이야.
속담 **물건을 모르거든 값을 더 주라** : 물건의 질을 모르는 사람이 좋은 물건을 사려면 비싼 것을 사면 된다는 말.〔물건을 모르거든 금 보고 사라〕/**물건 잃고 병신 발명**(發明) : 물건을 잃고도 제가 병신이라 그렇게 되었다고 발명한다 함이니, 일을 잘못하여 놓고서 그럴듯하게 변명한다는 말.

한자 물건 건(件)〔人部 4획〕¶건명(件名)/건수(件數)
물건 물(物)〔牛部 4획〕¶물가(物價)/물자(物資)
물건 품(品)〔口部 6획〕¶물품(物品)/별품(別品)

물건(物件)[-껀] 명 민법에서, 유체물(有體物)을 이르는 말. 권리의 객체(客體)가 될 수 있는 것.
물건-비(-費) 명 물건을 사들이거나 유지하는 데 드는 비용. ☞인건비(人件費)
물-걸레 명 물이 묻은 걸레, 또는 물을 묻혀서 쓰는 걸레. 진걸레 ☞마른걸레
물걸레-질 명 -하다 자 물걸레로 닦는 일.
물-것[-껏] 명 사람이나 동물의 몸에 붙어서 피를 빨아먹는 벌레. 모기·이·벼룩 따위.
물-결[-껼] 명 ①바람이 부는 데 따라 수면이 높아졌다 낮아졌다 하며 움직이는 일. 수면에 생기는 높낮이의 결. 수파(水波) ¶잔잔한 -./-이 일렁이다. ②물결처럼 움직이거나 밀어닥치는 것을 비유하여 이르는 말. ¶시대의 -./사람의 -.
물결을 타다 관용 흐름에 맞추다. 풍조나 형세에 자신을 맞추다. ¶개혁의 -.

한자 물결 랑(浪)〔水部 7획〕¶격랑(激浪)/풍랑(風浪)
물결 파(波)〔水部 5획〕¶강파(江波)/파고(波高)/파도(波濤)/파랑(波浪)/풍파(風波)/해파(海波)

물결-치다[-껼-] 자 ①물결이 너울거리거나 밀려오다. 물결이 밀려와 부딪치다. ¶바위에 물결치는 소리가 들리다. ②물결처럼 흔들려 움직이다. ¶가을 바람에 물결치는 벼이삭.
물결-털[-껼-] 명 섬모(纖毛)
물결-표(-標)[-껼-] 명 문장 부호의 한 가지. 주로 얼마에서 얼마까지의 뜻을 나타낼 때 쓰이는 부호로 ~ 표를 이름. ¶5월 1일~5월 5일./10시~12시. ☞줄표
물-겹것 명 헝겊을 호아서 지은 겹옷.
물-겹저고리 명 안팎의 옷감을 호아서 솜을 두지 않고 지은 저고리.
물경(勿驚) 부 엄청난 것을 말할 때 '놀라지 마라', 또는 '놀랍게도'의 뜻으로 쓰는 말. ¶그는 - 수십만 점의 수집품을 가지고 있다.
물-경:단(-瓊團) 명 경단의 한 가지. 끓는 물에 익힌 다음 고물을 묻히지 않고 꿀과 생강즙을 타서 물째 먹는 경단. ☞밤경단. 수수경단
물계 명 찹쌀에 섞여 있는, 멥쌀처럼 보이는 쌀알.
물계(物-) 명 물건의 시세.
물계(物界) 명 물질계(物質界)
물고(物故) 명 -하다 자 ①이름난 사람이 죽음. ②죄인이 사형을 당함.
물고(가) 나다 관용 '죽다'를 속되게 이르는 말.
물고(를) 내다 관용 '죽이다'를 속되게 이르는 말.
물고(를) 올리다 관용 명령에 따라서 죄인을 죽이다.
물-고구마 명 물기가 많아 물렁물렁한 고구마. 군고구마용으로 많이 쓰임. ☞밤고구마
물-고기[-꼬-] 명 물 속에서 살며 아가미로 숨쉬고 지느러미로 헤엄치는 동물을 통틀어 이르는 말. 고기[1]

한자 물고기 어(魚)〔魚部〕¶어군(魚群)/어란(魚卵)/어류(魚類)/어망(魚網)/어항(魚缸)

물고기-자리[-꼬-] 명 십이 성좌(十二星座)의 하나. 가을에 남쪽 하늘에 보이는 별자리. 11월 하순 오후 여덟 시 무렵에 자오선(子午線)을 통과함. ☞황도 십이궁
물고-늘어지다 타 ①입에 물고 놓지 아니하다. ②어떤 대상에 끈질기게 달라붙어 떨어지지 아니하다.
물-고동[-꼬-] 명 수도의 마개를 여닫는 쇠. ☞수도꼭지
물-고랭이 명 방동사닛과의 여러해살이풀. 못가나 개울가에 자라는데, 줄기는 세모지고 높이 40~50cm임. 7~8월에 황갈색 꽃이 산방(繖房) 꽃차례로 핌.
물-고사리 명 물고사릿과의 한해살이풀. 그물맥이 있는 영양엽과 길이 50cm 안팎으로 자라는 포자엽이 깃꼴로 갈라져 있음. 어항의 수초로 이용함.
물-고의(-*袴衣) 명 지난날, 물에서 미역을 감거나 일을 할 때에 입던 짧은 홑옷.
물고-장(物故狀)[-짱] 명 지난날, 죄인을 죽이고 그 일을 보고하던 글.
물-곬[-꼴] 명 논의 물을 빼기 위하여 만든 작은 도랑.
물-관(-管) 명 속씨식물의 물관부를 이루는 조직. 뿌리에서 빨아올린 수분을 가지나 잎으로 보내는 통로 구실을 하는 관(管)임. 도관(導管) ☞체관. 헛물관
물관-부(-管部) 명 식물의 관다발을 이루는 조직. 물관, 헛물관, 물관부 섬유 등으로 이루어져 있는데, 주로 수

분의 통로가 되며, 식물체를 지지하는 구실을 함. 도관부(導管部). 목부(木部)[1]. 목질부(木質部) ☞체관부

물관부=섬유(—管部纖維)[명] 속씨식물의 물관부를 이루고 있는 조직. 목부 섬유. 목부질 섬유

물교(物交)[명] '물물 교환(物物交換)'의 준말.

물-교자(—餃子)[명] 물만두

물구나무-서기[명] 물구나무서는 일. 도립(倒立)

물구나무서기=운:동(—運動)[명] 물구나무서는 운동. 도립 운동(倒立運動)

물구나무-서다[자] 두 손으로 바닥을 짚고 거꾸로 서다. ¶물구나무서서 재주를 부리다.

물-구덩이[—꾸—][명] 물이 괴어 있는 구덩이나 진창.

물-구멍[—꾸—][명] ①물이 흐르는 구멍, 또는 물이 흐르게 만든 구멍. ②광산에서, 물을 조금씩 부어 가며 아래쪽으로 향하여 뚫는 남폿구멍.

물-굴젓[명] 아주 묽게 담근 굴젓.

물굽-성(—性)[—썽][명] 식물의 일부가 습도에 반응하여 굽는 성질. 뿌리는 습도가 높은 쪽으로 향하여 굽음. 굴수성(屈水性). 굴습성(屈濕性)

물-굽이[—꿉—][명] 강이나 바다의 물이 구부러져 흐르는 곳.

[한자] **물굽이 만**(灣) [水部 22획] ¶만구(灣口)/만내(灣內)/만안(灣岸)/만입(灣入) ▷속자는 湾

물권(物權)[—꿘][명] 재산권의 한 가지. 특정한 물건을 직접 지배하고 그 이익을 누리는 권리. 소유권·점유권·지상권·저당권·질권(質權) 따위. ☞무체 재산권(無體財産權)

물권=계:약(物權契約)[—꿘—][명] 물권의 변동 사항을 내용으로 하는 계약.

물권=증권(物權證券)[—꿘—꿘][명] 물권을 표시하는 유가 증권(有價證券). ☞채권 증권(債權證券)

물권=행위(物權行爲)[—꿘—][명] 직접 물권의 변동을 생기게 하는 법률 행위. 소유권 이전 행위, 저당권 설정 행위 따위. ☞채권 행위(債權行爲)

물-귀:신(—鬼神)[—뀌—][명] ①물 속에 있다는 잡귀. 수백(水伯) ②자기가 곤경에 빠졌을 때에 남까지 끌고 들어가려는 사람을 비유하여 이르는 말. ¶— 작전

물귀신이 되다[관용] 물에 빠져 죽다.

물-그림자[—끄—][명] 물에 비치는 그림자.

물-금(—金)[명] ①수은(水銀)과 다른 금속의 합금. 아말감(amalgam) ②도자기 따위에 금빛으로 그림이나 글을 그려 넣는 데 쓰는 물감. 수금(水金)

물금(勿禁)[명]-하다[타] 지난날, 관아에서 금지하였던 일을 특별히 허락하던 일.

물금-체(勿禁帖)[명] 지난날, 물금을 적어 두던 문서.

물긋물긋-하다[—귿—귿—][형][여] 매우 물긋하다.

물긋-하다[—귿—][형][여] 진하거나 짙지 않고 묽은듯 하다. ¶풀을 물긋하게 쑤다.

물-기(—氣)[—끼][명] 축축한 물의 기운. 수분(水分) ¶—가 많다./—를 빼다.

물-기둥[—끼—][명] 기둥처럼 솟는 물줄기. 수주(水柱) ¶—이 솟는 분수대.

물-기름[명] 액체 상태로 된 기름. 흔히 굳기름류에 상대하여 머릿기름 따위를 이름.

물-긷다(—긷고·—길어)[자][ㄷ] 우물이나 샘 따위에서 물을 푸거나 퍼서 나르다.

물-길[—낄][명] ①배가 다니는 길. 뱃길. 수정(水程) ②농업 용수 등이 흐르는 길. ¶—이 좋은 논. 수로(水路) ③물을 길어 나르는 길.

물-까마귀[명] 물까마귓과의 텃새. 몸길이 18cm 안팎. 흰 눈의 둘레를 제외한 몸빛은 흑갈색임. 다리가 길며 꼬리는 짧음. 계곡의 물가에 사는데 물 속으로 잠수하여 곤충이나 작은 물고기를 잡아먹음.

물-까치[명] 까마귓과의 텃새. 몸길이 35cm 안팎. 날개 바깥쪽과 꼬리는 청색이고 머리는 검으며 나머지는 회갈색임. 꼬리가 특히 길. 야산에 삶.

물-껍질[명] 왕골이나 부들 따위의, 물에 잠기는 줄기 부분의 겉껍질.

물-꼬[명] 논에 물이 넘나들도록 만든 어귀. ☞무넘기

물끄러미[부] 가만히 한곳을 바라보는 모양을 나타내는 말. ¶호수 한가운데를 — 바라보다. ☞말끄러미

물끄럼-말끄럼[부] 서로 물끄러미 보다가 말끄러미 보다가 하는 모양을 나타내는 말.

물-나라[명] 큰물이 져서 물에 잠긴 지역. 수국(水國)

물-난:리(—亂離)[명] ①큰물이 져서 생활 환경이나 농경지 등이 엉망이 된 상태. ②식수나 관개 용수가 달려 물을 구하느라고 벌이는 소동. ¶—가 나다./—를 겪다.

물납(物納)[명]-하다[타] 화폐가 아닌 물품으로 조세를 냄. ☞금납(金納)

물납-세(物納稅)[명] 화폐가 아니고 물품으로 내는 조세. ☞금납세(金納稅)

물-내리다[1][자] 기운이 빠지거나 뜻을 잃어 사람이 풀기가 없어지다.

물-내리다[2][타] 떡가루에 꿀물이나 맹물을 쳐 가면서 성긴 체에 다시 치다. 내리다

물-너울[명] 바다나 호수 등에서 크게 움직이는 물결.

물-녘[명] 물가

물-노릇[명]-하다[자] 물을 다루는 일.

물-놀이[1][명]-하다[자] 바다·강·호수·수영장 등의 물에서 노는 놀이. ☞뱃놀이

물-놀이[2][명] 잔잔한 수면에 잔물결이 일어나는 현상.

물-눌은밥[명] 밥을 지은 솥 바닥 따위에 눌어붙은 밥에 물을 부어 불린 밥. 눌은밥

물:다[1](물고·무니)[자] ①'물쿠다'의 준말. ②습기나 더위로 말미암아 상하다. ¶문 생선./문 바나나.

[속담] **물어도 준치 썩어도 생치**: 본디 좋은 것은 오래되거나 변하여도 본질의 뛰어남에는 변함이 없음을 비유하여 이르는 말.

물:다[2](물고·무니)[타] 마땅히 치러야 할 것을 치르다. 또는 갚아야 할 것을 갚다. ¶세금을 —./벌금을 —./빚을 —./이자를 —.

물다[3](물고·무니)[타] ①위아래의 이·입술·부리 따위로 마주 눌러 잡다. ¶생선을 물고 달아나는 고양이. ②짐승이 덤비어 이빨로 마주 눌러 상처를 내다. ¶개가 —. ③곤충이나 벌레 따위가 주둥이 끝으로 살을 찌르거나 살에 붙어서 피를 빨다. ¶모기가 —. ④사람이나 이익이 되는 것을 차지함을 속되게 이르는 말. ¶어수룩한 놈을 물었다는구먼./돈줄을 —.

[속담] **무는 개를 돌아본다**: 성미가 사납고 말이 많은 사람을 조심하여 대함을 이르는 말. [우는 아이 젖 준다]/ **무는 개 짖지 않는다**: 무서운 사람일수록 말이 없다는 말./**무는 말 아가리와 깨진 독 서슬 같다**: 사람됨이 사납고 독살스러워 가까이할 수 없다는 말./**무는 말 있는 데 차는 말 있다**: 나쁜 사람이 있는 곳에 같은 무리가 있음을 이르는 말./**무는 호랑이는 뿔이 없다**: 사람이나 물건이 좋은 조건이나 재능을 두루 다 갖출 수는 없다는 말./**물고 놓은 범**: 미련이 있어 단념하지 못함을 이르는 말./**물라는 쥐나 물지 씨암탉은 왜 물어**: 하라고 이른 일은 하지 않고, 하지 말아야 할 일을 왜 했느냐고 꾸짖어 이르는 말.

물-닭[—딹][명] 뜸부깃과의 나그네새. 몸길이 40cm 안팎. 온몸이 검고 이마와 부리만 흼. 물가의 갈대밭 속에서 삶. 유라시아에 널리 분포함.

물-대[—때][명] 무자위의 관(管).

물덤벙-술덤벙[부] 아무 대중없이 무슨 일에나 덤벼들거나 날뛰는 모양을 나타내는 말. ¶멋모르고 — 덤벼들다.

물-도래[명] '강도래'의 딴이름.

물-독[—똑][명] 물을 담아 두는 독.

물-동[—똥][명] 광산 구덩이 안의 물이 흘러 나가지 못하고 그 안에 괴도록 막아 세운 동바리.

물동=계:획(物動計畫)[—똥—][명] 물자(物資)를 동원하여 공급하는 계획.

물동-량(物動量)[—똥—][명] 물자가 유동(流動)하는 양. ¶—이 늘다./—이 줄었다.

물-동이[-똥-] 명 물을 긷는 데 쓰는 동이. ¶ -를 이다.
물동이-자리[-똥-] 명 물동이를 받쳐 놓는 질그릇.
물-두부(-豆腐)명 두부를 끓는 물에 살짝 데쳐 내어 모지게 썰어 양념장에 찍어 먹는 음식.
물-둑[-뚝] 명 둑². 제방(堤防)
물-들다(-들고·-드니)자 ①빛깔이 옮아서 묻거나 배다. 염색되다. ¶봉숭아 빛깔로 물든 손톱. ②빛깔이 나타나다. ¶단풍이 붉게 -. ③영향을 받아 몸에 배다. ¶나쁜 버릇이 -.

한자 물들 염(染)〔木部 5획〕¶날염(捺染)/염색(染色)

물-들이다 타 물감 따위를 써서 빛깔이 묻거나 배게 하다. 염색하다. ¶센 머리털을 검게 물들이다.
물-딱총(-銃)명 물을 넣어 쏘는 장난감. 준물총
물-때¹ 명 ①아침 저녁으로 조수가 들어오고 나가고 하는 때. ②밀물이 들어오는 때. 물참
물-때² 명 물에 섞인 물질이 다른 데에 묻어서 끼는 때. ¶독에 낀 -를 벗겼다.
물-때까치 명 때까칫과의 텃새. 몸길이 28cm 안팎. 등은 연한 잿빛, 날개는 검은빛에 흰 줄이 있고 꼬리는 어두운 잿빛임. 검은 부리와 눈 선이 뚜렷함. 때까치 가운데 가장 큰 종류로 흔하지는 않음. 물개고마리
물때-썰때 명 ①밀물 때와 썰물 때. ②사물의 형편이나 내용을 비유하여 이르는 말.
물때썰때를 안다 관용 사물의 형편이나 나아가고 물러나야 할 시기를 잘 안다.
물-떼새 명 물떼샛과에 딸린 새를 통틀어 이르는 말. 바닷가·강가 따위 물가에 삶. 검은가슴물떼새·흰물떼새·검은머리물떼새 따위. 준떼새
물-똥 명 '물찌똥'의 준말.
물똥-싸움 명-하다자 아이들이 손이나 발로 물을 쳐서, 서로 물을 상대편의 몸에 끼얹는 장난. 준물싸움
물-뚱뚱이 명 '하마(河馬)'를 달리 이르는 말.
물량(物量)명 물건의 분량. ¶ - 공세
물러-가다 자 ①있던 자리에서 떠나 옮겨 가다. ¶구경꾼들이 물러갔다. ②어른 앞에 있다가 도로 나가다. ¶이제 그만 물러가겠습니다. ☞무르와가다 ③하던 일을 내어 놓고 가다. ¶현역에서 -. ④있던 현상이 사라져 가다. ¶더위가 -./추위가 -.
물러-나다 자 ①있던 자리에서 떠나 뒤로 옮겨 가다. ¶적이 물러나기 시작하다. ②하던 일을 그만두고 나오다. ¶사장직에서 -. ③꼭 끼었던 것의 틈이 벌어지다. ¶사개가 -. ④어른 앞에 있다가 도로 나오다.

한자 물러날 퇴(退)〔辵部 6획〕¶은퇴(隱退)/퇴각(退却)/퇴임(退任)/퇴장(退場)/퇴직(退職)/퇴행(退行)

물러-서다 자 ①뒤로 물러나 서다. ¶나오지 말고 좀 물러서시오. ②지위를 내어 놓다. ¶이젠 이 자리에서 물러서야지. ③맞서서 버티던 일을 그만두다. ¶합의를 위해 한 걸음 물러설 용의가 있소.
물러-앉다[-안따] 자 ①뒤로 물러나 앉다. ¶상 앞에서 물러앉아라. ②지위를 내놓거나 그만두다.
물러-오다 자 가다가 피하여 도로 오다. ¶폭설을 만나 물러올 수밖에 없었다.
물러-지다 자 ①푹 익어 녹실녹실하여지다. ¶심줄이 물러지도록 푹 고다./감이 물러질 때를 기다리다. ②켕겼던 마음이 누그러지다. ¶노기가 차차 -.
물렁-거리다(대다) 자 자꾸 물렁한 느낌이 나다. ¶물렁거리는 밀가루 반죽. ☞말랑거리다. 말랑말랑. 몰랑거리다. 몰랑몰랑
물렁-물렁 부-하다형 물렁한 느낌을 나타내는 말. ¶ -만져지는 찰흙./-한 뱃살. ☞말랑말랑. 몰랑몰랑
물렁-뼈 명 연골(軟骨)
물렁-살 명 물고기의 지느러미를 이루고 있는 물렁한 줄기. 여린줄기. 연조(軟條)
물렁-팥죽(-粥)[-팓-] 명 ①무르고 약한 사람을 비유하여 이르는 말. ②물러서 뭉그러지기 쉬운 물건을 비유하여 이르는 말.
물렁-하다 형여 ①물체가 매우 무르고 부드럽다. ¶물렁한 감./팥을 물렁하게 삶아라. ②사람의 성질이 여무지지 아니하고 매우 무르다. ¶사람이 워낙 물렁해서 남의 부탁을 거절하지 못한다. ☞말랑하다. 몰랑하다
물레¹ 명 솜이나 털을 자아서 실을 뽑는 수동식 틀. 방거(紡車). 방차(紡車). 취자거(取子車)
물레² 명 질흙 뭉치를 둥근 판에 올려 놓고 도자기의 모양을 고르는 데 쓰는 틀. 도차(陶車). 배차(坏車). 선륜차(旋輪車). 윤대(輪臺) ☞선차(旋車)
물레-나물 명 물레나물과의 여러해살이풀. 줄기 높이 50~80cm, 잎은 길둥글고 마주 남. 여름에 줄기와 가지 끝에 크고 노란 다섯 잎의 꽃이 핌. 애순은 나물로 먹을 수 있고, 다 자란 것은 연주창·부스럼 등에 약재로 쓰임.
물레-바퀴 명 ①물레에 딸린 바퀴. 사거(絲車) ②물레방아에 붙어 있는 큰 바퀴. 흘러내리거나 떨어지는 물이 바퀴를 돌림에 따라 물레방아가 작동함.
물레-방아 명 흐르거나 떨어지는 물의 힘으로 물레바퀴를 돌려 곡식을 찧게 된 방아. 수차(水車) ☞물방아
물레-새 명 할미샛과의 여름 철새. 몸길이 17cm 안팎. 등은 회갈색, 배는 백색이며 가슴에 검은 띠가 있음. 울음소리가 물레질하는 소리와 비슷하며 울 때마다 꽁지를 흔듦. 삼림이나 개울가의 나무에 둥지를 틀고 삶.
물레-질 명-하다자 물레를 돌려 솜이나 털로 실을 잣는 일.
물렛-가락 명 물레질을 하여 실을 자을 때 실이 감기는 쇠꼬챙이. 방추(紡錘)
물렛-돌 명 물레가 흔들리지 않게 물레 바닥에 가로지른 나무를 눌러 놓은 넓적한 돌.
물렛-줄 명 물레의 몸과 가락에 걸치어 감은 줄. 물레를 돌리는 데 따라서 가락을 돌게 하는 줄.
물려-받다 타 재물이나 지위 등을 뒤이어 넘겨받다. ¶많은 재산을 물려받았다./조상으로부터 물려받은 문화재. 본물리어받다
물려-주다 타 재물이나 지위 등을 자손 또는 남에게 전하여 내려 주다. ¶사업을 -. 본물리어주다
물려-지:내다 자 남에게 약점이나 트집을 잡히어 귀찮으면서도 어쩔 수 없이 살아가다. ¶한 번의 실수로 두고두고 물려지낸다. 본물리어지내다
물력(物力)명 ①물자(物資)의 힘. ②물역(物役)
물렴(勿廉)어기 '물렴(勿廉)하다'의 어기(語基).
물렴-하다(勿廉-)형여 조심스레 삼가는 태도가 없다.
물론(勿論)부 말할 것도 없이. 무론(無論) ¶밥은 - 떡도 잘 먹는다.
물론(物論)명 물의(物議)
물료(物料)명 물건을 만드는 재료.
물루(物累)명 몸을 얽매는 세상의 온갖 괴로운 일.
물류(物流)명 '물적 유통(物的流通)'의 준말. ¶ - 관리
물리(物理)명 ①만물의 이치. ②'물리학'의 준말.
물리=광학(物理光學)명 물리학의 한 부문. 빛의 여러 현상과 물질의 광학적 성질을 연구하는 학문. ☞파동 광학(波動光學). 기하 광학(幾何光學)
물리다¹ 자 ①자주 먹거나 하여 다시 먹기가 싫어지다. ¶콩나물에 -./보리밥은 물리지가 않는다. ②다시 보거나 대하기가 싫어지다. ¶그 말은 물리도록 들었다.
물리다² 자 물음을 당하다. ¶모기에 -./뱀에 -.
물리다³ 타 음식 따위를 푹 익혀 무르게 하다. ¶수구레를 푹 고아 -./호박을 삶아 -.
물리다⁴ 타 ①기한을 뒤로 미루다. ¶마감날을 하루 -. ②지위·권리·재물 따위를 뒤이을 사람에게 내어 주다. ③다른 쪽으로 옮겨 놓거나 다른 곳으로 가져가게 하다. ¶책상을 뒤로 -./상을 -.
물리다⁵ 타 원 칸살 밖으로 툇간 따위를 달아내다. ¶뒤쪽으로 반 칸 물려 보자.
물리다⁶ 타 푸다꺼리 따위를 하여 귀신을 쫓아내다. ¶무당을 불러 악귀를 -.

물리다[7] 타 입이나 집게 같은 것으로 물게 하다. ¶아기에게 젖을 ―.
물리다[8] 타 돈을 치르게 하다. ¶벌금을 ―. ☞물다[2]
물리-량(物理量) 명 물질의 물리적 성질이나 상태를 측정한 양. 수치와 단위로 나타냄.
물리=변:화(物理變化) 명 물질의 성분에는 변화가 없고 그 모양이나 상태가 변화하는 일. 물리적 변화(物理的變化) ☞화학 변화(化學變化)
물리=분석(物理分析) 명 물질을 물리적으로 조작하여 분석하는 일.
물리=상수(物理常數) 명 물질의 상태와는 관계없이 늘 일정한 값을 가진 물리량과 물리 법칙에 나타나는 상수.
물리어-받다 타 '물려받다'의 본딧말.
물리어-주다 타 '물려주다'의 본딧말.
물리어-지내다 자 '물려지내다'의 본딧말.
물리=요법(物理療法)[―뻡] 명 운동이나 마사지, 열·전기·광선·X선 따위의 물리적 작용을 이용하는 치료 방법. 주로 외과 수술 후의 요법으로 응용됨. ☞화학 요법
물리=원자량(物理原子量) 명 질량수 16인 산소 원자 질량의 1/16을 단위로 측정한 원자의 질량. ☞화학 원자량
물리-적(物理的) 명 ①물리학의 원리에 맞거나 그것에 기초한 것. 물리학적. ¶― 현상 ②시간·공간·무게·힘에 관한 것. ¶―으로 해결하려 한다. /―으로 불가능하다.
물리적=변:화(物理的變化) 명 물리 변화(物理變化)
물리적=성:질(物理的性質) 명 물질의 역학적 성질이나 빛·열·전기·자기 따위의 성질.
물리=진:자(物理振子) 명 복진자(複振子)
물리-치다 타 ①받아들이지 아니하다. ¶회사 합병 제의를 ―. /뇌물을 ―. ②쳐서 물러가게 만들다. ¶적군을 ―. ③이겨 내다. ¶유혹을 ―.

한자 물리칠 각(却)〔卩部 5획〕¶각하(却下)
물리칠 척(斥)〔斤部 1획〕¶배척(排斥)/척사(斥邪)

물리=치료(物理治療) 명 물리 요법을 이용하는 치료.
물리=탐광(物理探鑛) 명 지하의 지질 구조나 광상(鑛床)의 존재 따위를 물리학적 방법을 써서 탐지하는 일. 전기·지진·자기·중력·방사능 탐광 등이 있음.
물리-학(物理學) 명 물질의 구조와 운동, 열·소리·빛·전자기 현상 및 이들 현상의 보편적 법칙 등에 관하여 연구하는 자연 과학의 한 부문. 준 물리(物理)
물리학-적(物理學的) 명 물리적
물리=화:학(物理化學) 명 화학의 한 부문. 물리학의 이론이나 실험 방법을 써서 화학적 성질, 화학 변화 따위의 여러 문제를 연구하는 학문.
물림[1] 명 ①정한 날짜를 뒤로 미루는 일. ②물려받거나 물려주는 일. ¶이 책상은 형 ―이다.
물림[2] 명 집채에 달아서 지은 작은 칸살. 물림칸. 퇴
물림-쇠 명 나무를 배접할 때 양쪽에서 꼭 끼이게 물려서 죄어지도록 하는 쇠.
물림-칸 명 물림[2]
물마 명 비가 많이 와서 땅 위에 넘쳐 흐르는 물.
물-마개 명 물이 나오지 않도록 막는 마개.
물-마루 명 ①수평선의 두두룩하게 보이는 부분. 수종(水宗) ②파도가 일 때 치솟는 물결의 꼭대기. 마루. ☞파구(波丘)
물-막이 명-하다 자 물이 흘러들거나 넘쳐나거나 스미지 않도록 막는 일. ¶― 공사
물-만두(―饅頭) 명 물에 삶은 만두. 물교자 ☞찐만두
물만-밥 명 물말이
속담 **물만밥이 목이 메다** : 물에 말아 먹어도 밥이 잘 넘어가지 않을 정도로 매우 슬픔에 겨움을 이르는 말.
물-말이 명 ①물에 말아 놓은 밥. 물만밥. 수반(水飯). 수화반(水和飯) ②물에 흠뻑 젖은 옷이나 물건.
물-맛 명 먹는 물의 맛. 수미(水味)
물망(物望) 명 사람들이 높이 우러러보는 명망(名望).
물망에 오르다 관용 사람을 고를 때, 그 사람이면 적합하다거나 유력하다고 여론에 오르다. ¶국무총리 물망에 오른 사람.
물망-초(勿忘草) 명 지칫과의 여러해살이풀. 줄기 높이는 20~30cm. 잎은 길둥글고 가장자리에 톱니가 있으며 어긋맞게 남. 봄부터 여름에 걸쳐 청남색의 다섯잎꽃이 핌. 유럽 원산이며 관상용으로 재배함.
물-맞다[―맏―] 자 물맞이를 하다.
물-맞이 명-하다 자 ①민속에서, 병을 치료하기 위해, 약물터에서 약물로 몸을 씻거나 폭포에서 떨어지는 물을 맞는 일. ②유둣날 부녀자들이 동쪽에 흐르는 개울에서 머리를 감고 목욕을 하는 일, 또는 그런 풍속.
물매[1] 명 지붕 따위의 비탈진 정도. 경사의 정도. ¶―가 뜨다. /―가 싸다.
물-매[2] 명 곡식에 물을 섞어서 갈 때, 그 맷돌을 이르는 말.
물-매[3] 명 매흙을 물에 묽게 타서 방바닥이나 벽 등에 바른 것. ¶―를 놓다.
물-매[4] 명 나무에 달린 과실 따위를 떨어뜨리기 위하여 던지는 짤막한 몽둥이. ¶밤송이를 향하여 ―를 던지다.
물-매[5] 명 여럿이 한꺼번에 덤벼들어 때리는 매. 몰매. 뭇매
×**물-매미** 명 →물맴이
물매-질 명-하다 타 ①여럿이 한꺼번에 덤벼들어 때리는 짓. 몰매질. 뭇매질 ②과실 따위를 물매로 던져 따는 일.
물-매화(―梅花) 명 범의귓과의 여러해살이풀. 줄기 높이는 30cm 안팎이고 잎은 심장 모양이며 줄기를 감쌈. 7~9월에 매화꽃 비슷한 흰 다섯잎꽃이 줄기 끝에 한 송이 핌. 산기슭의 습지에 자라는데, 관상용으로 심기도 함.
물-맴이 명 물맴잇과의 곤충. 몸길이는 7mm 안팎이며, 몸빛은 광택이 나는 검은색임. 물 위를 뱅뱅 도는 습성이 있으며, 연못이나 도랑, 무논 따위에 삶. 우리 나라와 일본, 타이완 등지에 분포함. 물무당
물-먹다 자 ①물을 마시다. ②종이나 헝겊 따위에 물기가 배어서 젖다. ¶물먹은 벽지.
물-멀미 명-하다 자 강이나 바다 따위의 넘실거리는 큰 물을 보면 어지러워지는 증세. ¶―가 나다.
물-면(―面) 명 물 위의 면. 물의 겉면. 수면(水面) ¶―에서 떼지어 노는 소금쟁이들.
물명(物名) 명 물건의 이름. ¶―을 하나하나 적다.
물명유고(物名類考)[―뉴―] 명 조선 순조 때 실학자 유희(柳僖)가 엮은 책. 여러 사물의 이름을 유정류(有情類)·무정류(無情類)·부동류(不動類)·부정류(不靜類)의 네 부문으로 갈라 한문으로 해설하되 한자말 이름 아래 한글로 우리말 이름을 적은 내용임. 5권 2책의 사본.
물-모 명 물 속에서 자라는 어린 볏모.
물-모래 명 바다나 강에서 나는 물에 젖은 모래. ☞강모래. 바닷모래
물-목 명 ①물이 흘러 나가거나 들어오는 어귀. ②사금(砂金)을 일어 가릴 때에 금이 제일 많이 모인 맨 위의 부분을 이르는 말.
물목(物目) 명 물품의 목록. ¶예단의 ―.
물-못자리 명 물이 늘 괴어 있는 못자리. 물모를 키우는 못자리.
물-몽둥이 명 대장장이나 석수가 쓰는 쇠로 된 큰 메.
물-무당 명 '물맴이'의 딴이름.
물-문(―門) 명 ①저수지나 수로에 마련하여 수량을 조절하는 문. 수문(水門). 수갑(水閘) ②갑문(閘門)
물문(勿問) 명-하다 타 내버려 두고 다시는 묻지 아니함.
물물=교환(物物交換) 명 돈을 주고받지 않고 물건과 물건만을 직접 서로 바꾸는 일. 환매(換買). 바터(barter) 준 물교(物交)
물물-이 부 채소나 해산물 따위가 때를 따라 한목 한목 모개 무리로 나오는 모양을 나타내는 말. ☞무리무리
물-뭍 명 물과 뭍. 바다와 육지. 수륙(水陸)
물뭍=동:물(―動物)[―문―] 명 양서류(兩棲類)에 딸린 동물. 개구리·도롱뇽 따위. 양서 동물
물미 명 ①깃대나 창대, 지팡이 따위의 땅에 꽂히는 쪽의 끝에 끼워 맞추는 뾰족한 쇠. ②지게꾼의 작대기 끝에 끼워 맞추는 쇠.
물미-작대기 명 물미를 낀 지겟작대기.

물-밀:다 자 조수가 육지로 밀려오다. ☞물써다
물-밀:듯이 부 물결이 밀려오듯이 연달아 많이 몰려오는 모양을 나타내는 말. ¶적병이 — 몰려온다.
물-밑 명 ①땅이나 재목의 짜임새를 수평이 되게 측량할 때 수평선의 아래. 물알 ②강이나 호수, 바다 따위 물이 실려 있는 곳의 바닥. 수저(水底) ¶—에 가라앉았다. ③표면에 드러나지 않고 은밀히 일어남을 비유하여 이르는 말. ¶— 협상이 진행중이다.
물-바가지[—빠—] 명 물을 푸는 데 쓰는 바가지. 준물박
물-바다 명 홍수로 말미암아 넓은 지역이 물에 잠긴 상태를 이르는 말. ¶강이 범람하여 온통 —를 이루었다.
물-바람[—빠—] 명 강이나 바다 등지의 물이 있는 쪽에서 불어오는 바람.
물-박[—빡] 명 '물바가지'의 준말.
물박정후(物薄情厚) 성구 사람의 사귐에서, 비록 물질적인 대접은 넉넉지 못하더라도 정(情)만은 두터워야 함을 이르는 말.
물-받이[—바지] 명 함석 따위로 만들어 처마끝에 달아서 빗물 따위를 받아 흘러내리게 하는 물건. 낙수받이
물-발[—빨] 명 물이 줄이 죽죽 지어 보이도록 세차게 흐르거나 떨어지는 기세. ¶세찬 폭포의 —.
물-밥 명 굿을 하거나 물릴 때에, 귀신에게 준다고 물에 말아 문간에 내어 두는 한술 밥. 무랍
물-방개 명 물방갯과의 수생 곤충. 연못이나 무논 따위에 살며 몸길이는 4cm 안팎임. 등은 검은색에 녹색을 띠며, 배와 다리는 황갈색임. 겉날개는 딱딱한 혁질(革質)이고, 뒷다리는 헤엄치기에 알맞음. 선두리 준방개
물-방아 명 ①나무 홈통에 흐르는 물이 차고 비워짐에 따라 공이가 오르내리면서 곡식을 찧게 된 방아. 수대(水碓) ☞물레방아 ②방아두레박
물방아-채 명 물방아의 공이를 끼는 긴 가로 나무.
물방앗-간(—間) 명 물방아로 곡식을 찧는 집.
물-방울[—빵—] 명 떨어져 나오거나 맺힌 물의 작은 덩이. 수적(水滴)

한자 물방울 적(滴) [水部 11획] ¶수적(水滴)/우적(雨滴)/적로(滴露)/적하(滴下)/점적(點滴)

물-배 명 ①물을 많이 마시고 부른 배. ¶—가 부르다. ②새김질하는 동물이 물을 먹으면 불러 오르는 오른쪽 배.
물-뱀 명 ①물 속에서 헤엄치며 물고기나 개구리를 잡아먹는 뱀을 통틀어 이르는 말. ②물뱀과에 딸린 뱀. 바다에 사는 독사로, 머리가 작고 주둥이는 부리 모양으로 뾰족함. 몸빛은 황색 또는 감람색이며 띠 모양의 흑색 무늬가 있음.
물-벌레 명 ①물에서 사는 벌레를 통틀어 이르는 말. ②물벌렛과에 딸린 곤충. 몸길이 1cm 안팎, 몸빛은 검누르며 검은 물결 무늬가 있음. 가운뎃다리와 뒷다리가 길어 헤엄치기에 알맞음. 연못이나 늪 따위에서 삶.
물법(物法)[—뻡] 명 국제 사법(國際私法)에서, 법규 적용을 그 물건이 있는 곳의 법으로 적용하게 하는 법. ☞인법(人法)
물-베개 명 고무 따위로 만들어 속에 물이나 얼음을 넣은 베개. 머리의 열을 내리는 데 쓰임. 수침(水枕)
물-벼 명 아직 채 마르지 않은 벼.
물-벼락 명 물을 갑자기 뒤집어쓰게 되는 일, 또는 그런 물. 물세례 ¶—을 맞다./—을 안기다.
물-벼룩 명 물벼룩과에 딸린 절지동물. 몸빛은 무색 또는 담황색을 띰. 유기물이 많은 민물에 살며 벼룩처럼 잘 뛰어오름.
물-별 명 물별과의 한해살이풀. 줄기 높이는 3~10cm이고, 옆으로 기며, 잎은 버들잎 모양으로 마주 남. 여름에 작은 연분홍색 꽃이 핌. 무논 따위 습지에 자람.
물-병(—甁)[—뼝] 명 ①먹을 물을 넣어 두는 병. ②절에서, 부처 앞에 물을 담아 바치는 병.
물병-자리(—甁—)[—뼝—] 명 십이성좌(十二星座)의 하나. 가을에 남쪽 하늘에 보이는 별자리인데, 10월 하순 오후 여덟 시 무렵에 자오선(子午線)을 통과함. ☞황도 십이궁(黃道十二宮)
물보(物譜) 명 조선 시대에 성호(星湖) 이익(李瀷)의 종손인 이가환(李嘉煥)과 그의 아들 이재위(李載威)가 엮은 물명집(物名集). 물건의 이름을 한자로 적고 그 아래 한글로 우리말 이름을 적은 내용. 상편 4부(部) 21목(目)과 하편 4부(部) 28목(目)으로 이루어져 있음.
물-보낌 명-하다 타 여러 사람을 모조리 매질함.
물-보라 명 물결이 바위 등에 세게 부딪쳐 안개 모양으로 흩어지는 잔 물방울. 수말(水沫) ¶—가 치다.
물-보:험(物保險) 명 물건에 관하여 발생하는 손상(損傷)·소실·도난 등을 보험 사고로 하는 보험. 물적 보험(物的保險). 재산 보험(財産保險) ☞인보험(人保險)
물-볼:기 명 지난날, 여자의 볼기를 칠 때, 속옷 위에 물을 끼얹고 매를 때리던 일.
물-봉:선화(—鳳仙花) 명 봉선화과의 한해살이풀. 줄기는 홍색을 띠고 60cm 안팎으로 자라며 어긋맞게 나는 잎은 톱니가 있음. 8~9월에 자홍색 꽃이 긴 꽃자루 끝에 핌. 좌우 아래 꽃잎이 특히 큼. 산이나 들의 물가에 자람. 물봉숭아
물-봉:숭아 명 '물봉선화'의 딴이름.
물-부리[—뿌—] 명 ①'담배물부리'의 준말. ②궐련을 끼워 입에 물고 빠는 물건. 빨부리. 연취(煙觜)
물-분(—粉) 명 액체로 된 분. 수분(水粉) ☞가루분
물-불 명 물과 불을 아울러 이르는 말.
　물불을 가리지 않다 관용 어떠한 어려움이나 위험도 무릅쓰고 행동하다.
물-비누 명 액체로 된 비누.
물-비린내 명 물에서 나는 비릿한 냄새.
물-빈대 명 물빈댓과의 곤충. 몸길이는 8.5~10mm이고, 몸은 달걀 모양으로 납작스름하고 날개가 있음. 몸빛은 녹색을 띤 누른빛이고 배는 검누름. 못이나 늪에 삶. 금판충(金判蟲)
물-빛[—삧] 명 ①물감의 빛깔. 물들인 빛깔. ¶붉은 저고리의 —이 매우 곱다. ②물의 빛깔. ¶비가 와서 개울의 —이 흐리다. ③호수나 바다의 수면(水面)과 같은, 엷은 남빛. 수색(水色) ¶— 하늘
물-빨래 명-하다 타 기계나 약품을 쓰지 아니하고 물로 빠는 빨래. ¶—를 해도 줄지 않는다. ☞마른빨래
물-뽕 명 비를 맞아 젖은 뽕잎.
물-뿌리 명 물에 떠 살아가는 수생 식물(水生植物)이 물속에 내리고 있는 뿌리. 수중근(水中根)
물-뿌리개 명 화초 따위에 물을 뿌려 주는 데 쓰는 기구. 물이 담기는 통에서 도관(導管)이 나와 있고 그 끝에 잔구멍이 많이 나 있어서 고루 뿌리게 되어 있음. 분수병(噴水甁). 조로(jorro)
물산(物産)[—싼] 명 그 고장에서 생산되는 물건.
물-살[—쌀] 명 물이 흐르는 속도, 또는 그 힘. ¶—이 빠르다./—에 휩쓸리다.
물살이-동:물(—動物) 명 물 속에 사는 동물. 수서 동물(水棲動物) ☞뭍살이동물
물상(物象)[—쌍] 명 ①물리·화학·광물학 등을 통틀은 교과목. ②생명이 없는 물체의 현상(現象).
물상(物像)[—쌍] 명 물체의 모습.
물상=객주(物商客主)[—쌍—] 명 지난날, 장사꾼들을 집에 묵게 하고 그들의 상품을 거간하는 영업, 또는 그러한 사람을 이르던 말.
물상=담보(物上擔保)[—쌍—] 명 물적 담보(物的擔保)
물상=보:증인(物上保證人)[—쌍—] 명 남의 빚의 담보로서, 자기의 소유물에 질권(質權) 또는 저당권을 설정하여 부담하는 사람. 보증인과는 달리 채무를 지지 않으나 구상권(求償權)은 가짐.
물상=청구권(物上請求權)[—쌍—꿘] 명 물권(物權)의 침해에 대하여, 그 물권 자체의 지배력을 회복하거나 예방하려는 청구권.
물-새[—쌔] 명 ①물 위나 물가에 살면서 물 속의 물고기나 다른 생물을 먹고 사는 새를 통틀어 이르는 말. 수금(水禽). 수조(水鳥) ②'물총새'의 딴이름.

물색(物色)[-쌕] 명 ①물건의 빛깔. ②-하다 타 어떤 기준이나 대중으로 쓸만 한 사람이나 물건을 찾아 고름. ¶가게 자리를 -하다./-해 둔 신붓감. ③까닭이나 형편. ¶-도 모르고 좋아한다.

물색-없:다(物色-)[-쌕업-] 형 말이나 행동이 조리에 닿지 않거나 형편에 어울리지 않다.

물색-없이 부 물색없게

물샐틈-없:다[-업-] 형 조금도 빈틈이 없다.

물샐틈-없이 부 물샐틈없게 ¶- 포위하다.

물선(物膳)[-썬] 명 ①음식을 만드는 재료. ②선물

물성(物性)[-썽] 명 물질이 지니고 있는 성질.

물-세(-稅)[-쎄] 명 관개 용수(灌漑用水)의 요금이나 수도 요금을 흔히 이르는 말.

물세(物稅)[-쎄] 명 대물세(對物稅) ☞인세(人稅)

물-세:례(-洗禮)명 ①크리스트교에서, 세례를 받는 의식의 한 가지. 물로써 원죄(原罪)를 깨끗이 씻고 새로운 생명으로 태어남을 상징함. ②물벼락

물-소[-쏘] 명 솟과의 포유동물. 어깨 높이 1.8m 안팎이고, 소와 비슷한데 털은 적고 활 모양의 큰 뿔이 났음. 물가에 살며 물에 들어가기를 좋아함. 동남아시아에서 무논 지대의 운반용·경작용으로 많이 사육함. 아프리카 물소도 있음. 수우(水牛)

물-소리[-쏘-] 명 물이 흐르거나 부딪칠 때 나는 소리.

물속-줄기[-쏙-] 명 수생 식물의 물 속에 잠긴 줄기. 물 속에서 양분을 흡수하는 뿌리 구실을 하는 것도 있음.

물-손[-쏜] 명 ①반죽이나 떡, 밥 따위의 질고 된 정도. ②물 묻은 손. ¶-이 마를 날이 없다.

물손-받다[-쏜-] 자 밭곡식이나 푸성귀 따위가 물로 말미암은 해를 입다.

물-송편(-松-)명 멥쌀가루를 익반죽하여 송편을 빚어서 끓는 물에 삶아 내어 찬물에 담가 식힌 떡. 수송병

물-수(-水)[-쑤] 명 한자 부수(部首)의 한 가지. '氷'·'泉' 등에서 '水'의 이름. ☞삼수변. 아랫물수

물-수:건[-쑤-] 명 물에 적셔 알맞게 짠 수건. 환자의 이마에 얹거나 식사 전에 손 따위를 닦는 데 쓰임.

물-수란(-水卵)명 담수란(淡水卵)

×**물-수랄** 명 →물수란

물-수레 명 ①길에 먼지가 나지 않게 물을 뿌리는 수레. ②물이나 음료수 따위를 싣고 다니는 수레.

물-수리[-쑤-] 명 수릿과의 겨울 철새. 몸길이는 수컷은 55cm, 암컷은 65cm 안팎. 머리와 배는 희고 등은 암갈색이며 부리는 갈고리 모양임. 바닷가나 강가의 절벽에 둥지를 틀고 물고기를 잡아먹음. 수악(水鶚). 징경이

물-수세미[-쑤-] 명 개미탑과의 여러해살이풀. 줄기는 가늘고 길이는 50cm 안팎이며, 물 속 잎은 녹갈색, 물 위 잎은 깃꼴로 흰빛을 띤 녹색임. 5~7월에 노란 꽃이 핌. 어항의 수초로 이용됨.

물수제비-뜨다(-뜨고·-떠) 자 얇고 둥근 돌을 물 위로 비스듬히 던져 물 위를 담방담방 튀기어 가게 하다.

물-숨[-쑴] 명 내솟거나 들이빨거나 소용돌이치는 물의 기운. ¶-이 세다.

물시(勿施)[-씨] 명-하다 타 ①하려던 일을 그만둠. ②하던 일을 무효로 함.

물-시계(-時計)[-씨-] 명 옛날 시계의 한 가지. 떨어져 고이거나 새어나가는 물의 분량을 이용하여 시간을 재는 시계. 각루(刻漏). 누각(漏刻). 누수기(漏水器)

물-시중[-씨-] 명-하다 자 ①물심부름 ②모판이나 논에 물을 대었다 뺐다 하며 돌보는 일.

물-신선(-神仙)[-씬-] 명 좋은 말을 들어도 기뻐할 줄 모르고, 언짢은 말을 들어도 성낼 줄을 모르는 사람을 비유하여 이르는 말.

물신=숭배(物神崇拜)[-씬-] 명 신령이 깃들여 초자연적인 힘이 있다고 믿는 나무나 돌 같은 것을 숭배하는 일. 원시 종교의 공통 현상임. 주물 숭배. 페티시즘

물실호:기(勿失好機)[-씰-] 성구 좋은 기회를 놓치지 말아야 함을 이르는 말.

물심(物心)[-씸] 명 물질과 정신. 물질적인 것과 정신적인 것.

물-심:부름[-씸-] 명-하다 자 세숫물이나 숭늉 따위를 나르는 심부름. 물시중

물심-양:면(物心兩面)[-씸냥-] 명 물질적인 것과 정신적인 것의 모든 면.

물심일여(物心一如)[-씸-] 성구 물체와 마음이 구분 없이 하나의 근본으로 통합됨을 이르는 말. ☞물아일체

물-싸움 명-하다 자 ①논이나 수도, 우물 따위의 물을 서로 쓰려고 양보하지 않아 다투는 일. ②'물똥싸움'의 준말.

물-써다 자 밀려왔던 조수(潮水)가 밀려 나가다. 써다 ☞물밀다

물-써:레 명 무논의 바닥을 고르는 데 쓰는 농기구.

물써레-질 명-하다 자타 무논에서 하는 써레질.

물썽-하다 형여 몸이나 마음이 물러서 보기에 만만하다.

물-쑥 명 국화과의 여러해살이풀. 줄기 높이 1.2m 안팎. 잎은 쑥잎 비슷하나 좀 넓고 뒷면에 희읍스름한 털이 배게 남. 8~9월에 연한 황갈색 꽃이 핌. 물가나 습한 곳에서 자람. 어린 줄기는 나물로 먹을 수 있음.

물-쓰듯 부 돈이나 물건을 아낌없이 함부로 쓰는 모양을 나타내는 말. ¶돈을 - 한다.

물씬 부 ①냄새나 분위기 따위가 많이 풍기는 상태를 나타내는 말. ¶화약 냄새가 - 끼친다./이국적인 분위기가 - 풍긴다. ②김이나 연기가 단번에 많이 피어 오르는 모양을 나타내는 말. ☞몰씬. 물컥. 물큰

물씬-거리다(대다) 자 물체가 푹 물러서 만지는 대로 자꾸 물렁한 느낌이 나다. ☞말씬거리다. 몰씬거리다

물씬-물씬[1] 부 ①냄새나 분위기 따위가 자꾸 많이 풍기는 상태를 나타내는 말. ②김이나 연기가 잇달아 많이 피어오르는 모양을 나타내는 말. ¶굴뚝에서 검은 연기가 - 올라온다. ☞몰씬몰씬[1]. 물컥물컥

물씬-물씬[2] 부-하다 형 물러서 매우 물렁한 상태, 또는 여러 물체가 모두 물러서 물렁한 상태를 나타내는 말. ¶- 한 홍시. ☞말씬말씬. 몰씬몰씬[2]

물씬-하다 형여 물체가 푹 물러서 만지면 물렁한 느낌이 있다. ¶물씬하게 삶은 가지. ☞말씬하다. 몰씬하다

물아(物我)명 ①외물(外物)과 자아(自我). ②주관과 객관. ③물질계와 정신계.

물-아래 명 물이 흘러내리는 아래쪽. ¶-는 제법 넓고 깊다. ☞물위

물-아범 명 지난날, 물긷는 일을 맡아 하는 남자 하인을 이르던 말. ☞물어미

물아일체(物我一體) 성구 외물(外物)과 자아(自我), 또는 객관과 주관이 대립함이 없이 본래 하나임을 이르는 말. ☞물심일여(物心一如)

물-안개 명 자욱이 낀, 물기를 많이 머금은 안개.

물-안:경(-眼鏡)명 물 속에서 눈을 뜨고 물체를 볼 수 있도록 만든 안경. 수중 안경(水中眼鏡)

물-알[1] 명 ①수준기(水準器) 속의 기포(氣泡). 기울기에 따라서 이것이 움직임. ②물밑

물-알[2] 명 아직 덜 여문, 물기가 많고 말랑한 곡식의 알.

물알이 들다 관용 곡식 열매에 이제 물알이 생기다.

물-앵도(-櫻桃)명 물앵도나무의 열매.

물앵도-나무(-櫻桃-)명 인동과의 낙엽 관목. 높이 3m 안팎. 잎은 마주 나며 긴 타원형 또는 거꾸로 된 달걀 모양임. 5~6월에 입술 모양의 흰 꽃이 피고, 열매는 장과(漿果)로 가을에 붉게 익음.

물-약(-藥)[-략] 명 ①액체로 된 약. 수약(水藥) ¶어린이용 -. ☞가루약. 알약 ②지난날, 광산에서 '다이너마이트'를 이르던 말. 몸약

물약자효(勿藥自效) 성구 약을 쓰지 않아도 저절로 병이 나음을 이르는 말.

물어-내:다[1] 타 남에게 끼친 손해를 갚기 위하여 돈이나 물건을 내놓다. ¶깬 유리 값을 -.

물어-내:다[2] 타 ①집안 말을 밖에 퍼뜨리다. ②물건을 몰래 집어내다.

물어-내리다 타 웃어른에게 물어서 어찌하라는 명령이나 지시를 받다.

물어-넣다 타 모자라거나 없어진 데 대한 책임을 지고 돈이나 물건을 갚아 넣다.

물어-떼:다 타 이나 부리로 물어서 떨어지게 하다. ¶부엉이가 먹이를 조금씩 물어떼어 새끼에게 주다.

물어-뜯다 타 ①이나 부리로 물어서 뜯다. ¶닭들이 서로 물어뜯으며 싸운다. ②모기 같은 물것이 주둥이 끝으로 심하게 피를 빨다. 준 무뜯다

물-어미 명 지난날, 물을 긷는 일을 맡아 하는 여자 하인을 이르던 말. ☞물아범

물어-박지르다(—박지르고·—박질러) 타르 짐승이 달려들어 물고 차고 뜯고 하면서 쓰러뜨리다.

물어-주다 타 남에게 끼친 손해를 갚기 위하여 돈이나 물건을 주다. ¶사고 낸 차의 수리비를 —.

한자 물어줄 배(賠)〔貝部 8획〕¶배상(賠償)

물-억새 명 볏과의 여러해살이풀. 줄기 높이 2m 안팎. 잎은 선상(線狀)으로 잔털이 있음. 9월경에 꽃 이삭이 나와 처음에는 갈색이나 은백색으로 변함. 강가나 연못가의 습지에 자람. 잎은 소의 먹이로 쓰임. 적(荻)

물-여뀌[—려—] 명 여뀟과의 여러해살이풀. 줄기 높이 30cm 안팎. 잎은 길둥글고 어긋맞게 남. 여름에 담홍색의 잔 이삭 꽃이 핌. 물 속 또는 물가에 자람. 북반구의 온대 북부 지방 등지에 분포함.

물-여우[—려—] 명 날도랫과 나방의 애벌레. 몸은 원통형으로 길이 4～5cm이며, 발은 세 쌍임. 풀잎 조각이나 모래 같은 것을 모아 원통형 집을 지어, 그 속에 들어가 물 위를 떠돌아다니며 작은 벌레 등을 잡아먹고 삶. 흔히 낚싯밥으로 쓰임. 단호(短狐) ☞석잠(石蠶)

물역(物役) 명 집을 짓는 데 쓰는 돌·기와·모래·흙 따위를 통틀어 이르는 말. 물력(物力)

물-엿[—렷] 명 묽게 고아 꿀처럼 만든 엿. 조청(造淸) ¶벌꿀 대신에 —을 쓰다.

물-오르다(—오르고·—올라) 자르 ①봄철에 나무에 물기가 오르다. ¶물오른 고로쇠나무. ②가난하게 살던 사람의 형편이 펴이다.

물-오리 명 '청둥오리'의 딴이름.

물오리-나무 명 자작나뭇과의 낙엽 활엽 교목. 높이 10m 안팎. 나무 껍질은 적갈색이며, 잎은 넓은 달걀꼴로, 가장자리에 톱니가 있음. 4월경에 꽃이 피고 열매는 10월경에 작은 견과(堅果)로 익음. 물갬나무

물-오징어 명 말리지 않은 생오징어.

물-옥잠(—玉簪) 명 물옥잠과의 한해살이풀. 줄기 높이 30cm 안팎. 잎은 심장꼴에 윤기가 나고 끝이 뾰족함. 7～9월에 긴 꽃대 끝에 보랏빛 꽃이 원추(圓錐) 꽃차례로 핌. 늪이나 못에서 자람. 우구화(雨久花)

물-올림 명 수평보기

물-옴 명 물에서 일하거나 목욕할 때 옮는, 습진 비슷한 피부병.

물-외 명 '참외'에 상대하여 '오이'를 이르는 말.

물외(物外) 명 ①물질계를 초월한 세계. ②속세를 벗어난 바깥.

물외-한인(物外閑人) 명 속세의 번잡을 피하여 한가롭게 지내는 사람.

물욕(物慾) 명 금전이나 재산 등의 물질을 탐하는 욕심. ¶—에 눈이 멀었지.

물-위 명 강물 따위가 흘러내리는 위쪽 방향이나 그 지역. 상류(上流) ¶—에서 떠내려 온 통나무. ☞물아래

물위거:론(勿爲擧論) 성구 비밀스럽거나 상스러운 일이어서 들어 말할 것조차 없음을 이르는 말.

물윗-배 명 주로 나룻배로 쓰이는, 뱃전이 높지 않고 바닥이 평평한 배. 상류선(上流船). 수상선(水上船)

물-유리(—琉璃)[—류—] 명 이산화규소와 알칼리를 함께 녹여 만든 규산 알칼리의 진한 수용액. 무색투명하며, 물엿 같은 끈기가 있음. 유리나 도자기의 접합제, 내수제(耐水劑), 내화제 등으로 쓰임. 수초자(水硝子)

물음-표(—標) 명 문장 부호의 한 가지. 의문이나 물음 등을 나타낼 때 쓰이는 부호로 ? 표를 이름. 의문 부호(疑問符號) ¶거기가 어디입니까?/문제의 답이 뭘까? ☞느낌표

> ▶ **물음표를 쓰지 않는 경우**
> 의문형으로 끝나는 문장이라도 의문의 정도가 약할 때에는 물음표 대신 온점을 쓰기도 한다.
> ¶아무도 그 말에 동의하지 않을 거야. 혹 제 정신이 아닌 사람이면 모를까.

물의(物議) 명 이러쿵저러쿵 하는 여러 사람의 논의나 평판. 물론(物論) ¶사회에 —를 일으키다.

물이(物異) 명 괴이한 모양을 한 사물이나 비정상적인 비·바람·서리·우박 등의 괴이한 현상을 이르는 말.

물이-꾸럭 명-하다 타 남의 빚이나 손해를 대신 물어주는 일.

물-이끼[—리—] 명 물이끼과에 딸린 이끼류를 통틀어 이르는 말. 높은 산의 습지나 산 속의 축축한 땅, 바위 따위에 자람. 담녹색이며 줄기에서 많은 가지를 뻗어 잎이 나옴. 잎은 물기를 잘 흡수하고 오래 저장하여, 모종이나 작은 식물의 뿌리를 감싸는 데 쓰임.

물이-못:나게[—몬—] 부 부득부득 조르는 모양을 나타내는 말.

물-일[—릴] 명 물을 써서 하는 일. 부엌일이나 빨래하는 일 따위. 진일

×**물잇-구럭** 명 →물이꾸럭

물-자 명 강이나 호수 등의 수위(水位)를 재기 위하여 설치한 눈금이 있는 기둥. 양수표(量水標)

물자(物資)[—짜] 명 생활이나 생산에 필요한 물건이나 자료. 물재(物材) ¶군수(軍需) —/—를 아껴 쓰자.

물자=동:원(物資動員)[—짜—] 명 주로 비상시에 모든 물자의 수급(需給)을 통제, 운용하는 일.

물-자동차(—自動車) 명 ①도로나 운동장 따위에 먼지가 나지 않도록 물을 뿌리며 다니는 차. 살수차(撒水車) ②급수차(給水車) 준 물차

물-자라 명 물장군과의 곤충. 몸길이 1.5～2cm, 몸빛은 황갈색이고 털이 많음. 암컷이 수컷의 등에 산란하면 수컷은 알이 부화할 때까지 등에 지고 다님. 논이나 못, 저수지 등지에 삶. 알지게

물-잠자리 명 물잠자릿과의 곤충. 몸빛은 금빛을 띤 녹색인데 수컷의 날개는 남색에 보랏빛이 나고 녹색의 세로맥이 있으며, 암컷의 앞날개는 갈색임. 파랑물잠자리

물-잡다 자 마른 논에 물을 대어 두다.

물-잡히다 자 살갗에 물집이 생기다.

물-장구 명 ①헤엄칠 때 두 발등으로 물 위를 번갈아 치는 일. ☞발장구 ②물을 담은 동이에 바가지를 엎어 띄우고 그 바가지를 두드려 소리를 내는 것. 수고(水鼓). 수부(水缶)

물장구-질 명 헤엄칠 때 두 발등으로 물 위를 번갈아 치는 짓.

물장구-치다 자 ①헤엄칠 때 두 발등으로 물 위를 번갈아 치다. ②물이 든 동이에 바가지를 엎어 놓고 장단 맞춰 두드리다.

물-장군(—將軍) 명 물장군과의 곤충. 몸길이 5～6cm로, 노린재목(目) 가운데 가장 큼. 몸은 납작하고 길둥글며 빛깔은 갈색임. 앞다리는 잔고기 따위 먹이를 잡기 쉽게 굵고 강하며 끝에 발톱이 한 개 있음. 늪이나 못에 삶.

물-장난 명 ①-하다 자 물에서 장난치거나 물을 가지고 노는 일. ¶—에 더위를 잊은 아이들. ②홍수 등으로 말미암은 재앙.

물-장사 명 ①먹는 물을 팔거나, 물을 길어다 주는 장사. ②술이나 차를 파는 장사를 속되게 이르는 말.

물-장수 명 ①먹는 물을 길어다 파는 사람. ②물장사를 하는 사람.

물재(物材)[—째] 명 물자(物資)

물재(物財)[—째] 명 물건과 돈을 아울러 이르는 말.

물-재:배(—栽培) 명 흙을 쓰지 않고 생장에 필요한 양분을 녹인 수용액으로 식물을 가꾸는 일. 수경 재배

물적(物的)[—쩍] 명 물질이나 물건에 관한 것. 물질적

(物質的) ¶ ― 손실 ☞심적(心的). 인적(人的)

물적=담보(物的擔保)[―쩍―] 명 특정한 재물을 채권의 담보로 하는 일. 저당권이나 질권 따위. 물상 담보(物上擔保) ☞인적 담보(人的擔保)

물적=보:험(物的保險)[―쩍―] 명 물보험(物保險)

물적=유통(物的流通)[―쩍뉴―] 명 물품을 가장 적은 경비를 들여 신속하고 효율적으로 원하는 곳에 때맞춰 보냄으로써 가치를 창출하는 경제 활동을 이르는 말. 준물류(物流)

물적=증거(物的證據)[―쩍―] 명 법적 자료로서 증거가 되는 문서나 물건. ¶―를 확보하다. 준물증(物證) ☞인적 증거(人的證據)

물적=증명(物的證明)[―쩍―] 명 물건으로 뚜렷이 나타내는 증명.

물적=현:상(物的現象)[―쩍―] 명 빛깔·음향·감촉 등의 감성적 성질이나 공간적·물체적인 것의 현상. ☞심적 현상(心的現象)

물적=회:사(物的會社)[―쩍―] 명 자본과 같은 금전적 관계에 따라 결합된 회사. 주식 회사나 유한 회사 따위. ☞인적 회사(人的會社)

물정(物情)[―쩡] 명 세상의 이러저러한 실정(實情)이나 형편. ¶세상 ―에 어둡다./―을 모르다. 풍정(風情)

물-조개젓 명 이미 담가 놓은 조개젓에 뜨물을 쳐서 며칠을 두고 다시 삭힌 묽은 젓. 음력 정월이나 이월에 담금. 수합해(水蛤醢)

물종(物種)[―쫑] 명 물건의 종류.

물주(物主)[―쭈] 명 ①장사 밑천을 대는 사람. ②노름판에서, 애기패를 상대로 승패를 다투는 사람.

물-줄기[―쭐―] 명 ①물이 모여 하나의 내나 강을 이루어 흐르는 줄기. ②아주 좁다란 구멍에서 뻗치는 물의 줄. ¶분수의 ―.

물중지대(物重地大)[―쭝―] 성구 생산되는 물건이 많고 땅이 넓음을 이르는 말.

물증(物證)[―쯩] 명 '물적 증거(物的證據)'의 준말. ¶이렇다 할 ―이 없다. ☞서증(書證). 인증(人證)

물-지게[―찌―] 명 물을 등으로 져 나르는 지게. 멜대의 양쪽 끝에 갈고리가 달려 있어서 그것에 물통을 걸게 되어 있음.

물지게-꾼[―찌―] 명 물지게로 물을 져 나르는 사람.

물-진드기 명 물진드깃과의 곤충. 모양이 진드기와 비슷하며, 몸길이는 3mm 안팎임. 검누른 빛이 나며 뒷발의 마디가 커서 헤엄치기에 알맞음.

물질(物質)[―찔] 명 ①물체를 구성하고 그 성질을 규정하는 기본적 요소. 원자·분자·소립자의 집합체. ¶방사성 ― ②공간의 일부를 차지하고 있어 감각으로써 그 존재를 알 수 있는 모든 것. 객관적으로 실재하는 것. ¶― 세계 ☞정신(精神) ③금전이나 물품(物品) 등 욕망의 대상이 되는 것. ¶― 만능주의

물질-감(物質感)[―찔―] 명 미술에서, 물질의 형상이나 색채·광택·무게 등 물질의 본바탕에 대한 느낌을 이르는 말.

물-질경이 명 자라풀과의 한해살이풀. 잎이 질경이처럼 둥글며 끝이 뾰족함. 7~8월에 엷은 분홍색을 띤 흰 꽃이 꽃대 끝에 핌. 무논이나 개천에 자람.

물질-계(物質界)[―찔―] 명 물질의 세계. 물계(物界)

물질=교대(物質交代)[―찔―] 명 물질 대사

물질=대:사(物質代謝)[―찔―] 명 생물체 안에서 이루어지는 물질의 화학 변화. 외계(外界)에서 섭취한 물질을 분해, 합성하여 몸에 필요한 물질과 에너지로 만들고 노폐물은 몸 밖으로 배출하는 작용. 물질 교대(物質交代). 신진 대사(新陳代謝)

물질-량(物質量)[―찔―] 명 물질의 양을 그 물질을 구성하는 단위 입자의 개수로 나타낸 것. 단위는 몰(mol).

물질=문명(物質文明)[―찔―] 명 과학 기술의 발달에 따라, 물질의 이용을 기초로 한 문명. ☞정신 문명

물질=문화(物質文化)[―찔―] 명 인간이 환경에 적응하기 위하여 창조한 물질적 문화. 기계, 건조물, 교통 수단 따위. ☞정신 문화(精神文化)

물질-적(物質的)[―찔―] 명 ①물질에 관한 것. ¶― 존재 ②정신보다 물질, 특히 경제적 이익에 관한 것. 물적(物的) ¶―으로 윤택하다. ☞정신적(精神的)

물질-주의(物質主義)[―찔―] 명 정신적인 것보다 의(衣)·식(食)·주(住) 따위의 물질적인 문제를 중요시하는 주의. ☞정신주의(精神主義)

물질-파(物質波)[―찔―] 명 전자(電子) 등 운동하는 물질 입자에 따르는 파동.

물-짐승[―찜―] 명 물에서 사는 짐승. 물개·하마·수달 따위. ☞들짐승. 뭍짐승. 산짐승

물-집[1] [―찝] 명 지난날, 피륙에 물들이는 일을 전문으로 하던 집.

물-집[2] [―찝] 명 살갗이 부르터 속에 물이 잡힌 것. 수포(水疱) ¶손바닥에 ―이 잡히다.

물쩍지근-하다 형여 태도가 몹시 무르고 지리한 느낌이 있다. ¶늘 물쩍지근하게 일을 하다.

물쩍지근-히 부 물쩍지근하게

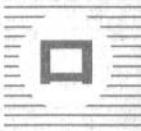

물쩡물쩡-하다 형여 사람의 성질이 매우 느리고 무르다. ☞말짱말짱하다

물쩡-하다 형여 ①물체가 물기가 많아 질다. ②사람의 성질이 느리고 무르다. ☞말짱하다[2]

물찌-똥 명 ①죽죽 내쏘듯이 누는, 물기가 많은 똥. 수설(水泄). 활변(滑便) ②물을 튀겨 일어나는 크고 작은 물덩이. 준물똥

물-차(―車) 명 '물자동차'의 준말.

물-차돌 명 순수한 석영(石英).

물-참 명 밀물이 들어오는 때. 물때[1]

물체(物體) 명 ①구체적인 형태와 크기를 갖고 공간에 존재하는 것. ②물리학에서, 물질이 모여서 형체를 이룬 것. ¶―의 운동.

물-초 명 온통 물에 젖은 상태나 모양. ¶소나기를 맞아 온통 ―가 되다.

물-총(―銃) 명 '물딱총'의 준말.

물총-새(―銃―) 명 물총샛과의 여름 철새. 몸길이 17cm 안팎. 몸빛은 등은 밝은 청색과 녹색이고 목은 백색이며 배는 갈색임. 부리는 검은빛을 띠며 다리는 진홍색임. 물가의 흙 벼랑에 구멍을 파고 둥지를 만듦. 물에 날아 들어 작은 물고기 따위를 잡아먹음. 물새. 비취(翡翠). 쇠새. 어구(魚狗)

물추리-나무 명 물추리막대

물추리-막대 명 쟁기의 성에 앞 끝에 가로 박은 막대기. 두 끝에 봇줄을 매어 끌게 되어 있음. 물추리나무

물치 명 고등엇과의 바닷물고기. 몸길이 30cm 안팎으로 고등어와 비슷하며, 입이 약간 쳐들렸음. 몸빛은 등은 남색을 띤 녹색에 세로 띠가 있고 배 쪽은 은백색임.

물침(勿侵) 명 -하다 자 개개거나 간섭하지 못하게 말림.

물침-체(勿侵帖) 명 물침을 적어 두는 문서. 어떤 일에 대하여 다른 사람이 간섭하지 못하도록 발급함.

물-칼 명 1만 기압 가량의 고압(高壓)의 물을 지름 0.1~0.01mm의 노즐을 통해 분사하여 강철이나 암석 따위를 자르는 데 쓰는 절단기.

물커-지다 자 '물크러지다'의 준말.

물컥 부 고약한 냄새가 급자기 훅 끼치는 상태를 나타내는 말. ¶시궁창에서 냄새가 ― 나다. ☞몰칵. 물씬. 물큰

물컥-물컥 부 고약한 냄새가 훅훅 끼치는 상태를 나타내는 말. ☞몰칵몰칵. 물씬물씬[1]. 물큰물큰

물컹-거리다(대다) 자 자꾸 물컹한 느낌이 나다. ☞말캉거리다. 몰캉거리다

물컹-물컹 부 -하다 형 매우 물컹한 느낌을 나타내는 말. ¶― 곯은 토마토. ☞말캉말캉. 몰캉몰캉

물컹-이 명 ①물컹한 물건. ②몸이나 의지가 약한 사람.

물컹-하다 형여 물크러질 정도로 물렁하다. ¶물컹한 홍시. ☞말캉하다. 몰캉하다

물-켜다 자 물을 많이 들이켜 마시다.

물쿠다 자 날씨가 찌는듯이 덥다. ¶한낮에는 몹시 물쿤

다. ㊟물다[1]
물크러-지다 자 썩거나 너무 물러져서 제 모양이 없어지도록 헤어지다. ¶홍시가 -. ㊟물커지다
물큰 부 짙은 냄새가 급자기 풍겨 오는 상태를 나타내는 말. ¶냄새가 - 코를 찌른다. ☞몰큰. 물씬. 물컥
물큰-물큰 부 짙은 냄새가 자꾸 심하게 풍겨 오는 상태를 나타내는 말. ☞몰큰몰큰. 물씬물씬[1]. 물컥물컥
물-타:작(-*打作)명-하다타 벼를 베어 말릴 사이 없이 물벼 그대로 하는 타작. 진타작 ☞마른타작
×**물탄-꾀** 명 →얕은꾀
물-탕 명 광산에서, 복대기를 삭히는 데 쓰는 청화액(靑化液)을 만드는 큰 그릇을 이르는 말.
물-통(-桶)명 ①물을 긷는 데 쓰는 통. 질통 ②물을 담는 통. 수통(水桶) ☞수조(水槽)
물-통(-筒)명 물을 담아서 가지고 다니며 마실 수 있도록 만든, 병처럼 된 작은 통. 빨병. 수통(水筒)
물통-줄(-桶-)[-쭐] 명 소나 양 따위의 새김질한 것이 넘어가는 줄. 주라통에 붙어 있음.
물통-줄기(-桶-)[-쭐-] 명 소나 양 따위의 새김질한 것이 넘어가는 길.
물퉁-보리 명 채 여물지 않거나 마르지 않아 물기가 많은 보리.
물-퉁이 명 ①물에 퉁퉁 불은 물건. ②살만 찌고 힘이 없는 사람을 놀리어 이르는 말.
물-파이프(-pipe)명 담배통과, 물을 넣는 수통과 관으로 되어 있으며, 연기가 물 속을 통과하도록 만든 담뱃대의 한가지. ☞수연통(水煙筒)
물팍 명 '무르팍'의 준말.
물-편 명 시루떡 이외의 모든 떡을 통틀어 이르는 말.
물표(物票·物標)명 물건을 보내거나 맡긴 증거로 삼는 표지(票紙). 체크(check) ¶-를 내주고 물건을 찾다.
물푸레-나무 명 물푸레나뭇과의 낙엽 교목. 산허리나 골짜기에 나며, 잎은 깃꼴 겹잎에 끝이 뾰족하고 가장자리에 물결 모양의 톱니가 있음. 5월경에 암수딴그루의 꽃이 피고 열매는 9월경에 익음. 나무는 가구재, 나무껍질은 약재로, 재는 물감으로 쓰임. 목서(木犀). 수청목(水靑木)
물-풀 명 물 속이나 물면에 자라는 풀. 수초(水草) ¶어항에서 자라는 -.
물품(物品)명 상품 가치나 사용 가치가 있는 물건. ¶-을 구입하다.
물품=화:폐(物品貨幣)명 상품 화폐(商品貨幣)
물풍(物豊)어기 '물풍(物豊)하다'의 어기(語基).
물풍-하다(物豊-)형여 물건이 풍족하다.
물-한식(-寒食)명 비가 내리는 한식날.
물-할머니 명 우물이나 샘에 있다는 늙은 여자 귀신.
물합-국(物合國)명 복합국(複合國)의 한 가지. 두 나라 이상이 법률적 합의로써 각각 독자적인 통치자와 대외적인 지위를 가지면서 공동의 이해와 목적을 위하여 결합한 나라. ☞정합국(政合國)
물-행주 명 물에 적셔서 쓰는 행주. 진행주 ☞마른행주
물형(物形)명 물건의 생김새.
물-홈 명 장지가 드나들게 하거나 빈지를 끼기 위하여 문지방이나 문틀에 길게 파 놓은 홈. 홈통
물화(物化)명-하다자 ①물건이 변화하는 일. ②타고난 수명을 다하고 죽는 일.
물화(物貨)명 물품과 재화(財貨).
물활-론(物活論)명 물질은 그 자체에 생명을 가지고 있기 때문에 생동한다는 학설.
물-회(-膾)명 어회(魚膾)에 배·오이·무 따위를 채친 것과 양념한 고추장을 넣고 버무려 물을 부어 먹는 음식.
묽다[묵-] 형 ①죽이나 반죽 따위의 물기가 보통 정도보다 많다. ¶묽게 쑨 풀./반죽을 묽게 하다. ☞질다 ②액체에 섞여 있는 어떤 성분의 농도가 낮다. ☞되다[4] ¶우유가 -./묽은 소금물. ②사람이 줏대가 없이 무르다. ¶사람은 좋지만 묽은 것이 흠이다.
한자 묽을 담(淡) 〔水部 8획〕 ¶담묵(淡墨)/담미(淡味)
묽디-묽다[묵-묵-] 형 아주 묽다.
묽수그레-하다[묵-] 형여 조금 묽은듯 하다.
묽숙-하다[묵-] 형여 알맞게 묽다.
뭇[1] 명 고기잡는 데 쓰는 큰 작살.
뭇[2] 의 장작이나 채소 따위의 작은 묶음을 세는 단위. 속(束)
뭇[3] 의 생선을 세는 단위. 생선 열 마리가 한 뭇임. ¶조기 두 -. ☞두름
뭇[4] 의 지난날, 조세(租稅)를 계산하기 위한, 토지의 넓이의 단위. 열 줌이 한 뭇이고, 열 뭇이 한 짐임.
뭇[5] 관 수효가 '많은', '여러'를 뜻하는 말. ¶- 짐승.
뭇-가름[묻-] 명-하다타 묶음으로 된 것을 묶음 수를 늘리려고 여러 묶음으로 가르는 일.
뭇-갈림[묻-] 명 지난날, 볏단을 지주와 소작인이 절반씩 갈라서 가지던 일.
뭇-나무[묻-] 명 작은 단으로 묶은 땔나무.
뭇다[묻-](뭇고·무어)타ㅅ ①조각을 모아서 잇다. ¶헝겊 조각을 무어 상보를 만들다. ②조직이나 모임 따위를 만들다. ¶동아리를 -. ③어떤 관계를 맺다. ¶사돈을 -.
뭇-따래기[묻-] 명 자꾸 나타나서 남을 괴롭히는 이런 저런 사람들.
뭇-떡잎[묻-닢] 명 하나의 배(胚)에서 나오는 석 장 이상의 떡잎. 다자엽(多子葉) ☞쌍떡잎. 외떡잎
뭇떡잎-식물(-植物)[묻-닙-] 명 밑씨가 석 장 이상의 떡잎을 가진 식물. 소나무·전나무·삼나무 따위. 다자엽식물(多子葉植物)
뭇떡잎-씨앗[묻-닙-] 명 밑씨가 석 장 이상의 떡잎을 가진 씨. 다자엽종자(多子葉種子)
뭇-매[묻-] 명 여럿이 한꺼번에 덤벼들어 때리는 매. 몰매. 물매[5] ¶불량배들에게 -를 맞았다.
뭇매-질[묻-] 명-하다타 여럿이 한꺼번에 덤벼들어 때리는 짓. 몰매질. 물매질
뭇-발길[묻-낄] 명 ①여러 사람이 걷어차는 발길. ②여러 사람의 비난이나 나무람을 비유하여 이르는 말.
뭇발길-질[묻-낄-] 명 여러 사람의 발길질.
뭇-방치기[묻-] 명-하다자 함부로 남의 일에 간섭하는 짓, 또는 그 무리.
뭇-별[묻-] 명 많은 별. 중성(衆星)
뭇-사람[묻-] 명 여러 사람. 많은 사람. 중인(衆人). 중서(衆庶) ¶-의 관심을 끌만 한 일이다.
뭇-소리[묻-] 명 이러니저러니 여러 사람이 하는 말. ¶-를 듣게 되다.
뭇-입[묻닙] 명 여러 사람의 입에 오르는 말. 중구(衆口) ¶-에 오르내리다.
뭇:-종 명 무 장다리의 어린 대.
뭇-줄[묻-] 명 삼으로 굵게 드린 바.
뭉개다 타 ①문질러 으스러뜨리거나 짓이기다. ¶담배꽁초를 밟아 -. ②뭉그대다
뭉거-지다 자 '뭉그러지다'의 준말.
뭉게-구름 명 '적운(積雲)'의 딴이름.
뭉게-뭉게 부 연기나 구름이 뭉키어 피어 오르는 모양을 나타내는 말. ¶흰 구름이 - 피어 있는 파란 하늘. ☞몽개몽개
뭉구리 명 ①머리털을 바싹 깎은 머리. ☞몽구리 ②'중'을 놀리어 이르는 말. ☞까까머리
뭉그-대:다 타 ①일을 어떻게 할 줄 모르고 우물쭈물 하다. ②제자리에서 몸을 그냥 비비대다. 뭉개다
×**뭉그-뜨리다** 타 →뭉그러뜨리다
뭉그러-뜨리다(트리다) 타 뭉그러지게 하다. ☞몽그라뜨리다
뭉그러-지다 자 높이 쌓인 물건이 무너져 주저앉다. ¶낟가리가 -. ㊟뭉거지다 ☞몽그라지다
뭉그적-거리다(대다) 자타 ①나아가는 시늉만 하면서 제자리에서 비비적거리다. ¶하라는 심부름은 안 하고 아랫목에서 뭉그적거린다. ②일을 시원스레 하지 못하고 우물쭈물 하다. ☞몽그작거리다. 뭉긋거리다

뭉그적-뭉그적 부 뭉그적거리는 모양을 나타내는 말. ☞몽그작몽그작. 뭉긋뭉긋
뭉그-지르다(-지르고·-질러) 타르 높이 쌓인 물건을 세게 허물다. 뭉기다
뭉근-하다 형여 불기운이 너무 싸지 않다. 뭉긋하다 ¶한 번 끓고 나면 불을 뭉근하게 하여라.
  뭉근-히 부 뭉근하게 ¶달걀을 - 삶다.
뭉글-거리다(대다) 자 멍울진 것이 물렁물렁하고 미끄러워 만지면 이리저리 불거지는 느낌이 나다. ☞몽글거리다. 뭉클거리다
뭉글-뭉글 부-하다 형 ①멍울진 것이 물렁물렁하고 미끄러워 만지면 이리저리 불거지는 느낌, 또는 그 모양을 나타내는 말. ②물 따위에 갠 가루가 덜 풀리어 둥글둥글하게 덩이져 있는 모양을 나타내는 말. ¶- 덜 풀린 풀. ☞몽글몽글. 뭉클뭉클[2]
뭉글-하다[1] 형여 ①멍울진 것이 물렁하고 미끄럽다. ②물 따위에 갠 가루가 덜 풀리어 둥글게 덩이져 있다. ☞몽글하다[1]. 뭉클하다[1]
뭉글-하다[2] 형여 먹은 음식물이 제대로 삭지 아니하고 속에 좀 뭉쳐 있는듯 하다. ☞몽글하다[2]. 뭉클하다[3]
뭉긋-거리다(대다)[-귿-] 자타 나아가는 시늉만 하면서 제자리에서 비빗거리다. ☞몽긋거리다.
뭉긋-뭉긋[-귿-] 부 뭉긋거리는 모양을 나타내는 말. ☞몽긋몽긋. 뭉그적뭉그적
뭉긋-하다[-귿-] 형여 ①약간 비스듬하다. ¶뭉긋한 언덕길. ②조금 굽어져 휘우듬하다. ¶뭉긋한 능선. ③뭉근하다
  뭉긋-이 부 뭉긋하게
뭉기다 타 ①아래쪽으로 추어 내리다. ②뭉그지르다
뭉-때리다 타 ①능청맞게 시치미를 떼다. ②할 일을 일부러 아니 하다.
뭉떵 부 물체의 한 부분이 크게 잘리거나 끊어지는 모양을 나타내는 말. ¶채석장에서 바위가 - 잘려 나간다. ☞몽땅[2]. 뭉텅
뭉떵-뭉떵 부 물체가 잇달아 크게 잘리거나 끊어지는 모양을 나타내는 말. ☞몽땅몽땅. 뭉텅뭉텅
뭉떵뭉떵-하다 형여 여럿이 다 뭉떵하다. ☞몽땅몽땅하다. 뭉텅뭉텅하다
뭉떵-하다 형여 생김새가 뚝 끊어서 뭉뚱그려 놓은듯 굵고 짤막하다. ☞몽땅하다. 뭉텅하다
뭉뚝 부-하다 형 ①굵직한 물체의 끝이 뚝 끊어 놓은듯이 무딘 모양을 나타내는 말. ②생김새가 굵직하면서 짤막한 모양을 나타내는 말. ☞몽똑. 뭉툭
뭉뚝-뭉뚝 부-하다 형 여럿이 다 뭉뚝한 모양을 나타내는 말. ☞몽똑몽똑. 뭉툭뭉툭
뭉뚱-그리다 타 ①물건을 되는 대로 뭉쳐 싸다. ¶잡살뱅이 물건을 뭉뚱그려 싸다. ②여럿을 하나로 어우르다. ¶내용을 뭉뚱그려 정리하다. ☞몽똥그리다
뭉실-뭉실 부-하다 형 매우 뭉실한 느낌, 또는 그 모양을 나타내는 말. ☞몽실몽실
뭉실-하다 형여 통통하게 살지고 기름져 부드럽다. ☞몽실하다
뭉우리 명 뭉우리돌
뭉우리-돌 명 모난 데가 없이 둥글둥글하게 생긴 큼직한 돌. 무우석(無隅石). 뭉우리 ☞모오리돌
뭉쳐-나기 명 ①초목이 더부룩하게 무더기로 남. ②줄기나 꽃대 따위가 뿌리 근처에서 무더기로 나는 일. ③여러 개의 잎이 짤막한 줄기에 무더기로 나는 일. 족생(簇生). 총생(叢生) ☞돌려나기. 마주나기
뭉치 명 ①한데 뭉치거나 엉키어서 이룬 덩이. ¶눈 -를 던지다. ②소의 볼기에 붙은 고깃덩이.
뭉치다[1] 자 ①여럿이 합쳐서 한 덩어리가 되다. ¶한 덩어리로 뭉친 질흙. ②여럿이 한마음이 되어 힘을 합치다. ¶공동 목적을 위해 굳게 뭉치자. ☞몽치다[1]
뭉치다[2] 타 여럿을 합쳐서 한 덩어리로 만들다. ¶질흙을 이겨서 -./실을 돌돌 -. ☞몽치다[2]
뭉치-사태 명 소의 뭉치에 붙은 고기의 한 가지. 곰국거리로 쓰임.

뭉칫-돈 명 ①액수가 많은, 뭉치로 된 돈. ¶-을 만지게 되었다. ②목돈
뭉크러-뜨리다(트리다) 타 몹시 뭉크러지게 하다.
뭉크러-지다 자 몹시 물크러지다.
뭉클 부 ①연기 따위가 크게 뭉키어 솟아오르는 모양을 나타내는 말. ②세찬 감정이 급자기 북받치는 느낌을 나타내는 말. ¶가슴에 - 치오르는 감정. ☞몽클
뭉클-거리다(대다) 자 덩이진 물체의 거죽이 물렁물렁하고 부드러워 만지면 이리저리 불거지는 느낌이 나다. ☞몽클거리다. 뭉글거리다
뭉클-뭉클[1] 부 연기 따위가 자꾸 크게 뭉키어 솟아오르는 모양을 나타내는 말. ☞몽클몽클[1]
뭉클-뭉클[2] 부-하다 형 덩이진 물체의 거죽이 물렁물렁하고 부드러워 만지면 이리저리 불거지는 느낌, 또는 그 모양을 나타내는 말. ¶갓난 강아지들이 - 잡히다. ☞몽클몽클[2]. 뭉글뭉글
뭉클-하다[1] 형여 덩이진 물체의 거죽이 매우 물렁하고 부드럽다. ☞몽클하다[1]. 뭉글하다[1]
뭉클-하다[2] 형여 세찬 감정이 급자기 북받치는 느낌이 있다. ¶가슴이 -. ☞몽클하다[2]
뭉클-하다[3] 형여 먹은 음식물이 제대로 삭지 아니하고 속에 뭉쳐 있는듯 하다. ☞몽클하다[3]. 뭉글하다[2]
뭉키다 자 여럿이 엉키어 꽤 큰 덩어리가 되다. ☞몽키다
뭉텅 부 물체의 한 부분이 단번에 크게 잘리거나 끊어지는 모양을 나타내는 말. ¶생선 대가리를 - 잘라 내다. ☞몽탕. 뭉떵
뭉텅-뭉텅 부 물체가 잇달아 크게 잘리거나 끊어지는 모양을 나타내는 말. ¶생선을 - 자르다. ☞몽탕몽탕. 뭉떵뭉떵
뭉텅뭉텅-하다 형여 여럿이 다 뭉텅하다. ☞몽탕몽탕하다. 뭉떵뭉떵하다
뭉텅이 명 한데 뭉친 큰 덩이.
뭉텅-하다 형여 생김새가 툭 끊어서 뭉뚱그려 놓은듯 굵고 짤막하다. ☞몽탕하다. 뭉떵하다
뭉툭 부-하다 형 ①굵직한 물체의 끝이 툭 끊어 놓은듯이 무딘 모양을 나타내는 말. ②생김새가 통통하면서 짤막한 모양을 나타내는 말. ☞몽톡. 뭉뚝
뭉툭-뭉툭 부-하다 형 여럿이 다 뭉툭한 모양을 나타내는 말. ☞몽톡몽톡. 뭉뚝뭉뚝
뭍 명 ①지구 표면에서 바다가 아닌 땅의 부분. ②섬사람이 본토를 이르는 말.

한자 뭍 륙(陸) 〔阜部 8획〕 ¶대륙(大陸)/상륙(上陸)/육로(陸路)/육지(陸地)/이륙(離陸)/착륙(着陸)

뭍-바람[묻-] 명 해안 지방에서, 갠 날 밤에 뭍에서 바다로 시원하게 부는 바람. 육풍(陸風) ☞바닷바람. 해풍(海風)
뭍-사람[묻-] 명 섬사람에 상대하여, 뭍에서 사는 사람을 이르는 말.
뭍살이-동:물(-動物)[묻-] 명 뭍에 사는 동물. 육서 동물(陸棲動物) ☞물살이동물
뭍-짐승[묻-] 명 육지에 사는 짐승. ☞물짐승
뭐:[1] 대 '무어[1]'의 준말. ¶손에 가진 게 -냐?
  뭐니뭐니 해도 관용 이러니저러니 해도. 누가 뭐라 해도. 무어니무어니 해도. ¶- 건강이 제일이지.
뭐:[2] 감 '무어[2]'의 준말. ¶-, 사고가 났다고?
뭐:-하다 형여 '무엇하다'의 준말. ¶신세를 많이 졌는데 맨손으로 찾아가기가 좀 -.
뭘 준 '무엇을'의 준말. ¶- 찾느냐?
뭣: 대 '무엇'의 준말. ¶-이 문제인가?
뭣:-하다 형여 '무엇하다'의 준말. ¶가까운 사이라서 내가 말하기는 좀 -.
뭬 준 '무엇이'의 준말. ¶- 그리 못마땅하느냐?
뮈지크콩크레트(musique concrète 프) 명 물 소리나 바람 소리와 같이 자연계에 존재하는 소리나 인공적으로 만든 소리 따위를 어우러지게 하고, 전기 기계 조작으로

그것들을 변형하여 구성한 음악. 제2차 세계 대전 후 프랑스에서 시작되었음. 구체 음악(具體音樂)
뮤:(mu)명 ①그리스어 자모의 열두째 글자 '$M \cdot \mu$'의 이름. ②소문자(小文字) 'μ'는 길이의 단위인 미크론(micron)을 나타내는 기호로 쓰임.
뮤:즈(muse)명 그리스 신화에서, 학예(學藝)를 맡은 아홉 여신인 무사이(Mūsai)의 영어 이름.
뮤:지컬(musical)명 노래와 춤을 중심으로 하는 음악극.
뮤:지컬쇼:(musical show)명 음악을 주로 하여 춤과 연극 등으로 구성한 종합적인 연예(演藝) 공연.
뮤:지컬코미디(musical comedy)명 희극적인 음악극. 희가극(喜歌劇)
뮤:직드라마(music drama)명 악극(樂劇)
-므로 어미 받침 없는 용언의 어간에 붙어 '까닭'을 나타내는 연결 어미. ¶아프- 못 간다./남의 모범이 되- 칭찬을 받는다. ☞-으므로
미(未)명 ①십이지(十二支)의 여덟째. 양(羊)을 상징함. ②'미방(未方)'의 준말. ③'미시(未時)'의 준말.

한자 **여덟째 지지 미**(未) 〔木部 1획〕 ¶기미(己未)/미방(未方)/미시(未時)/을미(乙未)

미(尾)명 ①인삼 뿌리의 잔 가닥. ②'미수(尾宿)'의 준말.
미(美)[1]명 ①아름다움 ¶자연스러운 -. ☞추(醜) ②내용이 좋고 훌륭한 것. ¶유종(有終)의 -를 거두자. ③철학에서, 지각·감각·정감을 자극하여 내적인 쾌감을 일으키는 것. ④성적을 수(秀)·우(優)·미(美)·양(良)·가(可)의 다섯 등급으로 평가할 때의 셋째 등급.
미(美)[2]명 '미국(美國)' 또는 '미주(美洲)'의 준말.
미(mi 이)명 서양 음악의 장음계 셋째(단음계 다섯째)의 이탈리아 음계 이름. 우리 나라 음계 이름 '마'에 해당함. ☞이(E)
미(微)수 소수(小數) 단위의 하나. 홀(忽)의 10분의 1, 섬(纖)의 열 곱절.
미:(未)-접두 아직 다 이루어지지 않음을 뜻함. ¶미개척(未開拓)/미결정(未決定)/미발표(未發表)/미성년(未成年)/미완성(未完成)/미해결(未解決)
미가(米價)[-까]명 쌀의 값. ☞쌀금
미:가-녀(未嫁女)명 아직 시집가지 아니한 여자.
미가서(∠Micah書)명 구약성서 가운데의 한 편. 예언자 미가가 신(神)의 계시를 적은 것.
미:가필(未可必) '아직 그렇게 되기를 바랄 수 없음'의 뜻.
미각(味覺)명 오감(五感)의 하나. 짠맛·신맛·단맛·쓴맛 따위를 느끼는 감각. 미감(味感)
미각-기(味覺器)명 미각을 느끼는 기관. 척추동물은 구강(口腔)의 혀에 미뢰(味蕾)로 흩어져 있고, 곤충은 앞다리·더듬이 등에도 분포함. 미각 기관
미각=기관(味覺器官)명 미각기(味覺器) 준 미관(味官)
미각=신경(味覺神經)명 맛을 느끼는 설신경(舌神經)과 설인 신경(舌咽神經)을 이르는 말.
미:간(未刊)명 책 따위의 출판물이 아직 간행되지 않은 것, 또는 그 책. ☞기간(既刊)
미간(眉間)명 두 눈썹 사이. 본 양미간(兩眉間)
미간-주(眉間珠)명 불상의 두 눈썹 사이에 있는 구슬.
미:간-지(未墾地)명 '미개간지(未開墾地)'의 준말.
미:감(未感)명-하다자 병 같은 것에 아직 감염되지 아니함.
미감(味感)명 미각(味覺)
미:감(美感)명 아름다움에 대한 감각.
미감-수(米泔水)명 쌀뜨물
미강-유(米糠油)명 쌀겨에서 짜낸 기름. 공업용이나 식용으로 쓰임. 겨기름
미:개(未開)어기 '미개(未開)하다'의 어기(語基).
미:개간-지(未開墾地)명 아직 개간하지 않은 땅. 미경지(未耕地) 준 미간지 ☞개간지
미:개-국(未開國)명 아직 문명이 깨지 못한 나라.
미:개=민족(未開民族)명 아직 문명이 깨지 못한 민족.
미:-개발(未開發)명 토지나 천연 자원 등이 아직 개발되지 않은 상태로 있는 일.
미:개-인(未開人)명 미개한 사람. 원시인(原始人) 유 야만인
미:개-지(未開地)명 ①아직 문명이 깨지 못한 곳. ②'미개척지(未開拓地)'의 준말.
미:-개척(未開拓)명 ①땅이 아직 개척되지 않은 상태인 것. ¶-의 원시림. ②어떤 일이나 연구가 아직 미치지 못하고 있는 상태인 것. ¶-의 분야.
미:개척-지(未開拓地)명 아직 개척하지 아니한 땅. 준 미개지(未開地)
미:개-하다(未開-)형여 ①문명이나 문화가 아직 발달하지 못한 상태에 있다. ¶미개한 종족. ②꽃이 아직 피지 않은 상태에 있다.
미:거(美擧)명 칭찬 받을만 한 훌륭한 행동.
미:거-하다 형여 아직 철이 나지 않고 아둔하다. ¶덩치는 있으나 아직 미거합니다.
미:견(未見)명-하다타 아직 보거나 만난 적이 없음.
미견(迷見)명 사리(事理)에 맞지 않은 견해.
미:결(未決)명-하다타 ①'미결정(未決定)'의 준말. ②'미결재(未決裁)'의 준말. ¶- 서류 ③법원에서 심리 중인 형사 사건의 판결이 아직 나지 않은 일. ☞기결(既決)
미:결-감(未決監)명 '구치소(拘置所)'를 흔히 이르는 말.
미:결=구금(未決拘禁)명 피고인을 구금하는 강제 처분. 도주와 증거 인멸을 막기 위한 일임.
미:결-수(未決囚)[-쑤]명 '미결 수용자'를 흔히 이르는 말. ☞기결수(既決囚)
미:결=수용자(未決收容者)명 형사 피의자나 피고인으로서 미결감, 곧 구치소에 수용되어 있는 사람. 미결수
미:결-안(未決案)명 아직 결정하지 않은 안건. ☞기결안
미:-결재(未決裁)[-째]명 아직 결재가 나지 않은 일, 또는 아직 결재하지 않은 일. 준 미결
미:-결정(未決定)[-쩡]명 아직 결정이 나지 않은 일, 또는 아직 결정하지 않은 일. 준 미결
미경(味境)명 불교에서 이르는 육경(六境)의 하나. 혀로 맛볼 수 있는 대상을 이름.
미:경(美境)명 아름다운 경지(境地).
미:경지(未耕地)명 미개간지(未開墾地)
미:-경험(未經驗)명 아직 경험하지 못함.
미계(迷界)명 불교에서, 사물의 진실을 알지 못하고 그릇된 일에 집착해 있는 경지를 이름. 욕계(欲界)·색계(色界)·무색계(無色界)를 이름. ☞오계(悟界)
미곡(米穀)명 ①쌀 ②쌀을 비롯한 갖가지 곡식.
미곡-상(米穀商)명 쌀과 그 밖의 곡식을 팔고 사는 장사, 또는 그 장수나 가게.
미곡=연도(米穀年度)[-년-]명 미곡의 통계적 처리를 위하여 정한 기간. 곧 11월 1일 부터 이듬해 10월 31일까지의 1년간. ☞식량 연도(食糧年度)
미골(尾骨)명 꼬리뼈
미공(微功)명 ①대수롭지 않은 공적(功績). ②남에게 자기의 공적을 겸손하게 이르는 말.
미:과(未果)명-하다타 아직 결과를 이루지 못함.
미:과(美果)명 ①맛있고 아름다운 과실. ②좋은 결과.
미관(味官)명 '미각 기관(味覺器官)'의 준말.
미:관(美官)명 좋은 관직. 호관(好官) ☞명환(名宦)
미:관(美觀)명 아름다운 경관(景觀). 훌륭한 경치. ¶남산의 -을 해치는 빌딩.
미관(微官)명 지위가 낮은 관리.
대 관리가 자기 또는 자기의 직위를 낮추어서 일컫는 말. 소관(小官) ☞본관(本官)
미관-말직(微官末職)[-찍]명 보잘것없이 낮은 관직(官職). 미말지직(微末之職)
미:관=지구(美觀地區)명 도시의 미관을 유지하기 위하여 특별히 설정한 지구.
미광(微光)명 희미한 빛.
미구(尾口)명 수키와의 층이 져 나온 끝 부분.
미구(微軀)명 ①하찮은 몸. 신분이 낮은 몸. ②남에게 자기 몸을 겸손하게 이르는 말.
미:구불원(未久不遠)성구 그 동안이 오래지 않고 가까움

을 이르는 말.

미구-에(未久-)[부] 오래지 않아 곧. ¶ - 경영 상태가 좋아질 것이다.

미국(米麴)[명] 쌀가루를 쪄서 띄운 누룩. 쌀누룩

미국-톤(美國ton)[의] 야드파운드법의 단위의 한 가지. 1톤은 2,000파운드(약 907kg)임. 쇼트톤(short ton)

미궁(迷宮)[명] ①한번 들어가면 나올 길을 쉽게 찾을 수 없도록 만들어 놓은 곳을 이르는 말. ②사건 따위가 복잡하게 얽혀서 쉽게 해결되지 않는 상태를 이르는 말. ¶ 사건이 -에 빠졌다.

미:귀(未歸)[명][-하다][자] 아직 돌아오지 아니함.

미:급(未及)[명][-하다][자] 아직 미치지 못함. ¶기술이나 시설이 -하다. ☞미흡(未洽)

미:기(美技)[명] 뛰어난 기술. 훌륭한 연기. ¶그의 씨름 기술은 아주 -였다./그의 줄타기 -에 넋을 잃었다.

미:기(美妓)[명] 자태가 아름다운 기생.

미꾸라지[명] 미꾸릿과의 민물고기. 몸길이 20cm 안팎. 몸은 미꾸리보다 납작하고 길며, 작은 비늘이 있으나 미끌미끌함. 입은 아래쪽으로 열렸고, 입가에 다섯 쌍의 수염이 있음. 등은 암록색이고 배는 흼. 웅덩이·늪·무논 등의 진흙 속에서 살며, 창자로 호흡하고 유기물이나 작은 동물을 먹음. 우리 나라와 중국 등지에 분포함. 이추(泥鰍). 추어(鰍魚)

[속담] **미꾸라지 용 되었다** : 변변치 못하던 사람이 훌륭하게 된 경우를 이르는 말./**미꾸라지 천 년에 용 된다** : 무슨 일이나 오랜 시일을 두고 꾸준히 노력하면 반드시 성공할 수 있다는 말./**미꾸라지 한 마리가 온 웅덩이를 흐린다** : 되잖은 사람 하나가 전체에 좋지 않은 영향을 끼친다는 말.〔한 갯물이 열 갯물 흐린다〕

미꾸라지-탕(-湯)[명] 추어탕(鰍魚湯)

미꾸리[명] 미꾸릿과의 민물고기. 몸길이 15cm 안팎. 생김새가 미꾸라지와 비슷하나 몸이 더 둥글고 수염이 짧음. 몸빛은 등의 절반이 어두운 감람색이고, 배의 절반이 담청색임. 옆구리에는 여러 줄의 회색 세로띠가 있음. 늪·못·논두렁·도랑 등에서 진흙 속의 유기물이나 미생물을 먹고 삶. 우리 나라와 중국, 일본 등지에 분포함.

미꾸리-낚시[명] 마디풀과의 한해살이풀. 우리 나라 각처의 습지나 물가에 자람. 줄기는 높이 20~100cm, 가지를 많이 치고 갈고리 모양의 가시가 있으며 밑 부분은 옆으로 누움. 잎은 갸름한데 어긋맞게 남. 가을에 가지 끝과 잎겨드랑이에 담홍색 잔 꽃이 핌.

미끄러-뜨리다(트리다)[타] 미끄러지게 하다.

미끄러-지다[자] ①미끄러운 곳에 밀려 나가거나 넘어지다. ¶눈길에 미끄러졌다. ☞매끄러지다 ②시험이나 심사 따위에서 떨어지다. ¶운전 면허 시험에 또 -.

미끄럼[명] 얼음판이나 미끄럼대 따위에서 미끄러지는 일, 또는 그런 놀이.

미끄럼-대(-臺)〔-때〕[명] 높은 곳에서 미끄러져 내려올 수 있도록 널빤지 따위로 비탈지게 만든 놀이 시설. 미끄럼틀

미끄럼-마찰(-摩擦)[명] 물체의 어떤 일정한 면이 다른 물체의 표면에 접촉하면서 운동할 때에 작용하는 마찰.

미끄럼-틀[명] 미끄럼대

미끄럽다(미끄럽고·미끄러워)[형][ㅂ] 닿으면 저절로 밀려 나갈 만큼 번드럽다. ¶길바닥이 -./미끄러운 얼음판. ☞매끄럽다

[한자] **미끄러울 활**(滑)〔水部 10획〕¶활액(滑液)

미끈-거리다(대다)[자] 자꾸 미끈한 느낌이 나다. ¶미끈거리는 물미역. ☞매끈거리다

미끈둥-하다[형][여] 생김새가 좀 미끈한듯 하다. ☞매끈둥하다

미끈-미끈[부][-하다][형] 매우 미끈한 모양, 또는 그런 느낌을 나타내는 말. ¶ - 빠져나가는 뱀장어. ☞매끈매끈

미끈-유월(∠-六月)〔-뉴-〕[명] 미끄러지듯 한 달이 쉽게 지나간다는 뜻으로, '음력 유월'을 달리 이르는 말. ☞어정칠월

미끈-하다[형][여] ①미끄러울 정도로 흠이나 거친 데가 없이 번드럽다. ¶벽을 미끈하게 발랐다. ②생김새가 곱살하고 멀쑥하다. ¶미끈하게 생긴 신사./늘씬한 키에 미끈한 다리. ☞매끈하다

미끌-거리다(대다)[자] 미끌미끌한 느낌이 나다. ☞매끌거리다

미끌-미끌[부][-하다][형] 물체의 거죽이 매우 미끄러운 모양을 나타내는 말. ¶ - 미끄러지는 빙판. ☞매끌매끌

미끼[명] ①낚싯바늘에 꿰어 물고기를 꾀는 먹이. 고기밥. 낚싯밥 ②남을 꾀어 들이기 위한 물건이나 수단. ¶ -를 던진다./사기꾼의 -에 걸렸다.

미나리[명] 미나릿과의 여러해살이풀. 각처의 습지나 물가에 자라며, 무논에 재배하기도 함. 줄기 높이는 30~60cm. 줄기는 모가 져 있고, 아래 부분은 옆으로 벋으며 번식함. 잎은 깃꼴 겹잎이고, 각각의 작은 잎은 갸름하거나 좁은 달걀꼴이며, 가장자리에 거친 톱니가 있음. 여름에 꽃대가 나와 희고 잔 꽃이 핌. 어린잎은 채소로 이용되는데 독특한 향기가 있음. 근채(芹菜). 수근(水芹). 수영(水英)

미나리-강회(-膾)[명] 강회의 한 가지. 데친 미나리에 실고추·알고명·석이 채·편육·낙지 따위를 얹어 말아서 초고추장에 찍어 먹는 음식.

미나리-김치[명] 미나리에 채친 무·파·생강·실고추를 버무리고 새우젓국으로 간을 한 김치.

미나리-꽝[명] 미나리를 심어 가꾸는 논.

미나리-냉이[명] 겨잣과의 여러해살이풀. 우리 나라 각처의 산간 습지에 자람. 줄기 높이 30~60cm이며 위에서 갈라짐. 잎은 잎자루가 긴 깃꼴 겹잎이며 5~7개의 잔잎으로 이루어짐. 잔잎은 길둥근꼴이며, 가장자리에 불규칙한 톱니가 있음. 봄에서 여름에 걸쳐 가지 끝에 작고 흰 네잎꽃이 소복히 핌. 어린잎은 먹을 수 있음.

미나리-무침[명] 나물의 한 가지. 미나리를 소금에 살짝 절이거나 데쳐 내어 간장·파·마늘·실고추·깨소금·참기름·설탕 등으로 무친 음식.

미나리-아재비[명] 미나리아재빗과의 여러해살이풀. 우리 나라 각처의 산과 들의 양지바른 곳에 자람. 줄기 높이는 30~60cm. 줄기는 속이 비었으며 겉에 털이 있음. 뿌리에서 돋는 잎은 잎자루가 길고, 손바닥 모양으로 깊게 세 가닥으로 갈라져 있음. 줄기 위쪽에 나는 잎은 잎자루가 없는 선 모양임. 여름에 노란 다섯잎꽃이 핌. 독성이 있으며 잎은 한방에서 약재로 쓰임. 놋동우. 자구(自灸). 모간(毛茛). 모근(毛菫)

미:남(美男)[명] '미남자(美男子)'의 준말. ☞추남(醜男)

미:-남자(美男子)[명] 얼굴이 잘생긴 남자. 호남아(好男兒) [준] 미남(美男)

미:납(未納)[명][-하다][타] 세금이나 요금 따위를, 아직 내지 못함. ¶등록금을 -하였다.

미너렛(minaret)[명] 이슬람교의 사원에 있는 가늘고 긴 첨탑(尖塔). 여기에서 기도 시간을 알리는 종을 울리고, 축제일에는 불을 밝힘.

미네-굴[명] 굴과의 바닷물조개. 토굴과 비슷하나 훨씬 크고 모양은 타원형임. 민물이 흘러드는 바다의 개펄에서 삶. 토화(土花)

미네랄(mineral)[명] 칼슘·철·망간·코발트 등 생물의 생리 작용에 없어서는 안 될 광물성 영양소를 통틀어 이르는 말.

미네르바(Minerva)[명] 로마 신화에서, 기예(技藝)·음악·의학·교육의 여신(女神). 그리스 신화의 아테네에 해당함.

미:녀(美女)[명] 잘생긴 여자. 아름다운 여자. 미인(美人)[2]. 홍안(紅顔) ☞추녀(醜女)

미:년(未年)[명] 간지(干支)의 지지(地支)가 미(未)인 해. 을미년(乙未年)·정미년(丁未年) 따위. ☞십이지(十二支). 양해. 태세(太歲)

미노르카(Minorca)[명] 닭의 한 품종. 지중해의 미노르카 섬 원산의 큰 알을 낳는 종(種). 몸집과 볏이 크고, 빛

ㅁ

깔은 검은 것이 보통이나 흰 것도 있음.
미농-지(美濃紙)명 닥나무 껍질로 만드는 일본 종이의 한 가지. 썩 얇고 질김.
미뉴에트(minuet)명 프랑스에서 시작된 4분의 3박자 또는 8분의 3박자의 우아한 춤곡.
미늘명 ①낚시 끝의 안쪽에 있는, 가시랭이 모양의 작은 갈고리. 물고기가 빠지지 않게 하는 구실을 함. 구거(鉤距) ②'갑옷미늘'의 준말.
미늘을 달다관용 기와나 비늘과 같이, 위쪽의 아래 끝이 아래쪽의 위 끝을 덮어 누르도록 꾸미다.
미늘-창(－槍)명 날이 두 가닥 또는 세 가닥으로 갈라져 있는 창.
미니(mini)명 ①'규모가 작은', '소형(小型)의'의 뜻을 나타내는 말. ②양장에서, 무릎 위로 올라갈 정도의 길이를 이르는 말. ☞맥시(maxi). 미디(midi)
미니멈(minimum)명 최소·최소량·최소한. ☞맥시멈(maximum)
미니스커:트(miniskirt)명 치마 끝이 무릎 위까지 올라가게 지은 짧은 스커트.
미니아튀:르(miniature 프)명 ①미세한 부분까지 꼼꼼하게 나타낸 작은 그림. 미세화(微細畫). 세밀화(細密畫) ②서양 중세의 사본(寫本)의 삽화. 미니어처(miniature)
미니어처(miniature)명 ①세밀한 부분까지 꼼꼼하게 나타낸, 건축물이나 탈것 등의 작은 모형. ¶초고층 빌딩 ― ②미니아튀르(miniature)
미니카(minicar)명 ①소형(小型) 자동차. ②작은 모형 자동차.
미:다[1]자 털이 빠져 살이 드러나다.
미:다[2]타 팽팽하게 켕긴 가죽이나 종이 따위를 잘못 건드려 구멍이 나게 하다. ¶창호지를 미었다.
미:다[3]타 싫게 여기어 따돌리고 멀리하다.
미:-닫이[－다지]명 문짝을 옆으로 밀어 열고 닫는 구조, 또는 그런 문이나 창. ☞여닫이
미:달(未達)명-하다자 어떤 한도에 아직 이르지 못함. ¶체중 ―/정원에 ―한 학과.
미:달일간(未達一間)성구 모든 일에 다 밝아도 오직 한 가지만은 서투른 경우를 이르는 말.
미:담(美談)명 듣는 이를 감동시킬만 한 아름다운 내용의 이야기. ¶숨은 ―.
미담(微曇)명 하늘에 구름이 엷게 끼어 조금 흐린 날씨. 박담(薄曇)
미:답(未踏)명-하다타 아직 아무도 발을 들여놓지 않음. ¶전인 ―의 원시림.
미:대(美大)명 '미술 대학(美術大學)'의 준말.
미대난도(尾大難掉)성구 꼬리가 너무 크면 마음대로 흔들 수 없다는 데서, 위가 약하고 아래가 강대해지면 다스리기 어려움을 비유하여 이르는 말.
미-대:다타 ①하기 싫은 일이나 잘못된 일을 남에게 밀어 넘기다. ¶제 책임을 남에게 미댄다. ②일을 질질 끌다. ¶일을 끝없이 미대고만 있다.
미더덕명 미삭류(尾索類)에 딸린 원삭동물(原索動物). 몸은 누런 갈색으로 연해(沿海)의 바위에 붙어 삶. 암수한몸으로 난소(卵巢)는 가늘고 길며 그 속에 정소(精巢)가 들어 있음. 먹을 수 있음.
미:덕(美德)명 아름다운 덕행(德行), 또는 착한 마음씨. 영덕(令德) ¶겸양의 ―.
미덥다(미덥고·미더워)형ㅂ 믿음성이 있다. 믿을만 하다 ¶미더운 사람./자네 말이 미덥지 않네.
미:도(未到)명-하다자 ①아직 이르지 못함. ②아무도 이루지 못함. ¶전인(前人) ―의 기록.
미도(味到)명-하다타 내용을 충분히 음미하고 이해함.
미도(迷途)명 미로(迷路)
미독(味讀)명-하다타 글의 내용이나 문장을 충분히 음미하면서 읽음. ¶고전(古典)을 ―하다. ☞정독(精讀)
미돈(迷豚)명 편지글 등에서, 남에게 자기의 아들을 낮추어 이르는 말. 가돈(家豚). 가아(家兒). 돈아(豚兒). 미식(迷息). 미아(迷兒)
미:동(美童)명 ①얼굴이 잘생긴 사내아이. ②남색(男色)의 상대가 되는 아이. 유면[2]
미동(微動)명-하다자 아주 조금 움직임. ¶놀라기는커녕 ―도 하지 않는다.
미두(米豆)명-하다자 현물 없이 약속으로만 미곡(米穀)을 사고 파는 일. 미곡의 시세 변동을 내다보고 약속만으로 거래하는 일종의 투기 행위임. 기미(期米)
미두-꾼(米豆－)명 미두를 하는 사람.
미두-장(米豆場)명 미두를 하는 곳.
미:득(未得)명-하다타 아직 얻지 못함. ☞기득(旣得)
미들-급(middle級)명 권투나 레슬링 따위에서, 선수의 몸무게에 따라 나눈 체급의 하나. 권투의 경우 아마추어는 71~75kg이고, 프로는 69.85~72.57kg임.
미등(尾燈)명 자동차나 열차 따위의 차체(車體) 뒤에 단 표지등. 테일라이트(taillight) ☞전조등(前照燈)
미등(微騰)명-하다자 물가(物價) 따위가 조금 오름. ☞급등(急騰). 미락(微落)
미:-등기(未登記)명 아직 등기를 하지 아니함.
미디(midi)명 양장에서, 장딴지의 중간쯤 내려갈 정도의 길이를 이르는 말. ☞맥시(maxi). 미니(mini)
미디스커:트(midiskirt)명 치마 끝이 장딴지의 중간쯤 내려가는 길이의 스커트. 맥시와 미니의 중간 정도.
미:디어(media)명 매체(媒體). 매개물(媒介物). 수단(手段). 특히 '매스미디어(mass media)'를 이름.
×미뜨리다타 →밀뜨리다
미:라(mirra 포)명 사람이나 동물의 시체가 썩지 않고 바짝 말라, 오랜 동안 원형에 가까운 상태로 있는 것.
미라-성(Mira星)명 고래자리에 있는 변광성(變光星). 약 330일을 주기로 광도가 2등급에서 8등급까지 변화함. 평균 지름은 태양의 약 600배, 거리는 약 250광년임.
미락(微落)명-하다자 물가(物價) 따위가 조금 떨어짐. ☞급락(急落). 미등(微騰)
미란(糜爛·靡爛)명-하다자 살갗 따위가 짓무름.
미란(迷亂)어기 '미란(迷亂)하다'의 어기(語基).
미란-하다(迷亂－)형여 정신이 혼미하여 어지럽다.
미:래(未來)명 ①과거·현재와 함께 시간의 흐름을 셋으로 구분한 그 하나로, 아직 오지 않은 때. ☞장래(將來) ¶우리의 ―./―의 세계. ②내세(來世)
미:래-도(未來圖)명 그림·조각·글 따위로 미래의 모습을 상상하여 나타낸 것.
미:래-사(未來事)명 앞으로 닥쳐올 일. 앞일
미:래-상(未來像)명 상상(想像)으로 그리는, 미래에 이루어질 모습. 비전(vision)
미:래-세(未來世)명 내세(來世)
미:래=시제(未來時制)명〈어〉시제(時制)의 하나. 한국어에서는 문법적인 표현이 따로 없고 현재 시제로 나타냄. '우리의 앞날은 영원히 밝다.', '그는 다음해 외국 유학을 떠난다.'고 표현하는 따위. ☞과거 시제
미:래-주의(未來主義)명 미래파(未來派)
미:래=지향성(未來指向性)[－썽]명 앞일에 대하여 계획하고 준비하는 적극적인 성향이나 태도를 이르는 말.
미:래-파(未來派)명 20세기 초, 이탈리아에서 일어난 예술 운동. 조화·통일·전통을 무시하고, 약동적인 힘과 속도감을 새로운 아름다움으로 표현함. 미래주의
미:래-학(未來學)명 과학적인 방법으로 미래 사회를 예측하여 정량적(定量的) 정보를 얻으려고 연구하는 학문.
미:랭(未冷)어기 '미랭(未冷)하다'의 어기(語基).
미랭(微冷)어기 '미랭(微冷)하다'의 어기(語基).
미:랭-시(未冷尸)명 아직 체온이 남아 있는 송장이라는 뜻으로, 아주 늙어서 사람 구실을 제대로 하지 못하는 사람을 이르는 말.
미랭-하다(未冷－)형여 채 식지 아니하여 미지근하다.
미랭-하다(微冷－)형여 조금 찬듯 하다.
미량(微量)명 아주 적은 분량. ☞소량(少量)
미량(微涼)어기 '미량(微涼)하다'의 어기(語基).
미량=분석(微量分析)명 ①아주 적은 양의 시료(試料)를

써서 하는 화학 분석. ②함유량이 매우 적은 성분에 대하여 하는 화학 분석.

미량=영양소(微量營養素)명 ①매우 적은 양이지만, 식물이 자라는 데 꼭 필요한 철·아연·망간·구리·염소(塩素)·몰리브덴 따위의 원소(元素). ②동물의 성장이나 생명을 이어나가는 데 매우 적은 양으로 작용하는 영양소. 비타민 따위. 미량 원소(微量元素)

미량=원소(微量元素)명 미량 영양소(微量營養素)

미량-하다(微涼－)형여 조금 서늘하다.

미레명 소의 턱밑 부위의 고기. 멱미레

미레-자명 목수가 나무에 먹으로 금을 그을 때 쓰는, 'T'자 모양의 자. ☞정자자

미레-질명-하다자 대패를 거꾸로 쥐고 밀어 깎는 일.

미:려(美麗)어기 '미려(美麗)하다'의 어기(語基).

미려-골(尾閭骨)명 꽁무니뼈

미려-관(尾閭關)명 미려혈(尾閭穴)

미:려-하다(美麗－)형여 아름답고 화려하다.

미려-혈(尾閭穴)명 한방에서, 등골뼈 끝에 있는 경혈(經穴)을 이르는 말. 미려관(尾閭關)

×**미력**명 →미륵(彌勒)

미력(微力)명-하다형 ①힘이 약함, 또는 약한 힘. ②남에게 자기의 역량(力量)을 겸손하게 이르는 말. ¶－이나마 최선을 다하겠습니다.

미련명-하다형 어리석고 둔함. ¶－을 떨다./－을 부리다./－한 짓. ☞매련

속담 **미련은 먼저 나고 슬기는 나중 난다**: 무슨 일이 있을 때 슬기롭게 대처하지 못하고, 일을 그르쳐 놓은 다음에야 이랬더라면 좋았을 것을 하며 후회하게 마련이라는 말./**미련하기는 곰일세**: 매우 미련한 사람을 두고 이르는 말.

미:련(未練)[1]명 딱 잘라 단념하지 못하는 마음. ¶아직 －이 남다./－을 떨쳐 버리다.

미련(尾聯)명 한시에서 율시(律詩)의 제 7, 8의 두 구를 이르는 말. 결련(結聯) ☞경련(頸聯). 수련(首聯). 함련(頷聯)

미:련(未練)[2]어기 '미련(未練)하다'의 어기(語基).

미련-스럽다(－스럽고·－스러워)형ㅂ 미련한 데가 있다. ¶하는 짓이 －. ☞매련스럽다

미련-스레부 미련스럽게 ☞매련스레

미련-쟁이명 미련한 사람을 얕잡아 이르는 말. ☞매련쟁이. 미련퉁이

미련-퉁이명 몹시 미련한 사람을 얕잡아 이르는 말. ☞매련퉁이. 미련쟁이

미:련-하다(未練－)형여 익숙하지 못하다. ☞미숙하다

미렷-하다[－렫－]형여 살이 쪄서 군턱이 져 있거나 턱이 두툼하다.

미령(靡^寧)어기 '미령하다'의 어기(語基).

미령-하다(靡^寧－)형여 어른이 병으로 말미암아 몸이 편하지 못하다.

미로(迷路)명 ①한번 들어가면 길을 잃고 빠져 나올 수 없게 된 길. 미도(迷途) ②동물이나 인간의 행동, 특히 학습 과정을 연구하는 데 쓰이는 시설. 출발점과 도착점 사이에 막다른 곳이 있고, 도착점에 이르기까지 잘못 간 횟수와 걸린 시간을 재어 연구함. ③내이(內耳)

미로-아(迷路兒)명 길을 잃고 헤매는 아이. 미아(迷兒)

미록(麋鹿)명 고라니와 사슴을 아울러 이르는 말.

미뢰(味蕾)명 척추동물의 미각 기관(味覺器官). 혓바닥의 점막(粘膜)의 유두(乳頭)에 흩어져 있음. 끝 부분의 작은 구멍으로 맛의 자극을 받아 미각 신경으로 전함.

미:료(未了)명-하다타 아직 마치지 못함. 미필(未畢)

미루-나무(∠美柳－)명 버드나뭇과의 낙엽 활엽 교목. 높이 30m, 지름 1m 안팎에 이름. 곧고 늘씬하게 자라며, 잎은 대체로 마름모꼴이고 어긋맞게 남. 북아메리카 원산으로, 길가, 냇가, 둑, 마을 부근 등에 많이 심음. 포플러(poplar)

미루다타 ①일을 나중으로 밀어 넘기다. ¶회의를 내일로 －. 준밀다 ②일이나 책임 따위를 남에게 떠넘기다. ③이미 알고 있는 사실로써 다른 것을 비추어 헤아리다. ¶사람됨을 미루어 그의 장래를 점칠 수 있다.

미루적-거리다(대다)자 할 일을 선뜻 하지 아니하고 꾸무럭거리며 시간을 끌다. ☞미적거리다

미루적-미루적부 미루적거리는 모양을 나타내는 말. ¶－ 시간을 끌다. ☞미적미적

×**미류-나무**(美柳－)명 →미루나무

미륵(彌勒)명 ①'미륵보살(彌勒菩薩)'의 준말. ②'돌부처'를 흔히 이르는 말.

미륵-보살(彌勒菩薩)명 도솔천(兜率天)에 살며, 석가 입적(入寂) 후 56억 7,000만 년 후에 이 세상에 나타나 중생(衆生)을 구제한다는 미래불(未來佛). 미륵불. 미륵자존. 자씨보살(慈氏菩薩). 자씨존(慈氏尊) 준미륵

미륵-불(彌勒佛)명 미륵보살

미륵-자존(彌勒慈尊)명 미륵보살

미리부 어떤 일이 일어나기 전에 먼저. ¶감기를 － 예방하다./재해에 대해 － 대책을 세우다.

한자 **미리 예**(豫)〔豕部 9획〕¶예견(豫見)/예고(豫告)/예매(豫賣)/예방(豫防)/예상(豫想)/예행(豫行)

미리-미리부 '미리'를 강조하는 말. 충분히 여유 있게 미리. ¶숙제는 － 해치웠다.

미림(味醂)명 소주에 찹쌀 지에밥과 쌀누룩을 섞어 빚은 다음 그 재강을 짜낸, 맛이 단 술. 주로 조미료로 쓰임.

미:립명 경험을 통하여 터득한 묘한 이치.

미립이 나다관용 경험을 통해 묘한 이치를 터득하다.

미립(米粒)명 쌀알

미립(微粒)명 아주 작은 알갱이.

미립-자(微粒子)명 물질을 구성하는 미세한 입자(粒子).

미립자-병(微粒子病)명 누에에 생기는 전염병의 한 가지. 감염(感染)된 누에는 거죽에 미세한 흑갈색의 얼룩점이 생기며, 더 자라지 못하고 죽음.

미립자=병:원체(微粒子病原體)명 미립자병을 일으키는 원생동물(原生動物).

미:만(未滿)명 어떤 수에 이르지 못함. ¶열두 살 －의 어린이./몸무게 50kg －의 사람.

> ▶ **미만(未滿)과 이하(以下)**
> ① 미만 — 어떤 수를 경계로 하여 그 수 자체는 포함하지 않고 그 수보다 적은 수를 이름. ¶19세 －의 소년.
> ② 이하 — 어떤 수를 경계로 하여 그 수를 포함하여 그 수보다 적은 수를 이름. ¶일흔 살 －의 노인.

미만(彌滿·彌漫)명-하다자 ①널리 가득 참. ②어떤 생각이나 풍조 따위가 널리 퍼짐.

미:말(未末)명 십이시(十二時)의 미시(未時)의 끝 무렵. 지금의 오후 세 시가 되기 바로 전.

미말지직(微末之職)[－찌－]명 미관말직(微官末職)

미:망(未忘)명 잊지 못하거나 잊을 수 없음.

미망(迷妄)명 도리(道理)에 어두워 실체가 없는 것을 진실인 양 생각함, 또는 그런 생각. ¶－을 끊다.

미:망-인(未亡人)명 남편을 여의고 홀몸이 된 여자. 과부(寡婦)

> ▶ **미망인(未亡人)의 본디 뜻**
> 이 말은, '남편이 죽으면 으레 따라 죽어야 함에도 불구하고 아직 죽지 아니하고 이 세상에 살아 있는 사람'이라는 뜻으로, 남편을 여읜 과부가 스스로를 일컫던 말이다. 이는 고대의 순장(殉葬) 풍속에서 말미암은 말이다.

미맥(米麥)명 쌀과 보리를 아울러 이르는 말.

미맥(微脈)명 한방에서, 매우 가늘고 약하게 뛰는 맥을 이름. ☞세맥(細脈)

미:맹(未萌)명 ①초목의 싹이 아직 트지 아니함. ②변고(變故)가 아직 생기지 않음.

미맹(味盲)명 미각(味覺)의 이상으로 어떤 맛을 느끼지 못하는 상태, 또는 그런 사람.

미:명(未明)명 날이 밝기 전, 또는 그 무렵. ¶내일 -에 등반을 시작한다.

미:명(美名)명 ①좋은 평판(評判). 훌륭한 명성(名聲). ②그럴듯하게 내세운 명분(名分). ¶지역 발전이라는 - 아래 사리(私利)를 채운다.

미:명-귀(未命鬼)명 남의 아내로서 젊어서 죽은 귀신. 남편의 후처(後妻)에게 때때로 해코지를 한다고 함.

미모(眉毛)명 눈썹

미:모(美貌)명 아름다운 얼굴 모습. ¶-의 젊은 여성.

미모사(mimosa)명 콩과의 한해살이풀. 줄기 높이 30cm 안팎이고 가지를 많이 침. 잎은 깃꼴 겹잎으로, 어긋맞게 나고, 15쌍 정도의 작은잎으로 이루어짐. 건드리면 시드는 것처럼 아래로 처짐. 6~9월에 담홍색의 꽃이 공 모양으로 빽빽히 핌. 브라질 원산으로, 관상용으로 재배함. 감응초(感應草). 신경초(神經草). 함수초(含羞草)

미목(眉目)명 ①눈썹과 눈. ②사람의 얼굴 모습. 용모(容貌) ¶-이 준수하다.

미몽(迷夢)명 꿈속 같은 걷잡을 수 없는 생각, 또는 그 마음. ¶-에서 깨어나다.

미:묘(美妙)어기 '미묘(美妙)하다'의 어기(語基).

미묘(微妙)어기 '미묘(微妙)하다'의 어기(語基).

미:묘-하다(美妙-)형여 무엇이라 표현할 수 없을 만큼 아름답고 뛰어나다. ¶미묘한 피리 소리.

미묘-하다(微妙-)형여 기분이나 느낌이 무엇이라 한마디로 표현할 수 없을 만큼 야릇하고 묘하다. ¶미묘한 차이./미묘한 관계./국제 정세가 미묘하게 변화한다.

미묘-히부 미묘하게

미:문(美文)명 아름다운 문장. 아름다운 어구(語句)와 재치 있는 수사(修辭)로 쓴 문장.

미:문(美聞)명 좋은 소문. 좋은 소식.

미:물(美物)명 아름다운 물건.

미물(微物)명 ①하찮은 작은 물건. ②인간에 비하여 하찮다는 뜻으로, 벌레 따위 동물을 이르는 말. ③변변치 못한 사람을 비유하여 이르는 말. ¶-만도 못한 인간.

미:미(美味)명 좋은 맛.

미미(微微)어기 '미미(微微)하다'의 어기(語基).

미미-하다(微微-)형여 아주 보잘것없이 작다. ¶세력이 -./미미한 실적./미미한 존재.

미믹(mimic)명 ①대사 없이 표정과 몸짓 등으로 심리나 감정 따위를 표현하는 기술. ☞표정술(表情術) ②남의 흉내를 잘 내는 익살꾼.

미반(米飯)명 쌀로 지은 밥. 쌀밥

미:발(未發)명-하다자 ①어떤 일이 아직 일어나지 아니함. ¶사건을 -에 수습하다. ②꽃이 아직 피지 아니함. ③아직 떠나지 아니함. ☞기발(旣發)

미:방(未方)명 이십사 방위(二十四方位)의 하나. 남서(南西)로부터 남쪽으로 15도 되는 방위를 중심으로 한 15도 범위 안의 방위. 정방(丁方)과 곤방(坤方)의 사이. 준미(未) ☞축방(丑方)

미-백색(微白色)명 부유스름하게 흰 빛깔.

미:복(美服)명 좋은 옷. 아름다운 옷.

미복(微服)명-하다자 지위가 높은 사람이 신분을 숨기기 위하여 입는 초라한 옷, 또는 그렇게 차리는 일.

미복-잠행(微服潛行)명 임금이나 지위가 높은 사람이 남이 알아보지 못하도록 미복을 하고 몰래 다님을 이르는 말. 준미행(微行)

미:봉(未捧)명-하다타 미수(未收)

미봉(彌縫)명-하다타 ①해지거나 터진 곳을 얽어서 꿰맴. ②결점이나 실패를 일시적으로 얼버무려 꾸며댐. ¶임시 방편으로 -하여 넘어가다.

미봉-책(彌縫策)명 일시적으로 얼버무리는 방책(方策), 또는 대책. ¶-을 쓰다.

미분(米粉)명 쌀가루

미분(微分)명 ①수학에서, 어떤 함수의 도함수를 구하는 일. ②'미분학(微分學)'의 준말. ☞적분(積分)

미분=기하학(微分幾何學)명 미적분(微積分)을 써서 곡선(曲線)과 곡면(曲面)의 성질 등을 연구하는 기하학.

미분-학(微分學)명 함수의 도함수(導函數)에 관한 이론과 그 응용을 연구하는 해석학(解析學)의 기초 분야. 준미분(微分) ☞적분학(積分學)

미:-분화(未分化)명 ①본래는 분화해야 할 것이 아직 분화하지 않음. ¶아직 -의 상태에 있는 학문. ②생물의 개체나 계통의 발생에서 분화가 진척되지 않음.

미:불(未拂)명 미지급(未支給)

미불(美弗)명 미화(美貨)

미:비(未備)명-하다형 완전하지 못함. 아직 제대로 갖추어 있지 아니함. ¶서류의 -로 반환되다.

미쁘다(미쁘고·미뻐)형 ①믿음직하다. 믿음성이 있다. 미덥다 ②진실하다 ¶그를 미쁘게 여겨 큰일을 맡겼다.

미:사(美事)명 좋은 일. 아름다운 일.

미:사(美辭)명 고운 말. 아름답게 꾸민 말. 여사(麗辭)

미사(∠彌撒. missa 라)명 ①가톨릭에서, 성체(聖體)와 성혈(聖血)을 하느님께 바치며 서로 나누는 의식. 예수의 최후의 만찬을 본떠서 함. ②미사곡

미사-곡(∠彌撒曲)명 가톨릭의 미사 의식에서 신도가 부르는 성악곡(聖樂曲). 미사

미사리[1]명 삿갓이나 방갓 따위의 밑에 붙여, 쓸 때 머리에 얹히도록 된, 대오리 따위로 만든 둥근 테. 칡 껍질 따위를 감고, 끈을 달아 턱 아래서 매게 되어 있음.

미사리[2]명 산 속에서 풀뿌리·나뭇잎·열매 따위를 먹고 사는, 몸에 털이 많이 난 미개인(未開人).

미:사-여구(美辭麗句)명 듣기에 좋게 겉으로만 아름답게 꾸민 말과 글귀. ¶-를 늘어놓다.

미사일(missile)명 로켓엔진 등을 동력으로 하여, 유도장치에 따라 포물선에 가까운 탄도(彈道)를 그리면서 목표물에 날아가 폭파하는 병기(兵器). 발사 지점과 목표에 따라 지대공 미사일, 지대지 미사일, 공대공 미사일, 공대지 미사일로, 도달 거리에 따라서 대륙간 탄도 미사일, 중거리 탄도 미사일, 단거리 탄도 미사일로 나뉨. 유도 미사일. 탄도 미사일

미:사-학(美辭學)명 수사학(修辭學)

미삭-류(尾索類)명 원삭동물(原索動物)의 한 강(綱). 유생(幼生) 시기에만 꼬리에 척삭(脊索)을 가지며, 자루 모양의 섬유질 껍질에 싸여 있음. 바다에서 사는 멍게·미더덕 따위. ☞두삭류(頭索類)

미삼(尾蔘)명 인삼의 백삼(白蔘)을 만들 때 자른 생삼의 잔뿌리. 약재나 기호 식품의 재료로 쓰임. ☞세삼(細蔘). 수삼(水蔘)

미삼-차(尾蔘茶)명 미삼을 달인 차.

미:상(未詳)명 아직 알려지지 않음. ¶신원 -/지은이와 연대(年代)가 -인 작품.

미상(米商)명 쌀장사. 쌀장수

미상(迷想)명 헷갈리어 갈피를 잡지 못하는 생각.

미상(微傷)명 가벼운 부상(負傷)이나 상처.

미:상불(未嘗不)부 아닌게아니라. 미상비(未嘗非) ¶맛도 좋지만, - 모양도 아름답구나.

미:상비(未嘗非)부 아닌게아니라. 미상불

미:-상환(未償還)명-하다타 아직 상환하지 않음. ¶-채권

미색(米色)명 현미(玄米)의 빛깔과 같은 좀 노르께한 빛깔. ¶- 저고리

미:색(美色)명 ①아름다운 빛깔. ②여자의 고운 얼굴, 또는 그런 여자. ☞박색(薄色). 일색(一色). 절색(絕色)

미색(迷色)명-하다자 여색(女色)에 홀림.

미색-류(尾索類)명 미삭류(尾索類)

미:생(未生)[1]명 간지(干支)의 지지(地支)가 미(未)인 해에 태어난 일, 또는 그 해에 태어난 사람. ☞양띠

미:생(未生)[2]명 바둑에서, 두 집이 되지 않아 아직 완전히 살지 못한 상태를 이르는 말. ☞완생(完生)

미-생물(微生物)명 현미경으로나 볼 수 있는 썩 작은 생물을 통틀어 이르는 말. 세균·원생동물·플랑크톤 따위에서 0.1mm 이하의 것을 이름.

미생물=유전학(微生物遺傳學)[-류-]명 미생물의 유전 현상을 다루는 학문.

미생물-학(微生物學)명 미생물에 관한 과학을 통틀어 이르는 말. 병원(病原) 미생물학·발효(醱酵) 미생물학·토양(土壤) 미생물학 따위의 여러 분야가 있음.

미생지신:(尾生之信)성구 〔'장자(莊子)'의 '도척(盜跖)' 편에 나오는 말로, 미생이라는 사람이 여자와 한 약속을 지켜 다리 밑에서 기다리다 붇는 물에 휩쓸려 죽었다는 고사(故事)에서〕 ①약속을 굳게 지킴을 이르는 말. ②미련하도록 고지식함을 이르는 말.

미선(尾扇)명 ①대의 한 끝을 가늘게 쪼개어 둥글게 펴서 살로 하고, 그것을 실로 엮은 다음 양쪽에 종이를 바른 부채. ②지난날, 나라의 잔치 때 쓰던 의장(儀仗)의 한 가지. 부채와 비슷하나 자루가 길.

미선-나무명 물푸레나뭇과의 낙엽 활엽 관목. 높이 1m 안팎. 잎은 마주 나고 끝이 뾰족한 달걀꼴이며, 가장자리에 톱니가 없음. 3~4월에 백색 또는 담홍색의 꽃이 잎보다 먼저 피는데, 개나리꽃 비슷하나 가늘게 갈라져 있음. 가을에 둥근 부채 모양의, 끝이 오목하게 들어간 열매를 맺음. 충북 진천·괴산 등지의 산기슭에 자라는 우리 나라의 특산종임.

미:설(未設)명-하다타 아직 설치하지 아니함, 또는 아직 마련하지 아니함. ☞기설(既設)

미:성(未成)명 ①아직 다 이루지 못함. ②아직 어른이 되지 않음을 이르는 말. ☞기성(既成)

미성(尾星)명 ①미수(尾宿) ②혜성(彗星)

속담 **미성이 대국(大國)까지 뻗쳤다**: 아주 가느다란 것이 끝없이 길다는 말.

미:성(美聲)명 고운 목소리.

미성(微誠)명 ①남에게 자기의 정성을 겸손하게 이르는 말. ¶재주는 없사오나 -을 다하겠사옵니다. ②작은 정성. 미침(微忱)

미성(微聲)명 희미한 목소리. 작은 소리.

미:-성년(未成年)명 ①성년(成年)이 되지 않은 나이, 또는 그런 나이인 사람. 미정년(未丁年) ②민법에서, 만 20세 미만인 사람. 미성년자

미:성년-자(未成年者)명 아직 성년(成年)이 되지 않은 사람. 민법에서 만 20세 미만인 사람을 이름. 미성년

미:-성숙(未成熟)명-하다형 아직 성숙(成熟)하지 못함.

미:-성인(未成人)명 아직 결혼하지 아니하여 어른이 되지 못한 사람.

미:-성취(未成娶)명-하다자 아직 장가들지 아니함. 준미취

미:성-품(未成品)명 아직 완성되지 아니한 물건.

미세(微細)어기 '미세(微細)하다'의 어기(語基).

미세기[1]명 밀물과 썰물을 아울러 이르는 말. 조석수

미:세기[2]명 두 짝을 한편으로 몰아서 여닫는 문이나 창.

미:세기[3]명 광산에서 땅 속으로 비스듬히 판 구덩이.

미세-하다(微細-)형여 아주 가늘고 작다. ¶미세한 입자.

미세-화(微細畫)명 미세한 부분까지 꼼꼼하게 나타낸 그림. 미니아튀르. 세밀화

미션(mission)명 ①크리스트교의 전도(傳道), 또는 전도단(傳道團). ②'미션스쿨'의 준말.

미션스쿨(mission school)명 크리스트교의 단체가 크리스트교의 정신을 바탕으로 한 교육을 하기 위하여 세운 학교. 준미션(mission)

미:소(媚笑)명-하다자 아양을 떨며 웃는 웃음.

미소(微小)어기 '미소(微小)하다'의 어기(語基).

미소(微少)어기 '미소(微少)하다'의 어기(語基).

미소(微笑)명-하다자 소리 없이 빙긋이 웃는 웃음. ¶-띤 얼굴./-를 짓다.

미:-소:년(美少年)명 용모가 아름다운 소년.

미소=망:상(微小妄想)명 자기 자신을 과소 평가하는 망상. ☞발양 망상(發揚妄想)

미소-하다(微小-)형여 아주 작다. ☞거대하다

미소-하다(微少-)형여 아주 적다. ¶-한 분량.

미:속(美俗)명 아름다운 풍속. 좋은 풍속. 미풍(美風)

미속도=촬영(微速度撮影)명 영화나 다큐멘터리 따위에서, 카메라의 필름을 표준 속도보다 훨씬 느리게 돌려서 촬영하는 일. 이 필름을 표준 속도로 영사하면, 육안으로는 관찰할 수 없는 장시간에 걸친 미세한 변화를 단시간에 볼 수 있음. 꽃이 피는 모습 따위의 촬영에 주로 쓰임. 슬로크랭킹

미송(美松)명 소나뭇과의 상록 큰 교목. 높이 100m, 지름 4.5m 안팎. 불그스름한 빛깔의 재목은 건축용 또는 광산의 버팀목, 합판의 재료 따위로 쓰임. 북아메리카의 북서부에서 자람.

미쇄(微瑣)어기 '미쇄(微瑣)하다'의 어기(語基).

미쇄-하다(微瑣-)형여 극히 자질구레하고 보잘것없다.

미수명 미숫가루를 꿀물이나 설탕물에 타고 얼음을 띄운 여름철 음료. 미식(糜食)

미:수(未收)명-하다타 ①돈이나 물건 따위를 아직 다 거두어들이지 못함. 미봉(未捧) ¶세금의 -. ②'미수금(未收金)'의 준말.

미:수(未遂)명-하다타 ①어떤 목적한 일을 하려다가 이루지 못함. ¶자살 -/-에 그치다. ②법률에서, 범죄의 실행에 착수했으나 이루어지지 아니한 일. 자신의 뜻으로 중도에서 그만둔 경우인 중지(中止) 미수와, 뜻밖의 장애(障礙) 때문에 이루지 못한 경우인 장애 미수가 있음. ☞기수(既遂)

미수(米壽)명 나이 '여든여덟 살'을 이르는 말. 〔'미(米)'자를 풀어 쓰면 '팔십팔(八十八)'과 비슷한 데서 나온 말.〕

미수(尾宿)명 이십팔수(二十八宿)의 하나. 동쪽의 여섯째 별자리. 미성(尾星) 준미(尾)

미수(眉壽)명 장수하는 사람은 눈썹에 긴 털이 생긴다는 데서, 노인(老人), 특히 장수하는 노인을 이르는 말.

미:수(美壽)명 나이 '예순여섯 살'을 이르는 말.

미:수(美鬚)명 보기 좋게 자란 수염.

미수-가리명 잘못 삼아서 못쓰게 된 것을 한데 모아 묶어 놓은 삼 꾸지.

미:수-금(未收金)명 아직 거두어들이지 못한 돈. 준미수

미:수-범(未遂犯)명 법률에서, 범죄를 실행에 옮겼으나 그 행위를 끝내지 않았거나 결과가 생기지 아니한 범죄, 또는 그 범인(犯人).

미:수-죄(未遂罪)[-쬐]명 범죄가 미수에 그쳤으나, 형법(刑法)에 특히 이를 처벌한다는 규정이 있는 경우에 성립하는 죄. 살인 미수죄나 강도 미수죄 따위.

미:숙(未熟)어기 '미숙(未熟)하다'의 어기(語基).

미:-숙련공(未熟練工)명 아직 일에 익숙하지 못한 직공.

미:숙-아(未熟兒)명 태어날 때의 체중이 2.5kg 이하인 신생아(新生兒). ☞과숙아(過熟兒)

미:숙-하다(未熟-)형여 ①과실 따위가 덜 익은 상태에 있다. ☞완숙하다 ②일에 익숙하지 아니하다. 서투르다 ¶솜씨가 -.

미:술(美術)명 빛깔이나 모양으로 아름다움을 표현하는 예술. 그림·건축·조각·사진·공예 따위의 공간적·시각적인 것을 이름.

미:술-가(美術家)명 그림이나 조각 따위의 미술품을 창작하는 예술가.

미:술-계(美術界)명 미술가들의 사회. ¶-에 등장한 신인(新人).

미:술-관(美術館)명 미술품을 수집·보전·전시하여 일반의 감상과 연구에 이바지하는 시설.

미:술=대:학(美術大學)명 미술에 관한 전문적인 이론과 기술을 가르치고 연구하는 단과 대학. 준미대(美大)

미:술=도기(美術陶器)명 실용품이 아닌 미술품으로 만든 도기.

미:술-사(美術史)[-싸]명 미술의 변천과 발전의 과정을 조사·연구하는 학문.

미:술=전:람회(美術展覽會)명 미술 작품을 전시하여 관람하게 하는 전람회. 준미전(美展)

미:술-품(美術品)명 예술적으로 창작된 미술 작품. 그림·글씨·조각·건축·공예 따위.

미숫-가루명 미수를 만드는 가루. 찹쌀·멥쌀·보리쌀·콩 따위를 쪄서 말리거나 볶아서 간 가루.

미스(miss)명-하다자타 ①실패, 또는 실패하는 일. ¶서브를 -하였다. ②잘못, 또는 잘못하는 일. 미스테이크

미스(Miss)명 ①미혼 여성의 성(姓) 앞에 붙이어, '양(孃)'과 같은 뜻으로 쓰는 호칭. ②미혼 여성. 독신(獨身) 여성. 처녀 ¶그 여자는 아직 ―다. ③미인 대회 따위에서 선출된 미혼 여성. ¶― 코리아/― 감귤(柑橘) ☞미스터(Mr.). 미즈(Ms.)
미스터(Mr.)명 남성의 성(姓) 앞에 붙이어, '군(君)'·'씨(氏)' 따위의 뜻으로 쓰는 호칭. ☞미스(Miss)
미스터리(mystery)명 ①이상한 사건(事件). ②추리 소설. 탐정 소설
미스테이크(mistake)명 잘못. 실수. 오류. 미스(miss)
미스티시즘(mysticism)명 신비주의(神祕主義)
미스프린트(misprint)명 ①틀린 글자가 있는 따위의, 인쇄의 잘못. ②잘못 박힌 인쇄물.
×**미시**명 →미수
미:시(未時)명 ①십이시(十二時)의 여덟째 시(時). 지금의 오후 한 시부터 세 시까지의 동안. ②하루를 스물넷으로 가른, 열다섯째 시(時). 지금의 오후 한 시 삼십 분부터 두 시 삼십 분까지의 동안. 준미(未) ☞곤시(坤時)
미시기의(微示其意)성구 분명히 말하지 아니하고 눈치를 주거나 넌지시 뜻만 보임을 이르는 말.
미시-적(微視的)명 ①인간의 감각으로는 식별할 수 없을 만큼 미세한 것. ¶―인 세계. ②사물이나 현상을 개별적·부분적으로 연구하려는 것. ¶― 연구 ☞거시적
미시즈(Mrs.)명 기혼 여성의 성(姓) 앞에 붙이어, '부인'·'여사'의 뜻으로 쓰는 호칭. ☞미스(Miss)
미:식(未熄)명 '불이 아직 꺼지지 않음'의 뜻으로, 사고 따위가 그치지 아니함을 이르는 말.
미식(米食)명-하다자 쌀밥을 상식(常食)으로 함.
미:식(美食)명-하다자 맛있고 좋은 음식을 먹음, 또는 그런 음식. ☞악식(惡食)
미:식(美飾)명-하다타 아름답게 꾸밈.
미식(迷息)명 미돈(迷豚)
미식(糜食)명 미수
미:식-가(美食家)명 유달리 맛있고 좋은 음식만 가려 먹으려고 하는 사람. ☞식도락(食道樂)
미식=축구(美式蹴球)명 미국에서 시작된, 럭비와 축구를 혼합한 매우 격렬한 구기(球技). 헬멧이나 어깨받이 등의 방호구(防護具)를 갖춘 양 팀 각각 11명의 선수가 길동근 공을 상대편 엔드존(end zone)에 터치다운 하거나 킥으로 크로스바를 넘겨서 득점함. 럭비와는 달리 공을 갖지 않은 상대 선수를 방해할 수 있고, 공을 앞으로도 던질 수 있음. 아메리칸풋볼(American football)
미:신(美愼)명 남을 높이어 그의 병(病)을 이르는 말.
미신(迷信)명 그릇된 신앙. 도리에 맞지 않는 것을 믿는 일. 현대인의 이성적 판단으로 보아 불합리하다고 생각되는 것에 대하여 이름.
미신(微臣)명 지위가 낮은 신하.
대 지난날, 신하가 임금 앞에서 자신을 낮추어 일컫던 말. 소신(小臣)
미:신(未信)어기 '미신(未信)하다'의 어기(語基).
미신-범(迷信犯)명 미신적인 수단으로 실현 불가능한 일을 실현시키려고 하는 행위, 또는 그런 사람. 굿을 하여 남을 죽이려는 행위 따위를 이름.
미:신-하다(未信―)형여 미덥지 못하다.
미실(迷失)명-하다타 정신이 어질어질하여 일을 잘하지 못함.
미:심(未審)어기 '미심(未審)하다'의 어기(語基).
미:심-스럽다(未審―)(―스럽고·―스러워)형ㅂ 어딘지 미심한 데가 있다.
미심-스레부 미심스럽게
미:심-쩍다(未審―)형 미심한 데가 있어 마음에 꺼림하다. ¶미심쩍은 점이 있어 다시 알아보았다.
미:심-하다(未審―)형여 일이 분명하지 않다. 확실하지 않아 마음을 놓을 수 없다. ¶미심한 점이 많다.
미심-히부 미심하게
×**미싯-가루**명 →미숫가루

미아(迷兒)명 ①길을 잃고 헤매는 아이. 미로아(迷路兒) ②미돈(迷豚)
미:안(美顔)명 ①아름다운 얼굴. ☞미모(美貌) ②얼굴을 곱게 다듬는 일.
미:안-수(美顔水)명 얼굴의 피부를 곱게 하기 위하여 바르는 화장수(化粧水).
미안-스럽다(―스럽고·―스러워)형ㅂ 미안한 데가 있다. ¶미안스러워서 대할 낯이 없다.
미안-스레부 미안스럽게
미안-쩍다형 미안한 마음이 있다.
미안-하다형여 남을 마주하기가 겸연쩍고 부끄러운 마음이 있다. ¶그를 만나기가 어쩐지 ―.
미안-히부 미안하게
미:약(媚藥)명 ①성욕이 일어나게 하는 약. 음약(淫藥). 춘약(春藥) ②상대편에게 연정을 일으키게 한다는 약.
미약(微弱)어기 '미약(微弱)하다'의 어기(語基).
미약-하다(微弱―)형여 보잘것없이 약하다. ¶세력이 ―./영향력이 극히 ―.
미양(微恙)명 ①대수롭지 않은 병. ②남에게 자기의 병을 겸손하게 이르는 말.
미어(美語)명 미국말. 미국식 영어.
미어(謎語)명 수수께끼
미어-뜨리다(트리다)타 팽팽하게 켕긴 가죽·종이·천 따위를 세게 건드리어 구멍을 내다.
미어-지다자 ①팽팽하게 켕긴 가죽·종이·천 같은 것이 해져서 구멍이 나다. ¶옷이 미어졌다. ②꽉 차서 터질 듯 하다. ¶가슴이 미어지는듯 한 슬픔./버스가 미어질 것 같다. 준미이다[1]
미역[1]명 갈조류(褐藻類)에 딸린 한해살이 바닷말. 줄기 높이 1~2m. 황갈색 또는 녹갈색의 엽상체 조류이며, 아래의 줄기는 바다 속의 바위에 붙어서 자람. 주맥(主脈)의 양쪽에는 깊게 갈라진 작은 잎이 깃꼴을 이루고 있으며, 성숙하면 줄기 양쪽에 포자엽이 생김. 우리 나라 남해에 많이 자람. 칼슘의 함유량이 많음. 감곽(甘藿). 해채(海菜) 준멱[4]

> ▶ **말린 미역을 세는 단위**
> 말린 미역을 셀 때는 열 장을 한 단위로 하여 '뭇'이라 한다. ¶미역 두 뭇.

미역[2]명 냇물이나 강물 따위에 들어가서 놀거나 몸을 씻는 일. 준멱[5]
미역-감:다[―따]자 냇물이나 강물 따위에 들어가서 놀거나 몸을 씻다. 준멱감다
미역-국명 국의 한 가지. 물에 불려 손질한 미역과 쇠고기 따위를 넣어 간장 간을 하여 끓인 국. 곽탕(藿湯)
미역국을 먹다관용 ①'시험에 떨어지다'를 속되게 이르는 말. ②'해고(解雇) 당하다'를 속되게 이르는 말.
미역-귀명 미역의 줄기 밑동 양쪽에 포자엽이 무리를 지어 생긴 잎. 곽이(藿耳)
미역-냉:국(―冷―)[―꾹]명 국의 한 가지. 미역을 물에 불려 잘게 잘라, 간장과 참기름으로 볶은 것에 끓여 식힌 물을 부어 만든 찬국. 미역찬국
미역-숲명 바다 속의, 미역이 많이 나 있는 곳.
미역-찬국명 미역냉국
미역-취명 국화과의 여러해살이풀. 산이나 들의 양지바른 곳에 흔히 자람. 줄기 높이는 30~80cm로 가늘고 억세며, 아래쪽은 흑자색을 띰. 가을에 줄기 끝에 노란 꽃이 원추 모양의 이삭을 이루어 빽빽이 핌. 씨에는 갓털이 있어 바람에 날리어 번식함. 어린순은 먹을 수 있고, 전초(全草)는 민간에서 건위제·이뇨제로 쓰임. 우리 나라와 중국, 일본 등지에 분포함.
미:연-에(未然―)부 사태가 그리 되기 전에 미리. ¶재해를 ― 방지하자.
미열(微熱)명 조금 있는 열. 평상시의 체온보다 조금 높은 체온. ☞고열(高熱)
미염(米塩)명 쌀과 소금이라는 뜻으로, 사람이 살아가는 데 없어서는 안 될 물건을 비유하여 이르는 말.
미오글로빈(myoglobin)명 근육 속에 있는, 헤모글로빈

과 비슷한 단백질. 근육에 산소를 공급하는 구실을 함.
미오신 (myosin) 명 근육을 이루는 주요한 단백질.
미온 (微溫) 명 -하다 형 미지근함, 또는 미지근한 온도.
미:온 (未穩) 어기 '미온(未穩)하다'의 어기(語基).
미온-수 (微溫水) 명 미지근한 물.
미온-적 (微溫的) 명 적극성이 없고 미지근한 것. 철저하지 못하고 어정쩡한 것. ¶ -인 조처./태도가 -이다.
미:온-하다 (未穩-) 형여 평온하지 못하다.
미:완 (未完) 명 -하다 타 아직 완성하지 아니함. 미완성(未完成) ¶ -의 대기(大器)./작품이 -인 채 남아 있다.
미:-완성 (未完成) 명 -하다 타 아직 완성하지 아니함. 미완(未完) ¶ -의 작품./- 교향곡
미:용 (美容) 명 ①고운 얼굴. ②얼굴이나 머리를 곱게 다듬는 일.
미:용-사 (美容師) 명 남의 얼굴이나 머리를 곱게 다듬는 일을 직업으로 삼는 사람.
미:용-술 (美容術) 명 얼굴·머리·손톱 따위를 곱게 다듬는 기술.
미:용-원 (美容院) 명 미장원(美粧院)
미:용=체조 (美容體操) 명 몸매를 아름답게 만들기 위하여 하는 체조.
미우 (眉宇) 명 이마의 눈썹 언저리.
미우 (微雨) 명 보슬비 ☞세우(細雨)
미욱-스럽다 (-스럽고·-스러워) 형ㅂ 미욱한 데가 있다. ¶계획도 없이 미욱스럽게 밀어붙이려고만 한다. ☞매욱스럽다
미욱-스레 부 미욱스럽게
미욱-하다 형여 미련하고 어수룩하다. ¶미욱한 짓. ☞매욱하다
미움 명 밉게 여기는 마음. 미워하는 일. ¶ -을 받는 사람./-을 샀다.
미워-하다 타여 미운 생각을 가지다. 밉게 여기다. ¶남을 미워하는 마음.

한자 **미워할 오**(惡) 〔心部 8획〕 ¶수오(羞惡)/증오(憎惡)/혐오(嫌惡) ▷속자는 悪

미:월 (未月) 명 '음력 유월'을 달리 이르는 말. 월건(月建)의 지지(地支)가 신미(辛未)·기미(己未)처럼 미(未)인 데서 이름. 일진(日辰). 태세(太歲)
미월 (眉月) 명 눈썹같이 생긴 초승달.
미유기 명 메깃과의 민물고기. 몸길이 25cm 안팎. 모양은 메기와 비슷하나 더 작고 가늘며 아래턱이 거의 나와 있지 않음. 몸빛은 쪽빛임. 우리 나라 고유종으로 하천의 상류에만 서식함.
미:육 (美育) 명 예술적 교육을 통틀어 이르는 말. 미(美)에 대한 감상과 창작 능력을 기름으로써 인격을 향상시키는 데 목적이 있음.
미음 명 〈어〉한글 자모(字母) 'ㅁ'의 이름.
미음 (米飮) 명 쌀이나 메조 등을 물을 많이 붓고 푹 고아서 걸러서 받은 음식. 준 밈
미:음 (美音) 명 아름다운 소리나 목소리.
미음 (微吟) 명 -하다 타 시가(詩歌) 등을 나직이 읊조림.
미음 (微音) 명 희미한 소리.
미음 (微陰) 명 ①'음력 오월'을 달리 이르는 말. 오월(午月). 포월(蒲月) ②하늘에 구름이 엷게 끼어 조금 흐린 날씨. 미담(微曇). 박담(薄曇)
미음완:보 (微吟緩步) 성구 시가(詩歌) 등을 나직이 읊조리며 천천히 거닒.
미음자-집 (-字-) [-짜-] 명 건물의 평면을 'ㅁ' 자 꼴로 지은 집. ㅁ자집
미의 (微意) 명 변변치 못한 작은 성의라는 뜻으로, 남에게 자기의 성의를 겸손하게 이르는 말. 흔히 남에게 선물 따위를 보낼 때 적음. 미지(微志). 미충(微衷)
미:-의:식 (美意識) 명 미(美)를 느끼는 마음의 작용. 예술을 이해하고 감상하는 감각.
미이다[1] 자 '미어지다'의 준말.
미이다[2] 자 미어뜨림을 당하다.
×**미이라** (mirra 포) 명 →미라(mirra)

미익 (尾翼) 명 비행기의 뒤쪽에 붙어 있는 수평·수직의 날개. 비행기의 안정을 유지하고 방향을 전환하는 구실을 함. 꼬리 날개 ☞주익(主翼)
미인 (美人)[1] 명 미국 사람.
미:인 (美人)[2] 명 아름다운 여자. 가인(佳人). 미녀(美女). 미희(美姬). 여인(麗人)
미:인-계 (美人計) 명 미인을 미끼로 하여 남을 꾀는 계교.
미:인-도 (美人圖) 명 미인을 그린 그림. 미인화(美人畵)
미:인박명 (美人薄命) 성구 미인은 불행해지거나 명이 짧은 경우가 많음을 이르는 말. 유 가인박명(佳人薄命)
미:인-화 (美人畵) 명 미인도(美人圖)
미:일 (未日) 명 간지(干支)의 지지(地支)가 미(未)인 날. 을미(乙未)·정미(丁未) 등. ☞양날. 월건(月建). 일진(日辰). 태세(太歲)
미작 (米作) 명 벼를 심고 가꾸고 거두는 일. 벼농사
미장 명 한방에서, 똥이 굳어서 잘 나오지 않을 때에 검은 엿으로 대추씨처럼 만들어 똥구멍에 넣는 약.
미장 명 건축 공사에서, 벽이나 천장 따위에 흙·석회·모르타르 따위를 바르는 일.
미:장 (美匠) 명 물품의 모양과 빛깔 및 그 조화(調和)를 위한 장식적인 고안(考案). 의장(意匠)
미:장 (美粧) 명 -하다 타 얼굴이나 머리 모양 따위를 아름답게 다듬음.
미:장 (美裝) 명 -하다 타 아름답게 꾸미고 차림.
미장-공 (-工) 명 건축 공사에서, 미장을 전문으로 하는 사람. 미장이. 토공(土工)
미:장-원 (美粧院) 명 얼굴·머리·손톱 따위를 아름답게 다듬어 주는 일을 영업으로 하는 집. 미용원(美容院)
미장이 명 '미장공'을 달리 이르는 말.
속담 **미장이에 호미는 있으나마나** : 남에게는 요긴하게 쓰일지 모르나 자기에게는 아무 소용이 없다는 말. 〔갖바치에 풀무는 있으나마나〕
미장-질 명 -하다 자 똥이 잘 나오지 않을 때, 똥을 후벼 내거나 똥구멍에 미장을 넣는 일.
미재 (微才) 명 ①조그마한 재능. 하찮은 재주. ②남에게 자기의 재능을 겸손하게 이르는 말. 비재(菲才)
미저-골 (尾骶骨) 명 꽁무니뼈
미:적 (美的) [-쩍] 명 미(美)에 관한 것. ¶ - 감각
미적-거리다(대다) 자 할 일을 선뜻 하지 아니하고 꾸물거리며 시간을 끌다. ☞미루적거리다
미적-미적 부 ①미적거리는 모양을 나타내는 말. ¶약속 날짜를 - 미루다./심부름을 가기 싫어 - 한다. ②무거운 것을 조금씩 미는 모양을 나타내는 말. ¶고장난 차를 - 밀고 갔다. ☞미루적미루적
미:적=범:주 (美的範疇) [-쩍-] 명 본디 하나인 미(美)를 몇 가지 특수한 유형으로 가른 개념. 숭고미(崇高美)·비장미(悲壯美)·골계미(滑稽美)·우미(優美) 따위.
미-적분 (微積分) 명 수학에서, 미분(微分)과 적분(積分)을 아울러 이르는 말.
미적지근-하다 형여 ①뜨뜻한 기운이 있는듯 만듯 하다. ¶방바닥이 -./미적지근하게 식은 차. ②성격이나 행동 따위가 적극성이 없고 어정쩡하다. ¶미적지근한 태도. ☞매작지근하다. 미지근하다
미적지근-히 부 미적지근하게 ☞매작지근히
미전 (米廛) 명 싸전
미:전 (美田) 명 기름진 밭.
미:전 (美展) 명 '미술 전람회(美術展覽會)'의 준말.
미절 명 국거리로 쓰는 쇠고기의 허섭쓰레기.
미점 (米點) 명 수묵 산수화(水墨山水畵)의 기법의 한 가지. 붓을 옆으로 뉘여 길쭉한 묵점(墨點)을 다닥다닥 찍어, 운연(雲煙)에 싸인 산이나 수목의 정경(情景)을 표현하는 기법임. 중국 송나라의 미불(米芾) 부자(父子)가 창시하였다고 함.
미:점 (美點) [-쩜] 명 ①좋은 점. 아름다운 점. ②장점
미:정 (未正) 명 십이시(十二時)의 미시(未時)의 중간. 지금의 오후 두 시. ☞신정(申正)

미:정(未定)[명]-하다[타] 아직 정하지 못함. ☞기정(旣定)
미정(微晶)[명] 미세한 결정(結晶), 특히 화산암의 석기(石基)에 섞여 있는 매우 자잘한 결정.
미:정-고(未定稿)[명] 써 놓기만 하였을 뿐 아직 완성하지 아니한 원고. 미정초(未定草)
미:-정년(未丁年)[명] 미성년(未成年)
미:-정:비(未整備)[명]-하다[타] 아직 정비를 못함.
미:정-초(未定草)[명] 미정고(未定稿)
미:제(未濟)[명] ①무슨 일이 아직 끝나지 않았거나 해결되지 않은 것. ¶ー 사건이 많다. ②돈을 아직 갚지 않은 일. ③'미제괘(未濟卦)'의 준말. ☞기제(旣濟)
미:제-괘(未濟卦)[명] 육십사괘(六十四卦)의 하나. 이괘(離卦) 아래 감괘(坎卦)가 놓인 괘로 불 밑에 물이 있음을 상징함. [준]미제 ☞건괘(乾卦). 기제괘(旣濟卦)
미:제-액(未濟額)[명] 아직 갚지 못한 돈의 액수.
미:제-품(未製品)[명] 아직 완성되지 못한 물품. 마무리가 덜 된 제품.
미:조(美爪)[명] 손톱을 아름답게 다듬는 일, 또는 아름답게 다듬은 손톱.
미조(迷鳥)[명] 철새의 이동 경로에서 멀리 떨어진 지역에서 발견되는 철새. 태풍을 만나는 등 우연한 일로 길을 잃어 잘못 날아든 경우임.
미:조-사(美爪師)[명] 남의 손톱을 아름답게 다듬는 일을 직업으로 삼는 사람.
미:-조직(未組織)[명] 아직 조직되어 있지 않음.
미:족(未足)[어기] '미족(未足)하다'의 어기(語基).
미:족-하다(未足-)[형여] 아직 넉넉하지 못하다.
미:좌(未坐)[명] 뫼자리나 집터 등이 미방(未方)을 등진 좌향(坐向).
미:좌-축향(未坐丑向)[명] 뫼자리나 집터 등이 미방(未方)을 등지고 축방(丑方)을 향한 좌향(坐向). ☞미좌
미주(米酒)[명] 쌀로 빚은 술.
미주(美洲)[명] 아메리카주(洲) [준]미(美)²
미:주(美酒)[명] 맛이 좋은 술. 가주(佳酒)
미주=신경(迷走神經)[명] 연수(延髓)에서 나오는 열 번째의 뇌신경. 부교감 신경의 하나로, 그 관할 범위가 가장 넓어 내장의 대부분에 분포되어 있음.
미주알[명] 똥구멍을 이루는 창자의 끝 부분. 밑살
미주알-고주알[부] 아주 하찮은 일까지 속속들이 캐거나 말하는 일을 나타내는 말. 고주알미주알 ¶ー 캐어묻다. ☞밑두리콧두리. 시시콜콜. 옴니암니
[속담] 미주알고주알 밑두리콧두리 캔다 : 아주 하찮은 일까지 속속들이 자세히 조사함을 두고 이르는 말.
미즈(Ms.)[명] 미혼(未婚)·기혼(旣婚)의 구별 없이 여성의 성(姓) 앞에 붙여, 씨(氏)와 같은 뜻으로 쓰는 호칭. 남성은 '미스터' 하나 뿐인데, 여성은 '미스'와 '미시즈'로 구별하는 것은 남녀 평등에 어긋난다고 하여 생긴 말.
미즙(米汁)[명] 쌀뜨물
미증(微增)[명]-하다[자] 조금씩 불어남.
미:-증유(未曾有)[명]-하다[형] 아직까지 있어 본 적이 없음. ☞광고(曠古)하다 ¶ー의 큰 변란.
미:-지(-紙)[명] 밀을 먹인 종이. ☞납지(蠟紙)
미:지(未知)[명]-하다[타] ①아직 알지 못함. ②아직 알려지지 않음. ¶ー의 세계. ☞기지(旣知)
미지(微旨)[명] 깊고 미묘한 취지.
미지(微志)[명] 미의(微意)
미지근-하다[형여] ①뜨뜻한 기운이 조금 있는듯 하다. ¶미지근한 숭늉. ②행동이나 성격 따위가 야무지지 못하고 어정쩡하다. ¶미지근한 대책./미지근한 성격. ☞매지근하다. 미적지근하다
미지근-히[부] 미지근하게 ☞매지근히
[속담] 미지근해도 흥정은 잘한다 : ①물건을 흥정할 때는 서두르는 기색을 보이지 말고, 슬슬 시원찮은듯이 하는 편이 유리하다는 말. ②누구나 한 가지 재주는 가지고 있다는 말.
미:-지급(未支給)[명]-하다[타] 아직 지급하지 아니함.
미:지-수(未知數)[명] ①방정식 등에서, 값을 구하려고 하는 수, 또는 그것을 나타내는 글자. ☞기지수(旣知數) ②사실이 어떤지, 또는 앞으로 어떻게 될지 알 수 없는 일. ¶사람은 좋으나 실력은 ー다./결과는 ー다.
미-지형(微地形)[명] 아주 작은 기복이 있는 지형. 25,000분의 1의 지형도에서도 표시되지 않는 지표 면의 요철(凹凸)을 이름.
미:진(未盡)¹[명]-하다[자] 아직 다 끝내지 못함. ¶ー한 이야기는 다음 기회에 또 하자.
미진(微塵)[명] ①아주 작은 티끌이나 먼지. ②아주 자잘한 것. 극히 작은 것.
미진(微震)[명] 지진의 세기에 따른 계급의 하나. 진도(震度) 1에 해당하는 것으로, 정지해 있는 사람이나 지진에 민감한 사람에게만 느껴지는 정도의 지진을 이름. ☞경진(輕震)
미:진(未盡)²[어기] '미진(未盡)하다'의 어기(語基).
미:진-처(未盡處)[명] 아직 끝내지 못하고 남아 있는 부분.
미:진-하다(未盡-)[형여] 다하지 못하여 흡족하지 못하다. ¶미진한 느낌이다.
미:질(美質)[명] 아름다운 성질. 좋은 바탕.
미집(迷執)[명]-하다[자] 불교에서, 미혹(迷惑)된 마음으로 무슨 일에 집착하는 일을 이르는 말.
미:착(未着)[명]-하다[자] 아직 도착하지 아니함.
미채(迷彩)[명] 적(敵)이 착각을 일으키도록 위장하기 위하여 탱크·함선·대포나 전투복 따위에 몇 가지 색을 불규칙하게 칠하는 일. ☞카무플라주(camouflage)
미채(薇菜)[명] 고비나물
미처[부] 부정(否定)하는 말 앞에 쓰이어, 행동이나 생각 등이 미치지 못하는 상태를 나타내는 말. ¶그럴 줄은 ー 몰랐다./ー 탈출하지 못했다.
미천(微賤)[어기] '미천(微賤)하다'의 어기(語基).
미천-하다(微賤-)[형여] 지체가 아주 낮다. [유]세미(細微)하다 ¶미천한 집안에서 태어나다.
미:첩(美妾)[명] 용모가 아름다운 첩.
미첩(眉睫)[명] ①눈썹과 속눈썹. ②동안이나 거리가 매우 가까움을 비유하여 이르는 말.
미:초(未初)[명] 십이시(十二時)의 미시(未時)의 처음. 지금의 오후 한 시가 막 지난 무렵.
미:추(美醜)[명] ①아름다운 것과 추한 것. ②잘생긴 사람과 못생긴 사람. ③좋은 것과 나쁜 것.
미추-골(尾椎骨)[명] 꽁무니뼈
미추룸-하다[형여] 젊고 건강하여 윤기가 흐르고 고운 태가 있다. ☞매초롬하다
미추룸-히[부] 미추룸하게 ☞매초롬히
미충(微衷)[명] 미의(微意)
미:취(未娶)[명]-하다[자] '미성취(未成娶)'의 준말. ☞기취
미취(微醉)[명]-하다[자] 술에 조금 취함. ☞만취(滿醉)
미:-취:학(未就學)[명]-하다[자] 아직 학교에 들어가지 아니함. ¶ー 아동(兒童)
미치-광이[명] ①미친 사람. 광인(狂人) ②미친 사람처럼 말이나 짓을 함부로 하는 사람을 얕잡아 이르는 말. ③무슨 일에 지나치게 열중하는 사람을 빗대어 이르는 말. ☞매치광이
[속담] 미치광이 풋나물 캐듯 : 일이 매우 거칠고, 걷잡을 수 없다는 말.
미치광이-풀[명] 가짓과의 여러해살이풀. 줄기 높이는 30cm 안팎. 달걀꼴 잎은 양끝이 뾰족하고 가장자리가 밋밋함. 봄에 흑자색의 종 모양의 통꽃이 잎겨드랑이에서 핌. 열매는 여름에 삭과(蒴果)로 맺는데, 속에 씨앗이 많이 들어 있음. 독이 있어 사람이 먹으면 착란(錯亂) 상태를 일으킨다고 함. 뿌리와 잎은 약재로 쓰임. 낭탕(莨菪)
미치다¹[자] ①정신에 이상이 생기어 말이나 하는 짓이 보통 사람과 다르게 되다. ②격렬한 흥분 따위로, 말이나 짓이 정상 상태를 벗어나다. ¶그런 짓을 하다니 미쳤구나. ③어떤 일에 지나치게 열중하다. ¶노름에 ー./영화에 ー. ④참을 수 없을 정도로 괴로워하다. ¶더워 미치겠다. ☞매치다

속담 **미친체 하고 떡 목판에 엎드러진다** : 사리를 잘 알 만한 사람이 제 욕심을 채우려고 짐짓 미친체 한다는 말.

한자 미칠 광(狂)〔犬部 4획〕¶광기(狂氣)/광분(狂奔)

미치다[2] 자타 ①어떤 곳에 가 닿거나 어떤 대상, 어떤 문제에까지 이르다. ¶손끝이 천장에까지 미친다./이야기가 결혼 문제에까지 미쳤다./힘이 미치지 못하였다. ②골고루 퍼지다. ¶전파가 외딴섬까지 미쳤다. ③끼치다 ¶큰 영향을 ─. 준 및다

한자 미칠 급(及)〔又部 2획〕¶언급(言及)/파급(波及)

미친-개 명 ①미치는 병에 걸린 개. 광견(狂犬) ②하는 짓이 몹시 고약한 사람을 욕하여 이르는 말.
속담 **미친개가 호랑이 잡는다** : 사람이 미쳐서 마구 날뛸 때는 어떤 무서운 일을 저지를지 모른다는 말./**미친개 눈에는 몽둥이만 보인다** : 무슨 일에 되게 혼이 난 다음에는 모든 것이 그것으로만 보인다는 말./**미친개 범 물어 간 것 같다** : 귀찮게 굴던 것이 없어져 속이 후련하다는 말./**미친개 풀 먹듯** : 먹기 싫은 것을 이것 저것 먹어 보는 꼴을 비웃는 말.

미친-년 명 ①정신에 이상이 생긴 여자를 욕하여 이르는 말. ②말이나 행동이 실없는 여자를 욕하여 이르는 말.
속담 **미친년 널 뛰듯** : 남의 눈은 아랑곳하지 않고 무슨 일을 미친듯이 함을 이르는 말./**미친년 달래 캐듯** : 하는 짓이 거칠고 건잡을 수 없다는 말.

미친-놈 명 ①정신에 이상이 생긴 남자를 욕하여 이르는 말. ②말이나 행동이 실없는 남자를 욕하여 이르는 말.

미침(微忱) 명 미성(微誠)

미:칭(美稱) 명 아름답게 일컫는 이름.

미:쾌(未快) 어기 '미쾌(未快)하다'의 어기(語基).

미:쾌-하다(未快─) 형여 병이 아직 덜 나아 개운하지 아니하다. ¶미쾌한 몸으로 힘드는 일을 하다니.

미크로코스모스(Mikrokosmos 독) 명 소우주(小宇宙) ☞마크로코스모스(Makrokosmos)

미크로톰(Mikrotom 독) 명 현미경으로 보기 위하여 시료(試料)를 얇게 자르는 장치.

미크론(micron) 의 미터법에서, 길이의 단위. 1,000분의 1mm임. 기호는 μ

미타(彌陀) 명 '아미타불(阿彌陀佛)'의 준말.

미타-불(彌陀佛) 명 '아미타불(阿彌陀佛)'의 준말.

미타=삼존(彌陀三尊) 명 '아미타 삼존'의 준말.

미타-찬(彌陀讚) 명 조선 시대의 불가(佛歌)의 한 가지. 아미타불의 법신(法身)을 예찬한 노래로, 처용무(處容舞)의 둘째 회(回)에 부름.

미:태(美態) 명 아름다운 자태(姿態).

미:태(媚態) 명 아양을 부리는 태도.

미:터[1](meter) 명 가스・전기・수도 따위의 계량기(計量器), 또는 택시의 자동 요금 표시기.

미:터[2](meter) 의 미터법에서, 길이의 기본이 되는 단위. 100cm임. 기호는 m

미:터글라스(meter glass) 명 미터법에 따라 눈금을 새긴 유리그릇. 액체의 분량을 재는 데 씀.

미:터-법(meter法)[─뻡] 명 계량 단위(計量單位)를 국제적으로 통일하기 위하여 만든 십진법(十進法)의 단위계(單位系). 길이는 미터, 무게는 킬로그램, 부피는 리터를 기본 단위로 함. ☞야드파운드법

미:터=원기(meter原器) 명 미터법에 따라 길이의 기준을 삼기 위하여, 백금(白金) 90%, 이리듐 10%로 만들어 파리의 국제 도량형국(度量衡局)에 보관해 놓은 길이 1m의 자. 현재는 빛의 파장으로 미터를 정의(定義)함으로써 폐지되었음. ☞도량형 원기(度量衡原器). 킬로그램 원기(kilogram原器)

미:터-자(meter─) 명 미터법에 따라 눈금을 새긴 자.

미:터-제(meter制) 명 전기・가스・수도 따위의 요금을, 계량기가 표시하는 소비량에 따라 매기는 제도.

미토콘드리아(mitochondria) 명 동식물의 세포질 속에 많이 들어 있는 실 모양, 또는 알갱이 모양의 물질. 세포 호흡과 에너지 생성의 장(場)에서 에이티피(ATP)의 합성을 함.

미투리 명 삼이나 노 따위로 짚신처럼 삼은 신. 흔히 날을 여섯 개로 함. 마혜(麻鞋). 망혜(芒鞋). 승혜(繩鞋)

미트(mitt) 명 야구에서, 포수(捕手)나 일루수가 공을 받기 위하여 손에 끼는 글러브.

미:트볼:(meatball) 명 다진 쇠고기에 다진 양파와 갖은양념을 섞어 만든 서양식 완자.

미:팅(meeting) 명 모임. 만남. 회합(會合). 집회(集會)

미:편(未便) 어기 '미편(未便)하다'의 어기(語基).

미:편-하다(未便─) 형여 편안하지 아니하다. ¶심기(心氣)가 ─.

미:품(美品) 명 품질이 썩 좋은 물건.

미품(微稟) 명-하다 타 지난날, 신하가 임금에게 격식을 갖추지 아니하고 넌지시 아뢰는 일을 이르던 말.

미:풍(美風) 명 아름다운 풍속. 좋은 풍속. 미속(美俗) 유 양풍(良風) ☞악풍(惡風)

미풍(微風) 명 솔솔 부는 바람. 솔솔바람. 세풍(細風)

미:풍-양속(美風良俗) 명 아름답고 좋은 풍속. 양풍미속(良風美俗)

미:필(未畢) 명-하다 타 아직 마치지 못함. 미료(未了) ¶병역(兵役) ─/훈련 ─

미:필연(未必然) '꼭 그렇지는 아니함'의 뜻.

미:필-자(未畢者)[─짜] 명 어떤 일을 다 마치지 못한 사람. ¶병역(兵役) ─

미:필적=고:의(未必的故意)[─쩍─] 명 법률에서, 범죄 사실의 발생을 적극적으로 의도(意圖)한 것은 아니나, 자기의 행위로 그런 사실이 발생할 수 있다는 것을 알면서도 그것을 실행하는 경우의 심리 상태. 공장 폐수가 사람에게 해롭다는 것을 알면서도, 비용을 아끼기 위하여 그대로 흘려 보냄으로써 주민들에게 해를 끼친 것과 같은 경우를 이름.

미하(米蝦) 명 '쌀새우'의 딴이름.

미:학(美學) 명 미(美)의 본질이나 원리를 대상으로 하여 연구하는 학문. 심미학(審美學)

미:학-적(美學的) 명 미학을 바탕으로 하는 것. ¶─ 가치/─ 견해

미한(微汗) 명 조금 나는 땀. 경한(輕汗)

미행(尾行) 명-하다 타 남의 뒤를 몰래 밟음. 특히 경찰관이 용의자 따위의 뒤를 밟아 그의 행동을 감시하는 일. ¶공범(共犯)을 잡으려고 범인을 ─하였다.

미:행(美行) 명 좋은 행실.

미행(微行) 명-하다 타 ①'미복잠행(微服潛行)'의 준말. 간행(間行) ②국제법에서, 국가 원수나 외교 사절이 신분을 외국 관리에게 알리지 않고 다른 나라를 여행하는 일.

미현(迷眩) 어기 '미현(迷眩)하다'의 어기(語基).

미현-하다(迷眩─) 형여 정신이 헷갈리고 어지럽다.

미:협(未協) 어기 '미협(未協)하다'의 어기(語基).

미:협-하다(未協─) 형여 뜻이 서로 맞지 않는 데가 있다.

미:형(美形) 명 아름다운 모양.

미:형(未瑩) 어기 '미형(未瑩)하다'의 어기(語基).

미:형-하다(未瑩─) 형여 똑똑하지 못하다.

미:호-종개(美湖─) 명 미꾸릿과의 민물고기. 몸길이 10 cm 안팎. 몸의 중앙은 굵고, 앞쪽과 뒤쪽은 가늘고 길. 물의 흐름이 느리고 얕은 곳의 모래 속에 몸을 파묻고 삶. 우리 나라 고유종으로 금강 미호천에만 서식하는데, 멸종 위기의 보호 야생 동물로 지정되어 있음.

미혹(迷惑) 명-하다 자 ①무엇에 홀려서 제 정신을 차리지 못함. ¶민심을 ─한다. ②어찌해야 할지 마음이 헷갈리어 갈팡질팡함.

한자 미혹할 미(迷)〔辵部 6획〕¶미혹(迷惑)
미혹할 혹(惑)〔心部 8획〕¶유혹(誘惑)/현혹(眩惑)

미:혼(未婚) 명 아직 결혼하지 않은 처지. ¶─의 여성./─ 남녀 ☞기혼(旣婚)

미:혼-모(未婚母) 명 결혼을 하지 않은 몸으로 아이를 낳은 여자.

미:혼-자(未婚者)명 아직 결혼하지 아니한 사람. ☞기혼자(既婚者)
미:화(美化)명-하다타 ①아름답게 꾸밈. ¶환경 － ②실제 이상으로 아름답게, 또는 훌륭하게 표현함. ¶자기의 행위를 －하다./죽음을 －하다.
미화(美貨)명 미국의 화폐. 미불(美弗)
미:-확인(未確認)명 아직 확인되지 아니함.
미:확인=비행=물체(未確認飛行物體)명 비행접시 등과 같이 정체가 확인되지 않은 비행 물체. 유에프오
미:황(未遑)어기 '미황(未遑)하다'의 어기(語基).
미황-색(微黃色)명 노르께한 빛깔.
미:황-하다(未遑－)형여 미처 겨를이 없다.
미:효(美肴)명 맛좋은 안주. 가효(佳肴)
미후(獼猴)명 '원숭이'의 딴이름
미:흡(未洽)어기 '미흡(未洽)하다'의 어기(語基).
미:흡-처(未洽處)명 흡족하지 못한 부분.
미:흡-하다(未洽－)형여 흡족하지 못하다. 만족스럽지 아니하다. ¶아직 노력이 －.
미:희(美姬)명 아름다운 여자. 가희(佳姬). 미인(美人)
믹서(mixer)명 ①시멘트·모래·자갈·물을 섞어 콘크리트를 만드는 기계. ②과실이나 채소 따위를 잘게 부수어 즙을 내는 기구. ③방송이나 녹음 따위에서, 신호를 혼합하여 음량이나 음질을 조정하는 장치, 또는 그것을 다루는 기술자.
믹스(mix)명-하다타 섞음.
민(民)[1]명 '민간(民間)'의 준말. ¶－과 관(官).
민(民)[2]대 지난날, 조상의 무덤이 있는 곳의 백성이 그 고을 원에게 자기를 일컫던 말.
민-접두 '꾸미거나 가리거나 함이 없음'을 뜻함. ¶민낯/민비녀/민족두리/민저고리 ☞맨-
-민(民)《접미사처럼 쓰이어》'사람들'의 뜻을 나타냄. ¶거주민(居住民)/실향민(失鄕民)/영세민(零細民)/피난민(避難民)/화전민(火田民)
민가(民家)명 일반 국민의 살림집. 민호(民戶) ☞밧집
민간(民間)명 ①일반 국민들 사이. 서민의 사회. 보통 사람의 사회. ¶－에 널리 퍼졌다. ②관청이나 정부 기관에 딸리지 않음을 뜻하는 말. ¶－ 단체 준민(民)
민간-기(民間機)명 민간 소유의 비행기.
민간=방:송(民間放送)명 민간의 자본으로 설립하여 광고료 따위로 경영하는 방송. 준민방(民放) ☞공공 방송
민간=설화(民間說話)명 민간에 입에서 입으로 전하여 내려오는 이야기. 민담(民譚)
민간=신:앙(民間信仰)명 민간에 전해 내려오는 신앙.
민간-약(民間藥)[－냑]명 예로부터 민간에 쓰이어 내려오는 약.
민간=외:교(民間外交)명 문화나 예술, 스포츠 등을 통하여 민간인 사이에 이루어지는 국제 교류(國際交流).
민간=요법(民間療法)[－뇨뻡]명 예로부터 민간에 전해오는 병의 치료법. 주술적인 것에서, 약물·침·뜸·안마 따위 과학적 근거가 있는 요법까지 갖가지가 있음.
민간=은행(民間銀行)명 민간인이 경영하는 은행. 중앙은행이나 특수 은행에 상대하여 이름.
민간-인(民間人)명 공적(公的)인 기관에 딸리지 않은 사람. 관리나 군인이 아닌 보통 사람.
민간=전승(民間傳承)명 민간에 전해져 내려오는 기술·지식·관습·의례(儀禮)·속신(俗信)·놀이·속담 따위를 두루 이르는 말.
민간질고(民間疾苦)성구 정치의 부패나 변동 등으로 말미암아 국민이 받는 괴로움을 이르는 말.
민간=항:공(民間航空)명 민간인이 운영하는 항공, 또는 항공사. 국영 항공에 상대하여 이르는 말. 준민항
민감(敏感)어기 '민감(敏感)하다'의 어기(語基).
민감-하다(敏感－)형여 감각이 예민하다. ¶아주 작은 소리에도 민감하게 반응한다. ☞둔감하다
민-갓머리명 한자 부수(部首)의 한 가지. '冥'·'冠' 등에서 '冖'의 이름.
민-걷이[－거지]명 기둥면의 너비와 보의 어깨의 너비가 꼭 같을 때, 보의 어깨가 기둥면에 꼭 닿게 하는 일.
민경(民警)명 민간과 경찰을 아울러 이르는 말.
민곤(民困)명 국민의 곤궁.
민국(民國)명 민주 정치를 하는 나라.
민군(民軍)명 민병(民兵)
민-궁(－宮)명 장기판에서, 두 사(士)가 죽고 장(將)만 남은 궁을 이르는 말.
민궁(民窮)명-하다형 국민이 가난함.
민궁재갈(民窮財渴)성구 국민의 생활은 어렵고, 나라의 재정은 거덜남을 이르는 말.
민권(民權)[－꿘]명 국민의 기본적인 권리. 신체나 재산을 안전하게 지닐 수 있는 권리나 정치에 참여하는 권리 따위. ¶－의 신장(伸張). ☞관권(官權)
민권-당(民權黨)[－꿘－]명 민권의 확장과 유지를 주의로 삼는 정당. ☞관권당(官權黨)
민권=운:동(民權運動)[－꿘－]명 부당한 관권(官權)을 배제하고 민권의 신장(伸張)을 꾀하는 운동.
민권-주의(民權主義)[－꿘－]명 ①민권의 신장(伸張)을 목적으로 하는 주의. ②중국의 쑨원[孫文]이 제창한 삼민주의의 하나. 국민에게 참정권을 평등하게 주자는 주의.
민-날명 집 따위로 씌우지 않고 그대로 드러난 칼이나 창 따위의 날.
민-낯명 화장을 하지 않은 여자의 얼굴.
민-다래끼명 눈시울에 부스럼이 나지 않고 민틋하게 부어 오르는 다래끼.
민단(民團)명 '거류민단(居留民團)'의 준말.
민달(敏達)명-하다자 명민하여 모든 일에 환히 통함.
민-달팽이명 민달팽잇과의 연체동물. 몸길이 6~7cm이며, 껍데기가 없음. 암수한몸으로, 머리에는 뿔 모양의 두 쌍의 더듬이가 있음. 낮에는 돌 밑이나 흙 속에 숨어 있다가 밤이면 나와 식물의 잎을 갉아먹음. 괄태충(括胎蟲). 토와(土蝸)
민담(民譚)명 민간 설화(民間說話)
민답(民畓)명 민간이 소유하는 논.
민답(悶沓)어기 '민답(悶沓)하다'의 어기(語基).
민답-하다(悶沓－)형여 안타깝고 답답하다. 민울하다
민-대가리명 '민머리'를 속되게 이르는 말.
민도(民度)명 국민의 생활이나 문화의 수준.
민도(憫悼)명-하다타 남의 사정을 딱하고 섧게 여김.
×민-도리명 →납도리
×민도리-집명 →납도리집
민둥-민둥부-하다형 산에 나무가 없어 번번한 모양을 나타내는 말. ¶－ 헐벗은 산. ☞맨둥맨둥
민둥-산(－山)명 나무가 없이 맨바닥이 드러난 산. 독산(禿山). 벌거숭이산
민둥-씨름명 샅바 없이 하는 씨름.
민둥-인가목명 장미과의 낙엽 관목. 높이는 1~1.5m로 줄기 밑동에 가시가 있음. 잎은 깃꼴 겹잎으로 어긋맞게 나며, 가장자리에 잔 톱니가 있음. 5~6월에 엷은 붉은빛 또는 흰빛 꽃이 가시 끝에 한두 송이씩 핌. 우리 나라 각처 산 중턱에서 자람. 가시나무 ☞인가목조팝나무
민들레명 국화과의 여러해살이풀. 산이나 들의 양지바른 곳, 길가 등에 자람. 줄기 높이는 20~30cm. 뿌리에서 나는 깃 모양의 잎은 가장자리가 불규칙한 톱니 모양으로 갈라짐. 4~5월에 꽃대를 뻗어, 끝에 설상화(舌狀花)로 된 노란 또는 흰 두상화(頭狀花)가 핌. 7~8월에 맺는 씨앗에는 흰 깃털이 붙어 있어 바람에 날려 널리 흩어짐. 어린잎은 나물로 먹고, 뿌리와 잎은 건위제나 해열제 따위로 쓰임. 금잠초(金簪草). 포공영(蒲公英)
민등뼈-동:물(－動物)명 등뼈가 없는 동물을 통틀어 이르는 말. 무척추동물(無脊椎動物) ☞등뼈동물
민란(民亂)명 백성들이 일으키는 소요. 민요(民擾)
민력(民力)명 국민의 노력이나 재력.
민력(民曆)명 민간(民間)에서 사사로이 만들어 낸 음력 위주의 책력.
민련(憫憐)어기 '민련(憫憐)하다'의 어기(語基).

민련-하다(憫憐―) 형여 딱하고 가엾다.

민렴(民斂) 명 -하다 타 백성에게서 금품을 거두어들임.

민막(民瘼) 명 민폐(民弊)

민망(民望) 명 ①국민의 희망. ②백성에게서 받는 신망.

민망(憫惘) 어기 '민망(憫惘)하다'의 어기(語基).

민망-스럽다(憫惘―)(―스럽고·―스러워) 형ㅂ 보거나 느끼기에 민망한 데가 있다.

민망-스레 부 민망스럽게

민망-하다(憫惘―) 형여 딱하고 안타깝다. 민연하다 ¶ 영락(零落)한 그의 모습이 민망하여 차마 볼 수 없었다.

민망-히 부 민망하게

민-머리 명 ①정수리까지 벗어진 대머리. 속 민대가리 ② 쪽찌지 않은 머리. ③지난날, 벼슬하지 못한 사람을 이르던 말. 백두(白頭)

민-며느리 명 장차 며느리를 삼으려고 민머리인 채로 데려다 기르는 여자 아이. ☞데릴사위

민멸(泯滅) 명 -하다 자 자취가 아주 없어짐. 민몰(泯沒). 민절(泯絶)

민몰(泯沒) 명 -하다 자 민멸(泯滅)

민무늬-근(―筋) 명 가로무늬가 없는 근육. 내장이나 혈관의 벽을 이룸. 운동은 불수의적(不隨意的)이며, 가로무늬근보다 수축의 속도가 느림. 평활근(平滑筋)

민-물 명 뭍에 있는, 짜지 않은 물. 단물. 담수(淡水) ☞ 바닷물. 짠물

민물-고기[―꼬―] 명 민물에서 사는 물고기를 통틀어 이르는 말. 단물고기. 담수어(淡水魚) ☞바닷물고기. 짠물고기

> **▶ 우리 나라의 주요 민물고기**
> 가물치/가시고기/각시붕어/갈겨니/강준치/곤들매기/꺽저기/꺽지/꾸구리/끄리/납자루/누치/돌고기/동사리/둑중개/메기/모래무지/몰개/미꾸라지/밀어/버들붕어/뱀장어/버들치/붕어/빙어/산천어/송사리/송어/쉬리/쏘가리/어름치/열목어/은어/잉어/자가사리/짱뚱어/참마자/참종개/칠성장어/퉁사리/피라미

민물-낚시 명 강이나 호수, 못 따위의 민물에서 물고기를 낚는 일. ☞바다낚시

민물-도요 명 도요샛과의 나그네새. 몸길이 21cm 안팎. 여름깃은 붉은 갈색 바탕에 검은 얼룩이 있고, 겨울깃은 회색 바탕에 갈색 얼룩이 있음. 해안이나 강어귀 또는 내륙의 물가 따위에서 큰 무리를 이루고 삶.

민물-말 명 민물에서 나는 말을 통틀어 이르는 말. ☞바닷말. 조류(藻類)

민민(憫憫) 어기 '민민(憫憫)하다'의 어기(語基).

민민-하다(憫憫―) 형여 매우 딱하고 안쓰럽다.

민민-히 부 민민하게

민박(民泊) 명 -하다 자 민가(民家)에서 묵음.

민박(憫迫) 어기 '민박(憫迫)하다'의 어기(語基).

민박-하다(憫迫―) 형여 몹시 걱정스럽다.

민방(民放) 명 '민간 방송(民間放送)'의 준말.

민-방공(民防空) 명 민간에서 하는 방공.

민-방위(民防衛) 명 적의 침공이나 천재지변(天災地變)으로 말미암은 피해를 막기 위하여 민간인이 펴는 비군사적인 방위 활동. ¶ ― 훈련

민방위-대(民防衛隊) 명 민방위를 위하여 편성된 조직. 지역 민방위대와 직장 민방위대 따위.

민법(民法)[―뻡] 명 ①사권(私權)에 관한 법률을 통틀어 이르는 말. 주로 친족(親族) 따위의 신분이나 재산의 상속에 관한 법률을 이름. ②민법의 법전(法典).

민병(民兵) 명 민간인으로 이루어진, 상비군(常備軍)이 아닌 군대, 또는 그 대원. 민군(民軍)

민병-대(民兵隊) 명 민병으로 편성된 부대.

민복(民福) 명 국민의 복리(福利).

민본-주의(民本主義) 명 '민주주의'를 달리 이르는 말.

민-비녀 명 무늬를 새기지 않고 법랑(琺瑯)도 입히지 않은 은비녀.

민사(民事) 명 사법상(私法上)의 법률 관계에서 일어나는 일, 또는 이에 관련되는 사항. ☞형사(刑事)

민사(悶死) 명 -하다 자 몹시 괴로워하면서 죽음.

민사-법(民事法)[―뻡] 명 민사에 관한 실체법(實體法)과 절차법(節次法)을 통틀어 이르는 말. 민법(民法)·상법(商法)·민사 소송법 따위. ☞형사법(刑事法)

민사=사:건(民事事件)[―껀] 명 민사 소송의 대상으로, 사법에 따라 다루어지는 개인 사이의 사건. ☞형사 사건(刑事事件)

민사=소송(民事訴訟) 명 개인 사이에 일어난 생활 관계에 관한 다툼을 법원에서 법률적으로 해결하고 조정하기 위한 절차. 준 민소(民訴) ☞형사 소송(刑事訴訟)

민사=소송법(民事訴訟法)[―뻡] 명 민사 소송의 절차를 규율하는 법률. ☞형사 소송법(刑事訴訟法)

민사=재판(民事裁判) 명 민사 사건에 대한 법원의 재판. ☞형사 재판(刑事裁判)

민사=책임(民事責任) 명 위법 행위로 남의 권리나 이익을 침해한 때, 그 손해를 배상(賠償)하는 민법상의 책임. ☞형사 책임(刑事責任)

민사=특별법(民事特別法)[―뻡] 명 민사(民事)에 대하여 일반법에 우선하여 적용되는 특별 법규. 국가 배상법, 신원 보증법, 이자 제한법 따위. ☞상사 특별법(商事特別法). 형사 특별법(刑事特別法)

민사=회:사(民事會社) 명 농업·어업·광업·임업 따위의 영리 사업을 목적으로 하지만 상행위(商行爲)는 하지 않는 사단 법인. ☞상사 회사(商事會社)

민산(民散) 명 -하다 자 악정(惡政)을 견디지 못하여 국민이 사방으로 흩어짐.

민-상법(民商法) 명 민법과 상법을 아울러 이르는 말.

민-색떡(―色―) 명 특별한 꾸밈새를 하지 않은 색절편. 소색병(素色餠) ☞갖은색떡

민생(民生) 명 ①국민의 생활, 또는 생계(生計). ¶ ― 문제 ②일반 국민.

민생-고(民生苦) 명 국민이 생활하는 데 따른 괴로움. ¶ ―에 시달리다./―를 해결하다.

민생-주의(民生主義) 명 중국의 쑨원〔孫文〕이 주장한 삼민주의(三民主義)의 하나. 모든 계급적 압박을 없애고 국민 생활을 넉넉하게 하라는 주의.

민서(民庶) 명 민중(民衆)

민선(民選) 명 -하다 타 국민이 선거로 뽑음. ¶ ― 시장(市長) ☞관선(官選). 국선(國選)

민선=의원(民選議員) 명 국민이 뽑은 의원.

민성(民聲) 명 국민의 소리. 국민의 여론.

민성-함(民聲函) 명 국민이 자신의 의견이나 희망을 적어 넣을 수 있도록 관청 같은 데에 마련해 놓은 작은 상자.

민소(民訴) 명 ①억울한 일을 당한 국민이 관(官)에 대하여 하소연하는 일. ②'민사 소송(民事訴訟)'의 준말.

민소(憫笑) 명 -하다 자 ①민망히 여겨 웃음. ②어리석음을 비웃음.

민-소매 명 소매가 없는 윗옷. ☞반소매

민속(民俗) 명 민간의 풍속. 민풍(民風) ¶ ― 공예/― 신앙

민속(敏速) 어기 '민속(敏速)하다'의 어기(語基).

민속-극(民俗劇) 명 민간에 전해 오는 습속(習俗)이나 설화(說話) 따위를 내용으로 하는 연극.

민속=놀이(民俗―) 명 각 지방의 생활과 풍속이 나타난, 민간에 전해 내려오는 놀이.

민속=무:용(民俗舞踊) 명 각 지방에 전해 내려오는, 생활과 풍속을 반영한 무용. 강강수월래나 봉산 탈춤 따위.

민속-악(民俗樂) 명 전통적인 생활 문화로서 민간에 전해 내려오는 음악. 민속 음악

민속악=장단(民俗樂―) 명 국악의 판소리·산조·민요 따위에서 빠르기를 나타내는 말. 굿거리장단·중모리장단·휘모리장단 등이 있음.

민속=음악(民俗音樂) 명 민속악

민속-촌(民俗村) 명 전통적인 생활 문화를 잘 간직하고 있는 마을, 또는 그런 마을을 재현해 놓은 곳.

민속-하다(敏速―) 형여 날쌔고 빠르다.

민속-히 부 민속하게

민속-학(民俗學)[명] 그 민족의 전통적인 생활 문화나 전승(傳承) 문화를 연구하는 학문.
민수(民需)[명] 민간의 수요(需要). ☞관수(官需)
민수기(民數記)[명] 구약성서의 넷째 권. 모세 오경의 하나. 이스라엘 민족이 이집트에서 가나안으로 가는 길에 겪은 고난과 두 차례의 인구 조사에 대한 기록.
민숭-민숭[명]-하다[형] 매우 민숭한 모양을 나타내는 말. ☞맨송맨송
민숭-하다[형여] ①털이 날 자리에 털이 없이 번번하다. ②산에 풀이나 나무가 없어 번번하다. ③취한 기색이 없이 정신이 멀쩡하다. ☞맨송하다
민숭-히[부] 민숭하게 ☞맨송히
민습(民習)[명] 민간의 관습(慣習).
민시(民是)[명] 국민들이 옳다고 생각하는 근본 방침.
민시(民時)[명] 백성의 때라는 뜻으로, 봄갈이·김매기·가을걷이 등을 하는 바쁜 농사철을 이르는 말. 인시(人時)
민심(民心)[명] 국민의 마음. 민정(民情) ¶ -이 천심이다.
민약-설(民約說)[명] 사회나 국가는 그 구성원인 개인이 자유 평등한 자격으로 합의한 계약에 따라 이루어진다는 학설. 홉스·로크·루소 등이 주장하였음. 사회 계약설
민약=헌:법(民約憲法)[-뻡][명] 민정 헌법(民定憲法)
민어(民魚)[명] 민어과의 바닷물고기. 몸길이 60~90cm임. 몸빛은 등 쪽은 회청색, 배는 담색으로 윤이 남. 부레로는 부레풀을 만듦. 회어(鮰魚)
민어-포(-脯)[명] 민어로 만든 포. ☞어포(魚脯)
민-엄호(-广戶)[명] 한자 부수(部首)의 한 가지. '原'·'厚' 등에서 '厂'의 이름.
민업(民業)[명] 민간인이 경영하는 사업. ☞관업(官業)
민연(泯然)[어기] '민연(泯然)하다'의 어기(語基).
민연(憫然)[어기] '민연(憫然)하다'의 어기(語基).
민연-하다(泯然-)[형여] 자취가 없다.
민연-히[부] 민연하게
민연-하다(憫然-)[형여] 민망하다
민연-히[부] 민연하게
민영(民營)[명] 민간이 경영하는 일을 '관영(官營)'에 상대하여 이르는 말. ☞사영(私營)
민예(民藝)[명] 민중의 생활 속에서 생겨난 향토적인 공예나 예능 따위를 이르는 말.
민완(敏腕)[명]-하다[형] 일을 빠르고 시원스럽게 처리하는 솜씨. ¶ - 기자(記者)
민요(民窯)[명] 조선 시대, 민간에서 사사로이 도자기를 구워 내던 가마, 또는 거기서 구워 낸 도자기. ☞관요
민요(民謠)[명] 민중의 집단 생활 속에서 생겨나 전해 내려오는, 생활 감정이나 지역성 따위를 반영한 노래.
민요(民擾)[명] 백성들이 일으키는 소요. 민란(民亂)
민요-곡(民謠曲)[명] 민요풍의 가곡(歌曲).
민요-조(民謠調)[-쪼][명] 민요풍의 가락.
민요-풍(民謠風)[명] 민요와 같은 가락이나 형식. ¶ -의 노래.
민욕(民辱)[명] 국민의 치욕. 민족적인 치욕.
민울(悶鬱)[어기] '민울(悶鬱)하다'의 어기(語基).
민울-하다(悶鬱-)[형여] 안타깝고 답답하다. 민답하다
민울-히[부] 민울하게
민원(民怨)[명] 국민의 원망(怨望).
민원(民願)[명] 국민의 소원(所願)이나 청원(請願).
민원=사:무(民願事務)[명] 민원인이 제출하는 민원에 관한 사무. 허가·인가·면허·등록의 신청, 이의 신청(異議申請), 진정·건의·질의 등에 관한 사무 따위.
민원-실(民願室)[명] 각급(各級) 행정 기관에서, 민원 사무를 담당하는 부서를 이르는 말.
민원-인(民願人)[명] 민원을 제기하는 개인 또는 단체.
민유(民有)[명] 국민 개인의 소유. ☞국유(國有)
민-음표(-音標)[명] 점이 붙지 않은 음표. 온음표나 이분음표 따위. 단순 음표
민의(民意)[명] 국민의 뜻. 민지(民志) ¶ -에 따르는 정치.
민의-원(民議院)[명] 구헌법의 이원제(二院制) 국회에서, 참의원(參議院)과 함께 국회를 구성하는 의원(議院)을 이르던 말. 민의원 의원(議員)으로 조직됨. 미국의 하원(下院)에 해당함. ☞참의원(參議院)
민-의원(民議員)[명] '민의원 의원(民議院議員)'의 준말.
민의원=의원(民議院議員)[명] 구헌법에서, 민의원을 구성하는 의원을 이르던 말. [준]민의원(民議員)
민인(民人)[명] 인민(人民)
민장(民狀)[명] 지난날, 백성의 소송(訴訟)이나 청원(請願) 등에 관한 서류를 이르던 말.
민재(民財)[명] 지난날, 백성의 재산(財産)을 이르던 말.
민-저고리[명] 회장(回裝)을 대지 않은 저고리. ☞회장저고리
민적(民籍)[명] 지난날, '호적(戶籍)'을 달리 이르던 말.
민전(緡錢)[명] 지난날, 꿰미에 꿴 엽전을 이르던 말.
민절(泯絶)[명]-하다[자] 자취가 아주 없어짐. 민멸(泯滅). 민몰(泯沒)
민절(悶絶)[명]-하다[자] 괴롭게 번민하다가 까무러침.
민정(民政)[명] ①국민의 안녕 유지와 복리 증진을 꾀하는 정치. ②민간인이 하는 정치, 또는 그 정부. ☞군정
민정(民情)[명] ①국민이 살아가는 생활 실정. 민간의 사정. ②국민의 마음. 민심(民心)
민정=헌:법(民定憲法)[-뻡][명] 국민 투표나 국민의 대표인 의회(議會)를 통하여 제정된 헌법. 민약 헌법(民約憲法) ☞흠정 헌법(欽定憲法)
민족(民族)[명] 같은 지역에서 일어나, 같은 말을 쓰고, 역사·문화·생활 양식을 같이하는 인간의 집단. [유]겨레
민족=국가(民族國家)[명] 단일한 민족으로 구성된 국가.
민-족두리[명] 아무 꾸밈새가 없는 족두리. ☞꾸민족두리
민족=문화(民族文化)[명] 한 민족의 역사와 생활을 토대로 이루어진 독특한 문화.
민족-사(民族史)[명] 한 민족이 겪어 내려온 역사.
민족상잔(民族相殘)[성구] 같은 겨레끼리 서로 싸우고 죽임을 이르는 말. 동족상잔(同族相殘)
민족-성(民族性)[명] 한 민족의 특유한 성질.
민족=심리학(民族心理學)[명] 습속(習俗)·도덕·신화·종교·언어 따위를 통하여, 그 민족 특유의 심리를 연구하는 학문.
민족=운:동(民族運動)[명] 민족의 독립과 자주 또는 통일을 이루려는 운동.
민족=의:식(民族意識)[명] 같은 민족에 딸려 있다는 자각(自覺), 또는 그 민족의 독립·존속·발전 따위를 바라는 집단적인 의식.
민족=자결(民族自決)[명] 각 민족이 다른 민족이나 나라의 간섭이나 강요를 받지 않고, 민족 자체의 뜻에 따라 정치 제도를 선택, 결정하는 일.
민족=자:본(民族資本)[명] 발전 도상국이나 식민지가 자력(自力)으로 축적한 자본. 곧 외국 자본의 지배력에 대항하는 토착 자본. ☞매판 자본(買辦資本)
민족=자존(民族自存)[명] 한 민족이 다른 민족이나 나라에 의지하지 않고 스스로의 힘으로 삶을 누려 가는 일.
민족-적(民族的)[명] ①온 민족에 관계되는 것. ¶ -인 여망(輿望). ②그 민족의 고유한 것. ¶ -인 제례(祭禮).
민족=정신(民族精神)[명] ①한 민족에게 공통된 정신적인 특질. ②한 민족을 정신적으로 하나가 되게 하는 의식(意識). [유]민족혼(民族魂)
민족-주의(民族主義)[명] ①민족의 독립과 자립, 통일을 무엇보다도 중시하는 사상이나 운동. ②중국의 쑨원〔孫文〕이 제창한 삼민주의의 하나. 압박받는 민족의 해방과 민족 자결 및 평등한 권리를 주장하는 주의.
민족-지(民族誌)[명] 특정한 민족의 사회와 문화를 그 고장에 가서 직접 조사한 자료 등을 바탕으로 하여 구체적으로 기록한 것.
민족-학(民族學)[명] 여러 민족을 인종적·문화적 특질에 따라 분류하여, 그 발달 과정을 연구하는 학문.
민족-혼(民族魂)[명] 그 민족만이 지니고 있는 고유의 혼. [유]민족 정신(民族精神)
민주[명] 몹시 귀찮고 싫증나게 하는 일.
민주를 대다[관용] 몹시 귀찮고 싫증나게 행동하다.

민주(民主)명 ①나라의 주권이 국민에게 있는 것. ②민주주의를 행동의 원칙으로 하는 일. ¶― 선거
민주=공:화국(民主共和國)명 주권이 국민에게 있는 공화국. 곧 정체(政體)는 민주제, 국체(國體)는 공화제를 채택한 나라.
민주-국(民主國)명 '민주 국가(民主國家)'의 준말. ☞전제국(專制國). 군주국(君主國)
민주=국가(民主國家)명 민주 정치를 하는 나라. 준민주국(民主國)
민주-적(民主的)명 민주주의의 정신이나 방법에 걸맞은 것. ¶회의를 ―으로 진행하다./―인 절차에 따르다. ☞전제적(專制的)
민주=정당(民主政黨)명 민주주의를 표방하는 정당.
민주=정치(民主政治)명 민주주의를 바탕으로 하여 운용하는 정치. ☞전제 정치(專制政治)
민주=제:도(民主制度)명 민주주의 정신과 방식으로 정치를 하는 제도.
민주-주의(民主主義)명 ①국민이 주권을 가지며, 그 국민의 뜻에 따라 실행되는 정치 형태. ¶― 국가 ☞전제주의(專制主義) ②인간의 자유와 평등을 존중하는 사상. 민본주의(民本主義)
민주-화(民主化)명-하다자타 체제(體制)나 기구(機構) 또는 사고 방식이 민주적으로 되어가는 일, 또는 그렇게 되게 하는 일. ¶― 운동
민-죽절(―竹節)명 아무 장식이 없는 죽절 비녀.
민-줄명 개미를 먹이지 않은 연줄.
민중(民衆)명 나라나 사회를 이루고 있는 일반 사람들. 민서(民庶) ☞대중(大衆)
민중=예:술(民衆藝術)[―녜―]명 ①예술가가 아닌 일반 민중 사이에서 생겨난 예술. ②일부 특정 계층만의 예술이 아닌 일반 민중을 위한 예술. ☞귀족 예술
민중=운:동(民衆運動)명 민중이 어떠한 목적을 달성하기 위하여 펼치는 대중 운동.
민중-적(民衆的)[―쩍]명 민중에 바탕을 두고 있는 것. 민중의 생활이나 감정을 반영하고 있는 것. ¶―인 노래./―인 지지를 받는 후보.
민중-화(民衆化)명-하다자타 ①민중과 어울려 동화(同化)하거나 동화되게 하는 일. ②민중의 것이 되거나 그렇게 되게 하는 일.
민지(民志)명 국민의 뜻. 민의(民意)
민지(民智)명 국민의 슬기.
민-짜명 '민패'를 속되게 이르는 말.
민짜-건(―巾)명 '유건(儒巾)'을 달리 이르는 말.
민-책받침명 한자 부수(部首)의 한 가지. '廷'·'建' 등에서 '廴'의 이름.
민천(旻天)명 ①모든 백성을 사랑으로 돌보아 주는 어진 하늘이라는 뜻으로, '하늘'을 달리 이르는 말. ②사천(四天)의 하나. '가을 하늘'을 이름. ☞상천(上天)
민첩(敏捷)어기 '민첩(敏捷)하다'의 어기(語基).
민첩-하다(敏捷―)형여 몸놀림이 재빠르고 날래다.
민첩-히부 민첩하게

한자 **민첩할 민**(敏)〔攴部 7획〕¶민완(敏腕)/민활(敏活)

민촌(民村)명 지난날, 상사람이 많이 사는 마을을 이르던 말. ☞반촌(班村)
민-촌충(―寸蟲)명 촌충과의 기생충. 소를 중간 숙주(宿主)로 하여 사람의 창자에 기생함. 몸길이는 4~9m, 몸마디는 1,000~2,000개 정도이고 머리에 갈고리가 없음. 무구조충(無鉤絛蟲). 무구촌충(無鉤寸蟲)
민춤-하다형여 미련하고 덜되다.
민충(民衷)명 백성들의 고충.
민취(民娶)명-하다자 지난날, 양반으로서 상사람의 딸과 혼인하는 일을 이르던 말. 민혼(民婚) ☞반취(班娶)
민치(民治)명 백성을 다스리는 일.
민틋-하다[―튿―]형여 울퉁불퉁한 곳이 없이 비스듬하게 번번하다. ¶산허리에 민틋하게 일구어 놓은 초지.
민틋-이부 민틋하게
민-패명 아무런 꾸밈새가 없고 특별히 드러난 것도 없는 소박한 물건. 속민짜
민폐(民弊)명 민간에 폐가 되는 일. 민막(民瘼) ¶―를 끼치다. ☞관폐(官弊)
민풍(民風)명 민간의 풍속. 민속(民俗)
민-하다형여 좀 모자라고 미련스럽다. ¶민하게 생겼다.
민항(民航)명 '민간 항공(民間航空)'의 준말.
민혜(敏慧)어기 '민혜(敏慧)하다'의 어기(語基).
민혜-하다(敏慧―)형여 명민하고 슬기롭다.
민호(民戶)명 민가(民家)
민혼(民婚)명-하다자 민취(民娶)
민화(民畫)명 민중의 생활 문화를 소재로 한 그림.
민화(民話)명 민중 사이에서 생겨나 전하여 오는 이야기.
민-화투(―花鬪)명 화투 놀이에서, 같은 달의 그림을 맞추어 모아서 끗수를 셈하여 많이 딴 사람이 이기는 놀이. 약·단(短)과 같은 규약에 따라 끗수를 더하기도 함. ☞사오동(四梧桐)
민활(敏活)어기 '민활(敏活)하다'의 어기(語基).
민활-하다(敏活―)형여 기민(機敏)하고 활발하다.
민활-히부 민활하게
민회(民會)명 고대 그리스·로마에서, 시민으로 구성하는 의결 기관(議決機關)을 이르던 말.
민휼(憫恤)명-하다타 불쌍한 사람을 가엾이 여겨 도와 줌.
민-흘림명 기둥뿌리에서 기둥머리까지 일정한 비율로 조금씩 가늘게 한 양식. ☞배흘림
민흘림-기둥명 민흘림으로 한 기둥. ☞배흘림기둥
믿기다자 믿어지다. ¶믿기지 않는 일.
믿다타 ①조금도 의심하지 않고 꼭 그렇다고 여기다. ¶자네 말을 믿겠네./내 말을 믿어 다오. ②종교의 가르침을 지키고 그에 의지하다. ¶교리(敎理)를 ―./불교를 ―. ③어떤 곳에 마음을 붙이고 든든히 여기다. ¶선생님을 믿고 따르다./외아들만을 믿고 사는 홀어머니. ④남의 도움을 기대하다. ¶이젠 너밖에 믿을 데가 없다.
속담 **믿는 나무에 곰이 핀다**: 단단히 믿고 있던 일에 탈이 생긴다는 말./**믿는 도끼에 발등 찍힌다**: 믿고 있던 사람으로부터 도리어 해를 입게 된다는 말.〔믿었던 돌에 발부리 채었다〕

한자 **믿을 신**(信)〔人部 7획〕¶불신(不信)/신념(信念)/신망(信望)/신봉(信奉)/신용(信用)/신임(信任)

믿음명 ①믿는 마음. ¶아들에 대한 ―./―을 저버리다. ②신앙(信仰) ¶―이 굳다.
믿음-성(―性)[―썽]명 믿을만 한 바탕이나 성질. 신뢰성(信賴性)
믿음성-스럽다(―性―)[―썽―](―스럽고·―스러워)형ㅂ 믿음성이 있어 보이다. ¶믿음성스러운 청년.
믿음성-스레부 믿음성스럽게
믿음직-스럽다(―스럽고·―스러워)형ㅂ 믿음직한 데가 있다. ¶믿음직스러운 태도./아들이 ―.
믿음직-스레부 믿음직스럽게
믿음직-하다형여 믿음성이 있다. ¶그 젊은이는 ―.
밀[1]명 참밀
밀:[2]명 광산에서, 함지질할 때에 나오는 사금(砂金)·모래·돌 따위를 이르는 말.
밀:[3]명 밀랍(蜜蠟)
밀(蜜)명 꿀
밀(mil)의 야드파운드법에 따른 길이의 단위. 1밀은 1인치의 1,000분의 1. ☞마일(mile)
밀-가루[―까―]명 참밀의 가루. 맥분(麥粉). 소맥분(小麥粉). 진말(眞末)
속담 **밀가루 장사 하면 바람이 불고 소금 장사 하면 비가 온다**: 운수가 사나우면 하는 일마다 공교롭게 틀어진다는 말.
밀:-갈퀴명 벌통에서 밀을 따는 갈퀴.
밀감(蜜柑)명 ①운향과의 상록 활엽 관목. 높이는 3m 안팎이며, 잎은 긴 달걀꼴에 톱니가 없으며 어긋맞게 남. 6월경에 흰 다섯잎꽃이 잎겨드랑이에서 한 송이씩 피는

ㅁ

데 향기가 있음. 열매는 액과(液果)이며, 처음에는 녹색이었다가 10월경에 주황색으로 익음. 껍질은 약재나 향료로 쓰임. 제주도에서 많이 재배됨. ②밀감의 열매.

밀갑(密匣)명 밀부(密符)를 넣어 두는 나무 갑(匣).

밀-개:떡 명 밀가루나 밀기울로 반대기를 지어 찐 떡.

밀:겋다(밀겋고·밀건)형ㅎ 매우 멀겋다.

밀계(密計)명 남몰래 꾸미는 계책. 밀책(密策)

밀계(密契)명 남몰래 한 약속, 또는 계약

밀계(密啓)명-하다타 신하가 임금에게 은밀히 글을 올리는 일, 또는 그 글. 비계(祕啓)

밀고(密告)명-하다타 남몰래 일러바침. 은밀히 고발함. ¶범인을 -하다.

밀:-골무 명 손가락 끝이 상하였을 때 끼는, 꿀벌의 밀로 만든 골무.

밀과(蜜果)명 유밀과(油蜜果)

밀교(密敎)명 ①현교(顯敎)에 상대하여, 부처의 깨달음의 경지(境地)를 함부로 공개하지 않는 비밀 불교를 이르는 말. 7세기경에 인도에서 일어나 중국, 티벳, 우리 나라, 일본 등지로 전해짐. 비교(祕敎) ②지난날, 임금이 살아 있을 때 종친(宗親)이나 중신(重臣)에게 은밀히 뒷일을 부탁하여 내리는 교서(敎書)를 이르던 말.

ㅁ

밀구(蜜灸)명-하다타 한방에서, 약재에 꿀을 발라 불에 굽는 일, 또는 그 약재를 이르는 말.

밀-국수 명 밀가루와 날콩가루로 만든 국수, 또는 그것을 장국에 만 음식.

밀국수-냉:면(-冷麵)명 냉면 국물에 밀국수를 만 음식.

밀:-굽 명 말의 다리에 병이 났거나 편자를 박지 않아, 말이 다리를 절룩거려서 굽통이 앞으로 내밀린 굽.

밀기(密記)명-하다타 은밀히 적음, 또는 그 기록.

밀:-기름 명 밀과 참기름을 섞어 끓여서 만든 머릿기름의 한 가지.

밀-기울[-끼-]명 밀을 빻아서 가루를 내고 남은 찌끼. 맥부(麥麩). 맥피(麥皮)

밀-깜부기 명 깜부깃병에 걸려서 까맣게 된 밀의 이삭.

밀:-나물 명 백합과의 여러해살이풀. 잎은 달걀꼴이며 어긋맞게 남. 잎자루의 밑동에서 턱잎이 변한 덩굴손이 나와 다른 물체에 감기어 자람. 초여름에 잎겨드랑이에서 나온 꽃자루에 황록색의 많은 잔 꽃이 공 모양으로 모여서 피고, 열매는 8~9월에 콩알만 한 액과(液果)로 검게 익음. 암수딴그루이며, 애순은 먹을 수 있음. 산과 들에 자라는데 우리 나라와 일본, 중국 등지에 분포함.

밀:-낫 명 낫의 한 가지. 모양은 보통 낫과 같으나 등 쪽이 날이 되고 자루가 긴 것으로, 풀을 밀어 베는 데 쓰임. ☞반달낫

밀:다(밀고·미니)타 ①움직이게 하려고 앞으로 힘을 주다. ¶수레를 -. ②대패나 면도칼 따위로 표면이 반반해지도록 깎다. ¶대패로 나무를 -./면도칼로 수염을 -. ③가루 반죽을 방망이로 얇고 넓게 펴다. ¶밀반죽을 -. ④문질러서 씻어 내다. ¶때를 밀어 다오. ⑤뒤에서 보살피고 도와 주다. ¶사업을 하겠다면 내가 밀어 주지. ⑥추천(推薦)하거나 추대(推戴)하다. ¶그를 위원장으로 밉시다. ⑦'미루다'의 준말.

한자 밀 추(推) 〔手部 8획〕 ¶추력(推力)/추진(推進)
밀 퇴(推) 〔手部 8획〕 ¶퇴고(推敲)

밀담(密談)[-땀]명-하다자 남몰래 의논함, 또는 그 의논. 밀의(密議)

밀도(密度)[-또]명 ①일정한 넓이나 부피 속에 들어 있는 것의 비율. ¶인구의 -가 높다. ②물질의 단위 부피만큼의 질량. 예를 들면, 물은 1.0g/mL, 철은 7.87g/mL 따위임. ③글이나 강연(講演) 등에서, 내용의 충실한 정도를 나타내는 말. ¶- 높은 작품.

밀도(密屠)[-또]명 '밀도살(密屠殺)'의 준말.

밀-도살(密屠殺)[-또-]명-하다타 허가 없이 가축을 잡는 일. 도살(盜殺) 준밀도(密屠). 밀살(密殺)

밀:-돌[-똘]명 납작하고 반들반들한 작은 돌. 양념이나 곡식 따위를 갈아 부스러뜨리는 데 쓰임.

밀:-동자(-童子)명 수파련(水波蓮)의 장식으로 쓰는, 꿀벌의 밀로 조그맣게 만든 동자의 형상.

밀:-따기 명-하다자 벌통에서 밀을 떼어 내는 일.

밀-따리 명 꺼끄러기가 없고 빛깔이 붉은 늦벼의 한 품종.

밀-떡 명 꿀물이나 설탕물에 밀가루를 반죽하여 익히지 않은 날떡. 부스럼에 약으로 붙임.

밀:-뚤레 명 ①밀을 둥글넓적하게 뭉친 덩이. ②길이 들어 윤이 나거나 살져서 번들번들한 물건을 비유하여 이르는 말.

밀:-뜨리다(트리다)타 갑자기 세차게 밀어 버리다.

밀랍(蜜蠟)명 꿀벌의 집을 끓여 짜서 만든 납(蠟). 화장품 등의 원료로 쓰임. 밀. 봉랍(蜂蠟). 황랍

밀려-가다 자 ①어떤 힘에 떼밀려서 가다. ¶바람에 -./파도에 -. ②여럿이 한꺼번에 몰려서 가다. ¶군중이 광장으로 -.

밀려-나다 자 ①떼밀려 어떤 위치에서 밀리다. ¶대문 밖으로 -. ②어떤 자리에서 쫓겨나다. ¶이사직(理事職)에서 -.

밀려-나오다 자 ①뒤에서 미는 힘으로 나오다. ¶내릴 역도 아닌데 밀려나왔다. ②어떤 힘에 못 이기어 물러나다. ¶실력이 딸려 직장에서 밀려나왔어. ③여럿이 한꺼번에 몰려나오다. ¶밀려나오는 학생들.

밀려-다니다 자 ①뒤에서 미는 힘을 받아 다니다. ¶파도에 이리저리 밀려다니는 조개 껍데기. ②여럿이 떼를 지어 돌아다니다.

밀려-들다(-들고·-드니)자 여럿이 한목에 들이닥치다. ¶손님들이 밀려드는 음식점.

밀려-오다 자 ①어떤 힘에 떼밀려 오다. ¶파도가 -. ②여럿이 한꺼번에 몰려오다. ¶적군이 -.

밀렵(密獵)명-하다자타 허가 없이 몰래 사냥함, 또는 그 사냥. ¶반달곰을 -한다는군.

밀리(milli)의 '밀리미터(millimeter)'의 준말.

밀리그램(milligram)의 미터법에 따른 무게의 단위. 1그램의 1,000분의 1. 기호는 mg

밀리다[1] 자 미처 처리하지 못한 일이나 물건이 모여 쌓이다. ¶숙제가 -./밀린 빨래.

밀리다[2] 자 ①밂을 당하다. ¶뒤로 -. ②우세한 상대에게 눌리다. ¶체력에 밀려서 졌다.

밀리뢴트겐(Milliröntgen 독)의 엑스선(X線) 또는 감마선(γ線)의 조사 선량(照射線量)의 단위. 1뢴트겐의 1,000분의 1. 기호는 mR

밀리리터(milliliter)의 미터법에 따른 부피의 단위. 1리터의 1,000분의 1. 기호는 mL

밀리미크론(millimicron)의 미터법에 따른 길이의 단위. 1미크론의 1,000분의 1. 기호는 mμ

밀리미:터(millimeter)의 미터법에 따른 길이의 단위. 1미터의 1,000분의 1. 기호는 mm 준밀리(milli)

밀리바(millibar)의 미터법에 따른 압력의 단위. 1바의 1,000분의 1. 특히 기압을 나타내는 데 쓰임. 1밀리바는 1헥토파스칼. 1기압은 1,013밀리바. 기호는 mb

밀리볼트(millivolt)의 미터법에 따른 전압의 단위. 볼트의 1,000분의 1. 기호는 mV

밀리암페어(milliampere)의 전류의 단위. 1암페어의 1,000분의 1. 기호는 mA

밀림(密林)명 나무가 빽빽하게 들어선 수풀.

밀:-막다 타 ①못하게 하다. 말리다 ¶불평을 하려는 그의 말을 밀막았다. ②밀어서 막다. ¶들어가지 못하게 문 앞에서 밀막는다.

밀-만두(-饅頭)명 ①밀가루 만두피에 쇠고기·숙주·두부·김치·표고 등으로 만든 소를 넣어 빚은 음식. ②매끄러운 사람을 놀리어 이르는 말.

밀매(密賣)명-하다타 법을 어기고 금지된 물건을 몰래 팖. ¶마약(痲藥) -

밀-매:음(密賣淫)명-하다자 법을 어기고 몰래 몸을 팖.

밀모(密毛)명 빽빽하게 난 털.

밀모(密謀)명-하다타 주로 나쁜 일을 몰래 모의함.

밀-무:역(密貿易)명-하다타 법을 어기고 몰래 무역함,

또는 그 무역. 밀수(密輸)

밀:-문(–門)명 안으로 밀어서 열게 되어 있는 문. ☞당길문

밀:-물 명 하루에 두 번씩 일정한 때에 해안으로 밀려 들어오는 바닷물, 또는 그 현상. 간조(干潮)에서 만조(滿潮)까지를 이름. ☞썰물. 조수(潮水)

밀밀(密密)어기 '밀밀(密密)하다'의 어기(語基).

밀밀-하다(密密–)형여 아주 빽빽하다. ¶수목(樹木)이 –./고층 건물이 밀밀하게 들어서 있다.

밀밀-히 부 밀밀하게

밀-반죽 명 밀가루에 물을 부어 만든 반죽.

밀:-방망이 명 가루 반죽을 밀어서 얇고 넓게 펴는 데 쓰는 방망이.

밀-버섯 명 애기버섯과의 버섯. 갓은 지름 2.5~5cm이며 처음에는 평반 구형이나 차차 편평형이 됨. 빛깔은 적갈색임. 여름과 가을에 활엽수림의 땅 위에 자람. 먹을 수 있으며, 북반구와 아프리카에 널리 분포함.

밀-범벅 명 밀가루에 청둥호박과 청대콩 따위를 섞어 만든 범벅.

밀보(密報)명-하다타 은밀히 알림, 또는 그런 보고(報告). ¶상대편의 동향을 –하다.

밀-보리 명 ①밀과 보리. ②'쌀보리'의 딴이름.

밀봉(密封)명-하다타 단단히 봉함. 엄봉(嚴封) ¶비밀 문서를 –하다./병을 –하다.

밀봉(蜜蜂)명 '꿀벌'의 딴이름.

밀봉=교:육(密封教育)명 일정한 곳에 수용하여 바깥과 접촉을 막고 실시하는 비밀 교육. 간첩 등과 같은 특수 임무의 교육을 위한 것임.

밀부(密夫)명 유부녀와 몰래 정을 통하는 남자. 샛서방

밀부(密符)명 조선 시대에 병란(兵亂)이 일어나면 즉시 군사를 움직일 수 있도록 하던 발병부(發兵符). 유수(留守)나 감사(監司), 병사(兵使), 수사(水使) 등이 미리 임금과 나누어 가졌음.

밀부(密婦)명 유부남과 몰래 정을 통하는 여자.

밀:-붓 명 붓털에 밀을 먹여 빳빳하게 맨 붓.

밀삐 명 지게의 멜빵. 짚으로 너부죽하게 땋아 가다가 중간에서부터 새끼로 꼬아 동발에 매게 되어 있음.

밀삐-세장 명 지게의 둘째 세장. 밀삐의 위 끝을 매고 등태의 위 끝이 닿게 하는 나무.

밀사(密使)[–싸] 명 몰래 보내는 사자(使者).

밀사(密事)[–싸] 명 남모르게 하는 일.

밀살(密殺)[–쌀] 명-하다타 ①사람을 몰래 죽임. ②'밀도살(密屠殺)'의 준말.

밀삼(密蔘)[–쌈] 명 허가를 받지 않고 몰래 재배하는 인삼, 또는 몰래 생산하는 홍삼을 이르는 말.

밀상(密商)[–쌍] 명 법을 어기고 몰래 하는 장사, 또는 그 장수.

밀생(密生)[–쌩] 명-하다자 나무나 풀, 털, 곰팡이 따위가 빽빽하게 남.

밀서(密書)[–써] 명 ①몰래 보내는 편지. ¶적군의 사령관에게 –를 보냈다. ②'비밀 문서(祕密文書)'의 준말.

밀선(密船)[–썬] 명 법을 어겨 가며 몰래 다니는 배.

밀선(蜜腺)[–썬] 명 꿀샘

밀선=식물(蜜腺植物)[–썬–] 명 꿀샘을 가진 식물. 꽃에서 분비한 꿀로 곤충을 꾀어 가루받이를 함.

밀소(密訴)[–쏘] 명-하다타 남의 범죄나 음모 따위를 몰래 신고함.

밀-소주(–燒酒)명 밀과 누룩을 써서 곤 소주. 모소주

밀송(密送)[–쏭] 명-하다타 은밀히 보냄.

밀수(密輸)[–쑤] 명-하다타 법을 어기고 몰래 무역함, 또는 그 무역. 밀무역(密貿易)

밀수(蜜水)[–쑤] 명 꿀물

밀수-단(密輸團)[–쑤–] 명 밀수를 직업으로 하는 무리.

밀수-선(密輸船)[–쑤–] 명 밀수에 쓰이는 배.

밀-수입(密輸入)[–쑤–] 명-하다타 법을 어기고 몰래 수입함. ☞밀수출(密輸出)

밀-수제비 명 밀가루를 묽게 반죽하여 끓는 장국에 조금씩 떼어 넣고 익힌 음식.

밀-수출(密輸出)[–쑤–] 명 법을 어기고 몰래 수출함. ☞밀수입(密輸入)

밀식(密植)[–씩] 명-하다타 같은 종류의 식물 따위를 배게 심음. ¶벼모를 –하다.

밀실(密室)[–씰] 명 바깥과 막아 놓아 남이 드나들 수 없도록 하고 비밀히 쓰는 방. ¶지하의 –./–에서 이루어진 흥정./– 외교

밀-쌈 명 얇게 부친 밀전병에 고기나 오이, 버섯 따위를 볶아서 소로 하여 말아 놓은 음식.

밀알-지다 형 얼굴이 반반하게 생기다.

밀약(密約)명-하다타 남몰래 약속함, 또는 그 약속. 밀계(密契) ☞짬짜미

밀어(密魚)명 망둥엇과의 민물고기. 몸길이 8cm 안팎임. 몸통은 원통형으로 뒤로 갈수록 납작해짐. 몸빛은 옅은 갈색에 암갈색 반점이 있음. 우리 나라와 중국, 일본, 타이완 등지의 하천에 널리 분포함.

밀어(密語)명 ①비밀히 하는 말. 남이 알아듣지 못하게 속삭이는 말. ②불교에서 이르는 부처의 깊은 진실이 숨어 있는 설법(說法)의 말. ③밀교(密教)에서, '진언(眞言)'과 '다라니'를 이르는 말.

밀어(密漁)명-하다자 법을 어기고 몰래 물고기를 잡음.

밀어(蜜語)명 달콤한 말. 특히 남녀 사이의 정담(情談).

밀어-내:다 타 ①밀어서 밖으로 나가게 하다. ¶경계선 밖으로 –. ②모략이나 압력으로 어떤 자리에서 물러나게 하다. ¶경쟁자를 조직에서 –.

밀어-닥치다 자 한꺼번에 몰려오다. ¶여러 친구들이 –./큰 파도가 –.

밀어-던지기 명 씨름의 허리기술의 한 가지. 상대편의 몸 중심이 뒤로 기울었을 때 샅바를 당기면서 밀어붙여 넘어뜨리는 공격 재간. ☞돌려뿌리치기

밀어-붙이다[–부치–] 타 ①밀어서 한쪽에 붙어 있게 하다. ¶탁자를 구석으로 밀어붙여라. ②적극적으로 공세를 취하다. ¶상대 팀을 계속 밀어붙이자.

밀어-젖히다 타 ①밀어서 뒤집어 놓다. ②밀문을 힘껏 밀어서 열다. ¶방문을 밀어젖히고 나왔다.

밀어-차기 명 태권도의 발기술의 한 가지. 공격을 막으면서 상대의 얼굴이나 몸통을 발바닥으로 밀어 차는 일.

밀영(密營)명-하다자 유격대 따위가 깊은 산 속 같은 데에 은밀히 자리잡음, 또는 그런 군영(軍營).

밀운(密雲)명 두껍게 낀 구름.

밀원(蜜源)명 '밀원 식물(蜜源植物)'의 준말.

밀원=식물(蜜源植物)명 꿀벌이 꿀을 빨아 모으기에 알맞은 식물. 아카시아나 메밀, 유채, 토끼풀, 밤나무, 감나무, 자운영 따위. 준밀원(蜜源)

밀월(蜜月)명 ①결혼한 그 달, 또는 그 무렵의 시기. ②'밀월여행(蜜月旅行)'의 준말.

밀월-여행(蜜月旅行)[–려–] 명 신혼여행(新婚旅行) 준밀월(蜜月)

밀유(密諭)명 ①밀지(密旨) ②-하다타 넌지시 타이름.

밀음-쇠 명 가방 따위에 장치되어 있는, 밀어서 여는 자물쇠의 한 가지.

밀의(密意)명 비밀한 뜻. 숨은 뜻.

밀의(密議)명-하다타 남몰래 의논함, 또는 그 의논. 밀담

밀-입국(密入國)명-하다자 법적인 절차를 밟지 않고 몰래 국내로 들어옴. ☞밀출국(密出國)

밀:-장[–짱] 명 '밀장지'의 준말.

밀장(密葬)[–짱] 명-하다타 남의 땅이나 남의 묏자리에 몰래 장사를 지내는 일.

밀장(密藏)[–짱] 명-하다타 몰래 감추어 둠.

밀:-장지(∠–障子)[–짱–] 명 옆으로 밀어서 여닫는 장지. 준밀장

밀전(密栓)[–쩐] 명-하다타 마개로 꼭 막음, 또는 그 마개. ¶술병을 –하다.

밀-전병(–煎餠)명 떡의 한 가지. 밀가루를 찬물에 묽은 죽처럼 개어 둥글넓적하게 번철에 지진 떡.

밀접(密接)[–쩝] 어기 '밀접(密接)하다'의 어기(語基).

밀접-하다(密接-)[-쩝-]형여 ①관계가 썩 가깝다. ¶밀접한 관계. ②빈틈없이 딱 맞닿아 있다. ¶책장이 벽에 밀접해 있다.
밀접-히부 밀접하게
밀정(密偵)[-쩡]명 남의 내부 사정 따위를 몰래 살피어 알아내는 일, 또는 그런 사람. 스파이(spy)
밀제(蜜劑)[-쩨]명 먹기 좋도록 꿀을 바른 환약(丸藥). ☞밀환(蜜丸)
밀조(密造)[-쪼]명-하다타 제조가 금지되어 있거나 허가를 받아야 할 물건을 몰래 만듦. ¶마약을 -하다.
밀조(密詔)[-쪼]명 은밀히 내리는 조서(詔書).
밀주(密奏)[-쭈]명-하다타 임금에게 몰래 아뢺.
밀주(密酒)[-쭈]명-하다자타 허가 없이 몰래 술을 담금, 또는 그 술.
밀주(蜜酒)[-쭈]명 꿀과 메밀가루를 섞어서 빚은 술.
밀지(密旨)[-찌]명 임금의 은밀한 명령. 밀유(密諭)
밀직-사(密直司)[-찍-]명 고려 시대, 왕명의 출납과 궁궐의 경호 따위의 일을 맡아보던 관아.
밀집(密集)[-찝]명-하다자 빈틈이 없을 만큼 빽빽히 모임. ¶인구 - 지역
밀-짚[-찝]명 밀의 이삭을 떨어낸 줄기.
밀짚-꽃[-찝-]명 국화과의 한해살이풀 또는 두해살이풀. 줄기 높이는 80cm 안팎. 줄기나 가지에 털이 없고 가지가 많이 갈라져 있음. 여름에서 가을에 걸쳐 노랑과 하양, 주황, 엷은 빨강의 두상화(頭狀花)가 가지 끝에 한 송이씩 핌. 오스트레일리아 원산의 관상용 식물임.
밀짚-모자(-帽子)[-찝-]명 밀짚이나 보릿짚으로 결어서 만든 여름 모자.
밀착(密着)명-하다자 ①빈틈없이 딱 달라붙음. ¶- 수비 ②'밀착 인화'의 준말.
밀착=인화(密着印畫)명 사진에서, 원판(原板)의 크기 그대로 인화지나 필름에 대서 인화하는 일, 또는 그 인화. 준밀착(密着)
밀책(密策)명 남몰래 꾸미는 계책. 밀계(密計)
밀-천:신(-薦新)명 햇밀가루로 부친 부꾸미로 지내는 고사(告祀).
밀:-초명 밀로 만든 초. 납밀(蠟蜜). 납촉(蠟燭). 황초. 황촉(黃燭)
밀초(蜜炒)명-하다타 한방에서, 약재에 꿀을 발라 볶는 일.
밀-출국(密出國)명-하다자 법적인 절차를 밟지 않고 몰래 국외로 나감. ☞밀입국(密入國)
밀:치명 말의 꼬리 밑을 둘러서 안장 뒤에 고정하는 끈. 비탈을 내려갈 때 안장이 앞으로 쏠리는 것을 막음. ☞껑거리
밀:치다타 세게 밀다. ¶앞 사람을 밀치고 들어섰다.

한자 밀칠 배(排) 〔手部 8획〕 ¶배설(排泄)/배출(排出)

밀:치락-달:치락부 서로 밀고 잡아당기고 하는 모양을 나타내는 말. ¶- 실랑이질을 한다.
밀칙(密勅)명 비밀히 내린 임금의 명령.
밀크셰이크(milk shake)명 우유에 달걀을 섞고, 설탕과 향료와 얼음 조각을 넣어서 만든 음료수.
밀크캐러멜(milk caramel)명 우유를 섞어 만든 캐러멜.
밀타-승(密陀僧)명 '일산화연(一酸化鉛)'을 달리 이르는 말. 안료(顔料)에 쓰임.
밀타-유(密陀油)명 들기름에 밀타승을 섞어서 끓여 만든 것. 유화(油畫) 물감으로 쓰임.
밀탐(密探)명-하다타 남몰래 정탐(偵探)함.
밀통(密通)명-하다자 ①부부가 아닌 남녀가 몰래 정을 통함. ②적(敵)과 몰래 손을 잡음.
밀파(密派)명-하다타 어떤 특별한 임무를 맡기어 사람을 몰래 보냄. ¶정보원을 -하다.
밀:-펌프(-pump)명 위로 열리는 날름쇠를 가진 양수용(揚水用) 펌프. ☞빨펌프
밀폐(密閉)명-하다타 빈틈없이 꼭 막거나 꼭 닫음. ¶상자를 -하였다./-된 방.
밀-푸러기명 국에 밀가루를 풀어 만든 음식.
밀-풀명 밀가루로 쑨 풀.
밀:-피(-皮)명 활시위에 밀을 먹인 다음 문지르고 씻고 하는 가죽이나 베 조각.
밀항(密航)명-하다자 법을 어기고 배나 비행기를 타고 몰래 다른 나라로 감.
밀행(密行)명-하다자 ①남의 눈을 속이고 몰래 나다님. ②은밀히 어떤 곳으로 감. ¶중국에 -하다. 잠행(潛行)
밀화(密畫)명 '세밀화(細密畫)'의 준말.
밀화(蜜花)명 호박(琥珀)의 한 가지. 밀과 같은 누른빛을 띠며 흐릿한 젖빛의 무늬가 있음.
밀화-부리(蜜花-)명 되샛과의 여름 철새. 몸길이 19cm 안팎. 몸빛은 암수가 다름. 머리·꼬리·날개가 수컷은 검고 암컷은 회갈색임. 부리는 굵고 밀화처럼 노란 빛깔이며 울음소리가 아름다워 애완용으로 기르기도 함. 고지새. 청작(靑雀). 청조(靑鳥)
밀화-잠(蜜花簪)명 밀화 조각에 꽃을 새기고 은으로 고달을 단 비녀.
밀화=장도(蜜花粧刀)명 밀화로 꾸민 장도.
밀화=패:영(蜜花貝纓)명 밀화 구슬을 꿴 갓끈.
밀환(蜜丸)명-하다타 한방에서, 가루 약재를 꿀로 반죽하여 알약을 만드는 일, 또는 그렇게 만든 알약.
밀회(密會)명-하다자 남의 눈을 피하여 만나거나 모임.
밈:명 '미음(米飮)'의 준말.
밉광-스럽다(-스럽고·-스러워)형ㅂ 보기에 밉살스럽다. ¶얼굴은 고운데 하는 짓은 -.
밉광-스레부 밉광스럽게
밉다(밉고·미워)형ㅂ ①말이나 하는 짓 따위가 마음에 거슬려 싫다. 보기 싫다. ¶남을 괴롭히는 사람이 -. ②얼굴이나 생김새 따위가 곱지 아니하다. ¶차림새가 -.
미운 정 고운 정관용 오래 사귀어 깊이 든 정.
속담 **미운 강아지 우쭐거리면서 똥 싼다**: 미움을 받는 사람이 더욱 미운 짓만 골라서 함을 이르는 말.〔못난 색시 달밤에 삿갓 쓰고 나선다〕/**미운 놈 떡 하나 더 준다**: 뒤탈을 염려하여 겉으로만 후하게 대한다는 말.〔미운 아이 먼저 품어라/미운 사람에게는 쫓아가 인사한다〕/**미운 놈 보려면 길 나는 밭 사라**: 길이 나는 밭을 사면 길 가며 농작물을 짓밟는 사람들을 많이 보게 된다는 말.〔미운 놈 보려면 술장사하라〕/**미운 벌레 모로 긴다**: 미워하는 사람이 하는 짓은 모든 것이 비위에 거슬린다는 말./**미운 열 사위 없고 고운 외며느리 없다**: 흔히 사람들이 사위는 무조건 귀하게 여기고 아끼지만, 며느리는 아무리 잘 하여도 아끼지 않는다 하여 이르는 말./**미운 털이 박히었나**: 남을 너무 미워하여 못살게 굶을 이르는 말./**미운 파리 잡으려다 고운 파리 잡는다**: 좋지 않은 것을 없애려다가 아끼는 사람에게 해를 끼치게 된다는 말./**미운 풀이 죽으면 고운 풀도 죽는다**: 어떤 좋지 않은 것을 없애려면 희생이 따른다는 말./**밉다고 차 버리면 떡 고리에 자빠진다**: 미워하는 사람을 해친다고 한 일이 도리어 그 사람에게 다행한 일이 되어 더욱더 분을 돋우게 됨을 이르는 말.

한자 미울 증(憎) 〔心部 12획〕 ¶애증(愛憎)/증오(憎惡)

밉둥명 어린아이의 미운 짓.
×**밉둥-스럽다**형ㅂ →밉살스럽다
밉둥-피우다자 어린아이가 미운 짓을 하다.
밉디-밉다(-밉고·-미워)형ㅂ 몹시 밉다.
밉-보이다자 밉게 보이다. ¶윗사람에게 밉보였다.
밉살-맞다[-맏-]형 매우 밉살스럽다.
밉살머리-스럽다(-스럽고·-스러워)형ㅂ '밉살스럽다'의 속된말.
밉살-스럽다(-스럽고·-스러워)형ㅂ 마음에 몹시 미운 느낌이 있다. ¶하는 짓이 -./밉살스런 표정을 짓다. ☞맵살스럽다
밉살-스레부 밉살스럽게 ☞맵살스레
밉-상(-相)명 밉게 생긴 모양, 또는 그러한 사람.
밉스(MIPS)의 컴퓨터의 연산 처리 속도를 나타내는 단위. 1밉스는 1초에 일백만 개의 명령을 처리할 수 있는

속도임. [million instructions per second]

밋밋-하다[믿믿-] 형여 ①기울기나 굴곡 따위가 심하지 아니하고 민틋하다. ¶밋밋하게 이어지는 산등성이./밋밋한 삶을 산다. ②생김새가 굴곡이나 특징이 없어 멋없다. ¶밋밋하게 생긴 얼굴. ☞맷맷하다

밋밋-이 부 밋밋하게 ☞맷맷이

밍근-하다 형여 좀 미지근하다. ¶씻을 물을 밍근하게 데우다. ☞맹근하다. 미지근하다

밍근-히 부 밍근하게 ☞맹근히. 미지근히

밍밍-하다 형여 ①음식 맛이 몹시 싱겁다. ②술이나 담배의 맛이 독하지 않다. ☞삼삼하다. 심심하다[1]

밍밍-히 부 밍밍하게

밍크(mink) 명 족제빗과의 포유동물. 몸길이 40cm 안팎. 족제비와 비슷하나 조금 크고 꼬리가 굵음. 털은 짙은 갈색이며 부드럽고 광택이 있음. 물가에 살면서 물고기나 새, 쥐 따위를 잡아먹음. 북아메리카와 유럽, 아시아의 북부 등지에 분포함. 고급 모피용으로 사육함.

및 부 '그리고'·'또'의 뜻으로 쓰이는 접속 부사. ¶정치 ─ 경제의 발전.

및다[믿─] 자 '미치다'의 준말.

밑 명 ①물체의 아래 부분이나 아래쪽. ¶등잔 ─./산 ─의 마을./마루 ─에 숨다./─이 둥글넓적하다. ②지위나 등급 따위의 낮은 쪽 또는 나이가 적은 쪽. ¶─에서 올라오는 의견./내 ─에서 일하는 사람./─의 동서. ③〔'밑에서'의 꼴로 쓰이어〕 보호나 영향을 받는 처지임을 나타내는 말. ¶양부모 ─에서 자랐다. ④'밑구멍'의 준말. ¶─을 씻는다. ⑤'밑동'의 준말. ⑥'밑절미'의 준말. ¶─을 다진다./─이 튼튼해야 한다. ⑦속곳의 가랑이 진 곳에 대는 마름모꼴의 헝겊. ⑧수학에서, $\log_a x$나 a^x의 a를 이르는 말.

밑도 끝도 없다 관용 시작도 끝도 없이 무슨 말을 불쑥 꺼내어 영문을 모르다.

밑(에) 들다 관용 연이 공중에서 남의 연줄에 눌리다.

밑이 가볍다 관용 한 자리에 오래 앉아 있지 못하다. ¶공부하기에는 너무 ─.

밑(이) 구리다 관용 숨기고 있는 어떤 약점 때문에 떳떳하지 못하다.

밑이 더럽다 관용 행실이 바르지 못하다.

밑(이) 들다 관용 고구마나 무 따위의 뿌리가 굵게 자라다. ¶감자가 옹골차게 ─.

밑이 무겁다 관용 밑이 질기다.

밑이 질기다 관용 어디를 가서 한번 자리를 잡으면 진득하게 오래 있다. 밑이 무겁다. ¶바둑이라면 밑이 질긴 친구지.

속담 **밑 빠진 독에 물 붓기** : 아무리 애써서 해도 조금도 보람이 나타나지 않는 경우, 또는 끝없이 많은 비용이 들어가는 경우를 이르는 말./**밑 빠진 동이에 물이 괴거든** : 도저히 이루어질 가망이 없는 경우를 이르는 말.〔병풍에 그린 닭이 홰를 치거든〕

한자 **밑 저**(底) 〔广部 5획〕 ¶저류(底流)/저면(底面)/저변(底邊)/저부(底部)/저층(底層)

밑-가지[믿─] 명 나무의 밑 부분에 돋아난 가지.

밑-각(─角)[믿─] 명 수학에서, 다각형의 밑변의 양끝을 꼭지점으로 하는 내각(內角)을 이르는 말.

밑-감[믿─] 명 주(主)가 되는 재료.

밑-갓[믿─] 명 갓의 한 가지. 뿌리를 먹음.

밑갓-채(─菜)[믿갇─] 명 밑갓 뿌리를 채쳐서 겨자 양념을 한 생채.

밑-거름[믿─] 명 ①씨를 뿌리거나 모를 내기 전, 또는 식목을 하기 전에 주는 거름. 기비(基肥). 원비(元肥) ☞덧거름. 웃거름 ②어떤 일을 이루는 데 바탕이 되는 것을 비유하여 이르는 말. ¶국민의 교육열이 조국 근대화에 ─이 되었다. ☞초석(礎石)

밑-거리[믿─] 명 단청(丹靑)할 때, 애벌칠을 하는 엷은 옥색의 채색(彩色).

밑-구멍[믿─] 명 ①물건의 밑에 뚫린 구멍. ②항문(肛門)이나 여자의 음부(陰部)를 속되게 이르는 말. 준 밑

속담 **밑구멍으로 호박씨 깐다** : 겉으로는 어수룩한체 하나, 남이 안 보는 곳에서는 엉큼한 짓을 한다는 말.〔밑구멍으로 노 꼰다〕/**밑구멍은 들출수록 구린내가 난다** : 캐면 캘수록 숨기고 있던 부정(不正) 따위가 더욱더 드러나는 경우를 이르는 말.

밑-그:림[믿─] 명 ①애벌로 모양만을 대충 초잡은 그림. ②수본으로 쓰려고 종이나 헝겊에 그린 그림.

밑-글[믿─] 명 ①이미 알고 있는, 밑천이 되는 글. ②책에서 이미 익힌 글.

밑깔이-짚[믿─] 명 소나 돼지 우리에 깔아 주는 짚.

밑-널[믿─] 명 밑에 댄 널빤지. 저판(底板)

밑-넓이[믿─] 명 각기둥이나 각뿔·원기둥·원뿔 따위 입체에서 밑면의 넓이. 밑면적 ☞윗넓이

밑-도드리[믿─] 명 조선 시대에 궁중의 잔치 때 추는 춤인 수연장무(壽延長舞)에 연주하던 음악. '수연장지곡(壽延長之曲)'이라고도 하였음.

밑-돈[믿─] 명 어떤 목적을 위하여 적립하거나 미리 마련해 두는 돈. 기금(基金)

밑-돌[믿─] 명 ①밑을 받친 돌. ②담이나 건축물 등의 밑바닥에 놓은 돌. ☞주춧돌

밑-돌:다[믿─](─돌고·─도니) 자 어떤 일정한 수량에 미치지 못하다. ¶관객 수가 예상을 밑돈다. ☞웃돌다

밑-동[믿─] 명 ①긴 물건의 맨 아랫동아리. ②나무줄기의 뿌리에 가까운 부분. ¶도끼로 ─을 찍다. ③채소 따위의 뿌리. 준 밑

밑두리-콧두리[믿─콛─] 부 똑똑히 알기 위하여 어떤 일을 속속들이 따져 묻는 모양을 나타내는 말. ¶─ 따져 물었다. ☞미주알고주알. 시시콜콜

밑-둥치[믿─] 명 둥치의 밑 부분.

밑-마디[믿─] 명 ①곤충의 관절지(關節肢)의 첫째 마디. ☞도래마디 ②식물 줄기의 밑동을 이루는 마디. 기절(基節)

밑-마음심(─心)[믿─] 명 한자 부수(部首)의 한 가지. '恭'·'慕' 등에서 '⺗'의 이름. ☞마음심

밑막이=문골(─門─)[믿─꼴] 명 문짝의 밑에 가로 낀 나무.

밑-말[믿─] 명 ①부탁 따위를 할 때, 미리 다짐하여 일러두는 말. ②원어(原語)

밑-머리[믿─] 명 치마머리나 다리 등을 드릴 때, 본디부터 있는 제 머리털을 이르는 말. ☞본머리

밑-면(─面)[믿─] 명 ①밑바닥 ②입체를 평면 위에 놓았을 때 밑바닥을 이루는 면. 저면(底面)

밑-면:적(─面積)[믿─] 명 밑넓이

밑-바닥[믿─] 명 ①물건의 아래로 향한 바닥. ¶그릇 속의 ─. ②가장 신분이 낮고 가난한 계층을 비유하여 이르는 말. ¶─ 인생 ③남의 속셈을 비유하여 이르는 말. ¶─이 빤히 들여다보이는 말.

밑-바대[믿─] 명 속곳 밑 안쪽에 덧대는 헝겊.

밑-바탕[믿─] 명 근본을 이루는 바탕. ¶작품의 ─이 되는 사상./그것이 인격 형성의 ─이 되었다.

밑-반찬(─飯饌)[믿─] 명 오래 두고 어느 때고 손쉽게 내먹을 수 있게 만든 반찬. 젓갈이나 장아찌 따위.

밑-받침[믿─] 명 ①밑에 받치는 물건. ☞책받침[2] ②어떤 일이 이루어지도록 밑에서 받치는 힘을 비유하여 이르는 말. ¶어린이 교육의 ─이 되겠다.

밑-변(─邊)[믿─] 명 수학에서, 도형의 밑바닥을 이루는 변. ☞아랫변

밑-불[믿─] 명 불을 피울 때 불씨가 되는, 본디부터 살아 있는 불.

밑-살[믿─] 명 ①미주알 ②'보지'의 속된말. ③소의 볼깃살의 한 가지. 국거리로 쓰임

밑-세장[믿─] 명 지게의 맨 아래의 세장.

밑-쇠[믿─] 명 못 쓰게 되어 저울로 달아서 값을 치는, 쇠로 된 그릇이나 연장. 새것과 바꿀 때 이르는 말.

밑-술[믿─] 명 ①모주(母酒) ②술을 담글 때, 빨리 발효하도록 술밑에 조금 넣는 묵은 술.

밑-실:개[믿-] 명 그넷줄의 맨 아래에 걸쳐 놓아 발을 디디거나 앉도록 한 물건.
밑-실[믿-] 명 재봉틀의 실톳에 감긴 실.
밑-씨[믿-] 명 종자식물(種子植物)의 암술에 있는 생식 기관. 가루받이하여 씨가 되는 부분임. 배주(胚珠)
밑-씻개[믿씯-] 명 뒤를 본 뒤에 밑을 씻어 내는 종이 따위의 물건.
밑-알[믿-] 명 암탉이 알 낳을 자리를 찾아 들도록 둥지에 넣어 두는 달걀.
속담 **밑알을 넣어야 알을 내어 먹는다** : 무엇이든 밑천을 들여야 얻는 것이 있다는 말.
밑-음(-音)[믿-] 명 화음(和音)의 기초가 되는 음. 기본 자리에서 3화음의 제일 밑의 음. 근음(根音)
밑-자리[믿-] 명 ①아랫사람이 앉는 밑의 자리. ②사람이 깔고 앉는 자리. ③맷방석이나 멱둥구미, 바구니 따위의 처음 겯기 시작하는 바닥이 되는 부분.
밑-절미[믿-] 명 어떤 사물의 바탕이 되는, 본디부터 있는 것. ¶ -가 든든하다. 준 밑

밑-점(-點)[믿-] 명 기점(基點)
밑정[믿-] 명 젖먹이의 똥오줌을 누는 횟수.
밑-조사(-調査)[믿-] 명-하다 타 예비적 · 기초적으로 하는 조사.
밑-줄[믿-] 명 가로쓰기한 글에서, 주의를 끌기 위하여 필요한 부분의 글 아래에 긋는 줄. 언더라인. 저선(底線) ¶ - 친 말. ☞방선(傍線)
밑-줄기[믿-] 명 나무나 풀의 줄기의 밑 부분. 밑동
밑-지다[믿-] 자타 장사에서, 밑천에 비하여 얻는 것이 적어 손해를 보다. 살닿다 ¶ 이번 장사는 크게 밑졌다.
밑지는 장사 관용 손해 보는 일.
밑져야 본전 관용 혹시 일이 잘못되더라도 손해 보는 일은 없다.
밑-짝[믿-] 명 맷돌이나 매통 따위와 같이 위아래 두 짝이 모여 한 벌이 된 물건의 아래짝. ¶ 맷돌 -에 맷돌중쇠가 박혀 있다. ☞위짝
밑-창[믿-] 명 신발의 바닥 밑에 붙이는 창. ☞속창
밑-천[믿-] 명 ①장사를 하거나 큰일을 치르는 데 기본적으로 있어야 하는 자금. ¶ 장사 -/결혼 - ②무슨 일을 하는 데 중요한 구실을 할 재주나 기술. ¶ 건강이 내 -이다. ③'자지'의 곁말.
밑천도 못 찾다 관용 일을 하다가 도리어 손해만 보다.
밑천이 짧다 관용 일을 하는 데 돈이 모자라거나, 익힌 기술 따위가 서투르다.
밑-층(-層)[믿-] 명 아래층
밑-판(-板)[믿-] 명 밑에 대는 판, 또는 밑이 되는 판.

ㅂ 훈민정음 자모 **ㅂ** 훈몽자회 자모 ㅂ

-ㅂ니까 어미 '-ㅂ니다'의 의문형으로 받침 없는 어간이나 '-이다'의 '이-'에 붙어, 물음을 나타내는 종결 어미. ¶ 어디 갑니까?/얼굴이 흽니까?/누구의 입김입니까? ☞-습니까

-ㅂ니다 어미 받침 없는 어간이나 '-이다'의 '이-'에 붙어, 사실이 그러함을 나타내는 종결 어미. ¶당신의 오만한 고독도 기억합니다./한없이 기쁩니다./저만이 외롭답니다./침묵이 금입니다. ☞-습니다

-ㅂ디까 어미 '-ㅂ디다'의 의문형으로 받침 없는 어간이나 '-이다'의 '이-'에 붙어, 사실이 그러했는지를 확인해 묻는 종결 어미. ¶무엇이라 대답합디까?/어느 것이 예쁩디까?/그것이 사실입디까? ☞-습디까

-ㅂ디다 어미 받침 없는 어간이나 '-이다'의 '이-'에 붙어, 사실이 그러했음을 나타내는 종결 어미. ¶아무도 그 사실을 모릅디다./농촌은 지금 바쁩디다./그분은 신사입디다. ☞-습디다

ㅂ불규칙=용:언(-不規則用言)[비읍-농-] 명 〈어〉'ㅂ 불규칙 활용'을 하는 용언. '곱다·깁다·돕다·춥다·아름답다' 따위.

ㅂ불규칙=활용(-不規則活用)[비읍-] 명 〈어〉용언이 활용할 때 어간(語幹)의 받침 'ㅂ'이 모음 어미 앞에서 '오'나 '우'로 바뀌는 활용. '곱다'가 '곱고·고와'로, '깁다'가 '깁고·기워'로 되는 따위.

-ㅂ시다 어미 받침 없는 동사 어간에 붙어, '하오' 할 자리에 함께 행동하기를 권하는 종결 어미. ¶하늘을 바라봅시다./함께 갑시다.

바[1] 명 볏짚이나 삼 따위로 두 가닥 이상의 여러 가닥을 지어 굵다랗게 드린 줄. ¶굵은 -./짐을 -로 동이다. ☞곱바. 동바. 살바. 짐바. 참바

바[2] 명 서양 음악의 장음계(長音階) 넷째(단음계 여섯째) 음계 이름 '에프(F)'에 해당하는 우리말 음계 이름. 이탈리아 음계 이름 '파(fa)'에 해당함.

바[3] 의 ①앞 말의 '내용'이나 '방법' 또는 '일'의 뜻을 나타내는 말. 용언의 관형사형 다음에 쓰임. ¶음악을 듣고 느낀 -를 적다./내가 알 -가 아니다. ②'기회'나 '경우'의 뜻을 나타내는 말. '-ㄹ 바에(는)'의 꼴로 쓰임. ¶이왕 할 -에는 열심히 해라.

> 한자 **바 소**(所) 〔戶部 4획〕 ¶소감(所感)/소망(所望)/소신(所信)/소요(所要)/소용(所用)

바:(bar)[1] 명 ①가로대 ②높이뛰기나 장대높이뛰기의 가로대. ③축구 경기장의 골의 가로대. ④발레 연습장의 손잡이 가로대. ⑤카운터가 있는 서양식 술집. ⑥악보에서, 소절(小節)을 구분하는 세로줄.

바:(bar)[2] 의 압력의 단위. 1바는 $1cm^2$에 100만 다인의 힘이 작용할 때의 압력임. 기호는 bar

바가지 명 ①잘 익은 박을 삶아 두 쪽으로 타서 만든 그릇. ¶샘물을 -로 떠서 마시다. ②액체나 가루 따위를 푸는 데 쓰는 그릇의 한 가지. ¶플라스틱 - 준박[1] ☞물바가지 ③〔의존 명사로도 쓰임〕 ¶물 한 -./쌀 두 -.

바가지(를) 긁다 관용 아내가 남편에게 불평이나 불만을 늘어놓으면서 자꾸 잔소리를 하다.

바가지(를) 쓰다 관용 남의 속임수에 억울한 손해를 보거나 책임을 지게 되다. ¶술집에서 -.

바가지(를) 씌우다 관용 남에게 속임수를 써서 억울한 손해를 보이거나 책임을 덮어씌우다. ¶피서객에게 -.

바가지(를) 차다 관용 살길을 잃고 거지 신세가 되다. 쪽박(을) 차다.

바가지-탈 명 바가지로 만든 탈.

바가텔(bagatelle) 명 가벼운 피아노 소곡(小曲).

바각 부 바가지처럼 단단하고 속이 빈 물체끼리 부딪칠 때 나는 소리를 나타내는 말. ☞버걱. 빠각

바각-거리다(대다) 자타 자꾸 바각 소리가 나다, 또는 그런 소리를 내다. ☞버걱거리다. 빠각거리다

바각-바각 부 바각거리는 소리를 나타내는 말. ¶- 바가지 스치는 소리. ☞버걱버걱. 빠각빠각

바:겐세일(bargain sale) 명 싼값으로 할인하여 물건을 파는 일. 특매(特賣)

바곳 명 옆으로 폈다 접었다 할 수 있는 손잡이가 달린, 길쭉한 송곳.

바구니 명 ①대오리나 싸리로 둥글게 결어서 만든 그릇. ¶나물을 -에 담다. ②〔의존 명사로도 쓰임〕 작은 물건이나 과일, 채소 따위를 담아서 세는 단위. ¶나물 한 -. ☞소쿠리

바:구미 명 바구밋과에 딸린 곤충을 통틀어 이르는 말. 몸길이 2~4mm. 주둥이가 길고 등에 짧은 털이 드물게 남. 종류가 많으며 몸빛도 회색, 회갈색, 갈색 등 다양함. 애벌레는 머리 부분이 단단하며 다리가 없음. 쌀·보리 등 곡물 및 식물의 해충임. 상비충(象鼻蟲) ☞쌀벌레

바그라-뜨리다(트리다) 타 바그라지게 하다. ☞버그러뜨리다. 빠그라뜨리다

바그라-지다 자 사개가 물러나서 틈이 바라지다. ☞버그러지다. 빠그라지다

바그르르 부 ①작고 운두가 낮은 그릇에 담긴 적은 양의 액체가 한차례 끓어오르는 모양, 또는 그 소리를 나타내는 말. ¶찌개가 - 끓기 시작하다. ②작은 거품이 한꺼번에 많이 일어나는 모양을 나타내는 말. ¶막걸리에서 거품이 - 일다. ☞버그르르. 보그르르. 빠그르르

바글-거리다(대다)[1] 자 ①액체에서 자꾸 바글바글 소리가 나다. ¶찌개가 바글거리며 끓다. ②거품이 바글바글 일어나다. ¶거품이 바글거린다. ☞버글거리다[1]. 보글거리다. 빠글거리다

바글-거리다(대다)[2] 자 작은 벌레 따위가 한데 모여 오글거리다. ¶개미떼가 -. ☞버글거리다[2]

바글-바글[1] 부 ①작고 운두가 낮은 그릇에 담긴 적은 양의 액체가 야단스레 끓는 모양, 또는 그 소리를 나타내는 말. ¶찌개를 - 끓이다. ②작은 거품이 잇달아 많이 일어나는 모양을 나타내는 말. ¶게가 거품을 - 내뿜다. ③이런저런 생각으로 속끓이는 모양을 나타내는 말. ¶사소한 일로 속을 - 끓이다. ☞버글버글[1]. 보글보글. 빠글빠글[1]

바글-바글[2] 부 작은 벌레 따위가 한데 모여 오글거리는 모양을 나타내는 말. ☞버글버글[2]. 오글오글[1]

바깥 명 ①밖이 되는 곳. 밖 ¶-에서 놀다./-을 내다보다. ☞옥외(屋外) ☞안 ②한데 ¶-에서 야영을 하다. ☞야외(野外) ③'바깥주인'의 준말.

> 한자 **바깥 외**(外) 〔夕部 2획〕 ¶외계(外界)/외곽(外廓)/외기(外氣)/외면(外面)/외부(外部)/외적(外敵)

바깥-나들이[-깥-] 명-하다 자 '나들이'를 달리 이르는 말. ¶-에서 돌아오다.

바깥-날[-깐-] 명 집 안이나 방 안에서 바깥의 날씨를 이르는 말. ¶-이 몹시 차다.

바깥-뜰[-깥-] 명 바깥채에 딸린 뜰. ☞뒤뜰. 안뜰

ㅂ

바깥-마당[-깐-] 명 대문 밖에 있는 마당. ☞안마당
바깥-목(-目)[-깐-] 명 바깥치수 ☞안목. 외목
바깥-문(-門)[-깐-] 명 겹문의 바깥쪽에 달린 문. 외문(外門) ☞안문
바깥-바람[-깐-] 명 ①바깥에서 부는 바람. 또는 바깥 공기. ¶ -이 차다. ②바깥에 나다니며 쐬는 바람. ¶ -에 감기가 도지다. ③바깥 세상의 움직임이나 흐름을 비유하여 이르는 말. ¶ -을 쐬어 견문을 넓히다.
바깥-반상(-飯床)[-깐-] 명 지난날, 궁중에서 임금에게 차려 내는 밥상을 이르던 말. ☞안반상
바깥-방(-房)[-깐-] 명 ①바깥채에 딸린 방. ②겹집에서 바깥쪽에 있는 방. ☞안방
바깥-벽(-壁)[-깐-] 명 건물 바깥쪽의 벽. 밭벽. 외벽 ☞안벽
바깥-부모(-父母)[-깐-] 명 '아버지'를 달리 이르는 말. 바깥어버이. 밭어버이. 밭부모 ☞안부모
바깥-사돈[-깐-] 명 부부의 아버지를 가리켜 사돈 사이에 서로 일컫는 말. 밭사돈 ☞안사돈
바깥-상제(-喪制)[-깐-] 명 남자 상제를 이르는 말. 밭상제 ☞안상제
바깥-소문(-所聞)[-깐-] 명 ①밖에서 떠도는 소문. ②한곳에 들어박히거나 갇힌 사람의 처지에서, 사회에서 떠도는 소문을 이르는 말. 외문(外聞) ¶ 변호사를 통해 -을 듣다.
바깥-소식(-消息)[-깐-] 명 ①밖의 일에 관한 소식. ②한곳에 들어박히거나 갇힌 사람의 처지에서, 사회에서 일어나는 일들에 관한 소식. ¶ 산골에서만 지내다 보니 -에는 감감하다.
바깥-손[-깐-] 명 남자 손. ☞안손
바깥-손님[-깐-] 명 남자 손님. 외객(外客) ☞내객(內客). 내빈(內賓). 안손님
바깥-식구(-食口)[-깐-] 명 남자 식구. ☞안식구
바깥-심부름[-깐-] 명 ①바깥주인이 시키는 심부름. ②바깥일에 관한 심부름. ☞안심부름
바깥-애[-깐-] 명 지난날, 여자 하인이 상전에게 자기 남편을 일컫거나, 상전이 여자 하인의 남편을 일컫던 말.
바깥-양반(-兩班)[-깐냥-] 명 ①그 집의 남자 주인. ☞안양반 ②여자가 남에게 자기 남편을 일컫는 말.
바깥-어른[-깐-] 명 '바깥주인'의 높임말.
바깥-어버이[-깐-] 명 '아버지'를 달리 이르는 말. 바깥부모. 밭어버이 ☞안어버이
바깥-옷[-깐-] 명 ①바깥식구의 옷. ☞안옷 ②바깥출입을 할 때 입는 옷.
바깥-일[-깐닐] 명 ①집 밖에서 하는 일. ¶ -로 종일 집을 비우다. ②주로 남자들이 하는 일. ¶ -에 참견을 못하게 하다. ☞안일 ③외부 사회에서 일어나는 일. ¶ 집 안에 틀어박혀 -과 담을 쌓고 지내다.
바깥-주인(-主人)[-깐-] 명 남자 주인. 밭주인 준 바깥 높 바깥어른 ☞안주인
바깥-지름[-깐-] 명 관(管)이나 구(球) 따위의 바깥쪽 지름. 외경(外徑) ☞안지름
바깥-짝[-깐-] 명 ①안팎 두 짝을 이룬 물건에서, 바깥에 있는 짝. ②일정한 거리에서 조금 더 가는 곳. ¶ 10리 -. ③한시(漢詩)에서, 한 구(句)를 이루는 두 짝 가운데 뒤에 있는 짝. ☞안짝
바깥-쪽[-깐-] 명 ①바깥으로 향한 쪽. 밭쪽. 외방(外方). 외측(外側) ¶ -을 향해 소리치다. ②바깥으로 드러난 쪽. ¶ 건물 -을 아름답게 꾸미다. ☞안쪽
바깥-채[-깐-] 명 안팎 두 채로 이루어진 집에서, 바깥쪽에 있는 집채. ☞안채
바깥-출입(-出入)[-깐-] 명 바깥에 나다니는 일. ¶ -이 잦다./-을 삼가다.
바깥-치수(-數)[-깐-] 명 마주한 두 물체의 바깥 면의 사이를 잰 치수. ☞안치수
바께쓰(∠バケツ 일. bucket) 명 양동이
바-꽃 명 미나리아재빗과의 여러해살이풀. 줄기 높이 1m 안팎. 잎은 손바닥 모양이고 늦여름에 투구 모양의 보랏빛 꽃이 핌. 덩이뿌리는 독성이 강하며 '부자(附子)'라 하여 한약재로 쓰임. 쌍란국. 오두. 초오. 투구꽃
바꾸다 타 ①어떤 것을 주고 그 대신 딴것을 받다. ¶ 달러를 원화로 -./쌀을 주고 보리쌀과 -. ②무엇을 주고 그 대가로 다른 것을 얻다. ¶ 목숨과도 바꿀 수 없다. ③본래의 것이나 본래의 상태를 딴것이나 딴 상태로 되게 하다. ¶ 계획을 -./방향을 -./모양새를 -. ④피륙을 사다. ¶ 광목 한 필을 -.
바꾸어 말하다 관용 먼저 한 말을 다른 말로 나타내다. 〔주로 '바꾸어 말하면', '바꾸어 말하자면'의 꼴로 쓰임.〕 ☞환언(換言)

한자 **바꿀 무**(貿) 〔貝部 5획〕 ¶ 무역(貿易)
바꿀 역(易) 〔日部 4획〕 ¶ 교역(交易)
바꿀 천(遷) 〔辵部 12획〕 ¶ 변천(變遷)/천이(遷移)
바꿀 체(替) 〔曰部 8획〕 ¶ 교체(交替)/대체(代替)
바꿀 환(換) 〔手部 9획〕 ¶ 환기(換氣)/환전(換錢)

바꾸이다 자 서로 또는 따로 바꾸어지다. 준 바뀌다
바꿈-질 명 -하다 자타 물건과 물건을 서로 바꾸는 일.
바뀌다 자 '바꾸이다'의 준말. ¶ 계획이 -./환경이 -.
바끄러움 명 바끄러워하는 마음이나 느낌. 준 바끄럼 ☞부끄러움
바끄럼 명 '바끄러움'의 준말. ☞부끄럼
바끄럼(을) 타다 관용 바끄러움을 남달리 쉬이 느끼다.
바끄럽다(바끄럽고·바끄러워) 형ㅂ ①양심에 거리끼어 남을 대할 면목이 없다. ②스스러움을 느껴 수줍다. ☞부끄럽다
바나나(banana) 명 파초과(芭蕉科)에 딸린 상록 여러해살이풀. 또는 그 열매. 줄기 높이 3~10m. 잎은 긴 타원형이며 여름에 담황색 꽃이 피고, 길쭉한 열매가 송이로 열리는데 씨가 없고 자양분이 많은 대표적인 열대 과일임. 열대 지방 원산.
바나듐(vanadium) 명 금속 원소의 하나. 철이나 납 같은 광물 속에 있는 은회색의 희금속 원소. 바나딘 〔원소 기호 V/원자 번호 23/원자량 50.94〕
바나듐-강(vanadium鋼) 명 바나듐을 첨가한 특수강. 경도, 전성(展性), 항장력(抗張力)이 큼.
바나딘(Vanadin 독) 명 바나듐(vanadium)
바냐위다 형 사람됨이 반지럽고 매우 인색하다.
바느-실 명 바늘과 실을 아울러 이르는 말. 침선(針線)
바느-질 명 -하다 자타 바느실로 옷 따위를 짓거나 꿰매는 일. 침선(針線) ¶ - 솜씨가 좋다. 유 재봉(裁縫)

▶ **'바느질'에 쓰이는 말들**
○ 바느질 말
감치다/공그르다/박다/사뜨다/상침 놓다/징거매다/징그다/호다/휘갑치다
○ 바느질에 쓰이는 물건들
바늘겨레·바늘방석/바늘집/실첩/반짇고리·바느질고리

바느질-값[-깝] 명 바느질삯
바느질-고리[-꼬-] 명 바늘, 실, 가위 따위의 바느질 도구를 담아 두는 그릇. 준 반짇고리
바느질-삯[-싹] 명 바느질을 해 주고 품삯으로 받는 공전. 바느질값
바느질-실[-씰] 명 바느질에 쓰이는 실. 유 재봉실
바느질-자[-짜] 명 바느질에 쓰이는 자. 침척(針尺). 포백척(布帛尺)
바느질-치(-黹) 명 한자 부수(部首)의 한 가지. '黻'·'黼' 등에서 '黹'의 이름.
바느질-품 명 바느질을 하는 데 드는 품. 바느질로 생계를 삼는 품팔이. ¶ -을 팔아 생계를 유지하다.
바늘 명 ①옷 따위를 꿰매거나 지을 때 쓰는, 가늘고 끝이 뾰족하며 머리에 구멍이 뚫린 쇠. 봉침(縫針). 침자(針子) ¶ -에 실을 꿰다. ☞살낭자 ②뜨개질할 때, 실을 뜨는 가늘고 긴 막대. ¶ 뜨개- ③주사를 놓을 때 쓰는, 가늘고 끝이 뾰족하며 속이 빈 쇠. ¶ 주삿- ④낚

삿줄 끝에 다는 갈고리 모양의 쇠. ⑤시계나 계기 따위의 숫자나 눈금을 가리키는 물건. ¶시계 -/저울 - ⑥레코드플레이어의 음반에 닿는 뾰족한 쇠. ¶레코드 - ⑦가늘고 뾰족한 물건을 통틀어 이르는 말.

속담 **바늘 가는 데 실 간다** : 밀접한 관계에 있는 둘은 언제든지 서로 따라다닌다는 말./**바늘 끝에 알을 올려 놓지 못한다** : 쉬울듯 하지만 원래 되지 않을 일을 비유하여 이르는 말./**바늘 넣고 도끼 낚는다** : 적은 것을 들여 큰 몫을 차지하려 함을 뜻하는 말./**바늘 도둑이 소도둑 된다** : 작은 도둑이 나중에 큰 도둑이 된다는 말로, 나쁜 일일수록 늘어가기 쉽다는 말./**바늘로 몽둥이 막는다** : 도저히 당해 낼 수 없는 힘이나 수단으로써 막으려 한다는 말./**바늘로 찔러도 피 한 방울 안 나오겠다** : ①몸이 매우 단단하고 야무지게 생긴 사람을 두고 하는 말. ②사람이 몹시 냉정하거나 인색함을 이르는 말./**바늘보다 실이 굵다** : 작아야 할 것이 크고, 커야 할 것이 작아서 사리에 맞지 않게 거꾸로 된 경우를 이르는 말.〔배보다 배꼽이 더 크다〕

한자 **바늘 침**(針)〔金部 2획〕¶주사침(注射針)/침공(針工)/침공(針孔)/침선(針線)/침소봉대(針小棒大)

▶ **바늘을 세는 단위**
바느질 바늘을 셀 때는 스물네 개를 한 단위로 하여 이르는데, 바늘 스물네 개를 '한 쌈'이라 한다.

바늘-겨레 명 바늘을 꽂아 두는 물건. 속에 머리털이나 솜을 채우고 헝겊 조각을 씌워서 만듦. 바늘방석

바늘-골 명 방동사닛과의 한해살이풀. 줄기 높이 5~40cm. 줄기는 떨기를 지어 곧게 서며 잎은 없음. 여름에 황갈색의 이삭 꽃이 피고, 열매는 수과(瘦果)로 맺음. 논과 같은 축축한 땅에서 절로 자람.

바늘-구멍[-꾸-] 명 ①바늘로 뚫은 구멍. ②바늘귀만 한 작은 구멍.

속담 **바늘구멍으로 하늘 보기** : 전체를 보지 못하는 매우 좁은 시야(視野)나 관찰 태도를 이르는 말./**바늘구멍으로 황소바람 들어온다** : 추울 때에는 바늘구멍만 한 문구멍으로 새어 들어오는 바람도 차다는 말.

바늘-귀[-뀌] 명 바늘 위쪽에 뚫린 실을 꿰는 구멍. 침공(針孔) ¶-에 실을 꿰다.

바늘-까치밥나무 명 범의귓과에 딸린 낙엽 관목. 줄기 높이 1m 안팎. 가지에 가시가 빽빽이 나며 잎은 댓 갈래 갈라진 동근 모양이고 잔 털이 나 있으며 어긋맞게 남. 봄에 갈색 꽃이 잎겨드랑이에서 피고, 열매는 가을에 장과(漿果)로 익는데 먹을 수 있음.

바늘꼬리-칼새 명 칼샛과에 딸린 철새. 몸길이 20cm 안팎. 몸빛은 등은 암갈색이고 앞이마와 목은 백색, 그 외는 담갈색임. 봄과 가을에 우리 나라를 지나감.

바늘-꽃 명 바늘꽃과의 여러해살이풀. 줄기 높이 30~80cm. 잎은 마주나며 길둥근꼴에 무딘 톱니가 있음. 여름에 연한 자홍색의 네잎꽃이 하나씩 핌. 산지나 물가의 축축한 땅에 자람.

바늘-대[-때] 명 돗자리나 가마니를 짤 때, 씨를 먹이기 위해 날 속으로 드나드는 가늘고 긴 막대기.

바늘-두더지 명 바늘두더짓과의 난생(卵生) 포유동물. 몸길이 35~50cm. 고슴도치와 비슷하며 꼬리가 아주 짧음. 온몸에 바늘 같은 털이 났으며 긴 주둥이와 혀로 개미를 잡아먹음. 오스트레일리아와 뉴기니 등지에 삶.

바늘-땀 명 바느질에서 바늘로 한 번 뜬 눈. 땀

바늘-밥[-빱] 명 바느질할 때 생기는, 더 쓸 수 없을 만큼 짧게 된 실 동강.

바늘-방석(-*方席) 명 ①앉아 있기에 괴롭고 난처한 자리를 비유하여 이르는 말. ②바늘겨레

속담 **바늘방석에 앉은 것 같다** : 그 자리에 그대로 있기가 몹시 괴롭고 난처하다는 말.

바늘-뼈 명 매우 가는 뼈대를 비유하여 이르는 말.

바늘뼈에 두부살 관용 뼈가 가느다랗고 살은 무른 사람을 두고 이르는 말.

바늘-세:포(-細胞) 명 자세포(刺細胞)

바늘-쌈 명 바늘 스물네 개를 종이나 은박지 따위로 납작하게 싼 뭉치.

바늘-집[-찝] 명 바늘을 넣어 보관하는 작은 갑. 위아래로 분리되며, 아래 부분에 머리털을 넣어 바늘을 꽂게 되어 있음. 흔히 두 개의 복숭아 모양으로 만들며, 술을 달아 노리개 겸용으로 차기도 함.

바니시(varnish) 명 도료의 한 가지. 수지(樹脂)나 건조성 기름을 알코올에 녹여 만든 투명·반투명의 액체로, 바르면 윤기가 나고 습기를 막음. 니스

바닐라(vanilla) 명 ①난초과의 여러해살이 덩굴풀. 길둥근 잎이 줄기 끝에 어긋맞게 나고 황록색 꽃이 핌. 익기 전의 열매를 발효시켜 향료를 채취함. 열대 지방에 분포함. ②바닐라 열매에서 채취한 향료. ¶-아이스크림

바닐린(vanillin) 명 합성 향료의 한 가지, 또는 바닐라의 덜 익은 열매를 발효시켜 만든 향료. 과자·빵·담배·화장품·아이스크림 등의 향료로 씀.

바다 명 ①지구 표면에서, 소금물〔바닷물〕이 괴어 있는 넓은 부분. 총면적이 약 3억 6천만 km^2로 지구 표면적의 4분의 3을 차지함. 평균 깊이는 3,800m. 유 해양(海洋) ☞뭍 ②액체가 많음을 비유하여 이르는 말. ¶눈물의 -. ③주변 일대가 그것으로 뒤덮여 있거나 널리 퍼져 있는 상태를 비유하여 이르는 말. ¶일대가 삽시간에 불의 -로 변하다./피의 -. ④달 표면의 어둡게 보이는 부분. ¶고요의 -.

속담 **바다는 메워도 사람의 욕심은 못 채운다** : 사람의 욕심은 한이 없어서 채워지지 않는다는 말.

한자 **바다 창**(滄)〔水部 10획〕¶창명(滄溟)/창해(滄海)
바다 해(海)〔水部 7획〕¶해로(海路)/해면(海面)/해상(海上)/해수(海水)/해양(海洋)/해초(海草)

바다-가마우지 명 가마우짓과의 바닷새. 몸길이 85cm 안팎. 몸 전체가 검은빛임. 동아시아 특산으로 바닷가의 낭떠러지 따위에 둥지를 틀고 번식을 하며, 바다에 잠수하여 물고기를 잡아먹음.

바다-거북 명 바다거북과의 거북. 등딱지 길이 1m 안팎. 몸빛은 암녹색에 암황색의 반점이 있으나 전체적으로 갈색인 것도 있음. 네 발은 물갈퀴 모양이고 바닷말을 먹으며 산란 때는 해변으로 올라옴.

바다-낚시[-낙-] 명 바다에서 물고기를 낚는 일. ☞갯바위낚시. 민물낚시

바다-뱀 명 ①바다에 사는 뱀을 통틀어 이르는 말. 모두 독이 있음. ②바다뱀과의 바닷물고기. 뱀장어와 비슷하게 생겼으며 몸길이 2m 안팎. 꼬리지느러미는 퇴화하고 비늘이 없음. 이가 강하고 독이 있음.

바다-비오리 명 오릿과의 겨울 철새. 몸길이 55cm 안팎이며 뒷머리에 뻗은 깃이 특징임. 수컷은 머리가 윤이 나는 청록색, 등은 검고 배는 흼. 암컷은 머리가 적갈색이며 목 아래 부분은 희고 온몸은 회색 바탕에 암갈색 무늬가 있음. 유라시아의 북부에 널리 분포함.

바다-색(-色) 명 청록(青綠)과 파랑의 중간색, 또는 그런 색의 물감. ☞남색(藍色)

바다-소 명 '해우(海牛)'의 딴이름.

바다-쇠오리 명 바다오릿과의 텃새. 몸길이 26cm 안팎. 머리는 흑색에 등은 회색, 배는 백색임. 우리 나라의 동해와 서해에서 번식하고 남해에서 겨울을 남. 떼지어 살며 작은 물고기나 조개, 갑각류 등을 잡아먹음.

바다-술 명 갯나리류의 극피동물(棘皮動物). 바닷속 깊은 곳에서 뿌리 같은 것으로 다른 물체에 달라붙어 삶. 식물의 나리와 비슷하며, 엷은 복숭아빛을 띰.

바다-제비 명 바다제빗과의 여름 철새. 제비와 비슷하나 몸빛이 흑갈색이며, 발에는 물갈퀴가 있음. 주로 무인도에서 무리를 이루어 삶. 해연(海燕)

바다-코끼리 명 바다코끼릿과의 포유동물. 몸길이 4m 안팎, 몸무게는 3톤 안팎이며 피부에 주름이 많음. 긴 송곳니가 두 개 있는데 수컷의 것은 1m나 됨. 북극해에 살며 주로 조개를 먹음. 해마(海馬). 해상(海象)

바다-표범(-豹-) 명 바다표범과에 딸린 포유동물. 몸길이 1.5~2m. 북극해를 비롯하여 여러 바다에서 사는데, 물개와 비슷하며 뒷다리가 지느러미 모양으로 뒤쪽을 향해 있어서 땅에서는 앞다리만으로 기어다님. 몸에 표범 같은 얼룩 무늬가 있는 것이 특징임. 해표(海豹)

바닥 명 ①물체의 넓고 편평한 겉면. 면(面) ¶마루의 -./-을 고르다. ②밑에 깔린 층의 겉면. 밑바닥. 저면(底面) ¶저수지의 -이 드러나다./- 없는 수렁. ③그릇이나 신 같은 물건의 밑을 이루는 편평한 부분. ¶양말 -/신발 -/접시 - ④피륙 따위의 짜인 면. ¶-이 고운 모시. ⑤일정한 고장이나 지역. ¶이 - 사람./시장 -에서 10년이나 살다. ⑥다 써 버리거나 하여 끝장이 난 상태. ¶돈도 떨어지고 식량도 -이 나다./밑천을 -을 내다. ⑦어떤 기준에서 보아, 가장 낮은 상태. ¶- 시세/-에서 맴도는 석차.

바닥을 긁다 관용 살림이 궁하여 밑바닥 생활을 하다.

바닥(을) 보다 관용 돈이나 물건을 다 써서 끝장을 보다.

바닥(을) 짚다 관용 광산에서, 땅의 아래쪽으로 파 가다.

바닥이 드러나다 관용 ①다 써 버리거나 하여, 끝장이 나다. ②숨겨졌던 실체가 드러나다. ¶그들의 흉계도 마침내 바닥이 드러났다.

바닥-걸기질 명-하다 자 논바닥에 물이 고루 퍼지지 않을 때, 거적자리로 높고 낮은 데를 고르게 하는 일.

바닥-끝 명 손바닥의 가운데 금이 끝난 곳.

바닥-나다 자 ①다 써서 없어지다. ¶밑천이 -. ②신발 따위의 바닥이 해져서 구멍이 나다. ¶바닥난 운동화.

바닥-낚시[-낙-] 명 깔낚시

바닥-내:다 타 일정한 분량의 것을 다 써 버리다. 모두 없애다. ¶살림을 -. ☞결딴내다

바닥-쇠 명 ①관직이 없는 양반을 속되게 이르던 말. ②한 고장에 오래 전부터 사는 사람을 속되게 이르는 말. 유 본토박이

바닥-자 명 물체의 곧고 곧지 않음과 그 바닥의 높낮이를 살피는 데 쓰는 자.

바닥-짐 명 짐이 없거나 적은 경우에, 배의 안정을 유지하기 위해 배 바닥에 싣는 모래나 돌, 물 따위의 중량물. 밸러스트(ballast)

바닥-첫째[-천-] 명 '꼴지'를 놀리어 이르는 말.

바닥-칠 명 여러 겹으로 바르는 칠에서 첫 번째.

바-단:조(-短調)[-쪼] 명 '바' 음을 으뜸음으로 하는 단조. 에프단조 ☞바장조

바닷-가 명 바닷물과 땅이 서로 잇닿은 곳, 또는 바다와 가까운 곳. 해변(海邊). 해안(海岸) ¶-에서 휴가를 보내다.

속담 **바닷가 개는 호랑이 무서운 줄 모른다** : 아무리 무서운 것이라도 알지 못하면 무서운 줄을 모른다는 말.

바닷-개 명 '물개'의 딴이름.

바닷-게 명 바다에서 사는 게. ☞민물게

바닷-고기 명 바닷물고기

바닷-길 명 배가 바다에서 다니는 일정한 길. 해로(海路)

바닷-말 명 바다에서 나는 말을 통틀어 이르는 말. 해조

바닷-모래 명 바다에서 나는 모래. 해사(海砂)

바닷-목 명 흔히 섬이나 곶에서 떨어진 앞바다에서 배가 다른 데로 빠져 나가는 바닷길.

바닷-물 명 바다의 짠물. 해수(海水) ¶-이 들어오는 강어귀. ☞민물

바닷-물고기[-꼬-] 명 바다에서 사는 물고기. 해어(海魚)

바닷물-조개 명 바다에서 사는 조개. 바닷조개

바닷-바람 명 ①바다에서 부는 바람. ②낮 동안 바다에서 뭍으로 부는 바람. 조풍(潮風). 해풍(海風) ☞뭍바람

바닷-새 명 주로 바다에 살며 물고기를 잡아먹는 물새를 통틀어 이르는 말. 갈매기, 신천옹 따위. 해조(海鳥)

바닷-조개 명 바닷물조개

바닷-짐승 명 바다에 사는 짐승을 통틀어 이르는 말. 고래, 물개, 바다표범 따위. 해수(海獸) ☞뭍짐승

바대[1] 명 삼홀적삼이나 고의 등의 해지는 부분에 안으로 덧대는 헝겊 조각. ¶바지 무릎에 -를 대었다.

바대[2] 명 바탕의 폭.

바동-거리다(대다) 자 ①작은 팔다리를 마구 내저으며 몸을 좀 뒤척이다. ②괴로운 처지에서 벗어나려고 애쓰다. ¶아무리 바동거려도 빠져 나갈 구멍이 없다. ☞버둥거리다

바동-바동 부 바동거리는 모양을 나타내는 말. ¶땅바닥에 주저앉아 - 발버둥이치다. ☞버둥버둥

바둑 명 두 사람이 흰 돌과 검은 돌을 가지고 바둑판에 번갈아 하나씩 놓으면서, 서로 에워싸서 집을 많이 차지하는 상태로 승패를 겨루는 놀이. 오로(烏鷺). 혁기

한자 **바둑 기**(棋) [木部 8획] ¶기객(棋客)/기단(棋壇)/기사(棋士)/기원(棋院) ▷棋·棊는 동자

바둑-강아지 명 털에 검은 점과 흰 점이 뒤섞여 있는 강아지. ☞바둑이

바둑-돌 명 ①바둑을 둘 때 쓰는 동글납작한 돌. 흑이 181개, 백이 180개로 한 벌이 됨. 기석(棋石). 기자(棋子) ②모 없이 반드럽고 동글동글한 작은 돌.

바둑-말 명 털빛이 바둑무늬로 되어 있는 말.

바둑-머리 명 어린아이의 머리털을 조금씩 모숨을 지어 여러 갈래로 땋은 머리.

바둑-무늬 명 동그란 검은 점과 흰 점이 뒤섞여 얼룩져 있는 무늬. 바둑문 ☞바둑판무늬

바둑-문(-紋) 명 바둑무늬

바둑-쇠 명 마고자에 다는 바둑돌 모양의 단추.

바둑-은(-銀) 명 은을 바둑돌만하게 만들어 화폐로 쓰던 옛날 돈의 이름.

바둑-이 명 털에 검은 점과 흰 점이 뒤섞여 있는 개. ☞바둑강아지

바둑=장:기(-將棋) 명 '바둑'과 '장기'를 아울러 이르는 말. 준 박장기

바둑-점(-點) 명 바둑무늬를 이루는 동글동글한 점.

바둑-판(-板) 명 바둑을 두는 데 쓰는 네모난 판. 가로세로 각각 열아홉 줄을 그어서 만나는 361개의 점이 있음. 기국(棋局). 기반(棋盤). 기평(棋枰)

바둑판 같다 관용 ①가로세로 줄이 고르고 반듯하다. ②몹시 얽은 얼굴 모양을 속되게 이르는 말.

바둑판-무늬(-板-) 명 바둑판처럼 가로세로 연결된 반듯한 사각 무늬.

바둑판-연(-板鳶)[-년] 명 바둑판처럼 가로세로 줄을 긋고 한 칸씩 걸러 먹칠한 연.

바드득 부 ①단단한 물건을 눌러 으깰 때 나는 소리를 나타내는 말. ¶마른 콩을 - 깨물다. ②단단한 물체끼리 갈릴 때 나는 소리를 나타내는 말. ¶이를 - 갈다. ③소복소복 곱게 쌓인 눈을 밟을 때 나는 소리를 나타내는 말. ¶- 눈을 밟으며 걷다. ☞보드득. 부드득. 빠드득. 아드득

바드득-거리다(대다) 자타 자꾸 바드득 소리가 나다, 또는 그런 소리를 내다. ☞보드득거리다. 부드득거리다. 빠드득거리다. 아드득거리다

바드득-바드득 부 바드득거리는 소리를 나타내는 말. ☞보드득보드득. 부드득부드득. 빠드득빠드득

바드름-하다 형여 좀 바듬하다. ¶바드름하게 송곳니가 나다. ☞버드름하다. 빠드름하다

바드름-히 부 바드름하게

바득-바득[1] 부 ①악지스레 고집을 부리는 모양을 나타내는 말. ¶- 우기다./- 조르다./- 떼를 쓰다. ②악착스레 애를 쓰는 모양을 나타내는 말. ¶이기려고 - 애를 쓰다. ☞부득부득[1]. 빠득빠득[1]. 아득바득

바득-바득[2] 부 이를 되바라지게 가는 소리를 나타내는 말. ¶이를 - 간다. ☞부득부득[2]. 빠득빠득[2]

바들-거리다(대다) 자타 바들바들 떨다. ☞부들거리다. 파들거리다

바들-바들 부 ①몸이나 몸의 일부를 자꾸 작게 떠는 모양을 나타내는 말. ¶입술을 - 떨다./추위에 온몸이 - 떨리다. ②두렵거나 하여 자꾸 불안해 하는 모양을 나타내는 말. ¶가슴이 - 떨리다. ☞부들부들[1]. 파들파들

바듬-하다 형여 작은 물체의 모양새가 바깥쪽으로 조금

ㅂ

벋어 있다. ☞버듬하다. 빠듬하다

바듬-히 부 바듬하게

바듯-하다[-듣-] 형여 ①빈틈없이 꼭 맞다. ¶새 구두가 -. ②여유가 없게 간신히 정도에 미치다. ¶지금 출발해도 약속 시간에 -./용돈이 -. ☞빠듯하다

바듯-이 부 바듯하게

바디 명 베틀이나 가마니틀 따위에 딸린 기구의 한 가지. 대오리나 잘게 쪼갠 나무를 빗살처럼 세워 만들며, 날실 사이에 씨실을 넣고 다지는 기구임.

바디(를) 치다 관용 바디질을 하다.

바디-나물 명 미나릿과의 여러해살이풀. 줄기 높이 80~150cm. 잎은 자루가 길고 깃꼴로 갈라져 있으며 여름에 자주색 꽃이 핌. 산이나 들의 습지에 자라며 어린순은 나물로 먹고 뿌리는 '전호(前胡)'라 하여 약재로 쓰임.

바디-질 명-하다자 베 따위를 짜는 데 바디를 치는 일.

바디-집 명 바디를 끼게 홈이 패어 있는 아래위 두 짝으로 된 테. 바디틀

바디집-비녀 명 바디집 두 짝의 머리를 잡아 꿰는 가느다란 쇠나 나무.

바디-틀 명 바디집

바따라-지다 형 음식의 국물이 바특하고 맛이 있다.

바:라 명 '파루(罷漏)'의 변한말.

바:라(∠哱囉)명 제금

바라-건대 부 제발 바라오니. 원컨대 ¶- 이 난관을 헤쳐 나갈 지혜를 주소서.

바:라기 명 음식을 담는 조그만 사기그릇. 보시기만 하나 아가리가 더 바라졌음.

바라다 타 ①원하는 바가 이루어졌으면 하고 생각하다. ¶요행을 -./그의 도움을 -. ②무엇을 얻거나 차지하기를 원하다. ¶돈을 바라고 일을 돕다. ☞원하다

한자 바랄 희(希)〔巾部 4획〕¶희구(希求)/희기(希冀)/희망(希望)/희원(希願)

바라다-보다 타 바라보다

바라문(∠婆羅門. brāhmaṇa 범)명 브라만

바라문-교(∠婆羅門教)명 브라만교

바라문-천(∠婆羅門天)명 범천왕(梵天王)

바라문-행(∠婆羅門行)명 불교에서, 중의 건방지고 거친 행동을 이르는 말.

바라밀(∠波羅蜜)명 바라밀다

바라밀다(∠波羅蜜多. pāramitā 범)[-따]명 불교에서, 미혹의 세계에서 깨달음의 세계에 이르는 일을 뜻하는 말. 또는 이를 위한 보살의 수행. 바라밀

바라-보다 타 ①바로 향하여 보다. ¶친구의 얼굴을 -./먼 산을 바라보며 소리치다. ②어떤 일에 상관하지 않고 곁에서 보고만 있다. ¶싸움을 바라보기만 하다. ③기대와 희망을 가지고 내다보다. ¶미래를 바라보며 고생을 하다. ④어떤 나이나 시점 따위를 머지않아 맞게 되다. ¶나이 60을 -./21세기를 -.

한자 바라볼 망(望)〔月部 7획〕¶관망(觀望)/망대(望臺)/망월(望月)/망진(望診)/전망(展望)/조망(眺望)

바라-보이다 자 바로 향하여 눈에 뜨이다. ¶멀리 바라보이는 고층 건물.

바:라-수(∠哱囉手)명 자바라수

바라지[1] 명-하다타 입을 것이나 먹을 것 따위를 대어 주며, 온갖 일을 돌보아 주는 일. ¶해산(解産) -/아픈 사람 -하느라 쉴 새가 없다. ☞뒷바라지. 수발

바라지[2] 명 햇빛이 들도록 바람벽 위쪽에 낸 작은 창. 바라지창 ☞들창

바라지[3] 명 절에서, 죽은 사람을 위하여 시식(施食)할 때 경문(經文)을 받아 읽거나 시식을 거들어 주는 사람.

바:라-지다[1] 자 ①갈라져서 사이가 뜨다. ¶벽이 -./바라진 밤송이. ②사람 사이가 서먹서먹하게 되다. ¶바라진 친구 사이. ③식물의 꽃이나 잎이 넓게 퍼지거나 활짝 피다. ¶꽃이 -. ④가슴이나 어깨 따위가 옆으로 퍼지다. ¶어깨가 옆으로 -. ☞벌어지다

바:라-지다[2] 형 ①그릇이 속은 얕고 위는 밖으로 벋은듯하다. ¶바라진 접시. ②마음과 생각이 깊지 못하다. ¶마음이 바라진 사람. ③나이에 비하여 지나치게 야무지다. ¶어린아이가 너무 바라졌다. ☞되바라지다

바라지-창(-窓)명 바라지[2]

바:라-춤(∠哱囉-)명 불교에서, 재(齋)를 지낼 때 천수다라니를 외며 바라를 치면서 추는 춤.

바라크(barrack)명 ①임시로 허술하게 지은 집. ☞가건물(假建物). 판잣집 ②군대의 막사(幕舍).

바락 부 ①갑자기 화를 내거나 소리를 지르는 모양을 나타내는 말. ¶- 성을 내다./- 소리를 지르다. ②갑자기 있는 힘을 다하는 모양을 나타내는 말. ¶- 기를 쓰며 덤벼들다. ☞버럭

바락-바락[1] 부 ①자꾸 화를 내거나 소리를 지르는 모양을 나타내는 말. ¶- 악을 쓴다. ②자꾸 있는 힘을 다하는 모양을 나타내는 말. ¶- 대들다. ☞버럭버럭[1]

바락-바락[2] 부 빨래 따위를 힘주어 주무르는 모양을 나타내는 말. ¶바지를 - 주물러 빨다. ☞버럭버럭[2]

바람[1] 명 ①기압의 변화로 일어나는 공기의 움직임이나 흐름. ¶시원한 -./-이 불다. ②기계 따위를 써서 인공적으로 일으키는 공기의 흐름. ¶선풍기 - ③공이나 튜브 따위에 넣는 공기(空氣). ¶공에 -을 넣다./- 빠진 타이어. ④들뜬 마음이나 행동. ¶-이 들다./-난 모습. ⑤'풍병(風病)'을 속되게 이르는 말. ¶-이 도지다. ⑥작은 일을 크게 불려 말하는 일. ¶그는 -이 좀 세다. ☞허풍(虛風) ⑦일시적 유행(流行)이나 풍조(風潮). ¶감원 -이 불다./새로운 -이 일다.

바람(을) 내다 관용 ①하는 일에 한창 능률을 내다. ②마음을 들뜨게 하다.

바람(을) 넣다 관용 남을 부추겨서 어떤 일을 하려는 마음이 생기도록 하다. ¶가만히 있는 사람에게 -.

바람을 등지다 관용 부는 바람을 등 쪽으로 향하여 받다.

바람을 안다 관용 부는 바람을 앞쪽에서 맞받다.

바람(이) 끼다 관용 들뜬 기분이 마음속에 생기다.

바람(이) 나가다 관용 한창 왕성하던 기운이 사그라지다.

바람(이) 들다 관용 ①무 따위의 속살이 물기가 빠져 푸석푸석하게 되다. ¶바람 든 무. ②허황한 생각에 마음이 들뜨게 되다. ¶공연히 부추겨서 바람이 들게 하다. ③다 되어 가는 일에 탈이 생기다.

속담 **바람도 올 바람이 낫다** : 어차피 겪어야 할 일이라면 먼저 겪는 것이 낫다는 말.〔매도 먼저 맞는 놈이 낫다〕/**바람도 지난 바람이 낫다** : 사람은 무엇이나 과거의 것을 더 좋게 여긴다는 말./**바람 따라 돛을 단다** : 뚜렷한 주관과 신념이 없이 세상 형편 보아 가며 유리한 쪽을 따른다는 말./**바람 부는 날 가루 팔러 간다** : 하필 조건이 좋지 않은 때에 공연히 일을 벌이는 경우를 두고 이르는 말./**바람 부는 대로 물결 치는 대로** : 뚜렷한 주관과 신념이 없이 되는 대로 살아감을 이르는 말.〔바람 부는 대로 살다〕/**바람 앞의 등불** : 생명이나 어떠한 일이 매우 위태로운 상태에 있음을 이르는 말. ☞풍전등화(風前燈火)/**바람이 불다 불다 그친다** : ①어떤 재앙이라도 끝내 그친다는 말. ②몹시 화가 나서 날뛰던 사람도 시간이 지나면 제풀에 사그라진다는 말./**바람이 불어야 배가 가지** : 선행 조건이 해결되어야 목적도 쉽게 이루어질 수 있다는 말.

▶ **'바람'의 이름들**

- 하루 동안에 ― 늦바람/밤바람/새벽바람
- 철에 따라 ― 가을바람/겨울바람/봄바람
- 부는 곳에 따라 ― 강바람/갯바람/골바람/뭍바람/바닷바람/산골바람/산바람/재넘이
- 바람의 세기에 따라 ― 강쇠바람/건들바람/고추바람/매운바람/명지바람(명주바람)/박초바람/서늘바람/서릿바람/선들바람/소소리바람/소슬바람/솔솔바람/회오리바람(용숫바람)
- 그 밖의 이름들 ― 꽃샘바람/짠바람/피죽바람/황소바람

ㅂ

한자 바람 풍(風)〔風部〕 ¶강풍(強風)/삭풍(朔風)/풍랑(風浪)/풍력(風力)/풍속(風速)/풍향(風向)

바람[2] 명 어떠한 생각이나 일이 이루어졌으면 하는 마음. ¶우리의 간절한 ―./―대로 성공을 하다. 유소망(所望). 소원(所願)

바람[3] 의 ①주로 '바람에'의 꼴로 쓰이어, '까닭'·'근거'를 뜻하는 말. ¶아이가 우는 ―에 잠이 깨다. ②일부 명사 뒤에 쓰이어, 그 '기세'·'기운'을 뜻하는 말. ¶술 ―에 일을 저지르다. ☞김[4] ③'그 차림'이라는 뜻으로, 차리지 않고 나서는 옷차림을 이르는 말. ¶잠옷 ―으로 나가다.

바람[4] 의 실이나 새끼 따위의 한 발 가량 되는 길이. ¶노끈 한 ―.

바람-개비[1] 명 ①바람이 불어오는 방향을 관측하는 기계. 풍향계(風向計) ②팔랑개비

바람-개비[2] 명 '쏙독새'의 딴이름.

바람-결[―껼] 명 ①일정한 방향으로 부는 바람의 움직임. ¶시원한 ―./―에 머리카락이 날린다. ②주로 '바람결에'의 꼴로 쓰이어, 누구에게 들은 소문이나 소식이라고 할 것 없이 간접적으로 들었을 때를 이르는 말. ¶―에 들은 이야기. ☞구름결

ㅂ

×**바람-고다리** 명 →바람꼭지

바람-구멍[―꾸―] 명 ①창이나 미닫이 따위에 뚫어 바람이 드나들도록 만든 구멍. ②바람이 나오는 저절로 뚫린 구멍이나 바위틈.

바람-기(―氣)[―끼] 명 ①바람이 부는 기운. ¶―도 없는 무더운 밤. ②이성(異性)에게 쉽게 끌리는 들뜬 기운. ¶―가 많은 사람.

바람-꼭지 명 튜브 따위의 바람을 넣는 구멍에 붙어 있는 꼭지.

바람-꽃[1] 명 큰 바람이 일어나기에 앞서 먼 산에 구름같이 끼는 뽀얀 기운.

바람-꽃[2] 명 미나리아재빗과의 여러해살이풀. 줄기 높이 20~40cm. 줄기에는 흰 털이 나 있으며, 잎은 세 갈래로 갈라졌고 이것이 다시 세 갈래로 갈라져 있음. 초여름에 다섯 꽃받침의 흰 꽃이 핌. 고산 지대의 습지에서 자람.

바람-나다 자 ①이성(異性)에게 마음이 끌려 들뜨다. ¶바람난 노처녀. ②하는 일에 한창 능률이 오르다.

바람-둥이 명 ①착실하지 않고 괜한 허풍이나 떨고 다니는 실없는 사람. ②바람을 잘 피우는 사람. 풍객(風客)

바람-막이 명 ①바람을 막는 물건. ②-하다 자타 바람을 막는 일. 방풍(防風)

바람막이=고무 명 튜브 따위에 넣은 바람이 새어 나오지 않게 막는 고무.

바람만-바람만 부 바라보일만 한 정도로 뒤에 떨어져 따라가는 모양을 나타내는 말. ¶― 뒤따라가다.

바람-맞다[―맏―] 자 ①풍병에 걸리다. ②몹시 마음이 들뜨다. ③상대가 약속을 지키지 아니하여 헛걸음하다. ¶친구에게 ―.

바람-맞히다 타 약속을 지키지 아니하여 상대를 헛걸음하게 하다.

바람-머리 명 바람을 쐬면 머리가 아픈 증세.

바람-받이[―바지] 명 바람을 심하게 받는 곳. ¶언덕 위의 ―.

바람-벽(―壁)[―뼉] 명 방이나 칸살 사이를 흙이나 벽돌로 둘러 막은 벽.

바람-비 명 바람이 불면서 내리는 비. 풍우 유비바람

바람-살[―쌀] 명 세차게 부는 바람의 기운.

바람-세(―勢)[―쎄] 명 불어 대는 바람의 기세. ☞풍력(風力). 풍세(風勢)

바람-소리[―쏘―] 명 바람이 부는 소리. 풍성(風聲)

바람-쐬:다 자타 ①바람을 맞거나, 바람을 맞게 하다. ②한가하게 거닐다. ¶잠시 바람쐬러 나오다. ③한동안 다른 고장에 머물면서 풍습이나 생활을 겪다. ¶바람쐬러 해외로 떠나다.

바람-자다 자 ①세게 불던 바람이 잔잔해지다. ②들떴던 마음이 가라앉다. ③걱정거리나 소란스러운 일이 사라지다. ¶가지 많은 나무에 바람잘 날 없다.

바람-잡다 자 ①마음이 들떠서 돌아다니다. ②허황된 일을 꾀하다.

바람-잡이 명 야바위꾼이나 소매치기 따위의 한패로서, 옆에서 바람을 넣거나 남의 얼을 빼는 구실을 하는 사람.

바람직-하다 형여 바랄만 한 가치가 있다. 그렇게 되기를 바랄만하다. ¶바람직한 환경./바람직하지 못한 일.

바람-총(―銃) 명 대나 나무의 긴 통 속에 화살 같은 것을 넣고 입으로 불어 쏘는 장난감 총.

바람-칼 명 바람을 가르고 나는 새의 날개를 칼에 비유하여 이르는 말.

바람-켜다 자 바람난 행동을 하다.

바람-풍(―風) 명 한자 부수(部首)의 한 가지. '颱'·'飇' 등에서 '風'의 이름.

바람-피우다 자 ①기혼자가 다른 이성에게 마음이 끌려 관계를 가지다. ②허황한 행동을 자주 하다.

바:랑 명 중이 등에 지고 다니는 자루 모양의 큰 주머니. 원발낭(鉢囊) ☞걸망

바:래다[1] 자타 ①햇볕을 받거나 오래되어 원래의 빛깔이 날아 엷어지거나 변하다. ¶빛깔이 바랜 옷. ②햇볕에 쬐거나 약물을 써서 빛깔을 희게 하다. ¶광목을 ―.

바래다[2] 타 떠나는 사람을 배웅하여 일정한 곳까지 함께 가거나 바라보며 보내다. ¶떠나는 친구를 ―.

바래다-주다 타 떠나는 사람을 배웅하여 일정한 곳까지 함께 가 주다. 준바래주다 ☞마중하다

바래-주다 타 '바래다주다'의 준말.

바:랭이 명 볏과의 한해살이풀. 줄기 높이 40~70cm. 밑부분이 땅 가까이에서 5~6개로 갈라지고, 잎은 좁고 길며 털이 있음. 밭이나 길가에 자라는 흔한 잡초로 마소의 사료로 쓰임.

바로[1] 부 ①굽거나 휘지 않고 곧게. ¶줄을 ― 긋다./― 앉아라. ②사실대로 바르게. ¶거짓말 말고 ― 말해라. ③지체 없이 곧. ¶지금 ― 가거라. ④형식이나 원칙 따위에 맞추어 제대로. ¶신발을 ― 신다./국기를 ― 달아라. ⑤예의나 도리에 맞도록 올바르게. ¶뜻을 ― 세우다./마음을 ― 써야지. ⑥시간적으로나 공간적으로 아주 가까이. ¶― 며칠 전./우리 집 ― 옆에 산다. ⑦다른 것, 또는 다름이 아니라 곧. ¶승리는 ― 노력의 결과다./찾던 것이 ― 이것이다. ⑧〔의존 명사로도 쓰임〕 일정한 거리나 방향을 이르는 말. ¶저 ―가 우리 집이다.
속담 **바로 못 가면 둘러 가지** : 그 방법 말고도 다른 방법이 있을 수 있다는 말.

바로[2] 감 본디의 자세로 돌아가라는 구령.

바로미:터(barometer) 명 ①기압계(氣壓計) ②사물을 판단하는 기준이나 척도(尺度).

바로-잡다 타 ①굽은 것을 곧게 하다. ¶자세를 ―. ②그릇된 일을 바르게 지도하다. 잘못된 것을 고치다. ¶나쁜 습관을 ―./틀린 내용을 ―.

한자 **바로잡을 교**(矯)〔矢部 12획〕 ¶교세(矯世)/교왕(矯枉)/교정(矯正)/교직(矯直)/교폐(矯弊)
바로잡을 정(訂)〔言部 2획〕 ¶개정(改訂)/교정(校訂)/수정(修訂)/정정(訂正)/증정(增訂)

바로-잡히다 자 ①굽은 것이 곧게 되다. ②잘못된 일이 고쳐지다. ¶바로잡힌 질서 의식.

바로크(baroque 프) 명 16세기 말에서 18세기에 걸쳐 유럽에서 유행한 건축이나 미술 등 예술의 한 양식. 균형과 조화를 중시한 르네상스 양식과는 달리, 자유분방한 표현과 동적(動的)이고 정교한 것이 특징임. 베르사유 궁전(宮殿)과 성베드로 성당(聖堂)은 바로크 건축의 대표작임.

바로크=음악(baroque音樂) 명 르네상스 음악과 고전파(古典派) 사이에 위치하는 바로크 양식의 음악. 바흐·헨델·비발디 등의 음악가가 있으며, 오페라·칸타타·푸가 등의 발달을 가져왔음.

바루다 타 굽거나 휜 것을 바르게 하다. ¶굽은 철사를 ―.

바륨(Barium 독) 명 알칼리 토금속의 하나. 은백색의 부드러운 금속으로 공기 중에서 쉽게 산화함. 가열하면 녹색 불꽃을 내며 타서 산화바륨이 됨. 황산바륨은 엑스선 촬영의 조영제(造影劑)로 쓰임. 〔원소 기호 Ba/원자 번호 56/원자량 137.33〕

바르다[1](바르고·발라) 타르 ①종이 따위를 풀칠하여 다른 것에 붙이다. ¶벽지를 새로 ―. ②이긴 흙 따위를 다른 것에 덧붙이거나 고르게 입히다. ¶재벽을 곱게 ―. ③액체나 가루 따위를 다른 것에 묻히다. ¶상처 부위에 약을 ―./기름을 바른 머리.

바르다[2](바르고·발라) 타르 ①껍질이나 겉면에 있는 것을 벗겨 속에 든 알맹이나 씨를 끄집어내다. ¶호박씨를 ―. ②뼈에 붙은 살이나 살 속의 가시 따위를 추려 내다. ¶생선 살을 발라 먹다. ☞발라내다

바르다[3](바르고·발라) 형르 ①도리나 이치에 맞아 그릇됨이 없다. ¶경위가 ―./심성이 ―./행실을 바르게 하다. ②굽지 않고 곧다. ¶줄을 바르게 서다. ③사실과 어긋남이 없다. ¶숨기지 말고 바르게 말해라. ④햇볕이 똑바로 잘 들다. ¶햇볕 바른 곳.

바른 대로 관용 사실과 다름없이. ¶― 말하다.

한자 **바를 단**(端)〔立部 9획〕¶단아(端雅)/단언(端言)/단엄(端嚴)/단인(端人)/단정(端整)/단좌(端坐)
바를 정(正)〔止部 1획〕¶정당(正當)/정도(正道)/정론(正論)/정상(正常)/정심(正心)/정직(正直)

바르르 부 ①작은 나뭇잎 따위가 바람결에 가볍게 떠는 모양을 나타내는 말. ¶바람결에 나뭇잎이 ― 떨다./문풍지가 ― 떨리다. ②분하여 발끈 화를 내는 모양을 나타내는 말. ¶사소한 일에 ― 화를 내다. ③경련이 일듯 몸을 가볍게 떠는 모양을 나타내는 말. ¶추워서 온몸을 ― 떨다./분하여 입술을 ― 떨다. ④소리가 잘게 떨리는 모양을 나타내는 말. ¶― 떨리는 목소리로 말을 꺼내다. ⑤얇은 종이나 마른 나뭇잎 따위에 불이 붙어 쉬이 타는 모양을 나타내는 말. ¶불을 당기자 낙엽이 ― 타오르다. ☞버르르. 보르르

바르작-거리다(대다) 자타 팔다리를 내저으며 작은 몸을 자꾸 움직이다. ¶아이가 자꾸 팔다리를 ―. ☞바릊거리다. 버르적거리다

바르작-바르작 부 바르작거리는 모양을 나타내는 말. ¶딱정벌레가 뒤집혀 ― 바둥거린다. ☞버르적버르적

바르집다 타 ①헤집어 벌려 놓다. ¶흙을 바르집어 놓다. ②숨겨져 있던 일을 들추어내다. ¶남의 비밀을 ―. ③대수롭지 않은 일을 떠벌리다. ¶별일도 아닌 일을 바르집어 크게 만들다. ☞버르집다

바른 관 '곧은'·'오른쪽의'·'옳은'의 뜻을 나타냄. ☞왼

바른-걸음 명 행진할 때, 약 77cm의 보폭으로 1분 동안에 120보를 걷는 걸음. ☞제자리걸음

바른-길 명 ①굽지 않고 곧은 길. ②참된 도리, 또는 옳은 길. ¶―로 인도하다.

바른-네:모꼴 명 정사각형(正四角形)

바른-말 명 ①사리에 맞는 말. ②거짓 없는 참말.

속담 **바른말 하는 사람 귀염 못 받는다** : 남에게 바른 소리를 잘하는 사람은, 남에게 호감을 주지 못한다는 말.

바른-세:모꼴 명 정삼각형(正三角形)

바른-손 명 오른손

바른-쪽 명 오른쪽

바른-편(―便) 명 오른편. 오른쪽

바릊-거리다(대다)[―릇―] 자타 팔다리를 조금씩 내저으며 작은 몸을 자꾸 움직이다. ☞바르작거리다. 버릊거리다

바릊-바릊[―릇―] 부 바릊거리는 모양을 나타내는 말. ☞바르작바르작. 버릊버릊

바리[1] 명 ①놋쇠로 만든 여자의 밥그릇. 중배가 불룩하고 뚜껑에 꼭지가 있음. ②'바리때'의 준말.

바리[2] 명 ①마소의 등에 잔뜩 실은 짐. ¶장작 ― ②〖의존명사로도 쓰임〗 마소의 등에 잔뜩 실은 짐을 세는 단위. ¶나무 한 ―.

바리[3] 명 바릿과의 붉바리·도도바리·자바리·홍바리·우각바리·무늬바리·금강바리 따위의 바닷물고기를 통틀어 이르는 말. 몸은 양쪽 옆이 납작하고 모양은 길둥글거나 달걀꼴임.

바리-공주(―公主) 명 지노귀새남에서, 무당이 부르는 젊은 여신(女神)의 이름.

바리-나무 명 마소에 바리로 실은 땔나무.

바리-때 명 절에서 쓰는 중의 밥그릇. 나무로 대접처럼 만들어 안팎에 칠을 함. 준바리[1]

바리-뚜껑 명 바리때를 덮는 꼭지가 달린 뚜껑.

바리-바리 부 여러 바리로. '여러 가지 많이'의 뜻을 나타내는 말. ¶곡식을 ― 실어 나르다./혼수(婚需)를 ― 챙겨 보내다.

바리새(∠Pharisee) 명 바리새파

바리새-인(∠Pharisee人) 명 바리새파의 교인(教人).

바리새-파(∠Pharisee派) 명 기원전 2세기에 일어난 유대교의 한 종파. 율법을 엄수하고 형식에 치중하였음. 복음서에는 형식적 신앙을 비난한 예수의 논쟁 상대로 그려짐. 바리새

바리-설포(―布) 명 바리때를 간수할 때 쓰는 긴 천.

바리-수:건 명 바리때를 닦는 행주.

바리안-베 명 한 필을 접어서 바리때 안에 담을 수 있는 베라는 뜻으로, 매우 고운 베를 이르는 말. 바리포

바리에이션(variation) 명 변주곡(變奏曲)

바리-전(―廛) 명 조선 시대, 서울의 종로(鍾路)에서 놋그릇을 팔던 가게.

바리캉(∠bariquant 프) 명 머리털을 깎는 기구. 짧은 빗 모양인 두 개의 칼날이 겹쳐 있어, 그 중 하나가 좌우로 움직이면서 머리털을 깎음. 프랑스의 제조 회사 이름에서 유래함.

바리케이드(barricade) 명 시가전 등에서, 적을 막기 위해 임시로 설치한 방벽(防壁). 길 위에 흙이나 통, 나무 따위를 쌓아 만듦.

바리콘(varicon) 명 가변 축전기(可變蓄電器)

바리-탕:기(―湯器)[―끼] 명 뚜껑 없이 바라처럼 만든 사기 국그릇.

바리톤(baritone) 명 ①성악에서, 남성의 목소리인 테너와 베이스의 중간 음역(音域), 또는 그 음역의 가수. ②같은 종류의 악기 중에서 베이스보다 조금 높은 음역을 맡는 악기. 바리톤색소폰·바리톤오보에 따위.

바리-포(―布) 명 바리안베

바림 명 미술에서, 진한 색에서 차츰 엷은 색으로 흐릿하게 칠하는 일. 그러데이션(gradation). 선염(渲染)

바:바리(Burberry) 명 바바리코트

바:바리코:트(Burberry coat) 명 방수 가공한 면(綿) 개버딘(gabardine) 따위로 만든 코트. 봄과 가을에 입거나 비옷으로 입음. 영국 회사의 상표명임. 바바리

바:버리즘(barbarism) 명 야만적인 태도나 행동.

×**바베큐**(barbecue) 명 →바비큐

바:벨(barbell) 명 역도(力道)나 근력 단련에 쓰는 운동 기구. 철봉의 양쪽 끝에 원반형의 쇳덩이를 끼워 중량을 조절함. 역기(力器)

바벨-탑(Babel塔) 명 ①구약성서 창세기에 나오는 전설적인 탑. 사람들이 하늘에 닿는 탑을 쌓기 시작하자, 노한 여호와가 인류의 통일된 언어를 혼란시켜, 공사가 중지되었다고 함. ②실현 가능성이 없는 허황한 계획을 비유하여 이르는 말.

바:보 명 어리석거나 지능이 낮은 사람을 낮잡아 이르거나 욕하여 이르는 말. ¶― 같은 소리./― 짓을 하다./― 취급을 하다.

바:비큐:(barbecue) 명 한데서 돼지고기나 쇠고기·물고기 등을 불에 직접 구우면서 먹는 요리.

바빌론-력(Babylon曆) 명 기원전 30세기경 바빌로니아 사람들이 쓰던 태음태양력.

바빠-하다 자여 마음을 바쁘게 먹다. 조급해 하다.

바쁘다(바쁘고·바빠) 형 ①일이 많아서 겨를이 없다. ¶

눈코 뜰 새 없이 ―./지금 바빠서 안 되겠다. ②몹시 급하다. ¶바쁜 걸음./마음이 ―. ③'…하기가 바쁘게'의 꼴로 쓰이어, '어떤 일이 끝나자마자 곧'의 뜻. ¶전화를 받기가 바쁘게 뛰어 나갔다.

한자 **바쁠 망**(忙) 〔心部 3획〕 ¶다망(多忙)/총망(悤忙)

바삐 부 바쁘게 ¶― 서둘러라./― 돌아가는 하루.
바:사기(∠八朔―) 명 사리에 어둡고 똑똑하지 못한 사람을 놀리어 이르는 말.
바삭 부 ①물기가 마르고 얇은 물건이 바스러질 때 나는 소리를 나타내는 말. ¶― 하는, 낙엽 밟는 소리. ②기름에 튀기거나 하여 연해진 물건이 바스러질 때 나는 소리를 나타내는 말. ¶크래커가 입 속에서 ― 바스러진다./깨물면 ― 하는 튀김. ☞바싹[1]. 버석
바삭-거리다(대다) 자타 자꾸 바삭 소리가 나다, 또는 그런 소리를 내다. ¶바삭거리는 과자. ☞바싹거리다. 버석거리다
바삭-바삭[1] 부 바삭거리는 소리를 나타내는 말. ☞바싹바싹[1]. 버석버석[1]
바삭-바삭[2] 부-하다 형 ①얇은 물건이 물기가 없이 말라 있는 상태를 나타내는 말. ¶― 마른 낙엽. ②기름에 튀기거나 구운 물건이 잘 바서지는, 연한 느낌을 나타내는 말. ¶― 맛있는 튀김./―한 산자. ☞파삭파삭
바삭-하다 형여 얇은 물건이 물기가 없이 말라 있다. ☞빠삭하다[1]
바서-지다 자 잘게 깨져 여러 조각이 나다. ☞부서지다
바셀린(vaseline) 명 중유(重油)를 정제한, 무색 또는 엷은 황색의 유지(油脂). 감마제(減摩劑)·방수제(防銹劑)·화장품·연고 따위에 쓰임.
바:소 명 한방에서, 곪은 데를 째는 데 쓰이는, 끝에 날이 선 버들잎 모양의 기구. 파침(破鍼). 피침(披鍼)
바-소쿠리 명 싸리로 엮은 삼태기
바수다 타 잔 조각이 나게 두드려 깨뜨리다. ¶암염(岩塩)을 바수다. 준 밧다 ☞부수다
바수-뜨리다(트리다) 타 힘주어 바수어 버리다. ☞부수뜨리다
바수-지르다(―지르고·―질러) 타르 닥치는 대로 마구 바수다. ☞부수지르다
바순:(bassoon) 명 목관 악기(木管樂器)의 한 가지. 리드가 이중(二重)이고, 가느다란 취구(吹口)가 옆으로 구부러져 나와 있음. 낮은 음역이 넓어 관현악에서 중요한 구실을 함. 파곳(fagott)
바스-대:다 자 가만히 있지 못하고 옴직옴직 하다. ¶자지 않고 혼자서 바스댄다. ☞부스대다
바스라기 명 잘게 바스러진 물건. ¶과자 ―./마른 잎 ―. ☞부스러기
바스락 부 얇고 바삭바삭 마른 물체가 서로 스치거나 으스러질 때 나는 소리를 나타내는 말. ¶가랑잎이 ― 하다. ☞버스럭. 보스락. 빠스락
바스락-거리다(대다) 자타 자꾸 바스락 소리가 나다, 또는 그런 소리를 내다. ¶가랑잎이 바람에 ―./책상을 바스락거리며 뒤진다. ☞버스럭거리다. 보스락거리다. 빠스락거리다
바스락-바스락 부 바스락거리는 소리를 나타내는 말. ¶천장에서 ― 하는 소리가 난다. ☞버스럭버스럭. 보스락보스락. 빠스락빠스락
바스락-장난 명 바스락거리는 정도의 좀스러운 장난.
바스러-뜨리다(트리다) 타 바스러지게 하다. ☞부스러뜨리다
바스러-지다[1] 자 ①깨어져 잘게 조각이 나다. ¶푸석돌이 발 밑에서 바스러졌다. ②덩이가 흐슬부슬 헤어지다. ☞부스러지다
바스러-지다[2] 자 나이에 비해 얼굴이 쪼그라지다.
바스스[1] 부 ①바스라기 따위가 무너져 내리거나 어지러이 흩어지는 모양, 또는 그 소리를 나타내는 말. ②앉았거나 누웠다가 가만히 일어나는 모양을 나타내는 말. ¶― 일어나다. ☞부스스[1]
바스스[2] 부-하다 형 털 따위가 좀 일어나 있거나 흐트러져 있는 모양을 나타내는 말. ☞부스스[2]
바스켓(basket) 명 농구에서, 백보드에 장치된 링(ring)과 거기 매달린 밑이 없는 그물.
바스켓볼:(basketball) 명 농구(籠球)
바슬-바슬 부-하다 형 덩이진 가루 따위가 마르고 끈기가 없어 잘게 바스러지는 모양을 나타내는 말. ¶흙덩이가 ― 바스러지다. ☞버슬버슬. 보슬보슬[2]. 파슬파슬
바심[1] 명-하다 타 ①'풋바심'의 준말. ②타작(打作)
바심[2] 명-하다 타 건축용 재목을 깎고 파고 다듬는 일.
바심-질 명-하다 타 재목을 바심하는 일.
바싹[1] 부 얇고 물기가 마른 물체가 세게 바스러질 때 나는 소리를 나타내는 말. ¶가랑잎이 ― 소리를 내며 바스러진다. ☞바삭. 버썩[2]
바싹[2] 부 ①가까이 다가가는 모양을 나타내는 말. ¶― 다가서다. ②마음이 잔뜩 조이는 상태를 나타내는 말. ¶― 긴장하다./― 정신을 차리다. ③불기운에 매우 탄 상태를 나타내는 말. ¶고기가 ― 타다./밥을 ― 태우다. ④물기가 아주 없이 마른 상태를 나타내는 말. ¶― 마른 감잎./빨래가 ― 말랐다. ⑤몹시 조이는 모양을 나타내는 말. ¶허리를 ― 조이다./나사를 ― 죄다./숨통을 ― 죄다. ⑥몹시 줄어드는 모양을 나타내는 말. ¶씀씀이가 ― 줄었다./국물이 ― 줄었다. ⑦매우 야윈 상태를 나타내는 말. ¶몸이 ― 야위다. ⑧매우 짧게 자르는 모양을 나타내는 말. ¶머리털을 ― 치켜 잘랐다. ☞바짝. 버썩[2]
바싹-거리다(대다) 자타 자꾸 바싹 소리가 나다, 또는 그런 소리를 내다. ☞바삭거리다. 버썩거리다
바싹-바싹[1] 부 바싹거리는 소리를 나타내는 말. ☞바삭바삭[1]. 버썩버썩[1]
바싹-바싹[2] 부 ①자꾸 가까이 다가가는 모양을 나타내는 말. ¶모두들 ― 다가 앉아라. ②자꾸 마음이 조이는 상태를 나타내는 말. ③불기운에 여럿이 매우 타는 상태를 나타내는 말. ④물기가 아주 없이 자꾸 마르는 상태를 나타내는 말. ¶입술이 ― 마른다. ⑤자꾸 몹시 조이는 모양을 나타내는 말. ¶나사를 ― 조인다. ⑥자꾸 몹시 줄어드는 모양을 나타내는 말. ⑦매우 야위어 가는 상태를 나타내는 말. ⑧매우 짧게 자꾸 자르는 모양을 나타내는 말. ☞바삭바삭[2]. 바짝바짝[2]. 버썩버썩[2]
바야흐로 부 ①이제 한창. ¶― 천고마비의 가을이다. ②이제 곧. ¶― 해가 서산에 지려 한다.
바운드(bound) 명-하다 자 공 따위가 땅에 부딪혀 튀어오르는 일. ☞튕기다
바위 명 ①부피가 아주 큰 돌. 바윗돌. 암석(岩石) ¶―같이 꿈쩍도 하지 않는다. ②가위바위보에서, 주먹을 쥐어 내민 것. 가위에는 이기고 보에는 짐.
속담 **바위를 차면 제 발부리만 아프다** : 일시적 흥분을 참지 못하고 일을 저지르면 자기만 손해 본다는 말.〔돌부리를 차면 발부리만 아프다〕/**바위에 달걀 부딪치기** : 아무리 해 봐야 승산이 없는 부질없는 짓을 비유하여 이르는 말.

한자 **바위 암**(巖) 〔山部 20획〕 ¶암반(巖盤)/암벽(巖壁)/암산(巖山)/암석(巖石)/암혈(巖穴) ▷ 속자는 岩

바위-너설 명 바위가 삐죽삐죽 내민 험한 곳.
바위-떡풀 명 범의귀과의 여러해살이풀. 잎은 뿌리에서 모여 나며 둥그스름하고, 얕게 갈라져 있음. 8~9월에 흰빛의 다섯잎꽃이 피는데, 그 중 두 꽃잎은 깊. 산지의 습한 바위 위에 자라고, 관상용으로도 심음. 잎과 줄기는 한방에서 중이염에 약재로 쓰임.
바위-솔 명 돌나물과의 여러해살이풀. 줄기 높이는 30cm 안팎. 두껍고 뾰족한 잎이 다닥다닥 겹쳐 남. 9월경에 흰 꽃이 수상(穗狀) 꽃차례로 핌. 산지의 바위에 붙어서 자람. 한방에서 지혈제·항암제로 쓰임. 와송(瓦松). 지부지기
바위=식물(―植物) 명 바위틈이나 바위 위에 자라는 식물을 통틀어 이르는 말. 암생 식물(岩生植物)

바위-옷 명 바위에 낀 이끼.
바위-옹두라지 명 울퉁불퉁 솟아난 바위의 뿌다구니.
바위-자리 명 바위 모양으로 만든 불상의 대좌(臺座).
바위-취 명 범의귓과의 여러해살이풀. 온몸에 털이 나고, 짧은 뿌리줄기에서 둥근 잎이 모여 나는데 녹색 바탕에 희읍스름한 줄무늬가 있음. 5월경에 다섯잎의 흰 꽃이 핌. 위쪽 꽃잎에 분홍색 얼룩점이 있음. 중부 이남의 습한 곳에서 자라고, 관상용으로도 심음. 생즙을 내어 종기·화상·동상 따위에 약으로 씀.
바위-틈 명 바위의 갈라진 틈, 또는 바위와 바위 사이의 틈. ¶ -에서 흘러나오는 샘물.
바윗-돌 명 바위
바윗-등 명 바위의 윗면. 바위의 두두룩하게 높은 곳.
바윗-장 명 넓적한 바위.
바음자리-표(-音-標) 명 낮은음자리표
바이 부 〔주로 '없다', '아니다', '모르다' 따위 부정의 말과 함께 쓰이어〕 아주. 전혀 ¶ 딱한 형편을 - 모르는 바는 아니나…. ☞바이없다
바이러스(virus) 명 ①광학 현미경으로는 보이지 않는 미생물. 핵산과 단백질로 이루어져 있으며 다른 생물의 세포 안에서만 증식함. 유행성 감기나 소아마비, 유행성 뇌염 따위의 병원체임. ②컴퓨터바이러스
바이메탈(bimetal) 명 열팽창률이 다른 두 장의 금속판을 맞붙인 것. 온도가 높아지면 팽창률이 작은 금속 쪽으로 구부러지고, 온도가 낮아지면 그 반대쪽으로 구부러지는 성질을 이용하여 자동 온도 조절기 따위에 쓰임.
바이브레이션(vibration) 명 성악이나 기악에서, 소리를 떠는 일, 또는 그렇게 내는 소리.
바이브레이터(vibrator) 명 콘크리트를 부어 넣을 때 콘크리트에 진동을 주어 골고루 잘 섞이도록 다지는 기계.
바이블(Bible) 명 ①성서(聖書) ②성서처럼 권위가 있는 책. ¶ 논어는 동양 도덕의 -이다.
바이샤(vaiśya 범) 명 인도 카스트 제도에서, 셋째 계급을 이르는 말. 평민이 이에 딸리며, 상업 따위의 일을 함. 폐사(吠舍) ☞크샤트리아(ksatriya)
바이스(vise) 명 기계 공작에서, 공작물을 움직이지 않게 꽉 물려 놓는 공구.
바이어(buyer) 명 물품을 사려는 외국 상인.
바이어스(bias) 명 ①옷감의 올에 대하여 비스듬히 마른 선. ②바이어스테이프(bias tape)
바이어스테이프(bias tape) 명 옷감을 나비가 2cm 가량 되게 올에 대하여 비스듬히 길게 오려 만든 테이프. 시접을 싸거나 가장자리를 장식하는 데 쓰임. 바이어스
바이얼레이션(violation) 명 농구에서, 파울을 제외한 모든 규칙 위반을 이르는 말. 워킹이나 더블드리블, 라인터치 따위.
바이-없:다[-업-] 형 ①전혀 없다. ¶ 알 길이 -. ② 〔주로 형용사의 '-기' 꼴 다음에 쓰이어〕 이를 데 없이 심하다. ¶ 기쁘기 -.
바이-없이 부 바이없게
바이오닉스(bionics) 명 생체의 기능을 전자 공학적으로 실현하여 활용하려고 연구하는 학문. 생체 공학
바이오리듬(biorhythm) 명 생체의 일정한 주기적 변동. 수면과 각성이 하루 단위로 일어나는 따위. 생체 리듬
바이오=산:업(bio産業) 명 생명 공학을 공업적으로 활용하여 의약품이나 식품 등을 생산하는 산업.
바이오세라믹스(bioceramics) 명 인공 치아, 인공뼈 따위에 쓰는 의료용 재료의 한 가지. 주재료는 알루미나, 탄소, 질화규소, 인산삼칼륨, 수산아파타이트 등임.
바이오센서(biosensor) 명 효소나 항체 따위가 특정한 물질에 반응하는 것을 이용하여 유기 화합물의 상태나 농도를 재는 기구.
바이오테크놀러지(biotechnology) 명 생물의 기능을 유전자의 치환(置換)이나 세포 융합 등의 방법으로 신품종 개발이나 환경 정화 등에 이용하는 기술. 생명 공학(生命工學). 생물 공학(生物工學)
바이올렛(violet) 명 '제비꽃'의 딴이름.
바이올리니스트(violinist) 명 바이올린 연주자.
바이올린(violin) 명 현악기의 한 가지. 중앙부가 잘록한 길이 60cm 안팎의 타원형 통 위에 매인 네 줄을 활로 켜서 연주하는데, 음색이 화려함. 독주, 실내악, 관현악에 널리 쓰임. 제금(提琴) ¶ - 협주곡 ☞비올라(viola)
바이올린-족(violin族) 명 크기는 다르나 기본적으로 바이올린과 같은 모양과 구조를 가진 현악기류. 바이올린과 비올라, 첼로, 콘트라베이스를 통틀어 이르는 말.
바이킹(Viking) 명 8~11세기에 걸쳐 유럽에서 활약한 노르만(Norman)족을 달리 이르는 말. 해상을 무대로 해적질도 하고 상업 활동도 하였음.
바이킹=요리(Viking料理) 명 여러 가지 요리를 그릇에 담아 한자리에 벌여 놓고, 기호에 따라 접시에 덜어다 먹는 방식의 요리. ☞뷔페
바이털리즘(vitalism) 명 생기론(生氣論)
바이트(bite) 명 선반 따위 공작 기계에 붙여 쓰는 공구의 한 가지. 금속을 자르거나 깎는 데 쓰임.
바이트(byte) 의 컴퓨터의 정보량을 나타내는 단위의 하나. 1바이트는 8비트(bit)로 이루어짐.
바이패스(bypass) 명 우회 도로(迂廻道路)
바인더(binder) 명 ①서류 따위를 철하는 데 쓰는 딱딱한 표지. ②곡물을 베어서 단으로 묶는 기계.
바자 명 대나 갈대, 수수깡 따위로 발처럼 엮은 물건. 울타리로 쓰임. 파자(笆子)
바자(bazaar) 명 자선 사업 등의 자금을 모으기 위해 뜻있는 사람들이 내놓은 물건을 파는 임시 시장.
바자-울 명 바자로 둘러 막은 울타리.
바:자위다 형 성질이 너무 깐깐하여 너그러운 맛이 없다.
바작-거리다(대다) 자타 ①마른 잎 따위가 센 불길에 타는 소리가 자꾸 나다, 또는 그런 소리를 자꾸 내다. ②야문 덩이 상태의 것을 으깨거나 씹는 소리가 자꾸 나다, 또는 그런 소리를 자꾸 내다. 바작이다 ☞버적거리다. 빠작거리다
바작-바작[1] 부 ①마른 잎 따위가 센 불길에 탈 때 나는 소리, 또는 그 모양을 나타내는 말. ¶ 낙엽이 - 탄다. ②애태우거나 하여 입 안이나 입술이 바싹바싹 마르는 느낌을 나타내는 말. ¶ 입 안이 -탄다. ③안타깝거나 초조하여 마음이 죄어드는 느낌을 나타내는 말. ¶ 속이 - 탄다. ④진땀이 나도록 애를 쓰는 모양을 나타내는 말. ¶ 질문 공세에 - 진땀이 났다. ☞버적버적[1]. 빠작빠작[1]
바작-바작[2] 부 야문 덩이 상태의 것을 으깨거나 씹거나 할 때 나는 소리, 또는 그 모양을 나타내는 말. ¶ 모래가 - 씹힌다. ☞버적버적[2]. 빠작빠작[2]
바작-이다 자타 바작거리다 ☞버적이다. 빠작이다
바잡다(바잡고·바자워) 형ㅂ 두렵고 조마조마하고 염려스럽다. ¶ 마음이 바자워 잠을 이루지 못하였다.
바잣-문(-門) 명 바자울에 낸 사립문.
바:장이다 자 부질없이 짧은 거리를 왔다갔다 하다. ☞버정이다
바:-장조(-長調)[-쪼] 명 '바' 음을 으뜸음으로 하는 장조. 에프장조 ☞바단조
바제도-병(Basedow病)[-뼝] 명 갑상선 기능의 항진(亢進)이나 이상으로 말미암아 생기는 병. 갑상선이 붓거나 눈알이 튀어나오는 증세로 나타남. 20~30대의 여자에게 많이 생기는 병임.
바주카(bazooka) 명 바주카포
바주카-포(bazooka砲) 명 포신을 어깨에 메고 조준하여 발사하는, 전차(戰車) 폭파용 로켓포.
바지 명 아랫도리옷의 한 가지. 위는 통으로 되고, 아래는 두 다리를 꿰도록 가랑이가 져 있음. ☞저고리
바:지(barge) 명 항구나 하천에서 짐을 실어 나르는, 밑바닥이 편평한 배.
바:-지게 명 ①발채를 얹어 놓은 지게. ②접히지 않게 만든 발채.
바지라기 명 '바지락'의 딴이름.
바지락 명 백합과(白蛤科)에 딸린 바닷조개. 조가비는 높

이 3cm, 길이 4cm 안팎. 민물이 바닷물과 만나는 바닷가의 모래펄에 파묻혀 사는데, 양식(養殖)도 많이 함. 바지라기. 바지락조개

바지락-젓 명 바지락의 살로 담근 젓.

바지락-조개 명 '바지락'의 딴이름.

바지랑대[-때] 명 빨랫줄을 받치는 장대. 괘간(掛竿)
속담 **바지랑대로 하늘 재기** : 도저히 불가능한 일을 하려 함을 이르는 말.

바지런 명 **-하다** 형 쉬지 않고 일에 꾸준함. ¶ -을 떤다./바지런하게 일하다./바지런한 아가씨. ☞부지런
바지런-히 부 바지런하게

바지런-스럽다(-스럽고·-스러워) 형ㅂ 일을 쉬지 아니하고 꾸준히 하는 데가 있다.
바지런-스레 부 바지런스럽게

바지-저고리 명 ①바지와 저고리를 아울러 이르는 말. ②주견이 없고 무능한 사람을 얕잡아 이르는 말. ③'촌사람'을 놀리어 이르는 말.
속담 **바지저고리만 다닌다** : 사람이 아무 속이 없고 맺힌 데 없이 행동한다는 말. [바지저고리만 앉았다]

바지지 부 ①액체가 바싹 달구어진 쇠붙이 따위에 닿아 졸아붙을 때 나는 소리를 나타내는 말. ¶달군 팬에 - 기름을 두르었다. ②바싹 달군 쇠붙이 따위를 물에 담글 때 나는 소리를 나타내는 말. ☞부지지. 빠지지

바지직 부 ①액체가 바싹 달구어진 쇠붙이 따위에 닿아 급히 졸아붙을 때 나는 소리를 나타내는 말. ②바싹 달군 쇠붙이 따위를 물에 담그어 급히 식힐 때 나는 소리를 나타내는 말. ③천 따위가 조금씩 찢어질 때 나는 소리를 나타내는 말. ¶ - 찢어지다. ☞부지직. 빠지직

바지-춤 명 바지의 허리 부분을 접어 여민 사이.

바짓-가랑이 명 바지의 다리를 꿰는 부분.

바짓-부리 명 바짓가랑이의 끝 부분.

바짝[1] 부 마를 대로 말라 물기가 아주 없는 상태를 나타내는 말. ¶논바닥이 - 말라 갈라졌다./- 마른 빨래./밥이 - 눌었다. ☞버쩍

바짝[2] 부 ①아주 가까이 다가가는 모양을 나타내는 말. ¶귀를 - 들이대다./의자에 등을 - 다가 앉아라. ②마음이 매우 조이는 상태를 나타내는 말. ¶마음이 - 졸이다./정신을 - 차려라. ③느슨하지 않게 단단히 죄는 모양을 나타내는 말. ¶나사를 - 죄었다./허리띠를 - 졸라매다. ④몹시 빡빡하게 우기는 모양을 나타내는 말. ¶ - 우기다. ⑤갑작스레 많이 줄거나 준 모양을 나타내는 말. ¶요즘 들어 고객이 - 줄었다./잡비를 - 줄이다. ⑥아주 짧게 자르는 모양을 나타내는 말. ¶손톱을 - 깎다. ☞부쩍

바짝-바짝[1] 부 물기가 자꾸 말라 가는 상태를 나타내는 말. ¶입술이 - 마르다. ☞버쩍버쩍

바짝-바짝[2] 부 ①자꾸 아주 가까이 다가가는 모양을 나타내는 말. ②자꾸 마음이 잔뜩 조이는 상태를 나타내는 말. ③느슨하지 않게 자꾸 단단히 죄는 모양을 나타내는 말. ④몹시 빡빡하게 자꾸 우기는 모양을 나타내는 말. ⑤자꾸 많이 줄어드는 모양을 나타내는 말. ⑥아주 짧게 자꾸 자르는 모양을 나타내는 말. ☞부쩍부쩍

-바치 접미 '그 물건을 만드는 일을 직업으로 하는 사람'임을 나타냄. ¶갖바치/성냥바치

바치다[1] 타 ①웃어른이나 신에게 드리다. ¶제물을 -./무덤에 꽃을 -. ②세금이나 공납금을 내다. ¶세금을 -. ③어떤 일을 이루기 위해 마음이나 사랑, 목숨 따위를 아낌없이 주다. ¶가난한 사람을 돕기 위해 일생을 바쳤다./조국을 구하기 위해 목숨을 바쳤다. ④[동사의 부사형 다음에 쓰이어] 윗사람에게 '드리다'의 뜻을 나타냄. ¶아버지께 일러 바칠거야./진상품을 갖다 -.

한자 **바칠 공**(貢) [貝部 3획] ¶공납(貢納)/공물(貢物)/공미(貢米)/공헌(貢獻)

바치다[2] 타 주접스럽게 좋아하거나 즐기다. ¶술을 -.

바캉스(vacance 프) 명 피서나 휴양 등을 위한 비교적 긴 휴가(休暇). ¶ -를 떠나다./-를 즐기다.

바커스(Bacchus) 명 로마 신화에 나오는 술의 신. 그리스 신화의 디오니소스(Dionysos)에 해당함.

바켄(Backen 독) 명 스키 신발의 앞 부분을 스키에 고정하는 쇠고리.

바:코:드(bar code) 명 상품의 포장에 표시된 광학 판독기용 기호. 굵기가 다른 여러 세로줄이 모여 국명, 제조 회사명, 상품명, 오독(誤讀) 방지 기호 등을 나타냄. 판매 계산이나 상품 관리 등에 쓰임.

바퀴[1] 명 굴대에 꽂아 굴대 둘레를 돌게 만든 둥근 물건. 수레바퀴·물레바퀴 따위.

한자 **바퀴 륜**(輪) [車部 8획] ¶윤상(輪狀)/윤축(輪軸)/윤형(輪形)/차륜(車輪)

바퀴[2] 명 바퀴과의 곤충. 몸길이 1~2cm. 몸은 납작하고 길둥글며 몸빛은 누런 갈색 또는 진한 갈색임. 음식물에 해를 끼치고, 병원균을 옮김. 바퀴벌레. 비렴(蜚蠊). 향랑자(香娘子)

바퀴[3] 의 원을 그리며 빙 도는 횟수를 세는 단위, 또는 어떠한 곳을 빙 돌아서 제자리까지 오는 횟수를 세는 단위. ¶제자리에서 매암을 댓 - 돌았더니 어찔어찔하다./동네를 한 - 돌았다.

바퀴-벌레 명 바퀴[2]

바퀴-살 명 바퀴통에서 테까지 부챗살 모양으로 뻗은 가느다란 막대기나 철사.

바퀴-통(-筒) 명 바퀴 중앙에 있어, 바퀴 축이 그 속을 꿰뚫고, 바퀴살이 그 주위에 꽂힌 부분. 굴대통. 굴통

바탕[1] 명 ①타고난 성품이나 사람됨. ¶원래 -이 착한 사람이다. ②사물의 근본을 이루는 기초. ¶ -이 튼튼하다./그의 주장은 경험에 -을 두고 있다. ③글씨·그림·수·무늬 따위가 놓이는 바닥. ¶ -이 반들반들하고 고운 옷감./흰색 -에 붉은 꽃무늬가 있다.

한자 **바탕 질**(質) [貝部 8획] ¶기질(氣質)/성질(性質)/소질(素質)/물질(物質)/품질(品質)

바탕[2] 의 ①무슨 일이 한 차례 일어나는 동안. ¶몇 -의 소동 끝에서야 잠잠해졌다. ②활을 쏘아 살이 이르는 거리. ¶두 -의 거리.

바탕-음(-音) 명 음악에서, 음의 높이를 정하기 위하여 그 기준으로 삼는 음을 이르는 말.

바탱이 명 오지그릇의 한 가지. 중두리와 비슷하나 배가 더 나오고 아가리가 좁음.

바:터(barter) 명 물물 교환(物物交換)

바:터=무:역(barter貿易) 명 바터제

바:터-제(barter制) 명 두 나라 사이의 수출입 결제를 화폐로 하지 않고 물물 교환(物物交換)과 비슷한 하나의 환(換) 결제 방식으로 하는 무역 방법. 구상 무역(求償貿易). 바터 무역

바:텐더(bartender) 명 바나 카페의 카운터에서 주문을 받고 칵테일 따위를 만들어 파는 사람.

바통(bâton 프) 명 ①배턴(baton) ②후계자에게 인계하는 지위나 일을 비유하여 이르는 말. ¶가업의 -을 넘겨받다.

바투 부 ①두 대상이나 물체의 사이가 썩 가깝게. 바싹 다가가서. ¶ - 앉다./벽쪽으로 - 놓아라. ②길이가 매우 짧게. ¶고삐를 - 잡다. ③동안이 매우 짧게. ¶결혼 날짜를 - 잡다.

바투-보기 명 근시(近視)

바투보기-눈 명 근시안(近視眼)

바특-하다 형여 국물이 흥건하지 않고 조금 적은듯 하다. ¶찌개를 바특하게 끓이다. ☞톡톡하다. 톱톱하다
바특-이 부 바특하게 ¶국물을 - 끓여라.

바티칸(Vatican) 명 ①교황(敎皇)이 다스리는, 세계에서 가장 작은 나라. 로마 시내에 있으며, 정식 명칭은 바티칸 시국(市國)임. ②'교황청(敎皇廳)'을 달리 이르는 말. ③바티칸 궁전

박[1] 명 ①박과의 한해살이 덩굴풀. 줄기에 잔털이 많고 덩굴손으로 다른 물체를 감으면서 벋음. 여름에 흰 꽃이 피

며, 열매는 크고 둥긂. 잘 여문 열매는 삶아 타서 바가지를 만듦. 여물지 않은 박속은 나물 따위로 먹을 수 있음. 포로(匏蘆) ☞뒤웅박 ②'바가지'의 준말.

박(을) 타다 관용 ①박을 두 쪽으로 가르다. ②바라던 일이 어그러지다. 일이 낭패가 되다.

박[2] 명 배에 물이 새어 들지 않도록 틈을 메우는 데 쓰는 물건. 뱃밥

박[3] 명 '머리[1]'를 속되게 이르는 말. ¶ -이 터지다.

박[4] 명 노름판에서, 패를 잡고 물주 노릇을 하는 일, 또는 그 사람.
의 노름판에서, 여러 번 지른 판돈을 세는 단위. ¶한 - 먹다./한 - 잡다.

박[5] 부 ①좀 단단한 물체를 가볍게 한 번 긁는 모양, 또는 그 소리를 나타내는 말. ②얇은 종이 따위를 단번에 찢는 모양, 또는 그 소리를 나타내는 말. ¶신문지를 - 찢다. ☞벅. 북[4]

박(拍) 명 ①국악기 목부(木部) 타악기의 한 가지. 나무판이나 상아판 여섯 장을 한 벌로 하여 가죽끈을 꿴 것으로, 풍악이나 춤을 시작할 때와 마칠 때, 또는 곡조의 박자를 고르는 데 쓰임. ②'박자(拍子)'의 준말.
의 박자(拍子)를 세는 단위. ¶두 -.

박(剝) 명 '박괘(剝卦)'의 준말.

박(箔) 명 ①금이나 은 따위의 금속을 종이처럼 얇고 판판하게 늘인 것. ②'알루미늄박'을 흔히 이르는 말. ☞금박(金箔). 은박(銀箔)

박각시 명 박각시나방

박각시-나방 명 박각싯과의 나방. 편 날개 길이는 9~10cm. 몸빛은 짙은 잿빛인데 앞날개에는 흑갈색의 무늬가 있고 배의 각 마디에는 흰색·검은색·붉은색의 가로띠가 있음. 성충은 8~9월에 나타남. 박각시

박겁(迫劫) 명 -하다 타 위협하여 을러댐.

박격(迫擊) 명 -하다 타 덤벼들어 마구 침.

박격(搏擊) 명 -하다 타 몹시 후려서 냅다 침.

박격(駁擊) 명 -하다 타 남의 주장이나 이론 등에 대하여 반박하여 공격함.

박격-포(迫擊砲) 명 근거리에 있는 목표물을 쏘는 데 쓰는 간편한 소형 곡사포(曲射砲).

박-고지 명 덜 여문 박의 속을 빼어 버리고 길게 오려서 말린 반찬거리.

박고지-정:과(-正果) 명 박고지를 엿물에 빨갛게 될 때까지 고아서 설탕을 묻히고 참깨를 뿌린 정과.

박공(欂栱) 명 합각지붕이나 맞배지붕의 마구리 면, 또는 그곳에 댄 널을 이르는 말. 합각에서는 삼각형이 되고 맞배집에서는 'ㅅ'자 모양이 됨. 박공널. 박풍(欂風)

박공-널(欂栱-) 명 박공

박-괘(剝卦) 명 육십사괘(六十四卦)의 하나. 간괘(艮卦) 아래 곤괘(坤卦)가 놓인 괘로 산이 땅에 붙음을 상징함. 준 박(剝) ☞복괘(復卦)

박-구기 명 작은 박으로 만든 구기.

박-국 명 박속을 잘게 썰어 넣은 맑은장국. 포탕(匏湯)

박근(迫近) 어기 '박근(迫近)하다'의 어기(語基).

박근-하다(迫近-) 형여 무엇을 정한 날짜가 바싹 다가와서 가깝다.

박급(薄給) 명 얼마 안 되는 적은 봉급. 박봉(薄俸)

박기(薄技) 명 변변치 못한 재주. 박재(薄才)

박-김치 명 김치의 한 가지. 덜 여문 박의 껍질을 도톰하게 썰어 소금에 절인 다음, 마늘·고춧가루·실고추, 파 채썬 것으로 양념하여 버무려 심심하게 간을 한 국물을 부어 익힌 김치.

박-꽃 명 박의 꽃.

박다[1] 타 ①어떤 물건을 다른 물체에 두드려 넣거나 꽂거나 끼워 붙이다. ¶말뚝을 -./못을 -./쐐기를 -./장롱에 자개를 -. ☞빼다 ②음식에 소를 넣다. ¶송편에 팥소를 -. ③틀이나 판에 넣고 눌러서 찍다. ¶다식판에 박은 다식. ④식물이 뿌리를 내리다. ¶옮겨 심은 묘목이 뿌리를 -. ⑤장기에서, 궁이나 사(士)를 가운데 궁밭으로 들어가게 하다. ⑥요소마다 사람을 비밀리에 들여놓아 활동하게 하다. ¶끄나풀을 박아 놓다. ⑦바느질에서, 실을 곱걸어서 꿰매다. ¶재봉틀로 버선을 -. ⑧머리 따위를 다른 물건에 들이밀다. ¶이불에 얼굴을 박고 자다.

박다[2] 타 ①인쇄물이나 사진을 찍다. ¶기념 사진을 -./명함을 -. ②글을 쓰거나 말을 할 때 생각을 뚜렷하게 찍듯이 나타내다. ¶글씨를 또박또박 박아 쓰다.

한자 **박을 탁**(拓) 〔手部 5획〕 ¶탁본(拓本)

박다위 명 삼노나 종이노를 꼬아서 만든 멜빵.

박달 명 박달나무

박달-나무 명 자작나뭇과의 낙엽 활엽 교목. 높이는 30m 안팎. 나무껍질은 검은 잿빛이며 잎은 어긋맞게 나고 가장자리에 작은 톱니가 있음. 5~6월에 갈색 꽃이 이삭 모양으로 피고 10월경에 작은 열매가 익음. 목질이 단단하여 건축재나 가구재 따위로 쓰임. 단목(檀木). 박달
속담 **박달나무도 좀이 슨다** : 비록 똑똑한 사람이라도 실수할 때가 있고, 튼튼한 사람도 앓을 때가 있다는 말.

한자 **박달나무 단**(檀) 〔木部 13획〕 ¶단군(檀君)/단기(檀紀)/단목(檀木)

박달-목서(-木犀) 명 물푸레나뭇과의 상록 활엽 교목. 길둥근 잎은 마주나고, 늦가을에 흰 꽃이 잎겨드랑이에 모여 핌. 열매는 달걀꼴로 다음 해 5월에 익음. 중국 원산으로 우리 나라와 일본 등지에 분포하며, 정원수로 심음.

박답(薄畓) 명 메마른 논. ☞옥답(沃畓)

박대(薄待) 명 -하다 타 성의 없이 아무렇게나 대접함, 또는 그러한 대접. 박우(薄遇). 푸대접 ☞후대(厚待)

박덕(薄德) 명 -하다 형 ①덕이 적음. ¶ -의 소치. ☞후덕(厚德) ②'자기의 덕행(德行)'을 낮추어 이르는 말.

박도(迫到) 명 -하다 자 가까이 닥쳐옴.

박도(博徒) 명 노름을 일삼는 사람. 노름꾼. 도박꾼

박동(搏動) 명 -하다 자 맥박이 뜀. 맥동(脈動) ¶심장의 -.

박두(迫頭) 명 -하다 자 기일 따위가 닥쳐옴. 당두(當頭)[2] ¶원서 접수 마감 시간이 -하다.

박두(樸頭) 명 촉이 나무로 된 화살. 지난날, 무과(武科)를 보일 때나 활쏘기를 배울 때 쓰였음.

박락(剝落) 명 -하다 자 ①발라 놓은 칠이나 붙여 놓은 것이 벗겨지거나 떨어짐. ¶벽화가 -하다. ③돌이나 쇠붙이에 새긴 글씨나 그림 따위가 오래 되어 떨어짐. ¶비석의 글씨가 -하여 판독할 수 없다.

박람(博覽) 명 -하다 타 ①책을 두루 많이 읽음. ②널리 많은 것을 보고 들음.

박람강:기(博覽強記) 성구 널리 책을 많이 읽고 여러 가지 일을 잘 기억함을 이르는 말. ☞박문강기

박람-회(博覽會) 명 여러 분야의 생산물 따위를 일정한 기간 전시하여 산업의 진흥이나 무역의 촉진을 꾀하는 큰 규모의 전람회.

박래(舶來) 명 '박래품(舶來品)'의 준말.

박래-품(舶來品) 명 지난날, 서양에서 들여온 상품을 이르던 말. 준 박래 ☞국산품(國產品)

박략(薄略) 어기 '박략(薄略)하다'의 어기(語基).

박략-하다(薄略-) 형여 얼마 되지 아니하여 변변치 못하고 적다. ¶사례가 -.

박력(迫力) 명 세차게 밀고 나가는 힘. ¶ - 있는 남자./ - 있게 추진하다.

박력-분(薄力粉) 명 연질(軟質)의 밀로 제분한 밀가루. 글루텐의 함량이 적어서 과자의 재료나 튀김에 알맞음. ☞강력분(強力粉). 중력분(中力粉)

박렴(薄斂) 명 '박부렴(薄賦斂)'의 준말.

박론(駁論) 명 -하다 타 남의 학설이나 이론의 잘못된 점을 따져 비평하거나 자기의 반대 의견을 말함, 또는 그 이론. ☞박설(駁設)

박름(薄廩) 명 얼마 안 되는 적은 봉급. 박봉(薄俸)

박리(剝離) 명 -하다 자타 가죽이나 껍질 따위가 벗겨짐, 또는 가죽이나 껍질 따위를 벗기는 일.

ㅂ

박리(薄利)[명] 적은 이익. 적은 이윤. ☞폭리(暴利)
박리-다매(薄利多賣)[명] 이익을 적게 남기고 많이 팖.
박리-주의(薄利主義)[명] 이익은 적게 남기고 대신 많이 팔려는 태도나 생각.
박막(薄膜)[명] 얇은 막.
박멸(撲滅)[명]-하다[타] 모조리 잡아 없앰. ¶해충을 ―하다. ☞섬멸(殲滅)
박명(薄明)[명] ①희미하게 밝음. ②해가 뜨기 전이나 해가 진 뒤 한동안 하늘이 훤하게 밝은 현상, 또는 그 무렵.
박명(薄命)[명]-하다[형] ①운명이 기박함. 팔자가 사나움. 박운(薄運) ¶―한 일생을 보내다. ②목숨이 짧음. 단명
박모(薄暮)[명] 해가 진 뒤 조금 어둑해질 무렵. 땅거미
박문(博文)[명]-하다[자] 널리 학문을 닦아 사리를 깊이 연구함.
박문(駁文)[명] 논박하는 글.
박문(博聞)[어기] '박문(博聞)하다'의 어기(語基).
박문강:기(博聞強記)[성구] 사물을 널리 보고 들어 그것을 잘 기억하고 있음을 이르는 말. ☞박람강기
박문-국(博文局)[명] 조선 후기, 신문이나 잡지 따위의 편집과 인쇄를 맡아보던 관청.
박문약례(博文約禮)[―냑―][성구] 널리 학문을 닦아 도리를 알고, 배운 바를 예의로써 실행함을 이르는 말.
박문-원(博文院)[명] 대한 제국 때, 내외국의 온갖 서적의 보관을 맡아보던 관청.
박문-하다(博聞―)[형][여] 사물에 대하여 널리 들어서 아는 것이 많다.
박물(博物)[명] ①사물에 대하여 두루 많이 앎. ②'박물학(博物學)'의 준말.
박물-관(博物館)[명] 역사, 민속, 예술, 자연 과학, 산업 등에 관한 자료를 모아 분류·전시하여 누구나 관람할 수 있게 하며 자료에 관한 조사와 연구를 하는 시설.
박물-군자(博物君子)[명] 온갖 사물을 널리 잘 아는 사람.
박물세고(薄物細故)[성구] 아주 자질구레하여 변변치 않은 사물을 이르는 말.
박물=표본(博物標本)[명] 동물·식물·광물 등의 표본.
박물-학(博物學)[명] 동물학·식물학·광물학·지질학 등이 나뉘기 전에 동물·식물·광물·지질 등에 관한 학문을 통틀어 이르던 말. [준]박물(博物)
박민(剝民)[명]-하다[자] 지난날, 조세나 부역 따위를 가혹하게 매기어 백성을 괴롭히던 일.
박-박[1][부] ①좀 단단한 물체를 가볍게 여러 번 긁는 모양, 또는 그 소리를 나타내는 말. ②얇은 종이 따위를 여러 번 찢는 모양, 또는 그 소리를 나타내는 말. ☞벅벅[1]. 북북[1]
박박[2][부] ①야무지게 문대거나 치대는 모양을 나타내는 말. ¶발바닥을 ― 문질러 씻다./빨래를 ― 치대다. ②털 따위를 매우 짧게 깎는 모양을 나타내는 말. ¶머리털을 ― 깎다. ③좀 단단한 물체끼리 세게 문지르는 모양을 나타내는 말. ¶빗돌을 ― 문질러 다듬다. ④몹시 우기는 모양을 나타내는 말. ¶― 우기다. ☞벅벅[2]. 북북[2]. 빡빡[1]
박박[3][부] 얼굴이 많이 얽은 모양을 나타내는 말. ¶얼굴이 ― 얽다. ☞빡빡[2]
박박-이[부] 짐작한 대로 틀림없이. ¶이번에는 그가 ― 이길 것이다. ☞벅벅이. 빡빡이
박배[명] 문짝에 돌쩌귀·고리·배목 등을 박아서 문얼굴에 들이맞추는 일.
박배-장이[명] 박배의 일을 전문으로 하는 목수.
박-벌[명] '어리호박벌'의 딴이름.
박보(博譜)[명] 장기 두는 법을 풀이한 책.
박복(薄福)[어기] '박복(薄福)하다'의 어기(語基).
박복-하다(薄福―)[형][여] 복이 적다. 복이 없다. ¶팔자가 기구하고 ―. ☞다복하다
박봉(薄俸)[명] 얼마 안 되는 적은 봉급. 박급(薄給). 박름(薄廩). 박황(薄況)
박부(薄夫)[명] 경박한 사내.
박부득이(迫不得已)[부]-하다[형] 일이 급박하여 어찌할 수 가 없이. ¶― 예정을 바꾸다.
박-부렴(薄賦斂)[명] 지난날, 조세(租稅)를 적게 매겨 거두는 일을 이르던 말. [준]박렴(薄斂)
박빙(薄氷)[명] 얇게 살짝 언 얼음. 살얼음
박빙여림(薄氷如臨)[성구] 살얼음을 밟는 것처럼 매우 위태함을 이르는 말.
박사(博士)[명] ①전문 학술 분야에서 일정한 연구 업적을 올린 사람에게 주는 가장 높은 학위, 또는 그 학위를 받은 사람. 대학원에서 박사 과정을 마치거나 동등 이상의 학력(學力)이 인정되고 논문 심사와 시험에 합격한 사람이 받음. ¶문학 ― ②널리 아는 것이 많거나 특정한 분야에 능통한 사람을 비유하여 이르는 말. ¶그는 꿀벌의 생태에 관해서는 ―지. ③조선 시대, 성균관·홍문관·규장각·승문원에 딸린 정칠품 벼슬. ④삼국 시대 때, 학문이나 전문 기술을 가진 사람에게 주던 벼슬.
박사(薄紗)[명] 얇은 사(紗).
박사(薄謝)[명] ①적은 사례. ②'적은 사례'라는 뜻으로, 자기가 사례로 주는 금품을 겸손하게 이르는 말. 박의(薄儀) ☞후사(厚謝)
박산(薄糤)[명] ①꿀이나 엿에 버무린 산자밥풀·튀밥·잣·호두 따위를 틀에 담아 굳혀 얇게 썬 과자. ②유밀과(油蜜果)의 한 가지. 산자(糤子)의 몸이나 엿을 갸름하게 잘라 잣이나 호두를 붙인 과자.
박살[명] 산산이 부서지는 일.
박살(을) 내다[관용] 부수어 산산조각이 나게 하다.
박살(이) 나다[관용] 부서져서 산산조각이 나다. ¶큰 유리문이 박살이 났다.
박살(搏殺)[명]-하다[타] 손으로 쳐서 죽임.
박살(撲殺)[명]-하다[타] 때려서 죽임. 구살(毆殺). 타살
박상(剝喪)[명]-하다[자] 빼앗기어 잃음.
박상-해(雹霜害)[명] 우박이나 서리로 말미암아 농작물이 입는 피해.
박새[1][명] 백합과의 여러해살이풀. 줄기 높이 1.5m 안팎. 잎은 넓고 둥글며 세로 맥이 있음. 7~8월에 연한 황백색의 꽃이 원뿔 모양으로 모여서 핌. 뿌리줄기에는 독이 있어 농업용 살충제나 한약재로 쓰임. 산의 그늘진 곳에 자라며, 우리 나라와 동부 시베리아 등지에 분포함.
박새[2][명] 박샛과의 텃새. 몸길이는 15cm 안팎으로 참새만 함. 머리와 몸은 검은색, 뺨과 배는 흰색, 등은 황록색이며 날개는 어두운 잿빛으로 흰 띠가 있음. 곤충이나 열매 따위를 먹음. 동북 아시아에 널리 분포함.
박색(薄色)[명] 아주 못생긴 얼굴, 또는 그러한 사람. 주로 여자의 경우에 쓰임. ☞미색(美色). 절색(絶色)
박서(薄暑)[명] 초여름의 심하지 않은 더위.
박석(薄石)[명] 넓적하고 얇은 돌.
박설(駁說)[명] 남의 학설이나 이론을 비평하거나 반박하는 학설. ☞박론(駁論)
박설(薄雪)[명] 겨우 발자국이 날 정도로 조금 내린 눈. 자국눈 ☞잣눈. 척설(尺雪)
박섬(縛苫)[명] 복쌈
박섭(博涉)[명]-하다[타] ①널리 책을 많이 읽음. ②널리 사물을 보고 들음. ☞섭렵(涉獵)
박세(迫歲)[명]-하다[자] 섣달 그믐이 다가옴.
박소(朴素)[어기] '박소(朴素)하다'의 어기(語基).
박소(薄少)[어기] '박소(薄少)하다'의 어기(語基).
박소-하다(朴素―)[형][여] 꾸밈이 없이 수수하다.
박소-하다(薄少―)[형][여] 아주 적다. 얼마 되지 아니하다. ¶박소한 사례.
박-속[명] 박의 씨가 박혀 있는 하얀 살 부분.
박속(薄俗)[명] 경박한 풍속.
박속-나물[명] 나물의 한 가지. 덜 여문 박을 타서 삶아, 씨가 박힌 부분을 버리고 살만 긁어서 무친 나물. 박속무침
박속-무침[명] 박속나물
박송(薄松)[명] 소나무를 얇게 켠 널. ☞장송(長松)
박수[명] 남자 무당
박수(拍手)[명]-하다[자] 환영·찬양·찬성·격려·응원 등의 뜻으로, 여러 번 손바닥을 마주 치는 일. ¶기립(起

立) −/우뢰와 같은 − 소리가 터지다.

박수(博搜)명-하다타 이 책 저 책에서 널리 찾아봄.

박수-갈채(拍手喝采)명 손뼉을 치고 소리지르며 환영하거나 칭찬함. ¶−를 보내다.

박수-례(拍手禮)명 박수로 하는 인사.

박스(box)명 ①상자 ②극장·경기장·카페 따위에서, 칸을 막은 특별석을 이르는 말. ¶로열− ③상자 모양으로 생긴 간단한 건축물을 이르는 말. ¶전화 − ④야구 경기에서, 타자나 코치가 서는 자리. ⑤〔의존 명사로도 쓰임〕 상자를 세는 단위. ¶귤 한 −.

박승(縛繩)명 죄인을 묶는 끈. 포승(捕繩) ☞오라

박시(博施)명-하다자 많은 사람에게 널리 은혜와 사랑을 베풂.

박시제:중(博施濟衆)성구 널리 은혜와 사랑을 베풀어서 뭇사람을 구제함을 이르는 말.

박식(博識)명-하다형 널리 보고 들어서 아는 것이 많음. ¶그는 −이면서도 과묵하다./민속에 −하다.

박신-거리다(대다)자 박신박신 들끓다. ☞박작거리다. 벅신거리다

박신-박신부 사람이나 곤충, 짐승 따위가 좁은 곳에 많이 모여 활기차게 움직이는 모양을 나타내는 말. ¶개미굴에 개미가 − 들끓다. ☞박작박작. 벅신벅신

박-쌈명 남의 집으로 보내기 위하여 음식을 담아 보자기로 싼 함지박.

박쌈-질명-하다자타 음식을 박쌈으로 도르는 일.

박씨부인전(朴氏夫人傳)명 조선 후기의 것으로 보이는 한글본 소설. 박씨 부인이 뛰어난 재주와 학식으로 남편을 평안 감사가 되게 하고, 나아가 외적을 물리친다는 줄거리의 무용담으로, 병자호란(丙子胡亂)의 치욕을 글로 써 달랜 군담 소설(軍談小說). 박씨전

박씨전(朴氏傳)명 박씨부인전

박아(博雅)어기 '박아(博雅)하다'의 어기(語基).

박아-내:다타 사진이나 글자 등을 찍어 내다. ¶책을 −.

박아-하다(博雅−)형여 학식이 넓고 인품이 고상하다.

박악(薄惡)어기 '박악(薄惡)하다'의 어기(語基).

박악-하다(薄惡−)형여 ①성질이 야박하고 모질다. ②됨됨이가 변변치 못하고 매우 고약하다.

박애(博愛)명-하다타 모든 사람을 널리 평등하게 사랑함. 범애(汎愛) ¶− 정신

박애-주의(博愛主義)명 인종·종교·계급 따위의 장벽을 넘어서 모든 인류는 평등하게 널리 사랑해야 한다는 주의. 사해 동포주의(四海同胞主義)

박약(薄弱)어기 '박약(薄弱)하다'의 어기(語基).

박약-하다(薄弱−)형여 ①의지나 체력이 굳세지 못하고 여리다. ¶의지가 박약한 사람. ②불충분하거나 부족하다. ¶이론의 근거가 −. ③얇고 약하다.

박엽-지(薄葉紙)명 안피지(雁皮紙) 따위와 같이 얇게 뜬 종이를 이르는 말. 사전 용지나 담배 용지 등에 쓰임.

박옥(璞玉)명 쪼거나 갈지 않은 옥 덩어리.

박옥혼금(璞玉渾金)성구 아직 쪼거나 갈지 않은 옥과 불리지 않은 금이라는 뜻으로, 바탕은 좋으나 꾸미지 않은 것을 비유하여 이르는 말.

박용=기관(舶用機關)명 선박의 원동기로 쓰이는 기관.

박용-탄(舶用炭)명 선박의 증기 기관에 쓰이는 석탄.

박우(薄遇)명-하다타 성의 없이 아무렇게나 대접함, 또는 그러한 대접. 박대(薄待). 푸대접 ☞우우(優遇)

박-우물명 바가지로 물을 뜰 수 있는 얕은 우물. ☞두레우물. 옹달우물

박운(薄雲)명 엷게 낀 구름.

박운(薄運)명-하다형 운명이 기박함. 팔자가 사나움. 박명(薄命) ☞불운(不運)

박은-이명 책 따위를 인쇄한 사람. 인쇄인(印刷人)

박음-질명-하다자타 ①바느질에서, 실을 곱걸어서 꿰매는 일. ☞온박음질. 반박음질 ②재봉틀로 박는 바느질.

박음-판(−版)명 인쇄판(印刷版)

박읍(薄邑)명 피폐한 고을. 잔읍(殘邑)

박의(薄衣)명 얇은 옷.

박의(薄儀)명 박사(薄謝)

박이명 바느질에서, 박음질로 하는 방식을 이르는 말. ¶− 두루마기

박이(雹異)명 우박으로 말미암은 농작물 따위의 피해. 박재(雹災). 박해(雹害)

-박이《접미사처럼 쓰이어》'박다'의 전성형으로 '그것이 박혀 있는 사람이나 물건'의 뜻을 나타냄. ¶점박이/차돌박이/네눈박이/자개박이 ☞-배기

박이-것명 ①박음질로 만든 물건을 통틀어 이르는 말. ②박음질로 지은 옷. 박이옷 ☞뜯이것

박이-겹것명 박음질을 하여 지은 겹옷.

박이-끌명 때려 박아서 자국만을 내는 끌.

박이다[1]자 ①한곳에 꽂히듯이 들어가 있다. ¶자개가 박인 문갑./어깨에 박인 총알을 빼냈다. ②버릇 따위가 몸에 배어 굳어지다. ¶담배에 인이 −. ③손바닥이나 발바닥에 굳은살이 생기다. ¶발에 못이 −. ④어떤 생각이 깊이 배다. ¶마음속 깊이 박인 원한.

박이다[2]타 인쇄물이나 사진을 박게 하다.

박이부정(博而不精)성구 널리 알기는 하나 정치(精緻)하지 못함을 이르는 말.

박이-옷명 박이것

박인방증(博引旁證)성구 실례나 증거를 넓은 범위에서 끌어 대어 사물을 설명하는 일을 이르는 말.

박자(拍子)명 음악에서, 악곡의 리듬을 이루는 기본 단위. 센박과 여린박이 엇바뀌어 주기적으로 되풀이되는 것. ¶4분의 3−/−를 맞추다. 준박(拍)

박작-거리다(대다)자 박작박작 들끓다. 박작이다 ☞벅적거리다

박작-박작부 많은 사람이 좁은 곳에 모여 시끄러울 정도로 붐비는 모양을 나타내는 말. ☞벅적벅적

박작-이다자 박작거리다 ☞벅적이다

박잡(駁雜)어기 '박잡(駁雜)하다'의 어기(語基).

박잡-하다(駁雜−)형여 이것저것이 뒤섞이어 잡되다.

박-장:기(−將棋)명 '바둑 장기'의 준말.

박장-대:소(拍掌大笑)명 손뼉을 치면서 크게 웃음.

박재(舶載)명-하다타 ①배에 실음. ②선박에 실어 운반함.

박재(雹災)명 우박으로 말미암은 농작물 따위의 피해. 박이(雹異). 박해(雹害)

박재(薄才)명 변변치 못한 재주. 박기(薄技).

박전(搏戰)명-하다자 맞붙어 치고 받으며 싸움. 격투(格鬪)

박전(薄田)명 메마른 밭.

박전-박답(薄田薄畓)명 메마른 밭과 논.

박절(迫切)어기 '박절(迫切)하다'의 어기(語基).

박절-기(拍節器)명 악곡의 박절(拍節)을 재거나 템포를 나타내는 장치. 메트로놈(metronome)

박절-하다(迫切−)형여 인정이 없고 야박하다. ¶박절한 처사./부탁을 박절하게 거절하다.

박절-히부 박절하게

박정(薄情)어기 '박정(薄情)하다'의 어기(語基).

박정-스럽다(薄情−)(−스럽고·−스러워)형ㅂ 박정한 데가 있다.

박정-스레부 박정스럽게

박정-하다(薄情−)형여 인정미가 없다. 박행(薄倖)하다

박정-히부 박정하게

박제(剝製)명-하다타 동물의 생태 표본(生態標本)의 한 가지. 새나 짐승의 가죽을 벗겨서 썩지 않도록 한 뒤, 속에 솜이나 대팻밥 따위를 넣어 살아 있을 때와 같은 모양을 만드는 일, 또는 그 물건.

박-주(−主)명 노름판에서 박을 쥔 물주.

박주(薄酒)명 ①맛이 좋지 아니한 술. ②남에게 대접하는 술을 겸손하게 이르는 말. 조주(粗酒) ¶−이지만 한 잔 드십시오. ③'막걸리'를 달리 이르는 말.

박주가리명 박주가릿과의 여러해살이 덩굴풀. 줄기 길이는 3m 안팎. 잎은 길다란 심장형으로 뒷면은 흼. 7~8월에 담자색 꽃이 피고 씨에는 털이 있음. 줄기와 잎을 꺾으면 흰 유즙이 나옴. 씨와 잎은 한방에서 약재로 쓰임. 나마(蘿藦). 새박덩굴

박주-산채(薄酒山菜)명 맛이 변변하지 못한 술과 산나물이라는 뜻으로, 남에게 대접하는 술과 안주를 겸손하게 이르는 말.
박-죽(-粥)명 박속을 잘게 썰어 멥쌀과 돼지고기 또는 닭고기를 넣어 쑨 죽.
박죽-목(-木)명 방앗공이에 가로 박혀 있는 짤막한 나무. 십자목(十字木)이 돌다가 마주 닿을 때에 방앗공이가 걸려서 올라가게 됨.
박:쥐명 박쥐목에 딸린 포유동물을 통틀어 이르는 말. 몸과 머리는 쥐와 비슷하고, 앞다리에 비막(飛膜)이 있어 날개 구실을 하며 날아다님. 시력은 약하나 촉감은 예민함. 낮에는 동굴 같은 곳에 거꾸로 매달려서 쉬고 밤에만 나다님. 초음파를 내어 방향과 장애물을 탐지함. 복익(伏翼). 비서(飛鼠). 편복(蝙蝠)
박쥐 구실관용 자기의 이익을 위하여 유리한 쪽으로 이리 붙고 저리 붙고 하는 줏대 없는 행동을 이르는 말.
박:쥐-나무명 박쥐나뭇과의 낙엽 활엽 관목. 높이 3m 안팎이고 잎은 손바닥 모양으로 크게는 세 갈래, 작게는 다섯 갈래로 갈라져 있음. 여름에 노란 꽃이 피고 열매는 콩 모양의 핵과(核果)로 검게 익음. 어린잎은 먹을 수 있고, 열매는 약으로 쓰며, 껍질은 새끼 대용으로 씀.
박:쥐-우:산(-雨傘)명 서양식 헝겊 우산. 폈을 때의 모양이 박쥐 날개같이 생긴 데서 이르는 말. ☞양산(洋傘)
박:쥐-족(-族)명 낮에는 쉬고 밤이 되면 활동을 하는 사람들을 이르는 말.
박:쥐-향(-香)명 지난날, 여러 가지 향료를 반죽하여 박쥐 모양으로 만든 향. 흰 말총으로 만든 집에 넣어 차고 다녔음.
박지(薄地)명 ①박토(薄土) ②불교에서, 번뇌에 시달리는 범부(凡夫)를 이르는 말. ③욕계(欲界)의 번뇌를 끊음으로써 번뇌가 희박해진 경지를 이르는 말.
박지(薄志)명 ①약한 의지. ②마음에 품은 작은 뜻. 촌심(寸心). 촌지(寸志). 촌충(寸衷)
박지(薄紙)명 얇은 종이. ☞후지(厚紙)
박-지르다(-지르고·-질러)타르 발길로 차서 넘어뜨리다. ¶가로막은 자를 -.
박지약행(薄志弱行)성구 의지가 박약하고 실행력이 약함을 이르는 말.
박직(剝職)명-하다자 관직을 박탈함.
박직(樸直)어기 '박직(樸直)하다'의 어기(語基).
박직-하다(樸直-)형여 순박하고 정직하다.
박진(迫眞)명-하다형 표현 따위가 현실의 모습이나 장면과 똑같음. ¶-한 묘사./-한 연기.
박진(迫進)명-하다자타 ①바싹 가까이 나아감. ②세차게 밀고 나아감.
박진-감(迫眞感)명 표현된 것이 진실과 다름없는 느낌. 현실의 모습이나 장면을 보는듯 한 느낌. ¶-을 자아내는 장면.
박진-력(迫進力)[-녁]명 세차게 밀고 나아가는 힘.
박차(拍車)명 승마용 구두 뒤축에 대는 쇠로 만든 물건. 끝에 톱니바퀴가 달려 있어 이것으로 말의 배를 차서 빨리 달리게 함.
박차를 가하다관용 일의 진행을 한층 빠르게 하려고 힘을 더하다. ¶신기술 개발에 -.
박차(薄茶)명 ①맛이 변변치 못한 차. ②남에게 대접하는 차를 겸손하게 이르는 말.
박-차다타 ①발길로 냅다 차다. ¶문을 박차고 나가다. ②제 몫으로 있는 것이나 돌아오는 것을 내쳐 물리치다. ¶들어오는 복을 박차다니. ③부닥치는 어려운 일이나 장애 따위를 힘차게 물리치다. ¶온갖 난관을 박차고 더욱 분발하다.
박찬(薄饌)명 ①변변하지 못한 반찬. ②남에게 대접하는 반찬을 겸손하게 이르는 말.
박채중:의(博採衆議)성구 널리 뭇사람의 의견을 들어서 채택함을 이르는 말.
박처(薄妻)명-하다자 아내를 소박함. 아내에게 박절하게 대함.
박철(縛鐵)명 집을 지을 때, 못을 박기가 어렵게 된 곳에 겹쳐 대는 쇳조각.
박-첨지(朴僉知)명 꼭두각시놀음에서 주인공 노릇을 하는 노인 인형.
박첨지-놀음(朴僉知-)명 꼭두각시놀음
박초(朴硝)명 한방에서, 초석(硝石)을 한 번 구워서 만든 약재. 이뇨제(利尿劑)로 쓰임.
박초(縛草)명 나무에 접을 붙이고 잘 살도록 겉으로 묶어 주는 볏짚 따위.
박초-바람(舶趠-)명 음력 5월에 부는 바람. 박초풍
박초-풍(舶趠風)명 박초바람
박충(朴忠)어기 '박충(朴忠)하다'의 어기(語基).
박충-하다(朴忠-)형여 순박하고 충직하다.
박취(剝取)명-하다타 껍질 따위를 벗겨서 떼어 냄.
박치기명-하다자타 머리로 사람이나 물건을 들이받는 짓.
박침-품(粕沈品)명 물고기나 조개류를 소금에 절였다가 꺼내서 잘 씻은 다음, 술찌끼에다 담가 익힌 식품.
박타(縛打)명-하다타 몸을 묶어 놓고 때림.
박탈(剝脫)명-하다자타 벗겨져 떨어짐, 또는 벗겨서 떨어지게 함.
박탈(剝奪)명-하다타 자격·재물·권리 따위를 법적으로나 강제로 빼앗음. ¶자유의 -./시민권을 - 당하다.
박태(薄胎)명 매우 얇게 만든 도자기의 몸.
박태기-나무명 콩과의 낙엽 활엽 관목. 높이 3~5m이고, 4월경에 잎보다 먼저 나비 모양의 홍자색 꽃이 다닥다닥 붙어 핌. 중국 원산이며 관상용으로 심음. 줄기는 한방에서 약재로 쓰임.
박테리아(bacteria)명 세균(細菌)
박테리오파:지(bacteriophage)명 세균에 기생하여 증식하면서 균체(菌體)를 녹이는 바이러스의 한 가지. 세균 바이러스
박토(剝土)명-하다자타 노천 채광에서, 광상(鑛床)을 덮은 겉층의 흙을 파내는 일.
박토(薄土)명 메마른 땅. 박지(薄地) ☞옥토(沃土)
박-통명 타지 않은 통째로의 박.
박통(博通)명-하다자 여러 사물에 널리 통하여 앎.
박통사언:해(朴通事諺解)명 조선 숙종 3년(1677)에 권대련(權大連) 등이 중국어 학습서인 '박통사(朴通事)'를 한글로 번역한 책. 3권 3책.
박투(搏鬪)명-하다자 맞닥뜨려 서로 치고 때리며 싸움.
박판(拍板)명 나무로 만든 박(拍).
박판(薄板)명 나무나 금속의 얇은 널빤지.
박편(剝片)명 벗겨져 떨어진 조각.
박편(薄片)명 얇은 조각.
박편-석기(剝片石器)명 타제 석기(打製石器)의 한 가지. 큰 돌에서 떼어 낸 조각을 가공한 석기.
박풍(牔風)명 박공(牔栱)
박피(剝皮)명-하다타 껍질이나 가죽을 벗김. 유거피
박피(薄皮)명 얇은 껍질.
박피-술(剝皮術)명 살갗에 난 흉터나 흔적을 깎아 내어 없애는 방법. ☞식피술(植皮術)
박하(薄荷)명 ①꿀풀과의 여러해살이풀. 습지에 자라는데, 줄기 높이는 60~90cm이며 길둥근 잎은 방향(芳香)이 있음. 여름에 담자색 또는 백색의 작은 꽃이 잎겨드랑이에 모여 핌. 향료나 약재로 쓰임. 영생이 ②박하뇌(薄荷腦) ③박하유(薄荷油)
박하-뇌(薄荷腦)명 박하유를 고체화한 무색의 바늘 모양의 결정체. 시원한 향과 맛이 있어 약품·화장품·담배·식품 등에 쓰임. 멘톨. 박하. 박하빙(薄荷氷).
박-하다(駁-)타여 《文》상대의 주장이나 학설의 잘못을 공격하여 말하다. 논박(論駁)하다
박-하다(薄-)형여 ①인색하다. 후하지 아니하다. ¶인심이 -./점수가 -. ②이익이나 소득이 보잘것없이 적다. ¶이문이 -. ③두껍지 아니하고 얇다. ☞후하다
박하-물부리(薄荷-)[-뿌-]명 박하뇌를 넣어서 만든 물부리. 담배를 끊으려는 사람이 텁텁한 입을 시원하게 하려고 할 때 씀.

박하-빙(薄荷氷)명 박하뇌(薄荷腦)
박하-사탕(薄荷砂^糖)명 박하유를 넣어 만든 사탕.
박하-수(薄荷水)명 ①박하 잎을 증류하여 만든 액체. 위장약으로 쓰임. ②박하유를 설탕물에 탄 청량 음료.
박하-유(薄荷油)명 박하 잎을 증류하여 만든 기름과 같은 액체. 특이한 향기와 시원한 맛이 있어 식품의 향료로 널리 쓰임. 박하(薄荷)
박하-정(薄荷精)명 박하뇌(薄荷腦)
박학(博學)명-하다형 배운 것이 많고 학식이 넓음, 또는 그 학식. 홍학(鴻學) ☞박학(薄學). 천학(淺學) ☞박학다재(博學多才)
박학(薄學)명-하다형 학식이 얕고 보잘것없음, 또는 그런 학식. 유천학(淺學) ☞박학(博學)
박학다문(博學多聞)성구 학식이 넓고 견문이 많음.
박학다식(博學多識)성구 학식이 넓고 식견이 많음.
박학다재(博學多才)성구 학식이 넓고 재주가 많음.
박한(薄汗)명 조금 나는 땀. 경한(輕汗)
박할(剝割)명-하다타 ①가죽을 벗기고 살을 베어 냄. ②지난날, 탐관오리가 가혹하게 세금을 거두고 재물을 빼앗는 일을 이르던 말. 할박(割剝)
박해(迫害)명-하다타 힘이나 권력으로 부당하게 핍박하여 해롭게 함. ¶종교적 ―/타민족을 ―하다.
박해(雹害)명 박재(雹災)
박행(薄行)명 경박한 행동.
박행(薄幸)어기 '박행(薄幸)하다'의 어기(語基).
박행(薄倖)어기 '박행(薄倖)하다'의 어기(語基).
박행-하다(薄幸―)형여 운수가 좋지 않다. 불행하다
박행-하다(薄倖―)형여 박정(薄情)하다
박혁(博弈)명 ①장기와 바둑을 아울러 이르는 말. ②노름
박홍(薄紅)명 엷게 붉은 빛깔. 연분홍
박황(薄況)명 박봉(薄俸)
박흡(博洽)어기 '박흡(博洽)하다'의 어기(語基).
박흡-하다(博洽―)형여 널리 배워 아는 것이 많아 사물에 막히는 데가 없다.
박히다자 ①어떤 물건이 다른 물건의 속으로 들어가 꽂히다. ¶벽에 못이 ―./손에 박힌 가시. ②인쇄물이나 사진이 박아지다. 찍히다 ③한군데 들어앉아 지내다. 틀어박히다 ¶방안에만 박혀 있다.
밖명 ①일정한 구획선이나 칸을 벗어난 바깥쪽. ¶공이 선 ―으로 나갔다./창 ―으로 얼굴을 내밀다. ②집이나 건물에서 벗어난 곳. 바깥 ¶―에 나가서 놀자./―은 몹시 춥다. ③어떤 물체의 속이나 안에 반대되는 쪽. 드러난 겉쪽. ¶노폐물을 몸 ―으로 내보내다./감정을 ―으로 드러내다. 유외면(外面). 외부(外部) ④자기의 가정이나 회사 따위가 아닌 다른 곳. ¶―에서 저녁을 먹자./기밀이 ―으로 새다. ⑤밖에서 일하는 사람이란 뜻으로, '남편'을 달리 일컫는 말. ¶―에서 하시는 일이라서 잘 모릅니다. ⑥〔의존 명사로도 쓰임〕 어떤 범위를 넘어선 부분. 외(外) ¶생각 ―의 일./기대 ―의 성과./그 ―의 것은 다 가져라. ☞안'
-밖에조 체언에 붙어, '그것을 제외하고는'의 뜻을 나타내는 보조 조사. ¶그 일은 나밖에 모른다./하나밖에 없는 동생./따를 수밖에 딴 길이 없다.
반명 얇게 펴서 만든 조각. ☞반대기
　반을 짓다관용 과자나 떡 같은 것을 둥글고 얇게 조각을 내어 만들다.
반:(反)명 헤겔 변증법(辨證法)에서 이르는, 세 단계 발전 가운데 둘째 단계를 이르는 말. 반립(反立). 반정립(反定立). 안티테제(Antithese) ☞정(正). 정반합(正反合)
반:(半)명 ①둘로 똑같이 나눈 것의 한 부분. ¶사과를 ―으로 자르다. ②일이나 시간·공간 등의 중간 부분. ¶일은 ―쯤 끝났다./작업 시간이 ―쯤 지났다. ③반쯤 되는 정도. ¶― 농담으로 한 말./ ―은 진담이다.
　반을 타다관용 반으로 가르다.

한자 반 반(半) 〔十部 3획〕 ¶반가(半價)/반감(半減)/반보(半步)/반숙(半熟)/반액(半額)/반절(半切)

반(瓪)명 암키와
반(班)명 ①단체를 몇으로 갈라 편성한 작은 단위. ②통(統)을 다시 가른 행정 조직의 최하 단위.
반(盤)명 소반·예반·쟁반 따위를 통틀어 이르는 말.
반(反)-《접두사처럼 쓰이어》'반대'·'적대'·'대항'의 뜻을 나타냄. ¶반비례(反比例)/반독재(反獨裁)/반작용(反作用)/반민족적(反民族的) ☞역(逆)-. 정(正)-
반(半)-《접두사처럼 쓰이어》'반쯤 되는'의 뜻을 나타냄. ¶반죽음/반달/반공일(半公日)/반팔
반:가(半價)[―까]명 반값
반가(班家)명 양반의 집안.
반:-가공품(半加工品)명 반쯤 가공한 물품.
반:-가부좌(半跏趺坐)명 앉는 자세의 한 가지. 한쪽 발을 맞은쪽 허벅다리 위에 얹고, 다른쪽 발을 그 맞은쪽 무릎 밑에 넣고 앉는 앉음새. 준반가좌(半跏坐) ☞결가부좌(結跏趺坐)
반:가-상(半跏像)명 반가부좌를 하고 앉은 모습으로 조각한 상(像).
반가움명 반가운 마음. ¶옛 친구를 만난 ―.
반가워-하다타여 반갑게 여기다. 반가운 마음을 가지다. ¶찾아온 친구를 ―.
반:-가좌(半跏坐)명 '반가부좌(半跏趺坐)'의 준말.
반:-(半角)명 ①어떤 각(角)의 반(半). ②조판(組版)에서, 활자의 반이 되는 크기나 공간. 이분(二分) ¶―을 띄우다. ☞전각(全角)
반:각(返却)명-하다타 보낸 물건을 도로 돌려보냄.
반:간(反間)명-하다타 둘 사이에서 하리놀아 그 둘 사이가 버성기게 만듦. 이간(離間)
반:간접=조:명(半間接照明)명 조명 방식의 한 가지. 대부분의 빛을 위로 향하여 비추고, 약간의 빛만을 내리비치게 함.
반:감(反感)명 상대편의 언행이나 태도에 대하여 반발하거나 반항하는 감정. ¶―을 사다./―을 품다.
반:감(半減)명-하다자타 ①절반으로 줆. ¶흥미가 ―되다. ②절반으로 줄임. ¶값을 ―하다.
반감(飯監)명 조선 시대, 대궐 안에서 음식물과 여러 물건의 진상(進上)을 맡아보던 관원.
반:감-기(半減期)명 방사성 물질이 붕괴하여 그 원자 수가 최초의 반으로 주는 데 드는 시간. 스트론튬 90에서는 28년, 우라늄 238에서는 45억 년.
반갑다(반갑고·반가워)형ㅂ 좋은 일을 맞거나, 바라던 일이 이루어져 마음이 즐겁고 기쁘다. ¶반가운 손님./반갑게 맞이하다.
　반가-이부 반갑게 ¶― 두 손을 맞잡다.
반:-값(半―)[―깝]명 본디 값의 절반. 반가(半價). 반금. 반액(半額) ¶바겐세일에서 ―에 사다.
반강(頒降)명 반방(頒放)
반:개(半個)명 한 개의 절반. ¶사과 ―
반:개(半開)명-하다자타 ①반쯤 열리거나 벌어짐, 또는 반쯤 열거나 벌림. ②꽃이 반쯤 핌. ③문화가 완전하지 않으나 어느 정도 발달되는 일. ☞반미개
반갱(飯羹)명 밥과 국을 아울러 이르는 말.
반거(盤踞·蟠踞)명-하다자 〔굳게 뿌리박아 서린다는 뜻으로〕 넓은 땅을 확고하게 차지하여 세력을 떨침.
반거(盤據·蟠據)명-하다자 넓은 땅을 확고하게 차지하고 근거로 함.
반:-거들충이(半―)명 무엇을 배우다가 그만두어 다 이루지 못한 사람. 준반거충이
반:-거충이(半―)명 '반거들충이'의 준말.
반:-거:치(反鋸齒)명 잎의 가장자리에 생긴, 아래로 향한 톱니 모양을 이르는 말.
반:-건대구(半乾大口)명 반쯤 말린 대구(大口)
반:-건성유(半乾性油)명 공기 중에 두었을 때, 산화되어 끈적거리는 성질은 더하나 아주 마르지는 않는 기름. 건성유와 불건성유의 중간임. 참기름·면실유 따위.
반:-걸음(半―)명 한 걸음 거리의 절반이 되는 걸음. 규보(頃步). 반보(半步). 척보(隻步)

한자 반걸음 규(頃) 〔頁部 2획〕 ¶ 규보(頃步)

반:격(反擊)명-하다타 상대편의 공격에 대해 방어에만 그치지 않고 되받아 공격함.
반:격-전(反擊戰)명 상대편의 공격에 대해 되받는 싸움.
반결(盤結)명-하다자 서려서 얽힘.
반:결구=배:추(半結球-)명 배추의 한 품종. 속이 들어 완전히 둥글게 뭉치지 않고, 윗부분은 벌어진 채 자라는 배추.
반:-결음(半-)명 지난날, 기름을 많이 먹이지 않고 반쯤 결어 신던 가죽신.
× **반:경**(反耕)명 → 번경(反耕)
반:경(半徑)명 반지름
반:계(半季)명 ①한 계절의 반. ②반년(半年)
반계(盤鷄)명 닭의 한 품종. 몸이 작고 다리가 짧음.
반계곡경(盤溪曲徑)성구 일을 순리대로 하지 않고 옳지 않은 방법을 써서 억지로 함을 이르는 말. 방기곡경(旁岐曲徑)
반계수록(磻溪隨錄)명 조선 영조 46년(1770)에 실학자 반계 유형원(柳馨遠)이 지은 책. 여러 제도를 연구·고증한 내용으로, 사회·경제, 특히 전제(田制)와 제도사 연구의 귀중한 자료임. 26권 13책의 목판본.
반:고(反古)명 '반고지(反古紙)'의 준말.
× **반:고**(反庫)명 → 번고(反庫)
반:고(反顧)명-하다자 〔뒤를 돌아본다는 뜻으로〕 가족이나 고향을 그리워함.
반:고(半鼓)명 한쪽만 가죽을 메운 크지 않은 북.
반고(盤古·盤固)명 ①중국에서, 천지개벽 때 처음으로 태어났다고 하는 전설상의 천자(天子)를 이르는 말. ②아득한 옛날. 태고(太古)
반:고리-관(半-管)명 척추동물의 내이(內耳)에 있는, 평형 감각을 맡은 기관. 삼반규관(三半規管)
반:고-지(反古紙·反故紙)명 글씨 같은 것을 써서 못쓰게 된 종이. 준 반고(反古)
반:-고체(半固體)명 액체가 반쯤 엉겨서 이루어진 무른 고체. 액체와 고체의 중간 상태의 것.
반:고형-식(半固形食)명 죽이나 빵 또는 국수 등의 주식(主食)과 소화가 잘 되는 부식(副食)을 곁들인 음식. 연식(軟食)
반:곡(反曲)명-하다자 뒤로 젖혀지거나 반대 방향으로 구부러짐. 반굴(反屈)
반:곡(反哭)명 장사를 지내고 돌아와 정침(正寢)에서 곡(哭)하는 일.
반곡(盤曲)명-하다자 얽히어 구부러짐. 반굴(盤屈)
반:골(半-)명 종이나 피륙 등의 반 폭.
반:골(反骨·叛骨)명 권위나 권력 등에 저항하는 기골(氣骨), 또는 그런 사람.
반:공(反共)명-하다자 반공산주의 ☞용공(容共)
반:공(反攻)명-하다자타 공격에 대해 되받아 공격함.
반:공(半工)명 ①반품 ②한 사람 몫의 반 정도 되는 일.
반:공(半空)명 '반공중(半空中)'의 준말.
반공(飯工)명 지난날, 대궐 안에서 밥짓는 일을 하는 사람을 이르던 말.
반공(飯供)명-하다타 끼니때마다 음식을 이바지하는 일.
반:-공:산주의(反共産主義)명 공산주의를 반대하는 일, 또는 그 주의. 반공(反共)
반:-공일(半空日)명 오전만 일을 하고 오후에는 쉬는 날로, '토요일'을 흔히 이르는 말. ☞반휴일. 온공일
반:-공전(半工錢)명 온 품삯의 절반 품삯.
반:-공중(半空中)명 그리 높지 않은 공중. 건공중(乾空中). 반천(半天) 준 반공(半空)
반과(飯菓)명 밥과 과자를 아울러 이르는 말.
반과(飯顆)명 밥알
반:관-반:민(半官半民)명 어떤 사업체를 정부와 민간이 공동으로 출자하여 설립·경영하는 일.
반:괴(半壞)명-하다자타 건물 따위가 반쯤 부서짐, 또는 건물 따위를 반쯤 부숨.
반교-문(頒敎文)명 지난날, 나라에 경사가 있을 때 백성에게 그 사실을 알리던 교서(敎書).
반:구(反求)명-하다자 어떤 일의 원인 따위를 자신에게 돌려 살피는 일.
반:구(半句)명 아주 적은 말. ☞일언반구
반:구(半球)명 ①중심을 지나는 평면으로 둘로 가른 구의 한 쪽. ②지구를 둘로 가른 것의 한 쪽. 북반구·남반구·동반구·서반구 따위.
반:구(返柩)명-하다타 객사(客死)한 사람의 시체를 제 집이나 고향으로 돌려보냄. 반상(返喪)
반:-구두(半-)명 운두를 낮게 하여 발등이 거의 다 드러나게 만든 구두. 반화(半靴)
반:-구비(半-)명 쏜 화살이 높지도 낮지도 않게 알맞은 높이로 날아가는 일. ☞온구비
반:구-형(半球形)명 구(球)를 절반으로 가른 모양, 또는 반구같이 생긴 모양.
반:국가-적(反國家的)명 국가의 방침이나 정책 등에 어긋나는 일을 하여 국익을 해치는 것. ¶ - 단체.
반:군(反軍)명-하다자 군부나 군벌 등에 반대함.
반:군(叛軍)명 반란군(叛亂軍) ¶ -의 지휘관.
반:굴(反屈)명-하다자 뒤로 젖혀지거나 반대 방향으로 구부러짐. 반곡(反曲)
반굴(盤屈)명-하다자 얽히어 구부러짐. 반곡(盤曲)
반:궁(半弓)명 대궁(大弓)의 절반 정도의 크기로, 앉아서 쏠 수 있는 짧은 활.
반:궁(泮宮)명 조선 시대에 성균관(成均館)과 문묘(文廟)를 아울러 이르던 말.
반:권(反卷)명-하다자 식물의 잎이나 꽃잎 따위가 뒤로 젖혀져 말리는 현상.
반:-그늘(半-)명 반그림자
반:-그림자(半-)명 ①넓이를 가진 광원(光源)의 빛을 받아 생긴 그늘 중, 본그림자 바깥쪽에 생긴 희미한 그림자 부분. 반그늘. 반영(半影) ☞본그림자 ②반암부(半暗部)
반근(盤根)명 ①서리어서 얽힌 나무 뿌리. ②뒤얽혀 처리하기 곤란한 일.
반근착절(盤根錯節)성구 '서린 뿌리와 얼크러진 마디'라는 뜻으로, 복잡하여 처리하기 곤란한 일을 이르는 말.
반:-금(半-)명 반값 ¶ -에 사다. /-에 팔다.
반:금(半金)명 총 금액의 절반.
반:금(返金)명-하다자타 팔았던 물건의 값을 도로 돌려줌, 또는 그 돈.
반금-류(攀禽類)명 생태상으로 분류한 조류의 한 목(目). 숲 속에 사는 새 종류로 발가락이 앞뒤로 나뉘어 향하고 발톱이 구부러져 있어 나무에 잘 기어오름. 나무 구멍에 둥지를 틀어 삶. 딱다구리·뻐꾸기·앵무새 따위가 이에 딸림.
반:-금속(半金屬)명 반도체와 금속의 중간 정도의 성질을 가진 물질. 비소(砒素)·비스무트·안티몬 따위.
반급(班給)명-하다타 몫몫이 갈라서 나누어 줌.
반급(頒給)명-하다타 지난날, 임금이 녹봉이나 물품 따위를 나누어 주던 일.
반기명 ①잔치나 제사 후에 작은 목판이나 그릇에 몫몫이 담아 여러 사람에게 돌라주는 음식. ¶ -를 돌린다. /인절미 - ②-하다자 잔치나 제사 뒤에 반기를 도르는 일.
반:기(反旗·叛旗)명 ①반란을 일으킨 무리가 그 표시로 세우는 기. ②반대의 뜻을 나타내는 행동이나 표시.
　반기(를) 들다관용 반대하여 나서다. 반대의 뜻을 나타내다. ¶정부의 시책에 -.
반:기(半期)명 일정한 기간의 절반, 특히 일 년의 절반을 이르는 말. ¶상(上) -/하(下) - 결산.
반:기(半旗)명 조의(弔意)를 나타내기 위하여 다는 국기. 기를 깃봉에서 기폭만큼 내려 닮. ☞조기(弔旗)
반:기(叛起)명-하다자 배반하여 들고일어남.
반기(飯器)명 밥그릇
반기다타 반가워하다. 반갑게 맞다. ¶강아지가 -.
반:기록=영화(半記錄映畫)〔-녕-〕명 실제 일어난 사건

을 제재로 하거나, 그곳을 배경으로 하는 따위의 기록 영화 기법으로 제작한 극영화. ☞세미다큐멘터리

반:-기생(半寄生)명 어떤 식물이 영양분의 일부는 자신이 가진 엽록소로 광합성을 하여 얻고, 다른 한편으로 숙주(宿主)에 기생하여 부족한 수분이나 양분을 섭취하며 살아가는 일. ☞전기생(全寄生)

반:기생=식물(半寄生植物)명 반기생을 하는 식물. 겨우살이·수염며느리밥풀 따위.

반깃-반(-盤)명 반기를 도르는 데 쓰는, 엄족반 따위의 굽이 있는 작은 목판이나 소반.

반:-나마(半-)부 반이 조금 지나게. ¶내일까지 끝내야 할 숙제를 이제서야 - 했다.

반:-나병(半糯餠)명 메찰떡

반:-나절(半-)명 한나절의 반쯤 되는 동안. 곧 하루 낮의 4분의 1쯤을 이르는 말. 반상(半晌). 한겻 ¶-이 걸리는 길.

반:-날(半-)명 하루 낮의 반. 반일(半日). 한나절

반:납(返納)명-하다타 빌린 것 따위를 되돌려줌. ¶도서관에서 빌린 책을 -하다

반낭(頒囊)명 조선 시대, 궁중에서 음력 정월 첫 자일(子日)과 첫 해일(亥日)에 왕이 재상이나 가까운 신하들에게 비단 주머니를 나누어 주던 일, 또는 그 주머니를 이르던 말. 풍년을 기원하는 뜻으로 주머니 속에는 곡식의 씨를 태워 넣었음.

반낭(飯囊)명 밥주머니

반:년(半年)명 한 해의 절반. 곧 6개월간을 이르는 말. 반계(半季). 반세(半歲)

반:노(叛奴)명 상전(上典)을 배반한 종. ☞반비(叛婢)

반:농(半農)명 농사를 지으면서 다른 직업도 가진 상태.

반:농-반:공(半農半工)명 농사를 지으면서 한편으로 공장에서 일하거나 가내 공업도 하는 일.

반:농-반:어(半農半漁)명 농사를 지으면서 한편으로 고기잡이도 하는 일.

반:-다지(半-)명 기둥 같은 데 구멍을 팔 때, 내다지로 파지 않고 구멍을 반쯤만 파는 일. ☞내다지

반:-닫이(半-)[-다지]명 궤나 장농의 한 가지. 앞의 위쪽 절반이 문짝으로 되어 아래로 젖혀 열게 되어 있음. 흔히 옷을 넣어 두는 데 쓰임.

반:-달(半-)[1]명 ①반원 모양의 달. 반월(半月). ☞온달 ②손톱이나 발톱의 뿌리 쪽에 있는 반원 모양의 흰 부분. ☞속발톱. 속손톱 ③반달 모양으로 된 종이연의 꼭지. ④재봉틀의 북을 끼워 물게 하는 부분.

속담 **반달 같은 딸 있으면 온달 같은 사위 삼겠다**：①내가 주는 것이 좋아야 받는 것도 좋다는 말. ②내게 허물이 없어야 남도 허물이 없을 것을 요구할 수 있다는 말.

반:-달(半-)[2]명 한 달의 절반. 곧 보름 동안을 이르는 말. 반삭(半朔). 반월(半月)

반:달가슴-곰(半-)명 곰과의 포유동물. 몸길이 2m 안팎. 온몸이 광택 있는 검은 털로 덮여 있으며, 앞가슴에는 반달 모양 또는 초승달 모양의 흰 무늬가 있음. 우리나라와 중국 동북부, 러시아 등지에 분포하며 남획으로 멸종 위기에 있음. 천연 기념물 제329호. 반달곰

반:달-곰(半-)명 '반달가슴곰'의 딴이름.

반:달-꼴(半-)명 반달같이 생긴 모양. 반달형. 반월형

반:달-꽂이(半-)명 고구마 따위의 줄기를 반달 모양으로 휘어지게 꽂아 묻어서 심는 방법.

반:달-낫(半-)명 낫의 한 가지. 날이 휘어 반달 모양으로 생겼고, 나뭇가지를 깎는 데 쓰이기도 함. ☞톱날낫

반달리즘(vandalism)명 문화나 예술, 공공 시설 따위를 파괴하려는 경향, 또는 그 행위.

반:달-문(半-門)명 윗부분을 반달 모양으로 둥글게 만든 문. 반월문 ☞홍예문(虹霓門)

반:달-썰:기(半-)명 무·감자·고구마·애호박 따위를 세로로 가운데를 가르고, 다시 가로로 반달 모양이 지게 써는 방법.

반:달-연(半-鳶)[-련]명 반달 모양의 색종이 꼭지를 붙인 연.

반:달음-질(半-)명 거의 뛰다시피 빨리 걷는 걸음. ¶-을 쳐서 집으로 돌아왔다.

반:달-차기(半-)명 태권도 발기술의 한 가지. 상대편과 마주선 자세에서 발로 반원을 그리면서 차는 동작. ☞뒤차기. 옆차기

반:달-형(半-形)명 반달꼴.

반:-담(半-)명 보통 담보다 반쯤 낮게 쌓은 담. ¶어린이 놀이터에 -을 쳤다.

반:당(反黨)명 ①반역을 꾀하는 무리. 반도(叛徒) ②자기 당을 배반하고 반대하는 일.

반:대(反對)명 ①사물의 방향·모양·위치·순서 따위가 서로 등지거나 맞서 있는 상태. ¶- 방향/앞뒤가 -로 되어 있다. ②-하다타 어떤 행동·의견·제안 따위에 따르지 않고 맞서서 거스르는 일. ¶- 세력/사형 제도에 -한다./법안의 통과를 -하다. ☞찬성(贊成)

한자 **반대로 반**(反)〔又部 2획〕¶반대(反對)/반동(反動)/반론(反論)/반어(反語)/찬반(贊反)

반대(胖大)어기 '반대(胖大)하다'의 어기(語基).

반:대=간섭(反對干涉)명 다른 나라의 불법한 간섭을 배제하기 위하여 하는 간섭.

반:대=개:념(反對概念)명 상호의 관계에서 대(大)와 소(小), 미(美)와 추(醜), 백(白)과 흑(黑) 따위와 같이 대립되거나 차이 나는 정도가 가장 큰 개념. ☞모순 개념(矛盾概念)

반:대=계절풍(反對季節風)명 겨울철 육지로부터 바다로 계절풍이 불 때, 그 바람의 상층에서 반대로 부는 바람.

반:대=급부(反對給付)명 쌍무 계약(雙務契約)에서 한쪽의 급부에 상응하는 다른 한쪽의 대가적(代價的)인 급부. 물품의 인도에 따른 대금의 지불 따위를 이름.

반대기명 가루를 반죽한 것이나 삶은 푸성귀, 다진 고기 따위의 요리 재료를 얇고 둥글넓적하게 빚은 것.

반:대-론(反對論)명 반대되거나 반대하는 이론이나 논설. ¶사형 제도 폐지에 대한 -을 펼치다.

반:대-말(反對-)명 반대어(反對語). 반의어(反義語)

반:대=명사(反對名辭)명 반대 개념을 언어로 나타낸 표현. 반대 개념을 지닌 명사.

반:대=무:역풍(反對貿易風)명 적도 부근에서 열을 받아 올라간 공기가 남북 양극을 향해서 흐르는 상층의 바람. 지구의 자전 때문에 하층의 무역풍과 반대쪽으로 붊.

반:대-색(反對色)명 서로 보색(補色) 관계를 이루는 빛깔. 파랑과 노랑, 빨강과 녹색 따위.

반:대=신:문(反對訊問)명 재판에서, 주신문이 끝난 다음에 반대 측 당사자가 증인을 상대로 하는 신문.

반:대-어(反對語)명 뜻이 서로 반대되는 말. '크다↔작다', '선(善)↔악(惡)' 따위. 반대말. 반의어(反義語) ☞동의어

반:대-쪽(反對-)명 반대되는 방향이나 편.

반:대-파(反對派)명 어떤 의견이나 제안 등에 대하여 반대하거나 또는 반대되는 처지에 있는 파.

반:대-표(反對票)명 안건을 표결할 때 그 안건에 반대의 뜻을 나타내는 표. 부표(否票) ☞찬성표

반대-하다(胖大-)형여 살져서 몸집이 크고 뚱뚱하다.

반:도(半島)명 대륙에서 바다 쪽으로 길게 뻗어 나와 삼면이 바다로 둘러싸인 큰 육지.

반:도(半途)명 ①일정한 거리의 반쯤 되는 길. ¶-에서 쉬어 가기로 하자. ②이루지 못한 일의 중간. ¶-에서 중단한다면 안 하느니만 못하다. 중도(中途)

반:도(叛徒)명 반역을 꾀하는 무리. 반당(反黨)

반도(蟠桃)명 삼천 년 만에 한 번씩 선경(仙境)에서 열매를 맺는다는 전설상의 복숭아나무, 또는 그 열매.

반:도-국(半島國)명 영토가 바다로 길게 뻗어 나와 삼면이 바다로 둘러싸인 나라.

반도네온(bandoneon)명 아르헨티나의 탱고 음악 연주에 사용되는 아코디언과 비슷한 악기.

반:도-미(半搗米)명 속겨에 포함된 양분을 보존하려고 반쯤만 찧은 쌀.

ㅂ

반:도-반:자(半陶半瓷)명 반자기(半瓷器)

반:도이폐(半途而廢)성구 중도이폐(中途而廢)

반:-도체(半導體)명 저온에서는 전류가 거의 흐르지 않지만 온도를 올리거나 빛을 비추면 전기 전도성이 높아지는, 도체와 절연체의 중간 정도의 고체 물질을 이르는 말. 실리콘이나 게르마늄 따위.

반:도체=레이저(半導體laser)명 일부 반도체의 접합부에 전류를 흘려서 일으키는 레이저 광선. 소형이면서도 입력 전류에 비하여 출력광의 효율이 커서 광통신이나 콤팩트디스크 따위에 이용됨.

반:도체=소자(半導體素子)명 반도체를 이용한 전자 회로 소자. 트랜지스터, 발광(發光) 소자, 광전 변환(光電變換) 소자 따위.

반:도체=정:류기(半導體整流器)명 반도체를 이용하여 정류 작용을 하게 만든 장치. 반도체와 금속의 접촉 면에서 일어나는 정류 작용을 이용함.

반:도체=증폭기(半導體增幅器)명 반도체를 이용하여 전류가 가진 진폭(振幅)의 힘을 더 높이는 장치.

반:-독립(半獨立)명 ①얼마쯤은 남에게 도움을 받고 있는 독립. ②한 나라가 주권을 온전히 행사하지 못하고 부분적으로 외국의 간섭을 받고 있는 상태.

ㅂ

반:독립-국(半獨立國)명 일부 주권국(一部主權國)

반:동(反動)명-하다자 ①작용하는 방향과 반대되는 방향으로 일어나는 힘의 작용. ②어떤 경향이나 움직임에 반대하여 일어나는 경향, 또는 움직임. ¶환경 정책에 대한 ─. ③진보적이거나 발전적인 움직임에 반대하는 보수적인 성향이나 운동. ¶─ 분자/─ 세력.

반동-광(斑銅鑛)명 구리와 철의 황화물(黃化物)로 이루어진 적갈색의 구리 광석. 등축정계(等軸晶系)에 딸리며 공기 중에서 쉽게 변색하여 녹색이 되기도 함.

반:동-력(反動力)명 ①반동으로 말미암아 일어나는 힘. ②반동하는 힘.

반:동=사상(反動思想)명 역사적 조류에 역행하여 사회의 진보·발달을 가로막는 사상.

반:동-적(反動的)명 반동의 경향이나 성격을 띤 것.

반:동=정당(反動政黨)명 진보적 정당이 보수적 정당을 이르는 말.

반:동-주의(反動主義)명 모든 개혁이나 혁신에 반대하여 구(舊)체제를 유지하고 진보를 가로막으려 하는 극단적 보수주의.

반두 명 고기잡이 그물의 한 가지. 그물 양끝에 막대기를 맨 것으로, 시냇물 등에서 두 사람이 맞잡고 물고기를 몰아 잡음. 조망(罩網). 족산대

반두(飯頭)명 절에서 주식(主食)인 밥을 짓는 일을 맡아서 하는 중. 공양주(供養主)

반:-두부(半豆腐)명 되두부

반둥-거리다(대다)자 반둥반둥 게으름을 피우다. ☞밴둥거리다. 번둥거리다. 빤둥거리다. 판둥거리다

반둥-반둥 부 마땅히 해야 할 일을 아니 하고 요리조리 피하면서 게으름을 피우는 모양을 나타내는 말. ¶매일 ─ 놀고 먹기만 하느냐? ☞밴둥밴둥. 번둥번둥. 빤둥빤둥. 판둥판둥

반드럽다(반드럽고·반드러워)형ㅂ ①반반한 물체의 거죽이 윤기가 있고 부드럽다. ¶반드러운 대리석. ②사람됨이 바냐위고 약삭빠른 데가 있다. ¶반드럽게 제 잇속만 차린다. ☞반지럽다. 번드럽다. 빤드럽다

속담 **반드럽기는 삼 년 묵은 물박달 방망이** : 삼 년이나 가지고 다루어 몹시 반들반들해진 물박달나무 방망이처럼, 말을 잘 듣지 않고 요리조리 피하기만 하는, 몹시 매끄럽고 약삭빠른 사람을 비유하여 이르는 말.

반드레 부-하다형 ①반반한 물체의 거죽이 윤기가 있고 부드레한 모양을 나타내는 말. ¶─한 비단. ②실속은 없으면서 겉으로는 제법 그럴듯한 모양을 나타내는 말. ¶말로만 ─ 꾸민다./겉치레만 ─하다. ☞반지레. 번드레

반드르르 부-하다형 윤기가 흐를 정도로 반드러운 모양을 나타내는 말. ¶─ 고운 피부. ☞반지르르. 번드르르. 번지르르

반드시 부 ①〔강한 의지나 짐작을 나타내는 뜻으로〕 어떤 일이 있어도 꼭. ¶─ 이기고야 말겠다./우리 사업이 성공할 날이 ─ 온다. ②〔강한 요구를 나타내는 뜻으로〕 어김없이 꼭. 기필코 ¶이력서는 ─ 자필로 쓸 것. ③예외 없이 꼭. 언제나 꼭. ¶아침에 일어나면 ─ 냉수 한 잔을 마신다. ④거의 틀림없이. ¶─ 이길 것이다.

한자 **반드시 필**(必)〔心部 1획〕¶필독(必讀)/필수(必須)/필승(必勝)/필연(必然)/필지(必知)

반득 부 ①작은 불빛이 언뜻 빛나는 모양을 나타내는 말. ②작은 물체가 움직일 때 그 물체에 반사된 빛이 언뜻 빛나는 모양을 나타내는 말. ¶피라미들이 ─ 하며 날쌔게 번드치다. ☞반뜩. 번득. 빤득. 빤뜩

반득-거리다(대다)자타 자꾸 반득 하다. 반득이다 ☞반뜩거리다. 번득거리다. 빤득거리다. 빤뜩거리다

반득-반득 부 반득거리는 모양을 나타내는 말. ☞반뜩반뜩. 번득번득. 빤득빤득. 빤뜩빤뜩

반득-이다 자타 반득거리다 ☞반뜩이다. 번득이다. 빤득이다. 빤뜩이다

반들-거리다(대다)자 ①반들반들 윤기가 돌다. ¶구두를 반들거리도록 닦다. ②반들반들 약삭빠르게 행동하다. ¶반들거리며 배돌다. ③반들반들 게으름을 피우다. ¶매일 반들거리며 일은 안 한다. ☞반질거리다. 밴들거리다. 번들거리다. 빤들거리다

반들-반들 부-하다형 ①물체의 거죽이 반드럽게 윤기가 도는 모양을 나타내는 말. ¶마룻바닥이 ─ 윤이 나다. ②수수한 데가 없이 약삭빠르게 행동하는 모양을 나타내는 말. ¶─ 배돌다. ③반드러운 태도로 게으름을 피우는 모양을 나타내는 말. ¶─ 놀기만 한다. ☞반질반질. 밴들밴들. 번들번들. 빤들빤들

반듯-반듯[─듣─] 부-하다형 ①굽은 데 없이 하나하나가 곧은 모양을 나타내는 말. ¶─ 구획된 논. ②여럿이 다 기울지 아니하고 바르게 놓여 있는 모양을 나타내는 말. ¶책상들이 ─ 놓여 있다./책꽂이에 ─하게 꽂힌 책들. ③여럿이 다 생김새가 반반한 모양을 나타내는 말. ¶자매들이 ─ 잘생겼다. ④여럿이 다 됨됨이나 행동이 의젓하고 바른 모양을 나타내는 말. ¶어려운 환경에서도 ─ 큰 아이들. ☞반뜻반뜻[2]. 번듯번듯

반듯-하다[─듣─] 형여 ①생긴 모양이 굽은 데 없이 곧다. ¶자를 대고 반듯하게 자르다. ②놓임이 기울지 아니하고 바르다. ¶액자를 반듯하게 걸다./반듯하게 앉다. ③생김새가 반반하다. ¶이목구비가 ─. ④됨됨이나 행동이 의젓하고 바르다. ¶자녀들을 반듯하게 잘 키웠다. ⑤보기에 어엿한 데가 있다. ¶대대로 반듯한 집안. ☞반뜻하다. 번듯하다

반듯-이 부 반듯하게 ¶줄을 ─ 긋다./책을 ─ 놓다./침대에 ─ 눕다. ☞반뜻이. 번듯이

반:등(反騰)명-하다자 내렸던 시세가 갑자기 오름. ¶주가(株價)가 ─하다. ☞반락(反落)

반등(攀登)명-하다자타 등반(登攀)

반디 명 '개똥벌레'의 딴이름.

반디-나물 명 '파드득나물'의 딴이름.

반딧-불 명 여름 밤에 개똥벌레의 꽁무니에서 반짝이는 불빛. 형광(螢光). 형화(螢火)

속담 **반딧불로 별을 대적하랴** : 되지 않을 일은 아무리 억척을 부려도 이루어지지 못함을 비유하여 이르는 말.

한자 **반딧불 형**(螢)〔虫部 10획〕¶형광(螢光)/형설지공(螢雪之功)/형화(螢火)

반:-땀침(半─針)명 반박음질

반뜩 부 ①작은 불빛이 갑작스레 잠깐 빛나는 모양을 나타내는 말. ¶어둠 속에서 작은 불빛이 ─ 빛났다. ②작은 물체가 움직일 때 그 물체에 반사된 빛이 짧은 동안 반짝 빛나는 모양을 나타내는 말. ¶나뭇잎이 햇빛에 ─ 빛난다. ☞반득. 번뜩. 빤득. 빤뜩

반뜩-거리다(대다)자타 자꾸 반뜩 하다. 반뜩이다 ☞

반득거리다. 반뜩반뜩. 번뜩거리다. 빤득거리다. 빤뜩거리다. 빤뜩빤뜩

반뜩-반뜩 부 반뜩거리는 모양을 나타내는 말. ☞반득반득. 번뜩번뜩. 빤득빤득. 빤뜩빤뜩

반뜩-이다 자타 반뜩거리다 ☞번뜩이다

반뜻 부 작은 빛이 순간적으로 나타났다가 사라지는 모양을 나타내는 말. ¶전깃불이 – 들어오는가 싶더니 나갔다. ☞번뜻

반뜻-거리다(대다)[-뜯-] 자 자꾸 반뜻 하다. ☞번뜻거리다

반뜻-반뜻[1] [-뜯-] 부 반뜻거리는 모양을 나타내는 말. ☞번뜻번뜻[1]

반뜻-반뜻[2] [-뜯-] 부-하다 형 ①굽은 데 없이 하나하나가 매우 곧은 모양을 나타내는 말. ¶무를 – 자르다./ –한 두부 모. ②여럿이 다 기울지 아니하고 매우 바르게 놓여 있는 모양을 나타내는 말. ¶벽에 그림들을 –하게 걸다. ③여럿이 다 생김새가 매우 반반한 모양을 나타내는 말. ¶모두가 하나같이 –하다. ④여럿이 다 됨됨이나 행동이 매우 의젓하고 바른 모양을 나타내는 말. ¶학생들을 –하게 잘 가르쳤다. ☞반듯반듯. 번뜻번뜻[2]

반뜻-하다[-뜯-] 형여 ①생긴 모양이 굽은 데 없이 매우 곧다. ¶앞머리를 반뜻하게 잘랐다. ②놓임이 기울지 아니하고 매우 바르다. ¶그림을 반뜻하게 붙였다. ③생김새가 매우 반반하다. ¶반뜻하게 생긴 얼굴. ④됨됨이나 행동이 매우 의젓하고 바르다. ☞반듯하다

반뜻-이 부 반뜻하게 ☞반듯이. 번뜻이

반:라(半裸)명 ①윗몸이나 아랫도리가 알몸인 상태. ②알몸에 가깝게 거의 벗은 상태. ¶–의 몸. ☞전라(全裸)

> ▶ '반라(半裸)'와 '반나체(半裸體)'
> ① 접두사처럼 쓰이는 한자가 붙어서 된 말은 그 뒷말 첫소리를 두음법칙에 따라 적는다.
> ¶반나체(○)/반라체(×)//전나체(○)/전라체(×)
> 생이별(○)/생리별(×)//담녹색(○)/담록색(×)
> ② 다만, 준말인 '반라(半裸), 전라(全裸), 담록(淡綠)'은 두음법칙을 적용하지 아니한다.

반:락(反落)명-하다 자 올랐던 시세가 갑자기 떨어짐. ¶주가가 –하였다. ☞반등(反騰)

반락(般樂)명-하다 자 잘 놀며 마음껏 즐김.

반:란(叛亂·反亂)명-하다 자 정부나 지배자 등에 반항하여 폭력으로 난리를 일으킴, 또는 그 난리. 역란(逆亂)

반란(斑爛)명-하다 자 ①여러 빛깔이 섞여 알록달록하게 빛남. ②한방에서, 천연두의 발진이 곪아 터져 문드러짐을 이르는 말.

반:란-군(叛亂軍)명 반란을 일으킨 군대. 난군(亂軍). 반군(叛軍)

반:란-죄(叛亂罪)[-쬐]명 군인이 무기를 가지고 조직적으로 반란을 일으킨 죄.

반:려(反戾·叛戾)명-하다 자타 배반하고 떠남.

반려(伴侶)명 짝이 되는 벗. 동려(同侶) ¶인생의 –.

반:려(返戾)명-하다 타 반환(返還)

반려-암(斑糲岩)명 심성암(深成岩)의 한 가지. 사장석(斜長石)과 휘석(輝石)·감람석(橄欖石) 따위로 된 암석. 검푸른 얼룩무늬가 있음.

반려-자(伴侶者)명 반려가 되는 사람. ¶평생의 –. 유 동반자(同伴者)

반령-착수(盤領窄袖)명 좁은 소매에 둥근 깃을 단 옷.

반:로(返路)명 돌아오는 길. 회로(回路)

반:로(畔路)명 논밭의 두둑 위에 난 좁은 길.

반록(頒祿)명-하다 자 지난날, 관원에게 녹봉을 주던 일.

반:론(反論)명-하다 자 ①남의 논설에 대하여 반대함, 또는 반대하는 논설. ¶–을 펼쳤다. ②지난날, 애초에 따르던 색론(色論)을 배반하고 다른 색론을 좇던 일.

반료(頒料)명-하다 자 지난날, 나라에서 달마다 요(料)를 나누어 주던 일. 방료(放料)

반룡(蟠龍)명 땅에 사려 있어 아직 승천하지 않은 용.

반룡부:봉(攀龍附鳳)성구 세력 있는 사람을 좇아서 공명(功名)을 세움을 이르는 말.

반:륜(半輪)명 바퀴 따위의 둥근 모양의 반쪽. ☞반원

반:리(反理)명 배리(背理)

반:립(反立)명 반(反)

반립(飯粒)명 밥알

반립-강정(飯粒-)명 밥풀강정

반마(斑馬)명 얼룩무늬가 있는 말.

반:-마:상치(半馬上-)명 지난날, 남자가 신던 가죽신의 한 가지. 마상치보다 목이 좀 짧음.

반:-만성(半蔓性)[-썽]명 식물의 줄기가 꼿꼿하지 못하고 절반은 덩굴처럼 되는 성질.

반:-말(半-)명-하다 자 ①높이지도 낮추지도 아니하고 말끝을 흐려서 하는 말. ¶–하는 사이. ②아랫사람에게 하듯 낮추어 하는 말.

반:말-지거리(半-)[-찌-]명-하다 자 함부로 반말을 지껄이는 짓, 또는 그런 말투. ¶–에 화가 났다.

반:말-질(半-)명-하다 자 반말을 하는 짓.

반맥(班脈)명 양반의 계통, 또는 그 자손.

반:맹(半盲)명 ①애꾸눈 ②애꾸눈이 ③시력이 나빠 잘 보이지 않는 상태.

반:맹-증(半盲症)[-쯩]명 뇌의 장애 등으로 말미암아 한쪽 눈이 보이지 않는 증세.

반:-머리동이(半-)명 머리 쪽에 조붓한 색종이를 붙여 만든 연. 실머리동이

반:면(反面)[1]명 ①물체의 반대쪽 면. ②〔부사처럼 쓰임〕 앞에 말한 사실과는 반대로, 또는 다르게. ¶그는 능력이 있는 –, 포용력은 부족하다./체력이 강한 – 정에는 약하다.

반:면(反面)[2]명-하다 자 다른 곳에서 지내다가 돌아와 부모를 뵙는 일.

반:면(半面)명 ①반쪽 면. 전면(全面)의 반. ¶그림의 반면은 글이 쓰여져 있다. ②얼굴의 좌우 어느 한쪽 면.

반면(盤面)명 ①바둑판이나 장기판 등의 겉면. ②바둑판이나 장기판에서 펼쳐지고 있는 승부의 형세. 국면(局面) ¶–이 흑에 유리하다.

반:면-교:사(半面教師)명 〔중국의 모택동의 말에서〕 나쁜 면의 본보기가 도리어 반성이나 경계의 거리가 되는 일, 또는 그와 같은 사람.

반:-면:식(半面識)명 ①잠깐 만났을 뿐인데도 얼굴을 기억하는 일. ②조금 아는 처지. ¶그와는 –이 있다.

반:면=신경통(半面神經痛)명 얼굴의 반쪽만 앓는 신경통. 준 반면통(半面痛)

반:면지분(半面之分)성구 얼굴만 좀 알 뿐 교제가 아직 두텁지 못한 사이를 이르는 말.

반:면-통(半面痛)명 '반면 신경통'의 준말.

반:명(反命·返命)명-하다 타 사명을 띤 사람이 일을 마치고 돌아와 그 결과를 말하는 일. 복명(復命)

반명(班名)[1]명 반의 이름. 방송반·과학반 따위.

반명(班名)[2]명 양반이라 이르는 명색(名色).

반:모(反毛)명 모직물이나 털실의 지스러기를 처리하여 원모(原毛)의 상태로 만든 재제품(再製品). 유 재생모(再生毛)

반모(斑蝥·盤蝥)명 '가뢰'의 딴이름.

반:-모음(半母音)명 <어>우리말에서 음절(音節)을 이루지 못하는 모음을 이름. 곧 자음 자리에 있는 모음임. '여'에서 '이', '와'에서 '오', '의'에서 '으'가 반모음이 된 모음임.

반:목(反目)명-하다 자 서로 미워함. ¶이웃간에 –이 오래다.

반:목-질시(反目嫉視)[-씨]명 서로 미워하고 시기의 눈으로 봄.

반묘(斑貓)명 한방에서, 말린 가뢰를 약재로 이르는 말.

반:무(反武)명-하다 자 지난날, 여러 대 무반(武班)을 지내던 집안이 문반(文班)으로 변하였다가, 그 자손이 다시 무반으로 돌아감을 이르던 말.

반:문(反問)명-하다 자타 질문한 사람에게 답하지 않고 되

받아서 물어 봄, 또는 그러한 질문.
반문(斑文·斑紋)명 얼룩얼룩한 무늬. 얼룩무늬
반문(盤問)명-하다타 자세히 캐물음. 반핵(盤覈)
반:-물 명 검은빛을 띤 짙은 남빛. 반물빛 ¶ － 치마
반:물-빛[－빋]명 반물
반:-물질(反物質)[－찔]명 양성자·중성자·전자 등으로 구성되는 보통 물질의 반입자(反粒子)인, 반양성자·반중성자·양전자 등으로 구성되는 가상(假想)의 물질.
반:물-집[－찝]명 삯을 받고서 반물을 들여 주는 집.
반미(飯米)명 밥을 지을 쌀. 밥쌀
반:-미:개(半未開)명 인류 문화의 발전에서 미개와 문명 사이의 중간적 단계. ☞반개(半開)
반미-농가(飯米農家)명 벼농사를 자기 집에서 먹을 정도밖에 못 짓는 소농(小農).
반:-미치광이(半－)명 말이나 행동이 거의 정신이 나간 것처럼 실없는 사람을 욕하여 이르는 말.
×**반미-콩**(飯米－)명 → 밥밑콩
반:민(反民)명 ①반민족 ②반민주
반:-민족(反民族)명 민족에 반역하는 일. 반민(反民)
반:민족-적(反民族的)명 민족에 반역하는 것. ¶ － 활동
반:-민주(反民主)명 민주주의에 반대하는 일, 또는 반대되는 일. 반민(反民)
반:민주-적(反民主的)명 민주주의에 반대하는 것, 또는 반대되는 것. ¶ － 탄압
반-바닥 명 활쏘기에서, '엄지손가락이 박힌 뿌리'를 이르는 말.
반:-바지(半－)명 가랑이가 무릎 정도까지만 내려오는 짧은 바지.
반:박(反駁)명-하다타 남의 의견이나 글에 대하여 논박(論駁)함, 또는 비난에 대하여 맞서서 말함. ¶ － 성명/－하는 글./－의 여지가 없다.
반:박(半拍)명 음악에서, 한 박(拍)의 반.
반박(斑駁)명 ①여러 빛깔이 뒤섞여 아롱짐을 이르는 말. ②여러 가지가 뒤섞여 서로 같지 않음을 이르는 말.
반:-박음질(半－)명 박음질의 한 가지. 바늘을 반 땀씩 되돌려 박는 박음질. 반땀침 ☞온박음질
반:-반(半半)명 ①똑같이 가른 반과 반. ¶이익을 －으로 나누다. ②〔부사처럼 쓰임〕 반씩 ¶밀가루와 쌀가루를 － 섞었다. ☞반의반
반반(斑斑)명 ①여러 빛깔이 얼룩져 있는 모양. ②고르지 않은 모양.
반반가:고(斑斑可考)성구 일의 근거가 분명하여 상고할 수 있음을 이르는 말.
반반-하다 형여 ①바닥이 울퉁불퉁하지 않고 고르다. ¶흙을 반반하게 고르다. ②생김새가 곱살하고 얌전하다. ¶반반한 얼굴. ③보기에 꽤 쓸만 하다. ¶입고 나갈 반반한 옷가지 하나 없다. ④지체가 남 못지않게 상당하다. ¶반반한 집안. ☞뱐뱐하다. 번번하다
반반-히 부 반반하게 ☞뱐뱐히. 번번히
반:발(反撥)명-하다자 ①되받아서 퉁겨짐. ¶자석의 같은 극끼리는 서로 －한다. ②어떤 행동이나 태도에 반항하는 일. ¶시민들의 －을 샀다.
반발(斑髮·斑髮)명 반백(半白)
반:발=계:수(反撥係數)명 두 물체가 충돌하여 반발할 때, 충돌 전의 속도와 충돌 후의 속도의 비. 반발률
반:발-력(反撥力)명 반발하는 힘.
반:발-률(反撥率)명 반발 계수(反撥係數)
반:발-심(反撥心)[－씸]명 반발하는 마음.
반:-밤(半－)명 하루 밤의 절반. 반소(半宵). 반야(半夜) ¶－을 새우며 책을 읽었다.
반방(頒放)명 반록(頒祿)과 방료(放料). 반강(頒降)
반:-방전(半方甎)명 직사각형으로 된 벽돌.
반:-배부르다(半－)(－배부르고·－배불러)형르 반쯤 배가 부르다.
반:백(半白)명 ①희끗희끗하게 반쯤 센 머리털. 반발(斑髮). 반백(斑白) ¶벌써 머리가 －이다. ②현미와 백미를 반씩 섞는 일, 또는 그런 쌀.
반:백(半百)명 백의 절반인 쉰, 또는 백 살의 절반인 쉰 살. ¶벌써 －이 되다니.
반백(斑白·頒白)명 반백(半白)
반벌(班閥)명 양반의 문벌.
반:-벙어리(半－)명 자꾸 더듬거려 남이 알아듣기 어렵게 말을 하는 사람.
속담 **반벙어리 축문 읽듯** : 가뜩이나 어려운 축문을 반벙어리가 읽듯, 떠듬떠듬 또는 어물어물 입안에서 우물거리는 모양을 이르는 말.
반-베(斑－)명 검은빛을 띤 짙은 남빛의 실과 흰 실을 섞어 짠, 폭이 좁은 무명. 반포(斑布)
반:벽(返璧)명-하다타 ①남에게 받은 물건을 도로 돌려보냄. ②남에게 빌린 물건을 되돌려줌.
반병-두리 명 놋쇠로 만든 국그릇의 한 가지. 양푼 모양이나 훨씬 작고 뚜껑이 있음.
반:-병:신(半病身)명 ①반쯤 몸을 제대로 쓰지 못하는 사람을 속되게 이르는 말. ②반편이
반:보(半步)명 반걸음
반:-보기(半－)명 지난날, 시집간 여자 형제끼리나 친척끼리 만나고자 할 때 두 집 사이의 중간쯤 되는 곳에 나와서 만나던 일. ☞반보다
반:-보다(半－)자 반보기를 하다. ☞반보기
반:복(反復)명-하다타 여러 번 되풀이함. ¶ － 연습/－하여 강조한다.
반:복(反覆)명-하다타 ①언행을 이랬다저랬다 하며 자꾸 바꿈. ¶약속을 해 놓고도 －을 밥 먹듯이 한다. ②생각을 엎치락뒤치락 함.
반:복(叛服)명 반역과 복종을 아울러 이르는 말.
반:복=기호(反復記號)명 도돌이표
반:복무상(反覆無常)성구 언행이 이랬다저랬다 하여 종잡을 수 없음을 이르는 말.
반:복-법(反復法)명 수사법(修辭法)의 한 가지. 같거나 비슷한 어구(語句)를 거듭하는 표현 방법. '형님, 형님, 사촌 형님.', '보고지고 보고지고.'와 같은 표현법임.
반:복-설(反復說)명 생물의 개체 발생은 계통 발생이 단축된 급속한 반복이라는 학설.
반:복-소:인(反覆小人)명 늘 언행이 이랬다저랬다 하여 종잡을 수가 없는 변변치 못한 사람.
반:-봇짐(半－)명 봇짐의 반만 한 것. 손에 들고 다닐만 한 봇짐을 이름.
반:봉(半封)명 강이 덜 얼거나 덜 녹아서 뗏목을 띄우거나 썰매로 다닐 수 없는 기간을 이르는 말.
반:-봉건(半封建)명 사회 정치 제도나 의식 속에 봉건적 요소나 잔재가 많이 남아 있는 상태.
반:부(返附)명-하다타 도로 돌려보냄.
반부(班祔)명-하다타 지난날, 대를 이을 아들이 없는 사람의 신주를 조상의 사당에 함께 모시던 일.
반-부새 명 말이 조금 거칠게 달리는 일.
반:분(半分)명-하다타 ①절반으로 가름. 분반(分半) ¶재산을 －하였다. ②절반의 분량.
반:-불(半－)명 촉광을 낮추어 켜는 등불.
반:-불겅이(半－)명 ①빛깔과 맛이 제법 좋은, 중간 등급의 불그스름한 살담배. ②반쯤 익어서 불그레한 고추.
반:비(反比)명 한 비의 전항과 후항을 바꾸어 놓은 비. A : B에 대한 B : A 따위. 역비(逆比) ☞정비(正比)
반:비(叛婢)명 상전(上典)을 배반한 계집종. ☞반노
반비(飯婢)명 지난날, 밥짓는 일을 하는 계집종을 이르던 말. ☞반빗
반:-비:례(反比例)명-하다자 ①수학에서, 어떤 양이 다른 양의 역수에 비례되는 관계. 역비례(逆比例) ☞정비례(正比例) ②어떤 사실에 반대로 비례가 되는 일.
×**반비-아치**(飯－)명 → 반빗아치
반:비알-지다(半－)자 땅이 약간 비탈지다.
반빗(飯－)명 지난날, 반찬 만드는 일을 하는 계집종을 이르던 말. ☞반비(飯婢)
반빗-간(飯－間)[－빋－]명 반찬을 만드는 곳. 찬간(饌間) ☞찬방(饌房)

반빗-아치(飯－)[－빋－]명 지난날, 반빗 노릇을 하는 사람을 이르던 말. 동자아치. 찬비(饌婢)

반빗-하님(飯－)[－빋－]명 지난날, 하인끼리 '반빗'을 조금 높이어 일컫던 말.

반:빙(半氷)명 ①약간 얼어 붙는 일, 또는 그 얼음. ②'반취(半醉)'를 속되게 이르는 말.

반빙(頒氷)명-하다자 지난날, 여름철에 나라에서 관원에게 얼음을 나눠 주던 일, 또는 그 얼음.

반:사(反射)명-하다자타 ①빛이나 소리, 전파 따위가 물체의 면에 부딪쳐서 되돌아오는 일. ¶빛의 －./달은 햇빛을 －하여 밝게 보인다. ②신체가 어떤 자극에 대하여 기계적으로 일정한 반응을 나타내는 일. ¶조건 －

반:사(半死)명-하다자 반죽음 ¶굶어서 － 상태가 되다.

반사(班師)명-하다자 군사를 이끌고 돌아오는 일.

반사(頒賜)명-하다타 지난날, 임금이 신하에게 물건을 나누어 주던 일.

반:사-각(反射角)명 법선(法線)과 반사선(反射線)이 이루는 각. 각도는 입사각(入射角)과 같음.

반:사-경(反射鏡)명 빛을 반사하여 방향을 바꾸는 데 쓰는 거울. 오목거울, 볼록거울, 평면 거울이 있으며 광학 기기 등에 쓰임.

반:사-광(反射光)명 '반사 광선'의 준말.

반:사=광선(反射光線)명 물체의 표면에 부딪친 입사(入射) 광선이 반사하여 처음 매질(媒質) 속으로 진행하는 광선. 준반사광. 반사선

반:사=광학(反射光學)명 빛의 반사 현상을 연구 대상으로 하는 광학의 한 분야.

반:사-능(反射能)명 어떤 물체의 표면에 입사(入射)한 빛의 에너지에 대한 반사 에너지의 비율. 금속에서는 크고 검은 물체에서는 작음. ☞반사율(反射率)

반:사-등(反射燈)명 반사경의 초점에 등화(燈火)를 두어 빛을 한쪽으로 집중시켜 비추게 한 등.

반:사-로(反射爐)명 천장의 열반사를 이용하여 가열하는 용광로. 금속을 제련하거나 녹이는 일 등에 쓰임.

반:사=망:원경(反射望遠鏡)명 대물 렌즈 대신에 오목거울을 사용하여 상(像)을 맺게 하고 이를 접안 렌즈로 확대하여 보는 망원경. 굴절 망원경보다 크게 만들 수 있어서 천체 망원경으로 쓰임.

반:사=방지막(反射防止膜)명 카메라나 광학 기계의 렌즈 표면에 입힌 얇은 막(膜). 입사광의 반사를 막으며 투과 광량(透過光量)을 증가시킴.

반:사=법칙(反射法則)명 반사 광선은 입사면 위에 있고 반사각과 입사각은 같다는 법칙.

반:사-선(反射線)명 '반사 광선'의 준말.

반:사-시(反射時)명 생체에 외부로부터 자극이 가해진 뒤 반사가 일어날 때까지 걸리는 시간.

반:사-열(反射熱)명 볕이나 불에 단 물체에서 내쏘는 열.

반:사=운:동(反射運動)명 반사 기능에 따라서 무의식적으로 일어나는 운동. 무릎 반사 따위.

반:사-율(反射率)명 입사(入射) 파동의 에너지에 대한 반사 파동의 에너지 비율. ☞반사능(反射能)

반:사=작용(反射作用)명 ①심리상으로 반사 운동이 일어나는 작용. ②파동(波動)이 반사되는 작용.

반:사-적(反射的)명 어떤 자극에 무의식적으로 순식간에 반응하는 것. ¶－으로 눈을 감았다.

반:사=중추(反射中樞)명 감각 자극을 전달받고 신경에 전달하는 중추 신경계. 반사 운동을 일어나게 함.

반:사-체(反射體)명 반사하는 물체.

반:사=측각기(反射測角器)명 광물의 결정면에 빛을 비추어 그 반사 각도를 이용하여 결정체의 면각(面角)을 재는 기구.

반:사-파(反射波)명 매질(媒質) 속을 진행하던 파동이 다른 매질의 면에 부딪쳐, 반사하여 방향을 바꾸어 나아가는 파동.

반:사회-적(反社會的)명 사회의 발전이나 질서에 반대되는 것. ¶－인 범죄 행위.

반:사회=집단(反社會集團)명 사회의 질서와 규범을 문란하게 하는 집단.

반:삭(半朔)명 한 달의 절반. 반달[2] ¶앓은 지 －이나 된다.

반:산(半産)명-하다타 한방에서, '유산(流産)'이나 '낙태(落胎)'를 이르는 말. ☞소산(小產)

반살미명-하다자타 갓 결혼한 신랑이나 신부를 일가집에서 처음으로 초대하는 일.

반삽(飯臿)명 밥주걱

반:상(反常)명-하다자 이치에 어긋남.

반:상(反想)명-하다자타 반대로 돌려 생각해 봄.

반:상(半晌)명 반나절

반:상(返喪)명 반구(返柩)

반:상(返償·反償)명-하다타 꾸거나 빌린 것을 되갚음.

반상(班常)명 지난날, 양반(兩班)과 상민(常民)을 아울러 이르던 말. 상반(常班)

반상(飯床)명 ①격식을 갖추어 차린 밥상. 밥·국·김치·장·찌개를 기본으로 하고, 나물·구이·조림 등 반찬수에 따라 삼첩·오첩·칠첩·구첩 반상으로 나뉨. ②'반상기(飯床器)'의 준말.

반상(盤上)명 ①반(盤)의 위. ②바둑판이나 장기판의 위.

반상=계급(班常階級)명 양반(兩班)과 상민(常民)의 사회적 계급.

반상-기(飯床器)명 격식을 갖추어 밥상 하나를 차리도록 만든 한 벌의 그릇. 주발, 대접, 쟁반, 탕기, 보시기, 조칫보, 종지와 여러 개의 쟁첩으로 이루어짐. 대접과 쟁반 외에는 모두 뚜껑이 있음. 준반상(飯床)

반:상낙하(半上落下)성구 반쯤 올라가다가 떨어진다는 뜻으로, 처음에는 열심히 하다가 중간에 그만두어 끝을 맺지 못함을 이르는 말.

반:상반:하(反上反下)성구 위에도 붙지 않고 아래에도 붙지 않는다는 뜻으로, 태도나 성질이 분명하지 않음을 이르는 말.

반상-적서(班常嫡庶)명 양반과 상민, 적자와 서자를 아울러 이르는 말.

반색명-하다자 바라던 사물이나 기다리던 사람을 대하고 몹시 반가워하는 일, 또는 그러한 기색. ¶－을 하며 친구를 맞았다.

반색(斑色)명 어룽어룽한 무늬가 있는 빛깔.

반:생(半生)명 한평생의 절반. ☞반평생(半平生) ¶남은 －은 불우한 이웃을 위해 바칠 생각이다.

반:생반:사(半生半死)성구 거의 죽게 되어 생사의 갈림길에 놓여 있는 상태를 이르는 말.

반:생반:숙(半生半熟)성구 음식이 반쯤은 설고 반쯤은 익었다는 뜻으로, 어떤 기예(技藝) 따위가 아직 익숙하지 못함을 이르는 말.

반:서(反噬)명-하다자타 ①기르던 가축이 은혜를 모르고 주인을 해침. ②은혜를 베풀어 준 사람을 도리어 해침.

반:서(返書)명 반신(返信)

반서갱:동(飯西羹東) 좌반우갱(左飯右羹)

반석(盤石·磐石)명 ①넓고 평평한 큰 바위. 너럭바위. 반암(盤岩) ②아주 굳건하고 든든함을 비유하여 이르는 말. ¶－ 같은 기반.

반선(頒扇)명-하다자 지난날, 임금이 신하에게 부채를 나누어 주던 일.

반선(盤旋)명-하다자 산길이나 강 따위가 꾸불꾸불 돌아서 나 있음.

반:-설음(半舌音)명〈어〉훈민정음(訓民正音)에서 'ㄹ' 소리를 이르는 말. 반혓소리 ☞ 반치음. 설음

반:성(反省)명-하다타 ①자기가 한 말이나 행동의 잘잘못을 스스로 돌이켜 살핌. ¶자기 전에 하루를 －하다. ②자기의 잘못을 깨닫고 뉘우침. ¶－의 빛이 역력하다.

반:성(半醒)명-하다자 술기운이나 졸음이 반쯤 깸. ☞반취(半醉)

반성(伴星)명 연성(連星)을 이룬 두 항성 중에서 빛이 어둡고 질량이 작은 쪽의 별. ☞주성(主星)

반:성-문(反省文)명 자기의 잘못을 뉘우치고 다시는 그러한 잘못을 저지르지 않을 것을 다짐하는 글.

반:-성양(半成樣)명-하다자 사물이 반쯤 이루어짐.

ㅂ

반성=유전(伴性遺傳)[-뉴-]명 유전 인자가 성염색체(性染色體)에 있기 때문에 성별과 깊은 관계를 가지는 유전 현상. 색맹이나 혈우병 따위의 유전.
반:성=코:크스(半成cokes)명 석탄을 500~750℃의 온도로 저온 건류(乾溜)하여 만드는 코크스. 가정용 난방이나 가스화 연료 등으로 쓰임.
반:세(半世)명 한 세상을 사는 동안의 절반. 반세상
반:세(半歲)명 한 해의 절반. 반년(半年)
반:-세:계(反世界)명 물리학에서, 우리가 살고 있는 세계의 물질 구성의 기본적 입자(粒子)와는 거꾸로인 반입자(反粒子)로 이루어진 것으로 생각하고 있는 세계. 반우주(反宇宙)
반:-세:기(半世紀)명 한 세기의 절반, 곧 50년.
반:-세:상(半世上)명 반세(半世)
반-세:포(伴細胞)명 식물의 체관에 딸린 길쭉한 세포.
반:소(反訴)명 민사 소송에서, 소송의 계속(繫屬) 중에 피고가 방어 방법으로 그 소송에 병합하여 새로이 원고를 상대로 제기하는 소송.
반:소(半宵)명 ①한밤중 ②반밤. 반야(半夜)
반:소(半燒)명-하다자 화재로 말미암아 건물 따위가 반쯤 탐. ☞전소(全燒)
반:-소:경(半-)명 ①애꾸눈 ②시력이 아주 약한 사람을 비유하여 이르는 말. ③글을 모르는 사람을 비유하여 이르는 말.
반:-소매(半-)명 팔꿈치께까지 내려오는 짧은 소매. ¶ - 셔츠 ☞긴소매
반:-소:설(反小說)명 전통적인 소설의 개념을 부정하고 이야기의 줄거리 따위를 중시하지 않는 실험적인 수법의 소설. 앙티로망(anti-roman)
반:-소:작(半小作)명-하다자타 절반쯤은 자작(自作)을 하면서 절반쯤은 소작을 함, 또는 그렇게 하는 농사.
반:속(反俗)명 세상 일반의 사고(思考)나 생활 방식에 따르지 아니하는 일.
반송(伴送)명-하다타 다른 물건에 붙여서 함께 보냄.
반:송(返送)명-하다타 물건 따위를 도로 돌려보냄. 환송(還送). 회송(回送) ¶파본을 출판사로 -하다.
반송(搬送)명-하다타 ①짐 따위를 나름. 운반(運搬) ¶이삿짐을 화물차로 -하다. ②음성이나 화상(畫像) 등의 신호를 변조(變調)하여 고주파에 실어 보냄.
반송(盤松)명 키가 작고 가지가 가로로 벋은 소나무.
반송-대(搬送帶)명 공장 등에서 재료나 제품 따위를 일정한 거리에 자동적·연속적으로 실어 나르는 기계 장치. 컨베이어(conveyor)
반송-사(伴送使)명 지난날, 중국의 사신을 호송하던 임시 관직.
반:-송:장(半-)명 몹시 늙거나 병이 깊어 거의 죽게 된 사람을 이르는 말.
반송=전:화(搬送電話)명 반송파를 이용한 전화.
반송=통신(搬送通信)명 반송파를 이용한 통신.
반송-파(搬送波)명 음성이나 화상 등의 저주파 신호 전류를 변조하여 보내는 고주파 전류. 전신·전화·라디오·텔레비전 등에 쓰임.
반:수(反數)[-쑤]명 ①어떤 수의 부호를 바꾼 수. 3에 상대하여 -3이 반수임. ②역수(逆數)
반:수(半睡)명 '반수반성(半睡半醒)'의 준말. ¶- 상태
반:수(半數)명 전체 수의 절반. 절반이 되는 수.
반수(伴隨)명-하다타 붙좇아 따름.
반수(班首)명 ①수석(首席) 자리에 있는 사람. ☞수반(首班) ②조선 시대, 보상(褓商) 조직의 고문(顧問). 읍(邑) 단위 조직의 대표로서 명예직이었음. ☞접장(接長)
반수(礬水)명 도사(陶沙)
반:-수둑이(半-)명 어떤 물건이 바싹 마르지 아니하고 반쯤만 수둑수둑하게 마른 정도, 또는 그러한 물건.
반:수-반:성(半睡半醒)명 잠이 깊이 들지 못함을 이르는 말. 준반수(半睡)
반:수-성(半數性)[-썽]명 생식 세포가 체세포(體細胞)의 반수의 염색체를 가지고 있는 상태, 또는 그런 성질.
반:수성=가스(半水性gas)[-썽-]명 수증기와 공기를 혼합한 기체를, 가열한 탄소 위로 통과시켜 만드는 가스.
반:수=세:대(半數世代)명 감수 분열(減數分裂)에서 수정(受精)까지의 세대. ☞배수 세대(倍數世代)
반:수=염:색체(半數染色體)명 감수 분열 때에 체세포의 염색체 수가 반이 된 염색체. 준반수체(半數體)
반:수-주의(半獸主義)명 사람의 동물적 본능, 특히 성욕을 꾸밈이 없이 그리는 문예상의 주의.
반수-지(礬水紙)명 도사(陶沙)를 입힌 종이.
반:수-체(半數體)명 '반수 염색체(半數染色體)'의 준말.
반:숙(半熟)명 ①-하다자 열매나 곡식 따위가 반쯤 익음, 또는 익은 것. ②-하다타 음식 따위를 반쯤 익힘, 또는 익힌 것. ¶달걀을 -하다.
반:숙-란(半熟卵)명 푹 삶지 아니하고 흰자만 익을 정도로 살짝 삶은 달걀.
반:-숙련공(半熟練工)명 채 숙련되지 못한 직공.
반:숙-마(半熟馬)명 ①조금 길들인 말. ②조선 시대, 공로가 있는 관원에게 주던 상의 한 가지. 공무(公務)를 보러 갈 때 역참에서 조금 길들인 말을 얻어 탈 수 있는 특혜를 주었음.
×**반:순**(反脣) 명 →번순(反脣)
반:-승낙(半承諾)명-하다타 확답은 아니지만, 대체로 좋겠다는 정도로 하는 승낙. ¶사장의 -을 받다.
반:승반:속(半僧半俗)성구 반은 중이고 반은 속인이라는 뜻으로, 어떤 사물이 이것도 아니고 저것도 아닌 어중간함을 이르는 말. 비승비속(非僧非俗)
반:시(半時)명 ①한 시간의 절반. 반시간(半時間) ②아주 짧은 동안. ¶엄마 곁을 -도 떨어지지 않으려고 한다.
반:시(半翅)명 꿩과의 새. 메추라기보다 큼. 머리는 노르스름하고 목과 등에 잿빛을 띤 검정 줄무늬가 있으며 가슴에 검정의 큰 무늬가 있음.
반시(盤柿)명 동글납작하게 생긴 감. 납작감
반:-시간(半時間)명 한 시간의 절반. 30분. 반시(半時). 반점(半點)[1] ¶-이나 늦게 도착하다.
반시-뱀(飯匙-)명 살무삿과의 뱀. 몸길이 1~2m. 머리는 세모꼴로 숟가락처럼 생겼고, 몸은 엷은 잿빛을 띤 갈색인데 흑갈색 고리 무늬가 있음. 쥐 따위 작은 동물을 잡아먹고 삶. 오키나와와 타이완 등지에 분포하는 독사임.
반식(伴食)명-하다자 ①배식(陪食) ②아무 능력도 없이 직위만 높은 관원을 놀리어 이르는 말.
반:-식민지(半植民地)명 명목상으로는 주권을 가졌으나 실질적으로는 식민지나 다름없는 상태에 있는 나라.
반:식자우환(半識者憂患) 어중간하게 아는 것이 근심거리를 가져온다는 뜻으로, 아는체 하다가 일을 그르치게 되어 낭패를 봄을 이르는 말.
반:신(半身)명 온몸의 절반. 상하·좌우의 어느 반쪽에도 쓰임. ¶- 마비/- 사진 ☞전신(全身)
반:신(半信)명-하다타 반쯤만 믿음.
반:신(返信)명 회답하는 편지나 통신. 반서(返書) 유회신(回信) ☞왕신(往信)
반:신(叛臣)명 임금이나 나라를 배반한 신하. ☞충신
반:신-료(返信料)[-뇨]명 '회신료'를 이전에 이르던 말.
반:신반:의(半信半疑)성구 얼마쯤 믿으면서도 한편으로는 의심하는 상태를 이르는 말. 차신차의(且信且疑) ¶- 하는 눈치.
반:신-반:인(半神半人)명 반은 신(神)이고 반은 사람이라는 뜻으로, 썩 영묘(靈妙)한 사람을 이르는 말.
반:신-불수(半身不隨)[-쑤]명 병이나 사고로 반쪽 몸이 마비되어 제대로 움직이지 못하는 상태, 또는 그런 사람. ¶중풍으로 -가 되다. ☞전신불수(全身不隨)
반:신-상(半身像)명 상반신의 사진·그림·조각 따위를 통틀어 이르는 말. ☞전신상(全身像). 흉상(胸像)
반:실(半失)명-하다타 절반 가량 잃거나 손해를 봄. ¶가뭄으로 고추 농사를 -하다.
반:심(半心)명 ①할까 말까 망설이는 마음. ②진정이 아닌 마음.

반:심(叛心)명 배반하려는 마음. 반의(叛意). 배심(背心)
반:쌍(半雙)명 쌍으로 된 것의 그 한쪽.
반암(斑岩)명 많은 반정(斑晶)이 있어 얼룩무늬 조직을 가진 화성암. 석영 반암이나 화강 반암 따위.
반암(盤岩)명 반석(盤石)
반:암-부(半暗部)명 태양의 흑점 둘레의 흐릿하게 검은 부분. 반그림자. 반영(半影). 부분 그늘. 외허(外虛)
반:액(半額)명 ①전액의 반. ②본디 값의 반. 반값 ¶정가의 −에 사다. ☞전액(全額)
반:야(半夜)명 ①한밤중 ②반밤. 반소(半宵)
반야(般若∠Prajñā 범)명 불교에서, 최고의 진리를 깨닫는 지혜를 이르는 말.
반야-경(般若經)명 불교의 근본 사상이 담긴 경전으로서, 반야바라밀을 설법한 경전을 통틀어 이르는 말.
반야-바라밀(∠般若波羅蜜)명 불교의 육바라밀(六波羅蜜)의 하나. 최고의 지혜를 완성하는 일, 완전한 지혜의 뜻을 이름. 반야바라밀다
반야-바라밀다(∠般若波羅蜜多)[−따]명 반야바라밀
반야바라밀다심경(∠般若波羅蜜多心經)[−따−]명 반야심경
반야심경(般若心經)명 여러 반야경(般若經)의 정수(精髓)를 뽑아 이백예순두 자로 간결하게 설법한 불경. 불교의 공사상(空思想)의 본경. 반야바라밀다심경 준심경(心經)[2]
반야심경언:해(般若心經諺解)명 심경언해(心經諺解)
반야-정:관(般若正觀)명 ①지혜와 선정(禪定). ②분별과 망상을 떠난 지혜로써 잡념을 버리고 정신 통일을 한 상태.
반야-탕(般若湯)명 곡차(穀茶)
반:양(半養)명 남의 가축을 길러, 다 자라거나 새끼를 낳은 뒤에 주인과 나누어 가지는 일. 배내
반:-양식(半洋式)[−냥−]명 반쯤 서양식을 본뜬 격식.
반:-양자(反陽子)[−냥−]명 양자의 반입자(反粒子).
반:-양장(半洋裝)[−냥−]명 ①제책 방법의 한 가지. 속장은 양장식으로 실로 매고 겉장은 풀로 붙이는 간단한 제책, 또는 그렇게 제책한 책. ②반쯤만 서양식으로 꾸민 복장(服裝).
반:어(反語)명 ①어떤 뜻을 강조하기 위해 말하고자 하는 뜻과 반대되는 내용으로 말함으로써 강한 긍정을 나타내는 표현. 보통 의문형으로 씀. '그 정도 못 해 주겠느냐? (해 줄 수 있다는 뜻)', '어찌 후회하지 않겠는가? (매우 후회한다는 뜻)' 따위. ②어떤 말을 본래의 뜻과 반대되는 경우에 씀으로써 빈정대는 뜻을 나타내는 표현. 미운 사람이 나쁜 일을 당했을 때, '그것 잘 됐다'고 하는 따위.
반:어(半漁)명 '반어업(半漁業)'의 준말.
반:어-법(反語法)[−뻡]명 수사법(修辭法)의 한 가지. 단정(斷定)을 강조하기 위해 이와 반대되는 내용으로 나타내는 표현 방법. '잠을 자야 꿈을 꾸지요.', '몰라서 묻습니까.' '그 사실을 누가 모릅니까.'와 같은 표현법.
반:-어업(半漁業)명 어업을 주로 하면서 다른 일도 겸하여 하는 어업. 준반어(半漁)
반:-여태혜(半女太鞋)[−녀−]명 지난날, 남자가 신던 가죽신의 한 가지. 여태혜와 비슷함.
반:역(叛逆·反逆)명-하다 자타 나라나 민족을 배반함.
반:역-자(叛逆者)명 나라와 민족을 배반한 사람.
반:역-죄(叛逆罪)명 반역 행위를 한 죄.
반연(絆緣)명 서로 얽히어 맺어지는 인연.
반연(攀緣)명-하다 자타 ①휘어잡고 기어 올라감. ②의지하여 연줄로 함, 또는 그 연줄. ③불교에서, 마음이 대상에 따라서 작용함을 이르는 말.
반연-경(攀緣莖)명 덩굴손이나 막뿌리로 다른 것을 휘어잡거나 덩굴 자체가 감아 올라가는 줄기. 포도나무나 담쟁이덩굴 따위의 줄기.
반연-성(攀緣性)[−썽]명 담쟁이덩굴과 같이 다른 물건에 기어오르는 식물의 성질.
반연=식물(攀緣植物)명 다른 물건을 감아 기어오르는 식물. 반연성을 가진 식물. 포도나무·담쟁이덩굴 따위.

반열(班列)명 신분이나 등급, 또는 품계의 차례. 반차(班次) ¶명창(名唱)의 −에 오르다.

한자 반열 반(班)〔王部 6획〕¶무반(武班)/문반(文班)/반벌(班閥)/반열(班列)/반차(班次)

반:엽(半葉)명 전통 성악곡(聲樂曲)인 가곡의 한 가지. 전반은 우조(羽調), 후반은 계면조(界面調)로 된 곡으로, 우조에서 계면조의 곡으로 이어질 때 그 연결을 부드럽게 함. 남창(男唱)에서는 소용(搔聳) 다음에, 여창(女唱)에서는 두거(頭擧) 다음에 불림. ☞만대엽(慢大葉). 삭대엽(數大葉)
반:영(反映)명-하다 자타 ①빛 따위가 반사하여 비침. ¶석양빛이 바다에 −되다. ②어떤 사물의 영향이 다른 것에 미치어 그 결과가 나타남. ¶민의(民意)를 국정에 −하다.
반:영(反影)명 반사로 비친 그림자.
반:영(半影)명 ①반그림자 ☞본영(本影) ②반암부(半暗部)
반영(繁纓)명 말 안장에 딸린 갖은삼거리의 한 가지. 안장의 양 옆으로 늘어뜨리는 장식.
반:-영구적(半永久的)[−녕−]명 거의 영구에 가깝도록 오래가는 것. ¶− 시설
반옥(飯玉)명 염습(殮襲)할 때, 죽은 사람의 입에 물리는 쌀과 구슬. ☞반함(飯含)
반:-올림(半−)명-하다 타 우수리를 생략하여 계산할 때, 끝수가 4 이하인 경우는 0으로 하여 떼어버리고 5 이상인 경우에는 10으로 올려서 계산하는 일. 14.4는 14로, 14.5는 15로 하는 따위. 사사오입(四捨五入)
반:와(泮蛙)명 성균관(成均館) 개구리라는 뜻으로, 지난날 아무 일도 하지 않고 자나깨나 책만 읽는 사람을 놀리어 이르던 말.
반완(蟠蜿)명-하다 자 서리서리 꿈틀거림.
반외(盤外)명 ①바둑판이나 장기판 밖. ②바둑이나 장기의 대국 이외.
반요=식물(攀繞植物)명 반연성(攀緣性)과 전요성(纏繞性)이 있는 식물. 담쟁이덩굴·칡·마 따위.
반:우(返虞)명-하다 자타 장사지낸 뒤에 집으로 신주(神主)를 모셔 오는 일. 반혼(返魂)
반:-우:주(反宇宙)명 반세계(反世界)
반:원(半圓)명 원을 지름으로 이등분한 한 부분.
반:원(半圜)명 오십 전짜리 옛 은화(銀貨). 광무(光武) 9년(1905)에 만들었음.
반원(班員)명 반의 구성원.
반:-원주(半圓周)명 원둘레를 지름으로 이등분한 한 부분.
반:원-형(半圓形)명 반원으로 된 형상. ¶−의 창(窓).
반:월(半月)명 ①반원 모양의 달. 반달[1] ②한 달의 절반. 반달[2]
반:월-간(半月刊)명 보름마다 한 번씩 간행하는 일, 또는 그 간행물. ¶− 잡지
반:월-문(半月門)명 윗부분이 반달 모양으로 둥글게 생긴 문. 반달문
반월-반(半月盤)명 소반 면이 반달 모양인 반. 다리는 셋이며, 큰 상의 모서리에 붙여 놓고 씀. ☞삼각반
반:월-창(半月窓)명 반달 모양의 창.
반:월-판(半月瓣)명 심장의 심실에서 대동맥과 폐동맥으로 이어지는 곳에 있는 반달 모양의 판막(瓣膜). 심실이 수축하면 열려서 피가 나가고 이완하면 닫혀서 피의 역류를 막음.
반:월-형(半月形)명 반달처럼 생긴 모양. 반달꼴. 반달형
×반위(反胃)명 →번위(反胃)
반:유(泮儒)명 조선 시대, 성균관(成均館)에서 지내면서 학업을 닦는 유생을 이르던 말.
반:-유동체(半流動體)[−뉴−]명 죽 따위와 같이 되직한 유동체.
반:음(反音)명 한자(漢字) 음을 반절(反切)로 나타낸 음.
반:음(半音)명 온음의 절반이 되는 음정. 장음계에서는 미

와 파, 시와 도 사이의 음. 반음정(半音程) ☞온음

반:-음계(半音階)명 각 음 사이가 모두 반음으로 이루어진 음계. 반음 음계(半音音階)

반:-음양(半陰陽)명 한 몸에 남녀 양성(兩性)의 생식기를 가지고 있거나, 외음부(外陰部)가 생식선(生殖腺)과 일치하지 않은 것, 또는 그런 사람. 남녀추니. 어지자지

반:음=음계(半音音階)명 반음계(半音階)

반:-음정(半音程)명 반음(半音)

반:응(反應)명-하다자 ①어떤 자극에 따라 일어나는 생체의 변화나 움직임. ¶시신경이 빛에 -하다. ②어떤 사태의 발생에 따라 일어나는 사물의 움직임. ¶개혁안에 대한 교육계의 -. ③화학에서, 물질 사이의 상호 작용으로 일어나는 화학 변화.

반:응=물질(反應物質)[-찔]명 서로 작용하여 화학 반응을 일으키는 물질.

반:응=생성물(反應生成物)명 화학 반응의 결과로 생기는 물질.

반:응=속도(反應速度)명 화학 반응이 진행하는 속도. 반응 물질의 농도·온도·압력·촉매 따위에 따라 변화함.

반:응=시간(反應時間)명 자극이나 작용이 주어진 순간부터 반응이 일어나기까지의 시간.

반:응-식(反應式)명 '화학 반응식'의 준말.

반:응-열(反應熱)[-녈]명 화학 반응이 일어날 때에 발생하거나 흡수되는 열.

반:응=장치(反應裝置)명 일정한 화학 반응을 진행시키고, 또 그 반응을 자유로이 조절할 수 있는 기계나 설비.

반:응=차수(反應次數)[-쑤]명 화학 반응의 속도가 반응 물질 n개의 농도의 곱에 직접 비례할 때, n의 수치.

반:의(反意)명 ①반대의 뜻. ②-하다자타 뜻에 반대함.

반:의(叛意)명 배반하려는 마음. 반심(叛心). 배심(背心)

반의(斑衣)명 여러 가지 빛깔의 옷감으로 지은 때때옷.

반:의-반(半-半)명 절반의 절반. 곧 전체의 4분의 1. 반지반(半之半) ¶본전의 -이라도 건졌으면 좋겠다.

반:-의:식(半意識)명 무의식과 의식 사이의 흐릿한 상태.

반:의-어(反義語·反意語)명 뜻이 서로 반대되는 말. '크다↔작다', '선(善)↔악(惡)' 따위. 반대말. 반대어(反對語) ☞동의어

반의지희(斑衣之戲)성구 때때옷을 입고 논다는 뜻으로, 늙어서도 효도함을 이르는 말. 중국의 노래자(老萊子)가 일흔 살에 때때옷을 입고 어린아이처럼 행동함으로써 어버이의 늙음을 잊게 했다는 데서 나온 말임.

반이(搬移)명-하다자 세간을 날라 이사함.

반:인(泮人)명 관사람

반:-일(半-)[-닐]명 ①하루 일의 절반. ¶아직 일이 서툴러 -밖에 못 한다. ②어떤 일의 절반.

반:일(半日)명 하루의 반. 반날. 한나절

반:일-조(半日潮)[-쪼]명 반일(半日)의 주기를 가지는 천체의 기조력(起潮力)에 따라 일어나는 밀물과 썰물. ☞일일조(日日潮). 장주기조(長週期潮)

반:일=학교(半日學校)명 학생을 오전과 오후로 나누어 가르치는 학교.

반입(搬入)명-하다타 물건을 날라 들임. ¶배추의 -이 늘다. /구호 물품을 -하다. ☞반출(搬出)

반:-입자(反粒子)명 보통으로 존재하는 소립자와 질량 등의 물리량은 같으나, 전하(電荷)나 자기(磁氣) 모멘트의 부호가 반대인 소립자. 양전자·반양자(反陽子)·반중성자 따위.

반:-잇소리(半-)명〈어〉반치음(半齒音) ☞반혓소리

반자명 지붕 밑이나 위층 바닥 밑을 반반하게 꾸민 시설.
반자(를) 받다관용 몹시 화가 나서 날뛰다.

반:자(半子)명 '반자지명(半子之名)'의 준말.

반:자(半字)명 글자의 획을 줄여 간략하게 쓴 한자. '蟲'을 '虫', '學'을 '学'으로 쓰는 따위. 약자(略字) ☞속자(俗字). 정자(正字)

반자(班資)명 지위와 녹봉(祿俸).

반:-자기(半瓷器)명 질그릇 비슷한 사기 그릇, 또는 사기 그릇 비슷한 질그릇. 반도반자(半陶半瓷)

반:-자동(半自動)명 부분적으로 이루어지는 자동.

반:-자동화(半自動化)명-하다자타 절반쯤은 자동으로 되는 일, 또는 그렇게 되게 하는 일. ¶-한 공장.

반:자불성(半字不成)[-썽]성구 글자를 반만 쓰고 그만둔다는 뜻으로, 하던 일을 도중에 그만둠을 이르는 말.

반:-자성(反磁性)명 물체를 자장(磁場) 안에 둘 때 자장과 반대 방향으로 자성을 띠는 성질. ☞상자성(常磁性)

반:자성-체(反磁性體)명 반자성을 가진 물질. 산소 이외의 기체와 금, 은, 구리, 유기 물질, 염류, 유리 따위.

반자-지(-紙)명 반자에 바르는 종이.

반:자지명(半子之名)명 아들이나 다름없이 여긴다는 뜻으로, '사위'를 달리 이르는 말. 준반자(半子)

반자-틀명 반자를 들이기 위하여 가늘고 긴 나무로 가로세로로 짜서 만든 틀.

반작부 작은 빛이 잠깐 동안 약하게 비치는 모양을 나타내는 말. ☞반짝[2]. 번적. 빤작. 빤짝

×**반작**(反作)명 →번작(反作)

반:작(半作)명-하다타 ①소작(小作) ②수확이 평년작의 반쯤밖에 되지 않는 일, 또는 그 정도의 수확량.

반작-거리다(대다)자타 반작반작 빛이 나다, 또는 빛나게 하다. 반작이다 ☞반짝거리다. 번적거리다. 빤작거리다. 빤짝거리다

반작-반작부 작은 빛이 잇달아 잠깐 동안 약하게 비치는 모양을 나타내는 말. ☞반짝반짝[1]. 번적번적. 빤작빤작. 빤짝빤짝[1]

반:-작용(反作用)명 ①어떤 물체에 힘이 미쳤을 때, 같은 크기로 되미치는 힘. ☞작용(作用) ②어떤 움직임에 대하여 반대의 움직임이 일어나는 일. ¶지나친 개혁은 반드시 -이 따르게 마련이다.

반작-이다자타 반작거리다 ☞반짝이다. 번적이다. 빤작이다. 빤짝이다

반:-잔(半盞)명 한 잔의 반이 되는 분량.
속담 **반잔 술에 눈물 나고 한 잔 술에 웃음 난다**: 남에게 무엇을 주려거든 흡족하게 해야지 그렇지 못하면 도리어 인심을 잃게 된다는 말.

반잔(盤盞)명 받침이 있는 잔.

반:장(泮長)명 지난날, 반궁(泮宮)의 수장(首長)이라는 뜻으로, '대사성(大司成)'을 달리 이르던 말.

반:장(返葬)명-하다타 객지에서 죽은 사람을 그의 고향이나 그가 살던 곳으로 옮겨다가 장사지내는 일.

반:장(叛將)명 반란을 일으킨 장수.

반장(班長)명 ①학교에서, 한 반을 대표하는 학생을 이르는 말. ¶3학년 2반 -. ②행정 조직의 최하 단위인 반을 대표하는 사람을 이르는 말. ¶6통 1반 -. ③소수로 짜여진 조직의 책임자. ¶작업 -

반:-장경(半長徑)명 타원의 긴지름의 반.

반:-장부(半-)명 두 개의 나무토막을 잇댈 때 한쪽 나무에만 만든 짧은 장부.

반:-장화(半長靴)명 목이 단화보다는 길고 장화보다는 짧은 구두.

반:적(叛賊)명 제 나라를 배반한 역적.

×**반전**(反田)명 →번전(反田)

반:전(反戰)명 전쟁에 반대하는 일. ¶- 운동

반:전(反轉)명-하다자타 ①반대편으로 구름. ②일의 형세가 뒤바뀜. ¶사태가 -되다. ☞역전(逆轉) ③사진에서, 음화(陰畫)를 양화(陽畫)로, 또는 양화를 음화로 만드는 일. ④인쇄에서, 사진이나 그림 따위를 뒤집어 좌우를 바꾸는 일.

반:전(半錢)명 ①일 전(一錢)의 절반, 곧 오 리(五厘). ②매우 적은 돈.

반:전(返電)명 답전(答電)

반전(班田)명 지난날, 나라에서 백성에게 나눠 주는 밭을 이르던 말.

반:전=기류(反轉氣流)명 상공(上空)의 공기가 해면의 공기보다 따뜻한 기류.

반:전=도형(反轉圖形)명 같은 도형이면서 보고 있는 동안에 원근(遠近) 또는 그 밖의 조건이 뒤바뀌어 다르게

보이는 도형.
반:전-론(反戰論)[-논] 명 전쟁을 반대하는 주장. 비전론(非戰論) ☞주전론(主戰論)
반:전=문학(反戰文學) 명 전쟁을 반대하고 평화를 주장하는 내용의 문학.
반:전=필름(反轉film) 명 반전 현상(反轉現像) 조작에 따라 직접 양화(陽畫)로 할 수 있는 필름. 소형 영화나 슬라이드에 쓰임.
반:전=현:상(反轉現像) 명 촬영한 필름으로 직접 양화(陽畫)를 만드는 현상법.
반절 명 우리 나라 전래의 앉은절의 한 가지. 남자는 큰절과 같이 두 무릎을 꿇은 다음, 공수한 손을 바닥에 대고 윗몸을 굽혀 절하고 일어남. 여자의 경우는 평절보다 가볍게 앉은 채로 윗몸이나 고개를 조금 숙임. ☞큰절
반:절(反切) 명 지난날, '훈민정음(訓民正音)'을 달리 이르던 말. 훈민정음이 초성·중성·종성을 합하여 한 글자를 이룬다는 데서 붙여진 이름임.
반:절(半切·半截) 명 ①-하다 타 절반으로 가름. ②당지(唐紙)나 백지 등의 전지(全紙)를 세로로 이등분한 것.
반:절(半折) 명 -하다 타 반으로 꺾거나 가름.
반:절=본문(反切本文) 명 한글 자모를 음절(音節)로 나타내어 보인 일람표. '가갸 거겨 고교 구규 그기 ᄀ'식으로 배열해 놓았음. 지난날, 한글 학습용으로 쓰였음.
반:점(半點)[1] 명 ①한 점의 절반. ②반시간(半時間) ③아주 조금의 뜻.
반:점(半點)[2] 명 문장 부호의 한 가지. 〔,〕표를 이름. ①가로쓰기 글에서, 짧은 멈춤을 나타낼 때 쓰임. ¶백두산의 천지, 한라산의 백록담./사과와 배, 당근과 오이./콩 심은 데 콩 나고, 팥 심은 데 팥 난다./그래, 지금 가자./젊음은, 도전하는 용기이다./마음이 착한, 나의 동생. ②문장에서, 성분(成分)의 차례를 뒤바꾸는 경우에 쓰임. ¶건강해라, 아가야./맛있다, 이 사과. ③가벼운 감탄을 나타내는 말 뒤에 쓰임. ¶아, 맛습니다./참, 잊고 있었네. ④같은 말의 되풀이를 피하여 생략할 때 쓰임. ¶봄에는 진달래가, 가을에는 단풍이 아름답다. ⑤문맥상 끊어 읽어야 할 때 쓰임. ¶어머니는, 음악을 들으면서 책을 보는 나를 바라보았다. ⑥숫자를 나열할 때, 또는 개략의 수를 나열할 때 쓰임. ¶1, 2, 3, 4, 5/3, 4개/19, 20세기 ⑦수의 자릿점을 나타낼 때 쓰임. 콤마(comma) ¶25,000/184,719,523 ☞모점
반점(斑點) 명 얼룩얼룩하게 박힌 점. 얼룩점
반점-병(斑點病)[-뼝] 명 식물의 잎이나 줄기에 작은 얼룩점이 생기는 병.
반:정(反正) 명 -하다 자타 ①바른 상태로 돌아가거나 돌아가게 함. ②난리를 바로잡음. ③나쁜 임금을 폐하고 새 임금을 내세우는 일. ¶인조(仁祖) -/중종(中宗) -
반정(斑晶) 명 반상(斑狀) 조직의 화성암에서, 알갱이가 작은 석기(石基) 가운데에 흩어져 있는 큰 결정.
반:-정:립(反定立) 명 ①어떤 긍정적인 판단이나 명제(命題)에 대하여 부정적인 판단이나 명제를 세우는 일, 또는 세운 그 부정적인 판단이나 명제. ②헤겔 변증법(辨證法)에서 이르는, 세 단계 발전 가운데 둘째 단계를 이르는 말. 반(反). 안티테제(Antithese) ☞정립(定立). 정반합(正反合)
반:-정부(反政府) 명 정부에 반대하는 일. ¶- 시위
반:제(返濟) 명 -하다 타 빌려 쓴 돈을 도로 갚음.
반:제-품(半製品) 명 정제품(精製品)이나 완제품(完製品)의 재료로 쓰기 위하여 가공한 제품, 또는 가공이 덜 된 상태로 판매가 가능한 제품.
반:조(半租) 명 쌀에 뉘가 반쯤 섞여 있는 것.
반:조(返照) 명 ①지는 해가 동쪽으로 비치는 일, 또는 그 햇빛. ②-하다 자 빛이 되비침, 또는 되비치는 빛.
반조-문(頒詔文) 명 지난날, 나라에 경사가 있을 때 백성에게 널리 알리던 조서(詔書).
반:조-반:미(半租半米) 명 뉘가 반쯤 섞인 쌀.
반족(班族) 명 양반의 겨레붙이.
반종(班種) 명 양반의 씨. 양반의 자손.
반:좌(反坐) 명 -하다 타 지난날, 남을 거짓으로 고자질한 사람에게 피해자가 받은 처벌과 같은 형벌을 주던 일.
반:주(半周) 명 ①한 바퀴의 절반. ②-하다 타 반 바퀴를 돎. ¶지구를 -하다.
반:주(伴走) 명 -하다 자 마라톤이나 역전(驛傳) 경주 등에서, 선수가 아닌 사람이 선수와 함께 달리는 일.
반:주(伴奏) 명 -하다 자 노래나 기악의 주(主) 가락을 좇아 다른 악기로 보조적으로 연주함, 또는 그런 연주. ¶피아노 -/기타로 -하다.
반주(斑紬) 명 아랑주
반주(飯酒) 명 -하다 자 밥을 먹을 때 곁들여서 한두 잔 술을 마심, 또는 그렇게 마시는 술. ¶-로 한 잔 하다.
반:-주권국(半主權國)[-꿘-] 명 주권을 완전히 행사하지 못하고, 국제법상 그 일부가 제한되어 있는 나라. 일부 주권국(一部主權國)
반주그레-하다 형여 생김새가 겉으로 보기에 반반하다. ☞번주그레하다
반주-상(飯酒床)[-쌍] 명 반주를 차려 놓은 상.
반:주=악기(伴奏樂器) 명 반주에 쓰이는 악기. 피아노나 오르간, 기타 따위.
반:-주인(泮主人)[-쭈-] 명 관주인(館主人)
반죽 명 -하다 타 가루에 물을 조금 섞어 이기는 일, 또는 이긴 것. ¶-이 너무 되다./밀가루를 -하다.
　반죽(이) 좋다 관용 성미가 유들유들하여 노여움이나 부끄럼을 타는 일이 없다. ¶놀려도 반죽 좋게 웃는다.
반죽(斑竹) 명 볏과에 딸린 대의 한 가지. 높이는 10m 안팎. 줄기에 검은 얼룩점 무늬가 있음. 단소나 붓대 등 죽세공품의 재료로 쓰임.
반:-죽음(半-) 명 -하다 자 몹시 맞거나 다치거나 하여 거의 죽게 된 일, 또는 그런 상태. 반사(半死) ¶자동차 사고로 -이 되었다.
반죽-필(斑竹筆) 명 붓대를 반죽으로 만든 붓.
반:중(泮中) 명 반촌(泮村)
반:-중성자(反中性子) 명 중성자의 반입자(反粒子). 질량 따위는 중성자와 같으나 자기(磁氣) 모멘트의 부호가 반대임. 중성자와 짝을 이루어 생성하고 소멸함.
반:증(反證) 명 ①-하다 타 상대편 주장이 거짓임을 증거를 들어 밝히는 일, 또는 그 증거. ¶-을 들다. ②민사 소송법에서, 상대편이 신청한 사실이나 본증(本證)을 반박하기 위한 증거. ③형사 소송법에서, 그런 사실이 없음을 증명하는 자료.
반지 명 손가락에 치레로 끼는 한 짝으로 된 고리. ¶약혼 -/-를 끼다. ☞가락지
반:지(半紙) 명 얇은 일본식 종이의 한 가지. 세로 25cm, 가로 35cm 가량이며 주로 붓글씨를 연습하는 데 쓰임.
반:지기 의 쌀이나 어떤 물건에 잡것이 많이 섞인 것을 나타내는 말. ¶돌 -
반지랍다(반지랍고·반지라워) 형ㅂ ①물체의 거죽이 기름기가 돌게 반드럽다. ¶반지라운 옷감. ②사람됨이 어수룩한 데가 없이 매우 약빠르다. ¶사람이 반지라워 손해 보는 일은 하지 않는다. ☞반드럽다. 번지럽다
반지레 부 -하다 형 ①기름기가 돌게 반드레한 모양을 나타내는 말. ¶-한 얼굴. ②실속은 없으면서 겉으로만 요란한 모양을 나타내는 말. ¶말은 -하구나. ☞반드레. 번지레. 빤지레
반지르르 부 -하다 형 기름기가 돌게 반드르르한 모양을 나타내는 말. ¶- 윤이 도는 머리카락. ☞반드르르. 번지르르. 빤지르르
반:-지름(半-) 명 원(圓)이나 구(球)의 중심에서 그 원둘레나 구면(球面) 위의 한 점에 이르는 선분(線分), 또는 그 길이. 지름의 절반. 반경(半徑)
반:지반(半之半) 명 반의반
반지-빠르다(-빠르고·-빨라) 형르 ①사람이나 언행이 수더분한 맛이 없고 얄밉게 반드럽다. ¶매끄럽고 반지빠른 도시 사람. ②쓰기에 알맞지 않다. ¶상보로는 반지빠른 천 조각.
반:직(伴直) 명 -하다 자 둘이서 함께 번을 드는 일.

반:-직선(半直線)명 한 직선을 선 위의 한 점으로 똑같이 나눈 각각의 부분을 이르는 말.
반:-직업적(半職業的)명 취미 등의 다른 목적도 있으나 거의 직업으로 삼다시피 하는 것. ¶그는 바다낚시를 -으로 한다.
반진(斑疹)명 한방에서, 홍역이나 성홍열과 같이 온몸에 붉고 좁쌀만 한 것이 돋는 병을 통틀어 이르는 말.
반질-고리 명 '바느질고리'의 준말.

> ▶ '반짇고리'의 어원
> '반짇고리'는 '바느질'과 '고리'가 어울려 변한 말이다. 곧 '바느'가 줄어서 '반'이 되고, '질'의 'ㄹ' 받침이 'ㄷ'으로 변한 꼴이다.

반질-거리다(대다)자 ①반질반질 기름기가 돌다. ¶새 장판이 반질거린다. ②살살 배돌면서 반질반질 개으름을 피우다. ¶반질거리며 개으름을 피우다. ☞번질거리다. 빤질거리다
반질-반질부-하다형 ①물체의 거죽에 반지럽게 기름기가 도는 모양을 나타내는 말. ②빤빤스레 노는 모양을 나타내는 말. ¶남들은 일을 하는데 - 배돈다. ☞번질번질. 빤질빤질
반짝[1]부 ①물체를 아주 가뿐하게 들어올리는 모양을 나타내는 말. ¶물동이를 - 들다. ②수그렸던 얼굴 따위를 갑자기 쳐드는 모양을 나타내는 말. ¶고개를 - 들다. ③감았던 눈을 갑자기 뜨는 모양을 나타내는 말. ¶눈을 - 뜨다. ④갑자기 정신이 돌아오는 모양을 나타내는 말. ¶정신이 - 들다. ⑤어떤 생각 따위가 순식간에 머리에 떠오르는 모양을 나타내는 말. ¶묘안이 머리에 - 떠오르다. ⑥잠깐 나타났다 사라지는 모양을 나타내는 말. ¶해가 - 났다가 다시 흐려졌다. ☞번쩍
반짝[2]부 작은 빛이 잠깐 동안 비치는 모양을 나타내는 말. ¶별이 - 빛나다./- 빛나는 눈동자. ☞반작. 번쩍. 빤작. 빤짝
반짝-거리다(대다)자타 ①반짝반짝 빛이 나다, 또는 빛나게 하다. ¶목걸이가 -./눈을 반짝거리며 말하다. ②반짝반짝 윤이 나다. ¶반짝거리는 구두. 반짝이다 ☞반작거리다. 번쩍거리다. 빤작거리다. 빤짝거리다
반짝-반짝[1]부 작은 빛이 잇달아 잠깐 동안 비치는 모양을 나타내는 말. ¶눈을 - 빛내다. ☞반작반작. 번쩍번쩍. 빤작빤작. 빤짝빤짝[1]
반짝-반짝[2]부 반들반들 윤이 나는 모양을 나타내는 말. ¶구두에 윤이 - 나다. ☞번쩍번쩍. 빤짝빤짝[2]
반짝-이다자타 반짝거리다 ☞반작이다. 번쩍이다. 빤작이다. 빤짝이다
반:-쪽(半-)명 ①하나를 둘로 가른 한 쪽. ¶사과를 -만 먹고 -은 남기다. ②살이 몹시 빠지고 몸이 여위었음을 이르는 말. ¶앓고 나서 -이 되었다.
반차(班次)명 반열(班列)
반차-도(班次圖)명 지난날, 나라 의식에 문무백관이 늘어서는 차례와 행사 장면을 그린 그림.
반찬(飯饌)명 밥 따위 주식(主食)을 맛있게 먹으려고 곁들여 먹는 음식. 식찬(食饌) ¶저녁 -/- 가게 준찬(饌) ☞부식물(副食物)
반찬 먹은 개관용 아무리 구박을 받아도 아무 대항도 못하고 어쩔 줄 모르는 처지를 두고 이르는 말.
반찬 먹은 고양이 잡도리하듯관용 죄지은 사람을 붙잡고 야단치고 혼내는 모양을 이르는 말.
반찬-감(飯饌-)[-깜]명 반찬거리
반찬-거리(飯饌-)[-꺼-]명 반찬을 만드는 데 쓰는 여러 가지 재료. 반찬감 준찬거리
반찬-단지(飯饌-)[-딴-]명 ①반찬을 담아 두는 단지. ②준비해 놓은 것을 청하는 대로 곧 내어 주는 사람을 놀리어 이르는 말.
속담 **반찬단지에 고양이 발 드나들듯** : 매우 자주 드나드는 모양을 이르는 말.
×**반-찰떡**(半-)명 →메찰떡
반창(瘢瘡)명 상처의 흔적.
반창-고(絆瘡膏)명 접착성 물질을 테이프 모양의 헝겊 따위에 바른 것. 상처를 보호하거나 가제나 붕대를 고정하는 데 쓰임.
반:채-층(反彩層)명 태양 대기(大氣)의 맨 아래층. 개기 일식 때 섬광 스펙트럼을 나타내는 부분임.
반:천(半天)명 ①보이는 하늘의 반쪽. ②하늘의 한가운데. ¶-에 보름달이 떴다. ③반공중(半空中)
반:-천하수(半天河水)명 한방에서, 키가 큰 나무의 구멍이나 대를 잘라 낸 그루터기에 괸 빗물을 약재로 이르는 말. 가려움증을 치료하는 데 쓰임.
반:첩(反貼)명-하다타 조선 시대, 이첩된 공문서에 의견을 붙여 도로 보내는 일을 이르던 말.
반:청(半晴)명 날씨가 반쯤 갠 상태.
반:청-반:담(半晴半曇)명 날씨가 반쯤은 개고 반쯤은 흐림을 이르는 말.
반:-체제(反體制)명 기존의 사회 체제나 정치 체제 따위에 반대하여 그것을 변혁하려고 꾀하는 일. ¶- 운동
반:초(半草)명 반흘림
반초(∠飯鮹)명 '꼴뚜기'의 딴이름.
반:-초서(半草書)명 반쯤 흘리어 쓴 글씨. ☞초서(草書)
반:촌(泮村)명 지난날, 성균관을 중심으로 그 근처에 있는 동네를 이르던 말. 반중(泮中)
반촌(班村)명 지난날, 양반이 많이 사는 마을을 이르던 말. ☞민촌(民村)
반:추(反芻)명-하다자타 ①소나 염소 따위의 반추 동물이 한 번 삼킨 먹이를 입으로 되올려 씹어서 다시 삼키는 일. 되새김질. 새김질 ②어떤 일을 되풀이하여 음미하거나 생각하는 일. ¶지나간 세월을 -하다.
반:추=동:물(反芻動物)명 반추류에 딸린 동물. 되새김질을 하는 동물. 소나 양, 염소 따위.
반:추-류(反芻類)명 우제류(偶蹄類)를 소화 형태상으로 분류한 한 목(目). 반추위로 되새김질하는 특징을 가짐. 소나 양, 낙타 따위.
반:추-위(反芻胃)명 반추하는 초식 동물의 위. 4실(室) 또는 3실로 되어, 음식물이 제1실에서 제2실로 옮겨지면 다시 입으로 되올려져 잘 씹힌 뒤에 제2실로 들어가 이어 제3실 또는 제4실로 옮겨짐.
반:추-증(反芻症)[-쯩]명 신경성 위 장애로 말미암아 먹은 음식물이 불수의적(不隨意的)으로 다시 입으로 되올라오는 병증. 신경 쇠약이나 히스테리 환자에게 많음.
반출(搬出)명-하다타 물건을 날라 내는 일. ¶박물관에서 전시품을 -하다. ☞반입(搬入)
반출-증(搬出證)[-쯩]명 반출을 인정하는 증서.
반:-춤(半-)명 마치 춤추는 것같이 흔들거리는 동작을 이르는 말.
반:취(半醉)명-하다자 술에 반쯤 취함. ¶-하여 귀가하다. 속반빙(半氷) ☞반성(半醒)
반취(班娶)명-하다자 지난날, 상사람이 양반의 딸에게 장가드는 일을 이르던 말. ☞민취(民娶)
반:취반:성(半醉半醒)성구 술이 깬듯 만듯 함을 이름.
반:측(反側)명-하다자 ①잠이 오지 않거나 걱정에 잠겨 누운 채 몸을 이리저리 뒤척임. ②두 가지 마음을 품고 바른길을 좇지 않음.
반:-치기(半-)명 ①지난날, 가난한 양반을 이르던 말. ②쓸모 없는 사람.
반:-치음(半齒音)명 <어>훈민정음(訓民正音)에서 'ㅿ' 소리를 이르는 말. 달리 '반시옷'이라 이르기도 함. 반잇소리 ☞반설음(半舌音). 치음(齒音)
반:칙(反則)명-하다자 규칙을 어김, 또는 규칙에 어긋남. 파울(foul) ¶-으로 경고를 받다.
반:침(半寢)명 방 옆에 붙여서 만든 작은 방. 여러 가지 물건을 넣어 두는 데 쓰임.
반침(伴寢)명-하다자 동숙(同宿)
반:-코:트(半coat)명 길이가 허리께까지 내려오는 외투.
반:-타다(半-)타 절반으로 가르다.
반:-타:작(半*打作)명-하다타 ①배메기 ②소출이나 소득이 예상한 양의 절반 정도밖에 되지 않음을 이르는 말.

¶수해로 벼를 —밖에 못하였다.

반:-탈태(半脫胎)명 탈태보다 좀 두꺼운, 반투명(半透明)인 자기(瓷器)의 몸. ☞진탈태(眞脫胎)

반:-턱(半—)명 반 가량의 정도.

반토(礬土)명 산화알루미늄

반토=시멘트(礬土cement)명 알루미나시멘트

반:통(泮通)명-하다자 조선 시대, 성균관의 대사성(大司成)을 뽑을 때 세 사람의 후보자 가운데서 추천하던 일.

반:투과-성(半透過性)[—썽]명 반투성(半透性)

반:투과성-막(半透過性膜)[—썽—]명 반투막

반:투-막(半透膜)명 ①용액이나 혼합 기체의 일부 분자만을 통과시키는 막. 반투과성막(半透過性膜) ②빛을 잘 통과시키지 않는 막.

반:-투명(半透明)명-하다형 환히 비치지 않고 약간만 흐릿함. ¶— 유리 ☞투명(透明)

반:투명-체(半透明體)명 빛을 어느 정도만 통과시키는 물체. 반투명한 물체. 젖빛 유리나 유지(油紙) 따위.

반:투-성(半透性)[—썽]명 반투막(半透膜)이 가진 성질. 반투과성(半透過性)

반:파(半破)명-하다자 반쯤 부서진 상태. ¶산사태로 가옥이 —되다.

반:파=정:류(半波整流)명 교류(交流)를 정류(整流)할 때 그 반 사이클만을 정류하는 일.

반:팔-등거리(半—)명 짧은 소매가 달린 등거리.

반패(頒牌)명 조선 시대, 과거에 급제한 사람에게 합격 증서로서 홍패 또는 백패를 주던 일. 방방(放榜)

반:-패:부(半貝付)명 방세간의 앞면의 어느 한 부분에만 자개를 박는 일, 또는 그렇게 박은 세간.

반:편(半偏)명 ①어떤 것을 절반으로 나눈 한 편짝. ②'반편이'의 준말.

반:편-스럽다(半偏—)(—스럽고·—스러워)형ㅂ 사람됨이 반편이처럼 지능이 모자라는듯 하다.

반편-스레부 반편스럽게

반:편-이(半偏—)명 지능이 보통 사람보다 아주 낮은 사람. 반병신 준반편(半偏)

속담 **반편이 명산 폐묘(廢墓)한다** : 지능이 모자라는 사람이 잘난체 하다가 명산을 모르고 묘를 폐한다는 뜻으로, 못난 사람은 가만 있지 못하고 이러쿵저러쿵 하여 일을 크게 그르친다는 말.

반:-평면(半平面)명 평면을 한 직선으로 둘로 나누었을 때 생기는 각 부분.

반:-평생(半平生)명 평생의 절반이 되는 동안. ☞반생

반:포(反哺)명-하다자 까마귀의 새끼가 자란 뒤에 어미새에게 먹이를 물어다 먹인다는 뜻으로, 자식이 자라서 그 어버이를 봉양(奉養)하는 일, 또는 어버이에게 은혜를 갚는 일을 비유하여 이르는 말. ☞안갚음

반포(斑布)명 반베

반포(頒布)명-하다타 세상에 널리 퍼뜨려 모두 알게 함.

반:포보:은(反哺報恩)성구 자식이 어버이가 길러 준 은혜를 갚음을 이르는 말. ☞반포지효(反哺之孝)

반:포-조(反哺鳥)명 어미 새에게 먹이를 물어다 먹이는 새라는 뜻으로, '까마귀'를 이르는 말.

반:포지효(反哺之孝)성구 자식이 어버이를 효성으로 섬김을 이르는 말. ☞반포보은(反哺報恩)

반:폭(半幅)명 한 폭의 절반. ¶—짜리 그림.

반:표-반:리증(半表半裏證)[—쯩]명 한방에서, 표증(表證)보다는 좀 심하고 이증(裏證)보다는 좀 가벼운 병을 이르는 말. 열이 나서 머리가 아프고 변비·토사가 일어나 오줌이 붉게 되는 급성 열병.

반:-푼(∠半分)명 ①엽전 한 푼 값어치의 절반. 매우 적은 돈. ¶—어치도 안 된다. ②한 푼 길이의 절반. ③'반푼쭝'의 준말.

반:푼-쭝(∠半分重)명 한 푼쭝의 절반의 무게. 준반푼

반:-품(半—)명 하루 품의 절반. 반공(半工) ¶—이 드는 바느질감.

반:품(返品)명-하다타 일단 사들인 물건을 도로 돌려보냄, 또는 그러한 물건. ¶흠이 있는 물건을 —하다.

반:-풍수(半風水)명 서투른 풍수.

속담 **반풍수 집안 망친다** : 서투른 재주를 함부로 부리다가 도리어 일을 망친다는 뜻. [선무당이 사람 죽인다]

반:하(半夏)[1]명 ①천남성과(天南星科)에 딸린 여러해살이풀. 줄기 높이 30cm 안팎으로 땅속줄기는 콩 모양임. 잎은 자루가 길며 세 잎으로 된 겹잎임. 6~7월에 희누스름한 꽃이 육수(肉穗) 꽃차례로 핌. ②한방에서, 반하의 구경(球莖)을 약재로 이르는 말. 독성이 있으며 담·구토·기침의 약으로 쓰임.

반:하(半夏)[2]명 ①'반하생(半夏生)'의 준말. ②불교에서, 하안거(夏安居)의 결하(結夏)와 해하(夏解)의 중간, 곧 90일간의 안거(安居)의 45일째를 이르는 말.

반:하-곡(∠半夏麴)명 한방에서, 반하와 백반과 새앙을 섞어 만든 누룩을 이름. 습증을 없애는 효능이 있음.

반:-하다[1] 자여 ①이성(異性)에게 홀린 것처럼 마음이 끌리다. ¶그 여자에게 홀딱 —. ②무엇에 매혹되어 마음이 끌리다. ¶목소리에 —./인품에 —.

반:-하다[2] 형여 ①어둠 속에 불빛이 희미하게 환하다. ¶먼 외딴집의 등불이 —. ②어떤 일의 속내나 결과가 어떠하리라는 것이 도렷하다. ¶그 일이 헛수고로 끝날 것이 —. ③계속되던 일 중에 한동안 겨를이 생기어 한가하다. ¶눈코 뜰 새 없다가 잠시 —. ④걱정거리나 병세 등이 한동안 뜨음하거나 덜하다. ¶우환이 끊이지 않다가 요즘 —. ⑤계속 내리던 비가 멎고 잠시 햇빛이 비치어 환하다. ¶장마 중에 반한 틈을 타서 빨래를 하다. ☞번하다. 빤하다

반-히부 ①좀 환하게. ¶등불이 — 비치다. ②도렷하게 ¶속이 — 들여다보이다. ☞번히. 빤히

반:-하다(反—)자여 반대가 되다. [주로 '반하여, 반하는'의 꼴로 쓰임.] ¶기대에 반하여 성과는 저조하다./부모의 뜻에 반하는 행동을 하다.

반:-하다(叛—)타여《文》배반하다

반:하-생(半夏生)명 칠십이후(七十二候)의 하나. 반하(半夏)가 나올 무렵이란 뜻으로, 하지(夏至)에서 열하루째 되는 날을 이름. 준반하(半夏)[2]

반:한(返翰)명 회답의 편지. 회한(回翰)

반할(盤割)명 알의 배반(胚盤) 부위만 작은 세포로 갈라지고, 알의 대부분을 이루는 난황 부분은 전혀 세포로 갈라지지 않은 난할(卵割).

반:-할인(半割引)명-하다타 일정한 액수의 절반을 할인함.

반함(飯含)명-하다자 염습(殮襲)할 때, 죽은 사람의 입에 쌀과 구슬을 물리는 일. ☞반옥(飯玉)

반:-함수호(半鹹水湖)명 염분(塩分)이 보통의 함수호의 절반 정도인 호수.

반합(飯盒)명 운두가 높고 뚜껑이 있는, 휴대용 밥짓는 그릇. 군대에서나 등산, 캠프 따위에서 쓰임.

반:-합성=섬유(半合成纖維)명 섬유소와 아세트산을 결합시켜 만든 화학 섬유. 아세테이트 따위.

반:항(反抗)명-하다자 손윗사람, 또는 권력이나 권위 따위에 순순히 따르지 아니하고 대들거나 맞섬. ¶윗사람에게 —하다. ☞복종(服從)

반:항-기(反抗期)명 정신 발달 과정에서 두드러지게 반항적 태도를 나타내는 시기. 보통 자의식(自意識)이 강해지는 3~4세 때와 정신적 자립에 따르는 13~14세 때의 두 차례에 걸쳐 나타남.

반:항-심(反抗心)명 반항하려는 마음.

반:항-적(反抗的)명 반항하려는 기색이나 태도가 있는 것. ¶—인 태도를 보이다.

반:해(半解)명-하다타 ①반쯤 이해함. ②절반으로 가름.

반:해(半楷)명 해서(楷書)보다 조금 부드럽게 행서(行書)에 가깝게 쓰는 글씨체.

반:핵(反核)명 핵무기의 제조·실험·저장·사용 등을 반대하는 일. ¶— 운동

반핵(盤覈)명-하다타 자세히 캐물음. 반문(盤問). 반힐

반:행(半行)명 행서(行書)보다 조금 더 부드럽게 흘려 반흘림에 가깝게 쓰는 글씨체.

반행(伴行)명-하다자 동행(同行)[1]

반행(頒行)명-하다타 책 따위를 널리 펴냄.
반:향(反響)명-하다자 ①소리가 무엇에 부딪쳐 되울리는 현상. ☞메아리 ②어떤 일이나 사람의 언행에 대하여 영향이나 반응이 일어나는 일. ¶그 사건은 사회 전반에 큰 －을 불러일으켰다.
×**반향**(半晌)명 →반상(半晌)
반향(班鄕)명 지난날, 양반이 많이 살던 고을.
반:향=증세(反響症勢)명 남의 말이나 몸짓, 표정 등을 흉내내는 병적인 상태. 정신 분열증 환자 등에 나타남.
반:-허락(半許^諾)명-하다자타 반쯤 허락함.
반:-혁명(反革命)명 혁명을 반대하여 혁명 이전 상태로 되돌리려 하는 일, 또는 그런 활동.
반:현(半舷)명 함선의 승무원을 우현(右舷)과 좌현(左舷)으로 갈랐을 때 그 한쪽을 이르는 말.
반:-혓소리(半－)명〈어〉반설음(半舌音) ☞반잇소리. 반치음(半齒音)
반:호(半戶)명 지난날, 세금이나 추렴을 다른 집의 반만 내던 집. ☞독호(獨戶)
반호(班戶)명 지난날, '양반의 집'을 이르던 말. ☞상호(上戶)
반:혼(返魂)명-하다타 ①반우(返虞) ②불교에서, 죽은 사람을 화장하고 그 혼을 집으로 도로 불러들이는 일.
반혼(班婚)명-하다자 지난날, 상민이 양반집 자녀와 혼인하는 일을 이르던 말.
반:혼-제(返魂祭)명 반혼할 때 지내는 제사.
반홍(礬紅)명 녹반(綠礬)을 태워서 만든, 도자기에 쓰는 붉은 채색(彩色).
반:화(半靴)명 반구두
반:-화:방(半火防)명 재래식 한옥에서, 집의 바깥벽을 중방(中枋) 위는 흙벽을 치고 아래는 돌을 섞어서 두껍게 쌓은 벽.
반:환(返還)명-하다타 ①빼앗거나 빌린 것을 도로 돌려줌. ¶문화재를 －하다. ②되돌아오거나 되돌아감.
반환(盤桓)[1]명-하다자 어정어정 머뭇거리며 그 자리를 멀리 떠나지 아니함.
반환(盤桓)[2]어기 '반환(盤桓)하다'의 어기(語基).
반환-하다(盤桓－)형여 성이나 궁궐 따위가 넓고 크다.
반:-환형(半環形)명 둥근 고리의 반쪽과 같은 형상.
반회(盤回)명-하다타 물의 흐름이나 길이 구불구불 굽이돎.
반:-회장(半回裝)명 ①여자의 저고리 끝동과 깃, 고름만을 자줏빛 또는 남빛의 헝겊으로 꾸미는 일. ②'반회장저고리'의 준말.
반:회장-저고리(半回裝－)명 반회장으로 꾸민, 여자의 저고리. 준 반회장(半回裝)
반:휴(半休)명-하다자 한나절만 일하고 쉼.
반:-휴일(半休日) 한나절만 일하고 쉬는 날. ☞반공일(半空日)
반:흉반:길(半凶半吉)성구 길함과 흉함이 서로 반반씩임을 이르는 말.
반흔(瘢痕)명 상처나 부스럼 따위가 나은 뒤에 남은 자국.
반:-흘림(半－)명 초서(草書)와 행서(行書)의 중간쯤 되게 흘려 쓰는 글씨체. 반초(半草)
반힐(盤詰)명-하다타 반핵(盤覈)
받-걷이[-거지]명-하다타 ①여기저기서 받을 돈이나 물건을 걷어들이는 일. ②남의 요구나 괴로움을 잘 받아들여 돌보아 주는 일.
받고-차기명-하다자 서로 말을 빨리 주고받는 일. 말다툼질하기
받-낳이[-나-]명-하다자 실을 사들여서 피륙을 짜는 일.
받-내:다타 몸을 움직이지 못하는 사람의 똥·오줌을 받아 내다.
받는-소리명 민요에서, 한 사람이 앞소리를 메기면 뒤따라 여러 사람이 함께 받아 부르는 소리. 뒷소리 ☞메김소리
받다[1]자 ①음식이 비위에 맞아 잘 먹히다. ¶오늘은 술이 받지 않는다. ②색이나 모양이 어떤 것에 어울리다. ¶네게는 푸른 옷이 잘 받는다. ③얼굴이나 모습이 사진에 잘 찍혀 나타나다. ¶사진이 잘 받는 얼굴.
받다[2]타 ①남이 주는 것을 가지다. ¶상금을 －./선물을 －./편지를 －./품삯을 －. ☞주다 ②내는 돈이나 바치는 물건 따위를 거두다. ¶은행에서 공과금을 －. ③자기에게로 던져지거나 떨어지는 것을 손으로 잡다. ¶공을 －./트럭의 짐을 받아 창고로 옮기다. ④흐르거나 쏟아지거나 하는 것을 그릇에 담기게 하다. ¶물통에 빗물을 －./수돗물을 받아 놓고 쓰다. ⑤햇빛이나 바람 따위의 기운을 몸에 입다. ¶난로의 열을 －./햇볕을 잘 받는 방. ⑥어떤 과정이나 경험을 겪거나 치르다. ¶고등 교육을 받은 사람./수술을 －. ⑦다른 사람의 요구·신청·전화 따위에 응하다. ¶주문을 －./원서를 －./질문을 －./도전을 －. ⑧메기는 노래나 상대편의 말에 응하여 뒤를 잇다. ¶한 가수의 노래를 옆 가수가 받아 불렀다./선생님의 말씀을 받아 적다. ⑨총애나 천복 따위를 누리다. ¶귀염을 －./복을 받은 사람. ⑩남의 행위나 외부의 작용 따위를 당하다. ¶버림을 －./허락을 －./그 이야기에 감명을 －. ⑪윗사람이 아랫사람의 말이나 행동을 너그럽게 들어 주거나 보아 주다. ¶무슨 말이든지 받아 주다. ⑫남의 평가를 듣게 되거나 얻게 되다. ¶만점을 －./1등급을 －./호평을 받은 작품. ⑬고객이나 회원 따위를 맞거나 들이다. ¶수시로 회원을 －. ⑭물건을 도매로 사들이다. ¶과일을 받아다 소매를 하다. ⑮산모를 도와 아기를 거두다. ¶아기를 많이 받아 본 산파. ⑯동식물의 씨를 거두다. ¶신품종 볍씨를 －. ⑰우산이나 양산을 펴들다. ☞받치다 ⑱밑에서 괴다. ¶기둥을 받는 주춧돌. ☞받치다 ⑲해진 버선이나 신 따위에 덧대어 깁다. ¶버선볼을 －. ⑳날짜를 가려 정하다. ¶이사할 날짜를 －./혼인 날을 －.
속담 **받고 차기다**: 남에게서 은혜를 받고서도 갚지 않는다는 말./**받아 놓은 밥상**: 일이 이미 확정되어 틀림이 없음을 이르는 말.

한자 **받을 수**(受)〔又部 6획〕¶수강(受講)/수동(受動)/수상(受賞)/수신(受信)/전수(傳受)

받다[3]타 머리나 뿔 따위로 세게 부딪치다. ¶소가 사람을 －.
속담 **받는 소는 소리치지 않는다**: 역량이나 능력이 있어서 능히 해낼 수 있는 사람은 공연한 큰소리를 하지 않는다는 뜻.
받-들다(－들고·－드니)타 ①공경하는 마음으로 높이어 모시다. ¶조상을 －. ②가르침이나 명령·뜻 따위를 받아들이고 따르다. ¶고인의 유지를 －. ③밑에서 받쳐 들다.

한자 **받들 봉**(奉)〔大部 5획〕¶봉송(奉送)/봉양(奉養)

받들어-총(－銃)명 소총(小銃)을 다루는 자세의 한 가지. 왼손으로 총의 중간 부분을 잡아 몸의 중앙 앞에 수직으로 세워 받들고 오른손을 손바닥이 아래로 향하게 하여 총목에 대어 경례하는 자세.
감 받들어총을 시킬 때 구령으로 하는 말.
받아-넘기다타 남의 말이나 공격을 받아 거침없이 대답을 하거나 잘 넘기다. ¶질문을 능숙하게 －.
받아-들이다타 ①남이 주는 것을 받아서 자기의 것으로 하다. ②사람을 맞아 들어오게 하다. ¶편입생을 －. ③새 문화나 기술 따위를 끌어들여 이용하다. ¶서양 문명을 －. ④남의 의견이나 요구 따위를 들어주다. ¶조건을 －./제안을 －.

한자 **받아들일 용**(容)〔宀部 7획〕¶수용(受容)/용납(容納)/용인(容認)/포용(包容)/허용(許容)

받아-먹다타 주는 음식을 입으로 받아서 먹다. ¶아기가 이유식을 잘 받아먹는다.
받아-쓰기명-하다타 ①학교에서, 선생이 읽는 어구나 문장을 학생이 올바른 맞춤법으로 쓰는 일. ②남이 하는 말이나 읽는 글을 들으면서 그대로 적는 일.
받아-쓰다(－쓰고·－써)타 남이 하는 말이나 읽는 글을

듣으면서 그대로 옮겨 쓰다. ¶비서에게 편지를 받아쓰게 하다.

받을-어음 명 부기(簿記)에서, 지급을 받을 권리가 있는 어음. ☞지급 어음

받자 명 -하다 타 ①남이 괴롭게 하거나 귀찮은 요구 따위를 하여도 너그럽게 잘 받아 주는 일. ¶너무 -를 하며 키워서 버릇이 없다. ②지난날, 관아에서 환곡(還穀)이나 세납(稅納)을 받아들이던 일.

받-잡다 (-잡고·-자와) 타ㅂ '받다²'를 겸손하게 이르는 말. ¶선생님의 편지를 -.

받쳐-들다 (-들고·-드니) 타 물건을 밑에서 받쳐서 들다. ¶우승 트로피를 받쳐들었다.

받쳐-입다 타 겉옷 안에 덧입다. ¶속치마를 -.

받치다[1] 자 ①먹은 것이 잘 삭지 않고 치밀어 오르다. ¶속이 받친다. ②어떤 감정이 치밀다. ¶화가 받쳐 못 참겠다. ③앉았거나 누운 자리가 딴딴하여 배기다. ¶맨 바닥에 누우니 등이 받친다.

받치다[2] 타 ①우산이나 양산 따위를 펴서 들다. ☞받다² ②밑에서 괴다. ¶네 기둥이 지붕을 받치고 있다. ③어떤 물건의 속이나 안에 다른 것을 껴 대다. ¶명주 안감을 받쳐 대었다. ④한글 표기에서, 모음 글자 아래 자음 글자를 달다. ¶'가'에 'ㄱ'을 받치면 '각'이 된다.

한자 받칠 탁(托) 〔手部 3획〕 ¶탁반(托盤)

받침[1] 명 어떤 물건의 밑을 괴는 물건. ¶화분 -

받침[2] 명 〈어〉한글에서, 한 음절(音節)의 끝소리가 되는 자음. '손'의 'ㄴ'이나 '집'의 'ㅂ' 따위. 끝소리. 종성(終聲). 종자음(終子音) ☞겹받침. 쌍받침. 홑받침

> ▶ **'받침'의 발음**
> 한글의 받침에는 홑받침, 쌍받침, 겹받침이 있는데, 그 받침 소리로는 'ㄱ·ㄴ·ㄷ·ㄹ·ㅁ·ㅂ·ㅇ'의 일곱 자음 소리로만 발음한다.
> 닦다[닥-]/앉다[안-]/있다[읻-]/핥다[할-]/젊다[점-]/밟다[밥-]/형제[형-]

받침[3] 명 한자 부수(部首) 유형의 한 가지. 글자의 왼쪽에서 오른쪽 아래로 받친 자형(字形)인 '道·建·超' 등의 '辶·廴·走'를 이르는 말. ☞발²

받침=규칙 (-規則) 명 〈어〉말음 법칙(末音法則). 종성 규칙(終聲規則)

받침-대 [-때] 명 무엇을 괴어 받치는 데 쓰는 물건. 지주(支柱) ☞버팀대

받침-돌 [-똘] 명 ①비석이나 동상 따위의 밑을 받치는 돌. 대석(臺石) ②남방식 고인돌에서 덮개돌을 받치는 돌. 지석(支石) ☞굄돌

받침-두리 명 양복장 따위의 밑에 덧대어 괴는 나무.

받침-박 [-빡] 명 ①그릇 따위를 얹어 놓거나 받쳐 놓는 함지박. ②이남박이나 바가지로 이는 곡식을 따르는 바가지.

받침-점 (-點) [-쩜] 명 지레를 받쳐 주는 고정된 점. 지점(支點). 지렛목 ¶지레의 -.

받히다[1] [바치-] 자 머리나 뿔 따위로 떠받음을 당하다. ¶상대편의 머리에 -.

받히다[2] [바치-] 타 생산자나 도매상이 소매상에게 모개로 넘기거나 도매로 팔다. ¶오이를 장에 나가 -.

받힘-술집 [바침-찝] 명 지난날, 술을 만들어 술장수에게 도매로 팔던 집.

발[1] 명 ①다리 끝에 있는, 발목 아래의 부분. ②가구 따위의 밑에 붙어서 그것을 받치게 된 짧은 부분. ¶장농의 -. ③걸음. 발걸음 ¶-을 멈추어라./-이 빠르다. ④탈것이나 교통 기관을 비유하여 이르는 말. ¶시민의 -인 버스. ⑤다리와 발이 구분되지 않는 일부 동물에서, 움직여 다니는 부분. ¶문어의 -. ⑥한시(漢詩)에서, 시구(詩句) 끝에 다는 운자(韻字). ¶-을 달다. ⑦〔의존 명사로도 쓰임〕 발걸음을 세는 단위. ¶한 - 늦었다./서너 - 비켜섰다.

발 벗고 나서다 관용 몸을 아끼지 않고 적극적으로 나서다. ¶동네 일이라면 -.

발에 채이다 관용 여기저기에 흔하게 널려 있다. ¶요즘은 자가용차가 발에 채이도록 흔하다.

발(을) 끊다 관용 서로 오고 가는 일을 그만두다. 관계를 끊다. ¶그 가게에는 발을 끊었다.

발을 들여놓다 관용 어떤 곳이나 사회에 몸을 담게 되다. ¶연예계에 -.

발(을) 벗다 관용 ①신은 것을 벗다. ②발에 아무 것도 신지 아니하다. ¶발을 벗고 뛰노는 아이들.

발을 보이다 관용 ①있는 재주를 남에게 자랑하기 위해 일부러 드러내 보이다. ②어떤 일의 끝만을 잠깐 드러내어 보이다. 발보이다

발을 붙이다 관용 어떤 것에 의지하거나 근거하여 발판으로 삼다. 발붙이다

발(을) 뻗다 관용 발(을) 펴다.

발(을) 씻다 관용 여태까지 관계하던 패거리나 일, 생활과의 관계를 끊다. 손을 씻다. ¶노름에서 -.

발(을) 펴다 관용 걱정하던 일이나 몹시 애쓰던 일이 끝나서 마음을 놓다. 발(을) 뻗다. ¶독촉이 심한 빚을 갚았으니 이제는 발을 펴고 자겠다.

발이 길다 관용 음식을 먹는 자리에 때마침 가게 되어 먹을 복이 있다. ☞발이 짧다.

발이 내키지 않다 관용 선뜻 행동으로 옮길 마음이 나지 아니하다.

발(이) 넓다 관용 아는 사람이 많아서 사귀는 범위가 넓다. ¶그는 스포츠계에 -.

발(이) 뜨다 관용 이따금씩밖에 다니지 아니하다.

발(이) 묶이다 관용 어떤 까닭으로 말미암아 행동이 자유롭지 못하게 되다. ¶폭설로 설악산에서 -.

발(이) 빠르다 관용 어떤 일을 처리하는 진행이 빠르다. ¶발 빠르게 움직여 경쟁사를 앞지르다.

발이 손이 되도록 빌다 관용 손만으로는 부족하여 발까지 동원할 정도로 간절히 빌다. ☞손이 발이 되도록 빌다.

발이 익다 관용 자주 다녀서 길에 익숙하다. ¶발이 익은 동네라서 어렵잖게 찾아갔다.

발이 잦다 관용 자주 다니다.

발이 저리다 관용 저지른 일이 있어서 걱정이 되어 마음이 놓이지 않다. 불안해 하다.

발이 짧다 관용 음식을 먹는 자리에 뒤늦게 가서 어울리지 못하게 되어 먹을 복이 없다. ☞발이 길다.

속담 **발보다 발가락이 더 크다** : 주되는 것보다 덧붙은 것이 더 크거나 많다는 말. 〔배보다 배꼽이 크다〕/**발 없는 말이 천리 간다** : ①말이란 잠깐 사이에 멀리까지 퍼져 간다는 뜻. ②언제나 말을 조심하라고 경계하는 말./**발이 의붓자식보다 낫다** : 발로 여기저기 다니면서 구경도 하고 맛있는 음식도 얻어먹을 수 있다는 뜻으로, 발의 중요함을 이르는 말. 〔발이 효도 자식보다 낫다〕/**발 큰 놈이 득이다** : 무슨 일에서나 걸음이 빠르고 동작이 날랜 사람이 유리하다는 말.

한자 발 족(足) 〔足部〕 ¶수족(手足)/족부(足部)/족장(足掌)/족적(足跡)/족지(足指)/탁족(濯足)

발:[2] 명 한자 부수(部首) 유형의 한 가지. 아래위로 구성된 자형(字形)인 '光·恭·焦' 등에서 '儿·⺗·灬'을 이르는 말. ☞변¹

발:[3] 명 가는 대오리나 갈대 같은 것을 끈 따위로 엮어 만든 것. 드리워서 무엇을 가리는 데 씀. ¶방문에 -을 치다./-을 거두다.

발:[4] 명 ①피륙의 날과 씨의 올. ¶-이 굵은 삼베. ②국수 따위의 가락. ¶국수 -이 쫀득쫀득하다.

발:[5] 명 전에 없던 좋지 못한 버릇. ¶그러다가는 군것질하는 -이 생기겠다.

발:[6] 명 '발쇠'의 준말.

발:[7] 의 길이의 단위의 한 가지. 한 발은 두 팔을 벌린 길이. ¶열 -의 새끼.

발 (跋) 명 '발문(跋文)'의 준말.

발 (發) 의 ①총포(銃砲) 따위를 쏠 때 그 수효를 나타내는

단위. 방(放) ¶한 ―에 명중시켰다. ②엔진의 수를 나타내는 말. ¶4― 비행기.

-발 접미 ①'힘', '효력'의 뜻을 나타냄. ¶끗발/말발/약발 ②'죽죽 내뻗는 줄'의 뜻을 나타냄. ¶눈발/빗발/핏발

-발(發)《접미사처럼 쓰이어》①'출발'의 뜻을 나타냄. ¶서울발 여섯 시 차. ☞-착(着). -행(行) ②'발신(發信)'의 뜻을 나타냄. ¶런던발 로이터 통신.

발-가락[―까―] 명 발의 앞 끝에 다섯 개로 갈라져 있는 부분. 족지(足指) ¶엄지― ☞손가락

속담 **발가락의 티눈만큼도 안 여긴다** : 업신여기는 정도가 아주 심하다는 뜻.

발가락-뼈 명 발가락을 이루는 뼈. 사람의 경우, 엄지발가락은 두 개, 나머지 발가락은 세 개씩으로 모두 열네 개임. 지골(趾骨)

발가-벗기다[―벋―] 타 발가벗게 하다. ¶아기를 발가벗기고 목욕시키다.

발가-벗다[―벋―] 자 ①입은 옷을 모두 벗어 조금 작은 몸집의 알몸이 드러나다. ¶냇물에서 발가벗고 노는 아이들. ②가려지거나 덮인 것이 없어서 몸체가 드러나 보이다. ¶발가벗은 민둥산. ③돈이나 물건 등 가진 것을 모두 쓰거나 내놓아 빈털터리가 되다. ¶오늘은 저 구두쇠가 발가벗었다. ④생각이나 사실 따위를 모두 드러내다. ¶발가벗고 제 생각을 말씀 드리지요. ☞벌거벗다. 빨가벗다

×**발가-송이** 명 → 발가숭이

발가-숭이 명 ①옷을 걸치지 않은 조금 작은 몸집의 알몸. ②가려지거나 덮인 것이 없어서 몸체가 거의 드러나 보일 정도의 상태를 이르는 말. ¶무분별한 벌목으로 푸르던 산이 ―가 되었다. ③돈이나 물건 등 가진 것을 모두 쓰거나 내놓아 빈털타리가 된 사람을 비유하여 이르는 말. ¶만석꾼이었던 사람이 노름으로 가진 것 없는 발가숭이가 되었다. ☞벌거숭이. 빨가숭이

발가우리-하다 형여 은은히 감도는 빛깔이 발갛다. ¶부끄러움을 타서, 뺨이 발가우리해졌다.

발각(發覺) 명 -하다 자타 숨겼던 일이 드러나 알려짐, 또는 알아냄. ¶정체가 ―되다.

발간(發刊) 명 -하다 타 책이나 신문, 잡지 따위를 박아 펴냄. ¶신년 특별호를 ―하다.

발간적복(發奸摘伏) 성구 숨겨진 일이나 정당하지 못한 일을 들추어 냄을 이르는 말.

발-감개 명 지난날, 먼 길을 걸을 때나 막일을 할 때에 버선 대신 발에 감던 무명. 감발

발강 명 발간 빛깔이나 물감. ☞벌겅. 빨강

발강-이 명 ①발간 빛의 물건. ☞벌겅이. 빨강이 ②'잉어의 새끼'를 달리 이르는 말.

발갛다(발갛고·발간) 형ㅎ ①빛깔이 옅고 산뜻하게 붉다. ¶볼이 ―. ②'발간'의 꼴로 쓰이어 '터무니없는'의 뜻을 나타냄. ¶발간 거짓말. ☞벌겋다. 붉다. 빨갛다

발간 상놈 관용 더할 나위 없는 상놈.

발개-지다 자 발갛게 되다. ¶얼굴이 ―. ☞벌게지다. 빨개지다

발갯-깃 명 죽은 꿩에서 뽑아 낸 날개 깃. 김 따위에 기름을 찍어 바르는 데 쓰임.

발거(拔去) 명 -하다 타 뽑아 버림. 빼어 버림.

발:-거리 명 ①남이 못된 일을 꾸밀 때 이를 다른 사람에게 알려 주는 일. ②간사한 꾀를 써서 남을 속여 해롭게 하는 일.

발거리(를) 놓다 관용 ①남이 못된 일을 꾸밀 때 이를 다른 사람에게 알려 주다. ②간사한 꾀를 써서 남을 속여 해롭게 하다.

발-걸음[―꺼―] 명 발을 옮겨 걷는 걸음. ¶―이 가볍다.

발걸음도 아니하다 관용 찾아가거나 찾아오거나 하는 일이 전혀 없다. 발그림자도 아니하다.

발걸음을 끊다 관용 찾아오거나 찾아가거나 하던 것을 아주 그만두다.

발걸음을 재촉하다 관용 빨리 가다. 빨리 가도록 서두르다. 길을 재촉하다.

발-걸이 명 ①책상의 다리 사이에 가로 댄 나무. 발을 걸쳐 놓을 수 있게 만든 것. ②자전거를 탈 때 발을 걸쳐 저어 가게 된 부분. ☞페달(pedal)

발검(拔劍) 명 -하다 자 검을 칼집에서 뽑음, 또는 뽑은 그 검. ☞발도(拔刀)

발견(發見) 명 -하다 타 미처 찾아내지 못했거나 세상 사람들에게 알려지지 않은 현상이나 사물 따위를 찾아냄. ¶신대륙을 ―하다.

발계(∠祓禊) 명 -하다 자 신에게 빌어 재앙을 떨어 버림, 또는 그 의식.

발계(發啓) 명 -하다 타 고려·조선 시대에 임금이 이미 재가(裁可)하였거나 의금부(義禁府)에서 처결한 죄인에 대하여 미심한 점이 있을 때, 사간원(司諫院)이나 사헌부(司憲府)에서 다시 조사하여 임금에게 보고하던 일.

발-고무래 명 고무래에 네 개 또는 여섯 개의 발이 달린 농구. 흙을 고르고 긁는 데 쓰임.

발관(發關) 명 -하다 타 지난날, 상관이 부하에게 공문을 보내던 일. ▷ 發의 속자는 発

발괄 명 지난날, 억울한 사정을 글이나 말로 관아에 하소연하던 일.

발광(發光) 명 -하다 자 빛을 냄.

발광(發狂) 명 -하다 자 ①병으로 미친 증세가 나타남. 정신이 이상해짐. ②미친 것과 같이 날뜀.

발광-균(發光菌) 명 어두운 곳에서 스스로 빛을 내는, 버섯 따위의 균류.

발광-기(發光器) 명 발광 동물의 몸에서 빛을 내는 기관.

발광=도료(發光塗料) 명 어두운 곳에서 인광(燐光)이나 형광(螢光)을 내는 도료. 계기(計器)의 바늘이나 도로 표지 따위에 쓰임. 야광 도료(夜光塗料)

발광=동:물(發光動物) 명 어두운 곳에서 스스로 빛을 내는 동물. 야광충, 개똥벌레 따위.

발광=박테리아(發光bacteria) 명 발광 세균

발광=반:응(發光反應) 명 상온(常溫)에서 발광 현상을 나타내는 화학 반응.

발광=생물(發光生物) 명 어두운 곳에서 스스로 빛을 내는 생물.

발광=세:균(發光細菌) 명 스스로 빛을 내는 세균. 주로 바다에서 물고기에 기생하여 빛을 냄. 발광 박테리아

발광=식물(發光植物) 명 어두운 곳에서 스스로 빛을 내는 식물. 세균이나 균류에서 볼 수 있음.

발광=신:호(發光信號) 명 빛을 내어 하는 신호. 선박에서 명멸등(明滅燈)을 사용하여 다른 선박이나 육지와 신호하는 따위.

발광-지(發光紙) 명 발광 도료를 발라 어두운 곳에서 빛을 내도록 만든 종이.

발광-체(發光體) 명 스스로 빛을 내는 물체. 태양이나 등불 따위. 광원(光源). 광체(光體)

발광-충(發光蟲) 명 몸의 한 부분에서 빛을 내는 곤충. 개똥벌레 따위.

발교(醱酵) 명 '발효(醱酵)'의 원말.

발구[1] 명 마소에게 메워 주로 물건을 실어 나르는 큰 썰매.

×**발구**[2] 명 → 걸채

발군(拔群) 명 -하다 자 여럿 중에서 특별히 뛰어난 것. ¶―의 기량을 발휘하다.

발군(發軍) 명 -하다 자 발병(發兵)

발군(撥軍) 명 지난날, 파발에 딸려 중요한 문서를 변방에 빨리 전하는 군졸을 이르던 말.

발군-공적(拔群功績) 명 여럿 가운데서 특히 뛰어난 공적을 이르는 말.

발굴(發掘) 명 -하다 타 ①땅 속에 묻혀 있는 물건을 파냄. ¶선사 시대의 유물을 ―하다. ②알려지지 않은, 뛰어난 사람이나 물건을 찾아냄.

발-굽[―꿉] 명 소나 말, 양 따위의 두껍고 단단한 발톱. 굽

발권(發券)[―꿘] 명 -하다 타 은행권이나 채권, 승차권 따위를 발행함.

발권=은행(發券銀行)[―꿘―] 명 은행권을 발행하는 권한이 있는 은행. 우리 나라에서는 한국 은행임.

ㅂ

발그대대-하다 형여 산뜻하지 않게 발그스름하다. ☞벌그데데하다. 볼그대대하다. 빨그대대하다
발그댕댕-하다 형여 고르지 않게 발그스름하다. ☞벌그넹뎅하다. 볼그댕댕하다. 빨그댕댕하다
발그레-하다 형여 곱게 발그스름하다. ☞벌그레하다. 볼그레하다
발그름-하다 형여 고르게 발그스름하다. ☞벌그름하다. 볼그름하다
발-그림자[-끄-] 명 오가는 발걸음이나 발자취. ¶한 번 떠난 뒤로는 -도 않는다.
발그림자도 아니하다 관용 찾아오거나 찾아가거나 하는 일이 전혀 없다. 발걸음도 아니하다.
발그무레-하다 형여 엷게 발그스름하다. ☞벌그무레하다. 볼그무레하다
발그속속-하다 형여 수수하게 발그스름하다. ☞벌그숙숙하다. 볼그속속하다
발그스레-하다 형여 발그스름하다 ☞벌그스레하다. 볼그스레하다. 빨그스레하다
발그스름-하다 형여 빛깔이 좀 발간듯 하다. 발그스레하다 ☞벌그스름하다. 볼그스름하다. 빨그스름하다
발그족족-하다 형여 칙칙하게 발그스름하다. ☞벌그죽죽하다. 볼그족족하다. 빨그족족하다
발근(拔根) 명 -하다 타 ①뿌리째 뽑아 버림. ②어떤 일의 근원이 되는 것을 아주 없애 버림. ③종기 따위의 근(根)을 뽑음.
발근(發根) 명 -하다 자 뿌리를 내림. 뿌리가 나옴.
발금(發禁) 명 '발매 금지(發賣禁止)'의 준말.
발급(發給) 명 -하다 타 증명서 따위를 만들어 내어 줌. 발부(發付) ¶주민 등록증을 -받다.
발긋-발긋[-귿-] 부 -하다 형 여기저기가 발긋한 모양을 나타내는 말. ¶벌레 물린 자리가 - 부어 올랐다. ☞벌긋벌긋. 볼긋볼긋. 빨긋빨긋
발긋-하다[-귿-] 형여 빛깔이 좀 발갛다. ☞벌긋하다. 볼긋하다. 빨긋하다
발기(-記) 명 사람이나 물건의 이름을 죽 적은 글. 건기(件記)
발기(勃起) 명 -하다 자 ①별안간 불끈 일어남. ②음경(陰莖)의 해면체(海綿體)에 혈액이 가득 참에 따라 커지고 단단해지는 상태.
발기(發起) 명 -하다 타 ①어떤 사업을 시작할 때에 먼저 방안이나 의견을 냄. ¶유지(有志)들의 -로 마을 회관을 짓기로 하다. ②불교에서, 경문(經文)을 먼저 낭독하는 사람. ③불교에서, 학인(學人)들이 모여 앉아 경의 뜻을 토론할 때, 경전을 읽어 내리는 사람.
발-기계(-機械)[-끼-] 명 사람의 발 힘으로 움직이는 기계. 발틀
발:기다 타 ①속의 것이 드러나게 쪼개거나 찢어서 발리다. ¶석류 껍질을 -. ②종이나 천, 동물의 살 따위를 여러 조각으로 찢다. ¶종이를 발기발기 발겨 놓다./삶은 닭고기를 먹기 좋게 -. ☞벌기다
발:-기름 명 짐승의 뱃가죽 안쪽에 낀 기름 덩이. ☞발채[1]
발기-문(發起文) 명 어떤 새로운 일을 계획하여 시작할 때, 그 목적과 취지 따위를 밝힌 글.
발기-발기 부 여러 조각으로 마구 발기어 찢는 모양을 나타내는 말. ¶읽던 편지를 - 찢었다.
발기-부전(勃起不全) 명 과로나 성적 신경 쇠약, 뇌척수 질환, 내분비 이상 따위의 원인으로 음경(陰莖)의 발기가 불충분한 병적 상태.
발기=설립(發起設立) 명 주식 회사를 설립할 때, 발행 주식의 모두를 발기인이 넘겨받아 회사를 설립하는 일. 단순 설립(單純設立). 동시 설립(同時設立)
발-기술(-技術)[-끼-] 명 ①태권도에서, 발로 차서 공격하는 기본 자세. ②유도의 메치기 기술의 한 가지. 상대편의 자세를 무너뜨린 다음에 다리나 발로 상대편의 다리를 공격하여 넘어뜨림.
발기=이:득(發起利得) 명 주식 회사를 발기하거나 창립한 대가로 발기인이 얻는 이익.
발기-인(發起人) 명 ①어떤 새로운 일을 시작할 때 먼저 방안과 의견을 내는 사람. ②주식 회사의 설립을 발기하고 정관(定款)에 서명한 사람.
발기인-주(發起人株) 명 회사 설립에 공로가 있는 발기인에게 보상으로 주는 무상주(無償株).
발기-회(發起會) 명 어떤 새로운 일을 계획하여 시작하려고 모이는 모임.
발-길[-낄] 명 ①앞으로 움직여 나아가는 발. ¶-을 옮기다./-을 멈추었다./-을 돌리다. ②세차게 내뻗는 발. ¶-로 차다. ③오고 가는 발걸음. ¶-이 잦다./-을 끊었다.
발길에 채다 관용 ①여기저기 흔하게 널려 있다. ¶발길에 채일 정도로 거리에 사람이 많다. ②업신여겨 푸대접 받음을 비유하여 이르는 말.
발길이 내키지 않다 관용 가고 싶은 마음이 생기지 아니하다. 발길이 무겁다. ¶고향을 떠나려고 하니 발길이 내키지 않는다.
발길이 멀어지다 관용 서로 오가는 일이 뜸해지다. ¶손님들의 발길이 멀어졌다.
발길이 무겁다 관용 발길이 내키지 않다.
발길-질[-낄-] 명 -하다 자 발길로 세게 차는 짓. ¶대문에 -을 한다. 준 발질
발김-쟁이 명 못된 일을 하며 함부로 돌아다니는 사람을 이르는 말.
발깍 부 ①갑자기 왁자하게 시끄러워지는 모양을 나타내는 말. ¶이상한 소문이 돌아 온 동네가 - 뒤집혔다. ②갑자기 화를 내는 모양을 나타내는 말. ¶- 화를 낸다. ☞발칵. 벌꺽
발깍-거리다(대다) 자타 발깍발깍 소리가 나다, 또는 그런 소리를 내다. ¶술이 익으며 발깍거린다./국수 반죽을 발깍거리며 치대다. ☞발칵거리다. 벌꺽거리다
발깍-발깍[1] 부 자꾸 발끈 화를 내는 모양을 나타내는 말. ☞발칵발칵[1]. 벌꺽벌꺽[1]
발깍-발깍[2] 부 ①물 따위를 급하게 많이 들이켜는 소리, 또는 그 모양을 나타내는 말. ¶생맥주 한 조끼를 - 들이켰다. ②술 따위가 괼 때 나는 소리, 또는 그 모양을 나타내는 말. ¶쌀로 빚어 담근 술이 - 괸다. ③지질한 질흙 따위를 치댈 때 옆으로 비어져 나오면서 내는 소리를 나타내는 말. ¶반죽을 - 치댄다. ☞발칵발칵[2]. 벌꺽벌꺽[2]
발-꿈치 명 발뒤꿈치
발끈 부 ①갑자기 감정이 복받치어 흥분하는 모양을 나타내는 말. ¶- 화를 내다./- 하는 성미. ②분위기가 갑자기 부산해지는 모양을 나타내는 말. ¶집 단장을 하느라 온 집안이 - 뒤집혔다. ☞벌끈. 빨끈
발끈-거리다(대다) 자 자꾸 발끈 흥분하다. ☞벌끈거리다. 빨끈거리다
발끈-발끈 부 발끈거리는 모양을 나타내는 말. ☞벌끈벌끈. 빨끈빨끈
발-끝 명 발의 앞 끝. ¶-으로 조심조심 걷다.
발낭(鉢囊) 명 '바랑'의 원말.
발노(發怒) 명 -하다 자 성을 냄.
발-노구 명 발이 달린 노구솥.
발단(發端)[-딴] 명 -하다 자 어떤 일이 벌어짐, 또는 그 일의 실마리. 기단(起端) ¶일의 -은 서로의 불신이었다.
발달(發達)[-딸] 명 -하다 자 ①생물체의 몸이나 지능 따위가 성장하거나 성숙함. ¶지능의 -. ②문명이나 기술 따위가 이전보다 높은 수준에 이름. ¶정보 통신 산업의 -. ③기압이나 태풍 따위의 규모가 점점 커짐. ¶-한 저기압. ④기능이 매우 예민함을 이르는 말. ¶후각이 -하였다.
발달=심리학(發達心理學)[-딸-] 명 신체 성장에 따른 정신의 발달을 대상으로 하여 일반적인 경향이나 법칙, 또는 발달의 단계적 특성 등을 연구하는 심리학. 발생 심리학(發生心理學)
발달=연령(發達年齡)[-딸련-] 명 신체나 정신의 발달을 기준으로 하여 세는 나이.

ㅂ

발달=지수(發達指數)[-딸-] 명 개인의 신체나 정신의 성숙 정도를 나타내는 지수. 발달 연령을 생활 연령으로 나눈 것임.

발담 명 어량(魚梁)

발대(發隊)[-때] 명 -하다 타 어떤 활동을 위하여 '대(隊)'라는 이름을 붙인 조직체를 만듦.

발-덧[-떧] 명 길을 오랫동안 걸어서 생기는 발병.

발도(拔刀)[-또] 명 -하다 자 칼을 칼집에서 뽑음, 또는 뽑은 그 칼. ☞발검(拔劍)

발-돋움 명 ①-하다 자 키를 돋우려고 발 밑을 괴거나 발끝만 디디고 서는 짓. 종부돋움 ¶-하여 선반에서 물건을 내리다. ②키를 돋우느라고 발 밑에 괴고 서는 물건. ¶-이 있어야 손이 닿겠다. ③-하다 자 어떤 단계로 나아감을 이르는 말. ¶정보화 사회로 -하다.

발동(發動)[-똥] 명 -하다 자타 ①움직이기 시작함. ¶호기심이 -하다. ②동력을 일으킴. ¶-이 걸렸다. ③법적 권한 따위를 행사함. ¶경찰권의 -.

발동-기(發動機)[-똥-] 명 동력을 일으키는 기계.

발동기-선(發動機船)[-똥-] 명 발동기를 추진기로 쓰는 배. 준 기선(機船). 발동선(發動船)

발동기-정(發動機艇)[-똥-] 명 모터보트(motorboat)

발동-력(發動力)[-똥-] 명 동력을 일으키는 힘.

발동-선(發動船)[-똥-] 명 '발동기선'의 준말.

발-뒤꾸머리[-뛰-] 명 '발뒤꿈치'의 속된말. 준 뒤꾸머리

발-뒤꿈치[-뛰-] 명 발바닥의 뒤쪽부터 발목에 이르는 부분. 발꿈치 준 뒤꿈치 속 발뒤꾸머리

발-뒤축[-뛰-] 명 발뒤꿈치에서 발바닥 부분을 제외한, 뒤쪽으로 두두룩하게 나온 부분. 준 뒤축
 속담 **발뒤축이 달걀 같다**: 미운 사람에 대해서는 없는 허물도 만들어 나무란다는 말.

발-등[-뜽] 명 발의 윗부분. ☞발바닥
 발등에 불이 떨어지다 관용 일이 매우 절박하게 눈앞에 닥치다.
 발등을 디디다 관용 남이 하려는 일을 앞질러서 하다.
 발등을 밟히다 관용 제가 하려던 일을 남이 앞질러서 먼저 하다.
 발등을 찍히다 관용 배신을 당하다.
 발등의 불을 끄다 관용 눈앞에 닥친 급한 일을 해결하다.

발-등거리[-뜽-] 명 임시로 쓰기 위하여 거칠게 만든 초롱. 흔히 초상집에서 쓰임.

발등-걸이[-뜽-] 명 -하다 자 ①체조에서, 두 손으로 운동틀에 매달렸다가 두 발등을 걸치어 거꾸로 매달리는 재주. ②택견에서, 발질의 한 가지. 공격하려 하는 상대편의 발등을 발 장심으로 밟아 누르는 방어 기술. ③남이 하려는 일을 앞질러 먼저 하는 짓.

발-따귀 명 택견에서, 발질의 한 가지. 발을 높이 들어올려 크게 반원을 그리면서 발바닥으로 상대편의 뺨을 후려치는 공격 기술.

발딱 부 ①눕거나 앉았다가 갑작스레 일어나는 모양을 나타내는 말. ¶- 일어서다./몸을 - 일으켰다. ②갑자기 뒤로 반듯하게 넘어지는 모양을 나타내는 말. ¶자리에 - 눕는다./- 자빠졌다. ③물건이 갑작스레 뒤로 잦혀지는 모양을 나타내는 말. ¶우산이 - 뒤집혔다. ☞벌떡. 빨딱

발딱-거리다(대다) 자 ①맥박이나 심장이 발딱발딱 뛰다. ②물고기 따위가 발딱발딱 뛰어오르다. ③힘을 쓰거나 몸을 놀리고 싶어하다. ☞벌떡거리다. 빨딱거리다. 팔딱거리다

발딱-발딱[1] 부 ①눕거나 앉았다가 갑작스레 자꾸 일어나는 모양을 나타내는 말. ②갑자기 뒤로 반듯하게 자꾸 넘어지는 모양을 나타내는 말. ③물건이 갑작스레 뒤로 자꾸 잦혀지는 모양을 나타내는 말. ☞벌떡벌떡[1]

발딱-발딱[2] 부 ①맥박이나 심장이 빠르게 뛰는 모양을 나타내는 말. ¶뛰어왔더니 심장이 - 뛴다. ②물고기 따위가 힘있게 잇달아 뛰어오르는 모양을 나타내는 말. ¶생선이 도마 위에서 - 뛴다. ③힘을 쓰거나 몸을 놀리고 싶어하는 모양을 나타내는 말. ☞벌떡벌떡[2]. 팔딱팔딱

발-떠퀴 명 사람이 가는 곳을 따라 길흉화복(吉凶禍福)이 생기는 일. ¶-가 사납다.

발라-내:다 타 ①껍데기를 벗기거나 갈라 헤쳐서 속의 것을 추려 내다. ¶씨를 -. ②필요한 부분만 골라 내다. ¶생선 살을 -. ☞바르다[3]

발라드(ballade 프) 명 ①자유로운 형식의 짧은 서사시(敍事詩). 중세 유럽의 음유 시인이 영웅 전설이나 연애담을 자유로운 가락으로 읊었던 데서 유래함. 담시(譚詩) ②서사적인 가곡이나 기악곡. 담시곡(譚詩曲) ③대중 음악에서, 사랑 따위를 주제로 한 감상적인 노래.

발라드오페라(ballad opera) 명 18세기 전반에 영국에서 생겨난, 오페라 형식을 빌린 서민적인 음악 극.

발라-맞추다[-맏-] 자 그럴듯하게 꾸며 대어 남을 속여 넘기다.

발라-먹다 타 ①속 알맹이를 골라 빼어 먹다. ②남을 꾀거나 속여 재물을 빼내 가지다.

발란(撥亂) 명 -하다 타 난리를 바로잡아 다스림.

발란반:정(撥亂反正) 성구 난리를 바로잡아 다스려 질서를 회복함을 이르는 말.

발랄(潑剌) 어기 '발랄(潑剌)하다'의 어기(語基).

발랄라이카(balalaika 러) 명 러시아 민속 악기의 한 가지. 만돌린계의 3현 악기로 공명 상자(共鳴箱子)가 삼각형이며, 현을 손가락 끝으로 타서 연주함.

발랄-하다(潑剌-) 형여 표정이나 행동이 생기 있고 활발하다. ¶발랄한 소녀들.

발랑 부 팔다리를 짝 벌리고 가볍게 뒤로 자빠지는 모양을 나타내는 말. ¶- 나자빠지다. ☞벌렁

발랑-거리다(대다) 자 잰 몸놀림으로 가분가분 움직이다. ¶발랑거리며 다닌다. ☞벌렁거리다

발랑-발랑[1] 부 팔다리를 짝 벌리고 가볍게 뒤로 자꾸 자빠지는 모양을 나타내는 말. ☞벌렁벌렁[1]

발랑-발랑[2] 부 잰 몸놀림으로 가분가분 움직이는 모양을 나타내는 말. ¶- 걸어다닌다. ☞벌렁벌렁[2]. 빨랑빨랑

발레(ballet 프) 명 무용 형식의 한 가지. 유럽에서 발생하여 발달해 왔으며, 일정한 줄거리에 따라 대사 없이 이루어지는 무용극임.

발레리:나(ballerina 이) 명 발레에서, 여성 무용수를 이르는 말.

발령(發令) 명 -하다 자타 법령이나 사령(辭令), 경보 등을 공포하거나 발표함. ¶인사 -/경계 경보를 -했다.

발로(發露) 명 -하다 자 생각이나 심리 상태 등이 겉으로 드러남. ¶애사심의 -.

발록-거리다(대다) 자타 근육으로 이루어진 구멍이 탄력 있게 바라졌다 오므라졌다 하다, 또는 그리 되게 하다. ☞발룽거리다. 발름거리다. 벌룩거리다

발록-구니 명 일정하게 하는 일 없이 놀면서 공연스럽게 돌아다니는 사람.

발록-발록 부 발록거리는 모양을 나타내는 말. ☞발룽발룽. 발름발름. 벌룩벌룩

발록-하다 형여 틈이나 구멍이 좀 바라져 있다. ¶문틈이 -. ☞발름하다. 벌룩하다

발론(發論) 명 -하다 자 의논을 할 때, 의견을 내놓음.

발룽-거리다(대다) 자타 근육으로 이루어진 구멍이 부드럽게 바라졌다 오므라졌다 하다, 또는 그리 되게 하다. ☞발록거리다. 발름거리다. 벌룽거리다

발룽-발룽 부 발룽거리는 모양을 나타내는 말. ☞발록발록. 발름발름. 벌룽벌룽

발름-거리다(대다) 자타 근육으로 이루어진 구멍이 좀 크게 바라졌다 오므라졌다 하다, 또는 그리 되게 하다. ☞발록거리다. 발룽거리다. 벌름거리다

발름-발름 부 발름거리는 모양을 나타내는 말. ¶강아지가 콧구멍을 - 한다. ☞발록발록. 발룽발룽. 벌름벌름

발름-하다 형여 틈이나 구멍이 좀 바라진듯 하다. ¶발름한 틈새. ☞발록하다. 벌름하다

발리(volley) 명 ①테니스에서, 공이 땅에 떨어지기 전에 치는 일. ②발리킥(volley kick)

발리다[1] 자 바름을 당하다. ¶광고지가 발린 전봇대.

발리다[2] 자 발라냄을 당하다. ¶가시가 발렸다.

발리다[3] 타 바르도록 하다. ¶벽지를 발렸다.

발리다[4] 타 발라내게 하다. ¶씨를 발렸다.

발:리다[5] 타 ①둘 사이를 조금 넓게 하다. ¶문틈을 발렸다. ②접히거나 오므라진 것을 펴다. ¶두루주머니를 발렸다. ③틈을 내거나 열어서 속에 있는 것을 드러내다. ¶조개 껍데기를 ―. ☞벌리다[2]

발리킥(volley kick) 명 축구에서 공이 땅에 떨어지기 전에 차는 일. 발리(volley)

발림[1] 명 비위를 맞추어 살살 달래는 일. ¶그런 ―에 속아 넘어가다니….

발림[2] 명 판소리에서, 소리를 하면서 곁들이는 가벼운 몸짓. 너름새[1] ☞아니리

발림-수작(―酬酌) 명 비위를 맞추어 살살 달래는 말이나 행동. ¶―으로 남을 속이다.

발마(撥馬) 명 지난날, 발군(撥軍)이 타던 역마.

발막 명 지난날, 잘사는 집의 노인이 주로 신던 마른신의 한 가지. 뒤축과 코에 꿰맨 솔기가 없고, 코끝이 넓적하며, 거기에 가죽 조각을 대고 하얀 분을 칠함. 발막신

발막(―幕) 명 조그만 오막살이집.

발막-신 명 발막

발맘-발맘 부 ①남의 뒤를 살피면서 쫓아가는 모양을 나타내는 말. ¶그의 뒤를 ― 따라갔다. ②한 발씩, 또는 다리를 벌리어 한 걸음씩 나아가며 거리나 길이를 재는 모양을 나타내는 말. ¶교실의 너비를 ― 해서 쟀다.

발-맞추다[―맏―] 자 ①여러 사람이 걸을 때, 서로 걸음걸이를 맞추다. ¶발맞추어 나아가다. ②여러 사람이 말이나 행동을 일치시키다.

발매 명 -하다 타 나무를 가꾸는 산에서 나무를 한꺼번에 베어 냄.

발매(를) 넣다 관용 발매를 시작하다.

발매(를) 놓다 관용 촘촘히 서 있는 나무를 한꺼번에 베어 없애다.

발매(發賣) 명 -하다 타 상품을 팖, 또는 팔기 시작함. ¶신제품을 ―하다.

발매=금지(發賣禁止) 명 법을 어긴 출판물이나 상품 따위를 팔지 못하게 하는 행정 처분. 준 발금(發禁)

발매-나무 명 발매 때 생긴 땔나무.

발매-놀:다(―놀고·―노니) 타 무당이 굿을 할 때 음식을 여기저기 끼얹다.

발매-소(發賣所) 명 상품 등을 파는 곳. 발매처

발매-처(發賣處) 명 발매소(發賣所)

발매-치 명 발매 때 베어 낸 큰 나무에서 쳐 낸, 땔나무로 쓰는 굵고 긴 가지.

발매=허가(―許可) 명 발매를 인정하는 행정 처분.

발명(發明)[1] 명 -하다 타 이제까지 없던 기술이나 물건 따위를 새로 연구해 내거나 만들어 냄.

발명(發明)[2] 명 -하다 타 ①경서(經書)와 사기(史記)의 뜻을 스스로 깨달아 밝힘. ②죄나 잘못이 없음을 스스로 말하여 밝힘. 폭백(暴白) ☞변명(辨明)

발명-가(發明家) 명 이제까지 없던 기술이나 물건 따위를 새로 연구해 내거나 만들어 내는 사람.

발명-권(發明權)[―꿘] 명 발명에 따른 권리. 발명한 사람이 가지는 권리. 특허권 등이 있음.

발명무로(發明無路) 성구 죄가 없다는 사실을 밝힐 길이 없음을 이르는 말.

발명-왕(發明王) 명 훌륭한 발명을 많이 한 사람을 추어서 이르는 말.

발명-품(發明品) 명 발명한 물건.

발-모가지 명 '발목'의 속된말. 발목쟁이

발모-제(發毛劑) 명 몸에 털이 나게 하는 약. 모생약(毛生藥). 양모제(養毛劑)

발-목 명 다리 아래쪽에 발이 이어진 관절 부분. ¶―을 삐다. 속 발모가지 ☞팔목

발목(을) 잡히다 관용 ①어떤 일에 꽉 잡혀서 벗어날 수 없게 되다. ②남에게 어떤 단서나 약점을 잡히다. ¶스스로 발목 잡히는 짓을 왜 하느냐.

발목(撥木) 명 비파(琵琶) 따위를 탈 때 줄을 뜯는, 납작한 나뭇조각 따위로 만든 물건.

발목걸어-틀기 명 씨름의 다리기술의 한 가지. 오른 발목으로 상대편의 왼 발목을 안으로 걸어 왼쪽으로 틀어 젖혀서 넘어뜨리는 공격 재간. ☞발다리감아돌리기

발목-마디 명 곤충의 관절지(關節肢)의 맨 끝마디. 종아리마디에 이어진 다리 마디임. 부절(跗節) ☞밑마디

발목-물 명 겨우 발목이 잠길 정도로 얕은 물.

발목-뼈 명 발목을 이루고 있는 뼈. 부골(跗骨). 족근골(足根骨)

발-목쟁이 명 발모가지

발묘(拔錨) 명 -하다 자 닻을 거두어 올린다는 뜻으로, 곧 배가 떠남을 이르는 말. ☞투묘(投錨)

발묵(潑墨) 명 -하다 자 글씨나 그림에서, 먹물이 번지어 퍼지게 함, 또는 그 수법. ☞파묵(破墨)

발문(跋文) 명 책의 본문 끝에 그 책의 내용이나 그에 관련된 일을 적은 글. 권말기(卷末記). 발사(跋辭) 준 발(跋) ☞서문(序文)

발문(發文) 명 -하다 타 지난날, 통지서를 보냄을 이르던 말. 발통(發通)

발미(跋尾) 명 지난날, 검시관(檢屍官)이 살인의 원인과 정황 등을 조사하여 기록하던 의견서. 발사(跋辭)

발민(撥悶) 명 -하다 자 걱정이나 근심을 없앰.

발-바닥[―빠―] 명 발 아래쪽의 땅을 밟는 평평한 부분. 족장(足掌) ☞발등

발바리 명 개의 한 품종인 '시츄'를 흔히 이르는 말.

발-바심 명 -하다 타 곡식의 이삭을 발로 밟아서 낟알을 떨어내는 일.

발-바투 부 기회를 놓치지 않고 재빠르게. ¶내기라면 ― 덤빈다.

발반(發斑) 명 -하다 자 천연두나 홍역을 앓을 때, 빨긋빨긋한 반진(斑疹)이 돋는 일.

발:발[1] 부 ①몸이나 몸의 일부를 가늘게 떠는 모양을 나타내는 말. ¶두려워서 ― 떨다. ②하찮은 것을 가지고 몹시 아까워하는 모양을 나타내는 말. ¶돈 한 푼에 ― 떨다. ③몸을 구부려 네발걸음으로 재빠르게 기는 모양을 나타내는 말. ☞벌벌

발:발[2] 부 종이나 헝겊이 몹시 삭아서 쉽게 찢어지는 모양을 나타내는 말.

발발(勃發) 명 -하다 자 어떤 큰일이나 사건이 갑자기 일어남. ¶전쟁이 ―하다.

발발(勃勃) 어기 '발발(勃勃)하다'의 어기(語基).

발발-하다(勃勃―) 형여 사물이 일어나는 기세가 한창 성하다.

발밤-발밤 부 발길이 가는 대로 한 걸음씩 천천히 걷는 모양을 나타내는 말. ¶―공원 길을 걷는다.

발-밭다[―받―] 형 기회를 재빠르게 붙잡아 이용하는 소질이 있다.

발배(發配) 명 -하다 타 지난날, 죄인을 귀양살이할 곳으로 보내던 일.

발배(醱醅) 명 -하다 자 발효(醱酵)

발버둥 명 '발버둥이'의 준말.

발버둥이 명 앉거나 누워서 다리를 번갈아 오므렸다 뻗었다 하며 몸부림치는 일. 준 발버둥

발버둥이-치다 자 ①앉거나 누워서 다리를 번갈아 오므렸다 뻗었다 하며 몸부림치다. ②어떤 일을 이루기 위하여 온갖 힘을 다해 애씀을 비유하여 이르는 말. ¶낙제를 면하려고 ―. 발버둥질치다

발버둥-질 명 -하다 자 발버둥이치는 짓. 준 버둥질

발버둥질-치다 자 발버둥이치다 준 버둥질치다

발-병(―病)[―뼝] 명 길을 오래 걷거나 하여 발에 생긴 병. ¶십리도 못 가서 ― 난다.

발병(發兵) 명 -하다 자 전쟁터 등에 군사를 일으켜 보냄. 발군(發軍)

발병(發病) 명 -하다 자 병이 남.

발병-부(發兵符) 명 지난날, 군사를 신중하게 동원하기 위하여, 임금과 병권(兵權)을 가진 지방 관원이 나누어

ㅂ

가지던 부신(符信). 서로 맞추어 보고 틀림없으면 발병(發兵)하였음. ㊅병부(兵符)
발-보이다 타 ①재주를 남에게 자랑하기 위해 일부러 드러내 보이다. ②어떤 일의 일부만 잠깐 드러내어 보이다. ㊅발뵈다
발복(發福)명-하다자 운이 트이어 복이 닥침.
발복지지(發福之地)명 장차 운이 트이어 복이 닥칠 땅이라는 뜻으로, 좋은 집터나 묏자리를 이르는 말.
발본(拔本)명-하다자타 ①사물의 잘못된 근원을 뽑아 없앰. ②장사에서 이익을 남겨 밑천을 뽑음.
발본색원(拔本塞源)성구 옳지 않은 일의 근원을 완전히 없앰을 이르는 말.
발-뵈:다 타 '발보이다'의 준말.
발부(發付)명-하다타 증명서 따위를 만들어 내어 줌. 발급(發給)
발부(髮膚)명 머리털과 피부를 아울러 이르는 말.
발-부리[-뿌-]명 발끝의 뾰족한 부분. 족첨(足尖) ¶돌에 -가 걸렸다.
발분(發憤·發奮)명-하다자 마음과 힘을 떨쳐 일으킴. 분발(奮發) ¶-하여 꿈을 이루거라.
발분망식(發憤忘食)성구 무슨 일을 해내려고 발분하여 끼니마저 잊음을 이르는 말.
발-붙이다[-부치-]자 어떤 것에 의지하거나 근거하여 발판으로 삼다. ¶발붙일 데가 없다.
발-붙임[-부침]명 의지할 곳.
발비명 재래식 한옥에서, 서까래 위에 산자(橵子)를 깔고 알매가 새지 않도록 그 위에 덧까는 대팻밥이나 나뭇조각 따위.
발-빼:다 자 어떤 일의 관계를 끊고 물러나다. ¶그 일에서 발빼기가 쉽지 않다.
발-뺌 명-하다자 책임을 지지 않고 슬슬 피하거나 변명하는 일. ¶-해서 될 일이 아니다.
발사(發射)[-싸]명-하다타 총포나 로켓 따위를 쏨. ¶유도탄을 -하다.
발사(跋辭)[-싸]명 ①발문(跋文) ②발미(跋尾)
발사-각(發射角)[-싸-]명 총포(銃砲)의 사선(射線)이 수평면과 이루는 각도. 사각(射角)
발사-관(發射管)[-싸-]명 함정(艦艇)에서 어뢰(魚雷)나 미사일 등을 쏘는 둥근 강철제의 원통.
발사-대(發射臺)[-싸-]명 유도탄 등을 발사하기 위하여 고정시켜 놓은 장치.
발사-약(發射藥)[-싸-]명 탄알이나 로켓을 발사하는 데 쓰이는 화약.
발산(發散)[-싼]명-하다자타 ①안에 있는 것이 밖으로 퍼져 흩어짐, 또는 그리 되게 함. ¶향기를 -하다./젊음을 -하다. ②한 점에서 나온 빛이 사방으로 퍼지는 상태. ③수학에서, 변수가 극한값을 가지지 않고 무한히 커지거나 작아지는 일. ☞수렴(收斂)
발산개:세(拔山蓋世)성구 역발산기개세(力拔山氣蓋世)
발산=기류(發散氣流)[-싼-]명 어느 한 구역에서 널리 흩어지는 기류. ☞수렴 기류(收斂氣流)
발산=렌즈(發散lens)[-싼-]명 오목렌즈 ☞수렴 렌즈
발산-류(發散流)[-싼뉴]명 식물이 잎으로 발산한 수분을 채우려고 뿌리가 땅 속의 물기를 빨아올리는 작용.
발산=수:열(發散數列)[-싼-]명 수학에서, 수렴(收斂)하지 아니하는 수열.
발삼(balsam)명 침엽수 줄기에서 나오는 끈끈한 액체. 알코올과 에테르에 녹으며, 접착제나 향료 등에 쓰임.
발상(發祥)[1][-쌍]명-하다자 ①상서로운 조짐이 나타남. ②제왕(帝王)이나 그 조상이 태어남. ③역사적으로 큰 의의가 있는 일이 처음으로 나타남.
발상(發祥)[2][-쌍]명 조선 세종 때 창작된 무악(舞樂). 그 조상의 공덕을 각각 당대에 일어났던 상서로운 내용으로 기린 노래. 모두 11장으로 이루어져 있음.
발상(發喪)[-쌍]명-하다자 재래의 상례(喪禮)에서, 초혼(招魂)을 한 다음에 상제가 머리를 풀고 곡을 하여 초상이 난 사실을 알리는 일. 거애(擧哀)
발상(發想)[-쌍]명 ①새로운 생각을 하는 일. ¶좋은 -. ②어떤 사상이나 감정 따위를 표현하는 일. ¶비슷한 -의 작품. ③악곡이 지닌 정서를 빠르기나 셈여림 등으로 표현하는 일. ▷發의 속자는 発
발상=기:호(發想記號)[-쌍-]명 나타냄표
발상-지(發祥地)[-쌍-]명 ①나라를 세운 임금이 태어난 곳. ②역사적으로 의의가 큰 일이 처음으로 일어난 곳. ¶고대 문명의 -.
발-샅[-싿]명 발가락 사이. 발새
속담 **발샅의 때꼽재기** : 아주 하잘것없고 더러운 것을 이르는 말.
발-새[-쌔]명 발샅
발색(發色)[-쌕]명 ①컬러필름이나 염색물 따위에 나타난 빛깔의 상태. ②-하다타 화공 약품의 사용 등 인공적인 처리를 하여 빛깔을 냄.
발색=반:응(發色反應)[-쌕-]명 어떤 성분이나 화합물이 일정한 조건에서 특정한 시약(試藥)에 대하여 발색 또는 변색을 하는 현상. 정성 분석에 이용됨. 정색 반응
발생(發生)[-쌩]명-하다자 ①어떤 사건이나 현상, 사물 따위가 생겨남. ¶화재가 -하다. ②생물체의 조직·기관·개체 등이 단순한 상태에서 복잡한 상태로 발전하는 일. 흔히 수정란에서 출발하는 개체 발생을 이름.
발생-기(發生期)[-쌩-]명 발생기 상태
발생기=상태(發生期狀態)[-쌩-]명 어떤 원소가 화학 반응에 따라 화합물에서 떨어져 나오는 순간에 활성을 크게 띠는 상태. 발생기(發生期)
발생로=가스(發生爐gas)[-쌩-]명 석탄이나 코크스를 알맞은 양의 공기로 불완전하게 연소시켜 만드는 공업용 연료 가스. 일산화탄소와 질소가 주성분임.
발생=생리학(發生生理學)[-쌩-]명 생물이 생겨나는 과정 중에서 형태의 구성과 작용을 연구하는 학문.
발생=심리학(發生心理學)[-쌩-]명 발달 심리학
발생-적(發生的)[-쌩-]명 사물의 발생이나 생성 과정에 관한 것.
발생적=연:구(發生的硏究)[-쌩-]명 사물의 발생으로부터 그 발달과 변화를 시간적·인과적 경과에 따라 연구하는 방법.
발생적=정:의(發生的定義)[-쌩-]명 본질적 속성의 분석이 곤란할 경우, 그 발생 방법이나 성립 조건을 들어 내리는 정의.
발생-학(發生學)[-쌩-]명 생물 개체의 발생과 그 형태의 변화 등을 연구하는, 생물학의 한 분야. ☞태생학
발선(發船)[-썬]명-하다자 배가 항구를 떠나 항해에 나섬. 발항(發航) ☞착선(着船)
발설(發說)[-썰]명-하다자타 입 밖에 말을 내어 남이 알게 함. ¶이 이야기는 절대로 -해서는 안 된다.
발섭(跋涉)[-썹]명-하다자 산을 넘고 물을 건너서 길을 간다는 뜻으로, 여러 곳을 두루 돌아다님을 이르는 말.
발성(發聲)[-썽]명-하다자타 목소리를 내는 일, 또는 그 목소리. ¶- 연습 ☞발음(發音)
발성-기(發聲器)[-썽-]명 직접·간접으로 발성에 관여하는 기관. 사람의 성대·구강(口腔)·비강(鼻腔) 따위.
발성-법(發聲法)[-썽뻡]명 ①목소리를 내는 여러 방법. ②풍부하고 아름다운 음성, 긴 호흡, 정확한 발음 등을 위하여 발성기를 알맞게 조절하는 방법. 성악의 기초적인 훈련 방법임.
발성=영화(發聲映畫)[-썽녕-]명 유성 영화
발소(撥所)[-쏘]명 발참(撥站)
발-소리[-쏘-]명 발을 옮겨 디딜 때마다 나는 소리. 공음(跫音). 족음(足音)
발송(發送)[-쏭]명-하다타 물건이나 우편물 따위를 부침. ¶주문품을 -하다. ☞반송(返送)
발송:-인(發送人)[-쏭-]명 물건이나 우편물 따위를 부친 사람. ☞수령인(受領人)
발-송:전(發送電)[-쏭-]명 발전과 송전을 아울러 이르는 말.
발-솥명 발이 세 개 달린 솥.

발:쇠 [명] 남의 비밀을 알아내어 다른 사람에게 알려 주는 짓. [준]발[6]
발쇠(를) 서다 [관용] 남의 비밀을 알아내어 다른 사람에게 알려 주다.
발:쇠-꾼 [명] 남의 비밀을 알아내어 다른 사람에게 알려 주는 사람.
발수(拔穗)[-쑤] [명][-하다][타] 벼나 보리 따위의 좋은 이삭을 골라서 씨앗감으로 뽑는 일, 또는 그 이삭.
발수(發穗)[-쑤] [명][-하다][자] 벼나 보리 따위의 이삭이 팸. 출수(出穗)
발신(發身)[-씬] [명][-하다][자타] 미천하거나 가난한 처지에서 벗어나 앞길이 폄, 또는 그렇게 되도록 함.
발신(發信)[-씬] [명][-하다][타] 우편물이나 전신(電信) 따위를 보냄. ☞수신(受信). 착신(着信)
발신-국(發信局)[-씬-] [명] 우편물이나 전신(電信) 따위를 보낸 우체국이나 전신 전화국.
발신-기(發信機)[-씬-] [명] ①신호를 보내는 기계 장치. ②송신기(送信機)
발신-소(發信所)[-씬-] [명] 발신을 하는 곳. 발신처
발신-인(發信人)[-씬-] [명] 우편물이나 전신(電信) 따위를 보낸 사람. 발신자 ☞수신인(受信人)
발신-자(發信者)[-씬-] [명] 발신인(發信人) ¶ - 불명의 우편물. ☞수신자(受信者)
발신-주의(發信主義)[-씬-] [명] 서로 멀리 떨어져 있는 당사자 사이의 법률 행위에서, 의사 표시의 효력은 상대편에게 서신 따위를 발송한 때에 발생한다고 보는 주의. ☞도달주의(到達主義)
발신-지(發信地)[-씬-] [명] 우편물이나 전신(電信) 따위를 보낸 곳. ¶ -를 추적하다.
발신-처(發信處)[-씬-] [명] 발신소(發信所)
발심(發心)[-씸] [명][-하다][자] ①무슨 일을 하겠다고 마음을 먹음. ②불교에서, 도(道)를 구하고 중생을 교화하려는 마음을 일으키는 일.
발-싸개 [명] 버선을 신을 때 발이 잘 들어가게 하기 위하여 발을 싸는 헝겊.
발싸심 [명][-하다][자] ①팔다리와 몸을 비틀면서 부스대는 짓. ②어떤 일을 하고 싶어서 애를 쓰며 들먹거리는 짓. ¶남의 일에 공연히 -이냐.
발씨 [명] 길을 걸을 때, 발걸음이 길에 익은 정도.
발씨가 서투르다 [관용] 잘 다니지 않던 길이어서 길에 익숙하지 못하다.
발씨가 익다 [관용] 자주 다니던 길이어서 길에 익숙하다.
발-씨름 [명][-하다][자] 두 사람이 마주앉아서 같은 쪽 다리의 정강이 안쪽을 서로 걸어 대고 상대편의 다리를 옆으로 넘기는 놀이. 다리씨름
발아(發芽) [명][-하다][자] ①초목의 눈이 틈. ②씨앗에서 싹이 나옴. ¶볍씨가 -하다.
발아-기(發芽期) [명] ①초목의 눈이 트는 시기. ②씨앗에서 싹이 나오는 시기.
발아-력(發芽力) [명] 씨앗이 싹을 트게 할 수 있는 힘. 발아세
발아-법(發芽法)[-뻡] [명] 무성 생식의 한 가지. 모체에 생긴 작은 싹이나 돌기가 떨어져 나가 새로운 개체를 이루는 생식 방법. 출아법(出芽法)
발아-세(發芽勢) [명] 발아력(發芽力)
발아=시험(發芽試驗) [명] 씨앗의 발아력과 발아율을 알아보는 시험.
발아-율(發芽率) [명] 뿌린 씨앗 중에서 싹이 트는 비율.
발악(發惡) [명][-하다][자] 옳고 그름을 가리지 않고 악을 쓰며 날뜀. ¶범인은 체포되지 않으려고 -했다.
발악-스럽다(發惡-)(-스럽고·-스러워) [형][ㅂ] 어떤 일에나 배겨 내는 힘이 다부지다.
발악-스레 [부] 발악스럽게
발안(發案) [명][-하다][자타] ①어떠한 안건을 생각해 냄. ②회의 등에서 의안(議案)을 냄. 발의(發議)
발안-권(發案權)[-꿘] [명] 의안(議案)을 제출할 수 있는 권한.
발안-자(發案者) [명] ①고안(考案)을 한 사람. ②의안(議案)을 제출한 사람.
발암(發癌) [명][-하다][자] 암이 생김, 또는 생기게 함.
발암=물질(發癌物質)[-찔] [명] 실험 동물에 먹이거나 사람이 섭취했을 때, 암을 발생시킬 확률이 높은 물질.
발양(發陽) [명][-하다][자] 양기(陽氣)가 왕성하게 일어남.
발양(發揚) [명][-하다][타] 마음·기운·재주·기세 따위를 떨쳐 일으킴.
발양=망:상(發揚妄想) [명] 자기 자신을 과대 평가하거나 바라는 바가 모두 이루어졌다고 생각하는 망상. ☞미소망상(微小妄想)
발양-머리(發陽-) [명] 양기(陽氣)가 한창 왕성하게 일어나는 젊은 시기.
발양=상태(發揚狀態) [명] 의식은 흐려지지 않았으나, 큰 소리를 내거나 난폭하게 행동하는 등 감정의 표현이 과격해지는 흥분 상태.
발어(發語) [명][-하다][자] 발언
발언(發言) [명][-하다][자] 말로써 의견을 나타냄, 또는 그 말. 발어(發語) ¶소신이 있는 -.
발언-권(發言權)[-꿘] [명] 회의석 등에서, 발언할 수 있는 권리. ¶ -을 주다. [준]언권(言權)
발-연(-鳶)[-련] [명] 연의 아래 부분이나 양 옆 가장자리에 발 모양의 종이를 붙인 연.
발연(發煙) [명][-하다][자] 연기를 냄.
발연(勃然) [어기] '발연(勃然)하다'의 어기(語基).
발연대:로(勃然大怒) [성구] 왈칵 성을 냄을 이르는 말.
발연변:색(勃然變色) [성구] 왈칵 성을 내어 얼굴빛이 달라짐을 이르는 말.
발연-제(發煙劑) [명] 연기를 내는 데 쓰는 화공 약제. 신호용이나 연막용 등으로 쓰임.
발연-체(發煙體) [명] 연기를 내는 물체.
발연-탄(發煙彈) [명] 발연제(發煙劑)를 속에 잰 탄알. 연막을 치는 데 쓰임. ☞연막탄(煙幕彈)
발연-하다(勃然-) [형][여] ①어떤 기운이 일어나는 모양이 드세다. ②성을 내는 태도가 세차고 갑작스럽다.
발연-히 [부] 발연하게 ¶ - 반대하다.
발열(發熱) [명][-하다][자] ①물체가 열을 냄. ②몸에 이상이 생기어 정상보다 체온이 높아짐.
발열-량(發熱量) [명] 일정량의 연료가 완전 연소할 때 발생하는 열량.
발열=반:응(發熱反應) [명] 열을 내면서 일어나는 화학 반응. 탄소의 연소(燃燒) 반응, 산과 염기의 중화 반응 따위. ☞흡열 반응(吸熱反應)
발열=요법(發熱療法)[-료뻡] [명] 발열제를 주사하여 인위적으로 체온을 높여서 병을 치료하는 방법.
발열-제(發熱劑)[-쩨] [명] 체온을 높이는 작용을 하는 약.
발열-체(發熱體) [명] 열을 내는 물체.
발염(拔染) [명][-하다][타] 무색으로 들인 천의 바탕색 일부를 탈색제를 써서 뺌으로써 무늬를 내는 일.
발염-제(拔染劑) [명] 발염할 때, 바탕색을 빼는 데 쓰이는 약제. 산화 발염제, 환원 발염제 따위가 있음.
발원(發源) [명][-하다][자] ①물의 근원이 비롯함, 또는 그 근원. ¶압록강은 백두산에서 -한다. ②사물이나 현상, 사상 등이 처음으로 일어남, 또는 일어난 그 근원.
발원(發願) [명][-하다][타] 신불(神佛)에게 소원을 빎. 기원(祈願) ¶아들을 낳도록 -하다.
발원-문(發願文) [명] 불교에서, 시주(施主)가 바라는 바를 적은 글. 원문(願文)
발원-지(發源地) [명] ①물의 근원이 비롯된 곳. ¶한강의 -. ②사물이나 현상, 사상 등이 처음 일어난 곳.
발월(發越) [어기] '발월(發越)하다'의 어기(語基).
발월-하다(發越-) [형][여] 기상이 아주 빼어나다.
발위-사:자(拔位使者) [명] 고구려의 14관등 중 여덟째 등급. ☞상위사자(上位使者)
발유-창(發乳瘡) [명] 한방에서, 유방에 생기는 종기(腫氣)를 이르는 말.
발육(發育) [명][-하다][자] 생물체가 발달하여 크게 자람. ¶ -

ㅂ

이 더디다. /—이 빠르다. ☞생육(生育)
발육-기(發育期)명 성장기(成長期)
발육=부전(發育不全)명 선천적 또는 그 밖의 원인으로 몸의 어느 기관이나 조직 등이 제대로 자라지 못하는 일.
발육-지(發育枝)명 과실 나무에서, 꽃은 피지 않고 자라기만 하는 가지. 자람가지 ☞결과지(結果枝)
발육=지수(發育指數)명 태어난 때의 체중을 100으로 보고 자라면서 늘어나는 몸무게를 비율로 나타낸 수.
발음(發音)명-하다자타 말소리를 내는 일, 또는 그 말소리. ¶정확한 —. ☞발성(發聲)
발음(發蔭)명-하다자 조상의 음덕(蔭德)이 내려 후손의 운수가 열림. ☞발복(發福)
발음-기(發音器)명 '발음 기관'의 준말.
발음=기관(發音器官)명 ①동물체의 몸 중에서 소리를 내는 기관. ②사람이 말소리를 내는 데 관계하는 기관을 통틀어 이르는 말. 폐·기관(氣管)·성대·비강·구강 따위. 음성 기관(音聲器官) 준발음기(發音器)
발음=기호(發音記號)명 말의 발음을 적는 데 쓰이는 기호. 발음 부호. 음성 기호(音聲記號). 표음 기호
발음-부(發音符)명 '발음 부호'의 준말.
발음=부호(發音符號)명 발음 기호(發音記號) 준발음부(發音符)
발음-체(發音體)명 외부의 어떤 힘으로 말미암아 그 자체가 진동하여 소리를 내는 물체. 악기에서 리드나 현(絃) 따위.
발의(發意)명-하다타 ①의견이나 계획을 내놓음. ¶그의 —를 채택했다. ②무슨 일을 생각해 냄.
발의(發議)명-하다타 회의 등에서 의안(議案)을 냄. 발안(發案) ¶여당과 야당에서 공동으로 —한 의안.
발인(發軔)명-하다자 수레가 떠나간다는 뜻으로, 어떤 일의 시작 또는 출발을 이르는 말.
발인(發靷)명-하다자 상여가 상가(喪家)나 영안실에서 장지(葬地)로 떠나는 일.
발인-기(發靷記)명 상여가 장지(葬地)로 떠나기 전에 대문간에 써 붙이는 기록. 발인 일시, 장지, 하관(下棺) 일시, 반우(返虞) 일시, 처소 따위를 적음.
발인-제(發靷祭)명 발인 때, 관을 상여의 장강(長杠) 위에 모셔 놓고 지내는 제사.
발-자국[—짜—]명 ①발을 디딘 곳에 남아 있는 자취. 족적(足跡) ②〔의존 명사로도 쓰임〕'발을 한 번 떼어 놓은 걸음'의 뜻. ¶세 — 앞으로 오시오.
발-자귀[—짜—]명 짐승의 발자국.
발자-창(發髭瘡)[—짜—]명 한방에서, 입아귀나 아래턱에 나는 작은 부스럼을 이르는 말.
발-자취[—짜—]명 ①발로 밟고 지나간 뒤의 흔적. ¶—를 남기다. ②지난날의 업적이나 경력, 또는 갖가지 사실을 비유하여 이르는 말. ¶조상들의 —.

한자 **발자취 적**(跡)〔足部 6획〕¶인적(人跡)/족적(足跡)

발자-하다[—짜—]형여 성미가 급하다.
발작(發作)[—짝]명-하다자 ①어떤 증세가 갑자기 심하게 일어나는 일. ¶간질의 —을 일으키다. ②어떤 감정이 갑자기 일어남.
발작성=해수(發作性咳嗽)[—짝—]명 백일해나 폐렴 따위를 앓을 때, 발작적으로 일어나는 기침.
발작-적(發作的)[—짝—]명 발작하는 것과 같은 것. ¶—으로 소리를 질렀다.
발작-증(發作症)[—짝—]명 발작하는 증세.
발장(撥長)[—짱]명 지난날, 역마(驛馬)를 몰아 중요한 공문서를 변방에 급히 돌리던 군졸의 으뜸 관직.
발-장구[—짱—]명 ①헤엄칠 때 두 발을 번갈아 들었다 내렸다 하면서 물을 차는 짓. ¶—를 치다. ☞물장구 ②어린애가 엎드려서 기어가려고 두 발을 움직이는 짓.
발-장단[—짱—]명 흥에 겨워 발끝이나 발뒤꿈치를 들었다 내렸다 하면서 장단을 맞추는 짓. ☞손장단
발-재기명 택견에서, 발질의 한 가지. 원품으로 서서 제기를 차듯이 두 발을 번갈아 가며 안쪽으로 들어올렸다 내렸다 하는 동작.
발-재봉틀(—裁縫—)명 발로 페달을 밟아서 다루는 재봉틀. 준발틀 ☞손재봉틀
발적(發赤)[—쩍]명 피부나 점막에 염증이 생겼을 때, 그 부분이 빨갛게 부어오르는 증세.
발전(發展)[—쩐]명-하다자 ①일의 상태가 좋아짐. ¶의료 기술의 —. ②세력이나 규모 따위가 커짐. ¶경제 대국으로 —하다. ③일의 상황이 어느 한쪽으로 나아가거나 바뀜. ¶친선 모임이 이익 단체로 —하다.
발전(發電)[—쩐]명-하다자 전기(電氣)를 일으킴. ¶수력 —/화력으로 —하다.
발전-기(發電機)[—쩐—]명 전기(電氣)를 일으키는 기계를 통틀어 이르는 말. 수력·화력·풍력·원자력을 이용하여 얻은 에너지를 전기 에너지로 바꿈. 직류용과 교류용이 있음.
발전=기관(發電器官)[—쩐—]명 전기가오리 따위 특수한 물고기의 몸에 있는, 전기를 일으키는 기관. 전기 기관(電氣器官)
발전=단계설(發展段階說)[—쩐—]명 인간 사회는 역사적으로 일정한 단계를 거쳐 발전한다고 보는 이론. 사회 발전 단계설(社會發展段階說)
발전=도상국(發展途上國)명 산업의 근대화와 경제 발전이 선진국보다 뒤떨어진 나라. 개발 도상국
발전-량(發電量)[—쩐냥]명 발전한 전기의 총량.
발전-력(發電力)[—쩐녁]명 전기를 일으키는 힘.
발전-상(發展相)[—쩐—]명 발전하는 모습.
발전-선(發電船)[—쩐—]명 화력 발전기를 장치하여 놓고 전기를 일으키는 배.
발전-성(發展性)[—쩐썽]명 발전할 가능성. ¶— 있는 회사.
발전-소(發電所)[—쩐—]명 발전기를 돌려 전기를 일으키는 곳이나 시설. ¶원자력 —/화력 —
발전-적(發展的)[—쩐—]명 더 낫고 바람직한 형태로 나아가는 것. ¶이 일을 좀더 —인 방향으로 추진해 보자.
발전-체(發電體)명 전기를 일으키는 물체.
발정(發情)[—쩡]명-하다자 주로 성숙한 포유류의 암컷이 성적 욕구를 일으키는 일.
발정(發程)[—쩡]명-하다자 길을 떠남. 계정(啓程)
발정-기(發情期)[—쩡—]명 주로 성숙한 포유류의 암컷이 주기적으로 성적 욕구를 일으키는 시기.
발정=호르몬(發情hormone)[—쩡—]명 척추동물의 난소(卵巢) 안에 있는 난포(卵胞)에서 분비되는 자성(雌性) 호르몬. 자궁과 젖샘의 발육, 제2차 성징(性徵)의 발현 등의 구실을 함. 난포 호르몬. 여포(濾胞) 호르몬
발제(髮際)[—쩨]명 '발찌'의 원말.
발족(發足)[—쪽]명-하다자 조직이나 기구 등이 새로 구성되어 활동을 시작함. ¶방언 연구회를 —하다.
발-족(—足)명 한자 부수(部首)의 한 가지. '路'·'蹟' 등에서 '足'의 이름.
발종지시(發蹤指示)[—쫑—]성구 매어 놓았던 사냥개를 풀어 짐승 있는 곳을 가리켜 잡게 한다는 뜻으로, 어떻게 하라고 방법을 가르쳐 보임을 이르는 말.
발주(發注)[—쭈]명-하다자 물건을 주문함. ¶건축 자재를 —하다. ☞수주(受注)
발-주저리[—쭈—]명 해어진 버선이나 양말을 신은, 더럽고 너절한 발.
발진(發疹)[—찐]명-하다자 열병으로 말미암아 피부나 점막에 좁쌀만 한 종기가 돋는 일, 또는 그 종기.
발진(發振)[—찐]명-하다자 ①밖에서 힘을 받지 아니하고 진동을 일으키는 일, 또는 그 상태. ②직류 에너지를 전기 진동, 곧 교류 에너지로 바꾸는 일.
발진(發進)[—찐]명-하다자 항공기나 군함 따위가 출발하여 나아감. ¶— 기지
발진-기(發振器)[—찐—]명 교류 전기, 곧 전기 진동을 일으키는 장치.
발진-시(發震時)[—찐—]명 지진(地震)의 진동이 시작된 시각.

발진-열(發疹熱)[-찐녈] 명 고열(高熱)과 발진이 주요 증세인 급성 전염병. 병원체는 리케차이고, 쥐벼룩이 옮김.
발진-티푸스(發疹typhus)[-찐-] 명 법정 전염병의 한 가지. 병원체는 리케차의 일종. 섭씨 40도 안팎의 고열(高熱)과 두통, 관절통 등이 계속되며 온몸에 발진이 생김. 장미진(薔薇疹)
발-질 명 ①택견에서, 발로 상대편의 몸을 차거나 다리를 걸거나 하여 상대편의 중심을 흐트러뜨리는 기술. ② -하다 자 '발길질'의 준말.
발-짓[-찟] 명 -하다 자 발을 움직이는 동작.
발짝 의 한 발씩 떼어 놓는 걸음의 수효를 세는 말. ¶겨우 한 -씩 떼어 놓는 걸음.
발짝-거리다(대다) 자 일어나려고 애를 쓰며 조금씩 몸을 놀리다. ☞벌쩍거리다
발짝-발짝 부 발짝거리는 모양을 나타내는 말. ¶일어나려고 발을 - 움직이다. ☞벌쩍벌쩍
발쪽 부 속의 것이 조금 보일 정도로 바라지거나 바라진 모양을 나타내는 말. ¶- 바라진 석류. ☞벌쭉. 빨쪽
발쪽-거리다(대다) 자타 속의 것이 조금 보일 정도로 바라졌다 오므라졌다 하다, 또는 발렸다 오므렸다 하다. ☞벌쭉거리다. 빨쪽거리다
발쪽-발쪽 부 발쪽거리는 모양을 나타내는 말. ☞벌쭉벌쭉. 빨쪽빨쪽
발쪽-하다 형여 좁고 길게 바라져 있다. ☞벌쭉하다
발쪽-이 부 발쪽하게 ☞벌쭉이. 빨쪽이
발찌 명 한방에서, 목 뒤의 머리털이 난 가장자리에 생기는 부스럼을 이르는 말. 원 발제(髮際)
발차(發車) 명 -하다 자 버스나 열차, 전동차 따위가 떠나는 일. ¶- 시각을 알리다.
발차(發差) 명 -하다 타 지난날, 죄인을 잡기 위하여 사람을 보내던 일.
발착(發着) 명 -하다 자 버스나 열차, 비행기 따위의 도착과 출발을 아울러 이르는 말. 착발(着發) ¶- 시간표
발참(撥站) 명 지난날, 발군(撥軍)이 교대하거나 말을 갈아타는 역참(驛站)을 이르던 말. 발소(撥所)
발:-창(-窓) 명 발을 끼워서 만든 창. 염창(簾窓)
발채[1] 명 소의 뱃가죽 안쪽에 낀 기름. ☞발기름
발:채[2] 명 ①짐을 싣기 위하여 지게에 얹는 기구. 싸리나 대오리로 둥글넓적하게 결어서 만듦. ②걸챗불의 바닥에 까는 거적자리. ③소의 길마 위에 덧얹어 보릿단 등을 싣는 데 쓰이는 기구. 나무 뼈대에 새끼줄을 좌우 양쪽으로 늘이어 엮어 만듦. 걸채
발천(發闡) 명 -하다 자 ①둘러싸였거나 가렸던 것이 열리어 드러남. ②앞길을 열어서 세상에 나섬.
발초(拔抄) 명 -하다 타 필요한 대목만 가려 뽑아 베낌, 또는 그런 글.
발총(發塚) 명 -하다 타 남의 무덤을 파냄. 굴총(掘塚)
발출(拔出) 명 -하다 타 빼내어 나오게 함.
발췌(拔萃) 명 -하다 타 전체에서 필요한 부분만을 가려 뽑아 냄. ¶보고서의 요점만 -하다.
발췌=검:사(拔萃檢査) 명 많은 제품의 품질을 검사할 때, 일부를 뽑아서 전체를 평가하는 검사.
발췌-곡(拔萃曲) 명 오페라 또는 큰 규모의 악곡 가운데 널리 알려진 곡만을 추려 편곡한 곡.
발췌-안(拔萃案) 명 필요한 부분만 가려 뽑아 놓은 안건.
발취(拔取) 명 -하다 타 뽑아 냄.
발치 명 ①누워 있을 때 발이 있는 쪽을 이르는 말. ☞머리맡 ②어떠한 사물의 아래 부분이나 끝 부분을 이르는 말. ¶선산 -에 묻어 주오.
발치(拔齒) 명 -하다 자 이를 뽑음.
발칙-스럽다(-스럽고·-스러워) 형ㅂ 발칙한 데가 있다.
발칙-스레 부 발칙스럽게
발칙-하다 형여 ①하는 짓이 괘씸하다. ②아주 버릇없다.
발칫-잠 명 남의 발치에서 자는 잠. ¶남의 집 행랑채에서 -을 자다.
발칵 부 ①갑자기 매우 왁자하게 시끄러워지는 모양을 나타내는 말. ¶온 집안을 - 뒤집어 놓다. ②발끈 크게 화를 내는 모양을 나타내는 말. ¶이유 없이 - 화를 내다. ☞발깍. 벌컥
발칵-거리다(대다) 타 발칵발칵 소리를 내다. ¶밀가루 반죽을 발칵거리며 치대다. ☞발깍거리다. 벌컥거리다
발칵-발칵[1] 부 자꾸 발끈 크게 화를 내는 모양을 나타내는 말. ¶대수롭지 않은 일에도 - 자주 화를 내다. ☞발깍발깍[1]. 벌컥벌컥[1]
발칵-발칵[2] 부 ①물 따위를 매우 급하게 많이 들이켜는 소리, 또는 그 모양을 나타내는 말. ¶수정과를 - 마시다. ②지직한 질흙 따위를 심하게 치댈 때 옆으로 비어져 나오면서 내는 소리를 나타내는 말. ☞발깍발깍[2]. 벌컥벌컥[2]
발코니(balcony) 명 ①서양식 건축에서, 건물의 바깥으로 튀어나오도록 만든, 지붕이 없고 난간이 있는 대. 이층 이상의 건물에 만듦. 노대(露臺) ②극장에서 이층 이상의 좌우에 만든 특별석.
발-타다 자 강아지 따위가 처음으로 걷기 시작하다.
발탄 강아지 관용 일 없이 이리저리 쏘다니는 사람을 놀리어 이르는 말.
발탁(拔擢) 명 -하다 타 많은 사람 가운데서 특별히 사람을 추려 뽑음. 탁발(擢拔) ¶젊은 인재를 -하다.
발-탕:기(鉢湯器)[-끼] 명 보통 탕기보다 아가리가 조금 오긋하고 뚜껑이 없는 탕기.
발-톱 명 발가락 끝을 덮어 보호하고 있는, 뿔같이 단단한 물질. ☞손톱

발톱-눈 명 발톱의 양쪽 구석.
발통(發通) 명 -하다 타 지난날, 통지서를 보내는 일을 이르던 말. 발문(發文)
발-틀 명 ①사람의 발 힘으로 움직이는 기계. 발기계 ② '발재봉틀'의 준말. ☞손틀
발파(發破) 명 -하다 타 바위 같은 데에 구멍을 뚫고 화약을 재어 폭파하는 일. ¶채석장에서는 - 작업이 한창이다.
발-판(-板) 명 ①어떤 곳을 오르내리거나, 건너다니는 곳에 디디고 다니게 걸쳐 놓은 것. ②공사 현장에서, 비계에 걸쳐 놓은 널판. ③높이를 돋우느라고 발 밑에 괴고 서는 물건. ④뜀뛰기에서 발을 구르는 판. 도약판(跳躍板) ⑤악기나 재봉틀 따위에서, 발로 밟아 소리를 내거나 움직이게 하는 부분. ⑥어떠한 목적을 이루기 위하여 이용하는 것을 비유하여 이르는 말. ¶재주를 출세의 -으로 삼다.
발포(發布) 명 -하다 타 어떠한 일을 세상에 널리 펴서 알림. ¶긴급 명령을 -하다.
발포(發泡) 명 -하다 자 거품이 일어남. ¶- 물질
발포(發疱) 명 -하다 자 피부에 물집이 생김.
발포(發砲) 명 -하다 자 총포를 쏨. ¶- 명령
발포(發捕) 명 -하다 타 죄인을 잡으려고 포교(捕校)를 내보냄.
발포-고(發疱膏) 명 반묘(斑猫) 가루와 테레빈유(油)로 만든 고약. 피부에 발라 물집이 생기게 함으로써 병독을 덜어 버리게 함. 발포약(發疱藥). 발포제
발포=스티렌=수지(發泡styrene樹脂) 명 작은 기포(氣泡)를 무수히 지닌 폴리스티렌. 가볍고 단열성이 좋아 단열재(斷熱材)·포장재·흡음재(吸音材) 등으로 널리 쓰임. 상품명은 스티로폼.
발포-약(發疱藥) 명 발포고(發疱膏)
발포-제(發疱劑) 명 발포고(發疱膏)
발포=콘크리:트(發泡concrete) 명 콘크리트에 알루미늄 가루 따위를 섞어 가열, 발포시킨 다음 판상(板狀)으로 만든 것. 단열성(斷熱性)과 방음성(防音性)이 뛰어나 벽재(壁材)로 쓰임.
발표(發表) 명 -하다 타 ①어떤 사실이나 결과를 널리 드러내어 알림. ¶합격자 -/연구 결과를 -하다. ②자기 의견이나 생각을 여러 사람 앞에서 말로 나타냄. ¶대통령 후보들이 정견을 -하다.
발표-회(發表會) 명 학문의 연구 결과, 또는 창작의 결과를 여러 사람 앞에서 발표하는 모임.
발-풀무 명 풀무의 한 가지. 땅바닥에 네모지게 골을 파서

가운데에 굴대를 가로 박고, 그 위에 골에 꼭 맞는 널빤지를 걸쳐 놓은 것으로, 널빤지의 양끝을 두 발로 번갈아 디디어서 바람을 일으킴. 골풀무

발-하다(發-) 자타여 ①열·빛·감정·기운 따위가 생기거나 일어나다. ¶향기가 -./빛을 -. ②드러내어 알리다. ¶군령(軍令)을 -.

발한(發汗) 명 -하다 자 땀이 나는 일, 또는 땀을 내는 일. ☞취한(取汗)

발한-제(發汗劑) 명 양약(洋藥) 가운데서, 땀의 분비를 촉진하는 약제를 이르는 말. ☞취한제(取汗劑)

발함(發艦) 명 -하다 자 ①항공기 따위가 항공 모함에서 날아오름. ②군함이 항구를 떠남.

발항(發航) 명 -하다 자 선박이 항구를 떠나 항해에 나섬. 발선(發船)

발항(發港) 명 -하다 자 배가 항구를 떠남. 출항(出港)

발해(渤海) 명 699년에 고구려의 장수 대조영(大祚榮)이 중국의 동북 지방에 세운 나라. 요동을 제외한 고구려의 옛 땅을 거의 회복하는 등 세력을 떨쳤으나 926년 요(遼)나라에 패망함.

발행(發行) 명 -하다 타 ①책이나 신문 따위의 출판물을 펴냄. ¶신문의 - 부수. ②화폐·증권·증명서 따위를 만들어 효력을 발생시키는 일. ¶새 지폐를 -하다.

발행=가격(發行價格)[-까-] 명 주식이나 공사채(公社債) 따위를 발행할 때의 가격.

발행-권(發行權)[-꿘] 명 출판물 따위를 발행할 수 있는 권리. ▷發의 속자는 発

발행=금:지(發行禁止) 명 사회의 질서와 선량한 풍속을 해치거나 국정의 근본 방침에 위배되는 출판물의 발행을 금지하는 행정 처분.

발행-세(發行稅)[-쎄] 명 사채·증권·주권·상품권 등의 발행에 대해 징수하는 인지세(印紙稅).

발행=시:장(發行市場) 명 유가 증권이 발행된 후 투자자가 취득할 때까지의 과정을 이르는 말. [구체적인 시장이 있는 것은 아님.]

발행-인(發行人) 명 ①출판물을 발행하는 사람. 펴낸이 ②어음이나 수표를 발행한 사람. 발행자

발행-자(發行者) 명 발행인

발행=자:본(發行資本) 명 발행 주식에 따라 조달되는 자본.

발행=정지(發行停止) 명 법령의 위배 등으로 말미암아 신문이나 잡지의 발행을 당분간 정지시키는 처분.

발행지-법(發行地法)[-뻡] 명 유가 증권이 발행된 장소의 법률. 국제 사법(私法)에서 준거법(準據法)의 하나.

발행-처(發行處) 명 출판물을 발행하는 곳.

발:-향(-香) 명 지난날, 여자들이 노리개로 차던 향의 한 가지. 일정한 크기의 향나무 여러 개를 실에 꿰어 만들어 치마 밑에 찼음. ☞금사향(金絲香)

발향(發向) 명 -하다 자 목적한 곳을 향하여 길을 떠남.

발-허리 명 발의 앞쪽과 뒤쪽의 중간이 되는 잘록한 부분.

발-헤엄 명 -하다 자 몸을 세우고 발로만 치는 헤엄.

발현(發現·發顯) 명 -하다 자타 숨겨져 있던 것이 드러나 보임, 또는 드러나게 함.

발현=악기(撥絃樂器) 명 현악기의 한 가지. 손가락이나 손톱으로 현(絃)을 튕겨서 소리를 내는 악기. 가야금·하프 따위. ☞찰현 악기. 타현 악기

발호(跋扈) 명 -하다 자 권세나 세력을 함부로 휘두르며 날뜀. ¶장안에 도적떼가 -하다.

발호시:령(發號施令) 성구 명령을 내려서 그대로 시행함을 이르는 말.

발화(發火) 명 -하다 자 ①불이 일어나거나 타기 시작함. ②총포에 실탄을 쓰지 않고 화약만을 재어서 쏨.

발화(發話) 명 -하다 자 입을 열어 말을 함.

발화-성(發火性)[-썽] 명 어떤 온도에서 쉽게 불이 일어나거나 타기 시작하는 성질. ¶- 물질

발화=온도(發火溫度) 명 발화점(發火點)

발화=장치(發火裝置) 명 총포나 폭탄 등의 폭약을 터트리는 장치. 점화 장치(點火裝置)

발화-전(發火栓) 명 점화 플러그

발화-점(發火點)[-쩜] 명 ①화재가 일어났을 때, 처음 불길이 일어난 자리. ②물질이 가열되어 저절로 타기 시작하는 최저 온도. 발화 온도. 착화점(着火點)

발화=코일(發火coil) 명 전기 점화 기관의 전기 회로 속에 있는 것으로, 일정한 시기에 점화 플러그에서 전기 불꽃을 방전하여 높은 전압을 발생시키는 유도 코일.

발화=합금(發火合金) 명 마찰을 하면 불꽃을 내면서 점화하는 합금. 철과 세륨이 주성분이며, 라이터돌이나 가스 점화 장치 등에 쓰임.

발회(發會) 명 -하다 자 ①새로 조직된 회(會)의 첫 모임. ②증권 거래소에서 매월의 첫 입회(入會). ☞납회(納會)

발-회목 명 다리 끝 복사뼈 위의 잘록한 곳.

발효(發效) 명 -하다 자 효력이 발생함. ¶조약이 -하다./개정 법률이 -되다. ☞실효(失效)

발효(醱酵) 명 -하다 자 효모나 세균 등의 작용으로 유기 화합물이 분해 또는 산화·환원하여 알코올·유기산·이산화탄소 등으로 변화하는 현상. 발배(醱醅) 원 발교(醱酵)

발효-균(醱酵菌) 명 발효 작용을 일으키는 미생물. 효모균(酵母菌)

발효-소(醱酵素) 명 유기 화합물을 분해하여 발효 작용을 일으키는 화합물.

발효-열(醱酵熱) 명 유기 화합물이 발효할 때 생기는 열. ☞발효균

발효-유(醱酵乳) 명 우유나 양젖 따위에 유산균이나 효모를 섞어 발효시켜 만든 유제품.

발훈(發訓) 명 -하다 자 훈령을 내림.

발휘(發揮) 명 -하다 타 재능이나 힘 따위를 떨쳐서 드러냄. ¶실력을 -하다.

발흥(勃興) 명 -하다 자 갑자기 일어나서 번창함.

발흥(發興) 명 -하다 자 어떤 일이나 현상이 일어남.

밝기[발끼] 명 밝은 정도. ¶각 공간에 알맞은 -의 전등을 설치하다. ☞광도(光度). 명도(明度)

밝다[1][박-] 자 날이 새어 환하게 되다. ¶날이 -./새해 아침이 -.

밝다[2][박-] 형 ①빛이 환하다. ¶밝은 햇살. ②어떤 빛깔의 느낌이 깨끗하고 산뜻하다. ¶밝은 색깔의 옷감. ③분위기·성격·표정 따위가 즐겁고 명랑하다. ¶너의 밝은 표정을 보니 나도 기쁘다. ④시력이나 청력이 좋다. ¶귀가 -./눈이 -. ⑤어떤 일에 대하여 잘 알아서 막힘이 없다. ¶나는 이곳 지리에 -. ⑥하는 일이 분명하고 바르다. ¶인사성이 -. ⑦앞날이 탁 트이어 희망차다. ¶밝은 미래. ☞어둡다

한자 **밝을 랑**(朗) [月部 7획] ¶낭월(朗月)
밝을 명(明) [日部 4획] ¶광명(光明)/명랑(明朗)/명암(明暗)/명월(明月)/명천(明天)/명촉(明燭)
밝을 소(昭) [日部 5획] ¶소명(昭明)/소연(昭然)
밝을 철(哲) [口部 7획] ¶명철(明哲)/철인(哲人)
밝을 통(洞) [水部 6획] ¶통찰(洞察)

밝을-녘 명 날이 새어서 밝아 올 때. ¶-에 일어나 길을 떠났다. ☞샐녘

밝-히 부 ①밝게. 환히 ¶온 세상을 - 비추다. ②똑똑하게 ¶이유를 - 말하여라.

밝히다 타 ①어둡던 것을 환하게 하다. ¶어둠을 밝히는 등불. ②불분명했던 사실을 분명히 알 수 있게 드러내다. ¶이유를 -. ③옳고 그름을 가려 잘 알도록 분명하게 하다. ¶잘잘못을 -. ④잠을 자지 않고 밤을 새우다. ¶뜬눈으로 밤을 -. ⑤어떤 것을 지나치게 좋아하다. ¶고기를 -.

밟:다[밤따] 타 ①두 팔을 편 길이를 단위로 길이를 재다. ¶돌담의 길이를 밟아 보다. ②긴 피륙 따위를, 두 팔을 편 길이로 일정하게 개키다. ③발로 일정하게 한 걸음씩 걸어서 거리를 헤아리다. ¶거리를 대충 밟아 보다. ④무엇을 알아보기 위하여 차츰차츰 앞으로 나아가다. ⑤아기가 걸음발을 타기 시작하다.

밟:다[밥-] 타 ①발을 들었다가 디디거나 누르다. ¶보리밭을 -./자전거의 페달을 -. ②어느 곳에 특별한 뜻을

가지고 가거나 오다. ¶10년 만에 고향 땅을 ―. ③남의 뒤를 몰래 따르다. ¶수상한 자의 뒤를 ―. ④이전에 겪었던 바를 그대로 되풀이하다. ¶잘못된 과거의 전철을 밟아서는 안 된다. ⑤어떤 일을 이루고자 순서나 절차를 거치다. ¶석사 과정을 밟고 있다. ⑥다른 사람을 괴롭히거나 억누르다. ¶남을 밟고 얻은 성공은 바람직하지 못하다. ⑦시(詩)에서, 운율을 규칙적으로 반복되게 맞추다. ⑧춤을 출 때 정해진 대로 발을 옮기다.

한자 밟을 답(踏) 〔足部 8획〕 ¶답교(踏橋)/답청(踏靑)
밟을 천(踐) 〔足部 8획〕 ¶천답(踐踏) ▷속자는 践

밟:-다듬이[밥―] 명 -하다 자 피륙을 밟아 구김살을 펴는 일.
밟히다[1] 자 밟음을 당하다. ¶구둣발에 발등이 ―.
밟히다[2] 타 ①밟게 하다. ¶아우에게 보리밭을 ―. ②밟음을 당하다. ¶발등을 ―./형사에게 뒤를 ―.
밤[1] 명 해가 진 뒤부터 먼동이 트기 전까지의 동안. ¶―이 깊었다./캄캄한 ―. ☞낮
밤과 낮을 잊다 관용 밤인지 낮인지 모를 정도로 쉬지 않고 일하다.
밤을 도와 관용 밤을 이용하여, 또는 밤을 새워서. ¶밤을 도와 적의 포위망에서 벗어났다.
속담 **밤 말은 쥐가 듣고, 낮 말은 새가 듣는다** : 비밀히 한 말이라도 저절로 새어 나가기 쉬우니 항상 말을 조심해서 하라는 뜻. 〔발 없는 말이 천 리 간다〕/**밤 잔 원수 없고 날 샌 은혜 없다** : 은혜나 원한은 세월이 지나면 쉬이 잊게 된다는 말.

한자 밤 야(夜) 〔夕部 5획〕 ¶야간(夜間)/야경(夜景)/야근(夜勤)/주야(晝夜)/철야(徹夜)

밤:[2] 명 밤나무의 열매.

한자 밤 률(栗) 〔木部 6획〕 ¶생률(生栗)/율목(栗木)

밤:[3] 명 송치가 어미의 뱃속에서 섭취하는 물질.
밤:[4] 명 놋그릇을 부어 만드는 거푸집.
밤-거리[―꺼―] 명 밤의 길거리.
밤:-게 명 밤겟과의 게. 바닷가의 모래땅이나 진흙 속에 살며, 크기는 밤톨만 하고 등딱지는 흑갈색 또는 담청색이며 배는 흼.
밤:-경단(―瓊團) 명 찹쌀가루를 익반죽하여 동글게 만들어 삶아 건진 경단에 밤고물이나 채친 날밤을 묻힌 떡.
밤:-고구마 명 밤처럼 퍽퍽하고 단맛이 많은 고구마. ☞물고구마
밤-교대(―交代) 명 낮과 밤으로 번갈아 들며 일하는 경우, 밤에 드는 번. 밤번 ☞낮교대. 밤대거리
밤-길[―낄] 명 밤에 걷는 길. ¶캄캄한 ―. ☞어둡길
밤:-꽃 명 밤나무의 꽃. 밤느정이
밤-꾀꼬리 명 딱샛과의 작은 새. 몸길이 16cm 안팎. 몸빛은 갈색이며 휘파람새와 비슷함. 유럽 중남부의 숲 속에 사는데, 봄과 여름의 이른 아침이나 해질녘 또는 달밤에 지저귐. 나이팅게일(nightingale)
밤:-나무 명 참나뭇과의 낙엽 활엽 교목. 높이 10m 안팎. 5~6월에 이삭 모양의 흰 꽃이 피고, 가을에 열매인 '밤'이 가시가 많은 송이에 싸여 익는데, 익으면 송이가 벌어짐. 나무는 단단하여 토목이나 건축재로 쓰이며, 전국의 산지에 자람. 율목(栗木) ☞밤느정이. 밤늦
밤:나무-벌레 명 참나무하늘소의 애벌레. 밤나무나 졸참나무 등을 파먹는 해충임.
밤:나무-산누에나방(―山―) 명 산누에나방과의 곤충. 편 날개 길이가 10~12cm 되는 큰 나방. 몸빛은 황갈색이고 양쪽 날개에 흑갈색의 둥근 무늬가 있음. 애벌레는 밤나무나 호두나무 따위의 잎을 갉아먹는 해충임.
밤-나방 명 밤나방과의 곤충을 통틀어 이르는 말. 주로 밤에 활동하는데, 몸빛은 여러 가지로 대부분 어두운 색임. 애벌레는 털이 없이 원통형이며, 농작물을 해침.
밤-낚시[―낙―] 명 밤에 하는 낚시.
밤-낮 명 밤과 낮. 일야(日夜). 주소(晝宵). 주야(晝夜) ¶춘분과 추분에는 ―의 길이가 같다.
부 늘. 언제나. 밤낮으로 ¶― 책상 앞에만 앉아 있다.

밤낮-없:다[―낟업―] 형 밤이나 낮이나 계속하여 멈춤이 없다. ¶밤낮없는 노력의 결실을 보다.
밤낮-없이 부 밤낮없게
밤낮-으로 부 늘. 언제나. 밤낮
밤-놀이 명 -하다 자 밤에 노는 놀이. 야유(夜遊)
밤-눈[1] 명 말의 앞다리 무릎 안쪽에 두두룩하게 붙은 군살. 현제(懸蹄)
밤-눈[2] 명 밤에 무엇을 볼 수 있는 시력.
밤눈이 어둡다 관용 시력이 좋지 않아서 밤에는 잘 보지 못하다.
속담 **밤눈 어두운 말이 워낭 소리 듣고 따라간다** : 맹목적으로 남을 따라 함을 이르는 말.
밤-눈[3] 명 밤에 내리는 눈. 야설(夜雪)
밤:-느정이 명 밤나무의 꽃. 밤꽃 준 밤늦
밤:-늦 명 '밤느정이'의 준말.
밤-늦다[―늗―] 형 밤이 깊다. ¶밤늦게 친구가 왔다.
밤:-다식(―茶食) 명 삶은 밤을 으깨거나, 황률가루에 꿀과 소금을 넣어 잘 섞어서 다식판에 박은 다식.
밤:-단자(―團子) 명 떡의 한 가지. 찹쌀가루를 익반죽하여 동글게 만들어 삶아 건진 경단에 꿀을 바르고 밤고물을 묻힌 떡.
밤-대:거리[―때―] 명 -하다 자 광산에서 밤과 낮으로 교대하여 일을 하는 경우에, 밤에 갱에 들어가 일하는 대거리. ☞낮대거리
밤-도둑[―또―] 명 밤을 타서 남의 물건을 훔치는 짓, 또는 그 도둑.
밤-들다(―들고·―드니) 자 밤이 깊어지다. ¶밤드니 거리가 조용해졌다.
밤:-떡 명 밤을 섞어 찐 떡.
밤-똥 명 밤이면 버릇처럼 누게 되는 똥.
밤-마을 명 밤에 이웃으로 놀러 다니는 일. ☞마을꾼
밤:-바:구미 명 바구밋과의 곤충. 몸길이는 1cm 안팎. 몸빛은 광택이 있는 흑색이며, 붉은빛의 겉날개에는 작은 점이 줄줄이 있음. 암컷은 넓은 나뭇잎을 말아 집을 짓고 그 안에 알을 낳으며, 애벌레는 마른 밤을 파먹고 자람. 거위벌레
밤-바람[―빠―] 명 밤에 부는 바람. ¶―이 차다.
밤-밥[1] [―빱] 명 저녁 밥을 먹은 뒤에 밤늦게 또 먹는 밥. ☞밤참. 야식(夜食)
밤:-밥[2] [―빱] 명 보늬를 벗긴 밤을 두어서 지은 밥.
밤-배[―빼] 명 밤에 다니는 배.
밤:-버섯 명 송이과의 버섯. 높이 10cm 안팎. 갓의 표면은 다갈색이며, 가을철에 밤나무나 졸참나무 등의 썩은 밑동에 나는데, 먹을 수 있음.
밤-번 명 밤교대
밤:-벌레 명 밤바구미의 애벌레. 밤알을 파먹는 해충임.
밤:-볼 명 살이 쪄서 입 속에 밤을 문 것처럼 볼록한 볼.
밤볼이 지다 관용 입 속에 밤을 문 것처럼 볼이 볼록하게 살이 찌다.
밤-불[―뿔] 명 ①밤에 피워 놓은 불. ②밤에 일어난 불.
밤-비[―삐] 명 밤에 내리는 비. 야우(夜雨)
속담 **밤비에 자란 사람** : 어리석고 야무지지 못한 사람을 비유하여 이르는 말.
밤:-빛[―삗] 명 밤색
밤-사이[―싸―] 명 ①밤이 지나는 동안. ¶―에 비가 많이 내렸다. ②〔부사처럼 쓰임〕 ¶― 잘 잤느냐? 준 밤새
밤-새[―쌔] 명 '밤사이'의 준말.
밤새-껏 부 밤새도록
밤-새:다 자 '밤새우다'의 준말.
속담 **밤새도록 가도 문 못 들기** : 밤새도록 갔으나 끝내 성문 안에 들어가지 못했다는 뜻으로, 애써 했으나 마지막 끝맺음을 못하여 수고한 보람이 없음을 이르는 말./**밤새도록 물레질만 하겠다** : 속셈은 딴 데 두고 공연한 일을 가지고 분주한체 함을 이르는 말./**밤새도록 울다가 누가 죽었느냐고** : 영문도 모르고 그 일에 참여하고 있는 어리석음을 이르는 말.

밤-새우다 자 잠을 자지 않고 밤을 지내다. ¶꼬박 뜬눈으로 ─. 준밤새다
밤-새움 명 -하다 자 잠을 자지 않고 밤을 지내는 일. ¶초상집에서 ─했다. 준밤샘
밤:-색(─色) 명 여문 밤의 껍질과 같은 빛깔. 갈색. 밤빛
밤-샘 명 -하다 자 '밤새움'의 준말.
밤:-소[─쏘] 명 밤을 삶아 으깨서 만든 소.
밤-소:경 명 밤눈이 어두운 사람. 계맹(鷄盲)
밤-소일(─消日) 명 -하다 자 놀이 따위로 밤을 새움.
밤-손님[─쏜─] 명 '밤도둑'을 에둘러 이르는 말. 야객(夜客)
밤:-송이 명 밤알을 싸고 있는, 센 가시가 돋아 있는 송이. 밤이 익으면 껍질이 벌어짐. 율방(栗房)
밤:-알 명 밤의 낱낱의 알.
밤:-암:죽(─粥) 명 죽의 한 가지. 쌀을 곱게 갈아 거르고, 보늬를 벗긴 밤은 강판에 갈아 물을 치면서 체로 거른 다음, 함께 섞어 서서히 익힌 암죽.
밤:-얽이 명 짐을 동일 때 곱걸어서 매는 매듭.
밤얽이를 치다 관용 밤얽이를 매다.
밤:-엿[─녓] 명 흰엿을 밤톨만 하게 도막내어 흰 깨나 검은깨를 묻힌 것. 율당(栗糖)
밤:-윷[─늇] 명 밤톨만 하게 만든 윷짝. 보통 작은 그릇에 담아 내젓다가 바닥에 쏟아 놓음.
밤-이슬[─니─] 명 밤에 내리는 이슬.
밤이슬 맞는 놈 관용 '도둑'을 에둘러 이르는 말.
밤-일[─닐] 명 -하다 자 ①밤에 하는 일. ☞낮일 ②남녀가 잠자리하는 일을 에둘러 이르는 말.
밤:-자갈 명 도로나 석축 따위의 기초 공사나 지반을 굳히는 데 쓰려고 자갈보다 약간 작게 깨뜨린 돌.
밤잔-물 명 밤을 지낸 자리끼.
밤-잠[─짬] 명 밤에 자는 잠. ¶─을 설치다. ☞낮잠
밤-잠자리 명 '명주잠자리'의 딴이름.
밤-장[─짱] 명 ①명절 대목 등에 밤늦도록 서는 장. ②야시장(夜市場)
밤-저녁[─쩌─] 명 잠들기 전의 그다지 늦지 않은 밤.
밤:-주악 명 황밤가루를 꿀에 반죽하여 계피·대추·깨·잣가루 따위의 소를 넣고 만두처럼 빚어 지진 주악.
밤:-죽(─粥) 명 밤과 쌀로 쑨 죽. 쌀을 맷돌에 갈아 죽을 쑤다가 밤을 삶아 체에 내린 것을 함께 넣고 쑴.
밤-중(─中)[─쭝] 명 깊은 밤. 야중(夜中)
밤:-즙(─汁) 명 날밤을 물에 담갔다가 갈아서 낸 즙을 익혀 묵처럼 만든 음식.
밤-차(─車) 명 정해진 노선을 밤에 다니는 차.
밤-참 명 저녁 끼니를 먹은 뒤, 밤중에 입이 궁금하여 먹는 군음식. 야찬(夜餐) ¶─으로 감자를 삶아 먹었다. ☞낮참. 새참. 아침참. 점심참
밤:-초(─炒) 명 밤으로 만든 과자의 한 가지. 밤을 삶아 꿀을 치고 다시 조려서 계핏가루나 잣가루를 묻혀 만듦.
밤:-콩 명 콩의 한 품종. 알이 굵고, 맛은 밤과 비슷함.
밤:-톨 명 낱개의 밤알.
밤:-편 명 날밤 즙에 녹말을 섞고 꿀을 쳐서 조려 굳힌 떡.
밤-하늘 명 밤의 하늘.
밥[1] 명 ①쌀이나 보리 따위의 곡식으로 지은 음식. ¶─을 짓는다. ☞메[1] ②끼니로 먹는 음식. ¶저녁─을 먹다. ③동물의 먹이. ¶사자의 ─이 되었다. ④정해진 모가치. ¶제 ─도 못 찾아 먹는다. ⑤남에게 눌려 지내거나 이용만 당하는 사람을 비유하여 이르는 말. ¶그는 대장의 ─이었다. ⑥연장으로 물건을 베거나 깎을 때 나오는 부스러기. ¶대팻─/실─/톱─
밥 먹듯 하다 관용 흔히 있는 일처럼 예사로 자주 하다.
밥을 주다 관용 시계의 태엽을 감다.
속담 **밥 먹을 때는 개도 안 때린다** : 음식을 먹고 있을 때에는 때리거나 꾸짖지 말라는 말./**밥 빌어다가 죽 쑤어 먹을 놈** : 성질이 느리고 게으르며 하는 짓이 어리석은 사람을 이르는 말./**밥 아니 먹어도 배부르다** : 기쁜 일이 있어 마음에 흡족하다는 말./**밥 위에 떡** : 좋은 일에 더 좋은 일이 겹침을 이르는 말./**밥은 굶어도 속이 편해야 산다** : 마음 편히 사는 것이 제일 좋다는 말./**밥은 열 곳에 가 먹어도 잠은 한 곳에서 자랬다** : 사람은 거처가 일정해야 한다는 말./**밥이 얼굴에 덕적덕적 붙었다** : 얼굴이 복 있게 생겨서 잘 살겠다는 말.

한자 밥 반(飯) 〔食部 4획〕 ¶반상(飯床)/반찬(飯饌)
밥 사(食) 〔食部〕 ¶소사(疏食)/소사(蔬食)
밥 찬(餐) 〔食部 7획〕 ¶만찬(晩餐)/오찬(午餐)

밥[2] 명 지난날, 죄인에게 고통을 주어 저지른 죄의 내용을 사실대로 말하게 하던 일.
밥(을) 내다 관용 지난날, 죄인에게 고통을 주어 저지른 죄의 내용을 사실대로 말하게 하다.
밥-값 명 ①밥을 먹는 데 드는 값. ☞식비(食費) ②밥벌이가 될 정도의 구실. ¶─은 하고 살아야 한다.
밥-그릇 명 ①밥을 담는 그릇. 반기(飯器) ☞식기(食器) ②밥벌이를 하기 위한 일자리를 속되게 이르는 말.
속담 **밥그릇이 높으니까 생일만큼 여긴다** : 조금 대접해 주니까 우쭐하는 사람을 비웃는 말.
밥-도둑 명 ①일은 하지 않고 밥이나 축내는 사람을 빈정대는 말. 밥벌레. 식충이 ②식욕을 돋우어 밥을 많이 먹게 하는 반찬을 비유하여 이르는 말. ¶게장은 ─이다.
밥-말이 명 국 따위에 밥을 만 것. ☞국말이
밥-맛 명 ①밥의 맛. ¶─이 좋다. ②식욕(食慾) ¶─이 나지 않는다.
밥-물 명 ①밥을 지을 때 솥에 붓는 물. ②밥이 끓을 때 넘쳐 흐르는 물. 곡정수(穀精水). 식정수(食精水)
밥-밑 명 밥을 지을 때 쌀 밑에 두는 콩·팥·보리쌀 따위의 잡곡을 이르는 말.
밥밑-콩[─민─] 명 밥밑으로 두어 먹는 콩.
밥-받이[─바지] 명 -하다 자 지난날, 죄인에게 저지른 죄를 사실대로 말하게 하는 일, 곧 죄인의 자백을 받는 일을 이르던 말.
밥-벌레 명 일은 하지 않고 밥이나 축내는 사람을 빈정대어 이르는 말. 밥도둑. 식충이 ☞밥통
밥-벌:이 명 -하다 자 ①생활하는 데 드는 돈을 벌려고 하는 일. ②겨우 밥이나 먹고 살아갈 정도의 벌이. ¶─도 안 되다.
밥-보 명 밥을 유달리 많이 먹는 사람을 놀리어 이르는 말. ☞먹보
밥-보자기 명 밥그릇이나 밥상을 덮는 베보자기.
밥-빼기 명 아우를 타느라고 밥을 많이 먹는 아이.
밥-상(─床) 명 음식을 차려 놓는 소반. 식상(食床)
밥상-머리(─床─) 명 밥상을 받고 앉은 사람의 맞은편.
밥-소라 명 밥·떡국·국수 등의 음식을 담는 큰 놋그릇.
밥-솥 명 밥을 짓는 솥. ¶전기 ─
밥-쇠 명 절에서 여러 사람에게 끼니때가 되었음을 알리려고 다섯 번 치는 종소리.
밥-숟가락 명 밥을 먹을 때 쓰는 숟가락. 밥술 준밥숟갈
밥숟가락을 놓다 관용 밥술을 놓다.
밥-숟갈 명 '밥숟가락'의 준말.
밥-술 명 ①몇 술의 적은 밥. ②밥숟가락
밥술을 놓다 관용 '죽다'를 속되게 이르는 말. 밥숟가락을 놓다.
밥술이나 먹다 관용 사는 형세가 그런대로 여유가 있다.
밥-식(─食) 명 한자 부수(部首)의 한 가지. '飮'·'養' 등에서 '食'의 이름.
밥-쌀 명 밥을 지을 쌀. 반미(飯米)
밥-알 명 밥의 낱낱의 알. 반과(飯顆). 반립(飯粒). 밥풀
밥-자리 명 밥벌이를 하는 자리라는 뜻으로, '직장(職場)'을 속되게 이르는 말.
밥-자배기 명 밥을 담아 두는 자배기.
밥-잔치 명 국수나 떡, 과자 따위는 없이 밥과 몇 가지 반찬으로만 간단히 벌이는 잔치.
밥-장(─醬) 명 메주를 많이 넣어 진하게 담근 간장.
밥-장사 명 -하다 자 간단한 끼니 음식을 해서 파는 영업.
밥-장수 명 밥장사를 하는 사람.
밥-주걱 명 밥을 푸는 기구. 나무나 놋쇠 따위로 부삽 모

양으로 만듦. 반삽 [준]주걱
밥-주머니 [명] 하는 일이 없이 놀고 먹는 쓸모없는 사람을 낮잡아 이르는 말. 반낭(飯囊)
밥-줄 [명] ①먹고 살아가는 줄이라는 뜻으로, '직업'을 속되게 이르는 말. 식근(食根) ¶ -이 끊어지다. ②식도(食道)
밥-집 [명] 간단하게 차린 밥을 싼값으로 파는 집.
밥-짓다[-짇-](-짓고·-지어) [자ㅅ] ①쌀에 물을 붓고 가열하여 밥을 만들다. ②게가 입으로 거품을 내보내다.

[한자] **밥지을 취**(炊)〔火部 4획〕¶자취(自炊)/취반(炊飯)

밥-통(-桶) [명] ①밥을 담는 통. ¶보온 - ②위(胃) ③밥만 축내고 다른 일에는 제구실을 하지 못하는 사람을 낮잡아 이르는 말. ☞밥벌레

[한자] **밥통 위**(胃)〔肉部 5획〕¶위병(胃病)/위장(胃腸)

밥-투정 [명]-하다 [자] 밥을 먹을 때 투정을 부리는 짓.
밥-풀 [명] ①풀 대신에 무엇을 붙이는 데 쓰이는 밥알. ②밥알
밥풀-강정 [명] 유밀과(油蜜果)의 한 가지. 산자 밥풀을 겉에 묻힌 강정. 반립강정
밥풀-과자(-菓子) [명] 튀긴 쌀에 조청을 발라 뭉친 과자.
밥풀-눈 [명] 눈꺼풀에 밥알 같은 군살이 붙어 있는 눈.
밥풀눈-이 [명] 밥풀눈을 가진 사람.
밥풀-산:자(-糤子) [명] 유밀과의 한 가지. 찹쌀가루를 반죽하여 얇고 반듯하게 조각을 만들어 말렸다가 기름에 튀겨서 꿀을 바르고, 말린 지에밥이나 튀긴 밥풀을 앞뒤에 붙인 음식.
밥풀-질 [명]-하다 [자] 종이 따위를 붙이려고 밥풀을 이기어 바르는 일. 밥풀칠
밥풀-칠 [명]-하다 [자] ①밥풀질 ②어린아이가 밥을 먹을 때 밥알을 여기저기에 어지럽게 묻히는 일.
밧다[받-] [타] '바수다'의 준말.
밧-줄[받-] [명] 참바로 된 줄. ¶ -로 동여 매었다.
밧집[받-] [명] 지난날 궁중에서, 대궐 밖에 있는 백성의 집을 이르던 말. ☞민가(民家)
방: [명] 윷판의 한가운데 말밭. 방혀
방(坊) [명] ①지난날, 서울의 오부(五部)를 다시 나눈 행정 구획을 이르던 말. 오늘날의 동(洞)과 비슷함. ②조선 시대, 황해도와 평안도에서 면(面)을 이르던 말.
방(房)[1] [명] 집 안에 세간을 들여놓고 사람이 지내려고 벽 따위로 막아 만든 칸. 방사(房舍)
방을 놓다 [관용] 고래를 켜고 구들을 놓은 다음 흙을 발라서 방바닥을 만들다.
[속담] **방 보아 똥싼다** : 상대편을 보아 대접을 달리한다는 말.〔방위 보아 똥 눈다〕/**방에 가면 더 먹을까 부엌에 가면 더 먹을까** : 어느쪽이 더 이익이 많을까 하고 잇속을 따져 본다는 말.

[한자] **방 방**(房)〔戶部 4획〕¶독방(獨房)/방문(房門)
방 실(室)〔宀部 6획〕¶거실(居室)/내실(內室)/밀실(密室)/별실(別室)/침실(寢室)

방(房)[2] [명] ①지난날, 대군·왕자군·공주·옹주 등 왕족(王族)의 집을 이르던 말. 궁(宮)[1]. 궁가(宮家). 궁방(宮房) ②조선 시대, 육주비전(六注比廛)에 딸린 시전(市廛)보다 작은 가게를 이르던 말.
방(房)[3] [명] '방수(房宿)'의 준말.
방(傍·旁) [명] 한자 부수(部首) 유형의 한 가지. 좌우로 구성된 자형(字形)인 '敎·利·旣' 등의 오른쪽 부분 '攵·刂·旡'를 이르는 말. ☞머리[3]
방(榜) [명] ①'방문(榜文)'의 준말. ¶ -을 붙이다. ②'방목(榜目)'의 준말.
방:(*放) [의] ①총포를 쏘는 횟수를 세는 말. 발(發) ¶한 -의 총성이 울렸다. ②남포를 터뜨리는 횟수를 세는 말. ③주먹으로 치는 횟수를 세는 말. ¶한 -으로 쓰러뜨렸다.
-방(方)《접미사처럼 쓰이어》①'방위(方位)'의 뜻을 나타냄. ¶삼살방(三煞方)/남동방(南東方) ②'약방문(藥方文)'의 뜻을 나타냄. ¶경험방(經驗方)
방가(邦家) [명] 국가(國家)
방:가(放暇) [명] 휴가(休暇)
방:가(放歌) [명]-하다 [자] 큰 소리로 노래를 부름. ¶고성(高聲) -
방가지-똥 [명] 국화과의 한해살이 또는 두해살이풀. 줄기 높이는 1m 안팎이며 속이 비었음. 잎은 엉겅퀴와 비슷하나 가시가 없고 뒤쪽에 부드러운 흰 털이 남. 5~6월에 누른빛의 두상화(頭狀花)가 피며, 흰 갓털이 있는 씨가 바람에 날려 흩어짐. 어린잎은 먹을 수 있음.
방:각(倣刻) [명]-하다 [타] 모양새를 본떠서 새김.
방각(傍刻) [명]-하다 [자] 도장의 옆면에 글자를 새김, 또는 그 새겨진 글자.
방각-탑(方角塔) [명] 탑신(塔身)의 평면이 네모진 탑.
방간(防奸) [명]-하다 [자] 간사한 짓을 못하게 막음.
방간(坊間) [명] 인가(人家)가 많이 모인 곳. 시정(市井)
방갈로(bungalow) [명] ①정면에 베란다가 있고 처마가 깊숙한, 별장식의 단층 목조 건물. 본디는 인도 벵골 지방의 특유한 주택 양식임. ②산이나 바닷가에 지은 캠프용의 작은 집.
방감(方酣) [어기] '방감(方酣)하다'의 어기(語基).
방감-하다(方酣-) [형여] 바야흐로 한창 성하다.
방갓(方-) [명] 방립(方笠)
방갓-쟁이(方-)[-갇-] [명] 방갓을 쓴 사람을 낮잡아 이르는 말.
방강(防江) [명] 둑[2]
방개 [명] '물방개'의 준말.
방거(紡車) [명] 물레[1]
방건(防乾) [명]-하다 [타] 마르지 못하게 함.
방걷기 [명] 재목의 끝을 깎아서 둥글게 하는 일.
방:-게 [명] 바위겟과의 게. 몸은 네모지고 두툴두툴하며, 다리에 털이 적고, 몸빛은 회색에 가까운 녹색임. 갯가에 구멍을 뚫고 삶. 방기(螃蜞). 방해(螃蟹)
방:게-젓 [명] 방게를 간장에 담가 삭힌 젓.
방결(防結) [명] 조선 시대, 고을 아전들이 백성에게 논밭의 세금을 덜어 주고 기한 전에 돈을 받아서 아전끼리 돌려 쓰기도 하고 사사로이 쓰기도 하던 일. ☞방납(防納)
방경(邦境) [명] 나라와 나라 사이의 경계. 국경(國境)
방계(傍系) [명] 직계(直系)에서 갈리어 나간 계통.
방계=인척(傍系姻戚) [명] 배우자(配偶者)의 방계 혈족과 방계 혈족의 배우자. ☞직계 인척(直系姻戚)
방계=존속(傍系尊屬) [명] 방계 혈족에 딸린 존속.
방계-친(傍系親) [명] 방계 혈족 ☞직계친(直系親)
방계=친족(傍系親族) [명] 방계 인척과 방계 혈족을 통틀어 이르는 말.
방계=혈족(傍系血族)[-쪽] [명] 같은 시조로부터 갈라져 나온 혈족. 곧 형제 자매, 백부, 숙부, 생질 등.
방계=회:사(傍系會社) [명] 어느 회사의 계통을 이어받은 회사로, 자회사(子會社)보다는 밀접하지 않고, 비교적 지배권이 미치지 않는 회사.
방:고(倣古) [명]-하다 [타] 옛 것을 본뜸.
방-고래(房-)[-꼬-] [명] 재래식 한옥의 방의 구들장 밑으로 낸 고랑. 불길과 연기가 통하여 나가는 길임. 갱동(炕洞) [준]고래[2]
방:고-주의(倣古主義) [명] 옛날의 한문학(漢文學)을 추종하는 주의.
방곡(坊曲) [명] 마을. 동네 ☞방방곡곡(坊坊曲曲)
방곡(防穀) [명]-하다 [자] 조선 시대, 곡식을 다른 고장으로 실어 내지 못하게 막던 일.
방:곡(放哭) [명]-하다 [자] 목놓아 큰 소리로 욺. ☞통곡
방:곡(放穀) [명]-하다 [자] 저장한 곡식을 팔기 위하여 시장에 내어 놓음.
방골(方骨) [명] 위턱과 아래턱의 두 끝을 잇는 작은 뼈.
방공(防共) [명]-하다 [자] 공산주의 세력의 침입을 막음.
방공(防空) [명]-하다 [자] 적의 항공기나 미사일 등 공중의 공격을 막아냄.

ㅂ

방공=관제소(防空管制所)명 일정한 책임 구역 안에서 대공(對空) 감시나 요격 통제, 방공 무기의 운영 등을 맡아보는 곳.
방공=기구(防空氣球)명 적의 항공기의 내습으로부터 중요한 시설이나 자원 등을 보호하기 위하여 항공로 따위에 높이 띄워 올리는 계류 기구. 조색 기구(阻塞氣球)
방공=식별권(防空識別圈)[-꿘]명 영공 침범을 방지하는 등의 목적으로 각국이 설정한 일정한 공역(空域). 그 권내에 들어오는 항공기는 관제관에게 반드시 사전에 통보하여야 함.
방공=연:습(防空演習)[-년-]명 방공 훈련(防空訓鍊)
방공해:사(妨工害事)성구 남의 일에 훼방을 놓아 해롭게 함을 이르는 말.
방공-호(防空壕)명 적의 공습을 피하기 위하여 땅 속에 마련한 시설. ☞대피호(待避壕)
방공=훈:련(防空訓鍊)명 공습 피해를 막기 위하여, 적의 공습을 가정하여 실시하는 등화 관제, 소방, 구조 작업 등에 관한 훈련. 방공 연습(防空演習)
방과(方果)명 네모지게 만든 과줄. 모과. 방약과
방:과(放課)명-하다자 그 날의 정해진 수업을 마침. ¶ - 후의 보충 수업.
방관(傍觀)명-하다타 어떤 일에 직접 관여하지 않고 곁에서 보고만 있음. ¶돕지 아니하고 -만 하다.
방관-인(傍觀人)명 방관자
방관-자(傍觀者)명 어떤 일에 직접 관여하지 않고 곁에서 보고만 있는 사람. 방관인
방관-적(傍觀的)명 어떤 일에 직접 관여하지 않고 곁에서 보기만 하는 것. ¶-인 태도.
방:광(放光)명-하다자 빛을 내쏨.
방광(膀胱)명 ①척추동물의 배설 기관의 하나. 신장에서 흘러나오는 오줌을 한동안 저장하는, 엷은 막으로 된 주머니 모양의 기관. 오줌통 ②한방에서 이르는 육부(六腑)의 하나.
방:광(放曠)어기 '방광(放曠)하다'의 어기(語基).
방광=결석(膀胱結石)[-썩]명 방광에 결석이 생기는 병. 동통(疼痛), 배뇨(排尿) 이상, 혈뇨 등이 생김.
방광-암(膀胱癌)명 방광 점막에 생기는 암.
방광-염(膀胱炎)[-념]명 대장균, 포도상 구균, 연쇄상 구균(連鎖狀球菌) 따위의 감염으로 말미암아 방광 점막에 생기는 염증. 오줌이 자주 마렵고 탁하며 눌 때에는 몹시 아픔.
방광=종양(膀胱腫瘍)명 방광 벽에 종양이 생기는 병. 오줌을 눌 때에 아프고 피가 남.
방:광-하다(放曠-)형여 마음이 너그러워 말이나 행동에 거리낌이 없다.
방:교(放校)명-하다타 교칙을 어긴 학생을 학교에서 내쫓음. 출학(黜學) ☞퇴학(退學)
방:구명 북과 비슷한 농악기의 한 가지. 줄을 꿰어 메고서 치며, 소리는 소구와 비슷함.
방구(防口)명-하다타 말을 퍼뜨리지 못하게 입막음함.
방구(旁求)명-하다타 널리 찾아서 구함.
방구(訪求)명-하다타 쓸 자리가 있어 사람을 널리 찾아 구함.
방-구들(房-)[-꾸-]명 방의 바닥에 고래를 켜서 구들장을 놓고 불을 때어 덥게 하는 장치. 온돌 준구들
방:구리명 물을 긷는 질그릇의 한 가지. 동이와 비슷하나 좀 작음.
방구-매기명 양쪽 추녀 끝보다 처마의 중간이 조금 배부르게 하기 위하여 서까래의 끝을 처마 가운데로 올수록 조금씩 길게 하는 일. ☞일자매기
방:-구멍명 연의 한복판에 뚫은 둥근 구멍.
방-구석(房-)[-꾸-]명 ①방의 네 귀퉁이. ②방 또는 방 안을 속되게 이르는 말. ¶-에 틀어박히다.
방국(芳菊)명 향기가 그윽한 국화.
방:귀명 뱃속의 음식물이 부패·발효하여 생기어 항문으로 나오는 구린내가 나는 가스. 방기(放氣)
속담 **방귀가 잦으면 똥싸기 쉽다** : 무슨 일이나 소문이 잦으면 실현되기 쉽다는 말. /**방귀 뀐 놈이 성낸다** : 제가 잘못하고 도리어 성냄을 이르는 말.
방:귀(放歸)명 돌아가게 놓아 두는 일.
방:귀-벌레명 딱정벌렛과의 곤충. 몸길이 2cm 안팎. 몸빛은 누르고 겉날개는 검음. 적의 공격을 받으면 배 끝에서 악취가 나는 가스를 내뿜음. 방비충(放屁蟲)
방그레부 입을 예쁘게 벌리면서 소리 없이 부드럽게 웃는 모양을 나타내는 말. ☞방시레. 뱅그레. 벙그레. 빵그레. 상그레
방글-거리다(대다)자 방글방글 웃다. ☞방실거리다. 뱅글거리다. 벙글거리다. 빵글거리다. 상글거리다
방글-방글부 자꾸 방그레 웃는 모양을 나타내는 말. ☞방실방실. 뱅글뱅글. 벙글벙글. 빵글빵글. 상글상글
방금(防禁)명-하다타 못하게 막아서 금함.
방:금(放禽)명-하다자 잡아 가두었던 새를 놓아줌.
방금(方今)부 바로 이제. 금방. 방장(方將). 방재(方在)
방긋부 ①입을 예쁘게 벌리면서 소리 없이 부드럽게 잠깐 웃는 모양을 나타내는 말. ¶- 웃는다. ②입을 소리 없이 좀 작게 벌렸다 오므리는 모양을 나타내는 말. ¶아기가 입을 - 놀린다. 방긋이 ☞방끗. 방싯. 뱅긋. 벙긋. 빵긋. 빵끗. 상긋
방긋-거리다(대다)[-귿-]자 ①방긋방긋 웃다. ②입을 방긋방긋 벌렸다 오므렸다 하다. ☞방끗거리다. 방싯거리다. 뱅긋거리다. 벙긋거리다. 빵긋거리다. 빵끗거리다. 상긋거리다
방긋-방긋[-귿-]부 자꾸 방긋 하는 모양을 나타내는 말. ☞방끗방끗. 방싯방싯. 뱅긋뱅긋. 벙긋벙긋. 빵끗빵끗. 상긋상긋
방긋-이부 방긋 ☞방끗이. 뱅긋이. 벙긋이. 빵긋이. 빵끗이. 상긋이
방기(防己)명 ①새모래덩굴과의 낙엽 활엽 덩굴나무. 초여름에 연녹색 꽃이 피고 가을에 열매가 까맣게 익음. 우리 나라와 중국, 일본 등지에 분포함. ②한방에서, 방기나 댕댕이덩굴의 줄기를 약재로 이르는 말. 이뇨·부종·각기(脚氣) 등에 약으로 쓰임.
방:기(放氣)명 방귀
방:기(放棄)명-하다타 버려 두고 돌보지 않음.
방기(螃蜞)명 '방게'의 딴이름.
방기곡경(旁岐曲徑)성구 일을 순리대로 하지 않고 옳지 않은 방법을 써서 억지로 함을 이르는 말. 반계곡경
방-기휘(房忌諱)명-하다자 아이를 낳은 집에서 부정(不淨)을 막기가 어려울 때, 산실(産室)만이라도 부정을 타지 않게 하는 일.
방:-꾼(榜-)명 지난날, 방(榜)을 전하는 사령(使令)을 이르던 말.
방끗부 ①입을 예쁘게 벌리면서 소리 없이 명랑하게 잠깐 웃는 모양을 나타내는 말. ②입을 소리 없이 좀 작게 벌렸다 얼른 오므리는 모양을 나타내는 말. 방끗이 ☞방긋. 뱅끗. 벙끗. 빵긋. 빵끗. 상끗
방끗-거리다(대다)[-끋-]자 ①방끗방끗 웃다. ②입을 방끗방끗 벌렸다 오므렸다 하다. ☞방긋거리다. 뱅끗거리다. 벙끗거리다. 빵긋거리다. 빵끗거리다. 상끗거리다
방끗-방끗[-끋-]부 자꾸 방끗 하는 모양을 나타내는 말. ☞방긋방긋. 뱅끗뱅끗. 벙끗벙끗. 빵긋빵긋. 빵끗빵끗
방끗-이부 방끗 ☞방긋이. 뱅끗이. 벙끗이. 빵긋이. 빵끗이. 상끗이
방:-나다자 집안의 재물이 다 없어지다.
방:-나다(榜-)자 ①과거에 급제한 사람의 성명이 발표되다. ☞탁방(坼榜) ②일의 끝장이 나다.
방납(防納)명-하다자 지난날, 시골 백성이 나라에 바쳐야 할 공물(貢物)을 서울 관아의 아전이나 상인들이 대신 바치고 그 값을 나중에 받아들이던 일. ☞방결(防結)
방내(坊內)명 마을 안.
방내(房內)명 방의 안. 방중(房中)
방:-내:다타 집안의 살림을 죄다 없애다.

방년(芳年)명 스무 살 안팎의 꽃다운 여자의 나이. 방령(芳齡). 방춘(芳春) ¶ － 20세. ☞묘령(妙齡)
방:념(放念)명-하다자 마음을 놓음. 마음이 놓임. 안심(安心)
방-놓다(房－)자 구들을 놓아 방바닥을 만들다.
방:뇨(放尿)명-하다자 오줌을 눔. ☞방분(放糞)
방:담(放談)명-하다자 생각나는 대로 거리낌없이 말함, 또는 그 말. ¶송년(送年) －
방:담(放膽)어기 '방담(放膽)하다'의 어기(語基).
방:담-하다(放膽－)형여 일하는 모양이나 성미가 시원하고 대담하다.
방대(方臺)명 악기를 받쳐 놓는 여러 가지 모양의 기구.
방:대(厖大·尨大)어기 '방대(厖大)하다'의 어기(語基).
방:대-하다(厖大－)형여 규모나 분량이 매우 크거나 많다. ¶방대한 계획.
방도(方道·方途)명 어떤 일을 해 나갈 방법과 도리. ¶승리할 －는 오직 연습 뿐이다.
방독(防毒)명-하다타 독기를 막아냄. ¶ － 장치
방독=마스크(防毒mask)명 방독면
방독-면(防毒面)명 독가스 따위로부터 호흡기나 눈 등을 보호하기 위하여 얼굴에 쓰는 기구. 가스마스크(gas mask). 방독 마스크
방독-의(防毒衣)명 독가스 따위로부터 몸을 보호하기 위하여 화학적으로 처리한 옷.
방독-전(防毒戰)명 적의 독가스나 화학 무기, 생물학 무기, 방사능 무기 공격에 대하여 방어하며 하는 싸움.
방:돈(放豚)명 ①놓아 기르는 돼지. ②다잡지 않아 제멋대로 자란 아이를 낮잡아 이르는 말.
×**방-돌**(房－)명 →구들장
방동(方冬)명 '음력 시월'을 달리 이르는 말. 상동(上冬)
방동사니명 방동사닛과의 한해살이풀. 잎은 뿌리에서 나고 여름에 적갈색 꽃이 이삭 모양으로 핌. 왕골과 비슷하나 작고 특이한 냄새가 남. 밭이나 들에 저절로 자람.
방두(方斗)명 곡식을 되는 네모진 말. 모말
방:둥-구부렁이명 방둥이가 구부러진 길짐승. 대개 암컷에 있음.
방:둥이명 길짐승의 엉덩이.
속담 **방둥이 부러진 소 사돈 아니면 못 팔아 먹는다**: 흠이 있는 물건을 아는 사람에게 팔면서 하는 말.
방등산가(方等山歌)명 신라 말의 노래. 전라도의 방등산에 있던 도둑들이 양민을 많이 잡아갔는데, 포로가 된 장일현(長日縣)의 한 부인이 자기 남편이 구해 주지 아니함을 원망하여 부른 노래라 함. 제목과 유래만 전할 뿐 가사는 전해지지 않음.
방:-따다자 윷놀이에서, 말을 방에서 꺾인 첫 밭에 놓다.
방란(芳蘭)명 향기가 좋은 난초.
방:랑(放浪)명-하다자 정처 없이 떠돌아다님. 표랑(漂浪) ¶오랜 세월의 －을 끝내고 집으로 돌아왔다.
방:랑-객(放浪客)명 이곳저곳을 정처 없이 떠돌아다니는 사람. 방랑자(放浪者)
방:랑-기(放浪記)명 방랑 생활의 기록.
방:랑=문학(放浪文學)명 방랑을 소재로 한 문학 작품. 유랑 문학(流浪文學)
방:랑-벽(放浪癖)명 정처 없이 떠돌아다니기를 좋아하는 버릇.
방:랑=생활(放浪生活)명 정해진 곳이 없이 이리저리 떠돌아다니는 생활.
방:랑-시(放浪詩)명 방랑 생활의 슬픔과 즐거움 따위를 읊은 시.
방:랑-자(放浪者)명 방랑객(放浪客)
방략(方略)명 어떤 일을 이루기 위하여 세운 방법과 계략.
방:량(放良)명-하다자타 지난날, 노비(奴婢)를 풀어 주어 양인(良人)이 되게 하던 일.
방:렬(放列)명-하다타 화포(火砲) 사격을 할 수 있도록 포(砲)를 가로로 죽 벌여 놓음, 또는 그 대형.
방렬(芳烈)어기 '방렬(芳烈)하다'의 어기(語基).
방렬-하다(芳烈－)형여 ①향기가 몹시 짙다. ¶방렬한 장미의 향기. ②의로운 마음이 열렬하다.
방령(方領)명 백제 때, 지방관을 이르던 말.
방령(芳齡)명 스무 살 안팎의 꽃다운 여자의 나이. 방년(芳年)
방례(邦禮)명 나라의 길흉(吉凶)에 관한 의식.
방로(房勞)명 방사(房事)로 말미암은 피로.
방:론(放論)명-하다자 생각나는 대로 거리낌없이 논함, 또는 그 논의.
방:료(放料)명-하다자 지난날, 나라에서 달마다 요(料)를 나누어 주던 일. 반료(頒料)
방루(防壘)명 적의 공격을 막기 위하여 쌓은 성과 진지.
방:류(放流)명-하다타 ①가두어 놓았던 물을 터서 흘려보냄. ¶만수(滿水)가 된 댐의 물을 －하다. ②어린 물고기를 강이나 호수 등에 놓아줌. ¶연어의 치어를 －하다.
방리(方里)명 사방 일 리(里)가 되는 넓이.
방립(方笠)명 ①지난날, 비나 햇볕을 막기 위해 쓰던 갓의 한 가지. 가늘게 쪼갠 댓개비를 겉으로 하여 왕골 속을 안에 받쳐 삿갓처럼 만들었음. ②지난날, 상제가 나들이할 때 쓰던 갓. 방갓
방:만(放漫)어기 '방만(放漫)하다'의 어기(語基).
방:만-하다(放漫－)형여 하는 일이 야무지지 못하고 엉성하다. ¶방만한 경영으로 회사가 어려움에 빠졌다.
방망이[1]명 둥글고 기름하게 깎아 만들어 무엇을 두드리거나 다듬는 데 쓰는 도구. ¶야구 －
방망이(를) 들다관용 남의 일에 헤살을 놓다.
속담 **방망이가 가벼우면 주름이 잡힌다**: 통솔과 감독이 엄중하지 않으면 위반자가 생긴다는 말. /**방망이로 맞고 홍두깨로 때린다**: 제가 받은 것보다 더 크게 앙갚음한다는 말.
방망이[2]명 ①어떤 일에 필요하고 참고될만 한 사항을 간추려서 적은 책. ②시험 볼 때 부정 행위를 하려고 글씨를 잘게 쓴 쪽지를 속되게 이르는 말.
방망이-꾼명 남의 일에 끼어들어 방해하는 사람.
방망이-질명-하다자 ①방망이로 치거나 두드리거나 다듬는 일. ②가슴이 몹시 두근거리는 상태를 비유하여 이르는 말. ¶가슴이 마구 －한다.
방망이-찜질명-하다타 방망이로 사정없이 마구 때리는 일.
방:매(放賣)명-하다타 물건을 내놓고 팖.
방:매-가(放賣家)명 팔려고 내놓은 집.
방면(方面)명 ①어떤 장소나 지역이 있는 방향, 또는 그 일대. ¶서울 － ②전문적으로 뜻을 두거나 생각하는 분야. ¶예술 －
방:면(放免)명-하다타 붙잡아 가두었던 사람을 풀어 줌.
방명(方命)명-하다자 명령(命令)을 어김.
방명(芳名)명 꽃다운 이름이라는 뜻으로, 남을 높이어 그의 '이름'을 이르는 말. 방함(芳銜)
방명-록(芳名錄)명 어떤 행사에 참여하거나 찾아온 사람들을 기념하기 위하여, 그 사람들의 이름을 적어 놓는 기록, 또는 그 책. 방함록(芳銜錄) ☞인명록(人名錄)
방모(紡毛)명 ①-하다자 짐승의 털로 실을 뽑음. ②방모사
방모-사(紡毛絲)명 짐승의 털을 자아서 만든 털실. 방모
방모=직물(紡毛織物)명 방모사(紡毛絲) 또는 여기에 다른 실을 섞어서 짠 모직물. 나사(羅紗)·플란넬·모포(毛布) 따위.
방:목(放牧)명-하다타 가축을 넓은 터에 놓아 기름.
방:목(榜目)명 지난날, 과거에 급제한 사람의 이름을 적은 책을 이르던 말. 준 방(榜)
방:목-장(放牧場)명 가축을 놓아 기르는 일정한 장소.
방무-림(防霧林)명 논밭을 해무(海霧)의 피해로부터 보호하기 위하여 해안에 조성한 숲.
방묵(芳墨)명 ①향기가 좋은 먹. ②남을 높이어, 그의 편지나 글을 이르는 말.
방문(方文)명 '약방문(藥方文)'의 준말.
방문(房門)명 방으로 드나드는 문.
방:문(訪問)명-하다타 찾아가서 봄. ¶친구의 집을 －하다. /국회 의사당을 －하다.

ㅂ

방:문(榜文)명 널리 알리려고 길거리나 사람이 많이 모이는 곳에 써 붙이는 글. ¶ -이 내붙이다. 준방(榜)
방:문-객(訪問客)명 찾아오는 손님.
방:문-기(訪問記)명 어떤 곳을 찾아가서 보고 그곳의 사건이나 상황, 그에 대해 느낀 점 따위를 적은 글.
방문-주(方文酒)명 맛을 좋게 하기 위하여 특별한 재료와 방법으로 빚은 술.
방문-차(房門次)명 지게문의 덧문이나 다락문 따위에 붙이는, 그림이나 글을 쓴 종이.
방물명 여자가 쓰는 화장품이나 바느질 기구, 패물 따위의 여러 가지 물건.
방물(方物)명 지난날, 관찰사나 수령이 임금에게 바치는 그 고장의 산물을 이르던 말.
방물가(-歌)명 십이잡가의 하나. 낭군을 한양으로 떠나보내는 한 여인의 애절한 마음을 읊은 내용임.
방물-장사명 방물을 팔러 다니는 일.
방물-장수명 방물을 팔러 다니는 여자. 아파(牙婆)
방물-판명 방물을 파는 곳.
방미두점(防微杜漸)성구 어떤 일이 커지기 전에 미리 막음을 이르는 말.
방민(坊民)명 지난날, 행정 구역 단위인 방(坊) 안에서 사는 백성을 이르던 말.
방-밑(枋-)명 재래식 한옥에서, 벽이 땅에 닿은 부분을 이르는 말. 방저(枋底)
방-바닥(房-)[-빠-]명 방의 바닥. ¶ -이 뜨겁다.
속담 **방바닥에서 낙상한다** : ①안전한 곳에서 뜻밖의 실수를 함을 이르는 말. ②마음을 놓는 데서 실수가 생기는 것이니, 늘 조심하라는 말.
방발명 광산에서, 굿을 꾸릴 때 양쪽에 세우는 기둥.
방:방(放榜)명 반패(頒牌)
방방-곡곡(坊坊曲曲)명 한 군데도 빼놓지 않은 모든 곳을 이르는 말. ¶전국 -에서 만세 소리가 울려 퍼졌다.
방방-이(房房-)부 방마다 ¶ - 손들로 가득하다.
방-배석(方拜席)명 지난날, 관원이 의식에 참석할 때 까는 네모진 자리를 이르던 말.
방백(方伯)명 관찰사(觀察使)
방백(傍白)명 연극에서, 배우가 무대 위에 있는 상대 배우에게는 들리지 않고 관객에게만 들리는 것으로 약속하고 하는 대사.
방백-신(方伯神)명 음양도(陰陽道)에서, 방위를 다스린다는 신.
방범(防犯)명-하다자 범죄가 생기지 않도록 막음. ¶ - 대원/- 주간/- 초소
방법(方法)명 어떤 목적을 이루기 위하여 취하는 수단. ¶좋은 -이 있으면 말해 보아라. /-이 틀렸다.
방법-론(方法論)명 학문의 연구 방법에 관한 이론.
방벽(防壁)명 공격해 오는 적을 막기 위해 쌓은 벽.
방:벽(放辟)명-하다자 거리낌없이 제멋대로 행동함.
방보(坊報)명 지난날, 방(坊)에서 관아에 보내는 보고를 이르던 말.
방보(防報)명 지난날, 상사(上司)의 지휘대로 좇아 하지 못할 때 그 까닭을 적어 보내는 보고를 이르던 말.
방:보(放步)명-하다자 마음내키는 대로 자유로이 걷는 일, 또는 그 걸음.
방-보라명 ①벽을 만들 때, 폭이 좁아 중깃과 욋가지 대신으로 세로로 지르는 단단한 나무 오리. ②설외를 엮기 위해 벽선과 벽선 사이를 버티는 막대기.
방보라(를) 치다관용 벽을 만들려고 방보라를 대다.
방부(防腐)명-하다타 썩지 않게 함.
방부(房付)명 중이 선방(禪房)에 안거(安居)를 청하거나 다른 절에 가서 좀 머물 수 있게 해 주기를 부탁하는 일.
방부(를) 들이다관용 방부를 허락하여 받아들이다.
방부(를) 받다관용 방부(를) 들이다.
방부-성(防腐性)[-썽]명 물건이 썩지 않게 하는 성질.
방부-재(防腐材)명 건축 재료 또는 침목(枕木) 따위가 세균이나 균류 따위의 작용으로 썩는 것을 막기 위해 쓰는 재료.
방부-제(防腐劑)명 식품이나 약품 등에 섞거나 물체의 거죽에 바르거나 하여 미생물의 증식을 막아 그것이 썩지 않게 하는 약제. 소금·살리실산·포르말린·알코올 따위.
방분(方墳)명 고분(古墳)의 한 형태로서, 봉분의 모양이 네모진 무덤.
방:분(放糞)명-하다자 똥을 눔. ☞방뇨(放尿)
방:불(彷彿)어기 '방불(彷彿)하다'의 어기(語基).
방:불-하다(彷彿-)형여 거의 비슷하다. ¶조명을 환하게 밝힌 강당은 대낮을 방불케 했다.
방비(防備)명-하다타 적의 침입이나 재해 따위를 미리 막아 지킴, 또는 그런 설비. ¶국토를 -하다.
방:비-충(放屁蟲)명 '방귀벌레'의 딴이름.
방사(方士)명 신선의 술법을 닦는 사람.
방사(坊舍)명 절에서 중들이 거처하는 방.
방사(房舍)명 방(房)
방사(房事)명-하다자 남녀가 잠자리하는 일. 성교(性交)
방:사(放射)명-하다자타 ①물체로부터 열이나 전자기파가 사방으로 바퀴살처럼 방출되는 현상. 복사(輻射) ¶빛과 열을 -하다. ②중심에서 사방으로 바퀴살 모양으로 내뻗침.
방:사(放飼)명-하다타 방목(放牧)
방사(紡絲)명-하다자 섬유를 자아 실을 뽑음, 또는 그 실.
방:사(放肆)어기 '방사(放肆)하다'의 어기(語基).
방:사(倣似)어기 '방사(倣似)하다'의 어기(語基).
방:사-기(放射器)명 액체나 기체를 방사하는 데 쓰는 기구. 스프링클러 따위. ☞분무기(噴霧器)
방:사-능(放射能)명 라듐·우라늄·토륨 따위 불안정한 원소의 원자핵이 스스로 붕괴하면서 방사선을 방출하는 일, 또는 그 성질.
방:사능=무:기(放射能武器)명 모든 환경을 방사성 물질로 오염시켜 사람을 해치는 무기.
방:사능-비(放射能-)명 방사능이 섞여 내리는 비. 방사능우(放射能雨)
방:사능-선(放射能線)명 방사선(放射線)
방:사능-우(放射能雨)명 방사능비
방:사능=원소(放射能元素)명 방사성 원소(放射性元素)
방:사능-전(放射能戰)명 핵무기와 같은 방사능 무기를 써서 싸우는 전쟁.
방:사능-증(放射能症)[-쯩]명 신체가 엑스선·알파선·베타선·감마선·중성자 등의 방사선에 쐬었을 때 일어나는 장애. 구토나 설사, 출혈 등의 급성 증세가 오며, 기간이 오래 되면 불량성 빈혈이나 백혈병 등의 만성증이 생김.
방:사능-진(放射能塵)명 방사진(放射塵)
방:사=대칭(放射對稱)명 생물체의 축을 통하는 대칭면이 세 개 이상인 체제. 불가사리나 성게 따위에서 볼 수 있음. 방사 상칭(放射相稱)
방:사-도(放射度)명 일정한 온도를 가진 물체가 단위 면적에서 단위 시간에 어떤 파장(波長)의 방사선을 낼 때의 에너지.
방사-림(防沙林)명 산이나 바닷가에 모래가 바람에 날리거나 비에 씻기는 것을 막기 위하여 조성한 숲.
방-사백(旁死魄)명 음력 초하룻날인 사백(死魄)의 다음날, 곧 음력 초이튿날을 이름.
방:사-상(放射狀)명 방사형(放射形)
방:사상-균(放射狀菌)명 방선균(放線菌)
방:사=상칭(放射相稱)명 방사 대칭(放射對稱)
방:사-선(放射線)명 라듐·우라늄·토륨 따위의 방사성 원소의 붕괴에 따라 방출되는 알파선·베타선·감마선을 통틀어 이르는 말. 방사능선(放射能線)
방:사선-과(放射線科)[-꽈]명 엑스선이나 라듐, 인공 방사성 동위 원소에서 방출되는 방사선을 이용하여 병을 진단하고 치료하는 전문 진료과.
방:사선=사진(放射線寫眞)명 투과력이 큰 방사선을 이용하여 물체의 내부를 찍는 사진.
방:사선=요법(放射線療法)[-뇨뻡]명 방사선을 이용한 치료법. 특히 암 따위의 악성 종양 치료에 많이 쓰임.

방:사선-원(放射線源)명 방사선을 방출하는 물질.

방:사선=의학(放射線醫學)명 방사선의 인체에 대한 치료 효과를 연구하는 의학.

방:사선=장애(放射線障礙)명 방사선을 쐬었을 때, 인체에 나타나는 여러 가지 장애. 구토나 출혈, 빈혈, 불임 따위.

방:사-성(放射性)[-썽]명 방사능을 가진 성질.

방:사성=동위=원소(放射性同位元素)[-썽-]명 방사능을 가지는 동위 원소. 라디오아이소토프

방:사성=물질(放射性物質)[-썽-찔]명 방사성 원소를 지니는 물질.

방:사성=오염(放射性汚染)[-썽-]명 방사능을 가진 물질로 말미암아 오염되는 일.

방:사성=원소(放射性元素)[-썽-]명 방사능을 가지는 원소, 곧 원자핵이 불안정하여 스스로 방사선을 방출하여 붕괴하는 원소. 방사능 원소(放射能元素)

방:사성=폐:기물(放射性廢棄物)명 원자로나 핵연료 등을 사용하거나 다룬 뒤 생기는, 방사능을 지닌 폐기물.

방:사=에너지(放射energy)명 복사 에너지

방:사-열(放射熱)명 복사열(輻射熱)

방:사-진(放射塵)명 원자 폭탄이나 수소 폭탄이 폭발할 때의 핵분열로 말미암아 생겨서 지상으로 떨어지는 물질. 흔히 '죽음의 재'로 불림. 낙진(落塵). 방사능진

방:사-하다(放肆-)형여 거리낌없이 제멋대로 행동하다.

방:사-하다(倣似-)형여 매우 비슷하다. ¶실물과 -.

방:사-형(放射形)명 중앙의 한 점에서 사방으로 바퀴살처럼 죽죽 내뻗친 모양. 방사상(放射狀)

방:산(放散)명-하다자타 ①풀어서 헤침. ②제멋대로 각각 흩어짐.

방산(謗訕)명-하다자 남을 나무라며 비웃음.

방:산-충(放散蟲)명 위족류(僞足類)에 딸린 원생생물을 통틀어 이르는 말. 몸은 규산질의 껍데기로 싸인 공 모양이고, 수많은 헛발이 나와 있음. 열대 지방에 분포함.

방:산충=연니(放散蟲軟泥)명 방산충의 시체가 많이 섞여서 된 붉은 진흙. 열대 지방의 바다 밑에서 볼 수 있음.

방상(棒狀)명 '봉상(棒狀)'의 원말.

방상-시(方相氏)명 지난날, 궁중에서 거행하는 나례에서 악귀를 쫓던 나자(儺者)의 하나. 금빛의 네 눈이 있는, 곰의 가죽을 들씌운 큰 탈을 썼으며, 붉은 옷에 검은 치마를 입고 창과 방패를 가짐. 인산(因山)이나 지위 높은 사람의 행상(行喪) 앞에 가서 악귀를 쫓기도 했음.

방새(防塞)명 적의 공격을 막기 위하여 만들어 놓은 요새.

방색(方色)명 동·서·남·북·중(中)의 다섯 방위에 따른 청(靑)·백(白)·적(赤)·흑(黑)·황(黃)의 다섯 가지 빛깔. ☞오방(五方)

방색-기(方色旗)명 동·서·남·북·중(中)의 다섯 방위에 따라 청(靑)·백(白)·적(赤)·흑(黑)·황(黃)으로 빛깔을 달리한 깃발.

방:생(放生)명-하다타 불교에서, 사람에게 잡혀 죽게 된 생물을 놓아서 살려 주는 일을 이르는 말.

방생(傍生)명 불교에서, 몸을 누이고 다니는 짐승, 곧 벌레나 날짐승, 물고기 따위를 이르는 말.

방:생-회(放生會)명 불교에서, 사람에게 잡힌 산 물고기나 짐승을 사서 살려 보내는 의식을 이르는 말. 음력 삼월 삼짇날이나 팔월 보름에 함.

방서(方書)명 ①방술(方術)을 적은 글이나 책. ②약방문을 적은 책.

방서(芳書)명 상대편을 높이어 그의 편지를 이르는 말. 방한(芳翰). 운전(雲箋). 운한(雲翰)

방석(*方席)명 앉을 때 밑에 까는 작은 깔개. 좌욕(坐褥)

방:석(放釋)명-하다타 억류나 구금 등의 법으로 구속했던 사람을 자유롭게 풀어 줌. 석방

방선(防船)명 조선 시대, 군선(軍船)의 한 가지. 수영(水營)에 딸린 중형의 전투함으로, 전선(戰船)보다 조금 작으며 뱃전에 방패를 설치하였음. ☞거북선. 병선(兵船). 사후선(伺候船). 전선(戰船)

방:선(放禪)명 불교에서, 좌선이나 간경(看經)하는 시간이 다 되어, 하던 것을 쉬는 일을 이르는 말.

방선(傍線)명 세로쓰기에서 글줄의 오른편에 내리그은 줄. ☞밑줄

방:선-균(放線菌)명 세균과 곰팡이의 중간 성질을 가진 미생물. 흙 속이나 마른풀 따위에 붙었다가 동식물에 기생함. 가늘고 긴 실 모양이며, 균사를 만들면서 퍼짐. 방사상균(放射狀菌)

방:선균-병(放線菌病)[-뼝]명 방선균으로 말미암은 만성 전염병. 주로 가축에 전염됨.

방설(防雪)명-하다자 눈보라나 눈사태 등으로 말미암은 피해를 막음.

방설-림(防雪林)명 눈보라나 눈사태 등, 눈으로 말미암은 피해를 막기 위하여 조성한 숲.

방성(房星)명 방수(房宿)

방:성(放聲)명-하다자 소리를 크게 지름, 또는 크게 지르는 소리.

방:성(榜聲)명 지난날, 방꾼이 방(榜)을 전하기 위하여 크게 외치는 소리를 이르던 말.

방:성-대:곡(放聲大哭)명 방성통곡(放聲痛哭)

방성-머리명 보나 도리, 평방(平枋)에 그리는 단청의 한 가지. 꽃 한 송이를 중심으로 실과 휘를 어긋매껴 그림.

방:성-통:곡(放聲痛哭)명 큰소리로 몹시 섧게 욺. 대성통곡(大聲痛哭). 방성대곡(放聲大哭)

방-세(房貰)[-쎄]명 남의 집 방을 빌려 쓰면서 내는 돈.

방-세간(房-)[-쎄-]명 방 안에 갖추어 놓고 살림에 쓰는 물건.

방소(方所)명 동서남북, 또는 전후좌우를 기준으로 하여 나타내는 어느 쪽의 위치. 방위(方位)

방소(를) 꺼리다관용 어떠한 방위를 언짢다고 꺼리다.

방:소(放笑)명-하다자 큰소리로 웃음.

방소=항:변(妨訴抗辯)명 민사 소송에서, 피고가 원고의 소송 조건의 결함을 지적하여 본안(本案)의 변론을 거부할 수 있는 권리.

방속(方俗)명 지방의 풍속.

방속(邦俗)명 나라의 풍속.

방손(傍孫)명 방계 혈족의 자손.

방:송(放送)명-하다타 라디오나 텔레비전을 통해서 보도·교양·음악·연예 따위를 다수의 사람이 동시에 청취하거나 시청할 수 있도록 소리나 영상을 전파에 실어 널리 내보내는 일.

방:송=교:육(放送教育)명 방송을 통하여 실시하는 교육.

방:송-국(放送局)명 일정한 시설을 갖추고 방송과 관련된 일을 하는 기관. ¶텔레비전 -

방:송-극(放送劇)명 라디오나 텔레비전을 통해서 방송하는 극.

방:송=극본(放送劇本)명 방송극의 장면, 배우의 대사와 동작, 음향 효과 따위를 지정한 대본.

방:송-기(放送機)명 라디오나 텔레비전의 송신기.

방:송-망(放送網)명 라디오나 텔레비전의 각 방송국을 연결하여 같은 프로그램을 동시에 방송하는 체제.

방:송-법(放送法)[-뻡]명 방송 사업의 내용 등을 규정한 법률.

방:송=수신기(放送受信機)명 라디오 수신기나 텔레비전 수상기.

방:송-실(放送室)명 설비를 갖추고 방송을 하는 방.

방:송=주파수(放送周波數)명 방송에 사용되는 주파수.

방:송-파(放送波)명 방송에 사용되는 중파·단파·초단파·극초단파 등의 전파를 통틀어 이르는 말.

방수(方手)명 방법과 수단을 아울러 이르는 말.

방수(防水)명-하다자 새거나 스미거나 넘치거나 하는 물을 막음. ¶지붕이 -가 안 되어 빗물이 샌다.

방수(防戍)명-하다타 수자리

방수(防守)명-하다타 막아서 지킴.

방:수(放水)명-하다타 물길을 터서 물을 흘려 보냄, 또는 그 물. ¶저수지의 물을 -하다.

방:수(放囚)명-하다자 죄수를 놓아 줌.

방수(房宿)명 이십팔수(二十八宿)의 하나. 동쪽의 넷째

별자리. 방성(房星) [준]방(房)

방수(芳樹)[명] 향기가 있는 나무라는 뜻으로, '꽃나무'를 이르는 말.

방수(傍受)[명][-하다][자] 무선 통신에서, 통신의 직접 상대자가 아닌 다른 사람이 그 통신을 우연히 또는 고의적으로 수신하는 일.

방수=가공(防水加工)[명] 직물(織物)이나 가죽, 종이 따위에 물이 스미거나 배어들지 않도록 하는 처리. 통기성(通氣性) 방수와 불통기성 방수로 나뉨.

방수기[명] 사려

방수=도시(防守都市)[명] 방어력을 갖춘 도시. 국제법상 무차별 공격이 허용됨. ☞무방비 도시(無防備都市)

방수=동맹(防守同盟)[명] 방어 동맹(防禦同盟)

방:수-로(放水路)[명] 홍수의 피해를 막고 수력 발전소에서 이용한 물을 하천으로 흘려 보내기 위하여 인공으로 만든 물길.

방수-림(防水林)[명] 수해를 막기 위하여 강가나 바닷가에 조성한 숲. ☞방풍림(防風林)

방수-모(防水帽)[명] 물이 스며들지 않도록 처리한 모자.

방수-복(防水服)[명] 물이 스며들지 않도록 처리한 옷.

방수=장치(防水裝置)[명] 물이 스며드는 것을 막는 장치.

방수-제(防水劑)[명] 헝겊이나 종이, 가죽 따위에 물이 스며들지 않도록 바르는 약제.

방수-지(防水紙)[명] 물기가 스미거나 배어들지 않도록 방수제를 발라 가공한 종이.

방수-층(防水層)[명] 지붕이나 지하실 벽과 바닥에 물이 스며드는 것을 막기 위하여 방수 재료를 쓴 부분.

방수-포(防水布)[명] 물기가 스미거나 배어들지 않도록 처리한 천.

방수-화(防水靴)[명] 물기가 스미거나 배어들지 않도록 처리한 신.

방순(芳醇)[명] 향기롭고 맛좋은 술.

방술(方術)[명] ①방법과 기술. ②방사(方士)의 술법. 법술

방습(防濕)[명][-하다][자] 습기를 방지함.

방습-재(防濕材)[명] 건물 안에 습기가 스며드는 것을 막기 위하여 쓰는 재료. 도료나 합성 수지 따위.

방습-제(防濕劑)[명] 습기를 막기 위하여 쓰는 약제. 진한 황산이나 염화칼슘 따위.

방습-지(防濕紙)[명] 습기가 스며들지 않도록 만든 종이.

방승(方勝)[명] 보자기의 네 귀에 다는, 금종이로 만든 장식품. 길례(吉禮)에 쓰임. 금전지(金箋紙)

방승-매듭(方勝－)[명] 끈 실이나 끈 따위로 납작하고 네모지게 맺는 매듭.

방시레[부] 입을 예쁘게 벌리면서 소리 없이 귀염성스럽게 웃는 모양을 나타내는 말. ☞방그레. 뱅시레. 벙시레. 빵시레

방식(方式)[명] 일정한 형식이나 방법. 법식(法式) ¶일하는 －이 달라졌다.

방식-제(防蝕劑)[명] 금속 표면의 부식을 막는 데 쓰는 물질. 페인트나 흑연, 기름 따위.

방실-거리다(대다)[자] 방실방실 웃다. ☞방글거리다. 뱅실거리다. 벙실거리다. 빵실거리다

방실-방실[부] 자꾸 방시레 웃는 모양을 나타내는 말. ☞방글방글. 뱅실뱅실. 벙실벙실. 빵실빵실

방실-판(房室瓣)[명] 심장의 심방(心房)과 심실(心室) 사이에 있는 판막. 피의 역류를 막음.

방심(芳心)[명] 꽃답고 애틋한 마음이라는 뜻으로, 남을 높이어 그의 친절한 마음씨를 이르는 말. 방정(芳情). 방지(芳志)

방:심(放心)[명][-하다][자] ①마음을 다잡지 않고 놓아 버리는 일. 산심(散心) ¶－은 절대 금물이다. ②염려하던 마음을 놓는 일. 석려(釋慮)

방심(傍心)[명] 삼각형의 한 내각의 이등분선과 다른 두 개의 외각의 이등분선이 만나는 점.

방싯[부] 입을 예쁘게 벌리면서 소리 없이 귀염성스럽게 잠깐 웃는 모양을 나타내는 말. ☞방긋. 뱅싯. 벙싯

방싯-거리다(대다)[－싣－][자] 방싯방싯 웃다. ☞방긋거리다. 뱅싯거리다. 벙싯거리다. 빵싯거리다

방싯-방싯[－싣－][부] 자꾸 방싯 웃는 모양을 나타내는 말. ☞방긋방긋. 뱅싯뱅싯. 벙싯벙싯. 빵싯빵싯

방아[명] 곡식 따위를 찧어서 겉껍질을 벗기거나 빻아서 가루를 내는 데 쓰는 기구 또는 시설. ¶－를 찧다.

방아-게[명] 달랑겟과의 게. 등딱지는 길이 9mm, 너비 11mm 안팎으로 갈색이고, 다리는 회색에 검은 얼룩무늬가 있음. 바닷가나 강가의 진흙 속에 살며, 간조 때에 많이 볼 수 있음.

방아-굴대[－때][명] 물방아 바퀴의 중심을 가로지르는 굵은 나무.

방아-깨비[명] 메뚜깃과의 곤충. 몸빛은 녹색 또는 회색에, 머리 끝이 뾰족함. 두 뒷다리가 매우 크고 길어서 다리 끝을 손으로 쥐면 방아를 찧듯 몸을 끄덕거림.

방아-다리[명] 금이나 은, 옥 따위로 허수아비 비슷하게 만든 노리개의 한 가지.

방아-두레박[명] 지렛대로 물을 푸는 두레박. 우물 옆에 기둥을 세우고 긴 나무를 방아같이 걸쳐 한쪽 끝에 두레박 줄을 달고 한쪽 끝을 눌렀다 놓았다 함. 물방아

방아-벌레[명] 방아벌렛과의 곤충. 몸길이 9mm 안팎으로 원통형이며, 몸빛은 검음. 더듬이는 톱니 모양임. 고목이나 흙 속에 살면서 보리 뿌리를 갉아먹는 해충임. 도끼벌레

방아-살[명] 쇠고기의 등심머리와 채끝 사이에 있는 등심살. ☞안심

방아-쇠[명] ①소총이나 권총 등에 장치되어 있는 굽은 쇠. 집게손가락으로 잡아당겨 탄알이 나가게 함. ②지난날, 화승총(火繩銃)에 화승을 끼던 굽은 쇠. 귀약에 불을 붙이는 데 썼음.

방아-채[명] 방앗공이를 끼운 긴 나무.

방아-촉(－鏃)[명] 물레방아의 방앗공이 끝의 무쇠 촉.

방아타:령(－*打令)[명] 경기 민요의 한 가지. 4분의 3박자이고 장식음이 많은 흥겨운 곡임.

방아틀-뭉치[명] 총의 방아쇠가 달려 있는 쇠뭉치 부분.

방아-품[명] 방아를 찧어 주고 삯을 받는 일, 또는 그 삯.

방아-확[명] 방앗공이가 떨어지는 자리에 놓아, 방아를 찧을 수 있게 돌절구 모양으로 우묵하게 판 돌. 확[1]

방안(方案)[명] 일을 처리할 방법이나 계획. ¶좋은 －을 찾아보다.

방안(方眼)[명] 모눈

방안(芳顔)[명] ①아름다운 얼굴. ②남을 높이어 그의 얼굴을 이르는 말.

방:안(榜眼)[명] 지난날, 과거 급제의 등급에서 갑과(甲科)에 둘째로 급제한 사람을 이르던 말.

방안-지(方眼紙)[명] 모눈종이

방안=지도(方眼地圖)[명] 동서남북으로 좌표선(座標線)이 그려져 있는 지도.

방안=칠판(方眼－板)[명] 가로줄과 세로줄이 일정한 간격으로 그려져 있는 칠판.

방앗-간(－間)[명] 방아로 곡식 따위를 찧거나 빻는 곳.

×**방앗-고**[명] →방앗공이

방앗-공이[명] 방아확에 든 곡식 등을 내리 찧는 몽둥이.
[속담] **방앗공이는 제 산 밑에서 팔아 먹으랬다** : 무엇이나 생산되는 그 본바닥에서 파는 것이 실수가 없지, 이익을 남기려고 멀리 가면 손해를 본다는 말.

방앗-삯[명] 방아를 찧는 삯. 도정료(搗精料)

방애(妨礙)[명][-하다][타] 헤살을 놓아 일이 순조롭게 진행되지 못하도록 함.

방약(方藥)[명] ①약제를 조합(調合)하는 일. ②처방(處方)에 따라 지은 약. ☞방제(方劑)

방-약과(方藥果)[명] 네모나게 만든 과줄. 모과. 방과

방약무인(傍若無人)[성구] 주위에 아무도 없는 것처럼 거리낌없이 함부로 행동함을 이르는 말.

방약합편(方藥合編)[명] 조선 고종 18년(1884)에 황도연(黃度淵)이 엮은 약방문집(藥方文集)을 그의 아들 황필수(黃泌秀)가 증보하여 펴낸 책. 약물의 우리말 이름을 한글로 적어 놓았음. 1권 1책.

방:양(放養)명-하다타 놓아 기름.
방어(防禦)명-하다타 적의 공격이나 상대의 공세를 막음. ¶진지(陣地)를 -하다. ☞공격(攻擊). 수비(守備)
방:어(放語)명-하다자타 방언(放言)
방어(魴魚)명 전갱잇과의 온대성 바닷물고기. 몸길이 100cm 안팎으로 긴 방추형임. 등은 파란빛을 띤 회색이고 배는 은빛을 띤 백색이며, 옆구리에 희미한 황색 띠가 있음. ☞마래미
방어=동맹(防禦同盟)명 제삼국의 공격을 공동으로 막기 위하여 둘 이상의 나라 사이에 맺은 동맹. 방수 동맹(防守同盟) ☞공격 동맹(攻擊同盟)
방어-망(防禦網)명 ①적의 공격을 막기 위하여 배치하고 구축한 병력과 시설. ②정박 중인 함선을 어뢰의 공격으로부터 보호하기 위하여 그 주위에 둘러친 금속제 그물.
방어-사(防禦使)명 조선 시대, 경기도·강원도·함경도·평안도 등 지방의 요긴한 곳을 방어하기 위하여 두었던 종이품 무관(武官) 관직.
방어-선(防禦線)명 적의 공격을 막기 위하여 진을 쳐 놓은 전선(戰線). ¶-을 사수(死守)하다.
방어-율(防禦率)명 야구에서, 투수가 상대 팀의 공격을 방어한 비율. 투수의 자책점(自責點)의 합계를 투구 횟수로 나눈 다음, 9를 곱하여 셈함.
방어-전(防禦戰)명 ①방어를 위주로 하여 적의 공격을 막아내는 전투. 준방전(防戰) ☞공격전. 반격전(反擊戰) ②권투 따위에서, 챔피언이 타이틀을 지키기 위해 하는 경기.
방어-진(防禦陣)명 방어 진지
방어=진지(防禦陣地)명 적의 공격을 막기 위하여 지형을 이용해 병력을 배치한 진지. 방어진
방언(方言)명 ①어느 한 지역에서만 쓰이는, 표준어가 아닌 말. 사투리 ②개신교에서, 성령을 받은 신자가 황홀 상태에서 말한다는, 뜻 모르는 말.

> ▶ **방언(方言)을 표준어로 삼은 단어**
> 표준어 규정으로는 방언이지만 표준어보다 더 널리 쓰이게 된 것은 그 방언을 표준어로 삼았다.
> ¶귀밑머리(←귓머리)/까뭉개다(←까무느다)/
> 막상(←마기)/빈대떡(←빈자떡)/
> 역겹다(←역스럽다)/코주부(←코보)

방:언(放言)명-하다자타 거리낌없이 함부로 말함. 방어(放語)
방:언고론(放言高論)성구 거리낌없이 드러내 놓고 큰소리치는 일을 이르는 말.
방언집석(方言輯釋)명 조선 정조 2년(1778)에 역관(譯官) 홍명복(洪命福)이 엮어 펴낸 외국어 학습서. 한어(漢語)를 표제어로 적고, 그 아래 그에 해당하는 우리말과 청나라말, 몽골말, 일본말을 모두 한글로 표기했음. 4권 1책의 필사본.
방언-학(方言學)명 방언을 연구하는 학문. 언어학의 한 분야임.
방역(防役)명 조선 시대, 시골 백성이 부역을 면하기 위하여 돈이나 곡식 등을 미리 바치던 일.
방역(防疫)명-하다타 전염병 등의 발생·유행·침입을 미리 막는 일. ☞검역(檢疫)
방연(方椽)명 ①네모진 서까래. ②굴도리 밑에 받치는 네모진 나무.
방연-광(方鉛鑛)명 등축 정계(等軸晶系)에 딸린 광물. 납의 중요한 원료로 불투명함.
방연-림(防煙林)명 도시·광산·공장 등에서 배출되는 연기의 해독을 막기 위하여 조성한 삼림.
방:열(放熱)[-녈]명-하다자 물체가 열을 내보냄, 또는 그 열. ¶- 장치 ☞발열(發熱)
방:열-기(放熱器)[-녈-]명 ①증기의 열로 실내 공기를 따뜻하게 하는 난방 장치. ②공기나 물 등의 열을 발산시켜 기계를 냉각하는 장치. 라디에이터(radiator)
방:영(放映)명-하다자타 텔레비전으로 방송을 하는 일. ¶축구 경기 실황 - 시간
방영(芳詠)명 남을 높이어 그가 지은 시가(詩歌)를 이르는 말. 방음(芳吟)
방예원조(方枘圓鑿)성구 모진 자루와 둥근 구멍이라는 뜻으로, 사물이 서로 맞지 아니함을 이르는 말. 원조방예(圓鑿方枘) 준예조(枘鑿) 유방저원개(方底圓蓋)
방옥(房屋)명 재래식 한옥에서, 겨울에 외풍을 막으려고 방 안에 장지를 들이어 조그맣게 막은 아랫방. 가방(假房) ☞윗바람
방외(方外)명 ①구역이나 범위의 밖. ②유가(儒家)에서, '도가(道家)'나 '불가(佛家)'를 이르는 말. ③세속(世俗)의 밖.
방외-객(方外客)명 일어난 일과는 전혀 관계 없는 사람.
방외-범색(房外犯色)명 자기 아내가 아닌 여자와 육체 관계를 가짐. 준방외색(房外色)
방외-사(方外士)명 세속의 일을 벗어난 고결한 사람.
방외-색(房外色)명 '방외범색(房外犯色)'의 준말.
방외-학(方外學)명 유교(儒敎)에서, '불교'나 '도교'를 이르는 말.
방울[1]명 얇은 쇠붙이로 둥글게 만들고 그 속에 단단한 물건을 넣어, 흔들면 소리가 나는 물건. 영탁(鈴鐸) ¶고양이 목에 - 달기.
방울[2]명 ①작고 둥글게 맺힌 액체의 덩어리. ¶풀잎에 이슬 -이 맺혔다. ②〔의존 명사로도 쓰임〕 ¶눈물이 한 - 떨어졌다.
방울-꽃[1]명 꽃송이가 방울 모양인 꽃.
방울-꽃[2]명 '물방울'을 아름답게 이르는 말.
방울-나귀명 몸이 작지만 걸음이 빠른 나귀.
방울-낚시[-낙-]명 낚싯줄에 달아 놓은 방울이 울리는 소리를 듣고 물고기를 낚는 낚시.
방울-눈명 방울처럼 둥글둥글하게 생긴 큰 눈.
방울-뱀명 살무삿과의 독사. 몸길이 2m 안팎. 몸빛은 황록색이며, 등에는 암갈색의 마름모 무늬가 연이어 있음. 꼬리 끝에 방울 모양의 각질이 있어, 위험할 때 꼬리를 흔들어 소리를 냄. 북아메리카 사막 지대에 주로 분포하며 독이 강함.
방울-벌레명 귀뚜라밋과의 곤충. 몸빛은 암갈색 또는 흑갈색이며 더듬이의 길이가 몸의 3배나 됨. 가을에 수컷이 두 날개를 비벼서 방울 소리 비슷한 소리를 냄.
방울-새[-쌔]명 되샛과의 텃새. 몸길이는 15cm 안팎. 수컷의 머리·가슴·배는 녹색이며, 날개에는 갈색 바탕에 황색 띠가 있음. 암컷은 수컷과 비슷하나 색이 흐림. 고운 울음소리를 내며 다른 새의 울음소리를 흉내내기도 함. 동북 아시아에 널리 분포함.
방울-증편(-蒸-)명 떡의 한 가지. 쌀가루를 술에 반죽하여 더운 데서 부풀린 다음 송편처럼 동글게 빚어 늘어놓고, 꿀을 섞은 팥고물을 아래위로 얹어 찐 떡. 떡 위에 여러 가지 고명을 얹기도 함.
방울-집게명 못을 뽑는 연장의 한 가지. 못대가리를 집는 부분이 둥글게 되어 있음.
방원(方圓)명 모진 것과 둥근 것.
방월(方越)명 슬(瑟)의 뒤쪽 아래에 있는 네모진 구멍.
방위(方位)명 ①동서남북 또는 전후좌우를 기준으로 하여 나타내는 어느 쪽의 위치. 방소(方所). 방향 ②민속에서, 음양·오행·간지(干支)·팔괘(八卦) 등을 배치한 각 방향에 따라 길흉을 알아보는 점술.

> ▶ **방위(方位)의 이름**
> 방위는 자오선 방향을 북·남으로, 그것에 직교하는 방향을 동·서로 하여 기준으로 삼는다. 이를 시계 방향으로 8등분하여 북과 동 사이를 북동으로, 다시 16등분하여 북과 북동 사이를 북북동으로 삼는다. 이에 따른 방위 이름은 아래와 같다.
> 북(北)/北北東/北東/東北東
> 동(東)/東南東/南東/南南東
> 남(南)/南南西/南西/南西南
> 서(西)/西北西/北西/北北西

방위(防圍)명-하다타 공격하는 적을 막아서 에워쌈.

방위(防衛)명-하다타 적의 공격을 막아서 지킴. ¶ − 거점(據點)/정당(正當) −

방위-각(方位角)명 관측자가 서 있는 위치에서 볼 때, 물체와 천정(天頂)을 지나는 큰 원의 면이 자오선면과 이루는 각.

방위=도법(方位圖法)[−뻡]명 지도면을 지구의(地球儀) 위의 한 점에 놓고, 이에 접하는 지구 위의 경위선(經緯線)을 지도면에 투영하여 지도를 그리는 방법.

방위-사통(防僞私通)명 지난날, 아전끼리 주고받던 공문. '防僞'의 두 글자를 찍어 사서(私書)와 구별했음.

방위=산업(防衛產業)명 국가 방위에 필요한 병기나 전략 자재 등의 군수품을 생산하는 모든 산업. 군수 산업

방위-선(方位線)명 방향과 위치를 표시하기 위하여 그어 놓은 경선(經線)과 위선(緯線).

방위-선(防衛線)명 적의 공격을 막기 위한 경계선이나 전선(戰線).

방위-세(防衛稅)[−쎄]명 국토 방위를 위한 국방력의 증강에 필요한 재원을 확보하려고 부과하는 국세(國稅).

방위-신(方位神)명 민속에서, 동·서·남·북·중앙의 오방(五方)을 각각 맡아 다스린다는 신장(神將)들. 오방신장(五方神將)

방위=조약(防衛條約)명 집단 안전 보장의 필요에 따라 방위를 목적으로 둘 이상의 국가 사이에 이루어진 국제 조약. 한미 방위 조약, 북대서양 조약 따위.

방위-주(防衛株)명 외국 자본이나 불순한 국내 자본에 대항하기 위하여 기업이 발행하는 주식. 주식 양도나 의결권 행사를 금지함.

방음(防音)명-하다자 밖의 소리가 들리지 않게 하거나 안의 소리가 밖으로 새어 나가지 않도록 막음. 차음(遮音)

방음(芳吟)명 방영(芳詠)

방음=스테이지(防音stage)명 방음 장치를 한, 발성 영화의 실내 촬영장.

방음=장치(防音裝置)명 소리가 안으로 들어오거나 밖으로 새어 나가는 것을 막는 장치.

방음-재(防音材)명 소리를 흡수하는 성질이 있는 건축 재료. 코르크, 유리 섬유, 펠트 따위.

방음=카메라(防音camera)명 발성 영화를 찍는 데 쓰는, 기계 소리가 나지 않는 촬영기.

방의(謗議)명-하다타 여러 사람이 모여 남을 비방함.

방:이다타 ①[윷놀이에서] 말을 방에 놓다. ②목표한 자리를 힘있게 치다.

방이-설화(旁㐌說話)명 신라 시대 사람 방이에 관한 설화. 형과 아우의 갈등을 통하여 권선징악(勸善懲惡)을 이야기함. '동사강목(東史綱目)' 등에 전하며, '흥부전'의 근원 설화라는 견해도 있음.

방:인(旊人)명 물레를 쓰지 아니하고, 틀로 도자기를 만드는 사람.

방인(傍人)명 곁에 있는 사람.

방:일(放逸)명-하다자 제멋대로 행동함. ¶ −한 생활.

방임(坊任)명 지난날, 방(坊)의 공무를 맡아보던 구실아치.

방:임(放任)명-하다타 간섭하지 않고 내버려둠. ¶ 학생들이 알아서 하도록 −하자.

방:임-주의(放任主義)명 ①간섭하지 않고 내버려두는 주의. ②윤리학에서, 선악의 구별에 대하여 서로 다른 여러 가지 의견을 허용하는 타협적이고 포용적인 주의.

방:임=행위(放任行爲)명 법의 보호도 처벌도 받지 아니하는 행위. 곧 범죄가 아닌 행위.

방자명-하다자타 남이 잘 되지 못하게 하거나 재앙을 받게 하기 위하여 신에게 빌거나 방술을 쓰는 짓. ¶ 후궁의 나인들은 매일 중전을 −하기를 일삼았다.

방자(房子·幇子)명 ①조선 시대, 지방 관아에서 심부름하던 남자 하인. ②조선 초기, 궁중의 작은 일을 보살피던 여자 하인.

방자(芳姿)명 꽃다운 자태.

방:자(放恣)어기 '방자(放恣)하다'의 어기(語基).

방:자-고기명 양념을 하지 않고 소금만 뿌려서 구운 짐승의 고기.

방:자무기(放恣無忌)성구 몹시 건방지고 꺼림이 없음을 이르는 말.

방:자-스럽다(放恣−)(−스럽고·−스러워)형ㅂ 말이나 행동 따위에 삼가는 태도가 없이 건방진 데가 있다.
  방자-스레부 방자스럽게

방:자-하다(放恣−)형여 말이나 행동 따위에 삼가는 태도가 없이 건방지다. 자방하다. 자일하다
  방자-히부 방자하게

방장(方丈)명 ①사방 한 길 되는 방. ②절에서, 주지(住持)가 거처하는 방, 또는 그 주지. ③불교에서, 총림(叢林)을 대표하는 중을 이르는 말.

방장(坊長)명 지난날, 행정 구역의 하나인 방(坊)의 우두머리.

방장(房帳)[−짱]명 겨울에 외풍을 막기 위하여 방안에 치는 휘장.

방장(方將)부 ①'이제 곧'이라는 뜻의 한문 투의 말. ②방금(方今)

방장부절(方長不折)성구 한창 자라는 초목은 꺾지 않는다는 뜻으로, 장래성이 있는 사람이나 일에 대해서는 헤살을 놓지 않는다는 말.

방장산(方丈山)명 ①중국의 전설에 나오는 삼신산(三神山)의 하나. ②우리 나라의 '지리산'을 삼신산의 하나로 이르는 말.

방재(防材)명 적의 배가 드나들거나 쳐들어오는 것을 막기 위하여 항만이나 강의 뱃길에 통나무를 쇠줄로 엮어 막아 놓은 시설.

방재(防災)명-하다자타 폭풍·홍수·지진·화재 등의 재해를 막는 일. ¶ − 훈련

방재(方在)부 방금(方今)

방재=설비(防災設備)명 건축 설비 중에서, 재해를 막기 위한 모든 시설. 방화(防火)·소화(消火)·피뢰(避雷)·방진(防震) 설비 따위.

방저(枋底)명 방밑

방저원개(方底圓蓋)성구 네모진 바닥에 둥근 뚜껑이라는 뜻으로, 사물이 서로 맞지 아니함을 이르는 말. 유방예원조(方枘圓鑿)

방적(紡績)명-하다자 동물이나 식물의 섬유를 가공하여 실을 뽑는 일.

방적=견사(紡績絹絲)명 고치실의 지스러기나 풀솜 따위의 짧은 섬유를 원료로 하여 만든 실. 견방사(絹紡絲)

방적=공업(紡績工業)명 동식물의 섬유를 가공하여 실을 뽑는 섬유 공업. 방적업(紡績業)

방적=기계(紡績機械)명 섬유로 실을 만드는 기계.

방적=돌기(紡績突起)명 거미류의 아랫배 끝에 있는, 사마귀 모양의 2~4쌍의 돌기. 여기서 거미줄이 될 점액이 분비됨.

방적=면사(紡績綿絲)명 면화를 방적하여 만든 실을 통틀어 이르는 말.

방적-사(紡績絲)명 ①면화·양모·삼·고치 등의 섬유를 가공하여 만든 실. ②면사 방적 기계로 만든 외올 면사.

방적-업(紡績業)명 방적 공업(紡績工業)

방전(方田)명 네모 반듯한 논밭.

방전(方甎)명 네모 반듯한 벽돌.

방전(妨電)명-하다타 무선 전신에서, 수신하는 쪽에서 전파를 바로 받지 못하게 여러 가지 전기적 영향으로 방해하는 일.

방전(防戰)명 '방어전(防禦戰)'의 준말.

방:전(放電)명-하다자 ①전기를 띠고 있는 물체가 그 전기량을 잃는 현상. ☞충전(充電) ②절연체를 끼고 있는 두 전극 사이에 높은 전압을 넣었을 때 전류가 흐르는 현상.

방:전-관(放電管)명 관 속에 네온이나 아르곤 따위의 기체나 수은 증기를 넣어 막고 관내의 기압을 낮추어 방전할 수 있게 한 전자관.

방:전-광(放電光)명 기체 내의 방전에 따라 생기는 빛.

방:전-등(放電燈)명 기체 내의 방전에 따라 생기는 빛을 이용하는 전등. 네온등·나트륨등·형광등 따위.

방:전-차(放電叉)명 에보나이트의 손잡이 끝에 금속 막대를 구부러지게 붙인 것. 라이덴병이나 그 밖의 축전기의 전하를 중화시키는 데 씀.
방:전-함(放電函)명 방전 현상을 이용하여 하전 입자(荷電粒子)의 비적(飛跡)을 관찰하는 장치.
방점(傍點)[-쩜]명 ①보는 사람의 주의를 불러일으키기 위하여 글자의 옆이나 위에 찍는 점. ②15~16세기 국어 표기법에서, 음절의 성조(聲調)를 나타내기 위하여 글자의 왼쪽에 찍던 점. 사성점(四聲點)
방접-원(傍接圓)명 삼각형의 한 변과 다른 두 변의 연장선에 접하는 원.
방정명 진중하지 못하고 매우 가볍게 하는 말이나 행동.
방정(을) 떨다관용 말이나 행동을 방정맞게 하다.
방정(芳情)명 방심(芳心)
방정(方正)어기 '방정(方正)하다'의 어기(語基).
방정-꾸러기명 걸핏하면 방정을 잘 떠는 사람.
방정-꾼명 방정을 떠는 사람.
방정-맞다[-맏-]형 ①말이나 행동이 매우 경망스럽고 주책없다. ¶방정맞게 웃다. ②요망스럽게 굴어서 상서롭지 못하다. ¶방정맞은 소리 하지 마라.
방정-스럽다(-스럽고·-스러워)형ㅂ 보기에 방정맞은 태도가 있다.
방정-스레부 방정스럽게 ¶- 입을 놀리다.
방정-식(方程式)명 미지수를 가진 등식이 그 미지수에 특정한 값을 주었을 때에만 성립하는 등식. ☞항등식
방정-하다(方正-)형여 ①말이나 행동이 바르고 점잖다. ¶품행이 -. ②물건의 모양이 네모 반듯하다.
방정-히부 방정하게
방제(方劑)명-하다자타 ①약제를 조합(調合)하는 일, 또는 조합한 약. ②약제를 조합하는 방법. ☞방약(方藥)
방제(防除)명-하다타 ①재해에 대한 대책을 세워 미리 막음. ②농작물의 병충해를 예방하거나 없애는 일. ¶과수원에서 - 작업을 시작하다.
방제(旁題)명 신주 아래 왼쪽에 쓰는, 제사를 받드는 사람의 이름.
방조(幇助)명-하다타 어떤 일을 거들어 도와줌.
방조(傍助)명-하다타 옆에서 도와줌.
방조(傍祖)명 육대조(六代祖) 이상 되는, 직계가 아닌 방계의 조상.
방조(傍照)명-하다타 법률에서, 적용할만 한 법문이 없을 때, 그와 비슷한 법문을 참조하는 일.
방조-림(防潮林)명 해안 지방에서, 바닷바람이나 조수·해일 등의 피해를 막기 위하여 조성한 숲. ☞방풍림
방조-범(幇助犯)명 타인의 범죄 행위에 편의를 제공함으로써 성립하는 범죄, 또는 그 범인. 가담범(加擔犯)
방조-제(防潮堤)명 육지로 밀려드는 조수(潮水)를 막기 위하여 바닷가에 쌓은 둑.
방조-죄(幇助罪)[-쬐]명 타인의 범죄 행위에 유형·무형의 편의를 줌으로써 성립하는 죄. ▷幇·幫은 동자
방:종(放縱)명 ①아무 거리낌 없이 제멋대로 행동하는 일. ¶무제한의 자유는 -으로 흐르기 쉽다. ②-하다형 제멋대로 행동하여 거리낌이 없음. ¶-한 생활에 빠지다.
방종(傍腫)명 한방에서, 부스럼이 번져서 곁으로 돋은 작은 부스럼을 이르는 말.
방주(方舟)명 ①네모난 배. ¶노아의 -. ②-하다자타 두 척의 배를 나란히 매어 두는 일.
방주(方柱)명 네모난 기둥.
방주(房主)명 '방주 감찰(房主監察)'의 준말.
방주(蚌珠)명 조개류의 체내에서 형성되는 구슬 모양의 분비물 덩어리. 진주(眞珠)
방주(旁註·傍注)명 본문 옆에 단 주해(註解).
방주=감찰(房主監察)명 조선 시대, 사헌부(司憲府) 감찰 중의 우두머리. 준방주(房主)
방죽명 물이 넘치는 것을 막거나, 물을 가두어 두기 위해 쌓은 둑. ¶무너진 -을 새로 쌓다.
방죽-갓끈[-갇-]명 연밥을 잇달아 꿰어 만든 갓끈.
방중(房中)명 ①방안. 방내(房內) ②절간의 안.
방중-술(房中術)명 방사(房事)의 방법과 기술.
방증(傍證)명-하다타 자백 따위와 같이 범죄를 직접 증명하는 증거는 아니나, 그 주변의 상황 등을 명백하게 하여 범죄의 증명에 간접적으로 도움이 되는 증거.
방지(防止)명-하다타 어떤 일이 일어나지 못하게 막음. ¶도난(盜難) -/사고를 미연에 -하다.
방지(芳志)명 방심(芳心)
방지(旁支)명 본체에서 갈려 나간 가닥.
방-지기(房-)명 ①방을 지키는 사람. ②지난날, 관아의 심부름꾼의 한 사람. 방직(房直)
방지-책(防止策)명 방지하기 위한 계책. ¶도난 -을 강구하다.
방직(房直)명 방지기
방직(紡織)명-하다타 기계를 사용하여 실을 날아서 피륙을 짜는 일. ☞길쌈
방직(方直)어기 '방직(方直)하다'의 어기(語基).
방직-공(紡織工)명 방직 일을 하는 직공.
방직=공업(紡織工業)명 원료에서 실을 만드는 방적 공업과 그 실을 날아서 직물을 짜는 직조 공업, 직물의 염색 등에 관한 공업을 통틀어 이르는 말.
방직=공장(紡織工場)명 직물을 짜는 공장.
방직-기(紡織機)명 '방직 기계(紡織機械)'의 준말.
방직=기계(紡織機械)명 실을 날아서 피륙을 짜는 기계. 준방직기(紡織機)
방직-물(紡織物)명 방직 기계로 짜낸 피륙.
방직-하다(方直-)형여 바르고 곧다.
방진(方陣)명 ①군사를 사각형으로 배치하는 대형. ②자연수를 가로·세로·대각선으로 늘어놓은 숫자의 합이 모두 같게 되도록 배열하는 일.
방진(防振)명-하다자타 진동이 건물 등에 미치는 일을 막음.
방진(防塵)명-하다자타 먼지가 들어오는 것을 막음.
방:짜명 질 좋은 놋쇠를 거푸집에 부어 그릇을 뜬 다음, 다시 두드려서 만든 그릇.
방차(防遮)명-하다타 막아서 가림.
방차(紡車)명 물레[1]
방창(方暢)어기 '방창(方暢)하다'의 어기(語基).
방창-하다(方暢-)형여 바야흐로 화창하다.
방:채(放債)명-하다자 남에게 돈을 꾸어 주고 이자를 받는 일을 직업으로 삼는 일. 대금업(貸金業). 돈놀이. 변놀이
방책(方策)명 방법과 꾀. ¶이 난국을 타개할 좋은 -이 없을까?
방책(防柵)명 적의 침입을 막기 위하여 말뚝을 세워서 만든 울타리.
방:척(放擲)명-하다타 내던져 버림.
방천(防川)명-하다자 둑을 쌓아 냇물이 넘쳐 들어오는 것을 막음, 또는 그 둑. 유냇둑
방천-길(防川-)[-낄]명 둑 위로 난 길.
방천-숲(防川-)명 물이 넘쳐 들어오는 것을 막기 위하여 조성한 숲.
방첨-탑(方尖塔)명 오벨리스크(obelisk)
방첩(防諜)명-하다자 적의 첩보 활동을 막음. ¶- 부대
방청(傍聽)명-하다타 회의나 연설, 또는 공판이나 공개 방송 실황 따위를 곁에서 들음. ¶공판을 -하다.
방청-객(傍聽客)명 방청하는 사람. 방청인(傍聽人)
방청-권(傍聽券)[-꿘]명 방청을 허락하는 표.
방청-석(傍聽席)명 방청하는 사람들이 앉는 자리.
방청-인(傍聽人)명 방청객(傍聽客)
방초(防草)명 용마루의 양쪽 끝에 아귀토를 물리지 않고 내림새를 엎어 놓아 마무른 것.
방초(芳草)명 향기로운 풀. 향초(香草)
방초-박이(防草-)명 수막새가 빠지지 않도록 박는 못.
방-초석(方礎石)명 네모난 주춧돌.
방촌(方寸)명 ①사방 한 치의 넓이. ②사람의 마음은 한 치 사방 넓이의 심장에 깃들인다는 뜻으로, '마음속'을 이르는 말. ¶-의 인(刃)
방추(方錐)명 ①'방추형(方錐形)'의 준말. ②날 끝이 네모

진 송곳.
방추(紡錘)[명] ①물렛가락 ②북²
방추-근(紡錘根)[명] 방추형으로 생긴 저장근의 한 가지. 무·고구마 따위.
방추-사(紡錘絲)[명] 세포가 유사 분열(有絲分裂)을 일으킬 때, 양극(兩極)과 염색체, 또는 염색체와 염색체를 연결하는 물렛가락 모양의 실 같은 것.
방추-체(紡錘體)[명] 세포의 유사 분열의 중기에서 종기(終期)에 걸쳐서 나타나는 방추형의 섬유성 구조.
방추-형(方錐形)[명] 밑면이 정사각형인 각뿔. [준]방추
방추-형(紡錘形)[명] 물렛가락과 비슷한 모양, 곧 양끝이 뾰족한 원기둥 모양.
방축(防縮)[명][-하다][타] 직물이 세탁 등으로 말미암아 줄어들지 않도록 방지함. ¶ - 가공한 직물.
방:축(放逐)[명][-하다][타] ①쫓아냄. ②'방축향리(放逐鄕里)'의 준말.
방:축-향리(放逐鄕里)[명] 지난날, 관직을 삭탈하고 제 고향으로 내쫓는 형벌을 이르던 말. [준]방축(放逐)
방춘(芳春)[명] ①꽃이 한창인 봄. ②방년(芳年)
방춘화시(方春和時)[성구] 바야흐로 봄이 한창 화창한 때를 이르는 말.
방:출(放出)[명][-하다][타] ①한꺼번에 밖으로 내보냄. ¶에너지를 -하다./빛이 -되다. ②비축해 둔 물자나 자금을 풀어서 일반이 쓸 수 있도록 함. ¶정부미를 -하다./자금을 -하다.
방:출-궁인(放出宮人)[명] 지난날, 궁인으로 있다가 대궐 밖으로 나와 살게 된 여자를 이르던 말.
방충(防蟲)[명][-하다][타] 해충의 피해를 미리 막음.
방충-망(防蟲網)[명] 파리·모기·나방 따위의 해충들이 들어오지 못하도록 창문 등에 치는 망.
방충-제(防蟲劑)[명] 해충의 피해를 미리 막는 약제.
방취(防臭)[명][-하다][타] 나쁜 냄새가 풍기지 않게 막음.
방취-제(防臭劑)[명] 나쁜 냄새를 없애는 데 쓰는 약제.
방:치(放置)[명][-하다][타] 내버려둠. 기치(棄置) ¶쓰레기를 길가에 -하다.
방친(傍親)[명] 방계(傍系)의 친척.
방-친영(房親迎)[명][-하다][자] 나이 어린 신랑 신부가 초례를 하고 삼일(三日)을 치를 때, 신부가 신방에 들어가서 얼마 동안 가만히 앉았다가 도로 나오는 일.
방침(方枕)[명] 팔꿈치를 괴고 기대어 앉을 수 있게 만든, 네모난 큰 베개 모양의 물건. 사방침(四方枕)
방침(方針)[명] 방위를 가리키는 자침이라는 뜻으로, 일을 처리해 나갈 방향과 계획을 이르는 말. ¶외교 -
방타(滂沱)[명][-하다][자] ①비가 세차게 쏟아짐. ②눈물이 줄줄 흘러내림.
방탄(防彈)[명][-하다][자] 탄알을 막음. ¶ - 장치
방:탄(放誕)[명][-하다][자] 터무니없이 큰소리만 침.
방탄-유리(防彈琉璃)[-뉴-][명] 총탄의 관통을 막을 수 있도록 특수하게 가공한 강화 유리.
방탄-조끼(防彈-)[명] 권총이나 소총의 탄알을 막고 흉복부를 보호하기 위해 입는 조끼. 합성 섬유 등으로 만듦.
방탄-차(防彈車)[명] 총탄의 관통을 막을 수 있게 만든 특수한 승용차.
방:탕(放蕩)[어기] '방탕(放蕩)하다'의 어기(語基).
방:탕-아(放蕩兒)[명] 방탕한 생활을 하는 남자. 탕아
방:탕-하다(放蕩-)[형][여] 주색(酒色)에 빠져 행실이 좋지 못하다. ¶방탕한 생활로 패가망신하다.
　방탕-히[부] 방탕하게
방토(方土)[명] 어느 한 지방의 땅.
방토(防土)[명] 흙이 무너져 내리는 것을 방지하기 위하여 만들어 놓은 시설.
방토(邦土)[명] 한 나라의 통치권이 미치는 영역. 국토
방통(旁通)[명][-하다][타] 자세하고 분명하게 앎.
방통이[명] 내기를 하거나 새를 잡는 데 쏘는 작은 화살.
방틀(方-)[명] ①모낼 때 못줄 대용으로 쓰는 나무 틀. ②통나무나 각재를 같은 길이로 잘라서 네모나게 귀를 맞추어 '井' 자 모양으로 둘러 짠 틀.
방틀-굿[명] 광산이나 탄광에서, 방틀을 쌓아 올려 땅 속으로 곧게 내려간 구덩이.
방파-제(防波堤)[명] 바깥 바다로부터 밀려오는 거친 파도를 막고, 항만 안을 평온하게 유지하기 위해 바다 속에 쌓아 올린 둑.
방판(方板)[명] 네모 반듯한 널.
방패(方牌)[명] 조선 시대, 관아에서 부리는 하인들이 관아에 출입할 때 허리에 차던 네모진 나무 패.
방패(防牌·旁牌)[명] ①전쟁에서, 적의 창이나 칼, 화살 등을 막는 데 쓰는 무기. ②무슨 일을 할 때에 앞장세울만한 사람을 비유하여 이르는 말. ¶젊은이는 나라의 -.

[한자] **방패 간**(干) 〔干部〕 ¶간과(干戈)/간성(干城)
　방패 순(盾) 〔目部 4획〕 ¶모순(矛盾)

방패-간(防牌干)[명] 한자 부수(部首)의 한 가지. '平'·'幸' 등에서 '干'의 이름.
방패-막이(防牌-)[명][-하다][타] 무엇을 내세워 자신에게 닥쳐오는 어떤 영향 따위를 막아내는 일, 또는 그런 수단이나 방법.
방패-비늘(防牌-)[명] 방패 모양의 물고기 비늘. 상어·가오리 따위의 비늘이 이에 딸림.
방패-연(防牌-)[명] 연의 한 가지. 직사각형 연의 이마에 둥근 달을 오려 붙이고, 중앙 방구멍 좌우에도 색종이를 붙여 장식하며, 세 개의 벌이줄을 잡음.
　[속담] **방패연의 갈개발 같다** : 무엇이 길게 치렁치렁 늘어진 모양을 이르는 말.
방편(方便)[명] ①그때그때의 형편에 따라 일을 쉽게 처리할 수 있는 수단과 방법. ¶임시 - ②불교에서, 보살이 중생을 구제하기 위하여 쓰는 묘한 수단을 이르는 말.
방폐(防弊)[명][-하다][자타] 폐단을 막음.
방폐(房嬖)[명] 지난날, 감사(監司)나 수령(守令) 등의 사랑을 받는 기생을 이르던 말.
방포(方袍)[명] 네모진 두루마기라는 뜻으로, 승려가 입는 가사(袈裟)를 이르는 말.
방:포(放砲)[명][-하다][자] ①지난날, 총이나 대포를 쏘는 일을 이르던 말. ②지난날, 군중(軍中)의 호령으로 총이나 포를 쏘아 소리를 내던 일. ☞발포(發砲)
방풍(防風)¹[명][-하다][자] 바람을 막음.
방풍(防風)²[명] ①미나릿과의 여러해살이풀. 줄기 높이 1 m 안팎. 줄기는 곧게 서며 잎은 깃꼴로 갈라져 있고, 7~8월에 흰 꽃이 가지 끝에 핌. 뿌리는 10~20cm의 방추형으로, 감기나 풍병(風病) 등에 약으로 쓰임. ②한방에서, 방풍나물의 뿌리를 약재로 이르는 말.
방풍-림(防風林)[명] 바람의 피해를 막기 위하여 가꾸는 숲. ☞방수림(防水林). 풍해(風害)
방풍-원(防風垣)[명] 바람을 막기 위하여 만든 울타리.
방풍-채(防風菜)[명] 방풍의 싹을 살짝 데쳐서 소금과 기름에 무친 나물.
방풍-판(防風板)[명] 바람을 막기 위하여 박공의 벽에 붙이는 널빤지.
방:-하다(放-)[타][여]《文》①방매(放賣)하다. ②죄인을 놓아 주다.
방:-하다(倣-)[타][여]《文》그림·글씨·조각 등을 모뜨다. ☞모뜨다. 모하다
방:학(放學)[명][-하다][자] 학교에서 학기가 끝난 뒤에 다음 학기가 시작되기 전까지 일정한 기간 수업을 하지 않는 일, 또는 그 동안. ¶여름 - ☞개학(開學)
방한(防寒)[명][-하다][자] 추위를 막음.
방한(芳翰)[명] 상대편을 높이어 그의 편지를 이르는 말. 방서(芳書). 운한(雲翰)
방한-구(防寒具)[명] 추위를 막는 데 쓰는 옷이나 도구.
방한-모(防寒帽)[명] 추위를 막으려고 쓰는 모자.
방한-벽(防寒壁)[명] 추위를 막으려고 쌓은 벽.
방한-복(防寒服)[명] 추위를 막으려고 입는 옷.
방한-화(防寒靴)[명] 추위를 막으려고 신는 신.
방함(芳銜)[명] 꽃다운 이름이라는 뜻으로, 남을 높이어 그의 '이름'을 이르는 말. 방명(芳名)

방함-록(芳銜錄)명 방명록(芳名錄)
방합(蚌蛤)명 '말조개'의 딴이름.
방합-례(房合禮)명-하다자 재래식 혼례에서, 초례를 마친 뒤 신방에서 신랑과 신부가 인사하는 일, 또는 그 예식.
방해(妨害)명-하다타 남의 일에 헤살을 놓아 해를 끼침. ¶영업 -/소음이 공부에 -가 된다.
방해를 놀다관용 남에게 방해가 되는 짓을 하다.
방해를 놓다관용 방해를 놀다.

한자 방해할 방(妨)〔女部 4획〕¶방애(妨礙)/방해(妨害)

방해(螃蟹)명 방게
방해-꾼(妨害-)명 남의 일에 헤살을 놓는 사람.
방해-물(妨害物)명 방해가 되는 물건.
방해-석(方解石)명 육방정계(六方晶系)에 딸린 광물의 한 가지. 탄산칼슘이 주성분인데, 순수한 것은 무색 투명하며 유리 광택이 남.
방해-죄(妨害罪)[-쬐]명 권리자의 행위나 수익을 방해함으로써 성립하는 죄. 업무 방해죄, 공무 집행 방해죄 따위.
방향(方向)명 ①동서남북 또는 전후좌우를 기준으로 하여 나타내는 어느 쪽의 위치. 방위(方位) ¶어느 -으로 가면 다리가 있습니까? ②향하여 나아가고자 하는 일의 목표. ¶현 정부가 나아가야 할 -을 제시하다.
방향(方響)명 국악기 금부(金部) 타악기의 한 가지. 직사각형의 철판 열여섯 장을 상하 두 단으로 된 가자(架子)에 각각 여덟 장씩 드리워, 각퇴(角槌)로 쳐서 소리를 냄. 조선 초기에는 주로 행악(行樂)에 쓰였고, 그 뒤 당악(唐樂)과 고취(鼓吹)에 편성되어 쓰임.
방향(芳香)명 좋은 향기. 가방(佳芳) ¶난초꽃의 -.
방향-유(芳香油)[-뉴]명 일부 식물의 꽃·잎·열매 등에서 뽑아 낼 수 있는, 향기를 지닌 휘발성 기름. 향료의 원료로 쓰임. 장뇌유·박하유 따위. 정유(精油)
방향=전:환(方向轉換)명-하다자 ①나아가던 방향을 바꿈. ②방침이나 주장을 바꿈.
방향-제(芳香劑)명 좋은 향기로 기분을 상쾌하게 하는 약제를 통틀어 이르는 말.
방향족=화:합물(芳香族化合物)명 분자 안에 벤젠 고리를 가진 유기 화합물을 통틀어 이르는 말. ☞지방족 화합물(脂肪族化合物)
방향=코사인(方向cosine)명 입체 해석 기하학에서, 공간의 유향 직선(有向直線)이 각 공간의 좌표축과 이루는 각의 코사인.
방향-키(方向-)명 비행기의 방향을 조종하기 위하여 꼬리날개 위에 수직으로 세운 장치. 방향타(方向舵)
방향-타(方向舵)명 방향키
방향=탐지기(方向探知器)명 안테나로 전파를 수신하여 그 발신지의 방향을 측정하는 장치. 안테나와 수신기 등으로 이루어짐.
방험-병(防險餠)명 밤·대추·호두·곶감 따위의 살을 짓찧어서 반대기를 지어 볕에 말린 음식. 피난 때나 구황(救荒)에 쓰임.
방혀명 윷판의 한가운데 말밭. 방
방형(方形)명 네모 반듯한 모양.
방호(防護)명-하다타 위험이나 해 따위를 막아 보호함. ¶- 시설/공습으로부터 요새(要塞)를 -하다.
방혼(芳魂)명 세상을 떠난 미인의 넋.
방화(防火)명-하다자 불이 나거나 불이 번지는 것을 막음. ¶- 책임자/- 훈련
방:화(放火)명-하다자 일부러 불을 지름. ¶-로 의심되는 화재. ☞실화(失火)
방:화(榜花)명 지난날, 과거에 급제한 사람 중 나이가 가장 어리고 지체가 가장 높은 사람을 이르던 말.
방화=도료(防火塗料)명 불이 잘 붙지 않는 재료를 섞어 만든 도료. 내화 도료(耐火塗料)
방화-림(防火林)명 산불이 번지는 것을 막기 위하여 삼림 둘레에 불에 잘 타지 않는 나무를 심어 가꾼 숲.
방:화-범(放火犯)명 방화죄를 저지른 사람.
방화-벽(防火壁)명 ①불이 번지는 것을 막기 위하여 건물 경계나 건물 내부에 설치한 내화 구조의 장벽. ②컴퓨터 내의 정보가 새어 나가지 않도록, 네트워크를 통한 불법 접근을 막는 보안 시스템. 기업이나 조직 내부의 네트워크와 인터넷 사이에 전송되는 정보를 선별하여 수용, 거부, 수정 따위를 함.
방화-사(防火砂)명 화재 때, 불을 끄는 데 쓸 수 있도록 마련하여 둔 모래.
방화-선(防火線)명 불이 번지는 것을 막기 위하여 어느 정도의 넓이를 빈 곳으로 둔 지대.
방화-수(防火水)명 화재 때, 불을 끄는 데 쓸 수 있도록 마련해 둔 물.
방화-수(防火樹)명 불이 번지는 것을 막기 위하여 집이나 산림의 주위에 띠 모양으로 심어 두는 나무.
방:화-자(放火者)명 불을 지른 사람.
방화-전(防火栓)명 소화전(消火栓)
방화-제(防火劑)명 불이 붙지 않게 하거나 타오르는 불이 번지지 않도록 하는 데 쓰는 물질. 붕산소다·탄산마그네슘 따위.
방:화-죄(放火罪)[-쬐]명 일부러 불을 질러 국가나 남에게 피해를 입히거나 공공의 위험이 생기게 함으로써 성립되는 죄.
방화=지역(防火地域)명 도시의 화재 또는 그 밖의 재해의 위험을 방지하기 위하여 방화 규제를 받는 지역. 이 지역 안의 건축물은 내화 건축 방식으로 지어야 함.
방환(方環)명 네모지게 만든 고리.
방환(坊還)명 지난날, 방(坊)에서 주던 환곡(還穀).
방:환(放還)명-하다타 지난날, 귀양살이하는 죄인을 풀어 집으로 돌려보내던 일.
방황(彷徨)명-하다자타 ①일정한 목적이나 방향이 없이 이리저리 헤매며 돌아다님. ¶거리를 -하다. ②어찌할 바를 모르고 갈팡질팡 함.
방황=변:이(彷徨變異)명 같은 종류의 생물 가운데서, 유전자나 염색체와는 관계없이 환경의 영향으로 생긴 개체의 변이. 개체 변이(個體變異). 환경 변이(環境變異)
방회(傍灰)명 광중(壙中)의 관 언저리를 메우는 석회.
방:효(倣效)명-하다타 그대로 모떠서 본받음.
방훈(芳薰)명 향기로운 냄새.
방휼지세(蚌鷸之勢)[-찌-]성구 도요새가 방합을 먹으려고 조가비 안에 부리를 넣는 순간, 방합이 조가비를 오므림으로써 결국 서로 다투는 꼴이 되었다는 뜻으로, 서로 물러섬이 없이 맞서서 다투는 형세를 이르는 말.
방휼지쟁(蚌鷸之爭)[-찌-]성구 도요새와 방합이 다투는 틈을 타서 어부가 둘 다 잡았다는 고사에서, 두 사람이 다투고 있는 사이에 다른 사람에게 이익을 빼앗기어 함께 망하게 됨을 비유하여 이르는 말. ☞어부지리(漁父之利)
밭명 ①물을 대지 않고 채소나 곡식을 심어 가꾸는 땅. 전(田). 한전(旱田) ¶-을 갈다. ②어떤 식물이 저절로 우거져 있거나 많이 난 땅. ¶쑥-/억새- ③무엇이 가득 들어찬 땅. ¶모래- ④장기·고누·윷놀이·바둑 등에서, 말이나 돌이 머무르는 자리.
속담 **밭을 사려면 변두리를 보라**: 밭을 사려면 그 밭과 다른 밭의 경계선을 분명히 하고 사야 한다는 말.〔논을 사려면 두렁을 보라〕/**밭 장자(長者)는 있어도 논 장자는 없다**: 논농사보다 밭농사가 더 이익이 있다는 말./**밭 팔아 논 사면 좋아도, 논 팔아 밭 사면 안 된다**: 살림은 줄어드는 방향으로 나가서는 안 된다는 말./**밭 팔아 논 장만할 때는 이밥 먹자고 하였지**: 못한 것을 버리고 나은 것을 취할 때는 더 낫게 되기를 바라서인데, 도리어 그보다 못하게 되었음을 이르는 말.

한자 밭 전(田)〔田部〕¶전곡(田穀)/전답(田畓)
밭갈 경(耕)〔耒部 4획〕¶경작(耕作)/농경(農耕)

밭-접두 '바깥'의 뜻을 나타냄. ¶밭걸이/밭부모/밭사돈
밭-갈이[받-]명-하다자 밭을 가는 일. ☞논갈이
밭-걷이[받거지]명-하다자 밭에 심었던 곡식이나 채소

ㅂ

따위를 거두는 일. ¶ －를 끝내다.

밭-고랑[받－] 명 밭의 이랑과 이랑 사이의 홈이 진 곳. 준 밭골

밭-곡[받－] 명 '밭곡식'의 준말.

밭-곡식[받－] 명 밭에 심어서 거두는 곡식. 보리·밀·조·콩 따위. 전곡(田穀). 전작(田作) 준 밭곡

밭-골[받－] 명 '밭고랑'의 준말.

밭-구실[받－] 명 지난날, 밭을 부치는 사람이 물던 세금.

밭-귀[받－] 명 밭의 한쪽 귀퉁이.

밭-낚걸이[받낙－] 명 택견에서, 발질의 한 가지. 발뒤꿈치로 상대편의 다리 바깥쪽에서 오금을 걸어 당기는 공격 기술.

밭-날갈이[받－] 명 소로 며칠 걸려서 갈 만큼 큰 밭.

밭-너울대기[받－] 명 택견에서, 발질의 한 가지. 원품으로 서서 번갈아 가며 두 무릎을 들어 올려 몸 바깥쪽으로 크게 돌렸다 내렸다 하는 동작.

밭-농사(－農事)[받－] 명 밭에 짓는 농사. 전작(田作) ☞논농사

밭다[1][받－] 자 액체가 바싹 졸아서 말라붙다.

밭다[2][받－] 타 건더기와 액체가 섞인 것을 체 따위로 걸러서 국물만 받아 내다. 밭치다 ¶ 젓국을 －.

밭다[3][받－] 형 ①시간이나 공간의 사이가 매우 가깝다. ¶ 책상과 책상 사이가 －. ②길이가 매우 짧다. ¶ 목이 －. ③숨이 가쁘고 급하다. ¶ 급히 달려와 밭은 숨을 몰아쉰다. ④생각이나 지식 따위가 깊지 못하다. ⑤맺고 있는 관계가 매우 가깝다. ¶ 밭은 친척.

밭다[4][받－] 형 ①아끼는 정도가 지나쳐서 보기에 인색하다. ¶ 재물에 －. ②어떤 사물에 열중하거나 탐내는 정도가 지나치게 심하다. ¶ 낚시에 －. ③음식을 가려먹는 정도가 심하거나 먹는 양이 적다. ¶ 입이 －.

밭다리감아-돌리기[받－] 명 씨름의 다리기술의 한 가지. 상대편이 발다리걸기를 해 올 때 오른쪽으로 돌면서 감겨 있는 오른다리를 감아 돌리면서 넘어뜨리는 공격 재간. ☞뒤축걸어밀기

밭다리-걸기[받－] 명 씨름의 다리기술의 한 가지. 오른다리로 상대편의 오른다리를 밖으로 걸어 앞으로 당겨 중심을 잃게 한 다음 밀어붙여 넘어뜨리는 공격 재간. ☞안다리걸기

밭다리-후리기[받－] 명 씨름의 다리기술의 한 가지. 오른다리로 상대편의 오른다리를 감아 올리면서 넘어뜨리는 공격 재간. ☞앞다리차기

밭-도랑[받－] 명 밭 가로 둘려 있는 도랑. 준 밭돌

밭-도지(－賭地)[받－] 명 남의 밭을 빌려서 부치고 그 세로 해마다 내는 현물.

밭-돌[받－] 명 '밭도랑'의 준말.

밭-두둑[받－] 명 ①밭이랑의 두둑한 부분. ②밭둑

밭-둑[받－] 명 밭 가에 둘려 있는 둑. 밭두둑. 휴반(畦畔)

밭-뒤다[받－] 자 밭을 거듭 갈다.

밭-떼기[받－] 명-하다 타 밭에서 나는 채소·과일·곡물 따위를 수확 전에 밭에 있는 그대로 몽땅 사는 일. ¶ 배추를 －하다.

밭-뙈:기[받－] 명 얼마 안 되는 밭을 이르는 말. ¶ 손바닥만 한 －를 부쳐서 먹고 산다.

밭-마늘[받－] 명 밭에서 재배한 마늘. ☞논마늘

밭-매기[받－] 명-하다 자 밭에 김을 매는 일.

밭-머리[받－] 명 밭이랑의 양쪽 끝이 되는 부분.

밭-못자리[받몯－] 명 밭이나 마른논에서, 물을 대지 않고 키우는 못자리.

밭-문서(－文書)[받－] 명 밭의 소유권을 증명하는 문서. ☞논문서. 땅문서. 집문서

밭-벼[받－] 명 밭에 심는 벼. 산도(山稻). 육도(陸稻). 한도(旱稻)

밭-벽(－壁)[받－] 명 바깥벽

밭-보리[받－] 명 밭에 심는 보리. ☞논보리

밭-부모(－父母)[받－] 명 '아버지'를 달리 이르는 말. 밭어버이. 바깥부모 ☞안부모

밭-사돈[받－] 명 부부의 아버지를 가리켜 사돈 사이에 서로 일컫는 말. 바깥사돈 ☞안사돈

밭-상제(－喪制)[받－] 명 남자 상제를 일컫는 말. 바깥상제 ☞안상제

밭-어버이[받－] 명 바깥일을 돌보는 어버이라는 뜻으로, '아버지'를 이르는 말. 바깥부모. 밭부모 ☞안어버이

밭은-기침 명 병이나 버릇으로, 소리도 크지 않고 힘도 별로 들이지 않으며 자주 하는 기침. ☞마른기침

밭은-오금 명 활의 대림끝과 한 오금의 중간 부분.

밭이다[바치－] 자 체 따위로 밭음을 당하다.

밭-이랑[반니－] 명 밭의 이랑. 전묘(田畝)

> ▶ **'밭이랑'과 받침 규칙**
> '밭＋이랑'은 '실사(實辭)＋실사'의 구성이다. 이와 같은 경우에 앞의 실사의 받침은 본디 음가를 버리고 다른 음으로 발음된다. 곧 '받이랑'으로 '밭'의 'ㅌ' 받침 소리가 대표음 'ㄷ'으로 바뀌고, 그것이 다시 이어지는 단어의 '이'의 영향으로 '받이랑→반니랑'으로 'ㄴ' 소리가 첨가되어 발음된다.
> '솜이불 → 솜니불, 홑이불 → 혼니불, 꽃잎 → 꼰닙'이 그와 같은 예이다.

밭-일[받닐] 명-하다 자 밭에서 하는 농사일. ☞논일

밭장-다리[받－] 명 걸을 때 두 발끝이 바깥쪽으로 벌어지는 다리, 또는 다리가 그렇게 생긴 사람. ☞안짱다리

밭-장치기[받－] 명 택견에서, 발질의 한 가지. 발등으로 상대편의 발 회목의 바깥쪽을 차는 공격 기술.

밭-쟁이[받－] 명 채소 농사를 전문으로 하여 생활을 꾸려 나가는 사람.

밭-전(－田)[받－] 명 한자 부수(部首)의 한 가지. '男'·'畔' 등에서 '田'의 이름.

밭-종다리[받－] 명 할미샛과의 겨울 철새. 종달새와 비슷하나 좀 작음. 등 쪽은 갈색을 띤 감람녹색이며, 배 쪽은 엷은 갈색에 검은 얼룩무늬가 있음. 번식지는 시베리아 동부 지역임.

밭-주인(－主人)[받－] 명 남자 주인을 이르는 말. 바깥주인 ☞안주인

밭-지밀(－至密)[받－] 명 조선 시대, 궁중에서 임금이 거처하는 곳을 이르던 말. ☞안지밀

밭-집[받－] 명 ①조선 시대, 궁중에서 백성들이 사는 집을 이르던 말. ②농작물을 지키거나 농사짓기에 편하도록 논밭 가까이에 간단하게 지은 막. 농막(農幕)

밭-쪽[받－] 명 바깥쪽

밭치다[받－] 타 밭다[2]

밭-풀[받－] 명 밭에 나는 잡풀.

배[1] 명 ①척추동물의 위장·창자 따위의 내장이 들어 있는, 가슴과 골반 사이의 부분. ¶ －를 내밀다. / －가 부르다. 속 배지. 배통. 배퉁이 ②곤충류에서, 머리와 가슴 이외의 몸통 부분. ③길쭉한 물건의 볼록한 가운데 부분. ¶ －흘림기둥 ④사람이나 짐승의 몸에서, 위·창자 따위의 장기(臟器)를 이르는 말. ¶ －가 아프다.

배(가) 다르다 관용 아버지는 같고 어머니가 다르다. ¶ 배가 다른 형제.

배(가) 맞다 관용 ①남녀가 떳떳하지 못하게 정을 통하다. ②떳떳하지 못한 일을 하는 데에 서로 뜻이 통하다.

배(가) 아프다 관용 남이 잘 되는 것이 미워 심술이 나다.

배(를) 내밀다 관용 남의 요구에 쉽게 응하지 않고 버티다.

배(를) 두드리다 관용 생활이 여유 있고 풍족하여 안락하게 지내다.

배(를) 따다 관용 생선 따위의 배를 가르다.

배(를) 불리다 관용 배(를) 채우다.

배(를) 앓다 관용 남이 잘 되는 것이 못마땅하여 가만히 있지 못하다.

배(를) 채우다 관용 옳지 못한 방법으로 재물 따위를 차지하여 욕심을 채우다. 배(를) 불리다.

배를 퉁기다 관용 배짱을 부리며 남의 말에 따르지 않다.

속담 **배가 앞 남산만 하다** : 배가 부르다는 뜻에서 ①임산부의 배를 두고 이르는 말. ②되지 못하게 거만함을 비

유하여 이르는 말. 〔인왕산 중허리 같다〕/**배만 부르면 제 세상인 줄 안다** : 배 불리 먹기만 하면 아무 근심 걱정도 모른다는 말. /**배보다 배꼽이 더 크다** : 마땅히 작아야 할 것이 크고, 적어야 할 것이 많을 때 이르는 말. 〔기둥보다 서까래가 더 굵다/아이보다 배꼽이 더 크다/산보다 골이 더 크다/얼굴보다 코가 더 크다/눈보다 동자가 크다/발보다 발가락이 더 크다/고추장이 밥보다 많다/주인보다 객(客)이 더 많다/바늘보다 실이 굵다/발보다 발바닥이 더 크다/술 값보다 안주 값이 더 비싸다〕/**배 안엣 조부(祖父)는 있어도 배 안엣 형은 없다** : 자기보다 나이가 적은 사람이 할아버지뻘이 되는 수는 있어도 나이 어린 사람보고 형이라고는 하지 않는다는 말.

한자 배 복(腹) 〔肉部 9획〕 ¶공복(空腹)/복근(腹筋)/복막(腹膜)/복부(腹部)/복통(腹痛)/하복(下腹)

배[2] 명 배나무의 열매. 생리(生梨). 쾌과(快果)
속담 **배 먹고 이 닦기** : 배를 먹으면 이도 희어진다는 뜻으로, 한 가지 일로 두 가지 이득이 생기는 경우를 이르는 말. /**배 주고 속 빌어 먹는다** : 크게 이익이 되는 것은 남에게 빼앗기고 그에게서 하찮은 것을 얻는다는 말.

한자 배 리(梨) 〔木部 7획〕 ¶산리(山梨)/이화(梨花)

배[3] 명 사람을 태우거나 물건 따위를 싣고 물 위에 떠서 이동할 수 있도록 만든 탈것. 선박(船舶). 선척(船隻)

한자 배 박(舶) 〔舟部 5획〕 ¶선박(船舶)
배 선(船) 〔舟部 5획〕 ¶상선(商船)/어선(漁船)
배 주(舟) 〔舟部〕 ¶경주(輕舟)/고주(孤舟)/편주(片舟)
배 함(艦) 〔舟部 14획〕 ¶군함(軍艦)/함정(艦艇)
배 항(航) 〔舟部 4획〕 ¶항로(航路)/항해(航海)

배[4] 의 짐승이 새끼를 낳거나 알을 까는 횟수를 세는 단위. ¶한 −에 대여섯 마리씩 낳다.
배:(拜) 명 '절함'의 뜻으로, 편지 끝 이름 아래에 쓰는 한문 투의 말. ¶홍길동 −
배(胚) 명 ①동물의 생식 세포가 수정되어 태(胎)나 알이 된 후부터 새끼로 태어나기 전까지의 개체. 배자(胚子) ②식물의 씨 속에서 자라 나무나 풀의 싹눈이 되는 부분. 배아(胚芽). 씨눈
배:(倍) 명 ①어떤 수량을 두 번 합친 것. 갑절 ¶통상 요금의 −를 주었다. ②〖의존 명사로도 쓰임〗 어떤 수량을 앞의 수만큼 거듭 합한 수량. 곱절 ¶올해는 작년보다 수입이 세 −나 늘었다.
-배(輩) 《접미사처럼 쓰이어》 '무리의 사람'임을 나타냄. ¶소인배(小人輩)/모리배(謀利輩)/정상배(政商輩)/폭력배(暴力輩)
배:가(倍加) 명 -하다 자타 갑절로 늘어남, 또는 갑절로 늘림. ¶고객 − 운동/구호 물품을 −하다.
배각 부 작고 단단한 물체가 서로 닿아 문질릴 때 나는 소리를 나타내는 말. ☞비걱. 빼각
배각(排却) 명 -하다 타 물리쳐 버림.
배각-거리다(대다) 자타 자꾸 배각 소리가 나다, 또는 그런 소리를 내다. ☞비걱거리다
배:각-류(倍脚類) 명 절지동물에 딸린 한 강(綱). 머리가 분명하고 더듬이는 한 쌍이며, 각 몸마디에 두 쌍의 다리가 줄지어 있음. 노래기 따위.
배각-배각 부 배각거리는 소리를 나타내는 말. ¶낡은 계단이 − 소리를 내다. ☞비걱비걱. 빼각빼각
배간(∠焙乾) 명 '배건'의 원말.
배갈 명 수수를 원료로 하여 빚은 중국식 소주. 고량주(高粱酒). 백주(白酒)
배:갑(背甲) 명 게나 거북 따위의 등을 덮고 있는 단단한 껍데기. 등딱지
배:강(背講) 명 -하다 타 책을 보지 않고 돌아앉아서 욈. 배독(背讀). 배송(背誦)
배:객(陪客) 명 신분이 높은 사람을 모시고 자리를 함께 하는 손. 배빈(陪賓)
배건(焙乾) 명 -하다 타 불에 쬐어 말림. 원 배간
배겨-나:다 자 어려운 일에 능히 견디어 나다. ¶야근을 계속하면 몸이 배겨나지 못한다.
배겨-내:다 타 어려운 일을 능히 견디어 내다. ¶힘들고 어려운 고비를 잘 −.
배격(排擊) 명 -하다 타 남의 의견이나 사상, 물건 따위를 배척하여 물리침. ¶사대주의(事大主義)를 −하다.
배:견(拜見) 명 -하다 타 ①삼가 뵘. ②남의 글이나 작품 등을 공경하는 마음으로 봄. 배관(拜觀)
배:경(背景) 명 ①뒤쪽의 경치. ¶산을 −으로 하여 옹기종기 모여 있는 농가들. ②무대 뒷벽에 그린 경치나 무대 위의 장치. ③사진이나 그림 등에서, 그 주요 제재(題材)의 뒤쪽 광경. ④소설이나 극 따위에서, 시대적·역사적인 환경이나 곳. ¶임진왜란을 −으로 한 소설. ⑤어떤 사물에 관한 숨겨진 사정이나 배후. ¶이번 사건에는 정치적 −이 있다. ⑥뒤에서 돌보아 주는 세력이나 힘. ¶−이 든든하다.
배:경=음악(背景音樂) 명 영화나 연극, 방송극 따위에서 대사와 장면에 곁들여 그 효과를 돋우기 위하여 들려 주는 음악. ☞효과음(效果音)
배:경=화:법(背景畫法) [−뻡] 명 미술에서, 한 점을 시점(視點)으로 하여 물체를 원근법에 따라 사람의 눈에 비친 그대로 그리는 방법. 투시도법(透視圖法)
배:계(拜啓) 명 '절하고 아룀'의 뜻으로, 편지 첫머리에 쓰는 한문 투의 말.
배:-계절(拜階節) [−께−] 명 절을 하기 위하여 평평하게 만든 무덤 앞의 자리. 계절(階節)보다 한 층 낮추어 만듦. 배제절(拜除切)
배-고프다 (−고프고·−고파) 형 뱃속이 비어서 무엇이 먹고 싶다. ¶운동을 했더니 몹시 −.
속담 **배고픈 놈더러 요기 시키란다** : 제 일도 감당하지 못하는 사람에게 되지도 않을 일을 요구한다는 말. 〔시장한 사람더러 요기 시키라 한다〕/**배고픈 때에는 침만 삼켜도 낫다** : 배가 고플 때에는 조그마한 것으로 입맛만 다셔도 허기증이 좀 덜하다는 말. /**배고픈 호랑이가 원님을 알아보나** : 가난하고 굶주리면 체면을 돌아볼 겨를이 없다는 말.
배-곯다 자 늘 먹는 것이 적어서 배가 차지 않다.
배:관(拜觀) 명 -하다 타 남의 글이나 작품 등을 공경하는 마음으로 봄. 배견(拜見)
배:관(配管) 명 -하다 자타 가스관이나 수도관 등을 설계에 따라 설치하는 일. ☞배근(配筋) ¶− 공사
배:관(陪觀) 명 -하다 타 지체가 높은 사람을 모시고 함께 구경함. ☞배시(陪侍). 배행(陪行)
배:관-공(配管工) 명 배관 일을 직업으로 삼는 기술자.
배:관-도(配管圖) 명 관의 배치를 표시한 도면.
배:광(背光) 명 후광(後光)
배:광-성(背光性) [−썽] 명 식물의 기관이 빛의 자극을 받았을 때, 그 반대쪽으로 굽는 성질. ☞배일성(背日性). 향광성(向光性)
배:교(背教) 명 -하다 자 믿던 종교를 버리거나 다른 종교로 개종함.
배:구(拜具) 명 '삼가 글월을 갖춤'의 뜻으로, 편지 끝에 쓰는 한문 투의 말.
배구(胚球) 명 동물 발생 초기에 생식 세포가 분열하여 속이 빈 공 모양으로 배열된 것.
배:구(配球) 명 -하다 타 ①야구에서, 투수가 타자에 따라 공을 적절히 조절하여 던지는 일. ②배구·농구·축구 등에서, 다른 선수에게 공을 알맞게 넘겨 주는 일.
배:구(倍舊) 명 이전의 갑절. 배전(倍前)
배구(排球) 명 구기(球技)의 한 가지. 6명씩 또는 9명씩으로 된 두 팀의 선수들이 직사각형의 코트 안에서 손으로 공을 쳐서 중앙에 쳐 놓은 네트 위로 주고받는 경기.
배:궤(拜跪) 명 -하다 자 절하고 꿇어앉음.
배:근(背筋) 명 등에 있는 근육. 등살
배:근(配筋) 명 -하다 자 철근 콘크리트 공사에서, 철근을 설계에 따라 배열하는 일. ☞배관(配管)
배:근(培根) 명 -하다 자타 뿌리를 북돋우어 줌.

ㅂ

배:금(拜金)명 돈을 지나치게 소중히 여김.
배:금-주의(拜金主義)명 돈을 최고의 것이라고 여기고, 그것에 집착하는 경향이나 태도.
배:급(配給)명-하다타 물자나 물품 따위를 여러 몫으로 고르게 갈라 줌. ¶식량을 -하다.
배:급-소(配給所)명 배급을 맡아보는 곳.
배:급-제(配給制)명 식량이나 생활 필수품 따위의 물자를 배급하는 제도.
배:급-표(配給票)명 배급품을 탈 수 있음을 증명하는 표.
배:급-품(配給品)명 배급하는 물품.
배:기(排氣)명-하다자타 ①속에 든 공기를 밖으로 뽑아 냄. ②내연 기관 따위에서 불필요한 증기나 가스를 밖으로 내보냄, 또는 그 증기나 가스. ¶- 장치
-배기 접미 '내용이 차거나 특성을 지닌 대상'의 뜻을 나타냄. ¶나이배기/알배기/언덕배기/진짜배기 ☞-박이
배기=가스(排氣gas)명 내연 기관 따위에서 불필요하여 배출하는 가스.
배기-갱(排氣坑)명 광산에서, 갱 안의 공기를 뽑아 내기 위하여 설치한 수갱(竪坑)이나 갱도.
배기-관(排氣管)명 내연 기관 따위에서 불필요한 증기나 가스를 뽑아 내기 위하여 설치한 관.
배기-기(排氣機)명 배기 펌프(排氣pump)
배기다[1] 자 바닥에 닿는 몸의 부분이 밑에서 단단히 받치는 힘을 느끼게 되다. ¶방바닥에 엉덩이가 배긴다.
배기다[2] 자타 어려운 일을 잘 참고 견디다. ¶고된 훈련을 배겨 내다.
배기-량(排氣量)명 내연 기관 따위에서, 실린더 안의 피스톤이 맨 위에서 맨 아래까지 내려갈 때에 배출되는 기체의 양.
배기=속도(排氣速度)명 일정한 공간 안에 있는 공기를 밖으로 뽑아 내는 속도. 단위 시간 안에 배기되는 기체의 용적으로 표시함.
배:-기수(陪旗手)명 조선 시대, 군영(軍營)의 제조(提調)·대장(大將)·사(使) 등을 따라다니던 기수.
배기-종(排氣鐘)명 배기 펌프를 달아 속을 진공으로 할 수 있는, 실험에 쓰는 종 모양의 유리 그릇.
배기-판(排氣瓣)명 내연 기관 따위에서 배기 가스를 기통(氣筒) 안에서 밖으로 내보내는 판. 폐기판(廢氣瓣)
배기=펌프(排氣pump)명 밀폐된 용기 속의 공기를 빼내어 진공에 가까운 상태로 만드는 펌프. 배기기(排氣機)
배:-꼬:다 타 ①끈 따위를 배틀어서 꼬다. ¶노끈을 -. ②몸을 바로 가지지 못하고 배배 틀다. ¶그는 몸을 배꼬면서 화장실로 뛰어갔다. ③남의 마음에 거슬리도록 말을 배뚜로 하다. ¶그는 남을 배꼬는 나쁜 버릇이 있다. ☞비꼬다
배-꼽 명 ①배 한가운데에 오목하게 들어간, 탯줄이 달렸던 자리. ②열매의 꽃받침이 붙었던 자리. ③소의 양지머리에 붙은 고기.
배꼽(을) 빼다 관용 '몹시 우습다'를 속되게 이르는 말.
배꼽(을) 쥐다 관용 우스움을 참지 못하고 크게 웃다.
배꼽이 웃다 관용 하는 짓이 어이가 없거나 가소롭기 짝이 없다.
속담 **배꼽에 노송(老松)나무 나거든** : 제가 죽어서 땅에 파묻혀 그 배꼽에서 노송나무가 날 때라는 뜻으로, 기약할 수 없는 일이라는 말. 〔군밤에서 싹 나거든/병풍에 그린 닭이 홰를 치거든〕/**배꼽에 어루쇠를 붙인 것 같다** : 눈치가 빠르고 경우가 밝아 남의 속도 잘 알고 일의 잘잘못이나 성패 등도 환히 알아차린다는 말.
배꼽-노리 명 배꼽이 있는 언저리.
배꼽-시계(-時計)명 배가 고픈 느낌으로 끼니때 따위를 짐작하는 일을 익살스럽게 이르는 말.
배꼽-쟁이 명 배꼽이 유난히 큰 사람을 놀리어 이르는 말.
배꼽-점(-占)명 골패(骨牌)로 떼는 점 놀이의 한 가지.
배꼽-점(-點)명 바둑판 한가운데 있는 점, 또는 거기에 놓은 바둑돌. 어복점(於腹點). 천원점(天元點)
배꼽-참외 명 꽃받침이 붙었던 자리가 유난히 볼록하게 내민 참외.
배끗 부 사개 따위가 꼭 들어맞지 않고 좀 어긋나는 모양을 나타내는 말. ☞비끗. 빼끗
배끗-거리다(대다)[-끋-] 자 사개 따위가 배끗배끗 어긋나다. ☞비끗거리다. 빼끗거리다
배끗-배끗[-끋-] 부 자꾸 배끗 하는 모양을 나타내는 말. ☞비끗비끗. 빼끗빼끗
배-나무 명 장미과의 낙엽 활엽 교목. 과실 나무의 한 가지로, 재배종은 관목 모양으로 만들며 높이는 2~3m임. 잎은 길둥글고 가장자리에 톱니가 있으며, 4월경에 흰빛의 다섯잎꽃이 핌. 가을에 맛이 달고 수분이 많은 둥근 열매를 맺음. 이목(梨木)
배나무-방패벌레(-防牌-)명 방패벌렛과의 곤충. 몸길이 3.5mm 안팎. 몸빛은 흑갈색, 날개는 반투명한데 검은 얼룩무늬가 있어 방패 모양과 비슷함. 배나무나 복숭아나무 등의 잎 뒤에 붙어 진을 빨아먹는 해충임. 배냉이벌레
배낭(胚囊)명 종자식물의 밑씨 안에 있는 자성 배우체(雌性配偶體). 나중에 그 안에 배(胚)가 생김.
배:낭(背囊)명 물건을 담아서 등에 질 수 있도록 천이나 가죽 따위로 만든 주머니. ¶- 여행
배내 명 남의 가축을 길러, 다 자라거나 새끼를 낳은 뒤에 주인과 나누어 가지는 일. 반양(半養)
배:내-《접두사처럼 쓰이어》①'어미의 뱃속에 있을 때부터'의 뜻을 나타냄. ¶배내똥/배냇머리/배냇냄새/배냇짓 ☞태생(胎生) ②'태어난 아기의'의 뜻을 나타냄. ¶배내옷
배:내-똥 명 ①갓난아이가 태어나서 처음으로 누는 똥. 산분(產糞). 태변(胎便). 태시(胎屎) ②사람이 죽는 순간에 싸는 똥.
배:내-옷 명 깃과 섶을 달지 않은, 갓난아이의 저고리. 깃저고리. 배냇저고리
배:냇-냄:새 명 갓난아이의 몸에서 나는 냄새.
배:냇-니 명 젖먹이 때 나서 아직 갈지 않은 이. 유치(乳齒). 젖니
배냇-닭 명 배내로 약속하고 기르는 닭.
배냇-돼지 명 배내로 약속하고 기르는 돼지.
배:냇-머리 명 태어난 뒤에 한 번도 깎지 않은 어린아이의 머리털. 산모(產毛). 태발(胎髮)
배:냇-버릇 명 태어날 때부터 가지고 있는 버릇이라는 뜻으로, 오래되어 고치기 힘든 버릇을 비유하여 이르는 말.
배:냇-병:신(-病身)명 태어날 때부터의 병신.
배냇-소 명 배내로 약속하고 기르는 소.
배:냇-저고리 명 배내옷
배:냇-짓 명-하다자 갓난아이가 자면서 눈·코·입 따위를 쫑긋거리는 짓.
배냉이-벌레 명 '배나무방패벌레'의 딴이름.
배년(排年)명-하다타 한 해에 얼마씩 나누어 몇 해에 걸쳐 별러 줌.
배농(排膿)명-하다자 염증으로 고름이 생긴 곳을 째어 고름을 빼냄.
배뇨(排尿)명-하다자 오줌을 눔.
배:다[1] 자 ①물기나 냄새 따위가 물체에 스미어 들다. ¶수건에 땀이 -./고기 냄새가 옷에 -. ②버릇이 되어 익숙해지다. ¶일이 몸에 -. ③흔적 같은 것을 지니다. ¶유품들에는 선인의 숨결이 배어 있다.
배:다[2] 타 사람이나 동물이 태(胎) 안에 아이나 새끼를 가지다. 임신하다 ¶첫 아이를 -.
속담 **배지 아니한 아이를 낳으라 한다** : 도무지 안 되는 무리한 요구를 한다는 말.
배:다[3] 자타 식물의 이삭이 패려고 자라 부풀다. ¶이삭이 -./이삭을 밴 벼 포기.
배:다[4] 형 ①한곳에 모여 있는 여럿의 사이가 서로 매우 가깝다. ¶강당 안에 의자를 배게 놓다. ☞성기다. 촘촘하다 ②소견이 좁다. ¶이제 너도 성인인데 그처럼 속이 배서야 되겠니?
배-다르다(-다르고·-달라)형르 아버지는 같으나 낳은 어머니가 다르다. ¶배다른 동생.

배-다리 명 ①여러 척의 작은 배를 잇대어 띄워, 그 위에 널빤지를 깔아 만든 다리. 선교. 주교 ②교각을 세우지 않고 널빤지만 가로질러 놓은 다리. ☞부교(浮橋)
배다릿-집 명 대문 앞 도랑 위에 걸쳐 놓은 배다리를 건너 드나드는 집.
배:단(拜壇) 명 절을 하기 위해 신위 앞에 놓은 단.
배:달(*倍達) 명 '배달나라'의 준말.
배:달(配達) 명 -하다 타 물품을 가져다가 몫몫이 갈라서 여러 군데로 나누어 줌. ¶신문 -
배:달-겨레(*倍達-) 명 배달민족
배:달-나라(*倍達-) 명 상고 시대의 우리 나라 이름. 단국(檀國) 준 배달
배:달-민족(*倍達民族) 명 단군의 자손들, 곧 '우리 민족'을 이르는 말. 배달겨레 준 배달족
배:달-원(配達員) 명 배달하는 일을 직업으로 하는 사람.
배:달-족(*倍達族) 명 '배달민족'의 준말.
배:달=증명=우편(配達證明郵便) 명 우편물을 배달하였다는 증명서를 우편물을 보낸 사람에게 보내 주는 특수 우편의 한 가지.
배달직입(排闥直入) 성구 주인의 허락 없이 함부로 남의 집에 들어감을 이르는 말.
배담=작용(排膽作用) 명 쓸개즙이 쓸개의 수축에 따라 십이지장으로 배출되는 일.
배:당(配當) 명 -하다 타 ①몫몫이 갈라 줌. ¶일을 -하다. ②주식 회사가 이익금을 현금이나 주식으로 할당하여 주주에게 나누어 주는 일. ¶이익금을 -하다.
배:당-금(配當金) 명 ①몫몫이 갈라 주는 돈. ②주식에 대한 배당 이익.
배:당=담보=계:약(配當擔保契約) 명 특정한 주식 회사에 대하여 일정한 비율의 이익 배당을 가능하게 하기 위하여 보조금을 주기로 약속하는 계약.
배:당-락(配當落) 명 매매되는 주식에서, 배당 기준일이 지나 배당금을 받을 수 없게 된 상태. ☞배당부(配當附)
배:당-률(配當率) 명 출자한 액수에 대한 배당금의 비율.
배:당=보:증(配當保證) 명 국가나 공공 단체가 특정한 주식 회사에 대해 일정한 비율의 이익 배당을 보증하는 일.
배:당-부(配當附) 명 매매되는 주식에서, 배당금을 받을 권리가 있는 상태. ☞배당락(配當落)
배:당=소:득(配當所得) 명 법인으로부터 받는 이익, 또는 이자의 배당, 잉여금의 분배, 증권 투자나 신탁의 수익 분배 따위로 말미암은 소득.
배:당-주(配當株) 명 주주에 대하여 현금을 배당하는 대신 나누어 주는, 납부가 끝난 주식.
배:당-체(配糖體) 명 당류가 알코올이나 페놀류의 수산기(水酸基)와 결합한 화합물을 통틀어 이르는 말.
배:덕(背德) 명 -하다 자 도덕에 어긋남.
배:도(背道) 명 -하다 자 도리에 어긋남.
배:도(配島) 명 -하다 타 섬으로 귀양보냄.
배:도겸행(倍道兼行) 성구 이틀 걸릴 길을 하루에 걸음을 이르는 말.
배:독(拜讀) 명 -하다 타 남의 글을 존경하는 마음으로 읽음. 배람(拜覽). 배송(拜誦)
배:독(背讀) 명 -하다 타 배강(背講)
배-돌다(-돌고·-도니) 자 한데 어울리지 아니하고 좀 떨어져서 밖으로만 돌다. ☞베돌다
배동 명 곡식의 이삭이 패려고 대가 불룩해지는 현상.
　배동이 서다 관용 곡식의 이삭이 패려고 대가 불룩해지다.
배동-바지 명 벼가 배동이 설 무렵.
배-두렁이 명 어린아이의 배만 겨우 가리는 작은 두렁이.
배둥근-끌 명 조각하는 데 쓰는 끌의 한 가지. 날이 반달 모양으로 되어 있음.
배둥근-대:패 명 대패의 한 가지. 날이 반달 모양으로 되어 나무의 면을 둥글게 밀어 내는 데 쓰임. 둥근대패 ☞개탕대패. 배밀이. 변탕. 장대패
배드민턴(badminton) 명 직사각형의 코트 안에서 양 선수가 라켓으로 셔틀콕을 쳐서 코트 중앙에 쳐 놓은 네트 위로 주고받는 경기.
배듬-하다 형여 '배스듬하다'의 준말.
　배듬-히 부 배듬하게
배:등(倍騰) 명 -하다 자 물건 값이 갑절로 오름.
배-따라기 명 ①서경(西京) 악부(樂府) 열두 가지 춤의 하나. 배를 타고 중국으로 떠나는 사신들의 출발 광경을 묘사하였음. ②서도(西道) 민요의 한 가지. 배따라기 춤을 출 때 나중에 부르는 노래임. 이선악곡(離船樂曲) 원 배떠나기 ☞선유락(船遊樂)
배딱-거리다(대다) 자 물체가 요리조리 갸울다. ☞비딱거리다. 빼딱거리다
배딱-배딱[1] 부 물체가 요리조리 갸우는 모양을 나타내는 말. ¶- 흔들리다. ☞비딱비딱[1]. 빼딱빼딱[1]
배딱-배딱[2] 부 -하다 형 여럿이 다 한쪽으로 배스듬하게 갸울어 있는 모양을 나타내는 말. ¶보리 이삭들이 - 한쪽으로 쏠려 있다. ☞비딱비딱[2]. 빼딱빼딱[2]
배딱-하다 형여 한쪽으로 배스듬하게 갸울어 있다. ¶배딱하게 서 있는 버드나무. ☞비딱하다. 빼딱하다
　배딱-이 부 배딱하게 ☞비딱이. 빼딱이. 삐딱이
배-때기 명 '배[1]'를 속되게 이르는 말.
배때-벗다[-벋-] 형 말이나 행동이 거만하고 얄밉게 반드럽다.
배-떠나기 명 '배따라기'의 원말.
배뚜로 부 배뚤어지게 ¶선이 - 그어졌다. ☞비뚜로. 빼뚜로
배뚜름-하다 형여 물체가 조금 배뚤거나 배뚤어진듯 하다. ☞비뚜름하다. 빼뚜름하다
　배뚜름-히 부 배뚜름하게 ☞비뚜름히. 빼뚜름히
배뚝-거리다(대다) 자 배뚝배뚝 갸울다. ☞비뚝거리다. 빼뚝거리다
배뚝-배뚝 부 균형이 잡히지 아니하여 이쪽저쪽으로 갸우뚱갸우뚱 하는 모양을 나타내는 말. ☞비뚝비뚝
배뚤-거리다(대다) 자 물체가 요리조리 갸울며 움직이다. ☞비뚤거리다. 빼뚤거리다
배뚤다(배뚤고·배뚜니) 형 ①물체가 바르지 못하고 한쪽으로 갸울어져 있다. ¶액자가 배뚤게 걸려 있다. ②생각 따위가 바르지 아니하고 좀스럽게 꼬여 있다. ¶배뚠 심성. ☞비뚤다
배뚤-배뚤[1] 부 배뚤거리는 모양을 나타내는 말. ¶필통 속 물건들이 - 흔들리다. ☞비뚤비뚤[1]. 빼뚤빼뚤[1]
배뚤-배뚤[2] 부 -하다 형 선이나 줄 따위가 곧지 않고 요리조리 고부라져 있는 모양을 나타내는 말. ¶글씨를 - 쓰다. ☞비뚤비뚤[2]. 빼뚤빼뚤[2]
배뚤어-지다 자 ①물체가 바르지 아니하고 한쪽으로 갸울어지다. ¶배뚤어진 대나무. ②생각 따위가 그릇된 쪽으로 좀스럽게 꼬이다. ¶배뚤어진 심사. ☞비뚤어지다. 빼뚤어지다
배라-먹다 자타 '빌어먹다'를 더 얕잡는 어감(語感)으로 이르는 말.
배란(排卵) 명 -하다 자 성숙기에 이른 포유류의 암컷의 난소(卵巢)에서 성숙한 난세포가 배출되는 일.
배:람(拜覽) 명 -하다 타 배독(拜讀)
배랑-뱅이 명 '거지'를 낮잡아 이르는 말. ☞비렁뱅이
배래[1] 명 '배래기'의 준말.
배래[2] 명 육지에서 멀리 떨어진 바다 위.
배래기 명 ①물고기 배 부분. ②한복 소매 아래쪽에 불룩하게 둥글린 부분. 준 배래[1]
배:량(倍量) 명 어떤 양의 갑절이 되는 양.
배럴(barrel) 의 야드파운드법의 용량 단위. 주로 액체 계량에 쓰임. 석유의 경우 1배럴은 158.9L임.
배럴스커:트(barrel skirt) 명 허리와 치맛자락에 주름을 잡아서 통 모양으로 만든 스커트.
배:려(背戾) 명 -하다 자 배반되고 어그러짐.
배:려(配慮) 명 -하다 자타 도와 주거나 보살펴 주려고 이리저리 마음을 씀. 배의(配意) ¶선생님의 -로 그는 무사히 졸업하였다.
배:령(拜領) 명 -하다 타 배수(拜受)
배:례(拜禮) 명 -하다 자 머리를 숙여 절을 함. ¶부처님에

게 -하다.

배롱 (焙籠) [명] 지난날, 화로 위에 씌워 놓고 그 위에 기저귀나 젖은 옷을 얹어 말리던 기구.

배:롱-나무 [명] 배롱나뭇과의 낙엽 활엽 소교목. 높이는 7m 안팎. 잎은 마주나고 잎자루가 없으며 광택이 남. 7~9월에 붉은빛의 다섯잎꽃이 가지 끝에 피고, 열매는 10월경에 익음. 중국 원산으로 관상용으로 심음. 백일홍(百日紅). 자미(紫薇)

배롱-질 (焙籠-) [명] -하다 [자] 지난날, 기저귀나 젖은 옷 따위를 배롱에 얹어 말리던 일.

배:뢰 (蓓蕾) [명] 막 피려 하는 꽃봉오리.

배:료 (配料) [명] 지난날, 귀양살이하는 사람에게 주던 식료.

배:류 (輩流) [명] 나이나 신분이 서로 같거나 비슷한 사람. 동배(同輩)

배:리 (背理) [명] ①도리(道理)나 사리(事理)에 어긋나는 일. ☞패리(悖理) ②논리학에서, 부주의로 생기는 추리의 착오를 이르는 말. 반리(反理). 역리(逆理)

배:리 (陪吏) [명] ①조선 시대, 세자를 곁에서 모시던 나이 어린 아전. ②관원에 딸리어 사무를 보좌하던 아전.

배리다 [형] ①생선에서 나는 냄새나 맛과 같은 데가 있다. ②신선한 피의 냄새나 맛과 같은 데가 있다. ③날콩을 씹을 때의 맛과 같은 데가 있다. ④하는 짓이 좀스럽고 째째하여 보기에 아니꼽다. ☞배리착지근하다. 배리치근하다. 배릿하다. 비리다

배리-배리 [부] -하다 [형] 몹시 야위고 약한 모양을 나타내는 말. ¶몸이 - 말랐다. ☞비리비리

배리착지근-하다 [형여] 맛이나 냄새가 좀 배리다. ㊅배착지근하다 ☞배리치근하다. 비리척지근하다

배리치근-하다 [형여] 냄새나 맛이 조금 배리착지근한듯하다. ㊅배치근하다 ☞배리착지근하다. 비리치근하다

배림 (排臨) [명] 아기를 낳을 때, 태아의 머리가 나왔다 들어갔다 하는 상태.

배립 (排立) [명] -하다 [자] 줄지어 죽 늘어섬.

배릿-배릿 [-린-] [부] -하다 [형] ①냄새나 맛이 매우 배린 느낌을 나타내는 말. ¶-한 생선 냄새. ②남에게 구차스레 무엇을 청할 때 스스로 느끼는, 다랍고 아니꼬운 느낌을 나타내는 말. ☞비릿비릿

배릿-하다 [-린-] [형여] 좀 배린듯 한 느낌이 있다. ¶콩이 덜 삶아졌는지 -. ☞비릿하다

배메기 [명] -하다 [타] 지주와 소작인이 소출을 똑같이 나누는 일, 또는 그 제도. 반타작. 병작(竝作)

베메기=농사 (-農事) [명] 배메기로 약속하고 짓는 농사.

배메깃-논 [명] 배메기로 약속하고 부치는 논.

배:면 (背面) [명] 등 쪽의 면, 또는 향한 곳의 뒤쪽.

배:명 (拜命) [명] -하다 [자] 명령 또는 임명을 삼가 받음.

배목 [명] 문고리를 걸거나 자물쇠를 채우기 위하여 둥글게 구부려 만든 고리 걸쇠.

배:무 (背舞) [명] -하다 [자] 서로 등지고 춤을 춤, 또는 그 춤.

배:문 (拜聞) [명] -하다 [타] 전해 주는 말을 공경하는 마음으로 삼가 들음.

배:문 (配文) [명] 지난날, 형조(刑曹)에서 죄인을 귀양보낼 때에 귀양지의 관아에 보내던 통지.

배문 (排門) [명] 지난날, 죄인의 집 대문에 그 죄목을 써서 붙이던 일.

배:-문자 (背文字) [-짜] [명] 책 표지의 등에 박은 글자.

배:물-교 (拜物教) [명] 원시 종교 형태의 한 가지. 주물에 영검이 있다고 하여 신성히 여기고 숭배함.

배미 [명] ①'논배미'의 준말. ②〔의존 명사로도 쓰임〕 구획진 논을 세는 단위. ¶마을 입구의 열 - 논.

배민 (排悶) [명] -하다 [자] 마음속의 괴로움을 물리침.

배-밀이[1] [명] ① -하다 [타] 재래식 한옥에서, 살밀이의 하나. 문살의 등의 양 옆에 홈이 있고, 복판이 볼록 나오게 밀어 모양을 내는 일, 또는 그런 문살. ☞골밀이. 원밀이 ②배밀이대패

배-밀이[2] [명] -하다 [자] 어린아이가 엎드려서 배를 밀며 기어 다니는 짓.

배밀이-대패 [명] 배밀이하는 데 쓰는 대패. 배밀이[1]

배반 (杯盤) [명] ①흥겹고 운치 있게 노는 잔치. ②술상에 차려 놓는 그릇, 또는 그 안에 담긴 음식.

배반 (胚盤) [명] 조류나 파충류 따위의 알의 노른자위에 희게 보이는 원형질.

배반 (背反·背叛) [명] -하다 [타] 의리나 믿음을 저버리고 돌아섬. ¶친구를 -하다.

[한자] 배반할 반(叛) 〔又部 7획〕 ¶반란(叛亂)/반역(叛逆)

배반=사:건 (排反事件) [-껀] [명] 수학의 확률론에서, 둘 이상의 사건이 있을 때 그 중 한 사건이 일어나면 나머지 사건은 절대로 일어나지 않을 경우, 그 사건 상호간을 이르는 말.

배:반-자 (背反者) [명] 배반한 사람.

배:배 [부] 여러 번 작게 꼬이거나 뒤틀린 모양을 나타내는 말. ☞비비

배배 꼬다 [관용] ①여러 번 배틀어서 꼬다. ¶실을 -./수염을 -. ②수줍거나 어찌할 줄을 몰라 몸을 배틀다. ¶여자 앞에만 서면 몸을 배배 꼰다. ③은근히 배꼬다. ¶말을 배배 꼬아 하다. ☞비비 꼬다.

배배 꼬이다 [관용] ①여러 번 배틀려 꼬이다. ¶배배 꼬인 밧줄. ②수줍거나 어찌할 줄을 몰라 몸이 배틀리다. ¶몸이 -. ③일이 잘 풀리지 아니하고 매우 틀어지다. ¶일이 -. ④사실 그대로 받아들이지 아니하고 곱새기는 데가 있다. ¶배배 꼬인 생각. ☞비비 꼬이다.

배배 틀다 [관용] ①여러 번 배틀다. ¶빨래를 배배 틀어 짜다. ②지루하거나 하여 가만 있지 못하고 몸을 요리조리 움직이다. ¶강의를 들으며 몸을 -. ☞비비 틀다.

배배 틀리다 [관용] ①여러 번 배틀리다. ¶커튼이 -. ②지루하거나 하여 몸이 요리조리 배틀리다. ③감정 따위가 매우 뒤틀리다. ¶심사가 -. ☞비비 틀리다.

배:백 (拜白) [명] '엎드려 사뢰'의 뜻으로, 편지 끝에 쓰는 한문 투의 말.

배뱅잇굿 [명] 서도(西道) 지방의 민속 창극의 한 가지. 한 사람의 배우가 창(唱)으로 여러 사람의 구실을 도맡아 엮어 나가는 푸닥거리로, 죽은 처녀 배뱅이의 혼을 불러 부모와 만나게 하려는 내용임.

배번 (背番) [명] 등번호

배변 (排便) [명] -하다 [자] 대변을 몸 밖으로 내보냄.

배:별 (拜別) [명] -하다 [자타] 존경하는 사람과 이별함. ¶스승을 -하다.

배:병 (配兵) [명] -하다 [자타] 공격이나 방어가 적당한 곳에 병사를 배치함, 또는 그 병사.

배:복 (拜伏) [명] -하다 [자] 절하여 엎드림.

배:복 (拜復·拜覆) [명] '삼가 회답함'의 뜻으로, 편지 글 첫머리에 쓰는 한문 투의 말. ☞경복(敬復). 복계(復啓)

배복 (陪僕) [명] 지체가 높은 사람을 시중드는 하인.

배:본 (配本) [명] -하다 [타] 새로 펴낸 책을 거래처에 보내거나 구독자에게 돌라 주는 일. 배책(配冊)

배:부 (背夫) [명] -하다 [자] 남편을 배반함.

배:부 (背部) [명] ①등 부분. ☞복부 ②어떠한 면의 뒤쪽.

배:부 (配付) [명] -하다 [타] 돌라서 나누어 줌. ¶인사부에서 입사 원서를 -한다.

배:부 (配賦) [명] -하다 [타] 돌라 매김. ¶세금을 -하다.

배-부르다 (-부르고·-불러) [형르] ①더 먹고 싶은 생각이 없을 만큼 음식이 양에 차다. ¶배부르게 먹다. ②배가 불룩하게 내밀어 있다. ③넉넉하여 아쉬운 것이 없다. ¶배부른 소리를 하다.

배부른 흥정 [관용] 되면 좋고 안 되어도 아쉬울 것 없는 흥정이라는 뜻에서, 아쉬움이 없어 급히 서두르지 않고 마음에 차면 하고 하기 싫으면 안 한다는 말.

[한자] 배부를 포(飽) 〔食部 5획〕 ¶포감(飽感)/포식(飽食)

배:부-세 (配賦稅) [-쎄] [명] 조세 징수에서, 미리 조세 수입의 액수를 결정하여 그것을 납세자나 과세 목적물에 별러 매기는 세금.

배부장-나:리 [명] 배가 불룩하게 나온 사람을 놀리어 이르는 말.

배:분(配分)명-하다타 몫몫이 갈라 줌. 분배(分配)
배불(排佛)명-하다자 불교를 배척함.
배-불뚝이명 배가 불뚝하게 나온 사람.
배-불리부 배부르게 ¶ - 먹고 지내다.
배불=숭유=정책(排佛崇儒政策)명 조선 시대, 불교를 배척하고 유교를 숭상하던 정책.
배-붙이기[-부치-]명 명주 올이 겉에 나오고 무명 올이 안으로 가게 짠 피륙.
배비(排比)명-하다타 비례에 따라 몫몫이 나눔.
배비장전(裵裨將傳)명 조선 후기에 '배비장타령'을 한글 소설로 개작한 작자와 연대를 알 수 없는 작품.
배비장타령(裵裨將*打令)명 조선 순조 때 학자 송만재가 엮은 관우희(觀優戲)에 나오는 판소리 열두 마당의 하나.
배:빈(陪賓)명 ①지체가 높은 사람을 모시고 자리를 함께 하는 손. 배객(陪客) ②주빈(主賓) 이외의 손.
배빗-대명 베틀에 딸린 기구의 한 가지. 도투마리에 베실을 감을 때, 사이사이에 끼는 나무 오리.
배:사(背斜)명 지각(地殼)에 수평으로 작용하는 힘으로 말미암아, 물결 모양으로 습곡이 진 지층의 봉우리 부분. ☞향사(向斜)
배:사(拜賜)명-하다타 어른이 주는 것을 공손히 받음.
배:사(拜謝)명-하다자 어른에게 공손히 사례함.
배:사(拜辭)명-하다타 공손히 사양함.
배:사(倍蓰)명 '배(倍)'는 갑절, '사(蓰)'는 다섯 곱절의 뜻으로, '갑절 이상 댓 곱절 가량'을 이르는 말.
배:사-곡(背斜谷)명 지층의 배사 부분이 침식을 받아 이루어진 골짜기.
배:사=구조(背斜構造)명 지각의 변동이나 압력으로 생긴, 낙타의 등과 같이 울퉁불퉁한 모양의 지질 구조.
배:-사령(陪使令)명 지난날, 관원을 모시고 다니던 관아의 심부름꾼. 배하인(陪下人)
배사-문(排沙門)명 쌓인 모래를 흘려 내리기 위하여 만든 수문(水門).
배:사-축(背斜軸)명 지층의 배사 부분의 중축(中軸).
배:사축-면(背斜軸面)명 배사의 양쪽에서 같은 거리에 있는 면.
배삭(排朔)명-하다타 한 달에 얼마씩으로 정하여 여러 달에 걸쳐 벼름. 배월(排月)
배:산임수(背山臨水)성구 산을 등지고 물에 임한 땅의 형세를 이르는 말.
배:상(拜上)명-하다타 편지 끝에, 삼가 올림의 뜻으로 쓰는 한문 투의 말.
배:상(拜相)명-하다타 정승 관직을 삼가 임명을 받음.
배상(賠償)명-하다타 남에게 입힌 손해를 물어 줌. ¶손해 -을 청구하다.
배상=권리자(賠償權利者)명 손해 배상을 청구할 권리가 있는 사람. ☞배상 의무자(賠償義務者)
배상-금(賠償金)명 남에게 입힌 손해를 물어 주기 위하여 내는 돈.
배상=꽃차례(杯狀-)[-꼳-]명 유한(有限) 꽃차례에 딸린 특수한 꽃차례. 꽃대와 포엽(苞葉)이 술잔 모양을 이루고 그 속에 퇴화한 수꽃과 암꽃이 피는 것. 배상 화서(杯狀花序) ☞단산(團繖) 꽃차례
배상-꾼명 거만한 태도로 몸을 아끼고 꾀만 부리는 사람을 가벼이 여겨 이르는 말.
배상-부리다자 거만한 태도로 몸을 아끼고 꾀만 부리다.
배상=시:설(賠償施設)명 전쟁 배상에서, 전쟁에 진 나라가 이긴 나라에 배상금 대신 제공하는 각종 시설물.
배상-액(賠償額)명 배상금의 액수.
배상=의:무자(賠償義務者)명 손해 배상을 해야 할 의무가 있는 사람. ☞배상 권리자(賠償權利者)
배상-주의(賠償主義)명 형벌의 목적은, 범죄로 사회에 끼친 무형적 손해를 배상시키는 데에 있다는 주의.
배상=화서(杯狀花序)명 배상(杯狀) 꽃차례 ☞유한 화서
배:색(配色)명-하다자타 두 가지 이상의 색을 알맞게 섞음, 또는 섞은 그 색.
배:서(背書)명-하다자 ①책장 또는 서면(書面) 등의 뒤쪽에 글씨를 씀, 또는 그 글씨. ②어음이나 그 밖의 지시 증권 뒷면에 아무에게 양도 또는 입질(入質)한다는 뜻을 글로 적는 일. 뒷보증. 전서(轉書)
배:서-인(背書人)명 배서로 어음 또는 지시 증권을 양도하거나 입질(入質)한 사람.
배:석(拜席)명 의식에서, 절하는 곳에 까는 자리.
배:석(陪席)명-하다자 신분이 높은 사람을 모시고 자리를 같이함. ¶양국 정상 회담에 많은 기자들이 -하다.
배:석=판사(陪席判事)명 합의 재판에서, 자리를 같이하는 재판장 이외의 판사.
배:선(配船)명-하다자 일정한 항로(航路)나 구간(區間)에 선박을 배치하는 일.
배:선(配線)명-하다자 ①전력을 사용하려고 전선을 끌어 설치하는 일. ¶전기 - 공사 ②전기 기기나 전자 기기의 각 부분을 전선으로 잇는 일. ☞배선도(配線圖)
배:선-도(配線圖)명 전기 기기나 건축물 등의 내부 배선을 나타낸 도면.
배:선-함(配線函)명 가공(架空) 케이블을 가공 나선(裸線)에 접속시키는 곳에 두는 함. 그 안에 피뢰기(避雷器) 등을 장치하여 과대한 전압이나 전류에 따른 케이블의 손상을 막음.
배설(排泄)명-하다타 동물이 노폐물이나 불필요한 물질을 몸 밖으로 내보냄. 배출(排出)
배설(排設)명-하다타 의식에 필요한 제구들을 벌여 차림.
배설-강(排泄腔)명 배설기와 생식기(生殖器)를 겸하고 있는, 동물의 항문에 해당하는 부분. 양서류·파충류·조류 따위에서 볼 수 있음.
배설-기(排泄器)명 배설 작용을 하는 기관.
배설-물(排泄物)명 배설된 물질. 똥·오줌·땀 따위.
배설-방(排設房)명 조선 시대, 대궐 안에서 차일이나 휘장 따위를 치는 일을 맡아보던 곳.
배설=작용(排泄作用)명 동물체가 노폐물(老廢物)이나 불필요한 물질을 몸 밖으로 내보내는 작용.
배:성(陪星)명 행성의 둘레를 도는 별. 위성(衛星)
배:소(拜疏)명-하다자 상소(上疏)
배:소(配所)명 지난날, 죄인이 귀양살이를 하는 곳을 이르던 말. 적소(謫所)
배:소(焙燒)명-하다타 광석이나 금속 따위를 융해점 이하에서 가열하는 일. 야금(冶金)에서, 화학적 조성(組成)을 변화시키는 준비 조작임.
배:속(配屬)명-하다타 어떠한 곳에 배치하여 일하게 함. ¶다른 부대에 -되다.
배:속=장:교(配屬將校)명 군사 훈련을 실시하기 위하여 학교 등에 배치한 장교.
배:송(拜送)명-하다타 ①공손히 보냄. ②지난날 민속에서, 천연두를 앓은 뒤 열사흘 만에 두신(痘神)을 전송하던 일. ③불교에서, 귀신에게 밥을 차려 주고 경문을 읽은 다음 귀신을 내보내는 일.
배송을 내다관용 ①두신(痘神)을 전송하는 푸닥거리를 하다. ②'쫓아내다'의 곁말.
배:송(拜誦)명-하다타 남의 글을 존경하는 마음으로 읽음.
배:송(背誦)명-하다타 배강(背講)
배:송(配送)명-하다타 별러서 보내 줌.
배:수(背水)명 댐이나 수문으로 하천을 막았을 때, 상류에 괴는 물.
배:수(拜手)명-하다자 손을 맞잡고 읍하여 절함.
배:수(拜受)명-하다타 공손하게 삼가 받음. 배령(拜領)
배:수(配水)명-하다자 상수도 등의 물을 곳곳에 보냄.
배:수(配囚)명 귀양살이하는 죄수.
배:수(倍數)명 ①어떤 수의 갑절이 되는 수. ②자연수 'a'가 다른 자연수 'b'로 나누어떨어질 때 'b'에 대하여 'a'를 이르는 말. ☞약수(約數)
배수(排水)명-하다자 ①안에 들어 있는 물을 밖으로 빼냄. ¶- 시설 ②물에 잠기는 물체가 물 속에 잠긴 부피만큼의 물을 밀어내는 일. ☞저수(貯水)
배:수(陪隨)명-하다타 지체가 높은 사람을 모시고 뒤따름.
배수-갱(排水坑)명 광산 등에서 갱 안의 물을 밖으로 뽑

아내기 위하여 만든 갱도(坑道).
배:수-관(配水管)명 상수도 등의 물을 곳곳에 보내는 관.
배수-관(排水管)명 물을 뽑아내는 관.
배수-구(排水口)명 물을 빼거나 물이 빠지는 곳.
배수-구(排水溝)명 배수로(排水路)
배수-량(排水量)명 ①배가 물에 떴을 때에 그 무게만큼 밀려나가는 물의 중량. ②펌프가 물을 뽑아내는 분량.
배수-로(排水路)명 빼낸 물을 흘려보내기 위하여 만든 물길. 배수구(排水溝)
배:수-성(倍數性)[-썽]명 어떠한 생물의 염색체 수가 같은 종(種)의 통상적인 염색체 수의 갑절인 현상.
배:수=세:대(倍數世代)명 수정(受精)한 후 감수 분열할 때까지의 세대. ☞반수 세대(半數世代)
배:수-지(配水池)명 급수 지역에 수돗물을 공급하기 위하여, 수원지에서 끌어온 물을 가두어 두는 저수지.
배:수-진(背水陣)명 진법(陣法)의 한 가지. 강이나 호수, 바다 따위의 물을 등지고 치는 진. 물러서면 물에 빠지게 되므로 결사적으로 적과 싸우게 됨.
배수진을 치다관용 더 이상 물러설 곳이 없다는 필사적인 각오로 맞서다.
배:수-체(倍數體)명 배수성을 가진 개체.
배:수-탑(配水塔)명 상수도의 물을 공급하기 위하여 높이 가설한 물 저장 시설.
배수-펌프(排水pump)명 불필요한 물을 뽑아내는 데 쓰는 펌프. 건축이나 토목, 광산 등에서 쓰임.
배수=현:상(排水現象)명 식물이 식물체 안의 쓸모없는 수분을 물의 형태로 밖으로 내보내는 현상. 대나무나 벼 따위에서 흔히 볼 수 있음.
배-숙(-熟)명 전래 음료의 한 가지. 배의 껍질을 벗겨 통후추를 드문드문 박고, 생강을 저며 넣은 꿀물에 서서히 끓여 차게 식힘. 이숙(梨熟)
배-숨쉬기명 복식 호흡(腹式呼吸)
배스듬-하다형여 좀 갸운듯 하다. 준배듬하다 ☞비스듬하다
배스듬-히부 배스듬하게 ☞비스듬히
배스름-하다형여 조금 비스름한 데가 있다. ☞비스름하다
배슥-거리다(대다)자 어떤 일을 탐탁하게 여기지 아니하고 자꾸 배돌다. ☞베슥거리다
배슥-배슥부 배슥거리는 모양을 나타내는 말. ¶ - 낯을 가리다. ☞베슥베슥
배슥-하다형여 조금 갸울다. ☞비슥하다
배슥-이부 배슥하게 ☞비슥이
배슬-거리다(대다)[1]자 일을 피하여 살살 배돌다. ☞베슬거리다
배슬-거리다(대다)[2]자 힘없이 배틀거리다. ¶ 병든 나귀 새끼처럼 -. ☞비슬거리다
배슬-배슬[1]부 일을 피하여 살살 배도는 모양을 나타내는 말. ¶ - 피해 다닌다. ☞베슬베슬
배슬-배슬[2]부 힘없이 배틀거리는 모양을 나타내는 말. ¶ - 겨우 걷다. ☞비슬비슬
배슷-하다형여 꽤 갸울다. ☞비슷하다[1]
배슷-이부 배슷하게 ☞비슷이
배:승(拜承)명-하다타 삼가 공손히 받거나 들음.
배:승(陪乘)명-하다타 수레 따위의 탈것에, 지체가 높은 사람을 모시고 탐.
배:승(倍勝)어기 '배승(倍勝)하다'의 어기(語基).
배승-하다(倍勝-)형여 갑절이나 더 낫다.
배:시(陪侍)명-하다타 지체가 높은 사람을 곁에서 모심.
배시시부 입을 조금 벌리면서 소리 없이 순하게 웃는 모양을 나타내는 말. ¶ - 웃다.
배:식(配食)[1]명-하다자타 음식을 몫몫이 나누어 줌.
배:식(配食)[2]명-하다타 배향(配享)
배:식(陪食)명-하다자 웃어른을 모시고 함께 음식을 먹음. 반식(伴食). 시반(侍飯). 시식(侍食)
배:식(培植)명-하다타 식물을 심고 가꿈.
배:신(背信)명-하다자타 신의(信義)를 저버림.
배:신(陪臣)명 가신(家臣)
배:신-자(背信者)명 신의(信義)를 저버린 사람.
배실-거리다(대다)[1]자 어떤 일을 얌치 없이 살살 피하다. ☞베실거리다
배실-거리다(대다)[2]자 힘이 없어 제대로 걷지 못하고 배틀거리다. ☞비실거리다
배실-배실[1]부 어떤 일을 얌치 없이 살살 피하는 모양을 나타내는 말. ☞베실베실
배실-배실[2]부 힘이 없어 제대로 걷지 못하고 배틀거리는 모양을 나타내는 말. ¶ 잘 걷지도 못하고 - 하다. ☞비실비실
배:심(背心)명 배반하려는 마음. 반심(叛心). 반의(叛意)
배:심(陪審)명-하다자 ①재판의 소송 심리(審理)에 배석(陪席)하는 일. ②형사 소송에서, 배심원이 재판의 심리나 기소에 참여하는 일.
배:심-원(陪審員)명 일반 국민 가운데 선출되어 배심 재판에 참여하는 사람. ☞참심원(參審員)
배:심=재판(陪審裁判)명 배심 제도에 따른 재판. 배심원들의 판단을 반영하는 재판 제도임.
배:심=제:도(陪審制度)명 일정한 수의 배심원들이 형사 소송 사건의 심리(審理)나 기소(起訴)에 참여하는 재판 제도. 재판관의 법률 적용에 국민의 건전한 상식적 판단을 반영시키기 위한 것으로, 영미법(英美法)의 중요한 특색임.
배-쌈명 뱃바닥의 가장자리에 빙 둘러싸서 일정한 높이로 붙여 올린, 배의 벽을 이루는 부분.
배쓱-거리다(대다)자 이리저리 쓰러질듯이 배틀거리다. ☞비쓱거리다
배쓱-배쓱부 이리저리 쓰러질듯이 배틀거리는 모양을 나타내는 말. ☞비쓱비쓱
배아(胚芽)명 식물의 씨 속에서 자라 나무나 풀의 싹눈이 되는 부분. 배(胚)
배아-미(胚芽米)명 ①벼를 약간만 쓿어서 배아가 다 떨어져 나가지 않도록 한 쌀. ②물에 축이어 둔 벼가 싹이 막 터져 나올듯 말듯 하게 된 것을 말려서 찧은 쌀.
배악-비명 ①가죽신의 창이나 울 속에 두껍게 대는, 여러 겹으로 붙인 헝겊 조각. 배포(褙布) ②헝겊이나 종이 또는 칠감 등을 거듭 발라서 두껍게 하는 일. 준백비
배알명 '창자'를 속되게 이르는 말. 준밸
배알이 꼴리다관용 배알이 뒤틀리다.
배알이 뒤틀리다관용 비위에 거슬리고 몹시 아니꼬운 생각이 들다를 속되게 이르는 말. 배알이 꼴리다
배:알(拜謁)명-하다타 지체가 높거나 존경하는 사람을 만나 뵘. 면알(面謁) ¶ 여왕을 -하다.
배-앓이[-알-]명 배를 앓는 병. ☞뱃병
×**배암**명 →뱀
배:암투명(背暗投明)성구 그른 길을 버리고 옳은 길로 돌아섬을 이르는 말.
배:압(背壓)명 증기 기관이나 내연 기관에서 뿜어 나오는 배기의 압력.
배:액(倍額)명 두 배의 값.
배:약(背約)명-하다자 약속을 어겨 저버림.
배:양(培養)명-하다타 ①식물을 가꾸어 기름. ②사람을 유능하게 길러 냄. ¶ 인재를 -하자. ③미생물이나 동물의 조직의 일부를 인위적으로 길러 증식시킴. ¶ 세균을 -하다.
배:양-기(培養基)명 배양액(培養液)
배:양-액(培養液)명 미생물이나 동식물의 조직을 배양하는 데 필요한 영양분을 넣어 만든 액체. 배양기(培養基). 배지(培地)
배:양-토(培養土)명 식물 재배에 쓰기 위하여 인위적으로 거름을 섞어 걸게 한 흙.
배-어루러기명 배에 난 털의 빛깔이 얼룩얼룩한 짐승.
배:역(背逆)명-하다타 은혜를 저버리고 배반함.
배:역(配役)명-하다타 연극·영화 따위에서, 배우에게 어떤 구실을 맡기는 일, 또는 맡긴 그 구실.
배연(排煙)명 ①굴뚝 따위에서 뿜어 나오는 연기. ②

-하다 자 건물 따위의 안에 들어찬 연기를 밖으로 뽑아 냄.

배:열 (背熱) 명 한방에서, 등에 신열을 느끼는 증세를 이르는 말.

배:열 (排列) 명 -하다 타 일정한 차례나 간격으로 죽 벌여 놓음. ¶단어를 알파벳 순서로 －하다.

배엽 (胚葉) 명 동물의 개체 발생 초기에 나타나는 세 켜의 세포층. 내배엽·외배엽·중배엽으로 나뉘며 각각의 배엽에서 일정한 기관이 만들어짐.

배:영 (背泳) 명 수영법의 한 가지. 물 위에 반듯이 누워서 치는 헤엄. 등헤엄 ☞송장헤엄

배:외 (拜外) 명 -하다 타 다른 나라의 문물이나 사상 따위를 떠받듦. ¶－ 사상 ☞배외(排外)

배:외 (排外) 명 -하다 타 다른 나라의 문물이나 사상 따위를 꺼리어 물리침. ☞배외(拜外)

배:우 (配偶) 명 부부를 이루는 짝. 배필(配匹)

배우 (俳優) 명 ①연극이나 영화 등에서, 극 중의 어떤 인물로 분장하여 연기하는 사람. ②광대

배우다 타 ①지식이나 기술 따위의 가르침을 받다. ¶영어를 －./일을 －./피아노를 －. ②남의 행동이나 태도를 본받아 그대로 따르다. ¶아이들은 부모를 보고 배운다. ③어떤 습관이나 습성 등이 몸에 배다. ¶술과 담배를 －. ④경험하여 잘 알게 되다. ¶인생의 참뜻을 －. 속담 **배운 도둑질 같다** : 어떤 일이 버릇이 되어 자꾸 하게 된다는 말. [세 살 적 버릇이 여든까지 간다]/**배워야 면장이다** : 남의 윗자리에 서려면 지식이 많아야 한다는 말.

한자 배울 학(學) [子部 13획] ¶만학(晩學)/면학(勉學)/수학(修學)/학문(學問)/학습(學習) ▷속자는 学

배:우=상속인 (配偶相續人) 명 배우자인 상속인.

배:우=생식 (配偶生殖) 명 두 개의 생식 세포가 한 몸이 되어 새로운 개체를 만드는 일.

배:우-자 (配偶子) 명 유성 생식(有性生殖)에서, 합체(合體)나 접합(接合)에 관여하여 새로운 개체를 만드는 생식 세포. 정자나 난자 따위. ☞동형 배우자(同形配偶子). 이형 배우자(異形配偶子)

배:우-자 (配偶者) 명 부부의 한 쪽에서 본 다른 쪽을 이르는 말. 곧 남편에 대한 아내, 아내에 대한 남편.

배:우자=접합 (配偶子接合) 명 단세포 생물에서, 모체에 만들어진 배우자로 이루어지는 접합.

배:우-체 (配偶體) 명 배우자(配偶子)를 만들어 생식을 하는 유성 세대(有性世代)의 생물체. 양치식물의 전엽체(前葉體) 따위. ☞포자체(胞子體)

배움-배움 명 보고 듣고 배워서 아는 지식이나 교양. ¶－이 남다르다./－이 그저 그렇다.

배움-터 명 배우는 곳. 학원(學園)

배웅 명 -하다 타 떠나는 사람을 잠시 따라 나가 인사하여 보냄. 배행(陪行) ¶손님을 －하다. ☞마중

배워-먹다 타 '배우다'를 속되게 이르는 말.

배월 (排月) 명 -하다 타 배삭(排朔)

배:위 (拜位) 명 의식 등에서, 절을 하도록 정해 놓은 자리.

배:위 (配位) 명 부부가 모두 세상을 떠난 경우, 그 '아내'되는 이를 존경하는 뜻으로 일컫는 말.

배:위 (陪衛) 명 -하다 타 조선 시대, 왕세자가 나들이할 때 그를 모시고 따르던 일.

배:위=결합 (配位結合) 명 결합에 관여하는 두 개의 원자 중 한쪽의 원자에서 제공된 전자쌍(電子雙)을 두 원자가 공유함으로써 생기는 화학 결합.

배:위-설 (配位說) 명 착화합물(錯化合物) 안에 금속 원자를 중심으로 일정한 수의 원자나 이온, 기(基)가 입체적으로 결합 배치되어 있다는 주장.

배유 (胚乳) 명 배젖

배:율 (倍率) 명 렌즈나 현미경, 망원경 따위로 물체를 볼 때 실제 물체와 확대된 상(像)의 크기의 비율. 확대율(擴大率)

배율 (排律) 명 한시체(漢詩體)의 한 가지. 오언(五言) 또는 칠언(七言)의 대구(對句)를 열두 짝, 곧 여섯 구 이상으로 배열해 놓은 율시(律詩).

배:은 (背恩) 명 -하다 자 은혜를 저버림. 고은(孤恩) ☞보은(報恩)

배:은망덕 (背恩忘德) 성구 남에게서 입은 은덕을 잊고 저버림을 이르는 말.

배:음 (背音) 명 라디오 방송 등에서, 대사(臺詞)나 해설 등을 할 때 효과를 내려고 곁들이는 음악이나 음향.

배:음 (倍音) 명 어떤 진동체가 내는 기본음의 정수배(整數倍)의 진동수를 가진 음.

배:의 (配意) 명 -하다 자타 배려(配慮)

배일 (排日)[1] 명 -하다 타 날마다 얼마씩 나누어 벼름.

배일 (排日)[2] 명 -하다 자 일본(日本)의 문물이나 사상 따위를 꺼리어 물리침. 유 항일(抗日) ☞친일(親日)

배:일-성 (背日性) [－썽] 명 식물의 기관이 햇빛의 자극을 받았을 때, 그 반대쪽으로 굽는 성질. ☞배광성(背光性). 향일성(向日性)

배:임 (背任) 명 -하다 자타 ①임무를 저버림. ②임무의 본뜻에 어긋남.

배:임-죄 (背任罪) [－쬐] 명 다른 사람에게서 위탁을 받아 사무를 처리하는 사람이 자기나 제삼자의 이익을 꾀하여, 또는 위탁자에게 손해를 끼칠 목적으로 맡은 일에 어긋난 짓을 하여 위탁자에게 재산상의 손해를 끼친 죄.

배:입 (倍入) 명 -하다 자 예정한 수량보다 갑절이 듦.

배잉 (胚孕) 명 -하다 타 아이를 뱀, 또는 새끼를 뱀.

배자 (－子) 명 '패자(牌子)'의 변한말.

배자 (胚子) 명 배(胚)

배자 (排字) 명 -하다 자 글씨를 쓰거나 인쇄할 판을 짤 때, 글자를 알맞게 벌여 놓는 일.

배:자 (褙子) 명 한복 저고리 위에 입는 단추가 없는 조끼 모양의 덧옷.

배자-예:체 (－子例債) 명 지난날, 잡혀 가는 죄인이 법사(法司)의 사령(使令)에게 인정으로 주던 돈.

배:장-품 (陪葬品) 명 부장품(副葬品)

배:재 (培栽) 명 -하다 타 재배(栽培)

배-재기 명 애를 배어 배가 부른 여자를 놀리어 이르는 말.

배-저녁나방 명 밤나방과의 곤충. 몸길이 1.5～2cm. 몸빛은 거무스름한 잿빛임. 유충은 배나무나 벚나무 따위의 해충임.

배:적 (配謫) 명 -하다 타 죄인을 귀양지로 보냄.

배:전 (拜氈) 명 종묘(宗廟)나 문묘(文廟) 등에, 절을 하기 위하여 만들어 놓은 단(壇)에 깔린 벽돌.

배:전 (倍前) 명 '이전의 갑절'이라는 뜻으로, 전보다 더 한층. [주로 '배전의' 꼴로 쓰임] 배구(倍舊) ¶－의 노력이 필요하다.

배:전 (配電) 명 -하다 자 전력을 여러 곳으로 나누어 보냄.

배:전-반 (配電盤) 명 전로(電路)의 개폐(開閉)나 기기(器機)의 제어(制御)를 쉽게 하기 위하여 안전 장치, 개폐기, 계기 등을 장치한 반(盤). 발전소나 변전소, 전기 시설이 되어 있는 건물 등에 설치함.

배:전-선 (配電線) 명 발전소나 변전소에서, 전력을 여러 곳으로 나누어 보내기 위하여 가설한 전선.

배:전-소 (配電所) 명 발전소나 변전소에서 보내 온 전력을 다시 여러 곳으로 나누어 보내는 곳.

배:-젊다 [－점따] 형 나이가 매우 젊다.

배:점 (背點) [－쩜] 명 천구상(天球上)에서 태양 향점의 반대편에 있는 점. ☞향점(向點)

배:점 (配點) [－쩜] 명 -하다 자 점수를 배정함, 또는 그 배정한 점수. ¶문제마다 －을 달리하다.

배:접 (褙接) 명 -하다 타 종이나 헝겊, 얇은 널조각 따위를 여러 겹 포개어 붙임.

배:정 (拜呈) 명 -하다 타 '삼가는 마음으로 공손히 드림'의 뜻으로 쓰는 한문 투의 말. 근정(謹呈)

배:정 (配定) 명 -하다 타 알맞게 나누어 몫을 정함. ¶인원 －/강의 시간을 －하다.

배정 (排定) 명 -하다 타 여러 군데로 갈라서 알맞게 벌여 놓음. ¶자리를 －하다.

배-젖 (胚－) 명 식물의 씨앗 속에 있어 발아에 필요한 양분을 저장하고 있는 조직. 배유(胚乳). 씨젖

ㅂ

배:제(背題)명 지난날, 백성들이 낸 소장(訴狀) 뒤편에 판결 내용을 적던 일, 또는 그 내용. ☞제사(題辭)
배:제(配劑)명-하다타 여러 가지 약제를 알맞게 섞음.
배제(排除)명-하다타 받아들이지 아니하고 물리쳐 제외함. ¶사회 정책에서 ―된 소외 계층.
배:-제절(拜除切)[―쩨―]명 배계절(陪階節)
배:-좁다형 ①자리가 매우 좁다. ¶매우 배좁은 다락방. ②너비가 매우 좁다. ¶배좁은 뒷골목. ☞비좁다
배:종(背腫)명 등창
배:종(陪從)명-하다타 임금이나 지체가 높은 사람을 모시고 따라다니는 일. 배호(陪扈)
배-주(―舟)명 한자 부수(部首)의 한 가지. '航'·'艏' 등에서 '舟'의 이름.
배주(杯酒)명 ①잔에 따른 술. ②한 잔의 술. 잔술
배주(胚珠)명 종자식물(種子植物)의 암술에 있는 생식 기관. 가루받이하여 씨가 되는 부분임. 밑씨
배주룩-배주룩부-하다형 여럿이 다 배주룩한 모양을 나타내는 말. ☞비주룩비주룩. 빼주룩빼주룩
배주룩-하다형여 물체의 끝이 좀 내밀려 있다. ¶배주룩하게 돋은 싹. ☞비주룩하다. 빼주룩하다
배주룩-이부 배주룩하게 ☞비주룩이. 빼주룩이
배죽[1]부 ①얼굴이나 물체의 모습만 잠깐 드러내는 모양을 나타내는 말. ¶얼굴만 ― 내밀었다 사라지다. ②무엇이 못마땅하거나 하여 입을 좀 내미는 모양을 나타내는 말. ¶말없이 입술만 ― 내밀다. ☞배쭉[1]. 비죽[1]. 빼죽[1]. 빼쭉[1]
배죽[2]부-하다형 물체의 일부가 좀 내밀려 있는 모양을 나타내는 말. ☞배쭉[2]. 비죽[2]. 빼죽[2]. 빼쭉[2]
배죽-이부 배죽하게 ☞배쭉이. 비죽이. 빼죽이. 빼쭉이
배죽-거리다(대다)타 언짢거나 울음을 참으려 할 때 입을 자꾸 배죽 내밀다. 배죽이다 ¶입을 배죽거리다가 마침내 울음을 터뜨리다. ☞배쭉거리다. 비죽거리다. 빼죽거리다. 빼쭉거리다
배죽-배죽[1]부 배죽거리는 모양을 나타내는 말. ¶― 입을 내밀다. ☞배쭉배쭉[1]. 비죽비죽[1]. 빼죽빼죽[1]. 빼쭉빼쭉[1]
배죽-배죽[2]부-하다형 물체의 일부가 조금씩 내밀려 있는 모양을 나타내는 말. ¶새싹들이 ― 돋아 나 있다. ☞배쭉배쭉[2]. 비죽비죽[2]. 빼죽빼죽[2]. 빼쭉빼쭉[2]
배죽-이다타 배죽거리다 ☞배쭉이다. 비죽이다. 빼죽이다. 빼쭉이다
배:준(陪罇)명 제사를 지낼 때, 큰 술 그릇 좌우에 벌여 놓는 작은 술잔.
배중-론(排中論)명 배중률(排中律)
배중-률(排中律)명 형식 논리학에서, 두 개의 모순된 개념 사이에는 중간 존재인 제삼자가 있을 수 없다는 논리. 배중론. 배중 원리 ☞동위 원리(同位原理)
배중=원리(排中原理)명 배중률(排中律)
배:증(倍增)명-하다자타 갑절로 늘어남. ¶교통 사고가 ―하다./육류의 수요가 ―하다.
배:지명 '배[1]'의 속된말.
배지(―旨)명 '패지(牌旨)'의 변한말.
배:지(培地)명 미생물이나 동식물의 조직을 배양하는 데 필요한 영양분을 넣어 만든 액체. 배양액(培養液)
배:지(陪持)명 ①지난날, 지방 관아에서 장계(狀啓)를 가지고 서울로 가던 사람. ②조선 시대, 말을 타고 급한 공문을 전달하던 사람. 기발(騎撥)
배지(badge)명 휘장(徽章)
배-지기명 씨름의 허리기술의 한 가지. 왼쪽 하복부와 왼쪽 허리로 상대편을 들어올리고 뒤꿈치를 들어 오른쪽으로 돌면서 던져 넘어뜨리는 공격 재간. ☞돌림배지기
배-지느러미명 물고기의 배에 달린 지느러미. 대개 좌우에 한 쌍이 있으며 몸을 나아가게 하는 구실을 함. 복기(腹鰭)
배:지-성(背地性)[―썽]명 ①동물이 지구의 인력과 반대 방향으로 뛰거나 날려고 하는 성질. ②식물의 줄기가 지구의 중력과 반대 방향으로 굽는 성질. ☞향지성(向地性)
배:진(拜診)명-하다타 웃어른을 삼가 공손히 진찰함.
배:진(拜塵)명-하다자타 윗사람이 탄 수레가 일으키는 먼지를 보고도 절을 한다는 뜻으로, 윗사람이나 권력가에게 아첨함을 이르는 말.
배:진(倍振)명 '배진동(倍振動)'의 준말.
배:진(配陣)명-하다자 전쟁을 하기 위하여 진영을 배치함, 또는 그 진영.
배:-진동(倍振動)명 어떤 진동체의 기본 진동의 정수배로 진동함, 또는 그 진동. 준배진(倍振)
배-질명-하다자 ①노를 저어 배를 나아가게 하는 일. ②앉아서 끄덕끄덕 조는 모양을 놀리어 이르는 말.
배:징(倍徵)명-하다타 정한 액수의 갑절을 거두어들임.
배짱명 ①단단히 다져 먹은 속마음. ¶―대로 밀고 나가다. ②조금도 굽히지 않고 고집스럽게 버티는 힘. ¶―이 두둑하다.
배짱(을) 내밀다관용 배짱 있는 태도를 취하다. 배짱을 부리다. ¶우리의 약점을 알고 ―.
배짱(을) 부리다관용 배짱을 내밀다.
배짱(을) 퉁기다관용 자기의 주장을 양보하지 않고 끝까지 버티다. 배짱을 튀기다.
배짱(을) 튀기다관용 배짱을 퉁기다.
배짱(이) 맞다관용 서로 뜻이 잘 맞다. ¶배짱이 맞는지 서로 잘 어울린다.
배짱(이) 세다관용 배짱(이) 좋다.
배짱(이) 좋다관용 담력과 박력이 있어, 어떤 일도 두려워하지 않다. 배짱(이) 세다.
배쭉[1]부 ①얼굴이나 물체의 모습만 잠깐 드러내는 모양을 나타내는 말. ②무엇이 못마땅하거나 하여 입을 쑥 내미는 모양을 나타내는 말. ☞배죽[1]. 비쭉[1]. 빼죽[1]. 빼쭉[1]
배쭉[2]부-하다형 물체의 일부가 쑥 내밀려 있는 모양을 나타내는 말. ☞배죽[2]. 비쭉[2]. 빼죽[2]. 빼쭉[2]
배쭉-이부 배쭉하게 ☞배죽이. 비쭉이. 빼죽이. 빼쭉이
배쭉-거리다(대다)타 언짢거나 울음을 참으려 할 때 입을 자꾸 배쭉 내밀다. 배쭉이다 ☞배죽거리다. 비쭉거리다. 빼죽거리다. 빼쭉거리다
배쭉-배쭉[1]부 배쭉거리는 모양을 나타내는 말. ☞배죽배죽[1]. 비쭉비쭉[1]. 빼죽빼죽[1]. 빼쭉빼쭉[1]
배쭉-배쭉[2]부-하다형 물체의 일부가 쑥쑥 내밀려 있는 모양을 나타내는 말. ☞배죽배죽[2]. 비쭉비쭉[2]. 빼죽빼죽[2]. 빼쭉빼쭉[2]
배쭉-이다타 배쭉거리다 ☞배죽이다. 비쭉이다. 빼죽이다. 빼쭉이다
배차(坏車)명 물레[2]
배:차(配車)명-하다자타 정해진 노선이나 구간에 일정한 간격으로 기차나 버스 등을 보내는 일. ¶버스를 5분에 한 대씩 ―한다.
배차(排次)명-하다자타 차례를 정함, 또는 그 차례.
배착-거리다(대다)자 배착배착 걷다. 배착이다 ☞배치작거리다. 비척거리다
배착-배착부 힘없는 다리를 자주 떼어 가며 좀 휘청휘청 걷는 모양을 나타내는 말. ☞배치작배치작. 비척비척
배착-이다자 배착거리다 ☞비척이다
배착지근-하다형여 '배리착지근하다'의 준말.
배:찰(拜察)명-하다타 삼가 헤아려 살핌.
배참명-하다자 꾸지람을 들은 화풀이를 다른 데다 함, 또는 그런 화풀이.
배:참(排站)명-하다타 지난날, 길을 떠나기 전에 지나갈 역참(驛站)이나 쉴 참(站)을 정하던 일.
배:창(背瘡)명 등창
배창(俳倡)명 지난날, 연극이나 판소리, 곡예 따위를 전문으로 하는 사람을 통틀어 이르던 말. 광대
배:책(配冊)명-하다타 새로 펴낸 책을 거래처에 보내거나 구독자에게 돌라 주는 일. 배본(配本)
배척명 큰 못을 뽑는 데 쓰는 연장. 쇠로 만든 지레 끝이 노루발장도리 모양으로 되어 있음.
배척(排斥)명-하다타 반대하여 내침. ¶사이비 종교를 ―하다. 유빈척(擯斥)

배:청(拜聽)명-하다타 삼가 공손히 들음. ¶어른의 말씀을 ―하다.
배초-향(排草香)명 꿀풀과의 여러해살이풀. 줄기 높이 40~100cm. 잎은 마주나며 7~9월에 입술 모양의 자주색 꽃이 핌. 약재로 쓰이며 어린잎은 먹을 수 있음.
배:추명 겨잣과의 두해살이풀. 줄기 높이는 30~50cm. 길둥근 잎이 여러 겹으로 포개져 자라는데 속은 황백색, 겉은 녹색임. 채소로 재배함. 백채(白菜)
배:추-김치명 배추로 담근 김치.
배:추-꼬랑이명 배추의 뿌리.
배:추-밤나방명 밤나방과의 곤충. 몸빛은 암갈색이고 앞날개에 갈색의 넓은 물결 모양의 무늬가 있음. 애벌레는 머리가 흑색이고 몸은 녹색임. 콩·배추·딸기 등의 해충임.
배:추-벌레명 ①배추에 모이는 해충을 통틀어 이르는 말. ②배추흰나비의 애벌레. 무·배추의 해충임.
배:추-섞박지명 김치의 한 가지. 절인 배추와 무를 미나리와 갓, 그 밖의 여러 가지 양념과 함께 버무려 젓국으로 간을 하여 익힌 김치. ☞송송이
배:추-속:대명 배추 속에서 자라 올라오는 연한 잎.
배:추속대-쌈명 배추속대로 싸 먹는 쌈.
배:추속대-찜명 배추속대와 쇠고기를 넣고 갖은 양념을 하여 국물을 바특하게 끓인 찜.
배:추속댓-국명 배추속대를 넣고 된장을 풀어서 끓인 토장국. 숭심탕(菘心湯)
배:추씨-기름명 배추씨로 짠 기름.
배:추-좀나방명 좀나방과의 곤충. 편 날개 길이 1.2~1.5 cm. 앞날개는 잿빛을 띤 흑색에 흰 무늬가 있고 뒷날개는 잿빛임. 애벌레는 무, 배추 따위의 해충임.
배:추-통김치명 김치의 한 가지. 배추를 통째로 소금에 절인 다음 속을 버무려 잎 사이사이에 끼워 넣고 담근 김장김치. 김치 속으로는 무채·갓·미나리·청각·파·마늘·생강·고춧가루·젓갈과 갖가지 해물 등이 쓰임.
배:추-흰나비명 흰나빗과의 곤충. 몸길이 3cm 안팎. 날개 빛깔은 수컷이 젖빛이며 암컷은 노란빛이 섞여 있음. 애벌레는 무·배추 따위의 해충임.
배축(胚軸)명 속씨식물의 배(胚)의 중심을 이루는 줄기 모양의 부분. 위쪽은 떡잎과 어린눈이 되며, 아래쪽은 어린뿌리가 됨. 씨눈줄기
배:출(倍出)명-하다자 이전보다 갑절이나 더 남.
배출(排出)명-하다타 ①불필요한 것을 안에서 밖으로 밀어 내보냄. ¶공장에서 ―되는 가스. ②동물이 노폐물이나 불필요한 물질을 몸 밖으로 내보냄. 배설(排泄)
배:출(輩出)명-하다자타 인재(人材)가 계속해서 나옴, 또는 인재를 계속해서 냄. ¶뛰어난 인물을 많이 ―하다.
배출-구(排出口)명 안에서 밖으로 밀어 내보내는 곳.
배:춧-국명 배추를 넣고 끓인 국.
배:치(背馳)명-하다자 서로 반대가 되어 어긋남. ¶말과 ―되는 행동.
배:치(配置)명-하다타 사람이나 물건 따위를 알맞은 자리나 위치에 나누어 둠. ¶인력 ―/좌석 ―/경계병을 ―하다.
배치(排置)명-하다타 일정한 차례에 따라 갈라서 벌여 놓음. 배포(排布). 포치(布置)
배치근-하다형여 '배리치근하다'의 준말.
배치-도(配置圖)명 ①인원이나 물자의 배치를 나타낸 도면(圖面)을 통틀어 이르는 말. ②공장 따위의 내부에 여러 기계를 장치할 위치를 표시한 도면.
배치작-거리다(대다)자 배치작배치작 걷다. ☞배착거리다. 비치적거리다
배치작-배치작부 힘없는 다리를 끌듯이 떼어 가며 배틀거리는 모양을 나타내는 말. ¶언덕길을 ― 걸어가다. ☞배착배착. 비치적비치적
배치프로세싱(batch processing)명 일괄 처리
배칠-거리다(대다)자 다리에 힘이 빠져 배칠배칠 걷다. ☞배치작거리다. 비칠거리다
배칠-배칠부 힘없는 다리가 꼬일듯 배틀거리는 모양을 나타내는 말. ☞배치작배치작. 비칠비칠
배코명 지난날, 상투를 앉힐 때 열의 발산을 위하여 정수리 부분의 머리털을 민 자리를 이르던 말.
배코(를) 치다관용 ①상투를 앉힐 때 정수리 부분의 머리털을 돌려 밀다. ②머리를 면도하듯이 박박 밀다.
배코-칼명 배코를 치는 칼.
배클리스(backless)명 등을 깊이 판, 여성용 드레스나 수영복.
배타(排他)명-하다타 남이나 다른 생각 등을 반대하여 내침.
배타-성(排他性)[-썽]명 ①남이나 다른 생각 따위를 반대하여 내치는 성질. ②법률에서, 한 개의 목적물에 관한 물권(物權)은, 같은 내용을 가진 다른 권리의 존재를 허락하지 않는 일.
배타-심(排他心)명 남이나 다른 생각 따위를 반대하여 내치는 마음. ☞의타심(依他心)
배타-적(排他的)명 ①남이나 다른 생각 따위를 반대하여 내치려는 경향이 있는 것. ¶―인 성향. ②남이 관여함을 허락하지 않는 것. ¶―인 권리.
배타적=경제=수역(排他的經濟水域)명 연안국(沿岸國)이 해양(海洋) 및 해저(海底)에 있는 생물이나 광물 자원의 탐사·개발·보존·관리 등에 관하여 주권을 행사할 수 있는 권리를 가지는 수역(水域).
배타-주의(排他主義)명 남이나 다른 생각 따위를 반대하여 받아들이려 하지 않는 사상 경향(傾向).
배:-탈(―頉)명 배가 아프거나 설사하는 등의 뱃속 병을 통틀어 이르는 말. ☞뱃덧
배:탈(背脫)명 지난날, 땅의 일부를 팔아 넘길 때 그 사유(事由)를 땅문서 뒷면에 기록하던 일.
배태(胚胎)명-하다타 ①아이나 새끼를 뱀. ②어떤 일의 시작이나 원인이 되는 요소를 속에 지님. ¶산업 사회가 ―하고 있는 많은 모순들.
배터(batter)명 야구에서, 상대편 투수가 던진 공을 치는 공격진의 선수. 타자(打者)
배터리(battery)명 ①축전지(蓄電池) ②야구에서, 짝을 이루어 경기를 하는 투수(投手)와 포수(捕手).
배터박스(batter's box)명 야구에서, 타자가 서게 되는 정위치(正位置). 타석(打席)
배턴(baton)명 릴레이 경주에서, 주자(走者)가 가지고 뛰다가 다음 주자에게 넘겨 주는 막대기. 바통(bâton)
배턴터치(baton touch)명 릴레이 경주에서, 주자(走者)들이 배턴을 주고받는 일.
배토(坏土)명 질그릇의 원료가 되는 흙.
배:토(培土)명-하다타 식물에 북을 돋우는 일, 또는 그 흙.
배-통명 ①몸에서, 배를 이루고 있는 전체. ②'배[1]'의 속된말. 배퉁이
배:통(背痛)명 한방에서, 흉격(胸膈)과 등이 몹시 아픈 병을 통틀어 이르는 말. 늑막염·폐결핵·폐렴 따위.
배-퉁이명 '배[1]'의 속된말. 배통
배트(bat)명 야구나 소프트볼 등에서 공을 치는 방망이.
배트(vat)명 바닥이 얕고 판판한 네모난 사기그릇. 사진 현상이나 화학 실험 등을 할 때 쓰임.
배트작-거리다(대다)자 느리게 배틀거리다. ☞배틀거리다. 비트적거리다. 빼트작거리다
배트작-배트작부 느리게 배틀거리는 모양을 나타내는 말. ☞배틀배틀. 비트적비트적. 빼트작빼트작
배튼(batten)명 제도 용구의 한 가지. 활처럼 휜 모양의 곡선을 그을 때 쓰임.
배틀부 몸을 가누지 못하고 쓰러질듯이 갸우뚱하는 모양을 나타내는 말. ¶― 하다가 쓰러지다. ☞비틀. 빼틀
배틀-거리다(대다)자 배틀배틀 움직이다. ¶술에 취한 듯 자꾸 ―. ☞배트작거리다. 비틀거리다. 빼틀거리다
배틀-걸음명 배틀거리며 걷는 걸음. ☞비틀걸음
배:틀다(배틀고·배트니)타 바싹 꼬면서 힘있게 틀다. ¶행주를 배틀어 짜다. ☞비틀다
배:틀리다자 배틂을 당하다. ☞비틀리다
배틀-배틀부 정신이 아질아질하거나 기운이 빠져 몸을 가누지 못하고 요리조리 발을 헛디디는 모양을 나타내는 말. ☞배트작배트작. 비틀비틀. 빼틀빼틀

배:틀어-지다 자 ①물건이 반대쪽으로 조금 틀어져서 꼬이다. ¶판자가 말라 —. ②일이 순조롭게 되지 않고 조금 틀어지다. ¶배틀어진 휴가 계획. ☞비틀어지다

배틀-하다 형여 약간 배릿하면서 감칠맛이 있다.

배팅(batting) 명 야구에서, 투수가 던진 공을 타자가 배트로 치는 일. 타격(打擊). 타구(打球)

배팅애버리지(batting average) 명 야구에서, 타수(打數)에 대한 안타수(安打數)의 비율. 타율(打率)

배팅오:더(batting order) 명 야구에서, 타자가 타석에 나가는 순서. 타격순(打擊順)

배:판(背板) 명 의자의 등에 붙이는 널빤지. 등널

배:판(倍版) 명 어떠한 규격의 배가 되는 인쇄물의 크기. ¶사륙(四六) —

배:판(褙板) 명 배접(褙接)할 때 바닥에 깔고 쓰는 널.

배-편(—便) 명 배가 오고 가는 편(便). 선편(船便) ¶백령도로 가는 —./짐을 —으로 보내다.

배:포(配布) 명 -하다 타 두루 나누어 줌. ¶광고지를 —하다.

배포(排布·排鋪) 명 -하다 타 ①일을 여러 가지로 조리 있게 계획함, 또는 그런 마음. ¶딴 —가 있다. ②배치(排置). 포치(布置)

배포(가) 크다 관용 담력과 도량이 크다.

배:포(焙脯) 명 쇠고기나 돼지고기를 얄팍하게 저미고 소금을 친 뒤 화롯불에 배롱(焙籠) 따위를 씌우고 그 위에서 말린 육포(肉脯).

배:포(褙布) 명 배악비

배-표(—票) 명 뱃삯을 낸 증거로 받는 표. 선표

배표=분화(胚表分化) 명 수정란의 각 부분이 배엽(胚葉)을 이루고, 이것이 다시 각 기관으로 분화하는 현상.

배:품(拜稟) 명 -하다 타 어른에게 삼가 공손히 여쭘.

배:풍(背風) 명 등 뒤에서 불어오는 바람.

배:피(拜披) 명 -하다 타 편지 등 봉한 글을 공손히 펴 봄.

배:필(配匹) 명 부부를 이루는 짝. 배우(配偶) ¶—로 삼다./—을 얻다.

배:하(拜賀) 명 -하다 타 삼가 공손히 축하함.

배:하(配下) 명 지배 아래, 또는 그 지배 아래 있는 사람. ¶—에 두다./—의 장수들을 불러들이다.

배:-하다(拜—) 타여 《文》나라에서 관직을 내리다.

배:-하:인(陪下人) 명 배사령(陪使令)

배:한(背汗) 명 등에서 나는 식은땀.

배:한(背寒) 명 한방에서, 등이 오싹오싹하면서 몹시 추운 증세를 이르는 말. 감기나 신경통 등일 때 나타남.

배:합(配合) 명 -하다 타 여러 가지를 일정한 비율로 한데 섞음. ¶색의 —./사료를 알맞게 —하다.

배:합=금:기(配合禁忌) 명 약을 조제할 때, 서로의 화학 작용에 따라 효력이 없어지거나 감소되는 물질은 섞지 않는 일.

배:합-률(配合率) 명 배합하는 비율.

배:합=비:료(配合肥料) 명 질소·인산·칼륨 중에서, 두 가지 이상의 요소를 적당한 비율로 섞어 만든 비료. 혼합비료

배:합=사료(配合飼料) 명 가축의 종류와 사육 목적에 따라 필요한 여러 영양소를 알맞게 배합하여 만든 사료.

배해(俳諧) 명 우스개로 하는 말.

배해=처:분(排害處分) 명 위험성이 있는 사람을 사회에서 격리시켜 사회에 대한 침해를 예방하는 처분. ☞보안처분(保安處分)

배:행(陪行) 명 -하다 타 ①윗사람을 모시고 따라감. ¶사장님을 —하다. ②떠나는 사람을 잠시 따라 나가 작별하여 보냄. 배웅

배:행(輩行) 명 나이가 비슷한 또래의 친구.

배:향(背向) 명 향배(向背)

배:향(配享) 명 -하다 타 ①지난날, 종묘에 공신(功臣)의 신주(神主)를 함께 모시던 일. ②지난날, 문묘(文廟)나 서원(書院)에 학덕이 있는 사람의 신주를 모시던 일. 배식(配食)². 종사(從祀)

배:혁(背革) 명 책 표지의 등만을 가죽으로 입히는 일, 또는 그 가죽.

배:현(配玄) 명 '수선화(水仙花)'의 딴이름.

배:호(陪扈) 명 -하다 타 배종(陪從)

배화(排貨) 명 -하다 자 특정 국가 또는 특정 기업의 물품이나 재화(財貨)를 배척하여 거래하지 않음.

배:화-교(拜火教) 명 ①불을 특히 신성시(神聖視)하는 종교를 통틀어 이르는 말. ②'조로아스터교'를 달리 이르는 말.

배화=동맹(排貨同盟) 명 특정 국가 또는 특정 기업의 물품이나 재화를 배척하는 것을 목적으로 하는 동맹.

배-화채(—花菜) 명 화채의 한 가지. 분홍색으로 우러난 오미자즙에 꿀이나 설탕을 넣어 맛을 내고 배를 깎아 얇게 썰어 띄운 화채.

배회(徘徊) 명 -하다 자 정처 없이 이리저리 돌아다님. 지회(遲徊) ¶거리를 —하다.

배회-증(徘徊症)[—쯩] 명 정신병의 한 가지. 정처 없이 공연스레 자꾸 나돌아다니는 병적 증세.

배:후(背後) 명 ①등뒤 ¶—에서 공격하다. ②겉으로 드러나지 않은 일의 속사정. ¶사건의 —를 조사하다.

배:후=관계(背後關係) 명 겉으로 드러나지 않고 어떤 일의 뒤에서 지시하거나 협력하는 여러 가지 관계.

배:훼(背毁) 명 -하다 타 뒤에서 남을 헐뜯음.

배-흘림 명 기둥몸이 기둥뿌리와 기둥머리보다 불룩하게 한 양식. ☞민흘림

배흘림-기둥 명 배흘림으로 된 기둥. ☞민흘림기둥

백(白)¹ 명 ①'백색(白色)'의 준말. ②'백지'의 준말. ☞흑(黑) ③'백군(白軍)'의 준말.

백(白)² '말씀드림'·'알림'의 뜻으로, 말하는 이의 이름 다음에 쓰는 한문 투의 말. ¶'무단 출입 금지' 주인 —.

백(伯) 명 '백작(伯爵)'의 준말.

백(百) 수 수의 단위. 십(十)의 열 곱절. 천(千)의 10분의 1. ¶— 살./— 사람.

속담 **백 번 듣는 것이 한 번 보는 것만 못하다**: 아무리 자세하게 들어도 한 번 직접 보는 것이 더 확실하다는 말./**백 번 죽어 싸다**: 죽어도 오히려 모자랄 만큼 죄가 크다는 말./**백 일 장마에도 하루만 더 비 왔으면 한다**: 지루한 장마가 졌는데도 혼자의 사정 때문에 남이 싫어하는 일을 주장한다는 뜻으로, 사람은 언제나 자기 본위로 생각한다는 말.

한자 **일백 백**(百)〔白部 1획〕¶백개일(百個日)/백년(百年)/백리(百里)/백발백중(百發百中)

백(back) 명 ①뒤에서 돌보아 주는 힘이나 세력을 속되게 이르는 말. ¶—이 좋아 출세했다. ②구기(球技)에서, 뒤에서 상대방의 공격을 막는 사람. 후위(後衛) ¶—이 약하다. ③-하다 타 뒤로 가거나 뒤로 물리는 일. ¶차를 —할 때는 뒤를 잘 살펴야 한다.

백(bag) 명 손으로 들고 다니는 가방.

백가(百家) 명 ①많은 학자, 또는 작가(作家). ②'백가서(百家書)'의 준말.

백가-서(百家書) 명 여러 학자들의 저서. 준 백가(百家)

백가쟁명(百家爭鳴) 성구 여러 학자나 지식인들이 그 사상·학술상의 의견을 자유로이 발표하며 활발하게 논쟁함을 이르는 말.

백-가지(白—) 명 가지의 한 품종. 열매는 길둥글며 흰데, 익으면 노란빛으로 변함. 관상용으로 심기도 함.

백각(白—) 명 흰빛의 석영(石英).

백-각사(百各司) 명 지난날, 서울에 있는 모든 관아를 통틀어 이르던 말.

백-각전(百各廛) 명 지난날, 평시서(平市署)에서 관할하던 서울의 온갖 전(廛).

백간(白簡) 명 아무 것도 쓰지 않은, 흰 종이만 넣은 편지.

백간-잠(白乾蠶) 명 백강잠(白殭蠶)

백-간:죽(白竿竹) 명 담뱃대를 만드는 데 쓰는 흰 대. ☞간죽(竿竹). 담배설대

백강-균(白殭菌) 명 사상균(絲狀菌)의 한 가지. 누에에 기생하여 백강병(白殭病)을 일으킴.

백강-병(白殭病)[-뼝] 명 백강균의 기생으로 생기는 누에의 병. 이 병으로 죽은 누에의 몸은 차차 굳어지며 표면에 흰 균사(菌絲)가 소복이 돋아남.
백강-잠(白殭蠶) 명 한방에서, 백강병으로 죽은 누에를 약재로 이르는 말. 풍증(風症) 치료에 쓰임. 백간잠
백-강:홍(白降汞) 명 승홍수에 암모니아수를 넣어 생기는 침전물을 말린 흰 가루약. 옴 따위 피부병 연고로 쓰임.
백개-일(百個日) 명 불교에서, 사람이 죽은 지 백 일째 되는 날을 이르는 말. 이 날에 불공을 드림.
백-개자(白芥子) 명 한방에서, 갓의 씨앗을 약재로 이르는 말. 기침과 담을 다스리며 건위제(健胃劑)로 쓰임.
백건(白鍵) 명 피아노나 풍금 등 건반 악기의 흰 건반. ☞ 흑건(黑鍵)
백겁(百劫) 명 매우 오랜 세월. ☞영겁(永劫)
백견-병(白絹病)[-뼝] 명 담자균(擔子菌)의 기생으로 오이·토마토·콩·담배·깨·삼 등의 줄기 밑동에 생기는 병. 비단실 모양의 균사가 엉기어서 껍질이 썩고, 때로는 식물 전체가 말라 죽음.
백경(白鏡) 명 빛깔이 없는 알을 끼운 안경. ☞연경(煙鏡)
백계(白鷄) 명 털빛이 흰 닭.
백계(百計) 명 온갖 꾀. 온갖 계책.
백계무책(百計無策) 성구 어려운 일을 당하여 온갖 계책을 다 짜 보았으나 해결할 묘책이 전혀 없음을 이르는 말. 계무소출(計無所出)
백고불마(百古不磨) 성구 몇 백 년 후까지도 닳아 없어지지 않고 남음을 이르는 말. ¶-의 경전(經典).
백고-천난(百苦千難) 명 온갖 고난을 이르는 말.
× **백곡**(白麯) 명 →백국(白麴)
백곡(百穀) 명 온갖 곡식.
백골(白骨) 명 ①죽은 사람의 살이 다 썩고 남은 뼈. ②칠을 하지 아니한 목기나 목물. ¶-에 칠을 올리다.
백골난망(白骨難忘) 성구 죽어 백골이 된 뒤에도 은혜를 잊을 수 없다는 뜻으로, 남에게 은혜를 입었을 때 감사함을 이르는 말.
백골남행(白骨南行) 성구 지난날, 과거에 급제하지 않고 조상의 덕으로 관직에 오름을 이르는 말. ☞음직(蔭職)
백골-송(白骨松) 명 백송(白松)
백골-양:자(白骨養子)[-량-] 명 죽은 사람을 양자로 삼아 그의 자손으로 하여금 대를 잇는 일. 신주 양자(神主養子)
백골-집(白骨-)[-찝] 명 ①단청(丹靑)을 칠하지 않은 궁전을 속되게 이르는 말. ②아무 칠도 하지 않은 집을 속되게 이르는 말.
백-곰(白-) 명 흰곰
백공(百工) 명 ①온갖 장인(匠人). ②백관(百官)
백공-기:예(百工技藝) 명 온갖 장인의 재주.
백공천창(百孔千瘡) 성구 백 군데의 구멍과 천 군데의 헌데라는 뜻으로, 여기저기 구멍이 뚫어져 못쓰게 되거나 온갖 폐단으로 엉망진창이 됨을 이르는 말. ☞만신창이(滿身瘡痍)
백과(白瓜) 명 참외의 변종으로 빛깔이 흰 오이.
백과(白果) 명 은행(銀杏)
백과(百果) 명 온갖 과실. ¶-가 무르익는 가을.
백과(百科) 명 ①많은 학과. 모든 분야. ②'백과사전(百科事典)'의 준말.
백과-사:전(百科事典) 명 ①학문과 예술의 온갖 분야의 사항을 항목별로 배열하고 설명한 책. 백과전서(百科全書). ②여러 분야에 관하여 폭넓은 지식을 가진 사람을 비유하여 이르는 말. 준 백과(百科)
백과-전서(百科全書) 명 ①백과사전(百科事典) ②일정한 체계 아래 분야별로 전문 지식을 수록하고 설명한 총서.
백과전서-파(百科全書派) 명 18세기 프랑스 계몽 시대에 백과전서의 집필과 편찬에 참가하였던 달랑베르를 비롯한 진보적인 학자와 사상가들. 주로 합리주의적·회의론적·감각론적·유물론적 사상을 가졌음.
백과-주(百果酒) 명 온갖 과실즙을 소주에 타서 만든 술.
백과-총서(百科叢書) 명 각 분야의 전문 서적이나 관계 문헌 자료를 수집하여 한데 모은 총서.
백관(百官) 명 모든 관원. 백공(百工). 백규(百揆). 백료(百寮). 백사(百司) ¶문무(文武) -
백관-유:사(百官有司)[-뉴-] 명 조정의 많은 관리.
백광(白光) 명 ①흰빛, 또는 밝은 빛. 백색광(白色光) ②코로나(corona)
백-광:석(白廣席) 명 넓은 흰 돗자리.
백교-향(白膠香) 명 한방에서, 단풍나무의 진을 약재로 이르는 말. 지혈 또는 피부병 등을 고치는 데 쓰임.
백구(白狗) 명 털빛이 흰 개.
백구(白球) 명 야구나 골프 따위에서 쓰는 흰 공.
백구(白駒) 명 흰 망아지.
백구(白鷗) 명 '갈매기'의 딴이름.
백구(百口) 명 ①많은 식구. ②가지가지 변명.
백구과:극(白駒過隙) 성구 흰 망아지가 닫는 것을 문틈으로 보는 것과 같이 눈 깜짝할 사이라는 뜻으로, 세월이 빠르고 인생이 덧없이 짧음을 이르는 말. 준 구극
백구사(白鷗詞) 명 조선 시대, 십이가사(十二歌詞)의 하나. 작자와 연대는 알려져 있지 않으며, 금수강산의 아름다운 경치를 읊은 노래임. 모두 75구로 '청구영언(靑丘永言)'에 실려 전함. 백구타령
백구타:령(白鷗*打令) 명 백구사(白鷗詞)
백국(白菊) 명 꽃이 흰 국화.
백국(白麴) 명 흰 누룩.
백군(白軍) 명 경기 등에서, 빛깔에 따라 편을 가를 때 흰 빛깔로 나타내는 한 편. 준 백(白)[1] ☞청군(靑軍). 홍군(紅軍)
백굴채(白屈菜) 명 한방에서, 애기똥풀의 온 풀을 약재로 이르는 말. 위병(胃病)의 진통제로 쓰임.
백귀(百鬼) 명 온갖 귀신.
백귀야:행(百鬼夜行) 성구 온갖 귀신이 밤에 몰려다닌다는 뜻으로, 해괴하고 흉악한 무리가 때를 만나 제멋대로 돌아다님을 이르는 말.
백규(百揆) 명 백관(百官)
백그라운드(background) 명 배경(背景)
백근(白根) 명 백렴(白蘞)
백금(白金) 명 백금족 원소의 하나. 은백색의 귀금속으로 질이 단단하여 고온(高溫)에서도 변하지 않으며 전성(展性)과 연성(延性)이 큼. 화학 기계, 도량형기, 장식품 등을 만드는 데 많이 쓰임. [원소 기호 Pt/원자 번호 78/원자량 195.08] ☞황금(黃金)
백금(百金) 명 많은 돈.
백금=사진(白金寫眞) 명 백금의 염류(塩類)를 재료로 써서 인화된 사진. 색이 조촐하고 오래 변하지 않음.
백금=석면(白金石綿) 명 석면을 염화백금산의 용액에 적시어 구운 것. 산화·환원의 촉매로 쓰임.
백금=염화수소산(白金塩化水素酸) 명 염화백금산
백금=이리듐(白金iridium) 명 백금과 이리듐과의 합금. 단단하고 팽창률이 작으며, 화학 약품에 침식되지 않기 때문에, 국제적 표준 원기(原器)나 만년필 펜촉의 끝 등에 쓰임.
백금=저:항=온도계(白金抵抗溫度計) 명 고온계(高溫計)의 한 가지. 운모나 사기로 만든 얇은 판에 백금선을 감아, 사기나 니켈로 만든 보호관 속에 넣은 일종의 전기 저항 온도계임.
백금족=원소(白金族元素) 명 주기율표 제8속의 귀금속. 루테늄·로듐·팔라듐·오스뮴·이리듐·백금의 여섯 원소를 통틀어 이르는 말.
백금=해:면(白金海綿) 명 염화백금산 암모늄을 고온으로 가열하여 만든 해면(海綿) 모양의 백금. 산화·환원의 촉매로 쓰임.
백금-흑(白金黑) 명 백금의 흑색 분말(粉末). 염화백금산 용액에 포름산이나 그 밖의 환원제를 넣고 가열하여 만듦. 왕수(王水)에 녹으며, 가스의 흡착제(吸着劑)나 점화제(點火劑), 산화·환원의 촉매로 쓰임.
백급(白芨) 명 한방에서, 자란(紫蘭)의 뿌리를 약재로 이르는 말. 외용약으로 바르거나 내복(內服)하며, 지혈

(止血) 작용이 있음.
백기(白氣)명 흰빛의 기체(氣體).
백기(白旗)명 ①흰 빛깔의 기. ②항복의 의사를 상대편에게 알리는 흰 기. 항기(降旗)
백기(를) 들다관용 항복하거나 굴복하다.
백기어(back gear)명 선반(旋盤)의 주축대(主軸臺)에 달린 톱니바퀴 장치. 주축과의 단속(斷續)이 자유롭고 주축의 회전 속도 변화 수를 두 배(倍)로 하는 역할을 함.
백-김치(白-)명 김치의 한 가지. 배추를 통째로 소금에 싱겁게 절였다가 씻어, 맵지 않게 만든 소를 잎 사이사이에 끼워 넣어 담근 김치.
백난지중(百難之中)명 온갖 어려움을 겪는 가운데.
백-날(百-)명 아이가 태어난 지 백 번째 되는 날. 백일 부 아무리 여러 날 동안. 아무리 애써도. ¶ - 공을 들여도 소용없다.
백납(白-)명 한방에서, 살갗에 흰 어루러기가 점점 퍼지는 병을 이르는 말. 백전풍(白癜風)
백납(이) 먹다관용 백납이 생기다.
백-내:장(白內障)명 눈병의 한 가지. 눈동자의 수정체가 회백색으로 부옇게 흐려져 잘 보이지 아니하는 병.
백넘버(back+number)명 운동 선수의 운동복 뒷면에 붙이는 번호. 등번호
백네트(back+net)명 야구에서, 포수 뒤쪽에 치는 그물. 백스톱(backstop)
백년(百年)명 ①아주 많은 해, 또는 오랜 세월. ②한평생 ¶ -을 해로할 사람이다.
속담 **백년을 다 살아야 삼만 육천 일**: 아무리 오래 산다고 해야 헤아려 보면 매우 짧다는 말.
백년-가약(百年佳約)명 결혼하여 부부로서 평생을 함께 하자는 아름다운 약속을 이르는 말. ¶ -을 맺다.
백년-대:계(百年大計)명 먼 앞날까지 내다보고 세우는 큰 계획을 이르는 말. ¶ 나라의 -를 세우다. 유 백년지계(百年之計)
백년-동거(百年同居)명 백년해로(百年偕老)
백년-손(百年-)명 백년지객(百年之客)
백년지객(百年之客)명 아무리 세월이 지나도 언제나 예의를 갖추어 맞아야 하는 손이라는 뜻으로, 처가에서 사위를 이르는 말. 백년손
백년지계(百年之計)명 먼 장래까지 내다보면서 세우는 계획을 이르는 말. 유 백년대계(百年大計)
백년-초(百年草)명 선인장(仙人掌)
백년하청(百年河淸)성구 중국의 황하가 늘 흐리어 맑을 때가 없다는 데서, 아무리 기다려도 이루어질 가망이 없음을 이르는 말. ☞천년일청(千年一淸)
백년-해로(百年偕老)명 부부가 되어 사이 좋고 즐겁게 함께 늙음을 이르는 말. 백년동거(百年同居)
백년-행락(百年行樂)명 한평생을 잘 놀고 즐겁게 지냄을 이르는 말.
백다마(白多馬)명 흰말을 적다마에 상대하여 이르는 말. ☞가라마
백단(白椴)명 '자작나무'의 딴이름.
백단(百端)명 온갖 일의 실마리.
백단-유(白檀油)[-뉴]명 백단향의 목질 부분을 물과 함께 증류하여 만드는 끈끈하고 빽빽한 누른빛의 휘발성 기름. 향료로 쓰거나 임질·방광염 등에 약으로 씀.
백-단향(白檀香)명 단향과에 딸린 상록 활엽 교목. 높이는 6m 안팎이고, 잎은 마주 나고 길둥글며 끝이 뾰족함. 목재는 흰빛에 약간 누른빛을 띠는데, 향료나 약품에 쓰이고 조각이나 세공품에도 쓰임.
백담(白毯)명 흰 빛깔의 담이나 전(氈).
백담(白痰)명 허옇고 묽은 가래.
백답(白畓)명 날이 몹시 가물어서 물을 싣지 못하여 모를 심지 못한 논.
백당(白糖)명 ①하얀 설탕. 백사탕. 백설탕 ②흰엿
백-당포(白唐布)명 당모시
백대(白帶)[1]명 지난날, 도포 따위에 띠던 흰 술띠. 문상(問喪)이나 제례 때 경건한 마음을 나타내는 뜻으로 띰.
백대(白帶)[2]명 '백대하(白帶下)'의 준말.
백대(百代)명 여러 대를 걸쳐 이어 오는 세대. 오랜 세월. ☞만대(萬代)
백대지과:객(百代之過客)명 영원히 지나가고 다시 돌아오지 않는 나그네라는 뜻으로, '세월'을 이르는 말.
백대지친(百代之親)명 아주 오래 전부터 친하게 지내오던 친분.
백-대:하(白帶下)명 여성의 내부 생식기에서 분비되어 질(膣) 밖으로 흘러나오는 흰빛을 띤 분비물. 준 백대(白帶) ☞냉(冷). 대하(帶下). 적대하(赤帶下)
백덕(百德)명 온갖 덕행.
백도(白徒)명 지난날, 과거를 보지 않고 관원이 되던 일, 또는 그런 사람.
백도(白桃)명 복숭아의 한 품종. 살이 희고 무르며 닮.
백도(白道)명 달이 천구(天球) 위에 그리는 궤도.
백도(百度)명 온갖 법도. 온갖 법률과 제도.
백동(白銅)명 '백통'의 원말.
백동-딱지(白銅-)명 백통으로 된 몸시계의 껍데기.
백동-전(白銅錢)명 백통돈
백동-화(白銅貨)명 ①백통돈 ②1892년(조선 고종 29)에 주조된 2전 5푼짜리 돈.
백두(白頭)명 ①허옇게 센 머리. 백수(白首) ②지난날, 관직에 오르지 못한 사람을 이르던 말. 민머리
백-두건(白頭巾)명 상중(喪中)에 쓰는, 베로 만든 두건.
백-두구(白荳蔲)명 한방에서, 흰 육두구의 뿌리를 약재로 이르는 말. 위한(胃寒)과 구토에 약으로 쓰임.
백두대:간(白頭大幹)명 백두산에서 벋어 내려 지리산에 이르는, 한반도의 척추와 같은 산맥을 이르는 말. 조선 영조 때 신경준(申景濬)이 엮은 것으로 알려져 있는 '산경표(山經表)'에 기록되어 전함.
백-두루미(白-)명 '두루미[1]'의 딴이름.
백두산(白頭山)명 함경도와 중국 동북부 사이에 있는, 우리 나라 제일의 산. 최고봉에 있는 칼데라호(湖)인 천지(天池)에서 압록강과 두만강이 시작함. 높이 2,744m.
백두-옹(白頭翁)명 ①머리가 허옇게 센 남자 노인. ②'할미꽃'의 딴이름.
백두-초(白頭草)명 '봉의꼬리'의 딴이름.
백등(白藤)명 흰 꽃이 피는 등나무.
백등-색(白藤色)명 백등 꽃과 같은 흰빛.
백-등유(白燈油)명 원유를 정제하여 만든 등유. 무색 투명하며 가정용 난방이나 연료로 쓰임.
백라이트(backlight)명 ①무대의 뒤쪽에서 비추는 조명. ☞각광(脚光) ②피사체를 뒤쪽에서 비추는 빛.
백라인(back line)명 럭비 등에서, 후위로 구성되는 공격과 방어의 대열.
백라-창(白癩瘡)명 한방에서, 살갗에 내솟은 기름이 말라붙어 마른버짐처럼 되었다가 그 가루가 떨어지는 피부병을 이르는 말.
백란(白卵)명 해묵은 누에씨. 빛이 검지 않고 누른빛임.
백란(白蘭)명 '백목련(白木蓮)'의 딴이름.
백람(白藍)명 쪽 등에 들어 있는 색소 성분인 인디고를 아연 가루로 환원하여 만든, 흰빛을 띤 결정성의 가루. 알칼리에 녹이면 산화하여 푸른 빛으로 바뀌므로 푸른 빛 물감을 만드는 데 쓰임.
백랍(白蠟)명 ①표백한 밀랍(蜜蠟). 연고 등의 원료로 쓰임. 수랍(水蠟) ☞황랍(黃蠟) ②백랍벌레의 집 또는 백랍벌레 수컷의 분비물을 가열, 용해한 후 걸러서 찬물에 넣어 식혀서 굳힌 것. 가루로 만들어 고약이나 초 따위를 만드는 원료로 씀. 납(蠟)
백랍(白鑞)명 땜납
백랍-금(白鑞金)명 육십갑자의 경진(庚辰)과 신사(辛巳)에 붙이는 납음(納音). ☞양류목(楊柳木)
백랍-나무(白蠟-)명 '쥐똥나무'의 딴이름.
백랍-벌레(白蠟-)명 둥근깍지진딧과의 벌레. 몸길이 3mm 안팎, 몸빛은 등황색에 등에는 적갈색의 줄무늬가 있음. 수컷이 분비한 흰 납질(蠟質)로 지은 집은 백랍의 원료가 됨. 쥐똥나무·광나무 따위에 기생함. 백랍충

백랍-초(白蠟－) 명 백랍으로 만든 초. 백랍촉(白蠟燭)

백랍-촉(白蠟燭) 명 백랍초

백랍-충(白蠟蟲) 명 '백랍벌레'의 딴이름.

백량금(百兩金) 명 자금우과의 상록 관목. 높이는 1m 안팎이고, 길둥근 잎은 어긋맞게 나며 가장자리에 둔한 톱니가 있음. 여름에 검은 점이 있는 흰 꽃이 짧은 가지 끝에 산형(繖形) 꽃차례로 피고, 가을에 핵과(核果)가 붉게 익음. 우리 나라 남부 섬의 숲 속 그늘에서 자라는데 관상용으로도 심음.

백량-미(白粱米) 명 조의 한 품종. 빛이 희고 알이 굵음.

백련(白蓮) 명 ①흰 연꽃. ②'백목련(白木蓮)'의 딴이름.

백렴(白蘞) 명 ①'가위톱'의 딴이름. ②한방에서, 가위톱의 뿌리를 약재로 이르는 말. 어린아이의 학질, 경간(驚癎), 외과약으로 쓰임. 백근(白根)

백령백리(百伶百俐) 성구 모든 일에 매우 영리하고 민첩함을 이르는 말.

백로(白露) 명 이십사 절기(二十四節氣)의 하나. 처서(處暑)와 추분(秋分) 사이의 절기로, 양력 9월 8일께. ☞한로(寒露)

백로(白鷺) 명 백로과의 여름 철새인 쇠백로·중백로·중대백로·노랑부리백로 따위를 통틀어 이르는 말. 몸길이는 60～90cm 안팎. 온몸의 털빛은 백색이며, 노랑부리백로를 제외하고는 부리와 다리는 흑색임. 나무 위에 둥지를 틀며, 물가에서 어류·파충류·양서류 따위를 잡아먹음.

백로-주(白露酒) 명 방문주(方文酒)의 한 가지. 술이 매우 깨끗하고 맑음.

백로-지(白露紙) 명 갱지(更紙)

백록(白鹿) 명 흰 사슴.

백뢰(白賴) 명 -하다 자 신문(訊問)을 받을 때 죄상을 숨겨 죄가 없는 것처럼 꾸며 댐.

백료(白醪) 명 '백료주(白醪酒)'의 준말.

백료(百寮·百僚) 명 백관(百官)

백료-주(白醪酒) 명 차좁쌀·쌀·누룩 등으로 빚은 술의 한 가지. 빛깔이 보얗고 맛이 좋음. 준 백료(白醪)

백룡(白龍) 명 천제의 사자(使者)라고 하는, 흰빛의 용.

백룡어복(白龍魚服) 성구 신령한 용이 물고기로 모습을 바꾸었다가 어부에게 붙잡혔다는 고사에서, 지체 높은 사람이 남모르게 나다니다가 재난을 당함을 이르는 말.

백류-석(白榴石) 명 규산 광물(硅酸鑛物)의 한 가지. 화성암 속에서 나는 희거나 잿빛의 광물임.

백리(白痢) 명 급성의 소화기 전염병의 한 가지. 배변(排便)이 잦고 곱똥이 나오는 이질을 이름. ☞이질(痢疾). 적리(赤痢)

백리(百罹) 명 여러 가지 근심. 백우(百憂)

백리-향(百里香) 명 꿀풀과의 낙엽 활엽 관목. 높은 산의 바위틈에 나는데, 갸름한 잎이 마주 나며, 줄기는 덩굴지고 향기가 있음. 여름에 분홍 꽃이 피고 가을에 열매가 익으며, 줄기와 잎은 약재 또는 소스의 원료로 쓰임. 관상용으로도 심음.

백린(白燐) 명 황린(黃燐)

백립(白笠) 명 지난날, 흰 베로 싸개를 한 갓. 국상(國喪) 때 백성이 쓰거나 대상(大祥)을 지낸 뒤에 상제가 씀.

백마(白馬) 명 흰말 ¶ －를 탄 기사(騎士).

백마(白麻) 명 '어저귀'의 딴이름.

백마(白魔) 명 큰 피해를 줄 만큼 썩 많이 내린 눈을 비유하여 이르는 말.

백마-비마론(白馬非馬論) 명 중국 전국 시대, 공손 용(公孫龍)의 궤변적인 논법. '백마'를 인식할 때, '백'과 '말'을 딴 것으로 지각하므로 '백마'는 '말'이 아니라는 논리.

백마-통(白馬通) 명 흰말의 오줌을 약재로 이르는 말.

백막(白幕) 명 '백미꽃'의 딴이름.

백막(白膜) 명 공막(鞏膜)

백만(百萬) 수 ①만의 백 곱절. ②퍽 많은 수. ¶ － 대군

백만-교태(百萬嬌態) 명 사람의 마음을 끌려고 부리는 온갖 아양스러운 태도.

백만-언(百萬言) 명 많은 말. 온갖 말.

백만-장:자(百萬長者) 명 재산이 썩 많은 부자.

×**백-말**(白－) 명 →흰말

백말(白沫) 명 흰 물거품. 백포(白泡)

백망중(百忙中) 명 몹시 바쁜 때. ☞망중한(忙中閑)

백매(白梅) 명 ①흰 매화. ②한방에서, 다 익은 매실을 소금에 절인 것을 약재로 이르는 말. 설사·중풍·유종(乳腫) 따위에 약으로 쓰임. 상매(霜梅). 염매(塩梅)

백면(白麵) 명 ①메밀가루 ②메밀국수

백면서생(白面書生) 성구 글만 읽고 세상일에 경험이 없는 사람을 이르는 말.

백면-장(白麵醬) 명 밀가루를 재료로 하여 만든 메주로 담근 간장.

백면-지(白綿紙) 명 품질이 썩 좋은 흰 종이.

백-면포(白綿布) 명 흰 무명. 지난날, 서민들의 의복이나 단령(團領)·철릭 따위를 만드는 데 썼음.

백모(白茅) 명 '띠[5]'의 딴이름.

백모(伯母) 명 백부의 아내. 큰어머니 ☞숙모(叔母)

백모-근(白茅根) 명 한방에서, 띠의 뿌리를 약재로 이르는 말. 해수·천식·토혈 등에 쓰임.

백-모란(白牡^丹) 명 꽃이 흰 모란.

백목(白木) 명 무명

백목(白目) 명 눈알의 흰자위. 백안(白眼)

백목(柏木) 명 '잣나무'의 딴이름.

백-목련(白木蓮) 명 목련과에 딸린 낙엽 교목(喬木). 높이 15m 안팎. 잎은 길둥글고 3월경에 종 모양의 흰 꽃이 잎보다 먼저 핌. 중국 원산이며 관상용으로 심음. 백련(白蓮). 백란(白蘭). 생정(生庭)[2]. 옥란(玉蘭)

백목-전(白木廛) 명 '면포전(綿布廛)'을 흔히 이르는 말.

백묘(白描) 명 동양화에서, 붓에 먹물을 묻혀 선(線)만으로 그린 그림, 또는 그 기법. 백묘화(白描畫)

백묘-화(白描畫) 명 백묘(白描)

백무소:성(百無所成) 성구 하는 일마다 하나도 이루어지지 아니함을 이르는 말.

백무일실(百無一失) [－씰] 성구 무슨 일이나 한 번도 실수나 실패가 없음을 이르는 말.

백무일취(百無一取) 성구 많은 것 중에 하나도 쓸만 한 것이 없음을 이르는 말.

백-묵(白－) 명 녹말로 쑨 흰 묵. ☞녹말묵. 청포(淸泡)

백묵(白墨) 명 분필(粉筆)

백문(白文) 명 ①구두점과 주석을 달지 않은 한문. ②관인(官印)이 찍혀 있지 않은 문서.

백문불여일견(百聞不如一見) 성구 백 번 듣는 것이 한 번 보는 것만 못함을 이르는 말.

백물(百物) 명 온갖 물건. 여러 가지 물건.

백미(白米) 명 희게 쓿은 멥쌀. 흰쌀 ☞현미(玄米)

속담 **백미에 뉘 섞이듯** : 매우 드물어 여럿 가운데서 좀처럼 찾아보기 어려움을 비유한 말. /**백미에는 뉘나 섞였지** : 흰쌀은 깨끗하나 그래도 어쩌다 뉘가 섞인 것이 흠인데 그런 흠조차 찾을 수 없다는 말.

백미(白眉) 명 중국 삼국 시대 촉한(蜀漢)의 마량(馬良)이 오형제 중 가장 재주가 뛰어났는데, 그의 눈썹에 흰 눈썹이 있었다는 고사에서, 여럿 중에서 가장 뛰어난 사람, 또는 많은 것 중에서 가장 뛰어난 것을 이르는 말.

백미(白薇) 명 ①'백미꽃'의 딴이름. ②한방에서, 백미꽃의 뿌리를 약재로 이르는 말. 풍증·학질 등에 쓰임.

백미(百媚) 명 사람의 마음을 호리는 온갖 아양.

백미-꽃(白薇－) 명 박주가릿과의 여러해살이풀. 줄기 높이 50～60cm. 잎은 길둥글고 끝이 뾰족하며 마주 남. 초여름에 흑자색 꽃이 다닥다닥 모여 핌. 산과 들에 절로 자라는데 뿌리는 약재로 쓰임. 백미(白薇)

백미러(back＋mirror) 명 자동차를 운전하는 사람이 뒤쪽을 볼 수 있도록 달아 놓은 거울.

백미-병(白米病) [－뼝] 명 흰쌀을 주식으로 함으로써 비타민 B_1이 부족하여 생기는 병. 식욕 부진이나 각기 따위.

백밀(白－) 명 황랍을 희게 만든 것. 고약의 주재료로 쓰임. ☞밀[3]

백반(白斑) 명 ①흰 반점. ②태양 표면의 흑점(黑點) 부근

ㅂ

에서, 특별하게 더 밝은 빛을 내어 흰 반점처럼 보이는 부분. ☞광점(光點)
백반(白飯)명 ①흰밥 ②음식점에서 파는, 흰밥에 국과 몇 가지 반찬으로 짜인 한 상의 음식.
백반(白礬)명 명반(明礬)을 구워서 만든 덩이. 무색 투명한 정팔면체의 결정(結晶)으로, 물에 잘 녹으며 매염제나 지혈제로 쓰임.
백반-곽탕(白飯藿湯)명 흰밥과 미역국. 생일상에 으레 오르는 음식을 이르는 말.
백반-병(白斑病)[-뼝]명 채소의 잎에 흰 점이 생기는 병. 나중에는 채소가 시들어 죽음.
백반-총탕(白飯葱湯)명 흰밥과 파로 끓인 국이라는 뜻으로, 검소한 음식을 이르는 말.
백발(白髮)명 허옇게 센 머리털. 상발(霜髮) ¶-이 성성한 노인. ☞금발(金髮). 은발(銀髮). 흑발(黑髮)
백발-노:인(白髮老人)명 머리털이 허옇게 센 노인.
백발백중(百發百中)성구 ①총이나 활 따위를 쏘는 대로 어김없이 목표물에 맞음을 이르는 말. ②무슨 일이나 틀린 적이 없이 잘 들어맞음을 이르는 말.
백발-증(白髮症)[-쯩]명 나이에 어울리지 않게 일찍 머리가 세는 증세.
백발-홍안(白髮紅顔)명 흰 머리에 소년처럼 불그레한 얼굴을 이르는 말.
백발환흑(白髮還黑)성구 ①허옇게 센 머리에서 검은 머리털이 다시 남을 이르는 말. ②도로 젊어짐을 이르는 말.
백방(白放)명-하다타 죄 없음이 드러나서 놓아줌.
백방(百方)명 ①온갖 방법. 천방(千方) ¶-의 노력을 하다. ②여러 방면. ¶-으로 수소문하다. ☞각방(各方)
백방-사(白紡絲)명 '백방사주'의 준말. ¶- 진솔 속곳
백방사-주(白紡絲紬)명 희고 얇은 명주의 한 가지. 준백방사(白紡絲)
백배(百拜)명-하다자 수없이 절을 함, 또는 그 절.
백배(百倍)부 비교할 수 없으리만큼 아주. ¶- 낫다./- 수월하다.
백배-하다(百倍-)자여 용기나 사기, 기운 따위가 한결 더하여지다. ¶사기 백배하여 앞장섰다.
백범(白帆)명 흰 돛.
백벽(白壁)명 흰 벽.
백벽미하(白璧微瑕)성구 흰 구슬에 있는 작은 흠이라는 뜻으로, 훌륭한 것의 약간의 결점을 이르는 말.
백변(白邊)명 ①나무의 심에서 바깥쪽으로 좀 무르고 빛깔이 엷은 부분. ☞황장(黃腸) ②같은 겨레붙이 중에서 형세가 쇠한 집안.
백변(白變)명-하다자 빛깔이 하얗게 변함.
백변(百變)명-하다자 ①여러 번 변함. ②갖가지로 변함.
백-변두(白扁豆·白藊豆)명 ①흰 변두. ②한방에서, 흰 변두의 열매를 약재로 이르는 말. 설사를 그치게 하는 데 쓰임.
백병(白兵)명 ①적과 맞붙어 싸울 때 혼자서 쓸 수 있는 무기. 칼이나 창 따위. ②서슬이 퍼런 칼날. 백인(白刃)
백병(白餠)명 흰떡
백병(百病)명 온갖 병. 만병(萬病)
백병-전(白兵戰)명 칼이나 창 따위로 양편이 서로 맞붙어 싸우는 싸움. ☞육탄전(肉彈戰)
백복(百福)명 가지가지 복. 만복(萬福)
백-복령(白茯苓)명 흰 복령. 한방에서, 오줌을 잘 나오게 하고, 담증·습증·설사 따위를 치료하는 데 쓰임.
백-복신(白茯神)명 복신(茯神)
백복-장엄(百福莊嚴)명 많은 복을 쌓은 공덕에 따라서 갖추어진 부처의 장엄한 상, 곧 부처의 삼십이상(三十二相)을 이르는 말.
백부(伯父)명 큰아버지 ☞숙부(叔父)
백부-근(百部根)명 한방에서, 파부초(婆婦草)의 뿌리를 약재로 이르는 말. 기침을 멎게 하는 데 쓰임.
백부근-주(百部根酒)명 볶은 백부근을 술에 담가 우려낸 약. 기침을 멎게 하는 데 쓰임.
백-부자(白附子)명 ①미나리아재빗과의 여러해살이풀. 줄기 높이는 1m 안팎. 7~8월에 꽃이 핌. 산에 자라는데 독이 있으며, 뿌리는 약으로 쓰임. ②한방에서, 백부자의 뿌리를 약재로 이르는 말. 진경제(鎭痙劑)나 진통제(鎭痛劑)로 쓰임.
백분(白粉)명 ①여자의 얼굴 화장에 쓰이는 흰 가루. 연분(鉛粉). 연화(鉛華). 호분(胡粉) 준분(粉) ②밀이나 쌀 따위의 흰 가루.
백분(百分)명-하다타 어떤 수를 백으로 나눔.
백분-병(白粉病)[-뼝]명 식물의 잎이나 어린 열매 따위에 자낭균으로 말미암아 생기는 병. 포도나 장미, 채소 등에 많음.
백분-부(百分符)명 백분표(百分標)
백분-비(百分比)명 백분율(百分率)
백분-산(百分算)명 수학에서, 원금(元金)과 푼수와 기간(期間) 사이에 성립하는 함수 관계를 써서 합계액이나 잔액, 길미 따위를 셈하는 방법을 이르는 말.
백분-율(百分率)[-뉼]명 전체의 수나 양을 100으로 할 때, 어떤 수나 양을 100분의 1을 단위로 하여 나타내는 비율. 백분비(百分比). 퍼센티지 ☞천분율(千分率)
백분-표(百分標)명 백분율을 나타낼 때 쓰는 부호. 숫자 다음에 %를 씀. 백분부(百分符)
백불유인(百不猶人)[-류-]성구 백이면 백 가지 모두가 남만 못함을 이르는 말.
백:비명 '배악비'의 준말.
백비-탕(白沸湯)명 한방에서, 팔팔 끓인 맹물을 이르는 말. 백탕(白湯) ☞생숙탕(生熟湯)
백빈(白鬢)명 허옇게 센 귀밑털. 상빈(霜鬢)
백사(白沙)명 희고 깨끗한 모래.
백사(白蛇)명 온몸의 빛깔이 하얀 뱀.
백사(白絲)명 흰 실.
백사(百司)명 백관(百官)
백사(百事)명 온갖 일. 만사(萬事)
백사(帛絲)명 윤이 나는 흰 명주실.
백-사과(白-瓜)명 참외의 한 품종. 빛깔은 노른빛이 도는 흰빛이고, 살이 연함.
백-사기(白沙器)명 흰 빛깔의 사기. 백자(白瓷)
백사불성(百事不成)[-썽]성구 모든 일이 하나도 이루어지지 아니함을 이르는 말.
백-사장(白沙場)명 흰 모래밭. 강가나 바닷가의 넓은 모래톱.
백사-지(白沙地)명 ①흰 모래가 깔린 땅. ②곡식이 자라지 못하는 메마른 모래땅.
속담 **백사지에 무엇이 있나** : 토박하여 나는 작물이 없음을 이르는 말.
백사-청송(白沙青松)명 흰 모래와 푸른 소나무라는 뜻에서, 흰 모래톱의 사이사이에 푸른 소나무가 어우러진 바닷가의 아름다운 경치를 이르는 말.
백-사탕(白砂^糖)명 백당(白糖)
백-산호(白珊瑚)명 산호과의 강장동물. 산호충과 비슷한데, 가지가 적고 각 가지의 끝은 둥글며, 골격이 흼. 세공품을 만드는 데 쓰임.
백삼(白衫)명 지난날, 조복이나 제복 따위를 입을 때 받쳐 입는, 소매가 넓고 도련과 소매 끝에 선을 두른 두루마기 모양의 흰 홑옷을 이르던 말.
백삼(白蔘)명 삼포(蔘圃)에서 캔 사년근(四年根) 생삼의 잔뿌리를 자르고 껍질을 벗겨 햇볕에 말린 인삼. ☞홍삼(紅蔘)
백상(白象)명 흰 코끼리.
백-상아리명 악상엇과의 바닷물고기. 몸길이는 6.5m에 이름. 몸통은 방추형에 단면은 원통형이며, 머리는 원추형임. 몸빛은 등은 잿빛이고 배는 흰빛임. 이빨의 가장자리는 톱니 모양임. 난태생이며 육식성으로 경골 어류와 물개 따위를 잡아먹음. 온대와 열대 해역에 널리 분포함.
백상-지(白上紙)명 종이의 한 가지. 표면을 매끄럽게 처리한 종이로, 인쇄용이나 필기용으로 쓰임. ☞아트지
백색(白色)명 흰빛. 흰 빛깔. 준백(白)[1] ☞흑색(黑色)

백색=공:포(白色恐怖)명 백색 테러
백색-광(白色光)명 태양 광선처럼 눈으로 색감(色感)을 느낄 수 없는 빛. 백광(白光)
백색=시멘트(白色cement)명 흰빛의 시멘트. 건축에서 벽에 바르거나 타일 따위를 붙이는 데 쓰임. 보통 시멘트보다 철의 함량이 3% 가량 적게 들어 있음.
백색=왜성(白色矮星)명 백색 미광(微光)의 항성(恒星). 밀도가 높은 것이 특색임.
백색=인종(白色人種)명 살갗이 흰 인종. 유럽의 각 민족이 이에 딸림. 준백인종(白人種) ☞유색 인종. 황색 인종. 흑색 인종
백색-체(白色體)명 색소를 가지지 않은 색소체. 식물의 땅속줄기나 뿌리, 종자 등의 세포에서 볼 수 있음. 콩나물 따위.
백색=테러(白色terror)명 정부나 지배자가 반정부 운동이나 혁명 운동을 탄압하는 일. 백색은 프랑스 왕권의 상징인 흰 백합에서 유래한다고 함. 백색 공포(白色恐怖)
백서(白鼠)명 흰쥐
백서(帛書)명 비단에 쓴 글, 또는 글이 쓰인 비단.
백서-피(白鼠皮)명 흰쥐의 털가죽.
백서향(白瑞香)명 팥꽃나뭇과의 상록 활엽 관목. 높이는 1m 안팎. 잎은 길둥글며 가장자리가 밋밋하고 반들반들함. 바닷가 산기슭에 자라는데, 봄에 향기가 짙은 흰 꽃이 핌. 관상용으로 심기도 함.
백석(白石)명 흰 돌.
백석(白晳)어기 '백석(白晳)하다'의 어기(語基).
백-석영(白石英)명 빛깔이 없는 맑은 수정.
백석-하다(白晳-)형여 살빛이 희고 깨끗하다.
백선(白銑)명 탄소 함유량이 3.5% 이하인 선철. 빛이 희며 경질(硬質)임.
백선(白線)명 흰 줄.
백선(白鮮)명 운향과의 여러해살이풀. 줄기 높이는 90cm 안팎. 산기슭에 저절로 자라는데, 줄기는 나무처럼 단단하고, 잎에는 잔 톱니가 있음. 여름에 연분홍빛 꽃이 핌. 관상용으로 심기도 하며, 뿌리는 한방에서 약재로 쓰임. 검화
백선(白墡)명 질그릇의 원료가 되는 백토.
백선(白癬)명 사상균(絲狀菌)에 감염되어 생기는 전염성 피부병의 한 가지. 살빛이 변하여 얼룩지고 살갗이나 털, 손발톱이 떨어져 나가거나 부스러짐. 쇠버짐
백선(白鱓)명 '뱀장어'의 딴이름.
백선(百選)명 백 가지를 가려 뽑는 일, 또는 가려 뽑은 백 가지. ¶명곡(名曲) -/한시(漢詩) -
백설(白雪)명 흰 눈. 소설(素雪)
백설-고(白雪糕)명 백설기
백설기(白-)명 곱게 빻은 멥쌀가루를 설탕 물로 내려서 찐 설기떡. 백설고(白雪糕). 흰무리 준설기[1] ☞백편
백설-조(百舌鳥)명 ①'지빠귀'의 딴이름. ②'때까치'의 딴이름.
백설-총이(白雪驄-)명 주둥이만 검은 흰말.
백-설탕(白雪^糖)명 백당(白糖)
백설-풍(白屑風)명 한방에서, 머리가 늘 가려우며 비듬이 생기는 병을 이르는 말. 두풍(頭風)
백성(百姓)명 ①나라나 사회를 이루고 있는 일반 사람. ☞국민(國民) ②지난날, 사대부(士大夫)가 아닌 상사람을 이르던 말. 평민(平民)
속담 **백성의 입 막기는 내 막기보다 어렵다** : 여론이나 소문을 막을 수는 없다는 말.

한자 **백성 민**(民) 〔氏部 1획〕 ¶민가(民家)/민간(民間)/민심(民心)/민의(民意)/서민(庶民)

백세(百世)명 오랜 세대.
백세-소주(百洗燒酒)명 멥쌀 가루로 쪄 낸 흰무리에 누룩을 섞어 찬물로 빚은 밑술에, 이틀 동안 물에 담갔다가 쪄서 익힌 보리밥을 섞어 함께 버무려 빚어 열흘 정도 후에 곤 소주.
백세지사(百世之師)명 후세에까지 모든 사람의 스승으로 받듦을 받을만 한 사람.
백세-창(百世瘡)명 지난날, 누구나 죽기 전에 한 번은 치른다는 뜻에서 '두창(痘瘡)'을 이르던 말.
백세-후(百歲後)명 ①백 년 뒤. ②남을 높이어 그 사람의 죽은 뒤를 이르는 말.
백소(白蘇)명 '들깨'의 딴이름.
백-소주(白燒酒)명 빛깔이 없는 보통 소주. ☞홍소주(紅燒酒)
백송(白松)명 소나뭇과의 상록 침엽 교목. 높이는 15m 안팎. 잎은 세 개씩 모여 나고, 나무껍질이 차차 비늘처럼 벗겨져 흰빛을 띰. 중국 원산의 희귀 수종으로 관상용으로 심음. 백골송(白骨松)
백-송고리(白松-)명 매사냥에 쓰는 참매를 이르는 말. 백송골 ☞보라매. 송골매
백-송골(白松鶻)명 백송고리
백수(白水)명 ①깨끗하고 맑은 물. ②맑고 깨끗한 마음을 비유하여 이르는 말.
백수(白首)명 백두(白頭)
백수(白壽)명 '白'은 '百'에서 '一'을 뺀 글자라는 데서 '아흔아홉 살'을 이르는 말.
백수(白鬚)명 허옇게 센 수염.
백수(百獸)명 온갖 짐승. ¶사자는 -의 왕.
백수-건달(白手-)명 아무 것도 가진 것이 없이 빈둥거리며 놀고 먹는 건달.
백수-문(白首文)명 후량(後梁)의 주흥사(周興嗣)가 하룻밤 새에 천자문(千字文)을 만들고 머리털이 허옇게 세었다는 고사에서 '천자문'을 달리 이르는 말.
백수-백복(百壽百福)명 ①장수(長壽)와 많은 복(福). ②방 안에 붙이기 위하여 '壽福' 글자를 여러 가지의 전서(篆書)로 써 놓은 것.
백수북면(白首北面)성구 재주와 덕이 없는 사람은 늙어서도 북쪽을 향하여 스승의 가르침을 빌어야 함을 이르는 말.
백수-증(白水症)[-쯩]명 한방에서, 심장병으로 말미암아 다리에서부터 부어 올라오는 수종을 이르는 말.
백수-풍신(白首風神)명 머리가 센 늙은이의 좋은 풍채.
백수-풍진(白首風塵)명 늙바탕에 치르는 온갖 고생.
백숙(白熟)명-하다타 고기나 생선에 양념을 하지 않고 맹물에 푹 삶아 익힘, 또는 그렇게 한 음식.
백숙(伯叔)명 네 형제 중의 맏이와 셋째. ☞백중숙계(伯仲叔季)
백스크린(back+screen)명 야구장에서, 투수가 던지는 공이 타자에게 잘 보이도록 센터 뒤쪽에 설치하는 초록의 차광(遮光) 벽.
백스톱(backstop)명 야구장에서, 포수의 뒤에 설치하는 철망 따위. 백네트
백스트로크(backstroke)명 배영(背泳)
백승(百勝)명-하다자 언제나 이김. ¶백전 -
백시(白柿)명 곶감
백시-죽(白柿粥)명 곶감을 물에 담갔다가 체에 걸러서 찹쌀 뜨물과 꿀을 타서 쑨 죽.
백신(vaccine)명 전염병의 병원균으로 만든, 접종용의 면역 약물. 왁친 ☞생백신
백신=요법(vaccine療法)[-뇨뻡]명 백신을 사용하는 전염병 예방 요법. 결핵에 대한 비시지(BCG) 접종, 천연두(天然痘)에 대한 종두(種痘) 따위.
백실(白失)명-하다타 밑천까지 몽땅 잃음.
백씨(伯氏)명 남의 맏형을 높이어 이르는 말. ☞숙씨(叔氏). 중씨(仲氏)
백아(白鵝)명 '거위[1]'의 딴이름.
백아절현(伯牙絶絃)성구 중국 춘추 시대, 거문고의 명인 백아(伯牙)가 자기의 거문고 가락을 알아주는 벗 종자기(鍾子期)가 죽자 거문고의 줄을 끊고 다시는 타지 않았다는 고사(故事)에서, 진정으로 자기를 알아주는 벗의 죽음을 슬퍼함을 비유하여 이르는 말. ☞지음(知音)
백악(白堊)명 ①유공충(有孔蟲) 따위의 시체가 쌓여서 이루어진 석회질의 암석. ②백토(白土)

ㅂ

백악(百惡)명 온갖 못된 짓. 모든 악.
백악-계(白堊系)명 백악기에 이루어진 지층. ☞백악층(白堊層)
백악구비(百惡具備)성구 사람됨이 모질고 사나워 온갖 못된 점을 두루 갖추어 있음을 이르는 말.
백악기(白堊紀)명 지질 시대 구분의 하나. 중생대(中生代) 최후의 시대를 이르는 말로, 약 1억 4,300만 년 전부터 6,500만 년 전까지의 시기. 암모나이트와 공룡(恐龍) 등이 번성했으나 말기에는 세계적으로 해퇴(海退)가 있어 동물계는 큰 변화를 겪었음. ☞쥐라기
백악-질(白堊質)명 ①백토질(白土質) ②시멘트질
백악-층(白堊層)명 백악으로 층을 이룬 백악기의 대표적인 지층. 프랑스와 미국의 일부 지방에 남아 있음. ☞백악계(白堊系)
백안(白眼)명 ①눈알의 흰자위. 백목(白目) ②대수롭지 않게 여기거나 냉대하여 흘겨보는 눈. ☞청안(青眼)
백안-시(白眼視)명-하다타 대수롭지 않게 여기거나 냉대하여 흘겨봄. ☞청안시(青眼視)
백안-작(白眼雀)명 '동박새'의 딴이름.
백액(白額)명 흰 이마.
백액-호(白額虎)명 이마의 털과 눈썹이 흰 늙은 범.
백야(白夜)명 동지 무렵의 남극 지방이나 하지 무렵의 북극 지방에서, 밤이 깊어도 어둡지 않고 훤하게 밝은 밤, 또는 그러한 현상. ☞극야(極夜)
백약(百藥)명 온갖 약. ¶ －이 무효하다.
백약-전(百藥煎)명 ①한방에서, 오배자(五倍子)와 찻잎과 누룩을 섞어 발효시킨 약을 이르는 말. 기침·하혈·치질 따위에 쓰임. ②아선약(阿仙藥)
백약지장(百藥之長)명 온갖 약 중에서 으뜸이라는 뜻으로, '술'을 달리 이르는 말.
백양(白羊)명 흰 빛깔의 양.
백양(白楊)명 ①버드나뭇과의 낙엽 활엽 교목. 높이는 30 m 안팎. 잎은 길둥글고 가장자리에 잔 톱니가 있으며 표면은 짙은 초록, 뒷면은 백색을 띰. 우리 나라 중부 이북의 하천이나 냇가에 자라며 목재로 많이 쓰임. 황철나무 ②사시나무나 은백양(銀白楊)을 통틀어 이르는 말.
백양-궁(白羊宮)명 황도 십이궁(黃道十二宮)의 첫째 궁. 본디 십이성좌(十二星座)의 양자리에 대응되었으나 세차(歲差) 때문에 지금은 서쪽의 물고기자리로 옮아가 있음. ☞금우궁(金牛宮)
백어(白魚)명 '뱅어'의 딴이름.
백억-세:계(百億世界)명 부처가 백억화신이 되어 교화하는 세계, 곧 온 세상을 이르는 말.
백억-신(百億身)명 '백억화신(百億化身)'의 준말.
백억-화:신(百億化身)명 백억이나 되는 석가의 화신(化身). 준백억신(百億身)
백업(backup)명 ①야구에서, 수비자의 실책에 대비하여 다른 수비자가 뒤에서 보조하는 일. ②잘못된 조작 등으로 데이터나 파일이 손상되는 것에 대비하여 미리 파일을 복사(複寫)해 두는 일, 또는 그 복사 파일.
백-여우(白－)[－녀－]명 ①털빛이 흰 여우. ②요사스러운 여자를 비유하여 이르는 말.
백연(白鉛)명 납의 화합물 용액에 탄산나트륨을 넣어 침전물로 생기는 백색 결정체. 흰 칠감으로 쓰이며 독성이 있음.
백연(百緣)명 가지가지 인연.
백연-광(白鉛鑛)명 납의 중요 광석. 탄산납이 주성분이며 흰빛, 잿빛, 짙은 잿빛을 띰.
백열(白熱)명 ①물체에서 흰빛이 나도록 매우 열이 높아지는 것, 또는 그 높은 열. ②-하다자 기운이나 열정이 최고조에 달함, 또는 최고조에 달한 기운이나 열정.
백열=가스등(白熱gas燈)명 백열투를 씌운 흰빛을 내는 가스등.
백열-등(白熱燈)[－뜽]명 백열 가스등이나 백열 전기등 따위를 통틀어 이르는 말.
백열-선(白熱線)[－썬]명 백열 전구 안에 들어 있는, 전기가 흐르면 불이 켜지는 텅스텐 따위의 선.
백열-전(白熱戰)[－쩐]명 온갖 재주와 있는 힘을 다하여 맹렬히 싸우는 싸움이나 경기. ¶ －을 벌인 끝에 무승부로 끝났다.
백열=전:구(白熱電球)명 진공 또는 특정한 기체를 넣은 유리 구(球) 안에 녹는점이 높은 금속 선을 넣고 전기를 통하여 흰빛을 내게 만든 전구.
백열=전:기등(白熱電氣燈)명 백열 전구를 써서 빛을 내는 전등. 백열 전등
백열=전:등(白熱電燈)명 백열 전기등
백열-투(白熱套)명 가스등의 불길을 싸서 그 광력(光力)을 세게 하는 그물 모양의 통. 면사나 인조 견사 같은 것으로 만든 망상(網狀)의 주머니를 질산나트륨이나 질산세륨의 용액에 적셔서 구워 만듦. 가스의 연소열로 빛을 냄. 가스맨틀(gas mantle)
백염(白塩)명 정제한 흰 소금.
백엽(百葉)명 처녑
백엽고-병(白葉枯病)[－뼝]명 박테리아의 기생으로 일어나는 벼의 병. 잎 끝에서부터 물결 모양으로 하얗게 말라 감.
백엽-다(柏葉茶)명 동쪽으로 벋은 잣나무의 가지에 달린 잎을 따서 말렸다가 달인 차.
백엽-상(百葉箱)명 온도·습도·기압 등을 측정하기 위하여 기구를 넣어 두는, 작은 집 모양의 하얀 상자. 바람이 잘 통하는 건물 밖의 지상 1m 가량 되는 곳에 세움.
백엽-주(柏葉酒)명 잣나무 잎을 담가서 우려낸 술.
백-영사(白靈砂)[－녕－]명 수은을 고아서 만든 하얀 결정체. 한방에서 외과 약으로 쓰임.
백옥(白玉)명 흰 빛깔의 옥. 흰 구슬. ¶ － 같은 얼굴. /－같이 하얀 이.
속담 **백옥이 진토에 묻힌다** : 백옥이 흙먼지 속에 묻혀 빛을 내지 못한다는 뜻으로, 훌륭한 인재가 인정을 받지 못하여 불우하게 지낸다는 말.
백옥(白屋)명 띠로 지붕을 인 허술한 초가.
백옥-경(白玉京)명 옥경(玉京)
백옥-루(白玉樓)명 문인이나 묵객이 죽은 뒤에 간다고 하는 천상(天上)의 누각, 또는 문인이나 묵객의 죽음을 이르는 말. 준옥루(玉樓)
백옥무하(白玉無瑕)성구 티 없는 백옥이라는 뜻으로, 아무 흠이 없는 사람을 비유하여 이르는 말.
백옥-반(白玉盤)명 백옥으로 만든 쟁반이라는 뜻으로, 둥근 달을 비유하여 이르는 말.
백옥-유(白玉釉)[－뉴]명 도자기를 구울 때 칠하는 잿물의 한 가지. 납유리 가루로 만든 사기물임.
백우(白雨)명 ①소나기 ②우박(雨雹)
백우(白疣)명 '무사마귀'의 딴이름.
백우(百憂)명 여러 가지 근심. 백리(百罹)
백우-선(白羽扇)명 새의 흰 깃으로 만든 부채.
백운(白雲)[1]명 흰구름 ☞흑운(黑雲)
백운(白雲)[2]명 절의 큰방 윗목 벽에 써 붙여서 손의 자리를 가리키는 문자.
백-운모(白雲母)명 운모의 한 가지. 흰빛을 띠고 광택이 나며 여러 겹지로 되어 있는 함수(含水) 규산염(硅酸塩)의 광물로, 전기 절연체와 내열 보온재로 쓰임. 흰돌비늘 ☞흑운모(黑雲母)
백-운석(白雲石)명 탄산마그네슘과 탄산석회가 혼합한 탄산염 광물. 마름모꼴의 결정으로 내화 벽돌의 원료로 쓰임.
백운소:설(白雲小說)명 고려 고종 때의 문인 이규보(李奎報)가 지은 시화(詩話)와 잡기(雜記). 삼국 시대부터 이규보 당대까지의 시인들과 시에 대하여 논한 내용임. 홍만종(洪萬宗)이 찬집한 '시화총림(詩話叢林)'에 스물여덟 편이 실려 전함.
백-운암(白雲岩)명 백운석(白雲石)으로 이루어진 바위.
백운-타(白雲朶)명 국화의 한 품종. 꽃이 희며, 꽃송이가 큰 국화.
백운-향(白雲香)명 이화주(梨花酒)
백월(白月)[1]명 빛이 희고 밝은 달. 소월(素月)

백월(白月)[2] 명 불교에서, 한 달을 두 보름으로 갈라서, 선보름을 이르는 말. ☞흑월(黑月)
백-유마(白油麻) 명 '참깨'의 딴이름.
백은(白銀) 명 은(銀)
백음(白淫) 명 성행위 없이 자기도 모르게 정액이 새어 나오는 병. 수음(手淫)이나 신경 쇠약 따위로 말미암아 생김. ☞누정(漏精). 유정(遺精)
백응(白鷹) 명 흰매
백의(白衣) 명 ①흰옷 ¶ —의 천사. ②포의(布衣) ③불가에서, '속인(俗人)'을 이르는 말.
백의-민족(白衣民族) 명 예로부터 흰옷을 숭상하여 온 '한민족(韓民族)'을 이르는 말.
백의=용사(白衣勇士) 명 전쟁에서 다치거나 병이 든 군인. 상이 군인(傷痍軍人)
백의=재:상(白衣宰相) 명 백의 정승
백의=정승(白衣政丞) 명 지난날, 유생으로서 대번에 정승의 자리에 오른 사람을 이르던 말. 백의 재상(白衣宰相)
백의-종군(白衣從軍) 명 조선 시대, 관직이 없는 사람이 군대를 따라 싸움터에 나가는 일을 이르던 말.
백이의(白耳義) 명 '벨기에'의 한자 표기.
백인(白人) 명 백색 인종인 사람.
백인(白刃) 명 서슬이 시퍼런 칼날. 백병(白兵)
백인(百人) 명 성질이 갖가지로 다른 많은 사람.
백인(百忍) 명 모든 어려움을 잘 참고 견디어 냄.
백-인종(白人種) 명 '백색 인종(白色人種)'의 준말.
백일(白日) 명 ①맑게 갠 날의 햇빛. ②대낮
백일(百日) 명 백날
백일-몽(白日夢) 명 대낮에 꾸는 꿈이라는 뜻으로, 헛된 공상을 이르는 말.
백일승천(白日昇天) 성구 도(道)를 극진히 닦아 육신을 가진 채 신선이 되어 대낮에 하늘로 올라감을 이르는 말. 육신승천(肉身昇天)
백일=일수(百日日收)[—쑤] 명 백 날에 별러서 거두어들이는 일수.
백일-장(白日場)[—짱] 명 ①지난날, 유생들의 학업을 권장하기 위하여 베풀던 시문(詩文) 짓기의 시험. ②글짓기 대회.
백일-재(百日齋) 명 사람이 죽은 지 백일 되는 날에 드리는 불공. 준 백재(百齋)
백일-주(百日酒)[—쭈] 명 술을 담가, 백일 동안 땅 속에 묻어 두었다가 거른 술.
백일-천하(百日天下) 명 ①나폴레옹 1세가 엘바 섬을 탈출하여 1815년 3월 20일 파리를 점령한 후 워털루의 싸움에서 패하여 퇴위할 때까지 약 100일간의 재집권 기간을 이르는 말. ②짧은 동안 정권(政權)을 잡았다가 물러나게 되거나 망하거나 함을 비유하여 이르는 말.
백일-초(百日草) 명 '백일홍(百日紅)'의 딴이름.
백일-해(百日咳) 명 백일해균으로 말미암은 어린아이의 호흡기 전염병. 한번 앓고 나면 일생 동안 면역이 됨. 효증(哮症)
백일-홍(百日紅) 명 ①'배롱나무'의 딴이름. ②국화과의 한해살이풀. 줄기 높이는 50~90cm. 잎은 길둥글고 끝이 뾰족하며 마주 남. 7~10월에 걸쳐 노랑·빨강·자주·하양 따위의 꽃이 오래도록 핌. 관상용으로 재배함. 백일초(百日草)
백자(白子)[1] 명 '백지'의 원말.
백자(白子)[2] 명 물고기의 이리.
백자(白字) 명 '白' 자를 새긴 왕세자(王世子)의 도장.
백자(白瓷·白磁) 명 흰 빛깔의 사기. 백사기(白沙器)
백자(伯姉) 명 맏누이
백자(柏子) 명 잣
백자-도(百子圖) 명 어린아이가 기어다니거나 갓 걸어다니거나 사내아이들이 여러 명 뒤섞여 노는 모양을 그린 동양화. 자손을 바라는 마음을 나타낸 것임. 백자동
백자-동(百子童) 명 백자도(百子圖)
백자-말(柏子末) 명 잣가루
백자-목(柏子木) 명 '잣나무'의 딴이름.
백자-색(白紫色) 명 흰색과 보라색이 섞인 빛깔.
백자-인(柏子仁) 명 한방에서, 측백나무 열매의 씨를 약재로 이르는 말. 허한(虛汗)이나 경간(驚癎) 등에 쓰임.
백자-천손(百子千孫) 명 썩 많은 자손.
백자=청화(白瓷青華) 명 청화 자기(青華瓷器)
백자-탕(白子湯) 명 이리탕
백자-판(柏子板) 명 잣나무를 켜서 만든 널빤지.
백작(伯爵) 명 오등작(五等爵)의 셋째 작위. 후작의 아래, 자작의 위. 준 백(伯)
백-작약(白芍藥) 명 ①미나리아재빗과의 여러해살이풀. 줄기 높이는 40~50cm. 뿌리는 육질이고 굵음. 잎은 어긋맞게 나며 세 갈래로 갈라져 있음. 꽃은 흰빛으로 원줄기 끝에 한 송이씩 핌. ②한방에서, 백작약의 뿌리를 약재로 이르는 말. 복통·경련·두통이나 부인과·외과 등에 널리 쓰임.
백장 명 ①지난날, 소나 돼지 따위를 잡는 일을 직업으로 삼는 사람을 이르던 말. 도한(屠漢). 칼잡이. 포정(庖丁). 포한(庖漢) ②지난날, 고리를 겯는 일을 직업으로 하는 사람을 이르던 말. 백정(白丁)
속담 **백장도 올가미가 있어야지** : 장사에는 밑천이 있어야 하듯이, 무엇이나 준비 없이 이룰 수 없다는 말. /**백장이 버들잎을 물고 죽는다** : 죽는 때를 당하여도 늘 하던 짓을 버리지 못함을 이르는 말.
백장-고누 명 고누를 둘 때, 먼저 두는 쪽이 첫수로 상대편 말의 갈 길을 막아 버리는 일. 우물고누를 둘 때, 이는 허락되지 않음.
백재(百齋) 명 '백일재(百日齋)'의 준말.
백저(白苧) 명 누이어서 빛깔이 하얀 모시.
백전(白錢) 명 백통돈
백전(白戰) 명 ①무기 없이 맨손으로 하는 싸움. ②문인들이 글재주를 겨루는 일.
백전(白顚) 명 별박이
백전-계(百全計) 명 안전하고 빈틈없는 계책.
백전-노:장(百戰老將) 명 ①수많은 전쟁을 치른 노련한 장수. ②세상일을 많이 겪어 보아서 여러 가지 일에 능란한 사람.
백전-노:졸(百戰老卒) 명 수많은 전쟁을 치른 노련한 병사.
백전-백승(百戰百勝) 명 백 번 싸워 백 번 이긴다는 뜻으로, 싸우는 족족 이김을 이르는 말.
백전-풍(白癜風) 명 백납
백절불굴(百折不屈) 성구 백 번 꺾여도 굽히지 않는다는 뜻으로, 어떤 어려움도 견디어 냄을 이르는 말. 백절불요
백절불요(百折不撓) 성구 백절불굴(百折不屈)
백-점토(白粘土) 명 흰 찰흙. 도자기의 원료가 됨.
백접-도(百蝶圖) 명 온갖 나비가 가지가지 꽃에서 노니는 광경을 소재로 하여 그린 그림.
백정(白丁) 명 백장
백제(白帝) 명 민속에서 이르는 오방 신장(五方神將)의 하나. 가을을 맡은 서쪽의 신을 이름. ☞청제(青帝)
백제(百濟) 명 우리 나라 삼국 시대의 한 나라. 기원전 18년에 온조왕을 시조로 한강 북쪽 위례성에 도읍함. 서기 660년에 신라와 당나라의 연합군에게 망함.
백조(白鳥) 명 '고니'의 딴이름.
백조-어(白條魚) 명 잉엇과의 민물고기. 몸길이 20~30cm. 강준치와 비슷한데, 입이 위로 향하고 몸이 옆으로 넓적함. 은백색에 등은 푸른 갈색임.
백조-자리(白鳥—) 명 북반구에 있는, 날아가는 백조 모양의 큰 별자리. 북십자성(北十字星)
백족지충(百足之蟲) 명 ①그리마나 지네·노래기 따위의 발이 많은 벌레를 통틀어 이르는 말. ☞다지류 ②친척이나 아는 사람이 많은 사람을 비유하여 이르는 말.
백족-충(百足蟲) 명 '노래기'의 딴이름.
백종(百種)[1] 명 많은 종류. 여러 가지.
백종(百種)[2] 명 백중날
백주(白酒) 명 ①빛깔이 흰 술. ②배갈
백주(白晝) 명 대낮
백주-에(白晝—) 부 아무 까닭 없이. 드러내 놓고 터무니

ㅂ

없이. ¶ — 애먼 사람을 죄인으로 몰다니. ㊟ 백줴
백주=현:상(白晝現像) 명 사진 기술에서, 특수 장치를 한 현상 탱크를 써서 밝은 곳에서 하는 현상.
백주=혜:성(白晝彗星) 명 낮에 맨눈으로 볼 수 있는 혜성.
× **백죽** 명 → 흰죽
백중(百中·百衆) 명 '백중날'의 준말.
백중(伯仲) 명 ①맏이와 둘째. ②-하다 형 실력이나 재주, 기술 따위가 어슷비슷하여 서로 낫고 못함을 가리기 어려움. ¶실력이 —하여 등수를 매기기가 힘들다.
백중-날(百中—·百衆—) 명 명일의 하나로 음력 칠월 보름을 이르는 말. 절에서는 재를 올리며, 민간에서는 여러 음식을 마련하여 먹고 놂. 백종(百種) ㊟ 백중(百中)
백중력(百中曆) 명 조선 시대의 역서(曆書)의 한 가지. 조선 정조 6년(1782)부터 고종18년(1881)에 이르는 100년 간의 해와 달의 운행(運行)과 절후(節候)를 추산하여 엮은 역서. ☞만세력(萬歲曆). 천세력(千歲曆)
백중-맞이(百中—) 명 ①백중날에 드리는 불공. 백중 불공(百中佛供) ②무당이 백중날에 하는 굿.
백중-물(百中—) 명 백중날 무렵에 많이 내리는 비.
백중=불공(百中佛供) 명 백중맞이
백중=사리(百中—) 명 백중날인 음력 칠월 보름에 밀물이 가장 높이 들어오는 때.
백중-세(伯仲勢) 명 서로 어금지금한 형세. 백중지세
백중숙계(伯仲叔季) 명 형제의 차례. 백(伯)은 맏이, 중(仲)은 둘째, 숙(叔)은 셋째, 계(季)는 막내를 이름.
백중지간(伯仲之間) 명 서로 어금지금 맞서는 사이.
백중지세(伯仲之勢) 명 서로 어금지금한 형세. 백중세
백줴 부 '백주에'의 준말.
백지(白—) 명 바둑돌의 흰 알. ㊟ 백(白)[1] ㊌ 백자(白子) ☞흑지
백지(白地)[1] 명 ①농사가 안 되어 거두어들일 것이 없는 땅. ②정해진 근거가 없는 상태.
백지(白芷) 명 한방에서, 구리때의 뿌리를 약재로 이르는 말. 감기로 머리나 허리가 쑤시는 데 약으로 쓰임.
백지(白紙) 명 ①우리 나라에서 닥나무 껍질로 만든 한지의 한 가지. 창호지보다 희고 얇음. ¶—를 깔고 백설기를 찌다. ②아무 것도 쓰지 않은 종이. 공지(空紙) ¶—에 글씨 연습을 하다. ③'백지 상태'의 준말. ¶이제까지의 일을 —로 돌리다.
백지(白地)[2] 부 아무 턱도 없이. ¶— 죄 없는 내게 화를 내냐. ☞백판(白板)[2]. 생판
백-지도(白地圖) 명 대륙이나 섬, 나라 등의 윤곽과 경계, 하천·도시 따위만을 그린 지도. 세부의 기호나 지명 따위의 기입 연습이나 분포도 작성 등에 쓰임. 암사 지도
백지=동맹(白紙同盟) 명 시험 때 학생들이 답안지에 아무 것도 쓰지 않기로 약속하고 그냥 내는 일.
백지-마(白脂麻·白芝麻) 명 '참깨'의 딴이름.
백지=상태(白紙狀態) 명 ①아무 것도 없거나 모르는 상태. ¶기계에 대해서는 —이다./—에서 사업을 시작하다. ②어떤 일을 하기 전의 상태. ¶모든 일이 —로 돌아가다. ③잡념이나 선입관 따위가 없는 상태. ㊟ 백지
백지-애:매(白地曖昧) 명 까닭 없이 누명을 쓰고 화를 입음을 이르는 말.
백지=어음(白地—) 명 어음 발행자가 어음 금액이나 지급지, 만기 따위 어음 요건의 전부 또는 일부를 공백으로 하여 그 보충권을 소지인에게 준 어음.
백지=위임장(白紙委任狀)[—짱] 명 위임자 성명만 써 놓고, 위임하여야 할 사항의 일부나 수임자(受任者)의 성명을 비워 놓아 수임자의 마음대로 쓰게 하는 위임장.
백지-장(白紙—)[—짱] 명 백지의 낱장.
백지장 같다 관용 얼굴빛이 핏기가 없이 해쓱하다.
속담 **백지장도 맞들면 낫다** : 아무리 쉬운 일이라도 혼자 하는 것보다 서로 힘을 모아 함께하면 더 쉽다는 말.
백지=징세(白地徵稅) 명 지난날, 천재지변 따위로 수확이 전혀 없는 땅에 억지로 세를 물리는 일을 이르던 말.
백지=형법(白地刑法)[—뻡] 명 일정한 형벌만을 법률에서 규정하고, 그 요건(要件)인 범죄의 규정은 다른 법령에서 규정하는 형벌 법규.
백지-화(白紙化) 명 -하다 자타 백지 상태가 됨, 또는 그런 상태로 돌림. ¶공사 계획을 —하다./계약이 —되다. ☞휴지화(休紙化)
백질(白質) 명 고등 동물의 신경 중추부 가운데서 신경 섬유의 집합을 이루는 부분. 하얗게 보임.
백징(白徵) 명 -하다 타 조선 시대, 세금이나 벌금을 물만한 아무런 의무도 관계도 없는 사람에게 억지로 세금이나 벌금을 물리어 받던 일. 생징(生徵)
백-차일(白遮日) 명 하얀 빛깔의 차일.
백차일 치듯 관용 흰옷을 입은 사람들이 많이 모인 모양을 이르는 말.
백-창포(白菖蒲) 명 '이창포(泥菖蒲)'의 딴이름.
백채(白菜) 명 ①배추 ②배추를 잘게 썰어 고기를 넣고 갖은양념으로 무쳐서 볶은 나물.
백-채:문(白彩紋) 명 흰 선으로 이루어진 채문. 지폐나 증권 따위의 무늬로 쓰임. ☞흑채문(黑彩紋)
백척-간두(百尺竿頭) 명 백 자나 되는 높은 장대 끝이라는 뜻으로, 매우 위태로운 지경을 이르는 말. ¶—에 서다. ㊟ 간두(竿頭)
백천만겁(百千萬劫) 명 불교에서, 무한한 세월 또는 영원한 시간을 이르는 말.
백천만사(百千萬事) 명 온갖 일.
백철(白鐵) 명 합석이나 양은, 니켈 등의 빛깔이 흰 쇠붙이.
백철-광(白鐵鑛) 명 희거나 누르스름한 빛을 띤 철의 황화 광물. 철이나 황산의 원료로 쓰임.
백청(白淸) 명 꿀벌이 화밀(花蜜)을 집 속에 저장한 뒤 수분이 증발하여 하얗게 엉긴 벌꿀. ☞황청(黃淸)
백청-자(白靑瓷) 명 청백자(靑白瓷)
백체(白體) 명 난세포가 수정되지 않았을 때, 황체가 그 기능을 잃고 위축되어 하얗게 변한 작은 덩어리.
백초(百草) 명 여러 가지 풀. 온갖 풀.
백초-상(百草霜) 명 앉은검정
백-초서(白貂鼠) 명 '흰담비'의 딴이름.
백초-피(白貂皮) 명 흰담비의 털가죽. 담비의 털가죽 중 품질이 가장 나쁨. ☞잘
백총(百摠) 명 조선 시대, 관리영(管理營)의 일을 맡아보는 정삼품 관직을 이르던 말.
백축(白丑) 명 한방에서, 흰 나팔꽃의 씨를 약재로 이르는 말. 성질이 차며 대소변을 통하게 하는 데 쓰임.
백출(白朮) 명 한방에서, 삽주의 덩어리진 뿌리를 약재로 이르는 말. 성질이 따뜻하고 비위를 도우며 소화제로 쓰임. 산강(山薑). 산계(山薊) ☞창출(蒼朮)
백출(百出) 명 -하다 자 여러 가지로 많이 나옴. ¶묘안(妙案) —/이견(異見) —
백출-산(白朮散) 명 한방에서, 백출을 주로 하여 지은, 토사(吐瀉) 따위에 쓰이는 탕약(湯藥)을 이르는 말.
백출-주(白朮酒) 명 백출을 넣어서 빚은 술.
백충(白蟲) 명 '촌백충(寸白蟲)'의 준말.
백충-창(白蟲倉) 명 '오배자(五倍子)'의 딴이름.
백치(白痴·白癡) 명 뇌에 장애가 있거나 뇌막염 등을 앓아 뇌의 활동이 완전하지 못한 병, 또는 그런 사람. 지능이 아주 낮음. 천치(天痴)
백치-미(白痴美) 명 지능이 모자란듯 하고 표정이 없는 사람의 아름다움을 이르는 말.
백치=천재(白痴天才) 명 백치이면서도 어떤 일에는 뛰어난 재능을 가진 사람.
백탁(白濁) 명 한방에서, 오줌의 빛이 뿌옇고 걸쭉한 병을 이르는 말.
백탄(白炭) 명 빛깔이 희읍스레한 참숯. 화력이 가장 셈. ☞검탄(黔炭)
백탈(白脫) 명 -하다 자 죄가 없음이 밝혀짐.
백탈(白^頉) 명 까닭 없이 신역(身役)을 면하는 일.
백탕(白湯) 명 백비탕(白沸湯)
백태(白苔) 명 ①한방에서, 몸의 열이 높거나 위병(胃病) 따위로 혓바닥에 끼는 누르스름한 물질을 이르는 말. ②한방에서, 눈알에 희끄무레한 막이 덮이는 병, 또는 그

막을 이르는 말.
백태(百態)명 여러 가지 자태. 온갖 형태.
백태=청기(白胎青器)명 청백자(青白瓷)
백토(白土)명 ①잔모래가 많이 섞인 흰 빛깔의 흙. 백악(白堊) ②화산회나 화산암이 풍화한 흙. 벽화나 건축의 도료, 도자기를 희게 만드는 원료로 쓰임.
백토(白兎)명 흰 토끼.
백토-질(白土質)명 백토의 성질. 백악질(白堊質)
백통(∠白銅)명 구리·아연·니켈의 합금. 흰 빛깔로, 화폐나 장식품 따위에 쓰임.
백통-대(∠白銅-)명 백통으로 담배통과 물부리를 만든 담뱃대.
백통-돈(∠白銅-)명 백통으로 만든 돈. 백동전(白銅錢). 백동화(白銅貨). 백전(白錢). 백통전
백통-전(∠白銅錢)명 백통돈
백퇴(白退)명-하다타 판결하지 않고 소장(訴狀)을 그대로 물리치는 일.
백파(白波)명 ①흰 거품이 이는 물결. ②중국 황건적의 잔당인 '백파적(白波賊)'에서 나온 말로, '도둑'을 달리 이르는 말.
백파(白播)명-하다자타 거름을 주지 않은 맨땅에 씨를 뿌림.
백파이프(bagpipe)명 유럽 등지에서 사용되는 민속 악기의 한 가지. 가죽 주머니에 몇 개의 파이프가 달려 있는 고음의 관악기로, 스코틀랜드의 것이 유명함.
백판(白板)[1]명 흰 널빤지.
백판(白板)[2]명 아무 것도 없는 터나 모르는 상태.
부 전혀 낯설게. ¶－ 모르는 사람에게 어려운 일을 시키다니. ☞백지(白地)[2]
백팔=번뇌(百八煩惱)명 불교에서, 사람이 지니는 백여덟 가지 번뇌를 이르는 말.
백팔=염:주(百八念珠)명 작은 구슬 백여덟 개를 꿰서 만든 염주. 이것을 돌리며 염불을 외면 백팔 번뇌를 물리쳐 무상(無想)의 경지에 이른다 함.
백팔-종(百八鐘)[-쫑]명 인간의 백팔 번뇌를 없애기 위하여, 절에서 아침 저녁으로 큰 종을 백여덟 번 치는 일. 오늘날 우리 나라에서는 아침에 스물여덟 번, 저녁이나 제석(除夕)에 서른세 번 침.
백패(白牌)명 지난날, 소과(小科)에 급제한 생원이나 진사에게 주던, 흰 종이에 쓴 증서. ☞홍패(紅牌)
백-편(白-)명 떡의 한 가지. 물내린 멥쌀가루를 시루에 안치고 위에 석이·밤·대추를 채친 것과 실백 따위의 고명을 뿌리고 켜켜이 흰 종이를 깔아 찐 시루떡.
백폐(百弊)명 온갖 폐단.
백포(白布)명 흰 베.
백포(白泡)명 ①흰 물거품. 백말(白沫) ②말 따위가 입에서 내는 흰 거품.
백포(白袍)명 흰 도포(道袍).
백-포도주(白葡萄酒)명 엷은 누런빛의 맑은 포도주. 주로 청포도를 으깨어 짜낸 과즙을 발효시켜서 만듦. ☞적포도주
백-포장(白布帳)명 흰 베로 만든 휘장.
백표(白票)명 ①투표할 때 기권의 뜻으로 아무 것도 쓰지 않은 표. ②백색의 표.
백하(白蝦·白鰕)명 '쌀새우'의 딴이름.
백하-해(白蝦醢)명 새우젓
백학(白鶴)명 '두루미[1]'의 딴이름.
백합(白蛤)명 참조갯과의 조개. 모시조개와 비슷하나 조가비가 둥글고 회백색의 둥근 무늬가 있으며 안쪽은 희고 매끄러움. 민물이 흘러드는 바다의 개펄이나 모래 속에 삶.
백합(白鴿)명 '집비둘기'의 딴이름.
백합(百合)명 ①백합과의 여러해살이풀. 땅 속의 비늘줄기에서 하나의 줄기가 돋아나는데, 비늘줄기는 납작한 공 모양임. 줄기 높이는 30~100cm. 잎은 잎자루가 없고 고춧잎과 비슷한 모양으로 10~18cm임. 꽃은 흰빛이며 향기가 짙고 줄기 끝에 두세 송이씩 핌. 관상용으로 심음. 나리 ②한방에서, 백합의 뿌리를 약재로 이르는 말. 해수(咳嗽)에 쓰임.
백합-증(百合症)명 한방에서, 급성 열병이 나은 뒤에 조리를 잘못하여 식욕이 없고 잠을 못 이루며 오한과 신열이 번갈아 나는 병. 오줌이 불그스레하고 약을 먹는 대로 토함.
백합-화(百合花)명 백합의 꽃. 나리꽃
백해(百害)명 온갖 해로운 일.
백해(百骸)명 몸을 이루는 모든 뼈.
백해구통(百骸俱痛)성구 온몸이 아프지 않은 데가 없이 다 아픔을 이르는 말.
백해무익(百害無益)성구 해롭기만 하지 하나도 이로울 것이 없음을 이르는 말. 유유해무익(有害無益)
백핸드(backhand)명 백핸드스트로크 ☞포어핸드
백핸드스트로:크(backhand stroke)명 테니스나 탁구 따위에서, 라켓을 쥔 손의 손등이 상대편을 향하도록 하여 공을 치는 일. ☞포어핸드스트로크
백행(百行)명 온갖 행실이나 모든 행위.
백혁(白洫)명 물이 바싹 마른 봇도랑.
백-혈구(白血球)명 혈액 속에 있는 아메바 모양의 세포. 식균 작용을 하여 세균의 해독을 막음. 흰피톨 ☞적혈구(赤血球)
백혈구=증가증(白血球增加症)[-쯩]명 백혈구의 수가 정상보다 많아지는 증세. 폐렴이나 성홍열, 그 밖의 여러 가지 전염병, 중독, 악성 종양 따위로 일어남.

백혈-병(白血病)[-뼝]명 혈액 속의 백혈구가 정상보다 훨씬 많아지는 병.
백형(伯兄)명 맏형 ☞중형(仲兄)
백호(白虎)명 ①사신(四神)의 하나. 하늘의 서쪽을 지킨다는 신으로, 범의 형상으로 나타냄. ②풍수지리설에서, 주산(主山)에서 오른쪽으로 벋어 있는 산줄기를 이르는 말. ☞내백호(內白虎). 외백호(外白虎) ③이십팔수(二十八宿) 가운데 서쪽에 있는 규(奎)·누(婁)·위(胃)·묘(昴)·필(畢)·자(觜)·삼(參)의 일곱 별을 통틀어 이르는 말. ☞청룡(青龍)
백호(白毫)명 부처의 두 눈썹 사이에 난 희고 빛나는 가는 터럭. 그 광명을 무량 세계에 비친다고 함. 부처의 삼십이상 가운데 하나임.
백호-주의(白濠主義)명 지난날, 오스트레일리아에서 유색 인종, 특히 황색 인종의 입국이나 이민을 배척하고 백인을 우선하던 주의.
백호-탕(白虎湯)명 한방에서, 감기나 폐렴 따위의 열성 전염병으로 입안이 마르고 몸이 뜨거운 열증(熱症)에 쓰이는 처방을 이르는 말.
백홋-날(白虎-)명 풍수지리설에서, 산의 백호로 된 등성이를 이르는 말. ☞청룡날
백홍(白虹)명 흰빛으로 보이는 무지개. 안개가 끼거나 보슬비가 내릴 때 그렇게 보임.
백화(白花)명 흰 꽃.
백화(白話)명 중국에서 구어(口語)를 문어(文語)에 상대하여 이르는 말. 중국어 회화에서 쓰는 말임.
백화(白樺)명 '자작나무'의 딴이름.
백화(百花)명 온갖 꽃.
백화(百貨)명 온갖 상품이나 재화.
백화난:만(百花爛漫)성구 온갖 꽃이 활짝 피어 아름답게 흐드러짐을 이르는 말.
백화-문(白話文)명 중국의 구어(口語)로 표기된 글.
백화=문학(白話文學)명 중국 문학에서, 구어(口語)로 표기된 문학을 이르는 말.
백화-사(白花蛇)명 '산무애뱀'의 딴이름.
백화=소:설(白話小說)명 중국의 구어(口語)로 표기된 소설. ☞백화문
백화-왕(百花王)명 '모란'의 딴이름.
백화요란(百花燎亂)성구 온갖 꽃이 불타오르듯이 찬란하게 핌을 이르는 말.
백화-자기(白畫瓷器)명 흰빛으로 그림을 그린 도자기.
백화-점(百貨店)명 일상 생활에 필요한 온갖 상품을 넓은 공간에 부문별로 진열해 두고 파는, 규모가 큰 종합 소

매점. ☞단위 상점
백화제방(百花齊放)성구 수많은 꽃이 일제히 핀다는 뜻으로, 갖가지 학문이나 예술 따위가 자유롭게 발표됨을 이르는 말.
백화-주(百花酒)명 갖가지 꽃으로 빚은 술.
백화-춘(百花春)명 찹쌀로만 빚은 술. 맑고 향기로움.
백화=현:상(白化現象)명 철이나 마그네슘 따위의 양분이 부족하여 엽록소가 만들어지지 않아, 식물체가 희어지거나 색이 엷어지는 현상.
백황-색(白黃色)명 희끄무레한 누런 색.
백회(白灰)명 산화칼슘, 곧 생석회(生石灰).
백회(百會)명 백회혈
백회-혈(百會穴)명 한방에서, 정수리의 숫구멍 자리를 이르는 말. 백회(百會)
백흑(白黑)명 ①흰빛과 검은빛. ②선(善)과 악(惡), 또는 참과 거짓 따위의 뜻으로 쓰이는 말. 흑백(黑白)
백흑지변(白黑之辨)명 선(善)과 악(惡), 또는 참과 거짓 따위를 구별하고 가려내는 일.
백희(百戲)명 온갖 놀이. 가면놀이나 요술, 곡예 따위.
밴(VAN)명 부가 가치 통신망[value added network]
밴대 명 '밴대보지'의 준말.
밴대-보:지 명 거웃이 나지 않은 어른의 보지. 알보지 준 밴대
밴대-질 명 여자끼리 하는 성행위. ☞비역
밴댕이 명 청어과의 바닷물고기. 전어와 비슷하나 몸길이 15cm 안팎이고 옆으로 납작함. 등 쪽은 청흑색이고 옆구리와 배 쪽은 은백색임. 젓갈 재료로 많이 쓰임.
밴:덕 명 '변덕'을 맵살스러운 느낌으로 이르는 말. ☞밴덕. 변덕
밴덕(을) 부리다 관용 밴덕스러운 말이나 행동을 하다. ☞밴덕(을) 부리다. 변덕(을) 부리다.
밴:덕-꾸러기 명 밴덕을 잘 부리는 사람. ☞뱐덕꾸러기. 변덕꾸러기
밴:덕-맞다[-맏-]형 매우 밴덕스럽다. ☞뱐덕맞다. 변덕맞다
밴:덕-스럽다(-스럽고·-스러워)형ㅂ 밴덕을 부리는 성질이나 태도가 있다. ☞뱐덕스럽다. 변덕스럽다
밴:덕-쟁이 명 밴덕스러운 사람. ☞뱐덕쟁이. 변덕쟁이
밴둥-거리다(대다)자 밴둥밴둥 개으름을 피우다. ☞반둥거리다. 빈둥거리다. 뺀둥거리다. 팬둥거리다
밴둥-밴둥 부 할 일을 피하여 배돌며 개으름을 피우는 모양을 나타내는 말. ☞반둥반둥. 밴들밴들. 빈둥빈둥. 뺀둥뺀둥. 팬둥팬둥
밴드(band)[1] 명 가죽이나 천 따위로 좁고 길게 만든 띠. ¶고무 -/양말 목의 -.
밴드(band)[2] 명 악대(樂隊), 특히 관악기의 합주단.
밴들-거리다(대다)자 밴들밴들 놀다. ☞반들거리다. 밴둥거리다. 빈들거리다. 뺀들거리다. 팬들거리다
밴들-밴들 부 하는 일이 없이 맵살스레 노는 모양을 나타내는 말. ☞반들반들. 밴둥밴둥. 빈들빈들. 뺀들뺀들. 팬들팬들
밴조(banjo)명 미국의 재즈나 민속 음악에 쓰이는 악기의 한 가지. 북처럼 생긴 몸통에 긴 자루가 달리고 보통 네다섯 줄의 현(絃)이 있음.
밴크로프트=사상충(Bancroft絲狀蟲)명 사상충의 한 가지. 몸은 실 모양이며, 길이는 수컷 5cm, 암컷 10cm 안팎. 사람의 림프계에 기생하여 상피병(象皮病) 따위를 일으킴. 애벌레는 미크로필라리아라고 하는데, 밤에 말초 혈관 속에 나타나는 습성을 가지며, 중간 숙주(中間宿主)인 모기에 물렸을 때 감염됨. 주혈 사상충
밴텀-급(bantam級)명 권투나 레슬링 따위에서, 선수의 몸무게에 따라 나눈 체급의 하나. 권투의 경우 아마추어는 51~54kg이고, 프로는 50.8~53.52kg임.
밸: 명 '배알'의 준말.
밸이 꼴리다 관용 아니꼬워서 견딜 수가 없다.
밸이 나다 관용 노엽거나 부아가 나다.
밸러스트(ballast)명 ①배의 균형을 잡기 위하여 배의 바닥에 싣는 석탄이나 돌, 쇠 따위. 지금은 물로 대신함. ②철도의 선로에 깔거나 콘크리트에 섞는 자갈.
밸런타인데이(St. Valentine's Day)명 성(聖) 밸런타인이 순교한 2월 14일. 이 날은 사랑하는 남녀가 편지나 선물을 주고받거나, 여성이 남성에게 구애(求愛)하는 풍습이 있음.
밸브(valve)명 ①판(瓣) ②금관 악기에서, 반음계(半音階) 연주를 할 수 있도록 관의 길이를 조절하는 장치. 피스톤(piston)
밸-젓 명 생선의 내장으로 담근 젓.
뱀: 명 파충류 뱀과의 동물을 통틀어 이르는 말. 몸이 가늘고 길며 발은 없고 잔 비늘이 있으며 배의 비늘로 기어다님. 혀는 길며 입은 매우 큼. 유독(有毒)과 무독(無毒) 두 종류가 있으며, 대부분이 난생이나 살무사 따위는 태생임.
속담 **뱀 본 새 짖어 대듯** : 몹시 야단스럽게 떠드는 것을 이르는 말./**뱀이 용 되어 큰소리한다** : 천하던 사람이 귀하게 되면 별나고 아니꼽게 군다는 말.

한자 뱀 사(蛇)〔虫部 5획〕¶독사(毒蛇)/백사(白蛇)/사갈(蛇蝎)/사행(蛇行)/화사(花蛇)

뱀:날 명 간지(干支)의 지지(地支)가 사(巳)인 날을, 지지의 동물 이름으로 상징하여 이르는 말. ☞사일(巳日). 토끼날
뱀:-도랏 명 미나릿과에 딸린 두해살이풀. 줄기에 거친 털이 있고 줄기 높이는 70cm 안팎. 6~8월에 희고 작은 다섯잎꽃이 산형(繖形) 꽃차례로 핌. 열매에는 날카로운 가시가 있음. 사상자(蛇床子)
뱀:-딸기 명 장미과의 여러해살이풀. 줄기는 땅 위로 벋어나가며 마디에서 뿌리를 내림. 석 장의 잎으로 된 겹잎이 어긋맞게 나며 4~5월에 노란 꽃이 피고, 둥근 열매가 붉게 익음. 잠매(蠶莓). 지매(地莓)
뱀:-띠 명 간지(干支)의 지지(地支)가 사(巳)인 해에 태어난 일, 또는 그 사람을 지지의 동물 이름으로 상징하여 이르는 말. ☞사생(巳生)
뱀:-무 명 장미과에 딸린 여러해살이풀. 산과 들에 자라며 줄기 높이는 30~50cm. 곧게 자라며 무잎과 비슷함. 6~7월에 노란 다섯잎꽃이 가지 끝에 핌. 잎과 줄기는 먹음.
뱀:-밥 명 쇠뜨기 포자의 줄기. 희고 연하며 줄기 꼭대기는 붓 모양으로 생겼음. 토필(土筆)
뱀:-뱀이 명 예의 범절에 대한 교양.
뱀:-잠자리 명 뱀잠자릿과의 곤충. 몸길이 4cm, 편 날개 길이 10cm 안팎. 몸빛은 누르고 날개는 투명한데 둥근 황색 무늬가 있음.
뱀:-장어(-長魚)명 뱀장어과의 물고기. 몸길이 60cm 안팎으로, 모양은 원통형으로 길어서 뱀과 비슷함. 등은 검푸르며 배는 희고, 비늘이 없고 몸이 미끄러움. 민물에 사나 알은 깊은 바다에 가서 낳고, 치어는 1~2년 바다에서 삶. 백선(白鱓) 준 장어(長魚)
속담 **뱀장어 눈은 작아도 저 먹을 것은 다 본다** : 먹을 것을 잘 찾아 먹는 사람에게 하는 말.
뱀:장어-구이 명 구이의 한 가지. 뼈를 빼낸 뱀장어를 알맞은 크기로 잘라서 양념을 발라 가며 구운 음식.
뱀:-해 명 간지(干支)의 지지(地支)가 사(巳)인 해를, 지지의 동물 이름으로 상징하여 이르는 말. ☞사년(巳年)
뱁-대 명 '뱁댕이'의 준말.
뱁댕-이 명 베를 매어 도투마리에 감을 때 날이 서로 붙지 않도록 사이사이에 지르는 가는 막대. 뱁대
뱁:-새 명 '붉은머리오목눈이'의 딴이름.
속담 **뱁새가 수리를 낳는다** : 못난 부모에게서 훌륭한 자식이 났을 때 이르는 말./**뱁새가 황새를 따라가면 다리가 찢어진다** : 남이 한다고 해서 제힘에 겨운 일을 억지로 하려다가는 도리어 화를 입는다는 말./**뱁새는 작아도 알만 낳는다** : 생김새가 작고 볼품이 없을지라도 제구실을 못하는 법은 없다는 말.
뱁:새-눈 명 작으면서 가늘게 째진 눈, 또는 그런 눈을 가진 사람. ¶-을 깜박거리다./-을 해 가지고 흘겨본다.

뱁:새눈-이 [명] 눈이 작고 가늘게 째진 사람.

뱁티스트(baptist)[명] 개신교에서 ①침례교의 신도를 이르는 말. ②세례를 행하는 사람을 이르는 말.

뱃-가죽 [명] '뱃살'의 속된말.

뱃가죽이 등에 붙다[관용] 뱃가죽이 등에 붙을 정도로 몹시 허기지다.

[속담] **뱃가죽이 땅 두께 같다** : 뱃가죽이 아주 두껍다는 뜻으로, 염치없고 배짱이 셈을 비유하여 이르는 말.

뱃-고동 [명] 신호를 하기 위하여 배에서 '붕' 소리를 내는 고동. ¶ －을 울리며 떠나는 배.

뱃-구레 [명] 사람이나 짐승의 배의 통, 또는 배가 차지하는 넓이. 뱃집^{2}

뱃-길 [명] 배가 다니는 길. 물길. 선로(船路). 수로(水路)

뱃-노래 [명] ①뱃사람들이 노를 저으며 부르는 노래. 노가(櫓歌). 도가(棹歌). 뱃소리 ②뱃사람들의 생활을 소재로 하여 지은 노래.

뱃-놀이 [명]-하다[자] 배를 타고 즐기는 일, 또는 그 놀이. 선유(船遊) ☞물놀이^{1}

뱃-놈 [명] '뱃사람'을 얕잡아 이르는 말.

[속담] **뱃놈 배 둘러대듯** : 뱃사공이 뱃머리를 이리저리 마음대로 돌린다는 데서, 말을 경우에 따라 잘 둘러댐을 이르는 말. /**뱃놈의 개** : 배에서 기르는 개는 도둑을 지킬 필요가 없다는 데서, 하는 일 없이 놀고 먹기만 하는 사람을 이르는 말.

뱃대-끈 [명] ①안장이나 길마를 지울 적에 마소의 배에 걸쳐서 졸라매는 넓적한 끈. ②여자의 바지 위에 매는 띠.

뱃-덧 [명] 먹은 것이 체하여 소화가 잘 되지 않는 병. ¶ －이 나다. ☞배탈

뱃-머리 [명] 배의 앞 끝. 이물 ¶ －를 서쪽으로 향하다.

뱃-멀미 [명]-하다[자] 배를 탔을 때 어지럽고 구역이 나는 일, 또는 그 증세. 선훈(船暈). 수질(水疾) ¶ －가 나다.

뱃-바닥^{1} [명] 짐승의 배의 바닥, 또는 배의 살.

뱃-바닥^{2} [명] 배〔舟〕의 바닥.

뱃-바람 [명] 배를 타고 쐬는 바람.

뱃-밥 [명] 배에 물이 새어 들지 않도록 틈을 메우는 데 쓰는 물건. 박^{2}

뱃-병(－病)[명] 배를 앓는 온갖 병. ☞배앓이

뱃-사공(－*沙工)[명] 배를 부리는 일을 직업으로 삼는 사람. 고공(篙工). 선부(船夫). 선인(船人) [준]사공

[속담] **뱃사공의 닻줄 감듯** : 무엇을 휘휘 잘 감는 모양을 두고 이르는 말.

뱃-사:람 [명] 배를 부리거나 배에서 일을 하는 사람. 마도로스. 선원(船員). 선인(船人). 수부(水夫)

> ▶ **뱃사람들이 이르는 바람 이름과 풍향**(風向)
> 높하늬바람〔北風〕/높바람〔北北東風〕
> 높새바람〔北東風〕/샛바람〔東風〕
> 두새바람〔東南東風〕/샛마바람〔南東風〕
> 신마바람〔南南東風〕/마파람〔南風〕
> 갈마바람〔南南西風〕/갈바람〔南西風〕
> 서마바람〔南西南風〕/하늬바람〔西風〕
> ※ '높바람'을 '높새', '하늬바람'을 '가수알바람'이라고도 한다.

뱃-삯 [명] 배를 타거나 배에 짐을 싣는 데 내는 돈. 선가(船價). 선임(船賃)

뱃-살 [명] 배의 살이나 가죽. ¶ －을 움켜쥐다.

뱃-소리 [명] ①뱃사공이 노를 젓거나 뱃사람들이 그물을 끌어올릴 때 힘을 돋우기 위해 내는 소리. 어기야·어야디야·에야디야 따위. ②뱃노래

뱃-속 [명] ①사람이나 짐승의 배의 속. 복중(腹中) ②속생각. 마음속. 속 ¶ －이 훤히 들여다보인다. /－을 알 수가 있어야지.

뱃속이 검다[관용] 마음보가 더럽고 음흉하다.

뱃-숨 [명] 심호흡의 한 가지. 복근(腹筋)을 늘이면서 숨을 깊이 들이쉬었다가 다시 내쉬었다 하는 숨 쉬기.

뱃-심 [명] ①제 생각대로 줏대 있게 버티는 힘. ¶ －으로 밀고 나가다. ②다져 먹은 속마음. ¶ 기한을 끌 수 있을 때까지 끌 －이었다.

뱃심(을) 부리다[관용] 뱃심 있는 행동을 하다.

뱃심(이) 좋다[관용] 줏대 있게 버티는 힘이 세다.

뱃-자:반(－*佐飯)[명] 잡은 생선을 배에서 바로 소금에 절여 만든 자반.

뱃-장사 [명]-하다[자] 물건을 배에 싣고 다니면서 파는 장사.

뱃-장수 [명] 물건을 배에 싣고 다니면서 파는 사람.

뱃-장작 [명] 배로 실어 온 장작.

뱃-전 [명] 배의 옆면을 이루는 양쪽 가장자리. 선연(船緣). 선측(船側). 선현(船舷). 현측(舷側)

뱃-줄 [명] 배를 매어 두거나 끄는 데에 쓰는 밧줄.

뱃-지게 [명] 짐을 배에 싣고 내리는 데 쓰는 지게.

뱃-짐 [명] 배에 싣는 짐.

뱃-집^{1} [명] 맞배지붕으로 된 집. 맞배집

뱃-집^{2} [명] 배통 또는 뱃구레.

뱅 [부] ①제자리에서 작게 한 바퀴 도는 모양을 나타내는 말. ¶ 아이가 새 옷을 입고 － 돌았다. ②어떤 둘레를 작게 한 바퀴 도는 모양을 나타내는 말. ¶ 집 주위를 － 돌다. ③어떤 둘레를 돌라싸거나 돌라싼 모양을 나타내는 말. ¶ 아이를 － 돌라싸다. /사회자 둘레에 － 돌라앉다. ④무엇을 끼고 좀 휘움하게 돌아서 가는 모양을 나타내는 말. ¶ 모퉁이를 － 돌아가다. ☞빙. 뺑. 팽^{2}

뱅그레 [부] 입을 귀엽게 벌릴듯 하면서 소리 없이 부드럽게 웃는 모양을 나타내는 말. ☞방그레. 빙그레 뺑그레

뱅그르르 [부] 매끄러운 움직임으로 작게 한 바퀴 도는 모양을 나타내는 말. ☞빙그르르. 뺑그르르. 팽그르르

뱅글-거리다(대다)[자] 뱅글뱅글 웃다. ☞방글거리다. 뱅실거리다. 빙글거리다. 뺑글거리다

뱅글-뱅글^{1} [부] 자꾸 뱅그레 웃는 모양을 나타내는 말. ☞방글방글. 뱅실뱅실. 빙글빙글^{1}. 뺑글뺑글^{1}

뱅글-뱅글^{2} [부] 작은 물체가 자꾸 돌아가는 모양을 나타내는 말. ¶ 바람개비가 － 돈다. ☞빙글빙글^{2}. 뺑글뺑글^{2}

뱅긋 [부] 입을 귀엽게 벌릴듯 하면서 소리 없이 부드럽게 잠깐 웃는 모양을 나타내는 말. 뱅긋이 ☞방긋. 뱅끗. 빙긋. 뺑긋. 뺑끗.

뱅긋-거리다(대다)[－귿－] [자] 뱅긋뱅긋 웃다. ☞방긋거리다. 뱅끗거리다. 빙긋거리다. 뺑긋거리다. 뺑끗거리다

뱅긋-뱅긋[－귿－] [부] 자꾸 뱅긋 웃는 모양을 나타내는 말. ☞방긋방긋. 뱅끗뱅끗. 빙긋빙긋. 뺑긋뺑긋

뱅긋-이 [부] 뱅긋 ☞방긋이. 뱅끗이. 빙긋이. 뺑긋이

뱅끗 [부] 입을 귀엽게 벌릴듯 하면서 소리 없이 명랑하게 잠깐 웃는 모양을 나타내는 말. 뱅끗이 ☞방끗. 뱅긋. 빙끗. 뺑긋. 뺑끗. 생끗

뱅끗-거리다(대다)[－끋－] [자] 뱅끗뱅끗 웃다. ☞방끗거리다. 뱅긋거리다. 빙끗거리다. 뺑긋거리다

뱅끗-뱅끗[－끋－] [부] 자꾸 뺑끗 웃는 모양을 나타내는 말. ☞방끗방끗. 뱅긋뱅긋. 빙끗빙끗. 뺑긋뺑긋

뱅끗-이 [부] 뱅끗 ☞방끗이. 뱅긋이. 빙끗이. 뺑긋이

뱅니 [명] 무당의 넋두리에서, 죽은 이의 넋이 그 배우자를 가리키는 말.

뱅-뱅 [부] ①제자리에서 작게 자꾸 도는 모양을 나타내는 말. ¶ 자전거 바퀴가 － 돌다. ②어떤 둘레를 작게 자꾸 도는 모양을 나타내는 말. ¶ 운동장을 － 돌다. ③정신이 아찔아찔해지는 모양을 나타내는 말. ¶ 머리가 － 돈다. /눈이 － 돈다. ④어떤 생각이나 말 따위가 떠오를 듯 하면서 맴도는 모양을 나타내는 말. ¶ 해결 방법이 머리 속에서만 － 돈다. ☞빙빙. 뺑뺑. 팽팽

뱅시레 [부] 입을 귀엽게 벌릴듯 하면서 소리 없이 귀엽성스럽게 웃는 모양을 나타내는 말. ☞방시레. 뺑시레

뱅실-거리다(대다)[자] 뱅실뱅실 웃다. ☞방실거리다. 빙실거리다. 뺑실거리다

뱅실-뱅실 [부] 자꾸 뱅시레 웃는 모양을 나타내는 말. ☞방실방실. 뱅글뱅글^{1}. 빙실빙실. 뺑실뺑실

뱅싯 [부] 입을 귀엽게 벌릴듯 하면서 소리 없이 귀엽성스럽게 잠깐 웃는 모양을 나타내는 말. ☞방싯. 빙싯. 뺑싯

뱅싯-거리다(대다)[－싣－] [자] 뱅싯뱅싯 웃다. ☞방싯

거리다. 뱅긋거리다. 빙싯거리다. 뺑싯거리다
뱅싯-뱅싯[-싣-] 부 자꾸 뱅싯 웃는 모양을 나타내는 말. ☞방싯방싯. 뱅긋뱅긋. 빙싯빙싯. 뺑싯뺑싯
뱅:어 명 뱅엇과의 바닷물고기. 몸길이 10cm 안팎으로 가느스름하고, 몸빛은 반투명한 흰빛이며 배에는 작은 점이 줄지어 있음. 우리 나라와 일본 연안과 기수(汽水)에 분포함. 백어(白魚)
뱅:어-젓 명 베도라치의 새끼로 담근 젓.
뱅:어-포(-脯) 명 베도라치의 새끼를 여러 마리 붙여서 일정한 크기의 납작한 조각으로 만들어 말린 포.
뱅:어포-구이(-脯-) 명 뱅어포에 간장·기름·고추장 따위를 발라서 구운 반찬.
-뱅이 접미 어떤 습관이나 성질, 모양 따위로 그 사람을 낮잡아 이르는 말. ¶가난뱅이/게으름뱅이/주정뱅이
뱅:충-맞다[-맏-] 형 똘똘하지 못하고 매련하다. ☞빙충맞다
뱅:충-이 명 뱅충맞은 사람. ☞빙충이
뱅킹(banking) 명 -하다 자 당구에서, 경기자의 경기 차례를 결정하기 위하여 공을 치는 일.
뱉:다 타 ①입 속에 들어 있는 것을 입 밖으로 내보내다. ¶포도 씨를 -. ②옳지 못한 방법으로 차지했던 것을 도로 내놓다. ¶뇌물로 받은 돈을 뱉아 내다. ③말 따위를 함부로 하다. ¶욕설을 -.
뱌비다 타 ①두 물체를 맞대어서 서로 문지르다. ②어떤 물건을 손가락이나 손바닥으로 둥글게 뭉치거나 긴 가락이 지게 문지르다. ③음식 따위를 한데 뒤섞어서 버무리다. ④구멍을 뚫으려고 송곳 따위를 두 손바닥 사이에 끼워 이리저리 돌리다. ☞비비다
뱌비-대:다 타 자꾸 대고 뱌비다. ☞비비대다
뱌비작-거리다(대다) 타 느리게 뱌비대다. ☞뱌빗거리다. 비비적거리다
뱌비작-뱌비작 부 느리게 뱌비대는 모양을 나타내는 말. ☞뱌빗뱌빗. 비비적비비적
뱌비-치다 타 함부로 뱌비대다.
뱌빗-거리다(대다)[-빋-] 타 빠르게 뱌비대다. ☞뱌비작거리다. 비빗거리다
뱌빗-뱌빗[-빋-] 부 빠르게 뱌비대는 모양을 나타내는 말. ☞뱌비작뱌비작. 비빗비빗
뱐:덕 명 잦은 변덕을 맵살스러운 느낌으로 이르는 말. ☞밴덕. 변덕
　뱐덕(을) 부리다 관용 뱐덕스러운 말이나 행동을 하다. ☞밴덕(을) 부리다. 변덕(을) 부리다.
뱐덕-꾸러기 명 뱐덕을 잘 부리는 사람. ☞밴덕꾸러기. 변덕꾸러기
뱐:덕-맞다[-맏-] 형 매우 뱐덕스럽다. ☞밴덕맞다. 변덕맞다
뱐:덕-스럽다(-스럽고·-스러워) 형ㅂ 뱐덕을 부리는 성질이나 태도가 있다. ☞밴덕스럽다. 변덕스럽다
　뱐덕-스레 부 뱐덕스럽게
뱐:덕-쟁이 명 뱐덕스러운 사람. ☞밴덕쟁이. 변덕쟁이
뱐미주룩-하다 형여 물체의 끝이 조금 비어져 나와 있다. ☞배주룩하다. 빈미주룩하다
　뱐미주룩-이 부 뱐미주룩하게 ☞배주룩이. 빈미주룩이
뱐뱐-하다 형여 ①생김새가 좀 자그마하면서 반반하다. ¶새댁이 생김새도 뱐뱐한 데다 살림 솜씨도 좋다. ②부정의 서술어 앞에서 주로 '뱐뱐한', '뱐뱐히(뱐뱐하게)'의 꼴로 쓰이어, 조금은 갖추어져 있거나 아쉽게나마 쓸 만 하다의 뜻을 나타내는 말. ¶찬을 담을 뱐뱐한 그릇 하나 없다. ③부정의 서술어 앞에서 주로 '뱐뱐한', '뱐뱐히(뱐뱐하게)'의 꼴로 쓰이어, 제 처지에 어울리게 어엿하다의 뜻을 나타내는 말. ¶아우에게 뱐뱐한 형 노릇도 못 하다. ☞반반하다. 변변하다
　뱐뱐-히 부 뱐뱐하게 ☞반반히. 변변히
뱐주그레-하다 형여 깜찍하게 반주그레하다.
뱐죽-거리다 자 뱐죽뱐죽 얄밉게 굴다. ☞번죽거리다. 빤죽거리다
뱐죽-뱐죽 부 제법 반반하게 생긴 사람이 야죽대며 얄밉게 구는 모양을 나타내는 말. ☞번죽번죽. 빤죽빤죽. 뻔죽뻔죽
뱝뛰어-가다 자 깡총거리면서 뛰어가다.
버거-병(Burger病) 명 담배를 많이 피워서 말초 동맥이나 정맥에 염증이 생기는 질병. 심하면 손가락이나 발가락 끝이 썩어 들어가 신체의 끝 부위부터 잘라 내야 함.
버걱 부 큰 바가지처럼 단단하고 속이 빈 물체끼리 부딪칠 때 나는 소리를 나타내는 말. ☞바각. 뻐걱
버걱-거리다(대다) 자타 자꾸 버걱 소리가 나다, 또는 그런 소리를 내다. ☞바각거리다. 뻐걱거리다
버걱-버걱 부 버걱거리는 소리를 나타내는 말 ☞바각바각. 뻐걱뻐걱
버겁다(버겁고·버거워) 형ㅂ 어떤 일이나 사물 따위가 힘에 겨워 다루거나 치러 내기에 벅차다. ¶혼자 감당하기에는 버거운 일이다.
버그(bug) 명 컴퓨터프로그램의 오류를 이르는 말. ☞디버그(debug)
버그러-뜨리다(트리다) 타 버그러지게 하다. ☞바그라뜨리다. 뻐그러뜨리다
버그러-지다 자 ①짜임새가 물러나서 틈이 벌어지다. ¶나무 상자가 -. ②사이가 나빠지다. ¶시누이와 올케 사이가 -. ③일이 틀어지다. ¶단단히 약속한 일이 하찮은 일로 -. ☞바그라지다. 뻐그러지다
버그르르 부 ①크고 운두가 낮은 그릇에 담긴 많은 양의 액체가 한 차례 끓어오르는 모양, 또는 그 소리를 나타내는 말. ¶찌개 국물이 - 끓는다. ②큰 거품이 한꺼번에 많이 일어나는 모양을 나타내는 말. ¶물에 세제를 풀자 거품이 - 인다. ☞바그르르. 부그르르. 뻐그르르
버근-하다 형여 맞붙인 데가 꼭 달라붙지 못하고 틈이 벌어져 있다.
　버근-히 부 버근하게
버글-거리다(대다)[1] 자 ①액체에서 자꾸 버글버글 소리가 나다. ②거품이 버글버글 일어나다. ☞바글거리다[1]. 부글거리다. 뻐글거리다
버글-거리다(대다)[2] 자 많은 사람이나 동물이 한데 모여 우글거리다. ☞바글거리다[2]
버글-버글[1] 부 ①크고 운두가 낮은 그릇에 담긴 많은 양의 액체가 야단스레 끓는 모양, 또는 그 소리를 나타내는 말. ¶밥솥에 눌은밥을 - 끓여 냈다. ②큰 거품이 잇달아 많이 일어나는 모양을 나타내는 말. ¶비누 거품이 - 일다. ☞바글바글[1]. 부글부글. 뻐글뻐글
버글-버글[2] 부 버글거리는 모양을 나타내는 말. ☞바글바글[2]. 시글시글. 우글우글[1]
버금 명 등급이나 차례 따위에서 첫째의 다음. ☞으뜸

> 한자 버금 부(副)〔刀部 9획〕¶부심(副審)/부장(副將)
> 버금 아(亞)〔二部 6획〕¶아류(亞流)/아성(亞聖)
> 버금 중(仲)〔人部 4획〕¶백중(伯仲)/중형(仲兄)
> 버금 차(次)〔欠部 2획〕¶차석(次席)/차선(次善)

버금-가다 자 등급이나 수준, 차례 따위에서 첫째의 다음이 되다. ¶왕에 버금가는 자리.
버금딸림-음(-音) 명 온음계의 제4음. 으뜸음으로부터 완전 5도 아래의 음으로, 장음계에서는 '파', 단음계에서는 '레'임. 하속음(下屬音) ☞딸림음. 으뜸음
버긋-하다[-귿-] 형여 맞붙은 데가 틈이 조금 벌어져 있다. ¶사개가 -.
　버긋-이 부 버긋하게
버꾸(∠法鼓) 명 작은 북처럼 생긴, 자루가 달린 농악기. 소구보다 큼. 원 법고(法鼓)
버꾸-놀음(∠法鼓-) 명 -하다 자 농부들이 버꾸를 치면서 하는 농악놀이.
버꾸-잡이(∠法鼓-) 명 농악에서 버꾸를 치는 사람.
버꾸-춤(∠法鼓-) 명 농악에서 버꾸잡이들이 버꾸를 치면서 추는 춤.
버나 명 남사당놀이패의 여섯 가지 놀이 중에서 둘째 놀이인 '대접돌리기'를 이르는 말. ☞살판
버나-쇠 명 남사당패에서 버나잽이의 우두머리.

버나-잽이 명 남사당패에서 대접돌리기 따위의 재주를 부리는 사람.

버:너(burner) 명 기체나 액체 연료를 연소시키는 기구.

버:니어(vernier) 명 아들자

버:니어캘리퍼스(vernier callipers) 명 어미자와 아들자로 이루어진 길이 측정기. 주로 어미자로는 원형 물체 따위의 바깥지름을, 아들자로는 구멍 따위의 안지름을 재는 데 쓰임. 노기스

버덩 명 잡풀이 우거진, 좀 높고 펀펀한 땅.

버둥-거리다(대다) 자 ①팔다리를 마구 내저으며 몸을 아무렇게나 뒤척이다. ¶함정에 빠진 호랑이가 ─. ②괴로운 처지에서 벗어나려고 몹시 애쓰다. ¶누명을 벗기 위해 ─. ☞바동거리다

버둥-버둥 부 버둥거리는 모양을 나타내는 말. ¶도망가려고 ─ 몸부림을 치다./빚을 청산하기 위해 ─ 애쓰다. ☞바동바동

버둥-질 명-하다 자 '발버둥질'의 준말.

버둥질-치다 자 '발버둥질치다'의 준말.

버드-나무 명 ①버드나뭇과의 낙엽 활엽 교목. 높이 20m 안팎. 잎은 길둥글거나 길쭉하며 양끝이 뾰족하고 가장자리에 잔 톱니가 있음. 4월경에 꽃인 버들개지가 피고 흰 솜털이 있는 씨가 흩어짐. 개울가나 들에 자라는데 세공재로 쓰고, 조림수·가로수 등으로 많이 심음. 버들 ②버드나뭇과에 딸린 나무를 통틀어 이르는 말. 양류(楊柳)

버드나무-벌레 명 버드나무하늘소의 애벌레. 나무굼벵이의 한 가지로 버드나무를 파먹는 해충임. 한방에서 경간(驚癎)에 약재로 쓰임.

버드나무-하늘소[-쏘] 명 하늘솟과의 곤충. 몸길이 3~5cm. 몸빛은 대체로 흑갈색이나 온몸에 황토색의 짧은 털이 배게 남. 발음 기관이 있어 울음 소리를 냄. 유천우(柳天牛)

버드러-지다 자 ①물체의 끝 부분이 바깥쪽으로 벋다. ¶앞니가 ─. ②동물의 몸의 일부나 전체가 굳어 뻣뻣하게 되다. ¶동상으로 다리가 ─. ☞뻐드러지다

버드렁-니 명 ①버드러진 앞니. ②제대로 나지 않고 버드러져 난 이. 벋니 ☞뻐드렁니

버드렁-이 명 버드렁니가 난 사람. ☞뻐드렁이

버드름-하다 형여 좀 버듬하다. ☞바드름하다

버드름-히 부 버드름하게

버들 명 버드나무 ☞갯버들. 고리버들. 수양버들

한자 버들 류(柳) 〔木部 5획〕 ¶유기(柳器)/유화(柳花)
버들 양(楊) 〔木部 9획〕 ¶수양(垂楊)/양류(楊柳)

버들-강아지 명 버들개지

버들-개지 명 버드나무의 꽃. 솜 비슷하여 바람에 날려 흩어짐. 버들강아지. 유서(柳絮) 준 개지

버들-고리 명 고리버들의 가지로 결어 만든 고리.

버들-낫 명 낫의 한 가지. 날을 특별히 짧고 단단하게 만든 것으로, 고리버들 따위를 찌는 데 씀. ☞밀낫

버들-눈 명 버들의 싹.

버들-붕어 명 버들붕엇과의 민물고기. 몸길이 4~7cm. 몸빛은 등 쪽이 암녹색이고 배 쪽은 담갈색인데, 옆면에는 흐릿한 물결 무늬가 있음. 강이나 늪, 저수지 등에서 삶. 투어(鬪魚)

버들-상자(-箱子) 명 고리버들로 결어 만든 상자.

버들-올:벼 명 올벼의 한 가지. 한식 뒤에 심으며, 빛은 노르스름하고 이삭에 까끄라기가 있음.

버들-옷 명 '대극(大戟)'의 딴이름.

버들-치 명 황어아과의 민물고기. 몸길이 10cm 안팎. 몸빛은 등 쪽은 암갈색, 배 쪽은 흰빛에 연청색의 무늬가 있음. 산간의 계곡 물이나 강 상류에 사는데, 번식력이 강함.

버들-피리 명 ①물오른 버들가지의 껍질로 만든 피리. ②버들잎을 접어 물고 피리 소리를 내어 부는 일.

버듬-하다 형여 물체의 모양새가 바깥쪽으로 조금 벋어 있다. ☞바듬하다. 뻐듬하다

버듬-히 부 버듬하게

버라이어티쇼(variety show) 명 노래와 무용, 촌극, 곡예 따위를 한데 엮어 펼쳐 보이는 쇼.

버러지 명 벌레

버럭 부 갑자기 몹시 화를 내거나 소리를 냅다 지르는 모양을 나타내는 말. ¶─ 소리를 지르다. ☞바락

버럭-버럭[1] 부 자꾸 몹시 화를 내거나 소리를 냅다 지르는 모양을 나타내는 말. ¶─ 역정을 내다./─ 고함을 치다. ☞바락바락[1]

버럭-버럭[2] 부 빨래 따위를 세게 주무르는 모양을 나타내는 말. ¶빨래를 ─ 주무른다. ☞바락바락[2]

버렁[1] 명 매사냥에서 매를 받을 때 끼는 두꺼운 장갑.

버렁[2] 명 ①물체가 차지한 둘레. ②어떤 일의 범위.

버력[1] 명 ①물 밑바닥에 기초를 만들거나, 물 속에 세우는 구조물의 밑동을 보호하기 위하여 쌓은 돌무더기. ②광석을 캘 때, 광물 성분이 섞이지 아니한 잡석(雜石). ☞감돌. 마목. 맥석(脈石)

버력[2] 명 하늘이나 신령이 사람의 죄악을 징계하기 위하여 내린다는 벌.

버력(을) 입다 관용 하늘이나 신령의 벌을 받다.

버력-탕 명 광산에서 버력을 버리는 곳.

버르르 명 ①분을 못 이기어 벌끈 화를 내는 모양을 나타내는 말. ¶─ 화를 내며 대들다. ②경련이 일듯 몸을 가볍게 떠는 모양을 나타내는 말. ¶─ 몸을 떨다. ☞바르르. 부르르

버르장-머리 명 '버릇'을 얕잡아 이르는 말. 버르장이 ¶─가 없는 아이./─를 고치다.

버르장이 명 버르장머리

버르적-거리다(대다) 자타 팔다리를 함부로 내저으며 몸을 자꾸 움직이다. ¶덫에 걸린 짐승이 ─. ☞바르작거리다. 버릊거리다

버르적-버르적 부 버르적거리는 모양을 나타내는 말. ¶악몽에 시달리는지 아이가 ─ 뒤척인다./다친 몸으로 일어나려고 몸을 ─ 한다. ☞바르작바르작. 버릊버릊

버르집다 타 ①헤집어 헤치다. ¶흙을 버르집어 땅속줄기를 캤다. ②숨겨져 있던 일을 들추어 내다. ¶까맣게 잊혀진 일을 새삼스레 버르집어 놓는다. ③대수롭지 않은 일을 크게 떠벌리다. ¶작은 일을 버르집어 놓았으니 긁어 부스럼이다. ☞바르집다

버름-버름 부-하다 형 물체에 틈이 여기저기 벌어져 있는 모양을 나타내는 말.

버름-하다 형여 둘 관계가 벌어져 버성기다.

버름-히 부 버름하게

버릇 명 ①오랜 동안 여러 번 거듭하는 동안에 저절로 몸에 배어 버린 행동. ¶손톱을 깨무는 ─이 있다./─을 가르치다./─을 들이다. ②윗사람에게 차려야 할 예절. ¶어른 앞에서 무슨 ─이냐?

속담 **버릇 배우라니까 과붓집 문고리 빼어 들고 엿장수 부른다** : 좋은 버릇을 길러 품행을 단정히 하라고 타일렀더니 오히려 더 못된 짓을 하고 다님을 이르는 말.

버릇-소리[-를-] 명 습관음(習慣音)

버릇-없:다[-른-] 형 윗사람에게 마땅히 차려야 할 예절을 차릴 줄 모르다.

버릇-없이 부 버릇없게 ¶─ 행동하다.

버릇-하다[-른-] 조동여 본용언(本用言) 다음에 쓰이어, 무슨 일을 자꾸 거듭하여 버릇이 됨의 뜻을 나타냄. ¶늦잠을 자 ─./남의 흉을 보아 ─.

버릊-거리다(대다)[-른-] 자타 팔다리를 조금씩 내저으며 몸을 자꾸 움직이다. ☞바릊거리다.

버릊다[-른-] 타 ①벌여 헤뜨리다. ¶아이들이 빨랫감을 온통 버릊어 놓았다. ②파서 헤집어 놓다. ¶호미로 밭의 흙을 버릊어 놓았다.

버릊-버릊[-른-] 부 버릊거리는 모양을 나타내는 말. ☞바릊바릊. 버르적버르적

버리다 타 ①필요하지 않거나 쓰지 못할 물건을 치워 없애다. ¶휴지를 ─. ②어떤 성격이나 나쁜 버릇 따위를 떼어 없애다. ¶욕심을 버리려고 노력하다. ③직업이나 직

장을 스스로 손을 떼거나 그만두다. ¶다니던 직장을 버리고 가업을 이었다. ④가정이나 고향, 조국 등을 돌보지 않거나 관계를 끊고 떠나다. ¶고향을 버리고 떠난 지 십 년이 넘었다./가족을 버리고 모른체 하다. ⑤마음속에 품은 생각을 스스로 끊다. ¶출세하겠다는 야망을 버렸다. ⑥잘 간수하거나 관리하지 아니하고 아무렇게나 놓아두다. ¶헛간에 버려 두었던 물건들을 꺼냈다. ⑦제 구실을 못하게 망치거나 더럽혀서 못 쓰게 만들다. ¶기계를 잘못 만져 버려 놓았다./흙탕물이 튀어 옷을 버렸다. ⑧('목숨' 또는 '생명'과 같은 낱말과 함께 쓰이어) 살기를 그만두다. ¶목숨을 버릴 각오를 했다.
조동 본용언(本用言)과 함께 쓰이어, '동작이 다 끝났음'의 뜻을 나타내는 말. ¶달아나 버렸다.

한자 **버릴 기**(棄) (木部 8획) ¶폐기(廢棄)/포기(抛棄)
버릴 사(捨) (手部 8획) ¶취사선택(取捨選擇)
버릴 폐(廢) (广部 12획) ¶폐수(廢水)/폐품(廢品)

버림 명 수학에서, 어림수를 만드는 방법의 한 가지. 구하고자 하는 자리까지의 수는 그대로 두고 그 아랫자리의 수는 버리는 일. ☞올림
버림-받다 자 돌봄을 받지 못하거나 일방적으로 관계가 끊기어 내침을 당하다. ¶버림받은 애완견./연인에게 -.
버림-치 명 못 쓰게 되어서 버려 둔 물건.
버:마재비 명 '사마귀'의 딴이름.
버무리 명 ①여러 가지를 한데 버무리어 만든 음식. ②버무리떡 ¶쑥 -/콩 -
버무리다 타 한데 뒤섞다. 골고루 섞다. ¶깍둑썰기한 무를 양념과 -. 준버물다[2]
버무리-떡 명 쌀가루에 콩이나 팥·쑥·밤 따위를 넣고 한데 버무리어 찐 시루떡. 버무리
버물다[1](버물고·버무니) 자 어떤 나쁜 일이나 범죄에 관계하다.
버물다[2] 타 '버무리다'의 준말.
버물리다[1] 자 버무려지다
버물리다[2] 타 버무리게 하다.
버:새 명 ①수말과 암노새 사이에서 난 잡종. 몸이 약하고 성질이 사나움. ②수말과 암나귀 사이에서 난 잡종. 체질은 강하나 수컷은 번식력이 없음. 결제(駃騠)
버석 부 ①물기가 없고 얇은 물건이 부스러질 때 나는 소리를 나타내는 말. ¶낙엽 쌓인 길을 - 소리를 내며 걸었다./지푸라기를 밟으니 - 소리가 났다. ②기름에 튀기거나 하여 연해진 물건이 부스러질 때 나는 소리를 나타내는 말. ¶비스킷이 - 소리를 내며 부스러졌다. ③좀 언 눈을 밟을 때 나는 소리를 나타내는 말. ¶밤새 내린 눈을 밟으니 - 소리가 난다. ☞바삭. 버석버석. 버썩[1]. 버썩버썩
버석-거리다(대다) 자타 자꾸 버석 소리가 나다, 또는 그런 소리를 내다. ☞바삭거리다. 버썩거리다
버석-버석[1] 부 버석거리는 소리를 나타내는 말. ¶과자 부스러기가 - 밟히다. ☞바삭바삭[1]. 버썩버썩[1]
버석-버석[2] 부-하다 형 ①물기가 없이 말라 있는 모양을 나타내는 말. ¶- 마른 지푸라기. ②기름에 튀기거나 구운 물건이 잘 부서지는 연한 느낌을 나타내는 말. ¶- 씹히는 쿠키. ③좀 언 눈 따위가 결이 곱지 않은 모양을 나타내는 말. ¶얼어서 -한 눈. ☞바삭바삭[2]. 퍼석퍼석
버선 명 주로 무명으로 만들어 발에 꿰어 신는 것. 솜버선·겹버선·홑버선·타래버선 등이 있음.
버선-등[-뜽] 명 버선을 신었을 때 발등에 닿는 버선의 한 부분.
버선-목 명 버선을 신었을 때 발목에 닿는 버선의 윗부분.
속담 **버선목이라 뒤집어 보이지도 못하고** : 자기의 마음속을 그대로 드러내 보일 수 없어 답답할 때 비유하여 이르는 말.
버선-발 명 버선만 신고, 신을 신지 않은 발. ¶반가운 손님을 -로 뛰어나가 맞이했다.
버선-본[-뽄] 명 버선을 마르는 데 쓰는 종이 본.
버선-볼[-뽈] 명 ①버선의 바닥의 너비. ¶-이 솔다. ②버선을 기울 적에 바닥의 앞뒤 쪽에 덧대는, 두 폭을 붙인 헝겊 조각. ¶-을 받다.
버선-코 명 버선 앞쪽에 끝이 뾰족하게 올라간 부분.
버섯 명 담자균류(擔子菌類)에 딸린 고등 균류를 통틀어 이르는 말. 대부분 우산 모양으로 생겼으며 포자가 발아하면 균사가 되고 그것이 접합하여 자실체로 발달함. 주로 그늘진 땅이나 썩은 나무에서 무성 생식함. 독이 없는 것은 먹을 수 있음. 송이나 석이, 밤버섯 따위. 균심(菌蕈)

한자 **버섯 균**(菌) (艸部 8획) ¶균류(菌類)/균사(菌絲)/식용균(食用菌)

버섯-국[-섣-] 명 버섯에 쇠고기와 두부 따위를 넣고 끓인 맑은장국.
버섯-나물[-섣-] 명 버섯에 쇠고기 따위를 넣고 갖은양념을 하여 볶은 나물.
버섯-벌레[-섣-] 명 버섯벌렛과의 갑충(甲蟲). 몸길이 7mm 안팎으로, 온몸이 짙은 청색이고 겉 날개에는 붉은 갈색의 한 쌍의 점 무늬가 있음. 버섯에 기생하며 우리나라 제주도에 서식함.
버섯=중독(-中毒)[-섣-] 명 독버섯을 먹어서 일어나는 식중독. 발한·구토·설사 등의 증세가 나타남.
버-성기다 형 ①틈이 있다. ②두 사람의 사이가 탐탁하지 아니하다. ¶요즈음 둘 사이가 버성기어 서먹해졌다.
버스(bus) 명 일정한 요금을 받고 일정한 노선을 운행하는, 여러 사람이 함께 탈 수 있는 대형의 승합 자동차.
버스러-지다 자 ①덩이를 이룬 것이 뭉그러져 잘게 조각이 나다. ②어떤 범위에 들지 못하고 벗어나다. ③벗겨져서 헤어지다. ¶단청(丹青)이 -.
버스럭 부 얇고 버석버석 마른 물체가 서로 스치거나 으스러질 때 나는 소리를 나타내는 말. ¶-, 종이 구기는 소리. ☞바스락. 부스럭. 뻐스럭
버스럭-거리다(대다) 자타 자꾸 버스럭 소리가 나다, 또는 그런 소리를 내다. ☞바스락거리다. 부스럭거리다. 뻐스럭거리다
버스럭-버스럭 부 버스럭거리는 소리를 나타내는 말. ☞바스락바스락. 부스럭부스럭. 뻐스럭뻐스럭
버스름-하다 형여 버스러져서 사이가 버름하다.
버스름-히 부 버스름하게
버슬-버슬 부-하다 형 덩이진 가루 따위가 마르고 끈기가 없어 좀 굵게 부스러지는 모양을 나타내는 말. ¶- 부스러지다. ☞바슬바슬. 부슬부슬[2]. 퍼슬퍼슬
버슷버슷-하다[-슫-슫-] 형여 여러 사람의 사이가 버스러져 어울리지 아니하다.
버슷-하다[-슫-] 형여 두 사람의 사이가 버스러져 어울리지 아니하다.
버썩[1] 부 얇고 물기가 마른 물체가 세게 부스러질 때 나는 소리를 나타내는 말. ¶짚북데기를 밟으니 - 소리가 난다. ☞바싹[1]. 버석
버썩[2] 부 ①불기운에 몹시 탄 상태를 나타내는 말. ¶생선을 굽다가 - 태우다. ②물기가 거의 없이 마른 상태를 나타내는 말. ¶- 마른 지푸라기. ③매우 여윈 상태를 나타내는 말. ¶훌쩍 큰 키에 - 마른 몸. ☞바싹[2]
버썩-거리다(대다) 자타 자꾸 버썩 소리가 나다, 또는 그런 소리를 내다. ☞바싹거리다. 버석거리다
버썩-버썩[1] 부 버썩거리는 소리를 나타내는 말. ☞바싹바싹[1]. 버석버석[1]
버썩-버썩[2] 부 ①불기운에 여럿이 몹시 타는 상태를 나타내는 말. ②물기가 거의 없이 자꾸 마르는 상태를 나타내는 말. ③자꾸 매우 여위어 가는 상태를 나타내는 말. ☞바싹바싹[2]
버저(buzzer) 명 전자석의 코일에 단속적(斷續的)으로 전류를 보내어 철조각을 진동시켜 내는 신호, 또는 그 장치. 경보와 초인종 등으로 쓰임.
버적-거리다(대다) 자타 ①마른 검불 따위가 좀 센 불길에 타는 소리가 자꾸 나다, 또는 그런 소리를 자꾸 내다.

②여문 덩이 상태의 것을 으깨거나 씹는 소리가 자꾸 나다, 또는 그런 소리를 자꾸 내다. 버적이다 ☞바작거리다. 뻐적거리다

버적-버적[1] 부 ①마른 검불 따위가 좀 센 불길에 탈 때 나는 소리, 또는 그 모양을 나타내는 말. ¶마른 짚이 ― 타다. ②애태우거나 하여 입 안이나 입술이 버썩버썩 마르는 느낌을 나타내는 말. ¶입술이 ― 마르다. ③안타깝거나 초조하여 마음이 다는 느낌을 나타내는 말. ¶속을 ― 태우다. ④마음이 편치 않거나 힘이 들어 진땀이 나는 모양을 나타내는 말. ¶난처하여 등에 ― 진땀이 난다. ☞바작바작[1]. 뻐적뻐적[1]

버적-버적[2] 부 여문 덩이 상태의 것을 으깨거나 씹거나 할 때 나는 소리, 또는 그 모양을 나타내는 말. ¶약을 연알로 ― 부수다. ☞바작바작[2]. 뻐적뻐적[2]

버적-이다 자타 버적거리다 ☞바작이다. 뻐적이다

버:전(version) 명 ①이미 개발된 소프트웨어를 수정·보완하여 개정판이 나올 때마다 이전의 제품과 구별하기 위하여 붙이는 번호. ②한 소프트웨어를 서로 다른 시스템 환경에서 사용할 수 있도록 각각 제작된 프로그램을 이르는 말.

버젓-하다[―젇―] 형여 ①남을 의식하여 조심하거나 굽히는 것 없이 뻔뻔스럽게 행동하다. ¶금연 구역에서 버젓하게 담배를 피우다니. ②남의 축에 빠지지 않을 만큼 번듯하고 의젓하다. ¶버젓한 직장. ☞뻐젓하다

버젓-이 부 버젓하게

버정이다 자 부질없이 짧은 거리를 오락가락 하다. ☞바장이다

버:지다 자 ①베어지거나 조금 긁히다. ¶칼날에 손이 ―. ②가장자리가 닳아서 찢어지게 되다. ¶바지 끝 자락이 버져 도저히 입을 수가 없다.

버짐 명 백선균(白癬菌)으로 말미암아 일어나는 피부병의 한 가지. 특히 얼굴에 많이 생기며, 마른버짐·진버짐 등이 있음. ☞선창(癬瘡)

버짐이 먹다 관용 버짐이 생기다.

버쩍 부 물체가 꾸덕꾸덕할 정도로 마른 상태를 나타내는 말. ¶명태가 ― 말랐다./빨래가 ― 말랐다. ☞바짝[1]

버쩍-버쩍 부 물기가 꾸덕꾸덕할 정도로 자꾸 말라 가는 상태를 나타내는 말. ☞바짝바짝[1]. 부쩍부쩍

버찌 명 벚나무의 열매. 앵두만 하며 익으면 검은빛으로 변하고, 맛이 새콤달콤함. 준 벚

버치 명 자배기보다 조금 깊고 넓게 만든 그릇.

버캐 명 간장이나 오줌 따위의 액체 속에 섞여 있던 소금기가 엉기어서 뭉쳐진 찌끼. ¶변기에 오줌 ―가 끼다.

버커리 명 늙고 병들거나 고생살이로 살이 빠지고 쭈그러진 여자를 이르는 말.

버크럼(buckram) 명 풀이나 아교 따위를 먹여서 빳빳하게 한 아마포(亞麻布). 책의 장정(裝幀)이나 양복 깃에 심으로 쓰임.

버:크셔(Berkshire) 명 돼지 품종의 한 가지. 영국의 버크셔가 원산지로, 목·다리·주둥이가 짧고 턱이 두꺼우며 얼굴과 꼬리, 네 다리에 흰 반점이 있음. 추위에 강하고 체질이 강건하며 번식력이 왕성함.

버클(buckle) 명 허리띠나 구두에 달아서 죄어 고정시키거나 잠그는 구실을 하는 쇠붙이 장식물.

버:클륨(berkelium) 명 악티늄족 원소의 하나. 사이클로트론으로 가속(加速)한 헬륨을 아메리슘에 작용시켜 인공적으로 만듦. 〔원소 기호 Bk/원자 번호 97/원자량 247〕

버터(butter) 명 우유 속의 지방을 분리하여 응고시켜 만든 식품. 우락(牛酪)

버터밀크(buttermilk) 명 우유를 원심 분리하여 얻은 크림에서 버터 입자를 없앤 나머지 액체. 가공 음료나 분말 우유 따위의 제조에 쓰임.

버터플라이(butterfly) 명 접영(蝶泳)

버튼(button) 명 ①단추 ②손으로 눌러 전기 장치에 전류를 끊거나 이을 때 쓰는 단추 모양의 스위치.

버티다[1] 자 ①어려운 일을 끝까지 참고 견디다. ¶빙하 시대에도 버티고 살아남은 생물. ②굽히지 않고 맞서다. ¶가지 않겠다고 끝까지 ―.

버티다[2] 타 ①쓰러지거나 내려앉지 않도록 괴거나 받치다. ¶버팀목으로 벽을 ―. ②외부의 힘이나 압력, 유혹 따위를 견디어 배기다. ¶둑이 수압을 버티지 못하고 무너졌다.

버팀-대[―때] 명 물건을 쓰러지지 않게 받치는 장대. 지주(支柱)

버팀-목(―木) 명 물건을 쓰러지거나 기울어지지 않게 버티어 세우는 나무.

버팅(butting) 명 권투 경기에서, 머리로 상대편 선수를 받는 반칙 행위를 이르는 말.

버퍼(buffer) 명 컴퓨터에서, 필요한 정보를 일시 축적하거나 동작 속도가 크게 다른 두 장치 사이에서 속도의 차이를 조정하기 위하여 일시적으로 데이터를 저장하는 기억 장치를 이르는 말.

벅 부 ①좀 단단한 물체를 크게 한 번 긁는 모양, 또는 그 소리를 나타내는 말. ②줄을 단번에 거침없이 긋는 모양을 나타내는 말. ¶막대기로 땅바닥에 줄을 ― 긋다. ③좀 두꺼운 종이 따위를 단번에 찢는 모양, 또는 그 소리를 나타내는 말. ☞박[5]. 북[4]

벅-벅[1] 부 ①좀 단단한 물체를 크게 여러 번 긁는 모양, 또는 그 소리를 나타내는 말. ¶머리를 ― 긁다. ②줄을 여러 번 거침없이 긋는 모양을 나타내는 말. ③좀 두꺼운 종이 따위를 여러 번 찢는 모양, 또는 그 소리를 나타내는 말. ¶책을 ― 찢다. ☞박박[1]. 북북[1]

벅벅[2] 부 ①여무지게 문대거나 치대는 모양을 나타내는 말. ¶행주로 얼룩진 곳을 ― 닦다./지우개로 ― 지우다. ②크고 단단한 물체끼리 세게 문질리는 모양을 나타내는 말. ¶이빨을 ― 갈다. ③억지를 부리며 우기는 모양을 나타내는 말. ¶― 우기다. ☞박박[2]. 북북[2]. 뻑뻑[1]

벅벅-이 부 짐작한 대로 틀림없이. ¶오늘은 그에게서 연락이 ― 올 것이다. ☞박박이

벅수 명 선인(仙人)을 상징하는 모습을 돌이나 나무에 새기어 마을 어귀에 세운 것. 우리 나라의 전래 민간 신앙에서 마을의 재앙이나 액운을 막고, 그 고장 사람들의 복을 비는 뜻으로 세운 것임. 법수(法首) ☞장승

벅스킨(buckskin) 명 ①무두질한 사슴이나 양의 가죽. ②사슴 가죽처럼 짠 모직물. ¶― 코트

벅신-거리다(대다) 자 벅신벅신 들끓다. ☞박신거리다. 벅적거리다

벅신-벅신 부 사람이나 짐승, 곤충 따위가 많이 모여 활기차게 움직이는 모양을 나타내는 말. ¶구경꾼들이 ― 모이다./장날이라 장사꾼들로 장터가 ― 하다. ☞박신박신. 벅적벅적

벅적-거리다(대다) 자 벅적벅적 어수선하게 들끓다. 벅적이다 ☞박작거리다

벅적-벅적 부 많은 사람이 모여 시끄러울 정도로 붐비는 모양을 나타내는 말. ¶예식장이 하객들로 ― 붐비다./시장이 사고파는 사람들로 ― 하다. ☞박작박작

벅적-이다 자 벅적거리다 ☞박작이다

벅차다 형 ①감당하기 어려울 정도로 힘에 겹다. ¶오늘 다 끝내기는 좀 ―. ②생각이나 느낌이 넘칠듯이 가득하여 가슴 뿌듯하고 설레는듯 하다. ¶벅찬 감동.

번 명 '시룻번'의 준말.

번(番)[1] 명 ①차례로 갈마드는 일. ②차례로 숙직이나 당직 등을 하는 일. ¶―을 갈다./―을 나들다./―을 서다.

번을 나다 관용 번을 서고 나오다.

번을 들다 관용 번차례가 되어 번소로 들어가다.

번(番)[2] 의 ①일이나 사물의 차례를 나타내는 말. ¶셋째 ―./다음 ― 시험은 잘 쳐야지. ②일의 횟수를 세는 단위. ¶나는 그를 여러 ― 만났다./한 ―은 가 봐야지.

번가(煩苛) 어기 '번가(煩苛)하다'의 어기(語基).

번-가루[―까―] 명 곡식 가루를 반죽할 때에 물손을 맞추어 가며 반죽에 덧치는 가루.

번가-하다(煩苛―) 형여 번거롭고 까다롭다.

번각(飜刻) 명 -하다 타 이미 한 번 새긴 책판을 원판으로 하여 다시 목판에 새기는 일, 또는 그 판. 복각(覆刻)

번각-물(飜刻物)명 번각본
번각-본(飜刻本)명 번각하여 펴낸 책. 번각물. 번본
번간(煩簡)명 번거로움과 간략함을 아울러 이르는 말.
번갈(煩渴)명 가슴이 답답하고 목이 마르는 일, 또는 그 증세.
번갈아-들다(番-)(-들고·-드니)자 근무 따위를 바꾸어 들다. 차례를 돌려 가며 일을 맡다.
번갈아-들이다(番-)타 근무 따위를 바꾸어 들게 하다. 서로 번을 갈아들게 하다.
번-갈아(番-)부 하나씩 또는 한 번씩 차례로 갈마들어서. ¶두 사람을 - 쳐다보다.
번갈-증(煩渴症)[-쯩]명 가슴이 답답하고 몹시 목이 마른 병증.
번개명 ①대기 중의 전기가 방전(放電)될 때 생기는, 몹시 빠르게 번쩍이는 빛. 열결(列缺) ¶-가 치다. ②동작이 아주 빠르고 날랜 사람이나 사물을 비유하여 이르는 말. ¶정말 - 같다.
속담 **번개가 잦으면 천둥을 한다**: 어떤 일의 전조가 잦으면 끝내는 그 일이 이루어지고야 만다는 뜻을 이르는 말.〔번개가 잦으면 벼락 늦이라〕

한자 **번개 전**(電)〔雨部 5획〕¶전광(電光)/전력(電力)/전류(電流)/전파(電波)/전화(電火)

ㅂ

번개-무늬명 직선을 이리저리 연속적으로 꺾어서 번개 모양을 나타낸 무늬.
번갯-불명 번개가 일어날 때에 번쩍이는 빛. 뇌화(雷火). 전광(電光). 전화(電火)
속담 **번갯불에 솜 구워 먹겠다**: 거짓말을 아주 쉽게 잘한다는 말./**번갯불에 콩 볶아 먹겠다**: ①성질이 아주 급함을 이르는 말. ②행동이 매우 민첩하고 재빠름을 비유하여 이르는 말.〔번갯불에 담배 붙이겠다〕
번거-롭다(-롭고·-로워)형ㅂ ①일의 갈피가 뒤섞이어 복잡하고 어수선하다. ②조용하지 않고 수선스럽다.
번거-로이부 번거롭게

한자 **번거로울 번**(煩)〔火部 9획〕¶번다(煩多)/번무(煩務)/번례(煩禮)/번로(煩勞)/번잡(煩雜)/사번(事煩)

번거-하다형여 ①일이 어수선하고 복잡하다. ②조용하지 못하고 수선스럽다.
번견(番犬)명 집을 지키거나 망을 보는 개.
번경(反耕)명-하다타 한번 간 논을 다시 갈아 엎음.
번고(反庫)명-하다타 ①창고의 물건을 뒤적거려 조사함. ②구역질하여 토하는 일을 비유하여 이르는 말.
번고(煩告)명-하다타 번거롭게 일러바침.
번고(煩苦)명-하다자 번민하여 괴로워함.
번국(蕃國)명 오랑캐 나라.
번국(藩國)명 제후(諸侯)가 다스리는 나라. 번방(藩邦)
번극(煩劇)어기 '번극(煩劇)하다'의 어기(語基).
번극-하다(煩劇-)형여 몹시 번거롭고 바쁘다.
번급(煩急)어기 '번급(煩急)하다'의 어기(語基).
번급-하다(煩急-)형여 몹시 번거롭고 급하다.
번-기수(番旗手)명 대궐에 번들어서 호위하는 기수.
번-나다(番-)자 번을 서고 나오다. 입직(入直)하였다가 끝마치고 나오다. ☞번들다
번뇌(煩惱)명-하다자 인간의 심신을 괴롭히는 정신 작용. 육체나 마음의 욕망, 남에게 대한 노여움, 사상(事象)에 집착하여 진리를 분별하지 못하는 어리석음을 이름. ☞심구(心垢)
번뇌-마(煩惱魔)명 불교에서 이르는 사마(四魔)의 하나. 탐욕·진에(瞋恚)·우치(愚痴) 등이 마음과 몸을 괴롭히고 어지럽게 하여 수행에 방해가 되는 일.
번뇌-장(煩惱障)명 불교에서 이르는 삼장(三障)의 하나. 번뇌가 마음을 몹시 어지럽게 하여 열반에 들 수 없게 하는 장애. ☞업장(業障)
번뇌-탁(煩惱濁)명 불교에서 이르는 오탁(五濁)의 하나. 애욕을 탐하여 마음이 번뇌로 가득하여 흐려지는 일.

번다(煩多)어기 '번다(煩多)하다'의 어기(語基).
번다-스럽다(煩多-)(-스럽고·-스러워)형ㅂ 보기에 번거롭게 많다.
번다-스레부 번다스럽게
번다-하다(煩多-)형여 번거롭게 많다. ¶번다한 잡무.
번다-히부 번다하게
번답(反畓)명-하다타 밭을 논으로 만듦. ☞번전(反田)
번데기명 완전 변태를 하는 곤충류에서, 성충이 되기 전에 고치 따위의 속에서 활동을 멈추고 가만히 들어 있는 시기의 형태.
번둥-거리다(대다)자 번둥번둥 게으름을 피우다. ☞반둥거리다. 빈둥거리다. 뻔둥거리다. 펀둥거리다
번둥-번둥부 할 일을 두고도 미루며 헛되이 시간을 보내는 모양을 나타내는 말. ¶- 놀기만 하다. ☞반둥반둥. 빈둥빈둥. 뻔둥뻔둥. 펀둥펀둥
번드럽다(번드럽고·번드러워)형ㅂ ①번번한 물체의 거죽이 윤기가 있고 부드럽다. ¶번드럽게 잘 다듬은 원목 가구. ②사람됨이 어수룩한 데가 없이 약삭빠르다. ¶번드럽게 궁지를 빠져나가다. ☞반드럽다. 번지럽다. 뻔드럽다
번드레부-하다형 ①번번한 물체의 거죽이 윤기가 있고 부드레한 모양을 나타내는 말. ¶- 윤이 나는 자개농. ②실속은 없으면서 겉으로만 그럴듯한 모양을 나타내는 말. ¶말만 - 잘한다. ☞반드레. 번지레. 뻔드레
번드르르부-하다형 ①윤기가 흐를 정도로 번드러운 모양을 나타내는 말. ¶살림살이마다 - 윤기가 흐른다. ②실속은 없이 겉만 그럴듯한 모양을 나타내는 말. ¶- 하게 차려입다./겉포장만 -하다. ☞반드르르. 번지르르. 뻔드르르
번드치다타 ①마음을 바꾸다. ¶내 마음만 한번 번드치면 모두가 편안하겠지. ②물건을 젖히어 뒤집다.
번득부 ①좀 큰 불빛이 언뜻 빛나는 모양을 나타내는 말. ¶자동차 헤드라이트가 - 빛을 비추다. ②물체가 움직일 때 그 물체에 반사된 빛이 언뜻 빛나는 모양을 나타내는 말. ¶잉어가 뒤척이자 은빛 비늘이 - 한다. ③생각 따위가 갑작스레 떠오르는 모양을 나타내는 말. ¶묘안이 - 떠오르다. ☞반득. 번뜩. 뻔득. 뻔뜩
번득-거리다(대다)자타 자꾸 번득 하다. 번득이다 ☞반득거리다. 번뜩거리다. 뻔득거리다. 뻔뜩거리다
번득-번득부 번득거리는 모양을 나타내는 말. ☞반득반득. 번뜩번뜩. 뻔득뻔득. 뻔뜩뻔뜩
번득-이다자타 번득거리다 ☞반득이다. 번뜩이다. 뻔득이다. 뻔뜩이다
번들(bundle)명 컴퓨터를 살 때 하드웨어와 소프트웨어를 하나로 묶어 사는 일.
번들-거리다(대다)자 ①번들번들 윤기가 돌다. ¶잘 닦아서 번들거리는 마룻바닥. ②번들번들 기름기나 물기가 돌다. ¶땀으로 번들거리는 얼굴. ③번들번들 약삭빠르게 행동하다. ④번들번들 게으름을 피우다. ☞반들거리다. 번질거리다. 빈들거리다. 뻔들거리다
번-들다(番-)자 번차례가 되어 번소로 들어가다. 입직(入直)하다 ☞번나다. 번서다
번들-번들부-하다형 ①물체의 거죽이 번드럽게 윤기가 도는 모양을 나타내는 말. ¶왁스로 닦은 바닥이 - 윤이 나다. ②물체의 거죽이 기름기나 물기로 얼룩진 모양을 나타내는 말. ¶크림을 발라 - 기름기가 도는 얼굴. ③어수룩한 데가 없이 약삭빠르게 행동하는 모양을 나타내는 말. ¶- 기회만 노리다. ④번드러운 태도로 게으름을 피우는 모양을 나타내는 말. ☞반들반들. 번질번질. 빈들빈들. 뻔들뻔들
번들소프트웨어(bundle software)명 컴퓨터를 살 때 하드웨어와 함께 제공되는 소프트웨어.
번듯-번듯[-듣-]부-하다형 ①여럿이 다 생김새가 훤하고 번번한 모양을 나타내는 말. ¶- 잘생긴 청년들. ②여럿이 다 됨됨이나 행동이 드레지고 바른 모양을 나타내는 말. ¶생각이 - 박히다. ☞반듯반듯. 번뜻번뜻[2]
번듯-하다[-듣-]형여 ①생김새가 훤하고 번번하다. ¶번듯하게 생긴 이마. ②됨됨이나 행동이 드레지고 바

르다. ¶번듯하게 행동하다./사람됨이 —. ③보기에 매우 어엿한 데가 있다. ¶번듯한 직장./번듯하게 차리고 살다. ☞반듯하다. 번뜻하다

번듯-이 부 번듯하게 ☞반듯이. 번뜻이

번뜩 부 ①좀 큰 불빛이 급작스레 잠깐 빛나는 모양을 나타내는 말. ¶번개가 — 치다. ②물체가 움직일 때 그 물체에 반사된 빛이 짧은 동안 번쩍 빛나는 모양을 나타내는 말. ¶어둠 속에서 고양이의 눈이 — 빛나다. ③생각 따위가 몹시 급작스레 떠오르는 모양을 나타내는 말. ¶기억이 — 나다. ☞반뜩. 번득. 뻔득. 뻔뜩

번뜩-거리다(대다) 자타 자꾸 번뜩 하다. 번뜩이다 ☞반뜩거리다. 번득거리다. 뻔득거리다. 뻔뜩거리다

번뜩-번뜩 부 번뜩거리는 모양을 나타내는 말. ☞반뜩반뜩. 번득번득. 뻔득뻔득. 뻔뜩뻔뜩

번뜩-이다 자타 번뜩거리다 ☞반뜩이다. 번득이다. 뻔득이다. 뻔뜩이다

번뜻 부 강한 빛이 순간적으로 나타났다가 사라지는 모양을 나타내는 말. ¶빛이 — 비쳤다 사라지다. ☞반뜻

번뜻-거리다(대다) [—뜯—] 자 자꾸 번뜻 하다. ☞반뜻거리다

번뜻-번뜻[1] [—뜯—] 부 번뜻거리는 모양을 나타내는 말. ☞반뜻반뜻[1]

번뜻-번뜻[2] [—뜯—] 부-하다 형 ①여럿이 다 생김새가 매우 훤하고 번번한 모양을 나타내는 말. ¶장정들이 — 잘생기다. ②여럿이 다 됨됨이나 행동이 매우 드레지고 바른 모양을 나타내는 말. ¶몸가짐이 —하다. ☞반뜻반뜻[2]. 번듯번듯

번뜻-하다 [—뜯—] 형여 ①생김새가 매우 훤하고 번번하다. ②됨됨이나 행동이 매우 드레지고 바르다. ¶행동거지가 —. ☞반뜻하다. 번듯하다

번뜻-이 부 번뜻하게 ☞반뜻이. 번듯이

번란(煩亂) 어기 '번란(煩亂)하다'의 어기(語基).

번란-하다(煩亂—) 형여 몸과 마음이 괴롭고 어지럽다.

번례(煩禮) 명 번거로운 예법. ☞욕례(縟禮)

번로(煩勞) 어기 '번로(煩勞)하다'의 어기(語基).

번로-하다(煩勞—) 형여 일이 번거로워 괴롭고 고되다.

번론(煩論) 명-하다 타 번거롭게 논의함, 또는 그런 언론.

번롱(飜弄) 명-하다 타 이리저리 제멋대로 놀림.

번루(煩累) 명 번거로운 걱정과 근심.

번리(藩籬·樊籬) 명 울타리

번만(煩懣) 명-하다 형 가슴속이 답답함.

번망(煩忙) 어기 '번망(煩忙)하다'의 어기(語基).

번망-하다(煩忙—) 형여 번거롭고 바쁘다.

번무(煩務) 명 번거로운 사무, 또는 어수선하고 번거로운 일. 번용(煩冗)

번무(繁茂) 명-하다 자 초목이 우거짐. 번성(蕃盛)

번문-욕례(繁文縟禮) [—뇽—] 명 번거로운 겉치레와 까다로운 예식이라는 뜻으로, 형식에 치우쳐 번거롭고 까다로운 규칙과 예절을 이르는 말. 준 번욕(繁縟)

번민(煩悶) 명-하다 자 마음이 번거롭고 답답하여 괴로워함. ¶진로 문제로 —하다.

번-바라지(番—) [—빠—] 명-하다 자 번든 사람에게 식사를 비롯하여 온갖 치다꺼리를 하는 일.

번-방(番房) [—빵] 명 번을 들 때 쓰는 방.

번방(藩邦) 명 번국(藩國)

번번-이(番番—) 부 여러 번 다. 매번 다. 매번. 매양 ¶—일등을 하다./— 실패하다.

번번-하다 형여 ①구김살이나 울퉁불퉁한 데가 없고 편편하다. ¶바위 위의 번번한 자리. ②생김새나 옷차림이 음전하다. ¶신랑감이 번번하게 생겼다. ③물건이 제법 쓸만 하다. ¶번번한 물건이 하나도 없다. ④지체가 남만 못하지 않게 높다. ¶번번한 집안에서 태어났다. ☞반반하다

번번-히 부 번번하게

번병(藩屛) 명 ①울타리와 병풍이라는 뜻으로, 장벽(障壁)을 이르는 말. ②나라를 보위하는 중신(重臣)을 비유하여 이르는 말. ③변방의 중진(重鎭)을 비유하여 이르는 말.

번복(飜覆) 명-하다 타 말이나 행위를 뒤집음, 또는 뒤집어 고침. ¶증언을 —하다. ▷ 飜과 翻은 동자

번본(飜本) 명 번각하여 펴낸 책. 번각본

번-분수(繁分數) [—쑤] 명 분수의 분자나 분모가 분수로 된 분수. 복분수(複分數) ☞단분수(單分數)

번사(燔師) 명 사기 굽는 가마에 불 때는 일을 맡아 하는 사람.

번삭(煩數) 어기 '번삭(煩數)하다'의 어기(語基).

번삭-하다(煩數—) 형여 번거롭게 잦다.

번상(番上) 명-하다 자 지난날, 지방의 군사를 골라 뽑아서 서울의 군영으로 보내던 일.

번-상(番床) [—쌍] 명 지난날, 번(番)을 들 때 자기 집에서 차려 내오는 밥상을 이르던 말.

번-서다(番—) 자 번을 들어 지키다. ☞번들다

번설(煩說) 명 ①너저분한 잔말. ②-하다 타 여기저기 마구 떠들어 소문을 냄.

번설(煩屑) 어기 '번설(煩屑)하다'의 어기(語基).

번설(煩褻) 어기 '번설(煩褻)하다'의 어기(語基).

번설-하다(煩屑—) 형여 번거롭고 자질구레하다.

번설-하다(煩褻—) 형여 번잡스럽고 더럽다.

번성(蕃盛) 명-하다 자 ①자손이 늘어서 퍼짐. 번연(蕃衍) ②초목이 우거짐. 번무(繁茂)

번성(繁盛) 명-하다 자 한창 성하게 일어나 붇고 늘어서 잘 되어감. 번창(繁昌) ¶한때 —했던 의류 산업.

> 한자 **번성할 번**(繁) 〔糸部 11획〕 ¶번성(繁盛)/번식(繁殖)/번영(繁榮)/번창(繁昌)/번화(繁華)

번소(番所) 명 번(番)을 드는 곳.

번쇄(煩瑣) 어기 '번쇄(煩瑣)하다'의 어기(語基).

번쇄=철학(煩瑣哲學) 명 스콜라 철학

번쇄-하다(煩瑣—) 형여 너더분하고 자질구레하다.

번수(番數) [—쑤] 명 차례의 수효.

번수(番手) 의 실의 굵기를 나타내는 단위. 실의 표준 중량에 대한 실의 길이가 단위 길이의 몇 배가 되느냐에 따라 표시되는데, 주로 영국식과 공통식이 쓰임.

번숙(蕃熟) 명-하다 자 곡식 따위가 무성하게 잘 익음.

번순(反脣) 명-하다 타 입술을 비쭉거리며 비웃음.

번식(繁殖·蕃殖·蕃息) 명-하다 자 붇고 늘어서 많이 퍼짐. ¶—을 잘하는 쥐.

번식-기(繁殖期) 명 동물이 새끼를 치는 시기. 야생 동물은 거의 일정한 시기를 지니고 있음. ☞생식기(生殖期)

번식=기관(繁殖器官) 명 식물에서, 번식을 맡은 기관을 이르는 말. 꽃·포자·자낭·씨·열매 따위.

번식-력(繁殖力) 명 번식하는 힘.

번식-률(繁殖率) 명 일정한 기간에 암수 한 쌍이 낳은 새끼가 성장하여 성숙기에 이르는 비율. ¶—이 높다.

번식성-염(繁殖性炎) [—념] 명 세포나 섬유의 번식 또는 증식을 주체로 하는 염증의 한 가지. 결핵·신장염·나병 따위.

번안(飜案) 명-하다 타 ①안건(案件)을 뒤집음. ②다른 사람의 작품을 원안으로 하여 시대나 풍토에 맞게 새로운 작품으로 고쳐 짓는 일. ¶— 가요

번안=소:설(飜案小說) 명 외국의 작품을 줄거리는 그대로 살리고, 풍속·지명·인명 등을 자기 나라에 알맞게 고쳐 쓴 소설.

번역(飜譯) 명-하다 타 어떤 글이나 문학 작품을 같은 뜻을 가진 다른 나라의 언어로 바꾸어 옮기는 일. 준 역(譯) ☞반역(反譯). 중역(重譯)

> 한자 **번역할 역**(譯) 〔言部 13획〕 ¶번역(飜譯)/역자(譯者)/역주(譯註)/통역(通譯) ▷ 속자는 訳

번역-가(飜譯家) 명 번역을 전문으로 하는 사람.

번역-권(飜譯權) 명 저작권의 한 가지. 어떤 저작물을 번역·출판하여 이익을 얻을 수 있는 권리.

번역-극(飜譯劇) 명 외국의 희곡을 번역하여 상연하는 극.

번역-기(飜譯機) 명 번역을 하는 기계.

번역노:걸대(飜譯老乞大)명 조선 중종 때 최세진(崔世珍)이 중국어 학습서인 '노걸대'를 한글로 번역한 책.
번역=문학(飜譯文學)명 외국의 문학 작품을 번역하여 또 다른 독특한 예술미가 있도록 만든 문학.
번역-물(飜譯物)명 번역한 작품이나 출판물 따위를 이르는 말.
번역박통사(飜譯朴通事)명 조선 중종 때 최세진(崔世珍)이 중국어 학습서인 '박통사'를 한글로 번역한 책. 3권 3책 중 권상 1책만 전함.
번역-생(飜譯生)명 대한 제국 때, 번역이나 통역을 맡아 하던 판임관(判任官).
번역소:학(飜譯小學)명 조선 중종 13년(1518)에 김전(金詮) 등이 '소학'을 한글로 번역하여 펴낸 책. 중간본 권 6~10이 전함. 목판본임.
번역-자(飜譯者)명 번역한 사람.
번역-조(飜譯調)명 번역 투의 문장.
번연(蕃衍)명-하다자 자손이 늘어서 퍼짐. 번성(蕃盛)
번연(飜然)어기 '번연(飜然)하다'의 어기(語基).
번연-개오(飜然開悟)명 이제까지 모르던 것을 갑자기 깨달음.
번연-하다(飜然-)형여 모르던 것을 깨닫는 일이 매우 갑작스럽다.
번연-히부 번연하게
번연-히부 뚜렷하고 환하게. 번히
속담 **번연히 알면서 새 바지에 똥 싼다** : 사리를 다 알만한 사람이 실수를 저지르는 경우를 비유하여 이르는 말.
번열(煩熱)명 번열증
번열-증(煩熱症)[-쯩]명 한방에서, 몸에 열이 몹시 나고 가슴이 답답한 증세를 이르는 말. 번열
번영(繁榮)명-하다자 번성하고 영화롭게 됨. ¶날로 -하는 기업.
번옥(燔玉)명 돌가루를 구워 만든 인조 옥.
번요(煩擾)어기 '번요(煩擾)하다'의 어기(語基).
번요-하다(煩擾-)형여 번거롭고 요란스럽다.
번욕(繁縟)명 '번문욕례(繁文縟禮)'의 준말.
번용(煩冗)명 번무(煩務)
번우(煩憂)어기 '번우(煩憂)하다'의 어기(語基).
번우-하다(煩憂-)형여 괴로워하고 근심하다.
번울(煩鬱)어기 '번울(煩鬱)하다'의 어기(語基).
번울-증(煩鬱症)[-쯩]명 한방에서, 가슴이 답답하고 갑갑한 증세를 이르는 말.
번울-하다(煩鬱-)형여 가슴이 답답하고 갑갑하다.
번위(反胃)명 한방에서 이르는, 위경(胃經)에 생긴 탈의 한 가지. 구역질이 나고 음식을 마구 토함.
번육(燔肉)명 구운 고기.
번육(膰肉)명 제사에 쓰고 난 고기.
번은(燔銀)명 품질이 아주 낮은 은.
번의(飜意)명-하다자 작정한 마음을 뒤집음.
번이(蕃夷)명 만이(蠻夷)
번인(蕃人)명 ①야만인 ②번족(蕃族)
번작(反作)명-하다타 ①조선 후기, 환곡 제도에 따른 폐단의 한 가지. 이속(吏屬)들이 사사로이 환곡을 낭비하고 그것을 메우기 위하여 농민에게 강제로 금품을 거두어 이득을 나누어 착복하던 일. ②부정 행위를 저지름.
번작(燔灼)명-하다타 불에 구움.
번잡(煩雜)어기 '번잡(煩雜)하다'의 어기(語基).
번잡-스럽다(煩雜-)(-스럽고·-스러워)형ㅂ 한데 뒤섞여 어수선한 데가 있다. ¶번잡스러운 항구의 거리.
번잡-스레부 번잡스럽게
번잡-하다(煩雜-)형여 한데 뒤섞여 어수선하다. ¶번잡한 시장에서 길을 잃다.
번적부 빛이 잠깐 동안 약하게 비치는 모양을 나타내는 말. ☞반작. 번쩍[2]. 뻔적. 뻔쩍
번적-거리다(대다)자타 번적번적 빛이 나다, 또는 빛나게 하다. 번적이다 ☞반작거리다. 번쩍거리다. 뻔적거리다. 뻔쩍거리다
번적-번적부 빛이 잇달아 잠깐 동안 약하게 비치는 모양을 나타내는 말. ☞반작반작. 번쩍번쩍[1]. 뻔적뻔적
번적-이다자타 번적거리다 ☞반작이다. 번쩍이다
번전(反田)명-하다타 논을 밭으로 만드는 일. ☞번답(反畓)
번제(燔祭)명 구약 시대, 짐승을 통째로 태워 하느님께 제물로 바치던 제사.
번조(燔造)명-하다타 질그릇이나 사기 그릇 따위를 구워서 만들어 냄.
번조-관(燔造官)명 조선 시대, 번조하는 일을 감독하던 사옹원에 딸린 관원.
번조-증(煩燥症)[-쯩]명 한방에서, 몸의 열이 높고 가슴이 답답하고 괴로워서 어찌할 바를 몰라 하는 증세를 이르는 말.
번족(蕃族)명 타이완의 원주민. 번인(蕃人)
번족(蕃族·繁族)명-하다형 자손이 많아 집안이 번성함, 또는 그런 집안.
번종(鐇鍾)명 '방아깨비'의 딴이름.
번주그레-하다형여 생김새가 겉으로 보기에 번번하다. ¶겉모습만 번주그레한 신사. ☞반주그레하다
번죽-거리다(대다)자 번죽번죽 얄밉게 굴다. ☞반죽거리다. 뻔죽거리다
번죽-번죽부 제법 번번하게 생긴 사람이 이죽거리며 얄밉게 행동하는 모양을 나타내는 말. ☞반죽반죽
번지명 써레질한 논의 흙 표면을 반반하게 고르거나 땅에 떨어진 곡식을 긁어 모으는 데 쓰는, 널빤지로 된 농기구의 한 가지.
번지(番地)명 ①땅을 일정한 기준으로 나누어 매겨 놓은 번호, 또는 그 땅. ②컴퓨터에서, 데이터가 저장되어 있는 기억 장소의 위치, 또는 그것을 나타내는 수. ☞어드레스(address)
번지(蕃地)명 미개한 땅. ☞만지(蠻地)
번지기명 씨름에서, 몸을 바로잡고 힘을 써서 상대편의 공격을 막는 자세.
번:지다자 ①액체가 묻어서 둘레로 차츰 넓게 퍼져 나가다. ¶옷에 먹물이 묻어 -. ②불이나 병 따위가 차츰 넓은 범위로 옮아가다. ¶산불이 -./돌림병이 -. ③말이나 소리, 울림 따위가 널리 퍼지다. ¶소문이 쫙 -. ④빛깔이나 얼굴빛 따위가 차츰 바탕에서 넓게 퍼지다. ¶얼굴에 웃음이 -./볼에 홍조가 -. ⑤풍습·풍조·불만 등이 사회 전반에 차차 퍼지다. ¶채식 열풍이 -.
번지럽다(번지럽고·번지러워)형ㅂ 물체의 거죽이 기름기가 돌게 번드럽다. ¶참기름을 발라 번지러운 절편. ☞반지랍다. 번드럽다
번지레부-하다형 ①기름기가 돌게 번드레한 모양을 나타내는 말. ②실속은 없이 겉으로만 요란한 모양을 나타내는 말. ☞반지레. 번드레. 뻔지레
번지르르부-하다형 ①기름기가 돌게 번드르르한 모양을 나타내는 말. ②실속은 없으면서 겉만 그럴듯한 모양을 나타내는 말. ¶말만 - 요란하다./포장만 -하다. ☞반지르르. 번드르르. 뻔지르르
번지-수(番地數)[-쑤]명 번지의 수.
번지수가 틀리다관용 어떤 일에 딱 들어맞지 않거나 방향이 다르다.
번지수를 잘못 찾다관용 잘못 짚어 엉뚱한 방향으로 나가다.
번지점프(bungee jump)명 스포츠의 한 가지. 고무로 만든 긴 줄의 한쪽 끝을 발목이나 몸통에 묶고 다른 한쪽 끝은 물체에 고정시킨 뒤, 높이가 수십 또는 수백 미터 되는 곳에서 뛰어내려 추락의 아찔함을 즐김.
번지-질명-하다자 번지로 논밭의 흙을 고르는 일.
번질-거리다(대다)자 ①번질번질 기름기가 돌다. ②슬슬 베돌면서 번질번질 게으름을 피우다. ☞반질거리다. 뻔질거리다
번질-번질부-하다형 ①물체의 거죽에 번지럽게 기름기가 도는 모양을 나타내는 말. ¶- 윤이 나는 머릿결. ②뻔뻔스레 노는 모양을 나타내는 말. ☞반질반질. 뻔질뻔질
번쩍[1]부 ①큰 물체를 아주 거뿐하게 들어올리는 모양을

나타내는 말. ¶바위를 — 들어올리다./아이를 — 들어안다. ②수그렸던 얼굴 따위를 크게 쳐드는 모양을 나타내는 말. ¶얼굴을 — 들다. ③감았던 눈을 급자기 뜨는 모양을 나타내는 말. ¶눈을 — 뜨다. ④급자기 정신이 들거나 정신을 차리는 모양을 나타내는 말. ¶ — 정신을 차리다. ⑤보이지 않거나 풀리지 않아 애쓰던 것이 급자기 보이거나 풀리는 모양을 나타내는 말. ¶찾던 물건이 눈에 — 띄다./귀가 — 뜨이는 말./좋은 수가 — 떠오르다. ☞반짝[1]

번쩍[2] 부 빛이 잠깐 동안 비치는 모양을 나타내는 말. ¶멀리서 빛이 — 빛나다. ☞반짝[2]. 번적. 뻔적. 뻔쩍

번쩍-거리다(대다) 자타 ①번쩍번쩍 빛이 나다, 또는 빛나게 하다. ¶번개가 —. ②번쩍번쩍 윤이 나다. ¶번쩍거리는 마루. 번쩍이다 ☞반짝거리다. 번적거리다. 뻔적거리다. 뻔쩍거리다

번쩍-번쩍[1] 부 빛이 잇달아 잠깐 동안 비치는 모양을 나타내는 말. ☞반짝반짝[1]. 번적번적. 뻔적뻔적. 뻔쩍뻔쩍[1]

번쩍-번쩍[2] 부 번들번들 윤이 나는 모양을 나타내는 말. ¶광이 — 나게 닦다. ☞반짝반짝[2]. 뻔쩍뻔쩍[2]

번쩍-이다 자타 번쩍거리다 ☞반짝이다. 번적이다. 뻔적이다. 뻔쩍이다

번차(番次) 명 번을 드는 차례.

번-차례(番次例) 명 돌려 가며 갈마드는 차례.

번창(繁昌) 명 -하다 자 한창 성하게 일어나 붇고 늘어서 잘 되어감. 번성(繁盛) ¶사업이 나날이 —하다.

번철(燔鐵) 명 지짐질에 쓰는 솥뚜껑처럼 생긴 무쇠 그릇. 적자(炙子). 전철(煎鐵)

번초(蕃椒) 명 '고추'의 딴이름.

번추(煩醜) 어기 '번추(煩醜)하다'의 어기(語基).

번추-하다(煩醜—) 형여 번잡하고 더럽다.

번토(燔土) 명 질그릇이나 사기그릇 따위를 만드는 데 원료로 쓰는 흙.

번트(bunt) 명 야구에서, 타자가 공이 내야 가까운 곳에 떨어지도록 배트를 수평으로 쥐고 공에 가볍게 대는 타격법을 이르는 말.

번폐(煩弊) 명 번거로운 폐단.

번폐-스럽다(煩弊—) (—스럽고·—스러워) 형ㅂ 보기에 번거롭고 폐가 되는 데가 있다.

번폐-스레 부 번폐스럽게

번포(番布) 명 조선 시대, 군정(軍丁)들이 번(番)을 드는 일 대신에 바치는 무명을 이르던 말.

번품(煩稟) 명 -하다 타 윗사람에게 번거롭게 여쭘.

번:-하다 형여 ①어둠 속에 빛이 희미하게 훤하다. ¶먼동이 번하게 터 오다. ②어떤 일의 속내나 결과가 어떠하리라는 것이 두렷하다. ¶상대편의 속이 번하게 들여다보인다. ③계속되던 일 중에 한참 동안 겨를이 생기어 한가하다. ¶일이 번한 틈을 타서 편지를 쓰다. ④걱정거리나 병세 등이 한참 동안 뜨음하거나 덜하다. ¶늦게 들어오는 일이 요즘 들어 —. ⑤계속 내리던 비가 멎고 한참 동안 햇빛이 비치어 훤하다. ☞반하다[2]. 뻔하다

번-히 부 ①좀 훤하게. ¶ — 동이 튼다. ②두렷하게 ¶ — 알고 있는 내용./— 보인다. ☞반히. 뻔히

번호(番號) 명 차례를 나타내는 숫자. ¶자동차 —

번호-기(番號器) 명 숫자를 찍을 때마다 자동으로 번호가 차례차례 바뀌는 사무용 기기. 넘버링머신

번호-부(番號簿) 명 번호를 적어 놓은 책. ¶전화 —

번호-순(番號順) 명 번호에 따르는 차례.

번호-패(番號牌) 명 번호를 적은 패.

번호-표(番號票) 명 번호를 적은 표.

번화(繁華) 어기 '번화(繁華)하다'의 어기(語基).

번화-가(繁華街) 명 도시의 번화한 거리.

번화-하다(繁華—) 형여 번성하고 화려하다. ¶번화한 도시의 야경.

번휴(番休) 명 -하다 자 지난날, 나라가 태평할 때 번(番)을 당분간 쉬게 하던 일.

벋-가다 자 올바른 길에서 벗어나 버드러져 나가다. ¶아이들은 벋가기 쉬우므로 잘 살펴야 한다. ☞뻗가다

벋-나다 자 ①끝이 밖으로 벋게 나다. ¶앞니가 —. ②잘못된 길로 나가다.

벋-놓다 타 바로잡지 아니하고 벋가게 내버려두다.

벋-니 명 버드렁니 ☞뻗니. 옥니

벋다[1] 자타 ①나뭇가지나 덩굴 따위가 자라서 조금 길어지거나 높아지다. ¶포도나무 덩굴이 벋어 나가다. ②길이나 산맥, 또는 물의 흐름 따위가 길게 이어지다. ③팔이나 다리를 곧게 펴다. ¶팔을 벋어 나무 열매를 따다. ④힘이나 기세 따위가 늘거나 퍼지다, 또는 그렇게 하다. ☞뻗다

속담 **벋어 가는 칡도 한이 있다** : 한없이 얽히면서 벋어 갈 것 같은 칡도 끝이 있다는 뜻으로, 무엇이나 한도가 있다는 말.

벋다[2] 형 끝이 버드러져 있다. ☞옥다

벋-대:다 자 순순히 따르지 아니하고 고집스레 버티다. ¶집을 비워 주지 않고 —. ☞뻗대다

벋-디디다 타 ①발에 힘을 주고 버티어 디디다. ②금 밖으로 내어 디디다. 준 벋딛다 ☞뻗디디다

벋-딛다 타 '벋디디다'의 준말.

벋버듬-하다 형여 ①두 끝이 밖으로 좀 벋은듯 하다. ②말이나 행동이 좀 거만하다. ③사이가 버성기다.

벋버스름-하다 형여 서로 마음이 맞지 않아 좀 벋버듬하다.

벋-새 명 거의 평면으로 된 기와. ☞옥새

벋-서다 자 벋대며 맞서다. ☞뻗서다

벋음-씀바귀 명 국화과의 여러해살이풀. 줄기는 땅에 붙어서 벋고 잎은 깃꼴로 갈라져 있으며, 봄과 여름에 누런빛의 꽃이 꽃줄기 끝에 핌. 우리 나라 각처에서 자라고 뿌리줄기와 어린잎은 먹을 수 있음.

×**벋장-다리** 명 → 벋정다리

벋정-다리 명 ①마음대로 구부렸다 폈다 하지 못하고 항상 벋어 있는 다리, 또는 그런 다리를 가진 사람. ②뻣뻣해서 쉽게 굽힐 수가 없게 된 물건. ☞뻗정다리

벌[1] 명 넓고 평평한 땅. ☞펄

벌[2] 명 옷이나 그릇 따위가 짝을 이루거나 여러 가지를 갖추어서 한 덩이를 이룬 것. ¶그릇을 —로 장만하다. 의 옷이나 그릇 따위를 세는 단위. ¶옷 한 —./칠첩반상기 한 —.

벌:[3] 명 벌목에 딸린 곤충 가운데 개밋과를 제외한 것을 통틀어 이르는 말. 몸은 머리·가슴·배의 세 부분으로 되어 있고, 몸길이는 0.1~2cm까지 다양함. 머리에는 더듬이와 한 쌍의 겹눈, 세 개의 홑눈이 있고, 가슴에는 두 쌍의 날개와 세 쌍의 다리가 있음. 배는 많은 마디로 되어 있으며, 입은 물고 핥고 빨기에 알맞음. 암컷의 꼬리 끝 산란관에는 독침이 있음.

속담 **벌에 쏘였나** : 말 대꾸도 없이 오자마자 곧 돌아가는 사람을 보고 이르는 말.〔벌쐰 사람 같다〕

한자 벌 봉(蜂) 〔虫部 7획〕 ¶봉군(蜂群)/봉기(蜂起)/봉밀(蜂蜜)/봉소(蜂巢)/봉접(蜂蝶)/양봉(養蜂)

벌(罰) 명 -하다 타 잘못을 하거나 죄를 지은 사람에게 괴로움을 주어 잘못을 깨닫고 뉘우치게 하는 일.

벌(을) 서다 관용 벌받는 일로 한곳에 서 있다.

벌(을) 쓰다 관용 벌을 받다.

벌(을) 씌우다 관용 벌을 쓰게 하다.

한자 벌할 벌(罰) 〔网部 9획〕 ¶벌금(罰金)/벌점(罰點)/벌칙(罰則)/엄벌(嚴罰)/체벌(體罰)

벌개 명 꿀벌들이 밀을 분비하여 지은 벌집. 육각형으로 된 많은 방이 있어, 새끼 벌을 기르고 꿀과 꽃가루를 저장해 둠.

벌거-벗기다[—벋—] 타 벌거벗게 하다.

벌거-벗다[—벋—] 자 ①입은 옷을 모두 벗어 조금 큰 몸집의 알몸이 드러나다. ¶벌거벗은 모습. ②가려지거나 덮인 것이 없어서 몸체나 흙이 모두 드러나 보이다. ¶벌거벗었던 산이 이제야 나무로 울창하다. ③돈이나 물건 등 가진 것을 모두 쓰거나 내놓아 빈털터리가 되다. ¶잔치를 치르느라 벌거벗었다. ④생각이나 사실 따위

ㅂ

를 모두 드러내다. ☞발가벗다. 뻘거벗다
속담 **벌거벗은 손님이 더 어렵다** : ①어리고 철없는 손님이 어른 손님 대접하기보다 더 어렵다는 말. ②가난한 손님 대접하기가 더 어렵고 조심스럽다는 말.
벌거-숭이 명 ①옷을 걸치지 않은 조금 큰 몸집의 알몸. ②가려지거나 덮인 것이 없어서 몸체나 흙이 모두 드러나 보일 정도의 상태를 이르는 말. ③돈이나 물건 등 가진 것을 모두 쓰거나 내놓아 빈털터리가 된 사람을 비유하여 이르는 말. ☞발가숭이. 뻘거숭이
벌거숭이-산(-山) 명 나무나 풀이 없는 산. 민둥산
×**벌거지** 명 →벌레
벌겅 명 벌건 빛깔이나 물감. ☞발강. 뻘겅
벌겅-이 명 벌건 빛의 물건. ☞발강이. 뻘겅이
벌:겋다(벌겋고·벌건) 형ㅎ 빛깔이 엷게 붉다. ¶얼굴이 벌겋게 달아오르다. ☞발갛다. 뻘겋다
벌:게-지다 자 벌겋게 되다. ¶화가 나서 얼굴이 -.
벌과-금(罰科金) 명 벌금(罰金)
벌교(筏橋) 명 뗏목을 이어 만든 다리.
벌:-구멍[-꾸-] 명 벌통의 구멍.
벌그데데-하다 형여 산뜻하지 않게 벌그스름하다. ☞발그대대하다. 불그데데하다. 뻘그데데하다
벌그뎅뎅-하다 형여 고르지 않게 벌그스름하다. ☞발그댕댕하다. 불그뎅뎅하다. 뻘그뎅뎅하다
벌그레-하다 형여 곱게 벌그스름하다. ¶벌그레한 얼굴. ☞발그레하다. 불그레하다
벌그름-하다 형여 고르게 벌그스름하다. ☞발그름하다. 불그름하다
벌그무레-하다 형여 엷게 벌그스름하다. ☞발그무레하다. 불그무레하다
벌그숙숙-하다 형여 수수하게 벌그스름하다. ☞발그속속하다. 불그숙숙하다
벌그스레-하다 형여 벌그스름하다 ☞발그스레하다. 불그스레하다. 뻘그스레하다
벌그스름-하다 형여 빛깔이 좀 벌건듯 하다. 벌그스레하다 ☞발그스름하다. 불그스름하다. 뻘그스름하다
벌그스름-히 부 벌그스름하게
벌그죽죽-하다 형여 칙칙하게 벌그스름하다. ☞발그족족하다. 불그죽죽하다. 뻘그죽죽하다
벌금(罰金) 명 ①범죄의 처벌로서 부과하는 돈. ②규칙을 어겼을 때 벌로 내게 하는 돈. 벌과금(罰科金)
벌금-형(罰金刑) 명 재산형(財産刑)의 한 가지. 범죄의 처벌로 벌금을 부과하는 형벌(刑罰). ☞체형(體刑)
벌긋-벌긋[-귿-] 부-하다 형 여기저기가 벌긋한 모양을 나타내는 말. ☞발긋발긋. 불긋불긋. 뻘긋뻘긋
벌긋-하다[-귿-] 형여 빛깔이 좀 벌겋다. ☞발긋하다. 불긋하다. 뻘긋하다
벌:기다 타 속의 것이 드러나게 쪼개거나 찢어서 벌리다. ¶밤송이를 -. ☞발기다
벌깨-덩굴 명 꿀풀과의 여러해살이풀. 줄기는 사각형이고, 줄기 길이는 20~50cm이며 옆으로 뻗어 마디에서 뿌리가 내려 뻗어 나감. 잎은 마주나며 깻잎 모양과 비슷함. 5월경에 자줏빛 입술 모양의 꽃이 같은 방향으로 네 송이 가량 핌. 우리 나라 각처 산지의 그늘진 곳에 자람. 어린잎은 먹을 수 있음.
벌꺽 부 ①급자기 왁자하게 시끄러워지는 모양을 나타내는 말. ¶사무실이 - 뒤집히다. ②벌끈 화를 내는 모양을 나타내는 말. ☞발깍. 벌컥
벌꺽-거리다(대다) 자타 벌꺽벌꺽 소리가 나다, 또는 그런 소리를 내다. ☞발깍거리다. 벌컥거리다
벌꺽-벌꺽[1] 부 자꾸 벌끈 화를 내는 모양을 나타내는 말. ☞발깍발깍[1]. 벌컥벌컥[1]
벌꺽-벌꺽[2] 부 ①물 따위를 시원스레 잇달아 들이켜는 소리, 또는 그 모양을 나타내는 말. ¶냉수를 - 마시다. ②술 따위가 좀 큰 거품을 내며 괼 때 나는 소리, 또는 그 모양을 나타내는 말. ¶막걸리가 - 괴다. ③지직한 질흙 따위를 치댈 때 옆으로 크게 비어져 나오면서 내는 소리를 나타내는 말. ¶국수 반죽을 - 치대다. ☞발깍발깍[2]. 벌컥벌컥[2]
벌끈 부 ①급자기 감정이 북받치어 흥분하는 모양을 나타내는 말. ¶- 반발을 하다./- 화가 치밀다. ②분위기가 급자기 부산해지는 모양을 나타내는 말. ¶동네가 - 뒤집히다. ☞발끈. 뻘끈
벌끈-거리다(대다) 자 자꾸 벌끈 흥분하다. ☞발끈거리다. 뻘끈거리다
벌끈-벌끈 부 벌끈거리는 모양을 나타내는 말. ☞발끈발끈. 뻘끈뻘끈
벌-낫 명 낫의 한 가지. 길차게 자란 풀이나 무성한 갈대 따위를 베는 데 쓰며, 자루가 길고 큼. ☞버들낫. 톱날낫
벌-노랑이 명 콩과의 여러해살이풀. 줄기는 땅에 눕거나 비스듬히 서고, 길이는 30cm 안팎. 잎은 깃꼴 겹잎이고 어긋맞게 남. 5~7월에 노란 꽃이 피고, 맺히는 꼬투리는 가축의 사료로 쓰임.
벌-논 명 벌에 있는 논.
벌:다[1](벌고·버니) 자 ①틈이 나거나 갈라지거나 하여 사이가 뜨다. ¶석류가 익어 벌었다./밤송이가 -. ②식물의 가지나 잎 따위가 옆으로 벋다. ¶가지가 많이 벌었다./파 포기가 -. ③몸이 가로 퍼지다. ¶어깨가 떡 -. ④운두가 낮은 그릇 따위가 위쪽이 넓게 퍼지다.
벌:다[2](벌고·버니) 타 ①일을 하여 돈벌이를 하다. ¶일을 하여 학비를 -. ②못된 행동을 하여 벌받을 일을 스스로 만들다. ¶매를 -. ③돈이나 시간 따위를 얻다. ¶물건을 싸게 샀으니 돈을 번 셈이다.
벌:다[3](벌고·버니) 형 물건의 부피가 한 주먹이나 한 아름에 들 정도보다 좀더 크다. ¶한 아름에 번 나무들이 울창하다.
벌대-총(伐大驄)[-때-] 명 조선 시대, 효종(孝宗)이 아끼어 강화도에 놓아 기르던 말.
벌떡 부 ①눕거나 앉았다가 급작스레 몸을 일으키는 모양을 나타내는 말. ¶- 일어나다. ②몸집이 좀 큰 것이 갑자기 뒤로 번듯하게 넘어지는 모양을 나타내는 말. ¶- 뒤로 넘어가다. ③물건이 갑작스레 뒤로 젖혀지는 모양을 나타내는 말. ¶천막이 - 뒤집히다. ☞발딱. 뻘떡
벌떡-거리다(대다) 자 ①맥박이나 심장이 벌떡벌떡 뛰다. ②힘을 쓰거나 몸을 놀리고 싶어 가만히 있지 못하다. ☞발딱거리다. 뻘떡거리다. 펄떡거리다
벌떡-벌떡[1] 부 ①눕거나 앉았다가 급작스레 자꾸 몸을 일으키는 모양을 나타내는 말. ②몸집이 좀 큰 것이 갑자기 뒤로 번듯하게 자꾸 넘어지는 모양을 나타내는 말. ③물건이 갑작스레 뒤로 자꾸 젖혀지는 모양을 나타내는 말. ☞발딱발딱[1]. 뻘떡뻘떡[1]
벌떡-벌떡[2] 부 ①맥박이나 심장이 크고 빠르게 뛰는 모양을 나타내는 말. ¶맥박이 - 뛰다. ②액체를 한번에 많이씩 들이켜는 모양을 나타내는 말. ¶우유를 - 마시다. ③힘을 쓰거나 몸을 놀리고 싶어 가만히 있지 못하는 모양을 나타내는 말. ☞발딱발딱[2]. 뻘떡뻘떡[2]
벌떡-증(-症) 명 화가 벌떡벌떡 일어나는 증세.
×**벌러지** 명 →벌레
벌렁 부 팔다리를 쩍 벌리고 가볍게 뒤로 자빠지는 모양을 나타내는 말. ¶- 눕다. ☞발랑
벌렁-거리다(대다) 자 ①잰 몸놀림으로 거분거분 움직이다. ②가슴 따위가 크게 떨리다. ¶가슴이 벌렁거려 말을 하지 못하다. ☞발랑거리다. 뻘렁거리다
벌렁-벌렁[1] 부 팔다리를 쩍 벌리고 가볍게 뒤로 자꾸 자빠지는 모양을 나타내는 말. ☞발랑발랑[1]
벌렁-벌렁[2] 부 ①잰 몸놀림으로 거분거분 움직이는 모양을 나타내는 말. ¶- 돌아다니다. ②가슴 따위가 크게 떨리는 모양을 나타내는 말. ¶놀라서 가슴이 - 뛰다. ☞발랑발랑[2]. 뻘렁뻘렁
벌렁-코 명 넓적하게 벌어진 코.
벌레 명 ①곤충이나 기생충 따위의 작은 절지동물(節肢動物)을 통틀어 이르는 말. 버러지. 충(蟲) ☞곤충(昆蟲) ②일부 명사 다음에 쓰이어, 어떤 일에 열중하는 사람을 비유하여 이르는 말. ¶일-/공부 -
벌레(가) 먹다 관용 해충(害蟲) 따위가 갉아먹은 자리가

썩거나 상하다. ¶벌레 먹은 사과.

속담 **벌레 먹은 삼잎 같다** : 얼굴에 검버섯이나 기미가 끼여 보기 흉한 상태를 이르는 말.

한자 벌레 충(蟲) 〔虫部 12획〕 ¶방충(防蟲)/충치(蟲齒)/충해(蟲害)/해충(害蟲) ▷ 속자는 虫

벌레-그물 명 곤충을 잡는 데 쓰는, 긴 막대 끝에 그물 주머니를 단 것. 포충망(捕蟲網) ☞잠자리채

벌:레스크(burlesque)명 경쾌한 음악과 익살스런 풍자가 섞인 희가극(喜歌劇).

벌레잡이=식물(-植物)명 잎이나 특별히 발달한 기관으로 곤충 등을 잡아 소화하여 양분의 일부를 얻는 식물. 끈끈이주걱·벌레잡이제비꽃 따위. 식충 식물(食蟲植物). 포충 식물(捕蟲植物)

벌레잡이-잎 명 날아 붙는 벌레를 잡아먹는 벌레잡이 식물의 잎. 식충엽(食蟲葉). 포충엽(捕蟲葉)

벌레잡이-제비꽃 명 통발과의 여러해살이풀. 줄기 높이는 5~15cm. 잎의 양면에 작은 선모(腺毛)가 있어서 점액을 분비하여 벌레를 잡는 식충 식물(食蟲植物)임. 꽃은 자줏빛이고 열매는 삭과(蒴果)이며, 높은 산의 습한 바위 틈에서 자람. ☞끈끈이주걱

벌레-집 명 고치 따위와 같이 벌레가 들어 있는 집.

벌레-충(-虫)명 한자 부수(部首)의 한 가지. '蜜'·'蛇' 등에서 '虫'의 이름.

벌레-퉁이 명 목재에 벌레가 먹어서 생긴 흠.

벌레-혹 명 식물의 줄기나 잎, 뿌리 따위에 곤충이 알을 낳거나 기생하여 혹처럼 비정상적으로 발육한 부분. 몰식자(沒食子)나 오배자(五倍子) 따위. 충영(蟲癭) ☞뿌리혹

벌례-연(罰禮宴)명 조선 시대, 관아에서 관원의 잘못이 있을 때 벌로 술을 내게 하여 함께 마시던 일.

벌례-전(罰禮錢)명 조선 시대, 의금부의 선임 도사(先任都事)가 새로 오는 도사에게서 받던 돈.

벌룩-거리다(대다)자타 근육으로 이루어진 구멍이 탄력 있게 벌어졌다 우므러졌다 하다, 또는 그리 되게 하다. ☞발록거리다. 벌룽거리다. 벌름거리다

벌룩-벌룩 부 벌룩거리는 모양을 나타내는 말. ☞발록발록. 벌룽벌룽. 벌름벌름

벌룩-하다 형여 틈이나 구멍이 좀 벌어져 있다. ☞발록하다. 벌름하다

벌룽-거리다(대다)자타 근육으로 이루어진 구멍이 부드럽게 벌어졌다 우므러졌다 하다, 또는 그리 되게 하다. ☞발룽거리다. 벌룩거리다. 벌름거리다

벌룽-벌룽 부 벌룽거리는 모양을 나타내는 말. ☞발룽발룽. 벌룩벌룩. 벌름벌름

벌류(筏流)명-하다자 뗏목을 물에 떠내려 보냄.

벌름-거리다(대다)자타 근육으로 이루어진 구멍이 크게 벌어졌다 우므러졌다 하다, 또는 그리 되게 하다. ☞발름거리다. 벌룩거리다. 벌룽거리다

벌름-벌름 부 벌름거리는 모양을 나타내는 말. ¶말의 콧구멍이 - 움직인다. ☞발름발름. 벌룩벌룩. 벌룽벌룽

벌름-하다 형여 틈이나 구멍이 좀 넓게 벌어진듯 하다. ☞발름하다. 벌룩하다

벌리다[1] 자 돈벌이가 되다. ¶돈이 잘 -.

벌:리다[2] 타 ①두 사이를 넓게 하다. ¶앞 사람과 간격을 -. ②접히거나 우므러진 것을 펴다. ¶주머니를 -. ③틈을 내거나 열어제쳐서 속에 있는 것을 드러내다. ¶밤송이를 -. ☞발리다[5]

속담 **벌리나 오므리나** : 이렇게 하나 저렇게 하나 마찬가지라는 말./**벌린 입을 다물지 못하다** : 몹시 놀라거나 기쁘거나 어이가 없어 함을 이르는 말./**벌린 춤이라** : 이미 시작한 춤이라 쉽게 그만둘 수 없다는 데서, 이미 시작한 일을 중간에 그만둘 수 없음을 이르는 말.

벌:-매듭 명 끈목을, 날개를 편 벌 모양으로 얽어 매는 매듭. ☞매화매듭. 평가락지매듭

벌-모 명 ①못줄을 써서 줄을 맞추지 않고 손짐작대로 심는 모. 산식(散植). 허튼모 ②모판 밖에 볍씨가 떨어져 자란 모. ③일을 겉날리어 아무렇게나 함을 이르는 말.

벌-모듬 명 '본집'의 심마니말.

벌목(伐木)명-하다자타 숲이나 멧갓의 나무를 벰. 간목

벌목-꾼(伐木-)명 나무를 베는 일을 직업으로 하는 사람.

벌목-장(伐木場)명 나무를 베어 내는 곳.

벌-물 명 ①논에 물을 대거나 그릇에 물을 부을 때 다른 데로 나가는 물. ¶물꼬가 터져 -로 다 흘러간다. ②맛도 모르고 마구 들이켜는 물.

벌-물(罰-)명 고문을 하거나 벌을 주기 위하여 억지로 먹이는 물. 벌수(罰水)

속담 **벌물 켜듯 한다** : 술 따위를 마구 들이켠다는 말.

벌-바람[-빠-] 명 벌판에서 부는 바람.

벌-받다(罰-)자 벌을 당하다.

벌배(罰杯)명 술자리에서 정한 규칙을 어기는 사람에게 벌로 주는 술잔. ☞벌주(罰酒)

벌번(罰番)명 지난날, 번(番)을 들 차례 외에 벌로 들게 하던 번. 벌직(罰直)

벌:벌 부 ①몸이나 몸의 일부를 떠는 모양을 나타내는 말. ¶호랑이 앞에서 - 떨다. ②하찮은 것을 가지고 몹시 인색하게 구는 모양을 나타내는 말. ¶돈을 안 쓰려고 - 떤다. ③몸을 구부려 네발걸음으로 천천히 기는 모양을 나타내는 말. ¶- 기어 다닌다. ☞발발[1]

벌:-벙거지 명 지난날, 편싸움할 때 싸움꾼들이 쓰던 벙거지. 말뚝벙거지의 양태 위에 짚으로 테두리를 여러 개 틀어 얹고, 종이로 만든 꽃을 붙였음.

벌봉(罰俸)명 감봉(減俸)

벌부(筏夫)명 뗏목을 물에 띄워 물건을 실어 나르는 일꾼.

벌-불 명 ①등잔불이나 촛불 따위의 심지 옆으로 뻗치어 퍼지는 불. ②아궁이에 불을 땔 때 아궁이 밖으로 내뻗치는 불.

벌불-지다 자 벌불이 생기다.

벌:-비 명 분봉(分蜂)할 때, 그릇이나 자루 따위에 벌을 쓸어 넣는 비.

벌빙(伐氷)명-하다자 빙고(氷庫) 따위에 넣어 두었다가 쓰려고 강이나 호수에서 얼음장을 떠내는 일.

벌-사양 명 재래식 혼례에서, 신부의 큰머리 밑에 쪽찌는 머리. 머리털을 두 갈래로 땋아 둥글게 사리고 봉잠(鳳簪)을 꽂음. 준벌생

벌상(伐喪)[-쌍] 명-하다타 지난날, 남의 묘지나 땅에 몰래 장사를 지낸 사람을 두들겨 내쫓던 일.

벌:-새 명 벌새과의 새를 통틀어 이르는 말. 조류 가운데 몸집이 가장 작은 새임. 부리 모양은 다양하고, 다리는 짧고 약함. 날개를 퍼덕이는 속도가 빨라서 공중에서 뾰족한 부리로 꽃의 꿀이나 작은 곤충 따위를 먹음. 주로 열대 지방에 분포하며 전세계에 300여 종이 있음.

벌-생 명 '벌사양'의 준말.

벌선(伐善)[-썬] 명-하다자 자기의 선행을 뽐냄.

벌성지부(伐性之斧)[-썽-] 명 성명(性命)을 끊는 도끼라는 뜻으로, 여색(女色)에 빠지는 일을 경계하여 이르는 말.

벌수(罰水)[-쑤] 명 벌물

벌-술(罰-)[-쑬] 명 놀이판 등에서 약속이나 규칙을 어긴 사람에게 벌로 먹이는 술. 벌주(罰酒)

벌써 부 ①이미 오래 전에. ¶친구들은 - 떠났다. ②예상보다 빠르게. ¶- 점심 시간이네.

벌:-쐬:다 자 밤이 익기 전에 송이가 터져 벌어지다.

벌:어-들이다 자타 일을 하여 돈이나 물건을 벌어오다.

벌:어-먹다 자 벌이를 하여 먹고 살아가다.

벌:어-지다 자 ①틈이 나거나 갈라져서 사이가 뜨다. ¶벌어진 문틈./밤송이가 -. ②사람 사이가 버성기게 되다. ¶두 사람 사이가 -. ③식물의 잎이나 가지 따위가 옆으로 벋거나 퍼지다. ¶나뭇가지가 옆으로 -. ④가슴이나 어깨 따위가 가로 퍼지다. ¶어깨가 떡 -. ⑤넓고 탁 트이게 펼쳐지다. ¶눈 앞에 벌어진 넓고 푸른 들판. ⑥어떠한 일이 일어나다. ¶씨름판이 -./잔치가 -. ⑦음식 따위를 가득가득 차리다. ¶음식을 떡 벌어지게 차리다. ☞바라지다

벌열(閥閱)[명] 나라에 공로가 많고 관직에 많이 오른 집안. 벌족(閥族)

벌-윷[-륻][명] 윷놀이에서, 정한 자리 밖으로 떨어져 나간 윷짝. ☞딴말쓰기

벌:음[명] 재래식 한옥에서, 늘어놓은 칸살의 거리를 단위로 하는 도리 방향의 길이. ¶두 칸 -./세 칸 -.

벌:이[명]-하다[자] 일을 하여 돈을 버는 일. ¶요즘은 -가 좋다.

벌:이다[타] ①일을 시작하거나 베풀어 놓다. ¶잔치를 -./윷판을 -./시합을 -. ②물건을 죽 늘어놓다. ¶상 위에 음식을 벌여 놓다./벌여 놓은 장난감을 치우다. ③가게를 차리다. ¶옷가게를 -.

[한자] 벌일 라(羅) 〔网部 14획〕 ¶나립(羅立)/나열(羅列)
벌일 렬(列) 〔刀部 4획〕 ¶순열(順列)/진열(陳列)

벌:이-줄[명] ①물건이 기울어지지 않게 얽어 매는 줄. ②과녁의 솔대를 켕겨 매는 줄. ③연의 머릿살 양쪽 귀퉁이에 매어 비스듬히 올리어 꽁숫줄과 한데 모으는 줄. ¶-을 매어 평형을 잡는다.

벌이줄을 잡다[관용] 연에 벌이줄을 벌여 매다.

벌:이-터[명] 벌이하는 일터.

벌:임-새[명] 일이나 물건을 벌여 놓은 형편이나 모양새. ¶이 가게는 -가 보기 좋다.

벌:잇-길[명] 벌이하는 길이나 방법. 벌잇줄 ¶이제야 -을 찾았다.

벌:잇-속[명] ①벌이하여 생기는 실속. ②벌이하는 속내. ¶남의 -을 알 수가 있나.

벌:잇-자리[명] 벌이하는 일자리.

벌:잇-줄[명] 벌잇길

벌전(罰錢)[-쩐][명] 약속이나 규칙 따위를 어기어 벌로 내는 돈.

벌점(罰點)[-쩜][명] 잘못을 벌로 따지는 점수, 또는 얻은 점수에서 벌로 빼는 점수. ¶-을 받다.

벌제위:명(伐齊爲名)[-쩨-][성구] 어떤 일을 겉으로는 하는체 하면서 속으로는 딴 짓을 함을 이르는 말.

벌족(閥族)[-쪽][명] 벌열(閥閱)

벌주(罰酒)[-쭈][명] 벌술

벌-주다(罰-)[타] 벌을 당하게 하다.

벌직(罰直)[-찍][명] 벌번(罰番)

벌:-집[-찝][명] ①벌이 알을 낳아 애벌레를 기르거나 화밀(花蜜)과 화분(花粉)을 갈무리하기 위해 지은 집. 육각형의 여러 방으로 지음. 봉방(蜂房). 봉소(蜂巢) ②소의 양(羘)에 붙어 있는 벌집 모양으로 생긴 고기.

벌집을 건드리다[관용] 섣불리 건드려 큰 화를 입게 되는 경우를 이르는 말.

벌집을 쑤신 것 같다[관용] 소란이 커져서 걷잡을 수 없게 되다.

벌:집-위(-胃)[-찝-][명] 반추위(反芻胃)의 둘째 위. 위벽이 벌집 모양이며, 삼킨 먹이를 섞어서 다시 입으로 내보내는 일을 함. 봉소위(蜂巢胃). 제이위 ☞겹주름위. 주름위. 혹위

벌쩍-거리다(대다)[자] 일어나려고 애를 쓰며 몸을 좀 크게 놀리다. ☞발짝거리다

벌쩍-벌쩍[부] 벌쩍거리는 모양을 나타내는 말. ¶자리에서 일어나려고 몸을 - 움직였다. ☞발짝발짝

벌쭉[부] ①속의 것이 조금 보일 정도로 벌어지거나 벌어진 모양을 나타내는 말. ¶- 벌어진 조가비. ②이가 조금 보일 정도로 입을 벌리며 소리 없이 웃는 모양을 나타내는 말. ¶좋아서 - 웃다. ☞발쪽. 뻘쭉

벌쭉-거리다(대다)[자타] ①속의 것이 조금 보일 정도로 벌어졌다 우므러졌다 하다, 또는 벌렸다 우므렸다 하다. ②이가 조금 보일 정도로 입을 벌리며 소리 없이 자꾸 웃다. ☞발쪽거리다. 뻘쭉거리다

벌쭉-벌쭉[부] 벌쭉거리는 모양을 나타내는 말. ☞발쪽발쪽. 뻘쭉뻘쭉

벌쭉-하다[형][여] 좁고 길게 벌어져 있다. ☞발쪽하다

벌쭉-이[부] 벌쭉하게 ☞발쪽이. 뻘쭉이

벌창[명]-하다[자] ①많은 물이 넘쳐흐름. ¶강물이 -하다. ②물건이 많아 흔함. ¶시장에 봄나물이 -하다.

벌채(伐採)[명]-하다[타] 산판의 나무를 베거나 섶을 깎아 내는 일. 채벌(採伐)

벌책(罰責)[명]-하다[타] 잘못을 저지른 사람에 대해 꾸짖음만으로 가볍게 벌하는 일.

벌책=처:분(罰責處分)[명] 가볍게 벌하여 처분하는 일.

벌초(伐草)[명]-하다[자] 봄과 가을에 무덤의 잡풀을 뽑아 없애고 잔디를 가지런히 깎아 다듬는 일.

[속담] **벌초 자리는 좁아지고 배코 자리는 넓어진다** : 주되는 것은 밀려나고 그만 못한 것이 판을 치는 경우를 이르는 말.

벌초=사래(伐草-)[명] 벌초하는 대가로 묘지기에게 경작할 수 있도록 주는 전답.

벌충[명]-하다[타] 모자라거나 축난 것을 다른 것으로 대신 채우는 일. ¶못다한 일을 시간외 근무를 하여 -했다. ☞봉창하다

벌-치[명] 벌판에 있는 밭에 심어서 나는 참외.

벌칙(罰則)[명] 어떤 법령 가운데서 위반 행위에 대한 처벌을 정해 놓은 규정.

벌커나이즈드파이버(Vulcanized Fiber)[명] 천 따위를 염화아연의 수용액에 담갔다가 꺼내어 압축해 만든 가죽 대용품의 상품명. [준] 파이버(fiber)

벌컥[부] ①급자기 매우 왁자하게 시끄러워지는 모양을 나타내는 말. ¶흑막의 폭로로 회의장이 - 뒤집혔다. ②벌끈 화를 내는 모양을 나타내는 말. ¶별안간 - 화를 내다. ☞발칵. 벌꺽

벌컥-거리다(대다)[타] 벌컥벌컥 소리를 내다. ¶찰흙을 벌컥거리며 치대다. ☞발칵거리다. 벌꺽거리다

벌컥-벌컥[1][부] 자꾸 벌끈 크게 화를 내는 모양을 나타내는 말. ¶- 화를 내며 소리를 지르다. ☞발칵발칵[1]. 벌꺽벌꺽[1]

벌컥-벌컥[2][부] ①물 따위를 매우 시원스레 많이 들이키는 소리, 또는 그 모양을 나타내는 말. ¶막걸리를 - 들이켜다. ②지직한 질흙 따위를 마구 치댈 때 옆으로 크게 비어져 나오면서 나는 소리를 나타내는 말. ¶수제비 반죽을 - 치대다. ☞발칵발칵[2]. 벌꺽벌꺽[2]

벌-타:령(-*打令)[명] 무슨 일에 규율이 없고 아무렇게나 마구 함을 이르는 말. ¶주인이 없다고 일을 -으로 한다.

벌:-통(-桶)[명] 꿀벌을 치는 통.

벌판[명] 넓은 들판.

벌-흙[명] 광산의 구덩이에서, 광물이 나기 전의 흙.

범:[명] 고양잇과의 포유동물. 몸길이 2m 안팎. 등은 갈색 또는 황갈색 바탕에 검은 줄무늬가 있고, 배는 희며, 꼬리에는 검은 고리무늬가 둘려 있음. 주로 깊은 산 속에 홀로 또는 암수 한 쌍이 사는데, 성질이 매우 사납고 여러 짐승을 잡아먹음. 모피는 장식용으로 쓰이고, 살과 뼈는 약으로 쓰임. 대충(大蟲). 산군(山君). 호랑이

[속담] **범 가는 데 바람 간다** : 언제나 떨어지지 않고 같이 다님을 이르는 말.〔구름 갈 제 비가 간다/바늘 가는 데 실 간다/용 가는 데 구름 간다〕/**범 나비 잡아먹은듯** : 먹는 것이 양에 차지 않음을 이르는 말.〔간에 기별도 안 갔다/주린 범의 가재라〕/**범도 새끼 둔 골을 두남 둔다** : 사나운 범도 제 새끼 있는 곳은 도와주고 아낀다 함이니, 악인도 제 자식만은 사랑한다는 말./**범도 제 소리 하면 오고 사람도 제 말 하면 온다** : ①그 자리에 없다고 남의 험담을 해서는 안 된다는 말. ②화제(話題)에 오른 사람이 마침 그 자리에 나타날 때 하는 말./**범 무서워 산에 못 가랴** : 아무리 어렵더라도 해야 할 일은 해야 한다는 말.〔구더기 무서워 장 못 담그랴〕/**범 아가리에 떨어진다** : 매우 위급한 경우를 당하였다는 말./**범 없는 골에는 토끼가 스승이라** : 뛰어나게 잘난 사람이 없는 곳에는 하찮은 사람이 잘난체 뽐냄을 이르는 말./**범에게 날개** : ①세력 있는 사람에게 권세가 더 붙어 크게 두려울만 하게 됨을 이르는 말. ②재주가 뛰어난 사람에게 더 좋은 재간이 늘었음을 이르는 말./**범에게 물려 가도 정신을 차려라** : 아무리 위급한 지경에 이르러도 정신만 잘 차리면

살아날 도리가 생긴다는 말. 〔물에 빠지더라도 정신 잃지 마라〕/**범은 그려도 뼈다귀는 못 그린다** : ①무엇이나 겉모양은 볼 수 있어도 그에 담긴 내용은 알 수 없다는 말. ②사람의 겉모양만 보고 그 속마음까지 알 수 없다는 말. /**범을 길러 화를 받는다** : 화근을 길러서 스스로 걱정거리를 산다는 말. /**범의 입을 벗어난다** : 매우 위급한 경우를 벗어났다는 말. /**범이 사납다고 제 새끼 잡아먹으랴** : 제 새끼는 어느 짐승이나 마찬가지로 아낀다는 말. /**범 잡아먹는 담비가 있다** : 힘센 자 위에는 그보다 더 강한 자가 있다는 말. /**범 탄 장수 같다** : 기세가 매우 등등하여 대적할 이가 없을 만큼 세력이 커지는 경우를 이르는 말.

한자 범 호(虎) 〔虍部 2획〕 ¶ 맹호(猛虎)/호피(虎皮)

범:(梵 ∠Brahman 범) 명 바라문교에서 이르는, 우주의 최고 원리 또는 최고의 신.
범(凡) 부 무릇
범:(汎)- 접두 '전부', '전체'의 뜻을 나타냄. ¶ 범국민운동(汎國民運動)/범태평양회의 ☞전(全)-
-범(犯) 《접미사처럼 쓰이어》 '범죄(犯罪)'나 '범인(犯人)'의 뜻을 나타냄. ¶ 사상범(思想犯)/정치범(政治犯)/파렴치범(破廉恥犯)
범:각(梵閣) 명 범궁(梵宮)
범:간(泛看) 명 -하다 타 눈여겨보지 아니하고 데면데면하게 보는 일.
범경(凡境) 명 불교에서, 신령스러운 곳에 대하여 보통의 땅을 이르는 말.
범:경(梵境) 명 절의 경내(境內).
범:계(犯戒) 명 -하다 자 계율을 어김.
범:계(犯界) 명 -하다 자 남의 경계를 넘어 들어감.
범:-고래 명 돌고랫과의 고래. 몸길이는 수컷이 10m, 암컷은 7m 안팎이며, 몸빛은 검은데 가슴과 옆구리에 흰 무늬가 크게 나 있음. 주둥이는 뭉뚝하고 등지느러미가 수직으로 섬. 40여 마리씩 떼지어 다니는데 성질이 매우 사나워 다른 고래를 공격하기도 함.
범골(凡骨) 명 ①평범한 사람. 범인(凡人) ②생김새가 평범한 사람. ③신라 때, 성골(聖骨)이나 진골(眞骨)이 아닌 '평민'을 이르던 말.
범:-골수로(汎骨髓癆) [-쑤-] 명 골수의 조혈 조직의 이상으로 일어나는 빈혈. 적혈구 감소, 백혈구 감소, 혈소판 감소 등의 증세가 나타남.
범:과(犯科) [-꽈] 명 -하다 자 법을 어김. 범법(犯法)
범:과(犯過) 명 -하다 자 죄를 저지름.
범:과(泛過) 명 -하다 자 데면데면하게 지나침.
범:국민-적(汎國民的) 명 널리 국민 전체에 관계되는 것. ¶ -으로 자연 보호 운동이 전개되다.
범:-굴(-窟) 명 범이 사는 굴. 호굴(虎窟). 호혈(虎穴)
속담 **범굴에 들어가야 범을 잡는다** : 큰 목적을 달성하려면 비록 위험한 일이라도 무릅쓰고 해야 한다는 말.
범:궁(梵宮) 명 ①범천왕의 궁전. ②절이나 불당을 통틀어 이르는 말. 범각(梵閣)
범:궐(犯闕) 명 -하다 자 대궐을 침범하는 일.
범:금(犯禁) 명 -하다 자 법으로 금지한 일을 어기고 하는 일.
범:-꼬리 명 마디풀과의 여러해살이풀. 줄기 높이 30~80 cm. 뿌리줄기는 두툼하고 흑갈색의 잔뿌리가 많이 남. 7~8월에 담홍색 꽃이 이삭 모양으로 핌. 뿌리줄기는 한방에서 이질이나 염증 등에 약재로 쓰임.
범:-나비 명 '호랑나비'의 딴이름.
범:-날 명 간지(干支)의 지지(地支)가 인(寅)인 날을, 지지의 동물 이름으로 상징하여 이르는 말. ☞인일(寅日)
범:납(梵衲) 명 불교에서, '중〔僧〕'을 이르는 말.
범:독(泛讀) 명 -하다 자 ①온 정신을 기울이지 않고 대충대충 읽음. ②이것저것 두루 읽음.
범:-띠 명 간지(干支)의 지지(地支)가 인(寅)인 해에 태어난 일, 또는 그 사람을 지지의 동물 이름으로 상징하여 이르는 말. ☞인생(寅生)
범:람(氾濫·汎濫) 명 -하다 자 ①큰물이 져서 넘쳐흐름. 범일(汎溢) ¶ 강물이 -하다. ②바람직하지 못한 것이 많이 나돎. ¶ 사치품의 -.
범:람-만(氾濫灣) 명 토지가 서서히 침강하여 생긴 저지(低地)에 바닷물이 범람하여 이루어진 만. ☞계단만
범:람-원(氾濫原) 명 하천의 범람이나 물길의 이동으로 생겨난 넓은 들. 충적 평야의 일종으로 큰물이 질 때에는 물에 잠김. 홍함지(洪涵地)
범:령(犯令) 명 -하다 자 명령이나 법령을 어김.
범례(凡例) 명 책의 첫머리에 그 책의 내용이나 사용법 등에 관하여 설명해 놓은 글. 예언(例言). 일러두기
범:로(犯路) 명 -하다 자타 ①통행을 금지한 길을 어기고 다님. ②집 따위를 지을 때 길의 경계를 범함.
범:론(汎論·氾論) 명 ①그 부분의 전반에 걸쳐서 개괄한 이론. ②범론(泛論)
범:론(泛論) 명 요령을 알 수 없는 이론. 범론(汎論)
범류(凡類) 명 평범한 사람의 부류.
범:망-경(梵網經) 명 대승계(大乘戒)의 제일경(第一經). 상하 두 권으로 되어 있으며, 상권에는 보살의 심지(心地)를, 하권에는 보살 대승의 대계를 밝혔음.
범:문(梵文) 명 범어(梵語)로 된 글. 범서(梵書)
범물(凡物) 명 ①하늘과 땅 사이의 모든 물건. ②평범한 물건이나 사람을 통틀어 이르는 말.
범민(凡民) 명 보통 사람. 서민(庶民)
범:방(犯房) 명 -하다 자 방사(房事)를 하는 일.
범백(凡百) 명 ①온갖 사물. ②상궤를 벗어나지 않는 언행.
범백-사(凡百事) 명 갖가지의 일. 온갖 일.
범벅 명 ①곡식 가루에 호박 같은 것을 섞어서 되직하게 쑨 음식. ¶ 감자 -/콩 -/호박 - ②뒤섞이어 갈피를 잡을 수 없는 일이나 물건을 비유하여 이르는 말. ¶ 일이 -이 되었다.
속담 **범벅에 꽂은 저(箸)라** : 일을 튼튼하게 처리하였다고 마음놓고 있으나 실은 허술하여 낭패 보기 쉬운 경우를 비유하여 이르는 말.
범벅타:령(-*打令) 명 경기 잡가의 한 가지. 행실이 부정한 한 여인을 통하여 후세 사람에게 일부종사(一夫從事)의 교훈을 일깨워 주는 노래로, 굿거리 장단으로 무당들이 불렀음.
범:범(泛泛) 어기 '범범(泛泛)하다'의 어기(語基).
범:범-하다(泛泛-) 형여 사물에 대하여 꼼꼼하지 않고 예사롭다.
범범-히 부 범범하게
범:법(犯法) [-뻡] 명 -하다 자 법을 어김. 범과(犯科) ☞준법(遵法)
범:법-자(犯法者) [-뻡-] 명 법을 어긴 사람.
범:복(梵服) 명 범행(梵行)을 하는 비구가 입는 옷이라는 뜻으로, '가사(袈裟)'를 달리 이르는 말.
범:본(範本) 명 본보기
범:부(凡夫) 명 ①평범한 사람. 보통 사람. 범인(凡人) ②불교에서, 번뇌에 얽매여서 생사를 초월하지 못하는 사람을 이르는 말.
범:-부채 명 붓꽃과의 여러해살이풀. 줄기 높이 1m 안팎. 잎은 어긋맞게 나며 넓은 칼 모양인데 넓게 퍼져 쥘부채와 비슷함. 여름에 짙은 반점이 있는 황적색의 여섯잎 꽃이 피고, 뿌리줄기는 '사간(射干)'이라 하여 한방에서 약재로 쓰임. 관상용으로도 심음.
범:분(犯分) 명 -하다 자 제 신분을 돌아보지 아니하고 윗사람에게 버릇없는 짓을 함.
범사(凡事) 명 ①모든 일. ②예사로운 일.
범:살-장지(∠-障子) 명 창살문의 장살과 동살을 서로 성기게 교차하여 짠 장지문.
범:상(犯上) 명 -하다 자 ①지난날, 신하로서 임금에게 하여서는 안 될 일을 하던 일. ②지난날, 윗사람에게 아랫사람이 해서는 안 될 짓을 하던 일.
범:상(犯狀) 명 범죄의 상황.
범상(凡常) 어기 '범상(凡常)하다'의 어기(語基).
범상-하다(凡常-) 형여 평범하고 예사롭다. 심상하다 ¶

ㅂ

범상한 인물이 아니다.
범상-히 부 범상하게

한자 **범상할 범**(凡) 〔几部 1획〕 ¶범부(凡夫)/범상(凡常)/범인(凡人)/비범(非凡)/평범(平凡)

범:색(犯色) 명 -하다 자 함부로 성 관계를 가짐.
범서(凡書) 명 평범한 서적.
범:서(梵書) 명 ①범어(梵語)로 된 글. 범문 ②불경(佛經)
범:선(帆船) 명 돛단배
범:설(汎說) 명 -하다 타 내용을 개략적으로 설명하는 일, 또는 그런 내용의 글이나 책.
범성(凡聖) 명 범인과 성인을 아울러 이르는 말.
범성-일여(凡聖一如) 명 상(相)의 차이는 있으나 이성(理性)은 범인(犯人)과 성인(聖人)이 똑같음을 이르는 말.
범:소(犯所) 명 죄를 저지른 곳.
범소(凡小) 어기 '범소(凡小)하다'의 어기(語基).
범소-하다(凡小-) 형여 사람됨이 평범하고 작다.
범속(凡俗) 어기 '범속(凡俗)하다'의 어기(語基).
범속-성(凡俗性) 명 평범하고 속된 성질.
범속-하다(凡俗-) 형여 평범하고 속되다. ¶범속한 사람./범속한 생각.
범:수(犯手) 명 -하다 타 ①남에게 먼저 손찌검을 함. ②범용(犯用)
범승(凡僧) 명 평범한 중.
범:승(梵僧) 명 중. 계행(戒行)을 지키는 중.
범:식(範式) 명 ①모범이 될만 한 양식. ②공식(公式)
범:신-교(汎神敎) 명 범신론을 신봉하는 종교. 만유신교
범:신-론(汎神論) [-논] 명 일체의 자연은 곧 신이며, 신은 곧 일체의 자연이어서 우주 밖에 신이 따로 있지 않다는 이론. 범일론(汎一論). 만유신론(萬有神論) ☞불가지론(不可知論)
범실(凡失) 명 야구 따위에서, 흔히 저지르는 대수롭지 않은 실수.
범:심-론(汎心論) 명 우주 만물에는 모두 마음이 있다고 생각하는 종교적인 견해. 만유심론(萬有心論)
범:-아귀 명 엄지손가락과 집게손가락이 갈라진 사이.
범:아-일여(梵我一如) 명 인도 우파니샤드(Upanisad) 철학의 중심 사상. 우주의 근본 원리인 브라만(범, 梵)과 개인의 중심인 아트만(아, 我)이 동일하다는 설.
범안(凡眼) 명 보통 사람의 안목과 식견.
범:안(犯顔) 명 -하다 자 임금이 싫어하는 기색을 나타내는데도 불구하고 거리낌없이 바른 말로 간(諫)하는 일.
범:애(汎愛) 명 -하다 타 모든 사람을 널리 평등하게 사랑하는 일. 박애(博愛)
범:애-주의(汎愛主義) 명 18세기 후반에 유럽에서 일어난 교육 사상. 루소의 교육관을 바탕으로 하여 자연에 일치하는 방법으로 어린이의 생활을 지도할 것을 제창했음.
범:야(犯夜) 명 -하다 자 조선 시대, 인경 이후 통행 금지 규정을 어기며 함부로 다니는 일을 이르던 말.
범:어(梵語) 명 산스크리트어
범:어-법(範語法) [-뻡] 명 처음에 실물(實物)을, 다음에는 그 실물에 해당하는 단어의 발음을, 그 다음에 단어의 쓰는 법을 가르치는 언어 교수법.
범:연(泛然) 어기 '범연(泛然)하다'의 어기(語基).
범:연-하다(泛然-) 형여 ①데면데면하다 ②걱정하거나 불안해하지 않고 대범하다.
범연-히 부 범연하게
범:염(犯染) 명 -하다 자 ①남이 언짢게 여기는 일에 끌려 들어감. ②초상집에 드나듦.
범:왕(梵王) 명 '범천왕(梵天王)'의 준말.
범:용(犯用) 명 -하다 타 남의 물건이나 맡아 둔 남의 물건을 써 버림. 범수(犯手)
범용(凡庸) 어기 '범용(凡庸)하다'의 어기(語基).
범:용=기관(汎用機關) 명 여러 가지 용도로 쓰일 수 있도록 만들어진, 소형의 내연 기관.
범:용=컴퓨:터(汎用computer) 명 사무 처리, 과학 기술 계산, 도형 처리 따위의 여러 가지 작업을 처리할 수 있도록 만든 다용도 컴퓨터.
범용-하다(凡庸-) 형여 평범하고 용렬하다.
범우(凡愚) 명 평범하고 어리석은 사람. 유범인(凡人)
범:우(梵宇) 명 불교에서, '절'을 이르는 말. 범찰(梵刹)
범:월(犯越) 명 -하다 자타 불법으로 국경을 넘어 남의 나라로 들어가는 일. ¶- 죄인
범:위(範圍) 명 한정한 둘레의 언저리, 또는 어떤 힘이 미치는 한계. ¶시험 -/-가 넓다.
범:음(梵音) 명 ①범천왕(梵天王)의 음성. ②부처의 음성. ③불경(佛經)을 읽는 소리.
범:의(犯意) 명 죄가 되는 줄 알면서도 죄를 저지르려고 하는 생각. ☞고의(故意)
범:의-귀 명 범의귓과의 여러해살이풀. 줄기 높이는 20 cm 안팎이고, 길둥근 잎이 뿌리에서 모여 남. 7~8월에 흰 꽃이 피며 고산 지대에서 자람. 잎은 한방에서 기침이나 출혈에 약재로 쓰임. 호이초(虎耳草)
범인(凡人) 명 평범한 사람. 보통 사람. 범골(凡骨). 범부(凡夫). 용인(庸人) 유범우(凡愚) ☞기인(奇人)
범:인(犯人) 명 범죄인(犯罪人)
범인=은닉죄(犯人隱匿罪) 명 벌금 이상의 형에 해당하는 죄를 지은 사람을 숨겨 주거나 도망하게 함으로써 성립하는 죄.
범:일(汎溢·氾溢) 명 -하다 자 범람(汎濫)
범:일-론(汎一論) 명 범신론(汎神論)
범:입(犯入) 명 -하다 자 들어가지 못하게 되어 있는 곳에 허락 없이 들어감.
범:자(梵字) [-짜] 명 범어(梵語)를 표기한 글자.
범작(凡作) 명 평범한 작품. ☞걸작(傑作). 졸작(拙作)
범:작(犯斫) 명 -하다 타 지난날, 말림갓의 나무를 함부로 베는 일을 이르던 말.
범:장(犯葬) 명 -하다 자타 남의 산소의 경계를 침범하여 함부로 장사지내는 일.
범:장(犯贓) 명 -하다 자타 ①탐장(貪贓) ②장물인 줄 알면서 사고파는 일.
범:장(帆檣) 명 돛대
범재(凡才) 명 평범한 재주, 또는 그런 재주를 가진 사람.
범재(凡材) 명 평범한 인재.
범재(凡宰) 명 평범한 재상(宰相).
범:재(犯齋) 명 -하다 자 가톨릭에서, 금육재(禁肉齋)와 단식재(斷食齋)를 어기는 일을 이름.
범:적(犯跡) 명 범죄를 저지른 흔적.
범:전(梵殿) 명 불당(佛堂)
범:접(犯接) 명 -하다 자 가까이 다가가 접촉함. ¶함부로 -할 수 없는 위엄이 있다.
범:정(犯情) 명 범죄의 정황(情況).
범:종(梵鐘) 명 절에서 대중을 모으거나 때를 알리기 위하여 치는 큰 종. 불종(佛鐘). 종(鐘)
범:죄(犯罪) 명 죄를 짓는 일, 또는 지은 죄.
범:죄=과학(犯罪科學) 명 범죄의 원인·결과·종류·성질 따위를 과학적으로 연구하는 학문.
범:죄=사:회학(犯罪社會學) 명 범죄의 원인이나 종류, 범죄의 주체 등을 사회학적으로 연구하는 학문.
범:죄=소:설(犯罪小說) 명 범죄 사건 등을 소재로 하여 흥미 중심으로 쓴 통속 소설. ☞탐정 소설
범:죄=심리학(犯罪心理學) 명 범죄자의 심성(心性)과 사회적 행동을 연구하는 심리학의 한 분야.
범:죄-인(犯罪人) 명 죄를 저지른 사람. 범죄자. 범인(犯人)
범:죄-자(犯罪者) 명 범죄인
범:죄-지(犯罪地) 명 범죄의 구성 요건에 해당하는 행위나 그와 관련된 사실이 발생한 곳.
범:죄-학(犯罪學) 명 범죄의 원인이나 성질·종류 등을 인류학적 또는 사회학적으로 연구하는 학문.
범:주(帆走) 명 -하다 자 배가 돛에 바람을 받아 물 위에서 앞으로 나아감.
범:주(泛舟) 명 -하다 자 배를 물에 띄움. 부주(浮舟)
범:주(範疇) 명 ①같은 성질의 사물이나 개념 등이 딸리는 부류나 범위. ②철학에서, 사물의 개념을 분류할 때 더

이상 일반화할 수 없는 가장 보편적이고 기본적인 최고의 유개념(類槪念). 카테고리(category)
범:찰(梵刹)명 불교에서, '절'을 이르는 말. 범우(梵宇)
범책(凡策)명 평범한 책략(策略).
범:천(梵天)명 '범천왕(梵天王)'의 준말.
범:천-왕(梵天王)명 ①바라문교의 교조인 조화(造化)의 신(神). 바라문천 ②불교에서, 제석천(帝釋天)과 더불어 불법(佛法)을 지킨다는 신. 준범왕(梵王). 범천(梵天)
범:-천후(汎天候)명 며칠 동안, 또는 그 이상 여러 날에 걸쳐 같은 날씨가 계속되는 일.
범:청(泛聽)명-하다타 주의를 기울이지 아니하고 데면데면하게 들음.
범:칙(犯則)명-하다자 규칙을 어김.
범:칙-금(犯則金)명 규칙을 어기어 물게 된 벌금.
범:칭(汎稱·泛稱)명 같은 종류의 것들을 모두 포함하여 일컫는 일, 또는 그 이름. ¶털빛이 얼룩얼룩한 소를 얼룩소라고 ―한다.
범타(凡打)명 야구에서, 안타가 되지 못한 평범한 타격.
범:타(犯打)명-하다타 윗사람을 때림.
범퇴(凡退)명-하다자 야구에서, 타자가 범타를 치고 아무 소득 없이 물러남.
범:패(梵唄)명 ①부처의 공덕을 기리는 노래. ②불경을 읽는 소리, 또는 불경의 게송(偈頌)을 읽는 소리.
범퍼(bumper)명 철도 차량이나 자동차 따위의 앞뒤에 장치한 완충기(緩衝器).
범:포(犯逋)명-하다타 지난날, 국고(國庫)에 바칠 돈이나 곡식을 써서 축을 내는 일을 이르던 말.
범:포(帆布)명 돛을 만드는 데 쓰는 피륙.
범품(凡品)명 보통의 물품.
범:필(犯蹕)명-하다자 지난날, 임금이 거둥할 때 연(輦)이나 가교(駕轎)에 함부로 접근하거나 그 앞을 지나가는, 무엄한 짓을 함을 이르던 말.
범:-하다(犯―)타여 ①법률·규칙·도덕 따위를 어기다. ¶죄를 ―./계율을 ―./과오를 ―. ②경계나 영역·지역 등을 함부로 넘어 들어가다. ¶국경을 범하여 밀입국하다. ③여성의 정조를 빼앗다. ¶유부녀를 ―. ④남의 권리나 인격·위신 등을 해치거나 떨어뜨리다. ¶감히 범할 수 없는 위엄을 느끼다.

한자 **범할 범**(犯) 〔犬部 2획〕 ¶범법(犯法)/범입(犯入)/범죄(犯罪)/범칙(犯則)/범행(犯行)

범:학(梵學)명 ①불교에 관한 학문. ②범어(梵語)에 관한 학문.
범:한(犯限)명-하다자 제한된 범위를 넘어서 행동함.
범-해명 간지(干支)의 지지(地支)가 인(寅)인 해를, 지지의 동물 이름으로 상징하여 이르는 말. ☞인년(寅年). 토끼해
범:행(犯行)명-하다자 범죄가 되는 행위. ¶― 동기/―을 저지르다.
범:행(梵行)명 ①불도의 수행. ②음욕(淫慾)을 끊은 맑고 깨끗한 행실.
범:호-엄(―虎―)명 한자 부수(部首)의 한 가지. '處'·'虔' 등에서 '虍'의 이름.
범:혼(犯昏)명-하다자 날이 저물어 어둑어둑해짐.
범:홀(泛忽)어기 '범홀(泛忽)하다'의 어기(語基).
범:홀-하다(泛忽―)형여 데면데면하여 탐탁하지 않다.
범홀-히부 범홀하게
범:화(汎化)명 어떤 특정한 자극에 대한 반응을 형성한 뒤, 그 자극과 약간 다른 자극을 주어도 동일한 반응이 일어나는 현상.
범:휘(犯諱)명-하다타 ①웃어른의 이름을 함부로 부름. ②남의 비밀을 들추어냄.
법(法)명 ①사회의 질서를 유지하기 위하여 국가에서 국민 모두가 지키도록 정한 강제력이 따르는 온갖 규칙. ¶―을 지키다./―에 따르다. ②방법이나 방식. ¶시어머니께 음식 만드는 ―을 배웠다./수놓는 ―. ③이치나 도리. ¶그런 ―이 어디 있느냐./산 마을의 밤은 일찍 오는 ―이다. ④동사의 관형사형 어미 '-는' 다음에 쓰이어, 필연적이거나 합법적임을 나타내는 말. ¶기회는 언제나 오는 ―이 아니다./우는 아이에게 젖을 주는 ―이다. ⑤동사의 관형사형 어미 '-ㄴ' 다음에 주로 '없다'와 함께 쓰이어, 특징이나 성질, 태도나 버릇 따위를 나타내는 말. ¶그래도 죽으라는 ―은 없구나./약을 올려도 성내는 ―이 없다./늦잠 자는 ―이 없다. ⑥불교에서, 삼보(三寶)의 하나를 이르는 말.
법 없이 살다관용 누가 보든 말든 항상 성실하고 선량하여 법의 규제가 없어도 나쁜 짓을 하지 아니하다.
속담 **법 모르는 관리가 볼기로 위세 부린다** : 법 규정을 모르는 관원이 볼기부터 쳐서 위세를 부린다는 뜻으로, 실력과 자신이 없으면서 덮어놓고 우격다짐으로 일을 처리하는 경우를 이르는 말./**법 밑에 법 모른다** : ①법을 가장 잘 지켜야 할 곳에서 도리어 법을 어기는 경우가 많음을 이르는 말. ②제게 가까워 가장 잘 알고 있을 법한 일을 모르고 있는 경우를 이르는 말./**법은 멀고 주먹은 가깝다** : 사리를 따져 법대로 해결하기 전에 홧김에 먼저 폭력을 쓰기 쉽다는 뜻으로, 말보다 먼저 주먹을 휘두르는 경우를 이르는 말.

한자 **법 법**(法) 〔水部 5획〕 ¶범법(犯法)/법관(法官)/법도(法度)/법령(法令)/법률(法律)/법치(法治)
법 식(式) 〔弋部 3획〕 ¶격식(格式)/법식(法式)
법 칙(則) 〔刀部 7획〕 ¶범칙(犯則)/법칙(法則)
법 헌(憲) 〔心部 12획〕 ¶국헌(國憲)/헌법(憲法)

법가(法家)명 ①중국 전국 시대에, 엄한 법에 따른 정치를 주장하던 학파. ☞제자백가(諸子百家) ②예법(禮法)을 숭상하는 집안.
법가(法駕)명 지난날, 임금이 문묘(文廟)나 전시(殿試) 등에 거둥할 때 쓰던 수레의 한 가지.
법강(法綱)명 법률과 기율. 법기(法紀)
법강(法講)명 조선 시대, 예식을 갖추어 임금 앞에서 하던 강의. 아침·낮·저녁에 하루 세 차례 하였음.
법검(法劍)명 불교에서, 부처의 가르침이 번뇌(煩惱)를 잘라 버리는 것을 칼에 비유하여 이르는 말.
법경(法境)명 불교에서 이르는 육경(六境)의 하나. 의식(意識)의 대상을 이름.
법계(法系)명 국가나 민족을 초월한 법률의 계통. 로마 법계, 독일 법계, 영미 법계 따위.
법계(法戒)명 율법(律法)
법계(法界)명 ①불법(佛法)의 범위. 만유의 본체인 진여(眞如). ②불교도(佛教徒)의 사회. ③'법조계(法曹界)'의 준말.
법계(法階)명 불도를 닦는 수행자의 수행 계급.
법계-불(法界佛)명 불교에서, 여래(如來)는 법계에 널리 통한다는 데서 '여래'를 달리 이르는 말.
법계-신(法界身)명 ①법신(法身) ②불교에서, 법계의 중생을 교화하는 불신(佛身)을 이르는 말.
법고(法鼓)명 ①절에서 예불할 때나 의식을 거행할 때 치는 큰 북. ②부처 앞에서 치는 작은 북. ③'버꾸'의 원말.
법-공:양(法供養)명 ①불경을 읽어 들려주는 일. ②보살행을 닦아서 대법을 수호하고 중생을 이익되게 하는 일.
법과(法科)명 ①법률에 관한 과목(科目). ②대학에서, 법률을 연구하는 학과를 이르는 말.
법관(法官)명 법원에 소속되어 사법권을 행사하는 공무원. 형사(刑事)나 민사상(民事上)의 재판을 담당함.
법구(法句)명 불경의 글귀.
법구(法具)명 불사(佛事)에 쓰이는 기구. 불구(佛具)
법구폐:생(法久弊生)성구 좋은 법도 오래 되면 폐단이 생김을 이르는 말.
법국(法國)명 지난날, '프랑스'를 이르던 말.
법권(法眷)명 중의 권속이라는 뜻으로, 선종에서 한 스승 밑에서 불도를 수행하는 제자들을 이르는 말.
법권(法圈)명 ①법 제도, 법 문화가 한 법계에 딸려 있는 지역(地域). ¶독일 ― ②법역(法域)
법권(法權)명 ①법률의 권한. ②국제법상, 한 나라가 가

ㅂ

지는 외국인에 대한 민사·형사의 재판권.

법규(法規)명 ①국민의 권리와 의무를 규정하여 활동을 제한한 법률·명령·규정을 통틀어 이르는 말. ②법률상의 규정.

법규=명:령(法規命令)명 법규의 성질을 가진 것으로, 국민에게 의무를 지우고 국민의 권리를 제한하는 것을 내용으로 하는 명령. 행정 명령에 대립하는 개념으로 긴급 명령과 위임 명령, 집행 명령 등이 이에 딸림. ☞행정 명령(行政命令)

법-규범(法規範)명 법을 구성하는 개개의 규범. 국가 권력에 따라서 강제력을 가지는 규범임. 법률 규범

법규=재량(法規裁量)명 행정 기관의 재량의 한 가지. 구체적인 사실이 법이 정하는 요건에 객관적으로 적합한지 아닌지를 재량하는 일. ☞편의 재량

법규=정:비(法規整備)명 기정 법규에 수시로 부분적 개정을 하여 현실에 알맞게 하는 일.

법규-집(法規集)명 법규를 모아 놓은 책.

법금(法禁)명**-하다**타 법으로써 하지 못하게 금함.

법기(法紀)명 법강(法綱)

법기(法器)명 ①불법을 담을 그릇이라는 뜻으로, 불도를 수행할만 한 사람을 이르는 말. ②불전(佛前)에 공양할 때 밥을 담는 그릇. 불기(佛器)

법난(法難)명 불교의 교법을 포교할 때 교단이나 포교하는 사람이 받는 박해.

법담(法談)명 ①불교의 교리에 대한 이야기. ②좌담식으로 불법을 서로 묻고 대답하는 일. ☞설법(說法)

법답(法畓)명 법계(法系)를 이어받으면서 법사(法師)에게서 물려받는 논밭.

법당(法堂)명 불상을 안치하고 설법도 하는 절의 정당(正堂). 법전(法殿)

법도(法度)명 ①법률과 제도. ②생활상의 예법·격식·방법·제도를 이르는 말. 궤도(軌度) ¶ -가 있는 가정.

한자 **법도 궤**(軌) 〔車部 2획〕 ¶ 궤범(軌範)/상궤(常軌)
법도 도(度) 〔广部 6획〕 ¶ 법도(法度)/제도(制度)
법도 제(制) 〔刀部 6획〕 ¶ 법제(法制)/복제(服制)

법도(法道)명 ①법률을 지켜야 할 도리. ②불도(佛道)

법등(法燈)명 ①불전(佛前)에 올리는 등불. ②세상의 어두움을 밝히는 등불이라는 뜻으로, '불법(佛法)'을 비유하여 이르는 말. 불등(佛燈)

법라(法螺)명 소라고둥

법랍(法臘)명 중이 된 뒤로부터 치는 나이. 하안거(夏安居)를 마치면 한 살로 침. 법세(法歲)

법랑(琺瑯)명 금속이나 도자기 따위의 표면에 입히는 유리질의 유약(釉藥), 또는 그것을 입힌 것. 파란

법랑-유(琺瑯釉)명 법랑으로 된 잿물.

법랑-질(琺瑯質)명 사람이나 동물의 이〔齒〕의 겉을 싸고 치관(齒冠)의 표면을 덮어 상아질을 보호하는 젖빛의 단단한 물질. 사기질(沙器質). 에나멜질

법려(法侶)명 불법(佛法)을 같이 배우는 벗.

법력(法力)명 ①법률의 효력. ②불법(佛法)의 위력.

법령(法令)[1]명 법률과 명령을 아울러 이르는 말. 준영(令)

법령(法令)[2]명 관상(觀相)에서, 양쪽 광대뼈와 코 사이로부터 입가를 지나 내려오는 굵은 선을 이르는 말. ☞인중(人中)

법령=심사권(法令審査權)[-꿘]명 명령·규칙·처분이 헌법과 법률에 위배되는지의 여부를 심사하는 권리. 대법원이 가지고 있음.

법례(法例)명 법률을 적용할 때에 준(準)할 일반 통례.

법례(法禮)명 예법(禮法)

법론(法論)명 법의(法義)에 관한 이론.

법류(法類)명 같은 종지(宗旨), 같은 파(派)에 딸린 중.

법륜(法輪)명 부처의 교화(敎化)와 설법(說法). 전륜성왕의 윤보(輪寶)에 비유한 말임.

법률(法律)명 ①헌법·법률·명령·규정 따위의 모든 법을 통틀어 이르는 말. ②사회의 질서를 유지하기 위한 국가적인 강제 규범. 국회의 의결을 거쳐 제정되고, 헌법의 아래이며 명령·규칙보다는 위인 법.

법률-가(法律家)명 법률을 연구하여 이에 정통한 사람.

법률=고문(法律顧問)명 개인이나 단체, 기관의 자문(諮問)에 응하여 법률에 대한 의견을 말해 주는 직무, 또는 그 사람.

법률=구:조=제:도(法律救助制度)명 억울한 피해를 당하고도 법을 모르거나 소송 비용이 없는 서민들에게 무료로 법률 상담을 해주거나 분쟁(紛爭)이 생긴 경우 적법한 절차에 의해 권리가 보호될 수 있도록 도와주는 제도.

법률=규범(法律規範)명 법규범(法規範)

법률=문:제(法律問題)명 ①법률상 특히 연구할 필요가 있는 문제. ②소송에서, 사실 문제에 대하여 그 사실에 대한 법률의 적용과 해석 문제.

법률=발안권(法律發案權)[-꿘]명 법률안을 국회에 제출할 수 있는 권리.

법률-비(法律費)명 법률의 실시에 필요한 경비.

법률=사:무소(法律事務所)명 변호사가 법률상의 여러 가지 사무를 보는 사무소.

법률=사:실(法律事實)명 법률상의 효과를 생기게 하는 사실. 법률 요건의 구성 요소임.

법률=사:항(法律事項)명 헌법상 법률로써 정하여야 할 것으로 되어 있는 사항.

법률-서(法律書)명 ①법률에 관한 서적. ②법률·명령을 모아서 엮은 법규집(法規集).

법률-심(法律審)명 사실심(事實審)을 거친 재판에 대하여, 그 법령 위배의 유무만을 심사하여 재판하는 상급심(上級審). 형사·민사 소송의 상고심 따위.

법률=심사권(法律審査權)[-꿘]명 법원이 재판에서 적용할 법률이 헌법에 적합한지의 여부를 심사하는 권한. 헌법 재판소가 가짐.

법률-안(法律案)명 ①법률의 안건이나 초안(草案). 준법안(法案) ②법률이 될 사항을 조목별 형식으로 정리하여 국회에 제출하는 문서.

법률안=거:부권(法律案拒否權)[-꿘]명 대통령이 국회에서 가결한 법률안에 대하여 재가(再可)나 승인을 거부할 수 있는 권한.

법률=요건(法律要件)[-료껀]명 일정한 법률상의 효과를 발생하게 하는 사실의 총체(總體).

법률=이:념(法律理念)명 법률이나 법률 생활에서 객관적 규준이 되는 사상이나 관념.

법률=철학(法律哲學)명 법철학(法哲學)

법률-학(法律學)명 법학(法學)

법률=행위(法律行爲)명 사법상(私法上)의 효력을 발생시키는 의사 표시. 사건 발생의 원인이 되는 행위임.

법률-혼(法律婚)명 혼인 신고 따위와 같은, 일정한 법률상의 절차를 거쳐서 성립된 혼인 관계. ☞사실혼

법률혼-주의(法律婚主義)명 일정한 법률상의 절차에 따라 비로소 혼인의 성립을 인정하는 주의. ☞사실혼주의

법률=효:과(法律效果)명 일정한 법률 요건이 갖추어짐으로써 생기는 법률상의 결과. 주로 권리나 의무의 발생, 변경, 소멸 따위에서 비롯됨.

법리(法理)명 ①법률의 원리. ②법에 내재하는 사리(事理). ③법적인 논리. ④불교에서, 불법(佛法)의 진리를 이르는 말.

법리=철학(法理哲學)명 법철학(法哲學)

법리-학(法理學)명 ①법철학(法哲學) ②법률에 관한 일반 원리를 연구하는 학문.

법망(法網)명 법의 그물이라는 뜻으로, 범죄자에 대한 법률의 제재(制裁)를 물고기에 대한 그물에 비유하여 이르는 말. 금망(禁網) ¶ -에 걸리다.

법맥(法脈)명 불교에서, 불법(佛法)을 전하여 받은 계통을 이르는 말.

법면(法面)명 둑·호안(護岸)·절토(切土) 등의 경사면.

법멸(法滅)명 불교에서, 정법(正法)·상법(像法)·말법(末法)의 세 시기가 지나 불법(佛法)이 아주 없어지는 일을 이르는 말.

법명(法名)명 ①불문(佛門)에 들어온 사람에게 종문(宗

門)에서 지어 주는 이름. 승려에게는 득도식(得度式)을 마칠 때에, 속가(俗家)에 있는 신남(信男)·신녀(信女)에게는 수계(授戒) 때에 지어 줌. 승명(僧名) ②불가(佛家)에서, 죽은 이에게 지어 주는 이름. 계명(戒名)

법모(法帽)명 법관이 법정에서 법복을 입을 때에 쓰는 일정한 형식의 모자.

법무(法務)명 ①법률에 관한 사무. ②불법(佛法)에 관한 모든 사무, 또는 그것을 지휘·감독하는 승직(僧職). ③군대의 병과(兵科)의 하나. 행정을 지원하는 병과로 군대의 법률에 관한 업무를 맡아 봄.

법무(法舞)명 ①지난날, 궁중에서 정재(呈才) 때 추던 춤의 한 가지. 격식을 정해 놓은 춤임. ②불교 의식에서 추는 춤.

법무-관(法務官)명 '군법무관(軍法務官)'의 준말.

법무-사(法務士)명 ①'군판사(軍判事)'의 구용어. ②남의 부탁을 받아 법원이나 검찰청에 제출할 서류를 작성해 주는 일을 직업으로 하는 사람.

법무-아문(法務衙門)명 1894년(조선 고종 31)에 형조(刑曹)를 없애고 설치한 관아.

법무=행정(法務行政)명 법률 관계나 시설의 구성, 지휘 또는 감독에 관한 사무를 맡아서 처리하는 일. 준법정(法政)

법문(法文)명 ①법률을 적은 글. ②불경의 글.

법문(法門)명 불법(佛法)으로 들어가는 문이라는 뜻으로, 부처의 가르침을 이르는 말.

법문(法問)명 불법(佛法)에 대하여 묻고 대답함.

법문-화(法文化)명-하다타 법문으로 만드는 일.

법물(法物)명 법사(法師)에게서 물려받은 가사·바리때·경전·논밭 따위의 재물.

×**법-받다**(法—)타 →본받다

법변(法卞)명 제법(製法)에 맞추어서 제대로 만든 좋은 숙지황(熟地黃).

법보(法寶)명 불교에서 이르는 삼보(三寶)의 하나. 불경(佛經)을 보배에 비유하여 이르는 말. ☞불보(佛寶). 승보(僧寶)

법복(法服)명 ①법관(法官)이 법정에서 입는 옷. ②법의(法衣) ③제왕의 예복.

법부(法部)명 1895년(조선 고종 32)에 '법무아문(法務衙門)'을 고친 이름.

법사(法司)명 조선 시대, 형조(刑曹)와 한성부(漢城府)를 아울러 이르던 말.

법사(法事)명 불사(佛事)

법사(法師)명 ①불법(佛法)에 정통하고 청정한 수행을 닦아 중생을 교화하는 중. 일반적으로 불법을 강설하는 중을 이름. 법주(法主) ②법맥(法脈)을 전하여 준 스승.

법사(法嗣)명 스승의 법통을 이어받은 후계자.

법사=당상(法司堂上)명 조선 시대, 형조(刑曹)의 판서(判書)·참판(參判)·참의(參議)와 한성부(漢城府)의 판윤(判尹)·좌윤(左尹)·우윤(右尹)을 통틀어 이르던 말.

법-사상(法思想)명 법과 법 제도에 관련되는 여러 문제에 대하여, 각 시대의 사람들이 가지는 생각.

법-사학(法史學)명 인간의 법 생활의 역사를 연구하는 학문. 법학의 한 부문임.

법-사회학(法社會學)명 법을 역사적인 사회 현상의 하나로서 고찰하고, 법의 형성·발전·소멸의 법칙성을 연구하는 경험 과학.

법상(法床)명 설법(說法)하는 중이 올라앉는 상.

법상(法相)명 불교에서, 제법(諸法)의 모양, 곧 천지 만유(天地萬有)의 모양을 이르는 말. ☞법성(法性)

법상-종(法相宗)명 중국 불교의 13종파(宗派) 중의 한 종파. 유식론(唯識論)을 근거로 하여 만유(萬有)는 다만 마음의 변화일 뿐 마음밖에는 존재하는 것이 없다고 함. 자은종(慈恩宗) ☞유식종(唯識宗)

법서(法書)명 ①법첩(法帖) ②법률 서적 ③공적(公的)으로 편찬한 법전(法典)에 대응하여, 법에 정통한 사람이 사사로이 쓴 법률 책. ☞법전(法典)

법서(法誓)명 부처가 중생을 제도하려고 하는 서원(誓願).

법석 명-하다자 여러 사람이 소란스럽게 떠드는 일, 또는 그 모양을 이르는 말. ¶ -을 놓다./-을 떨다./-을 피우다.

법석(法席)명 법회 대중(法會大衆)이 둘러앉아서 법을 강(講)하는 자리. 법연(法筵)

법석-거리다(대다)자 여러 사람이 모여서 소란스럽게 떠들어대다. 법석이다 ¶온 거리가 축제로 -.

법석-법석부 법석거리는 모양을 나타내는 말.

법석-이다자 법석거리다

법선(法線)명 ①수학에서, 곡선 또는 곡면 위에 있는 어떤 점의 접선이나 접평면에 수직인 직선을 이르는 말. ②물리에서, 투사 광선이 경계면과 만나는 점에서 그 면과 수직으로 그은 직선을 이르는 말.

법성(法性)명 불교에서, 항상 변하지 않는 모든 사물의 본성을 이르는 말. 만유(萬有)의 실체(實體). 우주의 본체(本體). ☞법상(法相)

법성(法城)명 ①불법(佛法)을 굳고 단단하고 의지할 수 있다는 데서 성(城)에 비유하여 이르는 말. ②열반(涅槃)을 우리가 들어가 몸을 편안하게 할 곳이라는 데서 성에 비유하여 이르는 말.

법성(法聲)명 ①설법하는 소리. ②경전을 읽는 소리.

법성-종(法性宗)명 신라 오교(五敎)의 한 종파. 원효 대사(元曉大師)가 개창하였으며, 모든 중생은 성불할 수 있는 성품이 있음을 종지(宗旨)로 함. 해동종(海東宗)

법성-토(法性土)명 삼불토(三佛土)의 하나. 법신불(法身佛)이 사는 불토.

법세(法歲)명 법랍(法臘)

법수(法水)명 중생의 마음속의 때를 깨끗하게 씻어 주는 물이라는 뜻으로, 불법(佛法)을 달리 이르는 말.

법수(法手)명 방법과 수단.

법수(法首)명 ①난간 귀퉁이에 세운 엄지 기둥머리의 보주(寶珠) 모양의 장식을 이르는 말. ②벅수

법수(法數)명 '제수(除數)'의 구용어.

법술(法術)명 ①방법과 기술. ②방사(方士)의 술법.

법술-사(法術士)명 술법으로 재주를 부리는 방사(方士).

법시(法施)명 불교에서 이르는 삼시(三施)의 하나. 남에게 불법(佛法)을 펴서 깨달음을 베푸는 일을 이르는 말. ☞재시(財施). 무외시(無畏施)

법식(法式)명 ①법도(法度)와 양식(樣式). ②방식(方式) ③불전(佛前)의 법요 의식(法要儀式).

한자 법식 격(格) 〔木部 6획〕 ¶격식(格式)/규격(規格)
법식 례(例) 〔人部 6획〕 ¶법례(法例)/예규(例規)

법신(法身)명 ①불교에서 이르는 삼신(三身)의 하나. 법계(法界)의 이치와 일치하는 빛깔도 형상도 없는 부처의 진신(眞身), 또는 그 부처가 체득한 교법(敎法). 금강신(金剛身). 법계신(法界身) ☞보신(報身). 응신(應身) ②중의 몸.

법신-불(法身佛)명 삼신불(三身佛)의 하나로, 대일여래불(大日如來佛)을 이르는 말. 비로자나불(毘盧遮那佛) ☞보신불(報身佛). 응신불(應身佛)

법악(法樂)명 ①나라에서 의식과 법도에 맞게 연주하는 정악(正樂). ②불교의 엄숙한 음악.

법안(法案)명 '법률안(法律案)'의 준말.

법안(法眼)명 불교에서 이르는 오안(五眼)의 하나. 모든 법을 관찰하는 눈.

법안-종(法眼宗)명 불교 선종(禪宗)의 오종(五宗)의 한 파. 문익 선사(文益禪師)의 종지(宗旨)를 근본으로 일어난 종파임.

법약(法藥)명 중생의 마음의 번뇌를 없애는 불법(佛法)을 약에 비유하여 이르는 말.

법어(法語)[1]명 ①정법(正法)을 설(說)하는 말이나 불교에 관한 글. ②불어(佛語)[1] ③법언(法言)

법어(法語)[2]명 지난날, '프랑스어'를 이르던 말.

법언(法言)명 바른 도리로 법도(法度)가 되게 하는 말. 법어(法語)[1]

법언(法諺)명 법에 관한 격언(格言)이나 속담.

법업(法業)명 불사(佛事)
법역(法域)명 ①특정한 법령의 효력이 미치는 지역적 범위. ②법령의 적용 범위. 법권(法圈)
법연(法筵)명 ①지난날, 예식을 갖추고 임금이 신하를 만나 보던 자리. ②불교에서, 부처 앞에 절하는 자리를 이르는 말. ③불교에서, 불도(佛道)를 설하는 자리를 이르는 말. 법좌(法座) ④법석(法席)
법열(法悅)명 ①설법을 듣고 불도의 이치를 깨달았을 때 마음속에서 일어나는 기쁨. ☞선열(禪悅) ②진리를 깨달았을 때와 같은 사무치는 기쁨.
법온(法醞)명 내온(內醞)
법옹-사(法翁師)명 노법사(老法師)
법왕(法王)명 ①불법(佛法)의 왕이라는 뜻으로, '부처'를 달리 이르는 말. ②저승에서 법으로 죄인을 다스리는 왕이라는 뜻으로, '염라 대왕'을 달리 이르는 말.
법외(法外)명 법률이나 규칙이 적용되는 범위의 밖.
법요(法要)명 ①불사(佛事)의 의식. ②불법(佛法) 가운데 중요한 뜻과 줄거리.
법우(法友)명 법사(法師)가 스스로를 낮추어 이르는 말.
법우(法雨)명 중생을 덕화(德化)함이 초목을 기르는 비〔雨〕와 같다는 뜻으로, 불법(佛法)을 달리 이르는 말.
법원(法院)명 국가의 사법권을 행사하는 기관. 심급(審級)에 따라 지방 법원, 고등 법원, 대법원으로 나뉨.
법원(法源)명 법을 생기게 하는 근거, 또는 법의 존재 형식. 그 존재 형식으로는 표현에 따라 성문법(成文法)과 불문법(不文法)이 있으며, 성립 형식으로는 법률·명령·관습법·판례법이 있음. 법률은 명령에 우선하고 제정법(制定法)은 관습법(慣習法)에 우선함.
법원-장(法院長)명 법원의 행정 사무를 총괄하고 부하 직원을 지휘·감독하는 직위, 또는 그 사람.
법원=행정(法院行政)명 사법 행정(司法行政)
법유(法油)명 들기름
법의(法衣)명 중이 입는 옷. 가사(袈裟)·장삼(長衫) 따위. 법복(法服)
법의(法意)명 법률의 근본 뜻.
법의(法義)명 불법(佛法)의 본의(本義).
법-의식(法意識)명 사람들이 법과 법적 현상에 대하여 가지는 사상·감정·인식·견해 따위를 통틀어 이르는 말.
법-의학(法醫學)명 의학을 기초로 하여 법률상의 문제를 밝히고 감정(鑑定)하는 응용 의학의 한 분과.
법의=해:부(法醫解剖)명 법의학에서, 사인(死因)을 밝히려고 하는 해부를 이르는 말.
법익(法益)명 법률로 보호되는 생활상의 이익이나 가치. 개인적 법익과 사회적 법익, 국가적 법익으로 구분됨.
법익-설(法益說)명 공법(公法)은 공공의 이익을, 사법(私法)은 개인의 이익을 목적으로 한다는 법률상의 학설.
법인(法人)명 자연인(自然人)이 아니고 법률상으로 인격이 주어진 권리와 의무의 주체(主體). 공법인(公法人)과 재단 법인, 사단 법인 등의 사법인(私法人)이 있음. 무형인(無形人) ☞자연인(自然人)
법인(法印)명 불교를 외도(外道)와 구별하는 표지. 불법이 참되고 부동 불변함을 나타냄.
법-인격(法人格)[-껵]명 권리와 의무의 주체가 될 수 있는 법률상의 자격, 또는 권리 능력. 자연인과 법인이 가짐.
법인-세(法人稅)[-쎄]명 법인의 소득이나 적립금 등에 부과되는 국세.
법인=소:득(法人所得)명 법인의 정관(定款)에 의거한 일체의 수입.
법장(法藏)명 ①수많은 법문(法文)은 온갖 법의 진리를 갈무리하고 있다는 뜻으로, 불경을 달리 이르는 말. ②교법을 실천함으로써 쌓인 공덕.
법적(法的)명 법에 의한 것. 법에 관계되는 것. ¶-으로 해결하자./- 책임을 지다.
법적(法跡)명 불교가 퍼진 자취.
법전(法典)명 특정한 사항에 관하여 국가가 체계를 세워 엮은 성문 법규집. ☞법서(法書)
법전(法煎)명-하다타 약방문(藥方文)에 적혀 있는 대로 약을 달이거나 고는 일.
법전(法殿)명 ①법당(法堂) ②정전(正殿)
법정(法廷·法庭)명 법원이 소송 절차에 따라 송사를 심리하고 판결하는 곳. 재판정(裁判廷)
법정(法定)명-하다타 법령으로 규정함.
법정(法政)명 ①법률과 정치. ②법령을 운영하여 하는 정치. ③'법무 행정(法務行政)'의 준말.
법정=가격(法定價格)[-까-]명 법으로 규정한 가격.
법정=경:찰권(法廷警察權)[-꿘]명 법정의 질서 유지를 위해, 법정에 있는 사람에게 명령·강제할 수 있는 권한. 합의제의 경우 재판장이, 단독제의 경우 판사가 그 권한을 가짐.
법정=과:실(法定果實)명 어떤 물건을 사용한 대가로 받는 돈이나 물건. 곧 금리나 지대 따위. ☞천연 과실
법정=관:리(法定管理)명 기업이 스스로의 힘으로는 도저히 회사를 꾸려가기 어려울 만큼 빚이 많을 때, 법원에서 지정한 제삼자가 자금을 비롯한 기업 활동을 대신 관리하는 것.
법정=금리(法定金利)명 법률로 정해진 금리.
법정=기간(法定期間)명 어떠한 절차에 대하여 법으로 정한 기간.
법정=대:리(法定代理)명 본인의 위임에 따르지 않고 법률의 규정에 따라서 저절로 발생하는 대리 관계. ☞임의 대리
법정=대:리인(法定代理人)명 위임을 받지 않고도 법률상으로 저절로 효력이 있는 대리인. 미성년자에 대한 친권자와 후견인 따위. ☞임의 대리인
법정=대:위(法定代位)명 대위 변제(代位辨濟)에서 보증인, 연대 채무자 등이 변제를 함으로써, 피보증인에 대하여 채권자의 지위를 가지는 일.
법정=모:욕죄(法廷侮辱罪)명 법원의 재판을 방해하거나 폭언·폭행 등으로 법정의 질서를 어지럽혀 법원의 직무 집행을 방해함으로써 성립하는 죄. 법관이 공소(公訴)를 기다리지 않고 독자적으로 처벌할 수 있음.
법정-범(法定犯)명 행위의 선악과는 관계 없이 법규의 규정에 따라 위법으로 다루는 범죄. ☞자연범(自然犯)
법정=변:론(法廷辯論)명 재판 때 법정에서 피고인을 위하여 하는 변호인의 변론.
법정=비:가(法定比價)[-까]명 복본위제(複本位制)에서, 국가가 법률로써 규정한 금은(金銀) 상호간의 가치(價値)의 비율.
법정=상속분(法定相續分)명 법률로써 정하여진 상속분. 피상속인의 지정이 없을 때 적용됨.
법정=상속주의(法定相續主義)명 상속인을 법률로써 정하여 임의로 이것을 변경하지 못하게 하는 주의.
법정-수(法定數)명 법률 행위를 성립시키는 데 필요한 지정된 수효.
법정=의:무(法定義務)명 법률 규정에 따라서 마땅히 져야 하는 의무.
법정=이율(法定利率)명 법률의 규정에 따라 정해진 이율.
법정=이:자(法定利子)명 법률의 규정에 따라 당연히 발생하는 이자. ☞약정 이자(約定利子)
법정=자:본금(法定資本金)명 회사가 발행할 수 있는 주식의 총액. 회사의 규모를 나타내는 것으로서 모든 채권의 기초적인 담보물이라는 의미를 가지고 있음.
법정=재산제(法定財産制)명 부부 사이의 재산 문제를 법률로 규정한 제도.
법정=적립금(法定積立金)명 법정 준비금(法定準備金)
법정=전염병(法定傳染病)[-뼝]명 환자의 신고, 격리 치료 따위를 법률로 정한 전염병. 콜레라·페스트 따위.
법정=준:비금(法定準備金)명 주식 회사에 대해 상법의 규정에 따라 손실을 메울 목적으로 강제로 적립하게 하는 준비금. 이익 준비금과 자본 준비금의 두 가지가 있음. 법정 적립금
법정=증거주의(法定證據主義)명 소송에서, 법관이 증거에 따라 사실을 인정할 경우 법률로써 법관의 증거 평가

에 제한을 하는 주의. ☞자유 심증주의(自由心證主義)

법정=통화(法定通貨)명 법률로 강제 통용력이 인정된 화폐. 법정 화폐(法定貨幣) 준법화(法貨)

법정=투쟁(法廷鬪爭)명 어떤 쟁의(爭議)나 사건을 소송을 통하여 법정에서 해결하려고 하는 일.

법정=혈족(法定血族)[-쪽]명 혈연 관계는 없으나, 법률로 혈족이 인정되는 관계. 양친자(養親子) 관계, 계친자(繼親子) 관계, 적모 서자(嫡母庶子) 관계 따위. 준혈족(準血族) ☞자연 혈족

법정-형(法定刑)명 형법의 조문(條文)을 비롯하여 그 밖의 형벌을 규정한 특별법에서, 각각의 범죄에 대하여 추상적으로 규정되어 있는 형벌.

법정=화:폐(法定貨幣)명 법정 통화 준법폐(法幣)

법정=후:견인(法定後見人)명 법률 규정에 따라서 당연히 후견인이 되는 사람.

법제(法制)명 ①법률과 제도. ②법률로 정해진 여러 제도.

법제(法製)명-하다타 ①물건을 정해진 법식대로 만듦. ②한방에서, 약제(藥劑)를 약방문(藥方文)대로 만드는 일. ③약의 성질을 좀 다르게 할 때에 정해진 방법대로 가공하는 일. 수치(修治)

법제-사(法制史)명 인간의 법 생활 역사를 탐구하는 것을 목적으로 하는 학문. 법 현상을 역사학의 관점에서 본 학문으로, 법학의 한 부문을 이룸.

법-제:자(法弟子)명 불법(佛法)을 전하여 받는 제자.

법조(法條)명 법률의 조문.

법조(法曹)명 법관이나 변호사 등 사법에 관한 일을 직업으로 삼는 사람. 법조인

법조=경:합(法條競合)명 형법에서, 하나의 행위가 형식상 두 가지 이상의 형벌 규정에 해당하는 일. 이런 경우 그 중에 가장 무거운 것만을 적용함.

법조-계(法曹界)명 법관이나 변호사 등 사법에 관한 일을 하는 사람들의 사회. 준법계(法界)

법조-인(法曹人)명 법조(法曹)

법좌(法座)명 법연(法筵)

법주(法主)명 ①'부처'를 높여 이르는 말. ②한 종파의 으뜸 직위에 있는 사람. ③법회를 주재(主宰)하고 설법을 하는 사람. ④법사(法師)

법주(法酒)명 전래의 법식대로 빚은 술.

법-질서(法秩序)[-써]명 법에 따라 유지되는 질서.

법-철학(法哲學)명 법률에 관한 특수 철학으로서, 법률의 가치나 본질을 구명하여 법률학의 방법을 확립하는 학문. 법률 철학(法律哲學). 법리 철학(法理哲學). 법리학(法理學)

법첩(法帖)명 체법(體法)이 될만 한 글씨, 또는 잘 쓴 글씨로 만든 서첩(書帖). 법서(法書)

법청(法靑·琺靑)명 경태람(景泰藍)의 법랑(琺瑯) 중에서 청색을 써서 만든 도자기의 빛.

법청(法廳)명 '사법 관청(司法官廳)'의 준말.

법체(法體)명 ①모든 존재나 현상의 본체(本體). ②중의 모습.

법치(法治)명-하다타 국가가 정한 법률에 따라 다스림, 또는 그 정치.

법치-국(法治國)명 '법치 국가'의 준말.

법치=국가(法治國家)명 법에 따라 국가 권력이 행사되는 국가. 준법치국 ☞경찰 국가

법치-주의(法治主義)명 ①나라가 원칙적으로 의회에서 제정된 법률로써 다스려져야 한다는 주의. ②덕치주의(德治主義)를 배격하고, 사람의 본성은 악하므로 법률에 따라 다스려야 한다는 주의. 한비자(韓非子)·홉스(Hobbes) 등이 주창함. ☞덕치주의

법칙(法則)명 ①반드시 지켜야만 하는 규범. 전칙(典則) ②모든 사물과 현상의 원인과 결과 사이에 내재하는 보편적·필연적 관계. ③수학에서, 연산의 방식.

한자 법칙 률(律) 〔彳部 6획〕 ¶계율(戒律)/군율(軍律)/규율(規律)/법률(法律)/율격(律格)/율령(律令)

법칙=과학(法則科學)명 법칙의 정립을 목표로 하는 과학. 물리학·화학·생리학 따위. ☞역사 과학

법통(法統)명 ①불법(佛法)의 전통. ②바른 계통이나 전통. ¶-을 잇다.

법-평면(法平面)명 공간 곡선의 접선에 대하여 법선으로 이루어지는 평면.

법폐(法幣)명 '법정 화폐'의 준말.

법풍(法風)명 마음의 번뇌를 날려 버리는 바람이라는 뜻으로, '불법(佛法)'을 이르는 말.

법학(法學)명 법률의 이론과 적용을 조직적으로 연구하는 학문. 법률학(法律學)

법학=개:론(法學槪論)명 법학 전반에 관한 내용을 대강 간추린 설명, 또는 그러한 책. 법학 통론(法學通論)

법학-도(法學徒)명 법학을 배우고 연구하는 학생.

법학-자(法學者)명 법학을 연구하는 학자.

법학=통론(法學通論)명 법학 개론(法學槪論)

법해(法海)명 불법(佛法)의 넓고 심오함을 바다에 비유하여 이르는 말. 불해(佛海)

법험(法驗)명 불교에서, 수도(修道) 끝에 나타나는 효험.

법형(法兄)명 불가(佛家)에서, 한 스승에게서 법(法)을 함께 받은 사람을 존경하여 이르는 말.

법호(法號)명 ①불가(佛家)에서, 스승이 지어 주는 호. ②불가(佛家)에서, 죽은 사람의 시호(諡號).

법화(法花)명 중국의 원나라·명나라 때에 구워서 만든 삼채 도자(三彩陶瓷), 또는 그 기법. 가는 선으로 도자기의 몸에 무늬를 그리고, 그 위에 자줏빛·남빛·누른빛 등의 물감을 칠하여 낮은 온도의 불에 구워 만듦.

법화(法貨)명 '법정 통화(法定通貨)'의 준말.

법화(法話)명 불법(佛法)에 관한 이야기.

법화경(法華經)명 묘법연화경(妙法蓮華經)

법화경언:해(法華經諺解)명 묘법연화경언해

법화삼부경(法華三部經)명 법화부의 세 가지 경전(經典). 무량의경(無量義經)·묘법연화경(妙法蓮華經)·관보현보살행법경(觀普賢菩薩行法經)을 말함.

법화-종(法華宗)명 법화경(法華經)을 종지(宗旨)로 한 불교의 한 종파. 신라 때 현광 법사(玄光法師)가 창설하였음.

법화-회(法華會)명 법화경을 강설(講說)하는 법회.

법회(法會)명 ①불교에서, 불법(佛法)을 가르치는 모임. ②불교에서, 승려와 신도가 한곳에 모여 불사(佛事)를 하는 모임. 법사(法事)·법요(法要)·재회(齋會) 등.

벗[1]명 ①염밭에 걸어 놓고 소금을 굽는 가마. ☞염부(塩釜) ②'벗짐'의 준말.

벗:[2]명 서로 친하게 사귀는 사람. 붕우(朋友). 우인(友人) ¶그는 나의 오랜 -이다. 유동무. 친구

속담 **벗 따라 강남 간다**: ①벗을 따라서는 먼 길이라도 간다는 뜻. ②하기 싫더라도 남이 권하므로 마지못해 따라하게 된다는 말.〔권에 비지떡/권에 못이겨 방립(方笠) 쓴다/동무 따라 강남 간다〕/**벗 줄 것은 없어도 도둑 줄 것은 있다**: ①남에게 줄 것이 없는 가난한 집에서도 도둑은 맞는다는 말. ②제게 가까운 사람들에게는 인색하나 억지로 빼앗아 가는 데는 어쩔 수 없음을 비유하여 이르는 말.

한자 벗 붕(朋) 〔月部 4획〕 ¶붕배(朋輩)/붕우(朋友)
벗 우(友) 〔又部 2획〕 ¶교우(交友)/우의(友誼)/우정(友情)/지우(知友)/친우(親友)/학우(學友)

벗:[3]명 불을 피울 때, 불씨에서 불이 옮기어 붙는 숯이나 장작.

벗-가다[벋-]자 '벗나가다'의 준말.

벗-개:다[벋-]자 구름이나 안개가 벗어지고 날이 개다.

벗-걸:다[벋-](-걸고·-거니)자 염전에 소금 굽는 가마를 걸다.

벗겨-지다[벋-]자 벗김을 당하여 벗어지다. ¶신발이 커서 자꾸 벗겨진다./혐의가 -.

벗기다[벋-]타 ①벗게 하다. ¶옷을 -./모자를 -./누명을 -. ☞씌우다 ②가죽이나 껍질 따위의 거죽을 싸고 있거나 거죽에 붙어 있는 것을 떼어 내다. ¶사과 껍

질을 -./털가죽을 -. ③덮거나 가린 것을 걷거나 젖히다. ¶이불을 -./휘장을 -. ④겉에 붙은 것을 긁어 내거나 문지르다. ¶때를 -./녹을 벗겨 내고 새로 칠을 하다. ⑤잠겨 있는 문고리나 문 빗장 따위를 끌러 열리게 하다. ¶빗장을 -.

벗-나가다[벋-] 자 일정한 한계나 범위 밖으로 벗어져 나가다. ¶길을 -./벗나간 행동. 준 벗가다

벗다[1] [벋-] 자 ①기미나 주근깨 따위가 없어져서 살갗이 깨끗하게 되다. ¶눈가의 기미가 -. ②머리털이나 몸의 털이 빠져 없어지다. ¶솜털도 안 벗은 애송이. ③어떠한 기색이나 태도가 없어지다. ¶이제야 애티가 벗나 보다. 벗어지다

벗다[2] [벋-] 타 ①입거나 쓰거나 신거나 끼거나 한 것을 몸에서 떼어 내다. ¶바지를 -./모자를 -./신발을 -./안경을 -. ②곤충이나 뱀 따위가 허물을 제 몸에서 떼어 내다. ¶뱀이 허물을 -. ③지거나 메거나 한 것을 몸에서 떼어 놓다. ¶등짐을 -./지게를 -. ④어떤 의무나 책임 등을 면하다. ¶병역 의무를 -. ⑤남에게 진 빚이나 입은 은혜·신세 등을 다 갚다. ¶일 년 만에 빚을 -./신세 진 것을 -. ⑥누명이나 죄 등을 씻고 떳떳한 몸이 되다. ¶누명을 -. ⑦어떤 버릇이나 태도·기색 따위를 고치거나 없애다. ¶촌티를 -./구태(舊態)를 -. ⑧아픔·괴로움·슬픔 따위를 이겨 내다. ¶근검하여 가난을 벗었다.

한자 벗을 라(裸)〔衣部 8획〕¶나상(裸像)/나신(裸身)/나체(裸體)/적나라(赤裸裸)/전라(全裸)
벗을 탈(脫)〔肉部 7획〕¶탈각(脫殼)/탈관(脫冠)/탈모(脫帽)/탈의(脫衣)/탈피(脫皮)

벗:-닿:다[벋-] 자 나뭇조각이나 숯에 불을 붙일 때, 한 개만으로는 불이 잘 붙지 아니하고 여럿이 한데 닿아서 불이 일어나게 되다.

벗:-바리[벋-] 명 드러나지 않게 뒤에서 보살펴 주는 사람.
벗바리가 좋다 관용 드러나지 않게 뒤에서 보살펴 줄만한 사람이 많다.

벗:-삼:다[벋-따] 타 벗으로 생각하고 대하다. ¶자연을 벗삼아 지내다./책을 -.

벗어-나다 자타 ①일정한 한계나 범위 밖으로 나가다. ¶도시를 벗어나 차를 몰고 가다./토론이 주제에서 -. ②구속·고통·책임 등에서 풀려나거나 면하게 되다. ¶가난에서 -./고통을 벗어날 날이 올 것이다. ③상식·도리·생각 등에 어긋나다. ¶상식을 벗어난 행동./예상을 벗어난 결과. ④남의 마음에 들지 않거나 인정을 받지 못하게 되다. ¶사장의 눈에서 -.

벗어난-끝바꿈[-끋-] 명〈어〉불규칙 활용을 우리말로 옮긴 용어. ¶너라 -

벗어-버리다 타 아주 벗다. 모두 벗다.

벗어-붙이다[-부치-] 타 힘차게 달려들 기세로 옷을 벗다. 벗어제치다

벗어-제치다 타 벗어붙이다

벗어-지다 자 ①입거나 쓰거나 신거나 끼거나 한 것이 몸에서 떨어져 나가다. ¶모자가 자꾸 -./진창에 빠져 신이 -. ②지거나 메거나 한 것이 몸에서 떨어져 나가다. ¶배낭이 -. ③누명이나 죄 등이 씻겨 떳떳하게 되다. ¶부끄러운 죄가 -. ④겉을 싸고 있거나 겉에 붙어 있는 것이 까지거나 떨어져 나가다. ¶허물이 -./칠이 -. ⑤덮거나 가리거나 잠그거나 한 것이 걷혀지거나 젖혀지다. ¶문고리가 -. ⑥기미나 주근깨 따위가 없어져서 살갗이 깨끗하게 되다. ¶눈가의 기미가 -. ⑦머리털이나 몸의 털이 빠져 없어지다. ¶이마가 훤하게 -. ⑧어떤 버릇이나 태도·기색 따위가 고쳐지거나 없어지다. ¶촌티가 -. ⑨끼었던 안개나 구름이 흩어져 없어지다. ¶구름이 벗어지고 날이 들다.

벗-장이[벋-] 명 서투른 장인(匠人)을 얕잡아 이르는 말.

벗-쟁이[벋-] 명 무엇을 배우다가 그만둔 사람을 얕잡아 이르는 말.

벗-집[벋-] 명 염밭에 벗을 걸어 놓고 소금을 굽는 집. 염막(塩幕) 준 벗[1]

벗:-트다[벋-](-트고·-터) 자 서로 말을 놓이던 일을 그만두고 터놓고 사귀기 시작하다.

벗풀[벋-] 명 택사과의 여러해살이풀. 줄기 높이는 70 cm 안팎. 잎은 뿌리에서 뭉쳐나고 화살 모양이며, 6~10월에 흰 꽃이 원추(圓錐) 꽃차례로 핌. 덩이줄기는 먹을 수 있음. 논이나 연못 등에서 자라며 관상용으로도 심음.

벗:-하다[벋-] 자타여 ①벗으로 삼다. ¶평생을 책과 벗하여 살다. ②서로 말을 높이지 않고 허물없이 사귀다. ¶동료 몇 사람이 서로 벗하며 지낸다.

벙거지 명 ①조선 시대, 군노(軍奴)나 하배(下輩)가 쓰던 모자. 돼지털로 장식이 없이 만들었으며, 운두가 높고 둘레가 평평하게 넓음. ☞전립(戰笠) ②'모자'를 속되게 이르는 말.

속담 **벙거지 시울 만지는 소리** : 아주 모호하게 요령을 알 수 없이 하는 말./**벙거지 조각에 콩가루 묻혀 먹을 놈** : 못할 짓을 하여 남의 재물을 몰래 빼앗아 가는 사람을 욕하는 말.

벙거지-떡 명 색떡을 그릇에 담을 때 밑받침으로 까는 흰떡. 가운데가 우묵하고 벙거지 비슷한 모양임.

벙거짓-골 명 전골을 끓이는 냄비. 벙거지를 젖혀 놓은 듯한 모양으로 만듦. 전립골(氈笠骨). 전립투(氈笠套)

벙그레 부 입을 좀 크게 벌리면서 소리 없이 부드럽게 웃는 모양을 나타내는 말. ☞방그레. 벙시레. 빙그레. 뻥그레. 성그레

벙글-거리다(대다) 자 벙글벙글 웃다. ☞방글거리다. 벙실거리다. 빙글거리다. 뻥글거리다. 성글거리다

벙글-벙글 부 자꾸 벙그레 웃는 모양을 나타내는 말. ☞방글방글. 벙실벙실. 빙글빙글. 뻥글뻥글. 성글성글

벙긋 부 ①입을 좀 크게 벌리면서 소리 없이 부드럽게 잠깐 웃는 모양을 나타내는 말. ②입을 소리 없이 좀 크게 벌렸다 우므리는 모양을 나타내는 말. 벙긋이 ☞방긋. 벙끗. 벙싯. 빙긋. 뻥긋. 뻥끗. 성긋

벙긋-거리다(대다)[-귿-] 자 ①벙긋벙긋 웃다. ②입을 벙긋벙긋 벌렸다 우므렸다 하다. ☞방긋거리다. 벙끗거리다. 벙싯거리다. 빙긋거리다. 뻥긋거리다. 뻥끗거리다. 성긋거리다

벙긋-벙긋[-귿-] 부 자꾸 벙긋 하는 모양을 나타내는 말. ☞방긋방긋. 벙끗벙끗. 벙싯벙싯. 빙긋빙긋. 뻥긋뻥긋. 뻥끗뻥끗. 성긋성긋

벙긋-이 부 벙긋 ☞방긋이. 벙끗이. 빙긋이. 뻥긋이. 뻥끗이. 성긋이

벙끗 부 ①입을 좀 크게 벌리면서 소리 없이 순하게 잠깐 웃는 모양을 나타내는 말. ¶- 웃는 얼굴. ②입을 소리 없이 좀 크게 벌렸다 얼른 우므리는 모양을 나타내는 말. ¶입도 - 안 하다. 벙끗이 ☞방끗. 벙긋. 빙끗. 뻥긋. 뻥끗. 성끗

벙끗-거리다(대다)[-끋-] 자 ①벙끗벙끗 웃다. ②입을 벙끗벙끗 벌렸다 우므렸다 하다. ☞방끗거리다. 벙긋거리다. 빙끗거리다. 뻥긋거리다. 뻥끗거리다. 성끗거리다

벙끗-벙끗[-끋-] 부 자꾸 벙끗 하는 모양을 나타내는 말. ☞방끗방끗. 벙긋벙긋. 빙끗빙끗. 뻥긋뻥긋. 뻥끗뻥끗. 성끗성끗

벙끗-이 부 벙끗 ☞방끗이. 벙긋이. 빙끗이. 뻥긋이. 뻥끗이. 성끗이

벙벙-하다 형여 영문을 몰라 멍하고 어리둥절하다. ☞뻥뻥하다
벙벙-히 부 벙벙하게 ☞뻥뻥히

벙시레 부 입을 좀 크게 벌리면서 소리 없이 순하게 웃는 모양을 나타내는 말. ☞방시레. 벙그레. 빙시레

벙실-거리다(대다) 자 벙실벙실 웃다. ☞방실거리다. 벙글거리다. 빙실거리다. 뻥실거리다

벙실-벙실 부 자꾸 벙시레 웃는 모양을 나타내는 말. ☞방실방실. 벙글벙글. 빙실빙실. 뻥실뻥실

벙싯 부 입을 좀 크게 벌리면서 소리 없이 순하게 웃는 모

양을 나타내는 말. ☞방싯. 벙긋. 빙싯. 뻥싯
벙싯-거리다(대다)[-싣-] 자 벙싯벙싯 웃다. ☞방싯거리다. 벙긋거리다. 빙싯거리다. 뻥싯거리다
벙싯-벙싯[-싣-] 부 자꾸 벙싯 웃는 모양을 나타내는 말. ¶아기가 - 웃다. ☞방싯방싯. 벙긋벙긋. 빙싯빙싯. 뻥싯뻥싯
벙어리[1] 명 청각이나 발음 기관의 장애로 말미암아 말을 못하는 사람. 아자(啞者)
속담 **벙어리 냉가슴 앓듯** : 남에게 말 못할 사정이 있어 마음속으로 애태우는 답답한 사정을 이르는 말. /**벙어리 두 몫 떠들어댄다** : 말할 줄 모르는 사람일수록 더 떠들썩하게 말이 많다는 말. /**벙어리 소를 몰고 가듯** : 아무 말 없이 앞서거니 뒤서거니 하며 길을 걷기만 함을 이르는 말. /**벙어리 심부름하듯** : 말없이 남의 눈치만 보아 가면서 행동함을 이르는 말. /**벙어리 예장(禮狀) 받은듯 싱글벙글 한다** : 말은 안 하고 웃기만 하는 사람을 보고 하는 말. /**벙어리 재판** : 판단하기가 매우 곤란한 일을 이르는 말.
벙어리[2] 명 플라스틱 따위로 만들어 푼돈을 넣어 모아 두는 저금통. 항통(缿筒)
벙어리-매:미 명 울지 못하는 매미라는 뜻으로, '매미의 암컷'을 이르는 말.
벙어리-뻐꾸기 명 두견과의 새. 몸길이 28cm 안팎으로 뻐꾸기와 비슷한데 좀 작음. 등은 암청색이며 배는 엷은 황갈색 바탕에 가로로 검은 띠가 있음. 뻐꾸기와 같이 다른 새의 둥지에 알을 낳는 습성이 있음.
벙어리-장:갑 명 엄지손가락만 따로 넣고 나머지 네 손가락이 한데 들어가도록 만든 방한용 장갑.
벙커(bunker) 명 ①배의 석탄이나 연료 창고. ②골프장의 코스 중, 모래가 들어 있는 우묵한 곳. ③엄폐호
벙커시:-유(bunker C油) 명 중유(重油)의 한 가지. 주로 보일러 따위의 연료로 쓰이며, 점착성(粘着性)이 강함.
벙:-하다 형여 얼이 빠진듯이 멍하다.
벙-히 부 벙하게 ¶물에 잠긴 논을 - 바라보다.
벚 명 '버찌'의 준말.
벚-꽃[벋-] 명 ①벚나무의 꽃. 앵화(櫻花) ②화투 딱지의 한 가지. 3월을 상징하여 벚꽃을 그린 딱지. 광(光), 홍단 띠, 껍데기 두 장으로 이루어짐. ☞흑싸리
벚-나무[벋-] 명 ①장미과의 가는잎벚나무, 개벚나무, 털벚나무 따위를 통틀어 이르는 말. ②장미과의 낙엽 교목. 높이 20m 안팎. 나무껍질은 암자색이고 잎은 길둥근꼴임. 4~5월에 품종에 따라 분홍빛이나 흰빛의 꽃이 피며, 열매는 7~8월에 까맣게 익는데 '버찌'라 하며 먹을 수 있음. 나무껍질은 한방에서 해수·천식·홍역에 약재로 쓰임.
베 명 ①삼실·무명실·명주실 따위로 짠 피륙. ②삼베

한자 **베 포**(布) [巾部 2획] ¶면포(綿布)/포건(布巾)/포대(布袋)/포목(布木)/포의(布衣)/포장(布帳)

베가톤=폭탄(begaton爆彈) 명 티엔티(TNT) 10억 톤의 폭발력을 가진 폭탄.
베갈기다 타 마땅히 가거나 와야 할 것을 아니 가거나 아니 오다. ¶사흘씩이나 베갈기고 집에 들어오지 않았다.
베개 명 누울 때에 머리 밑을 편하게 받치는 데 쓰는 물건. ☞목침(木枕). 퇴침(退枕)

한자 **베개 침**(枕) [木部 4획] ¶목침(木枕)/침상(枕上)

베갯-머리 명 베개를 베고 누워 있는 머리맡. 침두(枕頭). 침변(枕邊) ¶밤새껏 -에 앉아 간호했다.
베갯머리-송:사(-訟事) 명 부부가 같이 밤을 지내는 동안, 그 아내가 남편에게 여러 가지 말을 하여 남편의 마음을 움직이려 하는 일. 베갯밑공사
베갯-모 명 베개의 양쪽 마구리에 대는 꾸밈새. 조그마한 널조각에 수놓은 헝겊을 덮어 끼움.
베갯밑-공사(-公事)[-믿-] 명 베갯머리송사
베갯-속 명 베개의 속에 넣어서 통통하게 만드는 재료. 왕겨·메밀 껍질·볏짚·조·새털 따위를 넣음.
베갯-잇[-닛] 명 베개에 덧씌우는 헝겊.
베:거리 명 꾀를 써서 남의 속마음을 떠보는 일.
베고니아(begonia) 명 베고니아과의 상록 여러해살이풀. 관상용 식물로, 줄기는 곧게 자라는 것과 덩굴성이 있음. 잎은 어긋맞게 나며, 품종에 따라 흰빛이나 붉은빛 등 여러 가지 빛깔의 꽃이 핌. 추해당(秋海棠)
베끼다 타 글 따위를 원본 그대로 옮겨 쓰다. ¶동료의 보고서를 -./숙제를 -.

한자 **베낄 등**(謄) [言部 10획] ¶등기(謄記)/등록(謄錄)/등본(謄本)/등사(謄寫)
베낄 사(寫) [宀 12획] ¶모사(模寫)/사록(寫錄)/사본(寫本)/사서(寫書)/필사(筆寫) ▷속자는 写
베낄 초(抄) [手部 4획] ¶등초(謄抄)/초본(抄本)

베네딕트-회(Benedict會) 명 529년에 이탈리아의 베네딕트가 창단한 수도(修道) 단체. 청빈·동정·복종의 의무를 중히 여기고 수행(修行)과 노동을 함.
베네치아-파(Venezia派) 명 르네상스 시대에 베네치아를 중심으로 활약한 회화(繪畫)의 한 유파(流派).
베니션블라인드(Venetian blind) 명 가늘고 긴 금속판·나무판·플라스틱판 등을 일정한 간격으로 엮어 늘어뜨려 햇빛 따위를 가리는 데 쓰는 물건.
베니어(veneer) 명 목재를 얇게 켠 홑 널빤지.
베니어-판(veneer板) 명 ①베니어 ②베니어합판
베니어-합판(veneer合板) 명 베니어를 홀수 장으로 결이 엇갈리게 겹쳐 붙여서 만든 널빤지. 베니어판. 합판(合板)
베:다[1] 타 누워서 베개 따위로 머리 밑을 받치다. ¶어머니의 무릎을 베고 눕다.
베:다[2] 타 ①날이 있는 연장이나 그와 같은 물건으로 자르거나 끊다. ¶낫으로 풀을 -. ②날이 서 있는 물건으로 상처를 내다. ¶도마질을 하다가 손을 -.

한자 **벨 벌**(伐) [人部 4획] ¶남벌(濫伐)/도벌(盜伐)/벌목(伐木)/벌채(伐採)/벌초(伐草)
벨 참(斬) [斤部 7획] ¶참수(斬首)/참형(斬刑)
벨 할(割) [刀部 10획] ¶할거(割去)/할복(割腹)

베다(Veda 범) 명 고대 아리아인의 종교·철학 사상이 담긴 문학서로, 힌두교의 성전(聖典).
베델른(Wedeln 독) 명 스키에서, 좌우로 스키를 작게 흔들며 움직이는 활주 방법.
베도라치 명 황줄베도라칫과의 바닷물고기. 몸길이 30cm 안팎, 몸은 길쭉하면서 납작하고, 머리와 눈이 작음. 몸빛은 회갈색이며 옆줄이 없음. 먹을 수 있으며, 우리 나라와 일본 연해 등지에 분포함.
베-돌:다(-돌고·-도니) 자 한데 섞여 어울리거나 가까이하지 않고 따로 떨어져 밖으로 돌다. ☞배돌다
속담 **베돌던 닭도 때가 되면 홰 안에 찾아 든다** : 서로 어울리지 않고 따로 돌던 사람도 언젠가는 돌아올 때가 있다는 말.
베돌-이 명 일에 같이 어울리지 않고 베도는 사람.
베드신:(bed scene) 명 연극·영화·문학 작품 등에서, 남녀가 침실 등에서 벌이는 정사(情事) 장면.
베드타운(bed town) 명 대도시 주변의 주택 지역. 지역 안의 소비 수요를 충족하는 이상의 별다른 기능을 갖지 않으므로 잠자기 위해서만 귀가한다는 뜻에서 나온 말.
베란다(veranda) 명 서양식 건축에서, 집채의 앞쪽으로 넓은 툇마루처럼 튀어나온 부분. 보통 지붕이 있는 것을 이름. ☞발코니. 테라스
베레(béret 프) 명 차양이 없이 둥글납작한 간편한 모자. 프랑스와 에스파냐 국경 지대인 바스크 지방의 주민이 많이 씀. 베레모
베레-모(béret帽) 명 베레
베르무트(vermouth 프) 명 포도주에 베르무트 초(草)를 주성분으로 한 갖가지 향료 성분을 우려낸 리큐어. 프랑스와 이탈리아에서 나며 상쾌한 쓴맛이 특징임. ☞압생트
베리-줄 명 소의 길마 위에 얹어, 걸채의 앞뒤 마구리 양

쪽 끝에 건너질러 매는 굵은 새끼.
베릴륨(beryllium)명 알칼리 토금속(土金屬)의 하나. 고온에서 전성(展性)과 연성(延性)이 풍부하여, 경합금(輕合金)의 재료나 원자로의 감속재(減速材) 따위로 쓰임. 〔원소 기호 Be/원자 번호 4/원자량 9.01〕
베:-먹다 타 '베어먹다'의 준말.
베-목(-木)명 삼으로 짠 옷감.
베:-물다(-물고·-무니)타 이로 물어서 자르거나 떼다. ¶사과를 -.
베바트론(bevatron)명 양자(陽子) 가속 장치의 한 가지. 6.2베브(Bev), 곧 62억 전자 볼트의 양자를 낸다 하여 붙여진 이름임.
베-보 명 삼베로 만든 보.
베-붙이[-부치] 명 모시실이나 베실 따위로 짠 피륙. 포속(布屬)
베브(Bev)의 10억 전자 볼트. 소립자(素粒子)가 가지는 에너지를 나타냄. [billion electron volt]
베스(∠large mouth bass)명 검정우럭과의 민물고기. 몸길이는 50cm까지 자라며 몸통은 양쪽 옆이 납작하고 긴 방추형임. 몸빛은 등은 청색, 배는 황색을 띠며 옆구리에는 청갈색의 긴 줄무늬가 있음. 아메리카 원산인데 우리 나라에는 자원 조성용으로 1973년 시험 방류한 것이 토착화함. 포식성이 강해 전국 수계의 생태계에 심각한 문제가 되고 있음.
베스트(vest)명 블라우스나 셔츠 위에 입는 조끼.
베스트멤버(best member)명 운동 경기 따위에서, 가장 우수한 선수들이 모인 팀, 또는 그 선수들.
베스트셀러(best seller)명 어떤 기간에 가장 많이 팔린 상품. 특히 책의 경우에 흔히 쓰는 말임.
베슥-거리다(대다)자 어떤 일을 탐탁하게 여기지 아니하고 자꾸 베돌다. ☞배슥거리다
베슥-베슥 부 어떤 일을 탐탁하게 여기지 아니하고 자꾸 베도는 모양을 나타내는 말. ¶- 밖으로만 돈다. ☞배슥배슥
베슬-거리다(대다)자 일을 피하여 슬슬 베돌다. ☞배슬거리다[1]
베슬-베슬 부 일을 피하여 슬슬 베도는 모양을 나타내는 말. ¶궂은일은 - 피한다. ☞배슬배슬[1]
베-실 명 삼껍질로 만든 실. 삼실
베어링(bearing)명 기계의 회전축(回轉軸)을 받치어 회전을 매끄럽게 하는 장치. 축받이
베어-먹다 타 ①얼마쯤을 베어서 먹다. ②한 물건이 다른 물건을 무질러서 끊어지게 하다. 준 베먹다
베-올 명 베의 올.
베-옷 명 베로 지은 옷. 포의(布衣)
베이다 자 칼 따위로 벰을 당하다. ¶손가락을 -.
베이비골프(baby golf)명 좁은 구역에 홀을 마련하여 하는 골프와 비슷한 게임.
베이스(base)명 ①기초 ②야구에서, 내야(內野)의 네 귀퉁이에 놓은 누(壘), 또는 그 자리.
베이스(bass)명 ①성악에서, 남성 목소리의 가장 낮은 음역(音域), 또는 그 음역의 가수. ②'콘트라베이스'의 준말. ③같은 종류의 악기 중에서 가장 낮은 음역을 맡는 악기. 베이스튜바, 베이스플루트 따위. ☞테너
베이스라인(base line)명 ①테니스에서, 네트와 평행인 양쪽 끝의 선. ②야구에서, 베이스와 베이스를 잇는 선.
베이스볼:(baseball)명 야구(野球)
베이스온볼:(base on balls)명 야구에서, 포볼이 되어 타자가 일루로 나아가는 일.
베이스캠프(base camp)명 ①등산이나 탐험에서, 근거지로 하는 고정 천막. ②프로 야구에서, 정식 경기를 치르는 시기가 오기 전에 합숙 훈련을 하는 곳.
베이스트롬본(bass trombone)명 저음을 내는 트롬본.
베이식(BASIC)명 컴퓨터의 프로그램 언어의 한 가지. 문법이 간단하고 프로그램의 편집과 수정이 쉬운 초보자용 언어로, 흔히 소형 컴퓨터에 쓰임. [Beginner's All-purpose Symbolic Instruction Code]
베이지(beige)명 잿빛을 띤 엷은 갈색.
베이징=원인(北京原人)명 베이징인
베이징-인(北京人)명 1921년에 중국 베이징 교외의 저우커우뎬〔周口店〕에서 발견된 화석 인류(化石人類). 현재는 자바 원인 등과 함께 원인(原人)으로 분류되고 있음. 베이징 원인. 북경인(北京人)
베이컨(bacon)명 돼지고기를 소금에 절여서 불에 그슬리거나 말린 식품. 주로 돼지의 등과 배 부분의 고기를 씀.
베이클라이트(bakelite)명 페놀 수지(樹脂)를 통틀어 이르는 말. 열(熱)과 전기의 절연체로 쓰임. 상표명에서 유래함.
베이킹파우더(baking powder)명 빵이나 과자를 구울 때 부풀게 하기 위하여 쓰는 가루.
베일(veil)명 ①여자의 얼굴을 가리기 위하여 머리에 쓰는 가볍고 얇은 천. 레이스나 망사 따위로 만듦. ②무엇에 가려져 보이지 않는 것을 비유하여 이르는 말. ¶신비의 -에 가리어 있다./비밀의 -이 벗겨지다.
베-자루 명 베로 만든 자루.
베-잠방이 명 베로 만든 잠방이.
베-전(-廛)명 조선 시대, 육주비전(六注比廛)의 하나. 베를 파는 가게를 이르던 말. 포전(布廛)
베정적 명 -하다 자 폭행이나 위협을 당할 때 마구 소리치며 항거하는 짓.
베-주머니 명 베로 만든 주머니.
속담 **베주머니에 의송(議送) 들었다** : 겉은 허술하고 못난듯 하나, 비범한 재질(才質)과 훌륭한 가치를 지니고 있다는 말.
베짱-베짱 부 베짱이가 우는 소리를 나타내는 말.
베짱이 명 여칫과의 곤충. 몸길이 3~4cm. 몸빛은 전체적으로 엷은 녹색이며, 발음기(發音器)는 갈색임. 암수 모두 뒷날개가 앞날개보다 길. 성충은 7~9월에 나타나는데 들판의 풀밭이나 숲의 가장자리에서 흔히 볼 수 있음.
베크렐(Becquerel)의 국제 단위계(國際單位系)로 제정된 방사능 양의 단위. 1초에 한 번 붕괴하는 방사능의 강도가 1베크렐임. 방사능을 발견한 프랑스의 물리학자 베크렐의 이름에서 유래함. 기호는 Bq
베:타(beta)명 ①그리스어 자모의 둘째 글자 'Β·β'의 이름. ②'베타성(β星)'의 준말. ③'베타선(β線)'의 준말.
베:타버:전(beta version)명 새로 개발한 소프트웨어를 정식으로 발표하기 전에, 있을지도 모르는 제품의 결함을 찾기 위해 특정 사용자들에게 배포하는 시험용 소프트웨어. ☞베타테스트(beta test)
베:타=붕괴(β崩壞)명 원자핵(原子核)의 방사성(放射性) 붕괴의 한 가지. 베타선을 방사하여 다른 원자핵으로 바뀌는 현상.
베:타-선(β線)명 원자핵(原子核)의 베타 붕괴 때 방출되는 전자의 흐름. 준 베타
베:타-성(β星)명 어떤 별자리 중에서 밝기가 둘째인 별. 준 베타 ☞감마성. 알파성
베:타=입자(β粒子)명 방사성 원소가 붕괴할 때 베타선으로 방출되는 입자. 그 본체는 고속의 전자 또는 양전자(陽電子)임.
베:타테스트(beta test)명 새로 개발한 소프트웨어를 정식으로 발표하기 전에, 있을지도 모르는 제품의 결함을 찾기 위해 특정 사용자들에게 일정 기간 사용하게 하는 일. ☞베타버전(beta version)
베:타트론(betatron)명 가속기(加速器)의 한 가지. 전자유도(電磁誘導)에 따른 기전력(起電力)으로 둥근 궤도를 유지하여 전자를 가속하는 장치. 원자핵의 연구, 재료의 결함 검사나 의료용 등으로 쓰임.
베테랑(vétéran 프)명 어느 분야에서 기능이 뛰어나고 경험이 많아 노련한 사람. ¶- 기자
베-틀 명 명주·무명·삼베 등의 피륙을 짜는 틀.
베틀-가(-歌)명 구전 민요(口傳民謠)의 한 가지. 부녀자들이 베틀로 피륙을 짜면서 그 과정을 노래한 내용임.
베틀-다리[-따-] 명 베틀의 몸체가 되는, 가로누운 굵고 긴 나무. 누운다리

베틀-신 명 베틀에서, 베틀신끈 끝에 달아 놓은 외짝의 신. 한쪽 발에 신고 발을 당겼다 놓았다 하며 용두머리를 돌림.
베틀-신끈 명 베틀에서, 베틀신대의 끝과 베틀신 사이를 잇는 끈.
베틀-신대[-때] 명 베틀의 용두머리 한가운데에 박아 뒤로 내뻗친 조금 굽은 막대. 그 끝에 베틀신끈이 달림. 신대. 신찐나무. 신초리
베풀다(베풀고·베푸니) 타 ①무슨 일을 차리어 벌이다. ¶잔치를 -./환송연을 -. ②남에게 금품을 주거나 하여 혜택을 주다. ¶돈을 -./양식을 -./온정을 -.

한자 **베풀 설**(設)〔言部 4획〕¶건설(建設)/부설(附設)/설립(設立)/설치(設置)/신설(新設)
베풀 시(施)〔方部 5획〕¶시공(施工)/시료(施療)/시상(施賞)/시설(施設)/시혜(施惠)

벡터(vector)[1] 명 크기와 방향을 가지는 양. 힘·속도·가속도 등을 나타냄. 기호는 →
벡터(vector)[2] 명 바이러스 등의 병원체를 매개하는 동물을 통틀어 이르는 말. 말라리아 모기, 모자이크병의 진딧물 따위.
벤(ben 이) 명 악보(樂譜)의 나타냄말의 한 가지. '충분히'의 뜻.
벤젠(benzene) 명 방향족(芳香族) 탄화수소의 한 가지. 독특한 향기를 가진 무색의 휘발성 액체. 콜타르를 분류(分溜)할 때 생김. 각종의 방향족 화합물의 합성 원료나 염료 등에 쓰임. 벤졸
벤젠=중독(benzene中毒) 명 벤젠을 들이마신 뒤에 일어나는 중독 증세. 현기증, 구토, 호흡 곤란을 일으키며 혼수 상태에 빠짐
벤젠-핵(benzene核) 명 탄소 원자 여섯 개가 정육각형으로 배치된 고리. 방향족 화합물에 들어 있음.
벤졸(benzol) 명 벤젠
벤진(benzine) 명 휘발유의 한 가지. 석유를 증류해서 만드는 무색의 액체. 용제(溶劑)나 소독, 드라이클리닝 따위에 쓰임. 석유 벤진
벤처=기업(venture企業) 명 고도의 전문 지식과 신기술, 노하우 등을 개발하고 이를 바탕으로 창조적, 모험적인 사업을 하는 기술 집약형 기업. 성공할 경우 높은 이익이 예상되나 위험 부담이 큼.
벤치(bench) 명 ①여러 사람이 같이 앉게 된, 쿠션이 없는 긴 의자. ②운동 경기장에서 감독이나 대기 선수들이 앉아 있는 자리.
벤치마:킹(bench-marking) 명 특정 분야에서 뛰어난 기업의 경영 방식이나 기술 따위를 배워 합리적으로 응용함과 동시에 그것을 바탕으로 하여 새로운 방식이나 기술 따위를 재창조하는 일.
벤토나이트(bentonite) 명 산성 백토와 비슷한 백토. 응회암(凝灰岩) 따위가 풍화하여 생겼고, 물에 적시면 부풀어오름. 도자기 따위의 원료로 쓰임.
벨(bell) 명 ①종(鐘) ②초인종(招人鐘) ③철금(鐵琴)
벨로니테(Belonite 독) 명 용암탑(鎔岩塔)
벨벳(velvet) 명 첨모직(添毛織)의 한 가지. 거죽에 짧은 털이 돋게 짠 직물. 부드러운 촉감과 광택, 보온력이 있음. 비로드. 우단(羽緞)
벨칸토(bel canto 이) 명 이탈리아의 전통 가극(歌劇)에서 나온 가창법(歌唱法). 아름답고 부드러운 목소리에 중점을 둠.
벨트(belt) 명 ①허리띠 ②기계 장치에서, 두 개의 바퀴에 걸어 동력을 전달하는 띠. 피대(皮帶) ③띠 모양을 이루는 좁고 긴 지대를 비유하여 이르는 말. ¶그린-
벨트컨베이어(belt conveyor) 명 컨베이어의 한 가지. 둘 이상의 벨트 바퀴에 넓은 벨트를 걸어서 돌게 하고, 그 위에 물건을 얹어서 잇달아 나르는 장치.
벰베르크(Bemberg 독) 명 재생(再生) 셀룰로오스 섬유의 한 가지. 셀룰로오스를 구리암모니아 용액에 녹여서 만듦. 올이 가늘고 부드러움. 상표명임.
벵갈라(bengala 네) 명 '철단(鐵丹)'의 구용어.
벵골-어(Bengal語) 명 인도유럽 어족, 인도이란 어파(語派), 인도아리아 제어(諸語)의 한 가지. 방글라데시 등지에서 쓰임.
벵에-돔 명 황줄깜정잇과의 바닷물고기. 몸길이는 60cm 안팎이며 모양은 길둥근꼴로 양쪽 옆이 납작함. 몸빛은 등은 녹갈색, 배는 은백색임. 연안의 바위 지역에서 작은 동물이나 해조류를 먹고 삶.
벼 명 ①볏과의 한해살이풀. 세계 각지의 열대나 온대에서 재배되는 식용 작물(食用作物)임. 줄기 높이는 1m 안팎. 줄기는 속이 비고 마디가 있으며, 잎은 가늘고 길며 어긋맞게 남. 여름에서 가을에 걸쳐 줄기 끝에 이삭이 나와 꽃이 핀 다음 열매를 맺음. 이 열매의 껍질을 벗긴 것이 쌀임. 심는 곳에 따라 논벼와 밭벼로, 거두는 시기에 따라 올벼와 늦벼로, 찰기의 있고 없음에 따라 메벼와 찰벼로 나뉨. ②벼의 열매. 정조(正租)

한자 **벼 도**(稻)〔禾部 10획〕¶도열병(稻熱病)
벼 화(禾)〔禾部〕¶화곡(禾穀)/화서(禾黍)

벼곰팡잇-병(-病) 명 벼에 기생하는 곰팡이로 말미암아 생기는 병. 늦벼에 많이 생김.
벼-까라기 명 벼의 까라기. 준 벼까락
벼-까락 명 '벼까라기'의 준말.
벼-농사(-農事) 명 벼를 심어 가꾸고 거두는 일. 도작(稻作). 미작(米作)
벼-때 명 벼를 한창 거두어들이는 시기.
벼락 명 ①전기를 가진 구름과 구름 사이, 또는 구름과 지표(地表) 사이에 일어나는 방전 현상(放電現象). 강한 상승 기류에 따라 생기는 대기 속의 전위차에 따라서 일어나는데 천둥이 따름. 벽력(霹靂) ②호된 꾸지람을 비유하여 이르는 말. ¶교장 선생님의 -이 떨어졌다. ③한꺼번에 많이 쏟아지거나 생기는 것을 비유하여 이르는 말. ¶물-/돈- ④갑작스럽게 이루어지는 것을 비유하여 이르는 말. ☞벼락공부. 벼락부자
벼락이 내리다 관용 ①크게 꾸지람을 듣다. ②큰 변이 생기다. 벼락이 떨어지다.
벼락이 떨어지다 관용 벼락이 내리다.
벼락-감투 명 갑작스럽게 얻은 관직이나 직책을 비웃어 이르는 말.
벼락-같다[-갇-] 형 ①일이나 행동 따위가 몹시 빠르다. ②소리가 매우 우렁차다. ¶벼락같은 호령.
벼락-같이 부 벼락같게 ¶오십 리 길을 - 다녀왔다.
벼락-공부(-工夫) 명 시험 때가 임박하여 갑자기 서둘러 하는 공부.
벼락-김치 명 날무나 날배추를 간장에 절여서 당장 먹게 만든 김치.
벼락-닫이[-다지] 명 위짝은 붙박이고, 아래짝만 내리닫이로 되어 있는 창.
벼락-대:신 명 성질이 야무지고 독해서 어떤 어려움도 견뎌 내는 사람을 비유하여 이르는 말.
벼락-덩이 명 밭을 맬 때 호미로 크게 떠서 뒤집어엎는 흙덩이.
벼락-령(-令) 명 갑자기 내리는 급한 명령.
벼락-맞다[-맏-] 자 ①벼락에 감전(感電)되다. ②못된 짓을 하여 천벌(天罰)을 받다. ¶벼락맞을 소리.
속담 **벼락맞은 소 뜯어먹듯**: 여럿이 모여들어 각기 제 이익을 챙기기에 정신이 없다는 말.
벼락-바람 명 ①갑자기 몰아치는 바람. ②무섭게 몰아치는 기세를 비유하여 이르는 말.
벼락-방망이 명 뜻하지 않게 갑자기 얻어맞는 매.
벼락-부:자(-富者) 명 갑자기 된 부자. 졸부(猝富). 폭부(暴富)
벼락-불 명 ①벼락이 칠 때 번쩍이는 불빛. ②몹시 무서운 명령을 비유하여 이르는 말.
벼락-장(-醬) 명 며칠 동안에 급히 익혀서 먹는 고추장. 메주 무거리와 굵은 고춧가루를 버무려 물을 붓고, 2~3일 띄웠다가 소금을 쳐서 먹음.

ㅂ

벼락-장아찌 명 무·열무·배추 등을 간장에 절여서 당장에 먹게 만든 장아찌.
벼락-출세(-出世)[-쎄] 명 -하다 자 갑자기 출세하는 일, 또는 그런 출세.
벼락-치기 명 갑자기 서둘러 하는 일. ¶-로 장사를 시작하다./-로 공부하다.
벼락-치다 타 벼락이 떨어지다. ¶벼락치는 소리.
속담 **벼락치는 하늘도 속인다** : 악한 사람에게 벼락을 내려 벌을 주는 하늘도 속인다는 뜻으로, 속이려고 들면 못 속일 사람이 없다는 말.
벼랑 명 험하고 가파른 비탈. ☞낭떠러지. 절벽
벼루[1] 명 먹을 가는 데 쓰는, 돌로 만든 문방구.

한자 **벼루 연**(硯) 〔石部 7획〕 ¶연수(硯水)/연적(硯滴)/연지(硯池)/주연(朱硯)/필연(筆硯)

벼루[2] 명 강가나 바닷가의 낭떠러지.
벼룩 명 벼룩과의 기생 곤충. 몸길이 1~3mm. 몸빛은 갈색이고, 날개는 퇴화하였으며, 뛰기에 알맞은 세 쌍의 다리를 가짐. 포유류나 조류의 체표(體表)에 기생하여 피를 빨아먹고 사는데, 병원균을 옮기기도 함.
속담 **벼룩 꿇어앉을 땅도 없다** : ①몹시 비좁다는 말. ②논밭이라고는 조금도 없다는 말./**벼룩도 낯짝이 있다** : 몹시 뻔뻔스러운 사람을 두고 이르는 말./**벼룩의 간을 내어 먹는다** : 얼마 되지도 않는 것을 가난한 사람에게서 빼앗는다는 말.〔벼룩의 선지를 내어 먹는다〕
벼룩-나물 명 석죽과의 두해살이풀. 줄기 높이 15~25cm. 잎은 길이 1cm 안팎으로 길둥글고 잎자루가 없으며, 가장자리가 밋밋하고 마주 남. 봄에 잎겨드랑이에 희고 작은 다섯잎꽃이 피며, 꽃잎은 끝이 깊게 갈라져 있음. 어린잎은 먹을 수 있고, 열매는 삭과(蒴果)임. 우리 나라 각처의 밭둑이나 논둑에 자람.
벼룩=시:장(-市場) 명 길가에서 열리는, 중고품을 사고 파는 시장. 프랑스 파리 근교의 길가에서는 시장에서 유래함.
벼룩이-자리 명 석죽과의 두해살이풀. 줄기 높이 5~25cm. 연약한 식물로 전체에 잔털이 있음. 잎은 달걀꼴 또는 길둥근꼴로 마주 나며, 잎자루가 없고 길이는 3~7mm임. 봄에 잎겨드랑이에 작고 흰 다섯잎꽃이 한 송이씩 핌. 열매는 삭과(蒴果)이며, 끝이 여섯 갈래로 갈라지는데, 속에 많은 알갱이 모양의 씨앗이 생김. 어린잎은 먹을 수 있음. 우리 나라의 들이나 길가에서 흔히 볼 수 있음. 벼룩자리
벼룩-자리 명 '벼룩이자리'의 딴이름.
벼룻-길 명 강가나 바닷가의 벼랑으로 나 있는 길.
벼룻-돌 명 ①벼루 ②벼루의 재료가 되는 돌. 연석(硯石)
벼룻-물 명 먹을 갈려고 벼루에 따르는 물. 연수(硯水)
벼룻-집 명 ①벼루·먹·붓·연적 따위를 넣어 두는 납작한 상자. 연갑(硯匣). 연상(硯箱) ②벼루·먹·붓·연적·종이 따위를 넣어 두는 조그만 책상. 연상(硯床)
벼르다[1](벼르고·별러) 타르 어떤 일을 하려고 미리부터 마음먹고 기회를 노리다. ¶오랫동안 벼르던 해외 여행.
속담 **벼르던 아기 눈이 먼다** : 잘해 보려고 잔뜩 벼르던 일이 도리어 낭패 보기 쉽다는 말./**벼르던 제사에 물도 못 떠 놓는다** : 무슨 일이나 너무 잘하려고 벼르다 보면, 도리어 더 못하게 되는 일이 많다는 말.
벼르다[2](벼르고·별러) 타르 일정한 비율에 따라 여러 몫으로 고르게 나누다. ¶수익을 조합원들에게 별러 주다.
벼름 명 -하다 타 여러 몫으로 고르게 별러 주는 일.
벼름-벼름 부 무슨 일을 하려고 자꾸 벼르는 모양을 나타내는 말.
벼름-질 명 -하다 타 고루 별러서 나누는 일.
벼리 명 ①그물의 위쪽 코를 꿰어 오므렸다 폈다 할 때 잡아당기게 된 줄. 벼릿줄 ②어떤 일이나 글의 가장 중심되는 줄거리를 비유하여 이르는 말.

한자 **벼리 강**(綱) 〔糸部 8획〕 ¶강령(綱領)/강상(綱常)
벼리 기(紀) 〔糸部 3획〕 ¶강기(綱紀)/기강(紀綱)

벼리다 타 연장의 무디어진 날이나 끝을 불에 달구고 두드려서 날카롭게 만들다. ¶낫을 -./호미를 -.
속담 **벼린 도끼가 이 빠진다** : 공들여 잘해 놓은 것이 도리어 빨리 탈이 났을 경우를 이르는 말.
벼릿-줄 명 벼리
벼-메뚜기 명 메뚜깃과의 곤충. 몸길이 3~4cm. 몸빛은 황록색이고 날개는 담갈색임. 뒷다리는 앞의 두 쌍의 다리에 비하여 크고 길어서 뛰기에 알맞음. 볏과 식물의 잎을 갉아먹는 해충임. 8~10월에 많이 나타나며, 가을에 논둑이나 부근의 땅 속에 백 개 정도의 알을 낳음. 먹을 수 있으며 영양가도 높음. 메뚜기'
벼슬 명 지난날, 관아에 나아가 공무를 맡아보던 자리. 관직(官職) 속 감투
속담 **벼슬은 높이고 뜻은 낮추어라** : 지위가 높아질수록 겸손해야 한다는 말.

한자 **벼슬 경**(卿) 〔卩部 10획〕 ¶공경(公卿)/구경(九卿)
벼슬 관(官) 〔宀部 5획〕 ¶관료(官僚)/관리(官吏)
벼슬 사(仕) 〔人部 3획〕 ¶사로(仕路)/출사(出仕)
벼슬 위(尉) 〔寸部 8획〕 ¶대위(大尉)/위관(尉官)
벼슬 작(爵) 〔爪部 14획〕 ¶공작(公爵)/작위(爵位)

벼슬-길[-낄] 명 관원이 되는 길. 사도(仕道). 사로(仕路). 환도(宦途). 환로(宦路) ¶-이 막히다.
벼슬-살이 명 -하다 자 관원으로 지내는 생활.
벼슬-아치 명 관직에 있는 사람. 관원(官員)
속담 **벼슬아치는 심부름꾼** : 나라 살림을 하는 관원은 백성을 위하여 일한다는 뜻으로 이르는 말.

한자 **벼슬아치 리**(吏) 〔口部 3획〕 ¶관리(官吏)/이서(吏胥)

벼슬-하다 자여 관원이 되다.
속담 **벼슬하기 전에 일산(日傘) 준비** : 앞으로 일이 어떻게 될지도 모르면서 다 된 것처럼 서둔다는 말.
벼-쭉정이 명 벼의 쭉정이.
벼-팔이 명 -하다 자 장사할 목적으로 돈을 주고 벼를 사들이는 일.
벼-화(-禾) 명 한자 부수(部首)의 한 가지. '秀'·'私' 등에서 '禾'의 이름.
벼-훑이[-훌치] 명 벼이삭을 한 가닥씩 훑어서 낟알을 뜯어내는 기구. 두 개의 대쪽이나 나뭇개비, 수숫대 등의 한끝을 동여매어 집게처럼 만든 것. 도급기(稻扱機)
벽: 명 '비역'의 준말.
벽(壁)[1] 명 ①건물의 둘레나 방 따위를 둘러막은 부분. ¶두꺼운 -./콘크리트 - ☞바람벽 ②장애나 장애물을 비유하여 이르는 말. ¶불신의 -을 허물다.
벽에 부딪히다 관용 어떤 장애를 만나다. ¶사업이 벽에 부딪혔다.
벽을 쌓다 관용 사귀던 관계를 끊거나 관계가 멀어지다. 벽쌓다
벽을 치다 관용 목조 건물에서, 외를 얽고 그 위에 이긴 흙을 발라서 벽을 만들다.

한자 **벽 벽**(壁) 〔土部 13획〕 ¶벽보(壁報)/벽지(壁紙)/벽화(壁畫)/석벽(石壁)/성벽(城壁)/장벽(障壁)

벽(壁)[2] 명 '벽수(壁宿)'의 준말.
벽(癖) 부 ①무엇을 치우치게 즐기는 성벽. ②굳어져서 고치기 어려운 버릇.
벽간(壁間) 명 ①기둥과 기둥 사이의 벽의 부분. ②벽의 거죽. 벽면(壁面)
벽감(壁龕) 명 서양 건축에서, 벽의 한 부분을 오목하게 도려낸 자리. 조상(彫像)이나 화병 따위를 놓아둠. 니치
벽개(劈開) 명 -하다 자 ①금이 가서 갈라짐. ②광물이나 암석 등이 결을 따라 평행으로 쪼개져 평면을 이루는 성질. 운모·휘석 따위에서 볼 수 있음. ☞열개(裂開)
벽거(僻居) 명 -하다 자 외진 곳에서 삶, 또는 그 거처.
벽견(僻見) 명 공정하지 못하고 한쪽으로 치우친 생각. 편견(偏見)
벽경(僻境) 명 벽지(僻地)
벽경(壁經) 명 서경(書經)의 고본(古本). 진시황(秦始皇)

의 분서(焚書)를 피하기 위해 공자(孔子)의 옛집 벽 속에 숨겨 놓았던 것이 한(漢)나라 때 발견된 데서 이름. 벽중서(壁中書)
벽계(碧溪)명 물빛이 파란 시내. 맑은 물이 흐르는 시내.
벽계-산간(碧溪山間)명 파란 시내가 흐르는 산골짜기.
벽계-수(碧溪水)명 파란빛이 도는 맑은 시냇물.
벽곡(辟穀)명-하다자 곡식을 멀리한다는 뜻으로, 솔잎이나 대추, 밤 같은 것을 날로 조금씩 먹고 사는 일.
벽공(碧空)명 파란 하늘.
벽-난로(壁煖爐)명 방 안의 벽면에 아궁이를 내고 굴뚝을 벽 속으로 통하게 하는 난방 장치. 주로 장작 따위를 땔감으로 씀. 준 벽로(壁爐)
벽담(碧潭)명 파란빛이 감도는 깊은 못.
벽도(碧桃)명 ①선경(仙境)에 있다는 복숭아의 한 가지. ②'벽도화(碧桃花)'의 준말
벽도-나무(碧桃-)명 복숭아나무의 한 가지. 여러 겹으로 된 꽃이 희고 아름다움. 열매는 매우 잘고 먹지 못함. 관상용임.
벽도-화(碧桃花)명 벽도나무의 꽃. 준 벽도(碧桃)
벽-돌(甓-)명 진흙과 모래를 차지게 반죽하여, 틀에 박아 네모나게 찍어서 구워 낸 건축 재료. 벽와(甓瓦). 연와(煉瓦)
벽돌-공(甓-工)명 벽돌을 만드는 직공. 벽돌장이
벽돌-담(甓-)명 벽돌을 쌓아 올린 담.
벽돌-문(甓-紋)명 빛깔이 다른 네모진 돌을 섞바꾸어 깔아 놓은 것 같은 바둑판 무늬.
벽돌-장이(甓-)명 벽돌공
벽돌-집(甓-)명 벽돌로 지은 집.
벽두(劈頭)명 일의 첫머리. ¶회의는 -부터 분쟁의 기미가 보였다. ☞모두(冒頭). 초두(初頭). 허두(虛頭)
벽력(霹靂)명 벼락
벽력-같다(霹靂-)[-갇-]형 목소리가 매우 크고 우렁차다. ¶벽력같은 호령.
  벽력-같이부 벽력같게
벽력-화(霹靂火)명 육십갑자의 무자(戊子)와 기축(己丑)에 붙이는 납음(納音). ☞송백목(松柏木)
벽련(劈鍊)명 ①통나무를 네모지게 다듬은 목재. ②대가리만 네모지게 대강 다듬은 통나무로 엮은, 짧은 뗏목.
벽로(僻路)명 사람의 내왕이 드문 으슥한 길.
벽로(壁爐)명 '벽난로'의 준말.
벽론(僻論)명 한쪽으로 치우쳐서 도리에 맞지 않는 말.
벽루(壁壘)명 성벽(城壁)과 방책(防柵)을 아울러 이르는 말.
벽루(僻陋)어기 '벽루(僻陋)하다'의 어기(語基).
벽루-하다(僻陋-)형여 외지고 촌스럽다. 풍속 따위가 천박하다.
벽류(碧流)명 파란 냇물.
벽립(壁立)어기 '벽립(壁立)하다'의 어기(語基).
벽립-하다(壁立-)형여 깎아지른듯이 솟아 있다.
벽면(壁面)명 벽의 거죽. 벽간(壁間)
벽모(碧毛)명 푸른 빛의 털.
벽-바닥(壁-)명 사금(砂金)을 파내는 구덩이의 밑이 석벽(石壁)으로 된 바닥.
벽보(壁報)명 여러 사람에게 알리려고 자기의 의견이나 주장 따위를 적어 벽에 내붙이는 글. 벽신문 따위. ☞대자보(大字報)
벽보-판(壁報板)명 벽보를 붙이도록 마련한 널빤지.
벽사(辟邪)명-하다자 사귀(邪鬼)를 물리침.
벽사(僻事)명 도리에 벗어난 일.
벽사-문(辟邪文)명 사귀(邪鬼)를 물리치기 위하여 쓴 글.
벽산(碧山)명 풀과 나무가 우거진 푸른 산. 청산(靑山)
벽상(壁上)명 벽의 위, 또는 벽면(壁面). ¶-의 족자.
벽상-토(壁上土)명 육십갑자의 경자(庚子)와 신축(辛丑)에 붙이는 납음(納音). ☞금박금(金箔金)
벽색(碧色)명 짙푸른 빛깔.
벽서(僻書)명 도리에 맞지 않거나 편벽된 것을 적은, 쓸모없는 책.
벽서(壁書)명-하다타 여러 사람에게 알릴 글을 벽에 쓰거나 써 붙임, 또는 그 글.
벽석(壁石)명 벽을 꾸미는, 널빤지처럼 얇게 다듬은 장식용 돌.
벽선(壁線)명 ①기둥에 붙여 세우는 네모진 굵은 나무. ②벽 중간에 세운 문설주. ③아래위 두 인방 사이에 세워 창문의 문설주가 되도록 한 나무.
벽설(僻說)명 도리에 벗어난 설(說). 정당하지 못한 설.
벽성(僻性)명 편벽한 성질. 괴벽한 성질.
벽성(僻姓)명 썩 드문 성(姓). 골(骨)씨·단(段)씨·궉(鴌)씨·창(昌)씨 등. 희성(稀姓)
벽성(壁星)명 벽수(壁宿)
벽손명 장농의 아래층 군쇠 옆에 끼우는 넉 장의 널조각.
벽수(碧水)명 푸른 빛이 나도록 맑고 깊은 물. 녹수(綠水)
벽수(壁宿)명 이십팔수(二十八宿)의 하나. 북쪽의 일곱째 별자리. 벽성(壁星) 준 벽(壁)[2]
벽-신문(壁新聞)명 ①학교나 직장, 병원 따위의 벽이나 게시판에 붙인 신문. 뉴스, 여러 가지 주장, 만화 따위가 실림. ②'대자보(大字報)'를 흔히 이르는 말.
벽-쌓다(壁-)자 사귀던 관계를 끊거나 관계가 멀어지다. 벽을 쌓다. ¶그는 가족들과 벽쌓고 지낸다.
벽안(碧眼)명 ①눈동자가 파란 눈. 서양 사람의 눈. ②서양 사람을 달리 이르는 말.
벽안-자:염(碧眼紫髥)명 파란 눈동자와 붉은 수염이라는 뜻으로, 서양 사람을 이르는 말.
벽언(僻言)명 편벽된 말. 도리에 벗어난 말.
벽-오동(碧梧桐)명 벽오동과의 낙엽 활엽 교목. 높이 15 m 안팎. 나무껍질은 녹색이고, 잎은 넓고 크며, 끝이 세 갈래 또는 다섯 갈래로 갈라져 있음. 여름에 담황색의 다섯잎꽃이 무리지어 핌. 중국 남부 원산으로, 우리 나라 중부 이남의 인가 부근에 심음. 재목은 가구나 악기 따위의 재료로 쓰임. 청동(靑桐)
벽옥(碧玉)명 ①녹색 또는 파란 빛깔의 옥. ②녹색·파랑·빨강·갈색 등 불투명한 빛깔의 광물.
벽와(碧瓦)명 청기와
벽와(甓瓦)명 벽돌
벽운(碧雲)명 파란빛이 도는 구름.
벽원(僻遠)어기 '벽원(僻遠)하다'의 어기(語基).
벽원-하다(僻遠-)형여 외지고 멀다.
벽읍(僻邑)명 외진 고을.
벽이:단(闢異端) '이단을 물리침'의 뜻.
벽인-향(辟人香)명 대보름에 여자들이 다리밟이를 할 때, 맨 앞에 선 여자가 사람들이 길을 비키도록 불을 피워 들던 향.
벽자(僻字)명 흔히 쓰지 않는 한자.
벽자(僻者)명 마음이 비뚤어진 사람.
벽장(壁*欌)명 벽을 뚫어 작은 문을 내고, 그 안을 장처럼 꾸며 물건을 넣을 수 있게 만든 곳.
벽장-돌(甓-)[-똘]명 네모 반듯하고 썩 큰 벽돌.
벽장-문(壁*欌門)명 벽장에 달아 놓은 문.
벽장-코명 콧등이 넓적하고 우묵한 코, 또는 그런 코를 가진 사람. ☞매부리코. 전병코
벽재(僻材)명 한방에서, 흔히 쓰이지 않는 약재(藥材)를 이르는 말.
벽적(癖積)명 한방에서, 뱃속에 무슨 뭉치 같은 것이 생기는 병을 이르는 말. 창자가 부어오르고, 창자 속이 헐기도 하며, 창자의 일부가 꿈틀거리기도 함.
벽제(辟除)명-하다타 지난날, 귀인(貴人)이 나들이할 때, 하인이 소리치며 다른 사람들이 다니지 못하게 하던 일.
벽제-관(碧蹄館)명 경기도 고양시 벽제에 있던 옛 역관(驛館). 조선 시대에 중국과 조선을 왕래하던 두 나라 사신(使臣)이 머물던 곳. 임진왜란 때 왜군과 명군(明軍)의 격전지로도 유명함.
벽제-소리(辟除-)명 벽제(辟除)하느라고 지르는 소리. 귀인을 모시고 가는 하인이, '에라 게 들어 섰거라' 하고 외쳤음.
벽-조목(霹棗木)명 벼락맞은 대추나무. 요사(妖邪)한 기

운을 물리친다 하여 그 토막을 몸에 지니고 다니는 풍습이 있었음.
벽좌:우(辟左右) 밀담(密談) 따위를 나누려고 '곁에 있는 사람을 물림'의 뜻.
벽중-서(壁中書) 명 벽경(壁經)
벽지(僻地) 명 ①도시에서 멀리 떨어진, 교통이 불편한 외진 곳. 벽경(僻境). 벽처(僻處). 벽향(僻鄕) ¶ —에 있는 학교. ②자기가 사는 마을을 낮추어 이르는 말. 벽촌(僻村) ¶ —에까지 오느라고 고생하셨습니다.
벽지(壁紙) 명 벽을 꾸미기 위하여 바르는 종이. 도배지(塗褙紙)
×**벽-지다**(僻—) 형 → 외지다
벽창-우(碧昌牛) 명 ①평안 북도 벽동(碧潼)·창성(昌成)에서 나는 크고 억센 소. ②'벽창호'의 원말.
벽창-호(碧昌—) 명 고집이 세고 미련한 사람을 비유하여 이르는 말. 원 벽창우(碧昌牛)
벽채 명 광산에서 광석을 긁어 모으거나 파내는 데 쓰는 호미 비슷한 기구.
벽처(僻處) 명 벽지(僻地)
벽천(壁泉) 명 분수(噴水)의 한 가지. 건축물의 벽에 붙인 조각물 따위의 입에서 물을 뿜어내도록 만든 것.
벽청(碧靑) 명 구리에 녹이 나서 생기는 푸른 빛. ☞동록
벽체(壁體) 명 ①건물의 벽이 되는 부분. ②공작물 따위에서, 면이 넓고 두께가 얇은 부분을 이르는 말.
벽촌(僻村) 명 ①외진 곳에 있는 마을. 벽항(僻巷) ②자기가 사는 마을을 낮추어 이르는 말. 벽지(僻地)
벽태(碧苔) 명 푸른 이끼.
벽토(壁土) 명 벽에 바른 흙.
벽토(闢土) 명 -하다 자 땅을 넓히거나 땅을 일구어 농토를 만드는 일.
벽파(碧波) 명 파란 물결.
벽파(僻派) 명 조선 시대 후기에 일어난 당파의 하나. 사도세자(思悼世子)를 비방한 당파로, 세자를 두둔한 시파(時派)와 대립하였음.
벽파(劈破) 명 -하다 타 ①쪼개어 깨뜨림. ②잘게 찢어 발김.
벽파-문벌(劈破門閥) 명 사람을 골라서 관직에 임명할 때 문벌을 가리지 않음.
벽-하다(僻—) 형 여 《文》①도시에서 멀리 떨어져 외지다. ②성질이나 행동 따위가 보통과 다르게 까다롭다.
벽항(僻巷) 명 외진 곳에 있는 마을. 벽촌(僻村)
벽항-궁촌(僻巷窮村) 명 외진 곳에 있는 가난한 마을.
벽해(碧海) 명 파란 바다.
벽해상전(碧海桑田) 성구 상전벽해(桑田碧海)
벽향(僻鄕) 명 벽지(僻地)
벽혈(碧血) 명 목숨을 바치는 지극한 정성을 이르는 말. 주(周)나라의 충신인 장홍(萇弘)이 임금을 간(諫)하다가 자살하자, 그 피가 변하여 벽옥(碧玉)이 되었다는 고사(故事)에서 유래함.
벽호(癖好) 명 -하다 타 인이 박일 만큼 좋아함.
벽화(壁畫) 명 ①장식 따위의 목적으로 건물의 벽이나 천장에 그린 그림. ¶고분(古墳)의 —. ②벽에 건 그림.
변 명 변말 ¶ —을 쓴다.
변(便) 명 '대소변(大小便)'의 준말. ¶ —을 보다.
변(甂) 명 조그마하고 아가리가 큰 항아리.
변(邊)[1] 명 한자 부수(部首) 유형의 한 가지. 좌우로 구성된 자형(字形)인 '仁·河·技' 등의 왼쪽 부분 '亻·氵·扌'를 이르는 말. ☞방(傍)
변(邊)[2] 명 '변리(邊利)'의 준말.
변(邊)[3] 명 ①어떤 장소나 물건의 가장자리. ②수학에서, 다각형을 이루는 선분. ③수학에서, 등식 또는 부등식의 오른쪽 또는 왼쪽의 식. ④바둑에서, 귀와 귀 사이의 부분. ⑤과녁의 복판이 아닌 부분. ☞관(貫)[1]
변:(變) 명 ①예사롭지 않은 사건. 난리. 변고(變故). 사고(事故). 재난(災難) ¶밤길을 가다가 —을 당했다./—이 일어났다. ②보통이 아닌 일. 있을 수 없는 일. ¶여름에 눈이 내리다니, 거 참 —이로구나./내가 그런 실수를 하다니, 이런 —이 있나.
변(籩) 명 종묘(宗廟)와 문묘(文廟) 등의 나라 제사에 쓰이던 제기. 과일·떡·포(脯) 따위 마른 제수를 담았음. ☞두(豆)
변강(邊疆) 명 변경(邊境) ▷ 邊의 속자는 辺
변강쇠전(—傳) 명 가루지기타령
변강쇠타:령(—*打令) 명 가루지기타령
변:개(變改) 명 -하다 타 변경(變更). 변역(變易)
변:격(變格)[—껵] 명 일정한 격식이나 규칙에서 벗어남. ☞정격(正格)
변경(邊境) 명 중앙으로부터 멀리 떨어진 국경, 또는 그 지역. 변강(邊疆). 변계(邊界). 변방(邊方)
변:경(變更) 명 -하다 타 바꾸어 고침. 변개(變改). 변역(變易) ¶계획을 —하다./예정이 —되다.
변계(邊戒) 명 변경을 경계함.
변계(邊界) 명 변경(邊境)
변:고(變故) 명 재변(災變)이나 사고.
변:-곡점(變曲點) 명 수학에서, 곡선의 요철(凹凸)의 상태가 바뀌는 점. ▷ 變의 속자는 変
변:광-성(變光星) 명 밝기가 변하는 별.
변:괴(變怪) 명 ①이상야릇한 재변(災變). 괴이한 일. ②도리에 어긋나는 못된 짓.
변:구(辯口) 명 변설(辯舌)
변:국(變局) 명 평상시와 다른 국면(局面). ☞비상 사태
변기(便器) 명 똥오줌을 받아 내는 그릇.
변-놀이(邊—) 명 -하다 자 남에게 돈을 꾸어 주고 이자를 받는 일을 직업으로 삼는 일. 대금업(貸金業). 돈놀이
변:덕 명 이랬다저랬다 하며 변하기를 잘하는 일, 또는 그러한 성질. ¶ —을 떨다./—이 심하다. ☞밴덕. 뱐덕
변덕(을) 부리다 관용 변덕스러운 말이나 행동을 하다.
변덕이 죽 끓듯 하다 관용 몹시 변덕을 부리다.
변:덕-꾸러기 명 변덕을 잘 부리는 사람. ☞밴덕꾸러기
변:덕-맞다[—맏—] 형 매우 변덕스럽다. ☞밴덕맞다
변:덕-스럽다(—스럽고·—스러워) 형 ㅂ 변덕을 부리는 성질이나 태도가 있다. ☞밴덕스럽다. 뱐덕스럽다
변덕-스레 부 변덕스럽게
변:덕-쟁이 명 변덕스러운 사람. ☞밴덕쟁이. 뱐덕쟁이
변독(便毒) 명 하감(下疳)
변-돈(邊—)[—똔] 명 변리(邊利)를 받기로 하고 빚으로 주는 돈. 변문(邊文). 변전(邊錢)
변:동(變動) 명 -하다 자 상태나 상황이 달리 바뀜. ¶물가의 —./—하는 경기.
변:동-비(變動費) 명 생산량의 증감에 따라 변하는 비용. 원료비 따위. 가변 비용(可變費用) ☞고정비(固定費)
변:동-성(變動性)[—썽] 명 변동하는 성질.
변:동=소:득(變動所得) 명 액수가 일정하지 않고 해에 따라 변동이 심한 소득. 어획(魚獲)으로 생기는 소득이나 원고료, 작곡료 따위.
변동일실(便同一室)[—씰] 성구 남과 썩 친하여 한집안 식구처럼 지냄을 이르는 말.
변:동=환:율제(變動換率制)[—쩨] 명 환율을 고정시키지 않고 외환 시장의 수급에 따른 변동에 맡기는 제도. ☞고정 환율제(固定換率制)
변두(藊豆) 명 콩과의 한해살이풀. 잎은 석 장의 잔잎으로 칡잎 비슷하나 털이 없음. 여름에 잎겨드랑이에서 긴 꽃자루가 나와 백색 또는 담자색의 나비 모양의 꽃이 이삭 모양으로 핌. 열매는 협과(莢果)로 길이 7cm 안팎이며, 낫 모양의 납작하고 길둥근 모양임. 흰 꽃의 씨는 백변두(白藊豆), 자주 꽃의 씨는 흑변두(黑藊豆)라 함. 씨와 어린 꼬투리는 먹을 수 있고, 흰 꽃의 씨는 약재로 쓰임.
변두(邊頭) 명 '변두통(邊頭痛)'의 준말.
변두(를) 놓다 관용 편두통을 낫게 하려고 침을 놓다.
변두(를) 맞다 관용 편두통을 낫게 하려고 침을 맞다.
변-두리 명 ①어떤 지역의 가장자리가 되는 곳. ¶서울의 서쪽 —./—에 살다. ②그릇 따위 물건의 가장자리.
변두-통(邊頭痛) 명 편두통(偏頭痛) 준 변두(邊頭)
변두-화(藊豆花) 명 변두의 꽃. 약재로 쓰임.
변:란(變亂) 명 사변(事變)이 일어나 세상이 어지러워지는

일, 또는 그 소란.

변:량 (變量) 명 통계(統計)에서, 조사 대상의 내용을 수치로 나타낸 것.

변려-문 (騈儷文) 명 한문 문체의 한 가지. 넉 자 또는 여섯 자로 이루어진 대구(對句)를 기본으로 하는 화려한 문체. 중국에서 육조(六朝)와 당(唐)나라 때 유행하였음. 변체문(騈體文). 사륙문(四六文). 사륙변려문(四六騈儷文) 준 변문(騈文). 여문(儷文)

변:론 (辯論) 명 -하다 자타 ①사람들 앞에서 사리를 밝혀 옳고 그름을 말함. ②소송 당사자나 변호인이 법정에서 하는 진술.

변:론-가 (辯論家) 명 변론을 잘하는 사람.

변:론=능력 (辯論能力) 명 법정에서 변론이나 소송 행위를 할 수 있는 능력. 형사 소송의 상고심(上告審)에서는 변호인만이 이 능력이 인정됨.

변:론-주의 (辯論主義) 명 ①민사 소송법에서, 소송의 해결 및 심리 자료의 수집을 당사자의 권능 또는 책임으로 보는 주의. ②형사 소송법에서, 당사자 쌍방의 변론에 따라 재판하는 주의.

변:류-기 (變流器) 명 전류(電流)의 크기를 바꾸는 것을 목적으로 하는 변압기(變壓器).

변:리 (辨理) 명 -하다 타 일을 분명히 분별하여 처리함. 유 판리(辦理)

변리 (邊利) 명 빚돈에 덧붙여 얼마 동안에 얼마씩의 비율로 무는 이자. 길미. 이(利). 이식(利息) 준 변(邊)[2]

변:리=공사 (辨理公使) 명 외무(外務) 공무원의 대외 직명의 하나. 제3급의 외교 사절로 특명 전권 공사(特命全權公使)의 아래, 대리 공사(代理公使)의 위임. 우리 나라의 직제(職制)에는 해당되지 않음.

변:리-사 (辨理士) 명 특허·실용 신안(實用新案)·의장(意匠)·상표(商標)의 등록이나 출원(出願) 등의 사무를 대행하는 일을 전문으로 하는 사람.

변-말 명 특수한 집단이나 계층에서, 본뜻을 숨기고 남이 모르게 자기네끼리만 쓰는 말. 변. 은어(隱語)

변:명 (辨明) 명 -하다 타 ①사리를 분별하여 똑똑히 밝힘. 변백(辨白) ②어떤 잘못이나 실수에 대하여 이런저런 구실을 대며 그 까닭을 말함. ¶ ―을 늘어놓다. /―의 여지가 없다. ☞발명(發明)[2]

변:명 (變名) 명 -하다 자 본이름을 숨기고 딴이름을 씀, 또는 그 이름.

변:명무로 (辨明無路) 성구 자기의 잘못이나 남의 오해 등에 대하여 변명할 길이 없음을 이르는 말.

변:모 (變貌) 명 -하다 자 모습이 달라짐, 또는 달라진 그 모습. 변용(變容) ¶ 성숙한 여인으로 ―하다.

변:모-없:다 [―업―] 형 ①고지식하여 변통성이 없다. ②남의 체면은 아랑곳하지 않고 말이나 행동이 데퉁스럽다. ¶ 변모없게 마구 떠들어대다.

변모-없이 부 변모없게

변:-모음 (變母音) 명 움라우트(Umlaut)

변:무 (抃舞) 명 -하다 자 기쁨에 겨워 손뼉을 치면서 춤을 추는 일, 또는 그 춤.

변:무 (辨誣) 명 -하다 타 사리를 따져 억울함을 밝힘.

변문 (騈文) 명 '변려문(騈儷文)'의 준말.

변문 (邊文) 명 변돈

변:미 (變味) 명 -하다 자 음식이 상하여 맛이 변함, 또는 그 맛.

변민 (邊民) 명 변경에 사는 백성.

변:박 (辨駁·辯駁) 명 -하다 타 남의 이론이나 논설의 잘못된 점을 비판하여 공격함. 논박(論駁)

변:발 (辮髮) 명 지난날, 만주족의 풍습으로 남자의 머리털의 둘레를 깎아 가운데의 머리만을 땋아서 뒤로 길게 늘인 머리 모양을 이르던 말. 편발(編髮)

변방 (邊方) 명 ①중앙에서 멀리 떨어진 지역. ②변경(邊境)

한자 변방 새(塞) 〔土部 10획〕 ¶ 변새(邊塞)/새외(塞外)

변방 (邊防) 명 변경(邊境)의 방비.

변:백 (辨白) 명 -하다 타 사리를 분별하여 똑똑히 밝힘. 변명

변:법 (變法) [―뻡] 명 ① -하다 자 법률을 고침, 또는 그 법률. ②편의상으로 쓰는 딴 방법.

변변찮다 준 '변변하지 않다'가 줄어든 말. ¶ 변변찮은 옷차림. /손님 대접이 ―.

변변-하다 형여 ①됨됨이나 생김새가 흠잡을 데 없이 어지간하다. ¶ 얼굴이 ―. /주위에 변변한 인물 하나 없다. ②지체나 살림살이가 남보다 떨어지지 아니하다. ¶ 집안이 ―. ③제대로 갖추어져 충분하거나 쓸만 하다. ¶ 변변한 놀이 시설. /차린 것이 변변치 못하다.

변변-히 부 변변하게 ☞반반히

변:별 (辨別) 명 -하다 타 ①사물의 서로 다름을 분명히 분별함. ②옳고 그름이나 좋고 나쁨을 구별함. ¶ 선악(善惡)을 ―하다.

변:별-력 (辨別力) 명 ①사물의 서로 다름을 분명히 분별하는 능력. ②옳고 그름이나 좋고 나쁨을 구별하는 능력.

변:별-역 (辨別閾) [―력] 명 심리학에서, 같은 종류의 두 자극의 차이를 감지하는 데 필요한 자극의 최소량.

변보 (邊報) 명 변경에서 오는 보고나 경보(警報).

변:보 (變報) 명 어떠한 변을 알리는 보고.

변:복 (變服) 명 -하다 자 남의 눈을 속이려고 옷을 달리 차리어 입음, 또는 그 옷. 개복(改服) ¶ ― 차림을 하다.

변:복조=장치 (變復調裝置) 명 컴퓨터 통신으로 데이터를 주고받을 때에, 컴퓨터의 디지털 신호를 통신 선로를 통하여 보낼 수 있도록 아날로그 신호로 바꿔 주고, 들어온 아날로그 신호는 디지털 신호로 바꿔 주는 장치. 모뎀(modem)

변불신기 (便不神奇) 성구 소문과는 달리 별로 신기할 것이 없음을 이르는 말.

변비 (便祕) 명 대변을 보는 횟수, 또는 대변의 양이 줄거나, 배변(排便)이 순조롭지 않은 증세. 비결(祕結). 변비증(便祕症)

변비 (邊備) 명 변경(邊境)의 방비.

변비 (邊鄙) 명 도시에서 멀리 떨어진 외진 시골.

변비-증 (便祕症) [―쯩] 명 변비(便祕)

변:사 (辯士) 명 ①연설이나 강연을 하는 사람. ②무성 영화(無聲映畫)를 상영할 때, 화면(畫面)에 맞추어 그 내용을 설명하는 사람. ③입담이 좋은 사람.

변:사 (變死) 명 -하다 자 자살이나 피살(被殺)·사고사(事故死) 등 뜻밖의 변고로 죽음. ☞횡사(橫死)

변:사 (變事) 명 예사롭지 않은 이상한 일.

변:사 (變詐) 명 ①요사스럽게 요랬다조랬다 하는 일, 또는 요리조리 속이는 일. ②병의 형세가 졸지에 달라지는 일.

변사를 부리다 관용 ①갑자기 요랬다조랬다 하며 요사스럽게 행동하다. ②병세가 별안간 달라지다.

변:사-스럽다 (變詐―) (―스럽고·―스러워) 형ㅂ 보기에 변사를 부리는 것 같다.

변사-스레 부 변사스럽게

변:사 (變辭) 명 -하다 자 이미 한 말을 이리저리 고침, 또는 그러한 말.

변:사-자 (變死者) 명 자살이나 피살(被殺)·사고사(事故死) 등 뜻밖의 변고로 죽은 사람.

변:사-체 (變死體) 명 변사한 시체. 변시체(變屍體)

변:상 (辨償) 명 -하다 타 남에게 입힌 손해를 돈이나 물건 따위로 물어줌. 판상(辦償) ¶ 자동차의 수리비를 ―하다.

변:상 (變狀) 명 보통과 다른 상태나 상황.

변:상 (變相) 명 ①얼굴 모습을 바꿈, 또는 그 바뀐 모습. ②불교에서, 지옥이나 극락의 여러 모습을 그린 그림. 변상도(變相圖)

변:상 (變喪) 명 ①변사(變死)로 말미암은 초상(初喪). ②악상(惡喪)

변:상-도 (變相圖) 명 변상(變相)

변상-중:지 (邊上重地) 명 변방(邊方)의 중요한 땅.

변새 (邊塞) 명 변경에 있는 요새.

변:색 (辨色) 명 -하다 타 잘잘못을 가림.

변:색 (變色) 명 -하다 자 ①빛깔이 달라짐. ②성이 나서 얼굴빛이 달라짐. ¶ ―하여 따지기 시작하다. ③동물의 체색이 달라짐.

변:석(辨釋)명-하다타 사리를 분명하게 변별하고 분석하여 풀이함.
변:설(辯舌)명 입담 좋게 말을 잘하는 재주, 또는 그 말솜씨. 변구(辯口) ¶재치 있는 ㅡ.
변:설(辯說)명-하다타 무슨 일의 논리를 설명하여 밝힘.
변:설(變說)명-하다타 이제까지의 주장이나 생각을 바꿈, 또는 그 주장이나 생각.
변성(邊城)명 변경(邊境)에 있는 성.
변:성(變成)명-하다자 모양이 변하여 다르게 됨.
변:성(變性)명-하다자 ①성질이 변함, 또는 그 변한 성질. ②의학에서, 세포나 조직의 성질이 특히 좋지 않은 상태로 변하는 일을 이름.
변:성(變姓)명-하다자 성(姓)을 바꿈, 또는 바꾼 그 성.
변:성(變聲)명-하다자 ①목소리가 달라짐. ②제이성징(第二性徵)의 하나. 사춘기에 성대가 변하여 음성이나 음역이 변하는 일. 남자의 경우 매우 낮은 음성으로 바뀜.
변:성=광:상(變成鑛床)명 변성 작용으로 말미암아 본디의 광물 조성(組成)과는 다른 성질이 된 광상.
변:성-기(變成器)명 약한 전류의 회로에 쓰이는 변압기.
변:성-기(變聲期)명 사춘기에 성대에 변화가 일어나 목소리가 바뀌는 시기. 대개 12~15세 무렵임.
변:성남자-원(變成男子願)명 불교에서 이르는 사십팔원(四十八願)의 하나. 여자가 부처를 믿어서 죽은 뒤에 남자의 몸으로 다시 태어나기를 바라는 소원.
변:성=매독(變性梅毒)명 성병(性病)의 한 가지. 병균에 감염된 후, 잠복기를 거쳐 수 년이나 수십 년 뒤에 그 증상이 나타나서 신경 계통을 침범하는 매독.
변:-성:명(變姓名)명-하다자 성과 이름을 달리 바꾸는 일, 또는 그 바꾼 성과 이름.
변:성=알코올(變性alcohol)명 적은 양의 메틸알코올이나 가솔린 등의 변성제(變性劑)를 섞어, 그 독성이나 냄새 때문에 마실 수 없게 만든 에틸알코올.
변:성-암(變成岩)명 변성 작용으로 말미암아 새로운 광물 조성과 조직을 가지게 된 암석.
변:성=작용(變成作用)명 깊은 땅 속의 암석이 열이나 압력 등의 영향을 받아 광물 조성과 조직이 바뀌는 작용.
변소(便所)명 대소변을 보도록 마련하여 놓은 곳. 뒷간. 측간(廁間) ☞화장실(化粧室)
변:속(變速)명-하다자타 속도를 바꿈. ¶ㅡ 기어
변:속-기(變速機)명 자동차 따위의 원동기에서 출력축(出力軸)의 회전 속도와 회전력을 바꾸는 장치. 트랜스미션(transmission)
변:속=장치(變速裝置)명 엔진 따위의 회전 속도를 바꾸는 장치. 톱니바퀴식·유체식(流體式)·전동기식(電動機式) 등 여러 가지가 있음.
변수(邊戍)명 지난날, 변경(邊境)을 지키는 일, 또는 변경을 지키는 사람을 이르던 말.
변수(邊陲)명 변경(邊境)
변:수(變數)명 수학에서, 수량을 하나의 문자로 나타내는 경우, 여러 가지로 바뀔 수 있는 수량을 나타내는 문자. ☞상수(常數). 항수(恒數)
변:-스럽다(變ㅡ)(ㅡ스럽고·ㅡ스러워)형ㅂ 예사롭지 않고 이상하다. ¶성질이 유난히 ㅡ.
변-스레부 변스럽게
변:시-증(變視症)[ㅡ쯩]명 똑바로 보이지 않고 물체가 이지러져 보이는 눈병.
변:-시:체(變屍體)명 변사한 시체. 변사체(變死體)
변:신(變身)명-하다자 ①몸의 모습을 바꿈, 또는 그 바뀐 몸. ②이제까지와는 다른 분야에서 활동하게 됨을 비유하여 이르는 말. ¶배우에서 가수로 ㅡ하다.
변:신-론(辯神論)[ㅡ논]명 철학에서, 완전한 신이 세계를 창조했다면 어찌하여 이 세상에 온갖 악(惡)이나 불행이 존재하는가 하는 의문에 대해 변명하려 하는 논설.
변:신-술(變身術)명 변신하는 재주.
변:심(變心)명-하다자 마음이 변함. ¶ㅡ한 애인.
변-쓰다(ㅡ쓰고·ㅡ써)자 남이 모르게 변말로 말하다.
변:씨-만두(卞氏饅頭)명 편수²
변:압(變壓)명-하다자타 압력이나 전압을 바꿈, 또는 압력이나 전압이 바뀜.
변:압-기(變壓器)명 전자 유도(電磁誘導)를 이용하여 교류(交流)의 전압을 높이거나 낮추는 장치. 트랜스
변:양(變樣)명-하다자 변용(變容)
변역(邊域)명 변경(邊境) 지역. 국경 지역. 변토(邊土)
변:역(變易)명-하다타 변경(變更)
변:역(變域)명 함수에서, 변수(變數)가 변할 수 있는 값의 범위.
변:역-생사(變易生死)명 불교에서, 삼계(三界)의 윤회(輪廻)를 초월한 보살이나 아라한(阿羅漢) 등의 생사를 이름. 몸의 모양이나 상태를 마음대로 바꿀 수 있고, 성불(成佛)할 때는 몸을 버린다고 함. ☞분단생사(分段生死)
변연=대:비(邊緣對比)명 나란히 놓인 두 가지 빛깔의 경계를 응시할 때, 그 경계에 따라서 뚜렷이 나타나는 색채 대비.
변:온=동:물(變溫動物)명 체온을 조절하는 능력이 없어, 외계(外界)의 온도에 따라 체온이 변하는 동물. 무척추동물·어류·파충류·양서류 따위. 냉혈 동물 ☞정온동물(定溫動物)
변옹(便癰)명 한방에서, 가래톳이 서서 멍울이 생기는 병을 이르는 말. 혈산(血疝)
변:용(變容)명-하다자 모습이 달라짐, 또는 달라진 그 모습. 변모(變貌). 변양(變樣)
변:위(變位)명 물체의 위치가 바뀌는 일, 또는 그 바뀐 위치의 차이를 나타내는 벡터량.
변:위=전:류(變位電流)명 축전기의 도체판에 전기가 모이고 흩어지는 동안 절연체 내에 흐르는 전류. 전속 전류(電束電流)
변:음(變音)명 음악에서, 어떤 음을 변음 기호에 따라 반음 또는 온음을 높이거나 낮춘 음.
변읍(邊邑)명 변경(邊境)에 있는 고을.
변:이(變異)명 ①이변(異變) ②같은 종류의 생물의 개체 사이에서 볼 수 있는 형질의 차이. 원인에 따라 유전적인 돌연변이와 유전이 아닌 환경 변이로 나뉨.
변:이(變移)명-하다자 변천(變遷)
변자(邊子)명 물건의 가장자리에 대는 꾸미개.
변:작(變作)명-하다타 변조(變造)
변장(邊將)명 조선 시대, 첨사(僉使)·만호(萬戶)·권관(權管) 등을 통틀어 이르던 말.
변:장(變裝)명-하다자 다른 사람처럼 보이도록 옷차림이나 얼굴·머리 모양 따위를 다르게 꾸밈, 또는 다르게 꾸민 그 모습. ¶노인으로 ㅡ하다.
변:장-술(變裝術)명 변장하는 기술.
변재(邊材)명 통나무의 겉 부분의 재목. ☞심재(心材)
변:재(辯才)명 말재주
변:재(變災)명 뜻하지 않은 재앙.
변전(邊錢)명 변돈
변:전(變轉)명-하다자 이리저리 변하여 달라짐. ¶끊임없이 ㅡ하는 세상.
변:전-소(變電所)명 발전소에서 보내는 교류 전류의 전압을 높이거나 낮추는 시설을 갖춘 곳. 교류를 직류로 정류(整流)하기도 하고, 주파수를 변환(變換)하기도 함.
변:절(變節)명-하다자 ①절의(節義)를 저버림. ¶맹약을 저버리고 ㅡ하다. ②이제까지의 주의나 주장을 바꿈. ¶ㅡ한 학자.
변:절-기(變節期)명 환절기(換節期)
변:절-자(變節者)[ㅡ짜]명 변절한 사람.
변:절-한(變節漢)명 변절한 놈.
변정(邊情)명 변경(邊境)의 형편이나 사정.
변:정-원(辨定院)명 조선 시대, 노예의 부적(簿籍)과 송사(訟事)를 맡아보던 관아.
변:제(辨濟)명-하다타 ①빚을 갚음. ②법률에서, 채무를 이행하여 채무를 소멸시키는 일.
변:제(變除·變制)명-하다자 상복을 바꾸어 입는 일. 소상(小祥) 뒤에는 상복(喪服)을 빨고 수질(首絰)을 벗으

며, 대상(大祥)을 마친 뒤에는 아주 상복을 벗음.
변:조(遍照)명-하다타 불교에서, 법신(法身)의 광명(光明)이 온 세상을 두루 비추는 일을 이르는 말.
변:조(變造)명-하다타 모양이나 내용 따위를 고쳐 만듦. 변작(變作) ¶자격증을 -하다.
변:조(變調)명-하다자타 ①몸이나 기계 따위의 상태가 흐트러짐. ¶몸에 -가 온다./기계가 -를 일으키다. ②조바꿈 ③고주파 지속 전류(持續電流)의 진폭·주파수·위상(位相) 따위를 신호로써 변화시키는 일. ¶주파수 -
변:조-관(變調管)명 변조 작용을 하는 진공관.
변:조-기(變調器)명 변조 작용을 하는 장치.
변:조=어음(變造-)명 서명(署名) 이외의 기재 사항(記載事項)을 권한 없이 변조한 어음.
변:조=요법(變調療法)[-뻡]명 몸에 어떤 자극을 주어 생체(生體)의 치유 능력을 증진시킴으로써 질병을 치료하는 방법.
변:조=화:폐(變造貨幣)명 진짜 화폐를 가공하여 액수를 고친 화폐.
변족(邊族)명 문벌이 좋은 집안의 쇠퇴한 겨레붙이.
변:종(變種)명 ①생물 분류상의 한 단계. 종(種) 또는 아종(亞種)의 아래에 둠. 기준 표본과는 형태상 다른 점이 있고, 지리적으로 분포가 다른 개체군(個體群)을 이르는데, 식물에서 쓰임. ☞아종(亞種) ②말이나 행동, 또는 성격이 보통 사람과는 별나게 다른 사람을 속되게 이르는 말. ☞괴짜
변:주-곡(變奏曲)명 하나의 주제를 바탕으로 하여, 그 리듬·멜로디·화음 따위를 작곡 기교로써 여러 가지로 변화시켜, 전체를 하나의 정리된 악곡으로 만든 것. 바리에이션(variation)
변죽명 그릇이나 과녁 따위의 가장자리.
변죽을 울리다관용 바로 집어 말하지 않고, 상대가 알아챌 수 있을 만큼 에둘러 말하다. 변죽을 치다.
변죽을 치다관용 변죽을 울리다.
속담 **변죽을 치면 복판이 운다**: 암시를 주기만 해도 대번에 눈치를 채서 알아듣는다는 말.
변죽-울림명 간접적으로 주는 암시.
변:증(辨證)명-하다타 시비(是非)나 선악(善惡) 등을 변별(辨別)하여 증명함.
변:증(變症)[-쯩]명 자꾸 달라지는 병의 증세.
변:증-법(辨證法)[-뻡]명 헤겔 철학에서 이르는, 사유(思惟)의 발전 또는 그 이론. 사유는 모순을 통하여 발전하고, 그 발전 속에서 모순이 지양(止揚)되어 고차적(高次的)인 단계에 이른다고 함. 일반적으로 정(正)·반(反)·합(合), 또는 정립(定立)·반정립(反定立)·종합의 삼 단계로 설명되고 있음.
변:증법-적(辨證法的)[-뻡-]명 논리의 전개가 변증법에 근거한 것. ¶논리를 -으로 구성하다.
변:증법적=발전(辨證法的發展)[-뻡-쩐]명 철학에서, 자기 모순을 지양(止揚)함으로써 이루어지는 진전.
변:증법적=유물론(辨證法的唯物論)[-뻡-]명 마르크스, 엥겔스, 레닌 등이 헤겔의 관념론적(觀念論的) 변증법에 상대하여 자연과 사회의 역사적 발전을 물질적 존재의 변증법적 발전에 따라서 설명한 이론. 유물 변증법(唯物辨證法)
변지(胼胝)명 못[3]
변지(邊地)명 ①변두리의 땅. ②변경(邊境)
변지-변(邊之邊)명 변리(邊利)를 본전(本錢)에 합쳐 새로 본전을 삼고, 그 새 본전에 덧붙이는 변리.
변진(邊鎭)명 변경을 지키는 군영(軍營).
변:질(變質)명 ①-하다자 성질이나 물질이 바뀜, 또는 그 바뀐 성질이나 물질. ¶참기름이 -되다./-된 사상. ②정상이 아닌 성격이나 성질.
변:질-자(變質者)[-짜]명 정신 작용이 바르지 않아 성격이나 성질에 이상이 있는 사람.
변:천(變天)명 구천(九天)의 하나. 동북쪽 하늘.
변:천(變遷)명-하다자 세월과 더불어 바뀌어 달라짐. 변이(變移). 전변(轉變) ¶시대의 -./우리 사회의 -.
변:체(變體)명 달라진 체재(體裁)나 모양. 주로 서체(書體)에 대하여 이름. 이체(異體)
변체-문(騈體文)명 변려문(騈儷文)
변:출불의(變出不意)성구 괴이한 일이나 재앙이 뜻밖에 일어남을 이르는 말.
변:치(變置)명-하다타 ①다른 것으로 바꾸어 놓음. ②직무를 다하지 못한 관리를 다른 사람으로 바꿈.
변:칙(變則)명 원칙이나 규칙에서 벗어난 일. 보통과는 다른 방식이나 법칙. ¶- 경영. ☞정칙(正則)
변:칙-적(變則的)명 보통의 원칙이나 규칙에서 벗어나 있는 것. ¶-인 방식./회사의 운영이 -이다.
변:침(變針)명-하다자 배나 비행기가 침로(針路)를 바꿈.
변:칭(變稱)명-하다자 명칭을 바꿈, 또는 바뀐 그 명칭.
변탕(*邊鐋)명 재목의 한쪽 가장자리만 일정한 깊이로 밀기 위한 대패. 재목에 턱을 지우거나, 대패로 밀어낼 두께를 가늠하기 위하여 씀. 협포(脅鉋) ☞배밀이[1]. 장대패
변탕-질(*邊鐋-)명-하다자 재목의 한쪽 가를 변탕으로 깎아 내는 일.
변:태(變態)명 ①정상이 아닌 상태. ②모양이 바뀌는 일, 또는 그 바뀐 모양. ③개구리나 곤충 따위 동물이 알에서 깨어 성체(成體)가 되기까지 여러 가지 모양으로 바뀌는 일. 탈바꿈 ④식물의 뿌리나 줄기, 잎의 모양이 두드러지게 달라지는 일. 잎이 가시처럼 된 선인장 따위. ⑤'변태 성욕(變態性慾)'의 준말.
변:태-경(變態莖)명 어떤 특별한 작용을 하기 위하여 모양이 달라진 식물의 줄기. 땅속줄기 따위.
변:태-근(變態根)명 어떤 특별한 작용을 하기 위하여 모양이 달라진 식물의 뿌리. 저장뿌리나 공기뿌리 따위. ☞변태경
변:태=성:욕(變態性慾)명 억압된 성욕 본능이 비정상적인 성적 행동으로 나타나는 변질된 성욕. 사디즘이나 마조히즘·페티시즘·노출증 따위. 준 변태(變態)
변:태=심리학(變態心理學)명 이상 심리학(異常心理學)
변:태-엽(變態葉)명 동화 작용(同化作用) 밖의 어떤 특별한 작용을 하게 위하여 모양이 달라진 식물의 잎. 오이의 덩굴손이나 선인장의 가시 따위. 변형엽(變形葉)
변:태-점(變態點)[-쩜]명 어떤 물질이 다른 상태로 바뀔 때의 온도. 전이(轉移)가 일어나는 온도.
변:태=호르몬(變態Hormon)명 곤충류의 변태를 촉진하는 호르몬. 곤충의 머리나 앞가슴에 있는 내분비선(內分泌腺)에서 나옴.
변토(邊土)명 변역(邊域)
변통(便通)명 똥이 항문(肛門)을 통하여 나오는 일. ¶-이 시원스럽지 않다.
변통(便痛)명 한방에서, 똥을 눌 때의 변비(便祕)로 말미암은 항문의 통증(痛症)을 이르는 말.
변:통(變通)명-하다자타 ①그때그때의 경우에 따라 융통성 있게 대처(對處)함. ②돈이나 물건을 돌려씀. ¶비용을 -하다.
변:통무로(變通無路)성구 변통할 길이 없음을 이르는 말.
변:통-성(變通性)[-썽]명 이리저리 변통하는 성질, 또는 그런 재주. 두름성. 주변성 ☞탄력성
변:통-수(變通數)[-쑤]명 변통하는 방법이나 수단.
변폐(便閉)명 한방에서, 똥이 꽉 막혀 나오지 않는 증세를 이르는 말.
변폭(邊幅)명 ①올이 풀리지 않게 짠, 피륙의 가장자리 부분. 식서(飾緖) ②겉을 휘갑쳐서 꾸미는 일. 표폭(表幅)
변:-하다(變-)자여 본디의 것과 달라지거나 딴것으로 바뀌다. ¶맛이 -./인심이 -./강산이 -.

한자 **변할 변**(變)〔言部 16획〕¶격변(激變)/변동(變動)/변모(變貌)/변색(變色)/변환(變換) ▷속자는 变

변:한-말(變-)명 발음이나 표기가 변하여 된 말. '곤난(困難)'이 '곤란'으로, '겸염쩍다'가 '계면쩍다'로 변한 것 따위. ☞원말
변:함-없:다(變-)[-업-]형 달라진 것이 없다. 한결같

다 ¶ 변함없는 사랑.
변함-없이 부 변함없게
변:해 (邊海) 명 ①변경(邊境)의 바다. ②먼 곳의 바다.
변:해 (辯解) 명 -하다 타 말로 잘 설명하여 밝힘.
변-향부 (便香附) 명 한방에서, 어린 사내아이의 오줌에 오래 담가 두었다가 꺼낸 향부자(香附子)를 약재로 이르는 말.
변:혁 (變革) 명 -하다 자타 사회나 제도 따위가 아주 바뀌어 달라짐, 또는 이를 아주 바꾸어 달라지게 함. ¶ 정치 제도를 -하다. ☞개변(改變)
변혈 (便血) 명 대변에 섞여 나오는 피.
변혈-증 (便血症) [-쯩] 명 한방에서, 대변에 피가 섞여 나오는 증세를 이르는 말.
변:형 (變形) 명 -하다 자타 ①모양이 달라지거나 모양을 달라지게 함, 또는 그 모양. ②탄성체(彈性體)가 모양이나 부피를 바꾸는 일.
변:형-균 (變形菌) 명 점균류(粘菌類)
변:형균-류 (變形菌類) 명 점균류(粘菌類)
변:형-능 (變形能) 명 재료가 변형할 수 있는 한도.
변:형-력 (變形力) 명 물체가 외력(外力)의 작용에 저항하여 본디의 모양을 지키려 하는 힘. ☞응력(應力)
변:형=시간=근로제 (變形時間勤勞制) 명 근로 시간을 업무가 밀릴 때에는 법정 시간 이상으로 늘리고 한가할 때에는 그 이하로 줄이는 등 탄력적으로 운용하고, 전체 근로 시간이 법정 시간 이하이면 초과 근로 수당을 면제토록 하는 근로 제도.
변:형-엽 (變形葉) 명 변태엽(變態葉)
변:형-체 (變形體) 명 점균류의 영양체(營養體). 세포벽이 없는 큰 원형질 덩이로, 아메바 운동이나 심한 원형질 유동을 함.
변:호 (辯護) 명 -하다 타 남이나 자기를 위해 이익이 될 일을 주장하고, 처지를 변명하거나 해명하는 일. ¶ 피해자를 -하다. /자기(自己) -
변:호-권 (辯護權) [-꿘] 명 형사 소송법(刑事訴訟法)에서, 피고인(被告人)이나 피의자(被疑者)의 이익을 보호하기 위하여 행하는 권리.
변:호-사 (辯護士) 명 변호사법상의 자격을 가지고, 소송 당사자의 의뢰(依賴) 또는 법원의 위촉을 받아 소송 행위·법률 행위 따위를 하는 것을 직업으로 하는 사람.
변:호-인 (辯護人) 명 형사 소송(刑事訴訟)에서, 피고인이나 피의자를 도와 변호하는 사람. 원칙적으로 변호사 가운데서 선임(選任)됨.
변:화 (變化) 명 -하다 자 사물의 성질이나 모양, 상태 등이 달라짐. ¶ 환경의 -. /시대의 -에 적응하다.
변:화-구 (變化球) 명 야구나 배구 따위에서, 공이 타자(打者)나 리시버 가까이에 와서 휘거나 처지는 등 변화를 일으키는 공.
변:화난측 變化難測) 성구 변화가 많아 이루 다 헤아리기 어려움을 이르는 말.
변:화무궁 (變化無窮) 성구 변화가 끝이 없음을 이르는 말. ☞변화무쌍
변:화무상 (變化無常) 성구 변화가 심하여 종잡을 수 없음을 이르는 말.
변:화무쌍 (變化無雙) 성구 변화가 더할 수 없이 심함을 이르는 말.
변:화-법 (變化法) [-뻡] 명 수사법(修辭法)의 한 가지. 단조로움을 피하여 문장에 생기를 주는 표현 방법. 도치법(倒置法)·인용법(引用法)·경구법(警句法)·대구법(對句法)·설의법(設疑法)·반어법(反語法)·역설법(逆說法)·생략법(省略法) 등이 있음. ☞강조법(強調法). 비유법(譬喩法)
변:화불측 (變化不測) 성구 변화가 끊임이 없어 미처 헤아릴 수 없음을 이르는 말.
변:화-신 (變化身) 명 부처 삼신(三身)의 하나. 부처가 중생(衆生)을 구하기 위하여 여러 가지로 모습을 바꾼 불신(佛身).
변:화-토 (變化土) 명 불교에서, 변화신(變化身)이 산다는 정토(淨土).
변:화-표 (變化標) 명 임시표(臨時標)
변환 (邊患) 명 다른 나라의 침입이나 반란 등 변방(邊方)에서 생기는 근심.
변:환 (變幻) 명 모습이 갑자기 나타났다 사라졌다 하는 일, 또는 그 변화가 매우 빠른 일.
변:환 (變換) 명 -하다 자타 ①모습이나 성질 따위가 바뀜, 또는 모습이나 성질 따위를 바꿈. 특히 에너지나 원소(元素) 따위의 형태가 바뀌는 일. ¶ 전기 에너지를 운동 에너지로 -하다. ②수학에서, 하나의 좌표계(座標系)로 나타낸 공간의 점의 위치 따위를 다른 좌표계로 바꾸어 나타내는 일.
변:희 (抃喜) 명 -하다 자 손뼉을 치며 기뻐함.
별: 명 ①맑은 밤하늘에 점점이 반짝이는 천체(天體). 넓은 뜻으로는 모든 천체를 이르고, 천문학에서는 태양과 지구, 달 이외의 항성·행성·혜성·유성(流星) 따위를 이름. 성두(星斗). 성신(星辰) ¶ -이 반짝이다. ②별 모양을 나타낸 오각형의 도안(圖案). 별표 ¶ -을 그리다. ③계급장이 별표로 표시된 데서, 장성급 군인의 계급장, 또는 장성급 군인을 이르는 말. ¶ -을 달다.
별 겯듯 하다 관용 별이 총총 박이듯 빽빽하다.

한자 별 성(星) 〔日部 5획〕 ¶ 성광(星光)/성신(星辰)/성좌(星座)/성화(星火)/유성(流星)/토성(土星)

별 (別)- 접두 ①'별다른'의 뜻을 나타냄. ¶ 별일/별맛/별문제 ②'별의별'·'온갖'의 뜻을 나타냄. ¶ 별소문/별걱정 ③'분에 넘치는'의 뜻을 나타냄. ¶ 별말씀을 하십니다.
-별 (別) 접미 '-에 따른 나눔의'의 뜻을 나타냄. ¶ 직업별(職業別)/지역별(地域別)/품목별(品目別)
별가 (別家) 명 ①딴 집. 별택(別宅) ②첩의 집.
별가 (別駕) 명 ①고려 시대, 중추원(中樞院)에 딸린 이속(吏屬)을 이르던 말. ②조선 시대, 승정원(承政院)에 딸린 이속(吏屬)을 이르던 말.
별-가락 (別-) 명 보통과 다른 가락. 별난 곡조(曲調).
별간 (別間) 명 별실(別室)
별-간장 (別-醬) 명 손님장
별-간:죽 (別簡竹) 명 특별히 잘 만든 담배 설대.
별감 (別監) 명 ①조선 시대, 액정서(液庭署)에 딸린 하인(下人)을 이르던 말. 임금이나 세자의 행차 때 호위(護衛)하는 일을 맡아보았음. ②조선 시대, 유향소(留鄕所)의 좌수(座首)의 다음 자리를 이르던 말. ③지난날, 남자 하인끼리 서로 높여 부르던 말.
별갑 (鱉甲·鼈甲) 명 자라의 등딱지. 한방에서, 한열(寒熱)이나 적취(積聚), 학질 등에 약재로 쓰임.
별강 (別講) 명 조선 시대, 임금이 하루에 두 차례씩 참찬(參贊) 이하의 관원들에게 학문을 강론하던 일.
별개 (別個) 명 서로 다른 것. 달리 구별이 되는 딴것. 관련이 없는 것. ¶ -의 사건.
별-거 (別-) 명 별것 ¶ - 아닌 일.
별거 (別居) 명 -하다 자 부모와 자식, 부부(夫婦) 등이 따로 떨어져 삶. ¶ 부부가 -하다. /- 중인 가족이 다시 합치다. ☞각거(各居). 각살림. 동거(同居)
별-걱정 (別-) 명 쓸데없는 걱정. 별난 걱정. ¶ -을 다 하는구나.
별건 (別件) [-껀] 명 ①보통 것보다 다르게 된 물건. ②별사건. 딴 사건.
별-건곤 (別乾坤) 명 이 세상이라고는 생각할 수 없는 아주 색다른 세계. 별세계(別世界). 별천지(別天地)
별건=체포 (別件逮捕) [-껀-] 명 피의자(被疑者)를 구속하여 조사할 필요가 있으나 구속 영장을 청구할만 한 증거를 확보하지 못했을 때, 이미 증거가 확보된 다른 혐의에 대한 구속 영장을 발급 받아 체포하는 일.
별검 (別檢) 명 조선 시대, 전설사(典設司)의 종팔품 관직, 또는 빙고(氷庫)·사포서(司圃署)의 정팔품 관직을 이르던 말.
별-것 (別-) 명 ①별난 것. ¶ 소문만 요란했지 - 아니군. ②다른 것. ¶ 그거와는 -이다.

별게(別揭)명-하다타 따로 게시(揭示)함.
별격(別格)[-껵]명 보통의 격식과는 다른 특별한 격식. ¶-의 예우를 하다.
별견(瞥見)명-하다타 슬쩍 봄. 언뜻 훑어봄.
별고(別故)명 ①특별한 사고. ¶- 없이 잘 지내다. ②다른 까닭. ¶- 아니라 그저 궁금해서 묻는 거다.
별고(別庫)명 특별히 따로 마련한 곳집.
별곡(別曲)명 한시(漢詩)와는 다른 독특한 운문(韻文)이라는 데서, 우리 나라의 가사(歌辭)를 이르는 말. 관동별곡(關東別曲)이나 성산별곡(星山別曲) 따위.
별곤(別棍)명 특별히 크게 만든 곤장(棍杖).
별공(別貢)명 고려 시대, 공물로 바치게 했던 특별한 지방의 토산물(土産物).
별과(別科)[-꽈]명 조선 시대, 식년시(式年試) 외에 특별히 시행하던 과거(科擧). 별시(別試)
별관(別館)명 본관(本館) 외에 따로 지은 건물.
별-구:경(別-)명 보기 드문 구경. 별다른 구경. ¶오래 산 덕에 -을 다 하는구나.
별-구청(別求請)명 지난날, 사신(使臣)이 외국에 나갈 때 거쳐가는 지방의 관아에서 관례(慣例)로 받는 여비 외에 따로 더 청하던 여비.
별군(別軍)명 지난날, 본군(本軍) 밖에 따로 독립되어 있던 군대.
별-군관(別軍官)명 조선 시대, 훈련 도감(訓鍊都監)·금위영(禁衛營)·어영청(御營廳) 등 각 군영(軍營)에 딸렸던 하급 무관(武官).
별-군직(別軍職)명 조선 시대, 별군직청(別軍職廳)에 딸리어 임금을 호위하고 죄인을 적발하는 일을 맡아보던 무관직(武官職).
별궁(別宮)명 ①지난날, 왕이나 왕세자의 가례(嘉禮) 때 비(妃)나 빈(嬪)을 맞아들이던 궁전. ②특별히 따로 지은 궁전.
별-궁리(別窮理)명 ①별난 궁리. ¶-가 나지 않다. ②별의별 온갖 궁리. ¶-를 다 해 보다.
별기(別記)명-하다타 본문(本文)에 따로 덧붙여 적음, 또는 그 글.
별:-꼭지명 썩 작게 만들어 붙인 연의 꼭지, 또는 그런 꼭지를 붙인 연.
별-꼴(別-)명 별나게 눈에 거슬리거나 아니꼬운 꼴. ¶- 다 보겠다.
별:-꽃명 석죽과의 두해살이풀. 줄기 높이 10~20cm. 줄기의 아래 부분은 땅을 기고, 길둥글거나 달걀꼴인 잎은 길이 2cm 가량으로 마주 남. 5~6월에 작고 흰 다섯잎꽃이 취산(聚散) 꽃차례로 피는데, 꽃잎은 끝이 깊게 갈라져 있음. 8~9월에 열매가 아래로 향하여 달림. 우리 나라 곳곳의 밭이나 길가에 무리 지어 자람.
별-나다(別-)형 보통과 매우 다르다. 특별하다 ¶별난 차림./행동이 좀 -.
별:-나라명 별의 나라. 별의 세계. 별을 지구와 같은 세계로 보아 이르는 말.
별납(別納)명-하다타 요금 따위를 따로 냄. ¶요금을 -하다.
별-놈(別-)명 생김새나 성질, 언행 따위가 별난 놈.
별-다례(別茶禮)명 명절이나 삭망(朔望) 외에 특별한 일이 있을 때 드리는 차례.
별-다르다(別-)(-다르고·-달라)형르 보통과 다르다. 별나게 다르다. ¶별다른 내용이 없다.
별단(別單)[-딴]명 지난날, 임금에게 올리는 문서에 덧붙이던 문서나 명부(名簿).
별단=예금(別段預金)[-딴녜-]명 은행이 고객에게서 의뢰 받은 일시적 자금을 처리하기 위하여 마련해 둔 잡종(雜種) 예금의 한 가지.
별-달리(別-)부 보통과 다르게. ¶- 할 말이 없다.
별당(別堂)[-땅]명 ①몸채의 곁이나 뒤에 따로 지은 집. ②절에서, 주지(住持)나 경승 같은 이가 거처하는 방을 이르는 말.
별대(別隊)[-때]명 본대 밖에 따로 독립되어 있는 부대.
별도(別途)[-또]명 ①딴 방도나 방면. ¶우리와는 -로 발달해 온 문화./-의 계획./-의 지시를 내리다. ②딴 용도. ¶-로 쓸데가 있다./- 적립금
별-도:리(別道理)명 별다른 수단이나 방법. ¶- 없이 손해를 보다.
별동(別棟)[-똥]명 본채와 따로 떨어져 있는 집채.
별동-대(別動隊)[-똥-]명 특별한 임무를 수행하기 위하여 본대(本隊)와 따로 떨어져 행동하는 부대.
별:-똥명 유성(流星)
별:똥-돌명 운석(隕石)
별:똥-별명 유성(流星)
별-뜨기(別-)명 대한 제국 때, '별순검(別巡檢)'을 속되게 이르던 말.
별로(別路)명 ①서로 헤어져서 떠나는 길. ②딴 길.
별-로(別-)부 〔부정하는 말과 함께 쓰이어〕 보통과는 다르게. 그다지. 별반(別般). 특별히 ¶오늘은 - 할 일이 없다./수입이 - 좋지 않다./- 어렵지 않다.
별록(別錄)명 따로 만든 기록.
별루(別淚)명 이별을 아쉬워하여 흘리는 눈물.
별류(別類)명 다른 종류.
별리(別離)명-하다자 이별(離別)
별-말(別-)명 ①별다른 말. ¶- 없이 안부만 전하다. ②뜻밖의 말. 당치않은 말. 별소리 ¶내가 자네 은인이라니, -을 다 하는군. ③가지가지 말. 별의별 말. ¶동네에는 -이 다 나돌고 있다. 높별말씀
별-말:씀(別-)명 '별말'의 높임말.
별-맛(別-)명 ①별다른 맛. ¶보기와는 달리 -은 없다. ②특별히 좋은 맛. 별미(別味)
별명(別名)명 ①친밀감에서 또는 놀리기 위하여 그 사람의 버릇이나 특징 따위에 빗대어 따로 지어 부르는 이름. 별호(別號) ②딴이름
별명(別命)명 별도로 내리는 명령. ¶-이 있을 때까지 기다려라.
별묘(別廟)명 지난날, 왕실에서 사친(私親)의 신주(神主)를 모시던 사당.
별무가:관(別無可觀)성구 별로 볼만 한 것이 없음을 이름.
별:-무늬명 별 모양을 본뜬 무늬.
별-무:반(別武班)명 고려 숙종 때, 윤관(尹瓘)의 건의에 따라 기병(騎兵)을 중심으로 편성하였던 군대. 기병이 강한 여진(女眞)을 치기 위함이었음.
별무신통(別無神通)성구 별로 신통할 것이 없음을 이름.
별-문서(別文書)명 조선 시대, 서울의 호적(戶籍)을 정리할 때 각 방(坊)에 두던 직임(職任)의 한 가지, 또는 그 직임에 있던 사람. ☞별유사(別有司)
별-문석(別紋席)명 별난 꽃무늬를 놓은 돗자리.
별-문:제(別問題)명 ①딴 문제. 당면한 문제와 관계가 없는 문제. ¶그것과 이것과는 -다. ②별난 문제. 별의별 문제. ¶-가 다 있구나.
별물(別物)명 ①딴것. 특별한 것. ②'별사람'을 속되게 이르는 말.
별미(別味)명 특별히 좋은 맛, 또는 그런 음식. 별맛
별미-쩍다(別味-)형 말이나 짓이 어울리지 아니하게 멋이 없다. ¶눈치를 살피며 별미쩍게 웃다.
별:-박이[1]명 높이 떠올라 아주 조그맣게 보이는 연.
별:-박이[2]명 이마에 흰 털의 점이 있는 말. 대성마(戴星馬). 적로마(駒盧馬). 백전(白顚)
별:-박이[3]명 쇠고기에서 가장 질긴, 살치 끝에 붙은 고기.
별반(別般)부 〔부정하는 말과 함께 쓰이어〕 별로. 그다지. 별양(別樣) ¶- 다르지 않다./- 배울 게 없다.
별반(別飯)명 보통과 다르게 지은 밥. 찹쌀에 조·콩·팥·대추·밤·무·고구마 따위를 섞어 지은 밥. 별밥
별반-조처(別般措處)명 특별히 다르게 하는 조처.
별-밥(別-)명 별반(別飯)
별방(別房)명 작은집
별배(別杯)명 서로 이별을 아쉬워하며 나누는 술잔.
별배(別陪)명 지난날, 관원의 집에서 부리는 하인(下人)을 이르던 말.

별-배:종(別陪從)명 지난날, 임금이 거둥할 때 모시고 따르던 임시 관직. 한직(閑職)의 문관이 임명되었음.
별-백지(別白紙)명 품질이 아주 좋은 백지.
별번(別燔)명 지난날, 왕실에서 쓰기 위하여 특별히 구워 낸 품질이 좋은 도자기.
별법(別法)[-뻡]명 ①다른 방법. ②별난 법.
별별(別別)관 가지가지. 온갖. 별의별 ¶- 생각./- 사건이 다 일어나다.
별별-일(別別-)[-닐]명 별의별 일. 갖가지의 별난 일.
별보(別報)명 별도의 보도(報道). 특별한 소식.
별복(別腹)명 이복(異腹)
별-복정(別卜定)명 지난날, 지방 관아나 백성에게서 지방의 생산물을 복정(卜定)과는 별도로 더 걷어들이던 일.
별본(別本)명 ①보통 것과는 다른 체제나 본새. ②같은 책의 다른 판본.
별봉(別封)명-하다타 ①따로 싸서 봉함, 또는 그 편지. ②지난날, 외직(外職)에 있는 관원이 정례(定例)로 지방의 산물을 서울의 각 관아에 바칠 때 거기에 다시 웃짐을 덧붙여 보내던 일.
별부(別付)명 지난날, 왕실에서 중국에 일부러 사람을 보내어 그곳의 물건을 들여오던 일.
별부(別賦)명 ①이별을 주제로 지은 부(賦). ②지난날, 국상(國喪)이나 지방관(地方官)의 상사(喪事)가 있을 때, 결세(結稅) 외에 별도로 바치던 베나 곡식.
별비(別備)명 ①특별히 하는 준비. ②굿을 할 때, 무당에게 목돈 외에 따로 더 주는 돈.
별:-빛[-삧]명 별의 반짝이는 빛. 성광(星光). 성망(星芒). 성채(星彩)
별사(別事)[-싸]명 딴 일. 특별한 일.
별사(別使)[-싸]명 ①딴 사자(使者). ②특별한 사자.
별사(別辭)[-싸]명 ①이별의 말. ②그 밖의 말.
별-사건(別事件)[-껀]명 ①딴 사건(事件). ②특별한 사건. 준 별건(別件)
별-사람(別-)명 ①별난 사람. 별인(別人) ¶오래 살다 보니 -을 다 보는군. ②별의별 사람. ¶-이 다 모이다.
별산-제(別産制)[-싼-]명 부부가 따로따로 재산을 소유하는 제도. 우리 나라 민법(民法)에 채택되어 있음.
별:-상어명 까치상엇과의 바닷물고기. 몸길이 1.2m 안팎. 주둥이는 삐죽하며 꼬리는 가늘고 길. 몸빛은 잿빛이고 몸 옆에서 등에 걸쳐 흰 반점이 흩어져 있음. 난태생이며 상어 중에서는 고기의 질이 가장 좋음.
별서(別墅)[-써]명 농장 가까이에 별장처럼 지은 집.
별석(別席)[-썩]명 따로 마련한 자리. ☞동석(同席)
별선(別扇)[-썬]명 특별히 잘 만든 부채.
별선(別選)[-썬]명-하다타 ①특별히 따로 뽑음. ②지난날, 사정(射亭)의 임원을 뽑을 때, 알맞은 사람이 없으면 다른 사정의 사람을 골라서 정하던 일.
별선=군관(別選軍官)[-썬-]명 조선 시대, 대전(大殿)을 호위하던 무관(武官). 체력이 좋은 장사(壯士)를 골라 뽑았음.
별설(別設)[-썰]명-하다타 특별히 따로 마련함. 특설(特設) ☞부설(附設)
별성(別星)[-썽]명 ①봉명 사신(奉命使臣) ②'호구별성(戶口別星)'의 준말.
별성-마:마(別星-)[-썽-]명 '호구별성(戶口別星)'의 높임말. 손님마마 준마마
별성-행차(別星行次)[-썽-]명 봉명 사신의 행차.
별세(別世)[-쎄]명-하다자 세상을 떠난다는 뜻으로, 사람의 '죽음'을 이르는 말. ¶노환으로 -하시다. ☞기세(棄世). 서거(逝去). 서세(逝世). 하세(下世)
별세(別歲)[-쎄]명 수세(守歲)
별-세:계(別世界)명 ①이 세상이 아닌 딴 세상. ②자기가 사는 곳과는 전혀 다른 환경이나 사회. ③속세(俗世)와는 다른 매우 좋은 세계. 별천지(別天地). 별건곤(別乾坤). 별유건곤(別有乾坤). 별유천지(別有天地)
별-세:초(別歲抄)[-쎄-]명 지난날, 죄인에 대한 사면(赦免)이 있을 때 해당자를 뽑아 임금에게 보고하던 일.
별소(別訴)[-쏘]명 하나의 소송이 제기되어 있는 경우, 따로 제기된 밀접한 관련이 있는 소송. 혼인 무효를 확인하기 위한 소송에 대한 이혼 소송 따위.
별소=금:지주의(別訴禁止主義)[-쏘-]명 하나의 사건에 관계되는 소송이 여러 차례 제기되는 것을 금지하자는 주의. '소송 일회주의(訴訟一回主義)'라고도 함.
별-소리(別-)명 별말 ¶가만히 있으니까 -를 다 듣는군.
별송(別送)[-쏭]명-하다타 따로 보냄.
별-수(別-)명 ①['있다', '없다' 등과 함께 쓰이어] 별다른 좋은 방법. ¶갖가지로 궁리했으나 - 없었다./그리한다고 - 있을라고. ②별의별 방법. ¶-를 다 써 보았으나 헛일이었다.
별수(別數)[-쑤]명 특별히 좋은 운수. ¶점을 친다고 해서 -야 생기겠니?
별-수단(別手段)명 ①특별한 수단. ②별의별 수단.
별순(別巡)[-쑨]명-하다자 특별히 하는 순행(巡行).
별-순검(別巡檢)명 대한 제국 때, 경무청(警務廳)이나 경위원(警衛院)에 딸리어 제복을 입지 않고 비밀 정탐(偵探) 일을 하던 순검. 별자(別者)
별-스럽다(別-)(-스럽고·-스러워)형ㅂ 별난 데가 있다. ¶별스러운 꼴을 다 보는군./별스럽게 따지고 든다.
별-스레부 별스럽게
별시(別時)[-씨]명 ①서로 헤어질 때. ②다른 때.
별시(別試)[-씨]명 조선 시대, 식년시(式年試) 외에 특별히 시행하던 과거. 별과(別科)
별식(別式)[-씩]명 별다른 방식. 별의별 방식.
별식(別食)[-씩]명 늘 먹는 것과는 다른, 색다른 음식.
별신-굿(別神-)[-씬꿋]명 무당이 하는 큰 규모의 마을 굿. 마을의 수호신을 제사하며 마을 단위로 진행되므로 때와 곳이 일정하지 않음. 동해안 일대와 충청 남도 은산 등지에 전승됨. 별신제(別神祭)
별신-대(別神-)[-씬때]명 별신굿을 할 때 쓰는 신장대.
별신-제(別神祭)[-씬-]명 별신굿
별실(別室)[-씰]명 ①딴 방. 별간(別間) ②작은집.
별안간(瞥眼間)부 '눈 깜박할 동안'이라는 말에서, '갑자기', '난데없이'의 뜻을 나타냄. ¶- 떠오른 생각./- 일어난 폭발 사고.
별양(別樣)부 별반(別般)
별-어장(別魚醬)명 장의 한 가지. 토막쳐서 기름장에 재었다가 구운 붕어를, 물고기를 넣고 끓인 간장에 며칠 담가 봉해 두었다가 먹는 반찬.
별업(別業)[1]명 ①별장(別莊) ②다른 직업, 또는 다른 사업.
별업(別業)[2]명 불교에서, 중생(衆生)의 제각기 다른 업인(業因)을 이르는 말.
별연(別宴)명 이별의 잔치. 송별연(送別宴)
별-연죽(別煙竹)명 보통 것보다 다르게 잘 만든 담뱃대.
별영(別營)명 1884년(조선 고종 21)에 설치된 친군영(親軍營)의 하나. 1888년에 총어영(摠禦營)으로 개칭됨.
별영-색(別營色)명 조선 시대, 호조(戶曹)의 한 부서. 공물(貢物)의 값을 치러 주는 일과 훈련 도감(訓鍊都監)의 군사에게 급료를 주는 일을 맡아보았음.
별-와:요(別瓦窯)명 조선 시대, 서울의 민간(民間)에게 공급할 기와와 벽돌을 굽던 가마, 또는 그 일을 관장하던 관아. 준 별요(別窯)
별요(別窯)명 '별와요(別瓦窯)'의 준말.
별원(別院)명 ①절의 주요 건물인 칠당(七堂) 이외에 중이 거처하기 위하여 지은 건물. ②본사(本寺)에 딸린 따로 지은 작은 절.
별원(別願)명 부처나 보살이 각각 독자적으로 세우는 특별한 서원(誓願). 아미타여래의 48원(願), 약사여래의 12대원(大願) 따위. ☞총원(總願)
별유(別諭)명 지난날, 임금이 특별히 내리는 유지(諭旨)를 이르던 말.
별유-건곤(別有乾坤)명 별세계(別世界)
별-유:사(別有司)명 조선 시대, 서울의 호적(戶籍)을 정리할 때 각 방(坊)에 두던 직임(職任)의 한 가지, 또는 그 직임에 있던 사람. ☞별문서(別文書)

별유-천지(別有天地)명 별세계(別世界)
별유-풍경(別有風景)명 썩 좋은 풍경.
별은(別銀)명 '황금(黃金)'을 달리 이르는 말.
별의(別意)명 ①딴 뜻. 다른 생각. 타의(他意) ②이별을 아쉬워하는 마음.
별의-별(別-別)관 가지가지로 별다른. 별별(別別) ¶- 물건이 다 있다.
별:-이끼 명 별이낏과의 한해살이풀. 줄기 높이 5cm 안팎. 습지에 자라는데, 줄기는 무더기로 나 땅 위에 뻗고 잎은 길둥글며 마주 남. 봄에서 여름에 걸쳐 잎겨드랑이에서 열은 녹색을 띤 백색의 잔꽃이 두 송이씩 핌.
별인(別人)명 ①다른 사람. 딴사람 ②별사람
별-인정(別人情)명 특별히 베푸는 인정이라는 뜻으로, 인사치레나 선물로 주는 금품을 이르는 말.
별-일(別-)[-릴]명 ①별다른 일. ¶나도 - 없이 지내고 있다. ②드물고 이상한 일. ¶-을 다 겪는다.
별-입시(別入侍)명-하다자 지난날, 신하가 사사로운 일로 임금을 만나던 일.
별자(別子)[-짜]명 서자(庶子)
별자(別者)[-짜]명 ①별스럽게 생긴 사람이나 별스러운 짓을 하는 사람을 얕잡아 이르는 말. 별종(別種) ②지난날, '별순검(別巡檢)'을 가벼이 여겨 이르던 말.
별:-자리[-짜-]명 성좌(星座) 준 자리[1]

한자 **별자리 수**(宿) (宀部 8획) ¶성수(星宿)

별작-면(別作麵)[-짝-]명 밀국수의 한 가지. 얇게 민 밀반대기를 소금물에 삶은 다음, 길쭉길쭉하게 뜯어서 장국이나 찬국에 만 음식.
별-작전(別作錢)명 조선 후기, 전세(田稅)를 현물 대신 돈으로 환산하여 받던 일. ☞원작전(元作錢)
별장(別將)[-짱]명 ①조선 시대에 훈련 도감(訓鍊都監)·금위영(禁衛營)·어영청(御營廳) 등에 두었던 종이품 또는 정삼품의 무관 관직. ②조선 시대에 산성(山城)·나루·포구(浦口)·보루(堡壘)·작은 섬 따위의 수비를 맡던 종구품인 무관.
별장(別莊)[-짱]명 살림집 외에 경치 좋은 곳이나 피서지(避暑地), 피한지(避寒地) 등에 따로 마련해 두고 때때로 묵으며 쉬는 집. 별업(別業)[1]
별장(別章)[-짱]명 ①이별(離別)의 아쉬움을 나타낸 시문(詩文). ②딴 장(章).
별장-지기(別莊-)[-짱-]명 별장을 지키며 관리하는 사람.
별재(別才)[-째]명 별다른 재주, 또는 그런 재주를 가진 사람.
별저(別邸)[-쩌]명 본저(本邸) 외에 따로 마련해 두고 필요할 때 이용하는 저택.
별전(別奠)[-쩐]명 조상에게 임시로 지내는 제사.
별전(別電)[-쩐]명 따로 친 전보.
별전(別傳)[-쩐]명 ①특별한 전수(傳授). ②'교외별전(敎外別傳)'의 준말. ③개인의 일화(逸話)나 기담(奇談) 따위를 소설처럼 쓴 글.
별전(別殿)[-쩐]명 본전(本殿) 가까운 곳에 따로 지은 전각(殿閣).
별전(別廛)[-쩐]명 조선 시대, 육주비전 외의 가게.
별전(別錢)[-쩐]명 조선 말기, 주화(鑄貨)의 본보기나 기념 화폐로 만든 엽전.
별정(別情)[-쩡]명 이별의 정.
별정직=공무원(別定職公務員)[-쩡-]명 특수 경력직 공무원 분류의 하나. 특정 업무를 담당하기 위하여 일반직 공무원과는 다른 방법으로 임용된 공무원을 이름. 비서관, 비서, 비상 계획 업무 담당관, 노동 위원회 상임 위원 등이 이에 딸림. ☞계약직 공무원
별제(別製)[-쩨]명 특별히 공들여 만든 물건. 특제(特製) ☞특품(特品)
별제-권(別除權)[-쩨꿘]명 파산 재단(破産財團)에 딸린 특정의 재산에서, 다른 채권자에 앞서서 변제를 받을 수 있는 권리. 파산 선고 전부터의 담보권자(擔保權者)에게 인정되고 있음.
별종(別種)[-쫑]명 ①딴 종자(種子). ②딴 종류. ③특별히 선사하는 물건. ④별자(別者)
별좌(別座)[-쫘]명 절에서, 불사가 있을 때 불전에 음식을 차리는 일, 또는 그 일을 맡아 하는 사람.
별주(別酒)[-쭈]명 ①이별을 아쉬워하며 나누는 술. 이별주(離別酒) ②특별한 방법으로 빚은 술.
별주부전(鼈主簿傳)명 토끼전
별중-승(別衆僧)[-쭝-]명 갈마(羯磨)를 행할 때, 참석하지 않고 따로 무리를 지어 의식을 행하는 중.
별증(別症)[-쯩]명 어떠한 병에 딸리어 생기는 딴 증세.
별지(別紙)[-찌]명 서류나 편지 등에 따로 적어 덧붙이는 종이. ¶자세한 내용은 -에 적혀 있음.
별-지장(別支障)명 별다른 지장. ¶비가 좀 잦지만 농사에는 - 없다.
별진(別進)[-찐]명 '별진상(別進上)'의 준말.
별:-진(-辰)[-찐]명 한자 부수(部首)의 한 가지. '辱'·'農' 등에서 '辰'의 이름.
별-진:상(別進上)명 지난날, 연례(年例)나 월례(月例) 외에 따로 올리던 진상. 준 별진(別進)
별집(別集)[-찝]명 한서(漢書)의 내용에 따른 분류에서, 개인의 시문집(詩文集)을 이르는 말. ☞총집(總集)
별쭝-나다형 말이나 행동이 매우 별스럽다. 별쭝맞다 ¶하는 짓이 -./별쭝나기 짝이 없다.
별쭝-맞다[-맏-]형 별쭝나다
별쭝-스럽다(-스럽고·-스러워)형ㅂ 보기에 별쭝난 데가 있다.
 별쭝-스레부 별쭝스럽게
별차(別差)명 ①별다른 차이. ¶사정은 그때와 -가 없다. ②조선 시대, 관원을 정례(定例) 외에 따로 임명하던 일, 또는 그 관원. ③조선 시대, 동래(東萊)와 초량(草梁)의 왜관(倭館)에 파견하던 통역관(通譯官).
별찬(別饌)명 별다르게 잘 만든 반찬.
별-채(別-)명 딴채 ¶-에서 거처하다.
별책(別冊)명 ①따로 엮어 만든 책. ¶- 부록 ②딴 책.
별책(別策)명 특별한 대책이나 계책.
별-천지(別天地)명 별세계(別世界)
별첨(別添)명-하다타 서류 따위를 따로 덧붙임. ¶-한 목록을 참조하시오.
별체(別體)명 보통과 다른 글이나 글씨의 체.
별초(別抄)명 지난날, 임금의 호위, 변경(邊境)의 수비(守備), 야간의 순찰 등을 위하여 별도로 조직된 군대를 이르던 말. 별초군(別抄軍)
별초-군(別抄軍)명 별초(別抄)
별-초당(別草堂)명 몸채의 옆이나 뒤에 따로 지은 초당.
별치(別置)명-하다타 따로 두거나 설치함.
별-치부(別致賻)명 지난날, 삼품(三品) 이하의 시종(侍從)이나 대시(臺侍)의 상사(喪事)에 임금이 별도로 내리던 부의(賻儀).
별칙(別勅)명 특별한 칙명(勅命).
별칭(別稱)명 달리 부르는 이름.
별탕(別帑)명 조선 시대, 내탕고(內帑庫) 외에 따로 지은 왕실의 창고.
별탕(鼈湯)명 자라탕
별택(別宅)명 ①본집 외에 따로 마련해 놓은 집. ②딴 집. 별가(別家)
별택(別擇)명-하다타 특별히 가려 뽑음.
별파(別派)명 딴 유파(流派).
별파-군(別破軍)명 조선 시대, 각 군영(軍營)에 딸리어 조총(鳥銃)과 화포(火砲)를 주무기로 하던 특수 부대. 별파진(別破陣)
별파-진(別破陣)명 별파군(別破軍)
별-판(別-)명 ①따로 차리는 판. ¶-을 차리다. ②뜻밖에 벌어진 좋은 판세. ③아주 별스러운 국량(局量).
별-판부(別判付)명-하다자 지난날, 상주문(上奏文)에 대하여 임금이 특별히 의견을 붙이는 일, 또는 그 의견을 이르던 말.

ㅂ

별편(別便)명 ①따로 내는 편지. ②딴 인편(人便)이나 차편(車便). ¶나는 -으로 가겠다.
별:-표(-標)명 별 모양의 표.
별표(別表)명 따로 곁들인 표. ¶- 참조
별품(別品)명 ①별스러운 물품. 특별한 물품. ②딴 물품.
별-하다(別-)형여《文》보통과 다르다. 별나다
별항(別項)명 다른 항목.
별행(別行)명 따로 잡아서 쓰는 글줄. ¶-을 잡다.
별호(別號)명 ①별명(別名) ②호(號). 아호(雅號)
별화명 단청(丹靑)한 뒤에, 사람·꽃·새 등을 공간에 그려 넣는 일.
별후(別後)명 서로 헤어진 뒤. ¶-에 소식이 끊기다.
볌:명 가락지나 병마개 따위가 헐거워서 꼭 맞지 아니할 때, 손가락이나 병마개에 두르는 헝겊이나 종이.
볍-쌀명 '멥쌀'이나 '찹쌀'을 잡곡에 상대하여 이르는 말.
볍-씨명 벼의 씨.
볏[1]명 닭이나 꿩 따위의 머리 위에 세로로 붙은, 납작하고 붉은 살 조각. 계관(鷄冠)
볏[2]명 쟁기의 보습 위에 비스듬히 대어, 흙을 한쪽으로 뒤쳐서 넘기는 구실을 하는 쇳조각.
볏-가락명 벼의 까끄라기.
볏-가리명 차곡차곡 가리어서 쌓은 볏단의 더미.
볏가릿-대명 농가에서, 정월 대보름날 안날에 볏짚의 밑부분을 묶고, 그 안에 벼·보리·조·기장·수수·콩·팥 등 갖가지 곡식의 이삭을 싸서 둑처럼 장대 끝에 높이 매달아 세우는 것.
볏-가을명-하다자 익은 벼를 거두어 타작하는 일.
볏-단명 벼를 베어 묶은 단.
볏-모명 벼의 모. 도묘(稻苗). 앙묘(秧苗). 화묘(禾苗)
볏-밥[벋-]명 쟁기로 논밭을 갈 때, 볏으로 뒤쳐 넘기는 흙덩이.
볏-섬명 벼를 담은 섬.
볏-술명 가을에 벼로 갚기로 하고 외상으로 먹는 술.
볏-자리[벋-]명 쟁기의 한마루에 볏이 기대게 한 자리.
볏-짚명 벼의 이삭을 떨어낸 줄기. 고초(藁草) 준짚
병:(丙)명 ①십간(十干)의 셋째. ②십간의 차례로 등급을 매길 때의 셋째. ③'병방(丙方)'의 준말. ④'병시(丙時)'의 준말.

한자 **셋째 천간 병**(丙) 〔一部 4획〕 ¶병방(丙方)/병시(丙時)/병자(丙子)/병진(丙辰)

병(兵)명 군대 계급에서, 이등병·일등병·상등병·병장을 통틀어 이르는 말.
병:(病)명 ①몸에 정상(正常)이 아닌 변화가 나타나, 아픔이나 불편·불쾌감 따위를 느끼는 일. ¶-으로 앓아 눕다./-에 걸리다. ②고질(痼疾)이 되다시피 한 어떤 결점 따위를 비유하여 이르는 말. 병집 ¶술을 너무 좋아하는 것도 -이다. ③기계나 기구 따위가 고장 나서 제대로 작동하지 않음을 비유하여 이르는 말. ¶기계가 -이 나서 일을 할 수 없다.
속담 **병은 한 가지, 약은 천 가지** : 그 병에 좋다는 약이 매우 많음을 이르는 말./**병이 양식이다** : 병들면 잘 먹지 못하므로 양식이 그만큼 남는다는 말./**병 자랑은 하여라** : 병을 숨기지 말고 여러 사람에게 이야기해야 좋은 치료 방법도 들을 수 있다는 말./**병 주고 약 준다** : 남에게 해를 입히고서 도와 주는체 한다는 말.

한자 **병 병**(病) 〔疒部 5획〕 ¶병균(病菌)/병독(病毒)/병리(病理)/병명(病名)/병상(病狀)/병태(病態)
병 질(疾) 〔疒部 5획〕 ¶고질(痼疾)/괴질(怪疾)/질고(疾苦)/질병(疾病)/질환(疾患)
병 고칠 료(療) 〔疒部 12획〕 ¶가료(加療)/요법(療法)/요양(療養)/진료(診療)/치료(治療)

병(甁)명 액체 따위를 담는, 아가리가 좁은 그릇. 유리나 사기, 오지 따위로 만듦. 甁의 속자는 瓶
-병(兵)《접미사처럼 쓰이어》'병사(兵士)'임을 나타냄. ¶운전병(運轉兵)/위생병(衛生兵)/척후병(斥候兵)
병가(兵家)명 ①병법(兵法)에 밝은 사람. ②중국 춘추전국 시대의 제자백가(諸子百家)의 하나. 전쟁의 본질이나 병법 따위를 논한 병법가(兵法家)의 한 무리.
병:가(病家)명 병을 앓는 사람이 있는 집. 환가(患家)
병:가(病暇)명 병으로 말미암아 얻는 휴가.
병가상사(兵家常事)성구 병법 전문가도 전쟁에서 이기고 지는 일은 흔히 있을 수 있는 일이라는 말로, 실패했다고 해서 크게 실망할 필요는 없다는 말.
병:간(病看)명-하다자타 '병간호(病看護)'의 준말.
병:-간호(病看護)명-하다자타 앓는 사람을 잘 보살펴 도와 주는 일. 준병간(病看) ☞병구완. 병시중
병:감(病監)명 병든 죄수(罪囚)를 수용하는 감방(監房).
병갑(兵甲)명 ①'병(兵)'은 무기, '갑(甲)'은 갑옷의 뜻으로, 전쟁에 쓰이는 무기와 장비(裝備)를 이르는 말. 갑장(甲仗). 갑철(甲鐵) ②무장한 병사(兵士).
병:객(病客)명 ①늘 병을 앓는 사람. 포병객(抱病客) ②병자(病者)
병거(兵車)명 전쟁에 쓰는 수레. 전차(戰車)
병:거(竝居)명-하다자 한곳에 함께 삶.
병:거(竝擧)명-하다타 두 가지 이상의 예를 함께 듦.
병거(屛去)명-하다타 물리쳐 버림.
병거(屛居)명-하다자 세상에서 물러나 집에만 있음.
병:견(竝肩)명-하다자 낫거나 못함이 없이 서로 비슷하게 함. 비견(比肩) ▷竝과 並은 동자
병:결(病缺)명-하다자 병으로 말미암아 결석하거나 결근함. ☞사고결(事故缺)
병:결(倂結)명-하다타 가는 곳이 다르거나 쓰임새가 다른 차량을 한 열차로 편성함.
병:겸(倂兼)명-하다타 어떠한 일을 한데 아울러 겸함.
병:고(病苦)명 ①병으로 말미암은 고통. 질고(疾苦). 환고(患苦) ¶-에 시달리다. ②불교에서 이르는 '사고(四苦)'의 하나.
병:고(病故)명 병에 걸리는 일. 질고(疾故)
병:골(病骨)명 병을 자주 앓는 허약한 몸, 또는 그런 사람. ☞약골(弱骨)
병:과(丙科)명 조선 시대, 전시(殿試)를 보여 성적에 따라 구분하던 세 등급의 셋째 등급. ☞갑과. 을과
병과(兵戈)명 ①싸움에서 쓰는 창이라는 뜻으로, 무기를 이르는 말. ②'전쟁'을 비유하여 이르는 말.
병과(兵科)[-꽈]명 군대에서, 군인을 기능별로 나눈 직종. 보병·포병·공병·헌병 따위. 병종(兵種)
병:과(倂科)명-하다타 두 가지 이상의 형벌(刑罰)을 함께 지우는 일. 자유형과 벌금형을 함께 지우는 따위.
병교(兵校)명 조선 시대, 각 군영과 지방 관아의 군무를 맡아보는 하급 무관을 통틀어 이르던 말. 장교
병구(兵具)명 무기 등 전쟁에 쓰이는 온갖 기구. 무구
병:구(病軀)명 병든 몸. 병체(病體)
병:-구완(病-)명-하다자타 앓는 사람을 시중드는 일. 병시중 ☞간병(看病). 병간호(病看護)
병권(兵權)[-꿘]명 '병마지권(兵馬之權)'의 준말.
병:권(秉權)명-하다자 권력을 잡음.
병귀신속(兵貴神速)성구 군사를 지휘함에는 신속히 행동하는 것이 중요함을 이르는 말.
병:균(病菌)명 병의 원인이 되는 세균. 병원균
병:근(病根)명 ①병의 원인. 병원(病原). 병인(病因) ②고치기 어려운 나쁜 습관의 근본 원인.
병기(兵器)명 ①전쟁에 쓰이는 온갖 기기를 통틀어 이르는 말. 무기(武器). 병장기(兵仗器) 유군기(軍器) ②군대의 병과(兵科)의 하나. 전투 지원 병과로 병기에 관한 업무를 맡아봄.
병기(兵機)명 ①전쟁이 일어날 기운. 전기(戰機) ②전쟁의 기략(機略).
병:기(竝起)명-하다자 한꺼번에 일어남.
병:기(倂記)명-하다타 한곳에 함께 나란히 적음. ¶한자(漢字)를 -할 것. ▷倂의 속자는 併
병:기(病氣)[-끼]명 병의 기운.
병:기(病期)명 병의 경과를 그 특징에 따라 구분한 시기.

잠복기・발열기・회복기 따위.
병기-고(兵器庫)명 무기를 넣어 두는 창고. 군기고(軍器庫). 무기고(武器庫)
병기-창(兵器廠)명 무기를 만들거나 수리하는 공장. 조병창(造兵廠)
병기-학(兵器學)명 무기의 이론과 구조, 제조법 따위를 연구하는 학문.
병꽃-나무(甁-)[-꼳-]명 인동과의 낙엽 활엽 관목. 높이 2~3m. 잎은 끝이 뾰족한 달걀 모양이고 가장자리에 잔 톱니가 있으며 양면에 털이 많음. 4~5월에 병 모양의 황록색 꽃이 피는데 점점 붉은빛으로 변함. 열매는 삭과(蒴果)이며 9월경에 익음. 우리 나라 특산으로 산기슭의 양지바른 곳에 자라며 관상용으로도 심음.
병-나발(∠甁喇叭)명 병을 들어 입에 대고 속에 든 술 따위를 들이켜는 일.
병나발(을) 불다 관용 나발을 불듯 병을 들어 입에 대고 속에 든 액체를 들이켜다.
병난(兵難)명 전쟁으로 말미암은 재난. ㊊병액(兵厄)
병:난(病難)명 병으로 말미암아 겪는 고통.
병:년=중:시(丙年重試)명 조선 시대, 10년에 한 번씩 시행하던 문과(文科)의 중시(重試). 천간(天干)에 병(丙)이 드는 해마다 시행하였기 때문에 이름.
병:뇌(病惱)명 병을 앓아 괴로워하는 일.
병단(兵端)명 전쟁이 일어나는 실마리. 전단(戰端)
병:독(倂讀)명-하다타 두 가지 이상의 글이나 책 따위를 함께 읽음. ¶두 신문을 -하다.
병:독(病毒)명 병을 일으키는 독기(毒氣).
병:동(病棟)명 병원에서, 주로 병실이 들어서 있는 한 채 한 채의 건물. 병사(病舍) ¶소아과 -
병동면서(餠東麵西)　면서병동(麵西餠東)
병:-들다(病-)(-들고・-드니)자 ①몸에 병이 생기다. ¶병든 몸./병든 나무. ②정신 상태가 불건전해지다. ¶사회가 -.
속담 **병든 까마귀 어물전 돌듯** : 좋아하는 것에 미련을 두고 떠나지 못함을 이르는 말./**병든 솔개같이** : 잠시도 쉬지 않고 여기저기 살피며 빙빙 돌아다님을 이르는 말./**병들어야 설움을 안다** : 괴로운 일을 몸소 겪어 보지 않고는 설움을 모른다는 말.
병-따개(甁-)명 병마개를 따는 기구. ☞마개뽑이
병란(兵亂)명 전쟁으로 말미암은 난리. 병변(兵變)
병략(兵略)명 군략(軍略)
병량(兵糧)명 군대의 양식. 군량(軍糧)
×**병려-문**(騈儷文)명 → 변려문(騈儷文)
병력(兵力)명 ①군대의 전투력. 병사의 수와 가지고 있는 무기의 양 등을 종합한 군대의 힘. ②국제법상, 교전권이 인정되는, 정규군과 비정규군을 포함한 집단을 이름.
병:력(竝力)명-하다자 서로 협력함.
병:력(病歷)명 지금까지 앓았던 병의 종류나 원인, 치료 과정, 결과 따위를 이르는 말.
병:렬(竝列)명 ①병렬 연결(竝列連結) ☞직렬(直列) ②-하다자타 나란히 벌여 서거나 나란히 벌여 세움.
병:렬-법(竝列法)[-뻡]명〈어〉문장의 성분(成分) 배열법의 한 가지. 같은 성분 여럿을 같은 자격으로 늘어놓는 표현 방법. '술과 담배는 몸에 해롭다.', '하늘이 높고 파랗다.'와 같은 표현법을 이름. ☞도치법(倒置法). 생략법(省略法). 정치법(正置法)
병:렬=연결(竝列連結)명 전기 회로에서, 전지(電池) 따위를 같은 극끼리 잇는 일. 병렬 ☞직렬 연결
병:류(竝流)명-하다자 기체나 액체 따위 유체가 같은 방향으로 흐르는 일. ☞향류(向流)
병:리(病理)명 병의 원인・발생・과정 등에 대한 원리 또는 이론.
병:리=생리학(病理生理學)명 병리학의 한 분야. 병의 현상을 기능의 변화 면에서 연구하는 학문. 병태 생리학(病態生理學)
병:리-학(病理學)명 병의 원인・본태(本態)・경과 등을 밝히고 연구하는 학문.
병:리=해:부(病理解剖)명 환자의 시체에 대하여, 병의 원인이나 상태 등을 알기 위하여 하는 해부. 법의학적(法醫學的)인 해부나 교육을 위한 해부 따위를 이름.
병:리=해:부학(病理解剖學)명 병리학의 한 분야. 질병을 해부학적・형태학적으로 연구하는 학문.
병:립(竝立)명-하다자 둘 이상의 것이 나란히 섬, 또는 함께 존재함. ¶두 정파가 -하다.
병:립=개:념(竝立槪念)명 동위 개념(同位槪念)
병마(兵馬)명 ①병사(兵士)와 군마(軍馬)를 아울러 이르는 말. ②군대・무기・군비(軍備) 등 전쟁에 관련된 모든 것을 통틀어 이르는 말.
병:마(病馬)명 병든 말.
병:마(病魔)명 '병(病)'을 악마에 비유하여 이르는 말. ¶-에 시달리다./-를 물리치다.
병-마개(甁-)명 병의 아가리를 막는 마개.
병마-사(兵馬使)명 고려 시대, 동북면(東北面)과 서북면(西北面)에 두었던 삼품의 무관(武官) 관직. 병권(兵權)을 담당하게 하였음.
병마=절도사(兵馬節度使)[-또-]명 조선 시대, 각 도의 군대를 지휘하던 종이품의 무관(武官) 관직. ㊟병사(兵使). 절도사(節度使) ☞수군 절도사
병마지권(兵馬之權)[-꿘]명 군을 통수(統帥)할 수 있는 권력. ㊟병권(兵權) ☞통수권(統帥權)

병막(兵幕)명 군인들이 머물고 있는 막사(幕舍).
병:막(病幕)명 지난날, 전염병에 걸린 사람을 따로 수용하기 위하여 임시로 지은 집을 이르던 말.
병:맥(病脈)명 병든 사람의 맥박.
병-머리명 들보・도리・평방(平枋)에 그리는 단청(丹靑)의 한 가지. 꽃송이를 품(品) 자 모양으로 마주 그리고, 휘 따위를 엇걸리게 뒤섞어 그림.
병:명(病名)명 병의 이름.
병-목(甁-)명 병 아가리 밑의 잘록한 부분.
병목=현:상(甁-現象)명 도로의 너비가 병목처럼 좁은 곳에서 일어나는 교통 체증 현상.
병:몰(病沒)명-하다자 병으로 죽음. 병사. 병폐(病斃)
병무(兵務)명 병사(兵事)에 관한 사무.
병문(兵門)명 군문(軍門)
병:문(病文)명 사리에 맞지 아니한 잘못된 글.
병문(*屛門)명 골목 어귀의 길가.
병:-문안(病問安)명-하다자타 병을 앓고 있는 사람을 찾아가서 위로하는 일.
병문-친구(*屛門親舊)명 지난날, 날마다 골목 어귀의 길가에 모여 있다가 막벌이 일을 얻어 하는 일꾼을 이르던 곁말. 장석친구(長席親舊)
병문=파수(*屛門把守)명 지난날, 임금이 거둥할 때 골목 어귀를 지키던 군사.
병:반(病斑)명 병으로 말미암아 생기는 반점(斑點).
병:발(倂發)명-하다자 두 가지 이상의 일이 한꺼번에 일어남. ¶사건이 -하다./감기에 폐렴이 -했다.
병:방(丙方)명 이십사 방위(二十四方位)의 하나. 정남(正南)으로부터 동쪽으로 15도 되는 방위를 중심으로 한 15도 범위 안의 방위. 사방(巳方)과 오방(午方)의 사이. ㊟병(丙) ☞임방(壬方)
병방(兵房)명 ①조선 시대, 승정원(承政院)에 딸리어 군사(軍事)에 관한 사무를 맡아보던 부서, 또는 그 부서의 사람. ②조선 시대, 지방 관아에 딸리어 군사에 관한 사무를 맡아보던 부서, 또는 그 부서의 사람.
병-배(甁-)명 배나무의 과실로, 목이 잘록한 병 모양으로 생긴 배.
병법(兵法)[-뻡]명 군사를 써서 전쟁을 하는 방법.
병:법(秉法)명 불전(佛前)에서, 예식을 집행하는 사람의 직명(職名).
병법-가(兵法家)[-뻡-]명 병법의 전문가.
병법-서(兵法書)[-뻡-]명 병법에 관한 책.
병:벽(病癖)명 고치기 어려울 정도로 굳어진 나쁜 버릇.
병변(兵變)명 병란(兵亂)
병:변(病變)명 병이 원인이 되어 일어나는 생체의 변화.

병:별(丙別)명 조선 시대, 병년 중시(丙年重試)와 함께 시행하던 별시(別試). 병별시(丙別試)

병:별-강(丙別講)명 조선 시대, 병별(丙別)에서 초시(初試)에 급제한 사람으로 하여금 시관(試官) 앞에서 강송(講誦)하게 하던 일.

병:별-시(丙別試)명 병별(丙別)

병복(屛伏)명-하다자 세상을 멀리하고 숨어서 삶.

병:-본리(竝本利)명-하다타 본전과 이자를 합하는 일. 구본변(具本邊)

병:부(丙部)명 자부(子部)

병부(兵部)명 ①신라 시대, 군사(軍事)에 관한 일을 맡아보던 관아. ②고려 시대, 육부(六部)의 하나. 군사에 관한 일 등을 맡아보던 관아임.

병부(兵符)명 '발병부(發兵符)'의 준말.

병부(兵簿)명 병사(兵士)의 명부(名簿).

병:부(病父)명 병든 아버지.

병:부(病夫)명 ①병든 남편. ②병든 사내.

병:부(病婦)명 ①병든 아내. ②병든 여인.

병부-절(兵符卩)명 한자 부수(部首)의 한 가지. '卯'·'卽' 등에서 '卩', '卷' 등에서 '㔾'의 이름.

병부=주머니(兵符-)명 지난날, 병부(兵符)를 넣어 두던 주머니.

ㅂ

병:-불공(病佛供)명 병이 낫기를 바라며 비는 불공.

병불염:사(兵不厭詐)성구 군략적(軍略的)으로는 적을 속이는 일도 꺼릴 것 없음을 이르는 말.

병:불이신(病不離身)성구 병이 몸에서 떠날 날이 없음을 이르는 말.

병비(兵批)명 조선 시대, 병조(兵曹)에서 무관(武官)을 골라서 뽑던 일, 또는 그 관직.

병비(兵備)명 군대나 무기 따위의 군사에 관한 준비. 무비(武備) 유군비(軍備)

병:사(丙舍)명 지난날, 묘지기가 무덤 가까운 곳에 짓고 지내던 집. 묘막(墓幕)

병사(兵士)명 ①군사(軍士) ②사병(士兵)

한자 **병사 병**(兵) 〔八部 5획〕 ¶ 병과(兵科)/병기(兵器)/병력(兵力)/병사(兵士)/병영(兵營)

병사(兵使)명 '병마 절도사(兵馬節度使)'의 준말.

병사(兵舍)명 병사가 집단으로 거주하는 곳. 병영(兵營)

병사(兵事)명 군대나 전쟁, 병역 등 군사에 관한 일.

병:사(病死)명-하다자 병으로 죽음. 병몰(病沒). 병폐(病斃) 높병졸(病卒)

병:사(病邪)명 한방에서, 오랫동안 병을 앓아 정신이 이상해져서 부리는 성미를 이르는 말.

병:사(病舍)명 ①병원의 건물. ②병동(病棟)

병:살(倂殺)명 야구에서, 두 사람의 주자(走者)를 한꺼번에 아웃시키는 일. 더블플레이(double play). 중살(重殺) ☞협살(挾殺) ▷倂의 속자는 併

병:살-타(倂殺打)명 야구에서, 병살을 당하게 친 타구(打球). 대부분 내야수 앞에 떨어짐.

병:상(病床)명 병든 사람이 누운 자리. 병석(病席)

병:상(病狀)명 병으로 말미암아 나타나는 몸의 이상이나 그 진행 상태. 병태(病態)

병:상-병(病傷兵)명 전쟁터에서 병들고 다친 병사.

병:상=일지(病床日誌)[-찌] 명 ①병상에 있는 사람이 적은 일기. ②병의 경과를 나날이 적어 두는 기록.

병:상첨병(病上添病)성구 병을 앓고 있는 중에 또 다른 병이 겹쳐 생김을 이르는 말.

병:색(病色)명 병든 사람의 얼굴빛. ¶ -이 짙다.

병서(兵書)명 병법(兵法)에 관한 책.

병:서(竝書)명-하다타 훈민정음에서, 자음(子音) 두 글자나 세 글자를 가로로 나란히 쓰는 일. ㄲ·ㄸ·ㅺ·ㅵ 따위. ☞부서(附書). 연서(連書)

병:서=문자(竝書文字)[-짜] 명 병서(竝書)로 쓴 글자. ☞각자병서(各自竝書). 합용병서(合用竝書)

병:석(病席)명 병상(病床)

병선(兵船)명 ①전쟁에 사용하는 배. 군선(軍船). 몽충(艨艟). 전선(戰船) ②조선 시대, 군선(軍船)의 한 가지. 소형 전투선으로 전선(戰船) 또는 방선(防船)을 보조하는 배로 쓰였음. ☞거북선. 사후선(伺候船)

병:설(竝設·倂設)명-하다타 두 가지 이상을 함께 설치함. ¶초등 학교 - 유치원/도서관을 -하다.

병:성(病性)[-썽] 명 병의 성질. 병질(病質)

병세(兵勢)명 군대의 세력. 군세(軍勢)

병:세(病勢)명 병의 형세. ¶ -가 나아지다.

병:소(病所)명 ①병이 난 자리. 병처(病處). 환부(患部) ②병실(病室)

병:소(病巢)명 병균이 침입하여 병을 일으키고 있는 자리.

병:쇠(病衰)어기 '병쇠(病衰)하다'의 어기(語基).

병:쇠-하다(病衰)형여 병약하다

병:수(竝垂)명-하다자 함께 길이 후세에까지 남음. ¶일성(日星)과 -할 열적(烈蹟).

병-수사(兵水使)명 지난날, 병사(兵使)와 수사(水使)를 아울러 이르던 말.

병-술(甁-)[-쑬] 명 병에 담아서 파는 술, 또는 병에 담은 술.

병:술(丙戌)명 육십갑자의 스물셋째. ☞정해(丁亥)

병:술-년(丙戌年)명 육십갑자로 해를 이를 때, 병술(丙戌)이 되는 해. 곧 천간(天干)이 병(丙)이고 지지(地支)가 술(戌)인 해. ☞술년(戌年). 정해년(丁亥年)

병술-집(甁-)[-쑬찝] 명 병술을 파는 집.

병:시(丙時)명 하루를 스물넷으로 가른, 열두째 시(時). 지금의 오전 열 시 삼십 분부터 열한 시 삼십 분까지의 동안. 준병(丙) ☞오시(午時)

병:-시중(病-)명-하다자타 앓는 사람을 시중드는 일. 병구완 ☞간병(看病). 시병(侍病). 병간호(病看護)

병:식(病識)명 자신이 병에 걸려 있다는 자각(自覺). 대체로 정신병자는 이러한 자각이 없음.

병식(屛息)명-하다자 겁에 질려 숨을 죽임.

병:신(丙申)명 육십갑자의 서른셋째. ☞정유(丁酉)

병:신(病身)명 ①몸의 어느 부분이 온전하지 못하거나 장애가 있는 사람. ②모자라는 행동을 하는 사람을 얕잡아 놀리는 말. ③제 형체를 제대로 갖추지 못하거나 제구실을 제대로 못하는 물건. ¶살이 부러져 -이 된 우산./한 짝이 없어져 -이 된 장갑.

속담 **병신 자식이 효도한다** : 병신이라 기대하지도 않았던 자식이 다른 자식보다 더 효도한다는 뜻으로, 대수롭지 아니한 것이 더 도움이 됨을 이르는 말.

병:신-구실(病身-)[-꾸-] 명-하다자 병신이나 다름없는 못난 행동.

병:신-년(丙申年)명 육십갑자로 해를 이를 때, 병신(丙申)이 되는 해. 곧 천간(天干)이 병(丙)이고 지지(地支)가 신(申)인 해. ☞신년(申年). 정유년(丁酉年)

병:신성-스럽다(病身-)[-썽-](-스럽고·-스러워) 형ㅂ 병신처럼 못나고 어리석어 보이다.

변신성-스레부 변신성스럽게

병:실(病室)명 병원에서, 치료하기 위하여 환자가 거처하는 방. 병소(病所)

병:아(病兒)명 병든 아이.

병아리명 닭의 새끼. 어린 닭.

병아리-꽃나무[-꼳-] 명 장미과의 낙엽 활엽 관목. 높이 2m 안팎. 잎은 달걀꼴이며 뒤쪽에 솜털이 나 있음. 5월경에 백색 네잎꽃이 피며, 작고 동근 열매는 핵과(核果)로 9월경에 검게 익음. 관상용으로도 심음. 경상 북도 포항의 자생지는 천연 기념물 제371호임.

병아리-난초(-蘭草)명 난초과의 여러해살이풀. 줄기 높이는 15cm 안팎이며, 줄기의 밑동에 길이 3～8cm인 길둥근꼴의 잎이 한 장 붙어 있음. 여름에 줄기 끝에 붉은 보랏빛의 잔꽃이 한쪽 방향으로 10여 송이씩 핌. 산지의 물기 있는 바위에 붙어 자람.

병아리-다리명 원지과의 한해살이풀. 줄기 높이는 6～30cm로 가늘고 가지를 많이 침. 잎은 길둥근꼴로 끝이 뾰족함. 여름에 연한 자줏빛 꽃이 피고 열매는 삭과(蒴果)로 맺음. 산기슭의 습지에 자람.

병아리-오줌 [명] 정신이 좀 희미하고 고리타분한 사람을 속되게 이르는 말.

병:안 (病眼) [명] 병이 나서 건강하지 못한 눈.

× **병-암죽** (餠-粥) [명] → 떡암죽

병액 (兵厄) [명] 전쟁으로 말미암아 입는 재액(災厄). [유]병난(兵難)

병액 (兵額) [명] 군사의 수효.

병:야 (丙夜) [명] 지난날, 하루의 밤 시간을 다섯으로 등분한 셋째 시간. 지금의 오후 열한 시부터 오전 한 시까지의 동안. 삼경(三更) ☞오경(五更). 오야(五夜). 정야(丁夜)

병:약 (病弱) [어기] '병약(病弱)하다'의 어기(語基).

병:약-하다 (病弱-) [형여] 병치레할 정도로 몸이 허약하다. 병쇠(病衰)하다

병어 [명] 병엇과의 바닷물고기. 몸길이 60cm 안팎. 몸은 납작한 타원형이며 주둥이가 작음. 몸빛은 검푸르고 온몸에 떨어지기 쉬운 비늘이 있음. 배지느러미는 없고 등지느러미와 꼬리지느러미는 길. 남쪽의 수온이 높은 바다에 많으며 초여름에 알을 낳기 위하여 해안 가까이 옴.

병어-주둥이 [명] 입이 작은 사람을 놀리어 이르는 말. ☞메기주둥이

병:여 (病餘) [명] 병이 아직 완전히 낫지 않은 상태, 또는 병이 낫기는 하였으나 체력이 완전히 회복되지 않은 상태. ¶ -의 몸.

병역 (兵役) [명] 일정 기간 군대에 들어가 군인으로서 복무하는 일.

병역=기피 (兵役忌避) [명] 일부러 몸을 숨기거나 상하게 하거나 하여, 병역 의무를 지지 않는 일.

병역=면:제 (兵役免除) [명] 몸이나 정신의 질병·장애, 그 밖의 이유 등으로 군무(軍務)에 알맞지 않다고 인정하여 병역을 면제하는 일.

병역-법 (兵役法) [명] 국민의 병역 의무에 관한 사항을 규정한 법률.

병역=의:무 (兵役義務) [명] 국민의 4대 의무의 하나. 국토 방위를 위하여 일정 기간 군대에 복무해야 하는 의무.

병역=제:도 (兵役制度) [명] 병원(兵員)의 확보 방법이나 복무 기간 따위에 관한 제도. 강제적·의무적인 징병 제도와 개인의 자유 의사에 따른 지원병 제도가 있음.

병영 (兵營) [명] ①병사(兵士)가 집단으로 거주하는 곳. 병사(兵舍) ②조선 시대, 병마 절도사(兵馬節度使)가 있던 군영(軍營).

병:오 (丙午) [명] 육십갑자의 마흔셋째. ☞정미(丁未)

병:오-년 (丙午年) [명] 육십갑자로 해를 이를 때, 병오(丙午)가 되는 해. 곧 천간(天干)이 병(丙)이고 지지(地支)가 오(午)인 해. ☞오년(午年). 정미년(丁未年)

병:와 (病臥) [명]-[하다][자] 병으로 자리에 누움. 와병(臥病)

병와가곡집 (甁窩歌曲集) [명] 조선 시대, 숙종·영조 때의 문신(文臣)인 이형상(李衡祥)의 유품으로서, 1956년에 그의 후손의 집에서 발견된 시조집. 편자(編者)는 알 수 없으나 정조(正祖) 때에 편찬된 것으로 보이며, 172명의 작가가 쓴 1,109수의 작품이 실려 있음.

병:용 (倂用·竝用) [명]-[하다][타] 아울러 같이 씀. ¶ 한글과 한자를 -하다.

병원 (兵員) [명] 병사, 또는 병사의 수효. ☞병력(兵力)

병:원 (病院) [명] 병자를 수용하여 진찰하고 치료하는 시설. 20명 이상의 환자를 수용할 입원실을 갖춘 의료 시설을 이름. ☞의원(醫院)

병:원 (病原) [명] 병을 일으키는 원인. 병근(病根). 병인

병:원-균 (病原菌) [명] 병의 원인이 되는 세균. 병균

병:원=미생물 (病原微生物) [명] 병의 원인이 되는 미생물.

병:원-선 (病院船) [명] ①전시(戰時)에 상병자를 수용하여 치료하는 배. 전체를 희게 칠하고 마스트에 국기와 적십자기를 닮. 교전국(交戰國)의 어느 편도 공격할 수 없도록 국제법에 규정되어 있음. ②의료 시설이 없는 낙도 등을 돌며 주민을 진찰·치료하는 배.

병:원-체 (病原體) [명] 병의 원인이 되는 생물. 원생동물(原生動物), 세균, 바이러스 따위.

병:원-충 (病原蟲) [명] 병원체의 한 가지인 포자충류(胞子蟲類)나 편모충류(鞭毛蟲類) 따위의 원생동물.

병위 (兵威) [명] 군대의 위력(威力)이나 위세(威勢).

병:유 (倂有) [명]-[하다][자] 둘 이상의 것을 한데 아울러서 가짐. ¶ 자금과 기술을 -하다.

병:인 (丙寅) [명] 육십갑자의 셋째. ☞정묘(丁卯)

병인 (兵刃) [명] 칼이나 창 따위와 같이 날이 있는 무기.

병:인 (病人) [명] 병든 사람. 병자(病者)

병:인 (病因) [명] 병의 원인. 병근(病根). 병원(病原)

병:인-년 (丙寅年) [명] 육십갑자로 해를 이를 때, 병인(丙寅)이 되는 해. 곧 천간(天干)이 병(丙)이고 지지(地支)가 인(寅)인 해. ☞인년(寅年). 정묘년(丁卯年)

병:인=요법 (病因療法) [-뇨뻡] [명] 병의 원인을 다스림으로써 병을 치료하는 방법. ☞대증 요법(對症療法)

병:입고황 (病入膏肓) [성구] 병이 몸 속 깊이 들어 고치기 어려움을 이르는 말.

병:입골수 (病入骨髓) [-쑤] [성구] 병이 뼛속에까지 들어 뿌리가 깊고 위중(危重)함을 이르는 말.

병:자 (丙子) [명] 육십갑자의 열셋째.

병:자 (病者) [명] 병든 사람. 병객(病客). 병인(病人)

병:자-년 (丙子年) [명] 육십갑자로 해를 이를 때, 병자(丙子)가 되는 해. 곧 천간(天干)이 병(丙)이고 지지(地支)가 자(子)인 해. ☞자년(子年). 정축년(丁丑年)

병:자=성사 (病者聖事) [명] 가톨릭의 일곱 성사의 하나. 사고나 질병, 고령 따위로 얼마 살지 못할 신자가 받음.

병:자-자 (丙子字) [-짜] [명] 1516년(조선 중종 11·병자년)에 만든 구리 활자. 현존하지 않고 인쇄본만 전함.

병:작 (竝作) [명]-[하다][타] 지주와 소작인이 소출을 똑같이 나누는 일, 또는 그 제도. 배메기

병:작-농 (竝作農) [명] 배메기로 짓는 농사. 배메기 농사

병:작-인 (竝作人) [명] 배메기 농사를 짓는 사람.

병장 (兵仗) [명] '병장기(兵仗器)'의 준말.

병장 (兵長) [명] 군대 계급의 하나. 병(兵) 계급으로 하사의 아래, 상등병의 위.

병:장 (病狀) [-짱] [명] 지난날, 병으로 출근할 수 없다는 뜻을 적어 윗사람에게 제출하던 글.

병장 (屛帳) [명] 병풍과 장막을 아울러 이르는 말.

병장-기 (兵仗器) [명] 무기(武器). 병기 [준]병장(兵仗)

병적 (兵籍) [명] ①군인으로서 소속·신분·성별·생연월일 등 공적으로 등록된 근거. 군적(軍籍) ②'병적부(兵籍簿)'의 준말.

병:적 (屛迹) [명]-[하다][자] 자취를 감춤.

병:적 (病的) [-쩍] [명] ①건강하지 않은 것. ¶ -인 심리(心理). ②건전(健全)하지 않은 것. ¶ 행동이 -이다.

병적-부 (兵籍簿) [명] 군인으로서 소속·신분·성별·생연월일 등 공적인 사항을 기록한 장부. [준]병적

병:점 (病占) [-쩜] [명] 병이 언제 나을지 알기 위하여 점을 치는 일, 또는 그 점.

병정 (兵丁) [명] 병역(兵役)을 치르는 장정.

병정-개:미 (兵丁-) [명] 개미 무리의 일개미 가운데서 외적(外敵)의 침입을 막는 일을 맡은 개미. 머리와 턱이 큼.

병정-놀이 (兵丁-) [명] 아이들 놀이의 한 가지. 편을 갈라 군사 훈련이나 전투 과정을 본떠서 하는 놀이. 전쟁놀이

병제 (兵制) [명] 군제(軍制)

병조 (兵曹) [명] 고려·조선 시대, 육조(六曹)의 하나. 무선(武選)·군무(軍務)·우역(郵驛)·의위(儀衛) 등에 관한 일을 맡아보았음.

병-조림 (甁-) [명]-[하다][타] 음식물을 상하지 않도록 처리하여 병에 넣고 봉하는 일, 또는 그렇게 한 식품.

병조-선 (兵漕船) [명] 지난날, 평시에는 짐을 나르고 전시에는 전투에 쓰던 배.

병조=판서 (兵曹判書) [명] 조선 시대, 병조의 으뜸 관직. 품계는 정이품임. [준]병판(兵判)

병:존 (倂存·竝存) [명]-[하다][자] 둘 이상이 함께 존재함. ¶ 보수파와 혁신파가 -하다.

병졸 (兵卒) [명] 군사(軍士)

병:졸 (病卒) [명]-[하다][자] '병사(病死)'의 높임말.

병:종(丙種)명 차례나 등급을 갑종·을종·병종 등으로 매길 때, 그 셋째.
병종(兵種)명 군대에서, 군인을 기능별로 가른 구별. 보병·포병·공병·헌병 따위. 병과(兵科)
병:좌(丙坐)명 묏자리나 집터 등이 병방(丙方)을 등진 좌향(坐向).
병:좌-임:향(丙坐壬向)명 묏자리나 집터 등이 병방(丙方)을 등지고 임방(壬方)을 향한 좌향(坐向).
병:주고향(幷州故鄕)성구 오래 살아서 정든 곳을 고향처럼 여김을 이르는 말. 중국의 당나라 때 시인 가도(賈島)가 병주(幷州)에서 10년을 살다가, 다시 더 먼 곳으로 떠날 때 읊은 시에서 유래함.
병:-주머니(病-)[-쭈-]명 여러 가지 병을 가진 몸, 또는 그런 몸을 가진 사람을 비유하여 이르는 말.
병:-줄(病-)[-쭐]명 오래 앓아 온 병.
병줄(을) 놓다 관용 오래 앓던 병이 낫다.
병:중(病中)명 병을 앓는 동안. ¶그는 아직 —에 있다.
병:증(病症)[-쯩]명 병의 증세(病勢).
병:증(病證)[-쯩]명 한방에서, 병의 증세를 이르는 말.
병:진(丙辰)명 육십갑자의 쉰셋째. ☞정사(丁巳)
병진(兵塵)명 싸움터에서 일어나는 흙먼지라는 뜻으로, 전쟁의 북새통 또는 전쟁으로 어지러운 사회 분위기를 이르는 말. 연진(煙塵). 전진(戰塵)
병:진(竝進·倂進)명-하다자 함께 나란히 나아감.
병:진-년(丙辰年)명 육십갑자로 해를 이를 때, 병진(丙辰)이 되는 해. 곧 천간(天干)이 병(丙)이고 지지(地支)가 진(辰)인 해. ☞정사년(丁巳年). 진년(辰年)
병:진=운:동(竝進運動)명 질점계(質點系) 또는 강체(剛體)의 운동 중, 회전하거나 변형하지 않고 각 점의 동일한 평행 이동만으로 이루어지는 운동.
병:진-자(丙辰字)[-짜]명 1436년(조선 세종 18·병진년)에 만든, 조선 시대 최초의 납 활자. '자치통감강목훈의(資治通鑑綱目訓義)'를 찍는 데 쓰였음.
병:질(病質)명 ①병의 성질. 병성(病性) ②병에 걸리기 쉬운 체질.
병:질-엄(病疾广)명 한자 부수(部首)의 한 가지. '病'·'症' 등에서 '疒'의 이름.
병:-집(病-)[-찝]명 ①어떤 탈이나 고장이 나게 된 원인. ¶컴퓨터의 —을 찾아내다. ②고질(痼疾)이 되다시피 한 어떤 결점을 비유하여 이르는 말. 병(病). 병처(病處). 병통
병참(兵站)명 군대의 병과(兵科)의 하나. 전투 지원 병과로 전장(戰場)의 후방에서 무기(武器)·탄약·식량 따위의 보급이나 수송 업무를 맡아봄.
병참=기지(兵站基地)명 병참 업무의 근거지.
병참-선(兵站線)명 전선(前線)의 부대와 병참 기지를 잇는 도로·철도·수로 따위의 시설을 통틀어 이르는 말.
병:창(竝唱)명-하다타 가야금이나 거문고 따위의 악기를 연주하면서 자신이 그 연주에 맞추어 노래하는 일, 또는 그 노래. ¶가야금 —
병:처(病妻)명 병든 아내.
병:처(病處)명 ①병이 난 자리. 환부(患部) ②병집
병:체(病體)명 병든 몸. 병구(病軀)
병:체=결합(竝體結合)명 살아 있는 동물의 둘 또는 그 이상의 개체가 신체의 일부에서 서로 결합되어 있는 상태. 허리가 한데 붙어서 나오는 쌍둥이의 경우 같은 것.
병:-추기(病-)명 병으로 늘 골골하거나, 걸핏하면 앓아눕는 사람을 속되게 이르는 말.
병:축(秉軸)명-하다자 사물의 핵심인 중축(中軸)을 쥔다는 뜻으로, 정권(政權)을 잡음을 이르는 말.
병:축(病畜)명 병든 가축.
병:출(迸出)명-하다자 땅 속에서 물 등이 솟음. 용출(湧出)
병:충-해(病蟲害)명 식물이 병균이나 곤충에게 해를 입는 일, 또는 그 피해.
병:치(倂置)명-하다타 둘 이상의 것을 같은 곳에 두거나 동시에 설치함.
병치-돔명 병치돔과의 바닷물고기. 몸길이는 20cm 안팎. 몸이 납작하고 마름모꼴임. 몸빛은 엷은 갈색을 띤 붉은빛임. 우리 나라 동해와 남해에 분포함.
병:-치레(病-)명-하다자 병을 자주 앓는 일. ¶잦은 —.
병:침(丙枕)명 지난날, 임금이 잠자리에 드는 일, 또는 그 시각을 이르던 말. 임금이 병야(丙夜)에 잠자리에 든 데서 유래함.
병:칭(竝稱)명-하다타 다른 것과 아울러 일컬음. ¶가을 절경(絶景)에서 내장산과 —할만 한 산이 없다.
병:탄(倂呑)명-하다타 ①함께 삼킴. ②다른 나라를 강제로 제 나라에 합쳐 종속시킴. ¶약소국을 —하다.
병:탄=합병(倂呑合倂)명 흡수 합병(吸收合倂)
병:탈(病頉)명 ①병 때문에 생기는 탈. ②-하다자 병을 핑계로 삼음. ¶—하고 회의에 출석하지 않다.
병-탕(餠湯)명 떡국 ▷餠의 속자는 餅
병:태(病態)명 ①병으로 말미암아 나타나는 몸의 이상이나 그 진행 상태. 병상(病狀) ②병적(病的)인 상태.
병:태=생리학(病態生理學)명 병리 생리학(病理生理學)
병:통(病-)명 병집
병판(兵判)명 '병조 판서(兵曹判書)'의 준말.
병:패(病敗)명 병폐(病弊)
병:폐(病弊)명 사물의 내부에 숨어 있는 불건전한 점. 병패(病敗) ¶오랜 —를 도려내야 한다.
병:폐(病廢)명-하다자 병으로 말미암아 몸을 제대로 쓰지 못하게 됨.
병:폐(病斃)명-하다자 병으로 죽음. 병사(病死)
병풍(屛風)명 주로 집 안에서, 무엇을 가리거나 바람을 막거나 또는 장식으로 둘러치는 물건. 대개 짝수로 여러 폭을 이어 놓았으며 접을 수 있음. 변평풍
속담 **병풍에 그린 닭이 홰를 치거든** : 병풍에 그린 닭이 살아나서 홰를 칠 리 없음과 마찬가지로, 무슨 일이 도저히 불가능함을 이르는 말. 〔군밤에서 싹 나거든/삶은 개가 멍멍 짖거든〕

한자 병풍 병(屛) 〔尸部 8획〕 ¶병풍(屛風)/화병(畫屛)

병:풍상:서(病風傷暑)성구 바람에 병들고 더위에 상한다는 뜻으로, 세상살이의 온갖 고생을 이르는 말.
병:풍상:성(病風喪性)성구 병에 시달려 본성을 잃는다는 뜻으로, 사람이 병에 걸려 아주 변함을 이르는 말.
병풍-석(屛風石)명 능(陵)의 봉분 둘레에 병풍처럼 둘러 세운 직사각형의 넓적한 여러 돌.
병풍-차(屛風次)명 병풍을 꾸밀 그림이나 글씨.
병풍-틀(屛風-)명 병풍을 꾸미는 데 바탕이 되는, 나무오리로 짠 장방형(長方形)의 틀.
병학(兵學)명 전술(戰術)이나 용병(用兵) 등 군사(軍事)에 관하여 연구하는 학문.
병:합(倂合)명-하다타 둘 이상의 기구나 단체, 나라 따위를 하나로 합침. 합병(合倂) ¶두 은행을 —하다.
병:해(病害)명 병으로 말미암아 농작물이나 가축 따위가 입는 피해. ¶—를 예방하다.
병:행(竝行)명-하다자타 ①나란히 감. ¶철도에 —하여 도로가 뻗어 있다. ②둘 이상의 일을 한꺼번에 함. ¶두 가지 사업을 —하다.
병:행-론(竝行論)명 철학이나 심리학에서, 마음과 몸, 곧 정신과 물질은 각각 독립하여 있어 인과 관계가 없으며 대응 관계가 있을 뿐이라는 학설. 병행설(竝行說)
병:행-맥(竝行脈)명 나란히맥
병:행=본위제(竝行本位制)명 두 종류 이상의 화폐를 본위 화폐로 삼는 제도. 주로 금과 은을 본위 화폐로 삼음.
병:행불패(竝行不悖)성구 두 가지 일을 한꺼번에 치르면서도, 사리(事理)에 어그러짐이 없음을 이르는 말.
병:행-설(竝行說)명 병행론(竝行論)
병혁(兵革)명 ①무기(武器)를 통틀어 이르는 말. ②전쟁
병화(兵火)명 전쟁으로 말미암은 화재(火災). 전화(戰火)
병화(兵禍)명 전쟁으로 말미암은 재화(災禍). 전화(戰禍)
병:환(病患)명 남을 높이어 그의 병(病)을 이르는 말. 환후(患候) ¶선생님께서 —으로 결근하셨다.
병:후(病後)명 병을 앓고 난 뒤. ¶—에 몸조리하다.

병:후=면:역(病後免疫)명 어떤 병을 치른 뒤에는 다시 그 병에 걸리지 않게 되는 후천 면역.

별 명 ①'햇별'의 준말. ¶ -이 들다./-이 따갑다. ②볕이 잘 드는 곳. 양달 ¶ -에 빨래를 널다.

한자 볕 양(陽) 〔阜部 9획〕 ¶ 양광(陽光)/양지(陽地)

별-기(-氣)[볃-] 명 햇볕의 기운.

볕-들다[볃-](-들고·-드니)자 햇볕이 들어오다. ¶ 쥐구멍에도 볕들 날이 있다.

보[1] 명 ①물건을 싸거나 덮거나 하는 데 쓰는 네모지게 만든 천. ☞보자기 ②가위바위보에서, 다섯 손가락을 다 펴서 손바닥을 내미는 것. '바위'에는 이기고 '가위'에는 짐.

보[2] 명 '보시기'의 준말.

보[3] 명 '들보'의 준말.

보(保)[1] 명 '보포(保布)'의 준말.

보(保)[2] 명 ①'보증(保證)'의 준말. ¶ -를 서다. ②'보증인(保證人)'의 준말.

보(^洑)명 농업 용수 따위로 쓰기 위하여, 둑을 쌓아 냇물을 가두어 두는 곳. ¶ -를 막다.

보:(補)[1] 명 조선 시대, 왕과 왕족의 예복(禮服)의 가슴·등·어깨에 달던, 용(龍) 따위를 수놓은 둥근 천.

보:(補)[2] 명 공무원에게 어떤 직무를 맡기는 일. 곧 보직(補職)을 명하는 일. ¶ - 국방부 장관.

보(簠)명 종묘(宗廟)와 문묘(文廟) 등의 나라 제사에 쓰이던 제기. 쌀밥과 기장밥을 담았음. ☞궤(簋)

보:(寶)[1] 명 신라·고려 시대, 백성에게 돈이나 곡식을 꾸어 주고 그 이자를 받아 여러 가지 사업의 기금(基金)으로 쓰던 재단(財團).

보:(寶)[2] 명 '어보(御寶)'의 준말.

보(甫)의 지난날, 평교간이나 손아랫사람을 부를 때에 성 또는 이름 다음에 붙여 쓰던 말.

보:(步)[1] 의 척관법의 넓이 단위의 하나. 1보는 10홉으로 약 3.3m²임. 평(坪)

보:(步)[2] 의 걷는 걸음의 수효를 세는 말. 걸음 ¶ 하루 만 -를 걷는다.

-보[1] 접미 '지니고 있는 그것'의 뜻을 나타냄. ¶ 웃음보/울음보/말보

-보[2] 접미 '그런 생김새나 성격을 지닌 사람', 또는 '그런 행동을 잘하는 사람'임을 나타냄. ¶ 뚱뚱보/털보/느림보/떡보/울보/옷보

-보(補)접미 관직의 이름 다음에 붙어 '그 직급의 다음 자리'의 뜻을 나타냄. ¶ 서기보(書記補)/차관보(次官補)

보:가(保家)명-하다자 한 집안을 보전(保全)하여 나가는 일.

보:각(補角)명 두 각의 합이 180°일 때에 그 한 각에 대하여 다른 각을 이르는 말. ☞여각(餘角)

보각-거리다(대다)자 보각보각 소리가 나다.

보각-보각 부 ①술 따위가 괼 때 나는 소리를 나타내는 말. ¶ 동동주가 괴느라 - 소리를 낸다. ②죽 따위가 끓을 때 나는 소리를 나타내는 말. ¶ 호박죽이 - 끓는다. ☞부걱부걱

보:각-본(補刻本)명 목판의 닳거나 부서진 부분 등을 보수하여 찍어낸 책.

보:감(寶鑑)명 ①보배로운 거울이라는 뜻으로, '본보기' 또는 '모범(模範)'을 이르는 말. ②본보기가 될만 한 말이나 일상 생활에서 편리하게 이용될만 한 내용 등을 적은 실용적인 책. ¶ 가정(家庭) -/동의(東醫) -

보:갑(寶匣)명 보석으로 꾸민 화려한 상자.

보:강(補強)명-하다타 모자라거나 약한 부분을 보태거나 채워서 더 튼튼하게 함. ¶ 체력을 -하다./선수를 -하다./교각을 -하다.

보:강(補講)명-하다타 결강이나 휴강 따위를 보충하여 강의함, 또는 그러한 강의.

보:개(寶蓋)명 ①불탑(佛塔)에서, 상륜(相輪)의 보륜(寶輪)과 수연(水煙) 사이에 있는 닫집 모양의 부분. ②'천개(天蓋)'를 아름답게 이르는 말.

보:개=천장(寶蓋*天障)명 궁전(宮殿)이나 불전(佛殿) 등에서, 한가운데를 높게 하여 보개처럼 꾸민 천장.

보:갱(保坑)명-하다자 광산에서, 갱(坑)이 무너지는 일이 없도록 보전하는 일.

보:거상의(輔車相依)성구 수레의 덧방나무와 바퀴가 서로 떨어질 수 없듯이, 서로 밀접한 관계를 가지고 돕고 의지함을 이르는 말.

보:건(保健)명-하다자 건강을 온전하게 잘 지켜 나가는 일.

보:건-림(保健林)[-님] 명 주민의 보건을 위하여, 도시나 공장 부근에 가꾸는 수풀. 먼지나 매연(煤煙), 소음(騷音) 등을 막는 구실을 함.

보:건-소(保健所)명 질병의 예방과 진료 및 공중 보건의 향상을 위하여 시(市)·군(郡)·구(區)에 설치한 공공 의료 기관.

보:건-식(保健食)명 사람이 건강을 지켜 나가는 데 필요한 영양이 함유된 음식.

보:건=체조(保健體操)명 건강을 유지하고 증진하기 위하여 하는 맨손 체조.

보:건=휴가(保健休暇)명 '생리 휴가(生理休暇)'를 흔히 이르는 말.

보:검(寶劍)명 ①보배로운 검. ☞보도(寶刀) ②지난날, 나라의 의식이나 행사에서 의장(儀仗)으로 쓰던 검의 한 가지. ▷寶의 속자는 宝

보:격(補格)[-껵] 명 〈어〉보어(補語)의 자리. '물이 얼음이 되다.', '그는 부자가 아니다.'에서 '얼음이', '부자가'가 이에 해당함. ☞관형어격(冠形語格)

보:격=조:사(補格助詞)[-껵-] 명 〈어〉의미상으로 구별한 격조사의 한 가지. 체언(體言)에 붙어 그 말이 보어(補語)의 자리임을 나타내는 조사. '올챙이가 개구리가 된다.', '사람이 신(神)이 아니다.'에서 '개구리가'의 '-가', '신(神)이'의 '-이'가 이에 해당함. ☞관형어격 조사(冠形語格助詞)

보:결(補缺)명-하다타 ①빈자리를 채움. ¶ - 선거(選擧) ②빈자리를 채우기 위하여 기다리게 하는 예비의 인원. ¶ -로 합격하다. 보궐(補闕)

보:결-생(補缺生)[-쌩] 명 빈자리가 생겨 보결로 들어간 학생.

보:결=선:거(補缺選擧)명 보궐 선거(補闕選擧)

보:결=시:험(補缺試驗)명 학교에서, 보결생을 뽑기 위하여 치르는 시험.

보:계(補階)명 잔치 같은 행사가 있을 때에 마루를 더 넓게 쓰려고 대청 앞에 좌판(坐板)을 잇대어 깐 앉을자리.

보:계-판(補階板)명 보계에 쓰는 좌판(坐板). 준 보판

보:고(保辜)명-하다타 조선 시대, 남을 때린 사람의 처벌을, 맞은 사람의 다친 데가 다 나을 때까지 보류하던 일.

보:고(報告)명-하다타 ①소식 따위를 알림. ¶ 근황을 - 드리겠습니다. ②어떤 주어진 임무에 대하여, 사실이나 결과 따위를 말이나 글로 알리는 일. ¶ 검사 결과를 -하다. ③'보고서(報告書)'의 준말.

보:고(寶庫)명 ①귀중한 재화(財貨)를 넣어 두는 창고. ②귀중하거나 유용한 것이 많이 나는 곳. ¶ 석유의 -./진귀한 나비의 -.

-보고 조 '-을 보고'에서 옮겨진 말로, 체언에 붙어 '-더러, -한테'의 뜻으로 쓰이는 부사격 조사. ¶ 고양이보고 반찬 가게 지키란다./나보고 하는 말인가? ☞-더러

보:고-문(報告文)명 실용문(實用文)의 한 가지. 사실이나 결과 따위를 보고하는 문장.

보:고=문학(報告文學)명 어떤 사실을 객관적으로 기록하여 보고하는 형식의 문학. ☞기록 문학(記錄文學)

보:고-서(報告書)명 보고하는 글. 준 보고(報告)

보:공(補空)명-하다타 ①빈 곳을 메워서 채움, 또는 그 메우는 물건. ②시신(屍身)을 관에 넣고 빈 곳을 옷가지 따위로 채우는 일, 또는 그 옷가지 따위.

보:과(報果)명 한 일의 보람, 또는 그 결과.

보:과습유(補過拾遺)성구 임금의 잘못을 바로잡아 고치게 함을 이르는 말.

보:관(保管)명-하다타 물건을 망가지거나 없어지지 않도록 잘 간수함. ¶ 귀중품을 금고에 -하다./서류를 소중

히 －하다.
보:관(寶冠)명 보석으로 장식한 관.
보:관-계(步管系)명 수관계(水管系)
보:관-료(保管料)[－뇨]명 창고업자 등이 물품을 맡아서 간수해 주는 대가로 받는 요금.
보:관-림(保管林)[－님]명 절에서 맡아 보호하고 관리하는 국유림(國有林).
보:관=문화=훈장(寶冠文化勳章)명 문화 훈장의 셋째 등급. ☞옥관 문화 훈장
보:관-증(保管證)[－쯩]명 남의 물품을 보관하고 있음을 증명하는 문서.
보:관=창고(保管倉庫)명 물품을 보관하는 창고.
보:교(步轎)명 조선 시대, 관원이 타던 가마의 한 가지. 네 기둥을 세우고 사면에 휘장을 둘렀으며, 뚜껑은 정자(亭子)의 지붕 모양으로 되었음.
보:교-꾼(步轎－)명 보교를 메는 사람.
보:교-판(補橋板)명 배다리 위에 까는 널빤지.
보:구(報仇)명-하다타 앙갚음
보구치명 민어과의 바닷물고기. 몸길이 50cm 안팎. 참조기와 비슷하게 생겼으나 몸빛이 희고, 가슴지느러미가 긺. 6월경에 우리 나라 남해 연안에서 많이 잡힘.
보:국(保國)명-하다타 나라를 보전함.
보:국(報國)명-하다타 힘을 다하여 나라의 은혜를 갚음.
보:국(輔國)명-하다자 나랏일을 돕는 일.
보:국숭록-대부(輔國崇祿大夫)명 조선 시대, 정일품 문관에게 내린 품계의 하나. 서른 등급 중 둘째 등급임. ☞숭록대부
보:국안민(輔國安民)성구 나랏일을 돕고 백성을 편안하게 함을 이르는 말.
보:국=포장(保國褒章)명 국가 안보에 공이 큰 사람, 또는 위험을 무릅쓰고 인명과 재산을 구한 사람에게 주는 포장. ☞근정 포장. 예비군 포장
보:국=훈장(保國勳章)명 국가 안보에 공이 큰 사람에게 주는 훈장. 통일장·국선장·천수장·삼일장·광복장의 다섯 등급이 있음. ☞근정 훈장. 수교 훈장(修交勳章)
보:군(步軍)명 지난날, '보병(步兵)'을 이르던 말.
보:군(輔君)명-하다자 임금을 돕는 일.
보굿명 ①굵은 나무줄기의 비늘 같은 껍질. ②그물의 벼리에 듬성듬성 매달아, 그물이 뜨게 하는 나무껍질 따위의 가벼운 물건.
보굿-켜[－굳－]명 나무의 겉껍질 안쪽의 껍질. 목전층
보:궐(補闕)명-하다타 보결(補缺)
보:궐=선:거(補闕選擧)명 의원(議員)에 결원(缺員)이 생겼을 때, 그것을 보충하기 위하여 임시로 실시하는 선거. 보결 선거(補缺選擧) 준보선(補選)
보:균(保菌)명-하다자 병원균을 몸에 지니고 있음.
보:균=동:물(保菌動物)명 병원균(病原菌)을 지니고 있으며, 사람의 전염병에 관여하는 동물. 쥐는 살모넬라균의 보균 동물임.
보:균-자(保菌者)명 병원균(病原菌)을 몸에 지니고 있으나 병의 증세는 나타나지 않는 사람. 남에게 그 병을 옮길 가능성이 있음.
보그르르부 ①작고 운두가 높은 그릇에 담긴 적은 양의 액체가 한 차례 끓어오르는 모양, 또는 그 소리를 나타내는 말. ¶시험액이 － 끓다. ②잔 거품이 한 차례 일어나는 모양, 또는 그 소리를 나타내는 말. ¶탄산수에서 거품이 － 일다. ☞바그르르. 부그르르. 뽀그르르
보글-거리다(대다)자 ①액체에서 보글보글 소리가 나다. ②거품이 보글보글 일어나다. ¶거품이 －. ☞바글거리다. 부글거리다. 뽀글거리다
보글-보글부 ①작고 운두가 높은 그릇에 담긴 액체가 자꾸 끓는 모양, 또는 그 소리를 나타내는 말. ¶뚝배기의 찌개가 － 끓다. ②잔 거품이 자꾸 일어나는 모양, 또는 그 소리를 나타내는 말. ¶기포가 － 일어나다. ☞바글바글[1]. 부글부글. 뽀글뽀글

보금-자리명 ①새의 둥지. ②살기 좋은, 포근하고 아늑한 곳을 비유하여 이르는 말. ¶신혼의 －.
보금자리(를) 치다관용 보금자리를 만들다. 보금자리(를) 틀다. ¶까치가 나무 위에 보금자리를 쳤다.
보금자리(를) 틀다관용 보금자리(를) 치다.
보:급(普及)명-하다타 세상에 널리 퍼지거나 널리 쓰이게 함. ¶컴퓨터가 널리 －되다.
보:급(補給)명-하다타 모자라거나 떨어진 물자(物資)를 대어 줌. ¶생필품(生必品)을 －하다.
보:급-계(補給係)명 군대에서, 보급품을 맡아서 관리하는 부서, 또는 그 사람.
보:급=기지(補給基地)명 전투 부대에 군수품(軍需品)을 대어 주는 근거지.
보:급-량(補給量)명 보급하여 주는 물품의 수량.
보:급-로(補給路)명 보급품을 나르는 데 이용되는 수송로(輸送路). 유보급선(補給線)
보:급-망(補給網)명 보급하여 주기 위하여 체계적으로 조직된 계통.
보:급-선(補給船)명 보급품을 실어 나르는 배.
보:급-선(補給線)명 전투 지역에, 병력이나 탄약, 식량 등을 나를 수 있는 모든 수송로. 유보급로
보:급-소(補給所)명 보급품을 맡아 관리하는 곳.
보:급-자(普及者)명 지식이나 기술 따위를 세상에 널리 퍼뜨리는 사람.
보:급-자(補給者)명 모자라거나 떨어진 물자를 대어 주는 사람, 또는 그러한 기관.
보:급-판(普及版)명 많은 사람이 읽을 수 있도록, 처음에 나온 책보다 종이의 질을 낮추거나 크기를 줄여서 값을 싸게 하여 펴낸 책.
보:급-품(補給品)명 부족하거나 모자란 것을 대어 주기 위한 물품.
보기명 ①같은 종류의 많은 것 중, 본으로서 보여 주는 것. 예(例) ¶－를 들어 설명하다. ②견본. 본보기
보:기(步騎)명 보병과 기병을 아울러 이르는 말.
보:기(補氣)명-하다자 보약(補藥)이나 영양식 따위를 먹어서 원기를 도움. 보원(補元)
보:기(寶器)명 보배로운 그릇.
보기-차(bogie車)명 바퀴가 각각 넷이나 여섯인 차대(車臺) 둘을 앞뒤로 놓고, 그 위에 차체(車體)를 얹은 구조의 철도 차량. 차체가 좌우로 자유로이 회전할 수 있으므로, 곡선을 쉽게 통과할 수 있고 동요(動搖)가 적으며, 탈선을 방지하여 주므로 대부분의 객차나 전동차에 채용되어 있음.
보깨다자 ①먹은 것이 잘 삭지 않아 뱃속이 거북해지다. ②일이 뜻대로 되지 않아 자꾸 마음이 쓰이다.
보꾹명 지붕의 안쪽. 곧 더그매의 천장.
보나-마:나부-하다형 볼 것도 없이. ¶－ 또 그 사람이겠지.
보난자그램(bonanzagram)명 퀴즈의 한 가지. 문장의 빈 곳에 알맞은 글자나 단어를 채워 넣어 완전한 문장을 만드는 것. 좀먹은 고문서(古文書)에서 힌트를 얻어 시작되었다고 함. 추리 작문(推理作文)
보-내:기(^洑－)명 논에 물을 대기 위해 봇도랑을 내는 일.
보내기=번트(－bunt)명 야구에서, 주자를 다음 베이스로 보내기 위하여, 타자가 배트를 공에 가볍게 대어 내야로 굴리는 타법.
보내다타 ①물건을 한 곳에서 다른 곳으로 가게 하다. 부치다 ¶선물을 －./공을 앞으로 －. ②사람을 가게 하다. ¶심부름을 －./특사(特使)를 보내도록 하다. ③헤어지다. 여의다 ¶친구를 멀리 －./누이를 저 세상으로 －. ④시간이 지나가게 하다. ¶여름을 바닷가에서 －./즐거운 한때를 －. ⑤남과 어떤 인연을 맺게 해 주다. ¶장가를 －./양자(養子)로 －. ⑥눈길을 주거나 어떤 뜻을 나타내 보이다. ¶미소를 －./시선을 －./박수를 －. ⑦어디로 가서 제 할 일을 하게 하다. ¶학교에 －./정계(政界)로 －. ⑧물이나 전기 따위를 공급하다. ¶각 가정에 전기를 －. ⑨놓아주다 ¶타일러서 －.

한자 보낼 견(遣) 〔辵部 10획〕 ¶ 차견(差遣)/파견(派遣)
보낼 송(送) 〔辵部 6획〕 ¶ 송고(送稿)/송금(送金)/송환(送還)/전송(電送)/환송(歡送)
보낼 수(輸) 〔車部 9획〕 ¶ 수송(輸送)/수출(輸出)

보:너스(bonus) 명 ①상여금. ②주식의 특별 배당금.

보:너스북(bonus book) 명 잡지 따위에 곁들이어 거저 주는 별책 부록(別冊附錄).

보늬 명 밤이나 도토리 따위의 속껍질.

보닛(bonnet) 명 ①여성이나 어린아이가 쓰는 모자의 한 가지. 앞 부분에만 넓은 챙이 있으며, 턱 밑에서 끈을 매게 되어 있음. ②자동차의 엔진이 있는 부분의 덮개.

보다[1] 타 ①눈으로 물체의 존재나 모양, 빛깔 따위를 느끼다. 눈으로 알다. ¶ 전깃줄에 앉은 새를 ―./안경을 쓰고서 ―. ②읽다 ¶ 신문을 ―./책을 ―./설명서를 보고 사야겠다. ③맛보다. 감상(鑑賞)하다 ¶ 간장 맛을 ―./그림을 ―./영화를 보러 가다. ④살피다. 헤아리다 ¶ 눈치를 ―./반응을 보면 알 수 있다. ⑤어떤 일을 맡아서 하다. ¶ 사무를 ―./아이를 ―./집을 보러 가다./가게를 보아 주다. ⑥판단하다. 평가하다 ¶ 이게 옳다고 본다./만만히 ―./생존자는 없는 것으로 보고 있다./이건 그림으로 볼 수 없다. ⑦학력 등의 평가를 받다. 시험에 응하다. ¶ 시험을 ―. ⑧일의 매듭을 짓다. ¶ 해결을 ―./끝장을 ―./합의(合意) 보기가 어렵다. ⑨좋은 일이 생기거나 언짢은 일을 당하다. ¶ 덕을 ―./재미를 ―./손해 보기 일쑤다./욕을 보게 되다. ⑩진찰하다 ¶ 환자를 ―./맥을 ―. ⑪자손이 생기거나 며느리나 사위 등을 맞이하다. ¶ 아들을 ―./사위를 ―./시앗을 보게 하다. ⑫배우자를 구하려고, 상대편을 알기 위하여 만나다. ¶ 선을 ―. ⑬길흉(吉凶)을 점치다. ¶ 점을 ―./관상을 ―./궁합을 ―. ⑭사람을 만나다. ¶ 자네 나 좀 보세./아들 보러 예까지 왔지. ⑮도리에 어긋난 이성 관계를 가지다. ¶ 딴 여자를 ―. ⑯물건을 사거나 팔다. ¶ 장을 보러 간다. ⑰음식상을 차리다. ¶ 술상을 좀 보아라. ⑱똥오줌을 누다. ¶ 소변을 ―.

조동 본용언(本用言) 다음에 쓰이어 ①어떤 동작을 '시험삼아 함'의 뜻을 나타냄. ¶ 한번 가 ―./이름을 써 보아라. ②어떤 일을 겪음의 뜻을 나타냄. ¶ 지난해에 제주도에 가 보았다./눈물 젖은 빵을 먹어 본 적이 있습니까?/오래 살다 보니 이렇게 좋은 일도 있구먼그려.

조형 본용언(本用言) 다음에 쓰이어, 짐작이나 막연한 자기 의향을 나타냄. ¶ 이쪽이 큰가 ―./집에 없는가 ―./그만 갈까 ―./여기 있을까 ―./날이 개나 ―.

속담 **보고 못 먹는 것은 그림의 떡** : 보기만 하였지 먹을 수 없는 떡은 음식으로서는 아무런 값어치가 없다는 말. 〔그림의 떡〕 ☞화중지병(畫中之餠)/**보기 싫은 반찬이 끼마다 오른다** : 너무 잦아서 싫증난 것이 그대로 또 계속 눈에 띈다는 말./**보기 좋은 떡이 먹기도 좋다** : 겉모양이 좋으면 내용도 좋다는 말./**보자 보자 하니까 얻어 온 장(醬) 한 번 더 뜬다** : 그렇지 않아도 못마땅해 하고 있는 참인데, 더욱 미운 짓만 가려서 한다는 말./**보지 못하는 소 멍에가 아홉** : 능력 없는 사람에게 과중한 책임이 지어짐을 이르는 말.

한자 볼 간(看) 〔目部 4획〕 ¶ 간검(看檢)/간과(看過)
볼 견(見) 〔見部〕 ¶ 견문(見聞)/견학(見學)
볼 관(觀) 〔見部 18획〕 ¶ 관객(觀客)/관상(觀相)/관전(觀戰)/관점(觀點)/관찰(觀察)
볼 람(覽) 〔見部 14획〕 ¶ 관람(觀覽)/유람(遊覽)
볼 시(視) 〔見部 5획〕 ¶ 경시(輕視)/시계(視界)
볼 현(見) 〔見部〕 ¶ 알현(謁見)/진현(進見)

보다[2] 부 한층 더. ¶ ― 평화로운 나라./― 살기 좋은 집./― 나은 내일.

-보다 조 체언에 붙어, 비교의 기준을 나타내는 보조 조사. ¶ 꿈보다 해몽이 좋다./아들이 아버지보다 낫다./낳은 정보다 기른 정이 더 크다./배보다 배꼽이 크다.

보다-못:해 [―몯―] 부 더 참을 수가 없어서. ¶ ― 한마디 하다./― 직접 나서다.

보:단(保單) 명 '보단자(保單子)'의 준말.

보:-단자(保單子) 명 조선 시대, 관직(官職)에 오르려는 사람의 신분을 보증하던 문서. 준 보단(保單)

보답(ᄉ洑畓) 명 봇논

보:답(報答) 명 -하다 타 남의 은혜 따위를 갚음. ¶ 스승의 은혜에 ―하자.

보대끼다 자 ①무엇에 시달려 괴로움을 겪다. ¶ 빚쟁이들에게 ―. ②뱃속이 답답하고 울랑울랑한 느낌이 들다. ¶ 뱃속이 ―. ☞부대끼다

보:덕(報德) 명 -하다 자 남의 은덕을 갚음.

보:데=법칙(bode法則) 명 여러 행성(行星)과 태양의 거리에 관한 경험적인 법칙. 태양에서 가장 가까운 수성까지의 거리를 4로 하고, 이하 3의 1배, 2배, 4배, 8배, 16배 단위를 그것에 더하면, 태양에서 각각의 행성까지의 대체적인 거리가 된다고 함.

보:도(步道) 명 사람이 안전하게 걸어다닐 수 있도록 차도(車道)와 구분하여 따로 마련한 길. 인도(人道) ☞차도(車道) ▷步의 속자는 歩

보:도(保導) 명 -하다 타 잘못을 저질렀던 사람을 보살피면서 지도함.

보:도(報道) 명 -하다 타 신문이나 방송 등 대중 전달 매체를 통해 나라 안팎의 새 소식을 널리 알리는 일, 또는 그 소식.

보:도(輔導) 명 -하다 타 비뚜로 나아가지 않고 바른 길로 가도록 도우면서 이끌어 줌. 보익(輔翼) ¶ 비행(非行) 청소년을 ―하다.

보:도(寶刀) 명 보배로운 칼. ☞보검(寶劍)

보:도=관제(報道管制) 명 국가가 필요에 따라 취재나 보도를 제한하는 일.

보:도-교(步道橋) 명 사람만 건너 다닐 수 있도록 놓은 다리. 구름다리나 육교 등이 있음.

보:도=기관(報道機關) 명 뉴스 따위를 알리기 위한 기관. 신문사·방송국·통신사 따위.

보도독 부 ①작고 단단한 물건을 눌러 으깰 때 나는 소리를 나타내는 말. ¶ 콩을 ― 깨물어 먹다. ②작고 단단한 물체끼리 갈릴 때 나는 소리를 나타내는 말. ¶ ― 이를 갈다. ☞보드득. 뽀도독

보도독-거리다(대다) 자타 자꾸 보도독 소리가 나다, 또는 그런 소리를 내다. ☞보드득거리다. 뽀도독거리다

보도독-보도독 부 보도독거리는 소리를 나타내는 말. ☞보드득보드득. 뽀도독뽀도독

보-도리 명 재래식 한옥에서, 보와 도리를 아울러 이르는 말.

보:도-부(報道部) 명 어떤 단체나 기관 등에서 보도에 관한 일을 맡아보는 부서(部署).

보:도=블록(步道block) 명 보도의 바닥에 까는 블록.

보:도=사진(報道寫眞) 명 사건이나 현상, 또는 일상적인 소재로부터 문제점을 찾아내어, 대중에 전달하는 사진의 형식. ☞기록 사진. 예술 사진

보:도-원(報道員) 명 현지(現地)에서 새 소식을 취재하여 보도하는 사람.

보:도-진(報道陣) 명 보도 기관이 취재와 보도를 위하여 현장에 파견한 취재 기자나 사진 기자들.

보:도=협정(報道協定) 명 어떤 종류의 사건에 대하여, 인명 존중이나 사회적인 영향을 고려하여 보도 기관끼리 협의하여 취재나 보도를 자제하는 일, 또는 그 협정.

보:독(報毒) 명 -하다 자 품었던 원한을 앙갚음함.

보독-보독 부 -하다 형 매우 보독한 모양을 나타내는 말. ¶ 호박고지가 ― 마르다. ☞부둑부둑. 뽀독뽀독

보독-하다 형여 물기 있는 물체의 거죽이 좀 말라 굳다. ☞부둑하다. 뽀독하다

보-동(ᄉ洑垌) [―똥] 명 보막이로 쌓은 둑. 봇둑

보:동-공:양(普同供養) 명 불교에서, 누구나 참여할 수 있는 공양을 이르는 말. ☞법공양(法供養)

보동-되다 [―뙤―] 형 ①키가 작고 통통하다. ②길이가 짧고 가로 퍼져 있다.

보동-보동 부 -하다 형 몸이 토실토실 살지고 보드라운 모

양을 나타내는 말. ¶ - 귀여운 아기. ☞부둥부둥. 포동포동
보-두다(保-)자 ①보증인이 되어 보증서에 이름을 쓰다. ②보증인을 세우다.
보드기 명 크게 자라지 못하고 마디가 많은 나무.
보드득 부 ①단단하고 매끄러운 겉면을 문지를 때 나는 소리를 나타내는 말. ¶사과를 씻어 물기를 닦을 때 - 소리가 난다. ②단단한 물체끼리 갈릴 때 작게 나는 소리를 나타내는 말. ¶아이가 이를 - 갈다. ③소복소복 곱게 쌓인 눈을 밟을 때 작게 나는 소리를 나타내는 말. ¶눈을 - 밟다. ☞바드득. 뽀드득
보드득-거리다(대다)자타 자꾸 보드득 소리가 나다, 또는 그런 소리를 내다. ☞바드득거리다. 뽀드득거리다
보드득-보드득 부 보드득거리는 소리를 나타내는 말. ☞바드득바드득. 뽀드득뽀드득
보드랍다(보드랍고·보드라워)형ㅂ ①닿는 느낌이 딱딱하거나 거칠지 않고, 무르고 반드럽다. ¶살결이 -./보드라운 비단결. ②알갱이가 곱고 잘다. ¶보드랍게 친 밀가루./보드라운 모래. ③마음씨가 곱고 순하다. ¶마음씨가 -. ☞부드럽다
보드레-하다 형여 퍽 보드라워 보이다. ¶보드레한 옷감./머리털이 -. ☞부드레하다
보드빌(vaudeville 프)명 ①음악과 춤을 곁들인 가벼운 통속 희극. ②노래나 춤, 촌극(寸劇), 곡예 따위를 끼워 넣은 대중적인 연예(演藝).
보드카(vodka)명 호밀 따위를 원료로 하는, 러시아 특산의 증류주. 무색 투명하며, 알코올 농도는 40~60%임.
보득-솔 명 가지가 많고 작달막하게 딱 바라진 소나무.
보들-보들 부-하다 형 감촉이 매우 보드라운 모양을 나타내는 말. ¶ - 보드라운 아기 피부. ☞부들부들[2]
보듬다 타 가슴에 착 대어 품듯이 안다. ¶강아지를 -.
보디(body)명 ①몸 ②차체(車體) ¶승용차의 -. ③몸통. 동부(胴部). 동체(胴體)
보디가:드(bodyguard)명 경호원(警護員)
보디랭귀지(body language)명 눈짓·표정·몸짓·손짓 따위로 의사(意思)를 전달하는 일, 또는 그 방법. ☞음성 언어(音聲言語)
보디마사:지(body massage)명 전신을 마사지하는 미용법. 온몸을 아름답게 하고 군살을 없앨 목적으로 함.
보디블로(body blow)명 권투에서, 배와 가슴 부분에 대한 타격을 이르는 말.
보디빌딩(bodybuilding)명 역기나 아령 따위의 운동으로 근육을 발달시켜 보기 좋은 신체를 만드는 일.
보디스윙(body swing)명 운동 경기 전에 컨디션 조절을 위하여 하는 예비 운동.
보디워:크(bodywork)명 권투에서, 상대편의 공격이 빗나가게 하기 위해 윗몸을 이리저리 움직이는 몸놀림.
보-따리 명 물건을 보자기에 싸서 꾸린 뭉치.
보따리(를) 싸다 관용 어제까지의 관계를 끊거나 하던 일을 그만두고 나오다. ¶아내가 -.
보따리-장수 명 ①물건을 보자기로 싸 가지고 다니면서 파는 사람. ☞봇짐장수 ②소규모의 사업을 비유하여 이르는 말.
보라[1] 명 우리 나라의 기본 색상 이름의 하나. 빨강과 파랑을 섞은 중간색, 또는 그런 빛깔의 물감. 보랏빛. 보라색 ☞남색(藍色). 자주(紫朱)
보라[2] 명 쇠로 쐐기처럼 크게 만든 연장. 통나무 따위를 도끼만으로는 팰 수 없을 때, 도끼로 찍은 자리에 이것을 박아 도끼머리 따위로 침.
보라-매 명 매나 참매의 새끼를 사냥용으로 길들인 것을 이르는 말. 수지니 ☞보라응(甫羅鷹). 송골매. 초지니. 해동청(海東靑)
보라-머리동이 명 연(鳶)의 머리 부분에 보랏빛 종이를 붙여서 만든 연.
보라-색(-色)명 빨강과 파랑의 중간색. 보라. 보랏빛
× **보라-섬게** 명 →보라성게
보라-성게 명 극피동물 성게류의 한 가지. 껍데기의 지름은 5cm 안팎. 온몸에 밤송이처럼 가시가 나 있음. 껍데기와 가시가 짙은 보랏빛임. 알맹이인 난소(卵巢)로는 성게젓을 담금.
보라-응(甫羅鷹)명 지난날 중국에서, 우리 나라의 '보라매'를 이르던 말. ☞송골매. 해동청(海東靑)
보라-장:기(-將棋)명 오래도록 들여다보기만 하고 빨리 두지 않는 장기.
보라-초 명 꼭지 외에 전체가 보랏빛으로 된 연(鳶). ☞허리동이
보라-치마 명 위쪽 절반은 희고 아래쪽 절반은 보랏빛으로 된 연(鳶).
보라-탈 명 탈춤 놀이에 쓰는 보랏빛 탈.
보:란(寶欄)명 금은(金銀)과 주옥(珠玉)으로 장식한 아름다운 난간.
보:란-좌(寶欄座)명 보란을 둘러 놓은 대좌(臺座).
보람 명 ①한 일에 대하여 나타나는 좋은 결과. 효력(效力) ¶열심히 공부한 -이 있다. ②자기가 한 일에서, 자랑으로 여길만한 어떤 값어치. ¶무엇인가 - 있는 일을 해야겠다. ③조금 드러나 보이는 표적. ④잊지 않기 위해서나 딴것과 구별하기 위하여 해 두는 표.

한자 **보람 효**(效)〔攴部 6획〕¶특효(特效)/효과(效果)/효능(效能)/효력(效力)/효험(效驗) ▷ 속자는 効

보람-없:다[-업-]형 어떤 일에 대한 노력의 결과가 좋지 않거나 드러나지 않다.
보람-없이 부 보람없게 ¶ - 세월만 보냈다.
보:람-유(寶藍釉)[-뉴]명 보석남유(寶石藍釉)
보람-줄[-쭐]명 읽던 곳을 표시하는 데 쓸 수 있도록 책갈피에 마련해 둔 줄. ☞서표(書標)
보람-차다 형 매우 보람이 있다. ¶보람찬 목표.
보람-하다 자여 잊지 않기 위하여, 또는 딴것과 구별하기 위하여 표를 하다.
보랏-빛 명 빨강과 파랑의 중간 빛. 보라. 보라색
보:력(補力)명 사진에서, 노출이나 현상이 불충분하여 원판의 화상이 엷게 나타난 것을 특수한 약품으로 처리하여 짙게 하는 일.
보:력(寶曆)명 임금의 나이를 높이어 이르는 말. 보령(寶齡). 보산(寶算). 성력(聖曆). 예산(叡算) ¶ - 열셋에 즉위한 어린 임금.
보:련(寶輦)명 임금이 타던 가마의 한 가지. 위를 장식하지 않았음. 옥교(玉轎)
보:렴(報念)명 남도 잡가(南道雜歌)의 한 가지. 불교 용어들로 이루어진 가사임. ☞남도 입창(南道立唱)
보:령(寶齡)명 보력(寶曆)
보:로-금(報勞金)명 물건을 주워 잃은 사람에게 돌려준 사람이, 잃은 사람에 대하여 청구할 수 있는 보수.
보로통-하다 형여 ①부어 올라서 좀 볼록하다. ¶벌레에 물려 보로통하게 부은 발가락. ②못마땅하여 얼굴에 좀 토라진 빛이 있다. ¶보로통한 얼굴./보로통한 표정. ③〔동사처럼 쓰임〕¶보로통해서 말을 안 한다. ☞부루퉁하다. 뽀로통하다
보:록(譜錄)명 악보를 모아 실은 책.
보:록(寶錄)명 보배로운 기록. 귀중한 기록.
보:료 명 솜이나 짐승의 털 따위로 속을 넣은, 앉는 자리에 늘 깔아 두는 요.
보:루(堡壘)명 ①적의 공격을 막기 위해 흙·돌·모래·콘크리트 등으로 쌓은 구조물. 보채(堡砦) ②무엇을 지키기 위한 방벽(防壁)을 비유하여 이르는 말.
보:루(寶樓)명 화려하게 꾸민 누각(樓閣)이나 누문(樓門) 따위를 기리어 이르는 말.
보:루-각(報漏閣)명 조선 시대, 물시계인 각루(刻漏)를 비치하여 일반에게 시각을 알리던 기관.
보:류(保留)명-하다 타 무슨 일을 곧 결정하거나 처리하지 않고 뒤로 미룸. 유보(留保) ¶결정을 -하다.
보:류(補流)명 바닷물이 다른 곳으로 이동했을 때, 딴 바닷물이 그 빈자리를 채우면서 생기는 흐름.
보:륜(寶輪)명 불탑(佛塔) 꼭대기에 있는 쇠나 구리로 된

장식. 수연(水煙) 아래, 앙화(仰花) 위에 위치한 아홉 개의 테로 되어 있는 것. 구륜(九輪)

보르도(Bordeaux 프)명 산성 물감의 한 가지. 견직물이나 모직물을 포도색으로 염색하는 데 쓰임.

보르도-액(Bordeaux液 프)명 농업용 살균제의 한 가지. 황산동 용액과 석회유와의 혼합액. 석회 보르도액

보르르부 얇은 종이나 마른 나뭇잎 따위에 불이 붙어 빨리 번지는 모양을 나타내는 말. ¶낙엽 더미에 불을 붙이자 ― 타올랐다. ☞바르르. 부르르

보:르조이(borzoi)명 개의 한 품종. 몸이 크고 긴 털로 덮여 있으며 입이 뾰족함. 러시아의 사냥개였으나 오늘날에는 애완용으로 기름.

보름명 ①'보름날'의 준말. ¶이월 ― ②열닷새 동안. ¶일을 끝내는 데 ―은 걸리겠다.

보름-날명 음력으로 그 달의 열다섯째의 날. 망일(望日) ¶―쯤 또 만나세. 준 보름

보름-달[―딸]명 보름날 밤에 뜨는 둥근 달. 만월(滿月). 망월(望月)[2]

속담 **보름달 밝아 구황(救荒) 타러 가기 좋다** : 별로 내키지 않는 일을 하는데, 조금은 좋은 조건이 갖추어졌을 때를 이르는 말.

보름-사리명 ①보름날의 한사리. ②보름 무렵에 잡히는 조기. ☞그믐사리

보름-새명 날실을 열다섯 새로 짠 천을 이르는 말. 올이 썩 가는 날실로 짠 고운 베나 모시 따위.

보름-차례(―茶禮)명 보름날마다 집안의 사당(祠堂)에 지내는 차례. 망다례(望茶禮)

보름-치명-하다자 보름께 비나 눈이 내리는 날씨. ¶―하는 탓에 달 보기는 글렀다.

보리명 ①볏과의 두해살이풀. 줄기는 곧고 속이 비었으며 줄기 높이 1m 안팎. 잎은 가늘고 긴데 평행맥이 있으며, 초여름에 이삭이 줄기 끝에 달림. 열매는 잡곡 또는 사료로 쓰이며, 줄기로는 보릿짚모자 따위를 만들기도 함. 서아시아 원산으로 온대(溫帶)에서 널리 재배됨. ②보리의 열매. 대맥(大麥)

속담 **보리 가시랭이가 까다로우냐 괭이 가시랭이가 까다로우냐** : 매우 성미가 까다로운 사람을 두고 이르는 말./**보리 갈아 이태 만에 못 먹으랴** : 으레 정해져 있는 것을 가지고 왜 초들어서 말하느냐고 되묻는 말./**보리로 담근 술 보리 냄새가 안 빠진다** : 무엇이나 제 본성을 그대로 지니게 마련이라는 말./**보리 밥알로 잉어 낚는다** : 작은 것을 주고 큰 것을 받거나, 적은 자본으로 많은 이익을 본다는 말./**보리 범벅이라** : 사람이 못나고 어리석다는 말./**보리 주면 오이 안 주랴** : 자기의 것은 아끼면서 남의 것만 얻으려는 사람을 두고 이르는 말.

한자 **보리 맥**(麥) 〔麥部〕 ¶맥곡(麥穀)/맥반(麥飯)/맥분(麥粉)/맥아(麥芽)/할맥(割麥) ▷속자는 麦

보리(∠菩提. bodhi 범)명 ①불교에서, 세속(世俗)의 미혹(迷惑)을 떠나 번뇌를 끊음으로써 얻게 되는 깨달음의 지혜. ②불교에서, 깨달음의 경지. 보제(菩提) ☞열반(涅槃) ③죽은 뒤의 명복(冥福).

보리-강(∠菩提講)명 불교에서, 극락왕생을 위하여 법화경을 강설(講說)하는 법회.

보리-개떡명 보리 싸라기나 기울을 반죽하여 찐 개떡. ☞밀개떡

보리-고추장(―醬)명 보리쌀로 담근 고추장. 무르게 지은 보리밥에 메줏가루를 섞어 하루쯤 묵힌 다음, 고춧가루를 섞고 소금으로 간을 하여 항아리에 담금.

보리-깜부기명 채 여물기 전에 검게 병든 보리 이삭. 맥노(麥奴)

보리-논명 그루갈이로 보리를 심은 논.

보리-농사(―農事)명 보리의 씨를 밭에 뿌려서 가꾸어 거두어들이는 일. 맥농(麥農)

보리-누룩명 보리를 껍질째 씻어 말렸다가 갈아서 보리 뜨물에 반죽한 것을, 닥나무잎에 꼭 싸서 바람받이에 달아 두었다가 두어 달 지난 뒤에 쓰는 누룩.

보리-누름명 보리가 누렇게 익는 철.

속담 **보리누름까지 세배(歲拜)한다** : 보리가 익을 무렵인 초여름까지도 세배를 한다는 것이니, 인사치레가 너무 지나침을 비웃는 말./**보리누름에 선늙은이 얼어 죽는다** : 더워야 할 계절에 도리어 춥게 느껴지는 때가 있음을 이르는 말. 〔꽃샘 잎샘에 반늙은이 얼어 죽는다〕

보리-동지(―同知)명 ①지난날, 곡식을 바치고 이름 뿐인 관직을 얻은 사람을 조롱하여 이르던 말. 맥동지(麥同知) ②어련무던하게 생긴 사람을 조롱하여 이르는 말.

보리-막걸리명 보리쌀로 담근 막걸리. 맥탁(麥濁)

보리-맥(―麥)명 한자 부수(部首)의 한 가지. '麴'·'麵' 등에서 '麥'의 이름.

보리-멸명 보리멸과의 바닷물고기. 몸길이 25cm 안팎으로, 모양은 긴 원통형에 가까움. 몸빛은 연한 갈색이며 배 쪽은 흼. 연안의 모랫바닥에 삶.

보리-바둑명 아무렇게나 되는대로 두는 서투른 바둑을 놀리어 이르는 말.

보리-밟:기[―밥―]명-하다자 이른 봄에 보리의 싹을 발로 밟는 일. 서릿발로 들뜬 땅을 다져서 뿌리가 잘 퍼지도록 하는 일임.

보리-밥명 보리쌀로 지은 밥, 또는 쌀에 보리쌀을 섞어 지은 밥. 맥반(麥飯)

속담 **보리밥에는 고추장이 제격이다** : 무엇이나 등급이 너무 다르면 서로 어울리지 못한다는 말. 〔도련님은 당나귀가 제격이라〕

보리밥-나무명 보리수나뭇과의 상록 덩굴나무. 길이는 2~3m. 작은 가지에 은백색이나 갈색의 별 모양의 털이 있음. 넓은 달걀꼴의 잎은 길이 5~10cm로 어긋맞게 남. 가을에 잎겨드랑이에 은백색의 꽃이 몇 송이씩 피고, 길둥근꼴의 핵과(核果)는 이듬해 봄에 붉게 익음. 뿌리·잎·열매는 한방에서 기침과 천식·설사 등에 약재로 쓰임. 우리 나라 남해의 섬 지방, 동해의 울릉도 및 강원도의 해안 지방에서 자람.

보리-밭명 보리를 심은 밭.

속담 **보리밭만 지나가도 주정한다** : 〔보리누룩으로 술을 빚는 데서〕 ①술을 못 마시는 사람을 놀리는 말. ②성미가 급하여 지나치게 서두르는 사람을 놀리는 말.

보리-살타(∠菩提薩埵. bodhisattva 범)명 보살(菩薩)

보리-새우명 보리새웃과의 새우. 몸길이가 25cm에 이르는 것도 있음. 몸빛은 크기에 따라 조금씩 다르나, 엷은 갈색 또는 파란 바탕에 다갈색의 줄무늬가 있음. 강하(糠蝦)

보리-소주(―燒酒)명 보리밥을 누룩과 섞어 발효시킨 것을 증류한 술.

보리수명 보리수나무의 열매.

보리-수(∠菩提樹)명 ①뽕나뭇과의 상록 교목. 높이는 30m 안팎. 잎은 심장 모양이고 가죽질이며 광택이 있음. 꽃은 은두(隱頭) 꽃차례로 핌. 석가모니가 그 나무 아래에서 깨달음을 얻었다고 하여 신성시되고 있음. '보제수'라고도 함. ②피나뭇과의 낙엽 교목. 높이는 3~6m. 잎은 길이 6~10cm로 심장 모양이고, 가장자리에 톱니가 있으며 뒷면에는 회백색의 잔털이 빽빽이 남. 초여름에 잎겨드랑이에 스무 송이 가량의 방향(芳香)이 나는 담황색의 작은 다섯잎꽃이 핌. 지름 8mm 안팎의 둥근 열매는 보리자(菩提子)라고 하며, 염주를 만드는 데 쓰임. 중국 원산으로 절에 흔히 심음.

보리수-나무명 보리수나뭇과의 낙엽 활엽 관목. 높이 3~4m. 줄기 끝이 약간 처지고 가시가 있으며, 햇가지는 회백색 또는 갈색임. 잎은 끝이 뾰족한 길둥근꼴이며 어긋맞게 남. 꽃은 봄에 햇가지의 잎겨드랑이에 1~7송이씩 산형(繖形) 꽃차례로 피고 둥근 열매는 10월경에 붉게 익음. 정원수로 심고, 열매·뿌리·잎은 한방에서 설사·이질·부인병 등에 약재로 쓰임. 우리 나라 황해도 이남의 산과 들에 자람.

보리-수단(―水鍴)명 삶은 쌀보리에 녹말가루를 묻혀 살짝 데친 것을 실백과 함께 찬 오미잣국에 띄운 음료.

보리-술명 보리로 빚은 술.

보리-숭늉 명 보리밥을 지어 낸 솥에 물을 부어 끓인 숭늉. 맥탕(麥湯)
보리-심(∠菩提心) 명 불교에서, 깨달음을 얻어 중생을 널리 교화하려는 마음을 이름.
보리-쌀 명 껍질을 벗긴 보리의 알맹이.
보리-윷 명 법식도 없이 아무렇게나 노는 윷.
보리-자(∠菩提子) 명 보리수의 열매. 염주를 만드는 데 쓰임. 보리주(菩提珠)
보리자-염:주(∠菩提子念珠) 명 보리자로 만든 염주.
보리-장:기(-將棋) 명 법식도 없이 두는 장기.
보리-주(∠菩提珠) 명 보리자(菩提子)
보리-죽(-粥) 명 대낀 보리쌀을 갈아서 물을 붓고 저어 가면서 풀처럼 부드럽게 쑨 죽.
속담 **보리죽에 물 탄 것 같다** : 진기가 없는 보리죽에 물을 타면 거의 맹물처럼 되므로 ①무슨 일이 덤덤하여 아무 재미가 없다는 말. ②사람이 싱겁다는 말.
보리-차(-茶) 명 볶은 겉보리로 끓인 차. 맥차(麥茶)
보리-타다 자 '매를 맞다'를 속되게 이르는 말.
보리-타:작(-*打作) 명 -하다 자 ①보릿단을 태질치거나 탈곡기 따위로 훑어 보리의 낟알을 떨어내는 일. ②매를 몹시 맞는 일을 속되게 이르는 말.
보리-풀 명 -하다 자 보리를 갈 땅에 밑거름으로 쓰기 위하여 베어 오는 풀이나 나뭇잎, 또는 그 풀을 베어 옴.
보릿-가루 명 보리를 빻아서 만든 가루. 맥분(麥粉)
보릿-가을 명 ①보리가 익어서 거둘만 하게 된 계절. 맥추(麥秋) ②-하다 자 익은 보리를 거두어들이는 일.
보릿-거름 명 보리를 심을 밭에 넣는 밑거름.
보릿-겨 명 보리의 속겨.
보릿-고개 명 농가에서 묵은 곡식은 떨어지고 보리는 아직 여물지 않아, 식생활에 가장 어려움을 겪게 되는 음력 4~5월경을 이르는 말. 맥령(麥嶺)
속담 **보릿고개가 태산(泰山)보다 높다** : 농가 살림에 가장 어려운 초여름을 보내기가 몹시 힘들다는 말.
보릿-대 명 보릿짚의 대.
보릿-동 명 햇보리가 날 때까지 보릿고개를 넘기는 동안. ☞춘궁기(春窮期)
보릿-재 명 보리밭에 낼 재거름.
보릿-짚 명 낟알을 떨어낸 보리의 줄기.
×**보릿짚-모자**(-帽子) 명 →밀짚모자
보:링(boring) 명 ①구멍을 뚫는 일. 천공(穿孔) ②시추
보:링머신(boring machine) 명 원통(圓筒)·기통(汽筒) 따위의 내부를 깎는 공작 기계.
보-막이(^洑-) 명 -하다 자 보를 막기 위하여 둑을 쌓는 일.
보-만두(-饅頭) 명 보찜만두
보:망(補網) 명 -하다 자 그물을 손질함.
보매 부 언뜻 보기에. 짐작하건대 ¶ - 탐탁지 않다.
보메(baumé 프) 의 액체의 비중을 나타내는 단위.
보메=비:중계(Baumé 比重計) 명 프랑스의 화학자 보메가 고안한 비중계. 찌를 액체에 띄우고 액면(液面) 아래로 잠긴 부분의 길이로 비중을 잼.
보:면(譜面) 명 악보가 인쇄된 큰 지면(紙面).
보:면-대(譜面臺) 명 연주할 때 악보를 올려 놓는 대.
보:명(保命) 명 -하다 자 목숨을 보전함.
보:명-주(保命酒) 명 감초·육계·홍화·설탕 따위를 소주에 담가서 5~6일 동안 우려낸 술.
보:모(保母) 명 조선 시대, 왕세자를 보육하던 여자. 보모(保姆)
보:모(保姆) 명 ①보모(保母) ②대한 제국 때, 고등 여학교에 딸린 유치원에서 유아의 보육을 담당하던 관직, 또는 그 관리. ③'유치원 교사'의 구용어.
보:모-상궁(保姆尙宮) 명 조선 시대, 왕자·왕녀 등의 양육에 관한 일을 맡아보던 상궁.
보:무(步武) 명 ①'보(步)'는 여섯 자, 무('武')는 석 자를 뜻하는 데서, 짧은 거리를 이르는 말. ②위엄 있고 활기차게 걷는 걸음.
보무도 당당하다 관용 걸음걸이가 씩씩하고 훌륭하다.

보무라지 명 ①종이·헝겊 따위의 잔 부스러기. 준 보물 ②보푸라기
보:무타려(保無他慮) 성구 조금도 의심할 나위가 없이 아주 확실함을 이르는 말.
보:문-각(寶文閣) 명 ①고려 시대, 임금에게 진강(進講)하는 일을 맡아보던 관아. ②조선 시대 초기, 문신들이 모여 경서를 강론하고 임금의 자문에 대비하던 관아.
보:문-품(普門品) 명 불교에서, '관음경'을 이르는 말.
보물 명 '보무라지'의 준말.
보:물(寶物) 명 보배로운 물건. 썩 귀중한 물건. 보재(寶財). 보화(寶貨)
보:물-찾기(寶物-)[-찯-] 명 어떤 물건이나 상품(賞品)의 이름을 적은 딱지 따위를 숨겨 놓고, 이것을 찾아 오는 사람에게 상을 주는 놀이.
보바리슴(bovarysme 프) 명 자기를 현실의 자기가 아닌 그 이상의 것으로 인식하는 정신 작용. 프랑스의 소설가 플로베르의 소설 '보바리 부인'의 여주인공의 성격에서 유래한 말.
보:발(步撥) 명 조선 시대, 급한 공문을 가지고 걸어가서 전하던 사람.
보:방(保放) 명 -하다 타 조선 시대, 보증인을 세우고 죄인을 석방하던 일.
보:방-체(保放帖) 명 보방을 명령하던 체지(帖紙).
보:배(∠寶貝) 명 ①썩 귀중한 물건. ②썩 귀중한 사람을 비유하여 이르는 말. ¶ 어린이는 나라의 -. 원 보패

한자 **보배 보**(寶) 〔宀部 17획〕 ¶ 가보(家寶)/국보(國寶)/보검(寶劍)/보고(寶庫)/보화(寶貨) ▷ 속자는 寳·宝
보배 진(珍) 〔玉部 5획〕 ¶ 진귀(珍貴)/진서(珍書)/진적(珍籍)/진중(珍重)/진집(珍什)/진품(珍品)

보:배-롭다(∠寶貝-)(-롭고·-로워) 형ㅂ 보배라고 할 만 한 값어치가 있다. 매우 귀중하다.
보배-로이 부 보배롭게
보:배-스럽다(∠寶貝-)(-스럽고·-스러워) 형ㅂ 보배롭게 보이다.
보배-스레 부 보배스럽게
보:법(步法)[-뻡] 명 걷는 본새. 걸음걸이
보:법(譜法)[-뻡] 명 악보의 법식(法式).
보:병(步兵) 명 육군 병과(兵科)의 하나, 또는 그 병과에 딸린 군인. 전투 병과로 전쟁 때 소총·기관총 등으로 무장하여 전투에 참가함.
보:병(寶甁) 명 절에서, 꽃병 따위를 아름답게 이르는 말.
보:병-것(步兵-)[-껏] 명 보병목으로 지은 옷.
보:병-궁(寶甁宮) 명 황도 십이궁(黃道十二宮)의 열한째 궁. 본디 십이 성좌(十二星座)의 물병자리에 대응되었으나, 세차(歲差) 때문에 지금은 서쪽의 염소자리로 옮아가 있음. ☞쌍어궁(雙魚宮)
보:병-대(步兵隊) 명 보병으로 편성된 군대.
보:병-목(步兵木) 명 조선 시대, 보병의 옷감으로 백성이 짜서 바치던 올이 굵은 거친 베.
보:병-총(步兵銃) 명 보병이 쓰는 소총.
보:병-포(步兵砲) 명 보병 부대가 갖추고 있는 화포.
보:복(報復) 명 -하다 자 앙갚음
보:복=관세(報復關稅) 명 자기 나라의 수출품에 부당한 관세를 물리거나 차별 대우를 한 나라의 수입품에 그 보복으로서 무거운 관세를 물리는 일.
보:복지리(報復之理) 명 응보가 있는 자연의 이치.
보:본(補本) 명 -하다 타 밑진 본전을 채움.
보:본(報本) 명 -하다 자타 '보본반시(報本反始)'의 준말.
보:본반:시(報本反始) 성구 근본에 보답하고 처음으로 돌아간다는 뜻으로, 조상의 은혜에 보답함을 이르는 말. 준 보본(報本)
보:본-법회(報本法會) 명 절에서, 개산조(開山祖)나 종조(宗祖)를 추원(追遠)하는 법회.
보부-상(*褓負商) 명 봇짐장수와 등짐장수를 아울러 이르는 말. 부보상(負褓商) ☞보상(褓商), 부상(負商)
보:부족(補不足) '모자라는 것을 채움'의 뜻.
보부-청(*褓負廳) 명 조선 시대 말, 전국의 보부상을 모

아서 만든 단체.

보:불(黼黻)명 지난날, 임금의 대례복(大禮服)의 앞자락에 수놓은 도끼 모양과 '亞' 모양의 무늬.

보:비(補庇)명-하다타 보호하고 돌보아 줌.

보:비(補肥)명 덧거름 ☞원비(元肥)

보:비(補裨)명-하다타 보조(補助)

보:비-력(保肥力)명 땅이 거름기를 오래 지니는 힘.

보:비리명 아주 다랍게 인색한 사람.

보:-비위(補脾胃)명-하다자 ①위경(胃經)의 기운을 돋움. ②남의 비위를 잘 맞춤. ¶-를 잘한다.

보빈(bobbin)명 ①통이나 막대 모양의 실패. ②전선을 감아서 코일을 만드는 데 쓰는 둥근 통이나 다각형의 통. ③재봉틀의 밑실을 감은 실패가 들어 있는 북.

보:빙(堡氷)명 내륙 빙하의 끝이 바다로 흘러 들어 이루어진 낭떠러지 모양의 얼음 덩이.

보:빙(報聘)명-하다타 답례로서 외국을 방문함.

보-뺄:목명 기둥을 뚫고 나온 들보의 머리 끝.

보:사(步射)명-하다타 활쏘기나 총쏘기에서, 달리면서 과녁을 쏘아 맞히는 일.

보:사(報使)명 지난날, 하급 관아에서 상급 관아에 보고하기 위하여 보내던 사자(使者).

보:사(報謝)명 '보사제(報謝祭)'의 준말.

보:사(補瀉)명 한방에서, 보(補)하는 일과 사(瀉)하는 일을 아울러 이르는 말. 허증(虛證)은 보하고, 실증(實證)은 사하여 다스림.

보:사(寶砂)명 금강사(金剛砂)

보:사양:난(補瀉兩難)성구 한방에서, 병이 위중하여 보(補)하기도 어렵고 사(瀉)하기도 어려움을 이르는 말.

보:사-제(報謝祭)명 천지 신명에 대하여, 기원한 일이 이루어졌음을 감사하는 뜻으로 지내는 제사. 준보사

보삭부 단단하거나 차지지 않은 물건이 바서지는 소리, 또는 그 모양을 나타내는 말. ¶크래커가 - 바서지다. ☞보싹. 부석. 뽀삭

보삭-거리다(대다)자타 자꾸 보삭 소리가 나다, 또는 그런 소리를 내다. ☞보싹거리다. 부석거리다. 뽀삭거리다

보삭-보삭[1] 부 단단하거나 차지지 않은 물건이 자꾸 바서지는 소리, 또는 그 모양을 나타내는 말. ☞보싹보싹. 부석부석[1]. 뽀삭뽀삭

보삭-보삭[2] 부-하다형 핏기 없이 좀 부은듯 한 모양을 나타내는 말. ¶- 부은 눈. ☞부석부석[2]

보삭-하다형여 살이 핏기 없이 좀 부은듯 하다.

보:산(寶算)명 보력(寶曆)

보:산-개(寶傘蓋)명 금은(金銀)과 주옥(珠玉)으로 장식한 우산 모양의 앙장(仰帳). 부처나 보살, 또는 법사(法師)의 높은 자리 위에 침.

보:살(補殺)명-하다자 야구에서, 야수(野手)가 잡은 공을 어느 누(壘)에 보내어 주자(走者)를 아웃시키는 것을 돕는 일, 또는 그 기록.

보살(菩薩)명 ①부처의 다음 자리에 위치하며, 미래에 부처가 되기 위하여 깨달음을 구하고 자비로 중생을 이끄는 대승 불교의 수행자. 본디는 성도(成道)하기 전의 석가모니를 이르던 말임. 동자(童子). 보리살타(菩提薩埵). 상사(上士) ②'보살승(菩薩乘)'의 준말. ③고승(高僧)을 존경하여 일컫는 말. ④나이 많은 여신도(女信徒)를 대접하여 일컫는 말. ⑤'보살할미'의 준말.

보살-감투(菩薩-)명 ①돼지의 아기집을 식품으로 이르는 말. ②잣의 속껍질 안의 잣 대가리에 씌워 있는 꺼풀의 한 부분.

보살-계(菩薩戒)명 대승의 보살이 지켜야 할 계율.

보살-도(菩薩道)명 보살의 수행의 길. 자리(自利)와 이타(利他)의 수행을 통하여 깨달음에 이르는 길임.

보살-승(菩薩乘)명 불교에서 이르는 삼승(三乘)의 하나. 보살이 그것에 따라 수행하여 부처가 되는 교법(敎法). 준보살(菩薩) ☞성문승. 연각승

보살-탑(菩薩塔)명 보살의 사리(舍利)를 넣고 쌓은 일곱 층의 탑.

보-살피다타 ①어리거나 거동이 불편하거나 생활이 어렵거나 한 이들을 살피어 돌보아 주다. ¶아기를 -./영세민을 -. ②두루 살피어 감독하다. ¶집안일을 -.

보살-할미(菩薩-)명 머리를 깎지 않은 채 승복을 입고 절에서 불도를 닦는 늙은 여신도를 이르는 말. 준보살

보살-형(菩薩形)명 보살과 같은 온화한 얼굴 모양.

보:삼(步衫)명 장옷 모양의 우장(雨裝).

보:상(報償)명-하다타 남에게 진 빚이나 받은 것을 갚음.

보:상(補償)명-하다타 ①남에게 끼친 손해를 돈으로 물어줌. ¶재해 -/손해에 대한 -을 요구하다. ②국가 또는 공공 단체의 합법적인 권리 행사로 말미암아 국민이 입은 손해를 국가 또는 공공 단체가 물어줌. ¶도로로 수용된 토지에 대한 -. ③심리학에서, 신체적으로나 정신적으로 어떤 열등감을 가졌을 때 다른 것으로 이를 메우려고 하는 마음의 움직임을 이르는 말.

보:상(*褓商)명 봇짐장수 ☞부상(負商)

보:상-금(補償金)명 보상하여 주는 돈.

보:상-무(寶相舞)명 조선 순조(純祖) 때 창작된 향악(鄕樂)의 정재(呈才)의 한 가지.

보:상-반(寶相盤)명 보상무(寶相舞)에서, 춤추는 이가 춤을 추면서 공을 던져 넣을 항아리를 얹어 놓은 다각형의 상(床).

보:상-화(寶相華)명 중국 당나라에서 전해져 우리 나라와 일본에서 발달한 덩굴 무늬의 한 가지. 덩굴풀이 서로 얽히며 기어가는듯 한 모양이 꽃 모양과 비슷하여 붙여진 이름임. 보상화문

보:상화-문(寶相華紋)명 보상화(寶相華)

보:새(寶璽)명 임금의 도장. 국새(國璽). 어새(御璽). 옥새(玉璽)

보:색(補色)명 두 색을 섞었을 때, 빛의 경우는 흰빛이 되고 물감의 경우는 회색이나 검정색이 되는 두 색, 또는 그 두 색의 관계를 이르는 말. 빨강과 청록의 관계 따위. 여색(餘色)

보:생-불(寶生佛)명 보생여래(寶生如來)

보:생-여래(寶生如來)[-녀-]명 밀교(密敎)에서, 금강계(金剛界)의 오불(五佛)의 하나를 이르는 말. 사물 사이의 평등성을 통찰하는 지혜와 수행으로 복덕(福德)의 보배를 낳게 하는 덕을 갖춘 부처임. 보생불(寶生佛)

보:-서다(保-)자 보증을 서다.

보:석(步石)명 ①정원이나 통로 등에 띄엄띄엄 깔아 놓아 디디고 다니게 한 돌. 징검돌 ②섬돌

보:석(保釋)명-하다타 일정한 보증금을 받고서 미결(未決)의 구류 중인 피고인을 석방하는 일.

보:석(寶石)명 경도(硬度)가 높고 빛깔과 광택이 아름다우며 굴절률이 큰, 산출량이 적은 광물. 다이아몬드·루비·비취·사파이어·에메랄드 따위. 보옥(寶玉)

보:석-금(保釋金)명 '보석 보증금'의 준말.

보:석-남유(寶石藍釉)[-뉴]명 경태람(景泰藍)의 청색과 자색을 도자기에 응용한 잿물 빛깔. 보람유(寶藍釉)

보:석=반지(寶石-)명 보석을 박아 만든 반지.

보:석=보:증금(保釋保證金)명 법률에서, 보석이 허락되었을 경우에 납부하는 보증금을 이르는 말. 준보석금

보:석-상(寶石商)명 금·은·보석 등을 가공 판매하는 상점, 또는 그런 직업이나 장수.

보:석-원(保釋願)명 보석을 허가해 줄 것을 바라는 신청, 또는 그 서류.

보:선(保線)명-하다타 철도의 선로 및 그에 딸린 부속 시설을 보수하고 관리하는 일. 철도 수송의 안전과 쾌적한 주행을 유지하기 위해 함.

보:선(普選)명 '보통 선거(普通選擧)'의 준말.

보:선(補選)명 '보궐 선거(補闕選擧)'의 준말.

보:선-공(保線工)명 보선 작업에 종사하는 사람.

보:섭(步涉)명-하다자 길을 걷고 물을 건넘.

보세(*洑稅)[-쎄]명 '보수세'의 준말.

보:세(保稅)명 관세(關稅)의 부과가 보류되는 일.

보:세(普世)명 온 세상.

보:세=가공(保稅加工)명 관세(關稅)의 부과가 보류된 상태에서 수입 원료를 가공하는 일.

보:세=가공=무:역(保稅加工貿易)명 원료를 수입하여 보세 구역에서 가공하는 동안에는 관세의 부과를 보류하고, 제품의 수출이 확인되었을 때 관세를 면제하는 방식의 무역.

보:세=공장(保稅工場)명 외국에서 수입한 원료나 반제품(半製品)을 보세 상태에서 가공하는 공장.

보:세=구역(保稅區域)명 수입 화물을 관세의 부과가 보류된 채로 놓아 둘 수 있는 지역. 보세 공장, 보세 전시장, 보세 창고, 보세 장치장 따위.

보:세=수입(保稅輸入)명 가공 무역을 장려하기 위하여 원료의 수입 절차나 관세의 납부 등 복잡한 절차를 덜어 주는 수입 방법.

보:세=장치장(保稅藏置場)명 통관 절차를 밟기까지 임시로 물품을 두는 보세 구역.

보:세=전:시장(保稅展示場)명 보세 구역의 한 가지. 박람회·전람회·견본 시장 등을 운영하기 위하여, 외국 물품을 보세 상태로 두어 전시하는 곳.

보:세=제:도(保稅制度)명 가공 무역이나 중계 무역을 촉진시키기 위하여, 수입품이 보세 구역에 있는 동안에는 관세의 부과를 보류하는 제도.

보:세=창고(保稅倉庫)명 보세 구역의 한 가지. 외국에서 수입한 화물을 보세 상태로 보관할 수 있는 창고.

보:세-품(保稅品)명 보세 구역에 있는, 보세 상태의 물품.

보:세=화:물(保稅貨物)명 통관 절차를 끝내지 않은 외국 화물.

보:소(譜所)명 족보(族譜)를 만들기 위하여 임시로 설치한 사무소. 보청(譜廳)

보:속(補贖)명-하다타 가톨릭에서, 지은 죄의 값을 갚는 마음으로 기도, 사랑의 실천, 생활의 개선 등에 힘쓰는 일. ☞성찰(省察). 고해 성사(告解聖事)

보송-보송[1] 부-하다형 ①보드라운 잔털이 고루 돋아 있는 모양을 나타내는 말. ¶솜털이 ― 난 아기./노란 솜털이 ―한 병아리. ②함박눈이 솜처럼 보드랍게 쌓여 있는 모양을 나타내는 말. ¶― 쌓인 눈. ☞부숭부숭[1]

보송-보송[2] 부-하다형 ①기름기나 때가 없는 살결이 알맞게 꼽꼽하고 보드라운 느낌을 나타내는 말. ¶막 목욕을 하고 난 ―하고 향긋한 살결. ②무명에서 느낄 수 있는 톡톡하고 보드라운 느낌을 나타내는 말. ¶―한 타월로 젖은 얼굴을 감쌌다. ☞부숭부숭[2]. 뽀송뽀송

보:수(步數)[1][―쑤]명 걸을 때의 걸음의 수효.

보:수(步數)[2]명 바둑이나 장기에서, 어려운 수를 푸는 방법을 이르는 말.

보:수(保手)명 '보증 수표(保證手票)'의 준말.

보:수(保守)명 ①이제까지의 풍습·전통·제도 따위를 소중히 여겨 그것을 보존하려고 하는 일. 특히 정치적으로 급진적인 개혁에 반대하는 일, 또는 그런 세력이나 정당을 이르는 말. ☞진보(進步). 혁신(革新) ②-하다타 정상 상태를 유지함.

보:수(補修)명-하다타 헐었거나 망가진 부분을 손질하여 고침. 수보(修補) ¶도로의 ― 공사.

보:수(報酬)명 ①-하다자 고마움에 보답함, 또는 그 보답. ②노동이나 노력의 대가로 주는 금품. ¶―를 받고 일하다.

보:수(報讎)명-하다자 앙갚음

보:수(寶樹)명 편지에서, 남을 높이어 그의 아들을 이르는 한문 투의 말.

보:수-계(步數計)명 걸음을 걸을 때 몸에 차고 있으면 걸음의 수가 자동적으로 나타나는 계기. 계보기(計步器). 보측계(步測計). 측보기(測步器)

보:수=공사(補修工事)명 건축물이나 시설물 따위를 보수하는 공사.

보:수-당(保守黨)명 보수주의(保守主義)를 표방하는 정당. 보수 정당(保守政黨) ☞급진당(急進黨)

보:수-병(堡守兵)명 보루(堡壘)를 지키는 병사.

보:수-성(保守性)[―썽]명 사고 방식이나 행동 등에 나타나는 보수적인 성향. ¶―이 강한 사람.

보수-세(^洑水稅)[―쎄]명 봇물을 쓰는 값으로 내는 돈이나 곡식. 수세(水稅) 준보세

보:수-적(保守的)명 보수의 경향이 있는 것. ¶―인 정치가./―인 환경에서 자라다. ☞진보적(進步的)

보:수=정당(保守政黨)명 보수당(保守黨)

보:수-주의(保守主義)명 급격한 변화를 반대하고 전통과 관습을 중히 여기는 주의. ☞진보주의(進步主義)

보:수-파(保守派)명 보수주의(保守主義)를 주장하거나 지지하는 파. ☞급진파(急進派)

보스(boss)명 두목(頭目). 수령(首領)

보스락부 마른 검불 따위를 건드리거나 할 때 나는 소리를 나타내는 말. ¶― 마른 잎을 밟다. ☞바스락. 부스럭. 뽀스락

보스락-거리다(대다)자타 자꾸 보스락 소리가 나다, 또는 그런 소리를 내다. ☞바스락거리다. 부스럭거리다. 뽀스락거리다

보스락-보스락부 보스락거리는 소리를 나타내는 말. ☞바스락바스락. 부스럭부스럭. 뽀스락뽀스락

보스락-장난명 좀스럽게 보스락거리는 장난.

보스턴백(Boston bag)명 평평하고 네모진 바닥에 가운데가 불룩한 여행용 가방.

보스턴테리어(Boston terrier)명 개의 한 품종. 1880년 무렵 미국에 들여온 불독과 불테리어의 교배종으로, 몸은 검은빛과 흰빛이 섞여 있음. 애완용임.

보슬-보슬[1] 부 눈이나 비가 가늘고 성기게 조용히 내리는 모양을 나타내는 말. ¶― 내리는 눈. ☞부슬부슬[1]

보슬-보슬[2] 부-하다형 덩이진 가루 따위가 마르고 끈기가 없어 쉬이 바스러지는 모양을 나타내는 말. ¶떡가루 뭉친 것이 ― 바스러진다. ☞바슬바슬. 부슬부슬[2]. 포슬포슬

보슬-비명 보슬보슬 내리는 가랑비. ☞부슬비

보습명 쟁기나 극젱이의 술바닥에 맞추어 끼우는 삽 모양의 쇳조각. 땅을 갈아 일으키는 데 쓰임. 쟁기날

보:습(補習)명-하다타 정규 학습에서 불충분하였던 것을 보충하기 위하여 학습함, 또는 그 학습.

보:습(保濕)명 건조하지 않도록 습도를 일정하게 유지하는 일. ¶― 효과가 좋은 화장수.

보습-살명 소의 볼기에 붙은 고기.

보:승-지(保勝地)명 경치가 좋은 곳. 경승지(景勝地)

보:시(∠布施)명-하다타 절이나 중 또는 가난한 이들에게 금품(金品)을 줌, 또는 그 금품. 원포시(布施)

보:시(普施)명-하다타 은혜를 널리 베풂.

보:시(報時)명-하다자 시간을 알림.

보시기명 김치나 깍두기 같은 반찬을 담는 운두가 낮은 작은 사발. 준보[2]

보:식(補植)명-하다타 조림에서, 심은 묘목이 말라 죽거나 하였을 때, 그 자리에 다시 묘목을 심는 일.

보:신(保身)명-하다자 ①위험을 피하여 몸을 안전하게 지킴. 보신명(保身命) ②지위나 재산·명예 따위를 잃지 않으려고 몸을 사리는 일.

보:신(補身)명-하다자 보약이나 영양분이 많은 음식물을 먹어 몸의 원기를 도움. 몸보신

보:신(補腎)명-하다자 보약 따위를 먹어 정력을 도움.

보:신(報身)명 불교에서 이르는 삼신(三身)의 하나. 많은 공덕과 수행(修行)의 과보(果報)로 나타난, 만덕이 원만한 부처. ☞법신(法身). 응신(應身)

보:-신명(保身命)명-하다자 보신(保身)

보:신-술(保身術)명 호신술(護身術)

보:신지책(保身之策)명 자신의 몸이나 지위, 재산 따위를 안전하게 지키기 위한 방책. 준보신책

보:신-책(保身策)명 '보신지책(保身之策)'의 준말.

보:신-탕(補身湯)명 몸의 원기를 돕는 탕국이라는 뜻으로, '개장국'을 달리 이르는 말.

×**보십**명 →보습

보:싯-돈(∠布施-)명 보시로 받은 돈을 이르는 말.

보싹부 좀 단단하고 차지지 않은 물건이 세게 바서지는 소리, 또는 그 모양을 나타내는 말. ¶다시마 튀각이 ― 바서진다. ☞보삭. 부썩. 뽀삭

보싹-거리다(대다) 자타 자꾸 보싹 소리가 나다, 또는 그런 소리를 내다. ☞보삭거리다. 부썩거리다. 뽀삭거리다
보싹-보싹 부 좀 단단하고 차지지 않은 물건이 자꾸 세게 바서지는 소리, 또는 그 모양을 나타내는 말. ☞보삭보삭[1]. 부썩부썩. 뽀삭뽀삭
보-쌈 명 ①재가(再嫁)가 허용되지 않았던 시대에, 양반집 처녀로서 두세 번 시집가야 할 팔자라는 사주가 나올 경우, 그 액땜을 위하여 외간 남자를 밤에 몰래 보자기에 싸 가지고 와서 처녀와 재운 다음 죽이던 일. ②느닷없이 잡혀 가는 일을 비유하여 이르는 말.
속담 **보쌈에 들었다** : 남의 꾀에 걸려들어 낭패를 보게 되었다는 말.
보쌈-김치 명 김치의 한 가지. 통배추를 절여 속대를 길이 4cm 정도로 잘라 넓은 배추 잎을 둥글게 펴서 그 안에 세워 넣고, 줄기 사이에 갖은 소를 넣어 오므려 싸서 국물을 부어 익힌 김치. 준 쌈김치
보쌈-질 명-하다 타 다림질을 할 옷을 축축한 보자기에 싸두어 눅이는 일.
보아(boa) 명 보아과의 큰 뱀. 몸길이는 5.5m 정도에 이르는 것도 있으나 보통은 3m 안팎임. 등은 연한 갈색 바탕에 검은빛을 띤 갈색의 가로무늬가 있고 옆면에는 큰 얼룩무늬가 줄지어 있음. 중남미의 숲 속에 분포하는데 성질은 온화하며 독이 없음. 쥐 따위의 작은 포유류를 잡아먹고 삶. 난태생임. 왕뱀
보아란-듯이 부 자랑 삼아 버젓하게 드러내어 보이는 태도로. 여봐란듯이 ¶ - 요란스레 차리고 나온다. 준 봐란듯이
보아-주다 타 ①남을 돌보아 주다. ¶아이를 -. ②잘못 따위를 탓하지 않고 눈감아주다. ¶허물을 탓하지 않고 너그럽게 -. 준 봐주다
보아지 명 기둥머리에 끼워 보의 짜임새를 보강하는 짧은 부재(部材).
보아-하니 부 눈으로 살피어 보니. 보아 짐작하건대. ¶ - 점잖은 분 같은데. 준 봐하니
보아-한들 부 살펴본다고 해도. 좋게 보아도. ¶ - 그렇게 되기야 하겠는가.
보:안(保安) 명-하다 타 ①안전을 지킴. ¶ - 요원 ②사회의 안녕과 질서를 유지함. ¶ -을 임무로 하는 경찰.
보:안(保眼) 명-하다 자 눈을 보호함. 양목(養目)
보:안-경(保眼鏡) 명 눈을 보호하려고 쓰는 안경. 양목경(養目鏡)
보:안=경:찰(保安警察) 명 사회의 안녕과 질서의 유지를 목적으로 하는 경찰. 다른 행정 업무와 관계없이 집회·결사·풍속의 단속 등을 담당함. 치안 경찰(治安警察)
보:안-관(保安官) 명 미국에서, 군(郡)의 치안을 맡아보는 민선 관리를 이르는 말. 대개 사법권과 경찰권을 장악하고 있음.
보:안-등(保安燈) 명 조명과 방범의 목적으로 골목길 등에 달아 놓은 전등.
보:안-림(保安林) 명 재해의 방지나 수자원(水資源)의 보호 및 생활 환경의 보전 등, 공공의 이익을 지키기 위하여 국가가 보호·관리하는 숲. 보존림(保存林) ☞공용림(供用林)
보:안=처:분(保安處分) 명 범인이 재범할 위험을 막기 위하여 형벌 대신 개선 교육이나 보호 따위를 하는 처분.
보암-보암 명 이모저모로 보아서 짐작할 수 있는 겉모양. ¶ -으로는 괜찮더라.
보암직-하다 형여 볼만 한 값어치가 있다. ¶보암직한 전람회.
보:약(補藥) 명 원기(元氣)를 돕는 약. 보제(補劑)
보:양(保養) 명-하다 자 편히 쉬면서 건강을 회복하거나 원기(元氣)를 기름. 유 휴양(休養)
보:양(補陽) 명-하다 자 보약(補藥) 따위를 먹어 몸의 양기(陽氣)를 도움. ☞보음(補陰)
보:양-식(補陽食) 명 양기(陽氣)를 돕는 데 효과가 있다는 음식.
보:양-지(保養地) 명 온천지·피서지·피한지 등 몸을 보양하기에 알맞은 곳.
보:양-청(輔養廳) 명 조선 시대, 원자(元子)나 원손(元孫)을 가르치고 보좌하는 일을 맡아보던 관아.
보:얗다(보얗고·보얀) 형ㅎ ①빛깔이 해끄무레하다. ¶김이 창에 보얗게 서렸다. ②살빛이 말갛고 희다. ¶보얀 아기 피부. ☞부옇다. 뽀얗다
보:얘-지다 자 보얗게 되다. ☞부예지다. 뽀얘지다
보:어(補語) 명 〈어〉문장 성분의 하나. 문장의 용언(用言)의 불완전함을 기워 주는 말. 체언(體言)이나 체언 구실을 하는 말에 보격 조사가 붙은 말이 이에 딸림. '얼음이 물이 된다.', '마음이 바다와 같다.'에서 '물이'나 '바다와' 따위. ☞관형어(冠形語). 목적어(目的語)
보:어-구(補語句) [-꾸] 명 〈어〉문장에서 보어의 구실을 하는 구. '계절은 차차 서늘한 가을이 된다.'에서 '서늘한 가을이'와 같은 구성의 말. ☞서술구(敍述句)
보:여(寶輿) 명 천자(天子)가 타는 수레.
보:영(報營) 명-하다 타 조선 시대, 고을의 수령이 감영(監營)에 보고하는 일을 이르던 말.
보:옥(寶玉) 명 ①보배로운 구슬. ②보석(寶石)
보:온(保溫) 명-하다 자 온도를 일정하게, 특히 따뜻하게 유지하는 일. ¶ -이 잘 된다. / - 밥솥
보:온-병(保溫甁) 명 유리 따위로 병의 둘레를 이중으로 하고 그 사이를 진공으로 하여 열의 전도(傳導)를 적게 한 병. 속에 담긴 액체가 빨리 식거나 덥혀지지 않도록 하는 데 쓰임.
보:온-재(保溫材) 명 열전도율(熱傳導率)이 낮고 보온력이 좋아 단열재로 쓰이는 재료. 석면, 유리 섬유, 발포 스티렌 수지 따위.
보:완(補完) 명-하다 타 모자라는 것을 채워 완전하게 함.
보:외(補外) 명-하다 타 조선 시대, 중앙의 고관(高官)을 지방 수령 등 외직(外職)으로 좌천시키는 일을 이르던 말.
보:요(步搖) 명 걸으면 흔들린다는 뜻으로, '떨잠'을 달리 이르는 말.
보:우(保佑) 명-하다 타 지키고 도와줌. ¶하느님이 -하사 우리 나라 만세.
보:운(寶運) 명 임금을 높이어, 그의 운명을 이르는 말.
보:원(補元) 명-하다 자 보약(補藥)이나 영양식 따위를 먹어서 원기를 도움. 보기(補氣)
보:원(報怨) 명-하다 자 앙갚음
보:위(保衛) 명-하다 타 보전하여 지킴. ¶국가를 -하다.
보:위(寶位) 명 보조(寶祚)
보:유(保有) 명-하다 타 가지고 있음. ¶핵무기를 -하는 나라. / 달러를 많이 -하고 있다.
보:유(補遺) 명-하다 타 책 따위에서, 빠뜨려서 싣지 못한 것을 나중에 보태어 채우는 일, 또는 그 보태어 채운 것. ¶인명 사전(人名事典)을 -하다.
보:유-량(保有量) 명 가지고 있는 분량.
보:유-미(保有米) 명 가지고 있는 쌀. ¶정부의 양곡 수급 조절용 -. / 농가의 식량용 -.
보유스레-하다 형여 보유스름하다 ☞부유스레하다. 뽀유스레하다
보유스름-하다 형여 빛깔이 진하지 않고 조금 보얗다. 보유스레하다 ☞부유스름하다. 뽀유스름하다
보유스름-히 부 보유스름하게
보:유-자(保有者) 명 가지고 있는 사람. 지니고 있는 사람. ¶학춤 기능 - / 세계 기록 - / 선수권 -
보:육(保育) 명-하다 타 젖먹이나 어린아이를 돌보아 기르는 일. 좁게는 유아원·유치원·보육원 따위에서 베푸는 교육을 뜻함.
보:육-기(保育器) 명 달이 덜 차서 태어난 아이나 이상이 있는 갓난아이를 넣어 잘 자라게 보살피는 장치. 내부의 온도와 습도를 알맞게 유지하고, 산소 공급량을 자동 조절할 수 있음. 인큐베이터(incubator)
보:육-원(保育院) 명 고아(孤兒)나 기아(棄兒), 미아(迷兒)를 받아들여 일정한 나이에 이르기까지 보호하며 기르고 가르치는 시설. 고아원(孤兒院)
보:은(報恩) 명-하다 자 은혜를 갚음. 수은(酬恩) ☞배은

ㅂ

보:은(寶銀)명 말굽은
보:음(補陰)명-하다자 보약(補藥) 따위를 먹어서 몸의 음기(陰氣)를 도움. ☞보양(補陽)
보:응(報應)명-하다자 불교에서, 선악(善惡)의 행위에 따라 받는 길흉화복을 이르는 말. 응보(應報)
보이(boy)명 호텔이나 서양식 식당 등에서, 손님의 시중을 드는 남자 종업원을 이르는 말.
보이다[1]자 눈에 뜨이다. ¶산이 잘 보인다./아이가 보이지 않는다. 준뵈다[1]
조동 본용언(本用言) 다음에 쓰이어, 짐작의 뜻을 나타냄. ¶매우 어려 -./오늘 따라 예뻐 보이네.
보이다[2]타 보게 하다. ¶맛을 -./아랫사람에게 모범을 -./경찰에게 신분증을 -. 준뵈다[2]

한자 **보일 시**(示) 〔示部〕 ¶게시(揭示)/묵시(默示)/시범(示範)/시위(示威)/제시(提示)/표시(表示)

보이소프라노(boy soprano)명 변성기(變聲期) 전의 사내아이의 소프라노처럼 높은 목소리, 또는 그 음역(音域)의 소년 가수.
보이스카우트(boy scouts)명 1908년 영국에서 창설되어 세계 각국에 보급된 소년단(少年團). 몸과 마음을 단련하여 나라와 사회에 이바지함을 목적으로 함. ☞걸스카우트(girl scouts)
보이콧(boycott)명-하다타 1880년 아일랜드에서, 소작인(小作人)으로부터 배척을 받은 마름의 이름에서 나온 말로 ①어떤 상품을 사는 것을 집단적으로 거부하는 일. 특히 노동 조합이 쟁의 수단의 하나로 일반 소비자에게 호소하는 일을 이름. ②어떤 사람이나 사물을 집단적으로 배척하는 일.
보:익(補益)명-하다타 보태어 도움. 비익(裨益)
보:익(輔翼)명-하다타 보도(輔導)
보:인(保人)명 보증인(保證人)
보일(voile)명 강연사(強撚絲)로 거칠게 평직(平織)으로 짠 얇은 직물. 여름용의 여성복이나 아동복 따위의 옷감으로 쓰임.
보일러(boiler)명 ①목욕탕이나 난방 시설에 더운물을 보내기 위하여, 물을 끓이는 장치. ②증기 기관을 움직이거나 증기 난방 시설을 데우기 위하여, 밀폐된 강철통 속에서 물을 가열하여 고온·고압의 증기를 발생시키는 장치. 기관(汽罐)
보:일보(步一步)부 한 걸음 한 걸음. ¶- 목표에 다가가다.
보일-시(-示)명 한자 부수(部首)의 한 가지. '禁'·'票'·'神' 등에서 '示'의 이름.
보일-유(boil油)[-류]명 들기름이나 아마인유(亞麻仁油) 따위의 건성유(乾性油)에 금속 산화물을 섞어서 끓여 훨씬 빨리 마르게 한 기름. 페인트나 인쇄 잉크 따위를 녹이는 데 쓰임.
보:임(補任)명-하다타 임명하여 어떤 자리를 맡김. ¶총무 부장에 -하다.
보임-새명 겉으로 드러나 보이는 모양.
보잇-하다형여 조금 보유스름한듯 하다.
보자기[1]명 바다 속에 들어가서 조개나 미역 따위의 해산물을 따는 사람. ☞해녀(海女)
보자기[2]명 물건을 싸는 작은 보.
보:자-력(保磁力)명 자기 포화 상태의 강자성체(強磁性體)에 역방향으로 자기장(磁氣場)을 걸어서 자화(磁化)를 0으로 하는 데 필요한 자기장의 크기.
보잘것-없:다[-껃업-]형 볼만 한 값어치가 없다. ¶보잘것없는 작품들./솜씨가 -. ☞하잘것없다
보잘것-없이부 보잘것없게
보:장(保障)명-하다타 손해를 보거나 어려움을 겪거나 하는 일이 없도록 보호함. ¶안전을 -하다.
보:장(報狀)명 지난날, 하부 관아에서 상부 관아로 보고하는 공문(公文)을 이르던 말.
보:장(報障)명 불교에서 이르는 삼장(三障)의 하나. 과거의 악업(惡業)으로 말미암은 과보(果報)로 불법(佛法)을 들을 수 없는 장애. ☞번뇌장(煩惱障)
보:장(寶藏)명 ①-하다타 아주 소중하게 보관함. ②보배를 간직하는 곳집. ③불교에서, 중생의 괴로움을 덜어 주는 부처의 묘법을 비유하여 이르는 말.
보:장=점령(保障占領)명 휴전 조약이나 항복 조건 따위의 일정한 조건의 이행을 상대국에게 강제하기 위하여 하는 점령.
보:장=조약(保障條約)명 국가 안전을 보장하는 조약.
보:재(補材)명 한방에서, 보약(補藥)으로 쓰는 약재를 이르는 말.
보:재(寶財)명 보물(寶物)
보-쟁기명 보습을 낀 쟁기.
보쟁이다타 부부가 아닌 남녀가 은밀한 관계를 계속 이어 나가다.
보:전(保全)명-하다타 잘 보호하여 지켜 나감. ¶목숨을 -하다./환경을 -하다.
보:전(補塡)명-하다타 모자란 것을 메워서 채움. 전보(塡補) ¶손해를 -하다.
보:전(補箋)명 ①간단한 의견을 써서 서류에 덧붙이는 쪽지. 부전(附箋) ②유가 증권이나 증서에 기재 사항이 많아 빈 자리가 없을 때 덧붙이는 종이.
보:전(寶典)명 ①귀중한 책. ②불교의 경전(經典)을 달리 이르는 말.
보:전(寶殿)명 절에서, 본존(本尊)을 모신 법당(法堂)을 달리 이르는 말. ¶극락(極樂) -/대웅(大雄) -
보:전=소송(保全訴訟)명 강제 집행의 보전을 목적으로 하는 특별 민사 소송 절차.
보:전=이:자(補塡利子)[-니-]명 채무자가 채권자의 돈이나 물질 등을 이용한 대가로 내는 돈이나 물건.
보:전=처:분(保全處分)명 사권(私權)의 실현을 보전하기 위하여, 판결의 확정 또는 강제 집행까지의 사이에 법원이 명하는 잠정적인 처분. 가압류나 가처분 따위.
보:정(補正)명-하다타 ①모자람을 채우고 잘못된 것을 바로잡음. ②실험이나 관측 또는 근사값 계산 등에서, 외부적 원인에 따른 오차를 없애고 참에 가까운 값을 구하는 일. ③소장(訴狀)의 형식적인 요건이나 소송 능력에 결함이 있을 때, 당사자가 자발적으로 또는 명령에 따라 이것을 보충하고 바로잡는 일.
보:정(補整)명-하다타 모자란 것을 채우고 잘 가다듬음.
보:정=진:자(補整振子)명 팽창률이 다른 두 가지의 금속을 써서, 온도의 변화에도 일정한 길이를 유지하도록 만든 진자.
보제(菩提)명 보리
보:제(補劑)명 ①원기(元氣)를 돕는 약. 보약(補藥) ②처방에서, 주요 성분이 되는 약의 작용을 돕거나 부작용을 없애기 위하여 쓰는 약제. 조제(助劑)
보:조(步調)명 ①여럿이 함께 걸을 때, 걸음걸이나 걸음의 속도. ¶-를 맞추다. ②여럿이 함께 무슨 일을 할 때, 서로의 조화나 통일 상태. ¶서로 -가 맞지 않는다.
보:조(補助)명-하다타 ①모자람을 채우기 위하여 도와 주는 일, 또는 그 도움. 보비(補裨) ¶학비를 -했다./국가의 -를 받다. ②일손을 돕는 일, 또는 그런 사람.
보:조(寶祚)명 제왕(帝王)의 자리. 보위(寶位)
보조개명 웃을 때 볼에 옴폭하게 우물져 들어가는 자리. 볼우물
보:조=관념(補助觀念)명 비유법(譬喩法)에서, 나타내고자 하는 내용을 잘 드러내기 위하여 끌어다 쓰는 관념. '쟁반같이 둥근 달'에서 '둥근 달'은 원관념(元觀念), '쟁반'이 보조 관념임.
보:조-금(補助金)명 ①보조하여 주는 돈. ②어떤 사업을 육성하거나 시책을 장려하기 위하여, 국가나 공공 단체가 어떤 단체나 개인에게 내주는 돈. 교부금(交付金)
보:조=기관(補助機關)명 행정 기관에 딸리어 그 직무를 보조하는 기관.
보:조=기억=장치(補助記憶裝置)명 주기억 장치의 모자란 기억 용량을 보완하고 반영구적으로 저장하기 위하여 쓰이는 외부 기억 장치. 기억 용량은 크지만 처리 속도는 느림.

보:조=날개(補助一)명 주익(主翼)의 뒤쪽 가장자리에 붙어 있는 장치. 비행기가 옆으로 흔들리지 않게 하고, 앞뒤 축을 중심으로 기체를 좌우로 기울게 함. 보조익

보:조=단위(補助單位)명 기본 단위를 더 작게, 또는 더 크게 나타내는 단위. 길이의 기본 단위인 m에 대한 mm·cm·km 따위.

보:조=동:사(補助動詞)명〈어〉본디의 의미와 자립성을 잃고 본용언(本用言) 다음에서 뜻을 돕는 동사. '못의 물이 말라 간다.', '이웃을 도와 준다.'에서 '간다'나 '준다'와 같은 쓰임의 동사를 이름. 조동사(助動詞) ☞보조 형용사(補助形容詞). 본동사(本動詞)

보:조-부(補助簿)명 보조 장부(補助帳簿)

보:조-비(補助費)명 국가나 공공 단체가 어떤 목적을 위하여 무상(無償)으로 내주는 돈.

보:조=비:료(補助肥料)명 적은 양으로 농작물의 생리적 기능을 자극함으로써 발육을 좋게 하는 비료. 망간·구리·철·붕소의 화합물 따위. 자극 비료(刺戟肥料)

보:조사(補助詞)명〈어〉보조 조사(補助助詞)

보:조-역(補助役)명 도와 주는 구실, 또는 그런 구실을 하는 사람.

보:조=용:언(補助用言)명〈어〉보조 동사와 보조 형용사를 아울러 이르는 말. ☞본용언(本用言)

> ▶ **보조 용언의 붙여 쓰기 허용**
> 보조 용언은 띄어 씀을 원칙으로 하되, 경우에 따라 붙여 씀도 허용한다.
> ¶불이 꺼져 간다.→불이 꺼져간다.
> 내 힘으로 막아 낸다.→내 힘으로 막아낸다.
> 어머니를 도와 드린다.→어머니를 도와드린다.
> 그릇을 깨뜨려 버렸다.→그릇을 깨뜨려버렸다.
> 다만, 앞말에 조사가 붙거나 앞말이 합성 동사인 경우에는 그 뒤에 오는 보조 용언은 띄어 쓴다.
> ¶잘도 놀아만 나는구나!/책을 읽어도 보고….
> 내게 덤벼들어 보아라./강물에 떠내려가 버렸다.

보:조-원(補助員)명 보조하는 일을 맡아 하는 사람. 보조인(補助人)

보:조=원장(補助元帳)[-짱]명 보조 장부의 한 가지. 총계정 원장의 계정 과목의 내용을 자세히 적은 원장.

보:조-익(補助翼)명 보조 날개

보:조-인(補助人)명 ①보조원(補助員) ②형사 소송법에서, 피고인 또는 피의자의 보조자를 이르는 말.

보:조-장(補助帳)[-짱]명 보조 장부

보:조=장부(補助帳簿)명 부기에서, 주요 장부의 자세한 설명을 위하여, 특정 거래에 대한 명세를 적는 장부. 보조부(補助簿). 보조장

보:조-적(補助的)명 주된 것에 대하여 보조가 되는 것. ¶-인 구실./-인 수단.

보:조적=연결=어:미(補助的連結語尾)[-넌-]명〈어〉본용언을 보조 용언에 이어 주는 어미. '혼자 오솔길을 걸어 보았다.'에서 '-어'와 같은 용법의 어미를 이름.

보:조=정:리(補助定理)명 논리학에서, 어떤 정리를 증명하기 위하여 편의상 설정하는 예비적인 정리. 이것을 증명하고 나서 본제(本題)의 정리 증명으로 나아가게 됨. 렘마(lemma). 예비 정리(豫備定理)

보:조=조:사(補助助詞)명〈어〉조사의 한 갈래. 명사나 부사 등에 붙어 한정적인 뜻을 더해 주는 조사. '그는 나라만 생각하며 살았다.'에서 '-는'이나 '-만'과 같은 조사. 보조사. 특수 조사(特殊助詞) ☞격조사(格助詞)

> ▶ **보조 조사의 여러 가지**
> ① -은/-는 ¶산은 높고 바다는 깊다.
> ② -도 ¶너도 가고 나도 가야지.
> ③ -만 ¶나만 믿어라./그는 땅만 보고 걷는다.
> ④ -마다 ¶사람마다 그를 부러워한다.
> ⑤ -까지 ¶바람이 불고 비까지 내린다.
> ⑥ -조차 ¶너조차 등을 돌리다니.
> ⑦ -마저 ⑧ -밖에 ⑨ -서껀 ⑩ -대로
> ⑪ -곧 ⑫ -마는 ⑬ -그려 ⑭ -요

보:조=참가(補助參加)명 소송이 진행 중일 때, 제삼자가 당사자의 어느 한쪽을 돕기 위하여 소송에 참가하는 일. ☞당사자 참가(當事者參加)

보:조-항(補助港)명 주된 항구에 대하여, 가까이에 있는 보조적인 구실을 하는 항구.

보:조=형용사(補助形容詞)명〈어〉본용언(本用言) 다음에 보조적으로 쓰이어, 마음으로의 바람이나 헤아림, 불확실한 생각 등을 나타내는 형용사. '꽃이 피는가 보다.', '고향에 가고 싶다.', '그이가 돌아올까 싶으냐.'에서 '보다, 싶다, 싶으냐'와 같은 쓰임의 형용사를 이름. ☞보조 동사(補助動詞)

보:조-화(補助貨)명 '보조 화폐(補助貨幣)'의 준말.

보:조=화:폐(補助貨幣)명 본위 화폐(本位貨幣)의 보조적 구실을 하는 소액의 화폐. 우리 나라에서는 오백 원 이하의 동전이 이에 해당함. 준보조화

보:족(補足)명-하다타 모자란 것을 채워서 넉넉하게 함.

보:존(保存)명-하다타 상하거나 없어지거나 하지 않고 그대로의 상태를 잘 지니게 함. ¶유적을 -하다./식품을 신선하게 -하다.

보:존=과학(保存科學)명 물질적인 구조와 재질(材質)을 밝혀 그 노화(老化)나 붕괴 등의 변화를 연구하고 방지하기 위한 과학. 주로 문화재의 보존과 수리, 또는 복원(復元)에 응용됨.

보:존=등기(保存登記)명 소유권 보존을 위하여, 등기하지 아니한 부동산을 등기부에 올리는 일.

보:존-림(保存林)명 보안림(保安林)

보:존-비(保存費)명 어떤 물건이나 재산을 보존하는 데 드는 비용.

보:존=수역(保存水域)명 연안국(沿岸國)이 공해(公海)의 수산 자원을 보호하기 위하여 관할권을 설정하여 어획(漁獲)을 규제하는 수역.

보:존=지구(保存地區)명 문화재나 주요 시설물을 보존, 보호하기 위하여 나라에서 지정한 지역.

보:존=행위(保存行爲)명 재산의 현상을 유지하기 위하여 하는 법률 행위.

보:존=혈액(保存血液)명 채혈(採血)한 혈액을 엉기지 않도록 처리하고 4~6°C의 저온으로 보존한, 4일 이상 21일 이내의 혈액. 긴급 수혈에 쓰임.

보:졸(步卒)명 도보로 전투에 참가하는 병졸.

보:종(步從)명 ①-하다자타 지난날, 임금의 거둥 때 관원들이 걸어서 따르던 일. ②지난날, 고관의 행차 때 노문(路文)을 받은 역(驛)에서 보내어 따르게 하던 역졸.

보:좌(補佐·輔佐)명-하다타 윗사람의 곁에서 그 일을 도움. ¶회장을 -하다.

보:좌(寶座)명 ①임금이 앉는 자리. 보탑(寶榻). 옥좌(玉座) ②불교에서, 부처가 앉는 자리를 이르는 말. ③크리스트교에서, 하느님이 앉는 자리를 이르는 말.

보:좌-관(補佐官)명 윗사람을 돕는 일을 맡은 관리.

보:좌-인(補佐人)명 곁에서 일을 도와 주는 사람.

보:주(補註)명-하다타 뜻풀이나 설명의 모자란 점을 보충하는 일, 또는 그러기 위하여 적은 것.

보:주(寶珠)명 ①보배로운 구슬. ②여의주(如意珠) ③불탑의 맨 꼭대기에 있는 구슬 모양의 장식.

보:중(保重)명-하다타 몸을 아끼어 잘 보전함. ¶귀체(貴體) -하시옵기 바랍니다.

보:증(保證)명-하다타 ①틀림이 없음을 보장하거나, 장래의 행위나 결과에 대하여 책임을 짐. ¶품질은 내가 -한다./그의 인품을 -한다. ②채무자가 채무를 이행하지 아니할 경우, 딴사람이 그를 대신하여 채무를 부담하는 일. 준보(保)[2]

보증(을) 서다관용 틀림이 없음을 보장하다. 장래의 행위나 결과에 대하여 책임지기로 하다. 보서다

보:증=계:약(保證契約)명 채무자가 빚을 갚지 못하면 자기가 대신 갚겠다고 채권자와 맺는 계약.

보:증-금(保證金)명 채무(債務)나 계약 이행의 담보(擔保)로 내는 돈.

보:증=대:부(保證貸付)명 대차 계약(貸借契約)에서, 채

무자 외에 제삼자의 보증을 조건으로 하는 대부.
보:증=보:험(保證保險)명 신용 보험의 한 가지. 채무 불이행에 따른 손해나 사용인의 부정 행위로 말미암아 입게 될 손해를 메우기 위한 보험.
보:증=사:채(保證社債)명 사채 발행 회사가 이자의 지급과 원금 상환에 대하여 은행 등 금융 기관의 보증을 받아서 발행하는 사채.
보:증-서(保證書)명 무엇을 보증한다는 내용의 문서.
보:증=수표(保證手票)명 ①은행이 지급을 보증한 수표. ②자기앞 수표 준 보수(保手)
보:증-인(保證人)명 신원이나 채무 따위를 보서는 사람. 보인(保人) 준 보(保)[2]
보:증-주(保證株)명 일정한 이익 배당의 지급이 보증되어 있는 주식.
보:증=준:비(保證準備)명 은행권의 발행을 보증하기 위한 자산으로서 국채나 상업 어음 따위의 유가 증권을 준비하는 일, 또는 그 증권. ☞정화 준비(正貨準備)
보:증=채:무(保證債務)명 채무자가 빚을 갚지 않을 경우, 보증을 선 사람이 대신 부담하는 채무.
보:지 명 여성의 외부 생식기. 음문(陰門). 옥문(玉門). 하문(下門) ☞씹. 음부(陰部). 자지
보:지(保持)명-하다타 어떤 상태를 그대로 지님. ¶세계 신기록을 -하다.
보:지(報知)명-하다타 어떤 사실을 알림.
보지락 의 비가 내린 양을 나타내는 말. 곧 보습이 들어갈 만큼 빗물이 땅 속에 스민 정도를 이름. ¶어제는 비가 한 - 내렸다.
보:직(補職)명-하다타 어떤 직무의 담당을 명하는 일, 또는 그 직무. ¶총무 국장으로 -되다.
보짱 명 속에 품은 꿋꿋한 생각이나 요량. ¶-이 크다./어떡하겠다는 -인지 모르겠다.
보찜-만두(-饅頭)명 잘게 빚은 여러 개의 만두를 큰 만두피에 싸서 찐 만두. 보만두
보:채(堡砦)명 보루(堡壘)
보:채(報債)명-하다자 빚을 갚음.
보채다 자 심하게 졸라 남을 성가시게 굴다. ¶장난감을 사 달라고 -.
속담 **보채는 아이 밥 한 술 더 준다** : 무엇이나 가만히 있지 않고 조르며 채근하는 사람에게 더 잘해 주게 된다는 말. /**보채는 아이 젖 준다** : 무슨 일이나 자기가 나서서 애써야 바라는 것을 얻을 수 있다는 말.
보:처(補處)명 ①주불(主佛)의 좌우에 모신 보살. ②입멸(入滅)한 부처의 자리를 보충한다는 뜻으로, 부처가 되어 그 자리에 앉을 보살을 이르는 말.
보:-처자(保妻子)명-하다자 가장(家長)으로서 아내와 자식을 돌보는 일.
보:처-존(補處尊)명 오래지 않아 부처가 될 미륵보살.
보:천(普天)명 ①온 하늘. ②하늘 아래 온 세상. 천하(天下)
보:천-교(普天敎)명 증산(甑山) 강일순(姜一淳)을 교조(敎祖)로 하는 흠치교(吽哆敎) 계통의 유사 종교(類似宗敎). 1921년 강일순의 제자인 차경석(車京錫)이 전라북도 정읍(井邑)에서 창시하였음.
보:천솔토(普天率土)성구 온 세상이나 온 천하를 이르는 말. ☞보천(普天). 보천지하
보:천지하(普天之下)성구 하늘 아래 온 세상을 이르는 말.
보:철(補綴)명-하다타 ①해진 곳 따위를 손질하여 기움. ②옛 시구나 옛 어구 등을 꿰어 맞추어서 시문(詩文)을 짓는 일. ③이가 빠지거나 상한 자리에 의치(義齒)를 박거나 쇠붙이를 씌우거나 하여 기능을 되살리는 일.
보:첨(補添)명 보충하여 덧붙이는 일.
보:첩(譜牒)명 족보(族譜)
보:첩여비(∠步屧如飛)[-녀-] 성구 걸음이 나는듯이 빠름을 이르는 말.
보:청(普請)명-하다타 절을 짓거나 할 때, 널리 대중에게 노역(勞役)에 종사해 줄 것을 청하는 일.
보:청(譜廳)명 보소(譜所)
보:청-기(補聽器)명 귀가 잘 들리지 않는 사람이 귀에 꽂아, 소리를 모으거나 증폭하여 잘 들리게 하는 장치.
보:체(保體)명 불교에서, 몸을 보호한다는 뜻으로 살아 있는 이의 축원문(祝願文)의 이름 밑에 쓰는 말.
보:체(補體)명 동물의 신선한 혈액이나 림프액 속에 들어 있는 효소와 비슷한 단백질의 한 가지. 면역이나 염증 등에 관여함. 항체의 작용을 보완한다는 뜻으로 붙여진 이름임.
보:체(寶體)명 '귀중한 몸'이라는 뜻으로, 편지 등에서 상대편을 높이어 그의 몸을 이르는 말. 옥체(玉體)
보:초(步哨)명 군대에서, 경비를 하거나 망을 보는 임무, 또는 그 일을 맡은 병사. 보초병(步哨兵)
보:초(堡礁)명 해안에서 조금 떨어진 바다에, 섬이나 육지를 둘러싸듯 길게 이어지는 산호초(珊瑚礁).
보:초-병(步哨兵)명 보초(步哨)
보:총(補聰)명-하다타 생각이 미치지 못한 점을 일깨워 줌.
보:추 명 제힘으로 해내겠다는 적극적인 성질.
보추 없다 관용 제힘으로 해내겠다는 적극성이 없다.
보:추-때기 명 '보추'의 속된말. ¶-가 없다.
보:춘-화(報春花)명 난초과의 상록 여러해살이풀. 줄기 높이 30cm 안팎. 잎은 가늘고 길며 이른봄에 잎 사이에서 꽃대가 뻗어 꼭대기에 홍자색의 얼룩이 있는 엷은 황록색의 꽃이 한 송이씩 핌. 관상용으로 재배되며 품종이 많음. 춘란(春蘭)
보:충(補充)명-하다타 모자라는 것을 보태어 채움. ¶결원(缺員)을 -하다.
보:충-권(補充權)[-꿘] 명 백지(白紙) 어음에 소정(所定)의 요건을 보충하여 서명자의 의무를 발생하게 하는 권리.
보:충-대(補充隊)명 ①단위 부대의 결원(缺員)을 보충할 병력을 관리하는 부대. ②조선 시대, 양반이 종을 첩으로 얻었을 경우 그 사이에서 태어난 자식이 치러야 했던 군역(軍役)의 한 가지.
보:충-병(補充兵)명 군 편제에서, 모자라는 병력을 채우기 위한 병사.
보:충=수업(補充授業)명 정규 수업의 부족을 보충하기 위한 수업.
보:충-적(補充的)명 보충이 되는 것. ¶-인 설명.
보:충=판결(補充判決)명 민사 소송에서, 법원이 판결의 일부를 빠뜨린 경우 그 부분에 대하여 추가로 하는 판결. 추가 판결(追加判決)
보:측(步測)명-하다타 일정한 너비의 걸음으로 걸어서, 그 걸음의 수로 대강의 거리를 헤아리는 일. 걸음짐작
보:측-계(步測計)명 보수계(步數計)
보:칙(補則)명 법령의 규정을 보충하기 위하여 만든 규칙.
보:크(balk)명 ①야구에서, 주자가 누상(壘上)에 있을 때 투수가 규정에 어긋난 투구 동작을 하는 반칙. 모든 주자가 각 1루씩 나아가게 됨. ②배드민턴에서, 서비스할 때 의도적으로 상대편을 현혹시키는 동작을 하는 반칙. ③볼링에서, 투구를 하지 않은 채 파울라인을 넘는 일.
보:크사이트(bauxite)명 산화알루미늄을 주성분으로 하는 광석. 알루미나와 알루미늄의 중요 원료가 됨. 프랑스의 '보' 지방에서 처음 발견된 데서 이름이 유래함.
보:타이(bow tie)명 날개를 편 나비 모양으로 고를 내어 접은 넥타이(necktie). 나비 넥타이
보:탑(寶塔)명 ①귀한 보배로 장식한 탑. ②'탑(塔)'을 아름답게 이르는 말. ③다보탑(多寶塔)
보:탑(寶榻)명 임금이 앉는 자리. 보좌(寶座). 옥좌(玉座)
보:태(步態)명 걸음걸이의 자태(姿態). 걷는 태도.
보:태(補胎)명-하다자 임부(妊婦)에게 보약이나 영양식을 먹여 원기를 돕는 일.
보태기 명 더하기
보태다 타 ①모자람을 채우다. ¶입학금을 -. ②더하다 ¶여러 사람이 힘을 -.
보털사이트(vortal site)명 '인터넷보털사이트(internet vortal site)'의 준말.
보:토(補土)명-하다자 우묵한 땅을 흙으로 메움.
보:통(普通)명 별나거나 귀하지 않은 예사로운 것. ¶-의

살림집. /- 사람 ☞특별(特別)
부 대개. 흔히 ¶아침에는 - 빵을 먹는다.
보:통=감:각(普通感覺)명 일반 감각(一般感覺)
보:통-강(普通鋼)명 탄소강 중에서 탄소량이 중간 정도 이하인 강철. ☞특수강(特殊鋼)
보:통=개:념(普通槪念)명 일반 개념(一般槪念)
보:통=거:래(普通去來)명 주식 거래 방식의 한 가지. 매매 약정일로부터 사흘째 되는 날에 주권(株券)과 대금을 주고받는 방식의 거래.
보:통=교:육(普通敎育)명 직업 교육이나 전문 교육이 아닌, 국민으로서 누구나 지녀야 할 보통의 지식과 교양을 가르치는 교육. 초등 학교에서 고등 학교까지의 교육이 이에 해당함.
보:통-내기(普通-)명 특별하거나 뛰어나지 않은 보통의 사람. ['아니다'와 함께 쓰이는 경우가 많음.] 여간내기. 예사내기 ¶그 사람은 -가 아니다.
보:통=명사(普通名詞)명〈어〉의미상으로 구별한 명사의 한 갈래. 같은 종류에 딸린 것들에 두루 쓸 수 있는 이름. '사람, 짐승, 나무, 그릇' 따위. ☞고유 명사
보:통-법(普通法)[-뻡]명 일반법(一般法)
보:통-석(普通席)명 일반석(一般席)
보:통=선:거(普通選擧)명 신분·성별·학력·종교·재산 따위에 제한을 두지 않고, 일정한 나이만 되면 누구나 선거권과 피선거권을 가지게 되는 선거 제도. 준보선(普選) ☞제한 선거(制限選擧)
보:통-세(普通稅)[-쎄]명 지방 자치 단체가 일반적인 재정 지출에 충당할 목적으로 부과하는 조세. 주민세·취득세·재산세·등록세·자동차세 등. ☞목적세
보:통=심리학(普通心理學)명 일반 심리학(一般心理學)
보:통=열차(普通列車)[-녈-]명 특급 열차나 급행 열차가 아닌 여객 열차. ☞완행 열차
보:통=예:금(普通預金)[-녜-]명 돈을 넣거나 찾는 것이 자유로운 은행 예금의 한 가지. 저축 예금과 비슷하며 정기 예금 등에 비하여 이자율이 낮음. ☞당좌 예금
보:통=우편(普通郵便)명 우체국에서 우편물을 접수한 날로부터 4일 이내에 배달되는 우편. ☞빠른우편
보:통=은행(普通銀行)명 일반 은행(一般銀行)
×보통이명 → 보퉁이
보:통=작물(普通作物)명 특용 작물에 상대하여, 식용으로 하는 일반 작물을 이르는 말.
보:통=전:보(普通電報)명 전보의 한 가지. 비상 전보나 긴급 전보 이외의 일반 전보를 이르는 말. 이용자의 뜻에 따라 특별히 배달 날짜를 지정하는 전보, 회답을 받을 수 있는 전보, 사진이나 설계 도면 등을 보내는 전보 등이 있음. 통상 전보(通常電報) ☞특별 전보
보:통-주(普通株)명 우선주(優先株)·후배주(後配株)·혼합주(混合株) 등과 같은, 어떤 특정한 권리를 가진 주식이 아닌 보통의 주식.
보:통=학교(普通學校)명 1906년에서 1938년까지 지금의 '초등 학교'를 이르던 말.
보퉁이명 물건을 보에 싼 덩이.
보:트(boat)명 노(櫓)를 젓거나 전동기를 이용하여 나아가게 하는 작은 배. ☞단정(端艇)
보:트레이스(boat race)명 조정 경기(漕艇競技)
보:트피:플(boat people)명 작은 배를 타고 해외로 탈출하는 난민(難民).
보:파(補播)명-하다타 뿌린 씨가 싹트지 않거나 잘 자라지 않을 때, 그 자리에 다시 씨를 뿌리는 일.
보:판(補板)명 '보계판(補階板)'의 준말.
보:패(寶貝)명 ①진기한 조개. ②'보배'의 원말.
보:편(普遍)명 ①모든 것에 두루 미치는 일. ②모든 사물에 들어맞거나 공통되는 성질.
보:편=개:념(普遍槪念)명 일반 개념(一般槪念)
보:편-론(普遍論)[-논]명 특수보다 보편을, 개체(個體)보다 전체를 중히 여기는 주장.
보:편-성(普遍性)[-썽]명 모든 것에 두루 통하는 성질. 온갖 경우에 해당되는 성질. ¶- 있는 법칙.
보:편-적(普遍的)명 모든 것에 두루 통하고 모든 경우에 해당하는 것. ¶-인 생각.
보:편-주의(普遍主義)명 전체를 개체(個體)나 개인 등 개별적인 것보다 상위(上位)에 두고, 개별적인 것은 전체와의 관계에서만 그 존재 이유와 의의를 가진다고 하는 생각이나 주장. ☞개체주의(個體主義)
보:편=타:당성(普遍妥當性)[-썽]명 진리나 윤리적·미적(美的) 가치 따위에 갖추어져 있는, 언제 어디서나 옳다고 인정될 수 있는 성질.
보:편-화(普遍化)명-하다자타 보편적인 것으로 되는 일, 또는 보편적인 것이 되게 하는 일. ¶휴대 전화가 -되었다.
보:폐(補弊)명-하다타 폐단을 바로잡음.
보:포(保布)명 조선 시대, 군비(軍費)에 보태기 위하여 거두어들이던 베와 무명. 군보포(軍保布) 준보(保)[1]
보:폭(步幅)명 걸음을 걸을 때, 발자국과 발자국 사이의 거리. 걸음의 너비. 컴퍼스(compass) ¶-이 크다.
보:표(譜表)명 음표나 쉼표 따위를 적기 위한 다섯 줄의 평행선(平行線).
보푸라기명 보풀의 낱개. 보무라지 ☞부푸러기
보풀[1]명 종이나 피륙 따위의 거죽에 매우 가늘게 일어나는 잔털. ☞부풀
보풀[2]명 택사과의 여러해살이풀. 줄기 높이 50~80cm. 뿌리줄기는 짧고, 가을에 잎겨드랑이에 작고 둥근 덩이줄기가 생김. 뿌리에서 돋는 잎은 길이 20~35cm로 화살촉 모양이며, 잎자루가 김. 여름에서 가을에 걸쳐 흰 세잎꽃이 원추(圓錐) 꽃차례로 성기게 핌. 각처의 연못이나 둑 등 습지에 자람.
보풀다(보풀고·보푸니)자 종이나 피륙 따위의 거죽에 보풀이 일어나다. ☞부풀다
보풀리다타 보풀게 하다. ☞부풀리다
보풀-명주(-明紬)명 고치실의 찌끼로 짠, 보푸라기가 많이 일어나는 명주.
보풀-보풀부-하다형 보푸라기가 많이 일어난 모양을 나타내는 말. ☞부풀부풀
보:필(補筆)명-하다타 문장이나 서화 따위에서, 글자나 글을 더 써 넣는 일.
보:필(輔弼)명-하다타 임금의 국정(國政)을 가까이서 도움, 또는 돕는 그 사람. ¶어린 임금을 -하는 늙은 영상.
보:필지신(輔弼之臣)[-찌-]명 보필하는 신하.
보:필지임(輔弼之任)[-찌-]명 보필하는 임무.
보:필지재(輔弼之材)[-찌-]명 보필할만 한 능력을 가진 사람.
보:-하다(補-)[1]타여 보약이나 영양식을 먹어 원기(元氣)를 돕다.
보:-하다(補-)[2]자타여 공무원에게 어떤 직무(職務)를 맡아보게 하다. ¶국방부 장관에 -.
보:학(譜學)명 족보(族譜) 따위의 계보(系譜)에 관한 학문이나 지식.
보:한집(補閑集)명 고려 고종 41년(1254)에 최자(崔滋)가 엮은 책. 시(詩)와 시평(詩評), 부녀자들의 이야기 따위를 수록하였는데, 이인로(李仁老)의 '파한집(破閑集)', 이제현(李齊賢)의 '역옹패설(櫟翁稗說)'과 함께 고려 시대 비평 문학의 3대 걸작으로 꼽힘. 3권 1책.
보:합(保合)명 물가나 주가(株價) 등의 시세(時勢)가 큰 변동 없이 대체로 일정한 수준을 유지하고 있는 일.
보:합-세(保合勢)명 큰 변동 없이 대체로 일정한 수준을 유지하는 시세(時勢). ¶오늘의 주가(株價)는 -였다.
보:해(補害)명-하다타 손해를 보충함.
보:행(步行)명-하다자 ①걸음. 걷는 일. ¶무릎을 다쳐 -이 어렵다. ②지난날, 먼 길에 보내는 썩 급한 심부름, 또는 그 심부름꾼을 이르던 말.
보:행-객(步行客)명 지난날, 말이나 가마 등을 타지 않고 걸어서 다니는 나그네를 이르던 말.
보:행=객주(步行客主)명 지난날, 말이나 가마 등을 타지 않고 걸어서 다니는 보행객만을 치던 집. 보행집
보:행-기(步行器)명 유아(乳兒)에게 걸음을 익히게 하거

나, 신체 장애자 등의 보행을 돕기 위한 기구.

보:행-꾼 (步行一) 명 ①지난날, 보행객을 얕잡아 이르던 말. ②지난날, 삯을 받고 먼 길에 급한 심부름을 가는 사람을 이르던 말.

× 보행-삯 (步行一) 명 → 길품삯

보:행-인 (步行人) 명 보행자(步行者)

보:행-자 (步行者) 명 길을 걸어서 다니는 사람. 보행인

보:행-집 (步行一) [一찝] 명 보행 객주(步行客主)

보:허-자 (步虛子) 명 조선 시대, 궁중의 잔치 때 연주하던 관악(管樂) 합주곡의 한 가지.

보:허-탕 (補虛湯) 명 아기를 낳은 후에 허약해진 몸을 보(補)하는 탕약(湯藥).

보:험 (保險) 명 우연히 일어나는 사고로 말미암아 입게 되는 경제적 손해에 대비하여, 많은 계약자에게서 미리 일정한 보험료를 받아 그것을 자금으로 하여 피해를 당한 사람에게 일정한 보험금을 주어 손해를 보상하는 제도. 생명 보험, 손해 보험 따위.

보:험=가격 (保險價格) [一까一] 명 손해 보험에서, 피보험자가 입을 염려가 있는 손해를 돈으로 평가한 액수. 보험 사고의 발생으로 말미암아 보험자가 지급할 금액의 최고 한도액을 나타냄. 보험 가액

보:험=가액 (保險價額) [一까一] 명 보험 가격

보:험=계:약 (保險契約) 명 보험자인 보험 회사와 피보험자인 가입자 사이에 맺는, 보험료나 보험금 따위에 관하여 약정(約定)하는 계약.

보:험-금 (保險金) 명 보험 사고가 생겼을 때, 계약에 따라 보험 회사가 지급하는 돈. 손해 보험은 피보험자에게, 생명 보험은 보험금 수취인에게 지급됨.

보:험=기간 (保險期間) 명 보험 계약에 따라 보험 회사가 보험 사고에 대한 책임을 부담하는 기간.

보:험=대:리점 (保險代理店) 명 보험 회사의 위임을 받고 보험 계약, 보험금 지급 등의 일을 중개하거나 보험료 수납 등의 업무를 맡아 하는 사업자.

보:험-료 (保險料) 명 보험에 가입한 사람이 보험자에게 정기적으로 내는 일정한 요금.

보:험=사:고 (保險事故) 명 보험 회사가 보험금을 지급해야 할 원인이 되는 사고. 보험 사고는 보험 기간 중에 발생한 것이어야 하고, 고의나 중대한 과실이 아닌 우연한 원인으로 발생하는 것이어야 함.

보:험=사:업 (保險事業) 명 보험이라는 무형의 상품을 보험 가입자에게 공급하고, 그 대가로 받은 보험료를 관리·운영하여 보험 사고가 발생하거나 만기가 되었을 때 보험금을 지급하는 사업. ㊟보험업(保險業)

보:험=약관 (保險約款) [一냑一] 명 보험 계약에 관한 계약자와 보험 회사 쌍방의 권리와 의무를 미리 정해 놓은 약속 조항.

보:험-업 (保險業) 명 '보험 사업(保險事業)'의 준말.

보:험-의 (保險醫) 명 보험 회사의 위촉을 받아 생명 보험에 가입할 피보험자의 건강 상태를 진찰하는 의사.

보:험-자 (保險者) 명 보험 계약의 당사자로서 보험 계약자 또는 피보험자로부터 보험료를 받고, 보험 사고가 발생한 경우에 보험금을 지급할 의무를 가진 자. 곧 보험 회사를 이름.

보:험=증권 (保險證券) [一꿘] 명 보험 계약이 성립된 후, 계약의 성립과 그 내용을 증명하기 위하여 보험자가 발행하여 피보험자에게 주는 증권. 보험 증서

보:험=증서 (保險證書) 명 보험 증권(保險證券)

보:험=회:사 (保險會社) 명 보험 사업을 경영하는 회사.

보헤미아=유리 (Bohemia琉璃) 명 칼륨 유리

보헤미안 (Bohemian) 명 보헤미아 지방의 사람이라는 뜻으로, 사회의 규범이나 관습 따위에 얽매이지 않고 방랑하며 자유 분방한 삶을 사는 사람을 이르는 말.

보:현-보살 (普賢菩薩) 명 석가모니의 오른쪽에 있으면서 불교 수행의 덕(德)을 맡아보는 보살. 왼쪽의 문수보살과 함께 모든 보살의 으뜸이 되어 여래의 중생 제도를 돕는다고 함. 흰 코끼리를 타고 합장하고 있는 모습이 일반적임.

보:현십원가 (普賢十願歌) 명 고려 초, 균여 대사(均如大師)가 지은 11수의 향가(鄕歌). 보현보살(普賢菩薩)의 열 가지 서원(誓願)을 노래한 것으로 모두 이두(吏讀)로 되어 있음. '균여전(均如傳)'에 실려 전함.

보:혈 (補血) 명 -하다 자 약을 먹어 몸의 조혈 작용을 도움.

보:혈 (寶血) 명 크리스트교에서, 인류의 죄를 대신 씻어 구원하려고 예수가 십자가에 못 박혀 흘린 피를 이르는 말.

보:혈-제 (補血劑) [一쩨] 명 몸의 조혈 작용을 돕는 강장제의 한 가지. 주로 철을 주성분으로 하는 약제를 써서 빈혈을 예방하고 치료함.

보:혜-사 (保惠師) 명 성령(聖靈)

보:호 (保護) 명 -하다 타 ①위험이나 어려움 등을 겪게 되지 않도록 잘 보살펴 돌봄. ¶길을 잃은 아이를 ―하고 있습니다. ②잘 지키어 원래대로 온전하게 있도록 함. ¶문화재 ―/천연 기념물을 ―하다.

한자 보호할 호(護) 〔言部 14획〕 ¶간호(看護)/비호(庇護)/수호(守護)/호송(護送)/호신(護身)/호위(護衛)

보:호=간섭주의 (保護干涉主義) 명 보호 무역주의

보:호=감호 (保護監護) 명 범죄자의 재범 방지를 위하여, 실형(實刑)을 복역한 뒤 보호 감호소에 수용하여 사회 복귀에 필요한 직업 훈련과 교화를 시키는 일.

보:호=관세 (保護關稅) 명 국내 산업을 보호·장려하기 위해 수입품에 대하여 부과하는 관세. 보호세(保護稅) ☞수출 관세(輸出關稅)

보:호=관찰 (保護觀察) 명 범죄인을 교도소나 기타 다른 시설에 수용하지 않고 자유로이 사회 생활을 하게 하면서 일정한 준수 사항을 지키도록 지도하며, 필요한 때에는 돕고 보살피어 다시 범죄를 저지르지 않도록 하고 사회 복귀를 도와 주는 일.

보:호-국 (保護國) 명 보호 조약에 따라 다른 나라를 보호 아래 두고, 그 통치 기능의 일부를 대신 행사하는 나라.

보:호=근로자 (保護勤勞者) 명 법률에 따라 취업에 제한을 두고 특별히 보호하는 근로자. 나이 어린 근로자나 여성 근로자 등.

보:호-금 (保護金) 명 산업을 발전시키기 위하여 주는 보조금이나 장려금.

보:호-림 (保護林) 명 재해 예방, 명승 고적의 풍치 보존, 학술 참고, 보호 동식물의 번식 등을 위하여 국가에서 지정하여 벌채를 금하고 보호하는 숲.

보:호=무:역 (保護貿易) 명 국내 산업을 보호·육성하기 위하여 국가가 대외 무역에 대해 간섭하고 수입에 여러 가지 제한을 두는 일, 또는 그런 무역 정책을 이르는 말. 관리 무역(管理貿易) ☞자유 무역(自由貿易)

보:호=무:역주의 (保護貿易主義) 명 국내 산업을 보호하기 위하여 대외 무역에 대해 국가가 간섭하고 구속을 해야 한다는 주장. 보호 간섭주의(保護干涉主義)

보:호=버력 (保護一) 명 물 속에 세우는 구조물의 밑동을 보호하기 위해 물 속에 집어넣는 돌무더기.

보:호=본능 (保護本能) 명 자기 또는 자기 종족을 적이나 위험으로부터 보호하려고 하는 본능.

보:호-색 (保護色) 명 다른 동물의 공격으로부터 자신의 몸을 보호하기 위해 다른 동물의 눈에 띄지 않도록 주위의 빛깔과 비슷하게 되어 있는 몸빛. 가림색 ☞경계색(警戒色)

보:호-선 (保護線) 명 전화선이나 전신선이 끊어져 송전선에 접촉할 것에 대비하여 송전선 위에 옆으로 가로 친 선.

보:호-세 (保護稅) 명 보호 관세(保護關稅)

보:호세-율 (保護稅率) 명 보호 관세에 적용되는 세율.

보:호=세:포 (保護細胞) 명 공변 세포(孔邊細胞)

보:호-수 (保護樹) 명 풍치 보존과 학술 참고 등을 위하여 보호하는 나무.

보:호=수면 (保護水面) 명 수산 자원(水產資源)의 보호를 위하여 어업이 제한되어 있는 공해(公海)의 일정한 구역. 보호 수역

보:호=수역 (保護水域) 명 보호 수면(保護水面)

보:호-자 (保護者) 명 ①어린이나 노약자 등 약한 사람을

보호하는 사람. ②미성년자에 대하여 친권(親權)을 행사하는 사람.

보:호-조(保護鳥)명 매우 귀하거나 학술적 가치가 높아 법률로 잡지 못하도록 하고 보호하는 새. 금조(禁鳥)

보:호=조약(保護條約)명 국제법상의 보호 관계를 맺는 조약.

보:호=조치(保護措置)명 길 잃은 아이, 응급 치료가 필요한 사람, 자기나 남의 생명·신체·재산에 해를 끼칠 우려가 있는 사람 등을 경찰서나 병원, 구호 기관 등에서 보호하는 일.

보:호-주의(保護主義)명 보호 무역의 실현을 주장하는 사상, 또는 그 경향.

보:호=처:분(保護處分)명 ①가정 법원이나 지방 법원 소년부가 죄를 범했거나 그러할 우려가 있는 소년들을 선도하기 위해 내리는 처분. 보호자 또는 알맞은 자의 감호에 위탁하거나 사원이나 교회, 그 밖의 소년 보호 단체의 감호에 위탁하는 일, 감화원이나 소년원에 송치하는 일 따위. ②사회 보호법에 따라, 상습범이나 죄를 지은 심신 장애자 또는 마약이나 알코올 중독자 등을 수용하여 보호하고 교화하는 조처. 보호 감호, 치료 감호, 보호 관찰이 있음.

보:화(寶貨)명 보배로운 물건. 보물(寶物)

보:화(寶華)명 ①뛰어나게 존귀한 꽃. ②'연화좌(蓮花座)'를 달리 이르는 말.

보:회(補回)명 야구 경기에서, 9회가 끝나도 승패가 가려지지 않을 때 경기를 연장하는 일, 또는 그 회.

복명 참복과의 바닷물고기를 통틀어 이르는 말. 비늘이 거의 없고 몸이 똥똥함. 적으로부터 공격을 받으면 공기를 들이마셔 배를 불룩하게 내미는 성질이 있음. 먹을 수 있으나 간과 난소 등에 독이 있어, 조리를 잘못하면 중독을 일으킴. 복어. 하돈(河豚)

복의 배관용 ①배가 나온 사람을 놀리듯이 이르는 말. ¶그 친구, 먹는 걸 밝히더니 —가 됐더군. ②재산이 많은 사람을 놀림조로 이르는 말.

속담 **복의 이 갈듯 한다** : 복이 이를 세게 갈듯이, 원한이 있어 이를 바드득바드득 가는 것을 이르는 말.

복(伏)명 '복날'의 준말.

복(服)명 ①'복제(服制)'의 준말. ②상복(喪服)

복(을) 벗다관용 오복(五服)의 제도에 따라 상복을 입고 있을 기한이 지나다.

복(을) 입다관용 오복(五服)의 제도에 따라 상복을 입다.

복(復)[1]명 '복괘(復卦)'의 준말.

복(福)명 ①삶에서 누리는 좋고 만족할만 한 행운과 오붓한 행복, 또는 거기서 얻는 기쁨과 즐거움. 복조(福祚) ¶— 많은 여자./—을 받다./—을 빌다./새해 — 많이 받으세요. ②돌아오는 몫이 많거나 좋음을 이르는 말. ¶먹을 —을 타고났다./자식 —이 있다.

속담 **복은 쌍으로 안 오고 화는 홀로 안 온다** : 복 받기는 매우 어렵고 화는 연거푸 겹쳐 옴을 비유하여 이르는 말./**복이야 명(命)이야 하다** : 내게 닥친 복이냐 아니면 내 운명이 그러하냐는 뜻으로, 뜻밖에 좋은 수가 나서 어쩔 줄 모르고 기뻐함을 이르는 말.

한자 복 복(福) 〔示部 9획〕 ¶다복(多福)/복가(福家)/복록(福祿)/수복(壽福)/오복(五福)/행복(幸福)

복(輻)명 불가사리나 갯결이, 별불가사리 따위의 극피동물에 있는, 팔처럼 쑥 나온 부분.

복(蹼)명 오리나 수달, 개구리 따위의 발가락 사이에 있는 막. 물갈퀴

복(鰒)명 '전복(全鰒)'의 딴이름.

복:(復)[2]감 죽은 사람의 혼을 불러들일 때 외치는 소리. ☞초혼(招魂)

복(複)-《접두사처럼 쓰이어》'거듭된'의 뜻을 나타냄. ¶복복선(複複線)/복모음(複母音)/복비례(複比例)/복변리(複邊利)/복본위(複本位) ☞단(單)-. 중(重)-

-복(服)《접미사처럼 쓰이어》'옷'의 뜻을 나타냄. ¶학생복(學生服)/노동복(勞動服)/수영복(水泳服)/신사복(紳士服)/우주복(宇宙服)

복가(福家)명 ①복이 많은 집안. ②민속에서, 운이 틔고 복이 오게 할 길(吉)한 터에 지은 집.

복각(伏角)명 지구상의 임의의 지점에 놓은 자침이 수평면과 이루는 각. 이 각이 90° 되는 곳을 자극(磁極), 0°인 곳을 자기 적도(磁氣赤道)라 함. 경각(傾角)

복각(復刻)명-하다타 이미 한 번 새긴 책판을 원판으로 하여 다시 목판에 새김, 또는 그 판. 번각(飜刻)

복각-본(復刻本)명 복각하여 펴낸 인쇄물.

복간(復刊)명-하다타 간행이 중지되거나 폐지되었던 출판물을 다시 간행함. ¶잡지를 —하다.

복강(腹腔)명 척추동물의 배 안. 위·간·소장·대장·신장·방광·자궁 등이 들어 있는 부분을 이르는 말. ☞체강(體腔). 흉강(胸腔)

복강-경(腹腔鏡)명 복강이나 복강의 장기를 검사하기 위한 내시경의 한 가지. 복벽(腹壁)에 작은 구멍을 뚫어 삽입함.

복강=동:맥(腹腔動脈)명 척추동물에서, 복부 소화기의 윗부분과 비장(脾臟)을 순환하는 동맥.

복강=임:신(腹腔妊娠)명 복막 임신(腹膜妊娠)

복개(覆蓋)명 ①뚜껑, 또는 덮개. ②-하다타 하천에 덮개 구조물을 씌워 겉으로 드러나지 않도록 하는 일. ¶— 공사/하천을 —하여 주차장을 만들었다.

> ▶복개(覆蓋) : '覆' 자의 뜻과 음은 '뒤집힐 복', '뒤집을 복', '덮을 부'이다. 이 단어는 '부개'로 읽어야 할 것을 '복개'로 잘못 읽어 굳어진 것이다.

복거(卜居)명-하다자 살만 한 곳을 가려서 정함. 복지(卜地). 복택(卜宅)

복거지계(覆車之戒)성구 앞의 수레가 뒤집히는 것을 보고 뒤의 수레는 미리 경계하여 뒤집히지 않도록 한다는 뜻으로, 앞 사람의 실패를 거울 삼아 자기를 경계함을 이르는 말.

복건(幅巾·幞巾)명 지난날, 사대부나 유생들이 심의(深衣) 또는 학창의(鶴氅衣) 따위를 입을 때 머리에 갖추어 쓰던 건(巾). 검은빛 사(紗)로 머리를 감싸 저고리 길이까지 드리우고 끈으로 머리 뒤에서 동이게 했음. 오늘날에는 명절이나 돌에 남자 아이가 씀.

복걸(伏乞)명-하다타 엎드려 빎. ☞애걸(哀乞)

복검(覆檢)명-하다타 조선 시대, 한 시체를 두 번째 검증하는 일을 이르던 말.

×**복계**(伏鷄)명 →부계(伏鷄)

복계(復啓)명 '답장으로 아뢺'의 뜻으로, 편지 첫머리에 쓰는 한문 투의 말. ☞경복(敬復). 배복(拜復)

복계(覆啓)명-하다타 지난날, 명령을 받아 처리한 일의 결과를 임금에게 아뢰는 일을 이르던 말.

복고(復古)명-하다타 ①옛날의 상태로 돌아감. ②손실 전의 상태로 회복함.

복고(腹稿)명-하다타 글을 쓰거나 연설 등을 할 때, 그 초고(草稿)를 마음속으로 구상함, 또는 그 내용.

복고(覆考)명-하다타 이리저리 뒤집어 생각함.

복고여산(腹高如山)성구 〔배가 산같이 높다는 뜻으로〕 ①아이를 밴 여자의 부른 배를 이르는 말. ②부자의 거만스러움을 비유하여 이르는 말.

복고-적(復古的)명 과거의 사상이나 전통으로 되돌아가려는 것. ¶—인 경향이 강하다.

복고-조(復古調)[—쪼]명 새로운 경향이나 풍조에 상대하여 과거의 사상이나 전통으로 되돌아가려는 경향이나 풍조.

복고-주의(復古主義)명 과거의 체제나 사상, 전통, 풍습 따위로 되돌아가려는 태도나 주의.

복고-풍(復古風)명 과거의 모습으로 되돌아간 제도나 풍속, 또는 그런 유행. ¶요즈음 —의 옷이 유행한다.

복공-증(腹空症)[—쯩]명 헛헛증

복과(復科)명-하다타 지난날, 과거에 급제한 사람의 이름을 방문(榜文)에서 지워 낙제시켰다가 다시 합격시키던 일.

ㅂ

복과(複果)명 겹열매
복과(福裹)명 복쌈. 박섬(縛苫)
복과재생(福過災生)성구 복이 지나치면 오히려 재앙이 생긴다는 말.
복-관세(複關稅)명 한 나라 안에서 똑같은 화물에 대하여 높고 낮은 두 가지의 세율을 적용하는 관세.
복-관절(複關節)명 두 개 이상의 뼈로 구성된 관절. 팔꿈치 관절 따위. ☞단관절(單關節)
복광(複光)명 '복색광(複色光)'의 준말.
복-괘(復卦)명 육십사괘(六十四卦)의 하나. 곤괘(坤卦) 아래 진괘(震卦)가 놓인 괘로 우레가 땅 속에서 움직이기 시작함을 상징함. 준복(復) ☞무망괘(无妄卦)
복교(復校)명-하다자 정학·휴학·퇴학 따위로 학교를 그만두었던 학생이 다시 그 학교에 다님. 복학(復學)
복구(復仇)명-하다자타 원수를 갚음.
복구(復舊)명-하다타 ①파괴되거나 손실을 입은 것을 그 전의 상태로 회복함. ¶수해 — 작업/파손된 문화재를 —하다. ②컴퓨터에서, 시스템이 정상적으로 작동하지 않을 때 문제가 생기기 바로 전의 상태로 회복시켜 프로그램 처리를 계속할 수 있게 하는 일.
복구=현:상(復舊現象)명 생물체가 원상태로 회복하는 일.
복-굴절(複屈折)[—쩔]명 빛이 결정 속을 지나갈 때 두 갈래로 나누어지며 굴절하는 현상. 방해석처럼 그 물질 속에서 빛의 속도나 굴절률이 방향에 따라 달라지는 등방성(等方性)이 아닌 결정 따위에서 일어남. ☞단굴절(單屈折)
복권(復權)명-하다자타 법률상 일정한 자격이나 권리를 한 번 상실한 사람이 이를 회복함. ¶광복절 특별 사면으로 —하였다.
복권(福券)명 ①제비를 뽑아 당첨되면 일정한 상금이나 상품을 받게 되는 표. 복채(福債) ②경품을 타는 제비를 뽑을 수 있도록 주는 표. 경품권(景品券). 복표(福票)
복궤(複軌)명 '복궤 철도'의 준말. ☞단궤(單軌)
복궤=철도(複軌鐵道)[—또]명 복선 궤도 위를 운행하는 철도. 준복궤(複軌) ☞단궤 철도(單軌鐵道)
복귀(復歸)명-하다자 본디의 상태나 자리로 되돌아감. ¶은퇴했던 선수가 —하였다.
복극(復極)명 전해질 용액 속에 일어나는 전해 분극을 방해하고 진행을 막는 일.
복극-제(復極劑)명 소극제(消極劑)
복근(腹筋)명 복부(腹部)를 이루고 있는 근육.
복근(複根)명 두 갈래 이상 가랑이진 뿌리. ☞단근
복근(複筋)명 철근 콘크리트 구조에서, 두 가닥 이상으로 된 철근.
복기(復棋)명-하다타 바둑에서, 한 번 두고 난 바둑의 판국을 검토하기 위하여 다시 처음부터 그 순서대로 벌여 놓아 보는 일.
복기(腹鰭)명 배지느러미
복길(卜吉)명-하다타 길한 날을 가려서 받음.
복-날(伏—)명 초복(初伏)·중복(中伏)·말복(末伏)이 되는 날. 복일(伏日) 준복(伏) ☞삼복(三伏)
복년(卜年)명 한 왕조(王朝)가 몇 년이나 지속될 것인가를 점친다는 뜻으로, 왕조의 운명을 이르는 말.
복-놀이(伏—)명-하다자 복날에 모여서 복달임하며 노는 일, 또는 그 놀이.
복닥-거리다(대다)자 많은 사람이 좁은 곳에 모여 수선스럽게 떠들어대거나 움직이다. ¶시장통이 사람들로 —.
복닥-복닥부 복닥거리는 모양을 나타내는 말. ¶우리 집은 늘 객식구들로 — 한다.
복닥-불명 떠들썩하고 복잡하여 정신을 차릴 수 없는 상태를 이르는 말. ¶세 집 아이들이 한데 어울려 —이 일어났다.
복닥-판명 떠들썩하고 복잡하여 정신을 차릴 수 없는 판국을 이르는 말. ¶점심 시간이면 교실이 온통 —이다.
복-달임(伏—)명 ①복날이 든 매우 더운 철. ②-하다자 민속에서, 복날에 그 해의 더위를 물리치는 뜻으로 고깃국을 끓여 먹는 일. ☞복놀이
복당(復黨)명-하다자 제명되거나 탈당했던 사람이 본래 딸려 있던 당에 다시 들어감.
복당(福堂)명 지난날, '감옥'을 에둘러 이르던 말.
복당-류(複糖類)명 이당류(二糖類)
복대(腹帶)명 임부(妊婦)가 태아의 위치를 고정하기 위하여 배에 감는 띠.
복대기[1]명 복대기는 일. ¶—를 치다.
복대기[2]명 광석을 빻아 금을 거의 가려내고 난 뒤에 남아처진 광석 가루. 광미(鑛尾)
복대기(를) 삭히다관용 복대기를 보드라운 가루로 만들어 복대기탕에 넣은 후 약물 탄 물을 부어 복대기금을 가려내다.
복대기-금(—金)명 복대기 속에서 가려낸 금. 청화금
복대기다자 ①많은 사람이 좁은 곳에서 떠들어대거나 부산하게 왔다갔다 하다. ¶은행이 무척 복대긴다. ②정신을 차리지 못할 정도로 재치거나 몰아치다. ¶위에서 어찌나 복대기는지 정신이 하나도 없다.
복대기-치다자 세차게 복대기다.
복대기-탕명 복대기를 삭히는 데 쓰이는 큰 통.
복대깃-간(—間)명 복대기를 삭히어 금을 가려내는 공장. 청화 공장(青化工場)
복-대:리(複代理)명 대리인이 가지고 있는 대리권의 범위 안에서 특정한 사람을 선임하여 권리의 전부 또는 일부를 대리하게 하는 일.
복대리-인(複代理人)명 복대리를 위임 받은 사람.
복-더위(伏—)명 '삼복 더위'의 준말.
복덕(福德)명 타고난 복과 후한 덕.
복덕방(福德房)명 토지나 가옥 따위 부동산의 매매나 임대차를 중개하거나 알선하는 곳.
복덕-성(福德星)명 길(吉)한 별이라는 뜻으로, '목성(木星)'을 달리 이르는 말. 준복성(福星)
복덕-일(福德日)명 사람의 생연월일의 간지(干支)를 팔괘(八卦)로 배정하여 가린, 운수가 길한 날.
복도(伏禱)명-하다자 엎드려 기도함.
복도(複道)명 ①건물 안에 다니게 된 긴 통로. 낭하(廊下) ②건물과 건물 사이에 비나 눈을 맞지 않고 다닐 수 있도록 지붕을 씌워 만든 통로. 각도(閣道)
복도-지(複圖紙)명 설계도나 지도 따위를 본떠 그리는 데 쓰는 반투명의 얇은 종이. 투사지(透寫紙). 트레이싱페이퍼(tracing paper)
복-독(—毒)명 복어의 간장이나 난소 따위에 들어 있는 독소. 테트로도톡신이라 불리며 중독되면 운동 신경이나 말초 신경 등이 마비됨.
복독(服毒)명-하다자 독약을 마심. 음독(飮毒)
복독(復讀)명-하다타 글을 되풀이하여 읽음.
복-되다(福—)형 복을 누리어 즐겁다. ¶복된 삶.
복두(幞頭)명 지난날, 과거에 급제한 사람이 홍패(紅牌)를 받을 때 쓰던 관(冠). 모양이 사모와 비슷하게 두 단(段)으로 되어 있으며, 위가 모지고 뒤쪽의 좌우에 날개가 달려 있음.
복등-화(覆燈火)명 육십갑자의 갑진(甲辰)과 을사(乙巳)에 붙이는 납음(納音). ☞천하수(天河水)
복-띠(服—)명 상복에 두르는 삼베로 만든 띠.
복락(福樂)명 행복과 즐거움을 아울러 이르는 말.
복란(鰒卵)명 전복의 알.
복랍(伏臘)명 삼복(三伏)과 납일(臘日)을 아울러 이르는 말로, 여름의 가장 더운 때와 겨울의 가장 추운 때.
복량(服量)명 약 따위를 먹는 분량.
복력(福力)명 복을 누리는 힘.
복련(覆蓮)명 불교 미술에서, 꽃부리가 아래로 향한 연꽃무늬. ☞앙련(仰蓮)
복련-좌(覆蓮座)명 연꽃을 엎어 놓은 모양의 무늬를 둘레에 새긴, 불상을 올려 놓는 대. ☞앙련좌(仰蓮座)
복령(茯苓)명 구멍장이버섯과의 버섯. 크기 10~30cm의 둥글거나 길쭉한 모양의 덩어리로, 땅 속에서 소나무 따위의 뿌리에 기생함. 표면은 적갈색 또는 흑갈색이며, 내부는 백색에서 차차 담홍색으로 변함. 강장·이뇨·

진정 등에 효능이 있어 신장염이나 방광염 등의 약재로 쓰임. 우리 나라와 중국, 일본 등지에 분포함.

복령-피(茯苓皮) 명 한방에서, 복령의 껍질을 약재로 이르는 말. 이뇨제(利尿劑)로 쓰임.

복례(復禮) 명 -하다 자 예(禮)의 본질로 되돌아감. 예의를 지키거나 예에 따라 행함.

복록(復祿) 명 지난날, 녹봉에 변동이 있던 관원이 원래의 녹봉을 다시 받게 되는 일을 이르던 말.

복록(福祿) 명 타고난 복(福)과 관리가 되어 받는 녹봉(祿俸)이라는 뜻으로, 복되고 영화로운 삶을 이르는 말.

복룡(伏龍) 명 숨어 있는 용이라는 뜻으로, 은거하여 세상에 알려지지 않은 큰 인물이나 영웅을 비유하여 이르는 말. ☞칩룡(蟄龍)

복룡-간(伏龍肝) 명 한방에서, 아궁이 바닥에서 오랫동안 불기운을 받아 빛깔이 누렇게 된 흙을 약재로 이르는 말. 습증·기침·토혈·부종 등에 쓰임.

복류(伏流) 명 -하다 자 ①땅 위를 흐르던 물이 어느 구간에서 땅 속에 스며들어 흐르는 일, 또는 그 흐름. ②어떤 일이 겉으로는 드러나지 않은 채 진행됨을 비유해 이르는 말.

복리(福利) 명 사람들이 누릴 수 있는 행복과 이익. ¶국민의 -를 증진하다. ☞복지(福祉)

복리(複利) 명 복리법으로 계산하는 이자. 복변리(複邊利). 중리(重利) ☞단리(單利)

복리-법(複利法) [-뻡] 명 일정한 기간의 기말마다 이자를 원금에 합하여 그 합계액을 다음 기간의 원금으로 하는 이자 계산 방법. 중리법(重利法) ☞단리법(單利法)

복리=사:업(福利事業) 명 복지 사업(福祉事業)

복리=시:설(福利施設) 명 복지 시설(福祉施設)

복리-표(複利表) 명 이자를 복리법으로 계산하여 이율과 기간에 따라서 원리 합계를 나타낸 표.

복마(卜馬) 명 짐을 싣는 말.

복마-전(伏魔殿) 명 마귀가 숨어 있는 전당(殿堂)이라는 뜻으로, 비밀리에 나쁜 일을 꾀하는 무리들이 모이는 화(禍)의 근원지를 비유하여 이르는 말.

복막(腹膜) 명 복벽(腹壁)의 안쪽에서 여러 내장을 싸고 있는 얇은 막.

복막-염(腹膜炎) [-념] 명 복막에 생기는 염증. 소화관의 천공(穿孔)이나 외상(外傷)으로 말미암은 경우가 많음.

복막=임:신(腹膜妊娠) 명 수정란이 복막 위에 착상하여 발육하는 자궁외 임신의 한 가지. 복강 임신(腹腔妊娠)

복망(伏望) 명 -하다 타 웃어른의 처분을 공손히 바람.

복면(腹面) 명 몸의 배가 있는 면. 배 쪽. ☞배면(背面)

복면(覆面) 명 -하다 자 남이 알아보지 못하게 얼굴의 일부 또는 전부를 헝겊 따위로 싸서 가림, 또는 가리는 데 쓰이는 물건. ¶- 강도/-을 쓰다.

복멸(覆滅) 명 -하다 자타 어떤 단체나 세력이 아주 결딴나 없어짐, 또는 없애 버림.

복명(復命) 명 -하다 타 사명(使命)을 띤 사람이 일을 마치고 돌아와 그 결과를 보고함. 반명(返命)

복명(腹鳴) 명 창자 속에 있는 가스나 액체가 이동할 때 꾸르륵거리며 나는 소리.

복명-서(復命書) 명 사명을 띤 사람이 일을 마치고 돌아와 그 결과를 보고하기 위해 작성하는 문서.

복-명수(複名數) [-쑤] 명 하나의 수치를 몇 개의 단위를 함께 써서 나타내는 명수(名數). 1시간 50분 30초 따위. 제등수(諸等數) ☞단명수(單名數)

복명=어음(複名-) 명 어음상의 채무자(債務者)가 두 사람 이상인 어음. ☞단명 어음

복-모:음(複母音) 명 〈어〉이중 모음(二重母音)

복몰(覆沒) 명 -하다 자 ①배가 뒤집혀 가라앉음. ②한 집안이 아주 기울어 망함.

복묘(覆墓) 명 -하다 자 장사(葬事)를 지내고 사흘째 되는 날 무덤에 가서 참배함. ☞삼우제(三虞祭)

복무(服務) 명 -하다 자 직무나 임무를 맡아 책임을 다함. ¶- 연한/ 군대에서 준사관으로 -하다.

복문(複文) 명 〈어〉원인과 결과의 관계처럼 종속된 절(節)과 주된 절(節)로 이루어진 문장. 곧 '겨울이 되니, 날씨가 차다.', '봄이 오니, 얼음이 녹는다.'와 같은 구성의 문장. 겹문장 ☞단문(單文). 중문(重文)

복-물(伏-) 명 복날 또는 그 무렵에 많이 내리는 비.

복물-지다(伏-) 자 복날이나 복날 무렵에 비가 많이 내리다.

복-받치다 자 감정이나 기운 따위가 속에서 치밀어 오르다. ¶슬픔이 -./그리움이 -. ☞북받치다

복발(復發) 명 -하다 자 병이나 근심, 설움 따위가 다시 일어남. ¶천식이 -하다.

복발(覆鉢) 명 불탑의 노반(露盤) 위에 바리때를 엎어 놓은 것처럼 만든 부분.

복방(複方) 명 일정한 처방에 따라 다른 약재와 섞어서 지은 약, 또는 그런 처방이나 약방문(藥方文).

복배(伏拜) 명 -하다 자 ①땅에 엎드려 절함. ②몸을 굽혀 예를 나타냄.

복배(腹背) 명 ①배와 등. ②앞면과 뒷면.

복배수적(腹背受敵) 성구 앞뒤로 적의 공격을 받음을 이르는 말.

복배지모(腹背之毛) 성구 배와 등에 난 털이라는 뜻으로, 쓸데없거나 있으나 마나 한 것을 비유하여 이르는 말.

복배지수(覆杯之水) 성구 '엎지른 물'이라는 말을 한문식으로 옮긴 구(句)로, 이미 저지른 일은 다시 수습하거나 돌이킬 수 없다는 뜻.

복백(伏白) 명 '엎드려서 사뢺'의 뜻으로, 편지글에 쓰는 한문 투의 말.

복법(伏法) 명 -하다 자 형벌을 받아 죽음. 복주(伏誅)

복벽(復辟) 명 -하다 자 무너졌던 왕조를 다시 일으키거나 물러났던 임금이 다시 임금의 자리에 오르는 일.

복벽(腹壁) 명 복강을 둘러싸고 있는 안쪽의 벽. 피부·근육·복막으로 되어 있음.

복벽(複壁) 명 속에 물건을 감출 수 있도록 두 겹으로 속이 비게 쌓은 벽.

복벽=반:사(腹壁反射) 명 복부의 피부를 자극했을 때, 복근이 반사적으로 수축하는 현상.

복-변리(複邊利) 명 복리(複利)

복병(伏兵) 명 ①적을 기습하기 위하여 요긴한 길목에 군사를 숨겨 두는 일, 또는 그 군사. ¶-을 배치하다. ②뜻하지 않게 나타난 장애 또는 예상하지 못한 뜻밖의 경쟁 상대를 비유하여 이르는 말. ¶-을 만나 낙선했다.

복-보:수(複報讎) 명 -하다 자 앙갚음

복-복선(複複線) 명 두 쌍의 복선 궤도가 나란히 놓여 있는 철로.

복본(複本) 명 ①원본과 똑같이 만든 여러 통의 부본(副本). ②동일한 어음 관계를 나타내는 여러 통의 어음. 원본과 효력에서 차이가 없으며, 복본임을 나타내기 위하여 각 통에 번호를 기재함.

복-본위(複本位) 명 '복본위제'의 준말. ☞단본위(單本位)

복본위-제(複本位制) 명 두 가지 이상의 금속을 본위 화폐로 하는 화폐 제도. 준 복본위(複本位) ☞단본위제

복-본적(複本籍) 명 한 사람이 동시에 두 곳 이상의 호적에 본적인(本籍人)으로 잘못 등기된 본적.

복부(腹部) 명 ①사람이나 동물의 배 부분. ¶-가 아프다. ②물건의 가운데 부분. ¶어뢰가 잠수함의 -에 명중했다.

복부(僕夫) 명 종으로 부리는 남자. 복종(僕從)

복부-국(複部國) 명 영토가 두 개 이상으로 분리된 나라.

복:-부르다(復-) (-부르고·-불러) 자르 사람이 죽었을 때, 발상(發喪)하기 전에 죽은 사람의 혼을 부르다. ☞초혼(招魂)

복부점=음부(複附點音符) [-쩜-] 명 겹점음표

복-부:호(複符號) 명 두 개의 부호를 위아래로 겹쳐 적은 부호. '±'·'≧'·'≦' 따위. 복호(複號)

복분(福分) 명 복을 누리는 분수.

복-분수(複分數) [-쑤] 명 번분수(繁分數)

복분-자(覆盆子) 명 ①복분자딸기 ②한방에서, 복분자딸기의 열매를 약재로 이르는 말. 이뇨제로 쓰임.

ㅂ

복분자-딸:기(覆盆子-)명 장미과의 낙엽 관목. 높이 3 m 안팎으로 줄기에 가시가 있음. 산기슭의 양지에 자라며 5~6월에 연분홍빛 꽃이 핌. 7~8월에 검붉게 익는 열매는 먹을 수 있으며 약으로 쓰임. 우리 나라와 일본, 중국 등지에 분포함. 고무딸기. 복분자(覆盆子)

복-분해(複分解)명 두 가지 화합물이 서로 반응하여 새로운 두 가지 화합물이 되는 변화. 겹분해

복불복(福不福) 복분(福分)의 좋고 좋지 않음을 뜻하는 말로, 곧 사람의 운수를 이르는 말.

복불습길(卜不襲吉)성구 점을 쳐서 처음에 길한 징조를 얻으면 다시 점을 칠 필요가 없음을 이르는 말.

복불재:강(服不再降)성구 양자로 나간 사람이나 출가한 여자가 본생가(本生家)나 친정의 부재모상(父在母喪)에는 상복(喪服)을 한 등급 떨어뜨리지 않는 일.

복비(腹誹)명-하다타 겉으로 드러내어 말하지 않고 마음속으로만 나무람.

복비(複比)명 두 개 이상의 비(比)에서 전항끼리의 곱을 전항으로 하고, 후항끼리의 곱을 후항으로 한 비. 상승비(相乘比) ☞단비(單比)

복비(僕婢)명 사내종과 계집종을 아울러 이르는 말. 노비(奴婢). 복첩(僕妾). 비복(婢僕)

복-비:례(複比例)명 비례식 등호의 한쪽 또는 양쪽이 복비(複比)의 꼴을 하고 있는 것. ☞단비례(單比例)

복빙(復氷)명 얼음에 압력을 주면 녹는점이 내려가 쉽게 물이 되나, 압력을 없애면 녹는점이 올라가 다시 얼음이 되는 현상.

복사 명 '복숭아'의 준말.

복사(卜師)명 점쟁이

복사(伏射)명-하다타 땅에 엎드려서 총을 쏨, 또는 그런 사격법.

복사(服事)[1]명-하다타 복종하여 섬김.

복사(服事)[2]명 가톨릭에서, 미사를 맡아 치르는 사제(司祭)를 도와 옆에서 시중을 드는 사람.

복사(袱紗)명 비단으로 만든 조그마한 보자기.

복사(複絲)명 겹실 ☞단사(單絲)

복사(複寫)명-하다타 ①문서나 사진, 그림 따위를 복사기를 이용하여 그대로 또는 확대하거나 축소하여 찍어 냄. ②원본을 베끼거나 본뜸. ③종이를 몇 장 포개고 그 사이사이에 복사지를 끼워 같은 문서를 한꺼번에 여러 벌 만듦. ④컴퓨터에서, 파일이나 문서 등을 디스켓이나 다른 곳으로 옮기는 일.

복사(蝮蛇)명 '살무사'의 딴이름.

복사(輻射)명-하다자 물체로부터 열이나 전자기파가 사방으로 바퀴살처럼 방출됨. 방사(放射)

복사(覆沙)명 흐르는 물에 실려 온 모래가 논밭 따위를 덮는 일, 또는 그 모래.

복사-계(輻射計)명 복사 에너지를 측정하는 장치. 라디오미터(radiometer)

복사-기(複寫器·複寫機)명 문서나 사진, 그림 또는 각종 자료나 도서를 복사하는 데 쓰이는 기계.

복사-꽃 명 '복숭아꽃'의 준말.

복사-나무 명 '복숭아나무'의 준말.

복사=난:방(輻射煖房)명 벽이나 천장, 바닥 등에 설치한 관 속으로 더운물이나 증기 따위를 보내어 그 복사열로 건물 전체나 방 안을 따뜻하게 하는 방법.

복사-담(蝮蛇膽)명 한방에서, 살무사의 쓸개를 약재로 이르는 말. 구충제로 쓰임.

복사=등:급(輻射等級)명 항성(恒星)에서 나오는 복사 에너지의 많고 적음을 정하는 척도.

복사-뼈 명 발회목 좌우 양쪽으로 둥글게 도드라져 나온 뼈. 거골(距骨). 과골(踝骨) ☞과부(踝部)

복사-선(輻射線)명 물체에서 방출되는 전자기파. 가시광선·자외선·엑스선 따위를 통틀어 이르는 말.

복사=안개(輻射-)명 바람이 없고 맑은 날 밤중에, 지표면이 심하게 복사하여 냉각될 때 생기는 안개. ☞전선안개

복사=에너지(輻射energy)명 물체에서 방출되는 전자기파의 에너지. 방사 에너지

복사-열(輻射熱)명 열복사로 방출된 전자기파가 물체에 흡수되어 그 물체를 뜨겁게 하는 경우의 그 에너지. 방사열(放射熱)

복사=전:송(複寫電送)명 팩시밀리(facsimile)

복사=전열(輻射傳熱)명 복사에 따른 열의 이동.

복사-지(複寫紙)명 ①복사할 때 종이 사이에 끼워 쓰는, 한쪽이나 양쪽에 먹을 칠한 종이. 탄산지(炭酸紙) ☞먹종이 ②복사기에 넣어 원본의 글이나 그림 따위가 그대로 찍혀 나오도록 만든 종이.

복사-체(輻射體)명 빛·열·전파 등의 전자기파를 복사하는 물체.

복사-판(複寫版)명 ①복사에 쓰이는 인쇄판. ②복사해 낸 서책이나 음반, 필름 따위. ¶그 음반은 나오자마자 -이 돌았다. ③어떤 대상과 모습이 매우 비슷한 사물이나 인물을 비유하여 이르는 말.

복사-필(複寫筆)명 종이에 복사지를 끼워 복사하는 데에 쓰는, 끝이 뾰족한 필기 도구. 골필이나 철필 따위.

복산형=꽃차례(複繖形-)[-꼳-]명 산형(繖形) 꽃차례의 꽃대 끝에 다시 부챗살 모양으로 갈라져 피는 꽃차례. 미나리나 당근의 꽃 따위. 복산형 화서

복산형=화서(複繖形花序)명 복산형 꽃차례

복상(卜相)명-하다자 새로 정승이 될 사람을 가려 뽑는 일.

복상(服喪)명-하다자 상중(喪中)에 상복을 입음.

복상(福相)명 복스럽게 생긴 얼굴. ¶그는 얼굴이 둥글둥글하고 잘 웃는 것이 영낙없는 -이다.

복상(複像)명 거울에 몇 차례 반사하여 생기는 여러 개의 상.

복상-사(腹上死)명-하다자 성교(性交)를 하다가 심장마비 등의 원인으로 남자가 여자의 배 위에서 갑자기 죽는 일.

복색(服色)명 ①옷의 모양과 빛깔. ¶때와 장소에 따라 -을 달리하다. ②지난날, 신분이나 지위에 따라 달리했던 옷의 꾸밈새와 빛깔.

복색(複色)명 두 가지 이상의 색이 합쳐 이루어진 색.

복색-광(複色光)명 단색광(單色光)이 섞이어 이루어진 빛. 햇빛 따위. 준복광(複光)

×복-생선(-生鮮)명 →복

복서(卜筮)명 길흉을 점치는 일. 괘서(卦筮). 점서(占筮)

복서(伏暑)명-하다자 더위를 먹음. 음서(飮暑)

복서(boxer)[1]명 권투 선수

복서(boxer)[2]명 개의 한 품종. 독일 원산으로 불독과 그레이트데인의 교배종임. 근육질이 뚜렷하고 강하며, 얼굴은 불독과 비슷하나 성질은 순함. 군용이나 경비용 따위 용도가 여러 가지임.

복서-증(伏暑症)[-쯩]명 더위를 먹어 몸에 열이 나고 배가 아프며 구토나 설사, 하혈 따위를 하는 증세.

복선(伏線)명 ①뒤에 일어날 일에 대비하기 위해 남모르게 하는 준비. ②소설이나 희곡 따위에서, 미리 어떤 사건이 일어날 수 있음을 넌지시 알리는 기법. ¶-이 깔려 있다.

복선(復膳)명 지난날, 임금의 수라상에 한때 줄였던 음식의 가짓수를 전과 같이 다시 차리던 일.

복선(複線)명 ①겹줄 ②'복선 궤도(複線軌道)'의 준말. ☞단선(單線)

복선(覆船)명-하다자 배가 엎어짐.

복선=궤:도(複線軌道)명 두 가닥 이상으로 부설하여, 왕복하는 차가 따로 다닐 수 있도록 한 철길. 복선 철도 준복선(複線) ☞단선 궤도(單線軌道)

복선-기(復線器)명 탈선한 차량을 다시 선로에 올려 놓는 데 쓰이는 기구.

복선-법(複選法)[-뻡]명 간접 선거로 피선거인을 선거하는 방법.

복선율=음악(複旋律音樂)명 다성부 음악(多聲部音樂)

복선=철도(複線鐵道)[-또]명 복선 궤도 준복철(複鐵)

복선화:음(福善禍淫)성구 착한 사람에게는 복이 오고, 악한 사람에게는 재앙이 옴을 이르는 말.

복설(復設)명-하다타 없앴던 것을 다시 베풂.

복-섬 명 참복과의 바닷물고기. 몸길이 10cm 안팎. 몸빛이 등 쪽은 엷은 푸른 잿빛이고 배 쪽은 흼. 난소(卵巢)와 간장에 독이 있음.
복성(卜姓) 명 -하다 자 지난날, 첩을 얻을 때, 자기의 성(姓)과 다른 성을 가진 여자를 고르던 일. 복첩(卜妾)
복성(複姓) 명 두 글자로 된 성(姓). '선우(鮮于)'·'남궁(南宮)'·'황보(皇甫)' 따위.
복성(複星) 명 공간적으로 많이 떨어져 있으나 방향이 같아서 관측자에게는 겹쳐 하나처럼 보이거나 가깝게 보이는 두 개 이상의 별. 광학적 이중성(光學的二重星)
복성(福星) 명 '복덕성(福德星)'의 준말.
복성-설(復性說) 명 중국 윤리학설의 한 가지. 사람은 본디 선(善)한데, 감정이나 욕망 따위로 악(惡)이 생겨나므로, 윤리를 지켜서 본성으로 되돌아가야 한다고 주장하는 설.
복성-스럽다(-스럽고·-스러워) 형ㅂ 얼굴 생김새가 복이 있어 보이다. ¶며느님이 복성스럽게 생겼습니다.
 복성-스레 부 복성스럽게
복성-암(複成岩) 명 둘 이상의 광물로 이루어진 암석.
복성-종(複成種) 명 잡종 강세(雜種强勢)를 이용하여 기른 농작물의 품종. 합성 품종(合成品種)
복성=화:산(複成火山) 명 성층 화산(成層火山)
복세(複稅) 명 두 가지 이상의 조세로 이루어져 있는 과세(課稅). ☞단세(單稅)
복-세:포(複細胞) 명 다세포(多細胞)
복세포=동:물(複細胞動物) 명 다세포 동물(多細胞動物)
복세포=생물(複細胞生物) 명 다세포 생물(多細胞生物)
복세포=식물(複細胞植物) 명 다세포 식물(多細胞植物)
복-소:수(複素數) 명 실수(實數)와 허수(虛數)의 합으로 이루어진 수. 복허수(複虛數)
복속(服屬) 명 -하다 자 복종하여 붙좇음. 속복(屬服)
복속(復屬) 명 -하다 타 지난날, 그만두게 했던 아전(衙前)을 복직시키던 일.
복송(伏頌) 명 -하다 자 '삼가 엎드려 칭송함'의 뜻으로, 편지글에 쓰는 한문 투의 말.
복송(復誦) 명 -하다 타 되풀이하여 읽거나 욈.
복수(伏受) 명 -하다 타 윗사람이 주는 것을 공손히 받음.
복수(復水) 명 -하다 타 수증기를 응축하여 다시 물이 되게 함, 또는 그 물.
복수(復讎·復讐) 명 -하다 자 원수를 갚거나 앙갚음함.
복수(腹水) 명 복강에 장액성(漿液性) 액체가 괸 상태, 또는 그 액체. 복막염 등으로 말미암아 생김.
복수(福手) 명 복인(福人)
복수(福數) 명 복이 많은 운수.
복수(複數) 명 둘 이상의 수. ☞단수(單數)

> ▶ **명사를 복수(複數)로 나타낼 때**
> ① 복수임을 뜻하는 접미사 '-들'·'-네'를 붙여서 나타낸다.
> ¶사람들/나무들/꽃들/장정들/부인들
> 우리네/남정네/아낙네/부인네
> ② 같은 말을 겹쳐 써서 나타낸다.
> ¶곳곳/집집/사람사람/거리거리/골목골목
> ③ 같은 문장 안에 복수를 나타내는 말이 들어 있을 경우에는 '-들'을 생략한다.
> ¶향기로운 꽃이 곳곳에 피어 있다. (×꽃들)
> 열 마리의 강아지가 달려 온다. (×강아지들)

복수(覆水) 명 엎지른 물.
복수=관세(複數關稅) 명 똑같은 품목에 대하여 두 가지 이상의 세율을 정해 놓고, 상대국에 따라서 임의로 적용하는 관세.
복수불반(覆水不返) 성구 엎지른 물은 다시 담을 수 없다는 뜻으로, 일단 저지른 일은 되돌릴 수 없다는 말.
복수상=꽃차례(複穗狀-)[-꼳-] 명 수상 꽃차례의 꽃대에 다시 수상으로 갈라져 피는 꽃차례. 보리나 밀 따위. 복수상 화서
복수상=화서(複穗狀花序) 명 복수상 꽃차례
복수-심(復讎心) 명 앙갚음하려는 마음.
복수=어음(複數-) 명 수송 도중에 잃어버리거나 연착할 때에 대비하여 같은 내용과 효력을 가진 두세 통의 어음을 만들어 수송의 경로나 발송 시기를 달리하여 보내는 어음.
복수=여권(複數旅券)[-꿘] 명 특정한 용무로 여러 차례 외국을 왕복하는 사람에게 발급되는 일반 여권. ☞단수 여권(單數旅券)
복수=작용(復水作用) 명 액체를 증기로 이용한 다음, 그 증기를 다시 액체로 만드는 작용.
복수-전(復讎戰) 명 ①적에게 앙갚음하기 위한 싸움. ②경기나 오락 등에서 앞서 졌던 부끄러움을 씻고 명예를 회복하기 위해 겨루는 일. 설욕전(雪辱戰)
복수-초(福壽草) 명 미나리아재빗과의 여러해살이풀. 줄기 높이는 25cm 안팎. 뿌리줄기에는 수염뿌리가 많음. 숲 속 그늘에서 자라며 관상용으로 심기도 함. 2~5월에 노란 꽃이 피며, 6월경에 열매가 익음. 뿌리는 진통이나 강심, 이뇨 등에 약재로 쓰임.
복수=투표(複數投票) 명 특수한 자격을 가진 사람에게 두 표 이상의 투표권을 주는 불평등 선거의 한 가지.
복수=환:율(複數換率) 명 국제 수지의 균형과 환시세의 안정을 꾀하려고 적용하는 두 가지 이상의 환율.
복술(卜術) 명 점을 치는 술법.
복숭아 명 복숭아나무의 열매. 도실(桃實) 준 복사

> 한자 복숭아 도(桃) [木部 6획] ¶도리(桃李)/도색(桃色)/도원(桃園)/도화(桃花)

복숭아-꽃 명 복숭아나무의 꽃. 도화(桃花) 준 복사꽃
복숭아-나무 명 장미과의 낙엽 교목. 높이는 3m 안팎. 잎은 끝이 뾰족하며 가장자리에 톱니가 있음. 4~5월에 엷은 붉은 꽃이 잎보다 먼저 핌. 열매는 '복숭아'라고 하며 8~9월에 불그레하게 익음. 준 복사나무
복숭앗-빛 명 무르익어 발그스름한 복숭아의 빛깔. ¶뛰어왔는지 아이의 뺨이 -이었다.
복-스럽다(福-)(-스럽고·-스러워) 형ㅂ 생김새나 하는 행동이 복이 있어 보이다. ¶먹는 모습이 -.
 복-스레 부 복스럽게 ¶얼굴이 - 생겼다.
복슬-복슬 부 -하다 형 윤기 있고 보드라운 털이 좀 많이 나서 탐스러운 모양을 나타내는 말. ¶- 탐스러운 털. /-한 강아지. ☞북슬북슬
복습(復習) 명 -하다 타 배운 것을 되풀이하여 익힘. 온습(溫習) ¶-은 꼭 하고 잔다. ☞예습(豫習)
복승(複勝) 명 '복승식(複勝式)'의 준말.
복승-식(複勝式) 명 경마나 경륜(競輪) 등에서, 1등과 2등을 동시에 알아맞히는 방식, 또는 그 투표권. 1등과 2등의 순서는 상관없음. 준 복승(複勝). 복식(複式) ☞단승식(單勝式). 연승식(連勝式)
복시(複視) 명 하나의 물체가 둘, 또는 그 이상으로 겹쳐 보이는 상태.
복시(覆試) 명 고려·조선 시대, 초시(初試)에 급제한 사람에게 다시 보이던 과거. 회시(會試) ☞전시(殿試)
복식(服飾) 명 ①옷의 꾸밈새. ②의복과 장신구(裝身具)를 아울러 이르는 말.
복식(復飾) 명 중이 되었던 사람이 속세로 돌아와 다시 머리털을 기르는 일.
복식(複式) 명 ①둘 또는 그 이상으로 된 방식이나 형식. ②'복식 경기'의 준말. ③'복식 부기'의 준말. ④'복승식(複勝式)'의 준말. ☞단식(單式)
복식=경:기(複式競技) 명 테니스나 탁구 따위에서 두 사람씩 편을 이루어 하는 경기. 준 복식 ☞단식 경기
복식=디자인(服飾design) 명 옷과 장신구(裝身具)를 전문으로 하는 디자인.
복식=부기(複式簿記) 명 거래가 있을 때마다 대차(貸借)로 나누어 자세히 적고, 계정에 따라 자리를 따로 잡아 적는 부기. 준 복식 ☞단식 부기(單式簿記)
복식-품(服飾品) 명 옷차림에 장식적 효과를 주는 물건.
복식=학급(複式學級) 명 한 교실에서 둘 이상의 학년이

ㅂ

수업하도록 편성된 학급.
복식=호흡(腹式呼吸)명 복근(腹筋)과 횡경막의 운동으로 이루어지는 호흡. 배숨쉬기 ☞흉식 호흡(胸式呼吸)
복식=화:산(複式火山)명 복합 화산(複合火山)
복신(茯神)명 한방에서, 소나무의 뿌리를 싸고 뭉키어 난 복령(茯苓)을 약재로 이르는 말. 오줌을 잘 나오게 하는 데 쓰임. 백복신(白茯神)
복신(福神)명 행복을 가져다 준다는 신.
복실=자방(複室子房)명 겹씨방 준복자방(複子房) ☞단실 자방(單室子房)
복심(伏審)명 '삼가 살핌'의 뜻으로, 편지글에 쓰이는 한문 투의 말.
복심(腹心)명 ①배와 가슴을 아울러 이르는 말. 심복(心腹) ②속마음
복심(覆審)명-하다타 ①한 번 심사한 것을 다시 심사함, 또는 그 심사. ②상급심에서 하급심의 심리와는 관계없이 처음부터 심리를 다시 하는 일, 또는 그 심급.
복심지질(腹心之疾)명 ①배나 가슴에 탈이 나서 고치기 어렵게 된 병. ②덜어 버릴 수 없는 근심을 비유하여 이르는 말.
복-십자(複十字)명 결핵 예방 운동의 국제적 표지(標識)인, 붉은 색의 '‡'의 이름.
복싱(boxing)명 권투(拳鬪)
복-쌈(福-)명 음력 정월 보름날, 김이나 배추 잎에 싸서 먹는 쌈. 박섬(縛苫). 복과(福裹). 복포(福包)
복아(複芽)명 한 잎겨드랑이에서 나오는 둘 이상의 싹.
복악(複萼)명 한 송이의 꽃에 두 개 이상으로 된 꽃받침.
복안(腹案)명 마음속에 품고 있는 생각이나 계획. 속배포 ¶ -을 내놓다.
복안(複眼)명 곤충이나 갑각류의 눈처럼 여러 개의 홑눈이 모여 된 눈. 겹눈 ☞단안(單眼)
복알(伏謁)명-하다타 지체가 높은 사람을 엎드려 뵘.
복약(服藥)명-하다자타 약을 먹음. ¶알약을 -하다. / -시간을 지키다. 유복용(服用) ☞음약(飮藥)
복약-자리(服藥-)명 지난날, 한약국에서 약을 단골로 많이 지어 가는 손님이나 집을 이르던 말.
복어명 복
복업(復業)명-하다자 한동안 그만두었던 일을 다시 하게 됨.
복역(卜役)명 지난날, 나라에서 백성에게 지우던 부역(賦役)이나 병역(兵役).
복역(服役)명-하다자 ①공역(公役)을 치름. ②징역(懲役)을 삶. ¶교도소에 - 중인 죄수.
복역(僕役)명 지난날, 종이 맡아 하는 일을 이르던 말.
복역-수(服役囚)명 교도소에서 징역을 치르는 사람.
복역-혼(服役婚)명 결혼할 여자의 집에서 얼마 동안 일을 해 주고, 그 대가로 하는 결혼.
복연(復緣)명-하다자 부부나 양자의 관계를 끊었다가 다시 이전의 관계로 돌아감.
복열(伏熱)명 삼복(三伏)의 심한 더위를 달리 이르는 말. 경염(庚炎). 경열(庚熱). 복염(伏炎)
복염(伏炎)명 복열(伏熱)
복염(複塩)명 두 가지 이상의 염이 결합한 화합물 가운데서 착염(錯塩)이 아닌 것.
복엽(複葉)명 ①한 잎자루에 잎이 여럿 붙은 잎. 겹잎 ☞우상 복엽(羽狀複葉). 장상 복엽(掌狀複葉) ②여러 겹으로 된 꽃잎. 천엽(千葉) ③비행기의 날개 따위가 아래위로 둘 있는 것, 또는 그 날개. ☞단엽(單葉)
복엽-기(複葉機)명 '복엽 비행기(複葉飛行機)'의 준말.
복엽=비행기(複葉飛行機)명 주익(主翼)이 동체의 아래위로 둘 있는 비행기. 준복엽기 ☞단엽 비행기
복옹(腹癰)명 한방에서, 복벽(腹壁)에 생기는 부스럼을 이르는 말.
복용(服用)명-하다타 약을 먹음. 유복약(服藥)
복욱(馥郁)어기 '복욱(馥郁)하다'의 어기(語基).
복욱-하다(馥郁-)형여 좋은 향기가 그윽하다.
복운(復運)명 회복되는 시운(時運).
복운(福運)명 행복한 운수. 좋은 운수. 행운(幸運)
복원(伏願)명-하다타 웃어른께 삼가 바람.
복원(復元·復原)명-하다자타 본디의 모양이나 상태대로 돌아오거나 돌아가게 함. ¶경복궁을 -하다. ☞복구
복원(復員)명-하다자타 ①전시 편제로 되어 있는 군대를 평시 편제로 되돌림. ②전쟁과 같은 비상 사태로 동원한 인적·물적 자원을 원래 상태로 되돌림.
복원(復圓)명-하다자 일식 또는 월식이 끝나고 해나 달이 원래의 둥근 모양으로 돌아가는 일.
복원(輻員·輻圓)명 '폭원(幅員)'의 원말.
복원-력(復元力)[-녁]명 ①물체가 변형하였을 때, 원래의 모습으로 되돌리려고 하는 힘. ②물 위에 떠 있는 배가 파도나 바람 등의 외력(外力)을 받아 기울어졌을 때, 원래의 위치로 되돌아오려고 하는 힘.
복원-령(復員令)[-녕]명 복원(復員)을 지시하는 명령. ☞동원령(動員令)
복원-성(復元性)[-썽]명 물 위에 떠 있는 배가 파도나 바람 등의 외력(外力)을 받아 기울어졌을 때, 원래의 위치로 되돌아오려고 하는 성질.
복위(復位)명-하다자 폐위(廢位)되었던 임금이나 후비(后妃)가 다시 그 자리에 오름.
복유(伏惟)부 삼가 생각하옵건대.
복은(伏隱)명-하다자 엎드려 숨음.
복음(複音)명 ①서로 다른 높이의 음을 둘 이상 동시에 냄으로써 이루어지는 음을 이르는 말. ②〈어〉음성학에서, 음성을 둘 이상으로 쪼갤 수 있는 소리를 이르는 말. 곧 이중 모음이나 복자음을 가리킴. 겹소리 ☞단음(單音)
복음(福音)명 ①반가운 소식. ②크리스트교에서, 그리스도를 통하여 하느님이 인간에게 준 계시(啓示), 곧 그리스도를 통해서 인류가 구원 받는다는 소식. ③복음서(福音書)
복음=교:회(福音敎會)명 ①미국에서 일어난 크리스트교의 한 종파. 1803년 올브라이트가 일으킴. ②복음주의에 입각한 교회를 통틀어 이르는 말.
복음=삼덕(福音三德)명 가톨릭에서, 예수가 복음으로 가르친 세 가지 덕행, 곧 청빈(淸貧)·정결(貞潔)·순명(順命)을 이르는 말.
복음-서(福音書)명 신약성서 중 예수의 생애와 교훈을 적은 마태복음·마가복음·누가복음·요한복음의 네 책을 아울러 이르는 말. 복음(福音)
복음-주의(福音主義)명 크리스트교에서, 성서에 적힌 그리스도의 복음을 중시하며 복음의 가르침에 따라 실천하기를 주장하는 주의를 이르는 말.
복응(服膺)명-하다타 마음에 간직하거나 잘 기억하여 잠시도 잊지 않음.
복의(復衣)명 초혼(招魂)할 때에 쓰는, 죽은 사람의 옷.
복-이온(複ion)명 두 가지 이상의 원소로 된 이온. 암모늄 이온이나 황산 이온 따위.
복익(伏翼)명 '박쥐'의 딴이름.
복인(卜人)명 점을 치는 일을 직업으로 삼는 사람. 복자(卜者). 점쟁이
복인(服人)명 오복(五服)의 제도에 따라 성복(成服)을 하는 사람. 죽은 이의 8촌 이내의 존비속 형제 자매와 그 배우자를 이름.
복인(福人)명 복이 많은 사람. 복수(福手). 복자(福者)
복인(福因)명 행복을 가져오는 원인. ☞화인(禍因)
복인복과(福因福果)성구 불교에서, 좋은 일로 말미암아 좋은 결과를 얻게 됨을 이르는 말. 선인선과(善因善果)
복일(卜日)명-하다타 점을 쳐서 좋은 날을 가림. ☞택일
복일(伏日)명 복날
복임(復任)명-하다자 이전의 관직으로 다시 돌아옴.
복임-권(復任權)[-꿘]명 복대리인(複代理人)을 선임할 수 있는 대리인의 권리.
복자[1]명 기름을 될 때 쓰는 그릇. 모양이 접시와 비슷한데 한쪽에 귀때가 달려 있음. 기름복자
복자[2]명 '복자망건'의 준말.
복자(卜者)명 복인(卜人). 점쟁이
복자(福者)명 ①복인(福人) ②가톨릭에서, 교황이 모든

교회에서 공경하도록 선언한 사람, 또는 그 사람에게 내리는 칭호를 이르는 말. ☞시복(諡福)

복-자리(服-)명 '복인(服人)'을 속되게 이르는 말.

복자-망건(-網巾)명 망건의 한 가지. 편자는 길고 당의 둘레는 짧아서 위가 오그라지게 되었음. 준복자²

복-자방(複子房)명 '복실 자방(複室子房)'의 준말.

복-자엽(複子葉)명 쌍떡잎

복-자예(複雌蕊)명 겹암술 ☞단자예(單雌蕊)

복-자음(複子音)명〈어〉한글 자음의 한 갈래. 'ㅊ, ㅋ, ㅌ, ㅍ'과 같은 소리를 'ㅊ=ㅈ+ㅎ, ㅋ=ㄱ+ㅎ, ㅌ=ㄷ+ㅎ, ㅍ=ㅂ+ㅎ'으로 복합된 것으로 볼 때 이르는 말. 겹닿소리 ☞단자음(單子音)

복작-거리다(대다)자 많은 사람이 좁은 곳에 뒤섞여 수선스럽게 자꾸 움직이다. 복작이다 ¶골목 안이 복작거린다. ☞북적거리다

복작-복작부 복작거리는 모양을 나타내는 말. ¶시장은 사람들로 ― 붐비다. ☞북적북적

복작-식(複作式)명 한 땅에 두 가지 이상의 작물을 같은 때에 재배하는 방식.

복작-이다자 복작거리다 ☞북적이다

복잡(複雜)어기 '복잡(複雜)하다'의 어기(語基).

복잡다기(複雜多岐)성구 복잡다단

복잡다단(複雜多端)성구 일이 갈피를 잡을 수 없게 뒤얽혀 있음을 이르는 말. 복잡다기

복잡=반:응(複雜反應)명 심리학에서, 자극과 반응 사이에 여러 가지 고등(高等)의 정신 작용이 끼이는 반응. 복합 반응(複合反應) ☞간단 반응(簡單反應)

복잡-스럽다(複雜-)(-스럽고·-스러워)형ㅂ 복잡한 데가 있다. 복잡한 느낌이 있다. ¶버스 안이 ―.

복잡-스레부 복잡스럽게

복잡-하다(複雜-)형여 어수선하게 여러 가지가 뒤섞여 있다. ¶복잡한 계산을 척척 해낸다./거리가 너무 복잡해서 걷기도 힘들다./머리가 ―./복잡한 심경.

복장명 ①가슴의 한복판. 흉당(胸膛) ②속에 품고 있는 생각. ¶―이 시커멓다.

복장(이) 타다관용 걱정이 되어 가슴이 몹시 달다.

복장(이) 터지다관용 몹시 화가 나고 답답하다.

복장(卜-)명 '복정(卜定)¹'의 변한말.

복장(伏藏)명-하다자타 ①엎드려 숨음. ②깊이 감추어 둠. ③불상을 만들 때에 금·은·칠보 같은 보화(寶貨)나 서책(書册)을 불상 속에 넣는 일.

복장(服裝)명 옷차림 ¶간편한 ―./―을 단정히 하다.

복장(福將)명 지략(智略)은 뛰어나지 않으나 싸움에서 언제나 이기는 장군.

복장(複葬)명 장사를 지내고 얼마 뒤에 다시 뼈를 처리하는 장사법(葬事法). ☞단순장(單純葬)

복장=다라니(伏藏陀羅尼)명 복장할 때 외는 주문.

복장-밀기명 택견에서, 손질의 한 가지. 상대편의 가슴 한복판을 한 손 또는 두 손으로 밀어 넘어뜨리는 공격 기술.

복재(伏在)명-하다자 드러나지 않고 숨겨져 있음.

복-재기(服-)명 '복인(服人)'을 속되게 이르는 말.

복적(復籍)명-하다자 이혼이나 파양(罷養) 따위로 이전에 딸려 있던 호적에 다시 드는 일.

복전(福田)명 불교에서, 밭에 씨를 뿌려 곡식을 거두는 일에 비유하여, 공양하여 복을 얻는 일을 이르는 말.

복절(伏節)¹명 삼복(三伏)이 든 철.

복절(伏節)²명-하다자 절개(節槪)를 굳게 지킴.

복절(腹節)명 곤충의 배 부분을 이루고 있는 환절(環節).

복점(卜占)명-하다자 점을 침, 또는 그 점. 점복(占卜)¹

복점(複占)명 시장에 같은 상품을 공급하는 기업이 둘 뿐이어서, 그 두 기업이 시장을 독점하려고 경쟁하는 상태를 이르는 말.

복정(卜定)¹명 ①일이나 물건을 지정하고 반드시 실행하거나 바칠 것을 강요하는 일. ¶―을 안기다. ②조선 시대, 상급 관아에서 공납물(貢納物)의 액수를 매겨 하급 관아에 알리던 일, 또는 그 액수. 변복장

복정(卜定)²명-하다자 길흉을 점쳐서 정함.

복제(服制)명 ①오복(五服)의 제도. 준복(服) ②옷차림에 관한 규정.

복제(複製)명-하다타 ①본떠서 똑같은 것을 만듦, 또는 그렇게 만든 것. ②남의 저작물을 그대로 본떠서 만듦, 또는 그렇게 만든 것. ¶―한 그림.

복제-판(複製版)명 원화(原畫)나 원서를 복제한 인쇄물.

복조(復調)명-하다타 변조한 고주파 가운데서 원래의 신호를 가려냄. 검파(檢波)

복조(福祚)명 복(福)

복-조:리(福笊籬)명 새해의 복을 쌀처럼 일어 얻는다는 믿음에서, 음력 정월 초하룻날 새벽에 사서 벽에 걸어 두는 조리.

복족-류(腹足類)명 연체동물의 한 강(綱). 대부분 타래 모양의 껍데기를 가지고 있고, 머리가 잘 발달하였으며, 배 쪽에 있는 편평한 발로 다른 것에 들러붙거나 움직임. 고둥이나 소라·전복·달팽이 따위. ☞두족류(頭足類)

복종(服從)명-하다자 결정되거나 시키는 대로 좇음. ¶상부의 지시에 ―하다. ☞반항(反抗). 순종(順從)

복종(僕從)명 복부(僕夫)

복좌(複座)앞말 주로 항공기 따위에서 조종석이 두 자리임을 뜻하는 말. ¶― 연습기/― 전투기 ☞단좌(單座)

복좌-기(複座機)명 두 사람이 타는 비행기.

복죄(伏罪)명-하다자 법을 좇아 죄에 대하여 벌을 받음.

복주(伏奏)명-하다타 삼가 아뢲.

복주(伏誅)명-하다자 형벌을 받아 죽음. 복법(伏法)

복주(福酒)명 제사를 마치고 제관들이 나누어 마시는 제주(祭酒). ☞음복(飮福)

복주(輻湊·輻輳)명-하다자 '폭주'의 원말.

복주-감투명 지난날, 노인이나 중들이 추울 때 쓰던 모자의 한 가지. 담(毯)으로 둥글게 만들어 양 옆을 접어 올렸다가 펴서 내리면 뺨까지 가리게 됨. 준감투

복주머니-난(-蘭)명 난초과의 여러해살이풀. 줄기 높이는 40cm 가량. 잎은 길둥글고 어긋맞게 나며, 여름철에 붉은 자주색의 주머니 모양 꽃이 줄기 끝에 한 송이씩 핌. 산이나 들에 자람. 개불알꽃

복주병진(輻湊幷臻·輻輳幷臻)성구 '폭주병진'의 원말.

복중(伏中)명 초복(初伏)과 말복(末伏) 사이로 가장 무더운 동안을 이르는 말. 복허리

복중(服中)명 성복(成服)을 입고 있는 동안.

복중(腹中)명 뱃속

복지(卜地)명-하다자 복거(卜居)

복지(伏地)명-하다자 땅에 엎드림.

복지(匐枝)명 원줄기에서 나서 땅으로 벋어 가며 뿌리를 내리고 자라는 가지.

복지(袱紙)명 '약복지(藥袱紙)'의 준말.

복지(福地)명 ①행복하게 잘살 수 있는 땅. ¶가나안 ― ②풍수설에서, 지덕(地德)이 좋은 땅을 이르는 말. ③신선(神仙)이 사는 곳.

복지(福祉)명 모든 사람이 풍요롭고 행복을 느끼면서 인간다운 삶을 누릴 수 있는 환경. ☞복리(福利)

복지=국가(福祉國家)명 모든 국민의 삶의 질을 골고루 높이고 사회 생활에서 공정한 기회 균등과 형평성을 보장하는 것을 국가의 중심 사명으로 삼는 국가.

복지=사:업(福祉事業)명 국민들의 생활 향상을 꾀하는 모든 사업. 복리 사업(福利事業)

복지=사:회(福祉社會)명 사회의 모든 구성원의 생활이 향상하고 만족할만 한 생활이 보장된 사회.

복지=시:설(福祉施設)명 사회 구성원의 복지를 위해 마련된 시설. 양로원이나 보육원, 탁아소 따위. 복리 시설(福利施設)

복지=연금(福祉年金)명 노령이나 장애 등으로 생활 능력이 없는 사람과 유족의 생활 보장을 위하여 주는 연금.

복지유체(伏地流涕) 땅에 엎드려 눈물을 흘림.

복직(復職)명-하다자 물러났던 직이나 일에 다시 돌아옴. ¶관직에서 물러나 교수로 ―하다.

복-진:자(複振子)명 강체(剛體)를 수평한 고정축에 매달

ㅂ

아서 중력의 작용으로 그 둘레를 돌거나 흔들리게 만든 진자. 강체 진자. 물리 진자. 실체 진자. 합성 진자
복차(卜一)명 '복채(卜債)'의 변한말.
복차(伏一)명 '복처(伏處)'의 변한말.
복찰(卜察)명-하다타 점을 쳐서 살핌.
복찻-다리명 큰길을 가로질러 흐르는 개천에 놓은 다리.
복창(復唱)명-하다타 명령이나 지시하는 말을 듣고 그 자리에서 그대로 다시 소리 내어 욈.
복창(複窓)명 겹으로 된 창. 겹창
복창-증(腹脹症)[-쯩]명 한방에서, 뱃속이 더부룩한 병을 이르는 말.
복채(卜債)명 점을 친 값으로 내는 돈. 변복차
복채(福債)명 복권(福券)
복처(伏處)명 지난날, 순라군이 매복하는 곳이라는 뜻으로, '경수소(警守所)'를 이르던 말. 변복차
복-처리(福一)명 복이 없어 무슨 일이든지 잘 되지 않는 사람을 이르는 말.
복철(複鐵)명 '복선 철도(複線鐵道)'의 준말. ☞단철
복첨(福籤)명 금품(金品)이 걸린 제비. ¶ 一을 뽑다.
복첩(卜妾)명-하다자 복성(卜姓)
복첩(僕妾)명 사내종과 계집종. 복비(僕婢)
복초(伏醋)명 복날에 술을 삭혀서 만든 초.
복축(卜築)명-하다자 점을 쳐서, 살만 한 곳을 가리어 집을 짓는 일.
복축(伏祝)명-하다타 편지에서 '삼가 축원함'의 뜻으로 쓰는 한문 투의 말.
복-치마(服一)명 거상(居喪)으로 입는 치마.
복칭(複稱)명 둘 이상의 사물을 아울러 나타내는 명칭. ☞단칭(單稱)
복-타다(福一)자 복을 지니고 태어나다.
복태(卜馱)명 마소로 실어 나르는 짐. 짐바리
복택(卜宅)명-하다자 ①살만 한 곳을 가려서 정함. 복거(卜居). 복지(卜地) ②묏자리를 가려서 정함.
복택(福澤)명 복과 혜택을 아울러 이르는 말.
복토(覆土)명-하다자 씨를 뿌리고 나서 그 위에 흙을 덮는 일, 또는 그 흙. 흙덮기
복통(腹痛)명 배가 아픈 증세. ¶ 一을 일으키다.
복판명 ①펀펀한 물건의 한가운데. ¶ 과녁의 一. ②어떤 넓은 자리의 한가운데. ¶ 운동장 一. ③소의 갈비나 대접 또는 도가니의 중간에 붙은 고기. 주로 구이에 쓰임.
복판(複瓣)명 여러 겹으로 된 꽃잎. 겹꽃잎
복-포(一脯)명 복어의 살을 떠서 만든 포.
복포(福包)명 음력 정월 보름날 먹는 쌈. 복쌈
복표(福票)명 복권(福券)
복학(卜學)명 복술(卜術)을 연구하는 학문.
복학(復學)명-하다자 정학·휴학·퇴학 등으로 학교를 떠났던 학생이 다시 이전의 학교에 다니게 되는 일. 복교(復校)
복학(腹瘧)명 한방에서, 어린아이의 비장(脾臟)이 부어 멍울이 생기면서 오한과 신열이 나는 병을 이르는 말. 학질·어혈·경기 등으로 말미암아 일어남. 자라배
 복학(을) 잡다관용 복학을 앓는 어린아이의 병근(病根)을 없애어 낫게 하다.
복합(伏閤)명-하다자 지난날, 나라에 큰일이 있을 때 관원이나 유생이 대궐 문 밖에 엎드려 상소하던 일.
복합(複合)명-하다자타 두 가지 이상이 하나로 합쳐짐. ¶ 一 비료/여러 원인이 一되어 일어난 결과.
복합-국(複合國)명 복합 국가(複合國家) ☞단일국
복합=국가(複合國家)명 둘 이상의 국가가 결합하여 이루어진 나라. 복합국 ☞단일 국가
복합=단:백질(複合蛋白質)명 아미노산만으로 된 단순 단백질에 다른 유기 화합물 또는 원자단이 결합되어 있는 단백질. ☞단순 단백질
복합-란(複合卵)명 난황 세포에 둘러싸인 난세포가 한 개의 알껍질 속에 들어 있는 알. 편형동물의 알 따위. 외황란(外黃卵) ☞단일란(單一卵)
복합=박자(複合拍子)명 겹박자
복합=반:응(複合反應)명 복잡 반응(複雜反應)
복합=비타민제(複合vitamine劑)명 지용성 또는 수용성 비타민 가운데 한쪽만을 몇 가지 배합하여 만든 약제. ☞종합 비타민제
복합=사:회(複合社會)명 서로 다른 사회 집단이 병존(倂存)하면서, 융합하지 않는 사회. ☞단순 사회(單純社會)
복합=삼각주(複合三角洲)명 둘 이상의 하천이 바다로 흘러드는 하구(河口)에 여러 삼각주가 서로 붙어서 이루어진 삼각주.
복합=상품(複合商品)명 여러 기능을 결합시킨 상품. 시계와 전자 계산기, 또는 라디오와 녹음기를 결합하거나 노안용과 근시안용 렌즈를 한 안경에 끼워 넣은 것 따위.
복합=섬유(複合纖維)명 성분이 다른 두 종류의 고분자 재료를 혼합하여 만든 섬유.
복합-세(複合稅)명 하나의 화물(貨物)에 대하여 다른 과세 표준에 따라서 이중으로 부과하는 과세 제도. ☞종가세(從價稅). 종량세(從量稅)
복합-어(複合語)명〈어〉둘 이상의 단어가 어울리어 이루어진 단어. '눈물, 앞뒤, 걸어가다, 뒤따르다' 따위. 합성어(合成語) ☞단일어(單一語). 파생어(派生語)

> ▶복합 용언의 본뜻 표기
> ① 앞말의 본뜻을 밝혀 적는 단어
> ¶ 늘어나다/돌아가다/떨어지다
> ② 본뜻을 밝혀 적지 않는 단어
> ¶ 드러나다/사라지다/쓰러지다

복합=영농(複合營農)명 벼농사와 함께 과수나 축산, 특용 작물 등을 함께 하는 농업 경영.
복합=오:염(複合汚染)명 질소산화물, 황산화물, 납, 탄화수소 등 몇 개의 오염 물질이 서로 영향을 끼쳐 일으키는 오염 현상. 공기에 역전층(逆轉層)이 생겨 바람이 불지 않는 현상이 일어나거나 눈을 자극하여 눈물을 흘리게 하는 광화학 스모그 현상 따위가 있음.
복합-음(複合音)명 진동수가 다른 둘 이상의 단순음(單純音)이 합쳐진 음.
복합-자모(複合字母)명 자모를 둘, 또는 셋을 합한 자모. ㄲ·ㄸ·ㅘ·ㅙ 따위.
복합=재료(複合材料)명 두 가지 이상의 소재를 결합하여 만든 고성능 재료. 유리 섬유와 수지(樹脂)를 복합하여 만든 유리 섬유 강화 플라스틱 따위.
복합적=삼단=논법(複合的三段論法)명 두 개 이상의 삼단 논법 사이에서, 하나의 삼단 논법의 결론이 다른 삼단 논법의 전제가 되는 복잡한 삼단 논법. 연결 추리
복합=첨단=산:업(複合尖端產業)명 여러 가지 첨단 기술·서비스·상품 등을 결합한 복합 산업. 동식물의 유전자 조작, 공업용 로봇 산업 등.
복합-체(複合體)명 둘 이상이 합하여 하나로 된 물체.
복합=화:력=발전(複合火力發電)명 천연 가스나 경유 따위의 연료를 써서 1차로 가스터빈을 돌려 발전하고, 여기에서 나오는 배기 가스의 열을 다시 보일러에 통과시켜 2차로 증기 터빈을 돌려 발전하는 일.
복합=화:산(複合火山)명 구조나 형태가 단순한 단식 화산(單式火山)이 둘 이상 밀접한 관계를 가지고 겹쳐서, 전체로는 하나의 화산을 이루고 있는 화산. 복식 화산(複式火山). 복화산(複火山)
복항(復航)명-하다자 배가 떠났던 항구로 돌아가거나 돌아옴. 귀항(歸航)
복-허리(伏一)명 초복(初伏)과 말복(末伏) 사이로 가장 무더운 동안을 이르는 말. 복중(伏中)
복-허수(複虛數)명 복소수(複素數)
복혜(福慧)명 불교에서, 복과 지혜를 아울러 이르는 말.
복호(復戶)명-하다타 조선 시대, 충신·효자·열녀 등 특정한 사람들에게 호역(戶役)이나 전세(田稅), 그 밖의 부담을 면제하던 일.
복호(複號)명 두 개의 부호를 위아래로 겹쳐 적은 부호. '±', '≥', '≤' 따위. 복부호(複符號)
복혼(複婚)명 아내나 남편이 동시에 둘 이상인 혼인의 형

태. 일부다처(一夫多妻)·일처다부(一妻多夫)·집단혼(集團婚) 등. ☞단혼(單婚)

복화(複花)명 꽃 또는 꽃차례의 수효가 변태적으로 늘어서 된 기형인 꽃.

복화-과(複花果)명 겹열매 ☞단화과

복-화:산(複火山)명 복합 화산(複合火山)

복화-술(腹話術)명 입을 거의 움직이지 않고 말하여 마치 다른 사람의 말소리같이 보이게 하는 기술.

복화=실험(複化實驗)명 동시에 들어오는 둘 이상의 감각 자극을 동시에 인식하거나 알아보는 실험.

복-화:합물(複化合物)명 둘 이상의 화합물끼리 결합하여 생긴 화합물.

복-활차(複滑車)명 겹도르래

복희(伏羲)명 중국 고대 전설상의 황제(皇帝). 삼황(三皇)의 한 사람으로 처음으로 팔괘(八卦)를 만들고, 혼인 제도를 정비하였으며, 백성들에게 고기잡이와 목축(牧畜)을 가르쳤다 함. 복희씨(伏羲氏) ☞신농(神農). 오제(五帝). 황제(黃帝)

복희-병(福喜餠)명 인절미에 소를 넣고 밤톨만 한 크기로 동글게 빚어 고물을 묻힌 떡.

복희-씨(伏羲氏)명 복희(伏羲)

볶다[복-]타 ①곡식 따위를 그릇에 담아 약간 눌을 정도로 저으면서 익히다. ¶깨를 ─./콩을 ─. ②고기나 채소 따위에 양념을 하거나, 또는 물이나 기름을 조금 두르고 뒤적거리며 익히다. ¶버섯을 ─./돼지고기를 ─. ☞덖다 ③귀찮고 괴로울 정도로 재촉하거나 성가시게 하다. ¶일을 빨리 끝내라고 들들 ─. ☞들볶다

속담 **볶은 콩도 골라 먹는다**: 처음부터 고를 필요가 없는 것도 고르게 됨을 이르는 말. /**볶은 콩에 싹이 날까**: 도무지 가망이 없음을 이르는 말. 〔볶은 콩이 꽃이 피랴/삶은 닭이 울까〕

볶아-대:다 타 몹시 귀찮고 괴로울 정도로 심하게 재촉하거나 성가시게 하다.

볶아-치다 자 몹시 급하게 몰아치다.

볶은-고추장(─醬)명 고추장에 다진 쇠고기와 갖은양념을 넣고 약한 불로 볶은 반찬. 장볶이 준볶은장

볶은-장(─醬)명 ①쇠고기를 말려서 만든 가루와 생강·파·깨·후춧가루를 섞은 것에 간장·기름·설탕을 쳐서 주물러 좀 진듯 하게 볶은 반찬. 초장(炒醬) ②'볶은고추장'의 준말.

볶음 명 고기·채소·건어·해조류 등을 양념을 하여 기름에 볶는 일, 또는 그렇게 볶은 음식. 가리볶음·고추장볶음·떡볶이 따위.

볶음-밥 명 밥에 쇠고기·당근·감자·양파 등을 잘게 썰어 넣고 기름을 두르고 볶은 음식.

볶이 명 볶은 음식. ¶떡─

볶이다 자 볶음을 당하다. ¶깨가 덜 ─./아이들에게 볶이다 못해 장난감을 사러 나섰다.

본 명 ①본보기가 될만 한 올바른 방법. ¶아우들에게 ─을 보이다. ②본보기로 삼기 위해 만든 것. 형지(型紙) ¶버선의 ─.

본을 뜨다 관용 ①어떤 말이나 행동 따위를 그대로 따라하다. ②어떤 사물을 본으로 하여 그와 똑같이 만들다. ¶지도의 ─. 본뜨다

본을 받다 관용 모범이 될만 한 말이나 행동 따위를 그대로 따라 하다. 본받다 ¶언니의 ─.

한자 본 범(範) 〔竹部 9획〕 ¶규범(規範)/모범(模範)

본(本)[1] 명 ①'본관(本貫)'의 준말. ¶같은 김씨이지만 ─이 다르다. ②'본전(本錢)'의 준말.

본(本)[2] 관 '이'의 뜻으로 쓰이는 한문 투의 말. ¶─ 법정./─ 사건./─ 위원회.

본(本)-《접두사처럼 쓰이어》'근본'·'본디'의 뜻을 나타냄. ¶본고장/본마음/본바탕/본궤도(本軌道)/본시험(本試驗)/본용언(本用言)

-본(本)《접미사처럼 쓰이어》'책'의 뜻을 나타냄. ¶언해본(諺解本)/초간본(初刊本)

본가(本家)명 ①분가하여 따로 살림을 차리기 전의 본디의 집. 본집 ¶제사는 ─에서 지낸다. ②시집간 여자의 친부모의 집. 친정 ¶딸이 ─에 와 있다. ③원채

본가(本價)[─까]명 본값

본가-댁(本家宅)[─땍]명 친정댁

본각(本覺)명 불교에서, 자성(自省) 본체로서 갖추고 있는 '진여(眞如)'를 이르는 말. ☞시각(始覺)

본간(本幹)명 근본이 되는 줄기. 원줄기

본-값(本─)명 사들일 때의 값. 본가(本價). 원가(原價)

본갱(本坑)명 한 광산에서 중심이 되는 갱도.

본거(本據)명 ①근본이 되는 증거. ②생활이나 활동의 터전이 되는 곳. 근거(根據)

본거-지(本據地)명 생활이나 활동의 터전으로 삼는 곳. 근거지(根據地) ¶활동의 ─를 서울에 두다.

본건(本件)[─껀]명 이 사건. 이 일. 이 안건(案件).

본격(本格)[─껵]명 근본이 되는 격식이나 규격.

본격=소:설(本格小說)[─껵─]명 제재를 사회 현실에서 구하고, 사건의 진전이나 인물의 심리적 움직임을 객관적으로 다루어 예술적으로 구성한 소설. ☞심경 소설

본격-적(本格的)[─껵─]명 본래의 격식이나 규격을 갖추어 제 궤도에서 매우 활발한 것. ¶─인 소설 수업에 들어가다./공사가 ─으로 시작되었다.

본격-화(本格化)[─껵─]명-하다자타 본격적으로 함, 또는 본격적이 됨. ¶환경 보전 운동이 ─되다./장마가 끝나야 작업을 ─할 수 있겠다.

본견(本絹)명 명주실로만 짠 비단. 인조견이나 교직(交織)에 상대하여 이름. 순견(純絹)

본-곁(本─)명 비(妃)나 빈(嬪)의 친정.

본곁=나:인(本─)[─견─]명 지난날, 비(妃)나 빈(嬪)이 친정에서 데리고 들어온 나인을 이르던 말.

본-계:집(本─)명 '본처(本妻)'를 속되게 이르는 말.

본-고사(本考査)명 본시험(本試驗)

본-고장(本─)명 ①본고향(本故鄕) ②어떤 물건이 본디부터 나거나 많이 나는 곳. 제고장 ¶강화는 화문석의 ─이다. ③어떤 일이나 활동이 이루어지는 중심지. 본바닥. 본처(本處) ¶유행의 ─./미술의 ─. 준본곳

본-고향(本故鄕)명 본디 나서 자란 곳. 본고장

본-곳(本─)명 '본고장'의 준말.

본과(本科)[─꽈]명 예비 과정과 같은 교육 과정이 있는 학교 교육 과정에서 중심이 되는 과정. ☞선과(選科). 예과(豫科)

본관(本官)명 ①지난날, 자기의 고을 원(員)을 이르던 말. ¶─ 사또 ②지난날, 감사(監司)나 병사(兵使)가 있는 곳의 목사(牧使)·판관(判官)·부윤(府尹)을 이르던 말.

대 관직에 있는 사람이 공식적인 자리에서 자기를 일컫는 말. ☞본직(本職)

본관(本貫)명 가계(家系)의 시조(始祖)가 태어난 땅, 곧 시조의 고향. 관향(貫鄕) 준본(本)[1]

본관(本管)명 수도관이나 가스관 따위에서, 지관(支管)으로 갈라지기 전의 근본이 되는 큰 줄기의 관.

본관(本館)명 분관(分館)이나 별관(別館)에 상대하여 주가 되는 건물. ¶교무실은 ─에 있다.

본교(本校)명 ①분교(分校)에 대하여 중심이 되는 학교. ②자기가 다니는 학교. ¶─ 출신/─생 ☞타교(他校)

본국(本局)명 분국(分局)이나 지국(支局)에 상대하여 중심이 되는 국.

본국(本國)명 ①그 사람의 국적이 있는 나라. ¶밀입국한 사람을 ─으로 돌려보내다. ②식민지나 속령(屬領)에 상대하여 그곳을 지배하는 나라.

본국-검(本國劍)명 십팔기 또는 무예 이십사반의 하나. 보졸이 요도(腰刀)를 가지고 하는 검술의 한 가지. ☞쌍검(雙劍)

본국-법(本國法)명 그 사람의 국적이 있는 나라의 법률.

본국-어(本國語)명 자기 조국의 말. 모국어(母國語)

본권(本權)[─꿘]명 점유(占有)를 정당화하는 실질적인 권리. 임차권(賃借權)·소유권(所有權) 따위.

본-궤:도(本軌道)명 일이 본격적으로 이루어져 가는 단계. ¶건설 공사가 －에 오르다.
본-그늘(本－)명 본그림자
본-그림 명 모사(模寫)나 복제(複製) 따위의 본이 되는 그림. 원그림. 원도(原圖)
본-그림자(本－)명 물체에 가로막혀 광원(光源)의 빛이 전혀 닿지 않는 부분. 본그늘. 본영(本影) ☞반그림자
본근(本根)명 본원(本源)
본:-금(本－)명 '본금새'의 준말.
본금(本金)명 본전(本錢)
본-금새(本－)명 본값의 높고 낮은 정도. 준본금
본급(本給)명 본봉(本俸)
본기(本紀)명 기전체(紀傳體) 역사에서, 제왕의 사적(事績)을 기록한 것. 기(紀) ☞열전(列傳)
본-길(本－)명 ①본디의 길. ②바른 길.
본-남편(本男便)명 ①개가(改嫁)한 여자의 본디의 남편. ②정부(情夫)에 상대하여 '정식 남편'을 이름. 본부(本夫) ☞전남편
본년(本年)명 올해
본-노루 명 오래 묵어서 늙고 큰 노루.
본능(本能)명 사람이나 동물이 경험이나 학습 등을 통하여 터득하지 않고, 날 때부터 지니고 있는 성질이나 행동 능력. ¶모성(母性) －/－에 따라 움직이다.
본능-적(本能的)[－쩍]명 ①태어날 때부터 그런 성질을 가지고 있는 것. ¶－인 행동. ②본능에 따라 행동하는 것. ¶－으로 위험을 피하다.
본능-주의(本能主義)명 본능을 만족시키는 일을 인생의 목적으로 삼는 경향이나 태도.
본답(本畓)명 볏모를 옮겨 심을 논.
본당(本堂)명 ①절에서, 본존(本尊)을 모신 불당(佛堂). 금당(金堂). 대웅전 ②가톨릭에서, 주임 신부가 상주(常住)하는 성당.
본대(本隊)명 ①본부가 있는 부대. ②자기가 딸린 부대.
본대-뵈기 명 택견에서, 품밟기와 활개짓을 하며 마당을 돌면서 자기만의 묘수를 과시하는 일.
본댁(本宅)명 남을 높이어 그의 본집을 이르는 말.
본-데 명 보아서 배운 범절이나 지식, 또는 솜씨. ¶－가 없다.
본데-없:다 형 보아서 배운 범절이나 지식, 또는 솜씨가 없다. ¶본데없는 젊은이.
본데-없이 부 본데없게 ¶－ 행동하다.
본도(本島)명 ①군도(群島)나 열도(列島) 중에서 중심이 되는 큰 섬. ②이 섬. ¶－의 고유 식물.
본도(本道)[1] 명 ①지름길이 아닌 본래의 길. ②올바른 길. ☞사도(邪道)
본도(本道)[2] 명 이 도(道). ¶－의 특산물은 화문석이다.
본동(本洞)명 이 동네.
본-동:사(本動詞)명 〈어〉보조적으로 쓰이는 동사나 형용사와 구별하는 용어로, 본래의 뜻으로 쓰이는 동사. 주동사(主動詞)라고도 함. '처방을 물어 보다.', '처방을 알고 싶다.'에서 '물어'나 '알고'와 같은 ✎임의 동사를 이름. ☞보조 동사(補助動詞)
본드(bond)명 접착제의 한 가지. 나무·가죽·고무 따위의 물건을 붙이는 데 쓰임. 본디는 상품명임.
본-등기(本登記)명 등기의 본래 효력을 완전히 발생하게 하는 등기. 가등기(假登記)에 상대하여 확정된 등기를 이름.
본디 명 ①처음 바탕. ¶개는 － 야생 동물이었다. ②〔부사처럼 쓰임〕처음부터. ¶－ 가진 것이 없었다./－ 얌전한 성격이었다. 본래(本來). 본시(本是). 원래(元來)

한자 **본디 소**(素)〔糸部 4획〕¶소성(素性)/소재(素材)/소지(素志)/소지(素地)/소질(素質)/요소(要素)

본딧-말 명 준말에 상대하여 줄기 전의 본디의 말을 이르는 말. 준말인 '귀찮다'에 대한 '귀치않다', '경없다'에 대한 '경황없다' 따위.

▶ **'본딧말'과 '준말'**
본딧말과 준말이 다 같이 널리 쓰이는 것은 두 가지를 모두 표준어로 삼았다.
¶거짓부리＝거짓불/노을＝놀
망태기＝망태/서두르다＝서둘다
시누이＝시누/오누이＝오뉘
찌꺼기＝찌끼

본때 명 본보기로 될만 한 것, 또는 그러한 됨됨이. ¶－가 있다.
본때(를) 보이다 관용 매우 엄하게 다스리다.
본-뜨다(－뜨고·－떠)타 ①어떤 말이나 행동 따위를 그대로 따라 하다. ¶형의 행동을 －. ②어떤 사물을 본으로 하여 그대로 만들다. ¶고려자기를 본떠 만든 자기.

한자 **본뜰 모**(模)〔木部 11획〕¶모사(模寫)/모작(模作)
본뜰 방(倣)〔人部 8획〕¶모방(模倣)/방고(倣古)

본-뜻(本－)명 ①본디 마음속에 품은 뜻. 본의(本意) ¶그의 －을 헤아릴 수가 없다. ②말이나 글의 본디의 뜻. 유본의(本義)

▶ **본뜻에서 멀어진 말**
본뜻에서 멀어진 말이나 어원이 분명하지 않은 말은 소리나는 대로 적는다.
¶넙치(← 넓다)/올무(← 옭다)/
골막하다(← 곯다)/납작하다(× 닓다)

본란(本欄)명 잡지 따위에서 중심이 되는 난.
본래(本來)명 본디 ¶이번에는 －의 실력을 발휘해 보자./타고난 －의 순수한 심성.
본래-공(本來空)명 불교에서, 이 세상에 있는 모든 사물은 본래 실재(實在)하지 않고 무상함을 이르는 말.
본래-면:목(本來面目)명 불교에서, 사람마다 본래 갖춘 심성(心性)을 이르는 말.
본래무일물(本來無一物)성구 불교에서, 이 세상의 모든 사물은 실재하지 않으므로 하나도 집착할 것이 없음을 이르는 말.
본래-성불(本來成佛)명 불교에서, 중생도 본래는 부처라는 뜻으로 이르는 말.
본래-유(本來有)명 불교에서, 사람마다 본래부터 가지고 있는 불성(佛性)을 이르는 말. 본유(本有)
본령(本領)명 본디 지니고 있는 성질이나 재능.
본론(本論)명 ①논문이나 논설 등에서 주된 뜻이나 취지를 편 부분. ☞결론. 서론 ②이 논문. 이 논설.
본루(本壘)명 야구에서, 포수 앞에 있는 자리. 타자가 거기서 출루하여 다시 그곳으로 돌아옴으로써 득점이 되는 자리임.
본루-타(本壘打)명 야구에서, 타자 스스로가 본루까지 살아서 돌아올 수 있게 친 안타. 홈런(home run)
본류(本流)명 ①내나 강의 근본이 되는 줄기. ☞지류(支流) ②주가 되는 계통. ¶낭만주의 문학의 －. ☞주류(主流). 원류(源流)
본리(本利)명 본전과 이자. 본변(本邊)
본-마나님(本－)명 남을 높이어, 그의 본처(本妻)를 이르는 말.
본-마누라(本－)명 ①첩(妾)에 상대하여, 정식으로 혼인하여 맞은 아내를 이르는 말. 정실(正室). 정처(正妻) ☞소실(小室) ②재취하여 맞은 아내에 상대하여 전처(前妻)를 이르는 말.
본-마음(本－)명 본디부터 가지고 있는 마음. 본심(本心) ¶그의 －을 알고 나니 오해가 풀린다. 준본맘
본말(本末)명 ①일의 처음과 나중. ②사물의 중요한 부분과 그에 딸리어 있는 대수롭지 않은 부분. ¶－이 뒤바뀐 상황.
본말-전도(本末顚倒)명 일의 순서가 뒤바뀌거나 중요한 것과 사소한 것이 뒤바뀐 상태.
본-맘(本－)명 '본마음'의 준말.
본망(本望)명 본디부터 가지고 있는 소망.
본맥(本脈)명 혈맥이나 산맥 등의 원줄기. ☞지맥(支脈)
본-머리(本－)명 본디 제 머리에서 나서 자란 머리털. ☞

딴머리. 밑머리

본명(本名)명 ①가명이나 별명 등에 대하여, 본디의 이름. 본이름. 실명(實名) ☞예명(藝名). 위명(僞名). 필명(筆名) ②가톨릭에서, '세례명(洗禮名)'의 구용어.

본명(本命)명 ①태어난 해의 간지(干支). ②자기가 타고난 명(命).

본명-일(本命日)명 음양도(陰陽道)에서, 일진(日辰)이 태어난 해의 간지(干支)와 같은 날.

본무(本務)명 ①근본이 되는 임무나 직무. ②자기가 맡은 임무나 직무.

본-무:대(本舞臺)명 ①옆에 덧대거나 따로 장치한 임시의 무대에 대하여 중심이 되는 무대를 이르는 말. ②어떤 일을 정식으로 하는 곳. ¶국회는 정치의 ―이다.

본문(本文)명 ①서문(序文)이나 발문(跋文)에 대하여, 그 책의 주체가 되는 부분의 글. ②주석(註釋)에 대하여, 본디의 글. ③베끼거나 번역하거나 퇴고한 글에 대하여, 그 대상이 된 본디의 글. 원문(原文) ④'반절 본문(反切本文)'의 준말.

본문(本門)명 ①정문(正門) ②불교에서, 본유(本有)의 묘리(妙理)를 밝히는 법문(法門).

본-밑(本-)명 '본밑천'의 준말.

본-밑천(本-)[-믿-]명 실제로 들여놓은 본디의 밑천. 준본밑

본-바닥(本-)명 ①본디부터 살고 있는 곳. ¶― 사람보다 길을 더 잘 안다. ②어떤 물건이 본디부터 나거나 많이 나는 곳. ¶어리굴젓의 ―은 서산이다. ③어떤 일이나 활동이 이루어지는 중심지. ¶―에서 배운 솜씨라 역시 다르다. 본고장. 본처(本處)

본-바탕(本-)명 근본이 되는 바탕, 또는 타고난 바탕. 본체(本體). 본판(本板) ¶―이 있어서 조금만 꾸며도 예쁘다./―이 점잖은 사람이다. 유본색(本色)

본-받다타 모범이 될만 한 말이나 행동 따위를 그대로 따라 하다. ¶할아버지의 근검한 생활 태도를 ―.

본방(本方)명 한방에서, 의서(醫書)에 있는 그대로의 약방문(藥方文)을 이르는 말.

본방(本房)명 임금의 장인(丈人)의 집을 높이어 이르는 말.

본범(本犯)명 재물에 장물성(贓物性)을 부여하는 기본적인 재산 범죄, 또는 그러한 범죄를 저지른 사람.

본범(本帆)명 큰 돛배의 가운데에 있는 돛.

본변(本邊)명 본전과 이자. 본리(本利)

본병(本病)명 본디부터 있어 아주 낫지 아니하고 때때로 도지는 병. 본증(本症). 본질(本疾)

본보(本報)명 신문 보도에서, 그 신문 자체를 이르는 말. 이 신문. ¶그 사건은 ― 1면 머릿기사로 실렸다.

본-보기명 ①본받을만 한 것. 본으로 보여 줄만 한 것. ¶후배들의 ―가 될 인물. 유모범(模範) ②일의 처리 방법이나 과정을 실제로 보여 주는 것. 궤칙(軌則) ③본으로 보여 주기 위한 것. ¶―로 만든 제품.

한자 **본보기 규**(規)〔見部 4획〕¶규격(規格)/규모(規模)/규범(規範)/규준(規準)/규칙(規則)

본봉(本俸)명 임금(賃金)을 구성하는 요소 중에서, 여러 수당을 제외한 기본적인 급료. 기본급(基本給). 본급(本給) ☞상여(賞與)

본부(本夫)명 ①본남편 ②본사내

본부(本部)명 어떤 기관이나 단체의 중심이 되는 조직, 또는 그 조직이 있는 장소. ¶수사 ― ☞지부(支部)

본부=사령(本部司令)명 사령부급 이상 부대에서 경비·시설·행정 등을 맡아보는 본부 사령실의 장.

본분(本分)명 ①자기에게 알맞은 신분. ¶―을 지키다. ②마땅히 하여야 할 직분. ¶공무원의 ―을 다하다.

본비아물(本非我物)성구 본디 나의 물건이 아니라는 뜻으로, 뜻밖에 생긴 물건은 잃어버려도 그다지 아깝거나 서운할 것이 없음을 이르는 말.

본사(本寺)명 ①한 종(宗)의 한 파에 딸린 여러 절을 통할하는 큰 절. ②자기가 출가하여 중이 된 절. ③이 절.

본사(本社)명 ①지국(支局)이나 지사(支社)에 상대하여, 그 회사의 중심이 되는 조직, 또는 그 조직이 있는 곳. ②이 회사. 당사(當社)

본사(本事)명 ①근본이 되는 일. ②그 일. 이 일.

본사(本師)명 불교에서, 근본이 되는 교사(敎師)라는 뜻으로, 석가모니를 이르는 말.

본-사내(本-)명 ①'본남편'을 낮추어 이르는 말. ②샛서방을 가진 여자의 본디 남편. 본부(本夫). 본서방

본-살(本-)명 노름판 등에서 잃은 것을 셈할 때, 본디 가졌던 돈의 액수를 이르는 말.

본상(本像)명 본색(本色)

본새명 ①생김새. 생긴 모양새. ¶박쥐는 ―가 쥐 같기도 하고 새 같기도 하다. ②동작이나 버릇의 됨됨이. ¶말하는 ―가 교양이라고는 없어 보인다.

본색(本色)명 ①본디의 빛깔. ¶빛깔이 바래서 ―을 모르겠다. ②본디의 생김새. 본상(本像) ¶허름한 옷차림에 ―이 가려지다. ③본디의 성질. ¶일이 다급해지니까 ―을 드러내는구나. 유본바탕

본생(本生)명 '본생가(本生家)'의 준말.

본생-가(本生家)명 양자(養子)로 간 사람의 본디 부모의 집. 준본생. 생가 ☞양가(養家)

본생=부모(本生父母)명 양자로 간 사람의 생가(生家)의 부모를 양부모에 상대하여 이르는 말. 본생친(本生親). 생부모(生父母)

본생-친(本生親)명 본생 부모(本生父母)

본서(本書)명 ①주가 되는 문서. ②정식의 문서. ③이 책. 이 문서.

본서(本署)명 ①지서(支署)나 분서(分署) 등에 상대하여, 중심이 되는 관서(官署). ②이 서(署). ¶그 지역은 ―의 관할이 아니다.

본-서방(本-)명 본사내

본선(本船)명 ①여러 척의 배로 이루어진 선단(船團) 등에서, 주된 큰 배. ②이 배.

본선(本線)명 ①도로·철도·전신 등의 지선(支線)에 상대하여, 원줄기가 되는 중요한 선. 간선(幹線) ☞지선(支線) ②이 선(線).

본선(本選)명 경기나 대회에서, 맨 마지막 단계의 선발을 예선(豫選)에 상대하여 이르는 말. ¶―에 진출한 선수. ☞결선(決選)

본선=인:도(本船引渡)명 에프오비(FOB)

본설(本說)명 ①근본이 되는 설(說) ②이 설.

본성(本姓)명 고치기 이전에 본디 가졌던 성.

본성(本性)명 타고난 성질. 본디의 성질. ¶―이 착한 사람.

본세(本稅)명 부가세에 상대하여 그 근본이 되는 세(稅).

본소(本所)명 ①지소(支所)나 분소(分所) 등에 상대하여, 중심이 되는 사무소. ②이 사무소.

본소(本訴)명 ①피고가 반소(反訴)를 제기하였을 경우, 원고가 제기한 본디 소송을 이르는 말. ②이 소송.

본숭-만:숭부 보고도 건성으로 대하는 모양을 나타내는 말. ¶늘 ― 하더니 오늘은 웬일로 반색을 한다.

본시(本是)명 ①어떤 사물의 처음. ¶―는 그렇게 할 생각이 아니었다./―부터 있던 문제. ②〔부사처럼 쓰임〕 처음부터 ¶― 원했던 일이다./인심이란 것이 ― 그렇다. 본디. 원시(元是)

본-시:험(本試驗)명 예비 시험이나 모의 시험 등에 상대하여 주되는 시험, 또는 실제의 시험. 본고사(本考査)

본식(本式)명 참된 법식(法式).

본실(本室)명 정실(正室)

본심(本心)명 ①본디부터 가지고 있는 마음. 본마음 ¶―을 드러내다./―을 숨기다. ②거짓이 없는 참된 마음. 본정(本情) ¶―으로 하는 말.

본안(本案)명 ①근본이 되는 안건(案件). ☞원안(原案) ②민사 소송법에서, 부수적·파생적인 사항에 상대하여 중심이 되는 사항. ③이 안건. 이 의안(議案).

본안=판결(本案判決)명 민사 소송에서, 원고의 청구 또는 상소로 제기한 불복 주장의 옳고 그름을 판단하는 판결. ☞소송 판결(訴訟判決)

본액(本額)명 본디 돈의 액수.

본업(本業)명 생활의 근본이 되는 주된 직업. 본직(本職) ¶ -은 회사원인데 부업으로 학원 강사를 한다. ☞부업(副業). 주업(主業)
본연(本然)명 본디 그대로의 것. 인공(人工)을 더하지 않은 자연 그대로의 것. ¶ -의 모습을 간직하다.
본연지성(本然之性)명 사람이 본디부터 가지고 있는 착한 심성(心性)을 이르는 말.
본엽(本葉)명 본잎
본영(本影)명 본그림자 ☞반영(反影)
본영(本營)명 지휘를 하는 본부가 있는 군영(軍營). 본진
본-예:산(本豫算)[-녜-]명 연간 예산으로 맨 처음 편성하여 국회에 제출되는 예산. ☞추가 경정 예산
본-용:언(本用言)[-뇽-]명〈어〉보조적으로 쓰이는 용언. 곧 보조 용언에 상대하여 본래적 용법의 용언을 이름. '그 사람이 연극을 보는가 보다.'에서 '보는가'는 본용언이고 '보다'는 보조 용언임. ☞보조 용언(補助用言)
본원(本院)명 ①병원이나 학원 등의 분원(分院)에 상대하여, 중심이 되는 원(院). ②이 원(院).
본원(本源)명 ①강이나 내의 물줄기가 흘러 나오는 근원. 본근(本根) ②사물의 근원. 연원(淵源)
본원(本願)명 ①본디부터 가진 큰 소원. ②불교에서, 부처나 보살이 중생을 구제하려고 일으킨 서원(誓願).
본원=왕:생(本願往生)명 부처의 서원(誓願)으로 구제를 받아서 극락에 왕생하는 일.
본원-적(本源的)명 사물의 근원이 되는 것. ¶ -인 해결 방안을 마련하다.
본원적=소:득(本源的所得)명 생산 활동을 하여 얻는 생산적인 소득. 임금·이윤·이자·지대(地代) 따위. ☞파생적 소득(派生的所得)
본위(本位)명 ①근본으로 삼는 표준. ¶ 친절 -/자기 -로 생각하다. ②근본의 위치.
본위=기호(本位記號)명 제자리표
본위=상속(本位相續)명 대습 상속(代襲相續)에 상대하여, 법률에 정해져 있는 상속 순위대로 하는 상속.
본위=제:도(本位制度)명 한 나라의 화폐 제도의 기초가 되는 본위 화폐를 근거로 화폐 가치를 확정하고 유지하는 제도. 단본위 제도, 복본위 제도, 금본위 제도, 은본위 제도 따위.
본위-화(本位貨)명 '본위 화폐(本位貨幣)'의 준말.
본위=화:폐(本位貨幣)명 한 나라의 화폐 제도의 기초가 되는 화폐. ㊟본위화(本位貨)
본유(本有)명 ①-하다형 본디부터 있음. 태어나면서 가지고 있음. ②본래유(本來有) ③불교에서 이르는 사유(四有)의 하나. 나서부터 죽을 때까지의 동안을 이르는 말. ☞생유(生有). 사유(死有). 중유(中有)
본유=관념(本有觀念)명 사람이 나면서부터 가지고 있는 관념. 생득 관념(生得觀念) ☞습득 관념
본음(本音)명 글자의 본디의 음. 한자에서 '年'의 본음이 '년', '來'의 본음이 '래'인 따위. 원음(原音)

> ▶ **본음대로 적지 않는 단어**
> 모음이나 'ㄴ' 받침 다음에 이어지는 '렬·률'은 '열·율'로 적는다.
> ¶ 규율(規律)/나열(羅列)/분열(分裂)/비열(卑劣)/비율(比率)/선열(先烈)/선율(旋律)/전율(戰慄)

본의(本意)명 ①본디 마음속에 품은 뜻. 본뜻 ¶ - 아니게 누를 끼치다. ②본디 가진 참된 심정. 본정(本情)
본의(本義)명 ①말이나 글의 본디의 뜻. ㊐본뜻 ②근본이 되는 취지. 본지(本旨)
본-이름(本-)[-니-]명 가명(假名)이나 별명 등에 상대하여, 본디의 이름. 본명(本名). 실명(實名)
본인(本人)명 그 일에 직접 관계가 있거나 관계한 사람. 당사자(當事者) ¶ -이 진술을 거부하고 있다.
대 이야기하는 사람이 자기를 일컫는 말. ¶ -의 실수였다.
본일(本日)명 오늘인 이 날.
본-잎(本-)[-닙]명 떡잎보다 뒤에 나오는 보통의 잎. 본엽(本葉)
본자(本字)명 한자에서, 속자(俗字)나 약자(略字)에 상대하여 본래의 한자를 이르는 말. ☞정자(正字)
본적(本籍)명 ①호적(戶籍)이 있는 곳. 원적(原籍) ②'본적지(本籍地)'의 준말.
본적-지(本籍地)명 본적이 있는 곳. 관적(貫籍). 원적지(原籍地) ㊟본적(本籍)

> ▶ '본적지(本籍地)'와 '원적지(原籍地)'
> '본적지'는 호적이 있는 곳이고, '원적지'는 호적을 옮기기 전에 있던 본적지이다. 따라서 아무에게나 원적지가 있는 것이 아니다. 전적(轉籍)한 사람, 곧 호적을 옮긴 이에게만 있는 것이다.
> 그리고 분가(分家)한 사람의 분가 이전의 호적지를 원적지라 하지는 않는다.

본전(本傳)명 기본이 되는 전기(傳記). ☞소전(小傳). 약전(略傳)
본전(本錢)명 ①빌려 주거나 맡긴 돈에서 이자를 붙이지 아니한, 본디의 돈. ¶ 이자는커녕 -까지 떼일 판이다. ②밑천으로 든 돈. ¶ 장사가 잘 되어 1년 만에 -을 찾다. 본금(本金). 원금(元金) ㊟본(本)[1]
본전도 못 찾다 관용 일의 결과가 좋지 않아 보람은커녕 오히려 하지 않은 것보다 못하게 되다. ¶ 아는체 했다가 본전도 못 찾았다.
본전-꾼(本錢-)명 ①사람들이 모이는 자리에는 으레 와 있는 사람을 이르는 말. ②술자리 같은 데서, 끝까지 자리에 남아 있는 사람을 이르는 말.
본점(本店)명 ①지점(支店)이나 분점(分店) 등에 상대하여, 전체 영업 활동을 통괄하는 주된 영업소. ②자기가 관계하고 있는 점포, 또는 이 상점. 본포(本鋪)
본정(本情)명 본디 가진 참된 심정. 본심. 본의(本意)
본-정신(本精神)명 본디 그대로의 온전한 정신. 제정신 ¶ -으로야 어떻게 그런 일을 저지르겠는가?
본제(本第)명 고향에 있는 본집.
본제(本題)명 ①중심이 되는 제목이나 과제. ②본래의 제목. ③이 제목.
본제입납(本第入納) 본집으로 들어가는 편지라는 뜻으로, 자기 집에 편지할 때 겉봉의 자기 이름 아래 쓰는 한문 투의 말.
본조(本朝)명 지금의 왕조. ☞아조(我朝)
본존(本尊)명 법당에 모신 부처 중에서 가장 으뜸되는 부처. 주불(主佛). 주세불(主世佛)
본존-상(本尊像)명 법당에 모신 부처 중에서 가장 으뜸되는 부처의 상.
본종(本宗)명 ①성과 본이 같은 겨레붙이. ②자기 조상으로부터 말이로만 이어 내려오는 족보상의 계통.
본종(本種)명 ①재래종(在來種) ②변종(變種)에 상대하여, 본래의 종자.
본죄(本罪)명 ①법에 규정된 죄명(罪名). ②가톨릭에서, 사람이 자기의 뜻으로 지은 죄. ③개신교에서, 사람이기 때문에 날 때부터 가지는 모든 죄. ④이 죄.
본주(本主)명 본디의 임자.
본-줄기(本-)명 근본이 되는 줄기.
본증(本症)[-쯩]명 본병(本病)
본증(本證)명 소송에서, 입증(立證) 책임을 지는 당사자가 사실 확인을 위해 제출하는 증거. ☞반증(反證)
본지(本支)명 ①종손(宗孫)과 자손(子孫)을 아울러 이르는 말. ②줄기와 가지를 아울러 이르는 말. ③본가(本家)와 분가(分家)를 아울러 이르는 말.
본지(本旨)명 ①본디의 뜻. 본뜻 ②근본이 되는 취지. 본의(本義)
본지(本地)명 이 땅. 이곳
본지(本紙)명 ①호외 등에 상대하여, 신문의 주되는 부분의 지면(紙面). ②이 신문.
본지(本誌)명 ①별책이나 부록 등에 상대하여, 잡지의 중심이 되는 책. ②이 잡지.
본직(本職)명 ①겸직에 상대하여, 근본이 되는 주된 직무. ¶ 홍보부장을 겸하지만 -은 영업부장이다. ②생활

의 근본이 되는 주된 직업. 본업(本業)
대 어떤 직분에 있는 사람이 공식적으로 자기를 일컫는 말. ☞본관(本官)
본진(本陣)명 지휘를 하는 본부가 있는 군영(軍營). 본영
본진(本震)명 전진(前震)이나 여진(餘震)을 일으키는 큰 지진(地震). 주진(主震)
본질(本疾)명 본병(本病)
본질(本質)명 사물의 본성(本性), 곧 다른 사물과는 달리 어떤 사물을 성립시키고 그 사물에만 있는 고유한 특성. ¶학문의 -은 진리 탐구이다./사건의 -을 파악하다. ☞현상(現象)
본질-적(本質的)[-쩍]명 본질 그대로의 것, 또는 본질에 관계되는 것. ¶-으로 다른 주장.
본질적=속성(本質的屬性)명 어떤 사물이나 개념에 꼭 있어야 할 특성. ☞우유적 속성(偶有的屬性)
본-집(本-)명 ①딴 집에 나가서 사는 사람이 자기 가족이 사는 집을 이르는 말. ②분가하여 따로 살기 전의 본디의 집. 본가(本家) ¶사남매가 모두 -에 모였다.
본-채(本-)명 한 집터 안에 있는 여러 채의 집 가운데 중심되는 집채. 몸채. 원채
본처(本妻)명 정실(正室)
본처(本處)명 ①어떤 물건이 본디부터 나거나 많이 나는 곳. ②어떤 일이나 활동이 이루어지는 중심지. 본고장
본척-만:척부 본체만체
본청(本廳)명 ①지청(支廳)에 상대하여, 중심이 되는 관청. ②자기가 딸리어 있는 이 청.
본체(本體)명 ①본바탕 ②사물의 정체(正體). ③중앙 처리 장치를 포함하는 컴퓨터 전체를 이르는 말. ④철학에서, 현상(現象)의 근저를 이루고 있는 실상을 이르는 말.
본체-계(本體界)명 현상(現象)의 근저를 이루고 있는 세계. ☞현상계(現象界)
본체-론(本體論)명 존재론(存在論)
본체-만:체부 보고도 보지 않은 것처럼 꾸미는 모양을 나타내는 말. 본척만척 ¶두 사람은 - 하고 지낸다.
본초(本初)명 사물의 시초(始初) 또는 근본.
본초(本哨)명 여러 초소를 거느리고 관할하는, 중심이 되는 초소.
본초(本草)명 ①약의 재료로 쓰이는 식물·동물·광물을 통틀어 이르는 말.〔'본초'란, 약재 가운데서 식물이 가장 많은 데서 붙여진 말임.〕②'본초학(本草學)'의 준말.
본초-가(本草家)명 본초(本草)의 약성(藥性)을 연구하거나 본초에 대한 지식이 많은 사람.
본초=자오선(本初子午線)명 지구상의 경도(經度)의 기준으로 삼는 자오선. 영국의 그리니치 천문대를 지남.
본초-학(本草學)명 한방 의학에서, 약재나 약학에 대하여 연구하는 학문. 준본초
본촌(本村)명 ①이 마을. ②우리 마을.
본-치명 남의 눈에 띄는 태도나 겉모습.
본칙(本則)명 부칙(附則)에 상대하여, 법령의 주된 사항을 정한 부분.
본태(本態)명 본래의 형태.
본토(本土)명 ①자기가 사는 고장. 이 땅. 본향(本鄕) ②딸려 있는 섬 등에 상대하여, 그 나라의 주된 영토. ③식민지나 속국에 상대하여, 그 본국의 영토. ¶- 출신들이 상권을 장악하다. ④주로 지명과 함께 쓰이어, 바로 그 고장을 이르는 말. ¶미국 - 발음
본토-박이(本土-)명 대대로 그 고장에서 살아오는 사람. 본토인. 본토지민. 본토지인 ¶서울에는 -보다 타지 사람들이 더 많다. 준토박이 ☞토착민(土着民)
본토-불(本土弗)명 미국의 정화(正貨)인 '달러'를 군표(軍票)에 상대하여 이르는 말.
본토-인(本土人)명 본토박이
본토지민(本土之民)명 본토박이
본토지인(本土之人)명 본토박이
본판(本板)명 본바탕
본포(本圃)명 모종이나 묘목을 옮겨 심을 밭.
본포(本鋪)명 ①본점(本店) ②어떤 특정한 상품을 만들어서 파는 일을 주관하는 점포.
본향(本鄕)명 ①자기가 사는 고장. 본토 ②관향(貫鄕)
본형(本刑)명 ①어떤 범죄에 해당하는 형벌. ②판결로써 선고된 주형(主刑)을 부가형(附加刑)에 상대하여 이르는 말.
본형(本形)명 본디의 모양. 원형(原形)
본회(本會)명 ①우리의 이 모임. ②'본회의'의 준말.
본회(本懷)명 본디부터 마음속에 품은 생각.
본-회:의(本會議)명 ①분과 위원회의 회의에 상대하여, 구성원 전원이 참가하는 정식 회의. ¶국회 - ②이 회의. 준본회(本會)
볼[1]명 뺨의 가운데 부분. ¶두 -이 발그레하다.
볼이 붓다관용 골이 나다. 성이 나다. ¶볼이 부은 채 말이 없는 아이.
볼[2]명 ①좁고 기름한 물건의 너비. ¶발의 -이 넓다. ②버선이나 양말의 해어진 바닥에 덧대어 깁는 헝겊 조각. ③연장의 날을 벼릴 때 덧대는 쇳조각.
볼을 받다관용 버선 바닥의 해어진 곳에 헝겊 조각을 덧대어 깁다.
볼:(ball)명 ①공 ②야구에서, 투수가 던진 공 가운데 스트라이크가 아닌 공. ¶투 스트라이크 원 -.
볼-가심명-하다자 매우 적은 음식으로 시장기를 면하는 일. ¶-할 누룽지도 없다.
볼가-지다자 ①거죽으로 동글게 쏙 비어져 나오다. ¶눈이 톡 볼가져 나온 잠자리. ②어떤 일이나 현상이 갑자기 또는 도드라지게 드러나다. ¶누적된 문제들이 하나씩 볼가져 나오다. ☞불거지다
볼각-거리다(대다)타 ①물건을 볼각볼각 오물거리다. ②빨래를 하느라 볼각볼각 소리를 내다. ☞불걱거리다
볼각-볼각부 ①질긴 물건을 씹느라 오물거리는 모양을 나타내는 말. ¶명태포를 - 씹다. ②빨래를 비누질하여 세게 치대어 빠는 소리, 또는 그 모양을 나타내는 말. ☞불걱불걱
볼강-거리다(대다)자 볼강볼강 볼가지다. ☞불겅거리다
볼강-볼강부 잘깃하고 오돌오돌한 물체가 잘 씹히지 않고 입 안에서 요리조리 볼가지는 모양을 나타내는 말. ☞불겅불겅
볼강-스럽다(-스럽고·-스러워)형ㅂ 어른 앞에서 버릇없고 삼가는 태도가 없다. ☞불경스럽다
볼강-스레부 볼강스럽게
볼-거리명 '유행성 이하선염(流行性耳下腺炎)'을 달리 이르는 말. 탑시종(搭顋腫)
볼-견(-見)[-껸]명 한자 부수(部首)의 한 가지. '親'·'覺'·'觀' 등에서 '見'의 이름.
볼그대대-하다형여 산뜻하지 않게 볼그스름하다. ☞발그대대하다. 불그데데하다
볼그댕댕-하다형여 고르지 않게 볼그스름하다. ☞발그댕댕하다. 불그뎅뎅하다
볼그레-하다형여 곱게 볼그스름하다. ¶잠든 아기의 볼이 -. ☞발그레하다. 불그레하다
볼그름-하다형여 고르게 볼그스름하다. ☞발그름하다. 불그름하다
볼그무레-하다형여 엷게 볼그스름하다. ☞발그무레하다. 불그무레하다
볼그속속-하다형여 수수하게 볼그스름하다. ☞발그속속하다. 불그숙숙하다
볼그스레-하다형여 볼그스름하다 ☞발그스레하다. 불그스레하다. 뽈그스레하다
볼그스름-하다형여 밝게 불그스름하다. 볼그스레하다 ☞발그스름하다. 불그스름하다. 뽈그스름하다
볼그스름-히부 볼그스름하게
볼그족족-하다형여 좀 칙칙하게 볼그스름하다. ☞발그족족하다. 불그죽죽하다. 뽈그족족하다
볼근-거리다(대다)타 볼근볼근 오물거리다. ☞불근거리다
볼근-볼근부 잘깃하고 오돌오돌한 물체를 씹느라 오물거

리는 모양을 나타내는 말. ☞불근불근

볼긋-볼긋[-귿-] 부-하다 형 여기저기가 볼긋한 모양을 나타내는 말. ☞발긋발긋. 불긋불긋. 뽈긋뽈긋

볼긋-하다[-귿-] 형여 빛깔이 좀 연하게 붉다. ☞발긋하다. 불긋하다. 뽈긋하다

볼:기 명 궁둥이의 살이 두두룩한 부분. ¶ -를 치다.

> ▶ '볼기'·'궁둥이'·'엉덩이'
> ○ 궁둥이 — 바로 앉으면 바닥에 닿는 부분.
> ¶ 궁둥이를 바닥에 대고 바로 앉다.
> ○ 엉덩이 — 궁둥이와 허리 사이 부분.
> ¶ 엉덩이를 내저으며 바삐 걸어간다.
> ○ 볼기 — 궁둥이의 살이 두두룩한 부분.
> ¶ 볼기를 찰싹 때리다.

볼:기-긴:살 명 소의 볼기에 붙어 있는 길쭉한 살덩이를 음식 재료로 이르는 말. 구이나 산적 따위에 씀. 준 긴살

볼:기-지느러미 명 물고기의 항문 뒤, 꼬리지느러미의 앞에 있는 지느러미. 뒷지느러미

볼:기-짝 명 '볼기'의 속된말. ☞낯짝. 궁둥짝

볼:기짝-얼레 명 기둥 두 개로만 납작하게 만든 얼레.

볼-꼴 명 남의 눈에 뜨이는 모양. ¶ -이 그래서야 어디 가서 대접받겠느냐? ¶ -이 사납다./-이 좋다.

볼꼴-사:납다(-사납고·-사나워) 형ㅂ 남이 보기에 모양이 사납거나 흉하다. ¶ 나이답지 않게 옷차림이 요란하여 -.

볼꼴-좋:다 형 남이 보기에 모양이 사납거나 흉한 것을 놀리어 이르는 말.

볼끈 부 ①힘살 따위가 갑자기 도드라지는 모양을 나타내는 말. ¶ 알통이 - 솟다. ②강한 감정이 갑작스레 치미는 모양을 나타내는 말. ¶ - 화를 내다. ③야무지게 힘을 쓰는 모양을 나타내는 말. ¶ 주먹을 - 쥐다./- 용을 쓰다. ☞불끈

볼끈-거리다(대다) 자 ①힘살 따위가 자꾸 볼끈 도드라지다. ②걸핏하면 볼끈 화를 내다. ☞불끈거리다

볼끈-볼끈 부 ①힘살 따위가 갑자기 여기저기 도드라지는 모양을 나타내는 말. ②강한 감정이 갑작스레 자꾸 치미는 모양을 나타내는 말. ☞불끈불끈

볼끼 명 지난날, 추위를 막기 위하여 솜을 두거나 모피를 받쳐서 만든, 턱과 볼을 싸매는 물건.

볼-달다(-달고·-다니) 타 닳아서 무디어진 연장의 날에 쇳조각을 덧대어 벼리다.

볼-되다 형 ①힘에 벅차게 어렵다. ②죄어치는 힘이 매우 단단하다.

볼:드(bold) 명 보통의 활자체보다 선이 굵은 글자. 볼드체 ☞고딕(Gothic)

볼:드-체(bold體) 명 볼드

볼-따구니 명 볼때기

볼-때기 명 '볼¹'을 속되게 이르는 말. 볼따구니. 볼퉁이

볼똑 부 ①물체가 갑자기 볼록하게 볼가지는 모양을 나타내는 말. ②갑자기 경망스레 화를 내는 모양을 나타내는 말. ☞불뚝. 뽈똑

볼똑-거리다(대다) 자 자꾸 볼똑 화를 내다. ☞불뚝거리다. 뽈똑거리다

볼똑-볼똑 부 ①여기저기서 물체가 갑자기 볼록하게 볼가지는 모양을 나타내는 말. ②갑자기 경망스레 자꾸 화를 내는 모양을 나타내는 말. ☞불뚝불뚝. 뽈똑뽈똑

볼똑볼똑-하다 형여 여럿이 다 볼똑하다. ☞불뚝불뚝하다. 뽈똑뽈똑하다

볼똑-하다 형여 물체가 볼록하게 볼가져 있다. ¶ 받힌 이마가 -. ☞불뚝하다. 뽈똑하다

볼뚱-거리다(대다) 자 볼뚱볼뚱 화를 내다. ☞불뚱거리다

볼뚱-볼뚱 부 참을성 없이 걸핏하면 화를 내는 모양을 나타내는 말. ☞불뚱불뚱

볼락 명 양볼락과의 바닷물고기. 몸길이 30cm 안팎으로, 옆으로 납작한 모양임. 몸빛은 회갈색인 것이 많으며, 주둥이 끝이 뾰족함. 두부어(杜父魚)

볼레로(bolero 에) 명 ①4분의 3박자로 된 에스파냐의 춤곡. ②여성용의 짧은 윗옷. 단추가 없어 앞을 여미지 않고 입음.

볼로미:터(bolometer) 명 전자(電磁) 방사 에너지 측정용의 저항 온도계.

볼록 부 물체의 거죽이 부푼듯이 좀 내밀린 모양을 나타내는 말. ¶ - 나온 배. ☞불룩. 뽈록

볼록-거리다(대다) 자 물체의 거죽이 부푼듯이 좀 내밀렸다 들어갔다 하다. ☞불룩거리다. 뽈록거리다

볼록-거울 명 반사면이 볼록한 거울. 넓은 범위의 물체가 작게 비쳐 보임. 자동차 따위의 백미러에 많이 쓰임. 볼록면경. 철면경(凸面鏡) ☞오목거울

볼록-다각형(-多角形) 명 어느 내각(內角)이나 모두 180°보다 작은 각으로 이루어진 다각형. ☞오목다각형

볼록-렌즈(-lens) 명 두 맞면 또는 한 면의 가운데가 볼록하게 도드라진 렌즈. 통과하는 빛을 한 점으로 모으는 성질이 있음. 수렴 렌즈. 화경(火鏡) ☞오목렌즈

볼록-면:경(-面鏡) 명 볼록거울

볼록-볼록¹ 부 볼록거리는 모양을 나타내는 말. ☞불룩불룩¹. 뽈록뽈록¹

볼록-볼록² 부-하다 형 여럿이 다 볼록한 모양을 나타내는 말. ☞불룩불룩². 뽈록뽈록²

볼록-판(-版) 명 인쇄판 양식의 한 가지. 볼록 튀어나온 부분에 잉크가 묻어 찍힘. 철판(凸版) ☞오목판

볼록-하다 형여 물체의 거죽이 부푼듯이 좀 내밀려 있다. ¶ 배가 -. ☞불룩하다. 뽈록하다

볼록-이 부 볼록하게 ☞불룩이. 뽈록이

볼륨(volume) 명 ①소리의 크기. 음량(音量) ¶ -을 높이다. ②묵직하거나 두툼하거나 하는 느낌. 양감(量感) ¶ - 있는 몸매.

볼:링(bowling) 명 실내 경기의 한 가지. 공을 한 손으로 굴려서, 19.152m 앞에 세워 둔 10개의 핀을 쓰러뜨리는 경기. 1프레임에 두 번씩 10프레임까지 던져 나온 합계 점수로 승패를 겨룸.

볼만-장만 부 옆에서 보기만 하고 간섭을 하지 않는 모양을 나타내는 말.

볼만-하다 자여 보기만 하고 시비를 가리거나 참견하지 아니하다.

볼-맞다[-맏-] 자 ①손이 서로 맞다. ②차이나 층이 없이 서로 걸맞다.

볼-맞추다[-맏-] 타 볼맞게 하다.

볼-메:다 형 성난 태도가 있다. ¶ 잔뜩 볼멘 얼굴이다.

볼멘-소리 명 성이 나서 퉁명스럽게 하는 말소리. ¶ 잔뜩 -로 불평을 늘어놓다.

볼모 명 ①약속의 담보로 상대편에게 잡혀 두는 물건. ②요구하는 바를 이루려는 협박 수단으로 잡아 두는 상대편의 사람. ¶ 가족을 -로 삼아 금품을 요구하다. ③지난날, 나라 사이의 약속의 보증으로 상대편에게 맡기거나 넘겨준 사람을 이르던 말. ¶ 왕자를 -로 잡아 두다. 인질(人質)

속담 **볼모로 앉았다**: 가만히 앉아 있기만 하고 일을 하지 않음을 이르는 말. [꿔다 놓은 보릿자루/전당 잡은 촛대/꾸어 온 빗자루/언 수탉 같다]

볼-받이[-바지] 명 바닥의 해진 곳에 헝겊 조각을 덧대어 기운 버선.

볼:베어링(ball bearing) 명 굴대와 축받이 사이에 몇 개의 강철 알을 넣어, 마찰을 줄일 수 있게 만든 물품.

볼-썽 명 겉으로 드러나 보이는, 체면이나 예의를 차리는 태도.

볼썽-사납다(-사납고·-사나워) 형ㅂ 체면이나 예의를 차리는 태도가 없어서 남이 보기에 언짢다. ¶ 볼썽사나운 행동.

볼쏙 부 ①느닷없이 쏙 내밀거나 나타나는 모양을 나타내는 말. ②앞뒤 생각 없이 방정맞게 말을 꺼내는 모양을 나타내는 말. ¶ - 말대꾸를 하다. ☞불쑥

볼쏙-볼쏙 부 ①잇달아 느닷없이 쏙 내밀거나 나타나는 모양을 나타내는 말. ②앞뒤 생각 없이 자꾸 방정맞게 말을 꺼내는 모양을 나타내는 말. ☞불쑥불쑥

볼쑥볼쑥-하다 형여 여러 군데가 볼록하게 쑥 내밀려 있다. ☞불쑥불쑥하다

볼쑥-하다 형여 볼록하게 쑥 내밀려 있다. ☞불쑥하다

볼쑥-이 부 볼쑥하게 ☞불쑥이

볼씨 명 디딜방아나 물방아의 쌀개를 받치고 있는, 기둥처럼 된 나무나 돌.

볼-우물 명 웃을 때 볼에 옴폭하게 우물져 들어가는 자리. 보조개

볼:-일[-릴] 명 하여야 할 일. 용건(用件). 용무(用務) ¶ -을 보러 구청에 가다.

볼:카운트(ball count) 명 야구에서, 한 타자에게 투수가 던진 공의 스트라이크와 볼의 수.

볼칵-거리다(대다) 타 볼칵볼칵 소리를 내다. ☞불컥거리다

볼칵-볼칵 부 지직한 반죽 따위를 세게 치댈 때 나는 소리, 또는 그 모양을 나타내는 말. ☞불컥불컥

볼타미:터(voltameter) 명 전기량계(電氣量計)

볼타=전:지(volta電池) 명 아연과 구리를 묽은 황산액에 담가서 만든 전지.

볼통-거리다(대다) 자 볼통볼통 말을 뱉다. ☞불퉁거리다

볼통-볼통[1] 부 볼쏙볼쏙 쌀쌀맞고 퉁명스레 말을 내뱉는 모양을 나타내는 말. ☞불퉁불퉁[1]

볼통-볼통[2] 부-하다 형 물체의 거죽이 요기조기 통통하게 볼가져 있는 모양을 나타내는 말. ☞불퉁불퉁[2]

볼통-스럽다(-스럽고·-스러워) 형ㅂ 보기에 볼통볼통 말하는 태도가 있다. ¶곱상한 외모와는 달리 -. ☞불퉁스럽다

볼통-스레 부 볼통스럽게

볼통-하다 형여 물체의 거죽이 통통하게 볼가져 있다. ¶양 볼이 볼통한 얼굴. ☞불퉁하다

볼통-히 부 볼통하게

볼-퉁이 명 '볼[1]'을 속되게 이르는 말. 볼따구니. 볼때기

볼트(bolt) 명 수나사의 한 가지. 일반적으로 머리가 달려 있으며, 너트(nut)와 함께 두 물체를 죄는 데 쓰임.

볼트(volt) 의 전압이나 전위차, 기전력의 단위. 1암페어의 전류가 1옴의 도선(導線)을 흐를 때, 그 양끝의 전위차. 기호는 V

볼트미:터(voltmeter) 명 전압계(電壓計)

볼트암페어(voltampere) 의 교류 회로에서 피상 전력(皮相電力)을 나타내는 단위.

볼:펜(ball pen) 명 대롱으로 된 펜대의 촉에 작은 강철 구슬이 들어 있는 필기구. 글씨를 쓰면 구슬이 구르면서 대롱 속의 잉크가 묻어 나와 적힘.

볼-품 명 겉으로 보이는 모양새. ¶ -이 없는 체격.

볼-호:령(-號令) 명-하다 자 큰 소리로 아주 무섭게 꾸짖는 꾸지람. ¶ -을 내리다./-이 떨어지다.

봄 명 ①네 철의 하나. 겨울과 여름 사이의 철. 양력으로는 2월에서 4월까지이며, 음력으로는 정월에서 3월까지임. 절기로는 입춘(立春)에서 입하(立夏)까지를 이름. ¶ -은 계절의 여왕. ②'한창때'를 비유하여 이르는 말. ¶청춘은 인생의 -이지.

봄(을) 타다 관용 ①봄철에 계절의 변화에 영향을 받아, 입맛을 잃고 잘 먹지 못하여 몸이 마르고 파리해지다. ¶봄을 타는지 얼굴이 핼쑥하다. ②봄기운 때문에 마음을 안정하지 못하여 기분이 들뜨다. ¶봄을 타는지 싱숭생숭하다.

속담 **봄 꽃도 한때** : 부귀영화(富貴榮華)란 일시적인 것이어서 한때가 지나면 그만이라는 말.〔달도 차면 기운다/그릇도 차면 넘친다/한 달이 크면 한 달이 작다/열흘 붉은 꽃 없다〕/**봄 꿩이 제 바람에 놀란다** : 자기가 한 일에 자기가 놀란다는 말.〔제 방귀에 놀란다〕/**봄 꿩이 제 울음에 죽는다** : 공연한 일을 하여 스스로 화를 입는 경우를 이르는 말. ☞춘치자명(春雉自鳴)/**봄 떡은 들어앉은 샌님도 먹는다** : 봄에는 누구나 군것질이 반갑다는 말./**봄 불은 여우 불이라** : 봄에는 무엇이나 잘 탄다 하여 이르는 말./**봄 사돈은 꿈에도 보기 무섭다** : 대접하기 어려운 사돈을 농가에서 한참 궁한 봄에 맞게 됨을 꺼린다는 말./**봄에 깐 병아리 가을에 와서 세어 본다** : 이해타산에 어수룩함을 이르는 말./**봄에 의붓아비 재 지낼까** : 한참 어려운 살림에 체면을 세우려고 무리한 일을 할 수 없다는 말./**봄 조개 가을 낙지** : 봄에는 조개, 가을에는 낙지가 제철이라는 뜻으로, 모든 것은 다 제때가 되어야 제구실을 한다는 말.

한자 봄 춘(春)〔日部 5획〕¶신춘(新春)/춘계(春季)/춘곤(春困)/춘양(春陽)/춘일(春日)/춘절(春節)

봄-가물[-까-] 명 봄철에 드는 가뭄. 춘한(春旱)

봄-가을 명 봄과 가을. 춘추(春秋)[1]

봄가을-옷 명 봄이나 가을에 입는 옷. 춘추복(春秋服) ☞여름옷. 겨울옷

봄-갈이[1] 명-하다 타 봄에 논밭을 가는 일. 춘경(春耕) ☞가을갈이

봄-갈이[2] 명 '봄갈이팥'의 준말.

봄갈이-팥 명 팥의 한 가지. 껍질은 희고 속은 붉음. 준 봄갈이[2]

봄-기운[-끼-] 명 봄에 느끼는 부드럽고 화사한 기운. 춘기(春氣) ¶삼월 중순이 되자 -이 완연하다.

봄-나들이 명-하다 자 봄기운을 느끼고 즐기기 위하여, 봄에 하는 나들이. ¶ -하는 처녀의 무리.

봄-날 명 ①봄철의 날. ②봄철의 날씨. 춘일(春日)

봄-낳이[-나-] 명 봄에 짠 무명.

봄-내 부 봄철 내내. ☞겨우내

봄-누에 명 봄에 치는 누에. 춘잠(春蠶)

봄-눈 명 봄철에 내리는 눈. 춘설(春雪)

봄눈 녹듯 관용 ①무엇이 속히 사라져 버리는 모양을 이르는 말. ¶섭섭한 마음이 - 사라지다. ②먹은 것이 쉬 삭음을 비유하여 이르는 말. 봄눈 슬듯.

봄눈 슬듯 관용 봄눈 녹듯.

봄-맞이 명-하다 자 봄을 맞아서 베푸는 놀이, 또는 봄을 맞는 일.

봄맞이-꽃 명 앵초과의 한해살이풀. 줄기 높이 10cm 안팎으로 잔털이 있으며 곧게 자람. 4~5월에 흰 꽃이 피고, 6월경에 윗부분이 다섯 개로 갈라져 있는 삭과(蒴果)가 열림. 잎·줄기·꽃은 한방에서 관절염·타박상·화상 등에 약으로 쓰임.

봄-물 명 봄이 되어 얼음이나 눈이 녹아서 흐르는 물. ¶ -로 질척질척해진 산길. 유 춘수(春水)

속담 **봄물에 방게 기어 나오듯** : 여기저기서 많이 몰려나옴을 이르는 말.

봄-바람[-빠-] 명 ①봄철에 부는 바람. 온풍(溫風). 춘풍(春風) ¶ -에 꽃망울이 터지다. ②화창한 바람. ¶집안에 -이 돈다. ☞겨울바람. 소소리바람

속담 **봄바람에 죽은 노인** : 매우 추위를 타는 사람을 두고 하는 말./**봄바람은 품으로 기어든다** : 비록 봄이라지만 바람이 불면 춥다는 말.

봄-밤[-빰] 명 봄철의 밤. 춘소(春宵). 춘야(春夜)

봄베(Bombe 독) 명 고압 상태의 기체를 저장·운반하는 데 사용하는, 두꺼운 강철로 만든 원주형의 용기.

봄-베:기 명 봄에 벤 나무.

봄-볕[-뼏] 명 봄철에 내리쬐는 햇볕. 춘양(春陽)

속담 **봄볕에 그을리면 보던 님도 몰라본다** : 봄볕에는 따가운지도 모르는 사이에 새까맣게 그을린다는 말.

봄-보리[-뽀-] 명 이른봄에 씨를 뿌려서 첫여름에 거두는 보리. 춘맥(春麥). 춘모(春麰) ☞가을보리

봄-비[-삐] 명 봄철에 내리는 비. 춘우(春雨) ☞겨울비

속담 **봄비 잦은 것** : 이로울 것은 조금도 없고 해롭기만 한 것을 이르는 말.〔돌담 배 부른 것/어린애 입 잰 것/지어미 손 큰 것/노인 부랑한 것/사발 이 빠진 것〕

봄-빛[-삗] 명 눈으로 보아 봄을 느끼게 하는 자연의 기운, 또는 경치. 춘색(春色) ¶ -이 완연한 들녘.

봄-새 명 ①봄이 지나는 동안. ¶ -에 공사를 끝내다. ②〔부사처럼 쓰임〕봄내 ¶ - 꽃 구경을 하다.

봄-장마[-짱-] 명 봄철에 여러 날 동안 비가 계속해서 내리는 일, 또는 그 비. 춘림(春霖) ☞가을장마

봄-장작[-짱-] 명 봄철에 벤 장작. 진이 오르기 전에 베어낸 것이라서 불땀이 좋지 못함.
봄-철 명 봄인 철. 춘계(春季). 춘절(春節) ☞겨울철
봄-추위 명 이른봄까지 남아 있는 추위. 춘한(春寒)
봅슬레이(bobsleigh) 명 눈과 얼음으로 경사지게 만든 경주로를 강철제 썰매로 활강하는 경기, 또는 그 썰매. 경주로는 거리 1,500m, 평균 기울기 8~15%, 곡선로의 반지름은 20m 이상으로 됨. 4인승과 2인승이 있음.
봇-논(^洑-) 명 봇물을 대는 논. 보답
봇-도랑(^洑-) 명 봇물이 흐르도록 만든 도랑. 준 봇돌
봇-돌[볻-] 명 ①아궁이 양쪽에 세우는 돌. ②지붕 위를 덮은 널빤지를 눌러 놓는 돌.
봇-돌(^洑-) 명 '봇도랑'의 준말.
봇-둑(^洑-) 명 보를 둘러막은 둑. 보동. 언막이
봇-물(^洑-) 명 보에서 흘러내리는 물, 또는 보에 괴어 있는 물. ¶ - 터지듯 쏟아져 나오는 군중.
봇-일(^洑-)[-닐] 명 보에 관한 일.
봇-줄 명 마소의 멍에 양끝에 걸어 쟁기나 수레 따위를 끌어당기게 하는 굵은 줄.
봇-짐 명 보자기에 싼 짐.
속담 **봇짐 내어 주며 앉으라 한다** : 떠나가는 사람의 봇짐을 가라고 내어 주면서 말로는 앉으라 한다는 뜻으로, 속으로는 딴 뜻이 있으면서 말로만 그럴듯하게 치레함을 이르는 말.
봇짐-장사 명 봇짐을 지고 다니면서 하는 장사.
봇짐-장수 명 봇짐을 지고 다니며 물건을 파는 사람. 보상(褓商) ☞보따리장수
봉[1] 명 '봉돌'의 준말.
봉[2] 명 ①뚫어진 구멍을 메우는 다른 조각. ¶ 어금니에 -을 박다. ②물건 바닥 한복판에 박아 넣는 다른 물건. ¶ -을 박아 넣은 은 숟가락.
봉:[3] 명 어수룩하여 빼앗거나 속여 먹기 만만한 사람을 놀리어 이르는 말. ¶ -을 잡다.
봉으로 알다 관용 만만하게 여기다.
봉:[4] 부 ①갇혀 있던 기체가 좁은 통로로 빠져 나올 때 나는 소리를 나타내는 말. ②작은 벌 따위가 날 때 나는 소리를 나타내는 말. ☞붕[1]
봉(封) 명 ①종이로 싼 물건의 덩이. ②물건 속에 따로 싸서 넣은 물건. ③혼인 때, 신랑 집에서 선채(先綵) 외에 따로 신부 집으로 보내는 돈. ④〔의존 명사로도 쓰임〕 봉지나 봉투, 편지 따위를 세는 단위. ¶ 사탕 두 -.
봉(峰·峯) 명 산봉우리 ¶ -마다 이름이 있다.
봉:(鳳) 명 ①'봉황(鳳凰)'의 준말. ②봉황의 수컷.
속담 **봉(鳳) 가는 데 황(凰)이 간다** : 둘이 반드시 같이 있어 떠나지 않음을 이르는 말. 〔바늘 가는 데 실 간다/녹수 갈 제 원앙 가듯/범 가는 데 바람 간다/용 가는 데 구름 간다/구름 갈 제 비가 간다〕
봉:가(鳳駕) 명 봉련(鳳輦)
봉강(封疆) 명 ①제후를 봉하여 준 땅. 봉토(封土) ②봉토의 경계. 봉경(封境)
봉:강(棒鋼) 명 강철의 덩어리나 조각을 눌러 펴거나 늘려서 막대기 모양으로 만든 제품.
봉건(封建) 앞말 봉건 제도를 바탕으로 함을 뜻하는 말. ¶ - 국가/- 사상/- 시대/-주의
봉건=국가(封建國家) 명 봉건 제도를 바탕으로 한 국가.
봉건=사:회(封建社會) 명 봉건 제도를 바탕으로 한 사회.
봉건=시대(封建時代) 명 봉건 제도가 국가나 사회를 구성하는 기준이 되었던 시대.
봉건-적(封建的) 명 봉건 제도의 특유한 성격을 가지고 있는 것. ¶ -인 사고 방식.
봉건-제(封建制) 명 봉건 제도
봉건=제:도(封建制度) 명 ①고대 중국에서, 천자(天子)가 직할지(直轄地) 이외의 토지를 나누어 주고 제후를 세우던 일. ☞군현 제도(郡縣制度) ②중세 유럽에서, 봉토 수수(封土授受)에 따라서 성립되었던 지배 계급 내의 주종 관계. 봉건제

봉건-주의(封建主義) 명 봉건 제도를 바탕으로 한 이론이나 사상.
봉:격지희(奉檄之喜) 명 부모가 살아 있는 동안에 고을의 원이 되는 기쁨을 이르는 말.
봉:견(奉見) 명-하다 타 받들어 봄.
봉경(封境) 명 ①흙을 쌓아서 표시한 나라와 나라 사이의 경계. ②봉토(封土)의 경계. 봉강(封疆)
봉경(烽警) 명 봉화(烽火)를 올려 알리는 경보.
봉:고(奉告) 명-하다 타 받들어 아룀.
봉고(封庫) 명 '봉고파직(封庫罷職)'의 준말.
봉고(bongo) 명 라틴아메리카 음악에 사용되는 북의 한 가지. 크고 작은 두 개의 작은 북이 한 벌을 이룬 것으로, 양손의 손가락으로 두드려 소리를 냄.
봉고-파:직(封庫罷職) 명-하다 타 조선 시대, 어사(御史)나 감사(監司)가 정사를 어지럽힌 수령을 파직하고 관고(官庫)를 단단히 봉하여 잠그던 일. 봉고파출(封庫罷黜) 준 봉고(封庫)
봉고-파:출(封庫罷黜) 명 봉고파직
봉곳-봉곳[-곧-] 부-하다 형 여럿이 다 좀 볼록하게 도드라진 모양을 나타내는 말. ☞봉긋봉긋. 붕긋붕긋
봉곳봉곳-이 부 봉곳봉곳하게 ☞봉긋봉긋이. 붕긋붕긋이
봉곳-하다[-곧-] 형여 좀 볼록하게 도드라져 있다. ☞봉긋하다. 붕긋하다
봉곳-이 부 봉곳하게 ☞봉긋이. 붕긋이
봉:공(奉公) 명-하다 자 ①나라나 사회를 위하여 이바지함. ②공직(公職)에 종사함. 봉직(奉職)
봉공-근(縫工筋) 명 넓적다리 안쪽으로 비스듬히 뻗어 내려가는 띠 모양의 가늘고 긴 근육.
봉과(封裹) 명-하다 타 물건을 싸서 봉함.
봉:교(奉敎) 명 ①-하다 자 지난날, 임금의 명령을 받들던 일. ②조선 시대, 예문관(藝文館)의 정칠품 관직을 이르던 말.
봉:교-서(奉敎書) 명 지난날, 임금의 교명(敎命)을 받들어 글을 쓰던 일, 또는 그 글.
봉:교-찬(奉敎撰) 명 지난날, 임금의 하교(下敎)를 받들어 책을 엮어 내던 일, 또는 그 책.
봉구(封口) 명 물건을 싸서 봉한 자리.
봉군(封君) 명 조선 시대, 임금의 적자(嫡子)를 대군(大君)으로, 임금의 서자(庶子), 왕비의 아버지, 이품 이상의 종친(宗親)·공신(功臣) 등을 군(君)으로 봉하던 일.
봉군(烽軍) 명 '봉수군(烽燧軍)'의 준말.
봉금(封禁) 명-하다 자 봉인(封印)
봉:급(俸給) 명 일정한 직장에서 일하는 사람이 일의 대가로 정기적으로 받는 돈.

한자 **봉급 봉**(俸) 〔人部 8획〕 ¶ 감봉(減俸)/녹봉(祿俸)/본봉(本俸)/봉급(俸給)/연봉(年俸)

봉:급=생활자(俸給生活者)[-짜] 명 봉급으로 생계를 이어 가는 사람. 샐러리맨
봉:급-쟁이(俸給-) 명 '봉급 생활자'를 낮잡아 이르는 말.
봉긋-봉긋[-귿-] 부-하다 형 여럿이 다 볼록하게 도드라진 모양을 나타내는 말. ☞봉곳봉곳. 붕긋붕긋
봉긋봉긋-이 부 봉긋봉긋하게 ☞봉곳봉곳이. 붕긋붕긋이
봉긋-하다[-귿-] 형여 볼록하게 도드라져 있다. ¶ 봉긋한 젖가슴. ☞봉곳하다. 붕긋하다
봉긋-이 부 봉긋하게 ☞봉곳이. 붕긋이
봉기(蜂起) 명-하다 자 벌떼같이 일어난다는 뜻으로, 많은 사람이 한꺼번에 들고일어나는 일. ¶ 농민의 -.
봉내(封內) 명-하다 타 봉미(封彌)
봉년(逢年) 명-하다 자 풍년을 만남. 봉풍(逢豐)
봉놋-방(-房) 명 지난날, 여러 나그네가 한데 모여 자던 주막집의 가장 큰 방. 주막방(酒幕房)
봉:답(奉畓) 명 봉천답(奉天畓)
봉:답(奉答) 명-하다 자 웃어른께 삼가 대답함.
봉당(封堂) 명 재래식 한옥에서, 안방과 건넌방 사이에 마루를 놓지 않고 흙바닥 그대로 둔 곳.
봉:대(奉戴) 명-하다 타 공경하여 받듦.
봉대(烽臺) 명 봉홧둑

봉:도(奉導)명-하다자 지난날, 임금이 거둥할 때 가마를 편안히 모시도록 별감(別監)이 큰 소리로 지휘 감독을 하던 일. 가교 봉도(駕轎奉導), 옥교 봉도(玉轎奉導) 등이 있었음.

봉:독(奉讀)명-하다타 받들어 읽음. ¶성경을 -하다.

봉-돌[-똘]명 낚시가 물 속에 가라앉도록 낚싯줄 끝에 다는 작은 납덩이나 돌덩이. 낚싯봉 준봉[1]

봉두(峰頭)명 산봉우리의 맨 위. 봉머리

봉:두(鳳頭)명 ①봉황의 머리 모양으로 만든 장식물. ②봉두고임

봉두(蓬頭)명 머리털이 어수선하게 흐트러진 머리. 봉수(蓬首). 쑥대강이. 쑥대머리

봉:두-고임(鳳頭-)명 전각(殿閣)의 기둥머리에 봉황의 머리 모양으로 만들어 대는 꾸밈새. 봉두(鳳頭)

봉두-난:발(蓬頭亂髮)명 어수선하게 흐트러진 머리털. 봉두돌빈(蓬頭突鬢) 준봉발(蓬髮)

봉두돌빈(蓬頭突鬢)명 봉두난발(蓬頭亂髮)

봉랍(封蠟)명 편지·포장물·병 따위의 봉한 자리에 붙이는 밀랍(蜜蠟).

봉랍(蜂蠟)명 밀랍(蜜蠟)

봉래산(蓬萊山)명 ①'금강산(金剛山)'의 딴이름. 여름철의 금강산을 이르는 이름임. ☞풍악산(楓嶽山) ②중국 전설에서 이르는 삼신산(三神山)의 하나.

봉:래의(鳳來儀)명 조선 시대, 정재(呈才) 때에 추던 춤. 남악(男樂)과 여악(女樂)이 있으며, 죽간자(竹竿子)를 든 두 사람과 무기(舞妓) 여덟 사람이 두 줄로 늘어서서 춤을 춤. 음악은 다섯 곡으로 구성되어 있음.

봉:련(鳳輦)명 지난날, 임금이 타던 가마. 가마의 꼭대기를 황금 봉황으로 장식하였음. 봉가(鳳駕)

봉:로(奉老)명-하다자 늙은 어버이를 모심.

봉:록(俸祿)명 지난날, 나라에서 관원에게 연봉(年俸)으로 주는 쌀·콩·보리·명주·베·돈 따위를 통틀어 이르던 말. 녹봉(祿俸)

봉:류(捧留)명-하다타 지난날, 물건을 거두어 보관하던 일.

봉:리(鳳梨)명 파인애플(pineapple)

봉:린지란(鳳麟芝蘭)성구 봉황과 기린처럼 재능이 뛰어난 남자와 지초와 난초처럼 아름다운 여자라는 뜻으로, 젊은 남녀의 아름다움을 비유하여 이르는 말.

봉만(峰巒)명 뾰족뾰족한 산봉우리들.

봉-머리(峰-)명 봉두(峰頭)

봉:명(奉命)명-하다자 ①임금의 명령을 받듦. ☞봉지(奉旨) ②웃어른의 명령을 받듦.

봉:명=사:신(奉命使臣)명 지난날, 임금의 명령을 받들고 외국으로 가던 사신. 별성(別星)

봉:모(鳳毛)명 봉황의 깃털이라는 뜻으로 ①자식의 소질이 아버지와 할아버지에게 뒤지지 않음을 이르는 말. ②뛰어난 글재주나 풍채(風采)를 비유하여 이르는 말.

봉:모인각(鳳毛麟角)성구 봉황의 깃털과 기린의 뿔이라는 뜻으로, 매우 희귀한 것을 이르는 말.

봉묘(封墓)명-하다자 봉분(封墳)

봉문(蓬門)명 쑥대로 엮은 문이라는 뜻으로 ①가난한 사람의 집, 또는 은인(隱人)의 집을 이르는 말. ②남에게 자기의 집을 겸손하게 이르는 말. ☞누옥(陋屋)

봉물(封物)명 지난날, 시골에서 서울에 사는 관원에게 보내는 선물을 이르던 말. ☞진상(進上)

봉물-짐(封物-)[-찜]명 봉물을 꾸린 짐.

봉미(封彌)명-하다타 지난날, 과거(科擧)의 답안지 오른쪽 끝에 자기의 성명·생연월일·주소·사조(四祖) 등을 쓰고 봉하여 붙이던 일. 채점할 때 답안지가 누구의 것인지 알 수 없도록 하기 위한 제도였음. 봉내(封內)

봉:미(鳳尾)명 ①봉황의 꼬리. ②거문고의 꼬리. 거문고의 줄을 동여 매는 부분임.

봉:미-선(鳳尾扇)명 지난날에 쓰던 의장(儀仗)의 한 가지. 봉황의 꼬리 모양으로 만든 부채.

봉:미-초(鳳尾草)명 '봉의꼬리'의 딴이름.

봉밀(蜂蜜)명 꿀

봉바르동(bombardon 프)명 금관 악기의 한 가지. 저음을 내는 대형 나팔로 튜바와 비슷함.

봉-바리명 바리의 한 가지. 놋쇠로 만든 여자의 밥그릇.

봉-박다자 ①뚫어진 구멍에 다른 조각을 대어 메우다. ②물건의 바닥 한복판에 다른 물건을 박아 넣다. ☞봉[2]

봉-박다(封-)자 싸서 보내는 물건 속에 따로 물건을 싸서 넣다.

봉발(蓬髮)명 '봉두난발(蓬頭亂髮)'의 준말.

봉방(蜂房)명 ①벌집. 봉와(蜂窩) ②'노봉방(露蜂房)'의 준말.

봉변(逢變)명-하다자 남에게서 변을 당함, 또는 그 변.

봉:별(奉別)명-하다자타 윗사람과 이별함.

봉:별(逢別)명 만남과 헤어짐을 아울러 이르는 말.

봉:보-부인(奉保夫人)명 조선 시대, 외명부 품계의 하나. 임금의 유모에게 내리던 봉작으로, 종일품임.

봉복(逢福)명-하다자 복을 만남.

봉:복절도(捧腹絶倒)[-또]성구 포복절도(抱腹絶倒)

봉봉부 자꾸 봉 하는 소리를 나타내는 말. ☞붕붕

봉봉(bonbon 프)명 과즙(果汁)이나 브랜디·위스키 등을 초콜릿이나 사탕으로 싼 과자.

봉봉-거리다(대다)자 봉봉 소리를 내다. ☞붕붕거리다

봉부동(封不動) 물건을 창고에 넣고 봉하여 쓰지 못하게 함을 뜻하는 말.

봉분(封墳)명-하다자 흙을 둥글게 쌓아 올려서 무덤을 만듦, 또는 그 쌓아 올린 부분. 봉묘. 성분(成墳)

봉분-제(封墳祭)명 장사지낼 때, 흙을 둥글게 쌓아 올려서 무덤을 만든 뒤에 지내는 제사. 평토제(平土祭)

봉비(封妃)명-하다자 왕비를 봉함.

봉:사명 눈이 멀어 앞을 못 보는 사람. 소경

속담 **봉사가 개천을 나무란다** : 자기가 저지른 잘못은 생각하지 않고 남을 원망함을 이르는 말.〔소경이 개천을 나무란다〕/**봉사 눈뜬 것 같다** : ①어둡다가 갑자기 밝아짐을 이르는 말. ②일이 풀리지 않아 답답하다가 시원하게 해결됨을 이르는 말./**봉사 문고리 잡기** : 아무 재간이나 솜씨가 없는 사람이 우연히 일을 잘 하였을 때 이르는 말. ☞맹자정문(盲者正門)

봉:사(奉仕)명-하다자 남이나 사회 또는 국가를 위하여, 자기의 이해를 돌보지 않고 몸과 마음을 다하여 힘씀. ¶의료 -/자원하여 -하는 학생들.

봉:사(奉事)명 ①-하다자 어른을 받들어 섬김. ②조선 시대, 관상감(觀象監)·내의원(內醫院)·봉상시(奉常寺) 등에 두었던 종팔품 관직.

봉:사(奉祀)명-하다자 조상의 제사를 받들어 지냄. 봉제사(奉祭祀). 주사(主祀)

봉사(封事)명 밀봉하여 임금에게 올리는 글.

봉:사-손(奉祀孫)명 조상의 제사를 받들어 지내는 자손. 준사손(祀孫)

봉산(封山)명 지난날, 나라에 필요한 목재를 마련하기 위하여 벌채(伐採)를 금하고 나무를 가꾸던 산.

봉:산=탈:춤(鳳山-)명 황해도 봉산 지방에 전해 내려오는 가면극(假面劇). 해서(海西) 탈춤의 대표적인 놀이로 일곱 마당과 다섯 거리로 이루어져 있는데, 춤이 주가 되어 여러 가지 몸짓과 재담·노래 등이 따름. 중요 무형 문화재 제17호임.

봉살(封殺)명-하다타 포스아웃(force out)

봉상(封上)명-하다타 임금이 쓸 물건을 봉하여 바침. ☞진상(進上)

봉상(棒狀)명 막대기처럼 가늘고 긴 모양. 원방상(棒狀)

봉:상-사(奉常司)명 조선 말기와 대한 제국 때, 제례(祭禮)와 악공(樂工) 등에 관한 일을 맡아보던 관아. 1895년(조선 고종 32)에 봉상시(奉常寺)를 고친 이름.

봉:상-시(奉常寺)명 조선 시대, 제향(祭享)과 시호(諡號)에 관한 일을 맡아보던 관아.

봉서(封書)명 ①봉투에 넣어 봉한 편지. 봉장(封狀). 함서(緘書) ②임금이 종친(宗親)과 근신(近臣)에게 보내거나 왕비가 친정에 보내던 사사로운 편지.

봉서-무:감(封書武監)명 지난날, 봉서를 전달하는 일을 맡아 하던 무예 별감(武藝別監). 봉서별감

봉서-별감(封書別監)명 봉서무감(封書武監)
봉:선-자(鳳仙子)명 한방에서, 봉선화의 씨를 약재로 이르는 말. 어혈(瘀血)이나 적취(積聚) 따위에 쓰임.
봉:선-화(鳳仙花)명 물봉선과의 한해살이풀. 줄기 높이는 60cm 안팎. 잎은 어긋맞게 나며 양끝이 좁고 가장자리에 톱니가 있음. 7~8월에 품종에 따라 붉은빛·흰빛·분홍빛 등의 꽃이 핌. 길동근 삭과(蒴果)는 익으면 껍질이 터져서 씨가 튀어나옴. 금봉화. 봉숭아
봉:선화가(鳳仙花歌)명 조선 시대, 작자와 연대를 알 수 없는 가사의 한 가지. 봉선화 물을 손톱에 들이는 풍습과 꽃이름의 유래 따위를 통해 여성의 섬세한 생활 감정을 읊은 내용임. '정일당잡지(貞一堂雜識)'에 실려 전함.
봉세(峰勢)명 산봉우리의 형세.
봉소(烽所)명 봉수대(烽燧臺). 봉화대(烽火臺)
봉소(蜂巢)명 벌집. 봉방(蜂房)
봉:소(鳳簫)명 봉황의 날개 모양과 비슷하게 만든 악기. 열여섯 개의 죽관(竹管)이 배열되어 있음. 소(簫)
봉소-위(蜂巢胃)명 벌집위
봉:솔(奉率)명 '상봉하솔(上奉下率)'의 준말.
봉:송(奉送)명-하다타 ①귀인이나 웃어른을 모시어 배웅함. ②유골(遺骨)이나 신성한 물건 등 소중한 것을 정중히 운반함. ¶성화(聖火) —/유해를 —하다.
봉송(封送)명-하다타 물건을 싸서 보냄, 또는 그 물건.
봉송(鬔鬆)어기 '봉송(鬔鬆)하다'의 어기(語基).
봉송-하다(鬔鬆—)형여 머리털이 헝클어져 부스스하다.
봉쇄(封鎖)명-하다타 ①굳게 잠금. ¶출입문을 —하다. ②사람이나 물건이 드나들지 못하게 막음. ¶고속 도로의 진입로를 —하다. ③적국(敵國)의 항구나 연안(沿岸)에 대하여, 해군력으로 일체의 선박 화물의 출입을 차단하는 일. ¶항만을 —하다.
봉쇄=탄:전(封鎖炭田)명 법률로써 일반의 채굴을 금지하는 탄전. ☞가행 탄전(稼行炭田)
봉쇄=화:폐(封鎖貨幣)명 외국에 대한 채무를 외화로 지급하는 일을 금지하는 화폐 정책. 주로 금융 공황이나 국제 수지의 위기 때 취함.
봉:수(奉受)명-하다타 삼가 받음.
봉수(封手)명-하다자 바둑이나 장기의 대국이 그 날로 끝나지 않을 때, 종이에 써서 봉해 놓는 일, 또는 그 날의 마지막 수.
봉수(逢受)명-하다타 남의 돈이나 물건을 맡음.
봉수(捧受)명-하다타 남의 물건이나 돈을 거두어서 받음.
봉수(烽燧)명 봉화(烽火)
봉수(蓬首)명 쑥대머리
봉수구면(蓬首垢面)성구 헝클어진 머리와 때가 낀 얼굴을 이르는 말.
봉수-군(烽燧軍)명 지난날, 봉화 올리는 일을 맡아보던 군사. 준봉군(烽軍)
봉수-대(烽燧臺)명 봉화를 올릴 수 있게 설비하여 놓은 높은 곳. 봉대(烽臺). 봉소(烽所). 봉화대. 봉홧둑
봉수-제(烽燧制)명 지난날, 봉화를 올려서 병란(兵亂)이나 사변(事變)을 서울로 알리던 제도.
봉:숭아명 '봉선화(鳳仙花)'의 딴이름.

> ▶ '봉숭아'와 '봉선화(鳳仙花)'
> 두 말은 같은 말이다. '봉숭아'는 고유어이고, '봉선화(鳳仙花)'는 한자어일 뿐이다.

×**봉숭화**명 →봉선화(鳳仙花)
봉:승(奉承)명-하다타 웃어른의 뜻을 받들어 이음.
봉시(封豕)명 큰 돼지.
봉시불행(逢時不幸)성구 공교롭게 아주 불행한 때를 만남을 이르는 말.
봉시장사(封豕長蛇)성구 큰 돼지와 긴 구렁이라는 뜻으로, 탐욕스럽고 악한 사람을 비유하여 이르는 말.
봉신(封神)명-하다자 흙으로 단을 쌓고 신을 모심.
봉신-대(封神臺)명 민속에서, 죽은 사람의 혼(魂)이 돌아가 의지한다는 곳.
봉실(蓬室)명 ①쑥대로 지붕을 인 집이라는 뜻으로, 가난한 집을 이르는 말. ②자기 집을 겸손하게 이르는 말.
봉:심(奉審)명-하다타 지난날, 왕명(王命)을 받들어 능(陵)과 묘(廟)를 보살피던 일.
봉:아(鳳兒)명 봉황의 새끼라는 뜻으로, 장차 큰 인물이 될 젊은이를 비유하여 이르는 말. 봉추(鳳雛)
봉:안(奉安)명-하다타 신주(神主)·불상(佛像)·위패(位牌)등을 받들어 일정한 곳에 모셔 둠. ☞안치(安置)
봉:안(鳳眼)명 ①봉황의 눈. ②봉황의 눈같이 가늘고 길며, 눈초리가 깊고 붉은 기운이 있으며, 꼬리가 위로 치켜진 눈. 귀상(貴相)으로 여김.
봉애(峰崖)명 산봉우리의 험하고 가파른 비탈.
봉애(蓬艾)명 쑥[1]
봉:양(奉養)명-하다타 부모나 조부모를 받들어서 모심. ¶시부모를 —하다.
봉역(封域)명 ①흙을 쌓아서 만든 경계. ②봉토의 경계.
봉:영(奉迎)명-하다타 귀인이나 웃어른을 받들어 맞이함. ☞봉송(奉送)
봉영(逢迎)명-하다타 남의 뜻을 맞추어 줌.
봉예(鋒銳)어기 '봉예(鋒銳)하다'의 어기(語基).
봉예-하다(鋒銳—)형여 성질이 날카롭고 행동이 날래다.
봉오리명 '꽃봉오리'의 준말.
봉와(蜂窩)명 벌집. 봉방(蜂房)
봉왕(蜂王)명 여왕벌
봉:요(奉邀)명-하다타 웃어른을 삼가 청함.
봉요(蜂腰)명 ①벌의 허리처럼 잘록하게 생긴 허리. ②한시(漢詩)의 평측법(平仄法)에서, 칠언(七言)에서는 바깥 짝의 다섯째 자가, 오언(五言)에서는 셋째 자가 평성(平聲)으로 되는 것을 이름.
봉욕(逢辱)명-하다자 욕을 봄. 욕을 당함. ☞봉변(逢變)
봉우리명 '산봉우리'의 준말.

> 한자 봉우리 봉(峰)〔山部 7획〕¶고봉(高峰)/봉두(峰頭)/상봉(上峰)/주봉(主峰) ▷峰과 峯은 동자

봉운(峰雲)명 ①산봉우리에 끼어 있는 구름. ②산봉우리 모양으로 생긴 구름.
봉읍(封邑)명 제후로 봉하여 준 땅. ☞봉토(封土)
봉의군신(蜂蟻君臣)성구 하찮은 벌과 개미에게도 임금과 신하의 구별이 있다는 뜻으로, 상하 관계의 질서가 중요함을 이르는 말.
봉:의-꼬리(鳳—)명 고사릿과의 상록 양치식물. 뿌리줄기는 옆으로 짧게 자라고 흑갈색 털이 있음. 잎은 포자엽과 영양엽의 두 가지가 있음. 돌 틈이나 숲 가에서 자람. 백두초(白頭草). 봉미초(鳳尾草)
봉인(封印)명-하다자 봉하여 붙인 자리에 도장을 찍음, 또는 그 도장. 봉금(封禁)
봉인(鋒刃)명 창이나 칼 따위의 날.
봉인첩설(逢人輒說)성구 사람을 만날 때마다 이야기하여 세상에 널리 퍼뜨림을 이르는 말.
봉입(封入)명-하다타 어떤 것을 속에 넣고 봉함.
봉:-자석(棒磁石)명 막대 자석
봉작(封爵)명 ①지난날, 제후로 봉하고 관작(官爵)을 주던 일. ②지난날, 의빈(儀賓)·외명부(外命婦)·내명부(內命婦) 들을 봉하던 일.
봉:잠(鳳簪)명 머리 부분에 봉황의 모양을 새긴 비녀. 왕비나 세자빈이 예장(禮裝)할 때 다리를 드린 큰 낭자 쪽에 꽂았음. 봉채(鳳釵)
봉장(封狀)[—짱]명 봉서(封書)
봉장(封章)명-하다자 상소(上疏)
봉장풍월(逢場風月)성구 아무 때나 그 자리에서 즉흥적으로 시를 지음을 이르는 말.
봉적(逢賊)명-하다자 도둑을 만남.
봉:적(鳳炙)명 닭고기 산적을 달리 이르는 말.
봉적(鋒鏑)명 창 끝과 살촉을 아울러 이르는 말.
봉전(葑田)명 줄의 뿌리가 썩어서 진흙이 되어 그 위에 씨를 뿌릴 수 있게 된 논밭.
봉접(蜂蝶)명 벌과 나비를 아울러 이르는 말.
봉:접(鳳蝶)명 '호랑나비'의 딴이름.

봉:정(奉呈)명-하다타 문서나 문집 등을 받들어 드림. ¶회갑 기념 논문집 －

봉정(峰頂)명 산봉우리의 맨 꼭대기.

봉제(縫製)명-하다타 재봉틀이나 손으로 바느질하여 만듦. ¶－ 공장/－ 완구(玩具)

봉:-제:사(奉祭祀)명-하다자 조상의 제사를 받들어 지냄. 봉사(奉祀). 주사(主祀)

봉:조(鳳鳥)명 '봉황(鳳凰)'의 딴이름.

×**봉족**(奉足)명-하다타 →봉죽

봉:-족자(奉簇子)명 조선 시대, 대궐 잔치에서 노래와 춤을 출 때 족자를 받들던 무동(舞童)이나 여기(女妓).

봉:죽(∠奉足)명-하다타 일을 주장하여 꾸려 나가는 사람을 곁에서 도움.

봉죽(을) 들다관용 남의 일을 곁에서 돕다. ¶가는 곳마다 봉죽을 들며 따라다니다.

봉:-죽간자(奉竹竿子)명 조선 시대, 대궐 잔치에서 노래와 춤을 출 때 죽간자를 받들던 무동(舞童)이나 여기(女妓). 준죽간자(竹竿子)

봉:죽-꾼(∠奉足－)명 봉죽을 드는 사람.

봉:죽-놀이(奉竹－)명 어촌에서 고기를 가득 잡아 오는 배를 맞이하여 춤을 추며 노래를 부르는 놀이.

봉지명 조선 시대, 궁중에서 '바지'를 이르던 말.

봉:지(奉旨)명-하다자 임금의 뜻을 받듦. ☞봉명(奉命)

봉:지(奉持)명 조선 시대, 임금이 거둥하거나 영정(影幀)을 봉안(奉安)하는 행사에 교룡기(蛟龍旗) 등의 깃발을 받들고 가던 군사.

봉지(封紙)명 종이 따위로 만든 주머니. ¶빵을 －에 담다.

봉:직(奉職)명-하다자 공직(公職)에 종사함. 봉공(奉公) ¶정년까지 공무원으로 －하다.

봉짜명 '난봉쟁이'를 속되게 이르는 말.

봉-찌명 낚시찌의 한 가지. 낚시를 던질 때 무게를 주기 위하여 밑에 납덩이를 박은 찌.

봉착(逢着)명-하다자 어떤 처지나 상태에 부닥침. ¶난감한 처지에 －하다.

봉:창(奉唱)명-하다타 엄숙한 마음으로 노래를 부름. ¶애국가를 －하다.

봉창(封窓)명 ①-하다자 창문을 봉함, 또는 봉한 창문. ②벽을 뚫어서 구멍만 내고 창틀이 없이 안으로 종이를 발라서 봉한 창.

봉창(篷窓)명 배의 창문.

봉창-고지명 삯만 받고 음식은 제 것을 먹고 일을 하는 고지.

봉창-질명-하다타 물건을 몰래 모아서 감추어 둠.

봉창-하다타여 ①물건을 몰래 모아서 감추어 두다. ②모자라거나 축난 것을 다른 것으로 채우다.

봉채(封采)명 '봉치'의 원말.

봉:채(鳳釵)명 봉잠(鳳簪)

봉책(封冊)명 지난날, 왕후(王侯)에 봉한다는 뜻을 쓴 천자의 조서(詔書)를 이르던 말.

봉:천-답(奉天畓)명 수원(水源)이나 관개(灌漑) 시설이 없이 오직 빗물로만 경작할 수 있는 논. 봉답(奉畓). 천둥지기. 천수답(天水畓)

속담 **봉천답이 소나기를 싫다 하랴** : 틀림없이 좋아할 거라고 헤아려 이르는 말.

봉:초(捧招)명-하다타 지난날, 죄인에게 범죄 사실을 진술 받던 일. ☞공초(供招)

봉총-찜명 찜의 한 가지. 꿩을 삶아 찢어서 쇠고기를 섞어 다진 것에 양념을 넣고 볶다가 밀가루를 묽게 반죽하여 씌워 쪄 낸 음식.

봉:추(鳳雛)명 ①봉황의 새끼라는 뜻으로, 장차 큰 인물이 될 젊은이를 비유하여 이르는 말. 봉아(鳳兒) ②아직 세상에 알려지지 않은 영웅을 비유하여 이르는 말.

봉:축(奉祝)명-하다타 공경하는 마음으로 축하함. ¶불탑 건립을 －하는 행사가 열리다.

봉축(封築)명-하다타 무덤을 만들기 위하여 흙을 쌓아 올림.

봉:-충(鳳－)명 봉황을 그린 충항아리.

봉충-다리명 사람이나 물건의, 한쪽이 약간 짧은 다리.

속담 **봉충다리의 울력 걸음** : 좀 부족한 사람도 여러 사람이 함께 하는 일에는 한몫 낄 수 있음을 이르는 말. [여럿이 가는 데 섞이면 병든 다리도 끌려 간다]

봉치(∠封采)명 재래식 혼례에서, 혼인 전에 신랑 집에서 신부 집으로 채단(采緞)과 예장(禮狀)을 보내는 일, 또는 그 채단과 예장. 원봉채(封采)

속담 **봉치에 포도군사**(捕盜軍士) : 어떤 모임이나 장소에 아무 관계도 없는 사람이 끼어듦을 비유하여 이르는 말. [사돈의 잔치에 중이 참여한다]

봉치(封置)명-하다타 꼭 봉하여 둠.

봉치-함(∠封采函)명 예장함(禮狀函)

봉:칙(奉勅)명-하다자 칙명(勅命)을 받듦.

봉:친(奉親)명-하다자 어버이를 받들어 모심.

봉침(蜂針)명 바늘 모양으로 된, 벌의 산란관(産卵管).

봉:침(鳳枕)명 베갯모에 봉황의 무늬를 수놓은 베개.

봉침(縫針)명 바느질에 쓰는 바늘.

봉칫-시루(∠封采－)명 채단(采緞)과 예장을 보내는 집과 받는 집에서 각각 축복하는 뜻으로 쪄 놓는 떡 시루.

봉:탕(鳳湯)명 '닭국'을 달리 이르는 말.

봉토(封土)명 ①-하다자 제단(祭壇)을 만들기 위하여, 흙을 높이 쌓아 올림. ②제후를 봉하여 땅을 내주는 일, 또는 그 땅. 녹지(祿地). 봉강(封疆)

봉투(封套)명 편지나 서류 같은 것을 넣는, 종이 따위로 만든 주머니. ¶편지 －/서류를 －에 넣다.

봉패(逢敗)명-하다자 낭패를 당함. ¶재물 잃고 사람 잃고 더 이상의 －가 없다.

봉표(封標)명 ①지난날, 능(陵)의 자리를 미리 정하여 봉분을 하고 세워 두던 푯말. ②지난날, 나라의 말림갓이나 인삼밭의 경계에 푯말을 세우던 일, 또는 그 푯말.

봉풍(逢豊)명-하다자 풍년을 만남. 봉년(逢年)

봉피(封皮)명 물건을 싼 종이.

봉필(蓬篳)명 ①쑥대나 가시덤불로 지붕을 인 집이라는 뜻으로, 가난한 사람의 집을 이르는 말. ②남에게 자기 집을 겸손하게 이르는 말.

봉필생휘(蓬篳生輝)성구 가난한 사람의 집에 고귀한 사람이 찾아온 일을 영광으로 여긴다는 말.

봉-하다(封－)타여 ①문이나 봉투, 그릇 따위를 열지 못하게 단단히 붙이거나 싸서 막다. ¶서류 봉투를 접착 테이프로 －. ②입을 다물다. ¶입을 봉한 채 더 이상 아무 말도 하지 않았다. ③왕이 땅을 떼어 주어 제후(諸侯)로 삼다. ¶제후로 －. ④지난날, 직품(職品)을 내리다. ¶영의정으로 －. ☞봉작(封爵). 책봉(冊封) ⑤무덤을 메우고 그 위에 흙을 둥글게 쌓다.

한자 **봉할 봉**(封) [寸部 6획] ¶개봉(開封)/동봉(同封)/밀봉(密封)/봉쇄(封鎖)/봉인(封印)

봉함(封函)명 봉투에 넣고 봉한 편지.

봉함(封緘)명-하다타 편지나 문서 등을 봉투에 넣고 봉함, 또는 그 편지나 문서.

봉함-엽서(封緘葉書)[－녑－]명 우편엽서의 한 가지. 접으면 보통 엽서와 같은 크기로 되는데, 봉서(封書)와 같이 봉해서 부침.

봉합(封合)명-하다타 봉하여 붙임.

봉합(縫合)명-하다타 수술이나 외상(外傷)으로 갈라지거나 찢어진 부분을 꿰매어 붙이는 일.

봉합-사(縫合絲)명 봉합에 쓰는 실.

봉합-침(縫合針)명 봉합에 쓰는 바늘.

봉항(封港)명-하다자타 적의 항구를 봉쇄함.

봉:행(奉行)명-하다타 웃어른이 시키는 대로 받들어 함.

봉:헌(奉獻)명-하다타 물건을 받들어 바침.

봉혈(封穴)명 가루 흙이 봉긋하게 쌓여 있는 개미구멍.

봉호(蓬蒿)명 '쑥'의 딴이름.

봉화(烽火)명 지난날, 나라에 병란이나 사변이 있을 때 신호로 올리던 불. 낮에는 연기로, 밤에는 불빛으로 하였음. 낭연(狼煙). 수화(燧火). 봉수(烽燧)

봉화(를) 들다관용 어떤 일을 다른 사람에 앞서서 하다. 어떤 일을 앞장서서 이끌다. 봉화(를) 올리다.

봉화(를) 올리다 관용 봉화(를) 들다.
봉화(逢禍) 명 -하다 자 화를 당함.
봉화-간(烽火干) 명 조선 시대, 봉화를 맡아서 올리던 사람. ☞봉수군(烽燧軍)
봉화-대(烽火臺) 명 봉화를 올릴 수 있게 설비하여 놓은 곳. 봉대(烽臺). 봉소(烽所). 봉수대(烽燧臺). 봉홧둑
봉화-재(烽火-) 명 봉홧둑이 있는 산.
봉화-지기(烽火-) 명 봉홧둑을 지키는 사람.
봉:환(奉還) 명 -하다 타 ①받들어 돌려 드리는 일. ②받들어 모시고 돌아오는 일. ¶해외에 있는 순국 선열의 유해를 -하다.
봉환(封還) 명 -하다 타 사표 따위를 받아들이지 않고 봉한 채로 돌려 보내는 일. 환봉(還封)
봉홧-대(烽火-) 명 진달래 가지의 끝에 기름을 발라서 불을 붙여 들고 다니는 제구.
봉홧-둑(烽火-) 명 봉수대(烽燧臺). 봉화대
봉홧-불(烽火-) 명 봉화로 드는 횃불.
속담 **봉홧불 받듯**: 봉홧불을 보면 곧 이어받아서 다시 불을 올리는 것과 같이, 조금도 지체 없이 서로 말을 주고 받음을 이르는 말. /**봉홧불에 산적(散炙) 굽기**: 어떤 일을 무성의하게 닥치는 대로 하여 제대로 이루지 못함을 비유하여 이르는 말. [봉홧불에 김을 구워 먹는다]
봉:황(鳳凰) 명 고대 중국의 전설에 나오는 상서로운 새. 성인(聖人)이 태어날 때 세상에 나타난다고 함. 수컷은 '봉(鳳)', 암컷은 '황(凰)'이라 함. 봉(鳳). 봉조(鳳鳥)

한자 **봉황새 봉**(鳳) [鳥部 3획] ¶봉두(鳳頭)/봉미(鳳尾)/봉안(鳳眼)/봉잠(鳳簪)/봉황(鳳凰)

봉:-황개(奉黃蓋) 명 조선 시대, 대궐 잔치에서 노래와 춤을 출 때 황개를 받들던 무동(舞童)이나 여기(女妓).
봉:황-루(鳳凰樓) 명 지난날, 임이나 임금이 계신 곳을 아름답게 이르던 말.
봉:황-무(鳳凰舞) 명 조선 세종 때 만들어진 불교 음악인 영산회상(靈山會相)에 맞추어 추는 춤.
봉:황-문(鳳凰紋) 명 봉황을 본떠 그리거나 새긴 무늬.
봉:황새-자리(鳳凰-) 명 가을철 남쪽 하늘에서 보이는 별자리. 봉황좌(鳳凰座)
봉:황음(鳳凰吟) 명 조선 세종 때, 윤회(尹淮)가 처용가(處容歌)를 개작한 악장(樂章). 조선의 문물을 찬미하고 태평을 기원하는 내용으로 되어 있음.
봉:황-의(鳳凰衣) 명 새끼를 깐 새알의 겉껍질 안에 겹으로 있는 얇은 속껍질.
봉:황-좌(鳳凰座) 명 봉황새자리
봉후(封侯) 명 -하다 타 제후로 봉함, 또는 그 제후.
봐 타 ①'보다'의 명령형 '보아'의 준말. ¶저 사람 좀 -. ②'보다'의 부사형 '보아'의 준말. ¶우선 - 두자.
봐:란-듯이 부 '보아란듯이'의 준말. ¶- 솜씨를 뽐내다.
봐:-주다 타 '보아주다'의 준말.
봐:-하니 부 '보아하니'의 준말.
뵈 조형 '보다'의 활용형 '보이'의 준말. ¶갔나 -.
뵈:다[1] 자 '보이다[1]'의 준말. ¶어두운 데서 뭐가 뵈느냐? / 웃으니까 호인(好人)처럼 뵈지?
뵈:다[2] 타 '보이다[2]'의 준말. ¶본보기를 -.
뵈:다[3] 타 웃어른을 대하다. ¶그 집 어른들을 -.

한자 **뵐 알**(謁) [言部 9획] ¶배알(拜謁)/알현(謁見)

뵈-시:위(-侍衛) 감 지난날, 임금이 거둥할 때, 조심해서 모시라는 뜻으로 봉도(奉導)에서 외치던 소리. ☞봉도(奉導)
뵈:옵다 타 '뵈다[3]'를 공손하게 이르는 말. 준 뵙다
뵘: 명 틈이나 사이가 난 데를 메우거나 받치는 일.
뵙다(뵙고·뵈워) 타ㅂ '뵈옵다'의 준말. ¶고향에 계신 부모님을 -.
부: 부 압축된 기체가 금속관을 빠져나갈 때와 같은 소리를 나타내는 말. ¶- 하는 기적 소리.
부(父) 명 '아버지'의 뜻으로 쓰는 한문 투의 말.
부(夫) 명 '남편'의 뜻으로 쓰는 한문 투의 말.
부(缶) 명 국악기 토부(土部) 타악기의 한 가지. 점토를 화로 모양으로 빚어 구워 만든 것으로, 대나무 채로 위쪽 가장자리를 쳐서 소리를 냄. 질장구
부:(否) 명 찬성과 반대를 결정하는 표결에서, '반대'를 뜻하는 말. ¶가(可) 9표, - 1표로 가결되다. ☞가(可)
부(府) 명 고려·조선 시대의 지방 행정 구역. 부(府)·대도호부(大都護府)·도호부(都護府) 등.
부(婦) 명 '아내'의 뜻으로 쓰는 한문 투의 말.
부:(富) 명 ①많은 재물. 많이 모은 재물. ¶-와 명예를 모두 가지다. /-를 쌓다. /-를 누리다. ②경제적으로 가치 있는 자원(資源). ¶부존 자원은 국토가 지닌 자연의 -이다.
부(傅) 명 고려·조선 시대, 세자나 세손의 교육을 맡아보던 관직. ☞세자 시강원. 세손 강서원
부:(賦) 명 ①한문 시체(詩體)의 한 가지. 마음에 느낀 것을 그대로 적는 글. ②한문 문체(文體)의 한 가지. 운(韻)을 달고 대(對)를 맞추어 짓는 글. ③시(詩)·표(表)·책(策)·의(義)·의(疑)와 함께, 과거의 문과에서 짓게 하던 여섯 가지 문체의 하나. ☞과문 육체(科文六體)
부:(附) 의 날짜를 나타내는 말 다음에 쓰이어, 그 날짜로 작성·발송, 또는 효력이 발생된 것임을 나타내는 말. ¶1월 4일 - 작성 문서. /오늘 -로 승진 발령한다.
부:(負) 의 지난날, 조세(租稅)를 계산하기 위한 논밭의 면적을 나타내던 단위. 짐[2]
부(部) 의 ①전체가 몇 부분으로 이루어지는 일의 한 부분. ¶그 소설은 제5-까지 발간되었다. ②책·신문·잡지 등을 세는 단위. ¶시집을 만 - 발행하다.
부(不)-《접두사처럼 쓰이어》'그것이 아니거나 그러하지 않음'을 뜻함. ¶부동산(不動產)/부조리(不條理)/부주의(不注意) ☞불(不)-
부:(副)-《접두사처럼 쓰이어》①직명(職名)에 붙어 '버금가는 자리'의 뜻을 나타냄. ¶부교수(副教授)/부대변인(副代辯人)/부사장(副社長) ②'부수적인'의 뜻을 나타냄. ¶부산물(副產物)/부작용(副作用) ☞정(正)-
-부(夫)《접미사처럼 쓰이어》'어느 일을 하는 남자'임을 나타냄. ¶청소부(清掃夫)/하역부(荷役夫) ☞-부(婦)
-부(附)《접미사처럼 쓰이어》'부침'의 뜻을 나타냄. ¶시한부(時限附)/조건부(條件附)
-부(部)《접미사처럼 쓰이어》'부서(部署)', '부문', '분야'의 뜻을 나타냄. ¶국방부(國防部)/문예부(文藝部)/외신부(外信部)/판매부(販賣部)
-부(婦)《접미사처럼 쓰이어》'어느 일을 하는 여자'임을 나타냄. ¶가정부(家政婦)/파출부(派出婦) ☞-부(夫)
-부(符)《접미사처럼 쓰이어》'부호(符號)'의 뜻을 나타냄. ¶인용부(引用符)/종지부(終止符)
-부(簿)《접미사처럼 쓰이어》'기록한 문서'의 뜻을 나타냄. ¶가계부(家計簿)/출납부(出納簿)/출석부(出席簿)/학적부(學籍簿)/호적부(戶籍簿)
부:가(附加) 명 -하다 타 주되는 것에 덧붙임. ¶또 한 가지 조건을 -하다. ☞첨가(添加)
부:가(富家) 명 부잣집
부:가=가치(附加價值) 명 생산 과정에서 새로이 덧붙여지는 가치. ¶-가 높은 산업.
부:가=가치세(附加價值稅) 명 국세의 한 가지. 거래 단계별로 상품이나 용역에 새로 부가되는 가치, 곧 마진(margin)에만 매기는 세금. 우리 나라에서는 1977년 7월 1일부터 시행됨.
부:가=가치=통신망(附加價值通信網) 명 공중 통신 사업자로부터 회선을 빌려 독자적인 통신망을 구성하고, 거기에 정보의 전달이나 축적 따위의 부가 가치를 높여 서비스를 제공하는 통신망. 밴(VAN)
부:가=보:험료(附加保險料) 명 보험료 가운데, 보험 회사의 경비에 충당할 부분.
부:가-옹(富家翁) 명 부잣집의 늙은 주인.
부:가=원가(附價原價) [-까] 명 원가 계산으로는 원가이나, 손익 계산으로는 비용이 아닌 원가. 기업가의 임금,

자기 자본에 대한 이자 따위.

부:가-형(附加刑)[명] 주형(主刑)에 덧붙여 지우는 형벌. ☞몰수(沒收)

부각[명] 마른반찬의 한 가지. 깻잎·김·다시마 등에 찹쌀풀을 발라 말린 것을 기름에 튀긴 반찬. ☞튀각

부:각(俯角)[명] 내려본각 ☞앙각(仰角)

부각(浮刻)[명] ①돋을새김 ②-하다[타] 사물을 특징지어 두드러지게 함. ¶제품의 특징을 뚜렷이 -하다.

부:각(腐刻)[명]-하다[타] 약물을 사용하여 유리나 금속 따위에 새기는 일. 식각(蝕刻)

부:감(俯瞰)[명]-하다[타] 높은 곳에서 내려다봄. 감시(瞰視). 부관(俯觀). 부시(俯視). 하감(下瞰)

부:감-도(俯瞰圖)[명] 조감도(鳥瞰圖)

부:-갑상선(副甲狀腺)[명] 상피 소체(上皮小體)

부:강(富強)[명]-하다[형] 국가 경제가 든든하고 군사력이 강함. ¶무역을 통해 나라의 -을 이루다. /-한 국가의 건설.

부개비-잡히다[자] 하도 조르는 통에 싫은 일을 마지못하여 하게 되다.

부객(浮客)[명] 떠돌아다니는 나그네.

부:거(赴擧)[명]-하다[자] 과거를 보러 감.

부:거(副車)[명] 지난날, 임금의 거둥 때, 거가(車駕) 외에 여벌로 따라가던 수레.

부걱-거리다(대다)[자] 부걱부걱 소리가 나다. ☞보각거리다

부걱-부걱[부] ①술 따위가 한창 괼 때 나는 소리를 나타내는 말. ¶술이 - 괴다. ②죽 따위가 한창 끓을 때 나는 소리를 나타내는 말. ¶닭죽이 - 끓다. ☞보각보각

부:건(副件)[-껀][명] 여벌

부:검(剖檢)[명]-하다[타] 사인(死因) 등을 밝혀내기 위하여, 시체를 해부하여 검사하는 일. ☞검시(檢屍)

부검지[명] 짚의 잔 부스러기.

부견(膚見)[명] ①피상적인 관찰. ②천박한 견해.

부:결(否決)[명]-하다[타] 어떤 의안(議案)을 통과시키지 않기로 결정하는 일, 또는 그 결정. ¶격론(激論) 끝에 그 안(案)은 -되었다. ☞가결(可決)

부경(浮輕)[어기] '부경(浮輕)하다'의 어기(語基).

부경-하다(浮輕-)[형여] ①말이나 태도가 경솔하다. ②부피에 비해서 무게가 가볍다.

부계(父系)[명] ①아버지 쪽의 혈연 계통. ②가계(家系)가 아버지 쪽의 계통으로 이어지는 일. ¶- 가족/- 사회 ☞모계(母系)

부계(伏鷄)[명] 알을 품고 있는 암탉.

부계(府啓)[명] 사헌부(司憲府)에서 임금에게 올리는 의견.

부계(符契)[명] 부절(符節)

부계=제:도(父系制度)[명] 가계(家系)가 아버지 쪽의 혈통을 바탕으로 이어지는 제도. ☞모계 제도(母系制度)

부계-친(父系親)[명] 부계 혈족 ☞모계친

부계=혈족(父系血族)[-쪽][명] 아버지 쪽의 혈족. 부계친(父系親) ☞모계 혈족(母系血族)

부고(府庫)[명] 곳간으로 지은 집. 곳집

부:고(訃告)[명] 사람의 죽음을 알리는 글. 부보(訃報). 부신(訃信) ¶-를 받다. ☞부문(訃聞). 부음(訃音)

부:-고환(副睾丸)[명] 남성 생식기의 한 부분. 불알 뒤쪽에 붙어서 불알에서 정자를 정낭으로 보내는 일을 함.

부곡(部曲)[명] 삼국 시대부터 조선 초기까지 있던, 특수 행정 구역. 특히 고려 시대에는 일반 양민보다 추가로 역(役)을 부담하고 관직 진출에 제한을 받는 등 천시되는 집단이었음. ☞소(所). 향(鄕)

부:골(富骨)[명] 부자답게 생긴 골상(骨相).

부:골(跗骨)[명] 발목뼈

부:골(腐骨)[명] 화농성 골수염 등으로 골질이 회사(壞死)하여 주변 조직에서 떨어져 나가는 상태, 또는 그 뼈.

부공(婦功)[명] ①부인의 공덕(功德) 또는 공적(功績). ②집 안에서 부녀자가 하는 일. 길쌈·바느질 따위.

부:공(賦貢)[명]-하다[타] 공물(貢物)을 매김.

부:과(附過·付過)[명] 조선 시대, 관원의 공무상의 과실을 관원 명부에 적어 두던 일. 근무 성적을 평가할 때 참작했음.

부:과(副果)[명] 헛열매

부:과(賦課)[명]-하다[타] ①세금이나 벌금 등을 매겨서 물게 함. ¶벌금을 -하다. ②책임을 지워 맡게 함. ¶새로운 임무를 -했다.

부:과-금(賦課金)[명] 매겨서 물게 하는 돈. 부금(賦金)

부:관(附款)[명] 법률 행위에서, 일반적으로 생기는 효과를 제한하기 위하여 의사 표시에 부가한 제한. 조건(條件)·기한(期限)·부담(負擔) 등.

부:관(俯觀)[명]-하다[타] 부감(俯瞰)

부:관(副官)[명] ①'전속 부관(專屬副官)'의 준말. ②군대의 병과(兵科)의 하나. 군대에서 부대장·지휘관의 명령을 받아 행정 업무를 맡아봄.

부:관(副管)[명] '부관리(副管理)'의 준말.

부:관-참:시(剖棺斬屍)[명] 조선 시대, 죽은 뒤에 죄가 드러난 사람에게 내리던 극형(極刑). 무덤을 파헤쳐서 관을 쪼개고 송장의 목을 베었음. [준]참시(斬屍)

부:광(富鑛)[명] ①쓸모 있는 광물이 많이 섞인 광석. ②쓸모 있는 광석을 많이 산출하는 광상(鑛床)이나 광산. ☞빈광(貧鑛)

부:광-대(富鑛帶)[명] 광맥(鑛脈)이 풍부한 지대.

부:광-체(富鑛體)[명] 광상(鑛床) 가운데 쓸만 한 광석이 많은 부분.

부교(父敎)[명] ①아버지의 가르침. ②아버지의 명령. 부명(父命)

부교(浮橋)[명] 교각을 세우지 않고 배나 뗏목 따위를 물에 띄워, 그 위에 널빤지 등을 깔아서 만든 다리. ☞가반교(可搬橋). 배다리

부:교(副校)[명] 조선 말기, 신식 군제(軍制)에 따라 두었던 하사관(下士官)의 하나. 참교(參校)의 위, 정교(正校)의 아래임.

부:교(富驕)[명] 재산을 가지고 부리는 교만.

부:교감=신경(副交感神經)[명] 교감 신경과 함께 자율 신경계를 이루는 신경. 교감 신경과 길항 작용을 함.

부:-교:수(副敎授)[명] 대학 교원 직위의 한 가지. 조교수의 위, 교수의 아래임.

부:-교:재(副敎材)[명] 보조적으로 쓰이는 교재.

부구[명] 재래식 한옥의 용마루에서, 차꼬막이 위에 이중으로 얹는 수키와.

부국(部局)[명] 관공서 등에서 사무를 분담하여 다루는 국(局)·부(部)·과(課) 등을 통틀어 이르는 말.

부:국(富局)[명] ①부자답게 보이는 상(相). ②풍수지리설에서, 산수가 잘 어울린 좋은 판국.

부:국(富國)[명] ①부유한 나라. ☞빈국(貧國) ②나라를 부유하게 하는 일.

부:국-강병(富國強兵)[명] 나라를 부유하게 하고 병력을 강하게 함.

부군(夫君)[명] 상대편을 높이어 그의 남편을 일컫는 말. ¶-께서는 안녕하신지요?

부:군(府君)[명] 죽은 아버지나 남자 조상을 높이어 이르는 말. 주로 위패(位牌)나 지방(紙榜)에 씀. ¶현고(顯考) 학생(學生) - 신위(神位).

부:군-당(府君堂)[명] 조선 시대, 각 관아에 설치하여 신령을 모시던 집.

부권(父權)[-꿘][명] 남자인 가장(家長)이 가족을 통제하기 위하여 가지는 가장권(家長權). ☞모권(母權)

부권(夫權)[-꿘][명] 남편이 아내에 대하여 가지는 신분이나 재산에 관한 권리.

부권(婦權)[-꿘][명] 여권(女權)

부권-제(父權制)[-꿘-][명] 씨족이 아버지 혈통을 토대로 이루어지며, 남성이 가정이나 씨족의 장(長)이 되고 사회의 지배권을 가지는 제도. ☞모권제(母權制)

부:귀(富貴)[명]-하다[형] 재산이 많고 지위가 높음. ¶-를 누리다. ☞빈천(貧賤)

부:귀-공명(富貴功名)[명] 재산이 많고 지위가 높으며 공을 세워 이름을 떨침.

부:귀-다남(富貴多男)[명] 재산이 많고 지위가 높으며 아

들이 많음.
부:귀-영화(富貴榮華)명 재산이 많고 지위가 높으며 영화로움. ¶ -를 누리다.
부:귀재천(富貴在天)성구 부귀는 하늘이 주는 것이므로, 사람의 힘으로는 어찌할 수 없음을 이르는 말.
부:귀-화(富貴花)명 부귀의 기상이 있는 꽃이라는 뜻으로, '모란꽃'을 달리 이르는 말.
부그르르부 ①크고 운두가 높은 그릇에 담긴 많은 양의 액체가 한 차례 끓어오르는 모양, 또는 그 소리를 나타내는 말. ¶죽이 - 끓어오르다. ②큰 거품이나 기포(氣泡)가 한 차례 일어나는 모양, 또는 그 소리를 나타내는 말. ¶맥주병을 따자 거품이 - 솟았다. ☞버그르르. 보그르르. 뿌그르르
부극(掊克)명-하다타 ①권세를 믿고 함부로 금품을 거두어들임. ②조세(租稅)를 가혹하게 매겨 거둠으로써 백성을 괴롭힘.
부근(斧斤)명 큰 도끼와 작은 도끼.
부:근(附近)명 어떠한 곳에 가까운 곳. ¶학교 -/공원 -에 산다.
부글-거리다(대다)자 ①액체에서 부글부글 소리가 나다. ②거품이나 기포가 부글부글 일어나다. ¶거품이 -. ③화가 나거나 하여 마음속이 편치 않고 부대끼다. ¶화가 나서 속이 -. ④먹은 것이 잘 삭지 않아 뱃속이 끓다. ☞버글거리다. 보글거리다. 뿌글거리다
부글-부글부 ①크고 운두가 높은 그릇에 담긴 액체가 자꾸 끓는 모양, 또는 그 소리를 나타내는 말. ¶분화구의 용암이 - 끓는다. ②큰 거품이나 기포가 자꾸 일어나는 모양, 또는 그 소리를 나타내는 말. ¶세제 거품이 - 일어나다. ③화가 나거나 하여 마음속이 편치 않고 부대끼는 모양을 나타내는 말. ④먹은 것이 잘 삭지 않아 뱃속이 끓는 상태를 나타내는 말. ¶소화 불량으로 뱃속이 - 끓다. ☞보글보글
부:금(負金)명 '황새'의 딴이름.
부:금(賦金)명 ①부과금(賦課金) ②일정한 기간마다 붓는 돈. ¶주택 - ☞납입금(納入金). 할부금(割賦金)
부:급(負笈)명-하다자 책 상자를 진다는 뜻으로, 집을 떠나 객지로 공부하러 감을 이르는 말.
부:급종사(負笈從師)성구 책 상자를 지고 스승을 좇는다는 뜻으로, 먼 곳에 있는 스승을 찾아 공부하러 감을 이르는 말.
부기명 세상일에 어둡고 사람의 마음을 모르는 어리석은 사람. 북숭이
부기(缶器)명 중배가 부르고 아가리가 좁은, 오지그릇이나 질그릇.
부:기(附記)명-하다타 본문에 덧붙여서 적음, 또는 그 글. ¶주의 사항을 -하다.
부기(浮氣)명 몸의 이상으로 살이 붓는 증세. ¶다리의 -가 빠지다./얼굴에 -가 있다.
부기(簿記)명 자본과 재산의 변동을 일정한 방식으로 기록하거나 계산하는 일, 또는 그 방법. ¶복식 -
부:기=등기(附記登記)명 주등기(主登記)에 덧붙여 그 일부를 변경하는 등기.
부기-법(簿記法)[-뻡]명 부기의 원리와 방법을 응용하는 법칙. 단식 부기와 복식 부기가 있음.
부:기우:기(boogie-woogie)명 미국의 흑인 음악에서 비롯된, 한 마디를 여덟 박자로 연주하는 대중 음악.
부기-장(簿記帳)[-짱]명 부기에 쓰는 장부.
부꾸미명 찹쌀가루·차수수가루·밀가루·녹두가루 따위를 반죽하여 둥글넓적하게 지진 떡. 전병(煎餠)
부끄러움명 부끄러워하는 느낌이나 마음. 수치(羞恥) ¶-을 느끼다./-에 몸둘 바를 모르다. 준부끄럼 ☞바끄러움. 수줍음
부끄러워-하다자타여 ①부끄러운 태도를 나타내다. ¶너무 부끄러워하지 말고 한 곡 불러라. ②부끄럽게 여기다. ¶자기의 잘못을 부끄러워할 줄 알아야 한다. ☞바끄러워하다
부끄럼명 '부끄러움'의 준말. ☞바끄럼
부끄럼(을) 타다관용 유난히 부끄러움을 느끼다. 쉽게 부끄러움을 느끼다.
부끄럽다(부끄럽고·부끄러워)형ㅂ ①양심에 거리껴 남을 대할 낯이 없거나 떳떳하지 못하다. ¶부모한테 손 내밀기가 -. ②스스러움을 느껴서 수줍다. ¶전교생 앞에 서니 부끄러워 목소리가 떨린다. ☞바끄럽다
부끄러이부 부끄럽게

한자 **부끄러울 괴**(愧)〔心部 10획〕¶수괴(羞愧)/참괴(慙愧)
부끄러울 참(慙)〔心部 11획〕¶참색(慙色)/참회(慙悔)
부끄러울 치(恥)〔心部 6획〕¶수치(羞恥)/염치(廉恥)

×**부끄리다**자 →부끄러워하다
부-나방명 불나방
부-나비명 불나방
부:납(賦納)명-하다자 부과금을 냄.
부낭(浮囊)명 ①헤엄칠 때 부력을 돕는 기구. ②배에 갖추어 두는 구명대(救命帶). ③부레
부내(部內)명 ①관공서나 기업체 등의 내부. ¶회사의 -에서 생긴 일. ②어떤 조직이나 기구 등의 내부. ☞부외(部外)
부-넘기명 재래식 한옥의 아궁이에서, 불길이 솥 바닥 가까이를 스쳐 넘어가게 방고래 쪽을 조금 높이 쌓은 부분.
부녀(父女)명 아버지와 딸. ☞모자(母子)
부녀(婦女)명 부녀자(婦女子)
부녀-자(婦女子)명 결혼한 여자. 부인(婦人). 부녀(婦女)
부:농(富農)명 많은 농지를 가지고 있어 소득이 많고 생활이 넉넉한 농가, 또는 그런 농민. ☞빈농(貧農)
부:-농가(富農家)명 부농을 이룬 가정, 또는 그 집.
부-늑골(浮肋骨)명 가늑골(假肋骨)
부:니(腐泥)명 유기물(有機物)의 잔 부스러기들이 바다 밑바닥에 가라앉아 썩어서 된 검고 끈적끈적한 진흙.
부:니-암(腐泥岩)명 부니가 굳어서 된 바위.
부닐다(부닐고·부니니)자 ①곁에서 붙임성이 있게 행동하다. ②남을 도와서 고분고분하게 굼닐다.
부다듯-하다[-듣-]형여 열이 나서 몸이 달듯이 덥다.
부다듯-이부 부다듯하게
부닥-뜨리다(트리다)자 뜻하지 아니하게 어떤 일과 마주하다. ¶어려운 일에 -.
부닥치다자 어떤 일이 아주 가까이 닥치다. ¶난관에 -.
부단(不斷)어기 '부단(不斷)하다'의 어기(語基).
부단-하다(不斷-)형여 꾸준하게 잇닿아 끊임이 없다. ¶부단한 연구와 노력이 열매를 맺다.
부단-히부 부단하게
부:담(負擔)명 ①-하다타 어떤 일에 대한 의무나 책임을 짐, 또는 그러한 의무나 책임. ¶-이 크다./-을 느끼다./각자 -하자. ②'부담농'의 준말.
부:담-금(負擔金)명 ①의무나 책임을 가지고 내야 하는 돈. ②국가와 지방 자치 단체 사이에 사업비의 일부를 부담하는 돈.
부:담-농(負擔-)명 물건을 넣어서 말에 실어 운반하는 조그마한 농짝. 준부담(負擔)
부:담-마(負擔馬)명 부담농을 싣고 사람이 함께 탈 수 있게 꾸민 말.
부:담부=증여(負擔附贈與)명 증여를 받는 사람이 증여를 받음과 동시에 일정한 부담, 곧 증여자나 제삼자에게 일정하게 급부를 하는 것을 부관(附款)으로 하는 증여.
부:담-스럽다(負擔-)(-스럽고·-스러워)형ㅂ 부담이 되는듯 한 느낌이 있다. ¶과분한 칭찬을 받으니 -.
부담-스레부 부담스럽게
부:담-액(負擔額)명 의무나 책임을 지고 내야 하는 돈의 액수.
부답복철(不踏覆轍)성구 뒤집힌 앞 수레의 수레바퀴 자국을 밟지 않았다는 뜻으로, 선인(先人)의 실패를 되풀이하지 않음을 이르는 말.
부당(夫黨)명 남편의 성(姓)과 본(本)이 같은 겨레붙이.
부당(婦黨)명 아내의 성(姓)과 본(本)이 같은 겨레붙이.
부당(不當)어기 '부당(不當)하다'의 어기(語基).

부당=노동=행위(不當勞動行爲)명 사용자가 노동자의 단결이나 단체 행동, 단체 교섭 등의 자유를 부당하게 간섭하거나 압박하는 행위.

부당당(不當當)어기 '부당당(不當當)하다'의 어기(語基).

부당당-하다(不當當-)형여 아주 이치에 맞지 않다.

부당=이:득(不當利得)명 정당하지 않은 방법으로 남에게 손실을 주며 얻는 이득.

부당지사(不當之事)명 정당하지 않은 일.

부당지설(不當之說)명 이치에 맞지 않는 말.

부당-하다(不當-)형여 이치에 맞지 않거나 마땅하지 않다. ¶부당한 요구./부당한 처사(處事)에 항의하다.
부당-히부 부당하게

부:대(*負袋)명 ①종이·피륙·가죽 따위로 만든 큰 자루. ¶밀가루 ― ②〔의존 명사로도 쓰임〕 ¶옥수수 한 ―. 포대(包袋)

부대(浮貸)명-하다타 금융 기관이나 회사 등의 회계원이 직무를 남용하여 부정 대출을 하는 일.

부대(部隊)명 ①일정한 규모로 편성된 군인의 집단. ¶공수 ― ②집단으로 행동하는 사람들의 무리를 비유하여 이르는 말. ¶박수 ―로 동원되다.

부:대(附帶)앞말 주된 것에 곁달아서 덧붙임을 뜻하는 말. ¶― 시설/― 조건/― 비용

부:대(富大)어기 '부대(富大)하다'의 어기(語基).

부대끼다자 ①무엇에 시달려 괴로움을 당하다. ¶하루 종일 아이들에게 부대꼈다. ②뱃속이 답답하고 울렁울렁한 느낌이 들다. ¶속이 부대끼어 점심을 걸렀다. ☞보대끼다

부:대=면:적(附帶面積)명 건물에서 보조적인 구실을 하는 공간의 면적.

부:대-범(附帶犯)명 기소(起訴)된 범죄에 덧붙은 범죄.

부:-대:부인(府大夫人)명 조선 시대, 대원군(大院君)이나 부원군(府院君)의 아내에게 내리던 작호.

부대불소(不大不小)[-쏘] 크지도 작지도 않게 알맞음을 이르는 말.

부:대=사:건(附帶事件)[-껀]명 어떤 사건에 곁따라 일어나는 사건.

부:대=사:업(附帶事業)명 주가 되는 사업에 덧붙여서 하는 사업.

부:대=상:고(附帶上告)명 민사 소송에서, 피상고인(被上告人)이 상고인에 대하여 제1심 또는 제2심의 판결 중 자기에게 불리한 부분의 변경을 요구하는 신청.

부:대=상:소(附帶上訴)명 민사 소송에서, 피상소인이 상소인의 상소에 부대하여 원심 판결을 자기에게도 유리하게 변경시킬 것을 신청하는 상소.

부:대-세(附帶稅)[-쎄]명 납부 불이행 가산세, 보고 불이행 가산세, 신고 불이행 가산세 등을 통틀어 이르는 말. ☞가산세(加算稅)

부-대:접(不待接)명-하다타 푸대접

부:대=청구(附帶請求)명 민사 소송에서, 주되는 청구에 부대하여 청구하는 과실이나 손해 배상, 위약금, 권리 행사의 비용 등에 대한 청구.

부-대:체물(不代替物)명 일반 거래에서, 각각의 특성에 중점을 두고 거래되기 때문에 같은 종류의 다른 물건으로 바꿀 수 없는 물건. 토지나 예술품 따위. ☞대체물

부:대-하다(富大-)형여 몸집이 뚱뚱하고 크다. ¶나이가 들면서 몸이 부대해졌다.

부:대=항:소(附帶抗訴)명 민사 소송에서, 피항소인이 항소에 부대하여 원재판에 대한 불복을 주장하고, 항소 절차에서 심판의 범위를 자기에게 유리하도록 확장하는 신청.

부덕(不德)명-하다형 덕이 없음. ¶제가 ―한 탓으로 이 일이 벌어졌습니다./이번 일은 제 ―의 소치입니다.

부덕(婦德)명 여자로서 지녀야 할 덕목이나 덕행. ¶―을 쌓다./―을 갖추다.

부도(不渡)명 수표나 어음의 지급인으로 지정된 은행으로부터 그 지급을 거절 당하게 되는 일. ¶― 수표/― 어음
부도(가) 나다관용 기한이 되어도 수표나 어음에 적힌 돈을 못 받게 되다.

부도(父道)명 아버지로서 지켜야 할 도리.

부:도(附圖)명 어떤 책에 딸린 그림이나 지도, 도면(圖面) 따위. ¶지리 ―

부도(浮屠·浮圖 ∠Buddha 범)명 중의 사리나 유골을 넣어 추모하는 탑. ☞사리탑

부도(婦道)명 여자로서 지켜야 할 도리.

부도(不道)어기 '부도(不道)하다'의 어기(語基).

부-도:덕(不道德)명-하다형 도덕에 어긋남. ¶사회는 부도덕한 사람을 반기지 않는다.

부도=수표(不渡手票)명 지급인으로 지정된 은행이 지급을 거절한 수표. 공수표(空手票)

부:-도심(副都心)명 대도시에서, 도심에 버금가는 기능을 분담하는 번화한 지역.

부도=어음(不渡-)명 지급인이 지급을 거절한 어음.

부도-옹(不倒翁)명 오뚝이

부-도:체(不導體)명 열이나 전기가 잘 통하지 않는 물체. 불량 도체(不良導體). 절연체(絕緣體) ☞도체(導體). 양도체(良導體)

부도-하다(不道-)형여 도리에 벗어난 데가 있다.

부동(不動)명-하다자 ①물건이나 몸이 움직이지 아니함. ¶―의 자세로 서 있다. ②마음이 흔들리지 아니함. ¶―의 신념으로 어려움을 극복하다.

부동(浮動)명-하다자 ①물 속이나 공중에 떠서 움직임. ¶―하는 티끌. ②일정한 곳에 자리잡아 있지 않고 떠돌아 움직임. ¶― 인구/― 자금

부동(符同)명-하다자 ①둘이 서로 꼭 들어맞음. ②좋지 않은 일을 하기 위하여 어울려서 한통속이 됨.

부동(不同)어기 '부동(不同)하다'의 어기(語基).

부동=관절(不動關節)명 두 뼈가 단순히 이어져 있을 뿐 거의 움직이지 않는 관절. ☞가동 관절(可動關節)

부-동산(不動產)명 움직여서 옮길 수 없는 재산. 토지·건물·수목(樹木) 등. ☞동산(動產)

부동산=금융(不動產金融)[-늉]명 부동산을 담보로 자금을 융통하는 일.

부동산=등기(不動產登記)명 부동산에 관한 권리 내용을 공시하기 위해, 권리 관계를 등기부에 기록하는 일.

부동산=신:탁(不動產信託)명 토지나 건물 따위의 부동산 소유자가 재산권을 신탁 회사에 넘기면, 신탁 회사가 의뢰자의 의견에 따라서 신탁 회사의 자금과 전문 지식을 활용해 신탁 재산을 효과적으로 개발·관리·처분 하고 그 이익 중 신탁 수수료를 뺀 나머지를 돌려주는 제도.

부동산-업(不動產業)명 토지나 건물 등 부동산을 상품으로 취급하는 직업. ☞부동산 중개업

부동산=중개업(不動產仲介業)명 토지나 건물의 매매(賣買)·대차(貸借)·교환 등을 중개하거나 대리하는 직업. ☞부동산업

부동산-질(不動產質)명 부동산을 담보의 목적물로 하는 질권(質權). ☞동산질(動產質)

부동산=취:득세(不動產取得稅)명 매매·증여(贈與)·건축 따위로 부동산을 취득한 경우, 취득 가격을 표준으로 하여 부과하는 조세.

부동-심(不動心)명-하다자 어떤 충동에도 마음이 흔들리지 아니함, 또는 그런 마음.

부동-액(不凍液)명 자동차 기관의 냉각수가 얼지 않게 냉각수에 섞어 쓰는 액체. 주로 겨울철에 쓰며, 염화칼슘·염화마그네슘·에틸알코올 등이 주성분임.

부동-주(浮動株)명 증권 시장에서 단기간에 이익을 보려고 투기적으로 자주 사고파는 주식(株式). ☞고정주

부동-초(不動哨)명 한곳에서 자리를 뜨지 않고 보초(步哨)를 서는 병사. 입초(立哨) ☞동초(動哨)

부동-표(浮動票)명 선거에서, 어느 입후보자에게 투표해야 할지 확정하지 않은 상태의 유권자의 표. ☞고정표(固定票)

부동-하다(不同-)형여 서로 같지 않다. ¶표리(表裏)가 부동한 사람.

부동-항(不凍港)명 겨울에도 해면(海面)이 얼지 않는 항

ㅂ

구. ☞동항(凍港)

부두(埠頭)명 배를 대어 여객이 타고 내리거나 짐을 싣고 부릴 수 있도록 바닷가에 만든 시설. ☞나루. 선창

부두-꾼(埠頭—)명 부두에서 배에 짐을 싣거나 짐을 부리거나 하는 일꾼.

부둑-부둑 부-하다형 매우 부둑한 모양을 나타내는 말. ☞보독보독. 뿌둑뿌둑

부둑-하다 형여 물기 있는 물체의 거죽이 꽤 말라 굳다. ☞보독하다. 뿌둑하다

부둥-부둥 부-하다형 몸이 투실투실 살지고 부드러운 모양을 나타내는 말. ¶ —한 몸매. ☞보동보동. 푸둥푸둥

부둥켜-안:다[—따] 타 두 팔로 꼭 끌어안다. ¶선수들은 서로 부둥켜안고 감격의 눈물을 흘렸다.

부둥키다 타 두 팔로 꼭 안거나 두 손으로 힘껏 붙잡다. ¶손잡이를 부둥켜 잡다. 원붙움키다

부둥-팥 명 ①여물었으나 덜 말라 부둥부둥한 대로 따서 쓰는 팥. ②아주 굵고 붉은 팥.

부드드-하다 형여 인색하여 잔뜩 움켜쥐고 내놓기 싫어하는 태도가 있다. ☞뿌드드하다

부드득 부 ①단단한 물건을 눌러 으깰 때 크게 나는 소리를 나타내는 말. ¶얼음을 — 깨물다. ②단단한 물체끼리 갈릴 때 크게 나는 소리를 나타내는 말. ¶자면서 이를 — 갈다. ③수북수북 곱게 쌓인 눈을 밟을 때 크게 나는 소리를 나타내는 말. ¶쌓인 눈이 — 밟힌다. ☞바드득. 보드득. 뿌드득. 으드득

부드득-거리다(대다) 자타 자꾸 부드득 소리가 나다, 또는 그런 소리를 내다. ☞바드득거리다. 보드득거리다. 뿌드득거리다. 으드득거리다

부드득-부드득 부 부드득거리는 소리를 나타내는 말. ☞바드득바드득. 보드득보드득. 뿌드득뿌드득. 으드득으드득

부드럽다(부드럽고·부드러워)형ㅂ ①단단하지 않고 결이 곱거나 매끄럽다. ¶부드러운 살결./우단이나 융은 감촉이 —. ②태도나 성격, 분위기 따위가 딱딱하거나 막되지 않고 온화하다. ¶성격이 —./부드러운 눈길을 보내다./회의 분위기가 —. ③어떤 느낌이 강하거나 거칠지 않고 순하다. ¶벽지의 색감이 —./술맛이 —./차가 부드럽게 움직인다. ☞보드랍다

부드러이 부 부드럽게

한자 **부드러울 유**(柔) 〔木部 5획〕 ¶온유(溫柔)/유순(柔順)/유약(柔弱)/유연(柔軟)

부드레-하다 형여 ①꽤 부드럽다. ②약하여 맞설 힘이 없다. ☞보드레하다

부득기소(不得其所)성구 부득기위(不得其位)

부득기위(不得其位)성구 훌륭한 소질과 실력을 지니고도 그것을 펴 볼만 한 적당한 지위를 얻지 못함을 이르는 말. 부득기소(不得其所)

부득-부득[1] 부 ①억지스레 고집을 부리는 모양을 나타내는 말. ¶ — 아니라고 우긴다./— 걸어서 가겠단다. ②억척스레 애를 쓰는 모양을 나타내는 말. ¶ — 애를 쓴다. ☞바득바득[1]. 뿌득뿌득[1]

부득-부득[2] 부 이를 심하게 가는 소리를 나타내는 말. ☞바득바득[2]. 뿌득뿌득[2]

부득불(不得不)부 아니할 수 없어서. 마지못하여. 불가불(不可不) ¶ — 승낙하다./— 동의하다.

부득요령(不得要領)성구 말이나 글의 요점이나 줄거리가 뚜렷하지 않아 요령을 잡을 수가 없음을 이르는 말. 요령부득(要領不得)

부득의(不得意) '바라던 바를 이루지 못함'의 뜻.

부득이(不得已)부-하다형 마지못하여. 하는 수 없이. ¶ —한 사정으로 회의에 참석하지 못했다. ☞막부득이. 만부득이

부득지(不得志) '때를 만나지 못하여 품은 뜻을 이루지 못함'의 뜻.

부득책(不得策) '계책이 서지 아니함'의 뜻.

부들[1] 명 거문고나 가야금 등 현악기의 줄을 봉미(鳳尾) 쪽에서 붙들어 매는 데 쓰는 줄. 무명실에 파란 물을 들여서 꼰 것으로, 당기거나 늦추거나 하여 악기를 조율함. 염미(染尾)

부들[2] 명 부들과의 여러해살이풀. 줄기 높이 1.5m 안팎. 원주형의 줄기는 털이 없고 밋밋함. 잎은 가늘고 길. 7월경에 노란 꽃이 육수(肉穗) 꽃차례로 핌. 잎은 자리나 방석을, 줄기는 부채를 만드는 데 쓰이고, 꽃가루는 한방에서 지혈제나 진통제 등으로 쓰임. 늪이나 연못가에 절로 자람. 향포(香蒲)

부들-거리다(대다) 자타 부들부들 떨다. ☞바들거리다. 푸들거리다

부들-부들[1] 부 ①몸이나 몸의 일부를 자꾸 크게 떠는 모양을 나타내는 말. ¶무서워서 — 떨다./— 떨리는 손. ☞우들우들 ②두렵거나 하여 자꾸 불안해 하는 모양을 나타내는 말. ¶마음이 — 떨렸다. ☞바들바들. 푸들푸들

부들-부들[2] 부-하다형 감촉이 매우 부드러운 모양을 나타내는 말. ¶양털이 —하다. ☞보들보들

부들-부채 명 부들의 줄기를 결어 만든 부채.

부들-자리 명 부들의 잎이나 줄기로 엮어 만든 자리. 포석(蒲席)

부듯-하다[—듣—] 형여 ①꼭 맞아서 헐렁거리지 않다. ②기쁨이나 만족감 따위가 마음에 가득히 차서 빈틈이 없다. ¶다 자란 너를 보니 가슴이 —. ☞뿌듯하다

부듯-이 부 부듯하게 ☞바듯이. 뿌듯이

부등(不等)어기 '부등(不等)하다'의 어기(語基).

부등-가(不等價)[—까] 명 값이나 가치가 같지 않은 일, 또는 그러한 값이나 가치. ¶ — 교환

부등가리 명 아궁이에서 땐 불을 담아 옮길 때 부삽 대신 쓰는 도구. 흔히 오지그릇이나 질그릇의 깨진 조각으로 만들어 씀.

부등-깃 명 갓난 날짐승 새끼의 어리고 약한 깃.

부등-변(不等邊)명 다각형(多角形)에서, 각 변의 길이가 같지 않은 것, 또는 같지 않은 변. ☞등변

부등변=삼각형(不等邊三角形)명 세 변의 길이가 모두 다른 삼각형.

부등속=운:동(不等速運動)명 속도가 일정하지 않은 운동. ☞등속도 운동(等速度運動)

부등-식(不等式)명 두 수 또는 두 식의 관계를 부등호로 나타낸 식. ☞등식(等式)

부등-엽(不等葉)명 한 그루에 달린 잎이 위치에 따라 모양이나 크기가 다른 것.

부등-표(不等標)명 부등호(不等號)

부등-하다(不等—)형여 ①층이 져서 고르지 않다. ②같지 않다.

부등-할(不等割)명 동물극의 할구가 식물극의 할구보다 작은 경우의 난할. 양서류 따위의 알에서 볼 수 있음. ☞등할(等割)

부등-호(不等號)명 두 수 또는 두 식이 같지 않음을 나타내는 기호. '>, <, ≥, ≤'가 있음. 부등표 ☞등호(等號)

부:디 부 '꼭·기어이·아무쪼록'의 뜻으로, 부탁이나 바라는 바를 말할 때 쓰는 말. ¶ — 행복하십시오.

부디기 명 삶은 국수 따위를 건져 내는 데 쓰는 기구.

부:디-부:디 부 '부디'의 뜻을 강조하는 말.

부딪다[—딛—] 자타 ①물건과 물건이 힘있게 마주 닿다. ②물건과 물건을 힘있게 마주 대다. ¶벽에 머리를 —.

부딪-뜨리다(트리다)[—딛—] 타 아주 힘있게 부딪게 하다. ¶차를 벽에 —.

부딪치다[—딛—] 자타 ①세게 부딪다. ¶자전거끼리 정면으로 부딪쳤다./한눈을 팔아 기둥에 머리를 부딪쳤다. ②어떤 일이나 사람과 맞닥뜨리다. 직접 부닥치다. ¶뜻하지 않은 어려움에 —./당사자와 부딪쳐 보아야 해결이 나겠지. ③뜻밖에 만나다. ¶전철 안에서 고향 친구와 부딪쳤다. ④서로 맞서서 싸우다. ¶그들은 사사건건 부딪친다.

부딪치이다[—딛—] 자 부딪침을 당하다.

부딪히다 자 부딪음을 당하다. ¶후진하는 차에 부딪혀서 다치다./예기치 않은 반대에 -.
부뚜 명 타작 마당에서 바람을 일으켜 곡식에 섞인 티끌이나 쭉정이, 검부러기 따위를 날려 버리는 데 쓰는 돗자리. 풍석(風席) 원붓돗
부뚜막 명 부엌 아궁이 위에 흙과 돌을 쌓아서 솥을 걸고 그 언저리를 평평하게 만든 자리.
속담 **부뚜막 땜질 못하는 며느리 이마의 털만 뽑는다** : 일은 전혀 할 줄 모르면서 맵시만 내는 밉살스러운 행동을 이르는 말.〔동정 못 다는 며느리 맹물 발라 머리 빗는다〕/**부뚜막의 소금도 집어 넣어야 짜다** : 아무리 손쉬운 일이라도 힘을 들이지 않으면 소용이 없다는 말.〔가마솥의 콩도 삶아야 먹는다/구슬이 서 말이라도 꿰어야 보배/구운 게 발도 떼어야 먹는다〕
부뚜-질 명-하다 타 부뚜로 바람을 일으켜 곡식에 섞인 티끌이나 쭉정이, 검부러기 따위를 날려 버리는 일. 풍석질
부라 감 대장간에서 풀무질을 할 때 '불을 불어라'라는 뜻으로 하는 말.
부라리다 타 눈을 부릅뜨고 눈알을 사납게 굴리다.
부라-부라 감 부라질을 시킬 때 하는 말.
부라-질 명-하다 자 ①젖먹이의 두 겨드랑이를 껴서 붙들고 좌우로 흔들며, 두 다리를 번갈아 들었다 놓았다 하게 하는 짓. ②몸을 좌우로 흔드는 짓.
부라퀴 명 ①야물고 암팡스러운 사람. ②제게 이로운 일에 기를 쓰고 덤비는 사람을 이르는 말.
부란(孵卵) 명-하다 자타 알이 깸, 또는 알을 깜.
부:란(腐爛) 명-하다 자 썩어 문드러짐.
부란-기(孵卵器) 명 부화기(孵化器)
×**부란-당** 명 →불한당
부랑(浮浪) 명-하다 자 일정한 거처와 직업이 없이 이리저리 떠돌아다님.
부랑-배(浮浪輩) 명 일정한 거처와 직업이 없이 이리저리 떠돌아다니는 사람, 또는 그런 무리.
부랑-아(浮浪兒) 명 일정한 거처와 직업이 없이 떠돌아다니는 아이.
부랑-자(浮浪者) 명 일정한 거처와 직업이 없이 떠돌아다니는 사람.
부랑-패:류(浮浪悖類) 명 일정한 거처와 직업이 없이 못된 짓이나 하고 떠돌아다니는 무리.
부랴-부랴 부 매우 급히 서두르는 모양을 나타내는 말. ¶전화를 받고 - 달려오다.
부랴-사랴 부 매우 황급하고 부산하게 서두르는 모양을 나타내는 말. ¶손님들이 들이닥쳐 - 음식을 장만했다.
부러 부 일부러. 짐짓 ¶- 자는체 하다.
부러-뜨리다(트리다) 타 꺾어서 부러지게 하다. 분지르다 ¶삭정이를 부러뜨려 아궁이에 넣었다.
부러워-하다 형여 부럽게 생각하다. ¶모두들 그의 재능을 부러워했다. ☞부럽다
부러-지다 자 꺾여서 동강이 나다. ¶태풍으로 나뭇가지가 부러졌다.
속담 **부러진 칼자루에 옻칠하기** : 쓸데없는 일을 함을 비유하여 이르는 말.
부:럼 명 정월 대보름날 깨물어 먹는 밤·잣·호두·땅콩 따위를 이르는 말. 민속에서 이날 새벽에 이것을 깨물면 그 해에 부스럼을 앓지 않는다고 함.
부럽다(부럽고·부러워) 형ㅂ 남의 좋은 물건이나 재주 따위를 보고 가지고 싶어하거나 하고 싶어하는 생각이 들다. ¶그의 노래 솜씨가 -./백만장자가 부럽지 않다. ☞부러워하다
부레 명 ①물고기의 뱃속에 있는 공기 주머니. 물고기가 이 안의 공기량을 조절하여 물 속에서 오르내림. 부낭(浮囊). 어표(魚鰾) ②'부레풀'의 준말.
×**부레-끊다** 자 →부레끓다
부레-끓다 자 '몹시 성이 나다'를 속되게 이르는 말.
부레-뜸 명-하다 자 부레풀을 먹여 연줄을 빳빳하고 질기게 만드는 일.
부레-질 명-하다 타 부레풀로 물건을 붙이는 일.
부레-찜 명 민어의 부레 속에 제 살과 쇠고기를 다져서 섞고 양념과 고명을 하여 채워 넣어 삶거나 찐 음식.
부레-풀 명 민어 따위 물고기의 부레를 끓여 만든 풀. 접착력이 강하여 목기(木器) 등을 붙이는 데 쓰임. 어표교(魚鰾膠) 준부레
부려-먹다 타 사람이나 짐승을 자기 뜻대로 마구 부리다. ¶마소를 -./노예처럼 -.
부력(浮力) 명 유체(流體) 속에 있는 물체가 유체로부터 받는, 중력과 반대 방향의 힘. 물체를 떠오르게 함.
부:력(富力) 명 ①재산의 정도. ②재물이 넉넉함으로써 생기는 위력. 금력(金力). 재력(財力)
부:련(副輦) 명 지난날, 거둥 때 임금이 탄 연(輦)보다 앞서 가던 빈 연. ☞정련(正輦)
부:련-배(副輦陪) 명 지난날, 거둥 때 부련을 매던 사람.
부:렴(賦斂) 명-하다 타 조세를 매겨서 거둠.
부령(部令) 명 행정 각부 장관이 소관 사무에 관하여 법률이나 대통령의 위임(委任) 또는 직권(職權)으로 내리는 명령. ☞대통령령(大統領令). 총리령(總理令)
부:령(副令) 명 조선 시대, 종친부에 딸린 종오품 관직.
부:령(副領) 명 조선 말기에 신식 군제에 따라 두었던 무관 계급의 하나. 정령(正領)의 아래, 참령(參領)의 위임.
부로(父老) 명 한 동네에서 나이가 많은 어른.
부로(俘虜) 명 포로(捕虜)
부:록(附錄) 명 ①본문의 끝에 덧붙이는 기록. ②신문이나 잡지 등에 덧붙이거나 따로 내는 지면이나 책자. ¶별책(別冊) -
부록(簿錄) 명-하다 타 장부에 기록함.
부룡(浮龍) 명 궁전이나 법당 등의 천장에 만들어 놓은 용 문양의 장식. 뜬용
×**부루-말** 명 →흰말
부루-퉁이 명 불룩하게 불거져 나온 물건.
부루퉁-하다 형여 ①부어 올라서 좀 불룩하다. ¶삔 다리가 부루퉁하게 붓다. ②못마땅하여 얼굴에 좀 화난 빛이 있다. ¶부루퉁한 기색. ③〔동사처럼 쓰임〕¶걸핏하면 부루퉁하여 가 버린다. ☞보로통하다. 뿌루퉁하다
부루퉁-히 부 부루퉁하게 ☞보로통히. 뿌루퉁히
부룩 명 곡식이나 채소를 심은 밭두둑 사이나 빈틈에 다른 종류의 농작물을 듬성듬성 심는 일. 유대우 ☞간작
부룩(을) 박다 관용 곡식이나 채소를 심은 밭두둑 사이나 빈틈에 다른 종류의 농작물을 듬성듬성 심다.
부룩-소 명 작은 수소.
부룩-송아지 명 길들지 않은 송아지.
부룻 명 무더기로 놓인 물건의 부피.
부룻-동 명 상추의 줄기.
부류(浮流) 명-하다 자 떠서 흐름.
부류(部類) 명 사물을 공통되는 성질에 따라 나눈 갈래. ¶소와 돼지는 가축이라는 점에서 같은 -이다.
부류=기뢰(浮流機雷) 명 ①적의 함대가 지나다니는 길목이나 정박한 곳의 물 위에 띄워 흘러다니게 하는 기뢰. ②매어 둔 줄이 끊어져 흘러다니는 기뢰.
부르-걷다 타 입고 있는 옷의 소매나 바짓가랑이를 힘차게 걷어 올리다. ¶바짓가랑이를 부르걷고 김을 매다.
부르다[1](부르고·불러) 타르 ①말이나 동작 등으로 자기를 보거나 자기에게 오라고 하다. ¶아주머니가 지나가는 학생을 불렀다./선생님이 손짓으로 나를 부르셨다. ②청하여 오게 하거나 만나기 위해 찾다. ¶친한 동무 몇 사람만 부르도록 하자./빨리 의사를 부르십시오. ③노래를 하다. ¶바닷가에서 함께 부르던 노래./신나게 노래를 부른다. ④소리를 내어 외치다. ¶모두가 만세를 불렀다./쾌재를 -. ⑤무엇이라고 일컫다. ¶사람들이 너를 꽁생원이라고 부르던데./누구나 그를 선생님이라고 부른다. ⑥값을 매겨 말하다. ¶부르는 대로 주지 말고 좀 깎아라./너무 비싸게 부른다. ⑦받아쓰거나 답하도록 명단이나 문구 등을 소리 내어 읽다. ¶부르는 것을 받아 적어라./통과한 사람들의 이름만 부르겠다. ⑧무슨 일이나 사건 등이 일어나는 결과를 가져오다. ¶스스로 화를 부르는 행동을 했다.

한자 **부를 빙**(聘)〔耳部 7획〕¶예빙(禮聘)/초빙(招聘)
부를 소(召)〔口部 2획〕¶소집(召集)/응소(應召)
부를 초(招)〔手部 5획〕¶초대(招待)/초청(招請)
부를 호(呼)〔口部 5획〕¶호명(呼名)/호형(呼兄)

부르다[2](부르고·불러)형르 ①먹은 것이 많아 속이 차서 가득한 느낌이 들다. ¶이제 배가 불러서 더는 못 먹겠다. ②불룩하게 부풀어 있다. ¶임신하여 배가 불렀다./독보다 조금 작고 배가 부른 중두리.

부르-대:다 자 남을 나무라듯 사나운 말로 떠들어대다.

부르르 부 ①화를 삭이지 못하여 불끈 하는 모양을 나타내는 말. ¶걸핏하면 ─ 하는 성미. ②경련이 일듯 몸을 크게 떠는 모양을 나타내는 말. ¶한기를 느낀듯 ─ 몸을 떨다. ③얇은 종이나 마른 나뭇잎 더미에 불이 붙어 크게 번지는 모양을 나타내는 말. ¶건초 더미에 불이 붙어 ─ 타올랐다. ☞버르르. 보르르

부르릉 부 발동기가 움직이어 크게 울리는 소리를 나타내는 말. ¶자동차가 ─ 출발한다. ☞부릉

부르릉-거리다(대다) 자타 부르릉 소리가 자꾸 나다, 또는 그런 소리를 자꾸 내다. ☞부릉거리다

부르릉-부르릉 부 발동기가 움직이어 자꾸 크게 울리는 소리를 나타내는 말. ☞부릉부릉

부르주아(bourgeois 프)명 ①중세 유럽에서, 상공업을 중심으로 하는 도시에 살던 중산 계급의 시민. ②근대 사회에서, 자본가 계급의 사람. ☞프롤레타리아

부르주아=국가(bourgeois國家)명 부르주아가 지배권을 가진 국가.

부르주아=문학(bourgeois文學)명 시민 문학(市民文學)

부르주아=사:회(bourgeois社會)명 ①시민 사회(市民社會) ②자본주의 제도의 사회.

부르주아저:널리즘(bourgeois journalism 프)명 자본가 계급을 대변하는 신문이나 잡지 등의 보도 활동.

부르주아지(bourgeoisie 프)명 자본가 계급(資本家階級) ☞프롤레타리아트

부르주아=혁명(bourgeois革命)명 시민 혁명

부르-쥐:다 타 힘을 들여 단단히 쥐다. ¶두 주먹을 부르쥐고 대들다.

부르-짖다[-짇-] 자타 ①힘껏 큰 소리로 외치거나 말하다. ¶다급하게 부르짖는 소리가 들렸다. ②어떤 의견이나 요구 등을 강하게 주장하다. ¶사회 개량주의를 ─. ☞울부짖다

한자 **부르짖을 규**(叫)〔口部 2획〕¶규환(叫喚)/절규(絕叫)

부르터-나다 자 숨기어 있던 일이 드러나다.

부르트다(부르트고·부르터)자 ①살가죽이 들뜨고 그 속에 물이 괴다. ¶피곤해서 입술이 ─. ②물것에 물려 살이 도톨도톨하게 부어 오르다. ¶벌레 물린 자리가 발갛게 ─. 준부릍다

부름-켜 명 식물의 줄기나 뿌리의 물관부와 체관부 사이에 있는 분열 조직. 세포 분열이 왕성하게 일어나서 안쪽에 물관부, 바깥쪽에 체관부를 만듦. 형성층(形成層) ☞관다발

부릅-뜨다(-뜨고·-떠)타 사납게 눈을 크게 뜨다. ¶눈을 부릅뜨고 쳐다본다.

부릉 부 발동기가 움직이어 울리는 소리를 나타내는 말. ¶─, 오토바이에 시동을 걸다. ☞부르릉

부릉-거리다(대다) 자타 부릉 소리가 자꾸 나다, 또는 그런 소리를 자꾸 내다. ☞부르릉거리다

부릉-부릉 부 발동기가 움직이어 자꾸 울리는 소리를 나타내는 말. ☞부르릉부르릉

부릍다[-륻-] 자 '부르트다'의 준말.

부리[1] 명 ①새나 짐승의 주둥이. 구문(口吻) ¶비둘기가 ─로 모이를 쪼다. ②물건의 끝이 뾰족하게 된 부분. ☞돌부리. 발부리. 총부리 ③병과 같이 속이 비고 한끝이 막힌 것의, 다른 한끝의 터진 부분. ¶─가 긴 병.

부:리[2] 명 한집안의 조상의 혼령이나 선대(先代)로부터 모셔 내려오는 귀신을 무당이 일컫는 말.

부리가 세다 관용 '그 집안의 귀신이 매우 사납다'는 뜻으로 이르는 말.

부:리(附利)명 이자가 붙는 일.

부리나케 부 몹시 급하게 서둘러서. ¶연락을 받고 ─ 집으로 돌아왔다.

부리다[1] 타 ①사람을 시켜 일을 하게 하다. ¶일꾼을 여럿 부리며 공사를 하다. ②마소를 몰아서 일을 시키다. ¶소를 부려 밭을 갈다. ③기계나 기구 등을 마음대로 다루어 움직이게 하다. ¶차를 ─. ④재주나 꾀를 피우다. ¶곰이 재주를 ─./꾀를 ─. ⑤어떤 행동을 겉으로 나타내거나 자꾸 하다. ¶심술을 ─./고집을 ─./말썽을 ─.

한자 **부릴 사**(使)〔人部 6획〕¶사역(使役)/행사(行使)
부릴 역(役)〔彳部 4획〕¶부역(賦役)
부릴 조(操)〔手部 13획〕¶조작(操作)/조종(操縱)

부리다[2] 타 ①실었던 짐을 내려놓다. ¶이삿짐을 마당에 부려 놓다. ②활시위를 벗기다.

부리-망(-網)명 매우 가는 새끼로 그물처럼 얽어 소의 주둥이에 씌우는 물건. 소를 부릴 때 곡식이나 풀을 뜯어먹지 못하게 하기 위한 것임.

부리부리-하다 형여 눈망울이 크고도 열기가 있다. ¶눈이 부리부리하고 목소리가 우렁차다.

부리이다 자 남에게 부림을 받다.

부린-활 명 활시위를 벗긴 활. ☞얹은활

부림-꾼 명 남에게 부림을 받는 사람.

부마(夫馬)명 마부와 말을 아울러 이르는 말.

부:마(付魔)명-하다 자 귀신들림. ☞빙의(憑依)

부:마(副馬)명 주로 부리는 말 대신에 쓰기 위하여 예비로 함께 끌고 다니는 말.

부:마(駙馬)명 ①지난날, 임금의 사위를 이르던 말. ②'부마 도위(駙馬都尉)'의 준말.

부:마=도위(駙馬都尉)명 지난날, 임금의 사위에게 주던 칭호. 의빈(儀賓) 준도위. 부마 ☞국서(國壻)

부:마-부(駙馬府)명 지난날, 부마(駙馬)에 관한 사무를 맡아보던 관아.

부:마-자(付魔者)명 귀신들린 사람.

부말(浮沫)명 물거품

부:망(副望)명 조선 시대, 관원 임명에 천거된 삼망(三望) 가운데 둘째 후보자를 이르던 말. ☞말망(末望)

부:망(敷網)명 들그물

부맥(浮脈)명 한방에서, 손끝으로 살짝 짚기만 하여도 뛰는 것을 알 수 있는 맥을 이르는 말. ☞삭맥(數脈). 지맥(遲脈). 침맥(沈脈)

부맥(浮麥)명 밀의 쭉정이.

부:메랑(boomerang)명 오스트레일리아 원주민이 사용하는 'ㄱ'자 모양으로 구부러진 나무 막대기. 목표물을 향하여 던지면 회전하면서 날아가 목표물에 맞지 않으면 본디 자리로 되돌아옴.

부:메랑=효:과(boomerang效果)명 선진국이 발전 도상국에 경제 원조나 자본 투자를 한 결과, 그 제품이 현지 시장의 수요를 충족시키고도 남아 선진국에 역수출되어 선진국의 해당 산업과 경쟁을 벌이는 현상.

부면(部面)명 몇 개의 부분으로 나눈 것 중의 어느 한 면.

부명(父名)명 아버지의 이름.

부명(父命)명 아버지의 명령. 부교(父敎)

부:명(富名)명 부자로 알려진 소문.

부모(父母)명 아버지와 어머니. 어버이. 양친(兩親)
속담 **부모가 반(半) 팔자** : 어떤 부모에게서 태어나느냐 하는 것이 사람의 운명을 결정하는 중요한 요소라 하여 이르는 말./**부모가 온 효자가 되어야 자식이 반 효자** : 자식은 부모가 하는 것을 보고 따라 한다는 말./**부모가 자식을 겉 낳았지 속 낳았나** : 아무리 자기가 낳은 자식이라도 그 속을 알 수는 없음을 이르는 말.〔자식 겉 낳지 속은 못 낳는다〕/**부모는 자식이 한 자만 하면 두 자로 보이고 두 자만 하면 석 자로 보인다** : 부모된 사람은 누구나 제 자식이 좋게만 보이고 좋게만 여겨진다는 말.〔자식은 내 자식이 커 보이고 벼는 남의 벼가 커 보인다〕/부

모는 차례 걸음이라 : 부모의 죽음을 슬퍼하는 이에게 나이 많은 부모는 으레 먼저 돌아가시는 것이라고 하며 위로하는 말. /**부모 속에는 부처가 들어 있고 자식 속에는 앙칼이 들어 있다** : 부모는 자식을 한없이 사랑하지만, 자식은 부모에게 불효(不孝)하는 때도 있다는 말.

▶ '부모'에 대한 호칭(呼稱)
- ○ 아버지 · 어머니 — 자기의 부모를 부르거나 남에게 말할 때 쓰는 말.
- ○ 아버님 · 어머님 — 며느리가 남편의 부모를 부르거나 남에게 말할 때, 또는 남에게 그의 부모를 말할 때 쓰는 말.
- ○ 가친(家親) — 자기의 아버지를 남에게 말할 때 쓰는 말.
- ○ 자친(慈親) — 자기의 어머니를 남에게 말할 때 쓰는 말.
- ○ 춘부장(椿府丈) — 남에게 그의 아버지를 말할 때 쓰는 말.
- ○ 자당(慈堂) — 남에게 그의 어머니를 말할 때 쓰는 말.
- ○ 부친(父親)·모친(母親) — 남에게 그의 부모나 다른 사람의 부모를 말할 때 쓰는 말.

부모-구몰(父母俱沒)명 아버지와 어머니가 다 세상을 떠나셨음.
부모-구존(父母俱存)명 아버지와 어머니가 살아 계심.
부모-국(父母國)명 조국(祖國)
부모-궁(父母宮)명 십이궁(十二宮)의 하나. 어버이에 대한 운수를 점치는 별자리.
부모-덕(父母德)명 어버이의 은덕.
부모-상(父母喪)명 부모의 상사(喪事). 친상(親喪)
부모은중경언:해(父母恩重經諺解)명 은중경언해
부:목(負木)명 절에서 땔나무를 마련하는 사람.
부목(浮木)명 물 위에 떠 있는 나무.
부:목(副木)명 부러진 뼈나 삔 관절을 치료할 때, 다친 부위를 고정시키기 위하여 대는 것.
부:목(腐木)명 썩은 나무.
부:문(赴門)명-하다자 지난날, 과거를 보기 위하여 과장(科場)에 들어가던 일.
부:문(訃聞)명 사람이 죽었다는 소식. 흉문(凶聞) ¶ -을 듣다. ☞부고(訃告). 부음(訃音)
부문(浮文)명 진실성이 없는 경박한 문장.
부문(部門)명 전체를 크게 구별하여 갈라놓은 하나하나. ¶예능 -/체육 -/영업 -/관리 -
부민(浮民)명 한곳에 머물러 살지 않고 이리저리 떠돌아다니는 백성.
부:민(富民)명 살림이 넉넉한 백성.
부:바 감 '어부바'의 준말.
부박(浮薄)어기 '부박(浮薄)하다'의 어기(語基)
부박-하다(浮薄-)형여 마음이 변하기 쉽다. 천박하고 경솔하다.
부방(阜傍)명 한자 부수(部首)의 한 가지. 우부방(右阜傍)과 좌부변(左阜邊)을 아울러 이르는 말. ☞고을읍. 언덕부
부:방(赴防)명-하다자 조선 시대, 변경을 방비하기 위하여 수자리를 살던 일.
부방(趺方)명 신주(神主) 밑에 까는 네모진 받침.
부-방파제(浮防波堤)명 파도를 막기 위하여 항만의 일정한 곳에 잇대어 놓은 방주(方舟)나 뗏목 따위.
부:-배:합(富配合)명-하다타 콘크리트를 만들 때, 시멘트를 정해진 양보다 많이 섞는 배합. ☞빈배합(貧配合)
부:벽(付壁)명 벽에 붙이는 그림과 글씨.
부:벽-서(付壁書)명 벽에 붙이는 글씨.
부:별(賦別)명-하다타 나누어 배당함. ☞할당(割當)
부:병(富兵)명 강병(強兵)
부:보(訃報)명 사람의 죽음을 알리는 글. 부고(訃告). 부신(訃信) ☞부음(訃音)
부보(部譜)명 합주(合奏)할 때, 각 성부(聲部)를 맡은 연주자의 악보.
부:보-상(負*褓商)명 보부상(褓負商)

부:복(俯伏)명-하다자 고개를 숙이고 엎드림.
부:본(副本)명 원본과 동일하게 만든 서류. 정본(正本)의 예비나 사무 정리를 위해 만듦. 부서(副書)
부부(夫婦)명 남편과 그 아내. 내외(內外)[1]. 부처(夫妻)
속담 **부부 싸움은 칼로 물 베기** : 칼로 물을 베면 흔적이 남지 않듯이, 부부는 싸워도 쉽게 화해함을 이르는 말.
부부=별산제(夫婦別産制)명 부부가 각각 혼인 전부터 가졌던 고유 재산과 혼인 생활 중에 자기의 명의로 취득한 재산을 그의 특유 재산(特有財産)으로 인정하여 그것을 각자 관리 · 사용 · 수익(收益)하게 하는 제도.
부부-성(夫婦星)명 견우성과 직녀성을 이르는 말.
부부-애(夫婦愛)명 남편과 아내 사이의 사랑.
부부유:별(夫婦有別)성구 오륜(五倫)의 하나. 남편과 아내 사이에는 서로 침범하지 못할 인륜(人倫)의 엄격한 구별이 있음을 이르는 말.
부:-부인(府夫人)명 조선 시대, 외명부(外命婦) 품계의 하나. 왕비의 어머니와 대군(大君)의 아내에게 내린 봉작(封爵)으로, 정일품임. ☞군부인(郡夫人)
부부=재산제(夫婦財産制)명 혼인으로 말미암아 생기는 부부 사이의 재산 관계를 규정하는 제도.
부부지약(夫婦之約)명 서로 결혼하기로 하는 약속. ☞약혼(約婚). 혼약(婚約)
부부지정(夫婦之情)명 부부 사이의 애정.
부분(部分)명 전체를 몇으로 가른 것 중의 하나, 또는 전체를 이루는 하나하나.
부분=그늘(部分-)명 반암부(半暗部)
부분=색맹(部分色盲)명 특정한 색채만을 식별하지 못하는 색맹. ☞전색맹(全色盲)
부분-식(部分蝕)명 일식이나 월식에서 해나 달의 일부분만 가려지는 현상. 준분식(分蝕) ☞개기식(皆旣蝕)
부분=압력(部分壓力)명 물리학에서, 혼합 기체에서 한 성분의 기체가 혼자서 전체 부피를 차지한다고 가정하였을 때의 압력을 이르는 말. ☞전체 압력(全體壓力)
부분=월식(部分月蝕)[-씩]명 달의 일부가 지구 그림자에 가려져 보이지 않는 현상. ☞개기 월식(皆旣月蝕)
부분=일식(部分日蝕)[-씩]명 태양의 일부가 달에 가려져 보이지 않는 현상. ☞개기 일식(皆旣日蝕)
부분-적(部分的)명 전체 가운데 한 부분이 되는 것. ¶ -으로 수정해야 할 곳이 있다.
부분-품(部分品)명 기계 따위에서 전체의 일부를 이루는 물품. 준부품(部品)
부분-할(部分割)명 알의 일부분에서만 세포 분열이 일어나는 난할(卵割). ☞전할(全割)
부:불(賦拂)명-하다타 여러 번으로 나누어 지급함. 유할부(割賦) ☞일시불(一時拂)
부:불=신:용(賦拂信用)명 상품은 건네주고 그 값은 일정한 기간 안에 여러 차례로 나누어 받는 일.
부비(浮費)명 어떤 일을 하는 데 써서 없어지는 돈. 유입비(入費)
부:-비:강(副鼻腔)명 콧구멍에 이어져 있으며 뼈 속으로 뻗쳐 있는, 비어 있는 부분.
부:비강-염(副鼻腔炎)명 축농증
×**부비-질** 명 →비게질
부빙(浮氷)명 ①물 위에 떠 있는 얼음덩이. ②-하다자 강에서 얼음 조각을 떠내는 일.
부사(父師)명 ①아버지와 스승을 아울러 이르는 말. ②아버지 겸 스승.
부:사(府使)명 지난날, 지방 장관직인 대도호부사(大都護府使)와 도호부사를 통틀어 이르던 말.
부사(浮莎)명-하다자 뗏장을 떠내는 일.
부:사(副使)명 ①신라 때, 왕실의 사원(寺院)을 관리하던 관아의 관직. ②고려 시대, 중추원의 정삼품과 삼사의 종사품 관직인 사(使)의 부직(副職)을 이르던 말. ③조선 시대, 정사(正使)를 보좌하던 사신(使臣).
부:사(副詞)명〈어〉품사(品詞)의 하나. 주로 용언 앞에 놓여 그 뜻을 분명하게 하며 꾸밈. '매우, 가장, 조금, 아

주' 등과 같이 단어의 형태가 일정함. 어찌씨 ☞감탄사(感歎詞). 수식언(修飾言)

▶ **부사처럼 쓰이는 명사와 대명사**
때나 곳을 나타내는 명사나 대명사가 부사처럼 쓰이는 경우가 있다.
¶오늘이 생일이다. 〔명사〕
편지를 오늘 부쳤다. 〔부사〕
¶내일은 토요일이다. 〔명사〕
내일 모이자. 〔부사〕
¶여기가 어디입니까? 〔대명사〕
나는 여기 있겠다. 〔부사〕

부:사-격(副詞格) [-껵] 명 〈어〉부사어(副詞語)의 자리. 체언(體言)이 부사어 노릇을 하는 말임을 나타내는 자리. '한 시에 역으로 떠났다.'에서 '한 시에 역으로'가 이에 해당함. ☞서술격(敍述格)

부:사격=조:사(副詞格助詞) [-껵-] 명 〈어〉의미상으로 구별한 격조사의 하나. 체언(體言)이 부사어의 자리에 있음을 나타내는 조사. '아침 저녁으로 만난다.'에서 '-으로'가 이에 해당함. ☞목적격 조사. 서술격 조사(敍述格助詞)

부:-사:관(副士官) 명 군대 계급에서, 하사·중사·상사·원사를 통틀어 이르는 말. ☞병(兵)

부:사-구(副詞句) [-꾸] 명 〈어〉문장에서 부사어 구실을 하는 구. '너는 좀더 빨리 달려라.'에서 '좀더 빨리'와 같은 구성의 말. ☞독립구(獨立句)

부사리 명 머리로 잘 들이받는 버릇이 있는 황소.

부:사-어(副詞語) 명 〈어〉문장 성분의 하나. 문장에서 용언(用言)의 뜻을 한정하는 말. 부사, 체언(體言)의 부사격, 용언의 부사형의 일부가 이에 딸림. '그는 혼자 살았다.', '그는 독신으로 살았다.', '그는 외롭게 살았다.'에서 '혼자', '독신으로', '외롭게' 따위. ☞관형어(冠形語)

부:-사:장(副社長) 명 회사에서 사장 다음가는 지위, 또는 그 지위에 있는 사람.

부:사-절(副詞節) 명 〈어〉주어와 서술어로 구성되어, 문장에서 부사어 구실을 하는 성분을 이르는 말. '세월이 물이 흐르듯 흐른다.'에서 '물이 흐르듯'과 같은 구성의 말. ☞관형어절(冠形語節)

부:사-형(副詞形) 명 〈어〉①부사는 용언(用言)을 꾸미는 말로 형태가 고정되어 있지만, 활용하는 말이 용언을 꾸미는 경우는 일정한 형태의 변화가 생기게 되는데 그러한 형태를 부사형이라 이름. '그이는 크게 기뻐했다.'의 '크게'와 같은 말이 이에 해당함. ②용언 위에 놓여 용언과 어울리는 형태의 활용형. '되받아 묻다.'에서 '되받아'가 이에 해당함. ☞관형사형(冠形詞形)

부산 명-하다 형 ①어수선하고 바쁘다. ¶이삿짐을 꾸리느라고 -하다. ②떠들썩하고 시끄럽다. ¶백화점 안은 고객들로 -하다.

부산-히 부 부산하게 ¶- 오가는 사람들.

부산(을) 떨다 관용 경망스럽게 부산한 행동을 자꾸 하다.

부산을 피우다 관용 짐짓 부산한 행동을 하다.

부:-산:물(副産物) 명 ①어떤 물건을 만들 때, 그에 딸려 얻는 산물. ②어떤 일을 할 때, 부수적으로 일어나는 다른 일을 비유하여 이르는 말. ¶고도 성장의 -.

부산-스럽다(-스럽고·-스러워) 형ㅂ 보기에 부산한 데가 있다. ¶잔칫날이 내일이라서 집 안이 -.

부산-스레 부 부산스럽게

부산-죽(釜山竹) 명 지난날, 부산(釜山) 지방에서 생산되는 담뱃대를 이르던 말. 준부죽(釜竹)

부:삼(附蔘) 명 모양새를 보기 좋게 손질한 인삼. ☞곡삼(曲蔘)

부삽 명 아궁이의 재를 치거나 불을 담아 옮기는 데 쓰는 작은 삽. 화삽

부삽(浮澁) 어기 '부삽(浮澁)하다'의 어기(語基).

부삽-하다(浮澁-) 형여 반죽 같은 것이 단단하지 않고 부슬부슬하다.

부상(父喪) 명 아버지의 상사(喪事). 부친상(父親喪) ☞모상(母喪)

부:상(付上) 명-하다 타 편지나 물건 따위를 웃어른에게 부쳐 드리는 일.

부상(扶桑) 명 중국 전설에서, 동쪽 바다 속에 있다는 상상의 나무, 또는 그것이 있다는 곳.

부:상(負商) 명 등짐장수 ☞보부상. 보상

부:상(負傷) 명-하다 자타 몸에 상처를 입음. ¶-한 사람.

부상(浮上) 명-하다 자 ①물 위로 떠오름. ②어떤 능력이나 정도가 여럿 가운데 두드러지게 눈에 띄는 일을 비유하여 이르는 말. ¶새로운 인물이 -하다.

부:상(副賞) 명 상장 외에 따로 덧붙여서 주는 상금이나 상품. ¶상장과 -을 수여하다.

부:상(富商) 명 밑천이 넉넉한 상인.

부상-국(扶桑國) 명 중국 전설에서, 동쪽 바다 속에 있다는 상상의 나라.

부:상-병(負傷兵) 명 몸을 다친 군인.

부:상-자(負傷者) 명 몸을 다친 사람.

부상-조(浮上彫) 명 돋을새김

부:상-청(負商廳) 명 지난날, 등짐장수들에 관한 일을 맡아보던 관아.

부새(符璽) 명 옥새(玉璽)

부생(浮生) 명 덧없는 인생.

부:생(復生) 명-하다 자 부활(復活)

부:생(腐生) 명 생물이 다른 생물의 시체나 배설물 등에서 영양분을 섭취하여 살아가는 일. 사물 기생(死物寄生)

부생모:육(父生母育) 성구 아버지가 낳게 하고 어머니가 기른다는 뜻으로, 어버이가 낳고 길러 줌을 이르는 말.

부:생=식물(腐生植物) 명 생물의 시체나 배설물 등에서 영양분을 섭취하여 살아가는 식물. 박테리아·균류 등이 이에 딸림.

부생지론(傅生之論) 명 사형에 처할 죄에 다른 의견이 있을 때, 감형(減刑)을 주장하는 변론.

부서(父書) 명 '아버지가 썼음'의 뜻으로, 편지 끝에 쓰는 한문 투의 말. ☞모서(母書)

부서(夫壻) 명 남편

부:서(付書) 명-하다 자 편지를 부침, 또는 부친 편지.

부:서(附書) 명 훈민정음에서, 모음이 자음과 합칠 때 놓이는 자리를 규정한 말. '고·교·구·규·그'처럼 모음을 자음의 아래에, 또는 '가·갸·거·겨·기'처럼 오른쪽에 붙여 씀을 이름. ☞병서(竝書). 연서(連書)

부:서(符書) 명 부참(符讖)

부서(部署) 명 관공서나 기업체 등에서, 전체를 일정한 기능과 체계에 따라 가른 각 부분. ¶관리 -/영업 -

부:서(副書) 명 부본(副本)

부:서(副署) 명-하다 자 대통령이 서명한 문서에 국무 총리와 국무 위원이 서명하는 일.

부:서(賦序) 명 부(賦)에 붙이는 서시(序詩).

부서(簿書) 명 부첩(簿牒)

부서-뜨리다(트리다) 타 부서지게 하다. ¶어제 산 장난감을 부서뜨려 버렸다.

부서-지다 자 ①단단한 물건이 깨어져 조각이 나다. ¶지진으로 많은 집들이 부서졌다. ☞바서지다 ②잘 짜인 물건이 망가져서 못 쓰게 되다. ¶부서진 책상. ③물 따위가 부딪쳐 산산이 흩어지다. ¶파도가 부서진다. ④희망이나 기대 따위가 이루어지지 못하고 틀어지다. ¶산산이 부서진 꿈.

부석 부 단단하거나 차지지 않은 물건이 부서지는 소리, 또는 그 모양을 나타내는 말. ¶흙덩이가 - 부스러진다. ☞보삭. 부썩[1]. 뿌석

부석(斧石) 명 삼사정계(三斜晶系)에 딸린 광물. 갈색 또는 자흑색으로 주성분은 철·망간·알루미늄 등임. 투명하거나 반투명하며 유리 광택이 있음. 도끼날과 같이 날카로운 결정형을 나타내는 데서 붙여진 이름임.

부석(浮石)[1] 명 ①화산의 용암이 갑자기 식을 때 속에 든 가스가 뿜어 나와 구멍이 송송 생긴 매우 가벼운 돌. 속돌 ②물 위에 일부분만 드러나 있어 떠 있는 것처럼 보이는 돌.

부석(浮石)[2] 명 ①산의 바위를 석재(石材)로 뜨는 일. 채석(採石) ②공사에서 쓰고 남은 석재.

부:석(剖析) 명 -하다 타 쪼개어 가름.

부석-거리다(대다) 자타 자꾸 부석 소리가 나다, 또는 그런 소리를 내다. ☞보삭거리다. 부썩거리다

부석-부석[1] 부 단단하거나 차지지 않은 물건이 자꾸 부서지는 소리, 또는 그 모양을 나타내는 말. ☞보삭보삭[1]. 부썩부썩[1]. 뿌석뿌석

부석-부석[2] 부 -하다 형 핏기 없이 부은듯 한 상태를 나타내는 말. ¶ - 부은 얼굴. ☞보삭보삭[2]. 푸석푸석

부석-종(浮石宗) 명 '화엄종(華嚴宗)'을 달리 이르는 말. 신라 때의 중 의상(義湘)이 부석사(浮石寺)를 근본 도량으로 삼았다는 데서 생긴 말.

부석-하다 형여 살이 핏기 없이 부은듯 하다. ☞보삭하다. 푸석하다

부선(浮選) 명 '부유 선광(浮遊選鑛)'의 준말.

부-선거(浮船渠) 명 부양식 독.

부선망(父先亡) '아버지가 어머니보다 먼저 세상을 떠남'의 뜻. ☞모선망(母先亡)

부:설(附設) 명 -하다 타 어떤 것에 딸리어 설치함. ¶회사에 탁아소를 -하다.

부설(浮說) 명 세상에 떠도는 말. 유언(流言). 표설(漂說)

부:설(敷設) 명 -하다 타 철도·다리·전선 따위를 설치함. ¶철도 -/해저 케이블을 -하다.

부:설=수뢰(敷設水雷) 명 기계 수뢰(機械水雷)

부:설-함(敷設艦) 명 기계 수뢰를 싣고 필요한 곳에 부설하러 다니는 군함.

부:섬(富贍) 어기 '부섬(富贍)하다'의 어기(語基).

부:섬-하다(富贍-) 형여 ①재물이 넉넉하다. ②학식이 풍부하다.

부성(父性) 명 남성이 아버지로서 지니는 성질. ☞모성

부:성(賦性) 명 타고난 성품. 품성(稟性)

부:성(富盛) 어기 '부성(富盛)하다'의 어기(語基).

부:-성분(副成分) 명 주성분 이외의 성분.

부성-애(父性愛) 명 아버지가 자식들에게 가지는 사랑. ☞모성애(母性愛)

부:성-하다(富盛-) 형여 재물이 풍성하다.

부:세 명 민어과의 바닷물고기. 몸길이 50cm 안팎. 민어와 비슷하나 크기가 작고 몸빛이 적황색임. 우리 나라와 중국 근해에 분포함.

부세(浮世) 명 덧없는 세상. 뜬세상

부:세(賦稅) 명 -하다 타 세금을 매겨서 부과함.

부셀(bushel) 의 ①야드파운드법에서, 부피의 단위. 영국식으로는 약 36L, 미국식으로는 약 35L에 해당함. ②야드파운드법에서, 무게의 단위. 주로 곡식이나 과실 따위의 무게를 나타내는 데 쓰임.

부:소(赴召) 명 -하다 자 지난날, 임금의 부름을 받고 나아가거나 나아옴을 이르던 말.

부:속(附屬) 명 ①-하다 자 주된 사물이나 기관에 딸려서 붙어 있음. ¶사범 대학 - 유치원/의대 - 병원 ②'부속품'의 준말. ¶시계 -을 갈다.

부속(部屬) 명 -하다 자 어떠한 부류(部類)나 부문에 딸림.

부:속-기(附屬器) 명 ①자궁에 딸리어 있는 난관과 난소를 아울러 이르는 말. ②딸리어 있는 기관.

부:속-물(附屬物) 명 주되는 것에 딸리어 있는 물건.

부:속=병:원(附屬病院) 명 의과 대학에 딸린 병원. 환자의 치료와 함께 학생들의 실습과 연구를 목적으로 설치함.

부:속=서류(附屬書類) 명 어떤 서류에 딸리어 있는 서류.

부:속=성분(附屬成分) 명 〈어〉문장 성분의 하나. 체언(體言)이나 용언(用言)을 꾸미는 말을 이르는데, 관형어나 부사어를 가리킴. '부지런한 사람이 잘 산다.'에서 '부지런한'이나 '잘'과 같은 말이 이에 해당함. 종속 성분(從屬成分) ☞주성분(主成分). 독립 성분(獨立成分)

부:속-실(附屬室) 명 ①어떤 방에 딸리어 있는 방. ②비서실의 사무에 해당하는 일을 하는 방.

부:속=영업(附屬營業) [-녕-] 명 ①덕대(德大)의 영업. ②본업에 부속시켜 하는 영업.

부:속-품(附屬品) 명 어떤 기구나 기계 따위에 딸리어 있는 물건. ¶자동차 - 준부속(附屬) ☞부품(部品)

부:속=학교(附屬學校) 명 교육의 연구와 교원 양성 기관의 실습을 위하여, 대학 등에 딸려 지은 학교. 부속 유치원, 부속 초등 학교, 부속 중학교 등.

부:속-해(附屬海) 명 육지 또는 반도나 섬으로 둘러싸인, 대양(大洋)에 비하여 넓지 않은 바다.

부-손 명 화로에 꽂아 두고 쓰는 작은 부삽.

부:송(付送) 명 -하다 타 물건을 부쳐 보냄.

부:수(附隨) 명 -하다 자타 주가 되는 일에 관계되어 따름, 또는 따라서 일어남. ¶ - 조항/고층 건물 건설에 -하는 여러 문제들.

부수(俘囚) 명 포로(捕虜)

부:수(負數) 명 '음수(陰數)'의 구용어.

부:수(副守) 명 조선 시대, 종친부(宗親府)의 종사품 관직.

부:수(副帥) 명 부장(副將)

부:수(部首) 명 한자 자전(字典)에서, 수록 한자의 분류와 배열의 기준으로 삼는, 한자의 공통되는 구성 부분. '亻·氵·扌·宀·廴' 따위.

▶ **한자의 부수 유형**

① 변(邊)	:	'仁·河·村'의 '亻·氵·木'
② 방(傍)	:	'教·利·旣'의 '攵·刂·旡'
③ 머리	:	'安·冠·茶'의 '宀·冖·艹'
④ 엄(广)	:	'厚·序·居'의 '厂·广·尸'
⑤ 몸	:	'國·間·匹'의 '囗·門·匚'
⑥ 받침	:	'道·建·超'의 '辶·廴·走'
⑦ 발	:	'先·恭·焦'의 '儿·㣺·灬'
⑧ 온 글자	:	'金·風·馬·魚·龍' 등

부수(部數) [-쑤] 명 책이나 신문, 잡지 따위를 세는 단위인 부(部)의 수효. ¶발매 -/발행 -

부수다 타 ①여러 조각이 나게 두드려 깨뜨리다. ¶벽돌을 망치로 두들겨 -. ☞바수다 ②어떤 물건을 망가뜨려 못 쓰게 만들다. ¶자물쇠를 -. 준붓다[3]

부수-뜨리다(트리다) 타 세게 두드려 부수다. ¶화분을 -. ☞바수뜨리다

부:수=비:용(附隨費用) 명 주되는 비용에 관계되어 따르는 비용.

×**부수수** 부 →부스스

부수=식물(浮水植物) 명 수생 식물(水生植物)의 한 가지. 한곳에 뿌리내려 살지 않고, 흐름이 조용한 수면에 잎을 띄우고 뿌리는 물 속에 드리워 떠다니며 사는 식물. 개구리밥 따위. 부표 식물(浮漂植物) ☞침수 식물(沈水植物)

부:-수입(副收入) 명 기본적인 수입 밖에 가외로 생기는 수입. ¶ -이 쏠쏠하다. ☞잡수입

부:수-적(附隨的) 명 무엇에 관계되어 따르는 것. ¶ -인 문제. /-인 조항. /-인 경비.

부수-지르다(-지르고·-질러) 타르 닥치는 대로 마구 부수다. ☞바수지르다

부:수청:령(俯首聽令) 성구 윗사람의 위엄에 눌려 고분고분 명령대로 따름을 이르는 말.

부숭-부숭[1] 부 -하다 형 ①부드러운 털이 성기게 두루 돋아 있는 모양을 나타내는 말. ¶수염이 - 난 얼굴. ②부드러운 눈이 수북수북 쌓여 있는 모양을 나타내는 말. ¶지붕마다 - 쌓인 눈. ☞보송보송[1]

부숭-부숭[2] 부 -하다 형 ①기름기나 때가 없는 살결이 알맞게 꿉꿉하고 부드러운 느낌을 나타내는 말. ②무명에서 느낄 수 있는 툭툭하고 부드러운 느낌. ¶ -한 내복. ☞보송보송[2]. 뿌숭뿌숭

부스-대:다 자 가만히 있지 못하고 움직움직 하다. ¶자지 않고 이불 속에서 -. ☞바스대다

부스러기 명 잘게 부스러진 물건. ¶식빵 -/과자 - ☞바스라기

부스러-뜨리다(트리다) 타 부스러지게 하다. ¶돌덩이를 부스러뜨렸다. ☞바스러뜨리다

부스러-지다 자 ①깨어져 잘게 조각이 나다. ¶발에 밟혀

ㅂ

부스러진 낙엽들. ②덩이로 된 것이 흐슬부슬 무너져 헤어지다. ¶흙덩이가 말라 ―. ☞바스러지다
부스럭 부 마른 검불이나 빳빳한 종이 따위를 건드리거나 할 때 나는 소리를 나타내는 말. ¶―, 마른 검불을 헤쳤다./― 소리를 내며 가방 속을 뒤졌다. ☞버스럭. 보스락. 뿌스럭
부스럭-거리다(대다) 자타 자꾸 부스럭 소리가 나다, 또는 그런 소리를 내다. ☞버스럭거리다. 보스락거리다. 뿌스럭거리다
부스럭-부스럭 부 부스럭거리는 소리를 나타내는 말. ☞버스럭버스럭. 보스락보스락. 뿌스럭뿌스럭
×**부스럭지** 명 →부스러기
부스럼 명 살갗의 한 부분이 헐거나 곪거나 하는 탈을 통틀어 이르는 말. ¶―에 딱지가 앉았다. ☞종기(腫氣)
부스스[1] 부 ①부스러기 따위가 무너져 내리거나 어지러이 흩어지는 모양, 또는 그 소리를 나타내는 말. ¶모래성이 ― 무너졌다. ②앉았거나 누웠다가 조용히 일어나는 모양을 나타내는 말. ¶말없이 ― 일어나 나갔다. ☞바스스[1]. 푸스스[1]
부스스[2] 부-하다 형 털 따위가 어지러이 일어나 있거나 흐트러져 있는 모양을 나타내는 말. ¶―한 머리털을 빗다. ☞바스스[2]. 푸스스[2]
부:스터-국(booster局) 명 중앙 방송국의 전파를 수신하여 주파수를 바꾸지 않고 증폭한 다음, 송신 안테나로 재발사하는 텔레비전 중계 방송국. 수신 전파가 약하여 수신이 어려운 지역에 설치함.
부슬-부슬[1] 부 눈이나 비가 성기게 조용히 내리는 모양을 나타내는 말. ¶비가 ― 내린다. ☞보슬보슬[1]
부슬-부슬[2] 부-하다 형 덩이 진 가루 따위가 마르고 끈기가 없이 쉬이 부스러지는 상태를 나타내는 말. ¶― 부스러지는 흙벽. ☞버슬버슬. 보슬보슬[2]. 푸슬푸슬
부슬-비 명 부슬부슬 내리는 비. ☞보슬비
부시 명 부싯돌을 쳐서 불똥이 튀게 하는 쇳조각. 수금(燧金). 화도(火刀) ☞부싯깃
부시(罘罳) 명 참새 따위가 깃들이지 못하게 전각(殿閣)의 처마에 치는 철망.
부:시(俯視) 명-하다 타 부감(俯瞰)
부시(婦寺) 명 지난날, 궁중에서 일을 보는 여자와 환관(宦官)을 아울러 이르던 말.
부시(麩豉) 명 밀기울로 만든 된장.
부시다[1] 타 그릇 따위를 물로 씻어 깨끗하게 하다. ¶그릇을 깨끗이 ―. ☞가시다[2]. 씻다
부시다[2] 형 빛살이나 빛깔이 너무 강하여 눈을 뜨고 제대로 바라보기가 어렵다. ¶햇빛이 눈에 ―.
부시리 명 전갱잇과의 바닷물고기. 몸길이는 1m 안팎이고, 방어와 비슷하나 방어보다 측편임. 몸빛은 잿빛이 도는 푸른 빛이며, 옆구리에 진한 황색 세로띠가 있음.
부시-쌈지 명 부시·부싯깃·부싯돌 따위를 넣는 쌈지.
부시-치다 자 부시로 부싯돌을 쳐서 불을 일으키다.
부시-통(-桶) 명 부시·부싯깃·부싯돌 따위를 넣어 두는 작은 통.
속담 **부시통에 연풍대(燕風臺) 하겠다** : 부시통 같은 좁은 곳에서 춤을 추겠다는 뜻으로, 위인이 옹졸하고 부족하여 무슨 일에나 앞을 헤아리지 못하기 때문에 일을 그릇 처리할 경우에 이르는 말.〔섬 속에서 소 잡아 먹겠다/벼룩의 등에 육간 대청을 짓겠다〕
부식(扶植) 명-하다 타 ①뿌리를 박아 심는다는 뜻으로, 세력 따위의 기틀을 마련하여 확대해 나가는 일. ¶자기 세력을 요소에 ―했다. ②도와서 세움.
부:식(副食) 명 '부식물(副食物)'의 준말.
부:식(腐植) 명 흙 속에 있는 동식물의 유체(遺體)가 분해되어 생긴 흑갈색의 유기물.
부:식(腐蝕) 명-하다 자타 ①썩어서 물건의 모양이 흐무러짐. ②금속 재료가 다른 물질과 화학 반응을 일으켜 삭아 들어가는 현상.
부:식-니(腐植泥) 명 주로 부식질로 된 호수 바닥의 퇴적물. 호수 밖에서 흘러 들어온 식물의 유체(遺體)가 퇴적되어 생김.
부:식=동판(腐蝕銅版) 명 에칭(etching)
부:식-물(副食物) 명 주식(主食)에 곁들여 먹는 음식. 반찬이나 후식 따위. 준 부식(副食)
부:식-비(副食費) 명 부식을 장만하는 데 드는 비용.
부:식-성(腐食性) 명 썩은 고기를 먹는 동물의 식성.
부:식-제(腐蝕劑) 명 티눈·사마귀·점 등 피부나 점막에 생기는 불필요한 조직을 없애는 약품. 수산화칼륨·요오드·염화아연 따위.
부:식-질(腐植質) 명 동식물, 특히 식물질이 흙 속에서 썩어 생긴 거무스름한 물질.
부:식-토(腐植土) 명 부식질이 20% 이상 섞여 있는 흙. 유기 성분이 많아 식물의 생육에 좋음. 흑색 또는 흑갈색을 띰. 부토(腐土). 썩은흙
부신(訃信) 명 부고(訃告)
부신(符信) 명 지난날, 나뭇조각이나 두꺼운 종이에 글자를 쓰고 도장을 찍은 뒤, 둘로 잘라 각각 나누어 가졌다가 뒷날에 서로 맞추어서 증거로 삼던 물건.
부:신(副腎) 명 좌우 신장 위에 있는 한 쌍의 내분비 기관. 신장과는 구조와 기능이 다르며, 수질(髓質)과 그것을 둘러싼 피질(皮質)로 이루어져 있음. 결콩팥
부:-신경(副神經) 명 척추동물의 뇌에서 나오는 열두 쌍의 말초 신경 중 열한째의 뇌신경.
부:신경=마비(副神經痲痺) 명 부신경이 마비되어 일어나는 뇌신경 마비의 한 가지. 목이 기울어 비뚤어짐.
부:신=수질(副腎髓質) 명 부신의 중앙부를 이루는 조직. 교감 신경의 지배 아래 아드레날린을 분비함.
부:신-종(副腎腫) 명 부신 피질 세포에 생기는 악성 종양.
부:신지우(負薪之憂) 성구 땔나무를 져서 생긴 병이라는 뜻으로, 자기의 병을 겸손하게 이르는 말. ☞채신지우(採薪之憂)
부:신지자(負薪之資) 성구 땔나무나 질 바탕이라는 뜻에서 ①천하고 보잘것없는 출신을 이르는 말. ②자신의 타고난 자질(資質)을 겸손하게 이르는 말.
부:신=피질(副腎皮質) 명 부신의 바깥쪽을 둘러싸는 내분비 조직. 부신 피질 호르몬을 분비함.
부실(不實) 명-하다 형 ①몸이나 정신 따위가 실하지 않음. ¶사람이 왜 그리 ―한가. ②내용이 충실하지 못하거나 실속이 없음. ¶경영 상태가 ―한 기업. ③일에 성실하지 못하거나 믿음성이 적음. ¶이번 일은 제가 ―해서 일어났습니다.
부:실(副室) 명 소실(小室). 작은집 ☞정실(正室)
부실=기업(不實企業) 명 경영이 실하지 못하고 재정 상태가 불안정한 기업.
부:심(副審) 명 운동 경기에서, 주심(主審)을 돕는 심판.
부:심(腐心) 명-하다 자 근심이나 걱정 따위로 마음을 썩임. ¶정국 타개에 ―한다.
부싯-깃 명 부시를 칠 때 튀긴 불똥으로 불을 댕기는 물건. 쑥잎이나 수리취 따위를 불에 볶아 비벼서 만들기도 하고, 한지나 솜 따위에 잿물을 여러 번 묻혀 만들기도 함. 화융(火絨) 준 깃
부싯-돌 명 부시로 쳐서 불똥을 튀기는 데 쓰는 돌. 석질이 치밀하고 단단한 차돌을 이용함. 수석(燧石). 화석(火石)
부썩[1] 부 좀 단단하고 차지지 않은 물건이 세게 부서지는 소리, 또는 그 모양을 나타내는 말. ¶단단하게 뭉친 눈덩이가 ― 부스러졌다. ☞보싹. 부석. 뿌석
부썩[2] 부 ①외곬으로 몹시 우기는 모양을 나타내는 말. ¶― 우기며 덤빈다. ②눈에 뜨일 정도로 갑자기 세차게 나아가거나 늘어나거나 줄어드는 모양을 나타내는 말. ¶먹는 양이 ― 늘었다./키가 ― 자랐다. ☞바싹[2]
부썩-거리다(대다) 자타 자꾸 부썩 소리가 나다, 또는 그런 소리를 내다. ☞보싹거리다. 부석거리다. 뿌석거리다
부썩-부썩[1] 부 좀 단단하고 차지지 않은 물건이 자꾸 세게 부서지는 소리, 또는 그 모양을 나타내는 말. ☞보싹보싹. 부석부석[1]. 뿌석뿌석
부썩-부썩[2] 부 ①외곬으로 자꾸 우기는 모양을 나타내는

말. ②눈에 뜨일 정도로 연하여 갑자기 세차게 나아가거나 늘어나거나 줄어드는 모양을 나타내는 말. ☞바싹바싹[2]. 부쩍부쩍

부아 명 ①폐장(肺臟) ②분한 마음. ¶ -가 치밀다.

속담 **부아 돋는 날 의붓아비 온다** : 분한 마음이 나 있는 참에 가뜩 미운 사람이 찾아와 더욱 화를 돋운다는 말.

부:아(副芽) 명 종자식물에서, 한 잎겨드랑이에 생긴 여러 곁눈 중에서 가장 크고 정상적인 것 이외의 눈. 덧눈

부:아(副衙) 명 조선 시대, 감영(監營)이 있는 곳의 군무(軍務)를 맡아보던 관아.

부아-나다 자 분한 마음이 일어나다.

부아-내:다 자 분하여 성을 내다.

부아-초(-炒) 명 볶음의 한 가지. 소의 허파와 쇠고기를 함께 넣고 갖은양념을 하여 볶은 음식.

부아-통 명 '부아'를 속되게 이르는 말.

부아통(이) 터지다 관용 몹시 부아가 나다. ¶누명을 쓰고 하소연도 못하니 부아통이 터진다.

부:악(副萼) 명 꽃받침 바깥쪽에 잇대어 난 포엽(苞葉).

부:압(負壓) 명 대기압보다 낮은 압력.

부앗-김 명 분한 마음이 일어나는 김.

속담 **부앗김에 서방질한다** : 분한 마음에 분별없이 행동하여 더욱 큰일을 저지름을 이르는 말.

부:앙(附-) 명 '부항(附缸)'의 변한말.

부:앙(俯仰) 명 -하다 타 굽어봄과 쳐다봄. 면앙(俛仰)

부:앙=기중기(俯仰起重機) 명 데릭 기중기

부:앙무괴(俯仰無愧) 성구 하늘을 우러러보나 세상을 굽어보나 양심에 조금도 부끄러움이 없음을 이르는 말.

부액(扶腋) 명 -하다 타 한 팔로 남의 겨드랑이를 껴 붙들어서 걸음을 도와 주는 일. 곁부축

부:약(負約) 명 -하다 자 약속이나 계약을 어김. 위약(違約)

부:-약정(副約正) 명 조선 시대, 향약(鄕約)의 우두머리인 도약정(都約正)의 버금 직책을 이르던 말.

부양(扶養) 명 -하다 타 스스로 생활할 능력이 없는 가족의 생활을 돌봄. ¶조부모를 -한다.

부양(浮揚) 명 -하다 자타 가라앉거나 침체된 것이 떠오름, 또는 떠오르게 함. ¶경기(景氣)가 -하다.

부양-비(扶養費) 명 부양하는 데 드는 돈.

부양식=독(浮揚式dock) 명 선체(船體)를 물 위에 띄우고 부침(浮沈)을 조절하며 작업할 수 있는 궤 모양의 독. 부선거(浮船渠)

부양=의:무(扶養義務) 명 법률상, 일정한 범위의 친족간에 서로 지고 있는 생활 보장의 의무. 생활 유지의 의무와 생활 부조(扶助)의 의무가 있음.

부양-책(浮揚策) 명 가라앉은 경기(景氣) 따위를 다시 일으키는 대책이나 방법.

부어(浮魚) 명 해면(海面) 가까이에서 헤엄쳐 다니는 물고기. 정어리나 고등어 따위.

부:어(鮒魚) 명 '붕어'의 딴이름.

×**부억** 명 →부엌

부:언(附言) 명 -하다 자 덧붙여서 말함, 또는 그 말. ¶ -해서 말씀드리자면….

부언(浮言) 명 세상에 떠도는 말. 유언(流言)

부언(婦言) 명 부녀(婦女)의 말씨.

부언-낭:설(浮言浪說) 명 근거 없이 떠도는 소문. 뜬소문. 부언유설(浮言流說). 유언비어(流言蜚語). 헛소문

부언-유설(浮言流說) [-뉴-] 명 부언낭설

부얼-부얼 부 -하다 형 살이 찌고 탐스럽게 생긴 모양을 나타내는 말. ¶ -한 얼굴이 복스러워 보인다.

부업(父業) 명 ①아버지의 직업. ②대대로 물려 내려오는 직업. 세업(世業)

부:업(副業) 명 본업(本業) 외에 겨를을 이용하여 하는 일. 여업(餘業) ¶저녁에는 -도 한다. ☞겸업(兼業)

부업(婦業) 명 여자가 하는 일. 여자의 직업.

부엉-부엉 부 부엉이가 우는 소리를 나타내는 말.

부엉-새 명 '부엉이'의 딴이름.

부엉이 명 올빼밋과 부엉이류의 새를 통틀어 이르는 말. 몸빛은 회색 바탕에 갈색 또는 담황색이며, 머리 꼭대기에 귀 모양의 깃털이 있음. 눈은 크며 다리는 굵고 짧은 편임. 대부분이 야행성이며 토끼·쥐·닭 따위를 잡아먹음. 쇠부엉이·칡부엉이·수리부엉이·솔부엉이 등이 있음. 올빼미류·소쩍새류와 함께 천연 기념물 제324호임. 목토(木兎). 부엉새

속담 **부엉이 셈 치기** : 이해 관계에 어두움을 비유하여 이르는 말./**부엉이 소리도 제가 듣기에는 좋다** : 제 결점은 모르고 제가 하는 일은 다 좋다고 함을 비유하여 이르는 말.

부엌 명 집 안에서 음식을 만들 수 있도록 마련된 곳. ☞주방(廚房). 취사장

속담 **부엌에서 숟가락을 얻었다** : 부엌에서 숟가락을 얻은 것이 별로 신기한 일이 아닌 것처럼, 대단찮은 일로 큰일이라도 한듯이 자랑함을 비유하여 이르는 말.

부엌-간(-間) [-억-] 명 부엌으로 쓰는 곳.

부엌-데기 [-억-] 명 부엌일을 맡아 하는 여자를 얕잡아 이르는 말.

부엌-문(-門) [-억-] 명 부엌으로 드나드는 문.

부엌-비 [-억-] 명 부엌에서 쓰는 비.

부엌-살림 [-억-] 명 ①부엌에서 쓰는 온갖 세간. ¶자질구레한 -. ②집 안에서 하는 일 가운데 먹는 것에 관한 여러 가지 일. ¶이제부터 -은 새아기가 맡아라.

부엌-심:부름 [-억-] 명 부엌에서 하는 잔심부름.

부엌-일 [-억닐] 명 부엌에서 하는 여러 가지 일.

부엌-칼 [-억-] 명 부엌에서 음식을 만드는 데 쓰는 칼. 식칼. 식도(食刀) ☞찬칼

부여(夫餘) 명 중국 동북부 쑹화 강[松花江] 유역에 있던 부족 국가. 기원전 1세기경에 퉁구스계의 부여족이 세운 나라로, 494년 고구려에 편입됨. 부여국(夫餘國)

부:여(附與) 명 -하다 타 명예나 칭호, 권력 따위를 지니게 해 줌. ¶권리를 -했다.

부:여(賦與) 명 -하다 타 나누어 줌. ¶하늘이 -한 손재주.

부여-국(夫餘國) 명 부여(夫餘)

부여-안:다 [-따] 타 부둥키어 안다. ¶어린것을 -.

부여-잡다 타 붙들어 잡다. ¶다짜고짜로 멱살을 -.

부:역(附逆) 명 -하다 자 나라에 반역하는 일에 가담하는 일.

부:역(負役) 명 백성이 부담하는 공역(公役).

부:역(赴役) 명 -하다 자 ①병역이나 부역(賦役)을 치르러 나감. ②사사로이 서로 일을 도와 줌.

부:역(賦役) 명 국가나 공공 단체가 국민에게 의무적으로 지우는 노역(勞役).

부:역-자(附逆者) 명 부역한 사람.

부:연(附椽·婦椽) 명 재래식 한옥에서, 들연 끝에 덧붙여 다는 모난 서까래. 며느리서까래. 사연(師椽)

부:연(敷衍) 명 -하다 타 ①덧붙여서 알기 쉽게 자세히 설명을 늘어놓음, 또는 그 설명. 부연(敷演) ②늘려서 널리 폄.

부:연(敷演) 명 -하다 타 부연(敷衍)

부:연=간:판(附椽間板) 명 부연 사이를 막아 끼는 널조각.

부:연=개:판(附椽蓋板) 명 부연 위에 덮어 까는 널조각.

부:연=느리개(附椽-) 명 부연의 뒷목을 눌러 박은 느리개.

부:연=추녀(附椽-) 명 부연을 달기 위해 앞으로 이어 낸 추녀.

부엽(浮葉) 명 부엽 식물의 수면에 떠 있는 잎. 뜬잎

부엽=식물(浮葉植物) 명 수생 식물(水生植物)의 한 가지. 잎은 수면에 떠 있고, 물밑 땅에 뿌리를 내리어 사는 식물. 수련(水蓮) 따위. ☞부수 식물(浮水植物). 부표 식물(浮標植物)

부:엽-토(腐葉土) 명 낙엽 따위가 쌓여 썩어서 된 흙. 양분이나 수분, 온도를 간직하고 있으며 배수(排水)가 좋음. 원예에 쓰임.

부영(浮榮) 명 덧없는 세상의 헛된 영화.

부:-영사(副領事) 명 영사의 다음 자리에서 영사를 돕는 외무 공무원.

부:영양-호(富營養湖) 명 물 속에 영양 물질이 풍부하고 플랑크톤이 많으며, 생물의 생산력이 큰 호소(湖沼). 물은 황록색을 띠며 투명도는 5m 이하임. ☞빈영양호(貧營養湖)

부:영양-화(富營養化)명 ①호소(湖沼) 등에서, 질소나 인(燐) 따위의 영양 염류의 농도가 높아지는 일. 지나치게 진행되면 적조(赤潮)가 빈발함으로써 물 속에 산소 부족 현상이 일어나 어패류가 죽게 됨. ②빈영양호가 오랜 세월에 걸쳐 부영양호로 바뀌어 가는 일.
부:영이명 ①선명하지 않은 부연 빛깔. ②털빛이 부연 짐승. ③부연 빛깔의 물건.
부옇다(부옇고·부연)형ㅎ 빛깔이 희끄무레하다. ¶부연 쌀뜨물./부옇게 동이 터 오다. ☞보얗다. 뿌옇다
부예(浮翳)명 한방에서, 눈초리 쪽 흰자위로부터 흰 점이 생겨 각막(角膜) 위를 덮기 시작하여 눈동자를 싸는 병을 이르는 말.
부:예-지다자 부옇게 되다. ¶창문이 먼지로 ─. ☞보얘지다. 뿌예지다
부옹(婦翁)대 장인이 사위에 대하여 자기를 일컫는 말.
부와(夫瓦)명 수키와
부왕(父王)명 아버지인 임금.
부외(部外)명 ①어떤 조직의 범위 밖, 또는 관계가 없는 외부. ¶─에 비밀이 누설되다. ②조직이나 기구 등의 부(部)에 딸려 있지 않은 것. ¶─의 사람은 들여놓지 않는다. ☞부내(部內)
부외=채:무(簿外債務)명 재산 목록, 대차 대조표, 손익 계산서 등 영업 보고서에 기재하지 않은 숨겨진 채무.
부요(婦謠)명 부녀자들이 부르는 민요.
부:요(富饒)어기 '부요(富饒)하다'의 어기(語基).
부:요-하다(富饒─)형여 부유하다
부:용(附庸)명 ①남에게 기대어 살아가는 일. ②작은 나라가 큰 나라에 딸리어 지내는 일.
부용(芙蓉)명 ①아욱과의 낙엽 관목. 높이 1~3m. 가지에는 짧은 털이 있음. 잎은 손바닥 모양으로 갈라져 있으며 끝이 뾰족함. 8~10월에 분홍빛의 다섯잎꽃이 핌. 중국 원산으로, 관상용으로 재배함. 목부용(木芙蓉) ②연꽃 ③'부용장'의 준말.
부용(婦容)명 여자의 몸맵시.
부용-자(芙蓉姿)명 아름다운 여자의 용모와 자태.
부용-장(芙蓉帳)명 부용을 그린 방장(房帳). 준부용
부용-향(芙蓉香)명 재래식 혼례에서, 향꽂이에 꽂아 새색시 앞에 족두리하님이 들고 가는 향의 한 가지.
부용-화(芙蓉花)명 부용의 꽃.
부:우(祔右)명-하다타 부부를 합장(合葬)할 때, 아내를 남편의 오른편에 묻는 일. ☞부좌(祔左)
부운(浮雲)명 하늘에 떠다니는 구름. 뜬구름
부원(赴援)명-하다타 구원하러 감.
부원(部員)명 어떤 부(部)에 딸린 인원. 부를 구성하는 사람. ¶─끼리 친목을 도모하다.
부:원(富源)명 재물이 생기는 근원. 부의 근원.
부:원-군(府院君)명 조선 시대, 왕비의 친아버지나 정일품 공신(功臣)에게 내리던 작호(爵號).
부월(斧鉞)명 ①옛날 중국에서, 천자(天子)가 출정하는 대장에게 형구(刑具)로 주던 큰 도끼와 작은 도끼. ②중형(重刑)을 비유하여 이르는 말.
부월당전(斧鉞當前)성구 작은 도끼와 큰 도끼가 눈앞에 있다는 뜻으로, 중형(重刑)을 받아 곧 죽게 되었음을 이르는 말.
부위(部位)명 어떤 부분이 전체에 대하여 차지하는 자리. ¶심장 ─에 이상이 생기다.
부:위(副尉)명 ①조선 말기, 신식 군제(軍制)에 따라 두었던 무관 계급의 하나. 정위(正尉)의 아래, 참위(參尉)의 위임. ②조선 시대, 군주(郡主)의 남편에게 내린 정삼품 관직.
부유(浮遊·浮游)명-하다자 ①물 위나 물 속, 또는 공기 중에 이리저리 떠다님. ②정처없이 떠돌아다님.
부유(婦幼)명 부인과 어린아이를 아울러 이르는 말.
부유(蜉蝣)명 '하루살이'의 딴이름.
부:유(腐儒)명 낡은 사상을 가진 쓸모 없는 선비나 학자.
부:유(富有)어기 '부유(富有)하다'의 어기(語基).
부:유(富裕)어기 '부유(富裕)하다'의 어기(語基).
부유=기관(浮遊器官)명 수중 동물의 뜨고 가라앉는 기능을 맡은 운동 기관.
부유=기뢰(浮遊機雷)명 물 위나 물 속에 떠 있게 한 기뢰. ☞계류 기뢰(繫留機雷). 부류 기뢰
부유=동:물(浮遊動物)명 물에 떠서 사는 동물을 통틀어 이르는 말. 태양충·해파리 따위.
부유=생물(浮遊生物)명 물 위나 물 속에 떠다니며 사는 미생물을 통틀어 이르는 말. 부유 동물과 부유 식물이 있음. 플랑크톤
부유=선:광(浮遊選鑛)명 선광법의 한 가지. 광석 가루를 물에 넣고 거품이 일게 하여, 물에 잘 젖지 않는 광물 표면의 차이를 이용하여 다른 것과 분리하는 방법임. 준부선(浮選)
부유스레-하다형여 부유스름하다 ☞보유스레하다. 뿌유스레하다
부유스름-하다형여 빛깔이 진하지 않고 조금 부옇다. 부유스레하다 ☞보유스름하다. 뿌유스름하다
부유스름-히부 부유스름하게
부유=식물(浮遊植物)명 물에 떠서 사는 식물을 통틀어 이르는 말. 규조류(硅藻類)·남조류(藍藻類) 따위.
부유-인생(蜉蝣人生)명 하루살이 같은 인생이라는 뜻으로, 덧없는 인생을 이르는 말.
부유-일기(蜉蝣一期)명 하루살이의 생애(生涯)라는 뜻으로, 곧 짧은 인생을 비유하여 이르는 말.
부:유-천하(富有天下)명 온 천하의 부를 모두 가졌다는 뜻으로, 천자(天子)의 부력(富力)을 이르는 말.
부:유-층(富裕層)명 넉넉하게 잘사는 계층.
부:유-하다(富有─)형여 재물을 썩 많이 가지고 있다.
부:유-하다(富裕─)형여 재물이 썩 많아 살림이 넉넉하다. 부요하다 ¶부유한 가정에 태어나다.
부육(扶育)명-하다타 돌보아서 기름.
부육(傅育)명-하다타 애지중지 보살펴서 기름.
부:육(腐肉)명 짐승의 썩은 고기.
부:윤(府尹)명 ①조선 시대, 종이품의 외관직(外官職). ②일제 강점기, 부(府)의 행정 사무를 맡아보던 최고 책임자. 지금의 시장(市長)에 해당함.
부:윤(富潤)어기 '부윤(富潤)하다'의 어기(語基).
부:윤옥(富潤屋) '재물이 넉넉하면 겉으로 보기에도 집안이 윤택해 보임'의 뜻.
부:윤-하다(富潤─)형여 재물이 많고 살림이 윤택하다.
부음(訃音)명 사람의 죽음을 알리는 기별. 휘음(諱音). 흉음(凶音) ¶─을 듣다. ☞부고(訃告). 부문(訃聞). 부보(訃報)
부응(符應)명 ①믿음이 깊어 부처나 신령에 통하는 일. ②천명(天命)과 인사(人事)가 일치하는 일.
부:응(副應)명-하다자 기대나 요구 따위에 좇아서 응함. ¶성원에 ─하여 최선을 다하다.
부:의(附議)명-하다타 의논 과제 등을 토의에 부침. ¶안건을 본회의에 ─하다.
부:의(賻儀)명 초상난 집에 부조로 돈이나 물건을 보내는 일, 또는 그 돈이나 물건. ☞향료(香料). 향전(香奠)
부:의-금(賻儀金)명 부의로 보내는 돈. 부의전(賻儀錢)
부:-의:식(副意識)명 잠재 의식(潛在意識)
부:-의장(副議長)명 의장(議長)을 보좌하며, 의장의 유고 때에는 그 직무를 대리하는 사람, 또는 그 직위.
부:의-전(賻儀錢)명 부의금(賻儀金)
부의-주(浮蟻酒)명 동동주
부이(buoy)명 ①낚시에서 쓰는 찌. 낚시찌 ②헤엄칠 때 쓰는 부낭(浮囊). ③부표(浮標)
부:-이사관(副理事官)명 행정직 3급 공무원의 직급. 이사관의 아래, 서기관의 위임.
부:이-어(附耳語)명 귓속말
부:익부(富益富)성구 부자일수록 더욱 부자가 되게 마련이라는 뜻의 말. ☞빈익빈(貧益貧)
부인(夫人)명 남을 높이어 그의 아내를 일컫는 말. 영규(令閨). 영실(令室). 합부인(閤夫人). 현합(賢閤) ¶─과 동반하시기 바랍니다.

부:인(否認)명-하다타 어떤 사실을 인정하지 않음. ¶자기의 범행을 ㅡ하다. ☞시인(是認)
부인(婦人)명 결혼한 여자. 부녀(婦女)
부:인(副因)명 주원인이 아닌 원인. 부차적인 원인.
부인-과(婦人科)[ㅡ꽈]명 부인병을 진찰하고 치료하는 의학의 한 분야. ☞산부인과
부:인-권(否認權)[ㅡ꿘]명 파산자가 파산 선고 이전에 파산 재단에 관하여 파산 채권자에게 손해가 될 행위를 한 경우, 파산 관리인이 이를 무효로 함으로써 그 행위의 효력을 잃게 하는 파산법상의 권리.
부인-병(婦人病)[ㅡ뼝]명 여성 생식기의 질환 등 여성 생리에 관한 모든 병을 통틀어 이르는 말.
부인-복(婦人服)명 주로 부인들이 입는 옷.
부인-석(婦人席)명 어떠한 집회장에서, 여성이 앉도록 따로 마련된 자리.
부인-용(婦人用)[ㅡ뇽]명 부인이 쓰거나 이용하게 되어 있는 것. ¶ㅡ 화장품
부인-회(婦人會)명 부인들이 수양, 연구, 오락, 사회 봉사 등을 목적으로 조직한 단체.
부일(夫日)명 부모의 제삿날. ☞친기(親忌)
부:임(赴任)명-하다자 임명을 받아 임지로 가거나 옴. ¶ㅡ 인사/새로 ㅡ한 선생.
부:임-지(赴任地)명 임명을 받아 부임하는 곳. 임지(任地) ¶새 ㅡ로 가다.
부자(父子)명 아버지와 아들. ☞모녀(母女)
부자(夫子)명 인격이 훌륭하여 모든 사람의 모범이 될만한 사람을 높이어 이르는 말.
부:자(附子)명 한방에서, 바꽃의 덩이뿌리를 약재로 이르는 말. 독성이 강하며 몸을 데우는 성질이 있음. 신경통·통풍 등에 쓰임. ☞천오두(川烏頭)
부:자(富者)명 ①재산이 넉넉한 사람. 재산가(財産家) ☞빈자(貧者) ②일부 명사 다음에 쓰이어, 그것을 많이 가진 사람의 뜻을 나타냄. ¶딸 ㅡ/땅 ㅡ
속담 **부자는 망해도 삼 년 먹을 것이 있다** : 부자가 망했다 하더라도 뭔가 남은 것이 있어서 얼마 동안은 그럭저럭 살아갈 수 있다는 말./**부자도 한이 있다** : 부자라고 해서 한없이 재산이 늘어 가는 것은 아니라는 말.

한자 **부자 부**(富)〔宀部 9획〕¶갑부(甲富)/부농(富農)/부유(富裕)/빈부(貧富)/졸부(猝富)

부자-내(部字內)명 조선 시대, 서울의 행정 구역을 다섯으로 나눈 각 부의 구역의 안을 이르던 말.
부자량(不自量) '자기가 스스로를 헤아리지 못함'의 뜻.
부-자망(浮刺網)명 뜬걸그물 ☞자망(刺網)
부자상전(父子相傳)성구 부전자전(父傳子傳)
부자연(不自然)어기 '부자연(不自然)하다'의 어기(語基).
부자연-스럽다(不自然ㅡ)(ㅡ스럽고·ㅡ스러워)형ㅂ 자연스럽지 못한 느낌이 있다. 제격에 어울리지 않아 어색한 데가 있다. ¶부자연스러운 연기.
부자연-스레부 부자연스럽게
부자연-하다(不自然ㅡ)형여 자연스럽지 못하다. 제격에 어울리지 않아 어색하다. ¶부자연한 태도.
부자유(不自由)어기 '부자유(不自由)하다'의 어기(語基).
부자유-스럽다(不自由ㅡ)(ㅡ스럽고·ㅡ스러워)형ㅂ 자유롭지 못한 데가 있다. ¶부자유스러운 몸.
부자유-스레부 부자유스럽게
부자유친(父子有親)성구 오륜(五倫)의 하나. 아버지와 아들 사이의 도리는 친애함에 있음을 이르는 말.
부자유-하다(不自由ㅡ)형여 무엇에 얽매여 자유롭지 못하다.
부:-자재(副資材)명 주된 자재에 곁들여서 쓰이는 자재.
부-자:지명 불알과 자지를 아울러 이르는 말.
부:작(符作)명 '부적(符籍)'의 변한말.
부:-작용(副作用)명 ①약이 지닌 본래의 작용 이외에 따로 일어나는 해로운 작용. ¶ㅡ이 거의 없는 약. ②부차적으로 일어나는 바람직하지 못한 작용. ¶강경책에는 ㅡ이 따르게 마련이다.
부-작위(不作爲)명 법률에서, 마땅히 해야 할 일을 일부러 하지 않는 일을 이르는 말. 물품을 인도하지 않는 행위, 대금을 치르지 않는 행위 따위. ☞작위(作爲)
부작위-범(不作爲犯)명 부작위로 말미암아 성립되는 범죄. 불해산죄(不解散罪)·불퇴거죄(不退去罪) 따위. ☞작위범(作爲犯)
부작위=의:무(不作爲義務)명 일정한 행위를 하지 않는 의무. 소극 의무(消極義務) ☞작위 의무
부작위=채:무(不作爲債務)명 채무자의 부작위, 곧 어느 일정한 행위를 하지 않을 것을 계약으로 하는 채무. ☞작위 채무(作爲債務)
부-잔교(浮棧橋)명 해안이나 강 기슭에 띄워 밀물과 썰물에 따라 오르내리게 만든 잔교.
부잡(浮雜)어기 '부잡(浮雜)하다'의 어기(語基).
부잡-스럽다(浮雜ㅡ)(ㅡ스럽고·ㅡ스러워)형ㅂ 사람됨이 들뜨고 추잡스럽다.
부잡-스레부 부잡스럽게
부잡-하다(浮雜ㅡ)형여 사람됨이 들뜨고 추잡하다.
부:잣-집(富者ㅡ)명 재산이 많은 사람의 집. 부가(富家)
속담 **부잣집 맏며느리 감이라** : 얼굴이 복스럽고 원만하게 생긴 처녀를 이르는 말./**부잣집 외상보다 비렁뱅이 맞돈이 좋다** : 장사에는 믿을만 한 사람의 외상보다는 맞돈이 더 좋다는 말.
부:장(附葬)명-하다타 합장(合葬)
부장(部長)명 한 부(部)의 책임자.
부장(部將)명 ①조선 시대, 오위(五衛)의 종육품 무관 관직. ②조선 시대, 포도청의 군관(軍官).
부:장(副長)명 장(長)의 다음 자리에서 장을 보좌하는 사람, 또는 그 직위.
부:장(副章)명 훈장(勳章)의 정장(正章)에 덧붙여 주는 기장(紀章).
부:장(副將)명 ①주장(主將)을 보좌하는 장수. 부수(副帥) ②조선 말기, 신식 군제(軍制)의 장관(將官) 계급의 하나. 대장(大將)의 아래, 참장(參將)의 위임.
부:장(副葬)명-하다타 지난날, 임금이나 귀족이 죽었을 때 그 사람이 생전에 쓰던 여러 가지 패물과 그릇 따위를 주검과 함께 묻던 일.
부:장(腑臟)명 육부(六腑)와 오장(五臟)을 아울러 이르는 말. 장부(臟腑)
부:장(腐腸)명 속금(宿芩)
부장-기(不杖朞)명 상례(喪禮)에서, 일 년 동안 재최(齊衰)만 입고 상장(喪杖)을 짚지 않음을 이르는 말.
부:장-품(副葬品)명 장사지낼 때, 주검과 함께 묻는 물건. 배장품(陪葬品) ¶고분에서 많은 ㅡ이 출토되었다.
부재(不才)명 ①재주가 없거나 모자라는 것. ②자기의 재주를 낮추어 이르는 말.
부재(不在)명-하다형 그곳에 있지 않음. ¶인권 ㅡ의 정치.
부재(部材)명 건축에서, 구조물의 뼈대를 이루는 재료.
부:재(覆載)명 만물을 덮고 있는 하늘과 받쳐 싣고 있는 땅, 곧 '하늘과 땅'을 이르는 말.
부재다언(不在多言)성구 여러 말 할 것 없이 바로 결정지음을 이르는 말.
부재-모상(父在母喪)명 아버지에 앞서 어머니가 세상을 떠난 상사(喪事)를 이르는 말.
부재-자(不在者)명 ①그 자리에 없는 사람. ②법률에서, 종래의 주소지를 떠나, 그곳에 있는 자기의 재산을 관리할 수 없는 상태에 놓인 사람.
부재자=투표(不在者投票)명 부재(不在)나 병 따위의 이유로 선거 당일 투표소에 나갈 수 없는 사람을 위한 투표. 우편으로 하는 투표, 선거일 전의 투표, 투표소 이외의 장소에서 하는 투표 따위가 있음.
부재=주주(不在株主)명 회사의 경영에는 관여하지 아니하고 이윤의 분배에만 참여하는 주주.
부재-중(不在中)명 집이나 직장에 있지 않는 동안. ¶외출하여 ㅡ이다.
부재=지주(不在地主)명 농지가 있는 곳에 거주하지 않는 지주. ☞재촌 지주(在村地主)

부재차한(不在此限) 어떤 규정이나 한계에 매이지 아니하고 벗어날 수 있음을 이르는 말. 예외임을 말할 때 쓰임. ¶회원인 경우는 —이지.
부-저(—箸)명 '부젓가락'의 준말.
부:적(附籍)명 ①남의 호적에 얹혀 있는 호적. ②-하다타 호적부에 없는 호적을 새로 호적부에 끼워 올림.
부:적(符籍)명 민속에서, 악귀나 잡신을 쫓기 위하여 붙이거나 지니는 표. 보통, 주사(朱砂) 따위의 붉은 물감으로 특별한 글자나 형상을 한지에 그림. 신부(神符) 변부작(符作)
부적(簿籍)명 관아의 장부나 문서. 부서(簿書). 부첩(簿牒)
부적(不適)어기 '부적(不適)하다'의 어기(語基).
부-적격(不適格)명-하다형 적격이 아님. ¶— 판정/그는 그 직책에 —한 사람이다.
부적당(不適當)어기 '부적당(不適當)하다'의 어기(語基).
부적당-하다(不適當—)형여 적당하지 않다. ¶야외 운동에 부적당한 날씨. 준부적하다
부-적응(不適應)명-하다자 적응하지 못함.
부적응-아(不適應兒)명 환경에 적응하지 못하는 아이.
부-적임(不適任)명-하다형 적임이 아님. 그 임무에 마땅하지 아니함.
부적절(不適切)어기 '부적절(不適切)하다'의 어기(語基).
부적절-하다(不適切—)형여 적절하지 않다. ¶부적절한 표현./부적절한 조처.
부적-하다(不適—)형여 '부적당하다'의 준말.
부:전명 지난날, 고운 헝겊으로 둥근 모양이나 병 모양으로 만들어 두 쪽을 맞대어 끈을 달아 차던 계집아이들의 노리개.
부전(不全)명-하다형 기능이나 활동하는 상태가 완전하지 못함. ¶발육 —
부전(不戰)명 싸우지 않음. 경기를 하지 않음. ¶— 선언
부:전(附箋)명 간단한 의견을 써서 서류에 덧붙이는 쪽지. 보전(補箋). 부전지(附箋紙) ¶—을 달다.
부:전(副殿)명 불교에서, 불당을 맡아서 관리하는 중을 이르는 말. 부존(副尊)
부전-골(跗前骨)명 척골(蹠骨)
부:-전기(負電氣)명 '음전기(陰電氣)'의 구용어.
부:전-나비명 부전나빗과의 곤충. 날개 길이는 3cm 안팎. 날개의 앞면이 암컷은 어두운 갈색, 수컷은 푸른빛을 띤 자색임. 날개의 끝에는 검은 점 무늬가 있음. 여름에 산지의 풀밭에서 흔히 볼 수 있음.
부전=마비(不全痲痹)명 어떤 기관의 기능이 완전히 상실되지는 않고 약화된 상태의 마비.
부전부전-하다형여 남의 바쁜 사정은 생각하지 않고 제 일에만 부지런스럽다.
부:-전성(副典聲)명 조선 시대, 장악원(掌樂院)에서 음악에 관한 일을 맡아보던 종구품의 관직.
부:-전수(副典需)명 조선 시대, 내수사(內需司)에서 대궐 안의 쌀·베·잡화 따위를 맡아보던 종육품의 관직.
부전-승(不戰勝)명-하다자 추첨이나 상대편의 기권(棄權)·결장(缺場) 등으로 경기를 하지 않고 이기는 일. ¶—으로 8강에 오르다. ☞부전패(不戰敗)
부:-전악(副典樂)명 조선 시대, 장악원(掌樂院)에서 음악에 관한 일을 맡아보던 종육품의 관직.
부:-전율(副典律)명 조선 시대, 장악원(掌樂院)에서 음악에 관한 일을 맡아보던 종칠품의 관직.
부전자승(父傳子承)성구 부전자전(父傳子傳)
부전자전(父傳子傳)성구 대대로 아버지가 아들에게 전함을 이르는 말. 부자상전(父子相傳). 부전자승
부:전-조개명 지난날, 조가비를 두 쪽으로 맞추어서 그 위에 빛깔 있는 헝겊을 바르고 끈을 달아 차던 계집아이들의 노리개.
속담 **부전조개 이 맞듯**: ①사물이 서로 빈틈없이 잘 들어맞음을 이르는 말. ②서로 의가 좋음을 이르는 말.
부전=조약(不戰條約)명 전쟁을 하지 않을 것을 내용으로 하는 조약.
부:전-지(附箋紙)명 부전(附箋)
부전-패(不戰敗)명-하다자 경기에 결장(缺場)하거나 기권(棄權)함으로써 자동으로 패하는 일. ☞부전승(不戰勝)
부절(不絕)명-하다자 끊이지 않음. ¶연락 —
부절(不節)명 고구려의 14관등 중 열셋째 등급. ☞선인(先人)²
부:절(剖折)명-하다타 쪼개어 가름.
부:절(符節)명 지난날, 사신이 신표(信標)로 가지고 다니던, 돌이나 옥 따위로 만든 부신(符信). 부계(符契)
속담 **부절을 맞춘듯 하다**: 꼭 들어맞는다는 뜻.

한자 부절 부(符) 〔竹部 5획〕 ¶부신(符信)/부절(符節)

부절(跗節)명 곤충의 관절지(關節肢)의 맨 끝마디. 종아리마디에 이어진 다리마디임. 발목마디
부절따-말명 갈기가 검고 털빛이 붉은 말.
부절여루(不絕如縷)[—녀—]성구 실처럼 가늘면서도 끊어지지 않고 이어감을 이르는 말.
부-절제(不節制)[—쩨]명 ①-하다자 욕망을 이기지 못하여 기분 내키는 대로 생활함. ②-하다형 절제된 생활을 하지 못하고 방탕함. ¶—한 생활.
부:점(附點)[—쩜]명 음표나 쉼표의 오른쪽에 찍어서 원래 길이의 반만큼의 길이를 더함을 나타내는 점.
부:점-음표(附點音標)명 음표의 머리 오른쪽에 점이 붙은 것으로, 본디 음표의 1.5배의 음가(音價)를 가지는 음표. 점음표(點音標)
부접명-하다자 ①남과 잘 어울리는 붙임성. ¶—이 좋은 사람. ②사귀려고 가까이하거나 가까이하여 의지함.
부접을 못하다관용 ①가까이 사귀거나 다가서지 못하다. ¶그 어른은 너무 엄해서 감히 부접을 못하겠다. ②한곳에 붙어 배기거나 견디어 내지 못하다.
부-젓가락명 화로에 꽂아 두고 불덩이를 집거나 불을 헤치는 데 쓰는 쇠젓가락. 화저(火箸) 준부저
부정(不正)명-하다형 올바르지 않음. 옳지 않음. ¶—을 저지르다./—이 탄로나다./—한 방법으로 돈을 벌다.

▶ '不'의 독음(讀音)
'不'의 본디 음은 '불'이다. 그런데 'ㄷ' 음과 'ㅈ' 음 앞에서는 '부'로 읽는다.
¶부당(不當)/부덕(不德)/부도덕(不道德)/부정(不定)/부정(不貞)/부지(不知)/부주의(不注意)
다만, '不實'만은 예외로 'ㅅ' 음 위에서 '부실'이라 읽는다.

부정(不定)명-하다형 ①일정하지 않음. 정해지지 않은 상태임. ¶주거가 —한 사람. ②방정식이나 작도(作圖) 문제에서 답이 무수히 많음. ¶— 방정식
부정(不貞)명-하다형 여자로서 행실이 깨끗하지 못함. ¶—한 여자.
×**부정**(∠不逞)명 →불령(不逞)
부정(不淨)명-하다형 ①깨끗하지 못함. ¶—한 돈. ②꺼리고 피하는 때에 아기를 낳거나 사람이 죽는 따위의 일이 생김. ¶—을 타다./—이 들다. ③무당굿의 첫거리.
부정(父情)명 자식에 대한 아버지의 정. ☞모정(母情)
부:정(否定)명 ①그리하다고 인정하지 않음. 옳지 않다고 반대함. ¶소문을 —하다./기존 학설을 —하다. ②논리학에서, 주사(主辭)와 빈사(賓辭)가 일치하지 않는 것. ☞긍정(肯定)
부:정(負定)명 지난날, 공역(公役)이나 공물(貢物)을 백성에게 부담시키던 일.
부정(不精)어기 '부정(不精)하다'의 어기(語基).
부정=경:업(不正競業)명 부정 경쟁
부정=경:쟁(不正競爭)명 옳지 못한 수단으로 동업자의 이익을 방해하는 영업 경쟁. 부정 경업(不正競業)
부정=교합(不正咬合)명 아랫니와 윗니가 정상적으로 맞물리지 않는 상태. 교정(矯正) 치료로 고침.
부정-근(不定根)명 원래의 뿌리가 아닌, 줄기나 잎 따위에서 돋는 뿌리. 연·옥수수 따위의 뿌리가 있음. 막뿌리. 엇뿌리 ☞정근(定根)
부-정기(不定期)명 시기나 기한이 일정하게 정하여져 있

지 않은 것. ¶ - 간행물/- 항로 ☞정기(定期)

부정기-선(不定期船)명 일정한 취항 시간이나 항로가 없이 부정기적으로 운항하는 배. ☞정기선(定期船)

부정기-편(不定期便)명 운행하는 기일이나 시간, 행선지 등이 일정하지 않은 연락이나 수송, 또는 그 교통 기관.

부정기-형(不定期刑)명 형벌의 기간을 재판에서 확정하지 않고 복역(服役) 태도에 따라 석방 시기를 나중에 결정하는 형. ☞정기형(定期刑)

부정-나다(不淨-)자 부정한 일이 생기다. 꺼리고 피하는 일이 생기다.

부정당(不正當)어기 '부정당(不正當)하다'의 어기(語基).

부정당-하다(不正當-)형여 정당하지 않다.

부정-맥(不整脈)명 심장 박동의 리듬이 불규칙한 상태. 박동이 불규칙한 맥박. ☞정맥(整脈)

부정-명색(不正名色)명 정당하지 않은 방법으로 얻은 깨끗하지 못한 재물.

부:정=명:제(否定命題)명 논리학에서, 부정 판단을 나타내는 명제. 소극 명제(消極命題) ☞긍정 명제(肯定命題)

부:정-문(否定文)명〈어〉부정하는 형식으로 끝맺는 문장. '돈이 행복의 조건이 아니다.', '그는 노력하지 않는다.'와 같은 문장이 이에 해당함. ☞긍정문(肯定文)

부정=방정식(不定方程式)명 해(解)가 무수히 있는 방정식. 유리 정수(有理整數)를 계수로 하는 방정식에서 유리수나 정수(整數)의 해답을 구하는 방정식.

부정-법(不正法)[-뻡]명 법의 이념이나 정신에 비추어 옳지 않은 법.

부정-보다(不淨-)타 꺼려서 피하는 때에 아기를 낳거나 죽는 따위의 부정한 일이 눈에 띄다.

부:정=부:사(否定副詞)명〈어〉의미상으로 가른 부사의 한 갈래. 문장에서 용언의 내용을 부정(否定)하는 뜻을 나타내는 부사. '못'·'아니(안)' 따위. ☞성상 부사

부정-사(不定詞)명〈어〉주로 서양 문법에서 인칭·수·시제 따위의 제한을 받지 아니하고 명사적 기능을 가진 동사의 한 형태.

부정=선:거(不正選擧)명 부정한 수단과 방법으로 하는 선거. ☞공명 선거(公明選擧)

부정=소:지(不淨燒紙)명 민속에서, 몸소지를 살라 올리기 전에 부정한 것을 가시기 위하여 살라 올리는 소지.

부:-정:수(負整數)[-쑤]명 '음정수(陰整數)'의 구용어.

부정=수소(不定愁訴)명 어떤 병이라 할 뚜렷한 원인이 없는데도, 두통·견비통·현기증 등 몸의 불편함을 호소하는 증세.

부정-아(不定芽)명 꼭지눈이나 곁눈이 나는 자리가 아닌, 뿌리나 잎 또는 줄기의 마디 사이에서 나는 눈. 막눈. 엇눈 ☞정아(定芽)

부정액=보:험(不定額保險)명 보험 사고 발생에 따른 손해의 실액(實額)을 표준으로 하여 보전(補塡) 금액이 결정되는 보험. ☞정액 보험(定額保險)

부:정-어(否定語)명 부정의 뜻을 나타내는 말. '아니'·'아니다' 따위.

부:정-적(否定的)명 그렇지 않다고 부정하는 내용이나 태도를 가진 것. ¶현실을 -으로 보다. ☞긍정적(肯定的)

부:정적=개:념(否定的概念)명 논리학에서, 어떤 성질이나 상태가 존재하지 않음을 나타내는 개념. 소극적 개념(消極的概念) ☞긍정적 개념

부:정적=판단(否定的判斷)명 부정 판단(否定判斷)

부정-지(不定枝)명 자리·모양·크기 따위가 정상이 아닌 가지.

부정지속(釜鼎之屬)명 솥·가마·냄비·번철 따위의 부엌 기구를 통틀어 이르는 말.

부정직(不正直)어기 '부정직(不正直)하다'의 어기(語基).

부정직-하다(不正直-)형여 정직하지 않다.

부정=처:분(不正處分)명-하다타 옳지 못한 방법으로 물건을 처분함.

부정=축재(不正蓄財)명 부정한 수단과 방법으로 재물을 모음, 또는 그 재물.

부정-치다(不淨-)자 굿에서, 무당이 첫거리로 부정한 일을 없애다.

부정-타다(不淨-)자 부정한 일로 해를 입다.

부정=투표(不正投票)명 정당하지 못한 수단과 방법으로 하는 투표.

부:정=판단(否定判斷)명 주사(主辭)와 빈사(賓辭)의 일치를 부정하는 판단. '사람은 짐승이 아니다.' 따위. 부정적 판단 ☞긍정 판단(肯定判斷)

부정-풀이(不淨-)명-하다자 사람이 죽은 집에서 부정타는 것을 털어 없애서 깨끗이 하려고 무당이나 판수를 시켜 잡귀를 물리치는 일.

부정-품(不正品)명 정당하지 못한 방법으로 만들거나 가지는 물건.

부정-풍(不定風)명 방향이나 세기 따위가 일정하지 않은 바람.

부정-하다(不精-)형여 조촐하지 못하고 지저분하다.

부-정:합(不整合)명 ①가지런히 들어맞지 않음. ②위아래 지층 사이에 퇴적이 오랫동안 중단되어 있었거나 지각 변동으로 아래층이 융기하여 침식을 받거나 침강하거나 한 후에 위층이 퇴적하여 지층이 서로 가지런하지 않게 된 상태. ☞정합

부정=행위(不正行爲)명 올바르지 않은 방법으로 하는 짓. ¶수험생의 -.

부정-형(不定形)명 일정하지 아니한 양식이나 형상(形狀). ☞정형

부정형-시(不定型詩)명 시구(詩句)의 수나 배열순 따위에서 일정한 형식을 갖추지 않은 시. 산문시(散文詩)·자유시(自由詩) 따위. ☞정형시

부-정:확(不正確)명-하다형 정확하지 않거나 확실하지 않음. ¶통계가 -하다./-한 번역.

부:제(祔祭)명 삼년상을 마친 뒤에 그 신주를 조상의 신주 곁에 모실 때 지내는 제사.

부제(婦弟)명 편지에서 처남이 매부에게 자기를 가리켜 이르는 말.

부:제(副祭)명 가톨릭에서, 부제품(副祭品)을 받은 성직자. 사제(司祭)를 도와 설교나 성체 분배, 세례 성사 등의 집행을 위임 받게 됨.

부:제(副題)명 책이나 논문 따위의 주제(主題) 곁에 덧붙이는 제목. 주제의 내용을 알기 쉽도록 나타냄. 부제목(副題目). 부표제(副標題)

부:제(賦題)명 지난날, 과문(科文)의 부(賦)를 지을 때에 내던 글 제목.

부제(不悌)어기 '부제(不悌)하다'의 어기(語基).

부제(不齊)어기 '부제(不齊)하다'의 어기(語基).

부:-제목(副題目)명 부제(副題)

부:-제조(副提調)명 조선 시대, 품계가 정삼품인 관원이 기술 계통, 잡직 계통의 관아의 업무를 겸직한 관직 이름. ☞도제조(都提調)

부제-하다(不悌-)형여 윗사람에게 공손하지 않다.

부제-하다(不齊-)형여 가지런하지 아니하다.

부:-제학(副提學)명 ①조선 시대, 홍문관(弘文館)의 정삼품 당상관(堂上官)의 관직. 준부학(副學) ②조선 시대, 규장각(奎章閣)의 한 관직.

부조(父祖)명 아버지와 할아버지. ¶-가 물려준 가업.

부조(不調)명-하다형 날씨나 건강이 고르지 못함. ¶-한 날씨./소화 기관의 -. ☞호조(好調). 쾌조(快調)

부조(扶助)명-하다타 ①도와 주는 일. ¶상호 -의 미풍. ②잔칫집이나 상가(喪家)에 물건이나 돈을 보냄.
속담 **부조는 않더라도 제상(祭床)이나 치지 말라** : 도와주지는 못할망정 방해나 하지 말라는 말. [동냥은 아니 주고 쪽박만 깬다/동냥도 아니 주고 자루 찢는다]

부조(浮彫)명 그림이나 글씨 등을 도드라지게 새기는 일, 또는 그 조각. 돋을새김. 부상조(浮上彫). 양각(陽刻). 철조(凸彫). 초각(峭刻) ☞섭새김

부조(浮藻)명 물 위에 떠 있는 마름.

부조(浮躁)어기 '부조(浮躁)하다'의 어기(語基).

부-조리(不條理)명-하다형 ①도리에 어긋나거나 이치에 맞지 아니함, 또는 그런 일. ¶공직 사회의 -를 몰아내

다. ②실존주의 철학에서, 세계의 비합리성과 그 안에 사는 인간의 절망적인 상황을 이르는 말.

부조-전래(父祖傳來)[명] 조상으로부터 전하여 내려옴. ¶ -의 가보.

부조-증(不調症) [-쯩] [명] 월경의 주기가 일정하지 않거나 출혈량이 고르지 못한 부인병. 월경 불순

부조지전(不祧之典)[명] 지난날, 나라에 큰 공훈이 있는 사람의 신주(神主)를 사당에 영구히 모시게 하던 특전.

부조-초(不凋草)[명] 꼭두서닛과의 여러해살이 덩굴성 식물. 잎은 겨울에도 마르지 않고, 뿌리는 염주 비슷하며 속이 비었는데, 한방에서 '파극천(巴戟天)'이라 하여 강장제(強壯劑)로 쓰임.

부조-하다(浮躁-)[형][여] 성질이 들뜨고 방정맞다.

부-조화(不調和)[명]-하다[형] 서로 잘 어울리지 아니함.

부족(不足)[명]-하다[형] 어떤 양이나 기준에 모자람. ¶ 식량이 -하다./실력이 -하다.

부:족(附族)[명] 성(姓)과 본관(本貫)이 같다고 해서 한 조상의 자손처럼 지내는 일가. 붙이기일가

부족(部族)[명] 같은 계통의 언어·종교·관습을 가지고 겨레 의식으로 통합된, 원시 사회의 구성 단위가 되는 지역 공동체. ¶ - 국가/- 사회 [유]종족(種族)

부족가:론(不足可論)[성구] 더불어 이야기할 거리가 되지 못함을 이르는 말.

부족-감(不足感)[명] 충분하지 못하여 모자란다는 느낌.

부족-류(斧足類)[명] 연체동물문(門)의 한 강(綱). 좌우 두 개의 조가비에 몸이 싸여 있는 쌍각류(雙殼類)의 조개. 판새류(瓣鰓類)

부족-분(不足分)[명] 일정한 기준 등에 모자라는 몫이나 부분. ¶ -을 채우다.

부족-수(不足數)[명] 불완전수의 한 가지. 어떤 수의 양(陽)의 약수(約數)의 총합이 그 수의 배수보다 작은 수. 예를 들자면, 8은 그 약수 1, 2, 4, 8의 총합이 배수인 16보다 작은 15이므로 부족수가 됨. ☞과잉수

부족-액(不足額)[명] 일정한 기준 등에 모자라는 금액.

부족-조(不足條)[명] 돈이나 곡식 따위가 일정한 기준에 모자라는 수효.

부족-증(不足症)[명] 한방에서, 폐결핵 등의 병으로 말미암아 기혈이 쇠약해지는 증세.

부족지탄(不足之歎)[성구] 모자라고 성에 차지 않아서 하는 한탄을 이르는 말.

부:존(副尊·扶尊)[명] 부전(副殿)

부:존=자:원(賦存資源)[명] 경제적 목적에 이용할 수 있는 천연 자원.

부종(不從)[명]-하다[타] 따르지 않음.

부:종(付種)[명]-하다[타] 파종(播種)

부종(阜螽)[명] '메뚜기[1]'의 딴이름.

부:종(浮腫)[명] 부증(浮症)

부:종=계:약(附從契約)[명] 계약 당사자의 한쪽이 결정한 약관(約款)을 다른 쪽에서 그대로 따라야 하는 계약. 근로자 고용 계약, 운송 계약, 보험 계약 따위가 있음.

부:좌(祔左)[명]-하다[타] 죽은 부부를 합장(合葬)할 때, 아내를 남편의 왼편에 묻는 일. ☞부우(祔右)

부좌(趺坐)[명] 그릇을 올려 놓는 받침.

부주(∠父祖)[명] 자손에게 유전되는 성질이나 소질(素質). ☞내림

×**부주**(∠扶助)[명] → 부조(扶助)

부주(父主)[명] 편지에서, '아버님'의 뜻으로 쓰는 한문 투의 말. ☞모주(母主)

부:주(附奏)[명] 지난날, 임금이 정승에게 내린 글에 대한 대답을 이르던 말.

부주(浮舟)[명]-하다[자] 배를 물에 띄움. 범주(泛舟)

부:-주교(副主教)[명] 가톨릭에서, 주교(主教)의 버금 자리 성직, 또는 그 성직자.

부-주:의(不注意)[명]-하다[자] 주의하지 않거나 주의를 기울이지 않음. ¶ - 때문에 생긴 사고./-하게 운전하다.

부주-풍(不周風)[명] 북서풍(北西風)

부죽(釜竹)[명] '부산죽(釜山竹)'의 준말

부중(府中)[명] ①'부(府)'의 이름이 붙은 행정 구역의 안. 부하(府下) ②높은 관리의 집안을 이르던 말.

부중생어(釜中生魚)[성구] 오랫동안 밥을 짓지 못해 가마솥 안에 물고기가 생겼다는 뜻으로, 매우 가난함을 비유하여 이르는 말.

부중지어(釜中之魚)[성구] 가마솥 안에 든 물고기라는 뜻으로, 매우 위태로운 목숨을 비유하여 이르는 말. ☞조상육(俎上肉)

부:즉다사(富則多事)[성구] 재물이 많으면 일도 많아짐을 이르는 말.

부증(浮症)[명] 몸이 붓는 증세. 심장병·신장병·혈액 순환 장애 등으로 생김. 부종(浮腫)

부지(不知)[명]-하다[타] 알지 못함. ¶ -의 소치.

부:지(付紙)[명] 얇은 종이를 여러 겹으로 붙임, 또는 그렇게 붙인 종이.

부지(扶支·扶持)[명]-하다[타] 온갖 어려움을 견뎌서 이겨냄. 고생을 참고 버티어 나감. ¶ 목숨을 -하다.

부지(浮紙)[명]-하다[자타] 종이를 떠서 만듦.

부지(敷地)[명] 건물이나 도로 용지 등으로 쓸 일정한 터.

부지거:처(不知去處)[성구] 간 곳을 모름을 이르는 말.

부지기수(不知其數)[성구] 너무 많아서 그 수를 알 수 없음을 이르는 말. ¶ 홍수로 해를 입은 사람이 -이다.

부지깽이[명] 아궁이 따위에 불을 땔 때, 불을 헤치거나 땔감을 밀어 넣거나 하는 데 쓰는 막대기. 화곤(火棍). 화장(火杖)

부지-꾼[명] 실없이 심술궂은 짓을 잘하는 사람.

×**부지-꾼**(負持-)[명] → 짐꾼

부지런[명]-하다[형] 게으르지 않고 하는 일에 꾸준함. ¶ 오늘 따라 -을 피운다. ☞게으름. 바지런

부지런-히[부] 부지런하게 ¶ - 일해라.

[속담] **부지런 부자는 하늘도 못 막는다**: 부지런하면 반드시 부자가 된다는 말./**부지런한 물방아는 얼 새도 없다**: 무슨 일이든 쉬지 않고 부지런히 하면 성공한다는 말. 〔흠통은 썩지 않는다/돌쩌귀에 녹이 슬지 않는다〕

[한자] **부지런할 근**(勤) 〔力部 11획〕 ¶ 근검(勤儉)/근로(勤勞)/근면(勤勉)/근실(勤實)/근학(勤學)

부지런-스럽다(-스럽고·-스러워)[형][ㅂ] 게으르지 않고 하는 일에 꾸준한 데가 있다.

부지런-스레[부] 부지런스럽게

부지-불각(不知不覺)[명] 미처 깨닫지 못하거나 알지 못하는 사이. ¶ -에 몸을 웅크렸다.

부지불식-간(不知不識間) [-씩-] [명] 생각지도 알지도 못하는 사이. ¶ -에 비명을 지르다.

부:-지사(副知事)[명] 지사를 보좌하고, 지사의 유고(有故) 때에 직무를 대행하는 직위, 또는 그 직위의 사람.

부지세:상(不知世上)[성구] 세상일이 어떻게 돌아가는지 알지 못함을 이르는 말.

부지세:월(不知歲月)[성구] 세월이 가는 줄을 알지 못함을 이르는 말.

부지소:향(不知所向)[성구] 가야 할 곳을 알지 못함을 이르는 말.

부지-수(不知數)[명] 너무 많아 알 수 없는 수.

부지-중(不知中)[명] ①알지 못하는 동안. 모르는 사이. ¶ -에 버릇이 되고 말았다. ②〔부사처럼 쓰임〕 ¶ - 남의 발등을 밟았다.

부지지[부] ①버썩 달구어진 쇠붙이 따위에 액체가 닿아 졸아붙을 때 나는 소리를 나타내는 말. ②버썩 달군 쇠붙이 따위를 물에 담글 때 나는 소리를 나타내는 말. ☞바지지. 뿌지지

부지직[부] ①버썩 달구어진 쇠붙이 따위에 액체가 닿아 급히 졸아붙을 때 나는 소리를 나타내는 말. ②버썩 달군 쇠붙이 따위를 물에 담그어 급히 식힐 때 나는 소리를 나타내는 말. ③질긴 천 따위가 조금씩 찢어질 때 나는 소리를 나타내는 말. ☞바지직

부지체면(不知體面)[성구] 불고체면(不顧體面)

×**부지팽이**[명] → 부지깽이

부지하:락(不知下落) 성구 어디로 가서 어떻게 되었는지 그 뒤끝을 알지 못함을 이르는 말.

부지하세:월(不知何歲月) 성구 언제 될지 그 기한을 알지 못함을 이르는 말.

부지하허인(不知何許人) '알지 못할 어떤 사람'의 뜻.

부:직(付職) 명 -하다 타 관직을 줌.

부:직(副職) 명 본업 외에 따로 겸하고 있는 직업.

부직(婦職) 명 부녀자가 하는 일. 길쌈·바느질 따위.

부직-포(不織布) 명 섬유를 화학 약품이나 열로 이어 붙여 천처럼 만든 것. 질기고 통기성이 좋음.

부진(不振) 명 -하다 형 일이나 활동 따위가 활발하지 못함. ¶ 사업이 －하다. /성적이 －하다.

부진(不進) 명 -하다 자 앞으로 나아가지 못함.

부진(不盡) 명 -하다 형 다하지 않거나 없어지지 않음.

부진-근(不盡根) 명 부진근수

부진-근수(不盡根數) [－쑤] 명 개법(開法)으로 계산하여 완전히 나누어지지 않는 근. $\sqrt{2}$나 $\sqrt{3}$ 따위. 부진근

부진-수(不盡數) [－쑤] 명 나누어 떨어지지 않는 수.

부질(婦姪) 명 인질(姻姪)

부질(鈇鑕) 명 작두

부질(麩質) 명 곡식알 속에 들어 있는 단백질.

부:질(賦質) 명 천부(天賦)의 자질. 타고난 바탕.

부질-간(－間) [－깐] 명 놋그릇을 만드는 집의 대장간.

부질-없:다 [－업－] 형 대수롭지 아니하거나 쓸데없다. ¶ 부질없는 정쟁(政爭).

부질-없이 부 부질없게 ¶ － 걱정하다.

부집 명 -하다 자 화를 돋우어 말다툼함, 또는 그 말다툼.

부집(父執) 명 '부집존장(父執尊長)'의 준말.

부집게 명 숯불이나 석탄 덩이 따위를 집는 데 쓰는 집게. 불집게

부집-존장(父執尊長) 명 아버지의 친구로 나이가 아버지와 비슷한 어른을 이르는 말. 준 부집(父執)

부쩍 부 ①눈에 뜨이게 많이 나아가는 모양을 나타내는 말. ¶ － 어른스러워지다. /키가 － 자라다. /성적이 － 오르다. ②부피나 양, 수 따위가 큰 폭으로 늘거나 주는 모양을 나타내는 말. ¶ 체중이 － 늘다. /관광객 수가 － 늘다. /저수지의 물이 － 줄다. ③어떤 감정이 갑자기 심하게 생기는 모양을 나타내는 말. ¶ 공부에 － 흥미를 붙이다. ☞바짝. 부썩

부쩍-부쩍 부 ①자꾸 눈에 뜨이게 많이 나아가는 모양을 나타내는 말. ②부피나 양, 수 따위가 큰 폭으로 자꾸 늘거나 주는 모양을 나타내는 말. ③자꾸 어떤 감정이 갑자기 심하게 생기는 모양을 나타내는 말. ☞바짝바짝[2]. 버쩍버쩍. 부썩부썩[2]

부:차(副次) 명 이차(二次)

부:차-시(副次視) 명 -하다 타 이차적인 것으로 여김.

부:차-적(副次的) 명 본질적이 아니고 다음가는 것. 주된 사물에 딸린 것. ¶ －인 문제.

부:착(附着·付着) 명 ①-하다 타 어떤 물체가 다른 것에 들러붙음. ②물리에서, 서로 다른 두 물질이 맞닿았을 때 각각의 분자 사이의 힘으로 들러붙는 성질.

부:착-근(附着根) 명 기생 식물이 다른 식물이나 물체에 들러붙기 위하여 줄기에서 내는 짧은 뿌리.

부:착-력(附着力) 명 ①들러붙는 힘. ②물리에서, 서로 다른 두 물질이 서로 맞닿았을 때 들러붙으려고 하는 힘.

부착(斧鑿) 명 ①도끼와 끌, 또는 도끼와 끌로 다듬는 일. ②시문(詩文)에 기교를 부림을 비유하는 말.

부:찰(俯察) 명 -하다 타 아랫사람의 형편을 굽어 살핌.

부:참(符讖) 명 뒷날에 일어날 일을 미리 알아 적어서 감추어 둔 글. 부서(符書)

부창부수(夫唱婦隨) 성구 남편의 주장에 아내가 따르는 일, 곧 부부 화합의 도리를 이르는 말.

부채 명 손으로 잡고 흔들어 바람을 일으키는 제구. 선자(扇子) ¶ －를 부쳐 더위를 식히다.

부:채(負債) 명 남에게 빚을 지는 일, 또는 그 빚. ¶ －를 갚다. /－를 지다.

부:채(賦彩·傅彩) 명 -하다 자 색을 칠함. 설채(設彩)

부:채=계:정(負債計定) 명 각종 부채가 늘거나 주는 것을 적고 셈하는 여러 계정을 통틀어 이르는 말.

부채-고리 명 접부채의 사북에 꿰어 놓은 고리.

부채-꼭지 명 접부채의 사북이 박힌 대가리.

부채-꼴 명 ①접부채를 편 것처럼 생긴 모양. ②180°보다 작은 각을 이루는 두 반지름과 원호로 둘러싸인 도형. 선형(扇形)

부:채-자(負債者) 명 채무자(債務者)

부채-잡이 명 소경은 대개 부채를 왼손으로 잡는 데서, 소경에게 '왼쪽'을 이르는 말. ☞막대잡이

부:채-주(負債主) 명 채무자(債務者)

부채-질 명 -하다 자 ①바람을 일으키려고 부채를 흔드는 짓. ②감정이나 싸움을 더욱 북돋우거나 부추기는 일, 또는 그런 말이나 행동. ¶ 불난 집에 －하는 꼴이다.

부채-춤 명 부채를 펴고 접고 돌리고 흔들면서 추는 춤. 독무(獨舞)와 군무(群舞)가 있음.

부책(簿册) 명 문부(文簿)

부챗-살 명 부채의 뼈대가 되는, 여러 개의 가는 대오리.

부처 명 ①'석가모니'를 높이어 이르는 말. 원 불타(佛陀) ②수행을 쌓아 진리를 깨달은 사람. ③불상(佛像) ④어질고 자비심이 두터운 사람을 비유하여 이르는 말. ¶ 살아 있는 －다. 높 부처님

한자 **부처 불**(佛) 〔人部 5획〕 ¶ 불공(佛供)/불당(佛堂)/불상(佛像)/성불(成佛) ▷ 고자(古字)는 仏

부처(夫妻) 명 남편과 그의 아내. 부부(夫婦)

부처(部處) 명 정부 기관의 부(部)와 처(處)를 아울러 이르는 말. ¶ －간의 긴밀한 협조가 필요하다.

부처-꽃 명 부처꽃과의 여러해살이풀. 줄기 높이는 1m 안팎. 잎은 마주나며 잎자루가 거의 없고, 5~8월에 홍자색의 여섯잎꽃이 핌. 습지나 밭둑에 자람. 잎은 한방에서 세균성 이질에 약재로 쓰임.

부처-님 명 '부처'를 높이어 일컫는 말.

속담 **부처님 가운데 토막** : 마음이 어질고 성질이 순한 사람을 이르는 말. 〔부처님 허리 토막〕/**부처님 공양 말고 배고픈 사람 밥을 먹여라** : 부처님에게 정성을 들여 복을 비느니보다 적은 것이나마 실지로 덕을 쌓는 편이 낫다는 말. /**부처님더러 생선 방어 토막을 도둑해 먹었다 한다** : 자기의 죄 없음을 굳이 내세울 때 쓰는 말. /**부처님 살찌고 파리하기는 석수에게 달렸다** : 일의 성과 여부는 그것을 손수 하는 사람에게 달렸다는 말. /**부처님 위하여 불공하나** : 남을 위하여 하는 행동 같지만 실상은 자기를 위하는 것이라는 말. /**부처님한테 설법** : 모든 것을 환히 알고 있는 사람에게 주제넘게 가르치려 드는 경우를 두고 이르는 말.

부처님=오신=날 명 석가모니의 탄신일. 곧 음력 사월 초파일. 강탄절(降誕節). 불탄일(佛誕日)

부처-손 명 부처손과의 여러해살이풀. 줄기 높이는 30cm 안팎. 비늘 모양의 잔잎은 촘촘하게 나는데, 표면은 짙은 초록, 뒷면은 희읍스름한 초록임. 건조하면 가시가 안으로 말려서 공처럼 됨. 산지의 마른 바위나 나무 위에 붙어 삶. 잎은 한방에서 혈액 순환제로 쓰거나 볶아서 지혈제로 씀.

부처-혼(父處婚) 명 신부가 신랑 쪽의 거처에 가서 사는, 부계(父系) 사회의 혼인 방식. ☞모처혼(母處婚)

부척(浮尺) 명 -하다 자 무덤 자리의 거리를 잴 때, 높고 낮은 땅에 줄을 대지 않고 팽팽하게 켕겨서 거리를 재는 일. ☞답척(踏尺)

부:척(副尺) 명 '아들자'의 구용어. ☞주척(主尺)

부척(跗蹠) 명 새 다리에서 정강이뼈와 발가락 사이를 이르는 말.

부천(部薦) 명 지난날, 무과(武科)에 급제한 사람 중에서 부장(部將)이 될만 한 사람을 천거하던 일.

부천(膚淺) 어기 '부천(膚淺)하다'의 어기(語基).

부천-하다(膚淺－) 형여 지식이 천박하다.

부첩(簿牒) 명 관아의 장부나 문서. 부서(簿書)

부:청(俯聽) 명 -하다 타 공손한 태도로 주의 깊게 들음.

ㅂ

부체(浮體)명 액체 위에 떠 있는 물체.
부쳐-지내다 자 먹고 자는 일을 남의 집에서 신세지며 지내다. ¶친척 집에서 ─.
부초(麩炒)명-하다 타 한방에서, 약재(藥材)에 밀가루를 묻혀서 볶는 일.
부:촉(咐囑)명-하다 타 부탁하여 맡김.
부:촌(富村)명 ①고루 부유하게 살아가는 마을. ②부자가 많이 사는 마을. ☞빈촌(貧村)
부:추 명 백합과의 여러해살이풀. 길이 30cm 안팎 되는 가늘고 납작한 녹색 잎이 무더기로 나오며, 독특한 냄새가 남. 8~9월에 꽃줄기 끝에 흰빛의 작은 여섯잎꽃이 산형(繖形) 꽃차례로 핌. 아시아 원산의 재배 식물로 잎은 먹을 수 있음. 씨는 한방에서 '구자(韭子)'라 하여 양기 부족, 설사 등에 약재로 쓰임. 구채(韭菜)
부추-구(─韭)명 한자 부수(部首)의 한 가지. '韲'·'韮' 등에서 '韭'의 이름.
부:추기다 타 남을 이리저리 들쑤시어 어떤 마음이 생기거나 결단을 내리도록 만들다. ¶가만히 있는 사람을 부추겨 바람이 들게 하다. 유추기다

한자 부추길 사(唆)〔口部 7획〕¶교사(敎唆)

부추-김치 명 김치의 한 가지. 부추를 끓는 물에 살짝 데치거나 소금에 절여서 숨을 죽인 다음, 젓갈·고춧가루·파·마늘·소금·찹쌀풀 등으로 버무려 익힌 김치.
부추-전(─煎)명 전의 한 가지. 부추를 간추려 썰어 밀가루를 푼 것에 홍합이나 조갯살을 섞어 얇게 지진 전.
부추-죽(─粥)명 죽의 한 가지. 건새우나 홍합, 다시마 등으로 맑은장국을 끓이다가 쌀을 넣고 죽이 거의 다 끓었을 때, 부추를 넣고 쑨 죽.
부:축 명-하다 타 '곁부축'의 준말.
부춛-돌 명 뒷간 바닥에 두 발을 디디게 놓은 돌.
부출 명 ①뒷간 바닥에 두 발을 디디게 놓은 널빤지. ②양복장 따위의 네 귀에 선 기둥.
부:츠(boots)명 목이 긴 가죽 장화
부측(父側)명 아버지의 곁. 아버지 슬하. ☞모측(母側)
×**부치개-질** 명 →부침개질
부치다[1] 자 힘이 모자라다. ¶힘에 부치는 일.
부치다[2] 타 부채 따위를 흔들어서 바람을 일으키다. ¶자는 아기에게 부채를 부쳐 주다.
부치다[3] 타 편지나 짐을 수송 수단을 통해 보내다. ¶짐을 철도편에 부쳤다.

한자 부칠 기(寄)〔宀部 8획〕¶기서(寄書)
부칠 부(付)〔人部 3획〕¶부송(付送)

부치다[4] 타 논밭을 다루어서 농사를 짓다. ¶논 다섯 마지기를 부친다.
부치다[5] 타 번철 따위에 기름을 바르고 전병(煎餠)이나 저냐, 빈대떡 따위를 지져서 만들다. ¶호박전을 ─.
부치다[6] 타 ①어떤 문제를 의논 대상으로 내놓다. ¶공판에 ─./회의에 ─. ②어떠한 처리를 하기로 하다. ¶불문에 ─./비밀에 ─. ③원고를 인쇄에 넘기다. ¶인쇄에 ─. ④자기의 심정을 의탁하다. ¶화조월석(花朝月夕)에 부쳐 읊은 노래. ⑤특별한 경우나 행사에 즈음하여 발표하다. ¶창사 30주년에 부치는 글.
부치다[7] 타 먹고 자는 일 따위를 남의 집에 신세지다. ¶아저씨 댁에 몸을 부치고 산다.
부:칙(附則)명 ①법규나 법령의 끝에 덧붙인 규정. 시행 기일이나 경과 규정, 관계 법령의 개폐(改廢) 등을 정함. ②어떠한 규칙을 보충하기 위하여 덧붙인 규칙.
부친(父親)명 아버지 ☞모친(母親)
부친-상(父親喪)명 아버지의 상사(喪事). 부상(父喪) ☞모친상(母親喪)
부침(浮沈)명-하다 자 ①물 위에 떠올랐다 잠겼다 함. 침부(沈浮) ②세력이 성하였다 쇠하였다 함. ¶재계(財界)의 ─./─이 많은 일생.
부침-개 명 빈대떡, 저냐, 누름적, 전병 등과 같이 기름에 지진 음식을 통틀어 이르는 말.
부침개-질 명 지짐질
부침-질 명 지짐질
부침-하다 자여 논밭을 갈아서 농사를 짓다.
부칭(浮秤)명 액체의 비중을 재는 계기. 뜬저울
부:케(bouquet 프)명 작은 꽃다발. 서양식 결혼식 때 신부가 손에 드는 꽃다발을 이름.
부클릿(booklet)명 팸플릿(pamphlet)
부타디엔(butadiene)명 에틸렌계 탄화수소의 한 가지. 빛깔도 냄새도 없는 가연성(可燃性) 기체로 가압하면 쉽게 액화하며, 합성 고무의 원료로 쓰임.
부:탁(付託)명-하다 자타 남에게 어떤 일을 해 달라고 청하거나 맡김. ¶─을 들어주다./청소를 ─하다.

한자 부탁할 탁(託)〔言部 3획〕¶부탁(付託)/의탁(依託)/청탁(請託)/탁고(託孤)

부탄(butane)명 메탄계 탄화수소의 한 가지. 천연 가스 따위에 들어 있으며, 연료나 공업 원료로 쓰임.
부탄(浮誕)어기 '부탄(浮誕)하다'의 어기(語基).
부탄가스(butane gas)명 부탄과 부틸렌의 혼합 가스. 압축하면 쉽게 액화함. 가스라이터 따위에 쓰이며, 프로판가스에도 20~30% 들어 있음.
부탄-하다(浮誕─)형여 언행이 들뜨고 허황하다.
-부터 조 체언에 붙어, 때나 곳, 차례 따위의 시작하는 점〔자리〕을 나타내는 부사격 조사. ¶12시부터 점심 시간이다./여기부터 우리 구역이다./하나부터 열까지 다 보았다./결론부터 말하시오.
부:토(腐土)명 부식토(腐植土)
부토(敷土)명-하다 자 흙이나 모래를 펴서 깖, 또는 그 흙이나 모래.
부:-통령(副統領)명 대통령 중심제 국가에서 대통령 다음 가는 직위.
부티 명 베틀의 말코 두 끝에 끈을 매어 베짜는 사람의 허리에 두르는 넓은 띠. 나무나 가죽, 베붙이로 만듦.
부:-티(富─)명 부유하게 보이는 모습이나 태도. ¶옷차림으로 보아 ─가 난다.
부티-끈 명 베틀의 말코 두 끝과 부티 사이에 맨 끈.
부틸렌(butylene)명 불포화 탄화수소의 한 가지. 특이한 냄새가 나는 빛깔이 없는 기체이며, 가압이나 냉각하면 쉽게 액화함.
부:팅(booting)명 컴퓨터 시스템에 운영 체제를 설치하고 컴퓨터가 작동할 수 있는 준비를 하는 작업.
부:판(附板)명 두 조각을 가로 붙여서 만든 널빤지.
부:판(附版)명 최복(衰服)의 등 뒤에 늘어뜨리는 베 조각.
부:판(剖判)명-하다 타 둘로 갈라서 나눔.
부판(浮板)명 헤엄칠 때 몸이 잘 뜨게 하는 데 쓰는 널빤지.
부:패(─牌)명 광업을 함께 경영하는 사람. ☞맞부패
부패(符牌)명 ①부험(符驗) ②조선 시대, 병부(兵符)나 마패(馬牌)·순패(巡牌) 따위를 통틀어 이르던 말.
부:패(腐敗)명-하다 자 ①유기물이 미생물의 작용으로 분해되면서 악취가 나거나 유독 물질이 생기거나 하는 현상. ¶─ 방지제 /음식이 ─하다. ②도덕이나 정신이 타락함. ¶─한 사회를 정화하다.
부:패-균(腐敗菌)명 유기물을 썩게 하는 균. 대장균이나 유산균, 고초균(枯草菌) 따위. 부패 박테리아
부:패=박테리아(腐敗bacteria)명 부패균(腐敗菌)
부:패-병(腐敗病)[─뼝]명 감자나 고구마 따위의 부드럽고 즙이 많은 조직이나 줄기, 뿌리가 말라죽는 병.
부:패-성(腐敗性)[─썽]명 부패하는 성질.
부:패-열(腐敗熱)명 유기물이 썩을 때 나는 열.
부평(浮萍)명 '부평초(浮萍草)'의 준말.
부평-초(浮萍草)명 '개구리밥'의 딴이름. 준부평(浮萍)
부:표(付票)명-하다 자 찌지를 붙임, 또는 그 찌지.
부:표(否票)명 안건을 표결할 때 그 안건에 반대의 뜻을 나타내는 표. 반대표 ¶─를 던지다. ☞가표(可票)
부:표(附表)명 부록으로 덧붙인 도표.
부표(浮漂)명-하다 자 물에 떠서 떠돌아다님.
부표(浮標)명 ①안전한 뱃길을 알리기 위하여 항만(港灣)

이나 강물 위에 띄워 두는 표지. 부이(buoy) ②낚시찌

부표=식물(浮漂植物)명 부수 식물(浮水植物)

부:-표제(副標題)명 부제(副題)

부푸러기 명 부풀의 낱개. ☞보푸라기

부풀 명 종이나 피륙 등의 거죽에 일어나는 잔털. ☞보풀[1]

부풀다(부풀고·부푸니)자 ①종이나 피륙 따위의 거죽에 부풀이 일어나다. ¶거죽 털을 부풀게 한 융(絨). ☞보풀다 ②물체의 부피가 커지다. ¶빵이 ―./물집이 ―. ③기대나 희망에 마음이 벅차다. ¶기대에 가슴이 ―.

부풀리다 타 ①부풀게 하다. ¶반죽을 이스트로 ―. ☞보풀리다 ②실제보다 더 크거나 대단한 것으로 나타내다. ¶사실을 부풀려 말하다./회사 실적을 ―.

부풀-부풀 부-하다 형 ①부푸러기가 많이 일어난 모양을 나타내는 말. ☞보풀보풀 ②크게 부풀어오르는 모양을 나타내는 말.

부풀어-오르다 자 점점 부피가 커지다. ¶물집이 ―.

부품(部品)명 '부분품(部分品)'의 준말. ¶―을 갈다.

부풍모습(父風母習)성구 언행이나 모습이 아버지와 어머니를 고루 닮음을 이르는 말.

부프다(부프고·부퍼)형 ①무게는 그다지 나가지 않으나 부피는 크다. ¶부픈 이불 보따리. ②성질이나 말씨가 급하고 거칠다.

부픈-살 명 굵은 화살. ☞몸빠진살

부픈-짐 명 무게에 비하여 부피가 큰 짐. ☞몽근짐

부픗-하다[―픋―]형여 ①물건의 부피가 꽤 크다. ¶부픗한 솜 보따리. ②말이 사실보다 과장되어 있다. ¶부픗한 소리를 잘한다.

　부픗-이 부 부픗하게

부피 명 물건의 덩어리가 공간에서 차지하는 크기. 체적(體積) ¶―가 큰 짐./―가 나가다.

부피=팽창(―膨脹)명 체적팽창(體積膨脹)

부피=팽창=계:수(―膨脹係數)명 체적 팽창 계수

부피=팽창률(―膨脹率)명 체적 팽창 계수

부:하(府下)명 부중(府中)

부:하(負荷)명-하다 자타 ①짐을 짐, 또는 그 짐. ②일을 맡김. ¶―된 사명(使命). ③원동기 등에서 내는 에너지를 소비함, 또는 그 소비량.

부하(部下)명 계급이나 직급이 아래인 사람. 수하(手下) ¶― 직원 ☞상사(上司)

부:-하다(附―)타여《文》①종이나 헝겊 따위를 덧붙이다. ②나뭇조각을 맞대거나 가로 대어 붙이다.

부:-하다(富―)형여《文》①살림이 넉넉하다. ¶부한 집안. ②살이 쪄서 몸이 뚱뚱하다. ¶부한 몸매.

부:하-율(負荷率)명 일정 기간 중의 평균 전력 소비량의 최대 전력 소비량에 대한 비율.

부:학(副學)명 '부제학(副提學)'의 준말.

부:합(附合)명-하다 자타 ①서로 맞대어 붙음, 또는 붙임. ②소유자가 다른 두 개 이상의 물건이 결합되어 물리적·사회적·경제적으로 뗄 수 없는 상태가 되는 일.

부:합(符合)명-하다 자 둘이 서로 꼭 들어맞음. 계합(契合) ¶신표(信標)가 ―하다./사실과 ―하다.

부:항(附缸)명 ①한방에서, 피를 뽑거나 울혈을 일으키는 자극으로 질병을 치료하려고 살갗에 부항단지를 붙이는 일. ¶―을 뜨다. 변 부앙 ②부항단지

부:항(俯項)명-하다 자 고개를 숙임.

부:항(副港)명 주되는 항구에 딸려 항만의 기능을 보조하는 항구.

부:항-단지(附缸―)[―딴―]명 한방에서, 질병을 치료하는 데 쓰는 기구. 피부에 붙여 피를 뽑거나 울혈을 일으키는 자극으로 질병을 치료하는 자그마한 단지. 부항

×**부항-항아리**(附缸―)명 →부항단지

부행-신(浮行神)명 떠돌아다니는 못된 귀신. 뜬것

부허(浮虛)어기 '부허(浮虛)하다'의 어기(語基).

부허지설(浮虛之說)명 세상에 떠돌아다니는 허황한 말이나 소문.

부허-하다(浮虛―)형여 마음이 들뜨고 허황하다.

부:험(符驗)명 ①조선 시대, 금군(禁軍)이 밤에 성문을 드나들 때 지니던 표신(標信). ②조선 시대, 중국에 가는 사신이 가지고 다니던 증표. 비단으로 짠 횡축(橫軸)에 말 모양을 수놓았음. 부패(符牌)

부형(父兄)명 ①아버지와 형. ☞모자(母姉) ②학교에서, 학생의 보호자를 이르는 말. 학부형(學父兄)

부:형-약(賦形藥)[―냑]명 약제를 먹기 쉽게 하거나 어떤 모양으로 만들기 위하여 넣는 물질. 독이 없고 약리 작용도 없는 녹말이나 젖당, 포도당 따위.

부형-자제(父兄子弟)명 아버지나 형에게 가르침을 받고 자란 사람.

부호(扶護)명-하다 타 부축하여 보호한다는 뜻으로, 섬기고 모심을 이르는 말.

부:호(符號)명 ①어떤 뜻을 나타내는 기호. ¶문장 ― ②수학에서, 음수나 양수를 나타내는 기호. 음수의 '−', 양수의 '+'를 이름.

부:호(富戶)명 재산이 많은 집.

부:호(富豪)명 재산이 많은 사람.

부:-호군(副護軍)명 조선 시대, 오위(五衛)에 딸린 무관(武官)의 관직, 또는 그 관원. 품계는 종사품임.

부호-수(釜戶首)명 도자기를 굽는 가마에 불을 때는 화장(火匠)의 우두머리.

부:화(附和)명-하다 자 자기의 주견이 없이 경솔하게 남의 뜻을 좇음을 이르는 말.

부화(孵化)명-하다 자타 동물의 알이 깸, 또는 알을 깸. ¶인공 ―/달걀을 ―하다.

부:화(浮華)어기 '부화(浮華)하다'의 어기(語基).

부화-기(孵化器)명 달걀이나 물고기의 알을 인공적으로 깨는 기구. 부란기(孵卵器)

부:화뇌동(附和雷同)성구 일정한 줏대 없이 남들의 의견에 덩달아 따름을 이르는 말. 뇌동부화(雷同附和)

부화-율(孵化率)명 수정란이 부화되는 비율.

부화-장(孵化場)명 알을 인공적으로 깨는 곳.

부:화-하다(浮華―)형여 실속은 없이 겉만 화려하다.

부:활(復活)명-하다 자 ①죽었다가 다시 살아남. ¶예수의 ―. ②쇠하였거나 사라졌던 것이 다시 일어남. 부생(復生)

부:활=전야(復活前夜)명 부활절 전날 밤.

부:활-절(復活節)[―쩔]명 ①크리스트교에서 예수의 부활을 기념하는 날. 춘분 후의 첫 만월 직후의 일요일. 부활 주일 ②부활 주일로부터 일주일, 또는 50일 동안.

부:활-제(復活祭)[―쩨]명 크리스트교에서 예수의 부활을 기념하는 축제.

부:활=주일(復活主日)[―쭈―]명 부활절

부:황(付黃)명-하다 자 지난날, 임금의 재가를 받은 문서의 고칠 곳에 누런 종이 쪽지를 붙이던 일.

부황(浮黃)명 오래 굶주려 몸이 붓고 누렇게 되는 병.

　부황(이) 나다 관용 오래 굶주려 몸이 붓고 누렇게 되다.

부황-병(浮黃病)[―뼝]명 부황(浮黃)

부황-증(浮黃症)[―쯩]명 부황의 증세.

부:회(附會·傅會)명-하다 타 이치에 닿지 않는 말을 억지로 끌어서 갖다 맞춤. ¶견강(牽強)―

부회(部會)명 ①각 부문별로 갈라서 모이는 모임. ②부(部) 단위의 모임.

부-회:장(副會長)명 회장을 보좌하며 회장 유고 시에 회장의 직무를 대리하는 직위, 또는 그 사람.

부획(俘獲)명 포로(捕虜)

부:흥(復興)명-하다 자타 쇠잔하였던 것이 다시 일어남, 또는 다시 일어나게 함. 흥복(興復) ☞재흥(再興)

부:흥-상(復興相)명 쇠잔한 것이 다시 일어나는 모습.

부:흥-회(復興會)명 개신교에서, 교인들의 믿음을 북돋우고 회개하는 마음이 나게 하려고 모이는 특별 기도회.

북[1] 명 타악기의 한 가지. 둥근 나무통 양쪽 마구리에 가죽을 팽팽하게 메워 만듦. 고(鼓)

　북(을) 메우다 관용 북통의 양쪽 마구리에 가죽을 씌우다, 또는 씌워 북을 만들다.

　북 치듯 하다 관용 무엇을 함부로 두드리다.

　속담 **북은 칠수록 맛이 난다** : 무엇이나 하면 할수록 길

이 나고 잘 된다는 뜻. /**북은 칠수록 소리가 난다** : 못된 사람하고 다투면 다툴수록 손해만 더 커진다는 뜻.

한자 **북 고**(鼓) 〔鼓部〕 ¶ 고수(鼓手)/고적대(鼓笛隊)
북 두드릴 고(鼓) 〔鼓部〕 ¶ 함포고복(含哺鼓腹)

북[2] 명 ①베틀에 딸린 부품의 한 가지. 실꾸리를 넣고 날실 틈으로 왔다갔다 하게 하여 씨실을 풀어 주며 베가 짜여 지도록 하는 배 모양의 나무통. 방추(紡錘) ②재봉틀의 부속품으로 밑실을 감은 실패를 넣는 통.
북[3] 명 식물의 뿌리와 그루를 싸고 있는 흙. ¶ ㅡ을 주다.
북[4] 부 ①단단한 물체를 거칠게 한 번 긁는 모양, 또는 그 소리를 나타내는 말. ②줄을 단번에 세게 긋는 모양을 나타내는 말. ③두꺼운 종이 따위를 세게 단번에 찢는 모양, 또는 그 소리를 나타내는 말. ¶ 달력을 한 장 ㅡ 찢어 냈다. ☞박[5]. 벅. 직[3]
북(北) 명 북쪽 ☞남(南)
북간(北間) 명 조선 시대, 의금부의 북쪽 감방을 이르던 말.
북-감사(北監司) 명 안무사(按撫使)
북-감저(北甘藷) 명 '감자'의 딴이름.
북-강정 명 강정의 한 가지. 꿇인 꿀에 계피와 마른 생강 가루를 쳐서 강정 속에 바른 뒤에 콩가루를 묻힌 것.
북경-인(北京人) 명 베이징인
북계(北界) 명 ①고조선의 평양 이서(以西)의 땅. ②동물 지리구(動物地理區)를 크게 셋으로 가른 것 가운데 하나. 아시아·유럽·아프리카·북아메리카 대륙을 포함하는 지역. ☞남계(南界). 신계(新界)
북계(北髻) 명 쪽[1]
북-고(ㅡ鼓) 명 한자 부수(部首)의 한 가지. '鼕'·'鼗' 등에서 '鼓'의 이름.
북관(北關) 명 함경도 지방을 달리 이르는 말. ☞관남(關南). 관북(關北)
북교(北郊) 명 ①북쪽 교외. ②지난날, 서울 창의문(彰義門) 밖의 근교를 이르던 말.
북구(北歐) 명 '북구라파'의 준말. ☞남구(南歐)
북-구라파(北歐羅巴) 명 북유럽 준 북구 ☞남구라파
북국(北國) 명 북쪽에 위치한 나라. ☞남국(南國)
북궐(北闕) 명 지난날, '경복궁(景福宮)'을 창덕궁(昌德宮)과 경희궁(慶熙宮)에 상대하여 이르던 말.
북극(北極) 명 ①지축(地軸)이 지구의 표면과 교차하는 북쪽의 점. 북위 90도의 지점. 북극점 ②북극권 ③지축의 연장선이 북쪽에서 천구(天球)와 교차하는 점. 하늘의 북극. ☞남극(南極)
북극=거:리(北極距離) 명 천구(天球) 위의 어느 점과 하늘의 북극과의 각거리(角距離). ☞남극 거리(南極距離)
북극-계(北極界) 명 생물 지리학상의 한 구역. 북극을 중심으로 스칸디나비아 반도 북부, 시베리아, 캄차카 반도 북부, 북알래스카, 캐나다 북부, 그린란드를 포함하는 지역. ☞남극계(南極界)
북극-곰(北極ㅡ) 명 흰곰
북극-광(北極光) 명 북극의 높은 하늘에 나타나는 극광(極光). ☞남극광(南極光)
북극-권(北極圈) 명 지구에서, 북위 66도 33분 이북인 북극을 중심으로 하는 지역. 북극 ☞남극권(南極圈)
북극-성(北極星) 명 작은곰자리의 가장 밝은 별. 천구(天球)의 북극에 가깝고 위치가 변하지 않아 밤에 북쪽 방위의 지침이 됨. 북신(北辰). 천극(天極)
북극-점(北極點) 명 북극(北極)
북극=지방(北極地方) 명 북극권 안의 육지와 바다의 지역. 대부분이 얼음으로 덮여 있음. 온도는 10°C에서 영하 40°C임. ☞남극 지방
북극-해(北極海) 명 북극권 안에 있는 바다. 유라시아 대륙과 북아메리카 대륙에 둘러싸인 바다로 대부분이 얼음으로 덮여 있고 여름철에 수면이 다소 나타남. 북빙양
북-꿩(北ㅡ) 명 꿩과의 새. 보통 꿩보다 빛깔이 좀 엷고 윤이 덜하며 울음소리도 다름. 우리 나라 북부와 중국 동북 지방에 분포함.

×**북-나무** 명 ㅡ붉나무
북-녘(北ㅡ) 명 ①북쪽 방면. 북방(北方). 북쪽 ☞남녘 ②분단된 우리 나라의 북쪽 지방, 곧 '북한'을 이르는 말. ¶ ㅡ에 두고 온 가족.

한자 **북녘 북**(北) 〔匕部 3획〕 ¶ 남북(南北)/북극(北極)/북단(北端)/북부(北部)/북풍(北風)

북단(北端) 명 북쪽 끝. ¶ 교량의 ㅡ. ☞남단(南端)
북대(北帶) 명 식물상(植物相)에 따른 식물대(植物帶)의 한 가지. 북반구의 열대권 이북의 광대한 지역으로 유럽의 북부, 아프리카의 북부, 아시아, 북아메리카, 그린란드를 포함하는 지역. 삼림이 발달해 있고, 특히 이용 가치가 높은 침엽수림이 많음. ☞남대(南帶)
북대서양=조약=기구(北大西洋條約機構) 명 미국·캐나다와 서유럽 각국이 가맹하여 1950년에 결성된 집단 안전 보장 기구. 본부는 벨기에의 브뤼셀에 있음. 나토
북더기 명 짚이나 풀 따위가 마구 뒤섞인 뭉텅이.
북덕-명주(ㅡ明紬) 명 품질이 낮은 고치에서 뽑은 실로 짠 명주.
북덕-무명 명 품질이 낮은 목화나 누더기 솜 따위를 자아서 짠 무명.
북덕-지(ㅡ紙) 명 몹시 구기고 보푸라기가 일어난 종이.
북도(北道) 명 ①우리 나라의 경기도 북쪽에 있는 황해도·평안도·함경도를 아울러 이르는 말. ②대종교(大倧敎)에서, 백두산 북쪽의 지방을 이르는 말. ☞남도(南道)
북독(北瀆) 명 지난날, 사독(四瀆)의 하나인 함경 남도의 용흥강(龍興江)을 이르던 말.
북-돋다 타 '북돋우다'의 준말.
북-돋우다 타 ①식물이 잘 자라도록 뿌리나 그루를 흙으로 덮어 돋우어 주다. 북주다 ②의욕이나 용기 등이 세차게 일어나도록 자극을 주다. ¶ 사기를 ㅡ. /흥을 ㅡ. 준 북돋다

한자 **북돋울 배**(培) 〔土部 8획〕 ¶ 배양(培養)/배토(培土)

북-돋움 명 북돋우어 주는 일.
북-돌 명 무덤 앞의 상석(床石)을 괴는 북 모양의 돌. 고석(鼓石). 북석
북동(北東) 명 북쪽과 동쪽의 가운데 방위.
북동-풍(北東風) 명 북동쪽에서 불어오는 바람. 염풍(炎風) ☞북서풍(北西風)
북동-향(北東向) 명 북쪽과 동쪽의 중간을 향한 방향.
북두 명 마소의 등에 실은 짐을 배와 얼러 매는 밧줄.
북두(北斗) 명 '북두칠성(北斗七星)'의 준말.
북두-갈고리 명 북두 끝에 달린 갈고리. 밧줄의 한쪽 끝을 여기에 걸어 매게 되어 있음.
북두갈고리 같다 관용 막일을 많이 해서 큰 손이 험상궂게 거칠어진 모양을 비유하여 이르는 말.
북두-성(北斗星) 명 '북두칠성'의 준말.
북두-칠성(北斗七星) [ㅡ썽] 명 북쪽 하늘에 국자 모양으로 벌여 있는 일곱 개의 별. 곧 천추(天樞)·천선(天璇)·천기(天璣)·천권(天權)·옥형(玉衡)·개양(開陽)·요광(搖光)의 일곱 별을 이름. 큰곰자리에서 가장 뚜렷하게 빛나며, 북극성(北極星)을 찾는 데 길잡이 별이 됨. 옥두(玉斗). 칠좌성 준 북두(北斗). 북두성. 칠성(七星)
속담 **북두칠성이 앵돌아졌다** : 일이 낭패가 되었다는 말.
북-등(ㅡ燈) 명 촛불을 켜 들고 다니는 등의 한 가지. 북 모양으로 작게 만들고 백지를 바름.
북-떡 명 지난날, 돌림병이 돌 때에 식구의 수효대로 베틀의 북으로 쌀을 떠서 만들던 흰무리. 이것을 먹으면 병에 걸리지 않는다고 했음.
북로(北虜) 명 북쪽의 오랑캐. ☞북적(北狄)
북로(北路) 명 ①북쪽으로 가는 길. ②지난날, 서울에서 함경도로 통하는 길을 이르던 말.
북로-남왜(北虜南倭) 명 북쪽의 오랑캐와 남쪽의 왜적.
북록(北麓) 명 산의 북쪽 기슭.
북류(北流) 명-하다 자 물이 북쪽으로 흐름.
북마(北馬) 명 지난날, 함경 북도에서 나던 말. 북토산
북-마구리(北ㅡ) 명 남북으로 뚫린 광산 구덩이의 북쪽

마구리. ☞남마구리
북마남선(北馬南船)성구 중국의 북쪽은 산이 많아 주로 말을 이용하고, 남쪽은 강이 많아 주로 배를 이용한다는 데서, 늘 여러 고장을 여행함을 이르는 말. 남선북마(南船北馬)
북망-산(北邙山)명 ①중국 허난성〔河南省〕 뤄양〔洛陽〕 북쪽에 있는 산의 이름. ②중국의 북망산에 무덤이 많았던 데서, 사람이 죽어서 묻히는 곳을 이르는 말. 북망산천 ¶-에 갔다.
북망-산천(北邙山川)명 북망산(北邙山)
북면(北面)명-하다자 ①북쪽을 향함. ②임금이 남쪽을 향하여 앉던 데서 신하로서 임금을 섬기는 일을 이르던 말.
북명(北冥·北溟)명 중국의 고전에서, 북쪽에 있다는 큰 바다. ☞남명(南冥)
북문(北門)명 북쪽으로 낸 문. ¶산성의 -. ☞동문(東門)
북미(北美)명 북아메리카 ☞남미(南美)
북-바늘명 베틀의 북 속에 실꾸리를 넣은 뒤, 그것이 솟아 나오지 못하게 걸어서 눌러 놓은 대오리.
북-반:구(北半球)명 지구의 적도(赤道) 이북의 부분. ☞남반구(南半球)
북-받자명 곡식 등을 말로 수북이 되어 받아들이는 일.
북-받치다자 감정이나 힘 따위가 속에서 세차게 치밀어 오르다. ¶설움이 -. ☞복받치다
북방(北方)명 ①북쪽. 북녘. 삭방(朔方) ¶- 정책 ②북쪽 지방. 삭북(朔北) ☞남방(南方)
북방=불교(北方佛敎)명 기원전 3세기경 인도 아소카왕 이후에 인도의 북방에서 일어나 티베트, 중국, 우리 나라 및 일본에 전파된 불교. 대승 불교가 중심을 이룸. ☞남방 불교
북백(北伯)명 지난날, '함경도 관찰사'를 달리 이르던 말.
북범(北犯)명 지난날, 토지 대장에서 논밭이 그 앞 번호의 논밭의 북쪽에 있음을 이르던 말.
북변(北邊)명 ①북쪽 변방. 북수(北垂) ②북비(北鄙)
북병(北甁)명 '북수병(北水甁)'의 준말.
북-병사(北兵使)명 조선 시대, '북병영(北兵營)의 장관인 병마 절도사(兵馬節度使)'를 이르던 말.
북-병영(北兵營)명 조선 시대, 함경도 경성(鏡城)에 주둔하던 북병사의 군영(軍營). 준북영(北營)
북부(北部)명 어떤 지역의 북쪽 부분. ☞동부(東部)
북-북[1]부 ①단단한 물체를 거칠게 여러 번 긁는 모양, 또는 그 소리를 나타내는 말. ②줄을 여러 번 세게 긋는 모양을 나타내는 말. ③두꺼운 종이 따위를 세게 여러 번 찢는 모양, 또는 그 소리를 나타내는 말. ☞박박[1]. 벅벅[1]
북북[2]부 ①힘주어 문대는 모양을 나타내는 말. ¶그릇을 - 문질러 씻었다. ②억지를 부리며 몹시 우기는 모양을 나타내는 말. ¶- 우기다. ☞박박[2]. 벅벅[2]
북-북동(北北東)명 북쪽과 북동쪽의 가운데 방위.
북-북서(北北西)명 북쪽과 북서쪽의 가운데 방위.
북비(北鄙)명 함경 북도의 변방의 땅. 북변(北邊)
북빙-양(北氷洋)명 북극해(北極海)
북산(北山)명 북쪽에 있는 산.
북-살무사(北-)명 살무삿과의 독사. 몸길이 60~80cm. 몸의 등 쪽은 잿빛이 도는 갈색이며 갈지자형 검은 무늬가 나 있음. 우리 나라와 유라시아 북부에 널리 분포함.
북삼(北蔘)명 ①함경도에서 나는 산삼. ②중국 북동부 간도(間島) 지방에서 생산되는 인삼. ☞금곡(錦曲). 금삼(錦蔘). 송삼(松蔘)
북상(北上)명-하다자 북쪽으로 올라가거나 올라옴. ¶태풍이 - 중이다. ☞남하(南下)
북-상투명 ①지난날, 아무렇게나 튼 상투를 이르던 말. ②지난날, 함부로 끌어올린 여자의 머리털을 이르던 말.
북새명 많은 사람이 한곳에 모여 부산하게 떠들고 법석이는 일.
북새-놓다자 많은 사람이 한곳에 모여 부산하게 떠들고 법석을 하다. 북새떨다
북새-떨다자 북새놓다
북새-질명-하다자 많은 사람이 한곳에 모여 부산하게 떠들고 법석이는 짓.
북새질-치다자 야단스럽게 북새놓다. 북새치르다
북새-치르다자 북새질치다
북새-통명 많은 사람이 한곳에 모여 부산하게 떠들고 법석을 하는 상황. ¶어린것들 -에 아무 것도 못한다.
북새-판명 북새통을 이루는 판. ¶한바탕 -을 벌이다.
북새-풍(北塞風)명 북쪽에서 불어오는 차가운 바람. 북풍(北風)
북서(北西)명 북쪽과 서쪽의 가운데 방위.
북서-풍(北西風)명 북서쪽에서 불어오는 바람. 부주풍(不周風). 여풍(麗風)
북서-향(北西向)명 북쪽과 서쪽의 중간을 향한 방향.
북-석(-石)명 북돌
북-소리명 북을 칠 때 북에서 나는 소리. 고성(鼓聲)
북수(北水)명 절에서, '뒷물'을 이르는 말.
북수(北垂)명 북변(北邊)
북수(北首)명 ①지난날, 함경도에서 만들어 내던 기와의 한 가지. ②머리를 북으로 하여 자는 일.
북수-병(北水甁)[-뼝]명 절에서, 북수를 담아 들고 다니는 병. 준북병(北甁)
북숫-대(北水-)명 절에서, 북수를 부어 가면서 항문을 씻는, 홈을 판 나무토막.
북숭이명 ①부기 ②'털북숭이'의 준말.
북슬-개명 털이 북슬북슬하고 몸이 큰 개.
북슬-북슬부-하다형 부드러운 털이 많이 나서 탐스러운 모양을 나타내는 말. ¶털이 -한 삽사리. ☞복슬복슬
북신(北辰)명 북극성(北極星)
북-십자성(北十字星)명 '백조자리'를 남십자성에 상대하여 이르는 말.
북-아메리카(北America)명 육대주(六大洲)의 하나. 아메리카 대륙의 파나마 지협 이북의 대륙과 그린란드 및 서인도 제도 등을 포함함. 중앙 아메리카를 분리할 경우는 미국 이북을 가리킴. 북미(北美)
북-아프리카(北Africa)명 아프리카 대륙의 북부. 사하라 사막 이북의 지중해 연안 지역을 이름.
북안(北岸)명 강이나 호수, 바다 따위의 북쪽 기슭. ☞남안(南岸)
북양(北洋)명 북쪽의 큰 바다.
북양=어업(北洋漁業)명 베링 해나 오호츠크 해 따위 북태평양 해역에서 하는 어업.
북어(北魚)명 마른 명태. 건명태(乾明太)
북어 껍질 오그라들듯 관용 살림 형편이 점점 오그라드는 모양을 비유하여 이르는 말.
속담 **북어 뜯고 손가락 빤다**: ①이득이 없는 일을 하고 나서 아쉬워하는 모양을 이르는 말. ②거짓 꾸미거나 과장(誇張)함을 이르는 말.

> ▶ 북어를 세는 단위
> 북어를 셀 때는 스무 마리를 한 단위로 하여 이르는데, 스무 마리를 '한 쾌'라 한다.

북어-구이(北魚-)명 배 쪽을 세로로 펼친 더덕북어를 갖은양념을 하여 구운 반찬.
북어-무침(北魚-)명 두들겨 잘게 찢은 북어를 갖은양념을 하여 무친 반찬.
북어-보풀음(北魚-)명 더덕북어를 두들겨 솜처럼 잘게 보풀린 북어의 살.
북어-조림(北魚-)명 물에 불리어 토막을 친 북어에 무 따위를 넣고 갖은양념을 하여 조린 반찬.
북어-쾌(北魚-)명 북어 스무 마리를 한 줄에 꿴 것.
북엇-국(北魚-)명 북어로 끓인 맑은장국의 한 가지. 굵직하게 뜯은 더덕북어를 참기름에 볶다가 물을 부어 끓인 뒤 채친 파를 넣고, 휘저어 푼 달걀을 끼얹고 새우젓 등으로 간을 맞추어 한소끔 더 끓여 냄.
북엔드(bookend)명 줄지어 세운 책이 넘어지지 않게 끝자리에 놓는 책꽂이의 한 가지.
북영(北營)명 ①조선 시대, 함경도 경성(鏡城)에 있던 친군영(親軍營)의 하나. ②조선 시대, 창덕궁 서쪽에 있던

ㅂ

훈련 도감의 본영. ③'북병영(北兵營)'의 준말.

북용(北茸)명 북관(北關)에서 나는 녹용.

북위(北緯)명 적도 이북의 위도. 적도가 0°이고 북극이 90°임. ¶－ 38° ☞남위(南緯)

북위(北魏)명 중국 남북조 시대에 북쪽에 있던 최초의 나라. 시조는 선비족(鮮卑族)의 탁발규(拓跋珪)이고, 나중에 동위와 서위로 갈라졌음.

북-위선(北緯線)명 적도 이북의 위선. ☞남위선

북-유럽(北Europe)명 유럽의 북부. 덴마크·스웨덴·노르웨이·핀란드·아이슬란드의 다섯 나라가 있는 지역. 북구라파(北歐羅巴) ☞남유럽

북이-영(北二營)명 조선 시대, 경희궁(慶熙宮)의 북쪽에 있던 어영청(御營廳)의 분영(分營).

북인(北人)명 조선 선조(宣祖) 때, 동인(東人)에서 갈라진 당파. 유성룡(柳成龍)·우성전(禹性傳) 등을 중심으로 한 남인(南人)에 상대하여, 이산해(李山海) 등을 중심으로 한 일파를 이름. ☞노론(老論). 소론(少論)

북일-영(北一營)명 조선 시대, 경희궁(慶熙宮)의 북쪽에 있던 훈련 도감(訓鍊都監)의 분영(分營).

북-자극(北磁極)명 자북극(磁北極)

북-잡이명 판소리나 농악 등에서 북을 치는 사람.

북장(北醬)명 함경도에서 만드는 된장을 이르는 말.

북-장구명 북과 장구를 아울러 이르는 말.

북-장지(∠-障子)명 앞뒤를 모두 종이로 바른 장지문.

북적(北狄)명 '북쪽 오랑캐'라는 뜻으로, 고대 중국에서 중국의 북쪽 지방에 사는 이민족을 낮잡아 이르던 말. ☞남만(南蠻). 동이(東夷). 서융(西戎)

북적-거리다(대다)자 많은 사람이 모여 수선스럽게 들끓다. 북적이다 ¶김장철에 채소 시장은 하루 종일 북적거린다. ☞복작거리다

북적-북적부 북적거리는 모양을 나타내는 말. ¶－ 들끓는 박람회장. ☞복작복작

북적-이다자 북적거리다 ☞복작이다

북전명 ①활의 줌 잡는 데 엄지손가락이 닿는 곳. ②활의 줌 잡는 엄지손가락의 첫째 마디와 둘째 마디.

북점(北點)명 자오선과 지평선이 교차하는 두 점 가운데서 북극에 가까운 점. ☞남점(南點)

북정(北庭)명 ①집 안의 북쪽에 있는 뜰. ②조선 시대, 성균관(成均館)에 있던 명륜당(明倫堂)의 북쪽 뜰을 이르던 말. 유생들이 승학시(陞學試)를 보던 곳임.

북정-사(北庭砂)명 한방에서, 염화암모늄을 약재로 이르는 말. 노사(硇砂). 망사(硭砂)

북종(北宗)명 ①중국의 신수(神秀)를 종조(宗祖)로 하는 선종(禪宗)의 한 파. ②'북종화(北宗畫)'의 준말.

북종(北種)명 북쪽에서 나는 농산물의 종자.

북종-화(北宗畫)명 중국 회화의 이대 화풍(二大畫風)의 하나. 당나라의 이사훈(李思訓)에서 비롯된 것으로, 화제(畫題)는 청록 산수(靑綠山水)와 금벽 산수(金碧山水)가 중심임. 세밀하고 굳센 화법으로 관념적인 형태를 나타내는 점이 특징임. 준북종(北宗). 북화(北畫) ☞남종화(南宗畫)

북-주기명 식물이 잘 자라도록 뿌리나 그루를 흙으로 덮어 돋우어 주는 일. ☞가토(加土)

북-주다자 식물이 잘 자라도록 뿌리나 그루를 흙으로 덮어 돋우어 주다. 북돋우다 ¶묘목에 －.

북지(北至)명 하지에 해가 북회귀선까지 이른다 하여 '하지(夏至)'를 달리 이르는 말. ☞남지(南至)

북진(北進)명-하다자 북쪽으로 나아감. ☞남진(南進)

북진(北鎭)명 지난날, 함경 북도의 육진(六鎭) 지방을 이르던 말.

북진=정책(北進政策)명 북방으로 나라의 세력을 뻗쳐 나가려는 정책.

북-쪽(北-)명 북극을 가리키는 쪽. 북녘. 북방. 북측 ☞남쪽

북창(北窓)명 북쪽으로 낸 창. ☞남창(南窓)

북창-삼우(北窓三友)명 거문고·술·시(詩)를 아울러 이르는 말. 백거이(白居易)의 시에서 유래한 말임.

북-채명 북을 칠 때에 쓰는 조그만 방망이.

북천(北天)명 북쪽 하늘. ☞남천(南天)[1]

북천가(北遷歌)명 조선 시대, 김진형(金鎭衡)이 지은 장편 기행 가사. 철종 4년(1853) 함경도 명천(明川)에 귀양가서 다시 서울로 돌아올 때까지 겪은 체험을 내용으로 함. 총 1,029구.

북촌(北村)명 ①북쪽에 있는 마을. ②지난날, 서울 안에서 북쪽에 몰리어 있는 마을을 통틀어 이르던 말. ☞남촌(南村)

북-춤명 ①북을 치면서 추는 무용. ②지난날, 나라 잔치 때 기생이 북을 가지고 추던 춤. 무고(舞鼓)

북-측(北側)명 ①북쪽 ②마주하고 있는 둘 중에 북쪽에 자리한 쪽. ☞남측(南側)

북치명 그루갈이로 열린 작은 오이.

북-치(北-)명 북쪽 지방의 산물이나 생물. ☞남치

북칠(北-)명 돌에 글자를 새길 때 글씨 쓴 얇은 종이 거죽에 밑칠을 하고, 그 밑에 비친 글씨 윤곽을 따서 돌에 대고 문질러서 글자를 내려 앉히는 일.

북-토산(北土產)명 북마(北馬)

북-통(-筒)명 북의 몸이 되는 둥근 나무통.

북통(을) 지다관용 경을 읽는 동안에 병자가 죽어 경쟁이가 북을 지고 쫓겨 가다.

북통(을) 지우다관용 경을 읽는 동안에 병자가 죽어 경쟁이에게 북을 지워 쫓아내다.

북통-같다(-筒-)[-갇-]형 배가 몹시 불러서 둥그렇다.

북-틀명 북을 올려놓는 틀.

북-편(-便)명 장구에서, 손으로 쳐서 소리를 내는 가죽면. 곧 장구의 왼쪽 편. ☞채편

북포(北布)명 조선 시대, 함경 북도에서 생산되는 베를 이르던 말. ☞강포(江布). 영포(嶺布)

북표(北標)명 지도에서 북쪽을 가리키는 표.

북풍(北風)명 북쪽에서 불어오는 차가운 바람. 광막풍(廣漠風). 북새풍(北塞風) ☞남풍(南風). 된바람

북풍-받이(北風-)[-바지]명 북풍을 마주 받는 곳.

북학(北學)명 '북학론(北學論)'의 준말.

북학-론(北學論)명 조선 영조·정조 때의 실학자들이 청(淸)나라의 문물 제도를 본받아 나라 살림을 개량하고자 한 주장. 준북학(北學)

북학의(北學議)명 조선 정조 때의 실학자 박제가(朴齊家)가 청(淸)나라를 내왕하며 그곳의 풍속과 제도 등을 적어 놓은 책. 실학 사상을 연구하는 데 귀중한 자료가 됨. 2권 1책의 사본(寫本).

북한(北限)명 생물 분포 등의 북쪽 한계.

북한(北韓)명 남과 북으로 갈린 우리 나라의 북부, 곧 중부 이북의 한국. ☞남한(南韓). 이북(以北)

북-한대(北寒帶)명 북극권에 딸려 있는 한대 지역. 반 년은 밤이 계속되고 반 년은 낮이 계속됨. ☞남한대(南寒帶)

북해(北海)명 ①국토의 북쪽에 있는 바다. ②대서양의 부속해(附屬海)로 유럽 대륙과 영국의 사이에 있는 바다.

북행(北行)명-하다자 ①북쪽으로 감. ②북쪽 지방으로 감. ¶－ 열차 ☞남행(南行)[1]

북-향(-香)명 옥으로 만든, 작은 북 모양의 그릇에 향료를 넣어 몸에 차는 향(香)의 한 가지.

북향(北向)명 ①북쪽 방향. ②-하다자 북쪽을 향함. 향북(向北) ☞동향(東向)

북향-집(北向-)[-찝]명 북쪽을 향해 있는 집.

북향-판(北向-)명 집터나 묏자리가 북쪽을 향한 터전.

북호(北胡)명 북쪽에 있는 오랑캐 나라.

북홍(北紅)명 매우 짙은 붉은 물감의 한 가지.

북화(北畫)명 '북종화(北宗畫)'의 준말.

북-회귀선(北回歸線)명 북위 23° 27′의 위선. 하지(夏至)에 해가 이 선의 바로 위에 옴. 하지선(夏至線) ☞남회귀선(南回歸線)

분의 ①어떤 사람을 가리킬 때, 그를 높이어 이르는 말. ¶유명한 －. ☞이[4] ②사람의 수를 셀 때, 그 사람을 높이는 뜻으로 쓰는 말. ¶손님 열 －.

분(分)[1] 명 ①'분세(分稅)'의 준말. ②'분수(分數)[1]'의 준말.
분(扮) 명-하다 자 '분장(扮裝)'의 준말.
분:(忿) 명 억울하고 원통한 마음. 분심(忿心) ¶ ―을 삭이다./―을 참지 못하다. ☞분하다
분(盆) 명 화초를 심어 가꾸는 그릇. 화분(花盆)
속담 **분에 심어 놓으면 못된 풀도 화초라 한다** : 못난 사람도 좋은 지위에 앉혀 놓으면 잘나 보인다는 말.
분(畚) 명 지난날, 임금이 몸소 밭일을 할 때 쓰던 대오리로 만든 삼태기.
분(粉) 명 ①가루. 분말(粉末) ②'백분(白粉)'의 준말. ¶ ―을 바르다. ③흰빛을 내는 채색(彩色).
분(糞) 명 똥
분(分)[2] 의 ①시간 단위의 한 가지. 1시간의 60분의 1. ¶ 6시 5― 전. ②각도나 경위도(經緯度) 따위의 단위의 한 가지. 1도의 60분의 1. ¶12도 10―의 각./북위 25도 15―. ③1할(割)의 10분의 1. 푼
분(分)[3] 수 소수(小數) 단위의 하나. 1의 10분의 1, 리(厘)의 열 곱절.
-분(分)《접미사처럼 쓰이어》①한자말 수사에 붙어 '전체를 몇으로 나눈 부분'의 뜻을 나타냄. ¶삼분의 일./십분의 삼. ②'분량'의 뜻을 나타냄. ¶삼일분(三日分)/오인분(五人分)/감소분(減少分) ③'성분'의 뜻을 나타냄. ¶ 지방분(脂肪分)/영양분(營養分)
분가(分家) 명-하다 자 가족의 일부가 따로 나가 딴살림을 차림, 또는 딴살림을 차린 그 집. 분호(分戶) ¶ ―한 작은집. ☞본가(本家)
분-가시(粉―)[―까―] 명 분에 중독되어 얼굴에 여드름처럼 생기는 부스럼. 분자(粉刺)
분간(分揀) 명-하다 타 사물의 서로 다른 점이나 옳고 그름, 좋고 나쁨, 크고 작음 따위를 헤아려 가림. ¶비슷한 빛깔을 ―하다./그 쌍둥이는 ―할 수가 없다./가짜와 진짜를 ―하다.
분감(分監) 명 원래의 감옥에서 갈리어 따로 세운 감옥.
분갑(粉匣)[―깝] 명 분을 담는 갑.
분개(分介) 명-하다 자타 부기(簿記)에서, 거래를 차변(借邊)과 대변(貸邊)으로 갈라 각각의 계정 과목을 정하여 적는 일. ☞분개장(分介帳)
분개(分概) 명-하다 타 대강만을 분간하여 헤아림.
분:개(憤慨) 명-하다 자타 몹시 화를 내거나 매우 분하게 여김. 분완(憤惋). 분탄(憤歎) ¶부당한 대우에 ―하다.

한자 **분개할 개**(慨) [心部 11획] ¶강개(慷慨)/개탄(慨歎)

분개-없:다(分概―)[―업―] 형 사리를 분간하여 헤아릴 만 한 슬기가 없다.
분개-없이 부 분개없게
분개-장(分介帳)[―짱] 명 회계 장부의 한 가지. 일기장(日記帳)에 기입한 거래 내용을 그 발생 순서대로 원장(元帳)에 적기 위하여 차변(借邊)과 대변(貸邊)으로 갈라 놓은 장부.
분거(分居) 명-하다 자 여기저기에 갈라져 삶.
분:격(憤激) 명-하다 자 몹시 분한 감정이 북받쳐 오름, 또는 그 분한 감정.
분:격(奮激) 명-하다 자 분발하여 마음을 떨쳐 일으킴.
분:격(奮擊) 명-하다 타 분발하여 일어나 적을 침.
분견(分遣) 명-하다 타 일부 인원을 갈라서 딴 데로 보냄.
분견-대(分遣隊) 명 소속 부대에서 갈라져 나와 파견 근무하는 부대.
분:-결(憤―)[―껼] 명 분김
분결-같다(粉―)[―껼갇―] 형 살결이 아주 희고 곱다. ¶분결같이 희고 고운 얼굴.
분결-같이 부 분결같게
분경(分境) 명 분계(分界)
분경(奔競) 명-하다 자타 지지 않으려고 서로 심하게 다툼, 또는 그러한 다툼질.
분경(盆景) 명 수반(水盤) 같은 그릇 가운데에 식물과 어울리게 돌·모래 따위를 올려 놓아 산수(山水)의 자연미를 감상할 수 있도록 꾸민 경치. 분석(盆石)
분경(紛競) 명-하다 자 분쟁(紛爭)
분계(分界) 명 서로 갈라진 두 땅의 경계. 분경(分境)
분계-선(分界線) 명 서로 갈라진 땅의 경계선. ¶군사 ―
분고(奔告) 명-하다 타 빨리 가서 알림.
분곡(分穀) 명-하다 자 추수한 곡식을 몫몫이 가름.
분골쇄:신(粉骨碎身) 성구 ①뼈가 가루가 되고 몸이 부서지도록 있는 힘을 다하여 노력함을 이르는 말. ¶조국을 위하여 ―하다. ②참혹하게 죽음을 이르는 말. 분신쇄골(粉身碎骨). 쇄골분신(碎骨粉身)
분-공장(分工場) 명 어떤 공장의 일부로서 따로 갈라져 나온 공장.
분과(分科)[―꽈] 명-하다 타 각 과목이나 업무별로 가름, 또는 가른 그 과목이나 업무. ¶교육 ― 위원회
분과(分課)[―꽈] 명-하다 타 일을 각각 부문별로 갈라서 맡김, 또는 가른 그 과(課).
분관(分管) 명-하다 타 갈라서 관할함. 분할(分轄)
분관(分館) 명 본관(本館)에서 갈라져 따로 세운 관(館).
분광(分光) 명-하다 자타 프리즘을 통과한 빛이 파장(波長)의 차이에 따라 여러 가지 빛깔의 띠로 갈라져 나타나는 일. ☞스펙트럼(spectrum)
분광(分鑛) 명-하다 자 광주(鑛主)에게 일정한 요금을 치르고 얼마 동안 마음대로 채굴하는 일, 또는 그런 광산.
분광(粉鑛) 명 가루 모양으로 부서진 광석.
분광-계(分光計) 명 빛을 이용한 화학 분석용 장치. 입사광(入射光)을 평행한 빛 다발로 하는 시준기(視準器)와 스펙트럼으로 분산하는 프리즘을 갖추고 있음.
분광-기(分光器) 명 빛의 스펙트럼을 얻는 장치. 프리즘이나 회절 격자, 간섭계를 이용한 것들이 있음.
분광=분석(分光分析) 명 물질이 내거나 들이는 빛의 파장을 분광기로 재어 그 물질에 들어 있는 원소의 종류를 알아내는 분석. 스펙트럼 분석
분광=사진(分光寫眞) 명 분광기에 촬영 장치를 하여 스펙트럼을 찍은 사진.
분광=시:차(分光視差) 명 항성의 스펙트럼과 광도의 관계를 이용하여 추산한 항성의 거리.
분광=연성(分光連星)[―년―] 명 실지 관찰로는 가려낼 수 없으나 스펙트럼에 나타나는 주기적 변화로써 검출할 수 있는 연성. ☞실시 연성(實視連星)
분광=측광(分光測光) 명 천체 스펙트럼을 관측함으로써 전체의 광도를 결정하는 일.
분광-학(分光學) 명 물질이 내거나 들이는 빛의 스펙트럼을 측정·분석 하여 물질의 구조 따위를 연구하는 광학의 한 부문.
분광=화:학(分光化學) 명 분광 분석으로 물질의 구조나 반응·성질 등을 연구하는 화학의 한 분야.
분:괴(憤愧) 명 ①분하고 부끄러워함. ②마음으로 뉘우침.
분교(分校) 명 먼 곳에 사는 학생을 위하여 본교(本校) 이외의 다른 곳에 따로 세운 학교.
분-교:장(分敎場) 명 본교에서 멀리 떨어진 곳에 사는 학생들을 수용하려고 따로 세운 소규모의 교장(敎場).
분구(分區) 명 ①지역을 일정하게 가른 구역. ②구(區)를 몇 개로 가른 구역.
분국(分局) 명 본국(本局)에서 갈라서 따로 세운 국(局).
분국(粉麴) 명 밀가루로 만든 누룩. 면국(麵麴)
분권(分權)[―꿘] 명 권력이나 권리를 가름. ¶지방 ― ☞집권(集權)
분권-주의(分權主義)[―꿘―] 명 '지방 분권주의(地方分權主義)'의 준말.
분궤(粉潰) 명-하다 타 잘게 부서져서 흩어짐.
분궤(奔潰) 명-하다 자 싸움에 져서 뿔뿔이 흩어져 달아남.
분규(紛糾) 명 일이 어지럽게 뒤얽혀 시끄럽게 된 말썽. ¶회사 안의 ―가 가라앉다.
분극(分極) 명 ①전매질(電媒質)을 전기장(電氣場)에 놓을 때 그 양쪽 끝에 양전기와 음전기가 나타나는 현상. ②전지(電池) 안에서 발생한 수소가 전극에 붙는 일 따위로 반대 방향의 기전력(起電力)이 생기는 현상.
분극=전:류(分極電流) 명 물질의 분극에 따른 전류.

ㅂ

분극-화(分極化)명-하다자타 대립되는 둘 이상의 처지나 세력 등이 갈라짐, 또는 가름.
분극화=현:상(分極化現象)명 여러 세력이 서로 대립되는 둘 이상의 극으로 갈라지는 현상.
분근(分根)명-하다자 식물을 번식시키기 위하여 하나의 뿌리를 여러 개로 가름, 또는 가른 그 뿌리. ¶ - 번식법
분금(分金)명-하다타 무덤에 관을 묻을 때, 그 위치를 똑바로 정하는 일.
분급(分級)명 물이나 공기 등 유체(流體) 속에서 크기가 다른 고체 입자들을 그것들이 떨어지는 속도의 차이를 이용하여 둘 이상으로 크기에 따라 가르는 일.
분급(分給)명-하다타 몫몫으로 갈라 줌. 분여(分與)
분기(分岐)명-하다자 나뉘어서 둘 이상의 갈래로 갈라짐, 또는 그 갈래. ¶이 역에서 철도가 -한다.
분기(分期)명 일 년을 삼 개월씩 넷으로 나눈 기간 중의 하나. ¶이사(二四) -/삼사(三四) -
분기(紛起)명-하다자 어지럽게 말썽이 일어남.
분:기(噴氣)명-하다자 수증기나 기체 따위를 뿜어냄, 또는 뿜어내는 그 수증기나 기체.
분:기(憤氣)[-끼]명 분하게 치미는 기운, 또는 분한 생각. ¶-가 치밀다./-를 누르다. ☞분(忿)
분:기(奮起)명-하다자 분발하여 힘차게 일어남. ¶-하여 재도전하다.
분:기-공(噴氣孔)명 화산 작용으로 말미암아 땅 속에서 증기나 가스 등이 솟아 나오는 구멍.
분기-선(分岐線)명 두 갈래로 갈려 나간 선로. 기선(岐線)
분기-점(分岐點)[-쩜]명 여러 갈래로 갈라지는 곳. ¶도로의 -./인생의 -에 서다.
분:기충천(憤氣衝天)성구 분한 마음이 하늘을 찌를듯이 솟음을 이르는 말. 분기탱천(憤氣撑天)
분:기탱천(憤氣撑天)성구 분기충천(憤氣衝天)
분:-김(憤-)[-낌]명 〔주로 '분김에'의 꼴로 쓰이어〕화가 왈칵 치미는 바람. 분결 ¶-에 책상을 쾅 치다.
분-꽃(粉-)명 분꽃과의 여러해살이풀. 우리 나라의 관상용은 한해살이풀. 줄기 높이는 60~100cm. 잎은 길둥글고 끝이 뾰족함. 여름부터 가을에 걸쳐 빨강·노랑·하양 등의 나팔 모양 꽃이 핌. 열매는 둥글고 초록에서 검게 변하며 속에 흰 가루가 들어 있음. 잎은 한방에서 종기·옴 등에 약재로 쓰임. 남아메리카 원산.
분꽃-나무(粉-)[-꼳-]명 인동과의 낙엽 활엽 관목. 높이는 2m 안팎. 잎은 둥글며 마주남. 4~5월에 분꽃 모양의 연분홍 꽃이 취산(聚繖) 꽃차례로 핌. 산기슭이나 바닷가에서 절로 자람.
분:-나다(忿-)자 분한 생각이 일어나다.
분납(分納)명-하다타 전액을 여러 번에 갈라서 냄. ¶등록금을 -하다.
분-내(粉-)명 얼굴에 바르는 분의 냄새. ¶-를 풍기다.
분:내(分內)명 제게 맞는 분수의 정도. ☞분외(分外)
분:-내:다(忿-)자 분한 기운을 일으키다.
분:내-사(分內事)명 자기 분수에 맞는 일.
분네의 ①'분'을 좀 데면데면하게 이르는 말. ¶저 -가 누구시지? ②두 사람 이상을 높이어 이르는 말. ¶두 -가 오셨다.
분:노(忿怒·憤怒)명-하다자 분하여 몹시 성을 냄. ¶-로 안색이 변하다.
분뇨(糞尿)명 똥오줌. 시뇨(屎尿) ¶- 처리장
분닉(焚溺)명 불에 타는 일과 물에 빠지는 일이라는 뜻으로, 지난날 백성이 화재나 수재를 입는 고통을 비유하여 이르던 말.
분단(分段)명-하다타 ①몇 단계로 가름, 또는 그 단계. ②문장을 뜻에 따라 몇 단락으로 가름, 또는 그 단락.
분단(分團)명 ①한 단체를 작게 가른 그 조직. ¶소년단의 한 -. ②학습의 능률을 올리기 위하여 한 학급을 몇으로 가른 그 하나.
분단(分斷)명-하다타 둘 이상으로 갈라 끊거나 자름.
분단-국(分斷國)명 분단 국가(分斷國家)
분단=국가(分斷國家)명 본래는 하나의 국가였으나 전쟁이나 외국의 간섭으로 둘 이상으로 갈라진 국가. 분단국
분단-동거(分段同居)명 불교에서, 부처나 보살이 중생을 교화하기 위하여 분단생사의 세계에서 중생과 함께 사는 일을 이르는 말.
분단-변:역(分段變易)명 불교에서, 분단생사(分段生死)와 변역생사(變易生死)를 아울러 이르는 말.
분단-생사(分段生死)명 불교에서, 육도(六道)를 윤회하는 범부(凡夫)의 나고 죽는 일을 이름. 곧 보통 사람은 업인(業因)에 따라서 목숨의 길고 짧음과 나고 죽는 일이 구별되어 있음을 뜻하는 말. ☞변역생사(變易生死)
분단-신(分段身)명 불교에서, 육도(六道)의 중생이 그 업인(業因)에 따라 받은 몸을 이르는 말.
분단-윤회(分段輪廻)명 불교에서, 분단생사의 세계에서 끊임없이 나고 죽는 일을 되풀이함을 이르는 말.
분-단장(粉丹粧)명 얼굴에 분을 바르며 곱게 꾸미는 일.
분단=학습(分團學習)명 그룹 학습
분담(分擔)명-하다타 어떤 일이나 비용 따위를 갈라서 맡음. ¶업무 -/역할 - ☞전담(全擔)
분담-금(分擔金)명 서로가 갈라서 부담하는 돈.
분답(紛沓)어기 '분답(紛沓)하다'의 어기(語基).
분답-하다(紛沓-)형여 오가는 사람이 많아 몹시 떠들썩하고 혼잡하다. 잡답(雜沓)하다
분당(分黨)명-하다자타 ①당이나 패를 가름. ②당이나 패가 갈라짐, 또는 갈라진 당이나 패. ¶의견 대립으로 -의 위기에 놓이다.
분당(粉糖)명 가루로 된 사탕.
분-당지(粉唐紙)명 희고 썩 얇은 중국 종이의 한 가지.
분대명 '분대질'의 준말.
분대(分帶)명 '분합대(分合帶)'의 준말.
분대(分隊)명 ①군대 편성 단위의 하나. 소대의 하위 부대로, 대개는 9명의 병사로 이루어짐. ②본대에서 갈라져 나온 대. ③-하다자 부대를 나누는 일.
분:대(忿懟)명-하다타 성내어 원망함.
분대(盆臺)명 분받침
분대(粉黛)명 분과 눈썹먹이라는 뜻으로, 아름답게 화장한 여자를 이르는 말.
분대-꾼명 남에게 분대질을 하는 사람.
분대-질명-하다자 수선스러운 짓으로 남을 괴롭히는 일. 준분대
분대질(을) 치다관용 분대질을 하다.
분도(分度)명 일정한 한도나 양. 분한(分限)
분도-기(分度器)명 '각도기(角度器)'의 구용어.
분-독(粉毒)[-똑]명 분을 바른 피부에 생기는 연독(鉛毒). ¶-이 오르다.
분:독(憤毒)[-똑]명 분하여 일어나는 독기.
분:-돋움(忿-)명-하다타 남의 분을 돋우는 일. ¶옆에서 공연히 -을 하다.
분동(分洞)명-하다타 하나의 동을 둘 이상으로 가르는 일, 또는 그 가른 동.
분동(分棟)명-하다자 ①원 병동(病棟)에서 따로 갈라서 세운 병동. ②둘 이상의 집채로 가르는 일.
분동(分銅)명 천평칭이나 대저울로 물건의 무게를 잴 때, 무게의 표준이 되는 금속제 추.
분등(分等)명-하다타 등급을 가름. 등수를 갈라서 매김.
분등(奔騰)명-하다자 물가가 갑자기 뛰어오름. ☞분락
분:등(噴騰)명-하다자 내뿜어서 뻗쳐오름.
분:등-천(噴騰泉)명 100°C 이상의 열탕(熱湯)이 수증기·가스 등과 함께 뿜어 오르는 온천.
분락(奔落)명-하다자 물가가 갑자기 떨어짐. ☞분등(奔騰)
분란(芬蘭)명 '핀란드'의 한자 표기.
분란(紛亂)어기 '분란(紛亂)하다'의 어기(語基).
분란-하다(紛亂-)형여 어수선하고 떠들썩하다. 분요하다
분략(焚掠)명-하다타 집을 불태우고 재산을 빼앗음.
분:량(分量)명 부피·수효·무게 등의 많고 적음과 크고 작은 정도. ¶-을 재다. 준양(量)
분:려(奮勵)명-하다자 기운을 내어 힘씀.
분력(分力)명 둘 이상의 힘이 합쳐져서 한 힘을 이루었을

때, 그 각각의 작은 힘. ☞합력(合力)
분:력(奮力)명-하다자 힘을 떨쳐 일으킴.
분로(分路)명 ①-하다자 함께 가던 사람이 도중에 길을 갈라 따로 감. ②갈라진 길. ③전기 회로 중의 두 점을 다른 도선(導線)으로 이어 만든 회로.
분룡-우(分龍雨)명 음력 오월에 내리는 소나기.
분류(分流)명-하다자 본디의 물줄기에서 갈라져 흐름, 또는 그 물줄기. 유지류(支流)
분류(分溜)명-하다타 '분별 증류(分別蒸溜)'의 준말. ¶석유의 -.
분류(分類)명-하다타 종류에 따라 가름. 같은 종류의 것끼리 모아 여러 집단으로 가름. ¶식물의 -./우편물을 -하다. ☞유별(類別)
분류(奔流)명-하다자 물줄기가 내달리듯이 빠르고 세차게 흐름, 또는 그 물줄기.
분류두공부시언:해(分類杜工部詩諺解)명 조선 성종 때, 유윤겸(柳允謙) 등이 두보(杜甫)의 시를 우리말로 번역하여 펴낸 책. 성종 12년(1481)에 초간(初刊), 인조 10년(1632)에 중간(重刊)됨. 25권 17책. 두시언해
분류-탑(分溜塔)명 여러 성분이 혼합된 액체를 증발과 응축을 되풀이하면서 끓는점이 낮은 것부터 차례로 분리하는 탑 모양의 장치.
분류-학(分類學)명 생물의 형태나 생리 따위를 기준으로 하여 계통적으로 정리하여 각 종(種) 사이의 상호 관계를 연구하는 학문.
분리(分利)명-하다자 ①이익을 나눔, 또는 나눈 이익. ②급성 질환에서 신열이 내려 회복기에 들어서는 일.
분리(分厘)명 '푼리'의 원말.
분리(分離)명-하다자타 ①따로 나뉘어 떨어짐, 또는 따로 갈라 떼어놓음. ¶쓰레기 - 수거 ②결정(結晶)·승화·증류 따위의 방법으로 어떤 물질을 따로 떼어 내는 일. ¶불순물을 -하다.
분리=과세(分離課稅)명 이자나 배당 따위 특정한 소득에 대해서는 다른 소득과 합산하지 않고 따로 과세하는 일. ☞종합 과세(綜合課稅)
분리-기(分離器)명 혼합물 속에서 형상과 성질이 다른 물질을 분리하는 기구나 장치. 원심(遠心) 분리기, 기수(汽水) 분리기, 자기(磁氣) 분리기 따위.
분리-도(分離島)명 대륙도(大陸島)
분리-음(分離音)명 데타셰(détaché)
분리-파(分離派)명 19세기 말에 오스트리아에서 일어난 회화·건축·공예의 혁신 운동. 과거의 예술 양식으로부터 분리하여 생활의 기능과 결부된 새 조형 예술 창조를 지향했음. 시세션(secession)
분립(分立)명-하다자타 서로 갈라져서 따로 섬, 또는 따로 갈라서 세움. ¶삼권(三權) -
분마(奔馬)명 ①빨리 내닫는 말. ②세찬 기세를 비유하여 이르는 말.
분만(分娩)명-하다타 아기를 낳음. 해만(解娩). 해산(解產) ¶무통(無痛) -
분:만(憤懣)어기 '분만(憤懣)하다'의 어기(語基).
분만-기(分娩期)명 아이를 낳게 될 시기.
분:만-하다(憤懣-)형여 분울(憤鬱)하다
분만=휴가(分娩休暇)명 출산 휴가
분말(粉末)명 가루 ¶- 커피
분:말(噴沫)명-하다자 거품을 내뿜음, 또는 그 거품.
분말-기(粉末機)명 빻아 가루를 만드는 기계.
분말=야:금(粉末冶金)명 금속 가루를 가압(加壓) 성형하여 굳히고, 다시 고온으로 가열하여 금속 제품으로 만드는 가공법. 초합금 따위를 만드는 데 이용함.
분말-약(粉末藥)[-략]명 가루약
분말=주:스(粉末juice)명 물을 부으면 곧바로 주스가 되는 과일 성분의 가루.
분망(奔忙)어기 '분망(奔忙)하다'의 어기(語基).
분망-하다(奔忙-)형여 몹시 바쁘다. ¶분망한 나날.
분매(分賣)명-하다타 물건을 한 부분씩 갈라서 팖. ¶택지를 -하다.
분맥(分脈)명 산맥·광맥·혈맥 따위의 주맥(主脈)에서 갈라져 나온 맥. 지맥(支脈)
분면(粉面)명 ①분으로 화장한 얼굴. ☞유두분면(油頭粉面) ②신주(神主)에 분을 바른 면, 곧 신주의 앞쪽.
분멸(焚滅)명-하다자타 불에 타서 없어지거나 태워 없앰.
분명(分明)[1]부 틀림없이. 확실하게. 분명히
분명(分明)[2]어기 '분명(分明)하다'의 어기(語基).
×**분명-코**(分明-)부 → 분명히
분명-하다(分明-)형여 ①흐릿하지 않고 또렷하다. ¶분명한 사실./기억이 -./분명한 대답을 들어야겠다. ②상황으로 보아 틀림없다. 확실하다 ¶그가 잘못한 게 -./원인이 분명치 않다. ③사람됨이나 언행이 똑똑하고 또렷하다. ¶경위가 분명한 사람.
　분명-히부 분명하게. 분명(分明)[1] ¶내 눈으로 - 보았다./- 대답하다./그는 - 성공할 것이다.

한자 **분명할 저**(著) [艸部 9획] ¶저명(著明)/현저(顯著)

분몌(分袂)명-하다자 서로 헤어짐. 분수(分手)
분모(分母)명 분수(分數)나 분수식에서, 가로줄 아래에 있는 수나 식. ☞분자(分子)
분묘(墳墓)명 송장이나 유골을 땅에 묻은 곳. 무덤
분:무-기(噴霧器)명 액체를 뿜어 뿌리는 기구. 뿜이개. 스프레이. 안개뿜이
분문(分文)명 푼돈
분:문(噴門)명 식도와 위가 맞닿은 부분. ☞유문(幽門)
분문(糞門)명 항문(肛門)
분문열호(分門裂戶)[-녈-]성구 한 겨레붙이나 한 무리가 각각 패가 갈림을 이르는 말.
분-미:투리(粉-)명 실로 비빈 총에 분을 바르고 숙마로 바닥을 결어 곱게 삼은 미투리.
분-바르다(粉-)(-바르고·-발라)자르 얼굴 따위에 분을 칠하다.
분박(分箔)명-하다타 자라서 커진 누에를 여러 잠박(蠶箔)으로 갈라 내는 일.
분반(分半)명-하다타 절반으로 가름. 반분(半分)
분반(分班)명-하다타 한 개의 반을 몇 개의 반으로 가르는 일, 또는 그 가른 반.
분:반(噴飯)명-하다자 입에 든 밥을 내뿜는다는 뜻으로, 웃음을 참을 수 없음을 이르는 말.
분-받침(盆-)명 화분을 올려 놓게 만든 받침. 분대(盆臺)
분:발(奮發)명-하다자 마음과 힘을 떨쳐 일으킴. 발분(發憤) ¶입시(入試)를 앞두고 더욱 -하다.
분방(芬芳)명 꽃다운 향기.
분방(奔放)명 ①-하다형 관습이나 규범에 얽매이거나 거리낌이 없이 제멋대로임. ¶자유 -/젊은이의 -한 행동. ②-하다자 힘차게 내달림.
분방자재(奔放自在)성구 관습이나 규범에 얽매이지 않고 제멋대로 행동함을 이르는 말.
분배(分配)명-하다타 ①몫몫이 갈라 줌. 배분(配分) ¶재산을 자녀에게 -하다. ②경제학에서, 생산에 참가한 개개인이 생산물이나 소득을 일정한 기준에 따라 나누는 일. ¶이익의 -.
분배=국민=소:득(分配國民所得)명 분배의 면에서 본 국민 소득.
분백(粉白)명 ①분처럼 흰빛. ②분을 발라서 희게 하는 일.
분벽(粉壁)명 하얗게 꾸민 벽.
분벽-사창(粉壁紗窓)명 하얀 벽과 깁창이라는 뜻으로, 여자가 거처하는, 아름답게 꾸민 방을 이르는 말.
분변(分辨)명-하다타 서로 다른 점을 구별하여 앎. 분별(分別) ¶참과 거짓을 -하다.
분별(分別)명-하다타 ①사물의 이치나 세상 물정을 알아서 헤아림, 또는 그러한 능력. ¶- 있는 처신./잘 -하여 태도를 결정하다. ②사물을 종류에 따라 나누어 가르는 일. ③분변(分辨) ¶선과 악을 -하다.

한자 **분별할 변**(辨) [辛部 9획] ¶변리(辨理)/변별(辨別)/변석(辨析)/분변(分辨)

분별-없:다(分別-)[-업-] 형 사물의 이치나 세상 물정을 알아서 헤아릴 능력이 없다. ¶분별없는 짓을 하다. **분별-없이** 부 분별없게 ¶ - 날뛰다.

분별=증류(分別蒸溜) 명 두 가지 이상의 성분이 섞인 혼합물을, 각 성분의 끓는점의 차이를 이용하여 증류하여 분리시키는 방법. 정유(精油) 과정 등에 이용됨. 준 분류(分溜)

분:병(忿病)[-뼝] 명 분을 못 참아서 생기는 병.

분복(分服) 명 -하다 타 약 따위를 여러 번으로 나누어 먹음. ☞돈복(頓服)

분복(分福) 명 타고난 복. ¶-대로 살다.

분봉(分封) 명 -하다 타 봉건 시대에 군주가 제후에게 영토를 갈라 주어 다스리게 하던 일.

분봉(分蜂) 명 -하다 자타 겨울을 난 꿀벌의 여왕벌이 꽃철이 되어 새로 태어난 여왕벌에게 벌집을 내주고 자신은 한 떼의 일벌과 함께 따로 나와서 새 집을 짓는 일.

분부(分付·吩咐) 명 -하다 타 윗사람의 '지시'나 '명령'을 높이어 이르는 말. ¶-대로 따르겠습니다.

분부(分賦) 명 -하다 타 세금이나 부역 따위를 나누어서 물림.

분:분(忿憤) 명 -하다 타 분하고 원통하게 여김.

분분(芬芬) 어기 '분분(芬芬)하다'의 어기(語基).

분분(紛紛) 어기 '분분(紛紛)하다'의 어기(語基).

분분-설(紛紛雪) 명 펄펄 날리는 눈.

분분-하다(芬芬-) 형여 매우 향기롭다. ¶꽃 향기가 -.

분분-하다(紛紛-) 형여 ①말썽이 많아 뒤숭숭하고 시끄럽다. ¶분분한 세태. ②흩날리는 모양이 뒤섞여 어수선하다. ¶눈발이 분분하게 날린다. ③의견이 갈피를 잡을 수 없이 여러 가지로 다르다. ¶의견이 -.

분비(分泌) 명 -하다 타 세포가 생체에서 특수하게 쓰일 대사(代謝) 산물을 내놓는 일. 형태에 따라 내분비(內分泌)와 외분비(外分泌)로 구별됨. ¶호르몬의 -./땀샘에서 땀을 -하다.

분:비(奮臂) 명 -하다 자 팔뚝을 걷어붙이며 뽐내는 짓.

분비-나무 명 소나뭇과의 상록 침엽 교목. 높이는 25m 안팎이고 껍질은 회백색임. 잎은 전나무와 비슷하고 뒷면에 두 개의 흰 줄이 있음. 5월경에 자줏빛 꽃이 피고, 녹갈색의 열매를 맺음. 한랭한 고산 지대에 자람.

분비-물(分泌物) 명 분비선에서 나오는 물질. 침·위액·땀·젖·호르몬 따위.

분비-샘(分泌-) 명 분비선(分泌腺)

분비-선(分泌腺) 명 분비물을 내는 선(腺). 외분비선과 내분비선이 있음. 분비샘

분비=세:포(分泌細胞) 명 분비선을 이루는 세포.

분비=신경(分泌神經) 명 선세포(腺細胞)를 흥분시켜서 분비를 촉진하는 신경.

분비-액(分泌液) 명 선세포나 분비 조직에서 분비되는 액체. 침·위액·땀 따위.

분비=조직(分泌組織) 명 분비물이 들어 있는 식물의 조직. 세포 안이나 사이에 생기는 유지(油脂)·유액(乳液)·점액(粘液) 등을 저장하고 분비함.

분사(焚死) 명 -하다 자 불에 타서 죽음. 소사(燒死)

분:사(憤死) 명 -하다 자 분을 못 이겨 죽음.

분:사(噴射) 명 -하다 타 기체나 액체를 세차게 뿜어 내보냄. ¶- 장치/살충제를 -하다.

분:사난(忿思難) 분할 때에는 그로 말미암아 생길 나중의 어려움을 생각하라는 뜻.

분:사=추진=기관(噴射推進機關) 명 연료 가스를 좁은 구멍을 통해서 빠른 속도로 분출시킬 때 생기는 반작용을 추진력으로 이용하는 기관. 제트 엔진, 로켓 엔진이 있음.

분:사=추진식=비행기(噴射推進式飛行機) 명 제트기

분산(分散) 명 -하다 자타 ①갈라져 흩어짐, 또는 흩어지게 함. ¶인구 - 정책 ②빛이나 소리가 각각 다른 파장(波長)으로 갈라지는 현상. ¶빛의 -.

분산(奔散) 명 -하다 자 달아나 흩어짐.

분산(墳山) 명 무덤을 쓴 산.

분산=처리=시스템(分散處理system) 명 여러 대의 컴퓨터로 데이터 처리를 분담하는 시스템. 위험의 분산이나 효율의 향상을 기할 수 있음. 은행의 온라인시스템 등.

분살(焚殺) 명 -하다 타 불에 태워서 죽임.

분상(奔喪) 명 -하다 자 먼 곳에서 부모의 부음(訃音)을 듣고 급히 집으로 돌아가는 일.

분상(粉狀) 명 가루와 같은 상태. 가루 모양.

분상(墳上) 명 무덤의 봉긋한 부분.

분서(分署) 명 본서에서 갈라 따로 세운 작은 서(署). ☞지서(支署)

분서(焚書) 명 -하다 자 책을 불사름.

분서갱유(焚書坑儒) 성구 중국 진(秦)나라의 시황제(始皇帝)가 언론과 사상을 탄압하려고 의약·복서(卜筮)·농사 관계 이외의 서적을 불사르고, 유학자 수백 명을 구덩이에 묻어 죽인 일을 이르는 말. 갱유분서

분석(分石) 명 조선 시대, 지방 아전들이 환곡(還穀)에 돌이나 쭉정이를 섞어서 분량을 늘리고 그만큼의 곡식을 가로채던 일.

분석(分析) 명 -하다 타 ①복잡한 사물을 낱낱의 성분이나 요소로 갈라서 그 구성 따위를 밝히는 일. ¶정신 -/불경기의 원인을 -하다. ②물질의 성분의 종류나 양을 밝히는 일. ☞종합(綜合)

분석(盆石) 명 분경(盆景)

분석(噴石) 명 유리질이고 다공질(多孔質)인 화산 자갈.

분석(糞石) 명 ①대장(大腸) 안의 내용물이 돌처럼 굳어진 것, 또는 충수(蟲垂) 안에 생긴 결석(結石). 장석(腸石) ②동물의 똥이 화석으로 된 것.

분석=비:평(分析批評) 명 작품의 성분이나 요소 등을 세부적으로 분석하여 하는 비평. ☞종합 비평(綜合批評)

분석-적(分析的) 명 사물을 구성 요소에 의거하여 분석하는 것. ¶- 연구 방법.

분석적=정:의(分析的定義) 명 개념 내용의 분석에 따라 그 본질적 속성(屬性)을 밝혀서 정의하는 일.

분석=판단(分析判斷) 명 칸트 철학에서, 주어(主語) 개념을 분석함으로써 그것에 포함된 내용을 논리적으로 이끌어 내는 판단을 이르는 말. ☞종합 판단(綜合判斷)

분석-표(分析表) 명 분석한 결과를 나타낸 표.

분석=화:학(分析化學) 명 화학 분석의 방법을 이론적 또는 실제적으로 연구하는 화학의 한 분야. 정량(定量) 분석 화학과 정성(定性) 분석 화학이 있음.

분선(分線) 명 본선이나 지선(支線)에서 갈린 작은 선.

분설(分設) 명 -하다 타 기관이나 시설을 따로 갈라서 설치함.

분성(分性) 명 가분성(可分性)

분-성적(粉成赤) 명 -하다 자타 화장할 때에 연지(臙脂)는 많이 쓰지 않고 분(粉)으로만 엷게 꾸미는 일.

분세(分稅)[-쎄] 명 지난날, 물가에 따라 세율을 정하여 물리던 잡세의 한 가지. 준 분(分)[1]

분-세:수(粉洗水) 명 -하다 자 ①세수하고 분을 바르는 일. ②덩어리 분을 개어 바르고 하는 세수.

분소(分所) 명 본부에서 갈라 따로 세운 사무소나 영업소.

분소(焚燒) 명 -하다 자타 불에 탐, 또는 불에 태움.

분속(分速) 명 1분 동안에 나아가는 거리로 나타낸 속도. ☞시속(時速). 초속(秒速)

분속(分屬) 명 -하다 타 갈라서 딸리게 함.

분손(分損) 명 해상 보험의 목적물인 선박 또는 화물의 일부가 손실되었을 경우의 손해. ☞전손(全損)

분쇄(粉碎·分碎) 명 -하다 타 ①가루가 되도록 잘게 부숨. ¶광석을 -하다. ②적이나 음모 따위를 철저하게 쳐부숨. ¶적의 공격을 -하다.

분쇄-기(粉碎機) 명 광석이나 암석 등을 잘게 부수는 기계.

분-쇠(粉-)[-쐬] 명 백분(白粉)을 만드는 재료의 한 가지. 납에 식초를 부어 푸석푸석하게 만든 것.

분수(分水) 명 -하다 자 물줄기가 갈라져서 흐름, 또는 갈라져서 흐르는 물.

분수(分手) 명 -하다 자 서로 헤어짐. 분메(分袂)

분수(分受) 명 -하다 타 한꺼번에 받지 않고 나누어서 받음.

분:수(分數)[1] 명 ①자기에게 알맞은 마땅한 한도. 분한(分限) ¶-에 맞게 살다./-에 넘치다./-를 지키다. 준

분(分)[1] ②사물을 분별할 줄 아는 슬기. ¶ ― 없이 참견한다. ③[주로 '있다'와 함께 쓰이어] 일정하게 이르거나 미칠 수 있는 한도. ¶농담도 ―가 있지.

분수(分數)[2] [―쑤] 명 어떤 수 a를 다른 수 b로 나눈 몫을 a/b로 나타낸 수. 이때 b를 분모, a를 분자라 함. ☞정수(整數)

분수(奔水) 명 지느러미

분:수(噴水) 명 물을 뿜어 올리게 만든 설비, 또는 뿜어 나오는 물.

분수-계(分水界) 명 한 근원의 물이 둘 이상의 수계(水界)로 갈라져 흐르는 경계. 분수선(分水線)

분:수-공(噴水孔) 명 물을 뿜어 올리는 구멍.

분:수-기(噴水器) 명 물을 높이 뿜어 올리는 기구.

분:수-대(噴水臺) 명 공원이나 광장 등의 못 가운데에 물을 뿜어 올리게 만들어 놓은 시설.

분수-령(分水嶺) 명 ①분수계를 이루는 산등성이. 분수산맥(分水山脈) ②한 발전 단계에서 다음 단계로 넘어가는 고비를 비유하여 이르는 말. ¶근대화의 ―.

분수=방정식(分數方程式) [―쑤―] 명 분모에 미지수가 들어 있는 방정식.

분:수-병(噴水甁) 명 화초 따위에 물을 뿌려 주는 데 쓰는 기구. 물뿌리개 ☞살수기(撒水器)

분수=산맥(分水山脈) 명 분수령(分水嶺)

분수상별(分袖相別) 성구 소맷자락을 놓고 서로 헤어진다는 뜻으로, 이제까지 함께 지내던 사람과 헤어짐을 이르는 말. ☞분수작별(分手作別)

분수-선(分水線) 명 분수계(分水界)

분수-식(分數式) [―쑤―] 명 분수를 포함한 유리식.

분:수-없:다(分數―) [―업―] 형 ①사물을 분별할 슬기가 없다. ¶분수없는 사람. ②아무 요량이나 대중이 없다. 분수-없이 부 분수없게 ¶ ― 행동하다.

분수작별(分手作別) 성구 서로 잡았던 손을 놓고 헤어지는 일을 이르는 말. ☞분수상별(分袖相別)

분:수-지(噴水池) 명 분수대에서 뿜어 나와 떨어지는 물이 괴도록 만든 못.

분:수-탑(噴水塔) 명 탑처럼 높직이 만든 분수대.

분숙(分宿) 명 -하다 자 함께 간 사람들이 여러 곳에 갈라서 숙박하는 일.

분승(分乘) 명 -하다 자 함께 가는 사람들이 여러 차에 갈라 타는 일. ¶일행은 두 대의 차에 ―하였다.

분식(分食) 명 -하다 타 ①나누어 먹음. ②나누어 가짐.

분식(分蝕) 명 '부분식(部分蝕)'의 준말.

분식(扮飾) 명 -하다 자 몸을 치장함.

분식(粉食) 명 -하다 자 곡식의 가루로 만든 음식, 또는 그러한 가루 음식을 먹는 일.

분식(粉飾) 명 -하다 타 ①분으로 곱게 화장하거나 아름답게 꾸미는 일. ②실속 없이 겉으로만 꾸밈. ¶ ― 회계/빈약한 내용을 ―한 글.

분식=결산(粉飾決算) [―싼] 명 회사가 실제의 경영 성적보다 지나치게 많거나 적게 나타나도록 인위적으로 조작한 결산.

분식=예:금(粉飾預金) [―네―] 명 은행 등 금융 기관이 실제의 수신(受信)보다 많게 보이기 위하여 인위적으로 부풀린 예금.

분신(分身) 명 ①한 몸체에서 갈라져 나간 몸. ¶작품은 곧 작가의 ―이다. ②불교에서, 부처나 보살이 중생을 제도하기 위하여 여러 가지 모습으로 이승에 나타나는 일, 또는 그 모습을 이르는 말.

분신(焚身) 명 -하다 자 자기의 몸을 스스로 불사름. 소신(燒身) ¶ ― 자살

분신쇄:골(粉身碎骨) 성구 분골쇄신(粉骨碎身)

분실(分室) 명 본부(本部) 등에서 따로 갈라져 나가 사무를 보는 곳. ¶지방 ―

분실(紛失) 명 -하다 타 물건 따위를 잃어버림. ¶ ― 신고/서류를 ―하다. ☞습득(拾得)

분심(分心) 명 -하다 타 ①마음이 어지러워 주의가 흩어짐. ②'분심잡념(分心雜念)'의 준말.

분:심(忿心) 명 분한 마음. ¶―이 치밀다. 준 분(忿)

분심-잡념(分心雜念) 명 가톨릭에서, 수도(修道) 또는 수행(修行)을 방해하는 갖가지 옳지 못한 생각을 이르는 말. 준 분심

분액=깔때기(分液―) 명 물과 기름처럼 서로 섞이지 않고 층으로 갈라지는 두 가지 액체를 따로 갈라 담을 때 쓰는 유리 깔대기.

분야(分野) 명 사람이 활동하거나 연구하는 범위나 영역. ¶전문(專門) ―/경제학의 한 ―.

분양(分讓) 명 -하다 타 많은 것이나 큰 덩이를 갈라서 여럿에게 넘겨줌. ¶아파트 ―/묘목을 ―하다.

분양-지(分讓地) 명 전체를 부분으로 갈라서 파는 땅.

분얼(分蘖) 명 -하다 자 벼나 보리 따위와 같이 식물의 땅속 줄기의 마디에서 가지가 나오는 일.

분업(分業) 명 -하다 타 ①일손을 갈라서 함. ②한 가지 제품의 공정을 몇 단계나 부문별로 여러 사람이 갈라 맡아서 생산하는 일.

분업-화(分業化) 명 -하다 자타 분업의 방식으로 되거나 되게 하는 일. ¶생산의 ―.

분여(分與) 명 -하다 자 몫몫으로 갈라 줌. 분급(分給)

분연(扮演) 명 -하다 타 배우가 등장 인물로 분장하여 연기하는 일.

분:연(忿然)[1] 부 분연히

분:연(奮然)[1] 부 분연히

분:연(忿然)[2] 어기 '분연(忿然)하다'의 어기(語基).

분:연(奮然)[2] 어기 '분연(奮然)하다'의 어기(語基).

분:연-하다(忿然―) 형여 벌컥 성을 내는 기색이 있다. 분연-히 부 분연하게. 분연(忿然)[1] ¶ ― 일어서서 나가다.

분:연-하다(奮然―) 형여 떨치고 일어서는 기세가 세차다. ¶분연하게 저항하다. 분연-히 부 분연하게. 분연(奮然)[1]

분열(分列) 명 -하다 자타 여러 줄로 갈라 늘어서거나 또는 늘어서게 함. ¶―하여 행진하다.

분열(分裂) 명 -하다 자 ①하나이던 것이 둘 이상으로 갈라짐. ¶당이 각 파로 ―하다. ②세포나 핵이 갈라져 새 세포나 핵이 생기는 일. ¶세포 ―/―로 번식하다.

분열=기질(分裂氣質) 명 기질 분류의 한 가지. 비사교적이고 과묵하며 내향적인 기질. 감수성은 극단적으로 민감하기도 하고 아주 둔감하기도 함.

분열-법(分裂法) [―뻡] 명 무성(無性) 생식법의 한 가지. 한 몸이 분열하여 증식하는 방식.

분열성-핵(分裂性核) [―썽―] 명 중성자(中性子)의 영향을 받아서 분열 작용을 일으키는 핵.

분열-식(分列式) 명 군대에서, 일정한 대형(隊形)을 갖추어 고관이나 귀빈에게 경례하며 행진하는 의식.

분열=조직(分裂組織) 명 식물에서, 주로 세포 분열로써 세포의 증식을 하는 기능을 가진 세포가 모여서 된 조직. 줄기나 뿌리의 생장점 따위.

분열-증(分裂症) [―쯩] 명 '정신 분열증'의 준말.

분:완(憤惋) 명 -하다 자타 분개(憤慨)

분:외(分外) 명 분수에 넘침. ¶―의 영광. ☞분내

분요(紛繞) 명 -하다 자 서로 뒤얽힘.

분요(紛擾) 어기 '분요(紛擾)하다'의 어기(語基).

분요-하다(紛擾―) 형여 어수선하고 떠들썩하다. 분란하다

분:용=도위(奮勇徒尉) 명 조선 시대, 정팔품 토관직(土官職) 무관의 관직을 이르던 말.

분운(分韻) 명 한시(漢詩)를 짓는 모임에서, 운자(韻字)를 정하고 각 사람이 갈라 집어서 그 잡힌 운자대로 한시를 짓는 일.

분운(紛紜) 어기 '분운(紛紜)하다'의 어기(語基).

분운-하다(紛紜―) 형여 ①여러 사람의 의논이 일치하지 않고 부산하다. ②세상이 떠들썩하여 어지럽다.

분:울(憤鬱) 어기 '분울(憤鬱)하다'의 어기(語基).

분:울-하다(憤鬱―) 형여 분하고 답답하다. 분만하다

분원(分院)[1] 명 병원이나 학원 등에서 본원(本院) 외에 따로 둔 시설.

분원(分院)[2] 명 조선 시대, 사옹원(司饔院)에서 쓰는 사

기그릇을 만들던 곳. 경기도 광주에 있었음.
분:원(忿怨)명-하다타 분하여 원망함, 또는 그 원망.
분:위(奔慰)명-하다타 달려가서 위문함.
분위-기(雰圍氣)명 지구를 에워싸고 있는 대기라는 뜻에서 ①그 자리에 감도는 느낌. ¶일촉즉발의 -./살벌한 -. ②그 자리나 그곳에 있는 사람들이 빚어 내는 독특한 느낌. ¶가정적인 -./화락한 -. ③어떤 사람에게서 풍기는 독특한 느낌. ¶따뜻한 -의 가장(家長)./무언가 - 있는 화가.
분유(分有)명-하다타 나누어 가짐.
분유(粉乳)명 수분을 증발시켜 가루로 만든 우유. 가루우유 ¶탈지 -
분:유(噴油)명 ①지하 유전(油田)에서 석유가 분출하는 일, 또는 분출하는 석유. ②디젤 기관에서, 연료를 노즐(nozzle)에서 연소실로 안개같이 뿜어 넣는 일.
분:유-정(噴油井)명 지하의 원유가 가스의 압력으로 저절로 분출하는 유정. ☞자분정(自噴井)
분육(分肉)명-하다자 짐승의 고기를 쓸모에 맞게 일정한 크기로 갈라내는 일, 또는 갈라낸 그 고기.
분음(分陰)명 〔한 푼의 광음(光陰)이라는 뜻으로〕 매우 짧은 시간. ☞촌음(寸陰)
분:의(分義)명 자기의 분수에 맞게 지켜 나가는 도리.
분의(分誼)명-하다자 정의(情誼)를 나눔.
분의(紛議)명 분분한 논의(論議).
분이(粉餌)명 가루로 된 모이나 먹이.
분익(分益)명-하다자 이익을 나누어 가짐.
분익-농(分益農)명 지주(地主)와 소작인 사이에 계약을 맺고 그 소출을 나누어 가지는 농사.
분익=농민(分益農民)명 분익 소작으로 생활하는 농민.
분익=소:작(分益小作)명 분익농으로 농사를 짓는 소작.
분일(噴溢)명-하다자 뿜어 나와 넘쳐흐름.
분임(分任)명-하다자 임무를 나누어 맡음.
분자(分子)명 ①한 집단에서 어떤 특성을 가진 개인. ¶열성 -/불평 - ②물리학에서, 몇 개의 원자가 모여 각 물질의 화학적 성질을 간직한 최소의 구성 입자. ③분수나 분수식에서, 가로줄 위에 있는 수나 식. ☞분모
분자(粉刺)명 분가시
분자(粉餈)명 인절미
분자간-력(分子間力)[-녁]명 분자간힘
분자간-힘(分子間-)명 분자와 분자 사이에 작용하는 힘. 원거리에서는 인력(引力), 근거리에서는 반발력이 됨. 분자간력. 분자력
분자=결정(分子結晶)[-쩡]명 분자와 분자 사이의 약한 인력으로 분자가 결합하여 생긴 결정. 결합이 약하여 녹는점이나 끓는점이 낮고 결정이 부서지기 쉬움.
분자=구조(分子構造)명 분자 중에 있는 원자 상호간의 배치와 결합 상태.
분자=궤:도(分子軌道)명 분자 안에서 전자가 운동하는 상태를 나타내는 궤도.
분자내=호흡(分子內呼吸)명 무기 호흡(無氣呼吸)
분자=농도(分子濃度)명 몰농도
분자-량(分子量)명 분자의 상대적인 질량. 분자를 구성하는 각 원자의 원자량의 합과 같음.
분자-력(分子力)명 분자간힘
분자=모형(分子模型)명 분자의 입체적인 구조를 공 모양이나 막대 모양을 써서 나타낸 것.
분자=물리학(分子物理學)명 분자들의 물리학적인 특성을 연구하는 학문.
분-자:반(粉*佐飯)명 가루자반
분자-병(分子病)[-뼝]명 헤모글로빈이나 효소 등의 생체 단백질 분자의 이상으로 말미암아 생기는 병.
분자-살(分子-)명 일정한 방향으로 달리는 분자의 흐름. 분자선(分子線)
분자=생물학(分子生物學)명 생명 현상을 유전자의 분자 등을 중심으로 해명하려는 생물학의 한 분야.
분자-선(分子線)명 분자살
분자-설(分子說)명 모든 물질의 구성은, 원자가 결합된 분자로 이루어진 것이라고 하는 학설.
분자=스펙트럼(分子spectrum)명 분자가 방사(放射) 또는 흡수하는 빛의 스펙트럼. 원자 스펙트럼과 달리 폭넓은 스펙트럼이 나타남.
분자-식(分子式)명 분자를 이루는 원자의 종류와 수를 원소 기호로 나타내는 화학 기호. 물은 H_2O, 이산화탄소는 CO_2 따위로 나타냄. ☞화학식(化學式)
분자-열(分子熱)명 물질 1몰(mol)의 온도를 1℃ 높이는 데 필요한 열량. 그 물질의 비열(比熱)과 분자량을 곱한 값과 같음.
분자=운:동(分子運動)명 물질을 구성하는 분자 또는 원자의 불규칙하고 무질서한 미시적(微視的) 운동.
분자=자:석(分子磁石)명 자성체(磁性體)의 분자.
분자=펌프(分子pump)명 고속 회전체에 접한 기체 분자가 점성(粘性) 때문에 일정한 방향으로 옮아짐을 이용하여 진공 상태를 만드는 펌프.
분자=화:합물(分子化合物)명 두 종류 이상의 분자가 각각의 조성(組成)을 바꾸지 않고 결합한 화합물.
분작(分作)명-하다타 한 논밭을 갈라서 농사짓는 일.
분잡(紛雜)명-하다형 많은 사람이 북적거려 어수선함. ¶-한 장거리.
분장(分掌)명-하다타 일이나 사무 등을 갈라서 한 부분씩 맡아 함. ¶사무 -
분장(分贓)명-하다자 장물(贓物)을 나눔.
분장(扮裝)명-하다자 ①몸을 치장함. ②배우가 출연하는 등장 인물의 모습으로 화장하고 옷차림을 꾸미는 일, 또는 그 모습. ¶검객으로 -하다. ㊅분(扮)
분장-사(扮裝師)명 배우의 분장을 전문으로 하는 사람.
분재(分財)명-하다자 재산을 가족에게 나누어 줌, 또는 나누어 준 그 재산.
분재(盆栽)명-하다타 작은 나무를 화분에 심어 가지나 줄기를 손보아서 운치 있게 가꾼 것.
분잿-깃(分財-)명 분재로 돌아온 몫.
분쟁(分爭)명-하다자 패로 갈리어 다툼.
분:쟁(忿爭)명-하다자 성이 나서 다툼.
분쟁(紛爭)명-하다자 이해 관계가 얽혀서 서로 다툼. 분경(紛競) ¶국경 -/-이 끊이지 않다.
분저-쌍어(盆底雙魚)명 청자(青瓷)에 쌍으로 그린 물고기 무늬.
분전(分傳)명-하다타 물건을 여러 군데로 돌라 전함.
×**분전**(分錢)명 →푼돈
분:전(奮戰)명-하다자 힘을 떨치어 싸움. 분발하여 싸움. ¶-하였지만 아깝게도 졌다.
분:전-입미(分錢粒米)[-닙-]명 아주 적은 돈과 곡식.
분절(分節)명 ①사물을 마디마디로 가름, 또는 그 마디. ②조음(調音)
분절=운:동(分節運動)명 포유류의 소장(小腸) 따위에 일어나는 운동. 일정한 간격으로 장관(腸管)이 수축하여 잘록해져서 여러 분절로 갈라지듯이 되는 것이 특징임. 장관의 내용물과 소화액을 섞는 구실을 함.
분절-음(分節音)명〈어〉'음절(音節)로 나눌 수 있는 음'이란 뜻으로, 사람의 말소리가 이에 해당함. '칼날'은 두 분절음, '손바닥'은 세 분절음, '할아버지'는 네 분절음임.
분점(分店)명 본점이나 지점(支店)을 갈라서 따로 세운 점포(店鋪). ☞본점(本店)
분점(分點)[-쩜]명 천구상에서, 황도(黃道)와 적도(赤道)의 교차점. 곧 춘분점과 추분점.
분점-월(分點月)[-쩜-]명 달이 춘분점을 지나 천구(天球)를 돌아서 다시 춘분점으로 돌아올 때까지의 시간의 평균값. 27일 7시간 43분 4.7초임. ☞교점월(交點月)
분-접시(粉-)명 분을 개는 데 쓰는 작은 접시.
분:제(分際)명 분한(分限)
분제(粉劑)명 가루로 된 약제(藥劑). ☞정제(錠劑)
분젠-등(Bunsen燈)명 분젠버너
분젠버:너(Bunsen burner)명 가스 연소 장치의 한 가지. 금속 관에서 가스를 분출시켜 공기를 혼입하여 높은 열을 만드는 장치. 가정용 가스 난로에도 응용되어 있

음. 독일의 화학자 분젠이 고안했음. 분젠등

분젠=전:지(Bunsen電池)명 묽은 황산을 담은 사기그릇에 은을 입힌 아연판을 넣고 다시 그 속에 탄소봉과 진한 질산을 넣은 사기그릇을 넣어 만든 전지. 독일의 화학자 분젠이 고안했음.

분종(盆種)명-하다타 화초를 분에 심음, 또는 그 화초.

분주(分株)명-하다타 포기나누기

분주(分註)명-하다자 본문 사이에 두 줄로 나누어 작은 글자로 주(註)를 닮, 또는 그 주.

분주(盆紬)명 지난날, 황해도와 평안도에서 나는 명주를 이르던 말.

분주(奔走)어기 '분주(奔走)하다'의 어기(語基).

분주다사(奔走多事)성구 일이 많아서 바쁨을 이르는 말.

분주불가(奔走不暇)성구 아주 바빠서 겨를이 없음을 이르는 말.

분주살-스럽다(奔走-)(-스럽고·-스러워)형ㅂ 썩 분주하다.

분주살-스레부 분주살스럽게

분주-스럽다(奔走-)(-스럽고·-스러워)형ㅂ 보기에 분주한 데가 있다.

분주-스레부 분주스럽게 ¶ - 뛰어다니다.

분-주지(粉周紙)명 무리풀을 먹이고 다듬어서 만든 희고 단단한 두루마리. 전라도에서 남.

분주-하다(奔走-)형여 몹시 바쁘다. ¶나날이 -.

분주-히부 분주하게 ¶ - 돌아다니다.

분지(分地)명-하다자 토지를 갈라 줌, 또는 그 토지.

분지(分枝)명 나무의 가지가 줄기에서 갈라져 벋어 나가는 일, 또는 갈라져 나간 그 가지.

분지(盆地)명 둘레가 대지(臺地)나 산으로 둘러싸인 평평한 땅. 단층 분지, 침식 분지 따위.

분지(粉脂)명 분과 연지. 지분(脂粉)

분지(糞池)명 똥오줌을 누어서 담는 그릇.

분지르다(분지르고·분질러)타르 꺾어서 부러지게 하다. 부러뜨리다 ¶나뭇가지를 -.

분진(粉塵)명 티끌

분:진(奮進)명-하다자 기운을 떨쳐 앞으로 나아감.

분집(坌集)명-하다자 무더기로 모여듦.

분징(分徵)명-하다타 ①여러 사람에게 나누어서 받음. ②여러 번으로 나누어서 받음.

분채(粉彩)명 연채(軟彩)

분책(分冊)명-하다타 한 가지 책을 여러 권으로 갈라서 제책함, 또는 그런 책. ☞합본(合本)

분:천(噴泉)명 땅 속에서 세차게 솟아오르는 샘. 비천(飛泉)

분철(分綴)명-하다타 문서나 신문 따위를 여러 부분으로 갈라 꿰맴, 또는 여러 부분으로 꿰맨 것.

분철(分鐵)명-하다자 분광업자(分鑛業者)가 그 생산량의 일부를 광주(鑛主)에게 나누어 줌, 또는 그 광석이나 돈.

분철=금점(分鐵金店)명 분광업자가 광부에게 급료 대신 산출액의 일부를 나누어 주며 경영하는 금광. 무회계 금점

분첩(分貼)명-하다타 약재를 갈라 첩약을 만듦, 또는 그렇게 만든 첩약.

분첩(粉貼)명 ①분을 찍어 얼굴에 바르는 데 쓰는 화장 용구. ②두꺼운 종이를 병풍처럼 접어서 기름에 갠 분을 발라 결은 것. 지난날, 아이들이 글씨 연습에 썼음.

분첩(粉堞)명 석회(石灰)를 바른 성가퀴.

분청-사기(粉青沙器)명 청자에 백토(白土)로 분을 발라 다시 구워 낸 조선 시대 자기의 한 가지. 회청색 또는 회황색을 띰.

분청-음(分淸飮)명 한방에서, 오줌이 잘 나오게 하는 약을 이르는 말.

분체(分體)명 한 개체가 분열되어 거의 같은 크기의 두 개의 개체로 되는 일.

분체(粉體)명 자디잔 입자가 많이 모여 있는 상태의 물체.

분초(分秒)명 ①시간의 분과 초. ②분이나 초와 같이 매우 짧은 시간. ¶ -를 다투다./-를 아끼다.

한자 **분초 초**(秒)〔禾部 4획〕¶분초(分秒)/초속(秒速)

분촌(分寸)명 일 분(一分) 일 촌(一寸)의 뜻으로, 매우 사소한 것, 또는 매우 근소한 것을 뜻하는 말. ¶ -도 양보하지 않다.

분추(奔趨)명-하다자 급히 달려감.

분:출(噴出)명-하다자타 세차게 뿜어 나옴, 또는 내뿜음. ¶용암의 -./땅 속에서 석유가 -하다.

분:출-구(噴出口)명 뿜어 나오는 구멍.

분:출-물(噴出物)명 뿜어 나오는 물질.

분:출-암(噴出岩)명 화산암(火山岩)

분-취(粉-)명 국화과의 여러해살이풀. 줄기 높이 25~80cm로 전체가 솜털로 덮여 있음. 잎은 길둥글고 톱니가 있음. 7~9월에 자주색 관상화(管狀花)가 두상(頭狀) 꽃차례로 핌. 어린잎은 먹을 수 있으며, 우리 나라 특산종임.

분취(分取)명-하다타 나누어 가짐.

분치(分置)명-하다타 갈라서 두거나 몇 군데에 벌려서 둠.

분치(奔馳)명-하다자 빨리 달림.

분침(分針)명 시계의 분(分)을 가리키는 긴 바늘. 장침(長針) ☞시침(時針). 초침(秒針)

분침(氛祲)명 ①요악스러운 기운. ②해미

분칭(分秤)명 한 푼쭝에서 스무 냥쭝까지 다는 작은 저울. 약재나 금 따위를 다는 데 쓰임. 약저울. 약칭(藥秤). 약형(藥衡) ☞양칭(兩秤)

분탄(粉炭)명 가루 상태의 석탄이나 숯.

분:탄(憤歎)명-하다자타 분개(憤慨)

분탕(粉湯)명 ①녹말로 만든 국수를 장국에 만 음식. ②밀가루를 풀어서 끓인 맑은장국. ③도미를 꾸미로 넣은 평안도식 국수. ④당면(唐麵)

분탕(焚蕩)명 ①-하다타 재물을 죄다 없앰. ②몹시 부산하게 굴거나 소란을 피우는 일. ¶아이들이 먼지 속에서 -을 친다.

분탕-질(焚蕩-)명-하다자 분탕을 하는 짓.

분토(粉土)명 방앗간에서 쌀을 쓿을 때, 쌀과 함께 섞어 찧는 곱고 흰 흙가루. 토분(土粉)

분토(墳土)명 무덤의 흙.

분토(糞土)명 ①똥오줌을 섞은 흙. ②썩은 흙.

분토-언(糞土言)명 더러운 말. 하찮은 말.

분통(粉桶)명 분을 담는 통.

분:통(憤痛)명-하다형 몹시 분하여 마음이 쓰리고 아픔. ¶ -을 터뜨리다./-한 심정을 삭이다.

분통이 터지다관용 몹시 분한 마음이 터져 나오다.

분통-같다(粉桶-)[-갇-]형 도배를 새로 하여 아주 깨끗하다. ¶방 안이 -.

분통-같이부 분통같게

분:투(奮鬪)명-하다자 있는 힘을 다하여 싸움.

분:투-노력(奮鬪努力)명 있는 힘을 다하여 노력함.

분:투-쟁선(奮鬪爭先)명 있는 힘을 다해 앞서려고 다툼.

분파(分派)명-하다자 ①갈래로 갈라짐, 또는 갈라진 갈래. ②정당이나 학파·유파(流派) 따위에서, 주류(主流)에서 갈라져 나와 다른 파를 이룸, 또는 그 파.

분파(分破)명-하다타 쪼개거나 쪼개어 가름.

분파-주의(分派主義)명 한 조직체 안에서 어떤 한 파(派)가 자기들의 처지만을 고집하면서 배타적인 자세를 취하는 경향. 섹셔널리즘. 섹트주의

분판(粉板)명 널조각에 기름에 갠 분을 발라 결은 것. 지난날, 아이들이 글씨를 익히는 데 썼음.

분:패(僨敗)명-하다타 일을 잡쳐서 실패함.

분:패(憤敗)명-하다자 분하게 짐.

분포(分布)명-하다자 ①널리 흩어져 퍼져 있음. ¶유적이 -하는 지역. ②동식물이 종류에 따라 그 사는 구역을 달리함. ¶한라산의 수직 -.

분:포(噴泡)명-하다자 게거품을 흘림.

분포-도(分布圖)명 분포된 실태를 나타내는 도표. ¶인구 -/방언 -

분포-율(分布率)명 분포된 곳에 따른 비율.

분표(分俵)명-하다타 지난날, 흉년이 든 해에 피해를 입

은 정도에 따라 논밭의 세금을 덜어 주던 일.

분:-풀이(憤-)명-하다자 분한 마음을 푸는 일. 설분(雪憤). 해원(解冤) ¶서울 가서 뺨 맞고 시골 와서 -한다. ☞설원(雪冤)

분필(分筆)명-하다타 한 필지(筆地)의 토지를 여러 필지의 토지로 나눔. ☞합필(合筆)

분필(粉筆)명 칠판에 글씨를 쓰는 데 사용하는 물건. 소석고(燒石膏)나 백악(白堊) 가루를 반죽하여 막대 모양으로 굳힌 것. 백묵(白墨)

분-하다(分-)타여《文》나누거나 가르다.

분-하다(扮-)자여《文》연극이나 영화 따위에서 어떤 역할을 맡다. 분장(扮裝)하다 ¶춘향(春香)으로 분하여 열연하다.

분:-하다(忿-·憤-)형여 ①억울한 일을 당하여 원통하다. ¶분한 마음을 달래다. ②될듯 한 일이 되지 않아 섭섭하고 아쉽다. ¶아슬아슬하게 역전패하니 -.

분-히부 분하게 ¶- 여기다.

한자 분할 분(憤)〔心部 12획〕¶분개(憤慨)/분격(憤激)/분탄(憤歎)/분통(憤痛)/분패(憤敗)/설분(雪憤)

분:한(分限)명 ①신분의 높낮이나 위아래의 한계. 분제(分際) ②일정한 한도나 양. 분도(分度)

분:한(忿恨)명-하다형 분하고 한스러움, 또는 그런 원한. ¶뼈에 사무친 -.

분:한-없:다(分限-)[-업-]형 ①많은 물건도 헤피 쓰면 다 없어지기 쉽다. ②보기에는 많은듯 하여도 쓰는 데는 아주 하잘것이 없다.

분:한-있:다(分限-)[-읻-]형 ①일정한 한도가 있다. ②보기에는 얼마 못 되는듯 하여도 여러 군데로 별러 쓸 수가 있다.

분할(分割)명-하다타 가르어 쪼갬. ¶- 납부

분할(分轄)명-하다타 갈라서 관할함. 분관(分管)

분할-급(分割給)명-하다타 대금(代金)을 두 번 이상으로 갈라서 치르는 일. ☞일시급(一時給)

분할=상속(分割相續)명 공동 상속의 경우, 상속 재산을 그 상속분에 따라서 상속인들에게 갈라 상속하는 일.

분할=상:환(分割償還)명 몇 번으로 갈라서 갚는 일.

분할=지도(分割地圖)명 어떤 지역을 몇 군데로 갈라 세밀히 그린 지도.

분합(分合)명-하다자타 갈랐다 합하였다 함, 또는 갈렸다 합쳤다 함.

분합(分閤)명 대청 앞에 드리는 긴 창살문. 흔히 네 쪽 문을 씀. 분합문 ☞사분합(四分閤). 쌍분합(雙分閤)

분합(粉盒)명 분을 담는 작은 합.

분합-대(分合帶)명 지난날, 웃옷 위에 눌러 띠던 좁은 실띠. 준분대(分帶)

분합-들쇠(分閤-)[-쐬]명 분합을 두 짝씩 올려 달도록 도리에 박은 들쇠.

분합-문(分閤門)명 분합(分閤)

분합=장영창(分閤長映窓)명 분합 안쪽에 드리는 미닫이.

분-항아리(粉-)명 분을 담아 두는, 작은 사기 항아리.

분해(分解)명-하다타 ①하나로 결합한 것을 그 구성 부분이나 요소로 갈라냄. ¶시계를 -하다. ②하나의 화합물을 두 종류 이상의 원소나 단순 물질로 갈라냄. ¶전기 -/물을 산소와 수소로 -하다. ☞화합(化合) ③힘이나 속도의 양을 그 성분으로 나눔. ☞합성(合成)

분해=가스(分解gas)명 석유의 분해 증류법으로 생기는 기체. 석유 화학 공업의 중요한 원료가 됨.

분해-기(分解器)명 기계나 기구를 분해하기 위하여 나사를 박고 뽑고 하는 연장. 드라이버 따위.

분해-능(分解能)명 ①분광기(分光器)에서, 서로 근접해 있는 두 가닥의 스펙트럼선을 분리할 수 있는 정도. ②망원경이나 현미경 등에서, 분간할 수 있는 두 점 사이의 최소 거리나 시각(視角).

분해-열(分解熱)명 화합물이 분해 반응을 할 때에 방출하거나 흡수하는 열.

분해=전:압(分解電壓)명 전기 분해에서, 전해질이 전극에 정상적으로 석출(析出)하는 데 필요한 최소의 전압.

분해=증류법(分解蒸溜法)[-뻡]명 중유나 경유 등 끓는점이 높은 석유를 열분해하거나 접촉 분해하여 끓는점이 낮은 휘발유 등을 얻는 방법. 크래킹(cracking)

분향(焚香)명-하다자 향을 피움. 소향(燒香) ¶영전에 -하다.

분향=재:배(焚香再拜)명 분향하고 두 번 절함.

분형(焚刑)명 지난날, 무거운 죄를 지은 사람을 불에 태워 죽이던 형벌. 화형(火刑)

분호(分戶)명-하다자 분가(分家)

분호(分毫)명 정도나 분량이 아주 적음을 이르는 말. ¶-의 틀림도 없다. ☞추호(秋毫)

분:홍(粉紅)명 우리 나라 기본색 이름의 하나. 연하게 붉은 빛깔. 분홍빛. 분홍색 ¶빨간 사과 - 복숭아.

분:홍-머리동이(粉紅-)명 머리가 분홍색으로 된 연.

분:홍-방(粉紅榜)명 지난날, 나이 어린 권문 자제(權門子弟)를 과거에 급제시키던 부조리를 비웃어 이르던 말.

분:홍-빛(粉紅-)[-삗]명 분홍색

분:홍-색(粉紅色)명 연하게 붉은 빛깔. 분홍빛. 석죽색(石竹色) ¶-의 봉숭아. 준분홍(粉紅)

분:홍-지(粉紅-)명 김치의 한 가지. 무·열무·배추 등을 소금·실고추·파·마늘로 양념하여 홍건한 국물에 연한 분홍색이 들게 담근 나박김치.

분:홍-치마(粉紅-)명 ①분홍빛의 치마. ②위쪽은 희고 아래쪽은 분홍빛으로 된 연.

분화(分火)명 전투 사격에서, 소대(小隊)나 중대(中隊)로 나뉘어서 목표물을 사격하는 일.

분화(分化)명-하다자 ①본래 단순하거나 성질이 같던 것이 점차 복잡하거나 성질이 다른 여럿으로 갈라짐. ②생물의 세포·조직·기관의 기능이나 형태가 특성화되며 분업화하는 진화 작용.

분화(盆花)명 화분에 심어 놓은 화초의 꽃.

분화(焚火)명-하다타 불을 사름, 또는 타는 불.

분:화(噴火)명 화산이 폭발하여 용암·화산재·수증기 따위를 땅 위로 내뿜는 현상.

분:화-구(噴火口)명 화산에서, 용암 따위를 내뿜는 구멍. 화구(火口)

분-화:석(糞化石)명 구아노(guano)

분회(分會)명 단체의 본부에 딸린, 다른 지역이나 직장 등의 하부 조직. ¶지방에 -를 두다.

분회(粉灰)명 수산화칼슘

분획(分劃)명-하다타 여러 구획으로 가름.

분:휘(奮揮)명-하다타 기운을 떨쳐 널리 드날림.

붇:다(붇고·불어)자ㄷ ①물체가 물기를 머금어 부피가 커지다. ¶물에 담가 놓은 팥이 불었다. ②분량·무게·수효가 많아지다. ¶체중이 -./식구가 또 하나 불었다.

불[1]명 ①물체가 열과 빛을 내면서 타는 현상. ¶-을 놓다./-을 지피다./-을 피우다. ②불같이 보이는 빛. ¶도깨비- ③어둠을 밝히는 빛. ¶-을 밝히다./-이 나가다. ④화재(火災) ¶이웃에 -이 나다. ⑤돌이나 쇠 따위가 부딪힐 때 나는 빛과 열. ⑥담뱃불이나 성냥불. ¶- 좀 빌립시다. ⑦주로 '뿜다'와 함께 쓰이어, '쏘는 탄알'을 이르는 말. ¶-을 뿜는 기관총. ⑧사람의 마음이 매우 열정적이거나 열에 받친 상태를 비유하여 이르는 말. ¶눈에 -을 켜고 범인을 쫓다.

불(을) 넣다관용 불을 때다. ¶아궁이에 -.

불(을) 받다관용 남에게 큰 곤욕이나 해를 입다.

불(을) 잡다관용 일어나는 불을 끄다. ¶바람이 세게 불어 불을 잡기가 어렵다.

불(을) 주다관용 남에게 큰 모욕이나 해를 입히다.

속담 **불 안 때도 절로 익는 솥**: 불 안 때고 익는 솥이라는 것은 있을 수 없으니, 세상의 사리와 아주 틀리거나 그러기를 바라는 일이라는 말.〔길쌈 잘하는 첩(妾)/먹지 않는 종/투기 없는 아내/술 샘 나는 주전자/여물 안 먹고 잘 걷는 말〕/**불 안 땐 굴뚝에 연기 날까**: 소문에는 반드시 어떤 원인이 있게 마련이라는 말./**불 없는 화로(火爐), 딸 없는 사위**: 직접적인 관계나 인연이 끊어져 쓸데없거나 긴요하지 않게 된 것을 비유하여 이르는 말. 〔끝 부러진 송곳/구부러진 송곳〕/**불에 놀란 놈이 부지깽이만 보아도 놀란다** : 어떤 일에 몹시 놀란 사람은 그에 관련된 물건만 보아도 겁을 낸다는 말.〔자라 보고 놀란 가슴 소댕 보고 놀란다/국에 덴 놈 물 보고도 분다/더위 먹은 소 달만 보아도 허덕인다/몹시 데이면 회(膾)도 불어 먹는다/불에 놀란 놈 화젓가락 보고 놀란다〕

[한자] 불 화(火) 〔火部〕 ¶ 발화(發火)/점화(點火)/화기(火氣)/화력(火力)/화염(火焰)/화재(火災)/화전(火田)

불[2] [명] 걸채나 옹구에서, 아래 양쪽으로 늘어져 짐을 싣게 된 부분.
불[3] [명] ①불알을 싸고 있는 살로 된 주머니. ②'불알'의 준말.
불(不) [명] ①조선 시대, 과거 시험이나 서당에서 성적을 매기던 등급의 하나. 순(純)·통(通)·약(略)·조(粗)·불(不)의 다섯 등급 가운데서 다섯째 등급, 또는 통(通)·약(略)·조(粗)·불(不)의 네 등급 가운데서 넷째 등급. ②활쏘기의 성적으로서 다섯 대에 한 대도 맞히지 못한 경우를 이르는 말.
불(弗) [명] '달러(dollar)'의 한자(漢字) 표기.
불(佛)[1] [명] '불타(佛陀)'의 준말.
불(佛)[2] [명] '불란서(佛蘭西)'의 준말.
불-[1] [접두] '몹시 심한'의 뜻을 나타냄. ¶ 불가물/불더위/불깍쟁이
불-[2] [접두] 동식물의 이름에 붙어, 빛깔이 '붉은'의 뜻을 나타냄. ¶ 불개미/불콩
불(不)- 《접두사처럼 쓰이어》 '않음'을 뜻함. ¶ 불가능(不可能)/불확실(不確實)/불완전(不完全) ☞부(不)-
불가(不可) [명] [-하다] [형] '할 수 없음' 또는 '옳지 않음'의 뜻으로 쓰이는 한자말. ¶ 미성년자 입장 -/-한 방법. ☞가(可)
불가(佛家) [명] ①불교를 믿는 사람, 또는 그 사회. 불문(佛門). 불법계(佛法界). 석가(釋家). 석문(釋門). 석씨(釋氏). 승문(僧門) ②절[1]
불가(佛歌) [명] 부처를 찬송하여 부르는 노래. 찬불가
불가-결(不可缺) [명] [-하다] [형] 없어서는 아니 됨, 또는 꼭 있어야 함. ¶ -의 요소./공기는 인간에게 -한 요소이다.
불가:근불가:원(不可近不可遠) '가까이할 수도 멀리 할 수도 없음'의 뜻.
불-가:능(不可能) [명] [-하다] [형] 할 수가 없거나 될 수 없음. ¶ -에 가까운 일./그 일은 -하다. ☞가능(可能)
불가:당(不可當) ①'맞서서 당할 수가 없음'의 뜻. ②'가당하지 않음'의 뜻.
불-가래[-까-] [명] 반으로 쪼갠 통나무 토막의 속을 파고 한쪽 끝에 자루를 단 부삽.
불가:무(不可無) '없어서는 안 됨'의 뜻.
불-가물 [명] 아주 심한 가물.
불가-분(不可分) [명] 나누려 하여도 나눌 수가 없는 일. ¶ 서로 -의 관계에 있다.
불가-분리(不可分離) [명] 가르려 하여도 가를 수가 없음.
불가분-물(不可分物) [명] 가를 수 없는 것, 또는 가르면 그 성질이나 가치를 상하는 물건. 보석이나 건물 따위. ☞가분물(可分物)
불가불(不可不) [부] 아니할 수 없이 꼭. 부득불(不得不) ¶ - 마지막 수단을 취해야 한다.
불가:불념(不可不念) [성구] 꼭 마음에 두지 않을 수 없는 생각을 이르는 말.
불가사리[1] [명] 쇠를 먹고 사기(邪氣)를 쫓는다는 상상의 짐승. 곰의 몸, 코끼리의 코, 소의 꼬리, 범의 다리와 비슷하게 생겼다고 함. 설철(齧鐵)
불가사리[2] [명] 극피동물의 한 가지. 바다에 살며, 몸은 편평하고 보통은 다섯 개의 방사상(放射狀)의 팔을 가져서 별 모양과 같음. 입은 배에, 항문은 등에 있음. 주로 조개류를 잡아먹음. 몸빛은 담황색·담갈색·담자색 등이며, 암수딴몸으로 자생력이 강함. 오귀발. 해성(海星)
불가사의(不可思議)[1] [명] [-하다] [형] 사람의 생각으로는 도저히 미루어 헤아릴 수 없이 이상야릇함. ¶ 세계 7대 -의 하나./세상에는 -한 일이 많다.

불가사의(不可思議)[2] [수] 수의 단위. 나유타(那由他)의 억 곱절. ☞무량대수(無量大數)
불가-서(佛家書) [명] 불교에 관한 서적. [준] 불서(佛書)
불가-설(不可說) [명] ①불교에서, 참된 이치는 말로 설명하지 못하며 체득을 통해서만 알 수 있음을 이르는 말. ②말로 설명할 수 없는 일.
불가:승수(不可勝數)[-쑤] [성구] 하도 많아서 이루 셀 수가 없음을 이르는 말.
불가:신(不可信) '믿을 수 없음'의 뜻.
불가-어(佛家語) [명] 불교에서 쓰는 말.
불가입-성(不可入性) [명] 물리학에서, 두 물체가 동시에 같은 공간을 차지할 수 없는 성질을 이르는 말. 거성(拒性). 애찬성(礙竄性)
불가:지(不可知) '알 수가 없음'의 뜻. ¶ -의 세계.
불가지-론(不可知論) [명] 감각하는 경험이나 현상은 알 수 있으나 그 배후에 있는 초경험적인 것이나 본질적인 것은 결코 인식할 수 없다는 이론. ☞무신론(無神論)
불가:침(不可侵) '침범할 수 없음', 또는 '침범해서는 안 됨'의 뜻. ¶ 신성(神性) -
불가침-권(不可侵權)[-꿘] [명] 국제법에서, 외교 사절이나 외국 원수가 그 신체·명예·관사(館舍)·문서 따위를 침범당하지 않는 특권.
불가침=조약(不可侵條約) [명] 서로 상대국의 영토권을 존중하여 침략하지 않을 것을 약속하는 조약. 불침략 조약
불가피(不可避) [어기] '불가피(不可避)하다'의 어기(語基).
불가피-하다(不可避-) [형여] 피할 수가 없다. 벗어날 수가 없다. ¶ 불가피한 일.
불가항-력(不可抗力) [명] 사람의 힘으로는 어찌할 수 없는 힘. ¶ -의 재앙.
불가해(不可解) [어기] '불가해(不可解)하다'의 어기(語基).
불가해-하다(不可解-) [형여] 이해할 수 없다. 알 수 없다. ¶ 불가해한 자연 현상.
불가:형언(不可形言) [성구] 말로는 다 형용하기 어려움.
불각(不覺) [명] ①깨닫지 못하는 일. ②불교에서, 깨달음의 첫 단계를 이르는 말. 아직 번뇌를 끊지는 못하였으나 인과응보의 이치는 깨달은 단계.
불각(佛閣) [명] 불당(佛堂)
불간(不干) [명] [-하다] [자] ①관계하지 아니함. ②'불간섭'의 준말.
불-간섭(不干涉) [명] [-하다] [자] 일에 간섭하지 아니함. ¶ 내정(內政) - [준] 불간(不干)
불간지서(不刊之書) [명] 영구히 전하여 없어지지 않을 양서(良書).
불감(不堪) '견디어 내지 못함'의 뜻.
불감(不敢) '감히 할 수 없음'의 뜻.
불감(不感) '느끼지 못함'의 뜻.
불감(佛龕) [명] 불상을 모셔 두는 장이나 불구(佛具).
불감당(不堪當) [어기] '불감당(不堪當)하다'의 어기(語基).
불감당(不敢當) [어기] '불감당(不敢當)하다'의 어기(語基).
불감당-하다(不堪當-) [형여] 감당할 수 없다.
불감당-하다(不敢當-) [형여] 감히 당해 낼 수 없다. ¶ 불감당한 적수.
불감생심(不敢生心) [성구] 힘에 부치어 감히 엄두도 내지 못함을 이르는 말. 불감생의(不敢生意)
불감생의(不敢生意) [성구] 불감생심(不敢生心)
불감앙:시(不敢仰視) [성구] 두려워서 감히 쳐다보지도 못함을 이르는 말.
불감-증(不感症)[-쯩] [명] ①감각이 둔해지거나 익숙해져서 잘 느끼지 못하는 증세. ②성교에서, 여자가 쾌감을 느끼지 못하는 증세. ☞냉감증(冷感症)
불감출두(不敢出頭)[-뚜] [성구] 두려워서 감히 머리도 내밀지 못함을 이르는 말.
불감출성(不敢出聲)[-썽] [성구] 두려워서 감히 소리도 내지 못함을 이르는 말.
불-갑사(-甲紗) [명] 빛깔이 아주 붉은 갑사.
불-강아지 [명] 몹시 여윈 강아지.

불-개 명 불을 삼키는 개라는 뜻으로, 해나 달을 먹어서 일식이나 월식이 일어난다고 생각했던 상상의 짐승.
불-개:미 명 개밋과의 곤충. 몸빛은 적갈색인데 촉각과 배는 갈색임. 낙엽으로 20~30cm의 무더기를 쌓고 그 밑의 땅 속에 삶. 민간에서, 관절염·신경통·결핵의 약으로 쓰임.
불-개입(不介入) 명 -하다 자 어떤 일에 개입하지 않음. ¶분쟁 지역에 — 정책을 결정하다.
불개-항(不開港) 명 외국과 통상이 허가되지 않은 항구. ☞개항장(開港場)
불거(拂去) 명 -하다 타 ①떨어 버림. ②뿌리치고 감.
불-거웃[-꺼-] 명 불두덩에 난 털. 준 불것
불거-지다 자 ①거죽으로 둥글게 쑥 비어져 나오다. ¶복사뼈가 불거져 나와 있다. ②어떤 일이나 현상이 급자기 또는 두드러지게 드러나다. ¶드디어 일이 불거지고 말았구나. ☞볼가지다
불걱-거리다(대다) 타 ①물건을 불걱불걱 우물거리다. ②빨래를 하느라 불걱불걱 소리를 내다. ☞볼각거리다
불걱-불걱 부 ①질긴 물건을 씹느라 우물거리는 모양을 나타내는 말. ¶다시마를 — 씹다. ②큰 빨래를 비누질하여 세게 치대어 빠는 소리, 또는 그 모양을 나타내는 말. ☞볼각볼각

ㅂ

불건(不虔) 어기 '불건(不虔)하다'의 어기(語基).
불건성-유(不乾性油)[-뉴] 명 공기 중에 두어도 산화하여 굳지 않는 기름. 아주까리기름·동백기름·올리브유 따위. ☞건성유(乾性油)
불건전(不健全) 어기 '불건전(不健全)하다'의 어기(語基).
불건전-하다(不健全-) 형여 건전하지 못하다. ¶불건전한 생각.
불건-하다(不虔-) 형여 경건하지 아니하다.
불-것[-껏] 명 '불거웃'의 준말.
불겅-거리다(대다) 자 불겅불겅 불거지다. ☞볼강거리다
불겅-불겅 부 질깃하고 우둘우둘한 물체가 잘 씹히지 않고 입 안에서 이리저리 불거지는 모양을 나타내는 말. ☞볼강볼강
불겅이 명 붉은빛의 살담배. 홍초(紅草)
불격(佛格)[-껵] 명 부처의 품격.
불견시:도(不見是圖) 성구 보지 않고도 알 수 있음을 이르는 말.
불결(不潔) 명 -하다 형 깨끗하지 아니하고 더러움. ¶입 안의 —이 충치의 원인이다./—한 화장실. ☞청결(淸潔)
불결-히 부 불결하게
불경(不敬) 명 -하다 형 경의(敬意)를 나타냄이 없이 무례함. ¶저의 —을 용서하십시오./—한 행동.
불경(佛經) 명 불교의 교리를 적은 경전(經典). 내전(內典). 범서(梵書). 불전(佛典). 석전(釋典) 준 경(經)
불-경기(不景氣) 명 생산이 줄고 상품이 잘 팔리지 않는 등 경제 활동이 활기를 잃은 상태. 디프레션 ¶—로 실직자가 늘다. ☞호경기(好景氣)
불-경제(不經濟) 명 비용이나 노력, 시간 따위의 씀씀이에 낭비가 많은 일.
불경-죄(不敬罪)[-쬐] 명 경의를 보여야 할 대상에게 불경한 말이나 행동을 저지른 죄.
불경지설(不經之說) 명 허망(虛妄)하고 간사한 말.
불경-스럽다(不敬-)(-스럽고·-스러워) 형ㅂ 불경한 데가 있다. ¶불경스러운 말. ☞볼강스럽다
불경-스레 부 불경스럽게
불계(不計) 명 ①-하다 타 옳고 그름이나 이해 관계, 사정 따위를 따지지 않음. ②바둑에서, 승패가 뚜렷하여 집의 수를 세지 않는 일. ¶—로 이기다.
불계(佛戒) 명 부처가 정한 계율(戒律). 오계(五戒)·십계(十戒)·구족계(具足戒) 따위.
불계(佛界) 명 십계(十界)의 하나. 부처의 마음의 경지를 이르는 말.
불계-승(不計勝) 명 -하다 자 바둑에서, 불계로 이기는 일. ☞불계패(不計敗)
불계지주(不繫之舟) 성구 ①매어 놓지 않은 배라는 뜻으로, 세속을 초탈한 허심탄회한 마음을 이르는 말. ②정처 없이 방랑하는 몸을 비유하여 이르는 말.
불계-패(不計敗) 명 -하다 자 바둑에서, 불계로 지는 일. ☞불계승(不計勝)
불고(不告) '알리지 않음'의 뜻.
불고(不辜) 명 ①애매한 죄. ②아무 죄가 없는 일.
불고(不顧) '돌아보지 않음' 또는 '돌보지 않음'의 뜻. ¶체면을 —하고 사정하다.
불고가사(不顧家事) 성구 집안일을 돌보지 아니함을 이르는 말. ¶—하고 연구에만 전념하다.
불-고기 명 쇠고기 따위의 살코기를 얇게 저며서 갖은양념을 하여 재웠다가 볶거나 구운 음식.
불고-불리(不告不理) 명 형사 소송법에서, 검사의 공소(公訴)가 없는 한, 법원이 사건에 관하여 심리를 할 수 없다는 원칙. ¶—의 원칙.
불고염치(不顧廉恥) 성구 염치를 생각하지 아니함을 이르는 말. ¶—하고 기식(寄食)하다.
불고이거(不告而去) 성구 간다는 말도 없이 떠남을 이르는 말.
불고이거(不顧而去) 성구 뒤도 돌아보지 아니하고 떠남을 이르는 말.
불고이:해(不顧利害) 성구 이해를 생각하지 아니함을 이르는 말.
불고전후(不顧前後) 성구 일의 앞뒤를 돌아보지 아니함을 이르는 말.
불고지-죄(不告知罪)[-쬐] 명 법을 위반한 사람을 알고도 수사 기관에 알리지 않음으로써 성립하는 죄.
불고체면(不顧體面) 성구 체면을 생각하지 아니함을 이르는 말. 부지체면(不知體面) ¶—하고 청을 넣다.
불골(佛骨) 명 불사리(佛舍利)
불-곰 명 '큰곰'의 딴이름.
불공(不攻) '공격하지 아니함'의 뜻.
불공(不恐) '두려워하지 아니함'의 뜻.
불공(佛工) 명 불상이나 불구(佛具) 등을 만드는 사람.
불공(佛供) 명 -하다 자 부처 앞에 공양하는 일. 불향(佛享) ¶—을 드리다.
불공(不恭) 어기 '불공(不恭)하다'의 어기(語基).
불공대:천지수(不共戴天之讎) 성구 불구대천지수
불공-밥(佛供-)[-빱] 명 부처 앞에 올렸다가 물린 밥. 퇴식밥
불공불손(不恭不遜)[-쏜] 성구 말이나 하는 짓이 공손하지 않고 버릇이 없음을 이르는 말.
불공-설화(不恭說話) 명 공손하지 않은 태도로 함부로 지껄이는 말.
불공-스럽다(不恭-)(-스럽고·-스러워) 형ㅂ 불공한 데가 있다. ¶불공스러운 태도.
불공-스레 부 불공스럽게
불공-쌀(佛供-) 명 불공을 드리는 데 쓰는 쌀.
불공자파(不攻自破) 성구 치지 않아도 스스로 깨어짐을 이르는 말.
불-공정(不公正) 명 -하다 형 공정하지 아니함. ¶— 거래/—한 인사 이동.
불-공평(不公平) 명 -하다 형 공평하지 아니함. ¶부의 분배가 —하다.
불공-하다(不恭-) 형여 공손하지 아니하다.
불과(佛果) 명 불도 수행으로 얻게 되는 과보(果報).
불과(不過)[1] 부 '그 수량을 넘지 아니함'을 이르는 말. ¶청중은 — 백여 명 정도이다.
불과(不過)[2] 어기 '불과(不過)하다'의 어기(語基).
불과-하다(不過-) 형여 ①그 수량에 지나지 못하는 정도이다. ¶분교의 학생 수는 열 사람에 —. ②어떤 정도나 수준·상태 등이 그것에 지나지 못하는 정도이다. ¶겉치레에 —./그의 변명은 핑계에 —.
불관(不關) '관계하지 않음'의 뜻. ¶남녀를 —한다.
불관지사(不關之事) 명 상관없는 일. 관계없는 일.
불교(佛敎) 명 세계 3대 종교의 하나. 기원전 5세기경 인도의 석가모니가 설법한 가르침을 받드는 종교. 이승의

번뇌에서 해탈하여 '진리를 깨달은 자' 곧 '부처'가 됨을 목적으로 함. 소승(小乘) 불교와 대승(大乘) 불교로 크게 나뉨. 불법(佛法). 석교(釋教)

불교-가(佛教家)명 불교를 연구하거나 불교에 해박한 지식이 있는 사람.

불교-도(佛教徒)명 불교를 믿는 사람, 또는 그 무리. ¶독실한 －. 준불도(佛徒)

불교=문화(佛教文化)명 불교 신앙을 바탕으로 하여 발달한 문화.

불교=미:술(佛教美術)명 불교에 관계되는 미술. 사원(寺院) 건축, 불상 조각, 불교 회화(繪畫), 불구(佛具) 공예 따위.

불교=음악(佛教音樂)명 불교 의식에서 쓰이는 음악.

불구(不具)명 ①몸의 어느 부분이 온전하지 못한 일. ②'온전히 다 갖추지 못하였음'의 뜻으로 편지 끝에 쓰는 한문 투의 말. ☞불비(不備)

불구(佛具)명 불사(佛事)에 쓰이는 기구. 법구(法具)

불구(不久) '오래지 않음'의 뜻.

불구대:천지수(不俱戴天之讎)성구 함께 하늘을 일 수 없는 원수라는 뜻으로, 깊은 원한에 사무친 원수를 이르는 말. 불공대천지수. 대천지원수

불구=동:사(不具動詞)명〈어〉활용 어미를 고루 갖추지 못하고 몇 가지 형태로만 활용되는 동사. '가로되', '다오·달라', '데리고·데리러'와 같은 동사. ☞불완전 동사(不完全動詞)

불구문달(不求聞達)성구 세상에 이름이 떨치기를 바라지 아니함을 이르는 말.

불구소:절(不拘小節)성구 사소한 예절에 얽매이지 아니함을 이르는 말.

불-구속(不拘束)명-하다타 법률에서, 피의자를 구속하지 않는 일. ¶－ 입건하다.

불-구슬명 불빛처럼 빛깔이 붉은 구슬.

불구-아(不具兒)명 몸의 어느 부분이 온전하지 못한 아이.

불구-자(不具者)명 몸의 어느 부분이 온전하지 못한 사람. ☞장애인(障礙人)

불구-하다(不拘－)자 '－에도', '－ㄴ(－은·－는)데도' 다음에 '불구하고'의 꼴로 쓰이어, '무엇에 얽매이거나 거리끼지 아니하고'의 뜻을 나타냄. ¶눈이 내리는데도 불구하고 산에 오르다.

불국(佛國)명 부처가 있는 나라, 곧 극락정토(極樂淨土). 유불토(佛土)

불군(不群) '다른 사람들과 비할 수 없이 매우 뛰어남'의 뜻. ¶－의 실력.

불굴(不屈) 주로 '불굴의'의 꼴로 쓰이어, '어떠한 어려움 앞에서도 절대로 굽히지 아니함'의 뜻을 나타냄. ¶－의 노력.

불궤(不軌) ①'법이나 도리에 어긋남'의 뜻. ②'모반(謀叛)을 꾀함'의 뜻.

불궤지심(不軌之心)명 ①법이나 도리에 벗어나는 마음. ②모반을 꾀하는 마음.

불-귀[－뀌]명 화승총(火繩銃)의 총열에 불을 대는 구멍. 준귀

불귀(不歸) 한번 떠나서는 다시 돌아오지 않는다는 뜻으로, '죽음'을 이르는 말.

불귀의 객(客)관용 한번 떠나서는 다시 돌아오지 않는 사람이라는 뜻으로, '죽은 사람'을 이르는 말.

불-귀신(－鬼神)[－뀌－]명 민속에서, 불을 맡아 다스리거나 불을 낸다고 하는 귀신. 염정(炎精)

불-규율(不規律)명 규율이 서지 아니함을 이르는 말.

불-규칙(不規則)명-하다형 규칙에 벗어나거나 규칙이 없음. ¶－ 변화/－한 생활.

불규칙=동:사(不規則動詞)명〈어〉활용할 때 불규칙적으로 바뀌는 동사. '잇다, 잇고, 이어'나 '듣다, 듣고, 들어' 따위. ☞규칙 동사(規則動詞). 불규칙 활용(不規則活用)

불규칙=용:언(不規則用言)[－농－]명〈어〉활용할 때 불규칙적으로 바뀌는 용언. 곧 불규칙 동사와 불규칙 형용사를 이르는 말. ☞규칙 용언(規則用言). 불규칙 활용

불규칙-적(不規則的)명 규칙에 벗어나거나 규칙이 없는 것. ¶－인 식사.

불규칙=형용사(不規則形容詞)명〈어〉활용할 때 불규칙적으로 바뀌는 형용사. '춥다, 춥고, 추워'나 '빠르다, 빠르고, 빨라' 따위. ☞규칙 형용사(規則形容詞)

불규칙=활용(不規則活用)명〈어〉용언(用言)의 활용에서 어간의 일부가 바뀌거나 어간과 어미가 함께 바뀌는 것. '낫다, 낫고, 나아'나 '다르다, 다르고, 달라' 따위. ☞규칙 활용(規則活用)

불-균형(不均衡)명-하다형 한편으로 기울거나 치우쳐 고르지 않음. ¶소득의 －. /－한 무역 수지.

불그데데-하다형여 산뜻하지 않게 불그스름하다. ☞벌그데데하다. 볼그대대하다

불그뎅뎅-하다형여 고르지 않게 불그스름하다. ☞벌그뎅뎅하다. 볼그댕댕하다

불그레-하다형여 곱게 불그스름하다. ¶주기(酒氣)로 얼굴이 －. ☞벌그레하다. 볼그레하다

불그름-하다형여 고르게 불그스름하다. ☞벌그름하다. 볼그름하다

불그무레-하다형여 엷게 불그스름하다. ☞벌그무레하다. 볼그무레하다

불그숙숙-하다형여 수수하게 불그스름하다. ☞벌그숙숙하다. 볼그속속하다

불그스레-하다형여 불그스름하다 ☞벌그스레하다. 볼그스레하다. 뿔그스레하다

불그스름-하다형여 빛깔이 좀 붉은듯 하다. 불그스레하다 ☞벌그스름하다. 볼그스름하다. 뿔그스름하다

불그스름-히부 불그스름하게

불그죽죽-하다형여 칙칙하게 불그스름하다. ☞벌그죽죽하다. 볼그족족하다. 뿔그죽죽하다

불근(不勤)어기 '불근(不勤)하다'의 어기(語基).

불근-거리다(대다)타 불근불근 우물거리다. ☞볼근거리다

불근-불근부 질깃하고 우둘우둘한 물체를 씹느라 우물거리는 모양을 나타내는 말. ☞볼근볼근

불근인정(不近人情)성구 인정에 어그러짐을 이르는 말.

불근-하다(不勤－)형여 부지런하지 아니하다.

불급(不及) '일정한 수준에 미치지 못함'의 뜻.

불급(不急)어기 '불급(不急)하다'의 어기(語基).

불급-하다(不急－)형여 급하지 아니하다.

불긋-불긋[－귿－]부-하다형 여기저기가 불긋한 모양을 나타내는 말. ☞벌긋벌긋. 볼긋볼긋. 뿔긋뿔긋

불긋-하다[－귿－]형여 빛깔이 좀 붉다. ☞벌긋하다. 볼긋하다. 뿔긋하다

불긍(不肯) ①'즐겨 하지 않음'의 뜻. ②'쾌히 들어주지 않음'의 뜻.

불긍저:의(不肯底意)성구 마음에 즐기지 아니하거나 마음에 내키지 아니함을 이르는 말.

불기(－氣)[－끼]명 불기운 ¶－ 없는 아궁이.

불기(不起) '앓아 누운 채 다시 일어나지 못하고 세상을 떠남'의 뜻.

불기(不羈) '매이지 아니하고 자유로움'의 뜻.

불기(佛紀)명 불가(佛家)에서 쓰는 연기(年紀). 석가모니가 태어난 해인 기원전 565년을 원년(元年)으로 삼음.

불기(佛器)명 불전(佛前)에 공양할 때 밥을 담는 그릇. 법기(法器) ☞불발(佛鉢)

불-기둥[－끼－]명 기둥 모양으로 높이 치솟는 불길. ¶커다란 －이 솟아올랐다.

불-기소(不起訴)명-하다타 증거가 불충분하거나 범죄가 성립되지 않거나 소송 요건이 갖추어지지 않거나 기소를 유예함이 마땅하다고 인정될 경우 등에 검사가 피의자를 기소하지 않는 일.

불-기운[－끼－]명 불의 뜨거운 기운. 불기. 화기(火氣) ¶난로의 －이 너무 세다.

불긴(不緊)어기 '불긴(不緊)하다'의 어기(語基).

불긴지사(不緊之事)명 꼭 필요하지 않은 일.

ㅂ

불긴-하다(不緊-)형여 꼭 필요하지 아니하다.
불-길[-낄] 명 ①활활 타오르는 불꽃. ¶ -이 세어지다./-에 휩싸이다. ②세차게 타오르는 감정이나 정열을 비유하여 이르는 말. ¶분노의 -. ③세찬 기세로 전개되는 어떤 현상을 비유하여 이르는 말. ¶전쟁의 -.
불길(不吉)어기 '불길(不吉)하다'의 어기(語基).
불길지사(不吉之事)[-찌-] 명 불길한 일. ☞불상사
불길지조(不吉之兆)[-찌-] 명 불길한 일이 일어날 징조. 불상지조(不祥之兆)
불길-하다(不吉-)형여 운수가 좋지 아니하다. ¶예감이 -.
불-김[-낌] 명 불의 뜨거운 기운.
불-깃 명 산불이 번지는 것을 막기 위하여 그 언저리에 불을 놓는 일, 또는 그 불.
불-까다 타 동물의 불알을 발라 내다. 거세하다. 불치다 ¶불깐 소./살을 찌우기 위해 새끼 돼지를 -.
불꽃 명 ①타는 불에서 일어나는 붉은빛을 띤 기운. ②금속이나 돌 따위가 서로 부딪칠 때나 방전(放電)할 때 반짝 일어나는 불티나 작은 불덩이. 화염(火焰) ③화약을 터뜨려 꽃보라처럼 아름답게 날리는 작은 불빛들. ¶가지각색의 -이 밤하늘을 수놓다. ☞불꽃놀이
불꽃(이) 튀다 관용 다툼이나 경쟁이 치열하다. ¶불꽃 튀는 선거전.
불꽃-같다[-꼳깓-] 형 일어나는 형세가 대단하다.
불꽃-같이 부 불꽃같게
불꽃-놀이[-꼰-] 명 경축 행사나 기념 행사 등에서, 화포를 쏘아 밤하늘에 퍼지는 불꽃을 보며 즐기는 놀이.
불꽃=반:응(-反應)[-꼳-] 명 알칼리 금속 따위의 염(塩)을 불꽃 속에 넣으면, 불꽃이 그 원소 특유의 빛깔을 보이는 반응. 염색 반응(焰色反應)
불꽃=방:전(-放電)[-꼳-] 명 기체 속의 두 전극 사이에 높은 전압을 보냈을 때, 순간적으로 큰 전류가 흘러 불꽃이 일어나는 현상. 섬화 방전(閃火放電)
불꽃-심(-心)[-꼳-] 명 불꽃 중심의 어두운 부분. 염심(焰心) ☞겉불꽃. 속불꽃
불-꾸러미 명 불씨를 옮기려고 잎나무나 짚뭉치 따위에 댕기어 싼 불.
불끈 부 ①힘살 따위가 갑자기 두드러지는 모양을 나타내는 말. ¶핏줄이 - 두드러지다. ②강한 감정이 급작스레 치미는 모양을 나타내는 말. ¶- 용기가 솟다. ③여무지게 힘을 쓰는 모양을 나타내는 말. ¶물건을 들려고 - 힘을 쓰다. ☞볼끈
불끈-거리다(대다) 자 ①힘살 따위가 자꾸 불끈 두드러지다. ②걸핏하면 불끈 화를 내다. ☞볼끈거리다
불끈-불끈 부 불끈거리는 모양을 나타내는 말. ¶걸핏하면 - 화를 낸다. ☞볼끈볼끈
불-나다 자 화재가 일어나다.
속담 **불난 강변에 덴 소 날뛰듯 한다** : 졸지에 급한 일을 당하여 어쩔 줄 모르고 황망히 날뛰는 사람을 두고 이르는 말./**불난 끝은 있어도 물난 끝은 없다** : 집에 불이 나면 타다 남은 것이라도 있으나 수재를 당하여 물에 떠내려가 버리면 아무 것도 남지 않는다는 말./**불난 데 부채질(풀무질)한다** : 불운한 사람을 더 불운하게 만들거나 화난 사람을 더 화나게 한다는 말.〔불난 집에 키 들고 간다〕/**불난 데서 불이야 한다** : 잘못을 저질러 놓고, 하지 않은척 하며 남이 할 말을 제가 먼저 한다는 말.
불-나방 명 불나방과의 곤충. 날개 길이는 3~4cm이고, 빛깔과 무늬가 화려함. 앞날개는 짙은 갈색 바탕에 흰빛의 불규칙한 줄무늬가 있고, 뒷날개는 주황색 바탕에 네 개의 둥근 점이 있음. 성충은 연 1회 8~9월에 나타남. 등아. 부나방. 부나비
불-난:리(-亂離) 명 불이 나서 혼란하고 어지러운 상태.
불납(不納) '세금이나 공납금 등을 내지 않음'의 뜻.
불납=결손액(不納缺損額)[-쏜-] 명 불납으로 말미암아 결손이 된 조세의 금액.
불-내:다 자 화재를 일으키다.
불녕(不佞) 대 '재주가 없는 사람'이라는 뜻으로, 자기를 낮추어 이르는 말.
불-놀이 명 -하다 자 폭죽을 터뜨리거나 등불을 켜 놓거나 쥐불을 놓는 따위의 불을 갖고 노는 놀이. 화희(火戲) ¶대보름날의 -.
불농불상(不農不商)[-쌍] 성구 농사도 짓지 아니하고 장사도 하지 아니하며, 놀기만 하면서 지냄을 이르는 말.
불-놓다 자 ①불을 붙여 타게 하다. ¶논둑에 -. ②광산에서 폭약을 터뜨리려고 도화선에 불을 붙이다.
불-놓이[-노-] 명 -하다 자 총으로 사냥하는 일.
불능(不能) 명 -하다 형 ①능력이 없음. ¶학습 - ②할 수 없음. 불가능(不可能) ¶해결 -한 문제.
불능-범(不能犯) 명 범법 의사를 갖고 행위를 했으나 그 행위가 범죄의 결과를 발생시킬 가능성이 없다고 인정되는 행위.
불:다[1] 자 바람이 일어나서 어느 방향으로 움직여 가다. ¶비바람이 -.
불:다[2] 타 ①입에서 숨기운을 세게 내보내다. ¶촛불을 불어서 껐다. ②호각이나 관악기에 입을 대어 입김으로 소리를 내다. ¶나팔을 -. ③지은 죄를 사실대로 말하다. ¶사실대로 -.
속담 **분다 분다 하니 하루 아침에 왕겨 석 섬 분다** : 잘한다고 추어주니까 우쭐해서 미련하게 자꾸 해댄다는 말./**불고 쓴듯 하다** : 아무 것도 남은 것이 없이 휑하게 비었다는 뜻./**불면 날까 쥐면 꺼질까** : 어린 자녀를 애지중지하여 아주 곱게 기름을 뜻하는 말.

한자 불 취(吹) 〔口部 4획〕 ¶취관(吹官)/취구(吹口)/취명(吹鳴)/취주(吹奏)/취타(吹打)

불단(佛壇)[-딴] 명 절의 불전(佛殿) 안에 불상을 모셔 두는 단. 수미단(須彌壇)
불당(佛堂)[-땅] 명 불상을 모셔 놓은 집. 범전(梵殿). 불각(佛閣). 불우(佛宇). 불전(佛殿)
불-당그래[-땅-] 명 아궁이의 불을 밀어 넣거나 끌어내는 데 쓰는 작은 고무래.
불-더위 명 몹시 심한 더위. ¶삼복의 -. ☞무더위
불-덩어리[-떵-] 명 불타고 있는 덩어리. 불덩이
불-덩이[-떵-] 명 ①불타고 있는 덩이. ②몹시 뜨겁게 다는 몸이나 물건을 비유하여 이르는 말. 불덩어리 ¶열이 올라 몸이 - 같다.
불도(佛徒)[-또] 명 '불교도(佛敎徒)'의 준말.
불도(佛道)[-또] 명 ①부처의 가르침을 이르는 말. 법도(法道) ②불과(佛果)에 이르는 수행의 길.
불도저(bulldozer) 명 흙을 밀어내거나 돋우면서 땅바닥을 깎아 고르는 토목 건설용 차량.
불도그(bulldog) 명 개의 한 품종. 영국 원산으로 몸에 비하여 머리가 크고 양쪽 볼이 처졌음. 코는 낮고 넓적함. 얼굴이 무섭게 생겼지만 성질은 순한 편임. 애완용이나 집 지키는 개로 기름.
×**불-돋우개** 명 →심돋우개
불-돌[-똘] 명 화로의 불이 쉬 사그라지지 않게 눌러 놓는 돌 조각.
불-되:다 형 누르거나 죄어치는 힘이 아주 세다.
불-두덩[-뚜-] 명 남녀 생식기 위쪽 언저리의 두두룩한 부분. 신안(腎岸). 음부(陰阜) ☞씹두덩
불두덩-뼈[-뚜-] 명 치골(恥骨)
불두-화(佛頭花)[-뚜-] 명 불두화나무의 꽃. 승두화
불두화-나무(佛頭花-)[-뚜-] 명 인동과의 낙엽 활엽 관목. 높이는 3m 안팎. 잎은 손바닥 모양이고 끝이 세 갈래로 갈라져 있음. 이른 여름에 흰빛 꽃이 둥글게 모여서 공 모양으로 피는데 모두 무성화(無性花)임. 흔히 절에서 관상용으로 심음.
불등(佛燈)[-뜽] 명 ①부처 앞에 올리는 등불. ②세상의 어두움을 밝히는 등불이라는 뜻으로, '불법(佛法)'을 비유하여 이르는 말. 법등(法燈)
불-등걸[-뜽-] 명 불이 이글이글 핀 숯등걸.
불-땀 명 땔나무의 불기운이 세고 약한 정도. ¶-이 센 싸리나무.

불땀-머리 명 나무가 자랄 때 햇빛을 많이 받아 불땀이 좋은 남쪽 부분.
불-때:다 자 아궁이에 불을 지피어 타게 하다.
불땔-감[-깜] 명 ①불을 때는 데 쓰는 재료. 땔감 ②전혀 쓸모가 없어 버림받은 사람을 낮추어 이르는 말.
불땔-꾼 명 마음이 비뚤어져서 남의 일에 헤살을 잘 놓는 사람.
불-똥 명 ①심지의 끝이 다 타고 나서 엉기어 붙은 찌끼. ②타는 물체에서 튀는 작은 불덩이. ¶옷에 -이 튀었다.
 불똥(이) 튀다 관용 주변까지 화가 미치다. ¶직원들에게까지 불똥이 튈까 봐 걱정을 했다.
불똥-앉다[-안따] 자 심지 끝에 불똥이 생기다. 등화앉다. 등화지다
불뚝 부 ①물체가 급자기 불룩하게 불거지는 모양을 나타내는 말. ②급자기 뚝뚝하게 화를 내는 모양을 나타내는 말. ☞볼똑. 뿔뚝
불뚝-거리다(대다) 자 자꾸 불뚝 화를 내다. ☞볼똑거리다. 뿔뚝거리다
불뚝-불뚝 부 ①여기저기서 물체가 급자기 불룩하게 불거지는 모양을 나타내는 말. ②급자기 뚝뚝하게 자꾸 화를 내는 모양을 나타내는 말. ☞볼똑볼똑. 뿔뚝뿔뚝
불뚝불뚝-하다 형여 여럿이 다 불뚝하다. ☞볼똑볼똑하다. 뿔뚝뿔뚝하다
불뚝-성 명 갑자기 뚝뚝하게 내는 성.
불뚝-하다 형여 물체가 불룩하게 불거져 있다. ☞볼똑하다. 뿔뚝하다
불뚱-거리다(대다) 자 불뚱불뚱 화를 내다. ☞볼뚱거리다
불뚱-불뚱 부 참을성 없이 걸핏하면 크게 화를 내는 모양을 나타내는 말. ☞볼똥볼똥
불뚱-이 명 걸핏하면 불뚱거리는 성질, 또는 그런 사람.
 불뚱이가 나다 관용 불뚱거리는 성질이 일어나다.
 불뚱이를 내다 관용 불뚱거리는 성질을 내다.
불란-사(-紗) 명 여름 옷감으로 쓰는 직물의 한 가지.
불란서(佛蘭西) 명 '프랑스'의 한자 표기. 준 불(佛)[2]
불량(不良) 명 -하다 형 ①질(質)이나 성적 따위가 나쁨. ¶성적 -/-한 상품. ②행실이 나쁨. ¶-한 말투.
불량(佛糧) 명 불공(佛供)에 쓰는 곡식.
불량-답(佛糧畓) 명 '불양답'의 원말.
불량=도:체(不良導體) 명 나무나 유리, 석면 따위와 같이 열이나 전기가 잘 통하지 않는 물체. 부도체(不導體). 절연체(絕緣體) ☞양도체(良導體)
불량-배(不良輩) 명 비행(非行)을 일삼는 행실이 불량한 무리.
불량=분자(不良分子) 명 ①성행(性行)이 나쁜 사람. ②어떤 조직체 안에 있는 성행이 좋지 않은 몇몇 사람.
불량=소:년(不良少年) 명 비행(非行)을 일삼는 행실이 좋지 못한 소년.
불량-아(不良兒) 명 행실이 나쁜 아이.
불량-자(不良者) 명 성질이나 품행 등이 좋지 못한 사람.
불량-품(不良品) 명 품질이 좋지 못한 물건. 흠집이 있는 물건. ¶-을 교환하다.
불러-내:다 타 불러서 나오게 하다. ¶친구를 대문 밖으로 -.
불러-들이다 타 ①불러서 안으로 들어오게 하다. ¶아이를 집으로 -. ②임무를 맡기어 어느 곳에 보내 놓은 사람을 불러서 오게 하다. ¶대사(大使)를 본국으로 -.
불러-모으다 타 여러 사람을 부르거나 기별하여 한곳에 모이게 하다. ¶유도 부원을 체육관에 -.
불러-오다 타 불러서 오게 하다. ¶의사를 -.
불러-일으키다 타 어떤 행동이나 추억·감정 따위를 일어나게 하다. ¶여론을 -.

> ▶ 독특한 복합어
> 단어의 구성이나 뜻으로 보아서 띄어 쓸 것 같은데 한 단어로 굳어진 말.
> ¶듣다못해/덮어놓고/버금가다/보다못해/불러내다/불러들이다/불러모으다/불러오다/불러일으키다/살펴보다/알아보다

불력(佛力) 명 부처의 위력, 또는 공력(功力).
불렴(不廉) 어기 '불렴(不廉)하다'의 어기(語基).
불렴-하다(不廉-) 형여 값이 싸지 아니하다.
불령(不逞) 명 -하다 자 원한이나 불평 불만을 품고서 법을 어기고 함부로 행동함.
불령=분자(不逞分子) 명 나라에 불평 불만을 품고 제멋대로 행동하는 사람.
불령지도(不逞之徒) 명 나라에 불평 불만을 품고 제멋대로 행동하는 무리.
불로불사(不老不死)[-싸] 성구 언제까지나 늙지도 죽지도 아니함을 이르는 말.
불로불소(不老不少)[-쏘] 성구 늙지도 젊지도 아니함을 이르는 말.
불로=소:득(不勞所得) 명 노동을 하지 않고 얻는 소득. 이익 배당금이나 이자·집세·땅세 따위. ☞근로 소득
불로-약(不老藥) 명 먹으면 늙지 않는다는 선약(仙藥).
불로장생(不老長生) 성구 늙지 않고 오래 삶을 이르는 말.
불로-초(不老草) 명 먹으면 늙지 않는다는 풀. 선경(仙境)에 있다는 상상의 식물임.
불룩 부 물체의 거죽이 부푼듯이 내밀린 모양을 나타내는 말. ¶배가 - 나오다. ☞볼록. 뿔룩
불룩-거리다(대다) 자 물체의 거죽이 부푼듯이 내밀렸다 들어갔다 하다. ☞볼록거리다. 뿔룩거리다
불룩-불룩[1] 부 불룩거리는 모양을 나타내는 말. ☞볼록볼록[1]. 뿔룩뿔룩[1]
불룩-불룩[2] 부 -하다 형 여럿이 다 불룩한 모양을 나타내는 말. ☞볼록볼록[2]. 뿔룩뿔룩[2]
불룩-하다 형여 물체의 거죽이 부푼듯이 내밀려 있다. ¶얼마나 먹었는지 배가 -. ☞볼록하다. 뿔룩하다
 불룩-이 부 불룩하게 ☞볼록이. 뿔룩이
불륜(不倫) 명 -하다 형 인륜과 도덕에 어긋남, 또는 그러한 일. ¶-의 관계.
불리(不利) 어기 '불리(不利)하다'의 어기(語基).
불리다[1] 자 ①부름을 받다. ¶경찰서에 불리어 가다./선생님에게 불리어 가다. ②이름이 붙다. 일컬어지다. ¶홍콩은 동양의 진주로 불린다./재계의 큰손으로 -. ③호명(呼名)되다. ¶차례대로 이름이 -. ④노래되다. ¶예나 지금이나 많이 불리는 민요. ☞부르다
불리다[2] 자 바람을 받아서 날리다. ¶바람에 불리는 낙엽들. ☞불다
불리다[3] 타 배를 부르게 하다. 채우다 ¶공금으로 자기의 배를 -.
불리다[4] 타 ①쇠를 불에 달구어 두드린 다음, 찬물에 식히기를 되풀이하여 강도를 더하다. ¶쇠를 불리어 낫을 벼리다. ②곡식을 바람에 부쳐서 잡것을 날려 버리다. ¶풍구로 쭉정이를 -. ☞까부르다

> 한자 불릴 단(鍛) [金部 9획] ¶단금(鍛金)/단련(鍛鍊)/단압(鍛壓)/단조(鍛造)/단철(鍛鐵)
> 불릴 련(鍊) [金部 9획] ¶연강(鍊鋼)/연금(鍊金)
> 불릴 련(煉) [火部 9획] ¶연단(煉丹)

불리다[5] 타 새로 과거에 급제한 사람에게 먼저 급제한 선배가 찾아와서 삼진삼퇴(三進三退)를 시키며 놀리어 괴롭히다. ☞신래(新來)
불리다[6] 타 ①물에 축여서 붇게 하다. ¶콩을 -. ②재물을 붇게 하다. ¶재산을 많이 -.

> 한자 불릴 식(殖) [歹部 8획] ¶식재(殖財)/식화(殖貨)

불리다[7] 타 ①악기를 불게 하다. ¶학생에게 피리를 -. ②지은 죄를 사실대로 말하게 하다.
불리-하다(不利-) 형여 이롭지 못하다. ¶전세가 -./불리한 조건. ☞유리하다
불림[1] 명 ①쇠를 불에 달구어 부리는 일. ②물에 축여 불리는 일.
불림[2] 명 -하다 타 ①같이 죄를 범한 사람을 부는 일. ②노름판에서, 무엇이라고 불러서 남에게 알리는 짓.

불립=문자(不立文字)[-짜] 명 선종(禪宗)에서, 깨달음이란 글이나 말로써 전달되는 것이 아니며, 오직 스승의 마음에서 제자의 마음으로만 전하여짐을 이르는 말.
불마(不磨)명-하다자 닳아서 없어지지 아니함.
불만(不滿)명-하다형 마음에 차지 않아 언짢음, 또는 언짢은 생각. ¶-이 많다./-을 품다./-을 토로하다. ☞불만족(不滿足)
불만-스럽다(不滿-)(-스럽고·-스러워)형ㅂ 마음에 차지 않아 언짢은 데가 있다. ¶불만스러운 표정.
불만-스레부 불만스럽게
불-만:족(不滿足)명-하다형 마음에 차지 않아 언짢음. ¶-한 기색. ☞만족(滿足). 불만(不滿)
불만족-스럽다(不滿足-)(-스럽고·-스러워)형ㅂ 만족스럽지 못한 데가 있다. ¶불만족스러운 결과.
불만족-스레부 불만족스럽게
불망-기(不忘記)명 잊지 않기 위하여 적어 두는 글발. ☞비망록(備忘錄)
불망지은(不忘之恩)성구 잊지 못할 은혜를 이르는 말.
불매(不買)명-하다타 사지 아니함. ¶소비자 - 운동
불매(不賣)명-하다타 팔지 아니함.
불매=동맹(不買同盟)명 어떤 생산자나 장수의 물건을 사지 않기로 하는 동맹. 비매 동맹(非買同盟)
불매-증(不寐症)[-쯩]명 불면증(不眠症)
불면(不眠)명 잠을 자지 않음, 또는 잠을 자지 못함. ¶여러 날의 -으로 눈이 퀭하다.
불면불휴(不眠不休)성구 자지도 않고 쉬지도 않는다는 뜻으로, 조금도 쉬지 않고 힘써 일함을 이르는 말.
불면-증(不眠症)[-쯩]명 잠이 잘 오지 아니하는 상태가 여러 날 계속되는 증세. 불매증(不寐症)
불멸(不滅)명-하다자 없어지지 아니하거나 멸망하지 아니함. ¶영혼의 -을 믿다./-의 명성.
불멸(佛滅)명 불교에서, 석가모니의 열반을 이르는 말.
불멸-후(佛滅後)명 멸후(滅後)
불명(不明)명-하다형 ①밝혀지지 않아서 알 수가 없음. ¶원인 -의 사고./행방 -이 되다. ②사리에 어두움.
불명(佛名)명 ①여러 부처의 이름. ②불법(佛法)에 귀의한 신남 신녀(信男信女)에게 붙이는 이름. 불호(佛號)
불-명료(不明瞭)어기 '불명료(明瞭)하다'의 어기(語基).
불명료-하다(不明瞭-)형여 분명하거나 똑똑하지 않다. ¶불명료한 대답.
불명-수(不名數)[-쑤]명 단위를 붙이지 않은 수. 1, 2, 3, 4, … 따위. 무명수(無名數) ☞명수(名數)
불-명예(不名譽)명-하다형 명예스럽지 못하거나 명예가 손상됨. ¶-를 씻다.
불명예-스럽다(不名譽-)(-스럽고·-스러워)형ㅂ 명예스럽지 못한 데가 있다. ¶불명예스러운 경력.
불명예-스레부 불명예스럽게
불명예=제대(不名譽除隊)명 군법 회의에서 유죄 판결을 받고 하는 제대.
불명확(不明確)어기 '불명확(不明確)하다'의 어기(語基).
불명확-하다(不明確-)형여 명확하지 않다. ¶태도가 -./불명확한 발음.
불모(不毛)명 ①땅이 메말라서 작물이나 초목이 자라지 아니함. ¶-의 땅. ②아무런 발전이나 결실이 없는 상태를 비유하여 이르는 말. ¶-의 시대.
불모(佛母)명 ①석가모니의 어머니. ②불상을 그리는 사람.
불모-지(不毛地)명 ①거칠고 메말라서 식물이 자라지 못하는 땅. ②문화적으로 거의 개발되어 있지 않은 곳, 또는 그러한 상태를 비유하여 이르는 말.
불-목명 온돌방 아랫목의 가장 더운 자리. ¶-을 차지하고 앉다.
불목(不睦)명-하다형 화목하지 못함. ☞화목(和睦)
불목-하니명 절에서 나무하고 밥짓고 물긷는 일을 하는 사람을 이르는 말.
불무(不無)어기 '불무(不無)하다'의 어기(語基).
불무-하다(不無-)형여 없지 아니하다. ¶탄로날 염려가 -.
불문(不文)명 '불성문(不成文)'의 준말.
불문(不問)명-하다타 ①묻지 아니함. ¶-에 부치다. ②가리지 아니함. ¶남녀노소를 -하다.
불문(佛文)명 ①프랑스어로 적은 글. ②'불문학'의 준말.
불문(佛門)명 불가(佛家)
불문(不文)어기 '불문(不文)하다'의 어기(語基).
불문가:지(不問可知)성구 묻지 않아도 알 수 있음을 이르는 말. ¶-의 사실이다.
불문곡절(不問曲折)성구 무슨 곡절이 있는지 묻거나 알아보지 아니함을 이르는 말.〔주로 '불문곡절하고'의 꼴로 쓰임.〕¶-하고 야단부터 치다.
불문곡직(不問曲直)성구 잘잘못을 묻지 않고 함부로 하거나 덮어놓고 마구 함을 이르는 말.〔주로 '불문곡직하고'의 일을 꼴로 쓰임.〕곡직불문(曲直不問) ¶-하고 화부터 내다.
불문-법(不文法)[-뻡]명 글자로 표현하고 일정한 절차를 밟아 제정한 성문법(成文法) 이외의 법. 관습법(慣習法)·판례법(判例法) 따위. 불문율(不文律). 불성문율(不成文律) 준불문(不文) ☞성문법(成文法)
불문-율(不文律)[-뉼]명 불문법(不文法)
불문-하다(不文-)형여 글에 대한 지식이 없다.
불-문학(佛文學)명 프랑스의 문학, 또는 그것을 연구하는 학문. 준불문(佛文)
불문=헌:법(不文憲法)[-뻡]명 성문법의 형식을 갖추지 않고 불문법으로서 존재하는 국가의 기본법. 영국 헌법에서 볼 수 있음. ☞성문 헌법(成文憲法)
불미(佛米)명 부처 앞에 밥을 지어 올리는 쌀.
불미(不美)어기 '불미(不美)하다'의 어기(語基).
불미-스럽다(不美-)(-스럽고·-스러워)형ㅂ 아름답지도 명예롭지도 못하고 추잡스럽다. ¶불미스러운 소문이 나돌다.
불미-스레부 불미스럽게
불미지설(不美之說)명 자기에게 누(累)가 미칠 불미한 말이나 소문.
불미-하다(不美-)형여 아름답지도 명예롭지도 못하고 추잡하다. ¶불미한 행동.
불민(不敏)어기 '불민(不敏)하다'의 어기(語基).
불민(不憫)어기 '불민(不憫)하다'의 어기(語基).
불민-하다(不敏-)형여 슬기롭지 못하고 어리석고 둔하다. ¶불민한 자식이지만 잘 부탁합니다.
불민-하다(不憫-)형여 딱하고 가엾다. ¶불민한 처지./불민하게 여기다.
불-바다명 ①넓은 곳이 온통 사나운 불길에 휩싸여 있는 모양을 비유하여 이르는 말. 화해(火海) ¶도시가 -를 이루다. ②넓은 곳이 환하게 불이 켜져 있는 모양을 비유하여 이르는 말.
불반(佛盤)명 불발우(佛鉢宇)
불-받다자 남에게서 큰 해를 입다.
불발(不拔)명-하다자 ①아주 든든하여 빠지거나 꺾이지 아니함. ②의지가 굳어서 흔들리지 아니함. ¶-의 의지.
불발(不發)명-하다자 ①탄알이나 폭탄 따위가 터지지 아니함. ②하려던 일을 못하게 됨. ¶계획이 -로 끝나다.
불발(佛鉢)명 부처 앞에 올리는 밥을 담는 굽이 높은 놋그릇. ☞불기(佛器)
불-발기명 재래식 한옥에서, 갑장지문의 한가운데에 울거미를 넣고 '井'자 살, 빗살무늬 살 등을 결어 종이 한 겹만 발라서 환하게 비치게 한 부분. 명화(明火)
불발-우(佛鉢宇)명 불발을 받쳐 들고 다니는 큰 쟁반. 불반(佛盤)
불발-탄(不發彈)명 발사되지 않거나 폭발하지 않은 탄환이나 폭탄.
불-밤송이명 채 익기도 전에 말라 떨어진 밤송이.
불벌(佛罰)명 부처가 내리는 벌.
불범(不犯)명 ①남의 것을 범하지 않음. ②남녀가 몰래 정을 통하지 않음.
불범(不凡)어기 '불범(不凡)하다'의 어기(語基).
불범-하다(不凡-)형여 평범하지 아니하다. 비범하다

불법(不法) 명 -하다 형 법에 어긋나 있음. 비법(非法) ¶ — 소지/—으로 거래하다. ☞합법(合法)
불법(佛法) 명 ①불교(佛敎) ②부처의 법문(法文).
불법=감금(不法監禁) 명 정당한 권한이 없음에도 불구하고 남을 어떤 곳에 가두어 자유를 구속함.
불법-계(佛法界) 명 불가(佛家)
불법승(佛法僧) 명 불교에서, 삼보(三寶)인 부처와 불법(佛法)과 승려를 아울러 이르는 말.
불법-적(不法的) 명 법에 어그러지는 것. ¶—인 영업.
불법=점유(不法占有) 명 정당한 권리가 없음에도 불구하고 함부로 점유함.
불법=행위(不法行爲) 명 고의나 과실로 남에게 손해를 끼치는 법에 어긋난 행위.
불법-화(不法化) 명 -하다 타 국책(國策)에 어긋나는 정당이나 사회 단체 따위를 불법인 것으로 다룸.
불-벼락 명 ①갑자기 집중 사격을 받거나 불을 뒤집어씀. ②호된 꾸지람이나 책망. ¶—이 내리다.
불-벼룩 명 몹시 무는 벼룩.
불-벽돌(—甓—) 명 내화 벽돌
불변(不辨) '분간하지 못함'의 뜻.
불변(不變) 명 -하다 자타 변하지 아니하거나 또는 변하게 하지 아니함. ¶영구 — ☞가변(可變)
불변경-주의(不變更主義) 명 형사 소송법상 직권주의(職權主義)의 한 가지. 한 번 공소를 제기한 이상 그 취소를 허용하지 않는 주의. ☞처분권주의(處分權主義)
불변=기간(不變期間) 명 소송 행위에서, 법원이 늘리거나 줄일 수 없게 법이 정한 기간.
불변=비:용(不變費用) 명 생산량의 증감과 관계없이 변화하지 않는 비용. 감가 상각비나 지대(地代) 따위. 고정비(固定費) ☞가변 비용(可變費用)
불변-색(不變色) 명 오래도록 변하지 않는 빛깔.
불변-성(不變性) [—썽] 명 변하지 않는 성질이나 특성.
불변=자:본(不變資本) 명 기계 등의 생산 수단이나 원료 등의 구입에 드는 자본. ☞가변 자본(可變資本)
불-병풍(—屛風) 명 바람받이에 놓인 화로에 바람을 막기 위해 둘러치는 작은 병풍. 흔히 세 쪽으로 만듦.
불-볕 명 몹시 뜨겁게 내리쬐는 볕. ¶— 더위
불볕-나다 자 흐리던 날이 개고 불볕이 내리쬐다.
불보(佛寶) 명 ①불교에서 이르는 삼보(三寶)의 하나. 석가모니불과 그 밖의 모든 부처를 보배에 비유하여 이르는 말. ☞법보(法寶). 승보(僧寶) ②불교에서, 오묘한 경지를 터득하여 그 도가 원각(圓覺)에 오름을 이르는 말.
불-보살(佛菩薩) 명 부처와 보살을 아울러 이르는 말.
불복(不服) 명 -하다 자 ①복종하지 아니함. 불복종 ¶명령에 —하다. ②복죄(服罪)하지 아니함. ¶— 항소
불복=상:고(不服上告) 명 상고(上告)
불복=신청(不服申請) 명 ①행정 처분에 복종하지 않고 행정 기관에 재심(再審)을 청구하는 일. 이의(異議) 신청, 재심 청구 따위. ②법원의 판결이나 집행 행위, 처분 따위로 불이익을 받은 사람이 동일 또는 상급의 법원에 그 취소 변경의 재판을 요구하는 일.
불-복일(不卜日) 명 -하다 자타 혼인이나 장사 따위를 서둘러 치르느라고 날을 가리지 않음.
불-복종(不服從) 명 -하다 자 복종하지 아니함. 불복
불-부채 명 불이 잘 피도록 바람을 일으키는 데 쓰는 부채. 화선(火扇)
불분(不分) 명 -하다 타 분간하지 못함.
불분동서(不分東西) 성구 어리석어서 동서의 방향도 가리지 못할 정도임을 비유하여 이르는 말. ☞불분상하
불분명(不分明) 어기 '불분명(不分明)하다'의 어기(語基).
불분명-하다(不分明—) 형 여 분명하지 아니하다. ¶태도가 —./불분명한 책임 한계.
불분상:하(不分上下) 성구 어리석어서 아래위도 가리지 못함을 이르는 말. ☞불분동서(不分東西)
불분주야(不分晝夜) 성구 썩 바쁠 때에 밤낮을 가리지 않고 힘써 일함을 이르는 말.
불-붙다 [—붇—] 자 ①물체에 불이 붙어 타기 시작하다. ②어떤 일이 치열하게 벌어지다. ¶싸움이 불붙기 시작하다./다시 불붙은 사랑.
속담 **불붙는 데 키질하기** : 일이 잘못되어 가고 있는 판에 옆에서 충동질하여 더욱 잘못되어 가게 한다는 말. 〔불난 데 부채질한다〕
불-붙이다 [—부치—] 타 불을 대어서 붙게 하다.
불비(不備) ①'제대로 갖추지 못하였음'의 뜻. ②불비례(不備禮) ☞여불비(餘不備)
불비례(不備禮) '용건만 적었을 뿐 예를 갖추지 못하였다'는 뜻으로, 편지의 끝 인사말 대신에 쓰는 한문 투의 말. 불비(不備) ☞여불비례(餘不備禮)
불비불명(不蜚不鳴) 성구 날지도 않고 울지도 않는다는 뜻으로, 큰일을 하기 위해 오랫동안 조용히 때를 기다림을 이르는 말.
불비지혜(不備之惠) 성구 자기에게는 해가 됨이 없고, 남에게는 이익이 될만 한 은혜를 이르는 말.
불-빛 [—삗] 명 ①타오르는 불의 빛. 화광(火光) ¶환하게 타오르는 —. ②전기나 등잔불 등에서 비치는 빛. ¶번화가의 오색 —./어선의 —이 가물거리다. ③타는듯한 붉은 빛깔. ¶—으로 물든 단풍.
불사(不仕) [—싸] 명 -하다 자 관직을 주어도 나서지 아니함.
불사(不死) [—싸] 명 -하다 자 ①죽지 아니함. ②속인으로서 염불을 공부하다가 죽은 혼령을 무당이 이르는 말.
불사(가) 세다 관용 조상 가운데 불사가 된 이가 있어서 자손을 기르기에 힘이 들다.
불사(不辭) [—싸] 명 -하다 타 마다하지 아니함. ¶전쟁 —/죽음도 —하다.
불사(佛寺) [—싸] 명 절[1]
불사(佛事) [—싸] 명 부처를 위하는 일과 관련되어 불가(佛家)에서 하는 모든 일. 법사(法事). 법업(法業)
불사(佛師) [—싸] 명 불상(佛像)을 만드는 사람.
불-사르다 (—사르고·—살라) 타 르 ①불에 태워 없애다. 사르다[1] ¶낙엽을 —. ②정열이나 감정 따위를 세차게 쏟다. 다 바쳐 일하다. ¶청춘을 —.

한자 **불사를 소**(燒) 〔火部 12획〕 ¶소각(燒却)/소산(燒散)

불-사리(佛舍利) 명 석가모니의 유골(遺骨). 불골(佛骨)
불사불멸(不死不滅) [—싸—] 성구 가톨릭에서, 신의 특성의 하나로서 죽지도 없어지지도 않음을 이르는 말.
불사-상(佛事床) [—싸—] 명 무당이 굿할 때에 차려 놓는 제물상.
불사-신(不死身) [—싸—] 명 ①어떤 질병이나 고통 또는 타격에도 견디어 내는 일, 또는 그러한 굳센 몸. ②어떤 어려움을 만나도 꺾이지 않고 끝까지 이겨 내는 일, 또는 그런 굳센 정신을 가진 사람을 비유하여 이르는 말. ¶—처럼 다시 일어나다.
불사-약(不死藥) [—싸—] 명 사람이 먹으면 죽지 않고 영원히 살 수 있다는 선약(仙藥).
불사영:생(不死永生) [—싸—] 성구 죽지 않고 영원히 삶을 이르는 말.
불사이:군(不事二君) [—싸—] 성구 한 사람이 두 임금을 섬기지 아니함을 이르는 말.
불사-조(不死鳥) [—싸—] 명 이집트 신화에 나오는 영조(靈鳥). 아라비아 사막에 살며 500년마다 스스로 불에 들어가 타 죽고 그 재 속에서 다시 태어난다고 함. 불새. 피닉스
불사-초(不死草) [—싸—] 명 '맥문동(麥門冬)'의 딴이름.
불삽(黻翣) [—쌉] 명 '亞' 자 모양을 그린 널조각에 자루를 달아 발인(發靷) 때 상여 앞뒤에 세우고 가는 제구.
불상(佛相) [—쌍] 명 부처의 얼굴 모습.
불상(佛像) [—쌍] 명 부처의 모습을 나타낸 조각이나 그림. 부처
불상(不祥) [—쌍] 어기 '불상(不祥)하다'의 어기(語基).
불상(不詳) [—쌍] 어기 '불상(不詳)하다'의 어기(語基).
불상견(不相見) [—쌍—] '서로 마음이 맞지 않아 만나지 아니함'의 뜻.
불-상놈(—常—) [—쌍—] 명 아주 천한 상놈.

불상능(不相能)[-쌍-] '서로 사이가 좋지 않음'의 뜻.
불상당(不相當)[-쌍-] '서로 걸맞지 않음'의 뜻.
불상동(不相同)[-쌍-] '서로 같지 않음'의 뜻.
불상득(不相得)[-쌍-] '서로 마음이 맞지 않음'의 뜻.
불상-사(不祥事)[-쌍-] 명 상서롭지 못한 일. 좋지 아니한 일. ¶-가 발생하다.
불상용(不相容)[-쌍-] '서로 너그러운 마음으로 받아들이지 아니함'의 뜻.
불상응(不相應)[-쌍-] ①'서로 응하지 아니함'의 뜻. ②'서로 어울리지 아니함'의 뜻.
불-상:정(不上程)[-쌍-] 명-하다 타 의안(議案)을 회의에 내놓지 않는 일.
불상지언(不祥之言)[-쌍-] 명 상서롭지 못한 말.
불상지조(不祥之兆)[-쌍-] 명 상서롭지 못한 징조. 불길지조(不吉之兆)
불상-하다(不祥-)[-쌍-] 형여 상서롭지 못하다. ¶불상한 조짐이 나타나다.
불상-하다(不詳-)[-쌍-] 형여 상세하지 못하다.
불상합(不相合)[-쌍-] '서로 부합하지 아니함'의 뜻.
불상-화(佛桑花)[-쌍-] 명 아욱과의 상록 관목. 높이 2~5m. 잎은 표면에 암녹색 윤이 나고 가장자리에 톱니가 있음. 여름에서 가을에 걸쳐 깔때기 꼴의 붉은 꽃이 핌. 중국 원산으로, 온실에서 재배함.
불-새[-쌔] 명 불사조(不死鳥)
불생(不生)[-쌩] 명 상주(常住)하여 불생불멸한다는 뜻으로, '여래(如來)'를 달리 이르는 말.
불생불멸(不生不滅)[-쌩-] 성구 ①생겨나지도 않고 없어지지도 않는 상주불변(常住不變)임을 이르는 말. ②불생불사(不生不死)
불생불사(不生不死)[-쌩-싸] 성구 죽지도 살지도 않고 겨우 목숨만 붙어 있음을 이르는 말. 불생불멸
불-생일(佛生日)[-쌩-] 명 불탄일(佛誕日)
불서(佛書)[-써] 명 '불가서(佛家書)'의 준말.
불서(拂曙)[-써] 명 불효(拂曉)
불석신명(不惜身命)[-썩-] 성구 불법(佛法)을 닦기 위하여 목숨을 아끼지 않음을 이르는 말.
불석천금(不惜千金)[-썩-] 성구 많은 돈을 아끼지 아니함을 이르는 말.
불선(不宣)[-썬] '쓸 말은 많으나 다 쓰지 못하였음'의 뜻으로, 손아랫사람에게 보내는 편지 끝에 쓰는 한문 투의 말.
불선(不善)[-썬] 어기 '불선(不善)하다'의 어기(語基).
불-선:감(不善感)[-썬-] 명-하다 자 우두(牛痘) 따위가 음성(陰性)으로 나타나는 일. ☞선감(善感)
불선거:행(不善擧行)[-썬-] 성구 맡은 일을 잘 이행하지 못함을 이르는 말.
불-선명(不鮮明)[-썬-] 명-하다 형 산뜻하고 뚜렷하지 못함. 선명하지 못함.
불선불후(不先不後)[-썬-] 성구 공교롭게도 좋지 못한 때를 당함을 이르는 말.
불선-하다(不善-)형여 ①착하지 아니하다. ②좋지 못하다.
불설(不屑)[-썰] '하찮게 여겨 마음에 두지 않음'의 뜻.
불설(佛說)[-썰] 명 부처의 가르침.
불섬(不贍)[-썸] 어기 '불섬(不贍)하다'의 어기(語基).
불섬-하다(不贍-)형여 살림이 넉넉하지 못하다.
불-섭생(不攝生)명-하다 자 건강에 대하여 조심하지 아니함. ☞섭생(攝生)
불성(佛性)[-썽] 명 ①모든 중생이 본래 지닌, 부처가 될 수 있는 성질. 불심(佛心) ②부처의 본성.
불성(佛聖)[-썽] 명 '석가모니'를 거룩하게 일컫는 말.
불-성도일(佛成道日)명 석가모니가 보리수 아래에서 도를 깨달은 날. 섣달 초여드렛날.
불성모양(不成貌樣)[-썽-] 성구 ①형체가 이루어지지 못함을 이르는 말. ②몹시 가난하여 살림이나 옷차림이 허술함을 이르는 말.
불-성문(不成文)[-썽-] 명 문자로 써서 나타내지 아니함. 준불문(不文) ☞성문(成文)
불성문-율(不成文律)[-썽-뉼] 명 불문율(不文律)
불-성설(不成說)[-썽-] 명 '어불성설'의 준말.
불성실(不誠實)[-썽-] 어기 '불성실하다'의 어기.
불성실-하다(不誠實-)[-썽-] 형여 성실하지 못하다. ¶불성실한 근무 태도.
불성인사(不省人事)[-썽-] 성구 ①정신을 잃어 의식이 없음을 이르는 말. ②사람으로서 지켜야 할 예절을 차릴 줄 모름을 이르는 말. 인사불성(人事不省)
불-세:례(-洗禮)명 ①크리스트교에서, 성령(聖靈)이 충만하여 마음의 죄악과 부정(不淨)을 불살라 성결하게 됨을 이르는 말. ②화세(火洗)
불세:지공(不世之功)[-쎄-] 명 세상에 드문 큰 공로.
불세:지재(不世之才)[-쎄-] 명 세상에 드문 뛰어난 재주, 또는 그런 재주를 지닌 사람.
불-세:출(不世出)[-쎄-] 명-하다 형 좀처럼 세상에 나타나지 아니할만큼 뛰어남. ¶-의 영웅.
불소(弗素)[-쏘] 명 할로겐 원소의 하나. 냄새가 나는 황록색의 기체로 원소 가운데서 가장 잘 화합하여 거의 모든 원소와 화합물을 이룸. 합성 수지나 방부제, 충치 예방제 제조 따위에 쓰임. 플루오르 〔원소 기호 F/원자 번호 9/원자량 19.00〕
불소(不少)[-쏘] 어기 '불소(不少)하다'의 어기(語基).
불-소급(不遡及)[-쏘-] 명-하다 타 ①과거로 거슬러 올라가지 아니함. ②법률이 그 제정(制定) 이전의 일에 소급하여 적용되지 않는 일. ¶-의 원칙.
불소-하다(不少-)[-쏘-] 형여 적지 아니하다.
불-소화(不消化)[-쏘-] 명 소화가 되지 아니함.
불-속[-쏙] 명 불이 타고 있는 그 속. 화중(火中)
불손(不遜)[-쏜] 명-하다 형 말이나 행동 따위가 공손하지 아니함. ¶-한 태도. ☞겸손(謙遜)
불수(不隨)[-쑤] 불수의(不隨意)
불수(佛手)[-쑤] 명 '불수감(佛手柑)'의 준말.
불수-감(佛手柑)[-쑤-] 명 불수감나무의 열매. 준불수
불수감-나무(佛手柑-)[-쑤-] 명 운향과의 상록 관목. 높이 2~3m. 잎은 어긋나고 길둥글며 잎겨드랑이에 굵은 가시가 있음. 여름에 담자색 꽃이 피고 겨울에 누른빛 열매가 익는데, 그 끝이 손가락 모양으로 갈라져 있으며 향기가 있음.
불수-강(不銹鋼)[-쑤-] 명 스테인리스스틸
불수-근(不隨筋)[-쑤-] 명 '불수의근'의 준말.
불수다언(不須多言)[-쑤-] 성구 여러 말을 할 필요가 없음을 이르는 말.
불-수리(不受理)[-쑤-] 명 서류 따위를 수리하지 아니함.
불수-산(佛手散)[-쑤-] 명 해산을 순조롭게 하는 데 쓰는 탕약. 궁귀탕(芎歸湯)
불수의(不隨意)[-쑤-] '마음대로 되지 않음'의 뜻. 불수(不隨)
불수의-근(不隨意筋)[-쑤-] 명 의지와는 관계없이 자율 신경의 지배를 받고 움직이는 내장 벽이나 혈관 벽 따위의 근육. 대개는 민무늬근인데, 심근(心筋)은 가로무늬근임. 제대로근 준불수근(不隨筋) ☞수의근
불수일(不數日)[-쑤-] '수일이 다 걸리지 않음'의 뜻.
불수일-간(不數日間)[-쑤-] 명 수일이 다 가지 아니할 그 동안.
불숙(不熟)[-쑥] 명 ①-하다 자 익어야 할 물건이 익지 않은 상태. ②-하다 형 익숙하지 아니함.
불숙련=노동(不熟練勞動)[-쑥-] 명 교육이나 훈련을 받지 않고도 작업을 할 수 있는 노동. ☞숙련 노동
불순(不純)[-쑨] 명-하다 형 ①딴 것이 섞이어 순수하지 못함. ¶-한 혼합물. ②딴 목적이 있어서 참되지 못함. ¶생각이 -하다./-한 동기.
불순(不順)[-쑨] 명-하다 형 ①온순하지 못함. ¶-한 태도. ②순조롭지 못함. ¶생리 -/-한 날씨.
불순-물(不純物)[-쑨-] 명 순수한 물질 속에 섞인 성질이 다른 물질. ¶-을 제거하다. ☞잡물(雜物)
불-순:종(不順從)[-쑨-] 명-하다 자 순종하지 아니함.

불-승인(不承認)[-씅-] 명-하다 타 승인하지 아니함.
불시(不時)[-씨] 명 ①뜻하지 않은 때. ¶ -에 찾아오다./-의 습격. ②때아닌 때. 제철이 아닌 때.
불시지수(不時之需)[-씨-] 명 때아닌 때에 하게 되는 음식 바라지.
불시-착(不時着)[-씨-] 명-하다 자 '불시 착륙'의 준말.
불시=착륙(不時着陸)[-씨-] 명 항공기가 고장이나 연료 부족, 기상 악화 등으로 운항을 못하게 되어 목적지가 아닌 곳에 착륙하는 일. 준 불시착(不時着)
불식(不食)[-씩] '먹지 아니함'의 뜻.
불식(不息)[-씩] '쉬지 아니함'의 뜻.
불식(佛式)[-씩] 명 불가의 방식. 불교의 의식.
불식(拂拭)[-씩] 명-하다 타 털고 훔친다는 뜻으로, 의심이나 잘못된 생각 따위를 말끔히 씻어 없애는 일을 이르는 말. ¶ 의혹을 -하다.
불식자포(不食自逋)[-씩-] 성구 사사롭게 떼어먹지 않았는데도 공금이 저절로 축남을 이르는 말.
불식지공(不息之工)[-씩-] 명 늘 쉬지 않고 꾸준히 하는 일.
불식지보(不食之報)[-씩-] 명 조상의 음덕으로 자손이 잘되는 응보.
불신(不信)[-씬] 명-하다 타 믿지 아니함. ¶ - 풍조
불신(佛身)[-씬] 명 부처의 몸.
불신-감(不信感)[-씬-] 명 믿지 못하는 마음. 미덥잖은 느낌. ¶ -을 조성하다./-이 팽배하다.
불신실(不信實)[-씬-] 어기 '불신실(不信實)하다'의 어기(語基).
불신실-하다(不信實-)[-씬-] 형여 믿음직하거나 진실하지 않다.
불-신:용(不信用)[-씬-] 명-하다 타 신용하지 아니함.
불-신:임(不信任)[-씬-] 명-하다 타 믿지 못하여 일을 맡기지 아니함. ¶ -을 결의하다.
불신임=결의(不信任決議)[-씬-] 명 신임하지 아니한다는 취지의 합의체의 의사 표시. 보통 의원 내각제에서, 의회가 내각 또는 국무 위원에 대하여 의결하는 일을 이름.
불신임-안(不信任案)[-씬-] 명 의회에서, 정부 또는 국무 위원에 대한 불신임을 결의하는 안건.
불신-자(不信者)[-씬-] 명 믿지 않는 사람. 신앙이 없는 사람. ☞신자(信者)
불신지심(不臣之心)[-씬-] 명 신하로서 도리를 지키지 않으려는 마음.
불신지심(不信之心)[-씬-] 명 믿지 않는 마음.
불신=행위(不信行爲)[-씬-] 명 믿지 않거나 믿을 수 없는 행위.
불실(不失)[-씰] 명-하다 타 잃지 아니함.
불실기본(不失其本)[-씰-] 성구 본분을 잃지 않음을 이르는 말.
불실본색(不失本色)[-씰-] 성구 본색을 잃지 않음을 이르는 말.
불실척촌(不失尺寸)[-씰-] 성구 일상 생활에서 법도에 조금도 어그러지지 않음을 이르는 말.
불심(佛心)[-씸] 명 ①부처의 자비로운 마음. 보리심(菩提心) ②모든 중생이 본래부터 지니고 있는 부처의 마음. 불성(佛性)
불심(不審)[-씸] 어기 '불심(不審)하다'의 어기(語基).
불심=검:문(不審檢問)[-씸-] 명 경찰관이나 헌병 등이 거리에서 합리적인 판단에 따라 거동이 수상한 자 등에 대하여 하는 검문.
불심:상관(不甚相關)[-씸-] 성구 크게 상관할 것이 아님을 이르는 말.
불심:상원(不甚相遠) 성구 크게 틀리지 아니하고 거의 같음을 이르는 말.
불심-하다(不審-)[-씸-] 형여 ①아는 것이 자세하지 아니하다. 미심(未審)하다 ②의심스럽다
불쌍-하다 형여 처지가 가엾고 애처롭다. ¶ 그 처지가 -./불쌍한 사람을 돕다.
　불쌍-히 부 불쌍하게 ¶ - 여기다.

> 한자 **불쌍히 여길 련**(憐) 〔心部 12획〕 ¶ 동병상련(同病相憐)/애련(哀憐)/연민(憐憫)/연석(憐惜)

불-쏘다 타 ①과녁을 맞히지 못하다. ②목적을 이루지 못하다.
불-쏘시개 명 장작이나 숯에 불을 붙이는 데 쓰이는 관솔이나 종이 따위. 준 쏘시개
불쑥 부 ①느닷없이 쑥 내밀거나 나타나는 모양을 나타내는 말. ¶ - 고개를 내밀다./- 적군이 나타나다. ②어떤 생각이나 감정 따위가 갑자기 떠오르는 모양을 나타내는 말. ¶ - 화가 치밀다. ③앞뒤 생각 없이 함부로 말을 꺼내는 모양을 나타내는 말. ¶ - 여행 이야기를 꺼내다. ☞볼쏙
불쑥-불쑥 부 잇달아 불쑥 하는 모양을 나타내는 말. ¶ 남이 이야기하는데 - 나서다. ☞볼쏙볼쏙
불쑥불쑥-하다 형여 여러 군데가 불룩하게 쑥 내밀려 있다. ☞볼쏙볼쏙하다
불쑥-하다 형여 불룩하게 쑥 내밀려 있다. ☞볼쏙하다
　불쑥-이 부 불쑥하게 ☞볼쏙이
불-씨 명 ①불이 꺼지지 않도록 묻어 두는 불덩이. ②무슨 사건이나 분쟁을 일으킬만 한 꼬투리. ¶ 전쟁의 -가 되다.
불안(不安) 명-하다 형 ①걱정이 되어 마음이 놓이지 않음. 마음에 걸려 안심이 되지 않음. ¶ 마음이 -하다./-을 떨쳐 버리다. ②어떤 상황이나 분위기 따위가 뒤숭숭하고 험악함. ¶ 물가가 -하다./-한 국제 정세.
　불안-히 부 불안하게 ¶ 앞날을 - 여기다.
불안(佛眼) 명 ①부처의 지혜와 자비를 상징하는 눈. ②불교에서 이르는 오안(五眼)의 하나. 깨달음을 얻어 일체의 법을 꿰뚫어 보는 눈.
불안(佛顔) 명 ①부처의 얼굴. ②부처와 같이 자비롭게 생긴 얼굴. ③죽은 사람의 얼굴을 비유적으로 이르는 말.
불안-감(不安感) 명 불안한 느낌.
불안-기(不安期) 명 질서가 바로잡히지 아니하여 뒤숭숭한 시기.
불안-스럽다(不安-)(-스럽고·-스러워) 형ㅂ ①걱정이 되어 마음이 놓이지 않는 느낌이 있다. ¶ 집을 비우고 외출하려니 -. ②어떤 상황이나 분위기 따위가 뒤숭숭하고 험악한 느낌이 있다. ¶ 불안스러운 정국.
　불안-스레 부 불안스럽게
불안-심(不安心) 명 걱정이 되어 조마조마한 마음.
불안전(不安全) 어기 '불안전(不安全)하다'의 어기(語基).
불안전-하다(不安全-) 형여 안전하지 아니하다. ¶ 불안전한 시설.
불-안정(不安定) 명-하다 형 안정되지 못함. ¶ 생활이 -하다.
불-알 명 ①포유동물의 수컷 생식기의 한 부분. 불 속에 들어 있으며, 정자(精子)를 만들어 냄. 신낭(腎囊) ②불과 알을 아울러 이르는 말. 고환(睾丸) 준 불[3]
　속담 **불알 두 쪽만 대그락대그락 한다** : 재물이라고는 아무것도 가진 것이 없고 알몸 뿐이라는 말.
불알-주머니 명 불[3]
불야-성(不夜城) 명 등불이 환하게 켜 있어 대낮같이 밝고 번화한 곳. 도시의 환락가(歡樂街) 따위. ¶ -을 이루다.
불양(祓禳) 명-하다 타 귀신에게 빌어 재액을 막는 일, 또는 그것을 위해 하는 굿이나 푸닥거리.
불양-답(∠佛糧畓) 명 부처에게 올리는 쌀을 생산하는, 절에 딸린 논.
불어(不漁) 명 흉어(凶漁)
불어(佛語)[1] 명 ①부처가 한 말. 법어(法語). 불언(佛言) ②불경(佛經)에 적혔거나 불가에서 쓰는 말.
불어(佛語)[2] 명 '프랑스어'의 한자어.
불어-나다 자 본디보다 커지거나 많아지다. ¶ 홍수로 강물이 -./불어난 도시 인구. ☞분다
불어-넣:다 타 ①바람이나 입김 등의 기체를 불어서 들여보내다. ②어떤 의식이나 느낌 등을 가지도록 영향이나 자극을 주다. ¶ 생활에 활력을 -.

불어-대:다 자타 ①바람이 쉴새없이 불다. ¶온종일 강풍이 ―. ②호각이나 나팔 따위를 쉬지 않고 자꾸 불다.
불-어리 명 불티가 바람에 날리지 않도록 화로에 덮어 씌우는 제구.
불어-세우다 타 남을 따돌려 보내다.
불어-오다 자 바람이 이쪽으로 불다. ¶찬바람이 ―.
불어-제치다 자 바람이 한바탕 세차게 불다.
불어-터지다 자 국수 가락 따위가 너무 불어서 못 먹을 지경이 되다.
불언(佛言) 명 부처가 한 말. 불어(佛語)[1]
불언가:상(不言可想) 성구 말을 하지 않아도 능히 짐작할 수 있음을 이르는 말.
불언가:지(不言可知) 성구 말이 없어도 능히 알 수 있음을 이르는 말.
불언불소(不言不笑) 성구 말하지도 않고 웃지도 아니함을 이르는 말.
불언불어(不言不語) 성구 한마디도 말을 하지 아니함을 이르는 말.
불언실행(不言實行) 성구 말없이 실행함을 이르는 말.
불여귀(不如歸) 명 '두견이'의 딴이름.
불-여우[―녀―] 명 ①갯과의 여우의 한 가지. 우리 나라 북부와 중국 동북 지방에 분포함. 털빛은 황갈색임. ②못된 꾀가 많고 몹시 요사스러운 여자를 비유하여 이르는 말. ¶― 같은 여자.
불여의(不如意) 어기 '불여의(不如意)하다'의 어기(語基).
불여의-하다(不如意―) 형여 일이 뜻과 같지 아니하다. 마음먹은 바와 같지 아니하다.
불역(不易) '바꾸어 고칠 수 없음', 또는 '바꾸어 고치지 아니함'의 뜻. ¶―의 진리(眞理).
불역(佛譯) 명-하다 타 프랑스어로 번역함, 또는 프랑스어로 번역된 것. ¶한국 문학의 ―. ☞일역(日譯)
불역지론(不易之論) 명 달리 고칠 수 없는 바른 이론.
불역지전(不易之典) 명 ①고칠 수 없는 규정. ②아니할래야 아니할 수 없는 일.
불연(佛緣) 명 부처나 불교와 관련되는 인연.
불연(怫然) 부-하다 형 갑자기 성을 왈칵 내는 모양을 나타내는 말. 불연히 ¶― 자리를 박차고 나가다.
불연(不燃) 앞말 불에 잘 타지 않음의 뜻. ¶―성(不燃性)/―재(不燃材)/― 건축재
불연-성(不燃性)[―썽] 명 불에 타지 않는 성질. ¶― 필름 ☞가연성(可燃性)
불-연속(不連續) 명 죽 이어지지 않고 중간이 끊어져 있는 상태.
불연속-면(不連續面) 명 기온이나 습도, 풍향 등 기상 요소가 다른 두 기단(氣團)의 경계면.
불연속-선(不連續線) 명 불연속면이 지표면과 만나는 선.
불연-이면(不然―) 부 그렇지 않으면.
불연즉(不然則) '그렇지 않으면'의 뜻.
불연지단(不然之端) 명 어떤 일의 그렇지 않은 사단(事端)을 이르는 말.
불연-히(怫然―) 부 불연(怫然)
불염-민어(不塩民魚) 명 소금에 절이지 않고 말린 민어.
불염-포(不塩脯) 명 소금을 치지 않고 얇게 저미어 말린 육포(肉脯).
불-염포(佛焰苞) 명 육수(肉穗) 꽃차례의 꽃을 싸는 대형의 꽃턱잎. 앉은부채 따위의 천남성과 식물에서 볼 수 있음.
불예(不豫) 명-하다 형 임금이 편치 아니함.
불온(不穩) 명-하다 형 ①온당하지 않고 험악함. ¶―한 말씨를 쓰다. ②치안(治安)을 문란하게 할 우려가 있음. ¶― 문서 ☞평온(平穩)
불온(不溫) 어기 '불온(不溫)하다'의 어기(語基).
불온당(不穩當) 어기 '불온당(不穩當)하다'의 어기(語基).
불온당-하다(不穩當―) 형여 온당하지 아니하다.
불온=사:상(不穩思想) 명 사회의 치안과 질서를 문란하게 할 우려가 있는 사상.
불온=서적(不穩書籍) 명 내용이 불온한 책.
불온-하다(不溫―) 형여 ①따뜻하지 아니하다. ②온순하지 아니하다.
불완-석(不完石) 명 흠축이 생기거나 덜 담겨서 완전히 차지 못한 곡식의 섬.
불-완전(不完全) 명-하다 형 완전하지 못함. ¶―한 상태.
불완전=경쟁=시:장(不完全競爭市場) 명 완전 경쟁도 완전 독점도 아닌 시장 형태. 완전 경쟁의 조건을 갖추지 못한 상태를 이름.
불완전=고용(不完全雇用) 명 일자리가 모자라서 일할 능력과 의사를 가진 사람이 모두 고용되지 못하여 실업자가 존재하는 상태. ☞완전 고용
불완전=동:사(不完全動詞) 명 〈어〉서술 기능이 불완전하여 보어(補語)의 도움을 받아야 하는 동사. '눈이 얼음이 되었다.', '사람들은 그를 수재라 일컫는다.'에서 '되었다', '일컫는다' 따위. ☞불구 동사(不具動詞)
불완전=명사(不完全名詞) 명 〈어〉의존 명사(依存名詞)
불완전=변:태(不完全變態) 명 벌레가 알・애벌레・번데기・성충의 네 과정을 밟지 않고, 애벌레가 탈피를 거듭하는 동안에 성충이 되는 변태. 잠자리・메뚜기 따위의 경우가 이에 딸림. ☞완전 변태
불완전=소:절(不完全小節) 명 못갖춘마디
불완전-수(不完全數) 명 부족수와 과잉수를 아울러 이르는 말. ☞완전수
불완전=어음(不完全―) 명 필요한 기재 사항을 갖추지 못한 어음, 또는 기재 사항을 말소한 어음. ☞완전 어음
불완전=연소(不完全燃燒)[―년―] 명 산소의 공급이 부족한 상태에서 이루어지는 연소. ☞완전 연소
불완전-엽(不完全葉)[―녑] 명 안갖춘잎 ☞완전엽
불완전=음정(不完全音程) 명 완전 음정보다 반음(半音)이 좁거나 넓은 음정.
불완전=이:행(不完全履行) 명 채무자의 채무 이행의 내용이 채무의 본디의 취지에 맞지 않아 불완전한 것.
불완전=자동사(不完全自動詞) 명 〈어〉문장에서 보어(補語)가 있어야 서술 기능이 완전해지는 자동사. '올챙이가 개구리가 된다.'에서 '된다' 따위. ☞완전 자동사
불완전=종지(不完全終止) 명 음악에서, 악곡이 완전히 끝났다는 느낌을 주지 않는 형태. 못갖춘마침
불완전=주권국(不完全主權國)[―꿘―] 명 주권을 완전히 행사하지 못하고, 국제법상 그 일부가 제한되어 있는 나라. 일부 주권국(一部主權國)
불완전=취:업(不完全就業) 명 취업은 하고 있으나, 임금이나 노동 시간 등이 표준에 미달하여 전직(轉職)이나 추가 취업을 희망하는 반실업 상태.
불완전=타동사(不完全他動詞) 명 〈어〉문장에서 목적어 이외에 보어(補語)가 있어야 서술 기능이 완전해지는 타동사. '짚신을 삼았다.'의 '삼다'가 완전 타동사인 데 비하여 '아무개를 제자로 삼았다.'의 '삼다'는 불완전 타동사임. ☞완전 타동사
불완전=형용사(不完全形容詞) 명 〈어〉문장에서 보어(補語)가 있어야 서술 기능이 완전해지는 형용사. '부모의 은혜가 하늘과 같다.'에서 '같다' 따위. ☞완전 형용사
불완전-화(不完全花) 명 하나의 꽃에서, 꽃받침・꽃부리・수술・암술 중의 어느 것을 갖추지 못한 꽃. 안갖춘꽃 ☞완전화(完全花)
불완-품(不完品) 명 아직 완성되지 아니한 물품, 또는 완전하지 못한 물품.
불왕법-장(不枉法贓)[―뻡―] 명 나라의 법은 어기지 않고 뇌물만을 받은 죄.
불요불굴(不撓不屈) 성구 마음이 굳세어 흔들리지도 않고 굽히지도 않음을 이르는 말. ¶―의 의지(意志).
불요불급(不要不急) 성구 필요하지도 급하지도 않음을 이르는 말.
불요식=행위(不要式行爲) 명 법률상 일정한 방식이 필요하지 않은 행위. ☞요식 행위(要式行爲)
불-요인(不要因) 명 법률에서, 원인이 필요하지 않은 일, 또는 원인이 없어도 그 효력에는 영향이 없는 일.
불요인=증권(不要因證券)[―꿘] 명 증권상의 권리가, 증권의 발행 행위로 발생하고, 발행의 원인이 된 법률 관

계에는 영향을 받지 않는 유가 증권. 어음이나 수표 따위. 무인 증권(無因證券) ☞요인 증권(要因證券)
불용(不用) ①'쓰지 않음'의 뜻. ②'쓸모가 없음'의 뜻.
불용(不容) '받아들이지 아니함', 또는 '용납하지 아니함'의 뜻.
불용-물(不用物)명 쓰지 않거나 쓸모가 없는 물건.
불용-성(不溶性)[-썽]명 물이나 다른 액체에 녹지 않는 성질. ☞가용성(可溶性)
불용-품(不用品)명 쓰지 않거나 쓸모가 없는 물품. ¶-을 처분하다.
불우(佛宇)명 불당(佛堂)
불우(不遇)어기 '불우(不遇)하다'의 어기(語基).
불우비(不虞備) '뜻밖의 일에 쓰기 위한 준비'의 뜻.
불우시(不遇時) '좋은 때를 만나지 못함'의 뜻.
불우지변(不虞之變)명 뜻밖에 일어난 변고.
불우지탄(不遇之歎)명 불우한 데 대한 한탄.
불우지환(不虞之患)명 뜻밖에 생긴 근심이나 걱정.
불우-하다(不遇-)형여 포부나 재능은 있어도 좋은 때를 만나지 못해 불행하다. ¶불우한 일생.
불우헌집(不憂軒集)명 조선 성종 때의 학자인 불우헌 정극인(丁克仁)의 문집(文集). 정조 10년(1786)에 그의 후손인 정효목(丁孝穆)이 펴냄. 1권에는 시(詩), 2권에는 문(文)과 가곡(歌曲)을 수록함. 2권 1책.
불운(不運)명-하다형 운수가 좋지 않음, 또는 그러한 운수. ¶-이 겹치다./참으로 -한 일. ☞행운(幸運)
불울(怫鬱)어기 '불울(怫鬱)하다'의 어기(語基).
불울-하다(怫鬱-)형여 일이 뜻대로 되지 않아 화가 치밀고 답답하다.
불원(不遠)명-하다형 ①거리가 멀지 않음. ¶이곳에서 -한 거리. ②시일이 오래지 않음. ¶-한 장래.
부 멀지 않아. 불원간(不遠間) ¶- 다시 찾아오겠다.
불원(不願) '바라지 아니함'의 뜻.
불원-간(不遠間)부 오래지 않아. 멀지 않아. 불원(不遠) ¶- 기쁜 소식이 올 것이다.
불원-장래(不遠將來)명 멀지 않은 앞날.
불원천리(不遠千里)성구 천리 길도 멀다 여기지 아니함을 이르는 말. ¶-하고 달려오다.
불유쾌(不愉快)어기 '불유쾌(不愉快)하다'의 어기(語基).
불유쾌-하다(不愉快-)형여 유쾌하지 않다.
불유-환(不遊環)명 병 따위의 그릇 두 쪽 귀에 놀지 않게 붙박혀 있는 고리.
불윤(不允)명-하다타 신하의 주청(奏請)을 임금이 윤허(允許)하지 않음.
불윤-비:답(不允批答)명 지난날, 임금이 의정(議政)의 사직(辭職)을 윤허하지 않음을 이르던 말.
불융통-물(不融通物)명 사법(私法)에서, 권리의 객체는 될 수 있으나 거래의 객체가 될 수 없는 물건. 공용물이나 금제품(禁制品) 따위. ☞융통물
불은(佛恩)명 부처의 은혜.
불음(不飮) '물이나 술 따위를 마시지 않음'의 뜻.
불음주-계(不飮酒戒)명 불교에서, 오계(五戒) 또는 십계의 한 가지. 술을 마시지 못하게 하는 계율.
불응(不應)명-하다자 응하지 아니함.
불의(不意)명 뜻밖에 일어남 갑작스러운 일. 생각지 아니하던 판. ¶-의 사건./-에 당한 습격.
불의(不義)명-하다형 의리에 어긋남. 옳지 않음. ¶-를 참지 못하는 성미. ☞정의(正義)
불의(佛儀)명 불교의 의식(儀式).
불의-영리(不義榮利)명 의롭지 못한 방법으로 누리는 영화와 명리(名利).
불의지변(不意之變)명 뜻밖의 변고나 의외의 봉변.
불의지인(不義之人)명 의리에 어그러지는 일을 하는 사람.
불의지재(不義之財)명 의롭지 못한 방법으로 모은 재물.
불의출행(不宜出行)성구 그 날의 운수가 먼길을 떠나기에 마땅하지 않음을 이르는 말.
불의-행세(不義行勢)명 의롭지 못한 행세.
불-이:익(不利益)[-리-]명 이익이 되지 않는 일. ¶기한을 넘기면 -을 당한다.
불-이:행(不履行)[-리-]명-하다타 이행하지 아니함. ¶약속을 -하다.
불인(不人)명 사람답지 못한 사람.
불인(不仁)명 한방에서, 몸의 어느 부위가 마비되어 움직이기가 거북한 증세를 이르는 말.
불인견(不忍見) '차마 볼 수가 없음'의 뜻.
불인문(不忍聞) '차마 들을 수가 없음'의 뜻.
불인언(不忍言) '차마 말할 수가 없음'의 뜻.
불인정:시(不忍正視)성구 차마 바로 볼 수가 없음을 이르는 말. ☞목불인견(目不忍見)
불인지심(不忍之心)명 차마 어떠한 것을 하지 못하는 마음.
불인지정(不忍之政)명 차마 참기 어려운 가혹한 정치.
불일(不一)명-하다형 ①고르지 아니함. ②'불일치(不一致)'의 준말. ③'일일이 다 갖추어 말하지 못함'의 뜻으로, 편지 끝에 쓰는 한문 투의 말. ☞불비(不備)
불일(不日)명 '불일내(不日內)'의 준말.
불일-간(不日間)명 불일내(不日內)
불일기단(不一其端)성구 일의 실마리가 하나 둘이 아님을 이르는 말.
불일-내(不日內)명 ①며칠 안 되는 동안. ¶-에 완성했다. ②[부사처럼 쓰임] 며칠 안에. 며칠 사이에. 불일간(不日間) ¶- 돌아오마. 준 불일(不日)
불일성지(不日成之)성구 며칠 안으로 이룸을 이르는 말.
불일송:지(不日送之)성구 며칠 안으로 보냄을 이르는 말.
불-일치(不一致)명-하다형 서로 어긋나서 맞지 않음. ¶회의는 의견의 -로 연기되었다./그는 말과 행동이 -한다. 준 불일(不一)
불임(不妊·不姙)명-하다자 임신하지 못함.
불임(不稔)명-하다자 식물이 씨를 맺지 못하는 일.
불임-법(不妊法)[-뻡]명 피임법(避妊法)
불임-증(不妊症)[-쯩]명 결혼하여 정상 생활을 하면서도 임신이 되지 않는 상태.
불입(拂入)명 납부(納付). 납입(納入)
불입-금(拂入金)명 납부금(納付金)
불입=자:본(拂入資本)명 납입 자본(納入資本)
불-잉걸[-링-]명 이글이글 핀 숯불. 잉걸불 준 잉걸
불자(不字)[-짜]명 ①못쓰게 생긴 물건. ②검사에 불합격이 된 물건, 또는 그 표시.
불자(佛子)[-짜]명 ①부처의 제자. ②계(戒)를 받아 출가한 사람. ③불교 신자. ④불교에서, 부처의 아들딸이라는 뜻으로, 모든 중생을 이르는 말.
불자(佛者)[-짜]명 불교에 귀의한 사람. 불제자. 중
불자(拂子)[-짜]명 먼지떨이
불-자동차(-自動車)명 불을 끄거나 인명 구조에 필요한 장비를 갖춘 특수한 자동차. 소방차(消防車)
불장(佛葬)[-짱]명 불교 예식에 따라 지내는 장사(葬事).
불-장난명-하다자 ①나무나 종이 따위에 불을 붙여 가지고 노는 일. ¶아이들의 -이 산불로 번졌다. ②위험한 일을 비유하여 이르는 말. 특히, 분별 없는 남녀간의 일시적인 교제를 이름. ¶한때의 철없는 -.
불적(佛跡)[-쩍]명 ①석가모니의 유적. ②불교의 전래 경로. ③불승의 발자취.
불전(佛典)[-쩐]명 불경(佛經)
불전(佛前)[-쩐]명 ①부처의 앞. ¶-에 놓인 촛불과 향. ②석가모니가 세상에 태어나기 전.
불전(佛殿)[-쩐]명 불당(佛堂)
불전(佛錢)[-쩐]명 불교 신자들이 부처 앞에 올리는 돈.
불제(祓除)[-쩨]명-하다타 재앙 따위의 상서롭지 못한 것을 물리침.
불-제:자(佛弟子)명 불교에 귀의한 사람. 불자(佛者). 석자(釋子)
불조(佛祖)[-쪼]명 ①불교의 개조(開祖), 곧 석가모니. ②부처와 조사(祖師)를 아울러 이르는 말.
불조-계(佛祖系)[-쪼-]명 석가모니불을 교주(教主)로 하여 이어 온 계통.
불-조:심명-하다자 불이 나지 않도록 조심하여 단속하는

ㅂ

일. ¶자나깨나 −.

불-종(−鐘)[−쫑] 명 지난날, 불이 난 것을 알리기 위하여 치던 종. 화종(火鐘)

불종(佛鐘)[−쫑] 명 절에서 대중을 모으거나 때를 알리기 위하여 치는 종. 범종(梵鐘)

불좌(佛座)[−좌] 명 불당 안의 부처를 모신 대좌(臺座).

불좌-수(佛座鬚)[−쫘−] 명 연꽃의 꽃술. 연예(蓮蕊)

불-줄[−쭐] 명 '불줄기'의 준말.

불-줄기[−쭐−] 명 불알 밑에서부터 똥구멍까지 잇닿은 심줄. 준불줄

불지(佛智)[−찌] 명 진리를 완전히 깨달은, 부처의 지혜.

불-질 명 -하다 자 ①지난날, 총이나 대포 따위를 쏘는 일을 이르던 말. ②아궁이 따위에 불을 때는 일.

불-집[−찝] 명 ①석등(石燈) 따위의, 불을 켜서 넣는 곳. ②말썽의 소지나 위험성이 아주 많은 곳.

불집을 건드리다 관용 말썽이나 위험을 스스로 불러들이다. 불집(을) 내다. ¶공연히 불집을 건드린 셈이지.

불집(을) 내다 관용 불집을 건드리다.

불집을 일으키다 관용 말썽을 일으키다.

불집(이) 나다 관용 건드린 사람한테 몹시 성이 나다. ¶그는 나한테 불집이 나서 마구 덤벼들었다.

불-집게 명 부집게

불쩍-거리다(대다) 타 불쩍불쩍 소리를 내다. ¶빨래를 불쩍거리며 빨다.

불쩍-불쩍 부 빨래 따위를 빨 때, 두 손으로 시원스럽게 맞비비는 소리, 또는 그 모양을 나타내는 말.

불차탁용(不次擢用) 명 지난날, 관계(官階)의 차례를 밟지 않고 특별히 등용하는 일을 이르던 말.

불착(不着) 명 -하다 자타 ①도착하지 아니함. ¶항공기가 −하다. ②착용하지 아니함. ¶구명동의를 −.

불-찬:성(不贊成) 명 -하다 타 찬성하지 아니함.

불찰(不察) 명 자세히 살피지 않아서 생긴 잘못. ¶나의 −로 일을 그르쳤어.

불찰(佛刹) 명 절[1]

불참(不參) 명 -하다 자 참석하거나 참가하지 아니함. ¶여러 회원의 −으로 유회되다.

불-처:사(佛處士) 명 됨됨이가 부처같이 어질고 착한 사람을 비유하여 이르는 말.

불천(佛天) 명 ①부처를 하늘같이 높이어 이르는 말. ②부처와 천신(天神)을 아울러 이르는 말.

불천지위(不遷之位) 명 지난날, 큰 공훈이 있는 사람으로서 영원히 사당에 모셔 둘 것을 나라에서 허락한 신위(神位)를 이르던 말.

불철주야(不撤晝夜) 성구 밤낮을 가리지 아니하고 힘씀을 이르는 말. ¶− 연구에 몰두하다.

불청(不聽) ①'듣지 않음'의 뜻. ②'청한 바를 들어 주지 않음'의 뜻.

불청-객(不請客) 명 오라고 청하지 않은 손. 달갑지 않은 손. ¶−이 찾아오다.

불청불탁(不淸不濁) 성구 훈민정음(訓民正音)의 초성(初聲) 체계에서, 'ㆁ·ㄴ·ㅁ·ㅇ·ㄹ·ㅿ'에 공통되는 음성적 특질을 이른 말. ☞전탁(全濁)

불체포=특권(不逮捕特權) 명 국회 의원의 두 가지 특권 중의 하나. 국회 의원은 현행범을 제외하고는 회기 중 국회의 동의가 없이는 체포 또는 구금되지 아니하는 일. ☞면책 특권(免責特權)

불초(不肖)[1] 명 -하다 형 ①어버이의 덕망이나 유업을 따르지 못함, 또는 그런 사람. ¶−한 자식. ②어리석고 못남, 또는 그런 사람. ¶−한 이 사람을 밀어 주셔서 감사합니다.

불초(不肖)[2] 대 ①'불초자'의 준말. ②어리석고 못난 사람이란 뜻으로, 자기를 낮추어 일컫는 말. ¶− 소생

불초-고(不肖孤) 대 불초한 고자(孤子)나 고애자(孤哀子)란 뜻으로, 어버이가 죽은 뒤 졸곡(卒哭)까지 상제가 스스로를 일컫는 말.

불초-남(不肖男) 대 불초자(不肖子)

불초-손(不肖孫) 대 편지 글 따위에서, 손자나 손녀가 조부모에 대하여 자기를 낮추어 일컫는 한문 투의 말.

불초-자(不肖子) 대 편지 따위에서, 부모에게 대하여 자식이 자기를 낮추어 일컫는 한문 투의 말. 불초남(不肖男) 준불초(不肖)

불초=자제(不肖子弟) 명 어버이의 덕망과 사업을 이어받지 못할 만큼 어리석은 자손.

불촉(不觸) '건드리지 않음'의 뜻.

불출(不出)[1] 명 어리석고 못난 사람을 놀림조로 이르는 말. ☞팔불출(八不出)

불출(不出)[2] '밖에 나가지 않음'의 뜻.

불출(拂出) 명 -하다 타 지급(支給)

불-출마(不出馬) 명 -하다 자 선거 따위에 입후보하지 않는 일. ¶그는 이번 선거에서 −를 선언했다.

불출범안(不出凡眼) 성구 범인(凡人)의 눈으로 보아서도 알 만큼 사태나 선악이 명확히 판단됨을 이르는 말.

불출소:료(不出所料) 성구 미리 짐작한 바와 틀리지 아니함을 이르는 말.

불충(不忠) 명 ①-하다 자 충성을 다하지 아니함. ¶나라에 대한 −. ②-하다 형 충성스럽지 못함. ¶−한 신하.

불-충분(不充分) 명 -하다 형 충분하지 못함. ¶증거 −/공급이 −하다.

불충-불효(不忠不孝) 명 나라에 충성하지 못함과 부모에게 효도하지 못함을 이르는 말.

불충실(不充實) 어기 '불충실(不充實)하다'의 어기(語基).

불충실(不忠實) 어기 '불충실(不忠實)하다'의 어기(語基).

불충실-하다(不充實−) 형여 내용 따위가 제대로 갖추어져 있지 않다.

불충실-하다(不忠實−) 형여 충직하거나 성실하지 못하다. ¶가정에 −.

불취(不取) '가지지 않음'의 뜻.

불취(不就) '세상일에 나서지 않음'의 뜻.

불측(不測) 어기 '불측(不測)하다'의 어기(語基).

불측지변(不測之變) 명 뜻밖에 일어나는 변고.

불측-하다(不測−) 형여 ①마음씨나 행동이 고약하고 엉큼하다. ¶천하에 불측한 놈. ☞발칙하다 ②미리 헤아릴 수 없다. ¶불측한 일이 일어날지 모른다.

불-치 명 총으로 사냥하여 잡은 새나 짐승. ☞매치

불치(不治) 명 ①병을 고칠 수 없음. ¶−의 병에 걸리다. ②정치가 잘못되어 나라가 어지러움.

불치(不齒) 명 '불치인류(不齒人類)'의 준말.

불-치다 타 불까다

불치-병(不治病)[−뼝] 명 고칠 수 없는 병. 낫지 않는 병. ¶−을 앓다./−에 걸리다.

불치불검(不侈不儉) 성구 사치하지도 검소하지도 않고 수수함을 이르는 말.

불치인류(不齒人類) 성구 사람 축에 들지 못함을 이르는 말. 준불치(不齒)

불치하:문(不恥下問) 성구 학식이나 지위가 자기만 못한 사람에게 모르는 것을 묻기를 부끄러워하지 않음을 이르는 말.

불친-소 명 육질(肉質)이 좋은 고기를 얻기 위하여 불알을 까서 기르는 소. 악대소

불-친절(不親切) 명 -하다 형 남을 친절하게 대하지 않음. ¶−한 말씨.

불친화-성(不親和性)[−썽] 명 딴 종류의 물질과 화합하지 않는 성질.

불-침(−鍼) 명 ①자는 사람의 살갗에 성냥개비를 태워 만든 숯 따위를 올려놓고 불을 붙여 뜨거워 놀라서 깨게 하는 장난, 또는 그 숯. ¶−을 놓다. ②불에 달군 쇠꼬챙이.

불침(不侵) '침범하지 않음'의 뜻.

불침략=조약(不侵略條約) 명 불가침 조약(不可侵條約)

불침-번(不寢番) 명 밤에 잠을 자지 않고 번(番)을 서는 일, 또는 그 사람. ¶−을 서다.

불침-질(−鍼−) 명 지난날, 쇠꼬챙이를 불에 달구어 죄인의 살을 지지던 형벌.

불컥-거리다(대다) 타 불컥불컥 소리를 내다.

불컥-불컥 부 지직한 반죽 따위를 마구 치댈 때 나는 소리, 또는 그 모양을 나타내는 말. ☞볼칵볼칵[2]

불-콩 명 콩과 식물의 한 가지. 꼬투리는 희고 열매는 밤색이며 껍질이 얇음.

불쾌(不快) 어기 '불쾌(不快)하다'의 어기(語基).

불쾌-감(不快感) 명 불쾌한 느낌.

불쾌=지수(不快指數) 명 온도와 습도 등으로 말미암아 인체에 느끼는 쾌·불쾌의 정도를 나타내는 수치. 70 이하는 쾌적, 75는 대략 반수의 사람이 불쾌, 80 이상이면 거의 모든 사람이 불쾌를 느낌. 온습 지수(溫濕指數)

불쾌-하다(不快−) 형여 ①못마땅하여 기분이 좋지 않다. ¶불쾌한 심정. ②몸이 찌뿌드드하거나 불편하다.
　불쾌-히 부 불쾌하게

불타(佛陀∠Buddha 범) 명 '부처'의 원말. 각왕(覺王). 대각세존(大覺世尊) 준 불(佛)[1]

불-탄:일(佛誕日) 명 석가모니의 탄생일(誕生日). 곧 음력 사월 초파일. 부처님 오신 날. 불생일(佛生日)

불탈주인석(不奪主人席) '주인의 자리에는 예의상 손이 앉지 않음'의 뜻.

불탑(佛塔) 명 절에 세운 탑.

불태(不殆) 어기 '불태(不殆)하다'의 어기(語基).

불태-하다(不殆−) 형여 위태롭지 아니하다.

불테리어(bullterrier) 명 불독과 테리어가 교배하여 낳은 잡종개. 털이 짧으며 성질은 용맹함.

불토(佛土) 명 부처가 산다는 극락 정토(極樂淨土). 유 불국(佛國)

불통(不通)[1] 명 -하다 자 ①교통이나 통신 따위가 통하지 아니함. ¶폭설로 도로가 −되다./전화 −으로 연락을 못 하다. ②언어나 문화 따위가 달라서 의사가 통하지 아니함. ¶언어 −으로 의사(意思)를 전하지 못하다. ③세상 일에 어둡거나 눈치를 알아채지 못하는 일. ¶소식 −이로군.

불통(不通)[2] 명 조선 시대, 과거 시험이나 서당에서 성적을 매기던 등급의 한 가지. 대통(大通)·통(通)·약통(略通)·조통(粗通)·불통(不通)의 다섯 등급 가운데서 다섯째 등급, 또는 통(通)·약통(略通)·조통(粗通)·불통(不通)의 네 등급 가운데서 넷째 등급.

불퇴(不退) 명 -하다 자 ①물러나지 아니함. ¶−의 결심. ②물리어 되돌리지 아니함. ③불퇴전(不退轉)

불퇴거-죄(不退去罪)[−쬐] 명 퇴거 요구를 받고 응하지 않음으로써 성립하는 죄. 퇴거 불응죄(退去不應罪)

불-퇴:전(不退轉) 명 불교에서 ①믿음이 두터워서 굽히지 않는 일. ¶−의 결의. ②보살이 수행의 공덕으로 일정한 지위에 이르러 다시 범부로 돌아가지 않는 일. 불퇴(不退) ③물러서지 않고 정진(精進)하는 일.

불-투명(不透明) 명 -하다 형 ①투명하지 않음. ¶−한 유리. ②앞날이나 일의 전망 따위가 확실하지 않고 미심쩍음. ¶경제 전망이 −하다.

불투명-색(不透明色) 명 투명하지 아니한 빛깔.

불투명-체(不透明體) 명 쇠붙이나 나무 따위와 같이 빛을 통과시키지 않는 물체.

불투수-층(不透水層) 명 지층을 구성하는 입자 사이의 틈이 너무 작아, 지하수가 잘 스며들지 않거나 전혀 스며들지 않는 지층. ☞투수층(透水層)

불퉁-거리다(대다) 자 불퉁불퉁 말을 뱉다. ¶불퉁거리며 골을 내다. ☞볼통거리다

불퉁-불퉁[1] 부 불쑥불쑥 쌀쌀맞고 퉁명스레 말을 내뱉는 모양을 나타내는 말. ☞볼통볼통[1]

불퉁-불퉁[2] 부 -하다 형 물체의 거죽이 여기저기 퉁퉁하게 불거져 있는 모양을 나타내는 말. ☞볼통볼통[2]

불퉁-스럽다(−스럽고·−스러워) 형ㅂ 보기에 불퉁불퉁 말하는 태도가 있다. ☞볼통스럽다
　불퉁-스레 부 불퉁스럽게

불퉁-하다 형여 물체의 거죽이 퉁퉁하게 불거져 있다. ¶무엇을 쌌는지 보자기가 −. ☞볼통하다
　불퉁-히 부 불퉁하게

불-특정(不特定) 명 어떤 것이라고 특별히 정하지 않은 일. ¶− 다수인

불특정-물(不特定物) 명 상거래 따위에서, 구체적으로 특별히 지정하지 아니하고 종류나 수량만을 가리킨 물건. 말 열 필 따위. ☞특정물(特定物)

불-티 명 타는 불에서 튀는 아주 작은 불똥.

불티-같다[−갇−] 형 불티가 날려 흩어지는 것처럼, 팔거나 나누어 주는 물건이 빠르게 팔리거나 없어지는 상태에 있다.
　불티-같이 부 불티같게 ¶물건이 − 팔리다.

불티-나다 자 팔거나 나누어 주는 물건이 빠르게 팔리거나 없어지다. ¶불티나게 팔리다.

불-판 명 불 위에 올려 놓고 달구어 요리 재료를 구울 수 있게 쇠붙이나 돌 따위로 만든 판.

불판-령(−令)[−녕] 명 매우 급한 명령. 긴급한 명령.

불패(不敗) 명 -하다 자 경기나 싸움에서 패배하지 않음. ¶−의 전적(戰績).

불패(不牌) 명 골패나 마작(麻雀)의 패를 지을 때 그 격이 맞지 않는 일, 또는 그 패.

불펜(bullpen) 명 야구장에서, 경기 중에 구원 투수가 공을 던지는 연습을 하는 곳.

불편(不便) 명 -하다 형 ①어떤 것을 사용하거나 이용하는 데 편하지 아니함. ¶−을 겪다./교통이 −하다. ②몸이나 마음이 편하지 않고 거북함. ¶−한 사이./어른께 말씀드리기가 −하다./혼자 살아도 −을 느끼지 않는다.

ㅂ

불편부당(不偏不黨) 성구 ①공평하여 어느 편으로 치우치지 않음을 이르는 말. ②어느 당파(黨派)나 주의(主義)에 기울어지지 않고 중립의 태도를 가짐을 이르는 말. 무편무당(無偏無黨)

불편-스럽다(不便−)(−스럽고·−스러워) 형ㅂ 불편한 데가 있다.
　불편-스레 부 불편스럽게

불평(不平)[1] 명 -하다 타 불만이 있어 못마땅하게 여김, 또는 그것을 말이나 행동으로 나타냄. ¶−의 말을 늘어놓는다./−을 하며 불만해 한다.

불평(不平)[2] 어기 '불평(不平)하다'의 어기(語基).

불평-가(不平家) 명 ①무슨 일이든 못마땅하게 여기기를 잘하는 사람. ②불평하는 버릇이 있는 사람. ☞불평객

불평-객(不平客) 명 무슨 일에나 으레 끼여들어 불평하기를 잘하는 사람. ☞불평가

불평-꾼(不平−) 명 걸핏하면 불평을 늘어놓는 사람을 가볍게 여기어 이르는 말.

불-평등(不平等) 명 -하다 형 차별이 있어 고르지 아니함. 한쪽으로 치우침. ¶−한 사회./남녀의 −을 없애다.

불평등=선:거제(不平等選擧制) 명 각 선거인의 선거권의 가치가 일정하지 않은 선거 제도. 등급 선거제와 복수 투표제 등이 있음. ☞평등 선거제

불평만만(不平滿滿) 성구 마음이 불평으로 가득 차 있음을 이르는 말.

불평=분자(不平分子) 명 ①일마다 불평을 일삼는 사람을 가볍게 여겨 이르는 말. ②어떤 조직체에서, 그 조직의 운영 등에 대하여 불만을 품고 있는 사람을 이르는 말.

불평-스럽다(不平−)(−스럽고·−스러워) 형ㅂ 불평한 느낌이 있다. ¶걷기에 −.
　불평-스레 부 불평스럽게

불평-하다(不平−) 형여 ①몸이 거북하다. ②마음이 편안하지 않다. ¶불평한 기색이 역력하다.

불폐풍우(不蔽風雨) 성구 집이 허술하여 바람과 비를 가리지 못함을 이르는 말.

불-포화(不飽和) 명 -하다 자 포화에 이르지 아니함, 또는 그런 상태.

불포화=결합(不飽和結合) 명 유기 화합물의 분자 구조 중에 있는 이중 결합이나 삼중 결합.

불포화=증기(不飽和蒸氣) 명 압력이 최대 한도에 이르지 못한 증기. ☞포화 증기(飽和蒸氣)

불포화=지방산(不飽和脂肪酸) 명 탄화수소기(炭化水素基) 중에 불포화 결합을 가진 지방산.

불포화=탄화수소(不飽和炭化水素) 명 탄소 원자 사이에

이중 결합이나 삼중 결합을 가진 탄화수소.
불포화=화:합물(不飽和化合物)명 유기 화합물 중에서 탄소 원자 사이에 불포화 결합을 가지는 것.
불풍-나게 부 매우 잦고도 바쁘게. ¶ — 드나들다.
불피풍우(不避風雨)성구 비바람을 무릅쓰고 일을 함을 이르는 말.
불필다언(不必多言)성구 여러 말을 할 필요가 없음을 이르는 말.
불필요(不必要)어기 '불필요(不必要)하다'의 어기(語基).
불필요-하다(不必要—)형여 필요하지 아니하다.
불필장황(不必張皇)성구 말을 장황하게 늘어놓을 필요가 없음을 이르는 말.
불필재언(不必再言)성구 다시 말을 할 필요가 없음을 이르는 말.
불하(不下) ①'못하지 아니함'의 뜻. ②'적지 아니함'의 뜻. ③'항복하지 아니함'의 뜻.
불하(拂下)명-하다타 매각(賣却)
불학(不學)명 ①-하다자 배우지 않거나 배우지 못함. ②-하다형 학식(學識)이 없음.
불학(佛學)명 불교(佛敎)에 관한 학문.
불학-무식(不學無識)명 배우지 못하여 아는 것이 없음.
불한당 명 ①떼를 지어 다니며 남의 재물을 마구 빼앗는 무리. 명화적(明火賊). 화적(火賊) ②남을 괴롭히기를 일삼는 무리.
불한-불열(不寒不熱)명 춥지도 덥지도 않고 견디기에 알맞게 따뜻함.
불합(不合)어기 '불합(不合)하다'의 어기(語基).
불-합격(不合格)명-하다자 ①시험에 합격하지 못함. ②정해진 격식에 맞지 않음. ☞합격
불합격-자(不合格者)명 시험에 합격하지 못한 사람.
불합격-품(不合格品)명 검사에 떨어지거나 정해진 격식에 맞지 않는 물품.
불합당(不合當)어기 '불합당(不合當)하다'의 어기(語基).
불합당-하다(不合當—)형여 딱 알맞지 아니하다.
불-합리(不合理)명-하다형 도리나 이치에 멎지 아니함. ¶ —한 규정. ☞합리(合理)
불-합의(不合意)명-하다자 ①뜻이 서로 꼭 맞지 않음. ②뜻에 어그러짐.
불합-하다(不合—)형여 ①마음에 맞지 아니하다. ②뜻이 서로 맞지 아니하다.
불해(佛海)명 불법(佛法)의 넓고 심오함을 바다에 비유하여 이르는 말. 법해(法海)
불해산-죄(不解散罪)[—쬐]명 법에 어긋나는 행위를 할 목적으로 모인 군중이 3회 이상의 해산 명령을 받고도 해산하지 않음으로써 성립되는 죄.
불행(不幸)명-하다형 ①운수가 좋지 않음. 불운(不運) ②행복하지 않음. ☞행복(幸福)
불행 중 다행(不幸中多幸) 관용 불행한 일을 겪기는 하였지만, 그보다 더 불행한 일을 당하지 아니한 일이 다행이라는 말. ¶ —으로 사람은 다치지 않았다.
불향(佛享)명-하다자 불공(佛供)
불허(不許)명-하다타 ①허락하거나 허가하지 않음. ¶복제를 —하다. ☞허가, 허락 ②허용하지 않음. ¶예측을 —하다./다른 사람의 추종을 —하다.
불현-듯 부 '불현듯이'의 준말.
불현-듯이 부 어떤 생각이나 느낌이 갑자기 떠오름을 나타내는 말. ¶옛 동무의 모습이 — 떠오르다. 준 불현듯
불현성=감:염(不顯性感染)[—썽—]명 잠복 감염(潛伏感染)
불현성=유행(不顯性流行)[—썽뉴—]명 병이 불현성 감염 상태로 유행하는 일.
불협화-음(不協和音)명 ①음악에서, 둘 이상의 음이 동시에 울릴 때 서로 조화되지 않아 불안정한 느낌을 주는 화음(和音). 안어울림음 ☞협화음(協和音) ②잘 조화되지 않는 상태나 관계를 비유하여 이르는 말.
불협화=음정(不協和音程)명 음악에서, 서로 어울리지 않아 불안정한 느낌을 주는 두 음(音) 사이의 음정. 안어울림 음정 ☞협화 음정
불호(不好) ①'좋아하지 않음'의 뜻. ②'좋지 않음'의 뜻. ☞호불호(好不好)
불호(佛號)명 ①부처의 이름. 불명(佛名) ②중의 호. ③불교에 귀의(歸依)한 사람의 호.
불호-간(不好間)명 서로 좋아하지 않는 사이.
불-호령(—號令)명 ①갑작스럽게 내리는 다급한 호령. ②호된 꾸지람. ¶선생님의 —.
불-호박(—琥珀)명 빛깔이 붉은 호박.
불혹(不惑)명-하다자 ①마음이 세상일에 미혹되지 않음. ②나이 '마흔 살'을 달리 이르는 말. [논어 위정편의 '사십이불혹(四十而不惑)'에서 나온 말임.]
불-화(—火)명 한자 부수(部首)의 한 가지. '灸'·'煙'·'炭' 등에서 '火'의 이름.
불화(不和)명-하다형 화목하지 못함. ¶가정의 —.
불화(弗化)명 플루오르화
불화(弗貨)명 달러를 단위로 하는 화폐.
불화(佛畫)명 ①불교에 관한 그림. ②부처나 보살을 그린 그림.
불화-물(弗化物)명 플루오르화물 ▷ 佛의 속자는 仏
불화-수소(弗化水素)명 플루오르화수소
불화-칼슘(弗化calcium)명 플루오르화칼슘
불확실(不確實)어기 '불확실(不確實)하다'의 어기(語基).
불확실-성(不確實性)[—썽]명 확실하지 않은 것, 또는 그 성질이나 상태. ¶ —의 시대.
불확실-하다(不確實—)형여 확실하지 아니하다. ¶불확실한 정보./불확실한 증거.
불확정=기한(不確定期限)명 올 것은 확실하지만 그 시기가 확정적이지 않거나 확정할 수 없는 기한. 자기가 죽을 날까지의 기간 따위.
불확정=채:무(不確定債務)명 채무자의 이행(履行)이 확실하지 않은 채무.
불환=지폐(不換紙幣)명 정화(正貨)와 바꿀 수 없는 지폐. ☞태환 지폐(兌換紙幣)
불활성=기체(不活性氣體)[—썽—]명 비활성 기체(非活性氣體)
불황(不況)명 경제가 정체되어 있는 상태. ☞호황(好況)
불황=카르텔(不況Kartell)명 상품 가격이 평균 생산비보다 낮아서 경영이 어려워졌을 때, 기업끼리 가격·생산량·유통·설비 따위를 제한하는 협정.
불효(不孝)명 ①-하다자 자식이 어버이에게 효도하지 아니함. ②-하다형 효성스럽지 아니함. ¶ —한 자식. ☞효(孝)
불효(拂曉)명 막 날이 샐 무렵. 불서(拂曙)
불효-부제(不孝不悌)명 어버이에게 효성스럽지 아니하고 어른에게 공손하지 아니함.
불효-자(不孝子)명 ①불효한 자식. ②부모에게 드리는 편지에서, 자기를 낮추어 이르는 말. ¶ — 길동 올림.
불후(不朽)명-하다자 '썩지 않음'의 뜻으로, '오래도록 그 값어치를 잃지 않고 남음'을 이르는 말. ¶ —의 명작.
불후지공(不朽之功)명 오래도록 빛날 공로.
불휘(不諱)명-하다자 ①곧이곧대로 말함. ②'피할 수 없다'는 뜻으로, '죽음'을 이르는 말.
불휴(不休) '쉬지 아니함'의 뜻.
붉가시-나무[북—]명 참나뭇과의 상록 활엽 교목. 높이는 10~20m. 길둥근 잎은 두껍고 끝이 뾰족함. 어린 가지에 갈색 털이 덮여 있고, 5월경에 갈색 꽃이 핌. 목재는 붉고 단단하여 배나 농기구 따위를 만드는 데 쓰임.
붉-나무[북—]명 옻나뭇과의 낙엽 활엽 소교목. 높이는 7m 안팎. 굵은 가지가 드문드문 나오고 잔가지는 황색이며 털이 없음. 잎은 어긋맞게 나며 7~13장의 작은 잎으로 된 깃꼴 겹잎임. 여름에 흰 꽃이 원추(圓錐) 꽃차례로 피고 열매는 핵과(核果)로 황갈색 털에 덮임. 잎에 달리는 벌레집을 오배자(五倍子)라 하며 한약재나 염료로 쓰임. 오배자나무
붉다[북—]형 신선한 피의 빛깔과 같다. ¶붉게 익은 토마토./붉은 저녁놀.

자 빛깔이 신선한 피의 빛깔과 같이 되다. ¶사과 빛이 날로 붉는다.
속담 **붉고 쓴 장(醬)** : 겉모양은 그럴듯하게 좋으나 실속이 없어 안팎이 서로 다름을 이르는 말. [빛 좋은 개살구]

한자 **붉을 단**(丹) 〔丶部 3획〕 ¶단순(丹脣)/단풍(丹楓)
붉을 적(赤) 〔赤部〕 ¶적색(赤色)/적조(赤潮)
붉을 주(朱) 〔木部 2획〕 ¶주서(朱書)/주순(朱脣)
붉을 홍(紅) 〔糸部 3획〕 ¶홍색(紅色)/홍안(紅顔)

붉덩-물[북-] 명 붉은 황톳물이 섞이어 흐르는 큰물.
붉-돔[북-] 명 도밋과의 바닷물고기. 몸길이는 45cm 안팎. 참돔과 비슷하나 좀 작고, 몸빛은 붉은 바탕에 청록색의 작은 반점이 있음. 꽃도미
붉디-붉다[북-북-] 형 아주 진하게 붉다.
붉어-지다 자 점점 붉게 되어 가다. ¶무안하여 얼굴이 붉어졌다.
붉으락-푸르락 부 몹시 흥분하거나 화가 나서 얼굴빛이 벌겋게 달아올랐다가 푸른빛이 돌 정도로 하얘졌다가 하는 모양을 나타내는 말. ¶얼굴이 ― 하다.
붉은귀-거북 명 늪거북과의 민물 거북. 몸길이는 최대 30cm까지 자라며, 몸빛은 어릴 때는 청색, 자라서는 암갈색으로 변하며, 귀 쪽에 붉은색 무늬가 있음. 북아메리카 원산이나 애완용으로 전세계에 널리 퍼짐. 우리 나라에서는 생태 파괴 감시종으로 관리하고 있음.
붉은-말 명 홍조류를 흔히 이르는 말. 엽록소 이외에 붉은 색소를 가지고 있어 붉은빛이나 붉은 자줏빛을 띰. 홍색조류(紅色藻類)
붉은머리-오목눈이 명 딱샛과의 텃새. 몸길이 13cm 안팎. 굴뚝새와 비슷한데 머리·등·날개는 붉은 갈색이고 배 쪽은 엷은 누런 갈색임. 꽁지가 비교적 길고 매우 민첩함. 곤충류와 열매를 먹으며 농가 인근이나 야산에 무리를 지어 삶. 교부조(巧婦鳥). 뱁새
붉은-바다거북 명 바다거북의 한 가지. 등딱지의 길이는 1m 안팎. 등은 적갈색이고 배는 황색임. 잡식성이고, 5~7월에 해안의 모래밭에 올라와서 알을 낳음.
붉은-발 명 부스럼 언저리에 충혈된 핏줄. 홍사(紅絲)
붉은발(이) 서다 관용 붉은발이 나타나다.
붉은배-새매 명 수릿과의 여름 철새. 몸길이는 수컷 27cm, 암컷 30cm 안팎. 몸은 짙은 잿빛, 가슴은 붉은빛, 배는 흰빛임. 평지, 구릉, 농촌의 인가 부근의 나무에 살며 5월경에 흰빛의 알을 3~4개 낳음. 개구리나 작은 새들을 잡아먹음. 우리 나라 중부 전역에서 여름을 나는 흔한 새임. 천연 기념물 제323호임.
붉은별무늿-병(―病) 명 담배나 배나무·사과나무 등에 생기는 병해(病害). 잎에 황색의 얼룩점이 생기고 이것이 커져 적갈색 얼룩 무늬가 되는데, 심해지면 일찍 낙엽이 지게 됨. 적성병(赤星病)
붉은-보라 명 붉은 빛깔을 띤 보라, 또는 그런 빛깔의 물감. ☞보라. 분홍(粉紅)
붉은-빛[-삧] 명 신선한 피와 같은 빛깔. 적색(赤色)
붉은빰-멧새 명 멧샛과의 여름 철새. 몸길이 16cm 안팎. 머리는 잿빛에 검은빛 줄무늬가 있고, 턱 밑과 가슴은 황갈색을 띤 백색, 등은 회갈색에 검은빛 줄무늬가 있음. 작은 숲, 농지, 밭 등에 서식하며 백색에 갈색 반점이 있는 알을 3개 낳음.
붉은-차돌 명 빛깔이 붉은 반투명의 차돌. 홍석영
붉은-토끼풀 명 콩과의 여러해살이풀. 줄기 높이는 40cm 안팎. 잎은 어긋맞게 나며 세 갈래로 갈라져 있음. 여름에 담홍색이나 홍자색의 작은 나비 모양의 꽃이 핌. 잎과 줄기는 한방에서 기관지염과 해수에 약재로 쓰이고, 전초(全草)는 목초(牧草)나 풋거름으로 쓰임.
붉은-팥 명 껍질 빛이 검붉은 팥. 적두(赤豆). 적소두(赤小豆). 홍두(紅豆)
붉은-피톨 명 적혈구(赤血球)
붉을-적(―赤)[―쩍] 명 한자 부수(部首)의 한 가지. '赫'·'赦' 등에서 '赤'의 이름.
붉히다 타 부끄럽거나 성이 나거나 하여 얼굴빛을 붉게 하다. ¶얼굴을 붉히며 대들다.

붐(boom) 명 ①어떤 일이 갑자기 유행하는 일. ¶축구 ―을 일으키다. ②갑작스런 수요로 값이 크게 오르는 일. ¶부동산 ―으로 집값이 크게 올랐다.
붐비다 자 한곳에 많은 사람이 모여 들끓다. ¶사람들이 붐비는 시장.
붊:-하다 형여 '희붊하다'의 준말.
붓 명 ①대나무나 나무 자루 등의 끝에 다발로 만든 짐승의 털 따위를 꽂아, 먹물이나 그림 물감을 찍어서 글씨나 그림을 그리는 도구. ☞털붓. 화필(畫筆) ②글씨를 쓰는 데 쓰이는 도구를 통틀어 이르는 말.
붓을 꺾다 관용 문필 활동을 그만두다. 붓을 놓다. ¶필화(筆禍)로 ―.
붓을 놓다 관용 ①글쓰기를 마치다. ②붓을 꺾다.

한자 **붓 필**(筆) 〔竹部 6획〕 ¶모필(毛筆)/필묵(筆墨)/필방(筆房)/필봉(筆鋒)/필연(筆硯)
붓 호(毫) 〔毛部 7획〕 ¶호단(毫端)/휘호(揮毫)

붓-글씨[붇-] 명 붓으로 쓴 글씨. ☞서예(書藝)
붓-꽃[붇-] 명 붓꽃과의 여러해살이풀. 줄기 높이는 60cm 안팎. 잎은 총생하며 길이 30~50cm, 너비 0.5~1cm임. 5~6월에 자주색 꽃이 핌. 씨는 한방에서 인후염·황달·토혈 등에 약으로 쓰임. 산이나 들에 절로 자라는데, 관상용으로도 심음. 수창포(水菖蒲)
붓-끝[붇-] 명 ①붓의 뾰족한 끝. 필단(筆端) ②문장의 서슬. 필두(筆頭). 필봉(筆鋒). 호단(毫端) ¶―이 예리하다.
붓-날다[붇-](―날고·―나니) 자 말이나 행동이 가볍고 들뜨다.
붓-날리다[붇-] 타 말이나 행동을 가볍고 들뜨게 하다.
붓:다[1] [붇-](붓고·부어) 자ㅅ ①염증(炎症) 등으로 몸의 한 부분이 부풀어오르다. ¶벌에 쏘여 팔이 부었다. ②'부아가 나서 부루퉁하게 되다'를 에둘러 이르는 말. ¶욕을 먹고 잔뜩 부어 있다.
붓:다[2] [붇-](붓고·부어) 타ㅅ ①액체나 작은 알갱이, 가루 따위를 그릇이나 자루에 따르거나 쏟다. ¶찻잔에 물을 ―./쌀을 독에 ―. ②씨앗을 배게 뿌리다. ¶밭에 배추씨를 ―. ③정해진 때마다 내기로 한 돈을 치르다. ¶곗돈을 ―./적금을 ―.

한자 **부을 주**(注) 〔水部 5획〕 ¶주유(注油)/주입(注入)

붓다[3] 타 '부수다'의 준말.
붓-대[붇-] 명 붓의 자루. 필관(筆管)
붓-두껍[붇-] 명 붓촉에 씌우는 뚜껑.
붓-방아[붇-] 명 글을 쓸 때 생각이 잘 떠오르지 않아 글씨를 쓰려다 말다 하는 짓.
붓방아(를) 찧다 관용 글을 쓸 때 생각이 잘 떠오르지 않아 글씨를 쓰려다 말다 하며 애쓰다.
붓방아-질[붇-] 명 붓방아를 찧는 짓.
붓-셈[붇-] 명 종이 따위에 숫자를 써서 셈하는 일, 또는 그렇게 하는 셈. 필산(筆算)
붓순-나무[붇-] 명 붓순나뭇과의 상록 활엽 교목. 높이 3~5m. 가지가 많고 잎은 길둥글고 양끝이 뾰족함. 4월경에 연노랑색의 꽃이 잎겨드랑이에서 피고, 9월경에 열매가 익는데 독이 있음. 잎과 열매는 한방에서 피부의 살충 작용과 피부 조직의 재생에 쓰임. 팔각회향
붓-율(―聿)[붇뉼] 명 한자 부수(部首)의 한 가지. '肅'·'肆' 등에서 '聿'의 이름.
붓-질[붇-] 명-하다 자 붓을 놀려서 그림을 그리는 일.
붓-촉(―鏃)[붇-] 명 붓의 털로 된 부분. ☞붓두껍
붕[1] 부 ①갇혀 있던 기체가 좀 넓은 통로로 빠져나올 때 나는 소리를 나타내는 말. ②벌 따위가 날 때 나는 소리를 나타내는 말. ☞봉[4]
붕[2] 부 가볍게 공중에 떠오르는 모양을 나타내는 말. ¶몸이 ― 떠오르는 느낌을 받았다.
붕괴(崩壞) 명-하다 자 ①허물어져 무너짐. 궤붕(潰崩). 붕궤(崩潰). 붕퇴(崩頹) ¶댐이 ―하다. ②방사성 원자

핵이 방사선을 내면서 다른 종류의 원자로 변하는 일.
붕궤(崩潰)명-하다자 붕괴(崩壞)
붕긋-붕긋[-귿-]부-하다형 여럿이 다 불룩하게 두드러져 있는 모양을 나타내는 말. ☞봉곳봉곳. 봉긋봉긋
붕긋붕긋-이부 붕긋붕긋하게 ☞봉곳봉곳이
붕긋-하다형여 불룩하게 두드러져 있다. ¶붕긋한 야산./붕긋한 무덤. ☞봉곳하다. 봉긋하다
붕긋-이부 붕긋하게 ☞봉곳이. 봉긋이
붕당(朋黨)명 주의(主義)나 이해(利害)를 같이하는 사람끼리 맺어진 동아리.
붕대(繃帶)명 상처를 보호하기 위해 감는, 소독한 무명이나 가제 등의 좁고 긴 천.
붕도(鵬圖)명 웅대한 포부.
붕락(崩落)명-하다자 ①무너져 떨어짐. ②물가나 주가(株價) 등이 갑자기 크게 떨어짐. 폭락(暴落)
붕배(朋輩)명 나이나 지위가 서로 비슷한 벗.
붕-붕부 ①갇혀 있던 기체가 좀 넓은 통로로 잇달아 빠져나올 때 나는 소리를 나타내는 말. ②벌 따위가 잇달아 날 때 나는 소리를 나타내는 말. ☞봉봉
붕붕-거리다(대다)자 자꾸 붕붕 소리를 내다.
붕비(朋比)명-하다자타 붕당(朋黨)을 지어 자기편을 두둔함.

붕사(硼砂)명 붕산(硼酸)과 나트륨의 화합물. 흰 빛깔의 결정(結晶)으로 유리의 원료, 세제(洗劑) 등에 쓰임. 분사(盆砂)
붕사=구슬=반:응(硼砂-反應)명 금속의 정성 분석(定性分析)의 한 방법. 붕사 가루를 백금선에 묻혀서 가열하면 유리 구슬 모양의 붕사 구슬이 생기는데, 여기에 금속의 산화물을 묻혀서 가열하여 이 때 나타나는 빛깔로 금속의 성분을 알아냄.
붕사-땜(硼砂-)명 붕사를 써서 쇠붙이를 때우는 일.
붕산(硼酸)명 붕소(硼素)를 함유하는 무기산으로 무색투명하거나 광택이 나는 비늘 모양의 결정(結晶). 붕사를 산(酸)에 녹여 만드는데, 냄새는 없고 특유한 맛이 남. 약한 살균력이 있어 소독·세척·연고제 따위에 쓰이고, 도자기의 유약이나 법랑 등의 원료로도 쓰임.
붕산-면(硼酸綿)명 붕산의 수용액에 적신 솜. 상처의 소독 등에 쓰임.
붕산-수(硼酸水)명 붕산을 녹인 물. 소독제로 쓰임.
붕산-연:고(硼酸軟膏)[-년-]명 백색 연고에 정제(精製) 라놀린과 붕산을 함께 섞어 만든 연고.
붕-새(鵬-)명 중국의 전설에 나오는 상상의 새. 몸의 크기가 몇 천 리가 되는지 알 수 없고, 한 번의 날갯짓에 바다 위 삼천 리를 난 다음에 바람을 타고 단번에 구만 리까지 솟아오른다고 함. 대붕(大鵬) ☞도남(圖南)
붕성지통(崩城之痛)성구 성이 무너지는 슬픔이란 뜻으로, '남편을 여읜 아내의 슬픔'을 비유하여 이르는 말. ☞고분지통(鼓盆之痛)
붕소(硼素)명 흑갈색의 금속 광택을 지닌 비금속 원소의 하나. 화학적 성질은 규소(硅素)와 비슷하며, 천연으로는 붕산이나 붕사로 산출됨. 다이아몬드 다음으로 단단함.〔원소 기호 B/원자 번호 5/원자량 10.81〕
붕숭-하다형여 '봉송(鬔鬆)하다'의 변한말.
붕:어명 잉엇과의 민물고기. 몸길이는 20~40cm. 편평한 몸에 입이 작고 입술은 두꺼움. 몸빛은 등이 황갈색, 배는 은백색임. 강의 중·하류, 호소 연안, 논, 물웅덩이 등에 살며 5~7월에 산란함. 잡식성으로 갑각류, 유충류, 작은 곤충·동물, 연한 식물 등을 먹고 삶. 부어(鮒魚)
붕어(崩御)명-하다자 지난날, 임금이 세상을 떠남을 이르던 말. 등하(登遐). 선어(仙馭). 승하(昇遐). 안가(晏駕)
붕:어-곰명 푹 곤 붕어를 건져 베보자기에 싸서 짜낸 즙에 소금으로 간을 맞춘 음식.
붕:어-마름명 붕어마름과의 여러해살이풀. 줄기는 가늘고 길이 40cm 안팎. 솔잎 같은 잎이 줄기 마디에 빽빽하게 나며 7~8월에 홍색 꽃이 핌. 흔히 어항에 넣는 수초로 이용됨.
붕:어-빵명 붕어 모양으로 생긴 풀빵.
붕:어-연적(-硯滴)명 붕어 모양으로 만든 연적.
붕:어-저냐명 붕어로 만든 저냐.
붕:어-죽(-粥)명 붕어와 쌀로 쑨 죽. 붕어를 푹 고아서 체에 거른 것에 쌀을 넣고 쑴.
붕:어지명 '꾀붕장어'의 딴이름.
붕:어-톱명 등이 붕어 모양으로 둥글게 생긴 톱.
붕우(朋友)명 벗. 동무
붕우유신(朋友有信)성구 오륜(五倫)의 하나. 벗 사이의 도리는 신의(信義)에 있음을 이르는 말.
붕우책선(朋友責善)성구 벗끼리 서로 좋은 행실을 권함을 이르는 말.
붕익(鵬翼)명 붕새의 날개라는 뜻으로, '큰 사업의 계획'을 비유하여 이르는 말.
붕:-장어(-長魚)명 붕장어과의 바닷물고기. 몸길이는 90cm 안팎. 뱀장어와 비슷하나 입이 크고 이가 날카로움. 몸빛은 등이 다갈색, 배가 백색임. 해초가 무성한 모래·진흙 바닥에 살며 야행성임.
붕적-토(崩積土)명 바위나 돌이 풍화(風化)한 것이 비탈면 아래로 무너져 내려 쌓인 흙.
붕정(鵬程)명 붕새가 날아가는 노정(路程)이라는 뜻으로, '아득히 먼 거리', '멀고 먼 앞날'을 비유하여 이르는 말.
붕정-만리(鵬程萬里)명 ①머나먼 노정(路程). ②'앞길이 아득히 멂'을 비유하여 이르는 말.
붕탑(崩塌)명-하다자 무너져서 두려빠짐.
붕퇴(崩頹)명-하다자 붕괴(崩壞)
붗돗[붇-]명 '부뚜'의 원말.
붙다[1][붇-]자 ①맞닿아 떨어지지 않다. ¶벽에 그림이 붙어 있다. ②서로 맞닿다. ¶집들이 죽 붙어 있다. ③좇아서 따르다. ¶세도가에게 ㅡ. ④어떤 물체나 대상에게 바싹 가까이하다. ¶아기가 엄마에게 붙어 지내다. ⑤불이 댕기다. ¶불이 ㅡ. ⑥옮아 들다. ¶귀신이 ㅡ. ⑦시험 따위에 뽑히다. ¶검정 고시에 ㅡ. ⑧일거리 따위에 손을 대거나 매달리다. ¶세 사람이 붙어 일하다. ⑨어떤 감정이나 태도 등이 생겨나다. ¶정(情)이 ㅡ./책 읽는 버릇이 ㅡ. ⑩어떠한 것에 딸리다. ¶사장실에 비서실이 붙어 있다. ⑪보태어지거나 늘어나다. ¶특별 수당이 ㅡ./실력이 ㅡ.

한자 붙을 부(附)〔阜部 5획〕¶부가(附加)/부대(附帶)/부속(附屬)/부착(附着)/첨부(添附)
붙을 착(着)〔目部 7획〕¶밀착(密着)/접착(接着)

붙다[2][붇-]자타 동물의 암수가 교미(交尾)하다.
붙-당기다[붇-]타 붙잡아서 당기다.
붙-동이다[붇-]타 붙들어서 동이어 매다.
붙-들다[붇-](-들고·-드니)타 ①꽉 쥐고 놓지 않다. ¶손을 꼭 ㅡ. ②남을 가지 못하게 만류하다. ¶떠나는 님을 ㅡ. ③쓰러지지 않게 잡다. ¶노인을 붙들고 계단을 내려가다. ④달아나는 것을 잡다. ¶노루를 ㅡ.
붙들리다[붇-]자 붙듦을 당하다. ¶몰래 달아나다가 붙들렸다./친구에게 붙들려 이틀을 더 묵다.
붙-따르다[붇-](-따르고·-따라)타 공경하는 마음으로 섬기며, 가까이 따르다. 붙좇다
붙-매이다[붇-]자 몸이 어떤 일에 매이어 벗어나지 못하다. ¶농사짓는 일에 붙매여 지내다.
붙-박다[붇-]타〔주로 '붙박아'의 꼴로 쓰이어〕움직이지 못하도록 한곳에 붙이거나 박아 두다. ¶붙박아 두다./붙박아 놓다.
붙-박이[붇-]명 한곳에 박혀 있어서 움직일 수 없게 된 물건. ¶ㅡ 장농
붙-박이다[붇-]자 한곳에 들어박혀서 움직이지 않다. ¶화실에 붙박이어 그림 그리기에 몰두하다.
붙박이-별명 천구(天球)에서 서로의 위치를 바꾸지 않는 채 스스로 빛을 내는 별을 통틀어 이르는 말. 정성(定星). 항성(恒星) ☞떠돌이별

붙박이-장(-*欌)[붇-] 명 방·마루·부엌 따위의 벽에 붙여 짜 놓아서 옮길 수 없는 장. 제물장.
붙박이-창(-窓)[붇-] 명 햇빛만 들이고 여닫지 못하게 만든 창.
붙-안다[붇-따] 타 꼭 끌어안다.
붙어-먹다 타 '간통하다'를 속되게 이르는 말.
×**붙여-지내다** 자 →부쳐지내다
붙-움키다[붇-] 타 '부둥키다'의 원말.
붙은-돈 명 돈이 한 닢이거나 한 장이어서 얼마를 뗄 수 없는 돈. ¶-밖에 없으니 외상으로 합시다.
붙은-문자(-文字) 명 어떤 사물의 설명에 꼭 들어맞는 숙어(熟語).
-붙이《접미사처럼 쓰이어》'붙다'의 전성형으로 ①'사람의 같은 겨레'의 뜻을 나타냄. ¶겨레붙이/살붙이 ②'어떤 물건에 딸린 같은 종류'의 뜻을 나타냄. ¶쇠붙이/가죽붙이/금붙이
붙이기-일가(--一家)[부치-] 명 성(姓)과 본관(本貫)이 같아서 한 조상의 후손처럼 지내는 일가. 부족(附族)
붙이다[부치-] 타 ①착 달라붙게 하다. ¶편지 봉투에 우표를 -./얼굴에 반창고를 -. ②서로 맞닿게 하다. ¶책꽂이를 벽에 붙여 세우다. ③사이에 들어 일이 벌어지게 하다. ¶경쟁을 -./화해를 -./흥정을 -./싸움을 -. ④무슨 일이 마음에 끌리게 하다. ¶화초 가꾸기에 재미를 -./정(情)을 -. ⑤불이 옮아서 붙게 하다. ¶장작에 불을 -. ⑥딸리게 하다. ¶통역하는 사람을 -. ⑦의견을 더하다. ¶단서를 -./합의하는 데 조건을 -. ⑧이름을 달다. ¶새 군함에 백두라는 이름을 -. ⑨말을 건네다. ¶길손에게 말을 -. ⑩내기에서 돈을 태우다. ⑪윷판에 말을 달다. ⑫손바닥으로 때리다. ¶상대편의 따귀를 한 대 -. ⑬동물의 암수를 교미시키다. ¶수퇘지와 암퇘지를 교미를 -. ⑭이자나 세금 따위를 더하다. ¶이자를 -.

한자 **붙일 접**(接) 〔手部 8획〕 ¶용접(鎔接)/접골(接骨)/접목(接木)/접착(接着)/접합(接合)

붙임-대[부침때] 명 탕개붙임에서, 가에 죽 붙인 널빤지가 서로 어긋나지 않도록 위아래 쪽으로 대는 나무 오리.
붙임-붙임[부침부침] 부 남과 붙임성 있게 잘 사귀는 모양을 나타내는 말.
붙임-성(-性)[부침썽] 명 남과 잘 사귀는 솜씨. 너울가지 ¶-이 좋다.
붙임-줄[부침쭐] 명 악보에서, 같은 높이의 두 음을 잇는 줄. 두 음을 이어 연주함을 나타냄. 타이(tie)
붙임-질[부침-] 명-하다 타 나뭇조각 따위를 맞대어 풀로 붙이는 일.
붙임-틀[부침-] 명 널빤지를 붙이는 데 쓰는 틀.
붙임-판(-板)[부침-] 명 나뭇조각을 붙이는 데 쓰는, 두 개의 쇳조각으로 만든 판.
붙임-표(-標)[부침-] 명 문장 부호의 한 가지. 사전이나 논문 등에서 합성어, 또는 접사나 어미를 나타낼 때 쓰이는 부호로 '-'표를 이름. 하이픈 ¶꽃-방석/된-서리/-ㄹ수록 ☞물결표
붙임-풀[부침-] 명 바느질할 때에 동정 따위를 붙이는 데 쓰는, 좀 되직하게 쑨 풀.
붙임-혀[부침-] 명 추녀의 양옆에 붙이는 반쪽 서까래.
붙-잡다[붇-] 타 ①붙들어서 쥐다. ¶옷자락을 -. ②떠나지 못하게 말리다. ¶돌아서는 임을 -. ③가지 못하게 잡다. ¶바쁜 사람을 붙잡고 푸념을 늘어놓다./지나가는 택시를 붙잡아 타다. ④달아나지 못하게 붙들어 잡다. ¶닭을 -./도둑을 -. ⑤벌이할 자리를 얻다. ¶일자리를 -. ⑥물품 따위를 자기 것으로 만들다. ¶이번에 좋은 물건을 붙잡았다.
붙잡아-주다[붇-] 타 ①쓰러지지 않도록 부축하여 주다. ②도와서 살펴 주다.
붙-잡히다[붇-] 자 붙들려서 잡히다. 붙잡음을 당하다. 준 잡히다
붙-장(-*欌)[붇-] 명 부엌에 붙여 만든 장.
붙-좇다[붇졷-] 타 공경하는 마음으로 섬기며, 가까이 따르다. 붙따르다
뷟-달다[붑-](-달고·-다니) 자 말이나 행동을 몹시 거세고 급하게 하다.
뷟-대:다[붑-] 타 말이나 행동을 몹시 급하게 하다.
뷔겔(Bügel 독) 명 전동차의 지붕에 장치하여 가선(架線)과 접속시켜 전류를 끌어들이는 장치.
뷔:넨드라마(Bühnendrama 독) 명 무대 상연에 알맞은 희곡(戲曲). ☞레제드라마(Lesedrama)
뷔페(buffet 프) 명 ①역이나 열차 안에 마련된 간이 식당. ②여러 가지 음식을 차려 놓고, 먹을 사람이 손수 접시에 덜어서 먹는 식당.
뷰렛(burette) 명 산(酸)이나 알칼리의 양을 측정하는 데 쓰이는, 눈금 있는 유리관으로 된 기구.
뷰:어(viewer) 명 슬라이드를 보는 데 쓰이는 확대 장치.
브라:마(brāhma 범) 명 비슈누·시바와 함께 힌두교 세 주신(主神)의 하나. 우주의 창조자(創造者). 불교에서 범천(梵天)으로 일컬음.
브라:마(brahma) 명 닭의 한 품종. 인도 원산의 육용종(肉用種). 몸집이 크고 살팍지며 체질이 강함. ☞레그혼
브라:만(Brahman 범) 명 바라문
브라보(bravo 이) 감 '잘한다', '신난다', '좋다' 따위의 뜻으로, 즐겁거나 기뻐서 외치는 말.

브라스밴드(brass band) 명 금관 악기를 주체로 하고 타악기를 곁들여 편성한 악대. ☞취주 악단(吹奏樂團)
브라우저(browser) 명 인터넷에서 문서·영상·소리 따위의 정보를 찾을 때 사용하는 프로그램.
브라운-관(Braun管) 명 전기 신호를 빛의 상(像)으로 바꾸는 전자관(電子管). 텔레비전 수상관으로 쓰임.
브라운=운:동(Brown運動) 명 액체나 기체 속에 떠다니는 미립자(微粒子)의 불규칙한 운동. 주변에서 열운동을 하는 액체나 기체의 분자가 미립자에 불규칙하게 충돌하기 때문에 일어남.
브래지어(brassiere) 명 양장(洋裝)을 할 때, 가슴 부분의 맵시를 돋보이게 하려고 젖을 싸는 속옷.
브래킷(bracket) 명 '〔 〕·[ ]·〖 〗' 등의 괄호 이름.
브랜드(brand) 명 특정한 기업이나 기관 등의 상표·상호·디자인·기호 등을 통틀어 이르는 말.
브랜디(brandy) 명 과실주나 포도주를 증류하여 저장 숙성한 양주(洋酒).
브레이크(brake) 명 기계의 운동을 멈추게 하거나 늦추는 장치. 제동기(制動機)
브레이크(break) 명 ①야구에서, 투수가 던진 공이 포수의 미트에 꺾여 들어가는 일. ②권투에서, 한 선수가 상대편을 껴안았을 때 심판이 떨어지라고 명령하는 말.
브레이크오일(brake oil) 명 자동차 등의 제동을 원활하게 하는 기름.
브레인(brain) 명 브레인트러스트
브레인스토:밍(brainstorming) 명 집단적 사고(思考)의 기술. 여러 사람이 자유로운 분위기에서 남의 의견을 비판하지 않고 서로 아이디어를 내놓아, 어떤 과제에 대한 보다 나은 해결을 얻는 방법.
브레인트러스트(brain trust) 명 ①정부나 기업체의 자문 기관. ②사적(私的)인 고문(顧問)이나 상담(相談) 상대자. 브레인
브로:드점프(broad jump) 명 멀리뛰기
브로마이드(bromide) 명 연예인이나 운동 선수 등의 초상 사진. 브로마이드지를 사용한 데서 유래한 말임.
브로마이드지(bromide紙) 명 브롬지
브로:커(broker) 명 ①매매(賣買)를 중개하는 일을 직업으로 하는 사람. ②사기적인 거간꾼.
브로켄=현:상(Brocken現象) 명 산봉우리에서, 짙은 안개가 낄 때 햇빛을 등지고 서면 자기의 그림자가 크게 비치어 그 둘레에 무지개가 테처럼 둘리듯이 보이는 현상.
브론즈(bronze) 명 ①청동(靑銅) ②청동으로 만든 메달이나 조각(彫刻).
브론토사우루스(Brontosaurus 라) 명 중생대의 쥐라기

에서 백악기에 걸쳐 번성했다는 초식성의 큰 공룡.

브롬(Brom 독)명 할로겐 원소의 하나. 고약한 냄새가 나는 적갈색의 휘발성 액체. 유독하며, 증기는 눈의 점막을 자극함. 의약, 사진 재료 등으로 쓰임. 취소(臭素) 〔원소 기호 Br/원자 번호 35/원자량 79.90〕

브롬-수(Brom水)명 브롬의 포화 수용액. 노랑이나 갈색을 띠며 산화제로 쓰임. 취소수(臭素水)

브롬-지(Brom紙)명 브롬화은을 감광제로 써서 만든 인화지. 확대용으로 쓰임. 취소지(臭素紙)

브롬화-물(Brom化物)명 브롬과 다른 원소, 또는 원자단의 화합물을 통틀어 이르는 말. 취화물

브롬화-은(Brom化銀)명 브롬과 은(銀)의 화합물. 담황색의 가루로, 빛을 쬐면 분해되어 은을 분리시키고 검게 변함. 사진용 건판(乾板), 필름, 인화지 등의 유화제(乳化劑)로 쓰임. 취화은(臭化銀)

브롬화-칼륨(Brom化Kalium)명 브롬과 칼륨의 화합물. 광택이 있는 무색 또는 백색의 결정(結晶)으로 물에 잘 녹음. 신경 안정제, 화학용 시약(試藥), 사진용 브롬화은의 제조 원료 등에 쓰임. 취화(臭化)칼륨

브리지(bridge)명 ①다리 ②열차의 차량과 차량을 연결하는 고리. ③선교(船橋). 함교(艦橋) ④안경테에서 코에 걸리는 부분. ⑤가공 의치(架工義齒) ⑥카드 놀이의 한 가지. ⑦현악기의 기러기발. ⑧전기의 저항이나 빈도 등을 재는 장치. ⑨당구에서, 당구채를 조정하기 위하여 고리 모양을 하는 손가락. ⑩방송에서, 장면 전환에 쓰는 효과음. ⑪레슬링에서, 누워서 머리와 발로 몸을 버티어 다리 모양을 하는 몸 동작. 폴을 당하지 않기 위해 함.

브리타니아=합금(Britannia合金)명 주석 93, 구리 2, 안티몬 5의 비율로 이루어진 합금. 은 도금을 하여 촛대·술잔·주전자 따위의 다양한 가정 용품의 제조에 주로 쓰임.

브리:핑(briefing)명-하다자 ①간단한 보고. ②보도 기관 등에 하는 간단한 상황 설명. ③간단한 지령(指令).

브릴란테(brillante 이)명 악보의 나타냄말의 한 가지. '화려하게'의 뜻.

브이(V·v)명 영어 자모(字母)의 스물두째 글자의 이름.

브이아이피:(VIP)명 정부 요인(要人)이나 국빈(國賓) 등과 같이 특별히 대우하여야 할 중요한 인물. [very important person]

브이에이치에프(V.H.F.)명 초단파(超短波) [very high frequency]

브이에이치에프=방송(VHF放送)명 초단파 방송

브이엘에스아이(VLSI)명 초고밀도 집적 회로(超高密度集積回路) [very large scale integration]

브이오:디:(VOD)명 주문형 비디오 [video on demand]

브이이:(VE)명 가치 공학 [value engineering]

브이티:아:르(VTR)명 비디오테이프리코더 [vedio tape recorder]

블라우스(blouse)명 부녀자나 여자 아이가 윗옷으로 입는 셔츠 비슷한 옷.

블라인드(blind)명 창에 달아 햇빛을 가리는 물건.

블랙(black)명 ①검은 빛깔. 흑색(黑色) ②블랙커피

블랙리스트(blacklist)명 주의나 감시를 해야 할 사람의 명부.

블랙마:켓(black market)명 암시장(暗市場)

블랙박스(black box)명 ①항공기의 조종실 안의 음성과 항공기의 비행 상태 등을 저절로 기록하는 장치. ②기능은 알려져 있으나 내부 구조는 알 수 없는 장치.

블랙저:널리즘(black journalism)명 공개되지 않은 사실을 폭로하는 취재 활동. 개인이나 집단, 조직의 약점을 보도하거나 특정한 이익을 보도하는 것을 말함. ☞옐로저널리즘(yellow journalism)

블랙커피(black coffee)명 설탕과 크림을 타지 않은 커피. 블랙(black)

블랙코미디(black comedy)명 풍자를 내용으로 하여 사람들을 웃기면서도 그 바탕에는 잔혹함이나 으스스함을 느끼게 하는 희극(喜劇).

블랙홀:(black hole)명 항성(恒星)이 진화의 최종 단계에서 자체의 중력으로 말미암아 한없이 붕괴하여 빛조차도 탈출할 수 없는 상태로 된 것.

블랭킷에어리어(blanket area)명 라디오나 텔레비전의 난시청 지역.

블레이저(blazer)명 플란넬 등으로 활동적이고 경쾌한 느낌이 나게 만든 양복 모양의 윗옷. 단추와 겉으로 보이게 단 주머니가 특징임.

블로킹(blocking)명 ①농구나 미식 축구 등 구기(球技)에서, 몸의 접촉으로 상대 선수의 움직임이나 공격을 막는 일, 또는 그 동작. ②배구에서, 상대편의 스파이크를 막기 위해 네트 앞에서 뛰어올라 양손이나 팔로써 벽처럼 가리는 동작. ③권투에서, 어깨·팔·팔꿈치 등으로 상대 선수의 펀치를 막는 방어법.

블로:홀:(blowhole)명 용해(鎔解)된 금속이 굳을 때 가스가 완전히 빠지지 아니하여 생긴 기포(氣泡).

블록(bloc)명 정치나 경제상의 이익을 꾀하여 국가나 단체가 연합한 것.

블록(block)명 ①벽돌 모양의 콘크리트 덩어리. ②시가지(市街地)의 한 구역.

블록=건:축(block建築)명 철근을 넣고, 콘크리트블록을 모르타르로 맞붙여 가며 짓는 건축.

블록=경제(bloc經濟)명 광역 경제(廣域經濟)

블록버스터(blockbuster)명 대형 고성능 폭탄의 이름에서 따온 말로 ①신문이나 잡지, 텔레비전 등에 많은 광고비를 들여 짧은 기간에 붐을 일으키는 방법. ②대규모 흥행을 목적으로 많은 자본을 들여 만든 영화.

블론드(blond)명 금빛 머리털. 금발(金髮)

블루:머(bloomer)명 ①여성이나 아이들이 입는 속바지의 한 가지. 가랑이 끝에 고무줄을 넣어 졸리게 만든 옷. ②여성용 운동 팬츠의 한 가지. 기장이 짧고 가랑이 끝에 고무줄을 넣어 졸리게 만든 옷.

블루:벨트(blue belt)명 해양 자원을 보호하고 해수가 오염되지 않도록 나라에서 정해 놓은 구역. 청정 수역(淸淨水域) ☞그린벨트(greenbelt)

블루:블랙(blue-black)명 짙은 남빛.

블루:스(blues)명 4분의 4박자 또는 4분의 2박자의 애수(哀愁)를 띤 가곡(歌曲), 또는 그 곡에 맞추어 느리게 추는 춤. 노예 제도 상태에 있었던 미국 흑인들 사이에 불린 노래로 재즈의 음악적 바탕이 됨.

블루:진:(blue jeans)명 청바지

블루:칼라(blue collar)명 생산 현장에서 일하는 근로자를 이르는 말. 청색 작업복을 입는 데서 생긴 말. ☞화이트칼라(white collar)

블루:필름(blue film)명 남녀의 성행위(性行爲)를 주로 한 외설 영화.

비[1] 명 ①대기(大氣) 속의 수증기가 찬 기운을 만나 엉기어 물방울이 되어 땅으로 떨어지는 현상, 또는 그 물방울. ②화투 딱지의 한 가지. 12월에 배당한 딱지로, 우산을 받쳐든 그림이 들어 있음. 광(光), 열, 붉은 띠, 껍데기로 이루어짐. ☞솔[1]

비(를) 긋다 관용 잠시 비를 피하여 그치기를 기다리다.

속담 **비 맞은 쇠똥 같다** : 본디 굳어 있던 것이 너저분하게 풀어져서 남은 것이 없게 된 경우를 비유하여 이르는 말. /**비 맞은 용대기**(龍大旗) : 기세가 양양하던 사람이 갑자기 맥없이 풀이 죽어 있음을 비유하여 이르는 말. 〔비 오는 날 수탉 같다〕/**비 오는 날 쇠꼬리 같다** : 비에 젖은 쇠꼬리가 흔드는 대로 가서 들러붙듯이, 반갑지도 않은 것이 치근치근 귀찮게 하는 것을 비유하여 이르는 말. /**비 오는 날 장독 덮었다 한다** : 당연히 할 일을 하고 유세하는 경우를 이르는 말. /**비 온 뒤에 땅이 굳어진다** : 풍파를 겪은 뒤에 일이 더 든든해짐을 비유하여 이르는 말.

한자 **비 우**(雨) 〔雨部〕 ¶강우량(降雨量)/우기(雨期)/우산(雨傘)/우의(雨衣)/폭우(暴雨)

> ▶ '비'의 종류
> ㅇ 빗방울의 크기에 따른 이름 — 가랑비/보슬비/부슬비/악수/억수/이슬비/작달비/장대비
> ㅇ 때나 철에 따른 이름 — 가을비/겨울비/밤비/봄비
> ㅇ 내리는 양이나 때에 따른 이름 — 건들장마/궂은비/늦장마/봄장마/소나기/여우비/장맛비/큰비
> ㅇ 그 밖의 이름들 — 단비/모종비/목비/찬비
> ㅇ 비의 한자어들 — 감우(甘雨)/녹우(綠雨)/동우(涷雨)/백우(白雨)/세우(細雨)/음우(陰雨)/음우(霪雨)/임우(霖雨)/자우(慈雨)/장림(長霖)/추우(秋雨)/춘우(春雨)/취우(驟雨)/취우(翠雨)/쾌우(快雨)/택우(澤雨)/폭우(暴雨)/하우(夏雨)/호우(豪雨)

비[2] 명 먼지나 쓰레기 따위를 쓸어 내는 데 쓰는 도구. 속담 **비를 드니 마당 쓸라 한다** : 스스로 일을 하려는데 공교롭게도 그때 남이 그 일을 시킨다는 뜻으로, 스스로 일을 하려는 참에 남의 간섭을 받게 되어 기분이 언짢은 경우를 이르는 말.

비:(比)[1] 명 ①수학에서, 두 수나 양 a, b가 있을 때, a가 b의 몇 배인가를 보이는 관계. a의 b에 대한 비(比)라 이르고 a : b로 나타내며, a대 b라 읽음. ②'비례(比例)'의 준말. ③'비율(比率)'의 준말.

비:(比)[2] 명 '비괘(比卦)'의 준말.

비(妃) 명 ①임금의 아내. 왕비(王妃) ②황태자(皇太子)의 아내. 태자비(太子妃)

비:(否) 명 '비괘(否卦)'의 준말.

비:(脾) 명 '비장(脾臟)'의 준말.

비:(賁) 명 '비괘(賁卦)'의 준말.

비(碑) 명 사적(事蹟)이나 공적, 또는 사건 등을 기념하기 위하여 글을 돌이나 쇠붙이 등에 새기어 세워 두는 물건. ¶공적을 기리어 －를 세우다. ☞비석(碑石)

비:(B·b) 명 ①영어 자모(字母)의 둘째 글자의 이름. ②차례나 등급 등의 둘째. ¶－학점을 받았다. ③서양 음악의 장음계(長音階) 일곱째(단음계 둘째)의 미국·영국 음계 이름. 우리 나라 음계 이름 '나'에 해당함. ☞시(si)

비(非)- 접두 '아님', '없음', 어긋남'의 뜻을 나타냄. ¶비능률(非能率)/비무장(非武裝)/비애국자(非愛國者)/비신사적(非紳士的)

-비(費)《접미사처럼 쓰이어》'드는 돈[費用]'의 뜻을 나타냄. ¶생활비(生活費)/관리비(管理費)/연구비(硏究費)/생산비(生産費)

비:가(比價)[－까] 명 다른 것과 비교한 가치, 또는 그 가격.

비가(悲歌) 명 슬픈 마음을 읊조린 노래. 애가(哀歌). 엘레지(élégie)

비-가:시광선(非可視光線) 명 사람의 맨눈으로 느낄 수 없는 파장을 가진 광선. 자외선·적외선·엑스선 따위. ☞가시광선(可視光線)

비가역=변:화(非可逆變化) 명 변화가 일어나기 전의 상태로 화학 변화가 일어날 수 없는 변화. 열(熱)의 전도(傳導)나 확산, 마찰 따위. ☞가역 변화

비각 명 물과 불의 관계처럼 두 사물이 서로 용납되지 못하는 일.

비각(碑閣) 명 비석을 보호하기 위해 비석 위에 세운 건물.

비갈(碑碣) 명 가첨석(加檐石)이 있는 비(碑)와 가첨석이 없는 갈(碣)을 아울러 이르는 말.

비:감(祕甘) 명 지난날, 상급 관아에서 하급 관아에 내리던 비밀 공문.

비감(悲感) 명 슬픈 느낌.

비감(痞疳) 명 한방에서 이르는 감병(疳病)의 한 가지. 음식을 먹지 않아도 늘 배가 부르고 소화가 안 되며, 대변에서 시큰한 냄새가 나는 병.

비:-감모(鼻感冒) 명 한방에서, '코감기'를 이르는 말. 상풍증(傷風症)

비:강(粃糠) 명 ①쭉정이와 겨. ②변변치 못한 음식. ③쓸모 없는 물건.

비:강(鼻腔) 명 콧구멍에서 인두(咽頭)에 이르는 공기의 통로. ☞인후(咽喉) ▷ 鼻·鼻는 동자

비:강-진(粃糠疹) 명 피부의 각질이 쌀겨처럼 얇게 벗겨지는 피부병.

비-개:석(碑蓋石) 명 비신(碑身) 위에 지붕처럼 올려 놓는 돌. 가첨석(加檐石)

비거(飛車) 명 임진왜란 때 정평구(鄭平九)가 만든, 사람을 태워 공중을 날아다녔다는 수레.

비거(鵯鶋) 명 '갈까마귀'의 딴이름.

비거(vigour) 명 설탕이나 엿에 우유와 향료를 넣어 만든 과자.

비거덕 부 단단한 물체가 서로 닿아 문질릴 때 느리고 되게 나는 소리를 나타내는 말. ☞비걱. 삐거덕. 삐꺼덕

비거덕-거리다(대다) 자타 자꾸 비거덕 소리가 나다, 또는 그런 소리를 내다. ☞비걱거리다. 삐거덕거리다. 삐꺼덕거리다

비거덕-비거덕 부 비거덕거리는 소리를 나타내는 말. ☞비걱비걱. 삐거덕삐거덕. 삐꺼덕삐꺼덕

비-거스렁이 명-하다 자 비가 갠 뒤에 바람이 불고 기온이 낮아지는 일.

비걱 부 단단한 물체가 서로 닿아 문질릴 때 나는 소리를 나타내는 말. ☞배각. 삐걱

비걱-거리다(대다) 자타 자꾸 비걱 소리가 나다, 또는 그런 소리를 내다. ☞배각거리다. 삐걱거리다

비걱-비걱 부 비걱거리는 소리를 나타내는 말. ☞배각배각. 삐걱삐걱

비:겁(卑怯) 어기 '비겁(卑怯)하다'의 어기(語基).

비:겁-하다(卑怯－) 형여 ①용기가 없고 겁이 많다. ¶비겁하게 혼자 달아난다. ②하는 짓이 바르거나 떳떳하지 못하다. ¶비겁한 수단./비겁한 방법으로 독차지하다. ☞비열하다

비게-질 명-하다 자 말이나 소 따위가 몸이 가려울 때 그 자리를 다른 물체에 대고 비비는 짓.

비겨미 명 쟁기 따위의 봇줄이 소의 뒷다리에 닿지 않도록 두 끝이 턱이 지게 하여 봇줄에 꿰는 막대.

비격(飛檄) 명-하다 자 격문을 급히 돌림, 또는 그 격문.

비격-진:천뢰(飛擊震天雷) 명 조선 선조 때, 군기시(軍器寺)의 이장손(李長孫)이 발명하여 대완구(大碗口)라는 화기(火器)로 쏘던 포탄. 진천뢰

비:견(比肩) 명-하다 자 ①어깨를 나란히 함. ②낫거나 못함이 없이 서로 비슷하게 함. 병견(竝肩) ¶그와 비견할 만 한 선수가 드물다.

비:견(鄙見) 명 자기의 의견을 겸손하게 이르는 말.

비:결(祕訣) 명 남에게는 알려져 있지 아니한 가장 효과적인 방법. 비요(祕要) ¶암산의 －./요술의 －.

비:결(祕結) 명 변비(便祕)

비-결정론(非決定論)[－쩡－] 명 인간의 의지는 다른 어떤 원인으로도 결정될 수 없고 오직 자기 스스로 결정한다는 학설. 자유 의지론(自由意志論) ☞결정론

비:경(祕境) 명 ①신비스러운 경지. ②사람이 가 본 적이 없거나, 또는 사람들에게 잘 알려져 있지 아니한 지역.

비경(悲境) 명 불행한 처지.

비:경(鼻鏡) 명 비강을 진찰하는 데 쓰는, 긴 자루 끝에 반사경이 달린 기구.

비경이 명 베틀의 잉아와 사침대 사이에 넣어 실이 엉클어지지 않게 하는 기구. 세 개의 가는 나무로 얼레 비슷하게 벌려서 만들었음. 삼각(三脚)

비경제=활동=인구(非經濟活動人口)[－똥－] 명 만 14세 이상의 인구 중 일할 능력이 없거나, 능력은 있어도 일할 의사가 없는 사람을 이르는 말. ☞경제 활동 인구

비계[1] 명 돼지 따위의 가죽 안쪽에 붙은 두꺼운 기름 켜.

비계[2] 명 높은 곳에서 공사할 때 발을 디디고 설 수 있도록 긴 나무나 강철관 등으로 가로세로 걸어 놓는 시설.

비:계(祕計) 명 남몰래 꾸민 계략. 비모(祕謀)

비:계(祕啓) 명-하다 타 신하가 임금에게 남몰래 글을 보냄, 또는 그 글. 밀계(密啓)

비계-목(－木) 명 비계를 매는 데 쓰는 가늘고 긴 통나무.

비:고(祕庫) 명 다른 사람이 보아서는 안 될 귀중한 물건을

감추어 두는 곳집. 비부(祕府)
비:고(備考)명 ①참고하기 위하여 갖추어 두는 일. ②어떤 내용에 참고가 될만 한 사항을 덧붙여 적는 일, 또는 덧붙인 그 기록.
비고로사멘테(vigorosamente 이)명 악보의 나타냄말의 한 가지. '힘차게' 또는 '씩씩하게'의 뜻.
비곡(悲曲)명 슬픈 가락의 음악. 비조(悲調)
비:곤(憊困)어기 '비곤(憊困)하다'의 어기(語基).
비:곤-하다(憊困-)형여 가쁘고 고달프다. 곤비하다
비:골(腓骨)명 종아리뼈
비:골(鼻骨)명 코뼈
비:골(髀骨)명 넓적다리뼈
비:공(鼻孔)명 콧구멍
비-공개(非公開)명 공개하지 아니함. ¶ - 회의
비-공식(非公式)명 공식이 아니고 사사로움. ¶ - 방문/- 회담/- 견해
비-공식적(非公式的)명 공식적이 아닌 것. ¶ -으로 견해를 발표했다.
비-과세(非課稅)명 세금을 매기지 않는 일. ¶ - 통장
비과세=소:득(非課稅所得)명 세법에서, 사회적인 면이나 과세 기술 면을 고려하여 세금을 매기지 않는 소득.
비관(卑官)명 ①낮은 관직. ②관리가 자기를 낮추어 이르는 말.
비:관(祕關)명 지난날, 상관이 하관에게 남몰래 보내는 공문을 이르던 말.
비관(悲觀)명-하다타 ①일이 생각대로 되지 아니하여 실망함. ¶앞일을 -하다. ②세상살이나 인생을 어둡고 괴로운 것으로 여김. ☞낙관(樂觀)
비관-론(悲觀論)[-논]명 일이 생각대로 되지 않을 것으로 보는 견해. ☞낙관론(樂觀論)
비관세=장벽(非關稅障壁)명 정부가 관세 이외의 방법으로 세계의 자유 무역을 저해하거나 교란하는 일. 수입 수량이나 품목을 제한하는 일 따위.
비관-적(悲觀的)명 비관하거나 또는 비관하는 경향이 있는 것. ¶ -인 결론./-인 견해. ☞ 낙관적(樂觀的)
비:-괘(比卦)명 육십사괘(六十四卦)의 하나. 감괘(坎卦) 아래 곤괘(坤卦)가 놓인 괘로 땅 위에 물이 있음을 상징함. 준비(比)[2] ☞소축괘(小畜卦)
비:-괘(否卦)명 육십사괘(六十四卦)의 하나. 건괘(乾卦) 아래 곤괘(坤卦)가 놓인 괘로 하늘과 땅이 서로 사귀지 못함을 상징함. 준비(否) ☞동인괘(同人卦)
비:-괘(賁卦)명 육십사괘(六十四卦)의 하나. 간괘(艮卦) 아래 이괘(離卦)가 놓인 괘로 산 밑에 불이 있음을 상징함. 준비(賁) ☞박괘(剝卦)
비:괴(匪魁)명 비도(匪徒)의 괴수.
비:교(比較)명-하다타 둘 이상의 것을 서로 견줌. ¶일의 양을 -해 본다./낫고 못함을 -하다.
비교(飛橋)명 높이 건너질러 놓은 다리. ☞잔교(棧橋)
비:교(祕敎)명 ①밀교(密敎) ②비밀 의식을 치르는 종교.
비:교=문법(比較文法)[-뻡]명 같은 조어(祖語)에서 갈라져서 발전한 둘 이상의 언어의 문법을 비교하여 그 관계를 연구하는 학문.
비:교=문학(比較文學)명 두 나라 이상의 문학을 비교하여 그 교류나 영향 관계, 특색 등을 밝히는 학문.
비:교=언어학(比較言語學)명 같은 계통에 딸린 두 가지 이상의 언어의 구조를 비교하여 서로의 계통적 관계나 변천, 발달 등을 연구하는 언어학의 한 분야.
비:교=연:구(比較硏究)명 둘 이상의 것을 비교하여 그 같고 다름이나 관계, 법칙 등을 연구하는 일.
비-교:인(非敎人)명 교인이 아닌 사람.
비:교-적(比較的)명 비교하는 것. ¶ -인 판단.
부 다른 것이나 어떤 기준에 견주어서 꽤. ¶ - 쉬운 문제./- 추운 날씨.
비-교전국(非交戰國)명 전쟁 관계에 있지 않은 나라.
비교전=상태(非交戰狀態)명 직접 전쟁에 참가하지는 않지만 교전국들에 대하여 공평한 중립 위치에 있지 않고 어느 한편에 원조를 하는 제삼국과 교전국의 관계.
비-교전자(非交戰者)명 전장(戰場)에 있기는 하지만 직접 전투에는 참가하지 않는 사람. 신문 기자 따위.
비:교-표(比較表)명 어떤 일의 내용이나 성과를 비교하여 나타낸 표.
비:구(比丘)명 구족계(具足戒)인 250계를 받고 수행하는 남자 중. 비구승(比丘僧) ☞비구니(比丘尼)
비구(飛球)명 야구에서, 공중으로 높이 쳐 올린 공. 플라이볼(fly ball)
비:구(鼻鼽)명 한방에서, 맑은 콧물이 자꾸 흐르는 병을 이르는 말.
비:구(髀臼)명 치골(恥骨)과 넓적다리뼈 사이의 오목하게 들어간 곳. 관골구(髖骨臼)
비:구-계(比丘戒)명 비구(比丘)가 지켜야 하는 250계율. ☞구족계(具足戒). 비구니계(比丘尼戒)
비:구=관절(髀臼關節)명 비구에 넓적다리뼈의 머리가 물려서 된 관절. 고관절(股關節)
비:구-니(比丘尼)명 구족계(具足戒)인 348계를 받고 수행하는 여자 중. 이승(尼僧) ☞비구(比丘)
비:구니-계(比丘尼戒)명 비구니가 지켜야 하는 348계율. ☞구족계(具足戒). 비구계(比丘戒)
비-구름 명 ①비를 머금은 잿빛 구름. 우운(雨雲) ②'난층운(亂層雲)'의 딴이름.
비-구상(非具象)명 자유로운 형태와 색채로 표현한 추상회화(抽象繪畫)의 한 경향.
비:구-승(比丘僧)명 비구(比丘) ☞대처승(帶妻僧)
비-국민(非國民)명 국민의 본분을 지키지 못한 사람.
비:굴(卑屈)어기 '비굴(卑屈)하다'의 어기(語基).
비:굴-스럽다(卑屈-)(-스럽고·-스러워)형ㅂ 보기에 비굴한 데가 있다.
비굴-스레부 비굴스럽게
비:굴-하다(卑屈-)형여 줏대 없이 남의 비위를 맞추는 짓이 비겁하다. ¶비굴한 행동.
비굴-히부 비굴하게
비궁지절(匪躬之節)명 임금과 나라를 위하여 자기의 몸은 돌보지 아니하고 충성을 다하는 신하의 도리.
비극(悲劇)명 ①인생의 불행이나 비참한 사건을 제재(題材)로 하여 불행한 결말로 끝맺는 극(劇). ②인생이나 사회의 비참한 사건. ¶골육상잔(骨肉相殘)의 -. ☞희극(喜劇)
비극-적(悲劇的)명 비극의 특질을 띤 것. 비극에서 볼 수 있는 것과 같은 불행하고 슬픈 것. ¶ -인 최후를 맞다./-인 결말(結末).
비:근(鼻根)명 불교에서 이르는 육근(六根)의 하나. 후각(嗅覺)을 맡은 기관인 '코'를 이르는 말.
비:근(卑近)어기 '비근(卑近)하다'의 어기(語基).
비근-거리다(대다)자 물건의 사개가 물러나서 일긋거리다.
비근-비근부 비근거리는 모양을 나타내는 말.
비:근-하다(卑近-)형여 흔히 보거나 들을 수 있을 만큼 일상 생활과 가깝다. ¶비근한 예를 들어 설명하다.
비근-히부 비근하게
비:글(beagle)명 개의 한 품종. 키 35cm 가량이고 다리가 짧으며 귀가 늘어졌음. 토끼 사냥에 쓰임. 영국 원산임.
비금(飛禽)명 날짐승
비금비금-하다형여 서로 비슷비슷하다.
비-금속(非金屬)명 ①금속의 성질을 지니지 않은 물질. ②비금속 원소(非金屬元素)
비:-금속(卑金屬)명 공기 중에서 쉽사리 산화하는 금속. 철·알루미늄·아연 따위. ☞귀금속(貴金屬)
비금속=광택(非金屬光澤)명 금속 광택 이외의 광택. 유리의 광택, 수지(樹脂)의 광택 따위.
비금속=원소(非金屬元素)명 금속의 성질을 지니지 않은 원소. 질소·산소·탄소 따위. 비금속(非金屬)
비금주:수(飛禽走獸)명 날짐승과 길짐승을 아울러 이르는 말. 준비주(飛走)
비:급(備急)명-하다자 급할 때에 쓰려고 미리 준비함, 또는 그런 준비.

비:기(丕基) 명 나라를 다스리는 기업(基業). ☞홍업
비기(飛騎) 명 날랜 기병(騎兵).
비:기(祕記) 명 ①길흉화복을 예언한 기록. ②비밀 기록.
비:기(祕機) 명 ①비밀 기계(機械). ②쉽게 헤아릴 수 없는, 뜻이 깊고 중요한 일.
비기다[1] 자 ①서로 견주다. ¶어디다가 비길 데 없는 절경. ②빗대어 이르다.
비기다[2] 자타 ①내기나 겨루는 일에 이기고 지는 결판이 나지 아니하다, 또는 결판을 내지 못하다. ¶장기를 거듭 비기고 있다. ②셈할 것을 서로 에끼다. ¶받을 돈을 곡식으로 비겼다. 준 빅다
비기다[3] 자 비스듬히 기대다. ¶담에 비기어 서다.
비기다[4] 타 뚫린 구멍에 다른 조각을 대어 때우다.
비:기윤:신(肥己潤身) 성구 자기의 몸만 이롭게 함을 이르는 말.
비:기지욕(肥己之慾) 명 자기의 몸만 이롭게 하고자 하는 욕심.
비김-수(-手)[-쑤] 명 이기고 지는 결판이 나지 않게 되는 수. 준 빅수
비:-꼬:다 타 ①끈 따위를 비틀어서 꼬다. ②몸을 바로 하지 못하고 비비 틀다. ¶수줍어서 몸을 비꼬고 있다. ③남의 마음에 거슬리도록 비뚜로 말을 하다. ¶칭찬할 일을 비꼬기만 한다. ☞배꼬다
비:-꼬이다 자 비꼬아지다. 준 비꾀다
비-꾀:다 자 '비꼬이다'의 준말.
비꾸러-지다 자 ①몹시 비뚤어지다. ②그릇되게 벗어져 나가다. ¶마음먹은 일이 비꾸러졌다. ☞삐꾸러지다
비끄러-매:다 타 서로 떨어지지 못하게 붙잡아 매다.
비끗 부 ①사개 따위가 꼭 들어맞지 않고 어긋나는 모양을 나타내는 말. ②뼈마디가 접질리는 모양을 나타내는 말. ¶발을 헛디디어 - 했다. ③잘 나아가던 일이 잘못하여 어그러지는 모양을 나타내는 말. ¶일이 - 했다가는 큰일이지. ☞배끗. 삐끗
비끗-거리다(대다)[-끋-] 자 ①사개 따위가 비끗비끗 어긋나다. ②일이 비끗비끗 어그러지다. ☞배끗거리다. 삐끗거리다
비끗-비끗[-끋-] 부 자꾸 비끗 하는 모양을 나타내는 말. ☞배끗배끗. 삐끗삐끗
비끼다 자타 ①비스듬히 기울다, 또는 비스듬히 기울이다. ¶비껴 솟은 암벽을 오른다. ②비스듬히 놓이다, 또는 비스듬히 놓다. ¶밤 하늘에 길게 비낀 은하수./국기를 비껴 꽂다. ③비스듬히 늘어지다. ¶산들바람에 비낀 실버들 가지. ④비스듬히 비치다. ¶창문으로 비껴 든 햇살. ⑤표정이 잠깐 드러나다. ¶그의 얼굴에 회심의 미소가 비껴 갔다.

한자 비낄 사(斜) 〔斗部 7획〕 ¶경사(傾斜)/사로(斜路)/사선(斜線)/사양(斜陽)/사영(斜影)/사탑(斜塔)

비나리-치다 자 아첨을 하며 환심을 사다.
비난(非難) 명 -하다 타 남의 잘못이나 흠을 잡아 나무람. ¶-을 받아 마땅하다./거세게 -하다.
비-내:구재(非耐久財) 명 경제재(經濟財) 중 오래 쓸 수 없는 재화(財貨). 식료품이나 의류·의약품 따위. ☞내구재(耐久財)
비:너스(Venus) 명 ①로마 신화에 등장하는 미(美)와 사랑의 여신(女神). ②금성(金星)
비녀 명 여자의 쪽찐 머리가 풀어지지 않도록 쪽에 가로질러 꽂는 물건. 잠(簪)
비녀(婢女) 명 계집종
비녀-골 명 '비녀골풀'의 딴이름.
비녀-골풀 명 골풀과의 여러해살이풀. 습지에 자라는데 뿌리줄기가 가로로 벋고, 줄기는 곧으며 줄기 높이는 30~50cm임. 잎은 가늘고 길며 여름에 녹색을 띤 작은 꽃이 두상(頭狀) 꽃차례로 핌. 비녀골
비녀-장 명 ①바퀴가 벗어나지 않도록 굴대 머리 구멍에 꽂는 큰 못. ②인방(引枋) 따위가 물러나지 않도록 기둥과 인방 머리를 얼러 구멍을 내어 꽂는 큰 나무못. 잠(簪) ☞산지. 산지못
비:년(比年) 명 ①지나간 지 오래지 않은 해. 근년(近年) ②매년(每年). 비세(比歲)
비노동력=인구(非勞動力人口) 명 질병이나 집안일 등으로 노동 시장에 나타나지 않는 인구. ☞노동력 인구
비노리 명 볏과의 한해살이풀. 줄기는 무더기로 나는데 높이는 25cm 안팎이며, 잎은 길고 갸름한 모양임. 7~8월에 작은 이삭이 나와서 연한 자줏빛 꽃이 원추(圓錐) 꽃차례로 핌. 양지바른 곳에 자람.
비-논리적(非論理的) 명 논리적이 아닌 것. 조리가 닿지 않는 것.
비-농가(非農家) 명 농촌에 살되 농사를 짓지 않는 집.
비:뇨-기(泌尿器) 명 오줌을 만들고 배설하는 기관.
비:뇨기-과(泌尿器科)[-꽈] 명 비뇨기계의 병을 연구하고 치료하는 의학의 한 분과.
비누 명 몸이나 빨래 따위의 때를 씻는 데 쓰는 세제(洗劑). 석감(石鹼)
비:-누:관(鼻淚管) 명 누낭(淚囊)의 아래 끝에서 하비도(下鼻道)로 통하는 누관.
비누-질 명 -하다 자타 때를 씻기 위하여 몸이나 빨래에 비누를 문지르는 일.
비누-화(-化) 명 -하다 자타 에스테르를 산(酸)과 알코올 또는 염으로 가수 분해(加水分解)하는 일, 또는 그런 화학 반응. 감화(鹼化)
비눗-기 명 비누가 배어 있거나 묻어 있는 기운. ¶-가 없도록 헹구다.
비눗-물 명 비누가 풀린 물.
비늘 명 ①파충류나 어류 따위의 거죽을 덮고 있는 얇은 딱지로 된 보호 조직. ②물고기 비늘 모양으로 생긴 것.
비늘-갑옷(-甲-) 명 작은 쇳조각을 이어 만든 갑옷. ☞갑옷미늘
비늘-구름 명 '권적운(卷積雲)'의 딴이름.
비늘-긁기 명 생선 비늘을 긁어 내는 데 쓰는 기구.
비늘-김치 명 무에 돌아가며 칼집을 넣어 소금물에 절인 다음, 칼집 틈에 김치소를 넣고 통배추 김치 사이에 켜켜로 함께 담근 김치.
비늘-눈 명 식물의 곁눈으로서 비늘잎에 싸여 있는 것을 이르는 말. 인아(鱗芽)
비늘-무늬 명 삼각형을 두 개 나란히 하고 그 위에 다시 한 개를 포갠 것을 기본으로 위아래 좌우로 늘어놓은 모양의 무늬.
비늘-잎[-립] 명 비늘 모양으로 변태하여 땅위줄기의 밑동 따위에 붙어 있는 잎. 겨울눈을 싸서 보호함. 인엽
비늘-줄기 명 식물의 땅속줄기의 한 가지. 땅 속의 짧은 줄기의 둘레에 두꺼워진 잎이 많이 붙어서 이루어짐. 나리·양파·수선화 따위에서 볼 수 있음. 인경(鱗莖)
비-능률적(非能率的)[-쩍] 명 능률을 올리기에 알맞지 않은 것. ¶-인 생산 과정.
비닐(vinyl) 명 비닐 수지(樹脂)를 가공하여 만든 제품.
비닐론(vinylon) 명 비닐계 수지로 만든 합성 섬유의 한 가지. 감촉이 생사(生絲)와 비슷하며, 내구성·내약품성·보온성이 좋음. 옷감이나 그물 등에 쓰임.
비닐=섬유(vinyl纖維) 명 비닐 수지로 만든 섬유. 내수성(耐水性)이 강하고 염색이 잘 됨.
비닐=수지(vinyl樹脂) 명 합성 수지를 통틀어 이르는 말. 염화비닐 수지, 아세트산비닐 수지, 폴리비닐알코올계 수지 따위를 중합(重合)하여 만듦.
비닐=인쇄(vinyl印刷) 명 플라스틱 인쇄의 한 가지. 비닐 시트, 비닐필름 따위에 특수 잉크를 써서 하는 인쇄.
비닐-판(vinyl板) 명 비닐 계통의 수지를 재료로 하여 만든 레코드판.
비닐하우스(vinyl+house) 명 채소 따위를 촉성 재배하거나 열대 식물을 가꾸기 위하여 비닐로 만든 온실.
비닐-화(vinyl化) 명 유기 화합물과 아세틸렌을 작용시켰을 때 일어나는 반응. 비닐 유도체(誘導體)가 생김.
비:다[1] 자 ①속에 있던 것이 없어지다. ¶빈 병./빈 차. ②있어야 할 것이 모자라다. ¶두 사람이 빈다./갚아야 할

ㅂ

돈에서 만 원이 빈다.

속담 **빈 다듬잇돌을 두드리면 어머니가 젖을 앓는다** : 아이들이 장난 삼아 빈 다듬잇돌을 두드릴 때, 하지 말라고 말리며 이르는 말. /**빈 수레가 더 요란하다** : 지식이나 능력이 없는 사람이 더 아는체 하고 떠듦을 비유하여 이르는 말. /**빈 외양간에 소 들어간다** : 비어 있던 자리에 안성맞춤으로 딱 들어맞는 경우를 이르는 말. /**빈 절에 구렁이 모이듯** : 여기저기에서 쓸데없이 많은 사람이 모여듦을 이르는 말.

한자 **빌 공**(空) 〔穴部 3획〕 ¶ 공간(空間)/공백(空白)/공복(空腹)/공석(空席)/공중(空中)/공허(空虛)
빌 허(虛) 〔虍部 6획〕 ¶ 허공(虛空)/허언(虛言)

비:다[2] 형 속에 아무 것도 없다. ¶ 빈 대롱.

비:-다듬다[-따] 타 매만져 곱게 다듬다. ¶ 머리를 -.

비단(飛湍) 명 흐름이 거센 여울. ☞ 급류(急流)

비:단(*緋緞) 명 명주실로 짠 피륙을 통틀어 이르는 말. 견포(絹布) 준 단(緞)

속담 **비단 대단(大緞) 곱다 해도 말같이 고운 것은 없다** : 말이라는 것은, 하기에 따라서 남의 비위를 맞출 수도 있고 마음을 움직일 수도 있는 가장 효과적인 수단임을 뜻하는 말. /**비단 올이 춤을 추니 베 올도 춤을 춘다** : 남이 무엇을 한다고 하니 당치않은 주제에 저도 덩달아 날뜀을 비유하여 이르는 말.

한자 **비단 견**(絹) 〔糸部 7획〕 ¶ 견사(絹絲)/견포(絹布)
비단 금(錦) 〔金部 8획〕 ¶ 금낭(錦囊)/금의(錦衣)

비단(非但) 부 주로 '아니다' 따위 부정(否定)의 말 앞에 쓰이어, '다만', '오직'의 뜻을 나타내는 말. ¶ 이 문제는 - 우리만의 문제가 아니다.

비:단-개구리 명 '무당개구리'의 딴이름.

비:단-결[-껼] 명 비단의 곱고 보드라운 결.

비단결 같다 관용 성질이나 바탕이 매우 곱고 보드랍다. ¶ 비단결 같은 마음씨. /살결이 -.

비:단-구렁이 명 보아과의 비단구렁이아과에 딸린 뱀을 통틀어 이르는 말. 몸길이 1.5~6.5m. 몸빛은 연한 갈색 바탕에 누런 반문(斑紋)이 있음. 물가의 나무 위에 살며, 작은 동물이나 새를 잡아먹음. 한 배에 10~100개의 알을 낳음. 동남 아시아 일대에 분포함. 비단뱀

비:단-길[-낄] 명 실크로드(Silk Road)

비:단-뱀 명 '비단구렁이'의 딴이름.

비:단-벌레 명 비단벌렛과의 곤충. 몸길이 3~4cm로 길쭉하고, 빛깔은 금빛을 띤 녹색임. 앞날개에 구릿빛의 굵은 세로줄이 있음. 애벌레는 감나무나 벚나무 등의 줄기를 갉아먹는 해충임. 우리 나라와 일본 등지에 분포함.

비:단-보[-뽀] 명 비단으로 만든 보자기.

속담 **비단보에 똥 싼다** : 겉보기에는 번드르르하나 그 속내는 더러움을 비유하여 이르는 말.

비:단-신 명 양 옆의 거죽을 비단으로 댄 신.

비:단-실 명 명주실

비:단-옷 명 비단으로 지은 옷. 금의(錦衣)

속담 **비단옷 입고 밤길 가기** : 비단옷을 입고 밤길을 걸으면 아무도 몰라주는 것과 같이, 애쓰고도 보람이 없음을 이르는 말. ☞ 금의야행(錦衣夜行)

비:단-잉어 명 관상용으로 기르는, 잉어의 변종(變種). 빛깔과 무늬가 여러 가지임.

비:-단조(B短調)[-쪼] 명 나단조

비:단-팥 명 팥의 한 품종. 검붉은 바탕에 검은 점이 있고, 껍질이 두꺼움. 금두(錦豆)

비:단-풀 명 비단풀과에 딸린 홍조류(紅藻類)의 한 가지. 실 모양으로 가지가 많이 돋고, 빛깔은 어두운 자줏빛임. 먹을 수 있으며 풀을 쑤는 재료로도 쓰임. 금초(錦草)

비:답(批答) 명 상소에 대한 임금의 대답. 어비(御批)

비:당(備堂) 명 조선 시대, 비변사(備邊司)의 당상관(堂上官)을 이르던 말.

비:대(肥大)[1] 명 -하다 자 ①생물의 세포나 조직 등의 부피가 커짐. 생리적인 경우와 병적인 경우가 있음. ¶ 근육이 단련되어 -하다. /심장이 -하다. ②기관 등이 점점 커짐. ¶ 기구가 -하고 구성원이 늘다.

비대(碑臺) 명 비(碑)의 대석(臺石).

비:대(肥大)[2] 어기 '비대(肥大)하다'의 어기(語基).

비:-대:다 타 남의 이름을 빌려 대다.

비:대-발괄 명 지난날, 관아에 가서 억울한 사정을 하소연하며 간청하는 일을 이르던 말.

비대칭=디지털=가입자=회선(非對稱digital加入者回線) 명 기존의 아날로그 전화선을 이용하여 일반 음성 통화와 디지털 비디오 영상 정보를 전송할 수 있는 전송 기술. 에이디에스엘(ADSL)

비:대-하다(肥大-) 형여 몸집이 살지고 크다. ¶ 몸이 -.

비덕(菲德) 어기 '비덕(菲德)하다'의 어기(語基).

비덕-하다(菲德-) 형여 덕이 적다. ☞ 박덕(薄德)

비:도(丕圖) 명 큰 계획.

비도(非道) 명 올바른 도리에 어긋나는 일.

비:도(匪徒) 명 비적(匪賊). 비류(匪類)

비도(悲悼) 명 -하다 자 사람의 죽음에 대해 몹시 슬퍼하고 아깝게 여김.

비-도:덕적(非道德的) 명 도덕적인 규범에 어긋나는 것. ¶ -인 행위(行爲).

비도산고(悲悼酸苦) 성구 손아랫사람의 죽음을 겪어 몹시 슬퍼 코허리가 시고 속이 쓰라림을 이르는 말.

비-동맹(非同盟) 명 대립 관계에 있는 강대국이나 군사적인 동맹 등에 참가하지 않고 중립의 처지에서 평화 공존을 꾀하는 일.

비두로기 명 유구곡(維鳩曲)

비:둔(肥鈍) 어기 '비둔(肥鈍)하다'의 어기(語基).

비:둔-하다(肥鈍-) 형여 ①몸이 살져서 움직임이 굼뜨다. ②옷을 두껍게 입어서 몸놀림이 굼뜨다.

비둘기 명 비둘깃과에 딸린 새를 통틀어 이르는 말. 크게 야생종과 집비둘기로 가름. 몸에 비해 머리가 작고 둥글며 부리는 짧음. 성질이 온순하여 길들이기 쉽고, 귀소성(歸巢性)을 이용하여 원거리 통신에 쓰기도 함. 예로부터 평화를 상징하는 새로 여김.

속담 **비둘기는 콩밭에만 마음이 있다** : 먹을 것에만 정신이 팔려 정작 볼일은 제대로 하지 않음을 이르는 말.

비둘기-파(-派) 명 강경한 수단을 쓰지 아니하고 온건한 방법으로 문제를 해결하려는 경향의 사람들. ☞ 매파

비듬 명 머리의 살갗에서 벗겨지는 흰 부스러기. 살갗이 각질화하여 벗겨지는 것임. 두구(頭垢). 풍설(風屑)

비듬-하다 형여 '비스듬하다'의 준말.

비듬-히 부 비듬하게

비:등(沸騰) 명 -하다 타 ①액체가 끓어오르는 일. 액체의 내부로부터 기화(氣化)가 일어나 기포(氣泡)가 올라오기 시작하는 현상임. ☞ 비등점(沸騰點) ②물이 끓듯 떠들썩해짐. ¶ 비판적인 여론이 -하다.

비등(飛騰) 명 -하다 자 높이 날아오름. 비양(飛揚)

비:등(比等) 어기 '비등(比等)하다'의 어기(語基).

비-등기선(非登記船) 명 선박 등기부에 등기할 대상이 안 되는, 적재량 20톤 미만의 선박.

비:등비등-하다(比等比等-) 형여 여럿이 다 엇비슷하다. ¶ 둘의 실력이 -.

비:등-점(沸騰點)[-쩜] 명 액체가 끓기 시작할 때 온도. 물의 경우 1기압에서 100°C. 정확하게는 99.97°C. 끓는점. 비점(沸點) ☞ 빙점(氷點)

비:등-하다(比等-) 형여 견주어 보아 서로 비슷하다. ¶ 체력이 -. /비등한 경기.

비디오(video) 명 ①영상(映像), 특히 텔레비전에서 음성에 상대한 화상(畫像)을 이름. ②영상 신호를 다루는 장치. ③'비디오테이프(videotape)'·'비디오테이프리코더(video tape recorder)'·'비디오디스크(videodisk)'의 준말.

비디오=기기(video機器) 명 비디오테이프리코더나 텔레비전과 같이 눈으로 보면서 귀로 들을 수 있는 전기 기기. ☞ 오디오 기기

비디오디스크(videodisk) 명 영상 신호와 음성 신호를 원

반(圓盤)에 기록한 것, 또는 그것을 재생하는 장치. ㊟비디오(video)

비디오디스크플레이어(videodisk player)명 비디오디스크에 기록된 영상과 소리를 텔레비전 화면에 재생하는 장치.

비디오카세트(videocassette)명 카세트에 들어 있는 비디오테이프.

비디오테이프(videotape)명 ①비디오테이프리코더용으로 화상(畫像)과 음성을 기록하는 자기 테이프. ②'비디오테이프리코더'의 준말. ㊟비디오(video)

비디오테이프리코:더(video tape recorder)명 텔레비전 또는 전용 카메라를 통하여 보내 오는 화상(畫像)과 음성을 자기 테이프에 기록하거나 그것을 재생하는 장치. 브이티아르(VTR) ㊟비디오. 비디오테이프

비디오텍스(videotex)명 전화 회선(電話回線) 등을 이용하여 가정이나 사무실 등의 텔레비전이나 개인용 컴퓨터 영상 표시 장치에 화상(畫像) 정보를 보내는 통신 정보 체계.

비:-디프테리아(鼻diphtheria)명 디프테리아균의 비점막 감염으로 말미암아 일어나는 병.

비딱-거리다(대다)자 물체가 이리저리 기울다. ☞배딱거리다. 삐딱거리다

비딱-비딱[1]부 물체가 이리저리 기우는 모양을 나타내는 말. ☞배딱배딱[1]. 삐딱삐딱[1]

비딱-비딱[2]부-하다형 여럿이 다 한쪽으로 비스듬하게 기울어 있는 모양을 나타내는 말. ☞배딱배딱[2]. 삐딱삐딱[2]

비딱-하다형여 한쪽으로 비스듬하게 기울어 있다. ¶모자를 비딱하게 썼다. ☞배딱하다. 삐딱하다

비딱-이부 비딱하게 ☞배딱이. 삐딱이

비뚜로부 비뚤어지게 ¶줄을 – 긋다. ☞배뚜로. 삐뚜로

비뚜름-하다형여 물체가 조금 비뚤거나 비뚤어진듯 하다. ☞배뚜름하다. 삐뚜름하다

비뚜름-히부 비뚜름하게 ☞배뚜름히. 삐뚜름히

비뚝-거리다(대다)자 비뚝비뚝 기울다. ☞배뚝거리다. 삐뚝거리다

비뚝-비뚝부 균형이 잡히지 아니하여 이쪽저쪽으로 기우뚱기우뚱 하는 모양을 나타내는 말. ☞배뚝배뚝

비뚤-거리다(대다)자 물체가 이리저리 기울며 움직이다. ☞배뚤거리다. 삐뚤거리다

비뚤다(비뚤고·비뚜니)형 ①물체가 바르지 못하고 한쪽으로 기울어져 있다. ¶줄이 –. ②생각 따위가 바르지 아니하고 꼬여 있다. ¶마음을 비뚤게 먹다. ☞배뚤다. 삐뚤다

비뚤-배뚤[1]부 비뚤거리고 배뚤거리는 모양을 나타내는 말. ¶팽이가 – 돌아간다. ☞삐뚤빼뚤[1]

비뚤-배뚤[2]부-하다형 비뚤고 배뚠 모양을 나타내는 말. ¶금이 – 그어져 있다. ☞삐뚤빼뚤[2]

비뚤-비뚤[1]부 비뚤거리는 모양을 나타내는 말. ¶수레에 실은 짐이 – 흔들린다. ☞배뚤배뚤[1]. 삐뚤삐뚤[1]

비뚤-비뚤[2]부-하다형 선이나 줄 따위가 곧지 않고 이리저리 구부러져 있는 모양을 나타내는 말. ¶–한 오솔길. ☞배뚤배뚤[2]. 삐뚤삐뚤[2]

비뚤어-지다자 ①물체가 바르지 아니하고 한쪽으로 기울어지다. ¶그림을 비뚤어지게 걸었구나. ②생각 따위가 그릇된 쪽으로 꼬이다. ¶성격이 비뚤어졌다./비뚤어진 사람. ☞배뚤어지다. 삐뚤어지다

한자 **비뚤어질 왜**(歪)〔止部 5획〕¶왜곡(歪曲)/왜형(歪形)

비뚤-이명 ①몸의 한 부분이 비뚤어진 사람. ②마음이 비뚤어진 사람. ③비뚤어진 물건. ☞삐뚤이

비:라리명 ①온갖 구차한 말을 하여 남에게 무엇을 청하는 짓. 비라리청 ②민속에서, 곡식이나 천 따위를 많은 사람에게서 조금씩 얻어 모아 그것으로 제물을 만들어서 귀신에게 바치는 일.

비:라리-청(–請)명 비라리

비:라리-치다자 온갖 구차한 말을 하여 남에게 무엇을 청하다.

비:래(比來)명 요즈음. 근래(近來)

비래(飛來)명-하다자 ①날아서 옴. ②비행기를 타고 옴.

비:량(比量)명-하다타 ①둘 이상의 사물을 서로 견주어 봄. 비교(比較) ②불교에서 이르는 삼량(三量)의 하나. 이미 알고 있는 사실을 바탕으로 하여, 드러나지 않은 사실을 헤아려 판단하는 일. 연기가 오르는 것을 보고, 그 아래에 불이 있음을 미루어 헤아리는 일 따위.

비:량(非量)명 불교에서 이르는 삼량(三量)의 하나. 현량(現量)도 비량(比量)도 아닌 방법으로 파악되는 잘못된 인식을 이름.

비:량(鼻梁)명 콧마루

비:량-적(比量的)명 논리적인 판단과 추리를 거듭하여 결론 등을 이끌어 내는 것.

비럭-질명-하다타 빌어먹는 짓.

비렁-뱅이명 ①남에게서 돈을 얻거나 음식을 얻어먹고 사는 사람. 거지 ☞배랑뱅이 ②아무 것도 가진 것이 없는 사람을 업신여기어 이르는 말. ¶그는 가산을 탕진하여 –가 되었단다.

속담 **비렁뱅이가 하늘을 불쌍히 여긴다** : 당치 않은 걱정을 한다는 말. /**비렁뱅이 비단 얻은 것** : 분수에 넘치는 것을 얻어서 자랑함을 놀리어 이르는 말. /**비렁뱅이 자루 찢기** : 서로 위하고 동정해야 할 사람들끼리 오히려 헐뜯고 다투는 일을 이르는 말.

비:력(臂力)명 팔의 힘.

비련(悲戀)명 이루지 못하고 슬픈 결과로 끝나는 사랑.

비렴(飛廉·蜚廉)명 ①중국에서, 바람을 다스린다는 신(神). 풍백(風伯) ②중국에서, 바람을 일으킨다는 상상의 새.

비렴(蜚蠊)명 '바퀴[2]'의 딴이름.

비렴-급제(飛廉及第)명 과거(科擧)에서 소과(小科)를 거치지 않고 바로 대과(大科)에 급제하는 일.

비:례(比例)명-하다자 ①예를 들어 견주어 봄. ②정비례(正比例) ③어떤 물체의 상호간의 각 부분이나 전체와 부분 간의 균형 잡힌 관계. ¶눈과 코의 –가 알맞은 얼굴. ㊟비(比)[1]

비례(非禮)명 예의에 어긋나는 일. ¶–를 사과하다.

비례(菲禮)명 보잘것없는 예물.

비례(備禮)명-하다자 예의를 갖춤.

비:례=계:수(比例係數)명 비례 상수(比例常數)

비:례=대:표제(比例代表制)명 둘 이상의 정당이 있을 경우 그들 정당의 득표 수에 비례하여 당선자 수를 배정하는 선거 제도.

비:례-량(比例量)명 ①비례 관계를 이루는 몇 개의 정량(定量). ②서로 비례 관계를 이루어 변화하는 두 양. ③서로 다른 종류의 비례 관계를 이루어 변화하는 몇 개의 양.

비:례=배:분(比例配分)명 일정한 수량을 일정한 비율에 비례하게 나누는 셈법. 안분 비례(按分比例)

비:례=상수(比例常數)명 변화하는 두 수 또는 양이 비례할 때의 그 비의 값, 또는 반비례할 때의 그 곱의 값. 비례 계수(比例係數). 비례 정수(比例定數)

비:례-세(比例稅)[–쎄]명 과세물의 크기에 관계 없이 과세 단위에 대하여 일정한 세율을 적용하는 조세(租稅). ☞누진세(累進稅)

비:례-식(比例式)명 두 개의 비 a : b와 c : d의 값이 같다고 하는 것을 나타낸 식. 곧 a : b=c : d 또는 a/b=c/d로 나타낼 수 있음.

비:례=정:수(比例定數)명 비례 상수(比例常數)

비:례=준:비법(比例準備法)[–뻡]명 은행권 발행 제도의 한 가지. 은행이 태환 지폐(兌換紙幣)를 발행할 때에는, 그 발행액에 대하여 일정한 비율의 정화(正貨) 또는 금은(金銀)을 준비해야 하는 제도.

비:례=중수(比例中數)명 비례 중항

비:례=중항(比例中項)명 수학에서, 두 내항(內項)이 같은 비례식의 그 내항. a : b=b : c일 때의 b를 a와 c의 비례 중항이라 함. 비례 중수(比例中數)

비:례-항(比例項)명 수학에서, 비례를 이루고 있는 각 항을 이르는 말.

ㅂ

비:로-관(毗盧冠)명 불교에서, 계사(戒師)·대교사(大敎師)·선사(禪師)들이 쓰는 관의 한 가지.
비로드(∠veludo 포)명 벨벳(velvet)
비로소부 ①어떤 일을 겪은 뒤에야 처음으로. ¶ — 고마움을 알게 되었다. ②이제까지 겪어 보지 못하던 일을 마침내. ¶ — 인간이 북극점에 도달하였다.
비로자나(毘盧遮那)명 비로자나불
비로자나-불(毘盧遮那佛)명 지덕의 빛으로 온 세상을 두루 비춘다는 부처. 비로자나 준노자나불
비로-전(毘盧殿)명 비로자나불을 모신 법당.
비록부 어떤 사실을 인정하거나, 또는 어떤 조건을 가정(假定)으로 내세우며 그것에 대응되는 사실을 들어 강조할 때, '아무리 그렇다 할지라도'의 뜻을 나타내는 말. ¶ — 얼굴은 못생겼지만, 마음씨는 곱다.
비:록(祕錄)명 ①비밀의 기록. ②세상 사람들에게 널리 알려져 있지 않은 기록.
비록-일(飛鹿日)명 음양가(陰陽家)에서 이르는, 집을 짓는 데에 매우 나쁘다는 날.
비:론(比論)명-하다타 ①비교하여 논함. ②유사점을 들어서 연구하여 거기서 결론을 예상함.
비롯-하다[-론-]자타여 ①어떤 일이 시작되다. 처음 생기다. 또는 어떤 일을 처음 시작하다. ¶이 민속은 고조선에서 비롯하였다. ②주로 '비롯하여', '비롯한'의 꼴로 쓰이어, '시작으로 하여', '시작으로 한'의 뜻을 나타내는 말. ¶단장을 비롯하여 모든 단원이 모이다./쌀을 비롯한 많은 식품의 값이 오르다.

한자 **비롯할 시**(始) 〔女部 5획〕 ¶시무(始務)/시원(始原)
비롯할 창(創) 〔刀部 10획〕 ¶창건(創建)/창설(創設)/창시(創始)/창안(創案)/창업(創業)

비:료(肥料)명 농작물을 잘 자라게 하기 위하여 땅에 뿌리거나 흙에 섞거나 하는 영양 물질. 거름 ☞무기 비료(無機肥料). 유기 비료(有機肥料)
비:료=식물(肥料植物)명 거름으로 쓰려고 재배하는 식물. 자운영·토끼풀 따위.
비:료=작물(肥料作物)명 녹비 작물(綠肥作物)
비:료-학(肥料學)명 농작물의 생리와 토양의 성질에 알맞게 비료를 주기 위하여 비료의 성질·성분·제조법·사용법 따위를 연구하는 학문.
비루명 주로 개나 말, 나귀 따위 짐승의 피부가 헐고 털이 빠지는 병. 너리
속담 **비루 오른 강아지 범 복장거리 시킨다** : 비루 병이 든 강아지가 범의 속을 썩인다는 말로, 못난 사람이 때로는 유능한 사람에게 뜻밖의 타격을 입힘을 비유하여 이르는 말.
비루(飛樓)명 높은 곳에 세운 누각.
비루(悲淚)명 슬퍼서 흘리는 눈물.
비:루(鄙陋)어기 '비루(鄙陋)하다'의 어기(語基).
비루-먹다자 개나 말, 나귀 따위 짐승이 비루에 걸리다. 너리먹다 ¶비루먹은 말.
속담 **비루먹은 강아지 대호를 건드린다** : 대적(對敵)할 수 없는 이에게 철없이 함부로 덤빔을 이르는 말. 〔하룻강아지 범 무서운 줄 모른다〕
비:루-하다(鄙陋-)형여 행동이나 성질이 고상하지 못하고 천박하다. ¶비루한 말씨.
비:류(比類)명 ①비슷한 종류. ②서로 비교할만 한 것. ¶ —가 없는 뛰어난 작품.
비:류(非類)명 ①같지 아니한 종류. ②사람답게 행동하지 아니한 사람.
비:류(匪類)명 떼를 지어 돌아다니며 재물을 약탈하는 도둑. 비적(匪賊)
비륜(飛輪)명 '태양(太陽)'을 달리 이르는 말.
비:륜(比倫)어기 '비륜(比倫)하다'의 어기(語基).
비:륜-하다(比倫-)형여 서로 비교할만 하다.
비르투오소(virtuoso 이)명 음악에서, 연주 실력이 뛰어난 사람을 이르는 말.

비름명 비름과의 한해살이풀. 줄기 높이는 30cm 안팎임. 잎은 달걀꼴이며 잎자루가 길. 여름에 줄기 끝에 황록색의 잔꽃이 이삭 모양으로 핌. 밭이나 길가에 자라는데, 어린 줄기와 잎은 먹을 수 있음.
비름-나물명 비름의 부드러운 줄기와 잎을 데쳐서 양념하여 무친 반찬.
비릇다[-른-]타 아기가 태어날듯 한 기미가 있어 임부(姙婦)가 몸을 뒤틀기 시작하다.
비리(非理)명 이치나 도리에 어그러지는 일. ¶ —를 캐다.
비:리(鄙俚)어기 '비리(鄙俚)하다'의 어기(語基).
비리다형 ①생선에서 나는 냄새나 맛과 같다. ②신선한 피의 냄새나 맛과 같다. ③날콩을 씹을 때의 맛과 같다. ④하는 행동이 좀스럽거나 째째하여 보기에 아니꼽다. ☞배리다. 비리척지근하다. 비리치근하다. 비릿하다
비리-비리부-하다형 몹시 여위고 약한 모양을 나타내는 말. ¶ — 약한 몸./사람이 —하다. ☞배리배리
비리척지근-하다형여 맛이나 냄새가 비위에 거슬리게 비리다. 준비척지근하다. 비치근하다 ☞배리착지근하다. 비리치근하다
비리치근-하다형여 냄새나 맛이 조금 비리척지근한듯하다. 준비치근하다 ☞배리치근하다
비리-하다(鄙俚-)형여 말이나 풍습 따위가 속되고 촌스럽다.
비리호:송(非理好訟)성구 까닭없이 함부로 송사를 잘 일으킴을 이르는 말.
비:린(比隣)명 가까운 이웃. 근린(近隣)
비:린(鄙吝)어기 '비린(鄙吝)하다'의 어기(語基).
비린-내명 비린 냄새. 성취(腥臭) ¶생강을 넣으면 생선 —가 없어진다.
비린내(가) 나다관용 ①비린 냄새가 나다. ②말이나 행동이 어리고 애티가 나다. ☞젖비린내가 나다.
비:린-하다(鄙吝-)형여 고상하지 못하고 인색하다.
비릿-비릿[-린-]부-하다형 ①냄새나 맛이 매우 비린 느낌을 나타내는 말. ¶ —한 냄새. ②남에게 구차스레 무엇을 청할 때 스스로 느끼는, 더럽고 아니꼬운 느낌을 나타내는 말. ☞배릿배릿
비릿-하다[-린-]형여 좀 비린듯 한 느낌이 있다. ¶비릿한 바닷바람. ☞배릿하다
비:마(肥馬)명 살진 말.
비마(飛馬)명 ①나는듯이 빨리 달리는 말. 준마(駿馬) ②바둑을 둘 때, 상대편의 집을 부수기 위하여 가의 둘째 줄에 있는 말에서 안으로 세 밭 건너 갓줄에 놓는 점.
비마(萆麻·蓖麻)명 '아주까리'의 딴이름.
비:마경구(肥馬輕裘)성구 살진 말과 가벼운 갖옷이라는 뜻으로, 부귀한 사람의 나들이 차림새를 이르는 말. 경구비마(輕裘肥馬)
비마-자(萆麻子)명 아주까리씨
비마자-유(萆麻子油)명 아주까리기름
비:만(肥滿)명 ①-하다형 살이 쪄서 몸이 뚱뚱함. ②의학에서, '몸의 지방이 체중의 30% 이상인 상태'를 이르는 말. ¶ —은 성인병의 원인이 된다.
비:만(痞滿)명 한방에서, 가슴과 배가 더부룩하여 몹시 가빠하는 병을 이르는 말.
비:만-증(肥滿症)[-쯩]명 몸에 지방이 지나치게 많아져 뚱뚱해지고 운동 장애 등을 일으키는 증세. 지방 과다증(脂肪過多症)
비:만-형(肥滿型)명 키가 작고 어깨 폭이 좁은 데 비하여 몸통이 굵은 체형. ☞투사형(鬪士型)
비말(飛沫)명 자잘하게 날아 흩어지는 물방울. ¶폭포수의 —.
비말=전:염(飛沫傳染)명 접촉 감염의 한 가지. 환자가 기침이나 재채기를 할 때 병원체(病原體)가 날아 흩어져서 남에게 옮는 일.
비:망(備忘)명 잊어버렸을 때를 위하여 준비해 두는 일.
비:망-기(備忘記)명 조선 시대, 임금이 명령이나 의견을 적어서 승지(承旨)에게 전하는 문서를 이르던 말.
비:망-록(備忘錄)명 잊어버렸을 때를 위한 준비로 무슨 일에 대하여 적어 두는 책자. ☞불망기(不忘記)

비매=동맹(非買同盟)명 불매 동맹(不買同盟)
비매-품(非賣品)명 팔지 않는 물품.
비면(碑面)명 비(碑)의 앞 면(面).
비명(非命)명 타고난 수명대로 살지 못한 목숨.〔뜻밖의 재난으로 죽은 목숨을 뜻함.〕 ¶ -에 갔다. ☞천명(天命)
비명(悲鳴)명 몹시 놀라거나 괴롭거나 다급하거나 할 때에 지르는 외마디 소리. ¶쥐를 보고는 -을 지르다.
비명(碑銘)명 비면(碑面)에 새긴 글.
비명-횡사(非命橫死)명 타고난 수명대로 살지 못하고 뜻밖의 재난으로 죽음.
비모(非謀)명 옳지 못한 꾀.
비:모(祕謀)명 남몰래 꾸민 계략. 비계(祕計)
비:모(鼻毛)명 콧구멍에 난 털.
비목(飛木)명 재목을 자귀질할 때, 깎여 나온 나뭇조각. ☞자귓밥
비:목(費目)명 비용을 쓰임에 따라 가른 항목.
비목(碑木)명 ①목비(木碑)의 재료로 쓸 나무. ②나무로 만든 비. 목비(木碑)
비목-나무명 녹나뭇과의 낙엽 교목. 높이는 10m 안팎, 나무껍질은 누른빛을 띤 흰빛임. 잎은 길둥글며 잎자루는 짧음. 4~5월에 황색 꽃이 피고, 열매는 붉은빛 장과(漿果)로 익음.
비:목-어(比目魚)명 '넙치'의 딴이름.
비몽-사:몽(非夢似夢)명 꿈인지 생시(生時)인지 어렴풋한 상태. 사몽비몽(似夢非夢)
비몽사:몽-간(非夢似夢間)명 꿈인지 생시인지 어렴풋한 상태에 있는 동안. 사몽비몽간(似夢非夢間)
비-무:장(非武裝)명 무장하지 않는 일, 또는 그런 상태.
비무장=중립(非武裝中立)명 일체의 무력 수단을 배제하고 중립을 지키는 정책.
비무장=지대(非武裝地帶)명 이웃한 두 나라나 세력 사이의 군사 충돌을 피하기 위하여 국제 조약이나 협약에 따라 군대나 군사 시설을 두지 않는 지역. 디엠제트(DMZ). 중립 지대(中立地帶)
비:문(卑門)명 남에게 자기의 가문(家門)을 낮추어 이르는 말.
비:문(祕文)명 ①비밀의 주문(呪文). ②'비밀 문서(祕密文書)'의 준말.
비문(碑文)명 비면에 새긴 글. 비지(碑誌). 비판(碑版)
비:문(鼻門)명 콧구멍
비:문(鼻紋)명 소의 콧구멍 둘레의 피부 면에 있는 무늬. 개체에 따라 다르므로 소를 식별하는 데 이용됨.
비문-증(飛蚊症)[-쯩]명 안구(眼球)의 유리체에 흐린 부분이 생기어 그 그림자가 망막에 비치어 눈앞에 모기나 먼지가 날고 있는 것 같이 보이는 상태.
비-문화적(非文化的)명 문화적이 아닌 것.
비:미(卑微)어기 '비미(卑微)하다'의 어기(語基).
비:미-하다(卑微-)형여 지위나 신분이 낮다. 비천하다
비:민(痞悶)명 한방에서, 가슴과 배가 답답해지는 병을 이르는 말. 비울(痞鬱)
비:밀(祕密)[1]명 ①남에게 알려지지 않도록 숨김, 또는 그 내용. ¶ -이 드러났다. ②남이 알지 못하게 몰래 함. ¶ - 공작 ③널리 알려져 있지 아니함. ¶선사 시대의 -을 캤다.
비:밀(祕密)[2]어기 '비밀(祕密)하다'의 어기(語基).
비:밀=결사(祕密結社)[-싸]명 정치적·종교적 또는 범죄적 목적으로 그 구성원 이외에는 활동의 목적이나 내용, 구성 인원은 물론 존재까지도 비밀로 하는 조직이나 단체.
비:밀=경:찰(祕密警察)명 국가 체제나 정권 유지를 위하여 그 조직을 비밀로 하고 있는 경찰.
비:밀=누:설죄(祕密漏泄罪)[-쬐]명 의사·변호사·공증인·종교인 등의 신분을 가진 사람이 그 업무 처리 중 알게 된 남의 비밀을 누설한 죄.
비:밀-리에(祕密裡-)부 비밀한 가운데. ¶ - 회의를 진행하다.
비:밀=문서(祕密文書)명 남에게 알려서는 안 될 문서. 준 밀서(密書). 비문(祕文)
비:밀=번호(祕密番號)명 ①저금 통장이나 신용 카드 따위에서 혼자만이 알 수 있도록 정해 놓은 번호. 돈을 찾거나 할 때 사용함. ②컴퓨터시스템이나 통신망에 접속할 때, 정당한 사용자임을 밝히기 위하여 아이디와 함께 입력하는 고유의 문자 열. 패스워드(password)
비:밀=선:거(祕密選擧)명 비밀 투표로 하는 선거. ☞공개 선거(公開選擧)
비:밀-스럽다(祕密-)(-스럽고·-스러워)형ㅂ 비밀한 데가 있다. ¶비밀스럽게 모임이 진행되었다.
비밀-스레부 비밀스럽게
비:밀=외:교(祕密外交)명 국민에게 알리지 않고 정부가 비밀스레 하는 외교.
비:밀=침해죄(祕密侵害罪)[-쬐]명 남이 볼 수 없도록 봉해 놓은 편지나 비밀한 장치를 해 둔 문서 등을 뜯어 보거나 한 죄.
비:밀=통신(祕密通信)명 통신 내용이 남에게 알려지지 않도록 고안된 통신.
비:밀=투표(祕密投票)명 투표자가 누구에게 투표했는지 모르게 하는 투표. 무기명 투표(無記名投票) 따위. ☞공개 투표(公開投票)
비:밀-하다(祕密-)형여 ①널리 알려져 있지 아니한 데가 있다. ¶비밀한 사실을 밝혀 냈다. ②남이 알지 못하게 몰래 하는 태도가 있다. ¶비밀한 행동.
비밀-히부 비밀하게 ¶ - 귀띔하다.
비:밀-회(祕密會)명 비밀히 모이는 모임.
비-바람명 ①비와 바람. ¶오랜 -에 허물어진 돌담. ②비가 내리면서 부는 바람. ¶ -이 몰아치다./- 소리가 요란하다. 풍우(風雨)
비바리명 바다에서 해산물을 채취하는 일을 직업으로 삼는 처녀. 준비발
속담 **비바리는 말똥만 보아도 웃는다**: 처녀들은 곧잘 웃는다는 뜻으로 이르는 말.
비바체(vivace 이)명 악보의 빠르기말의 한 가지. '빠르고 경쾌하게'의 뜻.
비바치시모(vivacissimo 이)명 악보의 빠르기말의 한 가지. '가장 생기 있고 빠르게'의 뜻.
비바크(Biwak 독)명 등산에서, 천막을 치지 않고 바위 밑이나 나무 그늘, 눈 구덩이 따위를 이용하여 잠자는 일을 이르는 말.
비:박(臂膊)명 팔과 어깨를 아울러 이르는 말.
비박(菲薄)어기 '비박(菲薄)하다'의 어기(語基).
비박-하다(菲薄-)형여 ①가진 것이 적다. ②재능 등이 변변치 못하다.
비:반(肥胖)어기 '비반(肥胖)하다'의 어기(語基).
비:반-하다(肥胖-)형여 살이 쪄서 뚱뚱하다.
비발[1]명 '비바리'의 준말.
비발[2]명 어떤 일을 하는 데 드는 돈. 비용(費用)
비:방(比方)명-하다타 서로 견주어 봄.
비:방(祕方)명 ①비밀한 방법. 비법(祕法) ②세상에 알려지지 않은, 특별한 효험이 있는 약방문(藥方文).
비방(誹謗)명-하다타 남을 헐뜯어서 말함. 기방(譏謗). 비산(誹訕). 참방(讒謗)
비:배(肥培)명-하다자 농작물에 거름을 주어 가꿈.
비백불난(非帛不煖)성구 비단옷이 아니면 따뜻하지 않다는 뜻으로, 몸이 쇠약해진 노년기를 이르는 말.
비백비연(非白非煙)성구 자수정(紫水晶) 안경알의 빛깔이 아주 엷어서 백경(白鏡)도 아니고 연경(煙鏡)도 아님을 이르는 말.
비백-서(飛白書)명 한자(漢字) 서체의 한 가지. 솔 같은 붓으로 글자의 획에 희끗희끗한 흰 자국이 나도록 쓰는 서체. 후한(後漢)의 채옹(蔡邕)이 처음 쓴 서체로 팔분(八分)과 비슷함.
비:버(beaver)명 비버과의 포유동물을 통틀어 이르는 말. 몸길이 60~70cm, 꼬리 길이 35~45cm, 몸무게 20~30 kg임. 큰 땅다람쥐와 비슷하지만 귀가 작고, 꼬리는 배의 노처럼 넓적하며, 뒷발에 물갈퀴가 발달했음. 몸빛은

ㅂ

밤색 또는 흑색이나 변화가 많음. 하천이나 늪에 살면서 나무·흙·돌 따위로 댐을 만듦. 해리(海狸)

비번(非番)명 번(番)을 설 날이 아니거나 번을 설 차례가 아님을 이르는 말. ☞당번(當番)

비범(非凡)어기 '비범(非凡)하다'의 어기(語基).

비범-인(非凡人)명 보통 사람보다 매우 뛰어난 사람.

비범-하다(非凡—)형여 보통보다 매우 뛰어나다. ¶비범한 재능을 가진 사람. ☞평범하다

비법(非法)명 불법(不法)

비:법(祕法)[—뻡]명 ①비밀의 방법. ¶—을 공개하다. ②비방(祕方)

비:벽(鄙僻)어기 '비벽(鄙僻)하다'의 어기(語基).

비:벽-하다(鄙僻—)형여 성질이 더럽고 편벽되다.

비:변(丕變)명-하다타 전부터 내려오는 좋지 못한 풍습을 깨뜨려 버림.

비:변(鄙邊)명 보잘것없는 곳이라는 뜻으로, 자기가 사는 곳을 겸손하게 이르는 말. 비지(鄙地)

비:변-사(備邊司)명 조선 시대, 외적(外敵)의 침입 등 변방(邊方)의 비상 사태에 관한 일을 관장하던 관아.

비:병(痞病)명 한방에서, 배꼽 언저리에 딴딴하게 뭉친 것이 생기어 누르면 아픈 병을 이르는 말.

ㅂ

비보(飛報)명 급한 기별. 급보(急報)

비:보(祕報)명 비밀한 보고.

비:보(祕寶)명 비밀히 간직한 보배.

비보(悲報)명 슬픈 기별. ¶뜻밖의 —가 날아들었다.

비:보(裨補)명-하다타 도와서 모자람을 채움.

비보(vivo 이)명 악보의 빠르기말의 한 가지. '빠르고 활발하게'의 뜻.

비복(婢僕)명 계집종과 사내종. 노비(奴婢). 복비(僕婢)

비복-근(腓腹筋)명 장딴지의 근육.

비:본(祕本)명 비밀히 간직한 책. 비적(祕籍)

비봉(飛蓬)명 ①바람에 날리어 흐트러진 마른 쑥이라는 뜻으로, 흔들리어 안정되지 못함을 비유하여 이르는 말. ②'나그네' 또는 '나그네의 외롭고 쓸쓸함'을 비유하여 이르는 말.

비:부(祕府)명 비고(祕庫)

비부(蚍蜉)명 '왕개미'의 딴이름.

비부(婢夫)명 계집종의 남편.

비:부(鄙夫)명 ①어리석고 천한 이. ②도량이 좁은 이.

비부-쟁이(婢夫—)명 '비부(婢夫)'를 속되게 이르는 말.

비:-부피(比—)명 단위 질량[1g]의 물질이 차지하는 부피. 밀도의 역수로 나타낸 수치임. 비용(比容)

비분(非分)명 ①신분이나 한도에 지나치는 일. 분수에 맞지 않는 일. ②도리에 어긋나는 일.

비분(悲憤)명 슬프고 분한 일. ¶—의 눈물을 머금었다.

비분강:개(悲憤慷慨)성구 의롭지 못한 일이나 잘못 되어가는 세상 형편을 볼 때, 슬프고 분하여 마음이 북받침을 이르는 말.

비분총:탁(非分寵擢)성구 분에 넘치는 총애를 받고 관직에 등용되는 일을 이르는 말.

비:불발설(祕不發說)[—썰]성구 비밀에 부쳐 두고 말을 내지 아니함을 이르는 말.

비불-이라(非不—)부 '아닌게아니라'의 뜻으로 쓰이는 한문 투의 말. 미상불(未嘗不)

비브라토(vibrato 이)명 현악기나 관악기 또는 성악에서 소리를 낼 때 음정을 아래위로 가볍게 떠는 기법. 진동음(振動音)

비브라폰(vibraphone)명 철금(鐵琴)의 한 가지. 강철로 된 음판(音板) 아래에 뚜껑이 있는 공명관을 달아 이것을 전동기로 돌리면 여운에 비브라토가 생김. 20세기 초 미국에서 개발됨.

비:비부 여러 번 꼬이거나 뒤틀린 모양을 나타내는 말. ☞배배

비비 꼬다관용 ①여러 번 비틀어서 꼬다. ¶새끼를 —. ②수줍거나 어찌할 줄을 몰라 몸을 비틀다. ¶소변이 마려워 —. ③은근히 비꼬다. ¶말을 —. ☞배배 꼬다.

비비 꼬이다관용 ①여러 번 비틀려 꼬이다. ¶줄이 —. ②수줍거나 어찌할 줄을 몰라 몸이 비틀리다. ③일이 잘되지 아니하고 매우 심하게 틀어지다. ¶하는 일마다 —. ④무슨 일이나 그대로 받아들이지 아니하고 곱새기는 데가 있다. ¶생각이 —. ☞배배 꼬이다.

비비 틀다관용 ①여러 번 비틀다. ¶약수건을 —. ②지루하거나 하여 가만 있지 못하고 몸을 이리저리 움직이다. ¶나가고 싶어 몸을 —. ☞배배 틀다.

비비 틀리다관용 ①여러 번 비틀리다. ¶비비 틀린 고목. ②지루하거나 하여 몸이 이리저리 비틀리다. ¶하루 종일 방에만 있었더니 몸이 비비 틀린다. ③감정 따위가 심하게 뒤틀리다. ¶비비 틀린 심사. ☞배배 틀리다.

비비(狒狒)명 긴꼬리원숭잇과의 동물을 통틀어 이르는 말. 몸길이 70~140cm, 꼬리 길이 55~70cm. 몸빛은 암갈색이며 무리지어 다님. 아프리카와 아라비아의 여러 지역에 분포함.

비비다타 ①두 물체를 맞대어서 조금 힘을 주어 서로 문지르다. ¶손바닥을 —. ②어떤 물건을 손가락이나 손바닥으로 궁글게 뭉치거나 가락이 지게 문지르다. ¶찹쌀 반죽으로 새알심을 비빈다. ③음식물 따위를 한데 뒤섞어서 고루 버무리다. ¶산나물을 섞어 비빈 밥. ④손바닥 사이에 연장을 끼워 손바닥을 문질러 돌리다. ¶비비송곳을 비비어 구멍을 뚫다. ⑤손가락으로 종이나 실 따위를 문질러서 노를 꼬다. ☞뱌비다

비비대기-치다자 ①복잡한 일을 치르느라고 부산하게 움직이다. ②좁은 곳에서 많은 사람이 서로 몸을 비비대듯이 하며 움직이다.

비비-대:다타 자꾸 대고 비비다. ¶손바닥으로 저린 다리를 비비댄다. ☞뱌비대다

비비-배배부 새 따위가 지저귀는 소리를 나타내는 말.

비비-송:곳명 양 손바닥으로 자루를 비벼서 구멍을 뚫는 송곳. 자루가 길고 촉이 모남.

비비적-거리다(대다)타 느리게 비비대다. ☞뱌비작거리다. 비빗거리다

비비적-비비적부 느리게 비비대는 모양을 나타내는 말. ☞뱌비작뱌비작. 비빗비빗

비비추명 백합과의 여러해살이풀. 잎은 옥잠화 잎과 비슷한데 모두 뿌리에서 돋아 비스듬히 자람. 7~8월에 연한 자줏빛 꽃이 피고 열매는 삭과(蒴果)로 길둥근꼴이며 세 가닥으로 갈라져 씨가 흩어짐. 관상용으로 심는데, 어린잎은 먹을 수 있음.

비빈(妃嬪)명 비(妃)와 빈(嬪)을 아울러 이르는 말.

비빔명 밥이나 국수 따위에 고기·나물 등을 섞고 양념을 더하여 비빈 음식.

비빔-국수명 삶아 건진 국수에 쇠고기 볶은 것, 숙주나물, 미나리, 묵 무침 등을 넣고 양념하여 비빈 국수. 골동면(骨董麵)

비빔-냉:면(—冷麵)명 육수(肉水)는 없이, 고기나 홍어회·나물 따위를 넣고 양념하여 비빈 냉면.

비빔-밥[—빱]명 밥에 쇠고기 볶음, 육회, 튀각 따위와 여러 가지 나물을 섞어 참기름과 양념으로 비빈 밥. 골동반(骨董飯)

비빔밥-저:냐[—빱—]명 비빔밥을 숟가락으로 뚝뚝 떠서 밀가루와 달걀을 묻혀 만든 저냐.

비빔회-밥(—膾—)명 밥을 담은 위에 도라지, 콩나물 따위의 갖은 나물을 얹고, 그 위에 생선회를 얹어 초고추장에 비벼서 먹는 밥.

비빗-거리다(대다)[—빋—]타 빠르게 비비대다. ☞뱌빗거리다. 비비적거리다

비빗-비빗[—빋—]부 빠르게 비비대는 모양을 나타내는 말. ☞뱌빗뱌빗. 비비적비비적

비:사(比辭)명 비유로 쓰는 말.

비:사(卑辭)명 자기의 말을 겸손하게 낮추어 이르는 말.

비:사(祕史)명 세상에 널리 알려져 있지 아니한 역사상의 사실, 또는 그 사서(史書). ¶제5 공화국 —.

비:사(祕事)명 비밀한 일.

비:사(鄙舍)명 자기의 집을 겸손하게 낮추어 이르는 말.

비:-사량(非思量)명 불교에서, 사량(思量)에 얽매이지

아니하고 사념(邪念)을 버리는 일을 이르는 말.
비사리 명 싸리의 껍질. 노를 꼬는 데 쓰임.
비사문천-왕(毘沙門天王) 명 '다문천왕(多聞天王)'을 달리 이르는 말.
비사주:석(飛沙走石) 성구 모래가 날리고 돌이 구른다는 뜻으로, 바람이 몹시 세게 붊을 이르는 말. 양사주석(揚沙走石)
비:사-증(鼻皻症) [-쯩] 명 한방에서, 코의 살갗이 붉어지는 병증을 이르는 말. 심하면 코가 점점 커지기도 함. 비홍증(鼻紅症)
비사-치기 명 아이들의 놀이의 한 가지. 손바닥만 한 납작하고 네모진 돌을 비석처럼 세워 놓고, 얼마쯤 떨어진 곳에서 돌을 던져 맞히거나 발로 돌을 차서 맞히어 넘어뜨리는 놀이.
비사-치다 타 똑바로 말하지 않고, 에둘러서 은근히 깨우치다.
비산(飛散) 명 -하다 자 날아서 흩어짐.
비:산(砒酸) 명 비소 화합물의 한 가지. 비소나 무수아비산(無水亞砒酸)을 짙은 질산 등과 함께 가열하면 생기는 빛깔 없는 결정으로 독성이 강함. 염료·안료·농약 따위의 원료로 쓰임.
비산(誹訕) 명 -하다 타 비방(誹謗)
비:산-납(砒酸-) 명 비소와 납의 화합물. 살충제로 쓰임. 비산연(砒酸鉛)
비:산-석회(砒酸石灰) 명 비산과 석회유(石灰乳)로 만든 하얀 가루. 살충제로 쓰임.
비:산-연(砒酸鉛) 명 비산납
비:-삼망(備三望) 명 조선 시대, 한 사람의 관원을 뽑을 때 세 사람의 후보자를 추천하던 일. ☞삼망(三望)
비상(非常) 명 ①여느 때와는 달리 매우 절박한 상태를 이르는 말. ¶ -을 알리는 종소리. /- 대책 ②-하다 형 보통과 다름. 예사롭지 아니함. ¶ -한 재능. /-한 반응을 불러일으키다. ☞비범하다
비상(飛上) 명 -하다 자 날아오름.
비상(飛翔) 명 -하다 자 하늘을 날아다님.
비:상(砒霜) 명 비석(砒石)을 승화시켜서 만든 결정체. 독성이 강함.
비상(悲傷) 어기 '비상(悲傷)하다'의 어기(語基).
비:상간고(備嘗艱苦) 성구 온갖 고생을 고루고루 겪음을 이르는 말.
비상=경:계(非常警戒) 명 중대한 일이 일어나거나 일어날 우려가 있을 때 특정한 지역을 특별히 경계하는 일.
비상=경:보(非常警報) 명 비상한 일이 일어났을 때 위급함을 알리는 사이렌이나 종 또는 신호.
비상=계:엄(非常戒嚴) 명 전쟁 또는 전쟁에 버금가는 사태로 사회 질서가 극도로 교란된 지역에 선포하는 계엄.
비상-구(非常口) 명 건물이나 탈것 등에 위급한 일이 일어났을 때 피해 나올 수 있도록 만들어 놓은 어귀.
비상=구:제=절차(非常救濟節次) 명 확정된 판결 뒤에 법률상 또는 사실상의 하자(瑕疵)가 있을 때 인정되는 구제 절차. 비상 상고(非常上告), 재심 따위.
비-상근(非常勤) 명 상근이 아닌 근무. 한정된 날이나 시간에만 근무하는 일. ¶ - 강사
비상-금(非常金) 명 비상시에 쓰려고 마련해 두는 돈.
비상=대:권(非常大權) [-꿘] 명 국가에 비상 사태가 일어났을 때, 국가 원수(元首)가 국가를 보위하기 위하여 비상 조치를 할 수 있는 권한.
비상=대:기(非常待機) 명 비상 사태에 대처하기 위하여 준비 태세를 갖추고 대기하는 일.
비상-등(非常燈) 명 ①남에게 위급하거나 긴급함을 알리기 위하여 켜는 등. ②건물에서 전원의 이상 등으로 전등이 꺼졌을 때 임시로 쓸 수 있도록 마련한 등.
비상-망(非常網) 명 군사상 또는 치안 유지상 중대한 사건이 발생하였을 때 평소보다 더 강화하여 편 경계, 또는 그 범위. ¶ 침입자가 -에 걸려들었다.
비상-문(非常門) 명 비상구(非常口)의 문.
비상-비(非常費) 명 비상시에 쓰려고 마련해 두는 경비.
비상=사:건(非常事件) [-껀] 명 보통이 아닌 큰 사건.
비상=사:태(非常事態) 명 재앙이나 사고가 발생한 위급한 상태.
비상=상:고(非常上告) 명 형사 소송법에서, 판결이 확정된 후 사건의 심판이 법령에 위반되었음을 발견하였을 때 검찰 총장이 대법원에 신청하는 상고.
비:상-석(砒霜石) 명 비석(砒石)
비상-선(非常線) 명 ①범죄나 재해 등이 일어났을 때 일정한 곳을 특별히 지정하여 비상 경계를 하는 구역. ¶ -을 치고 검문 검색을 하다. ②특별한 경우에 쓰도록 따로 마련된 전화선.
비상=소집(非常召集) 명 ①긴급한 일이 생겼을 때 필요한 사람을 급히 불러 모으는 일. ②전시(戰時)나 사변(事變) 때 예비역(豫備役)을 불러 모으는 일.
비상=수단(非常手段) 명 ①비상한 일에 대하여 임시 변통으로 처리하는 방법. ②일을 처리하는 데 폭력이나 강압으로 하는 방법.
비상-시(非常時) 명 ①비상한 일이 벌어진 때. ②국가적·국제적으로 중대한 위기에 부닥쳤을 때. ③사변이 일어났을 때. ☞평상시(平常時)
비상=시국(非常時局) 명 국가가 사변이나 전쟁 등으로 위기에 부닥친 처지.
비상=식량(非常食糧) 명 비상시에 대비하여 마련해 두는 식량.
비상-용(非常用) [-뇽] 명 비상시에 쓰는 일, 또는 비상시에 쓰는 물건.
비상=전:보(非常電報) 명 전보의 한 가지. 홍수나 태풍 등의 비상 사태 아래서 발신하는 특별 전보로, 국가 기관이나 일반인이 이용함. ☞긴급 전보(緊急電報)
비상=조치(非常措置) 명 국가가 그 안전을 위협받는 비상 사태에 처했을 때, 대통령이 국정 전반에 걸쳐서 취하는 특별한 조치.
비상=착륙(非常着陸) 명 비행 중인 항공기에 돌발적인 사고가 일어났을 때 예정 지점이 아닌 곳에 임시로 착륙하는 일.
비상-하다(悲傷-) 형여 슬프고 마음이 아프다.
비상-히 부 비상하게
비:색(比色) 명 색의 농도(濃度)나 색조(色調) 따위를 비교하는 일.
비:색(否塞) 명 -하다 자 운수가 꽉 막힘.
비:색(祕色) 명 옛 중국 월(越)나라에서 만들던 청자(青瓷)의 빛깔과 같은 파란 빛깔. ☞취색(翠色)
비:색(翡色) 명 고려 시대의 청자(青瓷) 빛깔과 같은 파란 빛깔.
비:색-계(比色計) 명 용액의 빛 농도(濃度)나 색조(色調)를 비교하는 장치. 두 개의 유리 그릇에 표준액과 검사할 액체를 넣어서 투과한 빛으로 비교함.
비:색=분석(比色分析) 명 용액의 빛 농도나 색조를 표준액과 비교하여 정량하는 분석법.
비:색-증(鼻塞症) 명 한방에서, 코가 막히어 숨쉬기에 힘이 들고 냄새를 못 맡게 되는 병을 이르는 말.
비-생산적(非生産的) 명 생산적이 아닌 것.
비서(飛絮) 명 바람에 날아 흩어지는 버들개지.
비서(飛鼠) 명 '박쥐'의 딴이름.
비:서(祕書) 명 ①중요한 직위에 있는 사람에게 딸리어 기밀 문서나 사무를 맡아보는 직책, 또는 그 사람. ②비밀한 문서 또는 장서(藏書).
비:서-관(祕書官) 명 관청의 고위 공무원에 딸리어 기밀 사무를 맡아보는 공무원.
비:서-실(祕書室) 명 비서관이나 비서가 사무를 보는 곳, 또는 그 기관. ¶ 청와대 -
비:석(沸石) 명 나트륨·칼슘·알루미늄 등의 함수 규산염 광물을 이르는 말.
비:석(砒石) 명 비소·황·철로 이루어진 광물. 흰빛의 흙덩이 비슷하며 강한 독이 있음. 비상석(砒霜石)
비석(飛錫) 명 불교에서, 중이 각지를 순례하러 돌아다님을 이르는 말.

ㅂ

비석(碑石)명 ①돌비의 재료로 쓸 돌. 빗돌 ②석비(石碑). 돌비 ☞목비(木碑). 비(碑)

한자 **비석 비**(碑) 〔石部 8획〕 ¶묘비(墓碑)/비각(碑閣)/비명(碑銘)/비문(碑文)/비석(碑石)

비:석-광(砒石鑛)명 비석(砒石)이 들어 있는 광물.
×**비석-차기**(碑石－)명 → 비사치기
비선(飛仙)명 날아다니는 신선.
비선(飛船)명 매우 빨리 나아가는 배.
비설(飛雪)명 ①바람에 흩날리며 내리는 눈. ②쌓였던 눈이 세찬 바람에 흩날리는 것.
비:설(祕說)명 비밀로 하여 남에게 알리지 않은 논설이나 학설.
비:설(脾泄)명 한방에서, 비장(脾臟)이나 위장(胃臟)에 탈이 나서 소화가 안 되고 설사가 나는 병을 이르는 말.
비-설거지 명-하다자 비가 내릴듯 할 때, 비를 맞아서는 안 될 물건을 치우거나 덮거나 하는 일. 준설거지
×**비-설겆이** 명 →비설거지
비성(飛星)명 유성(流星)
비:성(鼻聲)명 콧소리
비:세(比歲)명 비년(比年)
비세(非勢)명 바둑이나 장기 등의 승패에서, 형세(形勢)가 이롭지 못한 국면을 이르는 말.
비:소(砒素)명 비금속 원소의 하나. 금속 광택이 나는 무른 결정임. 화합물은 독성이 강함.〔원소 기호 As/원자 번호 33/원자량 74.92〕
비:소(鼻笑)명 ①코웃음 ②-하다자타 코웃음 침.
비소(誹笑)명 ①비웃는 웃음. ②-하다타 비웃음.
비:소(卑小)어기 '비소(卑小)하다'의 어기(語基).
비소가:론(非所可論)성구 들어서 말할 거리가 못 됨을 이르는 말.
비-소비물(非消費物)명 한 번 써서 없어지지 않고, 두 번 이상 같은 용도에 쓸 수 있는 물건.
비-소:수(非素數)[-쑤]명 1과 그 수 자신 이외의 약수(約數)를 가진 정수(整數). 합성수(合成數)
비:소=요법(砒素療法)[-뻡]명 매독·피부병 등에 비소 화합물을 써서 치료하는 방법.
비:소-제(砒素劑)명 비소가 든 약제.
비:소=중독(砒素中毒)명 비소 화합물을 먹거나 비화수소(砒化水素) 가스를 들이마셨을 때 일어나는 중독.
비:소-진(砒素疹)명 비소가 든 약을 쓴 뒤에 그 중독으로 생기는 발진(發疹).
비:소-하다(卑小－)형여 보잘것없이 작다.
비:속(卑屬)명 혈연 관계에서, 자손 또는 그와 같은 항렬에 있는 친족을 이르는 말. ☞방계 인척(傍系姻戚). 존속(尊屬)
비:속(卑俗)어기 '비속(卑俗)하다'의 어기(語基).
비:속-하다(卑俗－)형여 천하고 품위가 없다. ¶비속한 말투. ☞고상하다
비:손 명-하다자 신(神)에게 손을 비비면서 소원을 비는 일.
비:쇠(憊衰)명-하다자 몹시 고달파서 쇠약하여짐.
비:수(匕首)명 날밑이 없는 짧은 칼.
비수(悲愁)명 ①슬픔과 근심을 아울러 이르는 말. ②-하다자 슬퍼하고 근심함.
비:수(備數)명-하다타 일정한 수효를 채움.
비:수(鼻水)명 콧물
비:수-기(非需期)명 물품이나 서비스의 수요가 많지 않은 시기. ☞성수기(盛需期)
비수리 명 콩과의 여러해살이풀. 줄기는 보드라운 털이 있고 위쪽은 많은 가지로 갈라져 있음. 8~9월에 잎겨드랑이에 나비 모양의 작은 황백색 꽃이 핌. 산기슭이나 들에서 자람. 줄기는 광주리를 만드는 데 쓰임.
비:수-비(匕首匕)명 한자 부수(部首)의 한 가지. '化'·'北' 등에서 '匕'의 이름.
비:술(祕術)명 남에게 알리지 않은 비밀의 술법.
비술-나무 명 느릅나뭇과의 낙엽 교목. 높이는 15m 안팎. 잎은 길둥글고 잔 톱니가 있음. 3~4월에 꽃이 피고 열매는 시과(翅果)임.
비슈누(Visnu 범)명 브라마·시바와 함께 힌두교의 세 주신(主神)의 하나. 태양 빛을 신격화한 신.
비스듬-하다 형여 조금 기운듯 하다. ¶줄을 비스듬하게 치다. 준비듬하다 ☞배스듬하다
비스듬-히 부 비스듬하게
비스러-지다 자 둥글거나 반듯하지 아니하고 조금 비뚤어지다.
비스름-하다 형여 거의 비슷하다. ¶너와 비스름한 사람을 봤다. ☞배스름하다
비스름-히 부 비스름하게
비스무트(Wismut 독)명 금속 원소의 하나. 붉은빛을 띤 은백색의 금속으로, 전기나 열을 잘 전하지 못하며, 녹는점이 매우 낮음. 안료·의약품 등에 쓰임. 창연(蒼鉛)〔원소 기호 Bi/원자 번호 83/원자량 208.98〕
비스코스(viscose)명 목재 펄프에 수산화나트륨 수용액을 반응시킨 것에 이황화탄소를 더하여 황화(黃化)하고 수산화나트륨 용액을 더해 용해한 용액. 비스코스 인견(人絹)이나 셀로판의 원료로 쓰임.
비스코스레이온(viscose rayon)명 비스코스 인조 견사
비스코스스펀지(viscose sponge)명 비스코스를 해면(海綿) 모양으로 굳힌 것. 연한 물건을 씻는 데 쓰임.
비스코스=인조=견사(viscose人造絹絲)명 비스코스를 원료로 하여 만든 견사. 비스코스레이온
비스킷(biscuit)명 밀가루에 버터·우유·설탕·향료 따위를 섞어서 반죽하여 여러 가지 모양의 틀에 넣어 구워낸 과자.
비스타비전(Vista Vision)명 1954년에 미국에서 개발한, 표준보다 큰 화면으로 된 영화의 한 방식. 보통 필름의 두 배 가량 되는 크기의 필름을 사용한 것으로 화면의 선명도가 뛰어남. 세로와 가로의 비(比)는 1 : 1.85임.
비스토(visto 이)명 악보의 나타냄말의 한 가지. '쾌속하게'의 뜻.
비슥-하다 형여 조금 기울다. ☞배슥하다
비슥-이 부 비슥하게
비슬-거리다(대다) 자 힘없이 비틀거리다.
비슬-비슬 부 힘없이 비틀거리는 모양을 나타내는 말. ¶쇠약한 몸으로 － 걸어간다. ☞배슬배슬²
비:습(比濕)명 공기 중의 수증기의 양을 나타내는 수치. 단위 체적의 공기 중에 있는 수증기의 질량을 그 공기의 질량으로 나눈 수치임.
비:습(卑濕)어기 '비습(卑濕)하다'의 어기(語基).
비:습(肥濕)어기 '비습(肥濕)하다'의 어기(語基).
비:습-하다(卑濕－)형여 땅이 낮아서 습하다.
비:습-하다(肥濕－)형여 몸이 살지고 습기가 많다.
비슷비슷-하다[-슫-슫-]형여 여럿이 다 비슷하다. ¶형제들의 얼굴 모습이 －.
비슷-하다¹ [-슫-]형여 한쪽으로 조금 비스듬하다. ☞배슷하다
비슷-이¹ 부 비슷하게 ¶－ 기울다. ☞배슷이
비슷-하다² [-슫-]형여 거의 같다. 닮아 있다. ¶서로 비슷한 점이 많다./비슷하게 생기다.
비슷-이² 부 비슷하게
비승(飛昇)명 승천(昇天)
비승비속(非僧非俗)성구 중도 아니고 속인도 아니라는 뜻으로, 이것도 저것도 아닌 어중간한 사람, 또는 물건을 이르는 말. 반승반속(半僧半俗)
비시(非時)명 ①제때가 아닌 때. ②'비재식시(非齋食時)'의 준말.
비시(飛矢)명 유시(流矢). 유전(流箭)
비:시:(B.C.)명 서력(西曆)으로 기원전. [Before Christ] ☞에이디(A.D.)
비:시:=무:기(BC武器)명 생물 화학 무기. 바이러스·세균·독가스 등이 주체가 된 무기. [B : biological/C : chemical]
비시-식(非時食)명 불교의 계율에서 중이 음식을 먹어서는 안 된다고 정한 때, 곧 정오가 지나서 음식을 먹는 일.

비:시:지:(BCG)명 소의 결핵균을 분리시켜 만든 결핵 예방 백신. [Bacillus Calmette Guérin]
비:시:지:=접종(BCG接種)명 결핵을 예방하기 위하여 비시지를 몸에 접종하는 일.
비식(非食)명 변변찮은 음식.
비:식(賁飾)명-하다타 아름답게 꾸밈.
비:식(鼻息)명 콧숨
비신(碑身)명 비문(碑文)을 새긴 비의 몸체.
비-신:사적(非紳士的)명 신사답지 아니한 것. ¶여성에 대한 -인 언행.
비:실(備悉)명-하다타 어떠한 사정을 두루 잘 앎.
비실-거리다(대다)자 힘이 없어 제대로 걷지 못하고 비틀거리다. ☞배실거리다²
비실-비실부 힘이 없어 제대로 걷지 못하고 비틀거리는 모양을 나타내는 말. ¶지쳐서 - 걷다. ☞배실배실²
비-실용적(非實用的)명 실용적이 아닌 것. ¶-인 물건.
비:심(費心)명-하다자 마음을 씀.
비싸다형 물건 값이나 어떤 일에 드는 돈이 시세에 비하여 많다. ¶물건 값이 -. ☞싸다
비싸게 굴다관용 아주 도도하게 행동하거나 유세 부리는 태도를 나타내다.
속담 비싼 밥 먹고 헐한 걱정한다 : 쓸데없는 걱정은 하지 말라는 뜻으로 이르는 말.
비싼-흥정명 ①비싼 값으로 사게 된 흥정. ②유리한 조건이 아닌 흥정. ☞싼흥정
비쌔:다자 ①마음에는 있으면서도 겉으로는 그렇지 않은 체 하다. 돌아내리다 ¶그만 비쌔고 함께 가자. ②아무 일에나 어울리기를 싫어하다.
비쓱-거리다(대다)자 이리저리 쓰러질듯이 비틀거리다. ☞배쓱거리다
비쓱-비쓱부 이리저리 쓰러질듯이 비틀거리는 모양을 나타내는 말. ☞배쓱배쓱
비씨(妃氏)명 조선 시대, 왕비(王妃)로 간택된 처녀를 높이어 이르던 말.
비아(非我)명 철학에서, 자아(自我)에 대립하여 존재하는 모든 것, 곧 외계(外界)·자연·환경을 이르는 말.
비아냥명 비아냥거리는 짓. ¶일마다 -이다.
비아냥-거리다(대다)자 얄미운 태도로 빈정거리다.
비아냥-스럽다(-스럽고·-스러워)형ㅂ 얄미운 태도로 빈정거리는 태도가 있다.
비아냥-스레부 비아냥스럽게
비악부 병아리가 우는 소리를 나타내는 말. ☞삐악
비악-비악부 병아리가 자꾸 우는 소리를 나타내는 말. ☞삐악삐악
비-안:개명 비가 내리듯이 짙게 낀 안개.
비-압축성(非壓縮性)명 물 따위 액체의 성질과 같이, 압력에도 부피가 변하지 않는 성질.
비애(悲哀)명 설움과 슬픔. ¶인생의 -를 느끼다.
비:액(鼻液)명 콧물
비:야(鄙野)명 ①시골 구석. ②-하다형 말이나 하는 짓이 품위가 없고 촌스러움.
비약명 화투 놀이에서, 십이월의 비(雨) 딱지 넉 장을 모두 차지한 경우를 이르는 말. 놀이에 참가한 다른 사람들로부터 스무 끗씩을 받게 됨. ☞초약. 풍약
비약(飛躍)명-하다자 ①높이 뛰어오름. ☞도약(跳躍) ②크게 발전하거나 향상됨. ¶세계 제일의 성악가로 -했다. ③순서나 단계를 밟지 아니하고 동떨어진 데로 옮아감. ¶이야기 줄거리에 -이 있다.
비:약(祕藥)명 ①비방(祕方)으로 지은 약. ②특별한 효능이 있는 약. 특효약(特效藥) ☞묘약(妙藥)
비약=경:기(飛躍競技)명 스키장에서, 경사면을 도움닫기하여 발구름대에서 몸을 날리어 착륙 비탈면에 내리는 경기. 비약 자세와 비약 거리 등으로 점수를 매김.
비약-적(飛躍的)명 진보나 발전 등의 변화가 매우 급격한 것. ¶유전자 공학의 -인 발전.
비약적=상고(飛躍的上告)명 제일심의 판결에 대하여 항소심을 거치지 않고 바로 대법원에 상고하는 일.
비:약-증(脾約症)명 한방에서, 급성 열병으로 말미암아 생긴 변비를 이르는 말.
비양(飛揚)명-하다자 ①높이 날아오름. 비등(飛騰) ②높은 지위에 오름. ③뽐내며 거드럭거림.
비-양심적(非良心的)명 양심적이 아닌 것. 양심을 속이는 것. ¶-인 행동.
비:어(卑語·鄙語)명 상스럽고 천한 말. 비언 ☞낮은말
비어(飛魚)명 '날치³'의 딴이름.
비:어(祕語)명 비밀한 말.
비:어(備禦)명-하다타 미리 준비하여 막음.
비어(蜚語·飛語)명 근거 없이 떠도는 말. 비언(飛言) ¶유언(流言)-
비어-지다자 ①속에 있던 것이 밖으로 내밀어 나오다. ¶자루에 담은 것이 -. ②숨겼던 것이 드러나다. ¶부정한 사실이 -.
비어홀:(beer hall)명 주로 맥주와 간단한 음식을 곁들여 파는 술집.
비언(飛言)명 비어(飛語)
비:언(鄙言)명 비어(鄙語)
비:언(鄙諺)명 상스러운 속담.
비:업(丕業)명 홍업(洪業)
비엔날레(biennale 이)명 2년마다 열리는 국제 미술 전람회. ☞트리엔날레
비:엘(B/L)명 선화 증권(船貨證券)[bill of lading]
비역명 남자끼리 하는 성행위(性行爲). 계간(鷄姦). 남색(男色) 준벽 ☞면². 밴대질
비역-살명 궁둥이 쪽의 사타구니 살.
비연(飛鳶)명-하다자 연을 날리는 일. 연날리기
비:연(鼻淵)명 한방에서, 걸쭉한 콧물이 많이 나고 피나 고름이 섞여 나오는 콧병을 이르는 말.
비:연(鼻煙·鼻烟)명 콧구멍 기관(氣管)이 막혀 갑갑할 때 재채기를 하기 위하여 콧구멍에 대고 냄새를 맡거나 속에 불어 넣는 가루약.
비:연-통(鼻煙筒)명 비연을 담는 작은 통. 마개를 뽑고 콧구멍에 대어 맡으면 재채기를 하게 됨.
비:열(比熱)명 물질 1g의 온도를 1°C 높이는 데 드는 열량.
비:열(脾熱)명 한방에서, 비장(脾臟)에 열기가 생기는 병을 이르는 말.
비:열(卑劣·鄙劣)어기 '비열(卑劣)하다'의 어기(語基).
비:열-하다(卑劣-)형여 성격이나 하는 짓이 품위가 없고 천하다. ¶비열한 수작.
비:염(脾炎)명 비장(脾臟)에 생기는 염증. 비카타르. 코카타르
비:염(鼻炎)명 비강(鼻腔)의 점막에 생기는 염증.
비영비영-하다형여 병으로 말미암아 몸이 야위어 파리하고 기운이 없다.
비:예(睥睨)명-하다자 눈을 흘겨서 봄.
비오부 솔개가 우는 소리를 나타내는 말.
비-오리명 오릿과의 겨울 철새. 몸길이 65cm 안팎. 암수에 따라 몸빛이 다르고, 수컷의 머리는 광택이 있는 청록색, 암컷의 머리는 적갈색임. 하천·호수·해안 등에서 삶. 계압(溪鴨). 수계(水鷄). 자원앙(紫鴛鴦)
비오-비오부 솔개가 자꾸 우는 소리를 나타내는 말.
비:오-판(B五版)명 ①인쇄 용지 치수의 한 가지. 18.2cm ×25.7cm. ②책 규격의 한 가지. 가로 18.2cm, 세로 25.7cm로, 사륙 배판보다 조금 큼. ☞비판(B版)
비:옥(翡玉)명 붉은 점이 있는 비취옥.
비옥(緋玉)명 비단옷과 옥관자라는 뜻으로, 조선 시대에 당상관(堂上官)의 관복을 이르던 말.
비:옥(肥沃)어기 '비옥(肥沃)하다'의 어기(語基).
비:옥가:봉(比屋可封)성구 집집마다 사람들이 다 착하여 모두 표창할만 하다는 뜻으로, 중국의 요순(堯舜) 시절의 백성들이 모두 성인(聖人)의 덕(德)에 감화되었음을 이르는 말.
비:옥-도(肥沃度)명 땅의 걸고 기름진 정도.
비:옥-토(肥沃土)명 걸고 기름진 흙. 식물의 생육에 알맞은 토양(土壤).

비:옥-하다(肥沃-)형여 땅이 걸고 기름지다. 비요(肥饒)하다. 비유(肥腴)하다 ¶비옥한 김포 평야.
비올라(viola 이)명 현악기의 한 가지. 네 개의 줄을 활로 켜서 소리를 냄. 차분한 음색을 지녔으며 합주에서 바이올린 아래 음역을 맡음. ☞첼로
비올론첼로(violoncello 이)명 '첼로'의 본딧말.
비-옷명 비가 내릴 때, 옷이 비에 젖지 않도록 옷 위에 덧입는 겉옷. 우의(雨衣). 우장옷
비:옹(臂癰)명 팔에 나는 종기.
비:와(憊臥)명-하다자 몸이 나른하여 드러누움.
비:요(祕要)명 비결(祕訣) ▷祕의 속자는 秘
비:요(匪擾)명 비적의 무리가 일으키는 소요.
비:요(肥饒)어기 '비요(肥饒)하다'의 어기(語基).
비:요-하다(肥饒-)형여 비옥하다
비:용(比容)명 단위 질량의 물체가 가진 부피.
비:용(費用)명 ①어떤 일을 하는 데 드는 돈. 비발² ¶여행 -/-이 많이 들다. ②어떤 생산 활동을 위하여 생산 요소나 생산재(生産財)에 소비되는 돈.
비-우(-雨)명 한자 부수(部首)의 한 가지. '雪'·'電' 등에서 '雨'의 이름.
비우(飛宇)명 기와집의 네 귀가 위로 치켜진 처마. 비첨

비우다타 ①그릇에 담겨 있던 것을 들어내거나 다른 데로 옮기거나 다 쓰거나 하여 비게 하다. ¶소쿠리를 -./술잔을 -. ②볼일 등으로 사람이 집에서 나와 집에 아무도 없는 상태로 되게 하다. ¶집을 -. ③일하던 자리에서 떠나 그 자리에 있지 아니하다. ¶출장 중이라서 자리를 비웠다. ④차지하고 있던 곳을 나와 빈 상태로 되게 하다. ¶월말까지 사무실을 비우기로 약속하다. ⑤아무 것도 없는 자리를 만들다. ¶글을 띄어 쓸 때는 한 칸을 비우고 쓴다.
비:운(否運)명 비운(非運) ☞행운(幸運)
비운(非運)명 ①나쁜 운수. 막힌 운수. ②불행한 운명. 비운(否運) ☞행운(幸運)
비운(悲運)명 슬픈 운명. ¶-의 공주.
비:울(痞鬱)명 한방에서, 가슴과 배가 답답해지는 병을 이르는 말.
비웃명 생선인 청어(靑魚)를 식품으로 이르는 말.
비웃-구이[-욷-]명 비웃에 양념을 하여 구운 반찬. 청어구이
비웃다[-욷-]타 빈정거리거나 업신여기어 웃다. ¶남의 실수를 비웃지 마시오.
비웃-백숙(-白熟)[-욷-]명 비웃을 통으로 양념 없이 맹물에 삶거나 쪄낸 안주.
비웃음명 빈정거리거나 업신여기어 웃는 웃음. ¶-을 사다. 육소(戮笑). 조소(嘲笑)
비웃-자:반[-욷-]명 비웃을 소금에 절였다가 말린 것. 자반비웃
비웃적-거리다(대다)[-욷-]타 자꾸 비웃으며 빈정거리다.
비웃-죽(-粥)[-욷-]명 비웃과 쌀로 쑨 죽. 싱싱한 비웃의 살만을 골라 끓여 체에 거른 것에 쌀을 넣어 쑴. 청어죽(靑魚粥)
비웃-찜[-욷-]명 토막친 비웃에 밀가루와 달걀을 묻혀 지져서 국물이 바특한 맑은장국에 넣어 끓인 음식.
비:원(祕苑)명 지난날, 대궐 안에 있는 동산과 정원을 이르던 말. 내원(內苑). 금원(禁苑). 어원(御苑)
비:원(備員)명 일정한 인원(人員)이 다 참.
비원(悲願)명 ①꼭 이루어지기를 바라는 비장(悲壯)한 소원. ②불교에서, 부처나 보살이 자비로운 마음에서 중생을 구제하려 한 서원(誓願)을 이르는 말.
비:원(鄙願)명 자기의 소원을 겸손하게 이르는 말.
비원순=모:음(非圓脣母音)명〈어〉평순 모음(平脣母音)
비:위(妣位)명 돌아가신 어머니와 그 위로 대대의 할머니의 위(位). ☞고위(考位)
비:위(非違)명 법에 어긋남, 또는 그 일. ¶- 사실을 폭로하다./-를 저지르다.
비:위(脾胃)명 ①비장(脾臟)과 위(胃). ②어떤 음식에 대하여 먹고 싶은 기분. ¶-에 맞지 않는 음식. ③어떤 사물에 대하여 좋고 언짢음을 느끼는 기분. ¶그의 행동이 -에 거슬린다. ④아니꼽거나 언짢은 일을 잘 견디어 내는 힘. ¶-도 좋다.
비위가 당기다관용 ①무엇을 차지하고 싶거나 어떤 일을 할 마음이 생기다. ②음식이 입에 맞아 먹고 싶은 생각이 나다.
비위가 동하다관용 무엇을 하고 싶은 마음이 일어나다.
비위(가) 사납다관용 ①마음에 언짢아 기분이 상하다. ②음식이 입에 맞지 않아 역겨운 느낌이 들다.
비위(가) 좋다관용 ①무슨 음식이나 즐겨 먹고 잘 삭이다. ②아니꼽거나 언짢은 일 등을 잘 견디다.
비위(가) 틀리다관용 마음에 언짢아 기분이 틀어지다.
비위(를) 거스르다관용 비위(를) 건드리다.
비위(를) 건드리다관용 남의 마음을 언짢게 하다. 비위가 상하게 하다. 비위(를) 거스르다.
비위(를) 맞추다관용 ①남의 마음에 들도록 해 주다. ②환심을 사려고 알랑거리다.
비위에 거슬리다관용 ①음식이 입에 맞지 아니하다. ②하는 짓이 아니꼽고 언짢다.
속담 **비위가 노래기 회(膾) 쳐 먹겠다** : 몹시 비위가 좋음을 비웃는 말./**비위가 떡판에 가 넘어지겠다** : 떡판 옆을 가다가 짐짓 넘어진체 하여 떡을 먹을 만큼 비위가 좋다는 말.〔비위가 떡함지에 넘어지겠다/비위는 떡함지에 자빠지겠다〕
비:위난정(脾胃難定)성구 비위가 뒤집혀 가라앉지 않음, 또는 비위에 맞지 않아 아니꼬움을 이르는 말.
비-위생적(非衛生的)명 위생에 좋지 않은 것.
비:유(卑幼)명 항렬이 낮거나 나이가 어린 사람.
비:유(譬喩·比喩)명-하다타 어떤 사물의 모양이나 상태 등을 직접 밝히지 않고, 그것과 비슷하거나 연관성이 있는 다른 사물에 비기어 이해하기 쉽도록 표현하는 일.
비:유(肥腴)어기 '비유(肥腴)하다'의 어기(語基).
비:유-법(譬喩法·比喩法)[-뻡]명 수사법(修辭法)의 한 가지. 설명하려는 대상을 다른 사물에 비기어 이해하도록 이끄는 표현 방법. 직유법(直喩法)·은유법(隱喩法)·의인법(擬人法)·의성법(擬聲法)·의태법(擬態法)·풍유법(諷喩法)·제유법(提喩法)·환유법(換喩法) 등이 있음. ☞강조법(強調法). 변화법(變化法)
비:유-하다(肥腴-)형여 비옥하다
비:육(肥肉)명 짐승의 살진 고기.
비:육(肥育)명-하다타 고기를 식품으로 쓰는 가축을, 살이 많이 찌고 고기의 질이 좋게 기르는 일.
비육불포(非肉不飽)성구 고기가 아니고서는 배가 부르지 않다는 뜻으로, 노인의 쇠약한 상태를 이르는 말.
비:육-우(肥肉牛)명 질이 좋은 고기를 많이 얻기 위해 특별히 살지게 기른 소. ☞고기소
비:육지탄(髀肉之歎)성구 말을 타고 전장에 나가지 않은 지가 오래되어 넓적다리의 살만 찌게 됨을 한탄했다는 고사에서 나온 말로, 보람 있는 일은 하지 못하고 헛되이 세월만 보냄을 한탄하는 말.
비:육-판(B六版)명 ①인쇄 용지 치수의 한 가지. 12.8cm×18.2cm. ②책 규격의 한 가지. 가로 12.8cm, 세로 18.2cm로, 사륙판과 비슷한 크기임. ☞비판(B版)
비:율(比率)명 둘 이상의 수량을 비교할 때의 비(比). ¶-이 높다. 준비. 율

한자 **비율 률**(率)〔玄部 6획〕¶배율(倍率)/비율(比率)/승률(勝率)/이율(利率)/확률(確率)/환율(換率)

비:율=분석법(比率分析法)명 기업체 등에서, 경영의 각 요인 사이의 비율을 분석함으로써 경영 성적을 밝혀 내는 방법.
비율빈(比律賓)명 '필리핀'의 한자 표기.
×**비음**명 →빔
비음(庇蔭)명 ①차양의 그늘. ②옹호하여 도움. 음덕(蔭德)
비음(碑陰)명 ①비신(碑身)의 뒷면. ☞비표(碑表) ②비의 뒷면에 새긴 글.

비:음(鼻音)명〈어〉발음 방법에 따른 한글 자음의 한 갈래. 입 안의 통로를 막고 코로 공기를 내보내면서 내는 소리. 울림소리인 'ㅁ'과 'ㅇ'이 이에 딸림. 콧소리. 통비음(通鼻音)
비읍명 한글 자모(字母) 'ㅂ'의 이름.
비읍(悲泣)명-하다자 슬퍼하여 욺.
비의(非義)명 의리에 어긋나거나 도리에 벗어남.
비의(悲意)명 슬퍼하는 뜻.
비:의(備擬)명 조선 시대, 관원을 천거할 때 이조(吏曹)·병조(兵曹)에서 후보자 세 사람을 추천하던 일.
비-이:성(非理性)명 비합리(非合理)
비-이:성적(非理性的)명 이성적이 아닌 것.
비이:성-주의(非理性主義)명 비합리주의(非合理主義)
비-이슬명 ①비와 이슬. 우로(雨露) ②비가 내린 뒤에 나뭇잎 따위에 맺힌 물방울.
비:익(比翼)명 '비익조(比翼鳥)'의 준말.
비:익(裨益·毗益)명-하다타 보익(補益)
비:익(鼻翼)명 코끝 양쪽의 도도록한 부분. 콧방울
비:익연리(比翼連理)성구 비익조(比翼鳥)와 연리지(連理枝)라는 뜻으로, 부부 사이의 금실이 썩 좋음을 비유하여 이르는 말.
비:익-조(比翼鳥)명 암수가 다 같이 눈과 날개가 하나씩이어서 늘 함께 날아다닌다는 새, 또는 늘 날개를 가지런히 하여 난다는 상상의 새를 이르는 말에서, 금실이 썩 좋은 부부를 비유하여 이르는 말. 준비익(比翼) ☞비익연리(比翼連理). 연리지(連理枝)
비인(非人)명 ①사람답지 못한 사람. 비인간(非人間) ②불교에서, 인간이 아닌 용(龍)·야차(夜叉)·귀신(鬼神)·축생(畜生) 등을 이르는 말.
비인(飛人)명 법당(法堂)의 천장이나 벽에 그린, 나는 사람의 형상.
비:인(鄙人·卑人)명 ①천한 사람. ②자기가 자신을 낮추어 일컫는 말.
비-인간(非人間)명 ①사람답지 못한 사람. 비인(非人) ②인간 세상이 아니라는 뜻으로, 경치가 매우 좋은 곳을 이르는 말. ¶별유천지(別有天地) —.
비-인간적(非人間的)명 사람으로서 차마 할 수 없는 것. ¶—인 대우.
비-인도적(非人道的)명 사람으로서 마땅히 지켜야 할 도리에 어긋나는 것.
비일-비재(非一非再)명 ①한두 번이 아님. ②하나 둘이 아님. ¶주차 위반 차량이 —다.
비자(婢子)명 ①계집종 ②지난날, 여자가 자기 자신을 낮추어 이르던 말.
비:자(榧子)명 비자나무 열매. 구충제(驅蟲劑)로 쓰임.
비자(visa)명 입국 사증(入國査證). 사증(査證)
비:자-강정(榧子—)명 비자의 겉껍데기를 벗기어 기름에 볶아 속껍질을 벗긴 다음, 꿀이나 엿을 바르고 콩가루를 묻힌 과자.
비:자-나무(榧子—)명 비자나뭇과의 상록 침엽 교목. 높이 20m 안팎이고 잎은 참빗처럼 생겼음. 암수딴그루로 4월경에 꽃이 핌. 열매는 핵과(核果)로 이듬해 10월경에 익는데, 기름을 짜서 쓰며 구충제로도 씀. 목재는 건축과 기구용으로 쓰임.
비자발적=실업(非自發的失業)[—쩍—]명 자본주의 경제 체제에서, 일할 능력과 의사가 있어도 생산물에 대한 수요가 없기 때문에 생기는 실업.
비:자-판(榧子板)명 비자나무를 켜서 만든 널빤지.
비잔틴=건축(Byzantine建築)명 4~6세기에 발달하여 15세기 중엽까지 비잔티움을 중심으로 유행한 크리스트교 건축 양식. 큰 돔과 내부의 대리석, 화려한 모자이크 장식 등이 특색임.
비잔틴=문화(Byzantine文化)명 중세기 비잔틴 제국에서 생겨나서 전개된 문화. 그리스 고전 문화의 전통에서 크리스트교적 요소가 융합된 것이 특징으로, 1000여 년간에 걸쳐 빛나는 문화권을 이루었음.
비잠주복(飛潛走伏)명 나는 것, 헤엄치는 것, 달리는 것, 기는 것이라는 뜻으로, 새·물고기·짐승·벌레를 통틀어 이르는 말.
비잡이명 쟁기의 성에와 물추리막대를 잇는 끈.
비:장(祕藏)명-하다타 몰래 감추어 둠. 밀장(密藏)
비장(腓腸)명 장딴지
비:장(備藏)명-하다타 고루 갖추어 간직함.
비:장(脾臟)명 ①척추동물의 림프계 기관(器官). 사람의 경우 위(胃)의 왼쪽에 있는데, 림프절을 만들어 내고, 적혈구를 저장하는 등의 기능을 함. 지라 준비(脾) ②한방에서 이르는 오장(五臟)의 하나.
비장(裨將)명 조선 시대에 감사(監司)·유수(留守)·병사(兵使)·수사(水使) 등의 지방 장관을 수행하던 무관. 막객(幕客). 막료(幕僚). 막비(幕裨). 막빈(幕賓)
비:장(鄙庄)명 지난날, 남에게 자기가 가진 논밭을 겸손하게 이르던 말.
비:장(臂章)명 제복의 소매 위에 다는 휘장.
비장(悲壯)어기 '비장(悲壯)하다'의 어기(語基).
비장=경련(腓腸痙攣)명 비장근 경련
비장-근(腓腸筋)명 장딴지의 근육.
비장근=경련(腓腸筋痙攣)명 장딴지에 갑자기 일어나는 경련. 비장 경련
비장-미(悲壯美)명 미학(美學)에서, 비극적인 상황에 숭고함이 더불어 나타나는 아름다움을 이르는 말.
비:-장조(B長調)[—쪼]명 나장조
비장-하다(悲壯—)형여 슬픔 속에서도 씩씩하고 꿋꿋한 데가 있다. ¶비장한 결의.
비재(菲才·非才)명 ①변변하지 못한 재능. ②남에게 자기의 재능을 겸손하게 이르는 말. 단재(短才). 미재(微才). 천재(淺才)
비:재(費財)명-하다자 재물을 헛되이 씀. 비전(費錢)
비재산적=손:해(非財産的損害)명 재산 이외의 손해, 곧 생명·신체·명예·자유 등의 침해로 생기는 손해.
비-재식시(非齋食時)명 불가(佛家)에서 정오(正午) 이후에 음식을 먹지 아니하는 때. 준비시(非時)
비:-저:항(比抵抗)명 단위 단면적(斷面積), 단위 길이당의 전기 저항. 저항률(抵抗率)
비:적(丕績)명 훌륭하고 큰 공적.
비적(飛跡)명 안개 상자, 기포 상자, 원자핵 건판을 대전입자(帶電粒子)가 통과했을 때 관찰할 수 있는 입자의 통과 경로.
비적(匪賊)명 떼를 지어 돌아다니며 재물을 약탈하는 도둑. 비도(匪徒). 적비(賊匪)

한자 비적 비(匪)〔匚部 8획〕¶비도(匪徒)/비적(匪賊)

비:적(祕籍)명 ①진귀한 서적. ②비본(祕本)
비적-비적부 무엇에 싸 놓은 물건이 여기저기서 비어져 나오는 모양을 나타내는 말.
비-적성(非敵性)명 적으로 대할 대상이 아닌 상태. ¶—국가 ☞적성(敵性)
비전(飛電)명 ①번쩍하는 번개. ②매우 급한 전보(電報).
비전(飛箭)명 ①매우 빠른 화살을 이르는 말. ②날아가는 화살. ☞유시(流矢)
비:전(祕傳)명 ①남모르게 특정한 사람에게만 전수되는 것. ¶—의 약방문. ②-하다자 비밀히 전하여 내려옴.
비전(費錢)명-하다자 비재(費財)
비전(vision)명 ①미래상(未來像) ②환상(幻想). 환영(幻影) ③시각(視覺)
비:전-고(祕傳膏)명 비밀히 전수된 방법으로 만든 고약.
비:전-국(祕傳麴)명 밀가루, 멥쌀가루, 녹둣가루를 섞어 반죽하여 만든 누룩.
비전-론(非戰論)명 반전론(反戰論) ☞주전론(主戰論)
비-전문가(非專門家)명 전문가가 아닌 사람.
비-전문적(非專門的)명 전문적이 아닌 것.
비-전:투원(非戰鬪員)명 ①교전국의 병력에 딸리었으나 직접 전투에 참가하지 않는 사람. 군의관·법무관·간호사·군목·군승 등. ②병력에 딸리지도 않고 전투에도 참가하지 않는 일반 시민. ☞전투원

비-전:해질(非電解質)명 수용액 속에서 이온으로 해리(解離)되지 않는 물질. 벤젠·에테르 따위. ☞전해질
비전형=계약(非典型契約)명 법률이 명칭이나 내용을 규정하고 있지 않은 계약. 무명 계약(無名契約) ☞전형 계약(典型契約)
비절(鼻癤)명 콧구멍 부근에 생기는 부스럼. 콧구멍에 상처가 생기어 그곳으로 세균이 침입하여 일어남.
비:점(批點)명 과거 등에서, 시관(試官)이 응시자가 지은 시(詩)나 문장을 평가할 때, 특히 잘 지은 대목에 표시하던 둥근 점. ☞관주(貫珠)
비:점(沸點)[-쩜]명 비등점(沸騰點). 끓는점
비:접(∠避接)명-하다자 병자가 거처를 옮기어 병을 다스림.
비접을 나가다관용 병을 다스리기 위하여 다른 곳으로 거처를 옮기다.
비:정(批正)명-하다타 비평하여 잘못된 점을 바로잡음.
비정(非情)명-하다형 ①사람다운 감정이 없음. ②인정이 없이 쌀쌀함. ¶부탁을 비정하게 거절하다.
비:정(秕政)명 나쁜 정치. 예정(穢政) ☞악정(惡政)
비-정:규(非正規)명 정규가 아닌 것.
비-정:규군(非正規軍)명 정규군이 아닌 군대.
비-정:상(非正常)명 정상이 아닌 것. ¶혈압이 -이다.
비정상-적(非正常的)명 정상적이 아닌 것. ¶- 상태
비정-질(非晶質)명 결정과 같은 규칙적인 구조를 가지고 있지 않은 것, 또는 그런 물질. ☞결정질(結晶質)
비정-체(非晶體)명 비정질의 물체.
비:제(鄙第)명 남에게 자기의 집을 겸손하게 이르는 말. 폐려(弊廬). 폐사(弊舍). 폐옥(弊屋)
비조(飛鳥)명 날아다니는 새. 날짐승
비조(悲調)명 ①슬픈 가락의 음악. 비곡(悲曲) ②슬픈 음조(音調).
비:조(裨助)명-하다타 도와 줌.
비:조(鼻祖)명 어떤 일을 가장 먼저 시작한 사람.〔중국에서, 태생 동물은 태내(胎內)에서 맨 먼저 코부터 모양을 이룬다는 설(說)에서 나온 말임.〕원조(元祖)
비조불입(飛鳥不入)성구 나는 새도 들어갈 수 없다는 뜻으로, 성이나 진지 따위의 방비가 빈틈없이 튼튼함을 비유하여 이르는 말.
비조즉석(非朝則夕)성구 아침이 아니면 저녁이라는 뜻으로, 시기가 가까이 닥쳐 옴을 이르는 말.
비-조직적(非組織的)명 조직적이 아닌 것.
비:족(鄙族)명 남에게 자기의 겨레붙이를 겸손하게 이르는 말.
비:좁다형 ①자리가 몹시 좁다. ¶방이 -. ②생각이나 마음이 답답할 만큼 넓지 못하다. ☞배좁다
비:종(備種)명-하다타 온갖 종류를 두루 다 갖춤.
비좌(碑座)명 비(碑)의 대석(臺石)에서 비신(碑身)이 놓이는 자리.
비주(飛走)명 '비금주수(飛禽走獸)'의 준말.
비주룩-비주룩부-하다형 여럿이 다 비주룩한 모양을 나타내는 말. ☞배주룩배주룩. 삐주룩삐주룩
비주룩-하다형여 물체의 끝이 좀 길게 내밀려 있다. ¶비주룩하게 돋은 새순. ☞배주룩하다. 삐주룩하다
비주룩-이부 비주룩하게 ☞배주룩이. 삐주룩이
비주얼디자인(visual design)명 그림이나 사진 등으로 시각적인 효과를 강조한 미술 디자인.
비죽[1]부 ①얼굴이나 물체의 모습만 잠깐 드러내는 모양을 나타내는 말. ②무엇이 못마땅하거나 하여 입을 좀 내미는 모양을 나타내는 말. ¶불만스러워서 입을 - 내밀다. ☞배죽[1]
비죽[2]부-하다형 물체의 일부가 좀 길게 내밀려 있는 모양을 나타내는 말. ¶죽순이 - 돋아 있다. ☞배죽[2]
비죽-이부 비죽하게 ☞배죽이. 비쭉이. 삐죽이. 삐쭉이
비:죽(比竹)명 대나무로 만든 관악기를 이르는 말. 생황(笙簧)·퉁소 따위.
비죽-거리다(대다)타 언짢거나 울음을 참으려 할 때 입을 자꾸 비죽 내밀다. 비죽이다 ¶입을 비죽거리며 불만을 나타내다. ☞배죽거리다. 삐죽거리다
비죽-비죽[1]부 비죽거리는 모양을 나타내는 말. ¶울음을 참으려고 입을 - 한다. ☞배죽배죽[1]
비죽-비죽[2]부-하다형 여러 군데가 비죽하게 내밀려 있는 모양을 나타내는 말. ¶보퉁이의 옷가지가 - 보인다. ☞배죽배죽[2]. 비쭉비쭉[2]. 삐죽삐죽[2]. 삐쭉삐쭉[2]
비죽-이다타 비죽거리다 ☞배죽이다. 삐죽이다
비:준(比準)명-하다타 서로 견주어 봄. ☞대조(對照)
비:준(批准)명-하다타 전권 위원(全權委員)이 체결·서명한 조약(條約)을 조약 체결권자가 확인·동의하는 일. ¶상호 방위 조약을 -하다.

한자 **비준 준**(准)〔冫部 8획〕¶비준(批准)

비:준-서(批准書)명 조약에 대한 국가의 확인과 동의를 나타낸 문서.〔비준서를 교환하거나 기탁(寄託)함으로써 조약의 효력이 생김.〕
비:중(比重)명 ①어떤 물질의 질량과 그것과 같은 부피를 가진 표준 물질의 질량과의 비. 고체나 액체의 경우 표준 물질로서 보통의 증류수를 사용함. ②다른 것과 비교했을 때의 중점을 두는 정도, 또는 중요성의 정도. ¶학력보다도 실력에 -을 둔다.
비:중-계(比重計)명 액체의 비중을 재는 데 쓰는 기구. ☞비중병(比重瓶). 부칭(浮秤). 비중 천칭(比重天秤)
비:중-병(比重瓶)명 비중계의 한 가지. 주로 액체의 비중을 재는 데 쓰이는 작은 유리병.
비:중=선:광(比重選鑛)명 광물의 비중의 차이를 이용하여 필요한 광석과 쓸모 없는 맥석(脈石)을 분리하는 일.
비:중=천칭(比重天秤)명 비중계의 한 가지. 공기나 액체 중의 부력(浮力)의 차를 재어 고체나 액체의 비중을 재는 기구.
비:중-표(比重表)명 액체·고체의 비중의 값을 나타낸 표.
비:즈(beads)명 실내 장식, 여성복의 장식, 수예품 등에 쓰이는 장식용 구슬.
비즈니스맨(businessman)명 ①사업을 경영하는 사람. 실업가(實業家) ②회사원. 특히 사무 직원을 이름.
비즈니스센터(business center)명 회사나 은행 등이 밀집한 지대.
비증-보살(悲增菩薩)명 중생들을 즐겁고 이롭게 하기 위하여 세속에 오래 머물면서 빨리 성불(成佛)하기를 원하지 않는다는 보살.
비지[1]명 두부를 만들 때 두유(豆乳)를 짜고 남은 찌꺼기.
속담 **비지에 부른 배가 연약과(軟藥果)도 싫다 한다**: 하찮은 음식일지라도 먹어서 배가 부른 다음에는 좋은 음식이라도 더 당기지 않는다는 말.〔비지 먹은 배는 약과도 싫다 한다〕
비지[2]명 광석과 모암(母岩)의 가루가 섞여서 된 물질. 단층으로 말미암은 광맥(鑛脈)과 모암의 마찰로 생김.
비:지(批旨)명 조선 시대, 신하의 상소에 대하여 임금의 대답하는 말을 높이어 이르던 말. ☞비답(批答)
비지(碑誌)명 비문(碑文)
비:지(鄙地)명 남에게 자기가 사는 곳을 겸손하게 이르는 말. 비변(鄙邊). 비처(鄙處)
비지-껍질명 살가죽의 겉껍질.
비지-땀명 힘드는 일을 할 때 많이 나오는 땀. 고한(膏汗)
비지-떡명 비지에 밀가루나 쌀가루를 섞어 둥글넓적하게 반대기를 지어 부친 떡.
비지-밥명 비지에 쌀을 섞어 지은 밥.
비지-장(一醬)명 띄운 비지를 뚝배기에 담고, 된장과 배추김치를 넣어 지진 장.
비지-찌개명 비지에 김치나 우거지를 섞고 쇠고기나 돼지고기를 넣어 새우젓으로 간하여 끓인 음식.
비:진(備盡)명-하다타 마음과 힘을 다함.
비-질명-하다자타 비로 쓰는 일. ☞쓰레질
비:집다타 ①붙은 곳을 벌려 틈이 나게 하다. ¶봉투의 봉한 곳을 비집어 뜯다. ②억지로 크게 벌리다. ¶작은 눈을 비집고 뜨다. ③좁은 틈을 헤쳐서 넓히다. ¶건초 더미를 비집고 들어가다.
비짓-국명 띄운 비지로 끓인 국.

속담 **비짓국 먹고 용트림한다** : ①아주 거친 음식을 먹고도 잘 먹은체 하고 거드름을 부린다는 말. ②실속 없이 형식만 차린다는 말.

비짜루 명 백합과의 여러해살이풀. 줄기 높이는 1m 안팎. 가지가 많이 갈라지며 가는 실 모양의 잎이 가지마다 촘촘히 붙음. 암수딴그루로, 늦은 봄에 옅은 녹색의 잔 꽃이 잎겨드랑이에 핌. 어린잎은 먹을 수 있음. 한방에서 기관지염 등에 약재로 쓰임. 우리 나라와 일본, 타이완 등지에 분포함.

비쭈기-나무 명 차나뭇과의 작은 상록 활엽 교목. 잎은 길둥근꼴에 끝이 뾰족한데 어긋맞게 남. 암수딴그루로, 5~6월에 흰 꽃이 잎겨드랑이에 두세 송이씩 피어 황색으로 변하고, 동근 열매는 10월경에 검게 익음. 해안 지대와 섬에서 자라며 관상용으로도 심음. 재목은 세공에 쓰임. 우리 나라와 일본 등지에 분포함.

비쭉[1] 부 ①얼굴이나 물체의 모습만 잠깐 보이는 모양을 나타내는 말. ¶얼굴만 – 내밀다. ②무엇이 못마땅하거나 하여 입을 쑥 내미는 모양을 나타내는 말. ¶토라져 입을 – 하다. ☞배쭉[1]. 비죽[1]. 삐죽[1]. 삐쭉[1]

비쭉[2] 부 -하다 형 물체의 일부가 쑥 내밀려 있는 모양을 나타내는 말. ¶산마루에 – 서 있는 촛대 바위. ☞배쭉[2]. 비죽[2]. 삐죽[2]. 삐쭉[2]

비쭉-이 부 비쭉하게 ☞배쭉이. 비죽이. 삐죽이. 삐쭉이

비쭉-거리다(대다) 타 언짢거나 울음을 참으려 할 때 입을 자꾸 비쭉 내밀다. 비쭉이다 ¶입을 비쭉거리며 불만을 나타냈다. ☞비죽거리다. 삐죽거리다. 삐쭉거리다

비쭉-비쭉[1] 부 비쭉거리는 모양을 나타내는 말. ¶마음에 언짢아서 입을 – 한다. ☞비죽비죽[1]. 삐쭉삐쭉[1]

비쭉-비쭉[2] 부 -하다 형 여러 군데가 비쭉하게 내밀려 있는 모양을 나타내는 말. ¶바위가 – 솟다. ☞비죽비죽[2]. 삐쭉삐쭉[2]

비쭉-이다 타 비쭉거리다 ☞배쭉이다. 비죽이다. 삐죽이다. 삐쭉이다

비참(悲慘) 어기 '비참(悲慘)하다'의 어기(語基).

비참-하다(悲慘–) 형여 차마 볼 수 없을 만큼 슬프고 끔찍하다. ¶비참한 광경.

비:창(鼻瘡) 명 콧구멍 속에 나는 부스럼.

비창(悲愴) 어기 '비창(悲愴)하다'의 어기(語基).

비창-하다(悲愴–) 형여 슬프고 마음 아프다.

비:책(祕策) 명 몰래 궁리한 책략(策略).

비:처(鄙處) 명 비지(鄙地)

비:척(肥瘠) 명 ①몸의 살찜과 여윔을 아울러 이르는 말. ②땅의 기름짐과 메마름을 아울러 이르는 말.

비:척(鼻脊) 명 콧등

비척-거리다(대다) 자 비척비척 걷다. 비척이다 ☞배착거리다. 비치적거리다

비척-걸음 명 비척거리며 걷는 걸음.

비척-비척 부 힘없는 다리를 자주 떼어 가며 휘청휘청 걷는 모양을 나타내는 말. ☞배착배착. 비치적비치적

비척-이다 자 비척거리다 ☞배착이다

비척지근-하다 형여 '비리척지근하다'의 준말.

비천(飛天) 명 불교에서, 천상계에 살며 하늘을 날아다닌다는 선녀를 이르는 말. 천인(天人)

비천(飛泉) 명 ①비폭(飛瀑) ②땅 속에서 세차게 솟아오르는 샘. 분천(噴泉)

비:천(卑賤) 어기 '비천(卑賤)하다'의 어기(語基).

비:천(鄙淺) 어기 '비천(鄙淺)하다'의 어기(語基).

비천-상(飛天像) 명 비천(飛天)을 그린 형상.

비:천-하다(卑賤–) 형여 신분이나 지위가 낮고 천하다. ¶비천한 신분. ☞고귀하다

비:천-하다(鄙淺–) 형여 촌스럽고 천박하다.

비-철(非–) 명 제철이 아님. ¶요즈음은 –에도 참외를 먹을 수 있다.

비철=금속(非鐵金屬) 명 쇠 이외의 금속. 구리·납·아연·알루미늄 따위.

비첨(飛檐) 명 비우(飛宇)

비첩(婢妾) 명 지난날, 종으로 부리다가 첩으로 삼은 여자를 이르던 말. 종첩

비첩(碑帖) 명 비(碑)에 새긴 글을 종이에 박아 낸 것, 또는 그것을 책으로 만든 것. ☞탑본(搨本)

비:체(鼻涕) 명 콧물

비:체-문(鼻涕紋) 명 도자기의 잿물이 콧물 흐르는 것과 비슷이 된 무늬.

비:-체중(比體重) 명 사람의 체격을 나타내는 지수(指數)의 한 가지. 몸무게를 키로 나누어 100곱절 한 수치.

비추다 타 ①빛을 보내어 밝게 만들다. ¶보름달이 호수를 –./조명등으로 무대 위를 –. ②다른 물건에 모습이 나타나게 하다. ¶거울에 몸을 –. ③넌지시 알리다. ¶자기의 견해를 –. ④견주어 보다. ¶경험에 비추어 보아서 결정했다.

한자 비출 조(照) 〔火部 9획〕 ¶조명(照明)/탐조(探照)

> ▶ '비추다'·'비취다'·'비치다'의 뜻 구별
> ○ 비추다 — 빛을 보내어 밝게 하다.
> ¶햇빛이 온 천지를 비추다.
> ○ 비취다 — '비추이다'의 준말로, 비춤을 받다.
> ¶가로등에 비취어 얼굴 모습이 또렷이 보이다.
> ○ 비치다 — 빛이 반사하여 다른 물체에 모양이 나타나 보이다.
> ¶몸이 거울에 비치다.

ㅂ

비추이다 자 비춤을 받다. 준비취다

비:축(備蓄) 명 -하다 타 만일의 경우에 대비하여 미리 장만하여 둠. ¶비상용 식량을 –하다.

비:축-미(備蓄米) 명 만일의 경우에 대비하여 미리 장만하여 두는 쌀.

비충(飛蟲) 명 날벌레 ☞길벌레

비:취(翡翠) 명 ①윤이 나는 새파란 빛깔의 경옥(硬玉). 비취옥 ②경옥(硬玉)과 연옥(軟玉)을 통틀어 이르는 말. ③'물총새'의 딴이름. 수컷이 '비(翡)', 암컷이 '취(翠)'임. ④청호반새와 물총새를 아울러 이르는 말.

비:취-금(翡翠衾) 명 젊은 부부가 덮는 화려한 이불.

비취다 자 '비추이다'의 준말.

비:취-색(翡翠色) 명 비췻빛

비:취-옥(翡翠玉) 명 비취(翡翠). 취옥(翠玉)

비:취-유(翡翠釉) 명 비췻빛 잿물. 공작유(孔雀釉)

비:취-잠(翡翠簪) 명 비취옥으로 만든 비녀.

비:췻-빛(翡翠–) 명 비취옥의 빛과 같은 새파란 빛깔. 비취색(翡翠色)

비층-구름(–層–) 명 '난층운(亂層雲)'의 딴이름. ☞높쎈구름. 중층운(中層雲)

비:치(備置) 명 -하다 타 갖추어 둠. ¶소화기를 –하다./구명 보트를 –하다.

비:치(鼻痔) 명 콧구멍에 군살이 생기는 병.

비:치(beach) 명 해변(海邊). 바닷가

비:치가운(beach gown) 명 바닷가 등에서 수영복 위에 입는 가운.

비치근-하다 형여 '비리척지근하다'·'비리치근하다'·'비척지근하다'의 준말. ☞배치근하다

비치다[1] 자 ①빛이 나서 환하게 되다. ¶달빛이 –. ②물체의 그림자가 나타나 보이다. ¶창에 비친 나무 그림자. ③빛이 반사하여 다른 물체에 모양이 나타나 보이다. ¶물에 비친 뭉게구름. ④투명하거나 반투명한 것을 통하여 속의 것이 드러나 보이다. ¶속살이 비치는 옷감. ⑤눈을 통하여 어떤 인상이 느껴지다. ¶어린이의 눈에 비친 어른의 세계.

한자 비칠 영(映) 〔日部 5획〕 ¶반영(反映)/영상(映像)
비칠 투(透) 〔辵部 7획〕 ¶투과(透過)/투명(透明)

비치다[2] 타 상대편의 생각을 알아보려 하거나 또는 자기의 속마음을 나타내기 위해 넌지시 알리다. ¶입후보할 의사가 없음을 비쳤다.

비:치발리볼(beach volleyball) 명 바닷가 모래톱에서 하는 2인제 배구. 맨발에 수영복 차림으로 경기함.

비치적-거리다(대다) 자 비치적비치적 걷다. ☞배치작거리다. 비척거리다
비치적-비치적 부 힘없는 다리를 끌듯이 떼어 가며 비틀거리는 모양을 나타내는 말. ☞배치작배치작
비:치파라솔(beach+parasol) 명 바닷가 등에서 햇볕을 가리기 위하여 펴 놓는 큰 양산.
비:치하우스(beach+house) 명 ①바닷가 등에 있는, 세를 받고 빌려 주는 별장. ②해수욕장에 설치한 휴게소.
비칠-거리다(대다) 자 다리에 힘이 빠져 비칠비칠 걷다. ☞배칠거리다. 비치적거리다
비칠-비칠 부 힘없는 다리가 꼬일듯 비틀거리는 모양을 나타내는 말. ☞배칠배칠. 비치적비치적
비침-도(-度) 명 조도(照度)
비:칭(卑稱) 명 낮추어 일컫는 말. ☞경칭(敬稱)
비:-카타르(鼻catarrh) 명 비염(鼻炎). 코카타르
비:커(beaker) 명 화학 실험에 쓰이는, 귀때가 달린 원통형의 유리 그릇.
비:컨(beacon) 명 ①항로(航路) 등의 표지(標識). ②표지등(標識燈) ③'라디오비컨(radio beacon)'의 준말.
비:컨대(比-) 부 ①비교하여 보건대. ②비유하건대
비:켜-나다 자 비켜서 물러나다.
비:켜-덩이 명 김맬 때에 흙덩이를 옆으로 빼는 일, 또는 그 흙덩이.
비:켜-서다 자 비켜서 조금 물러서다. ¶길섶으로 -.
비키니(bikini) 명 가슴과 샅만을 좁게 가린, 투피스 모양의 여성용 수영복.
비:키다 자타 ①스치거나 부딪치지 않도록 옆으로 몸을 조금 옮기다. ¶자동차를 피하여 -. ②거치적거리는 물건을 조금 옮기다. ¶자전거를 길가로 비켜 놓았다. ③무엇을 피하여 나아가는 방향을 바꾸다. ¶진창을 비켜 가다. ④있던 자리에서 옮기어 그 자리를 내주다. ¶젊은이들이 놀도록 노인이 자리를 비켜 주었다.
비타민(vitamin) 명 영양소의 한 가지. 매우 적은 양으로 생물체의 정상적인 발육이나 물질 대사를 조절하며 생명 활동에 꼭 필요한 유기물. 지용성(脂溶性) 비타민과 수용성(水溶性) 비타민으로 크게 나뉘는데, 보통 음식물에서 섭취함.
비타민=결핍증(vitamin缺乏症) 명 비타민이 부족하여 일어나는 생리 기능의 장애. 야맹증·각기 따위.
비타민=과:잉증(vitamin過剩症)[-쯩] 명 지용성(脂溶性) 비타민이 간장에 축적됨으로써 일어나는 중독 증세. 식욕 부진, 황달 등이 나타남.
비타민디:(vitamin D) 명 지용성 비타민의 한 가지. 혈액 속의 칼슘을 조절하며, 부족하면 구루병(佝僂病)이 생김. 간유나 달걀 노른자위 따위에 많이 들어 있음.
비타민비:(vitamin B) 명 비타민비 복합체
비타민비:=복합체(vitamin B複合體) 명 비타민 B_1·B_2·B_6·B_{12}·B_{13}·니코틴산·판토텐산 등의 혼합물을 이르는 말. 비타민비
비타민비:식스(vitamin B_6) 명 수용성 비타민비 복합체의 한 가지. 항피부염 인자와 미생물류의 성장 인자로서, 쌀겨·효모 따위에 들어 있음.
비타민비:원(vitamin B_1) 명 수용성 비타민비 복합체의 한 가지. 부족하면 식욕 감퇴·각기(脚氣)·신경증 등을 일으킴. 쌀겨·효모 따위에 들어 있음. 티아민
비타민비:투(vitamin B_2) 명 수용성 비타민비 복합체의 한 가지. 부족하면 구내염·설염·피부염 등을 일으킴. 간장, 달걀 노른자위, 우유 따위에 들어 있음.
비타민비트웰브(vitamin B_{12}) 명 수용성 비타민비 복합체의 한 가지. 부족하면 악성 빈혈을 일으킴. 쇠간·굴 따위에 들어 있음.
비타민시(vitamin C) 명 수용성 비타민의 한 가지. 부족하면 괴혈병을 일으킴. 열에 약함. 과일·채소 따위에 들어 있음. 아스코르브산
비타민에이(vitamin A) 명 지용성 비타민의 한 가지. 부족하면 발육 불량, 세균에 대한 저항력 감퇴, 야맹증 등을 일으킴. 간유(肝油)·버터·채소 따위에 들어 있음.
비타민에이치(vitamin H) 명 수용성 비타민비 복합체의 한 가지. 장내 세균의 작용으로 합성됨. 부족하면 탈모(脫毛)나 피부염 등을 일으킴. 달걀 노른자위, 쇠간 따위에 들어 있음.
비타민엘(vitamin L) 명 수용성 비타민의 한 가지. 포유 동물의 젖의 분비를 돕는 필수 인자(因子)로서, 쇠간·효모 따위에 들어 있음.
비타민엠(vitamin M) 명 비타민의 한 가지. 비타민비 복합체의 구성 요소. 부족하면 빈혈을 일으킴. 시금치·효모·쇠간 따위에 들어 있음. 엽산(葉酸)
비타민이(vitamin E) 명 지용성 비타민의 한 가지. 부족하면 불임(不妊)이나 유산(流産) 등을 일으킴. 식물성 기름, 밀, 쌀의 씨눈, 달걀 노른자위 따위에 들어 있음.
비타민-제(vitamin劑) 명 비타민 결핍증을 예방하거나 치료하는 영양제.
비타민케이(vitamin K) 명 지용성 비타민의 한 가지. 부족하면 혈액의 응고 시간이 길어짐. 엽록소가 들어 있는 채소나 콩기름·간유 따위에 들어 있음.
비타민피(vitamin P) 명 수용성 비타민의 한 가지. 모세 혈관의 저항력을 높이고, 그 투과성(透過性)이 지나치게 증대하는 것을 막음. 레몬·후추 따위에 들어 있음.
비타캠퍼(vita camphor) 명 강심제의 한 가지. 장뇌(樟腦)를 먹인 개의 오줌으로 만듦.
비-타:협적(非妥協的) 명 타협적이 아닌 것.
비탄(飛彈) 명 날아가거나 날아오는 탄환. 비환(飛丸)
비:탄(悲歎) 명 -하다 자타 슬퍼하며 탄식함. ¶-에 잠기다.
비탈 명 기울기가 가파른 땅. ¶-을 오르다.
비탈-길[-낄] 명 기울기가 가파른 길. 사로(斜路)
비탈-면(-面) 명 땅의 비탈진 면. ☞경사면(傾斜面)
비:-탈저(脾脫疽)[-쩌] 명 가축의 전염병인 탄저(炭疽)가 사람에게 걸린 경우를 이르는 말.
비탈-지다 형 땅의 기울기가 가파르다. ¶비탈진 언덕.
비:탕(沸湯) 명 끓는 물.
비:태(否泰) 명 언짢은 운수와 좋은 운수.
비:토(肥土) 명 기름진 땅. 기름진 흙. 거름흙. 옥토(沃土) ☞척토(瘠土)
비:토(veto) 명 거부(拒否). 거부권
비통 명 품질이 낮은 백통.
비:통(祕通) 명 공개할 성질이 아닌 통신.
비:통(鼻痛) 명 한방에서, 외감(外感)으로 코가 막히고 아픈 병을 이르는 말.
비:통(臂痛) 명 팔이 저리고 아픈 증세.
비통(悲痛) 어기 '비통(悲痛)하다'의 어기(語基).
비통-하다(悲痛-) 형여 가슴이 아프도록 몹시 슬프다. ¶비통한 심정./비통한 표정.
비:투비:(B to B) 명 기업 내 또는 기업과 기업 간에 이루어지는 전자 상거래. ☞비투시(B to C). 시투시(C to C) [business to business]
비:투시:(B to C) 명 기업과 소비자 간에 이루어지는 전자 상거래. ☞비투비(B to B). 시투시(C to C) [business to consumer]
비:트(beat) 명 ①음악의 박자 단위. 지휘자의 손의 상하 운동 따위로 실제적·암시적으로 표시되는 박(拍). ②맥놀이 ③헤엄칠 때, 발로 물장구를 치는 짓.
비트(bit) 의 컴퓨터의 정보량을 나타내는 기본 단위. 모든 정보는 0과 1의 이진수(二進數) 체계로 표현되는데, 이 0과 1이 하나의 비트가 됨. 8비트는 1바이트를 이룸.
비:트니크(beatnik) 명 비트족
비트적-거리다(대다) 자 느리게 비틀거리다. ☞배트작거리다. 비틀거리다. 삐트적거리다
비트적-비트적 부 느리게 비틀거리는 모양을 나타내는 말. ☞배트작배트작. 비틀비틀. 삐트적삐트적
비:트제너레이션(beat generation) 명 패배의 세대라는 뜻으로, 제2차 세계 대전 이후 미국에서 일어난 새로운 문학·예술 세대. 로스트제너레이션의 뒤를 이은 세대로서, 현대의 산업 사회에서 벗어난 원시적 해방을 찾으며 무정부적인 개인주의를 내세웠음. 재즈·술·마약·

선(禪)을 통해 지복의 경지에 도달하려고 하였음.
비:트-족(beat族)명 현대의 산업 사회에서 벗어나 원시적인 빈곤 생활 속에서 개성을 해방하려 한 반사회적 젊은이들. 1950년대에 미국을 중심으로 일어남. 비트니크
비틀 부 몸을 가누지 못하고 쓰러질듯이 기우뚱하는 모양을 나타내는 말. ¶이리 − 저리 −. ☞배틀. 삐틀
비틀-거리다(대다)자 비틀비틀 움직이다. ¶술에 취해서 −./주먹 한 방에 −. ☞배틀거리다. 비트적거리다. 삐틀거리다
비틀-걸음 명 비틀거리며 걷는 걸음. ☞배틀걸음
비:틀다 타 ①긴 물건의 양끝을 잡고, 서로 반대 방향으로 힘을 주어 돌리다. ¶빨래를 비틀어 물기를 짜다. ②몸의 한 부분을 억지로 어느 방향으로 힘주어 돌리다. ¶팔을 −. ③말을 예사롭게 하지 아니하고 야살스레 뒤틀어 하다. ¶말을 비틀어서 하다. ☞배틀다
비:틀리다 자 비틂을 당하다. ☞배틀리다
비틀-비틀 부 정신이 어질어질하거나 기운이 빠져 몸을 가누지 못하고 이리저리 발을 헛디디는 모양을 나타내는 말. ☞배틀배틀. 비트적비트적. 삐틀삐틀
비:틀어-지다 자 ①물건이 반대쪽으로 틀어져서 꼬이다. ②친하던 사이가 나빠지다. ¶돈 문제로 둘 사이가 비틀어졌다. ③일이 순조롭게 되지 아니하고 틀어지다. ¶자금 문제로 사업 계획이 비틀어졌다. ☞배틀어지다
비틈-하다 형여 말의 뜻이 바로 드러나지 아니하고 알아 짐작할 만큼 그럴듯하다.
비틈-히 부 비틈하게
비파(枇杷)명 비파나무의 열매.
비파(琵琶)명 우리 나라와 중국, 일본 등지에 전해진 현악기의 한 가지. 다섯 줄의 향비파(鄕琵琶)와 넉 줄의 당비파(唐琵琶)가 있는데, 연주 방법이 전해지지 않고 악기만 남아 있음.
속담 **비파 소리가 나도록 갈팡질팡 한다** : 어떤 일을 당하여 어쩔 줄 모르고 쩔쩔맴을 이르는 말.
비파-나무(枇杷−)명 장미과의 상록 소교목. 과실 나무의 한 가지로 높이는 10m 안팎. 잎은 크고 길둥글며 뒷면에 황갈색 털이 있음. 10~11월에 흰 꽃이 피고, 열매는 이듬해 6월경에 노랗게 익는데 맛이 닮. 잎은 한방에서 진해(鎭咳)·건위(健胃)·이뇨(利尿)의 약재로 쓰임.
비:판(批判)명-하다 타 ①사물을 검토하여 판정하고 평가함. ②사람의 언행이나 일 따위에서 잘못이나 결점을 지적하여 바로잡아야 한다고 말함. ③철학에서, 인간의 지식이나 사상, 행위 따위에 대해서 그 의미 내용이 성립하는 기초를 파악함으로써 그 기원이나 타당성, 한계 따위를 밝히는 일. ☞비평(批評)
비판(碑版)명 비면(碑面)에 새긴 글. 비문(碑文)
비:-판(B版)명 인쇄 용지의 치수의 한 가지. 103cm×145.6cm를 기본으로, 긴 변을 기준하여 절반으로 자른 51.5cm×72.8cm를 B1판으로 하고, 차례로 B10판까지 있음.
비:판-력(批判力)[−녁]명 비판할 수 있는 능력.
비:판-적(批判的)명 ①비판하는 태도를 가진 것. ②부정적으로 비판하려 하는 것. ¶−인 태도.
비:판-주의(批判主義)명 비판적인 정신으로 사물을 보는 사상 경향. 비평주의 ☞비판 철학
비:판=철학(批判哲學)명 비판주의 태도를 가지는 칸트와 칸트 학파의 철학. 선험 철학(先驗哲學)
비:패(鄙悖)어기 '비패(鄙悖)하다'의 어기(語基).
비:패-하다(鄙悖−)형여 하는 짓이 비열하고 막되다.
비:편(備篇)명 조선 시대, 생원(生員)과 진사(進士)를 뽑는 과거에서 시부(詩賦)와 해서(楷書)·초서(草書)를 겸하여 시험하기 위하여 시권(詩券) 뒤에는 해서로 부(賦)를, 부권(賦券) 뒤에는 초서로 시(詩)를 쓰게 하던 일.
비편(非便)어기 '비편(非便)하다'의 어기(語基).
비편-하다(非便−)형여 ①불편하다 ②거북하다
비:평(批評)명-하다 타 사물의 좋고 나쁨, 옳고 그름 따위를 지적하여 자기가 평가한 바를 말함.

한자 **비평할 비**(批)〔手部 4획〕¶비정(批正)/비판(批判)

비:평-가(批評家)명 비평을 전문으로 하는 사람. 평론가
비:평-안(批評眼)명 사물의 좋고 나쁨, 옳고 그름을 잘 가려서 비평하는 안목(眼目).
비:평=정신(批評精神)명 사물을 그대로 받아들임이 없이 자기가 그 옳고 그름이나 가치 등을 판단한 다음에 받아들이려 하는 마음, 또는 그 태도.
비:평-주의(批評主義)명 비판주의(批判主義)
비폭(飛瀑)명 매우 높은 데서 떨어지는 폭포. 비천(飛泉)
비표(碑表)명 비신(碑身)의 앞면. ☞비음(碑陰)
비:품(祕稟)명-하다 타 임금에게 비밀히 아룀.
비:품(備品)명 관공서나 회사, 학교 따위에서 업무용으로 갖추어 두고 쓰는 물건. 소모품이 아닌, 비교적 오래 두고 쓰는 물품을 이름.
비풍(悲風)명 쓸쓸한 느낌을 자아내는 바람. 늦가을에 부는 바람을 흔히 이름.
비-풍증(非風症)[−쯩]명 동맥 경화증처럼 병자 자신의 체질에서 말미암은 중풍증을 이르는 말.
비풍참우(悲風慘雨)성구 비참한 처지를 비유하여 이르는 말.
비:프스테이크(beefsteak)명 연한 쇠고기를 두껍게 썰어 소금과 후춧가루를 뿌려 구운 음식.
비:프커틀릿(beef+cutlet)명 쇠고기에 빵가루를 묻혀 기름에 튀긴 음식.
비필(飛筆)명 글씨를 썩 빨리 씀, 또는 빨리 쓴 글씨.
비:하(卑下)[1]명-하다 타 ①스스로를 낮춤. ②남을 업신여기어 깔봄. ¶상대를 −하는 말.
비:하(卑下)[2]어기 '비하(卑下)하다'의 어기(語基).
비:-하다(比−)타여 견주다. 비교하다 ¶애쓴 데 비하여 성과는 적다.
비:하정사(鼻下政事)성구 코밑에 닥친 일만 처리하는 정사라는 뜻으로, 겨우 먹고 살아가는 일을 이르는 말.
비:-하다(卑下−)형여 ①땅이 낮다. ②지위가 낮다.
비-학자(非學者)명 ①학자가 아닌 사람. 학문을 하지 않은 사람. ②불교에서, 소승(小乘)·대승(大乘)의 학문을 닦지 않는 사람을 이르는 말.
비한(悲恨)명 슬픈 원한.
비-합리(非合理)명-하다 형 ①논리나 도리에 맞지 않음. ②이성(理性)이나 논리로는 파악될 수 없음. 비이성
비-합리적(非合理的)명 합리적이 아닌 것. ¶−인 사고.
비합리-주의(非合理主義)명 철학에서, 세계는 이성(理性)이나 논리로는 파악할 수 없다고 보고, 감정·직관·체험·충동 등을 중요하게 생각하는 태도나 경향. 비이성주의
비-합법(非合法)명 법률의 규정에 어긋나는 것.
비합법=운:동(非合法運動)명 법률에 정한 규정에 벗어난 방법으로 하는 사회 운동이나 혁명 운동.
비-합법적(非合法的)명 합법적이 아닌 것. ¶−인 투쟁.
비-합헌성(非合憲性)[−썽]명 위헌성(違憲性)
비:항(卑行)명 낮은 항렬(行列). ☞존항(尊行)
비핵무장=지대(非核武裝地帶)명 핵무기의 제조·저장·실험·배치·사용 등이 금지된 특정 지역. 비핵 지대
비핵=지대(非核地帶)명 비핵무장 지대
비행(非行)명 도리나 도덕 또는 법규에 어긋나는 짓. ¶−청소년의 선도./그런 −을 저지르다니!
비행(飛行)명-하다 자 공중을 날아다님. ¶− 물체
비행-가(飛行家)명 비행술이 능란한 사람, 또는 비행 기록이 뛰어난 사람.
비행-기(飛行機)명 제트 엔진이나 프로펠러 따위의 추진 장치를 써서 양력(揚力)을 얻어 공중을 나는 기계.
비행기(를) 태우다 관용 남을 추켜세우다.
비행기-구름(飛行機−)명 비행기가 맑고 냉습(冷濕)한 하늘을 날아갈 때, 그 뒤에 꼬리처럼 길게 나타나는 흰 구름. 배기 가스가 핵(核)이 되어 공중의 수증기가 얼어붙어 생김. 비행기운. 비행운. 항적운(航跡雲)
비행기=대:패(飛行機−)명 손잡이가 있어 비행기처럼 생긴 대패. 재목의 굽은 바닥을 깎는 데 쓰임.
비행기-운(飛行機雲)명 비행기구름

비행=기지(飛行基地)명 항공대의 근거지.
비행-단(飛行團)명 공군의 부대 편성의 한 단위. 비행 사단의 아래로, 둘 또는 세 전대(戰隊)로 이루어짐.
비행-대(飛行隊)명 비행기로 정찰·전투·폭격·수송 따위의 임무를 맡은 부대.
비행=대:대(飛行大隊)명 공군의 부대 편성의 한 단위. 몇 개의 비행 편대로 이루어진 부대.
비행-로(飛行路)명 비행기가 날아다니는 길.
비행-모(飛行帽)명 항공기 승무원이 비행 중 쓰는 모자.
비행-복(飛行服)명 비행사가 입는 옷.
비행-사(飛行士)명 비행기를 조종하는 사람.
비행=사단(飛行師團)명 공군의 부대 편성의 한 단위. 너덧 개의 비행단으로 이루어지는 상급 단위 부대.
비행-선(飛行船)명 유선형 기낭(氣囊) 속에 공기보다 가벼운 수소나 헬륨 등을 채워 양력(揚力)을 만들어 동력으로 비행하는 항공기. 에어십. 항공선(航空船)
비행-술(飛行術)명 비행기를 조종하는 기술.
비행-운(飛行雲)명 비행기구름
비행-장(飛行場)명 땅 위나 물 위에 비행기가 뜨고 내리는 데 필요한 설비를 갖춘 곳. ☞공항(空港)
비행-접시(飛行-)명 하늘을 날아다닌다고 하는, 접시 모양의 비행 물체. ☞미확인 비행 물체(未確認飛行物體). 유에프오(UFO)
비행-정(飛行艇)명 수상 비행기(水上飛行機)의 한 가지. 수면에 내려앉고 수면에서 떠오를 수 있도록 동체를 배처럼 만든 비행기.
비행=편대(飛行編隊)명 같은 임무를 띠고 대형을 갖춘 두 대 이상의 비행기.
비:허(脾虛)명 한방에서, 비장(脾臟)이 허하여 소화가 잘 되지 않고 몸이 파리해지며 식욕이 없어지는 증세를 이르는 말.
비:현(憊眩)어기 '비현(憊眩)하다'의 어기(語基).
비-현:실적(非現實的)[-쩍]명 현실적이 아닌 것. ¶- 인 발상(發想).
비-현:업(非現業)명 기업체의 일반 관리 사무 부분의 업무를 현장 업무에 상대하여 이르는 말. ☞현업(現業)
비:현-하다(憊眩-)형여 피곤하여 어지럽다.
비-현:행범(非現行犯)명 현행범이 아닌 범죄, 또는 그 범죄자.
비형(剕刑)명 고대 중국의 오형(五刑)의 하나. 죄인의 팔꿈치를 베던 형벌.
비형(篦形)명 식물의 잎 모양의 한 가지. 빗치개와 같이 생긴 모양으로, 과꽃이나 등대풀 등에서 볼 수 있음.
비:-형(B型)명 ABO식 혈액형의 하나. 항(抗)A의 혈청에만 응집되는 혈액형. ☞오형(O型)
비:형=간:염(B型肝炎)명 수혈성 황달(輸血性黃疸)
비:호(庇護)명-하다타 감싸 보호함. ¶부모의 - 아래 자라다./추종자를 -하다.
비호(飛虎)명 나는듯이 날쌘 범.
 비호 같다관용 용맹스럽고 매우 날쌔다.
비:호-권(庇護權)[-꿘]명 국가가 자국(自國)의 영토 안으로 피해 와서 보호를 요청하는 외국의 정치범이나 피난자를 보호할 수 있는 국제법상의 권리.
비:호-죄(庇護罪)[-쬐]명 '범인 은닉죄', '증거 인멸죄' 따위를 달리 이르는 말.
비:홍-증(鼻紅症)[-쯩]명 비사증(鼻皶症)
비화(飛火)명-하다자 ①불똥이 튀어 흩어짐, 또는 흩어지는 그 불똥. ②불똥이 튀어 불이 다른 데 옮겨 붙음. ¶이웃으로 -하여 큰 피해를 내다. ③좋지 못한 사건의 영향 등이 그 일과 관계없는 사람에게 미침. ¶부정 사건이 여러 기관으로 -하다.
비화(飛花)명 흩날리는 꽃잎.
비화(飛禍)명 남의 일로 말미암아 까닭 없이 당하는 재앙.
비:화(祕話)명 세상에 알려지지 아니한 숨은 이야기. ¶성공 -/정전 협상 -
비화(悲話)명 슬픈 이야기. 애화(哀話)
비:화-수소(砒化水素)명 비소 화합물이 발생기의 수소와 작용하여 생기는 독성이 강한 기체.
비-화:합물(非化合物)명 화합물이 아닌 물질.
비환(飛丸)명 날아가거나 날아오는 탄환. 비탄(飛彈)
비환(悲歡)명 슬픔과 기쁨. 애환(哀歡)
비:환(臂環)명 팔찌
비-활동적(非活動的)[-똥-]명 활동적이 아닌 것.
비활성=기체(非活性氣體)[-썽-]명 다른 원소와 화학 반응을 일으키기 어려운 기체 원소. 좁게는 아르곤·라돈·헬륨·네온·크립톤·크세논의 희유 기체를 이르며, 넓게는 화학 반응이 낮은 질소 따위를 포함함. 불활성 기체
비:황(砒黃)명 품질이 낮은 비석(砒石).
비:황(備荒)명-하다자 기근(饑饉)이나 재액(災厄)에 대비하여 마련해 둠. ¶- 곡물(穀物)
비:황=식물(備荒植物)명 흉년으로 기근이 들 때, 곡식 대신 먹을 수 있는 독이 없는 식물. 구황 식물(救荒植物)
비:황-저:곡(備荒貯穀)명 흉년에 대비하여 곡식을 저장하여 두는 일, 또는 그 곡식.
비회(悲懷)명 슬픈 마음.
비:회(鄙懷)명 자기의 생각을 낮추어 이르는 말.
비:효(肥效)명 비료가 작물이 자라는 데 미치는 효과.
비:효-율(肥效率)명 비료의 효율. 비료의 증가분에 대한 작물의 수확량 증가분의 비율.
비후(悲吼)명-하다자 크고 사나운 짐승이 슬피 욺, 또는 그 울부짖음.
비:후(肥厚)어기 '비후(肥厚)하다'의 어기(語基).
비:후성=비:염(肥厚性鼻炎)[-썽-]명 만성 비염의 한 가지. 비강(鼻腔)의 점막이 부어서 두꺼워지는 병으로, 코가 막히는 따위의 증세가 따름.
비:후-하다(肥厚-)형여 살이 찌거나 붓거나 하여 두툼하다.
비:훈(丕訓)명 큰 가르침.
비:훈(祕訓)명 남몰래 내리는 훈령(訓令).
비:훈(鼻燻)명-하다타 한방에서, 약을 태울 때 나는 훈기를 코로 맡아 들이게 하는 일.
비훼(誹毁)명-하다타 남의 허물을 드러내어 헐뜯음.
비훼-죄(誹毁罪)[-쬐]명 남의 명예를 훼손한 죄.
비:-흉위(比胸圍)명 키에 대한 가슴둘레의 백분율.
비:희(祕戲)명 남몰래 즐기는 짓. 남녀의 성행위(性行爲)를 이르는 말.
비희(悲喜)명 슬픔과 기쁨. 희비(喜悲)
비희교집(悲喜交集)성구 슬픈 일과 기쁜 일이 한꺼번에 닥침을 이르는 말.
비-희극(悲喜劇)명 ①비극과 희극. ②비극의 요소와 희극의 요소가 뒤섞인 연극. ③슬픈 일과 기쁜 일이 동시에 일어남을 비유하여 이르는 말.
비:희-도(祕戲圖)명 남녀의 성행위(性行爲) 장면을 그린 그림. 춘화도(春畫圖)
빅명 내기 따위에서 이기고 짐이 없는 경우, 곧 서로 비김을 이르는 말.
빅다자타 '비기다[2]'의 준말.
빅딜(big deal)명 기업간 대형 산업의 교환을 이르는 말.
빅밴드(big band)명 재즈나 댄스 음악을 연주하는, 큰 규모로 짜여진 악단. 대개 열대여섯 사람으로 짜여짐.
빅뱅(big bang)명 ①우주가 팽창을 시작하는 계기가 되었다는 대폭발. ②금융 규제 완화, 또는 금융 혁신을 비유하여 이르는 말.
빅-수(-手)명 '비김수'의 준말.
빅-장(-將)명 장기에서, 대궁(對宮)이 된 때나 비김수로 장군을 불러서 비기게 된 장군.
빈(賓)명 지난날, 관례(冠禮) 때 절차를 잘 알아서 모든 일을 주선하는 사람을 이르던 말.
빈(嬪)명 조선 시대, 내명부 품계의 하나. 왕의 후궁과 세자의 정실에게 내린 봉작으로 정일품 으뜸 품계임. ☞귀인(貴人)
빈가(貧家)명 가난한 집. 빈호(貧戶). 한가(寒家)
빈가(頻伽)명 '가릉빈가(迦陵頻伽)'의 준말.

빈가-조(頻伽鳥)명 가릉빈가(迦陵頻伽)
빈각(擯却)명-하다타 빈척(擯斥)
빈-개:념(賓概念)명 빈사(賓辭) ☞주개념
빈객(賓客)명 귀한 손.
빈계(牝鷄)명 암탉
빈계(賓啓)명 지난날, 의정(議政)들이 빈청(賓廳)에서 의논하여 임금에게 아뢰던 일.
빈계사신(牝鷄司晨)성구 빈계지신(牝鷄之晨)
빈계지신(牝鷄之晨)성구 암탉이 새벽을 알리어 운다는 뜻으로, 여자가 남편의 할 일을 가로맡아 자기 마음대로 함을 비꼬아 이르는 말. 빈계사신
빈고(貧苦)명 가난으로 말미암아 겪는 고생.
빈곤(貧困)명-하다형 ①가난하여 살림살이가 어려움. ¶ -한 가정. ☞상대적 빈곤. 절대적 빈곤. 주관적 빈곤 ②내용이나 지식, 생각 따위가 아쉬울 정도로 모자람. ¶지식의 -./작품의 내용이 -하다.
빈곤=망:상(貧困妄想)명 미소 망상(微小妄想)의 한 가지. 자기가 가난하다고 생각하는 망상.
빈과-록(蘋科綠)명 도자기에 입히는 푸른빛 잿물.
빈광(貧鑛)명 ①쓸모 있는 광물이 적은 광석. ②산출량이 적은 광상(鑛床)이나 광산(鑛山). ☞부광(富鑛)
빈광-대(貧鑛帶)명 쓸모 있는 광물이 적은 광맥.
빈국(貧局)명 ①가난기를 띤 인상(人相). 빈상(貧相) ②가난한 사회. ③농작물이 잘 자라지 않는 메마른 땅.
빈국(貧國)명 가난한 나라. ☞부국(富國)
빈궁(貧窮)명-하다형 가난하여 살기 어려움. ☞궁핍(窮乏)
　빈궁-히부 빈궁하게
빈궁(嬪宮)명 왕세자(王世子)의 아내.
빈궁(殯宮)명 고려·조선 시대, 인산(因山) 때까지 왕세자 또는 비(妃)의 영구(靈柩)를 두던 집. ☞빈전(殯殿)
빈농(貧農)명 가난한 농가 또는 농민. ☞부농(富農)
빈뇨-증(頻尿症)[-쯩]명 오줌이 자주 마려운 병증. 삭뇨증(數尿症)
빈:-담명 빈터에 둘려 있는 담. 공담
빈대명 빈댓과의 곤충. 몸길이 5mm 안팎. 몸은 동글면서 몹시 납작하고 몸빛은 붉은 갈색임. 고약한 냄새를 풍기며, 집 안에 살면서 밤에 기어 나와 사람의 피를 빨아 먹음.
　속담 **빈대도 콧등이 있다**: 염치없는 사람을 핀잔하여 이르는 말.〔족제비도 낯짝이 있다〕/**빈대 미워 집에 불 놓는다**: 큰 손해가 될 것은 생각지 않고, 자기에게 마땅치 않은 것을 없애려고 덤비는 짓을 두고 이르는 말.〔빈대 잡으려고 초가삼간 태운다〕
빈대-고둥명 고둥의 한 가지. 길둥근 꼴의 껍데기는 진한 갈색이고, 나사 모양의 가는 가시가 있음. 암초 부근에 삶.
빈대-떡명 껍질을 벗겨 물에 불린 녹두를 갈아 번철에 전병처럼 얇게 부치면서 돼지고기, 숙주나물 따위를 얹어 익힌 음식. 녹두전병(綠豆煎餠)
빈대-밤명 알이 작고 납작납작한 밤.
빈대-붙이[-부치]명 노린재과의 곤충. 빈대와 비슷한데, 몸길이는 5~6mm임. 몸빛은 진한 갈색이며, 표면이 도톨도톨함. 미나릿과 식물의 해충임.
빈도(頻度)명 어떤 일이 되풀이하여 일어나는 정도 또는 도수(度數). ¶단어의 사용 - 조사.
빈도(貧道)대 도(道)를 닦은 것이 모자란다는 뜻으로, 중이 자기를 낮추어 일컫는 말. 빈승(貧僧). 소승(小僧)
빈둥-거리다(대다)자 빈둥빈둥 게으름을 피우다. ☞밴둥거리다. 번둥거리다. 빈들거리다. 삔둥거리다
빈둥-빈둥부 하는 일 없이 게으르게 지내는 모양을 나타내는 말. ☞밴둥밴둥. 번둥번둥. 빈들빈들
빈:=둥지=증후군(-症候群)명 공소 증후군(空巢症候群)
빈들-거리다(대다)자 빈들빈들 놀다. ☞밴들거리다. 빈둥거리다. 삔들거리다. 핀들거리다
빈들-빈들부 하는 일이 없이 밉살스레 노는 모양을 나타내는 말. ☞밴들밴들. 빈둥빈둥. 삔들삔들. 핀들핀들
빈:-딱지명 빈털터리
빈랑(檳榔)명 빈랑나무의 열매. 한방에서, 심복통·설사·두통 등에 약재로 쓰임. 빈랑자(檳榔子)
빈랑-나무(檳榔-)명 종려나뭇과의 상록 교목. 높이 10~25m로 줄기는 곧음. 잎은 길이 1~2m의 깃꼴 겹잎임. 길이 6~8cm의 달걀 모양의 열매는 '빈랑'(檳榔)' 또는 '빈랑자(檳榔子)'라 하는데, 먹을 수 있고 한약재로도 쓰임.
빈랑-자(檳榔子)명 빈랑(檳榔)
빈려(賓旅)명 외국에서 온 손.
빈례(賓禮)명-하다타 예의를 갖추어 손으로 대접함.
빈례(殯禮)명 장사를 지내는 일. 장례(葬禮)
빈마(牝馬)명 다 자란 암말. 피마
빈:-말명-하다자 근거나 현실성이 없는 말. 공언(空言). 허사(虛詞). 허어(虛語). 허언(虛言) ☞공수표(空手標)
빈맥(頻脈)명 정상보다 뛰는 횟수가 많은 맥박. 1분 동안에 100회 이상인 경우를 이름. 삭맥(數脈). 속맥(速脈) ☞서맥(徐脈)
빈모(牝牡)명 짐승의 암컷과 수컷. 암수
빈모(鬢毛)명 관자놀이와 귀 사이에 난 털. 살쩍
빈모-강(貧毛綱)명 환형동물의 한 강(綱). 몸은 많은 마디로 된 원통형이고, 발이 없으며 암수한몸임. 습한 땅 속이나 민물에 삶. ☞지렁이
빈미주룩-하다형여 물체의 끝이 꽤 비어져 나와 있다. ☞뱐미주룩하다. 비주룩하다
　빈미주룩-이부 빈미주룩하게 ☞뱐미주룩이. 비주룩이
빈민(貧民)명 가난한 사람들. 세민(細民)
빈민-가(貧民街)명 도시에서, 가난한 사람들이 사는 동네를 이르는 말. 세민가(細民街)
빈민-굴(貧民窟)명 도시에서, 가난한 사람들이 모여 사는 곳을 좋지 않게 이르는 말.
빈발(頻發)명-하다자 사건이나 사고 등이 자주 일어남. ¶교통 사고가 -한다. ☞다발(多發)
빈발(鬢髮)명 살쩍과 머리털을 아울러 이르는 말.
빈:-방(-房)명 ①쓰지 아니하고 비워 둔 방. ②사람이 없는 방. ③여관 등에서, 손이 아직 들지 않은 방. 공방(空房). 공실(空室) ☞빈집
빈:-배명 사람이나 짐을 싣지 않은 배.
빈-배:합(貧配合)명 콘크리트를 만들 때, 시멘트를 정해진 양보다 적게 섞은 배합. ☞부배합(富配合)
빈번(頻繁·頻煩)어기 '빈번(頻繁)하다'의 어기(語基).
빈번-하다(頻繁-)형여 일이 매우 잦다. 빈삭하다 ¶사람의 왕래가 -./전화가 빈번하게 걸려 오다.
　빈번-히부 빈번하게
빈:볼:(bean ball)명 야구에서, 투수가 타자를 위협하기 위하여 일부러 타자의 머리를 향하여 던지는 공.
빈부(貧富)명 ①가난함과 넉넉함. ②가난한 사람과 잘사는 사람. ¶-의 구별이 없다. ☞귀천(貴賤)
빈분(繽紛)어기 '빈분(繽紛)하다'의 어기(語基).
빈분-하다(繽紛-)형여 ①많아서 기세가 성하다. ②혼잡하여 어지럽다.
빈붕(賓朋)명 손으로 대접하는 벗.
빈빈(頻頻)어기 '빈빈(頻頻)하다'의 어기(語基).
빈빈-하다(頻頻-)형여 썩 잦다.
　빈빈-히부 빈빈하게
빈사(賓辭)명 논리학에서, 명제의 주사(主辭)에 대하여 설명하는 말. '개는 포유류이다.'에서 '포유류' 따위. 객어(客語). 빈개념(賓概念)
빈사(瀕死)명 거의 죽을 지경에 이른 일. ¶- 상태에서 소생하다.
빈사과명 유밀과의 한 가지. 강정을 만들고 남은 부스러기를 기름에 지진 다음, 조청으로 버무려 뭉쳐서 육각형으로 썰어 물감을 들여 만듦.
빈삭(頻數)어기 '빈삭(頻數)하다'의 어기(語基).
빈삭-하다(頻數-)형여 일이 매우 잦다. 빈번하다
　빈삭-히부 빈삭하게
빈:-삼각(-三角)명 바둑을 둘 때, 어느 한 점을 중심으로 옆과 위 또는 아래로 한 점씩을 붙여 놓아 이룬 석 점을 이르는 말. 돌의 능률이 떨어져 꺼리는 수임.

ㅂ

빈상(貧相)명 ①궁상맞은 얼굴. ②가난기를 띤 인상(人相). 빈국(貧局) ☞복상(福相)
빈소(殯所)명 발인(發靷) 때까지 관(棺)을 두는 곳.
빈소(嚬笑)명 얼굴을 찡그리는 일과 웃는 일.
빈:-속 명 음식을 먹은 지가 오래되어 비어 있는 뱃속. 공복(空腹). 공심(空心) ¶ -에 술을 마시다.
빈:-손 명 ①아무 것도 가지지 않은 손. 맨손 ¶ -으로 맹수와 맞서다. ②가진 것이 아무 것도 없는 손. 공수(空手). 맨주먹 ¶ -으로 왔다가 -으로 돌아간다.
빈승(貧僧)대 빈도(貧道)
빈실(賓室)명 손을 접대하기 위해 마련한 방.
빈씨(嬪氏)명 조선 시대, 세자빈(世子嬪)이나 세손빈(世孫嬪)으로 간택된 아가씨를 이르던 말.
빈아(貧兒)명 가난한 집의 어린아이.
빈약(貧弱)어기 '빈약(貧弱)하다'의 어기(語基).
빈약-하다(貧弱-)형여 ①약하고 볼품이 없다. ¶빈약한 몸매. ②내용이 알차지 못하고 변변찮다. ¶작품의 구성은 좋으나 내용이 -.
빈연(賓筵)명 손을 대접하는 자리.
빈영양-호(貧營養湖)명 물 속에 영양 물질이 부족하고 플랑크톤 등이 적은 호수. 물의 투명도(透明度)가 높은 것이 특징임. ☞부영양호(富營養湖)
빈와(牝瓦)명 암키와 ☞모와(牡瓦)
빈우(牝牛)명 암소 ☞모우(牡牛)
빈익빈(貧益貧)성구 가난한 사람은 경제 활동 능력이 부족하므로 더욱 가난해지게 마련이라는 뜻의 말. ☞부익부(富益富)
빈자(貧者)명 가난한 사람. ☞부자(富者)
×**빈자-떡**(貧者-)명 →빈대떡
빈:-자리 명 ①사람이 앉아 있지 않은, 비어 있는 자리. ②결원이 되어 비어 있는 직위나 직책. 공석(空席). 공위(空位)
빈자소:인(貧者小人)성구 가난한 사람은 남 앞에서 굽죄이는 일이 많아서 기를 펴지 못해 저절로 낮은 사람처럼 되기 쉽다는 말.
빈자일등(貧者一燈)[-뜽] 성구 가난한 사람이 어려운 형편임에도 정성 들여 부처에게 바치는 하나의 등이라는 뜻으로, 형식보다 정성이 소중함을 비유하여 이르는 말.
빈작(賓雀)명 '참새'의 딴이름.
빈전(殯殿)명 지난날, 인산(因山) 때까지 왕이나 왕비의 영구(靈柩)를 두는 전각을 이르던 말. ☞빈궁(殯宮)
빈정-거리다(대다)타 남을 비웃으며 자꾸 놀리다. ¶빈정거리는 말투.
빈정-빈정부 남을 비웃으며 자꾸 놀리는 모양을 나타내는 말. ¶말을 이리저리 돌리며 - 놀리다.
빈조(蘋藻)명 물 위에 떠서 자라는 풀과 물 속에 잠겨서 자라는 풀.
빈종(鬢腫)명 살쩍 언저리에 나는 부스럼. 빈창(鬢瘡)
빈주(賓主)명 손과 주인을 아울러 이르는 말.
빈주(蠙珠)명 진주(眞珠)
빈:-주먹 명 아무 것도 가진 것이 없는 주먹. 공권(空拳). 맨주먹 ¶ -으로 사업을 시작하다.
빈주지례(賓主之禮)명 손과 주인 사이에 지켜야 할 예절.
빈지 명 '널빈지'의 준말.
빈지-문(-門)명 널빈지로 된 문.
빈:-집 명 ①사람이 살지 않는 집. ②식구들이 밖에 나가 비어 있는 집. 공가(空家) ☞빈방
속담 **빈집에 소 매었다** : 없는 살림에 횡재를 했다는 말.
빈창(鬢瘡)명 빈종(鬢腫)
빈:-창자 명 음식을 먹지 않았거나 먹은 음식이 모두 삭아서, 비어 있는 창자. 공장(空腸)
빈척(擯斥)명-하다타 내쳐 물리침. 빈각(擯却) 유배척
빈천(貧賤)명-하다형 가난하고 천함. ☞부귀(富貴)
빈천지교(貧賤之交)성구 가난하고 어려울 때에 가깝게 사귄 사이, 또는 그러한 벗을 이르는 말.
빈청(賓廳)명 ①조선 시대, 의정부의 삼정승인 영의정·좌의정·우의정이 집무하던 곳. ②조선 시대, 비변사(備邊司) 당상(堂上), 대간(臺諫), 옥당(玉堂) 등이 모여 정무를 의논하던 곳.
빈촌(貧村)명 가난한 사람이 많이 사는 마을. ☞부촌
빈:-총(-銃)명 탄환을 재지 않은 총.
빈추-나무 명 장미과의 낙엽 활엽 관목. 높이 1.5m 안팎. 가지에는 가시가 있고, 4월경에 노란 꽃이 피는데 향기가 있으며, 가을에 익는 핵과(核果)는 먹을 수 있음. 우리 나라 북부와 중국 동북부 등지에 분포함.
빈축(嚬蹙)명 눈살을 찌푸리고 얼굴을 찡그리는 짓.
빈축을 사다 관용 도리에 벗어나는 말이나 행동으로 남에게서 좋지 않은 평판을 받다.
빈출(頻出)명-하다자 자주 나오거나 나타남. ¶ - 문제
빈:-칸 명 비어 있는 칸.
빈타(貧打)명 야구에서, 타격 성적이 좋지 않은 상태, 곧 안타가 적은 일을 이르는 말.
빈:-탈타리 명 빈털터리 준탈타리
빈:-탕 명 ①들어 있어야 할 알이나 속이 없이 빈 것. ②겉은 멀쩡하고 속이 빈 물건.
빈:-터 명 이용하지 않고 그냥 둔 땅. 공지(空地). 공처(空處). 공터 ¶ -에 남새를 가꾸다.
빈:-털터리 명 있던 재물을 다 써버리고 아무 것도 없이 된 사람. 빈깍지. 빈탈타리 준털터리
빈:-틈 명 ①사이가 떠서 빈 데. ¶ -으로 바람이 들어온다. ②허술한 점. ¶ -이 없이 일을 한다.
빈틈(이) 없다 관용 허술한 데가 없다. ¶방어에 -.
속담 **빈틈에 바람이 난다** : 사이가 뜨면 정의(情誼)도 멀어짐을 비유하여 이르는 말.
빈파(蘋婆)명 사과나무의 열매. 사과(沙果)
빈핍(貧乏)어기 '빈핍(貧乏)하다'의 어기(語基).
빈핍-하다(貧乏-)형여 가난하여 아무 것도 없다.
빈한(貧寒)명-하다형 살림이 가난하여 집안이 쓸쓸함.
빈함-옥(殯含玉)명 염습(殮襲)할 때에 송장의 입에 물리는 구슬.
빈해(瀕海)명-하다형 바다 가까이에 있음, 또는 그 땅.
빈혈(貧血)명 혈액 속의 적혈구 수나 혈색소의 양이 정상보다 적어 산소 공급 능력이 떨어진 상태. ☞다혈
빈혈-기(貧血氣)[-끼] 명 빈혈 증세가 있는 기색.
빈혈-성(貧血性)[-썽] 명 ①빈혈로 말미암아 생기는 병의 성질. ②빈혈을 일으키기 쉬운 체질.
빈혈-증(貧血症)[-쯩] 명 빈혈 상태이거나 빈혈을 일으키기 쉬운 증세.
빈호(貧戶)명 가난한 집. 빈가(貧家)
빌:다 타 ①신이나 부처에게 바라는 일이 이루어지도록 마음으로 간절히 청하다. ¶아들의 합격을 -./행운을 -. ②잘못한 일에 대하여 간곡히 용서를 청하다. ¶용서를 -. ③남의 것을 거저 달라고 사정하다.
속담 **비는 데는 무쇠도 녹는다** : 지성으로 잘못을 빌면 용서하지 않을 수 없다는 말./**빌어는 먹어도 다리아랫소리 하기는 싫다** : 비록 빌어먹기는 하나 아무리 어려워도 비굴하게 남에게 아첨하며 빌기는 싫다는 말.

한자 **빌 기**(祈)〔示部 4획〕¶기도(祈禱)/기복(祈福)
빌 축(祝)〔示部 5획〕¶축복(祝福)/축원(祝願)

빌딩(building)명 철근 콘크리트로 지은 고층 건물.
빌레몬서(Philemon書)명 신약성서의 한 편. 사도 바울이 빌레몬에게 보낸 편지.
빌리다 타 ①나중에 돌려주기로 하고 남의 물건을 얻어다가 쓰다. 빌려 오다. ¶자전거를 -. ②나중에 도로 받기로 하고 남에게 물건을 내주어 쓰게 하다. 빌려 주다. ¶빌린 연장을 도로 받다. ③도움을 입다. ¶형의 힘을 -./남의 손을 빌려 일을 마무르다. ④어떤 말이나 형식 등을 끌어다가 쓰다. ¶일기의 형식을 빌려 쓴 수필.

한자 **빌릴 대**(貸)〔貝部 5획〕¶대여(貸與)/임대(賃貸)
빌릴 차(借)〔人部 8획〕¶차명(借名)/차용(借用)

빌미 명 재앙이나 탈이 생기는 원인. ¶그 사건이 -가 되어 회사가 문을 닫았다.

빌미(를) 잡다 관용 재앙이나 탈이 생기는 원인으로 삼다.
빌:-붙다[-붇-] 자 남의 환심을 사려고 알랑거리며 붙좇다. ¶권력가에게 빌붙어 지내다.
빌:빌 부 ①여리고 느리게 움직이는 모양을 나타내는 말. ¶- 하던 기계가 멈춰 버렸다. ②기운없이 느리게 행동하는 모양을 나타내는 말. ¶더 이상 - 하지 말고 정신을 차려라.
빌:빌-거리다(대다) 자 ①여리고 느리게 자꾸 움직이다. ②기운없이 느리게 자꾸 행동하다.
빌어-먹다 자타 먹고 살 길이 없어 밥 따위를 남에게서 거저 얻어먹다, 또는 그리하고 살다. ¶빌어먹고 살다./게으른 걸 보니 빌어먹겠구나. ☞배라먹다
속담 **빌어먹는 놈이 콩밥을 마다할까** : 한창 궁한 판이니 좋고 나쁜 것을 가릴 처지가 못 된다는 말./**빌어먹던 놈이 천지개벽을 해도 남의 집 울타리 밑을 엿본다** : 사람의 오랜 습성은 갑자기 없어지지 않는다는 말.
빌어-먹을 감 어떤 대상이나 일이 몹시 못마땅하거나 그로 말미암아 속이 상할 때 '더러운', '몹쓸'이라는 뜻의 욕으로 하는 말. ¶에잇, -! ☞우라질
빔: 명 명절이나 잔치 때에 새 옷으로 차려 입는 일, 또는 그 새 옷.
빔:(beam) 명 ①건축물의 들보나 도리. ②빛이나 전자(電子) 등의 일정한 흐름.
빔:안테나(beam antenna) 명 동일한 위상(位相)의 전파를 공급함으로써 방향이나 수신 감도를 좋게 한 안테나. 텔레비전 전파의 수신 등에 쓰임.
빔:컴퍼스(beam compass) 명 큰 원을 그릴 때 쓰는, 길다란 막대처럼 생긴 컴퍼스.
빕더-서다 자 약속을 어기다.
빗[1] 명 머리털을 빗는 데 쓰는 도구.
빗[2] 명 고려·조선 시대, 사무 조직의 한 분장을 나타내던 말. 색(色)[3]
빗- 접두 '비뚜로', '잘못'의 뜻을 나타냄. ¶빗가다/빗나가다/빗디디다/빗맞다/빗보다
빗-가다[빋-] 자타 '빗나가다'의 준말.
빗-각(-角)[빋-] 명 직각이나 평각(平角)이 아닌 각. 예각(銳角)이나 둔각(鈍角) 따위.
빗각-기둥(-角-)[빋-] 명 옆모서리가 밑면에 수직이 아닌 각기둥. ☞직각기둥
빗-각뿔(-角-)[빋-] 명 꼭지점에서 밑면의 중심에 내린 수선이 밑면에 수직이 되지 아니한 각뿔.
빗-금[1][빋-] 명 ①비스듬하게 그은 줄. ②수학에서, 한 직선이나 평면에 수직이 아닌 선. 사선(斜線)
빗-금[2][빋-] 명 문장 부호의 한 가지인 '/' 표의 이름. ㉠대응이나 대립, 또는 대등한 것을 함께 보일 때 쓰임. ¶좋은 향기/나쁜 냄새 ㉡분수를 나타낼 때 쓰임. ¶2/4 분기 ☞반점(半點)
빗-기(-氣) 명 비가 내릴듯 한 기운.
빗기다[빋-] 타 남의 머리털을 빗어 주다.
빗-꺾다[빋꺽-] 타 엇비슷하게 꺾다.
빗-꽂이[빋-] 명 땅에 비스듬히 꽂는 꺾꽂이의 한 방식.
빗-나가다[빋-] 자타 ①비뚜로 나가다. ¶화살이 과녁을 -. 준빗가다. 빗나다 ②기대나 예상이 다르게 되다. ¶예측이 -. ③성격이나 행동이 그릇되게 되다. ¶빗나간 성격을 바로잡다.
빗-나다[빋-] 자타 '빗나가다'의 준말.
빗다[빋-] 타 빗으로 털을 가지런히 고르다. ¶머리털을 빗어 넘기다.
빗-대:다[빋-] 타 ①바로 대지 아니하고 엇비슷하게 대다. ②사실대로 말하지 아니하고 넌지시 에둘러서 말하다. ¶화를 내지 않도록 빗대어 말하다.
빗더-서다[빋-] 자 방향을 좀 틀어서 서다. 준빗서다
빗-돌(碑-) 명 ①돌비의 재료로 쓸 돌. ②돌비. 석비(石碑)
빗-듣다[빋-](-듣고·-들어) 타ㄷ 말을 잘못 듣다. 횡듣다
빗-디디다[빋-] 타 디딜 자리를 바로 디디지 못하고 다른 곳을 잘못 디디다. ¶층계를 빗디디어 굴렀다.
빗-뚫다[빋-] 타 비스듬히 뚫다.
빗-뛰다[빋-] 자 비뚜로 뛰다.
빗-뜨다[빋-](-뜨고·-떠) 타 눈을 옆으로 흘겨 뜨다.
빗-맞다[빋맏-] 자 ①목표에 맞지 아니하고 딴 곳에 맞다. ¶화살이 과녁에 -. ②뜻한 일이 잘못되어 달리 이루어지다. ¶기대하던 일이 -.
빗-먹다[빋-] 자 물건을 톱으로 켜거나 칼로 벨 때 비뚤어지게 켜지거나 베어지다.
빗-면(-面)[빋-] 명 비스듬히 기운 평면.
빗-모서리[빋-] 명 각뿔이나 각뿔대의 두 이웃한 빗면이 만나는 모서리.
빗-물 명 ①비가 되어 내리는 물. 우수(雨水). 천상수(天上水) ②비가 내려 괸 물.
빗-물다[빋-](-물고·-무니) 타 옆으로 좀 비뚤어지게 물다. ¶담배를 -.
빗-밑 명 내리던 비가 들기 시작하여 날이 갤 때까지의 변화.
빗밑이 가볍다 관용 내리던 비가 들기 시작하여 날이 갤 때까지의 동안이 오래지 아니하다.
빗밑이 무겁다 관용 내리던 비가 그치고 날이 개기까지의 동안이 오래고 지루하다.
빗-반자[빋-] 명 비스듬히 기울게 만든 반자.
빗-발 명 죽죽 잇달아 내리는 비의 줄기. 빗줄기. 우각(雨脚) ¶-이 약해졌다.
빗발-치다 자 ①빗발이 세차게 쏟아지다. ②세차게 떨어지거나 쏟아지다. ¶총알이 -. ③비난이나 재촉 등의 말이 끊이지 않고 심하게 닥침을 비유하여 이르는 말. ¶독촉이 빗발치듯 한다.
빗-밟기[빋밥-] 명 택견에서, 발질의 한 가지. 발을 번갈아 가며 V 형태로 앞으로 내디뎠다 들여디뎠다 하는 동작.
빗-방울 명 비가 되어 떨어지는 물방울. ¶- 소리
빗-변(-邊)[빋-] 명 ①비끼어 기운 변. ②직각 삼각형에서 직각에 마주 대한 변.
빗-보다[빋-] 타 똑바로 보지 못하고 잘못 보다. 횡보다
빗-비늘[빋-] 명 한쪽 가장자리가 빗살 모양으로 된 물고기의 비늘. 즐린(櫛鱗)
빗-빠:지다[빋-] 자 빗디디어 빠지다.
빗-살[빋-] 명 빗의 낱낱의 살. 즐치(櫛齒)
빗살무늬=토기(-土器)[빋-] 명 신석기 시대의 유물인 북방계 토기의 한 가지. 그릇의 겉면에 빗살 같은 평행선이나 물결 모양이 음각(陰刻)되어 있음. 즐문 토기(櫛文土器)
빗살-문(-門)[빋-] 명 가는 살을 어긋매껴 촘촘히 짜서 만든 문.
빗살-완자창(∠-卍字窓)[빋-] 명 살을 엇비슷한 '卍'자 모양으로 만든 창.
빗살-창(-窓)[빋-] 명 살을 어긋매끼어 촘촘히 짜서 만든 창문.
빗-서다[빋-] 자 '빗더서다'의 준말.
빗-소리 명 ①빗방울이 무엇에 부딪치는 소리. ¶유리창에 부딪치는 -. ②빗발이 세차게 내리는 소리. 우성(雨聲)
빗-속 명 비가 내리는 가운데. 우중(雨中)
빗-솔[빋-] 명 빗살 사이에 낀 때를 떨어내는 솔.
빗-아치[빋-] 명 지난날, 관아의 어떤 빗에서 일을 하는 사람을 이르던 말.
빗-원뿔[빋-] 명 꼭지점에서 밑면의 중심에 내린 수선이 밑면에 수직이 되지 아니하는 원뿔.
빗장[빋-] 명 '문빗장'의 준말. ¶대문의 -을 지르다.
빗장-거리[빋-] 명-하다 자 남녀가 '+'자 모양으로 눕거나 기대어 서서 하는 성교 자세를 이르는 말. ☞감투거리
빗장-걸이[빋-] 명 씨름의 혼합기술의 한 가지. 상대편이 안다리걸기를 할 때에 상대편의 왼다리 오금을 걸어 왼쪽으로 젖혀 넘어뜨리는 공격 재간. ☞등쳐감아돌리기
빗장-고름[빋-] 명 고의 머리가 안쪽으로 숙고, 반반하며 맵시 있게 맨 고름.

빗장-둔태[빋-] 명 빗장이 꽂히도록 구멍을 뚫어서 댄 기름한 나무 도막.

빗장-붙이기[빋-부치-] 명 택견에서, 손질의 한 가지. 빗장처럼 두 팔을 어긋나게 모아 상대편의 몸을 밀어붙이는 공격 기술.

빗장-뼈[빋-] 명 가슴뼈와 어깨뼈를 잇는 좌우 한쌍의 S자 모양의 뼈. 쇄골(鎖骨)

빗-접[빋-] 명 빗·빗치개·빗솔 등 머리를 빗고 다듬는 데 쓰는 기구를 싸 두는 유지(油紙). 기름에 결은 종이를 접어서 만듦.

빗접-고비[빋-] 명 빗접을 끼워 걸어 두는 도구.

빗-줄기 명 죽죽 잇달아 내리는 비의 줄기. 빗발

빗-질[빋-] 명-하다 자 빗으로 머리털을 빗는 일.

빗-천장(-*天障)[빋-] 명 삿갓 모양으로 경사가 져 있는 천장.

빗-치개[빋-] 명 빗살 틈에 낀 때를 쳐 내는 데 쓰는 기구. 한 끝은 동글며 얇고, 다른 쪽은 가늘고 뾰족한데, 뾰족한 쪽으로는 가르마를 타는 데 씀.

빗-판(-板)[빋-] 명 강장동물 빗해파릿류가 가진 독특한 운동 기관. 몸에 난 아주 가는 털이 빗살처럼 빽빽이 늘어서 있는 것으로, 이것을 움직여 물 속을 헤엄쳐 다님. 즐판(櫛板)

빙 부 ①제자리에서 한 바퀴 도는 모양을 나타내는 말. ¶ 제자리에서 ─ 돌다. ②어떤 둘레를 한 바퀴 도는 모양을 나타내는 말. ¶운동장을 한 바퀴 ─ 돌다. ③어떤 둘레를 둘러싸거나 둘러싼 모양을 나타내는 말. ¶남새밭을 울타리로 ─ 둘러치다. ④무엇을 끼고 휘움하게 돌아서 가는 모양을 나타내는 말. ¶산모퉁이를 ─ 돌아갔다. ☞뱅. 삥. 핑

빙거(憑據) 명-하다 타 사실을 증명할만 한 증거를 댐, 또는 그 증거.

빙결(氷結) 명-하다 자 얼음이 얼어붙음. 유 동결(凍結)

빙경(氷鏡) 명 얼음처럼 맑고 밝은 달. 빙륜(氷輪)

빙고(氷庫) 명 ①얼음을 넣어 두는 창고. ②조선 시대, 얼음 저장 창고를 맡아보던 관아.

빙고(憑考) 명-하다 타 사실이 정확한지 아니한지를 근거에 비추어서 자세히 살펴봄.

빙고(bingo) 명 놀이의 한 가지. 숫자가 적힌 공이나 카드를 마음대로 하나씩 집어서, 자기가 가진 가로·세로 다섯 줄의 칸에 적힌 숫자와 맞추어 보아 맞으면 지워 가며 빨리 이어지기를 겨루는 놀이.

빙고-전(氷庫典) 명 신라 때, 얼음을 저장하는 일을 맡아보던 관아.

빙공영사(憑公營私)[-녕-] 성구 공적(公的)인 일을 핑계하여 자기의 이익을 꾀함을 이르는 말.

빙과(氷菓) 명 얼음과자

빙괴(氷塊) 명 얼음덩이

빙구(氷球) 명 아이스하키(ice hockey)

빙그레 부 입을 벌릴듯 말듯 하면서 소리 없이 부드럽게 웃는 모양을 나타내는 말. ☞뱅그레. 빙시레. 삥그레

빙그르르 부 미끄러지듯이 한 바퀴 도는 모양을 나타내는 말. ☞뱅그르르. 삥그르르. 핑그르르

빙글-거리다(대다) 자 빙글빙글 웃다. ☞뱅글거리다. 벙글거리다. 빙실거리다. 삥글거리다

빙글-빙글[1] 부 자꾸 빙그레 웃는 모양을 나타내는 말. ☞뱅글뱅글[1]. 벙글벙글. 빙실빙실. 삥글삥글[1]. 싱글싱글

빙글-빙글[2] 부 ①물체가 자꾸 돌아가는 모양을 나타내는 말. ¶ ─ 돌아가는 회전 목마. ②정신을 차릴 수 없게 어지러워지는 느낌. ☞뱅글뱅글[2]. 삥글삥글[2]. 핑글핑글

빙긋 부 입을 벌릴듯 말듯 하면서 소리 없이 부드럽게 잠깐 웃는 모양을 나타내는 말. 빙긋이 ☞뱅긋. 벙긋. 빙끗. 빙싯. 삥긋. 삥끗

빙긋-거리다(대다)[-귿-] 자 빙긋빙긋 웃다. ☞뱅긋거리다. 벙긋거리다. 빙끗거리다. 빙싯거리다. 삥긋거리다. 삥끗거리다

빙긋-빙긋[-귿-] 부 자꾸 빙긋 웃는 모양을 나타내는 말. ☞뱅긋뱅긋. 벙긋벙긋. 빙끗빙끗. 빙싯빙싯. 삥긋삥긋. 삥끗삥끗

빙긋-이 부 빙긋 ☞뱅긋이. 벙긋이. 빙끗이. 삥긋이

빙기(氷肌) 명 ①투명하리만큼 맑고 고운 살결. ②추위를 견디며 피는 '매화(梅花)'를 형용한 말. ☞빙기옥골

빙기(氷期) 명 빙하기(氷河期)

빙기옥골(氷肌玉骨) 성구 ①얼음같이 맑은 살결에 옥 같은 뼈대라는 뜻으로, '미인(美人)'을 형용한 말. ②추위를 견디며 피는 매화(梅花)의 아름다움을 형용한 말.

빙끗 부 입을 벌릴듯 말듯 하면서 소리 없이 정겹게 잠깐 웃는 모양을 나타내는 말. 빙끗이 ☞뱅끗. 벙끗. 빙긋. 삥긋. 삥끗

빙끗-거리다[-끋-] 자 빙끗빙끗 웃다. ☞뱅끗거리다. 벙끗거리다. 빙긋거리다. 삥긋거리다. 삥끗거리다

빙끗-빙끗[-끋-] 부 자꾸 빙끗 웃는 모양을 나타내는 말. ☞뱅끗뱅끗. 벙끗벙끗. 빙긋빙긋. 삥긋삥긋. 삥끗삥끗

빙끗-이 부 빙끗 ☞뱅끗이. 벙끗이. 빙긋이. 삥긋이

빙낭(氷囊) 명 얼음을 넣어 얼음찜질을 하는 데 쓰는, 거죽을 고무 등으로 만든 주머니. 얼음주머니

빙뇌(氷腦) 명 용뇌향(龍腦香)

빙당(氷糖) 명 얼음사탕. 빙사탕

빙렬(氷裂) 명 ①얼음이 갈라지는 일. ②사기그릇 따위에 올린 잿물이 마르면서 생긴 가는 금.

빙렴(氷廉) 명 추위로 말미암아 땅에 묻은 송장이 어는 일.

빙례(聘禮) 명 혼례(婚禮)

빙륜(氷輪) 명 빙경(氷鏡)

빙모(聘母) 명 '장모(丈母)'를 달리 일컫는 말. ☞빙부

빙무(氷霧) 명 추운 지방에서, 대기 중에 뜬 자잘한 얼음의 결정으로 말미암아 마치 안개가 낀 것처럼 되는 상태.

빙문(聘問) 명-하다 타 예를 갖추어 방문함. ☞빙물

빙문(憑聞) 명-하다 타 다른 사람을 거쳐서 간접으로 들음.

빙물(聘物) 명 예를 갖추어 방문할 때 가지고 가는 예물(禮物). ☞빙문(聘問)

빙박(氷泊) 명-하다 자 배가 물길을 가는 도중에 물이 얼어붙어 갇히는 일.

빙반(氷盤) 명 얼음판. 빙판(氷板)

빙벽(氷壁) 명 ①빙산(氷山)이나 빙하(氷河) 등의 절벽. ②눈이나 얼음으로 덮인 암벽(岩壁). ¶ ─ 등반

빙부(氷夫) 명 지난날, 강에서 얼음을 떠내는 일을 직업으로 하는 사람을 이르던 말.

빙부(氷膚) 명 얼음처럼 희고 깨끗한 살결.

빙부(聘父) 명 '장인(丈人)'을 달리 일컫는 말. ☞빙모

빙부-전(氷夫田) 명 조선 시대, 수확물을 빙부(氷夫)의 급료로 주던 논밭. 빙부로 하여금 농사를 짓게 하되 조세를 면제했음.

빙-빙 부 ①제자리에서 자꾸 도는 모양을 나타내는 말. ¶ 수레바퀴가 ─ 돈다. ②어떤 둘레를 자꾸 도는 모양을 나타내는 말. ¶솔개가 정자나무 위를 ─ 돈다. ③정신이 어찔어찔해지는 모양을 나타내는 말. ¶머리가 ─ 돌다./눈앞이 ─ 돌다. ☞뱅뱅. 삥삥. 핑핑

빙빙과:거(氷氷過去) 어름어름하는 사이에 어느덧 세월을 다 보냈다거나, 진실되지 못하게 어름어름 살아온 과거라는 뜻으로 익살스럽게 이르는 말.

빙-사탕(氷砂^糖) 명 얼음사탕. 빙당(氷糖)

빙산(氷山) 명 극지방(極地方)의 바다에 떠 있는 큰 얼음덩이. 빙하의 끝 부분이 떨어져 나와 생긴 것임.

빙상(氷上) 명 얼음 위.

빙상=경:기(氷上競技) 명 스케이팅이나 아이스하키 등 얼음 위에서 하는 여러 가지 경기를 통틀어 이르는 말.

빙석(氷釋) 명-하다 자 빙해(氷解)

빙설(氷雪) 명 ①얼음과 눈. ②청렴(淸廉)과 결백(潔白)을 비유하여 이르는 말.

빙수(氷水) 명 ①얼음물 ②덩이 얼음을 눈처럼 간 다음 그 위에 삶은 팥이나 설탕, 시럽 등을 끼얹은 기호 식품.

빙시(憑恃) 명-하다 타 남의 힘에 의지함.

빙시레 부 입을 벌릴듯 말듯 하면서 소리 없이 순하게 웃는 모양을 나타내는 말. ☞뱅시레. 벙시레. 삥시레

빙식(氷蝕) 명 빙하의 이동으로 말미암아 일어나는 침식

작용(浸蝕作用).
빙식-곡(氷蝕谷)명 곡빙하(谷氷河)의 침식으로 단면이 'U'자 모양으로 된 계곡.
빙식=단구(氷蝕段丘)명 거듭되는 빙식으로 생긴 단구.
빙식=윤회(氷蝕輪廻)[-눤-]명 빙하로 말미암아 되풀이되는 침식 작용. 유년기, 장년기, 만장년기(晩壯年期), 노년기의 차례로 지형이 변함.
빙신(憑信)명-하다타 남을 믿고 의지함.
빙실(氷室)명 얼음이 녹지 않도록 저장해 두는 곳.
빙실-거리다(대다)자 빙실빙실 웃다. ☞뱅실거리다. 벙실거리다. 빙글거리다. 뻥실거리다
빙실-빙실부 자꾸 빙시레 웃는 모양을 나타내는 말. ☞뱅실뱅실. 벙실벙실. 빙글빙글¹. 뻥실뻥실
빙심(氷心)명 얼음처럼 깨끗한 마음.
빙싯부 입을 벌릴듯 말듯 하면서 소리 없이 순하게 잠깐 웃는 모양을 나타내는 말. ☞뱅싯. 벙싯. 빙긋. 뻥싯
빙싯-거리다(대다)[-싣-]자 빙싯빙싯 웃다. ☞뱅싯거리다. 벙싯거리다. 빙긋거리다. 뻥싯거리다
빙싯-빙싯[-싣-]부 자꾸 빙싯 웃는 모양을 나타내는 말. ☞뱅싯뱅싯. 벙싯벙싯. 빙긋빙긋. 뻥싯뻥싯
빙야(氷野)명 빙원(氷原)
빙어(氷魚)명 바다빙어과의 물고기. 몸길이 10~15cm. 몸은 가늘고 길며 머리는 뾰족함. 몸빛은 연한 잿빛 바탕에 검은빛 세로줄이 하나 있음. 이른봄 산란기에 하천으로 올라감. 현재는 전국 저수지와 호수 등에 육봉화(陸封化)됨.
빙예(氷瞖)명 한방에서, 얼음처럼 흰 막이 생겨서 아프며 눈물이 나고 앞이 잘 보이지 않는 눈병을 이르는 말.
빙옥(氷玉)명 ①얼음과 옥, 곧 맑고 깨끗하여 아무 티가 없음을 비유하여 이르는 말. ②훌륭한 장인(丈人)과 사위를 아울러 이르는 말.
빙용(聘用)명-하다타 예(禮)를 갖추어 사람을 맞이하여 씀.
빙원(氷原)명 땅 표면이 두꺼운 얼음으로 뒤덮인 매우 넓은 지역. 빙야(氷野)
빙의(憑依)명-하다자 ①어떤 것에 몸이나 마음을 기댐. ②신령 따위가 사람에게 내림. ☞접신(接神)
빙인(氷人)명 '월하빙인(月下氷人)'의 준말.
빙자(憑藉)명-하다타 ①남의 힘을 빌려서 의지함. ¶권력을 -하여 이권에 개입하다. ②말막음으로 내세워서 핑계를 댐. ¶병을 -하여 초청을 거절하다.
빙장(聘丈)명 남을 높이어 그의 장인(丈人)을 일컫는 말. 악장(岳丈) ☞외구(外舅)
빙전(氷田)명 얼음이 얼어붙은 논밭.
빙점(氷點)[-쩜]명 물이 얼기 시작하거나 얼음이 녹기 시작하는 때의 온도. 1기압에서는 0℃임. 결빙점(結氷點). 어는점. 얼음점 ☞비등점(沸騰點). 융해점
빙점-하(氷點下)[-쩜-]명 물의 빙점 이하, 곧 0℃ 이하의 온도. 영하(零下)
빙정(氷程)명 얼음이 언 길.
빙정(氷晶)명 대기 중의 수증기가 0℃ 이하로 냉각되었을 때 생기는 작은 얼음 결정. 상층운(上層雲)을 이룸.
빙정-석(氷晶石)명 나트륨과 알루미늄의 불화물(弗化物)로 이루어진 광물. 무색 또는 백색의 광택이 있는 덩어리. 약 560℃에서 반투명의 결정체로 바뀜. 황산에 녹으면서 불화수소를 발생함.
빙정옥결(氷貞玉潔)성구 절개가 아주 깨끗하여 흠이 조금도 없음을 비유하여 이르는 말.
빙정-점(氷晶點)[-쩜]명 대기 속에서 빙정(氷晶)이 생기거나 녹기 시작하는 온도.
빙주(氷柱)명 ①고드름 ②여름에 실내를 시원하게 하려고 세워 놓는, 각기둥 모양으로 깎아 만든 얼음.
빙주-석(氷洲石)명 아이슬란드에서 나는 빛깔이 없고 투명한 방해석(方解石).
빙준(憑準)명-하다타 어떤 근거에 따라 표준을 삼거나 일을 해 나감, 또는 그러한 근거.
빙질(氷質)명 얼음의 질.
빙-초산(氷醋酸)명 수분이 거의 섞이지 아니한, 순도(純度)가 높은 아세트산. 16℃ 이하의 온도에서는 얼음 모양의 고체로 됨.
빙:충-맞다[-맏-]형 똘똘하지 못하고 어리석다. ☞뱅충맞다
×**빙충-맞이**명 →빙충이
빙:충-이명 빙충맞은 사람. ☞뱅충이
빙층(氷層)명 해마다 얼음이 쌓여 여러 켜를 이룬 것.
빙침(氷枕)명 얼음이나 찬물을 넣어 베는 베개. 신열이 있을 때 머리를 식히는 데 이용함. 얼음베개
빙탁(氷卓)명 '빙하탁(氷河卓)'의 준말.
빙탄(氷炭)명 얼음과 숯이라는 뜻으로, 성질이 서로 크게 다름을 비유하여 이르는 말. ☞빙탄불상용(氷炭不相容). 수화(水火)
빙탄-간(氷炭間)명 얼음과 숯처럼, 서로 화합할 수 없는 관계를 이르는 말.
빙탄불상용(氷炭不相容)[-쌍-]성구 얼음과 숯처럼, 두 사물의 성질이 크게 달라서 서로 화합할 수 없음을 이르는 말. ☞빙탄(氷炭)
빙택(聘宅)명 남을 높이어 그의 처가(妻家)를 이르는 말.
빙퇴-석(氷堆石)명 빙하의 흐름에 따라 옮아 와 쌓인 암석·모래·점토(粘土) 따위. 퇴석(堆石)
빙퉁그러-지다자 ①하는 짓이 비뚜로만 나가다. ②성질이 뒤틀어지다. ¶빙퉁그러진 놈.
빙판(氷板)명 ①얼음판. 빙반(氷盤) ②얼음으로 덮인 땅바닥. ¶-에서 미끄러지다.
빙패(氷牌)명 조선 시대, 여름에 관원들에게 얼음을 나누어 줄 때 쓰던 패.
빙편(氷片)명 용뇌향(龍腦香)
빙폐(聘幣)명 공경하는 뜻으로 보내는 예물.
빙하(氷河)명 설선(雪線) 이상의 지역에 있는 만년설(萬年雪)이 그 무게의 압력으로 얼음덩이가 되어, 천천히 낮은 곳으로 흘러내리는 것.
빙하=계류(氷河溪流)명 빙하가 녹아 생긴 계곡 물.
빙하-곡(氷河谷)명 빙하가 녹아 생긴 골짜기.
빙하-기(氷河期)명 빙하 시대 가운데서 특히 기후가 한랭하여 빙하가 발달, 확대된 시기. 빙기(氷期) ☞빙하 시대(氷河時代)
빙:-하다형여 술에 취하여 정신이 멍하고 어질어질하다.
빙하=성층(氷河成層)명 빙하와 함께 흘러내린 바위 부스러기나 모래가 쌓여 이루어진 지층(地層).
빙하=시대(氷河時代)명 지구상의 기후가 한랭하게 되어 빙하가 중위도(中緯度) 지방까지 확대, 발달했던 시대. ☞빙하기(氷河期)
빙하=찰흔(氷河擦痕)명 빙하 흔적(氷河痕迹)
빙하-탁(氷河卓)명 빙하가 햇볕에 녹을 때 두꺼운 바윗돌에 가려져 녹지 않은 부분이 탁자 모양으로 남은 빙하. 준빙탁(氷卓)
빙하-토(氷河土)명 빙하와 함께 흘러 온 흙이나 모래가 쌓여 이루어진 땅.
빙하-호(氷河湖)명 빙하의 침식 작용이나 퇴적 작용으로 생긴 호수.
빙하=흔적(氷河痕迹)명 빙하가 흐를 때 바윗돌에 스쳐 생긴 흔적. 빙하 찰흔(氷河擦痕)
빙해(氷海)명 얼어붙은 바다.
빙해(氷解)명-하다자 얼음이 녹듯이 의심이나 의혹 따위가 풀림. 빙석(氷釋)
빙화(氷花)명 나뭇가지나 마른 풀잎 따위에 수분이 얼어붙어 꽃 모양을 이룬 것.
빙환(氷紈)명 얼음같이 희고 고운 비단.
빚명 ①이자(利子)를 물기로 하고 꾸어 쓰는 돈. ¶-을 내다./-을 지다. ②갚아야 할 돈. ¶술집에 진 -을 갚다. ③은혜나 도움 등을 받고 갚지 못한 상태. ¶신세를 진 일이 -이 되었다. 부채(負債)
빚(을) 놓다관용 남에게 빚을 주다.
빚(을) 주다관용 이자를 받기로 하고 돈을 꾸어 주다.
속담 **빚 보증 하는 자식 낳지도 마라**: 빚 보증을 섰다가 망하는 일이 많은 데서 경계하여 이르는 말./**빚 얻어 굿**

ㅂ

하니 맏며느리 춤춘다 : 지금의 딱한 사정을 가장 절실히 느끼고 일이 잘 되도록 힘써야 할 사람이 분수없이 행동함을 비유하여 이르는 말.〔논 팔아 굿하니 맏며느리 춤추더라〕/**빛 주고 뺨 맞는다** : 남에게 잘해 주고도 도리어 해가 돌아오는 경우를 이르는 말.

한자 **빛 채**(債)〔人部 11획〕¶부채(負債)/사채(私債)

×**빛-거간**(—居間) 명 →빚지시
빛-꾸러기[빋—] 명 여기저기에 빚을 많이 진 사람.
빛-내:다[빋—] 자 빚을 얻다.
×**빛-놀이** 명 →돈놀이
빚다[빋—] 타 ①가루를 반죽하여 만두·송편·경단 따위를 만들다. ¶만두를 —. ②지에밥과 누룩을 버무려 술을 담그다. ¶술을 —. ③어떤 일이나 사건 따위를 일으키다. ¶물의를 —.
빛-돈[빋—] 명 빚으로 쓰거나 주는 돈.
빛-두루마기[빋—] 명 빚에 얽매여 헤어날 수가 없게 된 사람.
빛-물이[빋—] 명-하다 자 남의 빚을 대신 갚아 주는 일.
빛-받이[빋바지] 명-하다 자 빚으로 준 돈을 받아들이는 일.
빛-쟁이[빋—] 명 빚을 준 사람을 얕잡아 이르는 말.
빛-지다[빋—] 자 ①남에게 돈을 꾸어서 쓰다. ②남에게 신세를 지다.
속담 **빚진 죄인** : 빚을 진 사람은 죄인처럼 빚쟁이에게 굽실거린다는 말.
빛-지시[빋—] 명-하다 자 빚을 내거나 놓거나 하는 일의 중간에 들어 소개하는 일, 또는 그 사람.
빛 명 ①눈에 밝은 느낌을 느끼게 하는 것. 물리적으로는 전자파(電磁波)를 말하나, 보통 눈으로 느낄 수 있는 가시 광선(可視光線)을 이름. 광(光)[1] ¶태양의 —./형광등의 —. ②'밝은 기대'를 비유하여 이르는 말. ¶온 국민에게 희망의 —을 안겨 주다. ③'눈의 번쩍임'을 이르는 말. ¶쏘아보는 눈의 —에 압도되다./눈에서 의욕의 —이 번득이다. ④번쩍번쩍 하는 윤기. ¶—이 나도록 놋그릇을 닦다. ⑤'영광(榮光)'을 뜻하는 말. ¶의로운 일로 모교를 —이 나게 했다. ⑥빛의 파장의 차이에 따라 눈이 여러 가지로 다르게 느끼게 되는 감각. 빨강·노랑·파랑 따위. 빛깔. 색(色). 색채(色彩) ¶—이 짙다./차분한 느낌을 주는 —. ⑦표정 등에 나타나는 마음속의 생각이나 감정. 기색(氣色) ¶반기는 —이 역력하다./불만의 —을 드러내다. ⑧무엇을 짐작하게 하는 태도나 몸짓. ¶반성의 —이 보이지 않는다. ⑨무엇을 느끼게 하는 상태나 조짐. ¶들에는 봄의 —이 완연하다./패망의 —이 짙다. ⑩드러나는 보람이나 떳떳한 체면. ¶사회의 그늘진 곳에서 —이 나는 일을 하다. ⑪본바탕 ¶제 —이 아니다./정의가 —을 잃었다.
빛을 보다 관용 업적이나 보람 따위가 세상에 알려지다.
빛을 잃다 관용 ①제 값어치가 없어지다. ②기세가 꺾이다. ③인기가 없어지다.
빛이 없다 관용 ①생색이 없다. ②면목이 없다.
속담 **빛 좋은 개살구** : 겉모양은 그럴듯하게 좋으나 실속이 없음을 비유하여 이르는 말.

한자 **빛 광**(光)〔儿部 4획〕¶광명(光明)/광선(光線)/광속(光速)/광원(光源)/광채(光彩)/광환(光環)
빛 색(色)〔色部〕¶색감(色感)/색상(色相)/색조(色調)/색채(色彩)/순색(純色)/원색(原色)/퇴색(退色)

빛-깔[빋—] 명 빛의 파장 차이에 따라 눈이 여러 가지로 다르게 느끼게 되는 감각. 빨강·노랑·파랑 따위. 빛. 색(色). 색깔. 색채(色彩) ¶푸른 —.
빛-나다[빋—] 자 ①빛이 환하게 비치다. ¶별이 빛나는 밤. ②훌륭하게 드러나다. ¶빛나는 공적. ③윤이 나다.

한자 **빛날 란**(爛)〔火部 17획〕¶찬란(燦爛)/현란(絢爛)
빛날 화(華)〔艸部 8획〕¶화려(華麗)/화사(華奢)
빛날 휘(輝)〔車部 8획〕¶광휘(光輝)/휘황(輝煌)

빛-내:다[빋—] 타 빛나게 하다. ¶가문을 —.
빛-발[빋—] 명 내어 뻗치는 빛의 줄기.
빛-살[빋—] 명 비치어 나가는 빛의 가닥. 광선(光線)
빛-색(—色)[빋—] 명 한자 부수(部首)의 한 가지. '艴'·'艷' 등에서 '色'의 이름.
빛-없:다[빋업—] 형 ①생색이 없다. ②면목이 없다.
빛-없이 부 빛없게
빛-접다[빋—](—접고·—저워) 형ㅂ 조금도 굽죄이는 데가 없이 번듯하고 떳떳하다.
빠각 부 거죽이 단단하고 오톨도톨한 물체가 서로 문질릴 때 나는 소리를 나타내는 말. ¶호두를 문질러 — 소리를 내다. ☞바각. 뻐걱
빠각-거리다(대다) 자타 자꾸 빠각 소리가 나다, 또는 그런 소리를 내다. ☞바각거리다. 뻐걱거리다
빠각-빠각 부 빠각거리는 소리를 나타내는 말. ¶바지락을 — 세게 문질러 씻다. ☞바각바각. 뻐걱뻐걱
빠개다 타 ①작고 단단한 물체를 두 쪽으로 갈라 잦히어 조각을 내다. ②다 되어 가던 일을 어그러지게 하다. ☞뻐개다. 짜개다
빠개-지다 자 ①작고 단단한 물체가 두 쪽으로 갈라져 조각이 나다. ②다 되어 가던 일이 어그러지다. ☞뻐개지다. 짜개지다
빠그라-뜨리다(트리다) 타 빠그라지게 하다. ☞바그라뜨리다. 뻐그러뜨리다
빠그라-지다 자 아주 못 쓰게 빠개지다. ¶의자가 —. ☞바그라지다. 뻐그러지다
빠그르르 부 ①작고 운두가 낮은 그릇에 담긴 적은 양의 액체가 한 차례 세차게 끓어오르는 모양, 또는 그 소리를 나타내는 말. ¶라면 물이 — 끓어오르다. ②작은 거품이 한꺼번에 매우 많이 일어나는 모양을 나타내는 말. ¶거품이 — 일다. ☞바그르르. 뻐그르르. 뽀그르르
빠근-하다 형여 몸의 힘살이 켕기거나 굳어서 몸을 놀리기에 좀 거북한 느낌이 있다. ¶장딴지가 —./목이 —. ☞뻐근하다
빠글-거리다(대다) 자 ①액체에서 자꾸 빠글빠글 소리가 나다. ②거품이 빠글빠글 일어나다. ☞바글거리다[1]
빠글-빠글[1] 부 ①작고 운두가 낮은 그릇에 담긴 적은 양의 액체가 매우 야단스레 끓는 모양, 또는 그 소리를 나타내는 말. ¶냄비의 물이 — 끓는다. ②작은 거품이 잇달아 몹시 일어나는 모양을 나타내는 말. ☞바글바글[1]
빠글-빠글[2] 부-하다 형 꼬불꼬불한 것들이 덩이진듯 한 모양을 나타내는 말. ¶— 퍼머를 한 머리털.
빠꿈-벼슬 명 조선 시대, 뇌물을 주고 공명첩(空名帖)을 사서 얻은 관직을 이르던 말.
빠끔-거리다(대다) 자타 ①담배를 빠끔빠끔 피우다. ②물고기가 빠끔빠끔 숨을 쉬다. ☞뻐끔거리다
빠끔-빠끔[1] 부 ①입을 작게 벌렸다 오므렸다 하면서 담배를 세게 빠는 모양을 나타내는 말. ②물고기가 숨을 쉬려고 작은 입을 벌렸다 오므렸다 하는 모양을 나타내는 말. ¶붕어가 — 숨을 쉰다. ☞뻐끔뻐끔[1]
빠끔-빠끔[2] 부-하다 형 여러 곳이 다 빠끔한 모양을 나타내는 말. ☞뻐끔뻐끔[2]
빠끔-하다 형여 ①작은 구멍이 또렷하게 나 있다. ②틈이 또렷하게 조금 바라져 있다. ☞뻐끔하다
빠끔-히 부 빠끔하게 ¶양말에 — 구멍이 뚫어지다./문을 — 열고 보다. ☞뻐끔히
빠닥-빠닥 부-하다 형 물체가 보드라운 느낌이 없게 말라 있는 모양을 나타내는 말. ¶— 마른 오징어. ☞뻐덕뻐덕
빠드득 부 ①단단한 물건을 눌러 으깰 때 되알지게 나는 소리를 나타내는 말. ¶사탕을 — 깨물어 먹다. ②단단한 물체끼리 갈릴 때 되알지게 나는 소리를 나타내는 말. ¶이를 — 갈다. ③소복소복 곱게 쌓인 눈을 밟을 때 되알지게 나는 소리를 나타내는 말. ☞바드득
빠드득-거리다(대다) 자타 자꾸 빠드득 소리가 나다, 또는 그런 소리를 내다. ☞바드득거리다
빠드득-빠드득 부 빠드득거리는 소리를 나타내는 말. ☞바드득바드득
빠드름-하다 형여 좀 빠듬하다. ☞바드름하다

빠드름-히 부 빠드름하게

빠득-빠득[1] 부 ①매우 악지스레 고집을 부리는 모양을 나타내는 말. ¶가지 않겠다고 － 고집을 피우다. ②매우 악착스레 애를 쓰는 모양을 나타내는 말. ¶－ 애를 쓰다. ☞바득바득[1]. 뿌득뿌득[1]

빠득-빠득[2] 부 이를 빠르고 세게 가는 소리를 나타내는 말. ¶이를 － 갈다. ☞바득바득[2]. 뿌득뿌득[2]

빠듬-하다 형여 작은 물체의 모양새가 바깥쪽으로 조금 삐어 있다. ☞바듬하다

빠듬-히 부 빠듬하게

빠듯-하다[－듣－] 형여 ①꼭 맞아서 빈틈이 없다. ¶품이 빠듯하게 맞다. ②겨우 어떤 정도나 때에 미칠만 하다. ¶다섯 사람이 앉기에 빠듯한 방./약속 시간을 빠듯하게 잡다. ☞바듯하다

빠듯-히 부 빠듯하게

빠:-뜨리다(트리다) 타 ①갖추어야 할 것을 빼놓거나 놓치다. ¶한 문장을 빠뜨리고 쓰다./말을 한 마디도 빠뜨리지 않고 듣다. ②어떤 곳에 잠기거나 떨어지게 하다. ¶남을 함정에 －. ③어떤 상태에 놓이게 하다. ¶사태를 혼란에 －. ④지녔던 것을 흘려 잃어버리다. ¶차 안에 지갑을 빠뜨리고 내리다.

빠르기-말 명 악보에서, 악곡을 연주하는 빠르기를 나타내는 말. 안단테나 모데라토 따위.

빠르기-표(－標) 명 악보에서, 악곡을 연주하는 빠르기를 나타내는 기호. ♩=88 따위.

빠르다(빠르고·빨라) 형르 ①움직임이 재거나 날래다. ¶손놀림이 －./비행기가 기차보다 －. ②변화나 결과 따위가 나타나는 데 걸리는 시간이 짧다. ¶효과가 －./빠른 시일 내에 결정하라. ③어떤 기준보다 앞서 있다. ¶내 시계는 1분이 －./너는 나보다 졸업이 －. ④알아차리거나 생각하는 힘이 뛰어나다. ¶눈치가 －./계산이 －./이해가 －.

> 한자 빠를 속(速) 〔辵部 7획〕 ¶속결(速決)/속공(速攻)/속기(速記)/속달(速達)/속독(速讀)/속보(速報)

빠른-우편(－郵便) 명 우체국에서 우편물을 접수한 다음 날 배달하는 우편. 1994년부터 실시됨. ☞보통 우편

빠삭 부 ①얇고 물기가 몹시 마른 물체가 바스러질 때 나는 소리를 나타내는 말. ¶－ 하는, 가랑잎 밟는 소리. ②매우 꽛꽛하고 보송보송한 물건이 바스러질 때 나는 소리를 나타내는 말. ¶튀긴 깻잎을 깨물면 － 소리가 난다. ☞바삭

빠삭-거리다(대다) 자타 자꾸 빠삭 소리가 나다, 또는 그런 소리를 내다. ☞바삭거리다

빠삭-빠삭[1] 부 빠삭거리는 소리를 나타내는 말. ☞바삭바삭[1]

빠삭-빠삭[2] 부-하다 형 ①얇은 물체가 몹시 말라 있는 상태를 나타내는 말. ¶가랑잎이 － 말랐다. ②매우 꽛꽛하고 보송보송한 모양을 나타내는 말. ¶－하게 잘 튀겨진 튀김. ☞바삭바삭[2]

빠삭-하다[1] 형여 ①얇은 물체가 몹시 말라 있다. ②매우 꽛꽛하고 보송보송하다. ☞바삭하다

빠삭-하다[2] 형여 '어떤 일을 낱낱이 잘 알고 있어 그 일에는 환하다'를 속되게 이르는 말.

빠스락 부 얇고 바싹 마른 물체가 서로 스치거나 으스러질 때 나는 소리를 나타내는 말. ¶가랑잎이 － 한다. ☞바스락

빠스락-거리다(대다) 자타 자꾸 빠스락 소리가 나다, 또는 그런 소리를 내다. ¶가랑잎이 바람에 －./책상을 빠스락거리며 뒤지다. ☞바스락거리다

빠스락-빠스락 부 빠스락거리는 소리를 나타내는 말. ☞바스락바스락

빠이빠이(bye-bye) 감 어린아이나 가까운 사이끼리 '잘 가', '안녕' 등의 뜻으로 헤어질 때 하는 인사말.

빠작-거리다(대다) 자타 야문 덩이 상태의 것을 세게 으깨거나 씹는 소리가 자꾸 나다, 또는 그런 소리를 자꾸 내다. 빠작이다 ☞바작거리다

빠작-빠작[1] 부 ①애태우거나 하여 입 안이나 입술이 매우 바싹바싹 마르는 느낌을 나타내는 말. ¶입 안이 － 타는듯 하다. ②안타깝거나 초조하여 마음이 몹시 죄어드는 느낌을 나타내는 말. ¶속이 － 탄다. ③진땀이 나도록 몹시 애쓰는 모양을 나타내는 말. ¶아픈 것을 참느라 이마에 － 진땀이 맺힌다. ☞바작바작[1]

빠작-빠작[2] 부 야문 덩이 상태의 것을 세게 으깨거나 씹을 때 나는 소리, 또는 그 모양을 나타내는 말. ¶얼음사탕을 － 부숴 먹다. ☞바작바작[2]

빠작-이다 자타 빠작거리다 ☞바작이다

빠:지다[1] 자 ①박히거나 끼여 있던 것이 제자리에서 벗어나다. ¶이가 －./머리카락이 －./나사가 －. ②속에 들어 있던 액체나 기체 등이 흐르거나 새어 나가다. ¶저수지의 물이 －./맥주의 김이 －./타이어의 공기가 －. ③물체의 한 부분이 떨어져 없어지다. ¶밑 빠진 독./이가 빠진 접시. ④천 따위에 묻거나 물든 것이 씻기거나 없어지다. ¶때가 －./얼룩이 －./색이 －. ⑤힘이나 기운 따위가 없어지다. ¶기운이 －./얼이 빠진 사람. ⑥들어 있어야 할 것에 들어 있지 아니하다. ¶한 획이 빠진 한자./양념에 마늘이 －. ⑦그때까지 있던 자리에서 벗어나다, 또는 벗어나 다른 데로 가다. ¶뒷문으로 빠져 나가다./샛길로 빠져 나가다. ⑧어떤 일이나 조직 등에서 물러나거나 떠나다. ¶친목회에서 －. ⑨가기로 했거나 가야 하는 곳에 가지 않다. ¶술자리에 －./회의에 －. ⑩몸무게나 부기가 줄어들거나 없어지다. ¶허릿살이 －./부기가 －. ⑪기준에서 얼마가 모자라다. ¶만 원에서 백 원이 빠진다./한 달에서 이틀이 －. ⑫남이나 다른 것보다 모자라거나 뒤떨어지다. ¶셋 중에 그의 인물이 제일 빠진다./어디에 내놔도 빠지지 않을 물건. ⑬어떤 일을 하고 나서 대가로 돈이 남다. ¶힘만 들고 차비도 안 빠지는 일. ⑭잘생기다[2]. ¶몸매가 잘 빠졌다.

> 한자 빠질 궐(闕) 〔門部 10획〕 ¶궐과(闕課)/궐번(闕番)/궐석(闕席)/궐식(闕食)/궐액(闕額)

빠:지다[2] 자 ①팬 곳에 떨어지다. ¶함정에 －. ②물이나 수렁 등에 잠기다. ¶물에 －./자동차 바퀴가 진흙탕에 －. ③헤어나기 어려운 상태에 들다. ¶위험에 －./혼란에 －. ④어떤 생각이나 감정에 깊이 젖어 들다. ¶공상에 빠져 들다./사랑에 －. ⑤어떤 일에 지나치게 정신이 쏠리다. ¶술과 도박에 빠져 살다. ⑥꾐 따위에 넘어가다. ¶유혹에 －. ⑦잠 따위에 깊이 들다. ¶깊은 잠에 빠져 들다.

조형 본용언(本用言) 다음에 쓰이어, 마땅치 않거나 얕잡는 감정을 나타냄. ¶흔해 빠진 차./약아 빠진 아이./썩어 빠진 사회./게을러 빠진 인간.

> 한자 빠질 닉(溺) 〔水部 10획〕 ¶익애(溺愛)/탐닉(耽溺)
> 빠질 몰(沒) 〔水部 4획〕 ¶몰입(沒入)/침몰(沈沒)
> 빠질 함(陷) 〔阜部 8획〕 ¶함닉(陷溺)/함몰(陷沒)

빠지지 부 ①액체가 매우 바싹 달구어진 쇠붙이 따위에 닿아 졸아붙을 때 나는 소리를 나타내는 말. ②매우 바싹 달군 쇠붙이 따위를 물에 담글 때 나는 소리를 나타내는 말. ☞바지지

빠지직 부 ①액체가 매우 바싹 달구어진 쇠붙이 따위에 닿아 급히 졸아붙을 때 나는 소리를 나타내는 말. ②매우 바싹 달군 쇠붙이 따위를 물에 담그어 급히 식힐 때 나는 소리를 나타내는 말. ③천 따위가 세차게 찢어질 때 나는 소리를 나타내는 말. ☞바지직

빠:짐-없:이 부 하나도 빼놓지 않고. ¶－ 챙기다.

빠:짐-표(－標) 명 문장 부호의 한 가지. 글자의 자리를 비워 둠을 나타낼 때 그 글자의 수효만큼 쓰이는 부호로 □ 표를 이름. ¶□□□ 세 글자. ☞줄임표

×**빠치다** 타 →빠뜨리다

빡빡[1] 부 ①힘있게 문대거나 치대는 모양을 나타내는 말. ¶복도를 － 문대어 닦다. ②바닥이 몹시 반반할 정도로 털 따위를 깎는 모양을 나타내는 말. ¶머리를 － 밀다. ③악지를 부리며 몹시 우기는 모양을 나타내는 말. ¶－

ㅂ

우기다. ☞박박²

빡빡² 부 얼굴이 몹시 얽은 모양을 나타내는 말. ¶ – 얽은 얼굴. ☞박박³

빡빡³ 부 볼을 오므라뜨리고 담배를 세게 빠는 모양을 나타내는 말. ¶담배를 – 빨다. ☞뻑뻑²

빡빡-이 부 짐작한 대로 틀림없이. ¶그도 어려운 고비를 만났다면 – 그렇게 했을 것이다. ☞박박이

빡빡-하다 형여 ①물기가 적어서 보드라운 맛이 없다. ¶국 없이 먹는 밥이 –. ②여유가 없이 꼭 맞아 빠듯하다. ¶빡빡한 일정./날짜가 –. ③융통성이 없고 고지식하다. ④매끄럽지 아니하여 이리저리 움직이기가 힘들다. ¶서랍이 –. ☞뻑뻑하다

빡빡-이 부 빡빡하게 ☞뻑뻑이

빡작지근-하다 형여 가슴이나 어깨 같은 데가 좀 뻐근하게 아픈 느낌이 있다. ☞뻑적지근하다

빡작지근-히 부 빡작지근하게 ☞뻑적지근히

빈둥-거리다(대다) 자 빈둥빈둥 개으름을 피우다. ☞반둥거리다. 뻔둥거리다

빈둥-빈둥 부 마땅히 해야 할 일을 아니 하고 요리조리 피하면서 몹시 개으름을 피우는 모양을 나타내는 말. ☞반둥반둥. 뻔둥뻔둥

빤드럽다(빤드럽고·빤드러워) 형ㅂ ①반반한 물체의 거죽이 매우 윤기가 있고 부드럽다. ¶빤드러운 바닥. ②사람됨이 매우 바냐위고 약삭빠르다. ¶미꾸라지처럼 빤드러운 사람. ☞반드럽다

빤드레 부 -하다 형 ①반반한 물체의 거죽이 매우 윤기가 있고 부드레한 모양을 나타내는 말. ¶ – 윤이 나는 옷장. ②실속은 없으면서 겉으로는 아주 그럴듯한 모양을 나타내는 말. ¶ – 꾸미고 다닌다. ☞반드레

빤드르르 부 -하다 형 윤기가 흐를 정도로 빤드러운 모양을 나타내는 말. ¶털에 – 윤기가 돌다. ☞반드르르

빤득 부 ①작은 불빛이 언뜻 환하게 빛나는 모양을 나타내는 말. ②작은 물체가 움직일 때 그 물체에 반사된 빛이 언뜻 환하게 빛나는 모양을 나타내는 말. ☞반득

빤득-거리다(대다) 자타 자꾸 빤득 하다. 빤득이다 ☞반득거리다

빤득-빤득 부 빤득거리는 모양을 나타내는 말. ☞반득반득

빤득-이다 자타 빤득거리다 ☞반득이다

빤들-거리다(대다) 자 ①빤들빤들 윤기가 돌다. ②빤들빤들 약삭빠르게 행동하다. ③빤들빤들 개으름을 피우다. ☞반들거리다

빤들-빤들 부 -하다 형 ①물체의 거죽이 매우 반드럽게 윤기가 도는 모양을 나타내는 말. ¶ – 윤이 나는 대리석. ②수수한 데가 없이 매우 약삭빠르게 행동하는 모양을 나타내는 말. ¶ – 잇속만 차리는 사람. ③빤드러운 태도로 개으름을 피우는 모양을 나타내는 말. ☞반들반들

빤뜩 부 ①작은 불빛이 갑작스레 환하게 빛나는 모양을 나타내는 말. ②작은 물체가 움직일 때 그 물체에 반사된 빛이 잠깐 동안 빤짝 빛나는 모양을 나타내는 말. ☞반득. 반뜩. 빤득. 뻔뜩

빤뜩-거리다(대다) 자타 자꾸 빤뜩 하다. 빤뜩이다 ☞반득거리다. 반뜩거리다. 빤득거리다. 뻔뜩거리다

빤뜩-빤뜩 부 빤뜩거리는 모양을 나타내는 말. ☞반득반득. 반뜩반뜩. 빤득빤득. 뻔뜩뻔뜩

빤뜩-이다 자타 빤뜩거리다 ☞반득이다

빤빤-스럽다(–스럽고·–스러워) 형ㅂ 아주 빤빤한 데가 있다. ☞뻔뻔스럽다

빤빤-스레 부 빤빤스럽게

빤빤-하다 형여 얌치 없는 짓을 하고도 부끄러워할 줄 모르고 얄미울 정도로 예사롭다. ☞뻔뻔하다

빤작 부 환한 빛이 잠깐 동안 비치는 모양을 나타내는 말. ☞반작. 반짝². 빤짝. 뻔적

빤작-거리다(대다) 자타 빤작빤작 빛이 나다, 또는 빛나게 하다. 빤작이다 ☞반작거리다

빤작-빤작 부 환한 빛이 잇달아 잠깐 동안 비치는 모양을 나타내는 말. ☞반작반작

빤작-이다 자타 빤작거리다 ☞반작이다

빤지레 부 -하다 형 기름기가 돌게 빤드레한 모양을 나타내는 말. ¶ – 윤이 도는 장판. ☞반지레

빤지르르 부 -하다 형 기름기가 돌게 빤드르르한 모양을 나타내는 말. ¶털에 – 윤이 나다. ☞반지르르

빤질-거리다(대다) 자 ①빤질빤질 기름기가 돌다. ②살살 배돌면서 빤질빤질 개으름을 피우다. ☞반질거리다

빤질-빤질 부 -하다 형 ①물체의 거죽에 매우 반지럽게 기름기가 도는 모양을 나타내는 말. ¶유리창이 – 윤이 나다. ②매우 빤빤스레 노는 모양을 나타내는 말. ¶ – 개으름을 피우다. ☞반질반질. 뻔질뻔질

빤짝 부 환한 빛이 잠깐 동안 세게 비치는 모양을 나타내는 말. ¶불빛이 – 했다. ☞반짝². 뻔쩍

빤짝-거리다(대다) 자타 ①빤짝빤짝 빛이 나다, 또는 빛나게 하다. ②빤짝빤짝 윤이 나다. 빤짝이다 ☞반짝거리다. 뻔쩍거리다

빤짝-빤짝¹ 부 환한 빛이 잇달아 잠깐 동안 세게 비치는 모양을 나타내는 말. ☞반짝반짝¹. 뻔쩍뻔쩍¹

빤짝-빤짝² 부 빤들빤들 윤이 나는 모양을 나타내는 말. ¶ – 윤이 나는 놋그릇. ☞반짝반짝². 뻔쩍뻔쩍²

빤짝-이다 자타 빤짝거리다 ☞반짝이다. 뻔쩍이다

빤-하다 형여 ①어둠 속에 불빛이 환하다. ¶문틈으로 빤하게 새어 나오는 불빛. ②어떤 일의 속내나 결과가 어떠하리라는 것이 또렷하다. ¶결과가 빤한 일. ③계속되던 일 중에 잠깐 동안 겨를이 생기어 한가하다. ¶빤한 때에 담배 한 대를 피우다. ④걱정거리나 병세 등이 잠깐 동안 뜨음하거나 덜하다. ¶기침이 –. ⑤계속 내리던 비가 멎고 잠깐 동안 햇빛이 비치어 환하다. ¶빤한 때도 없이 비가 내린다. ⑥'빤히'의 꼴로 쓰이어 '또렷이'라는 뜻으로 '매우 가까운 거리에 보임'을 뜻하는 말. ¶적병은 빤히 보이는 거리에 있다. ⑦'빤히'의 꼴로 쓰이어, '똑바로 찬찬히'의 뜻을 나타냄. ¶얼굴을 빤히 쳐다보다. ☞반하다². 뻔하다

빤-히 부 ①환하게 ¶등불이 – 켜져 있다. ②또렷하게 ¶유리창 너머로 – 보이다. ③똑바로 찬찬히. ☞반히

빨 의 사물이 되어가는 형편과 모양. ¶그 –로 하다가는 언제 끝이 날지 모르겠다.

빨가-벗기다[–번–] 타 빨가벗게 하다.

빨가-벗다[–번–] 자 ①입은 옷을 모두 벗어 작은 몸집의 알몸이 드러나다. ②가려지거나 덮인 것이 없어서 몸체나 흙이 거의 다 드러나 보이다. ③돈이나 물건 등 가진 것을 모두 쓰거나 내놓아 빈탈타리가 되다. ☞발가벗다. 뻘거벗다

빨가-숭이 명 ①옷을 걸치지 않은 작은 몸집의 알몸. ②가려지거나 덮인 것이 없어서 몸체나 흙이 거의 다 드러나 보일 정도의 상태를 이르는 말. ☞발가숭이

빨간-빛 명 빨강. 적색(赤色)

빨간-색(–色) 명 빨강. 적색(赤色)

빨강 명 삼원색(三原色)의 하나이며, 우리 나라의 기본색 이름의 하나. 신선한 핏빛과 같은 빛깔, 또는 그런 빛깔의 물감. 붉은빛. 빨간빛. 빨간색. 적색(赤色) ☞주황(朱黃). 초록(草綠)

빨강이 명 빨간 빛깔의 물건을 흔히 이르는 말. ☞발강이. 뻘겅이

빨갛다(빨갛고·빨간) 형ㅎ ①빛깔이 진하면서 산뜻하게 붉다. ¶빨갛게 익은 고추. ②'빨간'의 꼴로 쓰이어, '터무니없는'의 뜻을 나타내는 말. ¶빨간 거짓말. ☞발갛다. 뻘겋다. 새빨갛다

빨개-지다 자 빨갛게 되다. ¶눈이 빨개지도록 울다. ☞발개지다. 뻘게지다

빨그대대-하다 형여 산뜻하지 않게 빨그스름하다. ☞발그대대하다. 뻘그데데하다

빨그댕댕-하다 형여 고르지 않게 빨그스름하다. ☞발그댕댕하다. 뻘그뎅뎅하다

빨그스레-하다 형여 빨그스름하다 ☞발그스레하다. 뻘그스레하다. 뽈그스레하다

빨그스름-하다 형여 빛깔이 좀 빨간듯 하다. 빨그스레하다 ☞발그스름하다. 뻘그스름하다. 뽈그스름하다

빨그스름-히 부 빨그스름하게
빨그족족-하다 형여 칙칙하게 빨그스름하다. ☞발그족족하다. 뻘그죽죽하다. 뿔그족족하다
빨긋-빨긋[-귿-] 부 -하다 형 여기저기가 빨긋한 모양을 나타내는 말. ☞발긋발긋. 뻘긋뻘긋. 뿔긋뿔긋
빨긋-하다[-귿-] 형여 빛깔이 좀 빨갛다. ☞발긋하다. 뻘긋하다. 뿔긋하다
빨끈 부 ①갑자기 감정이 복받치어 매우 흥분하는 모양을 나타내는 말. ¶별일 아닌 일에 — 화를 낸다. ②분위기가 갑자기 매우 부산해지는 모양을 나타내는 말. ¶사고로 공사장이 — 뒤집혔다. ☞발끈. 뻘끈
빨끈-거리다(대다) 자 자꾸 발끈 흥분하다. ☞발끈거리다. 뻘끈거리다
빨끈-빨끈 부 빨끈거리는 모양을 나타내는 말. ☞발끈발끈. 뻘끈뻘끈
빨다[1](빨고·빠니) 타 ①물체에 입술을 대고 들이마셔 속에 든 액체나 기체가 입 안으로 들어오게 하다. ¶아기가 엄마의 젖을 —./빨대로 주스를 —. ②물체를 입 안에 넣거나 물고 혀로 핥다. ¶아이가 손가락을 —./사탕을 —.
빨다[2](빨고·빠니) 타 빨래 따위를 물에 담가 주무르거나 하여 더러운 것이 빠지게 하다. ¶양말을 —.
빨다[3](빨고·빠니) 형 끝이 차차 가늘어져 뾰족하다. ¶하관(下顴)이 —.
빨-대[-때] 명 주스나 우유 따위의 액체를 빨아먹는 데 쓰는 가는 대롱.
빨딱 부 ①눕거나 앉았다가 매우 갑작스레 일어나는 모양을 나타내는 말. ¶무엇에 놀란듯 — 일어서다. ②갑자기 뒤로 반뜻하게 넘어지는 모양을 나타내는 말. ¶뒤로 — 넘어지다. ③물건이 매우 갑작스레 뒤로 잦혀지는 모양을 나타내는 말. ¶치마가 — 뒤집히다. ☞발딱
빨딱-거리다(대다) 자 ①맥박이나 심장이 빨딱빨딱 뛰다. ②물고기 따위가 빨딱빨딱 뛰어오르다. ③힘을 쓰거나 몸을 놀리고 싶어 안달하다. ☞발딱거리다. 뻘떡거리다. 팔딱거리다
빨딱-빨딱[1] 부 ①눕거나 앉았다가 갑작스레 자꾸 일어나는 모양을 나타내는 말. ②갑자기 뒤로 반뜻하게 자꾸 넘어지는 모양을 나타내는 말. ③물건이 매우 갑작스레 뒤로 자꾸 잦혀지는 모양을 나타내는 말. ☞발딱발딱[1]. 뻘떡뻘떡[1]
빨딱-빨딱[2] 부 ①맥박이나 심장이 세차게 뛰는 모양을 나타내는 말. ¶— 뛰는 심장. ②물고기 따위가 매우 힘있게 잇달아 뛰어오르는 모양을 나타내는 말. ¶갓 잡아올린 물고기들이 — 뛴다. ③힘을 쓰거나 몸을 놀리고 싶어 안달하는 모양을 나타내는 말. ☞발딱발딱[2]. 뻘떡뻘떡[2]. 팔딱팔딱
빨랑-거리다(대다) 자 잰 몸놀림으로 가뿐가뿐 움직이다. ☞발랑거리다. 뻘렁거리다
빨랑-빨랑 부 잰 몸놀림으로 가뿐가뿐 움직이는 모양을 나타내는 말. ¶— 움직이다. ☞발랑발랑[2]. 뻘렁뻘렁
빨래 명 ①-하다 자 더러운 옷이나 천 따위를 빠는 일. 세답(洗踏). 세탁(洗濯) ¶—를 하다./청소하고 —하다. ②빨 거리, 또는 빤 것. ¶—를 헹구다.
빨래-말미 명 긴 장마 중에 날이 잠깐 들어 옷을 빨아 말릴만 한 겨를. ☞나무말미
빨래-판(—板) 명 빨래를 올려 놓고 빠는 데 쓰는 판. 세로로 길며 가로로 골이 져 있음.
빨랫-감 명 빨래할 거리. 세탁물(洗濯物)
빨랫-돌 명 빨래를 올려 놓고 빠는 데 쓰는 넓적한 돌.
빨랫-방망이 명 빨래를 두드려서 빠는 데 쓰는 방망이.
빨랫-비누 명 빨래할 때에 쓰는 비누. 세탁 비누
빨랫-줄 명 빨래를 널어 말리는 줄.
빨리 부 빠르게 ¶— 먹어라./— 연락해 주시오.
빨리다[1] 자 빪을 당하다. ¶거머리에게 피를 —.
빨리다[2] 타 빨게 하다. ¶아기에게 젖을 —.
빨리-빨리 부 '빨리'를 강조하여 이르는 말.
빨-병(—甁)[-뼝] 명 물을 담아서 가지고 다니며 마실 수 있도록 만든 병 같은 그릇. 물통. 수통(水筒)

빨-부리 명 물부리
빨빨[1] 부 경망스레 쏘다니는 모양을 나타내는 말. ☞뻘뻘[1]
빨빨[2] 부 땀을 많이 흘리는 모양을 나타내는 말. ☞뻘뻘[2]
빨빨-거리다(대다) 자 경망스레 쏘다니다.
빨아-내:다 타 속에 있는 것을 빨아서 밖으로 나오게 하다. ¶벌에 쏘인 독을 입으로 —.
빨아-들이다 타 빨아서 속으로 들어오게 하다. ¶해면이 물을 —.
빨아-먹다 타 ①입을 대고 쪽쪽 들이마시다. ¶젖을 —. ②혀로 핥아 먹다. ¶사탕을 —.
빨아-올리다 타 밑에 있는 액체 따위를 빨아서 위로 올라오게 하다. ¶펌프로 지하수를 —.
빨쪽 부 속의 것이 보일락말락하게 바라지거나 바라진 모양을 나타내는 말. ¶— 바라진 석류. ☞발쪽. 뻘쭉
빨쪽-거리다(대다) 자타 속의 것이 보일락말락하게 바라졌다 오므라졌다 하다, 또는 벌렸다 오므렸다 하다. ☞발쪽거리다. 뻘쭉거리다
빨쪽-빨쪽 부 빨쪽거리는 모양을 나타내는 말. ☞발쪽발쪽. 뻘쭉뻘쭉
빨쪽-하다 형여 매우 좁고 길게 바라져 있다. ☞발쪽하다. 뻘쭉하다
빨쪽-이 부 빨쪽하게 ☞발쪽이. 뻘쭉이
빨치산(∠partizan 러) 명 전시(戰時)에, 유격전을 하는 비정규군. 파르티잔 ☞게릴라. 유격대
빨-판 명 동물이 다른 동물이나 물체에 달라붙기 위한 기관(器官). 오징어·거머리·도마뱀 따위에서 볼 수 있음. 흡반(吸盤)
빨판-상어 명 빨판상엇과의 바닷물고기. 몸길이는 90cm 안팎. 모양은 긴 원통형이고 몸빛은 청갈색으로 옆구리에 나비가 넓은 검은 세로줄무늬가 있음. 머리의 등 쪽에는 등지느러미가 변형된 긴 달걀꼴의 흡반이 있어 다른 큰 물고기에 몸을 붙인 채 그 먹이 찌꺼기를 먹고 삶. 온대와 열대 해역에 널리 분포함.
빨-펌프(—pump) 명 원통관 속에 있는, 날름쇠가 달린 피스톤을 아래로 밀었다 위로 올렸다 해서 낮은 데 있는 물을 빨아올리는 펌프. ☞밀펌프
빳빳-하다[빧빧-] 형여 ①물체가 단단하고 꼿꼿하다. ¶빳빳한 종이./빳빳한 새 돈. ②풀기가 세다. ¶교복 깃에 빳빳하게 풀을 먹였다. ③태도나 성질 따위가 무르지 아니하고 꿋꿋한 데가 있다. ¶빳빳하게 고집을 꺾지 않는다. ☞뻣뻣하다
빳빳-이 부 빳빳하게 ¶고개를 — 들다. ☞뻣뻣이
빵 부 ①갑자기 요란하게 터지는 소리를 나타내는 말. ¶풍선이 — 터지다. ②경적을 울리는 소리를 나타내는 말. ¶자동차가 — 하고 경적을 울리다. ③구멍이 또렷하게 뚫어져 있거나 뚫어지는 모양을 나타내는 말. ☞뻥[2]. 팡
빵(∠pão 포) 명 ①밀가루 등에 효모나 베이킹파우더를 섞어 반죽하여 굽거나 찐 음식. 면보(麵麭) ②'사람이 살아가는 데 필요한 양식'을 비유하여 이르는 말. ¶사람은 —만으로는 살 수 없다.
빵그레 부 입을 예쁘게 벌리면서 소리 없이 밝게 웃는 모양을 나타내는 말. ☞방그레. 뻥그레
빵글-거리다(대다) 자 빵글빵글 웃다. ☞방글거리다
빵글-빵글 부 입을 예쁘게 벌리면서 소리 없이 밝게 자꾸 웃는 모양을 나타내는 말. ☞방글방글
빵긋 부 ①입을 예쁘게 벌리면서 소리 없이 밝게 잠깐 웃는 모양을 나타내는 말. ②입을 소리 없이 작게 벌렸다 오므리는 모양을 나타내는 말. 빵긋이 ☞방긋
빵긋-거리다(대다)[-귿-] 자 ①빵긋빵긋 웃다. ②입을 빵긋빵긋 벌렸다 오므렸다 하다. ☞방긋거리다
빵긋-빵긋[-귿-] 부 자꾸 빵긋 하는 모양을 나타내는 말. ☞방긋방긋
빵긋-이 부 빵긋 ☞방긋이
빵끗 부 ①입을 예쁘게 벌리면서 소리 없이 환하게 잠깐 웃는 모양을 나타내는 말. ②입을 소리 없이 작게 벌렸다 얼른 오므리는 모양을 나타내는 말. 빵끗이 ☞방긋

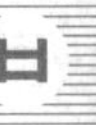

빵끗-거리다(대다)[-끋-] 자 ①빵끗빵끗 웃다. ②입을 빵끗빵끗 벌렸다 오므렸다 하다. ☞방긋거리다. 방긋거리다. 빵긋거리다

빵끗-빵끗[-끋-] 부 자꾸 빵끗 하는 모양을 나타내는 말. ☞방긋방긋. 방끗방끗. 빵긋빵긋

빵끗-이 부 빵끗 ☞방긋이. 방끗이. 빵긋이

빵-빵 부 ①갑자기 무엇이 요란하게 잇달아 터지는 소리를 나타내는 말. ②구멍이 여러 군데 뚫어져 있거나 잇달아 뚫어지는 모양을 나타내는 말. ③차가 잇달아 경적을 울리는 소리를 나타내는 말. ④공 따위를 세게 잇달아 차는 모양, 또는 그 소리를 나타내는 말. ☞뻥뻥[1]. 팡팡[1]

빵빵-거리다(대다) 자 경적을 잇달아 울리다.

빵시레 부 입을 예쁘게 벌리면서 소리 없이 복스럽게 웃는 모양을 나타내는 말. ☞방시레

빵실-거리다(대다) 자 빵실빵실 웃다. ☞방실거리다. 뺑실거리다. 뻥실거리다

빵실-빵실 부 자꾸 빵시레 웃는 모양을 나타내는 말. ☞방실방실. 뺑실뺑실. 뻥실뻥실

빵싯 부 입을 예쁘게 벌리면서 소리 없이 복스럽게 잠깐 웃는 모양을 나타내는 말. ☞방싯

빵싯-거리다(대다)[-싣-] 자 빵싯빵싯 웃다. ☞방싯거리다. 빵긋거리다. 뺑싯거리다. 뻥싯거리다

빵싯-빵싯[-싣-] 부 자꾸 빵싯 웃는 모양을 나타내는 말. ☞방싯방싯

빵-점(-點)[-쩜] 명 '영점(零點)'을 속되게 이르는 말.

빵-집[-찝] 명 빵이나 과자 따위를 만들어 파는 가게.

빻:다 타 찧어서 가루로 만들다.

빼: 부 ①어린아이가 새되게 우는 소리를 나타내는 말. ②버들피리 따위를 불 때 새되게 나는 소리를 나타내는 말.

빼각 부 작고 딱딱한 물체가 서로 닿아 쓸릴 때 되게 나는 소리를 나타내는 말. ☞배각. 삐걱

빼각-거리다(대다) 자타 자꾸 빼각 소리가 나다, 또는 그런 소리를 내다. ☞배각거리다. 삐걱거리다

빼각-빼각 부 빼각거리는 소리를 나타내는 말. ☞배각배각. 삐걱삐걱

빼곡-하다 형여 빈틈이 없게 들어차 있다. ¶좁은 방에 아이들이 빼곡하게 둘러앉아 있다.

빼곡-이 부 빼곡하게

빼:기 명 어떤 수에서 다른 수를 덜어서 나머지를 구하는 일. 감산(減算) ☞곱하기. 나누기. 더하기

-빼기 《접미사처럼 쓰이어》①대상을 속되게 이르는 말. ¶대갈빼기/이마빼기 ②'그런 특성이 있는 사람'임을 나타냄. ¶억척빼기/얽둑빼기

빼:-깃 명 매의 꽁지에 표를 하기 위하여 덧꽂아 맨 새의 깃. ☞시치미

빼끗 부 사개 따위가 꼭 들어맞지 않고 살짝 어긋나는 모양을 나타내는 말. ☞배끗

빼끗-거리다(대다)[-끋-] 자 사개 따위가 빼끗빼끗 어긋나다. ☞배끗거리다

빼끗-빼끗[-끋-] 부 자꾸 빼끗 하는 모양을 나타내는 말. ☞배끗배끗

빼:-나다 자 '빼어나다'의 준말.

빼:-내:다 타 ①박히거나 끼인 것을 뽑아 내다. ¶가시를 —. ②속에 든 액체나 기체 등을 밖으로 나오게 하다. ¶공기를 —./물을 —. ③남의 것을 몰래 돌라내다. ¶비밀 서류를 —. ④어떤 조직이나 집단에서 사람을 꾀어 내다. ¶기술자를 —. ⑤얽매인 몸을 자유롭게 해 주다.

빼:-놓다 타 ①한데 들이지 아니하고 범위 밖에 두다. ¶동생만 빼놓고 모두 일터로 가다. ②끼이거나 꽂힌 것을 뽑아 두다. ¶반지를 —. ③여럿 가운데서 골라 따로 두다. ¶닭고기만 빼놓고 다 잘 먹는다. ④정신이나 기운 따위를 없어지게 하다. ¶혼을 —.

빼:다 타 ①박혀 있거나 끼여 있거나 꽂혀 있는 것을 잡아 당기어 내다. ¶코르크 마개를 —./과녁에 꽂힌 화살을 —./상한 이를 —. ②속에 들어 있는 것을 밖으로 끄집어내다. ¶생선의 내장을 빼고 말리다. ③속에 차 있는 액체나 기체를 밖으로 내보내다. ¶타이어에서 공기를 —./논에서 물을 —. ④어떤 수나 양에서 다른 수나 양을 덜다. ¶100에서 10을 —. ☞더하다[1] ⑤천 따위에서 묻거나 물든 것을 없애다. ¶얼룩을 —. ⑥힘이나 기운 등을 풀거나 써서 없어지게 하다. ¶어깨에서 힘을 —. ⑦제정신을 차리지 못하게 만들다. ¶혼을 —. ⑧기록 따위에서 없애다. ¶명단에서 이름을 —. ⑨한데 넣지 아니하고 범위 밖에 두다. ¶두 사람을 빼고 나머지 사람만 데려갔다. ⑩살 따위를 줄이거나 없애다. ¶군살을 빼야 할텐데. ⑪몸의 일부분을 길게 늘이다. ¶목을 빼고 기다리다. ⑫몸의 일부분을 뒤로 물리다. ¶엉덩이를 뒤로 빼고 걷는다. ⑬계속되던 관계를 끊고 물러나다. ⑭목소리를 길게 늘이다. ¶목청을 빼어 노래를 부르다. ⑮어디에 넣어 둔 돈을 도로 찾다. ¶전세금을 뺄 수밖에 없었다. ⑯모습 등이 꼭 그대로 닮다. ¶아들이 아버지를 쏙 빼 닮았다. ⑰짐짓 어떠한 태도를 가지다. ¶얌전 빼지 마! ⑱책임 등을 면하려고 슬슬 피하다. ¶꽁무니를 —.

빼도 박도 못하다 관용 일이 난처하게 되어 이러지도 저러지도 못하다.

×빼닫이[-다지] 명 →서랍

빼:-도리[1] 명 뱃집 양쪽 기둥에 바깥 머리가 밖으로 길게 내밀게 얹은 도리.

빼:도리[2] 명-하다 타 일이나 물건의 짜임새를 고르기 위하여 요리조리 변통하는 일.

빼:-돌리다 타 몰래 빼내어 다른 데로 보내거나 남이 모르는 곳에 감추다.

빼딱-거리다(대다) 자 물체가 요리조리 꺄울다. ☞배딱거리다. 삐딱거리다

빼딱-빼딱[1] 부 물체가 요리조리 꺄우는 모양을 나타내는 말. ☞배딱배딱[1]. 삐딱삐딱[1]

빼딱-빼딱[2] 부-하다 형 여럿이 다 한쪽으로 배스듬하게 꺄울어 있는 모양을 나타내는 말. ☞배딱배딱[2]. 삐딱삐딱[2]

빼딱-하다 형여 한쪽으로 배스듬하게 꺄울어 있다. ☞배딱하다. 삐딱하다

빼딱-이 부 빼딱하게 ☞배딱이. 삐딱이

빼뚜로 부 빼뚤어지게 ☞배뚜로. 삐뚜로

빼뚜름-하다 형여 물체가 조금 빼뚤거나 빼뚤어진듯 하다. ☞배뚜름하다. 삐뚜름하다

빼뚜름-히 부 빼뚜름하게 ☞배뚜름히. 삐뚜름히

빼뚝-거리다(대다) 자 빼뚝빼뚝 꺄울다. ☞배뚝거리다. 삐뚝거리다

빼뚝-빼뚝 부 균형이 잡히지 아니하여 이쪽저쪽으로 꺄우뚱꺄우뚱 하는 모양을 나타내는 말. ☞배뚝배뚝

빼뚤-거리다(대다) 자 물체가 이리저리 꺄울며 움직이다. ☞배뚤거리다. 삐뚤거리다

빼뚤다(빼뚤고·빼뚜니) 형 ①물체가 바르지 못하고 한쪽으로 꺄울어져 있다. ¶줄을 빼뚤게 치다. ②생각 따위가 바르지 아니하고 매우 좀스럽게 꼬여 있다. ☞배뚤다. 삐뚤다

빼뚤-빼뚤[1] 부 빼뚤거리는 모양을 나타내는 말. ☞배뚤배뚤[1]. 삐뚤삐뚤[1]

빼뚤-빼뚤[2] 부-하다 형 선이나 줄 따위가 곧지 않고 요리조리 꼬부라져 있는 모양을 나타내는 말. ☞배뚤배뚤[2]

빼뚤어-지다 자 ①물체가 바르지 아니하고 한쪽으로 꺄울어지다. ②생각 따위가 그릇된 쪽으로 좀스럽게 몹시 꼬이다. ☞배뚤어지다. 삐뚤어지다

빼:-먹다 타 ①꿰어 놓은 것을 뽑아 먹다. ¶곶감을 —. ②말 또는 구절 따위를 빠뜨리다. ¶중요한 부탁을 빼먹고 전하지 않다. ③규칙적으로 해야 할 일을 하지 아니하다. ¶강의를 —. ④남의 물건을 몰래 빼내서 가지다.

빼:-물다(-물고·-무니) 타 ①거만하거나 성이 나서 입을 뾰루퉁하게 내밀다. ¶무엇이 못마땅한지 입을 빼물고 앉아 있다. ②혀를 입 밖으로 늘어뜨리다. ¶개가 혀를 빼물고 헐떡거리다.

빼:-박다 타 빼쏘다

빼빼 부 배틀리도록 몹시 야윈 모양을 나타내는 말. ¶— 마른 체형. ☞삐삐

빼빼-하다 형여 몸이 몹시 야윈 상태에 있다. ¶보기에 딱할 정도로 -.

빼:-쏘다 타 다른 사람의 얼굴이나 모습을 꼭 닮다. 빼박다 ¶그는 자기 아버지를 그대로 빼쐈다.

빼-앗기다[-앋-] 타 빼앗음을 당하다. ¶돈을 -./넋을 빼앗기고 바라본다./오락에 시간을 -./주권을 -. 준 뺏기다

빼-앗다[-앋-] 타 ①남이 가진 것을 억지로 제 것으로 하다. ¶장난감을 -. ②정조 따위를 짓밟다. ③남의 정신이나 마음 따위를 사로잡다. ¶그는 내 마음을 빼앗았다. ④일이나 지위, 시간 따위를 잃게 하다. ¶자리를 -./시간을 -. 준 뺏다

한자 빼앗을 략(掠)〔手部 8획〕¶겁략(劫掠)/약탈(掠奪)
빼앗을 탈(奪)〔大部 11획〕¶강탈(強奪)/겁탈(劫奪)/쟁탈(爭奪)/탈취(奪取)/탈환(奪還)

빼어-나다 형 여럿 가운데서 두드러지게 뛰어나다. ¶빼어난 외모./자연 경관이 -. 준 빼나다

한자 빼어날 수(秀)〔禾部 2획〕¶수려(秀麗)/수작(秀作)/수재(秀才)/우수(優秀)/준수(俊秀)
빼어날 영(英)〔艸部 5획〕¶영걸(英傑)/영재(英才)

빼:-입다 타 옷을 매끈하게 잘 차려 입다. ¶정장을 쫙 빼입고 집을 나서다.

빼족-빼족 부-하다 형 여럿이 다 빼족한 모양을 나타내는 말. ☞빼쭉빼쭉. 뾰족뾰족. 삐죽삐죽[2]

빼족-하다 형여 끝이 길고 뾰족하다. ¶연필을 빼족하게 깎다. ☞빼쭉하다. 뾰족하다

빼족-이 부 빼족하게 ☞빼쭉이. 뾰족이. 삐죽이

빼주룩-빼주룩 부-하다 형 여럿이 다 빼주룩한 모양을 나타내는 말. ☞배주룩배주룩. 삐주룩삐주룩

빼주룩-하다 형여 물체의 끝이 쏙 내밀려 있다. ☞배주룩하다. 삐주룩하다

빼주룩-이 부 빼주룩하게 ☞배주룩이. 삐주룩이

빼죽[1] 부 ①물체의 모습만 달랑 드러내는 모양을 나타내는 말. ②몹시 못마땅하거나 하여 입을 좀 내미는 모양을 나타내는 말. ☞배죽[1]. 배쭉[1]. 빼쭉[1]. 삐죽[1]

빼죽[2] 부-하다 형 물체의 일부가 뾰족하게 내밀려 있는 모양을 나타내는 말. ☞배죽[2]. 배쭉[2]. 빼쭉[2]. 삐죽[2]

빼죽-이 부 빼죽하게 ☞배죽이. 배쭉이. 빼쭉이. 삐죽이

빼죽-거리다(대다) 타 언짢거나 울음을 참으려 할 때 입을 자꾸 빼죽 내밀다. 빼죽이다 ☞배죽거리다. 배쭉거리다. 빼쭉거리다. 삐죽거리다

빼죽-빼죽[1] 부 빼죽거리는 모양을 나타내는 말. ☞배죽배죽[1]. 배쭉배쭉[1]. 빼쭉빼쭉[1]. 삐죽삐죽[1]

빼죽-빼죽[2] 부-하다 형 여러 물체의 일부가 뾰족하게 내밀려 있는 모양을 나타내는 말. ☞배죽배죽[2]. 배쭉배쭉[2]. 빼쭉빼쭉[2]. 삐죽삐죽[2]

빼죽-이다 타 빼죽거리다 ☞배죽이다. 배쭉이다. 빼쭉이다. 삐죽이다

빼쪽-빼쪽 부-하다 형 여럿이 다 빼쪽한 모양을 나타내는 말. ☞빼족빼족. 뾰쪽뾰쪽. 삐쭉삐쭉[2]

빼쪽-하다 형여 끝이 좀 길고 뾰쪽하다. ¶연필을 빼쪽하게 깎다. ☞빼족하다. 뾰쪽하다

빼쪽-이 부 빼쪽하게 ☞빼족이. 뾰쪽이. 삐쭉이

빼쭉[1] 부 ①물체의 모습만 살짝 드러내는 모양을 나타내는 말. ②무엇이 몹시 못마땅하거나 하여 입을 쏙 내미는 모양을 나타내는 말. ☞배죽[1]. 배쭉[1]. 빼죽[1]. 삐쭉[1]

빼쭉[2] 부-하다 형 물체의 일부가 뾰쭉하게 내밀려 있는 모양을 나타내는 말. ☞배죽[2]. 배쭉[2]. 빼죽[2]. 삐쭉[2]

빼쭉-이 부 빼쭉하게 ☞배죽이. 배쭉이. 빼죽이. 삐쭉이

빼쭉-거리다(대다) 타 언짢거나 울음을 참으려 할 때 입을 자꾸 빼쭉 내밀다. 빼쭉이다 ☞배죽거리다. 배쭉거리다. 빼죽거리다. 삐쭉거리다

빼쭉-빼쭉[1] 부 빼쭉거리는 모양을 나타내는 말. ☞배죽배죽[1]. 배쭉배쭉[1]. 빼죽빼죽[1]. 삐쭉삐쭉[1]

빼쭉-빼쭉[2] 부-하다 형 여럿이 다 물체의 일부가 뾰쭉하게 내밀려 있는 모양을 나타내는 말. ☞배죽배죽[2]. 배쭉배쭉[2]. 빼죽빼죽[2]. 삐쭉삐쭉[2]

빼쭉-이다 타 빼쭉거리다 ☞배죽이다. 배쭉이다. 빼죽이다. 삐쭉이다

빼치다 타 ①빠져 나오게 하다. ¶재빨리 몸을 빼쳐 달아났다. ②끝이 차차 가늘어져 뾰족하게 하다. ¶붓글씨에서 빼치는 것이 잘 안 된다.

빼트작-거리다(대다) 자 느리게 빼틀거리다. ☞배트작거리다. 빼틀거리다. 삐트적거리다

빼트작-빼트작 부 느리게 빼틀거리는 모양을 나타내는 말. ☞배트작배트작. 빼틀빼틀. 삐트적삐트적

빼틀 부 몸을 가누지 못하고 쓰러질듯이 까우뚱 하는 모양을 나타내는 말. ☞배틀. 삐틀

빼틀-거리다(대다) 자 빼틀빼틀 움직이다. ☞배틀거리다. 빼트작거리다. 삐틀거리다

빼틀-빼틀 부 정신이 아찔아찔하거나 기운이 빠져 몸을 가누지 못하고 요리조리 발을 헛디디는 모양을 나타내는 말. ☞배틀배틀. 빼트작빼트작. 삐틀삐틀

빽 부 ①갑자기 높고 날카롭게 지르는 소리를 나타내는 말. ¶느닷없이 소리를 - 지르다. ②기적(汽笛)과 같이 높고 날카롭게 나는 소리를 나타내는 말. ☞삑

빽-빽 부 갑자기 잇달아 높고 날카롭게 지르는 소리를 나타내는 말. ¶아이가 - 울어 대다. ☞삑삑

빽빽-거리다(대다) 자 자꾸 빽빽 소리가 나다. ☞삑삑거리다

빽빽-하다 형여 ①사이가 배어 매우 촘촘하다. ¶숲에 나무들이 -. ②빨대 따위의 구멍이 막혀 빨기에 답답하다. ③속이 좁다. ¶그 사람은 성격이 너무 -.

빽빽-이 부 빽빽하게 ¶빌딩들이 - 들어서다.

한자 빽빽할 밀(密)〔宀部 8획〕¶밀도(密度)/밀림(密林)/밀생(密生)/밀집(密集)/조밀(稠密)

뺀둥-거리다(대다) 자 뺀둥뺀둥 개으름을 피우다. ☞밴둥거리다. 빤둥거리다. 뺀들거리다. 삔둥거리다

뺀둥-뺀둥 부 할 일을 피하여 배돌며 몹시 개으름을 피우는 모양을 나타내는 말. ☞밴둥밴둥. 빤둥빤둥. 뺀들뺀들. 삔둥삔둥. 팬둥팬둥

뺀들-거리다(대다) 자 뺀들뺀들 놀다. ☞밴들거리다. 빤들거리다. 뺀둥거리다. 삔들거리다. 팬들거리다

뺀들-뺀들 부 하는 일이 없이 매우 맵살스레 노는 모양을 나타내는 말. ☞밴들밴들. 빤들빤들. 뺀둥뺀둥. 삔들삔들. 팬들팬들

뺄-목 명 도리 끝이 기둥을 뚫고 내민 부분.

뺄:-셈[-쎔] 명 어떤 수에서 다른 수를 덜어서 나머지를 구하는 셈. 감산(減算) ☞덧셈

뺄:셈-법(-法)[-쎔뻡] 명 어떤 수에서 다른 수를 덜어서 나머지를 구하는 셈법. 감법(減法) ☞덧셈법

뺄:셈-표(-標)[-쎔-] 명 뺄셈을 나타내는 표인 '-'의 이름. 감표(減標). 감호(減號) ☞덧셈표

×**뺌-따귀** 명 →뺨따귀

뺏:기다[뺃-] 타 '빼앗기다'의 준말.

뺏:다[뺃-] 타 '빼앗다'의 준말.

뺑 부 ①제자리에서 작은 범위로 빨리 한 바퀴 도는 모양을 나타내는 말. ¶홍이 나서 한 바퀴 - 돌다. ②어떤 둘레를 작은 범위로 빨리 한 바퀴 도는 모양을 나타내는 말. ¶집 주위를 - 돌다. ③어떤 둘레를 좀 멀찍이 돌라싸거나 돌라싼 모양을 나타내는 말. ¶화롯가에 - 둘러앉다. ④무엇을 끼고 좀 크게 돌아서 가는 모양을 나타내는 말. ☞뱅. 삥. 팽[2]

뺑그레 부 입을 귀엽게 벌릴듯 하면서 소리 없이 밝게 웃는 모양을 나타내는 말. ☞뱅그레. 빵그레. 뺑시레. 삥그레. 쌩그레

뺑그르르 부 빠르고 매끄러운 움직임으로 작게 한 바퀴 도는 모양을 나타내는 말. ☞뱅그르르. 삥그르르. 팽그르르

뺑글-거리다(대다) 자 뺑글뺑글 웃다. ☞뱅글거리다. 빵글거리다. 뺑실거리다. 삥글거리다. 쌩글거리다

뺑글-뺑글[1] 부 입을 귀엽게 벌릴듯 하면서 소리없이 밝게

ㅂ

자꾸 웃는 모양을 나타내는 말. ☞방글방글¹. 빵글빵글. 뺑실뺑실. 뺑글뺑글¹. 쌩글쌩글

뺑글-뺑글² [부] 작은 물체가 빠르게 자꾸 돌아가는 모양을 나타내는 말. ☞뱅글뱅글². 빙글빙글². 핑글핑글

뺑긋 [부] 입을 귀엽게 벌릴듯 하면서 소리 없이 밝게 잠깐 웃는 모양을 나타내는 말. 뺑긋이 ☞뱅긋. 뱅끗. 빵긋. 뺑끗. 뺑싯. 뺑긋. 쌩긋

뺑긋-거리다(대다)[-귿-] [자] 뺑긋뺑긋 웃다. ☞뱅긋거리다. 뱅끗거리다. 빵긋거리다. 뺑끗거리다. 뺑싯거리다. 삥긋거리다. 쌩긋거리다

뺑긋-뺑긋[-귿-] [부] 자꾸 뺑긋 웃는 모양을 나타내는 말. ☞뱅긋뱅긋. 뱅끗뱅끗. 빵긋빵긋. 뺑끗뺑끗. 뺑싯뺑싯. 삥긋삥긋. 쌩긋쌩긋

뺑긋-이 [부] 뺑긋 ☞뱅긋이. 뱅끗이. 빵긋이. 뺑끗이. 삥긋이. 쌩긋이

뺑끗 [부] 입을 귀엽게 벌릴듯 하면서 소리 없이 정답게 잠깐 웃는 모양을 나타내는 말. 뺑끗이 ☞뱅긋. 뱅끗. 빵끗. 뺑긋. 삥끗. 쌩끗

뺑끗-거리다(대다)[-끋-] [자] 뺑끗뺑끗 웃다. ☞뱅긋거리다. 뱅끗거리다. 빵끗거리다. 뺑긋거리다. 삥끗거리다. 쌩끗거리다

뺑끗-뺑끗[-끋-] [부] 자꾸 뺑끗 웃는 모양을 나타내는 말. ☞뱅긋뱅긋. 뱅끗뱅끗. 빵끗빵끗. 뺑긋뺑긋. 삥끗삥끗. 쌩끗쌩끗

뺑끗-이 [부] 뺑끗 ☞뱅긋이. 뱅끗이. 빵끗이. 뺑긋이. 삥끗이. 쌩끗이

뺑:-대[-때] [명] ①뺑쑥의 줄기. ②지난날, 베를 짤 때 날이 서로 붙지 않도록 켜마다 지르는 데 쓰던 수수깡이나 대오리 따위.

뺑:대-쑥[-때-] [명] 뺑쑥

뺑-뺑 [부] ①제자리에서 작은 범위로 빨리 자꾸 도는 모양을 나타내는 말. ¶바퀴가 ― 돌다./다람쥐가 쳇바퀴를 ― 돌리다. ②어떤 둘레를 작은 범위로 빨리 자꾸 도는 모양을 나타내는 말. ¶나무 둘레를 ― 돌다. ☞뱅뱅. 삥삥. 팽팽

뺑뺑-이 [명] 숫자가 적힌 원판이 회전하는 동안에 화살 따위로 쏘아 맞혀 그 등급을 정하는 기구, 또는 그것으로 하는 노름.

뺑소니 [명] ①몸을 빼쳐서 급히 달아나는 일. ②교통 사고를 낸 차량이 달아나거나 행방을 감추는 짓.

뺑소니-치다 [자] ①몸을 빼쳐서 급히 도망치다. ②교통 사고를 낸 차량이 달아나거나 행방을 감추다.

뺑시레 [부] 입을 귀엽게 벌릴듯 하면서 소리 없이 복스럽게 웃는 모양을 나타내는 말. ☞뱅시레. 빵시레. 뺑그레. 삥시레

뺑실-거리다(대다) [자] 뺑실뺑실 웃다. ☞뱅실거리다. 빵실거리다. 뺑글거리다. 삥실거리다

뺑실-뺑실 [부] 자꾸 뺑시레 웃는 모양을 나타내는 말. ☞뱅실뱅실. 빵실빵실. 뺑글뺑글. 삥실삥실

뺑싯 [부] 입을 귀엽게 벌릴듯 하면서 소리 없이 복스럽게 잠깐 웃는 모양을 나타내는 말. ☞뱅싯. 빵싯. 삥싯

뺑싯-거리다(대다)[-싣-] [자] 뺑싯뺑싯 웃다. ☞뱅싯거리다. 빵싯거리다. 뺑긋거리다. 삥싯거리다

뺑싯-뺑싯[-싣-] [부] 자꾸 뺑싯 웃는 모양을 나타내는 말. ☞뱅싯뱅싯. 빵싯빵싯. 뺑긋뺑긋. 삥싯삥싯

뺑:-쑥 [명] 국화과의 여러해살이풀. 줄기 높이 1m 안팎으로, 가지가 많고 자줏빛이며 뿌리줄기가 옆으로 길게 벋음. 잎은 깃처럼 깊게 갈라져 있고 8～9월에 갈색 꽃이 줄기 끝에 핌. 우리 나라와 중국, 일본 등지에 분포함.

뺑줄 [명] ①남이 날리는 연줄을 긴 장대나 돌맹이를 맨 실로 걸어 당겨 빼앗는 일. ②남의 일을 가로채는 짓을 비유하여 이르는 말.

뺑줄(을) 맞다 [관용] 남에게 뺑줄을 당하다.

뺑줄(을) 치다 [관용] ①뺑줄을 던져서 남의 연을 낚아채다. ②남의 것을 중간에서 가로채다.

빠드득 [부] 물체가 빠듯한 틈에 끼여 세게 문질릴 때 나는 소리를 나타내는 말. ☞뻐드득

빠드득-거리다(대다) [자타] 자꾸 빠드득 소리가 나다, 또는 그런 소리를 내다. ☞뻐드득거리다

빠드득-빠드득 [부] 빠드득거리는 소리를 나타내는 말. ☞뻐드득뻐드득

빤죽-거리다(대다) [자] 빤죽빤죽 얄밉게 굴다. ☞반죽거리다. 뻔죽거리다

빤죽-빤죽 [부] 제법 반반하게 생긴 사람이 야죽대며 매우 얄밉게 행동하는 모양을 나타내는 말. ☞반죽반죽. 뻔죽뻔죽

뺨 [명] ①사람의 얼굴에서 귀와 코 사이의 부분. 양쪽 관자놀이에서 턱 위까지 살이 많은 부분. ②좁고 기름한 물건의 두 쪽 볼의 넓이.

[속담] **뺨 맞는 데 구레나룻이 한 부조** : 평소 귀찮게 여기던 구레나룻도 뺨을 맞을 때는 아픔을 덜어 준다는 뜻으로, 아무 소용 없는듯 한 물건도 쓰일 때가 있다는 말./ **뺨을 맞아도 은가락지 낀 손에 맞는 것이 좋다** : 이왕 꾸지람을 듣거나 벌을 받을 바에는 권위 있고 덕망 있는 사람에게 당하는 것이 나음을 비유적으로 이르는 말.

×뺨-따구니 [명] → 뺨따귀

뺨-따귀 [명] '뺨'을 속되게 이르는 말. [준] 따귀

뺨-살[-쌀] [명] ①소의 뺨에 붙은 고기. ②소의 뭉치의 거죽에 붙은 고기.

뺨-치다 [자타] 못지않다. 비교 대상을 능가하다. ¶전문가 뺨치는 솜씨.

뻐개다 [타] ①단단한 물체를 두 쪽으로 갈라 젖히어 조각을 내다. ¶장작을 ―. ②다 되어 가던 일을 완전히 어긋나게 하다. ¶다 성사된 계약을 ―. ☞빠개다

뻐개-지다 [자] ①단단한 물체가 두 쪽으로 갈라져 조각이 나다. ¶장작이 잘 ―. ②다 되어 가던 일이 아주 어그러지다. ¶마가 끼었는지 일이 자꾸 뻐개진다. ☞빠개지다

뻐걱 [부] 거죽이 단단하고 우툴두툴한 물체가 서로 문질릴 때 나는 소리를 나타내는 말. ¶호두를 문질러 ― 소리를 내다. ☞버걱. 빠각

뻐걱-거리다(대다) [자타] 자꾸 뻐걱 소리가 나다, 또는 그런 소리를 내다. ☞버걱거리다. 빠각거리다

뻐걱-뻐걱 [부] 뻐걱거리는 소리를 나타내는 말. ☞버걱버걱. 빠각빠각

뻐그러-뜨리다(트리다) [타] 뻐그러지게 하다. ¶나무 상자를 ―. ☞버그러뜨리다. 빠그라뜨리다

뻐그러-지다 [자] ①아주 못 쓰게 뻐개지다. ¶나무 상자가 ―. ②사이가 돌이킬 수 없게 나빠지다. ¶이미 뻐그러진 관계. ③일이 아주 틀어지다. ¶다 되어가던 혼담이 ―. ☞버그러지다. 빠그라지다

뻐그르르 [부] ①크고 운두가 낮은 그릇에 담긴 많은 양의 액체가 한차례 세차게 끓어오르는 모양, 또는 그 소리를 나타내는 말. ¶매운탕이 ― 끓어오르다. ②큰 거품이 한꺼번에 매우 많이 일어나는 모양을 나타내는 말. ☞버그르르. 빠그르르. 뿌그르르

뻐근-하다 [형여] ①근육이 몹시 피로하여 몸 일부가 움직이기에 거북한 느낌이 있다. ¶어깨가 ―./목이 ―. ②어떤 느낌으로 꽉 차서 가슴이 뻐개지는듯 하다. ¶너무 기뻐 가슴이 ―. ③힘에 겨울 만큼 벅차다. ¶내일까지 끝내기엔 좀 ―. ☞빠근하다

뻐근-히 [부] 뻐근하게 ¶팔이 ― 저리다.

뻐글-거리다(대다) [자] ①액체에서 뻐글뻐글 소리가 나다. ②거품이 뻐글뻐글 일어나다. ☞버글거리다. 빠글거리다. 뿌글거리다

뻐글-뻐글 [부] ①크고 운두가 낮은 그릇에 담긴 많은 양의 액체가 매우 야단스레 끓는 모양, 또는 그 소리를 나타내는 말. ②큰 거품이 잇달아 몹시 일어나는 모양을 나타내는 말. ¶거품이 ― 일다. ☞버글버글. 빠글빠글. 뿌글뿌글

뻐기다 [자] 매우 우쭐대며 자랑하거나 젠체하다.

뻐꾸기 [명] 두견잇과의 여름 철새. 두견이와 비슷하나 두견이보다 훨씬 큼. 몸길이 35cm 안팎으로, 몸빛은 잿빛이며 배에 검은 가로줄 무늬가 있음. 개개비나 지빠귀 따위의 둥지에 알을 낳아 까게 함. 초여름에 우리 나라로

날아오며 '뻐꾹뻐꾹' 소리를 내며 욺. 곽공(郭公). 뻐꾹새. 포곡조(布穀鳥)
뻐꾹 부 뻐꾸기가 우는 소리를 나타내는 말.
뻐꾹-뻐꾹 부 뻐꾸기가 자꾸 우는 소리를 나타내는 말.
뻐꾹-새 명 '뻐꾸기'의 딴이름.
뻐끔-거리다(대다) 자타 ①담배를 뻐끔뻐끔 피우다. ②물고기가 뻐끔뻐끔 숨을 쉬다. ☞빠끔거리다
뻐끔-뻐끔[1] 부 ①입을 좀 작게 벌렸다 우므렸다 하면서 담배를 세게 빠는 모양을 나타내는 말. ②물고기가 숨을 쉬려고 작은 입을 벌렸다 우므렸다 하는 모양을 나타내는 말. ¶금붕어가 입을 − 하면서 헤엄친다. ☞빠끔빠끔[1]
뻐끔-뻐끔[2] 부-하다 형 여럿이 다 뻐끔한 모양을 나타내는 말. ☞빠끔빠끔[2]
뻐끔-하다 형여 ①좀 큰 구멍이 뚜렷하게 나 있다. ②틈이 뚜렷하게 조금 벌어져 있다. ☞빠끔하다
 뻐끔-히 부 뻐끔하게 ☞빠끔히
뻐덕-뻐덕 부-하다 형 물체가 부드러운 느낌이 없게 말라 있는 모양을 나타내는 말. ¶ − 마른 미역. ☞빠닥빠닥
뻐드러-지다 자 ①물체의 끝이 바깥쪽으로 뻗다. ¶앞니가 −. ②동물의 몸의 일부나 전체가 굳어 몹시 뻣뻣하여지다. ¶병든 닭이 −. ☞버드러지다
뻐드렁-니 명 ①뻐드러진 앞니. ②제대로 나지 않고 뻐드러져 난 이. 뻗니 ☞버드렁니
뻐드렁-이 명 뻐드렁니가 난 사람. ☞버드렁이
뻐드름-하다 형여 좀 뻐듬하다. ☞버드름하다. 빠드름하다
뻐득-뻐득 부 매우 억지스레 고집을 부리는 모양을 나타내는 말. ☞빠득빠득[1]
뻐듬-하다 형여 물체의 모양새가 바깥쪽으로 조금 뻗어 있다. ☞버듬하다. 빠듬하다
뻐세다 형 뻣뻣하고 거세다. ¶삼베옷이 −.
뻐스럭 부 얇고 버썩 마른 물체가 서로 스치거나 으스러질 때 나는 소리를 나타내는 말. ☞버스럭. 빠스락. 뿌스럭
뻐스럭-거리다(대다) 자타 자꾸 뻐스럭 소리가 나다, 또는 그런 소리를 내다. ☞버스럭거리다. 빠스락거리다. 뿌스럭거리다
뻐스럭-뻐스럭 부 뻐스럭거리는 소리를 나타내는 말. ☞버스럭버스럭. 빠스락빠스락. 뿌스럭뿌스럭
뻐적-거리다(대다) 자타 여문 덩이 상태의 것을 으깨거나 씹거나 하여 자꾸 뻐적 소리가 나다, 또는 그런 소리를 내다. 뻐적이다 ☞버적거리다. 빠작거리다
뻐적-뻐적[1] 부 ①애태우거나 하여 입 안이나 입술이 매우 버썩버썩 마르는 느낌을 나타내는 말. ¶입술이 − 타는 듯 하다. ②안타깝거나 초조하여 매우 애가 다는 느낌을 나타내는 말. ¶속을 − 태우다. ③마음이 편치 않거나 힘이 들어 몹시 진땀이 나는 모양을 나타내는 말. ¶힘겨워서 얼굴에 진땀이 − 맺히다. ☞버적버적[1]. 빠작빠작[1]
뻐적-뻐적[2] 부 여문 덩이 상태의 것을 세게 으깨거나 씹을 때 나는 소리, 또는 그 모양을 나타내는 말. ¶모래가 − 씹히다. ☞버적버적[2]. 빠작빠작[2]
뻐적-이다 자타 뻐적거리다 ☞버적이다. 빠작이다
뻐젓-하다[−젇−] 형여 ①남 앞에서 조심하거나 굽히는 것이 없이 매우 뻔뻔스럽게 행동하다. ②남의 축에 빠지지 않을 만큼 매우 번듯하고 의젓하다. ☞버젓하다
뻐쭈-하다 형여 불쑥 내밀어 있다.
뻑뻑[1] 부 억지를 부리며 몹시 우기는 모양을 나타내는 말. ☞벅벅[2]. 빡빡[1]
뻑뻑[2] 부 볼이 우므러지도록 담배를 피우는 모양을 나타내는 말. ☞빡빡[3]
뻑뻑-하다 형여 ①물기가 적어서 부드러운 맛이 없다. ¶반죽이 너무 −. ②융통성이 적고 고지식하다. ③물기나 기름기가 적어 움직임이 매끄럽지 아니하다. ¶눈이 −./지퍼가 −. ☞빡빡하다
 뻑뻑-이 부 뻑뻑하게 ☞빡빡이
뻑적지근-하다 형여 가슴이나 어깨 같은 데가 좀 뻐근하게 아픈 느낌이 있다. ☞빡작지근하다
 뻑적지근-히 부 뻑적지근하게 ☞빡작지근히
뻔둥-거리다(대다) 자 뻔둥뻔둥 게으름을 피우다. ☞번둥거리다. 빤둥거리다. 뻔둥거리다. 펀둥거리다
뻔둥-뻔둥 부 할 일을 두고도 미루며 게으르게 지내는 모양을 나타내는 말. ☞번둥번둥. 빤둥빤둥. 삔둥삔둥. 펀둥펀둥
뻔드럽다 형ㅂ ①번번한 물체의 거죽이 매우 윤기가 있고 부드럽다. ②사람됨이 어수룩한 데가 없이 매우 약삭빠르다. ¶아무리 몰아붙여도 뻔드럽게 요리조리 피해 가다. ☞번드럽다. 빤드럽다
뻔드레 부-하다 형 ①번번한 물체의 거죽이 매우 윤기가 있고 부드레한 모양을 나타내는 말. ¶ − 윤이 나는 칠피 가방. ②실속은 없으면서 겉으로만 꽤 그럴듯한 모양을 나타내는 말. ¶ −한 말로 남을 속이다. ☞번드레. 빤드레. 뻔지레
뻔드르르 부-하다 형 ①윤기가 흐를 정도로 뻔드러운 모양을 나타내는 말. ¶구두가 − 광이 난다. ②실속은 없이 겉만 아주 그럴듯한 모양을 나타내는 말. ¶말만 − 하다./별다른 내용도 없이 표지만 −한 책. ☞번드르르. 빤드르르. 뻔지르르
뻔득 부 ①좀 큰 불빛이 언뜻 훤하게 빛나는 모양을 나타내는 말. ②물체가 움직일 때 그 물체에 반사된 빛이 언뜻 훤하게 빛나는 모양을 나타내는 말. ☞번득. 번뜩. 빤득. 뻔뜩
뻔득-거리다(대다) 자타 자꾸 뻔득 하다. 뻔득이다 ☞번득거리다. 번뜩거리다. 빤득거리다. 뻔뜩거리다
뻔득-뻔득 부 뻔득거리는 모양을 나타내는 말. ☞번득번득. 번뜩번뜩. 빤득빤득. 뻔뜩뻔뜩
뻔득-이다 자타 뻔득거리다 ☞번득이다. 번뜩이다. 빤득이다. 뻔뜩이다
뻔들-거리다(대다) 자 ①뻔들뻔들 윤기가 돌다. ¶뻔들거리는 에나멜 가방. ②뻔들뻔들 기름기나 물기가 돌다. ¶개기름으로 뻔들거리는 얼굴. ③뻔들뻔들 게으름 피우다. ☞번들거리다. 빤들거리다. 뻔질거리다
뻔들-뻔들 부-하다 형 ①물체의 거죽이 매우 번드럽게 윤기가 도는 모양을 나타내는 말. ¶ − 윤이 나는 가구. ②어수룩한 데가 없이 매우 약삭빠르게 행동하는 모양을 나타내는 말. ③뻔드러운 태도로 게으름을 피우는 모양을 나타내는 말. ☞번들번들. 빤들빤들. 뻔질뻔질
뻔뜩 부 ①좀 큰 불빛이 급작스레 훤하게 빛나는 모양을 나타내는 말. ②물체가 움직일 때 그 물체에 반사된 빛이 잠깐 동안 뻔쩍 빛나는 모양을 나타내는 말. ☞번득. 번뜩. 빤뜩. 뻔득
뻔뜩-거리다(대다) 자타 자꾸 뻔뜩 하다. 뻔뜩이다 ☞번득거리다. 번뜩거리다. 빤뜩거리다. 뻔득거리다
뻔뜩-뻔뜩 부 뻔뜩거리는 모양을 나타내는 말. ☞번득번득. 번뜩번뜩. 빤뜩빤뜩. 뻔득뻔득
뻔뜩-이다 자타 뻔뜩거리다 ☞번득이다. 번뜩이다. 빤뜩이다. 뻔득이다
뻔뻔-스럽다(−스럽고·−스러워) 형ㅂ 아주 뻔뻔한 데가 있다. ¶저 뻔뻔스러운 얼굴. ☞빤빤스럽다
 뻔뻔-스레 부 뻔뻔스럽게
뻔뻔-하다 형여 부끄러운 짓을 하고도 염치없이 태연하다. ¶저렇게 뻔뻔한 사람인지 몰랐어. ☞빤빤하다
 뻔뻔-히 부 뻔뻔하게 ¶ − 놀기만 한다.
뻔적 부 환한 빛이 잠깐 동안 비치는 모양을 나타내는 말. ☞번적. 번쩍[2]. 빤작. 뻔쩍
뻔적-거리다(대다) 자타 뻔적뻔적 빛이 나다, 또는 빛나게 하다. 뻔적이다 ☞번적거리다. 번쩍거리다. 빤작거리다. 뻔쩍거리다
뻔적-뻔적 부 환한 빛이 잇달아 잠깐 동안 비치는 모양을 나타내는 말. ☞번적번적. 번쩍번쩍[1]. 빤작빤작
뻔적-이다 자타 뻔적거리다 ☞번적이다. 번쩍이다. 빤작이다. 뻔쩍이다
뻔죽-거리다(대다) 자 뻔죽뻔죽 얄밉게 굴다. ☞번죽거리다. 빤죽거리다
뻔죽-뻔죽 부 제법 번번하게 생긴 사람이 이죽거리며 매우 얄밉게 행동하는 모양을 나타내는 말. ☞번죽번죽.

ㅂ

빤죽빤죽
뻔지레 부-하다 형 ①기름기가 돌게 뻔드레한 모양을 나타내는 말. ¶ -한 얼굴. ②실속은 없으면서 겉으로만 매우 요란한 모양을 나타내는 말. ¶ -해 보여도 속 빈 강정이다. ☞번지레. 빤지레. 뻔드레
뻔지르르 부-하다 형 ①기름기가 돌게 뻔드르르한 모양을 나타내는 말. ¶ 얼굴이 -하다. ②실속은 없으면서 겉만 아주 그럴듯한 모양을 나타내는 말. ¶ -한 말솜씨로 남을 속이다. ☞번지르르. 빤지르르. 뻔드르르
뻔질-거리다(대다) 자 ①뻔질뻔질 기름기가 돌다. ②슬슬 베돌면서 뻔질뻔질 게으름을 피우다. ☞번질거리다. 빤질거리다. 뻔들거리다
뻔질-나다 형 〔주로 '뻔질나게'의 꼴로 쓰이어〕 어떠한 일이 잦다. ¶ 화장실을 뻔질나게 드나들다./극장 출입이 -. ☞뻔찔나다
뻔질-뻔질 부-하다 형 ①물체의 거죽에 매우 번지럽게 기름기가 도는 모양을 나타내는 말. ②매우 뻔뻔스레 노는 모양을 나타내는 말. ☞번질번질. 빤질빤질. 뻔들뻔들
뻔쩍 부 환한 빛이 잠깐 동안 세게 비치는 모양을 나타내는 말. ¶ 섬광이 - 하다. ☞번적. 번쩍[2]. 빤짝. 뻔적
뻔쩍-거리다(대다) 자타 ①뻔쩍뻔쩍 빛이 나다, 또는 빛나게 하다. ¶ 번갯불이 -. ②뻔쩍뻔쩍 윤이 나다. ¶ 복도가 -. 뻔쩍이다 ☞번적거리다. 번쩍거리다. 빤짝거리다. 뻔적거리다
뻔쩍-뻔쩍[1] 부 환한 빛이 잇달아 잠깐 동안 세게 비치는 모양을 나타내는 말. ☞번적번적. 번쩍번쩍[1]. 빤짝빤짝[1]. 뻔적뻔적
뻔쩍-뻔쩍[2] 부 뻔들뻔들 윤이 나는 모양을 나타내는 말. ¶ 방바닥이 - 하다. ☞번쩍번쩍[2]. 빤짝빤짝[2]
뻔쩍-이다 자타 뻔쩍거리다 ☞번적이다. 번쩍이다. 빤짝이다. 뻔적이다
뻔쩍-하면 부 움직였다 하면 곧. 툭하면 ¶ - 사고를 친다./- 군것질이다. 준 쩍하면
뻔찔-나다 형 〔주로 '뻔찔나게'의 꼴로 쓰이어〕 어떠한 일이 매우 잦다. ¶ 뻔찔나게 돌아다니다. ☞뻔질나다
뻔-하다 형여 ①어둠 속에 불빛이 환하다. ¶ 멀리 불빛이 뻔하게 보이다. ②어떤 일의 속내나 결과가 어떠하리라는 것이 뚜렷하다. ¶ 뻔하게 알고 있으면서 모르는체 하다. ③계속되던 일 중에 얼마 동안 겨를이 생기어 한가하다. ④걱정거리나 병세 등이 얼마 동안 뜨음하거나 덜하다. ¶ 계속되던 진통이 -. ⑤계속 내리던 비가 멎고 얼마 동안 햇빛이 비치어 환하다. ⑥주로 '뻔히'의 꼴로 쓰이어 매우 가까운 거리에 '뚜렷이' 보임을 뜻하는 말. ¶ 이층에서 뻔히 내려다보이다. ⑦'뻔히'의 꼴로 쓰이어, '똑바로 가만히'의 뜻을 나타냄. ¶ 남의 일처럼 뻔히 보고만 있다. ☞번하다. 빤하다
뻔-히 부 ①환하게 ¶ - 켜진 등불. ②뚜렷하게 ¶ 문틈으로 - 보이다./- 알고 있는 사실. ③똑바로 가만히. ☞번히. 빤히
뻗-가다 자 옳은 길에서 벗어나 빠드러져 나가다. ¶ 그는 부모님의 뜻에 뻗가는 행동만 한다. ☞벋가다
뻗-니 명 뻐드렁니 ☞벋니. 옥니
뻗다 자타 ①나뭇가지나 덩굴 따위가 자라서 길어지거나 높아지다. ¶ 대나무가 곧게 -. ②길이나 산맥 또는 흐름 따위가 쭉 길게 이어지다. ¶ 곧게 뻗어 있는 고속도로./한반도에 뻗어 있는 백두대간. ③팔이나 다리를 쭉 곧게 펴다. ¶ 지친 다리를 쭉 -. ④힘이나 기세 따위가 크게 늘거나, 어디까지 미치다. ¶ 국력이 날로 뻗어 간다. ⑤몹시 지치거나 하여 '쓰러지다'를 속되게 이르는 말. ¶ 시험이 끝나자 뻗고 말았다. ⑥'죽다'를 속되게 이르는 말. ☞벋다[1]
뻗-대:다 자 순순히 따르지 아니하고 매우 고집스레 버티다. ¶ 병원에 안 가겠다고 -. ☞벋대다
뻗-디디다 타 ①발에 잔뜩 힘을 주고 버티어 디디다. ¶ 미끄러지지 않으려고 발을 뻗디디며 내려가다. ②금 밖으로 힘껏 내어 디디다. ☞벋디디다
뻗-서다 자 뻗대며 맞서다. ☞벋서다
× **뻗장-다리** 명 → 뻗정다리
뻗정-다리 명 ①마음대로 꾸부렸다 폈다 하지 못하고 항상 뻗어 있는 다리, 또는 그런 다리를 가진 사람. ②뻣뻣해서 마음대로 굽힐 수가 없게 된 물건. ☞벋정다리
뻗-지르다(-지르고·-질러) 타르 이 끝에서 저 끝까지 뻗쳐서 내지르다.
뻗-질리다 자 뻗지름을 당하다.
뻗쳐-오르다(-오르고·-올라) 자르 물줄기나 불길 따위가 뻗쳐서 위로 오르다.
뻗치다 자타 ①어떤 기운이나 감정 따위가 세차게 솟아나 퍼지다. ¶ 화가 머리 끝까지 -. ②힘이나 기세 따위가 크게 일거나 미치다, 또는 미치게 하다. ¶ 유혹의 손길을 -. ③팔이나 다리를 힘있게 펴다. ¶ 하늘을 향해 두 팔을 -.
뻗-팔이 명 나면서부터 또는 병으로 말미암아 구부러지지 않는 팔, 또는 그런 팔을 가진 사람.
뻘 명 주로 관계를 나타내는 명사와 함께 쓰이어, 항렬을 나타내거나 겨레붙이가 아닌 사람의 나이를 따져 그런 관계에 있음을 이르는 말. ¶ 자네한테 무슨 -이 되나?/나이로는 손자 -이 된다네.
뻘거-벗기다[-벋-] 타 뻘거벗게 하다.
뻘거-벗다[-벋-] 자 ①입은 옷을 모두 벗어 큰 몸집의 알몸이 드러나다. ②가려지거나 덮인 것이 없어서 몸체나 흙이 모두 다 드러나 보이다 ¶ 뻘거벗은 산. ③돈이나 물건 등 가진 것을 모두 쓰거나 내놓아 빈털터리가 되다. ☞벌거벗다. 빨가벗다
뻘거-숭이 명 ①옷을 걸치지 않은 큰 몸집의 알몸. ②가려지거나 덮인 것이 거의 없어서 몸체나 흙이 모두 다 드러나 보일 정도의 상태를 이르는 말. ☞벌거숭이
뻘겅 명 뻘건 빛깔이나 물감. ☞벌겅. 빨강
뻘겅-이 명 뻘건 빛의 물건을 흔히 이르는 말. ☞벌겅이
뻘겋다(뻘겋고·뻘건) 형ㅎ 빛깔이 진하게 붉다. ¶ 뻘겋게 단 쇠. ☞벌겋다. 빨갛다
뻘게-지다 자 뻘겋게 되다. ☞빨개지다
뻘그데데-하다 형여 산뜻하지 않게 뻘그스름하다. ☞벌그데데하다. 빨그대대하다
뻘그뎅뎅-하다 형여 고르지 않게 뻘그스름하다. ☞벌그뎅뎅하다. 빨그댕댕하다
뻘그스레-하다 형여 뻘그스름하다 ☞벌그스레하다. 빨그스레하다. 뿔그스레하다
뻘그스름-하다 형여 빛깔이 좀 뻘건듯 하다. 뻘그스레하다 ☞벌그스름하다. 빨그스름하다. 뿔그스름하다
뻘그스름-히 부 뻘그스름하게
뻘그죽죽-하다 형여 칙칙하게 뻘그스름하다. ☞벌그죽죽하다. 빨그족족하다. 뿔그죽죽하다
뻘긋-뻘긋[-귿-] 부-하다 형 여기저기가 뻘긋한 모양을 나타내는 말. ☞벌긋벌긋. 빨긋빨긋. 뿔긋뿔긋
뻘긋-하다[-귿-] 형여 빛깔이 좀 뻘겋다. ☞벌긋하다. 빨긋하다. 뿔긋하다
뻘끈 부 ①급자기 감정이 북받치어 매우 흥분하는 모양을 나타내는 말. ¶ - 화를 내다. ②분위기가 급자기 매우 부산해지는 모양을 나타내는 말. ☞벌끈. 빨끈
뻘끈-거리다(대다) 자 자꾸 뻘끈 흥분하다. ☞벌끈거리다. 빨끈거리다
뻘끈-뻘끈 부 뻘끈거리는 모양을 나타내는 말. ☞벌끈벌끈. 빨끈빨끈
뻘때-추니 명 제멋대로 짤짤거리며 쏘다니는 계집아이를 놀리어 이르는 말.
뻘떡 부 ①눕거나 앉아 있다가 매우 급작스레 몸을 일으키는 모양을 나타내는 말. ¶ 호명을 받자 - 일어났다. ②몸집이 좀 큰 것이 갑자기 뒤로 번뜻하게 넘어지는 모양을 나타내는 말. ¶ - 드러눕다. ③물건이 매우 갑작스레 뒤로 젖혀지는 모양을 나타내는 말. ¶ 코트 자락이 바람에 - 젖혀졌다. ☞벌떡. 빨딱
뻘떡-거리다(대다) 자 ①맥박이나 심장이 뻘떡뻘떡 뛰다. ②힘을 쓰거나 몸을 놀리고 싶어 몹시 안달하다. ☞벌떡거리다. 빨딱거리다. 펄떡거리다

뻘떡-뻘떡[1] 부 ①눕거나 앉았다가 매우 급작스레 자꾸 몸을 일으키는 모양을 나타내는 말. ②몸집이 좀 큰 것이 갑자기 뒤로 번뜻하게 자꾸 넘어지는 모양을 나타내는 말. ③물건이 매우 갑작스레 뒤로 자꾸 젖혀지는 모양을 나타내는 말. ☞벌떡벌떡[1]. 빨딱빨딱[1]

뻘떡-뻘떡[2] 부 ①맥박이나 심장이 크고 세차게 뛰는 모양을 나타내는 말. ②힘을 쓰거나 몸을 놀리고 싶어 몹시 안달하는 모양을 나타내는 말. ☞벌떡벌떡[2]. 빨딱빨딱[2]. 펄떡펄떡

뻘렁-거리다(대다) 자 잰 몸놀림으로 거뿐거뿐 움직이다. ☞벌렁거리다. 빨랑거리다

뻘렁-뻘렁 부 잰 몸놀림으로 거뿐거뿐 움직이는 모양을 나타내는 말. ¶ ― 짐을 옮기다. ☞벌렁벌렁[2]. 빨랑빨랑

뻘뻘[1] 부 바쁘게 쏘다니는 모양을 나타내는 말. ¶ ― 싸돌아다니다. ☞빨빨[1]

뻘뻘[2] 부 땀을 몹시 많이 흘리는 모양을 나타내는 말. ¶ 땀을 ― 흘리다. ☞빨빨[2]

뻘뻘-거리다(대다) 자 바쁘게 쏘다니다. ☞빨빨거리다

뻘쭉 부 속의 것이 보일락말락하게 벌어지거나 벌어진 모양을 나타내는 말. ¶ 문이 ― 열려 있다. ☞벌쭉. 빨쭉

뻘쭉-거리다(대다) 자타 자꾸 뻘쭉 하다. ☞벌쭉거리다. 빨쭉거리다

뻘쭉-뻘쭉 부 뻘쭉거리는 모양을 나타내는 말. ☞벌쭉벌쭉. 빨쪽빨쪽

뻘쭉-하다 형여 매우 좁고 길게 벌어져 있다. ☞벌쭉하다. 빨쪽하다

뻘쭉-이 부 뻘쭉하게 ☞벌쭉이. 빨쪽이

뻣뻣-하다[뻗뻗―] 형여 ①물체가 부드럽지 않고 굳다. ¶ 추위에 뻣뻣하게 언 손가락./긴장하여 몸이 뻣뻣해졌다. ②풀기가 매우 세다. ¶ 풀 먹인 적삼이 몹시 ―. ③태도나 성질 따위가 고분고분하지 않다. ¶ 너무 뻣뻣하게 대하지 마라. ☞빳빳하다

뻣뻣-이 부 뻣뻣하게 ¶ 상사에게 ― 맞서다.

뻣-세다[뻗―] 형 뻣뻣하고 억세다.

뻥[1] 명 ①'뻥짜'의 준말. ②'허풍'이나 '거짓말'을 속되게 이르는 말. ¶ 그 사람은 ―이 심하다.

뻥[2] 부 ①급자기 크고 요란하게 터지는 소리를 나타내는 말. ¶ ― 하는 뻥튀기의 소리. ②공 따위를 세차게 차는 모양, 또는 그 소리를 나타내는 말. ¶ 공을 ― 차다. ③구멍이 크고 뚜렷하게 뚫어져 있거나 뚫어지는 모양을 나타내는 말. ¶ 바지에 구멍이 ― 뚫렸다. ☞빵[1]. 펑[1]

뻥그레 부 입을 크게 벌리면서 소리 없이 밝게 웃는 모양을 나타내는 말. ☞벙그레. 빵그레. 뻥시레

뻥글-거리다(대다) 자 뻥글뻥글 웃다. ☞벙글거리다. 빵글거리다. 뻥실거리다. 뻥글거리다. 썽글거리다

뻥글-뻥글 부 자꾸 뻥그레 웃는 모양을 나타내는 말. ☞벙글벙글. 빵글빵글. 뻥실뻥실. 뻥글뻥글. 썽글썽글

뻥긋 부 ①입을 크게 벌리면서 소리 없이 밝게 잠깐 웃는 모양을 나타내는 말. ¶ ― 웃는 얼굴. ②입을 소리 없이 크게 벌렸다 우므리는 모양을 나타내는 말. ¶ 입을 ― 놀리다. 뻥긋이 ☞벙긋. 벙끗. 빵긋. 뻥끗. 뻥싯. 뻥긋

뻥긋-거리다(대다)[―귿―] 자 ①뻥긋뻥긋 웃다. ②입을 뻥긋뻥긋 벌렸다 우므렸다 하다. ☞벙긋거리다. 벙끗거리다. 빵긋거리다. 뻥끗거리다. 뻥싯거리다. 뻥긋거리다. 썽긋거리다

뻥긋-뻥긋[―귿―] 부 자꾸 뻥긋 하는 모양을 나타내는 말. ¶ 말없이 입만 ― 하다. ☞벙긋벙긋. 벙끗벙끗. 빵긋빵긋. 뻥끗뻥끗. 뻥싯뻥싯. 뻥긋뻥긋. 썽긋썽긋

뻥긋-이 부 뻥긋 ☞벙긋이. 벙끗이. 빵긋이. 뻥끗이. 뻥긋이. 썽긋이

뻥-까다 자 '허풍치거나 거짓말하다'를 속되게 이르는 말. 뻥놓다. 뻥치다 ¶ 뻥까지 말고 사실대로 말해.

뻥끗 부 ①입을 크게 벌리면서 소리 없이 환하게 잠깐 웃는 모양을 나타내는 말. ②입을 소리 없이 크게 벌렸다 얼른 우므리는 모양을 나타내는 말. 뻥끗이 ☞벙긋. 벙끗. 빵끗. 뻥긋. 뻥끗. 썽끗

뻥끗-거리다(대다)[―끋―] 자 ①뻥끗뻥끗 웃다. ②입을 뻥끗뻥끗 벌렸다 우므렸다 하다. ☞벙긋거리다. 벙끗거리다. 빵끗거리다. 뻥긋거리다. 뻥끗거리다

뻥끗-뻥끗[―끋―] 부 자꾸 뻥끗 하는 모양을 나타내는 말. ☞벙긋벙긋. 벙끗벙끗. 빵끗빵끗. 뻥긋뻥긋. 뻥끗뻥끗. 썽끗썽끗

뻥끗-이 부 뻥끗 ☞벙긋이. 벙끗이. 빵끗이. 뻥긋이. 뻥끗이. 썽끗이

뻥-나다 자 '허풍이나 거짓말이 드러나다'를 속되게 이르는 말.

뻥-놓다 자 뻥까다

뻥-뻥[1] 부 ①급자기 크고 요란하게 잇달아 터지는 소리를 나타내는 말. ¶ 풍선이 ― 터지다. ②구멍이 크고 뚜렷하게 여러 군데 뚫어져 있거나 잇달아 뚫어지는 모양을 나타내는 말. ¶ 옷에 구멍이 ― 났다. ③공 따위를 세차게 잇달아 차는 모양, 또는 그 소리를 나타내는 말. ¶ 아이들이 공을 ― 차며 논다. ☞빵빵. 펑펑[1]

뻥뻥[2] 부 큰소리를 치는 모양을 나타내는 말. ¶ 큰소리를 ― 치다.

뻥뻥-하다 형여 영문을 몰라 매우 어리둥절하고 멍하다. ☞벙벙하다

뻥뻥-히 부 뻥뻥하게 ☞벙벙히

뻥시레 부 입을 크게 벌리며 소리 없이 순박하게 웃는 모양을 나타내는 말. ☞벙시레. 빵시레. 뻥그레. 뻥시레

뻥실-거리다(대다) 자 뻥실뻥실 웃다. ☞벙실거리다. 빵실거리다. 뻥글거리다. 뻥실거리다

뻥실-뻥실 부 자꾸 뻥시레 웃는 모양을 나타내는 말. ☞벙실벙실. 빵실빵실. 뻥글뻥글. 뻥실뻥실

뻥싯 부 입을 크게 벌리면서 소리 없이 순박하게 잠깐 웃는 모양을 나타내는 말. ☞벙싯. 빵싯. 뻥긋. 뻥싯

뻥싯-거리다(대다)[―싣―] 자 뻥싯뻥싯 웃다. ☞벙싯거리다. 빵싯거리다. 뻥긋거리다. 뻥싯거리다

뻥싯-뻥싯[―싣―] 부 자꾸 뻥싯 웃는 모양을 나타내는 말. ☞벙싯벙싯. 빵싯빵싯. 뻥긋뻥긋. 뻥싯뻥싯

뻥-쟁이 명 '허풍쟁이'나 '거짓말쟁이'를 속되게 이르는 말. ¶ 그 사람은 허풍만 치는 ―다.

뻥짜 명 구멍이 뻥 뚫어진 것과 같다는 뜻으로, 바라던 일이 아주 틀어져 버리는 것을 이르는 말. 준 뻥[1]

뻥-치다 자 뻥까다

뻥-튀기 명 ①쌀이나 옥수수 따위를 밀폐된 용기(容器) 속에 넣고 열로 튀기는 일, 또는 그 튀긴 과자. ②어떤 일이나 물건 따위를 과장하여 크게 부풀려 말하는 일을 비유하여 이르는 말. ¶ 그 소문은 다 ―야.

뼈 명 ①척추동물의 살 속에 있어 몸을 지탱하는 굳은 물질. 몸의 형태를 이루며 몸 안의 기관을 보호함. 골(骨) ②기계나 건축물, 구조물 따위의 주재료(主材料)의 얼개. 뼈대 ¶ 화재로 ―만 남은 건물. ③이야기의 기본이 되는 줄거리나 핵심. ¶ ―에 살을 붙여 가며 이야기하였다. ④어떤 의도나 저의(底意), 또는 예사롭지 않은 속뜻을 비유적으로 이르는 말. ¶ 네 말 속에 ―가 있구나. ⑤기개나 줏대를 비유적으로 이르는 말. ¶ ― 없는 위인.

뼈(가) 빠지게 관용 육체적 고통을 견디어 내면서 매우 힘들게. 뼈가 휘도록. ¶ ― 고생해서 마련한 집.

뼈가 휘도록 관용 뼈(가) 빠지게. ¶ ― 고생했는데도 아직 남은 빚이 산더미 같다.

뼈도 못 추리다 관용 죽은 뒤에 추릴 뼈조차 없을 만큼 호되게 당하다. ¶ 겁 없이 덤비다가는 뼈도 못 추릴거야.

뼈를 깎다 관용 매우 견디기 힘들 정도로 고통스럽다. ¶ 뼈를 깎는 고통.

뼈를 아끼다 관용 몸을 놀리고 힘들이는 것을 아끼다.

뼈만 남다 관용 못 먹거나 심하게 아프거나 하여 몹시 여위다. 뼈만 앙상하다.

뼈만 앙상하다 관용 뼈만 남다.

뼈에 사무치다 관용 원한이나 고통 따위가 뼛속에 파고들 만큼 깊고 강하게 느껴지다. ¶ 원한이 뼈에 사무친다.

한자 뼈 골(骨) 〔骨部〕 ¶ 골간(骨幹)/골격(骨格)/골육(骨肉)/골절(骨折)/골분(骨粉)

뼈-고도리 명 뼈로 만든 화살촉.

뼈-골(-骨) 명 한자 부수(部首)의 한 가지. '體'·'骸' 등에서 '骨'의 이름.

뼈-끝 명 ①뼈마디의 끝. ¶ -이 시리도록 춥다. ②뼈에 붙은 질긴 고기.

뼈-낚시[-낙-] 명 짐승이나 물고기 따위의 뼈로 만든 낚시.

뼈-다귀 명 ①뼈의 낱개. ②'뼈'를 속되게 이르는 말.

뼈-대 명 ①몸의 모양을 이루고 있는 뼈의 생김새, 또는 그 구조. 골간(骨幹). 골격(骨格) ¶ -가 굵다. ②기계나 건축물, 구조물 따위의 주재료(主材料)의 얼개. 뼈 ¶ 건축물의 -가 완성되었다. ③사물의 근본이 되는 짜임. ¶ 희곡의 -.

뼈대가 굵어지다 관용 자라서 성년이 되다.

뼈대(가) 있다 관용 대대로 지체가 높다. ¶ 뼈대 있는 집안의 자손.

뼈-도가니 명 소의 무릎 종지뼈에 붙은 질긴 고기. 주로 곰이나 회를 만드는 데 쓰임.

뼈들어-지다 자 칼이나 낫 같은 연장의 날이 무디어져 잘 들지 않게 되다.

뼈-뜯이[-뜨지] 명 소의 뼈에서 뜯어낸 매우 질긴 고기.

뼈-마디 명 뼈와 뼈가 맞닿아 움직이는 연결 부분. 골절(骨節). 관절(關節) ¶ -가 쑤신다.

뼈물다(뼈물고·뼈무니) 타 무슨 일을 하려고 단단히 벼르다. ¶ 이번에는 반드시 합격하리라고 뼈물고 있다.

뼈-바늘 명 석기 시대에 쓰던, 뼈로 만든 바늘. 골침(骨針)

뼈-붙이[-부치] 명 여러 가지 뼈를 두루 이르는 말.

뼈-아프다(-아프고·-아파) 형 뉘우침·괴로움·슬픔 따위의 감정이 뼛속에 사무칠 정도로 깊다. ¶ 뼈아픈 실수로 경기에 졌다.

뼈-오징어 명 오징엇과의 연체동물. 몸길이 18cm, 다리 길이 9cm 안팎이며 등에는 흰 가로줄무늬가 많음. 먹을 수 있으며, 몸통 속에 들어 있는 뼈처럼 된 석회질 물질은 약재로 쓰임.

뼈-저리다 자 어떤 감정 따위가 뼈에 사무치도록 절실하다. ¶ 뼈저리게 느끼다./뼈저리게 후회하다.

뼈-지다 형 ①겉으로는 무른듯 하나 속은 옹골차고 단단하다. ¶ 뼈진 몸. ②하는 말이 매우 야무지고 강단이 있다. ¶ 그의 뼈진 말에 모두 놀랐다.

뼘: 명 ①엄지손가락과 다른 손가락과의 사이를 한껏 벌린 거리. ¶ -을 재다. ②〔의존 명사로도 쓰임〕 엄지손가락과 다른 손가락을 벌려 잴 때, 그 길이를 세는 단위. ¶ 한 -./세 -.

뼘:-내기 명-하다 자 돈치기의 한 가지. 맞힐 돈과 던진 목대와의 사이가 이미 정하여진 뼘을 벗어나면 그 사람은 떨어지고 다른 사람이 갈마들게 됨.

뼘:다[-따] 타 뼘으로 물건의 길이를 재다. ¶ 회초리의 길이를 뼘어 보다.

뼘:-들이로 부 동안을 별로 두지 아니하고 잇달아 갈마들어서. ¶ - 환자들이 찾아온다.

뼘:-치 명 길이가 한 뼘쯤 되는 물건이나 물고기. ¶ 오늘 낚시에서는 -만 잔뜩 잡았다.

뼛-골 명 뼈의 골수. ¶ -이 쑤시다.

뼛골(이) 빠지다 관용 뼛골이 다하여 없어지도록 고생하다. 육체적으로 매우 힘든 일을 해 나가다. ¶ 뼛골이 빠지게 일하다.

뼛-성 명 갑자기 발칵 일어나는 짜증.

뼛성(을) 내다 관용 발칵 짜증을 부리다.

뼛성(이) 나다 관용 발칵 짜증이 일어나다.

뼛-속 명 뼈의 속에 차 있는 연한 조직.

뽀그르르 부 ①작고 운두가 높은 그릇에 담긴 적은 양의 액체가 한 차례 세차게 끓어오르는 모양, 또는 그 소리를 나타내는 말. ¶ 라면 국물이 - 끓다. ②작은 거품이나 기포(氣泡)가 한 차례 세차게 일어나는 모양, 또는 그 소리를 나타내는 말. ¶ 잠수부가 - 기포를 내며 잠수한다. ☞보그르르. 빠그르르. 뿌그르르

뽀글-거리다(대다) 자 ①액체에서 뽀글뽀글 소리가 나다. ②거품이나 기포가 뽀글뽀글 일어나다. ☞보글거리다. 빠글거리다. 뿌글거리다

뽀글-뽀글 부 ①작고 운두가 높은 그릇에 담긴 적은 양의 액체가 자꾸 끓는 모양, 또는 그 소리를 나타내는 말. ¶ 커피포트의 물이 - 끓는다. ②잔 거품이나 기포(氣泡)가 자꾸 몹시 일어나는 모양, 또는 그 소리를 나타내는 말. ¶ 플라스크의 용액에서 - 기포가 인다. ☞보글보글. 빠글빠글[1]. 뿌글뿌글

뽀도독 부 ①작고 단단한 물건을 눌러 으깰 때 되알지게 나는 소리를 나타내는 말. ¶ 사탕을 - 깨물다. ②작고 단단한 물체끼리 갈릴 때 되알지게 나는 소리를 나타내는 말. ¶ 자면서 - 이를 갈다. ☞보도독. 뽀드득

뽀도독-거리다(대다) 자타 자꾸 뽀도독 소리가 나다, 또는 그런 소리를 내다. ☞보도독거리다. 뽀드득거리다

뽀도독-뽀도독 부 ①작고 단단한 물건을 자꾸 눌러 으깰 때 되알지게 나는 소리를 나타내는 말. ②작고 단단한 물체끼리 자꾸 갈릴 때 되알지게 나는 소리를 나타내는 말. ☞보도독보도독. 뽀드득뽀드득

뽀독-뽀독 부-하다 형 매우 뽀독한 모양을 나타내는 말. ¶ 진흙으로 빚은 그릇이 - 말랐다. ☞보독보독. 뿌둑뿌둑

뽀독-하다 형여 물기 있는 물체의 거죽이 거의 말라 매우 굳다. ☞보독하다. 뿌둑하다

뽀드득 부 ①단단하고 매끄러운 겉면을 문지를 때 야물게 나는 소리를 나타내는 말. ②단단한 물체끼리 갈릴 때 작고 야물게 나는 소리를 나타내는 말. ¶ 이를 - 갈며 분해 하다. ③소복소복 곱게 쌓인 눈을 밟을 때 작고 야물게 나는 소리를 나타내는 말. ☞바드득. 부드득. 뿌드득

뽀드득-거리다(대다) 자타 자꾸 뽀드득 소리가 나다, 또는 그런 소리를 내다. ☞보드득거리다. 빠드득거리다. 뿌드득거리다

뽀드득-뽀드득 부 뽀드득거리는 소리를 나타내는 말. ☞보드득보드득. 빠드득빠드득. 뿌드득뿌드득

뽀로통-하다 형여 ①부어 올라서 매우 볼록하다. ¶ 벌에 쏘인 자리가 뽀로통하게 부어 올랐다. ②못마땅하여 얼굴에 토라진 빛이 있다. ¶ 뽀로통한 기색. ③〔동사처럼 쓰임〕 ¶ 뽀로통하여 방 안에 틀어박혔다. ☞보로통하다. 뾰로통하다. 뿌루퉁하다

뽀르르 부 작은 몸집으로 부리나케 쫓아가거나 달려가는 모양을 나타내는 말. ¶ 아이가 집으로 - 달려갔다.

뽀뽀 명-하다 자 사랑의 표현으로 볼이나 입술에 입을 맞추는 일. 주로 어린아이가 쓰는 말이거나, 어린아이를 대상으로 쓰는 말임.

뽀삭 부 단단하거나 차지지 않은 물건이 쉬이 바서지는 소리, 또는 그 모양을 나타내는 말. ¶ 비스킷이 - 바서졌다. ☞보삭. 보싹. 뿌석

뽀삭-거리다(대다) 자타 자꾸 뽀삭 소리가 나다, 또는 그런 소리를 내다. ☞보삭거리다. 보싹거리다. 뿌석거리다

뽀삭-뽀삭 부 단단하거나 차지지 않은 물건이 자꾸 쉬이 바서지는 소리, 또는 그 모양을 나타내는 말. ☞보삭보삭[1]. 보싹보싹. 뿌석뿌석

뽀송-뽀송 부-하다 형 ①기름기나 때가 없는 살결이 물기가 적고 보드라운 느낌을 나타내는 말. ¶ 물기를 말끔히 닦고 나니 얼굴이 - 산뜻하다. ②잘 마른 무명에서 느낄 수 있는 보드랍고 산뜻한 느낌을 나타내는 말. ¶ - 마른 기저귀. ☞보송보송[2]. 뿌숭뿌숭

뽀스락 부 마른 검불이나 얇은 종이 따위를 세게 건드리거나 구길 때 나는 소리를 나타내는 말. ☞보스락. 빠스락. 뿌스럭

뽀스락-거리다(대다) 자타 자꾸 뽀스락 소리가 나다, 또는 그런 소리를 내다. ☞보스락거리다. 빠스락거리다. 뿌스럭거리다

뽀스락-뽀스락 부 뽀스락거리는 소리를 나타내는 말. ☞보스락보스락. 빠스락빠스락. 뿌스럭뿌스럭

뽀:얗다(뽀얗고·뽀얀) 형ㅎ ①빛깔이 매우 해읍스름하다. ¶ 흙먼지가 뽀얗게 일다. ②살빛이 유난히 희다. ¶ 분을 뽀얗게 바르다. ☞보얗다. 뿌옇다

뽀:얘-지다 자 뽀얗게 되다. ☞보얘지다. 뿌예지다

뽀유스레-하다 형여 뽀유스름하다 ☞보유스레하다. 뿌유스레하다

뽀유스름-하다 형여 빛깔이 진하지 않고 조금 뽀얗다. 뽀유스레하다 ☞보유스름하다. 뿌유스름하다

뽀유스름-히 부 뽀유스름하게 ¶곰국이 – 우러났다. ☞보유스름히. 뿌유스름히

×**뽄새** 명 →본새

뽈그스레-하다 형여 뽈그스름하다 ☞볼그스레하다. 빨그스레하다. 뿔그스레하다

뽈그스름-하다 형여 밝게 뽈그스름하다. 뽈그스레하다 ☞볼그스름하다. 빨그스름하다. 뿔그스름하다

뽈그스름-히 부 뽈그스름하게

뽈그족족-하다 형여 좀 칙칙하게 뽈그스름하다. ☞볼그족족하다. 빨그족족하다. 뿔그죽죽하다

뽈긋-뽈긋[-귿-] 부-하다 형 여기저기가 뽈긋한 모양을 나타내는 말. ☞볼긋볼긋. 빨긋빨긋. 뿔긋뿔긋

뽈긋-하다[-귿-] 형여 빛깔이 좀 진하게 붉다. ☞볼긋하다. 빨긋하다. 뿔긋하다

뽈똑 부 ①물체가 갑자기 뽈록하게 볼가지는 모양을 나타내는 말. ②갑자기 매우 경망스레 화를 내는 모양을 나타내는 말. ¶그녀는 하찮은 농담에도 – 화를 낸다. ☞볼똑. 뿔뚝

뽈똑-거리다(대다) 자 자꾸 뽈똑 화를 내다. ☞볼똑거리다. 뿔뚝거리다

뽈똑-뽈똑 부 ①여기저기서 물체가 갑자기 뽈록하게 볼가지는 모양을 나타내는 말. ②갑자기 매우 경망스레 자꾸 화를 내는 모양을 나타내는 말. ☞볼똑볼똑. 뿔뚝뿔뚝

뽈똑뽈똑-하다 형여 여럿이 다 뽈똑하다. ☞볼똑볼똑하다. 뿔뚝뿔뚝하다

뽈똑-하다 형여 물체가 뽈록하게 볼가져 있다. ☞볼똑하다. 뿔뚝하다

뽈록 부 물체의 거죽이 부푼듯이 쏙 내밀린 모양을 나타내는 말. ☞볼록. 뿔룩

뽈록-거리다(대다) 자 물체의 거죽이 부푼듯이 쏙 내밀렸다 들어갔다 하다. ☞볼록거리다. 뿔룩거리다

뽈록-뽈록[1] 부 뽈록거리는 모양을 나타내는 말. ☞볼록볼록[1]. 뿔룩뿔룩[1]

뽈록-뽈록[2] 부-하다 형 여럿이 다 뽈록한 모양을 나타내는 말. ☞볼록볼록[2]. 뿔룩뿔룩[2]

뽈록-하다 형여 물체의 거죽이 부푼듯이 쏙 내밀려 있다. ¶주머니가 뽈록하게 찼다. ☞볼록하다. 뿔룩하다

뽈록-이 부 뽈록하게 ☞볼록이. 뿔룩이

뽐-내:다 자타 잘난체 하며 자랑하는 태도를 보이다. ¶공부 잘한다고 너무 뽐내지 마라.

뽑다 타 ①박히거나 꽂혀 있는 것을 잡아당기어 나오게 하다. ¶박힌 못을 –./잡초를 –./칼집에서 칼을 –. ②속에 들어 있는 기체나 액체를 밖으로 나오게 하다. ¶피를 –./갱 속의 가스를 뽑아 내다. ③여럿 가운데서 가리어 내거나 추리어 내다. ¶대표자를 –./당선작을 –. ④길게 늘이어 솟구다. ¶목을 길게 뽑고는 밖을 내다보다. ⑤원료나 재료를 누르거나 짜서 길게 생긴 물건을 나오게 하다. ¶가래떡을 –./누에고치에서 실을 –. ⑥무엇에 들인 돈을 도로 찾아내다. ¶아직 본전도 못 뽑았다. ⑦노래나 소리 등을 목에서 나오게 하다. ¶노래 한 곡 뽑아 봐.

한자 뽑을 모(募) 〔力部 11획〕 ¶공모(公募)/모병(募兵)
뽑을 발(拔) 〔手部 5획〕 ¶발근(拔根)/발수(拔穗)/발췌(拔萃)/발탁(拔擢)/선발(選拔)
뽑을 선(選) 〔辵部 12획〕 ¶선출(選出)/선택(選擇)
뽑을 추(抽) 〔手部 5획〕 ¶추첨(抽籤)/추출(抽出)

-뽑이 《접미사처럼 쓰이어》 '뽑다'의 전성형으로 '뽑는 연장'의 뜻을 나타냄. ¶못뽑이/마개뽑이

뽑히다 자 ①잡아당기는 힘으로 박히거나 꽂혀 있는 것이 나오게 되다. ¶회오리바람에 나무가 뿌리째 뽑혔다. ②속에 들어 있는 액체 따위가 밖으로 나오게 되다. ③여럿 가운데서 가리어지거나 추리어지다. ¶우수 선수로 –./올해의 인물로 –. ④원료나 재료가 눌리거나 짜여 길게 생긴 물건이 나오다.

뽕[1] 명 ①'뽕나무'의 준말. ②'뽕잎'의 준말.
속담 **뽕도 따고 임도 보고** : 두 가지 일을 동시에 이루는 것을 비유적으로 이르는 말.

뽕[2] 부 ①갇혀 있던 기체가 좁은 통로로 세차게 터져 나오는 소리를 나타내는 말. ②구멍이 작고 또렷하게 뚫어져 있거나 뚫어지는 모양을 나타내는 말. ¶손가락으로 창호지를 – 뚫다. ☞뿡

뽕-나다 자 뽕빠지다

뽕-나무 명 뽕나뭇과의 낙엽 활엽 교목. 높이는 3～4m이며, 잎은 어긋맞게 나고 끝이 뾰족한 달걀 모양인데 가장자리에 톱니가 있음. 암수딴그루로 4～6월에 황록색의 꽃이 핌. 열매는 '오디'라 하여 6월경에 자흑색으로 익는데, 단맛이 나며 먹을 수 있음. 잎은 누에의 먹이로 쓰이고, 나무 껍질은 한방에서 약재로 쓰이거나 종이를 만드는 재료로 쓰임. 상목(桑木). 오디나무 준 뽕[1]

한자 뽕나무 상(桑) 〔木部 6획〕 ¶상목(桑木)/상엽(桑葉)/상원(桑園)/상이(桑耳)/상전벽해(桑田碧海)

뽕나무-깍지벌레 명 깍지벌렛과의 곤충. 일생을 깍지 속에서 지내는 암컷 성충은 몸길이가 1.3mm 안팎이며, 4～5월에 알을 낳음. 수컷은 1쌍의 날개가 있으며 몸길이는 0.9mm 안팎임. 애벌레와 암컷 성충은 뽕나무나 과수(果樹)의 줄기와 가지에 살며, 그 즙액을 빨아먹으면서 가지를 말라죽게 함.

뽕나무-버섯 명 송이과의 버섯. 담갈색이거나 황갈색인 갓은 편평하고, 대의 아래쪽은 흑갈색이며 기부에는 흑색 균사(菌絲) 다발이 발달하였음. 먹을 수 있고 약으로도 쓰임. 상이(桑耳)

뽕나무-하늘소[-쏘] 명 하늘솟과의 곤충. 몸길이는 4cm 안팎이고, 몸빛은 푸르스름한 빛을 띤 연흑색이며 황회색의 털로 덮여 있음. 더듬이는 몸길이보다 길고 마디가 있음. 우리 나라와 일본, 중국, 인도, 타이완 등지에 분포함. 뽕나무 따위의 해충임. 상천우(桑天牛)

뽕-밭 명 뽕나무 밭. 상원(桑園). 상전(桑田)

뽕-빠지다 자 ①'밑천이 다 없어지다'를 속되게 이르는 말. ②'손해를 크게 보아 아주 거덜나다'를 속되게 이르는 말. 뽕나다

뽕-뽕 부 ①갇혀 있던 기체가 좁은 통로로 세차게 터져 나올 때 잇달아 나는 소리를 나타내는 말. ¶방귀를 – 뀌다. ②구멍이 여러 군데 작고 또렷하게 뚫어져 있거나 잇달아 뚫어지는 모양을 나타내는 말. ¶– 구멍 난 종이창. ☞뿡뿡

뽕뽕-거리다(대다) 자타 자꾸 뽕뽕 소리가 나다, 또는 그런 소리를 내다. ☞뿡뿡거리다

뽕-잎[-닙] 명 뽕나무의 잎. 준 뽕[1]

뽕짝 명 트로트풍의 우리 대중 가요를 속되게 이르는 말, 또는 그 가락의 흉내말.

뾰두라지 명 뾰루지

뾰로통-하다 형여 ①못마땅하여 얼굴에 몹시 토라진 빛이 있다. ¶뾰로통한 표정. ②〔동사처럼 쓰임〕 ¶뾰로통하여 돌아서다. ☞뽀로통하다. 뿌루퉁하다

뾰롱-뾰롱 부 성질이 순하지 못하여 남을 대하는 것이 몹시 까다롭고 걸핏하면 톡톡 쏘기를 잘하는 모양을 이르는 말.

뾰루지 명 뾰족하게 도드라진 작은 부스럼. 뾰두라지 ¶볼에 –가 나다.

뾰조록-하다 형여 끝이 뾰족하게 내밀려 있다. ¶새싹이 뾰조록하게 돋아나다. ☞쀼주룩하다

뾰조록-이 부 뾰조록하게 ☞쀼주룩이

뾰족-구두 명 뒷굽이 높고 뾰족한 여자 구두.

뾰족-뾰족 부-하다 형 여러 물체가 다 뾰족한 모양을 나타내는 말. ☞빼족빼족. 뽀족뽀족. 쀼죽쀼죽

뾰족-하다 형여 ①물체의 끝이 점점 가늘어지면서 짧고 날카롭다. ¶뾰족한 송곳니./연필을 뾰족하게 깎다. ②

주로 부정(否定)을 나타내는 서술어 앞에서 '뾰족한'의 꼴로 쓰이어, '별다른', '신통한'의 뜻을 나타내는 말. ¶ 아무리 궁리해도 뾰족한 수가 없다. ☞빼족하다. 뾰쪽하다. 쀼죽하다

뾰족-이 부 뾰족하게 ☞빼족이. 뾰쪽이. 쀼죽이

한자 **뾰족할 첨**(尖) 〔小部 3획〕 ¶ 첨단(尖端)/첨리(尖利)/첨봉(尖峰)/첨예(尖銳)/첨탑(尖塔)

뾰주리-감 명 모양이 좀 기름하고 끝이 뾰족한 감을 두루 이르는 말. 장준이나 고추감 따위. ☞납작감

뾰쪽-뾰쪽 부-하다 형 여러 물체가 다 뾰쪽한 모양을 나타내는 말. ☞빼쪽빼쪽. 뾰족뾰족. 쀼쭉쀼쭉

뾰쪽-하다 형여 물체의 끝이 점점 가늘어지면서 짧고 매우 날카롭다. ¶ 바늘 끝이 ―. ☞빼쪽하다. 뾰족하다. 쀼쭉하다

뾰쪽-이 부 뾰쪽하게 ☞빼쪽이. 뾰족이. 쀼쭉이

뿌그르르 부 ①크고 운두가 높은 그릇에 담긴 많은 양의 액체가 한 차례 세차게 끓어오르는 모양, 또는 그 소리를 나타내는 말. ②큰 거품이나 기포(氣泡)가 한 차례 세차게 일어나는 모양, 또는 그 소리를 나타내는 말. ☞부그르르. 뻐그르르. 뽀그르르

뿌글-거리다(대다) 자 ①액체에서 뿌글뿌글 소리가 나다. ②거품이나 기포가 뿌글뿌글 일어나다. ☞부글거리다. 뻐글거리다. 뽀글거리다

뿌글-뿌글 부 ①크고 운두가 높은 그릇에 담긴 많은 양의 액체가 자꾸 끓는 모양, 또는 그 소리를 나타내는 말. ②큰 거품이나 기포가 자꾸 몹시 일어나는 모양, 또는 그 소리를 나타내는 말. ☞부글부글. 뻐글뻐글

뿌다구니 명 물건의 삐죽하게 내민 부분. 준 뿌다귀

뿌다귀 명 '뿌다구니'의 준말.

뿌덕뿌덕-하다 형여 ①맛이 떫어서 입 안이 텁텁하다. ②부드럽지 못하고 아주 빽빽하다.

뿌둑-뿌둑 명-하다 형 매우 뿌둑한 모양을 나타내는 말. ¶ 명태가 ― 말랐다. ☞부둑부둑. 뽀독뽀독

뿌둑-하다 형여 물기 있는 물체의 거죽이 꽤 말라 매우 굳다. ☞부둑하다. 뽀독하다

뿌드드-하다 형여 인색하여 잔뜩 움켜쥐고 매우 내놓기 싫어하는 태도가 있다. ☞부드드하다

뿌드득 부 ①단단한 물건을 눌러 으깰 때 크고 되알지게 나는 소리를 나타내는 말. ②단단한 물체끼리 갈릴 때 크고 되알지게 나는 소리를 나타내는 말. ③수북수북 곱게 쌓인 눈을 밟을 때 크고 되알지게 나는 소리를 나타내는 말. ☞부드득. 빠드득. 뽀드득

뿌드득-거리다(대다) 자타 자꾸 뿌드득 소리가 나다, 또는 그런 소리를 내다. ☞부드득거리다. 빠드득거리다. 뽀드득거리다

뿌드득-뿌드득 부 뿌드득거리는 소리를 나타내는 말. ☞부드득부드득. 빠드득빠드득. 뽀드득뽀드득

뿌득-뿌득[1] 부 ①매우 억지스레 고집을 부리는 모양을 나타내는 말. ¶ ― 조르는 데는 감당할 수 없다. ②매우 억척스레 애를 쓰는 모양을 나타내는 말. ¶ ― 애를 쓰다. ☞부득부득[1]. 빠득빠득[1]

뿌득-뿌득[2] 부 이를 빠르고 심하게 가는 소리를 나타내는 말. ☞부득부득[2]. 빠득빠득[2]

뿌듯-하다[-듣-] 형여 ①꼭 맞는 것보다 더하여 조금 불룩하다. ②기쁨이나 만족감 따위가 마음에 꽉 차서 몹시 흐뭇하다. ¶ 일을 끝내니 가슴이 ―. ☞부듯하다

뿌듯-이 부 뿌듯하게 ☞부듯이

뿌루퉁-하다 형여 ①부어 올라서 불룩하다. ¶ 볼거리로 볼이 뿌루퉁하게 부어 올랐다. ②못마땅하여 얼굴에 화난 빛이 있다. ¶ 뿌루퉁한 기색. ③〔동사처럼 쓰임〕 ¶ 뿌루퉁하여 말없이 앉아 있다. ☞부루퉁하다. 뽀로통하다. 쀼루퉁하다

뿌르르 부 조급히 부리나케 쫓아가거나 달려가는 모양을 나타내는 말. ¶ 그 사이를 참지 못하고 ― 달려간다.

뿌리 명 ①식물의 밑 부분으로, 보통 땅 속에 묻히거나 다른 물체에 박혀 줄기를 떠받치고 수분과 양분을 빨아들이는 기관(器官). 곧은뿌리와 수염뿌리가 있음. ¶ ―가 단단하다. ②무엇에 박혀 있는 물건의 일부. ¶ 기둥 ―/이의 ―. ③사물이나 사상이 생겨난 바탕. ¶ 민주주의의 ―./반목의 ―. ④〔의존 명사로도 쓰임〕 뿌리 따위를 먹는 식물을 세는 단위. ¶ 파 세 ―./산삼 한 ―.

뿌리(가) 깊다 관용 오래 자리잡아 굳어져 있다. ¶ 뿌리 깊은 습관은 바꾸기 어렵다.

뿌리(를) 내리다 관용 ①어떤 곳에 터를 잡고 살다. 뿌리(를) 박다. ¶ 객지에서 뿌리를 내리다. ②단단히 자리잡다. ¶ 질서 의식이 뿌리를 내리다.

뿌리(를) 박다 관용 뿌리(를) 내리다.

뿌리(를) 뽑다 관용 어떤 결과를 이끌어 내는 원인을 없애다. ¶ 병의 뿌리를 뽑다.

속담 **뿌리 깊은 나무 가뭄 안 탄다** : 무엇이나 근원이 깊고 튼튼하면 어떤 시련도 이겨 낼 수 있음을 비유하여 이르는 말. /**뿌리 없는 나무에 잎이 필까** : 원인 없이는 결과도 있을 수 없음을 이르는 말. 〔아니 때린 장구 북 소리 날까/아니 땐 굴뚝에 연기 날까〕

한자 **뿌리 근**(根) 〔木部 6획〕 ¶ 구근(球根)/근간(根幹)/근본(根本)/근절(根絕)/초근(草根)

뿌리-골무 명 뿌리의 끝 부분에 있는 모자 모양의 조직. 생장점(生長點)을 보호하는 작용을 함. 근관(根冠)

뿌리다 자타 ①비나 눈 따위가 날려서 떨어지다. ¶ 빗방울이 뿌리기 시작한다. ②넓게 퍼지도록 끼얹다. ¶ 마당에 물을 ―. ③흩어서 여러 사람에게 전해지도록 하다. ¶ 소년이 호외(號外)를 뿌리면서 달려갔다. ④식물의 씨앗을 흩거나, 또는 흩어서 심다. ¶ 볍씨를 뿌릴 때이다. ⑤무엇을 위에서 아래로 세게 흔들어 묻은 것이나 속에 든 것을 털다. ¶ 물이 묻은 붓을 ―. ⑥어떤 일의 원인을 짓다. ¶ 자기가 뿌린 씨앗은 자기가 거둔다. ⑦여기저기 다니면서 좋지 않은 소문을 퍼뜨리다. ⑧여기저기 마구 돈을 쓰고 낭비하다. ¶ 술집에 다니며 돈을 ―. ⑨슬퍼서 눈물을 몹시 흘리다. ¶ 눈물을 뿌리며 이별을 고했다.

한자 **뿌릴 파**(播) 〔手部 12획〕 ¶ 파식(播植)/파종(播種)

뿌리-등걸 명 뿌리가 붙어 있는 나무의 등걸.

뿌리-압(―壓) 명 근압(根壓)

뿌리-잎 명 줄기가 아주 짧기 때문에 뿌리나 땅속줄기에서 바로 땅 위로 나온듯이 보이는 잎. 무나 민들레 등에서 볼 수 있음. 근생엽(根生葉)

뿌리채소-류(―菜蔬類) 명 근채류(根菜類)

뿌리-치다 타 ①붙잡힌 것을 빼내어 놓치게 하거나 붙잡지 못하게 하다. ¶ 잡은 손을 매몰차게 뿌리쳤다. ②권하거나 청하는 것을 받아들이지 않고 거절하다. ¶ 유혹을 ―. ③경기나 경쟁에서 뒤지고 있는 편이 따라붙는 것을 막아 내다. ¶ 맹렬한 추격을 뿌리치고 결승전에 진출했다.

뿌리-털 명 식물의 뿌리 끝에 실처럼 가늘고 길게 난 털. 양분과 수분을 흡수함. 근모(根毛)

뿌리-혹 명 고등 식물의 뿌리에 생기는 혹 모양의 조직. 세균이나 균사의 침입으로 뿌리 조직이 이상 발육하여 생기며, 주로 콩과 식물에 나타남. 근류(根瘤) ☞벌레혹

뿌리혹-박테리아(―bacteria) 명 콩과 식물의 뿌리에 공생하여 뿌리혹을 만드는 토양 세균. 공기 중의 질소를 고정하여 아미노산과 아질산 등을 식물에 공급함. 균류 박테리아

뿌석 부 단단하거나 차지지 않은 물건이 쉬이 부서지는 소리, 또는 그 모양을 나타내는 말. ¶ 삭은 나무토막이 ― 부스러졌다. ☞부석. 부썩[1]. 뽀삭

뿌석-거리다(대다) 자타 자꾸 뿌석 소리가 나다, 또는 그런 소리를 내다. ☞부석거리다. 부썩거리다. 뽀삭거리다

뿌석-뿌석 부 단단하거나 차지지 않은 물건이 자꾸 쉬이 부서지는 소리, 또는 그 모양을 나타내는 말. ☞부석부석. 부썩부썩[1]. 뽀삭뽀삭

뿌숭-뿌숭 부-하다 형 ①기름기나 때가 없는 살결이 물기

가 마르면서 부드러운 기운이 덜한 느낌을 나타내는 말. ②무명 따위가 너무 말라 부드러운 맛이 덜하고 산뜻한 느낌을 나타내는 말. ☞부숭부숭. 뽀송뽀송

뿌스럭 [부] 마른 검불이나 빳빳한 종이 따위를 세게 건드리거나 구길 때 나는 소리를 나타내는 말. ☞부스럭. 뻐스럭. 뽀스락

뿌스럭-거리다(대다) [자타] 자꾸 뿌스럭 소리가 나다, 또는 그런 소리를 내다. ☞부스럭거리다. 뻐스럭거리다. 뽀스락거리다

뿌스럭-뿌스럭 [부] 뿌스럭거리는 소리를 나타내는 말. ☞부스럭부스럭. 뻐스럭뻐스럭. 뽀스락뽀스락

뿌:옇다(뿌옇고·뿌연) [형ㅎ] 빛깔이 매우 희읍스름하다. ¶안개가 뿌옇게 끼다. ☞부옇다. 뽀얗다

뿌:예-지다 [자] 뿌옇게 되다. ☞부예지다. 뽀얘지다

뿌유스레-하다 [형여] 뿌유스름하다 ☞부유스레하다. 뽀유스레하다

뿌유스름-하다 [형여] 빛깔이 진하지 않고 조금 뿌옇다. 뿌유스레하다 ☞부유스름하다. 뽀유스름하다

뿌유스름-히 [부] 뿌유스름하게 ¶창문 밖이 ― 밝아 온다. ☞부유스름히. 뽀유스름히

뿌장귀 [명] 뿔처럼 길쭉하게 내민 가장귀.

뿌지지 [부] ①액체가 매우 버썩 달구어진 쇠붙이 따위에 닿아 졸아붙을 때 나는 소리를 나타내는 말. ②매우 버썩 달군 쇠붙이 따위를 물에 담그어 급히 식힐 때 나는 소리를 나타내는 말. ③질긴 천 따위가 세차게 찢어질 때 나는 소리를 나타내는 말. ☞부지직. 빠지직

뿐 [의] ①어미 '-ㄹ' 다음에 쓰이어, 어떤 사실이나 행동이 다만 그것에 국한됨을 나타내는 말. ¶시키는 대로 했을 ―이다./묵묵히 기다릴 ―이다. ②그것만이고 더는 없음을 나타내는 말. ¶내가 필요한 것은 그것 ―이다./믿을 사람이라곤 너 ―이다.

뿐(만) 아니라 [관용] 앞에 말한 내용 외에 다른 것이 더 있음을 나타내는 말. ¶적당한 수면은 건강에 좋을 ― 미용에도 좋다.

뿔[1] [명] ①소·염소·사슴 따위 동물의 머리에 솟은, 뼈와 같이 단단하고 뾰족한 부분. 각(角)[2] ¶―로 들이박다. ②물건의 머리나 표면에 불쑥 튀어나온 부분.

[속담] **뿔 떨어지면 구워 먹지** : 단단히 붙어 있는 뿔이 떨어지면 구워 먹겠다고 기다린다는 뜻으로, 도저히 불가능한 일을 바라고 기다림을 비웃어 이르는 말./**뿔 빼 쇠 상이라** : 뿔을 빼 버린 소의 모양이라는 뜻으로, 지위는 있으나 세력이 없음을 비유하여 이르는 말.

[한자] 뿔 각(角) 〔角部〕 ¶각궁(角弓)/각배(角杯)/각적(角笛)/골각기(骨角器)/녹각(鹿角)/우각(牛角)

뿔[2] [명] '성'을 속되게 이르는 말.

뿔(이) 나다 [관용] 몹시 화가 나다.

뿔-각(―角) [명] 한자 부수(部首)의 한 가지. '解'·'觗' 등에서 '角'의 이름.

뿔-개미 [명] 개밋과의 곤충. 매우 작으며 몸빛은 검고 윤기가 있음. 더듬이와 가슴, 배는 적갈색임. 등과 배에 네 개의 뿔 같은 돌기가 있고, 배는 둥근 모양임. 나무의 썩은 부분에서 삶.

뿔-관자(―貫子) [명] 짐승의 뿔로 만든 관자.

뿔그스레-하다 [형여] 뿔그스름하다 ☞불그스레하다. 뻘그스레하다. 뽈그스레하다

뿔그스름-하다 [형여] 진하게 불그스름하다. 뿔그스레하다 ☞불그스름하다. 뻘그스름하다. 뽈그스름하다

뿔그스름-히 [부] 뿔그스름하게

뿔그죽죽-하다 [형여] 진하게 불그죽죽하다. ☞불그죽죽하다. 뻘그죽죽하다. 뽈그족족하다

뿔긋-뿔긋[-귿-] [부]-하다 [형] 여기저기가 뿔긋한 모양을 나타내는 말. ☞불긋불긋. 뻘긋뻘긋. 뽈긋뽈긋

뿔긋-하다[-귿-] [형여] 빛깔이 꽤 붉다. ☞불긋하다. 뻘긋하다. 뽈긋하다

뿔-나비 [명] 뿔나빗과의 곤충. 날개는 어두운 갈색으로, 편 길이는 4~5cm임. 앞뒤 날개의 가운데에 큰 무늬가 있고 앞날개의 끝 부분에 네 개의 흰 점무늬가 있으며,

날개의 끝은 굵은 톱니 모양임. 입술이 튀어나와 마치 주둥이에 긴 뿔이 돋친 모양임.

뿔나비-나방 [명] 뿔나비나방과의 곤충. 날개 길이는 3cm 안팎임. 앞날개는 어두운 갈색이고, 주황색 닻 모양의 무늬가 있음. 여름에 흔히 볼 수 있으며 나비처럼 낮에 날아다님. 애벌레는 양치식물의 해충임. 닻나비

뿔-돔 [명] 뿔돔과의 바닷물고기. 몸길이 60cm 안팎. 모양은 체고가 높은 달걀꼴이며 몸빛은 진한 주홍색임. 지느러미의 골이 깊어 날카롭고, 아가미의 가시가 뿔처럼 솟아 있음. 수심 100m 안팎의 깊은 바다에서 주로 갑각류와 연체류를 잡아먹고 삶.

뿔뚝 [부] ①물체가 급자기 뿔룩하게 불거지는 모양을 나타내는 말. ②급자기 매우 뚝뚝하게 화를 내는 모양을 나타내는 말. ☞불뚝. 뽈똑

뿔뚝-거리다(대다) [자] 자꾸 뿔뚝 화를 내다. ☞불뚝거리다. 뽈똑거리다

뿔뚝-뿔뚝 [부] ①여기저기서 물체가 급자기 뿔룩하게 불거지는 모양을 나타내는 말. ②급자기 매우 뚝뚝하게 자꾸 화를 내는 모양을 나타내는 말. ☞불뚝불뚝

뿔뚝뿔뚝-하다 [형여] 여럿이 다 뿔뚝하다. ☞불뚝불뚝하다. 뽈똑뽈똑하다

뿔뚝-하다 [형여] 물체가 뿔룩하게 불거져 있다. ☞불뚝하다. 뽈똑하다

뿔룩 [부] 물체의 거죽이 부푼듯이 쑥 내밀린 모양을 나타내는 말. ☞불룩. 뽈록

뿔룩-거리다(대다) [자] 물체의 거죽이 부푼듯이 쑥 내밀렸다 들어갔다 하다. ☞불룩거리다. 뽈록거리다

뿔룩-뿔룩[1] [부] 뿔룩거리는 모양을 나타내는 말. ☞불룩불룩[1]. 뽈록뽈록[1]

뿔룩-뿔룩[2] [부]-하다 [형] 여럿이 다 뿔룩한 모양을 나타내는 말. ☞불룩불룩[2]. 뽈록뽈록[2]

뿔룩-하다 [형여] 물체의 거죽이 부푼듯이 쑥 내밀려 있다. ¶보따리가 ―. ☞불룩하다. 뽈록하다

뿔룩-이 [부] 뿔룩하게 ☞불룩이. 뽈록이

뿔-말 [명] 황적조류(黃赤藻類)에 딸린 조류의 한 무리를 통틀어 이르는 말. 단세포로 앞뒤 쪽으로 뿔 모양의 돌기가 있음.

뿔-매 [명] 수릿과의 새. 몸길이 71~76cm이며, 수리보다 작고 매보다 큼. 등은 암갈색이고 깃털의 끝은 백색이며 가슴에 암갈색의 세로 무늬가 있음. 날개는 길고 둥글며 원을 그리며 낢. 사냥매로 길들여 씀. 우리 나라와 일본, 중국 북동부 등지에 분포함. 소골(昭鶻)

뿔-면(―面) [명] 공간에 한 정점(定點)과 그 정점을 지나지 않는 평면 위의 곡선이 있을 때, 정점과 곡선 위의 임의의 점을 잇는 직선이 그리는 곡면(曲面).

뿔뿔이 [부] 저마다 따로따로 흩어지는 모양을 나타내는 말. ¶― 흩어지다./― 헤어지다.

뿔-잔(―盞) [명] 짐승의 뿔로 만든 술잔.

뿔-잠자리 [명] 뿔잠자릿과의 곤충. 몸길이 3cm, 편 날개 길이 7cm 안팎. 몸빛은 등 쪽이 황갈색이고 흑갈색의 띠가 퍼져 있음. 성충은 6~9월에 나타나는데, 낮에는 숲속에서 살며 밤에는 불빛으로 날아듦. 우리 나라와 일본, 중국, 타이완 등지에 분포함. 각청령(角蜻蛉)

뿔-종다리 [명] 종다릿과의 텃새. 몸길이 17cm 안팎. 종달새와 비슷하나 부리가 큼. 몸빛은 누런 갈색이며, 등과 배에 짙은 세로 무늬가 있음. 울 때에는 대가리의 흰 털을 뿔처럼 뻗치는 것이 특색임. 우리 나라와 중국, 인도, 아프리카 북부, 유럽 등지에 분포함.

뿔-체(―體) [명] 하나의 뿔면과 하나의 평면으로 둘러싸인 입체.

뿜다[-따] [타] 속에 든 액체나 기체 따위를 불거나 밀어서 세차게 밖으로 나가게 하다. ¶가스를 ―./먹물을 ―.

뿜어-내:다 [타] 속에 든 것을 세차게 내불거나 밀어서 밖으로 나가게 하다. ¶분화구에서 화산재를 ―.

뿜이-개 [명] 액체로 된 약품 따위를 뿜어 뿌리는 기구. 안개뿜이. 분무기(噴霧器)

ㅂ

뿡 부 ①갇혀 있던 기체가 좀 넓은 통로로 세차게 터져 나올 때 나는 소리를 나타내는 말. ②구멍이 크고 뚜렷이 뚫어져 있거나 뚫어지는 모양을 나타내는 말. ☞뽕[2]
뿡-뿡 부 ①갇혀 있던 기체가 좀 넓은 통로로 세차게 자꾸 터져 나올 때 나는 소리를 나타내는 말. ②구멍이 여러 군데 크고 뚜렷이 뚫어져 있거나 잇달아 뚫어지는 모양을 나타내는 말. ☞뽕뽕
뿡뿡-거리다(대다) 자 자꾸 뿡뿡 소리를 내다. ☞뽕뽕거리다
쀼루퉁-하다 형여 ①얼굴에 못마땅하여 잔뜩 화가 난 빛이 있다. ¶쀼루퉁한 얼굴. ②〔동사처럼 쓰임〕 ¶쀼루퉁하여 돌아갔다. ☞뾰로통하다. 뿌루퉁하다
쀼주룩-하다 형여 끝이 쀼죽하게 내밀려 있다. ☞뾰조록하다
 쀼주룩-이 부 쀼주룩하게 ☞뾰조록이
쀼죽-쀼죽 부-하다 형 여러 물체가 다 쀼죽한 모양을 나타내는 말. ☞뾰족뾰족. 쀼쭉쀼쭉. 삐죽삐죽
쀼죽-하다 형여 물체의 끝이 점점 가늘어지면서 길고 날카롭다. ☞뾰족하다. 쀼쭉하다. 삐죽하다
 쀼죽-이 부 쀼죽하게 ☞뾰족이. 쀼쭉이. 삐죽이
쀼쭉-쀼쭉 부-하다 형 여러 물체가 다 쀼쭉한 모양을 나타내는 말. ☞뾰쪽뾰쪽. 쀼죽쀼죽. 삐쭉삐쭉
쀼쭉-하다 형여 물체의 끝이 점점 가늘어지면서 길고 매우 날카롭다. ☞뾰쪽하다. 쀼죽하다. 삐쭉하다
 쀼쭉-이 부 쀼쭉하게 ☞뾰쪽이. 쀼죽이. 삐쭉이
삐: 부 ①어린이가 새되게 우는 소리를 나타내는 말. ②버들피리 따위를 불 때 매우 새되게 나는 소리를 나타내는 말. ☞빼
삐거덕 부 딱딱한 물체가 서로 닿아 세게 문질릴 때 느리고 되게 나는 소리를 나타내는 말. ☞삐걱. 비거덕
삐거덕-거리다(대다) 자타 자꾸 삐거덕 소리가 나다, 또는 그런 소리를 내다. ☞삐걱거리다. 비거덕거리다
삐거덕-삐거덕 부 삐거덕거리는 소리를 나타내는 말. ☞삐걱삐걱. 비거덕비거덕
삐걱 부 딱딱한 물체가 서로 닿아 세게 문질릴 때 나는 소리를 나타내는 말. ☞비걱. 빼각
삐걱-거리다(대다) 자타 자꾸 삐걱 소리가 나다, 또는 그런 소리를 내다. ☞비걱거리다. 빼각거리다
삐걱-빼각 부 '삐걱' 소리와 '빼각' 소리가 한데 어울려서 나는 소리를 나타내는 말.
삐걱-삐걱 부 삐걱거리는 소리를 나타내는 말. ¶ - 소리를 내며 노를 젓다. ☞비걱비걱. 빼각빼각
삐꺼덕 부 딱딱한 물체가 서로 닿아 매우 세게 문질릴 때 느리고 되게 나는 소리를 나타내는 말. ☞삐꺽. 비거덕
삐꺼덕-거리다(대다) 자타 자꾸 삐꺼덕 소리가 나다, 또는 그런 소리를 내다. ☞삐꺽거리다. 비거덕거리다
삐꺼덕-삐꺼덕 부 삐꺼덕거리는 소리를 나타내는 말. ☞삐꺽삐꺽. 비거덕비거덕
삐꺽 부 딱딱한 물체가 서로 닿아 매우 세게 문질릴 때 나는 소리를 나타내는 말. ☞비걱. 빼각. 삐걱
삐꺽-거리다(대다) 자타 자꾸 삐꺽 소리가 나다, 또는 그런 소리를 내다. ☞비걱거리다. 빼각거리다. 삐걱거리다
삐꺽-삐꺽 부 삐꺽거리는 소리를 나타내는 말. ☞비걱비걱. 빼각빼각. 삐걱삐걱
삐꾸러-지다 자 ①몹시 삐뚤어지다. ②아주 그릇되게 벗어져 나가다. ¶추진하던 일이 -. ☞비꾸러지다
삐끗 부 ①사개 따위가 꼭 들어맞지 않고 제법 어긋나는 모양을 나타내는 말. ②뼈마디가 어긋나게 된 모양을 나타내는 말. ¶넘어지면서 발목을 - 했다. ③잘 나아가던 일이 잘못하여 제법 어그러지는 모양을 나타내는 말. ¶일이 - 틀어졌다. ☞비끗. 빼끗
삐끗-거리다(대다)[-끋-] 자 ①사개 따위가 삐끗삐끗 어긋나다. ②일이 삐끗삐끗 어그러지다. ☞비끗거리다. 빼끗거리다
삐끗-삐끗[-끋-] 부 자꾸 삐끗 하는 모양을 나타내는 말. ☞비끗비끗. 빼끗빼끗

삐:다[1] 자 괸 물이 빠지거나 하여 잦아지다.
삐:다[2] 타 손이나 발 따위의 뼈마디가 접질리어 어긋나다. ¶손목을 -./허리를 -. ☞접질리다
삐-대:다 자 한군데 진대 붙어서 괴롭게 굴다. ¶한 달씩이나 친구 집에서 삐대고 있다.
삐드득 부 딱딱한 물체가 몹시 쓸리거나 뒤틀릴 때 나는 소리를 나타내는 말. ☞빠드득
삐드득-거리다(대다) 자타 자꾸 삐드득 소리가 나다, 또는 그런 소리를 내다. ☞빠드득거리다
삐드득-삐드득 부 삐드득거리는 소리를 나타내는 말. ☞빠드득빠드득
삐딱-거리다(대다) 자 물체가 이리저리 끼울다. ☞비딱거리다. 빼딱거리다
삐딱-삐딱[1] 부 물체가 이리저리 끼우는 모양을 나타내는 말. ☞비딱비딱[1]. 빼딱빼딱[1]
삐딱-삐딱[2] 부-하다 형 여럿이 다 한쪽으로 비스듬하게 끼울어 있는 모양을 나타내는 말. ☞비딱비딱[2]. 빼딱빼딱[2]
삐딱-하다 형여 한쪽으로 비스듬하게 끼울어 있다. ☞비딱하다. 빼딱하다
 삐딱-이 부 삐딱하게 ☞비딱이. 빼딱이
삐뚜로 부 삐뚤어지게 ☞비뚜로. 빼뚜로
삐뚜름-하다 형여 물체가 조금 삐뚤거나 삐뚤어진듯 하다. ☞비뚜름하다. 빼뚜름하다
 삐뚜름-히 부 삐뚜름하게 ☞비뚜름히. 빼뚜름히
삐뚝-거리다(대다) 자 삐뚝삐뚝 끼울다. ☞비뚝거리다. 빼뚝거리다
삐뚝-삐뚝 부 균형이 잡히지 아니하여 이쪽저쪽으로 끼우뚱끼우뚱 하는 모양을 나타내는 말. ☞비뚝비뚝
삐뚤-거리다(대다) 자 물체가 이리저리 끼울며 움직이다. ☞비뚤거리다. 빼뚤거리다
삐뚤다 (삐뚤고·삐뚜니) 형 ①물체가 바르지 못하고 한쪽으로 끼울어져 있다. ¶삐뚤게 걸린 그림. ②생각 따위가 바르지 아니하고 매우 꼬여 있다. ¶성미가 -. ☞비뚤다. 빼뚤다
삐뚤-빼뚤[1] 부 삐뚤거리고 빼뚤거리는 모양을 나타내는 말. ☞비뚤배뚤[1]
삐뚤-빼뚤[2] 부-하다 형 삐뚤고 빼뚠 모양을 나타내는 말. ☞비뚤배뚤[2]
삐뚤-삐뚤[1] 부 삐뚤거리는 모양을 나타내는 말. ¶차가 - 나아간다. ☞비뚤비뚤[1]. 빼뚤빼뚤[1]
삐뚤-삐뚤[2] 부-하다 형 선이나 줄 따위가 곧지 않고 이리저리 꾸부러져 있는 모양을 나타내는 말. ¶줄이 -하다. ☞비뚤비뚤[2]. 빼뚤빼뚤[2]
삐뚤어-지다 자 ①물체가 바르지 아니하고 한쪽으로 끼울어지다. ¶입이 -. ②생각 따위가 그릇된 쪽으로 매우 꼬이다. ¶성격이 -. ☞비뚤어지다. 빼뚤어지다
삐뚤-이 명 ①몸의 한 부분이 삐뚤어진 사람. ②마음이 삐뚤어진 사람. ③삐뚤어진 물건. ☞비뚤이
삐삐 부 비틀리도록 몹시 여윈 모양을 나타내는 말. ¶- 마른 게 정말 안쓰럽다. ☞빼빼
삐악 부 병아리가 크게 우는 소리를 나타내는 말. ☞비악
삐악-삐악 부 병아리가 자꾸 크게 우는 소리를 나타내는 말. ☞비악비악
삐주룩-삐주룩 부-하다 형 여럿이 다 삐주룩한 모양을 나타내는 말. ☞비주룩비주룩. 빼주룩빼주룩
삐주룩-하다 형여 물체의 끝이 쑥 내밀려 있다. ¶삐주룩하게 돋은 싹. ☞비주룩하다. 빼주룩하다
 삐주룩-이 부 삐주룩하게 ☞비주룩이. 빼주룩이
삐죽[1] 부 ①얼굴이나 물체의 모습만 덜렁 드러내는 모양을 나타내는 말. ¶얼굴만 - 내밀었다. ②무엇이 몹시 못마땅하거나 하여 입을 내미는 모양을 나타내는 말. ¶입을 - 하며 불만을 나타내다. ☞비죽[1]. 빼죽[1]
삐죽[2] 부-하다 형 물체의 일부가 쀼죽하게 내밀려 있는 모양을 나타내는 말. ☞비죽[2]. 빼죽[2]
 삐죽-이 부 삐죽하게 ☞비죽이. 비쭉이. 빼죽이. 삐쭉이
삐죽-거리다(대다) 타 언짢거나 울음을 참으려 할 때 입을 자꾸 삐죽 내밀다. 삐죽이다 ☞비죽거리다
삐죽-삐죽[1] 부 삐죽거리는 모양을 나타내는 말. ☞비죽

삐죽-삐죽[2] 부 -하다 형 여러 군데가 뾰죽하게 내밀려 있는 모양을 나타내는 말. ☞비죽비죽[2]. 빼족빼족[2]
삐죽-이다 타 삐죽거리다 ☞비죽이다
삐쭉[1] 부 ①얼굴이나 물체의 모습만 슬쩍 드러내는 모양을 나타내는 말. ¶모임에 얼굴만 – 비쳤다. ②무엇이 몹시 못마땅하거나 하여 입을 쑥 내미는 모양을 나타내는 말. ☞비쭉[1]
삐쭉[2] 부 -하다 형 물체의 일부가 뾰쭉하게 내밀려 있는 모양을 나타내는 말. ¶ – 솟아 나온 돌부리. ☞비쭉[2]
삐쭉-이 부 삐쭉하게 ☞비죽이. 비쭉이. 빼쭉이. 삐죽이
삐쭉-거리다(대다) 타 언짢거나 울음을 참으려 할 때 입을 자꾸 삐쭉 내밀다. 삐쭉이다 ☞비쭉거리다
삐쭉-삐쭉[1] 부 삐쭉거리는 모양을 나타내는 말. ¶입을 – 하면서 울상이 되었다. ☞비쭉비쭉[1]
삐쭉-삐쭉[2] 부 -하다 형 여러 군데가 뾰쭉하게 내밀려 있는 모양을 나타내는 말. ☞비쭉비쭉[2]
삐쭉-이다 타 삐쭉거리다 ☞비쭉이다
삐:치다[1] 자 ①지치어 몸이 느른하고 기운이 없어지다. ¶먼 길을 오느라 삐쳤다. ②마음에 마땅찮거나 성이 나서 토라지다. ¶내 동생은 내 말에 잘 삐친다.
삐:치다[2] 타 한자의 삐침 획을 긋다.
삐친-석삼(－彡) 명 한자 부수(部首)의 한 가지. '形'·'彩'·'影' 등에서 '彡'의 이름. 터럭삼
삐:침 명 ①한자 부수(部首)의 한 가지. '乃'·'乂'·'乎' 등에서 'ノ'의 이름. ②한자 자획(字畫)의 한 가지. '九'·'加' 등에서 'ノ'을 이름. ☞오른갈고리
삐트적-거리다(대다) 자 느리게 삐틀거리다. ☞비트적거리다. 빼트작거리다. 삐틀거리다
삐트적-삐트적 부 느리게 삐틀거리는 모양을 나타내는 말. ☞비트적비트적. 빼트작빼트작. 삐틀삐틀
삐틀 부 몸을 가누지 못하고 쓰러질듯이 끼우뚱 하는 모양을 나타내는 말. ☞비틀. 빼틀
삐틀-거리다(대다) 자 삐틀삐틀 움직이다. ☞비틀거리다. 빼틀거리다. 삐트적거리다
삐틀-삐틀 부 정신이 어찔어찔하거나 기운이 빠져 몸을 가누지 못하고 이리저리 발을 헛디디는 모양을 나타내는 말. ☞비틀비틀. 빼틀빼틀. 삐트적삐트적
삑 부 ①급자기 높고 날카롭게 지르는 소리를 나타내는 말. ②기적(汽笛)과 같이 높고 날카롭게 나는 소리를 나타내는 말. ☞빽
삑-삑 부 ①자꾸 급자기 높고 날카롭게 지르는 소리를 나타내는 말. ②자꾸 기적(汽笛)과 같이 높고 날카롭게 나는 소리를 나타내는 말. ☞빽빽
삑삑-거리다(대다) 자 자꾸 삑삑 소리가 나다. ☞빽빽거리다
삔둥-거리다(대다) 자 삔둥삔둥 게으름을 피우다. ☞빈둥거리다
삔둥-삔둥 부 하는 일 없이 몹시 게으르게 지내는 모양을 나타내는 말. ☞빈둥빈둥. 핀둥핀둥
삔들-거리다(대다) 자 삔들삔들 놀다. ☞빈들거리다
삔들-삔들 부 하는 일이 없이 매우 밉살스레 노는 모양을 나타내는 말. ☞빈들빈들. 핀들핀들
삘기 명 띠의 새로 돋아난 순. ☞띠[5]
삘기-살 명 소의 족바디나 쥐머리에 붙은 살.
삥 부 ①제자리에서 빨리 한 바퀴 도는 모양을 나타내는 말. ②어떤 둘레를 빨리 한 바퀴 도는 모양을 나타내는 말. ③어떤 둘레를 멀찍이 둘러싸거나 둘러싼 모양을 나타내는 말. ④무엇을 끼고 휘우듬하게 돌아서 가는 모양을 나타내는 말. ☞빙. 뺑. 핑
삥그레 부 입을 벌릴듯 말듯 하면서 소리 없이 밝게 웃는 모양을 나타내는 말. ☞빙그레. 뺑그레. 뺑그레
삥그르르 부 미끄러지듯이 빠르게 한 바퀴 도는 모양을 나타내는 말. ☞빙그르르. 뺑그르르. 핑그르르
삥글-거리다(대다) 자 삥글삥글 웃다. ☞빙글거리다. 뺑글거리다. 뺑글거리다. 삥실거리다. 씽글거리다
삥글-삥글[1] 부 자꾸 삥그레 웃는 모양을 나타내는 말. ☞빙글빙글[1]. 뺑글뺑글[1]. 뺑글뺑글
삥글-삥글[2] 부 물체가 빠르게 자꾸 돌아가는 모양을 나타내는 말. ¶팔랑개비가 – 돈다. ☞빙글빙글[2]
삥긋 부 입을 벌릴듯 말듯 하면서 소리 없이 밝게 잠깐 웃는 모양을 나타내는 말. 삥긋이 ☞빙긋. 빙끗. 뺑긋. 뺑긋. 뺑끗. 뺑싯. 씽긋
삥긋-거리다(대다)[－귿－] 자 삥긋삥긋 웃다. ☞빙긋거리다. 빙끗거리다. 뺑긋거리다. 뺑긋거리다
삥긋-삥긋[－귿－] 부 자꾸 삥긋 웃는 모양을 나타내는 말. ☞빙긋빙긋. 빙끗빙끗. 뺑긋뺑긋. 뺑긋뺑긋
삥긋-이 부 삥긋 ☞빙긋이. 빙끗이. 뺑긋이
삥끗 부 입을 벌릴듯 말듯 하면서 소리 없이 환하게 잠깐 웃는 모양을 나타내는 말. 삥끗이 ☞빙긋. 빙끗. 뺑끗. 뺑끗. 뺑긋. 씽끗
삥끗-거리다(대다)[－끋－] 자 삥끗삥끗 웃다. ☞빙긋거리다. 빙끗거리다. 뺑끗거리다. 뺑끗거리다
삥끗-삥끗[－끋－] 부 자꾸 삥끗 웃는 모양을 나타내는 말. ☞빙긋빙긋. 빙끗빙끗. 뺑끗뺑끗. 뺑끗뺑끗
삥끗-이 부 삥끗 ☞빙긋이. 빙끗이. 뺑끗이
삥등-그리다 타 고개를 모로 틀면서 싫다는 뜻을 나타내어 보이다. ☞빼당그리다
삥-삥 부 ①제자리에서 빨리 자꾸 도는 모양을 나타내는 말. ②어떤 둘레를 빨리 자꾸 도는 모양을 나타내는 말. ¶자전거를 타고 운동장을 – 돈다. ☞빙빙
삥시레 부 입을 벌릴듯 말듯 하면서 소리 없이 순박하게 웃는 모양을 나타내는 말. ☞빙시레. 뺑시레. 뺑시레
삥실-거리다(대다) 자 삥실삥실 웃다. ☞빙실거리다
삥실-삥실 부 자꾸 삥시레 웃는 모양을 나타내는 말. ☞빙실빙실. 뺑실뺑실. 뺑실뺑실
삥싯 부 입을 벌릴듯 말듯 하면서 소리 없이 순박하게 잠깐 웃는 모양을 나타내는 말. ☞빙싯. 뺑싯. 뺑싯
삥싯-거리다(대다)[－싣－] 자 삥싯삥싯 웃다. ☞빙싯거리다. 뺑싯거리다. 뺑싯거리다. 뺑긋거리다
삥싯-삥싯[－싣－] 부 자꾸 삥싯 웃는 모양을 나타내는 말. ☞빙싯빙싯. 뺑싯뺑싯. 뺑싯뺑싯

ㅂ

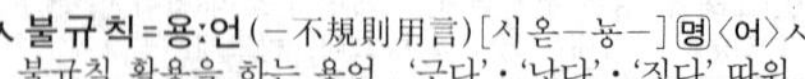

ㅅ 불규칙=용:언(ㅡ不規則用言)[시옫-뇽-] 명 〈어〉ㅅ 불규칙 활용을 하는 용언. '긋다'·'낫다'·'짓다' 따위.

ㅅ 불규칙=활용(ㅡ不規則活用)[시옫-] 명 〈어〉용언이 활용할 때 어간의 받침 'ㅅ'이 모음 어미 앞에서 빠지는 활용. '짓다'가 '짓고·지으니'로 '낫다'가 '낫고·나으니'로 되는 따위.

사[1] 명 사뜨기

사[2] 명 서양 음악의 장음계 다섯째(단음계 일곱째) 음계 이름 '지(G)'에 해당하는 우리말 음계 이름. 이탈리아 음계 이름 '솔(sol)'에 해당함.

사(士) 명 장기에서, '士' 자로 나타낸 장기짝의 하나. 한 편에 두 개씩 있으며, 궁밭 안에서만 한 칸씩 움직이면서 장(將)을 지킴. ☞마(馬). 졸(卒)

사(巳) 명 ①십이지(十二支)의 여섯째. ②'사방(巳方)'의 준말. ③'사시(巳時)'의 준말.

한자 **여섯째 지지 사**(巳) 〔己部〕 ¶ 사년(巳年)/사시(巳時)/을사(乙巳)/정사(丁巳)

사:(死) 명 죽음 ¶ 생(生)과 ㅡ의 갈림길. ☞생(生)

사(私) 명 ①사사로운 일. 자기의 한 몸이나 한 집에 관한 일. ¶ 공(公)과 ㅡ를 구별하다. ②개인적인 이익만을 생각하는 일. ¶ ㅡ를 두다./ㅡ를 보다. ☞공(公)

사(邪) 명 ①바르지 아니한 일. ¶ 정(正)과 ㅡ. ☞정(正) ②'사기(邪氣)'의 준말. ¶ ㅡ가 끼다. ③한방에서, 바람·추위·더위·습기 등 병이 나게 하는 나쁜 기운을 이르는 말.

사:(使) 명 ①고려 시대의 관직의 하나. ②조선 시대, 외관직(外官職)의 하나. 대도호부·도호부·목(牧) 등에 파견되었던 사신을 이름.

사(社) 명 '회사(會社)'·'신문사(新聞社)' 등의 준말. ¶ ㅡ의 방침./ㅡ에서 퇴근하다.

사(砂) 명 풍수지리에서, 혈(穴) 주위의 형세를 이르는 말.

사:(射) 명 육예(六藝)의 하나. 활을 쏘는 기술. 궁술(弓術) ☞사기(射技). 사예(射藝)

사(師) 명 '사괘(師卦)'의 준말.

사(紗) 명 여름 옷감으로 쓰는 얇고 발이 성긴 비단. 숙고사·생고사·갑사 따위.

사:(赦) 명 '사전(赦典)'의 준말.

사(詞) 명 ①시가(詩歌) ②중국 당(唐)나라와 송(宋)나라 때 유행했던 운문(韻文)의 한 형식.

사(辭) 명 한문 문체의 한 가지. 부(賦)와 비슷하며 운문적 요소가 짙은 문체임. '귀거래사(歸去來辭)' 따위.

사:(四) 수 수의 한자말 이름의 하나. 삼(三)에 일(一)을 더한 수. ☞넷
관 단위를 나타내는 말 앞에 쓰이어 ①수량이 넷임을 나타냄. ②차례가 넷째임을, 또는 횟수가 네 번째임을 나타냄. ☞네

사(沙) 수 소수(小數) 단위의 하나. 섬(纖)의 10분의 1, 진(塵)의 열 곱절.

사(絲) 수 소수(小數) 단위의 하나. 모(毛)의 10분의 1, 홀(忽)의 열 곱절.

-사(士) 《접미사처럼 쓰이어》 '주로 일을 중심으로 그 일을 전문으로 하는 사람'임을 나타냄. ¶ 변호사(辯護士)/회계사(會計士)/비행사(飛行士)

-사(史) 《접미사처럼 쓰이어》 '역사(歷史)'의 뜻을 나타냄. ¶ 민족사(民族史)/정신사(精神史)/동양사(東洋史)/현대사(現代史)

-사(事) 《접미사처럼 쓰이어》 '일'의 뜻을 나타냄. ¶ 관심사(關心事)/세상사(世上事)/중대사(重大事)

-사(師) 《접미사처럼 쓰이어》 '주로 상대하는 사람을 중심으로 그 일을 전문으로 하는 사람'임을 나타냄. ¶ 이발사(理髮師)/미용사(美容師)/요리사(料理師)

-사(辭) 《접미사처럼 쓰이어》 ①주로 '인사의 말씀'의 뜻을 나타냄. ¶ 개회사(開會辭)/송별사(送別辭)/주례사(主禮辭)/취임사(就任辭)/환영사(歡迎辭) ②'허사(虛辭)'의 뜻을 나타냄. ¶ 접미사(接尾辭)

사:가(史家) 명 '역사가(歷史家)'의 준말.

사가(私家) 명 사삿집

사가(*查家) 명 사돈집

사가(師家) 명 스승의 집.

사:가(賜暇) 명 -하다 자 지난날, 나라에서 관원에게 휴가를 주던 일, 또는 그 휴가.

사가-댁(*查家宅)[-땍] 명 '사돈집'의 높임말. 사돈댁

사각 부 싱싱한 배나 사과 따위를 가볍게 씹을 때 나는 소리, 또는 그 모양을 나타내는 말. ☞서걱

사:각(四角) 명 ①네모 ②'사각형(四角形)'의 준말.

사:각(史閣) 명 조선 시대, 사고(史庫) 안의 실록(實錄)을 넣어 두던 곳.

사:각(死角) 명 ①총포(銃砲)의 사정거리 안이기는 하나, 장애물이나 총포의 위치 따위로 말미암아 목표물을 맞힐 수 없는 범위나 각도. ②시계(視界)에서 벗어나는 범위나 각도. ¶ ㅡ에 들다. ③관심이나 영향이 미치지 못하는 범위를 비유하여 이르는 말. ¶ 인권의 ㅡ 지대.

사각(射角) 명 총포(銃砲)의 사선(射線)이 수평면과 이루는 각도. 발사각(發射角)

사각(斜角) 명 '빗각'의 구용어.

사각(寫角) 명 영화나 텔레비전, 사진 따위에서 피사체(被寫體)에 대한 카메라의 촬영 각도. 카메라앵글(camera angle) ▷ 寫의 속자는 写

사각-거리다(대다) 자타 사각사각 소리가 나다, 또는 그런 소리를 내다. ☞서걱거리다. 싸각거리다

사:각-건(四角巾) 명 부모상을 당한 상제가 소렴(小殮) 때부터 성복(成服) 때까지 쓰는 두건. 베로 위를 막지 않고 네모지게 만듦.

사각-근(斜角筋) 명 목 부위에 있는 근육. 목의 앞뒤와 가운데의 세 근육으로, 목에서 시작되어 위쪽 늑골에 이어짐. 늑골을 들어 올려 가슴을 넓힘으로써 숨을 들이쉬는 일을 돕는 작용을 함.

사:각-기둥(四角ㅡ) 명 밑면이 사각형인 각기둥.

사:각-모(四角帽) 명 '사각모자'의 준말.

사:각-모자(四角帽子) 명 윗면이 네모진 모자. 대학 졸업식, 학위 수여식 등에서 가운(gown)을 입고 씀. 사방모자(四方帽子) 준 각모(角帽). 사각모

사:각-문(四閣門·四脚門) 명 기둥이 네 개로 된 대문.

사:각-뿔(四角ㅡ) 명 밑면이 사각형인 각뿔. 네모뿔

사각-사각 부 ①싱싱한 배나 사과 따위를 잇달아 가볍게 씹을 때 나는 소리, 또는 그 모양을 나타내는 말. ¶ 배가 ㅡ 씹힌다. ②종이나 낙엽 따위가 잇달아 서로 가볍게 스칠 때 나는 소리, 또는 그 모양을 나타내는 말. ¶ 가랑잎이 바람에 날려 ㅡ 소리를 낸다. ☞서걱서걱. 싸각싸각

사각사각-하다 형여 사과나 배 따위가 씹히는 감촉이 물이 많고 연하다. ¶ 사각사각한 배. ☞서걱서걱하다

사:각-정(四角亭) 명 사모정

사:각-주(四角柱)명 '사각기둥'의 구용어.
사각-주(斜角柱)명 '빗각기둥'의 구용어.
사:각-추(四角錐)명 '사각뿔'의 구용어.
사:각=치:부(四脚置簿)명 사개다리 치부
사:각-팔방(四角八方)명 모든 방면. 사방팔방
사:각-형(四角形)명 네 선분으로 에워싸인 평면 도형. 네모꼴. 사변형(四邊形) 준각형(角形). 사각(四角)
사간(司諫)명 조선 시대, 삼사(三司)의 하나인 사간원의 종삼품 관직.
사:간(死諫)명-하다타 죽음을 무릅쓰고 간(諫)함.
사간(射干)명 한방에서, 범부채의 뿌리줄기를 약재로 이르는 말. 어혈(瘀血)이나 편도선염 따위에 쓰임.
사간-원(司諫院)명 조선 시대, 삼사(三司)의 하나. 임금에게 간하는 일을 맡아보던 관아. 준간원(諫院)
사갈명 지난날, 산이나 얼음판 등에서 미끄러지지 않도록 굽에 못을 박아 신던 나막신.
사갈(蛇蠍)명 ①뱀과 전갈을 아울러 이르는 말. ②몹시 싫어하는 대상을 비유하여 이르는 말.
사갈-시(蛇蠍視)[-씨]명-하다타 뱀이나 전갈처럼 여기어 몹시 싫어함.
사감(私感)명 사사로운 감정.
사감(私憾)명 사사로운 일로 품게 된 서운한 느낌.
사감(舍監)명 ①기숙사에서 기숙생들의 생활을 보살피는 사람. ②지난날, 궁방(宮房)의 논밭을 관리하던 사람.
사:강-웅예(四強雄蕊)명 여섯 개의 수술 가운데서 네 개는 길고 두 개는 짧은 수술. 겨잣과의 꽃에서 볼 수 있음. ☞이강웅예(二強雄蕊)
사:개명 ①상자 따위의 모서리가 꼭 물리도록, 두 널빤지의 끝을 들쭉날쭉하게 오려 낸 부분, 또는 그런 짜임새. ②잇거나 잇대어 박는 나무가 서로 맞물리도록 물리는 끝을 들쭉날쭉 다듬은 자리, 또는 그렇게 맞물린 짜임새.
사개가 맞다관용 ①사개의 이가 꼭 맞아서 빈틈이 없다. ②말이나 사리(事理)의 앞뒤 관계가 딱 들어맞다.
사개를 물리다관용 사개의 이가 꼭 맞게 맞물려 있도록 하다.
사:개다리=치:부(四介-置簿)명 우리 나라에서 발달한 독특한 부기법(簿記法). 고려의 수도였던 개성을 중심으로 쓰여온 데서 '개성 부기(開城簿記)'라고도 함. 오늘날의 복식 부기(複式簿記)와 근본 원리가 같음. 사각 치부(四脚置簿) 준사개 치부
사:개=대:승(四個大乘)명 불교에서, 화엄종(華嚴宗)·천태종(天台宗)·진언종(眞言宗)·선종(禪宗) 등 대승 불교의 네 종파(宗派)를 이르는 말.
사:개-맞춤[-맏-]명 기둥머리에 사개를 내어 보나 도리를 맞추는 일.
사:개-촉(-鏃)명 화통가지
사:개=치:부(四介置簿)명 '사개다리 치부'의 준말.
사:개-통명 기둥머리에 도리가 서로 물리게 만든 부분.
사:객(使客)명 지난날, 큰길을 낀 고을의 수령이 외국으로 가는 봉명 사신(奉命使臣)을 높이어 이르던 말.
사객(詞客)명 시문(詩文)을 잘 짓는 사람, 곧 '문인(文人)'을 이르는 말.
사:객(謝客)명-하다자 찾아온 손을 만나 주지 아니함.
사갱(斜坑)명 광산의 갱구(坑口)에서 땅 속으로 비스듬하게 파 내려간 갱도(坑道).
사:거(死去)명-하다자 세상을 떠남. 죽음. 사망(死亡) 높서거(逝去)
사거(絲車)명 물레에 딸린 바퀴. 물레바퀴
사거(辭去)명-하다자 작별 인사를 하고 떠남.
사:-거리(四-)명 한곳에서 길이 네 방향으로 갈라져 나간 곳, 또는 그러한 거리. 네거리
사-거:리(射距離)명 총구(銃口)나 포구(砲口)로부터 탄알이 떨어지는 곳까지의 수평 거리.
사:건(事件)[-껀]명 ①범죄나 사고, 소요(騷擾) 등 세상의 이야깃거리가 될만 한 일. ¶강도 -/충돌 -/유괴 - ②'소송 사건(訴訟事件)'의 준말. ¶형사(刑事) -
사건(紗巾)명 깁으로 만든 두건(頭巾).
사검(査檢)명-하다타 실상을 살피어 조사함. 검사(檢査)
사:겁(四劫)명 불교에서, 세계의 성립으로부터 파멸에 이르는 네 시기, 곧 세계가 성립하는 기간인 성겁(成劫), 세계가 이어지는 기간인 주겁(住劫), 세계가 멸망에 이르는 기간인 괴겁(壞劫), 다음 세계가 성립하기까지의 아무 것도 없는 기간인 공겁(空劫)을 이르는 말. 네겁
사격(寺格)명 절의 자격이나 등급. 본사(本寺)·별원(別院)·말사(末寺) 따위가 있음.
사격(射擊)명-하다타 총이나 대포 따위를 쏨.
사격=경:기(射擊競技)명 사격장에서, 정해진 총기와 탄약으로 일정한 목표를 쏘아 그 득점을 겨루는 경기.
사격-권(射擊圈)명 총포를 쏘아 목표물을 맞힐 수 있을만한 범위.
사격-수(射擊手)명 사격하는 사람. ☞사수(射手)
사격-술(射擊術)명 사격하는 기술. ☞사기(射技)
사격-장(射擊場)명 사격 연습을 위하여 표적 따위의 시설을 갖추어 놓은 곳. ☞사장(射場)
사견(私見)명 공적(公的)인 견해가 아닌, 자기의 개인적인 생각. 자기 한 사람의 의견.
사견(邪見)명 ①옳지 못한 생각. ②불교에서, 인과(因果)의 도리를 무시한 그릇된 생각을 이르는 말.
사견(絲繭)명 실을 뽑는 데 쓰이는 고치. ☞종견(種繭)
사결(辭訣)명-하다자 작별의 인사를 함.
사:경(四更)명 지난날, 하루의 밤 시간을 다섯으로 등분한 넷째 시간. 지금의 오전 한 시부터 오전 세시까지의 동안. 정야(丁夜) ☞오경(五更). 오야(五夜)
사:경(四京)명 고려 시대의 네 서울인 남경(南京 ; 서울)·동경(東京 ; 경주)·중경(中京 ; 개성)·서경(西京 ; 평양)을 아울러 이르는 말.

사:경(四經)명 ①시경(詩經)·서경(書經)·역경(易經)·춘추(春秋)의 네 경서를 아울러 이르는 말. ②좌씨춘추(左氏春秋)·곡량춘추(穀梁春秋)·고문상서(古文尙書)·모시(毛詩)의 네 경서를 아울러 이르는 말.
사:경(四境)명 사방의 경계. 사방의 국경(國境).
사:경(死境)명 죽음에 이른 상태. 죽게 된 지경. ¶-을 헤맨다./가까스로 -을 벗어났다.
사경(私耕)명 ①사래[1] ②새경
사경(私徑)명 공정하지 못하고 사사로이 통하는 방편(方便). 곡경(曲徑)
사경(砂耕)명 사경법(砂耕法)
사경(査經)명-하다자 개신교에서, 교인들이 모여서 성경을 공부하는 일.
사경(斜徑)명 비탈길
사경(斜頸)명 머리가 한쪽으로 기우는 병적 상태. 목 부분의 피부·근육·신경·관절의 이상으로 생김.
사:경(寫經)명-하다자 불교에서, 세상에 널리 퍼뜨리거나 공양을 위하여 불경을 베끼는 일, 또는 그 베낀 경문.
사경견:폐성(蛇驚犬吠聲) 원진살(元嗔煞)의 하나. 궁합에서, 뱀띠는 개띠를 꺼림을 이르는 말. ☞서기양두각(鼠忌羊頭角)
사경-답(私耕畓)명 사래논
사경-법(砂耕法)[-뻡]명 깨끗한 모래에 배양액을 주어서 채소 따위의 식물을 가꾸는 방법. 사경(砂耕)
사경-전(私耕田)명 사래밭
사-경제(私經濟)명 개인이나 회사, 조합 등의 사법인(私法人)이 영위하는 경제. 곧 민간 경제를 가리킴. 공경제(公經濟)
사:경-추(四更-)명 사경추니
사:경-추니(四更-)명 보통 닭보다 일찍 사경쯤에 우는 닭. 사경추
사경-회(査經會)명 개신교에서, 교인들이 모여 성경을 공부하는 모임.
사:계(四季)명 ①봄·여름·가을·겨울의 네 철. 사시(四時). 사시절(四時節). 사철 ②'사계삭(四季朔)'의 준말. ③'사계화(四季花)'의 준말.
사:계(四界)명 ①천계(天界)·지계(地界)·수계(水界)·양계(陽界)의 네 세계. ②불교에서, 땅·물·불·바람

의 네 원소(元素)를 이르는 말. 모든 물체는 이 네 가지로 이루어진다고 함. 사대(四大)

사:계(四計)명 자신의 인생을 충실히 하기 위한 네 가지 계획. 곧 하루의 계획은 새벽에, 한 해의 계획은 봄에, 일생의 계획은 부지런함에, 한 집안의 계획은 화목함에 있다는 말. 중국 명(明)나라 때의 책 '월령광의(月令廣義)'에 나오는 말임.

사계(司計)명 대한 제국 때, 육군(陸軍)의 회계 사무를 맡아보던 관리.

사계(沙界)명 불교에서, 인도의 갠지스 강, 곧 항하(恒河)의 모래만큼이나 수많은 세계를 이르는 말.

사계(私計)명 ①자기의 생각이나 계획. ②사리(私利)를 꾀하는 계획.

사계(邪計)명 바르지 못한 계책. 나쁜 계책.

사:계(事戒)명 불교에서, 모든 계행(戒行)을 지키는 일.

사계(射界)명 사격할 수 있는 범위. 쏜 탄알이 미치는 범위를 이름. ¶목표물이 ― 안에 들어왔다.

사계(射稧)명 활을 쏘려고 사정(射亭)에 든 사람들로 이루어진 단체.

사:계(捨戒)명-하다자 불교에서, 중이 받은 계율을 버리고 지키지 아니함을 이르는 말.

사계(詐計)명 남을 속이는 꾀.

사계(斯界)명 이 사회. 이 분야. 이 방면 ¶―의 권위자.

사:계-도(四季圖)명 병풍 따위에 봄·여름·가을·겨울의 독특한 풍경을 그린 그림.

사:-계:명(四誡命)명 천도교(天道教)의 네 계명. 약속을 어기지 말 것, 물욕(物慾)에 빠지지 말 것, 헛된 말로 세상을 어지럽히지 말 것, 하늘을 속이지 말 것의 네 가지.

사:계-삭(四季朔)명 음력으로 네 철의 마지막 달. 곧 음력 삼월·유월·구월·섣달을 이르는 말. 준 사계(四季)

사계=편사(射稧便射)명 지난날, 사정(射亭)의 사원(射員)들이 편을 갈라 활 솜씨를 서로 겨루던 일.

사:계-화(四季花)명 '월계화(月季花)'의 딴이름. 준 사계

사:고(四苦)명 불교에서 이르는 인생의 네 가지 큰 고통. 곧 생고(生苦)·노고(老苦)·병고(病苦)·사고(死苦)를 이름. 사환(四患)

사:고(四顧)명-하다자 ①사방을 돌아봄. ②부근. 주변

사:고(史庫)명 고려 시대 말기부터 조선 시대 후기까지, 역대(歷代)의 실록(實錄)과 시정기(時政記) 등 나라의 중요한 문헌을 보관하던 서고(書庫).

사:고(死苦)명 불교에서 이르는 사고(四苦) 또는 팔고(八苦)의 하나. 사람으로서 벗어날 수 없는 죽음의 고통을 이름. ☞노고(老苦)

사고(私考)명 자기 혼자의 생각. 자기 나름의 의견.

사고(私稿)명 개인의 원고. 자기의 원고. 사초(私草)

사:고(社告)명 회사나 신문사 등에서 내는 광고.

사:고(事故)명 뜻밖에 일어난 궂은 일. ¶자동차 ―/항공기 추락 ―/―가 나다.

사고(思考)명-하다타 ①생각함, 또는 그 생각. ②철학에서, 주위의 사태에 따라 과제를 해결해 나가는 심적(心的) 과정. ☞사유(思惟)

사:고-결(事故缺)명 사고로 말미암은 결근이나 결석. ☞병결(病缺)

사-고기(私―)명 ①관청의 허가 없이 몰래 잡은 쇠고기를 이르는 말. 사육(私肉) ②여럿이 갈라 가져야 할 것인데, 혼자서 차지한 '그 물건'을 비유하여 이르는 말.

사고-력(思考力)명 사고하는 능력. ¶― 평가 문제

사:고-무(四鼓舞)명 고전 무용의 한 가지. 네 개의 북을 사방에 걸어 놓고 돌아가며 치면서 추는 춤.

사:고무인(四顧無人)성구 주위에 아무도 없어 쓸쓸함을 이르는 말.

사:고무친(四顧無親)성구 의지할만 한 사람이 아무도 없는 처지임을 이르는 말.

사:고-뭉치(事故―)명 걸핏하면 말썽을 일으키거나 사고를 내는 사람을 속되게 이르는 말.

사고=방식(思考方式)명 어떤 문제에 대하여 생각하는 방법과 태도. ¶낡은 ―.

사:고-사(事故死)명 뜻밖의 사고로 목숨을 잃음, 또는 그런 죽음.

사:고=전서(四庫全書)명 청(淸)나라의 건륭제(乾隆帝)의 명에 따라 엮은 중국 최대의 총서(叢書). 3,458종에 79,582권임. 경(經)·사(史)·자(子)·집(集)으로 분류되어 있음.

사:고-팔고(四苦八苦)명 ①사고(四苦)와 팔고(八苦)를 아울러 이르는 말. ②인생의 온갖 괴로움.

사곡(私穀)명 개인이 가진 곡식. ☞공곡(公穀)

사곡(絲穀)명 '사신곡복(絲身穀腹)'의 준말.

사곡(私曲)어기 '사곡(私曲)하다'의 어기(語基).

사곡(邪曲)어기 '사곡(邪曲)하다'의 어기(語基).

사곡-하다(私曲―)형여 사사로운 이익만을 꾀하며 공정하지 못하다.

사곡-하다(邪曲―)형여 요사스럽고 솔직하지 못하다.

사:골(四骨)명 소의 네 다리뼈를 곰거리로 이르는 말. ☞도가니. 쇠족

사:골(死骨)명 죽은 사람의 뼈.

사골(篩骨)명 두개골(頭蓋骨)에 딸린 뼈. 두 눈구멍 사이에 있으며 벌집 모양으로 생겼음.

사:공(四空)명 사방의 하늘.

사공(司空)명 ①고려 시대, 삼공(三公)의 하나. ②조선 시대, 공조 판서(工曹判書)를 달리 이르던 말.

사공(*沙工)명 '뱃사공'의 준말.

속담 **사공이 많으면 배가 산으로 올라간다** : 주장(主掌)되는 사람이 없이 여러 사람이 제각기 이러니저러니 하면 일이 제대로 되지 않음을 이르는 말.

사:과(四科)[―꽈]명 ①공자가 제자들에게 가르친 네 과목, 곧 덕행(德行)·언어(言語)·정사(政事)·문학(文學)을 이르는 말. ②천도교에서, 수도의 네 과정인 성(誠)·경(敬)·신(信)·법(法)을 이르는 말.

사과(沙果)명 사과나무의 열매. 빈파(蘋婆). 평과(苹果)

사과(絲瓜)명 '수세미외'의 딴이름.

사:과(謝過)명-하다타 잘못에 대하여 용서를 빎. ¶잘못을 ―하다.

사과-나무(沙果―)명 장미과의 낙엽 활엽 교목. 높이 3~9m. 잎은 넓은 길둥근 꼴이며 가장자리에 톱니가 있음. 봄에 잎이 나기 전, 엷은 분홍빛의 벚꽃 비슷한 다섯 잎꽃이 가지 끝에 핌. 과실은 여름에서 가을에 걸쳐서 둥글게 익는데 맛은 달고도 심. 중앙 아시아 원산이며, 북반구의 온대와 냉대의 대표적 과실 나무로서 널리 재배되고 있음.

사과-산(沙果酸)명 유기산의 한 가지. 식물체에 널리 분포하는데 사과·매실·복숭아·포도 등의 덜 익은 과실 속에 특히 많음. 무색의 결정으로 물이나 알코올에 녹음. 청량 음료의 신맛을 내는 원료로 쓰임. 능금산

사과-주(沙果酒)명 사과즙을 발효시켜서 만든 술.

사과-즙(沙果汁)명 사과에서 짜낸 신맛이 있는 즙.

사과-참외명 살이 연하고 맛이 달며 물이 많은 참외.

사:과-탕(四―湯)명 소의 뼈도가니·아롱사태·허파·꼬리를 넣어 곤 곰국.

사:관(士官)명 군대에서, 병사와 부사관(副士官)에 상대하여 장교를 이르는 말. 보통 위관급 장교를 이름.

사:관(史官)명 지난날, 사초(史草)를 기록하는 관직, 또는 그 관원을 이르던 말. 고려 시대의 사한(史翰)·공봉(供奉)·수찬(修撰)·검열(檢閱), 조선 시대의 봉교(奉教)·대교(待教)·검열(檢閱) 등. 사신(史臣)

사관(仕官)명-하다자 ①지난날, 하급 관원이 다달이 초하룻날에 상관(上官)을 찾아보던 일. ②관원으로 지냄.

사:관(四館)명 조선 시대, 성균관(成均館)·예문관(藝文館)·승문원(承文院)·교서관(校書館)의 네 관아를 이르던 말.

사:관(史館)명 고려 시대, 시정(時政)의 기록을 맡아보던 관아. 뒤에 예문 춘추관(藝文春秋館)으로 고침.

사:관(四關)명 한방에서, 곽란(癨亂)과 같이 급한 병일 때 기(氣)를 통하게 하기 위하여 침을 놓는 손발의 네 관절의 혈(穴)을 이르는 말.

사관(을) 트다 관용 사관에 침을 놓아 기(氣)를 통하게 하다.

사:관(史觀) 명 역사적 세계의 구조나 그 발전에 대한 체계적인 견해. 본 역사관(歷史觀)

사관(舍館) 명 -하다 자 객지에 얼마 동안 머물러 있기 위하여 남의 집에서 기숙함, 또는 그 집.

사관(査官) 명 지난날, 검사하는 일이나 조사하는 일을 맡아보는 관원을 이르던 말.

사관(蛇管) 명 열의 흡수나 방열 효과를 높이기 위하여 나선형으로 만든 관.

사관(絲管) 명 줄을 타거나 대롱을 불어 소리를 내는 악기라는 뜻으로, '관현(管絃)' 또는 '음악'을 이르는 말.

사관(篩管) 명 체관 ▷ 絲의 속자는 糸

사관-부(篩管部) 명 체관부

사관-청(仕官廳) 명 조선 시대, 포교(捕校)가 포장(捕將)의 집 근처에 머물며 공무를 보던 곳.

사:관=학교(士官學校) 명 육·해·공군의 장교가 될 사람을 교육하는 학교.

사:관=후보생(士官候補生) 명 사관이 되기 위하여 일정한 교육을 받고 있는 사람.

사:광(四光) 명 화투놀이에서, 네 개의 광(光)을 모음으로써 이루어지는 약.

사광(砂鑛) 명 ①하상(河床)이나 바닷가 등에 모래알처럼 가라앉아 쌓여 있는 광상(鑛床). 사광상(砂鑛床) ②사금(砂金)이나 사철(砂鐵)·사석(砂錫) 등과 같이 사광을 이루고 있는 금속광(金屬鑛)을 통틀어 이르는 말.

사광(射光) 명 -하다 자 빛을 내쏨, 또는 그 빛.

사광(斜光) 명 비스듬히 비추는 광선.

사-광:상(砂鑛床) 명 사광(砂鑛)

사-괘(師卦) 명 육십사괘(六十四卦)의 하나. 곤괘(坤卦) 아래 감괘(坎卦)가 놓인 괘로 땅 속에 물이 있음을 상징함. 준 사(師) ☞비괘(比卦)

사:괴-석(四塊石) 명 벽이나 돌담을 쌓는 데 쓰이는, 한 사람의 인부가 네 덩이를 질 수 있을만 한 크기의 돌.

사:교(四敎) 명 ①천태종(天台宗)에서, 석가모니가 일생 동안 한 설법(說法)을 네 종류로 가른 것. 곧 장교(藏敎)·통교(通敎)·별교(別敎)·원교(圓敎)를 이르는 말. ②예기(禮記)의 시(詩)·서(書)·예(禮)·악(樂)의 네 가지 가르침을 이르는 말. ③논어(論語)의 문(文; 학문)·행(行; 실천)·충(忠; 성실)·신(信; 신의)의 네 가지 가르침을 이르는 말. ④주례(周禮)에서 부인(婦人)이 지녀야 할 부덕(婦德)·부언(婦言)·부용(婦容)·부공(婦功)의 네 가지 가르침을 이르는 말. 사덕(四德)

사:교(死交) 명 죽음을 함께할 것을 다짐할 정도로 매우 두터운 사귐.

사교(私交) 명 사사로운 사귐. 개인적인 교제.

사교(邪敎) 명 그릇된 교리(敎理)로써 사람들의 마음을 현혹되게 하며, 사회에 해를 끼치는 종교. 사종(邪宗) ☞정교(正敎)

사:교(社交) 명 -하다 자 사람들이 서로 만나 사귐. 사회 생활에서 이루어지는 교제.

사:교(事敎) 명 불교에서, 본체(本體)와 현상(現象)을 구별하는 가르침을 이르는 말. ☞이교(理敎)

사교(斜橋) 명 경사지게 놓인 다리.

사:교-가(社交家) 명 사교에 익숙한 사람. 사교를 즐기는 사람.

사:교-계(社交界) 명 상류층 사람들이나 저명한 사람들이 만나 사귀는 사회.

사:교=댄스(社交dance) 명 연회나 무도장에서, 사교를 목적으로 남녀가 짝을 지어 경음악에 맞추어서 추는 서양식 춤. 사교춤 준 댄스(dance)

사교-도(邪敎徒) 명 사교를 믿고 따르는 사람.

사:교-병(社交病)[-뼝] 명 성병(性病)

사:교-복(社交服) 명 무도회나 연회 등 사교하는 곳에서 입는 옷을 통틀어 이르는 말.

사:교-성(社交性)[-썽] 명 남과 사귀기를 좋아하는 성질, 또는 남과 잘 사귀는 성질. ¶-이 좋다.

사:교-술(社交術) 명 사교하는 솜씨.

사-교육(私敎育) 명 국가나 공공 단체가 관리·운영하는 제도 교육에 대하여, 사립 학교·학원 등 법인이나 개인의 재원(財源)으로 유지·운영되는 교육을 이르는 말. ☞공교육(公敎育)

사:교-적(社交的) 명 사교를 즐기는 것. 사교술이 좋은 것. ¶-인 성격./-인 수단.

사:교-춤(社交-) 명 사교 댄스

사구(司寇) 명 조선 시대, 형조 판서를 달리 이르던 말.

사:구(四球) 명 포볼

사:구(死句)[-꾸] 명 ①시문에서, 여운(餘韻)이 느껴지지 않는 평범한 시구(詩句). ②선종(禪宗)에서, 범속(凡俗)이 지나쳐서 선미(禪味)는 없이 의미만 통하는 글귀를 이르는 말. ☞활구(活句)

사:구(死球) 명 야구에서, 투수가 던진 공이 타자의 몸에 맞는 일. 히트바이피치트볼

사구(沙丘·砂丘) 명 바람에 날려 온 모래가 쌓여서 이루어진 언덕. ¶해안(海岸) - ▷ 沙·砂는 동자

사구(査究) 명 -하다 타 조사하여 철저히 밝힘.

사구(射毬) 명 고려 후기에서 조선 후기까지 무예의 하나로 이어져 온 경기. 한 사람이 모구(毛毬)를 말에 매어 끌고 달리면, 여러 사람이 말을 타고 따라가면서 촉이 없는 화살로 모구를 쏘아 맞히던 경기임.

사:구일생(四俱一生)[-쌩] 성구 사귀일성(四歸一成)

사구-체(絲毬體) 명 신장의 피질부(皮質部)에 있는, 신동맥(腎動脈)에서 갈라진 모세 혈관이 모여서 실꾸리 모양을 이룬 작은 덩어리. 혈액의 혈구(血球)나 단백질 이외의 성분을 걸러서 오줌을 만듦.

사:국(史局) 명 지난날, 사관(史官)이 사초(史草)를 기록하던 실록청(實錄廳)이나 일기청(日記廳) 따위를 두루 이르던 말.

사:국(事局) 명 일이 되어 가는 형편.

사:군(使君) 명 지난날, 중국에서 천자(天子)의 명으로 파견되는 사신을 높이어 일컫던 말.

사군(師君) 명 '스승'을 높이어 일컫는 말.

사군(嗣君) 명 왕위(王位)를 이은 임금. 사왕(嗣王)

사:군이충(事君以忠) 성구 세속오계(世俗五戒)의 하나. 임금을 충성으로써 섬겨야 한다는 계율.

사:-군자(士君子) 명 학문과 덕행(德行)을 갖추고 인격이 뛰어난 사람을 이르는 말.

사:-군자(四君子) 명 동양화의 소재로 즐겨 쓰이는 매란국죽(梅蘭菊竹), 곧 매화·난초·국화·대나무를 이르는 말, 또는 그것을 그린 그림. 그 고결한 아름다움을 군자에 비유한 말임.

사:-군자(使君子) 명 사군자과의 덩굴성 상록 관목. 높이 6m 안팎. 잎은 길이 10cm 안팎으로 길둥글고 잎자루가 짧으며 마주 남. 여름에 가지 끝에 다섯잎꽃이 피는데, 처음에는 흰빛이었다가 뒤에 분홍빛으로 바뀜. 길이 4cm 안팎의 긴 원뿔 모양의 열매는 흑갈색으로 익으며, 한방에서 구충제로 쓰임. 우리 나라와 동남 아시아, 뉴기니, 타이완 등지에 분포함.

사:군자-탕(四君子湯) 명 한방에서, 인삼·백출(白朮)·백복령(白茯苓)·감초(甘草)를 각각 한 돈쭝씩 넣어서 달인 탕약(湯藥)을 이르는 말. 원기(元氣)와 소화를 돕는 데 쓰임.

사:군지도(事君之道) 명 임금을 섬기는 신하의 도리.

사굴(私掘) 명 -하다 타 남의 무덤을 함부로 파냄.

사굴(蛇窟) 명 뱀의 굴.

사:궁(四窮) 명 살아가기 힘든 네 가지의 불행한 처지라는 뜻으로, 늙은 홀아비와 홀어미, 부모 없는 아이, 자식 없는 늙은이를 이르는 말.

사권(私權)[-꿘] 명 사법상(私法上) 인정되고 있는 권리. 재산권·신분권·인격권·사원권 따위. ☞공권(公權)

사권-화(絲圈花) 명 철사에 깁을 감아 가지로 하고, 비단으로 꽃을 만들어 붙인 조화(造花).

사:-궤:장(賜几杖) 명 조선 시대, 늙어서 관직에서 물러나는 중신(重臣)에게 임금이 안석(案席)과 지팡이를 선물

로 주던 일.

사귀(邪鬼)명 요사스러운 귀신. 사매(邪魅)

사귀다자타 서로 얼굴을 익히고 가까이 지내다. ¶새로 사귀게 된 친구./오래 사귀어 온 이웃.

속담 **사귀어야 절교(絕交)하지** : 서로 관계가 없다면 정의(情誼)가 상할 일도 없다는 말. 또는 원인 없는 결과는 있을 수 없다는 말.

한자 **사귈 교**(交) 〔亠部 4획〕 ¶교분(交分)/교우(交友)/교제(交際)/절교(絕交)/친교(親交)

사:귀신속(事貴神速)성구 무슨 일을 함에는 신속함이 가장 좋다는 말.

사:귀일성(四歸一成)[-썽]성구 넷이 모여 하나가 되는 일을 이르는 말. 목화 너 근이 솜 한 근으로 되거나, 수삼(水蔘) 너 근이 건삼(乾蔘) 한 근으로 되는 따위. 사구일생(四俱一生)

사귐명 사귀는 일. 교제(交際)

사귐-성(-性)[-썽]명 남과 어울려 잘 사귀는 성품. ¶-이 좋다.

사규(寺規)명 절의 규칙.

사:규(社規)명 회사(會社)의 규칙.

사그라-뜨리다(트리다)타 사그라지게 하다. ¶화를 -.

사그라-지다자 삭아서 없어지다. ¶불길이 -.

사그랑-이명 다 삭아 못 쓰게 된 물건.

사그랑-주머니명 다 삭은 주머니라는 뜻으로, 거죽 모양만 남고 속은 다 삭은 물건을 이르는 말.

사-그릇(沙-)명 '사기그릇'의 준말.

사:극(四極)명 동서남북의 맨 끝.

사:극(史劇)명 '역사극(歷史劇)'의 준말.

사극(私隙)명 개인 사이에 생긴 틈이나 불화(不和).

사극(伺隙)명-하다자 기회나 틈을 엿봄.

사:근(四近)명 가까운 사방. 근방(近方). 근처(近處)

사:근(事根)명 일의 근본. 사본(事本)

사근사근-하다형여 ①성질이나 태도가 보드랍고 싹싹하다. ②배나 사과처럼 씹히는 맛이 좀 연하고 시원하다. ☞서근서근하다

사근사근-히부 사근사근하게

사근-주(莎根酒)명 한방에서, 향부자(香附子)의 뿌리를 넣어 담근 술을 이르는 말. 건위제(健胃劑)나 진해제(鎮咳劑)로 쓰임.

사글-세[-쎄]명 남의 집이나 방을 빌려 살면서 다달이 내는 세. 월세(月貰)

사글셋-방[-쎗-]명 사글세를 내고 빌려 쓰는 방.

사글셋-집[-쎗-]명 사글세를 내고 빌려 사는 집.

사금(砂金)명 강바닥의 모래 속 같은 데 섞여 있는 금. 금모래

사:금(謝金)명 사례(謝禮)로 주는 돈.

사금-광(砂金鑛)명 사금을 캐는 금광.

사금-석(砂金石)명 적철광(赤鐵鑛)이나 운모(雲母) 따위의 아주 작은 결정이 들어 있는 석영(石英). 장식용으로 쓰임.

사금석-유(砂金石釉)[-뉴]명 다금유(茶金釉)

사금-파리명 사기그릇의 깨어진 조각.

사:급(賜給)명-하다타 나라에서 금품을 줌. 사여(賜與)

사:기(士氣)명 ①병사들의 씩씩한 기세. ¶-를 북돋우다. ②사람들이 함께 무슨 일을 하려고 할 때의 기세. ¶사원들의 -가 오르다.

사:기(史記)명 ①역사적인 사실을 적은 책. 사승(史乘). 사서(史書). 사책(史冊). 사적(史籍) ②중국의 정사(正史)의 한 가지. 전한(前漢) 때의 사마천(司馬遷)이 황제(黃帝)에서 전한의 무제(武帝)에 이르기까지의 역사를 기전체(紀傳體)로 기록한 통사(通史).

사기(仕記)명 지난날, 관원들의 출근을 기록하던 문서. 사진기(仕進記)

사:기(四氣)명 철에 따라 바뀌는 천지(天地)의 네 기운, 곧 봄의 따스함, 여름의 더위, 가을의 서늘함, 겨울의 추위를 이르는 말.

사기(寺基)명 절터

사:기(死期)명 목숨이 다하는 때. 죽을 때. 임종(臨終) ¶-가 다가오다.

사기(私記)명 개인의 사사로운 기록.

사기(邪氣)명 ①요사스럽고 나쁜 기운. ¶-를 물리치다. ②병이나 불행을 가져온다는 나쁜 기운.

사기(沙器·砂器)명 사기그릇

사:기(使氣)명-하다자 혈기를 부림.

사:기(事記)명 사건을 중심으로 쓴 기록.

사:기(社基)명 회사의 기초.

사:기(社旗)명 회사의 기(旗).

사:기(事機)명 일의 가장 중요한 고비. 일의 기틀.

사기(射技)명 활을 쏘는 솜씨. ☞사예(射藝)

사기(射騎)명 ①궁술과 마술(馬術)을 아울러 이르는 말. ②사수(射手)와 기수(騎手)를 아울러 이르는 말.

사기(詐欺)명-하다타 ①나쁜 꾀로 남을 속임. ¶-를 당하다. ②법률에서, 남을 속여 착오(錯誤)에 빠지게 하는 위법 행위.

사:기(肆氣)명-하다자 제 마음대로 성미를 부림.

사기(辭氣)명 말과 얼굴빛. 사색(辭色)

사기-그릇(沙器-)명 백토(白土)를 원료로 하여 구워 만든 그릇. 거죽이 매끄럽고 질이 단단함. 사기(沙器) 준 사그릇 ☞오지그릇. 질그릇

사기-꾼(詐欺-)명 상습적으로 남을 속이어 이득을 꾀하는 사람. 사기사(詐欺師). 사기한(詐欺漢)

사기-담(沙器-)명 깨어진 도자기 조각들을 모아 둔 곳.

사기-대:접(沙器-)명 사기그릇으로 된 대접. 준 사대접

사기-말(沙器-)명 사기로 조그맣게 구워 만든 말. 가마터나 산신당(山神堂), 절터 등에 묻음.

사기-물(沙器-)명 사기그릇을 구울 때, 애벌 구운 그릇을 담가 내는 잿물.

사기-사(詐欺師)명 사기꾼

사기-술(詐欺術)명 남을 속이는 기술. 유 속임수

사-기:업(私企業)명 민간인이 출자하고 경영하는 기업. ☞공기업(公企業)

사기-장(沙器匠)명 사기그릇을 만드는 장인(匠人).

사기-전(沙器廛)명 사기그릇을 파는 가게. 사기점

사기-점(沙器店)명 ①사기그릇을 구워 만드는 곳. ②사기전(沙器廛)

사기-죄(詐欺罪)[-쬐]명 남을 속이어 금품을 받거나 재산상의 이익을 얻거나 함으로써 성립되는 죄.

사기-질(沙器質)명 법랑질(琺瑯質)

사:기충천(士氣衝天)성구 사기가 하늘을 찌를듯 함을 이르는 말.

사기=파:산(詐欺破產)명 법률에서, 파산자가 파산 선고 전후에 자기 또는 남의 이익을 꾀하거나 채권자를 해칠 목적으로 그 재산을 변경시키는 일.

사기-한(詐欺漢)명 사기꾼

사기-흙(沙器-)명 사기그릇을 만드는 데 쓰는 흰 흙.

사나-나달명 사날이나 나달. 3, 4일이나 4, 5일.

사나이명 남자(男子). 특히 한창때인 남자. 준 사내

사나이-답다(-답고·-다워)형ㅂ 모습이나 태도, 기질 등이 참으로 남자임을 느끼게 하는 데가 있다. 남자답다 준 사내답다

사-나흘명 사흘이나 나흘. 준 사날

사:난(死難)명-하다자 국난이나 정의로운 일을 위하여 목숨을 바침.

사날[1]명 '사나흘'의 준말.

사날[2]명 ①무엇이나 제멋대로만 하려는 성미나 태도. ②비위 좋게 남의 일에 참견하는 일. ¶-이 좋은 사람.

사:납다(사납고·사나워)형ㅂ ①성질이나 행동이 모질고 거칠다. ¶사나운 짐승. ②생김새나 표정이 거칠고 험하다. ¶사나운 얼굴./표정이 -. ③비바람이나 파도 따위가 몹시 세차다. ¶사납게 몰아치는 비바람. ④뒤숭숭하다. 순조롭지 못하다. ¶꿈자리가 -./팔자가 -. ⑤인심이 메마르고 서먹서먹하다. ¶인심이 -.

속담 **사나운 개 콧등 아물 날이 없다** : 남에게 사납게 굴

면 자기도 상처를 입게 마련이라는 말. /**사나운 말에는 특별한 길마 지운다** : 사납게 행동하는 사람은 특별한 제재를 받게 된다는 말.

한자 사나울 맹(猛)〔犬部 8획〕¶ 맹견(猛犬)/맹수(猛獸)
사나울 폭(暴)〔日部 11획〕¶ 난폭(亂暴)/폭언(暴言)

사낭(砂囊)명 모래주머니
사내명 ①'사나이'의 준말. ②남의 남편을 얕잡아 이르는 말.

한자 사내 남(男)〔田部 2획〕¶ 남녀(男女)/남성(男性)/남아(男兒)/미남(美男)/쾌남(快男)
사내 랑(郞)〔邑部 7획〕¶ 가랑(佳郞)
사내 한(漢)〔水部 11획〕¶ 거한(巨漢)/괴한(怪漢)

사내(寺內)명 절 안.
사내(舍內)명 교사(校舍)·기숙사 따위의 안.
사:내(社內)명 회사 안. 회사의 내부. ¶ — 결혼
사내끼명 물고기를 잡을 때 물에 뜬 고기를 건지는 기구. 철사 따위로 큰 바가지 모양이 되게 얽은 것을 긴 자루 끝에 달아 만듦.
사내-놈명 '사나이'의 낮은말.
사내-답다(—답고·—다워)형ㅂ '사나이답다'의 준말.
사내=대:장부(—大丈夫)명 '대장부'를 강조하여 이르는 말. ¶ —가 그만한 일로 뜻을 굽히다니.
사:-내리다(赦—)자 사령(赦令)을 내리다.
사:내-보(社內報)명 회사가 회사원을 대상으로 발행하는 신문이나 잡지. 기업 안팎의 동향, 회사 안의 소식 따위를 실음. 사보(社報)
사내-아이명 장가가지 않은 어린 남자. 동남(童男). 동자(童子). 아남자(兒男子) 준 사내애 ☞계집아이
사내-애명 '사내아이'의 준말.
사:내=유보(社內留保)명 기업의 순이익에서 세금이나 배당금 등 외부로 나가는 돈을 뺀 나머지 금액.
사내-자식(—子息)명 ①'사나이'를 속되게 이르는 말. ②'아들'을 친근하게 이르는 말.
사내-종명 남자 종. 남노(男奴). 노복(奴僕) ☞계집종
사냥명-하다자타 야생의 짐승을 잡는 일. 수렵(狩獵). 전렵(畋獵)

한자 사냥 렵(獵)〔犬部 15획〕¶ 금렵(禁獵)/엽총(獵銃)

사냥-개[—깨]명 ①사냥할 때 부리는 개. 엽견(獵犬). 엽구(獵狗) ②'염탐꾼'을 속되게 이르는 말.
사냥-꾼명 사냥하는 사람. 엽부(獵夫). 엽호(獵戶)
사냥-철명 ①사냥을 허가하는 시기. 수렵기(狩獵期) ②어떤 짐승을 사냥하기에 알맞은 시기.
사냥-총(—銃)명 사냥에 쓰는 총. 엽총(獵銃)
사냥-터명 사냥을 하는 곳. 수렵지. 엽장(獵場)
사:녀(士女)명 ①남자와 여자. ②선비와 부인.
사:년(巳年)명 간지(干支)의 지지(地支)가 사(巳)인 해. 을사년(乙巳年)·기사년(己巳年) 따위. ☞뱀해. 십이지(十二支). 지지(地支). 태세(太歲)
사:년-근(四年根)명 4년간 자란 성숙한 인삼을 이르는 말. ☞육년근
사념(邪念)명 ①옳지 못한 생각. ②불순한 생각. ③음란한 생각.
사념(思念)명-하다타 생각함, 또는 그 생각.
사념=전달(思念傳達)명 정신 감응(精神感應)
사녕(邪佞)명 불순한 생각을 가지고 아첨하는 일, 또는 그러한 사람.
사노(私奴)명 '사노비(私奴婢)'의 준말.
사-노비(私奴婢)명 지난날, 양반의 집이나 부잣집 등에서 부리던 노비. 준 사노 ☞공노비. 관노비
사:농공상(士農工商)명 선비·농부·장인(匠人)·상인(商人)의 네 신분을 이르는 말. 봉건적인 계급 의식에 따라 차례로 늘어놓은 말임. ☞사민(四民)
사농-시(司農寺)명 고려·조선 시대, 궁중의 제사에 쓰는 곡식과 적전(籍田)에 관한 일을 맡아보던 관아.
사뇌-가(詞腦歌)명 '향가(鄕歌)'를 달리 이르는 말.
사뇌-조(詞腦調)[—쪼]명 사뇌가(詞腦歌)의 가락.

사느랗다(사느랗고·사느란)형ㅎ 좀 사늘한 느낌이 있다. ¶ 사느란 날씨./눈길이 —. ☞서느렇다. 싸느랗다. 써느렇다
사늘-하다형여 ①날씨나 공기가 살갗에 닿는 느낌이 좀 찬듯 하다. ¶ 사늘한 바람. ②물체의 온도가 좀 찬듯 하다. ¶ 사늘한 방바닥. ③놀랍거나 두려워 가슴이 내려앉으며 산득한 기운이 도는듯 하다. ④사람됨이나 태도가 좀 차고 쌀쌀한듯 하다. ¶ 사늘한 눈길. ☞사느랗다. 산산하다. 서늘하다. 싸늘하다
사늘-히부 사늘하게
사니(砂泥·沙泥)명 모래가 섞인 진흙.
사니-질(砂泥質)명 진흙과 모래가 섞여 있는 토질.
사다타 ①물건이나 어떤 권리 따위를 값을 치르고 자기 것으로 하다. ¶ 집을 —./광업권을 —. ☞팔다 ②품삯을 치르고 노동력을 얻다. ¶ 사람을 사서 일을 시키다. ③좋지 않은 일을 당하게 되다. ¶ 원한을 사게 되었다./고생을 사서 하다. ④높이 평가하다. 인정하다 ¶ 그의 장래성을 사서 부장으로 발탁했다. ⑤상대편의 마음에 들게 되다. ¶ 호감을 —./환심을 —. ⑥'돈 사다', '돈을 사다'의 꼴로 쓰이어, 곡식 따위를 팔아서 돈을 마련하다. ¶ 쌀을 돈 사서 학비를 냈다.

한자 살 구(購)〔貝部 10획〕¶ 구매(購買)/구입(購入)
살 매(買)〔貝部 5획〕¶ 매매(賣買)/매수(買收)

사다리명 '사닥다리'의 준말.
사다리-꼴명 맞선 두 변이 평행인 사각형. 제상(梯狀)
사다-새명 사다샛과의 큰 물새. 몸길이 140~180cm. 몸빛은 희고 부리가 길며, 아랫부리에 큰 턱주머니가 달려 있는데, 잡은 물고기를 이 턱주머니에 넣어 둠. 무리를 지어 삶. 가람조(伽藍鳥). 제호(鵜鶘). 펠리컨

사닥-다리명 높은 곳을 오를 때 디디고 오를 수 있도록 만든 기구. 제계(梯階) 준 사다리
사닥다리=분하(—分下)명-하다타 여러 사람에게 돈이나 물건을 갈라 줄 때, 그 분수에 따라 층이 지게 주는 일.
사:단(四端)명 인(仁)·의(義)·예(禮)·지(智)의 길로 나아가는 실마리가 되는, 측은(惻隱)·수오(羞惡)·사양(辭讓)·시비(是非)의 네 가지 마음씨.
사:단(事端)명 일의 실마리. 사건의 실마리.
사:단(社團)명 ①일정한 목적을 위하여 조직한 인간의 집합체. 그 자체가 하나의 단일체로 존재하고 활동함. ☞재단(財團) ②'사단 법인(社團法人)'의 준말.
사:단(社壇)명 '사직단(社稷壇)'의 준말.
사단(師團)명 군대의 편성 단위의 하나. 군단(軍團)의 하위 부대로, 1~2만 명의 병사로 이루어짐. 독립하여 작전을 수행할 수 있는 단위 부대임.
사단(紗緞)명 사(紗)와 비단을 아울러 이르는 말.
사단(詞壇)명 문인들의 사회. 문단(文壇)
사:단=법인(社團法人)명 법인으로서 권리와 의무의 주체임을 인정 받은 사단. 준 사단 ☞재단 법인(財團法人)
사단-장(師團長)명 사단을 지휘·통솔하는 지휘관.
사-단:조(—短調)[—쪼]명 '사' 음을 으뜸음으로 하는 단조. 지단조 ☞사장조
사단-주속(紗緞紬屬)명 사라능단(紗羅綾緞)
사:담(史談)명 역사에 관한 이야기. 사화(史話)
사담(私談)명-하다자 사사로이 하는 이야기. 사화(私話) ☞공담(公談)
사담(卸擔)명-하다타 ①지고 있는 짐을 내려놓음. ②책임을 벗음.
사답(寺畓)명 절에 딸린 논. ☞사전(寺田)
사답(私畓)명 개인이 가진 논. ☞공답(公畓)
사:당(*寺黨)명 지난날, 패를 지어 여러 고장을 떠돌아다니면서 노래와 춤을 팔던 여자들. 사당패 ☞남사당
사당(私黨)명 사사로운 목적을 위하여 모인 무리, 또는 어느 개인을 위해 조직된 무리.
사당(祠堂)명 신주를 모셔 놓은 집. 사당집. 사우(祠宇)
속담 **사당 치레하다가 신주 개 물려 보낸다** : 겉만 꾸미려

고 애쓰다가 정작 귀중한 내용을 잃어버리고 만다는 말.

한자 사당 묘(廟)〔广部 12획〕 ¶ 가묘(家廟)/종묘(宗廟)

사당-방(祠堂房)명 신주(神主)를 모셔 둔 방. 사우방(祠宇房)

사당-양:자(祠堂養子)[-냥-]명 죽은 사람을 양자로 삼아 그 자손으로 하여금 대를 잇는 일. 신주양자

사당-집(祠堂-)[-찝]명 사당(祠堂)

사당-패(*寺黨-)명 사당

사대명 투전이나 골패 따위에서 같은 짝을 모으는 일.

사:대(四大)명 ①사대종(四大種) ②불교에서, 땅·물·불·바람의 네 원소로 이루어졌다는 사람의 몸을 이르는 말. ③도가(道家)에서, 우주에 존재하는 네 가지의 가장 큰 것, 곧 도(道)·천(天)·지(地)·왕(王)을 이르는 말.

사대(私貸)명-하다자타 공금을 개인적으로 꾸어 줌.

사:대(事大)명-하다자 ①약한 자가 강한 자를 붙좇음. ②약소한 나라가 강대한 나라를 섬김.

사:-대가(四大家)명 조선 인조(仁祖) 때 활약하던 네 사람의 뛰어난 문장가인 이정구(李廷龜)·신흠(申欽)·장유(張維)·이식(李植)을 이르는 말.

사:대=교린주의(事大交隣主義)명 조선 시대의 전통적인 외교 정책. 큰 나라인 중국은 섬기고, 일본이나 여진(女眞) 등 이웃 나라와 화평하게 지내려 한 정책.

사:대=기서(四大奇書)명 중국의 대표적인 네 회장 소설(回章小說)인 '수호지(水滸誌)'·'삼국지연의(三國志演義)'·'서유기(西遊記)'·'금병매(金甁梅)'를 이르는 말.

사:대-당(事大黨)명 조선 시대, 임오군란(壬午軍亂) 후 청(淸)나라에 의지하여 세력 확장을 꾀한, 민씨(閔氏) 일파를 중심으로 한 보수파를 이르는 말.

사:-대문(四大門)명 조선 시대, 서울 도성(都城)의 사방에 세운 네 성문. 정남의 숭례문(崇禮門), 정북의 숙정문(肅靖門), 정동의 흥인지문(興仁之門), 정서의 돈의문(敦義門)을 이름. 준 사문(四門) ☞사소문(四小門)

사:대=봉:사(四代奉祀)명 고조·증조·조부·아버지의 신주(神主)를 집안 사당에 모시는 일. ☞누대 봉사

사:-대부(士大夫)명 지난날, 지체 높은 집안의 사람, 또는 관직에 있는 사람을 이르던 말. 준 사부(士夫)

사:대-사상(事大思想)명 뚜렷한 주견이 없이 세력이 강한 자에게 붙좇아 자기의 안전을 유지하려 하는 사상.

사:대-삭신(四大-)명 '사대육신(四大六身)'을 속되게 이르는 말.

사대-석(莎臺石)명 능침(陵寢)의 병풍석(屛風石) 대신으로 쓰는 돌.

사:대=성:인(四大聖人)명 동서고금을 통하여 인류의 스승이 될만 한 네 성인. 공자·석가모니·예수·소크라테스를 이름. 사성(四聖)

사:대=시가(四大詩家)명 조선 정조(正祖) 때 활약했던 네 사람의 시인. 이서구(李書九)·박제가(朴齊家)·이덕무(李德懋)·유득공(柳得恭)을 이름.

사:대-육신(四大六身)명 사람의 머리, 몸통, 두 팔, 두 다리, 곧 '온몸'을 이르는 말. 속 사대삭신

사-대:접(沙-)명 '사기대접'의 준말.

사:대=제:자(四大弟子)명 석가모니의 제자 가운데서 가장 뛰어난 네 제자. 수보리(須菩提)·가전연(迦旃延)·가섭(迦葉)·목건련(目犍連)을 이름.

사:대-종(四大種)명 불교에서, 물질계를 이룬다는 땅·물·불·바람의 네 원소(元素)를 이르는 말. 사대(四大)

사:대-주(四大洲)명 사주(四洲)

사:대-주의(事大主義)명 세력이 강한 자에게 붙좇아 자기의 안전을 꾀하는 태도나 경향.

사댁(*查宅)명 사돈댁

사:덕(四德)명 ①역경(易經)에서, 천지(天地)가 만물을 기르는 네 덕(德)인 원(元)·형(亨)·이(利)·정(貞)을 이르는 말. ②예기(禮記)에서, 부인(婦人)이 실행해야 할 네 가지 덕목(德目)인 부덕(婦德 ; 마음씨)·부언(婦言 ; 말씨)·부용(婦容 ; 맵시)·부공(婦功 ; 솜씨)을 이르는 말. 사교(四敎). 사행(四行) ③유교에서, 사람이 실천해야 할 네 가지 덕인 효(孝)·제(悌)·충(忠)·신(信)을 이르는 말. ④서양에서 플라톤 이래 중시되고 있는 네 가지 덕인 예지(叡智)·용기(勇氣)·절제(節制)·정의(正義)를 이르는 말.

사덕(私德)명 절약·근면 등 자기 자신에게만 관계되는 덕목(德目).

사데풀명 국화과의 여러해살이풀. 줄기 높이는 50~100 cm. 뿌리에서 돋는 잎은 꽃이 필 때 없어지고, 줄기에 나는 잎은 어긋맞게 나며, 길이 15cm 안팎으로 길둥글고 가장자리에 거친 톱니가 있음. 가을에 줄기 위의 잔가지 끝에 지름 3cm 안팎의 노란 두상화(頭狀花)가 핌. 열매는 수과(瘦果)로 11월경에 익음. 애순은 먹을 수 있음. 바닷가나 양지바른 들에 자람.

사:도(士道)명 선비가 지켜야 할 도리.

사도(仕途)명 관원이 되는 길. 벼슬길

사:도(四都)명 조선 시대, 유수(留守)를 두었던 수원(水原)·광주(廣州)·개성(開城)·강화(江華)를 아울러 이르던 말.

사도(司徒)명 고려 시대, 삼공(三公)의 하나.

사도(私屠)명-하다타 관청의 허가 없이 소 따위의 가축을 잡는 일.

사도(私道)명 ①공명하지 않은 길, 또는 그러한 방식. ②공도(公道)에 잇대어 낸 사설 도로.

사도(邪道)명 올바르지 않은 길. 사로(邪路) ☞정도

사:도(使徒)명 ①예수가 복음(福音)을 널리 전하기 위하여 뽑은 열두 사람의 제자, 곧 십이 사도를 이르는 말. ②인류에 이바지하기 위하여 헌신적으로 노력하는 사람을 비유하여 이르는 말. ¶ 평화의 -.

사도(師道)명 스승으로서 마땅히 지켜야 할 도리.

사도(斯道)명 ①공자(孔子)가 이르는 성인(聖人)의 길. 곧 유학(儒學)의 도리를 이름. ②이 분야. 이 방면. ¶ -의 대가(大家).

사:도-기(寫圖器)명 팬터그래프를 써서 원도(原圖)를 확대하거나 축소하는 데 쓰는 기구.

사:-도목(四都目)명 지난날, 관직이 낮은 관원을 대상으로 해마다 네 차례 실시하던 도목 정사(都目政事).

사도-시(司導寺)명 조선 시대, 궁중의 식료품을 조달하는 일을 맡아보던 관아.

사도신경(使徒信經)명 크리스트교의 교리의 핵심을 담은 신앙 고백문. 주일 미사나 예배 때 신자들이 신앙을 고백하는 뜻에서 욈.

사:도-팔도(四都八道)[-또]명 지난날, 네 도읍과 여덟 도라는 뜻으로, 우리 나라의 모든 지역을 이르던 말.

사:도행전(使徒行傳)명 신약성서의 한 편. 누가복음의 속편으로, 예수가 죽은 뒤 제자들의 행적을 적은 초대 교회의 역사, 초대 교회와 베드로의 선교, 바울로의 전도 여행 등이 주제임.

사:독(四瀆)명 지난날, 나라에서 해마다 제사를 지내던 네 방위의 큰 강. 조선 시대에는, 동독인 낙동강, 남독인 한강, 서독인 대동강, 북독인 두만강을 이르고, 대한 제국 때는 동독인 낙동강, 남독인 한강, 서독인 대동강, 북독인 용흥강을 이름.

사독(邪毒)명 병을 가져오는 나쁜 기운.

사독(蛇毒)명 독사의 독선(毒腺)에서 나오는 독액.

사:독(肆毒)명-하다자 독한 성미를 함부로 부림.

사돈명 ①자녀의 혼인으로 맺어진 두 집안의 부모끼리, 또는 같은 항렬에 해당하는 두 집안의 인척끼리 서로 일컫는 말. ②혼인한 두 집안끼리 서로 아래 항렬에 해당하는 인척을 일컫는 말. 인친(姻親)

속담 **사돈 남 나무란다** : 제 일은 젖혀놓고 남의 일에 대해서만 아는체 하며 참견한다는 말.〔사돈 남의 말 한다〕/**사돈네 안방 같다** : 남자가 사돈집 안방을 드나들기 어렵듯, 어렵고 서툴며 자유롭지 못한 경우를 이르는 말./**사돈도 이럴 사돈 있고 저럴 사돈 있다** : 같은 경우라도 사람에 따라 대하는 태도가 달라야 한다는 말./**사돈의 팔촌** : 남이나 다름없는 먼 인척을 이르는 말.

▶ '사돈' 사이의 호칭(呼稱)
ㅇ 사장어른 ── 자기보다 세대가 위인 사돈, '며느리의 친정 조부모', '딸의 시조부모', '자매(姉妹)의 시부모'를 일컫는 말.
ㅇ 사돈 ── 같은 세대의 동성(同性) 사돈을 일컫는 말. (십 년 연상까지는 쓸 수 있는 말이다.)
ㅇ 사돈어른 ── 같은 세대의 이성(異性) 사돈에게나 동성인 경우 십 년 이상 연상일 때 일컫는 말.
ㅇ 사돈총각 ── 자기보다 나이가 어린, 미혼 남성인 사돈을 일컫는 말.
ㅇ 사돈아가씨 ── 자기보다 나이가 어린, 미혼 여성인 사돈을 일컫는 말.

사돈-댁(-宅)[-땍] 명 ①'안사돈'의 높임말. 사댁 ②'사돈집'의 높임말. 사가댁

사돈=도:령 명 '사돈집 총각'을 대접하여 이르는 말.

사돈-집[-찝] 명 사돈의 집. 사가(査家) 높 사가댁. 사돈댁

속담 **사돈집과 뒷간은 멀수록 좋다** : 사돈집 사이에는 서로 말이 많고, 또 서로 어렵기도 하니, 되도록 멀리 떨어져 사는 것이 좋다는 말. /**사돈집 잔치에 감 놓아라 배 놓아라 한다** : 자기와는 상관도 없는 일에 간섭을 한다는 말.

사:동(使童) 명 관청이나 회사 또는 영업집 등에서 잔심부름을 하는 아이. ☞사환(使喚)

사동(絲桐) 명 '거문고'를 달리 이르는 말.

사동-문(使動文) 명 〈어〉문장의 서술어가 사동사(使動詞)로 된 문장. '어머니가 아기에게 젖을 먹인다.'와 같은 형식이 이에 해당함. ☞피동문(被動文)

사동-사(使動詞) 명 〈어〉사동 접미사(使動接尾辭)와 결합하여 '시킴'의 뜻을 나타내는 동사. '먹이다. 맞히다. 들리다. 벗기다' 따위. 사역 동사(使役動詞) ☞피동사(被動詞)

사동=접미사(使動接尾辭) 명 〈어〉자동사에 붙어 사동의 뜻을 나타내는 '-이-', '-히-', '-리-', '-기-', '-우-', '-구-', '-추-' 따위의 접사를 이름. '먹이다, 좁히다, 얼리다, 웃기다, 세우다, 돋구다, 낮추다' 따위. ☞피동 접미사(被動接尾辭)

사:동-치마(四-) 명 치마연의 한 가지. 연의 허릿달 아래 부분을 세로로 사등분하여 네 가지 색을 칠한 연. ☞삼동치마. 이동치마. 치마연

사-되다(私-)[-뙤-] 형 하는 짓이 공변되지 못하고 사사롭다.

사-되다(邪-)[-뙤-] 형 하는 짓이 옳지 못하다.

사두(射頭) 명 사정(射亭)을 대표하는 사람.

사:두=고근(四頭股筋) 명 넓적다리 앞쪽에 있는 크고 단단한 네 개의 근육.

사두-창(蛇頭瘡) 명 대지(代指)

×**사둔** 명 →사돈

사둘 명 손잡이가 길고 국자처럼 생긴, 고기 잡는 그물.

사득(査得) 명 -하다 타 사실을 조사하여 알아냄.

사-들이다 타 사서 들여오다. ¶원료를 -. /곡식을 -.

사등(紗燈) 명 얇고 발이 성긴 비단으로 겉을 씌워 만든 등. ☞지등(紙燈)

사-등롱(紗燈籠) 명 얇고 발이 성긴 비단으로 겉을 씌워 만든 등롱. 준 사롱(紗籠)

사:-등분(四等分) 명 -하다 타 넷으로 똑같게 나눔.

사디스트(sadist) 명 사디즘의 경향이 있는 사람.

사디즘(sadism) 명 변태 성욕의 한 가지. 상대에게 고통을 줌으로써 성적(性的)인 만족을 느끼는 일. 가학애(加虐愛) ☞마조히즘(masochism)

사:또 명 지난날, 고을의 수령을 그의 아랫사람이나 백성들이 높이어 일컫던 말.

속담 **사또님 말씀이야 다 옳습지** : 제 의견만을 옳다고 우기는 윗사람의 말에 대하여 빈정거리는 말. /**사또 덕분에 나팔 분다** : 남의 힘을 빌어서 자기 일을 하는 경우를 이르는 말. [원님 덕에 나팔이라] /**사또 떠난 뒤에 나팔 분다** : 시기를 놓친 뒤에 부질없이 무슨 일을 하려는 것을 놀리어 이르는 말. [행차 뒤에 나팔] /**사또 상의 꿀 종지** : 자리의 한가운데 앉은 사람을 두고 이르는 말.

사-뜨기 명 골무나 수버선 따위를 감칠 때, 예쁘고 튼튼하게 하기 위하여 위아래로 번갈아 겹쳐 꿰매는 방법. 사[1]

사-뜨다(-뜨고·-떠) 자타 골무나 수버선 따위를 감칠 때, 위아래로 번갈아 겹쳐 꿰매다.

사뜻-하다[-뜯-] 형여 깨끗하고 말쑥하다.

사뜻-이 부 사뜻하게 ¶- 차려 입다.

사라-능단(紗羅綾緞) 명 사(紗)붙이와 단(緞)붙이 따위의 비단을 통틀어 이르는 말. 사단주속(紗緞紬屬)

사라사(saraça 포) 명 꽃·새·짐승·사람이나 기하학적 무늬 따위를 갖가지 빛깔로 날염한 무명이나 비단.

사라센(Saracen) 명 유럽에서 시리아 지방의 여러 아랍 민족을 이르던 말. 중세 이후에는 널리 이슬람 교도를 통틀어 이르게 되었음. ¶- 문화(文化)

사라-수(沙羅樹) 명 ①용뇌향과의 상록 교목. 높이는 30 m 안팎. 잎은 길둥근 달걀꼴이며 어긋맞게 남. 이른 봄에 담황색의 다섯잎꽃이 핌. 히말라야의 산기슭에서 인도 중서부에 걸쳐 분포하는데, 재질이 단단하여 건축재나 가구재 등으로 쓰임. ②사라쌍수

사라-쌍수(沙羅雙樹) 명 석가모니가 입적(入寂)한 와상(臥床)의 사방에 두 그루씩 쌍으로 서 있던 사라수. 석가모니가 입적하자, 동서와 남북의 쌍수(雙樹)가 합쳐져 각각 한 그루가 되고, 빛깔도 희게 변하였다고 함. 사라수. 쌍림(雙林)

사라지 명 지난날, 한지(韓紙)를 기름에 결어서 두루주머니 모양으로 만든 담배 쌈지.

사라지다 자 ①모양이나 자취가 보이지 않게 되다. ¶구름 속으로 -. /길모퉁이로 -. ②생각이나 감정, 감각, 표정 등 느끼고 있거나 지니고 있던 것이 없어지다. ¶슬픔이 -. /통증(痛症)이 -. ☞스러지다 ③'죽다'를 달리 이르는 말. ¶형장(刑場)의 이슬로 -.

한자 **사라질 소**(消) [水部 7획] ¶소멸(消滅)/소산(消散)

사락-거리다(대다) 자타 사락사락 소리가 나다, 또는 그런 소리를 내다.

사락-사락 부 ①얇고 마른 물체가 가볍게 스칠 때 나는 소리를 나타내는 말. ¶잎새가 바람에 - 스치다. /- 옷자락을 스치는 소리. ②싸락눈이 내릴 때 나는 소리를 나타내는 말.

사란(絲欄) 명 정간(井間)

사란(Saran) 명 합성 수지의 한 가지. 마찰에 강하고 흡수성이 없어 어망(漁網)이나 낚싯줄, 텐트 따위를 만드는 데 쓰임. 상표명임.

사:람 명 ①포유류 영장목(靈長目) 사람과(科)의 동물인 인류(人類). 인간(人間) ¶-은 사회적 동물이다. ②인격을 가진 한 개인. ¶이몽룡이라는 -. ③어느 지역이나 집단의 구성원. ¶우리 고장 -. /그 회사 -. ④일정한 자격이나 품격을 갖춘 이. ¶이제 - 구실을 하게 되었다. ⑤훌륭한 인물. ¶이 회사에는 -이 없다. ⑥사람됨이나 마음씨. ¶-이 좋다. /-이 무던하다. ⑦남 또는 나. ¶-을 못살게 굴다. /-을 뭘로 아느냐. ⑧나 이외의 남. ¶-들 입에 오르내리다. ⑨어떤 일을 시키거나 심부름을 할 일꾼이나 인원. ¶-을 쓰다. /-을 보내다. ⑩[의존 명사로도 쓰임] ¶한 -이 열 - 몫의 일을 하다. /여러 -이 모여 있다.

속담 **사람과 산은 멀리서 보는 게 낫다** : 사람을 가까이 사귀면 아무래도 그 결점이 드러나 실망할 수도 있다는 말. /**사람과 쪽박은 있는 대로 쓴다** : 사람은 어디에든 다 쓸모가 있지 못쓸 사람은 없다는 말. /**사람 살 곳은 가는 곳마다 있다** : 사람은 어디에 가든 착실하게만 살면 도와주는 사람이 있다는 말. /**사람에 버릴 사람 없고 물건에 버릴 물건 없다** : 무엇이든 두면 다 쓰일 때가 있다는 말. /**사람은 남 어울림에 산다** : 사람은 혼자서는 살 수 없다는 말. /**사람은 철들면서 죽는다** : 사람은 나이가 많아져도 지혜로워지기가 쉽지 않음을 이르는 말. /**사람은 헌 사람이 좋고 옷은 새 옷이 좋다** : 사람은 사귄 지 오래

일수록 좋다는 말. /**사람의 마음은 하루에도 열두 번** : 사람의 마음은 시시각각으로 변하기 쉽다는 말. /**사람이면 사람인가, 사람이라야 사람이지** : 사람다운 짓을 해야지, 도리에 어긋나는 짓을 하면 사람이라고 할 수 없다는 말.

한자 **사람 인**(人) 〔人部〕 ¶ 성인(聖人)/인간(人間)/인격(人格)/인정(人情)/인종(人種)

사:람-답다(-답고·-다워) 형ㅂ 사람됨이 사람의 도리에 벗어남이 없다. ¶ 사람다운 행동. /사람답게 살자.

사:람-됨 명 사람의 됨됨이. ¶ -이 무던하다.

사:람-멀미 명 사람이 붐비는 곳에서 느끼는 어지러운 증세. ☞ 뱃멀미. 차멀미

사:람사람-이 부 사람마다 ¶ - 다 생각이 다르다.

사:람-인(-人) 명 한자 부수(部首)의 한 가지. '介'·'令'·'信' 등에서 '人'이나 '亻'의 이름.

사람주-나무 명 대극과(大戟科)의 낙엽 활엽 소교목. 높이는 6m 안팎. 잎은 거꿀달걀꼴 또는 타원형이며, 어긋맞게 남. 꽃은 6월경에 총상(總狀) 꽃차례로 핌. 동근 열매는 먹을 수 있고, 기름을 짜기도 함. 우리 나라와 중국과 일본 등지에 분포함.

사랑[1] 명 -하다 타 ①아끼고 소중히 위하는 일, 또는 그런 마음. ¶ 어버이의 -. ②이성(異性)을 못내 그리는 일, 또는 그런 마음. ¶ -하는 여인. /-에 빠지다. ③동정(同情)하고 이해하여 베푸는 일, 또는 그런 마음. ¶ -의 손길을 내밀다. ④어떤 사물을 몹시 소중히 여기는 일, 또는 그런 마음. ¶ 자연을 -하다. /산에 대한 -. 속담 **사랑은 내리사랑** : 부모가 자식을 사랑하듯, 윗사람이 아랫사람을 사랑하기는 예삿일이나, 아랫사람이 윗사람을 사랑하기는 어렵다는 말.

한자 **사랑 애**(愛) 〔心部 9획〕 ¶ 박애(博愛)/애국(愛國)/애련(愛戀)/애정(愛情)/애착(愛着)/애호(愛好)
사랑 자(慈) 〔心部 10획〕 ¶ 자모(慈母)/자비(慈悲)/자선(慈善)/자애(慈愛)/자혜(慈惠)

사랑[2] 명 ①집의 안채와 떨어져 있는, 바깥주인이 거처하는 곳. ②시집간 여자가 시댁의 어른이나 동서에게 자기의 '남편'을 가리켜 일컫는 말. ¶ -에서는 알고 있겠지요.

사랑-꾼 명 사랑에 놀러 다니는 사람들.

사랑-놀이 명 지난날, 사삿집의 사랑에서 음식을 차리고 기생을 청하여 놀던 일.

사랑-니 명 어른이 되어 입 속 맨 구석에 나는 어금니. 지치(智齒)

사랑-문(-門) 명 대문 안에서 사랑방이나 사랑채로 드나드는 문.

사랑-방(-房) 명 사랑채의 방이나 사랑으로 쓰는 방.

사랑-스럽다(-스럽고·-스러워) 형ㅂ 사랑하고 싶도록 귀엽다. ¶ 아기의 사랑스러운 웃음.

사랑-싸움 명 -하다 자 서로 사랑하는 남녀 사이에 대수롭지 않은 일로 일어나는 악의 없는 다툼.

사랑-양:반(-兩班)[-냥-] 명 ①남의 남편을 그의 아내 앞에서 높이어 일컫는 말. ②지난날, 그 집의 남자 주인을 하인 앞에서 일컫던 말.

사랑-옵다(-옵고·-오워) 형ㅂ 마음에 들어 귀엽다. 원 사랑홉다

사랑-채 명 사랑으로 쓰이는 집채.

사랑=편사(-便射) 명 지난날, 한 사랑에 모이는 사원(射員)이 한편이 되어, 다른 사랑의 사원과 활쏘기를 겨루던 일.

사랑-홉다(-홉고·-호워) 형ㅂ '사랑옵다'의 원말.

사래[1] 명 지난날, 묘지기나 마름이 삯으로 부치던 주인집의 논밭. 사경(私耕)

사래[2] 명 추녀 끝에 잇대어 댄 네모난 서까래.

사래-논 명 지난날, 묘지기나 마름이 사래로 부치던 논. 사경답(私耕畓)

×**사래-답**(-畓) 명 → 사래논

사래-밭 명 지난날, 묘지기나 마름이 사래로 부치던 밭. 사경전(私耕田)

사래-쌀 명 지난날, 묘지기나 마름에게 삯으로 주던 쌀.

×**사래-전**(-田) 명 → 사래밭

사래-질 명 -하다 타 곡식을 키로 까불러 굵고 무거운 것과 잘고 가벼운 것을 가려내는 일.

사:략(史略) 명 간략하게 쓴 역사, 또는 그 책.

사략(些略) 어기 '사략(些略)하다'의 어기(語基).

사략-하다(些略-) 형여 자잘하고 간략하다.

사:량(四樑) 명 재래식 한옥에서, 들보 네 개를 써서 한 칸 반 넓이로 집을 짓는 방식. ☞ 오량

사량(思量) 명 -하다 타 생각하여 헤아림. 고량(考量). 사료(思料)

사량(飼糧) 명 가축의 먹이.

사:량-집(四樑-)[-찝] 명 사량으로 지은 집.

사:레 명 숨을 들이쉬는 순간에 침이나 음식물이 숨구멍으로 잘못 들어갔을 때, 재채기처럼 뿜어 나오는 기운.

사:레-들리다 자 사레가 나오다. 사레에 걸리다.

사려 명 윷판의 '방'에서 '날밭' 쪽으로 첫째 말밭 이름. '방'과 '안찌' 사이임. 방수기

사려(思慮) 명 -하다 타 신중하고 깊게 생각함, 또는 그 생각. ¶ -가 깊다.

사:력(死力) 명 죽기를 무릅쓰고 내는 힘. 죽을힘 ¶ -을 다하여 적을 물리치다. ☞ 전력(全力)

사력(私力) 명 개인의 힘. 개인의 역량(力量)이나 자력(資力). ¶ -으로 놓은 다리.

사력(沙礫·砂礫) 명 모래와 자갈.

사:력(社歷) 명 ①회사의 역사. ②회사에 들어간 뒤의 경력이나 햇수.

사력(肆力) 명 -하다 자 있는 힘을 다함. 진력(盡力)

사력-지(沙礫地) 명 모래와 자갈이 깔린 땅.

사련(邪戀) 명 남녀 사이의 떳떳하지 못한 사랑.

사련(思戀) 명 -하다 타 사랑하여 그리워함.

사렵(射獵) 명 -하다 자 활을 쏘아 짐승을 잡는 사냥.

사령(司令) 명 ①군대나 함선(艦船) 따위를 지휘하고 감독하는 일, 또는 그 사람. ¶ 일군(一軍) -/함대(艦隊) - ②연대급(聯隊級) 이상 단위 부대의 일직(日直)이나 주번(週番)을 맡은 장교.

사:령(四齡) 명 누에가 석잠을 자고 난 뒤로부터 넉잠을 잘 때까지의 사이. ☞ 사령잠

사:령(四靈) 명 신령스러운 동물이라는 기린·봉황·거북·용의 네 동물.

사:령(死靈) 명 죽은 사람의 영혼. ☞ 생령(生靈)

사:령(使令) 명 지난날, 관아에서 심부름을 하던 사람.

사:령(赦令) 명 사면(赦免)의 명령.

사령(辭令) 명 ①임명(任命)이나 해임(解任)에 대한 공식적인 발령. ②'사령장(辭令狀)'의 준말.

사령-관(司令官) 명 군대나 함대(艦隊) 등을 지휘하고 통솔하는 직책, 또는 그 사람.

사령-부(司令部) 명 사령관이 부대를 지휘하고 통솔하는 본부.

사령-서(辭令書) 명 사령장(辭令狀)

사령-선(司令船) 명 사령관이 타고 함대를 지휘하는 배.

사:령=숭배(死靈崇拜) 명 애니미즘의 한 형태. 죽은 이의 넋이 산 사람에게 화복(禍福)을 준다고 믿고 섬기는 일.

사:령-잠(四齡蠶) 명 석잠을 자고 난 뒤로부터 넉잠을 잘 때까지의 누에. ☞ 사령(四齡)

사령-장(辭令狀)[-짱] 명 관직에 임명하거나 해임할 때, 그 내용을 적어 본인에게 건네는 문서. 사령서(辭令書) 준 사령(辭令)

사령-탑(司令塔) 명 ①군함에서 함장이나 사령관 등이 지휘를 하는, 장갑(裝甲)을 한 탑. ②작전이나 지시 따위를 하는 중추부. ¶ 경제 개발의 -.

사:례(四禮) 명 관례(冠禮)·혼례(婚禮)·상례(喪禮)·제례(祭禮)의 네 가지 예. 곧 관혼상제(冠婚喪祭)의 예.

사례(私禮) 명 공식(公式)이 아닌, 사사로이 하는 인사.

사:례(事例) 명 전례(前例)가 되는 사실, 또는 낱낱의 경

우에 대한 실례(實例). 모델케이스(model case) ¶ —에 비추어 보다./낱낱의 —를 모으다.
사:례(謝禮)명-하다자 ①고맙게 여김을 말로 나타냄. ¶ —의 인사. ②고맙게 여기는 뜻으로 남에게 물건이나 돈을 건네는 일.

한자 사례할 사(謝) 〔言部 10획〕 ¶ 사례(謝禮)/사은(謝恩)/사의(謝意)/후사(厚謝)

사:례-금(謝禮金)명 사례의 뜻으로 건네는 돈.
사:례편람(四禮便覽)명 조선 숙종(肅宗) 때의 학자 이재(李縡)가 관혼상제(冠婚喪祭)의 절차 등에 관하여 엮은 책. 헌종(憲宗) 10년(1844)에 이광정(李光正)이 간행하였음. 8권 4책.
사:례훈:몽(四禮訓蒙)명 조선 선조 때 이항복(李恒福)이 '예기(禮記)'에서 관혼상제에 관한 요점을 뽑아 엮은 책. 광해군(光海君) 10년(1622)에 제자 김지남(金止男)이 간행하였음. 1권 1책.
사로(仕路)명 관원이 되는 길. 벼슬길
사:로(死路)명 어찌할 방도가 없는 막다른 길. 죽음의 길.
사로(邪路)명 올바르지 않은 길. 사도(邪道)
사로(思路)명 글을 지을 때 생각을 더듬어 나가는 길.
사로(沙路·砂路)명 모래가 깔린 길.
사로(斜路)명 ①비탈길 ②큰길에서 갈라져 비껴 나간 길.
사로-자다자 걱정되는 일이 있어 자는 둥 마는 둥 하게 자다.
사로-잠그다(—잠그고·—잠가)타 빗장이나 자물쇠 따위를 완전히 지르거나 잠그지 않고 반쯤 걸어 놓다.
사로-잡다타 ①사람이나 동물을 산 채로 잡다. 생포하다 ¶ 너구리를 —./간첩을 —. ②마음이 한쪽으로 쏠리게 하다. ¶ 마음을 —./보는 이의 눈을 사로잡는 그림.

한자 사로잡을 착(捉) 〔手部 7획〕 ¶ 착송(捉送)/착수(捉囚)

사로-잡히다자 ①사람이나 동물이 산 채로 잡히다. ¶ 사냥꾼에게 사로잡힌 노루./적군에게 —. ②마음이 무엇에 얽매여 꼼짝못하게 되다. ¶ 두려움에 —.
×**사로-채우다**타 →사로잠그다
사:록(四綠)명 음양설(陰陽說)에서 이르는 구성(九星)의 하나. 별은 목성(木星), 방위는 남동쪽임.
사:록(史錄)명 역사에 관한 기록.
사:록(寫錄)명-하다타 베끼는 일. 옮겨 쓰는 일.
사:록(麝鹿)명 '사향노루'의 딴이름.
사:론(士論)명 선비들 사이의 공론(公論).
사:론(史論)명 역사에 관한 논설(論說).
사:론(私論)명 사사로운 주장. ☞공론(公論)
사론(邪論)명 판단을 헷갈리게 하는 그릇된 이론.
사롱(紗籠)명 ①'사등롱(紗燈籠)'의 준말. ②현판(懸板)에 먼지가 앉지 않도록 덮어씌우는 사(紗).
사롱(斜籠)명 재래식 한옥에서, 대문이나 중문 위에 창이 없이 가는 나무를 세워 댄 창살.
사롱(sarong)명 인도네시아나 말레이시아에서 남녀가 입는 민족 의상. 한 장의 천으로 치마처럼 허리에 둘러 입음.
사뢰다타 웃어른에게 말씀을 드리다. ¶ 선생님께 —.
사:료(史料)명 역사 연구에 필요한 문헌이나 유물 따위의 자료. 사재(史材) ¶ 고조선 연구 —.
사료(思料)명-하다타 생각하여 헤아림. 사량(思量)
사료(飼料)명 가축에게 주는 먹이.
사료=식물(飼料植物)명 사료로 쓰이는 식물. 먹이 식물 ☞식용 식물
사료=작물(飼料作物)명 사료로 쓰기 위하여 가꾸는 농작물. 잎이 푸를 때 베어 쓰는 것과, 옥수수나 보리 등 열매를 이용하는 것이 있음. 먹이 작물 ☞식용 작물
사:료-학(史料學)명 사료(史料)의 기술적 처리를 다루는 역사학의 한 분과.
사:룡(死龍)명 풍수설에서, 묏자리 뒤 종산(宗山)에서 이어지는 맥이 없거나 끊어진 상태를 이르는 말.
사룡(蛇龍)명 이무기가 변하여 된다는 용.
사루(沙漏·砂漏)명 모래시계

사뤼소폰(sarrussophone 프)명 두 개의 리드가 달린 금관 악기의 한 가지. 취주악이나 군악 등에 쓰임.
사:류(士類)명 선비의 무리.
사류(絲柳)명 '수양버들'의 딴이름.
사류(絲類)명 실 종류.
사:륙-문(四六文)명 변려문(騈儷文)
사:륙=배:판(四六倍版)명 책 규격의 한 가지. 사륙판의 갑절의 크기.
사:륙=변:려문(四六騈儷文)명 변려문(騈儷文)
사:륙-판(四六版)명 ①인쇄 용지 치수의 한 가지. 109.1 cm×78.8cm. B판보다 조금 작음. ②책 규격의 한 가지. 가로 13cm, 세로 19cm. B6판과 비슷하나 조금 큼. ☞국판(菊版)
사:륜(四輪)명 ①네 개의 바퀴. ②불교에서, 땅 밑에서 이 세상을 받치고 있다는 네 개의 바퀴 모양의 층을 이르는 말. 곧 금륜(金輪)·수륜(水輪)·풍륜(風輪)에 공륜(空輪)이 더해진 것을 이름.
사륜(絲綸)명 조칙(詔勅)의 글.
사:륜-거(四輪車)명 바퀴가 넷 달린 수레.
사르다[1](사르고·살라)타르 ①불을 붙이다. ¶ 향을 —. ②불에 태워 없애다. 불사르다 ¶ 쪽지를 —.
사르다[2](사르고·살라)타르 키로 곡식 따위를 까불러 검불이나 쭉정이 따위를 가려내다.
사르르부 ①감거나 살짝 맨 것이 부드럽게 풀리는 모양을 나타내는 말. ¶ 실꾸리의 실이 — 풀려 나가다./옷고름이 — 풀리다. ②얼음이나 사탕 따위가 부드럽게 녹는 모양을 나타내는 말. ¶ 얼음이 햇볕에 — 녹다. ③눈을 살며시 감는 모양을 나타내는 말. ¶ 눈을 — 감고 추억에 잠기다. ④미끄러지듯이 움직이는 모양을 나타내는 말. ¶ 빙판 위를 — 미끄러지다. ⑤응어리진 감정이 부드럽게 풀리는 모양을 나타내는 말. ¶ 서운했던 마음이 — 풀리다. ⑥얇은 것이 가볍고 작게 떨리는 모양을 나타내는 말. ☞소르르. 스르르
사름명 모를 심은 지 4~5일이 지나 뿌리가 땅에 잘 내려서 모가 생생한 상태. ¶ —이 잘 되었다.
사릅명 말이나 소, 개 따위의 세 살을 이르는 말. 세습 ☞나릅. 이듭
사릉(斜稜)명 '빗모서리'의 구용어.
사리[1]명 간조와 만조 때의 해수면의 높이 차가 가장 클 때, 또는 그때의 밀물과 썰물. 매월 음력 보름과 그믐 무렵에 일어남. 대조(大潮). 한사리 ☞조금
사리[2]명 국수나 밧줄 따위를 사려 놓은 뭉치.
사리[3]명 윷놀이에서, 모나 윷을 이르는 말.
사리[4]의 ①국수나 밧줄 따위의 사려 놓은 뭉치를 세는 단위. ②윷놀이에서 모나 윷을 세는 단위. ¶ 윷 두 —.
사리(私利)명 자신(自身)을 위한 이익. 개인의 이익. ☞공리(公利)
사리(舍利·奢利 ∠śarīra 범)명 ①부처나 성자(聖者)의 유골(遺骨). 입적(入寂)한 중을 화장한 뒤에 나오는 작은 구슬 모양의 것을 이름. ☞다비(茶毘) ②부처의 법신(法身)의 유적(遺跡)인 경전(經典).
사:리(事理)명 일의 이치. ¶ —에 어긋나는 말.
사리(射利)명-하다자 수단을 가리지 않고 이끗을 노림.
사리(瀉痢)명-하다자 설사(泄瀉)
사리(sarī 힌)명 인도에서, 주로 힌두교도의 여성이 입는 옷. 한 장의 긴 천으로 되어 있으며, 가슴이나 허리를 두르고, 나머지는 머리나 어깨 너머로 늘어뜨림.
사리다타 ①국수나 밧줄 따위를 엉클어지지 않게 뱅뱅 돌려서 포개다. ②뱀 따위가 몸을 동그랗게 감다. ☞서리다[3] ③비어져 나온 못 끝을 꼬부려 붙이다. ¶ 철사 끝을 사렸다. ④어떤 일에 적극적으로 나서지 않고 몸을 아끼다. ¶ 궂은 일에는 몸을 —. ⑤겁먹은 짐승이 꼬리를 뒷다리 사이로 고부려 끼다. ⑥정신을 바짝 가다듬다. ¶ 마음을 단단히 사려 먹고 나서다.
사리-물다(—물고·—무니)자 이를 악물다.
사리-사리[1]부 연기가 가늘게 올라가는 모양을 나타내는 말

말. ¶모깃불 연기가 － 퍼진다.
사리-사리² 부 ①긴 물체가 사려진 모양을 나타내는 말. ¶－ 감다./－ 사려 놓다. ②감정이나 생각 따위가 복잡하게 얽혀 있는 모양을 나타내는 말. ¶생각이 － 얽히다. ☞서리서리
사리-사복(私利私腹) 명 사리사욕(私利私慾)
사리-사욕(私利私慾) 명 혼자만을 위한 이익과 욕심. 사리사복(私利私腹)
사리-염(瀉利塩) 명 황산마그네슘
사리-탑(舍利塔) 명 사리(舍利)를 넣어 둔 탑.
사리-풀 명 가짓과의 한해살이풀, 또는 두해살이풀. 줄기 높이는 1m 안팎. 전체에 부드러운 털이 빽빽이 나 있음. 잎은 달걀꼴 또는 길둥근 꼴이고, 가장자리에 거친 톱니가 있음. 6~7월에 깔때기 모양의 노란 꽃이 핌. 유독 식물로, 잎은 진통제 등 약재로 쓰임. 유럽 원산이며 우리나라에도 분포함.
사:린(四隣) 명 ①사방의 이웃. ②이웃 나라들.
사:린-교(∠四人轎) 명 '사인교(四人轎)'의 변한말.
사:린-남여(∠四人籃輿) 명 '사인남여'의 변한말.
사:린-방상(∠四人方牀) 명 '사인방상'의 변한말.
사:림(士林) 명 유림(儒林)
사림(詞林) 명 ①시문(詩文)을 짓는 사람들의 사회. ②시문(詩文)을 모아서 엮은 책.
사립 명 '사립문'의 준말.
사:립(四立) 명 입춘(立春)·입하(立夏)·입추(立秋)·입동(立冬)의 네 절기(節氣).

사립(私立) 명 개인이나 법인(法人)이 설립하여 운영하는 일. ☞공립(公立). 관립(官立). 국립(國立). 시립(市立)
사립(沙粒·砂粒) 명 모래알
사립(絲笠) 명 명주실로 싸개를 하여 만든 갓.
사립(簑笠) 명 도롱이와 삿갓을 아울러 이르는 말.
사립=대:학(私立大學) 명 개인이나 법인(法人)이 설립하여 운영하는 대학.
사립-문(－門) 명 사립짝을 달아서 만든 문. 시문(柴門). 시비(柴扉) 준 사립
사립-짝 명 나뭇가지를 엮어서 만든 문짝. 준 삽짝
사립=학교(私立學校) 명 사인(私人)이나 사법인(私法人)이 설립하여 운영하는 학교. ☞공립 학교
사마(司馬) 명 ①고려 시대, 삼공(三公)의 하나. ②'사마시(司馬試)'의 준말.
사:마(四魔) 명 불교에서, 중생(衆生)을 괴롭히는 네 가지 마(魔), 곧 온마(蘊魔)·번뇌마(煩惱魔)·사마(死魔)·천마(天魔)를 이르는 말.
사:마(死魔) 명 불교에서 이르는 사마(四魔)의 하나. 사람의 목숨을 빼앗는다는 악마를 이름.
사마(邪魔) 명 불교에서, 수행을 방해하는 못된 악마를 이르는 말.
사:마(駟馬) 명 수레를 끄는 네 마리의 말, 또는 네 마리의 말이 끄는 수레.
사:마귀¹ 명 살갗에 도도록하게 생기는 작은 군살. ☞무사마귀. 흑자(黑子)
사:마귀² 명 ①사마귓과의 곤충을 통틀어 이르는 말. ②사마귓과의 곤충. 몸길이 6~8cm. 몸은 가늘고 길며, 머리는 삼각형임. 몸빛은 초록 또는 담갈색임. 머리에는 큰 겹눈과 짧은 실 모양의 더듬이가 있음. 낫 모양의 앞다리에는 가시가 있어 다른 곤충을 잡아먹기에 알맞음. 5월경에 풀숲에 나타나고, 가을에 나뭇가지 등에 해면(海綿) 모양의 알집을 낳는데, 이 알집으로 겨울을 남. 당랑(螳螂). 버마재비
사마륨(Samarium 독) 명 란탄족 원소의 하나. 잿빛의 광택이 있는 금속으로, 단단하면서도 잘 부서짐. 〔원소 기호 Sm/원자 번호 62/원자량 150.36〕
사마방:목(司馬榜目) 명 조선 시대, 새로 사마시(司馬試)에 합격한 진사(進士)와 생원(生員)의 성명·생년(生年)·본관(本貫)·주소와 사조(四祖)에 대하여 적은 책.
사마-소(司馬所) 명 조선 시대 중기에 외방(外方)의 각 고을에 있던, 생원(生員)과 진사(進士)들이 모이던 곳.
사마-시(司馬試) 명 소과(小科) 준 사마(司馬)
사마치 명 지난날, 융복(戎服)을 입고 말을 탈 때에 다리를 가리기 위하여 입던 아랫도리옷.
사막(沙漠·砂漠) 명 강수량이 매우 적어 식물이 거의 자라지 않는, 모래·자갈·돌·바위 따위로 이루어진 넓은 벌판. ¶사하라 －/아라비아 －/고비 －
사막의 배 관용 사막의 중요한 교통 수단인 낙타를 비유하여 이르는 말.

한자 사막 막(漠) 〔水部 11획〕 ¶사막(沙漠)

사막=기후(沙漠氣候) 명 강수량보다 증발량이 많아 건조가 심한 기후. 오아시스 부근 이외에는 식물이 거의 자라지 못하며 낮과 밤의 기온의 차가 극심함. 아프리카 북부와 오스트레일리아, 중앙 아시아 등의 사막 지역에서 볼 수 있음.
사막-꿩(沙漠－) 명 사막꿩과의 새. 몸길이 38cm 안팎. 긴 꼬리와 뾰족한 날개를 가졌으며 생김새가 비둘기와 비슷함. 몸빛은 엷은 황갈색의 등에 검은 얼룩이 있고, 머리와 멱은 주황빛임. 아시아 동부에서 유럽 동부에 걸쳐 분포하는데, 귀소성(歸巢性)은 없다고 함.
사막-스럽다(－스럽고·－스러워) 형ㅂ 보기에 사막한 데가 있다. ☞심악스럽다
사막-스레 부 사막스럽게
사막-하다 형여 매우 가혹하다. ☞심악하다
사막-화(沙漠化) 명 -하다 자 강수량이 몹시 줄어들어 초원이나 삼림이 사막으로 변하는 일.
사:말(巳末) 명 십이시(十二時)의 사시(巳時)의 끝 무렵. 지금의 오전 열한 시가 되기 바로 전.
사:말¹(四末) 명 가톨릭에서, 사람이 면하지 못할 네 가지의 종말(終末), 곧 죽음·심판·천당·지옥을 이르는 말.
사:말²(四末) 명 두 손과 두 발의 끝.
사망 명 장사에서 이익이 많이 남는 운수. ¶－이 없다.
사:망(死亡) 명 -하다 자 사람이 죽는 일, 또는 그 죽음. 사거(死去). 사몰(死沒)
사:망-률(死亡率) 명 사망하는 비율. 인구 조사 따위에서는 보통, 일정 기간에 걸쳐 인구 1,000명에 대한 비율로 나타냄.
사:망=보:험(死亡保險) 명 생명 보험의 한 가지. 피보험자가 사망했을 때 보험금이 지급됨. ☞생존 보험
사:망=신고(死亡申告) 명 사람이 죽었을 때에 호주 등 신고 의무자가 사망 진단서 등을 갖추어 지방 자치 단체의 책임자에게 신고하는 일, 또는 그 문서. ☞출생 신고(出生申告)
사:망-자(死亡者) 명 죽은 사람.
사:망지환(死亡之患) 명 사람이 죽는 재앙.
사:망=진:단서(死亡診斷書) 명 사람의 죽음에 대하여 의사가 작성하는 증명서. 사람이 죽을 때 의사가 그 자리에 있었거나, 죽기 전 24시간 이내에 진찰한 경우에만 작성할 수 있음.
사:망-표(死亡表) 명 생명표(生命表)
사-매(私－) 명 지난날, 권세 있는 사람이 백성을 잡아다가 때리던 일. ☞사형(私刑)
사매(邪魅) 명 사귀(邪鬼)
사매-질(私－) 명 -하다 타 사매로 때리는 짓.
사:맥(死脈) 명 ①죽음이 가까워졌을 때의 약한 맥박. ②광석이 더 이상 나오지 않게 된 쓸모 없는 광맥(鑛脈).
사:맥(事脈) 명 어떤 일의 내력이나 갈피.
사맥(絲脈) 명 남녀유별(男女有別)이 엄격하였던 지난날, 의원이 귀부인을 진찰할 때, 병자의 손목에 실을 매고, 옆방에서 의원이 그 한 끝을 잡고, 실을 통하여 느껴지는 맥박을 헤아려 진찰하던 일.
사:맹(四孟) 명 맹춘(孟春)·맹하(孟夏)·맹추(孟秋)·맹동(孟冬)을 아울러 이르는 말. 사맹삭(四孟朔). 사맹월
사:-맹:삭(四孟朔) 명 사맹(四孟)
사:-맹:월(四孟月) 명 사맹(四孟)
사:면(四面) 명 ①네 면(面). ②모든 방향. 여러 곳. 사방(四方). 사처(四處)

사:면(事面)명 사리(事理)와 체면. 사체(事體)
사:면(赦免)명-하다타 죄를 용서하여 형벌(刑罰)을 면제해 줌. ☞사원(赦原)
사면(斜面)명 ①비스듬히 기운 면. 비탈진 면. ¶산의 -./가파른 -. ②'빗면'의 구용어.
사면(絲麵)명 발이 가는 국수. 실국수
사면(辭免)명-하다타 맡고 있던 직무를 스스로 그만두고 물러남. 사임(辭任)
사:면-각(四面角)명 네 개의 평면이 한 점에서 만났을 때 생기는 입체각. ☞삼면각
사:면-발이 명 ①사면발잇과의 곤충. 주로 사람의 음모(陰毛)에 기생하며, 부근의 피부에서 피를 빨아먹고 삶. 몸길이 1.5mm 안팎. 몸이 납작하고 다리가 좌우로 벋어 모양이 게와 비슷함. 음모에 알을 낳아 번식하는데, 이것이 기생하면 몹시 가려움. 모두충(毛蠹蟲). 모슬(毛蝨). 음슬(陰蝨) ②여기저기 돌아 다니며 아첨을 잘 하는 사람을 놀리어 이르는 말.
사면=배:양(斜面培養)명 우무로 사면(斜面)의 고정 배지(固定培地)를 만들어, 그 면에 세균이나 곰팡이 따위를 배양하는 일.
사:면-잠(四眠蠶)명 누에의 한 종류. 알에서 깬 뒤, 네 번 허물을 벗고 나서 고치를 짓는 누에.
사:면-장(赦免狀)[-짱]명 죄를 사면한다는 뜻을 적은 문서. 준 면장(免狀). 사장(赦狀)
사:면-체(四面體)명 네 개의 면으로 이루어진 입체. 어느 면이나 삼각형을 이룸. 삼각뿔. 세모뿔
사:면초가(四面楚歌)성구 한(漢)나라 군사에 둘러싸인 초(楚)나라의 항우(項羽)가, 밤에 적진에서 들려오는 초나라의 노래를 듣고, 초나라 사람이 모두 적군에게 항복하였구나 하고 한탄하였다는 고사(故事)에서, 사방이 모두 적이며 누구의 도움도 받을 수 없는 고립된 상태를 이르는 말.
사:면-춘풍(四面春風)명 두루춘풍
사:면-팔방(四面八方)명 사면(四面)과 팔방(八方). 모든 방면. ¶-으로 수소문했다.
사:멸(死滅)명-하다자 죽어 없어짐.
사:명(死命)명 ①죽어야 할 목숨. ②죽음과 삶의 고비.
사:명(社名)명 회사나 결사(結社)의 이름.
사:명(社命)명 회사의 명령.
사:명(使命)명 ①맡겨진 임무. ¶중대한 -을 띠다. ②사신(使臣)이 받은 명령.
사명(師命)명 스승의 명령.
사명(辭命)명 ①한 나라의 사자(使者)로서 하는 말. ②지난날, 임금의 말이나 명령을 이르던 말.
사:명(賜名)명-하다자 지난날, 임금이 공로가 있는 신하에게 이름을 지어 내리던 일.
사:명-감(使命感)명 주어진 임무를 해내고자 하는 책임감. ¶-이 강하다.
사:명-마(四明馬)명 사족발이
사:-명산(四名山)명 백두산에서 벋어 내려 솟은 네 명산. 곧 동의 금강산, 서의 구월산, 남의 지리산, 북의 묘향산을 이르는 말.
사:-명일(四名日)명 설·단오(端午)·추석(秋夕)·동지(冬至)의 네 명일. 사명절
사:-명절(四名節)명 사명일(四名日)
사모(私募)명 증권(證券) 모집의 한 방식. 주식이나 사채(社債)를 발행할 때, 널리 일반으로부터 모집하지 않고 발행 회사와 어떤 관계가 있는 회사나 소수의 투자가 등 한정된 범위 안에서 모집하는 일. ☞공모(公募)
사모(邪謀)명 나쁜 짓을 꾀함. 나쁜 모의(謀議).
사모(思慕)명-하다타 ①사랑하여 그리워함. ¶-의 정. ②우러러 받들며 마음으로 따름.
사모(師母)명 스승의 부인.
사:모(紗帽)명 고려 말부터 조선 말에 걸쳐 관원이 일상복 차림에 쓰던 모자. 조선 후기에는 공복(公服)이나 예복 차림에도 썼음. 오늘날에는 재래식 혼례 때 신랑이 예모(禮帽)로 씀. 오사모(烏紗帽)
속담 사모 바람에 거드럭거린다 : 관원으로서 유세를 부리며, 못된 짓을 하면서도 오히려 큰소리친다는 말.〔금관자 서슬에 큰기침 한다〕/사모 쓴 도둑놈 : 권세를 믿고 남의 재물을 빼앗는 관원을 이르는 말./사모에 갓끈이다 : 제격이 아니며 어울리지 않는다는 말.
사모(詐謀)명 남을 속여넘기는 꾀. 속임수
사모곡(思母曲)명 작자와 연대를 알 수 없는 고려 가요의 하나. 어머니의 사랑을 기린 내용으로, 육구체(六句體) 단련(單聯)임. '악장가사(樂章歌詞)'와 '시용향악보(時用鄕樂譜)'에 실려 전함.
사:모=관대(紗帽冠帶)명 ①사모와 관대. ②-하다자 사모와 관대로 차림, 곧 정식 예장(禮裝)을 차림.
사모-님(師母-)명 ①사모, 곧 스승의 부인을 높이어 일컫는 말. ②윗사람의 부인을 높이어 일컫는 말.
사모바:르(samovar 러)명 러시아식의 물을 끓이는 주전자. 주전자의 한가운데에 아래위로 뚫린 관이 있어 그 속에 숯불을 피워 둘레의 물을 끓임.
사:모-뿔(紗帽-)명 사모 뒤쪽 좌우로 꽂은 잠자리 날개 모양의 검은 장식.
사:모-싸개(紗帽-)명 사모의 거죽을 싸 바른 사(絲).
사:모-정(四-亭)명 네 개의 기둥을 세워 지붕이 네모가 지게 지은 정자. 사각정(四角亭) ☞육모정. 팔모정
사:모-턱(紗帽-)명 건축 따위에서, 이을 두 재목의 한쪽 끝을 각각 네모지게 파낸 턱.
사:모턱-이음(紗帽-)명 건축 따위에서, 두 재목의 한쪽 끝을 각각 사모턱을 내어서 잇는 방법.
사:모턱-지다(紗帽-)자 사모의 앞쪽과 같은 층이 지다.
사:모-품대(紗帽品帶)명 조선 시대, 관원이 관복을 입고 사모를 쓰고 품대를 갖춘 차림을 이르던 말.

사목(司牧)명 ①백성을 사랑하여 잘 먹여 살리는 일, 또는 그 일을 맡은 임금이나 지방 장관을 이르는 말. ②가톨릭이나 성공회에서, 사제가 신자를 영적으로 인도하는 일.
사:목(事目)명 공사(公事)에 관하여 정해 놓은 규칙.
사:목(肆目)명-하다자 보고 싶은 대로 봄.
사목지신(徙木之信)성구 중국 진(秦) 나라의 재상인 상앙(商鞅)이 수도의 남문에 세워 둔 길이 서른 자의 큰 나무를 북문까지 옮기는 자에게 상금을 준다는 약속을 하고 그것을 지켰다는 고사(故事)에서, 백성을 속이지 않음을 밝히는 일을 이르는 말.
사:몰(死沒)명-하다자 사망(死亡)
사:못-집(四-)명 지붕이 네모나게 지은 집.
사:몽-비몽(似夢非夢)명 비몽사몽(非夢似夢)
사:몽비몽-간(似夢非夢間)명 비몽사몽간(非夢似夢間)
사:묘(四廟)명 고조부모·증조부모·조부모·부모의 위패를 모신 사당.
사무(私務)명 사사로운 일. ☞공무(公務)
사무(私貿)명 지난날, 대궐에서 쓰는 물품을 공계(貢契)에서 바치게 하지 않고 임시로 상인에게서 사들이던 일.
사:무(社務)명 회사의 일. 회사의 용무.
사:무(事務)명 관공서나 회사 등에서, 문서나 장부 등을 다루는 일. ¶행정 -/회계 -/-를 보다.
사무(師巫)명 무당
사:무-가(事務家)명 사무에 능숙한 사람.
사:무-관(事務官)명 행정직 5급 공무원의 직급. 서기관의 아래, 주사(主事)의 위.
사:무=관:리(事務管理)명 ①법률에서, 법률적으로 의무가 없는 사람이 남을 위하여 그의 사무를 처리하는 일. 집을 비운 이웃을 위하여 수금원에게 신문 구독료를 대신 지불하거나, 길 잃은 아이에게 음식을 주는 일 따위. ②기업 경영에서, 생산·판매 등 경영 활동의 합리화를 위한 일들을 계획·조정하는 일.
사:무-국(事務局)명 주로 일반 행정 사무를 맡아보는 부서. ¶국제 연합 -
사:무-복(事務服)명 사무를 볼 때에 입는 간편한 옷.
사무사(思無邪) '거짓이나 꾸밈이 없음'의 뜻.
사:-무송(使無訟)명-하다타 서로 타협하여 시비가 없도록

하는 일.
사:무-실(事務室)명 사무를 보기 위한 방.
사:무여한(死無餘恨)성구 소원이 이루어져 죽어도 한(恨)이 없음을 이르는 말.
사:무-원(事務員)명 사무를 맡아보는 직원. 사무 직원
사:무=자동화(事務自動化)명 사무실의 작업을 컴퓨터를 응용하여 자동화하는 일. 문서나 정보의 작성·보관·전달 등에 컴퓨터나 워드프로세서, 팩시밀리 등의 기기를 활용하여 갖가지 사무 활동을 효율화하는 것. 오에이(OA) ☞가정 자동화
사:무-장(事務長)명 사무원을 지휘하고 그 사무를 관리하는 직위, 또는 그 직위에 있는 사람.
사:무-적(事務的)명 ①사무에 관한 것. ¶-인 절차만 남아 있다. ②무슨 일을 처리할 때에 진심이나 성의가 없이 사무를 처리해 나가듯 기계적·형식적인 것. ¶-인 대답./태도가 지나치게 -이다.
사:무=직원(事務職員)명 사무원
사무치다자 속까지 깊이 미치어 닿다. ¶원한이 뼈에 -.
사:무-한신(事無閒身)명 하는 일이 없어 한가한 사람.
사:문(四門)명 ①사방의 문. ②'사대문(四大門)'의 준말.
사:문(死文)명 ①실제로는 아무 효력이 없는 법령(法令)이나 규칙. ②내용이 없는 문장.
사:문(死門)명 ①음양가에서 이르는 팔문(八門) 가운데 흉하다는 문의 하나. ②불교에서, 저승에 들어가는 문, 곧 죽음을 이르는 말.
사문(寺門)명 ①절의 문. ②선종(禪宗)에서, '절'을 이르는 말.
사문(私門)명 남에게 자기 집이나 자기 가문(家門)을 낮추어 이르는 말. ¶-의 행(幸)이옵니다.
사문(沙門 ∠śramana 범)명 불교에서, 출가하여 불문(佛門)에 들어가 도를 닦는 사람, 곧 '중'을 이르는 말. 상문(桑門)
사문(査問)명-하다타 따져 물어 조사함.
사문(師門)명 ①스승의 집. ②스승의 문하(門下).
사:문(赦文)명 지난날, 나라의 경사 때에 죄수를 석방하라고 임금이 내리던 글.
사문(蛇紋)명 뱀의 몸통의 반문(斑紋), 또는 그와 비슷한 무늬.
사문(斯文)명 '논어(論語)'에 나오는 말로, 유학(儒學)이나 유교(儒教)의 도리를 이르는 말.
사문=결박(私門結縛)명 지난날, 권세 있는 집안에서 백성을 사사로이 잡아들여 자유를 구속하던 일.
사문-난:적(斯文亂賊)명 유교에서, 교리에 어긋나는 말과 행동을 하는 사람을 이르는 말.
사-문서(私文書)명 사인(私人)이 권리나 의무, 사실 증명에 관하여 작성한 문서. ☞공문서(公文書)
사문서=위조=변조죄(私文書僞造變造罪)[-죄]명 행사할 목적으로 권리나 의무, 사실 증명에 관한 남의 문서를 위조하거나 변조함으로써 성립되는 죄.
사문-석(蛇紋石)명 뱀의 껍질과 비슷한 비늘 모양이나 섬유 모양의 무늬가 있는 광물. 감람석이나 휘석이 변질된 것이라고 함. 사문암의 주성분임. 녹색을 주로 하여 빨강·검정·노랑 등이 섞여 있음. 광택이 있으며, 장식용이나 석면(石綿) 제품의 제조 등에 쓰임.
사문-암(蛇紋岩)명 주로 사문석으로 이루어진 변성암. 감람석이나 휘석이 변질하여 이루어지는 것으로 여겨짐. 암록색이나 청록색을 나타내며, 광택이 아름다워 실내 장식 등에 쓰임.
사문용:형(私門用刑)[-농-]성구 지난날, 권세 있는 집에서 사람을 사사로이 잡아 가두거나 형벌을 가하던 일을 이르는 말.
사:문-유관(四門遊觀)명 석가모니가 태자(太子)였을 때, 동서남북의 네 성문 밖으로 놀러 나갔다가 늙은이·병자(病者)·송장·사문(沙門)을 만난 뒤 생로병사에 대한 의문을 깨닫고자 출가를 결심한 일을 이르는 말. 사문출유(四門出遊)
사문-직(斜紋織)명 능직(綾織)
사:문-출유(四門出遊)명 사문유관(四門遊觀)
사:문-화(死文化)명-하다자타 사문(死文)이 되는 일, 또는 사문이 되게 하는 일.
사:물(四勿)명 논어(論語)에서, 공자(孔子)가 제자에게 이른 네 가지 경계를 이르는 말. 곧 예(禮)가 아니면 보지 말며, 듣지 말며, 말하지 말며, 행하지 말라는 것. ☞사물잠(四勿箴)
사:물(四物)명 ①절에서, 법고(法鼓)·운판(雲板)·목어(木魚)·대종(大鐘)의 네 가지를 이르는 말. ②타악기인, 꽹과리·징·북·장구의 네 가지를 이르는 말.
사:물(死物)명 ①생명이 없는 것. ☞활물(活物) ②못 쓰게 된 물건. 쓸모 없는 물건.
사물(私物)명 개인이 가지고 있는 물건. 사유물(私有物) ☞공물(公物). 관물(官物)
사물(邪物)명 ①요사한 물건. ②부정(不淨)을 탄 불길한 물건.
사:물(事物)명 일과 물건. ¶갖가지 -./-에 대한 관심.
사:물(賜物)명 지난날, 임금이 내리던 물건.
사물-거리다(대다)자 작은 벌레 따위가 살갗 위를 기는 것같이 간질간질한 느낌이 자꾸 들다. ☞스멀거리다
사:물=기생(死物寄生)명 생물이 다른 생물의 사체나 배설물 등에서 영양분을 섭취하며 살아가는 일. 부생(腐生) ☞활물 기생(活物寄生)
사:물=대:명사(事物代名詞)명〈어〉지시 대명사(指示代名詞)
사물-사물부 사물거리는 느낌을 나타내는 말. ¶등에 무엇이 - 기어가는 느낌이다. ☞스멀스멀
사:물잠(四勿箴)명 사물(四勿)에 대하여 송(宋)나라의 정이(程頤)가 지은 잠(箴). 시잠(視箴)·청잠(聽箴)·언잠(言箴)·동잠(動箴)을 이름. 사잠(四箴)
사:물-탕(四物湯)명 조혈(造血)을 돕는 탕약의 한 가지. 숙지황·백작약·천궁·당귀로 지음.
사뭇부 ①사무칠 정도로 매우. ¶- 슬픈 표정을 지었다. ②아주 딴판으로. ¶말과는 - 다르더라. ③계속하여 줄곧. ¶한 달 동안 - 바쁘기만 했다.
사미(沙彌 ∠śrāmaṇera 범)명 불교에서, 출가하여 십계(十戒)를 받고 불도를 닦는, 아직 구족계(具足戒)를 받지 않은 젊은 남자 중을 이르는 말. 사미승(沙彌僧)
사:미(賜米)명-하다자 조선 시대, 나라에서 예순 살 이상의 늙은이에게 쌀을 주던 일, 또는 그 쌀.
사미-니(沙彌尼 ∠śrāmaṇerikā 범)명 출가(出家)하여 십계(十戒)를 받았으나, 아직 구족계(具足戒)를 받지 않은 나이 어린 여자 중.
사미-승(沙彌僧)명 사미(沙彌)
사미인곡(思美人曲)명 조선 선조 18년(1585)에, 송강 정철(鄭澈)이 지은 가사(歌辭). 창평(昌平)에 은거하면서 임금을 그리는 정을 간곡하게 읊은 내용. '송강가사(松江歌辭)'에 실려 전함. ☞속미인곡(續美人曲)
사:민(士民)명 ①선비와 서민(庶民)을 아울러 이르는 말. ②육예(六藝)를 익힌 백성.
사:민(四民)명 ①고려·조선 시대, 직업에 따른 사회 계급인 사(士)·농(農)·공(工)·상(商)의 네 신분(身分)을 이르던 말. ②온 백성.
사바(∠娑婆. sabhā 범)명 불교에서, 참고 견뎌야 할 고통이 많은 세계라는 뜻으로, 사람이 살고 있는 이 세상을 이르는 말. 사바 세계 ☞속세(俗世). 인간계(人間界). 탁세(濁世)
사바나(savanna)명 열대나 아열대 지방에서 볼 수 있는 건조한 초원. 건계(乾季)와 우계(雨季)의 구별이 뚜렷함. 강우량이 적고, 키가 큰 볏과 식물이 모여 자라며 관목이 띄엄띄엄 자람.
사바나=기후(savanna氣候)명 열대 기후의 한 가지. 건계(乾季)와 우계(雨季)가 번갈아 바뀌는 기후이며, 기온의 연교차는 적음. 건계에는 풀이 마르고 나무의 잎이 짐.
사바=세:계(∠娑婆世界)명 사바
사박-거리다(대다)타 사박사박 소리를 내다. ¶과일을 사박거리며 씹다./모래밭을 사박거리며 걸어가다. ☞

서벅거리다

사박-사박 [부] ①좀 포삭포삭하고 물기가 적은 과일 따위를 잇달아 씹을 때 나는 소리를 나타내는 말. ②모래밭을 가볍게 걸을 때 나는 소리를 나타내는 말. ③좀 언 눈을 가볍게 밟을 때 나는 소리를 나타내는 말. ☞서벅서벅

사박사박-하다 [형여] 과일 따위가 씹히는 감촉이 좀 포삭포삭하고 물기가 적다. ☞서벅서벅하다

사박-스럽다 (-스럽고·-스러워) [형ㅂ] 성질이 표독하고 당돌하여 인정이 없는 것 같다.

사박-스레 [부] 사박스럽게

사:-박자 (四拍子) [명] 악곡의 한 마디가 강·약·중강·약의 네 박자로 이루어진 것.

사:반공배 (事半功倍) [성구] 힘을 적게 들이고도 성과는 큼을 이르는 말.

사:-반기 (四半期) [명] 한 해의 4분의 1의 기간, 곧 3개월. 사분기(四分期)

사-반상 (沙飯床) [명] 사기로 된 반상기(飯床器).

사발 (*沙鉢) [명] 사기로 만든 밥그릇이나 국그릇.

[속담] **사발 안의 고기도 놔 주겠다** : 다 잡아서 사발 안에 넣어 둔 고기도 먹지 못하고 놓아 준다는 뜻으로, 자기 몫도 제대로 찾아 먹지 못할 만큼 어리석음을 이르는 말. /**사발에 든 고기나 잡겠다** : 일이라고는 아무 것도 하지 못하고, 밥이나 겨우 먹고 지내는 무능한 사람을 이르는 말. /**사발 이 빠진 것** : 쓸모 없이 되어 그대로 두어 보아야 거치적거리기만 하는 물건을 이르는 말.

사발가 (-歌) [명] 서울 지방 민요의 한 가지. 일제에 국권을 강탈당하였을 무렵의 울분을 토로한 것으로, 굿거리 장단으로 부름.

사발-고의 (*沙鉢袴衣) [명] 가랑이가 무릎까지 오는, 남자의 짧은 홑바지. ☞사발옷

사발-농사 (*沙鉢農事) [명] [-하다] [자] 밥 빌어먹는 것을 일로 삼음을 비유하여 이르는 말.

사발-막걸리 (*沙鉢-) [명] 사발을 술잔으로 하여 파는 막걸리.

사발-색 (*沙鉢-) [명] 광산에서, 사발로 색을 보는 일을 이르는 말. 사발 시금(沙鉢試金)

사발색을 보다 [관용] 광석 가루를 사발에 담아 물로 일어서 금이 섞여 있는지를 알아보다.

사발-시계 (*沙鉢時計) [명] 사발 모양의 탁상 시계.

사발-시:금 (*沙鉢試金) [명] 사발색

사발-옷 (*沙鉢-) [명] 가랑이가 무릎까지 오는, 여자의 짧은 바지. ☞사발고의

사발-잠방이 (*沙鉢-) [명] 지난날, 농부가 일할 때 입던 가랑이가 짧은 쇠코잠방이.

사발=지석 (*沙鉢誌石) [명] 안쪽에 먹으로 지문(誌文)을 적고 밀랍을 발라서 지석 대신 무덤 앞에 묻는 사발.

사발-통문 (*沙鉢通文) [명] 주모자(主謀者)가 드러나지 않도록 관계자의 이름을 삥 돌려 적은 통문.

사:발-허통 (∠四八虛通) [명] 막을 자리를 막지 않아서 사면팔방이 툭 트이어 몹시 허술함.

사:방 (巳方) [명] 이십사 방위(二十四方位)의 하나. 남동으로부터 남쪽으로 15도 되는 방위를 중심으로 한 15도 범위 안의 방위. 손방(巽方)과 병방(丙方)의 사이. [준] 사(巳) ☞해방(亥方)

사:방 (四方) [명] ①동·서·남·북의 네 방향. ②모든 방향. 여러 곳. 사면(四面). 사처(四處) ¶ -으로 흩어지다.

사방 (砂防) [명] 산이나 강가, 바닷가 등에서 토사(土砂)가 무너지거나 흘러내리는 것을 막는 일. 나무를 심거나 호안(護岸)을 하거나 댐을 만들거나 함.

사방=공사 (砂防工事) [명] 사방 시설을 하는 공사.

사:방-관 (四方冠) [명] 조선 시대, 사대부·선비·유생들이 집 안에서 쓰던 관. 말총으로 만들었으며, 아래가 좁고 위가 넓은 사각형의 상자 형태로 윗부분이 막혀 있음.

사방-댐 (砂防dam) [명] 계류(溪流) 등에서, 토사가 흘러내리는 것을 막기 위해 만든 댐.

사:방-등 (四方燈) [명] 위쪽에 끈이나 들쇠가 있어 들고 다니게 된 네모난 등.

사:방-란 (四方卵) [명] 달걀을 초에 담가 껍질이 물러진 뒤에, 네모진 그릇에 넣고 삶아 굳힌 것.

사방-림 (砂防林) [명] 토사가 빗물에 떠내려가거나 바람에 날려 가는 것을 막으려고 산이나 바닷가 등에 심어 가꾼 숲.

사:방-모자 (四方帽子) [명] 사각모자(四角帽子)

사:-방영 (四防營) [명] 조선 시대, 평안도의 창성(昌城)·강계(江界)·선천(宣川)·삼화(三和)의 네 곳에 두었던 군영(軍營).

사:-방위 (四方位) [명] 동·서·남·북의 네 방위.

사방=정계 (斜方晶系) [명] 결정계(結晶系)의 한 가지. 길이가 다른 세 개의 축(軸)이 직각으로 만나는 결정의 형태. 감람석·중정석·홍주석·황옥 등이 이에 딸림.

사:방=제기 (四方-) [명] 네 사람이 서로 마주보고 둘러서서 차례로 제기를 받아 차는 놀이.

사:방-죽 (四方竹) [명] 볏과 조릿대의 한 가지. 높이 5m 안팎에 무딘 네 모서리가 져 있음. 줄기는 속이 비었으며, 지름은 4cm 안팎임. 마디에는 가시 모양의 기근(氣根)이 나옴. 중국 원산이며 관상용으로 심기도 함.

사:방-침 (四方枕) [명] 팔꿈치를 괴고 기대어 앉을 수 있게 만든, 네모난 큰 베개 모양의 물건. 방침 ☞장침

사:방-탁자 (四方卓子) [명] 선반이 너덧 층으로 되어 있는, 네모반듯하고 기둥이 가는 높은 탁자. 사방이 틔어 있으며, 책이나 꽃병, 다과(茶菓) 따위를 올려 놓음.

사:방-팔방 (四方八方) [명] 모든 방면. 사각팔방

사방=휘석 (斜方輝石) [명] 사방 정계에 딸리는 휘석. 주로 마그네슘과 철이 들어 있음.

사:배 (四拜) [명] [-하다] [자] 네 번 절함, 또는 그 절. ☞재배

사:배 (四配) [명] 공자묘(孔子廟)에 공자와 함께 모신 네 사람의 성현. 곧 공자 오른쪽의 안자(顔子)와 자사(子思), 왼쪽의 증자(曾子)와 맹자(孟子). 사유(四侑)

사:배 (賜杯) [명] 임금이 신하에게 술잔을 내리는 일, 또는 그 술잔.

사:배-체 (四倍體) [명] 기수(基數)의 네 배의 염색체를 가지는 배수체(倍數體). 이배체(二倍體)에 비하여 몸이 큰 것이 많음.

사:백 (死魄) [명] 달빛이 완전히 없어졌다는 뜻으로, '음력 초하룻날'을 이르는 말.

사백 (舍伯) [명] 남에게 자기의 맏형을 겸손하게 일컫는 말. 가백(家伯) ☞가형(家兄). 사형(舍兄)

사백 (詞伯) [명] 시문(詩文)에 뛰어난 사람을 높이어 일컫는 말. 사종(詞宗)

사:백사-병 (四百四病) [명] 불교에서, 사람이 걸리는 병을 통틀어 이르는 말. 사람의 몸은 땅·물·불·바람의 네 원소, 곧 사대(四大)로 이루어져 있으며, 이 사대가 고르지 못할 때 각각 백 한 가지씩 모두 사백 네 가지의 병이 생긴다고 함.

사백-어 (死白魚) [명] 망둑엇과의 바닷물고기. 몸길이 5cm 안팎. 몸은 원통 모양에 가까우며 비늘이 없음. 주둥이는 짧고 앞이 뾰족하며, 눈이 툭 튀어나와 있음. 몸빛은 살아 있을 때는 반투명이나 죽으면 곧 흰빛으로 바뀜. 3~4월에 하천을 거슬러 올라와 큰 돌 밑에 알을 낳음. 우리 나라와 일본 등지의 연해에 분포함.

사:번 (事煩) [어기] '사번(事煩)하다'의 어기(語基).

사:번-스럽다 (事煩-) (-스럽고·-스러워) [형ㅂ] 보기에 일이 많아 번거로운듯 하다.

사번-스레 [부] 사번스럽게

사:번-하다 (事煩-) [형여] 일이 많아 번거롭다.

사:범 (事犯) [명] 법률에서, 형벌을 받아야 할 행위를 이르는 말. ¶경제 -/선거 -/폭력 -

사범 (師範) [명] ①스승이 될만 한 본보기. 모범(模範) ¶겨레의 -. ②학문이나 기예(技藝)·무술(武術) 따위를 가르치는 사람. ¶태권도 -

사범=교:육 (師範敎育) [명] 교사를 양성(養成)하는 교육.

사법 (司法) [명] 법률에 따른 민사(民事)·형사(刑事)의 재판과 그에 관련되는 국가 작용. ☞입법. 행정

사:법 (四法) [명] ①한시(漢詩)의 기(起)·승(承)·전(轉)·

ㅅ

결(結)의 구성법. ②불교에서, 행(行)·주(住)·좌(坐)·와(臥)의 네 예법. 또는, 부처의 가르침인 '교(敎)'와 그 가르침의 도리인 '이(理)'와 그 도리에 바탕을 둔 수행인 '행(行)'과 그 수행으로 얻어지는 '과(果)'의 네 가지를 이르는 말.

사:법(史法)명 역사는 사실 그대로 써야 한다는 원칙.

사:법(死法)명 쓰이지 않는 법률, 곧 효력을 잃은 법률.

사법(私法)[-뻡]명 개인 사이의 권리나 의무 관계를 규정한 법률. 민법(民法)이나 상법(商法) 따위. ☞공법

사:법(邪法)명 ①정도(正道)에서 벗어난 길. 옳지 못한 방식. ②요사스런 수법.

사법(射法)[-뻡]명 활이나 총포(銃砲)를 쏘는 기술.

사법(師法)명 ①스승에게서 배운 방식과 방법. ②스승으로서 지켜야 할 도리(道理).

사법(嗣法)명-하다자 불교에서, 법통(法統)을 이어받는 일, 또는 제자가 스승에게서 불법(佛法)을 이어받는 일을 이르는 말.

사법=경:찰(司法警察)명 사법권에 바탕을 두고, 범죄의 수사, 범인의 체포와 증거의 수집을 하는 경찰.

사법=경:찰관(司法警察官)명 사법 경찰의 일을 맡은 관리. 수사관(搜査官)이나 경무관(警務官)·총경(總警)·경정(警正)·경감(警監)·경위(警衛)를 이르는 말.

사법=경:찰=관리(司法警察官吏)명 검사의 보조 기관인 사법 경찰관과 사법 경찰리를 아울러 이르는 말.

사법=경:찰리(司法警察吏)명 검사와 사법 경찰관을 돕는 공무원. 곧 경사(警査)·경장(警長)·순경(巡警)을 이르는 말.

사법-관(司法官)명 사법권을 행사하는 공무원. 보통은 법원의 법관을 이름.

사법=관청(司法官廳)명 민사·형사·행정의 재판 사무를 맡아서 하는 관청, 곧 법원(法院). ㊤법청(法廳)

사법-권(司法權)[-꿘]명 삼권(三權)의 하나. 사법(司法)을 행사하는 국가의 권능. ☞입법권(立法權)

사법=기관(司法機關)명 사법권을 행사하는 국가 기관, 곧 법원(法院).

사법-법(司法法)명 사법 제도와 사법권의 행사에 관한 법률. 법원 조직법, 사법 조직법, 민사 소송법, 형사 소송법, 행정 소송법 따위.

사법=법원(司法法院)명 사법권의 행사를 맡는 법원. 우리 나라는 행정 법원을 인정하지 않으므로, '법원'이라 하면 사법 법원을 가리킴. 사법 재판소(司法裁判所)

사법-부(司法府)명 삼권 분립에 따라 사법권을 행사하는 '법원'을 이르는 말. ☞입법부(立法府)

사법=서사(司法書士)명 '법무사(法務士)'의 구용어.

사법=시:험(司法試驗)명 법관이나 검찰관, 변호사가 되려는 사람의 학식과 그 응용 능력을 검정하기 위해 베푸는 국가 고시. ㊤사시(司試) ☞고등 고시

사법=연:수생(司法硏修生)명 사법 시험에 합격한 사람으로서 사법 연수원에서 실무를 수습하는 사람. 대법원장이 임명하고, 5급 상당의 별정직 공무원의 신분을 가짐.

사법=연:수원(司法硏修院)명 사법 시험에 합격한 사람을 교육하는 기관. 교육 기간은 2년임.

사-법인(私法人)명 사법상(私法上)의 법인. 사단 법인(社團法人)과 재단 법인(財團法人)으로 나뉘고, 다시 목적에 따라 영리 법인(營利法人)과 공익 법인(公益法人)으로 나뉨.

사법=재판(司法裁判)명 사법 법원이 하는 재판. 행정 법원이 맡는 행정 재판과 대립되는 것이나, 행정 법원을 두지 않고 있는 우리 나라에서는, 민사·형사 재판과 아울러 행정 재판까지도 포함하고 있음.

사법=재판소(司法裁判所)명 사법 법원(司法法院)

사법=처:분(司法處分)명 사법권에 따라 이루어지는 처분, 곧 법원(法院)의 재판.

사법=행정(司法行政)명 사법권의 운용에 필요한 행정(行政) 작용. 법원의 설정, 법관과 법원 직원의 임면, 법원 내부의 사무 분담, 직원의 배치와 감독, 집무 시간의 제정 따위를 내용으로 함. 법원 행정(法院行政)

사:벨(sabel 네)명 날이 좁고 긴 서양식 군도(軍刀).

사:벽(四壁)명 방의 네 벽.

사벽(沙壁)명 모래와 흙을 섞어서 바른 벽.

사벽(邪辟)어기 '사벽(邪辟)하다'의 어기(語基).

사벽-하다(邪辟-)형여 마음이 바르지 못하고 비뚤다.

사:변(四邊)명 ①사방의 변두리. ②근처(近處)나 주위(周圍). ③수학에서, 네 개의 변을 이르는 말.

사:변(事變)명 ①천재지변 따위의 큰 변고(變故). ②경찰력으로 진압할 수 없을 정도의 큰 소란. ③선전 포고(宣戰布告) 없이 벌어진 국가 사이의 전투 행위.

사변(思辨)명-하다자 ①깊이 생각하여 도리(道理)를 분별함. ②철학에서, 경험에 따르지 않고 순수한 사고(思考)에 따라 진리의 인식에 이르려고 하는 일.

사변(斜邊)명 '빗변'의 구용어.

사:변-가:주서(事變假注書)명 조선 시대, 승정원의 정칠품 벼슬. 정원 밖의 주서로서, 주서에게 사고가 있을 때 그의 일을 대신 맡아보았음. 가관(假官)

사변-적(思辨的)명 ①실천적이지 않고 이론에 따르는 것. ②실제적이지 않고 머리속으로만 생각하는 것.

사:변=주:서(事變注書)명 조선 시대, 사관(史官)이 기록한 사변에 관한 공적인 기록.

사:변-형(四邊形)명 사각형(四角形)

사:별(死別)명-하다자 한쪽 사람이 죽음으로써 헤어지게 됨. ¶남편과 -하다. ☞생별(生別)

사:병(士兵)명 장교가 아닌 부사관과 병(兵)을 통틀어 이르는 말. 병사(兵士) ☞관병(官兵)

사:병(死病)명 살아날 가망이 없는 중한 병. 죽을병

사병(私兵)명 지난날, 권세를 가진 개인이 사사로이 양성하여 거느리는 병사를 이르던 말. ☞관병(官兵)

사병(詐病)명-하다자 멀쩡한 사람이 병을 앓고 있다고 거짓으로 꾸밈, 또는 그 꾀병.

사:보(四寶)명 붓·먹·종이·벼루를 소중히 여기어 이르는 말. ☞문방사우(文房四友)

사보(私報)명 ①개인적인 보고(報告)나 통보(通報). ②공적인 전보에 상대하여, 개인 사이의 전보를 이르는 말. ☞공보(公報)

사보(私寶)명 개인이 가진 보물.

사보(社報)명 사내보(社內報)

사보(師保)명 남의 스승이 되어 가르치며 돌보아 기르는 일, 또는 그 사람.

사-보두청(∠私捕盜廳)명 조선 시대, 백성을 함부로 잡아다가 사사로이 벌하는 세도가(勢道家)를 비꼬아 이르던 말. 사포청(私捕廳)

사보타:주(sabotage 프)명-하다자 태업(怠業)

사보텐(∠sapoten 에)명 선인장(仙人掌)

사-보:험(私保險)명 개인의 이익을 지킬 목적으로 드는 임의(任意) 보험. ☞사회 보험(社會保險)

사복(司僕)명 '사복시(司僕寺)'의 준말.

사복(私服)명 ① 관복(官服)이나 제복이 아닌 보통 옷. ☞공복(公服) ②'사복 형사(私服刑事)'의 준말.

사복(私腹)명 자기의 이익 또는 욕심. ¶공직에 있으면서 -을 채우다.

사복(思服)명-하다타 마음에 두고 늘 생각함.

사복-개천명 ①더러운 개천. ②욕지거리나 상말을 마구 하는, 입이 더러운 사람을 낮추어 이르는 말.

사복-거덜(司僕-)명 지난날, 배종(陪從)의 옷차림에 벙거지를 쓰고 벽제(辟除)를 하며 권마성(勸馬聲)을 외치던 하인.

사복-마(司僕馬)명 지난날, 사복시에서 관리하던 말.

사복-시(司僕寺)명 고려·조선 시대, 궁중의 수레와 말 등에 관한 일을 맡아보던 관아. ㊤사복(司僕)

사:-복음(四福音)명 신약성서의 마태복음·마가복음·누가복음·요한복음의 네 복음서를 이르는 말.

사복=형사(私服刑事)명 범죄 수사나 잠복, 미행 등을 하기 위하여 사복을 입고 근무하는 경찰관.

사:본(事本)명 일의 근본. 사근(事根)

사:본(寫本)명-하다타 원본(原本)을 그대로 옮기어 베낌,

또는 베낀 그 문서나 책. 수사본(手寫本) ¶졸업 증명서의 -.
사:부(士夫)명 '사대부(士大夫)'의 준말.
사:부(四部)명 ①네 부분. ②사중(四衆). ③합창에서, 함께 부르는 네 성부(聲部). ¶- 합창 ④한서적의 분류에서, 경(經)·사(史)·자(子)·집(集)의 네 부를 통틀어 이르는 말.
사:부(史部)명 한서적의 분류에서, 사부(四部) 중 사(史)에 딸린 부류. 역사·지리·관직 등에 관한 책이 이에 딸림. 을부(乙部)
사부(私夫)명 ①관기(官妓)가 몰래 둔 남편. ②샛서방
사부(師父)명 ①스승과 아버지를 아울러 이르는 말. ②스승을 높이어 일컫는 말.
사부(師傅)명 ①스승 ②고려 시대, 동궁(東宮)에 딸린 사(師)와 부(傅)를 아울러 이르던 말. ③조선 시대, 세자 시강원(世子侍講院)에 딸린 사(師)와 부(傅)를 아울러 이르던 말.
사부(絲部)명 국악기의 만든 재료에 따른 분류의 한 가지. 공명통(共鳴筒) 위에 꼰 명주실 줄을 얹어 만든 국악기를 통틀어 이르는 말. 거문고·가야금·아쟁(牙箏) 등이 있음. ☞죽부(竹部)
사부(詞賦)명 운자(韻字)를 달아 지은 시문(詩文)을 통틀어 이르는 말.
사부(篩部)명 체관부
사:부-가(士夫家)명 사대부(士大夫)의 집안.
사부랑-거리다(대다)자 쓸데없는 말을 자꾸 재깔이다. ☞시부렁거리다. 싸부랑거리다
사부랑-사부랑[1] 부 사부랑거리는 모양을 나타내는 말. ☞시부렁시부렁. 싸부랑싸부랑
사부랑-사부랑[2] 부-하다형 매우 사부랑한 모양을 나타내는 말. ☞서부렁서부렁
사부랑-삽작 부 힘들이지 않고 가뿐하게 뛰어넘거나 올라서는 모양을 나타내는 말. ☞서부렁섭적
사부랑-하다 형여 묶거나 쌓은 것들이 다붙지 않고 나슨하거나 좀 버름하다. ☞서부렁하다
사-부인(*査夫人)명 '사돈댁'을 높이어 일컫는 말.
사부자기 부 별로 힘들이지 않고 살짝. ☞시부저기
사부작-사부작 부 별로 힘들이지 않고 살짝살짝 행동하는 모양을 나타내는 말. ☞시부적시부적
사:부-중(四部衆)명 사중(四衆)
사:부=합창(四部合唱)명 네 성부로 이루어지는 합창. 소프라노·알토·테너·베이스로 구성되는 혼성(混聲) 사부 합창을 비롯하여, 남성(男聲) 사부 합창, 여성(女聲) 사부 합창 등이 있음.
사:부-향(士夫鄕)명 사대부가 많이 사는 고을.
사북 명 ①접부채의 손잡이 부분이나, 가위다리의 엇걸리는 곳에 뚫은 구멍에 꽂는 못. ②가장 요긴한 부분을 비유하여 이르는 말.
사:분(四分)명-하다타 네 부분으로 가름.
사분(私憤)명 개인적인 일로 말미암은 노여움. ☞공분
사분-거리다(대다)자 자꾸 사분사분 하다.
사:분-기(四分期)명 한 해의 4분의 1의 기간, 곧 3개월. 사반기(四半期)
사:분-면(四分面)명 수학에서, 평면 위를 직교(直交)하는 두 직선으로 사등분했을 때, 그 하나하나의 부분.
사분-사분 부 ①소리가 거의 나지 않을 정도로 움직임이 가볍고 조용조용한 모양을 나타내는 말. ¶- 걷다. ②이야기하는 태도가 조용하고 부드러운 모양을 나타내는 말. ¶- 이야기하다. ☞사뿐사뿐. 사푼사푼
사분사분-하다 형여 성질이나 마음씨가 보드랍고 상냥하다. ☞서분서분하다
사:분-쉼:표(四分-標)명 온쉼표의 4분의 1의 길이를 나타내는 쉼표. 기호는 𝄽
사:분오:열(四分五裂)성구 여러 갈래로 분열하거나 무질서하게 이리저리 흩어짐을 이르는 말.
사:분-원(四分圓)명 원을, 직교(直交)하는 두 지름으로 사등분한 그 하나하나. 중심각이 직각인 부채꼴임.
사:분-음(四分音)명 서양 음악에서, 반음을 이등분한 음정. 1옥타브는 24개의 사분음으로 이루어짐.
사:분음=음악(四分音音樂)명 사분음을 사용한 음악. 19세기 말에서 20세기에 걸쳐, 사분음 피아노곡이나 현악곡, 합창곡 등이 시도되었음.
사:분-음표(四分音標)명 온음표의 4분의 1의 길이를 나타내는 음표. 기호는 ♩ 또는 𝅘𝅥
사:분=포자(四分胞子)명 조류(藻類)에서 볼 수 있는 운동성이 없는 포자. 단세포인 포자낭(胞子囊) 속에서, 하나의 모세포(母細胞)로부터 감수 분열(減數分裂)하여 네 개의 포자가 만들어짐.
사분-하다 형여 좀 사부랑하다. ☞서분하다
　사분-히 부 사분하게 ☞서분히
사:-분합(四分閤)명 재래식 한옥의 대청 앞 같은 데에 드리는, 네 쪽으로 된 긴 창살문. 사분합문
사:분합-문(四分閤門)명 사분합
사:불명목(死不瞑目)성구 한(恨)이 많아 죽어도 눈을 감지 못함을 이르는 말.
사:불상(四不像)[-쌍]명 사슴과의 짐승. 어깨 높이 1m 안팎, 몸길이 1.5m 안팎, 꼬리 길이 50cm 안팎. 원산지는 중국으로 야생종(野生種)은 멸종되고 세계 각지의 동물원에서 사육되고 있음. 머리는 말, 발굽은 소, 몸은 나귀, 뿔은 사슴과 비슷하나 어느 것과도 같지 않다는 뜻으로 붙여진 이름임.
사:불여의(事不如意)성구 일이 뜻대로 되지 않음을 이르는 말. ☞사사여의(事事如意)
사붓 부 소리가 나지 않을 정도로 가볍고 조용히 발걸음을 내디디는 모양을 나타내는 말. 사붓이 ☞사뿟. 사풋
사붓-사붓[-붇-] 부 발걸음을 잇달아 사붓 내디디는 모양을 나타내는 말. ☞사뿟사뿟. 사풋사풋. 서붓서붓
사붓-이 부 사붓 ☞사뿟이. 사풋이. 서붓이
사-붙이(紗-)[-부치]명 발이 얇고 성긴 깁의 한 가지. 사속(紗屬)
사:브르(sabre 프)명 펜싱에서, 베기와 찌르기를 유효로 하는 경기, 또는 그 경기에 쓰이는 검. ☞에페
사비(私費)명 사사로이 들이는 비용. 개인이 부담하는 비용. 자비(自費) ¶-로 유학하다. ☞공비(公費). 관비
사비(私備)명-하다타 여러 사람이 공동으로 쓸 물품을 개인의 비용으로 마련하여 갖춤.
사비(社費)명 회사의 비용.
사비-생(私費生)명 사비로 공부하는 학생. ☞국비생
사:비팔산(四飛八散)[-싼]성구 사방으로 날리어 이리저리 흩어짐을 이르는 말.
사뿐 부 소리가 나지 않을 정도로 가볍고 조용하게 발걸음을 내디디는 모양을 나타내는 말. 사뿐히 ¶발을 - 내딛다. ☞사푼. 서뿐
사뿐-사뿐 부 발걸음을 잇달아 사뿐 내디디는 모양을 나타내는 말. ☞사분사분. 사푼사푼. 서뿐서뿐
사뿐-하다 형여 몸과 마음이 가뿐하고 시원하다.
사뿐-히 부 사뿐 ☞사푼히. 서뿐히
사뿟 부 소리가 나지 않을 정도로 가볍고 빠르게 발걸음을 내디디는 모양을 나타내는 말. 사뿟이 ¶발을 - 내디디다. ☞사붓. 사풋. 서뿟
사뿟-사뿟[-뿓-] 부 발걸음을 잇달아 사뿟 내디디는 모양을 나타내는 말. ☞사붓사붓. 사풋사풋. 서뿟서뿟
사뿟-이 부 사뿟 ☞사붓이. 사풋이. 서뿟이
사:사(四史)명 고대 중국의 삼국 시대(三國時代)까지의 네 역사서. 사기(史記)·한서(漢書)·후한서(後漢書)·삼국지(三國志)를 이름.
사:사(四事)명 부처나 삼보(三寶)에 대한 네 가지 공양. 곧 음식·옷·침구(寢具)·탕약(湯藥), 또는 옷·음식·산화(散華)·소향(燒香)을 이름.
사:사(四絲)명 네 가닥의 실을 꼬아 만든 끈목.
사:사(死士)명 죽기를 무릅쓰고 나선 군사.
사사(私事)명 사사로운 일. 사삿일 ☞공사(公事)
사사(些事)명 별로 중요하지 않은 일. 하찮은 일. 세사
사사(邪思)명 못된 생각. 비뚤어진 생각.

사사(社史)명 회사의 역사, 또는 그 기록.
사:사(事事)명 모든 일. 하나하나의 일. 매사(每事)
사사(師事)명-하다타 스승으로 섬기며 가르침을 받음. ¶이날치에게 판소리를 ―하다.
사:사(賜死)명-하다자 지난날, 임금이 죄인에게 사약(死藥)을 내리어 스스로 죽게 하던 일.
사:사(謝辭)명 ①고마움을 나타내는 말. ②사죄하는 말.
사사(辭謝)명-하다타 사퇴(辭退)
사:사-건건(事事件件)[―껀껀]명 모든 일. 온갖 사건. 부 일마다. 매사에. 사사건건이. 건건사사(件件事事) ¶― 간섭하려 들다./― 트집을 잡는다.
사사건건-이부 사사건건
사사-롭다(私私―)(―롭고·―로워)형ㅂ 공적(公的)이 아니고 개인적인 성질을 띠고 있다. ¶사사로운 이야기./사사로운 감정.
사사-로이부 사사롭게

한자 **사사로울 사**(私)〔禾部 2획〕¶공사(公私)/사감(私感)/사견(私見)/사담(私談)/사리(私利)

사:사-물물(事事物物)명 모든 일과 모든 물건.
사:-사:분기(四四分期)명 일 년을 네 기(期)로 나눈, 그 넷째 기간. 곧 10·11·12월의 석 달 동안. ☞일사분기(一四分期)
사:사불성(事事不成)[―썽]성구 모든 일이 이루어지지 않거나 일마다 성공하지 못함을 이르는 말.
사사-스럽다(邪邪―)(―스럽고·―스러워)형ㅂ 떳떳하거나 올바르지 못하다.
사사-스레부 사사스럽게
사:사언청(事事言聽)성구 일마다 남의 말을 잘 받아들임을 이르는 말.
사:사여생(事死如生)성구 죽은 이 섬기기를 살아 있는 이 섬기듯 한다는 뜻으로, 정성스레 제사지냄을 이르는 말.
사:사여의(事事如意)성구 일마다 뜻대로 다 이루어짐을 이르는 말. ☞사불여의(事不如意)
사:사-오:입(四捨五入)명-하다타 반올림
사:사-조(四四調)[―쪼]명 운문(韻文)에서, 네 음절 한 쌍으로 하나의 글귀를 이루는 자수율(字數律)을 이르는 말.
사:산(四山)명 사면(四面)에 둘러 있는 산들.
사:산(四散)명-하다자 사방으로 뿔뿔이 흩어짐.
사산(寺山)명 절이 있는 산, 또는 절 소유의 산.
사:산(死産)명-하다자타 태아가 죽은 상태로 분만됨, 또는 태아를 죽은 상태로 분만함.
사산(私山)명 개인 소유의 산.
사산(私産)명 개인이 가진 재산. 사재(私財)
사산(嗣産)명 양자가 양가(養家)에서 물려받는 재산.
사:산-분리(四散分離)명 ①사방으로 흩어져 따로따로 떨어지는 일. ②사방으로 흩어지게 따로따로 떼어놓는 일.
사:산분주(四散奔走)성구 사방으로 뿔뿔이 흩어져 달아남을 이르는 말.
사:산-아(死産兒)명 죽은 상태로 태어난 아이.
사:살명 잔소리로 늘어놓는 말. 사설(辭說) ¶―이 길다.
사살(射殺)명-하다타 활이나 총 따위로 쏘아 죽임. ¶테러범을 ―하다.
사삼(沙蔘)명 ①더덕 ②한방에서, 말린 더덕의 뿌리를 약재로 이르는 말. 가래를 삭이는 데 쓰임.
사삼(私蔘)명 관삼(官蔘)에 대하여, 개인이 기르고 쪄서 말린 인삼(人蔘)을 이르는 말.
사-삼각형(斜三角形)명 사각(斜角)을 이룬 삼각형. ☞직각 삼각형(直角三角形)
사삼-버무레명 조의 한 품종. 이삭과 수염이 길고 열매가 푸른 빛을 띰.
사:삼-산화연(四三酸化鉛)명 납이나 산화연을 공기 속에서 400°C 이상으로 가열하면 생기는 붉은빛의 가루. 붉은 안료(顔料)나 도료(塗料) 등에 쓰임. 연단(鉛丹)
사삽(斜揷)명-하다타 비스듬히 꽂음.
사삿-사람(私私―)명 공적(公的)인 처지를 떠난 한 개인. 사인
사삿-일(私私―)[―닐]명 사사로운 일. 사사(私事)
사삿-집(私私―)명 개인의 살림집. 사가(私家)
사:상(四相)명 ①불교에서, 사람의 일생을 생(生)·노(老)·병(病)·사(死)로 비유하여 이르는 말. ②불교에서, 만물의 변화를 나타내는 네 가지 모습인 생상(生相)·주상(住相)·이상(異相)·멸상(滅相)을 이르는 말. ③불교에서, 중생이 헛되이 실재(實在)한다고 믿으며 집착하는 네 가지 모습인 아상(我相)·인상(人相)·중생상(衆生相)·수명상(壽命相)을 이르는 말.
사:상(四象)명 ①천체(天體)인 일(日)·월(月)·성(星)·신(辰)을 통틀어 이르는 말. ②주역(周易)에서, 소양(少陽)·태양(太陽)·소음(少陰)·태음(太陰)을 이르는 말. ③사상 의학에서, 사람을 체질에 따라 나눈 태양·태음·소양·소음을 이르는 말.
사:상(死狀)명 거의 죽게 된 상태.
사:상(死相)명 ①죽은 사람의 얼굴. ②거의 죽게 된 얼굴. 죽을상
사:상(死傷)명-하다자 죽거나 다침, 또는 죽음과 부상.
사상(私傷)명 공무(公務) 중이 아닌 때 입는 부상(負傷). ☞공상(公傷)
사:상(事狀·事相)명 일의 상태. 일이 되어가는 형편.
사:상(事象)명 여러 가지 사물과 현상.
사상(思想)명 ①생각 ¶낡은 ―. ②철학에서, 판단이나 추리에 따른 결과로 생긴 의식(意識)의 내용. ③인생이나 사회, 정치 등에 관한 일정한 견해. ¶온건한 ―.
사:상(捨象)명-하다타 철학에서, 사물이나 표상(表象)에서 어떤 요소나 성질을 추상할 때, 다른 요소나 성질을 고찰 대상에서 제외하는 일.
사:상(絲狀)명 실처럼 가늘고 긴 모양.
사상(寫像)명 ①수학에서, 집합 A의 각 원소(元素)에 집합 B의 하나의 원소를 대응시키는 관계. ②광학계에서, 물체와 상(像)이 대응을 이루는 관계. ③어떤 물체에서 나온 빛이 거울이나 렌즈에 반사 또는 굴절한 후 모여서 생기는 상(像).
사상-가(思想家)명 인생이나 사회 문제 등에 대하여 깊은 사상을 가진 사람.
사상-계(思想界)명 사상가들의 사회, 또는 사상 활동의 세계.
사상-균(絲狀菌)명 진균류(眞菌類) 중에서 몸이 실 모양의 균사(菌絲)로 된 것. 보통 곰팡이를 이름.
사상균-증(絲狀菌症)[―쯩]명 사상균 때문에 일어나는 병증(病症). 백선(白癬)이나 어루러기 따위.
사상-극(思想劇)명 인생이나 사회에 관한 문제, 또는 세계관(世界觀) 등 사상적인 문제를 주제로 한 연극.
사상누각(沙上樓閣)성구 모래 위에 지은 누각이라는 뜻으로, 겉모양은 번듯하나 기초가 약하여 오래가지 못하는 일이나 사물을 비유하여 이르는 말.
사상-범(思想犯)명 국가의 안녕을 어지럽히는 사상을 가졌거나 퍼뜨림으로써 성립되는 죄, 또는 그런 죄를 지은 사람.
사:상-병(死傷兵)명 전투(戰鬪)에서 죽거나 다친 병사.
사:상=의학(四象醫學)명 조선 고종 때의 학자 이제마(李濟馬)의 체질 의학설. 사람의 체질을 태양(太陽)·태음(太陰)·소양(少陽)·소음(少陰)의 사상(四象)으로 분류하여, 같은 병이라도 체질에 따라 약을 달리 써야 한다는 학설.
사:상-자(死傷者)명 죽은 사람과 다친 사람.
사상-자(蛇床子)명 ①뱀도랒 ②한방에서, 뱀도랒의 씨를 약재로 이르는 말. 수렴제(收斂劑)나 소염제(消炎劑) 따위로 쓰임.
사상-전(思想戰)명 교전국 사이에서, 적국 국민의 전의(戰意)를 잃게 하기 위해 펼치는 사상적인 선전.
사:상=제:자(泗上弟子)명 공자(孔子)의 제자. 공자가 사수(泗水) 근처에서 도를 가르친 데서 이르는 말.
사:상지도(事上之道)명 윗사람을 받들고 섬기는 도리.
사상-체(絲狀體)명 ①남조류(藍藻類)에서, 몸의 기본으

로서 같은 세포가 한 줄로 이어져 실 모양을 이루고 있는 부분을 이르는 말. ②이끼 식물의 포자가 발아하여 생기는 실 모양의 초록 배우체(配偶體). 원사체(原絲體)

사상-충(絲狀蟲)명 선충강(線蟲綱) 사상충과의 기생충을 통틀어 이르는 말. 몸은 실 모양이며 길이 1~3cm. 밴크로프트 사상충은 사람의 혈관 속에, 개 사상충은 개나 고양이의 심장에 기생함. 모기가 중간 숙주임.

사:색(四色)명 ①조선 시대 중기(中期) 이후의 네 당파인 노론(老論)·소론(少論)·남인(南人)·북인(北人)을 이르는 말. ②네 가지 빛깔.

사:색(四塞)명 사방이 산이나 강으로 둘러싸여서 외적(外敵)이 침입하기 힘든 요충지(要衝地).

사:색(死色)명 죽을상이 된 얼굴빛. 죽은 사람과 같은 얼굴빛. ¶겁에 질려 -이 되다.

사색(思索)명-하다자타 사리(事理)를 좇아 깊이 생각함, 또는 그 생각. ¶-에 잠기다.

사색(辭色)명 말씨와 얼굴빛. 사기(辭氣)

사:색=벼름(四色-)명 조선 시대, 사색 당파에 고루 나누어서 관직을 시키던 일. 사색 분배(四色分排)

사:색-보(四色保)명 조선 시대, 군역(軍役)을 면제 받기 위하여 바치던 무명베나 곡식.

사:색=분배(四色分排)명 사색 벼름

사색불변(辭色不變)성구 위급한 일을 당하여도, 태연자약하여 말씨와 얼굴빛이 변하지 아니함을 이르는 말.

사:색=잡놈(四色雜-)명 ①때와 곳을 가리지 않고 함부로 노는 잡놈. ②온갖 잡놈들.

사:색-판(四色版)명 인쇄에서, 사진이나 그림을 빨강·파랑·노랑·검정의 네 가지 색으로 분해하여 만든 인쇄판, 또는 그런 판으로 인쇄한 것. ☞삼색판(三色版). 원색판(原色版)

사:생(巳生)명 간지(干支)의 지지(地支)가 사(巳)인 해에 태어난 일, 또는 그 해에 태어난 사람. 을사생(乙巳生)·기사생(己巳生) 등. ☞뱀띠. 사년(巳年)

사:생(四生)명 불교에서, 생물(生物)의 태어나는 방식을 네 가지로 가른 것. 곧 태생(胎生)·난생(卵生)·습생(濕生)·화생(化生)을 이름.

사:생(死生)명 죽음과 삶을 아울러 이르는 말. 생사

사생(私生)명 법률상 혼인 관계가 없는 남녀 사이에서 아이가 태어나는 일.

사생(寫生)명-하다타 실제의 경치나 사물을 보고 그대로 그리는 일. 객관적인 묘사(描寫)를 주로 하여 나타내는 시가(詩歌)나 문장(文章) 등에 대해서도 이름. 스케치(sketch) ▷寫의 속자는 写

사:생가:판(死生可判)성구 생사가판(生死可判)

사:생결단(死生決斷)[-딴]성구 죽고 삶을 돌보지 않고 끝장을 내려고 함을 이르는 말.

사:생관두(死生關頭)성구 죽고 삶이 달린 매우 위태한 고비를 이르는 말. 생사관두(生死關頭)

사:생동고(死生同苦)성구 죽고 삶을 함께 하거나 어떤 어려움도 함께 함을 이르는 말.

사:생-문(寫生文)명 사생화의 수법을 본떠서, 사물을 있는 그대로 객관적으로 묘사한 글.

사생=식물(砂生植物)명 사지 식물(砂地植物)

사생-아(私生兒)명 부부가 아닌 남녀 사이에서 태어난 아이. 사생자(私生子)

사-생애(私生涯)명 한 사람의 개인으로서의 일생. ☞공생애(公生涯)

사:생유:명(死生有命)성구 죽고 삶이 천명(天命)에 달려 있으며, 사람의 힘으로는 어찌할 수 없음을 이르는 말.

사생-자(私生子)명 부부가 아닌 남녀 사이에서 태어난 자식. 사생아(私生兒)

사:생-존망(死生存亡)명 생사존망(生死存亡)

사:생-존몰(死生存沒)명 생사존망(生死存亡)

사:생취:의(捨生取義)성구 목숨을 버리고 의(義)를 취(取)한다는 뜻으로, 의를 위해서는 목숨을 돌보지 아니함을 이르는 말.

사:생-화(寫生畫)명 자연의 경치나 실물을 있는 그대로 그린 그림. 스케치(sketch)

사-생활(私生活)명 개인의 사사로운 생활.

사:서(士庶)명 ①일반 백성. ②'사서인(士庶人)'의 준말.

사서(司書)명 ①도서관에서 도서의 정리·보존·열람에 관한 사무를 맡아보는 직원. ②조선 시대, 세자시강원(世子侍講院)의 정육품 관직. 세자에게 경사(經史)와 도의(道義)를 가르쳤음.

사:서(四序)명 사시(四時)

사:서(四書)명 유교의 경전인 논어(論語)·맹자(孟子)·중용(中庸)·대학(大學)을 이르는 말.

사:서(史書)명 역사를 기록한 책. 사기(史記). 사승(史乘). 사책(史冊)

사서(私書)명 ①개인의 사사로운 편지. 사신(私信). 사한(私翰) ②내밀(內密)한 편지, 또는 비밀 문서.

사서(私署)명-하다자 한 개인으로서 서명(署名)하는 일, 또는 그 서명.

사:서(社鼠)명 사람이 손을 댈 수 없는 사당(祠堂)에 들어 사는 쥐라는 뜻으로 ①임금 곁에 있는 간신(奸臣)을 비유하여 이르는 말. ②어떤 기관이나 세력가에 의지하여 나쁜 짓을 하는 사람을 비유하여 이르는 말.

사:서(寫書)명-하다자 책이나 문서(文書)를 베낌, 또는 베낀 그 책이나 문서.

사서(辭書)명 여러 가지 단어나 용어, 또는 글자를 일정한 차례로 배열하여 그 발음이나 뜻, 용례 등을 기록한 책. 국어 사전, 한한 사전(漢韓辭典), 한자 사전, 외국어 사전, 각종 전문 용어 사전, 백과 사전 따위. ☞사전(辭典) ▷辭의 속자는 辞

사:서(麝鼠)명 '사향뒤쥐'의 딴이름.

사:서-삼경(四書三經)명 유교의 경전인 사서(四書)와 삼경(三經). 칠서(七書)

사:서-오:경(四書五經)명 유교의 경전인 사서(四書)와 오경(五經).

사:-서:인(士庶人)명 사대부와 서인을 아울러 이르는 말. 준사서(士庶)

사서=증서(私署證書)명 사인(私人)이 작성하고 서명한 증서. ☞공정 증서(公正證書)

사서-함(私書函)명 '우편 사서함(郵便私書函)'의 준말.

사:석(死石)명 바둑에서, 상대편에게 잡힌 상태의 바둑돌, 또는 들어낸 바둑돌. 죽은 돌.

사석(沙石·砂石)명 모래와 돌을 아울러 이르는 말.

사석(私席)명 사사로운 자리. 개인적인 자리. 사좌(私座) ¶-에서 한 말. ☞공석(公席)

사석(砂錫)명 화강암 따위에 들어 있던 주석이, 풍화·침식 작용으로 강바닥의 모래나 자갈 사이에 섞여 있는 것.

사석(射席)명 사수(射手)의 자리.

사:석(捨石)명 ①바둑에서, 자기의 형세를 유리하게 이끌기 위해서 일부러 상대편에게 잡혀 주는 돌. ②둑이나 교각(橋脚) 따위를 만들 때, 호안(護岸)을 위하여, 또는 물살을 약하게 하기 위하여 물 속에 던져 넣는 돌.

사:석=방파제(捨石防波堤)명 잡석(雜石)이나 콘크리트 덩어리를 바다 속에 던져 넣어 둑 모양으로 쌓아올리고, 위를 고르게 한 방파제.

사석지지(沙石之地)명 모래와 돌이 많은 거친 땅.

사:선(四善)명 옛날 중국에서, 관리의 근무 성적을 매길 때 기준으로 삼던 네 가지 미덕. 덕의(德義)·공평(公平)·각근(恪勤)·청신(淸愼)을 이름.

사:선(四禪)명 불교에서, 욕계(欲界)를 떠나 색계(色界)에서 도를 닦는 초선(初禪)·이선(二禪)·삼선(三禪)·사선(四禪)의 네 과정, 또는 그 넷째 과정을 이름.

사:선(死線)명 ①사느냐 죽느냐의 갈림길. 죽을 고비. ¶-을 헤매다./-을 넘다. ②감옥이나 포로 수용소의 둘레에 설정된 한계선. 이를 벗어나면 도망치는 것으로 보고 총살하도록 규정되어 있음.

사선(私船)명 ①개인이 소유한 배. ②국제법상, 사인(私人)의 관리 아래 있는 선박을 이름. ☞공선

사선(私線)명 민간에서 가설한 전신선(電信線)이나 철도선(鐵道線) 따위. ☞관선(官線)

사선(私選)명 개인이 사사로이 가려 뽑는 일. ¶ − 변호인 ☞관선(官選)

사선(紗扇)명 ①사(紗)를 발라 만든 부채. ②지난날, 관원이 외출할 때 바람이나 먼지를 막기 위하여 얼굴을 가리던 제구. 사(紗)붙이로 네모난 부채 모양으로 만들어 들고 다녔음. ☞모선(毛扇). 포선(布扇)

사선(射線)명 ①사격 준비를 했을 때의 총신(銃身) 또는 포신(砲身)의 축(軸)의 연장선. ②사격장에서, 총을 쏠 사람이 표적과 일정한 거리를 두고 앉거나 서도록 정해 놓은 자리.

사선(斜線)명 ①비스듬하게 그은 줄. ②수학에서, 한 직선이나 평면에 수직이 아닌 선. 빗금'

사선(蛇線)명 뱀이 기어가는 모양으로 구불구불한 줄.

사선(蛇鱓)명 '드렁허리'의 딴이름.

사선(詐善)명 뒤로는 못된 짓을 하면서 겉으로는 착한체 하는 일. 준위선(僞善)

사:선-무(四仙舞)명 조선 시대에 창작되어 상연되던 궁중 무용의 한 가지. 앞에 두 사람이 서고, 뒤에 네 사람이 두 줄로 짝을 지어 북쪽을 향하여 춤을 춤.

사선=변:호인(私選辯護人)명 피고인이나 피의자, 또는 그 대리인 등이 선임한 변호인. ☞국선 변호인

사:선-상(四仙床)[−쌍]명 한쪽에 한 사람씩 둘러앉게 되어 있는, 다리가 긴 네모진 상.

사:선-천(四禪天)명 불교에서, 사선(四禪)을 닦는 이가 태어난다는 색계(色界)의 네 하늘. 초선천(初禪天)·제이선천·제삼선천·제사선천을 이름.

사설(私設)명-하다자 국가나 공공 단체 등이 아니고, 개인이나 민간에서 설립하는 일, 또는 그 시설이나 단체. ¶ − 단체/− 철도 ☞공설(公設). 관설(官設)

사설(邪說)명 판단을 헷갈리게 하는 그릇된 말.

사:설(社說)명 신문이나 잡지 따위에서 그 사(社)의 기본 방침에 따라 내세우는 논설.

사설(絲屑)명 실보무라지 ▷ 絲의 속자는 糸

사설(辭說)명 ①늘어놓는 말이나 이야기. ¶ 내 − 좀 들어 보소. ②잔소리로 늘어놓는 말. 사살 ¶ 웬 −이 그렇게 긴고. ③판소리 따위에서 사이사이에 엮어 넣는 이야기.

사설=묘:지(私設墓地)명 개인이나 종교 단체 등에서 시설한 묘지. ☞공동 묘지(共同墓地)

사설=시:장(私設市場)명 개인이 설치한 시장. ☞공설 시장(公設市場)

사설=시조(辭說時調)명 시조 형식의 한 가지. 초장(初章)과 종장(終章)이 짧고, 중장(中章)이 무제한으로 긴 것, 종장의 첫 구만이 겨우 정형(定型)을 지니는 것, 세 장(章) 중 어느 두 장이 정형보다 긴 것이 있음. 장시조(長時調) ☞엇시조. 평시조(平時調)

사설=철도(私設鐵道)[−또]명 민간 기업의 자본으로 부설하여 운영하는 철도. 준사철(私鐵)

사설=탐정(私設探偵)명 사사로이 탐정 일을 전문으로 하는 사람.

사섬-고(司贍庫)명 사섬시(司贍寺)

사섬-시(司贍寺)명 조선 시대, 저화(楮貨)의 제조와 지방 노비(奴婢)의 공포(貢布) 등에 관한 일을 맡아보던 관아. 사섬고(司贍庫)

사:성(四姓)명 카스트(caste)

사:성(四星)명 '사주(四柱)' 또는 '사주단자(四柱單子)'의 뜻으로, 사주단자를 넣은 겉봉에 쓰는 말.

사성(을) 받다관용 혼담(婚談)이 이루어져서 신랑이 될 사람의 사주단자를 받다.

사성(을) 보내다관용 혼담이 이루어져 신랑이 될 사람의 사주단자를 신부의 집으로 보내다.

사성(이) 가다관용 혼담이 이루어져 신랑이 될 사람의 사주단자를 가지고 가다.

사성(이) 오다관용 혼담이 이루어져 신랑이 될 사람의 사주단자를 가지고 오다.

사:성(四聖)명 ①사대 성인(四大聖人) ②불교에서, 부처·보살(菩薩)·성문(聲聞)·연각(緣覺)을 이르는 말. ③불교의 선종(禪宗)에서, 아미타불(阿彌陀佛)·관세음보살(觀世音菩薩). 대세지보살(大勢至菩薩)·대해중보살(大海衆菩薩)을 이르는 말.

사:성(四聲)명 ①15세기 국어에 나타나는 네 가지 성조(聲調). 방점(傍點)으로 나타내는데, 방점이 없으면 평성(平聲), 방점이 하나면 거성(去聲), 둘이면 상성(上聲), 방점에 관계없이 받침이 ㄱ·ㄷ·ㄹ·ㅂ·ㅅ인 음절(音節)은 모두 입성(入聲)임. ②중국, 특히 육조(六朝)와 당송(唐宋) 때 한자(漢字)의 네 가지 성조. 평성(平聲)·상성(上聲)·거성(去聲)·입성(入聲)을 이름. 평성에 대하여 상성·거성·입성을 측성(仄聲)이라고 하며, 근체시(近體詩)의 운율(韻律)은 이 평측(平仄)에 따라 정해져 있음.

사성(莎城)명 무덤 뒤를 반달 모양으로 두둑하게 둘러쌓은 둔덕. 토성(土城)

사:성(賜姓)명-하다자 지난날, 임금이 공신(功臣)에게 성(姓)을 내리던 일, 또는 그 성.

사:성-보(四星−)[−뽀]명 사주단자(四柱單子)를 싸는 데 쓰는 붉은 비단으로 만든 보.

사:성=장군(四星將軍)명 계급장에 별을 네 개 단 장군이라는 뜻으로, '대장(大將)'을 달리 이르는 말.

사:성-점(四聲點)[−쩜]명 중세 국어에서, 글자의 왼쪽에 찍어 사성을 나타내던 점. 방점(傍點) ☞성점

사:성통해(四聲通解)명 조선 중종 12년(1517)에 최세진(崔世珍)이 엮어 펴낸 운서(韻書). 세종 때 신숙주(申叔舟)가 엮은 '사성통고(四聲通攷)'의 결점을 보완하고 한자의 음과 뜻을 적고 주석을 달았음. 2권 2책.

사세(司稅)명-하다자 세금에 관한 사무를 주관하여 맡아봄.

사:세(事勢)명 일이 되어가는 형편.

사:세(社勢)명 영업 실적 등에 나타난 회사의 형세.

사세(辭世)명-하다자 사람이 죽어 세상을 떠남.

사세(些細)어기 '사세(些細)하다'의 어기(語基).

사:세난처(事勢難處)성구 일의 형세가 처리하기 어려움을 이르는 말.

사:세부득이(事勢不得已) '일의 형세가 그렇게 하지 않을 수 없음'의 뜻. 세부득이(勢不得已)

사세-하다(些細−)형여 하잘것없이 작거나 적다. 사소하다 ¶ 사세한 문제로 다투다.

사-셈(私−)명-하다타 공동 재산을 관계자에게 공개하지 않고 혼자서 셈함.

사:소(死所)명 ①죽을 곳. ②후회없이 죽을 수 있는 곳. ¶ −를 얻다.

사소(私消)명-하다타 공공의 금품을 사사로이 소비함.

사소(些少)어기 '사소(些少)하다'의 어기(語基).

사:-소:문(四小門)명 조선 시대, 서울 도성(都城)의 사방에 세운 네 소문(小門). 북동의 홍화문(弘化門), 남동의 광희문(光熙門), 남서의 소의문(昭義門), 북서의 창의문(彰義門)을 이름. ☞사대문(四大門)

사-소:설(私小說)명 ①작자 자신을 주인공으로 하여 자기의 생활 체험이나 신변(身邊)의 사실에서 취재한 소설. ②'이히로만(Ich-Roman)'을 번역한 말.

사:소취:대(捨小取大)성구 작은 것을 버리고 큰 것을 취함을 이르는 말.

사소-하다(些少−)형여 하잘것없이 작거나 적다. 사세하다 ¶ 사소한 일에 얽매이다.

사속(紗屬)명 사붙이

사속(嗣續)명-하다타 대를 이음.

사:속-죽(死粟粥)명 풋좁쌀로 쑨 죽.

사손(沙噀)명 사손류의 극피동물을 통틀어 이르는 말. 해삼(海蔘)

사손(祀孫)명 '봉사손(奉祀孫)'의 준말.

사:손(使孫)명 자녀가 없이 죽은 이의 유산을 물려받는 가까운 친척.

사손(嗣孫)명 대를 이을 손자.

사손(獅孫)명 외손(外孫)

사송(詞訟)명 조선 시대, 민사(民事)의 소송(訴訟).

사:송(賜送)명-하다타 임금이 신하에게 물건을 내려 보냄.

사송=아:문(詞訟衙門)명 조선 시대, 민사(民事)의 소송

을 맡아보던 관아를 통틀어 이르던 말. 형조(刑曹)·한성부(漢城府)·오부(五部) 따위.
사:수(四獸)명 사신(四神)
사:수(死水)명 흐르지 않는 물. 괴어 있는 물. 죽은물 ☞지수(止水). 활수(活水)
사:수(死囚)명 '사형수(死刑囚)'의 준말.
사:수(死守)명-하다타 죽음을 무릅쓰고 지킴.
사수(私水)명 법률에서, 일정한 곳에 괴어 있어 딴 곳으로 흘러나가지 않으며, 공공 목적으로 이용되지도 않는 물을 이르는 말. 지하수나 개인 집의 우물물 따위. ☞공수(公水)
사수(私讎)명 개인적인 원한이나 원수(怨讎).
사수(沙水·砂水)명 모래에 밭은 물.
사수(邪祟)명 제 정신을 잃고 미친 사람처럼 되는 증세를 나쁜 귀신이 붙었다 하여 이르는 말.
사수(査受·査收)명-하다타 돈이나 물품 따위를 잘 점검하여 받음.
사수(射手)명 총이나 대포, 활 등을 쏘는 사람. ☞사격수
사수(師受)명-하다타 스승에게서 가르침을 받음.
사수(詐數)명 속임수
사:수(寫手)명 글씨를 베껴 쓰는 사람.
사수-자리(射手-)명 궁수자리
사:수=현:상(死水現象)명 밀도가 다른 해류(海流)가 만나는 곳이나 강 어귀 등에서, 밀도가 낮은 물이 밀도가 높은 바닷물 위를 엷게 덮어서 흐름에 불연속의 층이 생긴 상태.
사숙(私淑)명-하다자타 직접 가르침을 받지는 않으나 그 사람을 스승으로 생각하여 존경하면서 그의 인격이나 학문을 본보기로 하여 배우는 일. ¶다산(茶山)을 -하다. ☞친자(親炙)
사숙(私塾)명 개인이 세운 규모가 작은 교육 시설. ☞가숙(家塾). 글방. 서당(書堂)
사숙(舍叔)명 남에게 자기의 삼촌을 겸손하게 이르는 말.
사숙(師叔)명 불교에서, 자기가 스승으로 받드는 중의 여러 제자 가운데서 선배뻘이 되는 중을 이르는 말.
사:순(四旬)명 40일, 40년, 또는 마흔 살 되는 나이를 이르는 말.
사:순-재(四旬齋)명 크리스트교에서, 사순절 동안 예수의 고난을 되새기어 심신을 깨끗이 지니고 술과 고기를 금하는 재계(齋戒).
사:순-절(四旬節)명 크리스트교에서, 예수의 40일간의 금식(禁食)과 고난을 되새기기 위하여 금식과 속죄(贖罪)를 하도록 규정한 기간. '재의 수요일'로부터 부활절(復活節) 전날까지의, 일요일을 제외한 40일간.
사:술(四術)명 시(詩)·서(書)·예(禮)·악(樂)의 네 가지 도(道).
사술(邪術)명 요사스럽고 못된 술법.
사술(射術)명 대포·총·활 등을 쏘는 기술.
사술(詐術)명 남을 속이는 꾀.
사스(SARS)명 중증 급성 호흡기 증후군 [severe acute respiratory syndrome]
사스레-피나무명 차나뭇과의 상록 활엽 관목. 우리 나라 남해안 지방의 산기슭에 자람. 높이는 1m 안팎. 가죽질의 잎은 길이 3~8cm의 길둥근 꼴이며 어긋맞게 남. 암수딴그루이며 이른봄에 잎겨드랑이에 엷은 황록색의 작은 다섯잎꽃이 한두 송이씩 아래를 향하여 핌. 열매는 동근 장과(漿果)이며 자흑색(紫黑色)으로 익음. 관상용으로 심기도 하며 재목은 세공재(細工材)로 쓰임.
사슬[1]명 '쇠사슬'의 준말.
사슬[2]명 조선 시대, 강경과(講經科)의 등급을 표시하던 패. 동글납작한 나뭇조각에 통(通)·약(略)·조(粗)·불(不)의 글자를 썼음.
사슬-고리명 배목과 고리 사이에 사슬이 달린 고리.
사슬-누르미명 꼬챙이에 꿰지 않은 누르미.
사슬-누름적(-炙)명 꼬챙이에 꿰지 않은 누름적.
사슬-돈명 끈에 꿰지 아니한 쇠붙이 돈이라는 뜻으로, '잔돈'을 이르는 말. 사슬전. 산전(散錢)
사슬-뜨기명 코바늘 뜨개질법의 한 가지. 본 뜨개질을 시작하기 전에 사슬 모양의 코를 만드는 뜨기임. ☞고리뜨기
사슬=모양=화합물(-化合物)명 지방족 화합물(脂肪族化合物)
사슬-문고리(-門-)[-꼬-]명 사슬고리로 된 문고리.
사슬-산:적(-散炙)명 꼬챙이에 꿰지 않고 구운 산적. 연산적(縺散炙) 준 산적(散炙)
사슬-적(-炙)명 꼬챙이에 꿰지 않은 적(炙).
사슬-전(-錢)명 사슬돈
사슴명 ①사슴과에 딸린 포유동물을 통틀어 이르는 말. 대륙사슴, 백두산사슴, 붉은사슴, 흰꼬리사슴 따위. ②사슴과의 포유동물. 어깨 높이 80~90cm. 털빛은 여름에는 갈색 바탕에 흰 얼룩무늬가 있으나, 겨울에는 잿빛 갈색으로 바뀜. 몸은 홀쭉하고 다리는 가늘고 길며, 꼬리는 짧음. 뿔은 수컷에만 나는데 해마다 빠지고 다시 남. 작은 무리를 지어 지내며, 풀·나뭇잎·이끼 따위를 먹고 삶. 새로 돋은 뿔은 녹용(鹿茸)이라 하여 한방에서 약재로 쓰임.

한자 사슴 록(鹿)〔鹿部〕¶녹각(鹿角)/녹비(∠鹿皮)/녹용(鹿茸)/녹혈(鹿血)

사슴-록(-鹿)명 한자 부수(部首)의 한 가지. '麒'·'麟' 등에서 '鹿'의 이름.
사슴-벌레명 ①사슴벌렛과에 딸린 딱정벌레를 통틀어 이르는 말. 하늘가재 ②사슴벌렛과의 곤충. 몸길이 3~5cm. 몸빛은 흑색 또는 흑갈색이며 윤이 남. 수컷의 턱은 집게 모양으로 두 갈래로 갈라져 있음. 성충은 5~8월에 나타나는데, 참나무류의 나무진에 모여들고, 밤에는 불빛에 날아듦. 우리 나라와 일본, 중국 등 동부 아시아에 분포함.
사슴-풍뎅이명 풍뎅잇과의 곤충. 몸길이 2cm 안팎. 몸빛은 검으며 수컷의 정수리에는 굽은 뿔이 하나 있음. 쇠똥에 잘 모여듦. 우리 나라와 중국 등지에 분포함.
사습(私習)명-하다타 스승이 없이 스스로 배워 익힘.
사:승(史乘)명 역사를 기록한 책. 사기(史記). 사서(史書)
사승(私乘)명 개인이 쓴 역사.
사:승(使僧)명 사자(使者) 구실을 하는 중.
사승(師承)명-하다타 스승에게서 가르침을 받음.
사승(師僧)명 중이 그 스승을 일컫는 말. 스님
사:-승근(四乘根)명 수학에서, 네 제곱한 수의 승근. a^4에서 a 따위.
사:승-포(四升布)명 넉새베
사:시(巳時)명 ①십이시(十二時)의 여섯째 시(時). 지금의 오전 아홉 시부터 열한 시까지의 동안. ②하루를 스물넷으로 가른, 열한째 시(時). 지금의 오전 아홉 시 삼십 분부터 열시 삼십 분까지의 동안. 준 사(巳) ☞병시(丙時). 오시(午時)
사:시(四始)명 세(歲)·시(時)·월(月)·일(日)의 처음. 곧 정월 초하룻날의 아침을 이름. 원단(元旦)
사:시(四時)명 ①봄·여름·가을·겨울의 네 철. 사계(四季). 사서(四序). 사시절(四時節). 사철 ②한 달의 네 때. 회(晦; 그믐)·삭(朔; 초하루)·현(弦; 이레)·망(望; 보름)을 이름. ③하루의 네 때. 단(旦; 아침)·주(晝; 낮)·모(暮; 저녁)·야(夜; 밤)을 이름.
사:시(四詩)명 ①시경(詩經)의 네 가지 시체(詩體)인 국풍(國風)·대아(大雅)·소아(小雅)·송(頌). ②시경의 네 가지 옛 전승(傳承)인 노시(魯詩)·제시(齊詩)·한시(韓詩)·모시(毛詩). '모시(毛詩)'는 오늘날 전하는 시경이며, 다른 세 가지는 일부만 전함.
사:시(史詩)명 역사 사실을 소재로 한 서사시(敍事詩).
사시(司試)명 '사법 시험(司法試驗)'의 준말.
사:시(死時)명 ①죽은 때. ②죽을 때.
사시(沙匙)명 ①사기 숟가락. ②스푼(spoon)
사시(私諡)명 지난날, 도덕과 학문은 뛰어나지만 지위가 낮아서 임금이 시호(諡號)를 내리지 않는 경우에, 그 선비에게 일가나 친척, 제자들이 올리던 시호.

사:시(社是)명 회사나 신문사 따위의 주된 경영 방침.
사시(徙市)명 지난날, 몹시 가문 농사철에 기우제를 지내고 시장(市場)을 옮기던 일.
사:시(捨施)명-하다자 ①재물을 내놓아 남에게 베풂. ②절에 시주하는 일.
사시(斜視)명 ①한쪽 눈동자가 무엇을 보고 있을 때, 다른 쪽 눈동자가 딴 방향을 향해 있는 상태. 안근(眼筋)의 이상(異常)으로 일어남. ☞사팔눈 ②-하다타 곁눈질로 흘겨봄.
사:시(賜諡)명-하다자 임금이 시호를 내림. 증시(贈諡)
사시(鯊翅)명 껍질을 벗기어 말린 상어 지느러미를 식품으로 이르는 말. 중국 요리에 쓰임.
사:시-가:절(四時佳節)명 봄·여름·가을·겨울 네 철의 명절(名節).
사시-나무명 버드나뭇과의 낙엽 활엽 교목. 높이 10m 안팎. 잎은 길둥글며, 잎자루가 길고 가장자리에 톱니가 있음. 암수딴그루. 4월경에 잎보다 앞서 꽃이 피고, 열매는 삭과(蒴果)로 5월경에 익음. 우리 나라의 산 중턱 아래에서 많이 자람. 목재나 제지 원료 등으로 쓰이며, 한방에서 풍습(風濕) 치료제로도 쓰임.
속담 **사시나무 떨듯 한다** : 사시나무 잎이 바람에 잘 파들거리는 데서, 몸을 와들와들 떠는 모양을 비유하여 이르는 말.
사:시-도(四時圖)명 사철의 풍경을 그린 그림.
사시랑이명 가늘고 약한 물건이나 사람.
사시-안(斜視眼)명 사팔눈

사:시-장철(四時長一)부 사시의 어느 철이나 늘. ¶ — 넘실넘실 흐르는 강물.
사:시-장청(四時長青)명 사철 내내 푸름.
사:시-장춘(四時長春)명 ①네 계절이 늘 봄과 같음. ②늘 느긋하게 잘 지냄을 비유하여 이르는 말.
사:-시절(四時節)명 봄·여름·가을·겨울의 네 철. 사계(四季). 사시(四時). 사철
사:시-춘풍(四時春風)명 누구에게나 좋은 얼굴로 대함, 또는 그러한 사람. 두루춘풍
사:시한정가(四時閑情歌)명 강호사시가(江湖四時歌)
사식(私食)명 교도소나 유치장에 갇힌 사람에게 가족 등 개인이 들여보내는 음식. ☞관식(官食)
사식(寫植)명 '사진 식자(寫眞植字)'의 준말.
사:신(史臣)명 사관(史官)
사:신(四神)명 네 방위(方位)를 각각 맡아서 지킨다는 신. 동의 청룡(青龍), 서의 백호(白虎), 남의 주작(朱雀), 북의 현무(玄武)를 이름. 사수(四獸)
사신(司晨)명 새벽을 알린다는 데서 '닭'을 달리 이르는 말.
사신(邪神)명 사람에게 재앙을 가져온다는 나쁜 귀신.
사신(私信)명 개인의 사사로운 편지. 사서(私書)
사:신(使臣)명 지난날, 임금의 명령으로 외국에 파견되던 신하.
사:신(捨身)명-하다자 ①불교에서, 속세(俗世)의 몸을 버리고 불문(佛門)에 들어가 고행함을 이름. ②불교에서, 불도(佛道)를 위하여 몸을 바치는 일을 이름.
사:신(辭神)명-하다자 제례에서, 의식이 끝나는 절차. 제상에서 국을 물리고 숭늉을 진설한 다음, 젯메에 꽂아 놓았던 숟가락으로 메를 세 번 떠서 숭늉에 풀고, 숟가락과 젓가락을 내려 시접에 얹고 메 그릇 뚜껑을 덮음. 주인과 참사(參祀)한 사람이 두 번 절함으로써 제사를 마침. ☞강신(降神). 계문(啓門). 음복(飮福)
사신-곡복(絲身穀腹)명 몸을 가리는 섬유와 배를 채우는 곡식이라는 뜻으로, 입는 것과 먹는 것을 이르는 말. 곡복사신(穀腹絲身) 준사곡(絲穀)
사:신-공:양(捨身供養)명 불교에서, 수행이나 보은을 위하여 목숨을 바치는 일, 또는 자신의 손발을 태워서 부처에게 공양하거나 자신의 살을 베어서 짐승에게 주는 일을 이르는 말. ☞소신공양(燒身供養)
사:신-성도(捨身成道)명 불교에서, 다른 생명을 구하기 위하여, 또는 부처에게 공양하기 위하여 자기의 몸을 버림을 이르는 말.
사:신-행(捨身行)명 불교에서, 목숨을 아끼지 않고 닦는 수행을 이르는 말.
사:실(史實)명 역사에 있는 사실.
사실(私室)명 개인이 쓰는 방.
사:실(事實)명 실제로 있는 일. 실사(實事) ¶예상하지도 않았던 —을 알게 되다./역사적 —로 증명되다.
부 실제로. 정말로 ¶나도 — 그렇게 생각한다.
사실(査實)명-하다타 사실(事實)을 조사함.
사:실(寫實)명-하다타 사물을 있는 그대로 나타냄.
사:실무근(事實無根)성구 사실이라는 근거가 없음을 이르는 말. ¶그 모함은 —으로 밝혀졌다.
사:실=소:설(寫實小說)명 현실을 있는 그대로 그려 낸 소설. 사실주의에 바탕을 둔 소설.
사:실-심(寫實審)명 소송 사건에서, 법률 문제 뿐 아니라 사실의 인정(認定)을 중심으로 이루어지는 심리(審理), 또는 그 심급(審級). 법률심(法律審)에 상대한 말이며, 보통 제일심과 항소심이 이에 해당함.
사실-적(寫實的)명 현실을 있는 그대로 나타내는 것. ¶ —인 수법(手法). ▷ 寫의 속자는 写
사실-주의(寫實主義)명 문학이나 예술에서, 현실을 미화하거나 이상화하지 않고, 있는 그대로 나타내려고 하는 기법이나 경향. 리얼리즘 ☞자연주의
사실-파(寫實派)명 사실주의를 지향하는 유파.
사:실=행위(事實行爲)명 법률 효과의 발생에 의사 표시를 필요로 하지 않는 행위. 주소의 설정, 유실물의 습득, 가공 따위.
사:실-혼(事實婚)명 법률로 인정된 혼인은 아니지만 사회 관습에 따라 사실로 인정되는 혼인 관계. ☞내연(內緣). 법률혼(法律婚)
사:실혼-주의(事實婚主義)명 사회 관습에 따라 사실로 인정되는 부부 관계를 법률에 따른 혼인으로 인정해야 한다는 주의. ☞법률혼주의(法律婚主義)
사:심(死心)명 죽기를 각오한 마음.
사심(私心)명 ①자기의 마음이나 생각. ②자기 욕심을 채우려는 마음. 사의(私意) ¶— 없는 충고.
사심(邪心)명 도리에 어긋난 나쁜 마음.
사:심(事審)명 '사심관(事審官)'의 준말.
사심(蛇心)명 뱀처럼 간악하고 음험한 마음.
사:심-관(事審官)명 고려 시대, 지방 출신 관원이 자기의 고장을 감독하던 관직. 지방 세력을 견제하고 중앙 집권을 강화하려고 두었음. 준사심(事審)
사심불구(蛇心佛口)성구 뱀처럼 음험한 마음을 가졌으면서도 입으로는 부처처럼 인자하게 말함, 또는 그런 사람을 이르는 말.
사:십(四十·四拾)수 수의 한자말 이름의 하나. 십(十)의 네 곱절. ☞마흔
관 단위를 나타내는 말 앞에 쓰이어 ①수량이 마흔임을 나타냄. ②차례가 마흔째임을, 또는 횟수가 마흔 번째임을 나타냄.
속담 **사십에 첫 버선이라** : 나이가 들어서 늦게야 출세함을 이르는 말.
사:십구-일(四十九日)명 ①칠칠일(七七日) ②'사십구일재'의 준말.
사:십구일-재(四十九日齋)명 사람이 죽은 지 49일째 되는 날에 지내는 재(齋). 칠칠재(七七齋) 준사십구일. 사십구재
사:십구-재(四十九齋)명 '사십구일재'의 준말.
사:십팔-원(四十八願)명 불교에서, 아미타불이 보살이었을 때, 중생을 구하기 위하여 세운 마흔여덟 가지의 서원(誓願).
사씨남정기(謝氏南征記)명 조선 숙종 때, 김만중(金萬重)이 지은 국문 소설. 숙종이 인현 왕후를 폐한 사실을 풍간(諷諫)하여 지은 것이라 전해짐. 처음으로 양반이 쓴 국문 소설이어서 국문학사에서 의의가 큼.
사:아(死兒)명 죽은 아이.
사:악(四惡)명 논어(論語)에서, 나라를 다스리는 데에 네 가지 나쁜 일을 이르는 말. 평소에 가르치지 아니하고서

죄를 지으면 죽이는 일, 평소에 내버려두었다가 느닷없이 성과를 요구하는 일, 영(令)을 느슨히 하다가 기한이 되어서야 심하게 다그치는 일, 어차피 주어야 할 것을 가지고 유세를 부리며 다랍게 구는 일을 이름.

사:악(賜樂)명-하다자 지난날, 임금이 신하에게 풍류(風流)를 내리던 일, 또는 그 풍류.

사악(邪惡)어기 '사악(邪惡)하다'의 어기(語基).

사:-악도(四惡道)명 불교에서, 나쁜 짓을 한 사람이 죽어서 떨어진다는 고통스러운 네 곳. 지옥(地獄)·아귀(餓鬼)·축생(畜生)·아수라(阿修羅)를 이름.

사악-하다(邪惡－)형여 간사하고 악독하다. 특악하다 ¶사악한 무리./사악한 마음.

사안(私案)명 개인적인 생각. 자기 나름의 안.

사:안(事案)명 문제가 되는 안건.

사안(查案)명 사건을 조사하여 적은 기록.

사안(斜眼)명 ①흘겨보는 눈. ②사팔눈

사:안(賜顏)명-하다자 ①찾아온 아랫사람에게 면회를 허락함. ②좋은 얼굴로 아랫사람을 대함.

사알(私謁)명-하다타 윗사람을 사사로이 뵘.

사:알(賜謁)명-하다자 지난날, 임금이 신하에게 만나 줄 것을 허락하던 일.

사암(砂岩)명 석영(石英)이나 장석(長石)의 부스러기가 굳어서 된 퇴적암. 사암석(砂岩石)

사암-석(砂岩石)명 사암(砂岩)

사앗-대[－앋－]명 '상앗대'의 준말.

사애(私愛)명-하다타 ①공평하지 않게 어느 한쪽만을 사랑함. ②어떤 사람을 몰래 사랑함.

사:액(賜額)명-하다자 조선 시대, 임금이 서원(書院)의 이름을 지어 주던 일, 또는 그 이름을 적은 편액(扁額). ☞사액 서원

사:액=서원(賜額書院)명 조선 시대, 임금이 이름을 지어 주고, 편액(扁額)·책·토지·노비 등을 내린 서원.

사:야(四野)명 사방의 들.

사:약(死藥)명 먹으면 죽는 독약(毒藥).

사약(私約)명 개인끼리 하는 약속. ☞공약(公約)

사:약(使藥)명 한방에서, 주약의 독을 덜고 약 맛을 좋게 하며, 여러 가지 약들의 작용을 조화시켜 부작용이 나타나지 않게 하는 약을 이르는 말.

사:약(賜藥)명-하다자 ①지난날, 임금이 병든 신하에게 약을 내리던 일, 또는 그 약. ②지난날, 임금이 죄지은 신하에게 독약을 내리던 일, 또는 그 약.

사약(瀉藥)명 배변(排便)을 촉진하는 약. 하제(下劑)

사양(斜陽)명 ①지는 해, 또는 그 햇빛. 사조(斜照). 측일(仄日) ②차차 세력을 잃어가거나 차차 몰락해 가는 일을 비유하여 이르는 말. ¶－ 산업

사양(飼養)명-하다타 사육(飼育)

사양(辭讓)명-하다타 겸손하게 응하지 않거나 받지 않음. ¶권하는 술을 －하다. ▷ 辭의 속자는 辞

한자 사양할 양(讓)〔言部 17획〕¶겸양(謙讓)/사양(辭讓)/양보(讓步)/호양(互讓) ▷ 讓의 속자는 譲

사양-길(斜陽－)[－낄]명 새로운 것에 밀려 세력을 잃어 가거나 몰락해 가는 상태. ¶－에 들어서다.

×사양-머리명 →새앙머리

사양=산업(斜陽產業)명 시대의 변화에 따르지 못하여 쇠퇴해 가는 산업.

사양-족(斜陽族)명 시대의 변화에 따라가지 못하고 형세가 기울어진 상류 계급.

사양지심(辭讓之心)명 사단(四端)의 하나. 겸손하여 남에게 사양할 줄을 아는 마음을 이르는 말.

사-양토(砂壤土)명 점토가 많이 섞인 흙. 보통 12~25%의 점토가 섞인 흙을 이름.

사:어(死語)명 지난날에는 쓰였으나 오늘날에는 쓰이지 않게 된 말. 폐어(廢語) ☞활어(活語)

사어(私語)명 ①드러나지 않게 속삭이는 일, 또는 그런 말. ②사사로이 부탁하는 말.

사어(射御)명 활쏘기와 말타기를 아울러 이르는 말.

사어(鯊魚)명 ①'모래무지'의 딴이름. ②'상어'의 딴이름.

사어-피(鯊魚皮)명 상어 껍질.

사:언-시(四言詩)명 한 구(句)가 넉 자로 된 중국의 고시(古詩). 시경(詩經)의 풍(風)·아(雅)·송(頌)의 시 따위. ☞오언시(五言詩). 칠언시(七言詩)

사:업(事業)명 ①일정한 목적과 계획을 가지고 경영하는 경제 활동. ②일정한 목적을 가지고 추진하는 사회 활동. ¶자선 －/장학(獎學) －

사:업-가(事業家)명 사업을 하는 사람.

사:업=공채(事業公債)명 공공 사업의 비용을 마련하기 위하여 발행하는 공채.

사:업=소:득(事業所得)명 상업·공업·농업·서비스업 등 각종 사업에서 생기는 소득.

사:업=연도(事業年度)[－년－]명 사업의 경영 성적과 경리 상황을 분명히 결산하기 위해 설정한 일정 기간. 보통 6개월 또는 1년을 단위로 함.

사:업=자:본(事業資本)명 ①사업 경영에 투자한 자본. ②사업 경영에 필요한 자본.

사:업-주(事業主)명 사업을 경영하는 사람이나 단체.

사:업-채(事業債)명 주식 회사가 여러 투자자로부터 자금을 꾸기 위하여 발행하는 채권.

사:업-체(事業體)명 사업하는 주체(主體). 준업체

사:에이치클럽(4H club)명 지역 사회에서 교류와 친목, 생활 향상과 농업 기술 개량 등을 목적으로 만든 농촌 청소년의 조직. 4H는 head(머리)·heart(마음)·health(건강)·hand(손)의 머릿글자를 딴 것임. 1914년에 미국에서 비롯됨.

사:여(賜與)명-하다타 나라에서 내려 줌. 사급(賜給)

사:역(使役)명-하다자 사람을 부리어 일을 하게 함.

사:역=동:사(使役動詞)명〈어〉사동사(使動詞)

사역-원(司譯院)명 ①고려 시대, 외국어의 교습(教習)과 통역에 관한 일을 맡아보던 관아. ②조선 시대, 외국어의 번역과 통역에 관한 일을 맡아보던 관아. 설원(舌院)

사:연(事緣)명 어떤 일의 앞뒤 사정과 까닭. ¶애틋한 －./말 못할 －이 있다.

사연(師椽)명 부연(附椽)

사:연(賜宴)명-하다자 지난날, 나라에서 잔치를 베풀던 일, 또는 그 잔치.

사연(辭緣·詞緣)명 ①하고자 하는 말의 내용. ¶－을 들어 보자. ②편지의 내용. ¶긴 －의 편지.

사열(查閱)명-하다타 실지로 검사하는 일. 특히, 군사 교육의 실태를 사열관이 검사하는 일. ¶의장대를 －하다.

사열-대(查閱臺)[－때]명 사열식 때 사열관이 올라서서 사열하는 단(壇).

사열-식(查閱式)명 군대에서, 장병들을 정렬시키거나 행진시켜 그 사기와 장비 등을 사열하는 의식.

사:염화-규소(四塩化硅素)명 염소의 기류(氣流) 가운데, 규소(硅素)·탄화규소, 또는 탄소와 무수규산의 혼합물을 가열하면 생기는 무색·발연성(發煙性)의 액체. 실리콘의 원료, 또는 암모니아와 혼합하여 연막(煙幕)을 만드는 데 쓰임.

사:염화-탄:소(四塩化炭素)명 이황화탄소에 염소를 작용시키면 생기는 무색의 액체. 지방·수지(樹脂)·타르 등을 잘 용해시켜 용제(溶劑)로 쓰임. 인화성이 없어서 소화기의 내용물로도 쓰임.

사영(私營)명-하다타 개인이나 민간 회사가 사업을 경영함, 또는 그 사업. ☞공영(公營)

사:영(射影)명-하다타 ①물체가 그림자를 비침, 또는 그 그림자. ☞투영(投影) ②평면 위의 도형의 모든 점과, 평면 밖의 한 점을 직선으로 잇는 일, 또는 그것을 임의의 평면에서 잘랐을 때 생기는 도형.

사영(斜影)명 비스듬히 비친 그림자.

사:영(寫影)명-하다타 물체의 모습을 비추어 나타냄, 또는 그 비추어 나타낸 그림자.

사영=기하학(射影幾何學)명 도형의 성질 가운데 사영 변환에 따라서 변하지 않는 성질을 대상으로 하여 연구하는 기하학의 한 분과.

사:예(四藝)명 거문고·바둑·글씨·그림의 네 가지 기예를 아울러 이르는 말.
사예(射藝)명 활을 쏘는 재주. ☞사(射). 사기(射技)
사예(詞藝)명 시가(詩歌)나 문장을 짓는 재주. ☞문예(文藝)
사:오(四五)수 ①넷이나 다섯. 너더댓. 너덧. 네댓. 네다섯 ②〔관형사처럼 쓰임〕¶아이들이 – 명 놀고 있다.
-사오-선미 '-사옵-'의 바뀐 꼴. ¶먹으니→먹사오니/있으니→있사오니
사:-오동(四梧桐)명 화투 놀이에서, 십일월의 오동 딱지 넉 장을 모두 차지한 경우를 이르는 말. 놀이에 참가한 사람들로부터 마흔 끗씩을 받게 됨. ☞단(短). 약
사:-오월(四五月)명 사월과 오월, 또는 사월이나 오월.
-사오이다어미 '-사옵니다'보다 예스러운 말. ¶굳게 믿사오이다./도량이 넓사오이다. ☞-삽-
사:옥(史獄)명 사초(史草)와 관련된 옥사(獄事). ☞사화
사:옥(社屋)명 회사의 건물. ▷社와 社는 동자
사온-서(司醞署)명 고려·조선 시대, 궁중에서 쓰는 술의 공급을 맡아보던 관아.
사:온-일(四溫日)명 우리 나라의 겨울철에 나타나는 기후 현상인 삼한사온(三寒四溫)에서, 비교적 따뜻한 나흘쯤 되는 동안.
-사옵-선미 받침 있는 어간이나 '-았(었)-', '-겠-'에 붙어, 말하는 이가 듣는 이에 대하여 겸양(謙讓)의 뜻을 나타내는 어미. ¶저는 잘 지내고 있사옵니다.
-사옵니까어미 '-사옵니다'의 의문형으로 쓰임. ¶제가 실수하였사옵니까?/저의 아우가 고집이 세었사옵니까?

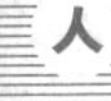

-사옵니다어미 말하는 이가 듣는 이에게 겸손하게 표시함으로써 공대하는 사실 표현의 종결 어미. ¶장본인은 저였사옵니다./우리의 갈 길은 하나였사옵니다.
-사옵디까어미 '-사옵디다'의 의문형으로, 말하는 편의 사실이 그러했던가를 상대에게 확인해 묻는 종결 어미. ¶제가 그런 말을 함부로 하겠사옵디까?
-사옵디다어미 받침 있는 어간이나 '-었(았)-', '-겠-' 등에 붙어, 사실이 그러했음을 나타내는 상대 공대의 종결 어미. ¶많은 사람들이 귀하를 존경하고 있사옵디다.
사옹(司饔)명 ①고려 말, 조선 초기에 궁중에서 임금에게 올리는 음식을 맡아보던 관원. ②'사옹원'의 준말.
사옹-원(司饔院)명 조선 시대, 궁중에서 어선(御膳)과 궁중의 음식에 관한 일을 맡아보던 관아. 준사옹(司饔)
사:왕(死王)명 ①죽은 왕. ②불교에서, '저승의 임금'이란 뜻으로 '염라대왕(閻羅大王)'을 이르는 말.
사왕(嗣王)명 왕위(王位)를 이은 임금. 사군(嗣君)
사:왕-천(四王天)명 불교에서 이르는 욕계 육천(欲界六天)의 첫째 하늘. 수미산(須彌山)의 중턱에 있는 지국천(持國天)·증장천(增長天)·광목천(廣目天)·다문천(多聞天)의 네 하늘을 아울러 이르는 말. ☞사천왕
사:외(社外)명 ①회사의 밖. ¶– 사람에게는 비밀로 한다. ②회사 건물의 밖. ¶–에서 만나자.
-사외다어미 '-사오이다'의 준말. ¶잘 지내고 있사외다.
사외=이:사제(社外理事制)명 대주주의 영향을 받지 않는 대학 교수, 변호사, 공인 회계사, 언론인, 퇴직 관료 등의 전문가들을 이사회에 참여시켜 객관적 처지에서 경영 활동을 감독하고 조언하게 하는 제도.
사:요(史要)명 역사의 요점, 또는 그것을 적은 것.
사욕(沙浴·砂浴)명-하다자 ①닭이나 그 밖의 조류(鳥類)가 깃털 사이에 모래나 흙을 끼얹는 일. 몸에 붙은 기생충을 떨어내기 위한 짓이라 함. ②뜨거운 모래로 몸을 덮어 찜질을 하는 일. 모래찜
사욕(私慾·私欲)명 자기의 이익만을 차리는 욕심. ¶사리와 –에 눈이 어두워지다.
사욕(邪慾)명 ①도리에 벗어난 욕망. ②음란한 욕망.
사욕-편정(邪慾偏情)명 가톨릭에서, 도리에 벗어난 온갖 정욕(情慾)을 이르는 말.
사용(私用)명 ①-하다타 사사로이 씀. ¶–의 컴퓨터./회사 물품을 –하다. ②사사로운 볼일. 자기의 볼일. ¶– 으로 외출하다. ☞공용(公用)
사:용(社用)명 ①회사가 쓰는 것. ②회사의 볼일.
사:용(使用)명-하다타 ①물건을 씀. ¶기구를 –하다. ②사람을 부림. ¶노동력을 –하다.
사:용=가치(使用價値)명 상품이 지닌 쓸모, 또는 상품이 인간의 욕망을 채워 줄만 한 가치. ☞교환 가치
사:용-권(使用權)[–꿘]명 남의 땅이나 물건 등을 쓸 수 있는 법률적인 권리.
사:용=대:차(使用貸借)명 남의 물건을 무상(無償)으로 빌리되, 사용 후에는 돌려줄 것을 내용으로 하는 계약. ☞소비 대차(消費貸借)
사:용-료(使用料)명 물건을 사용한 대가로 치르는 돈.
사용-물(私用物)명 개인이 쓰는 물건. ☞공용물(公用物)
사:용-인(使用人)명 ①물건이나 시설(施設) 등을 쓰는 사람. 사용자 ②남에게 부림을 받는 사람. 고용인(雇傭人)
사:용-자(使用者)명 ①물건이나 시설 등을 쓰는 사람. 사용인 ②근로자를 고용하는 사람. 고용인(雇用人). 고용주(雇用主)
사:용=절도(使用竊盜)[–또]명 남의 물건을 허락 없이 사용하고 나중에 돌려주는 행위. 곧 돌아올 생각으로 남의 자전거를 무단으로 사용하는 일 따위.
사:우(四友)명 ①'문방사우(文房四友)'의 준말. ②눈 속에서 피는 네 가지 꽃인 옥매(玉梅)·납매(臘梅)·수선(水仙)·동백(冬柏), 또는 매화·소나무·난초·대나무의 네 가지 식물을 화제(畫題)로서 이르는 말.
사:우(四隅)명 ①네 모퉁이, 또는 네 구석. ②사방(四方)이나 천하를 비유하여 이르는 말.
사:우(死友)명 ①죽음을 함께 하자고 맹세할 정도의 절친한 벗. ②죽은 벗.
사:우(社友)명 같은 회사에서 함께 일하는 사람.
사우(師友)명 ①스승과 벗. ②스승으로 삼을만 한 벗.
사우(祠宇)명 사당집. 사당(祠堂)
사우(斜雨)명 바람에 날려 비껴 내리는 비.
사우(絲雨)명 실같이 가늘게 내리는 비. 실비
사우(飼牛)명-하다자 소를 기름, 또는 기르는 소.
사:우(麝牛)명 사향소
사우나(sauna)명 핀란드식 증기 목욕탕. 돌덩이를 담은 쇠솥을 달구어 물을 끼얹어서 그 더운 김으로 욕실의 온도와 습도를 높여 땀을 흘리게 함. 사우나탕
사우나-탕(sauna湯)명 사우나
사:우-낭(四友囊)명 종이·붓·먹·벼루 등 문방사우(文房四友)가 들어 있는 배낭. 지난날, 문인(文人)이 나들이할 때 묵동(墨童)이 지고 따랐음.
사우-방(祠宇房)[–빵]명 사당방(祠堂房)
사우스포(southpaw)명 ①야구에서, 왼손잡이 투수를 이르는 말. ②권투에서, 왼손잡이 선수를 이르는 말.
사:운(四韻)명 ①평성(平聲)·상성(上聲)·거성(去聲)·입성(入聲)의 사성(四聲)을 이르는 말. ②'사운지시(四韻之詩)'의 준말.
사운(邪雲)명 ①상서롭지 못한 구름. 불길한 구름. ☞요운(妖雲) ②밝은 이지(理智)를 가리는 나쁜 생각을 비유하여 이르는 말.
사:운(社運)명 회사의 운명. ¶–을 건 사업.
사운드박스(sound box)명 ①공명 현상에 따라 발음체의 소리를 크게 하는 장치. ②구식 축음기에서, 레코드 바늘의 진동을 받아 소리를 재생하는 장치.
사운드트랙(sound track)명 영화 필름의 가장자리에 있는, 소리가 녹음된 홈 부분. 음구(音溝)
사운드-판(sound版)명 대사가 없이 음악이나 소리만 나오는 발성 영화(發聲映畫).
사운드필름(sound film)명 ①유성 영화(有聲映畫) ②녹음에 쓰는 필름.
사:운지시(四韻之詩)명 각운(脚韻)이 넷 있는 여덟 구로 된 율시(律詩)를 이르는 말. 준사운(四韻)
사원(寺院)명 절. 사찰(寺刹)
사원(私怨)명 사사로운 원한.
사:원(社員)명 ①회사에 근무하는 사람. 회사원 ②사단 법인(社團法人)의 구성원.

사원(沙原·砂原) 명 모래 벌판.

사원(射員) 명 활을 쏘기 위하여 사정(射亭)에 든 사람, 또는 사정의 구성원.

사:원(赦原) 명 정상(情狀)을 참작하여 죄인을 놓아 주는 일. ☞사면(赦免)

사:원-권(社員權)[-꿘] 명 사단 법인의 사원이 법인에 대하여 가지는 권리. 자익권(自益權)과 공익권(共益權)으로 크게 나뉨. 주식 회사에서는 '주주권'이라 함.

사:원=총:회(社員總會) 명 사단(社團)의 구성원인 사원으로 구성되는 사단의 최고 의결 기관. 주식 회사에서는 '주주 총회(株主總會)'라 이름.

사-원추(斜圓錐) 명 '빗원뿔'의 구용어.

사:원=합금(四元合金) 명 네 가지 주성분(主成分)으로 이루어진 합금.

사:월(巳月) 명 '음력 사월'을 달리 이르는 말. 월건(月建)의 지지(地支)가 기사(己巳)·신사(辛巳)처럼 사(巳)인 데서 이름. ☞일진(日辰). 태세(太歲)

사:월(四月) 명 한 해 가운데 넷째 달.

사월(斜月) 명 지는 달. 서쪽 하늘에 기운 달.

사월(蜡月) 명 '음력 섣달'을 달리 이르는 말.

사:월=파:일(∠四月八日) 명 석가모니의 탄생일(誕生日)인 음력 4월 8일. 초파일

사위[1] 명 딸의 남편. 여서(女壻) ☞반자지명(半子之名) 속담 **사위는 백년지객(百年之客)이라** : 사위는 언제까지나 소홀히 할 수 없는 소중한 손으로서 대접받는다는 말. /**사위도 반 자식이라** : 사위도 자식 노릇을 할 때가 있다는 말. /**사위 사랑은 장모, 며느리 사랑은 시아버지** : 장모는 사위를 아끼고, 시아버지는 며느리를 아끼게 된다는 말.

사위[2] 명 -하다 타 탈이 있을까 염려하여 어떤 사물이나 말을 꺼리는 일. ¶그 말은 이 집에서 -하는 말이다.

사위[3] 명 ①윷놀이나 주사위 놀이에서 나오기를 바라던 끗수. ②'큰사위[2]'의 준말.

사:위(四圍) 명 사방의 둘레. 사주(四周) ¶안개가 -를 에워쌌다.

사위(斜位) 명 태아(胎兒)가 뱃속에서 바르게 자리잡지 못하고 비스듬히 놓인 상태.

사위(詐僞) 명 거짓을 꾸미어 속이는 일.

사위(嗣位) 명 -하다 자 왕위(王位)를 이어받는 일.

사위다 자 불이 다 타서 재가 되다. ¶화톳불이 -.

사위-스럽다(-스럽고·-스러워) 형ㅂ 어쩐지 불길하고 꺼림칙하다. ¶사위스러운 생각.

사위-스레 부 사위스럽게

사:-위의(四威儀) 명 불교에서, 계율에 맞는 행(行)·주(住)·좌(坐)·와(臥)의 일상의 몸가짐을 이르는 말.

사위-질빵 명 미나리아재빗과의 덩굴성 여러해살이풀. 줄기 길이는 3m 안팎. 잎은 겹잎이며, 잎자루가 길고 마주 남. 작은 잎은 길이 4~7cm로 달걀꼴이며, 가장자리에 거친 톱니가 있음. 여름에 줄기 끝의 잎겨드랑이에 희고 작은 꽃이 모여서 핌. 가을에 익는 열매에는 희고 짧은 털이 깃 모양으로 붙어 있음. 우리 나라 각처의 양지바른 산기슭에 자라며, 어린잎은 먹을 수 있음.

사-위토(寺位土) 명 절에 딸린 논밭.

사윗-감 명 사위로 삼을만 한 사람.

사:유(四有) 명 불교에서, 사람이 태어나고, 살고, 죽고, 다음 세상에서 다시 태어나고 하기까지의 네 시기(時期)인 생유(生有)·본유(本有)·사유(死有)·중유(中有)를 이르는 말.

사:유(四侑) 명 사배(四配)

사:유(四維) 명 ①천지(天地)의 네 모퉁이인 건(乾; 북서)·곤(坤; 남서)·간(艮; 북동)·손(巽; 남동)의 네 방위(方位)를 이르는 말. ②나라를 유지하는 데 필요한 네 가지 근본. 예(禮)·의(義)·염(廉)·치(恥)를 이름.

사:유(死有) 명 불교에서 이르는 사유(四有)의 하나. 속세에 살다가 수명이 다하여 죽으려는 순간을 이르는 말.

사유(私有) 명 ①개인이 가진 것. ②-하다 타 개인이 가짐. ☞공유(公有). 관유(官有). 국유(國有)

사:유(事由) 명 어떤 일의 까닭. 연고(緣故). 연유(緣由). 이유(理由). 정유(情由)

사유(思惟) 명 -하다 타 ①생각하는 일. ②철학적·논리적으로 깊이 궁구하는 일. ③불교에서, 대상(對象)에 대하여 마음을 집중하는 일. ☞사고(思考)

사유(師儒) 명 사람의 도리(道理)를 가르치는 사람, 곧 '스승'을 이르는 말.

사:유(赦宥) 명 -하다 타 죄를 용서해 줌.

사유-권(私有權)[-꿘] 명 개인 소유로 할 수 있는 권리.

사유-림(私有林) 명 개인 또는 사법인(私法人)이 가진 산림(山林). ☞관유림(官有林). 국유림(國有林)

사유-물(私有物) 명 개인 또는 사법인(私法人)이 가진 물건. 사물(私物) ☞공유물

사유-장(師儒長) 명 고려·조선 시대, 성균관(成均館)의 으뜸 관직인 대사성(大司成)을 달리 이르던 말.

사유=재산(私有財産) 명 개인 또는 사법인(私法人)이 가진 재산. ☞공유 재산

사유=재산제(私有財産制) 명 재산의 사유(私有)를 법률로 보호하며, 모든 재산을 소유자의 자유로운 관리·처분에 맡기는 제도. 개인의 재산권은 절대적이며 불가침이라는 원칙을 가리키는 경우도 있음.

사유-지(私有地) 명 개인 또는 사법인(私法人)이 가진 토지. 사지(私地). 사토(私土) ☞공유지. 국유지

사유-화(私有化) 명 -하다 타 개인 또는 사법인(私法人)의 소유로 함. ☞국유화(國有化)

사:육(四肉) 명 네 발 달린 짐승의 고기.

사육(私肉) 명 관청의 허가 없이 몰래 잡은 쇠고기. 사고기

사:육(事育) 명 -하다 타 부모를 섬기고 자식을 낳아 기름.

사육(飼育) 명 -하다 타 짐승 따위를 먹여 기름. 사양(飼養) ¶토끼를 -하다.

사육=동:물(飼育動物) 명 소·닭·돼지·양(羊) 등 집에서 먹여 기르는 동물. ☞야생 동물(野生動物)

사:-육신(死六臣) 명 조선 세조 때, 단종(端宗)의 복위(復位)를 꾀하다가 처형당한 여섯 충신. 이개(李塏)·하위지(河緯地)·유성원(柳誠源)·유응부(兪應孚)·성삼문(成三問)·박팽년(朴彭年)을 이름. ☞생육신

사:육-제(謝肉祭) 명 가톨릭 국가에서, 사순절에 앞서 3~8일간 벌이는 축제. 가장 행렬 따위로 떠들썩하게 즐김. 카니발(carnival)

사:은(四恩) 명 불교에서 이르는, 중생이 이 세상에서 받는 네 가지 은혜. 곧 부모의 은혜, 중생의 은혜, 임금의 은혜, 삼보(三寶)의 은혜를 이름.

사은(私恩) 명 사사로이 베풀거나 입은 은혜.

사은(師恩) 명 스승의 은혜.

사:은(謝恩) 명 -하다 자 입은 은혜에 대하여 고마움의 뜻을 나타냄. ¶-으로 드리는 선물.

사:은-숙배(謝恩肅拜) 명 임금의 은혜에 감사하여 공손히 절하는 일.

사:은-회(謝恩會) 명 입은 은혜에 대한 감사의 뜻을 나타내기 위하여 베푸는 모임. 〔흔히 학생이 졸업할 때 스승에게 고마움을 나타내기 위하여 베푸는 모임을 이름.〕

사음(邪淫) 명 ①-하다 형 사악하고 음란함. ②불교의 오계(五戒)의 하나. 부부 아닌 사람 사이의 정사(情事), 또는 부부 사이에서도 삼가야 할 성행위. 욕사행(欲邪行)

사음(舍音) 명 마름[2]

사:음(寫音) 명 -하다 타 글자나 기호 등으로 소리를 나타냄, 또는 그 소리. 표음(表音)

사:음=문자(寫音文字)[-짜] 명 표음 문자(表音文字)

사음자리-표(-音-標) 명 높은음자리표

사:의(死義) 명 -하다 자 의(義)를 위하여 죽는 일, 또는 그러한 죽음.

사의(邪意) 명 도리(道理)에 어긋난 마음.

사의(私意) 명 ①개인의 의사(意思) 또는 의견(意見). ②자기 욕심을 채우려는 마음. 사심(私心)

사의(私誼) 명 개인 사이에 사귀어 온 정분(情分).

사의(私議) 명 개인적인 견해.

사:의(事宜) 명 일의 도리(道理). ¶-에 맞게 타이르다.

사:의(事意)명 ①일의 의의(意義). ②사건의 내용.

사의(蓑衣)명 도롱이

사:의(謝意)명 ①남의 친절이나 호의에 대한 감사의 뜻. ②자기의 잘못에 대한 사과(謝過)의 뜻. ¶ －를 표하다.

사:의(謝儀)명 감사의 뜻을 나타내는 인사, 또는 그런 뜻으로 보내는 물품.

사의(辭意)명 ①사임(辭任)하거나 사퇴(辭退)하고 싶은 뜻. ¶ －를 내비치다. ②말의 뜻.

사-의:무(私義務)명 사법(私法) 관계에서 성립되는 의무. ☞공의무(公義務)

사이 명 ①두 곳 또는 두 사물 사이의 공간. ¶ 서울과 인천 －./책상과 책상 －. ②어느 때에서 다른 때까지의 시간적인 동안. ¶ 세 시에서 여덟 시 －. ③겨를. 짬 ¶ 잠깐 －./앉아 있을 －도 없다. ④서로 맺은 관계, 또는 그 친분 정도. ¶ 부부 －/친구 －/－가 좋다./－가 멀어지다. ⑤어떤 집단의 범위. ¶ 전문가들 －에서 논의된 이야기. ⑥사람과 사람, 집단과 집단과의 관계. ¶ －에 들어 문제를 해결하다. ㊟새[5]

사이가 뜨다 관용 ①거리가 멀다. ②시간적인 간격이 길다. ③서로 사귀던 정분이 서먹해지다.

한자 **사이 간**(間) 〔門部 4획〕 ¶ 간격(間隔)/간작(間作)/간주(間奏)/산간(山間)/순간(瞬間)/야간(夜間)
사이 제(際) 〔阜部 11획〕 ¶ 교제(交際)/국제(國際)
사이 뜰 격(隔) 〔阜部 10획〕 ¶ 격강(隔江)/격리(隔離)/격조(隔阻)/격지(隔地)/원격(遠隔)

사:이(四夷)명 지난날, 중국에서 주변의 이민족을 사방의 오랑캐라 하여 동이(東夷)·서융(西戎)·남만(南蠻)·북적(北狄) 따위로 낮추어 이르던 말.

사이(さい 일)의 ①목재(木材)의 부피의 단위. 사방 한 치인 각목(角木) 열두 자를 한 사이로 침. ②가로·세로·높이가 각각 한 자인 석재(石材)의 부피의 단위.

사이-갈이 명-하다 타 농작물이 자라는 동안의 사이사이에, 겉흙을 얇게 갈아서 부드럽게 하는 일. 중경(中耕)

사이나(∠cyanide)명 청산가리·청화은·청화홍 등의 시안화물(cyan化物)을 흔히 이르는 말.

사이다(cider)명 탄산수에 과일의 향료나 감미료로 맛을 낸 청량 음료. 본디는 사과주(沙果酒)를 뜻하는 말임.

-사이다 어미 받침 없는 동사 어간에 붙어, 청유의 뜻을 나타내는 예스러운 종결 어미. ¶ 어서 가사이다.

사이드드럼(side drum)명 군악(軍樂)이나 관현악 따위에 쓰이는 작은북.

사이드라이트(side light)명 ①밤에 항해 중인 배가 그 진로를 다른 배에 알리기 위하여 양쪽 뱃전에 다는 등(燈). 현등(舷燈) ②촬영 때 양 옆에서 피사체(被寫體)를 비추는 빛.

사이드라인(side line)명 테니스·농구·축구·배구 등 구기에서, 경기장 양쪽에 그은 긴 선. 축구의 경우에는 '터치라인'이라고도 함.

사이드브레이크(side brake)명 자동차 따위의 수동 브레이크. 자동차의 경우 주로 주차 중에 사용함.

사이드스텝(side step)명 ①댄스에서, 한 발을 옆으로 내디디고 다른 발을 끌어다 붙이는 동작. ②권투에서, 발을 좌우로 옮기면서 상대편의 공격을 피하는 기술.

사이드스트로:크(side stroke)명 수영에서, 물 위에 모로 누운 자세로 헤엄치는 일. 모잽이헤엄

사이드아웃(side out)명 ①배구에서, 서브를 한 편이 득점하지 못하고 서브권이 상대편으로 넘어가는 일. ②테니스 따위에서, 공이 사이드라인 밖으로 나가는 일.

사이드암 스로(sidearm throw)명 야구에서, 투수가 팔을 옆으로 휘둘러, 공을 던지는 투구법.

사이드카(sidecar)명 오토바이 따위의 옆에 달린 운반차, 또는 그것이 달린 오토바이.

사이드킥(side kick)명 축구에서, 발의 옆면으로 공을 차는 일.

사이드테이블(side table)명 ①침대나 테이블 따위의 옆에 두는 작은 탁자. ②식당 같은 데서 벽 쪽의 식탁.

사이렌(siren)명 시보(時報)나 경보(警報) 또는 신호용으로 쓰이는, 큰 소리를 내는 장치.

사이렌(Seirēnes 그)명 그리스 신화에 나오는, 윗몸은 여자이고 아랫몸은 새 모양을 한 바다의 마녀들. 아름다운 목소리로 뱃사람을 유혹하여 죽음에 이르게 한다고 함.

사이버네틱스(cybernetics)명 통신이나 자동 제어 등의 공학적 문제, 통계 역학, 신경 계통이나 뇌의 생리 작용 등을 통일적으로 처리하는 이론의 체계.

사이버=대학(cyber大學)명 인터넷 등의 가상 공간을 이용하여 강의를 듣고 학위를 받을 수 있는 대학.

사이버스페이스(cyberspace)명 가상 공간(假想空間)

사이보:그(cyborg)명 뇌(腦) 이외의 생체의 여러 기관(器官)을 인공 기관으로 바꾸어 개조한 인간이나 동물. 공상 과학 소설 등에 등장함.

사:이비(似而非)명 비슷하기는 하나 실제로는 가짜인 것을 이르는 말. ¶ － 기자/－ 종교

사이-사이 명 ①사이와 사이. ¶ 공부 시간 －에 재미 있는 이야기를 곁들이다. ②〔부사처럼 쓰임〕 틈이 있을 때마다. 틈틈이 ¶ － 책을 읽는다. ㊟새새

사이-시옷 명〈어〉지난날, 단어와 단어가 주종 관계(主從關係)로 어울릴 때, 그 가운데에 놓이는 'ㅅ'을 이르던 말. 오늘날의 한글 맞춤법으로는 윗말의 받침으로 적어 나타냄. '촛불, 잇몸'과 같은 말에서 'ㅅ'을 이름. ☞사잇소리

▶ **사이시옷을 받치어 적는 경우**
① 고유어로 된 복합어, 고유어와 한자어로 된 복합어에서 앞말에 받침이 없는 경우
○ 뒷말 첫소리가 된소리로 나는 것
¶ 귓밥/귓병/나룻배/냇가/샛강
○ 뒷말 첫소리 'ㄴ·ㅁ' 앞에서 'ㄴ' 소리가 덧나는 것
¶ 아랫니/잇몸/제삿날/툇마루
○ 뒷말 첫소리 모음 앞에서 'ㄴㄴ' 소리가 덧나는 것
¶ 뒷일/베갯잇/깻잎/사삿일/훗일
② 한자어에서 사이시옷을 쓰는 여섯 단어
¶ 곳간(庫間)/셋방(貰房)/숫자(數字)/찻간(車間)/툇간(退間)/횟수(回數)

사이즈(size)명 크기. 치수 ¶ －가 맞지 않는다.

사이-짓:기[－짇－] 명-하다 자타 농사에서, 주된 작물(作物) 사이에 딴 작물을 심어 가꾸는 일. 간작(間作)

사이-참 명 '새참'의 본딧말.

사이코드라마(psychodrama)명 미국에서 시작된 집단적인 정신 요법의 한 가지. 환자들에게 자발적으로 즉흥극을 하도록 하여, 자연히 마음의 심층(深層)이 드러나도록 하는 극. 치료자도 이에 참가하여 진료 효과를 높임. 심리극(心理劇)

사이클(cycle)명 ①진동수(振動數)나 주파수(周波數)의 단위. ☞헤르츠(Hertz) ②어떤 상태가 변화를 거친 뒤, 다시 본래의 상태로 되돌아올 때까지의 일정한 과정. 순환 과정(循環過程)

사이클로이드(cycloid)명 한 직선 위를 한 원이 미끄러지는 일이 없이 굴러갈 때, 이 원둘레 위의 고정된 한 점이 그리는 곡선.

사이클로트론(cyclotron)명 원자핵의 인공 파괴 등에 쓰이는 전자나 이온의 가속 장치. 의료용으로도 이용됨.

사이클론(cyclone)명 ①인도양·벵골 만 등에 발생하는 강한 열대성 저기압. 태풍과 같은 성질의 것임. ②기류(氣流) 속에 들어 있는 분진(粉塵)이나 물방울 등을 회전류(回轉流)에 따르는 원심력으로 분리하는 집진 장치(集塵裝置).

사이클링(cycling)명 자전거를 타고 멀리 놀러 가는 일. 레크리에이션의 일종이며, 자전거 경기와는 구별됨.

사이클히트(cycle hit)명 야구에서, 한 선수가 한 경기에서 일루타, 이루타, 삼루타, 홈런을 모두 친 경우를 이르는 말.

사이키(Psyche)명 프시케

사이키델릭-하다(psychedelic－)형여 환각제 따위에

취하여 생기는 환각 상태와 비슷하다. 〔이 상태를 상기시키는 화려한 색깔의 요란하고 자극적인 그림이나 디자인 따위에 대해서도 이름.〕 [준]사이키하다
사이키-하다(psyche-)[형][여] '사이키델릭하다'의 준말.
사이트(site)[명] '웹사이트(web site)'의 준말.
사이트엘시:(sight L/C)[명] 일람 출급 어음이 발행될 수 있는 신용장(信用狀).
사이펀(siphon)[명] ①대기의 압력을 이용하여 액체를 우선 액면(液面)보다 높은 곳으로 끌어올렸다가 낮은 곳으로 옮기는 데 쓰는 구부러진 대롱. ②유리로 만든, 커피를 끓이는 기구의 한 가지.
사:이후:이(死而後已)[성구] 죽은 뒤에야 그만둔다는 뜻으로, 목숨이 붙어 있는 한 끝까지 노력함을 이르는 말.
사익(私益)[명] 개인의 이익. ☞공익(公益)
사익=신:탁(私益信託)[명] 금전 신탁의 한 가지. 위탁자가 수익자가 되는 신탁임. ☞공익 신탁(公益信託)
사:인(士人)[명] 지난날, 관직에 오르지 아니한 선비를 이르던 말. 사자(士子)
사:인(死人)[명] 죽은 사람. 사자(死者)
사:인(死因)[명] 죽게 된 원인. ¶ -을 밝히다.
사인(私人)[명] 공적(公的)인 처지를 떠난 한 개인. 사삿사람 ¶ -으로 회의에 참가하다. ☞공인(公人)
사인(邪人)[명] 사심(邪心)을 품은 사람.
사인(私印)[명] 개인의 도장. ☞공인(公印). 관인(官印). 직인(職印)
사:인(社印)[명] 회사를 대표하는 도장.
사인(砂仁)[명] 한방에서, 축사밀(縮砂蜜)의 씨를 약재로 이르는 말. 소화제로 쓰임. 축사(縮砂)
사인(詞人)[명] 시문(詩文)에 능한 사람. [유]문사(文士)
사인(sign)[명] ①문서 따위에 자신만의 독특한 방법으로 자기 이름을 적는 일. 서명(署名) ¶계약서에 -하다. ②몸짓이나 손짓, 눈짓 따위로 상대편에게 의사를 전하는 일. ¶ -을 보내다. ③운동 경기에서, 감독과 선수 또는 투수와 포수 등이, 상대편이 알아차리지 못하도록 비밀스럽게 작전을 보내는 신호.
사인(sine)[명] 삼각비 또는 삼각 함수의 하나. 직각 삼각형의 한 예각(銳角)의 대변과 빗변과의 비를 그 각에 대하여 이르는 말. 기호는 sin
사인=곡선(sine曲線)[명] 사인 함수의 그래프.
사:인-교(四人轎)[명] 앞뒤에 각각 두 사람씩, 모두 네 사람이 메는 가마. [변]사린교 ☞팔인교(八人轎)
사:인-기(四人棋)[명] 두 사람이 한편이 되어 두는 바둑.
사인=기관(私人機關)[명] 개인 또는 사법인(私法人)이 설치한 기관.
사:인-남여(四人籃輿)[명] 네 사람이 사인교 메듯이 앞뒤에서 메는 남여. [변]사린남여
사:인-방상(四人方牀)[명] 앞뒤 두 사람씩 모두 네 사람이 메는 상여(喪輿). [변]사린방상
사:인-복(士人服)[명] 조선 시대, 관직에 오르지 않은 양반 계급의 옷차림. 도포(道袍)·주의(周衣) 등을 입고, 머리에는 망건·탕건에 정자관 등을 썼음.
사인북(sign+book)[명] 유명인 등의 사인을 받기 위한 공책, 또는 사인을 받아 모은 책. 사인첩
사인=소추(私人訴追)[명] 형사상 공소의 제기를 국가 기관이 아닌 일반인이 하는 일. 우리 나라에서는 아직 인정하지 않고 있음.
사:인여천(事人如天)[성구] 천도교에서, 사람을 한울님 공경하듯 서로 존중하여야 한다는 가르침을 이르는 말.
사인=위조(私印僞造)[명] 법률에서, 사용(私用)할 목적으로 남의 도장이나 서명(署名) 따위를 위조하는 일.
사:인=증여(死因贈與)[명] 증여자가 죽음으로써 그 효력이 발생하는 증여.
사:인=처:분(死因處分)[명] 사인 행위(死因行爲)
사인-첩(sign帖)[명] 사인북
사인-파(sine波)[명] 삼각 함수의 사인 곡선으로 표시되는 파동.
사인=함:수(sine函數)[명] 수학에서, 실수 x에 대하여 그 사인의 값 y를 대응시키는 함수. $y=\sin x$라고 적음.

사:인=행위(死因行爲)[명] 행위자가 죽음으로써 효력이 발생하는 법률 행위. 유언이나 사인 증여 따위. 사인 처분. 사후 처분. 사후 행위 ☞생전행위
사:일(巳日)[명] 간지(干支)의 지지(地支)가 사(巳)인 날. 을사(乙巳)·기사(己巳) 등. ☞뱀날. 월건(月建). 일진(日辰). 태세(太歲)
사:일(仕日)[명] 관원으로 지낸 날수.
사:일(社日)[명] '사(社)'는 토지의 신(神)이라는 뜻으로, 입춘(立春) 또는 입추(立秋) 후 다섯 번째의 무일(戊日). 이 날, 봄에는 농사가 잘 되기를 빌고, 가을에는 수확에 감사하여 토지의 신에게 제사를 지냄.
사일(斜日)[명] 저녁 무렵의 저무는 해. 석양(夕陽)
사일(奢佚)[어기] '사일(奢佚)하다'의 어기(語基).
사일로(silo)[명] ①목초나 사료 작물을 쟁여 넣어 사일리지를 만드는, 둥근 탑 모양의 저장고. ②미사일을 발사하기 위한 지하의 격납고(格納庫).
사일리지(silage)[명] 목초나 옥수수 따위의 수분이 많은 사료 작물을 사일로에 쟁여 넣고, 젖산 발효를 시켜 저장한 사료. 엔실리지(ensilage)
사:일=성복(四日成服)[명] 상을 당한 지 나흘째 되는 날에 상주(喪主)와 복인(服人)들이 상복을 입는 일.
사일-하다(奢佚-)[형][여] 사치스럽고 방종하다.
사임(辭任)[명]-하다[자][타] 맡고 있던 직무를 스스로 그만두고 물러남. 사면(辭免) ¶장관직을 -하다.
사잇-도장(-圖章)[명] 한데 맨 서류의 종잇장 사이에 걸쳐 찍는 도장. ☞간인(間印)
사잇-소리[명]〈어〉두 단어가 복합 명사를 이룰 때 발음을 고르게 하는 소리. '등불[등뿔], 길가[길까]'와 같은 발음에서 나타나는 끼임 소리. 간음(間音)
사잇소리=현:상(-現象)[명]〈어〉두 단어가 복합 명사를 이룰 때 앞 말에 받침이 없거나 'ㄴ, ㄹ, ㅁ, ㅇ' 받침인 경우, 이어지는 뒤의 말의 첫소리가 안울림 예사소리일 때 된소리로 변하는 현상. 앞 말에 받침이 없을 경우에는 '사이시옷'을 받쳐 적음. '산길[산낄], 길가[길까], 봄비[봄삐], 등불[등뿔], 촛불[초뿔]' 따위.
사:자(士子)[명] 사인(士人)
사:자(死者)[명] 죽은 사람. 사인(死人) ☞생자(生者)
사자(私資)[명] 사재(私財)
사:자(使者)[명] ①윗사람의 명령을 받아 심부름을 하는 사람. ¶ -를 보내다. ②법률에서, 남의 완성된 의사 표시를 전달하는 사람. 또는 남이 결정한 의사를 상대편에게 표시하여 그 의사 표시를 완성시키는 사람. 대리인과는 구별됨. ③불교에서, 죽은 이의 넋을 저승으로 데려간다는 저승의 귀신을 이르는 말.
사자(師子)[명] 불교에서, 스승과 제자 중을 이르는 말.
사자(師資)[명] ①스승에게 의지하는 일, 또는 그 의지하는 스승. ②스승과 제자 사이.
사자(獅子)[명] 고양잇과의 포유동물. 몸길이 1.6~2.6m, 어깨 높이 1m 안팎. 털은 짧으며, 몸빛은 회갈색 또는 황톳빛인데, 머리가 크고 얼굴이 넓으며 허리 부분은 홀쭉함. 수컷은 목덜미에 갈기가 있음. 암컷은 좀 작고, 새끼에게는 암갈색의 얼룩무늬가 있음. 초원 지대에 몇 마리에서 수십 마리의 무리를 짓고 살면서, 얼룩말이나 영양 따위를 잡아먹음. 아프리카와 이란, 인도 등지에 분포함. 예로부터 짐승의 왕으로 일컬어짐.
[속담] **사자 어금니 같다** : 무엇에게나 반드시 있어야 할 가장 요긴한 것이라는 말./**사자 없는 산에 토끼가 대장 노릇 한다** : 잘난 사람이 없게 되면 못난 사람이 잘난체하며 우쭐거린다는 말.
사자(嗣子)[명] 대를 이을 아들.
사:자(寫字)[명]-하다[자] 글씨를 베껴 씀.
사:자-관(寫字官)[명] 조선 시대, 승문원(承文院)과 규장각(奎章閣)에 딸린 관직을 이르던 말. 문서를 정사(精寫)하는 일을 맡아보았음.
사자구[명] 황줄돔과의 바닷물고기. 몸길이 30cm 안팎. 주둥이가 좀 빨면서 짧고 눈이 큼. 몸빛은 등은 거무스

ㅅ

레한 자줏빛이고 배 부분은 흼. 우리 나라 남해의 깊은 바다에 분포함.
사자-궁(獅子宮)명 황도 십이궁(黃道十二宮)의 다섯째 궁. 본디 십이성좌(十二星座)의 사자자리에 대응되었으나 세차(歲差) 때문에 지금은 서쪽의 게자리로 옮아가 있음. ☞처녀궁(處女宮)
사자-기(獅子伎)명 사자놀음
사자-놀음(獅子-)명 음력 정월 대보름날, 사자탈을 쓰고 춤을 추면서, 집집을 돌며 귀신을 쫓는 민속놀이. 사자기(獅子伎). 사자놀이
사자-놀이(獅子-)명 사자놀음
사자-무(獅子舞)명 사지춤
사자분:신(獅子奮迅)성구 사자가 성내어 날뛰듯, 그 기세가 매우 거세고 용맹스러움을 이르는 말.
사자상승(師資相承)성구 스승이 제자에게 학예(學藝) 따위를 이어 전함을 이르는 말.
사:자-생(寫字生)명 책이나 문서를 베껴 쓰는 일을 전문으로 하는 사람.
사자-성(獅子星)명 사자자리의 별.
사자-자리(獅子-)명 십이성좌(十二星座)의 하나. 봄에 남쪽 하늘 높이 보이는 별자리인데, 4월 하순 오후 여덟 시 무렵에 자오선을 통과함. 사자좌 ☞황도 십이궁
사자-좌(獅子座)명 ①예좌(猊座) ②사자자리
사자좌=유성군(獅子座流星群)명 해마다 11월 15일경에 사자자리로부터 방사되듯 나타나는 유성의 무리. 약 33년을 주기로 몇 년 동안은 특히 두드러짐.
사:자-채반(使者-)명 사잣밥을 담는 채반.
사자-춤(獅子-)명 '사지춤'의 원말.
사자-코(獅子-)명 '사지코'의 원말.
사자-탈(獅子-)명 사자의 얼굴 모양처럼 만든 탈. 사자놀음이나 사지춤에 쓰임.
사자-후(獅子吼)명 ①불교에서, 사자가 울부짖는 소리에 뭇짐승이 두려워 엎드리듯, 일체 중생을 승복시키는 부처의 설법을 이르는 말. ②-하다자 크게 열변을 토함, 또는 그 열변.
사:잠(四箴)명 사물잠(四勿箴)
사잠(沙蠶)명 '갯지렁이'의 딴이름.
사:잣-밥(使者-)명 초상집에서 죽은 이의 넋을 부를 때 저승에서 온 사자(使者)를 대접하기 위한 밥. 밥 세 그릇을 사자채반에 담아 담 밑 같은 데 놓았다가, 발인(發靷) 때 치움.
속담 **사잣밥 싸 가지고 다닌다** : 사람은 언제 어디서 죽을지 모른다는 말. /**사잣밥을 목에 매달고 다닌다** : 언제 어디서 죽을지도 모르고 위험한 짓을 하고 다닌다는 말.
사:잣-짚신(使者-)[-집-]명 사잣밥과 함께 사자채반에 담아 놓는 짚신.
사장(司長)명 대한 제국 때, 궁내부(宮內部)를 비롯한 각 부에 딸렸던 사(司)의 으뜸 관직.
사:장(四葬)명 장사(葬事)의 네 가지 방식. 곧 수장(水葬)·화장(火葬)·토장(土葬)·임장(林葬)을 이름.
사:장(四障)명 불교에서, 깨달음에 이르지 못하게 하는 네 가지 장애. 혹장(惑障)·업장(業障)·보장(報障)·견장(見障), 또는 천제장(闡提障)·외도장(外道障)·성문장(聲聞障)·연각장(緣覺障)을 이름.
사:장(四藏)명 불교의 네 경전(經典). 경장(經藏)·율장(律藏)·논장(論藏)에 주장(呪藏)이나 잡장(雜藏)을 넣은 네 가지.
사:장(死藏)명-하다자타 활용하지 않고 간직하여 두기만 함. ¶아까운 자료를 -하고 있다.
사장(沙場·砂場)명 모래밭. 모래톱
사장(私藏)명-하다타 개인이 사사로이 간직하고 있음. ¶수집가들이 -하고 있는 문화재.
사:장(社長)명 ①회사의 대표자. ②조선 시대, 사창(社倉)의 곡식을 관리하던 사람.
사:장(社章)명 회사의 기장(記章).
사:장(社葬)명 회사가 주관하여 지내는 장례.
사:장(査丈)명 사돈집의 웃어른을 높이어 일컫는 말.
사장(師丈)명 스승을 높이어 일컫는 말.
사장(師匠)명 학문이나 기예(技藝)에서 남의 스승이 될만한 사람.
사장(師長)명 스승과 나이 많은 어른.
사장(紗帳)명 사(紗)붙이로 만든 휘장(揮帳).
사장(射場)명 ①활터 ②사격 연습을 하는 곳. ☞사격장
사:장(赦狀)[-짱]명 '사면장(赦免狀)'의 준말.
사장(詞章·辭章)명 시가(詩歌)와 문장(文章).
사:장(寫場)명 사진을 찍는 시설이 되어 있는 곳. 사진관
사:장(謝狀)명 ①사례하는 편지. ②사과하는 편지.
사장(辭狀)명 사표(辭表)
사:장-간(∠鎖匠間)[-깐]명 지난날, 감옥에서 옥졸들이 모여 있던 방.
사장-교(斜張橋)명 높이 세운 탑에서 비스듬히 늘어뜨린 케이블로 상판(床板)을 지탱하는 구조의 다리. ☞현수교(懸垂橋)
사-장구(沙-)명 장구통을 사기(沙器)로 만든 장구.
사-장석(斜長石)명 나트륨이나 칼슘, 알루미늄 따위가 들어 있는 삼사 정계(三斜晶系)의 규산염 광물. 주로 화성암에서 발견되며, 회색 또는 백색을 띰.
사-장암(斜長岩)명 주로 사장석으로 이루어진 암석.
사-장조(-長調)[-쪼]명 '사' 음을 으뜸음으로 하는 장조. 지장조 ☞사단조
사장-파(詞章派)명 조선 시대 초기에서 중기에 걸쳐 도학파(道學派)에 맞서 시가(詩歌)와 문장(文章)을 중시하려 한 유파. 남효온(南孝溫)·조위(曺偉)·김일손(金馹孫)·남곤(南袞) 등이 대표적인 인물임.
사:재(史才)명 사관(史官)으로서 지닌 재능.
사:재(史材)명 역사 연구에 필요한 문헌이나 유물 따위의 자료. 사료(史料)
사:재(四宰)명 조선 시대, 삼재(三宰)의 다음이라는 뜻으로, 우참찬(右參贊)을 이르던 말.
사재(私財)명 개인이 소유하고 있는 재산. 사산(私產). 사자(私資) ¶-를 털어 학교를 세웠다.
사:재(社財)명 회사의 재산.
사재(渣滓)명 찌꺼기
사-재:기명-하다타 물건을 필요 이상으로 한꺼번에 많이 사서 쟁여 두는 일.
사:재발-쑥명 '산쑥'의 딴이름.
사-쟁이명 '옥사쟁이'의 준말.
사저(私邸)명 개인의 집. 사제(私第). 사택(私宅) ☞공저(公邸). 관저(官邸)
사저(沙底·砂底)명 잿물이 잘 묻지 않고 진흙 바닥 그대로 남은, 좀 껄껄한 도자기의 밑바닥.
사저(沙渚·砂渚)명 물가의 모래밭. 사정(沙汀)
사:적(史的)[-쩍]명 역사에 관계되는 것. 역사적(歷史的) ¶-인 가치.
사:적(史蹟)명 역사상의 중대한 사건과 관계가 있거나 건축물 따위가 있던 곳.
사:적(史籍)명 역사를 기록한 책. 사기(史記). 사서(史書)
사적(私的)[-쩍]명 개인에 관계되는 것. 사사로운 것. ¶-인 견해. /-인 감정. ☞공적(公的)
사적(私覿)명-하다자 ①공무가 아닌 사사로운 일로 사람을 만남. ②지난날, 관원이 임금을 사사로이 뵙던 일.
사:적(事績)명 이루어 놓은 일의 실적.
사:적(事蹟·事迹·事跡)명 어떤 일이나 사건이 있었던 자취. 어떤 사실의 흔적. ¶삼국 시대의 -을 찾아다니다.
사적(射的)명 과녁
사적-비(寺跡碑)명 절의 역사를 기록한 비석(碑石).
사:적=유물론(史的唯物論)[-쩍-]명 유물 사관
사적=자치(私的自治)[-쩍-]명 법률에서, 개인의 재산이나 신분에 관한 사법(私法) 관계를 개인의 자유로운 의사에 따라서 규율하는 일. 행정 조직의 공적(公的)인 자치에 상대하여 이름.
사적=제:재(私的制裁)[-쩍-]명 개인이 범죄자에게 사사로이 벌을 주는 일. 사형(私刑)
사:적=현:재(史的現在)[-쩍-]명 과거의 사실을 눈앞의

일처럼 생생하게 묘사하기 위하여 동사의 현재형으로 서술하는 일.
사:전(史傳)명 ①역사와 전기(傳記)를 아울러 이르는 말. ②역사에 전해지는 기록.
사전(寺田)명 절에 딸린 밭. ☞사답(寺畓)
사:전(死戰)명-하다자 죽기를 작정하고 싸움.
사전(私田)명 개인이 가진 밭. ☞공전(公田)
사전(私錢)명 ①'사천'의 원말. ②지난날, 개인이 위조한 엽전(葉錢)을 이르던 말. ☞관전(官錢)
사전(砂田·沙田)명 모래가 많이 섞인 밭.
사전(祀典)명 제사의 의례(儀禮).
사:전(事典)명 사물(事物)이나 사항(事項)을 나타내는 말을 모아 일정한 차례로 배열하여 그 내용을 풀이한 책. 백과 사전(百科事典) 따위. ☞사전(辭典)
사:전(事前)명 무슨 일이 일어나기 전. 일을 시작하기 전. ¶-에 통고하다./-에 양해를 구하다. ☞사후(事後)
사전(師傳)명 스승에게서 전해 받음.
사전(梭田)명 베 짜는 북 모양으로 생긴, 길쭉하고 양끝이 뾰족한 논밭.
사:전(赦典)명 지난날, 나라에 경사가 있을 때, 죄인을 풀어 주던 은전(恩典). 준사(赦)
사:전(賜田)명 지난날, 임금이 내려 주던 논밭.
사전(辭典)명 여러 가지 단어를 일정한 차례로 배열하여, 발음·뜻·어원(語源)·용례(用例) 등을 기록한 책. 국어 사전, 한일 사전(韓日辭典), 영한 사전 따위. ☞사서(辭書). 사전(事典)
사전-꾼(私錢-)명 지난날, 가짜 돈을 몰래 만드는 사람을 이르던 말.
사:전-학(史前學)명 선사 고고학(先史考古學)
사:절(士節)명 선비의 절개(節槪).
사:절(四節)명 사철
사:절(死絶)명-하다자 ①숨이 끊어져 죽음. ②한집안 사람이 모두 죽어 대가 끊어짐.
사:절(死節)명-하다자 죽음으로써 절개(節槪)를 지킴. 죽음으로써 절의(節義)를 지킴.
사:절(使節)명 옛날 중국에서, 사신에게 부절(符節)을 지니고 가게 한 데서, 나라의 명령을 받고 다른 나라에 파견되는 사람을 이르는 말. ¶외교 -/친선 -
사:절(謝絶)명-하다타 남의 요구나 제의를 받아들이지 않고 물리침. ¶면담을 -하다.
사절(辭絶)명-하다타 사양하여 받지 않음.
사:-절기(四節氣)명 이십사 절기(二十四節氣) 중에서 큰 절기인 춘분(春分)·하지(夏至)·추분(秋分)·동지(冬至)의 네 절기를 이르는 말.
사:절-단(使節團)[-딴]명 사절의 일행.
사절-면(斜截面)명 비스듬하게 잘라 낸 면.
사:절-지(四折紙)[-찌]명 전지(全紙)를 가로와 세로로 반씩 자른 크기의 종이. 전지의 4분의 1 크기임.
사:점(死點)[-쩜]명 왕복 운동을 회전 운동으로 바꾸는 기관에서, 연접봉(連接棒)과 크랭크가 일직선이 되어 크랭크를 회전시킬 분력(分力)이 생기지 않는 점.
사접(邪接)명-하다자 못된 귀신이 몸에 붙음.
사-접시(沙-·砂-)명 사기로 만든 접시.
사:정(巳正)명 십이시(十二時)의 사시(巳時)의 중간. 지금의 오전 열 시. ☞미정(未正)
사:정(四正)명 자(子)·오(午)·묘(卯)·유(酉)의 네 방위. 곧 북·남·동·서의 네 방위를 이름.
사정(司正)명-하다타 공직 사회의 기강을 바로잡는 일.
사정(邪正)명 그릇된 것과 올바른 것.
사정(沙汀·砂汀)명 물가의 모래톱. 사저(沙渚)
사정(私情)명 사사로운 정(情). 개인적인 감정. ¶-에 끌려 그릇 판단하다./-을 두다.
사정(舍亭)명 정자(亭子)
사:정(使丁)명 지난날, 관아에서 잔심부름을 하는 남자 하인을 이르던 말.
사:정(事情)명 ①일의 형편이나 까닭. ¶-을 들어 보다./그의 딱한 -./-을 알게 되다. ②-하다자타 남에게 무엇을 간곡히 부탁함. ¶도와 달라고 -하다.
사정을 보다관용 남의 형편을 헤아려 생각해 주다.
사정(査正)명-하다타 살펴서 그릇된 것을 바로잡음.
사정(査定)명-하다타 조사하거나 심사하여 결정함.
사정(射亭)명 ①활터에 있는 정자(亭子). ②활쏘기를 하는 사람들의 모임.
사정(射程)명 ①총구(銃口)나 포구(砲口)에서 탄알이 닿을 수 있는 지점까지의 수평 거리. ¶- 거리 ②힘이 미치는 범위를 비유하여 이르는 말. ¶나의 - 밖의 일이다.
사정(射精)명-하다자 남자의 생식기에서 정액(精液)을 내쏨. 토정(吐精). 파정(破精)
사:-정:견(四正見)명 불교에서, 일체(一切)의 것을 고(苦)·공(空)·무상(無常)·무아(無我)로 보는 일.
사정-관(射精管)명 정액을 내보내는 관. 정관 끝의 짧은 부분으로, 정낭에서 요도에 이르는 관을 이름.
사:정-사:정(事情事情)부 거듭거듭 간곡히 부탁하여. ¶-양해를 구하다.
사:정사정-하다(事情事情-)자타여 남에게 무엇을 거듭거듭 간곡히 부탁하다. ¶기한을 물려 달라고 -.
사:정-없:다(事情-)[-업-]형 조금도 남의 사정을 보아 주는 일이 없다.
사정-없이부 사정없게 ¶- 내쫓다./- 후려치다.
사정=편사(射亭便射)명 열다섯 사람씩 편을 갈라서 활쏘기를 겨루는 일, 또는 그런 경기. 터편사
사제(司祭)명 가톨릭 교회 등에서, 일정한 자격을 가지고 성사(聖事)와 미사를 집전하는 성직자.
사:제(四諦)명 불교에서, 영원히 변하지 않는다고 하는 네 가지 진리. 곧 고제(苦諦)·집제(集諦)·멸제(滅諦)·도제(道諦)를 이름.
사제(私第)명 개인의 집. 사저(私邸). 사택(私宅)
사제(私製)명-하다타 공인(公認)을 받지 않고 개인이 만듦, 또는 그 물건. ¶- 엽서/- 폭탄 ☞관제(官製)
사제(舍弟)명 ①남에게 자기의 아우를 일컫는 말. 가제(家弟) ②편지 등에서, 형에 대하여 아우가 자기를 일컫는 말. ☞사형(舍兄)
사제(査弟)명 편지 등에서, 친사돈 관계에 있는 바깥사돈끼리 서로 자기를 낮추어 일컫는 말.
사제(師弟)명 ①스승과 제자. ②절에서, 같은 중의 제자 사이에서 선배가 후배를 이르는 말.
사:제(賜第)명-하다자 ①지난날, 임금의 명령으로 과거에 급제한 사람과 같은 자격을 주던 일. ②지난날, 임금의 명령으로 개인에게 집을 주던 일, 또는 그 집.
사제(瀉劑)명 배변(排便)을 촉진하는 약. 하제(下劑)
사제-간(師弟間)명 스승과 제자 사이.
사제곡(莎堤曲)명 조선 광해군 때, 박인로(朴仁老)가 지은 가사. 친구 이덕형(李德馨)이 은거하고 있는 용진(龍津)의 사제(莎堤)를 찾아가, 그곳의 아름다운 경치와 이덕형의 생활을 그린 내용임. 전문 181구로, '노계집(蘆溪集)'에 실려 전함.
사제동행(師弟同行)성구 스승과 제자가 함께 공부에 힘씀을 이르는 말.
사제삼세(師弟三世)성구 스승과 제자의 인연은 전세(前世)에서 현세(現世)를 거쳐 내세(來世)에까지 이어질 만큼 매우 깊음을 이르는 말.
사제=엽서(私製葉書)명 사사로이 만들어 쓰는 우편 엽서. ☞관제 엽서(官製葉書)
사제-품(私製品)명 개인이 만든 물품.
사:조(士操)명 선비의 절개(節槪)와 지조(志操).
사:조(四祖)명 부(父)·조부(祖父)·증조부(曾祖父)·외조부(外祖父)를 아울러 이르는 말.
사조(私租)명 지난날, 국가에 바치는 공조(公租)에 상대하여, 지주(地主)에게 치르는 소작료를 이르던 말.
사조(査照)명-하다타 사실에 비추어 조사함.
사조(思潮)명 그 시대의 사람들이 지니는 사상의 일반적인 경향. ¶시대 -/문예(文藝) -
사조(斜照)명 지는 해, 또는 그 햇빛. 사양(斜陽)
사조(詞藻·辭藻)명 ①문장(文章)의 수사(修辭). ②시가

(詩歌)와 문장. ③시문(詩文)을 짓는 재능.
사조(飼鳥)명 집에서 기르는 새. ☞야조(野鳥)
사:조(寫照)명-하다타 실제의 모습이나 모양을 그대로 그림, 또는 그런 그림. 초상화 따위.
사조(辭朝)명-하다자 지난날, 외직(外職)으로 부임하는 관원이 임금에게 하직하던 일.
사:조-구(四爪鉤)명 지난날, 해전(海戰)에 쓰이던 병기의 한 가지. 적선(敵船)의 뱃전 등에 걸어서 끌어당기는 네 가닥이 난 쇠갈고리.
사:조-단자(四祖單子)명 사조(四祖)의 이름과 생연월일, 관직 등을 적은 단자.
사:족(士族)명 ①문벌이 좋은 집안, 또는 그 자손. ②선비의 집안, 또는 그 자손.
사:족(四足)명 ①짐승의 네 발, 또는 네 발 달린 짐승. ②'사지(四肢)'의 속된말.
사족을 못 쓰다관용 무엇에 반하거나 혹하여 꼼짝을 못하다. ¶바둑이라면 사족을 못 쓴다.
속담 **사족 성한 병신** : 팔다리가 멀쩡하면서 아무 일도 하지 않고 빈둥빈둥 놀고 먹는 사람을 이르는 말.
사족(蛇足)명 뱀의 다리라는 뜻으로, 하지 않아도 될 일을 덧붙여 하다가 도리어 일을 그르침을 비유하여 이르는 말. ¶-을 달다. 본화사첨족(畫蛇添足)
사:족-발이(四足-)명 네 굽이 흰 말. 사명마(四明馬). 사족백이. 은제마(銀蹄馬) ☞거할마(巨割馬)
사:족-백이(四足白-)명 사족발이
사:졸(士卒)명 군사(軍士)
사:종(四從)명 십촌(十寸) 뻘 되는 형제 자매.
사종(邪宗)명 세상을 어지럽히는 종교. 사교(邪敎)
사종(師宗)명 스승으로 받들어 모시는 사람.
사종(詞宗·辭宗)명 시문(詩文)에 뛰어난 사람, 또는 그를 높이어 일컫는 말. 사백(詞伯)
사종(肆縱)명-하다자 제멋대로 마구 행동함.
사:종-성(四種姓)명 카스트(caste)
사:종=염:불(四種念佛)명 불교에서 이르는 네 가지 염불. 곧 부처의 이름을 외는 칭명(稱名) 염불, 부처의 법신(法身)을 보면서 외는 실상(實相) 염불, 부처의 공덕(功德)과 정토(淨土)의 덕익(德益)을 생각하며 외는 관상(觀想) 염불, 부처의 형상을 마음에 그리며 외는 관상(觀像) 염불을 이름.
사:좌(巳坐)명 묏자리나 집터 등이 사방(巳方)을 등진 좌향(坐向).
사좌(私座)명 사석(私席)
사좌(師佐)명 절에서 스승인 중과 그의 상좌(上佐)를 아울러 이르는 말.
사:좌=해:향(巳坐亥向)명 묏자리나 집터 등이 사방(巳方)을 등지고 해방(亥方)을 향한 좌향(坐向).
사:죄(死罪)명 ①사형에 처할만 한 큰 범죄. 죽을 죄. ②가톨릭에서, 하느님의 뜻을 거역하는 죄를 이르는 말.
사:죄(赦罪)명-하다자 ①죄를 용서함. ②가톨릭에서, 사제가 고해 성사를 한 사람에게 죄를 용서하는 일.
사:죄(謝罪)명-하다자타 지은 죄나 잘못에 대하여 용서를 빎. ¶머리 숙여 깊이 -하다.
사:주(四周)명 사방의 둘레. 사위(四圍)
사:주(四柱)명 ①사람이 태어난 해·달·날·시(時)의 네 간지(干支), 또는 그에 따른 운수(運數). ②'사주단자(四柱單子)'의 준말.
사주가 세다관용 많은 어려움을 겪을 운명을 타고나다.
사주(를) 보다관용 사주를 근거로 하여 운수를 점치다.
속담 **사주에 없는 관을 쓰면 이마가 벗겨진다** : 분수에 맞지 않은 일을 억지로 하면 도리어 해가 돌아온다는 말.
사:주(四洲)명 불교에서, 수미산(須彌山) 둘레의 맨 바깥쪽 바다 사방에 있다는 네 육지를 이르는 말. 사대주(四大洲). 사천하(四天下)
사주(私鑄)명-하다타 가짜 주화(鑄貨)를 사사로이 만듦.
사:주(社主)명 회사의 주인이나 대표자.
사:주(使酒)명-하다자 술김에 큰소리치며 거들먹거림.
사:주(使嗾)명-하다타 남을 부추기어 무슨 일을 하게 함. 사촉(唆囑) ¶불량배의 -로 저지른 범행.
사주(砂洲·沙洲)명 해안선을 따라 바다 쪽으로 모래와 자갈이 길게 쌓여 이루어진 땅. 모래섬
사주(師主)명 ①'중'을 높이어 일컫는 말. 스님 ②모범 또는 본보기.
사:주-단자(四柱單子)[-딴-]명 정혼(定婚)한 뒤 신랑 집에서 신랑의 사주를 적어 신부 집으로 보내는 간지(簡紙). 준사주(四柱). 주단(柱單) ☞사성(四星)
사-주뢰(私周牢)명 '사주리'의 원말.
사-주리(←私周牢)명 지난날, 나라의 법에 따르지 않고 사사로이 틀던 주리. 원사주뢰
사주-인(私主人)명-하다자 조선 시대, 관원이 객지에서 사삿집에 묵던 일, 또는 그 사삿집.
사:주-쟁이(四柱-)명 남의 사주를 보아 주는 일을 직업으로 삼는 사람을 낮잡아 이르는 말.
사주-전(私鑄錢)명 사사로이 만든 가짜 주화.
사:주-점(四柱占)[-쩜]명 사주, 곧 태어난 해·달·날·시(時)의 네 간지(干支)로 사람의 운명을 점치는 일.
사:주-팔자(四柱八字)[-짜]명 ①사주, 곧 태어난 해·달·날·시(時)의 네 간지(干支)를 나타내는 여덟 글자. ②타고난 운수.
사죽(斜竹)명 ①과실을 그릇에 괼 때 무너지지 않도록 꽂는 대꼬챙이. ②구겨지기 쉬운 것을 빳빳하게 하기 위하여 겨직 따위에 끼는 가는 대오리.
사죽(絲竹)명 사(絲)는 거문고·비파 등의 현악기, 죽(竹)은 피리·생황(笙簧) 등의 관악기를 뜻하는 말로, 악기나 음악을 달리 이르는 말.
사:중(四中)명 활쏘기에서, 화살 다섯 대를 쏘아 네 대를 맞힌 경우를 이르는 말. ☞오중(五中)
사:중(四仲)명 중춘(仲春)·중하(仲夏)·중추(仲秋)·중동(仲冬)을 아울러 이르는 말.
사:중(四重)명 ①네 겹. ②네 번 거듭되거나 넷이 겹치는 일. ¶자동차가 -으로 추돌하다. ③'사중금(四重禁)'의 준말.
사:중(四衆)명 불문(佛門)의 네 종류의 제자. 출가한 비구·비구니와, 재가(在家)인 우바새(優婆塞)·우바이(優婆夷)를 이름. 사부(四部). 사부중(四部衆)
사:중구생(死中求生)성구 죽을 고비에서 살길을 찾는다는 뜻으로, 곧 절망적인 상황을 타개하기 위하여 위험을 무릅씀을 이르는 말. 사중구활(死中求活)
사:중구활(死中求活)성구 사중구생(死中求生)
사:중-금(四重禁)명 불교에서 금하는 네 가지 계율. 곧 살생(殺生)·투도(偸盜)·사음(邪淫)·망어(妄語)를 이름. 준사중(四重)
사중-금(沙中金)명 육십갑자의 갑오(甲午)와 을미(乙未)에 붙이는 납음(納音). ☞산하화(山下火)
사:중-례(四中禮)명 사정(射亭)에 새로 들어온 사원(射員)이 사중을 하였을 때 스승과 여러 사원에게 술잔치를 베풀던 일. ☞오중례(五中禮)
사:-중삭(四仲朔)명 네 철의 각각 가운데 달. 곧 음력으로 이월·오월·팔월·십일월을 이름. 사중월(四仲月) ☞사계삭(四季朔). 사맹삭(四孟朔)
사:중-성(四重星)명 방향이 같아서 하나처럼 겹쳐 보이는 네 개의 별.
사:-중월(四仲月)명 사중삭(四仲朔)
사:-중주(四重奏)명 독주 악기 넷으로 실내악을 연주하는 일, 또는 그 연주. 현악 사중주, 피아노 사중주 따위.
사:-중창(四重唱)명 성부(聲部)가 다른 네 사람이 노래부르는 일, 또는 그 노래. ☞사부 합창
사중-토(沙中土)명 육십갑자의 병진(丙辰)과 정사(丁巳)에 붙이는 납음(納音). ☞천상화(天上火)
사:즉동혈(死則同穴)성구 죽어서 남편과 아내가 같은 무덤에 묻힘을 이르는 말.
사즐(査櫛)명-하다타 빗질하듯 샅샅이 조사함.
사증(邪症)[-쯩]명 여느 때는 멀쩡한 사람이 때때로 미친듯이 행동하는 증세.
사증(沙蒸·砂蒸)명 모래찜

사증(査證)[-쯩]명 ①외국인의 입국을 허가하여 그의 여권에 표시하는 증명. 입국 사증(入國査證). 비자(visa) ②-하다타 조사하여 증명함.
사-증권(私證券)[-꿘]명 개인이 발행한 유가 증권. 창고 증권, 화물 상환증 따위.
사지명 제사나 잔치 때, 누름적이나 산적의 꼬챙이 끝에 감아 늘어뜨리는, 길고 가는 종이. 제사에는 흰 종이, 잔치에는 오색 종이를 씀.
사:지(四知)명 하늘도 알고, 땅도 알고, 나도 알고, 상대편도 안다는 뜻으로, 두 사람 사이의 비밀이라도 언젠가는 새어나감을 이르는 말.
사:지(四肢)명 ①두 팔과 두 다리. 곧 사람의 팔다리를 이름. 사체(四體) ②짐승의 네 다리.
사:지(四智)명 불교에서, 깨달음을 이루었을 때 얻는 네 가지 지혜. 곧 대원경지(大圓鏡智)·평등성지(平等性智)·묘관찰지(妙觀察智)·성소작지(成所作智)를 이름.
사:지(死地)명 ①죽은 곳. ☞생지(生地). 출생지(出生地) ②살아 나올 가망이 없는 위험한 곳. ¶-로 몰아넣다./-에서 살아 돌아오다.
사지(寺址)명 절터
사지(私地)명 사유지(私有地)
사지(私智)명 ①저 혼자의 좁은 생각. ②공정하지 못한 사사로운 지혜.
사지(沙地·砂地)명 모래땅
사지(邪智)명 간사한 지혜.
사지(舍知)명 신라의, 17관등 중 열셋째 등급.
사지(砂紙)명 사포(砂布)
사:지(事知)어기 '사지(事知)하다'의 어기(語基).
사:지-곡직(事之曲直)명 일의 옳고 그름.
사:지-골(四肢骨)명 ①사람의 팔다리의 뼈. ②짐승의 네 다리의 뼈.
사:지-궐랭(四肢厥冷)명 한방에서, 팔다리가 차가워지는 증세를 이르는 말.
사:지문:지(使之聞之)성구 자기의 의사(意思)를 딴 사람을 시켜 간접적으로 남에게 전함을 이르는 말.
사지=식물(砂地植物)명 해안이나 사막 등의 모래땅에 자라는 식물. 갯메꽃이나 선인장 따위. 사생 식물(砂生植物) ☞건생 식물(乾生植物)
사지-어금니(∠獅子-)명 힘든 일을 하는 데 없어서는 안 될 사람이나 물건을 비유하여 이르는 말.
사:지-오:등(死之五等)명 옛 중국에서, 죽음을 이르던 말의 다섯 등급. 천자(天子)는 붕(崩), 제후(諸侯)는 훙(薨), 대부(大夫)는 졸(卒), 선비는 불록(不祿), 서인(庶人)은 사(死)라 했음.
사:지-축닉(四肢搐搦)명 한방에서, 팔다리에 경련(痙攣)이 일어나는 병을 이르는 말.
사지-춤(∠獅子-)명 지난날, 나라 잔치 때에 사자의 탈을 쓰고 추던 춤. 사자무(獅子舞)
사지-코(∠獅子-)명 사자의 코처럼 끝이 위로 들린 들창코, 또는 그런 코를 가진 사람. ☞들창코
×**사지-탈**명 →사자탈
사:지-통(四肢痛)명 한방에서, 팔다리가 쑤시고 아픈 병을 이르는 말.
사:지-하다(事知-)형여 어떤 일에 매우 익숙하다.
사직(司直)명 ①법에 따라서 사실의 옳고 그름을 가리는 직위에 있는 사람, 곧 재판관을 이름. ¶- 당국(當局)에 맡기다. ②조선 시대, 오위(五衛)에 딸렸던 정오품의 군직(軍職).
사:직(社稷)명 ①고대 중국이나 우리 나라 역대 왕조에서, 나라의 가장 중요한 신으로 여겨 제사 지내던 토신(土神)과 곡신(穀神). ②국가 또는 조정.
사직(辭職)명-하다재타 이제까지 맡아 하던 직무를 그만두고 스스로 직장을 떠남. ▷辭의 속자는 辞
사:직-단(社稷壇)명 지난날, 임금이 토신(土神)과 곡신(穀神)에게 제사지내던 제단(祭壇). 준사단(社壇)
사:직-서(社稷署)명 조선 시대에 사직단을 맡아 관리하던 관아.
사직-원서(辭職願書)명 사직할 뜻을 밝히고 받아들여 줄 것을 바라는 내용을 적은 문서.

> ▶ **사직**(辭職)·**사임**(辭任)·**퇴직**(退職)
> '**사직**'과 '**사임**'의 공통점은 직무를 그만두는 일이 자기의 의지(意志)에 따른 점이다.
> 다만, 서로 다른 점은 '사임'의 경우는 그 직무에서만 떠나는 일이고, '사직'은 그 직장을 떠나는 점이다.
> '**퇴직**'의 경우는 직장에서 떠나는 일임은 '사직'과 같다. 다만, 그렇게 된 일이 자기의 의지에 따른 경우도 있겠지만, 정년(停年), 권고 사직, 해직(解職), 해고(解雇) 등으로 자기의 의지와는 관계 없이 직장을 떠나는 점이 다르다.

사:직위허(社稷爲墟)성구 사직이 폐허(廢墟)가 된다는 뜻으로, 나라가 망함을 이르는 말.
사:직지신(社稷之神)명 지난날, 임금이 사직단에서 제사 지내던 토신(土神)과 곡신(穀神).
사:진(四診)명 한방에서 환자를 진찰하는 네 가지 방법, 곧 망진(望診)·문진(聞診)·문진(問診)·절진(切診)을 아울러 이르는 말.
사진(仕進)명-하다자 지난날, 관원이 정해진 시각에 관아에 출근하는 일을 이르던 말. ☞사퇴(仕退)
사진(砂塵)명 연기처럼 자욱하게 날아오른 모래 먼지.
사진(寫眞)명 사진기로 찍은 화상(畫像)을 인화지(印畫紙)에 나타낸 것.
사진=건판(寫眞乾板)명 사진 감광판의 한 가지. 유리나 합성 수지 따위의 투명한 판에 감광제(感光劑)를 발라 암실에서 말린 것. 건판(乾板)
사진=결혼(寫眞結婚)명 멀리 떨어져 있는 남녀가 사진으로만 선을 보고 하는 결혼.
사진-관(寫眞館)명 촬영 시설을 갖추고, 주로 초상(肖像) 사진을 찍는 일을 전문으로 하는 집. 사장(寫場)
사진-기(仕進記)명 지난날, 관원의 출근을 기록하던 문서(文書). 사기(仕記)
사진-기(寫眞機)명 사진을 찍는 광학 기계. 렌즈·셔터·조리개 등으로 이루어짐. 카메라
사진=기자(寫眞記者)명 신문사(新聞社)·잡지사(雜誌社)·통신사(通信社) 등에 딸리어, 보도용(報道用) 사진을 전문적으로 찍는 사람.
사진=동판(寫眞銅版)명 동판을 제판의 재료로 쓴 사진 제판.
사진=등:급(寫眞等級)명 천체(天體)의 밝기를, 사진 건판에 작용하는 감도(感度)로 정한 등급.
사진=렌즈(寫眞lens)명 사진기에 쓰이는 렌즈. 성능은 초점 거리와 F 넘버로 표시되며, 표준 렌즈, 광각 렌즈, 망원 렌즈, 어안 렌즈 등이 있음.
사진-부(寫眞部)명 신문사·잡지사 등에서 사진 촬영의 임무를 맡은 부서.
사진-사(寫眞師)명 사진 찍는 일을 직업으로 삼는 사람.
사진=섬광=전:구(寫眞閃光電球)명 어두운 곳에서 사진을 촬영할 때 쓰는 특수한 전구. 전구 속에 알루미늄의 박(箔)이나 선(線), 산소 등을 넣고 전류를 통하면 순간적으로 타면서 강렬한 빛을 냄. 준섬광 전구
사진-술(寫眞術)명 사진의 촬영이나 현상(現像)·인화(印畫)·확대 등에 관한 기술.
사진=식자(寫眞植字)명 사진 식자기를 이용하여 인화지나 필름에 글자나 기호 따위를 찍어 제판용 원고를 만드는 일. 준사식(寫植)
사진=식자기(寫眞植字機)명 사진 식자를 하는 기계. 활자를 쓰지 않고, 자모(字母)인 글자를 음화(陰畫)로 한 유리의 문자반(文字盤)을 확대·축소·변형하여 인화지나 필름에 찍어 제판용 원고를 만듦.
사:진-신퇴(巳進申退)명 조선 시대, 관원이 사시(巳時)에 출근하고 신시(申時)에 퇴근하던 일. 사시는 오전 열시경, 신시는 오후 다섯 시경임.
사진=요판(寫眞凹版)[-뇨-]명 사진 제판으로 이루어지는 오목판 인쇄의 한 가지. 원화(原畫)의 빛깔의 농담

(濃淡)을 오목판의 홈의 잉크 양으로 나타내는 인쇄 방법임. 사진이나 도판(圖版) 등의 인쇄에 이용됨. 그라비어(gravure)

사진=유제(寫眞乳劑)[-뉴-] 명 할로겐화은의 결정(結晶)을 젤라틴에 분산시킨 것. 사진의 감광 재료로 쓰임. 감광제(感光劑)

사진의부진(辭盡意不盡) 말은 다 하였으나 말하고 싶은 뜻은 다 전하지 못함. 표현이 미치지 못함을 아쉬워하는 말.

사진=저작권(寫眞著作權) 명 문예·학술·미술 등에 관한 사진에 대하여 인정되는 저작권.

사진=전:송(寫眞傳送) 명 사진이나 서화(書畫)를 전기적(電氣的) 신호로 바꾸어, 유선이나 무선으로 먼 곳에 보내는 일. 팩시밀리의 한 가지이나 특히 받는 쪽에서 재생화(再生畫)를 사진적 수법으로 필름이나 인화지에 기록하는 것을 이름.

사진=제:판(寫眞製版) 명 사진 기술을 응용하여 볼록판·평판·오목판 따위의 인쇄판을 만드는 일.

사진=철판(寫眞凸版) 명 사진판의 한 가지. 아연판(亞鉛版)이나 동판(銅版) 위에 감광제(感光劑)를 바르고, 여기에 음화(陰畫)를 인화한 다음에 질산으로 부식시켜서 만든 볼록판. 선으로 그린 그림 따위의 인쇄에 알맞음.

사진-첩(寫眞帖) 명 사진을 붙여 두는 책. 앨범

사진=측량(寫眞測量) 명 지표(地表)를 항공 촬영하고, 이를 기초로 해서 측량하여 지도를 만드는 일.

사진-틀(寫眞-) 명 사진을 끼워서 벽에 걸거나 책상 위에 세워 두거나 하는 틀.

사진-판(寫眞版) 명 사진 제판의 방법으로 만드는 볼록판·오목판·평판 등의 인쇄판.

사진=판정(寫眞判定) 명 여러 가지 경주나 경마(競馬) 따위에서, 결승선에 도착한 차례를 사진으로 판정하는 일. 고속도 카메라를 이용하여 100분의 1초의 차이까지 구별할 수 있음.

사진=평판(寫眞平版) 명 사진 제판으로 만드는 오프셋 인쇄용 평판의 한 가지.

사질(邪疾) 명 정신병(精神病)

사질(舍姪) 명 남에게, 자기의 조카를 겸손하게 이르는 말.

사질-토(砂質土) 명 모래 성분이 많은 흙.

사:집(四集) 명 불교에서, 경론(經論)을 익히기 전에 사미(沙彌)에게 가르치는 네 가지 책. 곧 서장(書狀)·도서(都序)·선요(禪要)·절요(節要)를 이름.

사집(私集) 명 아직 출판되지 않은 개인의 시집(詩集)이나 문집(文集).

사:집-학인(四集學人) 명 사집을 배우는 사람.

사짜 명 '사짜신'의 준말.

사짜-신 명 울이 얕고 코가 큰 남자용 가죽신. 코와 울 사이를 직각으로 모가 지게 파낸 것이 특징임. 준 사짜

사:차불후(死且不朽) 성구 죽어서도 썩지 않는다는 뜻으로, 몸은 죽어 없어져도 명성은 후세에 길이 전해짐을 이르는 말. ☞불후(不朽)

사:-차손(死差損) 명 생명 보험에서, 실제 사망률이 예정 사망률을 웃돌 때에 그 차이만큼 생기는 보험 회사의 손해. ☞사차익(死差益)

사:-차원(四次元) 명 차원이 넷 있는 것. 공간의 삼차원에 시간의 일차원을 합쳐서 이르는 말.

사:차원=공간(四次元空間) 명 삼차원 공간에 사차원으로서 시간을 합친 공간. 물리학에서는, 공간에 시간 좌표축을 보태어 만들어진 사차원의 연속적인 점의 집합을 이름.

사:차원=세:계(四次元世界) 명 삼차원의 세계에 시간을 보태어, 공간과 시간을 합쳐서 생각한 세계. 상대성 이론에서 쓰이는 개념임. 시공 세계(時空世界)

사:-차익(死差益) 명 생명 보험에서 예정 사망률이 실제 사망률을 웃돌 때에 그 차이만큼 생기는 보험 회사의 이익. ☞사차손(死差損)

사찬(私撰) 명 개인이 편찬하는 일, 또는 그 편찬물.

사:찬(賜饌) 명 -하다 자 임금이 아랫사람에게 음식을 내려주는 일, 또는 내려 준 그 음식.

사:찰(四察) 명 눈·귀·입·마음으로 살피어 올바름과 그릇됨을 판단하는 일.

사찰(寺刹) 명 절[1]

사:찰(私札) 명 개인 사이에 오가는 편지. 사함(私函) ☞공찰(公札)

사찰(伺察) 명 -하다 타 남의 행동을 몰래 살핌.

사:찰(使札) 명 심부름 가는 이에게 주어 보내는 편지.

사찰(査察) 명 -하다 타 ①규정에 따르는지를 조사하여 살핌. ¶세무 -/핵(核) - ②지난날, 주로 사상적인 동태를 조사·처리하던 경찰의 한 직무(職務).

사참(寺站) 명 어떤 절에서 다른 절로 한숨에 가는 도중에 위치하여, 쉬었다 가거나 끼니를 때울 수 있는 절.

사:참(事懺) 명 -하다 자 불교에서, 예불(禮佛)과 송경(誦經)으로 허물을 고백하며 참회하는 일.

사참(奢僭) 어기 '사참(奢僭)하다'의 어기(語基).

사참-하다(奢僭-) 형여 분수에 넘치게 사치스럽다.

사창(私娼) 명 관청의 허가를 받지 않고 몸을 파는 여자. ☞공창(公娼)

사:창(社倉) 명 조선 시대, 환곡(還穀)을 쌓아 두던 각 고을의 곳집.

사창(紗窓) 명 사(紗) 붙이로 바른 창.

사창-가(私娼街) 명 사창(私娼)이 많이 모여 있는 지역. 사창굴(私娼窟)

사창-굴(私娼窟) 명 사창가(私娼街)

사:창-미(社倉米) 명 사창에 간직하여 두던 쌀.

사:창-색(社倉色) 명 사창을 관리하던 아전(衙前).

사채(私債) 명 개인의 채무(債務)나, 개인 사이의 빚을 이르는 말. ☞공채(公債)

사:채(社債) 명 주식 회사가 사업에 필요한 자금을 얻기 위하여 발행하는 채권. 이자가 확정되어 있고, 상환(償還) 기한이 있으며, 의결권이 없는 점에서 주식과 다름. 회사채(會社債)

사:채권-자(社債權者)[-꿘-] 명 사채의 채권자를 이르는 말.

사채=시:장(私債市場) 명 금융 기관이 아닌 개인 사이의 자금이 거래되는 시장.

사:책(史冊·史策) 명 역사를 기록한 책. 사기(史記). 사서(史書)

사처(∠下處) 명 -하다 자 객지에서 묵음, 또는 묵는 곳. ¶-를 정하다. 원 하처(下處)

사:처(四處) 명 모든 방향. 여러 곳. 사면(四面). 사방(四方)

사처(私處) 명 개인이 사사로이 거처하는 곳.

사:천(四天) 명 ①사철의 하늘을 이르는 말. 곧 봄의 창천(蒼天), 여름의 호천(昊天), 가을의 민천(旻天), 겨울의 상천(上天)을 이름. ②'사천왕(四天王)'의 준말.

사천(沙川·砂川) 명 바닥이 모래로 된 내.

사천(私賤) 명 지난날, 개인의 집에서 부리던 종. 다른 집으로 팔려 가기도 했음. ☞공천(公賤)

사천(∠私錢) 명 ①개인의 돈. ②결혼한 여자가 몰래 따로 모아 둔 돈.

사:천(祀天) 명 -하다 자 하늘에 제사지냄.

사천-대(司天臺) 명 고려 시대, 천문(天文)에 관한 일을 맡아보던 관아.

사:-천왕(四天王) 명 불교에서, 수미산(須彌山)의 중턱에 있는 사왕천(四王天)의 네 주신(主神)을 이르는 말. 동쪽의 지국천왕(持國天王), 남쪽의 증장천왕(增長天王), 서쪽의 광목천왕(廣目天王), 북쪽의 다문천왕(多聞天王). 제석천(帝釋天)을 섬기고, 팔부중(八部衆)을 지배하며, 불법(佛法)이나 불법에 귀의하는 사람들을 지킨다고 함. 준 사천(四天) ☞사왕천(四王天)

사:천왕-문(四天王門) 명 절에서, 동서남북의 사천왕 상(像)을 세워 놓은 문. 보통의 문과는 달리 가운데 통로가 있는 한 채의 집처럼 되어 있음. 준 천왕문(天王門)

사:-천하(四天下) 명 사주(四洲)

사:-철(四-) 명 ①봄·여름·가을·겨울의 네 철. 사시(四時). 사시절(四時節). 사절(四節) ②〔부사처럼 쓰임〕

늘. 항상 ¶ — 쉬지 않고 돌아가는 수차(水車).

사철(私鐵) 명 '사설 철도(私設鐵道)'의 준말. ☞국철

사철(砂鐵) 명 암석으로부터 떨어져 나와 하상(河床)이나 해안·해저(海底)에 모래나 자갈과 함께 쌓여 있는 자철광(磁鐵鑛). 철사(鐵砂)

사:철-나무(四—) 명 화살나뭇과의 상록 관목. 높이 3m 안팎. 길이 5cm의 잎은 가죽질이고 윤이 나며 길둥글고 마주남. 6~7월에 잎겨드랑이에서 꽃자루가 뻗어, 녹백색의 작은 네잎꽃이 핌. 열매는 삭과(蒴果)로 10월경에 붉게 익음. 우리 나라 중부 이남 해안 지방의 산기슭에 자라며, 관상용으로도 재배함. 동청(冬靑)

사:철-란(四—蘭) 명 난초과의 상록 여러해살이풀. 줄기 높이 10~20cm, 줄기의 아래 부분은 땅 위를 기고, 윗부분에 잔털이 빽빽이 남. 좁은 달걀꼴의 잎은 줄기 아래 부분에 어긋맞게 나는데, 흰 그물 무늬가 있음. 8~9월에 줄기 끝에 홍백색의 꽃이 이삭 모양으로 핌. 제주도나 울릉도 등지의 약간 건조한 숲 속에 자람.

사:철-베고니아(四—begonia) 명 베고니아과의 여러해살이풀. 줄기 높이 15~30cm. 줄기는 아래 부분에서 가지가 많이 갈라지며 털이 없음. 잎은 어긋맞게 나며, 끝이 뾰족하고 길둥글며 햇볕이 강할 때는 녹색이 붉게 변함. 암수한그루이며 꽃은 품종에 따라 연분홍 또는 짙은 붉은빛으로 잎겨드랑이에 4월경에서 10월경까지 잇달아 핌. 브라질 원산임.

사:철-쑥(四—) 명 국화과의 여러해살이풀. 길가 또는 냇가·강가·바닷가의 모래땅에 자람. 줄기 높이 30~100cm. 줄기는 가지를 잘 치며, 뿌리잎에는 흰 털이 빽빽이 나 있음. 8~9월에 녹색 두상화(頭狀花)가 이삭 모양으로 핌. 목초(牧草)로도 쓰이고, 어린잎은 먹을 수 있음. 입추(立秋) 때 베어 말린 것을 인진호(茵蔯蒿)라 하여 한방에서 약재로 씀. 더위지기. 인진(茵蔯)

사첩(寺牒) 명 절에서 관청으로 보내는 공문서.

사첫-방(∠下處房) 명 객지에서 손이 묵는 방. 여관의 방. 원하처방(下處房)

사청(乍晴) 명 -하다 자 비가 내리다가 잠깐 개는 일.

사:체(四體) 명 사지(四肢)

사:체(死體) 명 죽은 사람이나 동물의 몸. 사해(死骸). 시체(屍體) ☞송장. 주검

사:체(事體) 명 사리(事理)와 체면. 사면(事面)

사체(斜體) 명 사진 식자나 컴퓨터 서체에서, 오른쪽 또는 왼쪽으로 비스듬히 기울어진 글자체를 이름. ☞장체(長體). 정체(正體). 평체(平體)

사:체(寫體) 명 조선 시대, 사자관(寫字官)이 쓰던 글씨체.

사체(辭遞) 명 -하다 자 관직을 내놓고 물러남.

사:체=검:안(死體檢案) 명 의사가, 자기가 치료한 환자가 아닌 사람의 사체에 대해서 사망의 원인, 시간, 장소 따위를 의학적으로 확인하는 일.

사:체=유기죄(死體遺棄罪) [—쬐] 명 사체나 유골 따위를 방치함으로써 성립하는 죄.

사:초(巳初) 명 십이시(十二時)의 사시(巳時)의 처음. 지금의 오전 아홉 시가 막 지난 무렵.

사:초(史草) 명 지난날, 사관(史官)이 기록하여 둔 사기(史記)의 초고(草稿).

사초(私草) 명 개인의 원고(原稿). 사고(私稿)

사초(莎草) 명 ①'잔디'의 딴이름. ②향부자(香附子) ③-하다 자타 무덤에 떼를 입히고 매만지는 일.

사초(飼草) 명 가축의 사료로 쓰는 풀.

사-초롱(紗—) 명 사(紗)를 겉에 바른 초롱.

사촉(唆囑) 명 -하다 타 남을 부추기어 무슨 일을 하게 함. 사주(使嗾)

사:촌(四寸) 명 아버지의 형제의 아들딸, 곧 종형제(從兄弟)간의 촌수. ☞육촌(六寸)

속담 **사촌네 집도 부엌부터 들여다본다** : 아무리 가까운 사이라 하더라도, 그 집에 가면 우선 얻어먹기만을 바란다는 말. / **사촌이 땅을 사면 배가 아프다** : 남이 잘되면 샘이 나게 마련이라는 말.

사:촌-척(四寸戚) 명 사촌뻘이 되는 척분(戚分). 곧 고모의 자녀인 내종(內從), 외삼촌의 자녀인 외종(外從), 이모의 자녀인 이종(姨從) 들과의 관계를 이름.

사:촌=형제(四寸兄弟) 명 사촌 형과 사촌 동생이 되는 사이. 종형제(從兄弟)

사추(邪推) 명 -하다 타 남의 말이나 행동 등에 대하여, 나쁘게 잘못 추측함. 또는 의심을 품고 짐작함. ¶남의 호의를 — 하다.

사:-추덕(四樞德) 명 윤리 신학에서 이르는 중요한 네 가지 덕(德). 곧 지덕(智德)·의덕(義德)·용덕(勇德)·절덕(節德)을 이름.

사축 명 품삯으로 농군에게 떼어 주는 논이나 밭.

사:축(死祝) 명 불교에서, 죽은 사람의 명복을 비는 일. ☞생축(生祝)

사축(私蓄) 명 -하다 타 재물이나 곡식을 사사로이 모아 둠.

사축(飼畜) 명 -하다 자 가축을 기르는 일.

사축-서(司畜署) 명 조선 시대, 마소 이외의 가축을 기르는 일을 맡아보던 관아.

사춘-기(思春期) 명 성호르몬의 분비가 증가하여 제이차 성징(性徵)을 나타내는 시기. 몸의 생식 기능이 거의 완성되며 이성(異性)에 관심을 가지게 됨.

사출(査出) 명 -하다 타 조사하여 드러냄.

사출(이) 나다 관용 조사받아 허물이 드러나다.

사출(射出) 명 -하다 자타 ①화살이나 총알 따위를 내쏨. ②물 따위 액체를 강하게 내뿜음. ③광선(光線) 따위가 한 점에서 방사상(放射狀)으로 나옴. 또는 내보냄.

사출-기(射出機) 명 캐터펄트(catapult)

사출-맥(射出脈) 명 나란히맥의 한 가지인 잎맥. 잎자루가 붙은 곳에서 부챗살처럼 죽죽 벋어 나간 모양의 것. 종려나무 따위의 잎에서 볼 수 있음.

사:출-문(四出門) 명 네 개의 문짝이 죽 이어 달린 문. 넌출문

사출-수(射出髓) 명 식물의 줄기에서, 관다발 안의 목질부(木質部)에서 체관부로 방사상(放射狀)으로 벋어 나간 조직. 주로 물과 양분을 나르는 구실을 함.

사출=좌:석(射出座席) 명 사고가 났을 때, 조종사가 밖으로 탈출할 수 있도록 사출 장치가 되어 있는 전투기 따위의 좌석.

사출찬(沙出湌) 명 신라의 17관등 중 여덟째 등급. ☞급벌찬(級伐湌)

사춤 명 ①갈라지거나 벌어진 틈. ②벽이나 담의 갈라진 틈을 진흙으로 메우는 일.

사춤(을) 치다 관용 벽이나 담의 갈라진 틈을 진흙이나 양회 따위로 채워 다지다.

사충(詐忠) 명 -하다 자 거짓으로 충성을 꾸밈. 또는 그 충성.

사취(砂嘴) 명 연안류(沿岸流)를 따라 흘러 온 모래나 자갈이, 만구(灣口)의 한쪽 끝에서 바다로 가늘고 길게 쌓여 둑 모양을 이룬 모래톱.

사취(詐取) 명 -하다 타 남을 속여 금품 따위를 빼앗음. 편취

사취(辭趣) 명 말이나 글의 취지나 뜻.

사치(奢侈) 명 ①-하다 자 의식주 따위에서 분수에 넘치게 호사(豪奢)함. ¶ — 하는 생활. ②-하다 형 의식주 따위에서 분수에 넘치게 호사스러움. ¶치장이 너무 — 하다.

사치-비(奢侈費) 명 생활 필수품 이외의 소비재에 드는 비용.

사치-세(奢侈稅) [—쎄] 명 사치품이나 사치 행위에 대하여 부과하는 세금. 우리 나라에서는 특별 소비세라는 명목으로 부과하고 있음.

사치-스럽다(奢侈—) (—스럽고·—스러워) 형ㅂ 사치한 듯하다. ¶사치스러운 옷차림. /실내 장식이 너무 —.

사치-스레 부 사치스럽게

사치-품(奢侈品) 명 사치스러운 물건.

사:칙(四則) 명 가감승제(加減乘除), 곧 더하기·빼기·곱하기·나누기의 계산법. 사칙산(四則算)

사:칙(社則) 명 회사의 규칙.

사칙(舍則) 명 기숙사나 공동 숙사 등에서 정한 규칙.

사:칙-산(四則算) 명 ①사칙(四則) ②더하기·빼기·곱하기·나누기를 응용하여 하는 계산.

ㅅ

사친(私親)명 ①서자(庶子)의 친어머니. ②지난날, 종실(宗室)에서 들어가 왕위(王位)를 이은 임금의 친부모. ③임금의 친어머니인 빈(嬪).
사:친(事親)명 -하다자 어버이를 섬김.
사친(思親)명 -하다자 어버이를 생각함.
사친가(思親歌)명 조선 시대의 내방 가사(內房歌辭). 시집간 딸이 친정 부모를 그리워하는 내용. 지은이와 연대는 알려지지 않음.
사:친이:효(事親以孝)성구 세속오계(世俗五戒)의 하나. 어버이를 효성스럽게 섬겨야 한다는 계율.
사:친지도(事親之道)명 어버이를 섬기는 도리.
사:칠-론(四七論)명 조선 중기의 성리학자(性理學者)인 이황(李滉)과 기대승(奇大升) 사이에 벌어진, 사단(四端)과 칠정(七情)에 대한 논쟁. 사칠변(四七辯)
사:칠-변(四七辯)명 사칠론(四七論)
사침 명 '사침대'의 준말.
사침-대[-때]명 베틀에서 잉아에 걸린 가닥과 걸리지 않은 가닥을 갈라 뒤섞이지 않게 하는 구실을 하는, 똑같은 간격으로 평행이 되게 한 두 개의 나무 막대. 사침이. 교곤(攪棍) 준사침
사침이 명 사침대
사칭(詐稱)명 -하다타 이름·직업·주소 따위를 속여 말함. ¶경찰관을 -하다. ☞위칭(僞稱)
사카로오스(saccharose)명 수크로오스
사카리미:터(saccharimeter)명 검당계(檢糖計)
사카린(saccharine)명 인공 감미료의 한 가지. 단맛은 설탕의 약 500배이나, 발암성(發癌性)의 물질이 들어 있어 사용량이 제한됨. 감정(甘精)

사커(soccer)명 럭비와 미식 축구에 상대하여 '축구(蹴球)'를 달리 이르는 말.
사타구니 명 '샅'의 속된말. 준사타귀
사타귀 명 '사타구니'의 준말.
사탁(私橐)명 개인이 사사로이 모아 둔 돈, 또는 그 돈을 넣은 주머니.
사탁(思度)명 -하다타 생각하고 헤아림.
사탄(沙灘·砂灘)명 바닥이 모래로 된 여울.
사탄(Satan)명 크리스트교에서 '악마'를 이르는 말.
사탄(詐誕)어기 '사탄(詐誕)하다'의 어기(語基).
사탄-하다(詐誕-)형여 말과 행동이 간사하고 허황하다.
사탑(寺塔)명 절에 있는 탑.
사탑(斜塔)명 비스듬히 기울어진 탑. ¶피사의 -.
사탕(砂^糖)명 ①설탕(雪糖) ②'사탕과자'의 준말.
사탕-과자(砂^糖菓子)명 사탕으로 만든 과자를 통틀어 이르는 말. 준사탕(砂糖)
사탕-무(砂^糖-)명 명아줏과의 두해살이풀. 지중해 원산이며, 세계 각지의 서늘한 온대에 널리 재배되고 있음. 줄기 높이 60~100cm, 뿌리는 30cm에 이르는 방추형이며, 당분이 많이 들어 있음. 여기서 뽑은 설탕이 첨채당(甛菜糖)임. 설탕을 뽑은 찌꺼기와 잎은 가축의 먹이로도 쓰임. 감채(甘菜). 첨채(甛菜)
사탕-밀(砂^糖蜜)명 사탕수수나 사탕무에서 사탕을 뽑아내고 남은, 담황색의 끈적끈적한 액체. 당밀(糖蜜)
사탕-발림(砂^糖-)명 -하다타 달콤한 말로 비위를 맞추어 살살 달램, 또는 그러한 말이나 행동.
사탕-수수(砂^糖-)명 볏과의 여러해살이풀. 줄기 높이는 2~4m. 수수와 비슷하나 마디와 마디 사이가 짧고 잎은 벼 잎같이 가느스름함. 줄기에서 짜낸 즙은 설탕의 원료가 되며, 열대·아열대 지방에서 재배함. 감자(甘蔗)
사탕-절이(砂^糖-)명 과일이나 야채 등을 설탕물에 절이는 일, 또는 그 식품.
사탕-초(砂^糖醋)명 설탕을 넣고 끓인 초.
사태 명 소의 무릎 뒤쪽에 붙은 고기. 탕·편육 등에 쓰임. ☞양지머리. 업진
사:태(死胎)명 뱃속에서 이미 죽어서 나온 태아(胎兒).
사태(*沙汰)명 ①산비탈이나 언덕 따위가 무너져 내려앉는 일. ¶-가 나다. ②사람이나 물건이 주체할 수 없이 많은 상태를 비유하여 이르는 말. ③지난날, 관원을 한꺼번에 많이 떨어내는 일을 비유하여 이르던 말.
사:태(事態)명 일이 되어가는 형편이나 사정. ¶긴급한 -를 수습하다.
사태(砂胎)명 도자기의 겉면에 모래알이 박힌 것처럼 거칠거칠한 모양새.
사태(蛇蛻)명 사퇴(蛇退)
사택(私宅)명 사저(私邸). 사제(私第)
사택(舍宅)명 ①살림집 ②어떤 사업체나 기관에 근무하는 사람들이 생활할 수 있게 지은 살림집. 택사(宅舍)
사:택(社宅)명 기업에서 종업원들의 살림집으로 마련한 주택. ☞관사(官舍)
사:토(死土)명 풍수설에서, 한번 파낸 일이 있는 땅이나 흙을 이르는 말.
사토(私土)명 개인이 가지고 있는 논밭. ☞사유지
사토(沙土·砂土)명 모래흙
사토(瀉土)명 소금기가 있는 흙.
사토-장(莎土匠)명 사토장이
사토-장이(莎土-)명 구덩이를 파고 무덤을 만드는 일을 전문으로 하는 사람. 사토장(莎土匠)
사토-질(砂土質)명 모래 성분으로 된 토질.
사:통(四通)명 -하다자 교통·통신 등이 사방으로 통함.
사통(私通)명 -하다자타 ①공사(公事)에 관하여 사사로이 편지를 주고받음, 또는 그 편지. ②부부가 아닌 남녀가 몰래 정을 통함. 내통(內通)
사:통팔달(四通八達)[-딸]성구 길이 사방으로 막힘 없이 통함을 이르는 말.
사퇴(仕退)명 -하다자 조선 시대, 관원이 그 날의 공무(公務)를 마치고 퇴근하던 일. 퇴사(退仕). 파사(罷仕) ☞사진(仕進)
사퇴(蛇退)명 한방에서, 뱀의 허물을 약재로 이르는 말. 어린아이의 경풍(驚風)과 외과 치료에 쓰임. 사태(蛇蛻)
사퇴(辭退)명 -하다자타 ①어떤 직책을 스스로 그만두고 물러남. ¶회장 자리를 -하다. ②사양하여 받아들이지 않음. 사사(辭謝) ¶공천을 -하다.
사:투(死鬪)명 -하다자 죽을 힘을 다하여 싸움, 또는 그런 싸움. ¶사자와 -를 벌였다.
사투(私鬪)명 -하다자 사사로운 이해 관계나 감정 문제 등으로 싸움, 또는 그런 싸움.
사투르누스(Saturnus)명 로마 신화에 나오는 농경신(農耕神). 그리스 신화의 크로노스에 해당함.
사:투리 명 어느 한 지역에서만 쓰이는, 표준어가 아닌 말. 방언(方言). 와어(訛語). 와언(訛言). 토어(土語). 토화(土話) ¶경상도 -
사-투영(斜投影)명 빛이 평면에 경사지게 비치어 생긴 그림자. ☞평행 투영(平行投影)
사특(私慝)명 숨기고 있는 비행(非行).
사특(邪慝)어기 '사특(邪慝)하다'의 어기(語基).
사특-하다(邪慝-)형여 요사스럽고 간특하다.
사티로스(Satyros 그)명 그리스 신화에 나오는 괴인(怪人). 얼굴은 사람을 닮았으나 머리에 뿔이 나 있고 하반신은 염소의 모습이며, 디오니소스의 시종(侍從)임.
사티아그라하=운:동(Satyagraha運動)명 진리의 장악이라는 뜻으로, 인도의 간디가 제창한 비폭력·무저항·불복종 저항 운동.
사:-파수(四把手)명 한 개의 기둥머리에 도리와 보의 네 끝을 한데 모아 얹는 자리.
사파이어(sapphire)명 강옥석(鋼玉石)의 한 가지. 금강석 다음으로 굳으며, 맑고 투명한 청색을 띤 것은 보석으로 쓰임. 오늘날에는 인공적으로 합성함. 청옥(靑玉)
사판(仕版)명 지난날, 관원의 명부(名簿)를 이르던 말.
사:판(事判)명 -하다타 ①일을 처리함을 이르는 말. ②절의 재산 관리와 사무를 맡아서 처리하는 일.
사판(砂板)명 ①지난날, 글씨 연습 등을 하기 위하여 모래를 깔아 만든 상자 모양의 판. ②어떤 지역의 모형을 모래·진흙·물감 등의 재료를 써서 나타낸 판도(版圖).
사판(祠板·祠版)명 신주(神主). 위패(位牌)
사:판-화(四瓣花)명 꽃잎이 넉 장인 꽃. 무·배추·평지

따위의 꽃. 네잎꽃 ☞오판화(五瓣花)

사:팔-눈 명 양쪽 눈동자가 같은 쪽을 바라보지 않고, 한 쪽 눈동자가 다른 쪽을 바라보는 눈. 안근(眼筋)의 이상으로 일어남. 사시안(斜視眼). 사안(斜眼)

사:팔-뜨기 명 사팔눈을 가진 사람을 놀리어 이르는 말. ☞사시안(斜視眼). 사팔눈

사:패(賜牌) 명 -하다 타 ①고려 시대, 임금이 과거에 급제한 사람에게 홍패(紅牌)나 백패(白牌)를 내려 주던 일. ②지난날, 임금이 궁방이나 공신들에게 노비나 토지를 내려 주던 일, 또는 그 증서. ③조선 시대, 임금이 향리로서 문무과(文武科)나 생원 진사시(生員進士試)에 합격한 사람과 특별한 군공(軍功)을 세운 사람에게 부역을 면제하여 주던 일, 또는 그 증서.

사:패-기지(賜牌基地) 명 임금이 내려 준 터.

사:패-땅(賜牌-) 명 사패지. 사패지지(賜牌之地)

사:패-지(賜牌地) 명 사패지지(賜牌之地)

사:패지지(賜牌之地) 명 임금이 내려 준 논밭. 사패땅

사평(司評) 명 조선 시대, 변정원(辨定院)·장례원(掌隷院)의 정육품 관직을 이르던 말.

사:평(史評) 명 역사에 관한 비평(批評).

사:폐(事弊) 명 일의 폐단.

사폐(辭陛) 명 -하다 자 지난날, 먼 길을 떠나는 사신이 임금에게 하직 인사를 하던 일.

사:포(四包) 명 전각(殿閣) 등의 목조 건축에서, 기둥 위의 공포(栱包)를 넷으로 겹친 것.

사포(砂布) 명 금강사(金剛砂)나 유리 가루 등을 붙인 헝겊이나 종이. 물체의 거죽을 반드럽게 하거나 녹 등을 닦는 데 쓰임. 사지(砂紙). 샌드페이퍼. 여지(鑢紙)

사포(蛇脯) 명 저며서 말린 뱀의 고기. 약재로 쓰임.

사포딜라(sapodilla) 명 사포타과의 상록 교목. 열대 지방에서 과수(果樹)로서 재배하는데, 높이 15~20m. 길둥근 잎은 두껍고 윤이 나며, 황갈색 열매는 향기로운 단맛이 있어 먹을 수 있음. 나무껍질에서 뽑은 유액(乳液)은 '치클'이라 하여 껌을 만드는 원료로 쓰임.

사포-서(司圃署) 명 조선 시대, 호조에 딸리어 궁중의 원포(園圃)나 채소 등에 관한 일을 맡아보던 관아.

사-포:청(私捕廳) 명 조선 시대, 백성을 함부로 잡아다가 사사로이 벌하는 세도가(勢道家)를 비꼬아 이르던 말. 사보두청

사폭 명 재래식 한복에서, 남자 바지의 허리와 마루폭 사이에 잇대어 붙이는 크고 작은 네 쪽의 헝겊. ☞큰사폭. 작은사폭

사:표(四表) 명 나라 사방의 바깥이라는 뜻으로, 온 세상 또는 온 천하를 이르는 말. ☞사해(四海)

사:표(四標) 명 사방의 경계표.

사:표(死票) 명 선거 때, 낙선한 후보자를 찍은 표.

사표(師表) 명 학식이나 덕행이 높아 세상 사람의 모범이 될만 한 사람.

사표(辭表) 명 사직(辭職)하겠다는 뜻을 적은 문서. 사장(辭狀) ¶ -를 내다. / -를 수리하다.

사-푸주(∠私庖廚) 명 -하다 자 관아의 허가 없이 소나 돼지를 잡던 일, 또는 그렇게 소나 돼지를 잡아 팔던 가게.

사푼 부 소리가 나지 않을 정도로 가볍게 발걸음을 내디디는 모양을 나타내는 말. 사푼히 ☞사뿐. 서푼

사푼-사푼 부 발걸음을 잇달아 사푼 내디디는 모양을 나타내는 말. ☞사분사분. 사뿐사뿐. 서푼서푼

사푼-히 부 사푼 ☞사뿐히. 서푼히

사품 명 어떤 일이나 동작이 진행되는 바람이나 기회. ¶ 잠깐 누워 있던 -에 잠이 들었다.

사풋 부 소리가 나지 않을 정도로 가볍고 급하게 발걸음을 내디디는 모양을 나타내는 말. 사풋이 ☞사붓. 사뿟

사풋-사풋[-푿-] 부 발걸음을 잇달아 사풋 내디디는 모양을 나타내는 말. ☞사붓사붓. 사뿟사뿟. 서풋서풋

사풋-이 부 사풋 ☞사붓이. 사뿟이. 서풋이

사:풍(士風) 명 선비의 기풍(氣風).

사풍(邪風) 명 ①경솔한 말과 행동. ②좋지 못한 풍습.

사풍(斜風) 명 비껴 부는 바람.

사풍-맞다(邪風-)[-맏-] 형 말이나 행동이 경솔하다.

사풍-스럽다(邪風-)(-스럽고·-스러워) 형ㅂ 말과 행동이 경솔한 데가 있다.

사풍-스레 부 사풍스럽게

사프란(saffraan 네) 명 붓꽃과의 여러해살이풀. 뿌리는 마늘 모양의 구근(球根)이고 잎은 가늘며 길. 10~11월에 담자색 꽃이 피는데, 암술 머리는 그늘에 말려 건위제·진정제·향료·식용 색소 등으로 쓰임.

사피(斜皮) 명 ①장구의 줄을 조절하는 가죽으로 된 고리. ②노랑담비의 모피(毛皮). ③담비 종류의 모피를 통틀어 이르는 말. 돈피(獤皮). 초피(貂皮)

사피(蛇皮) 명 뱀의 껍질.

사피-장(斜皮匠) 명 조선 시대, 공조(工曹)와 공조에 딸린 상의원(尙衣院)의 경공장(京工匠)으로, 모피 특히 초피(貂皮)를 다루던 장인.

사피즘(sapphism) 명 여성의 동성애.

사:필(史筆) 명 역사를 기록하는 법이나 기록하는 태도.

사:필귀정(事必歸正) 성구 모든 일은 반드시 바른 길로 돌아감을 이르는 말.

사-하다(瀉-) 자 타 여 《文》①설사하다 ②병독(病毒)을 몸 밖으로 내보내다.

사:-하다(赦-) 타 여 《文》허물이나 죄를 용서하다.

사:-하다(賜-) 타 여 《文》왕이 신하에게, 또는 윗사람이 아랫사람에게 금품을 주다.

사:-하다(謝-) 타 여 《文》감사의 뜻으로 인사를 하다.

사-하다(辭-) 타 여 《文》①사양하다 ②사퇴하다 ③사직하다

사하생(*査下生) 명 편지글에서, 사장(査丈)에 대하여 자기를 낮추어 이르는 한문 투의 말.

사:학(四學) 명 조선 시대, 서울의 중부·동부·남부·서부의 네 곳에 두었던 학교. 곧 중학(中學)·동학(東學)·남학(南學)·서학(西學)을 이름.

사:학(史學) 명 '역사학(歷史學)'의 준말.

사:학(死學) 명 실제로 활용할 수 없는 학문.

사학(私學) 명 개인이 세운 교육 기관. ☞관학(官學)

사학(邪學) 명 조선 시대, 가톨릭을 주자학에 대립되는 요사스러운 학문이라 하여 이르던 말. ☞천주학(天主學)

사학(斯學) 명 이 학문.

사학(肆虐) 명 -하다 자 함부로 사나운 짓을 함.

사:학-가(史學家) 명 역사를 연구하는 사람.

사한(私恨) 명 ①사사로운 원한. ②마음속에 품은 원한.

사한(私翰) 명 개인의 사사로운 편지. 사신(私信) ☞공한

사한-단(司寒壇) 명 조선 시대, 사한제를 지내던 단.

사한-제(司寒祭) 명 조선 시대, 얼음을 떠서 빙고(氷庫)에 저장하거나 빙고 문을 열 때, 겨울에 눈이 내리지 않거나 얼음이 얼지 않을 때에 추위를 맡은 신에게 지내던 제사. ☞동빙제(凍氷祭)

사함(私函) 명 개인끼리 주고받는 편지. 사찰(私札) ☞공함(公函)

사함-석(蛇含石) 명 한방에서, 뱀이 겨울잠을 잘 때 입에 물고 있다가 봄에 뱉어 낸 흙덩이를 약재로 이르는 말.

사함-초(蛇含草) 명 '가락지나물'의 딴이름.

사합(沙盒) 명 사기로 만든 합.

사:합-사(四合絲) 명 네 가닥으로 꼬아 만든 실.

사:항(四項) 명 ①조문(條文) 따위의 넷째 항. ②수학의, 비례식이나 방정식 등에서 넷째 항.

사:항(事項) 명 어떤 내용을 이루고 있는 하나하나의 항목. ☞조항(條項)

사항(詐降) 명 -하다 자 거짓으로 항복함.

사:해(四海) 명 ①사방의 바다. ②온 천하. ③지난날, 나라에서 양양(襄陽)·나주(羅州)·풍천(豊川)·경성(鏡城) 네 곳에 봉(封)한 바다. 그곳에 단(壇)을 모으거나 사당을 짓고 중춘(仲春)과 중추(仲秋)에 제사를 지냈음. ④불교에서, 수미산(須彌山)의 사방을 에워싸고 있다는 큰 바다를 이르는 말.

사:해(死骸) 명 사체(死體). 시체(屍體)

사해(詞海) 명 문장과 시가의 재주가 뛰어나고 풍부함을

ㅅ

넓은 바다에 비유하여 이르는 말.

사해(詐害)명-하다타 속임수로 남을 속여 해를 입힘.

사:해=동포(四海同胞)명 사해 형제(四海兄弟)

사:해=동포-주의(四海同胞主義)명 인종·종교·계급 따위의 장벽을 넘어서 모든 인류는 평등하게 널리 서로 사랑하여야 한다는 주의. 박애주의(博愛主義)

사:해=용왕(四海龍王)명 동서남북의 네 바다 가운데에 있다는 용왕.

사해=행위(詐害行爲)명 채무자가 고의로 재산을 줄여 채권자가 충분한 변상을 받지 못하도록 하는 행위.

사:해=형제(四海兄弟)명 온 세상 사람들이 모두 형제와 같다는 뜻으로, 세상의 모든 사람들을 친밀하게 이르는 말. 사해 동포(四海同胞)

사핵(査核·査覈)명-하다타 자세히 조사해 사실을 밝힘.

사:행(四行)명 ①사람이 마땅히 지켜야 할 네 가지 도덕 행위. 곧 충(忠)·효(孝)·우애(友愛)·신의(信義)를 이르는 말. ②사덕(四德)

사행(邪行)명 옳지 못한 행위.

사행(私行)명 개인의 사사로운 행위.

사:행(使行)명 사신의 행차.

사행(射倖)명-하다자 요행을 바람.

사행(蛇行)명-하다자 ①고개를 푹 수그리고 옷을 질질 끌고 뱀처럼 걸어감을 이르는 말. ②곡류(曲流)

사행=계:약(射倖契約)명 우연한 이익을 얻으려는 목적으로 하는 계약. 복권·경마 따위.

사:행-시(四行詩)명 하나의 작품 또는 작품의 한 절이 네 개의 행으로 이루어진 시.

사행-심(射倖心)명 요행을 바라는 마음. ¶ -을 부추기는 복권 제도.

사:행정=기관(四行程機關)명 피스톤의 두 왕복, 곧 사행정으로 흡입·압축·폭발·배기의 전 동작을 완료하는 내연 기관.

사행=행위(射倖行爲)명 우연한 결과에 따라 특정인에게 재산상의 이익을 제공하고, 다른 참가자에게 손해를 끼치는 모든 행위.

사:향(四向)명 동쪽·서쪽·남쪽·북쪽의 네 방향.

사향(思鄕)명-하다자 고향을 생각함.

사:향(麝香)명 사향노루 수컷의 사향낭(麝香囊)을 말려서 만든 흑갈색 가루. 향료나 약재 등으로 쓰임.

사:향-고양이(麝香-)명 사향고양잇과의 짐승. 몸길이 45~60cm. 꼬리 길이 30~40cm. 몸빛은 회황갈색 또는 회갈색이며 작은 흑색 얼룩무늬가 줄지어 있음. 족제비나 고양이류와 비슷하며, 생식기와 항문 사이에 사향낭이 있어 냄새를 풍기며, 분비물로는 향료를 만듦. 타이완, 인도, 미얀마, 말레이 반도 등지에 분포함.

사:향-낭(麝香囊)명 사향노루 수컷의 하복부에 있는 분비선. 이를 떼어 말려 사향을 만듦. ㊟향낭(香囊)

사:향-내(麝香-)명 사향의 냄새.

사:향-노루(麝香-)명 사슴과의 짐승. 몸길이 1m, 어깨높이 50cm 안팎. 몸빛은 암갈색. 암수 모두 뿔은 없고 위턱의 송곳니가 길게 자라 입 밖으로 나와 있으며, 수컷의 하복부에 사향낭이 달려 있음. 우리 나라와 중국, 중앙 아시아 등지에 분포함. 궁노루. 사록(麝鹿)

사:향-뒤쥐(麝香-)명 뒤쥣과의 짐승. 몸길이 11~15cm. 몸빛은 회갈색. 쥐와 비슷하나 주둥이가 뾰족하고 눈은 작음. 몸 옆구리에는 긴 원형의 뚜렷한 분비선이 있어 특수한 냄새를 풍김. 일본·타이완·중국·인도 등지에 분포함. 사서(麝鼠)

사:향-소(麝香-)명 솟과의 짐승. 몸길이 2m 안팎. 어깨높이 1~1.5m. 긴 흑갈색 털로 덮여 있으며, 좌우의 뿔끝이 구부러져서 서로 붙어 있음. 번식기에는 사향 냄새를 멀리까지 풍김. 북아메리카의 툰드라에 분포함. 사우(麝牛)

사:향-수(麝香水)명 사향을 원료로 하여 만든 향수.

사헌-대(司憲臺)명 고려 초기, '사헌부'의 처음 이름. 정치에 관하여 논의하고 풍속을 바로잡으며, 백관(百官)을 감찰(監察)하던 관아임.

사헌-부(司憲府)명 ①고려 말기에 '사헌대(司憲臺)'를 고친 이름. ②조선 시대, 삼사(三司)의 하나. 정치에 관하여 논의하고 백관(百官)을 감찰(監察)하여 기강과 풍속을 바로잡으며 백성의 억울함을 풀어 주는 등의 일을 하던 관아. 상대(霜臺) ㊟헌부(憲府)

사:혈(四穴)명 퉁소의 한 가지. 대나무나 상아 따위로 만듦. 앞쪽에 셋, 뒤쪽에 한 개의 구멍이 있고, 열두 가지의 음을 냄.

사:혈(死血)명 상처에 있는 시커멓게 죽은 피.

사:혈(瀉血)명-하다자 병을 치료하기 위해 환자의 정맥혈을 조금 뽑아 냄.

사:혈-법(瀉血法)[-뻡]명 환자의 정맥혈을 조금 뽑아내어 병을 치료하는 방법. 혈압을 일시적으로 내리게 하는 경우 등에 쓰임.

사혐(私嫌)명 개인의 사사로운 혐의.

사:형(死刑)명-하다타 ①범죄자의 목숨을 끊는 형벌. 극형(極刑). 생명형(生命刑) ②지난날, 오형(五刑)의 하나. 죄인의 목숨을 끊던 형벌. ☞태형(笞刑). 교수형. 참형

사형(私刑)명 개인이 범죄자에게 사사로이 주는 제재. 사적 제재(私的制裁). 사형벌(私刑罰) ☞린치. 사매

사:형(似形)명 비교적 미세한 광물이 모여 그 광물의 결정형과는 관계없이 산출될 때의 결정형. ☞자형(自形)

사형(舍兄)명 ①남에게 자기의 형을 겸손하게 일컫는 말. 가형(家兄) ☞사백(舍伯) ②편지 등에서 아우에 대하여 형이 자기를 일컫는 말. ☞사제(舍弟)

사형(査兄)명 친사돈 사이에 서로 상대편을 높이어 일컫는 말.

사형(師兄)명 ①나이와 학덕이 자기보다 높은 사람을 높이어 일컫는 말. ②불교에서, 한 스승 밑에서 불법을 배운 선배를 일컫는 말.

사형(詞兄)명 학자나 문인끼리 서로를 높이어 일컫는 말.

사-형벌(私刑罰)명 사형(私刑) ☞공형벌(公刑罰)

사:형-수(死刑囚)명 사형 선고를 받은 죄수. ㊟사수

사:형-장(死刑場)명 사형을 집행하는 곳. 형장(刑場)

사:형=집행인(死刑執行人)명 사형을 집행하는 사람.

사:호(社號)명 회사의 칭호.

사호(絲毫)명 매우 적은 수량.

사:호(賜號)명 지난날, 임금이 별호(別號)를 내려 주던 일, 또는 그 호.

사혼(私混)명-하다자 지난날, 면서원(面書員)이 고복채(考卜債)를 환곡(還穀)과 함께 거두어서 받던 일.

사:홍-서원(四弘誓願)명 ①불교에서, 모든 중생을 다 제도하고, 끝없는 번뇌를 다 끊고, 온갖 불법을 다 익히고, 도(道)를 깨치겠다는 네 가지 큰 서원. ②불교에서, 중생을 제도하여 불과(佛果)를 얻게 하려는 부처나 보살의 네 가지 큰 서원(誓願)을 이르는 말. ㊟홍서(弘誓)

사:화(士禍)명 조선 시대, 조신(朝臣)이나 선비들이 정치적 반대파에 몰려 화를 입은 일, 또는 그 사건. ¶을사-

사:화(四華)명 ①석가모니가 법화경을 설법할 때 하늘에서 내려왔다는 백련화(白蓮華)·대백련화(大白蓮華)·홍련화(紅蓮華)·대홍련화(大紅蓮華)의 네 가지 연꽃. ②무량수경(無量壽經)에서 이르는 네 가지 연꽃.

사:화(史畫)명 '역사화(歷史畫)'의 준말.

사:화(史話)명 역사에 관한 이야기. 사담(史談)

사:화(史禍)명 지난날, 사필(史筆)로 말미암아 입는 화(禍), 또는 옥사(獄事). ☞사옥(史獄)

사:화(死火)명 ①꺼진 불. ②불교에서, '죽음'을 비유하여 이르는 말.

사:화(死貨)명 쓰지 못하게 되거나 쓸 수 없게 된 돈, 또는 그러한 물건.

사화(私和)명-하다자 ①원한을 풀고 서로 화해함. ②송사(訟事)의 당사자끼리 서로 화해하는 일.

사화(私話)명 사사로이 하는 이야기. 사담(私談)

사화(詞華)명 ①시나 문장을 수식한 아름다운 글귀. ②훌륭한 시나 문장.

사:화(賜花)명 어사화(御賜花)

사:-화:산(死火山)명 구조나 암질(岩質)로 보아 화산 활동으로 생긴 것이 분명하지만, 인류의 역사 이래로 화산 활동의 기록이 없는 화산. ☞활화산(活火山). 휴화산(休火山)

사:화-잠(四化蠶)명 한 해에 네 번 세대를 바꾸는 누에. 성장이 빠르고 누에고치가 작음.

사화-집(詞華集)명 일정한 기준에 따라 선정한 여러 작가들의 시가(詩歌)나 문장(文章)을 모아 엮은 책. 앤솔러지

사:환(仕宦)명-하다자 관원 생활을 함.

사:환(四患)명 ①정치하는 사람이 특히 경계해야 할 네 가지 일. 곧 허위·사사로움·방심·사치를 이름. ②사고(四苦)

사:환(使喚)명 사삿집이나 회사·관청 등에 고용되어 심부름을 맡아 하는 사람. ☞사동(使童)

사:환(社還)명 1895년(조선 고종 32)에 '환곡(還穀)'을 고쳐 부르던 이름.

사:환-가(仕宦家)명 대대로 관원 생활을 하는 집안.

사:환곡-제(社還穀制)명 조선 시대, 각 고을에서 춘궁기나 필요한 시기에 곡식이나 종자를 농가에 꾸어 주고 추수한 뒤에 되돌려 받던 제도.

사:활(死活)명 ①죽는 일과 사는 일. ②죽음과 삶의 갈림을 이르는 말. ¶기업의 -에 관계되는 문제.

사-활강(斜滑降)명 스키에서, 경사면을 비스듬히 가로질러 지그재그로 미끄러져 내리는 기법.

사홧-술(私和-)명 서로 화해하는 뜻으로 마시는 술.

사황(蛇黃)명 한방에서, 뱀의 쓸개 속에 병적으로 엉겨 생긴 물질을 약재로 이르는 말. 어린아이의 경간(驚癎)에 쓰임.

사회(司會)명 ①-하다자 회의나 예식 등에서, 진행을 맡아보는 일. ¶-를 보다. ②'사회자(司會者)'의 준말.

사:회(死灰)명 불 꺼진 재.

사회(沙灰)명 굴 껍데기를 태워 만든 가루.

사:회(社會)명 ①공동 생활을 하는 사람들의 집단. ②역사적으로 어떤 특정한 발전 단계를 이루는 생활 공동체. ¶원시 공동체 - ③같은 종류의 생물 개체의 집합. ¶개미들의 -. ④생활의 정도나 직업 등이 같은 부류의 집단. ¶문인들의 -. ⑤군인이나 학생, 죄수 등이 자기가 딸린 조직체 밖의 세상을 이르는 말. ¶제대하고 -에 나가면 공부를 계속할 작정이다. ⑥지난날, 마을 사람들이 사일(社日)에 모이던 일.

사회의 목탁관용 세상 사람들을 일깨우고 이끄는 일, 또는 그런 일을 하는 존재. 흔히 신문이나 기자를 이름.

사:회=간:접=자:본(社會間接資本)명 도로·항만·철도·통신 등 어떤 제품을 생산하는 데 직접 사용되지는 않지만 생산 활동에 간접적으로 도움을 주는 공공 시설. 사회 자본(社會資本)

사:회=개:량주의(社會改良主義)명 사회 체제의 근본적인 변혁을 피하고 자본주의의 모순과 결함을 점진적으로 개선하려 하는 주의. 개량주의(改良主義)

사:회=개발(社會開發)명 주택·교통·보건·의료·교육 등의 사회면을 개발하여 국민 생활 환경의 향상과 복지 향상을 꾀하는 일.

사:회=개벽(社會開闢)명 천도교에서 말하는 삼대 개벽(三大開闢)의 하나. 사회 일반의 제도나 생활 양식, 물질 등의 변혁으로 사회를 새롭게 한다는 후천적 인문(人文) 개벽.

사:회=경제(社會經濟)명 사회의 모든 사람들이 함께 이끌어 가는 공동 경제. 각 경제 단위 사이의 사회성 또는 상호 의존성이 뚜렷하게 나타남. ☞고립 경제

사:회=계:약설(社會契約說)명 사회나 국가는 그 구성원인 개인이 자유 평등한 자격으로 합의한 계약에 따라 이루어진다는 학설. 홉스·로크·루소 등이 주장하였음. 민약설(民約說) 준 계약설(契約說)

사:회=계층(社會階層)명 한 사회 안에서 능력, 지위, 재산 정도, 교육 수준 등이 비슷한 구성원끼리 묶어 구분한 개념. 상류층·중류층·서민층·부유층 따위.

사:회=공학(社會工學)명 인간의 사회적 행동에 관한 여러 문제를 과학적으로 연구, 분석하여 생활의 실제 문제를 해결하려고 하는 학문.

사:회=과:정(社會過程)명 인류의 집단 생활 가운데 모든 것이 생성, 변화, 발전하는 과정. 문화적 과정, 경제적 과정 따위.

사:회=과학(社會科學)명 인간 사회의 여러 현상을 과학적·체계적으로 연구하는 학문. 정치학·경제학·법률학·사회학·역사학 등이 이에 딸림. ☞자연 과학

사:회-관(社會觀)명 사회를 통일된 전체로 보고 그 의의와 가치에 대하여 가지는 견해나 주장.

사:회=관계(社會關係)명 사람과 사람 사이에 사회적 행동이 계속된 결과로 생기는 일정한 인간 관계.

사:회=교:육(社會敎育)명 학교 교육 이외에 청소년이나 성인에게 베푸는 교육 활동.

사:회=구조(社會構造)명 사회의 제반 기능을 유기적으로 분담하는 사회적 집단, 제도, 조직 등의 상호 결합 방식의 총체.

사:회-권(社會權)[-꿘]명 국민이 인간다운 생활을 하기 위하여 국가에 대해 적극적인 배려를 요구할 수 있는 권리. 건강한 생활의 권리, 휴식의 권리, 교육을 받을 권리, 노동권, 근로자의 단결권 따위. 사회적 기본권

사:회=규범(社會規範)명 사회의 질서를 유지하고 사회생활을 규제하기 위하여 그 구성원에게 당위적(當爲的)으로 요구하는 관념. 법률·종교·도덕·관습 따위.

사:회-극(社會劇)명 사회 문제를 주제로 하는 연극.

사:회=단체(社會團體)명 ①사회 문제의 해결을 목적으로 하는 단체. ②사회 사업을 하는 단체.

사:회=도태(社會淘汰)명 직업, 수입, 생활 양식 등 사회적 여러 조건에 따라 인간의 출생률·사망률·수명 등이 영향을 받는 현상.

사:회-면(社會面)명 신문에서, 일반 사회에서 일어나는 일에 관한 기사를 싣는 지면.

사:회=문:제(社會問題)명 사회 제도나 사회 구조의 모순이나 결함 때문에 생기는 여러 문제. 실업·주택·인구·교통·청소년 문제 따위.

사:회=민주주의(社會民主主義)명 프롤레타리아 독재를 부정하고, 합법적이고 점진적인 방법으로 사회주의 사회를 실현하려는 주의.

사:회=발전=단계설(社會發展段階說)명 발전 단계설

사:회-법(社會法)[-뻡]명 개인의 이해 관계에 중점을 두는 시민법과 달리, 인간의 실질적 평등과 사회적 조화를 목적으로 하는 법. 노동법, 경제법, 사회 사업법 따위.

사:회=법칙(社會法則)명 ①사회 질서를 유지하는 법칙. ②사회의 변화, 특히 사회 진화를 지배하는 법칙. ③반복되는 사회 현상을 지배하는 법칙.

사:회=변:동(社會變動)명 한 사회의 현존하는 질서와 정신적·물질적 문명의 형태가 일부 또는 전체적으로 변화하는 현상.

사:회=변:혁(社會變革)명 사회의 구조적 모순이나 그것 때문에 생기는 사회적 위기를 해결하기 위하여 사회 질서를 의도적으로 바꾸는 일.

사:회=병:리(社會病理)명 개인이나 집단, 지역 사회, 전체 사회, 문화 등에서 일어나는 기능 장애나 이상 현상. 범죄·자살·실업·빈곤 따위의 사회적 질환을 이름.

사:회=병:리학(社會病理學)명 사회학적 방법에 따라 사회 병리 현상을 연구하는 학문.

사:회=보:장(社會保障)명 국민의 건강과 최저의 문화 생활을 보장하는 일. 질병·상해(傷害)·실업·노령(老齡)·출산·사망 등에서 생기는 생활 문제를 국가가 제도적으로 보장함.

사:회=보:험(社會保險)명 근로자나 그 가족을 상해(傷害)·질병·노령(老齡)·출산·사망 등의 위협으로부터 보호하기 위하여, 국가가 법에 따라 강제성을 띠고 시행하는 보험 제도를 통틀어 이르는 말.

사:회=복귀=요법(社會復歸療法)[-뻡]명 심신 장애자에 대하여 직장·학교·가정 등에서 일반적인 사회 생활을 할 수 있도록 최대 한도까지 기능을 회복시키는 일.

ㅅ

사:회=복지(社會福祉)명 사회의 모든 구성원의 생활 안정과 복리 향상을 목표로 하는 직접·간접적인 정책이나 시설을 통틀어 이르는 말.
사:회=본능(社會本能)명 어떤 종류의 동물이 개체 유지와 종족 보존을 위해 무리를 이루어 생활하는 선천적(先天的)인 경향.
사:회=본위주의(社會本位主義)명 사회의 유지와 발전을 위해서는 개인의 복리를 희생하여도 무방하다고 하는 주의.
사:회=봉:사(社會奉仕)명 사회의 이익이나 복지 증진을 위하여 개인의 이익을 돌보지 않고 하는 행위.
사:회=부조(社會扶助)명 공적 부조(公的扶助)
사:회=사상(社會思想)명 ①사회 문제에 대한 모든 이론 체계. ②사회에 대하여 가지는 생각이나 태도.
사:회=사:업(社會事業)명 사회 전체의 생활 상태를 개선하고 보호하기 위하여, 개인이나 단체가 벌이는 사회 복지에 관한 사업. 곧 구빈(救貧), 실업 보호(失業保護), 사회 교화(敎化), 의료(醫療) 보호 따위.
사:회=생활(社會生活)명 ①여러 형태의 인간들이 집단적으로 모여서 질서를 유지하며 살아가는 공동 생활. ②개미나 벌 따위의 생물이 떼를 이루어 사는 생활.
사:회-성(社會性)[-썽]명 ①사회와 관련된 일반적인 성질. ¶언어에는 -이 있다. ②집단을 만들어서 생활하려는, 인간의 기본적 경향. ③집단 생활에 적응을 잘해 나가는 소질이나 능력. ¶그녀는 -이 뛰어나다. ④주로 예술 작품 따위에서, 사회 문제에 관심을 기울이는 경향. ¶- 짙은 소설.
사:회=소:설(社會小說)명 사회 문제나 사회 현실을 주제로 한 소설.
사:회=실재론(社會實在論)[-째-]명 사회는 이를 구성하는 각 개인과는 별개인 독자적 실재이며, 개인보다 사회가 우위에 있다고 보는 사회 이론. ☞사회 유명론
사:회-심(社會心)명 사회를 각 개인의 마음이 모여서 이루어진 하나의 심리적 유기체로 볼 때의 그 마음.
사:회=심리학(社會心理學)명 사회 속에서 행동하는 개인이나 집단의 의식과 행동을 연구하는 학문.
사:회-아(社會我)명 남과 나 사이의 상호 관계를 의식하기 때문에 일어나는 사회적 존재로서 자아(自我).
사:회-악(社會惡)명 사회가 가진 구조적 모순에서 비롯되는 해악(害惡). 빈곤·범죄·도박·매음 따위.
사회-암(蛇灰岩)명 백색의 방해석과 암녹색의 사문암으로 된 바위. 장식용 석재로 쓰임.
사:회=연대(社會連帶)명 사회 구성원으로서 가지는 사회적 상호 의존 관계.
사:회=연대주의(社會連帶主義)명 사회 구성원 사이에서는 상호 의존과 상호 부조(扶助)가 사회 생활의 원리이며 의무라는 사상.
사:회=운:동(社會運動)명 사회 문제를 해결하거나 개혁할 목적으로 조직적이고 지속적으로 행하는 집단 운동. 노동 운동, 농민 운동, 여성 운동, 학생 운동 따위.
사:회=위생학(社會衛生學)명 사회 대중의 건강 상태를 개선하고 향상하기 위한 방책을 연구하는 학문.
사:회=유:기체설(社會有機體說)명 사회 체제는 생물의 체제처럼 생성하고 발전하는 유기적인 통합체이며, 개개인은 그 안에서 일정한 기능을 수행한다고 보는 학설.
사:회=유대(社會紐帶)명 사회를 이루고 있는 조건. 곧 혈연(血緣)·지연(地緣)·학연(學緣) 따위.
사:회=유명론(社會唯名論)명 사회에는 개인이 실재(實在)할 뿐 사회는 명목에 지나지 않으며, 개인은 사회보다 우위에 있다고 보는 사회 이론. ☞사회 실재론
사:회=유:형(社會類型)명 사회형(社會型)
사:회=윤리(社會倫理)명 ①인간의 사회 생활을 규제하는 도덕적 규범. ☞개인 윤리 ②도덕을 인간의 사회적 조건에서 설명하는 윤리학.
사:회=의:식(社會意識)명 ①사회에 대한 관심이나 인식. ②사회 구성원이 공통으로 가지고 있는 사고(思考)·감정·의지 등의 총체. 도덕·관습·이데올로기 따위.
사:회=의:지(社會意志)명 공통적인 목표로 모아진 사회 일반의 의지.
사:회=의학(社會醫學)명 질병과 사회적 요인의 관계를 연구하여 사회 환경이나 생활 조건의 개선과 국민의 건강 향상을 꾀하는 의학. ☞개인 의학(個人醫學)
사:회=이동(社會移動)명 한 개인이나 집단이 어떤 사회적 위치에서 다른 사회적 위치로 이동하기 때문에 나타나는 사회 구조의 변동.
사:회-인(社會人)명 ①사회를 구성하는 사람으로서의 한 개인. ②군대나 감옥 등 통제된 조직에 딸리어 제한된 생활을 하는 사람들이 일반 사회의 사람들을 이르는 말.
사:회=인류학(社會人類學)명 인간 사회를 널리 비교 연구하고 사회 생활이나 문화를 하나의 통합체로서 연구하는 문화 인류학의 한 분야.
사:회=입법(社會立法)명 사회 문제를 해결해 나가기 위하여, 사회 정책적인 관점에서 하는 법률의 제정, 또는 그 법률.
사회-자(司會者)명 회의나 예식 등에서, 진행을 맡아보는 사람. 준사회(司會)
사:회=자:본(社會資本)명 사회 간접 자본(社會間接資本)
사:회-장(社會葬)명 사회에 공로가 큰 사람이 죽었을 때, 그와 관련된 각 사회 단체가 연합하여 치르는 장례.
사:회-적(社會的)명 사회에 관계되는 것. ¶-인 활동./-으로 용납되지 않는 일.
사:회적=감:정(社會的感情)명 사회 생활에서 느끼는 동정·애정·애국심 등의 감정.
사:회적=개:성(社會的個性)명 한 사회를 다른 사회와 비교해 볼 때, 그 사회에서만 볼 수 있는 독특한 성질. 국민성·지방색·가풍(家風) 따위.
사:회적=거:리(社會的距離)명 집단과 집단, 개인과 개인, 개인과 집단 사이에서 어느 정도 호감을 가지느냐 반감을 가지느냐 하는 감정적 거리.
사:회적=구속(社會的拘束)명 일정한 사회 집단이 그 집단의 질서를 유지하고 옹호하기 위해 필연적으로 그 구성원의 비사회적 행동을 구속하는 일.
사:회적=기본권(社會的基本權)[-꿘]명 사회권
사:회적=긴장(社會的緊張)명 국가간 또는 한 나라 안의 집단·당파·계급 등의 상호 교섭에서 생기는 반감·대립·불신·경쟁 등으로 말미암은 잠재적 투쟁 상태.
사:회적=부적응아(社會的不適應兒)명 소속된 사회 질서나 인간 관계에 잘 적응하지 못하는 아동.
사:회적=분업(社會的分業)명 사회 내부에서 일어나는 직업의 분화나 전문화 또는 직능적 분담 때문에 일어나는 분업.
사:회적=분화(社會的分化)명 사회가 단순하고 동질적인 상태에서 복잡하고 이질적인 상태로 변화하는 과정.
사:회적=성:격(社會的性格)[-껵]명 같은 집단이나 사회 계층에 딸린 사람들이 공통적으로 가지는 특성. 남성적 성격, 소시민적 성격, 관료적 성격 등.
사:회적=소:득(社會的所得)명 근로자가 임금 외에 복리 시설, 사회 보험 등으로 얻는 간접적 소득.
사:회적=암:시(社會的暗示)명 ①개인이 자기 집단에서 받는 암시. ②군중 심리에 빠져 무비판적으로 받아들이는 심리 작용.
사:회적=압력(社會的壓力)명 개인이나 집단의 태도·의견·행동 등을 특정한 방향으로 유도하고 변화시키는 사회적인 영향.
사:회적=적응(社會的適應)명 인간이 그를 둘러싼 사회 환경에 잘 어울려 살아가는 일.
사:회적=지위(社會的地位)명 개인이 전체 사회 안에서 차지하는 위치. 일반적으로 수입, 직업, 출신, 사회 활동, 능력, 교육 정도 등에 따라 달라짐.
사:회적=풍토(社會的風土)명 어떤 사회나 집단의 생활을 특징짓고 있는 분위기.
사:회적=환경(社會的環境)명 사회 내부의 모든 현상을 규정하는 관습·전통·제도와 그 밖의 문화적 요소.
사:회=정책(社會政策)명 노동 문제나 실업 문제 등의 모든 사회 문제를 해결하기 위하여 국가나 공공 단체가 펼

치는 정책.
사:회=제:도(社會制度)명 한 사회에서 지지받는 행동 방법과 생활 양식. 법률·경제·정치 등의 제도와 종교·도덕 등의 문화.
사:회=조사(社會調査)명 어떤 사회나 집단의 여러 가지 사상(事象)을 수집하고 관찰하여 기록·분석하는 과정, 또는 그 방법.
사:회=조직(社會組織)명 사회의 공통 목적을 달성하기 위하여 사회의 여러 요소를 일정한 규율 아래 유기적으로 구성한 질서 체제.
사:회-주의(社會主義)명 사유 재산제의 폐지, 생산 수단과 재산의 공유를 기본으로 하여 평등하게 조화를 이루는 사회를 실현하려는 사상. ☞자본주의(資本主義)
사:회주의=문학(社會主義文學)명 프롤레타리아 문학
사:회=진:화(社會進化)명 사회 조직이 일정한 방향에 따라 계속적으로 변화하고 발전하는 일.
사:회=질서(社會秩序)[-써]명 사회를 구성하고 있는 여러 요소나 세력들이 일정한 통제에 따라 조화로운 균형을 이룬 상태.
사:회=집단(社會集團)명 공통의 관심과 목적을 가지고 일을 분담하며, 그에 따른 규범과 연대감을 가진 인간의 집합체. 가족이나 이웃 등의 공동 집단과 학교나 회사 등의 이익 집단이 있음.
사:회=참여(社會參與)명 학자나 예술가들이 정치·사회 문제에 관심을 가지고 그 일에 간섭하는 일.
사:회=철학(社會哲學)명 사회 성립의 근거를 밝히고, 그 존재 가치를 규명하는 철학의 한 분야.
사:회=체육(社會體育)명 학교 교육 과정으로 다루어지는 체육 활동 이외에 일반인을 대상으로 하는 공공 체육.
사:회=체제(社會體制)명 ①어떤 특정한 지배 원리와 정치 이념에 따라 사회가 통일적으로 유지되는 상태. ②역사적 입장에서 파악된 어떤 사회의 특정한 단계 상태.
사:회=통:계(社會統計)명 사회 현상에 관한 여러 방면의 통계. 인구 통계, 경제 통계, 문화 통계 따위.
사:회=통:계학(社會統計學)명 수량적 재료를 기초로 하여 사회 현상을 관찰하고 그 규칙성과 법칙성을 발견하려는 학문.
사:회=통념(社會通念)명 사회 일반에 널리 퍼져 있는 상식이나 견해.
사:회=통:제(社會統制)명 사회가 그 구성 단위인 개인이나 하위 집단의 동조와 복종을 얻어 내는 수단, 또는 그 과정.
사:회-학(社會學)명 사회의 온갖 현상과 구조, 사회 조직의 원리·법칙·역사 등을 체계적이며 실증적으로 연구하는 학문.
사:회=혁명(社會革命)명 사회 제도를 근본적으로 바꾸는 것을 목표로 하는 혁명.
사:회=현:상(社會現象)명 인간의 사회 생활과 사회 관계에서 생기는 모든 현상. 곧 도덕·법률·예술·종교·경제 등의 온갖 현상.
사:회-형(社會型)명 사회 조직의 특성에 따라 구별되는 여러 가지 유형. 이익 사회, 공동 사회, 산업적 사회, 군사적 사회 등. 사회 유형
사:회=형태(社會形態)명 사회의 구조적인 형태. 노예 사회, 봉건 사회, 자본주의 사회, 이익 사회 따위.
사:회-화(社會化)명-하다자타 ①사회 안에서 일어나는 개인간의 상호 작용이나 상호 영향의 과정. ②개인이 사회의 구성원으로서, 그 사회에 동화되어 가는 과정. ③사적(私的) 소유를 사회적 소유로 바꾸어 가는 일.
사:회=회:계(社會會計)명 국민 경제 전체를 기업 회계 원리를 이용하여 나타내는 방식.
사:후(死後)명 죽은 뒤. 신후(身後). 절후(絕後)
사후 약방문 관용 때를 놓치고 난 뒤에 헛된 노력을 기울임을 이르는 말.
속담 **사후 술 석 잔 말고 생전(生前)에 한 잔 술이 달다**: 죽은 후에 아무리 잘하여도 소용없으니 살아 있는 동안에 적은 대접이나마 하라는 말. 〔죽어 석 잔 술이 살아 한 잔 술만 못하다〕

사후(伺候)명-하다자 ①웃어른의 분부를 기다림. ②웃어른을 뵙고 문안을 드림.
사:후(事後)명 일이 끝난 뒤. 일을 마친 뒤. ¶ - 조처 ☞사전(事前)
사후(射侯)명 활쏘기의 과녁으로 쓰는 베.
사:후=강:도(事後強盜)명 절도범이 훔친 것을 뺏기지 않으려고, 또는 체포를 피하거나 증거를 없앨 목적으로 피해자를 폭행하거나 협박하는 일.
사:후=강직(死後強直)명 동물이 죽은 뒤에 근육이나 관절 등이 뻣뻣하게 굳어지는 현상. 죽은 뒤 두세 시간 지나면 시작됨.
사:후=공명(死後功名)명 죽은 뒤에 내리는 관직이나 시호(諡號).
사:후=명장(死後名將)명 죽은 뒤에 비로소 이름이 드러난 장수.
사후-선(伺候船)명 조선 시대, 군선(軍船)의 한 가지. 무장을 하지 않은 소형 선박으로, 전투함에 딸려 적의 동정을 살피는 데 쓰였음. ☞거북선. 방선(防船). 병선(兵船). 전선(戰船)
사:후=승낙(事後承諾)명 일이 끝난 뒤에 승낙을 받는 일.
사:후=승인(事後承認)명 일이 끝난 뒤에 승인을 받는 일.
사:후-심(事後審)명 상소심(上訴審)의 한 형태. 원심(原審)의 기록을 기본으로 원판결이 옳은지 그른지를 심판하는 심급(審級)임. 상고(上告)가 이에 해당함.
사:후=처:분(死後處分)명 사인 행위(死因行爲)
사:후=행위(死後行爲)명 사인 행위(死因行爲)
사:훈(社訓)명 사원이 지켜야 할 회사의 방침.
사훈(師訓)명 스승의 교훈.
사훤(詐諼)어기 '사훤(詐諼)하다'의 어기(語基).
사훤-하다(詐諼—)형여 미덥지 못한 데가 있다.
사휘(私諱)명 가휘(家諱)
사휘(斜暉)명 비껴 비치는 저녁 햇빛.
사흗-날명 ①한 달의 셋째 날. 본초사흗날 준사흘 ②사흘째의 날. ¶행사 -은 비가 내려 일을 망쳤다.
사흘명 ①세 날. ¶- 동안의 휴무. ☞나흘. 열흘 ②'사흗날'의 준말.
속담 **사흘 굶어 도둑질 아니 할 놈 없다**: 아무리 착한 사람이라도 몹시 가난해지면, 마음이 변하여서 옳지 못한 일도 하게 된다는 말. /**사흘 굶으면 양식 지고 오는 놈 있다**: 사람이 아무리 어렵게 지내더라도 굶어 죽는 일은 좀처럼 없다는 말. 〔굶어 죽기는 정승하기보다 어렵다/산 입에 거미줄 치랴/세 끼를 굶으면 쌀 가지고 오는 놈 있다〕/**사흘 굶은 범이 원님을 안다더냐**: 몹시 굶주리면 아무 것도 가릴 것이 없게 된다는 말. /**사흘 길에 하루쯤 가서 열흘씩 눕는다**: ①일을 너무 급히 하려고 서두르면 도리어 더디어진다는 말. ②몹시 게을러 도저히 일을 이룰 수 없음을 비유하여 이르는 말. /**사흘 길 하루도 아니 가서**: 일의 첫 시작부터 탈이 생겨 앞으로 해야 할 것이 아득하다는 말. /**사흘에 피죽 한 그릇도 못 얻어먹은듯 하다**: 사람이 초췌하여 풀이 죽고 기운이 없어 보인다는 말. 〔사흘에 한 끼도 못 먹은듯 하다〕
삭[1] 부 ①단번에 베거나 자르는 모양, 또는 그 소리를 나타내는 말. ¶낫으로 풀을 - 베다. ②한쪽으로 좀 밀거나 치우는 모양을 나타내는 말. ☞석[3]. 싹[2]
삭[2] 부 ①남김없이 모두. ¶화장을 - 지우다. /행주로 - 닦다. ②완전히. 아주 ¶표정이 - 변했다. ☞싹[3]
삭(朔)[1] 명 ①'합삭(合朔)'의 준말. ②'삭일(朔日)'의 준말.
삭(蒴)명 ①선태류(蘚苔類)의 포자낭(胞子囊). 수정(受精)으로 생겨나는데, 긴 꼭지 속에 많은 포자가 있음. ②삭과(蒴果)
삭(朔)[2] 의 달〔月〕의 수를 나타내는 말. ¶그가 떠난 지 삼 -이 지났다.
삭-갈다(-갈고·-가니)타 논을 미리 못 갈고 모낼 때에 한 번만 갈다.
삭-갈이 명-하다타 논을 미리 갈아 두지 못하고 모낼 때에 한 번만 가는 일.

ㅅ

삭감(削減)명-하다타 깎아서 줄임. 감삭(減削). 산감(刪減) ¶봉급을 ―하다.

삭거(削去)명-하다타 깎아 버림.

삭고(朔鼓)명 국악기 혁부(革部) 타악기의 한 가지. 나무로 만든 틀에 북을 매달아 놓고 틀 위에는 달 모양을 새겼음. 연주의 시작을 알릴 때 두드림.

삭과(削科)명-하다타 지난날, 규칙을 어기고 과거에 급제한 사람의 급제를 취소하던 일.

삭과(蒴果)명 열과(裂果)의 한 가지. 익으면 거죽이 말라 쪼개지면서 씨를 퍼뜨리는, 여러 개의 씨방으로 된 열매임. 무궁화·나리·나팔꽃 따위의 열매. 삭(蒴)

삭구(索具)명 배에서 쓰는 동아줄이나 쇠사슬 따위를 통틀어 이르는 말.

×**삭급**(遡及)명 → 소급(遡及)

삭뇨-증(數尿症)[―쯩]명 한방에서, 오줌이 자주 마려운 증세를 이르는 말. 빈뇨증(頻尿症) ☞오줌소태

삭다자 ①물건이 오래되어 썩은 것처럼 되다. ¶밧줄이 다 삭았다. ②되거나 걸쭉한 것이 묽어지다. ¶팥죽이 ―. ③먹은 것이 소화되다. ¶고기 먹은 것이 잘 삭지 않는다. ④긴장이나 화가 풀리어 가라앉다. ¶흥분이 아직 삭지 않는다./분이 삭지 않다. ⑤음식물이 익어 맛이 들다. ¶젓갈이 잘 삭았다.

삭-다례(朔茶禮)명 음력 초하룻날마다 사당에서 지내는 차례. 삭단(朔單) ☞망다례(望茶禮)

삭단(朔單)명 삭다례(朔茶禮)

삭대엽(數大葉)명 전통 성악곡(聲樂曲)인 가곡의 원형(原形) 중의 한 가지. 가장 빠른 곡으로, 많은 파생곡과 연관된 곡들이 결합하여 오늘날과 같은 가곡의 한 바탕을 이루게 되었음. ☞만대엽(慢大葉). 중대엽(中大葉)

삭도(削刀)명 절에서 중의 머리털을 깎는 데 쓰는 칼.

삭도(索道)명 '가공 삭도(架空索道)'의 준말.

삭도(索綯)명-하다자 새끼를 꼬는 일.

삭둑부 물체를 단번에 잘라 도막을 내는 모양, 또는 그 소리를 나타내는 말. ¶엉킨 실타래를 ― 잘랐다. ☞석둑. 싹둑

삭둑-거리다(대다)자타 자꾸 삭둑 자르는 소리가 나다, 또는 그런 소리를 내다. ☞석둑거리다. 싹둑거리다

삭둑-삭둑부 자꾸 삭둑 자르는 모양, 또는 그 소리를 나타내는 말. ¶가위로 종이를 ― 자른다. ☞싹둑싹둑

삭둑삭둑-하다형여 글이 토막토막 끊어져서 문맥이 잘 통하지 아니하다.

삭마=작용(削磨作用)명 비·바람·파도 등의 힘으로 지반(地盤)이 넓게 깎이어 평평해지는 작용. 삭박 작용

삭막(索莫·索寞·索漠)어기 '삭막(索莫)하다'의 어기.

삭막-하다(索莫―)형여 ①생각이 나지 않아 아득하다. ②황폐하여 쓸쓸하다. ¶삭막한 겨울 풍경.

삭말(削抹)명-하다타 깎아서 지워 버림.

삭망(朔望)명 ①음력 초하룻날과 보름날. ②'삭망전(朔望奠)'의 준말.

삭망=고조(朔望高潮)명 음력 초하루에서 보름 사이의 만조(滿潮).

삭망-월(朔望月)명 달이 삭(朔)으로부터 다음 삭(朔)에 이르기까지, 또는 망(望)으로부터 다음 망(望)에 이르기까지 걸리는 기간. 평균 29일 12시간 44분 2.8896초임. 태음월(太陰月)

삭망-전(朔望奠)명 상중(喪中)인 집에서 음력 초하루와 보름마다 지내는 제사. 준삭망(朔望) ☞망전(望奠). 삭전(朔奠)

삭맥(數脈)명 정상보다 뛰는 횟수가 많은 맥박. 빈맥(頻脈). 속맥(速脈)

삭면(索麵)명 밀가루를 소금물로 반죽하여 기름을 치고 얇게 밀어서 가늘게 썬 것을 햇볕에 말린 국수. 삶아서 냉수에 담갔다가 먹음.

삭-모명 논을 삭갈고 심은 모.

삭모(削毛)명-하다타 털을 깎음.

삭모(槊毛)명 깃대나 창대 따위의 머리에 술이나 이삭 모양으로 만들어 다는 붉은 빛깔의 가는 털. 상모(象毛)

삭모-계(槊毛契)명 지난날, 깃대나 창대 따위에 다는 삭모를 공물(貢物)로 바치던 계.

삭박=작용(削剝作用)명 삭마 작용(削磨作用)

삭발(削髮)명-하다자타 ①머리털을 박박 깎음. 유낙발(落髮). 체발(剃髮) ②중이 되는 일. ③초목이나 채소를 마구 베는 일을 비유하여 이르는 말.

삭발염:의(削髮染衣)[―렴―]성구 중이 되기 위해 불문(佛門)에 들어가서 머리를 깎고 검은 옷을 입음을 이르는 말.

삭발위승(削髮爲僧)성구 머리털을 깎고 중이 됨을 이르는 말. 낙발위승(落髮爲僧)

삭방(朔方)명 북쪽. 북방(北方)

삭방-도(朔方道)명 고려 성종(成宗) 때, 지금의 함경도와 강원도 북부 지역 일대에 두었던 지방 행정 구역.

삭벽(削壁)명 깎아지른듯이 우뚝 솟은 암벽(岩壁).

삭변-증(數便症)[―쯩]명 한방에서, 장(腸)의 질환으로 대변이 자주 마려운 병을 이르는 말.

삭북(朔北)명 북쪽 지방. 북방(北方)

삭-삭[1]부 ①잇달아 자꾸 단번에 베거나 자르는 모양, 또는 그 소리를 나타내는 말. ②잇달아 자꾸 한쪽으로 좀 밀거나 치우는 모양을 나타내는 말. ¶책상 위의 서류들을 ― 치웠다. ☞석석[1]. 싹싹[1]

삭삭[2]부 ①맞대어 잇달아 바비는 모양을 나타내는 말. ¶두 손으로 ― 빌다. ②찬찬히 쓸거나 닦는 모양을 나타내는 말. ¶마당을 ― 쓸다. ☞석석[2]. 싹싹[2]

삭삭(數數)부 자주자주 ▷數의 속자는 数

삭삭왕:래(數數往來)성구 자주 오고 감을 이르는 말.

삭서(朔書)명 ①조선 시대, 승문원에서 마흔 살 이하의 당하 문신을 뽑아 음력 초하루마다 써서 내게 하던 글씨. 해서(楷書) 1백 자와 전서(篆書) 40자를 쓰게 하였음. ②지난날, 글방에서 쓰는 습자(習字)를 이르던 말.

삭신명 몸의 근육과 뼈마디. ¶―이 쑤시고 아프다.

삭-심다[―따]타 삭갈아서 모를 심다.

삭여(朔餘)명 한 달 남짓한 동안.

삭역(朔易)명-하다자 해가 바뀜.

삭연(索然)어기 '삭연(索然)하다'의 어기(語基).

삭연-하다(索然―)형여 외롭고 쓸쓸하다.

삭연-히부 삭연하게

삭월(朔月)명 음력 초하룻날의 달.

×**삭월-세**(朔月貰)명 → 사글세

삭은-니명 벌레먹은 이. 충치(蟲齒)

삭은-코명 조그만 충격에도 코피가 자주 나는 코.

삭이다타 ①먹은 것을 소화하다. ②마음을 가라앉히다. ¶분을 삭이지 못하다.

삭일(朔日)명 음력 초하룻날. 준삭(朔)[1]

삭적(削籍)명-하다타 호적이나 학적, 당적 따위의 기록을 지워 없앰. ☞제적(除籍)

삭-전(―田)명 오래 경작하여 기름지지 못하고 메마른 밭.

삭전(朔奠)명 상중(喪中)인 집에서 음력 초하루마다 지내는 제사. ☞망전(望奠). 삭망전(朔望奠)

삭정-이명 살아 있는 나무에 붙은 채 말라 죽은 가지.

삭제(削除)명-하다타 ①깎아서 없애거나 지움. ②컴퓨터에서, 화면의 문자나 파일을 지우는 일.

삭제(朔祭)명 지난날, 왕실(王室)에서 음력 초하루마다 조상에게 지내는 제사를 이르던 말.

삭조(索條)명 삼이나 강선(鋼線)을 드린 것을 심으로 하고, 거기에 몇 줄의 강철제 철사로 꼰 것을 감은 밧줄.

삭지(朔地)명 북방에 있는 땅.

삭직(削職)명-하다타 '삭탈관직(削奪官職)'의 준말.

삭참(朔參)명-하다자 음력 초하루마다 사당(祠堂)에 참배하는 일.

삭체(數遞)명-하다자타 관원을 자주 바꿈, 또는 자주 바뀜.

삭출(削黜)명-하다타 죄를 지은 사람의 관직과 품계를 빼앗고 내침.

삭-치다(削―)타 ①뭉개거나 지워서 없애 버리다. ②셈할 것을 서로 맞비기다.

삭탈(削奪)명-하다타 '삭탈관직(削奪官職)'의 준말.

삭탈-관작(削奪官爵)명 삭탈관직(削奪官職)

삭탈-관직(削奪官職)명 지난날, 죄지은 사람의 관직과 품계를 빼앗고 사판(仕版)에서 이름을 지우는 일을 이르던 말. 삭탈관작(削奪官爵) 준 삭직(削職). 삭탈(削奪)
삭풍(朔風)명 겨울철에 북쪽에서 불어오는 찬바람. 음풍
삭회(朔晦)명 음력 초하루와 그믐.
삭히다타 삭게 하다. ¶새우젓을 －.
삯명 ①일을 한 데 대하여 품값으로 주는 돈이나 물건. 품삯 ¶－을 받고 일하다. ☞임금(賃金) ②어떤 물건이나 시설을 이용한 대가로 주는 돈. ☞세(貰)
삯-꾼[삭－]명 삯을 받고 일하는 일꾼. 고군(雇軍) ☞놉
삯-돈[삭－]명 일을 해 주고 삯으로 받는 돈. 고가(雇價). 고금(雇金). 삯전
삯-말[삭－]명 세를 주고 빌려 쓰는 말.
삯-메기[삭－]명-하다자 농촌에서 끼니는 먹지 않고 품삯만 받고 하는 일.
삯-바느질[삭－]명-하다자 삯을 받고 하는 바느질.
삯-방아[삭－]명 삯을 받고 찧어 주는 방아.
삯-일[삭닐]명-하다자 삯을 받고 하는 일. ☞공일
삯-전(－錢)[삭－]명 삯돈
삯-짐[삭－]명 삯을 받고 나르는 짐.
삯-팔이[삭－]명-하다자 일을 해 주고 삯을 받는 벌이.
삯팔이-꾼[삭－]명 삯팔이로 살아가는 사람. 품팔이꾼 ☞삯꾼
산(山)명 ①평지보다 두드러지게 높이 솟아 있는 땅의 부분. ¶－에 오르다. ☞메[2] ②'산소(山所)'의 준말.
산 넘어 산관용 갈수록 어려움이 더해짐을 이르는 말.
산 설고 물 설다관용 고향을 떠나 있어 모든 것이 낯설고 서름하다.
속담 **산 밖에 난 범이요, 물 밖에 난 고기라**：①의지할 기반을 잃어버려 꼼짝도 할 수 없게 됨을 이르는 말. ②제 능력을 발휘할 수 없는 처지가 됨을 이르는 말./**산보다 골이 더 크다**：어떤 일이 사리에 맞지 않음을 이르는 말./**산 속에 있는 열 놈의 도둑은 잡아도, 제 마음속에 있는 한 놈의 도둑은 못 잡는다**：자기 마음속에 있는 좋지 못한 생각은 고치기가 매우 어렵다는 말./**산에 가야 꿩을 잡고 바다엘 가야 고기를 잡는다**：①무슨 일이든지 발 벗고 나서서 실지로 힘들여 해야 성공할 수 있다는 말. ②목적을 이룰 수 있는 방법과 방향으로 행동해야 성공할 수 있다는 말./**산은 오를수록 높고 물은 건널수록 깊다**：어려운 고비를 겪을수록 점점 더 어렵고 곤란한 일만 생긴다는 말./**산이 높아야 골이 깊다**：사람이란 몸집부터 커야 가지는 생각도 크고 훌륭하다는 말./**산 진 거북이요 돌 진 가재라**：의지할 곳이 든든함을 이르는 말.

한자 **큰산 악**(嶽)〔山部 14획〕¶고악(高嶽)/산악(山嶽)/오악(五嶽)/해악(海嶽) ▷嶽과 岳은 동자

산(疝)명 '산증(疝症)'의 준말.
산:(算)명 '셈'의 한자말.
산:(酸)명 수용액 중에서 해리(解離)하여 수소 이온을 만들고 염기(塩基)와 중화(中和)하여 염(塩)을 만드는 물질. 신맛이 있고 푸른 리트머스 종이를 붉게 변하게 함. ☞염기(塩基)
-산(産)《접미사처럼 쓰이어》'생산'이나 '생산물'의 뜻을 나타냄. ¶한국산(韓國産)/중국산(中國産) ☞-생(生)
산가(山家)명 산 속에 있는 집.
산:가(産家)명 아이를 낳은 집.
산:-가지(算－)[－까－]명 지난날, 수효를 셈하는 데 쓰던 물건. 대나무나 뼈로 젓가락처럼 만들어 썼음.
산각(山脚)명 산기슭
산간(山間)명 산과 산 사이. 산 속에 위치한 곳. 유 산골
산간=도시(山間都市)명 산간에 발달한 도시.
산간=벽지(山間僻地)명 산간의 외진 곳.
산간=벽촌(山間僻村)명 산간의 외진 마을.
산간=분지(山間盆地)명 주위가 산지(山地)로 둘러싸인 평평한 땅.
산간-수(山澗水)명 산과 산 사이의 계곡에 흐르는 물.
산간=오:지(山間奧地)명 깊은 산 속의 매우 외진 곳.
산감(山監)명 '산감독(山監督)'의 준말.
산:감(刪減)명-하다타 깎아서 줄임. 삭감(削減)
산-감독(山監督)명 ①산의 나무를 함부로 베지 못하도록 감독하는 사람. ②광산에서, 작업 상황이나 인부들을 관리·감독하는 사람을 이르는 말. 준 산감(山監)
산강(山薑)명 ①'삽주'의 딴이름. ②한방에서, 삽주의 덩어리진 뿌리를 약재로 이르는 말. 백출(白朮)
산:개(刪改)명-하다타 잘못된 글귀를 지우고 고쳐서 바로잡는 일.
산:개(散開)명-하다자타 ①흩어져 벌림. ②밀집한 군대나 병력을 일정한 간격으로 흩어 배치하는 일. 소개(疏開) ☞전개(展開)
산-개구리(山－)명 개구릿과의 동물. 몸길이 9cm 안팎. 등 쪽은 갈색 바탕에 흑갈색의 불규칙한 무늬가 흩어져 있고, 배는 희며 아래턱과 가슴에 흑갈색 무늬가 줄지어 있음. 우리 나라와 일본 등지에 분포함.
산-개나리(山－)명 물푸레나뭇과의 낙엽 관목. 높이는 1m 안팎. 3～4월에 노란 꽃이 잎겨드랑이에 하나씩 핌. 우리 나라 특산종으로 경기도 일원의 산기슭에 자람.
산:개=대형(散開隊形)명 전투를 위하여 병력을 일정한 간격으로 흩어 배치한 대형.
산:개=성단(散開星團)명 수십 또는 수백 개의 항성(恒星)이 천구상의 한 지역에 불규칙하게 모여 있는 성단. ☞구상 성단(球狀星團)
산:개-전(散開戰)명 전투 대형을 산개 대형으로 벌려 싸우는 전투.
산:개-진(散開陣)명 산개 대형으로 친 진(陣).
산객(山客)명 ①세상을 멀리하고 깊은 산에서 사는 사람. 산인(山人) ②등산하는 사람. 등산객(登山客) ③'철쭉'의 딴이름.
산거(山居)명-하다자 산에서 삶.
산:거(刪去)명-하다타 필요하지 않은 글자나 구절을 지워 버리는 일. 산삭(刪削)
산거-초(酸車草)명 '괭이밥'의 딴이름.
산:견(散見)명-하다자 여기저기에서 드문드문 눈에 띔.
산경(山徑)명 산길
산경(山景)명 산의 경치.
산경표(山經表)명 조선 영조 때 신경준(申景濬)이 우리 나라의 산맥 체계를 수계(水系)와 관련지어 도표로 정리한 책. 필사본 1책.

▶ **'산경표'에 정리된 산맥 체계**
① 백두대간(白頭大幹) ② 장백정간(長白正幹)
③ 낙남정맥(洛南正脈) ④ 청북정맥(淸北正脈)
⑤ 청남정맥(淸南正脈) ⑥ 해서정맥(海西正脈)
⑦ 임진북예성남정맥(臨津北禮成南正脈)
⑧ 한북정맥(漢北正脈) ⑨ 낙동정맥(洛東正脈)
⑩ 한남금북정맥(漢南錦北正脈)
⑪ 한남정맥(漢南正脈) ⑫ 금북정맥(錦北正脈)
⑬ 금남호남정맥(錦南湖南正脈)
⑭ 금남정맥(錦南正脈) ⑮ 호남정맥(湖南正脈)
※ 대간 1, 정간 1, 정맥 13

산계(山系)명 하나의 계통을 이루고 있는 여러 개의 산맥을 통틀어 이르는 말. ¶알프스 －
산계(山薊)명 ①'삽주'의 딴이름. ②한방에서, 삽주의 덩어리진 뿌리를 약재로 이르는 말. 백출(白朮)
산계(山鷄)명 '꿩'의 딴이름.
산:계(散階)명 ①조선 시대에, 이름만 있고 직무는 없는 관직의 품계를 이르던 말. 숭록대부(崇祿大夫)·절충장군(折衝將軍)·종사랑(從仕郞) 등. ②고려 시대에, 여러 관직에 대하여 일정하게 차례를 매기어 벌여 놓은 등급을 이르던 말. ☞산관(散官)
산계야목(山鷄野鶩)성구 꿩과 들오리라는 뜻으로, 성미가 거칠고 제 마음대로만 하여 다잡을 수 없는 사람을 비유하여 이르는 말.
산:고(産苦)명 아이를 낳을 때 겪는 고통. 산로(産勞)
산:고(産故)명 아이를 낳는 일.

산고수장(山高水長)성구 산은 언제까지나 높고, 물은 영원히 흐른다는 뜻으로, 군자나 어진 사람의 덕이 후세에 길이길이 전해짐을 이르는 말.
산고수청(山高水淸)성구 산이 높고 물이 맑다는 뜻으로, 경치가 좋음을 이르는 말.
산곡(山谷)명 산골짜기
산:곡(産穀)명-하다자 곡식을 생산함, 또는 그 곡식.
산:곡(散穀)명 흩어진 곡식의 낟알.
산곡-간(山谷間)명 산골짜기 사이.
산-곡풍(山谷風)명 산악 지방에서, 맑게 갠 날 낮에는 골바람이 밤에는 산바람이 규칙적으로 바뀌어 부는 바람.
산:골명 한방에서, 구리가 나는 곳에서 나는 푸른빛을 띤 누런빛의 쇠붙이를 약재로 이르는 말. 접골약(接骨藥)으로 쓰임. ☞자연동(自然銅)
산-골(山-)[-꼴]명 외지고 깊은 산 속. 유산간(山間) ☞두메
산-골짜기(山-)[-꼴-]명 산과 산 사이의 깊이 팬 곳. 산곡(山谷) 준산골짝
산-골짝(山-)[-꼴-]명 '산골짜기'의 준말.
산과(山果)명 산에서 나는 과일.
산:과(産科)[-꽈]명 임신이나 분만 등 출산에 관한 의술의 한 분과. ☞산부인과(産婦人科)
산:과=겸자(産科鉗子)[-꽈-]명 난산(難産) 때 쓰는 산과용의 겸자.
산곽(山郭)명 산촌(山村)
산곽(山廓)명 골상학(骨相學)에서, 눈동자의 윗부분 반쪽을 이르는 말.
산:곽(産藿)명 산모(産母)가 먹을 미역. 해산 미역
산:관(散官)명 지난날, 일정한 직무가 없는 관직, 또는 그러한 관원을 이르던 말. 산리(散吏). 산반(散班). 산직(散職) ☞산계(散階)
산:광(散光)명 물체의 매끄럽지 않은 면이나 대기 중의 미립자에 부딪혀 사방으로 흩어지는 빛, 또는 그 현상.
산:광=성운(散光星雲)명 희박한 기체로 이루어지며, 중심부인 항성(恒星)으로부터 나오는 자외선을 받아 빛을 내는 성운. 가스 성운. 가스상 성운
산괴(山塊)명 단층으로 말미암아 산계(山系)나 산맥에서 따로 떨어져 나간 산의 덩어리.
산:구(産具)명 아이를 낳을 때 쓰는 여러 가지 기구.
산국(山菊)명 국화과의 여러해살이풀. 줄기 높이 1~1.5 m. 잎은 깃꼴로 깊이 갈라져 있고 톱니가 있으며, 어긋맞게 남. 9~10월에 가지 끝에 노란 꽃이 피는데, 꽃은 한방에서 해독(解毒), 혈압 강하 등에 약재로 쓰임. 우리 나라 여러 곳의 산지에 자람. 산국화(山菊花)
산-국화(山菊花)명 산국(山菊)
산군(山君)명 ①산신령 ②산짐승의 왕이라는 뜻으로, '범'을 달리 이르는 말.
산군(山軍)명 지난날, 나라의 산림(山林)을 지키던 사람.
산군(山郡)명 산읍(山邑)
산군(山群)명 산의 무리.
산-군읍(山郡邑)명 산골에 있는 여러 고을.
산굴(山窟)[-꿀]명 산 속에 있는 굴.
산-굽이(山-)[-꿉-]명 산의 굽이진 곳.
산궁수진(山窮水盡)성구 산이 막히고 물줄기가 끊어졌다는 뜻으로, 막다른 지경에 이르러 피할 길이 없음을 이르는 말. 산진수궁(山盡水窮)
산규(山葵)명 '고추냉이'의 딴이름.
산-그늘(山-)[-끄-]명 산이 햇빛을 가려서 생긴 그늘.
산근(山根)명 ①골상학(骨相學)에서, 콧마루와 두 눈썹 사이를 이르는 말. ②산기슭
산:근(酸根)명 산기(酸基)
산금(山金)명 암석 가운데 석영암(石英岩) 속에서 나는 자연금(自然金).
산금(山禽)명 산새
산:금(産金)명-하다자 금을 산출함.
산기(山氣)명 ①산의 씩씩하고도 빼어난 기세. ②산에서 느끼는 맑고 서늘한 기운.
산기(疝氣)명 산증(疝症)
산:기(産氣)[-끼]명 아이를 낳을 기미. 산점(産漸)
산:기(産期)명 밴 아이를 낳을 시기.
산:기(酸基)명 산(酸)의 분자 중에서 금속 원자와 치환(置換)할 수 있는 수소 원자를 제외한 나머지 원자단(原子團). 산근(酸根)
산:-기둥명 재래식 한옥에서, 벽에 붙어 있지 않고 대청 복판 같은 데 따로 서 있는 기둥.
산-기슭(山-)[-끼-]명 산 아래의, 비탈이 끝나는 편평한 부분. 산각(山脚). 산근(山根). 산족(山足)
산-길(山-)[-낄]명 산에 나 있는 길. 산경(山徑). 산도(山道). 산로(山路)
산-까치(山-)명 '어치'의 딴이름.
산-꼬대(山-)명-하다자 밤중에 산 위에 바람이 심하게 불어 몹시 추워지는 일, 또는 그 현상.
산-꼭대기(山-)명 산의 맨 위. 산두(山頭). 산머리. 산전(山巓). 산정(山頂)
산-나물(山-)명 ①산에서 나는 나물을 통틀어 이르는 말. ☞들나물 ②봄철에 나는 산나물을 끓는 물에 소금을 넣고 푸르게 데친 다음, 물기를 짜고 양념장으로 무친 나물. 멧나물. 산채(山菜)
산-난초(山蘭草)명 '각시붓꽃'의 딴이름.
산내(山內)명 ①산의 속. ②절의 경계 안.
산-내림(山-)명-하다타 산에서 벤 나무를 산기슭이나 평지까지 내리는 일.
산내=말사(山內末寺)[-싸]명 본사(本寺)와 같은 산 안에 있는 말사(末寺). ☞산외 말사(山外末寺)
산농(山農)명 산지(山地)에서 짓는 농사.
산:-놓다(算-)자타 산가지나 주판을 놓아 셈하다.
산-누에(山-)명 산누에나방과 곤충의 애벌레. 집누에와 비슷하나 몸이 더 크고, 긴 털이 있으며 몸빛은 흑갈색임. 떡갈나무·참나무 등의 잎을 먹고 엷은 갈색의 고치를 지음. 산잠(山蠶). 야잠(野蠶). 작잠(柞蠶)
산누에-고치(山-)명 산누에가 지은 고치. 야견(野繭). 작견(柞繭). 작잠견(柞蠶繭)
산누에-나방(山-)명 산누에나방과의 곤충을 통틀어 이르는 말. 한쪽 날개 길이가 5.5~6cm이며, 주로 밤에 활동함. 몸빛은 엷은 갈색이며, 앞뒤 날개에 투명한 창살 모양의 무늬가 있음. 애벌레는 활엽수의 해충임. 산잠아(山蠶蛾). 야잠아(野蠶蛾). 작잠아(柞蠶蛾)
산다(山茶)명 '동백나무'의 딴이름.
산다리명 팥의 한 가지. 열매가 잘고 흼.
산다-화(山茶花)명 동백나무의 꽃.
산-닥나무(山-)[-딱-]명 서향나뭇과의 낙엽 활엽 관목. 높이 1~1.5m. 가지는 가늘고 불그스름하며, 7~8월에 노란 꽃이 가지 끝에 핌. 나무 껍질은 한지(韓紙)의 원료로 쓰임.
산단(山丹)명 '하늘나리'의 딴이름.
산-달(山-)명 산으로 된 지형이나 땅. 산지(山地)
산:-달(産-)[-딸]명 아기가 태어날 예정인 달. 해산달
산달(山獺)명 ①담비 ②검은담비 ③너구리
산달-피(山獺皮)명 검은담비의 털가죽. 잘[1]
산:답(散畓)명 여기저기에 흩어져 있는 한 사람의 논.
산당(山堂)명 '산신당(山神堂)'의 준말.
산당-화(山棠花)명 '명자나무'의 딴이름.
산대[-때]명 물고기를 잡는 그물의 한 가지. 장대에 그물로 만든 주머니를 달았음.
산대(山臺)명 '산디'의 원말.
산:대(散大)명-하다자 ①퍼져서 커다랗게 됨. ②눈동자가 커다랗게 열림.
산대(蒜薹)명 마늘의 꽃줄기. 마늘종
산대-극(山臺劇)명 산디놀음
산대-나례(山臺儺禮)명 산디놀음
산대-도감(山臺都監)명 ①산디놀음을 하는 사람들의 모임. ②조선 시대, 산디놀음에 관한 일을 맡아보던 관아.
산대도감-극(山臺都監劇)명 산디놀음
산대-잡극(山臺雜劇)명 산디놀음

산대-잡희(山臺雜戲)명 산디놀음
산-더미(山-)[-떠-]명 물건이나 일이 매우 많음을 비유하여 이르는 말. ¶쓰레기가 -처럼 쌓였다.
산도(山道)명 산길
산도(山圖)명 묏자리를 표시한 그림.
산도(山稻)명 밭벼
산:도(産道)명 아기가 태어날 때 통과하는 모체(母體) 안의 경로(經路).
산도(酸度)명 ①산의 강도(強度). 산성도(酸性度) ②염기(塩基) 한 분자 속에 들어 있는 수산기(水酸基)의 수. ☞염기도(塩基度)
산도=검정(酸度檢定)명 토양의 산성도를 검사하는 일.
산독-증(酸毒症)명 혈액 속의 산과 알칼리의 평형이 깨져 산성 쪽으로 기울어진 상태. 구토나 두통 등이 나타남. 산성병(酸性病). 산중독(酸中毒). 아시도시스(acidosis) ☞알카리 중독
산:-돈(算-)[-똔]명 노름판 같은 데서 산가지 대신 쓰는 돈.
산-돌림(山-)[-똘-]명 산기슭을 따라 여기저기 옮겨 가면서 내리는 소나기.
산-돌배(山-)[-똘-]명 ①산돌배나무 ②산돌배나무의 열매. 녹리(鹿梨)
산돌배-나무(山-)[-똘-]명 장미과의 낙엽 활엽 교목. 높이 10m 안팎. 잎은 어긋맞게 나고 4~5월에 흰 꽃이 피며, 8~10월에 둥근 열매가 노랗게 익음. 우리 나라 각지의 마을 부근과 산지에 자라며 열매는 먹을 수 있음. 녹리(鹿梨). 산돌배
산-돌이(山-)명 ①다른 산에서 온 범. ②산에 익숙한 사람. ③민속에서, 산신(山神)으로 섬기는 범.
산동(山洞)명 산촌(山村)
산동(山童)명 두메에서 자란 아이.
산:동(散瞳)명 교감 신경의 지배를 받는 동공 확대근의 작용으로, 동공이 산대(散大)되는 현상. ☞축동(縮瞳)
산:동-약(散瞳藥)[-냑]명 동공이 산대되게 하는 약.
산동-주(山東紬)명 지난날, 중국 산동(山東) 지방에서 생산되던, 산누에의 실로 짠 명주. 견주(繭紬)
산:동-증(散瞳症)[-쯩]명 동공이 병적으로 산대되어 빛의 자극을 받아도 축소되지 않는 증세.
산-돼지(山-)[-뙈-]명 '멧돼지'의 딴이름.
산두(山斗)명 '태산북두(泰山北斗)'의 준말.
산두(山頭)명 산꼭대기
산두-근(山豆根)명 한방에서, 새모래덩굴의 뿌리줄기를 약재로 이르는 말. 목 안의 염증을 가라앉히고 혈압을 낮추는 작용을 함. 금쇄시(金鎖匙)
산두-화(山頭火)명 육십갑자의 갑술(甲戌)과 을해(乙亥)에 붙이는 납음(納音). ☞간하수(澗下水)
산드러-지다형 태도가 경쾌하고 맵시 있다. ☞선드러지다
산득부-하다형 갑자기 무엇이 살갗에 닿아 느껴지는 사느란 느낌을 나타내는 말. ☞산뜩. 선득
산득-산득부-하다형 자꾸 산득한 느낌을 나타내는 말. ☞산뜩산뜩. 선득선득
산들부 산산한 바람이 조용히 한 번 부는 모양을 나타내는 말. ¶바람이 - 불다. ☞선들
산들-거리다(대다)자 ①바람이 산들산들 불다. ②물체가 산들산들 하늘거리다. ③사람이 사근사근하고 상냥스레 행동하다. ☞선들거리다
산들다(산들고·산드니)자 바라던 일이 틀어지다.
산들-바람명 ①산들산들 부는 바람. ☞선들바람 ②풍력 계급(風力階級) 3급에 해당하는 바람. 풍속은 매초 3.4~5.4m. 나뭇잎과 잔가지가 쉴새없이 흔들리고, 깃발이 가볍게 휘날림. 해상에는 물결 끝이 부서지고 거품이 일며, 흰 물결이 임. 연풍(軟風) ☞건들바람
산들-산들부 ①산산한 바람이 잇달아 조용히 부는 모양을 나타내는 말. ¶- 부는 바람. ②얇은 물체가 바람에 잇달아 하늘거리는 모양을 나타내는 말. ¶나뭇잎이 - 흔들리다. ☞선들선들
산들산들-하다형여 ①바람결이 보드랍고 산산하다. ¶산들산들하게 부는 봄바람. ②사람의 성질이 사근사근하고 상냥하다. ☞선들선들하다
산-등(山-)[-뜽]명 '산등성이'의 준말.
산-등성(山-)[-뜽-]명 '산등성이'의 준말.
산등성-마루(山-)[-뜽-]명 산등성이의 가장 높은 곳. 산마루 ☞등마루. 등성마루
산-등성이(山-)[-뜽-]명 산의 등마루. 산척(山脊). 척릉(脊稜) ¶-를 타다. 준등성이. 산등. 산등성
산디(∠山臺)명 ①지난날, 산디놀음을 하기 위하여 큰 길가나 빈 터, 산기슭 같은 데에 차려 놓은 임시 무대를 이르던 말. ②산디놀음 원산대(山臺)
산디-놀음(∠山臺-)명 고려 시대에 생기어 조선 시대에 발전한 가면극. 탈을 쓴 광대들이 풍악에 맞추어 춤을 추며, 장면이 바뀔 때마다 풍자 섞인 재담과 노래를 곁들임. 양주별산대·봉산탈춤·오광대·송파산대 따위가 전함. 나의(儺儀). 산대극. 산대나례. 산대도감극. 산대잡극. 산대잡희. 산디. 산붕희(山棚戲). 산유(山遊)
산디-도감(∠山臺都監)명 산대도감
산디-탈(∠山臺-)명 산디놀음에 쓰는 여러 가지 탈. 상좌탈·연잎탈·노장탈·먹중탈·취발이탈 따위.
산디-판(∠山臺-)명 산디놀음을 하는 곳.
산-딸기(山-)명 산딸기나무의 열매.
산딸기-나무(山-)명 장미과의 낙엽 활엽 관목. 줄기 높이 1~2m. 온몸에 가시가 돋아 있고 6월경에 흰 꽃이 피며 둥근 열매는 7~8월에 검붉게 익음. 산이나 들, 화전 지대에 나는데 열매는 먹을 수 있고 한방에서 약재로 쓰임. 우리 나라와 일본·중국 등지에 분포함.
산-딸나무(山-)명 층층나뭇과의 낙엽 활엽 교목. 높이 7~12m. 길둥근 잎은 마주나고 6월경에 흰 꽃이 핌. 둥근 열매는 10월경에 붉게 익으며 먹을 수 있음. 정원수로 심기도 하고 가구재로도 쓰임. 우리 나라와 일본·중국 등지에 분포함.
산:-똥명 배탈 등으로 말미암아 먹은 것이 다 삭지 않고 나오는 똥.
산뜩부-하다형 갑자기 무엇이 살갗에 닿아 느껴지는 싸느란 느낌을 나타내는 말. ☞산득. 선뜩
산뜩-산뜩부-하다형 자꾸 산뜩한 느낌을 나타내는 말. ☞산득산득. 선뜩선뜩
산뜻부 얼른 시원스럽게. ¶제의에 - 응하다./- 마음에 내키지 않는다. ☞선뜻
산뜻-하다[-뜨-]형여 ①맛이나 느낌이 깨끗하고 시원하다. ¶기분이 -. /음식 맛이 -. ②빛깔이나 모양 따위가 밝고 말끔하다. ¶옷 색깔이 -. ☞선뜻하다
산뜻-이부 산뜻하게
산:락(散落)명-하다자 사방으로 흩어져 떨어짐.
산:란(產卵)명-하다자 알을 낳음.
산:란(散亂)[1]명 물리에서, 파동(波動)이나 입자선(粒子線)이 물체에 부딪쳐 여러 방향으로 불규칙하게 흩어지는 현상.
산:란(散亂)[2]어기 '산란(散亂)하다'의 어기(語基).
산:란-관(產卵管)명 곤충의 암컷의 배 끝에 있는, 대롱 모양의 알을 스는 기관.
산:란무통(散亂無統)성구 어지럽고 어수선하여 갈피를 잡을 수 없음을 이르는 말.
산:란성=사고(散亂性思考)[-썽-]명 사고(思考) 장애의 한 가지. 꿈꿀 때처럼 줄거리가 없고, 여러 단편적인 것이 무질서하게 어울려 이루어지는 사고.
산:란-파(散亂波)명 전리층(電離層)이나 대기권(大氣圈)에서, 여러 개의 작은 물질에 부딪쳐 여러 방향으로 불규칙하게 흩어지는 전파.
산:란-하다(散亂-)형여 어수선하고 뒤숭숭하다. ¶마음이 -./분위기가 -.
산란-히부 산란하게
산:란=회유(產卵回游)명 어류 따위가 알을 슬기 위해 일정한 시기에 떼를 지어 옮아가는 일. ☞연어
산:략(刪略)명-하다타 글귀 등을 다듬고 줄임. 〔안부를 줄

이고 용건만 쓴다는 뜻으로, 쪽지 등에 쓰는 말임.〕
산령(山嶺)명 산봉우리. 산봉(山峰)
산령(山靈)명 민속에서, 산을 지키고 다스린다는 신령. 산신(山神). 산신령(山神靈)
산로(山路)명 산길
산:로(産勞)명 산고(産苦)
산록(山麓)명 산기슭
산:록(散錄)명 마음에 떠오르는 것을 붓 가는 대로 적은 기록. ☞만필(漫筆)
산록-대(山麓帶)명 식물의 수직 분포상으로 본 한 지대. 교목대의 아래로, 일반 평야와 같은 식물이 자람.
산록=빙하(山麓氷河)명 산악 빙하의 한 가지. 한 개 또는 몇 개의 곡빙하(谷氷河)가 골짜기를 따라 산지 주변의 평야 지역까지 흘러내려온 것.
산뢰(山籟)명 산바람이 나뭇가지를 스쳐 울리는 소리.
산류(山流)명 산 속의 경사가 급한 골짜기를 흐르는 내.
산:류(産瘤)명 해산 때, 태아가 좁은 산도(産道)를 지나면서 압박을 받아 신체의 일부분이 혹처럼 부어 오른 것.
산류(酸類)[-뉴]명 산성(酸性)이 있는 화합물을 통틀어 이르는 말. 질산·염산·황산 따위. ☞염기류
산:륜(散輪)명 무거운 물건을 옮길 때, 그 밑에 넣고 굴리는 둥근 나무토막.
산:륜-질(散輪-)명-하다자타 산륜을 괴어 무거운 물건을 옮기는 일.
산릉(山陵)명 ①산과 언덕. ②임금의 무덤. ③지난날, 인산(因山)을 하기 전에 아직 이름을 정하지 않은 새 능을 이르던 말.

산릉(山稜)명 산의 능선(稜線).
산릉-도감(山陵都監)명 조선 시대, 임금이나 왕비의 능을 새로 만들 때 임시로 베푸는 관아를 이르던 말.
산릉-선(山稜線)명 여러 개의 산릉이 이어져 만들어진 선.
산리(山里)명 산 속에 있는 마을. 산촌(山村)
산리(山梨)명 '돌배'의 딴이름.
산리(山理)명 묏자리의 위치·방위 등에 따라서 재앙이나 복이 좌우된다는 이치를 이르는 말.
산:리(散吏)명 산관(散官)
산림(山林)명 ①산과 숲. ②산에 있는 숲.
산림=녹화(山林綠化)명 식목(植木), 산림 보호, 사방 공사 등으로 산의 초목을 무성하게 가꾸는 일.
산림-대(山林帶)명 기후·지리·토양 등에 따른 산림 분포 특성에 따라 지구를 구분한 지대. 열대림, 아열대림, 난대림, 온대림, 아한대림 따위.
산림=지역(山林地域)명 국토 이용 관리법에 따라 지정한 용도 지역의 하나. 산림 보전 지구와 개간 촉진 지구로 분류됨. ☞공업 지역(工業地域)
산림-처:사(山林處士)명 지난날, 관직에 나아가지 아니하고 시골에 살면서 글이나 읽으며 지내는 선비를 이르던 말.
산림-천택(山林川澤)명 산과 숲과 내와 못을 아울러 이르는 말. ㊟산택(山澤)
산림-학파(山林學派)명 조선 연산군 때, 사화(士禍)와 당쟁(黨爭)이 심해지자 시골에서 글이나 읽으며 살았던 선비들. 강호파(江湖派)
산-마루(山-)명 산등성이의 가장 높은 곳. 산등성마루
산-마루터기(山-)명 산마루의 두드러진 턱.
산막(山幕)명 사냥꾼이나 약초 캐는 사람이 쓰려고 산 속에 임시로 지은 간단한 집.
산:만(刪蔓)명 '인사는 생략하고 바로 할 말로 들어가겠다'는 뜻으로, 편지 첫머리에 쓰는 한문 투의 말. ㊥제번(除煩) ☞산략(刪略)
산:만(散漫)어기 '산만(散漫)하다'의 어기(語基).
산:만=신경계(散漫神經系)명 신경 세포가 표피에 균일하게 퍼져서 그물 모양으로 연결되어 있는 신경계. 히드라와 같은 강장동물에서 볼 수 있음. ☞집중 신경계
산:만-하다(散漫-)형여 어지럽게 흩어져 어수선하다. ¶주의가 -./산만한 분위기.
산:-말명 꼭 알맞고 적절하게 표현한 말.
산:망(散亡)명-하다자 흩어져 없어짐.
산:망-스럽다(-스럽고·-스러워)형ㅂ 말과 행동이 잘고 경망하다. ¶하는 짓이 산망스럽기 짝이 없다.
산망-스레부 산망스럽게
산매(山魅)명 산 속에서 산다고 하는 요사스러운 귀신.
산매가 들리다관용 요사스러운 산 귀신이 몸에 붙다.
산:매(散賣)명-하다타 물건을 생산자나 도매상에서 사들여 소비자에게 직접 판매하는 일. 소매(小賣) ☞도매(都賣)
산:매-상(散賣商)명 생산자나 도매상에서 사들인 물건을 소비자에게 직접 파는 장사, 또는 그 장수. 소매상
산:매-업(散賣業)명 생산자나 도매상에서 사들인 물건을 소비자에게 직접 파는 영업. 소매업
산-매자(山-)명 산매자나무의 열매.
산매자-나무(山-)명 진달랫과의 낙엽 활엽 관목. 높이 30~60cm. 잎은 길둥글며 어긋맞게 남. 7~8월에 담홍색 네잎꽃이 피며, 9월경에 둥근 열매가 붉게 익는데 신맛이 강함. 우리 나라와 일본 등지에 분포함.
산:매-점(散賣店)명 생산자나 도매상에서 사들인 물건을 소비자에게 직접 파는 가게. 소매점
산맥(山脈)명 잇달아 길게 뻗어 줄기를 이룬 산지. 산줄기 ¶태백 -
산-머리(山-)명 산꼭대기
산-멀미(山-)명 높은 산에 올라갔을 때 생기는 멀미 증세. 기압이 낮아지고 산소가 부족해짐으로써 구토·두통·이명(耳鳴)·현기증 따위의 증세를 나타냄. 산악병(山嶽病) ¶-가 나다. ☞뱃멀미
산:-멱명 멱통. 산멱통
산:-멱통명 살아 있는 동물의 멱. 멱통. 산멱
산면(山面)명 산의 표면.
산명(山鳴)명-하다자 지진이나 화산 활동 등의 전조로 산이 울리는 일, 또는 그 소리. 산울림
산:명(算命)명 ①사람의 사주로 명수(命數)의 길흉(吉凶)을 점치는 일. ②사람의 운수를 알아보는 점.
산명수려(山明水麗)성구 산과 물이 맑고 아름답다는 뜻으로, 자연의 경치가 아름다움을 이르는 말. 산명수자(山明水紫). 산명수청(山明水淸). 산자수명(山紫水明)
산명수자(山明水紫)성구 산명수려(山明水麗)
산명수청(山明水淸)성구 산명수려(山明水麗)
산:모(産毛)명 태어난 뒤에 한 번도 깎지 않은 어린아이의 머리털. 배냇머리. 태발(胎髮)
산:모(産母)명 아기를 낳은 지 며칠 되지 않은 부인. 해산어미. 산부(産婦)
산모(酸模)명 '수영'의 딴이름.
산-모롱이(山-)명 산모퉁이의 휘어 돌아간 곳.
산:모=섬유(散毛纖維)명 실, 천, 종이 따위의 겉에 보풀보풀 일어난 섬유. 괴깔
산-모퉁이(山-)명 산기슭의 쑥 내민 귀퉁이.
산:-목숨명 살아 있는 목숨.
산무애-뱀(山-)명 뱀과의 동물. 몸길이 1.5m 안팎. 몸빛깔은 암갈색으로, 몸 양쪽에 흰 줄이 있으며 검은 점이 온몸에 흩어져 무늬를 이룸. 한방에서는 화사(花蛇)라 하여 문둥병·풍병(風病)·보신(補身) 등에 약재로 쓰임. 백화사(白花蛇)
산문(山門)명 ①산의 어귀. ②불교에서, '절' 또는 '절의 정문(正門)'을 이르는 말.
산:문(産門)명 아이를 낳는 여자의 음부(陰部). 포문(胞門). 해탈문(解脫門)
산:문(散文)명 글자의 수나 운율 등에 구애받지 않고 자유롭게 쓴 글. ☞운문(韻文)
산:문-극(散文劇)명 대사(臺詞)를 산문으로 쓴 극.
산:문-시(散文詩)명 산문의 형식으로 쓴 시. 형식은 산문이나, 내용은 시적인 정서를 나타내고 있으며 행과 연의 구분이 없음.
산:문-적(散文的)명 산문의 특성을 가진 것.
산:문-체(散文體)명 산문으로 된 보통의 문장체. ☞운문체(韻文體)

산:물(產物)명 ①그 지방에서 생산되어 나오는 물건. ②어떤 일의 결과로 생겨난 것, 또는 현상. ¶노력의 -./현대 문명의 -.
산미(山味)명 산에서 나는 나물이나 과실 따위의 맛.
산미(山彌)명 전각(殿閣)이나 성문(城門) 같은 큰 건물의 기둥과 도리가 맞붙은 곳을 장식하는, 촛가지로 짜서 만든 물건. 살미
산:미(產米)명 ①농사를 지어 생산하는 쌀. ②해산쌀
산미(酸味)명 신맛
산-밑(山-)명 산기슭의 아래. 산의 아래.
속담 **산밑 집에 방앗공이 논다** : 그 고장 산물이 오히려 그곳에서는 귀하다는 말. 〔대장간에 식칼이 논다〕
산-바람(山-)[-빠-]명 ①산에서 부는 바람. 산에서 불어오는 바람. ②밤에, 산마루에서 산기슭 쪽으로 부는 바람. 산풍(山風). 재넘이
산-박쥐(山-)명 박쥣과의 동물. 몸길이 7cm 안팎. 보통 박쥐보다 크고 머리 폭이 넓으며 날개는 좁고 길. 털빛은 갈색 또는 황갈색이며 나무의 구멍이나 돌담 사이에서 떼지어 생활함. 똥은 '오령지(五靈脂)'라 하여 한방에서 약재로 쓰임. 산편복(山蝙蝠). 한호충(寒號蟲)
산-박하(山薄荷)명 꿀풀과의 여러해살이풀. 줄기 높이 1m 안팎. 잎은 달걀꼴로 마주나고, 늦여름에 자주색 꽃이 취산(聚散) 꽃차례로 핌. 어린잎은 먹을 수 있음. 우리 나라 각지의 산과 들에 자람.
산:반(散班)명 산관(散官)
산:발(散發)명-하다자 어떤 일이 여기저기서 동안을 두고 일어남. ¶교통 사고가 -하다.
산:발(散髮)명-하다자타 머리카락을 어지럽게 풀어 헤침 . ¶산발한 머리.
산:발-성(散發性)[-썽]명 전염병 따위가 여기저기서 때때로 발생하는 성질.
산:발-적(散發的)[-쩍]명 어떤 일이 여기저기서 동안을 두고 일어나는 것. ¶-인 데모.
산-밤(山-)[-빰]명 산밤나무의 열매.
산밤-나무(山-)[-빰-]명 ①산에 저절로 나 자란 밤나무. ②참나뭇과의 낙엽 활엽 교목. 잎은 길둥글고 잔 톱니가 있음. 5~6월에 꽃이 피고 9~10월에 열매가 익는데 밤나무의 열매보다 작음. 열매는 먹을 수 있고, 한방에서 약재로 쓰임.
산방(山房)명 ①산 속에 있는 집의 방. ②산장(山莊) ③흔히 다른 말 아래 붙여, '서재(書齋)'를 뜻하는 말.
산방(訕謗)명-하다타 남을 흉보고 비방함.
산:방(產房)명 아이를 낳는 방. 산실(產室)
산:방(散枋)명 도리 위에 서까래를 걸기 위하여 세모꼴로 깎아 추녀 곁에 붙이는 나뭇조각.
산:방=꽃차례(繖房-)[-꼳-]명 무한(無限) 꽃차례의 한 가지. 꽃자루의 길이가 아래에 달린 것일수록 길어서 꽃이 거의 평면으로 가지런하게 피는 것. 산방 화서(繖房花序) ☞산형(繖形) 꽃차례
산:방=화서(繖房花序)명 산방(繖房) 꽃차례 ☞무한 화서(無限花序)
산배(山背)명 산등성이의 뒤쪽.
산벌(山伐)명-하다자 산에 있는 나무를 벰.
산:법(算法)[-뻡]명 셈을 하는 법.
산:법=언어(算法言語)[-뻡-]명 과학 기술 계산용으로 개발된 프로그래밍 언어. 알골(ALGOL)
산-벚나무(山-)[-벋-]명 장미과의 낙엽 활엽 교목. 높이 25m 안팎. 벚나무와 비슷하며 나무껍질은 흑갈색임. 잎은 길둥글고 가장자리에 톱니가 있음. 5월경에 담홍색 또는 백색 꽃이 피고 7월경에 동근 열매가 까맣게 익음. 산앵(山櫻)
산:-벼락[-뼈-]명 죽음을 간신히 면할 정도로 맞은 벼락이라는 뜻으로, 호되게 당하는 재난을 이르는 말.
산병(疝病)[-뼝]명 산증(疝症)
산:병(散兵)명-하다자타 야전에서, 병사를 밀집시키지 않고 적당한 간격으로 산개하여 배치하는 일, 또는 그 병사. 산졸(散卒)
산:병(散餠)명 떡의 한 가지. 흰떡을 개피떡 비슷하게 반달 모양으로 빚어 소를 넣고 매우 잘게 만들어 여러 빛깔로 물감을 들인 다음 세 개 혹은 다섯 개씩 붙인 떡.
산:병-선(散兵線)명 야전에서, 병력을 산개해 놓은 전선.
산:병-전(散兵戰)명 부대가 산개 대형으로 싸우는 전투.
산:병-호(散兵壕)명 산병전(散兵戰)에 이용하기 위하여 만든 호. 엄보(掩堡)
산:보(刪補)명-하다타 불필요한 것은 깎아 내고, 모자라는 것은 보충하는 일.
산:보(散步)[-뽀]명-하다자 산책(散策) ☞소풍(逍風). 유보(遊步)
산:-보살(-菩薩)명 ①불교에서, 덕이 높은 중을 이르는 말. ②보살과 같이 어진 마음을 가진 사람을 비유하여 이르는 말. 산부처
산복(山腹)명 산의 중턱.
산봉(山峰)명 산봉우리
산-봉우리(山-)[-뽕-]명 산에서 가장 높이 솟은 부분. 산령(山嶺). 산봉(山峰) 준봉우리. 봉(峰)
산:부(產婦)명 산모(產母)
산-부리(山-)[-뿌-]명 산의 봉우리나 등성이의 가장 높은 꼭대기. 멧부리
산:부인-과(產婦人科)[-꽈]명 임신과 분만, 신생아와 부인의 병을 맡아보는 의술의 한 분과, 또는 그 분야의 병을 전문으로 진료하는 곳. ☞산과(產科). 부인과
산:-부처명 산보살
산:분(產糞)명 배내똥
산분(酸分)명 어떤 물질에 포함된 산(酸)의 양.
산-불(山-)[-뿔]명 산에서 난 불. 산화(山火)
산붕(山崩)명 산사태
산붕-희(山棚戲)명 산디놀음
산비(酸鼻)어기 '산비(酸鼻)하다'의 어기(語基).
산-비탈(山-)[-삐-]명 산기슭이나 산허리의 가파르게 경사져 있는 곳.
산비-하다(酸鼻-)형여 몹시 비통하거나 참혹하여서 콧마루가 시큰시큰하다.
산빈(山殯)명 산 속에 만들어 놓은 빈소.
산-뽕(山-)명 ①산뽕나무 ②산뽕나무의 잎.
산-뽕나무(山-)명 뽕나뭇과의 낙엽 활엽 교목. 높이 7~8m. 잎은 길둥글며 가장자리에 톱니가 있고 어긋맞게 남. 4~5월에 꽃이 피고 6월경에 자흑색 열매가 익음. 잎은 양잠 사료로 쓰이며 열매는 먹을 수 있고, 한방에서 약재로도 쓰임. 산뽕. 산상(山桑)
산사(山寺)명 산 속에 있는 절.
산사(山査)명 ①산사나무 ②산사자(山査子)
산:사(散史)명 지난날, 관직에 있지 아니하고 민간에서 문필 활동을 하던 사람.
산사-나무(山査-)명 장미과의 낙엽 활엽 교목. 높이 6m 안팎. 잎은 길둥글며 가장자리에 톱니가 있고 깃꼴로 갈라져 있음. 가지에 가시가 있으며 5월경에 흰 꽃이 산방(繖房) 꽃차례로 피고 9~10월에 붉은 열매가 익음. 한방에서는 열매를 '산사자(山査子)'라 하여 소화제 따위의 약재로 쓰임. 산사. 아가위나무
산-사:람(山-)[-싸-]명 산에 사는 사람.
산사-육(山査肉)명 한방에서, 씨를 발라낸 산사자의 살을 약재로 이르는 말. 소화제 등으로 쓰임.
산사-자(山査子)명 한방에서, 산사나무의 열매를 약재로 이르는 말. 건위(健胃)·소화·정장제(整腸劑)로 쓰임. 산사. 아가위
산-사태(山*沙汰)명 큰비나 지진 등으로 산 중턱의 암석이나 토사 따위가 갑자기 무너져 내리는 현상. 산붕(山崩). 산태(山汰)
산:삭(刪削)명-하다타 필요하지 않은 글자나 구절을 지워 버리는 일. 산거(刪去). 산제(刪除)
산:삭(產朔)명 아기가 태어날 예정인 달. 산월(產月)
산:산-이(散散-)부 여지없이 흩어지거나 깨어지는 모양을 나타내는 말. ¶- 부서지다./- 흩어지다.
산:산-조각(散散-)명 잘게 부서지거나 깨진 여러 조각.

¶거울이 깨져 –이 나다.

산산-하다 형여 날씨나 공기가 시원한 정도로 사늘하다. ¶산산한 아침 기운. ☞사늘하다. 살랑하다. 서늘하다. 선선하다

산삼(山蔘) 명 깊은 산에 저절로 나서 자란 인삼. 한의학에서 약명으로 이르는 말. 맛은 달고 조금 쓰며 약성은 온(溫)함. 적응증이나 효용은 인삼과 비슷하나 약효가 매우 좋음. ☞가삼(家蔘). 천종(天種)

> ▶ '산삼'의 여러 가지 이름
> ① 산양삼(山養蔘) 또는 산양(山養) — 산삼의 씨앗을 산중에 뿌려 기른 산삼.
> ② 장뇌(長腦) 또는 장로(長蘆) — 인삼의 씨앗을 산중에 뿌려 기른 산삼.
> ③ 경삼(驚蔘) — 산삼을 옮겨 심어서 기른 산삼.
> ④ 천종(天種) — 산삼의 씨앗이 조류의 배설물에서 싹터 자란 산삼.
> ⑤ 지종(地種) — 천종의 씨앗이 포기 주변에 흩어져서 자란 산삼.

산상(山上) 명 ①산 위. ☞산하 ②뫼 쓰는 일을 하는 곳.

산상(山桑) 명 '산뽕나무'의 딴이름.

산상-보훈(山上寶訓) 명 예수가 갈릴리 호숫가의 산 위에서 크리스트교인이 갖추어야 할 덕행에 관하여 행한 설교, 또는 그 내용이 기록된 신약성서 중 '마태복음' 5~7장의 내용을 이르는 말. 산상수훈(山上垂訓)

산상-수훈(山上垂訓) 명 산상보훈(山上寶訓)

ㅅ

산-새(山–)[–쌔] 명 산에서 사는 새를 통틀어 이르는 말. 멧새. 산금(山禽). 산조(山鳥)

산색(山色) 명 ①산의 빛. ②산의 경치. ¶–이 아름답다.

산서(山墅) 명 산에 있는 별장. 산장(山莊)

산:서(算書) 명 수판 놓는 법을 적은 책.

산석(山石) 명 ①산에 있는 돌. ②능에서 산신제를 지낼 때에 쓰는 돌.

산-석류(山石榴) 명 가을에 꽃이 피는 철쭉의 한 가지.

산설(山雪) 명 산에 쌓인 눈.

산성(山城) 명 산에 쌓은 성. ¶남한–

산:성(産聲) 명 아이가 태어나면서 처음으로 우는 소리. 고고지성(呱呱之聲)

산성(酸性) 명 어떤 물질이 나타내는 산(酸)의 성질. 수용액에서 신맛이 나며, 파란 리트머스 종이를 붉게 변화시키고, 알칼리를 중화시키는 성질 따위. ☞염기성

산성-도(酸性度) 명 ①용액이 지닌 산성의 정도. 수소 이온 농도나 수소 이온 지수로 나타냄. ②산의 강도(強度). 산도(酸度)

산성=물감(酸性–)[–깜] 명 산성 염료

산성=반:응(酸性反應) 명 산성임을 나타내는 화학 반응. 파란 리트머스 종이를 붉게 변화시키거나 노란 메틸오렌지를 붉게 변화시키는 반응 따위.

산성=백토(酸性白土) 명 산성 반응을 나타내는 점토의 한 가지. 흡착성(吸着性)과 탈색성(脫色性)이 강하여 석유·유지류의 정제·탈색, 건조제 등에 쓰임.

산성-병(酸性病)[–뼝] 명 산독증(酸毒症)

산성-비(酸性–) 명 고농도의 황산과 질산 따위가 섞이어 pH 5.6 이하의 산성을 띤 비.

산성=비:료(酸性肥料) 명 산성인 비료. 과인산석회, 황산암모늄, 황산칼륨 따위.

산성=산화물(酸性酸化物) 명 물과 화합하면 산소산이 되고, 염기와 반응하면 염이 되는 산화물.

산성=식물(酸性植物) 명 산성도가 높은 토양에서도 잘 자라는 식물. 두루미꽃, 벼, 수수 따위.

산성=식품(酸性食品) 명 섭취한 음식이 체내에서 연소될 때, 산을 형성하는 물질이 많이 생겨 체액의 산성도를 높이는 식품. 곡류·육류·생선 등. ☞알칼리성 식품

산성-암(酸性岩) 명 이산화규소가 많이 함유된 화성암. 유문암·화강암 따위. ☞염기성암(塩基性岩)

산성-염(酸性塩)[–념] 명 다염기산(多塩基酸)의 수소 원자의 일부분을 금속 원소로 치환한 염. 황산수소나트륨·탄산수소나트륨 따위. ☞염기성염

> ▶ 산성 식품(酸性食品)들
> 백미/현미/보리/옥수수/밀가루/땅콩/완두/호두/쇠고기/돼지고기/닭고기/달걀노른자/뱀장어/잉어/참치/도미/복어/조기/오징어/새우/대합/김/치즈/버터/맥주/청주

산성=염:료(酸性染料)[–념–] 명 색소의 분자 속에 산성기를 가지며 산의 성질을 띠는 수용성 합성 염료. 동물성 섬유에 염색이 잘 됨. 산성 물감

산성-일기(山城日記) 명 조선 인조 때, 어느 궁녀가 쓴 일기체 수필. 병자호란(丙子胡亂) 때 남한산성으로 피난한 일과 인조반정(仁祖反正) 때의 일을 사실적으로 서술하였음.

산성=저:장법(酸性貯藏法)[–뻡] 명 식품을 산성 용액에 담가 미생물의 생육을 억제하는 저장 방법.

산성-천(酸性泉) 명 황산·염산·규산 등이 많이 들어 있어 산성을 띠는 온천.

산성-토(酸性土) 명 산성 토양(酸性土壤)

산성=토양(酸性土壤) 명 산성 반응을 나타내는 토양. 농작물 경작에는 부적당함. 산성토

산세(山勢) 명 산의 형세(形勢). ¶–가 험하다.

산소(山所) 명 ①'무덤'의 높임말. ②무덤이 있는 곳. 묘소(墓所). 산처(山處). 영역(塋域) 준산 ☞뫼

속담 **산소 등에 꽃이 피었다** : 자손이 부귀영화(富貴榮華)를 누리게 되었음을 이르는 말. [선영(先塋) 명당 바람이 난다/죽은 나무에 꽃이 핀다]

산:소(訕笑) 명 –하다 타 흉보고 비웃는 일.

산소(酸素) 명 비금속 원소의 하나. 맛·냄새·빛깔이 없는 기체 원소로 대기 부피의 약 5분의 1, 지각 질량의 2분의 1을 차지하며 대부분의 원소와 잘 화합함. 생물의 호흡에 깊이 관여하며 그 생명 유지에 필수적인 물질임. [원소 기호 O/원자 번호 8/원자량 16.00]

산소-땜(酸素–) 명 산소 용접

산:-소리 명 –하다 자 어려우면서도 속은 살아서 남에게 굽죄이지 않으려고 하는 큰소리.

산소-마스크(酸素mask) 명 고공(高空)이나 갱 속 등 산소의 양이 매우 적은 곳에서 쓰는 마스크. 산소 탱크에 연결하여 숨쉬는 것을 도와 줌.

산소-산(酸素酸) 명 산소를 함유하는 무기산. 염소산, 요오드산, 인산 따위.

산소=아세틸렌=불꽃(酸素acetylene–) 명 산소와 아세틸렌을 연소시킬 때 생기는 불꽃. 금속 재료의 용접이나 절단 등에 쓰임. 산소 아세틸렌염

산소=아세틸렌염(酸素acetylene焰) 명 산소 아세틸렌 불꽃

산소=요법(酸素療法)[–뻡] 명 신체 조직 내의 산소가 부족할 때, 산소를 들이마시게 하여 병을 치료하는 방법.

산소=용접(酸素鎔接) 명 산소 아세틸렌 불꽃으로 하는 용접. 산소땜

산소=호흡(酸素呼吸) 명 생물이 외부에서 산소를 들이마시어 체내에서 유기물을 산화함으로써 에너지를 얻고, 이 때 생기는 이산화탄소를 몸 밖으로 내보내는 일. 유기 호흡(有氣呼吸) ☞무기호흡(無氣呼吸)

산소=화:합물(酸素化合物) 명 산화물(酸化物)

산소=흡입(酸素吸入) 명 빈혈 등으로 신체 조직 내의 산소가 부족할 때, 산소를 들이마시게 하여 체내의 가스 교환을 돕는 일.

산-솔새(山–)[–쏠쌔] 명 딱샛과의 여름 철새. 몸길이 13cm 안팎. 이마에서 윗목까지 띠가 뻗어 있으며 배 쪽은 백색, 등은 녹회색이고 날개에는 띠무늬가 있음. 5~6월에 한 배에 4~6개의 알을 낳음.

산송(山訟) 명 산소(山所)에 관한 송사(訟事).

산:-송장 명 살아 있으되 활동력이 없고 무능하여 죽은 것과 다름없는 사람을 이르는 말.

산수(山水) 명 ①산과 물이라는 뜻으로, 자연의 경치를 이르는 말. ②산에서 흘러내리는 물. ③'산수화(山水畫)'

의 준말.

산:수(刪修)명-하다타 불필요한 글귀나 문장을 지우고 다듬어 정리함. 산술(刪術). 산정(刪定)

산수(傘壽)명 나이 '여든 살'을 이르는 말. [‘산(傘)’자의 약자가 팔십(八十)과 비슷한 데서 생긴 말.] 중수(中壽)

산:수(算數)명 예전에, 수의 성질과 셈의 기초를 가르치던, 초등 학교의 교과목.

×**산수**(撒水)명-하다자 →살수(撒水)

산수-낭(山水囊)명 산수 무늬를 수놓은 주머니.

산수-도(山水圖)명 ①산수의 형세를 그린 약도(略圖). ②산수화(山水畫)

산수-병(山水屛)명 자연의 경치를 그린 병풍. 산수 병풍

산수=병풍(山水屛風)명 산수병(山水屛)

산-수소(酸水素)명 산소와 수소의 화합물.

산수소=불꽃(酸水素-)명 산소와 수소의 혼합 기체를 태울 때 생기는 불꽃. 약 3,000°C의 고온으로, 석영이나 백금을 녹일 수 있음. 산수소염(酸水素焰)

산수소-염(酸水素焰)명 산수소 불꽃

산수소=취:관(酸水素吹管)명 산수소 불꽃을 내는 데 쓰이는 관. 겉의 관은 수소를, 속의 관은 산소를 통하게 이중으로 되어 있으며, 관 끝에 불을 붙이게 되어 있음.

산-수유(山茱萸)명 산수유나무의 열매. 한방에서, 해열제나 자양 강장제 등으로 쓰임. 석조(石棗)

산수유-나무(山茱萸-)명 산수유나뭇과의 낙엽 활엽 교목. 높이 7m 안팎. 둥그스름한 잎은 가장자리가 밋밋하고 끝이 뾰족하며 마주 남. 3~4월에 노란 꽃이 잎보다 먼저 산형(繖形) 꽃차례로 피며, 9~10월에 길이 1.5cm 안팎의 길둥근꼴 열매가 익음. 열매는 씨를 빼고 말려서 한약재로 씀. 석조(石棗)

산수-이(山水異)명 괴이한 자연 현상. 산붕(山崩)·산명(山鳴)·해일(海溢) 또는 강물 따위의 빛이 변하거나 마르거나 하는 따위.

산수-화(山水畫)명 자연의 경치를 주제로 그린 동양화. 산수도(山水圖) 준 산수(山水)

산:숙(散宿)명-하다자 여러 집에 흩어져 숙박함.

산:술(刪述)명-하다타 산수(刪修)

산:술(算術)명 일상 생활의 여러 가지 문제에도 응용될 수 있는 수(數)와 양(量)의 간단한 성질 및 셈을 다루는 기초적인 수학, 또는 초보적인 계산법.

산:술-급수(算術級數)명 각 항이 그 앞의 항에 일정한 수를 더한 것으로 이루어진 급수. 등차급수(等差級數)

산:술=평균(算術平均)명 몇 가지의 수의 합을 그 가짓수로 나눈 평균값. 상가 평균(相加平均) ☞기하 평균

산스크리트(Sanskrit 범)명 인도유럽 어족 가운데 인도 이란 어파(語派)에 딸리는 옛 인도 아리안 말. 전(前) 인도의 고급 문장어로서 오늘날까지 내려오는데, 인도에서 출판된 불경(佛經)이나 고대 인도 문학은 대개 이 문자로 기록되어 있음. 범어(梵語)

산승명 찹쌀가루 반죽을 얇게 밀어 둥글거나 모지게 만들어 기름에 지진 웃기떡.

산승(山僧)명 산의 절에 있는 중.
대 중이 자기를 겸손하게 일컫는 말. 빈도(貧道). 소승(小僧)

산:식(產殖)명-하다자 불어나고 늘어나서 많이 퍼짐.

산:식(散植)명 허튼모

산:식(算式)명 숫자 또는 여러 가지 수학 기호를 써서 계산의 차례나 방법을 표시한 식.

산-식물(酸植物)명 몸의 세포액 중에 능금산·수산(蓚酸) 등의 유기산을 많이 함유한 식물. 괭이밥·선인장 등.

산신(山神)명 산신령

산:신(產神)명 민속에서, 사람에게 아이를 점지한다는 신령. 삼신(三神)

산신-각(山神閣)명 절에서, 산신을 모신 집. 산왕단(山王壇)

산신=나무(山神-)명 민속에서, 무덤을 보호한다고 하여 무덤 근처에 심는 나무. 산신목

산신-당(山神堂)명 산신을 모신 사당. 산제당(山祭堂) 준 산당(山堂)

산-신령(山神靈)명 민속에서, 산을 지키고 다스린다는 신령. 산군(山君). 산령(山靈). 산신(山神)

산신-목(山神木)명 산신 나무

산신-제(山神祭)명 산신에게 지내는 제사. 준 산제

산신=탱화(∠山神幀畫)명 산신을 그린 족자.

산:실(產室)명 ①아이를 낳는 방. 산방(產房) ②어떤 일을 꾸미거나 이루어 내는 곳. ¶국어 사전의 —.

산:실(散失)명-하다타 흩어져 잃어버림. ¶책이 —되다.

산:실-청(產室廳)명 조선 시대, 비(妃)나 빈(嬪)의 해산에 관한 일을 맡아보던 임시 관아.

산:심(散心)명-하다자 ①마음이 어지럽게 흩어짐. ②마음을 놓음. 방심(放心)

산-쑥(山-)명 국화과의 여러해살이풀. 줄기 높이 2m 안팎. 잎은 마주 나며 깃꼴로 깊게 갈라져 있고 회백색 솜털이 나 있음. 8~9월에 국화와 비슷한 노란 꽃이 원추(圓錐) 꽃차례로 핌. 어린잎은 먹을 수 있고 말린 잎은 약재로 쓰임. 사재발쑥. 애호(艾蒿) ☞약쑥

산:아(產兒)명-하다자 ①아이를 낳음. ②태어난 아기.

산:아=제:한(產兒制限)명 인위적으로 수태(受胎)를 피하여 출산을 제한하는 일.

산:아=조절(產兒調節)명 인위적으로 수태(受胎)와 출산을 조절하는 일.

산악(山嶽)명 크고 작은 모든 산을 통틀어 이르는 말.

산:악(散萼)명 꽃이 피고 나면 이내 떨어지는 꽃받침. 양귀비꽃의 꽃받침 따위. ☞숙악(宿萼)

산악-국(山嶽國)명 국토의 대부분이 산지인 나라.

산악-기상(山嶽氣像)명 산악처럼 씩씩하고 웅장한 기상.

산악=기후(山嶽氣候)명 산악 지대의 특수한 기후형. 기온이 매우 낮으며, 일기 변화가 심하고 바람이 셈.

산악-림(山嶽林)명 산악 지대에 이루어진 숲. ☞평지림

산악-병(山嶽病)명 고산병(高山病). 산멀미

산악=빙하(山嶽氷河)명 높은 산의 산마루나 산꼭대기 근처의 골짜기에 이루어진 빙하. ☞내륙 빙하(內陸氷河)

산악=숭배(山嶽崇拜)명 산악을 신성한 존재로 여겨 숭배하는 일.

산악-회(山嶽會)명 등산을 즐기는 이들로 이루어진 단체.

산안(山眼)명 묏자리의 좋고 나쁨을 알아보는 안목.

산앵(山櫻)명 '산벚나무'의 딴이름.

산-앵두(山-)명 ①산앵두나무의 열매. 산이스라지. 욱리(郁李). 울리(鬱李) ②산앵두나무

산앵두-나무(山-)명 ①진달랫과의 낙엽 관목. 높이 1m 안팎. 갸름한 잎은 어긋맞게 나며, 5~6월에 붉은빛이 도는 종 모양의 꽃이 총상(總狀) 꽃차례로 핌. 9월경에 붉게 익는 길둥근 열매는 먹을 수 있음. 산앵두 ②장미과의 낙엽 관목. 높이 1m 안팎. 길둥근 잎은 어긋맞게 나며, 가장자리에 가는 톱니가 있음. 4~5월에 잎보다 먼저 잎겨드랑이에 꽃이 핌. 7~8월에 붉게 익는 둥근 열매는 먹을 수 있으며, 씨는 약재로 쓰임. 산이스라지나무

산야(山野)명 산과 들을 아울러 이르는 말.

산약(山藥)명 한방에서, 마의 덩이뿌리를 약재로 이르는 말. 몽설(夢泄)·대하(帶下)·요통·설사 등에 쓰임.

산:약(散藥)명 가루약 ☞탕약(湯藥)

산양(山羊)명 ①솟과의 동물. 몸길이 1.2m 안팎. 암수 모두 뿔이 있음. 털빛은 회갈색이고, 몸 뒤에는 검은빛을 띤 짧은 갈기가 있음. 험준한 바위 산 등에서 2~5마리씩 모여 삶. 천연 기념물 제217호. ②염소

산양(山陽)명 산의 양지바른 남쪽 편. ☞산음(山陰)

산양(山養)명 '산양삼(山養蔘)'의 준말.

산양-삼(山養蔘)명 산삼의 씨앗을 산중에 뿌려 기른 산삼. 준 산양(山養) ☞장뇌(長腦). 인종(人種)

산양-유(山羊乳)[-뉴]명 염소 젖.

산양-좌(山羊座)명 염소자리

산양-피(山羊皮)명 염소의 가죽.

산-언덕(山-)명 산이 언덕처럼 낮아진 부분. 구롱(丘壟)

산-언저리(山-)명 산 둘레의 부분.

산:업(産業)명 인간이 생활을 유지하기 위하여 일상적으로 하는 생산적 활동. 일반적으로 물적 재화와 서비스의 생산을 포함함.
산:업-계(産業界)명 산업에 일하는 사람들의 사회.
산:업=공동화(産業空洞化)명 제조 업체가 해외 현지에서 물품을 생산하는 것 따위의 해외 직접 투자로 말미암아 국내 생산 능력이 떨어져 가는 현상을 이르는 말.
산:업=공해(産業公害)명 공장에서 배출하는 매연·폐수·소음 등으로 말미암은 공해.
산:업=공:황(産業恐慌)명 투자는 감소하는 데 비하여 생산재의 과잉 생산으로 말미암아 여러 생산 기업이 도산하는 공황.
산:업=교:육(産業教育)명 농업·공업·상업·수산업 등의 생산적인 활동에 필요한 지식·기술을 가르치는 교육.
산:업=구조(産業構造)명 한 나라의 국민 경제에 존재하는 각 산업이 그 나라 전체 산업에서 차지하는 비중과 그 상호 관계.
산:업=국유화(産業國有化)명 국가가 공공성이 있는 기업이나 생산 수단을 소유하여 경영하는 일.
산:업=금융(産業金融)[-늉]명 생산 자본을 대상으로 하는 금융. ☞소비 금융
산:업-기사(産業技士)명 국가 기술 자격 등급의 한 가지. 기사(技士)의 아래임. 2년제 대학 졸업 이상인 사람이 응시할 수 있음. ☞기능사(技能士)
산:업=도시(産業都市)명 ①산업이 발달한 도시. ②주민의 대부분이 공업이나 광산업에 일하는 도시.

산:업=동:원(産業動員)명 전쟁 물자 생산을 위하여 국가가 국내의 산업 조직을 강제적으로 관리·경영·이용하는 일.
산:업=디자인(産業design)명 공업 생산품의 의장(意匠)이나 설계.
산:업=민주주의(産業民主主義)명 자본가와 노동자의 대표에 정부 및 공중의 대표가 함께 참여하여 산업을 민주적으로 경영하려는 주의.
산:업=박람회(産業博覽會)명 각종 생산품을 한자리에 진열하여 여러 사람에게 관람·구매하게 하는 박람회.
산:업별=노동=조합(産業別勞動組合)명 같은 산업에 딸린 노동자들로써 조직된 노동 조합.
산:업=사회(産業社會)명 공업화의 진전으로 사회 구조 전체가 분업화·전문화·조직화된 사회.
산:업=스파이(産業spy)명 기업의 최신 정보를 몰래 입수하거나 교란시키는 공작 등을 전문으로 하는 사람.
산:업=심리학(産業心理學)명 산업 활동을 하는 인간의 심리를 연구하는 응용 심리학의 한 분과. 직업 심리학, 노동 심리학, 광고 심리학의 세 분야가 있음.
산:업=연관표(産業聯關表)[-년-]명 한 나라에서 일정 기간에 각각의 산업에서 생산된 재화와 용역이 산업 상호간에 어떠한 모양으로 분배되었는지를 통일적으로 산정하기 위하여 행렬(行列)로 나타낸 표.
산:업=예:비군(産業豫備軍)[-녜-]명 자본주의 사회에서, 기계의 도입이나 생산 기술의 발달로 생기는 완전 실업자나 반실업자 등의 과잉 노동 인구.
산:업용=로봇(産業用robot)[-뇽-]명 컴퓨터의 제어로써 인간이 하던 작업을 대신하는 공업용 기계.
산:업용=상품(産業用商品)[-뇽-]명 생산자가 재생산을 하기 위하여 사용하는 원료용·재료용의 상품.
산:업=의학(産業醫學)명 산업 활동에서 생기는 직업병 및 건강 장애에 대한 예방과 진단, 치료 등을 다루는 사회 의학의 한 분야.
산:업=입지(産業立地)명 산업 활동을 하기 위한 장소, 또는 그곳의 지리적·경제적 조건.
산:업=자:금(産業資金)명 산업 활동을 하기 위하여 필요한 자금. 용도에 따라 설비 자금과 운전 자금으로 나뉨.
산:업=자:본(産業資本)명 이윤을 얻기 위하여 각종 사업에 투자되어 상품 생산에 쓰이는 자본.
산:업=재산권(産業財産權)[-꿘]명 공업에 관한 고안·발명 등의 사용을 독점적·배타적으로 할 수 있는 권리. 특허권·의장권·실용신안권·상표권의 네 가지가 있음. 공업 소유권(工業所有權) ☞무체 재산권(無體財産權). 지적 소유권(知的所有權)
산:업=재해(産業災害)명 업무 중에 일어난 사고나 직업병 때문에 근로자가 입는 신체적·정신적 피해. 노동 재해(勞動災害) 준산재(産災)
산:업=재해=보:상=보:험(産業災害補償保險)명 근로자가 업무 중에 입은 재해를 보상하기 위하여, 사업자의 강제 가입 방식으로 운영되는 사회 보험. 준산재 보험
산:업적=실업(産業的失業)명 과잉 생산 때문에 생기는 실업.
산:업=지리학(産業地理學)명 산업 배치의 합리성을 연구하는, 경제 지리학의 한 부문.
산:업=채:권(産業債權)[-꿘]명 산업 자금을 조달하기 위하여 발행하는 채권.
산:업-체(産業體)명 재화를 생산하는 업체. ¶방위 -
산:업=통:제(産業統制)명 산업의 자유 경쟁을 국가가 강제적으로, 또는 산업체들이 자주적으로 통제하는 일.
산:업=폐기물(産業廢棄物)명 산업 활동으로 생긴 폐기물. 곧 못 쓰게 된 찌꺼기, 오수(汚水), 폐유 따위.
산:업=포장(産業褒章)명 국가 산업의 개발이나 발전에 공이 많은 사람에게 주는 포장. ☞새마을 포장
산:업=합리화(産業合理化)명 합리적 방법으로 경비를 감소시키고 이윤 증대를 꾀하는 일.
산:업=항:공(産業航空)명 각종 산업 목적에 이용되는 항공. 항공 사진 촬영, 항공 측량, 파종, 농약 살포, 어군 탐지, 신문이나 텔레비전의 보도 따위에 이용됨.
산:업=혁명(産業革命)명 18세기 중엽 영국에서 시작되어 구미(歐美) 여러 나라로 파급된, 기술의 혁신과 이와 더불어 일어난 사회·경제 구조의 변혁. ☞제이 산업 혁명
산:업-화(産業化)명-하다자타 산업의 형태가 되게 함.
산:업=훈장(産業勳章)명 국가 산업 발전에 이바지한 사람에게 주는 훈장. 금탑·은탑·동탑·철탑·석탑의 다섯 등급이 있음. ☞새마을 훈장
산역(山役)명-하다자 시체를 묻어 무덤을 만듦.
산역-꾼(山役-)명 시체를 묻어 무덤을 만드는 일을 하는 사람.
산연(傘緣)명 ①삿갓의 가장자리. ②강장동물(腔腸動物)에서 볼 수 있는, 삿갓같이 생긴, 몸의 가장자리 부분.
산:열(散熱)명-하다자 열을 방산(放散)함.
산염(山塩)명 암염(岩塩)
산염:불(山念佛)[-념-]명 황해도 지방의 대표적인 잡가. 본디 불가(佛家)의 소리이던 것이 민간에서 부르게 된 노래로, 긴염불과 잦은염불이 있음.
산염화-물(酸塩化物)명 산의 수산기(水酸基)를 염소로 치환한 화합물.
산영(山影)명 산의 그림자.
산:-영:장(-永葬)[-녕-]명 민속에서, 병을 낫게 하기 위하여 제웅을 병자의 송장처럼 꾸며 헛장사를 지내는 일, 또는 그 제웅.
산예(狻猊)명 신라 때, 가면극의 한 가지. 사자의 탈을 쓰고 머리를 흔들며 춤추는 놀이. 서역(西域)에서 전래되었다고 함.
산-올:벼명 쌀알이 잔 올벼의 한 가지.
산옹(山翁)명 산골에 사는 늙은이.
산와(山蝸)명 '달팽이'의 딴이름.
산왕-단(山王壇)명 산신각(山神閣)
산왕-대:신(山王大神)명 불교에서, 산을 지킨다는 신장(神將)을 이르는 말.
산외=말사(山外末寺)[-싸]명 본사(本寺)에서 멀리 떨어진 다른 산에 있는 말사. ☞산내 말사(山內末寺)
산요(山腰)명 산허리
산욕(山慾)명 좋은 묏자리를 얻으려는 욕심.
산:욕(産褥)명 ①아기를 낳을 때에 산모(産母)가 눕는 요. ②산욕기(産褥期)
산:욕-기(産褥期)명 아이를 낳은 뒤 몸이 임신 전의 상태로 회복되기까지의 기간. 보통 6~8주간이 걸림. 산욕

산:욕-부(産褥婦)[명] 아기를 낳고 산욕(産褥)에 누워 조리하는 여자. 산욕기(産褥期)에 있는 여자.
산:욕-열(産褥熱)[-녈][명] 아이를 낳을 때 생식기의 상처에 화농균 따위가 침입하여 생기는 병. 높은 열이 남.
산용(山容)[명] 산의 생김새.
산용-수상(山容水相)[명] 산이 우뚝 솟은 모양과 물이 흐르는 모양이라는 뜻으로, 산천의 형세를 이르는 말. 산용수태(山容水態)
산용-수태(山容水態)[명] 산용수상(山容水相)
산:용=숫:자(算用數字)[명] 아라비아 숫자
산우(山芋)[명] '마[3]'의 딴이름.
산우(山雨)[명] 산에 내리는 비.
산운(山雲)[명] 산에 끼어 있는 구름.
산운(山運)[명] 묏자리가 좋고 나쁜 데 따라 생긴다는 운수.
산:-울[명] '산울타리'의 준말.
산:울(散鬱)[명]-하다[자] 울적한 기분을 떨어버림.
산-울림(山-)[명] 지진이나 화산 활동 등의 전조로 산이 울리는 일, 또는 그 소리. 산명(山鳴)

> ▶ '산울림'과 '메아리'
> '산울림'과 '메아리'는 같은 뜻의 말이 아니다. '산에서 소리를 질렀을 때, 그 소리가 산이나 골짜기에 부딪혀 되울리는 현상이나 그 소리'는 '산울림'이 아니라 '메아리'이다.

산-울타리[명] 살아 있는 나무를 심어서 만든 울타리. ¶탱자나무로 -를 쳤다. ㊈산울
산:원(産院)[명] 조산원이 산모(産母)와 신생아(新生兒)를 돌보아 주는 시설.
산:원(散員)[명] ①고려·조선 시대의 정팔품의 무관직. ②지난날, 일정한 사무의 분담이 없는 관직, 또는 그 관원을 이르던 말.
산:월(産月)[명] 아기가 태어날 예정인 달. 산삭(産朔)
산:위(散位)[명] 위계(位階)만 있고 관직이 없는 지위.
산유(山遊)[명] 산디놀음
산유(山楡)[명] '난티나무'의 딴이름.
산:유(産油)[명] 원유(原油)를 생산하는 일.
산유(酸乳)[명] 우유나 탈지유를 유산균으로 발효시켜 향료 등을 넣어 만든 음료.
산:유-국(産油國)[명] 원유(原油)를 생산하는 나라.
산유화(山有花)[명] 경상도·강원도·충청도 일부 지방에서 전승되는 민요의 한 가지. 농부들이 김을 매며 부르는 노동요로, 지역마다 노래말이 다름. 메나리
산:육(産育)[명]-하다[타] 아이를 낳아서 기름.
산음(山陰)[명] 산의 응달진 북쪽 편. ☞산양(山陽)
산음(山蔭)[명] 민속에서, 좋은 자리에 뫼를 씀으로써 그 자손이 받는다는 복.
산읍(山邑)[명] 산골에 있는 고을. 산군(山郡). 협읍(峽邑)
산:의(産衣)[명] 신생아에게 처음 입히는 옷. 배내옷
산-이스라지(山-)[-니-][명] 산앵두
산이스라지-나무(山-)[-니-][명] 산앵두나무
산인(山人)[명] ①속세를 멀리하고 깊은 산에서 사는 사람. 산객(山客) ②산에서 사는 사람이라는 뜻으로, '중'이나 '도사(道士)'를 이르는 말.
산:인(散人)[명] 세상일을 잊고 한가히 지내는 사람.
산일(山日)[명] 산 속에서 지내는 나날.
산:일(散佚·散軼·散逸)[명]-하다[자] 흩어져서 일부가 빠져 없어짐. ¶서류가 -되다.
산:입(算入)[명]-하다[타] 셈에 넣음.
산:자(橵子)[명] 지붕 서까래나 고미 위에 흙을 받치려고 엮어 까는 나뭇개비나 수수깡.
산:자(糤子·饊子)[명] 유밀과(油蜜果)의 한 가지. 찹쌀가루 반죽을 쪄서 얇게 민 다음 넓적하고 네모지게 썰어 말려 기름에 튀긴 것에, 꿀을 바르고 산자밥풀을 묻힌 조과 ☞강정
산-자고(山茨菰·山慈姑)[명] '까치무릇'의 딴이름.
산자=관원(山字官員)[-짜-][명] 지난날, 종자(從者) 없이 남여를 탄 모양이 '山' 자 비슷하다 하여, '능관(陵官)'을 놀리어 이르던 말.
산:자-널(橵子-)[명] 지붕 서까래 위에 까는 널빤지. 산자판(橵子板)
산-자락(山-)[-짜-][명] 산기슭
산:자-밥풀(糤子-)[명] 찹쌀을 쪄서 말린 뒤에 기름에 튀긴 밥풀. 산자나 강정의 겉에 묻히는 데 씀. ☞강정밥
산자수명(山紫水明)[성구] 자연의 경치가 아름다움을 이르는 말. 산명수려(山明水麗)
산:-자전(-字典)[명] 자전을 왼듯이 낱말이나 한자 따위를 두루 많이 알고 있는 사람을 비유하여 이르는 말.
산:자-판(橵子板)[명] 산자널
산작(山雀)[명] '곤줄박이'의 딴이름.
산작(山鵲)[명] '삼광조(三光鳥)'의 딴이름.
산-작약(山芍藥)[명] ①미나리아재빗과의 여러해살이풀. 뿌리는 굵고 크며, 원줄기는 높이 40~50cm임. 잎은 어긋맞게 나며, 작은 잎은 길둥근꼴에 가장자리가 밋밋함. 5~6월에 흰 꽃이 줄기 끝에 한 송이씩 핌. 우리 나라 각처의 산지에 자람. ②한방에서, 산작약의 뿌리를 약재로 이르는 말. 진통·진경 및 부인병에 씀.
산-잘림(山-)[명] 산줄기가 끊어진 곳. 지레목
산잠(山蠶)[명] '산누에'의 딴이름.
산잠-아(山蠶蛾)[명] '산누에나방'의 딴이름.
산:잡(散雜)[어기] '산잡(散雜)하다'의 어기(語基).
산:잡-하다(散雜-)[형여] 어지럽고 어수선하다.
산:-장(-葬)[명]-하다[타] 산 채로 땅 속에 묻음. 생매(生埋). 생장(生葬)
산장(山長)[명] 산중의 어른이라는 뜻으로, 산에 은거하면서 제자를 가르치는 선비를 이르는 말.
산장(山莊)[명] ①산에 있는 별장. 산서(山墅) ②산에 있는 집. 산방(山房)
산:장(散杖)[명]-하다[자타] 지난날, 죄인을 신문(訊問)할 때, 위협할 목적으로 형장(刑杖)을 눈앞에 벌여 놓던 일.
산장(酸漿)[명] ①'꽈리'의 딴이름. ②한방에서, 꽈리의 뿌리를 약재로 이르는 말. 허로(虛勞)·골증(骨蒸)·번열(煩熱)·난산(難産)·황달에 씀.
산재(山齋)[명] 산에 운치 있게 지은 서재(書齋)나 집.
산:재(産災)[명] '산업 재해(産業災害)'의 준말.
산:재(散在)[명]-하다[자] 여기저기 흩어져 있음. ¶산자락에 -하는 별장들.
산:재(散材)[명] 쓸모 없는 재목이나 사람.
산:재(散財)[명]-하다[자타] 재산을 마구 써서 없앰.
산:재(散齋)[명]-하다[자] 제사를 지내기 전에 목욕 재계함.
산:-재목(-材木)[명] 다듬지 아니하고 산판에 자른 채로 있는 목재.
산:재=보:험(産災保險)[명] '산업 재해 보상 보험'의 준말.
산저(山猪)[명] '멧돼지'의 딴이름.
산저-담(山猪膽)[명] 한방에서, 멧돼지의 쓸개를 약재로 이르는 말. 진경제(鎭痙劑)·소화제로 씀.
산저-모(山猪毛)[명] 멧돼지의 털.
산저-피(山猪皮)[명] 멧돼지의 가죽. 방석이나 담요 따위를 만드는 데 쓰임.
산저-혈(山猪血)[명] 멧돼지의 피.
산저-황(山猪黃)[명] 한방에서, 멧돼지의 뱃속에 뭉킨 누런 물질을 약재로 이르는 말. 지혈제(止血劑)로 쓰임.
산적(山賊)[명] 산에 근거지를 두고 남의 재물을 빼앗는 도둑. ☞해적(海賊)
산적(山積)[명]-하다[자] 일이나 물건 따위가 산더미같이 많이 쌓임. ¶해결해야 할 문제들이 -해 있다.
산:적(散炙)[명] ①쇠고기 따위를 길쭉길쭉하게 썰어 갖은 양념을 한 다음 꼬챙이에 꿰어 구운 음식. ②'사슬산적'의 준말.
산:적-꽂이(散炙-)[명] 마룻대 위에 얹힐 서까래 머리에 구멍을 뚫고 흘러내리지 않게 잇대어 꿰는 싸리나 대.
산:적-도둑(散炙-)[명] ①맛있는 음식만 골라서 먹는 사람을 놀리어 이르는 말. ②친정에 와서 좋은 것만 골라 가지고 간다 하여, 시집간 딸을 놀리어 이르는 말.
산-적정(酸滴定)[명]-하다[자] 중화할 때에 색소의 빛깔을

이용해서, 산의 양을 알칼리의 표준액에 따라 적정함.
산전(山田)명 산에 있는 밭.
산전(山巓)명 산꼭대기. 산정(山頂)
산:전(産前)명 아기를 낳기 바로 전. ☞산후(産後)
산:전(散田)명 여기저기에 흩어져 있는 한 사람의 밭.
산:전(散錢)명 끈에 꿰지 않은 쇠붙이 돈이라는 뜻으로, '잔돈'을 이르는 말. 사슬돈
산전수전(山戰水戰)성구 세상살이에서 겪어야 하는 갖가지 고생과 어려움을 비유하여 이르는 말.
속담 **산전수전 다 겪었다** : 세상의 갖가지 일을 골고루 겪어서 무슨 일에나 노련하다는 말.
산:점(産漸)명 아이를 낳을 기미. 산기(産氣)
산정(山亭)명 산 속에 지은 정자.
산정(山頂)명 산꼭대기. 산전(山巓)
산정(山情)명 ①산의 정경(情景). ②산에서 느끼는 정취.
산정(山精)명 ①'삽주'의 딴이름. ②창출(蒼朮)
산:정(刪定)명-하다타 산수(刪修)
산:정(散政)명 조선 시대, 도목정사(都目政事) 이외에 임시로 관원을 임면(任免)하던 일.
산:정(算定)명-하다타 셈하여 정함. ¶퇴직금을 ―하다.
산제(山祭)명 '산신제(山神祭)'의 준말.
산:제(刪除)명-하다타 산삭(刪削)
산:제(散劑)명 가루로 된 약.
산제-당(山祭堂)명 산신당(山神堂)
산-제:비나비(山―)[―쩨―]명 호랑나빗과의 곤충. 제비나비와 비슷하나 날개 표면 중앙에 띠 모양의 청람색 무늬가 있고, 뒷날개 뒷면에는 회백색 띠와 적색 무늬가 나란히 있음. 주로 계곡이나 산꼭대기 주변에 살며 습지에 잘 모임. 구제비나비

산조(山鳥)명 산새
산:조(散調)명 가야금·거문고·대금·해금·피리 등을 장구의 반주로 연주하는 독주 악곡. 처음에는 진양조로 느리게 시작했다가 점차 빠른 중모리·자진모리·휘모리로 바뀌어 감.
산조(酸棗)명 멧대추나무의 열매. 멧대추
산조-인(酸棗仁)명 한방에서, 멧대추의 씨를 약재로 이르는 말. 원기를 돕는 데 쓰임.
산족(山足)명 산기슭
산:졸(散卒)명 ①산병(散兵) ②장기에서, 흩어져 있는 졸. ☞합졸(合卒)
산주(山主)명 ①산의 임자. ②산디탈을 간수하는 책임을 맡은 사람. ③무당들이 조직한 신청(神廳)의 직임(職任)의 한 가지, 또는 그 직임에 있는 사람.
산주(山紬)명 산누에고치에서 뽑은 실로 짠 명주.
산:주(算珠)명 지난날, 수를 세는 데 쓰던 구슬. 활을 쏘는 순(巡)이나 매를 치는 횟수 따위를 헤아릴 때 썼음.
산죽(山竹)명 산에서 저절로 자란 대.
산준수급(山峻水急)성구 산의 형세가 험준하고 물살이 빠름을 이르는 말.
산-줄기(山―)[―쭐―]명 큰 산에서 띠처럼 길게 뻗어 나간 산지. 산맥(山脈)
산중(山中)명 산 속. ¶―에서 길을 잃었다.
속담 **산중 농사지어 고라니 좋은 일 했다** : 몹시 고생하여 이룬 것이 남만 잘 되게 해 준 결과가 되었다는 말. 〔산중 벌이하여 고라니 좋은 일 했다〕/**산중에 거문고라** : 도무지 합당하지 않아서 필요없는 물건이라는 말.
산중-귀:물(山中貴物)명 ①그 고장에서 나지 않는 귀한 물건. ②산에서만 나는 귀한 물건.
산-중독(酸中毒)명 산독증(酸毒症)
산중속신곡(山中續新曲)명 조선 인조 때, 윤선도(尹善道)가 지은 시조. '추야조(秋夜操)'·'춘효음(春曉吟)' 두 수가 있음. ☞산중신곡(山中新曲)
산중신곡(山中新曲)명 조선 인조 때, 윤선도(尹善道)가 지은 시조. 만흥(漫興)·조무요(朝霧謠)·하우요(夏雨謠)·일모요(日暮謠)·야심요(夜深謠)·오우가(五友歌)·기세탄(饑歲歎) 등 모두 18수. '고산유고(孤山遺稿)'에 실려 전함. ☞산중속신곡(山中續新曲)
산중-재:상(山中宰相)명 산에 은거하면서, 나라에 중대한 일이 있을 때만 자문에 응하는 사람.
산-중턱명 산의 둘레의 중턱. 산허리
산중-호걸(山中豪傑)명 산 속의 호걸이라는 뜻으로, '범'을 달리 이르는 말.
산증(疝症)[―쯩]명 한방에서, 아랫배와 불알이 붓고 아픈 병을 이르는 말. 산기(疝氣). 산병(疝病) 준 산(疝)
산지명 산지못
산지(山地)명 ①산으로 이루어진 지형이나 땅. 산달 ¶―에서 나는 약초. ②뫼를 쓰기에 적당한 땅.
산지(山紙)명 예전에, 산골에서 수공업으로 만들던, 질이 낮은 종이.
산:지(産地)명 ①'산출지(産出地)'의 준말. ¶모시의 ―. ②사람이 태어난 땅.
산지=구멍명 산지못을 박는 구멍.
산-지기(山―)명 남의 산이나 뫼를 맡아서 돌보는 사람. 산직(山直)
속담 **산지기가 놀고 중이 추렴을 낸다** : 자기와 관계없는 엉뚱한 일에 돈을 물어낸다는 말. 〔중이 회값 문다〕/**산지기 눈 봐라, 도끼밥을 남 줄까** : 사람이 인색하여 그로부터 무엇을 받기란 도무지 가망 없는 일이니 생각도 하지 말라는 말.
산-지니(山―)명 '수지니'에 상대하여, 길들이지 않은 야생의 매나 참매를 이르는 말. 날지니. 산진(山陣). 산진개. 산진매 ☞송골매
산지-대(山地帶)명 낙엽 활엽수가 우거진 지대. 우리 나라에서는 해발 1,000~1,500m의 층이 이에 딸림.
산지-못명 재목 따위의 이에짬을 든든히 하기 위하여 박는, 굵은 나무못. 산지
산:지사:방(散之四方)명 여기 저기의 사방. ¶개미들이 ―으로 달아나다.
부 '여기저기 사방으로'의 뜻. ¶― 찾아 헤메다.
산:-지식(―知識)명 실생활에 활용할 수 있는 지식.
산직(山直)명 산지기
산:직(散職)명 산관(散官)
산진(山陳)명 산지니
산진-개(山陳―)명 산지니
산진-매(山陳―)명 산지니
산진수궁(山盡水窮)성구 산이 막히고 물줄기가 끊어졌다는 뜻으로, 막다른 지경에 이르러 피할 길이 없음을 이르는 말. 산궁수진(山窮水盡)
산진-해:미(山珍海味)명 산해진미(山海珍味)
산진-해:착(山珍海錯)명 산해진미(山海珍味)
산:질(散帙)명-하다자 질(帙)로 된 책 가운데 낱권이 빠짐, 또는 그런 질책(帙册). 낙질(落帙)
산:-짐승(山―)[―찜―]명 산에 사는 짐승.
산채(山菜)명 산나물
산채(山寨·山砦)명 ①산에 돌이나 목책을 둘러쳐 만든 진지. ②산적들의 소굴.
산:책(散策)명-하다타 바람을 쐬면서 한가하게 이리저리 거닒. 산보(散步) ¶숲길을 ―하다. ☞소풍
산처(山處)명 무덤이 있는 곳. 산소(山所)
산척(山尺)명 산을 측량하는 데 쓰는 자.
산척(山脊)명 산등성마루
산-척촉(山躑躅)명 ①'산철쭉'의 딴이름. ②'진달래'의 딴이름.
산천(山川)명 ①산과 내. 산택(山澤) ¶고향 ― ②'자연'을 달리 이르는 말. ¶고향 ―이 눈에 선하다.
산천-어(山川魚)명 연어과의 민물고기. 몸길이 20cm 안팎으로 송어의 육봉형임. 우리 나라에서는 울진 이북의 동해로 흐르는 하천에 살며, 일본·연해주·알래스카 등지에 분포함.
산천초목(山川草木)명 산과 내와 풀과 나무라는 뜻으로, '자연'을 달리 이르는 말.
산-철쭉(山―)명 진달랫과의 낙엽 관목. 높이 1~2m. 잎은 길둥글거나 갸름하며, 5월경에 연한 홍자색 꽃이 가지 끝에 2~3송이씩 핌. 각처의 산지에 자라며 관상용으

로 심기도 함. 산척족
산체(山體)명 산 전체의 생김새.
산초(山草)명 ①산에 나는 풀. ②산밭에 심은 담배.
산초(山椒)명 산초나무의 열매.
산:초(散草)명 묶지 않은 살담배.
산초-나무(山椒-)명 운향과의 낙엽 관목. 높이 3m 안팎. 잎은 깃꼴 겹잎이며, 8월경에 황록색 꽃이 취산(聚繖) 꽃차례로 피고, 10월경에 녹갈색의 열매가 익으며, 씨는 흑색임. 열매는 기름을 짜고, 열매 껍질은 한방에서 구토·설사·치통 등에 약재로 쓰임.
산촌(山村)명 산에 있는 마을. 산곽(山郭). 산동(山洞). 산리(山里)
산:촌(散村)명 집들이 한곳에 모여 있지 않고 사방에 흩어져 있는 마을. ☞집촌
산:출(産出)명-하다자타 물건이 생산되어 나옴, 또는 물건을 생산함. ¶석유가 -되다./석탄을 -하다.
산:출(算出)명-하다타 셈함. ¶여행 비용을 -하다.
산:출-물(産出物)명 생산되는 물건. 생산한 물건.
산:출-지(産出地)명 물건을 생산하는 곳, 또는 물건이 생산되어 나오는 곳. 준산지(産地)
산취(山醉)명 고산병(高山病)
산치명 '열목어'의 큰 것을 이르는 말. ☞팽팽이
산치(山梔)명 '산치자나무'의 딴이름.
산:치(散置)명-하다타 여기저기에 흩어 놓음.
산-치:성(山致誠)명 산신(山神)에게 정성을 드리는 일.
산-치자(山梔子)명 한방에서, 산치자나무의 열매를 약재로 이르는 말.
산치자-나무(山梔子-)명 산에 저절로 자라는 치자나무. 열매는 한방에서 '산치자'라 하며 지혈·이뇨·해열 등에 약재로 쓰임. 산치(山梔)
산칠(山漆)명 산에 저절로 자라는 옻나무.
산-코숭이명 산줄기의 끝. 코숭이
산타:령(山*打令)명 선소리의 한 가지. 산의 경치를 예찬하는 노래로, 경기(京畿) 선소리와 서도(西道) 선소리의 두 형식이 있음.
산타클로스(Santa Claus)명 성탄절 전날 밤 몰래 굴뚝으로 들어와 잠자는 어린이의 양말이나 신발 속에 선물을 넣고 간다는, 붉은 외투를 입은 흰 수염의 노인.
산-탁목(山啄木)명 '청딱따구리'의 딴이름.
산:탄(散彈)명 산탄(霰彈)
산탄(霰彈)명 총에 총탄을 재어 쏘면, 자잘한 납 탄알이 총구로 한꺼번에 뿜어 나오게 만든 총탄. 산탄(散彈)
산:탄-총(霰彈銃)명 산탄을 재어 쏘는 총. 조류 사냥이나 클레이 사격 등에 쓰임.
산태(山汰)명 산사태
산택(山澤)명 ①산천 ②'산림천택(山林川澤)'의 준말.
산토(山兔)명 '산토끼'의 딴이름.
산-토끼(山-)명 토낏과의 짐승. 야생하는 토끼로, 몸길이 45~55cm이며 털빛은 다갈색에 회색이 섞였으며 겨울에는 온몸이 하얗게 변하는 것과 그렇지 않은 것이 있음. 야행성이며, 나무껍질이나 어린 싹, 풀 등을 먹고 삶. 유럽과 아시아 북부에 걸쳐 분포함. 산토(山兔). 야토(野兔) ☞집토끼
산통(疝痛)명 갑자기 격렬하게 일어나는 복통(腹痛). 주로 복부 장기의 질환으로 일어나는데 통증이 주기적으로 되풀이됨.
산:통(産痛)명 진통(陣痛)
산:통(算筒)명 ①소경이 점치는 데 쓰는 산가지를 넣는 통. ②산통계꾼이 뽑는 계알을 넣는 통.
산통을 깨다관용 어떤 일을 이루지 못하게 뒤틀다. ¶그렇게 산통을 깨야 마음이 편하냐?
산:통-계(算筒契)[-께]명 계원들이 일정한 곗돈을 내고 통에 든 계알을 흔들어 뽑은 계원에게 일정한 금액을 태워 주는 계. 준통계(筒契)
산:통-점(算筒占)[-쩜]명 소경이 치는 점의 한 가지. 여덟 개의 산가지가 들어 있는 산통에서 산가지를 하나씩 뽑아 산가지에 새겨진 눈금의 수로 괘를 만들어 길흉을 헤아리는 점.
산:파(産婆)명 '조산사(助産師)'의 구용어.
산:파(散播)명-하다타 씨를 흩어 뿌림. 흩어뿌리기
산:파-역(産婆役)명 어떤 일을 잘 주선하여 일이 이루어지도록 만드는 구실, 또는 그 일을 하는 사람.
산판(山坂)명 멧갓
산:판(算板)명 수판(數板)
산판-걸목돌[-걸-]명 석재를 채취할 때 필요한 크기보다 크게 떠낸 돌.
산패(酸敗)명-하다자 술이나 지방 따위의 유기물이 공기 속에서 산화하거나 가수 분해되어 불쾌한 냄새와 맛이 나고 빛깔이 변함, 또는 그 현상.
산패-액(酸敗液)명 신물
산패-유(酸敗乳)명 산패한 젖.
산:편(散片)명 산산이 흩어진 조각.
산:-편복(山蝙蝠)명 '산박쥐'의 딴이름.
산포(山砲)명 ①'산포수(山砲手)'의 준말. ②산악전에 적합하도록 분해하여 운반할 수 있게 된 대포.
산:포(散布)명-하다자타 흩어져 퍼짐. 흩어지도록 퍼뜨림.
산:포(散脯)명 쇠고기를 얇게 떠서 소금을 뿌려 말린 포.
×**산포**(撒布)명 →살포(撒布)
산-포도(山葡萄)명 '머루'의 딴이름.
산:포-도(散布度)명 도수(度數) 분포의 모양을 조사할 때, 변량(變量)들이 흩어져 있는 정도를 이르는 말.
산-포:수(山砲手)명 산에 살면서 사냥을 전문으로 하는 사람. 준산포(山砲)
산:표(散票)명-하다자 투표에서, 표가 한 사람에게 모이지 않고 여러 사람에게 흩어지는 일, 또는 그 표.
산:품(産品)명 생산되는 물품. 생산품(生産品)
산풍(山風)명 ①산에서 부는 바람. ②밤에, 산마루에서 산기슭 쪽으로 부는 바람. 산바람. 재넘이 ☞곡풍
산피(山皮)명 산짐승의 가죽.
산하(山下)명 ①산 아래. ☞산상(山上) ②선산(先山)의 아래쪽. 선산하(先山下)
산하(山河)명 산과 강, 또는 산과 강이 있는 자연. 강산(江山) ¶조국의 -를 그리워하다.
산하(傘下)명 어떤 조직이나 세력 아래. ¶- 단체
산하-화(山下火)명 육십갑자의 병신(丙申)과 정유(丁酉)에 붙이는 납음(納音). ☞평지목(平地木)
산:학(産學)명 ①산업과 학문. ②산업계와 학계.
산:학(算學)명 '수학'의 구용어. 주학(籌學)
산:학=협동(産學協同)명 산업계와 교육 기관이 제휴나 원조를 통하여 기술 교육과 기술 개발 및 생산성의 향상을 꾀하는 일.
산해(山海)명 산과 바다.
산해(山害)명 산화(山禍)
산-해박(山-)명 박주가릿과의 여러해살이풀. 줄기 높이 60cm 안팎, 잎은 마주나고 선상(線狀) 피침형임. 6~7월에 연한 황갈색 꽃이 줄기 윗부분의 잎겨드랑이에 취산(聚散) 꽃차례로 핌. 뿌리는 한방에서 요통, 생리통, 악창 등에 약재로 쓰임.
산해-진미(山海珍味)명 산과 바다에서 나는 온갖 귀한 물건을 갖추어 차린 맛이 좋은 음식. 산진해미(山珍海味). 산진해착(山珍海錯). 수륙진미
산행(山行)명-하다자 산에 가거나 산길을 걸어감.
산-허리(山-)명 ①산의 둘레의 중턱. 산요(山腰). 산중턱 ②산등성이의 잘록한 곳.
산혈(山穴)명 ①산의 정기(精氣)가 모였다는 묏자리. ②산에 팬 구멍.
산:혈(産血)명 해산(解産)할 때 나오는 피.
산협(山峽)명 두 산 사이의 좁은 골짜기.
산형(山形)명 산의 생김새.
산:형=꽃차례(繖形-)[-꼳-]명 무한(無限) 꽃차례의 한 가지. 하나의 꽃대 끝에 여러 개의 꽃자루가 방사상(放射狀)으로 자라, 그 끝에 꽃이 한 송이씩 피는 것. 산형 화서(繖形花序) ☞원추(圓錐) 꽃차례
산:형=화서(繖形花序)명 산형 꽃차례 ☞무한 화서

산호(山戶)명 산에 사는 화전민(火田民)의 집.
산호(山呼)명 '산호만세(山呼萬歲)'의 준말.
산호(珊瑚)명 ①산호과의 강장동물을 통틀어 이르는 말. 많은 수의 무리가 한몸이 되어 나뭇가지 모양을 이루고 사는데, 뼈대는 부챗살처럼 갈라졌고, 윗면 중앙에 입이 있으며 그 주위에 깃털 모양의 촉수가 있음. 몸 속과 거죽이 석회질의 뼈로 되어 있어 장식용 공예품 따위로 씀. 산호충 ②산호충의 군체(群體)의 중추 골격. 단단한 석회질로 되어 있으며, 속뼈는 장식품으로 씀.
속담 **산호 기둥에 호박 주추다** : 아주 호화스럽게 꾸며 놓고 사는 것을 이르는 말. /**산호 서 말 진주 서 말 싹이 나거든** : 도무지 기약할 수 없는 일을 이르는 말. 〔솔방울이 울거든/삶은 팥이 싹 나거든/용가마에 삶은 개가 멍멍 짖거든/병풍에 그린 닭이 홰를 치거든/밀 빠진 동이에 물이 괴거든〕
산호-꽃(珊瑚-)명 꽃처럼 보이는 산호.
산호-도(珊瑚島)명 산호섬
산호-만:세(山呼萬歲)명 지난날, 나라의 큰 의식이 있을 때 임금의 만수무강을 비는 뜻으로 부르던 만세. 준 산호
산호-섬(珊瑚-)명 산호초(珊瑚礁)가 바다 위에 드러나서 이루어진 섬. 산호도(珊瑚島)
산호-수(珊瑚樹)명 ①자금우과의 상록 소관목. 줄기는 높이 10~15cm이나 덩굴성으로 30~40cm까지 옆으로 자람. 줄기 전체에 갈색의 긴 털이 밀생함. 여름에 흰 꽃이 잎겨드랑이에 산형(繖形) 꽃차례로 피고 가을에 둥근 열매가 주홍색으로 익음. 제주도에 자라며, 관상용으로 심음. ②'아왜나무'의 딴이름. ③나무처럼 생긴 산호.
산호-용잠(珊瑚龍簪)명 산호로 만든 비녀의 머리 부분에 용의 모양을 새긴 비녀.
산호-유(珊瑚釉)명 산홋빛 유약(釉藥).
산호-잠(珊瑚簪)명 산호로 만든 비녀.
산호-주(珊瑚珠)명 산호로 만든 구슬.
산호-지(珊瑚枝)명 산홋가지
산호-초(珊瑚礁)명 산호충의 유해(遺骸)나 분비물이 쌓여서 이루어진 석회질의 암초.
산호-충(珊瑚蟲)명 산호(珊瑚)
산호혼-식(珊瑚婚式)명 결혼 기념식의 한 가지. 서양 풍속으로, 결혼 35주년을 맞아 부부가 산호로 된 선물을 주고받으며 기념함. ☞금혼식(金婚式)
산홋-가지(珊瑚-)명 나뭇가지처럼 생긴 산호의 가지.
산화(山火)명 산불
산화(山花)명 산에 피는 꽃.
산화(山禍)명 민속에서, 묏자리가 좋지 못해서 자손이 입는다는 재앙. 산해(山害)
산:화(散花)명 ①-하다 자 꽃잎이 지면서 흩어짐, 또는 그 꽃잎. 산화(散華) ②꽃이 피기는 해도 열매를 맺지 못하는 꽃.
산:화(散華)명-하다 자 ①산화(散花) ②꽃같이 진다는 뜻으로, 전쟁터 등에서 죽는 일을 비유하여 이르는 말. ¶ 백마 고지에서 -한 전우들. ③불교에서, 꽃을 뿌리어 부처를 공양하는 일.
산화(酸化)명-하다 자 ①어떤 물질이 산소와 화합하거나 수소를 잃는 일. ¶ -를 방지하다. ②어떤 원자나 분자, 또는 이온 등이 전자를 잃는 일. ☞환원(還元)
산:화가(散花歌)명 도솔가(兜率歌)
산화-구리(酸化-)명 구리의 산화물. 산화제일구리와 산화제이구리가 있음. 산화동(酸化銅)
산화-대(酸化帶)명 주로 산화 작용으로 말미암아 변질된 광상(鑛床)의 부분. 끝이 적갈색을 띠며, 광상 발견의 길잡이가 됨.
산화-동(酸化銅)명 산화구리
산화-마그네슘(酸化magnesium)명 금속 마그네슘을 공기 중에서 가열하거나 탄산마그네슘을 열분해하면 생기는 흰 가루. 잘 녹지 않고 고온에 견디므로 도가니 등을 만드는 데 쓰며, 위장약 등 의약품에도 쓰임. 고토(苦土). 마그네시아(Magnesia)
산화-물(酸化物)명 산소와 다른 원소의 화합물을 통틀어 이르는 말. 산소 화합물(酸素化合物)
산화=물감(酸化-)[-깜]명 섬유에 스며들게 한 다음 산과 접촉시켜 물에 녹지 않는 염료로 변화시킨 물감. 아닐린블랙 따위. 산화 염료
산화-바륨(酸化barium)명 바륨의 산화물. 질산바륨이나 탄산바륨을 가열하면 생기는 흰 가루로, 바륨의 수산화물이나 과산화물을 만드는 데 쓰임. 중토(重土)
산화=방지제(酸化防止劑)명 산화하기 쉬운 물질들에, 산소의 작용을 방지하기 위해 첨가하는 물질. 아민류・페놀류 따위.
산화-수(酸化數)명 화합물을 구성하는 각 원자에 전체 전자를 일정한 방법으로 배분하였을 때, 그 원자가 가지는 전하(電荷)의 수.
산화-수소(酸化水素)명 화학에서, '물'을 이르는 말.
산화-수은(酸化水銀)명 수은의 산화물을 통틀어 이르는 말. 산화제일수은과 산화제이수은 등이 있음.
산화-아연(酸化亞鉛)명 아연의 산화물. 천연적으로 홍아연광으로 산출되고 공업적으로는 아연을 가열하면 생김. 안료(顔料)・화장품・의약품 등의 원료로 쓰임.
산화-안티몬(酸化antimon)명 안티몬의 산화물. 안티몬을 공기 중에서 녹는점 이상으로 가열하면 생기는 결정성(結晶性)의 흰 가루.
산화-알루미늄(酸化aluminium)명 알루미늄의 산화물. 천연적으로는 강옥・청옥・홍옥・금강사 등으로 산출되고, 공업적으로 수산화알루미늄을 가열하면 생김. 알루미늄의 제조 원료, 연마제(研磨材), 내화재(耐火材) 등으로 쓰임. 반토(礬土). 알루미나(alumina)
산화-염(酸化焰)명 겉불꽃
산화=염:료(酸化染料)명 산화 물감
산화-은(酸化銀)명 은의 산화물. 질산은 용액에 수산화알칼리의 용액을 섞으면 가라앉아 생기는 검은빛의 가루로, 산화력이 강함.
산화-제(酸化劑)명 산화를 일으키는 물질. 산소・오존・이산화망간 따위.
산화-제:이구리(酸化第二-)명 구리 조각을 강하게 가열하면 생기는 검은 가루. 안료・착색제・산화제 따위로 쓰임. 흑색 산화동(黑色酸化銅)
산화-질소(酸化窒素)[-쏘]명 질소 산화물을 통틀어 이르는 말. 일산화질소・이산화질소 등이 있음.
산화-철(酸化鐵)명 철의 산화물을 통틀어 이르는 말. 산화제일철・산화제이철 등이 있음.
산화-칼슘(酸化calcium)명 칼슘의 산화물. 석회석이나 탄산칼슘을 900℃ 이상으로 가열하면 생기며, 물을 작용시키면 열을 내면서 수산화칼슘과 탄산칼슘으로 분해됨. 토목 건축 재료, 표백제의 원료로 쓰임. 백회(白灰). 생석회(生石灰). 생회(生灰). 회(灰)
산화-크롬(酸化chrome)명 크롬의 산화물을 통틀어 이르는 말. 초록 또는 흑색의 가루로, 산화제이크롬, 이산화크롬・삼산화크롬 등이 있음.
산화-탄소(酸化炭素)명 탄소의 산화물을 통틀어 이르는 말. 일산화탄소・이산화탄소 등이 있음.
산:회(散會)명-하다 자 모임을 마친 뒤에 흩어짐.
산:후(產後)명 아기를 낳은 뒤. ¶ - 조리 ☞산전(產前)
산:후-발한(產後發寒)명 한방에서, 아기를 낳은 뒤에 한기(寒氣)가 들어 몸을 떠는 병을 이르는 말.
살[1] 명 ①동물체에서, 근육과 더불어 뼈를 싸서 몸을 이루는 연한 부분. ¶ -이 찌다. /-을 발라내다. ②식물의 열매・뿌리・줄기에서, 그 껍질 안에 들어 있는 연한 부분. ¶그 복숭아는 -이 많다. ③조개나 게 따위의 껍데기 속에 차 있는 연한 부분. ④논밭에서, 농작물을 심는 부분의 부드러운 흙. ¶아랫마을의 논은 -이 무르다.
살로 가다 관용 먹어 살이 되다.
살을 깍다 관용 몹시 애쓰며 노력하다.
살(을) 붙이다 관용 말이나 글의 뼈대가 되는 부분에 내용이나 표현을 덧붙이다.
살(을) 섞다 관용 남녀가 성교를 하다.
살을 에다 관용 추위나 고통 따위가 아주 심하다.

살이 내리다 관용 살이 빠지다.
살이 붙다 관용 살이 찌다.
살이 빠지다 관용 살이 줄거나 내리다.
살이 오르다 관용 살이 찌다.

살[2] 명 ①문짝·연·부채·갓모·우산 따위의 뼈대가 되는 나무오리나 가는 쇠. ¶우산의 ―이 부러지다. ②빗에서, 낱낱의 가지진 부분. ¶―이 촘촘하다. ③'어살'의 준말. ④'화살'의 준말. ⑤빛이나 흐르는 물 따위의 내뻗치는 기운. ¶빛―/햇―/물―이 세다. ⑥주름이나 구김으로 생기는 줄. ¶구김―/주름―/이맛―
살을 먹이다 관용 화살을 활시위에 대고 활을 당기다.
살(을) 잡다 관용 기울어진 집 따위를 바로잡아 세우다.
살(이) 잡히다 관용 ①구김살이 지다. ②살얼음이 얼다.
속담 **살은 쏘고 주워도 말은 하고 못 줍는다** : 화살은 쏜 다음에 주워 올 수 있으나 말은 하고 나면 수습할 수 없다는 뜻으로, 말을 삼가라는 말.〔쌀은 쏟고 주워도 말은 하고 못 줍는다〕

살[3] 명 노름판에서, 걸어 놓은 몫에다가 더 태워 놓는 돈.

살[4] 명 떡살로 찍은 무늬. ¶―을 박다.

살[5] 의 나이를 세는 말. ¶열 ―./스무 ―.

살(煞) 명 ①사람을 해치거나 물건을 망가뜨리는 나쁜 귀신의 독하고 모진 기운. ☞급살(急煞) ②친족간의 좋지 않은 띠앗.
살(을) 맞다 관용 초상집·제삿집·잔칫집 등에 갔다가 갑자기 탈이 났을 때, 귀신에게 해를 입었다는 뜻으로 이르는 말.
살을 박다 관용 남을 공박하여 독살스럽게 말하다.
살(이) 가다 관용 대수롭지 않게 건드린 것이 상하거나 깨졌을 때, 그것을 귀신의 짓으로 여겨 이르는 말.
살이 끼다 관용 좋지 못한 일이 생기게 하는 불길한 힘이 작용하다.
살(이) 나가다 관용 ①악귀의 독한 기운이 떨어져 나가다. ②사나운 띠앗이 떨어져 나가다.
살(이) 내리다 관용 살이 나가다.
살(이) 박히다 관용 독살이 나타나다.
살(이) 붙다 관용 살이 오르다.
살이 뻗치다 관용 ①좋지 못한 일이 생길 불길한 징조가 보이다. ②몹시 독살이 나다. 살이 서다.
살이 서다 관용 살이 뻗치다.
살(이) 세다 관용 ①운수가 나쁘다. ②일가 친척 사이에 띠앗이 사납다.
살(이) 오르다 관용 ①독살스러운 기운이나 사나운 악귀의 짓이 들러붙다. ②일가 친척 사이에 사나운 띠앗이 들러붙다.

살-가죽[―까―] 명 동물의 몸을 싸고 있는 겉껍질.

살갑다(살갑고·살가워) 형ㅂ ①집이나 세간 따위가 겉으로 보기보다 속이 넓다. ②마음씨나 몸가짐이 부드럽고 상냥하다. ☞슬겁다
속담 **살갑기는 평양 나막신** : 붙임성이 있고 사근사근한 사람을 두고 이르는 말.

살강 명 부엌의 벽 중턱에 드린, 그릇을 얹어 두는 선반.
속담 **살강 밑에서 숟가락 얻었다** : ①헛좋아한다는 말. ②아주 쉬운 일을 하고 자랑한다는 말.〔부엌에서 숟가락을 얻었다〕

살강-거리다(대다) 자 살강살강 씹히다. ☞살캉거리다. 설겅거리다

살강-살강 부 덜 삶긴 곡식이나 열매 따위가 가볍게 씹히는 느낌을 나타내는 말. ¶밥알이 설익었는지 ― 씹힌다. ☞살캉살캉. 설겅설겅

살갗[―깥] 명 살가죽의 겉면. 피부 ¶―이 보드랍다.

한자 **살갗 부**(膚)〔肉部 11획〕¶설부(雪膚)/피부(皮膚)

살-같이[―가치] 부 쏜살같이 ¶먼길을 ― 달려갔다.

살-거름 명 씨를 뿌릴 때, 씨와 섞어서 쓰는 거름.

살-거리[―꺼―] 명 몸에 붙은 살의 정도와 모양. ¶투실투실하니 ―가 좋다.

살-걸음 명 화살이 날아가는 속도.

살-결[―껼] 명 살갗의 결. ¶―이 거칠다./―이 곱다.

살-결박(―結縛) 명 -하다 타 죄인의 옷을 벗기고 묶음.

×**살-고기** 명 → 살코기

살골집[―찝] 명 순대의 한 가지. 돼지 창자에 돼지고기를 썰어서 채우고 찌거나 삶은 음식.

살구 명 살구나무의 열매. 씨의 알맹이는 한방에서 행인(杏仁)이라 하며 약재로 쓰임. 육행(肉杏)

살구-꽃 명 살구나무의 꽃. 행화(杏花)

살구-나무 명 장미과의 낙엽 활엽 교목. 높이 5m 안팎. 4월경에 연분홍색 꽃이 잎보다 먼저 피며, 6~7월에 둥근 열매가 노랗게 익음. 열매는 먹을 수 있음. 씨의 알맹이는 한방에서 행인(杏仁)이라 하며 해수·천식 등에 약재로 쓰임.

살구씨=정:과(―正果) 명 살구씨의 알맹이를 삶아 꿀물에 잠깐 조린 정과.

살구-편 명 익은 살구를 쪄서 으깨고 체에 거른 다음 녹말을 넣고 꿀을 쳐서 만든 떡.

살-군두 명 가랫날을 장부 바닥에 얼러 매는 줄. 꺾쇠 대신으로 씀.

살균(殺菌) 명 -하다 타 세균을 죽임. 멸균(滅菌) ¶―한 우유.

살균-력(殺菌力)[―녁] 명 세균을 죽이는 힘.

살균-약(殺菌藥)[―냑] 명 살균제

살균-제(殺菌劑) 명 세균을 죽이는 약제. 요오드·붕산·알코올·포르말린·석탄산 따위가 있음. 살균약

살그니 부 '살그머니'의 준말.

살그머니 부 남몰래 넌지시. ¶― 방문을 열고 들어가다./― 엿보다. 준 살그니. 살그미 ☞슬그머니

살그미 부 '살그머니'의 준말.

살근-거리다(대다) 자 물체가 서로 맞닿아 가볍게 비벼지다. ☞슬근거리다

살근-살근 부 살근거리는 모양을 나타내는 말. ¶활로 ― 첼로를 켰다. ☞슬근슬근

살금-살금 부 남이 눈치채지 못하게 자꾸 살그머니 행동하는 모양을 나타내는 말. ¶― 다가가다. ☞슬금슬금

살긋-하다[―귿―] 형여 물체가 조금 샐그러진듯 하다. ☞샐긋하다. 실긋하다. 쌀긋하다
살긋-이 부 살긋하게 ☞샐긋이. 실긋이. 쌀긋이

살기[1] 명 살깃과의 민물고기. 은어와 비슷하나 좀 더 유선형이고, 은백색 바탕에 갈색 반점이 흩어져 있음. 숲 속의 맑은 물이나 연못·하천 등에 삶.

살-기[2][―끼] 명 몸에 살이 붙은 정도. 육기(肉氣)

살기(殺氣) 명 남을 죽이거나 해칠 것 같은, 무서운 기색이나 분위기. ¶―를 띤 눈빛.

살기담:성(殺氣膽盛) 성구 살기가 있어 아무 것도 무서워하지 않음을 이르는 말.

살기등등(殺氣騰騰) 성구 표정이나 행동에 살기가 잔뜩 나타나 있음을 이르는 말.

살-길[1][―낄] 명 화살이 날아가는 길.

살:-길[2][―낄] 명 살아가기 위한 방도. ¶―을 찾다.

살-깃[―낏] 명 화살 머리에 붙인 새의 깃.

살:-날 명 ①앞으로 세상에 더 살아 있을 날. ¶―이 얼마 남지 않았다. ☞여생(餘生) ②넉넉하게 잘살게 될 날. ¶우리도 ―이 오겠지.

살-낭자(―娘子) 명 '바늘'을 의인화하여 이르는 말.

살-내 명 살에서 나는 냄새.

살년(殺年) 명 큰 흉년. 대흉(大凶)

살:다[1](살고·사니) 자 ①동물이나 식물이 목숨을 지니다. ¶숨을 쉬며 ―./음식을 먹어야 산다./옮겨 심은 나무가 잘 ―. ②활동하며 지내다. 생활하다 ¶큰 뜻을 품고 산다./부지런히 일하면서 ―./건강한 몸으로 오래 ―. ③살림을 하다. ¶가정을 이루어 ―./검소하게 ―./한집에서 삼대가 산다. ④어떤 한 곳에서 많은 시간을 보내다. ¶온종일 밭에서 ―./매일 도서관에서 산다. ⑤불이 꺼지지 않고 타다. ¶불씨가 살아 있다. ⑥경기나 놀이 따위에서 상대편에게 잡히지 않고 제구실을 하다. ¶아직 차와 포가 살아 있다. ⑦기능이나 효력을 나타내다.

¶오래 전의 계약은 아직 살아 있다./산 교훈. ⑧기세나 기운, 성격 따위가 그대로 나타나다. ¶옷에 풀기가 살아 있다./아직도 성깔은 살아 있구먼. ⑨움직이던 물체가 멈추지 않고 제 기능을 다하다. ¶팽이가 아직도 살아 있구나. ⑩마음이나 의식 속에 남다. ¶그녀는 나의 기억 속에 영원히 살아 있다. ⑪생동감이 더하게 되다. ¶이 한 단어로 하여 글이 살았다. ☞죽다[1]

속담 **산 입에 거미줄 치랴**: 아무리 어렵게 살더라도 어떻게 해서든 먹고 살 수는 있다는 뜻./**산 호랑이 눈썹을 찾는다**: 도저히 불가능한 것을 얻으려고 한다는 말.

한자 **살 거**(居) 〔尸部 5획〕 ¶거처(居處)/동거(同居)
살 주(住) 〔人部 5획〕 ¶주민(住民)/주소(住所)
살 택(宅) 〔宀部 3획〕 ¶가택(家宅)/거택(居宅)
살 활(活) 〔水部 6획〕 ¶자활(自活)/활력(活力)

살:다[2](살고·사니) 타 ①어떤 상태로 계속 지내다. ¶건강하게 10년을 더 살다. ②어떤 신분이나 직분으로 지내다. ¶벼슬을 ─./머슴을 ─. ③무슨 일을 치르다. ¶징역을 ─./귀양을 ─.

살:다[3](살고·사니) 형 기준이나 표준보다 조금 크거나 많다. ¶한 근 살게 달아 주시오.

살-다듬이 명 -하다 타 다듬잇살이 오르도록 짓두드리는 다듬이질.

살-담배 명 썬 담배. 각연초. 절초(切草) ☞잎담배

살-닿다 자 본밑천에 손해가 나다. 밑지다

살-대[1][-때] 명 '화살대'의 준말.

살-대[2][-때] 명 기둥이나 벽 따위가 넘어가는 것을 막으려고 버티어 놓는 나무.

살-덩어리[-떵-] 명 살로 이루어진 덩어리. 살덩이

살-덩이[-떵-] 명 살덩어리

×**살도**(殺到) 명 →쇄도(殺到)

살-돈 명 ①노름의 밑천이 되는 돈. ②어떤 일을 하다가 밑졌을 때, 본디의 그 밑천이 되었던 돈. 육전(肉錢)

살:똥-스럽다(-스럽고·-스러워) 형ㅂ 말이나 행동이 독살스럽고 당돌하다.
살똥-스레 부 살똥스럽게

살뜰-하다 형여 매우 알뜰하다.
살뜰-히 부 살뜰하게

살-뜸 명 -하다 자 맨살에다 바로 대고 뜨는 뜸.

살랑 부 바람이 언뜻 가볍게 부는 모양을 나타내는 말. ¶시원한 바람이 ─ 불어오다. ☞설렁[2]

살랑-거리다(대다) 자타 ①바람이 살랑살랑 불다. ②나뭇가지나 잎 따위가 잔잔한 바람에 한들거리다. ③팔을 가볍게 내저어 바람을 일으키며 걷다. ④꼬리나 엉덩이 따위를 가볍게 자꾸 흔들다. ☞설렁거리다. 설렁설렁. 쌀랑거리다

살랑-살랑 부 ①바람이 가볍게 자꾸 부는 모양을 나타내는 말. ②잔잔한 바람에 나뭇가지나 잎 따위가 한들거리는 모양을 나타내는 말. ③팔을 가볍게 내저어 바람을 일으키며 걷는 모양을 나타내는 말. ④꼬리나 엉덩이 따위를 가볍게 자꾸 흔드는 모양을 나타내는 말. ☞설렁설렁. 쌀랑쌀랑

살랑살랑-하다 형여 매우 살랑하다. ☞설렁설렁하다

살랑-하다 형여 바람이나 공기가 사느랗다. ¶살랑한 아침 기온. ☞설렁하다. 쌀랑하다

살래-살래 부 고개를 작은 동작으로 가볍게 가로 흔드는 모양을 나타내는 말. ☞설레설레. 쌀래쌀래

살략(殺掠) 명 -하다 타 사람을 죽이고 재물을 빼앗음.

살롱(salon 프) 명 ①프랑스 상류 사회에서, 사교를 위하여 귀족 부인들이 주최하던 사교적 모임. ②미술에서, 살아 있는 화가나 조각가들의 연례 전람회. ③다방·술집·미장원 등의 이름으로 쓰이는 말.

살롱=음악(salon音樂) 명 ①유럽에서 16~18세기에, 왕후 귀족의 객실에서 연주하던 음악. ②19세기 이후, 순수 예술적인 음악으로서 음악가를 중심으로 한 교양 있는 문인이나 학자, 화가 등의 개인적인 모임에서 연주하던 음악. ③소편성 합주단이 연주하는 실내 음악.

살륙(殺戮) 명 '살육(殺戮)'의 원말.

살리다 타 ①살게 하다. ¶꺼져 가는 불씨를 ─./고기를 어항에 넣어 살렸다. ②쓸모 있게 잘 쓰다. ¶경험을 ─. ③어떤 부분을 없애지 않고 있는 그대로 남겨 두거나 좀 보태거나 하다. ¶원본을 살려 다시 쓰다. ④지우거나 취소한 것을 본디대로 되돌리다. ¶지웠던 글귀를 도로 살렸다.

살리실-산(salicyl酸) 명 방향족 옥시카르복실산의 한 가지. 무색의 결정으로 의약품·방부제·염료 등에 쓰임.

살림 명 ①-하다 타 한 집안을 이루어 살아가는 일. ②살아가는 상태나 형편. ¶넉넉한 ─. ③세간 ¶─을 장만하다.
살림을 나다 관용 함께 살다가 갈라져 나와 살림을 따로 차리다. 살림나다
살림을 맡다 관용 집안의 살림을 도맡아 이끌어 가다.
살림을 차리다 관용 ①한 살림에 필요한 것을 갖추다. ②남녀가 분가하여 함께 살다.
살림이 꿀리다 관용 살림이 몹시 쪼들리다.
속담 **살림에는 눈이 보배다**: ①살림을 알뜰히 잘하려면 안목이 있어야 한다는 말. ②살림에는 낱낱이 살피는 것이 제일이라는 말.

살림-꾼 명 ①살림을 맡아 하는 사람. ②살림을 알뜰하게 잘하는 사람.

살림-나다 자 함께 살다가 갈라져 나와 살림을 따로 차리다. ¶결혼하자마자 살림나기를 원했다.

살림-때 명 살림에 시달려 찌든 기색. ¶─가 묻은 아내의 모습이 안쓰러웠다.

살림-방(-房)[-빵] 명 살림하는 방.

살림-살이 명 ①-하다 자 살림을 차려 사는 일. ②살림의 규모나 형편. ¶─가 단출하다. ③세간 ¶─를 들여 놓다.

살림-집[-찝] 명 살림하는 집. 사택(舍宅). 택사(宅舍)

살림-터 명 생활하는 곳.

살-막(-幕) 명 어살을 쳐 놓고 물고기가 걸리기를 기다리기 위해 지어 놓은 움막.

×**살-막이**(煞-) 명 →살풀이

살-맛[1] 명 ①남의 살과 맞닿는 느낌. ②성행위의 즐거움.

살:-맛[2] 명 세상을 사는 재미. ¶요즘은 ─이 난다.

살망-살망 부 몸에 비해 좀 가늘고 긴 다리로 걷는 모양을 나타내는 말. ☞설멍설멍

살망-하다 형여 ①다리가 몸에 비해 좀 가늘고 긴듯 하다. ②옷이 몸에 어울리지 않게 좀 짧다. ☞강동하다. 설멍하다

살며시 부 드러나지 않게 가만히. ¶문틈으로 ─ 들여다보다. ☞슬며시

살멸(殺滅) 명 -하다 타 죽여 없앰.

살몃-살몃[-멷-] 부 드러나지 않게 가만가만히 행동하는 모양을 나타내는 말. ¶그녀의 등 뒤로 ─ 다가갔다. ☞슬몃슬몃

살모넬라-균(salmonella菌) 명 주로 사람이나 동물의 장(腸)에 기생하는 병원성 세균의 한 가지. 장티푸스, 파라티푸스, 식중독 등을 일으킴.

살모-사(殺母蛇) 명 '살무사'의 딴이름.

살-목(-木) 명 집을 살잡이할 때 기둥을 솟구는 지렛대.

살-몽혼(-朦昏) 명 -하다 타 국부 마취(局部痲醉)

살무사 명 살무삿과의 독 있는 뱀. 몸길이 70cm 안팎. 대가리는 납작하고 세모졌으며, 목이 가늘고 꼬리는 홀쭉함. 몸빛은 어두운 잿빛 바탕에 둥글고 검은 무늬가 있음. 음습한 산골짜기 등에 살며, 쥐나 개구리 따위를 잡아 먹음. 복사(蝮蛇). 살모사(殺母蛇)

살-문(-門) 명 가로와 세로로 문살을 넣어서 짠 문.

살미 명 전각(殿閣)이나 성문(城門) 같은 큰 건물의 기둥과 도리가 맞붙은 곳을 장식하는, 촛가지로 짜서 만든 물건. 산미(山彌)

살미-살창(-窓) 명 촛가지를 짜서 살을 박아 만든 창문.

살-밀이 명 ①-하다 타 재래식 한옥에서, 문살의 양 옆은 그대로 두고 등만을 밀어 모양을 내는 일, 또는 그런 문살. ☞테밀이 ②살밀이대패

살밀이-대패 명 문살의 등이나 모서리를 밀어 모양을 내

는 데 쓰이는 대패. 살밀이
살-밀치 명 말의 꼬리에 걸어 안장에 매는 끈.
살-밑 명 화살 한쪽 끝에 박은 뾰족한 쇠. 살촉. 화살촉
살-바람 명 ①봄철에 부는 찬바람. ②좁은 틈에서 새어드는 찬바람.
살-받이[-바지] 명 ①화살이 날아가 꽂히는 자리. ②과녁의 앞뒤와 좌우에 화살이 날아와 떨어지는 자리.
살-방석(-*方席) 명 화살을 닦는 제구. 방석 모양으로 만들었음.
살벌(殺伐) 명 ①-하다 타 병력으로 죽이고 들이침. ¶적군이 민간인을 -하였다. ②-하다 형 행동이나 분위기가 거칠고 무시무시함. ¶-한 분위기.
살-별 명 혜성(彗星)
살-붙이[-부치] 명 ①혈통이 가까운 사람. 주로 부모 자식 관계에서 씀. ¶- 대하듯 한다. ☞피붙이 ②식품인 짐승의 살코기.
살비(撒肥) 명-하다 자 비료를 뿌림.
살-빛[-빋] 명 살갗의 빛깔. ¶-이 무척 희다.
×**살사리** 명 →살살이
×**살사리-꽃** 명 →코스모스
살사미-향(-香) 명 가톨릭에서, 견진 성사(堅振聖事) 때에 쓰는 향유(香油).
살살[1] 부 ①남이 눈치채지 못하게 살짝 행동하는 모양을 나타내는 말. ¶- 다가가다. ②조심스레 행동하는 모양을 나타내는 말. ¶- 문지르다./- 다루어라. ③물체가 모르는 사이에 저절로 잘 녹는 모양을 나타내는 말. ¶아이스크림이 입 안에서 - 녹는다. ④그럴듯한 말이나 행동으로 남을 꾀거나 달래는 모양을 나타내는 말. ¶-꼬드기다./- 달래다. ⑤바람이 약하게 부는 모양을 나타내는 말. ¶봄바람이 -불어온다. ⑥살짝살짝 눈웃음을 치거나 기색을 살피는 모양을 나타내는 말. ¶- 눈웃음을 치다./- 눈치를 보다. ☞슬슬
살살[2] 부 ①물 따위가 찬찬히 고루 끓기 시작하는 모양을 나타내는 말. ¶물이 - 끓는다. ②바닥이 고루 따끈해지는 모양을 나타내는 말. ¶방구들이 - 끓는다. ☞설설[1]. 쌀쌀[1]
살살[3] 부 ①고개를 약하게 젓는 모양을 나타내는 말. ¶고개를 - 흔들다. ②작은 몸놀림으로 기는 모양을 나타내는 말. ¶벌레가 - 기어간다./네 발로 - 긴다. ☞설설[2]. 쌀쌀[2]
살살[4] 부 뱃속이 조금씩 쓰린듯이 아픈 모양을 나타내는 말. ¶배가 - 아프다. ☞쌀쌀[3]
살살-거리다(대다) 자 ①살짝살짝 눈웃음을 치거나 눈치를 살피며 알랑거리다. ②작은 몸놀림으로 계속해서 기어가다. ☞설설거리다
살살-이 명 '간사스럽게 알랑거리는 사람'을 얕잡아 이르는 말.
살살-하다 형여 ①간사하고 교활하다. ②가냘프고 약하다. ③매우 아슬아슬하다.
살상(殺傷)[-쌍] 명-하다 타 사람을 죽이거나 상하게 함.
살상-자(殺傷者)[-쌍-] 명 남의 손에 죽거나 상처를 입은 사람.
살생(殺生)[-쌩] 명-하다 자타 ①사람이나 짐승 따위의 생물을 죽임. ②불교의, 오계(五戒) 또는 십악(十惡)의 하나.
살생유:택(殺生有擇)[-쌩뉴-] 성구 세속오계(世俗五戒)의 하나. 함부로 살생하지 말라는 계율.
살생-죄(殺生罪)[-쌩쬐] 명 불교에서, 살생을 범한 죄, 또는 그 죄를 지은 업보로 받는 벌.
살서-제(殺鼠劑)[-써-] 명 쥐를 죽이는 데 쓰는 약. 쥐약
살-성(-性)[-썽] 명 살갗의 성질.
살성(殺星)[-썽] 명 사람의 운명과 재수를 맡고 있다는 불길한 별.
살-소매 명 옷소매와 팔 사이의 빈 곳.
살-손 명 ①연장 따위를 쓰지 않고 직접 대어 만지는 손. ②정성들여 힘껏 일하는 손.
살손을 붙이다 관용 일을 정성껏 다잡아 하다.
살수(殺手)[-쑤] 명 ①칼과 창을 가진 군사. ②지난날, 죄인을 죽이던 사람.
살수(撒水)[-쑤] 명-하다 자 물을 흩어서 뿌림.
살-수건[-쑤-] 명 화살을 문질러서 닦는 수건. ☞살수세미
살수-기(撒水器)[-쑤-] 명 물을 흩어 뿌리는 기구. ☞물뿌리개
살-수세미[-쑤-] 명 화살촉 따위를 문질러 닦는, 대로 만든 수세미. ☞살수건
살수-차(撒水車)[-쑤-] 명 도로나 운동장 따위에 먼지가 나지 않도록 물을 뿌리며 다니는 차. 물자동차
살신성인(殺身成仁)[-씬-] 성구 옳은 일을 위하여 자기 몸을 희생함을 이르는 말.
살-쐐기 명 여름철 피부병의 한 가지. 가렵고 따끔거림.
살쐐기가 일다 관용 살쐐기가 생기다.
살아-가다 자 생활해 나가다. ¶살아갈 일이 걱정이구나.
살아-나다 자 ①죽었거나 거의 죽게 된 목숨이 다시 살게 되다. ¶죽을 고비를 넘기고 살아났다. ②꺼지게 된 불이 도로 피어오르다. ¶꺼질듯 하던 촛불이 살아났다. ③몹시 어려운 고비를 넘기다. ④잊었던 기억 따위가 다시 떠오르다. ⑤패었던 자리가 도로 돋아나다. ⑥약해졌던 세력이나 기운이 다시 성해지다. ¶기세가 -.
살아-남:다 자 ①함께 있던 다른 사람이 죽은 뒤에도 살아서 남게 되다. ¶살아남은 조난자를 구조하다. ②함께 있던 것이 망한 뒤에도 없어지지 않고 남게 되다. ¶치열한 경쟁에서 살아남은 기업.
살아-생이별(-生離別)[-니-] 명 '생이별'을 강조하는 말. ¶남북 이산 가족의 - 반세기.
살아-생전(-生前) 명 〔주로 '살아생전에'의 꼴로 쓰이어〕 죽기 전에 살아 있는 동안. ¶-에 호강 한번 못했다.
살아-오다 자 생활하여 지내오다.
살-언치 명 겉언치에 덧댄 작은 짚자리나 부대 조각.
살-얼음 명 얇게 살짝 언 얼음. 박빙(薄氷) ¶-이 잡히다./-을 밟듯이 조심스러웠다.
살얼음-판 명 ①살얼음이 언 얼음판. ②'매우 위태롭고 아슬아슬한 지경'을 비유하여 이르는 말. ¶-을 걷는 기분이다.
살-여울[-녀-] 명 유난히 물살이 센 여울.
살옥(殺獄) 명 사람을 죽인 큰 사건.
살-올실 명 근섬유(筋纖維)
살육(∠殺戮) 명-하다 타 사람을 마구 죽임.
살육지변(∠殺戮之變) 명 사람을 마구 죽이는 변고.
살의(殺意) 명 사람을 죽이려는 마음이나 의도. ¶-를 품다.
-살이《접미사처럼 쓰이어》'살다'의 전성형으로 '무엇을 하거나 기거하여 살아가는 생활'의 뜻을 타나냄. ¶고용살이/겨우살이
살인(殺人) 명-하다 자 사람을 죽임.
살인(을) 내다 관용 사람을 죽이다.
살인(이) 나다 관용 살인 사건이 생기다.
살인=강:도(殺人強盜) 명 재물을 빼앗으려고 사람까지 죽이는 도둑.
살인-광(殺人狂) 명 함부로 사람을 죽이는 사람.
살인=광선(殺人光線) 명 사람을 죽이거나 다치게 하고, 병기(兵器) 등을 파괴할 수 있는 광선. 보통은 레이저 광선을 이름.
살인-귀(殺人鬼) 명 사람을 예사로 죽이는 냉혹한 사람을 악귀에 비유하여 이르는 말. 살인마(殺人魔)
살인-극(殺人劇) 명 사람을 죽이는 소동. ¶처참한 -이 벌어지다.
살인-마(殺人魔) 명 살인귀(殺人鬼)
살인=미:수(殺人未遂) 명 사람을 죽이려다가 뜻을 이루지 못하는 일.
살인-범(殺人犯) 명 사람을 죽인 범인. 살해범(殺害犯)
살인-자(殺人者) 명 사람을 죽인 사람.
살인-적(殺人的) 명 사람이 죽을 지경으로 몹시 심한 것. ¶-인 더위./-인 혼잡.
살인-죄(殺人罪)[-쬐] 명 남을 고의로 살해하는 죄.

ㅅ

살-잎[-립] [명] 살이 두껍고 수분이 많은 잎. 용설란·채송화 따위의 잎.
살-잡이 [명]-하다 [타] 쓰러져 가는 집 따위를 살대 등으로 버티어 바로 세우는 일.
살-잡히다 [자] ①구김살이 생기다. ②살얼음이 얼다.
살-장[-짱] [명] 광산 구덩이의 동발과 덧장 사이에 끼워 흙과 돌이 떨어지지 않게 하는 나무나 널.
×**살-전**(-錢) [명] → 살돈
살-점(-點)[-쩜] [명] 큰 덩이에서 떼어 낸 고기 조각.
살정-제(殺精劑)[-쩡-] [명] 피임약의 한 가지. 정자(精子)를 죽이는 약.
살-조개 [명] 안다미조갯과의 바닷조개. 얕은 바다의 진흙 속에 삶. 조가비 길이는 5cm 안팎으로 두꺼우며, 회백색의 표면에는 부챗살 모양의 돋을무늬가 나 있음. 살이 연함. 우리 나라와 일본 등지 연해에 분포함. 꼬막. 안다미조개
살주-마(殺主馬)[-쭈-] [명] 주인도 몰라보고 해치는 사나운 말.
살줄-치다[-쭐-] [타] 연을 얼리다가 섰던 자리를 바꾸거나, 얼레를 이리저리 넘겨 다시 풀리게 하다.
살-지다 [형] ①몸에 살이 많다. ¶살진 돼지./살진 몸매. ☞살찌다 ②땅이 걸고 기름지다. ¶살진 논.

> ▶ **'살지지 않은'과 '살찌지 않는'의 뜻 구별**
> '살지지 않은 몸매', '살지지 않은 사람'은 '살지지 아니한 몸매', '살지지 아니한 사람'의 준말로 바른 표현의 말이다. 그리고 '살찌지 않는'은 '살찌지 아니하는'의 준말로 '살찌지 않는 비법', '살찌지 않는 음식' 등으로 쓰인다.
> '살지다'는 형용사이고 '살찌다'는 동사이기 때문에 뒤따르는 '않다(=아니하다)'도 앞엣것은 보조 형용사로 쓰였고 뒤엣것은 보조 동사로 쓰인 것이다.

[한자] **살질 비**(肥) 〔肉部 4획〕 ¶비대(肥大)/비육(肥肉)

살-지르다(-지르고·-질러) [자르] ①칸살을 지르다. ②노름판에서, 이미 걸어 놓은 돈에 돈을 더 태워 놓다. ③어살을 지르다.
살-집[-찝] [명] 살의 부피. ¶-이 좋다.
살짝 [부] ①남이 보지 않게 얼른 움직이는 모양을 나타내는 말. ¶호주머니에 용돈을 - 넣어 주었다. ②힘들이지 않고 능숙하게 움직이는 모양을 나타내는 말. ¶- 뛰어내리다. ③심하지 않게 약간 또는 가볍게 움직이는 모양을 나타내는 말. ¶채소를 - 데치다. ☞슬쩍
살짝-곰보 [명] 약간 얽은 얼굴, 또는 그런 사람.
살짝-살짝 [부] ①남이 보지 않게 잇따라 매우 빨리 움직이는 모양을 나타내는 말. ¶차례로 - 빠져 나가다. ②힘들이지 않고 자꾸 능숙하게 움직이는 모양을 나타내는 말. ¶장애물을 - 피하다. ③심하지 않게 아주 약간씩 또는 가볍게 움직이는 모양을 나타내는 말. ☞슬쩍슬쩍
살쩍 [명] ①관자놀이와 귀 사이에 난 털. 귀밑털. 빈모(鬢毛) ②'살쩍밀이'의 준말.
살쩍-밀이 [명] 망건을 쓸 때에 살쩍을 망건 속으로 밀어 넣는, 대나 뿔로 만든 물건. [준]살쩍
살쩍밀이-질 [명]-하다 [자] 살쩍밀이로 살쩍을 망건 속으로 밀어 넣는 일.
살쭈 [명] '쇠살쭈'의 준말.
살-찌 [명] 쏜 화살이 날아가는 모양새. ¶-가 곱다.
살-찌다 [자] 몸에 살이 많아지다. ¶지나치게 살찌는 것은 건강에 좋지 않다. ☞살지다
[속담] **살찐 놈 따라 붓는다**: 남의 행위를 억지로 흉내내는 어리석음을 이르는 말.
살-찌우다 [타] 몸에 살이 많아지게 하다. ¶소를 -.
살-차다 [형] ①흐르는 살별의 꼬리가 세차다. ②성미가 차고 매섭다.
살-창(-窓) [명] 인방(引枋)이나 문틀에 나무오리나 가는 쇠를 나란히 박아 만든 창문. 살창문. 전창(箭窓)
살-창문(-窓門) [명] 살창
살천-스럽다(-스럽고·-스러워) [형ㅂ] 쌀쌀하고 매섭다.
살천-스레 [부] 살천스럽게
살초-제(殺草劑) [명] 제초제(除草劑)
살-촉(-鏃) [명] 화살 한쪽 끝에 박은 뾰족한 쇠. 살밑. 화살촉
살충(殺蟲) [명]-하다 [자] 해충을 약 따위를 써서 죽임.
살충-등(殺蟲燈) [명] 해충을 죽이려고 마련한 등. 유아등(誘蛾燈) 따위.
살충-제(殺蟲劑) [명] 해충을 죽여 없애는 약제.
살치 [명] 쇠갈비의 윗머리에 붙은 고기.
살-치다 [타] 잘못되었거나 못 쓰게 된 글에 '×' 모양의 줄을 그어서 못 쓴다는 뜻을 나타내다.
살-친구(-*親舊) [명] 남색(男色)의 상대가 되는 친구.
살캉-거리다(대다) [자] 살캉살캉 씹히다. ☞살강거리다. 설컹거리다
살캉-살캉 [부] 물체가 좀 단단한듯이 씹히면서 볼가지는 느낌을 나타내는 말. ¶콩이 - 씹히다. ☞살강살강. 설컹설컹
살-코기 [명] 뼈·심줄·비계 따위가 섞이지 않은 살로만 된 고기. 정육(精肉)
살-쾡이 [명] 고양잇과의 짐승. 고양이와 비슷하며, 몸길이는 55~90cm이고 네 다리는 짧음. 털은 회갈색이고 흑갈색 반점이 흩어져 있음. 주로 밤에 활동하며, 꿩이나 토끼 따위를 잡아먹고 삼림 지대의 계곡과 암석층 가까운 곳에 삶. 삵. 야묘(野猫)
살타토(saltato 이) [명] 현악(絃樂)에서, 활을 악기의 현 위에서 춤추듯 튀게 연주하는 법. 살탄도(saltando)
살탄도(saltando 이) [명] 살타토
살-터 [명] ①활터 ②물고기를 잡으려고 어살을 쳐 놓은 곳.
살-통 [명] 살대를 받친 채로 물건을 옮기는 기구.
살파(撒播) [명]-하다 [타] 씨를 뿌림.
살팍-지다 [형] 근육이 살지고 단단하다.
살판[1] [명] 활쏘기에서, 화살 50시(矢)를 쏘아 20시를 과녁에 맞히는 일.
살판[2] [명] 남사당패의 여섯 가지 놀이 중의 셋째 놀이인 '땅재주'를 이르는 말. ☞덧뵈기
×**살판**[3] [명] → 살얼음판
살-판(-板) [명] 재래식 한옥에서, 집을 살잡이할 때에 살대를 받치는 두꺼운 널.
살:판-나다 [자] 생활이 넉넉해지거나 기를 펴고 살아가게 될 좋은 수가 생기다. ¶넓은 집으로 이사하자, 아이들이 살판나서 뛰어다녔다.
살펴-보다 [타] 자세히 주의해 보다, 또는 자세히 관찰하다. ¶사방을 -./상처를 -. [높]감(鑑)하다
살-평상(-平床) [명] 바닥에 좁은 나무오리나 대오리를 일정한 간격으로 박아 만든 평상.
살포 [명] 논의 물꼬를 트거나 막을 때 쓰이는 네모진 삽.
살포(撒布) [명]-하다 [타] 흩어서 뿌림. ¶물을 -하다.
살포시 [부] 움직임이 드러나지 않게 소리 없이 가만히. ¶- 웃다./나비가 꽃에 - 내려앉다.
살포-약(撒布藥) [명] ①살충이나 소독 따위를 하기 위하여 뿌리는 약제를 통틀어 이르는 말. ②몸의 습한 곳에 뿌려 습진을 막거나 피부의 상처를 치료하는 데 쓰는 외용약. 아연화 전분, 요오드포름 따위. 살포제 ☞주사약(注射藥)
살포-제(撒布劑) [명] 살포약(撒布藥)
살-풀이(煞-) [명]-하다 [자] ①흉살(凶煞)을 풀거나 미리 피하려고 하는 굿. 살풀이굿 ②살풀이춤
살풀이-굿(煞-) [명] 살풀이
살풀이-춤(煞-) [명] 남도(南道) 살풀이굿에서 갈려 나온 민속 무용의 한 가지. 액(厄)을 없앤다는 뜻이 담겨 있음. 중요 무형 문화재 제97호. 살풀이
살-품 [명] 옷과 가슴 사이에 있는 빈틈.
살-풍경(殺風景) [명]-하다 [형] ①경치나 분위기가 보잘것없거나 스산함. ¶-한 거리. ②매우 단조롭고 흥취가 없음. ③분위기나 광경이 살기를 띠어 무시무시함.
살피[1] [명] ①두 땅의 경계를 나타낸 표. ②두 물건 사이를

구별 지은 표.
살피[2] 명 '숟가락'의 속된말.
살피다[1] 타 ①두루두루 주의하여 자세히 보다. ¶ 주위를 ―. ②어떤 현상을 주의하여 관찰하거나 미루어 헤아리다. ¶ 분위기를 ―./민심을 ―.

한자 **살필 감**(監) 〔皿部 9획〕 ¶ 감독(監督)/감시(監視)
살필 량(諒) 〔言部 8획〕 ¶ 양지(諒知)/양찰(諒察)
살필 성(省) 〔目部 4획〕 ¶ 반성(反省)/성묘(省墓)
살필 심(審) 〔宀部 12획〕 ¶ 심리(審理)/심사(審査)
살필 찰(察) 〔宀部 11획〕 ¶ 고찰(考察)/관찰(觀察)/성찰(省察)/진찰(診察)/찰색(察色)

살피다[2] 형 짜거나 엮은 것이 얄팍하고 상기다. ☞상기다. 설피다
살핏-살핏[-핃-] 부 -하다 형 짜거나 엮은 것이 고루 살핏한 모양을 나타내는 말. ¶ 스웨터를 ― 짜다. ☞상깃상깃. 설핏설핏
살핏-하다[-핃-] 형여 짜거나 엮은 것이 얄팍하고 상긴듯 하다. ☞상깃하다. 설핏하다
살해(殺害) 명 -하다 타 사람의 목숨을 해침.
살해-범(殺害犯) 명 사람을 죽인 범인. 살인범(殺人犯)
살-홍(-紅) 명 홍살문·정문·샛문의 문 위에 있는 살창.
살활(殺活) 명 죽이고 살리는 일.
살획(殺獲) 명 -하다 타 죽이거나 사로잡음.
삵 명 살쾡이
×**삵-괭이** 명 →살쾡이
삵-피(-皮)[삭-] 명 살쾡이의 털가죽. 야묘피(野猫皮)
삶: 명 ①살아 있는 일. 생(生) ¶ ―과 죽음./―을 마감하다. ☞죽음 ②살아서 활동하는 일. 생활(生活) ¶ 행복한 ―을 누리다.
삶기다[삼-] 자 삶아지다
삶:다[삼따] 타 ①어떤 물건을 물 속에 넣고 끓이다. ¶ 돼지고기를 ―./빨래를 ―. ②남을 달래거나 꾀거나 을러서 고분고분하게 만들다. ¶ 그 사람만 잘 삶아라. ③논밭의 흙을 써레로 썰고 나래로 골라 노글노글하게 만들다. ¶ 논을 삶아 놓다. ④날씨가 매우 무덥고 찌는듯 하다. ¶ 오늘도 삶을 모양이다.
속담 **삶은 닭이 울까** : 이미 다 틀어진 일에 헛된 기대를 거는 것을 이르는 말.〔볶은 콩이 싹이 날까〕/**삶은 무(호박)에 이 안 들 소리** : 삶은 무에 이가 안 들어갈 리가 없다는 뜻으로, 사리(事理)에 어긋남을 이르는 말.〔여드레 삶은 호박에 도래송곳 안 들어갈 말〕/**삶은 팥이 싹 나거든** : 도무지 기약할 수 없는 때에 이르는 말.
삶이 명 -하다 자타 ①논을 삶는 일. 건삶이와 무삶이가 있음. ②못자리를 따로 마련하지 않고 처음 삶은 논에 바로 볍씨를 뿌리는 일. 수부종(水付種)
삼[1] 명 태아(胎兒)를 싸고 있는 막(膜)과 태반(胎盤). 태보(胎褓) ☞태(胎)
삼을 가르다 관용 막 태어난 아기의 탯줄을 자르다. ☞삼가르다

한자 **삼 포**(胞) 〔肉部 5획〕 ¶ 포의(胞衣)/포태(胞胎)

삼[2] 명 ①뽕나뭇과의 한해살이풀. 줄기 높이는 1.2~3m로 곧게 자람. 잎은 손바닥 모양으로 갈라져 있는 겹잎이고 가장자리에 톱니가 있으며, 7~8월에 연초록 꽃이 핌. 줄기 껍질은 섬유의 원료가 되며 씨로는 기름을 짬. 대마(大麻). 마(麻) ②대마·저마·아마·황마를 통틀어 이르는 말.

한자 **삼 마**(麻) 〔麻部〕 ¶ 마대(麻袋) ▷ 속자는 麻

삼[3] 명 병으로 눈동자에 좁쌀만 하게 생기는 흰 점 또는 붉은 점. ☞삼눈
삼[4] 명 뱃바닥에 댄 널.
삼(參) 명 '삼수(參宿)'의 준말. ▷ 參의 속자는 参
삼(蔘) 명 ①'인삼(人蔘)'의 준말. ②'인삼'과 '산삼'을 통틀어 이르는 말.
삼(三·參) 수 수의 한자말 이름의 하나. 이(二)에 일(一)을 더한 수. ¶ ―에 칠(七)을 더하면 십(十). ☞셋
관 단위를 나타내는 말 앞에 쓰이어 ①수량이 셋임을 나타냄. ¶ ― 톤. ②차례가 셋째임을, 또는 횟수가 세 번째임을 나타냄. ¶ ― 등/― 회 ☞세
속담 **삼 년 가뭄에는 살아도 석 달 장마에는 못 산다** : 가뭄이 오래 계속되는 것보다 비가 그치지 않고 내리는 것이 더 무섭다는 말. /**삼 년 가뭄에 하루 쓸 날 없다** : 오랫동안 맑은 날씨가 계속되다가 무슨 행사(行事)가 있는 날 비가 내려서 일을 그르치는 경우를 이르는 말. /**삼 년 구병(救病)에 불효 난다** : 어떤 일이든지 오랜 시일이 걸리게 되면 한결같이 정성을 다할 수 없다는 말.〔잔병에 효자 없다/긴 병에 효자 없다〕/**삼 년 먹여 기른 개가 주인 발등 문다** : 오랫동안 공들여 보살펴 준 사람이 나중에 도리어 자기를 해치고 손해를 끼친다는 말.〔아는 도끼에 발등 찍힌다〕
삼가 부 조심하는 마음으로. ¶ ― 글을 올립니다.
삼가다 타 ①말이나 행동을 조심하다. ¶ 말을 ―. ②양이나 횟수를 지나치지 않도록 하다. ¶ 술을 ―.

한자 **삼갈 근**(謹) 〔言部 11획〕 ¶ 공근(恭謹)/근신(謹愼)/근조(謹弔)/근하(謹賀) ▷ 속자는 謹
삼갈 신(愼) 〔心部 10획〕 ¶ 신언(愼言)/신중(愼重)

삼-가르다(-가르고·-갈라) 타르 막 태어난 아기의 탯줄을 자르다.
×**삼가-하다** 타 →삼가다
삼각(三角) 명 ①세모 ②'삼각형(三角形)'의 준말. ③'삼각법(三角法)'의 준말.
삼각(三刻) 명 세 시각, 또는 셋째 시각.
삼각(三脚) 명 ①베틀의 잉아와 사침대 사이에 넣어 실이 엉클어지지 않게 하는 기구. 세 개의 가는 나무로 얼레 비슷하게 벌려서 만들었음. 비경이 ②'삼각가(三脚架)'의 준말.
삼각(三覺) 명 불교에서, 깨달음의 세 가지 상(相), 곧 자각(自覺)·각타(覺他)·각행(覺行)을 이르는 말.
삼각-가(三角架) 명 도가니를 걸쳐놓는 데 쓰는 정삼각형의 기구.
삼각-가(三脚架) 명 접었다 폈다 할 수 있는 세 발을 가진 받침대. 망원경이나 사진기·나침반 같은 것을 얹는 데 쓰임. 삼발이 준 삼각(三脚)
삼각-강(三角江) 명 하구(河口)가 나팔 모양으로 되어 있는 지형. 하구 부근의 침식으로 형성됨.
삼각-건(三角巾) 명 붕대 대용으로 응급시에 쓰는 삼각형의 천. 정사각형의 헝겊을 대각선으로 잘라 보통 붕대로는 감기 어려운 머리·어깨·가슴·엉덩이 부위 등을 처맬 때 씀.
삼각=관계(三角關係) 명 ①세 사람, 또는 세 단체 사이의 관계. ②세 남녀 사이에 얽힌 연애 관계.
삼각-근(三角筋) 명 어깻죽지와 팔의 윗마디뼈를 잇는 삼각형의 근육. 삼릉근(三稜筋)
삼각-급수(三角級數) 명 삼각 함수를 항으로 하는 급수.
삼각-기둥(三角-) 명 밑면이 삼각형으로 된 각기둥. 세모기둥
삼각=날개(三角-) 명 삼각형 모양으로 생긴 항공기의 날개. 델타 날개. 삼각익(三角翼)
삼각-대(三脚臺) 명 사진기나 무기 따위를 받쳐 놓을 때 쓰는, 다리가 셋인 받침대.
삼각=동맹(三角同盟) 명 어떤 목적을 위하여 세 나라나 세 사람 사이에 맺은 동맹.
삼각-망(三角網) 명 삼각 측량에서 기준점인 삼각점을 연결하여 이룬 삼각형의 모임. 넓은 지역의 측량에 사용됨.
삼각=무:역(三角貿易) 명 두 나라 사이의 무역에서 수지의 불균형이 생겼을 경우에, 제삼국을 개입시켜 수지의 균형을 꾀하고 무역량을 늘리는 무역 방법.
삼각-반(三脚盤) 명 반월반처럼 상다리가 셋인 반. ☞단각반(單脚盤)
삼각-법(三角法) 명 삼각형의 변과 각의 관계를 기초로 하여, 여러 가지 기하학적 도형의 양적 관계와 측량 등의

ㅅ

응용을 연구하는 수학의 한 분야. [준]삼각(三角)
삼각-비(三角比)[명] 직각 삼각형의 한 예각(銳角)의 크기가 일정할 때, 그 예각에 대한 변의 비를 통틀어 이르는 말. 사인·코사인·탄젠트·코탄젠트·시컨트·코시컨트의 여섯 가지를 이름. ☞삼각 함수(三角函數)
삼각-뿔(三角-)[명] 밑면이 삼각형인 각뿔. 사면체(四面體). 세모뿔
삼각-산(三角山)[명] '북한산(北漢山)'을 달리 이르는 말. 백운대(白雲臺)·만경대(萬景臺)·인수봉(仁壽峰)의 세 봉이 있어 지어진 이름.
[속담] **삼각산 바람이 오르락내리락** : 멋대로 거들거리고 놀아나는 모양을 이르는 말. /**삼각산 풍류** : 조심성 없이 함부로 드나들며, 출입이나 왕래가 잦음을 이르는 말.
삼각-수(三角鬚)[명] 두 뺨과 턱에 나서 삼각형을 이룬 수염.
삼각-익(三角翼)[명] 삼각 날개
삼각익-기(三角翼機)[명] 날개의 평면이 삼각형으로 된 비행기.
삼각-자(三角-)[명] 삼각형으로 된 자. 보통 밑각이 60°와 30°의 두 각을 가진 것과 직각 이등변 삼각형인 것이 있음. 세모자
삼각-점(三角點)[명] 삼각 측량의 기준으로 선정된 세 정점, 또는 그 기준점에 설치한 화강암의 표지(標識).
삼각-주(三角柱)[명] '삼각기둥'의 구용어.
삼각-주(三角洲)[명] 강물이 운반해 온 모래와 흙이 강어귀에 퇴적(堆積)되어 이루어진 충적 평야(沖積平野). 델타(delta). 삼릉주(三稜洲)
삼각-지(三角紙)[명] 곤충을 채집할 때 쓰는 삼각형의 종이 봉투.
삼각-추(三角錐)[명] '삼각뿔'의 구용어.
삼각=측량(三角測量)[명] 삼각법을 응용한 측량 방법. 서로 멀리 떨어진 각각의 지점에서 각도를 관측하여 각각의 위치 관계를 수치로 정함.
삼각-파(三角波)[명] 진행 방향이 다른 둘 이상의 물결이 겹쳐서 생기는 불규칙한 물결.
삼각-패(三角貝)[명] 중생대(中生代)의 표준 화석(化石). 쥐라기(Jura紀) 초기에서 백악기에 걸쳐 번성하였음.
삼각-표(三角表)[명] '삼각 함수표'의 준말.
삼각=함:수(三角函數)[-쑤][명] 삼각비를 각의 함수로 보아 일반화한 것. 곧 좌표의 원점 O를 중심으로 하는 단위원과 각 θ를 만드는 사선과의 교점을 P로 하여 P의 좌표를 x, y라 할 때, 각 θ에 대하여 x와 y로 나타낼 수 있는 함수를 통틀어 이르는 말. 사인·코사인·탄젠트·코탄젠트·시컨트·코시컨트의 여섯 가지를 이름.
삼각=함:수표(三角函數表)[-쑤-][명] 어떤 범위 안의 각의 값에 대한 삼각 함수의 값을 벌여 적은 표. [준]삼각표(三角表)
삼각-형(三角形)[명] 세 선분으로 에워싸인 평면 도형. 세모꼴 [준]삼각(三角)
삼간-동발[명] 광산에서, 구덩이를 받치고 있는 세 곳의 동바리 중 가운데 있는 동바리.
삼간-두옥(三間斗屋)[명] 세 칸짜리 작은 집이라는 뜻으로, 오막살이집을 이르는 말.
삼간-초가(三間草家)[명] 세 칸짜리 초가라는 뜻으로, 매우 작은 초가를 이르는 말. 삼간초옥(三間草屋)
삼간-초옥(三間草屋)[명] 삼간초가(三間草家)
삼-간:택(三揀擇)[명] 지난날, 임금·왕자·왕녀의 배우자를 고를 때, 세 번 고른 다음에 정하던 일.
삼간-통(三間通)[명] 세 칸이 전부 통하게 되어 있는 집.
삼강(三綱)[명] ①유교(儒教) 도덕의 기본이 되는 세 가지 도리. 임금과 신하[君爲臣綱], 아버지와 자식[父爲子綱], 남편과 아내[夫爲婦綱] 사이에 지켜야 할 도리를 이름. ②큰 절의 모든 일을 도맡아 보는 세 가지 승직. 상좌(上佐)·사주(寺主)·유나(維那), 또는 승정(僧正)·승도(僧都)·율사(律師)를 이름.
삼-강령(三綱領)[명] '대학(大學)'의 세 강령. 명명덕(明明德)·친민(親民)·지어지선(止於至善)을 이름.
삼강=오:륜(三綱五倫)[명] 삼강과 오륜.
삼강=오:상(三綱五常)[명] 삼강과 오상. 강상(綱常)
삼강 행:실도(三綱行實圖)[-또][명] 세종 13년(1431)에 설순(偰循) 등이 왕명에 따라 우리 나라와 중국에서 삼강에 모범이 될 충신·효자·열녀 서른 다섯 사람씩 뽑아 그 행실을 그림을 곁들여 엮은 책. 성종 12년(1481)에 언해본(諺解本)이 간행됨.
삼개(三開)[명] 지난날, 죽을 죄에 해당하는 죄인이 비록 자백하더라도 세 번 국청(鞫廳)을 열고 신중히 조사·보고하던 일.
삼거(三車)[명] 불교에서, 양거(羊車)·녹거(鹿車)·우거(牛車)의 세 수레를 이르는 말. 법화경에서, 성문승(聲聞乘)·연각승(緣覺乘)·보살승(菩薩乘)이 받는 가르침을 비유한 것임.
삼-거리(三-)[명] ①세 갈래로 난 길. 세거리 ②'갖은삼거리'의 준말.
삼-거웃[-꺼-][명] 삼 껍질의 끝을 다듬을 때 긁혀 떨어진 검불.
삼검(三檢)[명]-하다[타] 조선 시대, 살인 사건이 일어났을 때 시체를 세 번 검사하던 일, 또는 그 세 번째 검사.
삼겁(三劫)[명] 불교에서, 과거·현재·미래의 삼세(三世), 곧 장엄겁(莊嚴劫)·현겁(賢劫)·성수겁(星宿劫)을 아울러 이르는 말.
삼겹-살(三-)[명] 돼지의 갈비에 붙은 살로, 비계와 살이 세 겹으로 되어 있는 것처럼 보이는 고기를 이르는 말. 구이·찜·편육 등에 쓰임. ☞어깻살
삼겹-실(三-)[명] 세 올로 꼰 실. 삼합사(三合絲)
삼경(三更)[명] ①지난날, 하루의 밤 시간을 다섯 경으로 등분한 셋째 시간. 지금의 오후 열한 시부터 오전 한 시까지의 동안. 병야(丙夜) ②한밤중 ☞사경(四更). 오경(五更). 오야(五夜)
[속담] **삼경에 만난 액(厄)이라** : 안심하고 있을 때 뜻밖에 화를 당함을 이르는 말.
삼경(三京)[명] 고려 시대, ①남경(서울)을 두기 전의 중경(개성)·서경(평양)·동경(경주)의 세 도성을 이르던 말. ②중경·서경·남경의 세 도성을 이르던 말. ③지방 행정 구역으로서 서경·동경·남경을 이르던 말.
삼경(三庚)[명] 삼복(三伏)
삼경(三敬)[명] 천도교에서, 경천(敬天)·경인(敬人)·경물(敬物)을 아울러 이르는 말.
삼경(三經)[명] 시경(詩經)·서경(書經)·주역(周易)의 세 경서. ☞사서삼경(四書三經)
삼계(三戒)[명] ①논어에서 이르는, 일생 동안에 경계해야 하는 세 가지 일. 청년기에는 여색(女色), 중년기에는 투쟁, 노년기에는 이욕(利慾)을 이름. ②불교에서, 재가계(在家戒)·출가계(出家戒)·도속공수계(道俗共守戒)의 세 가지 계를 이르는 말.
삼계(三計)[명] 곡식을 가꾸기 위한 한 해의 계획, 나무를 가꾸기 위한 십 년의 계획, 인재를 기르기 위한 평생의 계획을 이르는 말.
삼계(三界)[명] ①불교에서, 생사유전(生死流轉)이 그침없는 중생계(衆生界)를 셋으로 분류한 것. 곧 욕계(欲界)·색계(色界)·무색계(無色界). 삼유(三有) ②불교에서, 전세(前世)·현세(現世)·내세(來世)의 세 세상을 이르는 말. 삼세(三世)
삼계유일심(三界唯一心)[-씸][성구] 불교에서, 삼계(三界)는 오직 마음에서 생겨난 것으로, 마음만이 유일한 실재(實在)임을 이르는 말. 삼계일심(三界一心)
삼계일심(三界一心)[-씸][성구] 삼계유일심(三界唯一心)
삼계=제천(三界諸天)[명] 불교에서, 욕계(欲界)·색계(色界)·무색계(無色界)에 있는 모든 하늘을 이르는 말.
삼계-탕(蔘鷄湯)[명] 영계의 내장을 빼고 인삼·대추·밤·찹쌀 등을 넣어 푹 곤 음식. 계삼탕 ☞영계백숙
삼계=팔고(三界八苦)[명] 불교에서, 삼계의 중생이 받는다는 여덟 가지 고통. 생(生)·노(老)·병(病)·사(死)와 애별리고(愛別離苦)·원증회고(怨憎會苦)·구부득고(求不得苦)·오음성고(五陰盛苦)를 이름.
삼계화:택(三界火宅)[성구] 불교에서, 삼계의 번뇌가 중생

ㅅ

을 괴롭힘이 마치 불타는 집 안에 있는 것과 같다는 말.

삼고(三古)명 상고(上古)·중고(中古)·근고(近古)의 세 고대(古代)를 이르는 말.

삼고(三考)명-하다타 ①세 번 생각하거나 여러 번 생각함. ②지난날, 관원의 업적을 3년에 한 번씩, 9년 동안 세 번 살피던 일.

삼고(三苦)명 불교에서 이르는 세 가지 고통. 고고(苦苦)·괴고(壞苦)·행고(行苦)를 이름.

삼고(三顧)명 삼고초려(三顧草廬)에서 유래한 말로, 윗사람에게 특별한 신임이나 우대를 받음을 이르는 말.

삼고초려(三顧草廬)성구 중국 촉한(蜀漢)의 유비(劉備)가 제갈 양(諸葛亮)의 초옥(草屋)을 세 번이나 찾아가 간청하여, 마침내 군사(軍師)로 맞아들였다는 고사에서, 인재를 맞아들이기 위해서 참을성 있게 예를 다하는 일을 이름.

삼골(三骨)명 신라 때의 골품(骨品)에서, 성골(聖骨)·진골(眞骨)·제이골(第二骨)을 이르던 말.

삼공(三公)명 ①조선 시대, 의정부(議政府)의 영의정(領議政)·좌의정(左議政)·우의정(右議政)을 아울러 이르던 말. 삼정승(三政丞) ②고려 시대, 사마(司馬)·사도(司徒)·사공(司空)을 아울러 이르던 말.

삼공=육경(三公六卿)명 조선 시대, 삼정승(三政丞)과 육조판서(六曹判書)를 통틀어 이르던 말. 삼태 육경(三台六卿)

삼-공형(三公兄)명 조선 시대, 고을의 호장(戶長)·이방(吏房)·수형리(首刑吏)의 세 관속(官屬)을 이르던 말. 준공형(公兄)

삼과(三過)명 불교에서, 몸과 입과 생각이 저지르는 잘못을 이르는 말.

삼과(三寡)명 생각을 적게 하여 머리를 쉬게 하고, 기호(嗜好)와 욕심을 적게 하여 정력을 쌓으며, 말을 적게 하여 기운을 기르는 양생법(養生法).

삼관(三館)명 조선 시대, 홍문관(弘文館)·예문관(藝文館)·교서관(校書館)을 아울러 이르던 말.

삼관(三關)명 ①몸에서 세 가지 중요한 곳. 곧 귀·눈·입을 이름. ②불도를 깨우치는 세 가지 관문.

삼관(三觀)명 불교에서, 진리를 관찰하는 세 가지 방법을 이르는 말. 천태종에서는 공관(空觀)·가관(假觀)·중관(中觀)으로 나눔.

삼광(三光)명 해와 달과 별을 아울러 이르는 말. 별은 주로 북두칠성을 이름. 삼신(三神). 삼정(三精)

삼광-조(三光鳥)명 딱샛과의 여름 철새. 몸길이는 8cm 안팎, 꼬리 길이는 수컷이 27cm, 암컷이 9cm 안팎임. 머리·목·윗가슴은 청흑색이고 하늘색 눈테가 있으며, 등과 날개는 암자색이고 배는 백색임. 동부 아시아, 서부 태평양 지역에 분포함. 산작(山鵲)

삼교(三校)명 재교(再校) 다음 세 번째로 보는 교정, 또는 그 교정지. 삼준(三準) ☞초교(初校)

삼교(三教)명 유교(儒教)·불교(佛教)·도교(道教), 또는 유교·불교·선교(仙教)를 아울러 이르는 말.

삼구(三仇)명 가톨릭에서, 착한 일을 못하게 막는 육신(肉身)·세속(世俗)·마귀(魔鬼)의 세 가지를 원수에 비유하여 이르는 말.

삼구(三垢)명 삼독(三毒)

삼구(三懼)명 임금이 조심해야 할 세 가지 일. 곧 아랫사람의 말을 참고하지 않는 일, 늙어서 교만해지는 일, 듣기만 하고 실행하지 않는 일.

삼구부동총(三九不動塚) 음력 삼월과 구월에는 무덤을 건드리면 재앙이 있다 하여 무덤 옮기기를 피하는 일.

삼구-주(三九酒)명 삼짇날에 물 아홉 말에 쌀 아홉 말, 누룩 아홉 되를 섞어서 빚은 술.

삼국(三國)명 ①세 나라. ②고대 우리 나라에 있던 신라·백제·고구려의 세 나라. ③중국 후한(後漢) 말에 일어난 위(魏)·오(吳)·촉(蜀)의 세 나라.

삼국=동맹(三國同盟)명 공동의 목적을 이루려는 세 나라가 행동을 함께 할 것을 약속하는 일.

삼국사:기(三國史記)명 고려 인종 23년(1145)에, 김부식(金富軾) 등이 왕명을 받아 편찬한 역사책. 신라·백제·고구려 세 나라의 개국에서 멸망까지의 역사를 기전체(紀傳體)로 기술함. 왕실 중심의 기록이어서 당대의 설화나 문물·풍습을 널리 살피기 어려움. 50권 10책.

삼국=시대(三國時代)명 ①우리 나라에서, 신라·백제·고구려가 맞서 있던 시대. ②중국에서, 위(魏)·오(吳)·촉(蜀)이 맞서 있던 시대.

삼국유사(三國遺事)명 고려 충렬왕 11년(1285)에, 중 일연(一然)이 쓴 책. 고조선·신라·백제·고구려의 사적(史蹟) 및 신화·전설·시가(詩歌) 등이 풍부하게 수록되어 있음. 5권 3책으로, 조선 중종 때의 중간본(重刊本)만이 남아 전함.

삼군(三軍)명 ①한 나라 군대의 전체. 전군(全軍) ②지난날, 군대의 좌익(左翼)·중군(中軍)·우익(右翼)을 아울러 이르던 말. ③육군·해군·공군을 아울러 이르는 말.

삼군=도총제부(三軍都摠制府)명 지난날, 삼군(三軍)의 군무(軍務)를 총괄하던 관아.

삼-군문(三軍門)명 조선 시대, 훈련 도감(訓鍊都監)·금위영(禁衛營)·어영청(御營廳)의 세 영문(營門)을 아울러 이르던 말. 삼영문(三營門)

삼군-부(三軍府)명 조선 시대, 군무를 총괄하던 관아.

삼-굿[-굳]명 삼의 껍질을 벗기기 위하여 삼을 찌는 구덩이나 큰 솥.

삼굿-하다[-굳-]자여 삼굿에 삼을 넣고 찌다.

삼권(三權)[-꿘]명 입법권(立法權)·사법권(司法權)·행정권(行政權)을 아울러 이르는 말.

삼권=분립(三權分立)[-꿘-]명 국가 권력이 한 곳으로 집중되어 일어나는 폐단을 막기 위하여, 국가 권력을 입법·사법·행정으로 갈라 독립시키는 국가 조직의 원칙.

삼권=분립주의(三權分立主義)[-꿘-]명 국가 권력을 입법·사법·행정으로 갈라 독립시키고 서로 견제(牽制)와 균형을 유지함으로써 권력의 남용을 막고 국민의 권리와 자유를 보장하려는 주의.

삼귀(三歸)명 '삼귀의(三歸依)'의 준말.

삼-귀의(三歸依)명 불가(佛家)에 처음 들어갈 때 하는 의식으로, 불(佛)·법(法)·승(僧)의 삼보(三寶)에 귀의하는 일. 곧 귀의불(歸依佛)·귀의법(歸依法)·귀의승(歸依僧)을 이름. 준삼귀(三歸)

삼극(三極)명 ①삼재(三才) ②삼극 진공관의 세 극. 곧 양극·음극·그리드(grid)를 이름. ▷ 三의 갖은자는 參

삼극=진공관(三極眞空管)명 이극 진공관의 양극과 음극 사이에 그리드를 넣어 만든 진공관. 그리드의 전류 및 전압의 변화로 증폭·변조·검파를 조절할 수 있음.

삼근(蔘根)명 인삼의 뿌리.

삼금(三笒)명 대금(大笒)·중금(中笒)·소금(小笒)을 아울러 이르는 말. 삼죽(三竹) 원삼함(三笒)

삼기-음(三氣飮)명 한방에서, 풍비증(風痹症)이나 역절풍(歷節風) 따위에 쓰는 약을 이르는 말.

삼-꽃명 ①삼[麻]의 꽃. 마발(麻勃) ②한방에서, 어린아이의 피부에 나타나는 불긋불긋한 점을 이르는 말.

삼-끈명 삼 껍질로 꼰 끈.

삼-나무(杉-)명 낙우송과의 상록 교목. 높이 40m 안팎. 나무 껍질은 적갈색, 잎은 바늘 모양임. 암수한그루로 3월경에 꽃이 피며, 10월경에 솔방울 같은 열매가 황갈색으로 익음. 나무는 건축재·선박재·가구재 등으로 쓰임. 삼목(杉木). 삼송(杉松)

삼남(三男)명 ①셋째 아들. ②세 아들 또는 삼형제(三兄弟). ¶ - 삼녀 중 둘째 딸.

삼남(三南)명 영남(嶺南)·호남(湖南)·호서(湖西) 지방을 아울러 이르는 말. ☞하삼도(下三道)

삼남=삼도(三南三道)명 삼남 지방의 세 도(道), 곧 경상도·전라도·충청도를 아울러 이르는 말.

삼남이명 지난날, 하인이 쓰던 대[竹]로 결어 만든 모자.

삼-낳이[-나-]명-하다자 삼베를 낳는 일.

삼년부조(三年不弔)성구 삼년상을 치르는 상제(喪制)는 남의 상사(喪事)에 찾아가 조상하지 못하거나 또는 아니함을 이르는 말. 삼상불문(三喪不問)

ㅅ

삼년불비(三年不蜚)성구 삼 년 동안 한 번도 날지 않는다는 뜻으로, 뒷날 웅비(雄飛)할 기회를 기다린다는 말.
삼년-상(三年喪)명 세 해 동안 거상(居喪)하는 일. 삼년초토(三年草土) 준 삼상(三喪)
삼년-초토(三年草土)명 삼년상(三年喪)
삼-노 명 '삼노끈'의 준말.
삼-노끈 명 삼의 껍질로 꼰 노끈. 마승(麻繩) 준 삼노
삼-노두(蔘蘆頭)명 인삼 대가리에 붙은 줄기의 밑동.
삼농(蔘農)명 인삼을 심어 가꾸는 농사.
삼-눈 명 눈에 삼이 서서 통증이 심하고 눈이 붉어지는 병. ¶ -이 서다.
삼:다[1] [-따] 타 ①남을 자기와 어떤 인연이나 관계 있는 사람으로 만들다. ¶ 친구 아들을 사위로 -. ②무엇을 무엇으로 하거나 여기다. ¶ 책과 음악을 벗으로 -./그 일을 문제로 -./운동 삼아 신문 배달을 하다.
삼:다[2] [-따] 타 ①짚신이나 미투리 따위를 결어 만들다. ¶ 짚신을 -. ②삼이나 모시 따위의 섬유를 찢어 그 끝을 비비어 꼬아 잇다. ¶ 삼을 -.
삼다(三多)명 ①중국 송대(宋代)의 구양수(歐陽脩)가 말한, 글 짓는 공부의 세 가지 방법. 곧 많이 짓고〔多作〕, 많이 읽고〔多讀〕, 많이 생각함〔多思〕을 이름. ②제주도에 바람·여자·돌의 세 가지가 많음을 이르는 말. ③불교에서, 착한 벗을 많이 사귀며, 법문을 많이 듣고, 몸의 부정을 많이 살피는 것의 세 가지를 이르는 말.
삼다-도(三多島)명 바람과 여자와 돌이 많다는 뜻으로, '제주도(濟州島)'를 달리 이르는 말.
삼-단[-딴] 명 삼을 묶은 단.
삼단 같은 머리 관용 숱이 많고 긴 머리를 비유하여 이르는 말.
삼단(三短)명 화투 놀이에서, 청단(靑短)·초단(草短)·홍단(紅短)을 아울러 이르는 말. ☞삼약
삼단(三端)명 군자(君子)가 피해야 할 세 가지의 끝. 곧 문사(文士)의 붓끝, 무사(武士)의 칼끝, 변사(辯士)의 혀끝을 이름.
삼단=교:수(三段敎授)명 ①직관(直觀), 총괄(總括), 응용(應用)의 세 과정으로 나누어 하는 교수 방법. ②단원 전개에서, 예비, 교수, 정리의 세 단계를 이르는 말.
삼단=논법(三段論法)[-뻡] 명 대전제(大前提)와 소전제(小前提)의 두 명제에서 하나의 새로운 결론을 이끌어 내는 추리 논법. '동물은 생물이다. 염소는 동물이다. 따라서, 염소는 생물이다.' 따위. 삼단 추리(三段推理)
삼단-뛰기(三段-)명 세단뛰기
삼-단전(三丹田)명 도가(道家)에서, 상단전〔뇌〕·중단전〔심장〕·하단전〔배꼽 아래 부위〕을 아울러 이르는 말.
삼단=전:법(三段戰法)[-뻡] 명 배구에서, 패스·토스·스파이크를 연결해서 하는 기본적인 공격 방법.
삼단=추리(三段推理)명 삼단 논법(三段論法)
삼-달덕(三達德)[-떡] 명 시대나 신분에 관계 없이 어떠한 경우에도 통하는 세 가지 높은 덕(德). 지(智)·인(仁)·용(勇)을 이름.
삼당(三堂)명 '삼당상(三堂上)'의 준말.
삼-당상(三堂上)명 ①조선 시대, 육조(六曹)의 판서(判書)·참판(參判)·참의(參議)의 세 당상관을 이르던 말. ②조선 시대, 나라의 길흉례(吉凶禮) 때에 두던 도감(都監)의 세 제조(提調). 준 삼당(三堂)
삼-당숙(三堂叔)명 구촌(九寸) 아저씨. 아버지의 팔촌 형제. 삼종숙(三從叔) ☞재당숙(再堂叔). 당숙(堂叔)
삼당숙-모(三堂叔母)명 삼당숙의 아내. 삼종숙모(三從叔母) ☞재당숙모(再堂叔母). 당숙모(堂叔母)
삼-대[-때] 명 삼의 줄기. 마경(麻莖)
삼대(三代)명 ①아버지와 아들과 손자의 세 대. 삼세(三世) ②고대 중국의 하(夏)·은(殷)·주(周)의 세 왕조.
삼대 구 년(九年) 만에 관용 매우 오랜만에.
속담 **삼대 적선을 해야 동네 혼사(婚事)를 한다** : 한 동네 이웃끼리는 집안 내용을 서로 잘 알기 때문에 혼사가 매우 어렵다는 말. /**삼대 주린 걸신(乞神)** : 먹을 것을 보면 남기지 않고 모두 먹어 치우는 일을 이르는 말. /**삼대 천치가 들면 사대째 영웅이 난다** : 어떤 집안에서나 훌륭한 인물이 나올 수 있다는 말.
삼대=개벽(三代開闢)명 천도교에서, 정신 개벽, 민족 개벽, 사회 개벽을 아울러 이르는 말.
삼대목(三代目)명 신라 진성 여왕 2년(888)에, 각간(角干) 위홍(魏弘)과 대구 화상(大矩和尙)이 함께 왕명으로 엮은 우리 나라 최초의 향가집(鄕歌集). 원본은 전하지 않고 '삼국사기(三國史記)'에 그 기록만 전함.
삼대-선(三-船)명 돛대 셋을 단 큰 배. 세대박이
삼-대양(三大洋)명 태평양, 대서양, 인도양을 통틀어 이르는 말.
삼-대월(三大月)명 음력으로, 잇달아 세 번 드는 큰달. ☞삼소월(三小月)
삼대=일월(三代日月)명 중국에서, 왕도 정치(王道政治)가 가장 발달했었다는 하(夏)·은(殷)·주(周) 삼대의 시대를 이르는 말.
삼대=추영(三代追榮)명 삼대 추증(三代追贈)
삼대=추증(三代追贈)명 조선 시대, 종이품 이상인 관원의 아버지, 할아버지, 증조부에게 관직을 추증하여 대우하던 일. 삼대 추영(三代追榮)
삼덕(三德)명 ①유교에서, 정직(正直)·강(剛)·유(柔), 또는 지(智)·인(仁)·용(勇)의 세 가지 덕을 이르는 말. ②크리스트교에서, 믿음·소망·사랑의 세 가지 덕을 이르는 말. ③불교에서, 법신덕(法身德)·반야덕(般若德)·해탈덕(解脫德), 또는 은덕(恩德)·단덕(斷德)·지덕(知德)을 이르는 말.
삼덕-송(三德誦)명 가톨릭에서, 믿음과 소망과 사랑의 세 가지 덕(德)을 구하는 기도문인 신덕송, 망덕송, 애덕송을 이르는 말.
삼도(三到)명 '독서삼도(讀書三到)'의 준말.
삼도(三途·三塗)명 삼악도(三惡道)
삼도(三道)명 ①유교에서 이르는 부모에 대한 세 가지 효도. 부모를 봉양(奉養)하고, 상사(喪事)에 근신(謹愼)하고, 제사(祭祀)를 받드는 일을 이름. 삼행(三行) ②군사를 쓰는 세 가지 방법. 정병(正兵), 기병(奇兵), 복병(伏兵)을 이름. ③불교에서, 성문(聲聞)이나 보살(菩薩)이 수행하는 세 과정인 견도(見道), 수도(修道), 무학도(無學道)를 이르는 말.
삼도-내(三途-)명 불교에서, 사람이 죽어서 저승으로 가는 도중에 건너게 된다는 큰 내. 삼도천(三途川)
삼도=수군=통어사(三道水軍統禦使)명 조선 후기, 경기·황해도·충청도의 수군을 통할하기 위하여 두었던 종이품의 무관직, 또는 그 관원. 경기도 수군 절도사가 겸입하였음. 준 삼도 통어사. 통어사
삼도=수군=통:제사(三道水軍統制使)명 조선 시대, 경상도·전라도·충청도의 수군을 통할하기 위하여 두었던 종이품의 무관직, 또는 그 관원. 임진왜란 때 생김. 준 삼도 통제사. 통제사
삼도-습의(三度習儀)명 지난날, 나라에 큰 의식이 있을 때 그 의식을 미리 세 차례에 걸쳐 익히던 일.
삼도=육군=통:어사(三道陸軍統禦使)명 1888년(조선 고종 25)에, 경상도·전라도·충청도의 육군을 통할하기 위하여 두었던 무관직, 또는 그 관원. 준 통어사
삼도-천(三途川)명 삼도내
삼도=통:어사(三道統禦使)명 '삼도 수군 통어사(三道水軍統禦使)'의 준말.
삼도=통:제사(三道統制使)명 '삼도 수군 통제사(三道水軍統制使)'의 준말.
삼독(三毒)명 불교에서, 착한 마음을 해치는 세 가지 번뇌인 탐욕(貪慾), 진에(瞋恚), 우치(愚癡)를 이르는 말. 삼구(三垢)
삼독(三讀)명-하다 타 세 번 읽음. ☞재독(再讀)
삼독(蔘毒)명 인삼을 너무 많이 먹거나, 체질이나 병증에 맞지 않게 먹었을 때 생기는 신열. 삼불. 삼열(蔘熱)
삼-돌이(三-)명 감돌이, 베돌이, 악돌이를 통틀어 이르는 말.
삼동(三冬)명 ①겨울의 석 달. 곧 음력 시월·동지·섣달

을 이름. 구동(九冬). 동삼(冬三). 동삼삭(冬三朔) ② 세 해의 겨울.

삼동(三同)명 세 가지의 물건을 합한 것.

삼-동:네(三洞-)명 이웃해 있는 가까운 동네.

삼동-물림(三-)명 담배설대 중간에 은이나 금을 물려 빼다 끼웠다 할 수 있는 담뱃대.

삼동-치마(三-)명 치마연의 한 가지. 연의 허릿살 아래 부분을 세로로 삼등분하여 세 가지 색을 칠한 연. ☞사동치마. 이동치마. 치마연

삼동-편사(三同便射)명 지난날, 두 사정(射亭)이 각기 당상(堂上) 한 사람, 출신(出身) 한 사람, 한량 한 사람으로 편을 짜서 활쏘기를 겨루던 경기.

삼두-마차(三頭馬車)명 말 세 마리가 끄는 마차.

삼두-박근(三頭膊筋)명 위팔의 뒤쪽에 붙어 있는 큰 근육. 위팔뼈가 이어지는 어깨뼈에서 세 갈래로 시작한 두부(頭部)가 합쳐져 큰 힘줄이 되어 팔꿈치 끝에 붙으며, 주로 팔꿈치를 펴는 작용을 함. 상완 삼두근

삼두육비(三頭六臂)성구 세 개의 머리와 여섯 개의 팔이라는 뜻으로, 엄청나게 힘이 센 사람을 비유하여 이르는 말. ☞삼면육비(三面六臂)

삼두-음(三豆飮)명 같은 분량의 녹두, 팥, 검정콩을 섞은 것에 물을 붓고, 감초나 댓잎을 조금 넣어 끓인 물. 약으로 쓰거나 여름철 음료로 마심.

삼두=정치(三頭政治)명 고대 로마 공화정 말기에, 세 사람의 실력자가 동맹하여 국가 권력을 장악하였던 정치 형태. 이를 계기로 로마 공화정은 무너지고 제정(帝政)으로 넘어감.

삼-등:분(三等分)명-하다타 셋으로 똑같이 가름.

삼-딸(蔘-)명 인삼의 열매.

삼라(森羅)어기 '삼라(森羅)하다'의 어기(語基).

삼라-만:상(森羅萬象)명 우주의 온갖 사물과 모든 현상.

삼라-하다(森羅-)형여 수없이 많이 늘어서 있다.

삼락(三樂)명 ①'군자삼락(君子三樂)'의 준말. ②군자삼락 가운데 셋째의 즐거움. 곧 천하의 영재를 얻어 가르치는 일을 이르는 말. ☞일락(一樂). 이락(二樂)

삼량(三量)명 불교에서, 자기 앞에 나타난 대상을 인식하는 세 가지 모양. 곧 현량(現量)·비량(比量)·비량(非量)을 이름.

삼량(三樑)명 재래식 한옥에서, 들보 세 개를 써서 한 칸 넓이로 집을 짓는 방식. ☞사량

삼량-집(三樑-)[-찝]명 삼량으로 지은 집.

삼력(三力)명 조선 시대, 역(力)의 셋째 등급. 50근 무게의 물건을 양손에 하나씩 들고 100보(步)를 걸을 수 있는 힘을 이르던 말. ☞이력(二力). 일력(一力)

삼렬(森列)어기 '삼렬(森列)하다'의 어기(語基).

삼렬-하다(森列-)형여 촘촘하게 죽 늘어서 있다.

삼령(三齡)명 누에가 두잠을 자고 난 뒤부터 석잠을 잘 때까지의 사이. ☞삼령잠(三齡蠶)

삼령(三靈)명 ①천(天)·지(地)·인(人), 또는 천·지·인의 신(神)을 아울러 이르는 말. 삼재(三才) ②일(日)·월(月)·성신(星辰)을 아울러 이르는 말.

삼령오:신(三令五申)성구 세 번 호령하고 다섯 번을 거듭 말한다는 뜻으로, 지난날, 군대에서 군령을 되풀이하여 자세히 말함을 이르던 말.

삼령-잠(三齡蠶)명 두잠을 자고 난 뒤부터 석잠을 잘 때까지 자란 누에. ☞삼령(三齡)

삼례(三禮)명 ①-하다자 세 번 절함. ②예기(禮記)·주례(周禮)·의례(儀禮)의 세 가지 책.

삼례-업(三禮業)명 고려 시대, 예기(禮記)·주례(周禮)·의례(儀禮)의 삼례로 보이던 과거 시험 과목.

삼로(三老)명 나이에 따라 노인을 셋으로 구분한, 백 살의 상수(上壽), 여든 살의 중수(中壽), 예순 살의 하수(下壽)를 통틀어 이르는 말.

삼로-주(蔘露酒)명 '인삼주(人蔘酒)'를 달리 이르는 말.

삼론(三論)명 불교에서, 삼론종(三論宗)의 종지(宗旨)가 되는 세 가지 책인 중론(中論), 십이문론(十二門論), 백론(百論)를 아울러 이르는 말.

삼론-종(三論宗)명 불교의 한 유파. 삼론을 기본 경전으로 삼고 있으며, 인도의 용수보살(龍樹菩薩)과 그의 제자인 제파(提婆)가 주창하고, 우리 나라에서는 고구려 때 성하였음.

삼루(三壘)명 야구에서, 이루와 본루 사이에 있는 셋째 누.

삼루(滲漏)명-하다자 액체가 스며 나옴.

삼루-수(三壘手)명 야구에서, 삼루를 맡아 지키는 선수.

삼루-타(三壘打)명 야구에서, 타자가 한 번에 삼루까지 갈 수 있게 친 안타.

삼류(三流)명 정도나 수준이 가장 낮은 등급이나 부류. ¶ - 극장/- 소설 ☞일류(一流). 이류(二流)

삼륜(三輪)명 ①불교에서, 땅 밑에서 이 세상을 받치고 있다는 풍륜(風輪)·수륜(水輪)·금륜(金輪)을 통틀어 이르는 말. ②불교에서, 중생의 번뇌를 없앤다는 부처의 몸·입·뜻의 삼업(三業)을 이르는 말.

삼륜-차(三輪車)명 바퀴가 세 개 달린 자동차.

삼릉(三稜)명 ①세 모서리. ②한방에서, 매자기의 뿌리를 약재로 이르는 말. 산후(産後)의 어혈(瘀血)과 복통(腹痛)을 다스림.

삼릉-경(三稜鏡)명 프리즘(prism)

삼릉-근(三稜筋)명 삼각근(三角筋)

삼릉=석(三稜石)명 사막이나 해안에서 일정한 방향으로 부는 바람에 날리는 모래에 깎여 비슷한 크기의 세 면과 모서리를 지니게 된 돌.

삼릉-장(三稜杖)명 지난날, 죄인을 때리는 데 쓰던 세모진 방망이.

삼릉-주(三稜洲)명 삼각주(三角洲)

삼릉-체(三稜體)명 세모진 물체.

삼릉-초(三稜草)명 '매자기'의 딴이름.

삼릉-침(三稜鍼)명 끝이 세모뿔로 된 침.

삼리-혈(三里穴)명 한방에서, 침질과 뜸질에 적용되는 경혈(經穴)의 하나. 다리 오금의 약간 오목한 곳임.

삼림(森林)명 나무가 빽빽하게 우거져 있는 곳. 수풀

삼림=경계(森林境界)명 삼림 분포의 지리적 경계. 온도와 우량 따위의 자연적 조건에 따라 생기는 경계임.

삼림=공원(森林公園)명 삼림을 그대로 살린 자연 공원.

삼림-대(森林帶)명 기후나 해발 고도에 따라 비슷한 종류의 삼림이 띠 모양으로 분포하는 지대. 위도에 따른 기후 변화로 가르는 수평적 삼림대와 해발 고도에 따른 수직적 삼림대가 있음. 삼림띠

삼림-띠(森林-)명 삼림대(森林帶)

삼림-욕(森林浴)[-뇩]명 건강을 위하여 숲 속을 거닐거나 하면서 숲의 맑은 기운을 쐬는 일.

삼림=지대(森林地帶)명 나무가 많이 우거져 있는 지대.

삼림=철도(森林鐵道)[-또]명 임산물을 운반하려고 설치해 놓은 철도.

삼림-학(森林學)명 임업에 관한 이론과 운영 방법을 연구하는 학문. 임학(林學)

삼림=한:계(森林限界)명 고위도(高緯度) 지방이나 높은 산에서 삼림이 자랄 수 있는 한계선.

삼림=화:재=보:험(森林火災保險)명 화재 때문에 생기는 삼림 피해를 메워 주는 화재 보험의 한 가지.

삼립(森立)명-하다자 빽빽이 들어섬. ☞임립(林立)

삼-마(-麻)명 한자 부수(部首)의 한 가지. '魔'·'靡' 등에서 '麻'의 이름.

삼-마누라명 무당굿의 열두 거리 가운데 셋째 거리.

삼망(三忘)명 병사가 전장에서 잊어야 할 세 가지 일. 곧 명(命)을 받고서는 가정을 잊고, 싸움에서는 부모를 잊고, 공격의 북소리를 듣고서는 자신을 잊어야 함.

삼망(三望)명 ①조선 시대, 한 사람의 관원을 뽑을 때, 세 사람의 후보자를 추천하던 일, 또는 그 세 후보자. ☞비삼망(備三望). 수망(首望) ②조선 시대, 임금의 시호(諡號)를 정할 때 세 가지 중에서 하나를 택하던 일.

삼매(三昧 ∠samādhi 범)명 불교에서, 오직 한 가지 일에만 집중하여 마음이 흔들리지 않는 경지를 이르는 말. 삼매경(三昧境) ¶독서 -

삼매-경(三昧境)명 삼매(三昧)

삼매-당(三昧堂)명 절에서, 중이 법화 삼매(法華三昧)나 염불 삼매(念佛三昧) 등을 닦는 법당. 삼매 도량

삼매=도:량(三昧道場)명 삼매당(三昧堂)

삼매-승(三昧僧)명 ①삼매당(三昧堂)에서 법화 삼매(法華三昧)나 염불 삼매(念佛三昧) 등을 닦는 중. ②삼매의 경지(境地)에 든 중.

삼면(三面)명 ①세 면(面). ②세 방면(方面). ¶-이 바다로 둘러싸인 반도국.

삼면-각(三面角)명 세 개의 평면이 한 점에서 만났을 때 생기는 입체각. ☞사면각

삼면-경(三面鏡)명 거울 세 개가 나란히 붙은 경대. 가운데 것은 고정되어 있고 양 옆의 것은 접었다 폈다 하여 세 면을 비춰 볼 수 있음.

삼면=계:약(三面契約)명 각각 독자적인 세 사람의 당사자 사이에 성립하는 계약. 채권자, 채무자, 인수인(引受人) 사이의 채무 인수 계약 따위.

삼면=소송(三面訴訟)명 세 사람 이상의 당사자가 서로 대등한 입장에서 독립된 지위를 가지고 하는 소송.

삼면육비(三面六臂)성구 세 개의 얼굴과 여섯 개의 팔이라는 뜻으로, 한 사람이 여러 사람 몫의 일을 함을 이르는 말. ☞삼두육비(三頭六臂)

삼면-잠(三眠蠶)명 한 세대 동안에 세 번 허물을 벗고 나서 고치를 짓는 누에. ☞사면잠(四眠蠶)

삼명(三明)명 ①힌두교의 세 가지 경전인 이구(梨俱)·사마(娑磨)·야유(夜柔)를 통틀어 이르는 말. ②불교에서, 석가모니와 아라한(阿羅漢)이 최초의 깨달음에서 얻었다는 세 가지 지혜. 곧 자기와 다른 사람의 미래의 운명을 아는 지혜인 천안명(天眼明), 자기와 다른 사람의 과거세의 운명을 아는 지혜인 숙명명(宿命明), 현세의 번뇌를 모두 끊고 깨달음에 이르는 지혜인 누진명(漏盡明)을 이름.

삼:명-법(三名法)[-뻡]명 생물의 종의 학명을 적는 방법의 하나. 아종(亞種)·변종(變種)·품종(品種)을 나타내는 표기 방법으로, 속명(屬名)·종명(種名) 다음에 아종·변종 등을 적음. ☞이명법(二名法)

삼-명일(三名日)명 삼명절(三名節)

삼-명일(三明日)명 내일의 다음 다음날. 글피

삼-명절(三名節)명 지난날, 임금의 생일과 정월 초하루와 동지의 세 명절을 아울러 이르던 말. 삼명일(三名日)

삼모(三毛)명 '삼모작(三毛作)'의 준말.

삼모-작(三毛作)명 일 년 동안에 세 가지의 농작물을 같은 논밭에서 차례로 재배하는 농사법. 준삼모(三毛) ☞이모작(二毛作)

삼모-창(三矛槍)명 날이 세모진 창.

삼목(三木)명 지난날, 죄인의 목과 손과 발에 씌우던 나무로 된 칼, 수갑, 차꼬의 세 가지 형구(刑具).

삼목(杉木)명 '삼나무'의 딴이름.

삼목지형(三木之刑)명 지난날, 죄인의 목과 손과 발에 삼목을 채우던 형벌.

삼무(三務)명 봄, 여름, 가을 세 철의 농사일.

삼무(三無)명 무성(無聲)의 음악, 무체(無體)의 예(禮), 무복(無服)의 상(喪)이라는 뜻으로, 형식은 없고 정신만 있음을 이르는 말.

삼무-도(三無島)명 도둑·거지·대문이 없는 섬이라는 뜻으로, '제주도(濟州島)'를 달리 이르는 말.

삼무-오:다(三無五多)명 도둑·거지·수레의 세 가지는 없고, 눈·바람·오징어·향나무·미인의 다섯 가지는 많다는 뜻으로, '울릉도(鬱陵島)'를 이르는 말.

삼문(三門)명 ①궁궐이나 관아 앞에 있는 세 개의 문. 정문(正門)과 좌우의 동협문(東夾門), 서협문(西夾門)을 이름. ②지난날, '관아(官衙)'를 달리 이르던 말. ③불교에서, '절의 누문(樓門)'을 열반에 이르는 세 단계의 해탈문에 비유하여 이르는 말. ④불교에서, 교(敎)·율(律)·선(禪)을 아울러 이르는 말.

삼문-좌:기(三門坐起)명 조선 시대, 관아(官衙)에서 중요한 일을 처리하여 결정할 때에 삼문(三門)을 열고 여러 백성에게 그 일을 공포하던 일.

삼물(三物)명 '회삼물(灰三物)'의 준말.

삼물-막(三物幕)명 매장할 때 관 주위를 메울 석회, 세사(細沙), 황토(黃土)를 섞기 위해 만든 뜸집.

삼미-죽(三米粥)명 죽의 한 가지. 좁쌀과 멥쌀, 율무쌀에 연뿌리, 구기자, 밤, 부추, 돼지 콩팥, 소금 등을 넣고 쑨 죽.

삼민-주의(三民主義)명 중국의 쑨원〔孫文〕이 1905년에 제창한 중국 민주주의 혁명의 삼대 사상인 민족주의, 민권주의, 민생주의를 이르는 말.

삼밀(三密)명 불교에서, 손으로 인계(印契)를 맺는 신밀(身密), 입으로 진언(眞言)을 외는 구밀(口密), 마음의 진리를 보는 의밀(意密)을 이르는 말.

삼밀-가지(三密加持)명 삼밀유가(三密瑜伽)

삼밀-상응(三密相應)명 삼밀유가(三密瑜伽)

삼밀-유가(三密瑜伽)[-류-]명 불교에서, 중생의 삼밀이 부처의 삼밀과 잘 호응하여 융화하는 경지에 도달하는 일을 이르는 말. 삼밀가지. 삼밀상응

삼밀-행법(三密行法)[-뻡]명 불교에서, 삼밀의 행업을 닦는 일을 이르는 말.

삼바(samba 포)명 브라질의 민속 춤곡. 4분의 2박자로 매우 빠르고 정열적임.

삼박[1]부 날이 있는 연장으로 물체를 단번에 자르거나 베어 내는 모양을 나타내는 말. ¶가위로 햇순을 - 자르다./고등어를 - 토막내다. ☞삼빡. 섬벅. 쌈박[1]. 쌈빡

삼박[2]부 속눈썹이 긴 눈을 천천히 감았다 뜨는 모양을 나타내는 말. ¶안약을 넣고 눈을 한 번 - 하다. ☞깜박. 쌈박[2]. 슴벅

삼박-거리다(대다)자타 속눈썹이 긴 눈을 천천히 감았다 떴다 하다. 삼박이다 ☞깜박거리다. 쌈박거리다. 슴벅거리다

삼박-삼박[1]부 날이 있는 연장으로 물체를 잇달아 자르거나 베어 내는 모양을 나타내는 말. ¶무와 배추를 - 자르다. ☞삼빡삼빡. 섬벅섬벅. 쌈박쌈박[1]. 쌈빡쌈빡

삼박-삼박[2]부 삼박거리는 모양을 나타내는 말. ☞깜박깜박. 쌈박쌈박[2]. 슴벅슴벅

삼박-이다자타 삼박거리다 ☞깜박이다. 쌈박이다. 슴벅이다

삼-박자(三拍子)명 음악에서, 한 마디가 3박으로 된 것. 일반적으로 강(強)·약(弱)·약의 꼴로 됨.

삼반(三反)명-하다자 ①세 번 왕복(往復)함. ②세 차례나 거듭 배반함.

삼-반:규관(三半規管)명 반고리관

삼-발[-빨]명 눈에 삼이 설 때에 생기는 붉은 핏발.

삼발-이명 ①둥근 쇠테에 발이 세 개 달린 기구. 화로 따위에 박아 놓고 석쇠나 냄비를 올려 음식을 굽거나 끓이는 데 쓰임. 동그랑쇠 ②삼각가(三脚架)

삼발-점(三-點)[-쩜]명 수식(數式) 등에서 귀결(歸結)된 식을 보일 때, 그 앞에 쓰이는 ∴의 이름. 결과표(結果票). 고로표. 귀결부(歸結符) ☞거꿀삼발점

삼-밭명 삼을 심어 가꾸는 밭. 마전(麻田)

속담 **삼밭에 쑥대**: 쑥이 삼밭에 섞여 자라면 저절로 곧아진다는 뜻으로, 좋은 환경에서 자란 사람은 그 영향을 받아서 품행이 단정해진다는 말. ☞마중지봉(麻中之蓬)

삼-밭(蔘-)명 인삼을 재배하는 밭. 삼포(蔘圃)

삼배(三拜)명-하다자 ①세 번 절을 함. ②불교에서, 존경의 뜻을 나타낼 때 세 번 무릎 꿇고 절하는 일.

삼-배목(三-)명 재래식 한옥에서, 비녀장에 배목 셋을 꿴 꾸밈새. 분합의 첫째와 넷째 창짝의 머리와 문틀에 나누어 박음.

삼배지치(三北之恥)성구 세 번 싸워 세 번 패배하는 부끄러움이라는 뜻으로, 번번이 싸움에 패배하는 수치를 이르는 말.

삼배-체(三倍體)명 염색체 수가 보통 생물의 염색체 수의 세 배인 생물체. 사배체와 이배체의 교잡으로 생기며, 보통은 씨가 생기지 않음.

삼백(三白)명 음력 정월에 사흘 동안 내리는 눈.

삼백예순-날(三百-)[-녜-]명 ①일 년(一年) ②〔부

사처럼 쓰임』 일년 내내. ¶ – 거르는 일이 없다.

삼백-주(三白酒)명 술의 한 가지. 백출(白朮), 백복령(白茯苓), 백하수오(白何首烏) 세 가지를 같은 분량으로 술에 담갔다가 21일 만에 건져내고 마심.

삼백-초(三白草)명 삼백초과의 여러해살이풀. 줄기 높이 50~100cm. 흰 뿌리줄기가 옆으로 벋음. 잎의 겉면은 연한 녹색이고 뒷면은 백색이며, 6~8월에 흰 꽃이 핌. 뿌리, 잎, 꽃이 백색이기 때문에 생긴 이름임. 한방에서 황달, 종기, 소변 불통 등에 약재로 쓰임.

삼-벌레명 삼하늘소의 애벌레. 나무굼벵이의 한 가지로 삼의 줄기를 파먹는 해충임. 한방에서는 경풍(驚風)의 약으로 쓰임. 마두충(麻蠹蟲). 마충(麻蟲)

삼범-선(三帆船)명 돛대를 세 개 세운 배.

삼-법사(三法司)명 조선 시대, 법을 다스리는 형조(刑曹), 한성부(漢城府), 사헌부(司憲府)의 세 관아를 통틀어 이르던 말. 준삼사(三司)

삼-법인(三法印)명 소승 불교에서, 불교의 세 가지 근본 교리인 무상인(無常印), 무아인(無我印), 열반인(涅槃印)을 이르는 말.

삼-베명 삼실로 짠 피륙. 마포(麻布). 베 ¶ – 적삼

삼베-길쌈명-하다자 삼 껍질을 찢어서 실을 만들어 베를 짜는 일.

삼벽(三碧)명 음양설(陰陽說)에서 이르는 구성(九星)의 하나. 별은 목성(木星), 방위(方位)는 동쪽임.

삼-별초(三別抄)명 고려 고종 때 둔 좌별초·우별초·신의군(神義軍)을 통틀어 이르던 말. 최우(崔瑀)가 도적을 체포하려고 만들었던 야별초(夜別抄)를 발전시킨 특수 군대였음.

삼보(三甫)명 절에서, 손을 맞고 시중하고 보내는 일을 맡아보는 중을 이르는 말.

삼보(三報)명 불교에서, 지은 업(業) 때문에 받는 세 가지 과보(果報)인 순현보(順現報), 순생보(順生報), 순후보(順後報)를 통틀어 이르는 말.

삼보(三寶)명 ①불교에서, 부처와 부처의 가르침을 적은 경전(經典)과 그 가르침을 펴는 중. 곧 불보(佛寶)·법보(法寶)·승보(僧寶)를 이르는 말. ②도가(道家)에서, 귀·입·눈의 세 가지를 이르는 말. ③맹자(孟子)에서, 땅·백성·정치의 세 가지를 이르는 말. ④자비와 검소와 겸손의 세 가지를 이르는 말.

삼보-가지(三寶加持)명 불교에서, 불(佛)·법(法)·승(僧) 삼보의 가호(加護), 또는 그 가호를 비는 기도를 이르는 말.

삼-보리(∠三菩提)명 불교에서, 진성(眞性) 보리, 실지(實智) 보리, 방편(方便) 보리의 세 가지를 이르는 말.

삼보-인(三寶印)명 선종(禪宗)에서 쓰는 도장. '불법승보(佛法僧寶)' 넉 자를 새겼음.

삼보-정(三步庭)명 아주 좁은 마당.

삼복(三伏)명 ①초복(初伏)·중복(中伏)·말복(末伏)을 통틀어 이르는 말. 삼경(三庚) ②여름의 가장 더운 기간. ¶ – 더위에 시달리다.

삼복(三復)명-하다자타 세 번 되풀이함.

삼복(三覆)명-하다타 조선 시대, 죽을 죄에 해당하는 죄인의 심사(審査)를 신중히 하기 위하여 세 차례 거듭 조사하던 일, 또는 그 세 번째의 심리(審理). 삼복제(三覆制) ☞재복(再覆). 초복(初覆)

삼복=더위(三伏–)명 삼복 무렵의 몹시 심한 더위. 삼복증염(三伏蒸炎) 준복더위

삼복-제(三覆制)명 삼복(三覆)

삼복=증염(三伏蒸炎)명 삼복 더위

삼본(三本)명 예(禮)의 세 가지 근본인 천지(天地), 선조(先祖), 군사(君師)를 통틀어 이르는 말.

삼봉(三峰)명 세 개의 봉우리.

삼봉-낚시(三鋒–)[–낙–]명 세 갈래의 갈고리가 있는 큰 낚시.

삼부(三父)명 복제(服制)에서, 복(服)을 입는 아버지와 구별하는 세 계부(繼父). 곧 함께 사는 계부, 함께 살지 않는 계부, 어머니가 개가해 간 데 따라가서 섬기는 계부를 이름. ☞팔모(八母)

삼부(三府)명 입법부·사법부·행정부를 통틀어 이름.

삼부(三賦)명 지난날, 조(租)·용(庸)·조(調)의 세 가지 부세(賦稅)를 아울러 이르던 말.

삼부(蔘附)명 한방에서, 인삼과 부자(附子)를 아울러 이르는 말.

삼부-경(三部經)명 불경 중에서 계통이 같은 중요한 세 가지를 뽑아 이르는 말. 대일여래(大日如來)의 삼부경, 법화(法華)의 삼부경, 정토(淨土)의 삼부경 따위가 있음.

삼부-곡(三部曲)명 삼부작(三部作)의 악곡(樂曲).

삼부리명 지난날, 포교(捕校)의 우두머리를 이르던 말.

삼부-병(三付餠)명 셋붙이

삼-부여(三扶餘)명 지난날, 만주의 대부분을 차지하고 있던 부여족의 세 갈래. 고구려의 모체가 된 북부여와 동부여, 백제의 모체가 된 남부여를 통틀어 이름.

삼-부자(三父子)명 아버지와 두 아들.

삼부-작(三部作)명 세 부분으로 갈라져 있으나 주제가 서로 관련되어 통일성 있는 작품.

삼-부패(三–)명 분광(分鑛)을 할 때, 세 사람이 동업하는 조직. ☞맞부패. 부패

삼부=합주(三部合奏)명 관악기나 현악기가 세 성부(聲部)를 맡아 하는 합주. 곧 세 성부의 악기로 이루어지는 합주.

삼부=합창(三部合唱)명 세 성부(聲部)로 이루어지는 합창. 소프라노·메조소프라노·알토의 여성 삼부 합창, 테너·바리톤·베이스의 남성 삼부 합창 따위가 있음.

삼부=형식(三部形式)명 하나의 악곡이, 보통 여덟 마디로 된 큰 악절 셋으로 이루어진 형식. 세도막 형식

삼분(三分)명-하다타 세 부분으로 가름.

삼분-법(三分法)[–뻡]명 대상을 세 가지로 구분하는 방법. 대(大)·중(中)·소(小), 상(上)·중(中)·하(下), 정(正)·반(反)·합(合) 따위.

삼분-오:열(三分五裂)명 여러 갈래로 갈리어 흩어짐. ☞사분오열(四分五裂)

삼분-정:립(三分鼎立)명 천하를 셋으로 갈라 세 나라가 맞서 있음.

삼-불[–뿔]명 해산(解産)한 뒤에 태(胎)를 태우는 불.

삼-불(蔘–)[–뿔]명 삼독(蔘毒)

삼불(三佛)명 ①부처가 세상에 나타난 세 가지 모습인 법신(法身)·보신(報身)·응신(應身)을 아울러 이르는 말. 삼신(三身) ②서방 정토(西方淨土)의 주불(主佛)인 아미타불과 사바(娑婆) 세계의 교주인 석가모니불, 불도를 닦는 이를 보호하는 여러 부처를 아울러 이르는 말.

삼-불거(三不去)명 지난날, 칠거지악(七去之惡)의 이유가 있는 아내라도 버리지 못할 세 가지 경우를 이르던 말. 곧 부모의 삼년상을 함께 치른 경우, 장가를 들 때에는 가난하다가 뒤에 부유해진 경우, 돌아가 의지할 곳이 없는 경우를 이름.

삼불=보리(三佛菩提)명 불교에서, 법(法)·보(報)·응(應)의 삼신(三身)의 불과(佛果)인 법신불 보리(法身佛菩提), 보신불 보리(報身佛菩提), 응신불 보리(應身佛菩提)를 아울러 이르는 말.

삼-불복(三不伏)명 민속에서, 무덤을 쓸 때 삼살방(三煞方)에서는 절을 하지 않음을 이르는 말.

삼불-선(三佛扇)명 세 부처가 그려진 부채. 무당이 굿을 할 때 부치어 신과 복을 맞이한다 함.

삼-불외(三不畏)명 거상(居喪) 중에 있는 사람이 두려워하지 않아야 할 세 가지. 곧 비·도둑·범을 이름.

삼불=제:석(三佛帝釋)명 삼불선에 그려진 그림.

삼-불토(三佛土)명 불교에서, 삼신불(三身佛)이 살고 있다는 법신불(法身佛)의 법성토(法性土), 보신불(報身佛)의 수용토(受用土), 응신불(應身佛)의 변화토(變化土)를 아울러 이르는 말.

삼-불혹(三不惑)명 성인 남자가 빠지지 말아야 할 세 가지. 곧 술·여자·재물을 이름.

삼-불효(三不孝)명 세 가지 불효. 부모를 불의에 빠지게 하는 일, 부모가 늙고 집안이 가난하여도 관직에 나아가

ㅅ

지 않는 일, 대를 이을 자식이 없어 조상의 제사를 끊어지게 하는 일을 이름.

삼-불후(三不朽)명 언제까지나 없어지지 않는 세 가지. 곧 베푼 덕(德), 이룬 공(功), 후세에 도움이 될 훌륭한 말을 아울러 이르는 말.

삼-빛(三-)[-삗]명 단청할 때, 채색의 가장 진한 정도. ☞이빛. 초빛

삼빡부 날이 있는 연장으로 좀 단단한 물체를 단번에 자르거나 베어 내는 모양을 나타내는 말. ¶갈대 묶음을 - 자르다. ☞삼박[1]. 섬뻑. 쌈박[1]. 쌈빡

삼빡-삼빡부 날이 있는 연장으로 좀 단단한 물체를 잇달아 자르거나 베어 내는 모양을 나타내는 말. ¶낫으로 싸리나무를 - 자르다. ☞삼박삼박[1]. 섬뻑섬뻑. 쌈박쌈박[1]. 쌈빡쌈빡

삼사(三士)명 '삼군 사관 학교(三軍士官學校)'의 준말.

삼사(三司)명 ①조선 시대, 홍문관(弘文館)·사헌부(司憲府)·사간원(司諫院)을 아울러 이르던 말. ②고려 시대, 돈과 곡식의 출납 회계에 관계된 일을 맡아보던 관아. ③'삼법사(三法司)'의 준말.

삼사(三史)명 중국의 대표적인 세 가지 역사책인 사기(史記)·한서(漢書)·후한서(後漢書)를 아울러 이르는 말. 후한서 대신에 동관한기(東觀漢記)를 넣기도 함.

삼사(三使)명 ①지난날, 중국에 파견하던 정사(正使)·부사(副詞)·서장관(書狀官)의 세 사신을 이르던 말. ②지난날, 일본에 파견하던 통신사(通信使)·부사·종사관(從事官)의 세 사신을 이르던 말.

삼사(三思)명-하다타 ①세 번 생각함. 여러 차례 깊이 생각함. ¶- 후에 행하라. ②어릴 적에는 어른이 되었을 때를, 늙어서는 죽은 뒤의 일을, 부유할 적에는 가난할 때를 생각하는 일.

삼사(三師)명 고려 시대, 태사(太師)·태부(太傅)·태보(太保)의 세 관직을 아울러 이르던 말.

삼사(三赦)명 지난날, 죄를 용서받을 수 있는 세 가지 조건에 해당되는 사람, 곧 일곱 살 이하의 어린이, 여든 살 이상의 노인, 정신 이상자를 아울러 이르던 말.

삼사(三四)수 ①삼이나 사. 서넛 ②〔관형사처럼 쓰임〕 서너 ¶- 명./- 년 정도 걸릴듯 하다.

삼사-계(三事戒)명 불교에서, 몸·입·마음의 세 가지가 하는 일을 삼가는 계율. 삼업계(三業戒)

삼사미명 ①세 갈래로 갈라진 곳. ②활의 먼오금과 뿔끝과의 사이. 곧 대와 뽕나무가 서로 이어진 부분.

삼-사미(三沙彌)명 불교에서, 나이에 따라 가른 세 사미를 이르는 말. 일곱 살부터 열세 살까지의 구오(驅烏) 사미, 열네 살부터 열아홉 살까지의 응법(應法) 사미, 스무 살 이상의 명자(名字) 사미를 이름.

삼사-부:사(三司副使)명 고려 시대, 삼사에 딸린 종사품 관직. 삼사사(三司使)의 다음가는 관직임.

삼-사:분기(三四分期)명 일 년을 네 기로 가른 그 셋째 기간인 7·8·9월의 석 달 동안. ☞사사분기(四四分期)

삼사-사(三司使)명 고려 시대, 삼사에 딸린 정삼품 관직. 판삼사사(判三司事)의 다음가는 관직임.

삼-사월(三四月)명 삼월과 사월, 또는 삼월이나 사월.

삼사월 긴긴 해관용 음력으로 삼월과 사월의 낮이 몹시 길음을 이르는 말.

삼사=정계(三斜晶系)명 결정계(結晶系)의 한 가지. 세 축(軸)의 길이가 각각 틀리며 서로 사각(斜角)을 이루어 얽힌 결정의 형태. 담반(膽礬)·부석(斧石)·사장석 등이 이에 딸림.

삼사-조(三四調)[-쪼]명 음수율(音數律)의 한 가지. 세 음절의 구절과 네 음절의 구절이 차례로 되풀이되는 율조.

삼사-하다형여 서로 지내는 사이가 잘 어울리지 않고 좀 서먹하다.

삼사=합계(三司合啓)명 조선 시대, 홍문관(弘文館)·사헌부(司憲府)·사간원(司諫院)이 서로 합의하여 임금에게 아뢰는 일을 이르던 말.

삼삭대엽(三數大葉)명 전통 성악곡인 가곡의 한가지. 두거(頭擧) 다음의 곡으로, 초삭대엽과 이삭대엽에 비하여 선율이 높은 편임. 남창(男唱)으로만 불리며 우조(羽調)와 계면조(界面調)에 각각 한곡씩 있음.

삼산(三山)명 '삼신산(三神山)'의 준말.

삼산화-비:소(三酸化砒素)명 비소의 삼산화물. 냄새와 빛깔이 없는 가루로 물에 쉽게 풀리고 독성이 강함. 농약·의약·쥐약 등의 원료로 쓰임. 아비산(亞砒酸)

삼산화-황(三酸化黃)명 황의 삼산화물. 빛깔이 없는 결정성(結晶性) 고체로 물과 반응하여 황산이 됨.

삼살-방(三煞方)명 음양가(陰陽家)들이 이르는, 살(煞)이 끼어 불길하다는 세 방위(方位). 곧 세살(歲煞)·겁살(劫煞)·재살(災煞)을 아울러 이름.

삼삼(三三)명 바둑판의 가로 세로 각각 제3선이 만나는 네 귀의 네 점. ☞화점(花點)

삼삼(森森)어기 '삼삼(森森)하다'의 어기(語基).

삼-삼기명 삼의 줄기 껍질을 찢어 삼실을 뽑아 내는 일.

삼삼-오:오(三三五五)부 서넛 또는 대여섯이 무리를 지은 모양을 나타내는 말. 삼오삼오 ¶- 모여 앉아 놀다.

삼삼-하다형여 ①음식 맛이 조금 싱거운듯 하면서 맛이 있다. ☞밍밍하다. 심심하다[1] ②잊히지 않고 눈앞에 떠올라 또렷하다. ¶지금도 그 광경이 눈에 -.

삼삼-히부 삼삼하게

삼삼-하다(森森-)형여 나무가 우거져 빽빽하다.

삼-삿반(蔘-)[-삳-]명 인삼을 담아서 말리는 삿반.

삼상(三上)명 ①지난날, 시문(詩文)을 꼲는 등급의 하나. 열두 등급 중의 일곱째로, 이하(二下)의 아래, 삼중(三中)의 위임. ☞상상(上上). 이상(二上). 외등(外等). 차상(次上) ②시상(詩想)이 잘 떠오르는 세 곳인 마상(馬上)·침상(枕上)·측상(廁上)을 이르는 말.

삼상(三相)명 삼정승(三政丞)

삼상(三常)명 ①항상 정해져 있어 변하지 않는 세 가지인 천상(天象)·지형(地形)·인체(人體)를 아울러 이르는 말. ②나라를 다스리는 데 필요한 불변의 세 가지 법칙. 곧 어진 임금을 받드는 일, 현명한 관리를 임명하는 일, 훌륭한 선비를 존경하는 일을 이름.

삼상(三喪)명 ①'삼년상(三年喪)'의 준말. ②초상(初喪)·소상(小祥)·대상(大祥)을 아울러 이르는 말.

삼상(三殤)명 미성년으로 죽은 경우에 그 나이에 따른 세 가지 구분. 곧 상상(上殤)·중상(中殤)·하상(下殤)을 아울러 이르는 말.

삼상(蔘商)명 인삼 장사. 인삼 장수.

삼상=교류(三相交流)명 주파수는 같고 위상(位相)이 서로 120°씩 다른 세 개의 교류를 조합한 교류. 전력 수송이 편리하고 유도 전동기의 시동이 쉬워서 널리 쓰임.

삼상불문(三喪不問)성구 삼년부조(三年不弔)

삼상지탄(參商之歎)성구 삼성(參星)과 상성(商星)이 멀리 동쪽과 서쪽에 떨어져 있듯이, 두 사람이 멀리 떨어져 서로 만나기 어려워 한탄함을 이르는 말.

삼-상:향(三上香)명 분향(焚香)할 적에 향을 세 번 집어 불에 사르는 일.

삼색(三色)명 ①세 가지 빛깔. ②불교에서, 오근(五根)·오경(五境)·무표색(無表色)의 세 가지 색법(色法)을 이르는 말. ③'삼색 과실'의 준말.

삼색-과(三色果)명 '삼색 과실'의 준말.

삼색=과:실(三色果實)명 제사를 지낼 때에 쓰는 세 가지 과실. 흔히 곶감·대추·밤을 이름. 준삼색. 삼색과

삼색-군보(三色軍保)명 조선 시대, 군보의 한 가지. 세 사람의 군정(軍丁) 가운데 한 사람만 군역을 치르게 하고, 다른 둘은 면제하는 대신에 베와 무명 따위를 받는 일을 이르던 말.

삼색-기(三色旗)명 세 가지 빛깔로 된 기.

삼색-도(三色桃)명 한 나무에 세 가지 빛깔의 꽃이 피는 복숭아나무.

삼색-보(三色保)명 조선 시대, 삼색군보(三色軍保)로 받는 베나 무명 따위를 이르던 말.

삼색=분해(三色分解)명 천연색 사진이나 그림 등의 인쇄 원고를 빨강·파랑·노랑의 삼원색으로 분해하여 촬영

하는 일.

삼색-설(三色說)명 빨강·노랑·파랑의 삼원색의 감각에서 모든 색채 감각이 일어난다고 주장하는 학설. 독일의 물리학자 홀츠가 주장함.

삼색-판(三色版)명 인쇄에서, 사진이나 그림을 빨강·노랑·파랑의 삼원색으로 분해하여 만든 인쇄판, 또는 그런 판으로 인쇄한 것. ☞사색판(四色版). 원색판(原色版)

삼색=휘장(三色揮帳)명 상여(喪輿)에 치는 휘장의 한 가지. 빨강·노랑·파랑의 세 가지 빛깔로 만듦.

삼생(三生)명 불교에서, 전생(前生)·현생(現生)·내생(來生)을 아울러 이르는 말. 삼세(三世)

삼생(三牲)명 산 제물로 쓰이는 세 가지 짐승. 곧 소·양·돼지를 이르는 말.

삼생-연분(三生緣分)[-년-]명 삼생에 걸쳐 끊어질 수 없는 연분이라는 뜻으로, 부부 사이의 깊은 인연을 이르는 말. 삼생지연(三生之緣)

삼생-원수(三生怨讎)명 불교에서, 과거의 오랜 생애 동안에 맺어진 끊을 수 없는 원수를 이르는 말.

삼생-지연(三生之緣)명 삼생연분(三生緣分)

삼-서다자 눈에 삼이 생기다.

삼선(三選)명 선거 등에서, 세 번 당선되는 일.

삼-선:근(三善根)명 불교에서 이르는, 온갖 선(善)의 근원이 되는 세 가지 뿌리. 곧 욕심을 내지 아니함, 성내지 아니함, 어리석지 아니함을 이름.

삼선-죽(三仙粥)명 실백, 복숭아 씨, 산이스라지 씨의 속을 짓찧어 즙을 낸 다음 쌀가루를 넣고 쑨 죽.

삼성(三性)명 불교에서 이르는, 사람의 세 가지 성품. 곧 선성(善性)·악성(惡性)·무기성(無記性)을 이름.

삼성(三省)명-하다타 하루에 세 번 자기에게 허물이 없는지 반성함.

삼성(三聖)명 ①상고 시대의 세 성인인 환인(桓因)·환웅(桓雄)·환검(桓儉)을 이르는 말. 삼신(三神) ②세계적인 세 성인인 석가모니·공자·예수를 이르는 말.

삼성(參星)명 삼수(參宿)

삼성=국문(三省鞠問)명 삼성 추국(三省推鞫)

삼성-들리다자 ①음식을 욕심껏 먹다. ②무당이 굿할 때에 음식을 욕심껏 입에 넣다.

삼성-사(三聖祠)명 ①환인·환웅·환검의 세 성인을 모신 사당. 황해도 구월산(九月山)에 있음. ②탐라국(耽羅國) 개국 신화의 고을라(高乙那)·부을라(夫乙那)·양을라(梁乙那)를 제사 지내는 사당. 제주시에 있음.

삼성=장군(三星將軍)명 계급장에 별을 세 개 단 장군이라는 뜻으로, 중장(中將)을 달리 이르는 말.

삼성=추국(三省推鞫)명 조선 시대, 의정부(議政府)·사헌부(司憲府)·의금부(義禁府)의 관원이 모여 강상죄인(綱常罪人)을 국문(鞫問)하는 일을 이르던 말. 삼성 국문

삼성-혈(三姓穴)명 제주시 남문 밖에 있는 세 구멍. 이곳으로부터 고(高)·부(夫)·양(梁) 세 성(姓)의 시조(始祖)가 나왔다고 함.

삼세(三世)명 ①삼대(三代) ②세습적으로 이어지는 셋째의 대. ¶제 ~ 교령/나폴레옹 ~ ☞이세(二世) ③이민의 셋째 세대(世代). ¶재미 교포 ~ ④불교에서, 전세(前世)·현세(現世)·내세(來世)의 세 세상을 이르는 말. 삼계(三界). 삼생(三生). 삼제(三際)

삼세(三稅)명 조선 시대, 전세(田稅)·대동미(大同米)·호포(戶布)를 아울러 이르던 말.

삼세기명 삼세깃과의 바닷물고기. 몸길이 40cm 안팎. 몸의 안쪽은 크고 원통형이며 뒤쪽은 가늚. 머리 부위에는 돌기가 많고 몸 거죽은 우둘투둘함. 연한 녹갈색 배를 제외하고는 온몸이 짙은 갈색 얼룩무늬로 덮혀 있음. 흔히 '삼숙이'라 불림. 수심 100m 이내의 모래나 개펄에 삶.

삼-세:번(三-番)명 더도 덜도 아닌 꼭 세 번. ☞삼세판

삼세-시방(∠三世十方)명 불교에서, 삼세와 시방, 곧 끝없는 시간과 한없는 공간을 이르는 말.

삼세-요:달(三世了達)명 여러 부처의 지혜로 과거·현재·미래의 삼세를 환히 달관함.

삼세-인과(三世因果)명 불교에서, 과거는 현재의 인(因), 현재는 과거의 과(果), 현재는 미래의 인(因), 미래는 현재의 과(果)로 얽힌 삼세의 선악 업보의 인과 관계를 이르는 말.

삼세=제불(三世諸佛)명 과거·현재·미래의 삼세에 존재한다는 모든 부처.

삼세-치:윤(三歲置閏)명 윤달이 음력으로 삼 년 만에 한 번씩 드는 일.

삼-세:판(三-)명 더도 덜도 아닌 꼭 세 판. ☞삼세번

삼소(三蘇)명 ①고려 시대, 궁궐을 짓게 한 명당 세 곳. 곧 좌소(左蘇)로 장단의 백악산(白嶽山), 우소(右蘇)로 풍덕의 백마산(白馬山), 북소(北蘇)로 신계의 기달산(箕達山)을 이름. ②중국 송나라 때의 문장가인 소순(蘇洵)·소식(蘇軾)·소철(蘇轍)의 삼부자(三父子)를 아울러 이르는 말.

삼-소:월(三小月)명 음력으로 세 번이나 잇달아 드는 작은달. ☞삼대월(三大月)

삼소-음(蔘蘇飮)명 한방에서, 인삼·소엽(蘇葉)·갈근(葛根) 등 열두 가지를 약재로 한 탕약. 상한(傷寒)·두통·발열(發熱)·감기·기침 등에 쓰임.

삼-소:임(三所任)명 ①세 가지의 소임. ②지난날, 동장(洞長)·집강(執綱)·풍헌(風憲)의 세 가지 일을 번갈아 맡아보던 세 사람을 이르던 말.

삼속(三屬)명 일가·외가·처가의 삼족(三族).

삼-손:우(三損友)명 사귀어 손해가 되는 세 유형의 벗. 곧 편벽된 벗, 착하지만 줏대가 없는 벗, 말만 잘하고 성실하지 못한 벗을 이름. 손자삼우(損者三友) ☞삼익우(三益友)

삼송(杉松)명 '삼나무'의 딴이름.

삼-쇠(三-)명 농악·두레·굿중패·걸립패 등에서 꽹과리를 들고 상쇠와 중쇠의 다음 자리에 서는 쇠잡이.

삼수(三手)명 조선 시대, 훈련 도감에 딸린 사수(射手)·살수(殺手)·포수(砲手)를 아울러 이르던 말.

삼수(三壽)명 장수(長壽)를 셋으로 가른 것으로, 백 살의 상수(上壽), 여든 살의 중수(中壽), 예순 살의 하수(下壽)를 이르는 말.

삼수(參宿)명 이십팔수(二十八宿)의 하나. 서쪽의 일곱째 별자리. 삼성(參星) 준 삼(參)

삼수(滲水)명-하다자 물이 스며드는 일, 또는 그 물.

삼수-갑산(三水甲山)명 함경남도에 있는 삼수와 갑산이 험한 산골로서 조선 시대에 귀양지의 한 곳이었던 데서, 아주 궁벽하고 외진 곳을 비유하여 이르는 말.

속담 **삼수갑산을 가서 산전(山田)을 일궈 먹더라도** : 나중에는 어떤 화를 당하는 일이 있더라도 우선 단행하고 보겠다는 결심을 나타내는 말. [나중에야 삼수갑산을 갈지라도]

삼수대엽(三數大葉)명 삼삭대엽(三數大葉)

삼수-량(三手糧)명 조선 시대, 삼수(三手)의 군량으로 쓰려고 거두었던 세미(稅米). 삼수미(三手米)

삼수-미(三手米)명 삼수량(三手糧)

삼수-변(三水邊)명 한자 부수(部首)의 한 가지. '江'·'河' 등에서 '氵'의 이름. ☞물수. 아랫물수

삼순(三旬)명 ①상순, 중순, 하순을 아울러 이르는 말. 삼한(三澣) ②서른 날. ③서른 살.

삼순(三巡)명 활쏘기를 할 때의 세 번째 돌림. ☞초순(初巡). 재순(再巡)

삼순구식(三旬九食)성구 서른 날에 아홉 끼니밖에 못 먹는다는 뜻으로, 몹시 가난함을 비유하여 이르는 말.

삼승(三乘)명 ①'세제곱'의 구용어. ②불교에서, 중생을 열반으로 이끄는 세 가지 교법을 수레에 비유하여 이르는 말. 곧 성문승(聲聞乘), 연각승(緣覺乘), 보살승(菩薩乘)을 이름.

삼승-근(三乘根)명 '세제곱근'의 구용어.

삼승-비(三乘比)명 '세제곱비'의 구용어.

삼승-포(三升布)명 석새삼베

삼시(三始)명 연(年)·월(月)·일(日)의 처음이라는 뜻으로 정월 초하룻날의 아침을 이르는 말. 삼원(三元). 삼조(三朝). 원단(元旦)

삼시(三施)명 불교에서 이르는, 어려운 사람들에게 베푸는 세 가지 보시(布施). 곧 재물을 베푸는 재시(財施), 설법으로 깨달음을 베푸는 법시(法施), 두려운 마음을 없애 주는 무외시(無畏施)를 이름.

삼시(三時)명 ①아침·점심·저녁의 세 끼니, 또는 세 끼니때. ②과거·현재·미래를 아울러 이르는 말. ③농사짓는 세 철. 곧 밭을 갈고 씨를 뿌리는 봄, 풀을 베는 여름, 추수하는 가을을 이름. ④부처가 열반한 후에 교법이 성하고 쇠하는 삼 단계의 시대. 곧 정법시(正法時), 상법시(像法時), 말법시(末法時)를 이름.

삼시-교(三時教)명 불교의 법상종(法相宗)에서, 세 시기로 가른, 석가모니가 일생 동안 한 설교. 곧 제1시의 유교(有教), 제2시의 공교(空教), 제3시의 중도교(中道教)를 이르는 말.

삼시-보(三時報)명 삼시업(三時業)

삼시-선(三時禪)명 불교에서, 새벽과 낮과 저녁의 세 때에 하는 좌선(坐禪). 삼시 좌선(三時坐禪)

삼시-업(三時業)명 불교에서, 시기에 따라 세 가지로 가른 선악의 업보(業報). 곧 이승에서 지은 업을, 이승에서 받는 순현업(順現業), 다음 생(生)에서 받는 순차업(順次業), 삼생(三生) 이후에 받는 순후업(順後業)을 이르는 말. 삼시보(三時報)

삼시=염:불(三時念佛)명 불교에서, 새벽과 낮과 저녁의 세 때에 하는 염불.

삼-시욹(三-)명 세 가닥으로 꼰 노끈이나 실.

삼시=좌:선(三時坐禪)명 삼시선(三時禪)

삼식(三食)명 아침과 점심과 저녁의 세 때의 끼니.

삼-신명 생삼으로 삼은 신.

삼신(三辰)명 해와 달과 별을 아울러 이르는 말. 별은 주로 북두칠성을 이름. 삼광(三光). 삼정(三情)

삼신(三身)명 불교에서, 부처가 변신하여 현신(現身)하였다는 세 가지 모습. 곧 법신(法身), 보신(報身), 응신(應身)을 이름. 삼불(三佛)

삼신(三神)명 ①삼성(三聖) ②민속에서, 사람에게 아이를 점지한다는 신령. 산신(産神). 삼신할머니 높삼신상제(三神上帝). 삼신제석(三神帝釋). 삼신제왕(三神帝王)

삼신-메(三神-)명 민속에서, 삼신에게 기도드릴 때에 차려 놓는 밥.

삼신-불(三身佛)명 삼신의 격위(格位)를 지닌 세 부처. 곧 법신불(法身佛), 보신불(報身佛), 응신불(應身佛)을 이름.

삼-신산(三神山)명 ①중국 전설에서, 신선이 산다는 세 산. 곧 봉래산(蓬萊山), 방장산(方丈山), 영주산(瀛州山)을 이름. ②우리 나라의 금강산·지리산·한라산의 세 산을 아울러 이르는 말. 준삼산(三山)

삼신-상:제(三神上帝)명 '삼신'을 높이어 이르는 말.

삼신-제:석(三神帝釋)명 삼신상제(三神上帝)

삼신-제:왕(三神帝王)명 삼신상제(三神上帝)

삼신-풀이(三神-)명-하다자 민속에서, 삼신에게 비는 일.

삼신-할머니(三神-)명 '삼신'을 흔히 이르는 말.

삼-실명 삼 껍질로 만든 실. 대마사(大麻絲). 마사(麻絲). 베실. 포사(布絲)

삼실(三室)명 ①삼취(三娶) ②낡은 재목으로 세 번째 고쳐 지은 집.

삼심=제:도(三審制度)명 법의 판정을 공정히 하려고 소송 당사자가 한 사건에 대한 심리(審理)와 재판을 세 번 청구할 수 있는 제도.

삼십(三十·參拾)명 수의 한자말 이름의 하나. 십(十)의 세 곱절. ☞서른

관 단위를 나타내는 말 앞에 쓰이어 ①수량이 서른임을 나타냄. ②차례가 서른째임을, 또는 횟수가 서른 번째임을 나타냄.

삼십삼-신(三十三身)명 관세음보살이 중생을 구하려고 나타내 보인다는 서른세 가지의 화신(化身)을 이르는 말.

삼십삼-천(三十三天)명 불교에서, '도리천(忉利天)'을 달리 이르는 말.

삼십오:밀리(三十五 milli)명 폭 35mm 필름, 또는 그 필름으로 찍은 영화.

삼십육-계(三十六計)[-뉵-]명 ①노름의 한 가지. 물주가 맞힌 사람에게 살돈의 서른여섯 배를 주는 노름. ②옛 병법에서 이르는 서른여섯 가지의 계략. ③형세가 불리할 때, '달아나는 일'을 흔히 이르는 말.

속담 **삼십육계 줄행랑이 으뜸** : 형세가 불리하거나 곤란할 때는 달아나는 일이 상책이라는 말.

삼십육-금(三十六禽)[-뉵-]명 십이지(十二支)에 각각 셋씩 배당한 서른여섯 가지의 짐승. '자(子)'의 쥐, 박쥐, 제비 따위가 있음.

삼십이-상(三十二相)명 ①부처가 몸에 갖추고 있다는 서른두 가지의 특징. ②여자의 용모와 몸매에 관한 모든 아름다운 상.

삼-씨명 대마(大麻)의 씨. 한방에서, 난산(難産)이나 공수병(恐水病), 변비 등의 약재로 쓰임. 대마인(大麻仁). 마분(麻蕡). 마인(麻仁). 마자(麻子)

삼씨-기름명 삼씨에서 짜 낸 기름. 대마유(大麻油). 마유(麻油). 마자유(麻子油)

삼아(三椏)명 '인삼(人蔘)'의 딴이름.

삼아-나무(三椏-)명 '삼지닥나무'의 딴이름.

삼악(三惡)명 '삼악도(三惡道)'의 준말.

삼악(三樂)명 아악(雅樂)·향악(鄕樂)·당악(唐樂)의 세 가지 음악.

삼-악도(三惡道)명 불교에서, 죄악을 지은 결과로 죽어서 간다는 세 가지 괴로운 세계. 지옥도(地獄道)·아귀도(餓鬼道)·축생도(畜生道)를 이름. 삼도(三道). 삼악취(三惡趣) 준삼악(三惡)

삼-악성(三惡聲)명 세 가지 듣기 싫은 흉한 소리. 초상집에서 초혼(招魂)하는 소리, 불이 나서 외치는 소리, 도둑을 튀기는 소리를 이름. ☞삼희성(三喜聲)

삼-악취(三惡趣)명 삼악도(三惡道)

삼안-포(三眼砲)명 삼혈포(三穴砲)

삼-약(三-)명 화투놀이에서, 비약·초약·풍약을 아울러 이르는 말. ☞삼단(三短)

삼양(三養)명 ①세 가지 길러 늘려야 할 일. 제 분수에 만족하여 복을 기르고, 음식을 절제하여 기(氣)를 기르고, 낭비를 삼가서 재물을 불리는 일을 이름. ②정(精)·기(氣)·신(神)을 기르는 양생법. ☞삼과(三寡)

삼언-시(三言詩)명 한 구(句)가 석 자로 된 한시.

삼엄(三嚴)명 엄한 세 사람이라는 뜻으로, 임금과 아버지와 스승을 이르는 말.

삼엄(森嚴)어기 '삼엄(森嚴)하다'의 어기(語基).

삼엄-하다(森嚴-)형여 경계가 심하고 분위기가 엄숙하다. ¶삼엄한 경계망.

삼업(三業)명 불교에서 이르는, 몸과 입과 마음으로 짓는 업보. 신업(身業)·구업(口業)·의업(意業)을 이름. 준업(業)

삼업(蔘業)명 인삼을 생산하는 사업.

삼업-계(三業戒)명 삼사계(三事戒)

삼에스=정책(三S政策)명 일반 대중으로 하여금 스크린(screen ; 영화), 섹스(sex ; 성), 스포츠(sports)에 마음이 이끌리게 함으로써 정치적 무관심에 빠지게 하여, 지배자가 대중을 마음대로 조종하는 우민 정책(愚民政策)의 한 가지.

삼여(三餘)명 독서하기에 알맞은 세 여가. 흔히 겨울과 밤, 그리고 비가 내릴 때를 이름. ☞독서삼여(讀書三餘)

삼-역성(三易姓)명 세 번 성(姓)을 바꾼다는 뜻으로, 외손녀(外孫女)가 자식을 낳음을 이르는 말.

삼연(森然)어기 '삼연(森然)하다'의 어기(語基).

삼-연음부(三連音符)[-년-]명 셋잇단음표

삼연-하다(森然-)형여 ①나무가 배게 들어서서 무성하다. ②엄숙하다

삼열(蔘熱)명 삼독(蔘毒)

삼엽-충(三葉蟲)명 절지동물 삼엽충류에 딸린 화석 동물을 통틀어 이르는 말. 고생대의 캄브리아기에서 페름기에 걸쳐서 바다에 살았음. 가장 큰 것은 몸길이 45cm 이상 되는 것도 있음. 길둥글고 납작하며 많은 몸마디로 이

루어져 머리·가슴·꼬리로 구분됨. 고생대의 표준 화석임. 세쪽이

삼-영문(三營門)[-녕-] 명 삼군문(三軍門)

삼오-삼오(三五三五) 부 삼삼오오(三三五五)

삼오-야(三五夜) 명 음력 보름날 밤. 십오야(十五夜)

삼오칠언-시(三五七言詩) 명 한시(漢詩)에서, 삼언구(三言句) 두 구, 오언구(五言句) 두 구, 칠언구(七言句) 두 구로 이루어진 시.

삼왕(三王) 명 중국 고대의 세 임금. 하(夏)의 우왕(禹王), 은(殷)의 탕왕(湯王), 주(周)의 문왕(文王)을 이름. 문왕 대신에 무왕(武王)을 꼽기도 함.

삼외(三畏) 명 논어에서 이르는, 군자가 두려워해야 할 세 가지. 천명(天命)과 대인(大人)의 말과 성인(聖人)의 말을 이름.

삼요(三樂) 명 손자삼요(損者三樂)와 익자삼요(益者三樂)를 아울러 이르는 말.

삼욕(三慾) 명 불교에서 이르는, 세 가지 욕심. 식욕(食慾)·수면욕(睡眠慾)·음욕(淫慾)을 이름.

삼용(蔘茸) 명 인삼과 녹용을 아울러 이르는 말.

삼우(三友) 명 ①흔히 함께 따르는, 운치를 돋우는 세 가지 벗이라는 뜻으로, 시(詩)와 술과 거문고를 이르는 말. ②'세한삼우(歲寒三友)'의 준말. ③산수(山水)·송죽(松竹)·금주(琴酒)의 세 가지를 이르는 말. ④삼익우(三益友) 또는 삼손우(三損友)를 이르는 말.

삼우(三虞) 명 '삼우제(三虞祭)'의 준말.

삼우-제(三虞祭) 명 장사지낸 뒤에 세 번째 지내는 제사. 준 삼우(三虞) ☞우제(虞祭). 초우(初虞)

삼원(三元) 명 ①음양설에서, 하늘과 땅과 사람을 이르는 말. 삼재(三才) ②도가(道家)에서, 하늘과 땅과 물을 이르는 말. ③상원(上元)·중원(中元)·하원(下元)을 아울러 이르는 말. ④삼시(三始) ⑤세상의 시작과 중간과 끝을 이르는 말.

삼원(三遠) 명 동양화의 산수화에서 이르는, 세 가지 원근법. 산 아래서 산봉우리를 쳐다보는 고원(高遠), 골짜기 안을 수평으로 바라보는 심원(深遠), 가까운 산에서 먼 산을 바라보는 평원(平遠)을 이름.

삼-원색(三原色) 명 비율을 달리하여 섞어서 온갖 색을 나타낼 수 있는 기본되는 세 가지 빛깔. 빛은 빨강·초록·파랑, 물감은 빨강·노랑·파랑을 이름.

삼월(三月) 명 한 해의 셋째 달.

삼월=삼질(三月三一) 명 삼짇날

삼위(三位) 명 크리스트교에서, 성부(聖父)·성자(聖子)·성령(聖靈)을 아울러 이르는 말. 성삼위(聖三位)

삼위-일체(三位一體) 명 ①크리스트교에서, 성부(聖父)·성자(聖子)·성령(聖靈)은 하나의 신이 세 자태로 나타난 것으로서 원래 한 몸이라는 교리. ②세 가지의 것이 서로 연관하고 통합하여 목적하는 하나가 되는 일. ¶선수와 감독, 응원단이 —가 되었다. 준 삼일(三一)

삼유(三由) 명 지난날, 관원이 말미를 세 번 연기해 달라고 청하던 일.

삼유(三有) 명 삼계(三界)

삼유-생사(三有生死) 명 불교에서, 욕계(欲界)·색계(色界)·무색계(無色界)의 삼계를 유전(流轉)하는 범인(凡人)들의 삶과 죽음을 이르는 말.

삼은(三隱) 명 고려 말엽의 성리학자인 포은(圃隱) 정몽주(鄭夢周)와 목은(牧隱) 이색(李穡), 야은(冶隱) 길재(吉再)를 아울러 이르는 말.

삼의(三儀) 명 삼재(三才)

삼이(三易) 명 한문의 문장을 쉽게 짓는 세 가지 조건. 곧 보기 쉽게, 쉬운 글자로, 읽기 쉽게 써야 하는 일.

삼-이웃(三-)[-니-] 명 이쪽저쪽의 가까운 이웃. ¶—이 다 잔치를 도와 주었다.

삼-익우(三益友) 명 사귀어 도움이 되는 세 유형의 벗. 곧 정직한 벗, 신의가 있는 벗, 아는 것이 많은 벗을 이름. 익자삼우(益者三友) ☞삼손우(三損友)

삼익-주의(三益主義) 명 기업 경영에서, 이윤을 자본가, 경영자, 노동자가 일정한 비율로 나누어 가지는 주의.

삼인성호(三人成虎) 성구 중국 위(魏)나라의 대신 방공(龐恭)이 혜왕(惠王)에게 세 사람이 모두 거리에 범이 있다고 말한다면 비록 거짓일지라도 믿게 된다고 말한 고사에서, 유언비어로 진실을 감추는 일을 비유하여 이르는 말.

삼-인칭(三人稱) 명 〈어〉제삼인칭(第三人稱) ☞일인칭

삼인칭=소:설(三人稱小說) 명 주인공이 제삼의 인물로 등장하는 소설. ☞일인칭 소설

삼일(三一) 명 ①천지의 신(神)인 천일(天一)·지일(地一)·태일(泰一)을 이르는 말. ②도가(道家)에서, 정(精)·기(氣)·신(神)을 이르는 말. ③'삼위일체(三位一體)'의 준말.

삼일(三日) 명 ①초사흗날 ②사흘 ¶—의 휴가. ③결혼을 하거나 해산을 한 지 사흘째 되는 날. ④개신교에서, 주일 뒤 사흘째 되는 날이라는 뜻으로, 수요일을 예배하는 날로 이르는 말.

속담 **삼일 안 새색시도 웃을 일** : 결혼한 지 사흘이 되지 않은 새색시도 웃을 만큼 매우 우스운 일을 이르는 말.

삼일신고(三一神誥) 명 대종교의 삼대 경전의 하나. 단군이 한울, 한얼, 한울집, 누리, 참 이치에 대해 삼천 단부(三千團部)에게 가르쳤다는 경전임. ☞참전계경(參佺戒經)

삼일-우(三日雨) 명 사흘 동안이나 계속해서 내리는 비, 곧 흡족히 내리는 비.

삼일=운:동(三一運動) 명 우리 민족이 1919년(기미년) 3월 1일에 일제 강점에 항거하여 일으킨 자주 독립 운동. 기미 독립 운동(己未獨立運動)

삼일=유가(三日遊街)[-류-] 명 과거에 급제한 사람이 사흘 동안 시험관과 선배, 친척 들을 찾아보던 일.

삼일-장(三日葬)[-짱] 명 사람이 죽은 지 사흘째에 지내는 장사. ☞오일장. 구일장

삼일-절(三一節)[-쩔] 명 삼일 운동을 기념하는 국경일. 3월 1일.

삼일=점:고(三日點考) 명 지난날, 수령(守令)이 부임한 뒤 사흘 만에 부하를 점고하던 일.

삼일=정신(三一精神) 명 삼일 운동에서 나타난 우리 겨레의 자주 독립 정신과 자유와 평화를 사랑하는 정신.

삼일-제(三日製)[-쩨] 명 조선 시대, 음력 삼월 초사흗날에 보이던 과거. 화제(花製)

삼일-주(三日酒) 명 초복(初伏) 뒤에 멥쌀, 누룩, 물로 빚은 술. 담근 지 사흘 만에 마실 수 있다고 하여 붙여진 이름임.

삼일-천하(三日天下) 명 ①짧은 기간 정권을 잡았다가 곧 잃음을 비유하여 이르는 말. ☞오일경조(五日京兆) ②갑신정변(甲申政變) 때, 정권을 잡은 개화당이 집권한 지 사흘 만에 실패한 일을 이르는 말.

삼입(滲入) 명-하다 자 물 따위가 스며듦.

삼자(三者) 명 ①세 사람. ¶— 회담 ②대화자나 당사자가 아닌 사람. 제삼자(第三者) ¶—가 끼어들다.

삼자=대:면(三者對面) 명 삼조 대질(三造對質)

삼자=범퇴(三者凡退) 명 야구에서, 타자 셋이 잇달아 출루하지 못하고 물러나는 일을 이르는 말.

삼-자승(三自乘) 명 '세제곱'의 구용어.

삼작(三作) 명 ①'삼작노리개'의 준말. ②'대삼작'의 준말.

삼작-년(三昨年) 명 그끄러께

삼작-노리개(三作-) 명 부녀자가 한복 차림의 치장으로 차는 장신구의 한 가지. 밀화(蜜花)·산호·옥·금·은 등으로 만든 세 개의 패물을 빨강, 노랑, 파랑의 세 가닥의 진사(眞絲) 끈에 빛깔을 맞추어 달아 한 벌이 되게 만든 노리개. 준 삼작 ☞단작노리개

삼작-야(三昨夜) 명 그끄저께 밤.

삼작-일(三昨日) 명 그끄저께

삼-잡이 명 민속에서, 삼눈을 앓을 때 종이에 눈을 그리어 눈동자에 바늘을 꽂아 이방을 하는 일.

삼-잡이(三-) 명 장구잡이와 피리를 부는 사람과 저를 부는 사람을 아울러 이르는 말.

삼장 명 '농삼장'의 준말.

삼장(三長)명 역사가가 되는 데 필요한 세 가지의 장점. 곧 재지(才智)·학문·식견을 이름.
삼장(三場)명 지난날, 과거(科擧)의 초시(初試)·복시(覆試)·전시(殿試)를 아울러 이르던 말. ¶ − 급제
삼장(三障)명 불교에서 이르는, 불도 수행과 선근(善根)을 가로막는 세 가지의 장애. 번뇌의 장애, 악업(惡業)의 장애, 악업의 과보로 말미암은 장애를 이름.
삼장(三藏)명 ①세 가지로 분류한 불교의 경전. 경장(經藏)·율장(律藏)·논장(論藏)을 이름. 경율논(經律論) ②삼장에 통달한 고승을 높이어 이르는 말. ③불교에서, 성문(聲聞)·연각(緣覺)·보살의 가르침을 이르는 말.
삼장(蔘場)명 삼포(蔘圃)
삼장-교(三藏敎)명 경(經)과 율(律), 논(論)의 삼장에 나타난 석가모니의 가르침을 이르는 말.
삼장=법사(三藏法師)명 삼장에 정통한 고승.
삼장-선(三檣船)명 돛대 셋을 단 큰 배. 세대박이
삼장=장:원(三場壯元)명 과거의 초시(初試)·복시(覆試)·전시(殿試)에 모두 장원으로 급제하는 일, 또는 급제한 사람.
삼재(三才)명 ①음양설에서, 하늘과 땅과 사람을 아울러 이르는 말. 삼극(三極). 삼원(三元). 삼의(三儀) ②관상(觀相)에서, 이마와 코와 턱을 아울러 이르는 말.
삼재(三災)명 ①불교에서 이르는, 세계가 파멸할 때 일어난다는 세 가지 재앙. 난리·전염병·기근의 작은 삼재와 마지막에 겪는다는 화재·수재·풍재의 큰 삼재를 이름. ②민속에서, 십이지(十二支)로 따지는 불길한 운성(運星)의 한 가지.

삼재(三宰)명 지난날, 재상(宰相)의 자리에서 셋째가 되는 '좌참찬(左參贊)'을 달리 이르던 말.
삼재불입지지(三災不入之地) 민속에서, 난리·전염병·기근이 들어오지 못한다는 땅을 이르는 말.
삼재-팔난(三災八難)명 불교에서, 삼재와 팔난, 곧 온갖 재난을 이르는 말.
삼적(蔘賊)명 삼밭에서 인삼을 훔치는 도둑.
삼전-업(三傳業)명 고려 시대, 잡과의 한 과목. 춘추 삼전(春秋三傳)으로 과거를 보였음.
삼절(三絶)명 ①세 가지 뛰어난 사물을 이르는 말. ¶서경덕, 황진이, 박연폭포를 송도(松都)의 −이라 하였다. ②세 가지 뛰어난 재주, 또는 그런 재주를 가진 사람. ③세 수(首)의 절구(絶句). ④위편삼절(韋編三絶)
삼정(三丁)명 농삼장
삼정(三正)명 ①음양설에서, 천(天)·지(地)·인(人) 삼재(三才)의 바른 도리를 이르는 말. ②삼강(三綱)의 바른 도리를 이르는 말.
삼정(三政)명 지난날, 나라를 다스리는 데 중요한 군정(軍政), 전결(田結), 환곡(還穀)의 세 가지를 이르던 말. 군결환(軍結還)
삼정(三精)명 삼광(三光)
삼정(蔘精)명 인삼의 유효 성분만을 뽑아 내어 만든 약제.
삼-정승(三政丞)명 영의정(領議政)·좌의정(左議政)·우의정(右議政)의 세 정승을 아울러 이르는 말. 삼공(三公). 삼상(三相)
속담 **삼정승 부러워 말고 내 한 몸 튼튼히 가지라** : 헛된 욕심을 가지지 말고 제 몸을 위하여 건강에나 주의하라는 말. /**삼정승을 사귀지 말고 내 한 몸을 조심하라** : 세도가(勢道家)를 사귀면서 아첨하지 말고 제 할 일이나 착실히 하여 벌을 당하지 않도록 조심하라는 말.
삼제(三際)명 불교에서, 과거·현재·미래를 통틀어 이르는 말. 삼세(三世)
삼제(三諦)명 불교에서 이르는, 우주의 실상(實相)을 밝혀 주는 세 가지 진리. 공제(空諦)·가제(假諦)·중제(中諦)를 이름.
삼제(芟除)명-하다타 풀을 베어 없앰.
삼조(三曹)명 호조(戶曹)·형조(刑曹)·공조(工曹)를 아울러 이르는 말.
삼조(三朝)명 ①삼시(三始) ②그 달의 초사흗날.
삼조=대:면(三造對面)명 삼조 대질(三造對質)
삼조=대:질(三造對質)명-하다자 원고와 피고와 증인이 모여서 하는 무릎맞춤. 삼자 대면. 삼조 대면
삼족(三族)명 ①부모와 형제와 처자를 아울러 이르는 말. ②부계(父系)·모계(母系)·처계(妻系)의 세 족속을 이르는 말. 삼속(三屬) ¶−을 멸하는 형벌.
삼족-반(三足盤)명 발이 셋 달린 소반.
삼족-오(三足烏)명 ①신화에 나오는, 해 속에 산다는 세 발 달린 까마귀. ②'태양'을 달리 이르는 말.
삼족=토기(三足土器)명 발이 셋 달린 토기.
삼존(三尊)명 ①불교에서, 본존(本尊)과 그 좌우의 보살. 곧 미타 삼존(彌陀三尊), 석가 삼존(釋迦三尊), 약사 삼존(藥師三尊)을 아울러 이르는 말. ②지난날, 받들어 모셔야 할 임금·스승·어버이를 아울러 이르던 말.
삼종(三宗)명 불교의 세 종파. 화엄종(華嚴宗)·삼론종(三論宗)·법상종(法相宗), 또는 천태종(天台宗)·진언종(眞言宗)·법상종(法相宗)을 이름.
삼종(三從)[1]명 '삼종지의(三從之義)'의 준말.
삼종(三從)[2]명 ①팔촌(八寸)이 되는 혈족(血族). ②'삼종 형제(三從兄弟)'의 준말.

> ▶ **삼종(三從)이 넘는 일가**
> 삼종이 넘는 일가는 촌수를 따지지 않고, 항렬로 헤아려서 '대부(大父)', '족숙(族叔)', '족형(族兄)', '족제(族弟)', '족질(族姪)' 등으로 일컫는다.

삼종=기도(三鐘祈禱)명 가톨릭에서, 예수의 강생을 묵상하며 성모 마리아를 공경하는 뜻으로 날마다 아침·정오·저녁에 세 번 드리는 기도. 안젤루스(Angelus) ☞묵주 기도(默珠祈禱)
삼종-매(三從妹)명 팔촌 누이.
삼종=매부(三從妹夫)명 팔촌 누이의 남편.
삼종-손(三從孫)명 칠촌 조카의 아들.
삼종-수(三從嫂)명 팔촌 형제의 아내. 팔촌 형수나 제수.
삼종-숙(三從叔)명 아버지의 팔촌 형제. 구촌 아저씨. 삼당숙(三堂叔)
삼종=숙모(三從叔母)명 삼종숙의 아내. 삼당숙모(三堂叔母)
삼종=시누이(三從媤−)명 남편의 삼종 누이.
삼종=시숙(三從媤叔)명 남편의 삼종형.
삼종-씨(三從氏)명 ①자기의 삼종형을 남에게 말할 때 이르는 말. ②남을 높이어 그의 삼종형을 이르는 말.
삼종-의탁(三從依托)명 삼종지의(三從之義)
삼종-자(三從姉)명 팔촌 누이.
삼종-제(三從弟)명 팔촌 아우.
삼종=제:수(三從弟嫂)명 삼종제의 아내.
삼종-조(三從祖)명 할아버지의 육촌 형제.
삼종지도(三從之道)명 삼종지의(三從之義)
삼종지의(三從之義)명 지난날, 여자가 따라야 했던 세 가지 도리. 어려서는 아버지를, 시집가서는 남편을, 남편이 죽은 뒤에는 자식을 따라야 함을 이름. 삼종의탁(三從依托). 삼종지도. 삼종지탁 준삼종(三從)[1]
삼종지탁(三從之托)명 삼종지의(三從之義)
삼종-형(三從兄)명 팔촌 형.
삼종=형수(三從兄嫂)명 삼종형의 아내.
삼종=형제(三從兄弟)명 팔촌 형제. 고조(高祖)가 같고 증조(曾祖)가 다른 형제를 이름. 준삼종(三從)[2]
삼주(三走)명 조선 시대 무관의 취재(取才)에서, 달음질의 세 등급 가운데서 셋째 등급을 이르던 말. ☞일주
삼주-기(三周忌)명 사람이 세상을 떠난 지 만 2년이 되는 날. 삼회기(三回忌)
삼죽(三竹)명 ①저(笛)와 생황(笙簧), 필률(觱篥)의 세 관악기. ②삼금(三笒)
삼준(三準)명 삼교(三校)
삼중(三中)명 ①지난날, 시문(詩文)을 꼲는 등급의 하나. 열두 등급 중의 여덟째 등급으로, 삼상(三上)의 아래, 삼하(三下)의 위임. ☞상중(上中). 이중(二中). 차중(次中) ②활쏘기에서, 화살 다섯 대를 쏘아 세 대를 맞힌 경우를 이르는 말.

삼중(三重)명 ①세 겹. ②세 번 거듭되거나 셋이 겹치는 일. ¶— 추돌/이중 —으로 경계망을 펴다.
삼중=결합(三重結合)명 두 개의 원자가 세 개의 원자가(原子價) 단위로 맺어진 결합. CH≡CH 따위.
삼중-고(三重苦)명 고통이 세 가지로 겹치는 일. 소경이자 귀머거리, 벙어리인 경우 따위.
삼중-례(三中禮)명 사정(射亭)에, 새로 들어온 사원(射員)이 삼중을 하였을 때 스승과 여러 사원에게 술잔치를 베풀던 일.
삼중-살(三重殺)명 트리플플레이(triple play)
삼중-석(三重席)명 귀한 손을 극진한 예로써 대접할 때 세 겹으로 까는 자리.
삼중-성(三重星)명 세 개의 별이 같은 방향에 있어 맨눈으로는 겹쳐서 하나처럼 보이는 별. ☞다중성(多重星)
삼중=수소(三重水素)명 원자핵(原子核)이 두 개의 중성자와 한 개의 양자로 이루어진 수소의 인공 방사성 동위 원소. 수소 폭탄을 만드는 데 쓰임. 트리튬(tritium)
삼중=양성자(三重陽性子)명 수소의 동위 원소인 삼중 수소의 원자핵. 한 개의 양성자와 두 개의 중성자가 결합한 것임. 트리톤(triton)
삼중-점(三重點)[—쩜]명 순수한 물질에서 기상(氣相)·액상(液相)·고상(固相)의 삼상(三相)이 공존하는 점.
삼중-주(三重奏)명 서로 다른 세 개의 악기로 실내악을 연주하는 일, 또는 그 연주. 피아노 삼중주 따위.
삼중=주명곡(三重奏鳴曲)명 트리오소나타
삼중-창(三重唱)명 성부(聲部)가 다른 세 사람이 노래부르는 일, 또는 그 노래. ☞삼부 합창
삼중=협주곡(三重協奏曲)명 세 개의 독주 악기를 가진 합주곡. 피아노·첼로·바이올린을 위한 협주곡 따위.
삼지(三知)명 도(道)의 깨달음에 이르는 세 가지 단계. 나면서 아는 생이지지(生而知之), 배움으로써 아는 학이지지(學而知之), 고생을 겪음으로써 아는 곤이지지(困而知之)를 이름.
삼지(三指)명 줌손의 아래 세 손가락.
삼지(三智)명 불교에서 이르는 세 가지 지혜. 법화경에서는 진지(眞智)·내지(內智)·외지(外智), 대지도론에서는 도종지(道種智)·일체지(一切智)·일체종지(一切種智), 능가경에서는 세간지(世間智)·출세간지(出世間智)·출세간상상지(出世間上上智)를 이름.
삼지구엽-초(三枝九葉草)명 매자나뭇과의 여러해살이풀. 줄기에서 세 가지로 갈리어 자라며 가지마다 세 잎이 붙어서 아홉 장이 됨. 꽃은 닻 모양이며, 말린 잎은 한방에서 음양곽(淫羊藿)이라 하여 약으로 쓰임.
삼지-끈(三指—)명 활을 쏠 때 삼지에 끼는, 실로 만든 가락지.
삼지-놓이(三指—)[—노—]명 세 손가락을 합한 너비만 한 넓이.
삼지니(三—)명 '수지니' 중에서 길들인 지 세 해 되는 보라매를 이르는 말. 삼진(三陳) ☞재지니. 초지니
삼지-닥나무(三枝—)명 서향나뭇과의 낙엽 활엽 관목. 높이 1~2m. 잎은 어긋맞게 나고 길둥근꼴로 뒷면이 회백색임. 3월경에 잎에 앞서 흰 꽃받침에 노란 꽃이 모여 핌. 우리 나라의 따뜻한 지방에 자라는데, 나무껍질은 제지용으로 쓰임. 삼아나무
삼지-례(三枝禮)명 비둘기는 어미가 앉은 자리에서 셋째 가지 아래에 앉는다는 뜻으로, 부모에 대한 지극한 효성을 비유하여 이르는 말.
삼지-창(三枝槍)명 당파창(鐺鈀槍)
삼직(三職)명 절의 주지(住持)를 돕는 총무·교무·재무의 세 교직을 아울러 이르는 말.
삼진(三振)명-하다자 야구에서, 타자(打者)가 세 번의 스트라이크로 아웃되는 일.
삼진(三眞)명 대종교에서, 사람이 나면서 받은 세 가지 참된 것, 곧 성(性)·명(命)·정(精)을 이르는 말.
삼진(三陳)명 삼지니
삼진-귀일(三眞歸一)명 대종교에서, 한얼에게 받은 삼진을 잘 간직하였다가 한얼에게로 다시 돌아가서 하나가 되는 일을 이르는 말.
삼진-삼퇴(三進三退)명 지난날, 새로 과거에 급제한 사람을 선배가 불리기 위하여 세 번 앞으로 나오고 세 번 뒤로 물러가게 하는 일을 이르던 말.
삼-진작(三眞勺)명 ①네 진작 가운데서 두 번째로 빠르고 가락이 단순한 곡조. ②일·이·삼 진작을 통틀어 이르는 말. '정과정곡(鄭瓜亭曲)'이 이 곡조임.
삼짇-날명 음력 삼월 초사흗날. 이 날 강남으로 갔던 제비가 다시 돌아온다고 함. 삼월 삼질. 상사(上巳). 중삼(重三) 준 삼질
삼질(三—)명 '삼짇날'의 준말.
삼차(三叉)명 세 갈래로 갈림, 또는 세 갈래.
삼차(三次)명 ①세 번째의 차례. ¶—에 걸친 현지 답사. ②'삼차회(三次會)'의 준말. ③차수가 3인 것.
삼차=곡선(三次曲線)명 삼차 함수가 나타내는 곡선.
삼차=방정식(三次方程式)명 미지수의 가장 높은 차수가 삼차인 방정식.
삼차=산:업(三次産業)명 일차 산업과 이차 산업을 제외한 모든 산업. 상업·금융업·운수업·통신업·관광업 등의 서비스업을 이름. 제삼차 산업
삼차-색(三次色)명 두 빛깔을 섞은 이차색에 다른 빛을 하나 더 섞은 빛깔.
삼차=신경(三叉神經)명 연수(延髓)에서 나온 신경의 한 가지. 눈, 위턱, 아래턱의 세 신경으로 갈라져 있음. 얼굴의 지각(知覺)과 운동을 맡아봄.
삼차=신경통(三叉神經痛)명 삼차 신경이 분포하는 얼굴의 반면(半面)에 생기는 발작성(發作性)의 격렬한 신경통. 흔히 '안면 신경통(顔面神經痛)'이라 함.

삼-차원(三次元)명 가로·세로·높이의 세 차원을 가지고 있는 것. 상하(上下)·좌우(左右)·전후(前後)로 이루어진 입체적 공간. ¶—의 공간.
삼차원=영화(三次元映畫)명 입체 영화(立體映畫)
삼차-회(三次會)명 자리를 옮겨 가며 잇달아 세 번째 베푸는 연회(宴會). 준삼차(三次)
삼창(三唱)명-하다타 같은 말을 세 번 외침. ¶만세 —
삼채(三彩)명 세 가지 빛깔의 잿물, 또는 그러한 잿물을 입혀 구운 도자기.
삼척(三尺)명 ①석 자. ②'삼척검(三尺劍)'의 준말. ③'삼척법(三尺法)'의 준말.
삼척-검(三尺劍)명 길이가 석 자인 칼. 준삼척
삼척-동:자(三尺童子)명 키가 석 자인 어린아이라는 뜻으로, 철모르는 어린아이를 이르는 말. ¶—에게 물어보아도 알 수 있는 일.
삼척-법(三尺法)명 고대 중국에서, 석 자 길이의 죽간(竹簡)에 법률을 적은 데서, 성문화(成文化)된 법률을 이르는 말. 준삼척
삼척-안:두(三尺案頭)명 석 자의 책상머리라는 뜻으로, 조그마한 책상 또는 좁은 책상 위를 이르는 말.
삼척-장검(三尺長劍)명 길고 큰 칼.
삼척-추수(三尺秋水)명 날이 시퍼렇게 선 긴 칼.
삼천(三遷)명 ①-하다자 세 번 옮기거나 이사함. ②'삼천지교(三遷之敎)'의 준말.
삼천(三千)수 ①천의 세 곱절. ②〔관형사처럼 쓰임〕 수량이 많음을 나타내는 말. ¶— 궁녀/— 리.
삼천-갑자(三千甲子)명 ①육십갑자의 삼천 배, 곧 십팔만 년을 이르는 말. ②꼭두각시놀음에 나오는 검은 머리의 늙은이.
삼천갑자 동방삭(東方朔)관용 중국 전한(前漢)의 동방삭이 십팔만 살이나 살았다 하여, 흔히 오래 사는 사람을 비유하여 이르는 말.
삼천-단부(三千團部)명 대종교에서, 단군 자손의 많은 무리를 이르는 말.
삼천=대:계(三千大界)명 '삼천 대천세계'의 준말.
삼천=대:천세계(三千大千世界)명 불교에서 이르는 상상의 세계. 소천세계(小千世界)의 천 배가 되는 중천세계(中千世界)를 천 배 한 세계를 이름. 준삼천 대계(三千大界). 삼천 세계

삼천-리(三千里)명 '삼천리 강산(三千里江山)' 또는 '삼천리 강토(三千里疆土)'의 준말.

삼천리=강산(三千里江山)명 남북의 길이가 삼천리라 하여 우리 나라의 강산을 이르는 말. 준삼천리(三千里)

삼천리=강토(三千里疆土)명 우리 나라의 강토. 준삼천리(三千里)

삼천-만(三千萬)명 지난날, 우리 나라 인구를 약 3천만으로 보고 우리 국민 전체를 이르던 말. ¶ ― 동포

삼천-발이(三千―)명 삼천발잇과의 극피동물. 불가사리와 비슷하며, 몸빛은 흑갈색임. 복(輻)은 팔 모양으로 다섯 개이며, 길이가 12cm 안팎임. 대한 해협 등지에 분포하며, 복은 한방에서 약으로 쓰임.

삼천-불(三千佛)명 과거세(過去世)의 천불(千佛), 현재세(現在世)의 천불, 미래세(未來世)의 천불을 이르는 말.

삼천=세:계(三千世界)명 '삼천 대천세계'의 준말.

삼천지교(三遷之敎)성구 중국 전국 시대에 맹자(孟子)의 어머니가 아들을 좋은 교육 환경에서 기르려고 집을 세 번이나 옮긴 일을 이르는 말. 준삼천(三遷) ☞맹모삼천(孟母三遷)

삼-첨판(三尖瓣)명 심장(心臟)의 우심실(右心室)과 우심방(右心房) 사이에 있는 세 판막(瓣膜). 심실이 수축할 때 혈액이 심방으로 역류하는 것을 막음.

삼첩-계(三疊系)명 중생대의 삼첩기에 이루어진 지층.

삼첩-기(三疊紀)명 트라이아스기

삼첩=반상(三―飯床)명 한식(韓食)의 격식을 갖추어 차리는 상차림의 한 가지. 밥·국·김치·장·찌개를 기본으로 하고, 숙채·생채·구이(또는 조림)의 세 가지 반찬을 갖추어 차리는 상차림. ☞구첩 반상. 오첩 반상. 칠첩 반상

삼첩=반상기(三―飯床器)명 삼첩 반상을 차리는 데 쓰이는 한 벌의 그릇. 곧 밥그릇·국그릇·김치 보시기·간장 종지·찌개 그릇 등 기본 그릇 외에, 반찬 접시 세 개를 더한 한 벌임. ☞오첩 반상기. 칠첩 반상기

삼첩-지(三疊紙·三貼紙)명 종이의 한 가지. 백지보다 두껍고, 길이와 너비는 크며, 빛깔이 누르께하고 질이 비교적 낮음. ☞이첩지(二疊紙)

삼청(三靑)명 하늘빛처럼 파란빛을 내는 그림 채료(彩料)의 한 가지.

삼청(三淸)명 도교(道敎)에서, 신선이 산다는 세 궁. 옥청(玉淸), 상청(上淸), 태청(太淸)을 이름.

삼청(三請)명-하다타 노래나 연주를 한 사람에게 재청(再請)을 하고 나서 다시 한 번 청함. ¶ ―을 받다.

삼청-냉:돌(三廳冷突)명 금군(禁軍)의 삼청(三廳)에 불을 때지 않았다는 데서, 몹시 찬 방을 이르는 말.

삼청-좌(三請座)명 혼인 때, 신부 집에서 신랑을 오라고 세 번 청하는 일.

삼체(三體)명 ①세 개의 형체나 물체. ②물질의 세 가지 상태. 고체·액체·기체를 이름. ③글씨의 세 가지 체. 해서(楷書)·행서(行書)·초서(草書)를 이름. ④중국 명(明)나라 때부터 쓰인 회화 기법의 세 가지 양식. 대상을 충실하게 표현한 해체(楷體), 가장 단순화한 초체(草體), 그 중간의 행체(行體)를 이름. 서체의 해서·행서·초서를 그림에 적용한 것임.

삼체=웅예(三體雄蕊)명 수술이 세 몸으로 된 합생(合生) 웅예의 한 가지. 고추나물의 수술 따위.

삼초(三焦)명 한방에서 이르는 육부(六腑)의 하나. 상초(上焦)·중초(中焦)·하초(下焦)를 이름.

삼초-경(三焦經)명 십이 경락의 하나. 무명지의 끝에서 시작하여 눈썹 옆에 이르는 경락으로 삼초(三焦)를 주관함.

삼초-룰:(三秒rule)명 농구에서, 공격 팀의 선수는 상대편 바스켓 가까운 제한 구역 안에서 3초 이상 머물러서는 안 된다는 규칙. 3초가 넘으면 바이얼레이션이 됨.

삼촌(三寸)명 ①아버지의 형제와 자기, 또는 형제의 아들딸과 자기 사이의 촌수. ☞오촌(五寸) ②아버지의 형제. 유부(猶父)

삼촌-댁(三寸宅)[―땍]명 ①'숙모(叔母)'의 낮은말. ②삼촌의 집.

삼촌-불률(三寸不律)명 길이가 세 치인 짧은 붓.

삼촌-설(三寸舌)명 세 치밖에 안 되는 짧은 혀라는 뜻으로, '언변(言辯)'을 비유하여 이르는 말.

삼추(三秋)명 ①가을의 석 달. 곧 음력 7·8·9월을 이름. 구추(九秋) ②세 해의 가을. ③긴 세월.

삼추 같다관용 기다리는 시간이 매우 지루하고 따분하다. ¶하루가 ―. ☞여삼추(如三秋)

×**삼춘**명 →삼촌(三寸)

삼춘(三春)명 ①봄의 석 달. 곧 음력 1·2·3월을 이름. 구춘(九春) ②세 해의 봄.

삼춘-류(三春柳)[―뉴]명 '능수버들'의 딴이름.

삼출(滲出)명-하다자 ①액체가 스며 나옴. ②혈관이나 림프관 따위의 맥관(脈管)의 내용물이 맥관 밖으로 스며 나옴.

삼출성=결핵(滲出性結核)[―썽―]명 삼출성 염증이 주로 일어나는 결핵. 발열과 객담이 심하며 화학 요법이 잘 듣지 않음.

삼출성-염(滲出性炎)[―썽념]명 세균 감염 따위로 생기는 급성 염증의 한 가지. 혈액의 투과성(透過性)이 높아져서 혈액이나 조직액이 염증 부위에 삼출하게 됨.

삼출성=체질(滲出性體質)[―썽―]명 가벼운 자극에도 피부나 점막이 과민하여 습진이나 카타르성의 염증이 잘 생기는 체질. 젖먹이에게 흔함.

삼출-액(滲出液)명 ①안에서 겉으로 스며 나오는 액체. ②세균성 감염 따위로 염증이 있을 때 혈관 밖으로 나오는 혈액 성분의 액체.

삼취(三吹)명 지난날, 군대가 출발할 때 나팔을 세 번 불던 일.

삼취(三娶)명-하다자 ①세 번째 장가듦. ②세 번째로 맞아들인 아내. 삼실(三室)

삼층-밥(三層―)[―빱]명 한 솥 안에 질고 된 정도가 세 층이 되도록 지은 밥. 쌀을 안칠 때 세 층으로 안치고 불을 조심하여 때면서 지음. 여러 연령층이 함께 사는 가정에서 식성에 따라 알맞은 밥을 동시에 짓기 위한 방법임. ☞언덕밥. 이층밥

삼층-장(三層*欌)[―짱]명 세 층으로 된 장.

삼층-탑(三層塔)명 삼층으로 된 탑. 기단(基壇) 위에 탑신(塔身)과 옥개석(屋蓋石)이 세 겹으로 쌓임.

삼치명 고등엇과의 바닷물고기. 몸길이 1m 안팎으로, 몸빛은 엷은 회청색이고 배 쪽은 은백색임. 옆구리에 회색 반점이 7~8줄 세로로 흩어져 있음. 먹을 수 있으며, 우리 나라와 일본, 하와이, 오스트레일리아 등지의 근해에 분포함.

삼친(三親)명 세 가지의 가장 친한 관계. 곧 부자(父子), 부부(夫婦), 형제를 이름.

삼칠(三七)명 '스물한 살'을 달리 이르는 말.

삼-칠일(三七日)명 세이레 ☞이칠일(二七日). 초칠일

삼칠-제(三七制)[―쩨]명 지난날, 지주에게 소작료로서 소출의 3할을 주고 소작인이 7할을 차지하던 제도.

삼-칼명 삼잎을 치는 나무칼.

삼-칼(蔘―)명 수삼(水蔘)으로 백삼(白蔘)을 만들 때 꺼풀을 긁는 대나무 칼.

삼키다타 ①입 안의 것을 목구멍으로 넘기다. ¶침을 ―./알약을 ―. ②파도나 불길, 어둠 따위가 그 속으로 어떤 대상을 휩쓸어 넣어 사라지게 하다. ¶큰 파도가 작은 배를 삼켰다./어둠이 그들의 모습을 삼켜 버렸다. ③남의 것을 몰래 제 것으로 만들다. ¶남의 땅을 삼키려다가 들켰다. ④나오려는 눈물이나 웃음 따위를 억지로 참다. ¶눈물을 ―.

삼탄(三歎·三嘆)명-하다자타 ①여러 번 한탄함. ②여러 번 감탄하거나 찬탄함.

삼탄(滲炭)명-하다타 강철 재료의 표면으로부터 탄소 성분이 스며들도록 가열하여 표면을 단단하게 만드는 일.

삼탄-강(滲炭鋼)명 삼탄하여 표면을 단단하게 만들 목적으로 제조한 강(鋼), 또는 표면만을 삼탄하여 단단하게 만든 강.

삼태 명 '삼태기'의 준말.
삼태(三胎) 명 세쌍둥이를 잉태하는 일, 또는 그 태아들.
삼태-그물 명 대오리로 삼태기같이 결은 그물.
삼태기 명 대오리나 짚으로 엮어 거름이나 흙, 쓰레기 따위를 담아 나르는 그릇. 앞은 벌어지고 뒤는 우긋하며 좌우의 옆을 두 손으로 잡고 들게 되어 있음. 준 삼태
속담 **삼태기로 앞 가리기** : 속이 뻔히 들여다보이는 일을 속이려고 하는 어리석음을 비유하여 이르는 말.
삼태-불 명 콩나물이나 채소 따위에 지저분하게 많이 난 잔뿌리.
삼태-생(三胎生) 명 세쌍둥이를 낳는 일, 또는 그 아이들.
삼태=육경(三台六卿) 명 조선 시대, 삼정승(三政丞)과 육조 판서(六曹判書)를 통틀어 이르던 말. 삼공 육경
삼태-탕(三太湯) 명 삼탯국
삼탯-국(三太-) 명 콩나물·두부·명태를 넣고 고추장을 풀어서 끓인 국. 삼태탕
삼토(三吐) 명 고대 중국의 주공(周公)이 음식을 먹다가 입에 든 밥을 세 번이나 토하고 손을 맞았다는 데서, 방문객을 극진히 맞이함을 이르는 말.
삼토(蔘土) 명 인삼을 재배하기 위해 거름한 땅.
삼투(滲透) 명 -하다 자 ①액체 따위가 스며듦. ②농도가 다른 두 용액을 반투막(半透膜)으로 막아 놓았을 때, 농도가 낮은 쪽에서 높은 쪽으로 용매가 옮겨 가는 일. 침투(浸透) ¶－ 작용
삼투-압(滲透壓) 명 삼투할 때 생기는 압력. 침투압
삼파-전(三巴戰) 명 경쟁자 셋이 얼려서 서로 겨루는 싸움. ¶－을 벌이다.
삼판(三板) 명 '삼판선(三板船)'의 준말.
삼판(杉板) 명 삼나무로 된 널빤지.
삼판-선(三板船) 명 중국이나 동남 아시아의 항구 안에서 사람이나 짐을 나르는 중국식의 작은 배. 준 삼판(三板)
삼판-양:승(三－兩勝) [－냥－] 명 승패를 겨룰 때 세 판에 두 번을 이기면 승리하는 일, 또는 그런 승패.
삼팔-따라지(三八－) 명 ①노름판에서, 세 끗과 여덟 끗으로 이룬 한 끗. ②삼팔선 이북에서 월남한 동포를 속되게 이르는 말.
삼팔-선(三八線) [－썬] 명 북위 38°선. 특히 제2차 세계 대전 끝에 우리 나라를 남북으로 갈라놓았던 경계선.
삼팔-주(三八紬) [－쭈] 명 중국에서 나는 명주의 한 가지. ☞갑삼팔(甲三八)
삼포(三包) 명 공포(栱包)가 세 겹으로 된 것.
삼포(三浦) 명 조선 세종 때, 일본과 교역을 하기 위해 개항한 동래(東萊) 부산포(釜山浦), 웅천(熊川) 제포(薺浦), 울산(蔚山) 염포(塩浦)를 아울러 이르던 말.
삼포(蔘圃) 명 인삼을 재배하는 밭. 삼밭. 삼장(蔘場)
삼포=농업(三圃農業) 명 삼포식 농법(三圃式農法)
삼포식(三圃式) 명 '삼포식 농법'의 준말.
삼포식=농법(三圃式農法) [－뻡] 명 농지를 셋으로 갈라 3분의 1씩을 해마다 번갈아 가며 휴경(休耕)하여 지력(地力)을 회복시키는 농사법. 삼포 농업 준 삼포식
삼품(三品) 명 ①지난날, 관직의 셋째 품계. 정삼품과 종삼품이 있음. ②그림의 세 가지 품. 곧 신품(神品)·묘품(妙品)·능품(能品)을 아울러 이름. ③선비에 따른 세 가지 품위. 도덕에 뜻을 두는 선비, 공명(功名)에 뜻을 두는 선비, 부귀(富貴)에 뜻을 두는 선비를 아울러 이름.
삼하(三下) 명 지난날, 시문(詩文)을 꼲는 등급의 하나. 열두 등급 중의 아홉째 등급으로, 삼중(三中)의 아래, 차상(次上)의 위임. ☞상하(上下). 이하(二下). 차하
삼하(三夏) 명 ①여름의 석 달. 곧 음력 4·5·6월을 이름. 구하(九夏) ②세 해의 여름.
삼-하늘소 [－쏘] 명 하늘솟과의 곤충. 몸길이 1.5cm 안팎. 등은 검은데 잿빛 잔털이 있으며, 몸의 양쪽 가장자리와 한가운데에 흰 세로 줄무늬가 있음. 촉각은 검은데 셋째 마디부터 맨 끝까지 백색이 점점이 있음. 애벌레는 삼벌레라 하며 삼의 해충임. 마천우(麻天牛)
삼:-하다 형여 어린아이의 성질이 순하지 않고 사납다.
삼학(三學) 명 ①불교를 배워 도를 깨달으려는 이가 반드시 닦아야 할 세 가지 학문. 곧 계학(戒學)·정학(定學)·혜학(慧學)을 이름. ②조선 시대, 음양과(陰陽科)의 세 학문. 곧 천문·지리·명과(命課)를 이름. ③도학(道學)·유학(儒學)·불학(佛學)을 아울러 이르는 말.
삼한(三澣) 명 삼순(三旬)
삼한(三韓) 명 상고 시대, 우리 나라 남쪽에 있던 세 나라. 곧 마한(馬韓)·진한(辰韓)·변한(弁韓)을 이름.
삼한-갑족(三韓甲族) 명 예로부터 대대로 문벌이 높은 집안을 이르는 말.
삼한-사:온(三寒四溫) 명 우리 나라와 중국 동북부에서 겨울철에 한 사흘은 춥고 한 나흘은 푹한 날씨가 주기적으로 바뀌는 현상.
삼한-중:보(三韓重寶) 명 고려 숙종 때에 쓰던 엽전.
삼한-통보(三韓通寶) 명 고려 숙종 때에 쓰던 엽전.
삼-할미 명 해산을 돕는 노파를 낮추어 이르는 말.
삼함(三笒) 명 '삼금(三笒)'의 원말.
삼함(三緘) 명 절에서, 몸과 입과 뜻을 삼가라는 뜻으로 방벽에 써 붙이는 글.
삼합-미음(三合米飮) 명 해삼·홍합·쇠고기를 푹 끓인 다음 찹쌀을 넣고 더 고은 미음.
삼합-사(三合絲) 명 세 올로 꼰 실. 삼겹실
삼항-식(三項式) 명 세 개의 항으로 된 다항식(多項式).
삼해리-설(三海里說) 명 영해의 범위를, 썰물 때의 물가에서 3해리로 하는 국제법상의 학설.
삼행(三行) 명 ①삼도(三道) ②-하다 자 신랑이 재행(再行)한 뒤 다시 처가에 가는 인사.
삼헌(三獻) 명 -하다 타 제례에서, 술을 따른 술잔을 세 번 올리는 일. 곧 초헌(初獻)·아헌(亞獻)·종헌(終獻)을 이름. ☞단헌(單獻)
삼-헌:관(三獻官) 명 제향(祭享) 때, 술을 올리는 세 제관. 초헌관·아헌관·종헌관을 이름.
삼혁=오:인(三革五刃) 명 가죽으로 된 갑옷·투구·방패의 세 가지와, 쇠로 만든 칼, 검(劍), 세모창, 가지 달린 창, 화살의 다섯 가지 무기를 아울러 이르는 말.
삼현(三絃) 명 국악에서 쓰이는 세 현악기. 거문고·가야금·비파를 이름.
삼현-금(三絃琴) 명 줄이 셋인 거문고.
삼-현령(三懸鈴) 명 지난날, 매우 급한 공문을 보낼 때 봉투에 세 개의 동그라미를 찍던 일.
삼현=육각(三絃六角) [－뉵－] 명 ①삼현과 육각. ②피리 둘과 대금·해금·장구·북 하나씩으로 편성되는 풍류.
속담 **삼현 육각 잡히고 시집간 사람 잘산 데 없다** : 호화로운 잔치를 하며 시집간 사람이 도리어 불행하게 사는 일이 많다는 말.
삼혈-포(三穴砲) 명 총신(銃身) 세 개가 겹쳐 있는 총. 삼안포(三眼砲)
삼형(三形) 명 지리학에서 구별하는 땅의 세 가지 형태. 고지(高地)·하지(下地)·평지(平地)를 이름.
삼형제-별(三兄弟－) 명 삼성(參星)의 한가운데 나란히 자리잡고 있는 세 개의 큰 별.
삼혜(三慧) 명 불교에서 이르는 세 가지 지혜(智慧). 경전(經典)을 들어서 아는 문혜(聞慧), 진리를 생각하여 아는 사혜(思慧), 선정(禪定)을 닦아서 아는 수혜(修慧)를 이름.
삼호-잡지(三號雜誌) 명 창간 후 얼마 가지 않아 폐간된 잡지. 계속 발간하지 못하는 잡지를 놀리어 이르는 말.
삼혹(三惑) 명 불도를 닦는 데 장애가 되는 세 가지 번뇌. 우주의 진리와 사물의 진상을 알지 못하여 일어나는 견사혹(見思惑), 견사혹을 끊고 나서 수없이 많은 공리(空理)에 집착하는 진사혹(塵沙惑), 미혹(迷惑)의 근본을 이루어 지혜의 밝음이 없는 무명혹(無明惑)을 이름.
삼-화음(三和音) 명 어떤 음(音) 위에 3도 위의 음과 5도 위의 음이 겹쳐서 세 개의 음으로 이루어진 화음.
삼환-설(三丸說) 명 조선 시대의 학자 김석문(金錫文)이 해와 지구와 달이 각각 둥글다고 주장한 학설.
삼황(三皇) 명 중국 고대 전설의 세 황제. 복희(伏羲)·신농(神農)·황제(黃帝), 또는 천황(天皇)·지황(地皇)·

ㅅ

인황(人皇) 등 여러 설(說)이 있음.

삼회(三會) 명 미륵 보살의 세 번의 큰 법회(法會).

삼회-기(三回忌) 명 삼주기(三周忌)

삼-회장(三回裝) 명 여자의 저고리에 갖춰진 세 가지 회장. 깃·소맷부리·겨드랑이에 대는 회장을 이름.

삼회장-저고리(三回裝-) 명 삼회장으로 된 저고리. 흔히 젊은 핫어머니나 처녀들이 입었음.

삼효(三孝) 명 예기(禮記)에 나오는 세 가지 효행(孝行). 어버이를 우러러 받드는 일, 욕보이지 아니하는 일, 잘 봉양하는 일을 이름.

삼-희:성(三喜聲) 명 세 가지 듣기 좋은 소리. 다듬이질 소리, 글 읽는 소리, 갓난아이의 우는 소리를 이름. ☞ 삼악성(三惡聲)

삽 명 ①땅을 파거나 흙·모래·석탄 따위를 뜨고 옮기는 데 쓰는 연장. ¶ -으로 눈을 치우다. ②〔의존 명사로도 쓰임〕 ¶석탄 한 -.

-삽- 선미 '-사옵-'의 바뀐 꼴. ¶먹고→먹삽고/믿고→믿삽고/오고→오삽고

삽-괭이 명 볼이 좁고 자루가 긴 괭이.

삽구(挿句) 명 -하다 타 글 가운데에 구(句)를 넣는 일, 또는 그 구. ☞삽입구(挿入句)

삽뇨-증(澁尿症)[-쯩] 명 오줌소태

삽도(挿圖) 명 삽화(挿畫)

삽말(挿抹) 명 -하다 자 말뚝을 박음.

삽목(挿木) 명 -하다 타 꺾꽂이

삽미(澁味) 명 떫은맛

삽사리 명 ①'삽살개'의 딴이름. ②메뚜깃과의 곤충. 몸길이 2~3cm. 몸빛은 누런빛이며 몸은 가늘고 길. 수컷의 날개는 몸보다 짧고 암컷의 날개는 몸길이와 같음.

삽살-개 명 개의 한 품종. 우리 나라 재래종으로 어깨 높이는 50cm 안팎, 몸무게는 20kg 안팎임. 온몸이 긴 털로 덮여 있으며, 주둥이는 뭉툭함. 털빛에 따라 청삽살개와 황삽살개로 구분됨. 천연 기념물 제368호. 삽사리

삽삼-조사(卅三祖師) 명 석가모니의 정통을 이어 온 33인의 조사.

삽삽(颯颯) 어기 '삽삽(颯颯)하다'의 어기(語基).

삽삽(澁澁) 어기 '삽삽(澁澁)하다'의 어기(語基).

삽삽-하다 형여 태도나 마음씨가 사근사근하다.

삽삽-하다(颯颯-) 형여 부는 바람이 쌀쌀하다.

삽삽-하다(澁澁-) 형여 ①맛이 몹시 떫다. ②미끄럽지 않고 껄껄하다. ③말이나 글이 분명하지 않아 이해하기 어렵다.

삽상(颯爽) 어기 '삽상(颯爽)하다'의 어기(語基).

삽상-하다(颯爽-) 형여 ①바람이 시원스럽게 불어서 매우 상쾌하다. ②태도나 행동이 가든가든하고 날렵하다.

삽수(挿穗) 명 꺾꽂이를 하려고 식물체에서 잘라 낸 뿌리나 가지, 또는 잎.

삽시(挿匙) 명 -하다 자 제사 때 숟가락을 메에 꽂는 일.

삽시(霎時) 명 삽시간(霎時間)

삽시-간(霎時間) 명 매우 짧은 동안. 삽시. 순시(瞬時). 일순간(一瞬間). 편각(片刻) ¶ -에 불길에 휩싸였다.

삽앙(挿秧) 명 -하다 자 모를 논에 심는 일. ☞모내기

삽어(澁語) 명 더듬거리며 하는 말. ☞눌언(訥言)

삽연(颯然) 어기 '삽연(颯然)하다'의 어기(語基).

삽연-하다(颯然-) 형여 부는 바람이 가볍고 시원하다.
삽연-히 부 삽연하게

삽입(挿入) 명 -하다 타 끼워 넣거나 꽂아 넣음. ¶신문에 -한 광고지./특별 조항을 -하다.

삽입-구(挿入句) 명 ①글 가운데에 뜻을 덧붙이거나 설명하기 위해 끼워 넣는 구. ¶나의 취미란 —— 이러한 데 취미란 말을 쓸 수 있을지 의문이지마는 —— 대개 이렇게 까다롭고 결벽스러운 것이다. ☞삽구(挿句) ②삽입부

삽입-문(挿入文) 명 글 가운데 뜻을 덧붙이거나 설명하기 위해 끼워 넣는 문장. ¶어떤 사람은 —— 나는 그러한 사람이 없지 않다는 것을 알고 있다 —— 나의 몰인정을 이러한 나의 과거에 돌리려고 들는지도 모르겠다.

삽입-부(挿入部) 명 론도 형식의 악곡 따위에서, 두 주제(主題) 사이에 끼워 넣는 부분. 삽입구(挿入句)

삽제(澁劑) 명 맛이 몹시 떫은 약.

삽주 명 국화과의 여러해살이풀. 줄기 높이는 30~100cm. 줄기는 질기고 잎은 어긋맞게 나며 가시 모양의 톱니가 있음. 가을에 줄기 끝에 백색 꽃이 핌. 뿌리는 한약재로 쓰이는데 백출(白朮)과 창출(蒼朮)이 있음. 산강(山薑). 산계(山薊). 산정(山精)

삽주-벌레 명 삽주벌렛과의 곤충. 몸길이 1.5mm 안팎에 몸빛은 짙은 갈색임. 앞뒤 날개는 막대 모양이고 털이 촘촘히 나 있음. 벼의 해충임.

삽지(挿枝) 명 -하다 타 꺾꽂이

삽지(挿紙) 명 -하다 자 인쇄할 때, 기계에 종이를 먹이는 일.

삽-질 명 -하다 자 삽으로 땅을 파거나 흙 따위를 떠내는 일.

삽-짝 명 '사립짝'의 준말.

삽체(澁滯) 명 -하다 자 일이 밀리어 잘 진행되지 않음. 막히어 잘 흐르지 않음.

삽탄(挿彈) 명 -하다 자 총포에 탄알을 재는 일.

삽혈(歃血) 명 -하다 자 지난날, 서로 맹세할 때 짐승의 피를 나누어 마시거나 입 언저리에 바르던 일.

삽화(挿花) 명 -하다 자 화초나 나무의 가지를 꽃병이나 수반(水盤)에 꽂아 아름답게 꾸미는 일, 또는 그 기법.

삽화(挿畫) 명 서적·신문·잡지 등의 지면에 넣는 글과 관련이 있는 그림. 삽도(挿圖)

삽화(挿話) 명 이야기나 사건 등의 줄거리 사이에 끼워 넣는 짤막한 이야기. 에피소드

삿 명 '삿자리'의 준말.

삿-갓[삳-] 명 ①대오리나 갈대로 거칠게 엮어 만든, 비나 볕을 가리는 데 쓰는 갓. ②버섯의 균산(菌傘).

삿갓-가:마[삳갇-] 명 지난날, 초상 중 상제가 타던 가마. 사방에 흰 휘장을 두르고, 위에 큰 삿갓을 덮었음. 초교(草轎)

삿갓-구름[삳갇-] 명 외따로 떨어진 산봉우리의 꼭대기 부근에 걸리는 삿갓 모양의 구름.

삿갓-나물[삳갇-] 명 ①백합과의 여러해살이풀. 줄기 높이 30cm 안팎. 잎은 길둥근꼴로 6~8장이 돌려나고 그 가운데에서 나온 꽃자루 끝에 황록색 꽃이 한 송이 핌. 우리 나라 각처의 산지에 자라며 애순은 먹을 수 있으나 뿌리에는 독이 있음. 삿갓풀 ②'우산나물'의 딴이름.

삿갓-들이[삳갇-] 명 논에 듬성듬성 심은 모.

삿갓-반자[삳갇-] 명 삿갓 모양으로 중간이 높고 사방이 경사진 반자. 천장을 꾸미지 않고 서까래에 그대로 바른 것임.

삿갓-버섯[삳갇-] 명 삿갓버섯과에 딸린 버섯의 한 가지. 내피막이 없고 줄기가 길. 숲 속에 자라며 먹을 수 있음. 학버섯

삿갓-연(-椽)[삳갇년] 명 지붕 밑에 천장이 없이, 보이게 한 서까래.

삿갓-장이[삳갇-] 명 삿갓 만드는 일을 직업으로 삼는 사람. ☞삿갓쟁이

삿갓-쟁이[삳갇-] 명 삿갓을 쓰고 다니는 사람.

삿갓-집[삳갇-] 명 삿갓 모양의 지붕을 얹은 집.

삿갓-풀[삳갇-] 명 '삿갓나물'의 딴이름.

삿:대[삳-] 명 '상앗대'의 준말.

삿:대-질[삳-] 명 -하다 자 ①'상앗대질'의 준말. ②말다툼할 때, 주먹이나 손가락 또는 손에 쥔 것으로 상대편 얼굴을 향하여 내지르는 짓.

삿-반(-盤)[삳-] 명 갈대로 채반같이 만든 그릇.

삿-자리[삳-] 명 갈대로 결어 만든 자리. 노점(蘆簟) 준 삿

삿자리-깔음[삳-] 명 삿자리를 결어 놓은 무늬 모양으로 돌이나 벽돌 따위를 까는 일.

상:(上) 명 ①위나 위쪽. ②차례나 등급·정도 등을 '상·중·하'나 '상·하'로 구별했을 때 가장 잘하거나 가장 뛰어난 것. ¶ -중하 가운데 -을 택하다. ☞중(中). 하(下) ③ '상감(上監)'의 준말.

상(床) 명 소반·책상·평상 따위를 통틀어 이르는 말.
상(을) 보다 관용 음식상을 차리다. 상배를 보다.

상(相) 명 ①얼굴의 됨됨이. ¶귀인의 -. ②온갖 종류의

모양과 태도. ③그때그때 나타나는 얼굴의 표정. ¶ —을 찌푸리다./죽을 —을 한다.

상(을) 보다 관용 ①사람의 운수를 점치려고 얼굴의 됨됨이를 살펴보다. ②땅의 길흉을 점치려고 지세(地勢)를 살펴보다.

상(商) 명 ①나눗셈에서, '몫'의 구용어. ②동양 음악의 오음 음계(五音音階)의 둘째 음. ☞궁상각치우(宮商角徵羽) ③'상성(商星)'의 준말. ④'상업(商業)'의 준말.

상(祥) 명 소상(小祥)과 대상(大祥)을 아울러 이르는 말.

상(喪) 명 ①'거상(居喪)'의 준말. ②부모와 승중(承重)의 조부모, 증조부모와 고조부모, 맏아들의 상사(喪事)에 대한 의례.

상(을) 입다 관용 상제가 되다. 복상(服喪)하다.

상(象) 명 장기에서, '象' 자로 나타낸 장기짝의 하나. 한 편에 둘씩 네 개가 있으며, 선 한 칸을 간 다음에 대각선으로 두 칸을 갈 수 있음. ☞마(馬). 포(包)

상(想) 명 ①작품을 제작하는 작자의 마음. ②불교에서, 대상(對象)을 마음속으로 가만히 생각함을 이르는 말.

상(像) 명 ①사람이나 사물의 모습. ¶마음속에 그의 —을 떠올린다. ②빛의 반사나 굴절로 생기는 물체의 형상. ¶거꾸로 선 —. ☞실상(實像). 허상(虛像)

상(賞) 명 잘한 일이나 훌륭한 업적을 기리기 위하여 주는 증서나 돈 또는 물건. ¶ —을 주다. ☞벌(罰)

한자 **상** 상(賞) 〔貝部 8획〕 ¶상금(賞金)/상배(賞杯)/상패(賞牌)/상품(賞品)/수상(受賞)/포상(褒賞)

-상(上) 《접미사처럼 쓰이어》 '그것의 위치에서 보아', '그것에서'의 뜻을 나타냄. ¶시간상(時間上)/경제상(經濟上)/이론상(理論上)

-상(相) 《접미사처럼 쓰이어》 '모습'의 뜻을 나타냄. ¶발전상(發展相)/대립상(對立相)

-상(商) 《접미사처럼 쓰이어》 '장사'의 뜻을 나타냄. ¶도매상(都賣商)/소매상(小賣商)/포목상(布木商)/미곡상(米穀商)/잡화상(雜貨商)

-상(像) 《접미사처럼 쓰이어》 ①'참모습'의 뜻을 나타냄. ¶지도자상(指導者像)/어머니상 ②'형상(形狀)', '형체(形體)'의 뜻을 나타냄. ¶보살상(菩薩像)/석고상(石膏像)/자유의 여신상(女神像)

상가(桑稼) 명 누에치기와 농사짓는 일.

상가(商家) 명 장사하는 집.

상가(商街) 명 상점이 죽 늘어서 있는 거리. 가게가 즐비한 거리. ¶전자(電子) —/지하 —

상가(喪家) 명 초상이 난 집. 상갓집. 초상집 ¶ —에 문상하러 가다.

상가=평균(相加平均) 명 산술 평균(算術平均)

상각(償却) 명 ①-하다 타 보상하여 갚아 줌. ②'감가 상각(減價償却)'의 준말.

상간(相姦) 명 -하다 자 부부 아닌 남녀가 정을 통함.

상간-자(相姦者) 명 간통한 상대자.

상간-혼(相姦婚) 명 간통으로 이혼했거나 형(刑)을 선고받은 사람이 상간자와 결혼하는 일.

상:감(上監) 명 '임금'의 높임말. 준상(上)

속담 **상감님 망건 사러 가는 돈도 써야만 하겠다** : ①당장 사정이 급하니 어떤 돈이라도 써야만 하겠다는 말. ②나중에 어떤 벌을 받더라도 우선 당장 급한 일부터 해야 되겠다는 말.

상감(象嵌) 명 ①금속·도자기·목재 따위의 표면에 무늬를 파고 그 홈에 금·은·자개 따위를 박아 넣는 일, 또는 그렇게 만든 것. ②인쇄에서, 연판(鉛版) 등의 오자(誤字) 부분만을 도려내고 다른 활자를 박아 고치는 일.

상:감=마:마(上監—) 명 '임금'의 높임말.

상감=세:공(象嵌細工) 명 상감을 하는 세공.

상감=청자(象嵌靑瓷) 명 자기의 바탕에 무늬를 파서 거기에 흰 흙이나 붉은 흙 또는 검은 흙을 박아 넣고 청자 잿물을 입혀 구운 자기. 우리 나라 고유의 기법임.

상:-갑판(上甲板) 명 배의 이물에서 고물까지 통하는 갑판 중 맨 위층에 있는 갑판.

상갓-집(喪家—) 명 상가(喪家)

상강(霜降) 명 이십사 절기(二十四節氣)의 하나. 한로(寒露)와 입동(立冬) 사이의 절기로, 양력 10월 24일께. ☞소설(小雪)

상개(床蓋) 명 온상(溫床)의 온도가 내려가거나 수분이 마르는 것을 막기 위하여 덮는 뚜껑.

상개(塽塏) 명 위치가 높아 아래를 내려다보기에 좋은 곳.

상:객(上客) 명 ①자기보다 지위가 높은 손, 또는 상좌(上座)에 모실만 한 손. 상빈(上賓) ②위요(圍繞)[1]

상객(商客) 명 떠돌아다니며 장사하는 사람. 상려(商旅)

상객(常客) 명 늘 찾아오는 손.

상거(相距) 명 -하다 자 서로 떨어져 있음, 또는 그 떨어져 있는 거리.

상-거래(商去來) 명 상업상의 거래.

상:-거지(上—) 명 아주 볼품없는 거지. ¶거지 중의 —.

상:건(上件) [—껀] 명 품질이 아주 좋은 물건.

상건(床巾) 명 상보

상:게(上揭) 명 -하다 타 위에 게재하거나 게시함, 또는 그 내용. ☞하게(下揭)

상격(相格) [—껵] 명 관상에서 이르는 얼굴의 생김새.

상격(相隔) 명 -하다 자 서로 떨어져 있음.

상격(相激) 명 -하다 자 서로 부딪침.

상격(賞格) [—껵] 명 ①공로에 따라 주는 상의 격. ②지난날, 과거에 급제한 사람에게 임금이 상으로 내리던 책 따위. 상전(賞典)

상:견(上繭) 명 질이 좋은 상등 누에고치. ☞중견(中繭)

상견(相見) 명 -하다 자 서로 봄, 또는 만나 봄.

상견(常見) 명 불교에서, 세계나 모든 존재는 영원히 변하지 않으며, 사람도 죽은 뒤에 자아(自我)는 영원히 없어지지 않는다고 고집하는 그릇된 견해를 이르는 말. ☞단견(斷見)

상:견(想見) 명 -하다 타 생각해 봄. 상상해 봄.

상견-례(相見禮) [—녜] 명 ①공식적으로 서로 만나 보는 예(禮). ¶양가 부모가 —를 가졌다. ②마주서서 절하는 일. ¶신랑 신부의 —. ③지난날, 신임 사부(師傅)나 빈객(賓客)이 동궁(東宮)을 뵙던 예(禮).

상:경(上京) 명 -하다 자 시골에서 서울로 올라옴. 상락(上洛) ¶하숙하는 아들을 보려고 —하다. ☞하향

상:경(上卿) 명 지난날, 정일품과 종일품의 판서(判書)를 이르던 말.

상경(相敬) 명 -하다 자 ①이야기를 할 때 서로 경어를 쓰는 일. ②서로 존경하는 일.

상경(常經) 명 사람이 마땅히 지켜야 할 떳떳한 도리.

상경(祥慶) 명 경사스러운 일, 또는 기꺼운 일.

상:경지례(上敬之禮) 명 가톨릭에서, 성모 마리아에게 드리는 공경의 예(禮)를 이르는 말. ☞공경지례(恭敬之禮). 흠숭지례(欽崇之禮)

상:계(上界) 명 '천상계(天上界)'의 준말. ☞하계(下界)

상:계(上計) 명 가장 좋은 계책이나 수. 상수(上數). 상책(上策) ☞하계(下計)

상:계(上啓) 명 -하다 타 조정이나 윗사람에게 아룀.

상계(相計) 명 -하다 타 채무자가 그 채권자에 상대하여 자기도 같은 종류의 채권을 가지는 경우에, 그 채권과 채무를 같은 액수로 소멸하게 하는 일. 상쇄(相殺)

상계(商計) 명 ①-하다 타 해야 할 바를 이리저리 헤아림. ②장사하는 꾀. 상략(商略)

상계(商界) 명 '상업계(商業界)'의 준말.

상계(詳計) 명 차근차근 계획한 꾀.

상계(霜蹊) 명 서리가 내린 산길.

상계=계:약(相計契約) 명 두 사람 이상이 서로 채권을 가지고 있는 경우에 서로의 채권을 같은 액수만큼 소멸시키는 계약.

상계=관세(相計關稅) 명 수출국이 보조금이나 장려금을 교부하여 수출 가격을 부당하게 인하한 상품이 수입될 때, 수입국이 이를 상쇄할 목적으로 부과하는 할증(割增) 관세. 상쇄 관계(相殺關稅)

상계-권(相計權) [—꿘] 명 법률에서, 파산자에 대하여

채무를 부담하고 있는 파산 채권자가 파산 채권과 그 채무를 파산 절차에 따르지 않고 상계할 수 있는 권리.

상계-물(相計物)명 상계하는 물건.

상:고(上古)명 ①아주 오랜 옛날. 상세(上世) ②역사상의 시대 구분의 하나. 문헌을 통해 알 수 있는 한도에서 가장 오랜 옛날. ☞근고(近古). 중고(中古)

상:고(上考)명 지난날, 관원의 고시(考試)에서 성적이 우수함을 이르던 말.

상:고(上告)명-하다타 ①윗사람에게 고함. ②법률에서, 제2심 판결의 파기 또는 변경을 상급 법원에 신청하는 일. 법률 심의로서 민사 소송, 형사 소송 따위에 관계되는 법의 적용을 최고 법원에 심의 신청함. 불복 상고(不服上告) ☞항소(抗訴)

상:고(尙古)명-하다자 옛적 문물을 숭상함.

상고(相考)명-하다타 서로 비교하여 고찰함.

상고(商賈)명 장사하는 사람. 장수

상고(喪故)명 상사(喪事)

상고(詳考)명-하다타 상세히 참고하거나 고찰함.

한자 **상고할 고**(考) [老部 2획] ¶고구(考究)/고찰(考察)/상고(相考)/상고(詳考)/숙고(熟考)/참고(參考)

상:고-권(上告權)[-꿘]명 상소권(上訴權)의 한 가지. 상고할 수 있는 소송법상의 권리.

상고-대명 나무에 눈같이 내려 앉은 서리. 몽송(霧淞). 무송(霧淞). 수가(樹稼). 수괘(樹掛). 수상(樹霜)

상:고-대(上古代)명 '상고 시대(上古時代)'의 준말.

상고-머리명 옆머리와 뒷머리를 짧게 올려 깎고, 앞머리는 약간 길게 두고 정수리를 판판하게 깎는 머리.

상고-배(商賈輩)명 장사치

상:고=법원(上告法院)명 상고심을 하는 법원. 대법원(大法院)

상:고-사(上古史)명 상고 시대의 역사.

상고-선(商賈扇)명 품질이 낮은 부채.

상고-선(商賈船)명 장사할 물건을 실어 나르는 배. 고선(賈船). 상선(商船)

상:고=시대(上古時代)명 상고의 시대. 준상고대(上古代)

상:고-심(上告審)명 상고한 소송 사건의 심판.

상:고-장(上告狀)[-짱]명 상고의 의사를 표시한 서류.

상:고-주의(尙古主義)명 ①옛적 문물(文物)을 숭상하여 그것을 모범으로 삼아 본받으려는 주의. ☞복고주의(復古主義). 의고주의(擬古主義) ②고전주의(古典主義)

상:고-하:포(上告下布)명 지난날, 나라에 중대사가 있을 때, 위로 종묘에 아뢰고 아래로 국민에게 알리던 일.

상골(象骨)명 코끼리의 뼈.

상:공(上工)명 솜씨가 뛰어난 기능공.

상:공(上空)명 ①높은 하늘. ¶-에 비늘구름이 떠 있다. ②어떤 지역의 높은 공중. ¶서울의 -에서 찍은 사진.

상공(相公)명 '재상(宰相)'의 높임말.

상공(商工)명 '상공업(商工業)'의 준말.

상공(翔空)명-하다자 공중으로 날아다님.

상공(賞功)명-하다자 공로에 대하여 상을 내림.

상-공업(商工業)명 상업과 공업을 아울러 이르는 말. ¶-의 중심지. 준상공(商工)

상공-회:의소(商工會議所)명 상공업자들이 자기 지방 상공업의 개량·발전을 위하여 조직한 특수 법인. 준상의(商議)

상:관(上官)명 ①관공서나 군대 등에서, 위의 등급 관직에 있는 사람을 이르는 말. ¶-의 명령. ☞상사(上司). 하관(下官) ②도임(到任)

상관(相關)명-하다자타 ①서로의 관계. ¶흡연과 폐암의 - 관계./그 일은 나와 -이 없다. ②남의 일에 간섭함. ¶네가 -할 일이 아니다. ③남녀가 성적 관계를 가짐.

상관=개:념(相關概念)명 상대되는 것을 예상함으로써 그 의미가 또렷해지는 개념. 부(父)와 자(子), 우(右)와 좌(左) 따위.

상관=계:수(相關係數)명 두 변량(變量) 사이의 상관 관계를 나타내는 계수.

상관=관계(相關關係)명 ①두 가지의 관계가 서로 밀접하여 한쪽이 변하면 다른 쪽도 변하는 관계. ②수학에서, 한쪽에서 증가하면 다른 쪽이 증가하거나 감소하는 상호 관계.

상관-설(相關說)명 주관과 객관은 서로 분리할 수 없는 존재라는, 인식론적인 이론.

상관-성(相關性)[-썽]명 두 가지 사상(事象) 사이에 상관된 성질이나 특성.

상-관습(商慣習)명 상업이나 상거래에 관한 관행(慣行). 에누리 따위.

상관습-법(商慣習法)명 상거래에 관한 관습법.

상관-없:다(相關-)[-업-]형 ①서로 관련되는 바가 없다. ¶그 사건과는 아무 -. ②염려할 것 없다. 괜찮다 ¶남이야 무슨 말을 하든 나는 -. 관계없다

상관-없이부 상관없게

상관-적(相關的)명 서로 관련을 가지는 것. ¶-인 관계.

상:광(上鑛)명 선광(選鑛) 과정 없이 바로 제련소에 보낼 수 있을 정도로 품질이 좋은 광석.

상광(祥光)명 서광(瑞光)

상:괘(上卦)[-꽤]명 ①두 괘로 된 육효(六爻) 중에서 위의 괘. ②가장 좋은 점괘. ☞하괘(下卦)

상괭이명 돌고랫과의 포유동물. 돌고래 무리 가운데서 가장 작아 몸길이 1.8m 안팎이며, 몸빛은 잿빛임. 등지느러미가 없고 이마가 둥긂.

상:교(上敎)명 ①임금의 지시. ②윗사람의 가르침.

상:교(尙敎)명 대종교(大倧敎)의 총본사(總本司)에서 공이 있는 신도에게 주는 교직(敎職).

상교(相交)명-하다자 서로 사귐.

상교(象敎)명 '불교(佛敎)'를 달리 이르는 말.

상:구(上矩)명 외행성(外行星)이 해질녘에 남중(南中)하는 일. ☞하구(下矩)

상구(喪具)명 장사지낼 때 쓰는 제구.

상:구-보리(∠上求菩提)명 불교에서, 보살이 깨달음을 얻기 위하여 노력하는 일. ☞하화중생(下化衆生)

상:국(上國)명 작은 나라로부터 조공을 받는 큰 나라.

상국(相國)명 조선 시대에 영의정, 좌의정, 우의정을 통틀어 이르던 말. 상신(相臣)

상국(喪國)명-하다자 나라를 잃음. ¶-의 슬픔.

상국(賞菊)명-하다자 국화를 감상하며 즐김.

상국(霜菊)명 서리가 내릴 무렵에 피는 국화.

상군(廂軍)명 지난날, 임금이 거둥할 때 호위하던 군사.

상궁(尙宮)명 조선 시대, 내명부(內命婦) 품계의 하나. 정오품임. ☞빈(嬪)

상궁지조(傷弓之鳥)성구 한 번 화살을 맞아 다친 새처럼, 무슨 일에 덴 적이 있는 사람은 그 일을 생각하여 늘 두려운 마음을 가짐을 비유하여 이르는 말. 경궁지조

상:권(上卷)명 두 권이나 세 권으로 가른 책의 첫째 권. ☞중권(中卷). 하권(下卷)

상권(商圈)[-꿘]명 상점이나 상가가 상거래를 하는 지역적 범위. 상업의 세력권. ☞생활권(生活圈)

상권(商權)[-꿘]명 상업상의 권리. ¶-을 장악하다.

상궤(常軌)명 떳떳이 좇아야 할 바른길. ¶-를 벗어나다.

상귀(翔貴)명-하다자 등귀(騰貴)

상규(常規)명 일반적인 규칙. 상전(常典). 상칙(常則)

상그레부 사글사글한 눈길로 소리 없이 부드럽게 웃는 모양을 나타내는 말. ☞방그레. 생그레. 성그레. 쌍그레

상극(相剋)명 ①오행설(五行說)에서, 쇠는 나무, 나무는 흙, 흙은 물, 물은 불, 불은 쇠를 이기는 관계를 이르는 말. ☞상생(相生) ②두 사물이 서로 맞서거나 해를 끼쳐서 어울리지 못하는 상태. ¶물과 기름은 -이다. ③둘 사이의 마음이 서로 화합하지 못하고 항상 충돌하는 관계. ¶그 둘은 서로 -이다.

상:근(上根)명 불교에서, 불도를 닦는 자질이나 능력이 뛰어난 사람을 이르는 말. ☞하근(下根)

상근(常勤)명-하다자 매일 일정한 시간을 근무함. ¶-이사(理事) ☞비상근(非常勤)

상근-백피(桑根白皮)명 한방에서, 뽕나무 뿌리의 속껍질

을 약재로 이르는 말. 해열·이뇨·거담(祛痰)에 쓰임. 준 상백피(桑白皮)

상글-거리다(대다) 자 상글상글 웃다. ☞방글거리다. 생글거리다. 성글거리다. 쌍글거리다

상글-방글 부 상글거리며 방글거리는 모양을 나타내는 말. ☞성글벙글. 쌍글빵글

상글-상글 부 자꾸 상그레 웃는 모양을 나타내는 말. ☞방글방글. 생글생글. 성글성글. 쌍글쌍글

상:금(上金) 명 품질이 좋은 상등의 금.

상금(翔禽) 명 공중을 나는 새.

상금(賞金) 명 상으로 주는 돈.

상금(償金) 명 ①갚는 돈. ②물이꾸럭하는 돈.

상금(尙今) 부 이제까지

상:급(上級) 명 학년이나 직위, 단계 등이 위인 등급. ¶ -학년/- 법원/- 영어 ☞중급. 하급

상급(賞給) 명 ①-하다 타 상으로 줌. ②상으로 주는 돈이나 물건. ☞상여(賞與)

상:급=법원(上級法院) 명 심급(審級) 관계에서 하위(下位)에 있는 법원에 대해 상위의 법원. 지방 법원에 대해서는 고등 법원, 고등 법원에 대해서는 대법원을 이름. ☞하급 법원

상:급-생(上級生) 명 학년이 높은 학생. ☞하급생

상:급-심(上級審) 명 상급 법원에서 하는 소송의 심리(審理). ☞하급심(下級審)

상:급-자(上級者) 명 계급이나 직급이 위인 사람. 상사(上司) ¶ -의 지시. ☞하급자(下級者)

상:급=학교(上級學校) 명 학제(學制)에서, 어떤 학교를 졸업하고 나서 들어가게 되는, 급이 더 높은 학교. 초등학교에 대하여 중학교, 중학교에 대하여 고등 학교, 고등 학교에 대하여 대학교를 이름.

상긋 부 사글사글한 눈길로 소리 없이 부드럽게 잠깐 웃는 모양을 나타내는 말. 상긋이 ☞방긋. 상끗. 생긋. 성긋. 쌍긋. 쌍끗.

상긋-거리다(대다)[-귿-] 자 상긋상긋 웃다. ☞방긋거리다. 상끗거리다. 생긋거리다. 성긋거리다

상긋-방긋[-귿-] 부 상긋 웃으며 방긋 웃는 모양을 나타내는 말. ☞상끗방끗. 생긋뱅긋. 성긋벙긋

상긋-상긋[-귿-] 부 자꾸 상긋 웃는 모양을 나타내는 말. ☞방긋방긋. 상끗상끗. 생긋생긋. 성긋성긋.

상긋-이 부 상긋 ☞방긋이. 상끗이. 생긋이. 성긋이

상:기(上記) 명 어떤 글의 앞, 또는 앞에 적어 놓은 글. ¶ 등록일은 -와 같음. ☞하기(下記)

상:기(上氣) 명-하다 자 ①흥분이나 수치감으로 얼굴이 화끈 달아오름. ¶ -된 얼굴. ②한방에서, 피가 머리로 모여 얼굴이 붉어지고, 두통과 이명(耳鳴) 등을 일으키는 증세를 이르는 말. 상충(上衝)

상기(相忌) 명-하다 자 서로 꺼림.

상기(相器) 명 재상(宰相)이 될만 한 재능과 도량.

상기(祥氣) 명 상서로운 기운. ¶ -가 감돌다.

상:기(爽氣) 명 상쾌한 기분.

상기(商機) 명 상업상의 좋은 기회.

상기(象棋) 명 장기(將棋)

상기(喪氣) 명-하다 자 기운이 꺾임.

상기(喪期) 명 상복을 입는 동안.

상:기(想起) 명-하다 타 지난 일을 생각해 냄. 환상(喚想) ¶소년 시절을 -하다.

상기(詳記) 명-하다 타 상세히 기록함, 또는 그 기록. 상록(詳錄) ☞약기(略記)

상기(霜氣) 명 ①살을 에는 차가운 기운. ②강직하고 엄숙한 기상(氣像)을 비유하여 이르는 말.

상기다 형 ①촘촘하거나 배지 아니하고 사이가 좀 뜬듯 하다. ¶ 상기게 짠 목도리./머리털이 상기게 났다. ②관계가 삼사하고 버성기다. ☞살피다[2]. 성기다

상:-기도(上氣道) 명 숨쉬는 통로인 비강(鼻腔)·인두(咽頭)·후두(喉頭) 등을 통틀어 이르는 말.

상:-기둥(上-) 명 안방과 마루 사이에 있는 으뜸가는 기둥.

상:-길(上-)[-낄] 명 여럿 가운데서 가장 좋은 품질, 또는 그런 물건. 상질(上秩). 윗길 ☞중길. 핫길

상깃-상깃[-긷-] 부-하다 형 매우 상깃한 모양을 나타내는 말. ☞살핏살핏. 성깃성깃

상깃-하다[-긷-] 형여 좀 상긴듯 하다. ☞살핏하다. 성깃하다

상끗 부 사글사글한 눈길로 소리 없이 명랑하게 잠깐 웃는 모양을 나타내는 말. 상끗이 ☞방끗. 상긋. 생끗

상끗-거리다(대다)[-끋-] 자 상끗상끗 웃다. ☞방끗거리다. 상긋거리다. 생끗거리다. 성끗거리다

상끗-방끗[-끋-] 부 상끗 웃으며 방끗 웃는 모양을 나타내는 말. ☞상긋방긋. 생끗뱅끗. 성끗벙끗

상끗-상끗[-끋-] 부 자꾸 상끗 웃는 모양을 나타내는 말. ☞방끗방끗. 상긋상긋. 생끗생끗. 성끗성끗

상끗-이 부 상끗 ☞방끗이. 상긋이. 생끗이. 성끗이

상:-납(上-) 명 ①품질이 좋은 납. ②주석(朱錫)

상:납(上納) 명-하다 타 지난날, 나라에 조세를 바치던 일.

상:납-금(上納金) 명 상납전(上納錢)

상:납-미(上納米) 명 조세로 바치는 쌀.

상:납-전(上納錢) 명 조세로 바치는 돈. 상납금

상냥-스럽다(-스럽고·-스러워) 형ㅂ 보기에 상냥한 데가 있다. ¶ 상냥스러운 태도.

상냥-스레 부 상냥스럽게

상냥-하다 형여 성질이 사근사근하고 부드럽다. ¶ 상냥한 미소.

상냥-히 부 상냥하게

상-년(常-) 명 ①지난날, 신분이 낮은 여자를 낮추어 이르던 말. ②본데없고 막된 여자를 욕하여 이르는 말. ☞상놈. 쌍년

상:년(上年) 명 지난해

상년(桑年) 명 상(桑)의 속자 '桒'자를 풀면 '十十十十八(四十八)'이 되는 데서 '마흔여덟 살'을 달리 이르는 말.

상년(祥年) 명 상서로운 해.

상:념(想念) 명 마음속에 떠오르는 여러 가지 생각. ¶ 깊은 -에 잠기다.

상노(床奴) 명 지난날, 밥상을 나르고 잔심부름을 하던 아이. 상노아이

상노-아이(床奴-) 명 상노(床奴)

상:-노인(上老人) 명 상늙은이

상-놈(常-) 명 ①지난날, 신분이 낮은 남자를 낮추어 이르던 말. ②본데없고 막된 남자를 욕하여 이르는 말. 상한(常漢) ☞상년. 쌍놈. 상노(床奴)

속담 **상놈의 발 덕, 양반의 글 덕**: 양반은 학식으로 살아가고 상놈은 발로 걷고 노동하여 살아간다는 말.

상:농(上農) 명 농사를 크게 짓는 농부, 또는 그러한 농가(農家). 대농(大農)

상:농-주의(尙農主義) 명 중농주의(重農主義)

상:농-파(尙農派) 명 중농파(重農派)

상:-늙은이(上-) 명 여러 늙은이 중에 가장 나이 많은 늙은이. 상노인(上老人)

상-다리(床-)[-따-] 명 상을 받치는 다리. ¶ -가 휘도록 음식을 차리다.

상:단(上段) 명 여러 단으로 이루어져 있는 것의 맨 위의 단, 또는 위쪽 단. ¶책꽂이의 -에 꽂힌 책./신문 지면의 -에 실린 사진. ☞하단(下段)

상:단(上端) 명 위쪽의 끝. ☞하단(下端)

상:단(上壇) 명 절에서, 불상을 모신 곳.

상:-단전(上丹田) 명 도가(道家)에서 이르는 삼단전(三丹田)의 하나. 일반적으로 머리의 인당(印堂) 부근을 이름. ☞중단전(中丹田). 하단전(下丹田)

상:단=축원(上壇祝願) 명 불상을 모신 상단을 향하여 축원하는 일.

상:달(上-)[-딸] 명 '시월 상달'의 준말.

상:달(上達) 명-하다 자타 ①윗사람에게 말이나 글로 여쭈어 알림. ¶하의(下意)- ②학문이나 기술 등이 진보하는 일. ☞하달(下達)

상-닭[-딹] 명 ①당닭에 상대하여 보통 닭을 이르는 말. ②품종이 좋지 못하고, 아름답지 못한 닭.

ㅅ

상담(相談)명-하다자타 서로 의논함, 또는 그 의논. 상의(相議) ¶전화 —/진학 문제를 —하다.
상담(常談)명 ①보통 쓰는 평범한 말. ②상스러운 말.
상담(商談)명-하다자 상업 관계의 대화. 상거래에 관한 교섭. ¶—이 이루어지다.
상담(祥禫)명 대상(大祥)과 담제(禫祭).
상담(象膽)명 한방에서, 코끼리의 쓸개를 약재로 이르는 말. 안질이나 감질(疳疾) 등에 약으로 쓰임.
상담(嘗膽)명 '와신상담(臥薪嘗膽)'의 준말.
상담-역(相談役)[—녁]명 회사 등에서 중대한 일이나 분쟁 따위가 있을 때, 조언이나 조정을 하는 사람.
상답명 자녀의 혼인 등에 쓰려고 마련해 둔 옷감.
상:답(上畓)명 토질이나 관개(灌漑) 사정이 좋아서 벼농사가 잘되는 논. 상등답(上等畓) ☞하답(下畓)
상:답(上答)명-하다자 아랫사람이 윗사람에게 대답함, 또는 그 대답. ☞하답(下答)
상당(相當)[1]명-하다자 ①가치 따위가 그 사물과 거의 맞먹음. ¶천만 원 —의 원료. ②일정한 기준에 어울림. ¶능력에 —하는 대우.
상당(相當)[2]어기 '상당(相當)하다'의 어기(語基).
상당-수(相當數)명 ①어지간히 많은 수. ¶—의 사람이 그 법에 찬성했다. ②어떤 기준에 상당하는 수.
상당-액(相當額)명 ①어지간히 많은 금액. ¶주가(株價) 폭락으로 입은 —의 손실. ②어떤 기준에 상당하는 금액. ¶파손에 대한 —의 배상.
상당-직(相當職)명 지난날, 품계에 알맞은 관직을 이르던 말.

상당-하다(相當—)형여 ①정도나 수준이 대단하다. ¶상당한 솜씨./성과가 —. ②적지 않게 많다. ¶상당한 거리./시간이 상당하게 걸린다.
상당-히부 상당하게
상:대(上代)명①상고 시대(上古時代) ②윗대. 조상(祖上)
상:대(上隊)명 상떼
상대(相對)[1]명 ①-하다자타 서로 마주봄. ¶형을 —하여 회화 연습을 했다. ②-하다자타 서로 맞서거나 마주 겨룸. ¶—하기 버거운 팀. ③'상대자(相對者)'의 준말. ¶결혼 —/의논 — ☞절대(絕對)
상대(霜臺)명 '사헌부(司憲府)'를 달리 이르는 말.
상대(相對)[2]앞말 다른 사물에 의존하거나 제한을 받아 존재함을 이르는 말. ¶— 개념 ☞절대(絕對)[2]
상대=가격(相對價格)[—까—]명 어떤 재화(財貨)의 가격과 다른 재화의 가격과의 비교율. ☞절대 가격
상대=개:념(相對概念)명 다른 개념과 비교됨으로써 그 의미가 좀더 또렷해지는 개념. 부모와 자식 따위가 있음. ☞절대 개념(絕對概念)
상대-국(相對國)명 상대편의 나라. ¶협상 —
상대-권(相對權)[—꿘]명 특정한 사람에게만 주장할 수 있는 권리. 채권 따위가 있음. 대인권(對人權) ☞절대권(絕對權)
상:-대:등(上大等)명 신라 때 관직의 한 가지. 최고 관직으로 나라의 정사(政事)를 다스렸음. 상신(上臣)
상대=도:수(相對度數)[—쑤]명 통계에서, 총 도수에 대한 각 계급의 도수의 비율. 상대 빈도(相對頻度)
상대-론(相對論)명 상대성 이론(相對性理論)
상대=매:매(相對賣買)명 파는 사람과 사는 사람이 합의 계약을 맺고 하는 매매.
상대=번지(相對番地)명 컴퓨터의 기억 장치에서 기준이 되는 번지에 대한 상대적인 위치 관계로 나타내는 번지.
상대별곡(霜臺別曲)명 조선 초기에 권근(權近)이 지은 경기체가(景幾體歌) 형식의 노래. 상대(霜臺), 곧 사헌부(司憲府) 내의 생활을 읊은 내용으로 모두 5장임. '악장가사(樂章歌詞)'에 가사가 실려 전함.
상대=빈도(相對頻度)명 상대 도수(相對度數)
상대-설(相對說)명 상대주의(相對主義)
상대-성(相對性)[—썽]명 상대적인 성질. 곧 어떤 사물이 다른 사물과 서로 관계가 있어서 의존하거나 제약 받는 성질.
상대성=원리(相對性原理)[—썽—]명 ①서로 등속 운동을 하는 관측자에게, 자연 법칙은 같은 식으로 성립한다는 원리. ②상대성 이론
상대성=이:론(相對性理論)[—썽—]명 아인슈타인이 확립한 물리학의 기본 이론. 광속도는 모든 관측자에게 불변이라는 원리와 상대성 원리를 기초로 하여 세운 이론. 이 이론에 따르면 시간은 관측자에 따라 달라짐. 상대성 원리(相對性原理)
상대=속도(相對速度)명 운동하는 두 물체의 한쪽에서 본, 다른 쪽의 속도.
상대=습도(相對濕度)명 일정한 부피 안의 공기 속에 포함된 실제 수증기량과 그 공기가 포함할 수 있는 최대한의 수증기량의 비율을 백분율로 나타낸 것. 관계 습도(關係濕度) ☞절대 습도(絕對濕度)
상대-어(相對語)명〈어〉서로 상대되는 관계인 말. '어버이 : 자식, 언니 : 아우, 앞 : 뒤' 등과 같은 관계인 말. ☞동의어(同義語). 반대어(反對語). 반의어(反義語)
상대-역(相對役)명 연극이나 영화에서, 어떤 역의 상대가 되는 역. ¶주인공의 —으로 열연했다.
상대=연대(相對年代)명 지층의 상하 관계, 화석의 신구(新舊) 관계 따위로 추정하는, 상대적인 선후 관계를 나타내는 지질 연대.
상대=오:차(相對誤差)명 오차의 절대값을 근사값의 절대값으로 나눈 값. ☞절대 오차(絕對誤差)
상대=운:동(相對運動)명 어떤 물체의 위치와 방향에 대한 다른 물체의 위치와 방향의 변화.
상대=음감(相對音感)명 표준이 되는 음과 비교하여 다른 음의 높이를 분간하는 능력. ☞절대 음감(絕對音感)
상대=의:무(相對義務)명 권리와 서로 상대되는 의무. 채권에 대한 채무 따위. ☞절대 의무(絕對義務)
상대-자(相對者)명 말이나 일을 할 때 상대가 되는 사람. ¶결혼 —로서 사귄다. 준상대(相對)[1]
상대-적(相對的)명 다른 것과의 관계에서 성립하는 것. 다른 것과 견주어 보아서 성립하는 것. ¶—인 평가./—으로 유리한 처지. ☞절대적(絕對的)
상대적=빈곤(相對的貧困)명 같은 사회 내의 일반적인 생활 수준과 견주어 볼 때, 생활 수준이 그에 미치지 못하는 상태. ☞절대적 빈곤. 주관적 빈곤
상:-대:정맥(上大靜脈)명 머리와 목, 양팔, 가슴 부분에서 피가 모이는 큰 정맥. 우심방으로 흘러 들어감.
상대-주의(相對主義)명 절대적인 진리를 부인하고 인간의 인식이나 평가는 모두 상대적이라는 견해. 상대설(相對說) ☞절대주의(絕對主義)
상대-편(相對便)명 말이나 일을 할 때에 상대가 되는 편. 맞은편 ¶—의 제안을 받아들였다.
상대=평:가(相對評價)[—까]명 개인의 학력을 일정한 집단 내의 상대적 순위에 따라 평가하는 방법. ☞절대 평가(絕對評價)
상:덕(上德)명 웃어른에게서 받은 은덕.
상:덕(尙德)명-하다자 덕을 숭상함.
상:도(上都)명 고려 시대, 지금의 경주인 동경(東京)과 지금의 평양인 서경(西京)을 이르던 말.
상도(常度)명 정상적인 법도(法度).
상도(常道)명 ①항상 변하지 않는 떳떳한 도리. ¶민주주의의 —./법치(法治)의 —. ②사람으로서 늘 지켜야 할 도리. ¶—를 벗어나다.
상도(商道)명 상도덕(商道德)
상도(想到)명-하다자 생각이 무엇에 미침.
상도(傷悼)명-하다타 마음 아프게 몹시 슬퍼함.
상도(霜刀)명 서슬이 서릿발처럼 퍼렇고 날카로운 칼.
×상도-꾼(喪徒—)명 →상두꾼. 상여꾼
상-도:덕(商道德)명 상업인으로서 지켜야 할 도덕. 상도(商道). 상도의 ¶—에 어긋나는 짓.
상-도:의(商道義)명 상도덕(商道德)
상:동(上冬)명 초겨울이라는 뜻으로, '음력 시월'을 달리 이르는 말. 맹동(孟冬). 방동(方冬). 소춘(小春) ☞계동(季冬). 중동(仲冬)

상:동(上同)명 '위에 적힌 사실과 같음'의 뜻. 동상(同上)
상동(相同)명 ①서로 같음. ②다른 종류인 생물의 기관(器官)에서, 모양이나 기능은 다르나 발생적으로는 그 기원이 서로 같은 것을 이르는 말. 새의 날개와 짐승의 앞다리 따위. ☞상사(相似)
상동=기관(相同器官)명 서로 상동 관계에 있는 생물의 기관. 사람의 팔과 개의 앞다리와 고래의 가슴지느러미와 박쥐의 날개 따위가 있음.
상동=염:색체(相同染色體)[-념-]명 감수 분열의 중기에 둘씩 짝을 지어 이가(二價) 염색체를 만드는, 모양과 크기가 같은 두 개의 염색체.
상:동-인(上洞人)명 중국 베이징 서쪽의 저우커우텐〔周口店〕 부근의 동굴에서 출토된 화석 인류(化石人類). 1933년에 발굴되었는데 두부(頭部)가 긴 것이 특징임. ☞베이징 원인(原人)
상동-증(常同症)[-쯩]명 정신 질환 증세의 한 가지. 같은 말이나 동작을 반복하거나 지속하는 증세.
상-되다(常-)[-뙤-]형 말이나 하는 짓이 본데없고 막되어 천하다. ☞쌍되다
상두명 '상투'의 원말.
상두(喪-)명 '상여(喪輿)'를 속되게 이르는 말.
속담 **상두 술로 벗 사귄다**: 남의 것을 가지고 제 체면을 세우는 사람을 이르는 말.〔상두 술에 낯내기/겟술에 낯내기〕
상두(∠桑土)명 한방에서, 뽕나무 뿌리의 껍질을 약재로 이르는 말. 이뇨(利尿)나 진해(鎭咳)에 쓰임.
상두-꾼(喪-)명 상여꾼
속담 **상두꾼은 연폿국에 반한다**: 어떤 일에 종사하는 사람이라도 그 일 아니고서는 맛볼 수 없는 재미가 있다는 말.
상두받잇-집(喪-)[-바짓-]명 지나가는 상여(喪輿)가 그 집 대문과 마주쳤다가 돌아 나가게 된 집. 풍속으로 꺼리는 집의 한 가지임.
상두-복색(喪-服色)명 ①상여를 꾸밀 때 치는 오색 비단의 휘장. ②거죽은 번지르르하나 속은 보잘것없는 일이나 사람을 비유하여 이르는 말.
상두-쌀(喪-)명 상포계(喪布契)의 쌀.
상두-충(桑蠹蟲)명 뽕나무하늘소의 애벌레. 뽕나무 줄기를 파먹음. 한약재로 쓰임.
상둣-도가(喪-都家)명 상여(喪輿)를 두는 집.
상득(相得)어기 '상득(相得)하다'의 어기(語基).
상득-하다(相得-)형여 마음이 서로 맞다.
상:등(上等)명 높은 등급, 또는 품질이 좋은 것. ¶ -의 물건. ☞하등(下等)
상:등(上騰)명-하다자 물가 따위가 오름. ¶ 주가(株價)가 -했다. ☞하강(下降). 하락(下落)
상등(相等)어기 '상등(相等)하다'의 어기(語基).
상:등-답(上等畓)명 상답(上畓) ☞하등답(下等畓)
상:등-병(上等兵)명 군대 계급의 하나. 병(兵)의 계급으로 병장의 아래, 일등병의 위. 준 상병(上兵)
상:등-석(上等席)명 좋은 자리, 또는 상등의 자리. ¶ -에 앉았다.
상:등-전(上等田)명 고려·조선 시대, 토질에 따라 분류한 밭의 상·중·하의 세 등급 중에서 첫째 등급을 이르던 말. 상전(上田) ☞하등전(下等田)
상:등-품(上等品)명 질이 좋은 물품. ¶ -인 쌀.
상등-하다(相等-)형여 정도가 서로 비슷하다. ¶ 기량이 모두 -.
상-딱새명 '딱새'의 딴이름.
상:-띠(上-)명 지난날, 연전(揀箭) 띠내기에서 화살을 가장 많이 맞힌 띠를 이르던 말. 상대(上隊) ☞하띠
상:락(上洛)명-하다자 상경(上京)
상:란(上欄)명 인쇄물 따위의 지면에서 위의 난. ☞하란(下欄)
상란(喪亂)명 전쟁·전염병·천재지변 따위가 일어나 사람이 죽는 일.
상:람(上覽)명-하다타 임금이 봄. 어람(御覽)
상람(詳覽)명-하다타 자세히 봄.
상:략(上略)명-하다타 글을 쓸 때, 앞의 부분을 줄이는 일. ☞중략(中略). 하략(下略)
상략(商略)명 장사하는 꾀. 상계(商計)
상략(詳略)명 자세함과 간략함.
상:량(上樑)명 ①마룻대 ②-하다자 재래식 한옥에서, 집을 지을 때 기둥에 보를 얹고 그 위에 마룻대를 올리는 일.
상량(商量)명-하다타 헤아려 잘 생각함.
상:량(爽涼)어기 '상량(爽涼)하다'의 어기(語基).
상:량-문(上樑文)명 상량식에서 상량을 축복하는 글.
상:량-식(上樑式)명 상량 때에 베푸는 의식.
상:량-신(上樑神)명 성주
상:량=장여(∠上樑長欐)[-짱-]명 재래식 한옥에서, 마룻대 밑에서 마룻대를 지고 있는 장여.
상:량-쪼구미(上樑-)명 재래식 한옥에서, 마룻대를 받치는 동자기둥.
상:량-하다(爽涼-)형여 바깥 공기가 상쾌하고 신선하다. ☞삽상하다
상려(商旅)명 여러 고장을 돌아다니며 장사하는 사람. 상객(商客)
상련(相連)명-하다자타 서로 이어지거나 잇댐.
상련(相憐)명-하다자 서로 가엾게 여기며 동정함.
상렴(緗簾)명 누르스름한 빛깔의 발.
상:례(上例)명 위에 든 예. ¶ -를 참조하라.
상례(相禮)명 ①조선 시대, 통례원(通禮院)의 종삼품 관직. ②대한 제국 때, 장례원(掌禮院)의 주임관.
상례(常例)명 보통의 예(例). 항례(恒例) ¶ -에 어긋나다. ☞이례(異例). 특례(特例)
상례(常禮)명 보통의 예법.
상례(喪禮)명 상제로 있는 동안에 하는 모든 예절. 흉례(凶禮)
상로(商路)명 장사를 하려고 나선 길. 장삿길
상로(霜露)명 서리와 이슬을 아울러 이르는 말.
상:로-교(上路橋)명 버팀목이나 서까래 위로 사람이 다니는 길을 따로 만들어 둔 다리. ☞하로교(下路橋)
상로-배(商路輩)명 장사하는 사람을 얕잡아 이르는 말. 장사치
상록(常綠)명 식물의 잎이 사철 푸른 상태.
상록(詳錄)명-하다타 상세히 기록함, 또는 그 기록. 상기(詳記) ☞약기(略記)
상록(賞祿)명 지난날, 상으로 주던 녹봉.
상록(霜綠)명 동록(銅綠). 동청(銅靑)
상록=관:목(常綠灌木)명 사철 늘 잎이 푸른 관목. 회양목·차나무 따위가 있음. 늘푸른떨기나무
상록=교목(常綠喬木)명 사철 늘 잎이 푸른 교목. 소나무·향나무 따위가 있음. 늘푸른큰키나무
상록-송(常綠松)명 잎이 사철 푸른 소나무.
상록-수(常綠樹)명 잎이 사철 푸른 나무. 소나무·사철나무·잣나무 따위가 있음. 늘푸른나무. 상반목(常盤木). 정목(貞木) ☞낙엽수(落葉樹)
상록=활엽수(常綠闊葉樹)명 잎이 사철 푸른 활엽수. 동백나무·녹나무 따위가 있음. 늘푸른넓은잎나무
상론(相論)명-하다자타 서로 의논함. 상의(相議)
상론(詳論)명-하다타 자세히 논함, 또는 그 주장이나 견해. ☞약론(略論)
상:루하:습(上漏下濕)성구 위에서는 비가 새고 아래에서는 습기가 찬다는 뜻으로, 집이 허술함을 이르는 말.
상:류(上流)명 ①강물 따위가 흘러내리는 위쪽. 발원지(發源地)에 가까운 쪽이나 그 지역. 물위 ¶ 한강 -/-로 거슬러 올라가다. ②높은 사회적 신분이나 지위, 생활 수준, 교양 따위. ☞중류(中流). 하류(下流)
상:류=가정(上流家庭)명 상류의 생활을 하는 집안.
상류=계급(上流階級)명 신분이나 생활 수준, 교양 따위가 높은 사람들로 이루어진 계급.
상:류=계층(上流階層)명 상류 계급의 사람들로 이루어진 사회 계층. 상류층(上流層)
상:류=사:회(上流社會)명 상류 계급의 사람들로 이루어진

ㅅ

사회. 상류 사회(上流社會) ☞하류 사회(下流社會)
상:류-선(上流船)[명] 물윗배. 수상선(水上船)
상:류-층(上流層)[명] 상류 계층(上流階層)
상:륙(上陸)[명][-하다][자] 배나 바다에서 뭍으로 오름. ¶ -허가/태풍이 남해안에 -한단다.
상륙(商陸)[명] 한방에서, 자리공의 뿌리를 약재로 이르는 말. 부증(浮症), 적취(積聚) 등에 쓰임.
상륙(象陸)[명] '쌍륙(雙六)'의 원말.
상:륙-군(上陸軍)[명] 적지(敵地)에 상륙하는 군대.
상:륙용=주정(上陸用舟艇)[-농-][명] 상륙 작전에서, 병력이나 보급 물자 등을 해안으로 실어 나르는 빠르고 작은 배. 상륙정(上陸艇)
상:륙=작전(上陸作戰)[명] 육·해·공군이 협력하여 적지(敵地)의 해안에 상륙하는 작전. ¶인천 -에 참전한 용사.
상:륙-정(上陸艇)[명] 상륙용 주정(上陸用舟艇)
상륜(相輪)[명] ①불탑의 탑신(塔身) 위에 기둥 모양으로 올린 금속이나 돌로 만든 아홉 개의 장식물. 아래로부터 노반(露盤), 복발(覆鉢), 앙화(仰花), 보륜(寶輪), 보개(寶蓋) 등으로 이루어짐. 공륜(空輪). 구륜(九輪) ②'상륜탑'의 준말.
상륜-탑(相輪塔)[명] 한 개의 기둥 위에 상륜을 올린 탑. [준]상륜(相輪)
상:리(上里)[명] 윗마을 ☞하리(下里)
상리(相離)[명][-하다][자] 서로 헤어지거나 떨어짐.
상리(商利)[명] 장사하여 얻는 이익.
상리(商理)[명] 장사의 이치나 도리.
상리(常理)[명] 당연한 도리나 이치.

상리=공:생(相利共生)[명] 공생에서 두 종류의 생물이 서로 이익을 얻는 관계. 개미와 진딧물, 소라게와 말미잘의 관계 따위가 있음. ☞편리 공생(片利共生)
상린=관계(相隣關係)[명] 인접하는 부동산의 각 소유자나 이용자 사이에서 그 부동산의 이용이나 경계 문제를 서로 조절하는 관계.
상린-자(相隣者)[명] 상린 관계에 있는 사람.
상립(喪笠)[명] '방립(方笠)'의 속된말.
상마(-馬)[명] 다 자란 수말. ☞복마(卜馬). 피마
상:마(上馬)[명] ①좋은 말. ②[-하다][자] 말에 올라탐. ☞하마(下馬)
상마(相馬)[명][-하다][자타] 말의 생김새를 보고 그 말의 좋고 나쁨을 감정하는 일.
상마(桑麻)[명] 뽕나무와 삼을 아울러 이르는 말.
상마-잠적(桑麻蠶績)[명] 뽕으로 누에치고 삼으로 길쌈하는 일.
상마지교(桑麻之交)[명] 농부나 야인의 텁텁한 사귐.
상막-하다[형여] 기억이 분명하지 않고 아리송하다.
×**상-말**[명] →상마(上馬)
상-말(常-)[명] ①상스러운 말. 상소리 ☞비어(卑語). 쌍말 ②이언(俚言). 속어(俗語)
상망(相望)¹[명][-하다][자] 서로 바라봄.
상망(相望)²[명] 재상(宰相)이 될만 한 명망(名望).
상망(喪亡)[명][-하다][자타] 망해 없어짐, 또는 잃어버림.
상:망(想望)[명][-하다][타] ①생각하여 우러러봄. ¶고향의 노부모를 -한다. ②상상하며 일이 되어감을 기다림.
상망지지(相望之地)[명] 서로 바라보이는 가까운 곳.
상매(霜梅)[명] 백매(白梅)
상-머리(床-)[명] 음식상의 옆이나 앞. ¶ -에 앉다.
[속담] **상머리에 뿔나기 전에 재산을 모아라** : 아이들이 태어나 밥상머리에 끼어 앉기 전에 재산을 모으라는 뜻으로, 아이들을 기르느라면 재산 모으기 힘들다는 말.
상:-머슴(上-)[명] 힘든 일 따위를 잘하는 장정 머슴.
상:면(上面)[명] 위쪽의 겉면. 윗면 ☞하면(下面)
상면(相面)[명][-하다][자타] ①처음으로 대면하여 서로 알게 됨. ②서로 만남.
상:명(上命)[명] ①임금의 명령. ②상부(上部)의 명령.
상명(常命)[명] 불교에서, 인간의 보통 수명(壽命), 곧 제 명대로 사는 수명을 이르는 말.
상:명(喪明)[명][-하다][자] ①아들의 상사(喪事)를 당하는 일. ②실명(失明)
상명(償命)[명][-하다][타] 목숨에 대하여 목숨으로 갚게 하는 일, 곧 사람을 죽인 사람을 죽이는 일.
상:명(爽明)[어기] '상명(爽明)하다'의 어기(語基).
상명(詳明)[어기] '상명(詳明)하다'의 어기(語基).
상명지통(喪明之痛)[명] 눈이 멀 만큼 슬프다는 뜻으로, 아들이 죽은 슬픔을 이르는 말.
상:명-하다(爽明-)[형여] 시원하고 밝다. ¶상명한 날씨.
 상명-히[부] 상명하게
상명-하다(詳明-)[형여] 자세하고 분명하다. ¶상명한 해설.
 상명-히[부] 상명하게
상모(相貌·狀貌)[명] 얼굴의 생김새. 용모(容貌)
상모(象毛)[명] ①삭모(槊毛) ②농악 놀이에서, 벙거지 꼭지를 참대와 구슬로 꾸미고 그 끝에 흰 새털이나 흰 종이 오리를 달아 돌리게 된 것.
상모(賞募)[명][-하다][타] 상을 걸고 모집함.
상모-끝(象毛-)[명] 상모끝과의 해면동물(海綿動物). 몸은 컵 모양으로 길이 10～15cm. 몸 밑 부분에서 상모같이 생긴 흰 자루가 처져서 진흙 속에 파묻혀 몸을 지탱함. 깊은 바다에 살며, 자루 부분은 광택이 나고 아름다워 장식품을 만드는 데 쓰임.
상모-돌리기(象毛-)[명] 농악에서, 전복(戰服)을 입고 상모를 돌리면서 추는 춤.
상:-모막이(上-)[명] 직사각형 나무 상자의 윗마구리에 댄 널조각.
상모-솔새(象毛-)[-쌔][명] 딱샛과의 겨울 철새. 몸길이 9cm 안팎의 작은 새로, 등은 올리브색이며 배는 흰빛임. 머리 꼭대기에 난 털은 수컷이 오렌지색, 암컷이 황색인데 상모를 연상하게 함. 아고산대(亞高山帶)의 침엽수림에 서식함.
상:-모전(上毛廛)[명] 지난날, 서울 종로에 있던 과실 파는 상점.
상:-목(上-)[명] 내나 강 따위의 상류 쪽.
상:목(上木)[명] ①품질이 썩 좋은 무명베. ②품질이 썩 좋은 나무. ③[-하다][타] 상재(上梓)
상목(桑木)[명] '뽕나무'의 딴이름.
상목(常木)[명] 품질이 변변하지 못한 보통의 무명베.
상목(橡木)[명] '상수리나무'의 딴이름.
상몽(祥夢)[명] 상서로운 조짐의 꿈. ☞길몽(吉夢)
상묘(相墓)[명][-하다][자] 지관(地官)이 묘지를 가려 잡거나, 쓴 묘를 감정하는 일.
상묘(桑苗)[명] 뽕나무의 모종.
상:무(尙武)[명][-하다][자] 무예를 숭상함. ¶ -의 정신./-의 기상. ☞상문(尙文)¹
상무(常務)[명] ①일상 업무(業務). ②'상무 위원(常務委員)'의 준말. ③'상무 이사(常務理事)'의 준말.
상무(商務)[명] 상업상의 업무.
상무-관(商務官)[명] 재외 공관(在外公館)에 주재하며, 통상 사무를 맡아보는 공무원.
상무=위원(常務委員)[명] 공공 단체에서 일상 업무를 처리하기 위하여 특별히 선정한 위원. [준]상무(常務)
상무=이:사(常務理事)[명] 회사 따위에서 일상 업무를 집행하는 이사. 대표 이사나 전무 이사를 보좌함. [준]상무
상:문(上聞)[명][-하다][타] 임금에게 들려 줌.
상:문(尙文)¹[명][-하다][자] 문필을 숭상함. ☞상무(尙武)
상:문(尙文)²[명] 조선 시대, 내시부(內侍府)에 딸리어 궁문(宮門)을 지키는 일을 맡아보던 종팔품 관직.
상문(桑門)[명] '중'을 달리 이르는 말. ☞불가(佛家)
상문(喪門)[명] 민속에서, 아주 흉하다는 방위.
상문(傷門)[명] 음양가(陰陽家)가 이르는, 팔문(八門) 가운데 흉하다는 문의 하나.
상문(詳問)[명][-하다][타] 상세히 질문함, 또는 그 질문.
상문-방(傷門方)[명] 민속에서, 불길하다는 방위의 하나인 상문을 향한 방위를 이르는 말.
상문-사(詳文師)[명] 신라 때, 왕의 말과 명령을 글로 짓는 일을 맡아보던 관직. 뒤에 통문 박사(通文博士), 한림

(翰林), 학사(學士)로 고쳤음.
상문-살(喪門煞)[-쌀]명 민속에서, 사람이 죽은 방위로부터 퍼진다는 살(煞).
상문-상(喪門床)[-쌍]명 무당이 굿할 때, 죽은 사람의 영혼을 모셨다는 상문에 차려 놓는 제물상.
상문-풀이(喪門-)명 초상집에서 그 집에 드나드는 사람이 부정타지 않도록 장님 집에 가서 경을 읽는 일.
상-물림(床-)명 '큰상물림'의 준말.
상:미(上米)명 품질이 썩 좋은 쌀. ☞중미. 하미
상:미(上味)명 음식의 썩 좋은 맛. 맛이 매우 좋은 일.
상:미(嘗味)명-하다타 맛을 봄.
상미(賞味)명-하다타 맛을 칭찬하면서 음식을 먹음.
상미(賞美)명-하다타 칭찬함.
상:미만(尙未晩) '아직 늦지 않음'의 뜻.
상:미-전(上米廛)명 지난날, 서울 종로(鐘路) 서쪽에 있던 싸전.
상민(常民)명 양반도 아니고, 중인(中人)도 아닌 보통 사람. 상사람. 상인(常人)
상민-단(商民團)명 조선 시대, 보부상으로 조직되었던 단체.
상밀(詳密)어기 '상밀(詳密)하다'의 어기(語基).
상밀-하다(詳密-)형여 자상하고 세밀하다.
 상밀-히부 상밀하게
상:박(上膊)명 위팔 ☞하박(下膊)
상박(相撲)명-하다자 ①서로 마주 두드림. ②씨름
상박(商舶)명 상선(商船)
상박(霜雹)명 서리와 우박을 아울러 이르는 말.
상:박-골(上膊骨)명 상완골(上腕骨) ☞하박골(下膊骨)
상:박-근(上膊筋)명 상완근(上腕筋) ☞하박근(下膊筋)
상:박=동:맥(上膊動脈)명 위팔에 있는 동맥.
상:반(上半)명 하나를 위아래 절반으로 가른 것의 위쪽 부분. ☞하반(下半)
상:반(上盤)명 광맥이나 탄층의 위쪽에 있는 모암(母岩). ☞하반(下盤)
상반(床飯)명 한 상씩 차려서 파는 밥. 상밥
상반(相反)명-하다자 서로 반대되거나 어긋남. ¶ -된 의견.
상반(相半)명-하다형 둘이 절반씩 엇비슷함. ¶두 선수의 실력이 비슷하여 승패가 -이다.
상반(相伴)명-하다자 서로 짝이 됨.
상반(常班)명 지난날, 상민(常民)과 양반(兩班)을 아울러 이르던 말. 반상(班常)
상:반-각(上反角)명 앞에서 비행기의 날개를 바라볼 때, 수평보다 날개의 양끝이 휘어 올라가 이룬 각도.
상:-반:기(上半期)명 한 해를 두 기간으로 가른, 그 앞의 절반 기간. ¶ -의 영업 실적. ☞하반기
상반=대:극(相反對極)명 서로 반대되는 위치에서 마주 대하고 있는 극. 남극과 북극 따위.
상반-목(常盤木)명 상록수(常綠樹)
상:-반:부(上半部)명 물체를 위아래 둘로 가른 것의 위쪽 절반 부분. ¶입상(立像)의 -. ☞하반부
상:-반:신(上半身)명 몸의 허리로부터 위의 부분. 상체(上體) ¶ - 사진 ☞하반신
상반-심(相反心)명 서로 반대되는 마음.
상발(霜髮)명 백발(白髮)
상-밥(床-)[-빱]명 한 상씩 차려서 파는 밥. 상반(床飯)
상밥-집(床-)[-빱-]명 상밥을 파는 집.
상:방(上方)명 ①위쪽 ☞하방(下方) ②선종(禪宗)에서, 주지(住持)를 일컫는 말.
상:방(上枋)명 '상인방(上引枋)'의 준말.
상:방(上房)명 ①지난날, 관아의 최고 책임자가 거처하는 방을 이르던 말. ②집의 어른이 거처하는 방.
상:방(尙房)명 상의원(尙衣院)
상방(相妨)명-하다타 서로 방해함.
상방(箱房)명 행각(行閣)
상배(床排)명-하다자 음식상을 차림.
 상배(를) 보다관용 상을 차리다. 상(을) 보다
상배(喪配)명-하다자 '상처(喪妻)'를 점잖게 이르는 말.
상배(賞盃·賞杯)명 상으로 주는 잔이나 컵.
상백-사(常白絲)명 우리 나라에서 나는 명주실로 만든 연줄. ☞당백사(唐白絲)
상:백시(上白是)명 상사리
상-백피(桑白皮)명 '상근백피(桑根白皮)'의 준말.
상:번(上番)명 ①순번이 위인 것, 또는 순번이 위인 사람. ②숙직(宿直)이나 일직(日直) 근무를 하러 갈마드는 번(番), 또는 그 사람. 든번 ③조선 시대, 군인이 번(番)을 들 차례가 되어 영문(營門)으로 들어가는 일, 또는 번을 서는 일을 이르던 말. ☞하번(下番)
상:번-병(上番兵)명 ①지난날, 지방에서 교대로 서울에 오던 번병을 이르던 말. ②지난날, 돌림 차례로 군영으로 번들던 병사를 이르던 말.
상벌(賞罰)명 ①상과 벌을 아울러 이르는 말. ②잘한 일에는 포상하고, 잘못한 일에는 벌을 주는 일.
상법(相法)[-뻡]명 관상을 보는 방법. 상술(相術)
상법(常法)[-뻡]명 ①일정한 법률. ②통상적인 방법.
상법(商法)[-뻡]명 ①장사의 이치. ②상거래에 관하여 규제하는 법규를 통틀어 이르는 말. ③상법전(商法典)
상법(像法)[-뻡]명 불교에서, 삼시(三時)의 둘째 시대. 정법(正法) 다음에 오는 천 년 동안. 증과(證果)하는 이는 없으나 교법과 수행이 아직 남은 시대. 상법시(像法時) ☞말법(末法). 정법(正法)
상법-시(像法時)[-뻡-]명 상법(像法)
상법-전(商法典)[-뻡-]명 상업에 관한 일반 기본 법규를 체계적으로 편찬한 성문(成文) 법전. 상법(商法)
상변(喪變)명 상사(喪事)
상:병(上兵)명 '상등병(上等兵)'의 준말.
상병(傷病)명 다치거나 병이 드는 일.
상병-자(傷病者)명 다치거나 병든 사람.
상-보(床-)[-뽀]명 ①음식상을 덮는 보자기. ②예식에 쓰는, 상 아래를 가리는 헝겊. 상건(床巾)
상:보(尙父)명 지난날, 임금이 특별한 대우로 신하에게 내리던 칭호의 한 가지. 고려 초기에 태조(太祖)에게 귀순한 신라의 경순왕(敬順王)과 후백제의 견훤(甄萱) 등에게 내렸음.
상보(相補)명-하다자타 서로 보충하거나 보완함.
상보(常步)명-하다자 승마술에서, 말이 가장 느린 속도로 걷는 보조를 이르는 말. ¶기마대가 -로 행진하다. ☞구보(驅步). 속보(速步). 습보(襲步)
상보(商報)명 상사(商社)나 상업에 관한 일을 알리는 보고, 또는 그 회보(會報).
상보(詳報)명-하다타 자세하게 보고하거나 보도함, 또는 그러한 보고나 보도. 세보(細報) ☞약보(略報)
상복(常服)명 ①보통 때 입는 옷. 상착(常着). 평복(平服) ②조선 시대, 관원이 사무를 볼 때 입던 옷. 보통 사모(紗帽), 단령(團領), 흉배(胸背), 혁대(革帶) 따위로 이루어짐.
상복(祥福)명 상서로운 일과 복된 일.
상복(喪服)명 상중(喪中)에 입는 예복. 성긴 베로 지으며 바느질을 곱게 하지 아니함. 복(服). 효복(孝服). 흉복(凶服) ☞소복(素服)
상복(殤服)명 여덟 살부터 열아홉 살 사이에 죽은 자녀(子女)에 관한 복제(服制).
상복(償復)명-하다타 갚거나 물어줌.
상본(像本)명 가톨릭에서, 예수, 성모 마리아, 천사, 성인(聖人) 등의 화상(畫像)이 그려지거나 성스러운 문구가 적힌 카드를 이르는 말. 보통 기도서나 성경에 끼울 수 있도록 작은 크기로 만들어짐.
상:봉(上峰)명 가장 높은 산봉우리.
상봉(相逢)명-하다자타 서로 만남. ¶모녀가 -하다.
상봉(霜蓬)명 ①서리를 맞은 쑥. ②서리를 맞은 쑥처럼 허옇게 센 백발을 비유하여 이르는 말.
상:봉하:솔(上奉下率)성구 위로는 부모를 봉양하여 효도를 다하고, 아래로는 처자를 거느리어 사랑함을 이르는 말. 준봉솔(奉率)

ㅅ

상:부(上府)명 상사(上司) ☞하부(下府)
상:부(上部)명 ①물체의 위쪽 부분. ¶탑의 – 구조. ②조직 등의 위의 기관. ¶–의 지시에 따르다. ☞하부(下部)
상부(相扶)명-하다자 서로 돕거나 부축함.
상부(相符)명-하다자 서로 들어맞음.
상부(喪夫)명-하다자 남편을 여의고 과부가 됨. ☞상처(喪妻)
상부(孀婦)명 '청상 과부(靑孀寡婦)'의 준말.
상:부=구조(上部構造)명 ①구조물 등의 윗부분의 구조. ¶선박의 –. ②유물 사관에서, 사회의 경제적 바탕 위에 이루어지는, 정치·법률·종교·도덕·예술 등에 관한 의식이나 제도를 이르는 말. 상층 구조(上層構造) ☞하부 구조
상:부-사(上副使)명 지난날, 상사(上使)와 부사(副使)를 아울러 이르던 말.
상부-살(喪夫煞)[-쌀]명 남편을 여의고 과부가 될 흉한 살(煞).
상부-상조(相扶相助)명 서로서로 도움.
상:분(嘗糞)명-하다자 부모가 중병을 앓을 때, 병세를 살피려고 부모의 대변을 맛보는 일. 지극한 효성을 뜻함.
상:분지도(嘗糞之徒)명 똥이라도 핥을 놈이라는 뜻으로, 부끄러움 없이 아첨을 잘하는 사람을 이르는 말.
상비(常備)명-하다타 늘 준비하여 둠. ¶구급약을 –하다.
상비(喪費)명 초상을 치르는 데 드는 모든 비용. 상수(喪需)
상비(傷悲)명-하다자 상심하고 슬퍼함.
상비-군(常備軍)명 ①국가가 평시(平時)에 상설하고 있는 군대. 상비병(常備兵) ②스포츠에서, 언제라도 경기에 출장할 수 있도록 편성한 선수단.
상비-금(常備金)명 무슨 일이 있을 때 쓸 수 있도록 늘 준비해 두는 돈. ☞비상금(非常金)
상비-량(常備糧)명 언제라도 쓸 수 있도록 늘 비축해 두는 식량.
상비-병(常備兵)명 상비군(常備軍)
상비-약(常備藥)명 언제라도 쓸 수 있도록 늘 비치해 두는 약. ¶가정 –
상비-충(象鼻蟲)명 '바구미'의 딴이름.
상비-함(常備艦)명 평시(平時)에도 병력과 장비를 갖추어 늘 임무를 맡아보는 군함.
상:빈(上賓)명 상객(上客)
상빈(傷貧)명-하다자 가난에 쪼들려 마음이 상함.
상빈(霜鬢)명 허옇게 센 귀밑털. 백빈(白鬢)
상사명 ①'상사밀이'의 준말. ②기둥이나 나무 그릇의 모서리에 오목한 홈을 파낸 줄. ③화살대 아래를 대통으로 싼 부분.
상사(를) 치다관용 기둥, 책상, 나무 그릇 따위의 모서리를 오목한 홈 줄이 지게 파내다.
상:사(上士)명 ①보살(菩薩) ②군대 계급의 하나. 부사관급(副士官級)으로 원사의 아래, 중사의 위.
상:사(上巳)명 삼짇날
상:사(上司)명 ①위 등급의 관청이나 기관. 상부(上府) ☞하사(下司) ②계급이나 직급이 위인 사람. 상급자(上級者) ☞상관(上官)
상:사(上舍)명 ①생원(生員) ②진사(進士)
상:사(上使)명 ①정사(正使) ②-하다자 지난날, 상급 관아에서 하급 관아에게 명하여 죄인을 잡아 오게 하던 일.
상사(相似)[1]명 이종 생물(異種生物)의 기관에서, 발생학적으로 그 기원은 서로 다르지만 모양이나 기능은 서로 일치하는 일. 새의 날개와 곤충의 날개 따위가 있음. ☞상동(相同)
상사(相思)명-하다자 남녀가 서로 생각하고 그리워함.
상사(相俟)명-하다타 서로 기다림.
상사(祥事)명 대상(大祥)
상사(商社)명 ①상업상의 결사(結社). ②영업하는 상회나 회사. ③'상사 회사(商事會社)'의 준말.
상사(商事)명 상업(商業)에 관한 일.
상사(喪事)명 초상이 난 일. 상고(喪故). 상변(喪變)
상:사(想思)명-하다자타 곰곰이 생각함.
상사(殤死)명-하다자 나이가 스무 살이 되기 전에 죽는 일. 또는 그 죽음.
상사(賞詞)명 칭찬하는 말이나 글. 찬사(讚辭)
상사(賞賜)명-하다타 공로나 선행(善行) 등을 기려서 금품을 내려 줌. 또는 그 금품.
상사(相似)[2]어기 '상사(相似)하다'의 어기(語基).
상사-곡(相思曲)명 남녀가 서로 그리워하는 정을 주제로 하는 노래.
상-사기(常沙器)[-싸-]명 품질이 낮은 흰 사기.
상사=기관(相似器官)명 이종 생물(異種生物)의 기관에서, 발생학적으로 그 기원은 다르지만 모양이나 기능은 같은 기관. 박쥐의 날개와 곤충의 날개 따위.
상사=다각형(相似多角形)명 서로 닮은 두 다각형. 두 도형의 대응하는 변의 비와 대응하는 각이 서로 같음.
상사-대패명 상사밀이
상:-사도(上四道)명 조선 시대, 경기(京畿) 위 지방인 강원도·황해도·평안도·함경도의 네 도를 아울러 이르던 말. ☞하삼도(下三道)
상사-도(相似圖)명 일정한 비율로 축소하거나 확대한 그림.
상사디야감 민요의 후렴구의 한 가지. ¶얼럴럴 –.
상-사:람(常-)[-싸-]명 양반(兩班)도 아니고, 중인(中人)도 아닌 보통 사람. 상민(常民). 상인(常人) 소민(小民)
상사-례(庠謝禮)명 지난날, 자녀의 스승에게 주는 예물을 이르던 말.
상:-사리(上-)명 '사뢰어 올림'의 뜻으로, 웃어른에게 올리는 편지의 머리나 끝에 쓰는 말. 상백시(上白是) ¶어머님 전(前) –.
상사-마(相思馬)명 발정하여 성질이 사나워진 수말.
상사=매:매(商事賣買)명 당사자의 쌍방 또는 한쪽에 대하여 상행위가 되는 매매.
상사-목명 두드러진 턱이 있고 그 다음이 잘록하게 된 골짜기.
상사-몽(相思夢)명 남녀가 서로 사모하여 꾸는 꿈.
상사-밀이명 문살 따위의 골을 치는 데 쓰이는 대패. 상사대패 준상사
상-사발(常*沙鉢)[-싸-]명 품질이 낮은 사발.
상사-뱀(相思-)명 민속에서, 상사병으로 죽은 남자의 혼이 변해서 사모하던 여자의 몸에 붙어 다닌다는 뱀.
상사-범(常事犯)명 국사범(國事犯)이 아닌 보통의 범죄, 또는 그 범인.
상사별곡(相思別曲)명 조선 시대, 십이가사(十二歌詞)의 하나. 작자와 연대는 알 수 없으며, 남녀가 서로 그리워하는 정을 읊은 노래임. 모두 196구로 되어 있음.
상사-병(相思病)[-뼝]명 이성을 몹시 그리워하고 못 잊어 하다가 걸린 마음의 병. 화풍병(花風病)
상사=보:증(商事保證)명 상행위에 관한 모든 보증.
상사불견(相思不見)성구 서로 그리워하면서도 만나지 못함을 이르는 말.
상사불망(相思不忘)성구 서로 그리워하여 잊지 못함을 이르는 말.
상사-비(相似比)명 '닮은비'의 구용어.
상사=시효(商事時效)명 상사 채권의 소멸 시효. 시효 기간은 5년임.
상사=위임(商事委任)명 상행위를 위임하는 일.
상:-사:일(上巳日)명 음력 정월의 첫째의 뱀날. 이 날 머리를 빗으면 그 해 집안에 뱀이 들어온다고 함.
상사-일념(相思一念)명 서로 그리워하는 한결같은 생각.
상사=중:개인(商事仲介人)명 서로 모르는 사람 사이에 끼어들어 물건을 사고 팔게 주선하는 일을 직업으로 하는 사람.
상사=채:권(商事債權)[-꿘]명 상행위로 생긴 채권.
상사=특별법(商事特別法)[-뻡]명 상법전(商法典)에 규정이 없는 특수 기업이나 거래 제도를 규율하기 위하여 제정한 법령. 상법전에 우선하여 적용됨. 외국인의 서명 날인에 관한 법률, 상표법, 은행법, 보험업법 따위. ☞민사 특별법. 형사 특별법

상사-하다(相似－)형여 모양이나 성질이 서로 비슷하다.
상-사:향(常麝香)명 우리 나라에서 나는 사향. ☞당사향
상사-형(相似形)명 '닮은꼴'의 구용어.
상사-화(相思花)명 수선화과의 여러해살이풀. 땅 속의 비늘줄기는 둥글고, 잎은 넓은 선형(線形)이며 꽃줄기가 나오기 전에 시들어 버림. 8월경에 50~70cm의 꽃줄기 끝에 깔때기 모양의 담자색 여섯잎 꽃이 피는데 꽃과 잎이 서로 등지어 보지 못한다고 하여 이름이 지어졌음. 관상용으로 심음.
상사=회:사(商事會社)명 상행위를 하려고 설립한 사단 법인. 합명(合名)·합자(合資)·주식(株式)·유한(有限) 회사 등 네 가지가 있음. ㊟상사(商社) ☞민사 회사(民事會社). 사업 회사(事業會社)
상산(常山)명 운향과의 낙엽 활엽 관목. 높이는 2m 안팎. 잎은 길둥글고 윤이 나며 독특한 냄새가 남. 봄에 황록색의 작은 꽃이 총상(總狀) 꽃차례로 피며, 암수딴그루임. 제주도, 전라도와 온난한 서해안 지대에 자람. 뿌리는 한방에서 해수·이질·종기 등의 약재로, 목재는 세공품의 재료로 쓰임.
상산(傷産)명 해산할 시기에 과로 때문에 양수(羊水)가 일찍 터져서 해산하기 어렵게 되는 일.
상:산-상(上山床)[－쌍]명 굿을 할 때에 무당이 삼마누라에게 올리는 제상(祭床).
상:상(上上)명 ①더없이 좋음. 가장 좋음. ¶－의 물건. ☞최상(最上) ②지난날, 시문(詩文)을 꼲는 등급의 하나. 열두 등급 중의 첫째 등급으로, 상중(上中)의 위임. 상지상(上之上) ☞이상(二上). 삼상(三上). 외등(外等). 차상(次上)
상:상(上相)명 '영의정(領議政)'을 달리 이르는 말.
상:상(上殤)명-하다자 삼상(三殤)의 하나. 열여섯 살부터 스무 살까지의 소년이 장가들기 전에 죽는 일, 또는 그 소년. 장상(長殤) ☞중상(中殤). 하상(下殤)
상상(床上)명 ①잠자리의 위. ②마루나 의자의 위. ③자리에서 일어난다는 뜻으로, 병이 나아서 병석을 거둠을 이르는 말.
상:상(想像)명-하다자타 현실화되지 않았거나 경험하지 못한 사물을 마음속으로 그려 봄, 또는 그러한 생각. ¶－의 날개를 펴다./－조차 할 수 없다.
상:상-건(上上件)[－껀]명 상건(上件) 가운데의 상건. 곧 품질이 좋은 것 가운데서도 썩 좋은 것.
상:상-력(想像力)명 상상하는 능력. ¶－이 풍부한 작가.
상:상-봉(上上峰)명 여러 봉우리 중에 가장 높은 봉우리. ☞상봉(上峰)
상:상=임:신(想像妊娠)명 임신을 몹시 원하던 여성이 실제로 임신하지도 않았는데 임신했다고 생각하여, 월경이 그치거나 입덧을 하거나 태동(胎動)을 느끼는 따위의 증세를 일으키는 일.
상:상-적(想像的)명 사실이나 현실에 따르지 않고 상상에 따른 것. ¶용은 －인 동물이다.
상:상-치(上上－)명 품질이 가장 좋은 물건.
상:상-품(上上品)명 상품 중의 상품. 최상품(最上品)
상:상-화(想像畫)명 실물을 보는 일 없이 상상하여 그리는 그림.
상:색(上色)명 좋은 빛깔.
상:생(上生)명 불교에서, 극락왕생하는 이의 차별을 아홉 가지로 분류한 구품(九品) 중에서 상품(上品)·중품(中品)·하품(下品)의 각 계급의 상위(上位)를 이르는 말.
상생(相生)명-하다자 오행설에서, 쇠[金]는 물[水]을 낳고, 물은 나무[木]를, 나무는 불[火]을, 불은 흙[土]을, 다시 흙은 쇠를 낳는다는 서로의 관계. ☞상극(相剋)

> ▶ 상생(相生)
> 목생화(木生火)/화생토(火生土)/토생금(土生金)/금생수(金生水)/수생목(水生木)
> ▶ 상극(相剋)
> 목극토(木剋土)/토극수(土剋水)/수극화(水剋火)/화극금(火剋金)/금극목(金剋木)

상생지리(相生之理)명 오행(五行)의 상생하는 이치.

상:서(上書)명-하다자 ①웃어른에게 편지를 올리는 일, 또는 그 편지. ¶부주전(父主前)－ ②지난날, 신하가 동궁(東宮)에게 글을 올리던 일, 또는 그 글. 하서(下書)
상서(尙書)명 ①'서경(書經)'을 이전에 이르던 말. ②고려 시대, 육부(六部)의 으뜸 관직. 정삼품임.
상서(相書)명 '관상서(觀相書)'의 준말.
상서(祥瑞)명 복스럽고 길한 징조. 경서(慶瑞)
상서(象胥)명 지난날, '역관(譯官)'을 달리 이르던 말.
상서-도성(尙書都省)명 고려 시대, 정무를 맡은 육부를 통할하던 관아.
상서-령(尙書令)명 고려 시대, 상서도성의 으뜸 관직. 종일품직.
상서-롭다(祥瑞－)(－롭고·－로워)형ㅂ 복되고 길한 일이 있을듯 하다. ¶상서로운 조짐.
상서-로이부 상서롭게

> 한자 상서로울 상(祥)〔示部 6획〕¶상서(祥瑞)/상운(祥雲)
> 상서로울 서(瑞)〔玉部 9획〕¶서광(瑞光)/서기(瑞氣)

상서-원(尙瑞院)명 조선 시대, 옥새(玉璽)와 옥보(玉寶) 따위를 맡아보던 관아.
상서=육부(尙書六部)명 고려 시대, 국무(國務)를 맡아 보던 여섯 관부(官府). 상서 이부(吏部), 상서 병부(兵部), 상서 호부(戶部), 상서 형부(刑部), 상서 예부(禮部), 상서 공부(工部)를 이름. ㊟육부
상:석(上席)명 ①윗사람이 앉는 자리. 상좌(上座) ¶빈객을 －에 앉히다. ②위의 등급이나 서열. 윗자리 ☞말석(末席)
상석(床石)명 무덤 앞에 제물(祭物)을 차려 놓기 위하여 돌로 만들어 놓은 상.
상석(象石)명 능(陵)이나 원(園)에 세우는, 사람이나 짐승 모양의 석물(石物).
상:선(上仙)명-하다자 ①하늘에 올라 신선이 됨. ②귀인(貴人)이 죽음.
상:선(上船)명-하다자 승선(乘船) ☞하선(下船)
상:선(上善)명 가장 뛰어난 선(善). 최상의 선.
상선(相先)명 맞바둑
상선(商船)명 ①승객이나 화물을 실어 나르는 상업용 선박. 여객선이나 화물선 따위가 있음. 상박(商舶) ②상고선(商賈船)
상선(喪扇)명 포선(布扇)
상선-기(商船旗)명 항해 중인 상선에 달아 국적과 선적(船籍)을 밝히는 기.
상선=포:획(商船捕獲)명 전시(戰時)에, 교전국의 군함이 적성국(敵性國)의 상선을 포획하는 일.
상선=호:송(商船護送)명 전시(戰時)에 군함이 상선을 호송하는 일.
상선=회:사(商船會社)명 상선으로 여객이나 화물을 운수하는 영리 회사.
상설(常設)명-하다타 항상 마련하여 둠. ¶－ 전시관
상설(詳說)명-하다타 자세히 설명함, 또는 자세한 설명. ☞약설(略說)
상설(霜雪)명 서리와 눈을 아울러 이르는 말.
상설-관(常設館)명 시설을 갖추어 놓고 언제든지 이용할 수 있도록 한 건물.
상설=위원(常設委員)명 상임 위원
상:성(上聲)명 ①사성(四聲)의 하나. 처음이 낮고 나중이 높은 소리. ②15세기 국어의 사성의 하나. 훈민정음 등에서 글자의 왼쪽에 점 둘로 나타내었음. ☞방점(傍點)
상성(商星)명 심수(心宿) ㊟상(商)
상성(喪性)명-하다자 본성을 잃고 아주 딴사람같이 됨.
상:세(上世)명 ①상고(上古) ②윗대
상세(尙洗)명 조선 시대, 내시부(內侍府)에 딸리어 궁궐의 청소·감선(監膳)의 일을 맡아보던 정육품 관직.
상세(狀勢)명 어떤 일의 형상과 형세.
상세(常稅)명 일정한 조세(租稅).
상세(商稅)명 지난날, 장사하는 사람에게서 받던 세금.

ㅅ

상세(詳細) 어기 '상세(詳細)하다'의 어기(語基).
상세-하다(詳細-) 형여 자상하고 세밀하다. 위세하다
 상세-히 부 상세하게 ¶ - 해설하다.
상:소(上消) 명 한방에서, 목이 마르고 식욕이 줄어드는 증세를 이르는 말. ☞소갈증(消渴症)
상:소(上疏) 명 -하다 자 조선 시대, 간관(諫官) 등이 임금에게 정사(政事)를 간하는 글을 올리던 일, 또는 그 글. 배소(拜疏). 봉장(封章). 주소(奏疏) ☞소(疏)
상:소(上訴) 명 -하다 자 하급 법원의 판결에 불복하여 상급 법원의 심리를 청구하는 일.
상:소-권(上訴權)[-꿘] 명 상소할 수 있는 소송법상의 권리. 항소권·상고권·항고권이 있음.
상:소권-자(上訴權者)[-꿘-] 명 상소를 제기할 권리를 가진 사람. 검사와 피고인, 또는 그 대리인을 이름.
상-소리(常-)[-쏘-] 명 상스러운 말. 상말 ☞쌍소리
상-소:반(常小盤)[-쏘-] 명 값싸게 만든 소반.
상:소=법원(上訴法院) 명 상소하는 사건을 심리하는 상급 법원. ☞고등 법원. 대법원
상:소-심(上訴審) 명 상소 법원의 심리.
상속(相續) 명 -하다 타 ①뒤를 이어받음. ②민법에서, 죽은이가 생전에 소유하던 재산상의 권리와 의무를 일정한 친족 관계에 있는 사람이 물려받는 일. ¶유산 -/아버지의 재산을 -하다.
상속=결격(相續缺格)[-껵] 명 상속권을 상실하는 일.
상속-권(相續權) 명 상속 개시(開始) 전이나 후에 상속인이 가지는 법률상의 권리. ¶공동 -
상속=능력(相續能力) 명 상속인이 될 수 있는 자격.
상속-분(相續分) 명 유산 상속인이 둘 이상 있을 때, 그 각 사람이 재산을 물려받는 몫.
상속-세(相續稅) 명 상속 또는 유증(遺贈)에 따라서 취득한 재산에 대하여 부과되는 세금.
상속=순:위(相續順位) 명 법률상 정해진 상속인의 차례.
상속-인(相續人) 명 피상속인의 재산을 상속받는 사람. 상속자 ¶법정 -
상속-자(相續者) 명 상속인
상속=재산(相續財産) 명 피상속인으로부터 상속인이 물려받는 재산.
상속=채:권자(相續債權者)[-꿘-] 명 상속 재산에 딸린 채무의 채권자. 피상속인의 채권자로서, 상속에 따라 상속인을 채무자로 하게 된 자.
상송(相送) 명 -하다 타 피차간에 서로 보냄.
상쇄(相殺) 명 -하다 타 ①양편의 셈을 서로 비김. ¶대차(貸借)를 -하다. ②'상계(相計)'의 구용어
상쇄=계약(相殺契約) 명 '상계 계약'의 구용어.
상쇄=관세(相殺關稅)[-쎄] 명 '상계 관세'의 구용어.
상:-쇠(上-) 명 농악 등에서 무리의 맨 앞에서 꽹과리를 치는 사람. 앞잡이가 되어 패를 지휘함.
상:수(上手) 명 솜씨나 수가 남보다 나음, 또는 그러한 사람. ¶그의 바둑은 나보다 -이다. 유고수(高手) ☞하수(下手)
상:수(上水) 명 ①수도관을 통해 보내는 맑고 깨끗한 물. ¶-의 공급. ☞하수(下水) ②'상수도'의 준말.
상:수(上壽) 명 ①보통 사람보다 썩 많은 나이, 또는 그러한 나이의 사람. ②나이 '백 살'을 이르는 말. ☞중수(中壽). 망백(望百) ③헌수(獻壽)
상:수(上數) 명 상계(上計)
상수(常數) 명 ①원래 정해진 운명. 정수(定數) ②물리학에서, 기본 법칙에 포함되어 있는 일정한 수치(數値), 또는 비열(比熱) 따위 각 물질의 성질에 고유하게 정해진 수치. ③수학에서, 변수(變數) 값의 변화와는 관계없이 일정한 값을 나타내는 숫자나 글자. 원주율 따위. 항수(恒數) ☞변수(變數)
상수(常隨) 명 -하다 타 언제나 따라다님.
상수(喪需) 명 상비(喪費)
상:수-도(上水道) 명 음료수 따위로 쓸 수 있도록 수돗물을 끌어다 공급하는 설비. 준상수(上水). 수도(水道) ☞하수도(下水道)
상:수리 명 상수리나무의 열매. 도토리보다 굵으며 먹거나 사료로 씀. 상실(橡實)
상:수리-나무 명 참나뭇과의 낙엽 활엽 교목. 높이는 30 m 안팎. 어린 가지에는 잔털이 빽빽함. 수꽃 이삭은 밑으로 처지고 암꽃 이삭은 곧게 섬. 열매는 상수리라 하여 먹거나 사료로 쓰며, 재목은 단단하여 가구나 참숯을 만드는 데 쓰임. 상목(橡木). 참나무
상:수리-밥 명 상수리쌀에 팥 간 것을 섞어 지은 밥. 그릇에 담을 때 꿀을 쳐 푸기도 함.
상:수리-쌀 명 상수리 알맹이를 빻은 가루. 껍질째 삶아서 겨울 동안에 얼리었다가, 봄에 녹은 것을 말려서 쓿은 다음에, 물을 쳐 가며 빻은 것. 밥·떡·묵 따위를 만드는 데 쓰임.
상:순(上旬) 명 초하루부터 초열흘까지의 열흘 동안. 상완(上浣). 상한(上澣). 초순(初旬) ¶4월 -이면 개나리가 핀다. ☞중순(中旬)
상:순(上脣) 명 윗입술 ☞하순(下脣)
상-술(床-)[-쑬] 명 상에 안주와 함께 차려서 파는 술.
상:술(上述) 명 -하다 타 앞에서 미리 말하거나 적음. ¶-한 사실./-한 바와 같다.
상술(相術) 명 관상을 보는 방법. 상법(相法)
상술(商術) 명 장사하는 방법이나 솜씨. ¶-이 능하다.
상술(詳述) 명 -하다 타 자세하게 말함. 자세하게 설명함. ¶사건의 자초지종을 -하다. ☞개술(槪述). 약술(略述)
상-스럽다(常-)[-쓰-](-스럽고·-스러워) 형ㅂ 언행이 천하고 야하다. ¶상스러운 말투. ☞쌍스럽다
 상-스레 부 상스럽게
상습(常習) 명 늘 하는 버릇. 늘 버릇처럼 함. 〔주로 나쁜 버릇에 씀.〕 ¶각성제 사용이 -이 되었다.
상습-범(常習犯) 명 같은 죄를 되풀이함, 또는 그 사람. 관행범(慣行犯) ☞우발범(偶發犯)
상습-자(常習者) 명 어떤 그릇된 일에 상습이 된 사람. ¶도박 -/마약 -
상습-적(常習的) 명 어떤 그릇된 짓을 버릇처럼 하는 것. ¶-인 거짓말.
상습-화(常習化) 명 -하다 자 버릇처럼 늘 반복함. ¶수면제 복용을 -하다.
상:승(上昇·上升) 명 -하다 자 위로 올라감. ¶인기 -/물가가 -하다. ☞하강(下降). 하락(下落)
상승(相承) 명 -하다 타 ①서로 계승함. ②사승(師僧)이 제자에게 교법을 전하고 제자가 그대로 이어 감.
상승(相乘) 명 -하다 타 ①두 가지 이상의 수를 서로 곱함, ②두 가지 이상의 요인이 동시에 작용하는 일. ¶효과가 -하다.
상승(常勝) 명 -하다 자 싸울 때마다 이김. 늘 이김.
 상승 가도를 달리다 관용 싸울 때마다 이기는 기세를 몰아 계속해서 나아가다. ¶우리 나라 축구 선수들이 -.
상:승-경(上昇莖) 명 다른 물건에 의지하여 위로 올라가는 덩굴줄기.
상승-군(常勝軍) 명 적과 싸울 때마다 이기는 군대.
상:승=기류(上昇氣流) 명 대기(大氣) 중에서 위를 향하여 오르는 공기의 흐름. ¶큰 새는 -를 타고 날아오른다. ☞하강 기류(下降氣流)
상:승-도(上昇度) 명 위로 올라가는 정도.
상:승-력(上昇力) 명 위로 올라가는 힘.
상승-비(相乘比) 명 복비(複比)
상승상부(相勝相負) 성구 서로 이기고 지는 정도나 횟수가 비슷해 우열을 가리지 못하고 비김을 이르는 말.
상:승-선(上昇線) 명 통계 도표 따위에 나타나는, 위를 향하여 계속 나아가는 선. ¶물가가 -을 그리고 있다. ☞하강선(下降線)
상:승-세(上昇勢) 명 위로 올라가는 기세. ¶-가 두드러진 주가(株價). ☞하락세(下落勢)
상승=작용(相乘作用) 명 두 가지 이상의 요인이 동시에 겹쳐 작용하면 하나씩 따로따로 작용할 때의 합(合)보다 강한 효력을 나타내는 작용. ¶조제약의 -.
상승-적(相乘積) 명 두 개 이상의 수를 곱하여 얻는 값.

상승=평균(相乘平均)명 기하 평균(幾何平均) ☞산술 평균
상:승=한:도(上昇限度)명 항공기가 날아 오를 수 있는 가장 높은 고도의 한계.
상승=효:과(相乘效果)명 두 가지 이상의 요인이 동시에 복합적으로 작용하여 낱낱으로 얻어지는 것 이상이 되는 효과. 시너지 효과
상:시(上試)명 조선 시대, 과거(科擧) 시관(試官) 중의 으뜸 관직.
상시(常時)명 ①'평상시(平常時)'의 준말. ¶ ―와 같이 일어나다. ②〔부사처럼 쓰임〕 늘. 항시(恒時) ¶ ― 말을 조심해라.
속담 **상시에 먹은 맘이 꿈에도 있다** : 꿈을 꾸는 내용은 평소에 늘 가졌던 생각이 어떤 모양으로든 나타나는 것이라 하여 이르는 말. /**상시에 먹은 맘이 취중에 난다** : 누구나 술에 취하게 되면 평소에 가졌던 생각이 언행에 나타난다는 말. 〔취중에 진담(眞談) 나온다〕
상:시(嘗試)명-하다타 시험하여 봄, 또는 그 시험.
상:시지계(嘗試之計)명 남의 뜻을 떠보는 계교.
상:식(上食)명 상가(喪家)에서, 아침저녁으로 궤연(几筵) 앞에 올리는 음식.
상식(相識)명-하다타 서로 면식(面識)이 있음.
상식(常食)명-하다타 늘 먹음, 또는 늘 먹는 음식. ¶한국인은 쌀을 ―한다.
상식(常識)명 일반 사람으로서 가져야 할 보통의 지식이나 이해력, 판단력 따위. ¶건전한 ―. /―이 없다.
상식-가(常識家)명 상식이 있는 사람, 또는 보편적인 사고의 테두리에서 생각하거나 행동하는 사람.
상식-론(常識論)명 상식적인 이론.
상식-적(常識的)명 사회 통념상 온당하거나 타당하다고 생각되는 것, 또는 너무나 당연하여 색다른 점이 없는 것. ¶ ―인 문제. /―으로 생각하다.
상식-화(常識化)명-하다자타 상식적으로 되거나 상식이 되게 함. ¶ ―한 과학 이론.
상:신(上申)명-하다타 상급자에게 의견을 말이나 글로 알림. 계고(啓告) ¶개혁안을 ―하다. 유품의(稟議)
상:신(上臣)명 상대등(上大等)
상신(相臣)명 상국(相國)
상신(相信)명-하다타 서로 믿거나 신용함.
상신(喪神)명-하다자 실신(失神)
상신(傷神)명-하다자 정신을 상함.
상신(霜信)명 서리와 더불어 오는 소식이라는 뜻으로, '기러기'를 달리 이르는 말.
상신-간(相信間)명 서로 믿는 사이.
상:신-서(上申書)명 상신하는 문서. 유품의서(稟議書)
상-신:석(常信石)명 한방에서, 강원도에서 생산되는 비상(砒霜)을 이르는 말. 학질·누창(漏瘡)·치루(痔漏) 따위의 병에 쓰임.
상실(桑實)명 뽕나무의 열매. 오디
상실(喪失)명-하다타 기억이나 권리 따위를 잃어버림. ¶기억 ―/권리를 ―하다.
상실(詳悉)명-하다타 내용을 자세히 앎.
상실(橡實)명 상수리
상실-유(橡實乳)명 도토리묵
상:심(喪心)명-하다자 실심(失心)
상심(傷心)명-하다자 걱정하며 마음 아파함. 심상(心傷). 상혼(傷魂) ¶대학에 낙방하여 ―하다. /빗나간 자식 때문에 ―하는 부모.
상심(詳審)명-하다타 자세히 살핌.
상:-씨름(上―)명 씨름판에서 결승을 겨루는 씨름. 소걸이
상아(象牙)명 코끼리의 위턱에 나는 긴 한 쌍의 엄니. 앞니가 발달한 것으로 알맞게 단단하여 물부리·악기·도장 따위 여러 가지 세공품을 만드는 데 쓰임.
상아(嫦娥)명 중국 신화에 나오는, 달에 산다는 선녀(仙女). 항아(姮娥)
상아-색(象牙色)명 상아의 빛깔, 곧 좀 노르스름한 빛을 띤 백색. 상앗빛
상아-질(象牙質)명 이의 주성분을 이루는 황백색의 단단한 물질. 치관(齒冠)에서는 겉이 에나멜질로 싸이고 치근(齒根)에서는 시멘트질로 싸임.
상아-탑(象牙塔)명 ①속세를 떠나 고고하게 예술을 즐기는 경지, 또는 현실 도피적인 학구 생활을 이르는 말. ②'대학(大學)'을 비유하여 이르는 말.
상아-홀(象牙笏)명 지난날, 일품(一品)에서 사품(四品)까지의 관원이 조복(朝服)에 갖추어 가지던 상아로 만든 홀(笏).
상:악(上顎)명 위턱 ☞하악(下顎)
상:악-골(上顎骨)명 두개골(頭蓋骨)의 한 부분으로 위턱을 이루는 한 쌍의 뼈. ☞하악골(下顎骨)
상:악-동(上顎洞)명 부비강(副鼻腔)의 한 가지. 상악골 안에 있으며 비강과 통하는 한 쌍의 공동(空洞).
상압(常壓)명 특별히 압력을 줄이거나 높이지 않을 때의 압력. 보통 대기압과 같은 압력, 곧 1기압 정도를 이름. ☞정압(定壓)
상압=증류(常壓蒸溜)명 보통의 압력 상태에서 하는 증류 방법. ☞감압 증류(減壓蒸溜)
상앗-대[―앋―]명 배질을 하는 데 쓰는 장대. 배를 물가에서 떼거나 물이 얕은 곳에서 밀어 나갈 때 씀. 준사앗대. 삿대
상앗대-질[―앋―]명-하다자 상앗대로 배를 움직이게 하는 일. 준삿대질
상앗-빛(象牙―)명 상아색(象牙色)
상애부 상시(常時)에. 평소에
상애(相哀)명-하다타 서로 슬퍼함.
상애(相愛)명-하다자 서로 사랑함.
상애-상조(相愛相助)명 서로 사랑하고 돕는 일. ☞상부상조(相扶相助)
상애지도(相愛之道)명 서로 사랑하는 도리.
상야(霜夜)명 서리가 내리는 밤.
상야(霜野)명 서리가 내린 들, 또는 초목이 서리를 맞아 시든 들.
상야-등(常夜燈)명 밤새도록 켜 놓는 등.
상:약(上藥)명 좋은 약.
상약(相約)명-하다타 서로 약속함, 또는 그 약속.
상약(常藥)명 가정이나 개인의 경험을 바탕으로 쓰는 약. ☞민간약(民間藥)
상약(嘗藥)명-하다자 ①웃어른에게 약을 올릴 때 먼저 맛을 보는 일. ②약을 먹거나 마심.
상양(相讓)명-하다타 서로 사양함.
상양(徜徉)명-하다자 이리저리 거닒.
상양(賞揚)명-하다타 칭찬하여 높임. ☞찬양(讚揚)
상어명 악상어목(目)의 연골(軟骨) 어류에 딸린 물고기를 통틀어 이르는 말. 고래상어·귀상어·악상어·철갑상어·톱상어 따위 종류가 다양함. 몸은 원뿔 모양이고 입은 머리 아랫면에 있으며 꼬리지느러미는 칼 모양임. 껍질은 딱딱한 비늘로 덮였고 고기는 어묵의 재료가 되며 지느러미는 중국 요리에 쓰임. 교어(鮫魚). 사어(鯊魚)
상어-숙회(―熟膾)명 상어의 껍질과 지느러미, 내장 따위를 모두 떼어내고 뼈째로 둥글게 썰어 묽은 소금물에 살짝 데친 다음 초고추장이나 겨자즙에 찍어 먹는 숙회.
상어-피(―皮)명 상어의 껍질.
상:언(上言)명-하다자 지난날, 백성이 임금에게 글을 올리던 일, 또는 그 글월.
상:언=별감(上言別監)명 지난날, 임금이 거둥할 때에 백성이 올리는 글을 받아들이던 임시 관직, 또는 그 관원.
상업(商業)명 상품을 사고 팔아 이익을 얻기 위하여 하는 사업. ¶ ―의 요지(要地). 준상(商)
상업-계(商業界)명 상업하는 사람들의 사회(社會). 준상계(商界)
상업=교:육(商業教育)명 상업에 필요한 이론과 기술을 가르치는 일.
상업-국(商業國)명 상업이 발달한 나라.
상업=금융(商業金融)[―늉]명 상거래에 필요한 자금을 융자해 주는 단기의 금융.
상업=기관(商業機關)명 상거래에 편의를 주어 상업의 발

달을 돕는 기관. 은행, 해운, 철도 따위가 있음.

상업=도시(商業都市)명 상업으로 발전하고 번영한 도시.

상업=등기(商業登記)명 상법(商法)에 규정한 사항을 법원의 상업 등기부에 등기하는 일.

상업=디자인(商業design)명 상품의 판매를 촉진하기 위한 디자인. 포스터나 광고 도안, 진열창의 디스플레이 따위가 있음.

상업=미:술(商業美術)명 응용 미술의 한 분야. 상업상의 필요로 제작되는 미술. 광고 도안, 상품의 의장(意匠) 따위가 있음.

상업=방:송(商業放送)명 상품의 광고료로 운영하는 방송. ☞민간 방송(民間放送). 공공 방송(公共放送)

상업=부:기(商業簿記)명 상품의 매매로 생긴 손익의 계산을 주목적(主目的)으로 하는 부기. 단식(單式)과 복식(複式)이 있으며, 일기장, 분개장(分介帳), 원장(元帳) 따위를 주요 장부로 삼음.

상업=사:용인(商業使用人)명 특정한 상인에게 종속되어 그 사업상의 노무(勞務)를 하는 사람. 회사원, 은행원, 지배인 따위가 있음.

상업-성(商業性)명 상업에 따른 이윤을 중요시하는 특성. ¶ -이 있다. /-만 추구하다.

상업=수:학(商業數學)명 ①수학의 계산법을 상업상의 계산에 응용한 수학. ②상거래나 기업 재무에 관한 계산을 다루는 수학.

상업=신:용장(商業信用狀)[-짱]명 수입 대금을 결제하려고 수입업자의 의뢰로 거래 은행이 발행하는 신용장.

상업=어음(商業-)명 실제의 상거래에 따라 발행된 어음. 주로 상품 대금을 결제하려고 발행하며 약속 어음과 환어음이 있음. 상품 어음

상업=은행(商業銀行)명 주로 상업 금융을 맡아보는 은행. 곧 예금을 유치하여 그 자금을 어음 할인 따위의 단기 대출에 운용하는 것을 주요 업무로 하는 은행. 시중 은행이 이에 딸림. 준상은(商銀)

상업=자:본(商業資本)명 상품의 유통 과정에 있는 독립 자본. 상품으로 있는 자본과 화폐로 있는 자본이 있음.

상업=장부(商業帳簿)명 상인이 모든 거래를 기록하고 정리하는 장부. 일기장, 재산 목록, 대차 대조표 따위를 통틀어 이름.

상업-적(商業的)명 상업으로서 이윤을 추구하는 것. ¶ -으로 흐르는 공공 사업.

상업적=농업(商業的農業)명 생산물을 상품으로 팔려고 하는 농업. 양잠, 원예, 축산 따위와 같이 상품화하는 비율이 높은 농업.

상업=증권(商業證券)[-꿘]명 상거래에 이용되는 유가 증권. 어음, 수표, 화물 상환증, 선화 증권, 상품권 따위가 있음.

상업=지역(商業地域)명 도시 계획에서 지정한 용도 지역의 하나. 주로 상업 업무와 관련된 건물을 세움. ☞주거 지역(住居地域)

상업-학(商業學)명 상업 경영이나 상품 유통 및 경제 활동 전반에 걸쳐 연구하는 학문. 준상학(商學)

상업-화(商業化)명-하다자타 다른 산업이 상업으로서 성립되거나 발전하거나 그렇게 되도록 함.

상-없:다(常-)[-업-]형 상리(常理)에 벗어나 상스럽고 막되다. ¶상없는 짓거리.
상-없이부 상없게

상여(喪輿)명 시체를 묘지까지 나르는 덮개 있는 가마와 비슷한 도구. 여럿이 메게 되어 있음. 행상(行喪) 속상두
속담 **상여 나갈 때 귀청 내달란다** : 바쁘고 수선스러울 때, 아무 상관도 없는 일을 해달라고 한다는 말. /**상여 뒤에 약방문** : 때를 놓치고 일이 다 끝난 뒤에 노력을 하여도 소용이 없다는 말.

상여(賞與)명-하다타 ①어떤 공로에 대하여 상으로 금품 등을 줌, 또는 그 금품. ②관청이나 회사에서 직원들에게 급료와는 별도로 일의 성과나 공헌에 따라 돈을 줌, 또는 그 돈.

상여-금(賞與金)명 상여로 주는 돈.

상여-꾼(喪輿-)명 상여를 메는 사람. 상두꾼. 향도(香徒)

상역(商易)명 상업과 무역.

상:연(上椽)명 재래식 한옥에서, 마룻대에서 양편의 중도리로 급경사지게 건너지르는 서까래. ☞중연(中椽). 하연(下椽)

상:연(上演)명-하다타 연극을 무대 위에서 실연(實演)하는 일. ☞공연(公演)

상:연(爽然)어기 '상연(爽然)하다'의 어기(語基).

상:연-권(上演權)[-꿘]명 희곡이나 극본을 무대에서 상연할 수 있는 권리.

상:연-료(上演料)[-뇨]명 어느 기간 안에 어떤 희곡의 상연권을 저작자로부터 일시적으로 양도 받은 데 대하여 치러 주는 돈.

상:연-하다(爽然-)형여 몸이나 마음이 시원스럽다.
상연-히부 상연하게

상엽(桑葉)명 뽕나무의 잎.

상엽(霜葉)명 서리를 맞아 단풍 든 잎.

상엿-소리(喪輿-)명 상여꾼들이 상여를 메고 가면서 부르는 구슬픈 소리. 만가(挽歌) ☞향두가(香頭歌)

상엿-집(喪輿-)명 상여와 그에 딸린 여러 도구를 넣어 두는 집. 곳집

상:영(上映)명-하다타 영화를 영사막에 영사하여 관객에게 보임. ¶여러 극장에서 동시에 -되다.

상:영-권(上映權)[-꿘]명 영화를 상영할 수 있는 권리.

상:영산(上靈山)[-녕-]명 영산회상(靈山會相)의 첫째 곡조. 둘째나 셋째 곡조보다 가락이 느림. 네 장(章)으로 되어 있음. ☞잔영산. 중영산(中靈山)

상예(賞譽)명-하다타 칭찬함.

상:오(上午)명 오전(午前) ☞하오(下午)

상:오(晌午)명 정오(正午)

상-오리(常-)명 오릿과의 겨울 철새. 날개 길이는 16~19cm임. 수컷은 머리와 목은 구릿빛이고, 눈에서 머리 뒤까지 초록 띠가 있으며, 등에 흑백의 얼룩무늬와 가슴에 검은 점이 있음.

상:옥(上屋)명 화물을 임시로 보관하거나 승객의 편리를 위하여 부두나 역 등에 기둥과 지붕만으로 지은 건물.

상온(常溫)명 ①항상 일정한 온도. 항온(恒溫) ②일년 동안의 평균 온도. ③가열하거나 냉각하지 않은 보통 온도. 보통은 15°C를 이름. ¶ -에서 보존하다.

상:온(想蘊)명 불교에서 이르는 오온(五蘊)의 하나. 여러 사물을 마음속에 받아들여 상상하여 보는 작용을 이름.

상온=동:물(常溫動物)명 정온 동물(定溫動物)

상온-층(常溫層)명 ①계절과 밤낮의 관계없이 온도가 늘 고른 땅 속의 층. 항온대. 항온층 ②등온층(等溫層)

상:완(上浣)명 상순(上旬)

상:완(上腕)명 위팔 ☞전완(前腕)

상완(賞玩)명-하다타 예술품이나 화초 따위를 좋아하고 즐기거나 바라봄. ¶옛 미술품을 -하다.

상:완-골(上腕骨)명 위팔을 이루는 대롱 모양의 뼈. 위는 견갑골(肩胛骨)에 잇닿아 관절을 이루고 아래는 전완골(前腕骨)과 잇닿아 팔꿈치 관절을 이룸. 상박골(上膊骨). 위팔뼈 ☞전완골(前腕骨)

상:완-근(上腕筋)명 위팔의 앞쪽과 뒤쪽에 있는 큰 근육을 아울러 이르는 말. 상박근(上膊筋) ☞전완근(前腕筋)

상:완=삼두근(上腕三頭筋)명 위팔의 뒤쪽에 있는 큰 근육. 셋으로 갈라진 두부가 합쳐 큰 건(腱)이 되어 팔꿈치 끝에 붙음. 팔꿈치를 펴는 작용을 함. 삼두박근

상:완=이:두근(上腕二頭筋)명 위팔 앞쪽의 큰 근육. 둘로 갈라진 두부가 합쳐서 요골(橈骨) 위 끝에 붙었으며, 팔을 굽히는 작용을 함. 이두박근(二頭膊筋)

상:왕(上王)명 지난날, 자리를 물려준 임금을 이르던 말. ☞태상왕(太上王)

상욕(相辱)명-하다자 서로 욕설을 함.

상욕-상투(相辱相鬪)명 서로 욕을 하며 치고 받고 싸우는 일.

상용(商用)명 ①상업과 관계되는 용무. ¶ - 여행 ②장사에 쓰거나 쓰이는 일.

상용(常用)명-하다타 ①일상적으로 늘 씀. ¶ -하는 한자(漢字). ②얼마간을 습관적으로 씀. ¶ -하면 습관성이 생기는 약.
상용(常傭)명-하다타 항상 고용하고 있음.
상용(賞用)명-하다타 마음에 들어 즐겨 씀.
상용=대:수(常用對數)명 '상용 로그'의 구용어.
상용=로그(常用 log)명 10을 밑으로 하는 로그. ☞자연 로그
상용-문(商用文)명 상업과 관계하여 주로 쓰이는, 일정한 틀에 박힌 글.
상용-시(常用時)명 일반적으로 널리 쓰이는 시간. 태양 평균시에서 자정(子正 : 0시)을 하루의 기점(起點)으로 하여 다음 밤 열두 시까지로 함. ☞천문시(天文時)
상용-어(商用語)명 상업과 관계된 일에 주로 쓰이는 말.
상용-어(常用語)명 일상 생활에 늘 쓰는 말.
상용-자(常用者)명 어떠한 물건을 늘 쓰는 사람.
상:우(上愚)명 바보는 아니면서도 편벽된 의견을 가진 사람을 이르는 말.
상우(相遇)명-하다자 서로 만남.
상우(喪偶)명-하다자 상처(喪妻)
상우(賞遇)명-하다타 잘못을 뉘우쳐 모범적인 수형 생활을 하는 죄수에게 상으로 주는 특별 대우.
상우다(傷-)타 상하게 하다.
상우-례(相遇禮)명 신랑이나 신부가 처가나 시가의 친척과 처음 만나 보고 인사하는 예.
상운(祥雲)명 상서로운 구름. 서운(瑞雲) ¶ -이 동쪽 하늘에 감돈다.
상운(祥運)명 상서로운 운수. 서운(瑞運)
상운(商運)명 상업과 관계되는 운수. ¶ -이 트이다.
상:원(上元)명 삼원(三元)의 하나. 음력 정월 보름날. 대보름날 ☞중원(中元). 하원(下元)
속담 **상원 달 보아 수한**(水旱)**을 안다** : 정월 대보름날 달 모양과 달빛을 보면 그 해의 농사가 가물 것인지 아닌지를 알 수 있다는 말. /**상원의 개와 같다** : 정월 대보름날은 집에서 기르는 개에게 밥을 주지 않고 굶기는 풍습이 있어서, 배고픈 사람을 비유하여 이르는 말.
상:원(上院)명 양원제(兩院制) 의회의 하나. 영국은 특권 계급의 대표로, 미국은 주(州)의 대표로 이루어짐. ☞하원(下院)
상원(桑園)명 뽕나무 밭. 뽕밭. 상전(桑田)
상원(常願)명 평소에 품고 있는 소원.
상:-원산(上-)명 광산에서, 광맥(鑛脈)의 면에서 위쪽을 이르는 말. ☞개원산
상:-원수(上元帥)명 고려 시대, 출정(出征)하는 군대를 통솔하던 대장(大將), 또는 고을의 병권(兵權)을 도맡던 장수(將帥).
상월(祥月)명 대상(大祥)을 지내는 달.
상월(霜月)명 ①서리가 내린 밤의 달. ②'음력 십일월' 또는 '음력 칠월'을 달리 이르는 말.
상:위(上位)명 높은 위치나 지위. ¶여성 - 시대/성적이 -에 든다. ☞중위(中位). 하위(下位)
상위(相位)명 ①지난날, 정승(政丞)의 자리를 이르던 말. ②지난날, 의정부의 하인이 '의정(議政)'을 이르던 말.
상위(相違)명-하다자 서로 어긋남.
상위(常委)명 '상임 위원회(常任委員會)'의 준말.
상위(霜威)명 ①서리가 내려 찬기가 심함을 이르는 말. ②서릿발 같은 위광(威光).
상:위=개:념(上位槪念)명 다른 개념보다 크고 넓은 외연(外延)을 가진 개념. 고급 개념 ☞하위 개념
상:위-권(上位圈)[-꿘]명 높은 위치나 지위에 딸리는 범위. ☞중위권. 하위권
상:위-사:자(上位使者)명 고구려의 14관등 중 아홉째 등급. ☞소형(小兄)
상:위-자(上位者)명 높은 지위에 있는 사람.
상:유(上諭)명 지난날, 임금의 말씀을 이르던 말.
상은(商銀)명 '상업 은행(商業銀行)'의 준말.
상은(傷恩)명-하다자 남에게서 입은 은정(恩情)을 손상하게 함.
상:음(上音)명 ①기본음보다 진동수가 많고 높은 음. 음은 기본음과 상음으로 구성되고 그 강도에 따라 각 음색이 정하여짐. ②넓은 뜻으로, '배음(倍音)'을 이르는 말.
상:음(上淫)명-하다자 자기보다 지위가 높은 여자와 몰래 정을 통함.
상:-읍례(上揖禮)명 읍례(揖禮)의 한 가지. 자기가 읍례를 했을 때 답례를 하지 않아도 되는 웃어른에게나 의식에서 하는 예법으로, 읍을 한 뒤에 공수(拱手)한 손을 눈높이로 올렸다가 본디 자리로 내림. ☞중읍례. 하읍례
상응(相應)명-하다자 ①서로 응함. ②서로 기맥이 통함. ③서로 맞아 어울림. ¶수입에 -한 생활.
상:의(上衣)명 윗도리에 입는 옷. 웃통. 윗옷 ☞웃옷. 하의(下衣)
상:의(上意)명 ①지난날, 임금의 뜻을 이르던 말. ②윗사람의 뜻. ¶ -를 하달했다. ☞하의(下意)
상:의(上醫)명 진단(診斷)이나 치료 기술이 빼어난 의사.
상:의(上議)명-하다타 어떤 일을 의제(議題)에 올림.
상의(相依)명-하다자 서로 의지함.
상의(相議)명-하다자타 서로 의논함. 상담(相談). 상론(相論). 상의(商議) ¶선생님과 진학 문제를 -하다.
상의(常衣)명 평상시에 입는 옷. 평복(平服)
상의(商議)명 ①-하다자타 상의(相議) ②'상공 회의소(商工會議所)'의 준말.
상의(詳議)명-하다타 상세하게 의논함, 또는 그 의논.
상의-원(尙衣院)명 조선 시대, 임금의 의복과 대궐 안의 재물 따위를 맡아보는 관아를 이르던 말. 상방(尙房)
상:의-하:달(上意下達)명 윗사람의 뜻을 아랫사람에게 전달함. ☞하의상달(下意上達)

상:의-하:상(上衣下裳)명 위에 입는 저고리와 아래에 두르는 치마.
상이(桑耳·桑栮)명 '뽕나무버섯'의 딴이름.
상이(傷痍)명 부상을 당함.
상이(霜異)명 ①철 아닌 때에 내린 서리. ②상재(霜災)
상이(相異)어기 '상이(相異)하다'의 어기(語基).
상이=군경(傷痍軍警)명 전투나 공무 집행을 하다가 부상을 입은 군인과 경찰관.
상이=군인(傷痍軍人)명 전투에서 다치거나 병이 든 군인. 백의 용사(白衣勇士)
상이=용:사(傷痍勇士)명 전투나 군 복무를 하다가 부상을 입고 제대한 용사.
상이-점(相異點)[-쩜]명 서로 다른 점.
상이-하다(相異-)형여 서로 다르다. ¶형제의 성격이 아주 -.
상:인(上人)명 ①지덕(智德)을 갖춘 불제자(佛弟子). ②'승려(僧侶)'의 높임말.
상인(相人)명 관상가(觀相家)
상인(常人)명 상사람. 상민(常民)
상인(商人)명 장사하는 사람. 장수. 고인(賈人)
상인(喪人)명 상제(喪制)
상인(霜刃)명 서슬이 시퍼런 칼날.
상인=계급(常人階級)명 지난날, 양반(兩班)이나 관원이 아닌 일반 평민층을 이르던 말.
상:-인방(上引枋)명 인방 가운데 도리에 잇대어 가로지르는 나무. 윗중방 준상방(上枋) ☞중인방(中引枋)
상:-인일(上寅日)명 음력 정월의 첫째의 범날. 이 날 여자가 남의 집에서 대소변을 보면 호랑이가 그 집에 해를 끼친다 하여 바깥출입을 삼갔음.
상인해:물(傷人害物)성구 성품이 흉악하여 사람을 해치고 물건에 해를 끼침을 이르는 말.
상-일(常-)[-닐]명-하다자 특별한 기술이 없어도 할 수 있는 노동. 유막일
상일(常日)명 보통 날. 평상시의 날. 평일(平日)
상일(祥日)명 대상(大祥)을 치르는 날.
상일-꾼(常-)[-닐-]명 특별한 기술이 없이 노동하는 사람. 유막일꾼. 집역꾼
상임(常任)명-하다타 일정한 직무를 늘 계속하여 맡음.

상임=서기(常任書記)명 항상 사무를 맡아보는 서기.
상임=위원(常任委員)명 ①항상 일정한 임무를 담당하는 위원. 상설 위원(常設委員) ②국회에서, 상임 위원회를 구성하는 위원.
상임=위원회(常任委員會)명 ①항상 일정한 임무를 담당하는 위원회. ②국회에서, 의원을 각 전문 부문별로 나누어 조직한 상설 위원회. 준상위(常委)
상임=이:사(常任理事)명 일정한 임무를 항상 집행하고 있는 이사.
상임=집행=위원(常任執行委員)명 일정한 임무를 늘 맡아 집행하는 위원.
상:자(上梓)명-하다타 '상재(上梓)'의 원말.
상:자(上資)명 상좌(上佐)
상자(牀笫)명 ①평상과 돗자리. ②평상에 까는 자리.
상자(相者)명 관상쟁이
상자(桑梓)명 옛 중국에서 담장 밑에 뽕나무와 가래나무를 심어서 자손의 생계 수단으로 남긴 데서, 조상 대대로 살아온 '고향'을 이르는 말. ☞상자지향(桑梓之鄕)
상자(箱子)명 물건을 넣을 수 있게 나무나 종이 따위로 네모지게 만든 그릇. 박스(box)

한자 **상자 상**(箱) 〔竹部 9획〕 ¶백엽상(百葉箱)

상자(橡子)명 상수리나 도토리.
상자-목(桑柘木)명 육십갑자의 임자(壬子)와 계축(癸丑)에 붙이는 납음(納音). ☞대계수(大溪水)
상-자성(常磁性)명 물체를 자장(磁場) 안에 놓으면 자장과 같은 쪽으로 자성을 띠는 성질. 자장을 없애면 자성도 사라짐. ☞반자성(反磁性)
상자성-체(常磁性體)명 상자성을 가진 물질. 산소·일산화탄소와 크롬·망간 따위의 금속. ☞반자성체
상자-주(橡子酒)명 상수리나 도토리를 넣고 빚은 술.
상자지향(桑梓之鄕)명 조상 대대로 살아온 고향. ☞상자(桑梓)
상:작(上作)명 곡식이 썩 잘된 일.
상잔(相殘)명-하다자 서로 싸우고 해침. ¶동족-
상:장 명 광산에서 구덩이의 동바리나 덧장 사이에 끼워 천판(天板)과 좌우의 벽에서 돌이나 흙이 떨어지지 않게 막는 나무. 동바리보다 가는 나무를 씀.
상:장(上長)명 나이나 지위가 자기보다 위인 사람.
상:장(上狀)[-짱]명 경의(敬意)나 조의(弔意)를 표하여 올리는 편지.
상:장(上場)명-하다타 주식(株式)을 사고 팔 수 있게 증권 거래소에 등록하는 일. ¶- 종목
상장(喪杖)명 상제가 짚는 지팡이. 부상(父喪)에는 대나무, 모상(母喪)에는 오동나무를 씀. 속상장 막대
상장(喪章)명 거상(居喪)이나 조상(弔喪)의 뜻으로 옷가슴이나 소매에 달거나 두르는 표.
상장(喪葬)명 장사지내는 일과 상중(喪中)에 치르는 모든 예식.
상장(賞狀)[-짱]명 품행이나 성적이 우수한 사람에게 상으로 주는 증서. ¶우등 -/개근 -/-을 받다.
상:-장군(上將軍)명 ①신라 시대, 대장군(大將軍)의 다음인 무관. ②고려 시대, 이군(二軍)과 육위(六衛)의 으뜸 장수. 정삼품임. ③조선 시대, 십위(十衛)의 으뜸 장수. 정삼품임.
상장=막대(喪杖-)명 '상장(喪杖)'을 속되게 이르는 말.
상:장-주(上場株)명 증권 거래소에 상장된 주식(株式).
상:장=증권(上場證券)[-꿘]명 증권 시장에 상장된 유가증권.
상장지절(喪葬之節)명 장사(葬事) 또는 삼년상(三年喪)을 치르는 모든 절차.
상:장=회:사(上場會社)명 자기 회사가 발행한 주식을 증권 거래소에 상장시키고 있는 회사.
× **상재**(上-)명 →상좌(上佐)
상:재(上才)명 뛰어난 재주, 또는 그 재주를 가진 사람. ☞수재(秀才)
상:재(上梓)명-하다타 가래나무 판목에 올린다는 뜻으로, 책을 출판하는 일. 상목(上木) 원상자(上梓)
상:재(上裁)명 ①임금의 재가(裁可). ②상부의 결재.
상재(商才)명 장사하는 재능. ¶-가 뛰어난 상인.
상재(霜災)명 서리가 일찍 내려서 작물이 해를 입는 재앙. 상이(霜異) ¶작물이 -를 입다. ☞상해(霜害)
상쟁(相爭)명-하다자 서로 다툼. ¶골육(骨肉) -
상-쟁이(相-)명 '관상쟁이'의 준말.
상저가(相杵歌)명 ①퇴계 이황(李滉)이 지었다고 전해지는 가사. '고금가곡(古今歌曲)'에 실려 전함. ②고려 가요의 한 가지. 방아를 찧을 때 부르던 노동요(勞動謠)로, 부모에 대한 효성을 노래한 내용. 작자와 연대는 알 수 없음. '시용향악보(時用鄕樂譜)'에 실려 전함.
상적(商敵)명 상업에서 서로 경쟁하는 사람.
상적(相敵)어기 '상적(相敵)하다'의 어기(語基).
상적(相適)어기 '상적(相適)하다'의 어기(語基).
상적광토(常寂光土)성구 불교에서, 항상 변하지 않는 광명 세계라는 뜻으로, 부처의 처소나 빛나는 마음의 세계를 이르는 말. 준상적토(常寂土). 적광토(寂光土)
상-적토(常寂土)명 '상적광토(常寂光土)'의 준말.
상적-하다(相敵-)형여 양편의 힘이 서로 비슷하다.
상적-하다(相適-)형여 서로 걸맞거나 비슷하다.
상:전 명 ①지난날, 종에 상대하여 그 '주인'을 이르던 말. ②지배권을 가진 윗사람을 비유하여 이르는 말.
속담 **상전 배부르면 종 배고픈 줄 모른다**: 남의 사정은 조금도 알아주지 않고, 저만 위할 줄 알고 제 욕심만 채우려는 사람을 두고 이르는 말.〔제 배가 부르면 종의 밥 짓지 말란다〕/**상전 앞의 종**: 어려워하여 쩔쩔매며 시키는 대로 하는 사람을 비유하여 이르는 말./**상전의 빨래에 종의 발뒤축이 희다**: 남의 일을 해 주면 자기에게도 어떤 소득이 있다는 말.
상:전(上田)명 ①땅이 기름져서 농작물을 많이 수확할 수 있는 밭. ②상등전(上等田) ☞하전(下田)
상:전(上殿)명-하다자 지난날, 궁전으로 올라가거나 전상(殿上)에 오르던 일.
상전(床廛)명 지난날, 잡화(雜貨)를 팔던 가게.
상전(相傳)명-하다타 대대로 서로 전함. ¶- 비법
상전(相戰)명-하다자 ①서로 말다툼하거나 싸움. ②바둑이나 장기 따위로 승패를 겨룸.
상전(桑田)명 뽕나무 밭. 뽕밭. 상원(桑園)
상전(常典)명 상규(常規)
상전(商戰)명 상업에 관한 일로 다투는 일.
상전(詳傳)명 상세하게 쓴 전기(傳記).
상전(賞典)명 상격(賞格)
상전벽해(桑田碧海)성구 뽕나무 밭이 변하여 파란 바다가 된다는 뜻으로, 세상의 변천이 심함을 비유하여 이르는 말. 벽해상전. 상전창해(桑田滄海). 창해상전(滄海桑田) 준상해(桑海) ☞창상지변(滄桑之變)
속담 **상전벽해 되어도 비켜 설 곳 있다**: 아무리 큰 재난을 당하더라도 살아날 희망은 있다는 말.
상:전-옥답(上田沃畓)명 소출이 많은 밭과 기름진 논.
상-전:이(相轉移)명 물질이 조건에 따라 한 형태에서 다른 형태로 이행하는 현상. 융해, 고화, 기화, 응결 따위.
상전창해(桑田滄海)성구 상전벽해(桑田碧海)
상점(商店)명 물건을 파는 가게. 상포(商鋪)
상접(相接)명-하다자 서로 한데 닿음. ¶피골이 -하다.
상:정(上丁)명 음력으로 다달이 드는 첫째 정(丁)의 날. 흔히 이 날, 연제사(練祭祀)나 담제(禫祭)를 지냄. ☞하정(下丁)
상:정(上程)명-하다타 의안(議案)을 회의에 내놓음. ¶세제(稅制) 개편안을 -하다.
상정(常情)명 사람에게 공통적으로 있는 보통의 인정. ¶불우 이웃을 돕는 것은 사람의 -이다.
상:정(想定)명-하다타 어떤 정황을 가정적으로 생각하여 결정함.
상정(詳定)명-하다타 지난날, 나라의 제도나 조세의 징수액, 관아에서 쓰는 물건 값 따위를 자세히 정해 놓고 오랫동안 변경하지 않던 일.

상정(傷情)명-하다자 정분(情分)이 상함.
상정예문(詳定禮文)명 '고금상정예문(古今詳定禮文)'의 준말.
상정고:금예문(詳定古今禮文)명 고려 인종 때, 최윤의(崔允儀)가 왕명으로 고금의 예문을 모아 엮은 책. 지금은 전하지 않으나 우리 나라 최초의 활자본으로 추정됨. 고금상정예문
상:정-량(想定量)명 상정한 분량. 추정량(推定量)
상정-례(詳定例)명 지난날, 상정(詳定)한 규례(規例).
상:제(上帝)명 천제(天帝). 하느님
상:제(上第)명-하다자 지난날, 과거(科擧)에서 상등으로 급제하는 일, 또는 그 사람을 이르던 말. ☞장원(壯元). 하제(下第)
상:제(上製)명 상등으로 만든 것. ☞특제(特製)
상제(相制)명-하다타 서로 견제(牽制)함.
상제(相濟)명-하다타 서로 구제함.
상제(常制)명 늘 정해져 있는 제도.
상제(喪制)명 ①부모 또는 승중(承重) 조부모의 상중(喪中)에 있는 사람. 극인(棘人). 상인(喪人) ②상례(喪禮)에 관한 제도.
속담 **상제가 울어도 제상(祭床)에 가자미 물어가는 것 안다** : 경황이 없는 가운데서도 자기의 손해에 대해서는 민감하다는 말. /**상제보다 복재기가 더 설워한다** : 직접 일을 당하고 있는 사람보다 옆 사람이 더 걱정한다는 말. /**상제와 젯날 다툼** : 제게는 당치도 않은 일을 가지고 억지를 부리며 떠든다는 말. [상주 보고 제삿날 다툰다/남의 친기(親忌)도 우기겠다]
상제(喪祭)명 상례(喪禮)와 제례를 아울러 이르는 말.
상제(霜蹄)명 굽에 흰 털이 난 좋은 말.
상제-나비(喪制-)명 흰나빗과의 나비. 날개길이는 6.5~7.5cm이고, 몸빛은 희고 투명하여 날개 맥이 뚜렷함. 암컷의 앞날개 맥은 노랗고, 뒷날개 맥은 검으며 수컷은 앞뒤로 모두 검음. 애벌레는 사과나무·벚나무 등의 잎을 해침. 강원도에 분포함.
상:조(尙早)명 '시기상조(時機尙早)'의 준말.
상조(相助)명-하다자 서로 도움. ¶상부(相扶) -
상조(相照)명-하다타 서로 대조함.
상조(商調)명 중국 고전 음악의 오음(五音) 중에서 상(商)의 음을 주음으로 하는 음계.
상:족(上足)명 상좌(上佐)
상:족(上蔟)명-하다타 막잠을 자고 난 누에를 발이나 섶에 올리는 일.
상:존(尙存)명-하다자 아직 그대로 존재함.
상존(常存)명-하다자 언제나 존재함.
상:-존호(上尊號)명-하다자 지난날, 임금의 성덕(聖德)을 칭송하여 존호를 지어 올리던 일.
상종(相從)명-하다자 서로 사귀거나 친하게 지냄. 과종(過從) ¶유유(類類) -/- 못할 사람.
상:-종가(上終價)[-까]명 상한가(上限價)
상:좌(上佐)명 ①불도(佛道)를 닦는 사람. 행자(行者) ②불교에서, 여러 제자 중에서 사승(師僧)의 대를 이을 가장 높은 사람을 이르는 말. 상자(上資). 상족(上足)
상:좌(上座)명 ①윗사람이 앉는 자리. 윗자리 ☞하좌(下座) ②절에서, 중들을 통솔하고 온갖 사무를 관리하는 직명(職名), 또는 그 일을 맡아하는 중. 덕이 높고 나이 많은 중이 맡음. 상좌승. 수좌(首座)
속담 **상좌 중의 법고(法鼓) 치듯** : 무엇을 자주 빨리 쾅쾅 칠 경우에 이르는 말. /**상좌 중이 많으면 가마솥을 깨뜨린다** : 일을 하는 데 부질없이 간섭하는 사람이 많으면 잘되기는커녕 도리어 방해가 된다는 말.
상:좌-승(上座僧)명 상좌
상:주(上奏)명-하다타 임금에게 말씀을 아뢰는 일. 주상(奏上)
상:주(上酒)명 썩 좋은 술. 상등의 술.
상주(常住)명-하다자 ①한곳에 늘 삶. ¶서울에 -하는 인구. ②불교에서, 생멸(生滅)이나 변화가 없이 항상 있음을 이르는 말. ③'상주물'의 준말.
상주(常駐)명-하다자 어떤 곳에 늘 주둔하거나 주재함.
상주(喪主)명 주되는 상제. ☞만상제
속담 **상주 보고 제삿날 다툰다** : 정확히 아는 사람에게 도리어 자기의 틀린 생각을 고집한다는 말.
상주(詳註)명 상세한 주석(註釋).
상주(賞酒)명 상으로 내리는 술. ☞벌주(罰酒)
상:주-문(上奏文)명 상주서(上奏書)
상주-물(常住物)명 절에 딸린 논밭과 기물 등의 재산을 통틀어 이르는 말. 상주승물(常住僧物) 준상주(常住)
상주부단(常住不斷)성구 상주불멸(常住不滅)
상:주-불(上主佛)명 염주의 위에 꿴 큰 구슬.
상주불멸(常住不滅)성구 본연진심(本然眞心)이 없어지지 아니하고 영원히 있음을 이르는 말. 상주부단
상:주-서(上奏書)명 상주하는 사연을 적은 문서(文書). 상주문(上奏文)
상주-승물(常住僧物)명 상주물(常住物)
상:주-안(上奏案)명 임금에게 상주하는 안건.
상주=인구(常住人口)명 한 지역에 상주하는 인구. 일시적 거주자를 제외하며, 일시적 부재자를 포함함.
상주좌:와(常住坐臥)성구 앉고 눕고 하는 일상 생활의 거동을 통틀어 이르는 말.
상준(詳準)명-하다타 상세히 살펴봄.
상:중(上中)명 지난날, 시문(詩文)을 꼲는 등급의 하나. 열두 등급 중의 둘째 등급으로, 상상(上上)의 아래, 상하(上下)의 위임. 상지중(上之中) ☞이중(二中). 삼중(三中). 차중(次中)
상중(桑中)명 남녀의 불의(不義)의 밀회(密會)를 이르는 말.
상중(喪中)명 ①상(喪)을 당하고부터 장례를 치를 때까지의 동안. 거우(居憂) ②상제(喪制)로 있는 동안. ☞효중(孝中)

> ▶ **상중**(喪中)
> 상(喪)을 당했을 때, 상중임을 알리기 위해 '喪中'이라 써 붙이는데 이는 초상(初喪) 때만 써 붙인다.

상:-중순(上中旬)명 상순과 중순을 아울러 이르는 말. ☞중하순(中下旬)
상:중하(上中下)명 위와 가운데와 아래, 또는 등급에서의 위와 가운데와 아래. ¶- 한 질(帙)의 책./사과를 크기에 따라 -로 가르다.
상:지(上肢)명 사람의 두 팔, 또는 네발짐승의 앞다리. ☞하지(下肢)
상:지(上智)명 가장 뛰어난 지혜, 또는 그런 사람. ☞중지(中智). 하우(下愚)
상지(相地)명-하다자 형세를 보아 땅의 길흉을 판단함.
상지(相知)명-하다자 서로 앎, 또는 서로 아는 사이.
상지(相持)명-하다자 서로 양보하지 않고 자기의 고집만을 내세움.
상지(常紙)명 품질이 고급이 아닌 보통의 종이.
상:지-골(上肢骨)명 상지를 이루고 있는 뼈를 통틀어 이르는 말. 상완골(上腕骨)·요골(橈骨)·척골(尺骨)·수골(手骨) 따위가 있음. ☞하지골
상:지-근(上肢筋)명 상지를 이루는 근육을 통틀어 이르는 말. 견갑근(肩胛筋)·상박근(上膊筋)·하박근(下膊筋)·수근(手筋) 따위가 있음. ☞하지근
상:지-대(上肢帶)명 상지를 버티고 있는 뼈대. 견갑골(肩胛骨)과 쇄골(鎖骨)로 이루어져 있음. 견대(肩帶) ☞하지대(下肢帶)
상:지-상(上之上)명 ①상, 중, 하로 가른 것을 다시 각각 상, 중, 하로 가를 때의 '상의 상'. ②상상(上上) ☞상지중(上之中). 상지하(上之下)
상:지=운:동(上肢運動)명 상지의 근육 골격 관절을 움직이는 운동.
상:지-중(上之中)명 ①상, 중, 하로 가른 것을 다시 각각 상, 중, 하로 가를 때의 '상의 중'. ②상중(上中) ☞상지상(上之上). 상지하(上之下)
상:지-하(上之下)명 ①상, 중, 하로 가른 것을 다시 각각 상, 중, 하로 가를 때의 '상의 하'. ②상하(上下) ☞상

지상(上之上). 상지중(上之中)
상:직(上直)명 ①당직(當直) ②숙직(宿直)
속담 **상직 자고 보니 뒷말을 또 할까** : 자기가 직접 그 일을 하고 보니 이러쿵저러쿵 딴말을 할 수 없다는 말.
상:직(上職)명 윗자리의 직위, 또는 그 직원.
상직(常直)명 계속해서 하는 당직이나 숙직.
상:직-꾼(上直-)명 ①당직인 사람. ②상직파(上直婆)
상:직-파(上直婆)명 아낙에서 부녀의 시중을 드는 노파. 상직꾼
상:-진일(上辰日)명 음력 정월의 첫째의 용날. 이 날 새벽에 용이 우물에 알을 낳는다 하여, 부녀가 새벽에 알이 든 우물물을 길어 밥을 짓고 그 해의 복을 빌었음.
상:-질(上秩)[-찔]명 상길 ☞중질(中秩). 하질(下秩)
상:질(上質)명 썩 좋은 품질. ¶-의 고령토.
상집(翔集)명-하다자 새 떼가 날아와 모이는 일.
상징(象徵)명-하다타 추상적인 관념이나 내용을 감각적이고 구체적인 사물로써 이해하기 쉽도록 나타내는 일, 또는 그렇게 나타내는 사물. ¶비둘기는 평화를 -한다.
상징-극(象徵劇)명 내면의 세계를 암시나 상징을 표현 수단으로 삼는 연극이나 희곡. 상징주의 연극.
상징-시(象徵詩)명 구체적인 사물이나 내용을 읊는 것이 아니고, 음악적·암시적(暗示的)인 방법으로 표현하는 시. 상징주의의 시.
상징-어(象徵語)명 〈어〉흉내말. 소리를 흉내낸 말과 모양이나 움직임을 흉내낸 말이 있음. '멍멍, 짹짹, 생글생글, 반짝반짝' 따위가 있음. ☞의성어. 의태어
상징-적(象徵的)명 상징을 나타내는 것. 사물을 상징하는 것. ¶-인 의미.
상징-주의(象徵主義)명 19세기 후반 프랑스를 중심으로 자연주의나 사실주의에 반대하여 일어난 예술 사조(思潮). 내면의 세계를 상징적인 말이나 영상(映像)으로 암시적으로 나타내려고 하였음. 표상주의(表象主義)
상징-파(象徵派)명 상징주의를 주장하는 문예의 한 파.
상징-화(象徵化)명-하다자타 상징으로 되는 일, 또는 상징으로 만드는 일. ¶태극은 우주의 원리를 -한 그림이다.
상:차(上車)명-하다타 짐을 차에 실음. ☞하차(下車)
상-차례(床-)명 음식상을 차리는 차례.
상차=운:송(相次運送)명 몇 사람의 운송인이 책임을 연대하여 운송하는 일. 연대 운송(連帶運送)
상착(常着)명 보통 때 입는 옷. 상복(常服)
상:찬(上饌)명 아주 좋은 반찬.
상찬(常餐)명 늘 먹는 식사.
상찬(常饌)명 늘 먹는 반찬.
상찬(賞讚)명-하다타 찬상(讚賞)
상찬-계(相讚契)명 지난날, 양반들이 서로 칭찬하여 이름을 세상에 알리기 위하여 모이던 단체.
상찰(詳察)명-하다타 자세히 살핌.
상:찰(想察)명-하다타 생각하여 헤아림.
상참(常參)명 조선 시대, 의정(議政)을 비롯한 중신(重臣)들이 날마다 편전(便殿)에서 임금에게 국무(國務)를 사뢰던 일.
상:창(上唱)명①-하다타 높은 소리로 창을 함. ②뛰어난 창.
상채(喪債)명 삼상(三喪)을 치르면서 진 빚.
상:채(償債)명-하다자 빚을 갚음.
상:책(上策)명 가장 좋은 계책이나 수. 상계(上計) ¶지금은 기다리는 것이 -이다. ☞중책. 하책
상책(商策)명 상업에 관한 계책.
상:처(喪妻)명-하다자 아내를 여의고 홀아비가 되는 일. 상배(喪配). 상우(喪偶) ☞상부(喪夫)
상처(傷處)명 ①몸의 다친 자리. 다친 데. ¶-가 깊다. ②다친 데가 아문 흉터. ¶-가 남다. ③피해나 타격을 받은 자취. ¶전쟁의 -./마음의 -.
상척(相斥)명-하다자 서로 배척함.
상:천(上天)명 ①하늘 ☞하지(下地) ②하느님 ③사천(四天)의 하나. '겨울 하늘'을 이름. ☞창천(蒼天) ④-하다자 하늘에 오름. 승천(昇天)

상천(常賤)명 상인(常人)과 천인을 아울러 이르는 말.
상천(霜天)명 서리가 내리는 밤 하늘.
상천(常川)부 늘. 항상
상-천우(桑天牛)명 '뽕나무하늘소'의 딴이름.
상:천-하:지(上天下地)명 위에 있는 하늘과 아래에 있는 땅이라는 뜻으로, 온 천지를 이르는 말.
상:첨(上籤)명 민속에서, 신묘(神廟) 같은 데서 산가지를 뽑아 길흉을 점칠 때 뽑는 점괘가 가장 길한 산가지. ☞중첨. 하첨
상:청(上廳)명 지난날, 윗사람이 있는 처소나 관아를 이르던 말. 위청 ☞하청(下廳)
상:청(上請)명-하다타 ①썩 긴한 청(請). 으뜸가는 청. ②윗사람에게 청함.
상청(喪廳)명 '궤연(几筵)'을 속되게 이르는 말.
상청(常青)어기 '상청(常青)하다'의 어기(語基).
상청-하다(常青-)형여 늘 푸르다. ¶상청한 소나무.
상:체(上體)명 몸의 허리 윗부분. 윗몸. 상반신 ☞하체
상체(相替)명-하다타 서로 바꿈.
상:초(上草)명 품질이 아주 좋은 살담배. ☞중초(中草)
상:초(上焦)명 한방에서 이르는 삼초(三焦)의 하나. 횡격막 위에서 목구멍까지의 가슴 부위로, 심장과 폐를 중심으로 기(氣)를 다스리는 곳이라 함. ☞중초. 하초
상초(霜草)명 서리 맞은 풀.
상:초-열(上焦熱)명 한방에서, 상초에 열이 생겨 목구멍이 붓고 입 안이 헐고 눈이 벌개지고 머리가 아픈 증세. ☞하초열
상추명 국화과의 한해살이풀 또는 두해살이풀. 줄기 높이는 1m 안팎이며, 초여름에 여러 가닥의 가지에 많은 담황색 꽃이 핌. 줄기나 잎을 꺾으면 흰 즙이 나옴. 잎을 쌈 따위로 먹기 위해 재배함. ☞양상추
속담 **상추 밭에 똥 싼 개는 늘 저 개 저 개 한다** : 한번 나쁜 짓을 하다가 들킨 사람은 나쁜 일이 드러날 때마다 늘 의심을 받는다는 뜻으로 하는 말.
상:추(上秋)명 ①초가을 ②'음력 칠월'을 달리 이르는 말.
상:추(爽秋)명 상쾌한 가을.
상추-쌈명 상추 잎으로 밥과 된장이나 고추장, 반찬 따위를 한데 싸서 먹는 것.
속담 **상추쌈에 고추장이 빠질까** : 언제나 어울리는 것으로 빠질 수가 없다는 말.
상:축(上祝)명-하다타 임금을 위하여 부처 앞에 비는 일.
상:춘(上春)명 '음력 정월'을 달리 이르는 말.
상춘(常春)명 늘 계속되는 봄.
상춘(賞春)명-하다자 봄의 경치를 구경하며 즐김.
상춘-객(賞春客)명 봄의 경치를 즐기는 사람. 유 향춘객
상춘곡(賞春曲)명 조선 성종 때 정극인(丁克仁)이 지은 가사. 고향인 전북 태인(泰仁)에 은거하면서 봄날의 경치를 읊은 내용임. 가사 문학의 효시(嚆矢). '불우헌집(不憂軒集)'에 실려 전함.
상춘-등(常春藤)명 ①한방에서, 송악의 줄기와 잎을 약재로 이르는 말. 관절염·요통·간염·고혈압 따위에 쓰임. ②'댕댕이덩굴'의 딴이름.
상:충(上衝)명-하다자 ①위로 치밀어 오름. ②상기(上氣)
상충(相沖)명-하다자 방위(方位), 일진(日辰), 시(時) 등이 서로 맞질림.
상충(相衝)명-하다자 맞지 않고 서로 어긋남. ¶이해(利害)가 -하다.
상췌(傷悴)명-하다자 마음이 상해 얼굴이나 몸이 축남.
상:측(上側)명 위쪽 ☞하측(下側)
상측(喪側)명 시체가 있는 곁.
상:층(上層)명 ①위층. ¶아파트의 -. ②계급·신분·지위 따위가 높은 계층. ☞하층(下層)
상:층=계급(上層階級)명 사회적 신분과 생활 수준이 높은 계층, 또는 그런 계층의 사람들. ☞하층 계급
상:층=구조(上層構造)명 상부 구조(上部構造)
상:층=기단(上層氣團)명 대기(大氣)의 침강이 원인이 되어 생기는 상공(上空)의 매우 건조한 기단.
상:층=기류(上層氣流)명 상공(上空)의 기류.
상:층-류(上層流)명 상층의 조류(潮流)나 기류(氣流).

상:층=사:회(上層社會)명 상류 사회 ☞하층 사회
상:층-운(上層雲)명 대류권(對流圈)의 위쪽에 생기는 구름. 온대 지방에서는 지표(地表)로부터 5~13km 높이에 생기는데, 작은 빙정(氷晶)으로 이루어져 있음. 권운(卷雲)·권적운(卷積雲)·권층운(卷層雲) 따위. 위턱구름 ☞중층운. 하층운
×**상치**명 →상추
상:-치(上−)명 같은 종류의 물건 중에서 품질이나 크기 따위로 보아 가장 좋은 것. 상품(上品) ☞중치. 하치
상:치(上齒)명 윗니 ☞하치(下齒)
상:치(尙齒)명-하다자 노인을 공경함.
상치(相値·相馳)명-하다자 일이나 뜻이 서로 어긋나거나 마주침. ¶ −하는 보고.
상치(常置)명-하다타 늘 비치하여 두거나 설치하여 둠.
상:치=세:전(尙齒歲典)명 조선 시대, 세초(歲初)에 조관(朝官)들 부인 가운데 나이가 70세 이상이 된 이에게 궁중에서 쌀, 고기, 소금 따위를 주던 일.
상치-원(常置員)명 어떤 일을 늘 맡아볼 수 있도록 배치한 인원.
상:-치은(上齒齦)명 윗잇몸 ☞하치은(下齒齦)
상칙(常則)명 일반적인 규칙. 상규(常規)
상친(相親)명-하다자 서로 친하게 지냄.
상친-간(相親間)명 서로 친하게 지내는 사이.
상:침(上針)명 ①좋은 바늘. ②박이옷이나 보료, 방석 따위의 가장자리를 실밥이 겉으로 드러나게 꿰매는 일.
상침(을) 놓다관용 박이옷이나 보료, 방석의 가장자리를 실밥이 겉으로 드러나게 꿰매다.
상칭(相稱)명-하다자 ①좌우나 상하가 서로 대응해서 균형이 잡힘. ¶좌우 − ②생물의 형태가 어떤 면을 기준으로 하여 양쪽이 서로 같게 보이는 일. 비슷하지만 똑같지는 않음. 사람의 좌우 상칭형, 불가사리의 방사(放射) 상칭형 따위.
상:쾌(爽快)어기 '상쾌(爽快)하다'의 어기(語基).
상:쾌-하다(爽快−)형여 기분이 시원하고 유쾌하다. 상활하다 ¶상쾌한 아침.
상쾌-히부 상쾌하게
상크름-하다형여 ①옷감이나 여름옷이 발이 가늘고 살핏하며 풀이 서서 보기에 시원하다. ¶상크름한 모시 저고리. ②바람기가 산산하다. ¶상크름한 날씨. ☞성크름하다
상큼부 발걸음을 가볍게 내디디는 모양을 나타내는 말. ¶발을 − 내딛다. ☞성큼
상큼-상큼부 발걸음을 가볍게 잇달아 내디디는 모양을 나타내는 말. ¶횡단 보도를 − 건다. ☞성큼성큼
상큼-하다[1]형여 ①아랫도리가 윗도리보다 어울리지 않게 갈쭉하다. ☞성큼하다 ②옷을 입은 모양새가 강동하다. ③여름옷이 풀이 서고 발이 가늘어 보기에 시원하다.
상큼-하다[2]형여 향미(香味)가 있고 시원하다. ¶차게 한 오이 맛이 −.
상탁(床卓)명 제상(祭床)과 향탁(香卓).
상:탁하:부정(上濁下不淨)성구 '윗물이 맑아야 아랫물이 맑다'라는 말을 한문식으로 옮긴 구(句)로, 윗사람의 행실이 바르지 않으면 아랫사람도 이를 본받아 행실이 바르지 않다는 뜻.
상탄(傷歎·傷嘆)명-하다타 마음이 상하여 탄식함.
상탄(賞歎·賞嘆)명-하다타 탄복하여 크게 칭찬함.
상탐(詳探)명-하다타 자세하게 찾아 봄.
상탑(牀榻)명 깔고 앉거나 눕거나 하는 제구. 평상(平牀)·침상 따위가 있음.
상:탕(上湯)명 온천에서 가장 뜨거운 탕. ☞중탕. 하탕
상태(狀態)명 사람이나 사물이 어떤 시점(時點)에 놓여 있는 모양이나 형편. ¶정신 −/건강 −/위독한 −.
상태(常態)명 평상시의 모양이나 형편.
상태-도(狀態圖)명 어떤 물질의 몇 가지 상태량 사이에 성립되는 관계를 평면도로 나타낸 것.
상태-량(狀態量)명 물질계나 공간의 거시적 상태를 나타내는 양. 열역학에서는 압력·부피·온도 따위가 있고, 공간에서는 전장(電場)·자장(磁場) 따위가 있음.
상태=방정식(狀態方程式)명 물질의 압력·부피·온도 따위의 사이에서 성립되는 관계 방정식.
상:토(上土)명 농사짓기에 썩 좋은 땅. ☞중토. 하토
상토(床土)명 모판흙
상:토-권(上土權)[−꿘]명 남의 토지를 개간하는 사람이 토지의 소유권으로부터 독립해서 가지는 경작권.
상:토하:사(上吐下瀉) 입으로는 토하고 아래로는 설사함의 뜻. 준토사(吐瀉)
상통(相−)명 '얼굴'을 속되게 이르는 말. 상판. 상판대기
상:통(上通)명-하다타 윗사람에게 아랫사람의 의사를 통하는 일. ☞하달(下達)
상통(相通)명-하다자 ①서로 막힘 없이 길이 트임. ¶굴이 뚫려 두 마을이 −하게 되었다. ②뜻이 서로 통함. ¶기맥이 −하다. ③서로가 어떤 일에 공통됨. ¶그들에게는 −하는 점이 있다.
상통(傷痛)어기 '상통(傷痛)하다'의 어기(語基).
상:통천문(上通天文)성구 천문(天文)에 밝음을 이르는 말. ☞하달지리(下達地理)
상통-하다(傷痛−)형여 마음이 상하고 아프다.
상:퇴(上腿)명 넓적다리 ☞하퇴(下腿)
상투명 지난날, 성인 남자의 머리털을 끌어올려서 정수리 위에 틀어 놓던 것. 원상두
상투(를) 틀다관용 총각이 장가를 가거나 관례를 치러 어른이 되다.
상투 위에 올라앉다관용 상대를 만만히 보고 기어오르는 행동을 하다.
속담 **상투가 국수버섯 솟듯 하다** : 상투가 솟아오르는 국수버섯처럼 우뚝하다는 뜻으로, 되지못하게 잘난체 하며 우쭐거리는 사람을 두고 이르는 말.

상투(相鬪)명-하다자 서로 싸움.
상투(常套)명 보통으로 하는 투. 예사의 버릇.
상투-관(−冠)명 상투에 씌우는 작은 관.
상투-기둥명 재래식 한옥에서, 위를 상투처럼 만든 기둥. 도리에 구멍을 뚫어 얹게 되어 있음.
×**상투-꼬부랑이**명 →상투쟁이
상투-밑명 '배코'를 흔히 이르는 말.
상투=수단(常套手段)명 늘 버릇처럼 쓰는 수단.
상투-어(常套語)명 어떤 경우에 으레 하는, 틀에 박힌 말. 준투어(套語)
상투-쟁이명 상투를 튼 사람을 놀리어 이르는 말.
상투-적(常套的)명 늘 버릇이 되다시피 한 것. ¶ −인 말.
상툿-고명 상투의 틀어 감은 부분.
상툿-바람명 상투를 튼 사람이 아무 것도 쓰지 않고 맨머리로 나선 차림새.
상파(床播)명-하다자 묘상(苗床)에 씨를 뿌림.
상파(翔破)명-하다타 ①새가 날아 지나감. ②비행기 등이 어떠한 거리를 끝까지 비행하여 마침.
상:-판(上−)명 첫 판. ☞하판
상-판(相−)명 상판대기
상:판(上版)명 절의 큰방의 손이 앉는 윗목. ☞하판
상-판대기(相−)[−때−]명 '얼굴'을 속되게 이르는 말. 상통. 상판
속담 **상판대기가 꽹과리 같다** : 몹시 파렴치한 사람을 두고 이르는 말.
상:-팔자(上八字)[−짜]명 제일 좋은 팔자, 또는 아주 편한 팔자. ¶무자식이 −.
상:패(上牌)명 골패·화투·트럼프 따위에서 좋은 패.
상패(象牌)명 조선 시대, 홍문관(弘文館)의 서책을 출납할 때 쓰던 상아로 만든 패.
상패(賞牌)명 상으로 주는 패. ☞공로패(功勞牌)
상패(常悖)어기 '상패(常悖)하다'의 어기(語基).
상패-하다(常悖−)형여 도리에 어긋나고 막되다.
상:편(上篇)명 세 편 또는 두 편으로 된 책의 첫째 편. ☞중편. 하편
상:평(上平)명 '상평성'의 준말. ☞하평(下平)
상평-곡(常平穀)명 조선 시대, 상평청(常平廳)에 보관해

두던 곡식.
상:-평성(上平聲)명 한자(漢字)의 사성(四聲)의 하나인 평성(平聲) 중의 하나. 높은 소리가 높낮이 없이 고르게 끝남. 서른 운을 상하로 가른 위의 열다섯 운이 이에 딸림. 준상평(上平) ☞하평성(下平聲)
상평-창(常平倉)명 고려·조선 시대의 물가 조절 기관. 곡식과 베를 사들여 비축하였다가 값이 오르게 되면 싼 값으로 내다 팔아 물가를 조절하였음.
상평-청(常平廳)명 1457년(조선 세조 3)에 설치된 물가 조절과 화폐 주조를 맡아보던 기관. 1626년(인조 4)에 선혜청(宣惠廳)에 귀속됨.
상평-통보(常平通寶)명 조선 인조(仁祖) 때와 숙종 때에 만들어 쓰던 엽전의 이름.
상포(常布)명 품질이 낮은 베.
상포(商布)명 지난날, 화폐 대신으로 쓰던 포목.
상포(商鋪)명 상점(商店)
상포(喪布)명 초상(初喪) 때 쓰는 포목.
상포-계(喪布契)명 초상(初喪) 때 드는 비용을 서로 돕기 위한 계. ☞초상계
상:표(上表)명-하다자 임금에게 표(表)를 올림.
상표(商標)명 사업자가 자기의 판매품임을 나타내려고 상품에 붙이는 고유한 문자나 기호, 도안 따위의 표지.
상표-권(商標權)[-꿘]명 공업 소유권의 하나. 등록된 상표를 배타적이며 독점적으로 사용할 수 있는 권리.
상표-법(商標法)[-뻡]명 상표를 보호함으로써 기업 경영에서 신용을 확보하고 부정 경쟁을 방지하려고 제정한 법률.
상:품(上品)명 ①품격이 고상함. ②상치 ③불교에서, 극락정토의 아홉 등급 중에서 윗자리의 세 품을 이르는 말. ☞중품. 하품
상품(商品)명 팔고 사는 물건. 상거래의 목적물이 되는 재화(財貨). 동산(動產)과 서비스 따위.
상품(賞品)명 상으로 주는 물품. ¶푸짐한 -을 받다.
상품=관:리(商品管理)명 상품을 사들여서 팔 때까지 재고품의 종류와 수량 등을 알맞게 조절하여 관리하는 일.
상품-권(商品券)[-꿘]명 백화점이나 상점 등에서 취급하는 상품을 액면 가격의 한도까지 교환해 줄 것을 약속하여 발행하는 무기명 유가 증권.
상품-명(商品名)명 상품의 이름.
상품=목록(商品目錄)명 상품의 이름·특징·종류·가격 따위를 적은 영업용 소책자.
상품별=링크제(商品別link制)명 개별 링크제
상품=생산(商品生產)명 판매나 교환을 목적으로 하는 재화(財貨)나 서비스의 생산.
상품=신:탁(商品信託)명 상품을 관리하거나 처분할 목적으로 하는 신탁.
상품=어음(商品-)명 상업 어음
상:품=연대(上品蓮臺)[-년-]명 불교에서 이르는 극락 세계의 가장 높은 연화대(蓮花臺).
상품=유통(商品流通)[-뉴-]명 화폐를 매개 수단으로 하여 거래되는 상품의 교환.
상품=작물(商品作物)명 시장에 내다 팔려고 재배하는 농작물.
상품=진:열관(商品陳列館)명 여러 상품을 벌여 놓고 사람들에게 구경시키는 곳.
상품-학(商品學)명 상품의 사용 가치를 연구하는 학문.
상품-화(商品化)명-하다자타 상품이 되거나 또는 상품으로 만듦. ¶연구소의 발명품을 -하다.
상품=화:폐(商品貨幣)명 물물 교환에서 화폐 구실을 하는 물건. 조가비, 털가죽, 가축, 곡물, 포목 따위가 있음. 물품 화폐(物品貨幣)
상품=회전율(商品回轉率)[-뉼]명 일정한 기간에 상품이 몇 번 회전하는지를 나타내는 비율. 그 기간의 매상(賣上) 원가를 상품 평균 재고량으로 나눈 것. 비율이 클수록 판매 효율이 큼.
상풍(商風)명 가을바람
상풍(傷風)명 한방에서, 바람을 쐬어서 생기는 병증을 통틀어 이르는 말.
상풍(霜楓)명 서리 맞은 단풍, 또는 시든 단풍.
상풍-고절(霜風高節)명 어떠한 어려움에도 굽히지 않는 높은 절개.
상풍-증(傷風症)[-쯩]명 한방에서, '코감기'를 이르는 말.
상풍-패:속(傷風敗俗)명 썩어빠지고 어지러워진 풍속.
상:피(上皮)명 동식물의 몸 표면이나 동물의 체내 기관의 내면을 덮고 있는 살갗이나 세포층. ☞진피(眞皮). 표피
상피(相避)명-하다자 ①지난날, 친족이나 그 밖의 관계로 같은 곳에서 관직을 맡는 일이나, 청송(聽訟)과 시관(試官) 등을 피하던 일. ②가까운 친척 사이의 남녀가 성적(性的) 관계를 맺는 일. 근친(近親)
  상피(가) 나다관용 상피 붙는 일이 생기다.
  상피(를) 붙다관용 친척 간의 남녀가 성관계를 가지다.
상피(象皮)명 코끼리의 가죽.
상피리명 '게르치'의 딴이름.
상피-병(象皮病)[-뼝]명 사상충(絲狀蟲)의 기생 따위로 말미암아 림프의 흐름에 장애가 생겨, 주로 다리의 피부가 코끼리 가죽 모양으로 두껍고 딱딱해지는 병.
상:피=세:포(上皮細胞)명 상피 조직을 이루는 세포.
상:피=소:체(上皮小體)명 사람의 갑상선 뒤쪽에 있는 두 쌍으로 된 쌀알 크기의 작은 내분비선(內分泌腺). 칼슘과 인(燐)의 대사(代謝)에 관계함. 결목밑샘. 부갑상선
상:피=조직(上皮組織)명 동물체의 표면과 기관의 내면, 체강(體腔)의 표면을 덮는 세포들로 이루어진 조직. 내부를 보호하고 상태를 조절하는 등의 작용을 함.
상:하(上下)명 ①위와 아래. 위아래 ¶- 2층으로 된 옷장. ②높고 낮음. ¶계급의 -. ③윗사람과 아랫사람. ④옷의 윗도리와 아랫도리. ¶- 한 벌. ⑤'상하권'의 준말. ¶- 두 권짜리. ⑥오르내리는 일. ⑦지난날, 시문(詩文)을 꼲는 등급의 하나. 열두 등급 중의 셋째 등급으로, 상중(上中)의 아래, 이상(二上)의 위임. 상지하(上之下) ☞삼하(三下). 이하(二下). 차하(次下)
상하(常夏)명 늘 계속되는 여름.
상하-걸(霜下傑)명 서리를 맞아도 꿋꿋한 꽃이라는 뜻으로, '국화(菊花)'를 달리 이르는 말.
상:-하권(上下卷)명 두 권으로 가른 책의 상권과 하권. ¶-을 동시에 출판하다. 준상하(上下)
상:하노:소(上下老少)명 윗사람과 아랫사람, 늙은이와 젊은이라는 뜻으로, 모든 사람을 이르는 말.
상-하다(傷-)자타여 ①다치거나 헐다, 또는 다치게 하거나 헐게 하다. ¶상한 다리를 치료하다./술로 위가 -. ②해어지거나 깨지거나 못쓰게 되다. ¶밧줄이 상해서 끊어지다./상한 의자 다리를 고치다. ③음식이 썩거나 쉬거나 하다. ¶상한 우유./두부가 -. ④몸이 여위거나 축나다. ¶얼굴이 -./과로로 몸이 -. ⑤좋지 않은 일로 마음이나 기분이 언짢아지다, 또는 언짢게 하다. ¶그의 말에 마음이 상했다./기분을 상하지 않게 하다. ⑥사이가 틀어져 나빠지다. ¶사소한 일로 의가 -.
상-하다(尙-)타여《文》공주(公主)나 옹주(翁主)를 결혼시키다.
상:하-대(上下-)명 아래위의 영창대.
상:-하동(上下洞)명 윗동네와 아랫동네.
상:하-동(上下動)명-하다자 아래위로 움직이거나 흔들리는 일. 기계나 지진 따위의 진동. ☞수평동(水平動)
상:-하부(上下部)명 윗부분과 아래 부분.
상:하-분(上下墳)명 부부를 합장(合葬)하지 못하고 위아래에 쓴 무덤. 연분(連墳)
상:하불급(上下不及)성구 상하사불급
상:하사불급(上下寺不及)성구 위로도 아래로도 모두 미치지 못함을 이르는 말. 상하불급
상:하상몽(上下相蒙)성구 윗사람과 아랫사람이 서로 속이는 일을 이르는 말.
상:-하수도(上下水道)명 상수도와 하수도.
상:하순설(上下脣舌)성구 남의 입에 자꾸 오르내림을 이르는 말.
상:하-장(上下葬)명 부부를 합장(合葬)하지 못하고 뒷자

리에 위아래로 묻는 장사(葬事).
상:하지분(上下之分)명 위아래의 분별.
상:-하차(上下車)명-하다자 ①사람이 차에 오르거나 차에서 내림. ②차에 싣거나 부림.
상:하탱석(上下撑石)성구 '아랫돌 빼서 윗돌 괴고 윗돌 빼서 아랫돌 괸다'라는 말을 한문식으로 옮긴 구(句)로, 몹시 꼬이는 일을 당하여 임시변통으로 이리저리 견디어 나감을 이르는 말.
상:-하:현(上下弦)명 상현(上弦)과 하현(下弦)을 아울러 이르는 말.
상:하화목(上下和睦)성구 윗사람과 아랫사람이 서로 화목하게 지냄을 이르는 말.
상:하화순(上下和順)성구 윗사람과 아랫사람이 서로 뜻이 맞아 온화함을 이르는 말.
상:학(上學)명-하다자 학교에서 그 날의 공부를 시작함. ☞하학(下學)
상학(相學)명 사람의 상(相)을 보고 그 사람의 성질과 운명 따위를 판단하는 학문. 인상학(人相學)·수상학(手相學) 따위가 있음.
상학(商學)명 '상업학(商業學)'의 준말.
상학-자(相學者)명 상학(相學)을 연구하는 사람.
상:학-종(上學鐘)명 학교에서 그 날의 공부가 시작되는 시간을 알리는 종, 또는 그 소리. ☞하학종(下學鐘)
상:한(上限)명 ①수와 값 등의 위쪽의 한계. ¶면세액(免稅額)의 -. ☞하한(下限) ②시대의 오래된 쪽의 한계. ¶상고(上古) 시대의 -.
상:한(上澣)명 상순(上旬)
상한(常漢)명 상놈
상한(象限)명 '사분면'의 구용어.
상한(傷寒)명 ①한방에서, 추위에 상하여 생긴 병을 통틀어 이르는 말. 감기·폐렴·급성 열병 따위. ②한방에서, 방사가 지나치거나 성욕을 너무 억눌러서 생기는 병을 이르는 말.
상:한-가(上限價)[-까]명 증권 시장에서, 하루에 오를 수 있는 최고 한도까지 올라간 주가를 이르는 말. 상종가(上終價) ☞하한가
상한-동:계(傷寒動悸)명 한방에서, 가슴이 울렁거리는 급성 열병을 이르는 말.
상한-동:기(傷寒動氣)명 한방에서, 뱃속에 있는 적취(積聚)와 한기(寒氣)가 서로 충돌하여 뱃속이 흔들리는 것 같고 복통이 심한 병.
상한-번조(傷寒煩燥)명 한방에서, 심신(心神)이 불안하여 손발을 가만히 두지 못하는 증세를 이르는 말.
상:한-선(上限線)명 더 이상 올라갈 수 없는 한계선. ☞하한선(下限線)
상한-양증(傷寒陽證)[-냥쯩]명 한방에서, 발열이나 오한, 두통 등 양증이 나타나는 상한. 양증상한(陽證傷寒). 태양증(太陽證) 준양증 ☞상한음증(傷寒陰證)
상한-음증(傷寒陰證)[-쯩]명 한방에서, 사지궐랭(四肢厥冷), 맥박 미약(脈搏微弱), 토사 따위의 음증이 나타나는 상한. 음증상한(陰證傷寒). 태음증(太陰證) 준음증 ☞상한양증(傷寒陽證)
상한-이:증(傷寒裏證)[-쯩]명 한방에서, 더운 것을 싫어하고 찬 것을 좋아하며, 구갈(口渴)과 변비(便祕)가 생기고 헛소리를 하는 상한.
상한-전:율(傷寒戰慄)[-눌]명 한방에서, 오한이 심하여 몸이 떨리는 상한을 이르는 말.
상한-표증(傷寒表證)[-쯩]명 한방에서, 발병 뒤 이삼일 동안 머리가 아프고 팔다리가 나른하며 오한과 열이 나는 급성 열병을 이르는 말.
상:합(上合)명 외합(外合)
상합(相合)명-하다자 ①서로 맞음. ②서로 만나 결합함.
상:항(上項)명 위에 적힌 항목(項目).
상항(商港)명 상거래를 하려고 많은 배와 여객이 드나드는 항구. 무역항
상해(桑海)명 '상전벽해(桑田碧海)'의 준말.
상해(傷害)명-하다타 남의 몸에 상처를 내어 해롭게 함. ¶-를 입히다.
상해(詳解)명-하다타 자세하게 풀이함, 또는 그 풀이. 정해(精解) ☞약해(略解)
상해(霜害)명 철 이르거나 철 늦게 내린 서리로 말미암아 농작물 따위가 입는 피해. ☞상재(霜災)
상해=보:험(傷害保險)명 피보험자가 우발적인 사고로 말미암아 상해를 입었을 경우에 일정한 금액의 보험금이 지급되는 보험.
상-해일(上亥日)명 음력 정월의 첫째의 돼지날. 이 날 살결이 검은 사람이 왕겨나 콩깍지로 피부를 문지르면 하얘진다고 함.
상:해=임시=정부(上海臨時政府)명 대한 민국 임시 정부
상해-죄(傷害罪)[-쬐]명 고의로 남의 신체에 상해를 입힘으로써 성립하는 죄. ☞폭행죄(暴行罪)
상해=치:사(傷害致死)명 고의로 남의 신체에 상해를 입혀 죽음에 이르게 하는 일.
상:행(上行)명 ①-하다자 위쪽으로 올라감. ②-하다자 지방에서 서울로 올라감. ③'상행 열차'의 준말. ④'상행차'의 준말. ☞하행
상행(喪行)명 장사지내러 묘지로 가는 행렬.
상행-삼매(常行三昧)명 천태종에서, 90일 동안 도량 안에서 불상의 주의를 돌며 아미타불을 외고 아미타불을 생각하는 수행을 이르는 말.
상:행-선(上行線)명 지방에서 서울로 올라가는 철도나 도로, 또는 기차나 버스. ¶경부 고속 도로 -에서 사고가 났다. ☞하행선(下行線)
상:행=열차(上行列車)[-녈-]명 지방에서 서울로 올라가는 열차. 준상행 ☞하행 열차

상-행위(商行爲)명 영리(營利)를 목적으로 하는 매매·교환·운수·임대 따위의 행위.
상:행-차(上行車)명 지방에서 서울로 올라가는 차량. 준상행 ☞하행차
상:행하:효(上行下效)성구 윗사람이 하는 일을 아랫사람이 본받음을 이르는 말.
상:향(上向)명-하다자 ①아래쪽에서 위쪽으로 향함. ②형세(形勢) 등이 좋아져 감. ③시세가 오름세를 나타냄. ☞하향(下向)
상향(尙饗)명 '적지만 흠향하옵소서'의 뜻으로, 축문 끝에 쓰는 한문 투의 말.
상향(常香)명 불전(佛前)에 항상 피워 두는 향.
상:향-식(上向式)명 의견이나 건의 따위가 하부에서 결정되어 상부로 올라가는 방식. ☞하향식
상헌(詳讞)명-하다타 범죄 사실을 살펴서 죄를 결단(決斷)함.
상:현(上弦)명 음력 매월 7~8일경에 뜨는 달. 초승달에서 보름달 사이에 보이는 반달로, 활시위 모양이 위로 향하고 있음. 초현(初弦)·상현달 ☞하현(下弦)
상:현-달(上弦-)[-딸]명 상현 ☞하현달
상:혈(上血)명-하다자 ①토혈(吐血) ☞하혈(下血) ②흥분하여 몸의 위쪽으로 피가 몰림.
상형(相形)명 얼굴 모양.
상형(常形)명 일정한 모양. 일정한 형상(形狀).
상형(象形)명 ①물체의 모양을 그대로 본뜨는 일. ②한자(漢字)의 구성을 설명하는 여섯 가지 분류의 하나. 물체의 모양을 본떠서 하나의 한자를 이루는 방법. '木', '日', '月', '鳥', '魚' 따위. ☞육서(六書). 지사(指事)
상형(賞刑)명 포상(褒賞)과 형벌을 아울러 이르는 말.
상형=문자(象形文字)[-짜]명 물체의 형상을 본떠서 만든 글자. 한자의 상형 글자나 이집트 글자 따위.
상혜(霜蹊)명 서리가 내린 산길.
상:호(上戶)명 조선 시대, 연호법(煙戶法)의 한 등급. 서울에서는 호주가 현직(現職)으로 일품이나 이품인 관원의 집, 시골에서는 식구가 15명 이상이 되던 집.
상호(相互)명 ①상대가 되는 이쪽과 저쪽 모두. 호상(互相) ¶-의 이익을 위해 노력하다. ②〔부사처럼 쓰임〕 ¶- 견제하다.
상호(相好)[1]명-하다자 서로 좋아함.

상호(相好)[2]명 ①불교에서, 얼굴의 형상을 이르는 말. ②불교에서, 부처의 몸에 갖추어진, 드러나게 잘생긴 32가지 상(相)과 자잘한 80가지 호(好)를 통틀어 이르는 말.
상호(相呼)명-하다자 서로 부름.
상호(桑戶)명 뽕나무로 만든 지게문이라는 뜻으로, 가난한 집을 비유하여 이르는 말.
상호(常戶)명 지난날, 양반의 집에 상대하여 이르던 상사람의 집. ☞반호(班戶)
상호(商戶)명 장사하는 집, 또는 그 호수(戶數).
상호(商號)명 상인이 영업하는 데 쓰는 자기 고유의 이름. 곧 상점이나 회사의 이름.
상호-간(相互間)명 서로의 사이. ¶ -의 유대.
상호=감:응(相互感應)명 상호 유도(相互誘導)
상호=계:약(相互契約)명 계약 당사자끼리 자유로운 처지에서 어떤 내용을 협정하는 계약.
상호-권(商號權)[-꿘]명 상인이 자기의 상호를 아무런 방해를 받지 않고 자유롭게 사용할 수 있는 권리와, 그 상호와 같거나 비슷한 것을 남이 부정한 목적으로 사용함을 배제할 수 있는 권리.
상호=동화(相互同化)명〈어〉자음 동화(子音同化)의 한 가지. 두 자음이 이어질 때 앞뒤 소리가 서로 닮아서 두 소리가 모두 바뀌게 되는 현상. '독립[동닙], 백리[뱅니], 석류[성뉴]'와 같이 바뀌는 따위. ☞순행 동화(順行同化). 역행 동화(逆行同化)
상호=방위=조약(相互防衛條約)명 둘 이상의 나라 사이에서, 한 나라가 제삼국으로부터 침략을 받으면 나머지 나라가 군사적으로 원조하기를 의무화한 조약.

상호=보:험(相互保險)명 보험 가입을 희망하는 사람끼리 단체를 조직하여 그 단체가 보험 회사가 되어 각 구성원을 구제하는 비영리 보험. ☞영리 보험
상호=보:험=회:사(相互保險會社)명 상호 회사
상호봉시(桑弧蓬矢)성구 남자가 큰 뜻을 세움을 이르는 말. 옛 중국에서 사내아이가 태어나면 뽕나무 활로 쑥대 화살을 동서남북과 천지의 여섯 방향에 쏘아 큰 뜻을 이루기를 기원하는 풍속에서 유래한 말임.
상호=부:금(相互賦金)명 서민 금융의 한 가지. 은행이 가입자와 일정한 기간을 정하여 그 중도나 만료 때에 일정한 금액을 지급하고, 가입자는 그 기간 내에 일정액의 부금을 나누어 내는 금융 제도.
상호=부조(相互扶助)명 ①서로 돕는 일. ¶ -의 미풍. ②상호 부조론
상호=부조론(相互扶助論)명 생물 진화나 사회 발달의 최대 요인은 생존 경쟁에 있는 것이 아니고, 상호 부조에 있다고 주장하는 학설. 러시아의 무정부주의자 크로포트킨이 주장함. 상호 부조
상호=신:용=금고(相互信用金庫)명 서민 금융 기관의 한 가지. 상호 신용계(契), 신용 부금, 소액 신용 대출, 어음 할인 등의 업무를 취급함.
상호=원:조=조약(相互援助條約)명 한 나라가 침략을 당했을 때 서로 원조할 것을 약정한 국가간의 조약.
상호=유도(相互誘導)명 두 전류 회로 사이에서 한쪽 회로의 전류를 변화시키면 다른 쪽 회로에 유도 기전력(起電力)이 생기는 현상. 상호 감응(相互感應). 호상 감응 ☞자기 유도(自己誘導). 자체 유도(自體誘導)
상호=작용(相互作用)명 ①둘 이상의 것이 서로 작용하고 영향을 주는 일. ②물체끼리 서로 만유 인력이나 전기력의 영향을 주고받아 각각의 운동 상태를 바꾸어 가는 일. 교호 작용(交互作用)
상호=조약(相互條約)명 호혜 조약(互惠條約)
상호=조합(相互組合)명 조합원 상호의 이익을 목적으로 설립한 조합.
상호-주의(相互主義)명 ①외교나 통상 관계에서, 상대국의 대우와 맞먹는 대우를 자기 나라에서도 해 준다는 주의. ②외국인에게 권리를 인정하는 경우, 그 외국인의 본국이 자국민(自國民)에게도 동등한 권리를 인정해 줌을 조건으로 하는 주의.
상호=회:사(相互會社)명 상호 보험을 목적으로 하는 특수한 법인(法人). 상호 보험 회사
상혼(商魂)명 상인이 장사를 잘하여 돈벌이하려는 마음가짐. ¶ 얄팍한 -.
상혼(喪魂)명-하다자 몹시 놀라서 얼이 빠짐.
상혼(傷魂)명-하다자 상심(傷心)
상혼낙담(喪魂落膽)성구 낙담상혼(落膽喪魂)
상홀(象笏)명 상아(象牙)로 만든 홀(笏).
상화(床花)명 잔칫상 따위에 꽂아 놓는 조화(造花).
상화(相和)명-하다자 서로 잘 어울림.
상:화(想華)명 생각의 꽃이란 뜻으로 '수필(隨筆)'을 멋스럽게 이르는 말.
상화(霜花·霜華)명 ①꽃 모양으로 된 서릿발. ②'상화떡'의 준말.
상화-고(霜花糕)명 상화떡
상화-떡(霜花-)명 밀가루를 막걸리로 반죽하여 부풀린 다음, 반대기로 밀어 꿀팥소를 넣고 빚어 시루에 찐 음식. 상화고. 상화병 준상화(霜花)
상화-방(賞花坊)명 지난날, 기생을 두고 손님을 받던 집.
상화-병(霜花餠)명 상화떡
상화점(霜花店)명 쌍화점(雙花店)
상화-지(霜花紙·霜華紙)명 전라 북도 순창(淳昌) 지방에서 나는 윤이 나고 질긴 종이.
상확(相確)명-하다자 서로 의논하여 확정함.
상확(詳確)어기 '상확(詳確)하다'의 어기(語基).
상확-하다(詳確-)형여 자세하고 확실하다.
상확-히부 상확하게
상환(相換)명-하다타 서로 교환함. 맞바꿈.
상환(償還)명-하다타 ①빌린 것이나 손해를 입힌 것에 대하여 다른 것으로 대신하여 돌려줌. ②빚이나 채권 따위를 갚거나 돌려줌. ¶ 외채(外債)를 -하다.
상환=공채(償還公債)명 일정한 기간 안에 원금을 상환하기로 규정한 공채. 수시(隨時) 상환 공채, 정기(定期) 상환 공채 따위.
상환=기금(償還基金)명 공채나 회사채의 발행자가 원활한 상환을 위해 특별히 적립하는 기금.
상환=주식(償還株式)명 일정 기간 후에 액면 또는 액면 이상으로 상환하고 소각한다는 조건으로 발행한 주식. 일시적 자금 조달을 위하여 발행함.
상환-증(相換證)[-쯩]명 나중에 물품과 맞바꿀 수 있는 증서. ¶ 경품의 -.
상:활(爽闊)어기 '상활(爽闊)하다'의 어기(語基).
상:활-하다(爽闊-)형여 상쾌하다
상:황(上皇)명 '태상황(太上皇)'의 준말.
상황(狀況)명 일이 되어가는 형편이나 모양. ¶ -을 정확하게 판단하다.
상황(常況)명 평상시의 형편.
상황(商況)명 상업상의 형편. ¶ -이 활발하다.
상황-도(狀況圖)명 특정 기간의 전술적이며 행정적인 상황을 나타내는 도표.
상황-버섯(桑黃-)명 진흙버섯과의 버섯을 약용으로 흔히 이르는 말. 자루가 없는 목질의 여러해살이 버섯임. 산뽕나무를 비롯한 활엽수에서 자람. 갓은 처음에는 노란 진흙덩이가 뭉친 형태이다가 차차 혀를 내민 모양으로 20cm 이상 자람. 표피는 암갈색임.
상황-실(狀況室)명 어떤 작전이나 행정을 수행하기 위하여 계획, 통계, 기록, 도표 등 모든 상황을 파악할 수 있는 상황판과 그 밖의 시설을 갖추어 놓은 방.
상황-판(狀況板)명 한눈에 알아볼 수 있도록 도표 따위로 상황을 나타내는 설명판.
상황=판단(狀況判斷)명 어떤 목적을 이루기 위해 전술적이거나 행정적인 여러 가지 상황을 판단하는 일.
상:회(上廻)명-하다타 어떤 수량이나 기준을 웃돎. ¶ 목표량을 -하다. /30도를 -하는 무더위. ☞하회(下廻)
상회(相會)명-하다자 서로 만남.
상회(常會)명 늘 일정한 때에 여는 회합.
상회(商會)명 ①한 사람 또는 몇 사람이 모여 장사하려고 세운 기업체. ②상사(商社)나 상점의 뜻으로, 상호로 쓰

이는 말. ¶개성 ―

상회(傷懷)명-하다자타 마음속으로 애통히 여김.

상회-례(相會禮)명 처음으로 서로 만날 때 하는 인사.

상회-수(桑灰水)명 한방에서, 뽕나무의 잿물을 약재로 이르는 말. 종기를 씻거나 찜질에 쓰임.

상효(霜曉)명 서리 내린 새벽.

상:후(上候)명 ①성후(聖候) ②-하다자 편지로 웃어른의 안부를 여쭘.

상후-도(霜後桃)명 서리가 내린 뒤에 익는 늦복숭아.

상:후하:박(上厚下薄)성구 윗사람에게는 후하게 대우하고 아랫사람에게는 박하게 대우함. ☞하후상박

상훈(賞勳)명 ①상과 훈장을 아울러 이르는 말. ②-하다타 훈공(勳功)을 기리고 상을 줌.

상훈언:해(常訓諺解)명 조선 영조 21년(1745)에 '어제상훈(御製常訓)'을 한글로 번역하여 펴낸 책. 세자가 일상생활에서 지켜야 할 여덟 가지 가르침을 적은 내용임. 1권 1책. 어제상훈언해(御製常訓諺解)

상휼(相恤)명-하다타 서로 돕고 보살핌.

상흔(傷痕)명 다친 자리에 남는 자국. ¶얼굴에 난 ―./전쟁의 ―이 남다.

상힐(相詰)명-하다자 서로 잘못을 나무람.

샅 명 ①몸통에서 두 다리가 갈라진 안쪽 부분. 두 허벅다리 사이. 고간(股間). 서혜 속 사타구니 ②두 물건 사이의 틈.

샅들어치기[삳-]명 씨름의 혼합기술의 한 가지. 상대편의 사타구니 사이로 머리를 깊숙이 집어넣고 흔들어 중심을 잃게 하여 뒤로 넘어뜨리는 공격 재간. ☞앞무릎치기

샅-바[삳-]명 ①씨름할 때, 허리와 넓적다리에 걸어 상대편의 손잡이로 쓰는 무명으로 만든 바. ¶―를 잡다. ②지난날, 죄인의 다리를 얽어 묶던 밧줄.

샅바(를) 지르다관용 다리를 샅바로 묶다.

샅바(를) 채우다관용 샅바(를) 지르다.

샅바-씨름[삳-]명 다리에 샅바를 걸고 하는 씨름.

샅-보대(―保帶)[삳-]명 태권도에서, 상대편이 공격할 때 불알을 보호하기 위해 샅에 차는 보호대.

샅샅-이[삳사치]부 ①틈이라는 틈은 다. ¶― 뒤지다. ②빈틈없이 모조리. ¶사정을 ― 알고 있다.

샅-폭(―幅)[삳-]명 바지의 샅에 대는 좁은 헝겊.

새[1]명 ①볏과의 여러해살이풀. 높이 30~120cm. 산과 들에 흔히 자라는 풀로, 넓은 띠 모양의 잎은 어긋맞게 나며 8~9월에 품종에 따라 초록빛 또는 보랏빛 꽃이 핌. 소나 염소 따위의 먹이풀임. 야고초(野古草) ②띠나 억새 따위 볏과 식물을 통틀어 이르는 말. ③이엉

새[2]명 광석 속에 금분이 들어 있는 구새.

새를 잡다관용 광석 가루를 일어서 덜 잡힌 금가루가 섞인 황화물(黃化物)를 가려내다.

새[3]명 '샛바람'의 준말.

새:[4]명 ①날짐승을 통틀어 이르는 말. 난생(卵生)이며 몸은 깃털로 덮이고 각질(角質)의 부리가 있음. ☞조류(鳥類) ②'참새'의 준말.

새를 보다관용 논밭이나 곡식의 낟알을 널어 놓은 데 새가 앉지 못하도록 지켜 보다.

속담 **새 까먹은 소리**: 근거 없는 말을 듣고 지껄이는 소리라는 말./**새는 앉는 곳마다 깃이 떨어진다**: ①이사를 자주 다닐수록 세간이 준다는 말. ②직장을 자주 옮기면 좋지 않다는 말.〔새도 나는 대로 깃이 빠진다/새도 앉는 데마다 깃이 든는다〕/**새도 가지를 가려 앉는다**: ①사람을 가려서 친구를 사귀어야 한다는 말. ②직업을 가질 때 잘 가려서 택해야 한다는 말. ☞양금택목(良禽擇木)/**새 망에 기러기 걸린다**: 정작 잡으려고 한 것은 못 잡고 애매한 것만 잡았다는 말.〔고래 그물에 새우가 걸린다〕/**새 발의 피**: 하찮은 일이나 아주 적은 분량을 비유하여 이르는 말.〔새알 꼽재기만 하다〕☞조족지혈(鳥足之血)/**새 잡아 잔치할 것을 소 잡아 잔치한다**: 적은 비용으로도 일을 잘 치를 수 있던 것을 게으르거나 너무 인색하게 굴어 더 큰 손해를 보는 경우를 두고 이르는 말.〔닭 잡아 겪을 나그네 소 잡아 겪는다/호미로 막을 것을 가래로 막는다〕/**새 한 마리도 백 놈이 갈라 먹는다**: 아무리 작은 것이라도 의가 좋으면 여럿이 나누어 먹을 수 있다는 말.

한자 새 금(禽)〔内部 8획〕¶가금(家禽)/금수(禽獸)
새 조(鳥)〔鳥部〕¶조롱(鳥籠)/조류(鳥類)/조성(鳥聲)/조수(鳥獸)/해조(海鳥)/화조(花鳥)

새:[5]명 '사이'의 준말. ¶쉴 ― 없이 일하다.

새가 뜨다관용 ①거리가 좀 떨어져 있다. ②동안이 오래다. ③사귀는 관계가 친하지 않다.

새[6]의 피륙의 날실을 세는 단위. 한 새는 80올. 승(升)[2] ¶넉 ― 모시./닷 ― 무명. ☞보름새

새[7]관 낡지 않은. 새로운 ¶― 옷. ☞헌

속담 **새 며느리 친정 나들이**: 간다 간다 하고 벼르기만 하다가 떠나지 못함을 이르는 말./**새 바지에 똥싼다**: ①염치 없는 짓을 한다는 말. ②이미 잘 되어 있는 일을 가지고 도리어 못 되게 그르친다는 말./**새 오리 장가 가면 헌 오리 나도 한다**: 남이 하는 대로 무턱대고 자기도 하겠다고 함을 이르는 말.〔비단 올이 춤을 추니 베 올도 춤을 춘다〕

새(璽)명 '국새(國璽)'의 준말.

새-접두 빛깔을 나타내는 형용사에 붙어 '매우'의 뜻을 나타냄. ¶새파랗다/새빨갛다 ☞시-. 샛-

-새접미 ①'모양', '모습'의 뜻을 나타냄. ¶구김새/걸음새/차림새 ②'모양의 됨됨이'의 뜻을 나타냄. ¶생김새/짜임새 ③'정도'의 뜻을 나타냄. ¶먹음새/쓰임새

새:-가슴명 새의 가슴처럼 불거진 사람의 가슴.

새-가을명 새 기분으로 맞이하는 첫가을. 신추(新秋) ☞새봄

새갓-통(―桶)[-간-]명 귀때가 달린 바가지에 손잡이를 단 그릇.

새개(鰓蓋)명 아감딱지

새개-골(鰓蓋骨)명 아감딱지뼈

새-것명 ①새로 나오거나 만들어진 것. ¶텔레비전을 ―으로 바꾸다. ②아직 한 번도 쓰지 않은 것. ¶면도날을 ―으로 갈다. ☞헌것

새겨-듣다(―듣고·―들어)타ㄷ 단단히 기억하도록 주의하여 듣다. ¶선생님의 말씀을 잘 ―.

새경명 지난날, 농가에서 머슴에게 의식(衣食)을 대주는 외에 한 해의 품삯으로 연말에 주던 보수. 사경(私耕)

새-고라명 흰빛이 섞인 누른 말. 황부루

새-고자리명 지게의 윗세장 위의 가장 좁은 사이.

새골(鰓骨)명 아감뼈

새곰달곰-하다형여 새곰하면서, 더하여 달곰한 맛이 있다. ¶새곰달곰한 사과 맛. ☞새콤달콤하다

새곰새곰-하다형여 매우 새곰하다. ☞새금새금하다. 새콤새콤하다. 시굼시굼하다

새곰-하다형여 감칠맛이 있게 좀 시다. ☞새금하다. 새콤하다. 시굼하다

새공(鰓孔)명 아감구멍

새그무레-하다형여 좀 옅게 새금하다. ¶무채를 새그무레하게 무치다. ☞새크무레하다. 시그무레하다

새:-그물명 새를 잡는 데 쓰는 그물. 조라(鳥羅). 조망(鳥網)

새근-거리다(대다)[1]자 잠을 자면서 숨을 잇달아 작고 고르게 쉬다. ☞시근거리다[1]. 쌔근거리다

새근-거리다(대다)[2]자 뼈마디나 이 뿌리 따위가 몸이 옴찔옴찔하도록 자릿자릿한 느낌이 나다. ¶찬 것이 닿으면 이가 새근거린다. ☞새큰거리다. 시근거리다[2]

새근덕-거리다(대다)자 약한 숨결로 자꾸 가쁘게 숨을 쉬다. ☞시근덕거리다. 쌔근덕거리다

새근덕-새근덕부 새근덕거리는 모양을 나타내는 말. ☞시근덕시근덕. 쌔근덕쌔근덕

새근-새근[1]부 새근거리는 모양을 나타내는 말. ¶― 잠든 아기. ☞시근시근[1]. 쌔근쌔근

새근-새근[2]부-하다형 새근거리는 느낌을 나타내는 말.

☞새큰새큰. 시근시근[2]

새근-하다 형여 뼈마디나 이 뿌리 따위가 몸이 옴찔하도록 자릿하다. ☞새큰하다. 시근하다

새금달금-하다 형여 새금하면서, 더하여 달금한 맛이 있다. ☞새곰달곰하다. 새큼달큼하다

새금새금-하다 형여 매우 새금하다. ☞새곰새곰하다. 새큼새큼하다. 시금시금하다

새금-하다 형여 맛깔스럽게 시금하다. ☞새곰하다. 새큼하다. 시금하다

새기다[1] 타 ①나무나 돌, 금속 따위의 바탕에 글이나 무늬 또는 그림 따위를 파서 나타내다. 조각하다 ¶도장을 -./묘비명을 -. ②마음속에 단단히 간직하다. 깊이 기억해 두다. ¶가슴에 -./마음속 깊이 새겨 두다.

한자 **새길 각**(刻) 〔刀部 6획〕 ¶각인(刻印)/각자(刻字)/석각(石刻)/조각(彫刻)/판각(板刻)
새길 간(刊) 〔刀部 3획〕 ¶간각(刊刻)
새길 명(銘) 〔金部 6획〕 ¶감명(感銘)/명각(銘刻)/명기(銘記)/명심(銘心)/비명(碑銘)
새길 조(彫) 〔彡部 8획〕 ¶목조(木彫)/조각(彫刻)/조공(彫工)/조물(彫物)/조상(彫像)/조소(彫塑)

새기다[2] 타 ①어려운 말이나 글의 뜻을 알기 쉽게 풀거나 미루어 헤아리다. ¶말뜻을 새기지 못하고 눈치만 보다. 유풀이하다. 해석하다 ②한문이나 한자 뜻을 우리말로 옮기다. ¶이 한문은 어려워서 새기지 못하겠다.

새기다[3] 타 소나 양 따위의 되새김질하는 동물이 한 번 삼킨 먹이를 입 안에 되올려서 씹다. 새김질하다

새긴-잎[-닙] 명 민들레의 잎처럼 가장자리가 깊이 패어 들어간 잎.

새긴-창(-窓) 명 여러 가지 꽃무늬 따위로 살을 만든 창.

새김[1] 명 나무나 돌, 쇠붙이 따위의 바탕에 글자나 그림 등을 새기는 일. 새김질[1]

새김[2] 명 ①말이나 글의 뜻을 쉬운 말로 옮겨 푸는 일. ②한문 따위를 우리말로 옮기는 일. ③한자를 읽을 때, 음 앞에 뜻을 풀이하는 말. '동녘 동(東)'의 '동녘' 따위. 훈(訓) ☞음(音)

새김[3] 명 윷놀이에서, 큰사위가 나온 다음이나 상대편의 말을 잡았을 때, 윷을 한 번 더 던지는 일.

새김-질[1] 명 새김[1]

새김-질[2] 명-하다 자타 소나 염소 따위의 짐승이 한 번 삼킨 먹이를 입으로 되올려 씹다가 다시 삼키는 일. 되새김질. 반추(反芻)

새김-칼 명 글이나 무늬를 나무 따위에 새기는 데 쓰는 칼. 각도(刻刀). 조각도(彫刻刀)

새-까맣다(-까맣고·-까만) 형ㅎ ①빛깔이 아주 까맣다. ¶새까만 머리털. ②거리나 동안이 매우 까마득하다. ¶새까맣게 먼 옛일. ③('새까맣게'의 꼴로 쓰이어) 전혀 모르거나 기억을 못하는 상태에 있다. ¶혼자만 새까맣게 모르고 있다./새까맣게 잊어버리다. ④나이나 지위 따위가 한참 아래인 상태에 있다. ¶새까만 후배./새까만 졸병. ⑤모여들거나 모인 정도가 대단하다. ¶적군이 새까맣게 모여들다. ☞새카맣다. 시꺼멓다

새까매-지다 자 빛깔이 새까맣게 되다. ☞새카매지다. 시꺼메지다

새-꽤기 명 띠나 억새 따위의 껍질을 벗긴 줄기. 준꽤기

속담 **새꽤기에 손 베었다** : 변변치 못한 사람에게, 또는 대단치 않은 일로 뜻밖의 해를 입었다는 말.

새끼[1] 명 짚으로 꼰 줄. 새끼줄 ¶-를 꼬다.

속담 **새끼에 맨 돌** : ①서로 떨어지지 않고 언제나 같이 움직이는 관계를 이르는 말. ②주견 없이 남이 하자는 대로 따라 하는 사람을 이르는 말.

새끼[2] 명 ①짐승의 어린 것. ¶돼지가 -를 다섯 마리 낳았다. ②'자식'을 속되게 이르는 말. ¶제 - 예뻐하지 않는 사람 없다. ③자식이나 손자·손녀를 귀엽게 이르는 말. ¶아이구, 내 - 한번 안아 보자. ④남자를 욕하여 이르는 말. ¶나쁜 -./이 -, 저 - 하다. ☞놈. 자식 ⑤본전에 대한 '변리(邊利)'를 속되게 이르는 말.

새끼를 치다 관용 ①동물이 새끼를 낳거나 알을 까서 번식하다. ②원금이나 물건 따위의 수가 늘어나다. ¶주식에 투자한 돈이 -.

속담 **새끼 많이 둔 소 길마 벗을 날 없다** : 자식을 많이 둔 부모는 늘 바쁘고 짐이 무겁다는 말. 〔가지 많은 나무 바람 잘 날 없다/가지 많은 나무가 잠잠할 적 없다/새끼 아홉 둔 소 길마 벗을 날이 없다〕

새끼-가락 명 새끼손가락이나 새끼발가락.

새끼-꿩의비름 명 돌나물과의 여러해살이풀. 줄기 높이는 60cm 안팎. 뿌리는 굵고 잎은 석 장씩 돌려남. 8~9월에 황백색 꽃이 취산(聚繖) 꽃차례로 피며, 잎겨드랑이와 꽃차례에 육아(肉芽)가 둘러 붙음. 산지에 자람.

새끼-똥구멍[-꾸-] 명 똥구멍 위에 조금 옴폭 들어간 곳.

새끼-발 명 '새끼발가락'의 준말.

새끼-발가락[-까-] 명 다섯 발가락 중에서 가장 짧은 발가락. 준새끼발

새끼-발톱 명 새끼발가락의 발톱.

새끼-벌레 명 애벌레

새끼-손 명 '새끼손가락'의 준말.

새끼-손가락[-까-] 명 다섯 손가락 중에서 가장 작고 가는 손가락. 준새끼손

새끼-손톱 명 새끼손가락의 손톱.

새끼-줄 명 새끼로 된 줄. 새끼[1]

새끼-집 명 짐승의 자궁(子宮).

새끼-틀 명 짚으로 새끼를 꼬는 기계.

새:-나다 자 새어 나가다. 비밀 따위가 다른 데 알려지다. 새다[1] ¶기밀이 -.

새-나무 명 띠나 억새 같은 땔감.

새-날 명 ①새로 밝아 오는 날. ¶-을 맞다. ②새로운 시대, 또는 닥쳐올 앞날. ¶희망찬 -을 준비합시다.

새:남 명 '지노귀새남'의 준말.

새남-터 명 지난날, 역적들의 사형을 집행하던 곳. 서울 신용산(新龍山)의 철교 부근의 모래 사장을 이르던 지명(地名)으로, 가톨릭교의 순교지로도 유명함.

속담 **새남터를 나가도 먹어야 한다** : 사형수로서 곧 죽게 되더라도 먹어야 한다는 뜻으로, 무슨 일을 당하든지 든든히 먹고 기운을 차리는 것이 중요하다는 말.

새납 명 국악기 목부(木部) 관악기의 한 가지. 나무로 된 관에 앞에 일곱 개, 뒤에 한 개의 구멍 있으며, 아래쪽에 깔때기 모양의 놋쇠가 달려 있음. 소리가 매우 커서 농악이나 대취타 등에 쓰임. 태평소(太平簫) ☞단소. 당피리. 대금(大笒)

새내(塞內) 명 요새(要塞)의 안. ☞새외(塞外)

새너토리엄(sanatorium) 명 요양소(療養所). 해변이나 고원(高原) 등 공기가 맑고, 조용하며, 양지바른 곳에 설치하는 결핵 요양소를 이름.

× **새-노랗다** 형ㅎ → 샛노랗다

× **새노래-지다** 자 → 샛노래지다

새:-누에 명 새누에나방의 애벌레. 몸은 누에 비슷한데 더 작고 검음. 야생(野生)으로 뽕잎을 먹고 자라는데, 작고 단단한 고치를 만듦.

새:누에-나방 명 누에나방과의 나방. 가잠(家蠶)의 원종으로 누에나방과 비슷한데 몸빛은 암갈색, 앞날개의 끝에 짙은 암갈색의 큰 무늬가 있음. ☞새누에

새:다[1] 자 ①물이나 가스, 불빛 따위가 틈이나 구멍에서 조금씩 밖으로 나오다. ¶비가 새는 지붕./문 틈으로 불빛이 새어 나온다. ②비밀 따위가 다른 데 알려지다. 새나다 ¶정보가 -. ③모임 따위에서 슬쩍 빠져 나가다. ¶어느새 샜는지 흔적도 없다.

한자 **샐 루**(漏) 〔水部 11획〕 ¶누설(漏泄)/누수(漏水)/누습(漏濕)/누전(漏電)/누출(漏出)/탈루(脫漏)

새:다[2] 자 날이 밝아 오다. ¶날이 새기 전에 출발하자. ☞저물다

새:다[3] 타 '새우다[1]'의 준말.

새-다래 명 새다랫과의 바닷물고기. 몸길이 60cm 안팎. 몸은 둥글납작하고 머리 위가 솟아 있음. 몸빛은 흑회색

이며, 꼬리지느러미는 길게 두 가닥으로 되어 있음.

새-달 명 이 달의 바로 다음 달. 내월(來月) ¶ -부터 유치원에 다니게 된다.

새:-대가리 명 연의 '꼭지'를 달리 이르는 말.

새-댁(-宅) 명 ①'새집[1]'의 높임말. ②'새색시'의 높임말. ③혼인 때, 혼가(婚家)끼리 서로 이르는 말.

새-되:다 형 목소리가 높고 날카롭다. ¶새된 목소리.

새:-둥주리 명 새의 둥주리.

새득-새득 부 -하다 형 푸성귀 따위가 부드럽지 않게 좀 시들어 있는 모양을 나타내는 말. ¶화초가 - 시들었다. ☞소득소득. 시득시득

새:-들다(-들고·-드니) 타 ①거간(居間)을 하다. 흥정을 붙이다. ②중매를 하다.

새들-새들 부 -하다 형 푸성귀 따위가 매우 시들어서 힘이 없는 모양을 나타내는 말. ¶가뭄으로 채소가 -하다. ☞소들소들. 시들시들

새:-때 명 끼니와 끼니 사이의 중간 때.

새:-떼 명 새들이 무리를 이룬 것. 새의 무리. ¶ -를 쫓다.

새뜻-하다[-뜨-] 형여 새롭고 산뜻하다. ¶새뜻한 빛깔.
  새뜻-이 부 새뜻하게 ¶옷을 - 갈아입었다.

새로 부 ①'새로이'의 준말. ②시간을 나타내는 수사 앞에 쓰이어, '열두 시가 지나 새로이 오전이나 오후가 되어'의 뜻을 나타내는 말. ¶ - 한 시까지 책을 읽었다.

새로-이 부 ①다시 고쳐서 새롭게. ¶각오를 - 하자. ②없던 것이 처음으로. ¶ - 발견된 물질. 준 새로

새록-새록 부 ①새로운 일이나 물건 따위가 잇달아 생기는 모양을 나타내는 말. ¶한길 가에 못 보던 가게가 - 생겨났다. ②거듭하여 새로움을 느끼는 모양을 나타내는 말. ¶ - 우정을 느끼게 하는 친구.

새롭다(새롭고·새로워) 형ㅂ ①지금까지 있은 적이 없다. ¶새로운 발명./새로운 창작. ②최근까지 알려진 적이 없다. ¶새로운 정보./새롭게 발견된 별. ③다시 하는 것이 전과는 아주 다르다. ¶새로운 출발./새로운 각오./인생을 새롭게 시작하다. ④전과는 다르게 느껴지거나 더 생생하게 느껴지는 감이 있다. ¶산야의 신록이 -./아직도 기억에 -. ☞새삼스럽다 ⑤[일부 수량이나 시간을 나타내는 말과 함께 쓰이어] 절실하게 필요하거나 몹시 아쉽다. ¶한 시간이 -./단돈 천 원이 -.

한자 **새로울 신**(新) [斤部 9획] ¶쇄신(刷新)/신간(新刊)/신설(新設)/신임(新任)/혁신(革新)

새롱-거리다(대다) 자 ①젠체하며 경망스레 재깔이다. ②해롱거리며 서로 희롱하다. ☞새롱새롱. 시룽거리다. 시룽시룽

새롱-새롱 부 새롱거리는 모양을 나타내는 말. ¶밥 한 끼 사면서 - 으스대다./남녀가 점잖지 못하게 - 어울리다. ☞시룽시룽

새마을=금고(-金庫) 명 자금의 조성·이용, 회원의 경제적·사회적 지위의 향상, 지역 사회 개발 등을 위하여 설립한 비영리 법인.

새마을=운:동(-運動) 명 1970년에 시작한 국민적 지역 사회 개발 운동. 근면·자조·협동의 정신으로 생활 환경의 개선과 소득 증대를 꾀하는 등, 국민의 자주 정신의 함양과 농촌의 근대화에 크게 이바지함.

새마을=정신(-精神) 명 새마을 운동의 바탕이 되는, 근면·자조·협동의 정신.

새마을=포장(-褒章) 명 새마을 운동을 통하여 지역 사회 개발과 주민 복리 증진에 이바지한 사람에게 주는 포장. ☞문화 포장(文化褒章)

새마을=훈장(-勳章) 명 새마을 운동을 통하여 국가나 사회 발전에 큰 공을 세운 사람에게 주는 훈장. 자립장·자조장·협동장·근면장·노력장의 다섯 등급이 있음. ☞문화 훈장(文化勳章)

새:-막(-幕) 명 새를 쫓으려고 논밭 가에 지은 막.

새-말 명 새로 생긴 말. 신어(新語)

새:-매 명 수릿과의 새. 몸은 매보다 작아 몸길이는 수컷 30cm, 암컷 40cm 안팎. 몸빛은 잿빛이고 가슴에 적갈색 가로무늬가 있음. 수컷은 '난추니', 암컷은 '익더귀'라고 함. 길들여서 작은 새 등을 잡는 데 씀. 천연 기념물 제323호임. 도롱태[2]

새:-머리 명 소의 갈빗대 사이에 붙은 고기. 찜에 쓰임.

새모래-덩굴 명 새모래덩굴과의 낙엽 덩굴나무. 여름에 잎겨드랑이에 담황색 꽃이 원추(圓錐) 꽃차례로 피고, 가을에 열매가 핵과(核果)로 검게 익음. 산기슭의 양지에 자라는데, 뿌리는 한방에서 인후염·관절염·이질 등에 약재로 쓰임.

새무룩-하다 형여 ①못마땅하여 말없이 보로통해 있다. ②흐린 날씨가 산득하고 눅눅하다. ☞시무룩하다
  새무룩-이 부 새무룩하게 ☞시무룩이. 쌔무룩이

새-물 명 ①그 해나 그 철에 새로 나온 과실이나 생선 등을 이르는 말. ¶ - 은어 ☞만물 ②빨래하여 갓 입은 옷.

새물-거리다(대다) 자 새물새물 웃다. ☞시물거리다. 시물시물

새물-내 명 빨래하여 갓 입은 옷의 냄새.

새물-새물 부 입술을 샐그러뜨리며 소리 없이 자꾸 웃는 모양을 나타내는 말. ☞시물시물. 쌔물쌔물

새물-청어(-靑魚) 명 ①새로 나온 청어. ②일에 경험이 없는 사람을 비유하여 이르는 말.

새미[1] 명 모래무지아과의 민물고기. 몸길이 10cm 안팎으로, 주둥이는 둥글고 몸빛은 연한 청색에 배가 흼. 냉수성 어류로 한강 이북부터 만주 일대까지 분포함.

새미[2] 명 경기 농악에서, 어른의 어깨 위에 올라서서 춤을 추는 소년.

새:박 명 박주가리 열매의 씨. 한방에서 강장제로 쓰임. 나마자(蘿藦子). 작표(雀瓢)

새:박-덩굴 명 '박주가리'의 딴이름.

새:박-뿌리 명 박주가리의 뿌리. 한방에서 강장제로 쓰임. 토우(土芋). 하수오(何首烏)

새:발-심지(-心-) 명 새의 발처럼 밑을 세 갈래로 꼬아 만든 심지. 기름 접시나 종지에 세워 놓고 불을 붙였음.

새:발-육공(-六空) 명 매화육궁(梅花六宮)

새:발-장식(-裝飾) 명 쇠로 새의 발처럼 만들어서 문짝에 박는 꾸밈새.

새-밭 명 억새가 무성한 곳.

새:-벼룩 명 모래벼룩과의 벼룩. 몸길이 1mm 안팎. 닭·비둘기·참새 따위에 붙어서 피를 빨아먹음. 사람이나 개에도 기생함.

새벽[1] 명 ①누른 빛의 차지고 고운 흙. ②누른 빛깔의 차진 흙에 모래나 말똥 같은 것을 섞어서 벽이나 방바닥에 막토를 바른 뒤 덧바르는 흙. ③-하다 자 '새벽질'의 준말.

새벽[2] 명 날이 밝을 녘. 먼동이 틀 무렵. 동트기
  속담 **새벽 봉창 두들긴다** : ①무엇을 갑자기 불쑥 내민다는 말. ②너무나도 뜻밖의 말을 불쑥 한다는 말./**새벽 호랑이** : 들에 내려왔던 호랑이가 새벽에는 산에 들어가야 한다는 뜻으로, 세력을 잃고 물러나게 된 신세를 비유하여 이르는 말./**새벽 호랑이 중이나 개를 헤아리지 않는다** : 몹시 긴급할 때는 이것저것 가릴 것 없이 가질 수 있는 것만으로도 다행으로 안다는 말.

한자 **새벽 신**(晨) [日部 7획] ¶신명(晨明)/신성(晨星)
새벽 효(曉) [日部 12획] ¶효계(曉鷄)/효성(曉星)

새벽-같이[-가치] 부 아침에 아주 일찍이. ¶기차 시간에 대느라고 - 일어났다.

새벽-녘 명 새벽이 될 무렵. 신명(晨明). 효천(曉天) ¶ -에는 기온이 내려간다.

새벽-달 명 음력 하순(下旬)의 새벽녘에 보이는 달. 서월(曙月). 잔월(殘月)
  속담 **새벽달 보려고 으스름달 안 보랴** : 앞으로 있을 불확실한 일을 기다리는 것보다 우선 지금 당한 일부터 잘해 나가야 한다는 말./**새벽달 보자고 초저녁부터 기다린다** : 일을 너무 일찍부터 서두른다는 말.

새벽-닭 명 새벽에 우는 닭. ☞신계(晨鷄)

새벽-동자 명 -하다 자 새벽에 밥을 짓는 일.

새벽-바람 명 새벽에 이는 바람. ¶ -이 꽤 싸늘하다.
새벽-밥 명 새벽에 일찍 지어 먹는 밥.
×새벽-별 명 → 샛별
새벽-일[-닐] 명 새벽에 하는 일.
새벽-잠 명 새벽에 자는 잠. ¶늙은이는 -이 없다.
새벽-종(-鐘) 명 절이나 교회에서 새벽에 치는 종. 효종(曉鐘)
새벽-질 명-하다 자 벽이나 방바닥에 새벽을 바르는 일. 준 새벽[1]
새보(璽寶) 명 옥새(玉璽)와 옥보(玉寶)를 아울러 이르는 말.
새-봄 명 겨울을 나고 새로 맞는 봄. 신춘(新春)
새부(璽符) 명 옥새(玉璽)와 부절(符節)
새비-나무 명 마편초과의 낙엽 활엽 관목. 높이는 3m 안팎. 잎은 끝이 뾰족하고 길둥긂. 8월경에 자줏빛 꽃이 취산(聚繖) 꽃차례로 피고, 열매는 10월경에 자줏빛 핵과(核果)로 익음. 남해의 섬의 산기슭에 절로 자람.
새-빨갛다(-빨갛고·-빨간) 형ㅎ 빛깔이 매우 빨갛다. ¶새빨간 저녁놀./새빨갛게 달군 시우쇠. ☞시뻘겋다
새빨간 거짓말 관용 전혀 터무니없는 거짓말.
새빨개-지다 자 빛깔이 매우 빨갛게 되다. ¶얼굴이 새빨개졌다. ☞시뻘게지다
새-뽀얗다(-뽀얗고·-뽀얀) 형ㅎ 빛깔이 매우 뽀얗다. ¶새뽀얗게 화장한 얼굴. ☞시뿌옇다
새뽀얘-지다 자 빛깔이 새뽀얗게 되다. ☞시뿌예지다

새-사:람 명 ①단체 따위에 새로 들어온 사람. ¶오늘 모임에는 -이 몇 명 보인다. ②'새색시'를 손윗사람이 이르는 말. ¶집에 -이 들어오다. ③지난날의 허물을 벗고 새 삶을 찾은 사람. ④크리스트교에서, 성령의 힘을 입어 회개하고 거듭난 사람.
속담 새사람 들여 삼 년은 마음을 못 놓는다 : 새로 일을 벌이는 때에는 오래 두고 보아서 탈이 없어야 안심할 수 있다는 말.
새-살 명 곪아 헌 자리에 새로 돋아나는 살. 생살
새살-거리다(대다) 자 샐샐 웃으면서 재미 있게 재깔이다. ☞새실거리다. 시설거리다
새살-궂다[-굳-] 형 몹시 새살스럽다. ☞시설궂다
새살-떨다 자 새살스러운 행동을 하다. ☞시설떨다
새-살림 명-하다 자 새로 꾸리는 살림. ¶ -을 차리다.
새살-새살 부 새살거리는 모양을 나타내는 말. ☞새실새실. 시설시설
새살-스럽다(-스럽고·-스러워) 형ㅂ 말이나 행동이 실없이 수선을 떠는 데가 있다. ☞시설스럽다
새살-스레 부 새살스럽게
새:-삼[1] 명 메꽃과의 한해살이풀. 잎은 없으며, 줄기는 노르스름하고 다른 초목을 감아 빨판으로 양분을 빨아먹는데 그때 밑뿌리는 말라죽음. 8~9월에 흰 꽃이 피며, 열매는 9~10월에 삭과(蒴果)로 익음. 씨는 한방에서 '토사자(菟絲子)'라 하여 강장제로 쓰임. 토사(菟絲). 샘[3]
새삼[2] 부 새삼스레
새삼-스럽다(-스럽고·-스러워) 형ㅂ ①이미 알고 있는 일인데도 느껴지는 감정이 새롭다. ¶자연의 고마움을 새삼스럽게 느낀다. ②지금까지 안 하던 것을 이제 와서 하니 갑작스럽거나 별나다. ¶새삼스럽게 그런 말을 할 필요도 없다.
새삼-스레 부 새삼스럽게. 새삼[2]
새:-새[1] 명 '사이사이'의 준말.
새:새[2] 부 새실거리는 모양을 나타내는 말.
새새-거리다(대다) 자 실없이 경망스레 자꾸 웃다.
새:새-틈틈 명 ①모든 사이와 모든 틈. ¶ -을 막다./-에도 부지런히 공부했다. ②〔부사처럼 쓰임〕 사이마다 틈마다. ¶ - 바람이 든다./- 쉬다.
새-색:시 명 갓 결혼한 여자, 또는 곧 결혼할 여자. 각시(閣氏). 신부(新婦) 준 색시 높 새댁. 새아기씨 ☞새신랑
새서(璽書) 명 임금의 옥새가 찍혀 있는 문서.
새-서방 명 ①새로 맞이한 남편. ②사위를 그의 성과 아울러서 부르는 말.
새서-표리(璽書表裏) 명 지난날, 임금이 신하에게 주던 포상의 한 가지. 새보를 찍은 임명장과 관복 감의 비단 따위 두 필을 주었음.
새:-소리 명 새가 지저귀는 소리. 조성(鳥聲)
새-소:엽(鰓小葉) 명 조름
새수-못:하다[-몯-] 자여 손을 대지 못하다.
새-순(-筍) 명 새로 돋아난 순. ¶ -을 솎아 치다.
새시(sash) 명 ①금속제의 창틀. ¶알루미늄 - ②드레스의 허리나 모자 등에 장식으로 두르는 띠.
새신(賽神) 명-하다 자 신에게 굿이나 푸닥거리를 하는 일.
새-신랑(-新郎) 명 갓 결혼한 신랑. ¶ -과 새색시.
새신-만명(賽神萬明) 명 ①굿하는 무당. ②경망스러운 사람을 비유하여 이르는 말.
새실-거리다(대다) 자 새실새실 웃다. ☞새살거리다. 시실거리다
새실-새실 부 소리 없이 장난스레 자꾸 웃는 모양을 나타내는 말. ☞새살새살. 시실시실
새-싹 명 ①새로 돋은 싹. 신아(新芽) ¶파릇파릇한 -. ②'어린이'를 비유하여 이르는 말. ¶나라의 -.
새-아기 명 시부모가 갓 시집온 며느리를 귀엽게 이르는 말. ¶ -가 오고 나서 집안의 밝아졌다.
새-아기씨 명 '새색시'의 높임말. 준 새아씨
새-아:씨 명 '새아기씨'의 준말.
새-아주머니 명 새로 시집 온 형수나 제수 또는 숙모 뻘 되는 사람을 일컫는 말.
새악-아 준 '새아기야'의 준말.
새:-알 명 ①참새의 알. ②새의 알. 조란(鳥卵)
새:알-꼽재기 명 ①새알처럼 아주 작은 물건이나 분량을 얕잡아 이르는 말. ②성격이 잘고 옹졸한 사람을 얕잡아 이르는 말.
새:알-사탕(-^砂糖) 명 새알만 하게 만든 사탕.
새:알-심(-心) 명 찹쌀가루나 수숫가루를 반죽해서 새알처럼 만들어 팥죽에 넣는 덩이. 준 샐심
새:알-콩 명 콩의 한 가지. 한 편은 푸르고 다른 한 편은 새알처럼 얼룩점이 있음.
새:알-팥 명 팥의 한 가지. 알이 잘고 한 편은 희고 다른 편에는 아롱아롱한 검은 줄이 짐.
×새암 명 → 샘[2]
×새암-바르다 형르 → 샘바르다
×새암-바리 명 → 샘바리
새앙 명 ①생강(生薑) ②새앙의 뿌리줄기.
새앙-각시 명 지난날, 새앙머리를 한 어린 궁녀를 이르던 말. 애기나인
새앙-나무 명 생강나무 준 생나무
새앙-머리 명 지난날, 계집아이가 예복을 차려 입을 때 하던 머리. 두 갈래로 땋은 머리를 틀어 올려 댕기를 드리거나 비녀를 가운데 두고 친친 감았음. 준 생머리
새앙-뿔 명 ①새앙 뿌리의 뿌다구니. ②두 개가 모두 짧게 난 쇠뿔. 생강뿔. 생뿔
새앙-손이 명 손가락이 잘려서 손이 새앙처럼 뭉툭하게 된 사람.
새앙순-정:과(-筍正果) 명 생강순정과(生薑筍正果)
새앙-술 명 생강주(生薑酒)
새앙-엿[-녇] 명 생강엿
새앙-정:과(-正果) 명 생강정과(生薑正果)
×새앙-쥐 명 → 생쥐
새앙-즙(-汁) 명 생강즙(生薑汁)
새앙-차(-茶) 명 생강차
새앙-초(-醋) 명 생강즙을 넣고 끓여 낸 초. 생강초
새앙-토끼 명 '우는토끼'의 딴이름.
새앙-편 명 새앙의 즙(汁)을 내어 꿀과 검은 엿에 섞어 조려서, 길둥글게 빚어 잣가루를 뿌린 떡. 강병. 생강편
새-언니 명 여자가 오라버니의 아내를 일컫는 말. ☞올케
새열(鰓裂) 명 아감구멍
새옹 명 놋쇠로 만든 작은 솥. 배가 부르지 않고 바닥이 평평하며, 전과 뚜껑이 있음. ☞옹달솥
새옹득실(塞翁得失) 성구 한때의 이(利)가 장래에는 도리어 해(害)가 되기도 하고, 한 때의 화(禍)가 도리어 복

(福)이 되기도 함을 이르는 말. 새옹화복(塞翁禍福) ☞ 새옹지마(塞翁之馬)

새옹지마(塞翁之馬) 성구 옛날 중국 변방의 한 늙은이가 기르던 말이 달아났다가 오랑캐의 좋은 말을 데리고 돌아왔는데, 그의 아들이 그 말을 타다가 떨어져 절름발이가 되었으나 그 때문에 전쟁에 나가지 않게 되어 목숨을 구했다는 '회남자(淮南子)'의 고사에서, 인생의 길흉화복(吉凶禍福)은 변화가 많아 미리 짐작할 수가 없다는 말. ☞새옹득실(塞翁得失)

새옹화:복(塞翁禍福) 성구 새옹득실(塞翁得失)

새:-완두(―豌豆) 명 콩과의 두해살이 덩굴풀. 줄기 길이는 50cm 안팎이고 전체에 털이 나 있음. 잎은 깃꼴 겹잎으로 어긋맞게 남. 4～6월에 자줏빛을 띤 흰 꽃이 피며, 꼬투리에 검은빛 열매가 맺음. 우리 나라 남부 지방의 들에서 절로 자람.

새외(塞外) 명 요새(要塞)의 밖. ☞새내(塞內)

새우[1] 명 절지동물 중 다리가 다섯 쌍인 갑각류(甲殼類)를 통틀어 이르는 말. 몸은 머리·가슴·배의 세 부분으로 되어 있고, 전체가 키틴질을 포함하는 외골격으로 싸여 있음. 일곱 마디로 된 배 부분은 각각 독립된 외골격으로 싸여 있어 자유롭게 굽혔다 폈다 할 수 있음.

속담 **새우 미끼로 잉어를 낚는다** : 적은 자본을 들여 큰 이익을 보거나, 하찮은 수고를 하여 많은 보수를 받았을 경우에 이르는 말. [되로 주고 말로 받는다]/**새우 벼락 맞던 이야기를 한다** : ①쓸데없는 잔소리를 즐겨 하는 것을 핀잔하는 말. ②까맣게 잊어버린 옛일을 새삼스레 이야기함을 이르는 말./**새우 싸움에 고래 등 터진다** : 남의 싸움에 관계없는 사람이 해를 입는다는 뜻으로 하는 말.

새우[2] 명 지붕의 산자(橵子)와 기와 사이에 까는 흙.

새우-나무 명 자작나뭇과의 낙엽 교목. 높이는 20m 안팎. 가지는 적갈색으로 털과 선모(腺毛)가 빽빽히 나 있음. 길둥근 잎이 어긋맞게 나며 꽃은 5월경에 핌. 우리 나라 남부 산골짜기에서 절로 자람.

새우-난초(―蘭草) 명 난초과의 여러해살이풀. 줄기 높이는 50cm 안팎. 잎은 길둥글고 길이 15～25cm, 폭 4～6cm임. 4～5월에 붉은빛이 도는 갈색 꽃이 총상(總狀) 꽃차례로 핌. 우리 나라 남부 지방의 산기슭에서 절로 자라며 관상용으로도 심음.

새우다[1] 타 온밤을 자지 아니하고 보내다. ¶온밤을 꼬박 ―. 준새다[3]

새우다[2] 타 샘을 내다. ☞시새우다

새우-등 명 새우의 등 모양으로 구부러진 등.

새우등이 지다 관용 등이 새우처럼 구부러지다.

새우-잠 명 몸을 웅크리고 자는 잠. 시위잠 ¶응접실 소파에서 ―을 잤다. ☞등걸잠. 말뚝잠

새우-젓 명 작은 생새우에 소금을 뿌려서 담근 젓. 백하해(白蝦醢) 준새젓 ☞오사리젓. 육젓. 추젓

새우-탕(―湯) 명 새우를 맑은장국에 넣고 달걀을 풀어서 끓인 국.

새:-을(―乙) 명 한자 부수(部首)의 한 가지. '乞'·'乾'·'亂' 등에서 '乙'의 이름.

새-잎 명 새로 돋아난 잎.

새:-장(―*欌) 명 새를 가두어 기르는 장. 조롱 ☞어리

새전(賽錢) 명 -하다 자 신불에게 돈을 바침, 또는 그 돈.

새:-점(―占) 명 새로 하여금 점괘를 적은 여러 쪽지 중 하나를 물어 내게 하여 길흉화복을 점치는 일.

새:-젓 명 '새우젓'의 준말.

새:-조(―鳥) 명 한자 부수(部首)의 한 가지. '鳩'·'鳴'·'鳳' 등에서 '鳥'의 이름.

새:-조개 명 새조갯과의 조개. 조가비는 길이와 높이가 각각 6.5cm 안팎이며, 원형으로 볼록함. 표면을 덮고 있는 황갈색 각피(角皮)에 가늘고 얇은 방사 홈이 있고 그것을 따라 부드러운 털이 빽빽히 나 있음.

새줄랑이 명 소견 없이 방정맞고 경솔한 사람을 놀리어 이르는 말.

새:-중간(―中間) 명 '사이'·'중간'을 힘주어 이르는 말.

새-집[1] 명 ①새로 지은 집. ¶도배를 하니 ― 같다. ②새로 든 집. ¶―이라서 짐 정리가 덜 되다. ③새로 맺은 사돈집. ④'갓 시집온 여자'를 허물없이 일컫는 말. 높새댁

새:-집[2] 명 새가 깃들어 사는 둥지.

새-쪽 명 '동쪽'의 뱃사람말. ☞마쪽

새:-찜 명 참새 고기로 만든 찜.

새:-참 명 일을 하다가 잠시 쉬는 동안, 또는 그때에 먹는 음식. 중참 본사이참 ☞곁두리. 낮참. 밤참. 샛밥

새:-창 명 소의 창자의 한 부위. 이자머리와 똥창이 합쳐진 부위로 주로 국거리에 쓰임.

새척지근-하다 형여 음식이 쉬어서 비위가 상하게 매우 시큼하다. 준새치근하다 ☞시척지근하다

새-청 명 날카롭고 새된 목소리.

새초[1] 명 작게 만든 엽전.

새초[2] 명 '새초미역'의 준말.

×**새초롬-하다** 형여 → 새치름하다

×**새초름-하다** 형여 → 새치름하다

새초-미역 명 길이 70cm, 너비 7cm 가량으로 짧게 채를 지어 말린 미역. 중곽(中藿) 준새초[2]

새:-총(―銃) 명 ①새를 잡는 데 쓰는 공기총. 조총(鳥銃) ②'Y' 자 모양의 쇠붙이나 나뭇가지에 고무줄을 매고 돌 따위를 끼워 튀기는 장난감.

새:-추(―隹) 명 한자 부수(部首)의 한 가지. '雀'·'雁'·'雄' 등에서 '隹'의 이름.

새:치 명 젊은 사람의 검은 머리에 섞여 난 흰 머리카락.

새치근-하다 형여 '새척지근하다'의 준말. ☞시치근하다

새:-치기 명 -하다 자 ①차례를 어기고 남의 자리에 슬쩍 끼어드는 일. ¶―하지 말고 차례대로 들어가라. ②맡은 일 외에 때때로 다른 일을 하는 짓.

×**새치롬-하다** 형여 → 새치름하다

새치름-하다 형여 시치미를 떼는 태도가 쌀쌀하고 태연스럽다. 준새침하다 ☞시치름하다

새치름-히 부 새치름하게

새치-부리다 자 몹시 사양하는체 하다.

새침-데기[―떼―] 명 새침한 데가 있는 사람.

속담 **새침데기 골로 빠진다** : 얌전한체 하는 사람이 한번 길을 잘못 들면 건잡을 수 없게 된다는 말.

새침-하다 형여 '새치름하다'의 준말. ☞시침하다

새-카맣다(―카맣고·―카만) 형ㅎ 빛깔이 매우 까맣다. ¶새카맣게 그을린 얼굴. ☞새까맣다. 시커멓다

새카매-지다 자 빛깔이 새카맣게 되다. ¶발바닥이 새카매졌다. ☞새까매지다. 시커메지다

새코-미꾸리 명 미꾸릿과의 민물고기. 몸길이는 10～16cm. 가늘고 길며 원통형임. 몸빛은 짙은 황색이고 옆쪽에는 작은 갈색 점들이 있음. 임진강·한강 수계에 분포하는 우리 나라 고유종임.

새:코찌리 명 조의 한 가지. 까끄라기가 길고 씨가 누름.

새콤달콤-하다 형여 새콤하면서, 더하여 달콤한 맛이 있다. ☞새곰달곰하다. 새큼달큼하다

새콤새콤-하다 형여 매우 새콤하다. ☞새곰새곰하다. 새큼새큼하다. 시쿰시쿰하다

새콤-하다 형여 감칠맛이 있게 꽤 시다. ☞새곰하다. 새큼하다. 시쿰하다

새:-콩 명 콩과의 한해살이 덩굴풀. 줄기는 길이 1～2m로 전체에 거친 털이 나 있음. 달걀 모양의 작은 잎이 석 장씩 어긋맞게 남. 8～9월에 자줏빛 꽃이 피며, 열매는 땅속에서 꼬투리로 맺음.

새크무레-하다 형여 좀 엷게 새큼하다. ☞새그무레하다. 시크무레하다

새큰-거리다(대다) 자 뼈마디나 이 뿌리 따위가 몸이 옴찔옴찔 하도록 매우 자릿자릿한 느낌이 나다. ☞새근거리다[2]. 시큰거리다

새큰-새큰 부 -하다 형 새큰거리는 느낌을 나타내는 말. ☞새근새근[2]. 시큰시큰

새큰-하다 형여 뼈마디나 이 뿌리 따위가 몸이 옴찔 하도록 자릿하다. ☞새근하다. 시큰하다

새큼달큼-하다 형여 새큼하면서, 더하여 달콤한 맛이 있

다. ☞새금달금하다. 새콤달콤하다. 시큼들큼하다
새큼새큼-하다 형여 매우 새큼하다. ☞새금새금하다. 새콤새콤하다. 시큼시큼하다
새큼-하다 형여 맛깔스럽게 시큼하다. ☞새금하다. 새콤하다. 시큼하다
새:타령(－*打令) 명 남도 잡가의 한 가지. 온갖 새들의 모습이나 울음 소리를 사람의 목소리로 표현함.
새:털-구름 명 '권운(卷雲)'의 딴이름.
새퉁-빠:지다 형 매우 새퉁스럽다.
새퉁-스럽다(－스럽고·－스러워) 형ㅂ 어이없이 새삼스럽다. ¶새퉁스럽게 아는체를 한다.
새퉁-스레 부 새퉁스럽게
새퉁-이 명 야살스럽고 경망한 짓, 또는 그런 짓을 하는 사람.
새틴(satin) 명 수자직(繻子織)으로 된, 광택이 있고 매끄러운 직물.
새-파랗다(－파랗고·－파란) 형ㅎ ①빛깔이 매우 파랗다. ②매우 젊다. ¶새파란 나이. ③매우 놀랍거나 무섭거나 하여 낯빛이 해쓱하다. ☞파랗다. 시퍼렇다
새파랗게 젊다 관용 몹시 젊다.
새파랗게 질리다 관용 매우 놀랍거나 무서워 낯빛이 매우 해쓱하게 되다. ☞파랗게 질리다
새파래-지다 자 ①빛깔이 더할 수 없이 파래지다. ②매우 놀랍거나 무섭거나 하여 낯빛이 해쓱해지다.
새-판 명 ①새로 벌어진 일의 판. ②노름이나 장기·바둑 등의 새로 시작하는 판.

새:-팥 명 콩과의 한해살이 덩굴풀. 줄기 전체에 털이 나 있음. 달걀 모양의 작은 잎이 석 장씩 어긋맞게 남. 8월 경에 연한 황색 꽃이 피며 꼬투리 속에 푸른 갈색 바탕에 검은 점이 있는 열매를 맺음.
새-품 명 억새의 꽃. ☞달품[2]
새-하얗다(－하얗고·－하얀) 형ㅎ 빛깔이 매우 하얗다. ¶새하얀 눈./두려워서 얼굴이 새하얗게 되다. ☞시허옇다. 하얗다
새하얘-지다 자 빛깔이 매우 하얗게 되다. ☞시허예지다. 하얘지다
새-해 명 새로 시작되는 해. 신년(新年). 신세(新歲)
새해=문:안(－問安) 명 ①새해를 맞아 웃어른께 드리는 인사. ②지난날, 음력 정월 초하룻날에 백관(百官)이 임금에게 올리던 인사.
새해=전갈(－傳喝) 명 지난날, 정초(正初)에 부녀들이 인친(姻親)의 집에 사람을 보내어 인사를 전하던 일.
새해=차례(－茶禮) 명 설날에 지내는 차례. 떡국차례
새:-호리기 명 맷과의 나그네새. 몸길이는 31～35cm이며, 매와 비슷하나 날개가 길고 좁게 보임. 배에는 담갈색의 얼룩무늬가 있으며 아랫배 부분은 갈색임.
색[1] 명 광산에서, 감돌·복대기·감흙 따위를 조금 빻고 갈아서 사발 따위에 넣고 물에 일어서 금분(金分)의 정도를 알아보는 일. ¶－을 보다.
색[2] 부 좁은 틈으로 김이 세차게 나오는 소리를 나타내는 말. ¶－ 소리를 내며 김이 나온다. ☞식
색(色)[1] 명 빛. 빛깔 ¶외투의 －이 참 곱다.
색(色)[2] 명 ①'색사(色事)'의 준말. ¶－을 밝히다. ②'색정(色情)'의 준말. ¶－이 동하다. ③'여색(女色)'의 준말. ¶－에 빠지다.
색(色)[3] 명 고려·조선 시대, 사무 조직의 한 분장을 나타내던 말. 빗[2]
색(色)[4] 명 불교에서, 오감(五感)으로 인식되는 형상과 색채를 가진 모든 존재. ☞공(空)
색(sack) 명 물건을 넣어서 어깨에 메고 다닐 수 있게 만든, 자루 모양의 물건. ☞배낭(背囊). 냅색(knapsack). 룩색(rucksack)
-색(色) 접미 '특성', '개성'의 뜻을 나타냄. ¶향토색(鄕土色)/지방색(地方色) ☞특색(特色)
색각(色覺) 명 색채 감각(色彩感覺)
색-갈이(色－) 명-하다 타 봄에 묵은 곡식을 꾸어 주고 가을에 햇곡식으로 길미를 붙여 받는 일.
색감(色感) 명 ①색을 분간하는 감각. 색채 감각(色彩感覺) ②어떤 색깔을 보고 받는 느낌. 색채감(色彩感)
색거(索居) 명-하다 자 한가로운 곳을 찾아서 삶.
색경(色境) 명 불교에서 이르는 육경(六境)의 하나. 눈으로 볼 수 있는 대상을 이름.
색계(色界) 명 ①불교에서 이르는 삼계(三界)의 하나. 욕계(欲界)와 무색계(無色界)의 중간 세계로, 탐욕은 벗었으나 아직 색심(色心)까지는 벗지 못한 세계를 이름. ②여색(女色)의 세계.
색골(色骨) 명 색정(色情)을 지나치게 좋아하는 사람. 호색꾼. 호색한(好色漢)
색광(色狂) 명 색정(色情)이 지나쳐서 성적(性的)으로 정상을 벗어난 행동을 하는 일, 또는 그런 사람. 색마(色魔). 색정광(色情狂)
색광-증(色狂症)[－쯩] 명 색정(色情)의 만족만을 생각하는 정신병.
색구(色球) 명 채층(彩層)
색구(色驅) 명 지난날, 높은 관원의 하인 가운데 우두머리를 이르던 말.
× **색구**(索具) 명 →삭구(索具)
색깔(色－) 명 빛깔
색깔-치(色－) 명 색소체(色素體)
색난(色難) 명 ①자식이 항상 부드러운 얼굴빛을 가지고 부모를 섬기기가 어렵다는 말. ②부모의 얼굴빛을 살펴 그 뜻에 맞추어 봉양하기가 어렵다는 말. ☞색양(色養)
색-노끈(色－) 명 ①고운 물감을 들인 노끈. ②색종이로 꼰 지노.
색-다르다(色－)(－다르고·－달라) 형르 보통 것과 다른 특색이 있다. ¶색다른 경험./색다른 음식.
색달(色疸) 명 여로달(女勞疸)
색-대(色－) 명 섬이나 가마니 속에 든 곡식 따위를 찔러서 빼내어 보는 연장. 간색대. 태관(兌管)
색-대님(色－) 명 고운 빛이나 무늬가 있는 천으로 만든 대님.
색-대:리석(色大理石) 명 흰빛 외의 여러 가지 빛깔을 띤 대리석.
색-대:자(色帶子) 명 오색실로 사이를 걸러서 짠 띠.
색덕(色德) 명 여자의 고운 얼굴과 아름다운 덕행.
색도(色度) 명 명도(明度)를 제외한 빛의 색, 색의 색상(色相)과 채도(彩度)를 수치로 나타낸 것.
× **색도**(索道) 명 →삭도(索道)
색도-계(色度計) 명 색도를 재는 기구. 흔히 삼색 색도계를 씀.
색-동(色－) 명 오색 빛깔의 비단으로 줄지게 잇대어 꾸민, 아이들의 저고리나 두루마기의 소맷감.
색동(色動) 명-하다 자 놀라거나 화가 나서 안색이 변함.
색동=마고자(色－) 명 색동으로 소매를 꾸며 만든 어린아이의 마고자. 색등거리 ☞색동 저고리
색동=저고리(色－) 명 색동으로 소매를 꾸며 만든 어린아이의 저고리. ☞색동 마고자
색드레스(sack dress) 명 주로 부인들이 입는, 자루같이 생기고 풍성한 드레스.
색등(色燈) 명 빨강, 파랑, 노랑 등의 빛깔로 비치는 등.
색-등거리(色－) 명 색동 마고자
색-떡(色－) 명 멥쌀 가루에 여러 가지 색으로 물을 들여 쪄서 친 떡. 큰상을 차릴 때, 절편과 인절미를 담고 웃기떡으로 씀. 색병(色餠) ☞갖은색떡. 민색떡
색락(色落) 명 지난날, 세곡이나 환곡을 받아들일 때 간색(看色)과 낙정(落庭)으로 축나는 것을 채운다는 구실로 덧붙여 받던 곡식.
색량-계(色量計) 명 색의 농도를 비교하고 측정하여 색소량(色素量)을 재는 기계.
색론(色論) 명 조선 시대, 붕당(朋黨) 사이의 다툼을 이르던 말.
색료(色料) 명 색을 들이는 재료. ☞물감
색리(色吏) 명 지난날, 감영(監營)이나 군아(郡衙)에서 곡식의 출납과 관리를 맡아보던 아전. ☞감색(監色)

색마(色魔)명 색광(色狂)
색-망치(色-)명 광산에서, 사발색을 볼 때 쓰는 망치.
색맹(色盲)명 모든 빛깔 또는 어느 빛깔을 분간하지 못하는 선천성의 색각 이상, 또는 그러한 사람. 색소경 ☞ 녹색맹. 적색맹
× 색면(索麵)명 →삭면(索麵)
색모(色貌)명 ①여자의 아름다운 생김새. ②안색(顔色)과 용모(容貌).
색목(色目)명 조선 시대, 사색 당파(黨派)의 파별.
색-무명(色-)명 물들인 무명.
색-미투리(色-)명 지난날, 총에 여러 가지 물을 들였던 아이들의 미투리.
색-바꿈(色-)명-하다타 같은 데 쓰는 물건 가운데에서 마음에 드는 것으로 바꾸는 일. 개색(改色)
색-바람명 초가을에 부는 선선한 바람.
색법(色法)명 불교에서, 마음을 뜻하는 심법(心法)에 대하여 물질을 이르는 말.
색별(色別)명-하다타 ①종류가 다른 것마다 다른 빛깔을 칠함. ②종류에 따라 구별함.
색병(色餠)명 ①색떡 ②색절편
색복(色服)명 무색옷
색-비름(色-)명 비름과의 한해살이풀. 높이 80~150 cm. 줄기는 곧게 서고 거칠며 굵은 원기둥 모양이고 털이 없음. 잎은 어긋맞게 나며, 8~10월에 연한 녹색의 꽃이 핌. 열대 아시아 원산이며 관상용으로 재배함. 당비름
색사(色事)명 남녀간의 육체적인 관계. 준 색(色)[2]
색사(色絲)명 물을 들인 실. 색실
색-사발(-*沙鉢)명 광산에서, 금분(金分)의 정도를 알아보는 데 쓰는 사발.
색-사지(色-)명 잔치 때, 누름적 꼬챙이 끝에 휘감는 다섯 가지 빛깔의 종이 오리.
색상(色相)[1]명 ①빨강·파랑·노랑 따위의 이름으로 구별되는 색의 특성. 명도(明度), 채도(彩度)와 함께 색의 삼요소 중 하나임. ¶다양한 -의 옷. ②색조(色調)

> ▶ 우리 나라의 기본색(基本色) 이름
> 기본색은 유채색 열두 가지와 무채색 세 가지
> ①유채색(有彩色)
> 빨강(赤)/주황(朱黃)/노랑(黃)/연두(軟豆)/초록(草綠)/청록(靑綠)/파랑(靑)/남색(藍色)/보라/자주(紫朱)/분홍(粉紅)/갈색(褐色)
> ②무채색(無彩色)
> 하양(白)/회색(灰色)/검정(黑)

색상(色相)[2]명 불교에서, 육안(肉眼)으로 볼 수 있는 형상을 이르는 말.
색상(色傷)명 방사(房事)가 지나쳐서 생기는 병.
색-상자(色箱子)명 여러 가지 빛깔의 종이로 바른 상자.
색상-환(色相環)명 색상에 따라 계통적으로 색을 둥그렇게 배열한 것. 색환(色環)
색색부 ①어린아이가 숨을 고르게 쉬면서 자는 모양, 또는 그 숨소리를 나타내는 말. ②숨을 가쁘게 쉬는 모양, 또는 그 소리를 나타내는 말. ☞새근새근. 식식. 쌕쌕
색색(色色)명 ①여러 가지 빛깔. ¶-의 옷감./-으로 꾸민 조각보. ②여러 가지. ¶-으로 차린 음식상.
색색-거리다(대다)자 숨을 잇달아 가쁘게 쉬다. ¶숨이 차서 -. ☞새근거리다[1]. 식식거리다. 쌕쌕거리다
색색-이부 ①여러 가지 빛깔로. ¶- 칠한 그림. ②여러 가지로. ¶물건을 - 잘 챙겼구나.
색선(色扇)명 색종이나 색 헝겊을 붙여서 만든 부채.
색소(色素)명 물체에 빛깔이 나게 하는 물질. ¶천연 -
색-소:경(色-)명 색맹(色盲)
색소-뇨(色素尿)명 몸 안의 헤모글로빈과 담즙 색소 따위가 섞여서 나오는 오줌.
색소=단:백질(色素蛋白質)명 색소를 성분으로 지니고 있는 단백질. 생체 내의 산소 운반, 산화 환원 반응 등의 생리적 기능을 함. 헤모글로빈·엽록소·카로틴·시홍(視紅) 따위.
색소=세:포(色素細胞)명 색소를 만들어 지니어 몸의 빛깔을 나타내는 동물 세포.
색소-체(色素體)명 식물 세포 안에 있는, 색소를 지닌 작은 기관. 엽록체 따위. ☞색깔치
색소폰(saxophone)명 목관 악기의 한 가지. 리드가 한 개이며, 감미로운 음색과 폭넓은 음량을 지님. 경음악이나 취주악에 많이 쓰이는데, 금속으로도 만듦. ☞색스혼(saxhorn)
색쇠애이(色衰愛弛)성구 사랑을 받던 미인도 나이가 들어 늙으면 사랑을 잃게 됨을 이르는 말.
색-수차(色收差)명 렌즈로 물체의 상(像)을 만들 때, 빛의 색에 따라 굴절률이 다르기 때문에 상이 흐려지기도 하고 가장자리에 색이 나타나기도 하는 현상.
색-순:응(色順應)명 광원(光源)에 따라 물체의 빛깔이 다르게 보일 때, 그 차이를 줄이는 눈의 자동 조절 기능.
색스혼(saxhorn)명 금관 악기의 한 가지. 취주악의 중심이 되는 악기로 음색이 부드럽고 음량이 풍부함. ☞색소폰(saxophone)
색:시명 ①'새색시'의 준말. ②혼인하지 않은 젊은 여자. ☞규수(閨秀). 처녀
속담 **색시 짚신에 구슬 감기가 웬일인고**: 분에 넘치는 호사를 하면 어울리지도 않고 도리어 보기에 어색하기만 하다는 말.
색시(色視)명 색시증(色視症)
색:시-걸음명 새색시처럼 아주 얌전하고 조심스럽게 걷는 걸음걸이. ☞게걸음. 오리걸음
색시-증(色視症)[-쯩]명 빛깔이 없는 물체가 빛깔이 있는 것처럼 보이는 눈의 병적인 증세. 색시(色視)
색신(色身)명 불교에서, 빛깔과 형상이 있는 몸이라는 뜻으로 '육체'를 이르는 말.
색신(色神)명 색각(色覺). 색채 감각(色彩感覺)
색-실(色-)명 물을 들인 실. 색사(色絲)
색심(色心)명 ①색욕(色慾)을 일으키는 마음. ②불교에서, 물질과 정신을 이르는 말.
색:싯-감명 색시가 될 사람이나 색시가 될만 한 사람. 신붓감
색-쓰다(色-)(-쓰고·-써)자 ①남녀가 성교(性交)를 하다. ②성교할 때, 성적(性的) 교태를 부리는 일을 속되게 이르는 말.
색-안:경(色眼鏡)명 ①렌즈에 빛깔이 들어 있는 안경. ②주관이나 선입견에 얽매여 좋지 않게 보는 태도를 비유하여 이르는 말.
색안경을 쓰다관용 사물을 있는 그대로 보지 않고 선입견이나 편견을 가지고 보다.
색약(色弱)명 색맹(色盲)만큼 심하지 않으나 빛깔을 잘 구별하지 못하는 상태, 또는 그러한 눈을 가진 사람.
색양(色養)명 ①부모의 얼굴빛을 보고 마음이 불편하지 않게 섬김을 이르는 말. ②항상 얼굴빛을 부드럽게 하여 부모의 마음을 즐겁게 함을 이르는 말.
색-연필(色鉛筆)[-년-]명 심을 빛깔이 나게 만든 연필. 납이나 찰흙, 백악(白堊) 따위에 광물질 물감을 섞어 심을 만듦.
색염(色染)명-하다타 염색(染色)
색-온도(色溫度)명 광원(光源)의 온도를 나타내는 방법의 한 가지, 또는 그 수치. 직접 잴 수 없는 고온(高溫)의 물체나 별 따위의 온도를 잴 때 쓰임.
색-옷(色-)명 '무색옷'의 준말.
색욕(色慾)명 이성(異性)과 성적인 관계를 갖고 싶어하는 욕망. ☞색정(色情). 춘정(春情)
색-유리(色琉璃)[-뉴-]명 금속의 산화물을 녹여 넣거나 하여 빛깔을 낸 유리. 착색 유리(着色琉璃)
색의(色衣)명 무색옷
색인(索引)명 책에 있는 항목이나 낱말 등을 빠르고 쉽게 찾아볼 수 있도록 한곳에 모아 일정한 순서로 늘어놓은 것. 인덱스. 찾아보기
색장(色掌)명 소임(所任)

색장-나:인(色掌—)명 지난날, 궁궐 안에서 편지를 전하는 일을 맡아 하던 나인.
색적(索敵)명-하다자 적을 찾아냄.
색전(塞栓)명 색전증을 일으키는 물질. 기포(氣泡)나 지방 따위. 전색(栓塞)
색전-증(塞栓症)[—쯩]명 혈액 또는 림프의 흐름에 따라 옮겨진 이물(異物)이 혈관을 막아 일어나는 병증.
색-절병(色切餠)명 색절편
색-절편(色—)명 흰떡에 여러 가지 빛깔로 물을 들여 절편판에 박아 낸 떡. 색병(色餠). 색절병(色切餠)
색정(色情)명 이성(異性)과 성적인 관계를 갖고 싶어하는 마음. 준색(色)² ☞색욕(色慾). 춘정(春情)
색정-광(色情狂)명 색광(色狂)
색정=도:착증(色情倒錯症)명 비정상적인 자극을 받아야만 색정이 일어나는 증세. 학대 음란증 따위. 성도착
색정-적(色情的)명 색정을 일으키는 것. ¶—인 영화.
색정적=피:해=망:상(色情的被害妄想)명 성적인 폭행을 당한다고 생각하는 피해 망상.
색조(色租)명 지난날, 세곡(稅穀)이나 환곡(還穀)을 받을 때에 간색(看色)으로 덧붙여 받던 곡식.
색조(色調)명 ①빛깔의 조화. ②빛깔의 세고 여림이나 짙고 옅음 따위의 정도. 색상(色相)
× **색조**(索條)명 →삭조(索條)
색-종이(色—)명 물을 들인 종이. 색지(色紙)
색주(色紬)명 물을 들인 명주.
색주-가(色酒家)명 젊은 여자를 두고 술과 몸을 팔게 하는 술집, 또는 그 여자. 색줏집
색줄-멸(色—)명 색줄멸과의 바닷물고기. 몸길이 15cm 안팎이고 정어리와 비슷함. 몸에 비늘이 있고 비늘 가장자리에 둔한 톱니가 있음. 몸빛은 등 쪽이 암청색이고 배는 은백색이며, 옆구리에 청색을 띤 은백색의 세로띠가 있음. 우리 나라와 일본의 연해, 중국해 등에 분포함.
색줏-집(色酒—)명 색주가(色酒家)
색즉시공(色卽是空)성구 불교에서, 이 세상에 있는 모든 물질적인 것[색(色)]은 인연으로 말미암은 현상일 뿐 불변의 실체를 가지고 있지 않은 것[공(空)]임을 이르는 말. ☞공즉시색(空卽是色)
색지(色紙)명 색종이
색-지움(色—)명 색수차(色收差)를 없애는 일. 소색
색지움=렌즈(色—lens)명 굴절률이 다른 몇 개의 렌즈로 써 색수차(色收差)를 없앤 렌즈. 소색 렌즈
색지움=프리즘(色—prism)명 굴절률이 다른 두 개의 프리즘으로 빛의 분산을 없앤 프리즘.
색-차지(色次知)명 지난날, 놀이 좌석에서 기생을 맡아 주선하는 사람을 이르던 말.
색채(色彩)명 ①빛깔 ②어떤 사물에서 드러나는 경향이나 성질을 비유하여 이르는 말. ¶진보적 —를 띤 단체.
색채=감:각(色彩感覺)명 ①가시광선의 파장의 차를 색채로서 식별하는 감각. 색각(色覺). 색신(色神) ②색채의 좋고 나쁨이나 조화·부조화를 민감하게 판단하는 감각 능력. 색감(色感)
색채=상징(色彩象徵)명 색채로 어떤 사상(事象)을 상징하는 일. 빨강은 정열이나 위험, 파랑은 젊음을 상징하는 따위.
색채-설(色彩說)명 색채 감각을 설명하는 학설.
색채=영화(色彩映畫)명 천연색 영화(天然色映畫)
색-채움(色—)명-하다자 물건 따위를 형식적으로 구색을 맞추어 채우는 일. 준색챔
색채=조절(色彩調節)명 빛깔이 미치는 심리적·생리적·물리적 영향을 이용하여 학교나 병원, 공장 등에서 빛깔을 알맞게 써서 재해 예방이나 피로 예방, 능률 향상 등의 효과를 올리는 일.
색채=청:각(色彩聽覺)명 색청(色聽)
색채=토기(色彩土器)명 채화기(彩畫器)
색채=팔면체(色彩八面體)명 광각(光覺)의 체계를 나타내는 팔면체.
색책(塞責)명-하다자 책임을 면하기 위하여 겉으로만 이러저리 꾸며 대어 맞춤.
색-챔(色—)명-하다자 '색채움'의 준말.
색청(色聽)명 음파가 귀를 자극할 때, 소리를 들을 뿐 아니라 색상을 느끼는 현상. 색채 청각(色彩聽覺) ☞공감각(共感覺)
색체(色滯)어기 '색체(色滯)하다'의 어기(語基).
색체-하다(色滯—)형여 얼굴에 화색(和色)이 없다.
색출(索出)명-하다타 뒤져서 찾아냄. ¶범인을 —하다.
색칠(色—)명-하다자타 색을 칠함, 또는 그 칠.
색코:트(sack coat)명 ①신사복 윗도리. ②어린아이용으로 풍성하게 만든, 기장이 짧은 윗옷.
색탐(色貪)명-하다자 여색(女色)을 탐함.
색태(色態)명 ①여자의 곱고 아리따운 자태. ②빛깔의 태.
색택(色澤)명 광택(光澤). 윤기(潤氣)
색판(色版)명 빛깔을 넣은 인쇄물.
색한(色漢)명 ①여색을 몹시 좋아하는 사내. 호색한(好色漢) ②치한(癡漢)
색향(色鄕)명 ①미인이 많이 나는 고장. ②지난날, 기생이 많기로 이름났던 고장.
색환(色環)명 색상에 따라 계통적으로 색을 둥그렇게 배열한 것. 색상환(色相環)
색황(色荒)명 여색에 빠져 타락하는 일.
샌:-님명 ①생원님 ②얌전하고 고루한 사람을 놀리어 이르는 말.
샌:님-탈명 산디놀음에 쓰이는 탈의 한 가지. 대개 늙은 선비의 모습임.
샌드백(sandbag)명 모래를 넣은 주머니. 주로 주먹의 힘을 기르기 위하여 매달아 놓고 치는 데 쓰임.
샌드위치(sandwich)명 얇게 썬 두 쪽의 빵 사이에 고기·달걀·채소 등을 끼워서 만든 음식. 쓰임에 따라 모양과 사이에 끼우는 재료를 다르게 만듦.
샌드위치맨(sandwich man)명 광고판을 가슴과 등에 달고 거리를 다니며 광고를 하는 사람.
샌드페이퍼(sandpaper)명 사포(砂布) 준페이퍼
샌들(sandal)명 끈이나 띠가 바닥과 이어져 있어, 발을 띠에 꿰어 신거나 발에 끈을 매어 신는 신.
샌퍼라이징(sanforizing)명 직물에 미리 수증기를 뿜고 열과 온도를 주어 한 번 줄여서, 봉제 뒤 줄어들지 않도록 하는 가공. 주로 고급 면직물과 마직물에 이용됨.
샐그러-뜨리다(트리다)타 샐그러지게 하다. ¶괜히 토라져서 입술을 샐그러뜨린다. ☞실그러뜨리다. 쌜그러뜨리다
샐그러-지다자 물체가 한쪽으로 갸울어지다. ☞실그러지다. 쌜그러지다
샐긋-거리다(대다)[—귿—]자타 물체가 자꾸 한쪽으로 갸울어지다, 또는 갸울이다. ☞실긋거리다. 쌜긋거리다
샐긋-샐긋[—귿—]부 물체가 샐그러질듯이 자꾸 움직이는 모양을 나타내는 말. ☞실긋실긋. 쌜긋쌜긋
샐긋샐긋-하다[—귿—귿—]형여 물체가 다 샐그러진듯하다. ☞실긋실긋하다. 쌜긋쌜긋하다
샐긋-하다[—귿—]형여 물체가 샐그러진듯 하다. ☞살긋하다. 실긋하다. 쌜긋하다
샐긋-이부 샐긋하게 ☞살긋이. 실긋이. 쌜긋이
샐기죽부 찬찬히 샐그러지는 모양을 나타내는 말. ☞실기죽. 쌜기죽
샐기죽-거리다(대다)자타 물체가 한쪽으로 찬찬히 갸울어지다, 또는 갸울이다. ☞실기죽거리다. 쌜기죽거리다
샐기죽-샐기죽부 샐기죽거리는 모양을 나타내는 말. ☞실기죽실기죽. 쌜기죽쌜기죽
샐:-녘명 날이 샐 무렵. ¶—에야 겨우 눈을 붙였다. ☞밝을녘
샐:-닢명 아주 적은 돈. ¶—도 없다. ☞한푼
샐러드(salad)명 채소나 과일, 육류, 어패류 등의 여러 가지 재료에 드레싱을 쳐서 먹는 서양 음식을 통틀어 이르는 말.
샐러드드레싱(salad dressing)명 샐러드에 쓰이는 드레싱을 통틀어 이르는 말. 마요네즈나 프렌치드레싱 등.

샐러드-유(salad油)명 주로 샐러드드레싱을 만드는 데 쓰이는 고급 식용유.
샐러리맨(∠salaried man)명 봉급 생활자(俸給生活者)
샐룩 부 입 따위를 한쪽으로 좀 샐그러지게 움직이는 모양을 나타내는 말. ¶토라져 입을 ― 움직이다. ☞실룩. 쌜룩
샐룩-거리다(대다) 타 ①입 따위를 잇달아 한쪽으로 좀 샐그러지게 움직이다. ¶불만스러운 낯으로 입을 ―. ②걸음을 걸을 때 살진 엉덩이를 요리조리 내젓다. ¶엉덩이를 샐룩거리며 걷다. 샐룩이다 ☞실룩거리다
샐룩-샐룩 부 샐룩거리는 모양을 나타내는 말. ☞실룩실룩. 쌜룩쌜룩
샐룩-이다 타 샐룩거리다 ☞실룩이다. 쌜룩이다
샐비어(salvia)명 ①꿀풀과의 한해살이풀. 줄기 높이는 60~90cm이며 줄기는 곧게 섬. 잎은 두 장씩 마주 나며, 가장자리에 둔한 톱니가 있음. 5~10월에 빨간 꽃이 줄기나 가지 끝에 핌. 브라질 원산임. 깨꽃 ②꿀풀과의 여러해살이풀. 줄기 높이는 30~90cm. 원줄기는 네모나고 밑부분이 목질인데 전체적으로 향기가 남. 잎은 두 장씩 마주 나는데 넓고 길둥글며 양끝이 뾰족함. 8~9월에 자줏빛 꽃이 층층으로 핌. 남부 유럽 원산으로 서양 요리의 향료로 쓰임. 세이지(sage)
샐:샐 부 소리 없이 좀 실답잖게 웃는 모양을 나타내는 말. ☞실실
샐샐-거리다(대다) 자 샐샐 웃다. ☞실실거리다
샐:-심 명 '새알심'의 준말.
샐쭉 부 ①피부나 고무 따위를 한쪽으로 갈쭉이 샐그러지게 움직이는 모양을 나타내는 말. ¶뾰로통하여 입을 ― 하다./고무공을 ― 샐그러뜨렸다. ②마음에 시뻐서 토라지는 모양을 나타내는 말. ¶― 토라지다. ☞샐쭉샐쭉. 실쭉. 실쭉실쭉
샐쭉-거리다(대다) 자타 ①피부나 고무 따위가 한쪽으로 갈쭉이 자꾸 샐그러지다, 또는 그리 되게 하다. ¶입을 ―. ②마음에 시뻐서 자꾸 토라지다. ¶걸핏하면 샐쭉거린다. 샐쭉이다 ☞실쭉거리다
샐쭉-경(―鏡)명 안경알이 옆으로 갈쭉하게 생긴 안경.
샐쭉-샐쭉 부 샐쭉거리는 모양을 나타내는 말. ¶― 삐치기도 잘한다. ☞실쭉실쭉
샐쭉-이다 자타 샐쭉거리다 ☞실쭉이다
샐쭉-하다 형여 ①한쪽으로 갈쭉이 샐그러져 있다. ②마음에 시뻐서 좀 토라진 태도가 있다. ☞실쭉하다
샘:[1] 명 ①물이 땅에서 솟아 나오는 자리. ¶―이 솟다./―을 파다. ☞우물 ②'샘터'의 준말. ③생물의 몸 속에서 특수한 물질을 분비하고, 또 이것을 몸 밖으로 배설하는 기관. 동물에는 내분비샘과 외분비샘이 있음.

한자 샘 천(泉)〔水部 5획〕¶감천(甘泉)/광천(鑛泉)/냉천(冷泉)/온천(溫泉)/용천(湧泉)/천맥(泉脈)

샘:[2] 명-하다 타 ①남이 자기보다 낫거나 좋거나 잘 되는 것을 공연히 미워하고 싫어함, 또는 그런 마음. ¶성공한 형에게 ―을 내다. ②지기 싫어하며 탐내거나 부러워함, 또는 그런 마음. ¶그는 ―이 많아서 지기를 싫어한다. ☞강샘. 시기(猜忌). 질투(嫉妬). 투기(妬忌)
샘:[3] 명 '새삼'의 딴이름.
샘:-구멍[―꾸―] 명 샘물이 솟는 구멍.
샘:-굿 명 음력 정월에 마을의 공동 우물에서 물이 잘 나오라고 수신(水神)에게 고사(告祀)를 지내는 세시 풍속.
샘:-물 명 샘에서 나오는 물. 천수(泉水)
샘:물-줄기[―쭐―] 명 샘물이 솟는 땅 속의 물줄기.
샘:-바르다(―바르고·―발라)형르 샘하는 마음이 많다. 샘이 심하다. ¶연년생이라 그런지 두 아이가 다 ―.
샘:-바리 명 샘이 몹시 많은 사람.
샘:-받이[―바지] 명 ①샘물을 끌어대는 논. ②샘물이 나는 논.
샘:-솟다[―솓―] 자 ①샘물이 땅 속에서 솟아 나오다. ②생각이나 용기, 눈물 따위가 끊임없이 생겨나다. ¶아이디어가 ―./힘이 ―.
샘:-창자 명 '십이지장(十二指腸)'을 달리 이르는 말.
샘:-터 명 샘물이 솟아 나오는 곳과 그 언저리. 준 샘[1]
샘:-터:지다 자 ①새로 샘이 솟기 시작하다. ②막혔던 샘이 다시 솟다.
샘플(sample)명 ①견본(見本) ②표본(標本)
샘플링(sampling)명 표본 추출(標本抽出)
샘플카:드(sample card)명 양복감 따위의 견본을 붙인 카드.
샛- 접두 빛깔을 나타내는 형용사에 붙어 '아주 짙은'의 뜻을 나타냄. ¶샛노랗다 ☞새-
샛:-강(―江)명 큰 강에서 줄기가 갈려 나가 중간에 섬을 이루고 하류에서 다시 합쳐지는 강.
샛-검불 명 새나무의 검불.
샛:-길 명 큰길로 통하는 작은 길, 또는 큰길에서 갈라져 나간 작은 길. 간도(間道). 간로(間路) ¶큰길에서 벗어나 ―로 빠지다.
× **샛-까맣다** 형ㅎ → 새까맣다
샛-노랗다[샌―](―노랗고·―노란)형ㅎ 빛깔이 매우 산뜻하게 노랗다. ¶샛노랗게 핀 개나리. ☞싯누렇다
샛노래-지다[샌―] 자 샛노랗게 되다. ☞싯누레지다
샛:-눈 명 감은듯 하면서 살짝 뜨고 보는 눈. ¶―으로 보다. ☞속눈[2]
샛-돔[샌―] 명 샛돔과의 바닷물고기. 몸길이 20cm 안팎이며, 몸은 길둥글고 옆으로 매우 납작함. 몸빛은 파란빛을 띤 은백색이며, 아감딱지 위쪽에 희미한 흑갈색 얼룩점이 있음.
샛-마 명 샛마파람
샛-마파람 명 '남동풍'의 뱃사람말. 샛마
샛-말갛다[샌―](―말갛고·―말간)형여 매우 말갛다. ¶비 온 뒤의 샛말간 하늘. ☞싯멀겋다
샛말개-지다[샌―] 자 매우 말갛게 되다. ☞싯멀개지다

샛-멸[샌―] 명 샛멸과의 바닷물고기. 몸길이 25cm 안팎이며, 몸은 가늘고 길. 몸빛은 등 쪽이 쪽빛을 띤 은빛이고 배 쪽은 은백색임.
샛:-문(―門)명 ①정문 가까이에 따로 낸 작은 문. ☞협문(夾門) ②사람이 드나들 수 있도록 대문짝 가운데나 한쪽에 따로 낸 작은 문. 쪽문
샛-바람 명 '동풍'의 뱃사람말. 준 새[3] ☞갈바람
속담 **샛바람에 게 눈 감기듯** : ①매우 졸린 모양을 비유하여 이르는 말. ②날이 잘 가묾을 이르는 말.
샛-밥 명 일을 하다가 끼니 때 외에 먹는 밥. ☞곁두리. 새참
샛:-벽(―壁)명 방과 방 사이에 칸막이한 벽.
샛:-별 명 새벽에 동쪽 하늘에서 빛나는 '금성(金星)'을 이르는 말. 계명성(啓明星). 명성(明星). 서성(曙星). 신성(晨星). 효성(曉星) ¶―처럼 초롱초롱한 눈.
샛-비늘치[샌―] 명 샛비늘칫과의 바닷물고기. 몸길이는 8cm 이내이며, 몸의 여러 군데에 발광기(發光器)가 있고, 비늘은 떨어지기 쉬운 둥근 비늘임.
× **샛-빨갛다** 형ㅎ → 새빨갛다
샛:-서방 명 남편 있는 여자가 몰래 성적 관계를 맺고 지내는 남자. 간부(間夫). 밀부(密夫). 사부(私夫)
샛:-장지(∠―障子)명 방의 칸과 칸 사이를 막는 장지. 간장지
샛줄-멸[샌―] 명 눈퉁멸과의 바닷물고기. 몸길이 10cm 안팎. 몸은 가는 원통 모양으로 앞뒤가 납작함. 몸빛은 등 쪽이 검푸른 빛이고 옆구리에 넓은 은백색의 세로띠가 있음.
× **샛-파랗다** 형ㅎ → 새파랗다
× **샛-하얗다** 형ㅎ → 새하얗다
생: 명 새앙
생(生)[1] 명 ①생명 ¶―을 받다. ②삶 ☞사(死)
생(笙)명 생황(笙簧)
생(生)[2] 대 윗사람에게 '자기'를 낮추어 일컫는 말.
생(生)-접두 ①'익지 않거나 익히지 않은'의 뜻을 나타냄. ¶생밤/생쌀 ②'마르거나 말리지 않은'의 뜻을 나타냄. ¶생장작/생나무 ③'그대로의'의 뜻을 나타냄. ¶생고

무/생맥주/생모시 ④'살아 있는 상태의'의 뜻을 나타냄. ¶생이별(生離別)/생지옥(生地獄) ⑤'까닭 없는' 또는 '엉뚱한'의 뜻을 나타냄. ¶생떼/생소리/생트집 ⑥'예기하지 못한'의 뜻을 나타냄. ¶생벼락 ☞날-

-생(生)《접미사처럼 쓰이어》①'출생'의 뜻을 나타냄. ¶무진생(戊辰生)/2000년생(年生) ②'학생'의 뜻을 나타냄. ¶수험생(受驗生)/재학생(在學生)/유학생(留學生)/우등생(優等生) ☞-산(産)

생가(生家) 명 ①'본생가(本生家)'의 준말. ☞양가(養家). 생정(生庭)[1] ②태어난 집.

생-가슴(生-) 명 공연한 걱정으로 썩이는 마음속.

생가슴(을) 앓다 관용 공연히 속을 썩이다. ¶속내도 모르고 공연히 생가슴을 앓았네.

생-가죽(生-) 명 무두질을 하지 아니한 가죽. 날가죽. 생피(生皮)

생가죽(을) 벗기다 관용 갖은 수단을 써서 모두 빼앗다.

생-가지(生-) 명 살아 있는 나무의 가지.

생각 명 -하다 자타 ①머리를 써서 사물을 헤아리거나 깨닫거나 분별하는 일, 또는 그 결과. ¶행복에 대하여 ―하다./기발한 ―이 떠올랐다./앞뒤를 ―해서 처리해라. ②어떤 사물에 대하여 관심을 가지거나 하고 싶어하는 일, 또는 그런 마음. ¶돈만 ―하다./보고픈 ―은 굴뚝 같지만 참아야지./밥 ―이 없다. ③어떤 일을 꾀하거나 마음먹는 일, 또는 그 마음. ¶처음부터 골탕을 먹일 ―이었구나./화가가 될 ―을 하다. ④마음에 느끼어 일어나는 일, 또는 그 느낌. ¶슬픈 ―만 해도 눈물이 나온다./내 자신을 부끄럽게 ―한다. ⑤지난 일을 돌이켜보는 일, 또는 그 내용. ¶옛날 ―이 나다. 그분 말씀을 겨우 ―해 냈다. ⑥어떤 일을 머리 속에 그려 보거나 미리 헤아리는 일. ¶그녀의 심정을 ―해 보았다./그가 오리라고 ―하지 못했다./―조차 못한 일. ⑦그리워하거나 아끼는 일, 또는 그런 마음. ¶돌아가신 아버님 ―이 간절하다./몸을 ―해서 그만 마셔라. ⑧어떤 사물을 그렇다고 치거나 그렇게 여기는 일. ¶나는 그 사람을 좋게 ―한다.

속담 **생각이 팔자**(八字) : ①늘 바라고 골똘히 생각하면 소원대로 운명이 정해진다는 말. ②생각이란 억지로 한다고 되는 것이 아니라 저절로 되는 것이라는 말.

한자 **생각 사**(思) 〔心部 5획〕 ¶사고(思考)/사념(思念)/사상(思想)/사유(思惟)
생각 상(想) 〔心部 9획〕 ¶감상(感想)/상기(想起)/상념(想念)/예상(豫想)/회상(回想)
생각할 려(慮) 〔心部 11획〕 ¶고려(考慮)/배려(配慮)/사려(思慮)/심려(深慮)/우려(憂慮)
생각할 억(憶) 〔心部 13획〕 ¶기억(記憶)/추억(追憶)
생각할 유(惟) 〔心部 8획〕 ¶사유(思惟)

생각(生角) 명 ①저절로 빠지기 전에 잘라 낸 사슴의 뿔. ②삶지 않은 짐승의 뿔.

생각-나다 자 생각이 일어나다. 생각이 떠오르다. ¶돌아가신 어머니가 생각난다./잊고 있었던 일이 ―.

생각-다 준 '생각하다'의 준말.

생각다 못하여 관용 아무리 생각해도 신통한 수가 없어서. ¶― 내가 나섰다.

생-갈이(生-)[1] 명 -하다 타 '홍두깨생갈이'의 준말.

× 생-갈이(生-)[2] 명 -하다 타 → 애벌갈이

생-감(生-) 명 필에서 끊은 채로 아무 손질을 안 한 천.

생강(生薑) 명 ①생강과의 여러해살이풀. 줄기 높이는 30~50cm. 덩이줄기는 옆으로 자라고 누른빛 육질이며 향긋한 냄새와 매운맛이 있음. 잎은 가름하고 끝이 뾰족함. ②생강의 뿌리. 새앙. 생

생강-나무(生薑-) 명 녹나뭇과의 낙엽 교목. 높이는 3m 안팎. 나무껍질은 검은 잿빛임. 잎은 넓고 길둥글며 어긋맞게 나고 끝이 3~5갈래로 갈라져 있음. 3~4월에 노란 꽃이 잎보다 먼저 피며, 8~9월에 짙은 자주의 둥근 열매가 익음. 애순은 차를 끓여 먹고 열매에서는 기름을 짬. 나무껍질은 한방에서 타박상으로 어혈이 진 데나 산후에 몸이 부은 데에 약재로 쓰임. 새앙나무 ☞황매(黃梅)

생강-뿔(生薑-) 명 새앙뿔

× 생강-손이(生薑-) 명 → 새앙손이

생강순-정:과(生薑筍正果) 명 생강의 순으로 만든 정과. 생강의 순이 잣 크기만큼 자랐을 때 따서 물기를 없애고 꿀에 열흘쯤 재어 두었다가 먹음. 강순정과(薑筍正果). 새앙순정과

생강-엿(生薑-)[-녇] 명 생강의 즙을 넣고 고아 만든 엿. 새앙엿

생강-정:과(生薑正果) 명 생강을 얇게 저며 두 번 삶은 다음, 꿀물에 넣어 뭉근한 불로 조린 정과. 새앙정과

생강-주(生薑酒) 명 생강의 즙을 넣어 빚은 술. 강주(薑酒). 새앙술

생강-즙(生薑汁) 명 생강을 찧거나 갈아서 짜 낸 즙. 강즙(薑汁). 새앙즙

생강-차(生薑茶) 명 얇게 저민 생강을 중불에 달여 체에 밭아서 꿀이나 설탕을 타서 마시는 차. 새앙차. 생차

생강-초(生薑醋) 명 새앙초

생강-편(生薑-) 명 새앙편

생객(生客) 명 생인(生人)

생-거름(生-) 명 잘 썩지 않은 거름.

생-걱정(生-) 명 -하다 자타 대수롭지 않은 일을 가지고 공연히 걱정을 하는 일, 또는 그 걱정. ¶어련히 잘 할 텐데 ―을 하고 있다.

생-건지황(生乾地黃) 명 한방에서, 날로 말린 지황의 뿌리를 약재로 이르는 말. 해열과 보혈, 지혈 등에 쓰임. 건하(乾芐) 준 건지황(乾地黃) ☞생지황

생-겁(生怯) 명 대수롭지 않은 일로 공연히 내는 겁.

생-것(生-) 명 날것

생게망게-하다 형여 말이나 행동이 갑작스럽고 터무니없다.

생겨-나다 자 ①없던 것이 생기어 나오다. ¶몇 년 새 높은 건물이 많이 생겨났다./두 사람 사이에 아이가 생겨났다. ②어떠한 일이 일어나다. ¶문젯거리가 ―.

생견(生絹) 명 생사(生絲)로 짠 깁.

생견(生繭) 명 생고치 ☞건견(乾繭)

생경(生梗) 명 -하다 자 두 사람 사이에 불화가 생김.

생경(生硬) 어기 '생경(生硬)하다'의 어기(語基).

생경지폐(生梗之弊) 명 두 사람 사이에 생긴 불화(不和)로 말미암은 폐단을 이르는 말.

생경-하다(生硬-) 형여 ①세상 물정에 어둡고 완고하다. ¶생경한 사고 방식. ②시문(詩文) 따위가 세련되지 못하고 딱딱하다. ¶표현이 생경한 글. ③어떤 일이 익숙하지 않아 낯설거나 어색하다. ¶처음 간 곳이라 분위기가 ―.

생계(生界) 명 생물의 사회. 생물의 세계.

생계(生計) 명 살림을 하며 살아갈 방도, 또는 살아가는 형편. 생도(生道). 생로(生路). 활계(活計) ¶―를 잇다./―를 꾸려 가다./―가 막연하다.

생계-무책(生計無策) 명 살아 나갈 방책이 없음.

생계-비(生計費) 명 생활에 필요한 모든 비용. 생활비(生活費) ☞최저 생계비(最低生計費)

생계비=지수(生計費指數) 명 생계비를 이루는 상품이나 서비스의 가격 변동을 지수화하여 생계비의 오르내림을 재려는 물가 지수.

생고(生苦) 명 불교에서 이르는 사고(四苦)의 하나. 모태(母胎)에 있을 때부터 태어날 때까지의 고통.

생고(笙鼓) 명 생황(笙簧)과 북.

생-고기(生-) 명 날고기

생-고무(生-) 명 고무나무의 유액에 포름산이나 아세트산을 넣어 굳힌 것. 탄성 고무의 원료가 됨. 천연 고무

생-고사(生庫紗) 명 생사로 짠 비단의 한 가지. ☞숙고사(熟庫紗)

생-고생(生苦生) 명 -하다 자 공연히 고생하는 일. ¶여기까지 안 와도 되는데 ―을 했다.

생-고집(生固執) 명 공연히 부리는 고집.

생-고치(生-)명 말리지 아니한 고치. 생견(生繭)
생곡(生穀)명 ①익히지 않은 곡식. ②-하다자 곡식이 남.
생과(生果)명 생과실
생-과:부(生寡婦)명 ①남편이 살아 있지만 멀리 있거나 소박을 맞아 혼자 있는 여자. ②갓 결혼하였거나 약혼만 하였다가 남자가 죽어 홀로된 여자. ☞망문과부
생-과:실(生果實)명 아직 덜 익은 과실. 생과(生果). 생실과(生實果)
생-과자(生菓子)명 물기가 약간 있도록 무름하게 만든 과자. 진과자 ☞마른과자
생광(生光)명-하다자 ①빛이 남. ②영광스럽고 자랑스러워 낯이 남. ¶초대해 주셔서 -입니다. ☞생색(生色) ③아쉬움을 면하게 해 줌.
생-광:목(生廣木)명 누이지 아니한 광목.
생광-스럽다(生光-)(-스럽고·-스러워)형ㅂ ①영광스럽고 자랑스러워 낯이 선듯 하다. ¶잊지 않고 찾아 주시니 정말 생광스럽습니다. ②아쉬울 때 쓰여 보람이 있다. ¶궁한 터에 돈을 보내 와 여간 생광스럽지 않다.
생광-스레부 생광스럽게
생구(生口)명 ①사로잡은 적군. 포로(捕虜) ②집에서 기르는 짐승. 소·말·돼지 따위.
생-굴(生-)명 익히거나 절이거나 하지 않은 굴.
생굴-밥(生-)명 생굴을 얹어 지은 밥. 맑은 닭국물이나 다시마국물에 밥을 안쳐 끓으면 생굴을 얹어 뜸을 들임.
생굴-전(生-煎)명 생굴에 소금·후추로 간을 하여 밀가루를 묻히고 달걀을 풀어 씌워서 지진 전.
생굴-전:골(生-)명 생굴을 주재료로 한 전골. 양념한 쇠고기, 두부·당근·표고·파를 전골 냄비에 담고 육수를 부어 끓이다가 굴과 쑥갓을 넣고 다시 끓임.
생굴-죽(生-粥)명 생굴로 끓인 장국에 쌀을 넣고 쑨 죽. 생굴을 기름에 볶다가 물을 붓고 끓인 장국에 쌀을 넣어 무르게 쑤다가 달걀을 풀어 넣음.
생굴-초회(生-醋膾)명 생굴을 씻어 물기를 빼고 얇게 저민 오이와 함께 식초·간장·고춧가루로 무친 회.
생-귀:신(生鬼神)명 제 명에 죽지 못한 사람의 혼령.
생그레부 상냥한 눈길로 소리 없이 부드럽게 웃는 모양을 나타내는 말. ¶- 웃고 있는 아가씨. ☞뱅그레. 상그레. 싱그레. 쌩그레
생글-거리다(대다)자 생글생글 웃다. ☞상글거리다. 싱글거리다. 쌩글거리다
생글-뱅글부 생글거리며 뱅글거리는 모양을 나타내는 말. ☞싱글벙글. 쌩글뺑글
생글-생글부 자꾸 생그레 웃는 모양을 나타내는 말. ¶- 웃으며 바라보다. ☞상글상글. 싱글싱글. 쌩글쌩글
생금(生金)명 정련(精鍊)하지 않고 캐낸 채로 있는 금.
생금(生擒)명-하다타 사로잡음. 생포(生捕)
생급-스럽다(-스럽고·-스러워)형ㅂ ①말이나 행동이 뜻밖이고 갑작스럽다. ¶한밤중에 생급스럽게 뛰어나갔다. ②하는 말이 엉뚱하고 터무니없다. ¶몹시 수다스러운 데다 하는 말도 -.
생급-스레부 생급스럽게
생긋부 상냥한 눈길로 소리 없이 부드럽게 잠깐 웃는 모양을 나타내는 말. 생긋이 ¶- 웃고는 갑자기 새침을 떤다. ☞상긋. 싱긋. 쌩긋. 쌩끗
생긋-거리다(대다)[-귿-]자 생긋생긋 웃다. ¶생긋거리는 약혼녀. ☞상긋거리다. 생끗거리다. 싱긋거리다. 쌩긋거리다. 쌩끗거리다
생긋-뱅긋[-귿-]부 생긋 웃으며 뱅긋 웃는 모양을 나타내는 말. ☞상긋방긋. 싱긋빙긋
생긋-생긋[-귿-]부 자꾸 생긋 웃는 모양을 나타내는 말. ¶호감이 가는지 - 웃는다. ☞상긋상긋. 싱긋싱긋. 쌩긋쌩긋. 쌩끗쌩끗
생긋-이부 생긋 ☞상긋이. 싱긋이. 쌩긋이. 쌩끗이
생기(生起)명-하다자 생겨남. 또는 일어남.
생기(生氣)명 ①싱싱하고 힘찬 기운. 생채(生彩) ¶- 있는 목소리./-가 넘치다. ②좋은 일수(日數).
생기(省記)명 조선 시대, 관아에서 수직(守直)을 하던 사람의 이름을 적어 두던 서류.
생기다자 ①없던 것이 있게 되다. ¶근처에 유치원이 생겼다./뇌에 종양이 생겨 수술을 받았다./우리 부부에게도 아기가 생겼다./무슨 걱정거리라도 생겼나요? ②새로 가지게 되다. 자기의 소유가 되다. ¶돈이 생기면 꼭 갚겠다./덕분에 옷 한 벌이 생겼다. ③없던 일이나 현상 따위가 나타나다. 일어나다 ¶계획에 문제가 생겼다./기계에 고장이 생겼다.
조형 부사어 아래에 '생겼다'의 꼴로 쓰이어, 됨됨이가 어떠하게 되어 있다거나, 일이 부정적인 상태에 이르게 됨을 나타내는 말. ¶예쁘게 생겼다./굶어 죽게 생겼다./발각되게 생겼다.
생기-론(生氣論)명 생물의 생명 현상은 자연 법칙으로는 파악할 수 없는 생물 특유의 생활력, 곧 생기(生氣)에 의존하고 있다는 생물학 이론. 바이털리즘(vitalism). 생기설(生氣說). 활력설(活力說)
생기발랄-하다(生氣潑剌-)형여 생기가 있으며 밝고 활발하다. ¶생기발랄한 모습.
생기-법(生氣法)[-뻡]명 일진(日辰)과 나이를 팔괘(八卦)에 배정하여 그 날의 운수를 보는 법.
생기-보다(生氣-)자 생기법으로 그 날의 운수를 보다.
생기-복덕(生氣福德)명 생기복덕일
생기-복덕일(生氣福德日)명 '생기일과 복덕일'을 아울러 이르는 말. 생기복덕
생기-설(生氣說)명 생기론(生氣論)
생기-일(生氣日)명 생기법으로 고른, 운수가 좋은 날.
생기-짚다(生氣-)[-집-]자 생기법으로 일진(日辰)과 나이를 팔괘(八卦)에 배정하여 길일을 따져 보다.
생기-판(省記板)명 조선 시대, 관아에서 수직(守直)을 하는 사람의 이름을 써서 보이던 판.
생김-새명 생긴 모양새. ¶-가 마음에 든다.
생김-생김명 ①여럿의 생긴 모양. ¶-이 모두 아버지를 닮았다. ②이모저모로 본 생긴 모양. ¶-이 튼실하고 복이 있어 보인다.
생-김치(生-)명 익지 않은 김치. 날김치 ☞풋김치
생-꾼(生-)명 생무지
생끗부 상냥한 눈길로 소리 없이 명랑하게 잠깐 웃는 모양을 나타내는 말. 생끗이 ¶- 웃으며 인사하다. ☞상끗. 싱끗. 쌩긋. 쌩끗
생끗-거리다(대다)[-끋-]자 생끗생끗 웃다. ¶행복에 겨워 -. ☞상끗거리다. 생긋거리다. 싱끗거리다. 쌩긋거리다. 쌩끗거리다
생끗-뱅끗[-끋-]부 생끗 웃으며 뱅끗 웃는 모양을 나타내는 말. ¶신이 나서 - 웃음을 그칠 줄 모른다. ☞상끗방끗. 싱끗빙끗. 쌩긋뺑긋. 쌩끗뺑끗
생끗-생끗[-끋-]부 자꾸 생끗 웃는 모양을 나타내는 말. ☞상끗상끗. 싱끗싱끗
생끗-이부 생끗 ¶- 웃는 얼굴. ☞상끗이. 싱끗이. 쌩긋이. 쌩끗이
생:-나무명 '새앙나무'의 준말.
생-나무(生-)명 ①살아 있는 나무. ②베어 낸 뒤에 아직 마르지 않은 나무. 날목. 생목(生木)[1] ☞마른나무
생-나물(生-)명 익히지 않은 나물.
생-난:리(生亂離)명 아무 까닭 없이 몹시 시끄럽게 들볶아 대는 판. ¶-를 겪다./-가 나다.
생남(生男)명-하다자 아들이 태어남. 득남(得男). 생자(生子) ☞생녀(生女)
생남-례(生男禮)명 아들이 태어남을 기뻐하여 한턱내는 일. 득남례. 생남턱 ☞팬잔례
생남-주(生男酒)명 생남례(生男禮)로 한턱내는 술.
생남-턱(生男-)명 생남례
생녀(生女)명-하다자 딸이 태어남. 득녀(得女) ☞생남(生男)
생년(生年)명 태어난 해. ☞몰년(歿年). 졸년(卒年)
생-논(生-)명 갈이가 잘 되지 않은 논.
생-눈(生-)명 아프지도 다치지도 아니한 멀쩡한 눈.
생-니(生-)명 아프거나 썩거나 하지 아니한 성한 이.

생달-나무 명 녹나뭇과의 상록 교목. 높이 15m 안팎. 수피(樹皮)가 검고 작은 가지는 녹색이며 털이 없음. 잎은 길둥근데 세 개의 맥이 뚜렷함. 6월경에 황색 꽃이 피며 10~12월에 자흑색의 열매가 익음. 목재는 단단하고 치밀하여 가구재로 씀.
생-담:배(生-) 명 피우지 않고 그냥 태우고 있는 담배. ¶ - 타는 냄새가 독하다.
생-당목(生唐木) 명 생옥양목(生玉洋木)
생-당포(生唐布) 명 누이지 않은 당모시.
생도(生徒) 명 ①지난날, 중등 학교 이하의 학생을 이르던 말. ②군(軍) 교육 기관에서 교육을 받는 사람.
생도(生道) 명 생계(生計)
생-돈(生-) 명 공연히 쓰는 돈. ¶ -을 쓰다. /되지도 않을 일에 -을 들였다.
생동 명 광맥 가운데 아직 캐내지 않은 부분.
생동(生動) 명 -하다 자 살아서 생기 있게 움직임. ¶만물이 -하는 계절. /-하는듯 한 필치(筆致).
생동(生銅) 명 캐낸 채 아직 불리지 않은 구리.
생동-감(生動感) 명 살아서 움직이는듯 한 느낌. ¶ - 있게 묘사된 작품.
생동생동-하다 형여 기운이 빠지거나 꺾이지 않고 본디의 생기가 그대로 남아 있어 생생하다. ☞싱둥싱둥하다
생동숙서(生東熟西) 숙서생동(熟西生東)
생동-쌀 명 차조의 한 품종인 생동찰의 알갱이. 청량미(青粱米). 청정미(青精米)
생동-찰 명 차조의 한 품종. 알이 잘고 빛이 푸르며 이삭의 털이 길.
생동-팥 명 팥의 한 품종. 음력 사오월경에 씨를 뿌림.
생-되다(生-)[-뙤-] 형 일에 익숙하지 못하고 서투르다. ¶생된 주제에 남을 가르치려 든다.
생득(生得) 명 나면서부터 가지는 일, 또는 타고나는 일.
생득=관념(生得觀念) 명 경험으로 얻은 것이 아니고, 태어날 때부터 가지고 있는 관념. 본유 관념(本有觀念) ☞습득 관념(習得觀念)
생득-적(生得的) 명 타고난 그대로인 것. ¶ - 본능
생-딱지(生-) 명 아직 다 아물지 않은 헌데의 딱지.
생-딴전(生-) 명 엉뚱한 딴 짓. ¶ -을 부리다.
생-땅(生-) 명 일구지 아니한 자연 그대로의 굳은 땅. 생지(生地)
생때-같다(生-)[-갇-] 형 몸이 튼튼하여 병이 없다. ¶생때같은 아들을 잃다.
생-떡국(生-) 명 떡국의 한 가지. 쌀가루를 반죽하여 새알만 하게 만들어 장국에 끓인 음식.
생-떡국수(生-) 명 국수의 한 가지. 멥쌀가루를 익반죽하여 민 다음 가늘게 썰어서 미역·북어·채소 등을 넣은 장국에 끓인 음식.
생-떼(生-) 명 되지도 않을 일을 억지로 하려고 부리는 떼. ¶ -를 부리다. /-를 쓰다.
생-떼거리(生-) 명 '생떼'를 속되게 이르는 말.
생뚱-같다[-갇-] 형 말이나 짓이 앞뒤가 맞지 아니하고 엉뚱하다. 생뚱하다 ¶가끔 생뚱같은 소리를 하곤 한다.
생뚱-맞다[-맏-] 형 매우 생뚱스럽다. ¶생뚱맞은 짓을 하여 사람을 당황케 한다.
생뚱-스럽다(-스럽고·-스러워) 형ㅂ 생뚱한 느낌이 있다. ¶생뚱스러운 행동.
  생뚱-스레 부 생뚱스럽게
생뚱-하다 형여 생뚱같다
생래(生來) 명 ①세상에 태어난 때로부터 지금까지. ¶ - 처음 겪는 일. ②타고나는 일. ¶ -의 선병질적인 체질.
생랭(生冷) 명 생랭지물(生冷之物)
생랭지물(生冷之物) 명 날것과 찬 것을 아울러 이르는 말. 생랭(生冷)
생략(省略) 명 -하다 타 일부를 덜어서 줄임. ¶존칭은 - 하겠습니다. /자세한 설명은 -하다. 준 약(略)
생략-법(省略法) 명 수사법(修辭法)의 한 가지. 생략에 따른 간결함으로 독자에게 여운(餘韻)을 느끼게 하는 표현 방법. '줄 없는 거문고', '가는 세월 오는 백발'과 같은 표현법임.
생략=삼단=논법(省略三段論法)[-뻡] 명 대전제(大前提), 소전제, 결론 중 어느 하나를 생략한 삼단 논법. 생략 추리법
생략=추리법(省略推理法)[-뻡] 명 생략 삼단 논법
생량(生凉) 명 -하다 자 가을이 되어 서늘한 기운이 이는 일.
생량-머리(生凉-) 명 가을이 되어 서늘하여질 무렵.
생력(省力) 명 -하다 자 힘을 덜거나 수고를 줄임.
생력-꾼(生力-) 명 기운이 한창 넘치는 사람.
생력=농업(省力農業) 명 작업을 공동화·기계화하여 노동력 또는 노동 시간을 절약하는 농업 경영 방법.
생력=산:업(省力産業) 명 노동력을 줄이기 위한, 산업용 로봇이나 컨베이어 등을 만들어 내는 산업.
생력=재:배(省力栽培) 명 제초제(除草劑)를 쓰거나 농기계를 사용하는 등 노동력을 덜 들이는 재배 방법.
생력=투자(省力投資) 명 산업의 기계화·자동화·무인화를 촉진시키어 노동력을 줄이기 위한 투자.
생력-화(省力化) 명 -하다 자타 산업의 기계화·자동화·무인화를 촉진시키어 노동력을 줄이는 일.
생령(生靈) 명 ①생명(生命) ②살아 있는 백성. 생민(生民) ③살아 있는 사람의 영혼. ☞사령(死靈)
생례(省禮) 명 -하다 자 '예절을 생략하고 씀'의 뜻으로, 상중(喪中)에 있는 사람에게 보내는 편지 첫머리에 쓰는 한문 투의 말. 생식(省式)
생로(生路) 명 생계(生計)
생로병:사(生老病死) 명 불교에서, 중생이 겪어야 하는 네 가지 고통을 이르는 말. 곧 나고, 늙고, 병들고, 죽는 일을 이름. ☞사고(四苦). 팔고(八苦)
생록-지(生漉紙) 명 닥나무의 겉껍질로 뜬 종이.
생뢰(牲牢) 명 신명(神明)에게 제물로 바치는 산 짐승. 희생(犧牲)
생률(生栗) 명 ①날밤[2] ②껍질을 벗기고 보늬를 깎아서 친 날밤. 흔히 제상이나 잔치상에 올림.
  생률(을) 치다 관용 날밤의 껍질을 벗기고 보늬를 깎아서 다듬다.
생리(生利) 명 -하다 자 이익을 냄.
생리(生理) 명 ①생물체(生物體)가 살아가는 데 일어나는 몸의 여러 현상이나 몸의 기능. 호흡·소화·배설 작용 따위. ②'생리학(生理學)'의 준말. ③-하다 자 월경(月經)
생리(生梨) 명 배[2]
생리-대(生理帶) 명 여자가 월경이 있을 때, 외음부에 대고 샅에 붙여 두는 흡수성(吸收性)의 천이나 종이. 패드(pad) ☞개짐
생리-사:별(生離死別) 명 살아서 떠나 있는 일과 죽어서 이별함을 아울러 이르는 말.
생리=생태학(生理生態學) 명 자연 환경 또는 인공 환경 속에서의 생물학적 과정이나 생육(生育)에 관하여 연구하는 학문.
생리=식염수(生理食塩水) 명 혈청과 삼투압(滲透壓)이 같게 만든 0.9%의 식염수. 수분 보충 등을 위해 쓰임. 체액 대용액(體液代用液) 준 식염수 ☞링거액
생리-일(生理日) 명 월경(月經)이 있는 날.
생리=작용(生理作用) 명 생물의 생활하는 작용. 혈액 순환, 호흡, 소화, 배설, 생식 따위의 모든 작용.
생리-적(生理的) 명 ①신체의 조직이나 기능에 관한 것. ¶ -인 현상. /-인 변화. ②이치나 사리에 따른 것이 아니라 본능적·감각적인 것. ¶ -으로 싫은 느낌이 들다. ③기능이 정상인 것.
생리적=분업(生理的分業) 명 생물의 각 기관이 각각 특별히 가지고 있는 기능을 발휘하여 생물체를 유지·발달시키는 일.
생리적=영도(生理的零度) 명 피부에 온각(溫覺)도 냉각(冷覺)도 일으키지 아니하는 온도. 28~29°C임.
생리-통(生理痛) 명 월경이 있을 때 아랫배나 자궁 등이 아픈 증세. 월경통(月經痛)
생리-학(生理學) 명 생물학의 한 부문. 생물의 기능이 나

타나는 과정이나 원인을 과학적으로 연구하는 학문. ㊟생리(生理) ☞형태학(形態學)

생리학적=심리학(生理學的心理學)명 심리 현상을 생리학적 방법으로 연구하여 설명하는 심리학.

생리=휴가(生理休暇)명 근로 기준법에 따라 여성 근로자에게 한 달에 하루씩 생리일에 주는 유급 휴가.

생마(生馬)명 ①아직 길들이지 않은 거친 말. ㊤야생마(野生馬) ②갓 태어난 망아지.

속담 **생마 갈기 외로 질지 바로 질지**: 갓난 말의 갈기가 어느 쪽으로 넘어갈지 미리 알 수 없는 것처럼, 사람이 자라서 어떻게 될 것인지는 어릴 때 판단할 수 없음을 이르는 말. /**생마 잡아 길들이기**: 버릇없고 배운 데 없는 사람은 가르치고 기르기가 힘들다는 말.

생마(生麻)명 삶지 않은 삼. 잿물에 삶아서 희고 부드럽게 하지 않은 삼.

생마-새끼(生馬-)명 ①길들이지 않은 망아지. ②예의 범절을 모르는 사람을 비유하여 이르는 말.

생-매(生-)명 길들이지 아니한 매.

생매(生埋)명-하다타 산 채로 땅 속에 파묻음. 산장. 생장

생-매장(生埋葬)명-하다타 ①사람을 산 채로 땅 속에 파묻음. ②멀쩡한 사람에게 허물을 씌워 사회적 지위에서 몰아내는 일. ¶독직(瀆職) 사건에 연루되어 -당하다.

생-맥주(生麥酒)명 맥아즙을 발효·숙성시켜 여과만 하고, 살균 과정을 거치지 않은 맥주.

생:-머리명 '새앙머리'의 준말.

생-머리(生-)명 퍼머 따위의 가공을 하지 아니한 자연 그대로의 머리털.

생-먹다(生-)자타 ①모르는체 하다. ②남의 말을 듣지 않다. ¶내 말 생먹다간 후회하게 될걸.

생-멧소(生-)[-멘-]명 지난날, 소 한 마리 값의 돈을 빚으로 쓰고 해마다 도조(賭租)를 이자로 물어 가던 일. ☞돈도지

생면(生面)명 ①'생면목(生面目)'의 준말. ☞숙면(熟面) ②-하다자 낯을 냄.

생면-강산(生面江山)명 ①처음 보는 낯선 강산. ②처음으로 보고 듣는 일.

생면대:책(生面大責)성구 일의 속사정을 모르고 관계없는 사람을 그릇 꾸짖는 일을 이르는 말.

생-면:목(生面目)명 처음으로 대하는 얼굴. ㊟생면

생면-부지(生面不知)명 한 번도 만나 본 일이 없어서 도무지 모르는 사람.

생-면주(生綿紬)명 생명주(生明紬)

생멸(生滅)명-하다타 불교에서, 만물(萬物)이 생기고 없어지는 일을 이르는 말.

생명(生命)명 ①생물이 살아 있게 하는 근원이 되는 힘. 목숨. 생령(生靈) ¶-을 구해 주다./-에는 지장이 없다. ②사물이나 현상이 유지되는 기간. ¶-이 긴 제품을 만들다./연예인으로서 -이 짧다. ③사물의 핵심 또는 특성이 되는 것. ¶배우의 -은 연기력이다.

생명-감(生命感)명 생생하게 살아 있는듯 한 느낌. ¶꽃들이 - 있게 그려졌다.

생명=감:정(生命感情)명 배고픔이나 목마름, 성적 흥분 등 인간의 근원적인 욕구와 관련된 감정.

생명=공학(生命工學)명 바이오테크놀러지

생명=과학(生命科學)명 생명 현상이나 생물의 여러 가지 기능을 밝혀 그 성과를 건강 유지와 의료의 향상, 식량 자원의 확보, 환경 보존 등 인류 복지에 응용하려는 종합 과학.

생명-권(生命權)[-꿘]명 인격권(人格權)의 한 가지. 생명을 불법으로 침해당하지 않을 권리.

생명=나무(生命-)명 생명수(生命樹)

생명-력(生命力)명 살아 있게 하는 밑바탕이 되는 힘. ¶끈질긴 -./-을 잃은 연못.

생명=보:험(生命保險)명 피보험자가 앓거나 다치거나 죽거나, 또는 일정한 연령에 이르면 일정한 금액의 보험금을 지급하기로 약정한 보험. ☞사망 보험. 생존 보험

생명-선(生命線)명 ①최저 생활을 유지할 수 있는 한계선. 최저 생활선(最低生活線) ②생명을 보장해 주는 꼭 필요한 방도. ③수상(手相)에서, 수명(壽命)을 나타낸다는 손금.

생명-소(生命素)명 생명을 유지하는 데 필요한 요소.

생명-수(生命水)명 생명을 유지하는 데 꼭 필요한 물이라는 뜻으로, 크리스트교에서 '복음(福音)'을 비유하여 이르는 말. 영생수(永生水)

생명-수(生命樹)명 크리스트교에서, 낙원의 중앙에 선악과나무와 나란히 서 있다는 성수(聖樹). 생명 나무. 세계수(世界樹)

생명=연금(生命年金)[-년-]명 연금을 받을 권리자가 죽을 때까지 해마다 일정한 금액을 받을 수 있는 연금. 종신 연금(終身年金)

생명-점(生命點)[-쩜]명 꼭뒤 아래의 오목한 곳으로, 호흡 중추와 심장 중추가 있는 연수(延髓)의 한 점. 이 곳을 바늘로 찌르면 죽음.

생-명주(生明紬)명 생사로 짠 명주. 생면주(生綿紬) ㊟생주(生紬)

생-명주실(生明紬-)명 삶아서 익히지 아니한 명주실. 생사(生絲) ☞견사(繭絲)

생명-체(生命體)명 생명이 있는 물체.

생명-표(生命表)명 인구를 연령별·남녀별·직업별 등으로 분류하여 사망률, 평균 여명(平均餘命) 등의 변화를 나타낸 표. 사망표(死亡表)

생명-형(生命刑)명 사형(死刑)

생-모(生-)명 윷놀이에서, 말을 새로 달아 쓸 모. ☞생윷

생모(生母)명 자기를 낳은 어머니. 생어머니. 친어머니 ☞양모(養母). 양어머니. 의모(義母). 팔모(八母)

생-모시(生-)명 누이지 아니한 모시. 생저(生苧)

생:-목(-木)명 당목(唐木)

생목(生-)명 위에서 입으로 치밀어 오르는 삭지 아니한 음식물. ¶-이 오르다.

생목(生木)[1]명 생나무

생목(生木)[2]명 누이지 아니한 무명.

생-목숨(生-)명 ①살아 있는 목숨. ¶-을 끊다. ②죄 없는 사람의 목숨. 생사람의 목숨. ¶전쟁이 수많은 -을 앗아 갔다.

생-몰년(生沒年)명 사람의 태어난 해와 죽은 해. 생졸년(生卒年)

생-무지(生-)명 어떤 일에 익숙하지 못한 사람. 생꾼. 생수(生手) ☞익수

생문(生門)명 음양가(陰陽家)에서 이르는 팔문(八門) 가운데 길하다는 문의 하나.

생문(省文)명 ①문구를 생략한 문장. ②한자(漢字)의 점획(點畫)을 줄여 쓴 글자. 약자(略字)

생문-방(生門方)명 생문(生門)의 방위(方位).

생-문자(生文字)[-짜]명 널리 쓰이지 않아서 낯선 용어나 문자.

생물(生物)명 ①생명을 가지고 있는 것. 생장(生長)이나 생식력(生殖力)이 있고, 물질 대사를 하며 외계의 자극에 반응하고, 세포 또는 그 집합으로 된 일정한 현상을 가진 것. 동물이나 식물 등. ☞무생물(無生物) ②'생물학(生物學)'의 준말.

생물-가(生物價)[-까]명 동물이 섭취한 영양소 중 생산물이 된 부분의 비율. 특히 단백질에 대하여 사용됨.

생물=검:정(生物檢定)명 물질을 생체(生體)에 투여하여 그것에 감응하는 생물의 반응에서 그 물질의 성질, 효력 및 성분 등을 검정하는 일. 비타민이나 호르몬 등 극히 적은 양의 물질을 검정하는 데 이용됨.

생물-계(生物界)명 생물의 세계. 크게 동물계·식물계·원생생물계·원핵생물계·균계로 분류함.

생물=계:절(生物季節)명 동물이나 식물에 나타나는 계절에 따른 여러 현상. 식물의 발아(發芽)·개화(開花)·단풍과 동물의 동면(冬眠)·우화(羽化), 철새의 이동 등. ☞생물력(生物曆)

생물=공학(生物工學)명 바이오테크놀러지

생물-권(生物圈)[-꿘]명 지구상에서 생물이 살고 있는

ㅅ

공간. 땅 위, 물 속 외에 땅 속, 굴 속 등도 포함됨.
생물=기상학(生物氣象學)[명] 대기의 물리적·화학적 환경 조건이 생체에 미치는 영향을 연구하는 학문.
생물-력(生物曆)[명] 계절에 따라 각 지방 생물계의 변화를 관측한 기록. ☞생물 계절(生物季節)
생물=물리학(生物物理學)[명] 생명 현상을 물리학적 방법으로 연구하는 학문. 생물체를 구성하고 있는 단백질이나 핵산의 구조와 성질에 관한 연구 따위.
생물=물리=화:학(生物物理化學)[명] 생체 내에서 일어나고 있는 여러 가지 현상 및 생체 구성 성분의 구조·성질 등을 물리 화학적 방법으로 연구하는 학문.
생물=발광(生物發光)[명] 생물체가 빛을 내는 현상. 균류나 개똥벌레·해파리·야광충 따위에서 볼 수 있음.
생물=발전(生物發電)[-쩐][명] 생물체에서 전기가 일어나는 현상.
생물-상(生物相)[-쌍][명] 같은 환경이나 일정한 지역 안에 분포하는 생물의 모든 종류.
생물=시대(生物時代)[명] 지질학의 시대 구분에서, 무생물 시대(無生物時代)의 다음 시대. 고생대(古生代)·중생대(中生代)·신생대(新生代) 따위로 분류함.
생물-암(生物岩)[명] 죽은 생물이나, 생물의 겉껍질, 분비물 등이 물밑에 쌓여 이루어진 암석을 통틀어 이르는 말. 산호 석회암이나 석탄(石炭), 규조토(硅藻土), 구아노(guano) 따위. 유기암(有機岩)
생물=에너지(生物energy)[명] 생물이 물질을 생산하거나 운동하는 데 필요한 에너지. 녹색 식물은 태양에너지를 받아 저장하였다가 광합성에 씀.
생물=요법(生物療法)[-뇨뻡][명] 생물학적 약제를 사용하는 치료법.
생물=전:기(生物電氣)[명] 생물체에서 일어나는 전기 현상.
생물=지리학(生物地理學)[명] 지구상의 생물 분포와 그것에 관련되는 여러 가지 문제에 대하여 연구하는 학문. 대상에 따라 동물 지리학과 식물 지리학으로 분류함.
생물-체(生物體)[명] 생물의 몸.
생물-학(生物學)[명] 생물의 구조와 기능 등 생명 현상의 전반을 과학적으로 연구하는 학문. [준]생물(生物)
생물학=무:기(生物學武器)[명] 세균(細菌)·바이러스·리케차(rickettsia), 그 밖의 특수한 생화학 물질을 이용하여, 사람·가축·식물 등을 살상(殺傷)하거나 고사(枯死)시키는 무기를 통틀어 이르는 말. 생물학 병기
생물학=병기(生物學兵器)[명] 생물학 무기
생물학적=리듬(生物學的rhythm)[명] 생물체에서 볼 수 있는 일정한 주기적 변화 현상. ☞생체 리듬
생물학-주의(生物學主義)[명] 사회를 일종의 생물 유기체(有機體)로 보고, 사회적인 현상을 생물학적으로 파악하려 하는 사회학의 한 경향.
생물=화:학(生物化學)[명] 생화학(生化學)
생-미사(∠生彌撒)[명] 가톨릭에서, 살아 있는 사람을 위하여 드리는 미사를 이르는 말. ☞위령 미사
생미역-초회(生-醋膾)[명] 회의 한 가지. 생미역을 끓는 물에 데쳐 찬물에 행군 다음, 얇게 썬 오이와 함께 섞어 간장·참기름·깨소금·식초·실고추로 무친 회.
생민(生民)[명] 살아 있는 백성. 생령(生靈)
생밀(生蜜)[명] 정제하지 않은 벌꿀.
생박(生縛)[명]-하다[타] 사로잡아 묶음.
생-박파(生拍破)[명] 때도 되기 전에 억지로 하는 일.
생반(生飯)[명] 절에서, 끼니 음식을 먹기 전에 아귀(餓鬼)나 새와 들짐승 따위에게 준다 하여 조금 떼내는 밥을 이르는 말. ☞여동밥
생-밤(生-)[명] 날밤²
생-방:송(生放送)[명] 실황 방송(實況放送)
생-배(生-)[명] 까닭 없이 갑자기 아픈 배.
생배(를) 앓다[관용] 남이 잘 되는 것을 시기하다.
생-백신(生vaccine)[명] 병원성(病原性)을 약하게 한, 살아 있는 병원균으로 만든 백신. 비시지(B.C.G.)나 우두 백신 따위.
생-베(生-)[명] 누이지 아니한 베. 생포(生布)
생-벼락(生-)[명] 날벼락
생벼락(을) 맞다[관용] 뜻밖에 큰 재앙을 당하다.
생변사:변(生變死變)[성구] 몇 번이고 죽을뻔 하다가 살아남을 이르는 말.
생별(生別)[명]-하다[자타] 생이별(生離別) ☞사별(死別)
생병(生病)[명] 무리한 일을 해서 생긴 병. ¶-을 얻다.
생보(生報)[명] 순생보(順生報)
생복(生鰒)[명] 익히거나 말리지 아니한 전복(全鰒). ☞숙복(熟鰒)
생부(生父)[명] 자기를 낳은 아버지. 생아버지. 친아버지 ☞양부(養父). 의부(義父)
생-부모(生父母)[명] 양자로 간 사람의 생가(生家)의 부모를 양부모에 상대하여 이르는 말. 본생부모(本生父母)
생불(生佛)[명] ①불교에서, 덕행이 뛰어나 살아 있는 부처로 숭앙받는 중을 높이어 이르는 말. 활불(活佛) ②불교에서, 중생과 부처를 아울러 이르는 말.
생불불이(生佛不二)[성구] 생불일여(生佛一如)
생불여사(生不如死)[성구] 사는 것이 죽는 것보다 못하다는 뜻으로, 몹시 괴롭고 어려운 처지를 이르는 말.
생불일여(生佛一如)[성구] 불교에서, 중생과 부처가 그 본성에서 조금도 차별 없이 평등함을 이르는 말. 생불불이
생비(省費)[명]-하다[자] 비용을 절약함.
생-뿔[명] 새앙뿔
생:-사(-紗)[명] '서양사(西洋紗)'의 변한말.
생사(生死)[명] ①삶과 죽음. ¶-를 같이하다./-라도 알려 다오./-의 기로에 서다. ②태어남과 죽음.
생사(生絲)[명] 삶아서 익히지 아니한 명주실. 생명주실 ☞견사(繭絲). 연사(練絲)
생사가:판(生死可判)[성구] 사느냐 죽느냐를 따지어 판단함을 이르는 말. 사생가판(死生可判)
생사-경(生死境)[명] 사느냐 죽느냐의 위급한 지경. ¶-에 빠지다./-을 헤매다.
생사관두(生死關頭)[성구] 사생관두(死生關頭)
생-사당(生祠堂)[명] 지난날, 감사(監司)나 수령(守令)의 공적을 고맙게 여겨 백성들이 그 사람이 살아 있을 때부터 받들어 모시는 사당을 이르던 말.
생사-대:해(生死大海)[명] 불교에서, 끝없는 윤회 생사(輪廻生死)의 세계를 바다에 비유하여 이르는 말. 생사해(生死海)
생-사:람(生-)[명] ①아무 잘못이 없는 사람. ¶-에게 죄를 뒤집어씌우다. ②아무 관계가 없는 사람. ¶- 붙잡고 물어 봐야 아무 소용 없어. ③생때같은 사람.
생사람(을) 잡다[관용] 아무 잘못이나 관계가 없는 사람을 헐뜯거나 죄를 뒤집어씌워 어려운 처지에 빠뜨리다. ¶생사람을 잡아도 유분수지.
생사입판(生死立判)[성구] 살고 죽는 일이 당장에 결정됨을 이르는 말.
생사-존망(生死存亡)[명] 살아 있음과 죽어 없어짐. 사생존망. 사생존몰. 생사존몰
생사-존몰(生死存沒)[명] 생사존망(生死存亡)
생사-탕(生蛇湯)[명] 산 뱀을 달인 탕약.
생사-해(生死海)[명] 생사대해(生死大海)
생산(生產)[명]-하다[타] ①인간이 생활하는 데 필요한 각종 물건을 만들어 냄. ¶자동차 부품을 -하다. ☞소비(消費) ②아기를 낳음. 출산(出產) ¶나이 사십에 막내를 -하다. ③짐승 따위가 새끼를 낳음.

[한자] **생산할 산**(產)〔生部 6획〕¶산물(產物)/산유(產油)/산지(產地)/산출(產出)/양산(量產)

생산-가(生產價)[-까][명] '생산 가격'의 준말.
생산=가격(生產價格)[-까-][명] 생산비에 평균 이윤을 더한 가격. [준]생산가
생산-고(生產高)[명] ①생산량(生產量) ②생산액(生產額)
생산=공정(生產工程)[명] 원료나 재료가 제품으로 완성되기까지 이루어지는 일련의 제조 과정. ☞생산 과정
생산=공채(生產公債)[명] 생산과 관련된 산업의 자금을 마련하려고 발행하는 공채. ☞건설 공채(建設公債)

생산=과:잉(生産過剩)명 사회의 구매력을 초과하여 상품이 생산되는 일.

생산=과:정(生産過程)명 노동으로 일정한 생산물을 만들어 내는 과정. ☞생산 공정

생산=관리(生産管理)명 ①기업이 생산 활동을 능률화하고 생산력을 최고로 높이기 위한 생산 계획이나 작업 연구, 공정 관리 등의 활동. 업무 관리(業務管理) ②쟁의(爭議) 행위의 한 가지. 노동 조합이 사용자의 지휘·명령을 배제하고 스스로 기업을 경영·관리하는 일.

생산=교:육(生産教育)명 생산 기술이나 노동의 교육적 가치를 중시하고, 생산 활동의 기초 요소를 가르치는 교육.

생산=구조(生産構造)명 생산물이 완성되기까지, 생산의 단계적 서열 구조.

생산=금융(生産金融)[-늉]명 생산을 위하여 사용되는 자금의 공급. ☞소비 금융(消費金融)

생산=기간(生産期間)명 생산 요소가 생산 과정에 투입되어 생산물이 되어 나오기까지의 기간.

생산=기관(生産機關)명 노동력을 제외한 기계나 원료 따위의 생산 수단을 통틀어 이르는 말.

생산=도시(生産都市)명 지역 사람들 대부분이 생산 활동을 하는 도시. ☞소비 도시(消費都市)

생산-량(生産量)[-냥]명 일정한 기간에 생산되는 양. 생산고(生産高) ☞소비량(消費量)

생산-력(生産力)[-녁]명 물질적 재화(財貨)를 생산할 수 있는 능력. 생산 수단과 노동력이 사회적으로 결합하여 이루어짐.

생산-물(生産物)명 생산된 물건. ☞생산품(生産品)

생산-비(生産費)명 생산에 필요한 비용. 감가 상각비·사무비·판매비 등의 불변 비용과 원료비·임금·동력비 등의 가변 비용으로 분류함. 코스트(cost)

생산비-설(生産費說)명 상품의 가격은 생산비에 따라 결정된다는 학설.

생산=사료(生産飼料)명 가축의 기본적인 생존 유지에 필요한 사료 이외에 사람이 가축으로부터 노역이나 고기, 알, 젖 따위를 얻기 위하여 필요한 사료. ☞유지 사료

생산=사:업(生産事業)명 재화(財貨)를 생산하는 사업. 생산업(生産業)

생산-성(生産性)[-썽]명 생산의 효율. 생산량과 노동·자본·원재료 등의 투입량의 비(比)로 표시됨.

생산성=향:상=운:동(生産性向上運動)[-썽-]명 생산성을 높임으로써 이윤을 증가시키고 노동자에 대한 분배도 늘리려는 운동.

생산=수단(生産手段)명 재화(財貨)를 생산하는 데 물질적 조건으로 사용되는 것. 토지·원자재 따위의 노동 대상과 기계·공장·교통 등의 노동 수단으로 가름.

생산=수준(生産水準)명 한 나라에서 일정한 기간에 이루어진 어떤 산업의 총생산량의 평균.

생산-액(生産額)명 일정한 기간에 생산된 재화(財貨)의 액수. 생산고(生産高)

생산=양식(生産様式)[-냥-]명 인간의 생존에 필요한 생활 수단을 얻는 역사적·사회적 양식. 원시 공동체, 노예제, 봉건제, 자본주의제, 사회주의제의 다섯 가지 기본 양식이 있음.

생산-업(生産業)명 ①생산 사업 ②생산 사업에서 일하는 직업.

생산=연령(生産年齡)[-년-]명 생산 활동, 특히 노동을 할 수 있는 연령. 보통 15~65세까지로 봄.

생산=요소(生産要素)[-뇨-]명 생산에 반드시 갖추어야 할 요소. 곧 토지·노동·자본과 그 밖의 요소.

생산-자(生産者)명 재화(財貨)의 생산에 관한 일을 하는 사람. ☞소비자(消費者)

생산자=가격(生産者價格)[-까-]명 생산자가 생산물을 상인이나 그 밖의 중간 업자에게 파는 가격. ☞소비자 가격

생산자=곡가(生産者穀價)명 양곡 관리법에 따라 정부가 농민으로부터 사들이는 곡식의 가격.

생산=자본(生産資本)명 노동력과 생산 수단의 형태로서 생산 과정에 작용하는 자본. ☞소비 자본. 유통 자본

생산-재(生産財)명 생산 과정에 쓰이는 재화. 원료나 반제품 등의 중간 생산물과 기계, 설비 등의 자본재를 포함함. ☞소비재(消費財)

생산-적(生産的)명 ①생산에 관계되거나 생산성이 있는 것. ¶-인 부문에 투자하다. ②새로운 것이 생겨나게 하거나 새로운 결론을 끌어내는 것. ¶-인 대화를 나누자. ☞건설적(建設的)

생산적=사고(生産的思考)명 과거의 경험을 이용하여 새로운 결론이나 내용, 발명 등을 이끌어 내는 사고.

생산적=소비(生産的消費)명 생산을 위하여 생산 수단이나 원자재 등을 소비하는 일.

생산=제:한(生産制限)명 자본가가 생산 과잉에서 오는 이윤의 감소를 막기 위하여 일시적으로 생산의 일부분을 쉬게 하거나 조업 시간을 단축하는 일. ☞조업 단축

생산=조합(生産組合)명 같은 업종 또는 같은 지역의 생산자가 조직한 협동 조합. 조합원의 생산물을 공동으로 가공·판매하거나, 원료를 공동으로 구입하며, 산하 기업에 대하여 생산 지도 활동을 함.

생산-지(生産地)명 어떤 물품을 만들어 내는 곳, 또는 어떤 물품이 저절로 생겨나는 곳. ☞소비지(消費地)

생산=지수(生産指數)명 일정 기간의 생산량의 변화를 기준시의 것과 비교한 지수. ☞물가 지수

생산=카르텔(生産Kartell)명 같은 부분의 기업들이 생산의 합리화와 생산 과잉을 막기 위하여 조직한 카르텔.

생산=코스트(生産cost)명 생산에 쓰인 비용.

생산-품(生産品)명 생산되는 물품. 산품 ☞생산물

생-살(生-)명 ①새살 ¶-이 돋아나다. ②병이나 상처가 없는 성한 살. ¶-을 도려내는듯이 아프다.

생살(生殺)명-하다타 살리고 죽이는 일. 활살(活殺) ☞생지살지(生之殺之)

생살-권(生殺權)[-꿘]명 살리고 죽일 수 있는 권리.

생살여:탈(生殺與奪)[-려-]성구 살리기도 하고 죽이기도 하고, 주기도 하고 빼앗기도 한다는 뜻으로, 어떤 사람이나 사물을 마음대로 다룸을 비유하여 이르는 말.

생살여탈-권(生殺與奪權)[-려-꿘]명 살리고 죽이고, 주고 빼앗는 일을 마음대로 할 수 있는 권리.

생삼(生蔘)명 수삼(水蔘)

생삼사:칠(生三死七) 사람이 태어난 뒤 사흘 동안과 죽은 뒤 이레 동안이라는 뜻으로, 부정하다고 꺼리는 기간을 이르는 말. ☞삼칠일(三七日)

생-삼팔(生三八)명 생실로 짠 삼팔주(三八紬).

생상(生相)명 불교에서 이르는 사상(四相)의 하나. 일체의 존재가 생겨 남을 이르는 말.

생색(生色)명 남을 위하여 수고하거나 도와 준 일로 세워진 떳떳하거나 자랑스러운 체면. ☞생광(生光)

생색(을) 쓰다관용 생색내는 행동을 하다.

생색-나다(生色-)자 남을 위하여 수고하거나 도와 준 일로 체면이 서다. ¶생색나는 일은 서로 하려고 든다.

생색-내:다(生色-)자 남을 위하여 수고하거나 도와 준 일로 공치사하여 드러내다. ¶막판에 조금 거들어 놓고선 어지간히 생색낸다.

생-생가(生生家)명 친아버지가 태어난 집.

생-생:목(生-木)명 누이지 않은 당목(唐木).

생생-발전(生生發展)[-쩐]명 끊임없이 활동하면서 힘차게 발전함.

생생-세:세(生生世世)명 세세생생(世世生生)

생생이명 노름판 따위에서, 속임수를 써서 남의 돈을 빼앗는 짓.

생생이-판명 생생이를 하는 판.

생생-자(生生字)[-짜]명 1792년(조선 정조 16)에 중국 청나라의 취진판 자전(聚珍版字典)의 자체(字體)를 본떠 만든 나무 활자.

생생지리(生生之理)명 모든 생물이 생겨나고 퍼져 나가는 자연의 이치.

생생-하다형여 ①시들거나 상한 데 없이 생기가 있다. ¶갓 잡은 생선이라 아주 -. ②힘이나 기운 따위가 왕

ㅅ

성하다. ¶앓고 난 것 같지 않게 생생한 모습이다. ③눈앞에 보이는 것처럼 또렷하다. ¶그 날의 일이 아직도 눈앞에 ―. ☞싱싱하다. 쌩쌩하다. 씽씽하다

생생-히 부 생생하게 ¶― 기억난다.

생생화육(生生化育) 성구 천지자연이 끊임없이 만물을 만들어 기름을 이르는 말.

생석(生石) 명 맷돌을 만드는 데 쓰는 광석의 한 가지. 빛은 회청색이며, 축축한 땅에 놓아 두면 우툴두툴해짐.

생석-매(生石―) 명 생석으로 만든 맷돌.

생-석회(生石灰) 명 산화칼슘. 강회(剛灰) ☞소석회(消石灰)

생선(生鮮) 명 말리거나 절이지 않은, 잡은 그대로의 물고기. 생어(生魚). 선어(鮮魚). 어선(魚鮮) ☞활어(活魚)

생선-국(生鮮―)[―꾹] 명 생선을 넣어 끓인 국. 어탕(魚湯)

생선-묵(生鮮―) 명 어묵

생선-장(生鮮場) 명 생선을 파는 시장.

생선-저:냐(生鮮―) 명 생선전(生鮮煎)

생선-전(生鮮煎) 명 전(煎)의 한 가지. 생선 살을 넓적하게 저며 소금을 뿌리고 밀가루를 묻힌 다음에 푼 달걀을 씌워 지진 음식. 생선저냐

생선-전(生鮮廛) 명 ①생선 가게 ②지난날, 서울 종로 서쪽에 있던, 생선을 파는 노점.

생선-젓(生鮮―) 명 ①생선을 소금에 절여서 삭힌 식품. ②식해(食醢)

생선-회(生鮮膾) 명 싱싱한 생선의 껍질을 벗기고 살을 잘게 썰어 초고추장 또는 고추냉이 등으로 조미된 간장에 찍어 먹는 음식. 어회(魚膾)

생성(生成) 명-하다 자타 사물이 생겨나거나 생겨나게 함. ¶우주의 ― 과정./핵반응으로 열에너지를 ―하다.

생세지락(生世之樂) 명 세상에 태어나서 살아가는 재미.

생소(生素) 명 생소갑사(生素甲紗)

생소(生疎) 어기 '생소(生疎)하다'의 어기(語基).

생소-갑사(生素甲紗) 명 갑사의 한 가지. 무늬가 없는 생사(生絲)로 짠 갑사. 생소(生素)

생-소나무(生―) 명 ①살아 있는 소나무. ②벤 지 얼마 되지 아니하여 채 마르지 않은 소나무. 생솔

생-소리(生―) 명-하다 자 이치에 맞지 않는 전혀 엉뚱한 말. ¶중간에 나서서 ―한다.

생-소산(生燒散) 명-하다 타 불교에서, 자기 몸을 태워 부처에게 공양하는 일을 이르는 말.

생소-하다(生疎―) 형여 ①눈에 익숙하지 못하고 낯이 설다. ¶생소한 거리./모든 것이 ―. ②일에 익숙하지 못하고 서투르다. ¶처음으로 하는 농사일이라 ―.

생-손 명 '생인손'의 준말.

생-솔(生―) 명 생소나무

생수(生手) 명 생무지 ☞익수

생수(生水) 명 끓이거나 소독하지 않은, 자연 그대로의 깨끗한 샘물. ☞활수(活水)

생수(生繻) 명 누인 명주실로 짠, 무늬 있는 비단.

생수-받이(生水―)[―바지] 명 땅에서 나오는 물을 받아 경작하는 논. ☞천둥지기

생숙(生熟) 명 ①날것과 익은 것을 아울러 이르는 말. ②서투름과 익숙함을 아울러 이르는 말.

생숙-탕(生熟湯) 명 한방에서, 백비탕(白沸湯)에 찬물을 부은 것을 탕약의 하나로 이르는 말. 곽란이나 구토, 비염 따위에 약으로 씀. 음양수(陰陽水)

생시(生時) 명 ①태어난 시간. ②깨어 있는 때. ¶이게 꿈이냐, ―냐? ③살아 있는 동안. ¶―에 못다 한 꿈.

생식(生食) 명-하다 타 음식을 익히지 않고 날로 먹음, 또는 그러한 음식. ☞화식(火食)

생식(生息) 명-하다 자 살아 숨쉼.

생식(生殖) 명-하다 타 ①낳아서 불림. ②생물이 수정(受精)·수분(受粉)·분열(分裂) 등으로 자기와 같은 새로운 개체를 만들어 그 종족을 유지하는 일. 유성 생식과 무성 생식으로 가름.

생식(省式) 명-하다 자 생례(省禮)

생식-기(生殖期) 명 생식이 이루어지는 시기, 또는 생식에 적합한 시기. ☞번식기(繁殖期)

생식-기(生殖器) 명 생물의 유성 생식을 하는 기관. 암수의 구별이 있고, 생식선(生殖腺)과 부속 기관으로 구별됨. 생식 기관(生殖器官). 성기(性器)

생식=기관(生殖器官) 명 생식기(生殖器)

생식=기능(生殖機能) 명 생물이 자기의 종족을 유지할 수 있도록, 새로운 개체를 만들어 내는 기능.

생식기=숭배(生殖器崇拜) 명 풍요와 다산(多産)의 의미를 부여하여, 남녀의 생식기 모양을 한 상징물을 숭배하는 민간 신앙의 한 가지.

생식=불능(生殖不能) 명 성교는 가능하나 임신이 되지 않는 증세.

생식-샘(生殖―) 명 생식 기관 중에서 난자(卵子)나 정자(精子)를 만드는 기관 또는 조직으로, 난소(卵巢)와 정소(精巢)를 아울러 이르는 말. 생식선(生殖腺). 생식소(生殖巢). 성선(性腺). 성소(性巢)

생식-선(生殖腺) 명 생식샘

생식=세:포(生殖細胞) 명 생식을 위하여 분화된 세포. 다음 세대를 구성하는 출발점이 됨. 성세포(性細胞)

생식-소(生殖素) 명 생식 세포 안에 있는, 형질(形質) 유전의 능력을 가진 물질.

생식-소(生殖巢) 명 생식샘

생식=수관(生殖輸管) 명 생식 기관의 일부로, 수정관(輸精管)·수란관(輸卵管)과 같이 생식 세포나 배(胚)를 간직했다가 외부로 내보내는 관.

생식-욕(生殖慾)[―뇩] 명 생물이 본능적으로 생식을 하고자 하는 욕구.

생신(生辰) 명 남을 높이어 그의 생일(生日)을 이르는 말. ☞수신(晬辰)

생신(生新)[1] 명-하다 자 종기(腫氣)나 상처가 아물면서 새살이 돋아남.

생신(生新)[2] 어기 '생신(生新)하다'의 어기(語基).

생신-차례(生辰茶禮) 명 삼년상 안에, 죽은 사람의 생신에 지내는 차례.

생신-하다(生新―) 형여 산뜻하고 새롭다.

생-실과(生實果) 명 생과실(生果實)

생심(生心) 명-하다 자 무슨 일을 하려고 마음을 먹음, 또는 그 마음. 생의(生意) ¶―도 못하다./―을 품다.

생-쌀(生―) 명 익히지 아니한 쌀.

생-아버지(生―) 명 자기를 낳은 아버지. 생부(生父). 친아버지 ☞양부(養父). 양아버지

생-아편(生阿片) 명 덜 익은 양귀비 열매의 껍질을 칼로 베었을 때 흘러나오는, 말리지 않은 진. 날아편

×**생안-발** 명 →생인발

×**생안-손** 명 →생인손

생애(生涯) 명 살아 있는 동안. 살아가는 동안. ¶위대한 ―를 마치다. 유 몰세(沒世)

생애=교육(生涯敎育) 명 평생 교육(平生敎育)

생-야:단(生―)[―냐―] 명 ①공연히 시끄럽고 떠들썩하게 구는 일. ¶애들이 ―이다. ②공연히 심하게 꾸짖는 일. ¶―을 맞다.

생약(生藥) 명 천연으로 산출되는 자연물을 그대로 쓰거나, 성질을 바꾸지 않을 정도로 말리거나 자르거나 가루로 만드는 등 간단한 가공 처리만 한 약재.

생양(生養) 명-하다 타 낳아서 기르는 일.

생-양:가(生養家) 명 생가(生家)와 양가(養家)를 아울러 이르는 말.

생양가=봉:사(生養家奉祀) 명 양자로 간 사람이 생가(生家)의 제사까지 맡아 받드는 일.

생-양목(生洋木) 명 생옥양목(生玉洋木)

생어(生魚) 명 ①살아 있는 물고기. 활어(活魚) ②생선

생-어머니(生―) 명 자기를 낳은 어머니. 생모(生母). 친어머니 ☞양모(養母). 양어머니

생-억지(生―) 명 아무런 이유 없이 생판으로 무리하게 부리는 억지. ¶남의 물건을 제 것이라고 ―를 부린다.

생업(生業) 명 살아가기 위하여 하는 일. ¶양계를 ―으로 삼다. 준 업(業) ☞직업(職業)

생-연월일(生年月日)[-년-] 명 태어난 해와 달과 날. ☞생년(生年). 졸연월일(卒年月日)

생-연월일시(生年月日時)[-년-씨] 명 태어난 해와 달과 날과 시각. ☞사주(四柱)

> ▶ **'생연월일시(生年月日時)'의 우리말 표기**
> 조선 중종 때 학자 최세진이 중국어 학습서인 '노걸대(老乞大)'라는 책을 번역한 글에서, '생연월일시'를 '난히 ᄃᆞᆯ날ᄢᅢ', 곧 '난해달날때'로 순수한 우리말로 옮겨 놓은 것을 볼 수 있다.

생영(生榮) 명 -하다 자 삶을 누림.

생-옥양목(生玉洋木) 명 누이지 아니한 옥양목. 생양목. 생당목(生唐木)

생왕(生旺) 명 -하다 자 ①왕성하게 삶. ②자유로운 삶.

생왕-방(生旺方) 명 오행(五行)으로 따져서 길한 방위를 이르는 말.

생-외(生-) 명 아직 익지 않은 오이나 참외.

생-외:가(生外家) 명 양자로 간 사람의 생가(生家) 쪽의 외가. ☞양외가(養外家)

생-욕(生辱)[-뇩] 명 공연히 당하는 욕. ¶남의 일에 참견했다가 -만 당했다.

생-우유(生牛乳) 명 끓이지 않은, 소에서 짜낸 그대로의 우유. 준 생유(生乳)

×**생-울타리**(生-) 명 → 산울타리

생원(生員) 명 ①고려 시대, 과거(科擧)의 문과(文科) 가운데 명경과(明經科)에 합격한 사람을 이르던 말. ②고려 시대, 승보시(陞補試)에 합격한 사람을 이르던 말. ③조선 시대, 소과(小科)의 생원과(生員科)에 합격한 사람을 이르던 말. 상사(上舍) ④지난날, 나이 많은 선비를 대접하여 이르던 말. ⑤〔의존 명사로도 쓰임〕 ¶허 -/이 - ☞진사(進士)

생원-과(生員科) 명 ①고려 시대, 명경과(明經科)를 달리 이르던 말. ②조선 시대, 소과(小科)에서 사서오경(四書五經)을 중심으로 시험을 보이던 과목. ☞진사과(進士科)

생원-님(生員-) 명 상사람이 선비를 부르던 말. 샌님
속담 **생원님이 종만 업신여긴다** : 무능한 사람이 제 손아랫사람에게나 큰소리치고 업신여기며 잘난체 함을 이르는 말.

생원-시(生員試) 명 ①고려 시대, 승보시(陞補試)를 달리 이르던 말. ②조선 시대, 생원과(生員科)에서 보는 시험을 이르던 말. ☞진사시(進士試)

생월(生月) 명 태어난 달.

생유(生有) 명 불교에서 이르는 사유(四有)의 하나. 중생이 이 세상에 태어나는 순간을 이르는 말. ☞본유(本有). 사유(死有). 중유(中有)

생유(生乳) 명 ①'생우유'의 준말. ②끓이지 아니한 우유, 양젖, 사람의 젖 따위를 통틀어 이르는 말. 생젖

생육(生肉) 명 날고기

생육(生育) 명 -하다 자타 ①낳아서 기르는 일. ②생물체가 나서 자라는 일. ¶- 기간이 긴 작물. ☞발육(發育)

생-육신(生六臣) 명 조선 시대, 단종(端宗)을 임금의 자리에서 몰아낸 세조에 불복하여 관직을 버리고 절개를 지킨 여섯 신하. 이맹전(李孟專)·조려(趙旅)·원호(元昊)·김시습(金時習)·성담수(成聃壽)·남효온(南孝溫)을 이름. ☞사육신(死六臣)

생-윷(生-)[-늇] 명 ①윷놀이에서, 네 개의 말을 전혀 어우르지 못하고 따로따로 흩어져 돌게 된 사위. ②윷놀이에서, 말을 새로 달아 쓸 윷. ☞생모

생-으로(生-) 부 ①익히거나 말리거나 삶지 아니한 채로. 날로 ¶가지를 - 먹다. ②저절로 되지 아니하고 무리하게. ¶- 공부시켜야 소용이 없다.

생의(生意) 명 생심(生心)

생이 명 새뱅잇과의 새우. 암컷의 몸길이는 3cm 안팎이며, 몸빛이 갈색이고 배의 한가운데 황갈색 무늬가 있음. 수컷은 암컷보다 작고 몸빛도 연하며 무늬도 희미함. 냇물·연못 등 민물에 살며, 젓을 담거나 말려 먹음. 토하(土蝦)
속담 **생이 벼락맞던 이야기를 한다** : ①쓸데없는 잔소리를 자꾸 하는 것을 핀잔주는 말. ②다 잊어버린 옛일을 새삼스럽게 들추어내어 상기시킴을 비유하여 이르는 말.

생이-가래 명 생이가랫과의 한해살이풀. 줄기는 가늘고 길며 잔털이 배게 나 있음. 무논, 연못, 도랑 등 괴어 있는 물 위에 떠서 자람. 세 잎이 돌려 나는데, 둘은 물 위에 뜨고 하나는 물 속에서 뿌리 구실을 함. 물 위에 뜬 잎은 좌우로 깃처럼 달리어 있으며 길둥근꼴임.

생-이별(生離別)[-니-] 명 -하다 자타 살아 있는 혈육이나 부부간에 어쩔 수 없는 사정으로 기약 없이 헤어지는 일. 생별(生別) ¶6·25 전쟁으로 -한 가족이 매우 많다.

생이지지(生而知之) 성구 삼지(三知)의 하나. 태어나면서부터 앎, 또는 배우지 않고도 사물의 이치를 깨달아 앎을 이르는 말. 준 생지(生知) ☞곤이지지(困而知之). 학이지지(學而知之)

생이-젓 명 생이를 소금으로 간하여 담근 젓. 토하젓

생인(生人) 명 ①살아 있는 사람. 생자(生者) ②처음 대하는 낯선 사람.

생인(生因) 명 사물이나 현상이 생겨난 원인.

생인-발 명 발가락 끝에 나는 종기.

생인-손 명 손가락 끝에 나는 종기. 준 생손 ☞대지(代指). 사두창(蛇頭瘡)

생일(生日) 명 태어난 날. ☞생신(生辰)

생일-날(生日-) 명 생일이 되는 날.
속담 **생일날 잘 먹으려고 이레를 굶을까** : 어떻게 될지도 모를 앞일만 바라보고 현재의 일을 소홀히 할 수 없음을 이르는 말.

생일-맞이(生日-) 명 -하다 자 민속에서, 생일날 신령 앞에 음식을 차려 놓고 무당이나 점치는 소경을 시켜 복을 빌게 하는 일.

생일=불공(生日佛供) 명 생일에 올리는 불공.

생일-빠낙(生日-) 명 생일 잔치를 차리는 때.

생일=잔치(生日-) 명 생일에 베푸는 잔치. 수연(晬宴). 호연(弧宴)

생-입(生-)[-닙] 명 쓸데없이 놀리는 입. ¶- 놀리다가는 큰일난다.

생자(生子) 명 -하다 자 생남(生男)

생자(生者) 명 ①살아 있는 사람. 생인(生人) ☞사자(死者) ②불교에서, 생명이 있는 모든 것을 이르는 말.

생-자리(生-) 명 건드리지 아니한 자리.

생자필멸(生者必滅) 성구 불교에서, 생명이 있는 것은 반드시 죽음을 이르는 말. ☞성자필쇠(盛者必衰)

생장(生長) 명 -하다 자 생물이 나서 자라는 사이에 크기나 무게를 늘려 가는 일. ¶옥수수의 - 과정.

생장(生葬) 명 -하다 타 산 채로 땅 속에 묻음. 생매(生埋)

생장=곡선(生長曲線) 명 생물체의 무게·길이·신장 등이 시간에 따라 증감하는 것을 나타낸 곡선. 성장 곡선

생장-률(生長率) 명 단위 시간당 생물의 체량(體量) 증가율. 세균 등의 경우에는 증식 속도를 이름. 성장률

생장-선(生長線) 명 물고기의 비늘이나 조가비의 표면에 나타나는 나이테 모양의 선. 성장이 더딘 시기에는 선의 간격이 좁고, 왕성한 시기에는 넓어짐. 성장선

생장=운:동(生長運動) 명 식물체의 각 부분의 생장 속도가 다르기 때문에 일어나는 운동. 줄기의 굴광성(屈光性)이나 뿌리의 굴지성(屈地性) 등. 성장 운동

생-장작(生-) 명 마르지 않거나 말리지 않은 장작.

생장-점(生長點)[-쩜] 명 식물의 줄기나 뿌리의 끝에 있는, 세포 분열이나 생장을 활발하게 하는 부분. 생장첨(生長尖). 성장점(成長點)

생장-첨(生長尖) 명 생장점(生長點)

생장=호르몬(生長hormone) 명 성장 호르몬

생재(生財) 명 -하다 자 재물을 늘림.

생재(眚災) 명 -하다 자 과실로 죄를 저지름, 또는 그로 말미암은 재앙.

생-재기(生-) 명 종이나 피륙 따위의 성한 부분.
생재기(가) 미다 관용 생재기가 해져서 구멍이 나다.

생저(生苧)명 생모시
생전(生前)명 ①살아 있는 동안. 죽기 전. ¶ —의 업적을 기리다./—에 가고 싶은 고향. ☞사후(死後) ②(부사처럼 쓰임) 결코. 도무지. 아무리 해도. ¶ — 못 먹어 본 음식./그렇게 하다간 — 끝이 안 날 것이다.
생전=계:약(生前契約)명 생전 행위로 이루어지는 계약.
생전=처:분(生前處分)명 생전 행위
생전=행위(生前行爲)명 당사자가 생존한 동안에 효력이 발생하는 법률 행위. 생전 처분 ☞사인 행위(死因行爲). 사후 행위(死後行爲)
생정(生庭)[1]명 '생가(生家)'를 높이어 이르는 말. ☞양정
생정(生庭)[2]명 '백목련(白木蓮)'의 딴이름.
생-정문(生旌門)명 지난날, 살아 있는 효자나 열녀를 표창하기 위하여 그 동네나 집으로 들어가는 어귀에 세우던 정문.
생-젖(生—)명 ①생유(生乳) ②억지로 일찍 떼는 젖.
생존(生存)명-하다자 생명을 지니고 살아 있음. 죽지 않고 이 세상에 있음. ¶ —을 위한 투쟁./—한 부상자를 구조하다.
생존=경:쟁(生存競爭)명 ①동식물이 살아 남기 위하여 먹이나 사는 곳 등을 서로 차지하려고 다투는 일. ②인간 사회에서, 좀더 나은 삶을 살아가거나 지위 따위를 차지하려고 경쟁하는 일을 비유하여 이르는 말.
생존-권(生存權)[—꿘]명 국민이 기본적으로 인간답게 살아가기 위한 여러 가지 조건의 확보를 국가에 요구할 수 있는 권리.
생존=보:험(生存保險)명 생명 보험의 한 가지. 피보험자가 일정한 나이가 되었을 때 보험금을 지급하는 보험. ☞사망 보험(死亡保險)
생존-자(生存者)명 살아 있는 사람, 또는 끝까지 살아 남은 사람. ¶무너진 갱에서 —를 발견했다.
생-졸년(生卒年)명 태어난 해와 죽은 해. 생몰년
생주(生紬)명 '생명주(生明紬)'의 준말.
생-죽음(生—)명-하다자 제명대로 살지 못하고 죽는 일. 오사(誤死)·횡사(橫死)·자살(自殺)·타살(他殺) 등.
생중(生中)명 술에 취하지 아니하였을 때를 이르는 말. ¶ —에는 멀쩡한 사람이 술만 마시면 망나니가 된다. ☞취중(醉中)
생:-쥐명 쥣과의 포유동물. 몸길이가 6~10cm이며 꼬리 길이도 거의 같음. 몸빛은 등 쪽은 잿빛을 띤 갈색, 배 쪽과 앞뒤 발은 백색임. 잡식성으로 전세계에 분포함.
속담 **생쥐 고양이한테 덤비는 셈** : 도저히 이길 가망이 없는 것을 가지고 다투어 큰 낭패를 보게 된 경우를 이르는 말./**생쥐 발싸개만 하다** : 물건이 아주 작음을 이르는 말./**생쥐 볼가심할 것도 없다** : 매우 가난함을 이르는 말./**생쥐 새끼 같다** : 몸이 작고 재빠른 사람을 두고 하는 말./**생쥐 소금 먹듯 한다** : 무엇을 조금씩 먹음을 이르는 말.
생즙(生汁)명 과일이나 채소 따위를 생으로 갈거나 짓찧어서 짜낸 즙.
생지(生地)명 ①생땅 ②사람이 태어난 곳. 출생지(出生地) ③낯이 선 곳. ¶ —에 온듯 어색하다. ④사지(死地)에 대하여 살아 돌아올 수 있는 땅을 이르는 말.
생지(生知)명 '생이지지(生而知之)'의 준말.
생지(生紙)명 한지(韓紙)를 만들 때 가공하지 않은, 뜬 채로의 종이.
생지살지(生之殺之)[—찌]성구 살리기도 하고 죽이기도 함을 이르는 말. ☞생살(生殺)
생지안행(生知安行)성구 나면서부터 도(道)를 알아 편안한 마음으로 행함을 이르는 말.
생-지옥(生地獄)명 살아서 겪는 지옥이라는 뜻으로, 몹시 고통스럽고 처참한 곳, 또는 그런 상태를 비유하여 이르는 말. ¶사고 현장은 —과 같았다.
생지-주의(生地主義)명 출생지주의(出生地主義)
생-지황(生地黃)명 한방에서, 지황(地黃) 뿌리의 날것을 약재로 이르는 말. 혈증(血症)을 다스리는 데 씀. ☞숙지황(熟地黃)
생진(生進)명 조선 시대, 생원(生員)과 진사(進士)를 아울러 이르던 말.
생진-과(生進科)명 조선 시대, 소과(小科)의 생원과(生員科)와 진사과(進士科)를 아울러 이르던 말.
생-진:헌(生進獻)명 얇고 가벼운 생모시.
생질(甥姪)명 누이의 아들.
생질-녀(甥姪女)명 누나나 누이의 딸.
생질-부(甥姪婦)명 누나나 누이의 며느리.
생질-서(甥姪壻)명 누이의 사위.
생징(生徵)명-하다타 조선 시대, 세금이나 벌금을 물만한 아무런 의무도 관계도 없는 사람에게 억지로 세금이나 벌금을 물리어 받던 일. 백징(白徵)
생-짜(生—)명 ①익히거나 말리거나 가공하지 않은 그대로의 것. ¶잘 익은 것 같지만 아직 —이다. ②어떤 일에 익숙하지 못한 사람을 비유하여 이르는 말. ¶일꾼이 —들 뿐이다. 날짜[2]
생:쪽-매듭명 전통 매듭의 한 가지. 고를 세 방향으로 내어 새앙쪽처럼 매듭을 지음. ☞석씨매듭
생:-차(—茶)명 생강차(生薑茶)
생채(生彩)명 생기(生氣)
생채(生菜)명 채소를 날것 그대로, 또는 소금에 절였다가 양념에 무친 반찬. ☞숙채(熟菜)
생채기명 긁히거나 할퀴어져서 생긴 작은 상처.
생:-철(—鐵)명 주석을 입힌 얇은 철판. 양철(洋鐵)
생철(生鐵)명 무쇠
생:철-통(—鐵桶)명 생철로 만든 통. 양철통(洋鐵桶)
생청명 생판으로 쓰는 억지나 떼.
생청(을) 붙이다관용 억지를 쓰며 모순된 말을 하다.
생청(生淸)명 꿀벌의 벌집에서 뜬, 정제(精製)하지 아니한 꿀. ☞숙청(熟淸). 화청(火淸)
생청-스럽다(—스럽고·—스러워)형ㅂ 생청을 붙이는 데가 있다.
생청-스레부 생청스럽게
생체(生體)명 사람이나 동물의 살아 있는 몸.
생체=검:사(生體檢査)명 환자 생체의 병적 조직을 조금 잘라 내어 눈이나 현미경으로 검사하는 일.
생체=결정(生體結晶)명 생물체 안에서 이루어지는 결정 작용. 진주조개의 진주층, 사람 몸 안의 장기 속에 생기는 담석(膽石)·요석(尿石) 따위.
생체=계:측(生體計測)명 인체 여러 부분의 크기를 산 사람의 체표(體表)에서 측정하는 일. 개체 사이를 비교하거나 통계적 방법으로 대상군 사이를 비교하는 데 쓰임.
생체=공학(生體工學)명 바이오닉스(bionics)
생체=리듬(生體rhythm)명 바이오리듬(biorhythm) ☞생물학적 리듬
생체=반:응(生體反應)명 ①살아 있는 세포 안에서만 일어나는 정색 반응(呈色反應)과 침전 형식 반응(沈澱形式反應). 세포의 생사(生死)를 판별하는 데 이용됨. ②생활 반응(生活反應)
생체=산화(生體酸化)명 생물이 에너지를 얻기 위하여 체내에서 음식물을 산화할 때 일어나는 산화 환원 반응.
생체=색소(生體色素)명 천연 색소(天然色素)
생체=염:색(生體染色)명 살아 있는 세포나 조직을 색소를 사용하여 염색하는 일.
생초(生草)명 마르지 아니한 싱싱한 풀. 생풀[2] ☞건초
생초(生綃)명 생사(生絲)로 얇게 짠 사붙이의 한 가지.
생-초목(生草木)명 살아 있는 풀과 나무.
속담 **생초목에 불붙는다** : 뜻밖의 화를 당하거나 아까운 사람이 요절(夭折)하였을 때를 비유하여 이르는 말.
생-초상(生初喪)명 제명대로 다 살지 못하고 죽은 사람의 초상.
생축(生祝)명 불교에서, 살아 있는 사람의 복을 비는 일. ☞사축(死祝)
생취(生聚)명-하다자 군대를 강화하고 나라를 부유하게 함.
생치(生雉)명 익히거나 말리지 않은 꿩고기.
생치(生齒)명 ①백성(百姓) ②그 해에 난 아이.
생치=곤:란(生齒困^難)명 이가 돋아날 때 드물게 일어나

는 장애 현상. 수면 장애나 식욕 부진, 소화 장애, 설사, 구토 따위.

생치-구이(生雉−)명 꿩고기를 토막쳐서 갖은양념을 하여 구운 음식.

생치-냉:면(生雉冷麪)명 꿩을 고아 식힌 육수에 메밀국수를 말고 꿩고기를 고명으로 얹어 먹는 음식.

생치-만두(生雉饅頭)명 삶아 다진 꿩고기와 숙주·표고채·두부 따위를 섞어 만든 소를 넣고 빚어서 꿩뼈 장국에 끓인 음식.

생치-포(生雉脯)명 꿩고기로 만든 포. ☞육포(肉脯)

생칠(生漆)명 ①불에 달이지 아니한 옻칠. ②정제하지 아니한 옻나무의 진.

생-크림:(生cream)명 우유에서 비중이 적은 지방분만을 분리해서 뽑아 낸 식품. 양과자의 재료나 커피의 첨가용 등으로 쓰임.

생탄(生誕)명-하다자 탄생(誕生)

생탈(生^頉)명 일부러 만들어 낸 탈.

생태(生太)명 말리거나 얼리지 아니한, 잡은 그대로의 명태(明太). ☞선태(鮮太)

생태(生態)명 생물이 생활하는 모습이나 상태. ¶금붕어의 −를 관찰하다.

생태-계(生態系)명 생물 군집(群集)과 무기(無機) 환경이 한 덩어리가 되어 그 안에서 물질의 순환과 에너지의 흐름이 일어나는 조화된 체계.

생태=변:화(生態變化)명 생물이 환경에 맞추어 생태를 바꾸는 일.

생태=지리학(生態地理學)명 생물의 분포와 그 분포를 지배하고 있는 자연 환경의 여러 요소의 관계를 연구하는 학문.

생태-학(生態學)명 생물 상호간의 관계나 생물과 환경의 관계를 연구하는 학문.

생태-형(生態型)명 같은 종(種)의 생물이 각각의 다른 환경 조건에 적응하여, 그 분화한 형질이 유전적으로 고정되어 생긴 형.

생토(生土)명 생흙

생:-토끼명 '우는토끼'의 딴이름.

생-트집(生−)명-하다자 까닭 없이 잡는 트집. ¶−을 부리다./−을 잡다.

생파래-무침(生−)명 생채의 한 가지. 생파래를 깨끗이 씻어 갖은양념으로 촉촉하게 무친 생채.

생-파:리(生−)명 ①생기가 있고 팔팔한 파리. ②남이 조금도 가까이할 수 없게 성미가 쌀쌀하고 까다로운 사람을 이르는 말.

생파리 떼듯 한다관용 도무지 말도 붙여 보지 못할 정도로 쌀쌀하게 잡아떼거나 거절함을 이르는 말.

생판명 어떤 일에 대하여 전혀 모르는 일, 또는 그런 사람. ¶컴퓨터에 −인 사람.
부 ①아주. 도무지 ¶− 모르는 얘기./− 처음 본 사람. ②터무니없이 무리하게. ¶없는 물건을 내놓으라고 −떼를 쓴다. ☞백지(白地)²

생평(生平)명 일생(一生)

생폐(生弊)명-하다자 폐단이 생김.

생포(生布)명 누이지 아니한 베. 생베

생포(生捕)명-하다타 적이나 짐승을 사로잡음. 생금(生擒) ¶적병을 −하다./멧돼지를 −하다.

생-풀(生−)¹명 ①밀가루나 쌀가루를 물에 타서 그대로 쓰는 풀. ②-하다자 누인 모시 따위를 옷감으로 마르기 전에 온필째로 풀을 먹여 말림.

생-풀(生−)²명 마르지 아니한 싱싱한 풀. 생초(生草)

생-피(生−)명 살아 있는 동물의 몸에서 갓 뽑아 낸 피. 생혈(生血). 성혈(腥血) ☞놀란피

생피(生皮)명 무두질하지 아니한 가죽. 날가죽. 생가죽

생-핀잔(生−)명 이유 없이 주는 핀잔.

생-필름(生film)명 아직 감광(感光)하지 않은 필름.

생필-품(生必品)명 '생활 필수품(生活必需品)'의 준말. ¶−이 동나다./−을 비축하다.

생-하:수(生下水)명 정화(淨化)하지 아니한 하수.

생합(生蛤)명 익히지 아니한 대합조개.

생-합성(生合成)명 생물체가 섭취한 물질을 바탕으로 유기 물질을 합성하는 일.

생합주(生合紬)명 날실은 생사, 씨실은 견사로 짠 비단.

생-항:라(生亢羅)명 당항라(唐亢羅)

생해(生骸)명 화석 가운데, 특히 지층 속에 들어 있는 과거 생물의 유물.

생혈(生血)명 생피

생-호:령(生號令)명-하다자 까닭 없이 하는 호령. 강호령

생혼(生魂)명 가톨릭에서, 생물이 생활해 나가는 힘을 이르는 말.

생혼-나다(生魂−)타 뜻밖에 몹시 혼나다.

생화명-하다자 먹고 살기 위하여 벌이를 함, 또는 그 벌이. ¶막노동으로 −를 삼다.

생화(生化)명 태어나고 성장하는 일, 또는 생성하고 변화하는 일.

생화(生花)명 살아 있는 나무나 풀에서 꺾은 꽃. ☞가화

생-화:학(生化學)명 생물체의 물질 조성, 생물체 내의 물질의 화학 반응 등을 화학적 방법으로 연구하는 학문. 생물 화학(生物化學)

생환(生還)명-하다자 ①살아서 돌아옴. ②야구에서, 주자(走者)가 본루(本壘)에 돌아와 점수를 얻는 일.

생활(生活)명-하다자 ①살아서 활동함. ¶안락한 −./−하기에 알맞은 온도. ②생계를 유지하여 살아감. ¶−수준이 낮다./봉급으로 −한다. ③어떤 조직의 구성원으로 살아감. ¶회사 −에 잘 적응하다./직장 − ④어떤 활동을 하며 살아가는 상태. ¶창작 −/음악 −

생활-고(生活苦)명 생활하는 데 겪는 경제적인 어려움. ¶−에 시달리다./−를 겪다. 유생활난(生活難)

생활=공간(生活空間)명 ①자리를 잡고 일상 생활을 하는 공간. ¶안락한 −을 마련하다. ②심리학에서, 어떤 개인이나 집단의 행동을 규정하는 조건을 이르는 말.

생활=공:동체(生活共同體)명 가족이나 마을과 같이 생산 수단이나 생활 기반, 생활 양식 등을 함께 누리는 집단.

생활=교:육(生活教育)명 실제 생활의 경험을 통하여 필요한 지식·기능·태도 등을 습득하는 교육.

생활-권(生活圈)[−꿘]명 지역 주민이 통학·통근·쇼핑·오락 등 일상 생활을 통하여 행정 구역에 관계없이 밀접하게 연결되어 있는 범위. ☞상권(商圈)

생활-권(生活權)[−꿘]명 사회적·문화적·경제적으로 일정한 수준의 생활을 할 수 있는 권리.

생활-급(生活給)명 노동자의 최저 생활을 보장하는 기본 임금. 생활 임금(生活賃金)

생활=기록부(生活記錄簿)명 학생의 지적(知的)·신체적·사회적 발달 상황과 발달에 영향을 미치는 여러 조건이나 환경에 관한 정보를 일정 기간 연속적으로 기록한 장부. ☞학적부(學籍簿)

생활-난(生活難)명 물가 상승, 빈곤, 그 밖의 사회적 여건 등으로 말미암아 겪는 생활의 어려움. ¶물가가 치솟아 −을 겪는 서민들. 유생활고(生活苦)

생활-대(生活帶)명 생물의 분포대. 일반적으로 기후·토양·생물상(生物相) 등이 거의 같은 지역.

생활-력(生活力)명 살아 나가는 데 필요한 능력. 특히, 경제적 능력을 이름. ¶−이 강하다.

생활=반:응(生活反應)명 법의학에서, 사람이 살아 있을 때에만 일어나는 반응을 이르는 말. 내출혈·종창(腫脹)·화농(化膿) 따위. 생체 반응(生體反應)

생활-비(生活費)명 생활에 필요한 모든 비용. 생계비

생활-사(生活史)[−싸]명 생물의 개체가 발생을 시작하고 나서 죽을 때까지 이르는 과정.

생활-상(生活相)[−쌍]명 살아가는 형편. 생활하는 상태. ¶농민의 −./도시 젊은이들의 −.

생활=수준(生活水準)명 소득 수준이나 소비 수준 등을 지표(指標)로 측정하는, 평균적인 생활 상태의 정도. ¶−이 높다./−이 낮다.

생활=시간(生活時間)명 하루 24시간을 사용하는 내용에 따라 나눈 시간. 생리적 생활 시간, 노동 생활 시간, 문

화적 생활 시간 따위.
생활=양식(生活樣式)[-량-] 명 집단 또는 사회가 공통적으로 지닌 생활 방식이나 생활에 대한 인식. 라이프스타일(life style)
생활=연령(生活年齡)[-련-] 명 생일을 기점(起點)으로 세는 나이. 역연령(曆年齡) ☞정신 연령(精神年齡)
생활-인(生活人) 명 생활을 하고 있는 사람. ¶-의 철학.
생활-임:금(生活賃金) 명 생활급(生活給)
생활=지도(生活指導) 명 아동이나 청소년들이 성장 과정에서 겪는 여러 가지 문제를 스스로 해결할 수 있도록 도와 주는 활동. 진로 지도, 직업 지도, 학업 지도 등.
생활=지표(生活指標) 명 국민 생활을 파악하는 데에 필요한 지표. 특히, 국제적으로 비교 검토할 경우에 쓰임. 일인당 국민 소득, 소비 지출액, 소비자 물가 동향 등.
생활=철학(生活哲學) 명 실제 생활에서 우러나온 철학. 현실적인 생활 면에 중점을 둠.
생활-체(生活體) 명 생활하는 개체(個體)로서의 생물체.
생활=통지표(生活通知表) 명 학교에서 학생의 지능, 생활 태도, 학업 성적, 출석 상태 따위를 기재하여 가정에 보내는 표. 준 통지표(通知表)
생활=평면(生活平面) 명 각 가정에서 실제로 생활을 하고 있는 소비의 수준.
생활=필수품(生活必需品)[-쑤-] 명 일상 생활에 반드시 있어야 할 물품. 준 생필품(生必品)
생활=학교(生活學校) 명 교과서 중심의 학교 교육에서 벗어나, 아동을 중심으로 생활에 필요한 지식·기술·태도 등을 생활 경험을 통하여 가르치는 학교.
생활=학습(生活學習) 명 실생활을 통해 이루어지는 학습.
생활=현:상(生活現象) 명 영양·번식·생장·운동·지각 등 생물체가 나타내는 특유한 여러 현상.
생활-형(生活形) 명 생물, 특히 식물이 환경에 적응한 결과로 나타나는 특이한 형태나 생활 양식.
생활-화(生活化) 명 -하다 자타 실생활에 옮겨지거나 생활 관습이 됨. ¶예습과 복습을 -하다.
생활=환경(生活環境) 명 ①생활하는 주위의 사정. ②대기·물·폐기물·소음·진동·악취 등 사람의 일상 생활과 관계되는 환경.
생황(笙簧·笙篁) 명 국악기 포부(匏部) 관악기의 한 가지. 나무통의 위쪽 둘레에 돌아가며 구멍을 뚫고, 거기에 죽관(竹管)을 돌려 꽂아 부리로 불게 되어 있음. 생(笙)
생황-장(生黃醬) 명 콩과 밀가루로 메주를 만들어 담근 간장. 황자장(黃子醬)
생회(生灰) 명 산화칼슘
생획(省畫) 명 -하다 타 글자의 획을 줄여 씀.
생후(生後) 명 태어난 뒤. ¶- 열 달이 되었다.
생흔(生痕) 명 생물의 생활 현상과 생명 현상의 흔적. 곧 발자취나 살던 동굴에 남긴 갖가지 자취 등.
생흔(生釁) 명 -하다 자 두 사람 사이가 벌어져 틈이 생김.
생-흙(生-) 명 ①생땅의 흙. ☞놀란흙 ②물에 잘 풀리지도 않고 잘 이겨지지도 않는 흙. 생토(生土)
샤:머니즘(shamanism) 명 원시 종교의 한 형태. 샤먼, 곧 무당이나 박수 등이 초자연적인 존재와 직접으로 교류하며, 점복(占卜)이나 예언, 병 치료 등을 함. ☞무술(巫術)
샤:먼(shaman) 명 샤머니즘에서, 초자연적인 존재와 교류하는 능력을 가지고 점복(占卜)이나 예언, 병 치료 등을 하는 사람. 무당이나 박수 따위.
샤모트(chamotte 프) 명 내화 점토를 1,300~1,400°C의 고온으로 구운 뒤 부수어서 가루로 만든 것. 내화 벽돌의 재료로 쓰임.
×**샤쓰**(∠shirt) 명 →셔츠
샤워(shower) 명 -하다 자 샤워기를 이용하여 몸을 씻는 일.
샤워-기(shower器) 명 소나기처럼 물을 뿌리는, 물뿌리개 모양의 목욕 기구.
샤:프(sharp) 명 ①'샤프펜슬'의 준말. ②음악에서, 본래의 음을 반음 올리라는 표시. 기호 '#'로 나타냄. 올림표 ☞플랫(flat)
샤프롱(chaperon 프) 명 사교계에 처음 나가거나 미인 대회에 나가는 젊은 여자를 보살펴 주는 사람.
샤:프펜슬(sharp+pencil) 명 가는 연필 심을 넣고 축의 뒤를 누르거나 돌리어 연필 심을 나오게 하여 쓰는 필기 도구. 에버샤프펜슬 준 샤프(sharp)
샤:프-하다(sharp-) 형여 감각이나 관찰력, 통찰력 따위가 날카롭다.
샬레(Schale 독) 명 세균 배양 등의 과학 실험에 쓰는, 운두가 낮은 원통형 유리 용기. 유리제의 뚜껑이 있음.
샴페인(champagne) 명 프랑스 샹파뉴 지방에서 처음으로 만든 백포도주. 이산화탄소가 들어 있어 거품이 많음.
샴푸:(shampoo) 명 ①주로 머리를 감는 데 쓰는 액체 비누. ②-하다 자 머리를 감는 일. ¶매일 아침 -하다.
샹들리에(chandelier 프) 명 천장에 매달아 드리우게 된, 장식을 화려하게 한 조명 기구. ☞펜던트(pendant)
샹송(chanson 프) 명 ①프랑스 어 가사(歌詞)로 된 세속적인 가곡. ②프랑스의 대중 가요.
섀도:복싱(shadowboxing) 명 권투에서, 상대편이 있다고 가상하고 혼자서 연습하는 일.
섀도:캐비닛(shadow cabinet) 명 영국 야당(野黨)이 정권 획득에 대비하여 수상 이하 각 각료를 미리 정해서 구성하는 내각(內閣).
섀미(chamois) 명 무두질한 염소나 양 등의 부드러운 가죽.
섀시(chassis) 명 자동차의 차대(車臺).
서[1] 명 서까래
서[2] 명 국악기의 관악기에서 입으로 부는 부분에 달린, 공기를 불어넣어 진동시켜 소리를 나게 하는 얇은 조각. 대나무·갈대·쇠붙이 따위로 만듦. ☞혀
서[3] 관 수관형사 '세'가 '돈·말·발·푼·홉' 등의 의존 명사 앞에 쓰일 때의 변이 형태. ¶- 돈짜리 팔찌./쌀 - 말./나무의 둘레가 - 발은 된다. ☞석[2]
서(西) 명 서쪽 ☞남(南). 동(東). 북(北)
서:(序) 명 ①문체(文體)의 한 가지. 사물의 전말(顚末)이나 내력(來歷) 따위를 적은 글. ②'서문(序文)'의 준말.
서(書) 명 서경(書經)
서:(署) 명 '경찰서·세무서·소방서' 등 '서(署)'가 붙은 관서를 줄여서 이르는 말.
-서 조 ①사람의 수효를 나타내는 단어에 붙어, 그 뜻을 강조하는 조사. ¶혼자서 잘해요./우리 셋이서 이 고기를 잡았소. ②부사격 조사 '-에서'의 준말. ¶먼 데서 온 손님./부산서 떠난 기차.
서:(庶)-《접두사처럼 쓰이어》'서출(庶出)'의 뜻을 나타냄. ¶서자녀(庶子女) ☞적(嫡)-
서:가(序歌) 명 ①서사(序詞)에 쓰이는 노래. ②서(序)에 대신하는 노래.
서가(書架) 명 책을 얹어 두거나 꽂아 두는 시렁. 서각(書閣) ☞책꽂이. 책장
서가(書家) 명 붓글씨를 잘 쓰는 사람. 서공(書工). 서사(書師) ☞서예가(書藝家)
서:가(庶家) 명 적가(嫡家)에 대하여, 서자(庶子) 자손의 집안을 이르는 말. ☞적가(嫡家)
서각(西閣) 명 뒷간
서각(書閣) 명 ①서가(書架) ②서재(書齋)
서:각(犀角) 명 ①무소의 뿔. ②한방에서, 무소의 뿔을 약재로 이르는 말. 해열제나 살균제 등으로 쓰임.
서간(西間) 명 조선 시대, 의금부(義禁府) 안의 서쪽에 있던 옥사(獄舍)를 이르던 말.
서간(書簡·書柬) 명 편지(片紙)
서간-문(書簡文) 명 편지투의 글. 서한문(書翰文)
서간=문학(書簡文學) 명 편지 글 형식으로 된 문학 작품. 서한 문학(書翰文學)
서간-집(書簡集) 명 편지를 모아 엮은 책.
서간-체(書簡體) 명 편지의 형식으로 된 문체. 서한체
서간체=소:설(書簡體小說) 명 편지 형식으로 쓴 소설.
서:간-충비(鼠肝蟲臂) 명 쥐의 간과 벌레의 앞다리라는 뜻으로, 매우 하잘것없는 것을 비유하여 이르는 말.
서:감(暑感) 명 여름에 드는 감기.

서:거(逝去)명-하다자 남을 높이어 그의 죽음을 이르는 말. ☞별세(別世)
서거리-깍두기명 소금에 절인 명태 아가미를 넣고 담근 깍두기.
서거리-젓명 명태의 아가미를 소금에 버무려 삭힌 젓.
서걱부 싱싱한 배나 사과 따위를 씹을 때 나는 소리, 또는 그 모양을 나타내는 말. ☞사각
서걱-거리다(대다)자타 서걱서걱 소리가 나다, 또는 그런 소리를 내다. ☞사각거리다. 써걱거리다
서걱-서걱부 ①싱싱한 배나 사과 따위를 잇달아 씹을 때 나는 소리, 또는 그 모양을 나타내는 말. ②마른 풀이나 잎 따위가 잇달아 씹히거나 서로 스칠 때 나는 소리, 또는 그 모양을 나타내는 말. ¶소가 여물을 ― 씹는다. ☞사각사각. 써걱써걱
서걱서걱-하다형여 배나 사과 따위가 씹히는 감촉이 물이 많고 좀 연하다. ☞사각사각하다
서경(西京)명 고려 시대, 사경(四京)의 하나. 지금의 평양을 이름.
서경(西經)명 본초 자오선(本初子午線)을 0°로 하고 서쪽 180°까지의 사이에 있는 경도. ☞동경(東經)
서경(書痙)명 글씨를 쓸 때 손이 떨리거나 손가락이 굳어져서 잘 쓰지 못하는 신경증. 글씨를 쓰는 일이 많은 직업에서 일어나기 쉬움.
서경(書經)명 오경(五經)의 하나. 중국 요순(堯舜) 때부터 주(周)나라 때까지의 정사(政事)에 관한 문서를 공자(孔子)가 모아서 엮은 책. 서(書)
서:경(敍景)명-하다자 자연의 경치를 글로 나타내는 일.
서:경-문(敍景文)명 자연의 경치를 서술한 글.
서경별곡(西京別曲)명 작자와 연대를 알 수 없는 고려 가요의 하나. 지금의 평양인 서경에 사는 여인이 임과 이별하는 애틋한 심정을 읊은 내용임. '악장가사(樂章歌詞)'에 실려 전함.
서:경-시(敍景詩)명 자연의 경치를 읊은 시. ☞서사시(敍事詩). 서정시(抒情詩)
서계(書契)명 ①글자로 사물을 표시하는 부호. ②증거가 되는 문서. ③조선 시대, 일본과 야인(野人)의 추장에게 통호(通好)를 허가하던 문서.
서계(書啓)명 조선 시대, 임금의 명령을 받은 관원이 처리한 일의 결과를 보고하던 문서.
서:계(庶系)명 서가(庶家)의 계통.
서:계(誓戒)명 조선 시대, 나라의 대제(大祭)를 이레 앞두고 제관들이 의정부(議政府)에 모여서 서약하던 일.
서고(書庫)명 많은 책을 모아 정리하여 보관해 두는 곳집. 문고(文庫). 책고(册庫)
서:고(暑苦)명 더위로 겪는 괴로움. ☞한고(寒苦)
서:고(鼠姑)명 '쥐며느리'의 딴이름.
서:고(誓告)명-하다타 지난날, 임금이 나라의 큰일을 종묘(宗廟)에 알리던 일.
서:고(誓誥)명-하다자타 윗사람이 아랫사람에게 맹세하여 말함.
서:고(曙鼓)명 새벽을 알리는 북소리.
서고동저-형(西高東低型)명 기압 배치형의 한 가지. 겨울철에 우리 나라의 북서쪽 대륙 지방에 고기압이, 일본 부근에 저기압이 자리하는 상태를 이르는 말. ☞동고서저형(東高西低型)
서:곡(序曲)명 ①오페라·오라토리오·발레·모음곡 등의 첫머리에 연주되어 후속부의 도입 구실을 하는 악곡. 서악(序樂). 오버추어 ☞전주곡 ②어떤 일의 시초를 비유하여 이르는 말. ¶개혁 정책의 ―을 알리다.
서:곡(黍穀)명 조·수수·옥수수 따위의 잡곡.
서골(鋤骨)명 척추동물의 콧마루를 이루는 한 개의 뼈.
서공(書工)명 서가(書家)
서과(西瓜)명 '수박'의 딴이름.
서과-청(西瓜淸)명 꿀수박
서:곽(暑癨)명 한방에서, 더위로 말미암은 토사곽란(吐瀉癨亂)을 이르는 말.
서관(西關)명 서도(西道)
서관(書館)명 책을 파는 가게. 서점(書店). 서림(書林)
서:관(敍官)명-하다자 임관(任官)
서광(西光)명 불교에서, 서방 극락(西方極樂)의 광명을 이르는 말.
서:광(瑞光)명 ①상서로운 빛. ②좋은 일이 일어날 조짐. 상광(祥光)
서:광(曙光)명 ①새벽에 동이 틀 때의 빛. 신광(晨光) ②어떤 일에 대한 희망적인 조짐을 비유하여 이르는 말. ¶드디어 ―이 비치기 시작했다.
서교(西郊)명 ①서쪽의 교외(郊外). ②지난날, 서울의 서대문 밖을 이르던 말.
서교(西教)명 지난날, 서양의 종교라는 뜻으로 '크리스트교'를 달리 이르던 말.
서:교-증(鼠咬症)[-쯩]명 주로 쥐에게 물린 상처로 스피로헤타가 침입하여 일으키는 병. 상처가 붓고 아프기 시작하여 오한·두통의 증세가 계속됨. 서독증
서:구(西矩)명 외행성(外行星)이 해가 뜰 무렵에 남중(南中)하는 일. 하구(下矩)
서구(西歐)명 '서구라파'의 준말. ☞동구(東歐)
서-구라파(西歐羅巴)명 서유럽 준서구 ☞동구라파
서궁록(西宮錄)명 계축일기(癸丑日記)
서권(書卷)명 책(册)
서궐(西闕)명 지난날, 서쪽에 있는 대궐이라는 뜻으로, 서울의 경희궁(慶熙宮)을 달리 이르던 말.
서궤(書几)명 책상
서궤(書櫃)명 ①책을 넣어 두는 궤짝. 책궤(册櫃) ②아는 것이 많은 사람을 비유하여 이르는 말.
서귀다타 ①서로 바꾸다. ②서로 달리하다.
서그러-지다형 마음이 너그럽고 서글서글하다.
서그럽다(서그럽고·서그러워)형ㅂ 마음이 너그럽고 서글서글하다.
서근서근-하다형여 ①성질이 부드럽고 썩썩하다. ②배나 사과처럼 씹히는 맛이 매우 연하고 시원하다. ☞사근사근하다
　서근서근-히부 서근서근하게
서글서글-하다형여 사람의 생김새나 성질이 꽤 너그럽고 부드럽다. 어글어글하다
서글프다(서글프고·서글퍼)형 ①허전하고 슬프다. ¶서글픈 심정. ②섭섭하고 언짢다. ¶이대로 헤어지려니 너무 ―. ③가엾고 딱해서 언짢다. ¶신세가 ―.
서글피부 서글프게
서기(西紀)명 '서력 기원(西曆紀元)'의 준말. ☞단기
서기(書記)명 ①회의 따위에서, 문서를 관리하거나 기록하는 사람. ②행정직 8급 공무원의 직급. 주사보의 아래, 서기보의 위. ③조선 말기, 각 관아에서 서무(庶務)를 맡아보던 관직.
서:기(暑氣)명 더운 기운. ☞한기(寒氣)
서:기(瑞氣)명 상서로운 기운. 가기(佳氣) ¶―가 어리다.
서기-관(書記官)명 ①행정직 4급 공무원의 직급. 사무관의 위, 부이사관의 아래. 부(部)·청(廳)·처(處)의 과장급임. ②대한 제국 때, 각 관청에서 기록 따위를 맡아보는 주임(奏任) 관직.
서기-보(書記補)명 행정직 9급 공무원의 직급. 서기의 아래. ☞주사보(主事補)
서:기양두각(鼠忌羊頭角) 원진살(元嗔煞)의 하나. 궁합에서, 쥐띠는 양띠를 꺼림을 이르는 말. ☞우진마불경(牛嗔馬不耕)
서까래명 마룻대에서 도리에 걸쳐 댄 통나무. 그 위에 산자(橵子)를 얹음. 서¹. 연목(椽木)
-서껀조 체언에 붙어, 함께 섞이어 있음을 나타내는 보조 조사. ¶운동장에서 친구서껀 공을 찼다./상 위에 과일서껀 고기서껀 많이 차려 있었다.
서낙-하다형여 장난이 너무 심하다.
　서낙-히부 서낙하게
×서남(西南)명 →남서(南西)
서:남(庶男)명 첩에게서 태어난 아들. 서자(庶子) ☞서생(庶生). 서출(庶出). 적남(嫡男)

서-남서(西南西)명 서쪽과 남서쪽의 가운데 방위.

서남=아시아(西南Asia)명 아시아의 남서부 지역. 아프가니스탄, 이란, 이라크, 시리아, 레바논, 이스라엘, 터키 및 아라비아 반도 등이 이 지역에 딸림.

×**서남-풍**(西南風)명 →남서풍(南西風)

서낭명 ①서낭나무 ②'서낭신'의 준말. 원성황(城隍)
속담 **서낭에 가 절만 한다** : 뜻도 모르고 남의 흉내만 낸다는 말./**서낭에 난 물건이냐** : 물건 값이 너무나도 쌀 때 이르는 말.

서낭-나무명 민속에서, 서낭신이 머물러 있다고 여기는 나무. 서낭

서낭-단(一壇)명 서낭신에게 제사를 지내는 단. 원성황단(城隍壇)

서낭-당(一堂)명 서낭신을 모신 당집. 원성황당(城隍堂)

서낭-상(一床)[一쌍]명 무당이 굿을 할 때 차려 놓는 제물상(祭物床)의 한 가지. 원성황상(城隍床)

서낭-신(一神)명 민속에서, 토지와 마을을 지켜 준다는 신을 이르는 말. 준서낭 원성황신(城隍神)

서낭-제(一祭)명 서낭신에게 지내는 제사. 원성황제

서너관 셋이나 넷 가량의. 서넛의 ¶ 一 되 ☞네댓

서너-너덧수 ①서넛이나 너덧. 셋이나 넷. ¶어릴 때 친구는 一에 불과하다. ②[관형사처럼 쓰임] 셋이나 넷 가량의. ¶ 一 번도 더 온 길이다. ☞너더댓

서넛수 셋이나 넷. ☞네다섯

서:녀(庶女)명 첩의 몸에서 태어난 딸. ☞적녀(嫡女)

서-녘(西一)명 서쪽 방면. 서방(西方). 서쪽 ¶ 一 하늘이 불그스름해진다.

한자 **서녘 서**(西) 〔襾部〕 ¶서방(西方)/서부(西部)/서산(西山)/서양(西洋)/서해(西海)

서느렇다(서느렇고·서느런)형ㅎ 좀 서늘한 느낌이 있다. ¶서느런 바람./촉감이 서느런 모시옷./서느런 눈매. ☞사느랗다. 서늘하다. 써느렇다

서늘-바람명 초가을에 부는 서늘한 바람.

서늘-하다형여 ①날씨나 공기가 살갗에 닿는 느낌이 어느 정도 찬듯 하다. ¶서늘한 가을 날씨. ②물체의 온도가 어느 정도 찬듯 하다. ¶촉감이 서늘한 여름 치마. ③놀랍거나 두려워 가슴이 내려앉으며 선득한 기운이 도는 듯 하다. ④눈길이 잔잔하면서 좀 찬듯 하다. ¶서늘한 눈매. ☞사늘하다. 서느렇다. 선선하다. 써늘하다
서늘-히부 서늘하게

한자 **서늘할 량**(涼) 〔水部 8획〕 ¶납량(納涼)/양추(涼秋)/양풍(涼風)/온량(溫涼)/청량(淸涼) ▷ 속자는 凉

서다[1] 자 ①몸을 일으켜 곧게 가지다. ¶의자에 앉아 있다가 一./종일 서서 일하다. ②어떤 자리에 곧은 상태로 있게 되다. ¶능수버들이 줄지어 서 있는 길./고층 아파트가 숲처럼 서 있다. ③어떤 자리나 지위 또는 처지에 몸을 두다. ¶교단에 선 지 30년이 되다./생사의 기로에 一. ④움직이던 것이 멈추다. ¶열차가 一./시계가 一. ⑤탑·동상·건물 따위가 만들어지다. ¶빈터에 공장이 선다고 한다. ⑥드리워져 있던 것이 일어나다. ¶머리카락이 쭈뼛 一./귀가 쫑긋 선 진돗개. ⑦날이 날카롭게 되다. ¶시퍼렇게 날이 선 칼. ⑧어떤 일이 벌어지거나 열리다. ¶내일은 오일장이 서는 날이다. ⑨아이가 태내(胎內)에 생기다. ¶아이가 一. ⑩몸에 핏발이나 멍울 따위가 생기다. ¶목에 멍울이 一./밤을 샜더니 눈에 핏발이 섰다. ⑪무지개나 달무리 따위가 나타나거나 생기다. ¶무지개가 一./달무리가 一./서릿발이 一. ⑫명령이나 규칙 등이 잘 시행되다. ¶회사의 기강이 一. ⑬면목이나 위신 따위가 제대로 유지되다. ¶네 덕분에 겨우 체면이 섰다./위엄이 一. ⑭내용이 조리 있게 가다듬어지다. ¶주창하는 바의 조리가 一./논리가 선 글. ⑮계획·방침·안(案) 따위가 짜여지다. ¶대책이 안 선다./방침이 선 뒤에 일을 진행시키자./나는 이미 각오가 섰다./확신이 선 행동.
속담 **설 사돈 있고 누울 사돈 있다** : 같은 경우라도 사람에 따라 대하는 태도가 달라야 한다는 말./**설 제 궂긴 아이가 날 제도 궂긴다** : 일의 시작이 순조롭지 못하면 내내 순조롭지 못하다는 말.

서다[2] 타 ①어떤 구실을 맡아서 하다. ¶들러리를 一./보초를 一./중매를 一./보증을 一./앞장을 一. ②줄을 만들거나 줄의 한 부분에 자리를 잡다. ¶일렬로 一./키가 작은 순서대로 줄을 一.

한자 **설 립**(立) 〔立部〕 ¶기립(起立)/대립(對立)/입석(立席)/중립(中立)/직립(直立)/확립(確立)

서단(西端)명 서쪽 끝. ☞동단(東端)

서당(書堂)명 지난날, 사사로이 한문을 가르치던 곳. 글방. 당(堂) ☞사숙(私塾)
속담 **서당 개 삼 년에 풍월(風月) 한다** : 어떤 일에 대해서 전혀 아는 것이 없던 사람도, 오랫동안 그 일을 보고 듣고 하면 자연히 그 일에 대해서 알게 된다는 말. [산까마귀 염불한다]/**서당 아이들은 초달(楚撻)에 매여 산다** : 서당 아이들은 선생님의 벌을 가장 무서워한다는 뜻으로, 싫건 좋건 간에 무엇에 얽매여 어쩔 수 없이 그대로 따르게 됨을 이르는 말.

서대[1]명 소의 앞다리에 붙은 고기.

서대[2]명 서대기

서대(犀帶)명 고려 시대에는 육품 이상, 조선 시대에는 일품의 관원이 두르던 띠. 무소의 뿔로 장식물을 만들어 붙였음. 서띠

서대기명 양서댓과와 참서댓과의 바닷물고기를 통틀어 이르는 말. 몸은 혀나 신 바닥처럼 납작하고 두 눈이 모두 왼쪽에 달려 있음. 서대[2]. 우설어(牛舌魚)

서대문(西大門)명 돈의문(敦義門)을 달리 이르는 말. ☞남대문(南大門)

서덜명 ①냇가나 강가의 돌이 많은 곳. ☞작벼리 ②생선의 살을 발라 내고 난 나머지.

서덜-찌개명 서덜을 넣고 고추장을 풀어 호박·쑥갓·두부 따위를 넣어 끓인 찌개.

서도(西道)명 황해도와 평안도를 아울러 이르는 말. 서관(西關). 서로(西路). 서토(西土)

서도(書刀)명 ①옛날 중국에서, 대쪽에 글자를 새기거나 그 새긴 글자를 깎아 지우는 데 쓰던 칼. ②종이를 자르는 데 쓰는 작은 칼.

서도(書道)명 ①붓으로 글씨를 쓰는 방법, 또는 그 방법을 배우고 익히는 일. ②'서예(書藝)'를 이전에 이르던 말.

서도(書圖)명 글씨와 그림을 아울러 이르는 말.

서도=입창(西道立唱)명 평안도와 황해도 지방에서 발전한 선소리. 놀량, 앞산타령, 뒷산타령, 경발림의 차례로 부름.

서도=잡가(西道雜歌)명 조선 말기 이후, 평안도와 황해도 지방의 상인과 기녀들 사이에 즐겨 불린 잡가. 공명가(孔明歌)·초한가(楚漢歌)·제전(祭奠)·관산융마(關山戎馬) 따위. ☞경기 잡가. 남도 잡가

서도=좌:창(西道坐唱)명 평안도와 황해도 지방에서 발전한, 앉은소리인 잡가(雜歌). 공명가·초한가·제전·관산융마 따위.

서독(西瀆)명 지난날, 사독(四瀆)의 하나인 지금의 대동강을 이르던 말.

서독(書牘)명 편지(片紙)

서:독(暑毒)명 더위의 독기(毒氣).

서:독-증(鼠毒症)명 서교증(鼠咬症)

서돌명 재래식 한옥을 짓는 데 쓰는, 서까래·도리·보·기둥 따위의 재목을 두루 이르는 말.

서동(書童)명 글방에서 글을 배우는 아이. 학동(學童)

서:동부언(胥動浮言)성구 거짓말을 퍼뜨려서 인심을 부추김을 이르는 말.

서동요(薯童謠)명 신라 진평왕 때 서동(薯童; 뒷날의 백제 무왕)이 지었다는 사구체 향가(鄕歌). 진평왕의 셋째 딸 선화 공주(善花公主)를 사모하던 끝에 이 노래를 지어 거리의 아이들에게 부르게 하여 선화 공주를 아내로

맞았다고 함. '삼국유사(三國遺事)'에 실려 전함.

서:두(序頭) 명 어떤 차례의 첫머리. ¶ -를 꺼내다.

서두(書頭) 명 ①글의 첫머리. ②책의 위쪽 면의 빈자리. ③초벌 매어 놓은 책 따위의 가장자리.

서두르다(서두르고·서둘러) 타르 일을 빨리 해치우려고 바쁘게 움직이다. ¶급할수록 서두르지 마라./서둘러 자리를 뜨다./떠날 채비를 -. 준 서둘다

서두-하다(書頭-) 타여 초벌 맨 책의 가장자리를 잘라 내다.

서둘다 타 '서두르다'의 준말.

서등(書燈) 명 글을 읽을 때 켜 놓는 등불.

서:-띠(犀-) 명 서대(犀帶)

서라-말 명 거뭇한 점이 드문드문 섞인, 털빛이 흰 말. 은갈마(銀褐馬) ☞가라말

서라벌(徐羅伐) 명 ①'신라(新羅)'의 옛 이름. ②'경주(慶州)'의 옛 이름.

서랍 명 책상·장농·경대·문갑 등에 딸린, 물건을 넣어 두는 상자. 몸체에서 당겨 빼고, 밀어 넣게 되어 있음.

서:랑(壻郞) 명 남을 높이어 그의 사위를 일컫는 말.

서:랑(鼠狼) 명 '족제비'의 딴이름.

서:량(恕諒) 명-하다 타 용서하고 양해하는 일.

서:러움 명 설움

서:러워-하다 타여 서럽게 여기다. 준 설워하다

서:럽다(서럽고·서러워) 형ㅂ 원통하고 슬프다. 섧다 ¶업신여김을 받아 -.

서력(西曆) 명 서양의 책력.

서:력(紓力) 명-하다 자 주로 돈 때문에 겪는 어려움에서 벗어나 힘을 펴게 되는 일.

서력=기원(西曆紀元) 명 서력으로 연대(年代)를 헤아리는 데 쓰는 기원. 예수가 탄생한 해를 원년(元年)으로 삼음. 에이디(A.D.) 준 서기(西紀)

×**서령** 부 →설령(設令)

서례(書例) 명 서식(書式)

서로 부 ①양쪽이 함께. 상대하는 양쪽이 저마다. ¶ - 좋아하다./- 상대편을 칭찬하다. ②〔명사처럼 쓰임〕 ¶ -를 그리워하다./-의 장단점을 알고 있다.

한자 **서로 상**(相) 〔目部 4획〕 ¶상견(相見)/상관(相關)/상대(相對)/상봉(相逢)/상응(相應)
서로 호(互) 〔二部 2획〕 ¶상호(相互)/호상(互相)/호용(互用)/호혜(互惠)/호환(互換)

서로(西路) 명 ①서쪽으로 가는 길. ②서도(西道)

서로-서로 부 '서로'를 강조하여 이르는 말. ¶ - 돕다.

서로-치기 명 똑같은 일을 서로 바꾸어 가며 해 주는 일. ¶모내기를 -로 하다.

서:론(序論) 명 논문(論文) 등에서, 본론의 도입 부분으로서 본론 앞에 서술하는 개괄적인 논설. 서론(緖論). 서설(序說) ☞결론(結論). 본론(本論)

서:론(緖論) 명 서론(序論)

서류(書類) 명 기록이나 사무 등에 관한 문서. ¶입사 지원 -/-를 떼다./-를 작성하다.

서:류(庶流) 명 서자(庶子)의 계통. ☞적류(嫡流)

서:류(庶類) 명 보통의 종류. 여러 가지 흔한 종류.

서류=송:검(書類送檢) 명 서류 송청(書類送廳)

서류=송:청(書類送廳) 명 사법 경찰관이 형사 사건의 피의자는 없이 조서(調書)와 증거 물품만을 검찰에게 넘기는 일. 서류 송검(書類送檢)

서류-철(書類綴) 명 여러 가지 서류를 한데 묶어 두는 도구, 또는 그렇게 된 묶음. 파일(file)

서류-함(書類函) 명 서류를 넣어 두는 함.

서른 수 ①수의 고유어 이름의 하나. 열의 세 곱절. ¶모인 사람이 -은 넘었다./올해 나이가 -이다. ②물건 따위를 셀 때의 서른 개. ☞삼십(三十)
관 단위를 나타내는 말 앞에 쓰이어 ①수량이 열의 세 곱절임을 나타냄. ¶ - 개. ②차례가 스물아홉째의 다음임을, 또는 횟수가 스물아홉 번째의 다음임을 나타냄.
속담 **서른세 해 만에 꿈 이야기 한다** : 오래 묻어 두었던 일을 이야기함을 이르는 말.

서름서름-하다 형여 매우 서름하다. ¶낯이 설어 -./일이 손에 익지 아니하여 -.

서름-하다 형여 ①남과 가깝게 지내지 않아 서먹하다. ¶같은 동네에 살아도 서름한 사이다. ②사물에 익숙하지 못하고 서투르다. ¶하는 일이 -.

서릉-씨(西陵氏) 명 선잠(先蠶)

서릊-다[-륻-] 타 ①좋지 못한 것을 쓸어 없애다. ②설거지하다

서리[1] 명 ①기온이 영하로 떨어질 때, 대기 중의 수증기가 지면이나 주변 물체에 닿아 엉겨 붙은 가루 모양의 얼음. 맑고 바람이 없는 밤에 생김. 청녀(靑女) ¶하얗게 -가 내렸다. ②타격이나 피해를 비유하여 이르는 말. ③머리카락이 희끗희끗 센 상태를 비유하여 이르는 말.
서리(를) 맞다 관용 타격을 받거나 피해를 입다.
서리(를) 이다 관용 머리카락이 하얗게 세다. ¶어느덧 머리에 서리를 인 나이가 되다.
속담 **서리 맞은 구렁이** : ①힘이 없고, 행동이 게으르며 더딘 사람을 비유하여 이르는 말. ②세력이 쇠잔하여 잘 될 희망이 없는 사람을 비유하여 이르는 말.

한자 **서리 상**(霜) 〔雨部 9획〕 ¶상로(霜露)/상월(霜月)/상위(霜威)/상재(霜災)/상풍(霜楓)/풍상(風霜)

서리[2] 명-하다 타 지난날, 농촌에서 아이들이 콩이나 참외·수박 등을 주인 몰래 훔쳐 먹던 장난. ¶닭 -/수박 -/콩 -/-를 맞다.

서리[3] 명 무엇이 많이 모여 있는 무더기의 가운데. ¶사람들 -에 끼다.

서:리(胥吏) 명 조선 시대, 지방의 관아에 딸린 지위가 낮은 관원을 이르던 말. 아전(衙前)

서리(書吏) 명 조선 시대, 각 관아에 딸리어 문서를 맡아서 관리하는 아전(衙前)을 이르던 말. 서제(書題)

서:리(鼠李) 명 '갈매나무'의 딴이름.

서:리(暑痢) 명 더위를 먹고 설사를 하는 병. 열리(熱痢)

서:리(署理) 명-하다 타 조직의 결원이 생겼을 때, 그 직무를 대리함, 또는 그 사람.

서:리(犀利) 어기 '서리(犀利)하다'의 어기(語基).

서리-꽃 명 유리창 등에 서린 수증기가 얼어서 꽃처럼 무늬를 이룬 것. ☞성에

서리-꾼 명 서리를 하는 장난꾼.

서리다[1] 자 ①김이나 수증기가 찬 기운을 받고 식어서 물방울이 되어 엉기다. ¶유리창에 김이 -./안경에 김이 서려 앞이 뿌옇게 보인다. ②길고 가느다란 것이 한 곳에 많이 얼크러지다. ¶다락 천장에는 거미줄이 잔뜩 서리어 있다. ③어떤 기운이, 표정이나 사물 등에 어리어 나타나다. ¶목소리에 근심이 서려 있다./방 안에 무거운 침묵이 서려 있다. ④어떤 생각이 마음에 깊이 자리 잡다. ¶이 가슴에 서린 한은 아무도 모른다./가슴에 원한이 -. ⑤냄새나 향기가 어떤 공간에 퍼지다. ¶방 안에 서린 그윽한 향기.

서리다[2] 타 ①국수나 새끼 따위를 헝클어지지 않게 빙빙 둘러서 포개다. ¶새끼를 꼬아 서려 놓다./밧줄을 -. ②뱀 따위가 몸을 둥그렇게 감다. ¶그 집에는 업구렁이가 몸을 서리고 있다는 소문이다. ☞사리다

서리-병아리 명 ①이른 가을에 깬 병아리. ②힘없이 추레한 것을 비유하여 이르는 말.

서리-서리 부 ①긴 물체를 빙빙 둘러 감은 모양을 나타내는 말. ¶밧줄을 - 감다. ②감정이나 생각 따위가 매우 복잡하게 얽혀 있는 모양을 나타내는 말. ¶ - 얽힌 감정을 풀다. ☞사리사리[2]

서:리-자(鼠李子) 명 한방에서, '갈매'를 약재로 이르는 말. 하제(下劑)로 쓰임.

서:리지탄(黍離之歎) 성구 기장이 익어 늘어진 것을 보고 한탄한다는 뜻으로, 나라가 망하여 옛 궁궐 터에 기장이 무성함을 보고 세상의 영고성쇠(榮枯盛衰)가 무상함을 탄식하는 말.

서리태 명 콩의 한 품종. 만생종으로 콩알이 굵으며, 껍질

은 검고 속은 연둣빛임. ☞서목태
서:리-피(鼠李皮)명 한방에서, 갈매나무의 껍질을 약재로 이르는 말. 하제(下劑)로 쓰임.
서:리-하다(犀利-)형여 단단하고 날카롭다.
서림(書林)명 책을 파는 가게. 서관(書館). 서점(書店)
서릿-김명 서리가 내린 기운.
서릿-바람명 서리가 내린 아침의 쌀쌀한 바람.
서릿-발명 겨울에 땅의 겉면에 생기는 가는 얼음 기둥의 다발, 또는 그로 말미암아 땅의 겉면이 부풀어 올라오는 현상.
서릿발 같다관용 호령(號令)이나 형벌 등이 매우 엄하고 매섭다.
서릿발(이) 치다관용 서릿발을 이루다.
서릿-점명 서리가 생기기 시작할 때의 온도. 곧 대기 중의 수증기가 식어서 얼어붙기 시작할 때의 온도. ☞이슬점
서-마구리(西-)명 광산에서, 동서로 벋은 광맥 구덩이의 서쪽 마구리.
서:막(序幕)명 ①연극 따위에서 처음 여는 막. ②어떤 일의 시작. ¶디지털 시대의 -이 열렸다.
서:맥(徐脈)명 정상보다 느린 맥박. 성인의 1분간의 정상 맥박 수는 보통 60~80으로, 그 이하인 경우를 이름.
서머서머-하다형여 매우 서머하다.
서머타임(summer time)명 여름철에, 긴 낮 시간을 유효하게 쓰기 위하여 표준시보다 1시간 앞당기는 제도. 일광 절약 시간(日光節約時間)

서머-하다형여 면목이 없다.
서머하우스(summer house)명 고원(高原)이나 해변 등에 있는 피서용의 별장.
서먹서먹-하다형여 매우 서먹하다. ¶서먹서먹한 자리.
서먹-하다형여 낯익지 아니하여 어색하다. ¶첫날은 서로 서먹했다. ☞서름하다. 서어하다
서면(西面)명 ①서쪽에 있는 면(面). ②-하다자 서쪽을 향함.
서:면(恕免)명-하다타 죄를 용서하여 면하게 함.
서면(書面)명 ①글씨를 쓴 지면. ②일정한 내용을 적은 문서(文書). ③편지
서:면(黍麵)명 기장으로 뽑은 국수.
서면=결의(書面決議)명 유한 회사 등에서, 회합을 열지 않고 각 구성원이 안건에 대한 의사 표시를 우편을 통한 서면(書面)으로 하는 결의.
서면=계:약(書面契約)명 서면(書面) 작성을 계약 성립의 요건으로 하는 계약.
서면=심리(書面審理)명 소송(訴訟)의 심리에서, 변론(辯論)이나 증거 조사를 당사자나 소송 관계인이 제출한 서면으로 하는 일. ☞구두 심리(口頭審理)
서면=심리주의(書面審理主義)명 민사 소송에서, 당사자의 변론(辯論)이나 법원의 증거 자료 따위를 서면(書面)으로 하자는 주의. 서면주의(書面主義)
서면=위임(書面委任)명 서면으로 위임의 의사를 표시하는 일.
서면-주의(書面主義)명 서면 심리주의(書面審理主義) ☞구두주의(口頭主義)
서면=투표제(書面投票制)명 비밀 투표제에서, 서면으로 투표하는 제도.
서명(書名)명 책의 이름.
서:명(署名)명-하다자 문서에 자기의 이름을 적음, 또는 그 이름. ¶계약서에 -하다.
서:명=날인(署名捺印)명 문서에 자기 이름을 적고 도장을 찍는 일. 기명 날인(記名捺印)
서:명=대:리(署名代理)명 대리인이 그 대리권을 행사하여 직접 자기가 서명하는 일.
서:명=운:동(署名運動)명 어떤 주장이나 의견을 관철시키기 위하여 많은 사람의 찬성 서명을 받아 여론화(輿論化)하는 운동.
서:명-인(署名人)명 서명자(署名者)
서:명-자(署名者)명 서명을 한 사람. 서명인(署名人)
서:모(庶母)명 아버지의 첩.
서모스탯(thermostat)명 온도가 일정하게 유지되도록 자동적으로 조절하는 장치.
서목(書目)명 ①책의 목록. ②보고서의 요점만 따로 적어 덧붙인 서면. ③물품의 목록. ☞물목(物目)
서:목-태(鼠目太)명 '쥐눈이콩'의 딴이름.
서:몽(瑞夢)명 상서로운 조짐의 꿈. 상몽 ☞길몽
서무(西廡)명 지난날, 여러 유현(儒賢)의 위패를 배향하던, 문묘(文廟) 안의 서쪽 행각(行閣). ☞동무(東廡)
서:무(庶務)명 관청이나 기관의 일반적인 여러 가지 사무, 또는 그 일을 맡아보는 사람.
서-무날명 무수기를 볼 때, 음력 열이틀과 스무이레를 이르는 말. ☞두무날. 너무날
서문(西門)명 서쪽으로 낸 문. ☞남문(南門)
서:문(序文)명 머리말 준서(序) ☞발문(跋文)
서:문(誓文)명 서약하는 글, 또는 그런 문건. 서서(誓書)
서:물(庶物)명 온갖 물건.
서:민(庶民)명 ①관직이 없는 보통 사람. 평민(平民) ②특별한 지위가 없고, 생활도 넉넉지 못한 일반 시민. 범민(凡民) ¶-을 위한 복지 시설.
서:민=계급(庶民階級)명 ①평민 계급 ②특별한 지위가 없고, 생활도 넉넉지 못한 일반 시민들.
서:민=금융(庶民金融)명 서민을 위한 소액의 금융. 곧 개인에 대한 소비 금융, 주택 건설 자금의 융자, 영세 기업에 대한 경영 자금, 생업 자금 따위.
서:민=은행(庶民銀行)명 서민에 대한 금융을 목적으로 하는 금융 기관.
서:민-적(庶民的)명 서민다운 태도나 경향이 있는 것. ¶-으로 산다./-인 취향.
서:민-층(庶民層)명 서민의 계층.
서반(西班)명 지난날, 궁중에서 조회(朝會)를 할 때 문관은 동쪽에, 무관은 서쪽에 늘어선 데서, 무관(武官)의 반열(班列)을 이르던 말. 무반(武班). 호반(虎班) ☞동반(東班)
서-반:구(西半球)명 지구를 경도 0°와 180°를 기준으로 둘로 나눈 것의 서쪽 부분. ☞동반구(東半球)
서반아(西班牙)명 '에스파냐'의 한자 표기.
서:발(序跋)명 서문과 발문을 아울러 이르는 말.
서:발한(舒發翰)명 서불한(舒弗邯)
서방[1]명 '남편'의 속된말.
서방[2]의 ①사위의 성(姓) 다음에 어울러 써서 일컫거나 부르는 말. ¶김 -. ②손아래 친척 여자의 남편을 일컫거나 부를 때, 그 성 다음에 어울러 쓰는 말. ¶경주의 최 -이 왔습니다. ③지난날, 관직이 없는 사람의 성 다음에 어울러 써서 이름 대신 부르던 말.
서방(西方)명 ①서녘. 서쪽 ②서쪽 지방. ③'서방 국가'의 준말. ④'서방 극락'의 준말.
×서방-가다자 →장가가다
서방=국가(西方國家)명 미국과 독일·영국·프랑스 등 서유럽의 국가들을 이르는 말. 준서방
서방=극락(西方極樂)명 서방 정토(西方淨土) 준서방
서방-님명 ①결혼한 시동생을 일컫는 말. ☞도련님. 아주버님 ②'남편'을 높이어 일컫는 말. ③지난날, 상사람이 관직 없는 젊은 선비를 이르던 말.
서방-맞다[-맏-]자 남편을 얻다. 서방을 맞다.
서방-맞이명-하다자 서방을 맞는 일.
서방=세:계(西方世界)명 서방 정토
서방=정:토(西方淨土)명 불교에서, 멀리 서쪽에 있다는 극락, 곧 아미타불의 국토를 이르는 말. 서방 극락(西方極樂). 서방 세계(西方世界)
서방-주(西方主)명 불교에서, 서방 극락의 주인이라는 뜻으로, '아미타불(阿彌陀佛)'을 이르는 말.
서방-질명-하다자 여자가 자기의 남편이 아닌 남자와 몰래 정을 통하는 짓. 화냥질
서방=행자(西方行者)명 불교에서, 극락 세계에 가려고 염불하는 사람을 이르는 말.
서:배(鼠輩)명 쥐와 같은 무리라는 뜻으로, 하잘것없는 무

리를 이르는 말.

서:버(server)명 ①테니스·탁구·배구 등의 경기에서, 서브(serve)하는 쪽, 또는 서브를 하는 사람. ☞리시버(receiver) ②컴퓨터 통신망(通信網)에서, 사용자가 요구한 명령을 처리하기 위하여 정보를 제공하거나 통신망과 연결된 주변 장치를 제공하는 컴퓨터 시스템.

서벅-거리다(대다)타 서벅서벅 소리를 내다. ☞사박거리다

서벅-돌명 단단하지 않고 잘 부서지는 돌. ☞푸석돌

서벅-서벅부 ①좀 푸석푸석하고 물기가 적은 과일 따위를 잇달아 씹을 때 나는 소리를 나타내는 말. ②좀 거친 모래밭을 걸을 때 나는 소리를 나타내는 말. ③좀 언 눈을 밟을 때 나는 소리를 나타내는 말. ☞사박사박

서벅서벅-하다형여 과일 따위가 씹히는 감촉이 좀 푸석푸석하고 물기가 적다. ☞사박사박하다

서법(書法)[-뻡]명 글씨를 쓰는 방법.

서벽(書癖)명 ①글 읽기를 좋아하는 버릇. ②책 모으기를 즐기는 버릇.

서변(西邊)명 ①서쪽 부근. ②서쪽의 변두리.

서:보(徐步)명 천천히 걷는 걸음.

서:보=기구(servo機構)명 물체의 위치·방위·자세 등의 변위를 따로 설정되어 있는 목표 값에 항상 일치하도록 자동적으로 제어하는 기계 장치.

서부(西部)명 어떤 지역의 서쪽 부분. ☞남부(南部)

서:부(舒鳧)명 '집오리'의 딴이름.

서:부(鼠負·鼠婦)명 '쥐며느리'의 딴이름.

서부렁-서부렁부-하다형 매우 서부렁한 모양을 나타내는 말. ☞사부랑사부랑[2]

서부렁-섭적부 힘들이지 않고 거뿐하게 뛰어넘거나 올라서는 모양을 나타내는 말. ¶담을 - 넘었다. ☞사부랑삽작

서부렁-하다형여 묶거나 쌓은 것들이 다붙지 않고 느슨하거나 버름하다. ☞사부랑하다

서부=영화(西部映畫)명 미국의 서부 개척 시대를 배경으로 삼은 영화.

서부진:언(書不盡言)성구 글로는 의사를 충분히 표현할 수 없음을 이르는 말.

서북(西北)명 ①방위에서, '북서(北西)'를 잘못 이르는 말. ②서도(西道)와 북관(北關)을 아울러 이르는 말.

서-북서(西北西)명 서쪽과 북서쪽의 가운데 방위.

서북송탐(西北松耽)명 지난날, '서도(西道)'·'북관(北關)'·'송도(松都)'·'탐라(耽羅)'를 아울러 이르던 말. 곧 지금의 황해도와 평안도·함경도·개성·제주도를 이름.

×**서북-풍**(西北風)명 →북서풍(北西風)

서분서분-하다형여 성질이나 마음씨가 부드럽고 상냥하다. ¶서분서분한 성격. ☞사분사분하다

서분-하다형여 좀 서부렁하다. ☞사분하다

서분-히부 서분하게 ☞사분히

서분한-살명 굵으면서도 가벼운 화살.

서:불한(舒弗邯)명 이벌찬(伊伐湌). 서발한(舒發翰)

서붓부 소리가 나지 않을 정도로 거볍고 조용히 발걸음을 내디디는 모양을 나타내는 말. 서붓이 ☞사붓. 서뿟

서붓-서붓[-붇-]부 발걸음을 잇달아 서붓 내디디는 모양을 나타내는 말. ☞사붓사붓. 서뿟서뿟. 서풋서풋

서붓-이부 서붓 ☞사붓이. 서뿟이. 서풋이

서:브(serve)명-하다자 테니스·탁구·배구 등의 경기에서, 공격자가 먼저 공을 때리거나 쳐서 상대편 코트에 넣는 일, 또는 그 공. 서비스 ☞리시브(receive)

서브루:틴(subroutine)명 컴퓨터에서, 완전한 프로그램과 상호 관계를 가질 수 있는, 한 프로그램의 독립적인 부분들을 이르는 말.

서브타이틀(subtitle)명 ①영화나 텔레비전 등에서의 보조 자막(字幕). ②책이나 논문 등의 부제(副題). ☞메인타이틀(maintitle)

서:비스(service)명-하다자 ①봉사(奉仕). 접대(接待) ¶ - 정신/고객들에게 -하다. ②서브(serve)

서:비스라인(service line)명 테니스에서, 서비스박스의 네트에 평행하는 선. 서브한 공이 그 선의 바깥으로 나가면 '서브 실패'가 됨.

서:비스박스(service box)명 테니스에서, 서브한 공을 넣어야 할 직사각형의 구획. 서비스코트

서:비스=산:업(service産業)명 제1차 산업과 제2차 산업의 발전을 기초로 하여 서비스를 생산하는 제3차 산업. 상업, 금융업, 운수업, 통신업, 관광업 따위.

서:비스-업(service業)명 산업의 한 분야로, 노무·편의 따위를 제공하는 업종. 숙박업, 수리업, 흥행업 따위.

서:비스에어리어(service area)명 ①라디오나 텔레비전 방송을 수신(受信)할 수 있는 범위의 지역. ②테니스나 배구 등에서의 서브 구역. ③고속 도로에서, 휴식·식사·급유(給油) 등을 할 수 있는 시설이 갖추어진 장소.

서:비스코:트(service court)명 서비스박스

서-빙고(西氷庫)명 조선 시대, 얼음을 채취하고 보존하며 출납을 맡아보던 관아. 지금의 용산구 서빙고동에 있었음. ☞동빙고. 석빙고

서뿐부 소리가 나지 않을 정도로 거볍고 조용하게 발걸음을 내디디는 모양을 나타내는 말. 서뿐히 ¶ - 발을 내딛다. ☞사뿐. 서푼

서뿐-서뿐부 서뿐 내디디는 모양을 나타내는 말. ☞사뿐사뿐. 서푼서푼

서뿐-히부 서뿐 ☞사뿐히. 서푼히

×**서뿔리**부 →섣불리

서뿟부 소리가 나지 않을 정도로 거볍고 빠르게 발걸음을 내디디는 모양을 나타내는 말. 서뿟이 ☞사뿟

서뿟-서뿟[-뿓-]부 발걸음을 잇달아 서뿟 내디디는 모양을 나타내는 말. ☞사뿟사뿟. 서붓서붓. 서풋서풋

서뿟-이부 서뿟 ☞사뿟이. 서붓이. 서풋이

서:사(序詞)명 머리말

서사(書士)명 관공서에 내는 서류 따위를, 본인 대신 써 주는 일을 업으로 하는 사람. ☞대서인(代書人). 법무사. 행정 서사

서사(書史)명 ①책(冊) ②경서(經書)와 사기(史記)를 아울러 이르는 말.

서사(書司)명 절에서 '서기(書記)'를 이르는 말.

서사(書舍)명 지난날, 선비들이 모여서 공부하던 집.

서사(書師)명 붓글씨를 잘 쓰는 사람. 서가(書家)

서사(書肆)명 서점(書店)

서사(書寫)명 ①-하다자 글로 적음, 또는 글을 베낌. ②조선 시대에 글씨를 쓰고 글을 베끼는 일을 하던 아전(衙前).

서사(書辭)명 편지에 적힌 내용.

서:사(敍事)명-하다자타 사실을 있는 그대로 서술함.

서:사(誓詞)명 맹세하는 말. 서언(誓言)

서:사-문(敍事文)명 서사체로 쓴 글. ☞서정문(抒情文)

서:사-시(敍事詩)명 어떤 사실을 객관적으로 서술한 시. 한 민족과 관련된 역사적인 사건, 영웅의 사적 등을 제재로 삼아 읊은 긴 운문(韻文)을 이름. ☞서경시(敍景詩). 서정시(抒情詩)

서:사-체(敍事體)명 사실을 있는 그대로 객관적으로 서술하는 문체. ▷敍의 속자는 叙

서산(西山)명 서쪽에 있는 산. ¶해가 -에 걸려 있다.

서산(書算)명 지난날, 글을 읽은 횟수를 세는 데 쓰던 물건. 종이를 봉투처럼 접고 겉에 일정한 크기의 눈을 다섯 개씩 두 줄로 오려 놓은 다음 그것을 접었다 폈다 하여 셈함. 서수(書數)

서산-나귀명 나귀의 한 품종. 중국산으로, 보통 나귀보다 큼.

서산낙일(西山落日)성구 서산에 지는 해라는 뜻으로, 힘이나 형세가 기울어져 어쩔 수 없이 멸망하게 된 판국을 비유하여 이르는 말.

서산-대(書算-)[-때]명 지난날, 책을 읽을 때에 글자를 짚거나 서산을 눌러 두는 데 쓰던 막대기. 대개 싸릿개비로 책 길이보다 조금 길게 깎아 다듬어 만듦.

서:-삼촌(庶三寸)명 할아버지의 서자(庶子). 서숙(庶叔)

서:상(瑞相)명 상서로운 조짐. 서조(瑞兆)

서:상(暑傷)명-하다자 더위를 먹음.

ㅅ

서-상:방(西上房)명 남향 대청의 오른쪽에 안방을 만든 집. ☞동상방(東上房)
서상-학(書相學)명 필적으로 그 사람의 성격이나 특징 등을 연구하는 학문. 필적학(筆跡學)
서:색(瑞色)명 상서로운 빛.
서:색(鼠色)명 쥐색. 쥣빛
서:색(曙色)명 ①새벽빛 ②새벽녘의 경치.
서생(書生)명 ①유학(儒學)을 공부하는 사람. ②남의 집에서 일을 거들면서 공부하는 사람.
서:생(庶生)명 서출(庶出)
서생=문학(書生文學)명 아직 수업 도중에 있는 문학 청년의 미숙한 작품, 또는 그 시기의 문학을 이르는 말.
서:-생원(鼠生員)명 '쥐'를 의인화해서 이르는 말.
서:서(瑞西)명 '스위스'의 한자 표기.
서서(筮書)명 복서(卜筮)를 의뢰 받은 이가 길흉을 써 내는 문서.
서:서(誓書)명 서약하는 글, 또는 그런 문건. 서문(誓文)
서:서-히(徐徐-)부 천천히 ¶ - 다가오는 발소리.
서:설(序說)명 서론(序論)
서:설(敍說)명-하다타 차례대로 설명함.
서:설(棲屑)명-하다자 일정한 거처 없이 떠돌아다님.
서설(絮雪)명 눈송이같이 하얗게 날리는 버들개지.
서:설(暑泄)명 여름철에 더위를 먹어서 하는 설사.
서:설(瑞雪)명 상서로운 눈.
서:설(鼠齧)명 서파(鼠破)

서성(書聖)명 글씨를 뛰어나게 잘 쓰는 사람을 높이어 이르는 말. ☞시성(詩聖)
서:성(瑞星)명 상서로운 조짐으로 나타난다는 별. 경성(景星). 덕성(德星)
서:성(曙星)명 샛별
서성-거리다(대다)자 한곳에 서 있지 않고 이리저리 왔다갔다 하다. 서성이다 ¶남의 집 주위를 서성거리는 수상한 사람./초조하여 방안을 -./문밖에서 -.
서성-서성부 서성거리는 모양을 나타내는 말.
서성-이다자 서성거리다
서:세(逝世)명-하다자 세상을 떠난다는 뜻으로, 남을 높이어, 그의 죽음을 정중하게 이르는 말. 서거(逝去). 별세(別世)
서:세(瑞世)명 상서로운 세상.
서:세(暑歲)명 가뭄이 매우 심한 해.
서소문(西小門)명 '소의문(昭義門)'을 달리 이르는 말. ☞소덕문(昭德門). 자하문(紫霞門)
서속(西俗)명 서양의 풍속.
서:속(黍粟)명 기장과 조를 아울러 이르는 말.
서:손(庶孫)명 ①서자(庶子)의 아들. ②아들의 서자(庶子). ☞적손(嫡孫)
서:수(序數)명 차례를 나타내는 수. '첫째'·'둘째' 따위. ☞기수(基數)
서수(書數)명 서산(書算)
서:수(庶羞)명 온갖 맛있는 음식.
서:수(瑞獸)명 상서로운 징조로 나타난다는 짐승. 용이나 기린 따위.
서:-수:사(序數詞)명〈어〉수사(數詞)의 한 갈래. 차례를 나타내는 수사. '첫째'·'둘째'·'제일(第一)'·'제이(第二)' 등과 같은 말을 이름. ☞양수사(量數詞)
서:수-필(鼠鬚筆)명 쥐의 수염으로 만든 붓.
서숙(書塾)명 글방
서:숙(庶叔)명 할아버지의 서자(庶子). 서삼촌(庶三寸)
서:숙(棲宿)명-하다자 서식(棲息)
서:술(敍述)명-하다타 무슨 일에 대하여 차례를 좇아 말하거나 적음. ¶사건의 진상을 자세히 -하다.
서:술-격(敍述格)[-껵]명〈어〉서술어(敍述語)의 자리. '세상은 요지경이다.'에서 '요지경이다'가 이에 해당함. ☞주격(主格)
서:술격=조:사(敍述格助詞)[-껵-]명〈어〉의미상으로 구별한 격조사의 한 가지. 서술어의 자리임을 나타내는 조사. 서술격 조사는 용언(用言)처럼 활용하는 특성을 지니고 있음. '인생은 춤추는 곰이다.'에서 '-이다'가 이에 해당함. ☞주격 조사(主格助詞)

> ▶ **서술격 조사의 여러 가지 활용형**
> ¶곰이다/곰이네/곰입니다//곰이냐/곰인가/곰입니까//곰이구나/곰이로다//곰이고/곰이며/곰이므로//곰이라도…

서:술-구(敍述句)[-꾸]명〈어〉문장에서 서술어의 구실을 하는 구. '산이 높고 험하다.'에서 '높고 험하다'나 '닭이 모이를 먹지 않는다.'에서 '먹지 않는다'와 같은 구성의 말. ☞관형어구(冠形語句)
서:술-부(敍述部)명〈어〉문장에서 서술어에 딸린 말과 서술어를 아울러 이르는 말. '성실한 사람은 반드시 성공한다.'에서 '반드시 성공한다'의 부분. 준술부(述部) ☞주어부(主語部)
서:술-어(敍述語)명〈어〉문장 성분의 하나. 주어의 움직임이나 성질 또는 상태 등을 설명하는 말로서, 용언(用言)이나 체언(體言)에 서술격 조사가 붙은 말이 이에 해당함. '세상은 넓다.', '할일이 많다.', '그는 의사이다.'에서 '넓다, 많다, 의사이다' 따위. 준술어(述語) ☞목적어(目的語). 부사어(副詞語). 주어(主語)
서:술-절(敍述節)명〈어〉주어와 서술어로 구성되어, 문장에서 주어의 움직임이나 상태 등을 서술하는 성분을 이르는 말. '코끼리의 코가 길다.'나 '토끼가 앞발이 짧다.'에서 '코가 길다'나 '앞발이 짧다'와 같은 구성의 글. 술어절(述語節) ☞부사절(副詞節)
서:술-형(敍述形)명〈어〉문장에서 서술하는 자리에 있는 여러 형태의 활용형. '하니, 하면, 한다, 하느냐, 하자, 하여라' 따위.
서스테이닝프로그램(sustaining program)명 상업 방송에서, 방송국 비용으로 제작하는 프로그램.
서스펜디드게임(suspended game)명 야구에서, 시간 제한이나 날씨의 변동 등으로 9회를 마치지 못하고 뒷날 다시 경기를 계속하는 조건으로 끝내는 경기. ☞콜드게임(called game)
서스펜스(suspense)명 영화나 연극, 소설 등에서 줄거리의 발전이 독자나 관중에게 주는 불안과 긴장감.
서슬명 ①칼날이나 연장 따위의 날카로운 끝 부분. ②위협적이고 날카로운 기세. ¶달려드는 -에 기가 질리다.
　서슬이 시퍼렇다관용 ①칼날 따위가 매우 날카롭다. ②기세가 매우 등등하다.
서슴-거리다(대다)자타 말이나 행동을 딱 잘라서 하지 못하고 자꾸 망설이다.
서슴다[-따]자타 말이나 행동을 딱 잘라서 하지 못하고 망설이다. ¶서슴지 말고 사실대로 말해라.
서슴-서슴부 서슴거리는 모양을 나타내는 말. ¶- 망설이지 말고 속시원히 털어놓아라.
서슴-없:다[-업-]형 말이나 행동에 망설이는 기색이나 태도가 없다. ¶서슴없는 태도에 모두가 놀랐다.
　서슴-없이부 서슴없게 ¶- 여러 사람 앞에 나서다.
서:승(序陞)명-하다타 지난날, 관직에 있던 햇수에 따라서 관직의 등급을 올리던 일.
서시명 노름판에서 '여섯 끗'을 이르는 말.
서:시(序詩)명 ①책 첫머리에 서문 대신으로 싣는 시. ②긴 시의 머리말 구실을 하는 부분.
서시빈목(西施矉目)성구 중국 춘추 시대 월나라의 미인 서시가 병이 있어 눈을 찌푸리고 있었는데 이것을 본 못난 여자가 찌푸리면 아름답게 보이는 줄 알고 저도 눈을 찌푸렸다는 데서, 무조건 남의 흉내를 내어 웃음거리가 됨을 이르는 말. ☞효빈(效顰)
서식(書式)명 서류를 작성하는 일정한 형식이나 방법. 서류의 양식(樣式). 서례(書例)
서:식(棲息)명-하다자 동물이 어떤 곳에 깃들여 삶. 서숙(棲宿) ¶도요새가 -하는 강.
서신(書信)명 편지(片紙)
서:신(庶神)명 온갖 귀신.
서실(書室)명 서재(書齋)

서-아시아(西Asia)명 아시아 서부 지역의 국가를 통틀어 이르는 말. 이란·이라크·터키·요르단 따위.

서-아프리카(西Africa)명 아프리카 서부의 기니 만 북부 지역의 국가를 통틀어 이르는 말. 모로코·알제리·말리·세네갈 따위.

서:악(序樂)명 서곡(序曲)

서안(西岸)명 강이나 호수, 바다 따위의 서쪽 연안.

서안(書案)명 ①책을 얹는 책상. ②문서의 초안(草案).

서:안(舒雁)명 '거위'의 딴이름.

서:안지악(舒安之樂)명 ①조선 세종 때, 회례연(會禮宴)에서 왕세자와 신하들이 배례(拜禮)할 때 연주하던 악곡. ②문묘(文廟)의 제향(祭享) 때 초헌이 끝난 다음에 연주하는 악곡.

서:압(署押)명-하다자 수결(手決)을 함.

서:약(誓約)명-하다타 맹세하고 약속함.

서:약-서(誓約書)명 서약하는 글, 또는 서약하는 글을 쓴 문건(文件). 서장(誓狀)

서양(西洋)명 유럽과 남북 아메리카의 여러 나라를 동양에 상대하여 이르는 말.

한자 **서양 양**(洋)〔水部 6획〕¶양궁(洋弓)/양복(洋服)/양식(洋式)/양식(洋食)/양옥(洋屋)/양풍(洋風)

서양-고추(西洋-)명 '피망(piment)'의 딴이름.

서양=과자(西洋菓子)명 양과자(洋菓子)

서양-관(西洋館)명 양관(洋館)

서양-목(西洋木)명 굵게 꼰 무명실로 폭이 넓고 바닥을 곱게 짠 피륙. 서양에서 중국을 통하여 우리 나라에 들어왔음. 당목(唐木). 생목. 양목

서양-사(西洋史)명 서양 여러 나라의 역사.

서양-사(西洋紗)명 가는 무명실로 폭이 넓고 설피게 짠 피륙. 준양사(洋紗) 변생사

서양-수수꽃다리[-꼳-]명 '라일락(lilac)'의 딴이름.

서양-식(西洋式)명 서양에서 들어온 양식이나 격식. 준양식(洋式)

서양=요리(西洋料理)[-뇨-]명 유럽과 미국에서 발달한 요리를 통틀어 이르는 말. 양식(洋食) 준양요리(洋料理)

서양=음악(西洋音樂)명 서양에서 발생하여 발달한 음악. 준양악

서양-인(西洋人)명 서양 여러 나라의 사람. 준서인(西人). 양인(洋人)

서:-양:자(壻養子)명-하다자타 사위를 양자로 삼는 일, 또는 그렇게 삼은 양자.

서양=장:기(西洋將棋)명 체스(chess)

서양-종(西洋種)명 원산지(原產地)가 서양인 종류. 양종(洋種)

×**서양-철**(西洋鐵)명 →생철

서양-풍(西洋風)명 서양의 풍습이나 양식을 본뜬 모양. 준양풍(洋風)

서양-학(西洋學)명 서양의 언어·문학·역사·철학·종교·풍습·음악·미술 등을 연구하는 학문. ☞동양학

서양-화(西洋化)명-하다자타 서양의 문화나 생활에 영향을 받아 그것을 닮는 일. ¶-된 식생활.

서양-화(西洋畫)명 서양에서 발달한 재료나 기법으로 그린 그림. 유화·수채화·파스텔화 따위. 준양화(洋畫) ☞동양화(東洋畫)

서어(鉏鋙·齟齬)어기 '서어(鉏鋙)하다'의 어기(語基).

서어-하다(鉏鋙-)형여 ①뜻이 맞지 않거나 일이 어긋나 서름하다. ②사물에 익숙하지 못하고 서투르다.
　서어-히부 서어하게

서언(西諺)명 서양의 속담.

서:언(序言·緖言)명 머리말

서:언(誓言)명 맹세하는 말. 서사(誓詞)

서:얼(庶孼)명 서자(庶子)와 그 자손. 일명(逸名)

서:여(薯蕷)명 '마[3]'의 딴이름.

서역(西域)명 지난날, 우리 나라와 중국에서 중국의 서쪽에 있는 나라들을 통틀어 이르던 말. 투르키스탄·서아시아·소아시아·인도 등을 이름.

서연(書筵)명 왕세자에게 경사(經史)를 강론하는 일, 또는 그 자리. 뇌사(雷肆) ☞경연(經筵)

서연-관(書筵官)명 왕세자 앞에서 경사(經史)를 강의하는 관원. ☞경연관(經筵官)

서:열(序列)명 순서대로 늘어서는 일, 또는 그 순서.

서:열(暑熱)명 한여름의 더위.

서:염(暑炎)명 심한 더위.

서영(西營)명 ①조선 시대, 평양에 있던 친군영(親軍營)의 하나. ②조선 시대, 창덕궁 서쪽에 있던 금위영(禁衛營)의 분영(分營). ③조선 시대, 경희궁(慶熙宮) 서쪽에 있던 훈련 도감의 분영.

서영-사(西營使)명 친군영의 하나인 서영의 주장(主將).

서예(書藝)명 붓글씨로써 표현되는 예술. ☞서도(書道)

서예-가(書藝家)명 서예를 전문으로 하는 사람. ☞서가

서옥(書屋)명 글방

서:완(徐緩)어기 '서완(徐緩)하다'의 어기(語基).

서:완-하다(徐緩-)형여 진행이 느리다.

서왕-모(西王母)명 중국 신화에서, 쿤룬산〔崑崙山〕에 산다는 선녀. 불사(不死)의 약을 가지고 있다고 함.

서:용(恕容)명-하다타 서유(恕宥)

서:우(暑雨)명 무더운 여름날에 내리는 비.

서:우(瑞雨)명 상서로운 비.

서:운(瑞雲)명 상서로운 구름. 상운(祥雲)

서:운(瑞運)명 상서로운 운수. 상운(祥運)

서:운(曙雲)명 새벽녘에 끼는 구름.

서운-관(書雲觀)명 ①고려 시대에 천문(天文), 역수(曆數), 측후(測候), 각루(刻漏) 등에 관한 일을 맡아보던 관아. ☞사천대(司天臺) ②조선 초기에 천문, 재상(災祥), 역일(曆日), 추택(推擇) 등에 관한 일을 맡아보던 관아. ☞관상감(觀象監)

서운-하다형여 마음에 차지 않아 아쉽고 섭섭하다. ¶그냥 헤어지려고 하니 -./네가 안 와서 참 서운했다.
　서운-히부 서운하게

서울명 ①한 나라의 중앙 정부가 있는 곳. 경사(京師). 경조(京兆). 국도(國都). 도성(都城). 수도(首都) ②우리 나라의 수도(首都) 이름.

속담 **서울 가는 놈이 눈썹을 빼고 간다**: 먼 길을 떠날 때는 적은 짐이라도 될 수 있는 대로 줄이고 간다는 말./**서울 가서 김 서방 찾기**: 잘 알지도 못하고 막연한 것을 무턱대고 찾아 다닌다는 말./**서울 소식은 시골 가서 들어라**: 가까운 곳의 일은 먼 데서 더 잘 알고 있다는 말.

한자 **서울 경**(京)〔亠部 6획〕¶경도(京都)/경향(京鄕)/귀경(歸京)/상경(上京)/재경(在京)

서울-내기명 서울에서 나서 자라난 사람. 경종(京種)

서울-뜨기명 시골 사람이 서울 사람을 가벼이 여겨 이르는 말. ☞시골뜨기

서원(書院)명 조선 시대, 학문을 연구하고 선현(先賢)에게 제사하며 인재를 키우기 위하여 사림(士林)이 세운 교육 기관.

서:원(誓願)명 ①불교에서, 부처나 보살이 중생을 구제하겠다는 맹세. ②-하다타 불교에서, 수행의 원(願)을 세우고, 그것을 이루고자 맹세하는 일. ③-하다타 가톨릭에서, 선하고 훌륭하게 살겠다고 하느님께 약속하는 일.

서:원-력(誓願力)[-녁]명 서원하는 염력(念力).

서:월(暑月)명 더운 여름의 달이라는 뜻으로, '음력 유월'을 달리 이르는 말.

서:월(曙月)명 새벽달. 잔월(殘月)

서:위(暑威)명 여름철의 몹시 더운 기운. ☞한위(寒威)

서:유(恕宥)명-하다타 잘못을 너그럽게 용서함. 서용(恕容)

서유견문(西遊見聞)명 조선 고종 32년(1895)에 유길준(兪吉濬)이 미국과 유럽을 여행하면서 보고 느낀 바를 적은 글. 한글과 한문을 섞어 쓴 것으로, 언문 일치(言文一致) 운동의 선구가 됨.

서-유:럽(西Europe)명 유럽의 서부 지역. 영국·독일·

ㅅ

프랑스·네덜란드 등의 국가가 있는 지역. 서구라파 ☞ 동유럽

서융(西戎)명 '서쪽 오랑캐'라는 뜻으로, 고대 중국에서 중국의 서쪽 지방에 사는 이민족을 낮잡아 이르던 말. 서이(西夷) ☞남만(南蠻). 동이(東夷). 북적(北狄)

서:은(棲隱)명-하다자 속세를 떠나 숨어 삶.

서음(書淫)명 글 읽기를 지나치게 즐김, 또는 그러한 사람.

서:응(瑞應)명 임금의 어진 정치가 하늘에 감응되어 나타나는 복스럽고 길한 조짐.

서의(書意)명 책이나 편지 등에 적힌 글의 뜻.

서:의(誓意)명 맹세하는 마음.

서이(西夷)명 서융(西戎)

서인(西人)명 ①조선 시대, 당파(黨派)의 하나. 선조 때에 심의겸(沈義謙)을 중심으로 한 사람들로, 김효원(金孝元)을 중심으로 한 동인(東人)에 대해서 이르던 말. ②'서양인'의 준말.

서:인(庶人)명 관직이 없는 보통 사람. 서민(庶民)

서자(書字)[-짜]명 간략하게 적어 놓은 글발이나 편지.

서:자(庶子)명 ①첩에게서 태어난 아들. 별자(別子). 서남(庶男). 얼자(孼子) ☞적자(嫡子) ②중자(衆子)

서:자(逝者)명 세상을 떠난 사람.

서:-자녀(庶子女)명 첩에게서 태어난 아들딸.

서:작(敍爵)명-하다자 작위(爵位)를 내림.

서장(書狀)명 ①편지 ②'서장관(書狀官)'의 준말.

서:장(誓狀)[-짱]명 서약서(誓約書)

서장-관(書狀官)명 고려·조선 시대, 정사(正使)·부사(副使)와 아울러 삼사(三使)의 하나로, 외교 문서의 작성과 사절 일행의 감찰을 맡았던 관원. 준서장(書狀)

서장-대(西將臺)명 산성(山城) 서쪽에 높이 쌓아 만든 곳. 그곳에 장수가 올라서서 군사를 지휘하였음.

서재(西齋)명 조선 시대, 성균관(成均館)이나 향교(鄕校)의 명륜당(明倫堂) 앞 서쪽에 있던 재실(齋室). 유생들이 합숙하며 공부하던 곳임.

서재(書齋)명 ①책을 읽거나 글을 쓸 수 있도록 마련된 방. 문방(文房). 서각(書閣). 서실(書室) ②글방

서적(書籍)명 책(冊)

서-적전(西耤田)명 조선 시대, 개성에 있던 적전. 종묘나 나라의 제사에 쓸 곡식을 심던 논밭임. ☞동적전

서전(書典)명 책(冊)

서전(書傳)명 중국 송나라 때, 주희(朱熹)의 제자 채침(蔡沈)이 '서경(書經)'에 주해를 달아 편찬한 책.

서:전(瑞典)명 '스웨덴'의 한자 표기.

서전(緖戰)명 ①전쟁에서 첫 번째 싸움. ②여러 번 치르는 경기 중의 첫 번째 경기. ¶일본과의 -에서 승리하다.

서전언:해(書傳諺解)명 조선 선조 21년(1588)에 펴낸 칠서(七書) 언해의 하나. '서전(書傳)'을 한글로 번역한 책.

서:절(暑節)명 여름의 더운 때, 삼복(三伏)을 이름.

서:절구투(鼠竊狗偸)성구 쥐나 개처럼 물건을 훔친다는 뜻으로, '좀도둑'을 비유하여 이르는 말.

서점(西漸)명-하다자 세력이나 영향 따위가 점점 서쪽으로 옮겨 감. ☞동점(東漸)

서점(書店)명 책을 파는 가게. 서관(書館). 서림(書林). 서사(書肆). 서포(書鋪). 책방. 책사(冊肆)

서정(西征)명-하다자 서쪽 지역을 정벌함.

서정(西庭)명 ①집 안의 서쪽 뜰. ②조선 시대, 성균관(成均館)의 명륜당(明倫堂) 서쪽에 있는 뜰을 이르던 말. 승학시(陞學試)를 보는 유생들이 앉던 자리.

서:정(抒情·敍情)명 마음에 느낀 바를 그대로 말이나 글로 나타내는 일.

서:정(庶政)명 온갖 정사(政事).

서정(緖正)명-하다타 근본을 캐어 바로잡음.

서:정-문(抒情文)명 작자의 주관적 감정이나 정서를 나타내는 글. ☞서사문(敍事文)

서:정쇄:신(庶政刷新)성구 여러 가지 정사(政事)의 비효율적인 면과 폐단을 없애고 새롭게 바로잡음을 이르는 말.

서:정-시(抒情詩)명 작자가 자기의 감정과 정서를 운문으로 읊은 글. ☞극시(劇詩). 서사시(敍事詩)

서:정-적(抒情的)[-쩍]명 감정과 정서가 풍부하게 담긴 것. ¶그의 작품은 매우 -이다./-인 표현.

서제(書題)명 ①글의 제목. ②서리(書吏)

서:제(庶弟)명 서모에게서 태어난 아우.

서:제막급(噬臍莫及)성구 사람에게 잡힌 사향노루가 배꼽의 향내 때문에 잡힌 줄 알고 배꼽을 물어뜯었다는 데서, 일이 그릇된 뒤에는 후회해도 소용없음을 비유하여 이르는 말.

서제-소(書題所)명 지난날, 정일품 관원의 사사로운 편지에 관한 일을 맡아보던 곳.

서:조(瑞兆)명 상서로운 조짐. 서상(瑞相)

서:족(庶族)명 서파(庶派)의 겨레붙이. 좌족(左族)

서죄(書罪)명-하다자 지난날, 못된 관원을 징계하기 위하여 사헌부의 감찰(監察)이 그 죄상을 흰 널빤지에 써서 밤중에 그 집 문 위에 붙이던 일.

서:죄(恕罪)명-하다타 죄를 용서함.

서:주(序奏)명 어떤 악곡의 주요 부분을 연주하기에 앞서 연주하는 부분. 주로, 교향곡이나 소나타 등의 첫머리에 연주함. ☞전주(前奏)

서중(書中)명 ①책이나 문서 등에 적힌 글 가운데. ¶-의 한 구를 인용하다. ②편지 내용 가운데.

서:중(暑中)명 여름의 더운 때.

서증(書證)명 재판 따위에서, 문서로 하는 증거, 또는 증거가 되는 문서. ☞물증(物證). 인증(人證)

서증(書贈)명-하다타 글씨를 써서 증정함.

서:증(暑症)[-쯩]명 ①더위 ②더위먹은 증세.

서지(書誌)명 ①책(冊) ②고서(古書)나 고문서(古文書)에 관한 체재, 내용, 가치, 보존 형태 등을 밝힌 기록. ③책이나 문헌에 관한 내용 목록.

서:지(serge)명 능직(綾織)으로 짠 양복감의 한 가지. 본디 소모사(梳毛絲)를 사용한 모직물이 많았으나 현재는 화학 섬유나 합성 섬유를 사용한 것이 대부분임.

서지-학(書誌學)명 책의 분류, 해제(解題), 감정(鑑定) 따위를 연구하는 학문. 문헌학(文獻學)

서:직(黍稷)명 찰기장과 메기장. 지난날, 종묘 제향 때에 제물(祭物)로 썼음.

서진(西進)명-하다자 서쪽으로 나아감.

서진(書鎭)명 책장이나 종이 등을, 바람에 날리지 않도록 누르는 물건. 문진(文鎭)

서질(書帙)명 ①책(冊) ②책을 한 권 또는 여러 권을 한목에 싸서 넣어 두기 위하여 만든 책갑(冊匣).

서-쪽(西-)명 해가 지는 쪽. 서(西). 서녘. 서방(西方) ¶- 하늘이 붉게 물들다. ☞동쪽

서:차(序次)명 차례(次例)

서찰(書札)명 편지

서창(西窓)명 서쪽으로 낸 창. ☞동창(東窓)

서창(書窓)명 서재(書齋)의 창.

서책(書冊)명 책(冊)

서척(書尺)명 편지

서:척(敍戚)명-하다자 멀어진 딴 성(姓)의 겨레붙이끼리 그 척분(戚分) 관계를 서로 말하는 일. ▷敍의 속자는 叙

서천명 목수에게 치르는 품삯.

서천(西天)명 ①서쪽 하늘. ☞동천(東天) ②'서천서역국(西天西域國)'의 준말.

서:천(暑天)명 더운 여름철의 날씨. ☞염천(炎天)

서:천(曙天)명 새벽 하늘.

서천서역국(西天西域國)명 지난날, '인도(印度)'를 이르던 말. 준서천(西天)

서첨(書籤)명 책 표지에 붙이는, 책의 제목을 쓴 종이.

서첩(書帖)명 이름난 이의 글씨나 매우 잘 쓴 글씨를 모아 꾸민 책. 흔히 접책(摺冊)으로 됨. 묵첩(墨帖)

서체(書體)명 글씨체 준체(體)

서:체(暑滯)명 더위로 말미암아 일어나는 체증(滯症).

서촌(西村)명 ①서쪽 마을. ②지난날, 서울 안에서 서쪽에 있는 마을을 이르던 말. ☞북촌(北村)

서:총-대(瑞葱臺)명 조선 시대, 연산군이 유흥과 행락을 위하여 창경궁(昌慶宮) 후원(後苑)에 돌로 쌓아 만들어

놓았던 대.
서:총대-목면(瑞葱臺木綿)명 서총대포(瑞葱臺布)
서:총대-시(瑞葱臺試)명 조선 시대, 서총대에서 임금이 친림(親臨)하여 행하던 과거.
서:총대-포(瑞葱臺布)명 조선 시대, 서총대를 쌓을 때 징수한 면포의 대부분이 질이 좋지 않았던 데서, 빛이 검고 품질이 낮으며 길이가 짧은 무명을 이르던 말.
서:축(舒縮)명-하다자타 신축(伸縮)
서:축(鼠縮)명 곡식을 쥐가 먹어서 축이 난 것.
서:출(庶出)명 첩(妾)에게서 태어난 사람. 서생(庶生). 측출(側出) ☞적출(嫡出)
서:치(序齒)명 나이의 차례대로 하는 일.
서치(書癡)명 글 읽기에만 골똘하여 세상일을 돌아보지 않는 사람을 놀리어 이르는 말. ☞책벌레
서:치라이트(searchlight)명 탐조등(探照燈)
서캐명 이의 알.
속담 **서캐 훑듯 한다** : 샅샅이 살피거나 찾아보는 것을 비유하여 이르는 말.
서캐-조롱명 지난날, 연말연시에 계집아이들이 액막이로 차고 다니던 조롱. 콩알만 한 호리병 모양의 나뭇조각 세 개를 엮어 만드는데, 위아래 두 개는 붉고 가운데 한 개는 노라며, 끝에 엽전을 매달았음. ☞말조롱
서캐-훑이[-훌치]명 지난날, 머리의 서캐를 훑어 내는 데 쓰던, 살이 매우 가늘고 배게 박힌 참빗.
서:커스(circus)명 곡예(曲藝) 유곡마(曲馬)
서:클(circle)명 취미나 직업, 이해 관계 등이 유사한 사람들의 모임.
서:킷(circuit)명 전기의 회로(回路).
서털-구털부-하다형 말이나 행동이 침착하지 못하고 선부른 모양을 나타내는 말. ¶- 지껄이다./- 일하다.
서토(西土)명 ①서쪽 땅. ②서도(西道)
서:퇴(暑退)명-하다자 더위가 물러감.
서:투르다(서투르고·서툴러)형르 ①일 따위가 익숙하지 않다. 미숙하다 ¶바느질 솜씨가 -. ②낯이 익지 않아서 어색하고 서먹하다. 준서툴다
속담 **서투른 도둑이 첫날 밤에 들킨다** : 어쩌다 한번 나쁜 짓을 했는데 공교롭게도 첫 번에 들킨다는 말./**서투른 무당이 장구만 나무란다** : 어떤 일에 서투른 사람이 자기의 기술이 부족한 줄은 모르고 도구만 탓한다는 말. 〔서투른 숙수(熟手)가 피나무 안반만 나무란다〕
서:툴다형 '서투르다'의 준말.
서:파(庶派)명 서자(庶子)의 자손의 계통. ☞적파(嫡派)
서:파(鼠破)명 쥐가 쏠아서 결딴내는 일. 서설(鼠齧)
서판(書板)명 글씨를 쓸 때에 종이 밑에 받치는 널조각.
서편(西便)명 서쪽 방면. ☞동편(東便)
서편-제(西便制)명 판소리 성조(聲調)의 하나. 계면조를 많이 쓰고 부드럽고 애절한 시김새로 짜여 있음. 광주, 나주, 보성, 강진 등 전라도 서쪽에서 성행함. ☞동편제
서평(書評)명 책에 대한 평.
서포(書鋪)명 서점(書店)
서포동혜(西脯東醯) 제상(祭床)에 제물을 차리는 격식의 하나. 포는 서쪽에 식혜는 동쪽에 차림을 이르는 말. 좌포우혜(左脯右醯) ☞숙서생동(熟西生東)
서포만필(西浦漫筆)명 조선 숙종 때, 서포 김만중(金萬重)이 지은 책. 제자백가(諸子百家)를 논하고, 신라 이후 조선 시대까지의 시(詩)를 평한 내용임.
서포:터(supporter)명 운동 선수 등이 착용하는 국부나 관절의 보호대. ☞프로텍터(protector)
서폭(書幅)명 글씨를 써서 걸 수 있도록 꾸민 족자.
서표(書標)명 읽던 곳이나 필요한 곳을 찾기 쉽도록 책갈피에 끼워 두는 종이 오리. 표장. 표지(表紙) ☞보람줄
서푼부 소리가 나지 않을 정도로 거볍게 발걸음을 내디디는 모양을 나타내는 말. 서푼히 ☞사푼. 서뿐
서푼-목정명 소의 목덜미 아래에 붙은 고기.
서푼-서푼부 발걸음을 잇달아 서푼 내디디는 모양을 나타내는 말. ☞사푼사푼. 서뿐서뿐
서:푼-어치명 아주 보잘것없는 값어치. ¶-도 안 되는 그림.
서:푼-짜리명 값어치가 보잘것없는 물건.
속담 **서푼짜리 집에 천 냥짜리 문호**(門戶) : 일의 주가 되는 것과 대수롭지 않은 것을 뒤바꿔 처리하는 경우를 이르는 말.
서푼-히부 서푼 ☞사푼히. 서뿐히
서:품(序品)명 불교 경전(經典)의 개론 부분.
서:품(敍品)명 가톨릭에서, 특별한 의식(儀式)으로 주교·사제·부제 등을 임명하는 절차.
서:품-식(敍品式)명 가톨릭에서, 주교·사제·부제 등을 임명하는 예식.
서풋부 소리가 나지 않을 정도로 거볍고 급하게 발걸음을 내디디는 모양을 나타내는 말. 서풋이 ☞사풋. 서붓
서풋-서풋[-푿-]부 발걸음을 잇달아 서풋 내디디는 모양을 나타내는 말. ☞사풋사풋. 서붓서붓. 서뿟서뿟
서풋-이부 서풋 ☞사풋이. 서붓이. 서뿟이
서풍(西風)명 서쪽에서 불어오는 바람. 유풍(飂風) ☞가수알바람. 갈바람[1]. 하늬바람
서풍(書風)명 ①글씨체 ②서예(書藝)의 경향이나 특징.
서프보:드(surf board)명 파도타기에 쓰는 유선형의 도구.
서:피(黍皮)명 돈피(獤皮)
서:피(犀皮)명 무소의 가죽.
서:피(鼠皮)명 쥐의 가죽.
서:핑(surfing)명 ①바닷가로 밀려드는 파도를 이용하여 유선형의 서프보드 위에 서거나 엎드려 파도를 타는 놀이, 또는 그 경기. 파도타기 ②인터넷상에서 정보를 찾아 검색하고 이용하는 과정, 또는 관심 있는 주제나 특정 분야와 관련 있는 웹사이트들을 대충 훑어보면서 지나가는 일을 이르는 말.

서하(書下)명-하다타 지난날, 임금이 관직을 줄 사람의 이름을 적어 이조 또는 병조에 내리던 일.
서:하(暑夏)명 매우 더운 여름.
서학(西學)명 ①서양의 학문. ②조선 시대에, '천주교'를 이르던 말. ③조선 시대, 서울 서부에 두었던 사학(四學)의 하나. ☞남학(南學)
서:학(暑瘧)명 열학(熱瘧)
서한(書翰)명 편지
서:한(暑寒)명 한서(寒暑)
서한-문(書翰文)명 편지 투의 글. 서간문(書簡文)
서한=문학(書翰文學)명 편지 형식으로 씌어진 문학 작품. 서간 문학
서한-지(書翰紙)명 편지지(片紙紙)
서한-체(書翰體)명 편지의 형식으로 된 문체. 서간체
서함(書函)명 ①편지 ②책을 넣는 상자. ③편지를 모아 두는 상자.
서:합(噬嗑)명 '서합괘(噬嗑卦)'의 준말.
서:합-괘(噬嗑卦)명 육십사괘(六十四卦)의 하나. 이괘(離卦) 아래 진괘(震卦)가 놓인 괘로 번개와 우레를 상징함. 준서합(噬嗑) ☞비괘(賁卦)
서해(西海)명 ①서쪽에 있는 바다. ②한반도(韓半島) 서쪽의 바다. 황해(黃海)
서해-안(西海岸)명 서쪽 해안.
서행(西行)명-하다자 ①서쪽으로 감. ②서쪽 지방으로 감. ③불교에서, 서방 정토(西方淨土)에서 왕생하는 일.
서:행(徐行)명-하다자 천천히 감.
서향(西向)명 ①서쪽 방향. ②-하다자 서쪽을 향함. 향서(向西) ☞남향(南向)
서향-집(西向-)[-찝]명 서쪽을 향해 있는 집.
서향-판(西向-)명 집터나 묏자리가 서쪽으로 향한 터전.
서:혈(棲穴)명 짐승들이 사는 굴.
서-협문(西夾門)명 궁궐이나 관아의 삼문(三門) 가운데 서쪽에 있는 문. ☞동협문(東夾門). 정문(正門)
서:형(庶兄)명 서모에게서 태어난 형.
서:혜(鼠蹊)명 ①샅 ②서혜부
서:혜-관(鼠蹊管)명 서혜 인대(靭帶)의 안쪽 윗부분을 지나는 길이 4cm 가량의 관(管). 남자는 정삭(精索)이, 여자는 자궁내삭이 통함.

서:혜=림프절(鼠蹊limph節)명 서혜부에 있는 림프절. ☞가래톳

서:혜-부(鼠蹊部)명 불두덩 양 옆의, 다리가 몸통으로 이어지는 오목한 곳. 아랫배와 허벅다리의 사이. 서혜

서호-납줄갱이(西湖—)명 납자루아과의 민물고기. 납자루와 비슷하나 체고가 높고 입 수염이 없으며 몸길이는 50cm 안팎으로 작음. 우리 나라 고유종으로 1935년 경기도 수원의 서호에서 채집한 이후 채집 기록이 없어 절멸한 것으로 추정됨. 이 종의 표본은 미국 시카고의 야외 자연사 박물관에 있음.

서화(書畫)명 글씨와 그림을 아울러 이르는 말.

서:화(瑞花)명 풍년이 들게 하는 상서로운 꽃이라는 뜻으로, '눈〔雪〕'을 달리 이르는 말.

서화-상(書畫商)명 서예 작품과 그림을 전문으로 사고 파는 장사, 또는 그 사람.

서화-첩(書畫帖)명 서화를 모아 만든 책.

서황(棲遑)어기 '서황(棲遑)하다'의 어기(語基).

서황-하다(棲遑—)형여 몸붙여 살 곳이 없다.

서:회(敍懷·舒懷)명-하다자 품고 있는 생각을 말함.

서:훈(敍勳)명-하다자 훈등(勳等)과 훈장을 내림.

석[1] 명 '석동'의 준말.

석:[2] 관 수관형사 '세'가 '냥, 달, 되, 섬, 자' 등의 의존 명사 앞에 쓰일 때의 변이 형태. ¶ — 달 동안./— 자 폭./물을 — 잔이나 마셨다. ☞서[3]

속담 **석 자 베를 짜도 베틀 벌이기는 일반** : 일을 벌이면 많이 하나 적게 하나 준비하고 격식을 차리기는 마찬가지라는 말.

ㅅ

한자 석 삼(三) 〔一部 2획〕 ¶ 삼국(三國)/삼대(三代)/삼면(三面)/삼복(三伏)/삼한(三韓) ▷ 갖은자는 參
석 삼(參) 〔厶部 9획〕 ¶ 삼십(參拾) ▷ 속자는 参

석[3] 부 ①단번에 큼직하게 베거나 자르는 모양, 또는 그 소리를 나타내는 말. ¶ 무를 — 베어물다. ②한쪽으로 밀어 놓는 모양을 나타내는 말. ¶ 책상을 벽 쪽으로 — 밀어 놓다. ☞삭[1]. 썩[1]

석(石)의 척관법의 부피 단위의 하나. 1석은 10두(斗) 또는 100승(升)으로 약 180L임. 섬[2]

석(席)의 자리를 세는 단위. ¶ 좌석 이백 —이 꽉 찼다.

-석(席)《접미사처럼 쓰이어》'자리'의 뜻을 나타냄. ¶ 관람석(觀覽席)/내빈석(來賓席)/방청석(傍聽席)/외야석(外野席)/일반석(一般席)

석가(石瘕)명 한방에서, 자궁에 어혈(瘀血)이 모여 임신한 것처럼 월경이 없고 아랫배가 아픈 병을 이르는 말.

석가(釋迦)명 ①고대 인도의 크샤트리아 계급, 곧 왕족에 딸린 종족의 하나. 석가모니는 이 종족에 딸림. ②'석가모니'의 준말.

석가(釋家)명 불가(佛家)

석가-모니(釋迦牟尼∠Śākyamuni 범)명 불교의 교조(教祖). 준석가(釋迦)

석가모니-불(釋迦牟尼佛)명 부처로서 모시는 석가모니. 모니불(牟尼佛)

석가모니-여래(釋迦牟尼如來)명 불교에서, 석가모니를 높이어 이르는 말. 준석가여래(釋迦如來)

석가-법(釋迦法)[—뻡]명 밀교(密教)에서, 석가모니불을 본존(本尊)으로 하고 온갖 장애와 병을 물리치기 위하여 하는 수법(修法)을 이르는 말.

석-가:산(石假山)명 정원에 돌을 쌓아 올려 만든 조그마한 산. 준가산(假山)

석가=삼존(釋迦三尊)명 석가모니불을 본존(本尊)으로 하고 좌우에 문수(文殊)와 보현(普賢) 두 보살을 협시(脇侍)로 둔 불상(佛像). ☞삼존(三尊)

석가-세:존(釋迦世尊)명 불교에서, 석가모니(釋迦牟尼)를 높이어 이르는 말. 준석존(釋尊). 세존(世尊)

석가-여래(釋迦如來)명 '석가모니여래'의 준말.

석가-탑(釋迦塔)명 석가모니의 치아나 뼈, 머리털, 사리(舍利) 등을 모셔 둔 탑.

석가=탱화(∠釋迦幀畫)명 석가모니(釋迦牟尼)의 화상(畫像). ☞탱화

석각(夕刻)명 저녁 무렵.

석각(石角)명 돌의 뾰족 나온 모서리.

석각(石刻)명-하다타 돌에 글씨나 그림 따위를 새김, 또는 그렇게 새긴 것. ☞목각(木刻)

석각-장이(石刻—)명 석수장이

석각-화(石刻畫)명 돌이나 비석 따위에 새긴 그림.

석간(夕刊)명 '석간 신문'의 준말. ☞조간(朝刊)

석간(石澗)명 돌이 많은 산골짜기에 흐르는 시내.

석간-송(石間松)명 바위 틈에서 자란 소나무.

석간-수(石間水)명 바위 틈에서 흘러나오는 샘물. 돌샘. 석천(石泉)

석간-수(石澗水)명 돌이 많은 산골짜기에 흐르는 시냇물.

석간=신문(夕刊新聞)명 저녁때 발행하는 일간 신문. 석간지(夕刊紙) 준석간(夕刊) ☞조간 신문(朝刊新聞)

석간-주(石間硃)명 붉은 산화철이 많이 섞여 있어 불그레한 흙. 대자(代赭). 자토(赭土). 적토(赤土). 주토(朱土). 토주(土朱) ¶ — 사기(沙器)/— 항아리

석간-지(夕刊紙)명 석간 신문 ☞조간지(朝刊紙)

석간=토혈(石間土穴)명 바위 사이에 무덤 구덩이를 팔만한 자리를 이르는 말.

석감(石龕)명 불상을 모시는, 돌로 만든 감실(龕室).

석-감청(石紺青)명 천연으로 나는 감청색의 물감. ☞화감청(花紺青)

석강(夕講)명 임금이나 세자가 저녁에 글을 강론하는 일, 또는 그 강론.

석거(石距)명 '낙지'의 딴이름.

석검(石劍)명 청동기 시대의 유물인, 돌로 만든 검. 돌검 ☞돌칼. 석도(石刀)

석겁(石蜐)명 '거북다리'의 딴이름.

석-결명(石決明)명 한방에서, 전복의 껍데기를 약재로 이르는 말. 안약(眼藥)으로 쓰임.

석경(夕景)명 ①저녁때 ②저녁때의 경치(景致).

석경(石徑·石逕)명 ①돌이 많이 깔려 있는 좁은 길. ②돌이 많은 산길.

석경(石磬)명 아악기(雅樂器)의 한 가지. 돌로 만든 경쇠로 소리가 맑음. 돌경 ☞편경(編磬)

석경(石鏡)명 ①유리로 만든 거울. ☞동경(銅鏡) ②면경(面鏡)

석계(石階)명 섬돌

석고(石膏)명 황산칼륨과 결정수(結晶水)로 이루어진 단사정계(單斜晶系)의 광물. 순수한 것은 진주나 유리처럼 윤이 나고, 불순물이 섞인 정도에 따라 백색·황색·암회색·적색을 띰. 시멘트의 혼합 재료, 백색 비료, 안료 등으로 쓰임. 깁스

석고-끌(石膏—)명 석고상을 만들 때 쓰는 끌.

석고대:죄(席藁待罪)성구 거적을 깔고 엎드려서 벌 받기를 기다린다는 뜻으로, 저지른 죄에 대한 처벌을 기다림을 이르는 말.

석고=붕대(石膏繃帶)명 깁스 붕대

석고-상(石膏像)명 석고로 만든 상(像). ☞목상(木像)

석고-형(石膏型)명 석고로 만든 거푸집. 조상(彫像)이나 공예품 따위를 만들 때 쓰임.

석곡(夕哭)명-하다자 상제가 소상(小祥)까지 저녁때마다 궤연(几筵) 앞에서 곡하는 일. ☞조곡(朝哭)

석곡(石斛)명 '석골풀'의 딴이름.

석곡(石穀)명 섬곡식

석골-풀(石—)명 난초과의 여러해살이풀. 줄기 높이는 20cm 안팎으로, 바위나 고목에 붙어 자람. 뿌리줄기에서 굵은 뿌리가 많이 돋으며 대가 여러 개 나와 곧게 자라고, 오래된 것은 잎이 없고 마디만 있으며 녹갈색임. 5~6월에 엷은 홍색이나 백색 꽃이 핌. 한방에서, 전초(全草)를 건위제나 강장제로 씀. 석곡(石斛)

석공(石工)명 ①석수(石手) ②'석공업(石工業)'의 준말.

석공-업(石工業)명 돌이나 콘크리트 따위를 다루는 작업. 준석공(石工)

석과불식(碩果不食)[—씩]성구 큰 과실은 다 먹지 않고

남긴다는 뜻으로, 자기의 욕심을 버리고 자손에게 복을 끼쳐 줌을 이르는 말.
석곽(石槨)명 돌로 만든 곽.
석곽-묘(石槨墓)명 땅을 깊게 파고 큰 자연석이나 자갈 따위의 석재(石材)로 곽을 만든 무덤.
석관(石棺)명 돌로 만든 관.
석관-묘(石棺墓)명 깬 돌이나 판 돌을 잇대어 널을 만들어 쓴 무덤. 주로 청동기 시대에 썼음.
석광(石鑛)명 석혈(石穴)
석광(錫鑛)명 주석을 파내는 광산.
석괴(石塊)명 돌덩이
석교(石交)명 돌과 같이 단단하고 굳게 사귐.
석교(石橋)명 돌로 놓은 다리. 돌다리 ☞목교(木橋)
석교(釋敎)명 석가모니의 가르침이라는 뜻으로, '불교(佛敎)'를 달리 이르는 말.
석구(石臼)명 돌절구
석-굴(石-)명 '굴조개'를 미네굴에 상대하여 이르는 말.
석굴(石窟)명 바위에 뚫린 굴. 바위굴. 암굴(岩窟). 암혈(岩穴) ☞토굴(土窟)
석권(席卷·席捲)명-하다타 자리를 말듯이 닥치는 대로 차지함. ¶세계 시장을 －하다.
석권지세(席卷之勢)명 자리를 말듯이 거침없이 휩쓸어 세력을 펴는 기세.
석귀(石龜)명 '남생이'의 딴이름.
석금(石金)명 돌에 박혀 있는 금.
석기(石基)명 화성암의 반정(斑晶)을 둘러싸고 있는, 미세한 결정이나 유리질 부분. 마그마가 분출할 때 급격히 냉각하면서 생성됨.
석기(石器)명 돌로 만든 도구. 특히, 석기 시대의 유물을 이름. 돌연모 ☞간석기
석기(炻器)명 찰흙을 빚어서 설구이를 하지 않고 단번에 구워 낸 도자기. 부엌용 용기나 벽돌, 기와 따위로 널리 쓰임. ☞도기(陶器). 자기(瓷器)
석기=시대(石器時代)명 고고학상의 시대 구분의 하나. 석기를 쓰던 시대로, 구석기 시대와 신석기 시대로 나뉨. ☞청동기 시대(青銅器時代)
석남-등(石南藤)명 '마가목'의 딴이름.
석녀(石女)명 아이를 낳지 못하는 여자. 돌계집
석년(昔年)명 ①옛날 ②지난해
석노(石砮)명 석기 시대에 쓰던, 돌로 만든 살촉.
석뇌-유(石腦油)명 나프타(naphtha)
석다자 ①쌓인 눈이 속으로 녹다. ☞눈석임 ②담근 술이나 식혜 따위가 익을 때 괴는 물방울이 속으로 사라지다.
석다-치다타 말에 재갈을 물리고 채치어 달리다.
석단(石段)명 ①돌로 만든 층계. ②섬돌
석단(石壇)명 돌로 만든 단.
석담(石膽)명 담반(膽礬)
석담구곡가(石潭九曲歌)명 고산구곡가(高山九曲歌)
석대(石臺)명 돌로 쌓아 만든 대.
석덕(碩德)명 ①높은 덕, 또는 덕이 높은 사람. ②불교에서, 덕이 높은 중을 이르는 말.
석도(石刀)명 석기 시대의 유물인, 돌로 만든 칼. 돌칼 ☞석검(石劍)
석돌명 '푸석돌'의 준말.
석:-동명 ①윷놀이에서, 세 개의 말. ②윷놀이에서, 세 번째 나는 말. 준석
석둑부 물체를 단번에 잘라 큼직하게 도막을 내는 모양, 또는 그 소리를 나타내는 말. ¶긴 머리털을 － 자르다. ☞삭둑. 썩둑
석둑-거리다(대다)자타 자꾸 석둑 자르는 소리가 나다, 또는 그런 소리를 내다. ☞삭둑거리다. 썩둑거리다
석둑-석둑부 자꾸 석둑 자르는 모양, 또는 그 소리를 나타내는 말. ☞삭둑삭둑. 썩둑썩둑
석등(石燈)명 ①돌로 만든 등. 절 마당이나 무덤 앞, 정원 등에 세움. ②장명등(長明燈)
석란(石欄)명 돌로 만든 난간.
석랍(石蠟)명 원유(原油)를 정제할 때 생기는, 희고 냄새가 없는 고체. 양초·연고·화장품 따위의 원료로 쓰임. 파라핀(paraffin)
석려(釋慮)명-하다자 염려하던 마음을 놓음. 방심(放心)
석력명 조약돌. 자갈
석련-자(石蓮子)명 오래 묵은 연밥.
석로(碩老)명 학문이 깊고 덕이 높은 노인.
석록(石綠)명 ①공작석(孔雀石) ②'녹청(綠青)'을 달리 이르는 말.
석룡-자(石龍子)명 '도마뱀'의 딴이름.
석류(石榴)명 ①석류나무의 열매. ②한방에서, 석류나무 열매의 껍질을 약재로 이르는 말. 수렴(收斂)이나 지혈(止血), 지사(止瀉) 등에 쓰임. ③석류병(石榴餠)
석류(石瘤)명 석영(石癭)
석류-꽃(石榴-)명 석류나무의 꽃. 석류화. 유화(榴花)
석류-나무(石榴-)명 석류나뭇과의 낙엽 소교목. 가지에 털이 없고 짧은 가지 끝이 가시로 변함. 잎은 마주나고 길둥글거나 거꿀달걀꼴임. 5～6월에 붉은 꽃이 가지 끝에 1～5송이씩 피며, 9～10월에 둥글고 다육질인 열매가 익음. 관상용으로 심으며, 열매는 먹을 수 있고, 약으로도 쓰임.
석류-목(石榴木)명 육십갑자의 경신(庚申)과 신유(辛酉)에 붙이는 납음(納音). ☞대해수(大海水)
석류-문(石榴紋)명 석류를 도안한 무늬.
석류-병(石榴餠)명 떡의 웃기의 한 가지. 찹쌀가루를 반죽하여 붉은 물을 들이고 석류 모양으로 만들어 기름에 지지어 얹음. 석류(石榴)
석류-석(石榴石)명 등축정계(等軸晶系)에 딸린 규산염 광물. 적색·갈색·황색 따위 여러 가지 빛깔이 있음. 보석 또는 연마재 등으로 쓰임.

석류-잠(石榴簪)명 비녀 머리에 석류 모양을 새긴 비녀.
석류-풀(石榴-)명 석류풀과의 한해살이풀. 줄기 높이는 10～30cm, 털이 없고 가지가 많이 갈라져 있음. 잎은 길둥근 꼴로 돌려 나며, 7～10월에 황록색 꽃이 핌. 열매는 삭과(蒴果)로 동글게 익음.
석류-피(石榴皮)명 한방에서, 석류나무 껍질과 뿌리를 약재로 이르는 말. 구충제로 쓰임.
석류-화(石榴花)명 석류꽃
석리(石理)명 맨눈에 보이는, 암석을 이루고 있는 조직. ☞돌결. 절리(節理). 층리(層理)
석림(石痳·石淋)명 임질의 한 가지. 신장이나 방광에 돌 같은 것이 생김.
석마(石馬)명 왕릉 따위의 둘레에 돌로 만들어 세운 말 모양의 조각물. ☞석호(石虎)
석마(石磨)명 맷돌
석말(席末)명 말석(末席)
석망(碩望)명 높은 명망(名望).
석매(惜賣)명-하다타 매석(賣惜)
석면(石綿)명 섬유상(纖維狀)이며 마그네슘이 많은 함수(含水) 규산염 광물. 내화재·보온재·단열재·절연재 따위로 쓰이나 발암성이 있어서 사용이 규제됨. 돌솜. 석융(石絨). 아스베스토스(asbestos)
석면=도기(石綿陶器)명 잘 깨지지 않게 하려고 원료 속에 석면을 섞어서 만든 도기.
석면-사(石綿絲)명 석면의 섬유를 가공하여 만든 실. 내화성·내열성이 좋음.
석면=슬레이트(石綿slate)명 석면과 시멘트를 물에 이겨 얇은 널빤지처럼 만든 제품. 지붕 등을 이는 데 쓰임.
석면-판(石綿板)명 석면을 주재료로 하여 만든 판. 내화재·절연재·연마재로 쓰임.
석면=펠트(石綿felt)명 석면의 섬유로 만든 펠트. 내화재나 흡음재 따위로 쓰임.
석명(釋明)명-하다타 ①똑똑히 풀어 밝힘. ②사정을 설명하여 오해를 풀고 양해를 구함, 또는 책임을 밝힘.
석명-권(釋明權)[－꿘]명 법원이 사건 내용을 명확히 하려고 당사자에게 법률상·사실상의 사항들에 관하여 설명할 기회를 주고 입증을 촉구하는 권한.
석모(席帽)명 마음에 차지 않는 관직.

석-목탁(釋木鐸)명 절에서, 새벽에 사람을 깨우려고 치는 목탁. ☞석쇠
석무(夕霧)명 저녁에 끼는 안개.
석묵(石墨)명 흑연(黑鉛)
석문(石文)명 비석이나 벽돌, 기와 따위에 새긴 글. ☞금석 문자(金石文字)
석문(石門)명 돌로 된 문.
석문(石紋)명 돌의 무늬.
석문(席門)명 멍석으로 문을 가린다는 뜻으로, 가난한 집을 이르는 말.
석문(釋文)명 불교의 경론(經論)을 풀이한 글이나 글귀.
석문(釋門)명 '불가(佛家)'를 달리 이르는 말.
석물(石物)명 무덤 앞에 돌로 만들어 놓은 물건. 석인(石人)·석등(石燈)·상석(床石) 따위. 석의(石儀)
석민(惜愍·惜閔)명-하다타 아까워하고 슬퍼함.
석밀(石蜜)명 석청(石淸)
석박(錫箔)명 납과 주석의 합금을 종이처럼 얇게 늘인 것. 과자 따위를 싸는 데 씀. 납지
석반(夕飯)명 저녁밥 ☞조반(朝飯)
석반(石盤)명 석판(石板)
석반-석(石盤石)명 석반을 만들 때 쓰는 석재(石材).
석반-어(石斑魚)명 '쥐노래미'의 딴이름.
석발-미(石拔米)명 돌을 가려낸 쌀. ☞고른쌀
석방(釋放)명-하다타 억류나 구금 등의 법으로 구속했던 사람을 자유롭게 풀어 줌. 방석(放釋) ☞검거
석-벌(石-)명 바위 틈에 집을 짓고 사는 벌. ☞석청
석벌의 집관용 바위 틈에 지은 석벌의 집과 같이 엉성하게 생긴 물건을 비유하여 이르는 말.

석벽(石壁)명 ①돌로 쌓은 벽. ②깎아지른듯 한 벼랑을 이루고 있는 바위.
석별(惜別)명-하다자 헤어지는 것을 아쉬워함. ¶ -의 정을 나누다./-의 눈물.
석별-연(惜別宴)명 석별의 정을 나누기 위하여 베푸는 연회. ☞송별연(送別宴)
석별지정(惜別之情)명 서로 헤어지기를 섭섭히 여기는 마음. 이별을 애틋하게 여기는 마음.
석보(石堡)명 돌로 쌓은 작은 성(城).
석보상절(釋譜詳節)명 조선 세종이 자기의 비(妃) 소헌왕후(昭憲王后)의 명복을 빌기 위해 수양대군에게 짓게 한 석가모니의 일대기(一代記). 우리말의 구어체(口語體)로 적은 점이 특색임. 활자본임.
석복(惜福)명-하다자 검소하게 생활하여 복을 오래 누릴 수 있게 함.
석봉천자문(石峰千字文)명 조선 선조 16년(1583)에 석봉 한호(韓濩)가 엮은 한자 학습서. 한자마다 우리말 뜻과 음을 단 내용을 한호의 글씨로 판각하여 펴냄.
석부(石斧)명 돌도끼
석부(石趺)명 돌로 만든 받침대. 비석 받침 따위.
석부(石部)명 국악기의 만든 재료에 따른 분류의 한 가지. 돌로 만든 국악기를 통틀어 이름. 편경(編磬)·특경(特磬) 등이 있음. ☞사부(絲部)
석불(石佛)명 돌부처
석불가난(席不暇暖)성구 앉은 자리가 따뜻할 겨를이 없다는 뜻으로, 매우 바쁘게 돌아다님을 이르는 말.
석비(石碑)명 돌로 만든 비. 돌비. 비석(碑石)
석-비레명 푸석돌이 많이 섞인 흙.
석비레-담명 석비레로 쌓은 담.
석-빙고(石氷庫)명 돌로 만든 얼음 창고. 신라 시대 고적(古蹟)의 한 가지로, 경상 북도 경주에 있음. ☞동빙고(東氷庫). 서빙고(西氷庫)
석사(碩士)명 ①대학원에서 정해진 과정을 마치고 일정한 시험과 석사 학위 논문 심사에 합격한 사람에게 주는 학위, 또는 그 학위를 받은 사람. ②지난날, 관직이 없는 선비를 높이어 이르던 말.
석산(石山)명 돌산
석산(石蒜)명 '꽃무릇'의 딴이름.
석산-화(石蒜花)명 석산의 꽃.
석:-삼년(-三年)명 세 번 거듭되는 삼 년, 곧 아홉 해라는 뜻으로, 오랜 시일을 이르는 말.
석상(石床)명 혼유석(魂遊石)
석상(石像)명 돌로 만든 사람이나 동물의 형상.
석상(席上)명 어떤 모임의 자리. ¶공식 -/회의 -
석-상:식(夕上食)명 저녁상식
석상휘호(席上揮毫)성구 앉은자리에서 붓을 휘두른다는 뜻으로, 그 자리에서 바로 글씨를 쓰거나 그림을 그림을 이르는 말.
석:-새명 240올의 날실.〔여든 올을 한 새로 함.〕
석:새-베명 '석새삼베'의 준말.
속담 **석새베에 씨도 안 든다** : 성기고 굵은 베에 가로 건너 짠 실도 들지 않았다는 뜻으로, 일솜씨가 매우 거칠고 엉성함을 이르는 말./**석새베에 열새 바느질** : ①굵고 성긴 베에 섬세한 바느질이라는 뜻으로, 재료는 좋지 않아도 솜씨가 좋으면 훌륭한 물건을 만들 수 있다는 말. ②솜씨는 좋은데 재료가 나쁠 때, 그 솜씨를 아까워하여 이르는 말.
석:새-삼베명 240올의 날실로 짠 성기고 굵은 삼베. 삼승포(三升布) 준석새베 ☞넉새베
석:새-짚신[-집-]명 총이 굵고 성긴 짚신.
속담 **석새짚신에 구슬 감기** : 분에 넘치게 호화로운 치장을 한 것을 비웃는 말.〔개 발에 주석 편자〕
석-석[1]부 ①여럿을 큼직하게 베거나 자르는 모양, 또는 그 소리를 나타내는 말. ②여럿을 한쪽으로 밀어 놓는 모양을 나타내는 말. ☞삭삭[1]. 썩썩[1]
석석[2]부 ①맞대어 잇달아 비비는 모양을 나타내는 말. ¶두 손을 - 비비다. ②거칠게 쓸거나 닦는 모양을 나타내는 말. ¶비로 - 쓸어 담다./물 묻은 손을 옷에 - 문지르다. ☞삭삭[2]. 썩썩[2]
석석(錫石)명 주석석(朱錫石)
석선(石船)명 돌을 나르는 배.
석성(石聖)명 덕이 높고 믿음이 굳은 중.
석송(石松)명 석송과의 상록 양치식물. 원줄기는 땅 위로 길게 벋고 가지는 갈라져서 사방으로 퍼짐. 가늘고 긴 잎이 빽빽하게 남. 포자(胞子)는 석송자(石松子)라 하여 환약(丸藥)의 겉을 싸는 데 쓰임.
석송자(石松子)명 한방에서, 석송의 포자를 약재로 이르는 말. 흡습성이 없어 환약(丸藥)의 겉을 싸거나 살포약(撒布藥)으로 쓰임.
석쇠명 고기나 생선, 떡 따위를 굽는 데 쓰는 조리용 기구. 네모지거나 둥근 쇠 테두리에 가는 철사로 구멍이 잔 그물처럼 엮어서 만듦. 적쇠. 적철(炙鐵)
석-쇠(釋-)명 절에서, 아침저녁으로 예불할 때나 새벽에 사람을 깨울 때 치는 종. ☞석목탁
석수(石手)명 돌을 다루는 일을 직업으로 삼는 사람. 돌장이. 석공(石工). 석장(石匠)
석수(石數)명 곡식 따위를 섬으로 센 수효.
석수(石獸)명 돌로 만든 짐승의 상(像). 궁(宮)이나 무덤 앞에 세워 두는 석마(石馬)·석양(石羊)·석호(石虎) 따위. ☞석물(石物)
석수(汐水)명 저녁때에 밀려 들어왔다가 나가는 바닷물. 석조(夕潮) ☞조수(潮水)
석수-선(石數船)명 석수로 용적을 나타내는 선박.
석수-어(石首魚)명 '참조기'의 딴이름. 석어(石魚)
석수-장이(石手-)명 '석수(石手)'를 가벼이 여겨 이르는 말. 석각장이
속담 **석수장이 눈깜작이부터 배운다** : 석수장이가 돌 쪼는 기술보다도 튀는 돌 조각을 피하여 눈 깜짝이는 것부터 배운다는 뜻으로, 어떤 일을 배울 때에 내용보다도 형식부터 배우는 것을 비유하여 이르는 말.
석수-질(石手-)명 석수가 돌을 다루는 일.
석순(石筍)명 종유동 천장에서 탄산칼슘이 녹아 있는 물이 떨어지면서 물과 이산화탄소의 증발로 죽순(竹筍) 모양으로 쌓여 굳은 것. 돌순 ☞종유석(鍾乳石)
석순(席順)명 석차(席次)
석시(昔時)명 옛적

석신(石神)명 민속에서, 신(神)으로 모시는 돌. ☞목신(木神). 산신(山神). 수신(水神)
석신명(惜身命) '몸조심하여 위험을 피함'의 뜻.
석실(石室)명 돌방
석실-분(石室墳)명 널을 두는 방을 돌로 만든 무덤.
석씨(釋氏)명 ①석가모니 ②불가(佛家) ③승려(僧侶)
석씨-매듭명 전통 매듭의 한 가지. 납작이매듭의 상하 좌우로 생쪽매듭이 둘러싼 모양임. ☞장구매듭
석안유심(釋眼儒心)성구 석가모니의 눈과 공자의 마음이라는 뜻으로, 자비(慈悲)와 인애(仁愛)를 이르는 말.
석약(石藥)명 돌과 같은 광물질로 만든 약.
석양(夕陽)명 ①저녁의 해, 또는 저녁의 햇볕. 낙양(落陽). 낙일(落日). 낙조(落照). 만양(晩陽). 석일(夕日). 잔일(殘日) ☞조양(朝陽) ②저녁나절 ③'노년(老年)'을 비유하여 이르는 말.
석양(石羊)명 왕릉 따위의 둘레에 돌로 만들어 세운 양 모양의 조각물. 양석 ☞석호(石虎)
석양-녘(夕陽-)명 해질 무렵.
석양-빛(夕陽-)[-빛]명 저녁때의 햇빛.
석양-천(夕陽天)명 저녁때의 하늘.
석양-판(夕陽-)명 해가 질 무렵의 약한 볕이 비치는 때. ☞잔양판
석어(石魚)명 '조기'의 딴이름. 석수어(石首魚)
석언(釋言)명-하다타 변명을 함, 또는 변명하는 말.
석-얼음명 ①물 위에 뜬 얼음. ②유리창 따위에 붙은 얼음. ③수정 속에 보이는 잔줄.
석역(石役)명 돌을 다루어 물건을 만드는 일.
석연(夕煙)명 저녁밥을 지을 때 나는 연기.
석연(石硯)명 돌을 쪼아 만든 벼루.
석연(釋然)어기 '석연(釋然)하다'의 어기(語基).
석-연대(石蓮臺)명 돌연대
석연-하다(釋然-)형여 의문이나 의심이 풀리어 꺼림하거나 불쾌함이 없이 개운하다.
  석연-히부 석연하게 ¶의문이 - 풀리다.
석염(石塩)명 암염(岩塩)
석엽(腊葉)명 책갈피 따위에 넣어 눌러 말린 식물의 잎사귀나 가지 따위의 표본.
석영(石英)명 육방정계(六方晶系)에 딸린 광물의 한 가지. 이산화규소를 주성분으로 함. 주로 육각 기둥 모양의 결정을 이루며 유리와 같은 광택이 남. 유리나 도자기의 원료로 쓰임. 차돌 ☞수정(水晶)
석영(石癭)명 한방에서, 매우 단단한 혹을 이르는 말. 석류(石瘤)
석영=반암(石英斑岩)명 화성암(火成岩)의 한 가지. 정장석(正長石)과 석영(石英)으로 이루어진 반정(斑晶)이 있음.
석영-사(石英砂)명 규사(硅砂)
석영=유리(石英琉璃)[-뉴-]명 이산화규소만으로 된 유리. 화학 기구 등 특수한 분야에 쓰임.
석영=조면암(石英粗面岩)명 유문암(流紋岩)
석-웅황(石雄黃)명 ①천연으로 나는 비소(砒素)의 화합물. 빛은 귤색 또는 누런색이며, 쪼개져 갈라진 면에서는 진주와 같은 광택이 남. 장식 또는 염료 따위에 쓰임. 석황(石黃). 웅황(雄黃) ②누른빛의 물감. 진채(眞彩)에 딸린 것인데 조금 탁함.
석월(夕月)명 저녁에 뜨는 달.
석위(石葦)명 고란초과의 상록 여러해살이풀. 나무줄기나 바위에 붙어서 자람. 뿌리줄기가 옆으로 벋으며, 잎은 길둥긂. 한방에서 잎과 뿌리는 이뇨제로 쓰임.
석유(石油)명 ①땅 속에서 천연으로 나는 액체 탄화수소, 또는 그것을 정제한 것. 땔감이나 화력 발전 등 에너지 자원으로 사용되며 화학 공업의 중요한 원료가 됨. 석탄유(石炭油) ☞원유(原油) ②'등유(燈油)'를 흔히 이르는 말.
석유(碩儒)명 거유(巨儒)
석유=기관(石油機關)명 석유를 연료로 하는 내연 기관. 석유 발동기
석유=난:로(石油暖爐)명 등유를 연료로 하는 난로.
석유-등(石油燈)명 등유로 불을 켜는 등.
석유=램프(石油lamp)명 등유를 연료로 하는 조명 기구.
석유=발동기(石油發動機)[-똥-]명 석유 기관
석유=벤진(石油benzine)명 벤진(benzine)
석유=산:업(石油産業)명 원유의 탐사·채굴·수송·정제·판매 따위를 하는 산업.
석유=수출국=기구(石油輸出國機構)명 석유 가격의 안정과 석유 이권의 국유화, 자원의 보호 따위를 목표로 하는 국제 기구. 1960년 바그다드 회의에서 이란·이라크·사우디아라비아·쿠웨이트·베네수엘라의 5대 석유 수출국이 결성함. 오펙(OPEC)
석유=에:테르(石油ether)명 원유를 분류(分溜)할 때, 30~70℃에서 나오는 무색의 휘발성 액체. 연료나 용매(溶媒) 따위로 쓰임.
석유=유제(石油乳劑)명 석유에 비눗물을 타서 젖빛으로 만든 약제. 살충제나 소독제로 쓰임.
석유=정제(石油精製)명 원유를 물리적·화학적으로 처리하여 여러 가지 석유 제품을 만드는 일.
석유=제:품(石油製品)명 원유를 처리하고 가공한 제품. 휘발유·등유·경유·중유 따위의 연료와 윤활유 따위.
석유=코:크스(石油cokes)명 석유의 찌꺼기를 건류(乾溜)할 때 생기는, 윤이 나는 다공질(多孔質)의 코크스. 공업용 탄소 재료, 전극이나 금속 탄화물의 원료, 야금의 연료 따위로 쓰임.
석유=탐사(石油探査)명 석유가 있는 장소나 석유의 집적(集積)에 알맞은 지질 구조를 찾는 일.
석유=파동(石油波動)명 유류 파동(油類波動)
석유=풍로(石油風爐)명 석유를 연료로 하는 풍로.
석유=피치(石油pitch)명 석유 제품의 한 가지. 원유를 분류(分溜)하고 남은 찌꺼기. 땔감이나 도료의 원료, 전극의 원료, 전선 피복 따위에 쓰임. ☞피치(pitch)
석유=혈암(石油頁岩)명 석유가 들어 있는 혈암. 유모 혈암(油母頁岩). 함유 혈암(含油頁岩)
석유=화:학=공업(石油化學工業)명 석유나 천연 가스 등을 원료로 하여 연료와 윤활유 이외의 용도로 쓰이는 화학 제품을 만드는 공업.
석-유황(石硫黃)[-뉴-]명 황(黃)[2]
석융(石絨)명 석면(石綿)
석음(夕陰)명 해가 진 뒤의 어슴푸레한 때.
석음(惜陰)명-하다자 시간을 아낌.
석의(石儀)명 석물(石物)
석의(釋義)명-하다자 글의 뜻을 풀이함.
석이(石耳·石栮)명 석이과에 딸린 지의류(地衣類)의 한 가지. 깊은 산 바위에 붙어 자람. 몸은 지름 3~10cm의 원반형이며, 표면은 황갈색 또는 갈색이고 안쪽은 거칢. 먹을 수 있고, 한방에서 지혈제로도 쓰임. 석이버섯
석이다타 ①푹한 날씨가 쌓인 눈을 속으로 녹게 하다. ②더운 기운이, 빚어 담근 술이나 식혜 따위가 익을 때 괴는 거품을 속으로 가라앉게 하다.
석이-버섯(石耳-)명 석이
석이-병(石耳餠)명 약설기
석인(石人)명 돌로 만든 사람의 상(像). 왕릉 따위의 둘레에 세워진 무석인(武石人)과 문석인(文石人) 따위. 인석(人石)
석인(石印)명 ①돌에 새긴 도장. ②'석판 인쇄'의 준말.
석인(昔人)명 옛날 사람. 고인(古人)
석인(碩人)명 덕이 높은 사람.
석인-본(石印本)명 석판 인쇄를 하여 만든 책.
석일(夕日)명 저녁 무렵의 저무는 해. 석양(夕陽)
석일(昔日)명 옛날
석임명-하다자 빚어 담근 술이나 식혜 따위가 괴어 오르면서 생긴 거품이 속으로 석는 일.
석자명 튀김 따위를 건져 내는 데 쓰는 기구. 철사로 국자같이 엮어 자루를 단 것. 누작(漏杓) ☞구기
석자(昔者)명 옛적
석자(席子)명 돗자리

석자(釋子)명 불교에 귀의한 사람. 불제자(佛弟子)
석:-잠명 누에가 세 번째 자는 잠. ☞두잠. 삼령(三齡). 삼령잠(三齡蠶). 첫잠
석잠(石蠶)명 한방에서, '물여우'를 약재로 이르는 말. 몸의 열을 내리고 오줌이 잘 나오게 하는 데 쓰임.
석장(石匠)명 석수(石手)
석장(石腸)명 돌처럼 단단한 간장이라는 뜻으로, 굳은 의지를 이르는 말. ☞철석간장(鐵石肝腸)
석장(席長)명 좌장(座長)
석장(錫杖)명 중이 짚는 지팡이. 머리 부분은 주석(朱錫)으로 만드는데 큰 고리를 끼우고, 거기에 작은 고리를 달아 소리가 나게 되어 있음. 밑 부분은 짐승의 엄니나 뿔로 만들고 가운데 부분은 나무로 만듦.
석-장생(石長栍)명 돌로 만든 장승.
석재(石材)명 토목이나 건축, 그 밖의 여러 가지 물건을 만드는 데 재료로 쓰는 돌. ☞목재(木材)
석저(石疽)명 살이 돌처럼 단단해지는 종기.
석전(夕奠)명 염습(殮襲) 때부터 장사 때까지 날마다 저녁때에 신위(神位) 앞에 제물을 올리는 의식.
석전(石田)명 자갈밭
석전(石殿)명 돌로 지은 궁전.
석전(石戰)명 돌팔매질로 승패를 겨루는 우리 나라의 옛 민속 놀이. 돌싸움
석전(釋典)명 불경(佛經)
석전(釋奠)명 석전제(釋奠祭)
석전경우(石田耕牛)성구 자갈밭을 가는 소라는 뜻으로, 부지런하고 참을성이 있는 성격을 비유하여 이르는 말. ☞태산교악(泰山喬嶽)
석전-제(釋奠祭)명 음력 이월과 팔월의 첫째 정일(丁日)에 문묘(文廟)에서 공자를 비롯한 여러 성현에게 지내는 큰 제사. 석전(釋奠). 석채(釋菜)
석전제-악(釋奠祭樂)명 문묘제례악(文廟祭禮樂)
석정(石井)명 돌우물
석정(石鼎)명 돌솥
석정(石精)명 나프타(naphtha)
석제(石梯)명 섬돌
석조(夕照)명 해거름의 햇빛. 석휘(夕暉). 여휘(餘暉) ☞잔조(殘照)
석조(夕潮)명 석수(汐水)
석조(石造)명 돌로 만드는 일, 또는 그 물건. ¶ー 건축
석조(石彫)명 돌에 조각하는 일, 또는 그러한 조각품.
석조(石棗)명 ①산수유 ②'산수유나무'의 딴이름.
석조-전(石造殿)명 돌로 지은 궁전이나 전당(殿堂).
석조-탑(石造塔)명 석탑(石塔)
석족(石鏃)명 '석촉(石鏃)'의 원말.
석존(釋尊)명 '석가세존(釋迦世尊)'의 준말.
석-종유(石鍾乳)명 돌고드름
석좌=교:수(碩座敎授)명 개인이나 단체로부터 받은 기금으로 연구 활동을 하도록 대학에서 지정한 교수.
석주(石柱)명 돌기둥
석죽(石竹)명 '패랭이꽃'의 딴이름. 석죽화(石竹花)
석죽-색(石竹色)명 분홍색(粉紅色)
석죽형=화관(石竹形花冠)명 패랭이꽃의 꽃부리 따위와 같이, 꽃의 밑은 가늘고 길며 위쪽 꽃잎의 끝이 직각에 가깝게 바깥쪽으로 뒤집혀 벌려진 꽃부리.
석죽-화(石竹花)명 '패랭이꽃'의 딴이름. 석죽(石竹)
석지(石地)명 돌이 많이 깔린 땅.
석지(石芝)명 산호의 한 가지. 몸길이 20cm 안팎이고 길둥긂. 길이로 많은 격벽이 있고 버섯의 갓 속 모양을 하고 있음. 군체를 이루지 않고 빼는 힘. 열대 해안 바다에 삶.
석질(石質)명 돌의 본바탕. 돌의 성질.
석질=운:석(石質隕石)명 주성분이 규산염(珪酸塩) 광물로 된 운석.
석차(席次)명 ①자리의 차례. 석순(席順) ②성적의 차례.
석찬(夕餐)명 만찬(晩餐)
석창(石槍)명 석기 시대의 유물인, 돌로 만든 창.
석-창포(石菖蒲)명 천남성과의 상록 여러해살이풀. 뿌리줄기가 옆으로 벋고 마디가 많으며 밑에서 수염뿌리가 나옴. 잎은 뿌리줄기 끝에서 무더기로 나는데 칼 모양이고, 엷은 녹색 줄이 있으며, 질기고 윤이 남. 6~7월에 연노랑 꽃이 핌. 물가에 모여 자람. 뿌리줄기는 한방에서 약으로 쓰임.
석채(石彩)명 안료(顔料)의 한 가지. 색이 선명하고 화려하게 표현되며, 잘 변하지 않음. 흔히 단청(丹靑)에 쓰임. 암채(岩彩). 진채(眞彩)
석채(釋菜)명 석전제(釋奠祭)
석채-화(石彩畫)명 석채로 그린 그림. 진채화(眞彩畫)
석척(蜥蜴)명 '도마뱀'의 딴이름.
석천(石泉)명 석간수(石間水)
석철=운:석(石鐵隕石)명 주성분이 금속과 규산염 광물로 이루어진 운석.
석청(石淸)명 석벌이 산 속의 바위 틈에 집을 지어 저장해 둔 꿀. 석밀(石蜜) ☞백청(白淸)
석촉(石鏃)명 돌살촉 원석족(石鏃)
석총(石塚)명 돌무덤 ☞토총(土塚)
석축(石築)명 돌로 쌓아 만든 옹벽(擁壁)의 한 가지. 비탈진 면에 간지석(間知石)이나 각석(角石) 등을 쌓아 올려 무너지지 않게 만듦.
석출(析出)명-하다타 ①용액에서 고체를 분리하거나, 화합물을 분석하여 구성 물질을 분리해 내는 일. ②통계 자료 등을 분석하여 어떤 경향을 알아내는 일.
석탄(石炭)명 땅 속에 퇴적한 옛 식물이 오랜 세월에 걸쳐 분해하고 탄화(炭化)한 가연성(可燃性)의 암석. 매탄(煤炭) 준탄(炭)
석탄=가스(石炭gas)명 석탄을 건류(乾溜)하여 채취하는 가스. 주성분은 수소와 메탄임.
석탄-갱(石炭坑)명 탄갱(炭坑)
석탄=건류(石炭乾溜)명 석탄을, 공기를 차단하고 가열하여 분해하는 일. 석탄 가스, 콜타르, 코크스 등이 생김.
석탄-계(石炭系)명 석탄기(石炭紀)에 이루어진 지층.
석탄-고(石炭庫)명 탄고(炭庫)
석탄-광(石炭鑛)명 탄광(炭鑛)
석탄기(石炭紀)명 지질 시대 구분의 하나. 고생대(古生代) 가운데 다섯째로 오래된 시대. 약 3억 6,700만 년 전부터 약 2억 8,900만 년 전까지의 시기. 이 시대의 지층에 석탄이 많은 데서 붙은 이름. 큰 양치식물(羊齒植物)이 숲을 이루었고, 양서류(兩棲類)가 번창하였으며, 파충류와 곤충류가 나타났음. ☞데본기. 페름기
석탄-병(惜呑餠)명 떡의 한 가지. 감을 얇게 저며 말린 것을 쌀가루와 반반으로 섞고 잣가루, 계핏가루, 대추, 황률을 넣고 팥고물을 켜켜이 두어 찐 떡.
석탄-산(石炭酸)명 페놀(phenol)
석탄산-수(石炭酸水)명 0.1~0.2%의 페놀이 들어 있는 무색투명한 액체. 희석하여 방부제나 소독제로 씀.
석탄=액화(石炭液化)명 석탄을 고온·고압 상태에서 수소와 작용시켜 액체 탄화수소를 만드는 일.
석탄-유(石炭油)[-뉴]명 석유(石油)
석-탄:자(石彈子)명 쇠뇌로 튀기어 쏘는 돌멩이.
석탄-재(石炭-)[-째]명 석탄이 타고 남은 재. 준탄재
석탄-층(石炭層)명 탄상(炭床). 탄층(炭層)
석탄=타:르(石炭tar)명 콜타르(coal tar)
석탄화=작용(石炭化作用)명 지질 시대에 무성했던 식물류가 석탄류로 변성하는 작용.
석탄=화:학=공업(石炭化學工業)명 석탄으로 만든 여러 물질을 원료로 사용하는 화학 공업.
석탑(石塔)명 ①석재(石材)를 다듬어서 만든 탑, 또는 불탑. 석조탑 ②막돌로 탑처럼 쌓아 만든 것. 돌탑 ☞자탑(瓷塔)
석태(石苔)명 ①돌김 ②돌에 낀 이끼.
석판(石板)명 점판암을 얇게 쪼개어 석필(石筆)로 글씨를 쓰거나 그림을 그릴 수 있게 만든 판. 석반(石盤)
석판(石版)명 ①석판 인쇄에서, 글씨를 쓰거나 그림을 그리는 인쇄판. ②석판화에 쓰이는 원판.
석판-석(石板石)명 석판(石板)의 재료가 되는 점판암(粘

板岩).
석판-석(石版石)명 석판(石版)의 재료가 되는 석회암.
석판-술(石版術)명 석판을 만들거나 석판으로 인쇄하는 기술.
석판=인쇄(石版印刷)명 평판 인쇄의 한 가지. 석판석(石板石)으로 인쇄판을 만들어, 물과 기름이 서로 반발하는 성질을 응용하여 인쇄하는 방법. 준석인(石印)
석판-화(石版畫)명 석판으로 찍은 그림. ☞동판화(銅版畫). 목판화(木版畫)
석패(惜敗)명-하다자 겨루기 등에서 아깝게 짐. ☞분패(憤敗). 완패(完敗)
석편(石片)명 돌의 깨어진 조각.
석폐(石肺)명 진폐(塵肺)의 한 가지. 광물성 먼지가 폐로 들어가 쌓임으로써 일어나는 직업병.
석필(石筆)명 석판에 글씨를 쓰거나 그림을 그리는 데 쓰는, 납석(蠟石)으로 만든 문방구.
석필-석(石筆石)명 납석(蠟石)의 한 가지. 투명하지 아니하고 백색·회색·녹색 등의 여러 가지 빛이 있음. 석필과 내화 벽돌을 만드는 데 씀.
석필-어(石鮅魚)명 '게르치'의 딴이름.
석하(夕霞)명 ①저녁노을 ②해질 무렵에 끼는 안개. 만하(晩霞)
석학(碩學)명 닦은 학식이 넓고 깊은 사람.
석함(石函)명 돌함
석해(石蟹)명 '가재'의 딴이름.
석핵=석기(石核石器)명 구석기 시대에 사용된, 타제 석기의 한 가지. 돌덩이를 깨뜨려 쓸모 없는 부분을 떼어 내고 속 부분으로 만든 석기.
석현(昔賢)명 옛 현인. 고현(古賢)
석혈(石穴)명 광석(鑛石)이 바위 속에 들어 있는 광산. 석광(石鑛)
석호(石虎)명 왕릉 따위의 둘레에 돌로 만들어 세운 범 모양의 조각물. 호석 ☞석양(石羊)
석호(潟湖)명 해류(海流), 조류(潮流), 하천(河川) 등의 작용으로 운반된 토사(土砂)가 바다의 일부를 끊어 막아서 생긴 호소(湖沼).
석-혹(石-)명 '석영(石癭)'을 흔히 이르는 말.
석혼-식(錫婚式)명 결혼 기념식의 한 가지. 서양 풍속으로, 결혼 10주년을 맞아 부부가 주석(朱錫)으로 된 선물을 주고받으며 기념함. ☞목혼식(木婚式)
석화(石火)명 ①돌과 돌이, 또는 돌과 쇠가 부딪쳐 일어나는 불. ②'매우 짧은 동안', '매우 날랜 몸놀림' 등을 비유하여 이르는 말. ☞전광석화(電光石火)
석화(石化)명-하다자 생물의 유해(遺骸)나 퇴적물이 돌처럼 딱딱해지는 일. 탄산칼슘이나 규산 등이 조직 사이에 침입하거나 물질을 치환하여 일어남. 석화 작용 ☞화석(化石)
석화(石花)명 ①'굴조개'의 딴이름. ②'지의(地衣)[2]'의 딴이름.
석화(石貨)명 돌로 만든 돈.
석화(錫花)명 윤택이 없는 흰빛으로 된, 납 성분이 들어 있는 잿물. 도자기의 몸에 덧씌우는 데 쓰임.
석화-갱(石花羹)명 굴과 두부를 새우젓국으로 간을 하여 끓인 국. 석화탕(石花湯)
석화광음(石火光陰)성구 세월의 빠름을 비유하여 이르는 말.
석화-반(石花飯)명 굴밥
석화=작용(石化作用)명 석화(石化)
석화-전(石花煎)명 생굴전
석화-전:유어(石花煎油魚)명 굴저냐
석화-죽(石花粥)명 굴죽
석화-채(石花菜)명 '우뭇가사리'의 딴이름.
석화-탕(石花湯)명 석화갱(石花羹)
석화-해(石花醢)명 젓의 한 가지. 굴을 씻어 물기를 빼고 소금을 넣고 버무려, 공기가 통하지 않도록 꼭 봉하여 삭힌 젓. 굴젓
석화-회(石花膾)명 굴회
석황(石黃)명 석웅황(石雄黃)
석회(石灰)명 생석회(生石灰)와 소석회(消石灰)를 통틀어 이르는 말. 칼크 준회(灰)
석회=가마(石灰-)명 석회를 굽는 데 쓰는 가마.
석회-각(石灰殼)명 탄산칼슘이 땅의 겉 쪽으로 나와서 굳어진 지각(地殼).
석회-동(石灰洞)명 종유동(鍾乳洞)
석회=모르타르(石灰mortar)명 소석회에 모래를 섞어 물로 갠 것. 벽 따위를 바르는 칠감으로 쓰임. ☞시멘트모르타르(cement mortar)
석회=보르도액(石灰Bordeaux液)명 보르도액
석회-분(石灰分)명 석회의 성분(成分).
석회=비:료(石灰肥料)명 석회질 비료(石灰質肥料)
석회=산호(石灰珊瑚)명 산호(珊瑚)의 군체(群體)가 분비한 석회질 뼈.
석회-석(石灰石)명 석회암(石灰岩)
석회-수(石灰水)명 소석회를 물에 녹인 액체. 강한 알칼리성을 나타내는 무색 투명한 액체로, 탄산칼슘의 검출이나 소독·살균 등에 쓰임. 횟물
석회-암(石灰岩)명 탄산칼슘을 주성분으로 하는 퇴적암. 주로 흰빛 또는 잿빛이며, 시멘트나 비료 등의 원료로 쓰임. 석회석. 횟돌
석회-유(石灰乳)명 소석회를 포화(飽和) 이상으로 물에 섞어서 죽처럼 만든 것. 소독제로 쓰임.
석회-유(石灰釉)명 탄산칼슘을 매용제(媒熔劑)로 한, 도자기에 쓰는 잿물.
석회=유황=합제(石灰硫黃合劑)명 석회황 합제(石灰黃合劑)
석회-정(石灰穽)명 석회암 지대에 생기는, 우묵하게 패어 웅덩이가 된 곳.
석회-질(石灰質)명 석회 성분을 주로 가진 물질.
석회질=비:료(石灰質肥料)명 탄산칼슘을 주성분으로 하는 비료. 산성(酸性)인 흙을 중화시키는 데 주로 쓰임. 석회 비료(石灰肥料)
석회=질소(石灰窒素)[-쏘]명 탄화칼슘을 1,000°C로 가열하고 공기 중의 질소와 접촉시켜 만든 흑색의 무거운 가루. 질소 비료로 쓰임.
석회-층(石灰層)명 탄산칼슘이 침전하여 생기는 회백색 지층.
석회-토(石灰土)명 석회가 많이 섞인 흙.
석회-화(石灰華)명 석회질의 수용액에서 침전하여 생긴 탄산칼슘의 갈색 앙금. 온천 등에서 볼 수 있음.
석회황=합제(石灰黃合劑)명 생석회와 황을 배합한 것을 가압하고 가열하여 만든 농약. 석회 유황 합제(石灰硫黃合劑)
석후(夕後)명 저녁밥을 먹고 난 뒤.
석훈(夕曛)명 해가 진 뒤의 어스레한 빛. ☞땅거미[1]
석휘(夕暉)명 석조(夕照)
섞-갈리다[석-]자 갈피를 잡을 수 없을 정도로 여러 가지가 뒤섞이다. ☞헛갈리다
섞다[석-]타 ①어떤 물건에 다른 물건을 넣어 합치다, 또는 여러 가지 물건을 서로 합치다. ¶콩에 팥을 -./시멘트와 모래와 자갈을 -./파란빛과 흰빛을 섞어 발랐다. ②어떤 말이나 동작에 다른 말이나 동작을 끼워 넣다. ¶농담을 섞어 가며 강의를 한다.

한자 섞을 혼(混)〔水部 8획〕¶혼동(混同)/혼성(混成)/혼식(混食)/혼용(混用)/혼합(混合)

섞-바꾸다[석-]타 서로 다른 것으로 섞어서 바꾸다. ¶짝을 섞바꾸어 앉다.
섞-바뀌다[석-]자 서로 다른 것으로 섞여서 바뀌다.
섞박-지[석-]명 배추와 무를 소금에 절여 넓적넓적하게 썬 다음, 파·마늘·생강·고춧가루, 조기젓 국물과 함께 버무려 담근 김치.
섞-사귀다[석-]자 지위나 처지가 다른 사람끼리 사귀다.
섞어-짓기[-짇-]명-하다타 같은 땅에 두 가지 이상의 작물을 동시에 재배하는 일. 혼작(混作)
섞이다자 섞음을 당하다. ¶양념이 고루 섞이다.

한자 섞일 잡(雜) 〔隹部 10획〕 ¶ 복잡(複雜)/잡물(雜物)/잡음(雜音)/잡종(雜種)/혼잡(混雜)

섟[1] 명 불끈 일어나는 감정. ¶ — 김에 한 말.
섟(이) 삭다 관용 불끈 일어났던 감정이 풀어지다.
섟[2] 명 물가에 배를 매어 두기 좋은 곳.
섟[3] 의 용언의 관형사형 다음에 주로 '섟에'의 꼴로 쓰이어, '마땅히 그리할 처지에 도리어'의 뜻을 나타냄. ¶ 사과해야 할 —에 화를 낸다.
선:[1] 명 ①사람이나 물건의 됨됨이. ②'맞선'의 준말.
선(을) 보다 관용 사람의 됨됨이를 만나서 알아보다.
선:[2] 명 오이·호박·가지·고추·두부 등의 식물성 식품을 재료로 하여 쇠고기 다진 것과 버섯 따위를 소로 넣고 쪄서 익힌 요리. 가지선·오이선·호박선 따위.
선(先) 명 -하다 자 바둑이나 장기, 화투 따위 놀이에서, 상대보다 먼저 두거나 패를 나누어 주고 먼저 패를 떼는 일, 또는 그 사람.
선:(善) 명 ①착하고 바른 것. ¶ —을 행하다. ②윤리학에서, 도덕의 최고 가치로서 인간 행위의 목표가 되는 것. ☞악(惡)
선(腺) 명 샘[1]
선(縇) 명 옷이나 방석 등의 가장자리에 좁은 헝겊을 둘러 대어 꾸미는 것, 또는 그 꾸민 헝겊.
선을 두르다 관용 가장자리에 무엇을 그리거나 둘러 꾸미다.
선(璇) 명 북두칠성의 하나. 국자 모양의 머리 부분에서 둘째 별. 천선(天璇) ☞기(璣)

선(線) 명 ①그어 놓은 줄이나 금. ¶ 가로로 그은 —. ②수학에서, 점이 연속적으로 이동하여 이루어진 자취. 직선이나 곡선 따위. ☞면(面)[1] ③물체의 윤곽 또는 굴곡. ¶ —이 고운 얼굴./몸의 —이 드러나는 옷. ④전기 기구, 전기 회로 등에 쓰이는 철선이나 전깃줄 따위. ¶ 전화기의 —이 빠져 있다./—이 끊어져 전류가 흐르지 않는다. ⑤일정한 정도나 범위. ¶ 그 정도 —에서 타협해라./—을 넘다. ⑥혈연이나 인척 관계, 정분 등으로 특별히 맺은 관계. ¶ —이 닿다. ☞줄[1]
선을 대다 관용 도움이나 이익이 될 수 있는 사람이나 조직과 연계를 가지다.
선이 가늘다 관용 ①생김새가 섬세하고 연약해 보이다. ②성질이 잘고 꼼꼼하다.
선이 굵다 관용 ①생김새가 크고 뚜렷하다. ②도량이 넓고 대범하다.
선:(選) 명 여럿 가운데서 가려 뽑는 일. ¶ —에 들다.
선(禪) 명 ①불교에서 이르는 삼문(三門)의 하나. 마음이 정(定)에 들어 자세히 생각하고, 번뇌를 떠나 무아(無我)의 정적(靜寂)의 경지에 이르는 일. ☞교(敎). 율(律) ②'선종(禪宗)'의 준말. ③'좌선(坐禪)'의 준말.
선- 접두 '설다'의 활용형에서 온 것으로, '미숙한', '덜된'의 뜻을 나타냄. ¶ 선잠/선머슴/선무당
선(先)-《접두사처럼 쓰이어》'먼저의', '죽은'의 뜻을 나타냄. ¶ 선대왕(先大王)/선대인(先大人) ☞후(後)-
-선(船)《접미사처럼 쓰이어》'배'의 뜻을 나타냄. ¶ 연락선(連絡船)/경비선(警備船)/우주선(宇宙船)
-선(線)《접미사처럼 쓰이어》①'노선(路線)'의 뜻을 나타냄. ¶ 국내선(國內線)/국제선(國際線) ②'경계선(境界線)'의 뜻을 나타냄. ¶ 삼팔선(三八線)/휴전선(休戰線) ③'광선(光線)'의 뜻을 나타냄. ¶ 방사선(放射線)/복사선(輻射線)
-선(選)《접미사처럼 쓰이어》'선집(選集)'의 뜻을 나타냄. ¶ 소설선(小說選)/명작선(名作選)
선가(仙家) 명 ①신선(神仙)의 집. 선관(仙館) ②도교(道敎)를 믿는 사람. 도가(道家)
선가(仙駕) 명 임금이나 신선이 타는 수레.
선가(船架) 명 소형 선박을 수리하기 위하여 육상으로 끌어올리거나 끌어올려 얹는 시설.
선가(船價)[—까] 명 뱃삯
속담 **선가 없는 놈이 배에 먼저 오른다**: 실력 없는 사람이 있는체 하며, 실제로 실력 있는 사람보다 앞서 떠들고 나섬을 비웃는 말.
선:가(善價)[—까] 명 ①후하게 주는 값. ②사는 이나 파는 이에게 서로 알맞은 값.
선가(禪家) 명 ①선종(禪宗), 또는 선종의 절. ②참선(參禪)하는 사람. 선객(禪客)
선가=오:종(禪家五宗) 명 선종(禪宗)의 다섯 종파. 임제종(臨濟宗)·위앙종(潙仰宗)·조동종(曹洞宗)·운문종(雲門宗)·법안종(法眼宗)을 이름. 준 오종(五宗)
선각(先覺) 명 ①-하다 자타 도(道) 따위를 남보다 앞서서 깨달음. ☞후각(後覺) ②'선각자'의 준말.
선각-자(先覺者) 명 남보다 앞서서 깨달은 사람. 준 선각
선간(線間) 명 줄과 줄의 사이.
선:감(善感) 명 -하다 자 우두(牛痘) 따위가 양성(陽性)으로 나타나는 일. ☞불선감(不善感)
선개-교(旋開橋) 명 가동교(可動橋)의 한 가지. 배가 지나갈 수 있도록 교각(橋脚)을 축(軸)으로 하여 다리의 전체나 일부를 수평으로 회전하도록 만든 다리. 회선교(回旋橋) ☞도개교(跳開橋). 승개교(昇開橋)
선객(仙客) 명 신선(神仙)
선객(先客) 명 먼저 온 손.
선객(船客) 명 배를 탄 손. 수객(水客)
선객(禪客) 명 선가(禪家)
선거(船車) 명 배와 수레.
선거(船渠) 명 독(dock)
선:거(選擧) 명 -하다 타 일정한 조직이나 집단의 구성원이 그 대표자나 임원을 여럿 가운데서 골라 뽑는 일.
선:거=간섭(選擧干涉) 명 공권력을 지닌 세력이 정치적 반대자의 선거 운동이나 당선을 방해하는 행위.
선:거=공보(選擧公報) 명 선거에서, 후보자의 성명·기호·경력·사진 등을 실어 유권자에게 배포하는 문서.
선:거=공약(選擧公約) 명 선거에서, 정당이나 입후보자가 선거권자에게 제시하는 공적인 약속.
선:거=공영(選擧公營) 명 선거 운동으로 말미암은 폐단을 막기 위하여, 국가나 지방 자치 단체가 선거를 관리하는 일. 공영 선거(公營選擧)
선:거-구(選擧區) 명 독립하여 선거할 수 있는 단위 구역.
선:거-권(選擧權)[—꿘] 명 선거에 참가하여 투표할 수 있는 국민의 권리. 국회 의원 선거권, 대통령 선거권, 지방 의회 의원과 지방 자치 단체장의 선거권 등. ☞피선거권(被選擧權). 참정권(參政權). 투표권(投票權)
선:거-법(選擧法)[—뻡] 명 선거에 관한 법.
선:거=사:범(選擧事犯) 명 각종 선거법을 어기는 행위, 또는 그러한 행위를 한 사람.
선:거=소송(選擧訴訟) 명 선거 절차의 하자(瑕疵)를 이유로 그 선거의 전부 또는 일부의 무효를 다투는 소송.
선:거=운:동(選擧運動) 명 선거에서, 특정 후보자를 당선시키려고 하는 행위.
선:거-인(選擧人) 명 선거권을 가진 사람으로서 선거인 명부에 올라 있는 사람. ☞유권자(有權者)
선:거인=명부(選擧人名簿) 명 선거인의 수를 결정하고 부정 투표를 없애려고 미리 선거권을 가진 사람의 이름·주소·성별·생연월일 등을 적어 놓은 공부(公簿).
선:거-일(選擧日) 명 선거하는 날.
선:거=자:격(選擧資格) 명 선거인이 될 수 있는 법률상의 자격.
선:거-전(選擧戰) 명 선거에 입후보한 사람들이 당선을 목표로 벌이는 경쟁.
선건전:곤(旋乾轉坤) 성구 천지를 뒤바꾼다는 뜻으로, 나라의 폐습(弊習)을 크게 고침을 이르는 말.
선-걸음 명 지금 걸어가고 있는 그대로의 걸음. 이왕 내디딘 걸음. ¶ —에 들렀다 오너라.
선겁다(선겁고·선거워) 형 ㅂ ①놀랍다 ②재미스럽지 못하다.
선격(船格) 명 지난날, 배를 부리던 격군.
선견(先見) 명 -하다 타 일이 일어나기 전에 앞질러 헤아려 앎. ☞예견(豫見)

선견(先遣)명-하다타 먼저 파견함.
선견-자(先見者)명 앞날의 일을 미리 헤아려 아는 사람.
선견지명(先見之明)성구 앞으로 일어날 일을 미리 헤아려 아는 밝은 지혜를 이르는 말.
선결(先決)명-하다타 어떤 문제보다 앞서 해결함.
선결=문:제(先決問題)명 ①선결해야 할 문제. ②법률에서, 어떤 소송 사건의 본안 판결에 앞서서 결정하지 않으면 안 되는 문제.
선경(仙境)명 ①신선이 산다는 곳. 선계. 선향(仙鄕) ②속세(俗世)를 떠난 깨끗한 곳. ☞무릉도원(武陵桃源)
선계(仙界)명 선경(仙境) ☞속계(俗界)
선계(船契)명 배를 장만하거나 수리하기 위해 모은 계(契).
선:계(善計)명 뛰어난 계획이나 계책.
선고(先考)명 남에게 세상을 떠난 자기의 아버지를 이르는 말. 선군(先君). 선군자(先君者). 선친(先親) 높선부군(先父君). 황고(皇考) ☞선비(先妣)
선고(先姑)명 남에게 세상을 떠난 자기의 시어머니를 이르는 말.
선고(宣告)명-하다타 ①선언하여 널리 알림. ¶파산 - ②소송법에서, 재판의 판결을 당사자나 피고인에게 알리는 일. ¶집행 유예를 -하다.
선고(選考)명-하다타 인물의 됨됨이나 재능을 검토하여 적격자를 뽑음. 전형(銓衡)
선고-문(宣告文)명 선고한 취지 따위를 기록한 글.
선고=유예(宣告猶豫)명 죄가 경미한 범인에게 형의 선고를 일정한 기간 유예하는 일.
선고-장(先考丈)명 세상을 떠난 남의 아버지를 이르는 말. 준선장(先丈)
선고-형(宣告刑)명 법정형(法定刑)을 법률과 재판상으로 가중(加重), 경감한 형(刑)의 범위 안에서 법원이 형량을 정하여서 구체적으로 선고하는 형.
선:곡(選曲)명-하다타 많은 곡 가운데서 가려 뽑음.
선골(仙骨)명 신선(神仙)의 골상(骨相)이란 뜻으로, 비범한 풍채를 이르는 말.
선골(扇骨)명 부챗살
선골(船骨)명 용골(龍骨)
선공(先攻)명-하다타 야구 등에서 먼저 공격하는 일, 또는 공격의 차례가 먼저인 것.
선공(船工)명 배를 만드는 목공.
선:공-감(繕工監)명 조선 시대, 토목이나 영선(營繕)에 관한 일을 맡아보던 관아.
선:공무덕(善供無德)성구 부처에게 공양하여도 아무 공덕이 없다는 뜻으로, 남을 위하여 힘을 써도 별로 얻는 것이 없음을 이르는 말.
선공후:사(先公後私)성구 공적(公的)인 일을 먼저 하고 난 다음에 개인적인 일을 함을 이르는 말.
선:과(善果)명 좋은 과보(果報). 선보(善報) ☞악과(惡果)
선:과(選科)[-꽈]명 규정된 학과 중의 일부를 선택하여 학습하는 과정. ☞본과(本科)
선과(禪科)명 조선 시대, 선종계(禪宗系)의 중에게 도첩(度牒)을 내려 줄 때에 보이던 과거. ☞승과(僧科)
선:과-기(選果機)명 사과·배·귤·감 따위를 크기나 무게에 따라 몇 개의 등급으로 가리는 기계.
선관(仙官)명 ①선경(仙境)에 있다는 관원. ②'여무(女巫)'를 달리 이르는 말.
선관(仙館)명 선가(仙家)
선:광(選鑛)명-하다자 캐낸 광석에서 못 쓸 것을 가려내는 일.
선:광-기(選鑛機)명 선광을 하는 기계.
선광-성(旋光性)[-썽]명 어떤 물질 속을 통과하는 빛의 편광면(偏光面)을 오른쪽이나 왼쪽으로 회전시키는 성질. 자당(蔗糖)·주석산(酒石酸)·수정(水晶) 따위에서 볼 수 있음.
선교(仙敎)명 선도(仙道)를 닦는 종교.
선교(宣敎)명-하다자 종교를 알리어 널리 펴는 일. 특히, 크리스트교에 대하여 이름. 유포교(布敎)
선교(船橋)명 ①배다리 ②선장이 항해나 통신 따위를 지휘하는 자리. 상갑판(上甲板) 위 앞쪽 중앙의 높은 곳에 둠. ☞함교(艦橋)
선:교(善巧)명 불교에서, 부처가 중생을 가르치고 이끌어 가는 공교한 방편(方便)을 이르는 말.
선:교(善交)명-하다자 잘 사귐.
선:교(善敎)명 좋은 가르침.
선교(禪敎)명 불교의 선종(禪宗)과 교종(敎宗).
선교-사(宣敎師)명 종교를 널리 펴는 사람. 특히, 크리스트교의 선교를 위하여 외국에 파견된 신부나 목사를 이름.
선구(先驅)명-하다자 ①말을 타고 앞장을 섬, 또는 그 사람. ②다른 사람에 앞서서 무슨 일을 함, 또는 그 사람. 선구자(先驅者)
선구(船具)명 배에서 쓰는 온갖 기구.
선:구(選球)명-하다자 야구에서, 타자가 투수가 던진 공이 스트라이크인지 볼인지에 따라 그 공을 칠 것인지 말 것인지를 가리는 일.
선:구-안(選球眼)명 야구에서, 타자가 선구하는 시각적인 능력. ¶-이 뛰어난 선수.
선구-자(先驅者)명 다른 사람에 앞서서 무슨 일을 하는 사람. 선구(先驅) ¶항공 산업의 -. ☞선도자
선:국(選局)명-하다자 라디오나 텔레비전의 수신기를 조절하여 시청할 방송국을 고르는 일.
선군(先君)명 ①선왕(先王) ②선고(先考)
선:군(選軍)명 고려 때, 군사를 뽑는 일을 맡아보던 관아.
선-군자(先君子)명 선고(先考)
선굴(仙窟)명 ①신선이 산다는 동굴, 또는 신선이 산다는 곳. ②속세를 떠난 곳.
선-굿명 서서 하는 무당의 굿.
선궁(仙宮)명 신선이 산다는 궁전.
선궁(禪宮)명 '절'을 달리 이르는 말.
선:근(善根)명 불교에서, 좋은 과보(果報)를 가져오게 될 업인(業因)을 이르는 말. 선본(善本)
선:근-자(善根者)명 불교에서, 선근을 쌓은 사람, 곧 착한 일을 많이 한 사람을 이르는 말.
선글라스(sunglass)명 눈부신 햇빛 또는 자외선이나 적외선으로부터 눈을 보호하려고 쓰는 색안경.
선금(仙禽)명 ①선계(仙界)에 산다는 신령스러운 새. ②'두루미'를 달리 이르는 말.
선금(先金)명 물건을 받기 전에 미리 치르는 돈. 전금(前金) ¶대금의 절반은 -으로 받았다.
선급(先給)명-하다타 값이나 삯을 미리 치름. 선하(先下) ☞후급(後給)
선급(船級)명 외국 항로에 취항하는 선박에 매기는 국제적인 등급. 선박의 구조·성능·설비 등에 따라 선급 협회가 인정하며, 보험이나 매매 등의 기준이 됨.
선급-금(先給金)명 미리 치르는 값이나 삯. ☞선수금(先受金)
선기(先期)명-하다자 약속한 기한보다 앞섬.
선기(船旗)명 배에 다는 기(旗).
선기후:인(先己後人)성구 남의 일보다 자신의 일을 앞세우거나 남보다 자기를 먼저 생각함을 이르는 말.
선-나다(禪-)자 선당(禪堂)에서 참선(參禪)을 마치고 나오다. ☞선들다. 방선(放禪)
선나-후:주(先拿後奏)명 조선 후기에 먼저 범인을 잡아 놓고 나중에 임금에게 아뢰던 일. 주임관(奏任官)이 범죄자일 때 체포하던 절차임. ☞선주후나(先奏後拿)
선난(船難)명 배가 항해 중에 겪는 사고나 재난.
선:남(善男)명 ①순결한 남자. ②불교에서, 불법에 귀의한 남자를 이르는 말. 선남자(善男子) ☞선녀(善女)
선:남-선:녀(善男善女)명 ①순결한 남자와 여자. ②불교에서, 불법에 귀의한 남녀를 이르는 말.
선-남자(善男子)명 선남(善男)
선납(先納)명-하다타 기한이 되기 전에 미리 냄. 예납(豫納). 전납(前納)
선내(船內)명 배의 안. ¶- 방송
선-내:다(禪-)타 참선(參禪)을 마친 사람을 선당(禪堂)에서 내보내다. ☞선들이다

ㅅ

선녀(仙女)명 선경(仙境)에 산다는 여자 신선. 선아(仙娥). 선자(仙子). 옥녀(玉女)

선:녀(善女)명 ①착한 여자. ②불교에서, 불법에 귀의한 여자를 이르는 말. 선여인(善女人) ☞선남(善男)

선년(先年)명 지나간 어느 해. 몇 년 전의 해.

선니(先尼)명 불문(佛門)에 든 여자. ☞선문(禪門)

선다-님(∠先達-)명 '선달(先達)'의 높임말.

선-다리명 베틀의 앞 쪽을 받치고 있는 긴 기둥. 앞다리

선-단명 ①홀두루마기의 앞섶이나 치마폭에 세로로 세워서 댄 단. ②문설주

선단(仙丹)명 먹으면 장생불사(長生不死)의 신선이 된다는 영약(靈藥). 금단(金丹). 단약(丹藥). 선약(仙藥)

선단(先端)명 앞쪽의 끝.

선단(船團)명 어떤 목적에 따라 조직된 배의 무리. ¶수송(輸送) -/참치잡이 -

선달명 살판이나 살목 위에 세우는 나무.

선달(先達)명 조선 시대, 과거에 급제하였으나 아직 관직에 오르지 아니한 사람을 이르던 말. 높선다님

선당(禪堂)명 절에서, 중들이 모여 참선하는 곳.

선-대(禪-)[-때]명 절의 선당(禪堂)에서, 선들고 선날 때 쳐서 소리를 내는 기구. 대쪽으로 부챗살처럼 만든 것인데, 치면 찰그락 소리가 나면서 접쳐졌다가 펴지게 되어 있음.

선대(先代)명 조상의 대(代), 또는 그 시대. 선세(先世) ☞당대(當代). 후대(後代)

선대(先貸)명-하다타 대금(代金)이나 임금(賃金) 따위를 약속한 날짜가 되기 전에 꾸어 주는 형식으로 지급하는 일.

선대(船隊)명 두 척 이상의 배로 이루어진 대(隊).

선대(船臺)명 조선소에서, 배를 건조하거나 수리할 때 선체(船體)를 올려 놓는 틀. 유조선대(造船臺)

선:대(善待)명-하다타 잘 대접함. 선우(善遇)

선대(禪代)명-하다자 시대가 바뀜.

선대(禪臺)명 절의 선당(禪堂)에서, 소리를 내는 기구인 선대를 올려 놓는 탁자. 선상(禪床)

선-대:부인(先大夫人)명 세상을 떠난 남의 어머니를 높이어 일컫는 말.

선-대:왕(先大王)명 지난날, 세상을 떠난 전왕(前王)을 높이어 일컫던 말.

선-대:인(先大人)명 세상을 떠난 남의 아버지를 높이어 일컫는 말.

선-대:칭(線對稱)명 수학에서, 두 도형이 하나의 직선을 기준으로 접혔을 때, 서로 완전히 겹치는 상태에 있는 일. 선맞섬 ☞점대칭(點對稱). 면대칭(面對稱)

선덕(先德)명 ①덕(德)이 있는 선인(先人). ②불교에서, 세상을 떠난 덕망 높은 중을 이르는 말.

선:덕(善德)명 ①착한 마음과 바른 행동. ②불교에서, 선행에 따른 공덕을 이르는 말.

선도(仙桃)명 ①선경(仙境)에 있다는 복숭아. ②지난날, 정재(呈才) 때 헌선도무(獻仙桃舞)를 추면서 올리던 복숭아. 열매는 나무로 만들고 잎은 구리로 만들었음.

선도(仙道)명 신선이 되려고 닦는 도(道).

선도(先到)명-하다자 남보다 먼저 도착함.

선도(先渡)명 매매(賣買) 거래에서, 계약 후 일정한 기간이 지난 후에 상품을 건네는 일.

선도(先導)명-하다타 앞장서서 이끎. ¶축하 행렬을 -하다./- 차량

선:도(善途)명 불교에서, 선근(善根)을 닦는 일을 이름.

선:도(善道)명 착하고 바른 도리.

선:도(善導)명-하다타 올바른 길로 인도함.

선도(鮮度)명 채소나 고기, 생선 따위의 신선한 정도. ¶-가 좋은 생선.

선도(禪道)명 ①선(禪)의 수행. 선(禪)을 수행하는 법. ②선종(禪宗)

선도-기(線度器)명 길이의 표준기(標準器), 또는 대자나 줄자 등 길이를 재는 기구를 통틀어 이르는 말.

선도-반(仙桃盤)명 지난날, 헌선도무(獻仙桃舞)를 출 때에 선도(仙桃)를 담는 은쟁반을 이르던 말. 준도반(桃盤)

선도-자(先導者)명 앞장서서 이끄는 사람. ¶대중 문화의 -. ☞선구자

선도-적(先導的)명 앞장서서 이끄는 것. ¶-인 역할.

선-도지(先賭地)명 지난날, 가을걷이 때 받을 것을 앞당겨 봄에 미리 받는 도지를 이르던 말.

선도-창(先導唱)명 여러 사람이 패를 갈라 소리할 때 먼저 메기는 일, 또는 그 구실을 맡은 사람.

선-도표(線圖表)명 어떤 수량의 변화나 분포를 선으로 나타낸 도표. ☞꺾은선 그래프

선-돌명 선사 시대에, 길쭉한 자연석이나 그 일부만 가공한 큰 돌기둥을 땅에 세운 거석(巨石) 기념물. 높이는 보통 1~2m이나 6m 가량 되는 것도 있음. 대부분 고대인들의 묘비나 신앙의 대상물이었던 것으로 보이나 확실하지는 않음. 입석(立石). 멘히르(Menhir) ☞고인돌

선동(仙洞)명 신선이 산다는 곳.

선동(仙童)명 신선 곁에 살면서 시중을 든다는 어린아이.

선동(煽動)명-하다타 사람의 감정을 부추기어 어떤 행동을 하도록 함. 선양(煽揚) ¶학생들을 -하다.

선동-가(煽動家)명 대중 운동 등에서 선동을 잘하는 사람.

×**선-동이**(先童-)명 →선둥이

선동-자(煽動者)명 선동하는 사람.

선동-적(煽動的)명 선동하는 것. ¶-인 구호./연설 내용이 매우 -이다.

선두(先頭)명 행렬 따위의 맨 앞. 선머리 ¶- 주자(走者)/대열의 -에 서다. 유앞장 ☞후미(後尾)

선두(船頭)명 배의 머리 쪽. 뱃머리. 이물 ☞선미(船尾)

선두리명 '물방개'의 딴이름.

선-둥이(先-)명 쌍둥이 중에 먼저 낳은 아이. ☞후둥이

선드러-지다형 태도가 거볍고 맵시 있다. ☞산드러지다

선득부-하다형 ①갑자기 무엇이 살갗에 닿아 느껴지는 서느런 느낌을 나타내는 말. ¶-한 한기를 느끼다. ②갑자기 놀라거나 하여 마음에 느껴지는 서느런 느낌을 나타내는 말. ☞산득. 선뜩

선득-선득부-하다형 자꾸 선득한 느낌을 나타내는 말. ☞산득산득. 선뜩선뜩

선들부 선선한 바람이 조용히 한 번 부는 모양을 나타내는 말. ¶- 불어오는 바람. ☞산들

선들-거리다(대다)자 ①바람이 선들선들 불다. ②물체가 선들선들 흔들거리다. ③사람이 서근서근하고 시원스레 행동하다. ☞산들거리다

선-들다(禪-)(-들고·-드니)자 선당(禪堂)에 참선(參禪)하러 들어가다. ☞선나다

선들-바람명 선들선들 부는 바람. ☞산들바람

선들-선들부 ①선선한 바람이 잇달아 조용히 부는 모양을 나타내는 말. ¶- 부는 바람. ②얇은 물체가 바람에 잇달아 흔들거리는 모양을 나타내는 말. ☞산들산들

선들선들-하다형여 ①바람결이 부드럽고 선선하다. ¶선들선들한 바람결. ②사람의 성질이 서근서근하고 시원스럽다. ☞산들산들하다

선-들이다(禪-)타 참선(參禪)을 하도록 선당(禪堂)에 들여보내다. ☞선내다

선등(先登)명-하다자 앞서서 먼저 오름.

선등(先等)명-하다자 남보다 앞서거나 먼저 함.

선등(船燈)명 배에 켜는 등불.

선:-떡명 잘 익지 않은 떡.

속담 **선떡 먹고 체하였나** : 별로 우습지도 않은 일에 실없이 잘 웃는 사람을 핀잔하는 말./**선떡 받듯 한다** : 마음에 차지 않는 불만스러운 태도를 이르는 말./**선떡이 부스러진다** : 성의 없이 한 일은 그 결과도 좋지 않게 마련이라는 말.

선:떡-부스러기명 ①선떡의 부스러진 조각. ②단합이 되지 않는 어중이떠중이를 비유하여 이르는 말.

선:-똥명 먹은 것이 덜 삭은 채 나오는 똥.

선뜩부-하다형 ①갑자기 무엇이 살갗에 닿아 느껴지는 써느런 느낌을 나타내는 말. ②갑자기 놀라거나 하여 마음에 느껴지는 써느런 느낌을 나타내는 말. ☞산뜩. 선득

선뜩-선뜩 부 -하다 형 자꾸 선뜩한 느낌을 나타내는 말. ☞산뜩산뜩. 선득선득

선뜻 부 거침없이 시원스럽게. ¶ 부탁을 — 들어주다./— 자리를 내주다. ☞산뜻

선뜻-하다 [—뜯—] 형여 ①맛이나 느낌이 깔끔하고 시원하다. ②빛깔이나 모양 따위가 밝고 깨끗하다. ¶ 선뜻한 옷차림. ☞산뜻하다

선뜻-이 부 선뜻하게

선래(先來) 명 조선 시대, 외국에 파견된 사신이 돌아올 때 앞서서 귀국하던 역관(譯官).

선량(線量) 명 방사선의 양.

선:량(選良) 명 ①많은 사람 가운데서 뽑힌 뛰어난 인물. ②'국회 의원'을 달리 이르는 말.

선:량(善良) 어기 '선량(善良)하다'의 어기(語基).

선:량-하다(善良—) 형여 마음씨가 착하고 어질다.

선려(先廬) 명 조상 때부터 살아 온 집.

선려(鮮麗) 어기 '선려(鮮麗)하다'의 어기(語基).

선려-하다(鮮麗—) 형여 산뜻하고 아름답다.

선력(宣力) 명 -하다 타 힘써 주선함.

선령(先靈) 명 조상의 넋.

선령(船齡) 명 배의 나이. 곧 배가 진수(進水)한 뒤부터 지난 햇수.

선례(先例) 명 ①전에 있던 같은 종류의 사례(事例). 전례(前例) ¶ —에 따라 처리하다. ②기준이 되는 최초의 사례. ¶ —를 만들다. ③법률에서, 일정한 판결에 나타난 취지나 원칙이 그 후의 판결로 답습되는 경우, 앞의 판결을 이름. 준 예(例)

선례후:학(先禮後學) 성구 예의가 먼저이고 학문은 나중이라는 뜻으로, 예의를 익히고 나서 학문을 함을 이르는 말.

선로(船路) 명 뱃길

선로(船艫) 명 배의 뒤쪽. 고물[1]

선로(線路) 명 ①전차나 기차 따위가 지나다니도록 레일을 깔아 놓은 길. ②송전선(送電線)이나 전화선(電話線) 따위의 유선 전기 회로.

선로-공(線路工) 명 철도의 선로를 부설하거나 보수·보전하는 일을 하는 사람.

선:록(選錄) 명 -하다 타 많은 것 중에서 필요한 것을 가려서 적음.

선롱(先壟) 명 조상의 무덤. 선영(先塋)

선루(船樓) 명 ①배 위에 만들어 놓은 다락집. ②배의 상갑판(上甲板) 위의 구조물.

선류(蘚類) 명 선태식물(蘚苔植物)의 한 강(綱). 뿌리·줄기·잎이 분화된 듯이 보이지만 관다발이 없는 엽상 식물(葉狀植物)임. 그늘지고 축축한 곳에서 자람. 물이끼·솔이끼 따위. ☞태류(苔類)

선륜(線輪) 명 '코일(coil)'의 구용어.

선륜-차(旋輪車) 명 물레[2]

선리(先利) 명 빚을 얻을 때, 빚돈에서 미리 떼는 이자. 선변(先邊). 선이자(先利子)

선:리(善吏) 명 선량한 관리.

선:린(善隣) 명 이웃이나 이웃 나라와 사이 좋게 지내는 일, 또는 사이 좋은 이웃이나 이웃 나라.

선:린=외:교(善隣外交) 명 이웃 나라와 사이 좋게 지냄으로써 협력 체제를 만들어 나가는 외교.

선:린=정책(善隣政策) 명 이웃 나라와 우호 관계를 유지해 나가려는 정책.

선림(禪林) 명 '선사(禪寺)'를 달리 이르는 말.

선망(先望) 명 선보름 ☞후망(後望)

선망(旋網) 명 두릿그물

선:망(羨望) 명 -하다 타 부러워함. ¶ —의 대상이 되다.

선망후:실(先忘後失) 성구 앞뒤의 일을 걸핏하면 잊어버림을 이르는 말.

선-맞섬(線—) [—맏—] 명 선대칭(線對稱)

선매(先買) 명 -하다 타 ①남보다 먼저 삼. ②선물(先物)을 삼. ☞선매(先賣). 예매(豫買)

선매(先賣) 명 -하다 타 ①미리 팖. ②선물(先物)을 팖. ☞선매(先買). 예매(豫賣)

선매-권(先買權) [—꿘] 명 다른 사람에 앞서서 물건이나 권리 따위를 살 수 있는 권리. 공공 사업 등 특수한 경우에, 그 관계자가 우선적으로 토지 등을 살 수 있는 권리 따위.

선-머리(先—) 명 ①일정한 순서가 있는 일의 맨 첫머리. ②행렬 따위의 앞 부분. 선두(先頭) ☞후머리

선:-머슴 명 장난이 심하고 진득하지 못하며 마구 덜렁거리는 사내아이.

선:-멋 명 격에 어울리지 않는 부자연스러운 멋.

선면(扇面) 명 부채의 표면.

선명(宣明) 명 -하다 타 선언하거나 선포하여 분명히 밝힘. ¶ 정치적 입장을 —하다.

선명(船名) 명 배의 이름. 선호(船號)

선명(鮮明) 어기 '선명(鮮明)하다'의 어기(語基).

선명-하다(鮮明—) 형여 ①빛깔이나 모양이 산뜻하고 밝다. ¶ 빛깔이 —./콧등에 안경 자국이 —. ②견해나 태도등이 분명하다. ¶ 선명한 태도.

선명-히 부 선명하게 ¶ 멀리 태극기가 — 보인다.

선모(旋毛) 명 가마[1]

선모(腺毛) 명 식물의 줄기나 잎의 표면에 있는 다세포(多細胞)의 털. 점액(粘液), 물 따위를 분비함.

선:모(羨慕) 명 -하다 타 부러워하고 사모함.

선모-충(旋毛蟲) 명 선모충과의 선형동물(線形動物). 기생충의 한 가지로 몸은 실 모양이며 길이는 1～4mm, 몸빛은 엷은 황백색임. 성충(成蟲)은 사람 등 포유류의 소장(小腸)에 기생하고, 애벌레는 근육 속에 기생함. 돼지의 날고기를 먹음으로써 사람에게 감염됨.

선묘(先墓) 명 조상의 무덤. 선영(先塋)

선묘(線描) 명 -하다 타 대상의 모양을 선(線)으로만 그리는 일, 또는 그렇게 그린 그림.

선묘(鮮妙) 어기 '선묘(鮮妙)하다'의 어기(語基).

선묘-하다(鮮妙—) 형여 산뜻하고 아름답다.

선묘-히 부 선묘하게

선무(宣撫) 명 -하다 타 ①정부의 방침 따위를 알려서 민심을 안정시키는 일. ②전시에 점령지의 주민에게 자기 나라의 본뜻을 바르게 이해시켜서 민심을 안정시키는 일.

선무=공작(宣撫工作) 명 전시에, 점령지 따위에서 민심을 안정시키려고 벌이는 선전 활동.

선:-무당 명 서투른 무당.

속담 **선무당이 마당 기울다 한다** : 서투른 무당이 제 탓은 말하지 않고, 마당이 기울어져 굿을 잘못했다고 핑계한다는 말. [선무당이 장구 탓한다]/**선무당이 사람 잡는다** : 잘 알지도 못하면서 아는체 하여 남의 일을 망치게 되는 경우를 이르는 말.

선무-사(宣撫使) 명 조선 시대, 재해나 병란이 있을 때에 임금의 명령을 받고 재난을 당한 지방의 민심을 안정시키는 일을 맡아 하던 임시 관직.

선문(先文) 명 지난날, 관원이 공무로 지방에 갈 때 그곳 관아에 도착 날짜를 미리 알리던 공문. 노문(路文)

선문(을) 놓다 관용 ①선문을 보내다. ②도착할 때를 미리 알리다. 노문을 놓다.

선문(先聞) 명 일이 일어나기 전에 미리 퍼지는 소문. 선성

선문(旋紋) 명 소용돌이무늬

선문(線紋) 명 줄무늬

선문(禪門) 명 ①선종(禪宗) ②불가(佛家) ③불문(佛門)에 들어간 남자. ☞선니(禪尼)

선물(先物)[1] 명 만물

선물(先物)[2] 명 장래의 일정한 시기에 현물을 주고받는다는 조건으로 매매 계약을 하는 상품이나 유가 증권. ☞현물(現物)

선:물(*膳物) 명 -하다 타 남에게 물품을 선사함, 또는 그 물품. 물선(物膳)

선물=거:래(先物去來) 명 거래가 이루어진 후 몇 개월 지나서 현물을 주고받기로 하는 매매 계약 방법. 상품 거래소에서 하는 거래 따위. ☞현물 거래

선물-환(先物換) 명 외화(外貨)의 종류, 환율, 주고받는

ㅅ

시기 등의 거래 조건을 미리 정해 놓은 외국환.
선미(船尾)명 배의 뒤쪽. 고물[1]. 꽁지부리 ☞선수(船首)
선미(禪味)명 선(禪)의 수행으로 체험하는 높은 경지. 내관(內觀)을 통하여 체험하는 고요한 마음의 희열.
선:미(善美)어기 '선미(善美)하다'의 어기(語基).
선미(鮮美)어기 '선미(鮮美)하다'의 어기(語基).
선미-등(船尾燈)명 항해 중에 고물에 켜는 흰빛의 등.
선미-루(船尾樓)명 고물에 있는 선루(船樓).
선미-하다(善美-)형여 착하고 아름답다.
선미-하다(鮮美-)형여 산뜻하고 아름답다.
선민(先民)명 선대(先代)의 사람. 옛날 사람.
선:민(選民)명 ①신(神)으로부터 선택받았다고 믿는 민족. ②하느님으로부터 선택받아, 다른 민족을 하느님에게로 인도하는 사명을 지녔다는 민족. 유대 민족이 스스로를 가리켜 이르는 말.
선-바람명 차리고 나선 그대로의 차림새. ¶ -으로 친구를 따라 길을 떠나다. /-에 다녀오다.
선:바람-쐬:다자 낯선 지방으로 돌아다니며 그곳의 물정(物情)을 경험하다.
선박(船舶)명 배〔일반적으로 규모가 큰 배를 이름.〕
선박=검:사(船舶檢査)명 선박의 선체나 엔진, 시설물 따위의 이상 유무를 정기적으로 검사하는 일.
선박=공학(船舶工學)명 선박을 설계하고 건조(建造)하는 기술을 연구하는 공학.
선박=관리인(船舶管理人)명 한 선박의 공동 소유자를 대표하여 그 선박의 운항 따위의 관리를 맡은 사람.
선박=국적=증서(船舶國籍證書)명 선박이 딸린 국적을 증명하는 공문서. 선박의 번호·이름·소유자·선적항(船籍港)·적량(積量) 따위가 적혀 있음.
선박=등기(船舶登記)명 선적항(船籍港)을 관리하는 관청이 선박의 소유권·관리인 따위에 관한 사항을 선박 등기부에 기록하는 일.
선박=보:험(船舶保險)명 해상 보험의 한 가지. 선박의 침몰·좌초(坐礁)·화재·충돌 따위로 생기는 손해를 보상하는 보험.
선박=서류(船舶書類)명 선장이 선박 안에 언제나 갖추어 두어야 하는 서류. 선박 국적 증서, 선원 명부, 승객 명부, 항해 일지 따위.
선박=신:호(船舶信號)명 배와 배, 또는 배와 육지 사이에 쓰이는 신호. 수기(手旗)나 신호기로 하는 신호, 모스 부호를 이용한 무선 전신, 무선 전화를 이용한 신호 등이 있음.
선박=원부(船舶原簿)명 선박을 등록하는 공부(公簿). 선적항(船籍港)을 관할하는 해운 관청에 비치함.
선박=직원(船舶職員)명 선장, 항해사, 기관장, 기관사, 통신장, 통신사를 통틀어 이르는 말. 해기사(海技士)의 면허가 필요함.
선반명 물건을 얹을 수 있도록 까치발을 받치어 벽에 달아 놓은 널빤지.
속담 **선반에서 떨어진 떡** : 재수가 좋아 힘들이지 않고 큰 이익을 보게 되었다는 말. 〔아닌 밤중에 차시루 떡/움 안에서 떡 받는다/우물길에서 반상기 얻는다/호박이 넝쿨째로 굴러 떨어졌다〕
선반(宣飯)명-하다자 지난날, 관아에서 관원들에게 끼니를 이바지하던 일, 또는 그 끼니.
선반(을) 놓다관용 공사장 등의 일터에서 일꾼들에게 밥을 먹을 시간을 주다.
선반(旋盤)명 공작 기계의 한 가지. 주축(主軸)에 고정시킨 금속 소재를 회전시키면서 깎아 내거나 도려 내거나 나사선을 내거나 구멍을 뚫거나 갈거나 함. ☞갈이기계
선반-턱명 선반 가장자리에 따로 붙인 나무.
선-발명 집 안에서 앉을 사이도 없이 일하느라고 줄곧 서서 돌아다니는 발을 이르는 말. 〔주로 '선발로'의 꼴로 쓰임.〕 ¶ 잔칫상 준비하느라 종일 -로 지냈다.
선발(先發)명-하다자 ①남보다 먼저 떠남. ☞후발(後發) ②야구에서, 경기의 1회부터 출장함, 또는 그 선수.
선:발(選拔)명-하다타 많은 수효 가운데서 우수한 인재나 사물을 골라냄. ¶ - 시험/선수를 -하다.
선발-대(先發隊)[-때]명 다른 무리보다 먼저 떠나는 무리. ☞후발대(後發隊)
선발제:인(先發制人)성구 남의 꾀를 먼저 알아차리고 일이 생기기 전에 제어함을 이르는 말.
선:방(善防)명-하다타 상대편의 공격을 잘 막아냄.
선방(禪房)명 참선(參禪)하는 방. 선실(禪室)
선배(先輩)명 ①나이나 지위·경력 따위가 위인 사람. ¶ 학문의 -. ②같은 학교나 직장 등에 먼저 들어간 사람. ③같은 학교를 먼저 졸업한 사람. 전배(前輩) ☞후배
선-버들명 버드나뭇과의 낙엽 소교목. 높이 5~7m. 잎은 좁고 길둥근 꼴인데, 가장자리에 자잘한 톱니가 있으며, 뒷면은 흰빛을 띠고 털이 있음. 암수딴그루로, 4월경에 햇가지 끝에 잎과 거의 동시에 길이 3~5cm의 이삭꽃이 핌. 수꽃은 누른빛이고 암꽃은 엷은 녹색임. 우리나라 각지의 강가나 냇가에 자람.
선번(線番)명 '선번호(線番號)'의 준말.
선-번호(線番號)명 철사나 전선의 굵기를 나타내는 번호. 번호가 커질수록 지름이 작아짐. 준선번(線番)
선:벌(選伐)명-하다타 산림의 나무를 골라서 벰.
선법(旋法)[-뻡]명 음계를 이루는 일정한 음(音)의 조직. 장조나 단조에 따른 화성법이 확립되는 17세기 이전에 사용되었음. 모드(mode)
선법(禪法)[-뻡]명 ①좌선(坐禪)하는 방법. ②선정(禪定)하여 수행하는 법.
선-변(-邊)명 빚에 대하여 다달이 갚는 이자. ☞누운변
선변(先邊)명 빚을 얻을 때, 빚돈에서 미리 떼는 이자. 선리(先利). 선이자(先利子)
선:변(善變)명-하다자 전보다 좋게 달라짐.
선:별(選別)명-하다타 가려서 구별함. 선분(選分) ¶ 불량품을 -하다.
선:별=금리(選別金利)명 거래처나 자금의 용도 등에 따라서 금리를 다르게 적용하는 일.
선:별=금융(選別金融)[-늉]명 금융 기관이 대상을 골라서 융자하는 일.
선병-자(先病者)명 같은 병을 먼저 겪어 본 사람.
속담 **선병자 의(醫)라** : ①병을 먼저 겪은 사람이 그 병에 대하여 잘 안다는 말. ②어떤 일에 대하여 경험이 많은 사람이 경험 없는 사람을 가르칠 수 있다는 말.
선병-질(腺病質)명 결핵성 전신병에 잘 걸리는 어린아이의 삼출성(滲出性)·림프성 체질. 체격이 가냘프고 신경질적이며, 병에 걸리기 쉬운 체질을 이르기도 함.
선:보(善報)명 좋은 과보(果報). 선과(善果)
선:보(繕補)명-하다타 고치고 보충함.
선-보름(先-)명 음력에서, 한 달의 초하루부터 보름날까지의 보름 동안. 선망(先望) ☞후보름
선:-보이다타 ① 사람을 소개하다. 선을 보게 하다. ②알려지지 않은 것을 처음으로 공개하다.
선복(船卜)명 배에 실은 짐. 뱃짐
선복(船腹)명 ①배의 몸통이 되는 부분. ②배의 짐을 싣는 부분, 또는 짐을 실은 양. ③배의 척수(隻數)를 나타낼 때 이르는 말.
선:본(善本)명 선근(善根)
선봉(先鋒)명 ①군대 따위의 앞장. ②무리에서 앞장서는 사람. ¶ 개혁파의 -. 전봉(前鋒)
선봉-군(先鋒軍)명 선봉이 되는 군대.
선봉-대(先鋒隊)명 선봉이 되는 대원이나 부대.
선봉=대:장(先鋒大將)명 선봉군의 지휘관. 선봉장
선봉-장(先鋒將)명 선봉 대장
선부(先夫)명 세상을 떠난 남편. 망부(亡夫)
선부(先父)명 선친(先親)
선부(船夫)명 뱃사공
선:부(善否)명 좋음과 좋지 못함. 양부(良否)
선-부군(先父君)명 '선고(先考)'를 높이어 이르는 말.
선-부형(先父兄)명 세상을 떠난 아버지와 형.
선부후:빈(先富後貧)성구 넉넉하게 지내던 사람이 차차 가난해짐을 이르는 말. ☞선빈후부(先貧後富)

선분(線分)명 수학에서, 직선 위의 두 점 사이에 한정된 부분. 유한 직선(有限直線)
선:분(選分)명-하다타 선별(選別)
선:-불명 제대로 맞지 않은 총알. ¶ − 맞은 멧돼지처럼 날뛰다. ☞된불
선불(을) 걸다관용 ①어설프게 건드리다. ②공연한 일에 참견하다가 해를 입다. 선불(을) 놓다.
선불(을) 놓다관용 선불(을) 걸다.
속담 **선불 맞은 호랑이 뛰듯**: 설맞은 호랑이처럼 크게 노하여 미친듯이 날뛰는 모습을 이르는 말. [선불 맞은 날짐승/선불 맞은 노루]
선불(仙佛)명 ①신선(神仙)과 부처. ②선도(仙道)와 불도(佛道).
선불(先拂)명-하다타 대금이나 보수 따위를 먼저 줌. 선급(先給) ¶품삯을 −하다. ☞후불(後拂)
선:불선(善不善)[−썬] ①'착함과 착하지 아니함'의 뜻. ②'잘 됨과 잘 되지 못함'의 뜻.
선:불-질명-하다자 서투르게 총을 쏨, 또는 그런 총질.
선비[1]명 ①지난날, 학식은 있으나 관직에 오르지 않은 사람을 이르던 말. ②학덕(學德)을 갖춘 사람을 예스럽게 이르는 말. ③어질고 순한 사람을 비유하여 이르는 말.
속담 **선비 논 데 용(龍) 나고 학(鶴)이 논 데 비늘이 떨어진다**: 훌륭한 사람의 높은 학덕이나 아름다운 행실은 반드시 사람들에게 좋은 영향을 끼친다는 말.

한자 선비 사(士) [士部] ¶사도(士道)/사류(士類)
선비 유(儒) [人部 14획] ¶유가(儒家)/유건(儒巾)/유생(儒生)/유자(儒者)/유향(儒鄕)

선-비[2]명 자루가 긴, 서서 쓸게 된 비.
선비(先妣)명 남에게 세상을 떠난 자기의 어머니를 이르는 말. 선자(先慈). 전비(前妣) ☞선고(先考)
선비(船費)명 뱃삯
선비-사(−士)명 한자 부수(部首)의 한 가지. '壬'·'壯'·'壽' 등에서 '士'의 이름.
선빈후:부(先貧後富)성구 가난하던 사람이 나중에 부자가 됨을 이르는 말. ☞선부후빈(先富後貧)
선:사명-하다타 남에게 선물을 줌.
선사(仙槎)명 신선(神仙)이 타고 다닌다는 뗏목.
선사(先史)명 역사 시대 이전, 또는 그 역사. 전사(前史)
선사(先祀)명 조상(祖上)의 제사.
선사(先師)명 ①세상을 떠난 스승. ②전대(前代)의 현인(賢人). 선현(先賢)
선사(旋師)명-하다자 전쟁에 이겨 군사를 거두어 돌아옴. ☞개선(凱旋)
선:사(善事)명 ①좋은 일. ¶길상(吉祥) − ②-하다타 윗사람을 잘 섬김. ③신(神)이나 부처에게 공양함.
선:사(善射)명-하다타 활을 잘 쏨.
선사(禪寺)명 선종(禪宗)의 절. 선원(禪院). 선찰(禪刹)
선사(禪師)명 ①선정(禪定)에 통달한 사승(師僧). ②조선 시대, 법계(法階)의 하나. 중덕(中德)의 위, 대선사(大禪師)의 아래임. ③'중'을 높이어 이르는 말.
선사=고:고학(先史考古學)명 선사 시대의 유물이나 유적 등을 살펴 인류사를 연구하는 학문. 사전학(史前學)
선사=시대(先史時代)명 인류 생활에 관한 기록이 없는 시대. 석기 시대, 청동기 시대 따위. ☞역사 시대
선사-학(先史學)명 선사 시대의 일을 연구하는 학문.
선산(先山)명 조상의 무덤, 또는 그 무덤이 있는 산.
선산-발치(先山−)명 선산의 산자락.
선산-하(先山下)명 산하(山下)
선상(先上)명-하다타 물건 값이나 빚 따위의 일부를 기한 전에 받음. ☞선하(先下)
선상(先廂)명 지난날, 임금이 거둥할 때에 앞서 가던 군대. 선상군(先廂軍)
선상(扇狀)명 쥘부채를 펼친 것처럼 생긴 모양. 부채꼴. 선형(扇形)
선상(船上)명 배 위. ¶ − 생활/− 일기(日記)
선상(船商)명 ①배를 사고파는 장수. ②배에 물건을 싣고 다니며 파는 장수.
선상(線上)명 ①선(線)의 위. ②어떤 일의 갈림길. 경계선 위. ¶당선과 낙선의 −에 있다.
선상(線狀)명 실과 같이 가늘고 긴 모양.
선:상(選上)명-하다타 ①기준에 맞는 것을 골라서 바침. ②지난날, 지방의 노비(奴婢)를 뽑아 중앙 관아로 올리던 일.
선상(禪床)명 ①설법하는 중이 올라앉는 법상(法床). ②선대(禪臺)
선상-군(先廂軍)명 선상(先廂)
선상=꽃차례(扇狀−)[−꼳−]명 유한(有限) 꽃차례의 한 가지. 꽃줄기의 좌우로 꽃대가 부채꼴로 갈라져 꽃이 피는 것. 선상 화서(扇狀花序) ☞권산(卷繖) 꽃차례
선상-지(扇狀地)명 하천이 산지(山地)로부터 평지로 흘러내리다가 갑자기 흐름이 느려짐으로써 흙·모래·자갈 따위가 쌓여서 생긴 부채꼴 모양의 지형.
선상탄(船上歎)명 조선 선조 때, 노계(蘆溪) 박인로(朴仁老)가 지은 가사. 임진왜란 때, 부산에서 수군에 있을 무렵의 작품으로, 전쟁의 비애와 평화를 바라는 마음을 읊은 내용임. '노계집(蘆溪集)'에 실려 전함.
선상=화서(扇狀花序)명 선상 꽃차례 ☞유한 화서
선색(鮮色)명 산뜻한 빛깔.
선:-샘명 땅 속에 스며들었던 빗물이 솟아 나오는 샘.
선생(先生)명 ①남을 가르치는 사람을 통틀어 이르는 말. ¶담임 −/국어, −/서예(書藝) −/꽃꽂이 − ☞교사(教師) ②상대편의 성명이나 직명 다음에 쓰이어, 그 사람을 높이어 이르는 말. ¶의사 −/안창호 − ③조선 시대, 관원들이 선임자를 이르던 말. ④[대명사처럼 쓰임] ¶ −은 어디서 오셨습니까? 높선생님
선생-님(先生−)명 '선생'의 높임말.
선생-안(先生案)명 조선 시대, 각 관아에서 전임 관원의 이름·직명(職名)·생연월일·본관(本貫) 등을 기록해 두던 책. 안책(案册)
선서(宣誓)명-하다타 진실·성실 따위를 여러 사람 앞에서 맹세하는 일. ¶선수 −/취임 −
선:서(善書)명-하다타 ①글씨를 잘 씀, 또는 잘 쓴 글씨. ②좋은 책. 양서(良書)
선선-하다형여 ①날씨나 공기가 시원할 정도로 서늘하다. ¶아침 공기가 선선해졌다. ☞산산하다 ②성질이나 태도 따위가 시원스럽다. ¶선선한 사람.
선선-히부 선선하게
선성(先聖)명 옛 성인(聖人).
선성(先聲)명 ①전부터 알려져 있는 명성. ②선문(先聞)
선성(善性)명 불교에서 이르는 삼성(三性)의 하나. 착한 일을 하려고 하는 성질. ☞악성(惡性)
선성탈인(先聲奪人)성구 ①미리 소문을 퍼뜨려서 상대편의 기를 꺾음을 이르는 말. ②먼저 소리를 질러 상대편의 기세를 꺾음을 이르는 말.
선세(先世)명 조상의 대(代), 또는 그 시대. 선대(先代)
선세(先貰)명 부동산 따위를 빌려 쓰는 사람이 빌려 주는 사람에게 주는 보증금.
선-세포(腺細胞)명 분비 기능을 가지고 있거나 분비 기능이 활발한 세포.
선-셈(先−)명-하다타 물건을 받기 전이나 기한 전에 셈을 치르는 일.
선소(尠少·鮮少)어기 '선소(尠少)하다'의 어기(語基).
선-소리[1]명 경기(京畿)·서도(西道)·남도(南道) 지방에서 부르는 잡가(雜歌)의 한 가지. 10여 명으로 구성된 선소리패가 한 줄로 늘어서서, 장구를 멘 한 사람이 앞소리를 메기면, 소고(小鼓)를 든 나머지 사람들이 발림을 하면서 뒷소리를 받아주는 형식의 노래. 입창(立唱)
선:-소리[2]명-하다자 경위(涇渭)가 바르지 않은 덜된 말. ¶익은 밥 먹고 −하는구나. ☞횡설수설
선소리-꾼명 선소리에서 앞소리를 메기는 사람.
선소리-치다(先−)자 맨 앞에서 소리 지르다.
선소리-패명 선소리하는 소리꾼들.
선소-하다(尠少−)형여 매우 적다.

ㅅ

선속(船速)명 배가 나아가는 속도.
선-손(先-)명 ①남을 앞질러 하는 행동. ②먼저 하는 손찌검. 선수(先手)
선손(을) 걸다관용 먼저 손찌검하다. 선수를 걸다.
선손(을) 쓰다관용 남을 앞질러서 행동하다. 선수를 쓰다. 선수를 치다.
선손-질(先-)명-하다자 먼저 손을 대어 때리는 짓.
속담 **선손질 후 방망이** : 먼저 남에게 해를 끼치면, 자기는 더 큰 해를 입게 된다는 말.
선수(先手)명 ①선손 ②장기나 바둑을 시작할 때 먼저 두는 일, 또는 그런 사람. ③장기나 바둑에서, 기선(機先)을 잡아 상대편이 응수하지 않을 수 없는 곳에 두는 일.
선수(를) 걸다관용 선손을 걸다.
선수(를) 쓰다관용 남을 앞질러 행동하다. 선손을 쓰다. 선수(를) 치다.
선수(를) 치다관용 선수(를) 쓰다. 선손을 쓰다.
선수(船首)명 배의 머리 쪽. 이물
선:수(善手)명 솜씨가 뛰어난 사람.
선:수(選手)명 여러 사람 중에서 뽑히어 경기 따위에 나가는 사람. ¶야구 -/대표 -
선:수(選授)명-하다타 인재(人材)를 뽑아서 관직을 줌.
선:수-권(選手權)[-꿘]명 경기 따위에서 우승한 선수나 단체에게 주어지는 자격. ¶세계 -
선수-금(先受金)명 물건을 건네기 전이나 기한이 되기 전에 미리 받는 돈. 전수금(前受金) ☞선급금(先給金)
선:수-단(選手團)명 선수들로 조직된 단체. ¶대규모 -.
선:수-상(膳羞床)[-쌍]명 무당이 굿할 때 차려 놓는 제물상(祭物床)의 한 가지.
선:수-촌(選手村)명 선수들이 집단 생활을 하며 훈련이나 숙박을 할 수 있는 시설을 갖춘 일정한 구역.
선술(仙術)명 신선(神仙)의 술법(術法).
선술-집[-찝]명 선 채로 술을 마시게 되어 있는 술집.
선-스펙트럼(線spectrum)명 특정의 파장(波長)에서 나타나는 선 모양의 스펙트럼. 원자가 빛을 내거나 흡수할 때 가느다란 여러 선의 단색광으로 나타남. 원자 스펙트럼
선승(先勝)명-하다자 여러 번 하는 경기에서, 첫판을 먼저 이기는 일. ¶한국 시리즈에서 -하다.
선승(禪僧)명 ①참선을 하는 중. ②선종(禪宗)의 중.
선시(宣示)명-하다타 널리 선포하여 알림.
선-시력(線視力)명 미세한 선의 있고 없음을 가려낼 수 있는 눈의 능력. ☞점시력(點視力)
선:시선:종(善始善終)성구 무슨 일을 함에 처음부터 끝까지 한결같이 잘함을 이르는 말.
선:신(善神)명 불교에서, 정법(正法)을 지키는 신.
선신세(鮮新世)명 플라이오세
선실(船室)명 선객(船客)이 쓰도록 배 안에 마련된 방.
선실(禪室)명 ①참선(參禪)하는 방. 선방(禪房) ②선승(禪僧)의 거실(居室). ③'중'의 높임말.
선실기도(先失其道)성구 어떤 일을 하는 데 먼저 그 방법부터 잘못되어 있음을 이르는 말.
선:심(善心)명 ①착한 마음. ②남을 도와주고 싶은 마음. ¶-을 쓰다. ☞악심(惡心)
선심(線審)명 축구나 테니스 따위에서, 공이 선 밖으로 나갔는지 아닌지 따위를 판정하는 사람.
선아(仙娥)명 ①선녀(仙女) ②항아(姮娥)가 달로 올라갔다는 전설에서, '달'을 달리 이르는 말.
선악(仙樂)명 신선의 풍악(風樂).
선:악(善惡)명 착한 일과 악한 일.
선:악-과(善惡果)명 구약성서의 '창세기'에 나오는 선악과나무의 열매. 아담과 이브가 이를 먹고 에덴 동산에서 쫓겨났다는 금단(禁斷)의 열매.
선:악과-나무(善惡果-)명 열매를 따 먹으면 선(善)과 악(惡)을 알게 된다는 나무. 구약성서의 '창세기'에 나오는 것으로 에덴 동산에 있었다고 함. 선악수(善惡樹)
선:악-관(善惡觀)명 선(善)과 악(惡)에 관한 견해.
선:악-무기(善惡無記)명 불교에서, 마음의 성질을 셋으로 구분한 것. 곧 선(善)과 악(惡)과 선도 악도 아닌 무기(無記)를 이르는 말. 이를 '삼성(三性)'이라고 함.
선:악불이(善惡不二)성구 불교에서, 선(善)과 악(惡)이 다른 것이 아님을 이르는 말.
선:악상반(善惡相半)성구 선(善)과 악(惡)이 서로 반반(半半)임을 이르는 말.
선:악-수(善惡樹)명 선악과나무
선:악지보(善惡之報)명 불교에서, 선(善)과 악(惡)에 따르는 응보(應報)를 이르는 말.
선암(禪庵)명 선승(禪僧)의 암자. 선종(禪宗)의 절.
선약(仙藥)명 ①먹으면 장생불사(長生不死)의 신선(神仙)이 된다는 영약(靈藥). 선단(仙丹) ②효험이 뛰어난 신기한 약. 성약(聖藥)
선약(先約)명-하다타 먼저 약속함, 또는 그 약속. 전약(前約) ¶-이 있어 참석할 수 없습니다.
선양(宣揚)명-하다타 세상에 널리 떨침. ¶국위 -.
선양(煽揚)명-하다타 사람의 감정을 부추기어 어떤 행동을 하도록 함. 선동(煽動)
선양(禪讓)명-하다타 임금이 왕위(王位)를 물려주는 일. 선위(禪位) ☞즉위(卽位). 수선(受禪)
선어(仙馭)명 ①신선이 탄다는 뜻으로, '학(鶴)'을 이르는 말. ②-하다자 지난날, 임금이 세상을 떠남을 이르던 말. 임금의 죽음을 신선이 말을 타고 감에 비유하여 이름.
선어(鮮魚)명 생선(生鮮)
선어말=어:미(先語末語尾)명 〈어〉선행 어미(先行語尾)
선언(宣言)명-하다타 의견이나 태도, 방침 등을 공표함, 또는 그 말이나 글. ¶개회를 -하다./중립을 -하다.
선:언(善言)명 교훈이 될 만큼 좋은 말.
선언-문(宣言文)명 선언하는 내용을 적은 글. 선언서
선언-서(宣言書)명 선언문
선:언=원리(選言原理)명 형식 논리학에서, 근본 원리의 한 가지. 모순되는 두 명제(命題) 중 어느 하나에 진리가 존재한다는 것으로, 'A는 B이거나, B가 아니거나의 어느 한쪽이다.'라는 형식으로 나타냄. 선언율
선:언-율(選言律)[-뉼]명 선언 원리
선:언-적(選言的)명 논리학에서, 어떤 명제가 서로 배타적인 선언지(選言肢)를 포함하는 것. ☞정언적
선:언적=개:념(選言的槪念)명 같은 종류에 딸리는 개념에서, 그 외연(外延)이 조금도 교차하지 않고 완전히 분리되어 있는 것. 예를 들면, '빛깔'이라는 같은 종류에 딸리지만 외연이 다른 빨강과 파랑 따위.
선:언적=명:제(選言的命題)명 논리학에서, 하나의 명사(名詞)에 대하여 둘 이상의 술어(述語)가 선택의 형식으로 결합된 명제. '그는 중학생이거나 고등 학생이다'.와 같은 것. 선언적 판단 ☞가언적 명제
선:언적=삼단=논법(選言的三段論法)[-뻡]명 논리학에서, 삼단 논법의 한 가지. 하나의 선언적 명제를을 대전제로 하고, 소전제에서 그 선언지의 어느 것을 긍정하거나 부정하여 결론을 이끌어내는 것. '악어는 어류이거나 파충류이다.'〔대전제〕, '악어는 어류가 아니다.'〔소전제〕, '그러므로 악어는 파충류이다.'〔결론〕 따위.
선:언적=판단(選言的判斷)명 선언적 명제
선:언-지(選言肢)명 선언적 명제에서, 선택될 둘 또는 그 이상의 술어(述語). '창호는 중학생이거나 고등 학생이다.'의 경우의 '중학생', '고등 학생'을 이름.
선업(先業)명 ①불교에서, 전생에서 지은 선악의 업인(業因). ☞악업(惡業) ②선대(先代)의 기업(基業).
선:업(善業)명 불교에서, 좋은 과보(果報)를 가져다 줄 것이라는 착한 행실(行實).
선:-여인(善女人)명 선녀(善女)
선연(仙緣)명 신선과 맺는 인연(因緣).
선연(船緣)명 뱃전
선:연(善緣)명 불교에서 이르는 좋은 인연(因緣). 부처와 맺는 인연. ☞악연(惡緣)
선연(嬋娟)어기 '선연(嬋娟)하다'의 어기(語基).
선연(鮮姸)어기 '선연(鮮姸)하다'의 어기(語基).
선연-하다(嬋娟-)형여 얼굴이 곱고 아름답다.
선연-하다(鮮姸-)형여 산뜻하고 아름답다.

선열(先烈)명 ①나라를 위하여 목숨을 바친 열사(烈士). ②조상이 이룩한 공적(功績).

선열(船列)명 늘어서 떠 있거나 줄지어 가는 배.

선열(禪悅)명 불교에서, 선정(禪定)의 경지에 든 기쁨을 이르는 말. ☞법열(法悅)

선염(渲染)명 바림

선염-법(渲染法)[-뻡]명 화폭에 물을 먹이고, 마르려고 할 때 채색을 해서 스미고 번지는 몽롱한 효과를 나타내는 화법(畫法).

선영(先塋)명 조상의 무덤. 선묘(先墓)

속담 **선영 명당(明堂) 바람이 난다** : 조상의 묏자리가 좋아, 그 자손이 출세하여 잘 살게 되었다는 말. [산소 등에 꽃이 피었다]

선온(宣醞)명-하다타 지난날, 임금이 신하에게 술을 내려 주던 일, 또는 그 술.

선옹(仙翁)명 나이 든 신선(神仙).

선-완장(先阮丈)명 남의 죽은 삼촌을 높이어 이르는 말.

선왕(先王)명 선대(先代)의 임금. 망군(亡君). 선군(先君) 높 대왕(大王)

선왕-유제(先王遺制)[-뉴-]명 선왕이 남긴 제도(制度).

선:왕-재(善往齋)명 죽은 사람이 좋은 세계에 태어나기를 바라는 마음에서 드리는 불공(佛供).

속담 **선왕재 하고 지벌 입었다** : 잘 되기를 바라고 공(功)을 들였는데, 도리어 해(害)를 입게 되었다는 말.

선:외(選外)명 선(選)에 들지 못하거나 입선(入選)하지 못하는 일.

선-외가(先外家)명 선대(先代)의 외가.

선:외=가작(選外佳作)명 입선(入選)은 되지 않은 작품 가운데서 입선에 버금가는 작품.

선용(仙容)명 신선의 용모(容貌). 신선과 같은 용모.

선용(先用)명-하다타 ①선셈으로 미리 꾸어 씀. ②남보다 앞서 씀.

선:용(善用)명-하다타 유익하게 잘 씀. 올바르게 씀. ¶여가를 -하다. ☞악용(惡用)

선:용(選用)명-하다타 여럿 가운데서 골라서 씀.

선우(單于)명 지난날, 흉노(匈奴)가 그들의 왕이나 추장을 높이어 일컫던 말.

선:우(善友)명 선량한 벗.

선:우(善遇)명-하다타 잘 대접함. 선대(善待)

선우-월(蟬羽月)명 '음력 유월'을 달리 이르는 말.

선우후:락(先憂後樂)성구 근심할 일은 남보다 먼저 근심하고 즐길 일은 남보다 나중에 즐긴다는 뜻으로, 충신의 마음가짐을 이르는 말. 중국 북송(北宋) 때의 범중엄(范仲淹)의 '악양루기(嶽陽樓記)'에 나오는 말임.

선운(船運)명 선박(船舶)의 운항(運航).

선운산가(禪雲山歌)명 지금은 전하지 않는 백제 때의 가요(歌謠). 한 여인이 싸움터에 나가 돌아오지 않는 남편을 기다리며 선운산에 올라가 지어 불렀다고 함. '고려사(高麗史)' 악지(樂志)에 유래가 실려 전함.

선:-웃음명 우습지도 않은데 짐짓 꾸미어 웃는 웃음.

선원(船員)명 선박 안에서 일하는 선장(船長)·해원(海員)·예비원(豫備員)을 통틀어 이르는 말.

선원(禪院)명 ①선종(禪宗)의 절. 선사(禪寺) ②불교에서, 선정(禪定)을 닦는 도량. ☞율원(律院). 총림(叢林)

선원(璿源)명 왕실(王室)의 조상에서 갈려 내려오는 겨레붙이의 계통(系統).

선원계보기략(璿源系譜紀略)명 조선 왕실의 계보(系譜)를 간략하게 기록한 책. 조선 숙종(肅宗) 때 간행된 뒤, 새 임금이 즉위할 때마다 보충하였음.

선원=수첩(船員手帖)명 선원의 신분을 증명하는 수첩. 선원이 반드시 지니고 있어야 하며, 배에 타고 있을 때는 선장이 보관하게 되어 있음.

선원-전(璿源殿)명 조선 역대 왕들의 어진(御眞)을 모신 전각. 창덕궁 안에 있음.

선원-주의(先願主義)명 두 사람 이상이 특허권이나 광업권 따위를 출원하였을 때, 먼저 출원한 사람을 우선적으로 다루는 주의.

선월(先月)명 지난달

선위(禪位)명-하다자 임금이 왕위를 물려주는 일. 선양(禪讓) ☞즉위(卽位)

선위-사(宣慰使)명 조선 시대에, 외국 사신을 영접하는 일을 맡아보던 임시 관직.

선유(先儒)명 선대(先代)의 유학자(儒學者). 옛 선비.

선유(宣諭)명-하다자 지난날, 임금의 명령이나 유시(諭示)를 백성들에게 널리 알리던 일.

선유(船遊)명-하다자 뱃놀이. 주유(舟遊)

선:유(善柔)어기 '선유(善柔)하다'의 어기(語基).

선유가(船遊歌)명 십이잡가(十二雜歌)의 하나. 후렴에 '배를 타고 놀러 가세'라는 내용이 있음.

선유락(船遊樂)명 지난날, 정재(呈才) 때 추던 춤의 한 가지. 무기(舞妓)가 채선(彩船)을 끌고 배 떠나는 모양을 하며 추는 춤. ☞배따라기

선유-사(宣諭使)명 지난날, 병란(兵亂)이 났을 때 임금의 명령을 받고 민심을 안정시키기 위하여 파견되던 임시 관직.

선:유-하다(善柔-)형여 마음이 착하여 곰상스러우나 줏대가 없다.

선육(鮮肉)명 신선한 고기.

선율(旋律)명 소리의 길이와 높낮이, 또는 그 어울림. 가락[2]. 멜로디

선율(禪律)명 불교에서, 선(禪)과 율(律), 또는 선종(禪宗)과 율종(律宗)을 아울러 이르는 말.

선음(先蔭)명 조상(祖上)의 숨은 은덕(恩德).

선:음(善飮)명-하다타 술을 잘 마시거나 좋아함.

선의(先議)명-하다타 ①다른 문제에 앞서 논의함. ②양원제(兩院制)의 의회에서, 상원 또는 하원이 법안을 먼저 심의하는 일.

선의(船醫)명 항해 중인 배에서 근무하는 의사.

선:의(善意)명 ①선량한 마음. ②좋은 뜻. ¶-의 경쟁. ③남을 위하는 마음. 친절한 마음. 남을 좋게 보려는 마음. 호의(好意) ¶남의 -를 저버리다. ④법률에서, 어떤 사실을 모르고 하는 일. ☞악의(惡意)

선의(鮮衣)명 새뜻하고 아름다운 옷.

선의(禪衣)명 선승(禪僧)이 입는 옷.

선:의=점유(善意占有)명 법률에서, 점유할 권리가 없다는 사실을 모르고 하는 점유. ☞악의 점유

선-이:자(先利子)[-니-]명 빚을 얻을 때 빚돈에서 미리 떼는 이자. 선리(先利). 선변(先邊)

선익-지(蟬翼紙)명 두께가 아주 얇은 종이의 한 가지.

선인(仙人)명 신선(神仙)

선인(先人)[1]명 ①선친(先親) ②전대(前代)의 사람. 옛날 사람. ¶-이 남긴 업적. ☞후인(後人)

선인(先人)[2]명 고구려의 14관등 중 맨 아래 등급. ☞대대로(大對盧)

선인(宣人)명 조선 시대, 외명부 품계의 하나. 육품 문무관의 아내에게 내린 봉작(封爵). ☞안인(安人)

선인(船人)명 ①뱃사공 ②뱃사람

선:인(善人)명 착한 사람. ☞악인(惡人)

선:인(善因)명 불교에서, 좋은 과보(果報)를 가져오는 원인이 된다는 착한 행실. ☞악인(惡因)

선:인선:과(善因善果)성구 불교에서, 착한 행실은 반드시 좋은 과보(果報)를 가져옴을 이르는 말. 복인복과(福因福果) ☞악인악과(惡因惡果)

선인-장(仙人掌)명 선인장과의 식물을 통틀어 이르는 말. 아메리카 대륙의 건조 지대 원산인 상록 여러해살이 건생 식물. 짙은 녹색인 가지에 잎이 변해서 된 바늘 모양의 가시가 있음. 꽃은 품종에 따라 황색·적색·백색의 것이 많으며, 모양이 진기할수록 소중히 여겨지고 있음. 전세계에 약 1만 2000종이 관상용으로 재배되고 있음. 백년초(百年草). 패왕수(霸王樹). 사보텐

선인-죽(仙人粥)명 새박뿌리의 껍질을 벗기고 저며서 끓이다가 쌀을 넣고 쑨 죽.

선-일[-닐]명 서서 하는 일. ☞앉은일

선일(先日)명 전날. 전일(前日)

선임(先任)명 먼저 어떤 임무나 직책을 맡는 일, 또는 그 사람. ☞후임(後任)

선임(船賃)명 뱃삯

선:임(選任)명-하다타 사람을 골라서 임무나 직책을 맡김. ¶위원장을 ―하다.

선임-권(先任權)[―꿘]명 근로자의 승진이나 해고 따위에서, 먼저 채용된 사람이 나중에 채용된 사람보다 유리하게 취급되는 권리.

선임=부:사관(先任副士官)명 특정한 부대의 부사관 중에서 가장 선임인 부사관.

선입-감(先入感)명 무슨 일에 앞서 미리 느낀 느낌.

선입-견(先入見)명 어떤 대상에 대하여 미리부터 마음속에 굳어진 견해. 그것이 올바른 판단에 방해가 되는 경우에 이름. ¶―에 얽매이다. ☞선입감(先入感). 선입관

선입-관(先入觀)명 선입 관념

선입=관념(先入觀念)명 미리부터 마음에 자리잡은 관념. 선입관(先入觀)

선자(仙子)명 ①신선(神仙) ②선녀(仙女) ③얼굴이 아름다운 여자.

선자(仙姿)명 속세를 떠난 신선과 같은 모습.

선자(先慈)명 남에게, 세상을 떠난 자기의 어머니를 이르는 말. 선비(先妣) ☞선친(先親)

선자(扇子)명 ①부채 ②'선자추녀'의 준말.

선:자(選者)명 많은 작품 중에서 좋은 작품을 가려내는 일을 맡은 사람. ¶문학상의 ―.

선자-개판(扇子蓋板)명 재래식 한옥에서, 선자추녀의 서까래를 덮은 널빤지.

선자-고래(扇子―)명 편 부챗살 모양으로 놓은 방고래.

선-자귀[1] 명 반 간 퇴의 두 짝으로 된 분합(分閤).

선-자귀[2] 명 대자귀

선-자물쇠[―쐬]명 배목에 비녀장을 꽂는 간단한 구조의 자물쇠. 좌우로 여는 문짝에서만 쓰임.

선자-서까래(扇子―)명 재래식 한옥에서, 편 부챗살 모양으로 걸친 서까래. 선자연

선자-연(扇子椽)명 선자서까래

선자옥질(仙姿玉質)성구 신선 같은 모습에 옥 같은 바탕이라는 뜻으로, 기품 있고 맵시 고운 미인(美人)을 비유하여 이르는 말.

선자-지(扇子紙)명 부채 따위를 바르는 데 쓰이는 질긴 흰 종이.

선자-추녀(扇子―)명 재래식 한옥에서, 편 부챗살 모양으로 서까래를 걸친 추녀. 준선자(扇者) ☞말굽추녀

선:-잠명 깊이 들지 않은 얕은 잠. 겉잠 ☞귀잠. 노루잠

선-잠(先蠶)명 인간에게 처음으로 누에 치는 법을 가르쳤다는 신(神). 서릉씨(西陵氏). 잠신(蠶神)

선장(先丈)명 '선고장(先考丈)'의 준말.

선장(先場)명 지난날, 문과(文科)의 과거(科擧)에서 가장 먼저 글장을 바치던 일.

선장(船匠)명 배를 만드는 목수.

선장(船長)명 배의 승무원들을 관리하는 직위, 또는 그 직위에 있는 사람.

선장(船檣)명 배의 돛대.

선장(禪杖)명 절에서, 좌선(坐禪)할 때 졸음을 쫓는 데 쓰는 대로 만든 막대기. 끝을 솜 따위로 불룩하게 싸고, 아랫자리 사람이 졸면 이 부분으로 건드려 깨움. 갈대로 만든 것도 있음.

선장-등(船檣燈)명 배의 진행 방향을 나타내려고 앞 돛대에 다는 항해등(航海燈).

선재(仙才)명 신선(神仙)과도 같은, 썩 뛰어난 재주.

선재(先在)명-하다자 이전부터 있음.

선재(船材)명 배를 만드는 데 쓰이는 자재(資材).

선:재(選材)명 선별한 재료. 선택한 재료.

선저(船底)명 배의 밑바닥.

선적(先蹟)명 선인(先人)의 사적(事蹟).

선적(船積)명-하다타 짐을 배에 실음. ¶―이 끝나면 곧 출항한다.

선적(船籍)명 선박(船舶)의 소속지를 나타내는 적(籍). 선박 원부에 등록되어 있는 것.

선적-항(船積港)명 짐을 싣는 항구.

선적-항(船籍港)명 선박의 선적이 등록되어 있는 항구.

선전(宣傳)명 ①-하다자타 어떤 일을 널리 알려 많은 사람의 이해와 공명(共鳴)을 구함, 또는 그런 활동. ¶정부의 방침을 ―하다./상품의 우수성을 ―하다. ②'선전관(宣傳官)'의 준말.

선전(宣戰)명-하다자 어떤 나라에 대하여 전쟁의 개시를 선언함.

선전(旋轉)명-하다자 빙빙 돌아감.

선:전(善戰)명-하다자 힘껏 잘 싸움. ¶강적(強敵)을 상대로 ―하다.

선전(縇廛·線廛)명 조선 시대, 육주비전(六注比廛)의 하나. 비단을 전문으로 팔던 가게.

선전-관(宣傳官)명 조선 시대, 선전관청에 딸린 무관 관직, 또는 그 관원. 행수(行首)인 정삼품(正三品)에서 종구품(從九品)까지 있었음. 준선전(宣傳)

선전-관청(宣傳官廳)명 조선 시대, 형명(刑名)·계라(啓螺)·부신(符信)·시위(侍衛)·전령(傳令)의 출납(出納) 따위를 맡아보던 병조(兵曹)에 딸린 관아.

선전=광:고업(宣傳廣告業)명 선전이나 광고 업무를 전문으로 다루는 사업.

선전-문(宣傳文)명 선전하는 내용의 글.

선전-술(宣傳術)명 선전을 효과적으로 하는 기술.

선전=영화(宣傳映畫)명 선전할 목적으로 만든 영화.

선전-원(宣傳員)명 선전 업무에 종사하는 사람.

선전-전(宣傳戰)명 서로 다투어 선전하는 일. ¶상품에 대한 ―을 펼치다.

선전-탑(宣傳塔)명 선전하는 내용을 글과 그림 따위로 나타내어 세우는 탑 모양의 건조물(建造物).

선전=포:고(宣戰布告)명 어떤 나라에 대하여 전쟁의 개시를 선언하는 일. ¶―도 없이 기습하다.

선-절명 우리 나라의 절의 한 가지. 선 자세에서 고개와 허리를 공손히 굽히는 절. 굽히는 정도로써 존경의 깊이를 나타냄. ☞앉은절

선점(先占)명-하다타 ①남보다 먼저 차지함. ②민법에서, 물고기나 새·짐승 등 소유자가 없는 물건을 자기의 소유로 할 뜻을 가지고 남보다 먼저 점유하는 일. ③국제법에서, 국가가 어느 나라에도 소속되지 않은 토지를 다른 나라보다 먼저 점유하는 일.

선:점(選點)[―쩜]명-하다자 측량을 하기 전에 측량할 곳에 가서 미리 기점(基點)이 될만 한 곳을 고르는 일.

선접(先接)명-하다타 지난날, 과거(科擧)를 볼 때 과장(科場)에 먼저 들어가서 좋은 자리를 잡던 일.

선접(을) 잡다관용 과거를 볼 때, 과장에 남보다 먼저 들어가서 좋은 자리를 잡다.

선접-꾼(先接―)명 지난날, 선접하기 위하여 과장(科場)에 데리고 들어가던 사람.

선정(先正)명 선대(先代)의 유현(儒賢). 주로 문묘(文廟)에 배향(配享)된 유현을 이름.

선:정(善政)명 바르고 좋은 정치. 양정(良政) ☞악정

선정(煽情)명 색정(色情)을 일으키게 자극하는 일.

선:정(選定)명-하다타 많은 것 중에서 골라서 정함. 택정(擇定) ¶교과서의 ―./새 임원을 ―하다.

선정(禪定)명 불교에서, 조용히 마음을 가라앉힌 다음, 정신을 무엇에 집중하여 명상하는 일. ¶―에 들다.

선:정-비(善政碑)명 선정을 베푼 관원의 덕을 기리기 위하여 세운 비석. ☞거사비(去思碑)

선정-적(煽情的)명 색정(色情)을 자극하는 것. ¶―인 기사(記事)./요즘 영화는 지나치게 ―이다.

선제(先制)명-하다타 선수를 쳐서 상대편을 누름, 또는 기선(機先)을 잡음.

선제(先帝)명 '선황제(先皇帝)'의 준말.

선제(先除)명-하다타 먼저 뺌, 또는 미리 없앰.

선제=공:격(先制攻擊)명 상대편을 제압하기 위하여 선수를 쳐서 공격하는 일.

선조(仙鳥)명 가릉빈가(迦陵頻伽)

선조(先祖)명 한 집안의 시조(始祖), 또는 대대(代代)의 조상.
선조(先朝)명 ①먼저 임금의 시대. ②전대(前代)의 왕조(王朝). 전조(前朝)
선조-관(宣詔官)명 조선 시대, 나라에 경사가 있을 때에 조서(詔書)를 읽던 임시 관원.
선족(跣足)명 맨발
선:종(善終)명 가톨릭에서, '착하게 살다가 복되게 끝마침'의 뜻으로, '착한 죽음' 또는 '거룩한 죽음'을 이르는 말.
선종(腺腫)명 선상피(腺上皮) 세포가 증식하여 결절(結節) 모양이나 유두(乳頭) 모양을 나타내는 종양. 위장이나 자궁의 점막 따위에 생김.
선:종(選種)명-하다자 좋은 씨앗을 고름.
선종(禪宗)명 불교의 한 갈래. 불교의 진수(眞髓)는 좌선(坐禪)을 통한 수행으로 터득할 수 있다고 하고, 교외별전(教外別傳)·불립문자(不立文字)·직지인심(直指人心)·견성성불(見性成佛)을 주장함. 6세기 초에 달마(達磨)가 중국에 전함. 선가(禪家). 선도(禪道). 선문(禪門) 준 선(禪) ☞교종(教宗)
선종영:가집언:해(禪宗永嘉集諺解)명 당나라의 중 현각(玄覺)이 지은 '선종영가집'을 조선 세조(世祖) 때 한글로 번역한 책. 임금이 친히 구결(口訣)을 달고, 중 신미(信眉) 등이 번역하였음. '영가집언해'라고도 함.
선주(先主)명 ①선대의 군주(君主). ②전의 주인. 전주(前主) ☞후주(後主)
선주(船主)명 배 임자.
선-주민(先住民)명 지금 살고 있는 사람들에 앞서서 그곳에 살았던 사람들, 또는 그 민족. ¶ -의 유적(遺跡).
선-주인(船主人)명 지난날, 배에 실려 오는 물품의 매매를 중개하는 사람을 이르던 말.
선주-후:나(先奏後拿)명 조선 후기에, 먼저 임금에게 아뢴 다음에 범인을 체포하던 절차. 범인이 고관(高官)인 칙임관(勅任官)의 경우가 이에 해당하였음. ☞선나후주(先拿後奏)
선-줄 명 세로로 박혀 있는 광맥(鑛脈).
선중(船中)명 배의 안.
선즉제:인(先則制人)성구 선수를 치면 남을 제압할 수 있다는 말.
선지 명 짐승을 잡아서 받은 피. 식어서 묵처럼 엉긴 것을 국거리 따위로 씀. 선지피
선지(先志)명 선인(先人)의 뜻, 또는 선조의 유지(遺志).
선지(先知)명 ①-하다타 앞일을 미리 앎. ②-하다타 남보다 먼저 도(道)를 깨침, 또는 그 사람. ③'선지자(先知者)'의 준말.
선지(宣旨)명-하다타 지난날, 임금의 명령을 널리 알리던 일, 또는 그 명령을 적은 문서.
선지(宣紙)명 서화(書畫)에 쓰는 중국 종이.
선:-지식(善知識)명 불교에서, 사람을 바르게 가르쳐서 불도(佛道)로 이끌어 주는 덕이 높은 고승(高僧)을 이르는 말. ☞악지식(惡知識)
선지-자(先知者)명 ①남보다 먼저 깨달아 아는 사람. ②크리스트교에서, 예수 이전에 나타나 예수의 강림과 하느님의 뜻을 예언한 사람. 준 선지(先知) ☞예언자
선지증(船之證)[-쯩]명 지난날, 화물(貨物)을 운송하는 선박에 발행하던 증서.
선지-피 명 ①선지 ②몸에서 갓 흘러나온 선명한 피. 선혈(鮮血)
선지-후:행설(先知後行說)명 널리 지식을 궁구(窮究)한 다음에 행동으로 옮겨야 한다는 주자(朱子)의 학설. ☞지행합일설(知行合一說)
선진(先陣)명 ①전쟁에서, 본진(本陣) 앞에 자리잡은 부대. ②적진(敵陣)을 향하여 앞장서 쳐들어가는 사람, 또는 그 부대. ¶ - 부대
선진(先進)명 ①나이나 지위·경력 따위가 앞서 있는 일, 또는 그 사람. ②문화나 경제 등의 발전의 정도가 다른 지역이나 다른 나라보다 앞서 있는 상태. ☞후진(後進)
선진=개발=도상국(先進開發途上國)명 개발 도상국 가운데, 급속한 공업화를 바탕으로 뚜렷한 경제 발전을 이룩해 가고 있는 신흥(新興) 공업국을 이르는 말.
선진-국(先進國)명 경제적·문화적으로 발전이 앞선 나라. ☞후진국
선-진배(先進排)명 '선진배후수'의 준말.
선진배-후:수(先進排後受)명 지난날, 대궐이나 관아에 먼저 납품한 다음 나중에 값을 받던 일. 준 선진배
선진=사:회(先進社會)명 소득 수준이 높고 문화가 고도로 발달한 사회, 또는 선진국의 사회.
선:집(選集)명 한 사람 또는 여러 사람의 작품 중에서 대표적인 작품을 추려 모은 책. ¶중국 문학 -
선짓-국 명 쇠뼈를 고아 만든 국물에 선지와 연한 풋배추 데친 것, 시래기 등을 넣고 간장·파·마늘·고춧가루 따위로 간을 하여 끓인 국. 우혈탕(牛血湯)

> ▶ '선짓국'과 복합어의 사이시옷
> ① 고유어끼리 어울려 복합어를 이룰 때 앞의 말에 받침이 없고 뒤의 말 첫소리가 된소리로 소리가 날 때 사이시옷을 적는다.
> ¶귓밥/나룻배/나뭇가지/냇가/댓가지/맷돌/모깃불/못자리/뱃길
> ② 고유어와 한자어가 어울려 복합어를 이룰 때, 앞의 말에 받침이 없고 뒤의 말의 첫소리가 된소리로 소리가 날 때 사이시옷을 적는다.
> ¶귓병/샛강/전셋집/콧병/탯줄/햇수

선차(先次)명 지난번
선차(旋車)명 발로 돌리는 물레.
선착(先着)명-하다자 남보다 먼저 다다름. ¶결승 토너먼트에 -하다.
선-착수(先着手)명-하다자타 남보다 먼저 착수함.
선착-순(先着順)명 먼저 와 닿는 차례. ¶ -으로 접수하다. ☞도착순(到着順)

선찰(禪刹)명 선종(禪宗)의 절. 선사(禪寺)
선참(先站)명 다른 사람이나 다른 일보다 먼저 하는 차례. ¶ -으로 참가하다./만나면 -으로 야단부터 친다.
선참=후:계(先斬後啓)명 지난날, 군율(軍律)을 어긴 사람을 먼저 처형(處刑)한 다음에 임금에게 아뢰던 일.
선창(先唱)명-하다타 ①먼저 주창(主唱)함. ②노래나 구호(口號) 따위를 먼저 부르거나 외침. ¶시장의 -으로 만세를 부르다.
선창(船倉)명 배의 짐을 싣는 칸.
선창(船窓)명 배의 창문.
선창(船廠)명 조선소(造船所)
선창(船艙)명 ①물가에 다리처럼 만들어서 배를 댈 수 있게 해 놓은 시설. 준 창(艙) ②배다리
선창(癬瘡)명 한방에서, '버짐'을 이르는 말.
선채(先債)명 앞서 진 빚. 전채(前債)
선채(先綵)명 혼례(婚禮)에 앞서 신랑 집에서 신부 집으로 보내는 채단(綵緞).
선채(鮮菜)명 신선한 채소.
선:채-마니(善採-)명 산삼을 잘 캐는 능숙한 심마니.
선:책(善策)명 좋은 방책(方策). ¶ -을 강구하다.
선:처(善處)명-하다자 어떤 일을 잘 처리함. ¶문제가 커지지 않도록 -해 주십시오.
선척(先尺)명 지난날, 돈을 받기 전에 먼저 관아에 써 주는 영수증을 이르던 말.
선척(船隻)명 배
선천(先天)앞말 '태어날 때부터 지니고 있음', 또는 '타고난 것임'을 뜻하는 말. ¶ - 면역 ☞후천(後天)
선천-론(先天論)[-논]명 선천설(先天說)
선천=매독(先天梅毒)명 태아가 어머니의 태내에 있을 때 감염되어, 태어난 후 그 증세가 나타나는 매독.
선천-병(先天病)[-뼝]명 태어날 때부터 가지고 있는 병. ☞후천병(後天病)
선천=부족(先天不足)명 한방에서, 태어날 때부터 몸이 허약한 상태를 이르는 말.
선천-사(先天事)명 이미 지나간 옛일.

선천-설(先天說)명 사람의 성질이나 능력 따위가 선천적으로 타고나는 것이라고 보는 견해. 선천론(先天論). 천부설(天賦說)
선천-성(先天性)[-썽]명 타고난 성질.
선천성=기형(先天性畸形)명 태어날 때부터의 신체적인 기형을 이르는 말. ☞배냇병신
선천성=면역(先天性免疫)명 사람이나 동물이 어떤 병원체에 대하여 가지는 선천적인 저항력. 자연 면역
선천-적(先天的)명 ①태어날 때부터 지니고 있는 것. 타고난 것. ¶-인 소질(素質). ☞후천적(後天的) ②아프리오리
선철(先哲)명 옛날의 현인(賢人). 선현(先賢). 전철(前哲). 전현(前賢) ¶-의 가르침.
선철(銑鐵)명 무쇠
선체(船體)명 ①배의 몸체. ②실려 있는 것과 부속물 따위를 뺀 배의 본체(本體).
선초(扇貂)명 부채고리에 매어 늘어뜨리는 장식품. 선추
선추(扇錘)명 선초(扇貂)
선축(先蹴)명-하다자타 축구나 럭비 따위에서, 경기를 시작할 때 공을 먼저 차는 일. ☞킥오프
선출(先出)명 맏물
선:출(選出)명-하다타 여럿 가운데서 고르거나 뽑아 냄. ¶시장을 -하다.
선충-류(線蟲類)명 선형동물(線形動物)의 한 강(綱). 몸은 실 또는 원통 모양이고, 길이는 몇 mm에서 30cm에 이르는 것도 있음. 마디가 없고 대부분이 암수딴몸임. 동식물에 기생하는 것이 많으나 물 속이나 흙 속에서 자유 생활을 하는 것도 많음. 사람의 소화관에 기생하는 것으로는 회충·요충·십이지장충 따위가 있음. 전세계에 5,000종 이상이 알려져 있음.
선취(先取)명-하다타 남보다 먼저 차지함. 선취득(先取得) ¶1회 말에 한 점을 -하다.
선-취:득(先取得)명-하다타 선취(先取)
선취-점(先取點)[-쩜]명 운동 경기 등에서, 상대편보다 먼저 딴 점수.
선취=특권(先取特權)명 담보 물권(擔保物權)의 한 가지. 법률이 정한 특수한 채권을 가진 사람이 채무자의 재산에서, 다른 채권에 앞서 변제를 받을 권리.
선측(船側)명 ①뱃전 ②배의 곁.
선측=인도(船側引渡)명 에프에이에스(FAS)
선:치(善治)명-하다타 백성을 잘 다스림.
선친(先親)명 남에게 세상을 떠난 자기의 아버지를 이르는 말. 선고(先考). 선부(先父). 선인(先人)[1] ☞가친(家親). 선비(先妣). 선자(先慈)
선침(仙寢)명 임금의 무덤. 왕릉(王陵)
선칼-도(-刀)명 한자 부수(部首)의 한 가지. '刻'·'劍'·'到' 등에서 '刂'의 이름. ☞칼도
선-캄브리아대(先Cambria代)명 캄브리아기 이전의 지질 시대. 지각(地殼)이 형성된 뒤 5억 7500만년 전까지를 이름. 시원대(始原代). 은생대(隱生代) ☞신생대(新生代)
선-키명 바로 서 있을 때의 키. ☞앉은키
선탁(宣託)명 신탁(神託)
선:탄(選炭)명-하다자 캐낸 석탄에서 불순물 따위를 가려내고 용도에 따라 분류하는 일.
선:탄=공장(選炭工場)명 탄광이나 제철소 따위에 딸리어 선탄 작업을 하는 공장.
선:탄-장(選炭場)명 선탄 작업을 하는 곳.
선탈(蟬脫)명-하다자 매미가 허물을 벗는다는 뜻으로, 초연히 세속(世俗)을 벗어나는 일.
선탑(禪榻)명 좌선(坐禪)할 때 쓰는 걸상 모양의 낮고 작은 평상(平床).
선태(鮮太)명 갓 잡은 싱싱한 명태. ☞생태(生太)
선태(蘚苔)명 '이끼'의 딴이름.
선태-류(蘚苔類)명 선태식물
선태-식물(蘚苔植物)명 식물계의 한 문(門). 수중 생활에서 육상 생활로 옮겨 가는 중간 단계의 식물군으로 그늘지고 축축한 곳에서 자람. 관다발이 없는 엽상 식물(葉狀植物)로 암수딴그루인데 포자체(胞子體)가 배우체(配偶體)에 붙어서 삶. 솔이끼 등 선류(蘚類)와 우산이끼 등 태류(苔類)가 이에 딸림. ☞양치식물(羊齒植物)
선:택(選擇)명-하다타 여럿 가운데서 마음에 드는 것을 골라 뽑음. ¶취사(取捨)-/좋은 것으로 -하다.
선:택=과목(選擇科目)명 선택하여 학습할 수 있는 과목. 필수가 아닌 과목. ☞필수 과목
선:택-권(選擇權)명 ①선택할 권리. ②선택 채권의 몇 개의 급부(給付) 중에서, 구체적으로 이행될 한 급부를 선택할 수 있는 법률상의 지위.
선:택-도(選擇度)명 수신기가 가진, 어떤 특별한 신호를 다른 신호와 구별하여 수신할 수 있는 성능의 정도.
선:택=배:양법(選擇培養法)[-뻡]명 좋은 종자를 골라서 가꿈으로써 차차 좋은 식물로 개량(改良)해 나가는 품종(品種) 개량법.
선:택-지(選擇肢)명 다지 선택법(多肢選擇法)에서, 물음에 대한 답의 보기로 제시된 정답을 포함한 몇 개의 항. 답지(答肢)
선:택=채:권(選擇債權)[-꿘]명 여러 가지 변제물(辨濟物)이나 변제 조건 중에서, 그 하나를 채무자(債務者)가 선택하여 결정할 수 있는 채권.
선:택-형(選擇刑)명 법정형(法定刑)에 둘 이상의 것을 규정하고, 선고(宣告)할 때 그 중의 어느 하나를 선택하도록 하는 형(刑).
선:택-형(選擇型)명 객관적인 설문 형식의 한 가지. 설문에 대한 답을 여러 개 제시하고 그 가운데서 하나의 정답을 고르게 하는 방식. ☞선다형(選多型)
선통(先通)명-하다타 미리 알림.
선퇴(蟬退)명 한방에서, 매미의 허물을 약재로 이르는 말. 열병(熱病)이나 어린아이의 경련(痙攣)에 쓰임.
선팔십(先八十)[-씹]성구 궁팔십(窮八十)
선패(宣牌)명 조선 시대, 임금이 삼품(三品) 이상의 신하를 부를 때 쓰던 '宣旨(선지)'라고 새긴 나무패. 세종 때 '명패(命牌)'로 이름을 바꾸었음.
선-팽창(線膨脹)명 온도가 높아지면 고체의 길이가 늘어나는 현상. 길이팽창
선팽창=계:수(線膨脹係數)명 물체의 온도를 1℃ 높였을 때에 길이가 늘어나는 비율. 대부분의 물체는 10만분의 1 정도씩 늘어남.
선편(船便)명 배가 오고 가는 편(便). 배편
선:평(選評)명-하다타 여러 작품 가운데서 좋은 작품을 가려 뽑아 비평함, 또는 그 비평.
선포(宣布)명-하다타 정부 등이 공식적으로 널리 사회에 알림. ¶계엄령을 -하다.
선폭(船幅)명 배의 가장 넓은 부분의 너비.
선표(船票)명 뱃삯을 낸 증거로 받는 표. 배표
선풍(旋風)명 ①회오리바람 ②갑작스레 일어나 세상을 뒤흔드는 사건이나 충격 따위를 비유하여 이르는 말. ¶대대적인 검거 -./정계에 큰 -을 일으키다.
선풍-기(扇風機)명 전동기의 굴대에 몇 개의 날개를 달아 그것을 회전시켜 바람을 일으키는 기계.
선풍도:골(仙風道骨)성구 신선(神仙)의 풍모(風貌)와 도인(道人)과 같은 기골(氣骨)이라는 뜻으로, 비범(非凡)하고 고아(高雅)한 풍채를 이르는 말.
선풍-적(旋風的)명 갑작스레 일어나 세상에 큰 충격을 주거나 큰 관심을 일으키게 하는 것. ¶-인 인기를 끌다.
선필(仙筆)명 사람의 작품이라고는 생각되지 않을 정도로 뛰어난 시문(詩文)을 비유하여 이르는 말.
선하(先下)명-하다타 선급(先給)
선하(船荷)명 배에 실은 짐. 뱃짐. 선화(船貨)
선:-하다형여 잊혀지지 않고 눈앞에 보이는듯 하다. ¶고난을 함께 한 전우의 모습이 눈에 -.
　선-히부 선하게
선:-하다(善-)형여 착하다 ¶선하게 살다. ☞악(惡)하다
선하-주(船荷主)명 배에 실은 짐의 임자. 선화주(船貨主)
선하=증권(船荷證券)[-꿘]명 선화 증권(船貨證券)

선:-하품 명 몸에 이상이 있거나 내키지 않는 일을 하거나 할 때 나는 하품. ¶책을 펴 놓고는 ―만 하다.
선학(仙鶴) 명 '두루미¹'의 딴이름.
선학(先學) 명 학문상의 선배. ☞후학(後學)
선학(禪學) 명 선(禪)에 관한 학문. 선종(禪宗)의 교의(敎義)를 연구하는 학문.
선행(先行) 명 -하다 자 ①먼저 감, 또는 앞서 감. ¶―부대/시대에 ―하다. ②딴 일에 앞서 함, 또는 먼저 이루어짐. ¶무엇보다 노력이 ―되어야 한다.
선행(旋行) 명 -하다 자 빙빙 돌아서 감.
선:행(善行) 명 착한 행실. ☞악행(惡行)
선행=어:미(先行語尾) 명 〈어〉활용 어미 앞에 놓이는 덧붙이기 형태의 어미. 곧 '가시느냐, 가옵는가'와 같은 예에서 '-시-'나 '-옵-'과 같은 어미.
선행=조건(先行條件)[-껀] 명 ①무슨 일에 앞서서 먼저 해야 하는 조건. ②법률에서, 권리 이전(移轉)이 생기기 전에 일어난 조건.
선향(仙鄕) 명 신선이 산다는 곳. 선경(仙境)
선향(先鄕) 명 시조(始祖)의 고향. 관향(貫鄕)
선향(線香) 명 향(香)의 한 가지. 향료의 가루를 송진 따위에 개어 가늘고 길게 굳혀 만든 향.
선험-적(先驗的) 명 철학에서, 경험에 앞서는 것. 인식의 능력이나 판단력 따위가 경험에 앞서 선천적으로 갖추어져 있는 것.
선험적=관념론(先驗的觀念論) 명 인간의 인식은 경험과 더불어 시작되지만, 경험을 하지 않고서도 그것이 가능해지는 것은 주관의 선천적인 직관(直觀) 및 사고 형식(思考形式)에 따라서 감각적 소여(所與)가 구성되기 때문이라는 인식론상의 견해.
선험적=의:식(先驗的意識) 명 경험적인 의식에 대하여, 경험의 제약을 받지 않는 의식.
선험적=통:각(先驗的統覺) 명 의식 일반(意識一般)
선험=철학(先驗哲學) 명 비판 철학(批判哲學)
선-헤엄 명 물 속에서 서서 치는 헤엄. ☞앉은헤엄
선현(先賢) 명 옛날의 현인(賢人). 선철(先哲)
선현(船舷) 명 뱃전
선혈(鮮血) 명 몸에서 갓 흘러나온 선명한 붉은 피. 선지피 ¶―이 낭자하다.
선형(扇形) 명 부채꼴
선형(船型·船形) 명 ①배의 모양. ②배의 겉모양을 나타낸 모형(模型).
선형(線形) 명 ①선(線)과 같이 가늘고 긴 모양. 선상(線狀) ②식물의 잎 모양의 한 가지. 갸름하고 길며 너비가 거의 같음.
선형-동:물(線形動物) 명 동물계의 한 문(門). 선충류(線蟲類)·갈고리촌충류 등이 이에 딸림. 원형동물
선혜-당상(宣惠堂上) 명 조선 시대, 선혜청(宣惠廳)의 제조(提調)를 이르던 말. 대동당상 준 혜당(惠堂)
선혜-청(宣惠廳) 명 조선 시대, 대동미·대동전·대동포의 출납을 맡아보던 관아. 선조(宣祖) 때 실시된 대동법(大同法)에 따라 설치됨.
선호(船號) 명 배의 이름. 선명(船名)
선:호(選好) 명 -하다 타 여럿 중에서 특별히 가려서 좋아함. ¶아들을 ―하다./경영학과를 ―하는 학생이 많다.
선혹(煽惑) 명 -하다 타 남을 부추기어 홀리게 함.
선홍(鮮紅) 명 선홍색
선홍-색(鮮紅色) 명 산뜻한 다홍색. 새빨간 빛깔. 선홍
선홍-치(鮮紅―) 명 선홍칫과의 바닷물고기. 몸길이 40 cm 안팎. 몸은 가늘고 길며 옆으로 납작함. 몸빛은 대체로 선홍색이나 옆구리와 배 부분은 은백색의 광택이 있음. 난해성이며 우리 나라 남해에서 남태평양에 걸쳐 널리 분포함.
선화(仙化) 명 -하다 자 신선(神仙)이 된다는 뜻으로, 별다른 병이 없이 곱게 늙어 죽는 일.
선화(旋花) 명 '메꽃'의 딴이름.
선화(船貨) 명 배에 실은 화물. 뱃짐. 선하(船荷)
선:화(善化) 명 -하다 자타 사람이 착해짐, 또는 사람을 착해지도록 함.
선:화(善畫) 명 조선 시대, 도화서(圖畫署)에 딸린 종육품의 관직, 또는 그 관원을 이르던 말.
선화(線畫) 명 선(線)만으로 그린 그림. ☞백묘(白描)
선화(禪話) 명 선(禪)의 수행이나 사상 등에 대한 강화(講話).
선화-당(宣化堂) 명 조선 시대, 각 도(道)의 관찰사가 사무를 보던 청사(廳舍). 당헌(棠軒)
선화-주(船貨主) 명 배에 실은 짐의 임자. ☞화주(貨主)
선화=증권(船貨證券)[-꿘] 명 화주(貨主)의 짐을 자기 배에 실었음을 증명하는 유가 증권. 선주(船主)가 발행하며, 도착하는 항구에서 이 증권을 가진 사람에게 짐을 인도할 것을 약속하는 것임.
선화-지(仙花紙) 명 닥나무 껍질을 원료로 하여 만든 두껍고 질긴 종이. 포장지나 봉지 따위로 쓰임. 현재는 펄프나 헌 종이를 섞은 것을 원료로 하여 기계로 뜬 질이 낮은 것을 이름.
선화=철판(線畫凸版) 명 문자나 선화 등을 사진 제판한 아연 철판.
선화후:과(先花後果) 성구 꽃이 핀 뒤에 열매를 맺는다는 뜻으로, 먼저 딸을 낳고 뒤에 아들을 낳음을 이르는 말.
선황(先皇) 명 '선황제(先皇帝)'의 준말.
선-황제(先皇帝) 명 선대(先代)의 황제. 준 선제. 선황
선회(旋回) 명 -하다 자 ①둘레를 빙빙 돎. ②항공기가 곡선을 그리듯 하며 진로를 바꿈. ¶공중을 ―하던 항공기가 마침내 기수를 남으로 돌렸다.
선회(禪會) 명 참선(參禪)하려는 사람들의 모임.
선후(先後) 명 ①먼저와 나중. ¶―가 뒤바뀌다. ②-하다 자타 앞서거니 뒤서거니 함. ¶그날을 ―하여 많은 사람들이 이곳을 떠났다.

선:후(善後) 명 뒷날을 위하여 잘 꾀하는 일, 또는 뒷갈망을 잘하는 일.
선후-걸이(先後―) 명 말의 가슴걸이와 후걸이를 아울러 이르는 말.
선후당착(先後撞着) 성구 앞뒤가 서로 맞지 아니하고 모순(矛盾)됨을 이르는 말.
선후도:착(先後倒錯) 성구 일의 앞뒤 순서가 뒤바뀜을 이르는 말.
선-후:배(先後輩) 명 선배와 후배. ¶―사이
선후-차(先後次) 명 일의 먼저와 나중의 차례.
선:후-책(善後策) 명 뒤처리를 잘하기 위한 방책.
선-후:천(先後天) 명 선천과 후천을 아울러 이르는 말.
선후-평(選後評) 명 문에 작품 따위를 고르고 나서, 그 선정 과정과 작품에 대하여 선자(選者)가 비평하는 일.
선후-획(先後畫) 명 글씨를 쓸 때, 획(畫)을 긋는 차례. 오른쪽보다 왼쪽을 아래쪽보다 위쪽을 먼저 씀.
선훈(船暈) 명 뱃멀미
섣:달 명 음력으로 한 해의 마지막 달. 극월(極月). 납월(臘月). 해초월(海初月) ¶동지― 긴긴밤에.
속담 **섣달 그믐날 개밥 퍼 주듯** : 무엇을 많이 푹푹 퍼 준다는 뜻으로 하는 말./**섣달 그믐날 시루 얻으러 다니기** : 되지도 않을 일을 가지고 안타깝게 애쓰니 미련한 짓이라는 뜻으로 하는 말./**섣달 그믐날 흰떡 맞듯** : 함부로 치는 매를 맞는다는 뜻으로 하는 말./**섣달이 둘이라도 시원치 않다** : 시일을 아무리 연기하여도 일이 성취될 가망은 보이지 않는다는 말.

> ▶ **'섣달'('설달→섣달'로 ㄹ 소리가 ㄷ 소리로 바뀐 말)**
> '설~'→'섣달'과 같이 본디 받침 소리가 'ㄹ'인 말이 다른 말과 어울릴 때 'ㄹ' 소리가 'ㄷ' 소리로 나는 것은 'ㄷ'으로 적는다.
> 곧 '사흘~'→'사흗날', '바느질~'→'반짇고리', '숟~'→'숟가락', '이틀~'→'이튿날' 따위가 그와 같은 경우이다.

섣:달-그믐 명 음력으로 한 해의 마지막 날.
섣:달-받이[-바지] 명 섣달 초순께에 함경도 앞바다로 몰려드는 명태의 떼, 또는 그때 잡힌 명태를 이르는 말.
섣:-부르다(―부르고·―불러) 형르 솜씨가 설고 어설프

다. ¶선부른 행동으로 낭패를 보다.
설:-불리 부 선부르게. 어설프게 ¶— 나서지 마라.
설: 명 ①한 해의 첫머리. 세수(歲首). 세초(歲初). 연두(年頭). 연수(年首). 연시(年始). 연초(年初) ②음력 정월 초하루를 명절로 이르는 말. 설날. 원일(元日)
설(說) 명 ①견해(見解). 주장(主張) ¶그 —이 정확하다. ②학설(學說) ¶다른 학자의 —. ③소문(所聞). 풍설(風說) ¶갖가지 —이 나돌고 있다. ④한문 문체의 한 가지. 사물의 이치를 풀이하고 자기의 의견을 말한 것.
설- 접두 '설게'·'미숙하게'의 뜻을 나타냄. ¶설다루다/설데치다/설익다
설가(挈家) 명 -하다 자 온 가족을 거느리고 가거나 옴. 설권(挈眷). 솔가(率家)
설-가다 형 광맥이 탐탁하지 않고 금분(金分)이 적다.
×설객(說客) 명 →세객(說客)
설거지 명 -하다 자타 ①음식을 먹은 뒤에 그릇 따위를 씻어서 치우는 일. 뒷설거지 ②여기저기 흩어져 있는 물건 따위를 거두어 치우는 일. ¶마당 — ③'비설거지'의 준말.
설거지-물 명 설거지할 때 쓰는 물. 개숫물
설거지-통(-桶) 명 설거지물을 담는 통. 개수통
설겅-거리다(대다) 자 설겅설겅 씹히다. ☞살강거리다. 설컹거리다
설겅-설겅 부 설삶긴 곡식이나 열매 따위가 씹히는 느낌을 나타내는 말. ☞살강살강. 설컹설컹
×설겆다 타 →설거지하다
×설겆-이 명 →설거지

ㅅ

설견(屑繭) 명 추리고 남은 누에고치.
설경(舌耕) 명 강의(講義)나 연설(演說), 만담(漫談) 등 입담으로써 생계를 꾸려 나가는 일.
설경(雪徑) 명 눈이 내려 쌓인 좁은 길.
설경(雪景) 명 눈이 내리는 풍경(風景), 또는 눈이 있는 경치. 설색(雪色)
설경(說經) 명 ①-하다 자 불경(佛經)을 강설(講說)함. ②조선 시대, 임금에게 경서(經書)를 강설하던 경연청(經筵廳) 정팔품 관직.
설계(設計) 명 -하다 타 ①공사나 공작 따위에서, 비용이나 재료, 구조 등에 대한 계획을 세우고 도면 등에 구체적으로 나타내는 일. ¶신형 자동차를 —하다./공장을 —하다. ②인생이나 생활에 대한 계획을 세우는 일을 비유하여 이르는 말. ¶새해를 —하다.
설계(設契) 명 -하다 자 계를 만듦. ☞파계(破契)
설계(雪溪) 명 높은 산의 골짜기에 쌓인 눈이 여름철이 되어도 그대로 남아 있는 곳.
설계(說戒) 명 불교에서, 보름마다 중들이 대중을 모아 계율을 들려 주며 지은 죄를 뉘우치고 반성하게 하는 일.
설계-도(設計圖) 명 건축물이나 기계 따위의 설계 내용을 일정한 방식에 따라 나타낸 도면.
설계-사(設計士) 명 설계를 전문으로 하는 기사(技士).
설계-자(設計者) 명 설계한 사람.
설골(舌骨) 명 혀뿌리에 붙은 편자 모양의 작은 뼈.
설광(雪光) 명 눈빛[2]
설교(說敎) 명 -하다 자 ①종교의 가르침을 풀이해서 들려주어 사람을 일깨우는 일. ¶목사의 —. ②충고하거나 타이르는 일을 비유하여 이르는 말. ¶날마다 되풀이되는 아버지의 —.
설-구이 명 ①유약(釉藥)을 입히지 않고 낮은 열로 구운 질그릇. ②-하다 타 자기(瓷器)를 만들 때, 마침구이하기 전에 슬쩍 구워 굳히는 일. 애벌구이. 초벌구이
설국(設局) 명 -하다 자 ①약국을 차림. ②노름판을 벌임.
설굴(雪窟) 명 눈이 쌓인 구덩이.
설궁(說窮) 명 -하다 자 설빈(說貧)
설권(舌卷) 명 한방에서, 혓바닥이 말려서 펴지지 않는 증세를 이르는 말. 말을 할 수 없게 됨.
설권(挈眷) 명 -하다 자 설가(挈家)
설권=증권(設權證券)[-꿘-꿘] 명 증권을 작성함에 따라서 권리가 발생하는 유가 증권. 어음이나 수표 따위.
설근(舌根) 명 ①혀뿌리 ②불교에서 이르는 육근(六根)의 하나. 미각(味覺)을 맡은 기관인 '혀'를 이르는 말.
설근(舌筋) 명 혀를 이루고 있는 근육.
설기[1] 명 '백설기'의 준말.
설기[2] 명 싸리채나 버들채 따위로 결어서 만든 직사각형의 상자. 고리짝처럼 아래위 두 짝으로 되어 있으며, 위짝은 뚜껑의 구실을 함.
설기(泄氣) 명 -하다 자 기운이 빠져 나감.
설기(雪肌) 명 눈처럼 흰 살갗. 설부(雪膚)
설기-떡 명 멥쌀가루를 켜를 짓지 않고 한꺼번에 시루에 안쳐 찐 떡. 멥쌀가루에 섞은 재료에 따라 콩설기·팥설기·쑥설기 따위로 나뉨.
설-깨:다 자 잠이 아직 다 깨지 못하다.
설-꼭지 명 질그릇 따위의 넓죽한 꼭지.
설-낏 명 소의 볼기짝 부분의 고기.
설:-날 명 음력 정월 초하루를 명절로 이르는 말. 설. 신원(新元). 원일(元日) ☞원단(元旦)
설-늙은이 명 나이는 많지 않으나 늙은이처럼 구는 사람.
설니홍조(雪泥鴻爪) 성구 눈 위에 난 기러기 발자국이 눈이 녹으면 사라지는 데서, 인생의 자취가 흔적이 없음을 비유하여 이르는 말.
설:다[1](설고·서니) 자 ①덜 익다. ¶밥이 —./떡이 —./선 김치. ②잠이 깊이 들지 않다. ¶잠이 —.
설:다[2](설고·서니) 형 서투르다. 낯익지 않아 서먹서먹하다. ¶낯이 —./손이 —.
×설다[3] 형 →섧다
설-다듬이 명 대강대강 다듬는 다듬이.
설-다루다 타 서투르게 다루다.
설단(舌端)[-딴] 명 혀끝
설단-증(舌短症)[-쯩] 명 혀가 오그라들어 말을 못하게 되는 병. 음강증(陰強症)
설대[-때] 명 '담배설대'의 준말.
설-데:치다 타 조금 설게 데치다.
설도(舌刀)[-또] 명 칼날 같은 혀라는 뜻으로, 날카롭고 매서운 말을 비유하여 이르는 말.
설도(說道)[-또] 명 -하다 자 사람으로서 지켜야 할 바른 도리를 말함.
설두(舌頭)[-뚜] 명 혀끝
설두(設頭)[-뚜] 명 -하다 타 앞장서서 일을 주선함. ¶꼭 해야 할 일이나 그 일을 —할 사람이 없다.
설득(說得)[-뜩] 명 -하다 타 알아듣게 말하여 깨우침. ¶범인을 —하여 자수하게 하다.
설득-력(說得力)[-뜽-] 명 남을 설득하는 힘이나 능력. ¶— 있는 문장.
설득=요법(說得療法)[-뜽뇨뻡] 명 심인성 정신병 환자를, 의사가 그 원인이 되는 내적인 갈등을 풀 수 있도록 유도하고 설득하여 치료하는 방법.
설-듣다(-듣고·-들어) 타ㄷ 제대로 듣지 못하다.
설량(雪量) 명 눈이 내린 분량.
설렁[1] 명 처마끝에 매달아 놓고, 사람을 부를 때 흔들어 소리를 내는 방울.
설렁[2] 부 좀 선선한 바람이 언뜻 부는 모양을 나타내는 말. ☞살랑
설렁-거리다(대다) 자타 ①바람이 설렁설렁 불다. ②팔을 크게 내저어 바람을 일으키며 걷다. ☞살랑거리다. 썰렁거리다
설렁-설렁 부 ①좀 선선한 바람이 가볍게 자꾸 부는 모양을 나타내는 말. ②팔을 크게 내저어 바람을 일으키며 걷는 모양을 나타내는 말. ③일을 힘들이지 않고 대충 쉽게 하는 모양을 나타내는 말. ¶방을 — 치우다. ☞살랑살랑. 썰렁썰렁
설렁설렁-하다 형여 바람이나 공기가 매우 서느렇다. ☞살랑살랑하다. 썰렁썰렁하다
설렁-줄[-쭐] 명 설렁이 울리게 잡아당기는 줄.
설렁-탕(-湯) 명 소의 뼈, 양지머리, 사태 등 여러 부위를 함께 푹 곤 탕 음식. 고기는 고는 도중에 건져 편육으로 하여 탕에 띄움. 소금으로 간을 하고 파 다진 것 따위

를 넣어 먹음.

설렁-하다 형여 ①바람이나 공기가 서느렇다. ¶아침 공기가 ―./바람이 ―. ②갑자기 놀랐을 때 가슴속에 찬 바람이 도는듯 하다. ③어떤 공간이 텅 빈듯이 허전하다. ¶방과 후에는 교실이 ―. ☞살랑하다. 썰렁하다

설레 의 설레는 바람. ¶아이들 ―에 정신이 어지럽다.

설레기 명 낚싯봉을 달지 않거나 가벼운 낚싯봉을 달아서, 낚시가 물살에 떠내려가게 해서 물고기를 낚는 방법. ☞흘림낚시

설레다 자 ①마음이 안정되지 못하고 공연히 들뜨다. ¶가슴이 ―. ②가만히 있지 않고 자꾸 움직이다.

설레-설레 부 고개를 큰 동작으로 가볍게 가로 흔드는 모양을 나타내는 말. ¶고개를 ― 젓다./머리를 ― 흔들다. ☞살래살래. 썰레썰레

설령(雪嶺) 명 눈이 덮인 산봉우리. 설봉(雪峰)

설령(設令) 부 그렇다 하더라도. 설사(設使). 설약(設若). 설혹(設或) ¶― 실패하더라도 후회하지 않겠다.

설로(雪路) 명 눈길². 설정(雪程)

설론(舌論) 명 -하다 자 말다툼

설리-고(雪梨膏) 명 한방에서, 생강 달인 물에 잘게 썬 배와 호두와 봉사 가루 따위를 넣어서 다시 끓인 다음에 꿀을 탄 피로 회복제. 술병이나 감기 따위에도 쓰임.

설립(設立) 명 -하다 타 기관이나 조직체 따위를 새로 세움. ¶학교를 ―하다./회사를 ―하다.

설립=강:제(設立強制) 명 일정한 자격을 갖춘 사람에 대하여, 법령으로 단체를 새로 세울 것을 명령하는 일. 공공(公共) 목적을 가진 의사회(醫師會)나 변호사회(辯護士會) 따위가 이에 해당함.

설-립(―立) 명 한자 부수(部首)의 한 가지. '端'·'竟' 등에서 '立'의 이름.

설마 부 부정하는 말과 함께 쓰이어, '아무리 그러하기로'의 뜻을 나타내는 말. ¶― 굶기야 하겠냐?/― 그럴 리가!

속담 **설마가 사람 죽인다** : 설마 그럴 리는 없겠지 하고 마음을 놓는 데서 탈이 일어나기 쉽다는 말.

설마(雪馬) 명 '썰매'의 원말.

설-마르다(―마르고·―말라) 자르 아직 덜 마르다. ¶설마른 벽에 도배를 하다.

설만(褻慢) 어기 '설만(褻慢)하다'의 어기(語基).

설만-하다(褻慢―) 형여 거만하고 단정치 못하다.

설-망(―網) 명 견지낚시에서, 밑밥을 담아 물밑에 내리는 그물 주머니.

설망-낚시(―網―)[―낙―] 명 밑밥을 담은 설망을 물밑에 던져 두고서 하는 낚시.

설-맞다[―맏―] 자 ①총알 따위가 빗맞다. ¶설맞은 멧돼지. ②매 따위를 덜 맞다. 조금 맞다.

설맹(雪盲) 명 쌓인 눈에서 반사된 광선, 특히 강렬한 자외선이 눈을 자극하여 각막이나 결막에 일어나는 염증.

설멍-설멍 부 설멍한 다리로 걷는 모양을 나타내는 말. ☞살망살망

설멍-하다 형여 ①아랫도리가 어울리지 않게 가늘고 길다. ②옷이 겅둥하다. ☞살망하다

설면-자(雪綿子) 명 허드레 고치를 삶아 늘여 만든 솜. 풀솜

설면-하다 형여 ①자주 만나지 못하여 좀 설다. ¶설면한 사이가 되다. ②정답지 않다.

설명(說明) 명 -하다 타 내용이나 이유, 사정 따위를 알아듣기 쉽게 말함. ¶사용 방법을 ―하다. ☞해설(解說)

설명-문(說明文) 명 어떤 사물(事物) 등에 대하여 읽는 이가 이해할 수 있도록 객관적이고 논리적으로 서술한 글.

설명=문법(說明文法)[―뻡] 명 문법 유형의 한 가지. 문법 현상을 있는 그대로 기술하지 않고 그것의 발생, 변화, 소멸 따위의 이유나 법칙성 등을 설명함. ☞기술 문법(記述文法)

설명-서(說明書) 명 제품의 내용이나 사용 방법 따위를 적어 놓은 종이.

설명적=과학(說明的科學) 명 설명을 목적으로 하는 과학을 통틀어 이르는 말. 물리학·화학 등이 이에 딸림. ☞기술적 과학(記述的科學)

설문(設問) 명 -하다 자 통계 자료 따위를 얻기 위하여 질문을 만들어서 내놓는 일, 또는 그 질문. ¶―에 답하다.

설문(說文) 명 -하다 자 한자(漢字)의 성립과 자원(字源)에 대하여 해설하는 일.

설문해:자(說文解字) 명 중국 후한(後漢) 때, 허신(許愼)이 편찬한 자전(字典). 한자(漢字)를 모아 분류하여 육서(六書)에 따라 자형과 뜻을 설명한 내용임.

설미(雪眉) 명 ①흰 눈썹. ②눈썹이 흰 노인.

설미지근-하다 형여 ①충분히 익고 뜨거워야 할 음식 따위가 설익고 미지근하다. ②어떤 일에 임하는 태도가 야무진 맛이 없고 소극적이다.

설미지근-히 부 설미지근하게

설:-밑 명 한 해의 마지막 무렵.

설백(雪白) 어기 '설백(雪白)하다'의 어기(語基).

설백-하다(雪白―) 형여 눈처럼 희다.

설법(說法)[―뻡] 명 -하다 자 불법(佛法)을 풀이하여 들려주는 일. ¶고승의 ―에 귀를 기울이다. ☞법담(法談)

설-보다 타 자세히 보지 않고 건성으로 보다.

설복(說伏·說服) 명 -하다 타 알아듣도록 말하여 자기 의견에 따르게 함. ¶상대편을 ―하다.

설봉(舌鋒) 명 날카롭고 매서운 말재주를 창 끝에 비유하여 이르는 말. ¶질문자의 ―에 진땀을 빼는 답변자.

설봉(雪峰) 명 눈이 덮인 산봉우리. 설령(雪嶺)

설부(雪膚) 명 눈처럼 흰 살갗. 설기(雪肌)

설부화용(雪膚花容) 성구 눈처럼 흰 살결에 꽃 같은 얼굴이라는 뜻으로, 미인(美人)을 비유하여 이르는 말. ☞단순호치(丹脣皓齒)

설분(雪憤) 명 -하다 자 분한 마음을 풂.

설비(設備) 명 -하다 타 어떤 목적에 필요한 건물이나 기물(器物), 장치 따위를 마련하여 갖추는 일, 또는 그 마련하여 갖춘 것. ¶―가 잘 된 공장./전기와 수도를 ―하다.

설비=자:금(設備資金) 명 사업의 창설이나 확장, 개량 등의 설비에 필요한 자금. ☞운전 자금

설비=자:본(設備資本) 명 건물이나 기계 등 설비로서 가지고 있는 고정 자본. ☞운전 자본(運轉資本)

설비=투자(設備投資) 명 공장이나 기계 등의 고정 자본에 하는 투자.

설빈(說貧) 명 -하다 자 살림의 구차스러움을 남에게 이야기함. 설궁(說窮)

설:-빔 명 ①설에 새로 옷을 차려 입거나 신을 신거나 하는 옷이나 신 따위. ②-하다 타 설을 맞아 새로 옷을 차려 입거나 신을 신거나 하는 일.

설사(泄瀉)[―싸] 명 -하다 자 배탈이 나거나 하여 누는 묽은 똥, 또는 그런 똥을 누는 일. 사리(瀉痢) ¶―가 나다.

설사(設使)[―싸] 부 그렇다 하더라도. 설령(設令)

설산(雪山)[―싼] 명 눈이 쌓여 있는 산.

설-삶기다[―삼―] 자 덜 삶아지다.

설-삶다[―삼따] 타 푹 익도록 삶지 않고 덜 삶다.

속담 **설삶은 말 대가리** : 고집이 세고 남의 말을 잘 알아들으려고 하지 않는 사람을 이르는 말.

설상(舌狀)[―쌍] 명 혀와 같은 모양.

설상(雪上)[―쌍] 명 눈 위.

설상(楔狀)[―쌍] 명 쐐기와 같은 모양.

설상가상(雪上加霜)[―쌍―] 성구 눈 위에 또 서리가 내린다는 뜻으로, 어려운 일이 연거푸 일어남을 비유하여 이르는 말.

설상-차(雪上車)[―쌍―] 명 폭이 넓은 무한 궤도를 갖추어 눈 위나 얼음 위를 마음대로 달릴 수 있는 자동차.

설상-화(舌狀花)[―쌍―] 명 설상 화관으로 된 꽃. 민들레꽃 따위.

설상=화관(舌狀花冠)[―쌍―] 명 통꽃부리의 한 가지. 아래 부분은 대롱 모양이고 윗부분이 혀 모양으로 펴진 화관. 민들레의 화관, 해바라기의 가장자리의 화관 따위.

설색(雪色)[―쌕] 명 ①눈빛². 흰빛 ②설경(雪景)

설서(說書)[―써] 명 조선 시대, 세자 시강원(世子侍講院)의 정칠품 관직. 세자에게 경사(經史)와 도의(道義)

를 가르쳤음.

설선(雪線)[-썬] 명 사철 눈이 녹지 않는 한계선. 비탈의 방향이나 풍향(風向) 따위에 따라 차이가 있음. 일반적으로, 적도 지방에서는 높고 극 지방에서는 낮음. 항설선(恒雪線)

설설[1] 부 ①물 따위가 뭉근하게 계속 끓는 모양을 나타내는 말. ¶엿물이 ― 끓다. ②바닥이 고루 뜨끈해지는 모양을 나타내는 말. ¶방이 ― 끓는다. ☞살살[2]. 썰썰[1]

설설[2] 부 ①큰 몸놀림으로 기는 모양을 나타내는 말. ②머리를 천천히 크게 젓는 모양을 나타내는 말. ☞살살[3]. 썰썰[2]

설설 기다 관용 남 앞에서 기를 펴지 못하고 복종하다.

설설-거리다(대다) 자 큰 몸놀림으로 계속해서 기어가다. ☞살살거리다

설:-쇠:다 자 설을 지내다. 새해를 맞이하다.

속담 **설쇤 무** : 뽑아 둔 무가 해를 넘기면 속이 비고 맛이 없어지는 데서, 때가 지나 쓸모 없이 된 것을 이르는 말.

설수(雪水)[-쑤] 명 눈이 녹은 물. 눈석임물

설시(設始)[-씨] 명-하다 타 처음으로 시작함.

설시(設施)[-씨] 명-하다 타 시설(施設)

설암(舌癌) 명 혀에 생기는 암.

설야(雪夜) 명 눈이 내리는 밤.

설야(雪野) 명 눈이 쌓인 들.

설약(設若) 부 그렇다 하더라도. 설령(設令)

설언(褻言) 명 ①버릇없는 말. ②음란(淫亂)한 말.

설연(設宴) 명-하다 자 잔치를 베풂. 설연(設筵)

설연(設筵) 명-하다 자 설연(設宴)

설염(舌炎) 명 혀에 생기는 염증. 혀의 끝이나 가장자리에 백색 또는 회백색 반점이 생기며, 때로는 궤양을 일으켜 몹시 아프고 열이 남.

설영(設營) 명-하다 자 군대 등에서 야외에 머무를 막사(幕舍)를 치는 일.

설왕설래(說往說來) 성구 서로 말이 왔다갔다하여 옥신각신함을 이르는 말. 언거언래(言去言來). 언왕설래(言往說來)

설-외(-根) 명 재래식 한옥에서, 벽 속에 세로로 세워서 얽는 외. ☞누울외

설욕(雪辱) 명-하다 자 ①이전에 당한 부끄러움을 씻음. 설치(雪恥). 세설(洗雪) 유 쾌설(快雪) ②경기 등에서, 전에 졌던 상대에게 이김. ¶3대 0으로 통쾌하게 ―하다.

설욕-전(雪辱戰) 명 설욕하기 위한 싸움이나 경기. 복수전(復讎戰)

설:움 명 섧게 느끼는 마음.

> ▶ '설움'과 '서러움'의 구별
> ㅇ 설움 ― ㅂ불규칙 형용사 '섧다'에서 바뀐 명사.
> ㅇ 서러움 ― ㅂ불규칙 형용사 '서럽다'에서 파생된 명사형.
> ＊ '섧다'와 '서럽다'는 동의어다.

설워-하다 형여 '서러워하다'의 준말.

설원(舌院) 명 지난날, '사역원(司譯院)'을 달리 이르던 말.

설원(雪原) 명 ①눈으로 덮여 있는 벌판. ②높은 산이나 극지(極地) 등에서, 만년설(萬年雪)이 있는 지역.

설원(雪冤) 명-하다 자 원통함을 풂.

설월(雪月) 명 ①눈과 달을 아울러 이르는 말. ②쌓인 눈 위에 달빛이 비치는 경치.

설유(說諭) 명-하다 타 말로 타이름. ▷諭와 論는 동자

설-유두(舌乳頭) 명 혓바닥이나 혀의 옆면에 많이 나 있는 자잘한 돌기.

설음(舌音) 명 훈민정음(訓民正音)에서 혀가 윗잇몸에 붙는 모양을 본뜬 소리로, 'ㄴ·ㄷ·ㄸ·ㅌ'을 이르는 말. 혓소리 ☞반설음(半舌音)

설:-음식(-飮食) 명 설에 먹는 색다른 음식. 떡국·수정과·식혜·약식·유밀과 따위.

설의(雪意) 명 눈이 내릴듯 한 낌새.

설의(褻衣) 명 ①보통 때 입는 옷. 평복(平服) ②속옷

설의-법(設疑法)[-뻡] 명 수사법(修辭法)의 한 가지. 맺음을 의문의 형식으로 만들어 읽는 이의 판단에 기대는 표현 방법. '빼앗긴 들에도 봄은 오는가.', '나의 이 젊은 나이를 눈물로야 보낼 거냐.'와 같은 표현법임.

설이(雪異) 명 매우 많이 내리는 눈이나 때아닌 눈.

설-익다[-릭-] 자 덜 익다. ¶설익은 과일. ☞농익다

설인=신경(舌咽神經) 명 연수(延髓)에서 나와 내이(內耳) 부근이나 설근(舌根)과 인두(咽頭)에 분포하는 감각 신경(感覺神經).

설-자리[-짜-] 명 ①서 있을 자리. ②마땅히 차지해야 할 자리, 또는 그 지위. ¶마침내 ―를 잃고 말았다. ③활쏘기에서, 활을 쏠 때 서는 자리.

설-잡다 타 어설프게 잡다.

설-잡죄다 타 어설프게 잡죄다.

설재(雪災)[-쩨] 명 설해(雪害)

설저(舌疽)[-쩌] 명 혀에 생기는 종기(腫氣).

설전(舌戰)[-쩐] 명-하다 자 말다툼 ☞필전(筆戰)

설전(雪田)[-쩐] 명 눈이 쌓인 평지(平地). 눈밭

설전(雪戰)[-쩐] 명-하다 자 눈싸움[2]

설전-음(舌顫音)[-쩐-] 명 〈어〉자음의 한 갈래. 혀를 굴리어 내는 'ㄹ' 소리로, 보통 음절 첫소리로 발음되는 'ㄹ' 음을 이름. '바람'·'구름'의 'ㄹ' 음. ☞설측음(舌側音)

설접(舌椄)[-쩝] 명 식물의 접붙이기의 한 가지. 굵기가 비슷한 접가지와 대목(臺木)을 엇비슷하게 빗깎아 혀가 맞물리게 끼워 접붙임. 혀접

설정(泄精)[-쩡] 명-하다 자 한방에서, 몽설(夢泄)을 이르는 말.

설정(設定)[-쩡] 명-하다 타 ①마련하여 정함. ¶방침을 ―하다./경계선을 ―하다. ②법률에서, 새로이 권리를 발생시키는 일. ¶저당권을 ―하다.

설정(雪程)[-쩡] 명 눈이 쌓인 길. 눈길[2]. 설로(雪路)

설제(雪堤)[-쩨] 명 눈사태로 말미암은 철길의 피해를 막으려고 눈덩이를 철길을 따라 둑처럼 쌓아 올린 것.

설제(設題)[-쩨] 명-하다 타 문제나 제목 따위를 설정함, 또는 그 문제나 제목 따위.

설종(舌腫)[-쫑] 명 중혀

설주[-쭈] 명 '문설주'의 준말.

설죽(雪竹)[-쭉] 명 '자죽(紫竹)'의 딴이름.

설-죽다 자 완전히 죽지 않고 덜 죽다.

설중(雪中)[-쭝] 명 눈이 내리는 가운데. 눈 속.

설중-매(雪中梅)[-쭝-] 명 눈 속에 핀 매화꽃.

설중-사:우(雪中四友)[-쭝-] 명 겨울에 피는 옥매(玉梅)·납매(臘梅)·다매(茶梅)·수선(水仙)을 화제(畫題)로 이르는 말.

설중송백(雪中松柏)[-쭝-] 성구 눈 속에서 소나무와 잣나무가 더 푸르다는 뜻으로, 굳은 절개를 이르는 말.

설증(泄症)[-쯩] 명 설사하는 증세.

설진(舌診)[-찐] 명 한방의 진찰 방법인 사진(四診) 가운데 망진(望診)의 한 가지. 혀의 상태를 보아 병증(病症)을 진찰하는 방법. ☞맥진(脈診)

설채(設彩) 명-하다 자 색을 칠함. 부채(賦彩)

설천(雪天) 명 ①눈이 내리는 날. ② 눈이 내릴 것 같은 날씨. ☞우천(雨天)

설철(屑鐵) 명 ①쇠의 부스러기. ②헌쇠

설철(齧鐵) 명 불가사리[1]

설첨(舌尖) 명 혀끝

설-취하다(-醉-) 자여 덜 취하다.

설측-음(舌側音) 명 〈어〉자음의 한 갈래. 혀끝을 윗잇몸에 대고 양쪽 트인 곳으로 숨을 내보내는 'ㄹ' 소리로, 음절의 끝소리로 발음되는 'ㄹ' 음을 이름. '발길'·'달걀'의 'ㄹ' 음. 혀옆소리 ☞설전음(舌顫音)

설치 명 황줄베도라칫과의 바닷물고기인 베도라치의 새끼. 이를 말린 것이 뱅어포임.

설치(雪恥) 명-하다 자 설욕(雪辱)

설치(設置) 명-하다 타 ①어떤 시설이나 기관(機關) 등을 만듦. ¶도로변에 방음벽을 ―하다./대책 위원회를 ―하다. ②기계나 기기 등을 마련해 둠. ¶방범 장치를 ―하다./소화전(消火栓)을 ―하다.

설치(楔齒) 명-하다 자 염습(殮襲)하기 전에 입에 낟알을

물리려고 시신(屍身)의 아랫니와 윗니를 버티어 다물어지지 않게 하는 일.
설-치다[1] 자 ①몹시 날뛰다. 거칠게 행동하며 날뛰다. ②바삐 서두르며 덤비다. ¶설치지 말고 차례를 기다려라.
설-치다[2] 타 필요한 만큼 채우지 못하다. ¶잠을 ―.
설치-목(齧齒目)명 포유류의 한 목(目). 대체로 몸집이 작으며 송곳니가 없고, 위아래 턱에 한 쌍씩 있는 앞니가 발달하여 물건을 잘 쏢. 초식성이며 겁이 많으나 민첩하고 번식력이 강함. 쥐·다람쥐·기니피그의 세 종류로 크게 구분하는데, 포유류 중에서 종류가 가장 많음.
설컹-거리다(대다)자 설컹설컹 씹히다. ☞살캉거리다. 설겅거리다
설컹-설컹부 물체가 단단한듯이 씹히면서 불거지는 느낌을 나타내는 말. ☞살캉살캉. 설겅설겅
설탕(雪^糖)명 가루 사탕. 사탕수수의 줄기나 사탕무의 뿌리에서 뽑아 낸 자당(蔗糖)을 주성분으로 하는 천연 감미료. 물에 잘 녹으며, 몸에 흡수되면 칼로리의 근원이 됨. 사탕
설태(舌苔)명 혀의 거죽에 나는 이끼 모양의 물질. 위장병이나 열이 많이 나는 병 따위를 앓을 때 생김.
설-통 명 '설통발'의 준말.
설-통발 명 거꾸로 세워 놓은 통발. 강이나 내의 상류 쪽에서 내려오는 물고기를 잡을 때 씀. 준설통
설파(說破)명-하다 타 ①어떤 내용을 듣는 이가 충분히 이해할 수 있도록 밝혀 말함. ¶교리를 ―하다. ②분명한 이론이나 뛰어난 말솜씨로써 상대편의 주장 따위를 깨뜨림. 논파(論破) ¶궤변을 ―하다.
설편(雪片)명 눈송이
설풍(雪風)명 눈바람
설피다 형 짜거나 엮은 것이 거칠고 성기다. ☞살피다[2]
설피-창이 명 거칠고 성기게 짠 피륙.
설핏-설핏[―핃―]부-하다 형 짜거나 엮은 것이 설핏한 모양을 나타내는 말. ☞살핏살핏. 성깃성깃
설핏-하다[―핃―]형여 ①짜거나 엮은 것이 얇고 성긴 듯 하다. ②해가 져서 밝은 빛이 약하다. ☞살핏하다. 성깃하다
설하-선(舌下腺)명 혀밑샘
설하=신경(舌下神經)명 척추동물의 열두째 뇌신경. 혀와 턱을 움직이는 설근(舌筋)에 분포하는 운동 신경.
설한(雪恨)명-하다 자 원한(怨恨)을 풂.
설한(雪寒)명 눈이 내리는 중이나 내린 뒤의 추위.
설한-풍(雪寒風)명 눈과 함께, 또는 눈 위로 불어오는 찬 바람. 눈바람
설해(雪害)명 눈이나 눈사태 따위로 입는 피해. 설재(雪災). 설화(雪禍)
설형(楔形)명 쐐기처럼 한쪽 끝이 넓고, 다른 쪽 끝으로 갈수록 차차 좁아지는 모양.
설형=문자(楔形文字)[―짜]명 고대 바빌로니아·아시리아·페르시아 등에서 쓰던 글자의 획(畫)이 쐐기 모양인 글자. 처음에는 단어 문자(單語文字)였으나 뒤에 음절 문자(音節文字)로 바뀜. 무른 찰흙판 따위에 뾰족한 갈대의 줄기나 펜 따위로 새겼음. 쐐기 문자
설혹(設或)부 그렇다 하더라도. 설령(設令)
설화(舌禍)명 ①연설이나 강연 따위의 내용이 법률에 위배되거나, 남을 화나게 함으로써 당하게 되는 화. ②남이 한 중상(中傷)이나 비방(誹謗) 따위로 말미암아 입는 화. ☞필화(筆禍)
설화(屑話)명 자질구레한 이야기.
설화(雪花·雪華)명 ①눈송이 ②눈꽃
설화(雪禍)명 설해(雪害)
설화(說話)명 신화·전설·민담(民譚) 등 어떤 민족에게 전해 내려오는 이야기를 통틀어 이르는 말.
설화=문학(說話文學)명 신화·전설·민담(民譚)·우화(寓話) 등의 설화를 소재로 한 기록으로, 문학적인 표현과 내용을 갖춘 것.
설화=석고(雪花石膏)명 석고의 한 가지. 희고 치밀하며, 입자가 미세함. 무르고 찰기가 있어 가공하기 쉬워 미술이나 공예품의 재료로 널리 쓰이고, 시멘트·약제·안료 등에도 쓰임. 앨러배스터(alabaster)
설화-지(雪花紙)명 지난날, 강원도 평강(平康) 부근에서 나던 백지(白紙)의 한 가지.
섧:다[설따](섧고·설워)형ㅂ 원통하고 슬프다. 서럽다
섬[1] 명 ①돌로 쌓은 계단. ②섬돌
섬[2] 명 짚으로 엮어 만든 멱서리. 곡식 따위를 담는 데 씀. 의 척관법의 부피 단위의 하나. 1섬은 10말 또는 100되로 약 180L임. 석(石) ¶공양미(供養米) 삼백 ―.
속담 **섬 속에서 소 잡아먹겠다**: 하는 일이 옹졸하고 답답하기만 한 사람을 두고 이르는 말.〔벼룩의 등에 육간대청을 짓겠다/독 안에서 푸념〕/**섬 진 놈 멱 진 놈**: 허름한 사람들이 여럿 모이거나 너절한 물건들이 모인 것을 이르는 말./**섬 틈에 오쟁이 끼겠나**: 쌓아 놓은 볏섬 사이사이에 다시 오쟁이를 끼워 둘 셈이냐는 뜻으로, 재물 있는 사람이 더 무섭게 아끼고 재물을 탐할 때 이르는 말.
섬:[3] 명 사방이 바다·강·호수 따위의 물에 둘러싸인 땅.

한자 **섬 도**(島)〔山部 7획〕¶고도(孤島)/군도(群島)/무인도(無人島)/열도(列島)/제도(諸島)

섬(纖)수 소수(小數) 단위의 하나. 미(微)의 10분의 1, 사(沙)의 열 곱절.
섬개(纖芥)명 검부러기
섬:-개야광나무 명 장미과의 낙엽 관목. 높이 1m 안팎. 잎은 어긋맞게 남. 5월경에 백색 꽃이 총상(總狀) 꽃차례로 피고, 열매는 가을에 붉게 익음. 관상용으로도 심음. 우리 나라 특산종으로 울릉도의 군락지는 천연기념물 제51호임.
섬-거적[―꺼―]명 섬을 만들려고 엮은 거적, 또는 섬을 뜯은 거적. 준거절
섬게 명 '성게'의 딴이름.
섬경(纖莖)명 식물의 가늘고 약한 줄기.
섬-곡식[―꼭―]명 한 섬 가량 되는 곡식. 석곡(石穀)
섬광(閃光)명 순간적으로 번쩍 하는 빛.
섬광=계:수기(閃光計數器)명 방사선이 형광판에 충돌할 때 내는 광점을 관측하여 방사 입자를 세는 계수관. 신틸레이션카운터(scintillation counter)
섬광-등(閃光燈)명 섬광 신호에 쓰는 등.
섬광=스펙트럼(閃光spectrum)명 개기 일식이 시작되고 끝날 때 순간적으로 관측되는 채층(彩層)의 스펙트럼. 이것으로 태양의 대기의 조성을 분석함.
섬광=신:호(閃光信號)명 섬광을 내어서 하는 신호. 밤에 길고 짧은 섬광이나 빛깔이 다른 섬광을 섞어서 함. 선박과 선박, 또는 선박과 육지 사이의 신호에 많이 이용됨.
섬광=전:구(閃光電球)명 '사진 섬광 전구'의 준말.
섬교(纖巧)어기 '섬교(纖巧)하다'의 어기(語基).
섬교-하다(纖巧―)형여 섬세하고 공교하다. ¶섬교한 바느질 솜씨.
섬기다 타 ①윗사람이나 어른을 받들어 모시다. ¶부모를 섬기는 것은 자식 된 도리이다. ②영적(靈的)인 존재나 초월적인 존재를 우러러 받들다. ¶조상을 ―./신(神)을 ―.
섬:-나라 명 사면이 바다에 둘러싸인 나라. 도국(島國). 해국(海國)
섬-누룩 명 품질이 낮은 누룩.
섬:-댕강나무 명 인동과의 낙엽 관목. 높이 80cm 안팎. 줄기에는 여섯 줄의 홈이 있으며 붉은빛이 돎, 잎은 길둥글고, 5월경에 연한 미색 꽃이 피고 둥근 열매는 9월경에 익음. 관상용으로도 심음. 우리 나라 특산종으로 울릉도의 군락지는 천연기념물 제51호임.
섬도(纖度)명 섬유나 실의 평균적인 굵기의 정도. 단위로는 '데니어(denier)'·'번수(番手)' 등이 있음.
섬도-지(閃刀紙)명 종이의 가장자리를 가지런히 베낼 때 귀가 접혀서 베어지지 않고 남은 부분.
섬-돌[―똘]명 뜰에서 건물로 오르내리는 층계로 놓은 돌. 댓돌. 보석(步石). 석계(石階). 석단(石段). 섬[1]

한자 섬돌 계(階)〔阜部 9획〕¶계단(階段)/계상(階上)/계전(階前)/석계(石階)/층계(層階)

섬-떡 명 ①쌀 한 섬으로 만든 떡. ②고수레떡
섬뜩-하다 형여 갑자기 소름이 끼치도록 끔찍하고 무섭다. ¶어둠 속에서 울리는 총소리에 가슴이 -.
섬라(暹羅) 명 타이의 옛이름인 '시암(Siam)'의 한자 표기.
섬려(纖麗) 어기 '섬려(纖麗)하다'의 어기(語基).
섬려-하다(纖麗-) 형여 섬세하고 곱다. ¶무늬가 -.
섬록-암(閃綠岩) 명 사장석·각섬석·흑운모를 주성분으로 하는 심성암. 빛깔이 검고 완정질(完晶質)이며, 소량의 자철광·인회석·녹니석 등이 들어 있음.
섬마-섬마 감 아기에게 따로서기를 가르칠 때, 잡은 손을 놓으려 하면서 아기를 어르는 말. 따로따로[2]
섬망(譫妄) 명 착각이나 환각이 심하고, 가벼운 의식 장애가 따르는 상태. 알코올이나 모르핀의 중독, 뇌의 질환, 고열, 전신의 쇠약, 노령 등으로 말미암아 나타남.
섬-멍구럭 명 섬을 묶어서 친 얽이.
섬:-멧새[-멛-] 명 참샛과의 멧새. 제주도·울릉도 등지의 섬 지방에 분포하는 익조(益鳥).
섬멸(殲滅) 명 -하다 타 모조리 무찔러 없앰. ¶적을 -하다. ☞박멸(撲滅)
섬멸-전(殲滅戰)[-쩐] 명 적을 다시 일어날 수 없도록 무찔러 없애는 전투.
섬모(纖毛) 명 ①가는 털. ②섬모류나 상피 세포의 표면에 나 있는 가는 털 모양의 세포 기관. 물결털 ☞편모(鞭毛)
섬모-류(纖毛類) 명 원생생물계의 한 문(門). 섬모(纖毛)로 운동하고 분열법으로 번식하는데 환경이 나쁠 때는 접합으로도 번식함. 대부분은 물 속이나 흙 속에서 자유생활을 함. 짚신벌레 따위. ☞위족류(僞足類)
섬모=운:동(纖毛運動) 명 섬모의 능동적인 운동. 주로 자율적으로 움직이지만 신경의 지배를 받는 경우도 있음. 섬모류는 이 운동으로 몸을 이동하거나 먹이를 나름.
섬박(殲撲) 명 -하다 타 때려 부숨.
섬-밥[-빱] 명 쌀 한 섬으로 지은 밥.
섬:-백리향(-百里香) 명 꿀풀과의 낙엽 활엽 소교목. 길둥근 잎의 양면에는 잔털이 나 있으며 향기가 남. 여름에서 가을까지 분홍색 꽃이 윤산(輪繖) 꽃차례로 피고, 열매는 핵과(核果)로 가을에 흑갈색으로 익음. 관상용으로도 심으며, 줄기와 잎은 약재로 쓰임. 우리 나라 특산종으로 울릉도의 군락지는 천연기념물 제52호임.
섬벅 부 날이 있는 연장으로 큼직한 물체를 단번에 자르는 모양을 나타내는 말. ¶참치를 - 자르다. ☞삼박[1]. 섬뻑. 썸벅. 썸뻑
섬벅-섬벅 부 날이 있는 연장으로 큼직한 물체를 잇달아 자르는 모양을 나타내는 말. ☞삼박삼박[1]. 섬뻑섬뻑. 썸벅썸벅. 썸뻑썸뻑
섬-벼 명 섬에 담은 벼.
섬복-지(纖匐枝) 명 땅 위로 기듯이 벋는 아주 가는 가지.
섬부(贍富) 어기 '섬부(贍富)하다'의 어기(語基).
섬부-하다(贍富-) 형여 풍부하고 넉넉하다. 섬족하다
섬뻑 부 날이 있는 연장으로 크고 단단한 물체를 단번에 자르는 모양을 나타내는 말. ☞삼빡. 섬벅. 썸벅. 썸뻑
섬뻑-섬뻑 부 날이 있는 연장으로 크고 단단한 물체를 잇달아 자르는 모양을 나타내는 말. ☞삼빡삼빡. 섬벅섬벅. 썸벅썸벅. 썸뻑썸뻑
섬:-사람[-싸-] 명 섬에 거주하는 사람. 도민(島民)
섬:서-하다 형여 지내는 사이가 서로 서먹하다. ☞삼사하다
섬섬(閃閃) 어기 '섬섬(閃閃)하다'의 어기(語基).
섬섬(纖纖) 어기 '섬섬(纖纖)하다'의 어기(語基).
섬섬-약골(纖纖弱骨)[-냑-] 명 섬섬약질(纖纖弱質)
섬섬-약질(纖纖弱質)[-냑-] 명 가냘프고 약한 체질. 섬섬약골(纖纖弱骨)
섬섬-옥수(纖纖玉手) 명 가냘프고 고운 여자의 손.
섬섬-하다(閃閃-) 형여 빛이 번쩍번쩍 하다.
섬섬-히 부 섬섬하게
섬섬-하다(纖纖-) 형여 가냘프고 여리다. ¶소녀의 섬섬한 손./나팔꽃 줄기가 -.
섬섬-히 부 섬섬하게
섬세(纖細) 어기 '섬세(纖細)하다'의 어기(語基).
섬세-하다(纖細-) 형여 ①곱고 가늘다. ¶도자기의 무늬가 -./섬세한 손가락. ②감수성이 예민하다. ¶감각이 -./섬세한 신경.
섬세-히 부 섬세하게
섬소(纖疏) 어기 '섬소(纖疏)하다'의 어기(語基).
섬소-하다(纖疏-) 형여 가냘프고 어설프다. ¶구조가 -./섬소한 체격.
섬수(纖手) 명 가냘프고 고운 손.
섬-아연광(閃亞鉛鑛) 명 황화아연을 주성분으로 하는 광물. 등축 정계나 사면체의 결정을 이루고, 알갱이 또는 덩어리 모양임. 수지(樹脂)나 금속 광택이 있으며, 보통 황색·적색·갈색·흑색·백색 등을 나타내지만, 순수한 것은 무색임. 아연의 원료가 됨.
섬약(纖弱) 어기 '섬약(纖弱)하다'의 어기(語基).
섬약-하다(纖弱-) 형여 가냘프고 연약하다. 연연하다 ¶코스모스의 섬약한 줄기./섬약한 몸매.
섬어(譫語) 명 -하다 자 ①헛소리 ②잠꼬대
섬여(蟾蜍) 명 '두꺼비'의 딴이름.
섬연(纖姸) 어기 '섬연(纖姸)하다'의 어기(語基).
섬연-하다(纖姸-) 형여 홀쭉하고 아리따다.
섬영(閃影) 명 번득이는 그림자.
섬-우라늄광(閃uranium鑛) 명 우라니나이트
섬월(纖月) 명 초승달이나 그믐달 등의 가느다란 달.
섬유(纖維) 명 ①생물체를 이루는 물질 중 가늘고 긴 실 모양의 것. 신경 섬유, 인피(靭皮) 섬유 따위. ②동물이나 식물에서 얻는 가늘고 긴 실 모양의 물질. 천이나 종이 따위의 원료가 됨. ¶천연 - ③일반적으로, 가는 실 모양의 물질을 통틀어 이르는 말. ¶인조 -/합성 -
섬유(纖柔) 어기 '섬유(纖柔)하다'의 어기(語基).
섬유=공업(纖維工業) 명 실이나 직물 따위를 만드는 산업을 통틀어 이르는 말.
섬유=세:포(纖維細胞) 명 ①종자식물(種子植物)의 세포 중, 매우 가늘고 길며 양끝이 뾰족하고 세포벽이 두꺼운 것. ②섬유성 결합 조직의 성분을 이루는 세포.
섬유-소(纖維素) 명 ①셀룰로오스(cellulose) ②피브린(fibrin)
섬유=식물(纖維植物) 명 섬유 작물(纖維作物)
섬유=작물(纖維作物) 명 종이·실·천 따위의 원료가 되는 섬유를 얻으려고 가꾸는 식물. 목화·삼·아마·모시풀·닥나무 따위. 섬유 식물(纖維植物)
섬유=제:품(纖維製品) 명 섬유를 원료로 하여 만든 제품. 주로 옷감으로 쓰이는 직물을 이름.
섬유=조직(纖維組織) 명 섬유 세포로 이루어지는 생체의 조직.
섬유-종(纖維腫) 명 결합 조직의 세포와 그 섬유로 이루어지는 양성 종양. 살갗이나 비강(鼻腔) 등에 생기는데, 극히 완만히 진행하여 혹처럼 됨.
섬유-질(纖維質) 명 섬유로 된 물질. 섬유와 같은 물질.
섬유-판(纖維板) 명 나무나 대 따위의 식물 섬유를 원료로 하여 압축해서 만든 널빤지. 질이 무른 것은 방음재·단열재 등으로 내부 장식에 쓰이고, 단단한 것은 외부 장식에 쓰임. 텍스(tex)
섬유-하다(纖柔-) 형여 가늘고 부드럽다.
섬:-잣:나무[-잔-] 명 소나뭇과의 상록 침엽 교목. 높이는 25m 안팎. 잣나무와 비슷하며, 잎도 잣나무처럼 다섯 잎씩 다발이 되어 단지(短枝)에 빽빽이 나나 길이는 조금 짧음. 암수한그루이며 6월경에 꽃이 피고 열매는 이듬해 9월경에 익음. 관상용으로 심기도 하고, 분재로 가꾸기도 함. 울릉도의 산지에서 자람.
섬장-암(閃長岩) 명 정장석을 주로 하고 사장석이 섞여 있는 심성암. 각섬석·흑운모 등 소량의 유색 광물이 섞여 있음.
섬전(閃電) 명 순간적으로 번쩍 하는 번갯불이나 전기의

불꽃.
섬조(纖條)명 ①금속의 가는 선. ②필라멘트(filament)
섬족(贍足)어기 '섬족(贍足)하다'의 어기(語基).
섬족-하다(贍足-)형여 풍부하고 넉넉하다. 섬부하다
섬주(蟾注)명 두꺼비 형상을 본떠서 만든 연적(硯滴).
섬지(纖指)명 여자의 가냘프고 나긋나긋한 손가락.
섬-지기의 논의 넓이를 헤아리는 단위. 볍씨 한 섬의 모를 심을만 한 논의 넓이. 곧 2,000~3,000평의 넓이를 이름. ☞마지기²
섬진(纖塵)명 매우 자디잔 티끌. ▷纖의 속자는 纖
섬질명-하다타 널빤지의 옆을 대패로 밀어 깎는 일.
섬-짝명 허름한 섬거적을 속되게 이르는 말.
섬찍지근-하다형여 무섭고 꺼림칙한 느낌이 오랫동안 남아 있다. ¶그때 일을 생각하면 지금도 -.
섬토(蟾兔)명 달 속에 두꺼비와 토끼가 살고 있다는 전설에서, '달'을 달리 이르는 말.
섬-통명 곡식을 담은 섬의 부피.
섬호(纖毫)명 ①몹시 가는 털. ②썩 작은 사물이나 매우 자잘한 일을 비유하여 이르는 말.
섬화(閃火)명 번쩍이는 불빛.
섬화=방:전(閃火放電)명 불꽃 방전
섭금-류(涉禽類)명 물가에 살면서, 물 속에 사는 동물이나 물 속에서 자라는 식물을 먹이로 하는 조류(鳥類)를 통틀어 이르는 말. 부리·목·다리 따위가 모두 길어 물 속을 걸어 다니면서 물고기나 벌레 따위를 잡아먹음. 두루미·백로·황새 따위. ☞유금류. 주금류
섭동(攝動)명 ①태양계의 여러 천체가 다른 행성의 인력 때문에 타원 궤도를 벗어나는 일. ②역학계(力學系)에서, 주요한 힘의 작용에 따른 운동이 부차적인 힘의 영향으로 교란되는 일.
섭력(涉歷)명-하다타 물을 건너고 산을 넘는다는 뜻으로, 여러 가지 일을 두루 겪음을 이르는 말.
섭렵(涉獵)명-하다타 물을 건너 여기저기 찾아다닌다는 뜻으로, 많은 책을 널리 읽거나 여기저기 찾아다니며 경험함을 이르는 말. ¶온갖 서적을 -하다. ☞박섭(博涉)
섭리(燮理)명-하다타 음양을 고르게 다스림.
섭리(攝理)명 ①-하다타 ㉠병을 다스리고 몸을 조리하는 일. ㉡일을 대신 처리하거나 다스림. ②크리스트교에서, 세상과 우주 만물을 다스리는 신의 의지나 은혜. ③자연계를 지배하고 있는 이법(理法). ④승통(僧統)
섭백(鑷白)명-하다타 흰 머리털을 뽑아 버림.
섭복(懾服)명-하다자 두려워 복종함.
섭사(攝祀)명-하다타 남의 제사를 대신 지냄.
섭-산:적(-散炙)명 쇠고기를 잘게 다져 갖은양념을 하고 반대기를 지어서 구운 음식. 섭산적구이
섭산적-구이(-散炙-)명 섭산적
섭-새기다타 조각에서, 글자나 그림이 도드라지게 가장자리를 파내거나 뚫어지게 새기다.
섭-새김명-하다타 조각에서, 글자나 그림이 도드라지게 가장자리를 파내거나 뚫어지게 새기는 일, 또는 그 조각. ☞돋을새김. 투조(透彫)
섭생(攝生)명-하다자 양생(養生)
섭섭-하다형여 ①누구와 헤어지게 되거나 무엇을 잃거나 하여, 아쉽고 서운하다. ¶이렇게 헤어지다니, 정말 -./아끼던 책을 잃어버려 -. ②자신에 대한 남의 태도 따위가 마음에 차지 않아 서운하다. ¶날 이렇게 대접하다니, 섭섭하기 짝이 없다.
섭섭-히부 섭섭하게 ¶- 여기다.

한자 섭섭할 감(憾) [心部 13획] ¶유감(遺憾)

섭세(涉世)명-하다자 세상을 건너 다닌다는 뜻으로, 세상을 살아감을 이르는 말. ▷涉의 속자는 涉
섭-수(-數)명 볏짚이나 잎나무 따위와 같이 단으로 묶을 수 있는 것의 수량.
섭수(涉水)명-하다자 강 따위의 물을 건넘.
섭수(攝受)명-하다타 ①관대한 마음으로 남을 받아들임. ②불교에서, 부처가 중생을 자비심으로 거두어들이어 보살피고 보호하는 일.

> ▶ '섭섭하지' → '섭섭지'
> 어간의 끝 음절 '-하-'가 'ㄱ'이나 'ㅂ'(때로는 'ㅅ') 받침 뒤에서 아주 줄 적에는 준 대로 적는다.
> ¶거북하지 → 거북지
> 넉넉하지 않다 → 넉넉지 않다
> 생각하건대 → 생각건대
> 못하지 않다 → 못지않다
> 생각하다 못해 → 생각다 못해
> 깨끗하지 않다 → 깨끗지 않다
> 익숙하지 않다 → 익숙지 않다
> 다만, 모음이나 그 밖의 받침 뒤에서는 '-치'로 적는다. ¶무심하지 → 무심치/허송하지 → 허송치

섭심(攝心)명-하다자 불교에서, 마음을 가다듬어 흩어지지 않게 하는 일.
섭씨(攝氏)명 섭씨 온도 ¶- 35도 ☞화씨
섭씨=온도(攝氏溫度)명 온도를 재는 단위의 한 가지. 물의 어는점을 0°C, 끓는점을 100°C로 정하여 그 사이를 100등분하여 잼. 섭씨. 기호는 °C ☞화씨 온도
섭씨=온도계(攝氏溫度計)명 섭씨 온도를 표시하도록 만든 온도계. ☞화씨 온도계
섭양(攝養)명-하다자 양생(養生)
섭-옥잠(鑷玉簪)명 비녀 머리에 구멍을 뚫어 여러 가지 무늬를 새긴 옥비녀. ☞금섭옥잠(金鑷玉簪)
섭외(涉外)명-하다타 ①외부와 연락하여 교섭함. ¶- 활동/영화를 만들려고 배우들을 -하다. ②어떤 법률 사항이 내외국(內外國)에 관계되고 연락되는 일.

섭유(顳顬)명 관자놀이
섭유-골(顳顬骨)명 머리뼈의 양 옆을 이루는 뼈.
섭유-근(顳顬筋)명 섭유골을 싸고 있으며, 저작근(咀嚼筋)을 이루는 한 쌍의 부채꼴처럼 생긴 근육.
섭의-증(涉疑症)[-쯩]명 한방에서, 전염될 우려가 있는 병을 이르는 말.
섭정(攝政)명-하다자 임금이 직접 통치할 수 없을 때 임금을 대신하여 나라를 다스리는 일, 또는 그 사람.
섭-조개명 홍합과의 바닷조개. 홍합과 비슷하나, 조가비의 길이가 10cm 안팎으로 홍합보다 조금 작음. 실 모양의 가늘고 긴 족사(足絲)를 내어 암초에 붙어서 삶. 맛이 좋아 식용으로 양식하며, 열대 지방을 제외한 전세계 바다에 분포함. 담치
섭-죽(-粥)명 섭조개를 넣어서 쑨 죽.
섭중(攝衆)명-하다자 불교에서, 부처가 중생을 거두어 보호하는 일. ▷攝의 속자는 摂
섭-집게명 섭조개를 잡는 데 쓰는 집게.
섭취(攝取)명-하다자타 ①영양분을 몸 안으로 받아들여 제 것이 되게 함. ¶비타민을 -하다. ②긍정적인 사상이나 문화 따위를 받아들이는 일.
섭-치명 여러 물건 중에서 변변하지 못하고 너절한 것.
섭포(懾怖)명-하다자타 두려워함.
섭행(攝行)명-하다타 ①남의 일을 대신 행함. ②다른 일을 겸하여 행함. ③통치권을 대행함.
섭호-선(攝護腺)명 전립선(前立腺)
섭화(攝化)명-하다타 불교에서, 부처가 중생을 거두어 보살피고 교화하는 일.
섯등[섣-]명 염전에서 소금을 만들 때 바닷물을 거르기 위하여 만들어 놓은 장치.
섯-밑명 소의 혀 밑에 붙은 살코기. 원혓밑
섰다[섣-]명 화투장을 두 장씩 나누어 가지고 그 끗수를 견주어 승패를 겨루는 노름의 한 가지.
성:명 몹시 언짢거나 노여워 갑자기 드러내는 불쾌한 감정. ¶-이 자꾸 나다./그만한 일에 -을 내다니. ☞화
성을 풀다관용 ①성을 가라앉히다. ¶내가 잘못했으니 그만 성을 풀게. ②성을 거친 행동으로 나타내다.
성이 머리 끝까지 나다관용 더는 참을 수 없을 만큼 성이 몹시 치밀다.

성:(姓)명 같은 겨레붙이임을 나타내기 위하여 이름 앞에 붙이는 칭호(稱號). 김(金)·이(李)·박(朴) 따위. ¶김가 ―을 가진 사람. 높성씨(姓氏)
성을 갈겠다관용 어떤 일을 다시는 하지 않겠다고 다짐하거나 어떤 것을 장담·단언할 때 하는 말. ¶앞으로 술을 입에 댄다면 ―.

한자 **성 성**(姓)〔女部 5획〕¶동성(同姓)/성명(姓名)/성씨(姓氏)/성자(姓字)/성함(姓銜)/희성(稀姓)
성/땅 이름 김(金)〔金部〕¶김씨(金氏)/김제(金堤)/김천(金泉)
성 심(沈)〔水部 4획〕¶심청(沈淸)

성:(性)[1]명 사람의 타고난 성질 또는 본바탕. 본성(本性). 천성(天性)
성에 차다관용 자기의 성미에 맞아 마음이 흡족하거나 흐뭇하다. ¶그 정도로는 내 성에 차지 않는다.
성:(性)[2]명 ①몸의 특징에서 나타나는 남녀의 구별, 또는 생물의 암수의 구별. ②성숙한 남녀 사이에서 생기는 육체적 결합에 대한 본능적인 욕구나 충동. 섹스 ¶―에 눈뜨다./―을 상품화한 광고.
성(省)명 ①옛 중국의 중앙 정부. ②고려 시대, 중앙 정부 최고의 관아. 상서성(尙書省)·중서문하성(中書門下省) 따위. ③중국의 지방 행정 구획의 명칭. 산둥성(山東省)·광둥성(廣東省) 따위. ④일본과 미국, 영국 등의 중앙 행정 기관. 외무성(外務省)·법무성(法務省) 따위.
성(星)명 '성수(星宿)'의 준말.
성(城)명 옛날 외적을 막기 위해 도시나 산 둘레에 돌이나 흙 따위로 높이 쌓았던 방어 시설. ☞성곽(城郭)

한자 **성 성**(城)〔土部 7획〕¶고성(古城)/도성(都城)/산성(山城)/성곽(城郭)/성내(城內)/성루(城樓)/성문(城門)/성벽(城壁)/성채(城砦)/토성(土城)

성:(聖)-《접두사처럼 쓰이어》'saint'를 우리말로 옮긴 것으로, '성자(聖者)'의 뜻을 나타냄. ¶성베드로/성요한
-성(性)《접미사처럼 쓰이어》'성질'·'성품'·'성향'의 뜻을 나타냄. ¶가능성(可能性)/국민성(國民性)/영리성(營利性)/타당성(妥當性)/합리성(合理性)
성가(成家)명-하다자 ①따로 한 가정을 이룸. ②재산을 모아 집안을 일으킴. ③학문이나 기술이 뛰어나서 한 체계를 이룸. ④성취(成娶)
성:가(聖歌)명 ①성스러운 노래. ②크리스트교의 종교 가곡(歌曲). 주로 가톨릭에서 이르는 말이며, 개신교의 찬송가에 해당함. 성악(聖樂)
성:가(聖駕)명 임금이 탄 수레를 높이어 이르는 말.
성가(聲價)[―까]명 세상의 좋은 평판. ¶―를 높이다.
성:가-대(聖歌隊)명 크리스트교에서, 예배나 미사 때 성가를 부르기 위하여 조직된 합창대. ☞찬양대(讚揚隊)
성가시다형 자꾸 들볶거나 번거롭게 굴어 괴롭고 귀찮다. ¶몸살 기운 때문에 만사가 다 ―.
성:-가정(聖家庭)명 가톨릭에서, 아기 예수, 어머니 마리아, 아버지 요셉으로 이루어진 거룩한 가정을 이르는 말.
성-가퀴(城―)명 몸을 숨겨 적을 공격할 수 있도록 성 위에 나지막하게 덧쌓은 담. 성첩(城堞). 여장(女墻). 타구(垜口)
성:가-회(聖家會)명 가톨릭에서, 성가정(聖家庭)을 본받자는 뜻으로 만든 신자들의 모임을 이르는 말.
성각(城閣)명 성루(城樓)
성간=가스(星間gas)명 성간 물질의 대부분을 차지하는 기체.
성간=물질(星間物質)[―찔]명 별과 별 사이의 공간에 떠 있는 매우 희박한 물질. 수소를 주성분으로 하는 성간 가스와 우주 먼지, 고체 미립자 따위로 이루어져 있음.
성:감(性感)명 성적(性的)인 쾌감. 성기나 성감대에 자극을 받을 때 느끼는 생리적 쾌감.
성:감(聖鑑)명 사물을 분별하여 아는 임금의 안목을 높이어 이르는 말.
성감(誠感)명-하다타 지극한 정성으로, 남의 마음을 움직임.
성:감-대(性感帶)명 자극을 받으면 성적 흥분이나 쾌감을 느끼는 신체의 부위. 성기나 유방 따위.
성:개(盛開)명-하다자 ①꽃이나 열매 따위가 한창 성하게 피거나 열림. ¶아카시아꽃이 ―하다. ②시장 따위가 한창 성하게 열림.
성:거(盛擧)명 장거(壯擧)
성겁(成劫)명 불교에서 이르는 사겁(四劫)의 하나. 세계가 생기고 생물이 번식하는 동안을 이름.
성:게명 극피동물의 성게류에 딸린 동물을 통틀어 이르는 말. 둥글넓적한 공 모양이며, 밤송이처럼 온몸에 석회질의 가시가 박혀 있음. 몸빛은 자흑색이며, 배의 중앙에 입이 있고 등 한복판에 항문이 있음. 보통 얕은 바다의 암초 사이나 모래 바닥에 삶. 섬게
성격(成格)[―껵]명-하다자 격식을 이룸.
성:격(性格)[―껵]명 ①각 사람이 가지고 있는 특유의 감정·의지·행동 등의 경향. ¶쾌활한 ―./―이 원만하다. ②어떤 사물이나 현상이 본래 지니고 있는 특유한 성질. ¶우리 문화는 독자적 ―을 띠며 발전해 왔다. ③심리학에서, 개인을 특징짓는 감정적·의지적 행동 양식이나 심리적인 특성. ☞인격(人格)
성:격-극(性格劇)[―껵―]명 주인공의 성격이나 내면 세계가 사건의 중심 구실을 하면서 전개되는 연극.
성:격=묘:사(性格描寫)[―껵―]명 소설이나 희곡 따위에서, 등장 인물의 성격을 그려 내는 일.
성:격=배우(性格俳優)[―껵―]명 인물의 개성적인 성격을 잘 나타내어 연기하는 배우.
성:격=이:상(性格異常)[―껵―]명 지능은 정상이지만, 감정이나 의지 따위에 결함이 있어 사회 생활에 잘 적응하지 못하는 정신적 불완전 상태. 의지 박약증 따위.
성:-결(性―)[―껼]명 성품의 곱고 사나운 상태. ¶―이 곱지 않다. 준결[2]
성:결(聖潔)명-하다형 거룩하고 깨끗함.
성:결-교(聖潔敎)명 개신교의 한 교파. 1901년 미국인 선교사인 카우만과 킬보른이 세움. 중생(重生)·성결(聖潔)·신유(神癒)·재림(再臨)의 사중 복음과 오순절 성령 세례를 강조함.
성:경(聖經)명 각 종교에서, 그 종교를 알리고 믿음을 굳게 하는 데 중심이 되는 책. 크리스트교의 신구약(新舊約), 불교의 대장경(大藏經), 유교의 사서오경(四書五經), 이슬람교의 코란(Koran) 따위. ☞성서(聖書)
성경(誠敬)명 ①정성스러움과 공경스러움을 아울러 이르는 말. ②-하다타 정성을 다하여 공경함.
성경(聲境)명 불교에서 이르는 육경(六境)의 하나. 귀로 들을 수 있는 대상을 이름. ▷聲의 속자는 声
성:경-대(聖經臺)명 독경대(讀經臺)
성경신(誠敬信)명 천도교의 수도(修道) 신조인 정성·공경·믿음의 세 가지를 이르는 말.
성:경-현전(聖經賢傳)명 성현(聖賢)이 남긴 글이나 책. 성인(聖人)의 글을 '경(經)'이라 하고, 현인(賢人)의 글을 '전(傳)'이라 함. 준경전(經傳)
성:계(姓系)명 ①성씨와 계통. ②대대(代代)의 계통을 나타낸 도표. 계도(系圖)
성:계=제:도(姓階制度)명 사람이 태어나면서부터 일정한 계급에 딸리게 되는 신분 제도나 사회 제도. 인도의 카스트 제도 따위.
성:골(聖骨)명 신라 때, 골품(骨品)의 첫째 등급. 부모가 모두 왕족인 혈통, 또는 그 혈통인 사람. 시조 박혁거세부터 제28대 진덕 여왕까지 이에 딸림. ☞진골(眞骨)
성공(成功)명-하다자 ①뜻이나 목적한 바를 이룸. ¶실험에 ―하다./실패는 ―의 어머니. ☞실패(失敗) ②사회적 지위나 부(富)를 얻음. ¶크게 ―한 고향 친구.
성:공(性空)명 불교에서, 모든 존재는 인연의 화합일 뿐이므로, 원래 실체가 없고 공허함을 이르는 말.
성:공(聖功)명 거룩한 공적(功績).
성:공(聖供)명 불교에서 이르는 삼보의 공양물.
성공-적(成功的)명 성공하였다고 할만 한 것. ¶이번 탐

험은 ―이다./세미나를 ―으로 끝마치다.
성:-공회(聖公會)명 개신교의 한 교파. 영국 국교회의 전통과 조직을 같이하는 교회를 통틀어 이름.
성과(成果)[―꽈]명 일이 이루어진 결과. ¶예상 밖의 ―.
성과=계:산(成果計算)[―꽈―]명 ①경영 활동이 전체적으로 또는 특정 부분에서 목적에 맞게 실현되고 있는지를 수치로 구하는 계산. ②손익 계산(損益計算)
성과-급(成果給)[―꽈―]명 작업의 성과에 따라 지급되는 임금.
성곽(城郭·城廓)명 내성(內城)과 외성(外城)을 아울러 이르는 말. ☞성(城)

> ▶ **성**(城)**과 곽**(郭)
> 옛날에는 도시의 방어 시설로 높은 담을 겹으로 쌓았는데, 안쪽의 것을 '성(城 ; 內城)', 바깥쪽의 것을 '곽(郭 ; 外城)'이라 한다.

성곽=도시(城郭都市)명 외적을 막으려고 성곽으로 둘러싼 도시.
성관(成冠)명-하다자 관례(冠禮)를 치름.
성:관(盛觀)명 성대한 구경거리.
성관(誠款)명 정성스러운 마음. 성심(誠心)
성관-성(誠款性)[―썽]명 정성껏 남의 일을 돌보는 성질, 또는 그런 마음.
성:-관세음(聖觀世音)명 성관음(聖觀音)
성:-관음(聖觀音)명 불교에서 이르는 육관음(六觀音)의 하나. 본래 모습의 관음으로, 왼손을 펴서 가슴에 대고 오른손에는 연꽃을 쥐고 있으며 결가부좌를 하고 있음. 보통 보관(寶冠) 가운데 무량수불을 안치함. 성관세음
성:관음-법(聖觀音法)[―뻡]명 밀교(密敎)에서, 성관음을 본존으로 하고 기도하는 수행 방법.
성광(成狂)명-하다자 사람이 미치게 됨.
성광(星光)명 별빛
성:광(聖光)명 가톨릭에서, 성체 현시(聖體顯示), 성체 강복(聖體降福) 등에서 예수 그리스도의 몸과 피를 상징하는 성체(聖體)를 보여 주는 데 쓰는 제구(祭具).
성:교(性交)명-하다자 남녀가 육체적으로 관계를 가지는 일. 교구(交媾). 교접(交接). 교합(交合). 방사(房事)
성:교(聖敎)명 ①지난날, 책봉할 때 내리던 임금의 교명(敎命). ②성인(聖人)의 가르침. ③가톨릭이나 불교에서, 자신들의 종교를 이르는 말.
성교(聲敎)명 지난날, 임금이나 성인이 덕으로 백성을 교화하던 교육.
성:-교육(性敎育)명 성장기의 아이들에게 성에 관한 올바른 지식과 건전한 성 도덕 및 성 가치관을 가르치는 일.
성:교=중절법(性交中絶法)[―뻡]명 피임법의 한 가지. 사정(射精) 전에 성교를 멈추어 질(膣) 밖에 사정함으로써 수태(受胎)를 피하는 방법임.
성:-교회(聖敎會)명 '천주 교회'를 달리 이르는 말.
성구(成句)[―꾸]명 ①-하다자 둘 이상의 단어가 어우러져 하나의 뭉뚱그려진 뜻을 나타내는 글귀. ②예로부터, 널리 알려져 있고 사람들이 잘 인용하는 명구(名句). ☞성어(成語)
성:구(聖句)[―꾸]명 성경(聖經)의 글귀.
성국(成局)명 사물의 구조나 사람의 체격 따위가 알맞게 어울리는 일.
성군(成群)명-하다자 떼를 짓거나 무리를 이룸.
성군(星群)명 별의 무리.
성:군(聖君)명 지덕(知德)이 뛰어난 임금을 높이어 이르는 말. 성왕(聖王). 성제(聖帝). 성주(聖主)
성군-작당(成群作黨)명 못된 짓을 하려고 무리를 짓는 일, 또는 그러한 무리.
성:궁(聖躬)명 임금의 몸을 높이어 이르는 말. 성체(聖體)
×성귀(成句)명 →성구(成句)
성규(成規)명 성문화(成文化)한 규칙.
성균-관(成均館)명 ①고려 시대, 유학의 교육을 맡아보던 관아. 충렬왕 34년(1308)에 성균감을 고친 이름. ②조선 시대, 유학의 교육을 맡아보던 관아. 태조 원년(1392)에 고려의 제도에 따라 설치해 융희 4년(1910)에

없앰. 공자의 제사를 지내는 문묘와 유학을 강론하는 명륜당 등으로 이루어짐. 준관(館) ☞학궁(學宮)
속담 **성균관 개구리** : 성균관 선비들이 줄곧 앉아서 글을 외우는 것이 마치 개구리 우는 모습 같다는 뜻으로, 자나깨나 글만 읽는 사람을 놓으로 이르는 말.
성그레부 서글서글한 눈길로 소리 없이 부드럽게 웃는 모양을 나타내는 말. ☞벙그레. 상그레. 싱그레. 썽그레
성:극(聖劇)명 성경에 나오는 사실을 소재로 만든 종교극.
성근(誠勤)어기 '성근(誠勤)하다'의 어기(語基).
성근-하다(誠勤―)형여 성실하고 부지런하다.
성글-거리다(대다)자 성글성글 웃다. ☞벙글거리다. 상글거리다. 싱글거리다. 썽글거리다
성글다형 성기다
성글-벙글부 성글거리며 벙글거리는 모양을 나타내는 말. ☞상글방글. 썽글뻥글
성글-성글부 자꾸 성그레 웃는 모양을 나타내는 말. ☞벙글벙글. 상글상글. 싱글싱글. 썽글썽글
성금명 ①말하거나 일한 것의 보람이나 효력. ②꼭 지켜야 할 명령.
성금(을) 세우다관용 말 따위의 효력이 나게 하다. ¶아버지께서 성금을 세우려고 우리에게 고함을 치셨다.
성금이 서다관용 말 따위의 보람이 나타나거나 효력이 나다. ¶그가 하는 말은 언제나 성금이 선다.
성금(誠金)명 정성으로 내는 돈. ¶불우 이웃 돕기 ―.
성:-금요일(聖金曜日)명 가톨릭에서, 예수가 십자가에 못 박혀 죽은 일을 기념하는 날. 성주간(聖週間)의 금요일로, 부활절의 전전날. ☞수난일
성:급(性急)어기 '성급(性急)하다'의 어기(語基).
성:급-하다(性急―)형여 성질이 매우 팔팔하고 급하다.
성급-히부 성급하게 ¶― 단정할 문제가 아니다.
성긋부 서글서글한 눈길로 소리 없이 부드럽게 잠깐 웃는 모양을 나타내는 말. 성긋이 ☞벙긋. 상긋. 성끗. 싱긋. 썽긋. 썽끗
성긋-거리다(대다)[―귿―]자 성긋성긋 웃다. ☞벙긋거리다. 상긋거리다. 성끗거리다. 싱긋거리다
성긋-벙긋[―귿―]부 성긋 웃으며 벙긋 웃는 모양을 나타내는 말. ☞상긋방긋. 성끗벙끗. 싱긋빙긋. 썽긋뻥긋
성긋-성긋[―귿―]부 자꾸 성긋 웃는 모양을 나타내는 말. ☞벙긋벙긋. 상긋상긋. 성끗성끗. 싱긋싱긋
성긋-이부 성긋 ☞벙긋이. 상긋이. 성끗이. 싱긋이
성기(成器)명-하다자 ①그릇을 만듦, 또는 그 그릇. ②사람의 됨됨이나 재주가 제 몫을 하기에 이름.
성:기(性器)명 (사람의) 남녀의 생식기(生殖器).
성기(星期)명 ①음력 7월 7일. ②칠석(七夕)의 견우와 직녀의 전설에서 유래하여, '혼인날'을 이르는 말.
성:기(盛氣)명-하다자 기운이 버쩍 왕성하게 오름, 또는 그 왕성한 기운.
성:기(盛期)명 한창인 시기. ¶가을걷이의 ―.
성:-기능(性機能)명 성생활(性生活)과 관련된 신체 각 기관의 기능.
성기다형 ①촘촘하거나 배지 아니하고 사이가 뜬듯 하다. ¶성기게 결은 소쿠리./듬성듬성 성기게 심은 묘목. ②관계가 섬서하고 버성기다. 성글다 ☞상기다. 설피다
성기상통(聲氣相通)성구 ①서로 소식이 오고감을 이르는 말. ②마음과 뜻이 서로 통함을 이르는 말.
성깃-성깃[―긴―]부-하다형 매우 성깃한 모양을 나타내는 말. ☞상깃상깃. 설핏설핏
성깃-하다[―긴―]형여 좀 성긴듯 하다. ☞상깃하다
성:-깔(性―)명 날카롭고 매섭게 부리는 성질. ¶―이 보통이 아니다. 속성깔머리
성:깔-머리(性―)명 '성깔'의 속된말.
성끗부 서글서글한 눈길로 소리 없이 순하게 잠깐 웃는 모양을 나타내는 말. 성끗이 ☞벙끗. 상끗. 성긋. 싱끗. 썽긋. 썽끗
성끗-거리다(대다)[―끋―]자 성끗성끗 웃다. ☞벙끗거리다. 상끗거리다. 성긋거리다. 싱끗거리다

ㅅ

성끗-벙끗[-끋-]부 성끗 웃으며 벙끗 웃는 모양을 나타내는 말. ☞상끗방끗. 성긋벙긋. 싱끗빙끗. 썽긋뻥긋
성끗-성끗[-끋-]부 자꾸 성끗 웃는 모양을 나타내는 말. ☞벙끗벙끗. 상끗상끗. 성긋성긋. 싱끗싱끗
성끗-이부 성끗 ☞벙끗이. 상끗이. 성긋이. 싱끗이
성:-나다자 ①언짢거나 노여운 감정이 일어나다. ¶성난 감정을 추스리다. ②바람이나 파도 따위가 거세게 일다. ¶성난 바다. ③잘못 건드려 종기(腫氣)가 덧나다.
속담 **성나 바위 차기** : 어리석은 사람이 엉뚱하게 화풀이 하다가 도리어 자기만 손해봄을 이르는 말.〔성내어 바위를 차니 제 발부리만 아프다〕/**성난 황소 영각하듯** : 성난 황소가 크게 울듯이 무섭게 고함침을 이르는 말.
성남(城南)명 도성(都城)의 남쪽, 또는 그 지역. ☞성동
성내(城內)명 성안. 성중(城中) ☞성외(城外)
성:-내:다자 ①성난 감정을 드러내다. ②종기(腫氣)가 덧나서 부어 오르다.
속담 **성내어 바위를 차니 제 발부리만 아프다** : 홧김에 하는 일은 좋지 않은 결과를 가져오게 마련이라는 말.

한자 성낼 노(怒) 〔心部 5획〕 ¶격노(激怒)/노기(怒氣)/노색(怒色)/노성(怒聲)/분노(忿怒)/진노(震怒)

성냥명 마찰로 불을 일으키는 기구. 작은 나뭇개비 끝에 인(燐) 따위의 발화제를 묻힌 것.
성냥-갑(-匣)[-깝]명 성냥개비가 든 갑.
성냥-개비[-깨-]명 성냥의 낱개비.
성냥-노리명 지난날, 대장장이가 한 해 동안의 외상 품삯을, 섣달에 농가로 다니면서 거두던 일.

×**성냥-일**명 →대장일
성냥-하다타여 대장간에서 쇠를 불에 불리다.
성:녀(聖女)명 가톨릭에서, 여자 성인(聖人)을 이르는 말.
성년(成年)명 심신이 충분히 발달하여, 사회적인 행위 능력과 책임 능력이 있다고 인정되는 나이. 우리 나라 민법에서는 만 스무 살 이상의 나이를 이름. ☞미성년
성:년(盛年)명 원기가 왕성한 한창때.
성:년(聖年)명 가톨릭에서, 성년 대사(聖年大赦)를 베푸는 해. 1450년에 시작되었으며, 25년마다 돌아옴. 희년(禧年)
성:년=대:사(聖年大赦)명 가톨릭에서, 성년 때 또는 큰 경사가 있을 때 교황(敎皇)이 전세계 모든 가톨릭 신자에게 그들이 지은 죄를 용서하는 일.
성년-식(成年式)명 성년이 되었음을 축하하는 의식.
성:노(盛怒)명-하다자 몹시 화를 냄.
성:능(性能)명 기계 따위의 성질과 능력. ¶-이 떨어진다./-이 뛰어난 컴퓨터.
성:능=곡선(性能曲線)명 기계의 여러 성능을 나타내는 곡선. 내연 기관의 출력·효율·연료 소비율 등을 한눈에 알아볼 수 있게 나타낸 것 따위.
성단(星團)명 항성(恒星)이 천구(天球)의 한 부분에 밀집해 있는 것. 구상 성단(球狀星團)과 산개 성단(散開星團)이 있음.
성:단(聖壇)명 ①신을 모신 단. ②신성한 단.
성:단(聖斷)명 임금의 결정이나 판단.
성:담-곡(聖譚曲)명 오라토리오(oratorio)
성당(成黨)명-하다자 도당(徒黨)을 지음.
성:당(盛唐)명 중국 당나라 시대의 문학을 네 시기로 구분한 그 둘째 시기. 당시(唐詩)가 가장 성한 시기로, 왕유(王維)·이백(李白)·두보(杜甫) 등의 시인이 활동했음. ☞중당(中唐)
성:당(聖堂)명 ①가톨릭의 교회당. ②공자의 제사를 지내는 문묘(文廟).
성대명 성댓과의 바닷물고기. 몸길이는 40cm 안팎임. 몸은 원통형으로 길며 머리가 크고 뒤로 갈수록 작아짐. 몸빛은 등 쪽이 엷은 회갈색 바탕에 크고 붉은 얼룩이 흩어져 있고, 배 쪽은 희끄무레함. 20~30m 깊이의 바다에 살면서 새우나 갯지렁이 등을 잡아먹음. 우리 나라와 일본, 동남아시아 연해에 분포함.
성:대(盛代)명 나라가 융성하고 세상이 태평한 시대. 성세
성:대(聖代)명 어진 임금이 다스리는 시대, 또는 그런 세상을 이르는 말. 성세(聖世)
성:대(聖帶)명 천사옥대(天賜玉帶)
성대(聲帶)명 후두(喉頭)의 가운데에 있는, 소리를 내는 기관. 목청. 청
성:대(盛大)어기 '성대(盛大)하다'의 어기(語基).
성대=모사(聲帶模寫)명 다른 사람의 목소리나 동물의 울음 따위를 그럴듯하게 흉내내는 일.
성:대-하다(盛大-)형여 매우 성하다. 행사 따위의 규모가 크다. ¶사업이 -./성대한 환영회.
성대-히부 성대하게
성덕(成德)명 덕을 이룸, 또는 그 덕.
성:덕(盛德)명 크고 훌륭한 덕.
성:덕(聖德)명 ①성인(聖人)의 지덕(知德). ②임금의 덕을 높이어 이르는 말.
성덕=군자(成德君子)명 덕이 매우 높은 사람.
성도(成道)명-하다자 ①불교에서, 깨달음을 얻어 부처가 됨을 이르는 말. ②석가모니가 음력 섣달 초여드렛날에 보리수 아래에서 도를 깨달은 일. ☞성불(成佛)
성:도(性度)명 성품과 도량.
성도(星圖)명 천구(天球)를 하나의 평면 위에 투영하여, 천체의 위치나 밝기를 나타낸 그림. 항성도(恒星圖) ☞천문도(天文圖)
성:도(聖徒)명 ①가톨릭에서, 성인(聖人)이나 덕이 높은 신도를 이르는 말. ②개신교에서, 신도를 높이어 일컫는 말.
성:도(聖都)명 종교적으로 거룩한 도시. 영도(靈都)
성:도(聖道)명 ①성인에 이르는 수행. ②부처의 가르침, 곧 불도(佛道)를 이르는 말.
성:도=검:사(性度檢査)명 심리학에서, 개인이 남성적 성질이나 여성적 성질을 어느 정도 가지고 있는지를 양적으로 측정하는 검사.
성:-도:착(性倒錯)명 색정 도착증(色情倒錯症)
성-돌(城-)[-똘]명 성을 쌓은 돌.
성동(成童)명 열다섯 살이 된 사내아이.
성동(城東)명 도성(都城)의 동쪽, 또는 그 지역. ☞성서
성:동(盛冬)명 한겨울
성두(星斗)명 별. 성신(星辰)
성두-토(城頭土)명 육십갑자의 무인(戊寅)과 기묘(己卯)에 붙이는 납음(納音). ☞백랍금(白蠟金)
성라(星羅)어기 '성라(星羅)하다'의 어기(語基).
성라기포(星羅棋布)성구 하늘의 별이나 바둑판 위의 바둑돌처럼 물건이 많이 벌여 있음을 이르는 말.
성라-하다(星羅-)형여 하늘의 별처럼 많이 벌여 있다.
성:랍(聖蠟)명 가톨릭에서, 축성(祝聖)된 초를 이르는 말. 성촉(聖燭)
성량(聲量)명 목소리의 크기·세기·깊이 따위의 양(量). ¶-이 풍부한 가수. ☞음량(音量)
성:려(聖慮)명 임금의 생각이나 마음.
×**성력**(省力)명 →생력(省力)
성:력(聖曆)명 ①성덕(聖德)이 있는 임금이 다스리는 태평한 시대를 이르는 말. ②임금의 나이를 높이어 이르는 말. 보력(寶曆)
성력(誠力)명 ①정성과 힘. ②성실한 노력.
성:령(性靈)명 영묘한 성정(性情).
성:령(聖靈)명 크리스트교에서, 성부(聖父)·성자(聖子)와 함께 성삼위의 하나로, 신자의 영적 생활의 근본적인 힘이 되는 본체를 이르는 말. 삼위일체의 제삼위(第三位). 보혜사(保惠師) ☞성자(聖子)
성:령-출세(性靈出世)[-쎄]명 천도교에서, 사람이 죽은 뒤에 그 성령이 미래의 사람의 성령 속에 다시 태어남을 이르는 말.
성례(成禮)명-하다자 혼인 예식을 치름. ☞성혼(成婚)
성:례(聖禮)명 ①거룩한 예식. ②개신교에서, 세례식이나 성찬식 따위의 예식을 이르는 말.
성록-대:부(成祿大夫)명 조선 시대, 정일품 의빈(儀賓)에게 내린 품계의 하나. 열두 등급 중 둘째 등급임. ☞

성:론(性論)명 성설(性說)

성루(城樓)명 성문 위에 세운 다락집. 성각(城閣)

성루(城壘)명 ①성 둘레에 쌓은 흙담. ②성보(城堡)

성루(聲淚)명 하소연하며 눈물을 흘리는 일.

성률(聲律)명 ①음악의 가락. 음률(音律) ②한자(漢字)의 성조인 사성(四聲)의 규칙.

성:리(性理)명 ①사람의 본성과 자연의 이치를 아울러 이르는 말. ②주자학에서, 사람의 본성, 또는 사람으로서 지켜야 할 도리를 이르는 말.

성:리-학(性理學)명 중국 송(宋)나라 때 확립된 유학(儒學). 북송(北宋)의 주돈이(周敦頤)가 제창하였으며, 남송(南宋)의 주자(朱子)에 이르러 대성하였음. 인성(人性)과 천리(天理)의 관계를 논증한 학문으로, 근세 동아시아의 사상에 큰 영향을 끼쳤음. 도학(道學). 송학(宋學). 이학(理學). 정주학(程朱學). 주자학(朱子學)

성림(成林)명-하다자 나무가 자라서 숲을 이룸.

성립(成立)명-하다자 무엇이 이루어짐. ¶계약이 ─하다./새 내각이 ─하다./결혼이 ─되다.

성립=예:산(成立豫算)[─녜─]명 국회의 의결을 거쳐서 성립된 예산.

성립=조건(成立條件)[─껀]명 어떤 일이 성립하는 데 필요로 하는 조건.

성:-마르다(性─)(─마르고·─말라)형르 도량이 좁고 성미가 급하다.

성:만(盛滿)명-하다자 ①가득 참. ②집안이 번창함. 영만(盈滿). 영성(盈盛)

성:-만:찬(聖晩餐)명 성찬식(聖餐式)

성망(星芒)명 별의 광망(光芒). 별빛

성:망(盛望)명 높고 큰 덕망.

성망(聲望)명 명성과 덕망을 아울러 이르는 말.

성:면(聖面)명 크리스트교에서, 예수의 얼굴을 높이어 이르는 말. 성용(聖容)

성명(成命)명 ①이미 정해져 있는 운명. ②이미 공포(公布)된 명령.

성:명(姓名)명 성과 이름. 높성함(姓銜)

성:명(性命)명 인성(人性)과 천명(天命).

성:명(盛名)명 크게 알려진 명성.

성:명(聖名)명 가톨릭에서, 천주(天主)와 천신(天神)과 성인(聖人)의 이름을 높이어 이르는 말.

성:명(聖明)명 임금의 뛰어난 지덕(知德).

성명(聲名)명 명성(名聲)

성명(聲明)명-하다타 어떤 일에 대한 의견이나 주장 따위를 널리 발표하는 일, 또는 그 말이나 글. ¶공동(共同) ─

성명-서(聲明書)명 성명(聲明)의 내용을 적은 글.

성:명-없:다(姓名─)[─업─]형 사회적으로나 인격적으로 보잘것없다.

성:명=철학(姓名哲學)명 성과 이름의 획수나 발음 따위를 음양 오행설에 해당시켜 길흉을 점치는 일.

성명-학(星命學)명 운명의 길흉을 판단하는 학문.

성:모(聖母)명 ①성인(聖人)의 어머니. ②지난날, 백성이 국모(國母)를 높이어 일컫던 말. ③크리스트교에서, 예수의 어머니인 마리아를 높이어 일컫는 말.

성:모(聖謨)명 나라를 다스리는 임금의 방책이나 방침을 높이어 이르는 말.

성모(聲母)명 중국의 음운학에서, 한어(漢語) 자음(字音)의 음절 첫 자음(子音)을 이르는 말. ☞운모(韻母)

성모(聲貌)명 말소리와 얼굴 모습.

성:-모둠(姓─)명-하다자 지난날, 지닐총을 겨루던 놀이의 한 가지. 한자(漢字)로 된 책 안에서, 성(姓)으로 쓰이는 글자를 찾아서 적는 놀이.

성:모-송(聖母誦)명 가톨릭에서, 예수의 어머니인 성모 마리아에게 바치는 기도나 노래를 이르는 말.

성목(成木)명 재목(材木)으로 쓸 수 있을 만큼 자란 나무.

성묘(省墓)명-하다자 조상의 산소를 살펴봄. 간산(看山). 성추(省楸). 전묘(展墓). 참묘(參墓)

성:묘(聖廟)명 공자(孔子)를 모신 사당. 문묘(文廟)

성무(星霧)명 성운(星雲)

성문(成文)명-하다자타 약속이나 규칙·법 따위를 글로 나타냄, 또는 그 글. ¶─ 헌법

성문(城門)명 성곽(城郭)의 문.

성:문(聖門)명 ①성인(聖人)의 가르침. 특히, 공자(孔子)의 가르침을 이름. ②공자의 문하(門下). 공문(孔門)

성문(聲門)명 좌우의 성대(聲帶) 사이에 있는 틈. 공기의 통로로, 숨을 쉴 때에는 삼각형으로 열려 있으나, 소리를 낼 때에는 좁아짐. 목청문

성문(聲紋)명 목소리를 주파수 분석기를 통하여 줄무늬 도표로 나타낸 것. 지문과 함께 범죄 수사에 이용됨.

성문(聲聞)명 ①세상의 좋은 평판. 명성(名聲) ②불교에서, 석가모니의 가르침을 직접 들은 불제자(佛弟子)를 이르는 말. 뒤에 대승 불교에서는, 사제(四諦)의 가르침에 따라 아라한(阿羅漢)이 되려는 소승(小乘)의 수행자를 이름. ③'성문승(聲聞乘)'의 준말.

성문-계(聲聞界)명 불교에서, 십계(十界)의 일곱째. 사제(四諦)의 진리를 깨닫는 성자(聖者)의 경계(境界).

성문=계:약(成文契約)명 계약의 내용을 문서로 만들어서 맺은 계약.

성문-법(成文法)[─뻡]명 문장의 형식으로 나타낸 법률. 성문율(成文律) ☞불문법(不文法)

성문-승(聲聞乘)명 불교에서 이르는, 이승(二乘) 또는 삼승(三乘)의 하나. 성문의 목적인 아라한(阿羅漢)의 깨달음을 얻게 하는 교법(教法). 준성문(聲聞)

성문-승(聲聞僧)명 성문승(聲聞乘)을 닦는 소승(小乘)의 중. ▷聲의 속자는 声

성문-율(成文律)[─뉼]명 성문법(成文法)

성문-음(聲門音)명〈어〉자음의 한 갈래. 목구멍에서 나는 소리로 'ㅇ·ㅎ' 음을 이름. 'ㅇ'은 성대를 펴고 있는 모습임. 목구멍소리. 목청소리. 후두음(喉頭音)

성문=헌:법(成文憲法)[─뻡]명 문장의 형식으로 나타낸 헌법. ☞불문 헌법(不文憲法)

성문-화(成文化)명-하다자타 문서로 만들어짐, 또는 문서로 만듦. ¶말로 한 약속을 ─하다.

성미(性味)명 성질과 비위. ¶─가 까다롭다.

성미가 가시다관용 발끈 일어난 성미가 가라앉다.

성미(가) 나다관용 성미가 발끈 일다.

성미(를) 부리다관용 발끈하는 성질을 마구 드러내다.

성미(誠米)명 ①신(神)이나 부처에게 정성으로 바치는 쌀. ②크리스트교나 천도교(天道教)의 교인들이, 밥을 지을 쌀에서 가족 수에 따라 얼마씩 떠내어 모았다가 교당에 바치는 쌀. ☞기도미(祈禱米)

성:-바지(姓─)명 성(姓)의 종류. ¶여러 ─. ☞각성바지. 타성바지

성-밖(城─)명 성문 밖. 성외(城外). 성하(城下) ☞성안

한자 **성밖 교**(郊)〔邑部 6획〕¶교외(郊外)/근교(近郊)

성:반(聖盤)명 가톨릭에서, 미사 때 쓰는 성체(聖體)를 담는 접시.

성배(成坏)명 도자기의 몸을 만드는 일. 주배(做坏)

성:배(聖杯)명 ①신성한 술잔. ②크리스트교에서, 예수가 최후의 만찬 때 쓴 술잔을 이르는 말.

성:범(聖凡)명 ①성인(聖人)과 범부(凡夫). ②성스러운 것과 범상한 것.

성:-범:죄(性犯罪)명 강간(強姦)·간통(姦通)·추행(醜行) 등 성적(性的) 질서를 파괴하는 범죄를 이르는 말.

성:법(聖法)[─뻡]명 ①성인(聖人)이 만든 법도(法度). ②거룩한 법.

성:벽(性癖)명 몸에 밴, 치우친 버릇. [보통 좋지 않은 경우에 쓰임.] ¶그에게는 허풍을 떠는 ─이 있다.

성벽(城壁)명 성곽의 벽. 도시나 요새 따위의 둘레에, 적을 막으려고 흙이나 돌로 높게 쌓아올린 담.

성변(星變)명 별의 위치나 빛에 나타나는 이상(異常).

성:별(性別)명 남녀의 구별, 또는 암수의 구별.

성:별(聖別)명-하다타 크리스트교에서, 성스러운 쓰임에

쓰려고 사람이나 물건을 의례적으로 정하게 다루고 세속적인 것과 구별하는 일. ☞축성(祝聖)

성병(成病)[명]-하다[자] 근심이나 걱정 따위가 지나쳐 병이 됨.

성:병(性病)[-뼝][명] 성행위로 말미암아 옮는 병. 임질·매독·연성하감 따위. 사교병. 화류병(花柳病)

성보(城堡)[명] 산성(山城) 밖에 임시로 만든 작은 요새. 성루(城壘)

성복(成服)[명]-하다[자] 초상이 난 뒤 상제(喪制)나 복인(服人)이 처음으로 상복(喪服)을 입는 일. 보통 초상난 지 나흘째 되는 날에 입음.

[속담] **성복 뒤에 약방문**(藥方文) : 사람이 죽고 나서 약방문을 찾아보아야 아무 소용이 없다는 말. 〔성복 후에 약공론하듯〕

성:복(盛服)[명] 화려하게 차려 입은 옷.

성부(城府)[명] ①도시와 관청. ②성시(城市) ③'장애가 되는 것', '사이를 가로막는 일'을 비유하여 이르는 말.

성:부(聖父)[명] 크리스트교에서, 삼위일체(三位一體)의 제일위(第一位)인 창조주 하느님을 이르는 말. ☞성령(聖靈). 성자(聖子)

성부(聲部)[명] 다성부(多聲部) 음악에서, 소프라노·알토·테너·베이스 따위의 목소리나 악기음(樂器音)이 각각 담당하는 음역(音域)의 부분.

성:부동-남(姓不同-)[명] 성(姓)이 달라서 남일 뿐, 일가처럼 썩 가까이 지내는 사람을 이르는 말.

성북(城北)[명] 도성(都城)의 북쪽, 또는 그 지역. ☞성남

성분(成分)[명] ①화합물을 구성하고 있는 각 원소(元素), 또는 혼합물 속의 각 물질. ¶식품의 -. ②수학에서, 하나의 벡터를 공간의 각 좌표축 방향의 벡터의 합으로서 나타낼 때에 그 각 벡터의 크기. ③한 문장을 구성하고 있는 부분. 주어·서술어·수식어 따위.

ㅅ

성분(成墳)[명]-하다[자] 흙을 둥글게 쌓아 올려서 무덤을 만듦, 또는 그 쌓아 올린 부분. 봉분(封墳)

성분=부:사(成分副詞)[명]〈어〉부사의 한 갈래. 문장에서 문장의 한 성분을 꾸미는 부사. 곧 성상 부사와 지시 부사, 부정 부사를 이르는 말. '오늘은 날씨가 매우 화창하다.', '이리 와서 함께 즐기세.', '그는 아직 안 나타났다.'에서 '매우'·'이리'·'안' 따위. ☞문장 부사

성분-비(成分比)[명] 한 물질을 이루고 있는 성분의 비율.

성불(成佛)[명]-하다[자] 번뇌에서 벗어나 깨달음을 얻어 부처가 되는 일. ☞성도(成道)

성불-도(成佛圖)[-또][명] 고려 시대부터 불가(佛家)에 전해 온 놀이의 한 가지. 극락과 지옥 등을 나타낸 놀이판을 가지고, 각 면에 한 자씩 '나무아미타불(南無阿彌陀佛)'의 여섯 자를 쓴 주사위 세 개를 던져, 나타난 결과에 따라 말을 옮겨, 도달 지점인 '대각(大覺)'에 먼저 이르면 이기게 되어 있음. 성불도놀이

성불도-놀이(成佛圖-)[-또-][명] 성불도(成佛圖)

성불성(成不成)[-썽] '일이 되고 아니됨'의 뜻. ¶-의 갈림길./-은 하기에 달려 있다.

성불성간-에(成不成間-)[-썽-][부] 일이 되든 아니되든 간에. ¶- 곧 알려 주시오.

성:비(性比)[명] 같은 종(種)의 암수의 개체수의 비율. 보통 암컷의 개체수를 100으로 잡고 그것에 대한 수컷 개체의 비로써 나타냄. 사람의 경우 출생아의 성비는 남성 쪽이 많음.

성빈(成殯)[명]-하다[자] 빈소(殯所)를 만듦.

성사(成事)[명]-하다[자] 일을 이루거나 일이 이루어짐. ¶혼인이 -되었다.

성:사(盛事)[명] ①성대한 행사. ②규모가 큰 대단한 사업.

성:사(聖史)[명] 가톨릭에서, 신약성서의 네 복음서인 '사복음(四福音)'을 달리 이르는 말. 사성사(四聖史)

성:사(聖事)[명] ①성스러운 일. ②가톨릭의 일곱 가지 성스러운 의식. 세례(洗禮)·견진(堅振)·성체(聖體)·고해(告解)·병자(病者)·성품(聖品)·혼인(婚姻)의 일곱 가지 의식을 이름. ☞일곱 성사

성사재:천(成事在天)[성구] 일을 꾀하는 것은 사람이지만, 그 일이 되고 안 되고는 천운에 달렸음을 이르는 말.

성산(成算)[명] 일이 이루어질 가능성. ¶-이 없다.

성산(星散)[명]-하다[자] 별들처럼 사방으로 흩어지거나 뿔뿔이 헤어짐.

성산-가야(星山伽倻)[명] 육가야(六伽倻)의 하나로, 지금의 경북 성주(星州) 지역에 있던 나라. 6세기 초에 신라에 병합됨.

성산별곡(星山別曲)[명] 조선 명종 때, 송강(松江) 정철(鄭澈)이 지은 가사. 당시의 문인 김성원(金成遠)이 세운 성산(星山)의 서하당(棲霞堂)·식영정(息影亭)을 배경으로 철마다 변하는 경치를 읊은 내용임. '송강가사(松江歌辭)'에 실려 전함.

성:삼(聖三)[명] '성삼위(聖三位)'의 준말.

성:-삼위(聖三位)[명] 크리스트교에서, 신(神)의 세 모습인 성부(聖父)·성자(聖子)·성령(聖靈)을 이르는 말. [준]성삼(星三)

성:상(性狀)[명] ①성질과 품행. ②사물의 성질과 상태.

성:상(性相)[명] 불교에서 이르는 만물의 본체와 현상.

성상(星象)[명] 별자리의 모양.

성상(星霜)[명] 세월(歲月) ¶어언 50여 -이 지났다.

성:상(聖上)[명] 자기 나라의 임금을 높이어 일컫는 말.

성:상(聖像)[명] ①성인(聖人)의 초상. ②예수 또는 성모 마리아의 초상. ③임금의 초상.

성:상=관형사(性狀冠形詞)[명]〈어〉관형사의 한 갈래. 문장에서 '성질'이나 '상태' 등을 나타내는 관형사. '새·헌·온갖·외딴' 따위. ☞지시 관형사(指示冠形詞)

성:상=부:사(性狀副詞)[명]〈어〉부사의 한 갈래. 문장에서 '성질'이나 '상태'·'정도' 등을 나타내는 부사. '높이, 깊이·매우' 따위. ☞지시 부사(指示副詞)

성:상-학(性相學)[명] 인상(人相)·골상(骨相)·수상(手相) 등 사람의 몸에 나타나는 특성으로 그 성질이나 운명을 판단하는 학문. ☞관상(觀相)

성:상=형용사(性狀形容詞)[명]〈어〉형용사의 한 갈래. 사람이나 사물의 '성질', '상태'를 나타내는 형용사. '달다·쓰다·기쁘다' 따위. ☞지시 형용사(指示形容詞)

성새(城塞)[명] 성채(城砦)

성색(聲色)[명] ①말소리와 얼굴빛. ②태도와 품행. ③음악과 여색(女色).

성:-생활(性生活)[명] 인간의 생활 중에서 남녀간의 성교와 관련된 일들.

성서(城西)[명] 도성(都城)의 서쪽, 또는 그 지역. ☞성동

성:서(盛暑)[명] 한더위

성:서(聖書)[명] ①크리스트교의 경전. 신약성서와 구약성서가 있음. 바이블(Bible) ☞성경(聖經) ②성인(聖人)이 쓴 책.

성:선(性腺)[명] 생식샘

성:선-설(性善說)[명] 사람의 본성은 선천적으로 선하며, 악(惡)의 행위는 그 본성을 가리고 더럽히는 데서 일어난다고 주창한 맹자(孟子)의 학설. ☞성악설(性惡說)

성:설(性說)[명] 사람의 본성에 관한 학설. 성선설(性善說), 순자(荀子)의 성악설(性惡說) 따위. 성론(性論)

성:설(盛設)[명]-하다[타] 잔치 따위를 성대하게 베풂.

성성(星星)[1][명] 성수(星宿)

성:성(聖性)[명] 거룩한 품성.

성성(星星)[2][어기] '성성(星星)하다'의 어기(語基).

성성이(猩猩-)[명] '오랑우탄'의 딴이름.

성성-전(猩猩氈)[명] 짙은 빨강으로 물들인 전(氈).

성성-하다(星星-)[형][여] 머리털이 세어 희끗희끗하다. ¶백발이 성성한 노인.

성세(成勢)[명]-하다[자] 세력을 이룸, 또는 그 세력.

성:세(盛世)[명] 나라가 융성(隆盛)하고 세상이 태평한 시대. 성대(盛代)

성:세(聖世)[명] 어진 임금이 다스리는 시대, 또는 그런 세상을 이르는 말. 성대(聖代)

성:세=성:사(聖洗聖事)[명] 가톨릭에서, '세례 성사(洗禮聖事)'의 구용어.

성세(聲勢)[명] ①위엄과 기세. ②명성과 위세.

성:-세포(性細胞)[명] 생식 세포(生殖細胞)

성:소(性巢)명 생식샘
성:소(聖召)명 가톨릭에서 '하느님의 부르심'의 뜻으로 쓰이어, 성직(聖職)을 맡게 되거나 수도 생활을 하게 됨을 이르는 말. ☞소명(召命)
성속(成俗)명 ①예로부터 내려오는 풍속. ②-하다자 좋은 풍속을 만듦.
성:손(姓孫)명 여러 대(代)가 지난 뒤의 자손. 후손(後孫)
성:쇠(盛衰)명 성함과 쇠함. 영고(榮枯). 융체(隆替). 흥체(興替) ¶흥망(興亡)- ☞소장(消長)
성:쇠지리(盛衰之理)명 성함과 쇠망함의 이치.
성수(成遂)명-하다타 무슨 일을 이루어 냄. 수성(遂成)
성수(成數)명-하다자 일정한 수효를 이룸.
성수(成獸)명 성장한 짐승, 곧 다 자란 짐승.
성수(星宿)명 ①이십팔수(二十八宿)의 하나. 남쪽의 넷째 별자리. 성성(星星)[1] 준성(星) ②모든 별자리의 별들. 진수(辰宿)
성수(星數)명 운수(運數)
성:수(聖水)명 가톨릭에서, 성사(聖事)에 쓰려고 사제가 축성(祝聖)한 물.
성:수(聖壽)명 임금의 나이를 높이어 이르는 말.
성:수-기(盛需期)명 어떤 물품이 한창 쓰이는 시기, 또는 어떤 물건이 한창 팔리는 시기. ¶-를 맞은 사과.
성:수-만:세(聖壽萬歲)명-하다자 성수무강
성:수-무강(聖壽無疆)명 지난날, 임금이 오래 살기를 빌던 말. 성수만세
성:수불루(盛水不漏)성구 물을 가득 채워도 새지 않는다는 뜻으로, 주의가 골고루 미쳐 빈틈없음을 이르는 말.
성숙(成熟)명-하다자 ①열매가 충분히 익음. ¶벼가 -하다. ②사람의 몸이나 마음이 충분히 성장함. ¶-한 육체. ③경험을 쌓거나 하여 익숙해짐. ¶-한 정치가. ④정세(情勢)나 기운 따위가 가장 알맞은 시기에 이름. ¶협상 여건이 -하다. ☞미성숙
성숙-기(成熟期)명 성숙된 시기, 또는 성숙되어 가는 시기. ¶낭만주의 문학이 -에 이르다.
성숙-란(成熟卵)명 수정(受精)이 가능해진 난세포.
성숙=분열(成熟分裂)명 생식 세포가 감수 분열(減數分裂)하여 수정할 수 있을 만큼 성숙하는 일.
성숙=사:회(成熟社會)명 인구의 증가나 경제 성장이 멈추어, 안정과 균형을 유지하면서 질적이고 정신적인 가치를 중시하는 사회.
성숙-아(成熟兒)명 임신 10개월 후에 낳은 신생아로서, 몸의 각 부분이나 내장의 기능이 생활할 수 있을 만큼 발육된 아이. ☞미숙아(未熟兒). 조산아(早產兒)
성:-스럽다(聖-)(-스럽고·-스러워)형ㅂ 거룩하다 ¶성스러운 지역.
　성-스레부 성스럽게
성습(成習)명-하다자 버릇이 됨.
성시(成市)명-하다자 ①시장을 이룸. ②흥청거리는 시장처럼 사람이 많이 모여듦. ¶문전(門前)-
성시(城市)명 성곽으로 둘러싸인 시가. 성부(城府)
성:시(盛市)명 성황을 이룬 시장.
성:시(盛時)명 ①혈기가 왕성한 때. ②한창인 때.
성시-증(聲嘶症)[-쯩]명 한방에서, 창질(瘡疾)이나 후두(喉頭)에 이상이 생겨 목이 쉬는 증세를 이르는 말.
성:식(盛飾)명-하다자 옷을 화려하게 차려 입음, 또는 그런 차림. 성장(盛裝)
성식(聲息)명 소식(消息)
성신(星辰)명 별, 또는 별자리.
성:신(聖臣)명 육정(六正)의 하나. 인격이나 식견(識見)이 두드러지게 뛰어난 신하.
성:신(聖神)명 성령(聖靈)
성신(誠信)명 진실한 것 또는 진실한 마음.
성:신=강:림절(聖神降臨節)명 크리스트교에서, 예수의 부활 후 50일째, 곧 일곱째 일요일에 성신이 세상에 내려온 일을 기념하는 날.
성:신말:법(-法)[-뻡]명 무당들이 굿하고 점치는 법을 적은 책의 이름.
성신=숭배(星辰崇拜)명 별을 숭배하는 자연 신앙의 한 가지, 또는 그 의례(儀禮). 고대의 아라비아·바빌로니아·인도 등지에 있었음.
성:신쌍전(性身雙全)성구 천도교에서, 영혼과 육체를 하나로 보는 생각을 이르는 말.
성실(成實)명-하다자 곡식이나 과실 따위가 다 자라서 열매를 맺음. 결실(結實)
성실(誠實)명-하다형 정성스럽고 참됨. ¶-한 태도.
　성실-히부 성실하게
성:심(聖心)명 ①성인(聖人)의 마음. ②가톨릭에서, 예수 또는 성모 마리아의 거룩한 마음.
성심(誠心)명 정성스러운 마음. 단념(丹念). 성관(誠款)
성심-껏(誠心-)부 성심을 다하여. 정성을 다하여. 정성껏 ¶- 봉사하다.
성:심=성:월(聖心聖月)명 가톨릭에서, 예수의 성스러운 마음을 특별히 공경하는 달. 곧 양력 6월을 이름.
성:씨(姓氏)명 '성(姓)'의 높임말.

한자 성씨 씨(氏) [氏部] ¶성씨(姓氏)/씨족(氏族)

성:악(聖樂)명 성가(聖歌)·미사곡·찬송가 등 크리스트교의 종교 음악.
성악(聲樂)명 사람의 목소리로 하는 음악. ☞기악(器樂)
성:악-설(性惡說)명 사람의 본성은 악한 것이며, 교육·학문·수양 등 후천적인 노력으로만 착해질 수 있다고 주창한 순자(荀子)의 학설. ☞성선설(性善說)
성-안(城-)명 성곽(城郭)의 안. 성중(城中) ☞성밖
성안(成案)명-하다타 어떤 계획안이나 문안 따위를 작성함, 또는 그 계획안이나 문안 따위.
성:안(聖顔)명 용안(龍顔)
성애명 지난날, 물건을 사고 팔 때 흥정이 끝난 것을 자축하여 입회인들에게 술이나 담배 따위를 대접하던 일.
성:애(性愛)명 남녀 사이에 생기는 본능적인 애욕(愛慾).
성앳-술명 성애로 내거나 얻어 마시는 술.
성:야(聖夜)명 성탄절 전날 밤, 곧 크리스마스이브.
성약(成約)명-하다자 계약이 이루어짐.
성:약(聖藥)명 효력이 매우 좋은 약. 선약(仙藥)
성양(成樣)명-하다타 모양을 갖춤.
성어(成魚)명 다 자란 물고기. ☞치어(稚魚)
성어(成語)명 ①예로부터 널리 알려져 있고, 사람들이 잘 인용하는 말. ¶고사(故事) - ☞성구 ②숙어(熟語)
성:어-기(盛漁期)명 철에 따라 특정한 물고기가 많이 잡히는 시기. ¶겨울은 명태의 -. ☞어한기(漁閑期)
성업(成業)명-하다자 학업이나 사업 따위를 이룸.
성:업(盛業)명 ①장사가 잘 됨. ②사업이 번창함, 또는 번창하는 사업.
성에[1]명 ①추운 겨울에 유리창이나 벽에 허옇게 얼어붙은 서리. ②'성엣장'의 준말.
성에[2]명 쟁깃술의 윗머리에서 앞으로 뻗치어 나간 쟁기의 가로대. 중간쯤에 한마루가 꽂혀 있고, 끝에 봇줄을 맴.
성엣-장명 물에 떠서 흘러 가는 얼음덩이. 유빙(流氷) 준성에
성역(城役)명 성을 쌓거나 고쳐 쌓는 역사(役事).
성:역(聖域)명 ①성인(聖人)의 지위, 또는 성인의 경지. ②신성한 지역. 함부로 범접할 수 없는 지역. ③문제 삼거나 손을 대어서는 안 되는 분야 따위를 비유하여 이르는 말. ¶법의 적용에 -이 있을 수 없다.
성역(聲域)명 사람이 노래부를 수 있는 목소리의 높낮이의 범위. 그 높낮이에 따라, 여성(女聲)을 소프라노·메조소프라노·알토, 남성(男聲)을 테너·바리톤·베이스로 가름. ¶-이 넓은 가수. ☞음역(音域)
성역=당상(城役堂上)명 조선 시대, 성역을 잘 감독한 공으로 관직을 올린 통정 대부(通政大夫)를 이르던 말.
성:연(盛宴)명 성대한 잔치.
성:열(盛熱)명 한더위
성:염(盛炎)명 한더위
성:-염:색체(性染色體)명 성(性)의 결정이나 분화(分化), 생식 세포의 형성에 직접 관계가 있는 염색체.

성:영(聖詠)명 가톨릭에서, 구약성서의 '시편(詩篇)'을 높이어 이르는 말.
성:영(聖嬰)명 가톨릭에서, 어릴 때의 예수를 이르는 말.
성예(聲譽)명 세상의 좋은 평판. 명성(名聲)
성오(省悟)명-하다타 반성하여 잘못을 깨달음.
성옥(成獄)명 지난날, 살인에 관한 재판을 이르던 말.
성:왕(聖王)명 지덕(知德)이 뛰어난 임금을 높이어 이르는 말. 성군(聖君)
성:왕(盛旺)어기 '성왕(盛旺)하다'의 어기(語基).
성:왕-하다(盛旺－)형여 활동력 따위가 한창 성하다. 왕성(旺盛)하다
성외(城外)명 성밖 ☞성내(城內)
성:욕(性慾)명 성교(性交)를 하고 싶어하는 본능적인 욕망. ☞육욕(肉慾). 정욕(情慾)
성:욕=이:상(性慾異狀)명 심리적 원인이나 신체적 질환에 따라 생기는 성욕의 장애.
성:용(聖容)명 성면(聖面)
성우(成牛)명 다 자란 소.
성우(星雨)명 유성(流星)
성우(聲優)명 모습은 나타내지 않고 목소리만으로 출연하는 배우. 방송극이나 영화의 더빙 따위를 함.
성운(星雲)명 윤곽이 흐릿한 구름 모양의 천체(天體)를 통틀어 이르는 말. 은하계 안의 가스 성운과, 은하계 밖의 항성 따위의 큰 집단으로 가름. 성무(星霧)
성:운(盛運)명 잘 풀리는 운수.
성:운(聖運)명 지난날, 임금의 운수, 또는 임금이 될 운수를 이르던 말.
성운-군(星雲群)명 은하계 밖의 일부에 모여 있는 수십 개의 성운의 무리.
성운-단(星雲團)명 은하계 밖의 일부에 모여 있는, 수백에서 수천 개에 이르는 성운의 무리.
성운-선(星雲線)명 밀도가 극히 낮고 고온인 가스가 내는 휘선(輝線) 스펙트럼. 행성 모양의 성운에서 처음 발견됨으로써 붙여진 이름.
성:웅(聖雄)명 나라의 운명을 건진, 지략이나 인격이 뛰어난 영웅. ¶ － 이순신 장군
성원(成員)명 ①단체 따위를 구성하는 인원. 구성원 ②회의를 성립시키는 데 필요한 인원. ¶ － 미달(未達)
성원(聲援)명-하다타 격려하는 말로써 힘을 북돋아 줌. ¶변함없이 －해 주시기 바랍니다.
성원-국(成員國)명 국제적인 조직의 구성원이 되는 국가. ¶안전 보장 이사회의 －.
성월(星月)명 별과 달을 아울러 이르는 말.
성:월(聖月)명 가톨릭에서, 축일(祝日)과 연관하여 정한 성스러운 달. 이때에는 특별한 소망을 갖고 기도를 하거나, 또는 하느님이나 성인(聖人)을 공경함. 5월은 성모(聖母) 성월, 6월은 예수 성심(聖心) 성월, 10월은 묵주 기도 성월 따위가 있음.
성위(星位)명 천공(天空)에서 항성(恒星)의 자리.
성:위(聖威)명 임금의 위광(威光).
성위(聲威)명 ①명성과 권위. ②위력이 대단하다는 평판.
성위-표(星位表)명 항성의 위치·밝기·빛깔·운동·거리 따위를 나타낸 표. 성표(星表). 항성표(恒星表)
성:유(聖油)명 가톨릭에서, 성사(聖事) 따위의 의식에 쓰는, 사제가 축성한 올리브 향유.
성:유(聖諭)명 성조(聖詔)
성유-법(聲喩法)[－뻡]명 의성법(擬聲法)
성육(成育)명-하다자타 자라남, 또는 잘 자라게 기름. ¶치어(稚魚)의 －./벼의 －.
성:은(盛恩)명 큰 은혜.
성:은(聖恩)명 임금의 은혜.
성음(聲音)명 목소리. 음성(音聲)
성음=문자(聲音文字)[－짜]명 표음 문자(表音文字)
성음-학(聲音學)명 음성학(音聲學)
성읍(城邑)명 고을
성:의(盛儀)명 성대한 의식(儀式). 성전(盛典)
성:의(聖意)명 ①성인(聖人)의 뜻. ②성지(聖旨)
성의(誠意)명 참되고 정성스러운 마음. ¶ －가 없다.
성의-껏(誠意－)부 성의를 다하여. 정성껏 ¶ － 대접하다.
성이(星移)명 별의 위치가 옮겨진다는 뜻으로, 세월의 흐름을 이르는 말.
성인(成人)명 성년(成年)이 된 사람. 만 20세 이상의 남녀를 이름. 대인(大人). 어른
성인(成因)명 사물(事物)이 이루어지는 원인. ¶화산의 －./돌고드름의 －.
성:인(聖人)명 ①지덕(智德)이 뛰어나며, 만인이 우러러 본받을만 한 사람. 특히 유가(儒家)에서 요(堯)·순(舜)·공자(孔子) 등을 일컫는 말. ②가톨릭에서, 교황이 시성(諡聖)한 사람의 칭호. 성도(聖徒). 성자(聖者) ③불교에서, 부처나 보살을 이르는 말. 성자(聖者)
속담 **성인도 시속(時俗)을 따른다** : 사람은 누구나 세상의 관습이나 변화 따위에 적응하면서 살아야 한다는 말. /**성인도 하루에 죽을 말을 세 번 한다** : 아무리 훌륭한 사람도 말 실수를 하게 된다는 말. /**성인이 벼락 맞는다** : 세상 인심이 사나워서 착하고 어진 사람이 화(禍)를 입게 된다는 말.

한자 **성인 성**(聖)〔耳部 7획〕¶성덕(聖德)/성상(聖像)/성자(聖者)/성전(聖典)/성현(聖賢)

성인=교:육(成人教育)명 성인을 대상으로 하는 사회 교육의 한 가지. 일반 교양이나 기술 등 실생활과 관련 있는 교육임.
성인-병(成人病)[－뼝]명 주로 중년 이후에 많이 발생하는 질병을 통틀어 이르는 말. 동맥 경화, 고혈압, 암(癌), 당뇨병, 백내장, 전립선 비대 따위. ☞노인병
성인지미(成人之美)성구 남의 좋은 점을 도와서 더욱 훌륭한 사람이 되게 함을 이르는 말.
성:일(聖日)명 크리스트교에서, 성스러운 날, 곧 일요일을 이르는 말. 주일(主日)
성일(誠一)어기 '성일(誠一)하다'의 어기(語基).
성일-하다(誠一－)형여 뜻이 한결같이 참되고 굳다.
성:자(姓字)[－짜]명 성(姓)을 표시하는 글자.
성자(省字)[－짜]명 조선 시대, 왕세자가 군사(軍事)에 관한 문서에 찍던 '省' 자를 새긴 도장.
성:자(盛者)명 세력을 크게 떨치는 사람.
성:자(聖子)명 크리스트교에서, 삼위일체의 제이위(第二位), 곧 속죄자로서 이 세상에 나타난 하느님의 아들 예수 그리스도를 이르는 말. ☞성령(聖靈). 성부(聖父)
성:자(聖者)명 성인(聖人)
성:자-신손(聖子神孫)명 지난날, 성인의 아들이나 신의 자손이라는 뜻으로, 임금의 자손을 높이어 이르던 말.
성:자필쇠(盛者必衰)[－쐬]성구 한번 성했던 이는 반드시 쇠하게 마련이라는 뜻으로, 이 세상의 덧없음을 이르는 말. ☞생자필멸(生者必滅)
성:작(聖爵)명 가톨릭에서, 미사 때 성혈(聖血) 대용인 포도주를 담는 잔을 이르는 말.
성장(成長)명-하다자 ①사람이나 동식물이 자라남. ¶벼가 잘 －한다. ②규모가 커짐. ¶경제 －
성장(星章)명 별 모양의 표지, 또는 그런 기장(紀章).
성:장(盛粧)명-하다자 화려하게 단장함, 또는 그런 단장.
성:장(盛裝)명-하다자 옷을 화려하게 차려 입음, 또는 그런 차림. 성식(盛飾)
성장=곡선(成長曲線)명 생장 곡선(生長曲線)
성장-기(成長期)명 ①성장하는 동안. ②성장하는 시기. 발육기(發育期)
성장-률(成長率)명 ①성장하는 정도를 나타내는 비율. 국민 총생산이나 국민 소득의 증가율 따위. ¶경제 － ②생장률(生長率)
성장=산업(成長産業)명 앞으로 성장이 기대되는 산업.
성장-선(成長線)명 생장선(生長線)
성장=운:동(成長運動)명 생장 운동(生長運動)
성장-점(成長點)[－쩜]명 생장점(生長點)
성장-주(成長株)명 발전 가능성이 높아 이익이 많이 나서 주가가 오를 것으로 예상되는 기업의 주식. ☞가치주

ㅅ

성장=호르몬(成長hormone)명 뇌하수체의 전엽(前葉)에서 분비되어, 포유류의 뼈·근육·내장 따위의 성장을 촉진하는 호르몬. 생장 호르몬
성:재(聖裁)명 임금의 재가(裁可)를 높이어 이르는 말.
성적(成赤)명-하다자 혼인날에 신부의 얼굴에 분을 바르고 연지를 찍는 일.
성적(成績)명 ①이루어 놓은 결과. ¶작업 ─/영업 ─이 좋아졌다. ②학습이나 시험 따위의 성과. ¶학업 ─/입시 ─/좋은 ─으로 합격하다.
성:적(性的)[─쩍]명 성(性) 또는 성욕에 관계되는 것. ¶─ 차별/─으로 수치심을 느끼다.
성:적(聖蹟)명 ①성인(聖人)의 사적(事蹟)이나 유적(遺蹟). ②임금에 관계되는 사적이나 유적.
성적(聲績)명 명성(名聲)과 공적(功績).
성적=도:착(性的倒錯)[─쩍─]명 일반적인 경향에서 두드러지게 벗어나 있는 성행위의 유형. 동성애·노출증·마조히즘·사디즘 등 변태적인 이상 습성.
성:적=매력(性的魅力)[─쩍─]명 상대방에게 성적인 충동을 일으키게 하는, 외모 따위에서 이끄는 힘.
성적-분(成赤粉)명 혼인날 성적(成赤)할 때 신부가 바르는 분.
성적-표(成績表)명 성적을 적은 표. 특히 학업의 성적을 적은 일람표.
성전(成典)명 ①정해진 법식(法式)이나 의식(儀式). ②성문화(成文化)된 법전(法典).
성:전(性典)명 성(性)에 관한 지식을 다룬 책.
성:전(盛典)명 성대한 의식(儀式). 성의(盛儀)
성:전(聖典)명 ①종교의 교리나 계율 따위를 적은 책. 불교의 경전(經典), 크리스트교의 성서(聖書), 이슬람교의 코란 따위. ②성인(聖人)이 지은 책, 또는 성인의 언행(言行)을 기록한 책.
성:전(聖殿)명 신성한 전당.
성:전(聖傳)명 크리스트교에서, 성서(聖書)와 초대 교회의 전례(典禮), 계시적이거나 초자연적인 진리, 구전(口傳)되어 오는 교리나 신조를 이르는 말.
성:전(聖戰)명 신성한 목적을 위한 전쟁.
성:-전:환(性轉換)명 ①암수딴몸인 생물 가운데서 수컷 또는 암컷이 어떤 원인으로 반대의 성 기능을 가지게 되는 일. ②남성 또는 여성이 외과적인 수술로써 외성기(外性器)를 다른 성(性)의 것으로 바꾸는 일.
성:절(聖節)명 임금의 탄생일을 높이어 이르는 말.
성점(星占)명 별의 위치나 빛깔 등을 보고 인간 생활의 길흉화복을 점치는 일.
성정(成丁)명 성인이 된 남자. 지난날에는 열여섯 살이 된 남자를 가리키기도 하였음.
성:정(性情)명 타고난 성질과 마음씨. 성품(性品). 정성(情性) ¶─이 온화하다.
성:정-머리(性情─)명 '성정(性情)'을 속되게 이르는 말.
성:제(聖帝)명 ①성군(聖君) ②성제님
성:제-님(聖帝─)명 무당이나 전내(殿內)들이 받들어 모시는 중국 촉나라 장수 관우(關羽)의 넋. 성제(聖帝)
성:제=명왕(聖帝明王)명 어질고 지혜가 뛰어난 임금.
성조(成鳥)명 다 자라서 생식 능력이 있는 새.
성:조(聖祖)명 ①가톨릭에서, 예수의 조상인 아브라함·이삭·야곱을 이르는 말. ②임금의 조상을 높이어 이르는 말. ¶단군 ─
성:조(聖祚)명 임금의 자리를 높이어 이르는 말. ☞왕위(王位). 제위(帝位)
성:조(聖詔)명 임금의 칙유(勅諭)를 이르는 말. 성유(聖諭)
성:조(聖朝)명 어진 임금이 다스리는 조정이라는 뜻으로, 당대의 조정을 높이어 이르던 말.
성조(聲調)명 ①말할 때나 노래부를 때 나타나는 목소리의 높낮이나 장단, 억양 따위. ¶─가 고르다. ②시가(詩歌)의 음조(音調).
성:조(性躁)어기 '성조(性躁)하다'의 어기(語基).
성조-기(星條旗)명 미국의 국기. 독립 당시의 13주(州)를 7개의 빨강 가로줄과 6개의 하양 가로줄로, 현재의 50주를 왼쪽 위의 감색 바탕에 50개의 흰 별로 나타냄.
성:조-하다(性躁─)형여 성미가 조급하다.
성:족(盛族)명 세력이 있는 겨레.
성:졸(性拙)어기 '성졸(性拙)하다'의 어기(語基).
성:졸-하다(性拙─)형여 성미가 옹졸하다.
성종(成宗)명 대종가(大宗家)에서 파(派)가 갈린 뒤, 4대를 거쳐서 새로 된 종가.
성종(成腫)명-하다자 종기(腫氣)가 곪음, 또는 그 종기.
성종(醒鐘)명 지정한 시각에 종이 울리도록 만든 시계. 경시종(警時鐘)
성좌(星座)명 항성(恒星)의 배치를 편의적으로 신화의 인물이나 동물, 기물(器物) 따위의 모양에 비겨서 천공(天空)을 구분한 것. 큰곰자리·오리온자리 등 여든여덟 자리가 있음. 별자리
성:좌(聖座)명 ①신성한 자리. ②성인(聖人)이나 임금이 앉는 자리.
성좌-도(星座圖)명 성좌를 그려 넣은 천구도(天球圖).
성주명 민속에서, 집을 보호해 준다는 신령을 이르는 말. 상량신(上樑神)
　성주(를) 받다관용 성주받이를 하다.
성주(星主)명 조선 시대, '제주 목사(濟州牧使)'를 달리 이르던 말.
성주(城主)명 ①지난날, 성을 지키는 군사의 최고 관직을 이르던 말. ②신라 말에서 고려 시대 초에 걸쳐, 한 지방을 차지하여 다스리는 영주(領主)를 이르던 말. ③조선 시대에 고을의 원(員)을 달리 이르던 말.
성:주(聖主)명 성군(聖君)
성:-주간(聖週間)명 가톨릭에서, 예수의 수난과 부활을 기념하는, 부활절 전의 일주일 동안을 이르는 말.
성:-주기(性週期)명 동물의 암컷이 발정하는 주기. 사람의 경우에는 월경 주기에 해당함.
성주-받이[─바지]명 집을 새로 짓거나 이사한 뒤에 성주를 다시 받아들인다고 하는 굿. 성줏굿
성주-탕(醒酒湯)명 술을 깨게 하는 국이라는 뜻으로, '해장국'을 달리 이르는 말.
성주-풀이명 성주받이를 할 때에 무당이 복을 빌면서 부르는 노래.
성줏-굿명 성주받이
성줏-상(─床)명 성주받이를 할 때에 성주를 위하여 차려 놓는 상.
성중(城中)명 성안
성:중(聖衆)명 거룩한 사람들이라는 뜻으로, 부처와 보살 등을 이르는 말. 특히 극락왕생을 바라는 사람의 임종에, 아미타불과 함께 마중 나오는 보살들을 이름.
성:지(性智)명 본디 타고난 지혜.
성지(城池)명 성 둘레에 파 놓은 못, 또는 그러한 성.
성지(城址)명 성터
성:지(聖旨)명 임금의 뜻을 높이어 이르는 말. 성의(聖意). 성충(聖衷). 어지(御旨)
성:지(聖地)명 신·부처·성인 등에 관계되는 거룩한 땅. 크리스트교에서 예루살렘, 불교에서 부다가야, 이슬람교에서 메카 따위.
성:지(聖枝)명 가톨릭에서, 성지 주일(聖枝主日)에 사제(司祭)가 축성(祝聖)한 나뭇가지.
성:지(聖智)명 성인(聖人)의 지혜.
성:지=순례(聖地巡禮)명 순례자가 성지를 찾아다니며 참배하는 일.
성:지=주일(聖枝主日)명 가톨릭에서, 부활절 바로 전의 주일을 이르는 말. 예수가 수난 전에 예루살렘에 입성한 것을 기념하는 날.
성:직(聖職)명 ①신성한 직무. ②크리스트교에서, 하느님에게 봉사하는 사제(司祭)·선교사·목사 등의 직무.
성직(誠直)어기 '성직(誠直)하다'의 어기(語基).
성:직-자(聖職者)명 종교적 직분을 맡고 있는 사람. 사제·목사·승려 등을 이름.
성직-하다(誠直─)형여 성실하고 정직하다.
성:질(性質)명 ①본디부터 타고난 기질이나 바탕. ¶불끈

하는 ―./얌전한 ―./―이 부드럽다. ②그 사물이 지니고 있는 특성. ¶사건의 ―./소금의 ―.

성:징(性徵)명 남녀나 암수의 성(性)을 구별하는 기준이 되는 형질. 생식선(生殖腺)과 이에 딸린 생식기의 차이를 제일차 성징, 그 밖에 유방이나 몸매, 수탉의 볏, 수사슴의 뿔, 수사자의 갈기 등에 나타나는 차이를 제이차 성징이라 함.

성차(星次)명 ①천공(天空)에서 별의 위치. ②이십팔수(二十八宿)의 차례.

성:찬(盛饌)명 푸짐하게 잘 차린 음식.

성:찬(聖餐)명 크리스트교에서, 성찬식 때 쓰는 포도주와 빵을 이르는 말.

성:찬-식(聖餐式)명 크리스트교에서, 예수의 최후의 만찬을 기념하여, 예수의 피와 살을 상징하는 포도주와 빵을 교인(敎人)들에게 나누어 주는 교회의 의식. 성만찬

성찰(省察)명-하다타 ①자신의 생활이나 행동을 되돌아보고 그 잘잘못 따위를 생각함. ¶깊은 ―. ②가톨릭에서, 고해 성사(告解聖事)를 받기 전에 성령(聖靈)의 도움을 청하고, 양심에 비추어 지은 죄를 생각해 내는 일. ☞보속(補贖). 통회(痛悔)

성:창(盛昌)어기 '성창(盛昌)하다'의 어기(語基).

성:창-하다(盛昌―)형여 세력이 왕성하다.

성채(星彩)명 ①별빛 ②사파이어와 같은 광물을 통하여 빛을 바라보았을 때 생기는 별 모양의 광채.

성채(城砦)명 성(城)과, 성에서 떨어진 곳에 쌓은 요새(要塞). 성새(城塞)

성책(城柵)명 성에 둘러친 목책(木柵).

성:철(聖哲)명 지덕이 뛰어나고 사리에 통달한 사람.

성첩(成貼·成帖)명-하다자 지난날, 공문서(公文書)에 관인(官印)을 찍던 일, 또는 관인을 찍은 공문서.

성첩(城堞)명 성가퀴

성청(成廳)명-하다자 지난날, 세도가의 하인들이 떼전을 짓던 일. ¶하인들이 ―하여 행패를 일삼는다.

성체(成體)명 다 자라서 생식 능력이 있는 생물을 이르는 말. ☞유생(幼生)

성:체(聖體)명 ①임금의 몸을 높이어 이르는 말. 성궁(聖躬) ②가톨릭에서, 빵과 포도주로 상징되는 예수의 몸과 피를 이르는 말.

성:체=강:복(聖體降福)명 가톨릭에서, 주일이나 특별한 날에, 사제가 성체로써 강복해 주는 일.

성:체=대:회(聖體大會)명 가톨릭에서, 성체에 대한 믿음을 두터이 하기 위하여 베푸는, 성직자·수도자·평신도들의 모임.

성:체=성:사(聖體聖事)명 가톨릭의 일곱 성사의 하나. 성체를 받아 모시는 성사.

성:촉(聖燭)명 가톨릭에서, 축성(祝聖)된 초를 이르는 말. 성랍(聖蠟)

성:촌(盛村)명 번성한 마을.

성:총(盛寵)명 극진한 총애(寵愛).

성:총(聖寵)명 ①임금의 은총(恩寵)을 높이어 이르는 말. ②크리스트교에서, 하느님의 은총을 이르는 말.

성추(省楸)명 성묘(省墓)

성:추(盛秋)명 가을이 한창인 때. 한가을

성축(成軸)명 시회(詩會) 때 지은 작품을 각자가 차례로 두루마리에 적는 일.

성:축(聖祝)명-하다자 성탄을 축하함.

성충(成蟲)명 곤충 등의 애벌레가 자라서 생식 능력을 가지게 된 것. 어른벌레. 엄지벌레. 자란벌레 ☞유충(幼蟲)

성:충(聖衷)명 성지(聖旨)

성충(誠忠)명 충성(忠誠)

성취(成娶)명-하다자 장가들어 아내를 맞음.

성취(成就)명-하다타 바라거나 뜻한 바를 이룸, 또는 목표를 달성함. ¶소원을 ―하다./사업을 ―하다.

성취(腥臭)명 비린내

성취(醒醉)명 술에 취하는 일과 술이 깨는 일.

성취=동:기(成就動機)명 뜻한 바를 이루어 내겠다는 의욕을 일으키게 하는 근원적인 힘.

성취=지수(成就指數)명 지능에 비하여 학습이 얼마만큼 성취되었는지를 나타내는 지수. 교육 지수를 지능 지수로 나눈 것에 100을 곱한 것. 에이큐(AQ)

성층(成層)명-하다자 포개져 층을 이룸, 또는 그 층.

성층-권(成層圈)[―꿘]명 대류권과 중간권 사이에 있는 대기권. 높이 10~50km에 이르며, 구름이 없고, 기온은 높은 곳일수록 상승함.

성층-면(成層面)명 위아래로 포개진 지층이 서로 닿는 면. 층면(層面)

성층-암(成層岩)명 수성암(水成岩)

성층=화:산(成層火山)명 중심 화구(火口)에서 분출한 용암류(鎔岩流)와 화산재, 용암 부스러기 등이 층을 이루어 생긴 원뿔 모양의 화산. 복성 화산. 층상 화산

성치(星馳)명-하다자 별똥이 떨어지듯이 몹시 급히 달림.

성:칙(聖勅)명 임금의 말, 또는 임금의 명령을 적은 문서.

성:칭(盛稱)명-하다타 크게 칭찬함, 또는 그런 칭찬.

성크름-하다형여 ①바람기가 많고 쌀쌀하다. ¶성크름한 날씨. ②시원해 보이도록 옷감 따위가 발이 굵고 짜임새가 성기다. ☞상크름하다

성큼부 긴 다리로 발걸음을 가볍고 크게 내디디는 모양을 나타내는 말. ☞상큼

성큼-성큼부 긴 다리로 발걸음을 가볍고 크게 잇달아 내디디는 모양을 나타내는 말. ¶― 걷다. ☞상큼상큼

성큼-하다형여 아랫도리가 윗도리보다 어울리지 않게 길쭉하다. ☞상큼하다[1]

성:탄(聖誕)명 ①성인(聖人) 또는 임금의 탄생. ②'성탄절(聖誕節)'의 준말.

성:탄-목(聖誕木)명 크리스마스트리(Christmas tree)

성:탄-일(聖誕日)명 ①성인(聖人) 또는 임금이 탄생한 날. ②예수의 탄생일.

성:탄-절(聖誕節)명 예수의 탄생을 기념하는 날. 크리스마스(Christmas) 준성탄(聖誕)

성:택-무(聖澤舞)명 조선 시대 궁중 무용의 한 가지. 중국 사신을 위한 연회에서 추던 열두 사람의 군무(群舞).

성-터(城―)명 성이 있던 자리. 성지(城址)

성:토(盛土)명-하다자 땅을 일정한 높이로 돋우기 위해 흙을 쌓음, 또는 쌓은 그 흙.

성토(聲討)명-하다타 정부나 조직 등의 책임이나 잘못 등에 대해서, 공적인 처지에서 따지며 비난하는 일. ¶정부의 주먹구구식 환경 정책을 ―하다.

성:-토요일(聖土曜日)명 가톨릭에서, 부활 주일(復活主日)의 전날을 이르는 말. 곧 예수가 무덤 안에 머물러 있었음을 기억하는 날.

성패(成敗)명 일의 성공과 실패를 아울러 이르는 말. ¶―를 좌우하다./―가 달려 있는 문제.

성:패(聖牌)명 중세 가톨릭에서, 성지 순례자에게 순례지 교회에서 나누어 주던 동전 모양의 금속 패. 예수, 성모 마리아, 성인, 교회 등이 새겨져 있음.

성:-폭력(性暴力)명-하다타 성적인 행위로 남에게 육체적·정신적·심리적으로 손상을 입히는 일.

성:-폭행(性暴行)명-하다타 '강간(強姦)'을 달리 이르는 말. ☞성폭력

성표(成標)명-하다타 증서(證書)를 작성함.

성표(星表)명 성위표(星位表)

성:-풀이명-하다자 성난 마음을 떨쳐 버리고 마음을 후련하게 하는 일.

성:품(性品)명 성질과 품격. 성질과 됨됨이. ¶의젓한 ―.

한자 **성품 성**(性) 〔心部 5획〕 ¶성격(性格)/성미(性味)/성정(性情)/성질(性質)/성품(性品)/인성(人性)

성:품(性稟)명 타고난 성질과 마음씨. 성정(性情). 천품(天稟) ¶―이 어진 사람.

성:품(聖品)명 가톨릭의 칠품(七品) 중 윗자리인 주교품(主敎品)·사제품(司祭品)·부제품(副祭品)을 이르는 말. 대품(大品) ☞칠품(七品)

성:품=성:사(聖品聖事)명 가톨릭의 일곱 성사의 하나. 사제가 되는 부제에게 사제로서의 신권을 부여하는 성사.

성풍(腥風)명 ①피비린내가 풍기는 바람. ②살벌한 분위기를 비유하는 말.

성하(星河)명 은하(銀河)

성하(城下)명 성밖

성:하(盛夏)명 더위가 한창인 여름. 한여름

성:하(聖下)명 가톨릭에서, '교황(敎皇)'을 높이어 일컫는 말. ☞전하(殿下)

성-하다 형여 ①상한 데 없이 온전하다. ¶유리창 하나 성한 것이 없다. ②몸에 탈이 없이 온전하다. ¶성한 사람이라곤 찾아볼 수 없다.

성-히 부 성하게

성:-하다(盛-) 형여 한창 왕성하다. ¶공업이 성한 나라./불길이 -.

성-히 부 성하게 ¶- 일어나는 개혁의 기운.

한자 **성할 성**(盛) 〔皿部 7획〕 ¶번성(繁盛)/성대(盛大)/성쇠(盛衰)/성행(盛行)/성황(盛況)/전성(全盛)

성:하=목욕(聖河沐浴)명 힌두교에서, 신성한 갠지스 강에 몸을 담가 죄를 씻는 일을 이르는 말.

성:하-염열(盛夏炎熱)[-녈]명 한여름의 심한 더위.

성하지맹(城下之盟)명 적군이 도성(都城)의 성벽 아래까지 쳐들어옴으로써 하는 수 없이 항복을 약속하는 일, 또는 그와 같은 굴욕적인 맹약(盟約)을 이르는 말.

성학(星學)명 '천문학(天文學)'의 구용어.

성:학(聖學)명 성인(聖人)이 가르친 학문, 특히 '유학(儒學)'을 이르는 말.

성학-가(星學家)명 ①천문학자(天文學者) ②별을 보고 점을 치는 사람. 점성가(占星家)

성:함(姓銜)명 남을 높이어 그의 성명(姓名)을 이르는 말. 명함(名銜) ☞함자(銜字)

성:합(聖盒)명 가톨릭에서, 성체(聖體)를 모시어 두는 합(盒)을 이르는 말.

성:해(聖骸)명 가톨릭에서, 성인(聖人)의 유해(遺骸)를 이르는 말.

성:행(性行)명 성질과 품행(品行). 타고난 성질과 평상시의 행동. ¶-이 바르다.

성:행(盛行)명-하다자 성하게 행하여짐. 성하게 유행됨. ¶할인 판매가 -하다.

성:-행위(性行爲)명 남녀의 성적(性的)인 접촉. '성교(性交)'의 완곡한 표현임.

성:향(性向)명 사람의 성질의 경향. 기질(氣質) ¶그는 남에게 돋보이려 하는 -이 있다.

성:향(姓鄕)명 관향(貫鄕)

성향(聲響)명 소리가 울리는 일, 또는 울려서 나는 소리.

성:현(聖賢)명 ①성인과 현인. ②청주(淸酒)와 탁주(濁酒). 청주를 성인에, 탁주를 현인에 비유한 중국의 옛 시에서 비롯됨.

성혈(腥血)명 비린내 나는 피, 곧 '생피'를 이르는 말.

성:혈(聖血)명 ①가톨릭에서, 예수가 십자가에서 흘린 피를 이르는 말. ②가톨릭에서, 미사나 성찬식 때 예수의 피를 상징하여 쓰는 포도주를 이르는 말.

성형(成形)명-하다타 ①모양을 이룸. ②흙을 빚어 도자기의 모양을 만드는 일.

성형(成型)명-하다타 틀에 맞추어 소재를 일정한 모양으로 만드는 일.

성형(星形)명 별의 모양. 별과 같은 모양.

성형=도법(星形圖法)[-뻡]명 지도 투영법의 한 가지. 별 모양의 윤곽 안에 하나의 극(極)을 중심으로 하여 세계 지도를 나타내는 방법.

성형=수술(成形手術)명 인체의 표면적인 결손이나 변형 따위를 바로잡기 위한 수술.

성형=외:과(成形外科)[-꽈]명 성형 수술을 전문으로 하는 외과.

성형-틀(成形-)명 도자기를 성형하는 데 쓰는, 석고·질흙·금속 따위로 만든 틀.

성형-품(成型品)명 합성 수지 따위를 틀에 부어서 일정한 모양이 되게 가공한 물건.

성호(城壕)명 성밖으로 둘러서 판 못. 해자(垓字)

성:호(聖號)명 가톨릭에서, 손으로 이마와 가슴 앞 등에 긋는 십자가 모양을 이르는 말. ¶-를 긋다.

성:-호르몬(性hormone)명 동물의 생식선(生殖腺)에서 분비되는 호르몬. 생식기의 발육과 기능 유지, 제2차 성징(性徵)의 발현(發現), 발정(發情) 등에 작용함.

성호사설(星湖僿說)명 조선 숙종 때의 학자 성호 이익(李瀷)이 지은 책. 천지(天地)·만물(萬物)·인사(人事)·경사(經史)·시문(詩文)으로 분류되어 있음. 30권 30책의 사본(寫本).

성혼(成婚)명-하다자 혼인(婚姻)이 이루어짐. ¶신랑과 신부의 -을 선언하다. ☞성례(成禮)

성홍-열(猩紅熱)[-녈]명 법정 전염병의 한 가지. 용혈성(溶血性) 연쇄 구균의 감염으로 생기는 급성 전염병으로 고열이 나고 온몸에 붉은 발진이 나타남. 어린아이들에게 많이 걸림. 양독(陽毒)

성화 명-하다자 ①뜻대로 되지 않아 몹시 애가 탐, 또는 그런 상태. ¶-가 나다. ②몹시 귀찮게 함. ¶-를 부리다./이게 웬 -냐.

성화를 대다 관용 몹시 귀찮게 하다. ¶함께 가자고 -.

성화를 먹이다 관용 몹시 귀찮게 하면서 애를 먹이다. ¶성화를 먹이려고 짐짓 늑장을 부리다.

성화를 바치다 관용 성화가 나게 하다. ¶누구에게 성화를 바치려는 거냐.

성화(星火)명 ①유성(流星) ②불티 ¶-가 튀다. ③몹시 다급하게 행동하거나 조르는 짓. ¶재촉이 -다.

성:화(盛火)명 활활 타오르는 불.

성:화(聖火)명 ①신(神)께 바치는 신성한 불. ②올림픽 기간 중 성화대에 줄곧 켜 두는 제전(祭典)의 불. 1928년 암스테르담 올림픽 대회 때 시작되었음.

성:화(聖化)명 ①임금의 덕화(德化). ②-하다자 가톨릭에서, 죄 있는 인간이 하느님의 사랑을 받아 성스러운 삶으로 변화하는 일을 이르는 말.

성:화(聖花)명 부처 앞에 올리는 꽃을 이르는 말. ☞헌화(獻花)

성:화(聖畫)명 종교화(宗敎畫)를 흔히 이르는 말.

성화(聲華)명 세상에 드러난 명성.

성화-같다(星火-)[-갇-]형 독촉 따위가 몹시 심하고 급하다. ¶독촉이 -.

성화-같이 부 성화같게

성:화-대(聖火臺)명 올림픽 대회 등의 운동 경기가 진행되는 동안, 성화를 계속 켜 둘 수 있도록 주경기장에 마련해 놓은 장치.

성화-독촉(星火督促)명 몹시 심하게 하는 독촉.

성황(城隍)명 '서낭'의 원말.

성:황(盛況)명 성대한 상황. ¶공연이 -을 이루다.

성황-단(城隍壇)명 '서낭단'의 원말.

성황-당(城隍堂)명 '서낭당'의 원말.

성:황-리에(盛況裡-)부 성황을 이룬 가운데. ¶연극 공연이 - 끝나다.

성황-상(城隍床)명 '서낭상'의 원말.

성황-신(城隍神)명 '서낭신'의 원말.

성황-제(城隍祭)명 '서낭제'의 원말.

성회(成會)명-하다자 회의가 이루어짐. ☞유회(流會)

성:회(盛會)명 성대한 모임. 승회(勝會)

성:회(聖灰)명 가톨릭에서, 성지 주일(聖枝主日)에 축성한 종려나무 가지를 다음해 성회례(聖灰禮) 날에 태워서 얻은 재를 이르는 말.

성:회-례(聖灰禮)명 가톨릭에서, 성회일(聖灰日)에 사제(司祭)가 참회의 상징으로 신도의 머리 위에 성회를 뿌리는 의식을 이르는 말.

성:회-일(聖灰日)명 사순절이 시작되는 첫날. 가톨릭에서는 재의 수요일이라고도 하며, 신도의 머리 위에 재를 뿌리는 성회례가 베풀어짐.

성:후(聖候)명 임금의 안후(安候)를 높이어 이르는 말. 상후(上候)

성:훈(聖訓)명 성인(聖人)이나 임금의 교훈(敎訓).

성:휘(聖諱)명 성인(聖人)의 휘(諱).

섶[1] 명 저고리나 두루마기 따위의 깃 아래에 달린 긴 헝겊. ☞겉섶. 안섶

섶[2] 명 덩굴식물이나 줄기가 여린 식물을 받쳐 주기 위하여 옆에 대어 꽂아 두는 꼬챙이.

섶[3] 명 누에가 올라가 고치를 짓도록 마련해 주는 짚이나 잎나무 따위. 잠족(蠶簇)

섶[4] 명 물고기가 모이도록 물 속에 쌓아 놓는 나무.

섶[5] 명 '섶나무'의 준말.

속담 **섶을 지고 불로 들어가려 한다** : 결과가 좋지 않을 게 뻔한 일을 하여, 스스로 화(禍)를 불러들이려 한다는 말.

섶-나무[섭-] 명 잎나무·풋나무·물거리 따위의 땔나무를 통틀어 이르는 말. 준 섶[5]

섶-청올치[섭-] 명 꼬지 않은 청올치.

섶-폭(-幅)[섭-] 명 섶의 나비.

세: 관 '셋'의 뜻. ¶ - 개(個)./- 권(卷)./- 사람.

속담 **세 끼를 굶으면 쌀 가지고 오는 놈 있다** : 사람이 아무리 가난하더라도 굶어 죽으라는 법은 없다는 말./**세 사람만 우겨대면 없는 호랑이도 만들어 낼 수 있다** : 여럿이 퍼뜨린 말은 그것이 헛소문이라 하더라도 사람들이 믿게 되기 쉽다는 말./**세 살 난 아이 물가에 놓은 것 같다** : 조마조마하여 잠시도 마음이 놓이지 않는다는 말./**세 살 적 버릇이 여든까지 간다** : 어릴 때 몸에 밴 버릇은 늙도록 고치기 힘들다는 말.

세:(世)명 지질 시대를 구분하는 단위의 하나. 기(紀)를 몇 가지로 구분한 것. 홍적세·충적세 따위. ☞대(代)

세:(稅)명 '조세(租稅)'의 준말.

세:(貰)명 돈을 받고 집·방·물건 따위를 빌려 주는 일, 또는 그 돈. ☞삯

세(를) 내다 관용 세를 주고 남의 집이나 방에 들거나 물건을 빌려 쓰다.

세(를) 놓다 관용 세를 받고 남에게 집이나 방이나 물건을 빌려 주다.

한자 세 놓을 세(貰) 〔貝部 5획〕 ¶세가(貰家)/세금(貰金)/세차(貰車)/월세(月貰)/전세(傳貰)

세:(勢)명 ①기운. 기세(氣勢) ¶ -를 돋우다./-를 부리다./-가 꺾이다. ②판세. 형세 ¶ -가 불리하다./진퇴양난(進退兩難)의 -.

세(歲)의 한자어 수사(數詞) 뒤에 쓰이어, 나이를 나타내는 말. ¶방년(芳年) 십구 -.

-세(世)《접미사처럼 쓰이어》'세대(世代)'의 뜻을 나타냄. ¶재미 교포 이세(二世).

-세 어미 동사의 어간에 붙어, '하게' 할 자리에 쓰이어 함께 하기를 권하거나 상대에게 요구하는 뜻을 나타내는 종결 어미. ¶노세 젊어서 노세./함께 등산하세./날 좀 보세.

세:가(世家)명 대대로 나라에서 많은 녹을 받는 집안. 세족(世族) ¶명문(名門) -

세:가(貰家)명 셋집

세:가(勢家)명 ①권세 있는 집안. 세문(勢門) ②세력가

세:간 명 집안 살림에 쓰는 온갖 물건. 가장 집물(家藏什物). 살림. 살림살이

세간(을) 나다 관용 함께 살던 사람이 따로 살림을 차리다. 분가하다. 살림나다

세간(을) 내다 관용 함께 살던 사람을 따로 독립하여 살게 하다. 분가시키다

한자 세간 집(什) 〔人部 2획〕 ¶집기(什器)

세:간(世間)명 ①사람이 사는 세상. ¶ -에 소문이 떠돌다. ②불교에서, 변하며 흘러 멈추지 않는 현상 세계를 이르는 말.

×**세간-살이** 명 → 세간

세:간-차지 명 남의 집 세간을 맡아보는 사람.

세:간=치장(-治粧)명 세간을 잘 갖추어 놓거나 잘 매만지고 꾸미는 일.

세:강속말(世降俗末)성구 세상이 그릇되어 풍속이 어지러움을 이르는 말.

세:객(勢客)명 세도(勢道) 있는 사람. 세력가

세:객(歲客)명 세배하러 다니는 사람. ☞세배꾼

세:객(說客)명 능숙한 말솜씨로 유세를 일삼는 사람.

세:거(世居)명-하다자 한 고장에서 대대로 살아감. ¶이 곳에서 십대째 -해 온 집안.

세:-거리 명 세 갈래로 난 길. 삼거리 ☞네거리

세:거지지(世居之地)명 대대로 살아 오는 고장.

세:견-선(歲遣船)명 조선 시대, 일본의 쓰시마 섬 도주(島主)에게 내왕을 허락한 무역선. 해마다 배의 척수(隻數)를 제한하였음.

세:경(細徑)명 좁은 길. 세로(細路). 소로(小路)

세:경(細莖)명 식물의 가는 줄기.

세:계(世系)명 조상으로부터 대대로 이어지는 혈통.

세:계(世界)명 ①지구 위의 모든 지역이나 나라들. ¶ -에서 가장 높은 산./-를 일주하다. ②무한한 공간인 우주. ¶미지의 -를 탐험하다. ③사람들이 살고 있는 사회 전체. 온 세상. ¶ -의 여러 인종과 풍속. ④같은 종류끼리 이룬 특정한 사회. ¶젊은이의 -./과학자의 -./조류의 -. ⑤사람들이 활동하는 특정한 영역이나 분야. ¶예능의 -./시의 -./제조업의 -. ⑥불교에서 이르는, 중생이 살고 있는 곳.〔'世'는 전세(前世)·현세(現世)·내세(來世)의 삼세(三世)를, '界'는 동·서·남·북·상·하를 뜻함.〕

세:계(歲計)명 한 회계 연도 내의 세입(歲入)과 세출(歲出)의 총계.

세:계=공:황(世界恐慌)명 세계적 규모로 번진 자본주의 경제의 위기. 1929년 미국의 금융 공황에서 비롯되어 세계 전체로 파급된 대공황을 가리키는 경우가 많음.

세:계-관(世界觀)명 세계와 그 속에서 살고 있는 인간에 대해서, 인생의 의의(意義)나 가치에 관한 견해.

세:계=국가(世界國家)명 지구상의 모든 인류로 구성되는 하나의 이상 국가. 모든 나라, 모든 민족 사이의 대립이나 차별을 없애려는 소망에서 싹튼 구상임. 세계 연방

세:계=기록(世界記錄)명 운동 경기 따위에서, 세계에서 가장 뛰어난 기록을 이르는 말.

세:계=기상=기구(世界氣象機構)명 국제 연합 전문 기구의 하나. 기상 정보의 빠른 교환과 기상 관측의 기준화, 항공·항해·농업 등에 대한 기상학의 응용 면에서 국제 협력을 이루려는 목적 아래 설립됨. 더블유엠오(WMO)

세:계=기시(世界起始)명 불교에서, 우주의 개벽(開闢)을 이르는 말.

세:계=기업(世界企業)명 다국적 기업(多國籍企業)

세:계=대:전(世界大戰)명 세계적인 규모로 벌어진 큰 전쟁. 특히 20세기 전반기에 일어난 두 차례의 큰 전쟁을 이름. 1차는 1914~1918년에, 2차는 1939~1945년에 있었음.

세:계-력(世界曆)명 1930년 이래 미국에서 제창되고 있는 새로운 역법(曆法). 날짜와 요일이 일정하게 짝지어지도록 하고, 일 년을 네 계절로 나누어 계절마다 첫 날을 일요일이 되게 하였음.

세:계=만:방(世界萬邦)명 세계의 모든 나라.

세:계=무:대(世界舞臺)명 세계적인 범위의 활동 분야.

세:계=무:역(世界貿易)명 국제 무역(國際貿易)

세:계=무:역=기구(世界貿易機構)명 가트(GATT)를 흡수하는 형태로 창설된, 세계 무역을 다루는 국제 기구. 분쟁을 처리하는 기구를 갖는 등 그 권한이나 기능이 크게 강화되었음. 국제 통화 기금(國際通貨基金), 세계 은행과 더불어 세계의 자유주의 경제 체제를 떠받치고 있음. 1995년 설립. 더블유티오(WTO)

세:계=문학(世界文學)명 ①시간과 공간을 뛰어넘어, 세계 여러 나라 사람에게 널리 이해될 수 있는 보편성을 지닌 문학. ②우리 나라의 문학에 상대하여, 세계 여러 나라의 문학을 흔히 이르는 말. ¶ - 전집(全集)

세:계=보:건=기구(世界保健機構)명 국제 연합 전문 기구

의 하나. 보건 위생 향상을 위한 국제 협력을 목적으로 1948년에 설립됨. 본부는 제네바에 있음. 더블유에이치오(WHO)

세:계-사(世界史)명 세계의 여러 민족, 여러 나라, 여러 문명권의 변천을 종합적으로 다루는 역사. 한국사·동양사·서양사 등과 대비하여 이르는 말.

세:계사-적(世界史的)[-쩍]명 세계사에 관계되는 것. 세계사로서 의의를 가지는 것. ¶-인 시야./-인 사건.

세:계-상(世界像)명 어떤 특정한 세계관에 따라 파악된 세계 전체 모습.

세:계-수(世界樹)명 생명수(生命樹)

세:계-시(世界時)명 그리니치 평균 태양시. 그리니치 자오선을 기준으로 하여 한밤중인 0시를 하루의 시작으로 함. 우리 나라의 표준시보다 9시간 늦음.

세:계=시:장(世界市場)명 ①세계 무역으로 이루어지는 추상적인 시장. ②국제 시장(國際市場)

세:계-어(世界語)명 ①세계 각국에서 공통으로 사용되는 것을 목적으로 하는 언어. 에스페란토 따위. 국제어(國際語). 인공어(人工語) ②언어를 달리하는 인종이나 국민에게 사상·감정 따위가 전해질 수 있는 것을 비유하여 이르는 말. ¶음악은 -이다.

세:계=연방(世界聯邦)명 세계 국가(世界國家)

세:계=열강(世界列強)명 세계의 강대한 여러 나라.

세:계=은행(世界銀行)명 국제 부흥 개발 은행(國際復興開發銀行)

세:계-인(世界人)명 세계적으로 널리 알려진 사람.

세:계=인권=선언(世界人權宣言)[-꿘-]명 1948년 12월의 국제 연합 총회에서 채택된 국제적인 인권 선언. 시민적·정치적 자유 외에, 경제적·사회적인 권리에 대하여 각국이 이룩해야 할 기준을 보인 것임.

세:계-적(世界的)명 ①온 세계에 관계되는 것. ¶-인 사건./-인 불황. ②세계에서 가장 유명하거나 가장 뛰어난 수준인 것. ¶-인 학자./-으로 널리 알려진 선수.

세:계=정부(世界政府)명 세계 국가의 정부.

세:계=정신(世界精神)명 ①세계를 지배·통제하는 원리를 인간의 정신에 비유하여 이르는 말. '신(神)'과 같은 뜻인 경우도 있으나, 그보다는 낮은 정신이라고 생각하는 경우가 많음. ②헤겔 철학에서, 세계사 중 자기를 전개하고 실현하는 정신을 이르는 말.

세:계=정책(世界政策)명 세계적인 규모를 가지는 적극적인 대외 정책. 특히 19세기 말부터 현저해진 제국주의적 팽창 정책을 이름.

세:계=종교(世界宗教)명 국적이나 인종을 초월하여 세계적으로 널리 퍼져 있는 종교. 크리스트교·불교·이슬람교 따위.

세:계-주의(世界主義)명 민족이나 국가를 초월하여 세계를 하나의 공동체로 삼고 모든 인류가 평등한 처지에서 동포가 되는 세계를 실현하고자 하는 사상. 코즈머폴리터니즘(cosmopolitanism)

세:계=지도(世界地圖)명 세계를 나타낸 지도. 만국 지도

세:계=지적=소:유권=기구(世界知的所有權機構)[-쩍-꿘-]명 국제 연합 전문 기구의 하나. 발명·상표·의장 등에 관한 공업 소유권과, 음악·미술·문학 등의 저작권 보호를 목적으로 하는 국제 협력 기구. 1967년 설립됨. 더블유아이피오(WIPO)

세:계-화(世界化)명-하다자타 세계적인 것이 되는 일, 또는 세계적인 것으로 되게 하는 일. ¶품질의 -.

세:계=화:폐(世界貨幣)명 국내의 유통 영역을 벗어나서 세계 시장에서도 유통되는 화폐. 곧 금이 그 기능을 가진 화폐이고, 외국환 어음이 그 기능을 대신함.

세:고(世故)명 세상의 풍속·습관 등 여러 가지 자질구레한 일.

세:고(細故)명 ①사소한 일. 하찮은 일. ②사소한 사고.

세:곡(稅穀)명 조세(租稅)로 바치는 곡식.

세:골-장(洗骨葬)명 유해(遺骸)를 한번 매장하거나 풍장(風葬)한 후, 일정한 기간이 지나서 그 뼈를 꺼내어 깨끗이 씻은 다음, 다시 매장하거나 납골하는 일. 동남 아시아의 일부에서 중국의 동남 지방에 걸쳐 행하여지는 장법(葬法).

세:골-창(細骨窓)명 세살창

세:공(細工)명 작은 물건을 만드는, 잔손이 많이 가는 수공(手工). ¶금은(金銀) -

세:공(細孔)명 작은 구멍.

세:공(歲功)명 ①한 해 동안 도는 계절의 차례. ②한 해 동안 지은 농사, 또는 그 수확.

세:공(歲貢)명 해마다 나라에 바치는 공물.

세:공-물(細工物)명 세공한 물건. 세공품

세:공-품(細工品)명 세공물(細工物)

세:관(細管)명 가는 관(管).

세:관(稅關)명 외국과의 교역(交易)이나 교통이 이루어지는 항구·공항·국경에 설치하여, 화물의 단속이나 관세의 징수 등의 일을 맡아 하는 관청.

세:관=가:치장(稅關假置場)명 세관에서, 수출입의 절차가 아직 끝나지 않은 화물을 임시로 보관하는 곳.

세:관=공항(稅關空港)명 항공기로 운송된 수입품에 관세를 부과하려고 법으로 지정한 공항.

세:관-도(稅關渡)명 화물을 세관에 인도하는 조건으로 맺은 거래 계약.

세:관=보:세=구역(稅關保稅區域)명 통관 절차를 밟으려는 물품을 보관하거나 검사하려고 설정한 구역.

세:관-원(稅關員)명 세관의 직원.

세:광(洗鑛)명-하다타 구덩이에서 파낸 광석에 붙은 흙 따위를 물로 씻어 내는 일.

세:교(世交)명 대대로 이어 온 교분.

세:교(世教)명 세상의 가르침. 사회의 풍교(風教). 유학(儒學)을 가리키는 경우가 많음.

세:구(歲久)어기 '세구(歲久)하다'의 어기(語基).

세:구연심(歲久年深)성구 세월이 아주 오램을 이르는 말. 연구세심(年久歲深)

세:구-하다(歲久-)형여 여러 해가 지나 매우 오래다.

세:궁(細窮)어기 '세궁(細窮)하다'의 어기(語基).

세:궁-민(細窮民)명 매우 가난한 사람.

세:궁역진(勢窮力盡)[-녁-]성구 궁박한 처지에 빠져서 힘이 다함을 이르는 말.

세:궁-하다(細窮-)형여 몹시 가난하다.

세:권(稅權)[-꿘]명 ①과세(課稅)의 권리. ②국제 무역에서 관세의 징수를 대등하게 유지하는 권리.

세:규(世規)명 세상을 살면서 지켜야 할 사회적 규율.

세:균(細菌)명 세균류의 원핵생물(原核生物)을 통틀어 이르는 말. 박테리아 준균(菌)

세균-류(細菌類)[-뉴]명 원핵생물계의 한 문(門). 뚜렷한 핵(核)을 가지지 않은 아주 미세한 생물군임. 보통은 분열법으로 증식하는데 접합으로 유성 생식을 하기도 하고, 환경이 나쁠 때는 포자를 만들기도 함. 모양에 따라 공 모양의 구균(球菌), 막대 또는 원통 모양의 간균(桿菌), 나사 모양의 나선균(螺旋菌)으로 분류함. 병원성(病原性)을 지닌 종류도 있으나, 김치·요구르트 등의 발효 식품 제조와 생태계의 물질 순환에도 중요한 구실을 함.

세:균=무:기(細菌武器)명 사람이나 동식물에 해로운 세균이나 바이러스 따위를 폭탄 등으로 제조하여 적지(敵地)에 뿌리는 무기. 1925년의 제네바 의정서에서 제조 및 사용이 금지되었음. 세균 병기(細菌兵器)

세:균=바이러스(細菌virus)명 세균에 감염하여 증식하는 바이러스. 박테리오파지

세:균=병기(細菌兵器)명 세균 무기(細菌武器)

세:균역적(勢均力敵)[-녁-]성구 세력이 서로 균등하고 힘이 엇비슷함을 이르는 말.

세:균-학(細菌學)명 세균의 종류·형태·성질 등을 연구하는 생물학의 한 분과.

세:극(細隙)명 ①좁은 틈. ②빛이나 전자, 원자 따위의 흐름을 조절하는 장치.

세:근(細根)명 잔뿌리

세:금(稅金)명 국가나 지방 자치 단체가 조세(租稅)로서

거두어들이는 돈. ¶ ―을 매기다./―을 내다.

한자 세금 세(稅) 〔禾部 7획〕 ¶ 과세(課稅)/국세(國稅)/납세(納稅)/세액(稅額)/세율(稅率)/탈세(脫稅)

세:금(貰金)명 남의 물건을 빌려 쓰고 그 값으로 내는 돈. 또는 남에게 물건을 빌려 주고 그 대가로 받는 돈. 세전(貰錢). 셋돈

세:기(世紀)명 ①역사적 시대 또는 연대. ¶ 정보화 산업의 새로운 ―가 열렸다. ②조사 '의'를 붙여, '매우 드문, 뛰어난'의 뜻을 나타내는 말. ¶ ―의 영웅. ③〔의존 명사로도 쓰임〕 서력(西曆)에서, 100년을 단위로 하는 동안을 단위로 세는 말.

세:기(貰器)명 세를 받고 빌려 주는 그릇.

세:기-말(世紀末)명 ①한 세기의 말기. ②19세기의 말기. 특히 유럽에서 병적·퇴폐적·회의적인 풍조가 사람들의 마음에 번졌던 시기.

세:기-병(世紀病)[―뼝]명 그 세기에 특유하게 나타나는 병적인 현상. ☞시대병

세:기-적(世紀的)명 한 세기를 대표할 만큼 뛰어나거나 특이한 것. ¶ ― 인물/―인 업적을 남기다.

세:나다[1] 자 상처나 부스럼 따위가 덧나다.

세:나다[2] 자 물건이 잘 팔려 나가다. ¶ 날씨가 더우니 선풍기가 세난다.

세:-나절 명 잠깐이면 끝마칠 일을 느리게 하여 늦어지는 동안을 조롱하여 이르는 말. ¶ 벌써 ―은 지났어.

세:납(稅納)명-하다 타 세금을 냄. 납세(納稅)

세:념(世念)명 세상살이에 관한 여러 가지 생각.

세:농(細農)명 ①작은 규모의 농사. ②'세농가'의 준말.

세:농-가(細農家)명 ①작은 규모로 농사를 짓는 집. ②매우 가난한 농가. 준 세농 ☞대농가(大農家)

세:뇌(洗腦)명-하다 타 ①공산주의 사회에서, 공산주의자가 아닌 사람에게 공산주의를 교육하여 사상 개조를 꾀하는 일. ②다른 사람의 주의나 사상을 근본적으로 바뀌게 하는 일. ¶ ― 교육

세:다[1] 자 ①사람의 머리털이나 몸에 난 털이 희어지다. ¶ 수염이 하얗게 ―. ②얼굴에 핏기가 없어지다.

세:다[2] 타 사물의 수효를 헤아리다. ¶ 밤하늘의 별을 ―.

한자 셀 계(計) 〔言部 2획〕 ¶ 계산(計算)/계수(計數)

세:다[3] 형 ①힘이 많다. ¶ 누르는 힘이 ―./문을 세게 밀다. ②성격이나 기질, 뜻 따위가 굳다. ¶ 고집이 ―./기가 ―. ③어떤 현상이나 정도가 보통보다 지나치게 높거나 심하다. ¶ 물살이 ―./경쟁률이 ―./바람이 ―. ④겨루기의 수가 높다. ¶ 바둑이 ―./우리는 상대 팀보다 ―. ⑤견디는 능력이 뛰어나다. ¶ 술이 ―. ⑥딱딱하고 뻣뻣하다. ¶ 센 털을 가진 짐승. ⑦일이나 부담이 지나쳐 감당하기 힘들다. ¶ 일이 ―. ⑧궂은일이 자꾸 일어나 좋지 않다. ¶ 팔자가 ―./집터가 ―.

세:단(細斷)명-하다 타 가늘게 자름. ¶ 약재를 ―하다.

세:단(歲旦)명 정월 초하룻날 아침. 원단(元旦)

세단(sedan)명 지붕 부분이 불룩한, 상자 모양의 승용차. 가장 일반적인 형식으로 좌석이 두 줄, 문이 둘 또는 넷이며 4~6명이 타게 되어 있음.

세:단-뛰기(―段―)명 육상 경기에서, 도약 경기의 한 가지. 일정한 거리를 도움닫기하여 구름판에서 한 발로 뛰어 그 발로 땅을 디디어 다시 뛴 다음, 이어 반대편 발로 땅을 디디고 멀리 뛰어 양발로 땅에 내린 거리로써 겨루는 경기. 삼단뛰기 ☞높이뛰기. 멀리뛰기. 장대높이뛰기

세:담(細談)명 쓸데없는 잔말.

세:답(洗踏)명 빨래

세:답(貰畓)명 남에게 세(貰)를 내고 얻어 짓는 논.

세:답족백(洗踏足白)성구 '상전의 빨래를 해도 발뒤축이 희다'라는 말을 한문식으로 옮긴 구(句)로, 남을 위하여 한 일이 자기에게도 이득이 된다는 뜻.

세:대(世代)명 ①한 핏줄을 타고난 어버이·자식·손자로 이어지는 각각의 대(代). ¶ 자식 ―에 사업이 번성하다./―가 바뀌다. ②같은 시대에 태어나 공통적인 경험을 하며 생각이나 취미, 행동 양식 등이 비슷한 일정한 연령층. ¶ 젊은 ―./전후(戰後) ― ③사람이 태어나서 자라 그 자식이 태어나기까지의 동안. 약 30년을 한 구분으로 잡음. ④생물이 태어나서 생을 마칠 때까지의 동안.

세:대(世帶)명 가구(家口)

세:대(細大)명 ①가는 것과 굵은 것. ②작은 일과 큰일.

세:대=교번(世代交番)명 생물의 번식 형태의 한 가지. 어떤 종류의 생물에 생식 방법이 다른 세대가 주기적이거나 불규칙적으로 번갈아 나타나는 현상. 흔히 무성 세대와 유성 세대가 번갈아 되풀이됨.

세:대=교체(世代交替)명 앞 세대가 하던 일을 뒤 세대가 이어받아 맡는 일. ¶ 문단에 ―가 이루어지다.

세:대-박이 명 돛대 셋을 단 큰 배. 삼대선. 삼장선

세:대-주(世帶主)명 가구주(家口主)

세:덕(世德)명 여러 대에 걸쳐 쌓아 온 아름다운 덕.

세:도(世道)명 ①세상을 올바르게 다스리는 도리. ②세상의 도의(道義).

세:도(勢道)명-하다 자 세력을 쓸 수 있는 사회적 지위나 권세, 또는 그 권세를 부리는 일. ¶ ―가 당당하다.

세도(를) 부리다 관용 자기의 지위나 권력을 이용하여 부당하게 세력을 휘두르다.

세:도-가(勢道家)명 세도하는 사람, 또는 세도 있는 집안.

세:도막=형식(―形式)명 하나의 악곡이, 보통 여덟 마디로 된 큰 악절 셋으로 이루어진 형식. 삼부 형식

세:도=재:상(勢道宰相)명 세도를 잡고 나라의 대권(大權)을 좌지우지하는 재상.

세:도=정치(勢道政治)명 왕실의 근친(近親)이나 신하가 권세를 잡고 정사(政事)를 좌우하는 정치.

세:독(細讀)명-하다 타 글을 자세히 읽음. 유 정독(精讀)

세동가리-돔 명 나비고깃과의 바닷물고기. 몸길이 15cm 안팎. 옆이 납작하고 아래위가 길어 전체 모양이 사각형에 가까움. 몸빛은 담갈색이고, 눈을 가로지르는 띠와 옆구리에 넓은 두 줄의 황갈색 가로띠가 있음. 우리 나라와 일본, 타이완, 필리핀 등지의 연해에 분포함.

세:뚜리 명 ①한 상에서 세 사람이 같이 식사하는 일. ②한 독에 담긴 새우젓 등을 나눌 때에 세 몫으로 가르는 일, 또는 그렇게 가른 한 몫.

세라믹스(ceramics)명 고온으로 열처리하여 만든 비금속의 무기질 고체 재료. 유리, 도자기, 시멘트 따위.

세:량(細涼)명 가는 바탕에 얇은 깁으로 바른 갓양태. ☞중량(中涼)

세레나:데(serenade)명 ①저녁에 연인의 창가에서 부르는 사랑의 노래. ②18세기 중엽에 발달한 기악 양식의 한 가지. 현악기나 관악기, 또는 현악기와 관악기의 합주를 위한 곡임. 소야곡(小夜曲)

세:려(細慮)명-하다 타 꼼꼼하고 세심하게 생각함.

세:력(勢力)명 ①남에게 영향을 주거나 남을 누를 수 있는 권력이나 힘. ¶ ―을 떨치다./―을 얻다. ②어떤 속성이나 힘을 가진 집단을 이르는 말. ¶ 극우 ―/혁명 ―

세:력-가(勢力家)명 세력이 있는 사람. 세가(勢家). 세객(勢客)

세:력-권(勢力圈)명 ①영향력이나 지배력이 미치는 범위. ②어떤 동물의 개체나 무리가 일정한 생활 공간을 차지한 다음, 다른 개체나 무리가 접근하거나 침입하지 못하도록 특이한 행동을 보이어 지키는 생활권. 텃세권

세:련-되다(洗練―)형 ①말이나 글이 군더더기가 없이 잘 다듬어져 있다. ¶ 세련된 말씨로 강연하다./세련된 표현./세련된 글 솜씨. ②몸가짐이 어색한 데가 없이 능숙하고 품위 있다. ¶ 세련된 몸가짐. ③옷차림 따위가 촌스럽지 아니하고 멋이 있다. ¶ 세련된 옷차림.

세:련-미(洗練味)명 세련된 맛. ¶ ―가 풍기다.

세:렴(細簾)명 가는 대〔竹〕로 촘촘하게 결은 발.

세:렴(稅斂)명-하다 자 세금을 거두어들임. 수세(收稅)

세:례(洗禮)명 ①크리스트교에서, 입교하려는 사람에게 크리스트 교인으로 새롭게 태어난다는 표시로 베푸는 의식. 종파에 따라 머리를 물로 적시거나 이마에 물을 붓기도 하며, 물에 몸을 잠그기도 함. ☞침례(浸禮) ②한

꺼번에 쏟아지는 공격이나 비난을 비유하여 이르는 말. ¶주먹 -를 받다.

세:례-명(洗禮名)명 가톨릭에서, 세례를 받는 사람에게 붙여 주는 이름. 흔히, 성인(聖人)이나 성녀(聖女)의 이름에서 따옴. 영명(靈名)

세:례=성:사(洗禮聖事)명 가톨릭의 일곱 성사의 하나. 입교하는 사람에게 죄악을 씻고 새롭게 태어나는 의미로 베푸는 성사.

세:로 명 수평의 방향에 상대하여 수직의 방향, 또는 그 길이. ¶-의 길이를 재다.
부 세로의 방향을 따라, 위아래로. 상하로 ¶종이를 - 찢다./줄을 - 긋다. ☞가로

한자 **세로 종**(縱)〔糸部 11획〕¶종단(縱斷)/종대(縱隊)/종렬(縱列)/종서(縱書)/종주(縱走)/종횡(縱橫)

세:로(世路)명 세상을 살아나가는 길. 행로(行路)

세:로(細路)명 좁은 길. 세경(細徑). 소로(小路)

세:로-결 명 세로로 나 있는 결. ☞가로결

세:로-금 명 세로로 그은 금. 세로줄. 종선 ☞가로금

세:로-대 명 세로축 ☞가로대

세:로-무늬 명 세로로 난 무늬. 종문(縱紋) ☞가로무늬

세:로-쓰기 명 글줄이 세로가 되게 글씨를 써 나가는 형식. 내리쓰기. 종서(縱書) ☞가로쓰기

세:로-줄 명 ①세로로 그은 줄. 세로금 ②악보에서, 마디를 구분하기 위하여 세로로 그은 줄. ☞겹세로줄

세:로-지 명 ①종이나 피륙 따위의 세로로 긴 조각. ②종이를 뜬 자국이 세로로 된 종잇결, 또는 그 종이. 준세지 ☞가로지

세:로-짜기 명 조판(組版)에서, 세로쓰기가 되게 판(版)을 짜는 방식. 종조(縱組) ☞가로짜기

세:로-축(-軸)명 직교 좌표(直交座標)에서 세로로 잡은 좌표축. 세로대. 와이축. 종축(縱軸) ☞가로축

세:로-획(-畫)명 글자에서, 세로로 내리긋는 획.

세:록(世祿)명 대대로 나라에서 받는 녹봉(祿俸).

세:록지신(世祿之臣)명 대대로 나라에서 녹봉을 받는 신하. 준세신(世臣)

세:론(世論)명 사회적인 문제에 관한 대중(大衆)의 공통된 의견. 여론(輿論)

세:론(細論)명-하다타 자세히 의논함.

세:롱(細聾)명 가는귀가 먹어서 잘 들리지 아니함.

세:루(世累)명 세상의 번거로운 일이나 근심거리.

세:류(洗流)명 비행기가 날아갈 때에 날개 뒤쪽에서 일어나는 기류.

세:류(細柳)명 가지가 매우 가늘고 긴 버드나무. 세버들

세:류(細流)명 가늘게 흐르는 시냇물.

세륨(cerium)명 란탄족 원소의 하나. 전성(展性)·연성(延性)이 있고, 주석보다 단단하며 아연보다 무름. 발화(發火) 합금의 주성분을 이루며, 공기 중에서 쉽게 산화함.〔원소 기호 Ce/원자 번호 58/원자량 140.12〕

세:리(稅吏)명 세금을 거두어들이는 관리.

세:리(勢利)명 ①세력과 권리. ②권세와 이욕(利慾).

세리신(cericin)명 생사(生絲)의 거죽을 싸고 있는 아교 모양의 단백질. 뜨거운 물에 담그면 피브로인(fibroin)만 남고 녹아 없어짐.

세리오소(serioso 이)명 악보의 나타냄말의 한 가지. '비장하게·장중하게'의 뜻.

세:리지교(勢利之交)명 권세와 이익을 목적으로 맺는 교제.

세:린(細鱗)명 ①물고기의 잔 비늘. ②작은 물고기.

세:립(細粒)명 매우 잔 알갱이.

세:마(貰馬)명 세를 받고 빌려 주는 말. 셋말

세:-마치 명 대장간에서 쇠를 불릴 때 세 사람이 돌려 가며 치는 큰 마치.

세:마치-장단(-長短)명 국악의 민속악 장단의 한 가지. 조금 느리며 8분의 9박자임. 선소리와 판소리, 민요 '양산도', '도라지타령', '밀양아리랑' 등에 쓰임 ☞중중모리장단

세:-마포(細麻布)명 세포(細胞)

세:만(歲晩)명 한 해의 마지막 무렵. 세밑

세:말(細末)명-하다타 곱게 빻음, 또는 그렇게 빻은 가루.

세:말(歲末)명 한 해의 마지막 무렵. 세밑

세:맥(細脈)명 ①지맥(支脈)과 지맥 사이를 연결하는 가는 잎맥. ②한방에서, 맥박의 울림이 미맥(微脈)보다 조금 센 맥박을 이르는 말. 소맥(小脈)

세:면(洗面)명-하다자 얼굴을 씻음. 세수(洗手). 세안(洗顔)

세:면(細麵)명 발이 가는 국수. 실국수

세:면-구(洗面具)명 '세면 도구'의 준말.

세:면-기(洗面器)명 대야. 세숫대야

세:면-대(洗面臺)명 서서 손이나 얼굴을 씻을 수 있도록 벽에 붙여 만들어 놓은 시설.

세:면=도:구(洗面道具)명 세수를 하거나 머리를 감거나 이를 닦거나 하는 데에 쓰이는 여러 가지 물건. 비누·칫솔·수건 따위. 준세면구

세:면-장(洗面場)명 몸을 씻을 수 있도록 시설을 갖추어 놓은 곳.

세:-모 명 세모꼴의 세 개의 모, 또는 그렇게 모가 난 형상.

세:모(洗毛)명-하다자타 양모 방적 공정에서, 양모에 묻은 불순물을 씻어서 없애는 일.

세:모(細毛)명 ①썩 가는 털. ②'참가사리'의 딴이름.

세:모(歲暮)명 한 해의 마지막 무렵. 세밑

세:모-기둥 명 밑면이 삼각형으로 된 각기둥. 삼각기둥

세:모-꼴 명 삼각형(三角形)

세:모-끌 명 날은 반듯하나 등이 모져서 세모를 이룬 끌.

세:모-뿔 명 밑면이 삼각형인 각뿔. 삼각뿔. 사면체(四面體)

세:모-송:곳 명 끝이 삼각뿔 모양으로 세모진 송곳.

세:-모시(細-)명 올이 썩 가늘고 고운 모시. 세저(細苧) ¶- 옥색 치마 ☞장작모시

세:모-자 명 삼각자

세:모-제(歲暮祭)명 지난날, 나라에서 섣달 그믐날에 지내던 제향(祭享).

세:모-줄 명 단면이 세모진 줄. 쇠붙이를 깎는 데 쓰임.

세:모-지다 형 세모가 나 있다.

세:모-창(-槍)명 끝이 삼각뿔 모양으로 세모진 창.

세:-목(歲-)명 설을 앞둔 대목.

세:목(細木)명 올이 아주 가는 무명.

세:목(細目)명 '세절목(細節目)'의 준말.

세:목(稅目)명 조세(租稅)의 종목.

세:무(世務)명 세상살이의 온갖 일.

세:무(細務)명 자질구레한 사무.

세:무(稅務)명 세금을 매기고 거두어들이는 사무.

세:무-사(稅務士)명 납세 의무자의 의뢰를 받아 세무 상담, 세무 대리, 세무 서류 작성 등 납세에 관한 사무를 맡아 하는 사람, 또는 그러한 직업. 세무사법에 따른 법정 자격을 갖추어야 함.

세:무=사찰(稅務査察)명 조세 규정을 어긴 행위에 대한 강제 조사.

세:무=조사(稅務調査)명 세금을 매기기 위하여 세무 관서에서 하는 조사.

세:묵(細墨)명 시먹

세:문(細紋)명 자잘하고 섬세한 무늬. 잔무늬

세:문(勢門)명 권세 있는 집안. 세가(勢家)

세:문(歲問)명-하다자 지난날, 해마다 일정한 시기에 봉물(封物)을 보내어 문안하던 일.

세:물(貰物)명 세를 받고 빌려 주는 물건. 대물(貸物)

세:물-전(貰物廛)명 지난날, 혼례나 장례(葬禮) 때에 쓰이는 물건을 셋돈을 받고 빌려 주던 가게. 도가(都家)
속담 **세물전 영감인가**: 온갖 일들을 많이 아는 사람을 두고 이르는 말.

세:미(世味)명 세상살이에서 겪는 여러 가지 즐거운 일과 괴로운 일. 세상맛

세:미(稅米)명 지난날, 조세로 바치던 쌀.

세:미(歲米)명 지난날, 세초(歲初)에 조정에서 노인들에게 주던 쌀.

세:미(細美)어기 '세미(細美)하다'의 어기(語基).

세:미(細微)어기 '세미(細微)하다'의 어기(語基).

ㅅ

세미나(seminar)명 ①대학 등에서, 교수의 지도 아래 지정된 주제에 대하여 학생들이 공동으로 토론·연구하는 교육 방법. ②토의 방식의 한 가지. 참가자 가운데 한 사람이 특정한 분야에 대한 지식이나 경험을 발표하고 그에 대하여 참가자들이 토의함. ☞워크숍

세미다큐멘터리(semi-documentary)명 기록 필름에 극적 요소를 더하여 작품의 효과를 높이는 수법, 또는 그런 영화나 방송 프로그램. ☞반기록 영화

세미콜론(semicolon)명 가로쓰기 문장에서 쓰이는 부호 ';'의 이름. 쌍반점(雙半點)

세미파이널(semifinal)명 권투에서, 주요 경기 직전에 벌이는 경기.

세:미-하다(細美-)형여 가늘고 곱다.

세:미-하다(細微-)형여 ①매우 자잘하다. 세소하다. 세쇄하다 ②신분이 낮고 천하다. 유미천하다

세:민(細民)명 가난한 사람들. 빈민(貧民)

세:민-가(細民街)명 가난한 사람들이 사는 동네. 빈민가

세:민=문학(細民文學)명 빈민굴(貧民窟)이나 가난한 사람들의 생활 모습을 그린 문학, 또는 그 작품.

세:밀(細密)어기 '세밀(細密)하다'의 어기(語基).

세:밀-하다(細密-)형여 자세하고 꼼꼼하다. ¶세밀한 관찰. 유면밀하다. 치밀하다

세:밀-화(細密畫)명 대상의 아주 미세한 부분까지 꼼꼼하게 나타낸 그림. 미니아튀르. 미세화 준밀화

세:-밑(歲-)명 한 해의 마지막 무렵. 설밑. 세말(歲末). 세모(歲暮). 연말(年末). 연종(年終)

세:반(細飯)명 찐 찹쌀을 말려서 절구에 찧거나 칼로 다져 싸라기로 만든 것. 기름에 튀겨 산자 따위에 묻혀 먹음. ☞산자밥풀

세:반-강정(細飯-)명 한과(韓果)의 한 가지. 강정에 꿀이나 조청을 발라 세반을 고물로 묻힌 것.

세:반-산:자(細飯饊子)명 한과(韓果)의 한 가지. 산자에 꿀이나 조청을 발라 세반을 고물로 묻힌 것.

세:발(洗髮)명-하다자 머리를 감음.

세:발-자전거(-自轉車)명 어린아이들이 타는, 바퀴가 셋 달린 자전거.

세:배(歲拜)명-하다자 섣달 그믐이나 정초에 웃어른에게 하는 절. 세알(歲謁) ¶설날 아침에 부모님께 – 드리다.

세:배-꾼(歲拜-)명 세배하러 다니는 사람. ☞세객(歲客)

세:배-상(歲拜床)[-쌍]명 세배하러 온 사람을 대접하는 음식상. ▷歲의 속자는 歳

세:백-목(細白木)명 올이 가늘고 고운 무명.

세:백-저(細白苧)명 발이 가늘고 흰 모시.

세:뱃-값(歲拜-)명 세뱃돈

세:뱃-돈(歲拜-)명 세배한 아이들에게 세배를 받은 사람이 주는 돈. 세뱃값 ¶손자들에게 줄 –을 준비하다.

세:-버들(細-)명 가지가 매우 가늘고 긴 버드나무. 세류

세:벌(世閥)명 대대로 내려오는 가문의 사회적 신분이나 지위. 지체. 문벌(門閥)

세:벌-상투명 고를 두 번 돌려 짠 상투.

세:벌-장대(-長臺)명 세 층으로 포개 놓은 긴 댓돌.

세:법(稅法)[-뻡]명 조세(租稅)의 부과 및 징수에 관한 법률을 통틀어 이르는 말. 조세법

세:변(世變)명 세상의 변고(變故).

세:별(細別)명-하다타 종류에 따라서 세밀하게 구별함.

세:병(洗兵)명 병기(兵器)를 씻어서 거둔다는 뜻으로, 전쟁을 끝냄을 이르는 말.

세:보(世譜)명 계보(系譜)를 모아 엮은 책.

세:보(細報)명-하다타 상보(詳報)

세:-보:교(貰步轎)명 지난날, 세를 내고 빌려 타던 가마.

세:부(細部)명 자세한 부분. ¶– 묘사가 잘된 작품.

세:부득이(勢不得已) 사세부득이(事勢不得已)

세:부-적(細部的)명 세세한 부분에까지 미치는 것. ¶–인 사항까지 자세히 살피다.

세:분(世紛)명 세상의 온갖 어지러운 일.

세:분(洗粉)명 물건을 닦는 데 쓰는 가루.

세:분(細分)명-하다타 여럿으로 잘게 가름, 또는 여러 갈래로 잘게 분류함. ¶각 항목을 –하면 다음과 같다.

세:불양:립(勢不兩立)[-량-]성구 세력이 비슷한 쌍방은 함께 존재할 수 없음을 이르는 말.

세:비(歲費)명 ①국가 기관의 일 년 동안의 경비. 세용(歲用) ②국회 의원이 직무 활동과 품위 유지를 위하여 국가로부터 받는 보수.

세:빙(細氷)명 공기 중의 수증기가 미세한 얼음 결정이 되어 공중에 떠다니거나 떨어지는 현상. 겨울에 볼 수 있음.

세:-뿔명 날걸

세:사(世事)명 '세상사(世上事)'의 준말.

세:사(世祀)명 대대로 지내 오는 제사.

세:사(世嗣)명 여러 대가 지난 뒤의 자손. 후손(後孫)

세:사(細沙)명 가는모래

세:사(細事)명 자질구레한 일.

세:사(細思)명-하다타 꼼꼼하게 생각함, 또는 그 생각.

세:사(細査)명-하다타 치밀하게 조사함, 또는 치밀한 조사.

세:사(歲事)명 한 해 동안에 일어나는 온갖 일.

세:사난측(世事難測)성구 세상일은 변화가 많아서 미리 헤아리기 어려움을 이르는 말.

세:사-토(細沙土)명 고운 모래흙.

세:살(歲煞)명 삼살방(三煞方)의 하나. 모질고 독한 음기(陰氣)가 낀 방위(方位). 태세의 지지(地支)가 인(寅)·오(午)·술(戌)의 해에는 축방(丑方)에, 사(巳)·유(酉)·축(丑)의 해에는 진방(辰方)에, 신(申)·자(子)·진(辰)의 해에는 미방(未方)에, 해(亥)·묘(卯)·미(未)의 해에는 술방(戌方)에 있다 함. 이 방위를 범하면 자손이나 가축이 해를 입는다고 함.

세:살-문(細-門)명 울거미를 짜고, 그 안에 가는 살을 가로세로로 좁게 댄 문. 세전문(細箭門)

세:살-부채(細-)명 가느다란 살로 만든 부채.

세:살-창(細-窓)명 가는 살을 촘촘하게 넣어 짠 창문. 세골창(細骨窓)

세:삼(細蔘)명 품질의 등급을 매길 수 없을 정도로 뿌리가 잔 인삼. ☞미삼(尾蔘)

세:상(世上)명 ①사람이 살고 있는 사회를 통틀어 이르는 말. ¶–이 발칵 뒤집히다. ②사람이 태어나서 죽을 때까지의 동안. 일생 ¶–을 살다 보면 별별 일이 다 생긴다. ③마음대로 행동할 수 있는 판국. ¶제 –을 만난듯 하구나. ④천상(天上)에 대하여 '지상(地上)'을 이르는 말. ¶선녀가 –에 내려온듯 하다. ⑤절·수도원·교도소 등에서 이르는 바깥 사회. ¶–에 나가면 다시는 죄를 짓지 마시오. ⑥'세상 인심(世上人心)'의 준말. ¶–이 너무 각박하다. ⑦〔부사처럼 쓰임〕 ㉠도무지. 도대체 ¶아무리 얘기해도 – 말을 들어야지. ㉡더할 나위 없이. ¶– 좋은 사람이야.

세상 없는관용 세상에 비할 데 없는. ¶– 효자.

세상(을) 떠나다관용 사람이 죽다.

세상(을) 뜨다관용 사람이 죽다.

세상(을) 모르다관용 ①세상 물정에 어두워 일상 생활에서 일어나는 일을 잘 모르다. ②깊은 잠에 빠져 아무 것도 의식하지 못하다. ¶세상 모르고 자다.

세상(을) 버리다관용 사람이 죽다.

세상(이) 바뀌다관용 사회 제도나 상태가 아주 달라지다.

세상 천지(에)관용 '세상'을 강조하여 이르는 말. ¶– 그렇게 착한 사람이 또 있을까.

속담 **세상에서 원형이정(元亨利貞)이 제일이라**: 세상을 잘 살려면 무엇보다도 사물의 근본 이치를 따라야 한다는 말. /**세상 넓고도 좁다**: ①잘 모르는 사이지만 서로 아는 다른 사람과 연관하여 알만 한 처지인 경우를 이르는 말. ②멀리 떨어져 지내는 사이로, 우연히 만나는 경우를 이르는 말.

한자 세상 세(世) 〔一部 4획〕 ¶세간(世間)/세계(世界)/세상(世上)/세속(世俗)/세태(世態)

세:상(世相)명 세태(世態)

세:상-만:사(世上萬事)명 세상에서 일어나는 온갖 일. ¶–가 덧없이 느껴진다.

세:상-맛(世上－)명 세상살이에서 겪는 여러 가지 즐거운 일과 괴로운 일. 세미(世味)
세:상-사(世上事)명 세상일 준세사(世事)
세:상-살이(世上－)명 세상에서 살아가는 일.
세:상-없:어도(世上－)부 무슨 일이 있더라도. ¶다음 휴가 때는 － 고향에 다녀와야겠다.
세:상-없:이(世上－)부 더할 나위 없이. ¶－ 고된 일이라도 견디어 내다.
세:상-에(世上－)감 뜻밖의 일에 놀라는 뜻으로 쓰는 말. ¶－, 그런 일이 다 있네.
세:상-인심(世上人心)명 세상 사람들의 마음씨. ¶따뜻한 －에 감동하다. 준세상(世上)
세:상-일(世上－)[－닐]명 세상에서 일어나는 일. 세상사(世上事) ¶－에 어둡다.
세:서(細書)명-하다타 ①글씨를 잘게 씀, 또는 잘게 쓴 글씨. ②잔글씨
세:서(歲序)명 한 해의 계절·절기(節氣)·세시(歲時) 등이 바뀌어 가는 차례.
세:석(細石)명 잔돌
세:석(細席)명 올이 가는 돗자리.
세-석기(細石器)명 잔석기
세:선(細線)명 가는 줄, 또는 가는 금.
세:설(世說)명 세상 사람들의 평판이나 비평. 세평(世評)
세:설(洗雪)명-하다자 설욕(雪辱)
세:설(細雪)명 가랑눈
세:설(細說)명-하다자타 ①자세한 설명. ②쓸데없이 자질구레하게 늘어놓는 말. 잔말
세:성(歲星)명 목성(木星)
세:세(世世)명 대대(代代)
세:세(歲歲)명 ①돌아오는 그해 그해. ②〔부사처럼 쓰임〕 해마다. 매년(每年)
세:세(細細)어기 '세세(細細)하다'의 어기(語基).
세:세-상전(世世相傳)명 여러 대를 두고 전해 내려옴.
세:세-생생(世世生生)명 불교에서, 몇 번이라도 다시 환생하는 일, 또는 그때를 이르는 말. 생생세세
세:세-손손(世世孫孫)명 대대손손(代代孫孫)
세:세-연년(歲歲年年)명 '연년(年年)'을 힘주어 이르는 말. 연년세세(年年歲歲)
세:세-하다(細細－)형여 ①매우 자세하다. ②매우 잘아 보잘것없다. ③매우 가늘다.
　세세-히부 세세하게
세:소(細小)어기 '세소(細小)하다'의 어기(語基).
세:소-하다(細小－)형여 매우 자잘하다. 세미하다
세:속(世俗)명 ①세상의 풍속. 세습(世習) ②종교에서 이르는, 속인(俗人)들이 사는 세상. 속세(俗世)
세:속-오:계(世俗五戒)명 신라 때, 원광 법사(圓光法師)가 지은 화랑(花郞)의 다섯 가지 계율. 사군이충(事君以忠)·사친이효(事親以孝)·교우이신(交友以信)·임전무퇴(臨戰無退)·살생유택(殺生有擇)을 이름. 오계
세:속-적(世俗的)명 세속의 범위를 벗어나지 못하는 것. ¶－인 관심.
세:손(世孫)명 '왕세손(王世孫)'의 준말.
세:손=강:서원(世孫講書院)명 조선 시대, 왕세손(王世孫)의 시강(侍講)을 맡아보던 관아.
세:손-궁(世孫宮)명 ①지난날, '왕세손(王世孫)'을 높이어 이르던 말. ②조선 시대, 왕세손이 거처하던 궁.
세:손목-카래명 '세손목한카래'의 준말.
세:손목-한카래명 한 사람이 가랫장부를 잡고 두 사람이 줄을 잡고 하는 가래질. 준세손목카래 ☞열목카래. 일곱목한카래
세:쇄(細瑣)어기 '세쇄(細瑣)하다'의 어기(語基).
세:쇄-하다(細瑣－)형여 매우 자잘하다. 세미하다
세:수(世守)명-하다타 대대로 지켜 내려옴.
세:수(世數)명 조상으로부터 자손으로 이어 내려오는 대(代)의 수.
세:수(世讎)명 여러 대 전에 맺어진 원수.
세:수(洗手)명-하다자 얼굴을 씻음. 세면(洗面). 세안(洗顔) ¶－하고 자거라.
세:수(稅收)명 세수입(稅收入)
세:수(歲首)명 한 해의 첫머리, 또는 그 해의 첫머리. 설. 세시(歲時). 세초(歲初). 연두(年頭). 연수(年首). 연시(年始). 연초(年初)
세:수-간(洗手間)[－깐]명 ①세수할 수 있도록 설비해 놓은 곳. ②조선 시대, 액정서(掖庭署)의 한 분장(分掌). 왕과 왕비의 세수와 목욕에 관한 일을 맡아보았음.
세:수=수:건(洗手－)명 세수한 뒤 얼굴과 손의 물기를 닦아 내는 수건.
세:-수입(稅收入)명 조세(租稅)의 징수로 얻는 수입. 세수(稅收)
세:수-천(歲首薦)명 지난날, 해마다 정초에 관찰사나 수령이 될만 한 인재를 추천하던 일.
세:숫-대야(洗手－)명 얼굴이나 손발을 씻을 때 물을 담아 쓰는 그릇. 대야. 세면기(洗面器)
세:숫-물(洗手－)명 세수하는 데 쓰이는 물.
세:숫-비누(洗手－)명 세수하는 데 쓰이는 비누.
세슘(cesium)명 알칼리 금속 원소의 하나. 자연계에 널리 분포하나 그 양은 극히 적음. 전성(展性)과 연성(延性)이 풍부한 은백색 금속으로 공기 중에서는 급속히 산화하며, 습한 공기 속에서는 자연 발화하는 경우도 있음. 광전관(光電管)의 재료로 쓰임. 〔원소 기호 Cs/원자 번호 55/원자량 132.91〕
세:습명 말이나 소, 개 따위의 세 살을 이르는 말. 사릅 ☞나릅. 이듭
세:습(世習)명 세상의 풍속. 세속(世俗)
세:습(世襲)명-하다자타 신분이나 지위, 재산 등을 대를 이어 물려주거나 물려받는 일. ¶권력 －/재산을 －하다.
세:습=군주국(世襲君主國)명 군주의 지위가 혈통에 따라 세습되는 국가.
세:습-적(世襲的)명 세습하는 것.
세:승(細繩)명 ①가는 노끈이나 새끼줄. ②모시의 발.
세:시(歲時)명 ①일 년 중 절기(節期)·계절·달에 따른 때. ¶－ 풍속 ②설
세:시-기(歲時記)명 일 년 중의 행사를 계절이나 달의 순서로 적어 놓은 책.
세:시-증(歲時甑)명 설날에 떡을 찌는 시루라는 뜻으로, 여러 사람이 같은 때 쓰려고 한꺼번에 찾는 물건을 비유하여 이르는 말.
세:신(世臣)명 '세록지신(世祿之臣)'의 준말.
세:신(細辛)명 한방에서, 족두리풀과 민족두리풀의 뿌리를 약재로 이르는 말. 발한·진해 따위에 쓰임.
세:실(細－)명 가는 실.
세:실(世室)명 위패(位牌)를 모시는 종묘(宗廟)의 방.
세:-실과(細實果)명 잘게 만든 숙실과(熟實果).
세:심(洗心)명-하다자 마음을 깨끗하게 함.
세:심(細心)어기 '세심(細心)하다'의 어기(語基).
세:심-하다(細心－)형여 작은 일에도 꼼꼼하며 빈틈이 없다. ¶세심한 배려.
　세심-히부 세심하게
세:악(細樂)명 ①지난날, 군중(軍中)에서 장구·북·피리·저·해금 등으로 구성하여 연주하던 음악. ②비교적 음량이 적고 실내에 알맞은 음색을 가진 소규모의 악기의 편성, 또는 그 편성으로 연주하는 음악. 대개 거문고·가야금·양금·세피리·대금·해금·단소·장구 중에서 선택하며, 영산회상(靈山會相)·별곡·웃도드리 등이 연주됨. ☞대취타(大吹打). 취타(吹打)
세:악-수(細樂手)명 지난날, 군중(軍中)에서 세악을 연주하던 군사. ☞취타수(吹打手)
세:-안(歲－)명 해가 바뀌기 전의 겨울 동안. ☞세전(歲前). 세후(歲後)
세:안(洗眼)명-하다자 물이나 약물로 눈을 씻음.
세:안(洗顔)명-하다자 세수(洗手)
세:안(細案)명 자세하고 구체적인 안.
세:알(歲謁)명-하다자 ①세배(歲拜) ②지난날, 섣달 그믐이나 정초에 사당(祠堂)에 인사 드리던 일.

세:알-모끼 명 한꺼번에 세 줄을 칠 수 있도록 이가 셋 있는 대패.
세:액(稅額) 명 세금의 액수.
세:약(洗藥) 명 병들거나 상한 부위를 씻어 내는 약.
세:양(歲陽) 명 음양(陰陽)의 구별로 '천간(天干)'을 이르는 말. ☞세음(歲陰)
세:언(洗堰) 명 얕은 하천을 가로질러 둑처럼 만든 콘크리트 구조물. 평상시에는 길이 되고 물이 불었을 때에는 둑의 구실을 함.
세:업(世業) 명 대대로 물려 내려오는 직업. 가업(家業)
세:여(歲餘) 명 일 년 남짓한 동안.
세:연(世緣) 명 세상의 온갖 인연(因緣).
세:열(細裂) 명 -하다 자타 잘게 갈라짐 또는 잘게 찢음.
세:염(世染) 명 어지러운 이 세상의 너더분한 일들.
세:염(勢焰) 명 타오르는 불꽃처럼 성한 기세(氣勢).
세:-영산(細靈山) 명 영산회상(靈山會相)의 셋째 곡조. 세 곡조 가운데 가장 빠른 곡으로, 네 장(章)으로 이루어져 있음. 잔영산
세:외(世外) 명 세상 밖, 곧 속세를 떠난 곳.
세:요(細腰) 명 ①잔허리. 가는허리 ②허리가 가늘고 날씬한 여자, 곧 미인(美人)을 이르는 말.
-세요 어미 '-셔요'가 변하여 된 말. ¶어서 오세요./잘 가세요./수고하세요. ☞-으세요
-셔요 어미 〔'-시-'에 '-어요'가 어울려 줄어든 말.〕 어간이나 '이다'의 '이-'에 붙어 ①'해요' 할 자리에 쓰이어 '권유, 요청, 허용'을 나타내는 종결 어미. ¶그만 그치셔요./좀 기다려 주셔요./뜻대로 하셔요. ②말끝의 가락을 높임으로써 물음의 종결 어미로도 쓰임. ¶곧 가셔요? ☞-세요. -으셔요. -으세요

세:용(歲用) 명 세비(歲費)
세:우(細雨) 명 가랑비 ☞미우(微雨)
세:우(貰牛) 명 세를 받고 빌려 주는 소.
세우다 타 ①가로놓인 물건을 세로로 서게 하다. ¶넘어진 기둥을 다시 ―. ②움직이는 것을 멈추게 하다. ¶차를 ―. ③칼날 따위를 갈아서 날카롭게 하다. ¶도끼의 날을 ―. ④건물을 짓거나 만들다. ¶5층 건물을 ―. ⑤뜻을 정하다. ¶뜻을 ―. ⑥어떤 조직이나 전통 따위를 새로 이루다. ¶나라를 ―./새로운 전통을 ―. ⑦계획이나 안(案) 따위를 짜다. ¶휴가 계획을 ―./새로운 방침을 ―. ⑧어떤 일에 이바지하다. ¶전쟁에서 큰 공을 ―. ⑨잃지 않고 유지하다. ¶체면을 ―. ⑩굳게 주장하다. ¶고집을 ―. ⑪어떤 구실을 맡게 하다. ¶그를 책임자로 ―. ⑫어떤 자리에 나아가게 하다. ¶증인으로 ―. ⑬영(令)이 서게 하다. ¶군령(軍令)을 ―.

한자 세울 건(建) 〔廴部 6획〕 ¶건국(建國)/건립(建立)/건설(建設)/건축(建築)/재건(再建)/창건(創建)

세:운(世運) 명 세상이 돌아가는 형편. 시세의 기운.
세워-밀기 명 택견에서, 손질의 한 가지. 손바닥을 세우고 번갈아 가며 머리 위로 올렸다가 아래로 내렸다가 하는 동작.
세워-총(-銃) 명 소총(小銃)을 다루는 자세의 한 가지. 차려 자세에서 소총을 개머리판이 땅에 닿도록 오른쪽에 곧게 세워 오른손으로 소총의 가늠쇠 위를 잡는 자세. 감 세워총을 시킬 때 구령으로 하는 말. ☞받들어총
세:원(稅源) 명 세금을 매기는 근원이 되는 온갖 소득이나 재산. ¶―을 빠짐없이 조사하다.
세:월(歲月) 명 ①흘러 지나가는 시간. 광음(光陰). 연화(年華) ☞오토(烏兎) ②일정한 기간이나 때. ¶어느 ―에 그 일을 끝마치겠니? ③경기(景氣)나 여건, 또는 환경. ¶―이 달라졌다./― 좋구나.
세월(을) 만나다 관용 좋은 때를 만나 활개를 치다.
세월(이) 없다 관용 돈벌이가 잘 안 되다.
속담 **세월이 약**: 크게 마음을 상하여 애통해 하던 일도 오랜 시간이 지나고 나면 잊혀짐을 이르는 말.
세:월-없:이(歲月―) 부 언제 끝날지 알 수 없을 만큼 몹시 더디게. ¶― 일하다.
세:월여류(歲月如流) 성구 세월은 흐르는 물과 같이 지나간다는 뜻으로, 시간의 흐름이 빠름을 비유하여 이르는 말.
세:위(勢威) 명 기세와 위력.
세:육(歲肉) 명 설날에 쓰는 쇠고기와 돼지고기.
세:율(稅率) 명 '과세율(課稅率)'의 준말.
세:은(稅銀) 명 지난날, 은(銀)을 파는 가게에서 세(稅)로 바치던 은.
세:음(歲陰) 명 음양(陰陽)의 구별로 '지지(地支)'를 이르는 말. ☞세양(歲陽)
세:응(世應) 명 점괘에서 이르는 육친(六親)의 하나. 조상의 덕을 이름.
세:의(世誼) 명 대대로 사귀어 온 정의(情誼).
세:의(世醫) 명 대대로 내려온 의업(醫業), 또는 그러한 의원(醫員).
세:의(歲儀) 명 세밑에 선사하는 물건. 세찬(歲饌)
세:-이레 명 아기가 태어난 지 스무하루가 되는 날. 삼칠일(三七日) ☞두이레. 첫이레
세이브(save) 명 -하다 타 컴퓨터의 데이터나 프로그램을 기억 장치에 기억시키는 일. 저장(貯藏)
세이지(sage) 명 '샐비어(salvia)'의 딴이름.
세이프(safe) 명 ①야구에서, 주자(走者)가 아웃을 면하는 일. ②테니스 등에서, 친 공이 규정선 안에 떨어지는 일. ☞아웃(out)
세이프티번트(safety＋bunt) 명 야구에서, 상대편의 허술한 수비를 뚫어 주자를 다음 베이스까지 나아가게 할 뿐만 아니라, 타자 자신도 일루에 살아 나가기 위하여 하는 번트.
세:인(世人) 명 세상 사람. ¶―의 주목을 받게 되다.
세:인(細人) 명 ①간첩(間諜) ②도량이 좁고 간사한 사람. 소인(小人)
세인트버:나:드(Saint Bernard) 명 개의 한 품종. 스위스 원산으로 키 70cm 안팎임. 세인트버나드 수도원에서 기른 데서 유래한 이름임. 알프스 산에서 조난자를 구조하는 개로서 유명함.
세일(sale) 명 -하다 타 할인하여 물건을 파는 일.
세일러-복(sailor服) 명 수병(水兵)들이 입는 군복, 또는 이를 본뜬 여성복이나 아동복을 통틀어 이르는 말. 목 뒤쪽에 드리운 네모지고 넓은 깃과 커프스에는 2～3줄의 테를 둘렀고, 가슴에는 삼각형의 천으로 넥타이를 맴.
세:-일배(歲一拜) 명 -하다 자 윗사람에게 한 해에 한 번 세배하는 일.
세일즈맨(salesman) 명 주로 고객을 직접 방문하여 물건을 파는 판매원. 외판원(外販員)
세:입(稅入) 명 조세(租稅)로 받아들인 수입.
세:입(歲入) 명 국가나 지방 자치 단체의 한 회계 연도(會計年度) 동안의 총수입. ☞세출(歲出)
세:입=결함(歲入缺陷) 명 조세 수입이 당초 예정한 액수를 밑돌아, 그 결과 세출에 비하여 세입이 모자라는 일.
세:입=보:전=공채(歲入補塡公債) 명 국가가 일반 회계 예산의 세입 부족을 메우려고 발행하는 공채. 적자 공채
세:자(世子) 명 '왕세자(王世子)'의 준말.
세:자(洗者) 명 가톨릭에서, 세례 성사 때 세례를 주는 사람을 이르는 말.
세:자(細字) 명 잘게 쓴 글자. 잔글씨
세:자(細疵) 명 자디잔 흠이나 티.
세:자-궁(世子宮) 명 ①'왕세자(王世子)'를 높이어 이르는 말. ②왕세자가 거처하는 궁전을 이르는 말. 동궁(東宮). 춘궁(春宮). 춘저(春邸)
세:자-부(世子傅) 명 ①고려 시대, 동궁(東宮)에 딸렸던 관직. 세자사(世子師)의 다음으로, 세자의 덕의(德義)를 기르는 일을 맡아보았음. ②조선 시대, 세자 시강원(世子侍講院)의 정일품 관직. 세자의 스승으로 의정(議政)이 겸임하였음.
세:자-빈(世子嬪) 명 '왕세자빈(王世子嬪)'의 준말.
세:자-사(世子師) 명 ①고려 시대, 동궁(東宮)에 딸렸던 관직. 세자의 교훈(敎訓)을 맡아보았음. ②조선 시대, 세자 시강원(世子侍講院)의 정일품 관직. 세자의 스승

으로 영의정이 겸임하였음.

세:자=시:강원(世子侍講院)명 조선 시대, 왕세자의 교육을 맡아보던 관아. 시강원

세:작(細作)명 간첩(間諜)

세장 명 한 쌍의 지렛대 또는 걸채의 대를 가로질러서 연결하는 나무. 보통 걸채는 두 개, 지렛대는 네 개나 다섯 개를 가로질러 박음.

세:장(世丈)명 대대로 교분(交分)이 두터운 집안의 어른.

세:장(洗腸)명 이질(痢疾)·역리(疫痢)·대장염 등을 치료하려고 장(腸) 속을 깨끗이 하는 일.

세:장(細長)어기 '세장(細長)하다'의 어기(語基).

세:장지지(世葬之地)명 집안에서 대대로 묘를 쓰고 있는 땅. ☞선산(先山)

세:장-하다(細長—)형여 가늘고 길다.

세:장-형(細長型)명 키는 크지만 뼈와 근육의 발달이 나쁜 체형. ☞비만형(肥滿型)

세:재(世才)명 세상 물정과 처세(處世)에 밝은 사람, 또는 그런 재주. 유속재(俗才)

세:저(細苧)명 올이 썩 가늘고 고운 모시. 세모시

세:저(歲底)명 한 해가 다 저물어 가는 마지막 때. 세밑

세:전(世傳)명-하다자타 대대로 전해 내려옴, 또는 대대로 전해 줌.

세:전(細箭)명 아기살

세:전(貰錢)명 남의 집이나 물건을 빌려 쓰고 그 값으로 내는 돈, 또는 남에게 집이나 물건을 빌려 주고 그 대가로 받는 돈. 세금(貰金). 셋돈

세:전(歲前)명 설을 쇠기 전. ☞세안. 세후(歲後)

세:전-노비(世傳奴婢)명 지난날, 한 집안에 대를 이어 내려오는 종을 이르던 말.

세:전-문(細箭門)명 세살문

세:전지물(世傳之物)명 대대로 전해 내려오는 물건.

세:전지보(世傳之寶)명 대대로 전해 내려오는 보물.

세:-절목(細節目)명 자질구레한 조목. 준세목(細目)

세:정(世情)명 ①세상의 사정. ¶ —을 듣다. ②세상의 물정(物情). ¶ —에 밝다.

세:정(洗淨)명-하다타 깨끗하게 씻음. 세척(洗滌)

세:정(細情)명 ①세세히 맺힌 정. ②자세한 사정.

세:정(稅政)명 세무(稅務)에 관한 행정.

세:제(世弟)명 '왕세제(王世弟)'의 준말.

세:제(世諦)명 속제(俗諦)

세:제(洗劑)명 세척제(洗滌劑)

세:제(稅制)명 세무(稅務)에 관한 제도.

세:제(歲除)명 섣달 그믐날 밤. 제석(除夕). 제야(除夜)

세:-제곱 명-하다타 같은 수를 세 번 곱하는 일, 또는 그렇게 하여 얻은 수.

세:제곱-근(—根)명 어떤 수 a를 세제곱하여 x가 되었을 때, a를 x에 대하여 이르는 말. 2는 8의 세제곱근임.

세:제곱-비(—比)명 세 개의 같은 비로 된 복비(複比).

세:제지구(歲製之具)명 염습(殮襲)할 때 시신(屍身)에 입히는 옷. 수의(壽衣)

세:족(世族)명 대대로 나라에서 많은 녹을 받는 집안. 세가(世家)

세:족(洗足)명-하다자 발을 씻음. 탁족(濯足)

세:족(勢族)명 권세가 있는 겨레붙이.

세:존(世尊)명 '석가 세존(釋迦世尊)'의 준말.

세:존-단지[—딴—]명 경상도와 전라도 지방에서, 농신(農神)에게 바치는 뜻으로 가을에 가장 먼저 거둔 햇곡식을 넣어 두는 단지.

세:종(歲終)명 한 해가 다 저물어 가는 마지막 때. 세밑

세:주(細註)명 ①자세히 설명한 주석(註釋). ②큰 주석 아래 더 자세히 단 주석. 잔주

세:주(歲酒)명 설에 음식을 대접하는 세찬상(歲饌床)에 함께 차려 내놓는 술.

세:-주다(貰—)타 세를 받고 집이나 물건을 빌려 주다.

세:지 명 '세로지'의 준말.

세:지(世智)명 세상을 살아 나가는 지혜.

세:지-보살(勢至菩薩)명 '대세지보살'의 준말.

세:진(細塵)명 자디잔 먼지.

세:진-계(細塵計)명 공기 중의 먼지의 양을 재는 계기.

×**세-째** 수 →셋째

세:쪽-이 명 삼엽충(三葉蟲)

세:차(洗車)명-하다자 자동차의 몸체·바퀴·기관 등에 묻은 흙먼지 따위를 씻어 내는 일.

세:차(貰車)명 세(貰)를 내고 빌리는 자동차. 렌터카

세:차(歲次)명 간지(干支)를 따라 정한 해의 차례.

세:차(歲差)명 지구의 자전축의 방향이 약 23.4°의 기울기로 황도의 극을 중심으로 하여 서쪽으로 약 2만 5천 800년을 주기로 돌아서, 춘분점이 황도상을 해마다 약 50초씩 서쪽으로 이동하는 현상.

세:-차다 형 기운이나 기세가 보통 정도보다 매우 힘있다. ¶ 물줄기가 —./불길이 —.

세:차=운:동(歲差運動)명 ①지구의 세차가 생기게 하는 운동. ②팽이와 같은, 회전하는 물체의 회전축이 천천히 방향을 바꾸어 가는 운동.

세:차-장(洗車場)명 세차 시설을 갖추어 놓고 차 닦는 일을 영업으로 하는 곳.

세:찬(歲饌)명 ①세배하러 온 사람에게 대접하는 설음식. ②세밑에 선사하는 물건. 세의(歲儀) ¶ —을 받다.

세찬 가다 관용 세찬을 보내다. ¶ 사돈댁에 —.

세:찬-계(歲饌契)명 세찬을 마련할 목적으로 모으는 계.

세:찰(細察)명-하다타 자세히 살핌.

세:책(貰冊)명 세를 받고 빌려 주는 책. 대본(貸本)

세:책-례(洗冊禮)명-하다자 지난날, 서당에서 학동(學童)이 책 한 권을 다 읽거나 베껴 썼을 때, 스승과 친구들에게 한턱내던 일. 책씻이

세:척(洗滌)명-하다타 ①깨끗하게 씻음. 세정(洗淨) ¶ 식기를 —하다. ②약품 등으로 씻어냄. ¶ 위(胃)를 —하다.

세:척-기(洗滌器)명 ①액체를 뿜어 기체 속에 섞여 있는 잔 먼지를 없애는 장치. 집진(集塵), 약품의 회수, 공기의 정화 등에 쓰임. ②상처·위·질(膣) 등을 씻는 데 쓰는 의료 기구. ③식기 등에 세제를 뿜어 깨끗이 씻어 낸 뒤 맑은 물로 다시 씻어 말리는 기구.

세:척-제(洗滌劑)명 ①의류·식기·식품·기구 등 여러 가지 물건에 묻은 기름때와 먼지 따위를 씻어 내는 데 쓰는 유기·무기 화합물을 통틀어 이르는 말. ②상처·눈·귀·방광·질 등을 살균·소독하기 위하여 씻어 내는 데 쓰는 약제. 세제(洗劑)

세:첨(細尖)어기 '세첨(細尖)하다'의 어기(語基).

세:첨-하다(細尖—)형여 끝이 가늘고 뾰족하다.

세:초(洗草)명-하다자 조선 시대, 실록의 편찬을 마치고 나서 원고를 물에 빨아 먹물을 빼던 일. 사초가 외부로 흘러 나가는 것을 막으려는 조처였음.

세:초(細草)명 '애기풀'의 딴이름.

세:초(歲初)명 한 해의 첫머리, 또는 그 해의 첫머리. 설. 세수(歲首). 연두(年頭). 연시(年始). 연초(年初)

세:초(歲抄)명 ①조선 시대, 해마다 유월과 섣달에 이조(吏曹)와 병조(兵曹)에서 공과(功過)가 있는 관원을 임금에게 적어 올려 등급을 낮추거나 등용하던 일. ②조선 시대, 죽거나 병들거나, 또는 다른 이유로 생긴 군병(軍兵)의 결원을 유월과 섣달에 보충하던 일.

세:초-연(洗草宴)명 조선 시대, 실록(實錄)의 편찬이 끝나고 세초할 때에 베풀던 잔치.

세:총(細葱)명 '실파'의 딴이름.

세:출(歲出)명 국가나 지방 자치 단체가 한 회계 연도 안에 지출하는 총액. ☞세입(歲入) ▷ 歲의 속자는 歳

세:-출입(歲出入)명 세출과 세입을 아울러 이르는 말.

세:치(細緻)어기 '세치(細緻)하다'의 어기(語基).

세:치-각(—角)명 '세치각목'의 준말.

세:치-각목(—角木)명 세 치 폭으로 네모지게 만든 재목. 준세치각

세:치-하다(細緻—)형여 자세하고 꼼꼼하다. 치밀하다 ¶ 세치한 계획을 세우다.

세:칙(細則)명 세분하여 만든 자세한 규칙.

세:칙(稅則)명 조세(租稅)를 매기고 거두어들이는 과정에

서 필요한 여러 규칙.

세:침(細針)명 가는 바늘. 잔바늘

세:칭(世稱)명 세상에서 흔히 일컫음, 또는 그 이름. ¶ — 일류 대학/— 지도자라는 사람.

세컨드(second)명 권투에서, 경기 중에 선수에게 작전을 지시하거나 부상했을 때 돌보아 주는 사람.

세:코-짚신[—집—]명 발을 편하게 하려고 앞쪽 양편에 다 약간의 총을 터서 코를 낸 짚신.

속담 **세코짚신에는 제 날이 좋다** : 무엇이든지 분수에 알맞은 것이 가장 좋다는 말.〔짚신도 제 날이 좋다/짚신은 제 날에 맞는다〕

세쿼이아(sequoia)명 낙우송과의 상록 교목. 높이 100m 안팎. 화석은 세계 여러 곳에서 발견되지만, 현재는 미국 캘리포니아에서 레드우드(redwood)와 빅트리(bigtree)의 두 종류가 자람. 재목은 가볍고 잘 썩지 않으며, 세공이 쉬워 건축 및 가구재로 쓰임.

세타(thēta 그)명 그리스어 자모의 여덟째 글자 'Θ · θ'의 이름.

세:탁(洗濯)명-하다타 옷 따위에 묻은 때를 씻는 일. 빨래

세:탁-기(洗濯機)명 빨래하는 기계.

세:탁-물(洗濯物)명 빨래할 것. 빨랫감

세:탁-비누(洗濯—)명 빨랫비누

세:탁-소(洗濯所)명 세탁 시설을 갖추고, 세탁하는 일을 전문으로 하는 가게.

세:탁-제(洗濯劑)명 빨래할 때에 쓰는 비누나 약품 따위를 통틀어 이르는 말. ☞세척제(洗滌劑)

세:탄(洗炭)명-하다자 석탄을 씻어 불순물이나 불량탄을 없애는 일.

세탄(cetane)명 포화 파라핀계 탄화수소의 한 가지. 세텐(cetene)과 수소가 섞이거나, 팔미틴산(palmitin 酸)이 환원되어 생김. 물에는 녹지 않으나 알코올과 에테르에는 잘 녹으며, 디젤 기관용 연료의 발화성을 판정하는 표준 연료로 쓰임.

세:태(世態)명 세상의 상태나 형편. 세상(世相)

세:태=소:설(世態小說)명 한 사회의 인정·유행·풍속·제도 따위를 묘사한 소설.

세:태=인정(世態人情)명 세상의 형편과 인심의 움직임. 인심 세태(人心世態)

세터(setter)[1]명 배구에서, 공격수가 공격하기 쉽도록 토스해 주는 선수.

세터(setter)[2]명 영국 원산의 사냥개. 키 60cm 안팎. 털은 밤색이거나 흰빛에 검은빛, 레몬빛, 귤빛 따위의 얼룩무늬가 있음. 조류 사냥에 이용되는데, 사냥감을 발견하면 재빨리 엎드리는 데서 이름이 유래함. 추위와 습기에 잘 견디고 냄새를 잘 맡음.

세텐(cetene)명 불포화 탄화수소의 한 가지. 고래 기름 속에 들어 있으며, 알코올과 에테르에 녹음.

세:톨-박이명 한 송이에 세 톨의 밤알이 든 밤송이.

세:-톱(細—)명 이가 잘고, 날이 얇은 작은 톱.

세트(set)명 ①도구나 가구 따위의 한 벌. ¶응접 — ☞일습(一襲) ②영화나 텔레비전 드라마 등의 촬영용으로 만든 건물 따위의 장치, 또는 연극 무대 장치. ¶오픈 — ③테니스·배구·탁구 등에서 한 경기 중의 한 판의 승패, 또는 그 판. ¶3 —째의 경기. ④-하다타 기구를 써서 머리카락을 마는 일, 또는 머리 모양을 다듬는 일. ¶미장원에서 머리를 —하다.

세트스코어(set score)명 테니스·탁구·배구 등에서 쌍방이 이긴 세트의 수. ¶— 3대 0으로 이기다.

세트포인트(set point)명 테니스나 탁구 등에서 세트의 승패를 결정하는 마지막 한 점.

세트포지션(set position)명 야구에서, 투수가 타자 쪽으로 공을 던지기 직전에, 한 발을 투수판에 대고 다른 쪽 발을 위로 들어올려 공을 두 손으로 몸 앞쪽에 쥔 다음 잠시 정지해 있도록 규정한 자세.

세팅(setting)명-하다타 ①물건을 배치하거나 새로 설치하는 일. ¶가구를 —하다. ②연극이나 영화, 텔레비전 등의 무대 장치. ③장신구에 보석 따위를 박아 넣는 일.

세:파(世波)명 파도처럼 모질고 거센 세상살이의 어려움. ¶—에 시달리다./—를 겪다.

세:파(世派)명 한 겨레붙이에서 갈려 나온 파(派).

세:파(細波)명 잔 물결.

세퍼레이츠(separates)명 ①원피스처럼 보이나 실제로는 위아래로 나누어져 있는 옷. ②위아래를 서로 다른 종류로 맞추어 입는 여성 또는 계집아이의 옷. 블라우스와 스커트, 스웨터와 슬랙스 따위.

세퍼릿코:스(separate course)명 육상 경기의 단거리·중거리나 스피드스케이팅 등에서 각 선수의 주로(走路)가 구분되어 있는 코스. 400m 이내의 경주에서 각자의 주로를 구분함.

세:편(細片)명 작은 조각.

세:평(世評)명 세상 사람들의 평판이나 비평. 세설(世說)

세:평(細評)명-하다타 자세하게 비평함, 또는 그러한 비평. ¶신간(新刊) —

세:포(細布)명 올을 매우 곱게 짠 삼베. 세마포(細麻布)

세:포(細胞)명 ①생물체를 구성하는 기본 단위. 한가운데 있는 세포핵을 세포질이 에워싸고 있음. ②단체나 조직의 최소 구성 단위.

세:포=단체(細胞團體)명 한 단체를 구성하는 하나하나의 하급 단체.

세:포-막(細胞膜)명 ①세포질의 가장 바깥쪽을 싸고 있는 매우 얇은 막. 선택적 투과나 대사 물질의 운반에 관계함. 원형질막 ②식물 세포의 원형질을 싸고 있는 셀룰로오스의 막. 세포벽의 안쪽에 있음.

세:포-벽(細胞壁)명 식물 세포의 가장 바깥쪽에 있는 막. 세포를 보호하고, 형태를 유지시키는 구실을 함.

세:포=분열(細胞分裂)명 하나의 세포가 두 개 이상의 세포로 갈라지는 현상.

세:포-설(細胞說)명 모든 생물은 세포로 이루어져 있으며, 세포는 생물의 구조와 기능의 단위이고 생명의 본체라고 주장하는 학설.

세:포=식물(細胞植物)명 엽상 식물(葉狀植物)

세:포-액(細胞液)명 식물 세포의 액포(液胞)를 채우고 있는 액체. 여러 가지 염류·당분·유기산·타닌·알칼로이드·색소 등이 섞여 있음.

세:포=융합(細胞融合)명 서로 다른 두 종류의 세포를 인공적으로 융합시켜 잡종 세포를 만드는 기술.

세:포=조직(細胞組織)명 ①세포의 연결로 이루어진 생물체의 조직. ②어떤 정당이나 단체 등의 기반이 되는 말단 조직.

세:포-질(細胞質)명 세포의 원형질에서 핵을 제외한 나머지 부분을 이르는 말. 주성분은 단백질이며, 콜로이드 구조를 이루고 있음.

세:포-학(細胞學)명 생물체를 구성하는 단위인 세포의 형태·구조·생리 등을 연구하는 학문.

세:포-핵(細胞核)명 세포의 원형질 안에 있는 공 모양의 물질. 생물의 생명원으로, 핵 속에는 염색사(染色絲)와 몇 개의 인(仁)이 들어 있음. 핵(核)

세:풍(細風)명 솔솔 부는 바람. 미풍(微風)

세:풍(歲豐)명 농사가 잘 된 해. 풍년(豐年)

세:-피리(細—)명 국악기 죽부(竹部) 관악기의 한 가지. 향피리와 비슷하나 좀 가늘고 작음. 세악(細樂)에 편성되며, 가사(歌辭)나 시조 등의 반주용으로 쓰임.

세피아(sepia 라)명 수채화 물감의 한 가지. 오징어 먹물에서 뽑아 만든 암갈색 물감임.

세:필(洗筆)명-하다자 글씨를 쓰고 난 뒤에 붓을 씻음.

세:필(細筆)명 잔글씨를 쓸 때 쓰는 가는 붓.

세:하(細蝦)명 쌀새우

세:하-젓(細蝦—)명 쌀새우로 담근 젓. 세하해

세:하-해(細蝦醢)명 새하젓

세:한(歲寒)명 설 전후의 추위라는 뜻으로, 한겨울의 추위를 이르는 말.

세:한-삼우(歲寒三友)명 겨울철의 세 벗이라는 뜻으로, '소나무·대나무·매화나무를 이르는 말. 흔히, 동양화의 소재가 됨. 준삼우(三友)

세:항(世行)명 대대로 친한 집안의 같은 또래의 벗.
세:혐(世嫌)명 두 집안에 대대로 내려오는 원한과 미움.
세:화(細畫)명 섬세하게 그린 그림. ☞약화(略畫)
세:화(歲畫)명 조선 시대에 새해를 맞이하여 축하하는 뜻으로, 궐내에서 만들어 신하들에게 선사하거나 액막이로 그려 붙이던 그림.
세:환(世患)명 세상사에 시달려 생긴 근심 걱정.
세:황(歲況)명 설을 쇠는 정황(情況).
세:후(歲後)명 설을 쇠고 난 뒤. ☞세전(歲前)
섹셔널리즘(sectionalism)명 분파주의(分派主義)
섹스(sex)명 ①남성과 여성, 암수의 구별. 성(性)[3] ②성교(性交)
섹스텟(sextet)명 육중주(六重奏) 또는 육중창(六重唱).
섹시-하다(sexy-)형여 성적(性的)인 매력이 있다. ¶섹시한 옷차림.
섹터(sector)명 자기 디스크나 플로피디스크 등에 구분해 놓은 정보 기록 영역의 단위. 디스크의 중심에서 트랙을 방사상으로 가른 부채꼴 모양의 구획임.
섹트-주의(sect主義)명 분파주의(分派主義)
센:-개 명 털빛이 흰 개.
센:-내기 명 센박에서 시작하여 그 곡에 지정된 박자의 셈여림이 일정하게 되풀이되는 곡.
센달-나무 명 녹나뭇과의 상록 교목. 높이 10m 안팎. 잎은 어긋맞게 나며 버들잎 꼴로 가장자리가 밋밋함. 5월경에 연한 황록색 꽃이 피며, 다음해 9월경에 초록을 띤 흑색의 둥근 열매가 익음. 가구재나 땔감으로 쓰임.
센달로이(sendalloy)명 탄화 텅스텐을 주성분으로 하는 합금. 유리를 자르거나 깎는 공구에 쓰임.
센:-둥이 명 털빛이 흰 동물. 특히, 털이 흰 강아지를 이름. 흰둥이
속담 센둥이가 검둥이고 검둥이가 센둥이다 : 빛이 희거나 검거나 개는 개인 것처럼, 겉은 달라도 본질에는 변함이 없다는 뜻으로 이르는 말.
센:-머리 명 희어진 머리털.
센:-물 명 칼슘염이나 마그네슘염 따위의 광물질이 비교적 많이 들어 있는 물. 경수(硬水) ☞단물
센:-바람 명 풍력 계급 7급에 해당하는 바람. 나무 전체가 흔들리고, 바람을 안고 걷기가 힘들 정도임. 해상에는 파도가 부서져서 생긴 거품이 바람에 날리어 물 위에 뜨기 시작함. 강풍(強風) ☞큰바람
센:-박(-拍)명 악곡의 한 마디 안에서 세게 연주하는 박자. ☞여린박
센서(sensor)명 온도·압력·소리·빛 따위의 물리량을 검출·측정·판별하는 소자(素子), 또는 그 소자를 갖춘 기계 장치.
센서스(census)명 ①국세 조사(國勢調査) ②집단을 구성하는 단위에 대하여 특정한 시점에 일제히 실시하는 전수 조사(全數調査). 농업 센서스나 공업 센서스 따위.
센세이셔널리즘(sensationalism)명 ①대중적인 인기에 영합하는 주의. ②문학 따위에서, 사람들에게 말초적이고 자극적인 흥미를 불러일으키는 내용이나 기법을 보이는 주의. ③철학의 감각론.
센세이션(sensation)명 많은 사람을 순식간에 흥분시키거나 사회적인 파문을 일으키는 일.
센:-숫돌[-숟-]명 질이 거친 숫돌.
센스(sense)명 일에 대한 감각이나 판단력. ¶-가 있다.
센:-입천장(-*天障)[-닙-]명 입천장 앞쪽의 단단한 부분. 경구개(硬口蓋) ☞여린입천장
센:입천장-소리(-*天障-)[-닙-]명〈어〉경구개음
센터(center)명 ①중심. 중앙 ②축구·배구·농구 등에서, 중앙의 자리, 또는 그 자리에 선 선수. ¶장신 -의 멋진 플레이. ③어떤 분야의 전문적이고 종합적 설비나 기능이 집중되어 있는 곳. ¶문화 -/의학 연구 -
센터라인(center line)명 경기하는 운동장이나 코트 등의 중앙에 그어 놓은 선.
센터링(centering)명 축구나 하키 경기에서, 양쪽의 터치라인 근처에 있는 선수가 골 앞 중앙에 있는 자기편 선수에게 공을 패스하는 일.
센터서:클(center circle)명 농구·축구·아이스하키에서, 경기장 중앙에 그어 놓은 원.
센터포:워드(center forward)명 축구나 하키 등에서, 맨 앞줄의 중앙의 선수. 공격의 중심이 되어 경기에서 중요한 구실을 함.
센터플라이(center fly)명 야구에서, 중견수 쪽으로 높이 쳐 올린 공.
센터필:드(center field)명 야구에서, 외야(外野) 한가운데의 수비 위치.
센터하:프백(center halfback)명 축구나 하키 등에서, 세 사람 하프백 중 중간 자리의 선수.
센:-털[1] 명 빛이 희어진 털.
센:-털[2] 명 뻣뻣한 털.
센트(cent)의 ①미국과 캐나다, 호주 등의 국가에서 사용하는 화폐 단위의 한 가지. 1달러(dollar)의 100분의 1. ②스리랑카에서 사용하는 화폐 단위의 한 가지. 1루피(rupee)의 100분의 1.
센티(centi)의 '센티미터'의 준말.
센티그램(centigram)의 무게 단위의 한 가지. 1그램의 100분의 1. 기호는 cg
센티리터(centiliter)명 부피 단위의 한 가지. 1리터의 100분 1. 기호는 cl
센티멘털리스트(sentimentalist)명 감상적인 사람.
센티멘털리즘(sentimentalism)명 감상주의(感傷主義)
센티멘털-하다(sentimental-)형여 감상적(感傷的)이다. 준센티하다
센티미:터(centimeter)의 길이 단위의 한 가지. 1미터의 100분의 1. 기호는 cm 준센티
센티-하다(senti-)형여 '센티멘털하다'의 준말.
셀러리(celery)명 미나릿과의 한해살이풀 또는 두해살이풀. 채소의 한 가지로 밭에서 재배함. 줄기 높이 60~90cm. 잎과 줄기는 초록이고 6~9월에 흰 꽃이 핌. 연한 잎과 줄기를 먹을 수 있으며, 독특한 향기와 단맛이 있어 서양 요리에 흔히 쓰임.
셀레늄(selenium)명 셀렌
셀렌(Selen 독)명 산소족 원소의 하나. 상온(常溫)에서 고체임. 화학적 성질은 황과 비슷함. 광전지나 약품 등의 재료로 쓰이며 유리의 착색 원료로도 쓰임. 셀레늄〔원소 기호 Se/원자 번호 34/원자량 78.96〕
셀로판(cellophane)명 비스코스를 원료로 하여 만든 얇은 막 같은 물질. 빛깔이 없는 투명한 종이 같은 것으로, 포장 재료로 쓰임.
셀로판테이프(cellophane tape)명 셀로판의 한쪽 면에 접착제(粘着劑)가 칠해져 있는 테이프. 사무용이나 포장용으로 널리 보급됨.
셀룰로오스(cellulose)명 식물의 세포막이나 섬유를 이루는 주성분. 보통 목재·목화·마류(麻類) 등에서 채취하여 필름·종이·옷감의 원료로 씀. 섬유소(纖維素)
셀룰로이드(celluloid)명 니트로셀룰로오스에 장뇌(樟腦)를 섞어 반죽하여 만든 플라스틱. 완구·학용품·안경테 등에 널리 이용되었으나, 불에 약하여 차차 합성된 열가소성 플라스틱으로 대체됨.
셀-폰(cell phone)명 휴대 전화
셀프서:비스(self-service)명 대중 음식점이나 슈퍼마켓 등에서 고객이 스스로 필요한 것을 챙기도록 하는 판매 방법.
셀프타이머(self-timer)명 일정 시간이 지나면 자동으로 셔터가 눌러지도록 한 사진기의 장치.
셈:명-하다타 ①수를 따져 얼마인지를 세어 맞추는 일. ¶-이 틀린다. ②주고받은 돈이나 물건의 액수와 수량을 서로 따져 밝히는 일, 또는 그 돈이나 물건. ¶-을 치르다. ③사물을 분별할 줄 아는 판단력. ¶-이 나다. ④'셈판'의 준말. ¶어찌된 -인지 알 수가 없다. ⑤'셈평'의 준말. ¶-이 펴이다. ⑥어떻게 하겠다는 생각이나 판단. ¶부탁이라도 해볼 -으로 찾아갔다.
셈을 차리다관용 일이나 사정을 잘 분별하여 점잖게 행

동하다. ¶셈을 잘 차리고 일을 하시오.
셈이 나다 관용 사물을 분별하는 판단력이 생기다. 셈이 들다. ¶자꾸 하다 보면 셈이 나네.
셈이 들다 관용 셈이 나다.
셈이 질기다 관용 셈해 주어야 할 돈이나 물건 따위를 좀처럼 주지 않고 오래 끌다.

한자 셈 산(算)〔竹部 8획〕¶계산(計算)/산정(算定)/산출(算出)/암산(暗算)/환산(換算)
셈 수(數)〔攴部 11획〕¶산수(算數)/수리(數理)/수법(數法)/수식(數式)/수치(數値) ▷ 속자는 数

셈:-본 명 셈하는 방식, 또는 그 책.
셈:-속 [-쏙] 명 ①돌아가는 형편의 속 내용. ¶그 일의 -을 알 수가 없다. ②마음속으로 하는 요량이나 판단. ¶그의 -이 뭔지 모르겠어.
셈:-수 (-數) [-쑤] 명 이해 관계를 따져 셈쳐 보는 생각. 셈평
셈:-씨 명〈어〉수사(數詞) ☞움직씨
셈-어:족 (Sem語族) 명 북아프리카에서 서남 아시아에 걸쳐 분포하는 어족. 히브리어·아랍어·페니키아어·에티오피아어 등이 이에 딸림.
셈:여림-말 [-녀-] 명 악보에서, 악곡의 부분 또는 전반에 걸쳐 연주할 음의 세기와 변화를 지시하는 말. 점점 여리게, 매우 빠르게 따위.
셈:여림-표 (-標) [-녀-] 명 악보에서, 악곡의 부분 또는 전반에 걸쳐 연주할 음의 세기와 변화를 지시하는 기호. mp, ff, sf 따위. 강약 부호(強弱符號)
셈:-제기 명 제기 놀이의 한 가지. 땅에 떨어뜨리지 않고 찬 수효를 비교하여 승패를 정함.
셈:-치다[1] 타 셈하여 헤아리다. ¶하루에 삼만 원씩 -.
셈:-치다[2] 조동 용언의 관형사형 다음에 쓰이어, 어떤 동작이나 사실을 미루어 가정하다. ¶잃어버린 -./받은 -.
셈:-판 명 ①일이 진행되는 형편이나 판국. ¶어찌된 -인지 모르겠다. 준 셈 ②수판(數板)
셈:-펴이다 자 셈평펴이다
셈:-평 명 ①이해 관계를 따져 셈쳐 보는 생각. 셈수 ②생활의 형편. 준 셈
셈:평-펴이다 자 어렵던 생활이 좀 넉넉해지다. 셈펴이다
셈프레 (sempre 이) 명 악보의 나타냄말의 한 가지. '언제나'·'항상'의 뜻.
셈플리체 (semplice 이) 명 악보의 나타냄말의 한 가지. '장식 없이'·'단순하게'의 뜻.
셈플리체멘테 (semplicemente 이) 명 악보의 나타냄말의 한 가지. '단순하게'의 뜻.
셋: 수 ①수의 고유어 이름의 하나. 둘에 하나를 더한 수. ¶딸이 -이나. ②물건 따위를 셀 때의 세 개. ¶참외 -을 먹었다. ☞삼(三). 서. 석
셋:-겸상 (-兼床) [셴-] 명 한 상에서 세 사람이 함께 먹을 수 있도록 차린 상.
셋:-돈 (貰-) 명 남의 집이나 물건을 빌려 쓰고 그 값으로 내는 돈, 또는 남에게 집이나 물건을 빌려 주고 그 대가로 받는 돈. 세금(貰金). 세전(貰錢)
셋:-말 (貰-) 명 세를 받고 빌려 주는 말. 세마(貰馬)
셋:-방 (貰房) 명 세를 내고 빌려 쓰는 방, 또는 세를 받고 남에게 빌려 주는 방.
셋:-붙이 [셴부치] 명 산병(散餠)의 한 가지. 청홍백으로 색을 맞춘 개피떡 세 개를 붙여서 만듦. 삼부병(三付餠)
셋:-잇:단음표 (-音標) [셴닏-] 명 잇단음표의 한 가지. 사분음표나 이분음표 등을 3등분하여 연주하라는 뜻의 음표. 삼연음부(三連音符). 트리플렛 ☞둘잇단음표
셋:-줄 (勢-) 명 권세 있는 사람들의 힘을 빌려 쓸 수 있는 연줄. ☞뒷줄
셋:-집 (貰-) 명 세를 내고 빌려 사는 집, 또는 세를 받고 빌려 주는 집. 세가(貰家)
셋:-째 [셴-] 수 차례를 매길 때, 둘째의 다음. 제삼(第三) ¶그 집의 - 아들.
셋톱박스 (set-top box) 명 디지털 통신망을 통해 비디오 서버에서 전송되어 온 압축 신호를 원래의 영상 및 음성 신호로 바꾸어 주는 장치.
셍기다 타 ①이것저것 주워 대서 말하다. ②일거리를 옆에서 잇달아 대어 주다.
셔:벗 (sherbet) 명 과즙(果汁)에 설탕 등을 넣고 얼린 것.
셔:츠 (∠shirt) 명 양복 속에 받쳐입거나 겉옷으로 입기도 하는 서양식 윗도리. 와이셔츠·티셔츠·남방셔츠 따위.
셔터 (shutter) 명 ①좁은 철판을 가로 이어서 만든 덧문. ②사진기 따위의 렌즈의 뚜껑을 여닫는 장치.
셔틀버스 (shuttle bus) 명 일정한 두 지점 사이만을 일정하게 왕복 운행하는 버스. ¶공원 입구에서 동물원까지 -가 다닌다.
셔틀콕 (shuttlecock) 명 배드민턴 경기에 쓰이는 공. 한쪽 끝의 둥근 고무나 코르크에 깃털이 돌려 붙어 있음.
셧아웃 (shutout) 명 야구에서, 상대편에 점수를 주지 않고 이기는 일. ☞완봉(完封)
셰르파 (Sherpa) 명 히말라야 산맥에서 사는 티베트계의 고산족(高山族). 산을 잘 타서 흔히 히말라야 등반대의 길 안내나 짐을 나르는 인부로 일함.
셰리 (sherry) 명 에스파냐 남부에서 나는 백포도주.
셰어 (share) 명 '마켓셰어(market share)'의 준말.
셰어웨어 (shareware) 명 일정 기간 무료로 사용해 보고 마음에 들면 값을 내고 사용하게 되어 있는 소프트웨어. ☞프리웨어(freeware)
셰이커 (shaker) 명 칵테일이나 음료 따위를 만들 때 재료를 넣고 흔들어 섞는 기구.
셰이크핸드그립 (shake-hand grip) 명 탁구에서, 라켓을 잡는 방식의 한 가지. 손잡이를 악수하듯이 손바닥으로 감싸 잡음. ☞펜홀더그립(penholder grip)
셰이퍼 (shaper) 명 자그마한 공작물의 평면을 깎거나 홈을 파는 공작 기계.
셰일 (shale) 명 수성암의 한 가지. 점토가 엉겨 붙어서 된 암석. 얇은 층으로 이루어져 있음. 이판암. 혈암
셰퍼:드 (shepherd) 명 개의 한 품종. 어깨 높이 63cm, 몸무게 33kg 안팎. 늑대와 비슷하며 매우 영리하고 충성스러우며 용맹함. 또, 청각과 후각이 예민하고 동작이 재빨라 경찰견·군용견·경비견 등으로 이용됨.
셸 (shell) 명 가늘고 긴 모양의 경쾌한 조정(漕艇) 경기용 보트. 혼자 탐.
셸락 (shellac) 명 동물성 수지(樹脂)의 한 가지. 깍지벌레의 분비물을 정제하고 표백하여 만든 것으로, 바니시의 원료나 레코드판의 성형 재료, 절연재 따위로 쓰임.
셸터:드워:크숍 (sheltered workshop) 명 사회 보장 제도에 따른 시설의 한 가지. 신체 장애자를 위하여 집과 일터를 함께 마련한 곳임.
소[1] 명 솟과의 포유동물. 몸집이 크고 암수 모두 머리에 뿔이 두 개 나며 발굽은 둘로 갈라져 있음. 온몸에는 짧은 털이 나 있음. 위(胃)는 네 개이며 먹은 것을 되새김질을 함. 예부터 가축으로 길러 짐을 나르거나 밭을 가는 데 이용하며, 고기나 젖을 얻기 위해 기르기도 함.
소가 짖다 관용 어처구니없는 일을 두고 이르는 말. ¶눈밭에다 꽃을 심겠다 하니, 소가 짖을 일이다.
소같이 먹다 관용 엄청나게 많이 먹다. ¶걸신이 들렸나, 소같이 먹네.
소(가) 뜨물 켜듯이 관용 물 같은 것을 한꺼번에 많이 들이켜는 모양을 나타내는 말. ¶날마다 술을 - 마셔 대니 몸이 성치 않지.
소(가) 푸주에 들어가듯 관용 무척 가기 싫어하는 모양을 나타내는 말. ¶학교에 가기를 - 한다.
소한테 물리다 관용 엉뚱한 상대에게 뜻밖의 해를 입다. ¶친구에게 사기를 당했으니, 소한테 물린 격이군.
속담 **소가 크면 왕 노릇 하나** : 지혜가 없이 힘만 세어서는 지도자가 될 수 없다는 말./**소같이 벌어서 쥐같이 먹어라** : 열심히 일하여 번 것을 아껴서 조금씩 쓰라는 말./**소 꼬리보다 닭 대가리가 낫다** : 크고 훌륭한 것이 모인 가운데서 아랫자리를 차지하여 대접 받지 못하는

것보다 작고 보잘것없는 것 중에서 앞장서 대접 받음이 낫다는 말.〔닭 벼슬이 될망정 쇠꼬리는 되지 마라〕/**소 닭 보듯, 닭 소 보듯** : 서로 아무 관심 없이 본 둥 만 둥함을 이르는 말. /**소도 언덕이 있어야 비빈다** : 무슨 일을 이루려면 먼저 의지할 곳이 있어야 한다는 말.〔도깨비도 수풀이 있어야 모인다〕/**소 발에 쥐 잡기** : 이따금 우연히 잘 맞히거나 좋은 성과를 얻음을 이르는 말.〔황소 뒷걸음 치다가 쥐 잡는다/개 입에 벼룩 씹듯〕/**소 잃고 외양간 고친다** : 이미 일을 그르친 뒤에 뉘우쳐도 쓸데없다는 말.〔말 잃고 외양간 고친다/도둑맞고 사립 고친다〕 ☞ 망양보뢰(亡羊補牢)/**소잡은 터전은 없어도 밤 벗긴 자리는 있다** : 일이 크면 그다지 드러나지 않으나, 나쁜 일이면 조그만 것이라도 드러난다는 말.

한자 소 우(牛) 〔牛部〕 ¶우마차(牛馬車)/우사(牛舍)/우시장(牛市場)/우유(牛乳)/우지(牛脂)/육우(肉牛)

소[2] 명 ①떡이나 만두 따위의 음식을 만들 때, 속에 맛을 더하고 영양을 높이기 위해 넣는 여러 가지 고명. 고기·팥·두부·콩·깨·밤·대추 따위를 씀. ②김치를 담글 때, 배추나 오이 따위의 속에 넣는 여러 가지 고명.

소(小) 명 작은 것. ¶대(大)를 위해 -를 희생하다. ☞대(大)

소(沼) 명 ①강이나 계곡 따위에서, 바닥이 움푹 패고 물이 깊게 괸 곳을 이르는 말. ②늪

소:(所) 명 고려 말에서 조선 초에 걸쳐 천민들이 집단으로 광물이나 수공품을 생산하며 살던 특수 행정 구역. 금소(金所)·은소(銀所)·자기소(瓷器所)·묵소(墨所)·탄소(炭所)·와소(瓦所)·염소(塩所)·사소(絲所)·지소(紙所) 따위가 있었음. ☞부곡(部曲). 향(鄕)

소:(素) 명 음식에 고기와 생선을 쓰지 않는 일. ¶-로 끓인 김치찌개.

소(疏) 명 ①임금에게 올리는 글. ☞상소(上疏) ②불교 경전이나 논장(論藏)의 글귀를 알기 쉽게 풀이한 글.

소(訴) 명 다른 사람을 상대로 자기의 권리 주장이 옳은지의 여부에 관한 심판을 법원에 청구하는 일.

소(簫) 명 국악기 죽부(竹部) 관악기의 한 가지. 대로 만든 열여섯 개의 가는 관을 나무틀에 한 줄로 꽂고, 관의 아래 구멍을 밀랍(蜜蠟)으로 막아 내리 불어서 소리를 냄. 봉소(鳳簫)

소:(小)-《접두사처럼 쓰이어》'작은·하찮은'의 뜻을 나타냄. ¶소도시(小都市)/소극장(小劇場)/소전제(小前提)/소시민(小市民) ☞대(大)-

-소(所)《접미사처럼 쓰이어》'고정된 장소'의 뜻을 나타냄. ¶등기소(登記所)/연구소(研究所)/인쇄소(印刷所)/파출소(派出所)/정미소(精米所)

-소 어미 ①받침 있는 어간이나 '-았(었)-', '-겠-'에 붙어, '-오'보다는 주관적으로 사실 표현 또는 의문의 뜻을 나타내는 종결 어미. ¶사람들이 다 믿소. /댁이 정말 사시겠소? ②받침 없는 동사의 어간에 붙어, '시킴'을 나타내는 종결 어미. ¶나를 보소. /그만 가소. /소식을 전해 주소.

소:가(小家) 명 ①크기나 규모가 작은 집. ②지난날, 첩 또는 첩의 집을 이르던 말. 작은집

소:가(小暇) 명 아주 짧은 겨를. 소한(小閑)

소:가(小駕) 명 지난날, 임금이 타던 수레의 한 가지. 대가(大駕)나 법가(法駕)에 비하여 약식(略式) 수레임.

소:-가야(小伽倻) 명 육가야의 하나. 지금의 경상 남도 고성(固城) 부근에 있던 고대 군장(君長) 국가로, 6세기 초에 신라에 병합됨.

소:-가족(小家族) 명 식구가 적은 가족. ☞대가족

소-가죽 명 소의 가죽. 쇠가죽. 우피(牛皮)

소:가지 명 '심성(心性)'을 속되게 이르는 말. 소갈딱지. 소갈머리 ¶못된 -.

소가지(를) 내다 관용 '성을 내다'를 속되게 이르는 말.

소:각(小角)[1] 명 작은 나발.

소:각(小角)[2] 명 너비 20cm 이하인 각재(角材).

소각(燒却) 명 -하다 타 불에 태워 없앰. 소기(燒棄)

소각-장(燒却場) 명 쓰레기나 폐기물 따위를 불에 태워 없애는 곳.

소:간(小簡) 명 지난날, 작고 좁게 만들어 쓰던 편지지.

소:간(所幹) 명 '소간사(所幹事)'의 준말.

소:간-사(所幹事) 명 볼일 준 소간(所幹)

소갈(消渴) 명 '소갈증(消渴症)'의 준말.

소:갈-딱지 명 소가지

소:갈-머리 명 소가지

소-갈이 명 -하다 타 소를 부려 논밭을 가는 일.

소갈-증(消渴症)[-쯩] 명 한방에서, 목이 쉬이 말라 물이 자주 켜이는 증세를 이르는 말. 준 소갈(消渴)

소:감(所感) 명 마음에 느낀 바, 또는 느낀 바의 생각.

소:강(小康) 명 -하다 형 소란하던 일이 가라앉고 한동안 잠잠함. ¶- 상태에 들다.

소개(紹介) 명 -하다 타 ①서로 모르는 사람 사이에 들어서 서로 알고 지내도록 관계를 맺어 줌. ¶신입 사원을 -하다. ②양편 사이에 들어서 일이 이루어지도록 주선함. ¶당신 회사에 취직할 수 있도록 -해 주십시오. ③잘 알려지지 않은 사실이나 내용을 알림. ¶우리 문화를 외국에 -하다.

소개(疏開) 명 -하다 타 ①적의 공습이나 화재 등에 대비하여 주민이나 시설물을 분산함. ②전투에서, 적의 포화로 말미암은 피해를 줄이기 위하여 대형(隊形)의 거리와 간격을 넓힘. 산개(散開)

소:-개:념(小概念) 명 삼단 논법에서, 결론의 주사(主辭)가 되는 개념. '동물은 죽는다. 코끼리는 동물이다. 그러므로 코끼리는 죽는다.'에서 '코끼리'에 해당하는 것을 이름. ☞대개념(大概念)

소개-비(紹介費) 명 소개의 대가(代價)로 주고받는 돈.

소개-소(紹介所) 명 ①소개업을 하는 곳. ②일자리를 소개하는 업소. 직업 소개소(職業紹介所)

소개-업(紹介業) 명 부동산의 임대나 매매 또는 직장을 소개하는 일로 수익을 올리는 영업.

소개업-자(紹介業者) 명 소개업을 하는 사람.

소개-장(紹介狀)[-짱] 명 어떤 사람을 소개하는 내용의 편지나 문서.

소객(騷客) 명 소인(騷人) ▷ 騷의 속자는 騒

소거(消去) 명 -하다 타 ①글자나 그림 따위를 지워 없앰. ②수학의 연립 방정식 등에서, 공통된 문자나 미지수 항을 줄여 없애는 일을 이르는 말.

소거-법(消去法)[-뻡] 명 미지수(未知數)를 두 개 이상 가지고 있는 연립 방정식에서, 공통된 미지수를 차례로 지워 없애어 미지수가 한 개인 방정식으로 만든 다음에 값을 구하는 방법.

소건(訴件) 명 '소송 사건'의 준말.

소-걸이 명 소를 상(賞)으로 걸고 하는 내기라는 뜻으로, 결승을 겨루는 씨름을 이르는 말. 상씨름

소:검(小劍) 명 작은 검. ☞대검(大劍)

소-겨리 명 -하다 자 겨리질을 할 수 있게 겨리에 두 마리의 소를 짝을 지어 매는 일.

소격(疏隔) 명 -하다 자 서로 왕래를 하지 않아 사귀던 사람의 사이가 멀어짐. ▷ 疏와 疎 자는 동자

소격-서(昭格署) 명 조선 시대, 초제(醮祭)를 치르기 위하여 설치했던 관아.

소견(召見) 명 -하다 타 윗사람이 아랫사람을 불러서 만나 봄.

소:견(所見) 명 사물이나 현상을 살펴보고 가지는 의견이나 생각. ¶-이 좁다. /-이 훤하다.

소견(消遣) 명 -하다 자 무슨 일에 마음을 붙여 심심하지 않게 시간을 보냄. 소일(消日)

소:견-머리(所見-) 명 '소견(所見)'을 속되게 이르는 말.

소견세:월(消遣歲月) 성구 무슨 일에 마음을 붙여 심심하지 않게 세월을 보냄을 이르는 말.

소결(疏決·疎決) 명 -하다 타 죄수를 너그럽게 처결함.

소결(燒結) 명 -하다 자 가루 상태의 물질에 알맞은 압력을 주고 녹는점 이하의 온도로 열을 주었을 때 가루가 덩어리로 굳어짐, 또는 그러한 현상.

소결=합금(燒結合金) 명 금속 가루를 압축·성형한 뒤 녹는점 이하로 열을 주어 굳힌 합금.

소:경 명 ①눈이 멀어 앞을 못 보는 사람. 고인(瞽人). 고자(瞽者). 맹인(盲人). 맹자(盲者). 몽고(矇瞽). 봉사 ②글을 모르거나 세상 물정에 어두운 사람을 비유하여 이르는 말. ¶방에 앉아 글만 읽을 줄 알았지, 세상일에는 -이라. 높 장님

속담 **소경 단청(丹靑) 구경** : 보아도 무엇인지 모를 것을 그저 보러 간다는 말. 〔소경 관등(觀燈) 가듯 한다〕/**소경 문고리 잡듯** : 우연히 어떤 일을 이루거나 맞히는 것을 이르는 말./**소경이 개천을 나무란다** : 제 잘못은 모르고 남만 나무란다는 말. /**소경이 저 죽을 날을 모른다** : 무엇이나 다 아는체 하는 사람도 자기 앞날의 화(禍)를 알지 못한다는 말./**소경 제 닭 잡아먹기** : 횡재라고 좋아한 일이 결국은 제게 손해가 되었다는 말. 〔소경 제 호박 따기〕

소:경(小京) 명 신라 때, 정치와 군사상 중요한 지방에 특별히 두었던 작은 서울.

소:경(小逕·小徑) 명 좁은 길.

소:경(小景) 명 ①자연의 일부분의 경치. ②작은 규모의 풍경화. ¶백두산 -

소:경(少頃) 명 잠깐 동안.

소경(蘇莖·蘇梗) 명 한방에서, 차조기의 줄기를 약재로 이르는 말. 성질은 순하며, 감기나 습비(濕痹), 각기(脚氣), 동통(疼痛) 등에 쓰임. ☞소엽(蘇葉)

소:경-낚시[-낙-] 명 미늘이 없는 낚시.

소:경-막대 명 ①소경이 짚고 다니는 지팡이. ②늘 따라다니는 사람을 비유하여 이르는 말.

소:경-사(所經事) 명 겪어 온 일.

소:계(小計) 명 총계 안에서 한 부분만을 단위로 한 합계.

소:계(小薊) 명 한방에서, 조뱅이의 뿌리를 약재로 이르는 말. 지혈제나 해독제로 쓰임. 자계(刺薊)

소:고(小考) 명 체계를 세우지 아니한 부분적이고 단편적인 고찰. 논문의 제목 따위에 붙여 씀.

소:고(小鼓) 명 국악기 혁부(革部) 타악기의 한 가지. 농악(農樂)에 쓰이는 작은 북으로, 손잡이가 있는 것과 없는 것이 있으며, 운두가 낮고 양면을 얇은 가죽으로 메웠음. 나무 채로 쳐서 소리를 냄.

소고(溯考) 명 -하다 타 옛일을 거슬러 올라가 자세히 검토함.

소-고기 명 쇠고기

> ▶ '소고기'와 '쇠고기'
> 둘 다 표준어이다. '소〔牛〕'를 앞 말로 하는 복합 명사를 만들 적에는 '소'나 '쇠' 어느 쪽이든 상관이 없다.

소:고-무(小鼓舞) 명 소고춤

소고의 명 조선 시대, 왕비와 왕세자빈이 평소에 입던 짧은 저고리를 궁중에서 이르던 말.

소:고-잡이(小鼓-) 명 농악에서, 소고를 맡아 치는 사람을 이르는 말.

소:고-채(小鼓-) 명 농악에서, 소고를 치는 막대기를 이르는 말.

소:고-춤(小鼓-) 명 농악무(農樂舞)의 한 가지. 소고잡이들이 추는 춤으로, 전복(戰服)에 상모가 달린 전립(戰笠)을 쓰고 소고를 두드리면서 경쾌하게 움직임. 소고무

소:-고:풍(小古風) 명 한시체(漢詩體)의 한 가지. 운(韻)을 달지 않고 오언십구(五言十句) 정도의 단편으로 이루어짐. ☞대고풍(大古風)

소:곡(小曲) 명 '소품곡(小品曲)'의 준말.

소:곤(小棍) 명 조선 시대, 곤장의 한 가지. 길이 다섯 자 한 치로, 가장 작은 곤장임. ☞중곤(中棍)

소곤-거리다(대다) 자 소곤소곤 말하다. ¶두 사람이 귓속말로 -. ☞수군거리다. 쏘곤거리다

소곤-소곤 부 남이 알아듣지 못하게 조용조용 말하는 모양을 나타내는 말. ¶- 귓속말을 하다./둘이서 - 속삭이는 소리. ☞수군수군. 쏘곤쏘곤

소골(昭鶻) 명 '뿔매'의 딴이름.

소곳-하다[-곧-] 형여 ①고개가 좀 숙은듯 하다. ¶잘 여문 이삭들이 -. ②흥분이 좀 가라앉은듯 하다. ¶소곳한 분위기. ③다소곳하다 ¶새색시의 소곳한 몸가짐. ④〔동사처럼 쓰임〕 수줍게 고개를 숙이다. ¶그녀는 나와 마주치자 고개만 소곳해 보였다. ☞수긋하다

소곳-이 부 소곳하게

소:공(小功)[1] 명 조그만 공로. ☞대공(大功)[1]

소:공(小功)[2] 명 오복(五服)의 하나. 소공친(小功親)의 상사(喪事)에 다섯 달 동안 입던 복제(服制).

소:공-친(小功親) 명 소공의 복(服)을 입는 친척. 종조부모(從祖父母)와 재종 형제(再從兄弟), 종질(從姪), 종손(從孫)이 이에 딸림.

소:과(小科) 명 조선 시대, 생원(生員)과 진사(進士)를 뽑던 과거. 감시(監試). 사마시(司馬試) ☞대과(大科)

소:과(小過)[1] 명 작은 허물. ☞대과(大過)[1]

소:과(小過)[2] 명 '소과괘(小過卦)'의 준말.

소과(蔬果) 명 채소와 과실. 과채(果菜)

소:과-괘(小過卦) 명 육십사괘(六十四卦)의 하나. 진괘(震卦) 아래 간괘(艮卦)가 놓인 괘로 산 위에 우레가 있음을 상징함. 준 소과(小過)[2] ☞기제괘(旣濟卦)

소:관(小官) 명 지위가 낮은 관리.

대 관리가 자기 또는 자기의 직위를 낮추어 이르는 말. 소직(小職) ☞본관(本官)

소:관(所管) 명 맡아 관리하는 바, 또는 그 범위.

소:관(所關) 명 관계되는 바. ¶모든 것이 네 팔자 -이다.

소:-관:목(小灌木) 명 키가 매우 작은 관목.

소:관-사(所關事) 명 관계가 있는 일. ¶나의 -이다.

소:-관자(小管子) 명 국악기 죽부(竹部) 관악기의 한 가지. 지난날, 목동들이 큰 새의 뼈나 황죽(黃竹)으로 만들어 불던 횡적(橫笛)으로, 부는 구멍이 하나이고 소리 구멍이 셋이며 여덟 음(音)을 낼 수 있음.

소:-괄호(小括弧) 명 ①문장 부호의 한 가지. ( )표를 이름. ㉠원어, 연대, 주석, 설명 등을 넣거나 빈 자리임을 나타낼 때 쓰임. ¶펜(pen)과 연필./8·15 광복(1945)/사물(꽹과리·징·장구·북)놀이/우리 나라의 ( )는 서울이다. ㉡기호 또는 기호 구실을 하는 문자, 단어 등에 쓰임. ¶(1) 문장 부호/(가) 마침표/(ㄴ) 쉼표 ②수학에서, 어떤 식의 계산을 다른 식보다 먼저 할 것을 지시하는 부호 ( )를 이르는 말. ¶5+(2×3)=11 ☞묶음표. 중괄호(中括弧)

소광(消光) 명 -하다 자 세월을 보냄. 소일(消日)

소광(韶光) 명 봄의 햇빛, 또는 봄의 경치. 봄빛. 춘광

소광(疏狂) 어기 '소광(疏狂)하다'의 어기(語基).

소광-하다(疏狂-) 형여 지나치게 소탈하다.

소:괴(小塊) 명 작은 덩어리.

소:곡(∠小斛) 명 지난날, 곡식 열닷 말을 되는 데 쓰던 그릇. 평석(平石)

의 지난날, 곡식 열닷 말 되는 분량을 나타내던 단위. 평석(平石) ☞대곡. 전석(全石)

소:교(素轎) 명 장례에서 상제(喪制)가 타는, 사방을 흰 천으로 싼 교자.

소:-교목(小喬木) 명 키가 높게 자라지 않는 교목. 복숭아나무·매화나무·배나무·귤나무 따위.

소:-교의(素交椅) 명 장사지내기 전까지 신위(神位)를 모셔 두는, 희게 꾸민 교의.

소구(遡求) 명 어음이나 수표의 지급이 없거나 지급이 매우 불확실하게 되었을 때, 그 소지인(所持人)이 어음이나 수표의 작성과 유통에 관여한 사람에게 어음 금액 또는 그 밖의 비용을 물어 달라고 청구하는 일.

소구멍 명 갱(坑) 속 천장에 뚫는 남폿구멍.

소:-구분(小區分) 명 -하다 타 작게 구분함, 또는 그 구분. ☞대구분(大區分)

소:-구치(小臼齒) 명 앞어금니 ☞대구치(大臼齒)

소:국(小局) 명 ①좁은 소견. ②작은 판국.

소:국(小國) 명 영토가 좁거나 힘이 약한 나라. ☞대국

소국-적(小局的) 명 조그만 일에 얽매여 큰 면을 보지 못하는 것. 소승적 ☞대국적

소:국-주(小麴酒·少麴酒) 명 청주(淸酒)의 한 가지. 섬누룩을 거른 찬물에 갓 쪄낸 흰무리를 풀어 넣고 발효시킨 다음에 다시 멥쌀로 지에밥을 쪄 넣어 발효시켜 담금.

소:군(小君)명 고려 시대, 궁녀의 몸에서 태어나서 중이 된 왕자를 이르던 말.

소:군(小群)명 작은 무리. ☞대군(大群)

소굴(巢窟)명 나쁜 짓을 하는 무리가 활동의 근거지로 삼고 있는 곳. 굴혈(窟穴). 소혈. 와굴(窩窟) 준굴(窟)

소:권(小圈)[-꿘]명 구면(球面)을 그 중심을 지나지 않는 평면으로 자를 때 자른 자리에 나타나는 원(圓).

소권(訴權)[-꿘]명 법원에 소송을 제기하여 판결을 청구할 수 있는 권리. 주로 민사 소송에서 행하여짐.

소귀-나무명 소귀나뭇과의 상록 교목. 높이는 15m, 지름 60cm 안팎. 나무껍질은 잿빛이고, 잎은 길둥글고 어긋맞게 나며 가장자리가 밋밋함. 암수딴그루로 3~4월에 수꽃은 잎겨드랑이에 하나나 여러 송이가 모여 피고, 암꽃은 가지에 바싹 달라붙어 핌. 6~7월에 붉은빛의 둥근 열매가 맺힘. 나무껍질은 염료용으로 쓰이고, 과실은 먹을 수 있음. 제주도와 일본, 중국의 남부 등지에 분포함. 속나무. 양매(楊梅)

소귀-나물명 택사과의 여러해살이풀. 줄기 높이는 50~100cm이며, 잎은 뿌리에서 나와 서로 엉키면서 자람. 사방으로 뻗는 땅속줄기 끝에 먹을 수 있는 쪽빛 덩이줄기가 달림. 흰 꽃이 8~9월에 핌. 논이나 밭에서 자라며 중국이 원산지임. 급사(及瀉). 자고(慈姑)

소:-규모(小規模)명 사물의 구조나 일 따위의 범위가 좁고 작음. ¶ - 가게를 운영하다. ☞대규모(大規模)

소:극(素劇)명 전문 배우가 아닌 사람들이 하는 연극. 소인극(素人劇)

소:극(笑劇)명 보는 이를 웃기기 위해 하는 연극.

소극(消極)앞말 나아가서 작용하려 하지 않고, 부정적이며 수동적인 상태나 성질을 가짐을 뜻하는 말. ¶ - 개념/- 의무/- 재산/-적/-주의

소극=개:념(消極概念)명 소극적 개념 ☞적극 개념

소극=명사(消極名辭)명 소극적 개념을 나타내는 명사. 부도덕이나 비합리 따위. ☞적극 명사(積極名辭)

소극=명:제(消極命題)명 소극적 판단을 나타내는 명제. 부정 명제(否定命題) ☞적극 명제(積極命題)

소극=방공(消極防空)명 적의 공습을 엄폐(掩蔽)나 은폐(隱蔽), 소개(疏開) 등의 소극적인 방법으로 막는 일. ☞적극 방공(積極防空)

소극=방어(消極防禦)명 주도권을 잡으려 하지 않고, 다만 적의 공격으로 말미암은 손상을 최소화하려는 방책. ☞적극 방어(積極防禦)

소극-성(消極性)명 소극적인 성질. ☞적극성(積極性)

소극=의:무(消極義務)명 일정한 행위를 하지 않는 의무. 남의 재산을 침해하지 않는 의무 따위. 부작위 의무(不作爲義務) ☞적극 의무(積極義務)

소극=재산(消極財産)명 재산을 이루는 성분의 하나로서 채무나 빚을 이르는 말. ☞적극 재산(積極財産)

소극-적(消極的)명 나아가서 작용하려 하지 않고, 부정적이며 수동적인 자세를 가지는 것. ☞적극적(積極的)

소극적=개:념(消極的概念)명 성질이나 상태의 존재를 부정적으로 나타내는 개념. 부정적 개념(否定的概念). 소극 개념(消極概念) ☞적극적 개념

소극적=명:령(消極的命令)명 어떤 일을 하지 말라는 명령. ☞적극적 명령

소극적=의:지(消極的意志)명 자기의 욕망을 억누르는 의지. ☞적극적 의지

소극적=판단(消極的判斷)명 주사(主辭)와 빈사(賓辭)의 불일치를 나타내는 판단. 'A는 B가 아니다.' 따위. 부정 판단(否定判斷) ☞적극적 판단

소극-제(消極劑)명 전지(電池)의 분극(分極)을 없애는 데 쓰이는 약품. 이산화망간·산화구리·질산 따위. 복극제(復極劑)

소극-주의(消極主義)명 어떤 일을 적극적으로 하지 않음으로써 일어날지도 모를 위험 따위를 피하려는 주의. ☞적극주의(積極主義)

소극-책(消極策)명 소극적인 대책. ☞적극책(積極策)

소금명 짠맛이 나는 흰 빛깔의 결정체. 조미료나 방부제 등으로 쓰임. 식염(食塩). 염화나트륨

소금이 쉴까관용 절대 그럴 리 없으니 믿어도 된다는 말. 속담 **소금도 곰팡 난다** : 무슨 일이든지 절대로 탈이 생기지 않는다고 딱 잘라 말할 수 없다는 말. /**소금 먹은 놈이 물 켠다** : 무슨 일이든지 거기에는 반드시 그렇게 된 까닭이 있다는 말. /**소금에 아니 전 놈이 장에 절까** : 큰 일도 이겨낸 사람이 그보다 작은 것에 굽힐 리가 없다는 말. /**소금으로 장을 담근다 해도 곧이듣지 않는다** : 거짓말을 잘 하는 사람이라 바른 말을 해도 믿기 어렵다는 말. 〔콩으로 메주를 쑨다 해도 곧이듣지 않는다〕

한자 **소금 염**(鹽)〔鹵部 13획〕¶ 식염(食鹽)/염분(鹽分)/염수(鹽水)/염전(鹽田)/천일염(天日鹽) ▷속자는 塩

소:금(小金)명 국악기 금부(金部) 타악기의 한 가지. 용머리를 새기어 채색한 손잡이가 달렸고, 붉은 칠을 한 마치로 쳐서 소리를 냄.

소:금(小笒)명 국악기 죽부(竹部) 관악기의 한 가지. 통일 신라 시대부터 전하는 삼금(三笒)의 하나로, 그 중 가장 작은 횡적(橫笛)임.

소:금(小禽)명 작은 새. 소조(小鳥)

소금(銷金)명-하다자 인물을 그릴 때, 옷에 금박으로 비단 무늬를 그리는 일.

소금-구이명 ①바닷물을 달여 소금을 만드는 일, 또는 그런 일을 하는 사람. ②생선이나 고기 따위에 소금을 쳐서 굽는 일, 또는 그렇게 구운 생선이나 고기.

소금-기(-氣)[-끼]명 물질 속에 들어 있는 소금 성분. 염기(塩氣). 염분(塩分)

소금-물명 ①소금을 풀어 녹인 물. ②소금기 있는 짠물. 염수(塩水)

소금밭-로(-鹵)[-받-]명 한자 부수(部首)의 한 가지. '鹺'·'鹹' 등에서 '鹵'의 이름. 염전로(塩田鹵)

소금-버캐명 엉기어 말라붙은 소금 덩이. ☞오줌버캐

소금엣-밥명 반찬을 변변하지 못하게 차린 밥. 염반(塩飯)

× **소금-장이**명 →소금쟁이

소금-쟁이명 소금쟁잇과의 곤충. 몸길이 수컷 11~14 mm, 암컷 13~16mm. 몸과 다리는 검고 배는 은회색이며, 발은 길고 끝에 털이 있어서 물 위를 걷거나 뛰어다님. 연못이나 개천, 또는 소금기가 있는 물에 떼지어 삶. 우리 나라와 일본, 동부 시베리아, 타이완 등지에 분포함. 수민(水黽)

소금-절이명-하다타 고기나 채소 등을 소금에 절이는 일, 또는 그 고기나 채소.

소:-금정(小金井)명 관(棺)에 덧씌우거나 송장을 덮는 제구. 대나 나무 오리로 만들어 그 위에 종이를 발랐음.

소금-쩍명 어떤 물건의 거죽에 소금기가 내솟아서 허옇게 엉긴 것.

소금-편포(-片脯)명 소금을 쳐서 만든 편포.

소급(遡及)명-하다자 지나간 일에까지 거슬러 올라가서 영향이나 효력을 미침. ¶ 3개월의 월급 인상분을 -하다.

소급-효(遡及效)명 법률이나 법률 행위의 효력이 그 법률 시행 이전이나 그 법률 요건이 이루어지기 전으로 거슬러 올라가 미치는 일.

소:기(小技)명 조그마한 재주.

소:기(小朞)명 사람이 죽은 지 한 돌 만에 지내는 제사. 소상(小祥) ☞대기(大朞)

소:기(小器)명 ①작은 그릇. ②작은 기량(器量), 또는 기량이 작은 사람. ☞대기(大器)

소:기(少妓)명 나이 어린 기생.

소기(沼氣)명 늪이나 시궁창 바닥의 진흙 속에서, 죽은 식물 등의 유기물이 썩어서 생기는 가스. 메탄이 주성분임.

소:기(所期)명 마음속으로 바라고 기다린 바. ¶ -의 목적을 이루다.

소:기(笑氣)명 '아산화질소'를 달리 이르는 말. 이 기체를 마시면 얼굴 근육에 경련이 일어나 마치 웃는 것처럼 보이는 데서 나온 말임.

소기(燒棄)명-하다타 불에 태워 없앰. 소각(燒却)

소기(騷氣)명 풍류스럽고 조촐한 기질.

소-기름 명 소의 기름. 쇠기름
소:-기:업(小企業) 명 규모가 작은 기업. ☞대기업
소:-기후(小氣候) 명 범위가 좁고 한정된 지역에서 볼 수 있는 기후 현상.
소:-깍두기(素-) 명 젓국이나 양념 따위를 치지 아니하고, 소금에만 절여서 담근 깍두기.
소꿉 명 아이들이 살림살이하는 흉내를 내며 노는 데 쓰는, 그릇 따위 모양의 장난감.
소꿉-놀이 명-하다 자 어린아이들이 소꿉을 가지고 노는 놀이. 소꿉질
소꿉-동무 명 어린 시절에 소꿉놀이를 같이하며 놀던 동무. 소꿉친구
소꿉-장난 명-하다 자 소꿉놀이하면서 노는 장난.
소꿉-질 명-하다 자 소꿉놀이
소꿉-친구(-*親舊) 명 소꿉동무
소끔 의 물 따위가 끓어오르는 횟수를 세는 말. ¶국수 삶는 물이 두 -째 끓어올랐다.
소:나:(sonar) 명 음파 탐지기(音波探知機) [sound navigation and ranging]
소나기 명 갑자기 세차게 쏟아지다가 곧 그치는 비. 소낙비. 백우(白雨). 취우(驟雨)
속담 **소나기 삼 형제**: 대개 소나기는 내렸다 그쳤다 하면서 세 줄기가 온다고 하여 이르는 말.
소나기-구름 명 '적란운(積亂雲)'의 딴이름.
소나기-밥 명 보통 때는 많이 먹지 않던 사람이 어쩌다가 한꺼번에 매우 많이 먹는 밥. ¶배가 몹시 고팠는지 -을 먹는구나.

소나기-술 명 보통 때는 많이 마시지 않던 사람이 어쩌다가 한꺼번에 매우 많이 마시는 술. ¶-에 금방 취하다.
소-나무 명 소나뭇과의 나무를 통틀어 이르는 말. 양지바른 땅에서 잘 자라는데, 줄기의 겉껍질은 비늘처럼 갈라지는 것이 많음. 잎은 바늘 모양인데 적송(赤松)·흑송(黑松)은 두 잎, 오엽송(五葉松)은 다섯 잎이 다발 모양으로 남. 5월경에 암수 꽃이 피어 노란 꽃가루가 바람에 흩어짐. 열매는 솔방울이라 하여 이듬해 9~10월에 익음. 나무는 건축재·기구재·펄프 용재 등으로 쓰임. 솔. 송목(松木). 송수(松樹) 원솔나무 ☞육송(陸松)

한자 **소나무 송**(松) 〔木部 4획〕 ¶노송(老松)/송림(松林)/송순(松筍)/송진(松津)/송화(松花)

소나무-겨우살이 명 소나무겨우살잇과의 기생 식물. 소나무 가지에 붙어 사는 지의류(地衣類)로, 실처럼 여러 가닥으로 늘어지는데, 빛은 엷은 황록색임. 한방에서 이뇨와 거담제, 폐결핵의 해열제로 쓰임. 송라(松蘿)
소나타(sonata 이) 명 악곡의 한 형식. 기악을 위한 독주곡 또는 실내 악곡으로, 매우 규모가 큰 몇 개의 악장으로 이루어짐. 주명곡(奏鳴曲)
소나타=형식(sonata形式) 명 기악 형식의 한 가지. 제시부·전개부·재현부의 세 부분으로 이루어지며, 주로 소나타나 교향곡의 제1악장을 구성함.
소나티나(sonatina 이) 명 규모가 작은 소나타. 소나티네. 소주명곡(小奏鳴曲)
소나티네(Sonatine 독) 명 소나티나
소낙-비 명 소나기
소:난(小難) 명 사소한 어려움.
소-날 명 간지(干支)의 지지(地支)가 축(丑)인 날을, 지지의 동물 이름으로 상징하여 이르는 말. ☞축일(丑日)
소:남-풍(少男風) 명 비가 내리기 직전에 갑자기 불어오는 사나운 바람. ☞소녀풍(少女風)
소:납 명 어떤 일에 소용되는 물건.
소:납(笑納) 명-하다 타 보잘것없는 물건이지만 기쁘게 받아달라는 뜻으로, 선물을 보낼 때나 편지 따위에 쓰는 한문 투의 말. 소류(笑留)
소낭(嗉囊) 명 새의 식도(食道)의 한 부분이 주머니처럼 불룩해져 있는 부분. 먹이를 한때 저장했다가 차차 위(胃)를 거쳐 모래주머니로 보냄. 곡식 등 씨를 먹는 새들에게 특히 발달되어 있음. 멀떠구니. 모이주머니
소네트(sonnet) 명 서양 정형시의 대표적인 형식. 14행의 짧은 시로, 각 행 10음절로 이루어지며, 복잡한 운(韻)으로 짜여져 있음. 십사행시(十四行詩)
소:녀(少女) 명 아주 어리지도 않고 성숙하지도 않은 계집아이. ☞소년(少年)

한자 **소녀 낭**(娘) 〔女部 7획〕 ¶낭자(娘子)

소:녀(小女) 대 지난날, 여자들이 웃어른에게 자기를 겸손하게 낮추어 일컫던 말. ¶모두 -의 불찰이옵니다.
소:녀-단(少女團) 명 ①소녀들로 조직된 단체. ②걸스카우트(girl scouts)
소:녀=취:미(少女趣味) 명 사춘기(思春期)의 여성에게서 공통적으로 보이는 취미. 감상적이고 몽상적인 정서나 그것이 바탕이 되는 취미나 경향을 이름.
소:녀-풍(少女風) 명 비가 내리기 전에 조금씩 부는 부드러운 바람. ☞소남풍(少男風)
소:년(少年) 명 ①아주 어리지도 않고 성숙하지도 않은 사내아이. ¶그는 행복한 - 시절을 보냈다. ☞소녀(少女) ②소년법에서, 20세 미만인 사람을 이르는 말. ☞청년(青年)
소:년=교도소(少年矯導所) 명 20세 미만인 수형자의 징역 또는 금고형의 집행을 위하여 일반 교도소와 독립된 시설로 설치된 교도소.
소:년=근로자(少年勤勞者) 명 18세 미만의 어린 근로자. 육체적·정신적 악영향과 혹사·착취를 방지하기 위하여 근로 기준법으로 특별한 보호를 받게 되어 있음.
소:년-기(少年期) 명 아동기 후반의 미성년(未成年)의 시기. ☞청년기(青年期)
소:년-단(少年團) 명 ①소년으로 조직된 단체. ②보이스카우트(boy scouts)
소:년=범:죄(少年犯罪) 명 20세 미만의 소년이 저지른 범죄. 소년법의 적용을 받음.
소:년-법(少年法)[-뻡] 명 소년을 보호해야 할 사건이나 소년의 형사 사건에 대한 특별한 조치 등을 규정한 법률.
소:년-원(少年院) 명 법원에서 보호 처분으로 송치된 소년을 수용, 교정하는 일을 맡아 하는 시설.
소:념(所念) 명 마음먹은 바.
소노미터(sonometer) 명 소리의 높낮이를 재는 장치.
소:농(小農) 명 가족끼리 작은 규모로 짓는 농사, 또는 그렇게 농사를 짓는 농민. ☞대농(大農). 중농(中農)
소:-농가(小農家) 명 가족끼리 작은 규모로 농사를 짓는 농가. ☞대농가
소:-농지(小農地) 명 작은 규모로 농사를 짓는 땅. ☞대농지
소:뇌(小腦) 명 대뇌의 아래쪽, 연수(延髓)의 뒤쪽에 있는 뇌수의 한 부분. 수의근(隨意筋)의 조절, 몸의 평형과 운동을 맡아봄. 작은골 ☞대뇌(大腦)
소:다(soda) 명 나트륨과 화합하여 된 염(塩). 탄산나트륨·탄산수소나트륨·수산화나트륨 따위.
소:다=비누(soda-) 명 가성소다와 유지(油脂)를 원료로 하여 만든, 보통의 비누를 이르는 말.
소:다=석회(soda石灰) 명 진한 가성소다 용액에 생석회를 섞고 가열해서 만든 회백색 가루. 이산화탄소의 흡수제나 흡습제, 건조제로 쓰임.
소:다=석회=유리(soda石灰琉璃) 명 석영·탄산소다·석회석 등을 주원료로 하여 만드는 유리. 판유리나 병유리 등으로 일상 생활에 가장 많이 쓰이는 유리임. 소다 유리. 크라운 유리
소:다-수(soda水) 명 탄산수
소:다-유(soda釉) 명 도자기용 잿물의 한 가지. 규산나트륨이 주성분인데, 고운 푸른 빛을 띠나 내수성(耐水性)이 약함.
소:다=유리(soda琉璃) 명 소다 석회 유리
소:다=초석(soda硝石) 명 칠레 초석
소:다펄프(soda pulp) 명 화학 펄프의 한 가지. 목재·짚·목화·마류(麻類) 등을 수산화나트륨 용액 속에서 가열 처리해서 만듦. 종이의 원료로 쓰임.

소:다-회(soda灰)명 공업용의 탄산나트륨 무수물(無水物). 유리·비누·종이·섬유 등의 원료로 쓰임. 무수탄산소다

소:-단원(小單元)명 단원 학습에서, 오랜 시간이 걸리는 대단원을 다시 여럿으로 구분한 단원. ☞대단원

소-달구지명 소가 끄는 수레. 우차(牛車)

소달깃-날명 음력 정월의 첫 축일(丑日). 이 날은 마소를 부리지 아니하고 쉬게 한다고 함.

소담(消痰)명-하다자 가래를 삭힘.

소:담(笑談)명 ①우스운 이야기. 소어(笑語). 소화(笑話) ②-하다자 웃으면서 이야기를 나눔.

소:담(小膽)어기 '소담(小膽)하다'의 어기(語基).

소담-스럽다(-스럽고·-스러워)형ㅂ 보기에 소담하다. ¶열매가 소담스럽게 열려 있다.

소담-스레부 소담스럽게

소담지재(消痰之材)명 가래를 삭히는 약재.

소담지제(消痰之劑)명 가래를 삭히는 약.

소담-하다형여 ①생김새가 탐스럽다. ¶꽃송이가 소담해서 보기 좋다. ②음식 따위가 풍성하여 보기에도 먹음직하다. ¶그릇에 소담하게 담아 놓은 떡.

소담-히부 소담하게

소:담-하다(小膽-)형여 담력이 적다.

소:대(小隊)명 군대 편성 단위의 하나. 중대의 하위 부대로, 대개는 4개 분대로 이루어짐.

소대(昭代)명 나라가 잘 다스려져 태평한 세상.

소대(疏待)명-하다타 푸대접

소대(燒臺)명 불교에서, 위패(位牌)를 불사르는 곳.

소:-대:기(小大朞)명 소대상(小大祥)

소:-대:상(小大祥)명 소상(小祥)과 대상(大祥)을 아울러 이르는 말. 소대기(小大朞)

소:대-장(小隊長)명 소대를 지휘하고 통솔하는 직위, 또는 그 직위에 있는 장교. 보통 소위나 중위가 임명됨.

소:-대:한(小大寒)명 소한(小寒)과 대한(大寒).

소댕명 솥뚜껑

소댕-꼭지명 소댕의 한가운데에 뾰족하게 나온 손잡이.

소:덕(所德)명 남의 덕을 봄. 뇌덕(賴德). 소뢰(所賴)

소덕-대:부(昭德大夫)명 조선 시대, 종일품 종친(宗親)에게 내린 품계의 하나. 스물두 등급 중 셋째 등급임. ☞가덕대부(嘉德大夫)

소덕문(昭德門)명 '소의문(昭義門)'을 달리 이르는 말. ☞서소문(西小門)

소:도(小刀)명 작은 칼. ☞소검(小劍)

소:도(小島)명 작은 섬.

소:도(小盜)명 좀도둑 ☞대도(大盜)

소:도(小道)명 ①좁은 길. ②유가(儒家)의 학자가 제자백가(諸子百家)의 여러 학설들을 작은 도의(道義)라는 뜻으로 이르는 말.

소도(蘇塗)명 삼한(三韓) 때, 하늘에 제사지내던 성지(聖地). 정치적 군장의 세력이 미치지 못하는 신성한 지역으로, 죄인이라도 이곳으로 도망하면 잡지 못하였음.

소:-도:구(小道具)명 연극 따위의 무대에서 쓰는 작은 도구들. 소품(小品) ☞대도구(大道具)

소-도둑명 ①소를 도둑질한 사람. ②성질이 음흉하고 욕심 많은 사람을 욕으로 이르는 말.

소도록-하다형여 분량이 꽤 많아서 소복하다. ¶주발에 밥을 소도록하게 담다.☞수두룩하다

소도록-이부 소도록하게

소도리명 작은 장도리. 톱니를 때려 고르거나 금은 등을 세공하는 데 쓰임.

소독(消毒)명-하다타 병을 일으키는 세균이나 해로운 벌레를 화학적·물리적인 방법으로 죽여 없애는 일. 약품·열·일광 등을 이용함. ¶상처를 -하다.

소독-면(消毒綿)명 약솜. 탈지면(脫脂綿)

소독-수(消毒水)명 소독약을 푼 물.

소독-약(消毒藥)[-냑]명 소독하는 데 쓰는 약. 알코올·석탄산·포르말린 따위. 소독제(消毒劑)

소독-의(消毒衣)명 병독(病毒)에 감염되기 쉬운 곳에서 입는, 소독한 겉옷. ☞위생복

소독-저(消毒箸)명 소독한 나무젓가락.

소독-제(消毒劑)명 소독약

소독-차(消毒車)명 소독하는 설비를 갖춘 차.

소:동(小童)명 ①열 살 안짝의 어린아이. 척동(尺童) ②심부름하는 어린아이.

소동(騷動)명-하다자 법석대거나 떠들어대어 분위기를 소란스럽게 하는 일. ¶-을 부리다./-을 일으키다.

소:-동:맥(小動脈)명 대동맥에서 갈라져 나가 각 기관으로 통하는 동맥. ☞소정맥

소두명 혼인 관계를 맺은 지 얼마 안 되는 안팎 사돈끼리 생일 등에 서로 보내는 물건.

소:두(小斗)명 닷 되들이 말. ☞대두(大斗)

소:두(小豆)명 '팥'의 딴이름.

소:두(小痘)명 작은마마

소두(疏頭)명 지난날, 여러 사람의 이름으로 올리던 상소(上疏)에서 그 주장되는 사람.

소:두-장(小豆醬)명 팥과 밀가루로 메주를 만들어 담근 장. 팥장

소:두-증(小頭症)[-쯩]명 두개(頭蓋)가 비정상적으로 작은 상태. 정신 지체, 보행 장애, 시력 장애 등을 수반함.

소듐(sodium)명 나트륨(natrium)

소드락-질명-하다타 남의 재물을 빼앗아 가는 짓. 유노략질

소:득(所得)명 ①어떤 일의 결과로 얻는 정신적·물질적 이익. ¶이번 경험으로 얻은 -이 많다. ☞날찍. 득² ②개인 또는 법인이 노동·토지·자본 등의 생산 요소를 제공하고 받는 봉급·노임·지대(地代)·이자 따위. ¶이자 -/근로 -/-이 높다.

소:득=공:제(所得控除)명 소득세를 매길 때, 총 소득액에서 법으로 규정한 일정 금액을 공제하는 일. 기초 공제, 부양 가족 공제, 의료비 공제, 장애자 공제 등이 있음.

소득-밤명 겉껍데기를 벗기지 않은 채로 소득소득하게 반쯤 말린 밤.

소:득-세(所得稅)명 개인의 일 년 동안의 소득액에 대하여 부과하는 국세.

소득-소득부-하다형 뿌리나 열매 따위가 좀 시들고 말라 있는 모양을 나타내는 말. ☞새득새득. 수득수득

소:득-액(所得額)명 소득으로 들어온 돈의 액수.

소:득=표준율(所得標準率)[-뉼]명 정확한 사업 소득액을 산출하기 어려운 납세자에 대하여, 과세 표준을 결정할 수 있도록 정부에서 정한 비율.

소:득=효:과(所得效果)명 가계의 소득 변화가 재화의 수요량에 미치는 영향. ☞가격 효과

소들-소들부-하다형 푸성귀 따위가 꽤 시들어 연한 모양을 나타내는 말. ¶- 시든 배춧잎. ☞새들새들. 수들수들

소들-하다형여 분량이 생각했던 것보다 적어서 마음에 차지 않다.

소들-히부 소들하게

소등(消燈)명-하다자 등의 불을 끔. ☞점등(點燈)

소:-딱지명 연(鳶)의 한 가지. 먹초나 먹머리동이에 흰 꼭지를 붙였음.

소-띠명 간지(干支)의 지지(地支)가 축(丑)인 해에 태어난 일, 또는 그 사람을 지지의 동물 이름으로 상징하여 이르는 말. ☞축생(丑生)

소:라¹명 소랏과의 연체동물의 한 가지. 껍데기는 높이 10cm, 지름 8cm 안팎으로 두껍고 단단하며 층이 있는 원뿔 모양임. 껍데기 표면에는 뿔 모양의 돌기가 있고, 겉쪽은 청색을 띤 갈색, 안쪽은 진주 광택이 남. 살은 먹을 수 있으며, 껍데기는 세공이나 단추의 재료로 쓰임.

소:라²명 나각(螺角)

소:라-게명 십각목(十脚目) 변미류(變尾類)의 바닷게를 통틀어 이르는 말. 새우와 게의 중간형으로 머리와 가슴은 갑각으로 싸여 있으나 배는 말랑말랑함. 꽁무니를 고둥류의 빈 껍데기 속에 박고 살며, 대개 바다 속 모래 바닥에 삶. 살은 먹을 수 있음. 집게²

소:라-고둥명 소라고둥과의 연체동물의 한 가지. 껍데기

는 높이 5cm, 지름 10cm 안팎으로 홍색·갈색·백색의 무늬가 있음. 살은 먹을 수 있고, 껍데기는 나각(螺角)을 만드는 데 쓰임. 법라(法螺)

소:라-딱지 명 소라의 껍데기.

소:라-젓 명 소라의 살로 담근 젓. 나해(螺醢)

소:라-진(一陣) 명 소라처럼 뱅뱅 돌려 가며 치는 진.

소락-소락 부 -하다 형 말이나 행동이 아무 생각 없이 가벼운 모양을 나타내는 말. ¶어른보다 먼저 ― 음식을 들다. ☞수럭수럭

소:란(小欄) 명 문지방이나 소반 따위에 나무오리를 붙이거나 본바탕을 파거나 하여 턱이 지게 만든 것.

소란(巢卵) 명 암탉이 알 낳을 자리를 찾아들도록 닭의 둥우리에 넣어 두는 달걀. 밑알

소란(騷亂) 명 -하다 형 시끄럽고 어수선함. ¶―을 피우다.

소:란=반자(小欄一) 명 반자의 한 가지. 우물 반자의 틀을 파고, 구멍마다 네모난 개판 조각을 얹은 다음 소란을 대어 받친 반자. 목반자. 천화판(天花板). 현란(懸欄)

소:란=반자틀(小欄一) 명 소란을 대어 만든 반자틀.

소란-스럽다(騷亂一)(―스럽고·―스러워) 형ㅂ 시끄럽고 어수선한 데가 있다. ¶밖이 왜 이리 소란스러우냐?
 소란-스레 부 소란스럽게

소래 명 '소래기'의 준말.

소래기 명 굽이 없고 운두가 조금 높은 접시 모양의 넓은 질그릇. 독의 뚜껑이나 그릇으로 쓰임. 준 소래

소랭(蕭冷) 어기 '소랭(蕭冷)하다'의 어기(語基).

소랭-하다(蕭冷一) 형여 쓸쓸하고 싸늘하다.

소략(疎略) 어기 '소략(疎略)하다'의 어기(語基).

소략-하다(疎略一) 형여 다루는 것이 소홀하며 간략하다. ¶소략하게 일을 처리하다.
 소략-히 부 소략하게

소:량(小量) 명 좁은 도량. ☞대량(大量)

소:량(少量) 명 적은 분량. ☞다량(多量). 미량(微量)

소:량(素量) 명 어떤 종류의 물량에 대해서, 존재할 수 있는 최소 단위.

소:련(素輦) 명 지난날, 상중(喪中)에 쓰려고 하얗게 꾸몄던 임금의 가마.

소:렴(小殮) 명 -하다 타 시신에 옷을 입히고 이불로 싸는 일. ☞대렴(大殮)

소렴(疏簾) 명 성기게 엮은 발.

소:렴-금(小殮衾) 명 소렴할 때, 시신을 싸는 이불.

소:렴-포(小殮布) 명 소렴한 시신을 묶는 베.

소:령(少領) 명 군대 계급의 하나. 영관급(領官級)으로 중령의 아래, 대위의 위.

소:로(小路) 명 좁은 길. 세경(細徑). 세로(細路). 협로(狹路) ☞대로(大路)

소:로(小櫨) 명 접시받침

소:록(小祿) 명 적은 녹봉(祿俸). ☞후록(厚祿)

소:록(小錄) 명 요점만 간단히 적은 종이 쪽지.

소록-소록[1] 부 아기가 조용하고 편안하게 자는 모양을 나타내는 말. ¶아기가 ― 잠이 들었다.

소록-소록[2] 부 ①함박눈이 조용히 내려 쌓이는 모양, 또는 그 소리를 나타내는 말. ¶밤새 함박눈이 ― 내렸다. ②가는 비가 짚가리 같은 데 조용히 내리는 모양, 또는 그 소리를 나타내는 말.

소:론(小論) 명 분량이 적고 간단한 논설이나 논문.

소:론(少論) 명 조선 시대, 사색 당파(四色黨派)의 하나. 숙종(肅宗) 때, 서인(西人)에서 갈라진 당파. 송시열(宋時烈)·김석주(金錫胄) 등을 중심으로 한 노론(老論)에 대하여, 윤증(尹拯)·조지겸(趙持謙) 등을 중심으로 한 일파를 이름. ☞남인(南人). 노론(老論). 북인(北人)

소:론(所論) 명 말하고자 하는 바.

소롱-하다 타여 재물을 아무렇게나 마구 써서 없애다.

소:뢰(少牢) 명 고대 중국에서 제후가 사직에 제사를 지낼 때 양과 돼지를 제물로 쓰던 일. ☞대뢰(大牢). 태뢰(太牢)

소:뢰(所賴) 명 남의 덕을 봄. 소덕(所德)

소:뢰-정(掃雷艇) 명 바다에 부설된 기뢰(機雷)나 위험물·장애물 따위를 없애는 임무를 맡은 작은 군함. 소해정

소:료(所料) 명 헤아려 생각한 바.

소:루(小累) 명 접시받침

소루(疎漏) 어기 '소루(疎漏)하다'의 어기(語基).

소루-하다(疎漏一) 형여 생각이나 행동 따위가 꼼꼼하지 못하여 얼뜨고 거칠다. ¶소루한 일 처리. ☞면밀하다
 소루-히 부 소루하게

소:류(小流) 명 폭이 좁은 개천. 실개천

소:류(笑留) 명 -하다 타 소납(笑納)

소류(溯流) 명 -하다 자 물이 거슬러 흐름, 또는 그 물.

소르디노(sordino 이) 명 약음기(弱音器)

소르르 부 ①매거나 감거나 엮은 것이 쉽게 풀리는 모양을 나타내는 말. ¶스웨터의 코가 빠져 털실이 ― 풀리다. ②가루 따위가 조금씩 쏟아지거나 새는 모양을 나타내는 말. ¶설탕을 그릇에 ― 붓다. ③저절로 편안히 잠이 드는 모양을 나타내는 말. ¶차창에 기대어 ― 잠에 빠지다. ☞사르르. 수르르

소:름 명 춥거나 무섭거나 징그러울 때 피부에 좁쌀같이 도톨도톨하게 돋아나는 것. ☞한속(寒粟)
 소름(이) 끼치다 관용 ①살갗에 소름이 생기다. ②무섭다 ¶소름이 끼치게 괴기스러운 소리가 들려 오다.

소리 명 ①물체가 진동하여 생긴 음파를 청각 기관이 느끼는 것, 또는 그 음파. ¶어디선가 북을 치는 ―가 났다./대문을 세게 닫고 나가는 ―가 들렸다. ②사람이 발성 기관을 통하여 내는 목소리. ¶그가 큰 ―로 나를 불렀다. ③날짐승의 지저귐이나 길짐승의 울음. ¶참새들이 짹짹거리는 ―./개 짖는 ―. ④말 ¶쓸데없는 ― 하지 마. ⑤소문 ¶동네에 이상한 ―가 나돌더구나. ⑥소식 ¶그가 고향으로 내려왔다는 ―는 이미 들었다. ⑦-하다 자 판소리나 잡가 따위를 부르는 일, 또는 그 노래. ¶한 ― 하시지요.
 소리(를) 죽이다 관용 소리를 내지 않거나 매우 낮추다.
 소리 소문도 없이 관용 슬그머니 ¶― 사라지다.
 속담 **소리 없는 벌레가 벽을 뚫는다**: 말없는 사람이 오히려 실천력이 강하다는 말.

한자 **소리 성**(聲)〔耳部 11획〕¶소성(笑聲)/총성(銃聲)/탄성(歎聲)/함성(喊聲)/환호성(歡呼聲) ▷ 속자는 声
 소리 음(音)〔音部〕¶고음(高音)/음색(音色)/음질(音質)/음파(音波)/잡음(雜音)/저음(低音)

소:리(小吏) 명 조선 시대, 지방 관아에 딸린 지위가 낮은 관원을 이르던 말. 아전(衙前)

소:리(小利) 명 작은 이익. ☞거리(巨利). 대리(大利)

소리(疏履) 명 지난날, 내간상(內艱喪)에 상제(喪制)가 신던 엄짚신.

×**소리개** 명 →솔개

소리-굽쇠 명 발음체의 진동수를 재는 기구. 'U'자 모양으로 만든 강철 막대를 나무 상자 위에 세운 것으로, 음향 측정이나 악기의 조율 등에 쓰임. 음차(音叉)

소리-글자[―짜] 명 표음 문자(表音文字) ☞뜻글자

소리-꾼 명 ①노래를 잘 부르는 사람. ②판소리·잡가·민요 등을 전문으로 부르는 사람.

소리-나무 명 너도밤나뭇과의 낙엽 활엽 교목. 잎은 길둥글고 가장자리에 굵은 톱니가 있으며, 어긋맞게 남. 6월경에 꽃이 피고, 열매는 견과(堅果)로 9월경에 익음. 열매는 먹을 수 있고, 나무는 땔감·침목(枕木)·기구재 등으로 쓰임. 제주도 한라산에 주로 분포함.

소리-소리 부 격앙된 감정으로 목소리를 크게 내는 모양을 나타내는 말. ¶매우 화가 나서 ― 지르다.

소리-시늉 명 의성(擬聲) ☞짓시늉

소리-음(―音) 명 한자 부수(部首)의 한 가지. '韻'·'響' 등에서 '音'의 이름.

소:리장도(笑裏藏刀) 성구 '웃음 속에 칼이 있다'는 말을 한문식으로 옮긴 구(句)로, 겉으로는 웃음을 띠면서 속으로는 해칠 마음을 품고 있다는 뜻. 소중유검(笑中有劍)

소리-쟁이[1] 명 ①노래를 썩 잘 부르는 사람. ②노래부르는 일을 직업으로 하는 사람.

소리-쟁이[2] 명 마디풀과의 여러해살이풀. 줄기 높이는 50~100cm. 잎은 긴 버들잎 꼴인데 가장자리에 물결 모양의 굴곡과 약간의 톱니가 있음. 6~7월에 연녹색의 작은 꽃이 층층으로 핌. 어린잎은 먹을 수 있고, 뿌리는 한방에서 옴 등에 약재로 쓰임. 우리 나라 각처의 습지에 자람. 준 솔쟁이
소리-지르다 (-지르고·-질러) 자르 목소리를 크게 내어 외치다. ¶고래고래 -.
소리-치다 자 목소리를 크게 하여 말하거나 소리지르다.
소리-표 (-標) 명 음표(音標)
소림 (疏林) 명 나무가 성기게 들어서 있는 숲. ☞밀림
소:립 (小粒) 명 썩 작은 알갱이.
소:-립자 (素粒子) 명 물질 구성의 기초가 되는 가장 작은 알갱이. 곧 광양자·전자·양성자·중성자·중간자·중성 입자·양전자 등을 통틀어 이르는 말.
소:립자-론 (素粒子論) 명 소립자의 성질이나 상호 작용 등에 관한 이론.
소릿-값 명 음가(音價)
소릿-바람 명 소리치는 기세.
소:마 명 '오줌'을 점잖게 이르는 말.
소마(를) 보다 관용 '오줌을 누다'를 점잖게 이르는 말.
소마세:월 (消磨歲月) 성구 하는 일 없이 세월만 보냄을 이르는 말.
소마-소마 부 -하다 형 두렵거나 무서워 마음이 초조한 모양을 나타내는 말. ¶-한 마음으로 결과를 기다렸다. ☞조마조마
소:만 (小滿) 명 이십사 절기(二十四節氣)의 하나. 입하(立夏)와 망종(芒種) 사이의 절기로, 양력 5월 21일께. ☞하지(夏至)
소:만 (掃萬) 명 -하다 자 모든 일을 제쳐놓음.
소만 (疏慢) 어기 '소만(疏慢)하다'의 어기(語基).
소:-만두 (素饅頭) 명 채소만으로 만든 소를 넣어 빚은 만두. 나물만두
소만-하다 (疏慢-) 형여 일에 소홀하고 게으르다. ¶소만한 성격 때문에 기회를 놓치다.
소:망 (所望) 명 -하다 타 바라는 일, 또는 그 바람. 소원. 의망(意望) ¶자식들이 잘되기를 -하다./-이 이루어지다.
소망(을) 보다 관용 '산삼 캐는 일을 실지로 이루다'의 뜻으로 쓰는 심마니말.
소망 (消亡) 명 -하다 자 사라져 없어짐. 소멸(消滅)
소:망 (素望) 명 평소에 늘 바라던 일. 소원(素願)
소망 (燒亡) 명 -하다 자타 불에 타서 없어짐. 소실(燒失)
소:-망:일 (小望日) 명 '음력 정월 열나흗날'을 달리 이르는 말. 이 날 여러 가지 나물을 먹음. 소보름
소매 명 윗도리옷의 팔을 꿰는 부분. 옷소매
소매(를) 걷다 관용 어떤 일에 본격적으로 나서다.
소매 속에서 놀다 관용 어떤 일이 남의 눈에 띄지 않게 몰래 이루어지다.
속담 **소매가 길면 춤을 잘 추고 돈이 많으면 장사를 잘한다** : 밑천이 넉넉해야 일이 잘된다는 말./**소매 긴 김에 춤춘다** : 생각지 않았던 일이라도 그 일을 할 조건이 갖추어졌기 때문에 하게 됨을 이르는 말.
소:매 (小妹) 명 누이동생이 오라버니나 언니에게 '자기'를 낮추어 일컫는 말.
소:매 (小梅) 명 초라니
소:매 (小賣) 명 -하다 타 물건을 생산자나 도매상에게서 사들여 직접 소비자에게 파는 일. 산매(散賣) ☞도매(都賣)
소:매 (笑罵) 명 -하다 타 비웃으며 꾸짖음.
소:매 (素昧) 어기 '소매(素昧)하다'의 어기(語基).
소:매-가 (小賣價) [-까] 명 '소매 가격'의 준말. ☞도매가
소:매=가격 (小賣價格) [-까-] 명 상품이 소비자에게 팔릴 때 이루어지는 가격. 산매 가격. 소맷값 준 소매가 ☞도매 가격
소매-걷이 [-거지] 명 재래식 한옥에서, 모난 기둥에 얹히는 보의 어깨 나비가 기둥보다 넓을 때 어깨의 양쪽 모서리를 둥글게 깎아 기둥 면이 드러나게 하는 방식.
소:매=물가=지수 (小賣物價指數) [-까-] 명 소매 단계의 물가 수준 변동을 나타낸 지수.
소:매-상 (小賣商) 명 생산자나 도매상에서 사들인 물건을 직접 소비자에게 파는 장사, 또는 그 장수. 산매상 ☞도매상
소:매=시:장 (小賣市場) 명 소매상들이 모여서 이룬 시장. 산매 시장 ☞도매 시장
소:매-업 (小賣業) 명 생산자나 도매상에서 사들인 물건을 직접 소비자에게 파는 영업. 산매업 ☞도매업
소:매-점 (小賣店) 명 생산자나 도매상에서 사들인 물건을 직접 소비자에게 파는 가게. 산매점. 소맷집 ☞도매점
소매-치기 명 남이 몸에 지니고 있는 금품을 몰래 훔치는 일, 또는 그런 짓을 하는 사람.
소매-통 명 소매의 넓이.
소:매-하다 (素昧-) 형여 견문이 좁고 사리에 어둡다.
소:맥 (小麥) 명 참밀
소:맥 (小脈) 명 세맥(細脈)
소:맥-면 (小麥麵) 명 밀국수
소:맥-분 (小麥粉) 명 밀가루
소:맥-장 (小麥醬) 명 참밀로만 메주를 쑤어 담근 장.
소맷-값 (小賣-) 명 소매 가격(小賣價格)
소맷-귀 명 소맷부리의 아래쪽 모서리.
소맷-길 명 옷의 소매를 이루는 조각.
소맷-동 명 윗옷의 길에 잇대어 다는 소매 부분.
소맷-부리 명 옷소매의 아가리 부분. 메구(袂口)
소맷-자락 명 옷소매의 드리운 부분.
소맷-집 (小賣-) 명 소매점(小賣店)
소-머리 명 쇠머리
소:면 (素面) 명 화장을 하지 않은 얼굴.
소:면 (素麵) 명 고기를 넣지 않고 말거나 비빈 국수.
소면 (梳綿) 명 면사의 방적 공정에서, 엉킨 섬유를 정리하고 불순물을 제거한 다음 가지런히 사려 놓은 타래.
소면-기 (梳綿機) 명 방적 기계의 한 가지. 대강 탄 솜에서 불순물과 잡물(雜物)을 없애고 섬유를 한 가닥씩 분리하여 가지런히 사려 놓는 공정에 쓰임.
소멸 (消滅) 명 -하다 자 사라져 없어짐. 소망(消亡) ¶-해 가는 문화 유산./어둠 속으로 -해 가는 그림자.
소:멸 (掃滅) 명 -하다 타 싹 쓸어 없앰.
소멸 (燒滅) 명 -하다 자타 타서 없어짐, 또는 태워 없앰.
소멸=시효 (消滅時效) 명 일정한 기간 권리를 행사하지 않는 경우에 그 권리를 잃게 되는 제도.
소명 (召命) 명 ①신하를 부르는 임금의 명령. ¶-을 받들다. ②크리스트교에서, 교역자나 사제 등의 신분으로 신(神)의 일을 하도록 신의 부름을 받는 일을 이르는 말. ☞성소(聖召)
소명 (疏明) 명 -하다 타 재판에서, 법관에게 당사자가 주장하는 사실이 확실한 것 같다는 생각을 가지게 하는 일, 또는 그렇게 하기 위하여 증거를 제시하는 일.
소명 (昭明) 어기 '소명(昭明)하다'의 어기(語基).
소:-명사 (小名辭) 명 논리학에서, 소개념(小槪念)을 나타내는 명사. ☞대명사(大名辭)
소명-하다 (昭明-) 형여 사물을 분별함이 밝고 똑똑하다.
소모 (召募) 명 -하다 타 초모(招募)
소모 (消耗) 명 -하다 자타 써서 없어짐, 또는 써서 없앰. ¶연료가 다 -되다./체력을 -하다.
소모 (梳毛) 명 -하다 타 비교적 긴 양모 섬유만을 골라 가지런하게 다듬는 공정, 또는 그 섬유.
소모-관 (召募官) 명 조선 시대, 지방에 병란(兵亂)이 났을 때 그 지방의 군사를 모으기 위해 임금이 임시로 파견하던 관직.
소모=방적 (梳毛紡績) 명 5cm 이상의 비교적 긴 양모를 소모(梳毛)한 뒤 모사(毛絲)로 만드는 일.
소모-사 (梳毛絲) 명 소모 방적 공정을 거쳐서 만든 털실.
소모성=자:산 (消耗性資產) [-썽-] 명 대체(代替) 및 확대 재생산이 불가능한, 한정된 자원으로 이루어진 자산. 유전(油田)·광산(鑛山)·산림(山林) 따위.
소모-율 (消耗率) 명 일정한 기간에 어떤 물자가 소모되는 비율을 나타내는 계수.

ㅅ

소모-전(消耗戰)명 ①인원·무기·물자 따위를 자꾸 투입하지만 쉽게 승패가 나지 않는 전쟁. ②상대편의 물자와 병력을 소모시킴으로써 승리를 꾀하는 작전을 쓰는 전쟁.
소모-증(消耗症)[-쯩]명 영양 부족이 심하여 체중이 감소하고 체력이나 전염병에 대한 저항력이 떨어진 상태.
소모-품(消耗品)명 쓰는 대로 줄어 없어지거나 못 쓰게 되는 물품. 종이·연필·풀 따위. ☞비품(備品)
소-목(-目)명 포유류의 한 목(目). 초식 동물로 네 발가락 중 셋째와 넷째 발가락만 발달하고 나머지는 퇴화했음. 큰 폐와 복잡한 소화 기관을 가지며 등뼈와 근육이 발달함. 멧돼지·하마·낙타·사슴·기린·소 따위. 우제류(偶蹄類) ☞말목
소:목(小木)명 '소목장이'의 준말. ☞대목(大木)
소:목(小目)명 바둑에서, 각 귀 쪽의 제3선과 제4선이 교차하는 점을 이르는 말. ☞외목(外目)
소목(昭穆·佋穆)명 조상의 신주를 사당에 모시는 차례. 한가운데에 시조의 신주를 모시고, 왼쪽 줄을 소(昭)라 하여 2·4·6세를, 오른쪽 줄을 목(穆)이라 하여 3·5·7세를 모심.
소목(燒木)명 ①지난날, 대궐에서 쓰던 잘게 쪼갠 참나무 장작. ②절에서, 화장(火葬)할 때 쓰는 나무.
소목(蘇木)명 ①'소방목(蘇方木)'의 준말. ②소방(蘇方)
소:목-장(小木匠)명 소목장이
소:목-장이(小木-)명 나무를 다루어 여러 가지 가구를 전통 기법으로 만드는 목수. 소목장 준소목(小木)

소-몰이명 ①-하다자 소를 모는 일. ②소몰이꾼
소몰이-꾼명 소를 모는 일을 업으로 하는 사람. 소몰이
소:묘(素描)명 일반적으로 채색을 하지 않고 형태와 명암을 중심으로 그린 그림. 데생(dessin)
소문(小門)명 ①작은 문. ②'음문(陰門)'을 에둘러 이르는 말. 옥문(玉門). 하문(下門)
소:문(所聞)명 어떤 사람이나 무슨 일에 대해서 사람들의 입에 오르내려 퍼진 말. 말[5] ¶ -이 자자하다./-이 돌다./-이 퍼지다./근거 없는 -을 퍼뜨리다.
　소문(을) 놓다관용 소문을 내다.
　소문(이) 사납다관용 떠도는 소문이 매우 나쁘다.
소문(疏文)명 부처나 명부전(冥府殿) 앞에 죽은 이의 죄복(罪福)을 아뢰는 글.
소:문-나다(所聞-)자 소문이 퍼지다. ¶ 맛이 좋기로 소문난 식당./구두쇠라고 -.
　속담 **소문난 잔치에 먹을 것 없다**: 좋다고 소문난 것이 실제로는 별것 아닐 때 하는 말.
소:문-내다(所聞-)타 소문을 퍼뜨리다. ¶ 동네방네 소문내고 다니다.
소:-문자(小文字)[-짜]명 서양 문자 중 작은 체의 문자. ☞대문자(大文字)
소:물(素物)명 소찬(素饌)에 쓰는 나물붙이.
소:미(小米)명 좁쌀 ☞대미(大米)
소미지급(燒眉之急)명 눈썹에 불이 붙은 것과 같이 매우 위급한 경우를 이르는 말. 초미지급(焦眉之急)
소:민(小民)명 '상민(常民)'을 달리 이르던 말. 상사람
소밀(巢蜜)명 꿀벌의 집에 들어 있는 꿀. 개꿀
소밀(疏密)명 성긴 것과 빽빽한 것.
소밀-파(疏密波)명 물리학에서, 매질(媒質)의 진동 방향이 파동의 진행 방향과 일치해 있는 파동. 음파(音波) 따위. 종파(縱波)
소-바리명 소의 등에 짐을 실어 나르는 일, 또는 그 짐.
소박(疏薄)명-하다타 남편이 아내를 박대하거나 멀리함. ¶ -을 당하다./조강지처를 -하다.
소:박(素朴)어기 '소박(素朴)하다'의 어기(語基).
소박-데기(疏薄-)명 '소박맞은 여자'를 이르는 말.
소박-맞다(疏薄-)[-맏-]자 소박을 당하다.
소:박-미(素朴味)명 소박한 맛.
소:박-미(素朴美)명 꾸밈이나 거짓이 없는 수수하고 순박한 아름다움.
소-박이명 ①'오이소박이김치'의 준말. ②소를 넣어 만든 음식을 통틀어 이르는 말.
소박이-김치명 '오이소박이김치'의 준말.
소:박-하다(素朴-)형여 꾸밈이나 거짓이 없이 수수하고 순박하다. 박소하다 ¶ 소박한 생활 태도.
소:반(小盤)명 음식을 먹을 때, 음식 그릇을 올려 놓는 작은 상. ¶ 외다리-

한자 소반 반(盤) 〔皿部 10획〕 ¶ 은반(銀盤)/쟁반(錚盤)

▶ 소반의 여러 가지
○ 모양에 따른 이름
원반(圓盤)/모반/연엽반(蓮葉盤)/반월반(半月盤)/외다리소반/개다리소반/호족반(虎足盤)/죽절반(竹節盤)
○ 만든 재료에 따른 이름
괴목반(槐木盤)/행자반(杏子盤)

소:반(素飯)명 소밥
소:반-다듬이(小盤-)명-하다타 소반 위에 쌀을 펴 놓고 뉘나 모래, 잡물 따위를 골라내는 일.
소발(燒髮)명 민속에서, 일 년 동안 모아 두었던 머리카락을 정월 초하룻날 저녁때에 대문 밖에서 살라 버리는 일. 이렇게 하면 병마(病魔)가 물러간다고 함.
소:-밥(素-)명 고기나 생선 따위의 반찬을 갖추지 아니한 밥. 소반(素飯). 소식(素食)
소:방(小邦)명 작은 나라.
소방(消防)명-하다타 불이 나지 않도록 예방하고, 불이 났을 때 불을 끄는 일. ¶ - 시설
소방(疏放)명-하다타 죄수를 너그럽게 처결하여 놓아줌.
소방(蘇方·蘇枋·蘇芳)명 다목의 목재 속에 있는 붉은 살. 한방에서 약재로 쓰이며, 깎아서 달인 물은 붉은빛의 물감으로 쓰임. 소목(蘇木)
소방=공무원(消防公務員)명 소방관
소방-관(消防官)명 화재를 예방하고 진압함으로써 국민의 생명과 재산을 보호하는 것을 주임무로 하는 공무원. 소방 공무원
소방-기(消防器)명 불을 끄는 기구.
소방-목(蘇方木)명 '다목'의 딴이름. 준소목(蘇木)
소방-복(消防服)명 소방관이 소방 활동을 할 때 입는 옷.
소:-방상(小方牀)명 소여(小輿) ☞대방상(大方牀)
소방-서(消防署)명 화재의 예방과 소화(消火), 구급(救急) 등의 업무를 맡아보는 공공 기관.
소방-선(消防船)명 선박이나 항만, 해안 같은 곳에 난 불을 끄는 일을 하는 배.
소:-방전(小方甎)명 성벽 따위를 쌓는 데 쓰는 네모난 작은 벽돌. ☞대방전
소방-차(消防車)명 불을 끄거나 인명 구조에 필요한 장비를 갖춘 특수한 자동차. 불자동차
소:배(少輩)명 젊은 축.
소:백의(小白衣)명 가톨릭에서, 사제가 의식 때에 입는 길이가 짧은 흰옷. ☞장백의(長白衣)
소:범-상한(所犯傷寒)명 한방에서, 방사(房事)의 피로가 쌓여 생기는 상한증(傷寒症)을 이르는 말.
소:-법정(小法廷)명 대법원의 재판 기관으로서, 대법관 3인 이상으로 구성된 합의체. ☞대법정
소벽(召辟)명-하다타 임금이 초야(草野)에 있는 사람을 예를 갖추어 불러서 관직을 주는 일. 징벽(徵辟)
소:변(小便)명 사람의 오줌. ☞대변(大便)
소:변-간삽(小便艱澁)명 한방에서, 오줌누기가 어렵고 오줌을 눈 뒤에도 시원하지 않은 증세를 이르는 말.
소:변-기(小便器)명 오줌을 받는 여러 가지 기구.
소:변-보다(小便-)자 오줌을 누다.
소:변-불금(小便不禁)명 한방에서, 저절로 오줌이 나오는 것을 참거나 가누지 못하는 증세를 이르는 말.
소:변-불리(小便不利)명 한방에서, 오줌량이 적으면서 잘 나오지 않는 증세를 이르는 말.
소:병(笑病)[-뼝]명 실없이 자꾸 웃는 정신병.
소:병(素屛)명 그림이나 글씨를 붙이지 않고 흰 종이로만 바른 병풍.

소:복(小腹)명 아랫배 ☞하복부(下腹部)
소:복(小福)명 작은 복력(福力).
소:복(素服)명 ①아래위로 하얗게 차려 입은 옷. 흔히 상사(喪事)에 입음. ¶ — 차림 ☞화복(華服) ②-하다 자 흰옷, 곧 상복(喪服)을 입는 일. ¶ —한 여인.
소복(蘇復)명-하다 자타 병으로 앓고 난 뒤에 원기가 회복하거나 회복되게 함.
소:복-단장(素服丹粧)명 아래위를 흰옷으로 차려 입고 맵시 있게 꾸밈.
소복-소복 부-하다 형 ①여럿이 다 도드라지게 많이 담기거나 쌓여 있는 모양을 나타내는 말. ¶그릇마다 음식이 — 담기다./뜰에 눈이 — 쌓였다. ②식물이나 털 따위가 다 배고 도도록한 모양을 나타내는 말. ¶ — 자라난 봄보리. ☞수북수북
소복-하다 형여 ①물건이 도드라지게 많이 담기거나 쌓여 있다. ¶밥을 소복하게 담다./눈이 소복하게 쌓이다. ②살이 부어서 도드라져 있다. ¶눈두덩이 —. ③식물이나 털 따위가 배고 도도록하다. ¶소복하게 난 팽이버섯. ☞수북하다
　소복-이 부 소복하게 ☞수북이
소:본(小本)명 같은 종류 중에서 작은 본새.
소본(疏本)명 상소문의 원본(原本).
소:부(小富)명 작은 부자.
소:부(少婦)명 젊은 부인.
소:부(所負)명 남에게 진 신세.
소:-부대(小部隊)명 규모가 작은 부대. ☞대부대
소:-부등(小不等)명 그다지 굵지 않은 둥근 나무, 또는 그런 재목. ☞대부등(大不等)
소:북(小北)명 조선 시대, 사색 당파(四色黨派)의 하나. 선조 때 북인(北人)의 남이공(南以恭)·유영경(柳永慶) 등이 같은 당파인 홍여순(洪如淳) 등과 대립하여 이룬 당파. ☞대북(大北)
소:분(小分)명-하다 타 작게 가르는 일, 또는 그 부분.
소:분(小紛)명 작은 분란(紛亂).
소:분(掃墳)명-하다 자 경사로운 일이 있을 때 조상의 산소에 가서 제사지내는 일.
소분(燒焚)명-하다 타 불태움
소:불(小佛)명 작은 불상.
소:불개:의(少不介意) '조금도 마음에 두지 아니함'의 뜻. 소불개회(少不介懷)
소:불개:회(少不介懷) 소불개의(少不介意)
소:불동:념(少不動念) '조금도 마음을 움직이지 아니함'의 뜻.
소:불여의(少不如意) '조금도 뜻과 같지 아니함'의 뜻.
소:비(所費)명 어떤 일에 든 비용.
소비(消費)명-하다 타 ①돈·물품·시간·노력 따위를 들이거나 써서 없앰. ¶쓸데없는 일에 돈과 시간을 —하다. ②사람의 욕망을 충족시키기 위하여 재화를 소모하는 일. ☞생산(生産)
소비(巢脾)명 편편한 널빤지 모양의 꿀벌의 집. 일벌의 아랫배에서 분비되는 밀랍(蜜蠟)으로 정육각형의 집을 짓는데, 두께는 2.5cm 가량임. ☞소초(巢礎)
소비(疏批)명 상소(上疏)에 대한 임금의 하답.
소비=경기(消費景氣)명 소비 활동이 활발해짐으로써 경제 전반이 호전되어 가는 현상.
소비=경제(消費經濟)명 재화의 직접 소비를 목적으로 하는 경제.
소비-고(消費高)명 ①소비량 ②소비액
소비=금융(消費金融)[-늉]명 소비자의 직접적인 소비를 위한 금융. 내구 소비재를 손쉽게 구입할 수 있도록 금융 기관이 행하는 자금의 융통이나 할부에 따른 각종 물품의 판매 제도 따위. ☞생산 금융
소비=대:차(消費貸借)명 돈이나 물건을 빌려 쓴 사람이, 돈이나 같은 물건을 같은 양만큼 갚기로 하는 계약.
소비=도시(消費都市)명 경제 구조 중 제3차 산업의 비중이 큰 도시. 교육 도시, 관광 도시, 군사 도시 따위. ☞생산 도시
소비-량(消費量)명 일정 기간에 물자를 써 없앤 분량. ☞생산량

소비-력(消費力)명 어떤 물품을 사들여 소비하는 능력.
소비=사:업(消費事業)명 직접 생산을 하지 않는 사업. 문화 사업, 교육 사업 따위.
소비=성:향(消費性向)명 소득에 대한 소비 지출의 비율. ☞저축 성향(貯蓄性向)
소비-세(消費稅)[-쎄]명 물품의 소비에 따른 화폐의 지출로써 담세(擔稅) 능력을 추측하여 부과하는 조세(租稅)를 통틀어 이르는 말.
소비=수준(消費水準)명 생활 수준을 비교·측정할 때 사용되는 지표. 계층간, 지역간의 가계 소비액을 당시의 물가 지수로 나누어 지수화함.
소비-액(消費額)명 일정 기간에 써 없앤 돈의 액수.
소비-자(消費者)명 재화를 소비하는 사람. ☞생산자
소비자=가격(消費者價格)[-까-]명 상품이 최종 소비자에게 공급될 때의 가격. 생산자 가격에 이윤과 운임 따위를 더한 것임. ☞생산자 가격(生産者價格)
소비자=가격=지수(消費者價格指數)[-까-]명 소비자 물가 지수
소비자=단체(消費者團體)명 소비자의 이익과 권리를 지키기 위하여 소비자 스스로 구성한 조직.
소비자=물가=지수(消費者物價指數)[-까-]명 소비자가 구입하는 상품이나 서비스의 가격 변동을 나타내는 지수. 소비자 가격 지수. 시피아이(CPI)
소비자=보:호=운:동(消費者保護運動)명 상품의 품질·가격·성능·유통 등 여러 면에서, 소비자의 권익을 보호하려고 펼치는 사회 운동.
소비=자:본(消費資本)명 소비자가 소비하는 모든 재화를 이르는 말. ☞생산 자본(生産資本)

소비자=파:산(消費者破産)명 개인이 빚을 갚을 능력이 없어 경제 생활은 물론 삶 자체가 파탄에 빠지게 될 경우, 법원이 파산을 선고해 빚을 면제해 줌으로써 사회적 갱생(更生)을 돕는 제도.
소비-재(消費財)명 인간이 욕망을 충족시키기 위하여 일상 생활에서 직접 소비하는 재화. ☞생산재. 자본재
소비=조합(消費組合)명 소비자가 조직하는 협동 조합의 한 가지. 조합원이 공동 출자하여 생활 필수품을 생산자나 도매상으로부터 직접 사서 조합원들에게 공급함.
소비-지(消費地)명 상품이 소비되는 곳. ☞생산지
소비=지출(消費支出)명 소득에서 조세와 저축을 제외한 나머지 용도의 지출. 식비·피복비·주거비 따위.
소-뼈 명 쇠뼈
소:사(小史)명 간략하게 기록한 역사.
소:사(小舍)명 신라 때, 17관등(官等) 가운데 열셋째 등급. 사지(舍知)
소:사(小事)명 작은 일. 대수롭지 않은 일. ☞대사(大事)
소:사(小師)명 불교에서, 비구가 된 지 10년이 채 안 되는 중을 이르는 말.
대 불교에서, '변변치 못한 중'이라는 뜻으로, 중이 스스로를 낮추어 일컫는 일인칭 대명사.
소:사(素沙)명 흰 모래. 백사(白沙)
소:사(掃射)명-하다 타 기관총 따위를 상하 좌우로 움직이며 연달아 쏘는 일. ¶기총(機銃) —
소사(疏食)명 거친 음식. ☞소식(疏食)
소사(蔬食)명 나물 반찬 뿐인 음식. ☞소식(蔬食)
소사(燒死)명-하다 자 불에 타서 죽음. 분사(焚死)
소사(召史)의 성(姓) 아래에 붙여, '과부'를 점잖게 이르는 말. ¶김 —
소사-거(繅絲車)명 누에고치로 실을 켜는 물레.
소:-사미(少沙彌)명 젊은 사미.
소사-스럽다(-스럽고·-스러워)형ㅂ 하는 짓이 간사하고 좀스럽다. ¶소사스럽게 웃으면서 비위를 맞추다.
　소사-스레 부 소사스럽게
소사-탕(繅絲湯)명 명주실을 켜기 위하여 고치를 삶은 물. 약으로 씀.
소삭(疏數)명 드묾과 잦음을 아울러 이르는 말.
소:산(小産)명-하다 타 한방에서, '유산(流産)'이나 '낙태

(落胎)'를 이르는 말. ☞반산(半産)
소:산(所産)명 ①생겨나는 바. 이루어지는 바. ¶작가 정신의 -. ②'소산물(所産物)'의 준말.
소산(消散)명-하다자 흩어져 사라짐.
소산(疏散)명-하다자타 ①서로 사이가 좋지 않아서 헤어짐. ②밀집한 주민이나 시설, 건조물 등을 분산시킴.
소산(燒散)명-하다타 ①불살라 흩어 버림. ②불교에서, '화장(火葬)'을 이르는 말.
소:산-물(所產物)명 ①어떤 지역에서 생산되는 물건. ②어떤 일이나 상황 등에 따라 나타난 현상. ¶환경 오염은 산업 발달의 -이다. 준소산(所産)
소:산-지(所產地)명 물건이 생산되는 곳.
소산-터(燒散-)명 불교에서, '화장터'를 이르는 말.
소살(燒殺)명-하다타 불에 태워 죽임.
소:-살판(小-)명 국궁(國弓)의 활쏘기에서, 화살 50대를 쏘아 15대를 과녁에 맞히는 일. ☞대살판
소삼(蕭森)어기 '소삼(蕭森)하다'의 어기(語基).
소삼-하다(蕭森-)형여 ①나무가 빽빽이 들어서 있다. ②마음이 쓸쓸하다.
소삽(蕭颯)어기 '소삽(蕭颯)하다'의 어기(語基).
소삽-하다(蕭颯-)형여 바람이 차고 쓸쓸하다.
소:상(小祥)명 사람이 죽은 지 한 돌 만에 지내는 제사. 기년제(朞年祭). 소기(小朞). 연상(練祥) ☞대상(大祥)
소:상(塑像)명 찰흙으로 빚은 사람의 형상. 주로 조각이나 주물의 원형으로 쓰임.
소상(昭祥)어기 '소상(昭祥)하다'의 어기(語基).
소:-상인(小商人)명 작은 규모로 장사하는 사람.

소상-하다(昭詳-)형여 분명하고 자세하다. ¶소상하게 일러주다./일의 경위를 소상하게 설명하다.
소상-히부 소상하게 ¶- 말해 보아라.
소색(消色)명-하다타 색수차(色收差)를 없앰. 색지움
소색=렌즈(消色lens)명 굴절률이 다른 렌즈를 여러 개 조합하여 색수차를 없앤 렌즈. 색지움 렌즈
소:-색병(素色餠)명 민색떡
소:생(所生)명 낳은 아들이나 딸. ¶전처 -의 아들.
소생(蘇生·甦生)명-하다자 거의 죽어 가던 상태에서 다시 살아남. 회생(回生). 회소(回蘇)
소:생(小生)대 ①윗사람에게 '자기'를 낮추어 일컫는 말. ②지난날, 정승들끼리 서로 '자기'를 낮추어 일컫던 말.
소:서(小序)명 시문(詩文)의 각 편의 머리 따위에 쓰는 짧은 서문(序文).
소:서(小暑)명 이십사 절기(二十四節氣)의 하나. 하지(夏至)와 대서(大暑) 사이의 절기로, 양력 7월 7일께. ☞입추(立秋)
-소서어미 받침 없는 동사 어간에 붙어, 소망을 나타내는 극존칭의 종결 어미. ¶허물을 용서해 주소서./저희에게 희망을 주소서./이곳에 계시소서. ☞-으소서
소-석고(燒石膏)명 광물인 석고를 가열하여 만드는 흰 가루. 물을 섞으면 다시 결정체로 되는 성질이 있음. 분필·석고상·거푸집 따위를 만드는 데 쓰임. 구운석고
소-석회(消石灰)명 수산화칼슘 ☞생석회(生石灰)
소:선(小船)명 ①작은 배. ②거룻배
소:선(素扇)명 깁으로 만든 부채.
소:-선:거구(小選擧區)명 한 선거구에서 한 사람의 의원을 뽑는 제도의 선거구. ☞대선거구(大選擧區)
소:설(小雪)명 이십사 절기(二十四節氣)의 하나. 입동(立冬)과 대설(大雪) 사이의 절기로, 양력 11월 22일께. ☞동지(冬至)
소:설(小說)명 ①인간의 삶에 있을법 하거나 일어날만 한 사건을 작가가 상상하여 꾸며 산문으로 나타낸, 문학의 한 형식. ②'소설책(小說冊)'의 준말.
소:설(所說)명 ①설명하는 바. ②주장하는 바.
소설(昭雪)명-하다타 억울한 일이나 원통한 사정을 밝혀 누명을 벗음.
소:설(素雪)명 흰 눈. 백설(白雪)
소:설(掃雪)명-하다자 쌓인 눈을 치움. 제설(除雪)
소설(騷說)명 몹시 시끄러운 소문.
소:설-가(小說家)명 소설을 쓰는 사람. 작가(作家)
소:설-계(小說界)명 소설을 쓰는 사람들의 사회.
소:설-책(小說冊)명 소설이 실린 책. 준소설(小說)
소:설-화(小說化)명-하다자타 어떤 사실을 소설로 꾸미는 일. ¶이민(移民)의 역사를 -하다.
소:성(小成)명-하다자 ①조그만 일을 이룸. ②지난날, 소과(小科)의 초시(初試) 또는 종시(終試)에 급제하는 일.
소:성(素性)명 본디 타고난 성품.
소:성(笑聲)명 웃음소리
소:성(塑性)명 고체에 어떤 힘을 주어 변형시킨 다음에 그 힘을 제거하여도 본디의 모양으로 되돌아가지 않는 성질. 가소성(可塑性)
소성(燒成)명-하다타 어떤 재료나 물건을 높은 열로 구워 성질을 변화시키는 일. ¶백토로 빚어 -한 자기.
소성(蘇醒)명-하다자 ①정신을 잃었다가 다시 깨어남. ②큰병을 앓고 난 뒤에 다시 회복함.
소:성=가공(塑性加工)명 물체의 모양을 그 물체가 가진 소성을 이용하여 필요한 형태로 만드는 일.
소:성=변:형(塑性變形)명 가소성 있는 물체를 자르거나 깎지 않고 누르거나 두들겨서 그 외형을 바꾸는 일.
소성=인비(燒成燐肥)명 인광석(燐鑛石)에 황산나트륨과 규사 등을 섞은 다음에 소성하여 만든 인산질 비료.
소:성=지수(塑成指數)명 흙이 소성 상태에서 유동 상태로 옮겨질 때의, 수분의 비율.
소세(梳洗)명-하다자 머리를 빗고 얼굴을 씻음.
소소(昭蘇)명-하다타 되살아남.
소:소(塑塐)명 흙으로 빚은 사람이나 사물의 형상. 소형(塑型)·소상(塑像)·조소(彫塑) 따위.
소:소(小小)어기 '소소(小小)하다'의 어기(語基).
소:소(小少)어기 '소소(小少)하다'의 어기(語基).
소소(昭昭)어기 '소소(昭昭)하다'의 어기(語基).
소소(疏疏)어기 '소소(疏疏)하다'의 어기(語基).
소소(蕭蕭)어기 '소소(蕭蕭)하다'의 어기(語基).
소소(瀟瀟)어기 '소소(瀟瀟)하다'의 어기(語基).
소소(騷騷)어기 '소소(騷騷)하다'의 어기(語基).
소:소곡절(小小曲折)성구 여러 가지 자질구레한 까닭을 이르는 말.
소소리-바람명 ①이른봄에 부는, 살 속으로 스며드는듯한 찬바람. ②회오리바람
소소리-패명 나이가 어리고 경망한 무리.
소소-배(宵小輩)명 간사하면서도 소가지가 좁은 무리.
소:소-하다(小小-)형여 ①자질구레하다. ¶소소한 문제. ②대수롭지 아니하다.
소소-히부 소소하게
소:소-하다(小少-)형여 ①키가 작고 나이가 어리다. ②얼마 안 되다. ¶소소한 푼돈.
소소-히부 소소하게
소소-하다(昭昭-)형여 사리가 분명하고 뚜렷하다.
소소-히부 소소하게
소소-하다(疏疏-)형여 드문드문하다
소소-히부 소소하게
소소-하다(蕭蕭-)형여 바람이나 빗소리가 쓸쓸하다.
소소-히부 소소하게
소소-하다(瀟瀟-)형여 비바람이 세차다.
소소-히부 소소하게
소소-하다(騷騷-)형여 매우 부산하고 시끄럽다.
소소-히부 소소하게
소:속(所屬)명-하다자 어떤 기관이나 조직에 딸림, 또는 그런 사람이나 물건. ¶그는 총무부에 -되어 있다.
소손(燒損)명-하다자 불에 타서 못 쓰게 됨.
소:솔(所率)명 딸린 식구.
소송(訴訟)명-하다타 법률에 따른 판결을 법원에 요구하는 일, 또는 그 절차. 송옥(訟獄) ¶-을 제기하다.
소송(燒送)명-하다타 위패(位牌)나 영가(靈駕) 따위를 불에 살라 버림.
소송=계:속(訴訟繫屬)명 어떤 사건이 아직 판결을 받지 못하고 심리(審理)하는 중에 있는 상태. 계속(繫屬)

소송=고:지(訴訟告知)명 민사 소송에서, 소송의 당사자인 원고나 피고가 법률적으로 이해 관계가 있는 제삼자에게 소송에 참가할 기회를 주기 위하여 소송이 계속되고 있음을 알리는 일.
소송=관계인(訴訟關係人)명 소송에서, 법률적으로 관계가 있는 사람을 통틀어 이르는 말. 원고·피고·대리인·증인·감정인 등.
소송=기록(訴訟記錄)명 어떤 소송에 관하여, 법원에서 보존해야 할 일체의 서류를 심리(審理)의 진행에 따라 철해 놓은 장부.
소송=능력(訴訟能力)명 소송 당사자로서 소송에 관한 모든 행위를 할 수 있는 능력.
소송=당사자(訴訟當事者)명 소송에서, 법원에 대하여 재판권 행사, 특히 판결이나 집행을 요구하는 사람 또는 그 상대편을 이르는 말. 민사 소송의 원고와 피고, 형사 소송의 검찰과 피고인 등.
소송=대:리권(訴訟代理權)[-꿘]명 위임이나 법령에 따라서 소송 당사자의 소송 행위를 대신할 수 있는 권리.
소송=대:리인(訴訟代理人)명 민사 소송법에서, 소송 대리권을 가진 사람. 곧 소송 당사자의 위임을 받거나 법령의 규정에 따라 본인을 대신하여 소송 행위를 할 권한을 가진 사람을 이름.
소송-물(訴訟物)명 민사 소송에서, 재판의 대상이 되는 구체적 사항.
소송-법(訴訟法)[-뻡]명 소송의 절차를 규정한 법규를 통틀어 이르는 말.
소송=비:용(訴訟費用)명 법원 또는 당사자가 소송 절차에서 지출한 비용. 법률이 정한 일정한 범위 내의 것임.
소송=사:건(訴訟事件)[-껀]명 소송을 일으킨 일. 준사건(事件). 소건(訴件)
소송=요건(訴訟要件)[-뇨껀]명 민사 소송에서, 본안 판결을 받기 위하여 갖추어야 할 사항.
소송=위임(訴訟委任)명 일정한 민사 사건에 대하여, 소송 당사자가 남에게 그 소송 행위에 관한 소송 대리권을 맡기는 일.
소송=자:료(訴訟資料)명 소송의 심판 자료가 되는, 사실의 주장이나 증거 따위.
소송=절차(訴訟節次)명 소송의 제기로부터 판결에 이르기까지 법원과 소송 당사자가 밟는 모든 절차.
소송=참가(訴訟參加)명 민사 소송에서, 당사자는 아니나 이해 관계를 가지는 제삼자가 자기의 권리와 이익을 옹호하기 위하여 진행 중인 소송에 참가하는 일.
소송=판결(訴訟判決)명 소송 요건에 흠결이 있을 때, 소(訴) 또는 상소를 기각하는 종국 판결. ☞본안 판결
소송=행위(訴訟行爲)명 소송 절차에서, 일정한 법의 효과를 발생시킬 목적으로 법원이나 소송 관계인이 하는 의사(意思) 행위.
소:쇄(掃灑)명-하다자 물을 뿌리고 먼지를 쓺.
소쇄(瀟灑)어기 '소쇄(瀟灑)하다'의 어기(語基).
소쇄-하다(瀟灑-)형여 맑고 깨끗하다.
소수의 몇 말, 몇 냥, 몇 달 등의 낱말 다음에 쓰이어, 그것을 '조금 넘음'을 나타내는 말. ¶한 말 -.
소:수(小綬)명 4등급·5등급의 훈장이나 포장을 달 때 가슴에 다는 작은 띠. ☞대수(大綬)
소:수(小數)명 ①작은 수. ☞대수(大數) ②수학에서, 절대값이 1보다 작은 실수.

▶ '소수'의 단위 이름 ☞십진법

분(分)-일의 1/10	막(漠)-묘의 1/10
리(厘)-분의 1/10	모호(模糊)-막의 1/10
모(毛)-리의 1/10	준순(逡巡)-모호의 1/10
사(絲)-모의 1/10	수유(須臾)-준순의 1/10
홀(忽)-사의 1/10	순식(瞬息)-수유의 1/10
미(微)-홀의 1/10	탄지(彈指)-순식의 1/10
섬(纖)-미의 1/10	찰나(刹那)-탄지의 1/10
사(沙)-섬의 1/10	육덕(六德)-찰나의 1/10
진(塵)-사의 1/10	허공(虛空)-육덕의 1/10
애(埃)-진의 1/10	청정(淸淨)-허공의 1/10
묘(渺)-애의 1/10	

소:수(少數)명 적은 수효. ¶-의 의견. ☞다수(多數)
소:수(所祟)명 귀신이 준다는 재앙.
소수(消愁)명-하다자 시름을 덜거나 없애 버림.
소:수(素數)명 1보다 크며, 1과 자신 이외의 정수(整數)로는 똑떨어지게 나눌 수 없는 정수. 곧 2, 3, 5, 7, 11, 13, 17… 따위.
소수-나다자 논이나 밭의 소출이 늘다. 준솟나다
소:수=내:각(少數內閣)명 중요 정책을 신속히 심의·결정하기 위하여 내각 가운데서 소수의 각료만을 선출하여 구성하는 협의체.
소:수-당(少數黨)명 국회에서 의석(議席) 수가 적은 정당. ☞다수당(多數黨)
소:수=대:표제(少數代表制)명 다수당의 의석(議席) 독점을 막고 소수당도 어느 정도의 의석을 확보할 수 있도록 한 선거 제도. ☞다수 대표제(多數代表制)
소:수=민족(少數民族)명 여러 민족으로 이루어진 국가에서, 상대적으로 인구가 적고 언어와 풍습 등이 다른 민족을 이르는 말.
소수-성(疏水性)[-썽]명 물에 대한 친화력이 적은 성질. 물을 흡수하지도 않고, 물에 잘 녹지도 않으며, 침전하는 성질을 이름. ☞친수성(親水性)
소:수=의:견(少數意見)명 회의 등에서 다수결로 의사가 결정되는 경우에, 다수의 찬성을 얻지 못하고 폐기된 의견. ☞다수 의견(多數意見)
소:수-점(小數點)[-쩜]명 소수가 포함된 수를 나타낼 때, 소수 부분과 정수 부분을 구별하기 위해 찍는 점.
소:수=정예주의(少數精銳主義)명 적은 수의 뛰어난 사람에 기초를 두고, 질(質)로써 집단 활동의 효과를 얻으려는 주의.
소:수=주주권(少數株主權)[-꿘]명 주식 회사에서, 한 사람 또는 몇 사람의 주식을 합쳐 일정한 수를 넘을 때 주어지는 권리. 대주주의 횡포를 막고 회사의 이익을 보호하기 위한 것임.
소:수=집단(少數集團)명 ①어떤 집단 내의 소수 의견을 나타내는 무리. ②소수 민족이나 소수 인종 등의 특성으로 결합된 집단.
소수=콜로이드(疏水colloid)명 용액인 물과 콜로이드 입자가 친화력이 약한 콜로이드. ☞친수 콜로이드
소:수-파(少數派)명 모임 등에서 의견이 갈라질 때, 사람 수가 적은 파. ☞다수파
소:-순판(小楯板)명 곤충류의 겉모습에서 볼 수 있는 작은 방패 모양의 판.
소:-순환(小循環)명 ①폐순환(肺循環) ☞대순환(大循環) ②단기간을 주기로 같은 경제 현상이 되풀이되는 경기 순환. ☞주순환(主循環)
소:술(所述)명 말하는 바.
소:스(sauce)명 서양 요리에서, 맛이나 빛깔을 돋우기 위해 음식에 치거나 끼얹는, 액체 또는 반유동 상태의 조미료를 통틀어 이르는 말.
소:스(source)명 정보 따위의 출처. ¶-를 주다.
소스라-뜨리다(트리다)자타 깜짝 놀라 몸을 갑자기 솟고라지듯이 움직이다.
소스라-치다자타 깜짝 놀라 몸을 떠는 것처럼 움직이다. ¶갑자기 나타난 그를 보고 소스라치게 놀랐다.
소스-치다타 몸을 솟치다.
소스테누토(sostenuto 이)명 악보의 나타냄말의 한 가지. '소리를 충분히 끌면서 음을 유지하여'의 뜻.
소:스프로그램(source program)명 원시 프로그램
소슬(蕭瑟)어기 '소슬(蕭瑟)하다'의 어기(語基).
소슬-바람(蕭瑟-)명 주로 가을에, 으스스하고 쓸쓸하게 부는 바람.
소슬-하다(蕭瑟-)형여 바람이 으스스하고 쓸쓸하다. ¶가을 바람 소슬하니 내 마음도 울적하다.
소슬-히부 소슬하게
소:습(素習)명 여러 번 익혀서 몸에 밴 습관이나 버릇.
소:승(小乘)명 불교의 이대 유파의 하나. 수행을 통하여

자기의 인격을 완성함으로써 해탈(解脫)을 얻고자 하는 교법. 석가모니가 열반한 후 보살의 도를 설법하는 한 파가 스스로를 '대승'이라 일컬으며, 성문(聲聞)·연각(緣覺)의 가르침을 '소승'이라고 얕잡아 부른 데서 비롯된 것임. ☞대승(大乘)

소:승(少僧)명 젊은 중. ☞노승(老僧)

소:승(小僧)대 중이 자기를 낮추어 일컫는 말. 산승(山僧)

소:승-경(小乘經)명 소승 불교의 경전. 곧 사아함경(四阿含經)과 원시 경전 등을 이름. ☞대승경(大乘經)

소:승=불교(小乘佛教)명 불교에서, 소승(小乘)의 교법(教法)을 주지(主旨)로 하는 교파를 통틀어 이르는 말. 스리랑카·미얀마·타이 등지에 퍼져 있으며, 인도의 상좌부(上座部)·대중부(大衆部) 등의 20분파와 구사종(俱舍宗)·성실종(成實宗)·율종(律宗) 등이 이에 딸림. ☞대승 불교(大乘佛教)

소:승-적(小乘的)명 조그만 일에 얽매여, 대국적인 면을 보지 못하는 것. ☞대승적(大乘的)

소:승-종(小乘宗)명 소승 불교의 경전이나 가르침을 믿고 따르는 종파(宗派)를 통틀어 이르는 말.

소:시(小市)명 ①작은 도시. ②작은 시장.

소:시(小柿)명 '고욤'의 딴이름.

소:시(少時)명 젊었을 적. ¶-부터 가지고 있던 버릇.

소:시(所視)명 남이 보는 바.

소시(昭示)명-하다타 명백히 나타내 보이거나 알림.

소:-시:민(小市民)명 사회적 지위나 재산 따위가 자본가와 노동자의 중간층인 사람. 중소 상공업자, 기술자, 하급 봉급 생활자 등. 프티부르주아

소:시-자(所恃者)명 믿고 의지할만 한 사람, 또는 일.

소시지(sausage)명 다져서 양념한 고기를 소·돼지 등의 창자나 인공 케이싱에 채워 넣어 만든 서양식 순대.

소:-시호탕(小柴胡湯)명 한방에서, 열이 내렸다 올랐다 하며, 맥박이 빠른 증세가 있는 외감(外感)에 쓰는 약.

소:식(小食·少食)명-하다타 ①음식을 적게 먹음. ②'소식가(小食家)'의 준말. ☞다식(多食). 대식(大食)

소:식(所食)명 ①자기의 몫으로 정해진 대로 받는 끼니의 밥. 요식(料食) ②먹는 분량.

소:식(素食)명 고기나 생선 따위의 반찬을 갖추지 아니한 끼니. 소반(素飯). 소밥

소식(消食)명-하다자 먹은 음식이 삭음.

소식(消息)명 ①안부에 대한 기별이나 편지. ②어떤 상황이나 동정 따위에 대하여 기별하거나 알림.

소식(疏食)명-하다자 거친 음식을 먹음. ☞소사(疏食)

소식(蔬食)명-하다자 나물 반찬 뿐인 음식을 먹음. ☞소사(蔬食)

소식(蘇息)명-하다자 끊어질듯이 막혔던 숨이 되살아남.

소식-가(小食家)명 음식을 남달리 적게 먹는 사람. 준소식 ☞대식가

소식-란(消息欄)명 신문이나 잡지 등에, 개인이나 단체의 동정(動靜)에 관한 기사를 싣는 난. 인사란(人事欄)

소식-불통(消息不通)명 ①소식이 전혀 없거나 소식을 전혀 모름. ②어떤 일이나 사정에 대하여 전혀 알지 못함.

소:식-주의(小食主義)명 음식을 적게 먹으면 건강이 증진되고, 환경이 보호되고, 경제적으로도 도움이 된다고 주장하는 주의.

소식-통(消息通)명 ①소식이 전해지는 일정한 경로. ②새 소식에 밝은 사람. ¶그는 우리 모임의 -이다.

소:신(小汛)명 조수(潮水)가 조금 붇기 시작하는 물때. 조금의 다음날인 음력 초아흐렛날과 스무나흗날. 무쉬

소:신(所信)명 확실하다고 굳게 믿는 바. ¶- 있는 행동.

소신(燒身)명-하다자 자기의 몸을 스스로 불사름. 분신(焚身) ☞소신공양

소신(燒燼)명-하다자 모두 다 타 버리거나 태워 버림.

소:신(小臣)대 지난날, 신하가 임금 앞에서 자신을 낮추어 일컫던 말. 미신(微臣)

소신-공:양(燒身供養)명 불교에서, 자기 몸을 불살라 부처에게 공양함을 이르는 말. ☞사신공양(捨身供養)

소:실(小室)명 첩(妾)을 정실(正室)에 상대하여 이르는 말. 작은마누라

소:실(所失)명 ①허물이나 흉. ②-하다자 노름에서 돈을 잃음, 또는 그 액수.

소실(消失)명-하다자 사라져 없어짐, 또는 잃어버림.

소실(燒失)명-하다자타 불에 타서 없어짐. 소망(燒亡) ¶전쟁으로 많은 건물들이 -되었다.

소실-점(消失點)[-쩜]명 멀리서 볼 때 철로 등 평행하는 긴 두 선(線)이 한 점에서 만난 것같이 보이는 점. 소점(消點)

소:심(素心)명 ①평소의 마음. ②꾸밈 없는 마음.

소:심(小心)어기 '소심(小心)하다'의 어기(語基).

소:심=공:포증(小心恐怖症)[-쯩]명 대수롭지 아니한 일에 공연히 두려워하는 병적 증세. 정신 쇠약이나 강박 신경증 등에서 볼 수 있음.

소:심근:신(小心謹愼)성구 마음을 조심하여 말과 행동을 삼감을 이르는 말.

소:심-하다(小心-)형여 ①조심성이 많다. ¶지나치게 -. ②대담하지 못하고 겁이 많다. ¶소심한 성격.

소-싸움명 주로 영남 지방에서, 한가위와 단오 등의 명절에 벌이는 민속 놀이의 한 가지. 마을마다 내세운 힘센 소를 일대일로 싸움을 붙이고, 그 모습을 보고 즐김. ☞투우(鬪牛)

소:아(小我)명 ①철학에서, 우주 전체를 유일하고도 절대적인 실체로 보는 데 대하여 인간을 작은 자아로 보아 이르는 말. ②불교에서, 개인적인 욕망과 아집(我執)에 사로잡힌 '나'를 이르는 말. ☞대아(大我)

소:아(小兒)명 어린아이

소:아-과(小兒科)[-꽈]명 어린아이의 병을 전문적으로 진찰·치료하는 의학의 한 분과.

소:아-마비(小兒痲痺)명 어린아이에게 많이 일어나며, 수족(手足) 마비의 후유증을 남기는 병. 뇌성(腦性) 소아마비와 척수성(脊髓性) 소아마비가 있음.

소:아-반(小兒斑)명 황색 인종(黃色人種) 어린아이의 엉덩이나 허리 부분에 나타나는 파란 점. 태어난 다음에 나타나서 일고여덟 살 가량 되면 절로 없어짐. 몽고반(蒙古斑). 아반(兒斑)

소아베(soave 이)명 악보의 나타냄말의 한 가지. '부드럽게'·'사랑스럽게'의 뜻.

소:아-병(小兒病)[-뼝]명 ①어린아이들에게 특히 많이 걸리는 병을 통틀어 이르는 말. 홍역·백일해·디프테리아·성홍열 따위. ②생각이나 행동이 유치하고 극단적인 경향을 비유하여 이르는 말.

소:아병-적(小兒病的)[-뼝쩍]명 생각이나 행동이 유치하고 극단적인 성향의 것.

소:아-복(小兒服)명 어린아이가 입은 옷.

소-아시아(小Asia)명 아시아의 서쪽 끝에 있는 흑해, 에게 해, 지중해 등에 둘러싸인 반도.

소:-악절(小樂節)명 작은악절 ☞대악절(大樂節)

소:안(笑顔)명 웃는 얼굴. 소용(笑容)

소:안(素顔)명 ①흰 얼굴. ②화장하지 않은 얼굴.

소안(韶顔)명 노인의 젊어 보이는 얼굴. 소용(韶容)

소:안(小安)어기 '소안(小安)하다'의 어기(語基).

소:안-하다(小安-)형여 잠시 동안 조금 평온하다.

소:암(小庵)명 조그마한 암자.

소:애(少艾)명 젊고 아름다운 여자.

소:액(小額)명 작은 단위의 금액. ¶-의 지폐. ☞고액(高額)

소:액(少額)명 적은 금액. 적은 액수. 과액(寡額) ¶-의 보조금. ☞거액(巨額). 다액(多額)

소액(訴額)명 소송물의 가액(價額).

소:액-권(小額券)명 액면 금액이 소액인 지폐. ☞고액권

소:액=사:건=심:판법(少額事件審判法)[-껀-뻡]명 적은 액수의 민사 사건을 간단하고 쉬운 절차에 따라 신속히 처리하기 위하여, 민사 소송법에 대한 특례(特例)를 규정한 법률.

소:액-환(小額換)명 우편환의 한 가지. 환증서를 가지면 어느 우체국에서나 증서와 현금을 맞바꿀 수 있음. ☞

소:야-곡(小夜曲)명 ①저녁에 연인의 창가에서 부르는 사랑의 노래. ②18세기 중엽에 발달한 기악 양식의 한 가지. 현악기나 관악기, 또는 현악기와 관악기의 합주를 위한 곡임. 세레나데(serenade)

소:약(小弱)어기 '소약(小弱)하다'의 어기(語基).

소:약-하다(小弱—)형여 작고 힘이 약하다.

소:양(小恙)명 대수롭지 않은 병.

소:양(少陽)명 주역(周易)에서 이르는 사상(四象)의 하나. ☞소음(少陰). 태음(太陰)

소:양(素養)명 평소에 배워 쌓은 지식이나 교양. ¶고대 미술에 대한 —이 깊다.

소:양(掃攘)명-하다타 휩쓸어 없앰.

소양(搔痒·搔癢)명-하다타 가려운 데를 긁음.

소양(霄壤)명 하늘과 땅. 천지(天地)

소양-감(搔痒感)명 가려운 느낌.

소양배양-하다형여 아직 어려서 함부로 날뛰기만 할 뿐 분수나 철이 없다.

소:양-인(少陽人)명 사상 의학에서, 사람의 체질에 따라 분류한 네 가지 유형의 하나. 비장이 크고 신장이 작은 형으로, 체격은 가슴이 발달되고 둔부가 빈약함. 성격은 성급하고 욕심이 적으며, 감정적이고 끈기가 부족함. ☞소음인(少陰人)

소양-증(搔痒症)[—쯩]명 한방에서, 피부가 몹시 가려운 증세를 이르는 말.

소양지간(霄壤之間)성구 하늘과 땅 사이라는 뜻으로, 이 세상을 이르는 말. 천양지간(天壤之間). 천지간

소양지판(霄壤之判)성구 하늘과 땅처럼 두 사물이 서로 엄청나게 서로 다름을 이르는 말. 천양지판(天壤之判)

소양-진(搔痒疹)명 한방에서 이르는, 몹시 가려운 발진이 생기는 피부병의 한 가지.

소:어(小魚)명 작은 물고기. 잔고기

소:어(笑語)명 ①우스운 이야기. 소담(笑談). 소화(笑話) ②웃으면서 하는 말.

소어(蘇魚)명 '밴댕이'의 딴이름.

소:언(笑言)명-하다자 웃으면서 말을 하는 일, 또는 우스운 이야기.

소:업(所業)명 직업으로서 하는 일.

소:업(素業)명 평소의 일이나 행실.

소:여(小輿)명 지난날, 국상(國喪) 때 좁고 험한 길에서 쓰던 작은 상여. 소방상(小方牀) ☞대여(大輿)

소:여(所與)명 ①주어진 바. ¶—의 조건. ②철학에서, 사고(思考)의 작용에 앞서, 의식에 주어진 그대로의 내용을 이르는 말.

소:여(掃如)어기 '소여(掃如)하다'의 어기(語基).

소:여-꾼(小輿—)명 지난날, 국상(國喪) 행렬에서 소여를 메던 사람.

소:여-하다(掃如—)형여 쓸어 낸 것처럼 남아 있는 것이 아무 것도 없다.

소:역(小驛)명 작은 역(驛).

소:연(小宴)명 간소하게 차린 술잔치. 소작(小酌)

소:연(素鳶)명 색종이를 바르지 않은 흰 연.

소연(昭然)어기 '소연(昭然)하다'의 어기(語基).

소연(蕭然)어기 '소연(蕭然)하다'의 어기(語基).

소연(騷然)어기 '소연(騷然)하다'의 어기(語基).

소연-하다(昭然—)형여 사리가 분명하고 뚜렷하다.
소연-히부 소연하게

소연-하다(蕭然—)형여 쓸쓸하다[1]
소연-히부 소연하게

소연-하다(騷然—)형여 시끄럽고 어수선하다.
소연-히부 소연하게

소염(疏髥)명 성기게 난 수염.

소염-제(消炎劑)명 염증을 치료하는 데 쓰는 약제.

소염=화:약(消焰火藥)명 총이나 포를 쏠 때 불꽃이 나지 않도록 만든 화약. 밤에 총이나 포를 쏠 때 적군이 아군의 위치를 알 수 없게 하는 데 쓰임.

소:엽(小葉)명 ①작은 잎. ②복엽(複葉)을 이루고 있는 하나하나의 잎. 잔잎

소엽(蘇葉)명 ①차조기 ②한방에서, 차조기의 잎을 약재로 이르는 말. 발한·해열·진정(鎭靜)·진해(鎭咳)·이뇨 따위의 약으로 쓰임. 자소(紫蘇) ☞소경(蘇莖)

소:엽-맥문동(小葉麥門冬)명 백합과의 여러해살이풀. 뿌리줄기는 옆으로 벋으면서 자라고 뿌리 끝이 땅콩같이 굵어지는 것도 있음. 잎은 가늘고 길며 밑에서 모여 남. 7~8월에 연분홍빛을 띤 백색 꽃이 총상(總狀) 꽃차례로 피며 9~10월에 남보라색의 둥근 열매를 맺음. 뿌리의 굵은 부분은 약재로 쓰임. 우리 나라와 중국, 일본 등지에 분포함.

소:엽성=폐:렴(小葉性肺炎)명 기관지 폐렴(氣管支肺炎)

소:영(素英)명 중국에서 나는 비단의 한 가지. 영초(英綃)와 비슷하나 무늬가 없음.

소영도리-나무명 인동과(忍冬科)의 낙엽 관목. 줄기 높이 2~3m 안팎. 잎은 마주나고 앞뒷면에 털이 있으며, 가장자리에 잔 톱니가 있음. 5월경에 꽃부리가 깔때기 모양인 꽃이 줄기의 끝과 잎겨드랑이에 피며 9월경에 열매가 익음. 주로 관상용으로 심음.

소:영-사(所營事)명 경영하는 일.

소:-예참(小禮懺)명 불교에서, 부처 앞에 간단히 절만 하는 예배를 이르는 말.

소:오(小烏)명 신라 때, 17관등의 열여섯째 등급. 소오지(小烏知) ☞조위(造位)

소:오지(小烏知)명 소오(小烏)

소:옥(小屋)명 규모가 작은 집.

소와(騷訛)명 말이 잘못 전해져 소동을 일으키는 일, 또는 그 소문.

소:왕(素王)명 왕위(王位)에 오르지는 않았으나 임금의 덕망을 갖춘 사람. 유가(儒家)에서는 공자(孔子), 도가(道家)에서는 노자(老子)를 이름.

소외(疏外)명-하다타 주위에서 싫어하여 따돌림. ¶남들로부터 —된 느낌.

소외-감(疏外感)명 남에게 따돌림을 당하는 것 같은 느낌. ¶—이 들다.

소:요(所要)명 어떤 일을 하는 데 요구되거나 필요로 하는 바. ¶— 예산/한 시간 가량이 —되다.

소요(逍遙)명-하다자 한가롭게 이리저리 거닐며 다님. ¶숲으로 난 길을 —하다.

소요(騷擾)명-하다자 ①여럿이 떠들썩하게 들고 일어나는 일, 또는 그런 술렁거림과 소란. ②무리를 지어 소란을 피워서 사회의 질서를 어지럽히는 일.

소:요-량(所要量)명 필요한 분량.

소:요=시간(所要時間)명 일 따위를 하는 데 걸리는 시간.

소:요-액(所要額)명 필요한 돈의 액수.

소요-죄(騷擾罪)[—쬐]명 무리를 지어 폭행이나 협박 등으로 사회의 질서를 문란하게 함으로써 성립되는 죄.

소요-호(燒窯戶)명 도자기를 굽는 사람의 집.

소:욕(小慾)명 작은 욕심. ☞대욕(大慾)

소:욕(所欲)명 하고자 하는 일.

소용명 자그맣고 가름하게 생긴 병(甁).

소:용(小勇)명 사소한 일에 내는 쓸데없는 용기.

소:용(所用)명 무엇에 쓰이는 바. 쓸데 ¶—에 닿다./아무 —이 없다./공사에 —되는 자재.

소용(昭容)명 조선 시대, 내명부 품계의 하나. 왕의 후궁에게 내린 봉작으로 정삼품임. ☞숙용(淑容)

소:용(笑容)명 웃는 얼굴. 소안(笑顔)

소용(搔聳·騷聳)명 전통 성악곡(聲樂曲)인 가곡의 한 가지. 한 바탕의 일곱 번째 곡. 남창(男唱)으로만 불리며 우조(羽調)와 계면조(界面調)에 각각 한 곡씩 있음.

소용(韶容)명 노인의 젊어 보이는 얼굴. 소안(韶顔)

소용(疏慵)어기 '소용(疏慵)하다'의 어기(語基).

소용-돌이명 ①바닥이 나선형으로 둘러빠져, 물이 세차게 돌면서 흘러가는 현상, 또는 그런 곳. ②바람·눈보라·불길 따위가 나선형으로 세차게 도는 현상. ③사회적·역사적 상황 따위가 매우 어지럽고 혼란스러운 상태를 비유하여 이르는 말. ¶역사의 —.

ㅅ

소용돌이-무늬 명 소용돌이치는 모양과 비슷한 무늬. 선문(旋紋). 와상문(渦狀紋)
소용돌이-치다 자 ①물이 나선형으로 빙빙 돌면서 세차게 흘러 나가다. ¶냇물이 소용돌이치며 흐르다. ②바람·눈보라·불길 따위가 나선형으로 세차게 돌다. ¶불길이 소용돌이치며 치솟다. ③힘·사상·감정 따위가 세차고 어지럽게 움직이다.
소:용-없:다(所用-)[-업-] 형 의미가 없거나 이득될 것이 없다. 쓸데없다 ¶그런 충고는 -./뒤에 가서 후회해야 소용없는 일이다.
소용-없이 부 소용없게
소용-하다(疏慵-) 형여 산만하고 게으르다.
소:우(小雨) 명 조금 내리는 비. ☞호우(豪雨)
소우(消憂) 명-하다 자 근심을 없애 버림.
소우(疏雨) 명 성기게 내리는 비.
소우(疏虞) 명-하다 자 조심성이 부족하여 일을 그르침.
소-우(-牛) 명 한자 부수(部首)의 한 가지. '牡'·'牧'·'物' 등에서 '牛'의 이름.
소:-우:주(小宇宙) 명 작은 우주라는 뜻으로, 사물 따위의 개별적인 세계. 특히 인간 또는 인간의 정신을 이름. 미크로코스모스 ☞대우주(大宇宙)
소운(疏韻) 명 드문드문 들리는 쓸쓸한 소리.
소울(疏鬱) 명-하다 자 답답한 마음을 풀어 버림.
소:웅-성(小熊星) 명 작은곰자리의 별.
소:웅-좌(小熊座) 명 작은곰자리 ☞대웅좌(大熊座)
소:원(小圓) 명 ①작은 원. ②구면(球面)을, 그 중심을 지나지 않는 평면으로 잘랐을 때 생기는 원. 소권(小圈) ☞대원(大圓)
소:원(所員) 명 연구소·보건소 등과 같이, '소(所)' 자가 붙은 곳에서 근무하는 사람.
소:원(所願) 명-하다 타 바라는 일. 이루어지기를 바람. 소망(所望). 원(願) ¶-을 성취하다./대성하기를 -하다. 유바람
소원(昭媛) 명 조선 시대, 내명부(內命婦) 품계의 하나. 왕의 후궁에게 내린 봉작으로 정사품임. ☞숙원(淑媛)
소:원(素願) 명 평소에 늘 바라던 일. 소망(素望)
소원(訴冤) 명-하다 타 지난날, 백성이 원통한 일을 관아에 호소하던 일.
소원(訴願) 명-하다 타 ①호소하여 바로잡아 주기를 바람. ②행정 처분이 위법하거나 부당하게 내려져 자신의 권리나 이익이 침해되었다고 생각한 사람이, 그 처분의 취소·변경을 행정 기관에 청구하는 일. ¶헌법 -
소:원(溯源) 명-하다 타 ①물의 근원을 찾아 거슬러 올라감. ②사물의 근원을 거슬러 올라가 상호함.
소원(疏遠) 어기 '소원(疏遠)하다'의 어기(語基).
소:원-성취(所願成就) 명 원하던 바를 이룸.
소원-하다(疏遠-) 형여 지내는 사이가 탐탁하지 않고 버성기다. 소적하다 ¶두 사람 사이가 소원해지다.
소:월(小月) 명 작은달 ☞대월(大月)
소:월(素月) 명 빛이 희고 밝은 달. 백월(白月)[1]
소:위(小尉) 명 군대 계급의 하나. 위관급(尉官級)으로 중위의 아래, 준위(准尉)의 위.
소:위(所爲) 명 이미 해 놓은 일이나 짓. 소행(所行) ¶이 일은 그의 -임이 분명하다.
소:위(所謂) 부 이른바 ¶- 지식인이라는 사람이 그런 짓을 하다니….
소:-위원회(小委員會) 명 한 위원회의 위원 중에서 다시 몇 사람을 뽑아 어떠한 일을 맡아보게 한 위원회.
소:유(所有) 명-하다 타 제 것으로 가지고 있음, 또는 그 물건. ¶이 자동차는 아내 -의 차이다./많은 땅을 -하다.
소:유-권(所有權)[-꿘] 명 목적물을 법률이 정한 범위 내에서 자유로이 사용·수익·처분할 수 있는 권리.
소:유-물(所有物) 명 ①제 것으로 가지고 있는 물건. ②법률에서, 소유권이 있는 물건을 이르는 말.
소:-유성(小遊星) 명 소행성(小行星)
소:유-욕(所有慾) 명 제 것으로 만들어 가지고 싶어하는 욕망. ¶-이 강하다.
소:유-자(所有者) 명 ①자기의 것으로 가지고 있는 사람. ②소유주(所有主)
소:유-주(所有主) 명 소유권을 가진 사람. 소유자(所有者) ¶농장의 -.
소:유-지(所有地) 명 가지고 있는 땅. 소유권이 있는 땅.
소융(消融) 명-하다 타 재화를 다 써서 없앰.
소:음(少陰) 명 주역(周易)에서 이르는 사상(四象)의 하나. ☞태양(太陽)
소음(消音) 명-하다 자 소리를 작게 하거나 없앰. 소리가 밖에서 들리지 않게 함.
소음(騷音) 명 시끄러운 소리. ¶- 공해 ☞악음(樂音)
소음-계(騷音計) 명 소음의 크기를 재는 계기.
소음-기(消音器) 명 내연 기관에서 나는 소리를 줄이거나 없애는 장치. 자동차·오토바이 따위에 설치함.
소:음-인(少陰人) 명 사상 의학에서, 사람의 체질에 따라 분류한 네 가지 유형의 하나. 신장이 크고 비장이 작은 형으로, 체격은 상하의 균격이 잘 잡혔고 몸집은 작은 편임. 성격은 내성적이고 소극적이며, 판단력이 빠르고 조직적임. ☞태양인(太陽人)
소:읍(小邑) 명 땅이 좁고 주민과 산물이 적은 고을. ☞대읍
소응(昭應) 명-하다 자 감응(感應)이 또렷이 드러남.
소의(昭儀) 명 조선 시대, 내명부 품계의 하나. 왕의 후궁에게 내린 봉작으로 정이품임. ☞숙의(淑儀)
소:의(素衣) 명 빛깔과 무늬가 없는 흰옷.
소의(宵衣) 명 ①지난날, 검은 깁으로 만들어 부인들이 제사를 도울 때 입던 옷. ②날이 새기 전에 일어나 옷을 입는 일.
소:의(素意) 명 평소에 품고 있는 뜻. 소지(素志)
소의(疏意) 명 멀리하는 마음.
소의문(昭義門) 명 조선 시대, 서울 도성(都城)의 남서에 세운 사소문(四小門)의 하나. 소덕문(昭德門), 또는 서소문(西小門)이라고도 이름. ☞창의문(彰義門)
소의한식(宵衣旰食) 성구 날이 밝기 전에 일어나 옷을 입고 해가 저물어서야 저녁을 먹는다는 뜻으로, 임금이 정사(政事)에 부지런함을 이르는 말. 준소한(宵旰)
소:이(所以) 명 까닭
소이(燒夷) 명-하다 타 죄다 태워 없애 버림.
소:이(小異) 어기 '소이(小異)하다'의 어기(語基).
-소이다 어미 받침 있는 어간이나 '-았(었)-', '-겠-'에 붙어, 어떤 사실을 있는 그대로 나타내는 정중한 표현의 종결 어미. '이다·아니다'에서는 '-로소이다'로 쓰임. ¶굳게 믿소이다./마음이 좋소이다./나는 눈물의 왕이로소이다. ☞-오이다
소:이연(所以然) '그렇게 된 까닭'의 뜻.
소이-탄(燒夷彈) 명 시가지·밀림·군사 시설 등을 불태워 버리는 데 쓰는 포탄이나 폭탄.
소:이-하다(小異-) 형여 조금 다르다. ¶대동(大同) -.
소:인(小人)[1] 명 ①키나 몸집 등이 작은 사람. ②도량이 좁고 간사한 사람. 세인(細人) ¶-들의 농간에 말려들다. ☞대인(大人)
소:인(小引) 명 짤막한 서문(序文).
소:인(素因) 명 ①근본적인 까닭. ②특정한 병에 걸리기 쉬운 신체적인 소질.
소인(消印) 명 ①-하다 타 지워 버리는 표시로 도장을 찍음, 또는 그 도장. ②우체국에서, 우표나 엽서 따위에 찍는 일부인(日附印).
소인(訴因) 명 형사 소송에서, 공소 사실을 특정한 범죄 구성 요건에 맞추어 법률적으로 구성한 것.
소인(燒印) 명 낙인(烙印)
소인(騷人) 명 시인(詩人), 또는 문인(文人).
소:인(小人)[2] 대 지난날, 하인이 상전에게, 신분이 낮은 사람이 신분이 높은 사람에게 자기를 낮추어 일컫던 말.
소:인-국(小人國) 명 난쟁이만 살고 있다는 상상의 나라.
소인-극(素人劇) 명 전문 배우가 아닌 사람들이 하는 연극. 소극(素劇)
소:인-네(小人-) 명 '쇤네'의 본딧말.
소인-묵객(騷人墨客) 명 문필가(文筆家)와 서화가(書畫

家)를 달리 이르는 말.
소:-인물(小人物)명 도량(度量)이 좁고 쩨쩨한 사람.
소:인-배(小人輩)명 간사하고 도량이 좁은 사람, 또는 그런 사람의 무리.
소-인수(素因數)명 어떤 정수(整數)를 소수(素數)의 곱으로 나타냈을 때의 각 인수(因數).
소:인-스럽다(小人-)(-스럽고·-스러워)형ㅂ 정대(正大)하지 못하고 간사한듯 하다.
소 인-스레부 소인스럽게
소:인지용(小人之勇)명 혈기(血氣)에서 나오는 필부(匹夫)의 용기. 필부지용(匹夫之勇)
소일(消日)명-하다자 ①하는 일 없이 시간을 보냄. ②어떠한 일에 마음을 붙여 심심하지 않게 시간을 보냄. 소견(消遣) ¶낚시질로 -하다.
소일-거리(消日-)[-꺼-]명 시간을 보내기 위하여 심심풀이로 하는 일.
소:임(所任)명 ①맡은 일. 맡은 바 직책. ¶-을 다하다. ②아래 등급의 임원(任員). 색장(色掌)
소:입(所入)명 무슨 일에 든 돈이나 물건.
소:자(小字)[-짜]명 ①작은 글씨나 글자. ☞대자(大字) ②어릴 때 부르던 이름.
소:자(小疵)명 조그마한 흠집이나 결점.
소:자(少者)명 젊은 사람.
소자(素子)명 장치, 전자 회로 따위를 구성하는 낱낱의 부품. 진공관·트랜지스터·콘덴서 따위.
소자(消磁)명-하다타 자성(磁性)을 띤 물체의 자화(磁化)를 없애는 일.
소자(蘇子)명 한방에서, 차조기의 씨를 약재로 이르는 말. 가래를 삭히는 데 쓰임.
소:자(小子)대 아들이 부모에게 자기를 낮추어 이르는 말. ¶- 열심히 하여 훌륭한 사람이 되겠습니다.
소:자귀(小-)명 자귀의 한 가지. 한 손으로 쓰도록 작게 만든 것으로, 조그만 물건이나 세밀한 곳을 깎는 데 쓰임. 손자귀 ☞자귀
소:자-문서(小字文書)[-짜-]명 고려 시대, 여진(女眞) 사람 주한(周漢)이 전한 여진의 글.
소:-자:본(小資本)명 얼마 안 되는 작은 밑천.
소:-자석(素磁石)명 자장(磁場) 안에 놓으면 자장과 같은 방향으로 자화(磁化)되는 성질을 지닌 물질 인자.
소자-주(蘇子酒)명 볶은 차조기 씨를 짓찧어 헝겊 주머니에 넣고 우려낸 술.
소자-죽(蘇子粥)명 차조기죽
소:작(小作)명-하다타 지난날, 소작료를 내고 남의 땅을 빌려서 농사를 짓던 일. 반작(半作) ☞자작(自作)
소:작(小斫)명 잘게 팬 장작. ☞대작(大斫)
소:작(小酌)명 조그맣게 차린 술잔치. 소연(小宴)
소:작(所作)명 ①해 놓은 짓. ②어떤 사람이 짓거나 만들거나 한 작품. ¶젊었을 때의 -.
소:작=관:행(小作慣行)명 지난날, 소작 제도에서 법률상·계약상으로 작성된 문서는 없으나 관습에 따라 인정되던 행위.
소:작-권(小作權)명 지난날, 소작료를 내고 남의 땅을 빌려서 농사를 지을 수 있는 권리를 이르던 말.
소:작-농(小作農)명 지난날, 소작료를 내고 남의 땅을 빌려서 짓던 농사, 또는 그러한 농가(農家)나 농민. ☞자작농(自作農)
소:작-료(小作料)명 지난날, 소작인이 지주에게 내던 토지의 사용료.
소:작-인(小作人)명 지난날, 소작료를 내고 남의 땅을 빌려서 농사를 짓던 사람. 작자(作者). 전객(佃客) 준작인(作人)
소:작=제:도(小作制度)명 지난날, 소작에 관해 규정하였던 법률상·관습상의 제도.
소:작-지(小作地)명 지난날, 소작인이 지주에게 빌려서 농사를 짓던 땅. ☞자작지(自作地)
소잔(消殘·銷殘)명-하다자 쇠가 녹듯이 사그라짐.
소:잠(掃蠶)명 누에떨기
소잡(騷雜)어기 '소잡(騷雜)하다'의 어기(語基).
소잡-하다(騷雜-)형여 시끄럽고 난잡하다.
소:장(小腸)명 ①소화관(消化管)의 일부. 위와 대장 사이의 부분. 대장보다 가늘며, 길이 6~7m에 이름. 십이지장·공장(空腸)·회장(回腸)의 세 부위로 이루어짐. 삼킨 음식물을 연동 운동과 분절 운동으로 소화하면서 내려보내며, 영양분과 수분을 흡수함. 작은창자 ☞간장(肝臟) ②한방에서 이르는 육부(六腑)의 하나.
소:장(少長)명 젊은이와 늙은이. 노소(老少)
소:장(少將)명 군대 계급의 하나. 장관급(將官級)으로 준장의 위, 중장의 아래.
소:장(所長)[1]명 '소(所)'자가 붙은 기관의 사무를 통할하는 책임자. ¶출장소 -/영업소 -
소:장(所長)[2]명 자기가 지닌 장기나 장점.
소:장(所掌)명 규정에 따라 맡은 일. ¶기획실 -의 업무.
소:장(所藏)명-하다타 물건을 제 것으로 간직해 둠, 또는 그 물건. ¶골동품을 -하다.
소장(消長)명-하다자 쇠(衰)하여 사라지는 일과 성(盛)하여 늘어나는 일. ☞성쇠(盛衰)
소:장(素帳)명 장사지내기 전에 궤연(几筵) 앞에 치는 흰 포장.
소장(訴狀)[-짱]명 ①소송을 제기하기 위하여 제일심 법원에 제출하는 서면(書面). 당사자, 법정 대리인, 청구의 취지와 원인 등을 기재해야 함. ②청원할 일이 있을 때 관청에 내는 서면. 소첩(訴牒)
소장(疏章)명 임금에게 올리는 글.
소:장(少壯)어기 '소장(少壯)하다'의 어기(語基).
소장지란(蕭墻之亂)명 소장지변(蕭墻之變)
소장지변(蕭墻之變)명 내부에서 일어난 변란(變亂). 소장지란(蕭墻之亂). 소장지우(蕭墻之憂) ☞자중지란(自中之亂)
소장지우(蕭墻之憂)명 소장지변(蕭墻之變)
소:장-파(少壯派)명 어떤 조직이나 단체 안에서, 주로 젊은 사람들이 모여 하나의 세력을 이룬 파. 젊고 의기가 왕성한 사람들의 파.
소:장-품(所藏品)명 제 것으로 간직하고 있는 물품.
소:장-하다(少壯-)형여 젊고 기운이 왕성하다.
소:재(小才)명 대수롭지 않은 재주, 또는 그런 재주를 가진 사람. ☞대재(大才)
소:재(小齋)명 '금육재(禁肉齋)'의 구용어.
소:재(所在)명 있는 바. 있는 곳. ¶책임의 -를 가리다./범인의 -를 파악하다.
소:재(所載)명 기사(記事)나 작품 따위가 신문·잡지 등에 실림, 또는 실려 있음.
소:재(素材)명 ①가공하지 않은 본디 그대로의 재료. ②예술 작품의 재료가 되는 모든 대상. ¶한국 전쟁을 소재로 다룬 작품. ☞제재(題材)
소:재-지(所在地)명 건물이나 기관 등이 자리잡고 있는 곳. ¶도청 -
소:저(小姐)명 지난날, 아가씨의 뜻으로 처녀를 대접하여 이르던 말.
소:저(小著)명 ①분량이 적은 저서. ②남에게 자기의 저서를 낮추어 이르는 말.
소저(昭著)어기 '소저(昭著)하다'의 어기(語基).
소저-하다(昭著-)형여 분명하고 뚜렷하다.
소:적(小賊)명 자질구레한 물건을 훔치는 도둑. 좀도둑 ☞대적(大賊)
소:적(小敵)명 대수롭지 않은 적. ☞대적(大敵)
소적(消寂)명-하다자 심심풀이로 어떤 일을 함.
소적(疏逖)어기 '소적(疏逖)하다'의 어기(語基).
소적(蕭寂)어기 '소적(蕭寂)하다'의 어기(語基).
소적-하다(疏逖-)형여 지내는 사이가 탐탁하지 않고 버성기다. 소원하다
소적-하다(蕭寂-)형여 분위기가 매우 고요하고 쓸쓸하다. 소조하다
소:전(小傳)명 ①줄여서 간략하게 쓴 전기(傳記). ☞약전(略傳) ②시집이나 문집 등에서, 저자의 이름 아래나

ㅅ

책 끝에 저자의 경력 등을 간단히 적은 글.
소:전(小篆)명 한자의 팔체서(八體書)의 하나. 중국 진(秦)나라 때, 이사(李斯)가 대전(大篆)을 간략하게 하고 여러 지방에서 쓰던 서체를 정리하여 만듦.
소:전(小錢)명 중국 청(淸)나라 때에 쓰던 황동전(黃銅錢). 속 쇠천
소:전(所傳)명 말이나 글, 유물(遺物) 따위로 후세에 전하여 내려오는 것.
소:-전제(小前提)명 삼단 논법에서, 두 개의 전제 중 소개념(小槪念)을 포함한 쪽의 전제. ☞대전제(大前提)
소:-전:투(小戰鬪)명 소규모의 전투.
소:절(小節)명 ①자질구레한 예절. ②악보에서, '마디'를 이르는 말.
소:절(素節)명 '가을'을 달리 이르는 말. 소추(素秋)
소절(紹絶)명-하다타 혈통상의 끊어진 대를 이어 줌.
소점(消點)[-쩜]명 멀리서 바라볼 때, 평행한 직선군(直線群)이 한 점에서 만난 것같이 보이는 점. 소실점(消失點)
소접(召接)명-하다타 지난날, 임금이 신하를 불러서 몸소 만나 보던 일.
소:정(小正)명 '소정자(小正字)'의 준말.
소:정(小亭)명 작은 정자(亭子).
소:정(小政)명 고려·조선 시대, 해마다 음력 6월에 행하는 도목정사(都目政事)를 이르던 말. ☞대정(大政)
소:정(小艇)명 작은 배.
소:정(所定)명 정해진 바. ¶-의 절차를 밟다.
소:-정맥(小靜脈)명 대정맥으로 모여 붙은 정맥. ☞소동맥(小動脈)
소:-정월(小正月)명 음력 정월 열나흗날부터 열엿새날까지를 이르는 말.
소:-정:자(小正字)[-짜]명 알파벳의 소문자 인쇄체. a·b·c·d 따위. 준 소정(小正) ☞소문자(小文字)
소:제(掃除)명-하다타 청소(淸掃)
소:제(少弟)대 자기보다 나이가 몇 살 더 위인 사람에게 '자기'를 낮추어 이르는 말.
소:-제목(小題目)명 큰 제목 아래에 몇 갈래로 나뉘어 붙은 작은 제목.
소:-제:상(素祭床)[-쌍]명 장사(葬事)를 치르기 전에 제물을 차려 놓는 흰 제상.
소:조(小鳥)명 작은 새. 소금(小禽)
소:조(小朝)명 지난날, 임금을 대신하여 정치를 맡아 하던 왕세자를 이르던 말.
소:조(小照)명 ①작게 찍거나 그린, 얼굴 사진이나 초상화. ②자기의 사진이나 초상화를 낮추어 이르는 말.
소:조(小潮)명 간조와 만조 때의 해수면의 높이 차가 가장 적을 때, 또는 그 때의 밀물과 썰물. 대개 매월 음력 7, 8일과 22, 23일에 일어남. 조금 ☞대조(大潮)
소:조(所遭)명-하다자 고난이나 치욕을 당함.
소:조(塑造)명-하다타 진흙 등의 재료를 이용하여 조각의 원형을 만드는 일.
소조(蕭條)어기 '소조(蕭條)하다'의 어기(語基).
소조-하다(蕭條-)형여 분위기가 매우 고요하고 쓸쓸하다. 소적하다
소조-히부 소조하게
소:족(素族)명 관직이 없는 백성. 곧 평민을 이르는 말.
소족(疏族)명 혈통이 먼 일가(一家). 원족(遠族)
소:존(所存)명 '소존자(所存者)'의 준말.
소존-성(燒存性)[-썽]명 불살라 버린 물건의 형체가 잿속에 남아 있어 그 물건이 무엇인지를 알아볼 수 있게 해 주는 성질.
소:존-자(所存者)명 아직껏 남아 있는 사람이나 물건. 준 소존(所存)
소:졸(小卒)명 '소학교〔초등 학교·국민 학교〕 졸업'을 줄여 이르는 말.
소졸(疏拙)어기 '소졸(疏拙)하다'의 어기(語基).
소졸-하다(疏拙)형여 엉성하고 서투르다.
소:종(小宗)명 대종가(大宗家)에서 여럿으로 갈려 나간 방계(傍系).
소:종(小鐘)명 작은 종.
소:주(小舟)명 작은 배.
소:주(小註)명 큰 주석 아래에 더 자세하게 풀어 단 주석.
소주(疏註·疏注)명 본문에 대한 주해(註解).
소주(燒酒)명 우리 나라의 증류주(蒸溜酒)를 통틀어 이르는 말. 곡류를 발효시켜 증류하거나 알코올을 물로 희석하여 만든 술. 무색투명하고 알코올 성분이 많음.
소주(를) 내리다관용 담가 익힌 술을 고아 소줏고리에서 소주를 받다.
소:-주:명곡(小奏鳴曲)명 소나티나(sonatina)
소-주방(燒廚房)명 조선 시대, 대궐 안의 음식을 만들던 곳. 준 주방(廚房)
소주-원미(燒酒元味)명 찹쌀로 쑨 원미에 소주·꿀·생강즙을 넣고 끓여서 식혀 내는 음식.
소주-잔(燒酒盞)[-짠]명 소주를 따라 마시는 데 쓰는 운두가 얕은 작은 술잔.
소:-주주(小株主)명 한 회사의 발행 주식을 조금 가지고 있는 사람. ☞대주주(大株主)
소줏-고리(燒酒-)명 소주를 내리는 데 쓰는 그릇. 질흙이나 구리 따위로 만듦. 준 고리[3]
소중(消中)명 한방에서, 소갈증(消渴症)의 한 가지. 음식 섭취량이 많아지고 땀이 많이 나며 오줌이 잦음.
소:중(所重)어기 '소중(所重)하다'의 어기(語基).
소:중유:검(笑中有劍)[-뉴-]성구 '웃음 속에 칼이 있다'는 말을 한문식으로 옮긴 구(句)로, 겉으로는 웃음을 띠면서 속으로는 해칠 마음을 품고 있다는 뜻. 소리장도(笑裏藏刀)
소:중-하다(所重-)형여 매우 귀하고 중요하다. ¶가족을 소중하게 생각하다./소중한 물건.
소중-히부 소중하게
소:증(素症)[-쯩]명 푸성귀만 너무 먹어서 고기가 먹고 싶은 증세. ¶고기를 먹은 지 오래되니 -이 날만도 하다. ☞육징(肉癥)
속담 **소증 나면 병아리만 쫓아도 낫다** : ①생각이 간절하면 비슷한 것만 보아도 마음이 좀 풀린다는 말. ②평소에 소식(素食)을 하던 사람이 어쩌다 육식을 하면 더욱 고기가 먹고 싶어진다는 말.
소:증-사:납다(-사납고·-사나워)형ㅂ 하는 짓의 동기가 좋지 못하다.
소:지(小志)명 작은 뜻.
소:지(小枝)명 작은 나뭇가지.
소:지(小智)명 작은 지혜.
소지(沼池)명 늪과 못을 아울러 이르는 말. 소택(沼澤)
소:지(所持)명-하다타 몸에 지니고 있음, 또는 지닌 그 물건. ¶-한 여권.
소:지(素地)명 요인(要因)이 될 수 있는 밑바탕. ¶오해의 -./그는 훌륭한 성악가가 될 -가 있다.
소:지(素志)명 소의(素意)
소:지(掃地)명 ①-하다자 땅을 쓸어 깨끗이 함. ②절에서, 마당 쓰는 일을 맡은 사람을 이르는 말.
소지(燒紙)명-하다자 신령의 앞에서 비는 뜻으로, 희고 얇은 한지를 불살라 공중으로 올리는 일, 또는 그 한지.
소지(를) 올리다관용 신령 앞에서 비는 뜻으로, 희고 얇은 한지를 불살라 공중으로 올라가게 하다.
소:-지명(小地名)명 마을 이름 따위와 같은, 작은 지역의 이름.
소:지무여(掃地無餘)성구 쓸어 낸듯이 아무 것도 없음을 이르는 말.
소:-지의(素地衣)명 가장자리를 흰 헝겊으로 둘러 댄 돗자리.
소:지-인(所持人)명 소지자(所持者)
소:지-자(所持者)명 가지고 있는 사람. 소지인(所持人)
소:지-죄(所持罪)[-쬐]명 법으로 금지하는 물건을 가지고 있음으로써 성립되는 죄. 마약이나 총포를 불법으로 가지고 있는 일 따위.
소:지-품(所持品)명 몸에 지니고 있는 물건.

소:직(小職) 대 관리가 자기 또는 자기의 직위를 낮추어 이르는 말. 소관(小官)

소진(消盡) 명 -하다 자 다 써서 없어짐. ¶기력이 -되다.

소진(訴陳) 명 -하다 타 소송의 뜻을 진술함.

소진(燒盡) 명 -하다 자 다 타서 없어짐.

소진-동(蘇秦童) 명 중국 전국 시대의 세객(說客)이던 소진(蘇秦)과 같은 아이라는 뜻으로, 말을 썩 잘하는 아이를 이르는 말.

소진-장의(蘇秦張儀) 명 중국 전국 시대의 세객(說客)이던 소진(蘇秦)과 장의(張儀)와 같다는 뜻으로, 구변(口辯)이 썩 좋은 사람을 이르는 말.

소:질(素質) 명 사람이 태어날 때부터 지니고 있어 성격이나 능력 또는 발전의 바탕이 되는 것. ¶음악적 -.

소집(召集) 명 -하다 타 ①어떤 단체나 조직체의 구성원을 불러모음. 유 초집(招集) ②국가가 병역 의무자에 대하여 현역 복무 외의 국방 의무를 부과하는 일. ¶예비군 -

소:-집단(小集團) 명 적은 인원으로 이루어진 집단.

소집-령(召集令) 명 소집하는 명령.

소집-장(召集狀) 명 사람들을 불러모으기 위하여 보내는 문건(文件).

소:-집회(小集會) 명 인원수(人員數)가 적은 집회.

소:징대:계(小懲大誡) 성구 징벌을 적게 하고 경계를 크게 함을 이르는 말.

소쩍-새 명 올빼밋과의 여름 철새. 몸길이 20cm 안팎. 부엉이와 비슷하게 생겼으며, 등은 어두운 잿빛에 갈색 줄무늬가 있고 머리에는 흑갈색 세로무늬가 있음. 좀 높은 산지의 침엽수림에 살며 주로 밤에 '소쩍소쩍' 소리를 내며 욺. 천연 기념물 제324호임. 접동새

소:차(小次) 명 지난날, 임금이 거둥 때 막을 치고 잠깐 쉬던 곳. 소차방(小次房)

소:차(小差) 명 조그마한 차이. ☞대차(大差)

소:차(小借) 명 한방에서, 약차(藥借)의 한 가지. 간단한 약방문(藥方文)의 약으로 웬만큼 원기를 회복하는 일.

소차(疏箚) 명 상소(上疏)와 차자(箚子).

소:차-방(小次房) 명 소차(小次)

소착(疏鑿) 명 -하다 타 개천이나 도랑을 쳐서 물이 흐르게 함.

소:찬(素餐) 명 -하다 자 하는 일 없이 녹(祿)을 타 먹음.

소:찬(素饌) 명 고기나 생선을 쓰지 않은 반찬.

소:참(小參) 명 불교에서, 도를 닦는 사람이 때를 정하지 않고 그때그때 스승과 도리를 묻고 답하는 일.

소:창(小瘡) 명 한방에서, 작은 발진성 부스럼을 이르는 말.

소창(消暢) 명 -하다 자 답답한 마음을 풀어 후련하게 함.

소:-창옷(小氅-) 명 소창의(小氅衣)

소:창의(小氅衣) 명 조선 시대에 사대부(士大夫)가 평상시에 입던 창의의 한 가지. 소매가 좁고 무가 없이 양 옆이 트여 아래 부분이 앞 두 자락, 뒤 한 자락, 모두 세 자락으로 갈라져 있음. 소창옷

소채(蔬菜) 명 남새. 채소(菜蔬)

소채-류(蔬菜類) 명 온갖 푸성귀를 통틀어 이르는 말.

소:책(小策) 명 잔재주를 피우는 쓸모 없는 계책.

소:-책자(小冊子) 명 작고 얄팍하게 만든 책.

소:척(掃滌) 명 -하다 타 쓸고 닦아서 깨끗하게 함.

소척(疏斥) 명 -하다 타 관계를 버성기게 하여 물리침.

소:천(小川) 명 자그마한 내.

소:천(所天) 명 유교적 관점에서, 아내가 남편을 이르는 말.

소:-천문(小泉門) 명 신생아의 후두골과 좌우의 두정골(頭頂骨) 사이에 있는 천문.

소:-천세계(小千世界) 명 불교에서 이르는 상상의 세계. 수미산(須彌山)을 중심으로 해·달·사대주·욕계 육천(欲界六天) 따위로 이루어진 한 세계의 천 배가 되는 세계를 이름. ☞대천세계, 중천세계

소:-천어(小川魚) 명 냇물에 사는 작은 물고기.

소:-천지(小天地) 명 좁은 세계.

소철(蘇鐵) 명 소철과의 상록 관목. 온실이나 집 안에서 기르는 관상용 식물임. 높이는 1~4m. 원줄기는 잎자루로 덮이고 가지가 없으며 끝에서 많은 잎이 모여 나 사방으로 젖혀짐. 6~8월에 수꽃과 암꽃이 모두 줄기 끝에 피며, 씨는 한방에서 통경(通經)이나 중풍, 늑막염 따위의 약재로 쓰임.

소:첩(少妾) 명 나이 어린 첩.

소첩(訴牒) 명 관공서에 청원할 일이 있을 때 내던 서면. 소장(訴狀)

소:첩(小妾) 대 지난날, 결혼한 여자가 남편에게 자기를 낮추어 이르던 말. ☞첩(妾)²

소:청(所請) 명 남에게 청하거나 바라는 일. ¶선생님께 한 가지 -이 있습니다.

소청(訴請) 명 -하다 타 ①하소연하여 청함. ②법률에서, 징계 처분 따위의 불리한 처분을 받은 공무원이 그 처분의 취소 또는 변경을 청구하는 일. ③법률에서, 귀속 재산 처리에 관하여 이해 관계인이 이의 신청을 하는 일.

소청(疏請) 명 -하다 타 임금에게 상소하여 청하는 일.

소청(疏廳) 명 조선 시대, 건의하고 상소(上疏)하기 위하여 유생(儒生)들이 모여서 의논하는 집을 이르던 말.

소:체(小體) 명 어떤 물질의 구조 안에 있거나 생체의 조직 따위에 있는, 특수한 기능을 가진 작은 부분.

소체(消滯) 명 -하다 타 체한 음식을 삭이어 내려가게 함.

소체(疏遞) 명 -하다 타 지난날, 임금에게 관직을 갈아 달라고 상소하던 일, 또는 상소하여 관직이 갈리던 일.

소:초(小草)¹ 명 ①잘게 쓴 초서(草書). ②알파벳의 필기체 소문자. ☞대초(大草)

소:초(小草)² 명 한방에서, 애기풀의 싹을 약재로 이르는 말.

소:초(小哨) 명 군대에서, 전략적으로 중요한 지점의 경계 임무를 맡은, 적은 인원의 부대를 이르는 말.

소초(巢礎) 명 양봉(養蜂)에서, 벌통에다 소비(巢脾)의 바탕으로 삼도록 인공으로 만들어 주는 벌집 바탕을 박아 뜬 얇은 황랍 판. ☞봉소(蜂巢)

소초(疏草) 명 임금에게 올리는 상소문의 초고(草稿).

소:촌(小村) 명 작은 마을.

소:총(小塚) 명 작은 무덤.

소:총(小銃) 명 개인이 어깨에 메고 다니며 쏠 수 있게 만든 총. 단발(單發)과 연발(連發), 자동(自動)과 반자동(半自動) 등 여러 종류가 있음.

소:총-수(小銃手) 명 소총을 주무기로 하여 싸우는 병사.

소:총-탄(小銃彈) 명 소총에 재어 쏘는 탄환.

소:추(小秋) 명 가을이 시작되는 무렵. 초가을

소:추(素秋) 명 소절(素節)

소추(訴追) 명 -하다 타 ①형사 사건에 대하여 검사가 공소(公訴)를 제기하는 일. ②국회가 고급 공무원에 대하여 탄핵(彈劾)을 발의하여 헌법 재판소에 파면을 구하는 일.

소:축(小畜) 명 '소축괘(小畜卦)'의 준말.

소:축-괘(小畜卦) 명 육십사괘(六十四卦)의 하나. 손괘(巽卦) 아래 건괘(乾卦)가 놓인 괘로 바람이 하늘 위에 다님을 상징함. 준 소축(小畜) ☞이괘(履卦)

소:축척=지도(小縮尺地圖) 명 축척의 크기가 100만분의 1 안팎인 지도. 비교적 넓은 지역을 관찰하고 계획하는 데 쓰임. ☞대축척 지도(大縮尺地圖)

소:춘(小春) 명 '음력 시월'을 달리 이르는 말.

소:춘향가(小春香歌) 명 십이 잡가(十二雜歌)의 하나. 판소리 '춘향가' 가운데 춘향이 이 도령과 처음으로 만나는 대목을 묘사한 내용임.

소:출(所出) 명 ①-하다 타 논밭에서 곡식을 거두는 일, 또는 그 곡식. ¶밭벼를 -하다. ②거둔 곡식의 양. ¶올해 -은 작년보다 적다.

소:충(小蟲) 명 작은 벌레.

소:취(小醉) 명 -하다 자 조금 취함. ☞대취(大醉). 만취(滿醉)

소취(消臭) 명 -하다 자 나쁜 냄새를 없앰.

소취(嘯聚) 명 -하다 타 군호(軍號)로 많은 사람을 불러모음.

소:-취:타(小吹打) 명 지난날, 새벽과 밤에 진영의 문을 여닫을 때 불고 치던, 세악(細樂)이 들지 않은 약식의 취타(吹打).

소치(召致) 명 -하다 타 불러서 오게 함.

소:치(所致) 명 어떤 까닭에서 빚어진 일. ¶무식의 -.

소치(騷致) 명 시문(詩文)의 아담한 멋.

소:친(所親) 명 비슷한 나이로 친하게 지내는 사이.

소:침(小針)명 작은 바늘. ☞대침(大針)
소침(消沈·銷沈)명-하다자 기운이나 기세 따위가 사그라지고 까라짐. ¶예선 탈락으로 -해 있는 선수들.
소침-환(燒鍼丸)명 한방에서, 젖먹이가 토사(吐瀉)를 할 때 쓰는 환약을 이르는 말.
소:칭(小秤)명 세 근 이하의 물건을 달 수 있는 작은 저울. ☞대칭(大秤). 중칭(中秤)
소켓(socket)명 전구 따위를 끼워 넣어 전선과 접속이 되게 하는 전기 기구.
소쿠라-지다자 급한 물결이 굽이쳐 용솟음치다. ¶파도가 소쿠라지며 절벽에 부딪혔다.
소쿠리명 얇고 가늘게 쪼갠 대나 싸리로 테가 있게 결어 만든 그릇. ¶-에 담긴 옥수수.
소:-탁목(小啄木)명 '쇠딱따구리'의 딴이름.
소탈(疏脫)어기 '소탈(疏脫)하다'의 어기(語基).
소탈-하다(疏脫-)형여 격식을 차리거나 형식에 얽매이지 않고 수수하고 털털하다. ¶성격이 -./소탈한 웃음.
소:탐대:실(小貪大失)성구 작은 것을 탐하다가 큰 것을 잃어버림을 이르는 말.
소:탕(素湯)명 고기붙이를 넣지 않고 끓인 국.
소:탕(掃蕩)명-하다타 휩쓸어 모두 없애 버림. ¶마약 밀수범을 -하다.
소탕(疏宕)어기 '소탕(疏宕)하다'의 어기(語基).
소탕-하다(疏宕-)형여 성격이 소탈하고 호탕하다.
소태명 ①'소태나무'의 준말. ②'소태껍질'의 준말.
소:태(素胎)명 잿물을 올리기 전의 도자기의 흰 몸체.
소태-같다[-갇-]형 소태껍질처럼 몹시 쓰다.
소태-껍질명 소태나무의 껍질. 한약재로 쓰이며 맛이 몹시 씀. 준소태
소태-나무명 소태나뭇과의 낙엽 활엽 소교목. 높이는 4m 안팎. 가지에는 털이 없고 잎은 깃꼴 겹잎으로 어긋맞게 남. 6월경에 누런 녹색 꽃이 산방(繖房) 꽃차례로 피며, 9월경에 길둥근 열매가 누르스름한 남색으로 익음. 나무 껍질과 열매는 한방에서 건위제(健胃劑)로 쓰임. 고련(苦楝) 준소태
소택(沼澤)명 늪과 못을 아울러 이르는 말. 소지(沼池)
소택=식물(沼澤植物)명 물가의 습지 또는 얕은 물 속에 나는 식물. 갈대나 벗풀 따위.
소택-지(沼澤地)명 늪과 못이 있어 낮고 습한 땅.
소테(sauté 프)명 서양 요리에서, 육류·어류·채소류 따위를 적은 양의 기름으로 살짝 볶는 조리법, 또는 그 요리. ¶치킨-/포크-
소토(燒土)명-하다자 농사짓기 전인 겨울이나 봄에 논밭의 겉흙을 긁어 모아 그 위에 마른 풀이나 나뭇조각을 쌓아 놓고 서서히 태우는 일. 토양을 비옥하게 하고 잡초의 씨와 해충의 알 따위를 제거하기 위함임.
소:-톱(小-)명 작은 동가리톱.
소통(疏通)명-하다자 막히지 않고 서로 잘 통함. ¶의사-이 잘되다./차량의 -이 원활하다.
소:트(sort)명-하다타 컴퓨터에서, 무질서하게 모아 놓은 자료를 일정한 조건에 따라 분류하고 구분하여 다시 배열하는 일. ¶날짜순으로 -하다.
소:파(小波)명 잔물결
소:파(小派)명 작은 당파.
소:파(小破)명-하다자타 조금 부서지거나 부스러뜨리는 일.
소파(搔爬)명-하다타 몸의 조직(組織)을 긁어 일부를 떼어 내는 일. 일반적으로 질병을 진단하고 치료하기 위해서, 또는 인공 임신 중절이나 유산을 하였을 때 자궁 내 잔유물을 없애는 것을 이름.
소파(sofa)명 등받이와 팔걸이가 있는 긴 안락 의자.
소파(SOFA)명 한미 행정 협정
[status of forces agreement in Korea]
소파=수술(搔爬手術)명 자궁의 내막(內膜)을 긁어 내는 수술. 자궁 내막 질환의 치료나 인공 임신 중절 따위를 위해 함.
소:판(小版)명 사진이나 인쇄물 따위의, 판의 크기가 작은 것. ☞대판(大版). 중판(中版)
소판(蘇判)명 ①신라 때, 17관등의 셋째 등급. 잡찬(迊飡) ②고려 초기, 신라의 제도를 본떠서 정한 관등 중의 넷째 등급.
소:-팔초어(小八梢魚)명 '낙지'의 딴이름.
소:편(小片)명 작은 조각.
소:포(小布)명 활을 쏠 때 쓰는 과녁의 한 가지. 무명 따위로 작게 만든 과녁. ☞대포(大布). 솔[4]. 중포(中布)
소:포(小包)명 ①조그맣게 싼 물건. ②'소포 우편(小包郵便)' 또는 '소포 우편물(小包郵便物)'의 준말.
소:포(小圃)명 약초나 채소 따위를 심는 작은 밭.
소:포(所逋)명-하다타 관청의 물건이나 공금(公金) 따위를 사사로이 쓰는 일.
소:포-엽(小苞葉)명 꽃의 가장 가까이에 있는 포엽(苞葉).
소:포=우편(小包郵便)명 ①서신(書信)이나 통화(通貨) 이외의 소형 물품을 내용으로 하는 우편. ②'소포 우편물'의 준말. 준소포(小包)
소:포=우편물(小包郵便物)명 소포 우편으로 보내는 물품. 부피와 무게 따위에 제한이 있음. 준소포(小包). 소포 우편
소:폭(小幅)명 ①좁은 폭. ②좁은 범위. ¶물가 인상이 -에 그치다.
부 적은 정도로. ¶주가(株價)가 - 올랐다.
소:품(小品)명 ①'소품문(小品文)'의 준말. ②그림이나 조각, 악곡 따위의 규모가 작고 간결한 작품. ③연극 따위의 무대에서 쓰는 작은 도구들. 소도구(小道具)
소:품-곡(小品曲)명 작은 규모의 악곡. 준소곡(小曲)
소:품-문(小品文)명 일상 생활에서 보고 느낀 것을 어떤 형식을 갖추지 않고 짤막하게 쓴 글. 특히 중국 문학에서는 산문의 한 장르임. 준소품(小品)
소풍(消風·逍風)명-하다자 ①답답한 마음을 풀기 위하여 바람을 쐬는 일. ☞산책(散策) ②야외에 나가 자연을 관찰하고 운동이나 여러 가지 놀이를 하는 일.
소-풍경(-風磬)명 소의 턱밑에 다는 방울. 쇠풍경
소풍농:월(嘯風弄月)성구 자연 풍경을 사랑하여 보고 즐김을 이르는 말.
소프라노(soprano 이)명 여성이나 어린이의 목소리 가운데 가장 높은 음역(音域), 또는 그 음역의 가수.
소프트드링크(soft drink)명 알코올 성분이 들어 있지 않은 음료. 홍차·주스 따위.
소프트=모자(soft帽子)명 중절모자(中折帽子)
소프트볼:(softball)명 미국에서 고안된 야구와 비슷한 운동 경기, 또는 그 경기에서 쓰는 야구공보다 크고 부드러운 공.
소프트아이스크림(soft ice cream)명 지방분이 적고 공기가 많이 들어 있어 단단히 얼지 않은, 맛이 부드럽고 소화와 흡수가 잘 되는 아이스크림. 소프트크림
소프트웨어(software)명 컴퓨터프로그램을 통틀어 이르는 말. 시스템소프트웨어와 응용 소프트웨어 따위로 분류됨. ☞하드웨어(hardware)
소프트카피(soft copy)명 컴퓨터모니터의 화면에 보이는 출력 정보, 또는 플로피디스크·하드디스크·테이프 따위의 비영구적인 매체에 저장된 전자적 형태의 정보. ☞하드카피(hard copy)
소프트칼라(softcollar)명 풀기가 적고 감이 부드러운 칼라.
소프트크림:(soft+cream)명 소프트아이스크림
소프트포:커스(soft focus)명 사진의 화면을 부드러운 느낌으로 처리하기 위하여 특수한 렌즈나 망사(網紗) 따위를 써서 초점을 흐리게 하는 기법. 연초점(軟焦點)
소:피(所避)명-하다자 오줌을 누는 일 또는 오줌을 에둘러 이르는 말.
소피(를) 보다관용 오줌을 누다.
소피스트(sophist)명 기원전 5세기 무렵, 주로 그리스 아테네에서 변론술이나 수사술(修辭術) 따위를 직업적으로 가르치던 사람들을 이르는 말. 후기에 진리와 도덕에 대해 회의적 태도를 가지고 궤변을 일삼기도 했음. 궤변학파(詭辯學派)
소:하(小蝦)명 대하(大蝦)의 새끼.

소하(消夏·銷夏)명-하다자 여름의 더위를 잊게 함.

소:하(遡河)명-하다자 바닷물고기가 산란을 위해 강을 거슬러 올라감. ☞소하어

소:-하다(素-)자여《文》고기붙이를 먹지 않고 채소만 먹다. ¶사흘 동안 소하고 치성을 드리다.

소:하-어(遡河魚)명 생애의 대부분을 바다에서 보내고 산란기에만 알을 낳기 위하여 강을 거슬러 올라가는 물고기. 연어나 송어 따위. ☞강하어(降河魚)

소:학(小學)명 ①고대 중국의 문자(文字)와 훈고(訓詁)에 관한 학문, 또는 그것을 가르치던 학교. ②중국 송(宋)나라 때, 유자징이 주자(朱子)의 가르침을 받아 지은 초학자(初學者)들의 교양서.

소:학(笑謔)명-하다자 웃으면서 농지거리를 함.

소:한(小寒)명 이십사 절기(二十四節氣)의 하나. 동지(冬至)와 대한(大寒) 사이의 절기로, 양력 1월 6일께. ☞입춘(立春)

속담 **소한의 얼음 대한에 녹는다**: ①대소(大小)의 뜻과는 달리, 소한 추위가 대한 추위보다 심함을 이르는 말. ②일이 꼭 차례대로 되지 아니할 때도 있음을 비유하여 이르는 말./**소한 추위는 꾸어다가라도 한다**: 소한 때는 반드시 심한 추위가 닥침을 강조하여 이르는 말.

소:한(小閑)명 아주 짧은 겨를. 소가(小暇)

소한(宵旰)명-하다자 '소의한식(宵衣旰食)'의 준말.

소한(消閑)명-하다자 한가한 겨를을 메움.

소한(消寒)명-하다자 추위를 이겨냄.

소:할(所轄)명 관할(管轄)하는 바.

소합-원(蘇合元)명 소합환(蘇合丸)

소합-유(蘇合油)[-뉴]명 소합향의 수지(樹脂). 아교풀 비슷하며 향료 또는 피부병을 치료하는 약으로 쓰임. 소합향

소합-향(蘇合香)명 ①금루매(金縷梅)과의 낙엽 활엽 교목. 높이는 10m 안팎. 잎은 손바닥 모양이며 3~7갈래로 갈라져 있고 잎자루가 길. 소아시아에 분포함. ②소합유(蘇合油)

소합-환(蘇合丸)명 한방에서, 위장을 맑게 하고 정신을 상쾌하게 하는 환약을 이르는 말. 소합원(蘇合元)

소:항(小港)명 규모가 작은 항구. 소항구(小港口)

소:항(遡航)명-하다자 물의 흐름을 거슬러 올라가며 항해함.

소:-항구(小港口)명 소항(小港)

소-해명 간지(干支)의 지지(地支)가 축(丑)인 해를, 지지의 동물 이름으로 상징하여 이르는 말. ☞축년(丑年)

소:해(掃海)명-하다자타 안전한 항해를 위하여, 바다에 부설된 기뢰(機雷)나 위험물·장애물 따위를 없애는 일.

소:해-정(掃海艇)명 바다에 부설된 기뢰(機雷)나 위험물·장애물 따위를 없애는 임무를 맡은 작은 군함. 소뢰정(掃雷艇)

소:행(所行)명 이미 해 놓은 일이나 짓. 소위(所爲) ¶누구의 -인지 꼭 밝혀 내겠다.

소행(宵行)명-하다자 밤길을 감.

소:행(素行)명 평소의 행실.

소:행(遡行)명-하다자 물의 흐름을 거슬러 올라감.

소:-행성(小行星)명 화성과 목성의 공전 궤도 사이에서 태양의 둘레를 도는 작은 행성. 무수히 많은 수가 존재하며, 대부분 반지름이 50km 이하임. 소유성(小遊星). 소혹성(小惑星) ☞대행성(大行星)

소행-죽(蘇杏粥)명 차조기 씨와 살구 씨를 같은 분량으로 섞어서 맷돌에 간 뒤에 쌀뜨물을 붓고 쑤어 꿀을 탄 죽.

소:향(所向)명 향하여 가는 곳.

소향(燒香)명-하다자 향을 피움. 분향(焚香)

소:향무적(所向無敵)성구 어디를 가든지 대적할만 한 사람이 없음을 이르는 말.

소:-향탁(素香卓)명 장사지내기 전에, 칠을 하지 않고 쓰는 향탁.

소:허(少許)명 ①얼마 안 되는 분량. ②얼마 안 되는 동안.

소혈(巢穴)명 나쁜 짓을 하는 무리들이 활동의 근거지로 삼고 있는 곳. 소굴(巢窟) ▷巢의 속자는 巣

소:형(小兄)명 고구려 후기(後期), 관등명(官等名)의 한 가지. 14관등의 열한째 등급임.

소:형(小形)명 형체가 작은 것. ¶- 화물 ☞대형(大形)

소:형(小型)명 같은 종류의 사물 가운데 작은 규모나 규격. ¶- 자동차 ☞대형(大型)

소:형(小荊)명 '싸리나무'의 딴이름.

소:형(素馨)명 '말리(茉莉)'의 딴이름.

소:형-기(小型機)명 비교적 기체(機體)가 작은 비행기를 통틀어 이르는 말. 정찰기 따위.

소:형=면:허(小型免許)명 소형 자동차의 운전에 필요한 면허.

소:형-주(小型株)명 자본금의 규모가 작은 회사의 주식. ☞대형주(大型株)

소:형=행성(小型行星)명 지구보다 작은 행성. 특히 수성·금성·화성·명왕성을 이름.

소:형-화(小型化)명-하다자타 사물의 크기나 규모가 작게 되는 일, 또는 사물의 크기나 규모를 작게 하는 일. ☞대형화(大型化)

소:호(小戶)명 ①작은 집. ②가난한 집. ③식구가 적은 가구(家口).

소:호(小毫)명 ①작은 터럭. ②몹시 적은 분량이나 정도.

소호(沼湖)명 늪과 호수. 호소(湖沼)

소호(SOHO)명 집에서 컴퓨터 통신망을 이용하여 혼자의 힘으로 사업을 하는 직업 형태. [small office home office] ☞재택 근무(在宅勤務)

소:호-지(小好紙)명 한지(韓紙)의 한 가지. 대호지보다 품질이 조금 낮고 크기가 작음.

소:-혹성(小惑星)명 소행성(小行星)

소혼(消魂)명-하다자 몹시 근심하여 넋이 빠짐.

소혼단:장(消魂斷腸)성구 근심과 슬픔으로 넋이 빠지고 창자가 끊어지는듯 함을 이르는 말.

소홀(疏忽)어기 '소홀(疏忽)하다'의 어기(語基).

소홀-하다(疏忽-)형여 데면데면하거나 예사롭다. ¶그 문제를 소홀하게 생각하지 마라.

소홀-히부 소홀하게 ¶- 넘길 일이 아니다.

소:화(小火)명 작은 화재(火災). ☞대화(大火)

소:화(小話)명 짤막한 이야기.

소화(消化)명-하다타 ①생체가 먹은 음식물을 흡수되기 쉽도록 삭이는 일, 또는 그 과정. ¶-가 잘 되는 음식. ②배운 것을 충분히 익혀 자기 것으로 만드는 일. ¶배운 기술을 모두 -하다. ③주어진 일을 모두 해결하거나 처리하는 일. ¶오늘의 목표량을 모두 -해 냈다.

소화(消火)명-하다자 불을 끔. ☞방화(放火). 점화(點火). 출화(出火)

소화(消和)명-하다타 생석회에 물을 부어 소석회로 만듦.

소:화(笑話)명 우스운 이야기. 소어(笑語)

소화(韶華)명 ①화려한 봄의 경치. ②젊은 시절. ③젊은이처럼 윤기가 나는 늙은이의 얼굴빛.

소화(燒火)명-하다타 불에 태움.

소화(燒化)명-하다타 태워서 질(質)을 바꿈.

소화-관(消化管)명 섭취한 음식물을 소화하고 영양을 흡수하는 관. 장관(腸管)

소:-화:기(小火器)명 개인이 가지고 다니며 전투할 수 있는 가볍고 구경(口徑)이 작은 총기. 권총·소총·기관총 따위.

소화-기(消化器)명 먹은 음식물을 소화하고 흡수하는 기관을 통틀어 이르는 말. 소화 기관(消化器官)

소화-기(消火器)명 불을 끄는 데 쓰는 기구.

소화=기관(消化器官)명 소화기(消化器)

소화-력(消化力)명 먹은 음식물을 소화하는 능력.

소-화:물(小貨物)명 여객 열차로 여행하는 사람이 그 열차편에 맡겨 도착 역까지 싣고 가는 작은 짐. ☞수화물

소화=불량(消化不良)명 소화기에 탈이 나서 먹은 음식물이 제대로 소화·흡수되지 않는 상태.

소화-샘(消化-)명 먹은 음식물의 소화를 돕기 위한 소화액을 분비하는 내분비선. 침샘이나 위샘 따위. 소화선

소화-선(消化腺)명 소화샘

소화-액(消化液)명 먹은 음식물의 소화를 돕기 위하여 소

화샘에서 소화관 안으로 분비되는 액체. 여러 가지 소화 효소가 들어 있음. 침이나 위액·이자액·담즙 따위.

소화-율(消化率)명 ①먹은 음식물의 양에 대하여 소화되고 흡수된 양의 비율. ②일정한 분량에 대하여 그 중 유효하게 처분된 분량의 비율.

소:-화:자(小火者)명 지난날, 앞으로 환관(宦官)이 될 고자인 소년을 이르던 말.

소화=작용(消化作用)명 먹은 음식물을 삭이어서 흡수되기 쉬운 물질로 바꾸는 작용.

소화-전(消火栓)명 화재 진화용으로 소화 호스를 장치하기 위해 상수도의 급수 기관에 설치한 시설. 방화전

소화-제(消化劑)명 소화를 돕는 약제. 건위제(健胃劑)나 디아스타아제·펩신 따위.

소화=효소(消化酵素)명 소화관에서 음식물의 소화를 돕는 효소. 아밀라아제나 펩신·리파아제 따위.

소환(召喚)명-하다타 법원이 피고인·증인·변호인 등에게 언제 어디로 오라고 명령하는 일. ¶피고를 ―하다.

소환(召還)명-하다타 ①일을 마치기 전에 불러 돌아오게 하는 일. ②외교 사절이나 영사(領事) 등을 본국으로 불러들이는 일. ③국가나 지방 자치 단체의 공직(公職)에 있는 사람을 그 임기가 끝나기 전에 선거민의 투표로 파면하는 일.

소환-장(召喚狀)[―짱]명 ①민사 소송법에서, 당사자나 그 밖의 소송 관계인에게 언제 오라는 뜻을 적은 서면을 이르는 말. 법원에서 보냄. ②형사 소송법에서, 소환(召喚)의 재판을 적은 영장을 이르는 말.

소환-제(召還制)명 국가나 지방 자치 단체의 공직(公職)에 있는 사람을 그 임기가 끝나기 전에 선거민의 투표로 파면하는 제도. 리콜제

소활(疏闊)어기 '소활(疏闊)하다'의 어기(語基).

소활-하다(疏闊―)형여 ①버성기고 서먹하다. ¶친척 사이에 소활하게 지내는 것은 좋지 않다. ②성품이 엉성하고 어설프다. ¶됨됨이가 ―.

소:회(小會)명 참석 인원 수가 적은 모임. ☞대회(大會)

소:회(所懷)명 마음에 품고 있는 생각.

소:회(素懷)명 평소에 품고 있는 생각.

소:회(遡洄)명-하다자 배를 저어 상류로 거슬러 올라감.

소:-회향(小茴香)명 회향의 한 가지. 한방에서, 산증(疝症)이나 요통·위한(胃寒) 따위에 쓰임.

소:후(小堠)명 조선 시대, 역로(驛路)의 십 리마다 세운 이정표(里程表)를 이르던 말. 도로의 거리와 지명(地名)을 새겼음.

소:후-가(所後家)명 양자로 들어간 집. 양가(養家)

소훼(燒燬)명-하다자타 불에 타서 없어짐, 또는 불에 태워 없앰.

소흔(燒痕)명 불에 탄 흔적, 또는 그 자리.

소:흥(小興)명 약간의 흥취.

소:희(笑戲)명-하다자 웃으며 장난함.

속:명 ①부피가 있는 물체나 일정한 공간의 안. ¶주머니 ―에는 아무 것도 없다./이 과일 ―에는 씨가 있다. ②물체의 거죽이나 껍질을 제외한 부분. ¶배추 ―이 오지다. ③둘러싸이거나 휩싸인 안쪽. ¶안개 ―을 걸어가다./어둠 ―에서 들리는 소리. ④어떤 일이나 상태 또는 내용의 안이나 가운데. ¶동화 ―의 주인공./근심 ―에 빠져 있다. ⑤사람의 몸에서 배의 안. ¶―이 울렁거리다. ⑥속사정. ¶남의 ―도 모르고 마냥 즐거워만 하는구나. ⑦속생각 또는 마음속. 뱃속 ¶―을 알 수 없다. ⑧사람이 마음을 쓰는 태도. ¶―이 넓다. ⑨사리를 분별할 수 있는 힘이나 정신. ¶― 좀 차려라./― 없이 행동하다. ⑩여럿의 가운데. ¶많은 사람들 ―에서 단연 돋보이는 사람. ⑪소 ¶통김치의 ―.

속(을) 끓이다관용 여러 가지 일로 마음을 태우다.

속(을) 떠보다관용 남의 마음을 알아보려고 넘겨짚다.

속(을) 뜨다관용 속(을) 떠보다.

속(을) 빼놓다관용 줏대나 감정을 억제하다.

속(을) 주다관용 남을 믿고 마음속에 있는 것을 숨김없이 드러내어 보이다. 속(을) 터놓다.

속(을) 차리다관용 ①지각 있게 처신하려 하다. ②자기의 실속을 꾸리다.

속(을) 태우다관용 ①몹시 걱정이 되어 마음을 졸이다. ②남의 속을 타게 하다.

속(을) 터놓다관용 속(을) 주다.

속(이) 달다관용 마음 죄이고 안타까워지다.

속(이) 뒤집히다관용 ①비위가 상하여 구역질이 날 것같이 되다. ②몹시 아니꼽게 느껴지다.

속(이) 들여다보이다관용 속이 보이다.

속(이) 떨리다관용 몹시 겁이 나다.

속(이) 보이다관용 엉큼한 마음이 빤히 들여다보이다. 속이 들여다보이다.

속(이) 시원하다관용 애태우던 일이 뜻대로 이루어져 마음이 상쾌하다. ¶속이 시원하게 고민을 털어놓아라.

속(이) 앉다관용 배추나 양배추 따위의 속이 생겨 들다.

속(이) 타다관용 걱정이 되어 몹시 마음이 달다.

속(이) 트이다관용 마음쓰는 품이 시원시원하고 언행이 대범하다.

속(이) 풀리다관용 토라지거나 화났던 마음이 누그러지다.

속담 **속 각각 말 각각** : 겉으로 하는 말과 생각이 다르다는 말./**속 빈 강정** : 겉만 그럴듯하고 아무 실속이 없다는 말./**속에서 쪼르륵 소리가 난다** : 가난하여 끼니를 못 먹는다는 말./**속으로 기역 자를 긋는다** : 결정지어 마음먹는다는 말.

한자 **속 리**(裏)〔衣部 7획〕¶뇌리(腦裏)/이면(裏面)/표리(表裏)/흉리(胸裏) ▷裏와 裡는 동자

속(屬)명 ①딸린 것. ②'속관(屬官)'의 준말. ③생물 분류상의 한 단계. 과(科)의 아래, 종(種)의 위. ☞이명법(二名法) ▷屬의 속자는 属

속(贖)명-하다타 죄를 씻기 위하여 대신하여 재물을 바치는 일, 또는 그 재물.

속(束)의 ①묶음. 다발. 뭇[2] ②톳[1] ¶김 두 ―.

속가(俗家)명 ①출가하지 않은 속인의 집을 불가(佛家)에서 이르는 말. ②중의 생가(生家)를 불가(佛家)에서 이르는 말.

속가(俗歌)명 세속에 돌아다니는 노래. ☞악가(樂歌)

속:-가:량(―假量)명-하다타 마음속으로 어림잡는 셈. ¶―으로 대중하다. ☞겉가량

속:-가루명 곡식 따위를 빻을 때 맨 나중에 나오는 가루. ☞겉가루

속:-가죽명 겉가죽 속에 있는 가죽. 내피 ☞겉가죽

속각(粟殼)명 앵속각(罌粟殼)

속간(俗間)명 속세간(俗世間)

속간(續刊)명-하다타 휴간이나 정간했던 잡지 등을 다시 계속해서 간행함. ☞복간(復刊)

속:-감명 쌍시(雙柹)의 속에 들어 있는 감.

속강(續講)명-하다자타 휴일이나 방학 같은 때에도 계속해서 강의함, 또는 그 강의. ▷續의 속자는 続

속개(續開)명-하다타 일단 중단되었던 회의 따위를 다시 계속하여 엶. ¶회의는 내일 ―한다.

속객(俗客)명 속인(俗人)

속거천리(速去千里) 민속에서, 귀신 따위를 물리칠 때 '어서 멀리 가라'고 외치는 말.

속:-겨명 곡식의 겉겨가 벗겨진 뒤에 나오는 고운 겨. 몽근겨 ☞왕겨

속격(俗格)명 속된 격식.

속견(俗見)명 세속적인 생각. 속인(俗人)의 견해.

속결(速決)명-하다타 빨리 끝을 맺음, 또는 얼른 결단함.

속경(俗境)명 속계(俗界)

속계(俗戒)명 불교에서, 오계(五戒)·팔계(八戒) 등의 재가계(在家戒)를 이르는 말.

속계(俗界)명 세속(世俗)의 사람이 사는 세계. 속인들이 사는 현실 세계. 속경(俗境) ☞선계(仙界)

속고(續稿)명 앞 원고에 이어나가는 원고.

속:-고갱이명 한가운데 있는 고갱이. ¶배추의 ―.

속:-고샅명 짚 따위로 지붕을 일 때 이엉을 얹기 전, 건

너질러 잡아매는 새끼. ☞겉고삿
×속-고샅 명 →속고삿
속:-고의(-*袴衣)명 속에 입는 고의. 속바지
속곡(俗曲)명 세상에 유행하는 노래 곡조.
속:-곡식 명 겉껍질을 벗겨 낸 곡식. ☞겉곡식
속골(俗骨)명 범속한 생김새, 또는 그런 사람.
속:곳 명 속속곳·다리속곳·단속곳 등을 통틀어 이르는 말. 단의(單衣)
속담 **속곳 벗고 은가락지 낀다** : 제 격에 맞지도 않은 겉치레를 하여 보기에 망측한 꼴이라는 말./**속곳 벗고 함지박에 들었다** : 옴짝달싹 못하게 당할 수밖에 없는 처지가 되었다는 말.
속:곳-바람[-곧-]명 치마를 입지 않고 속곳만을 입은 차림새.
속공(速攻)명-하다타 운동 경기 따위에서, 상대편이 대비할 틈을 주지 않고 재빨리 공격하는 일. ☞지공(遲攻)
속공(屬公)명-하다타 지난날, 임자가 없는 물건이나 금제품(禁制品), 장물 따위를 관아의 소유물로 귀속시키던 일.
속공-법(速攻法)[-뻡]명 운동 경기 따위에서, 재빨리 공격하여 상대편을 제압하는 전법.
속관(屬官)명 장관에게 딸린 관원. 준속(屬)
속교(俗交)명 세속의 교제.
속구(俗句)명 저속한 구(句).
속구(速球)명 야구에서, 투수가 던지는 빠른 공. ☞완구(緩球)
속국(屬國)명 다른 나라의 지배를 받아 예속되어 있는 나라. 속방(屬邦). 종속국 ☞독립국
속:-귀 명 내이(內耳)
속근-근(續筋根)명 메꽃의 뿌리. 약재로 쓰임. 메[2]
속금(贖金)명 속전(贖錢)
속:-긋 명 글씨나 그림 등을 처음 배우는 사람에게, 덮어 쓰거나 따라 그리도록 먼저 가늘게 그어 주는 획이나 그려 주는 선.
속긋(을) 넣다 관용 속긋을 그어 주다.
속기(俗忌)명-하다타 세속이나 민간에서 꺼리는 일.
속기(俗氣)명 속계의 기운, 또는 속된 기질.
속기(速記)명-하다타 ①빠른 속도로 적음. ②남이 하는 말을 들으면서 속기 부호로 적는 일.
속기-록(速記錄)명 ①속기술로 적은 기록. ②속기술로 적은 것을 나중에 보통 글자로 옮겨 적은 기록.
속기-법(速記法)[-뻡]명 속기술(速記術)
속기-사(速記士)명 속기하는 일을 전문으로 하는 사람.
속기-술(速記術)명 특수한 부호를 이용하여 연설이나 강연 등을 들으면서 재빨리 적어서 나중에 보통 글자로 바꾸어 적는 기술. 속기법
속:-꺼풀 명 겉꺼풀 아래에 겹으로 있는 꺼풀. ☞겉꺼풀
속:-껍데기 명 겉껍데기 안에 겹으로 있는 껍데기. 안껍데기 ☞겉껍데기
속:-껍질 명 겉껍질 안에 겹으로 있는 껍질. 내피(內皮) ¶밤의 -을 보늬라 한다. ☞겉껍질
속:-끓다 자 화가 나거나 억울하여 속이 타다. 속이 뒤끓는듯 하다.
속:-나깨 명 메밀의 고운 나깨. ☞겉나깨
속-나무 명 '소귀나무'의 딴이름.
속:내 명 ①'속내평'의 준말. ②속사정 ¶-를 털어놓다.
속-내:다 타 대패 따위의 무딘 날을 나오게 하여 갈아서 새로 날이 서게 하다.
속:-내:복(-內服)명 속내의
속:-내:의(-內衣)명 ①내의 속에 껴입는 내의. 속내복 ②속옷
속:-내평 명 겉으로 드러나지 않는 속마음. 이허(裏許) ¶-을 알아보다. 준내평. 속내
속념(俗念)명 세속적인 일에 사로잡힌 마음. 속려(俗慮). 속정(俗情). 속회(俗懷)
속노(粟奴)명 조의 깜부기.
속:-눈[1] 명 곱자를 'ㄱ' 자 모양으로 반듯하게 놓았을 때, 아래쪽에 새겨진 눈금. ☞겉눈[1]
속:-눈[2] 명 눈을 감은듯 만듯 조금 뜬 눈.
속눈(을) 뜨다 관용 겉으로는 눈을 감은듯 하나 속으로는 약간 떠서 보다.
속:-눈썹 명 눈시울에 난 털. 첩모(睫毛) ☞겉눈썹
속다 자 ①남의 꾀에 넘어가다. ¶감쪽같이 -./감언이설에 -. ②거짓을 참으로 알다. 가짜를 진짜로 알다. ¶속아서 가짜 그림을 샀다.
속:-다짐 명-하다타 마음속으로 하는 다짐.
속닥-거리다(대다)자 속닥속닥 말하다. 속닥이다 ☞숙덕거리다. 쏙닥거리다
속닥-속닥 부 어떤 일에 관하여 비밀스레 말을 하는 모양을 나타내는 말. ¶옆 사람에게 - 말을 건네다./둘이서 - 하더니 함께 나갔다. ☞숙덕숙덕. 쏙닥쏙닥
속닥-이다 자 속닥거리다 ☞숙덕이다. 쏙닥이다
속단(速斷)명-하다자타 ①빨리 판단함. ②신중히 생각하지 않고 그릇 판단하는 일, 또는 그런 판단. ¶한쪽 말만 듣고 -하는 것은 위험하다.
속단(續斷)명 꿀풀과의 여러해살이풀. 줄기 높이는 1m 안팎으로 모가 나 있고, 전체에 잔털이 있음. 잎은 마주나며 달걀꼴임. 7월경에 꽃이 줄기와 가지 끝에 핌. 산지에서 자라는데 뿌리와 줄기는 약재로 쓰고, 어린잎은 먹을 수 있음.
속달(速達)명 ①-하다자타 빨리 배달하거나 도달함. ②'속달 우편(速達郵便)'의 준말. ¶-로 부치다.
속달-거리다(대다)자 속달속달 말하다. ☞숙덜거리다. 쏙달거리다
속달-뱅이 명 아주 작은 규모.
속달-속달 부 말소리가 들릴듯 말듯 하게 재깔이는 모양을 나타내는 말. ☞숙덜숙덜. 쏙달쏙달
속달=우편(速達郵便)명 보통 우편보다 요금을 더 받고 빨리 배달하는 우편 제도, 또는 그 우편물. 준속달
속담(俗談)명 ①예로부터 전해 내려온, 교훈이나 삶의 지혜, 풍자 등을 담은 간결한 말. '굳은 땅에 물이 고인다' 따위. 속언(俗諺). 이언(俚諺) ②속된 이야기. 속설(俗說)
속답(速答)명-하다자 빨리 대답함, 또는 그런 대답. ¶가부간 -을 바랍니다.
속:-대 명 ①푸성귀의 겉대 속에 있는 줄기나 잎. ②댓개비의 무른 속살 부분. ☞겉대
속대(束帶)명-하다자 옷차림을 다다듬고 띠를 두른다는 뜻으로, 의관을 단정히 하고 위의(威儀)를 갖춤을 이름.
속:대-쌈 명 배추 속대로 싸서 먹는 쌈.
속:-대중 명-하다자타 마음속으로 잡는 대중. ☞겉대중
속:댓-국 명 배추 속대와 된장을 넣고 끓인 국.
속:-더께 명 덖어서 찌든 물체에 낀 속의 때. ☞겉더께
속도(速度)명 ①운동하는 물체가 단위 시간에 나아간 거리의 크기. ¶한 시간에 100km의 -로 달린다. ②기계 등이 단위 시간에 해내는 일의 양의 크기. ¶빠른 -로 촬영하는 사진기. ③악곡을 연주하는 빠르기.

> ▶ **'속도'·'속력'·'빠르기'의 뜻 구별**
> 이 말이 사물의 나아가는 정도를 나타내는 점에서는 서로 통하는 말이다. 다만, 구별해서 쓰이는 점은
> ○ **'속도'**는 ①'이 차는 한 시간에 80km를 달린다'와 같이 물체가 단위 시간에 옮아간 거리의 크기를 나타내고, ②'이 기계는 1초에 50장의 지폐를 셀 수 있다'와 같이 기계 등이 단위 시간에 해내는 일의 양의 크기를 나타낸다.
> ○ **'속력'**은 '이 차는 지금 시속 100km의 속력으로 달리고 있다'와 같이 물체의 옮아가는 빠르기의 크기를 나타낸다.
> ○ **'빠르기'**는 '속도', '속력'의 크기로 두루 쓰인다.

속도(屬島)명 ①그 나라에 딸린 섬. ②육지나 큰 섬에 딸린 작은 섬.
속도-계(速度計)명 움직이는 물체의 속도를 재는 계기.
속도=기호(速度記號)명 악보(樂譜)의 빠르기표.

속도=위반(速度違反)명 교통 법규에 제한되어 있는 속도 이상으로 속력을 내는 일.
속독(束毒)명 신라 때의 탈춤의 한 가지. 쑥대머리에 남색 탈을 쓰고 북소리에 맞추어 이리저리 뛰면서 추는 춤.
속독(速讀)명-하다타 글을 빨리 읽음.
속독-법(速讀法)명 한 눈에 많은 양(量)의 글자를 읽는 훈련을 통해서 책을 빨리 읽는 방법.
속:-돌명 화산의 용암이 갑자기 식을 때 속에 든 가스가 뿜어 나와 구멍이 송송 생긴 매우 가벼운 돌. 경석(輕石). 부석(浮石)[1]
속-되다(俗-)형 ①고상하지 못하고 품위가 없다. 통속적이다 ¶속된 말투. ②세속적이다 ¶속된 욕망.

한자 속될 속(俗) 〔人部 7획〕 ¶비속(卑俗)/속담(俗談)/속인(俗人)/속취(俗趣)/속풍(俗風)/속화(俗化)

속된-말(俗-)명 통속적으로 쓰는 품격이 낮은 말. 속어(俗語)
속등(續騰)명-하다자 물가나 시세 따위가 계속 오름. 연등(連騰) ¶주가(株價)가 -하다. ☞속락(續落)
×**속-등겨**명 →쌀겨
속:-뜨물명 쌀 따위를 여러 번 씻은 다음에 나오는 깨끗한 뜨물. ☞겉뜨물
속:-뜻명 ①마음속에 품은 생각. 내의(內意) ¶그의 -을 헤아릴 수가 없다. ②글의 표현 속에 담겨 있는 기본 뜻. ¶글의 -을 파악하다.

속락(續落)명-하다자 물가나 시세 따위가 계속 떨어짐. 연락(連落) ¶주가가 -하다. ☞속등(續騰)
속량(贖良)명-하다타 ①지난날, 종을 풀어 주어 양민(良民)이 되게 하던 일. 속신(贖身) ②가톨릭에서, 남의 환난을 대신하여 받는 일.
속려(俗慮)명 속념(俗念)
속력(速力)명 운동하는 물체의 옮아가는 빠르기. ¶-을 줄이다./시속 150km의 -으로 달리고 있다.
속령(屬領)명 본국에 딸린 영토. 유속지(屬地)
속례(俗例)명 세상에 흔히 있는 관례(慣例).
속례(俗禮)명 속세의 예절.
속례(屬隷)명-하다자 예속(隸屬)
속론(俗論)명 ①세속의 논의(論議). 속의(俗議) ②통속적인 이론.
속루(俗累)명 자질구레한 일상의 일. 진루(塵累)
속루(俗陋)어기 '속루(俗陋)하다'의 어기(語基).
속루-하다(俗陋-)형여 속되고 천하다.
속류(俗流)명 속물의 무리. 속배(俗輩)
속리(俗吏)명 속물인 관리. 무능한 관리.
속리(屬吏)명 하급 관리
속립(粟粒)명 ①조의 낟알. ②아주 작은 물건.
속립=결핵(粟粒結核)명 결핵균이 온몸에 퍼져 좁쌀 크기의 결절(結節)이 생기는 병.
속립-종(粟粒腫)명 눈까풀이나 그 주위 또는 음부 등에 나는 좁쌀만 한 종기. 낭종(囊腫)의 한 가지임.
속:-마음명 겉으로 드러나지 않은 참마음. 내심(內心). 복심(腹心) ¶-을 털어놓다. 준속맘 속속판

한자 속마음 충(衷) 〔衣部 4획〕 ¶고충(苦衷)/충간(衷懇)/충심(衷心)/충정(衷情)/충회(衷懷)

속:-말명 진정(眞情)으로 하는 말. 본심에서 나오는 말. ¶꾸밈 없는 -. ☞겉말
속:-맘명 '속마음'의 준말.
속맥(速脈)명 정상보다 뛰는 횟수가 많은 맥박. 빈맥(頻脈). 삭맥(數脈) ☞서맥(徐脈). 지맥(遲脈). 허맥(虛脈)
속명(俗名)명 ①본명 또는 학명 이외에 민간에서 흔히 부르는 이름. ②불교에서, 중이 되기 전에 가졌던 이름을 이르는 말. ☞법명(法名). 계명(戒名) ③속된 명성.
속명(屬名)명 생물 분류상 한 단계인 속(屬)의 이름. ☞종명(種名). 학명(學名)
속-모명 윷판의 '모'에서 '방'을 거쳐 다섯째 말밭 이름. 곧 '속윷'과 '찌모'의 사이임.
속:모-가다자 윷놀이에서, 말이 속모에 가다.
속:모-보내다타 윷놀이에서, 말을 속모에 옮기다.
속목(屬目)명-하다자 눈을 쏘아 봄.
속무(俗務)명 세속적인 잡무(雜務).
속문(俗文)명 ①통속적인 문체로 쓴 글. ②하찮은 글.
속문(屬文)명-하다자타 말을 얽어서 글을 짓는 일, 또는 그런 글. ☞작문(作文)
속-문학(俗文學)명 예술적 가치가 없는 속된 문학.
속물(俗物)명 ①속세의 명리(名利)만 좇는 사람. ¶- 근성 ②속된 물건.
속물(贖物)명 속죄하기 위하여 내는 물건.
속미(粟米)명 좁쌀
속미-분(粟米粉)명 좁쌀 가루
속-미음(粟米飮)명 조미음. 좁쌀미음
속미인곡(續美人曲)명 조선 선조 때, 송강 정철(鄭澈)이 지은 가사. '사미인곡'의 속편으로 두 여인이 나누는 대화체 형식이며, 임금을 그리는 정을 읊은 내용임.
속미-주(粟米酒)명 좁쌀로 담근 술.
속민(俗民)명 세속의 백성.
속민(屬民)명 ①딸린 백성. ②백성을 모으는 일.
속:-바람명 기운이 몹시 쇠진하였을 때 숨이 차고 몸이 떨리는 증세.
속:-바지명 속고의
속-바치다(贖-)자 죄를 면하기 위하여 재물을 내다.
속박(束縛)명-하다타 자유롭지 못하게 얽맴. ¶자유를 -하다./-에서 벗어나다. ☞구속(拘束)
속박=전:자(束縛電子)명 원자나 분자의 속박을 받아 자유로이 이동할 수 없는 상태의 전자.
속반(粟飯)명 조밥
속발(束髮)명-하다자 머리털을 가지런히 빗어 올려 상투를 틀거나 잡아 묶음, 또는 그렇게 묶은 머리.
속발(速發)명-하다자 ①빨리 떠남. ②효과가 빨리 나타남.
속발(續發)명-하다자 잇달아 일어남. ¶사고가 -하다.
속-발진(續發疹)[-찐]명 처음에 생긴 발진이 변화하여 다른 형태로 이어지는 발진.
속:-발톱명 발톱의 뿌리 쪽에 보이는 반달 모양의 흰 부분. ☞속손톱
속:-밤명 껍데기의 속에 든 밤톨. ☞겉밤
속방(屬邦)명 속국(屬國)
속배(俗輩)명 속류(俗流)
속:-배포(-排布)명 마음속에 품고 있는 생각이나 계획. 복안(腹案) ☞속셈
속백(束帛)명 ①지난날, 다른 나라를 방문할 때 가지고 가던 비단 다섯 필을 각각 양끝을 마주 말아 한데 묶은 예폐(禮幣). ②지난날, 가례(嘉禮) 때 납폐(納幣)로 쓰던 검은 비단 여섯 필과 붉은 비단 네 필을 한데 묶은 것.
속백-함(束帛函)명 가례(嘉禮) 때 속백을 담는 함.
속:-버선명 속에 껴 신는 겹버선. ☞겉버선
속:-벌명 겉옷 속에 입는 옷의 한 벌. 두루마기 속에 입는 바지·저고리·조끼·마고자 따위. ☞겉벌
속:-병(-病)명 ①오래된 몸 속의 병을 통틀어 이르는 말. 속증 ②'위장병(胃腸病)'을 흔히 이르는 말.
속보(速步)명 ①빠른 걸음. ¶-로 걷다. ②승마술에서, 말이 빨리 걷는 보조(步調)를 이르는 말. 상보(常步)보다 빠르고 구보(驅步)보다 느림. ☞습보(襲步)
속보(速報)명-하다타 빨리 알림, 또는 그 보도. ¶뉴스 -
속보(續報)명-하다타 앞의 보도에 이어서 알림, 또는 그 보도. ¶사건의 -.
속보-판(速報板)명 신문사에서 속보를 보도하는 게시판. 디지털 전광판 따위.
속복(俗服)명 불교에서, 승복(僧服)에 상대하여 보통 사람의 옷을 이르는 말.
속복(屬服)명-하다자 복종하여 붙좇음. 복속(服屬)
속본(俗本)명 저속한 책. 속서(俗書)
속:-불꽃명 불꽃의 중심부, 또는 타고 있는 물질의 바로 윗부분. 촛불이나 가스버너의 불꽃 따위에서 안쪽의 청록색으로 빛나는 원뿔형 부분. 산화성 불꽃에 비하여 온

도는 낮지만 열복사는 강함. 내염(內焰). 환원염(還元焰) ☞겉불꽃. 불꽃심
속:-빼:다 타 논을 두 번째 갈다.
속:-뽑다 타 남의 속마음을 알아내다.
속:-뽑히다 자 속마음을 남이 알아내게 되다.
속사(俗事)명 세속의 이런저런 일. 속세의 일. 속용(俗冗) ¶ －에 얽매이다.
속사(速射)명-하다타 빠른 속도로 잇달아 쏨.
속사(速寫)명-하다타 ①글씨를 매우 빨리 쓰거나 베낌. ②사진을 빨리 찍음.
속사(屬司)명 어떤 관청에 딸린 하급 관청.
속사(贖死)명-하다자 재물을 바쳐 죽을죄를 면함.
속사=권:총(速射拳銃)명 사격에서 권총 경기의 한 가지. 서서 60발을 쏘며 600점이 만점임.
속사미인곡(續思美人曲)명 조선 경종 때, 이진유(李眞儒)가 지은 한글 가사(歌辭). 유배지인 추자도(楸子島)에서 겪은 생활과 심경을 읊은 내용임.
속:-사:정(－事情)명 드러나지 않은 일의 사정. 속내 ¶ 말 못할 －이 있는가 봐.
속:-사:주(－四柱)명 혼담이 결정된 뒤에 정식으로 사주단자(四柱單子)에 적어 보내는 신랑의 사주. ☞겉사주
속사-포(速射砲)명 단시간에 많은 탄환을 발사할 수 있는 장치가 된 포. 특히 발사 속도가 빠른 중·소 구경(口徑)의 화포를 이름.
속삭-거리다(대다)자타 ①작은 소리로 가만가만 말하다. ¶귓속말로 －./비밀스러운 말을 －. ②정답게 이야기하다. ¶달콤한 말을 －. 속삭이다
속삭-속삭부 귓속말을 하듯이 작은 소리로 가만가만 말하는 모양을 나타내는 말.
속삭-이다자타 속삭거리다
속삭임명 속삭이는 일, 또는 그 말. ¶연인의 －./희망의 －.
속산(速算)명-하다타 빨리 셈함, 또는 그 셈.
속:-살[1]명 ①옷으로 가려진 살갗. ¶－이 드러나다./－이 비치다. ☞겉살[1] ②속으로 실속 있게 찐 살. ¶보기보다 －이 찌다. ③소의 입 안에 붙은 고기.
속:-살[2]명 칠부채의 겉살과 겉살 사이의 가늘고 얄팍한 여러 개의 살. ☞겉살[2]
속살-거리다(대다)자 속살속살 말하다. ☞숙설거리다. 쏙살거리다
속:-살:다(－살고·－사니)형 겉으로는 가만히 있으나 속으로는 지지 않으려는 뜻이 있다.
속살-속살부 작은 목소리로 수다스레 말하는 모양을 나타내는 말. ¶－ 속삭이다./－ 재미나게 이야기한다. ☞숙설숙설. 쏙살쏙살
속살이-게명 속살이겟과의 게를 통틀어 이르는 말. 조개나 해삼류에 기생하며, 굴속살이게·대합속살이게·섭속살이게 따위가 있음. 조갯속게
속:살-찌다자 ①속살이 올라 포동포동해지다. ②겉으로 보기보다 실속이 있다.
속상(俗尙)명 시속(時俗)에서 사람들이 숭상하고 좋아하는 일.
속:-상우다(－傷－)타 속상하게 하다.
속:-상하다(－傷－)자여 마음이 언짢고 쓰라리다. ¶공부는 안 하고 놀기만 하니 －.
속새명 속샛과의 상록 여러해살이풀. 줄기는 속이 빈 원통형으로 마디가 지며 줄기 높이는 40～60cm임. 퇴화한 잎은 마디에 돌려 나며, 여름에 홀씨주머니 이삭이 줄기 꼭대기에 맺힘. 산과 들, 냇가 따위의 습지에 자라는데, 줄기는 물건을 문질러 닦는 데 쓰고 한방에서 약재로도 씀. 목적(木賊)
속새-질명-하다자타 껄껄한 물건을 속새로 반드럽게 문지르는 짓.
속생(束生)명-하다자 식물이 더부룩하게 모여 남.
속생(續生)명-하다자 잇따라 생겨남.
속:-생각명-하다자 속으로 가만히 생각함, 또는 그 생각.
속-생활(俗生活)명 일상 생활, 또는 속된 생활.
속서(俗書)명 ①저속한 책. 속본(俗本) ②불교에서, 불경이 아닌 일반 서책을 이르는 말.
속설(俗說)명 ①속담(俗談) ②과학적인 근거가 없이 민간에 전해 내려오는 설.
속성(俗姓)명 불교에서, 중이 되기 전에 속세(俗世)에서 쓰던 성을 이르는 말.
속성(速成)명-하다자타 빨리 이루거나 빨리 됨. ¶교육 과정을 －으로 마치다. ☞만성(晩成)
속성(屬性)명 ①철학에서, 사물이 본래 갖춘 근본적인 특성을 이르는 말. 이것이 없이는 그 사물을 생각할 수 없는 본질적인 것. ②어떤 사물의 고유한 성질. ¶고무의 －인 탄력성. ③컴퓨터의 관계형 데이터베이스에서 쓰는 데이터의 최소 단위.
속성=개:념(屬性概念)명 사물의 성질이나 상태·관계·동작 등을 나타내는 판단의 빈사(賓辭) 개념. ☞대상개념(對象概念)
속성속패(速成速敗)성구 급히 이루어진 것은 쉬이 결딴이 남을 이르는 말. 속성질망(速成疾亡)
속성=재:배(速成栽培)명 촉성 재배(促成栽培)
속성질망(速成疾亡)성구 속성속패(速成速敗)
속세(俗世)명 ①'속된 세상'이라는 뜻으로, '현실 사회'를 이르는 말. 속세간(俗世間). 속간(俗間) ②불가(佛家)에서, '일반 사회'를 이르는 말. 세속(世俗)
속-세:간(俗世間)명 속세(俗世). 속세계(俗世界)
속-세:계(俗世界)명 속세간(俗世間)
속:-셈명-하다자타 ①마음속으로 하는 요량이나 계획. 심산(心算). 흉산(胸算) ¶그의 －을 헤아릴 길이 없다. 준 셈 ②암산(暗算)
속셈이 있다관용 겉으로는 안 그런체하면서, 마음속으로는 달리 생각하는 바가 있다.
속소그레-하다형여 고만고만한 것이 많고 고르다. ☞숙수그레하다. 쏙소그레하다
속:-소리명 속으로 작게 내는 소리.
속-소:위(俗所謂)부 속세간에서 이르는 바.
속속(續續)부 잇달아 자꾸. ¶참가 선수들이 － 입장하다./불법 사례가 － 드러나다.
속:-속:곳명 지난날, 여성이 치마나 바지 속에 입는 속곳을 이르던 말. 단속곳보다 치수가 조금 작고 바대나 밑길이는 더 깊. ☞다리속곳. 단속곳
속:속-들이부 깊은 속까지 샅샅이. ¶그 사정은 － 알 수 없다./내막을 － 폭로하다.
속속-히(速速－)부 매우 빠르게. 빨리빨리 ¶－ 다녀오너라.
속:-손톱명 손톱의 뿌리 쪽에 보이는 반달 모양의 흰 부분. ☞속발톱
속수(束手)명 ①-하다자 손목을 묶음. ②'속수무책(束手無策)'의 준말.
속수(束脩)명 지난날, 예물 따위로 쓰는 포개어 묶은 포(脯)를 이르던 말.
속수(束數)명 다발이나 묶음의 수효.
속수무책(束手無策)성구 어찌할 방법이 없어 꼼짝못하고 있는 처지를 이르는 말. 준 속수(束手)
속:-숨명 내호흡(內呼吸)
속습(俗習)명 ①세속의 습관. ②속된 풍습.
속승(俗僧)명 불도를 제대로 닦지 않아 속세의 티를 벗지 못한 중.
속신(束身)명-하다자 몸을 삼감.
속신(俗信)명 점(占)이나 부적·금기(禁忌)와 같이, 민간에서 관습처럼 전해지는 신앙.
속신(贖身)명-하다타 속량(贖良)
속심(俗心)명 속세의 명예나 이익에 끌리는 마음.
속:-싸개명 여러 겹으로 싼 물건의 겉싸개 밑에 싸서 드러나지 않은 싸개. ☞겉싸개
속:-쌀뜨물명 두세 번 씻고 나서 깨끗하게 받은 쌀뜨물.
속:-썩다자 마음이 몹시 상하다. ¶못난 자식 때문에 －.
속:-씨껍질명 겉씨껍질 안쪽에 있는 얇은 껍질. 내종피
속:씨-식물(－植物)명 종자식물(種子植物)의 한 아문(亞門). 씨로 자라게 될 밑씨가 씨방에 싸여 있는 식물

ㅅ

임. 가장 진화된 식물의 무리로, 외떡잎식물과 쌍떡잎식물로 크게 갈라짐. 진달래·배나무·벼 등 220만 종 이상에 이름. 피자식물(被子植物) ☞겉씨식물

속:-아가미 명 양서류 무미목의 아가미. 겉으로 드러나 있지 않고 아가미 딱지 속에 있음. ☞겉아가미

속아-넘어가다 자 남의 꾀에 속아서 감쪽같이 당하다. ¶말장난에 ―./그 따위 농간에는 속아넘어가지 않아.

속악(俗樂) 명 ①판소리나 잡가, 민요 따위의 민속 음악. ☞아악(雅樂) ②통속적인 음악, 또는 속된 풍류. ☞정악(正樂)

속악(俗惡) 어기 '속악(俗惡)하다'의 어기(語基).

속악-스럽다(俗惡―) (―스럽고·―스러워) 형ㅂ 속되고 고약한 데가 있다.

속악-스레 부 속악스럽게

속악-하다(俗惡―) 형여 속되고 고약하다.

속안(俗眼) 명 속인의 안목, 또는 얕은 식견.

속어(俗語) 명 ①통속적으로 쓰는 품격이 낮은 말. 속된 말. 속언(俗言) ②상말 ③속담(俗談)

속:-어림 명 -하다 자타 마음속으로 잡아 보는 어림. 속짐작 ☞겉어림

속언(俗言) 명 속어(俗語)

속언(俗諺) 명 ①속담(俗談) ②항간의 상스러운 말.

속:-없:다[―업―] 형 ①마음의 줏대가 없다. ¶속없는 사람들. ②악의가 없다. ¶속없는 소리.

속-없이 부 속없게 ¶― 착하기만 하다.

속여-넘기다 타 남이 속아넘어가게 하다.

속여-먹다 타 남을 속이어 이득을 보다.

속:-여의[―녀―] 명 궁중에서 '속속곳'을 이르던 말.

속연(俗緣) 명 속세에서 맺은 인연. ¶―을 끊다.

속연(續演) 명 -하다 타 연극 따위의 기간을 연장하여 상연함.

속영(續映) 명 -하다 타 ①영화가 호평을 얻어 예정한 흥행 기간을 연장하여 상영함. ②한 회의 상영이 끝난 뒤 쉬지 아니하고 곧이어 상영함.

속오-군(束伍軍) 명 조선 시대, 양민으로 편성한 지방 군대를 이르던 말. 평상시에는 군포만 바치게 하고 훈련 때나 나라에 일이 있을 때에는 소집하였음.

속:-옷 명 속에 받쳐 입는 옷. 내복(內服). 내의(內衣). 설의(褻衣). 속내의 ☞겉옷

속요(俗謠) 명 ①민간에서 널리 부르는 노래. 속창(俗唱) ②'잡가(雜歌)'를 달리 이르는 말.

속:-요량(―料量) [―뇨―] 명 -하다 타 혼자 마음속으로 헤아려 생각함. ☞속짐작

속용(俗冗·俗用) 명 세속의 이런저런 일. 속사(俗事)

속운(俗韻) 명 시(詩)의 속된 운(韻).

속유(俗儒) 명 학식이 변변치 못한 속된 선비.

속유(粟乳) 명 조로 만든 묵.

속-윷[―늇] 명 윷판의 '모'에서 '방'을 거쳐 넷째 말밭이름. 곧 '방'과 '속모'의 사이임.

속음(俗音) 명 한자(漢字)의 원음에서 변하여 일반에 통용되는 음. '가(個)'를 '개'로, '노(腦)'를 '뇌'로, '자(左)'를 '좌'로 읽는 따위. 익은소리

> ▶ **속음으로 읽는 한자어**
> 한자어 가운데는 속음(俗音)으로 읽는 단어를 표준어로 삼는 것이 있다.
> ① 본음(本音)으로 읽는 표준어 ― 승낙(承諾)/만난(萬難)/분노(忿怒)
> ② 속음(俗音)으로 읽는 표준어 ― 수락(受諾)/쾌락(快諾)/곤란(困難)/논란(論難)/대로(大怒)/유월(六月)/모과(木瓜)

속음(續音) 명 '지속음(持續音)'의 준말. ☞단음(斷音)

속음(屬音) 명 딸림음

속읍(屬邑) 명 지난날, 큰 고을에 딸린 작은 고을을 이르던 말. 유속현(屬縣) ▷屬의 속자는 属

속의(俗議) 명 속론(俗論)

속이다 타 ①거짓말로 남을 꾀다. ¶달콤한 말로 ―. ②거짓을 참으로 알게 하다. ¶남의 눈을 ―./신분을 ―.

> 한자 **속일 기**(欺) 〔欠部 8획〕 ¶기만(欺滿)/기망(欺罔)/기세도명(欺世盜名)/기심(欺心)
> **속일 사**(詐) 〔言部 5획〕 ¶간사(奸詐)/교사(巧詐)/사기(詐欺)/사술(詐術)/사칭(詐稱)

속인(俗人) 명 ①세상의 보통 사람. ②풍류를 알지 못하는 속된 사람. ③불교에서, 중이 아닌 일반 사람을 이르는 말. 속객(俗客). 속자(俗子)

속인-주의(屬人主義) 명 ①사람이 현재 어느 나라에 있든지 그 사람의 국적이 있는 나라의 법률을 적용 받아야 한다는 주의. ☞속지주의 ②혈통주의

속임-수(―數) [―쑤] 명 남을 꾀어서 속이는 술수나 짓. 사모(詐謀). 사수(詐數). 암수(暗數). 외수(外數) ¶―를 쓰는 야바위꾼./―에 걸리다. 유사기술(詐欺術)

속:-잎[―닢] 명 겉잎 속에서 새로 돋아나는 잎. ☞겉잎

속자(俗子) 명 속인(俗人)

속자(俗字) 명 정자(正字)가 아니고 통속적으로 흔히 쓰이는, 획이 간단하거나 달라진 한자. '竝'을 '並'으로, '姊'를 '姉'로, '巖'을 '岩'으로 쓰는 따위. ☞약자(略字)

속자(屬者) 명 따라다니는 사람.

속:-자락[1] 명 안자락

속:-자락[2] 명 기둥머리 단청의 안쪽에 옷자락처럼 그린 무늬. ☞겉자락[2]

속:-잠방이 명 바지 속에 입는 잠방이.

속:-장(―張) 명 종이 따위를 여러 장 포개거나 접어 놓았을 때 속에 든 장이나 면(面). ☞겉장

속장(束裝) 명 -하다 자 행장을 갖추어 차림.

속장(俗腸) 명 속인의 마음.

속재(俗才) 명 세속의 일에 능한 재주, 또는 그런 재주가 있는 사람. 유세재(世才)

속재(續載) 명 -하다 타 연재(連載)

속:-재목(―材木) 명 통나무의 중심에 가까운 부분. 빛깔이 짙고 재질이 단단함. 심재(心材) ☞겉재목

속:-저고리 명 저고리 속에 껴입는 저고리. ☞겉저고리

속:-적삼 명 저고리나 적삼 속에 껴입는 적삼.

속전(俗傳) 명 -하다 자 민간에서 전하여 내려옴, 또는 전하여 내려온 이야기.

속전(速戰) 명 -하다 자 전투나 경기에서 신속하게 몰아쳐 싸우는 일, 또는 그런 싸움.

속전(粟田) 명 조를 심은 밭.

속전(續田) 명 지난날, 해마다 계속하여 농사를 부치기 어려운 메마른 논밭을 이르던 말.

속전(贖錢) 명 지난날, 죄를 면하려고 바치던 돈. 속금(贖金) 유속죄금(贖罪金)

속전-속결(速戰速決) 명 지구전(持久戰)을 피하고 빨리 몰아쳐 승패를 겨룸. 속전즉결(速戰卽決)

속전-즉결(速戰卽決) 명 속전속결(速戰速決)

속절(俗節) 명 제삿날 이외에, 철을 따라 사당(祠堂)이나 선영(先塋)에 차례를 지내는 날. 설·대보름·한식·단오·추석·중양·동지 따위.

속절-없:다[―업―] 형 단념할 수밖에 별 도리가 없다. ¶속절없는 세월만 보내다.

속절-없이 부 속절없게 ¶― 시간만 흐르다.

속:-젓 명 조기 따위의 내장만으로 담근 젓. ¶갈치 ―

속:-정(―情) 명 ①은밀한 사정이나 내용. ②마음속의 은근한 정분. ¶―을 주다./―이 깊다.

속정(俗情) 명 ①속념(俗念) ②세상의 인정.

속제(俗諦) 명 불교에서, 세속의 일반인이 알고 인정하는 진리를 이르는 말. 세제(世諦) ☞진제(眞諦)

속조(俗調) 명 ①세속에서 부르는 가락. ②품격이 낮은 속된 가락.

속:-종 명 마음속에 품은 소견.

속죄(贖罪) 명 -하다 자 ①재물을 내거나 선행(善行)을 쌓아 지은 죄를 갚음. ②크리스트교에서, 예수가 십자가에 매달려 죽음으로써 인류의 죄를 대속(代贖)한 일, 또는 대속하였다는 교리.

속죄-금(贖罪金) 명 속죄하기 위해 내는 돈. 유속전(贖錢)

속중(俗衆)명 ①중에 상대하여, 일반 사람을 이르는 말. ②속인들
속:-증(-症)명 속병
속지(俗知·俗智)명 세상일에 관한 지혜.
속지(屬地)명 어떤 나라에 딸린 땅. 속토 유 속령(屬領)
속지-주의(屬地主義)명 어느 나라 사람이든지 그 나라의 영토 안에 있는 경우는 다 그 나라 법률의 적용을 받아야 한다는 주의. ☞속인주의(屬人主義)
속진(俗塵)명 불교에서, 속세의 티끌, 곧 세상의 번잡한 일을 이르는 말. 황진(黃塵)
속:-질(-質)명 수질(髓質)
속:-짐작 명-하다타 마음속으로 하는 짐작. 속어림 ☞속요량. 겉짐작
속집(續集)명 본디 있던 서책에 잇대어서 모은 문집(文集)이나 시집.
속:-창 명 신발 속에 덧까는 창. ☞밑창. 신창
속창(俗唱)명 속요(俗謠)[1]
속:-청 명 대나무나 갈대 따위의 속에 있는 얇은 꺼풀.
×**속체**(俗諦)명 →속제(俗諦)
속출(續出)명-하다자 잇달아 나오거나 생겨남. ¶훈련에 낙오자가 -하다./신기록이 -하다.
속취(俗臭)명 ①세속의 냄새. ¶-를 풍기다. ②명리(名利)에 사로잡힌 속된 기풍.
속취(俗趣)명 ①세속의 취미. ②속된 취미.
속:-치레 명-하다자타 속을 잘 꾸미는 치레. ☞겉치레
속:-치마 명 겉치마 속에 받쳐 입는 치마. ☞겉치마
속:-치장(-治粧)명-하다자타 속을 꾸밈, 또는 그 꾸밈새. ☞겉치장
속칭(俗稱)명-하다타 세간에서 흔히 이르는 말, 또는 그 이름. ¶그 마을은 - 감골이라고 불린다.
속:-타:점(-打點)명-하다타 마음속으로 정하여 둠.
속:-탈(-^頉)명 먹은 것이 삭지 않아 생기는 병.
속태(俗態)명 세련되지 못하고 품격이 낮은 태도나 모양. 속티 ¶-를 벗다.
속토(屬土)명 속지(屬地)
속투(俗套)명 세속의 습관이 된 격식.
속-티(俗-)명 속태(俗態)
속:-판 명 '속마음'을 속되게 이르는 말. ¶그의 -을 알 수 있어야지.
속판(續版)명-하다타 앞서 나온 출판물에 잇달아 출판함, 또는 그 출판물. ▷續의 속자는 続
속편(續編·續篇)명 먼저 나온 책이나 영화의 내용을 다시 이어서 만든 책이나 영화. ¶전편보다 -이 못하다.
속:-표지(-表紙)명 책의 앞 면지(面紙) 다음에 있는, 책명이나 저자명·발행소명 등이 적힌 면. 안겉장
속:-풀이 명-하다자 쓰리거나 거북한 속을 해장국 따위로 푸는 일. ¶콩나물국으로 -하다. ☞해장
속풍(俗風)명 세속적인 풍습.
속필(俗筆)명 격식에 벗어난 속된 필적.
속필(速筆)명 빨리 쓰는 글씨.
속-하다(屬-)자여 일정한 조직이나 테두리에 딸리다. ¶대학에 속하는 연구소./민들레는 국화과에 속한다.
속-하다(速-)형여 빠르다 ¶속한 쾌유를 바란다.
속-히 부 속하게
속학(俗學)명 세속의 격이 낮은 학문.
속한(俗漢)명 성품이 저속한 사람.
속항(續航)명-하다자 계속하여 항해함.
속행(速行)명-하다자타 빨리 감, 또는 빨리 함.
속행(續行)명-하다타 잇달아서 함. ¶회의가 -되다.
속현(續絃)명-하다자 끊어진 금슬(琴瑟)의 줄을 다시 잇는다는 뜻으로, 아내를 여읜 뒤 다시 새 아내를 맞아들이는 일을 비유하여 이르는 말. ☞단현(斷絃)
속현(屬縣)명 지난날, 큰 고을 관할 아래 딸린 작은 고을을 이르던 말. 유속읍(屬邑)
속형(贖刑)명-하다자타 지난날, 돈을 바쳐 형벌을 면하던 일, 또는 돈을 받고 형벌을 면해 주던 일.
속화(俗化)명-하다자타 세속에 물듦, 또는 물들게 함.
속화(俗畫)명 속된 그림.
속화(俗話)명 세속의 고상하지 못한 이야기.
속화(速禍)명-하다자 재앙을 부름.
속환-이(俗還-)명 '중속환이'의 준말.
속회(俗懷)명 속념(俗念)
속효(速效)명 빨리 나타나는 효과. ¶-를 보다. ☞지효
속효성=비:료(速效性肥料)[-썽-]명 비교적 빨리 분해되며 단시일에 효과가 나타나는 비료. 황산암모늄 따위. ☞지효성 비료(遲效性肥料)
솎다[속-]타 촘촘히 나 있는 푸성귀 따위를 사이가 성기도록 군데군데 뽑아 내다. ¶어린 배추를 -.
솎아-베기 명 주된 나무를 잘 자라게 하려고 사이를 알맞게 두고 나무를 베어내는 일. 간벌(間伐)
솎음 명-하다타 촘촘히 난 푸성귀 따위를 군데군데 뽑아 성기게 하는 일. ¶- 상추
솎음-국[-꾹]명 '솎음배춧국'의 준말.
솎음-배추 명 솎아 낸 어린 배추.
솎음배춧-국 명 솎음배추로 끓인 토장국. 준솎음국
솎음-질 명-하다타 촘촘하게 난 채소 따위를 솎아 내는 일.
손[1] 명 ①사람의 팔목 끝에 이어진 부분. 손바닥·손등·손가락으로 이루어져 있으며, 물건을 잡거나 만지거나 함. ¶-에 -을 잡고 걷다./전시품에 -을 대지 마라./높이 -을 들어 보라. ☞발 ②일손이나 품. ¶모내기에 -이 부족하다./-이 많이 가는 일. ③도움이 되는 힘. ¶-을 빌리다. ④솜씨나 손의 기술. ¶바느질 -이 야무지다./장인의 -으로 만든 공예품. ⑤무슨 일을 해결하는 힘이나 수단. ¶회사 재건은 우리의 -으로./조국의 장래는 젊은이의 -에 달렸다. ⑥손이 미치는 범위라는 뜻으로, 소유 또는 지배력을 이르는 말. ¶재산이 그의 -에 넘어가다./두목의 -에 놀아나다. ⑦일에 대한 사람의 관계나 관여. ¶그 일에서 -을 떼다./나쁜 친구와 -을 끊다./유통 분야에 -을 뻗치다. ⑧음식이나 돈을 다루거나 쓰는 통. ¶아주머니는 -이 크다. ⑨중간에 거치는 경로나 사람. ¶농산물은 여러 -을 거치다 보니 비싸진다. ⑩필요한 대책이나 조처. ¶축대가 무너지기 전에 미리 -을 써야 한다. ⑪맷돌이나 씨아 따위의 손잡이. ¶물레의 -. ☞맷손. 씨아손 ⑫식물의 덩굴이 타고 뻗어 올라가게 대 주는 나무나 새끼 따위.
손에 걸리다 관용 누구의 손아귀에 잡혀 들다. ¶고놈, 내 손에 걸리기만 해 봐라.
손에 넣다 관용 자기의 것으로 만들다.
손에 놀다 관용 누구의 뜻대로 줏대 없이 움직이다. ¶주식 시장이 기관 투자가의 -.
손에 달리다 관용 누구의 힘에 좌우되다. ¶성공 여부는 자네 손에 달렸다.
손에 땀을 쥐다 관용 무엇을 보거나 듣거나 하면서 마음이 조마조마하게 졸아들어 몹시 긴장되거나 흥분하다. ¶손에 땀을 쥐게 하는 막상막하의 경기.
손에 떨어지다 관용 누구의 손아귀에 마침내 들어가다. ¶그 요새도 결국 아군의 손에 떨어졌다.
손에 붙다 관용 ①손놀림이 가볍고 능률이 오르다. 손에 잡히다. ②하는 일이 익숙하게 되어 능률이 오르다. ¶일이 손에 붙을만 하면 다른 데로 가 버린다.
손에 잡히다 관용 손에 붙다. ¶돈 마련이 걱정이다 보니 일이 손에 잡히지 않는다.
손(을) 거치다 관용 ①중간에 어떤 사람을 거치다. ¶중간 상인의 -. ②누구의 손질을 받다. ¶편집부장의 손을 거쳐야 원고가 완성된다.
손을 끊다 관용 사람이나 일과 관계를 끊다. ¶그 사람과 -./노름에서 손을 끊었다.
손을 나누다 관용 한 가지 일을 여러 사람이 나누어 하다. ¶서로 손을 나누어 오늘 중으로 일을 끝냅시다.
손(을) 내밀다 관용 무엇을 달라고 요구하거나 구걸하다. 손(을) 벌리다. ¶걸핏하면 큰집에 와서 손을 내민다.
손(을) 넘기다 관용 제철을 놓치다. ¶손을 넘기지 않고 고추 모종을 심다.
손(을) 놓다 관용 하던 일을 그만두거나 하던 조처를 포

기하다. ¶의사도 손을 놓은 상태이다.
손(을) 늦추다 관용 지금까지 맹렬히 해 오던 것을 늦추다. ¶이 일도 막바지에 이르렀으니 손을 늦추지 맙시다.
손(을) 대다 관용 ①손으로 만지거나 건드리다. ¶내 물건에 손을 대지 마라. ②일을 잡아 시작하거나 일삼아 시작하다. ¶출판업에 ─./주식 거래에 ─. ③일에 관여하거나 간섭하다. ¶정치 문제에 검찰이 ─. ④고치려고 손질하다. ¶원고에 다시 ─. ⑤남의 재물을 슬쩍 가지거나 쓰다. ¶회사 공금에 ─. ⑥때리거나 손찌검하다. ¶툭하면 하급생에게 손을 댄다.
손(을) 돕다 관용 일을 거들어 주다.
손(을) 떼다 관용 ①하고 있던 일을 아주 그만두다. ¶동업에서 ─. ②하던 일을 마치고 끝막다. 손(을) 털다.
손(을) 맺다 관용 할 일이 있는데도 아무 일도 안 하고 있다. 손끝을 맺다. ¶걱정은 하면서도 손을 맺고 있다.
손(을) 벌리다 관용 무엇을 달라고 요구하다. 손(을) 내밀다. ¶등록금 때문에 친구에게 ─.
손(을) 보다 관용 ①손질하여 고치다. ¶문이며 지붕이며 손을 볼 데가 많다. ②손을 써서 혼내 주다. ¶그 녀석 한번 손보아 주어야겠다.
손을 빌리다 관용 남의 일손 도움을 받다. ¶손을 빌려서라도 추수를 끝내야 한다.
손(을) 빼다 관용 하고 있던 일에서 빠져 나오다. ¶혼자 슬그머니 ─.
손을 뻗치다 관용 새로운 분야에 진출하거나 세력권을 넓히다. ¶서비스 업종에 ─.

손(을) 쓰다 관용 ①필요한 대책이나 조처를 취하다. ¶빨리 손을 쓰지 않으면 환자가 어떻게 될지 모른다. ②남에게 선심을 쓰다.
손(을) 씻다 관용 좋지 못한 일과 깨끗이 관계를 끊다. ¶어두운 과거에서 ─.
손(을) 잡다 관용 서로 뜻을 합쳐 일하다. ¶다시 손을 잡고 열심히 해 보자.
손을 적시다 관용 좋지 못한 일에 발을 들여놓다. ¶한때 노름에 손을 적신 적이 있다.
손(을) 주다 관용 덩굴이 타고 올라가도록 막대기나 새끼줄을 대주다. ¶수세미외에 ─.
손(을) 타다 관용 남이 슬쩍 하기 쉬워서 어느새 물건이 없어지다. ¶그런 데 두니까 손을 타지.
손(을) 털다 관용 ①본전을 몽땅 잃다. ¶손을 털 때까지 자리를 뜨지 않는다. ②하던 일을 그만두고 물러나다. 손(을) 떼다. ¶장사고 뭐고 손털었어.
손(이) 가다 관용 노력(勞力)이 들다. 손질이 많이 가다. ¶모시옷은 손이 많이 간다.
손(이) 거칠다 관용 ①도둑질하는 손버릇이 있다. ¶어릴 적부터 손이 거친 편이었다. ②일하는 솜씨가 꼼꼼하지 못하다. ¶손이 거칠어서 좋은 작품을 만들기가 힘들겠다.
손(이) 걸다 관용 씀씀이가 푸지다.
손(이) 나다 관용 ①하는 일을 잠깐 쉬거나 다른 일을 할 짬이 생기다. ¶손이 나는 대로 한번 들러 가게. ②일손에 여유가 생기다.
손(이) 놀다 관용 일거리가 없어서 쉬는 상태에 있다. ¶일거리가 없어 손이 놀고 있다.
손(이) 달리다 관용 진행 중인 일을 처리하는 데 일손이 모자라다. ¶한창 바쁜데 손이 달린다.
손(이) 닿다 관용 ①힘이 미치다. 손(이) 미치다. 손(이) 자라다. ¶손이 닿는 대로 수소문해서 알아보겠소. ②어떤 단계에 거의 미치다. ¶일흔 고개에 손이 닿는데도 쌀 한 섬을 거뜬히 지고 다닌다.
손(이) 떨어지다 관용 하던 일이 끝이 나다.
손(이) 뜨다 관용 일하는 품이 굼뜨다. ¶그렇게 손이 떠서야 남의 반일도 못하겠다.
손(이) 맑다 관용 남에게 물건이나 돈을 주는 품이 후하지 못하다. ¶손이 맑아서 가까이하려는 사람이 별로 없다.
손(이) 맞다 관용 함께 일하는 데 서로 잘 어울리다. ¶손이 맞는 동료.
손(이) 맵다 관용 ①손으로 슬쩍 때려도 아프다. ②일하는 품이 매우 여무지다.
손이 모자라다 관용 일손이 부족하다. ¶모내기에 손이 모자라서 학생이며 군인들이 돕는다.
손(이) 미치다 관용 손(이) 닿다. 손(이) 자라다. ¶손이 미치는 데까지 돌볼 작정이다.
손이 발이 되도록 빌다 관용 용서해 달라고 아주 간절히 빌다. ¶손이 발이 되도록 빌었지만 허사였다.
손(이) 비다 관용 하던 일이 끝나서 당장에 할 일이 없는 상태에 있다. ¶손 빈 사람은 옆 사람을 도와 주시오.
손이 서투르다 관용 일하는 솜씨가 서투르다.
손(이) 싸다 관용 손으로 다루는 품이 재빠르다. 손(이) 재다. ¶손이 싸게 코바늘로 뜨개질하다.
손(이) 자라다 관용 손(이) 닿다. 손(이) 미치다. ¶내 손이 자라는 데까지 도와 주겠다.
손이 작다 관용 물건이나 돈을 다루거나 쓰는 통이 작아서 후하지 않다. ¶손이 작아서 인심 얻기는 어렵겠다.
손(이) 재다 관용 손(이) 싸다. ¶손이 재기로 유명한 일꾼.
손(이) 크다 관용 물건이나 돈을 다루거나 쓰는 통이 커서 푼푼하다. ¶그 식당 아주머니는 ─.
속담 **손 안 대고 코 풀기** : 일을 아주 쉽게 해치운다는 말. /**손에 붙은 밥풀 아니 먹을까** : 이미 자기 차지가 다 된 것을 안 가질 사람은 없다는 말. /**손은 갈수록 좋고 비는 올수록 좋다** : 사람의 손이 많이 갈수록, 또 비가 자주 올수록 농사가 잘 된다는 말. /**손이 들이굽지 내굽나** : 자기에게 가까운 사람에게 정이 더 쏠리게 되는 것은 인지상정(人之常情)이라는 말. /**손이 많으면 일도 쉽다** : 무슨 일이든지 여럿이 함께 힘을 합치면 쉽게 잘 된다는 말. /**손 잰 승(僧)의 비질하듯** : 동작이 재빨라 무슨 일이나 되는 대로 빨리 해낸다는 말.

한자 **손 수**(手) 〔手部〕 ¶거수(擧手)/수공(手工)/수동(手動)/수재(手才)/수족(手足)/수직(手織)/수화(手話)

손² 명 ①만나러 찾아온 사람. 객(客). 내객(來客) ¶─을 맞아들이다./시골에서 ─이 왔다. ②초대를 받아 온 사람. ¶─이 앉을 자리. ☞빈객(賓客) ③값을 치르고, 숙박 시설에 묵거나 가게에서 상품을 사거나 탈것에 타거나 공연장 등에서 구경을 하거나 하는 사람. 숙박객·고객·승객·관람객 등. ¶오늘은 ─이 적다. ④길손 또는 나그네. 객인(客人) ¶─이 하룻밤 묵기를 청하다. 높 손님
손(을) 겪다 관용 손을 대접하여 치르다.
손(을) 보다 관용 찾아온 손을 만나 보다.
손(을) 치다 관용 요금을 받고 나그네를 묵게 하다.
손(을) 치르다 관용 큰일에서 여러 손을 대접하다.

한자 **손 객**(客) 〔宀部 6획〕 ¶객실(客室)/객인(客人)/고객(顧客)/승객(乘客)/하객(賀客)
손 빈(賓) 〔貝部 7획〕 ¶국빈(國賓)/귀빈(貴賓)/내빈(來賓)/빈객(賓客)/영빈(迎賓)

손³ 명 민속에서, 날짜를 따라 네 방위로 돌아다니면서 사람을 방해한다는 귀신. ¶오늘은 동쪽에 ─이 없다지.
손⁴ 의 손아랫사람을 낮추어 일컫는 말. '사람'보다 낮추고 '자'보다 좀 대접하여 씀. ¶그 젊은 ─.
손⁵ 의 ①미나리·파 따위의 채소를 한 차례 손으로 집는 분량. ¶콩나물을 한 ─ 주시오. ②조기·고등어 따위나 배추·무 등의 큰 것과 작은 것 하나씩을 합하여 한 단위로 이르는 말. ¶조기 두 ─.
손:(孫) 명 ①손자(孫子) ②'자손(子孫)'의 준말. ¶대대로 ─이 귀하다. ③'후손(後孫)'의 준말. ¶대를 이을 ─이 없다./─이 끊어지다.
손:(巽) 명 ①'손괘(巽卦)'의 준말. ②'손방(巽方)'의 준말. ③'손시(巽時)'의 준말.
손:(損) 명 ①'손해(損害)'의 준말. ②'손괘(損卦)'의 준말.
손-가늠 명 **-하다** 타 손으로 무게나 길이 따위를 대강 재어 보는 일. ¶─으로 책상의 폭을 재다. ☞눈어림. 손대중
손-가락[─까─] 명 손끝에 다섯 개로 갈라진 가락. 엄지손가락·집게손가락·가운뎃손가락·약손가락·새끼손가락을 통틀어 이름. 수지(手指) ¶─에 반지를 끼다./

― 하나 까딱 하지 않는다. ☞발가락
손가락(을) 걸다 관용 주로 어린이가 약속한다는 뜻으로 서로 손가락을 고리처럼 구부려 걸다.
속담 손가락에 불을 지르고 하늘에 오른다 : 불가능한 일을 한다는 뜻으로, 절대로 그렇지 않다고 강하게 부인하는 말.〔내 손에 장을 지져라〕/손가락으로 하늘 찌르기 : 막연하여 도무지 이룰 가망이 없는 일이라는 말.〔장대로 하늘 재기/바지랑대로 하늘 재기〕
손가락-무늬[―까―] 명 지문(指紋)
손가락-뼈[―까―] 명 손가락을 이루는 뼈. 사람의 경우 엄지손가락은 두 개, 나머지 손가락은 세 개씩으로 모두 열네 개임. 지골(指骨)
손가락-질[―까―] 명-하다 타 ①손가락으로 가리키는 짓. ②뒤에서 흉을 보거나 비난하는 짓. ¶남의 ―을 받다.
손-가:마[―까―] 명 두 사람이 손을 '井' 자처럼 엮어 잡아서 사람을 태우는 놀이.
손-가방[―까―] 명 손에 들고 다니는 작은 가방.
손-거스러미[―꺼―] 명 손톱 뿌리 자리의 가장자리에 얇고 가늘게 갈라져 일어난 살갗. 거스러미
손-거울[―꺼―] 명 손에 들고 보는 작은 거울.
손-겪이 명-하다 자 손님을 대접하여 치르는 일.
손-결[―껼] 명 손등의 살결. ¶―이 곱다.
손-곱다 형 춥거나 얼어서 손가락이 마음대로 움직이지 아니하다.
손-공(―功)[―꽁] 명 손의 힘과 솜씨로 이루어 내는 품. 수공(手功) ¶―이 많이 든 수공품.
손:-괘(巽卦)명 ①팔괘(八卦)의 하나. 상형은 ☴, 바람을 상징함. ②육십사괘(六十四卦)의 하나. 손괘(巽卦) 아래 손괘가 놓인 괘로 바람 아래 바람이 거듭됨을 상징함. 준 손(巽) ☞태괘(兌卦)
손:-괘(損卦)명 육십사괘(六十四卦)의 하나. 간괘(艮卦) 아래 태괘(兌卦)가 놓인 괘로 산 아래 못이 있음을 상징함. 준 손(損) ☞익괘(益卦)
손:괴(損壞)명-하다 자타 부서짐, 또는 부숨. ¶회오리바람에 ―된 집들./남의 기물을 ―하다.
손:괴-죄(損壞罪)[―쬐] 명 재물이나 문서를 손괴하여 그 효용 가치를 없애거나 떨어뜨림으로써 성립되는 범죄. 훼기죄(毁棄罪)
손-구구(―九九)[―꾸―] 명-하다 자타 손가락을 꼽아 가면서 하는 셈.
손-궤(―櫃)[―꿰] 명 몸 가까이에 두고 쓰는 조그마한 궤.
손-그릇[―끄―] 명 늘 가까이 놓고 쓰는 작은 세간. 벼룻집·반짇고리 따위.
손-금[―끔] 명 손바닥에 무늬처럼 잡혀 있는 금. 수문(手紋). 수상(手相) ¶―이 좋다.
손금(을) 보다 관용 ①손금으로 그 사람의 운수나 길흉을 헤아리다. ②화투짝 따위를 손바닥에 놓고 보는 데서, '노름을 하다'를 비유하여 이르는 말.
손금(을) 보듯 하다 관용 세세한 데까지 환히 알다. ¶동네 안을 ―.
손:금(損金)명 손해 본 돈, 또는 그 액수.
손금-쟁이[―끔―] 명 남의 손금을 보아 주는 일을 직업으로 삼는 사람.
손-기(―旗)[―끼] 명 수기(手旗)
손-기계(―機械)[―끼―] 명 동력을 이용하지 않고 사람의 손으로 움직이는 기계. 손틀
손-기술(―技術)[―끼―] 명 ①태권도에서, 손날이나 주먹을 이용하여 막고 지르고 찌르고 치고 하는 기본 기술. ②유도의 메치기 기술의 한 가지. 손으로 상대편의 몸을 잡아당겨 업어치거나 어깨로 메치어 넘어뜨림. ③씨름에서, 손으로 상대편의 다리를 당기거나 잡아 올리거나 또는 무릎을 치거나 하여 넘어뜨리는 공격 재간. 손짚이기·오금당기기·콩꺾기·팔잡아돌리기 따위가 있음.
손-길[―낄] 명 ①무엇을 잡으려고 내밀거나 뻗는 손. ¶아이들의 ―이 닿지 않는 곳에 두다. ②위하거나 해하려는 마음으로 내미는 손. ¶구원의 ―./유혹의 ―. ③다듬거나 꾸미거나 하는 손. ¶방이며 뜰이며 주부의 세심한 ―이 가지 않는 곳이 없다.
손길(을) 잡다 관용 두 손을 펴서 서로 잡다.
손-까불다(―까불고·―까부니) 자 ①재산을 날리다. ②경박한 행동을 하다.
손-꼴 명 손가락을 다 편 손바닥 모양. 장상(掌狀)
손꼴-겹잎[―닢] 명 한 개의 잎자루에 여러 개의 작은 잎이 손바닥 모양으로 붙은 겹잎. 장상 복엽(掌狀複葉)
손꼴-맥(―脈) 명 잎맥의 한 가지. 식물의 잎에 몇 가닥의 굵은 잎맥이 손가락을 편 손바닥 모양으로 갈라져 있는 것. 장상맥(掌狀脈)
손-꼽다 자타 ①손가락을 하나씩 구부려 가면서 수를 세다. ¶추석을 손꼽아 기다리다. ②많은 가운데에서 손가락으로 꼽힐 만큼 몇째에 들다. ¶국내에서 손꼽는 부자.
손-꼽히다 자 많은 가운데에서 손가락으로 꼽힐 만큼 몇째에 들게 되다. ¶학교에서도 손꼽히는 미인.
손-꽁치 명 낚시나 그물을 쓰지 않고 바닷말 언저리에 모인 산란기의 꽁치를 손으로 떠서 잡는 일, 또는 그렇게 잡은 꽁치.
손-끝 명 ①손가락의 끝. ¶―이 닳도록 일하다. ②손을 대어 생긴 모진 결과. 손때 ¶―이 맵다. ③손을 놀리어 하는 일솜씨. 주부의 ―이 음식 맛을 낸다.
손끝에 물이 오르다 관용 구차하던 살림이 넉넉해지다.
손끝(을) 맺다 관용 할 일이 있는데도 아무 일도 아니하다. 손(을) 맺다.
손끝(이) 여물다 관용 일하는 품이 매우 여무지다.
손-날 명 태권도 따위에서, 손가락을 가지런히 폈을 때 새끼손가락에서 손목에 이르는 모서리 부분을 칼날에 비유하여 이르는 말. 수도(手刀) ¶―로 벽돌을 깨다.
손녀(孫女)명 아들의 딸. 여손(女孫) ☞손자(孫子)
손녀-딸(孫女―)명 '손녀'를 귀엽게 이르는 말.
손-놀림 명 일을 하는 손의 움직임. 손을 놀리는 품. ¶―이 빠르다./피아니스트의 능란한 ―. ☞팔놀림
손-누비 명 옷 따위를 손으로 누비는 일, 또는 그렇게 누빈 것. ☞필누비
손-님 명 ①'손[2]'의 높임말. ¶귀한 ―./택시를 타는 ―./―접대를 잘하다. ②'손님마마'의 준말.
손님-마:마 명 '천연두'·'별성마마'를 달리 이르는 말. 준 손님
손님-상(―床)[―쌍] 명 무당이 굿을 할 때에 손님마마를 위하여 차린 제물상.
손님-장(―醬)[―짱] 명 간장을 담글 때 특별한 일에 쓰려고 작은 단지에 따로 담그는 간장.
손-대[―때] 명 내림대
손대기 명 지난날, 잔심부름을 할만 한 아이를 이르던 말.
손대-내리다[―때―] 자 무당 등이 경문을 읽어 귀신이 내림대에 내리다. 준 대내리다
손-대야[―때―] 명 작은 대야.
손-대중[―때―] 명-하다 타 손으로 쥐어 보거나 들어 보고 어림으로 헤아리는 일, 또는 그 분량이나 무게. ¶―으로 반 관은 실하다. ☞손가늠
손-더듬이 명-하다 자타 보이지 않는 것을 손끝의 느낌으로 이러저리 더듬어 찾는 일. ¶―로 전등 스위치를 찾다.
손더듬이-질 명-하다 자타 손으로 더듬는 짓.
손-덕(―德)[―떡] 명 놀음이나 놀이 따위에서, 우연히 잘 맞는 손속. 수덕(手德) ¶―을 보다.
손:도(損徒)명-하다 타 지난날, 오륜(五倫)에 벗어난 행실을 한 사람을 마을에서 쫓아내던 일.
손도(를) 맞다 관용 오륜에 벗어난 행실을 하여 마을에서 쫓겨나다.
손-도:끼[―또―] 명 한 손으로 쓸 수 있는 작은 도끼. 수부(手斧)
손-도장(―圖章)[―또―] 명 ①엄지손가락의 지문(指紋)에 인주 따위를 묻혀 도장 대신 찍는 일, 또는 그 손가락 무늬. 무인(拇印). 지장(指章) ¶―도 유효하다. ②손바닥에 인주 따위를 묻혀 도장 대신 찍는 일, 또는 그 손바닥 무늬. 수인(手印)

손-독(-毒)[-똑] 명 가려운 자리나 헌데에 손을 대어서 옮기는 독기.

손독(을) 올리다 관용 손독이 오르게 하다.

손독(이) 오르다 관용 손독이 옮아 덧나다.

손돌-바람 명 손돌이추위 때 부는 찬바람. 손돌이바람

손돌이-바람 명 손돌바람

손돌이-추위 명 음력 시월 스무날께에 오는 심한 추위.

손돌-풍(-風)명 손돌바람

손-동:작(-動作)[-똥-] 명-하다 자 손을 놀리는 동작.

손:득(損得)명 손해와 이익. ¶-을 따지다.

손-들다(-들고·-드니)자 ①항복의 뜻으로, 두 손을 머리 위로 올리다. 항복하다 ¶적군이 모두 손들고 나오다. ②일이 너무 어렵거나 하여 단념하거나 포기하다. ¶수학에는 손들었다.

손-등[-뜽] 명 손바닥의 반대 면. 수배(手背) ☞손바닥

손-때 명 ①손에 묻은 때, 또는 손으로 자꾸 만져서 묻은 때. ¶- 묻은 문갑. ②손끝

손때(가) 먹다 관용 그릇이나 가구 따위에 손이 많이 가서 길이 들다.

손때(를) 먹이다 관용 ①사물을 닦아 광이 나게 하다. ②오랜 동안 길들여 쓰다. ③정이 들도록 오래 키우다.

손-떠퀴 명 무슨 일이나 손을 대기만 하면 좋거나 궂은 일이 따라 생기는 일. ¶-가 사납다.

손-뜨개 명 손으로 뜨는 일, 또는 그런 물건.

손뜨개-질 명 손으로 하는 뜨개질.

손-뜨겁다(-뜨겁고·-뜨거워)형ㅂ 손부끄럽다

손:료(損料)명 옷이나 세간 따위를 빌려 주어 그 닳거나 상한 값으로 받는 돈.

손-많:다 형 일손이 많다.

손-말명 명 처녀가 죽어서 된다는 귀신. ☞몽달귀

손-말사(孫末寺)[-싸] 명 말사(末寺)에 딸린 작은 절.

손:모(損耗)명-하다 자타 써서 닳아 없어짐, 또는 써서 없앰. ¶기계의 -가 심하다./칼날이 -하다.

손-모가지 명 '손'이나 '손목'을 속되게 이르는 말.

손-목 명 팔 아래쪽에 손이 이어지는 부분. 팔목 ☞발목

손목을 잡고 말리다 관용 기어코 하지 못하게 말리다.

손목-뼈 명 손목을 이루는 여덟 개의 작은 뼈. 완골(腕骨)

손목-시계(-時計)명 손목에 찰 수 있게 줄이 달린 작은 시계. ☞몸시계

손밀이-대:패 명 기계 대패의 한 가지. 전동기로 돌리는 날에 나무를 손으로 밀어 가면서 깎음.

손-바구니 명 손에 들기에 알맞은 작은 바구니.

손-바꿈 명-하다 타 ①여럿이 어떤 일을 할 때, 자기가 잘 하는 일로 서로 바꾸어 일함. ②그 날 일에 사람을 서로 바꾸어 일함. 환수(換手)

손-바느질[-빠-] 명-하다 자타 재봉틀을 쓰지 않고 손으로 하는 바느질.

손-바닥[-빠-] 명 손의 안쪽인 넓은 바닥. 손등의 반대되는 쪽. 수장(手掌) ☞손등

손바닥(을) 뒤집듯 하다 관용 계획이나 태도 따위를 손쉽게 갑자기 바꾸다.

한자 손바닥 장(掌) 〔手部 8획〕 ¶박장(拍掌)/합장(合掌)

손바닥-뼈[-빠-] 명 손바닥의 기본을 이루는 다섯 개의 뼈. 장골(掌骨)

손-바람[-빠-] 명 일을 치러 나가는 솜씨나 기세. ¶-이 나서 일을 빨리 끝냈다.

손-발 명 손과 발을 아울러 이르는 말. 수족(手足) ¶-이 차다./-을 빨리 움직이다.

손발(을) 걷다 관용 죽은 사람의 팔과 다리를 굳기 전에 거두어 놓다.

손발(을) 치다 관용 자기가 발견한 것을 여러 사람에게 외쳐 알리다.

손발이 닳도록 빌다 관용 허물이나 잘못을 용서해 달라고 몹시 빌다. ¶다시는 그러지 않겠다고 -.

손발(이) 되다 관용 남을 대신하여 그의 뜻대로 움직이거나 행동하는 사람이 되다. ¶남의 손발이 되어 일하다.

손발(이) 따로 놀다 관용 단체 행동 따위에서 일치되지 않고 제각기 따로따로 행동하다. ¶손발이 따로 노니 상대편을 이길 수 없지.

손발(이) 맞다 관용 함께 일을 하는데 서로 마음과 행동이 맞다. ¶도둑질도 손발이 맞아야 한다.

손-발톱 명 손톱과 발톱을 아울러 이르는 말.

손:방 명 할 줄 모르는 솜씨. ¶나는 씨름은 -이다.

손:방(巽方)명 ①팔방(八方)의 하나. 남동(南東)을 중심으로 한 45도 범위 안의 방위. ②이십사 방위의 하나. 남동(南東)을 중심으로 한 15도 범위 안의 방위. 진방(辰方)과 사방(巳方)의 사이. 준손(巽) ☞건방(乾方)

손-버릇[-뻐-] 명 ①손에 익은 버릇. ②남의 것을 훔치거나 남을 때리는 버릇. ¶-이 사납다.

손-보기[1] 명 일이나 물건 따위를 손질하여 보살피는 일.

손-보기[2] 명 여자가 몸 파는 것을 직업으로 삼는 일.

손:-보다(損-)자 손해를 입다.

손:복(損福)명-하다 자 복이 줄어듦, 또는 복을 잃음.

손부(孫婦)명 손자의 아내. 손자며느리

손-부끄럽다(-부끄럽고·-부끄러워)형ㅂ 무엇을 바라거나 받으려고 손을 내밀었다가 상대가 응하지 않아 무안하다. 손뜨겁다

손-북 명 손잡이가 달린 작은 북.

손:비(損費)명 손해를 본 만큼의 비용.

손-뼈 명 손목뼈와 손바닥뼈, 손가락뼈로 이루어진 뼈를 통틀어 이르는 말. 수골(手骨)

손뼉 명 손바닥과 손가락을 합친 온 면. 왼쪽과 오른쪽을 서로 마주 치면 소리 나는 손바닥.

손뼉(을) 치다 관용 ①손바닥을 마주 쳐서 소리를 내다. ¶손뼉을 치며 응원하다. ②어떤 일에 찬성하거나 좋아하다. ¶여행을 가자는 말에 손뼉을 치며 좋아하다.

한자 손뼉 칠 박(拍) 〔手部 5획〕 ¶박수(拍手)/박장(拍掌)/박장대소(拍掌大笑)

손:사(遜辭)명 겸손한 말.

손-사래[-싸-] 명 조용히 하라고 이르거나 어떤 일을 부인 또는 거절할 때에 손을 펴서 내젓는 짓. 준손살

손사래(를) 치다 관용 손을 펴서 마구 내젓다. ¶손사래를 치며 거절하다.

손사랫-짓[-싸-] 명-하다 자 손사래를 치는 짓.

손:사-풍(巽巳風)명 손방(巽方)과 사방(巳方) 사이에서 불어오는 바람. 곧 남으로 기운 남동(南東)에서 부는 바람을 이름.

손-살[-쌀] 명 '손사래'의 준말.

손:상(損傷)명-하다 자타 ①깨지고 상함, 또는 깨지고 상하게 함. ¶새 차를 -하다. ②명예 따위를 더럽히고 상하게 함. ¶체면을 -하다.

손:상박하(損上剝下)성구 나라에는 해를 끼치고 백성에게서는 재물을 빼앗음을 이르는 말.

손:상익하(損上益下)성구 윗사람에게 해를 끼치고 아랫사람을 이롭게 함을 이르는 말. ☞손하익상(損下益上)

손-샅[-싿] 명 손가락 사이.

손:색(遜色)명 서로 견주어 보아서 질이나 모양 따위가 좋지 못한 점. ¶수제품에 비하여 조금도 -이 없다.

손서(孫壻)명 손녀의 남편. 손자사위

손:설(飧泄)명 한방에서, 먹은 음식이 삭지 않고 그대로 다 나와 버리는 설사를 이르는 말.

손세(孫世)명 ①자손이 늘어 가는 정도. ②손자의 세대.

손-속[-쏙] 명 노름할 때 힘들이지 않아도 손 대는 대로 잘 맞아 나오는 재수. ¶-이 좋다. ☞손덕

손수 부 남의 힘을 빌리지 않고 제 손으로. 몸소 ¶- 만든 요리. ☞친히

손-수(-手)명 한자 부수(部首)의 한 가지. '拏'·'拳' 등에서 '手'의 이름. ☞재방변

손-수:건[-쑤-] 명 주머니나 손가방 따위에 넣고 다니는 네모난 작은 수건.

손-수레 명 사람이 손으로 끄는 수레. 수거(手車)

손수레-꾼 명 손수레에 짐을 싣고 끄는 일을 직업으로 삼

는 사람.
손숫-물 [명] 손을 씻는 데 쓰이는 물.
손-쉽다(-쉽고·-쉬워)[형ㅂ] 일을 처리하기가 아주 쉽다. ¶손쉬운 방법./돈을 손쉽게 벌다.
손:시(巽時)[명] 하루를 스물넷으로 가른, 열째 시(時). 지금의 오전 여덟 시 삼십 분부터 아홉 시 삼십 분까지의 동안. ㊟손(巽) ☞사시(巳時)
손-시늉[-씨-][명][-하다][자] 손으로 하는 시늉. ¶-을 섞어 가며 말하다.
손:실(損失)[명][-하다][자타] 재산이나 이익이 축나거나 없어짐, 또는 그 손해. ¶인명의 -./큰 -을 입다. ☞이득
손-심:부름[-씸-][명] 몸 가까이에 있는 일들을 거드는 잔심부름.
손-씻이[명][-하다][자] 남의 수고에 대한 보답으로 작은 물건을 줌, 또는 그 물건. ☞팁(tip)
손-아귀[명] ①엄지손가락과 다른 네 손가락의 사이. ②틀어쥐는 힘. ¶-가 세다. ③어떤 세력이 미치는 범위. 수악(手握) ¶적의 -에 들어가다.
손아귀에 넣다[관용] 제 것으로 만들다. 손안에 넣다.
손-아래[명] ①자기보다 나이가 어림. ¶세 살 -의 동생. ②자기보다 항렬이 낮음. ¶- 동서 ③일터에서, 자기보다 지위가 낮음, 또는 그런 사람. 수하(手下) ☞손위
손아래-뻘[명] 손아래가 되는 관계. ¶-이 되는 사람.
손아랫-사람[명] 손아래가 되는 사람. ¶-을 대하듯 반말을 하다. ☞손윗사람
손-안[명] ①손바닥의 안. ¶-에 아무 것도 없다. ②어떤 일을 자기의 뜻대로 다룰 수 있는 범위 안, 또는 그 안에 있는 상태. 수중(手中) ¶-에서 놀다./달아나 보아야 부처님 -이다.
손안에 넣다[관용] 제 것으로 만들다. 손아귀에 넣다.
손안에 놓인듯[관용] 아주 가까이에 있는듯 또렷하게. ¶골짜기의 집들이 - 다가왔다.
손:액(損額)[명] 손해를 본 액수.
손:양(遜讓)[명][-하다][타] 겸손하게 사양함.
손-어림[명][-하다][타] 손으로 어림쳐 헤아림, 또는 그 분량. 손짐작
손:우(損友)[명] 사귀어서 이롭지 못한 벗. ☞익우(益友)
손-위[명] ①자기보다 나이가 많음. ¶세 살 -의 누님. ②자기보다 항렬이 높음. ¶-의 어른. ③일터에서, 자기보다 지위가 높음, 또는 그런 사람. 수상(手上) ☞손아래

[한자] 손위 누이 자(姊)〔女部 5획〕¶자매(姊妹)/자모(姊母)/자씨(姊氏) ▷속자는 姉

손:위(遜位)[명][-하다][자] 임금의 자리를 물려줌. 양위(讓位)
손윗-사람[명] 손위가 되는 사람. ☞손아랫사람
손:이(巽二)[명] 민속에서, 바람을 맡아본다는 귀신.
손:-익(損益)[명] ①손실과 이익. ¶-을 따지다. ②경영의 결과로 생긴 자본 총액의 감소와 증가.
손:익=계:산(損益計算)[명] 사업의 손익을 회계적 절차에 따라 계산하여 확정하는 일. 성과 계산(成果計算)
손:익=계:산서(損益計算書)[명] 한 회계 기간의 기업의 손익 내용을 명확하게 하기 위하여 결산 후에 만드는 계산서. 손익표(損益表)
손:익=계:정(損益計定)[명] 한 회계 기간의 사업 실적을 명확하게 결산기말 원장에 베푸는 계정.
손:익=분기점(損益分岐點)[명] 사업을 경영하거나 제품을 시장에 내어 판 경우에 판매액과 총비용이 같아진 점. 판매액이 이 점 이상이 되면 이익이 생김.
손:익-표(損益表)[명] 손익 계산서(損益計算書)
손자(孫子)[명] 아들의 아들. 손(孫) ☞손녀(孫女)
[속담] **손자를 귀애하면 코 묻은 밥을 먹는다** : ①손자를 귀여워하여도 손자의 덕은 볼 수 없음을 이르는 말. ②어리석은 사람과 친하게 지내면 이로운 것은 없고 손해만 입게 됨을 이르는 말./**손자 밥 떠먹고 천장 쳐다본다** : 체신없는 짓을 해 놓고 시치미를 떼는 경우를 비유하여 이르는 말./**손자 환갑 닥치겠다** : 너무 오래 걸려서 기다리기가 몹시 지루함을 이르는 말.

[한자] 손자 손(孫)〔子部 7획〕¶손녀(孫女)/손자(孫子)/외손(外孫)/종손(宗孫)/후손(後孫)

손-자국[-짜-][명] 손이 닿았던 흔적. ¶-이 나다.
손-자귀[-짜-][명] 소자귀
손자-며느리(孫子-)[명] 손자의 아내. 손부(孫婦)
손자-사위[명] 손녀의 남편. 손서(孫壻)
손:자삼요(損者三樂)[성구] 사람에게 손해가 되는 세 가지 즐거움을 이르는 말. 교만하게 사치함을 즐기고, 한가로이 놀기를 즐기고, 주연(酒宴)을 즐기는 일을 이름. ☞익자삼요(益者三樂)
손:자삼우(損者三友)[성구] 사귀어 손해가 되는 세 유형의 벗. 곧 편벽된 벗, 착하지만 줏대가 없는 벗, 말만 잘하고 성실하지 못한 벗을 이름. 삼손우(三損友) ☞익자삼우(益者三友)
손-잡다[자] ①손과 손을 마주 잡다. ¶서로들 손잡고 반가워하다. ②서로 도와 힘을 합치다. 협력하여 함께 일하다. ¶두 회사가 시장 개척을 위해 -.
손-잡이[명] 그릇이나 문 따위에 달리어 열거나 들거나 붙잡을 수 있도록 덧붙여 놓은 부분. ¶주전자의 -.
손-장난[-짱-][명][-하다][자] ①쓸데없이 손을 놀려서 하는 장난. ¶-이 심한 아이. ②'노름'을 달리 이르는 말.
손-장단[-짱-][명] 손으로 맞춰 치는 장단. ☞발장단
손:재(損財)[명][-하다][자] 재물을 잃어버림, 또는 그 재물.
손-재간(-才幹)[-째-][명] 손재주
손-재봉틀(-裁縫-)[명] 손으로 돌려서 바느질을 하는 재봉틀. ㊟손틀 ☞발재봉틀

손:재-수(損財數)[-쑤][명] 재물을 잃거나 손해 볼 운수. ¶-가 들다.
손-재주[-째-][명] 손으로 무엇을 만들거나 다루는 재주. 손재간. 수교(手巧). 수기(手技). 수재(手才)
손-저울[-쩌-][명] 손으로 쥐고 무게를 다는 저울.
손:전(損田)[명] 홍수나 가뭄·바람·서리·벌레 등의 피해 때문에 손해를 본 전답.
손-전:등(-電燈)[-쩐-][명] 건전지를 넣고 손에 쥐고 다니며 불을 켤 수 있게 만든 전등. 회중 전등(懷中電燈)
손:제(損弟)[명] 부족한 아우라는 뜻으로, 친구끼리 주고받는 편지에서 자기를 낮추어 이르는 한문 투의 말.
손-제자(孫弟子)[명] 불교에서, 제자의 제자를 이르는 말.
손:좌(巽坐)[명] 묏자리나 집터 등이 손방(巽方)을 등진 좌향(坐向).
손:좌-건향(巽坐乾向)[명] 묏자리나 집터 등이 손방(巽方)을 등지고 건방(乾方)을 향한 좌향(坐向).
손증(孫曾)[명] 손자와 증손자를 아울러 이르는 말.
손지(孫枝)[명] 가지에서 다시 돋아 나온 곁가지.
손-질[명][-하다][타] ①손을 대어 잘 매만지거나 고치는 일. ¶원고를 -하다./부서진 걸상을 -해서 쓰다. ②손으로 남을 함부로 때리는 일. ③택견에서, 손으로 상대편의 목을 밀거나 목덜미를 낚아채거나 하여 상대편의 중심을 흐트러뜨리는 기술.
손-짐작[-찜-][명][-하다][타] 손어림
손-짓[-찟][명][-하다][자] 손을 놀려 어떤 사물을 가리키거나 뜻을 나타내는 일. ¶-을 보내다./물러서라고 -하다.
손-짚이기[명] 씨름의 손기술의 한 가지. 상대편의 팔이 늘어졌을 때 순간적으로 그 팔을 아래로 당겨 바닥에 손이 닿게 하는 공격 재간. ☞오금당기기
손-짭손[명][-하다][자] 좀스럽고 얄망궂은 손장난.
손-찌검[명][-하다][자타] 손으로 남을 때리거나 치는 일. ¶아이에게 -을 하다.
손-치다[1] [자] 돈을 받고 손을 묵게 하다.
손-치다[2] [타] ①물건을 매만지어 정리하다. ②정돈된 물건이 흐뜨러지거나 일부가 없어지다.
손-톱[명] 손가락 끝에서 자라나는 뿔같이 단단한 부분. 수조(手爪). 지조(指爪)
손톱도 안 들어가다[관용] 손톱자국도 안 날 정도로 사람됨이 몹시 야무지고 인색하다.

손톱만큼 관용 손톱자국이 안 날 정도로 '매우 적음' 또는 '조금'을 비유하여 이르는 말. ¶양심이라고는 -도 없다.

손톱을 튀기다 관용 일은 하지 아니하고 놀면서 지내다.

손톱 저기다 관용 손톱으로 찍어 자국을 내다.

속담 **손톱 밑에 가시 드는 줄은 알아도 염통 밑에 쉬스는 줄은 모른다** : 눈앞에 보이는 작은 이해 관계에는 밝지만 당장 나타나 보이지 않는 큰일이나 큰 손해는 잘 깨닫지 못함을 비유하여 이르는 말./**손톱 밑의 가시** : 늘 마음에 꺼림칙하게 걸리는 일을 비유하여 이르는 말./**손톱은 슬플 때마다 돋고 발톱은 기쁠 때마다 돋는다** : 발톱보다 손톱이 더 빨리 자라는 데서 기쁨보다 슬픔이 더 많음을 비유하여 이르는 말.

손톱-깎이 명 손톱을 깎는 데 쓰이는 기구.

손톱-눈 명 손톱 좌우 양쪽 가장자리와 살과의 사이.

손톱-독(-毒) 명 손톱으로 긁거나 할퀴어 옮는 독기.

손톱독(이) 오르다 관용 손톱독이 옮아 독기가 생기다.

손톱-물 명 손톱에 묻은 물.

손톱물(을) 튀기다 관용 일은 하지 아니하고 놀면서 지내다. 손톱을 튀기다.

손톱-여물 명 손톱을 앞니로 자꾸 씹어 뜯는 일.

손톱여물(을) 썰다 관용 무슨 일을 당하여 혼자서만 걱정을 하고 몹시 애를 태우다.

손톱-자국 명 손톱으로 꼬집거나 할퀴어 생긴 자국. ¶얼굴에 -이 나다.

손톱-조(-爪) 명 한자 부수(部首)의 한 가지. '爬' 등에서 '爪', '爭'·'爲' 등에서 '爫'의 이름.

손-틀 명 ①손기계 ②'손재봉틀'의 준말. ☞발틀

손-티 명 살짝 얽은 얼굴의 마마 자국.

손포 명 ①일할 사람, 또는 일손의 수. ¶-가 많다. ②일할 양.

손-풀무 명 궤 모양의 장치에 달린 손잡이를 손으로 밀었다 당겼다 하여 바람을 일으키는 풀무.

손-풍금(-風琴) 명 악기의 한 가지. 주름상자를 늘였다 오므렸다 하면서, 버튼이나 건반을 눌러 연주함. 아코디언

손:피(遜避) 명 -하다 타 사양하여 피함.

손:하익상(損下益上) 성구 아랫사람에게 해를 입히고 윗사람을 이롭게 함을 이르는 말. ☞손상익하(損上益下)

손:-하:절(巽下絕) 명 팔괘(八卦)에서, 손괘(巽卦)는 아래의 막대만 끊어졌다는 뜻으로 ☴의 모양을 이르는 말. ☞진하련(震下連)

손항(孫行) 명 손자뻘 되는 항렬.

손:해(損害) 명 물질적·정신적으로 불이익을 당하거나 해를 입는 일, 또는 그 불이익이나 해. ¶남에게 -를 끼치다./-가 막심하다. 준 손(損) ☞이익(利益)

손해(가) 가다 관용 손해가 되다. ¶손해가 가는 장사.

손해(가) 나다 관용 손해가 생기다.

손해(를) 보다 관용 손해를 입다. 손보다 ¶주식에 투자했다가 -.

손:해=배상(損害賠償) 명 법률의 규정에 따라 남에게 끼친 손해를 물어주는 일, 또는 물어주는 그 돈이나 물건. ¶-을 청구하다.

손:해=보:험(損害保險) 명 불의의 사고 때문에 생긴 재산상의 손해를 보충받기 위하여 미리 체결하는 보험. 해상 보험·화재 보험 따위.

손-화로(-火爐) 명 한 손으로 들고 옮길 수 있도록 만든 작은 화로.

손-회목 명 손목의 잘록한 부분. 팔회목

솔[1] 명 ①'소나무'의 딴이름. ②화투 딱지의 한 가지. 1월을 상징하여 소나무를 그린 딱지. 광(光), 홍단 띠, 껍데기 두 장으로 이루어짐. ☞송학(松鶴). 매화(梅花)

속담 **솔 심어 정자라** : 앞날의 성공이나 성사가 아주 까마득함을 비유하여 이르는 말.

솔:[2] 명 먼지를 쓸어 떨거나 때를 밀거나 풀 따위를 칠하는 데 쓰이는 도구. 짐승의 털이나 가는 철사·플라스틱 따위를 가지런한 길이로 묶거나 곧추 꽂아 만듦.

솔:[3] 명 피부병의 한 가지. 살에 좁쌀 같은 것이 송송 돋고 나중에 물집이 생기는 피부병.

솔:[4] 명 활을 쏠 때 쓰는 무명 따위로 만든 과녁. ☞대포(大布). 소포(小布). 중포(中布)

솔:[5] 명 '솔기'의 준말.

솔(sol 이) 명 서양 음악의 장음계 다섯째(단음계 일곱째)의 이탈리아 음계 이름. 우리 나라 음계 이름 '사'에 해당함. ☞지(G)

솔가(率家) 명 -하다 자 온 가족을 거느리고 가거나 옴. 설가(挈家). 솔권(率眷) ¶-하여 피난을 가다.

솔-가루[-까-] 명 솔잎을 찧어 만든 가루.

솔-가리[-까-] 명 ①말라 떨어져 쌓인 솔잎. ¶-를 긁어 모으다. ②땔감으로 쓰려고 묶어 놓은 소나무 가지.

솔-가지[-까-] 명 ①소나무의 가지. ②솔가리로 쓰려고 꺾거나 베어서 말린 소나무 가지.

솔개 명 수릿과의 겨울 철새. 몸길이 50cm 안팎. 몸빛은 암갈색이며 가슴에는 검은 세로무늬가 있음. 꽁지의 끝은 황백색이며 제비꼬리 모양임. 하늘에 높이 떠 맴돌면서 들쥐·개구리 따위의 먹이를 노림.

속담 **솔개 까치집 빼앗듯** : 힘을 써서 남의 것을 억지로 빼앗는 경우를 비유하여 이르는 말./**솔개도 오래면 꿩을 잡는다** : 어떠한 분야에 대해 아무 능력이 없는 사람도 오래 경험을 쌓으면 얼마간의 지식과 능력을 가지게 됨을 이르는 말./**솔개를 매로 보았다** : 쓸모 없는 것을 쓸 만한 것으로 잘못 보았음을 이르는 말./**솔개 어물전 돌듯** : 한곳에 미련이 남아 차마 떠나지 못하는 모양을 이르는 말.

솔개-그늘 명 음력 2월 20일에 날이 흐려야 풍년이 든다 하여 솔개만 한 그늘만 져도 좋다는 뜻으로, 아주 자그마한 그늘을 이르는 말.

솔거(率去) 명 -하다 타 여러 사람을 거느리고 감.

솔구이발(率口而發) 성구 앞뒤를 가리지 않고 경솔하게 함부로 말함을 이르는 말.

솔권(率眷) 명 -하다 자 솔가(率家)

솔기 명 옷 따위를 지을 때 두 폭을 맞대고 꿰맨 줄. ¶바지 -./-가 터지다. 준 솔[5]

솔깃-하다[-긷-] 형 여 말이나 행동이 그럴듯하여 마음이 쏠리다. ¶사업 이야기에 귀가 -.

솔깃-이 부 솔깃하게 ¶- 귀에 들어오다.

솔-나리 명 백합과의 여러해살이풀. 줄기 높이 70cm 안팎. 잎은 가늘고 길며 초여름에 분홍색이나 홍자색 꽃이 뒤로 젖혀져 핌. 열매는 삭과(蒴果)이며 세 쪽으로 갈라지고 갈색의 씨가 있음. 관상용으로 심으며 비늘줄기는 먹을 수 있음.

솔-나무 명 '소나무'의 원말.

솔-나물 명 꼭두서닛과의 여러해살이풀. 줄기 높이 70~100cm. 마디가 많고 잔털이 났으며 잎은 여덟 장씩 돌려남. 6~8월에 노란 꽃이 줄기 끝이나 잎겨드랑이에 원추(圓錐) 꽃차례로 핌. 산과 들에 흔히 자라며 어린잎은 먹을 수 있음. 우리 나라와 일본, 중국 등지에 분포함.

솔:다[1](솔고·소니) 자 ①헌데나 상처 따위가 말라서 굳어지다. ¶상처가 거덕거덕 솔기 시작하다. ②물기가 있던 것이나 콘크리트 따위가 말라서 단단히 굳어지다. ¶벽지에 바른 풀이 솔다.

솔:다[2](솔고·소니) 자 '무솔다'의 준말.

솔:다[3](솔고·소니) 형 소매나 바짓가랑이의 폭, 또는 옷의 품 따위가 공간적으로 좁다. ¶소매통이 -./바짓가랑이가 솔아서 입을 수가 없다. ☞너르다

솔:다[4](솔고·소니) 형 시끄러운 소리나 같은 말을 자꾸 들어서 귀가 아플 정도로 싫고 귀찮다. ¶귀가 솔도록 들어 온 이야기.

솔:다[5](솔고·소니) 형 긁으면 아프고 안 긁자니 가렵다. ¶모기 물린 곳이 자꾸 -.

솔:-대[-때] 명 ①판장 틈이나 문설주 따위에 가늘게 오려 붙인 나무 오리. 솔대목 ②활을 쏠 때, 솔을 버티는 장대.

솔:대-목(-木)[-때-] 명 솔대

솔도파(率堵婆·窣堵婆 ∠stūpa 범)명 부처의 사리를 모시거나 부처의 공덕을 기리기 위해 영지(靈地)의 표지로 세우는 건조물이나 탑.

솔-따비 명 솔뿌리 따위를 캐는 데 쓰는 따비.

솔라닌(solanin)명 감자 따위의 눈에 들어 있는 알칼로이드의 한 가지. 가수 분해를 하면 포도당·갈락토오스 따위로 분리됨. 독성이 있어 많이 먹으면 구토·현기증·복통 등의 중독 증세를 일으킴.

솔라리제이션(solarization)명 사진에서, 지나친 노출 과다로 현상한 화상의 명암이 거꾸로 나타나는 현상, 또는 그 현상을 이용하는 사진 기법.

솔래(率來)명-하다타 여러 사람을 거느리고 옴.

솔래-솔래 부 살짝살짝 조금씩 빠져 나가는 모양을 나타내는 말. ¶손님들이 ─ 빠져 나가다.

솔레노이드(solenoid)명 둥근 대롱 모양으로 감아 놓은 코일.

솔로(solo 이)명 ①음악에서, 독창이나 독주. ¶피아노 ─ ②혼자 있는 일 또는 단독으로 하는 일.

솔로홈:런(solo home run)명 야구에서, 주자(走者)가 없을 때 치는 홈런.

솔리드스테이트(solid-state)명 텔레비전이나 라디오에서, 진공관 대신 트랜지스터·아이시(IC) 따위의 반도체로 회로를 구성하는 방식.

솔리스트(soliste 프)명 혼자 반주에 맞춰 노래 또는 연주를 하거나, 협주하는 도중에 혼자 노래 또는 연주를 하는 사람.

솔무(率舞)명-하다자 여러 사람을 거느리고 춤을 춤.

솔-문(─門)명 축하하거나 환영하는 뜻을 나타내려고 청솔가지를 입혀 세워 놓은 문. 녹문(綠門)

솔-바람 명 솔숲 사이를 스치고 부는 가벼운 바람. 송뢰(松籟). 송풍(松風)

솔:-바탕 명 활 한 바탕, 곧 활터에서 솔대가 있는 곳까지의 거리. 보통 일백 이십 걸음의 거리임.

솔반(率伴)명-하다타 인솔하여 함께 가거나 옴.

솔발(鉢鈸)명 손에 쥐고 흔들어 소리를 내는 놋쇠로 만든 종 모양의 큰 방울. 요령(搖鈴)

솔발(을) 놓다 관용 ①솔발을 흔들다. ②남의 비밀을 드러내 놓고 소문내다.

솔발(을) 치다 관용 자기가 알아낸 것을 여러 사람에게 외쳐 알리다.

솔발-수(鉢鈸手)[─쑤]명 지난날, 군중(軍中)에서 솔발을 흔드는 취타수를 이르던 말.

솔방(率榜)명-하다타 지난날, 과거에 급제한 사람이 임금을 뵙고 사은(謝恩)할 때 집안에서 먼저 급제한 선배가 따라가서 지도하던 일.

솔-방울[─빵─]명 소나무 열매의 송이. 송자(松子)

솔방울-고둥[─빵─]명 비단들이고둥과의 고둥. 껍질 길이 2cm 안팎. 두툼한 솔방울 모양으로 생겼으며 갈람색을 띰. 바닷가의 바위 틈 같은 곳에 삶.

솔-밭 명 소나무가 많이 들어선 땅. 송전(松田) ¶─ 사이로 난 길을 가다.

솔-버덩 명 소나무가 많이 들어선 버덩.

솔베이-법(Solvay法)[─뻡]명 암모니아소다법

솔병(率兵)명-하다자 병사를 거느림.

솔-보굿[─뽀─]명 비늘같이 생긴 소나무의 껍질.

솔봉이 명 나이가 어리고 촌티가 나는 사람.

솔-부엉이 명 올빼밋과의 여름 철새. 몸길이 30cm 안팎. 등은 흑갈색이며 배는 하얗고 갈색의 세로 무늬가 있음. 꽁지가 긴 편이고 나무에 앉은 모습이 매와 비슷함. 눈은 선명한 황색이며 밤에 쥐나 새를 잡아먹음. 아시아의 온대와 열대에 널리 분포함. 천연 기념물 제324호임.

솔-불[─뿔]명 '관솔불'의 준말.

솔비-나무 명 콩과의 낙엽 활엽 교목. 높이 8m 안팎. 잎은 깃꼴 겹잎임. 7~8월에 황백색 꽃이 피며 열매는 10월경에 익음. 제주도 한라산 일대에서 자라는 특산종임. 목재는 기구재, 나무 껍질은 물감으로 쓰임.

솔빈(率濱)명 '솔토지빈(率土之濱)'의 준말.

솔-뿌리 명 소나무 뿌리.

솔-새 명 볏과의 여러해살이풀. 줄기 높이 70~100cm. 잎은 부채꼴로 끝이 뾰족하고 양면이 꺼칠꺼칠함. 8월경에 흰 꽃이 피고 이삭은 갈색임. 뿌리는 솔을 만드는 데 쓰이고 대는 지붕을 이는 데 쓰임. 산과 들에 흔히 자라며 우리 나라와 일본, 중국 등지에 분포함.

솔선(率先)[─썬]명-하다자 남보다 앞장서서 먼저 함. ¶무슨 일이든 ─해서 하다.

솔선수범(率先垂範)[─썬─]성구 앞장서서 행동하여 남에게 모범을 보이는 일을 이르는 말.

솔:솔 부 ①액체나 가루 따위가 작은 구멍이나 틈으로 잇달아 나오는 모양을 나타내는 말. ¶뜰에 물을 ─ 뿌리다./후춧가루를 ─ 뿌리다. ②비가 가늘게 내리는 모양을 나타내는 말. ¶비가 ─ 내리다. ③연기가 가늘게 피어오르는 모양을 나타내는 말. ¶연기가 ─ 피어오르다. ④냄새가 은근히 풍기는 모양을 나타내는 말. ¶찌개 냄새가 ─ 풍기다. ⑤살그머니 조금씩 빠져 나가는 모양을 나타내는 말. ¶튜브에서 공기가 ─ 빠져 나가다. ⑥꽤 재미가 나는 모양을 나타내는 말. ¶재미가 ─ 나다. ⑦감기거나 얽힌 실 따위가 잘 풀리는 모양을 나타내는 말. ¶실을 ─ 풀다. ⑧바람이 약하고 부드럽게 부는 모양을 나타내는 말. ¶바람이 ─ 불어오다. ⑨졸음이 살며시 오는 모양을 나타내는 말. ¶잠이 ─ 오다. ☞술술

솔:솔-바람 명 솔솔 부는 바람. 미풍

솔:솔-이 부 솔기마다

솔송-나무 명 소나뭇과의 상록 침엽 교목. 높이 20m 안팎. 잎은 선형이며 윗면은 짙은 초록으로 윤기가 나고 뒷면은 두 줄의 백색 기공선(氣孔線)이 있음. 4~5월에 자주색 꽃이 피며 열매는 구과(毬果)로 10월경에 열림. 재목은 건축재나 펄프재로 쓰임. 우리 나라와 일본 등지에 분포함.

솔-수펑이 명 솔숲이 있는 곳.

솔-숲 명 소나무가 많이 들어선 숲. 송림(松林)

솔악(率樂)명-하다자 지난날, 과거에 급제한 사람의 명단을 방(榜)으로 내걸 때에 급제한 사람이 북과 저〔笛〕를 갖춘 악대를 앞세우고 식장(式場)으로 가던 일.

솔양(率養)명-하다타 양자로 데려옴.

솔-이끼[─리─]명 솔이낏과의 선태식물. 줄기 높이 5~20cm. 외대의 줄기에 바늘 모양의 잎이 촘촘히 나며 암수딴그루로 줄기 끝에 홀씨주머니가 달림. 산 속의 음습한 곳에 모여 자람. 우리 나라와 중국의 동북부, 일본, 사할린 등지에 분포함.

솔-인진(─茵陳)명 국화과의 여러해살이풀. 줄기 높이 50cm 안팎. 잎은 어긋맞게 나며 가늘게 갈라짐. 7월경에 노란빛의 작은 두상화가 산방(繖房) 꽃차례로 피고 열매는 수과(瘦果)로 원추형임. 우리 나라 황해도의 고산 지대와 일본 등지에 분포함.

솔-잎[─립]명 소나무의 잎. 송엽(松葉)

속담 **솔잎이 버썩 하니 가랑잎이 할 말이 없다**: 큰 걱정거리가 있는데, 자기보다 정도가 덜한 사람이 먼저 야단스럽게 떠들고 나서니 하도 어이가 없어 할 말이 없음을 이르는 말./**솔잎이 새파라니까 오뉴월로만 여긴다**: 근심이 쌓이고 우환이 겹친 것도 모르고 작은 일 하나 되어 가는 것만 속없이 좋아함을 이르는 말.

솔잎-대강이[─립─]명 머리털을 짧게 깎아 부드럽지 못하고 빳빳하게 일어선 머리 모양을 이르는 말.

솔잎-란(─蘭)[─립─]명 솔잎란과의 상록 양치식물. 줄기 높이 10~30cm. 줄기는 삼각 기둥 모양에 초록 빛깔이며 밑으로부터 두 개씩 갈라져 나와 빗자루처럼 생겼음. 잎은 어긋맞게 나고 작은 돌기 모양임. 겨드랑이에 홀씨주머니가 달려 있음. 제주도 남부 해안을 비롯하여 난대 지방에서 열대 지방에 걸쳐 널리 분포함.

솔잎-사초(─莎草)[─립─]명 사초과의 여러해살이풀. 줄기 높이 10~40cm. 잎은 가는 선 모양이며 줄기는 삼각 기둥 모양인데 모여남. 봄에 다갈색 꽃이 줄기 끝에 하나씩 피며 각처의 습지에서 자람. 우리 나라와 일본 등지에 분포함.

솔잎-상투[-립-] 명 짧은 머리털을 억지로 끌어올려서 뭉뚱그려 짠 상투. 솔잎을 묶은 것과 모양이 비슷함.
솔잎-술[-립-] 명 송엽주(松葉酒)
솔잎-혹파리[-립-] 명 혹파릿과의 곤충. 몸길이 2mm 안팎. 머리는 황갈색이며 가슴은 갈색, 배는 주황색임. 더듬이는 염주 모양으로 스물네 마디가 있음. 새 솔잎 위에서 알을 깬 애벌레는 솔잎 기부에 들어가 벌레혹을 만들어 그 속에서 살다가 9월경부터 땅 속으로 들어가 월동함. 소나무의 해충으로 큰 피해를 줌.
솔-잣새[-잗-] 명 되샛과의 겨울 철새. 몸길이 16cm 안팎. 수컷은 적갈색에 날개와 꼬리는 빛깔이 짙으며, 암컷은 올리브색에 허리와 배는 노란빛을 띰. 부리는 뾰족하고 끝이 교차되어 있어 잣이나 솔의 씨 따위를 쪼아 먹기에 알맞음. 잣새
솔-장다리 명 명아줏과의 한해살이풀. 줄기 높이 30cm 안팎. 가지가 많이 갈라져 엉키며 처음에는 연하다가 나중에 딱딱해짐. 잎은 어긋맞게 나고 대가 없으며 가시 모양임. 여름에 잎겨드랑이에서 연두색 꽃이 피고 열매는 달걀꼴의 포과(胞果)임. 바닷가 모래땅에서 자라며 어린잎은 먹을 수 있음. 우리 나라 중부 이북과 중국, 동부 시베리아, 일본 등지에 분포함.
솔:-장이 명 풀칠 솔을 전문으로 만드는 사람.
솔:-쟁이 명 '소리쟁이²'의 준말.
솔정(率丁)[-쩡] 명 자기 밑에 거느려 부리는 장정.
솔직(率直)[-찍] 어기 '솔직(率直)하다'의 어기(語基).
솔직-하다(率直-)[-찌카-] 형여 거짓이나 숨김이 없이 바르고 곧다. ¶솔직한 심정을 알고 싶어하다.
　솔직-히 부 솔직하게 ¶ - 고백하다.
솔:-질 명-하다 자타 솔로 먼지 따위를 털거나 닦거나 문지르거나 하는 일. ¶외투를 -하다.
솔-찜 명-하다 자 '솔찜질'의 준말.
솔-찜질 명-하다 자 병을 고치려고 솔잎으로 하는 찜질. 온몸에 솔잎을 덮고 방을 덥게 하여 솔잎의 김을 쐼. 준 솔찜
솔창(率倡) 명-하다 자 지난날, 과거에 급제한 사람이 귀향할 때에 광대를 앞세우고 피리를 불게 하던 일.
솔-체꽃 명 산토끼꽃과의 두해살이풀. 줄기 높이 50~90 cm. 잎은 마주나며 길둥근 꼴에 가장자리가 결각(缺刻) 모양으로 갈라져 있음. 7~8월에 자줏빛 꽃이 줄기 끝에 피고 열매는 길둥근 수과(瘦果)임.
솔토(率土) 명 '솔토지빈(率土之濱)'의 준말.
솔토지민(率土之民) 명 온 나라 안의 백성.
솔토지빈(率土之濱) 명 바다에 이르는 온 땅이라는 뜻으로, 온 나라의 지경 안을 이르는 말. 준 솔빈. 솔토
솔파(sol-fa 이) 명 계이름부르기
솔-포기 명 가지가 다보록한 작은 소나무.
솔하(率下) 명 거느리고 있는 부하.
솜: 명 ①목화송이 속에 있는 씨를 앗은 희고 긴 섬유의 부드럽고 가벼운 뭉치. 이불이나 핫옷의 속으로 둠. ¶ -을 두다./-을 타다. ☞실면(實綿) ②목화 섬유 뭉치와 비슷한 것. 명주솜·캐시밀론 솜 따위.
　속담 **솜 뭉치로 가슴을 칠 일이다** : 몹시 답답하고 원통함을 이르는 말./**솜 뭉치로 사람을 때린다** : 모르는 사이에 남을 골려 준다는 말.

한자 솜 면(綿) 〔糸部 8획〕 ¶면모(綿毛)/면사(綿絲)/면직물(綿織物)/순면(純綿)/탈지면(脫脂綿)

솜:-나물 명 국화과의 여러해살이풀. 뿌리에서 나는 잎은 길둥근 꼴이고 잎 뒤에 흰 솜털이 있음. 봄과 가을에 각각 다른 꽃을 피우는데, 봄 꽃은 민들레 비슷하나 꽃잎이 적고 백색이거나 담자색을 띠며 줄기 높이 10~15cm의 꽃자루 끝에 한 송이가 핌. 가을 꽃은 줄기 높이 60 cm 안팎에 통꽃이 핌. 산의 양지에서 자람. 어린잎은 먹을 수 있음.
솜:-다리 명 국화과의 여러해살이풀. 줄기 높이 15~20 cm. 뿌리에서 나는 잎은 거꾸로 된 피침 모양이며 포기 전체가 흰 솜털로 덮여 있음. 6~7월에 노란 작은 꽃이 줄기 끝에 모여 피며, 하얗고 길둥근 꼴의 포엽이 둘려 남. 설악산과 한라산 등 높은 산의 바위 틈에 자람.
솜:-대[-때] 명 볏과의 대. 줄기 높이는 10m 이상 벋으며 겉에 솜같이 보이는 흰 반점이 있음. 꽃은 60년 주기로 5~7월에 핌. 죽순은 먹을 수 있고, 줄기는 건축재나 세공재 등으로 쓰임. 감죽(甘竹)
솜:-덩이[-떵-] 명 솜이 뭉킨 덩어리.
솜:-돗[-돗] 명 솜반을 짓는 데 쓰는 돗자리. 솜 조각을 그 위에 놓고 펴서 두르르 만 다음에 잠을 자게 밟음.
솜:-몽둥이 명 헝겊 조각에 솜을 싸서 몽둥이처럼 만든 물건. 윤을 낼 때 이것에 칠을 묻혀서 문지름.
솜:-바지 명 솜을 두어 지은 한복 바지.
솜:-반[-빤] 명 솜돗에 펴서 잠을 자게 만든 번번한 솜 조각. ¶ -을 짓다. ☞반
솜:-방망이[1] 명 국화과의 여러해살이풀. 줄기 높이는 30~50cm로 온통 솜털로 덮여 있음. 잎은 뿌리에서 직접 땅 위로 나오며, 가장자리에 둔한 톱니가 있음. 5~6월에 노란 꽃이 두상(頭狀) 꽃차례로 피고 열매는 수과(瘦果)로 익음. 어린잎은 먹을 수 있음.
솜:-방망이[2] 명 쇠꼬챙이나 나무막대기 끝에 솜을 잡아매어 방망이처럼 만든 것. 기름을 찍어 홰처럼 불을 밝힘.
솜:-버선 명 솜을 두어 만든 버선. 면말(綿襪)
솜:-병아리 명 알에서 갓 깬 병아리.
솜:-붙이[-부치] 명 겹옷을 입어야 할 때에 입는 솜옷. ☞맞붙이
솜브레로(sombrero 에) 명 에스파냐나 멕시코 등지에서 쓰는 챙이 넓고 꼭대기가 높은 모자.
솜:-사탕(-砂^糖) 명 설탕을 불에 녹여서 원심 분리기에 넣어 돌려 실 모양으로 뿜어 나오게 하여 이를 막대기에 솜처럼 감아 붙인 과자.
솜솜 부-하다 형 어떤 면이 잘고 얕게 오목오목 패어 있는 모양을 나타내는 말. ¶마맛자국이 - 팬 얼굴./개펄에 - 난 구멍. ☞숨숨
솜씨 명 ①손을 놀려서 무엇을 하거나 만드는 재주. ¶기계 다루는 -가 능숙하다./살림 꾸리는 -가 알뜰하다. ②일을 치러 나가는 재주. ¶ -를 발휘하다.
　속담 **솜씨는 관 밖에 내어 놓아라** : 무슨 일에나 솜씨가 좋지 않고 재간이 없는 사람을 두고 이르는 말.
솜:-옷 명 솜을 두어 지은 옷. 면복(綿服). 면의. 핫옷
솜:-저고리 명 솜을 두어 지은 저고리.
솜:-채 명 솜이 잠을 자게 치는 대나무 채.
솜:-털 명 솜처럼 보드랍고 고운 잔털. ¶얼굴에 난 -.
솜:-틀 명 쓰던 솜을 뜯어서 깨끗이 부풀려 펴는 기계. 솜을 타는 기계. 타면기(打綿機)
솜:-화:약(-火藥) 명 정제한 솜을 황산과 질산의 혼합액에 담가서 만든 화약. 다이너마이트의 원료가 됨. 면화약(綿火藥). 화면(火綿)
솟고라-지다[솓-] 자 ①용솟음쳐 끓어오르다. ¶곰국이 한소끔 솟고라졌다. ②솟구쳐오르다.
솟구다[솓-] 타 위로 솟아오르게 하다. ¶몸을 -.
솟구-치기[솓-] 명 택견에서, 발질의 한 가지. 원품으로 서 있다가 제자리에서 높이 뛰어오르는 동작.
솟구-치다[솓-] 자타 빠르고 세게 솟구다. ¶물줄기가 -./힘이 -./몸을 -.
솟-나다[솓-] 자 '소수나다'의 준말.
솟다[솓-] 자 ①아래에서 위로 곧바로 오르다. ¶불길이 -./검은 연기가 -. ②해나 달이 뜨다. ¶아침 해가 -. ③물 따위가 속에서 겉으로 나오다. ¶샘물이 -./땀방울이 -./눈물이 와락 -. ④박혔던 것이 밖으로 나오다. ¶못이 솟아 있다. ⑤땅 위에 높이 서다. ¶고층 건물이 솟은 중심가./구름 위에 솟은 한라산. ⑥기운이나 정열 따위가 세게 일어나다. ¶힘이 -./새 희망이 -. ⑦일정한 수준에서 갑자기 오르거나 높아지다. ¶물가가 천정부지로 -.
솟:-대[솓-] 명 ①지난날, 민간 신앙을 목적으로, 또는 경사가 있을 때 축하의 뜻으로 마을 어귀에 세우던 긴 장대. 주로 장승 근처에 세우며 장대 끝에 나무로 만든 새

를 달았음. ②지난날, 과거에 급제한 사람을 위하여 그 마을 어귀에 높이 세웠던 장대. 붉게 칠한 장대 위에 파란 칠을 한 나무로 만든 용(龍)을 올려 달았음. 효죽(孝竹) ③지난날, 큰 농가에서 볍씨를 주머니에 담아 달아매던 장대. ④솟대쟁이가 올라가 재주를 부리는 장대.

솟:대-쟁이[솓—]명 탈을 쓰고 솟대 꼭대기에 올라가서 재주를 부리는 사람.

솟-보다[솓—]타 물건을 잘 살피지 않아 제 값보다 비싸게 사다.

솟아-나다자 ①속에서 겉으로 솟아서 나오다. ¶샘물이 —./눈물이 —. ②힘이나 의욕 따위가 생겨나다. ¶의욕이 —.

솟아-오르다(—오르고·—올라)자르 솟아서 위로 오르다. ¶분수가 —./아침 해가 —.

솟을-각명 재래식 한옥의 지붕의 합각 머리의 윗부분.

솟을-대:문(—大門)[—때—]명 재래식 한옥에서, 행랑채보다 높게 세운 큰 대문. 고주 대문(高柱大門) ☞솟을삼문. 평대문(平大門)

솟을-동:자(—童子)[—똥—]명 재래식 한옥에서, 머름의 칸막이를 한 작은 기둥.

솟을-무늬명 피륙에 놓은 두드러진 무늬.

×**솟을-문**(—紋)명 →솟을무늬

솟을-빗살문(—門)[—빋—]명 재래식 한옥에서, 양쪽에서 살을 비스듬히 엇결어 대고 세로로 긴 살을 댄 빗살문.

솟을-삼문(—三門)명 재래식 한옥에서, 정문이 높고 좌우의 협문이 낮은 대문. 뱃집 지붕으로 되어 있음.

솟-치다[솓—]타 위로 높게 올리다.

송:(訟)명 '송괘(訟卦)'의 준말.

송:(頌)명 공덕을 기리는 글.

송:가(頌歌)명 공덕을 기리는 노래.

송강가사(松江歌辭)명 조선 선조 때의 송강 정철(鄭澈)이 지은 시조와 가사 등을 모아 엮은 책. 성주본(星州本)과 의성본(義城本)의 두 가지가 전해짐. 2권 1책으로, 조선 숙종 때 간행됨.

송:객(送客)명-하다자 떠나는 손을 바래어 보냄.

송거(松炬)명 관솔불

송경(松京)명 고려 시대의 서울인 '개성(開城)'을 달리 이르던 말. 송도(松都)

송:경(誦經)명-하다자 ①불경을 욈. ②판수가 경문(經文)을 욈.

송계(松鷄)명 '들꿩'의 딴이름.

송고(松膏)명 송진(松津)

송:고(送稿)명-하다자 원고를 보냄. ¶편집 담당자에게 —하다./편집한 원고를 공장으로 —하다.

송고리(松—)명 '송골매'의 딴이름.

송골(松鶻)명 송골매

송골-매(松鶻—)명 매사냥에 쓰는 매와 참매를 두루 이르는 말. 송고리. 송골(松鶻) ☞백송고리. 보라매. 수지니. 옥송골(玉松鶻). 해동청(海東青)

송골-송골부 땀이나 소름 따위가 자디잘게 많이 돋아 나는 모양을 나타내는 말. ¶이마에 땀방울이 — 맺히다.

송:곳명 나무나 종이, 쇠 따위에 작은 구멍을 뚫는, 쇠로 된 연장. 끝이 뾰족하고 자루가 있는데, 용도에 따라 여러 종류가 있음. ¶—으로 구멍을 뚫다.

속담 **송곳도 끝부터 들어간다** : 일이란 차례가 있는 법이라 처음부터 차례대로 해야 한다는 말./**송곳 박을 땅도 없다** : ①어떤 곳이 사람으로 가득 차서 틈이라고도는 조금도 없음을 비유하여 이르는 말. ②자기 땅이라고는 조금도 없다는 말./**송곳으로 매운 재 끌어내듯** : 무슨 일에나 적당한 도구를 쓰지 않으면 헛수고만 할 뿐 전혀 성과를 거둘 수 없음을 비유하여 이르는 말.

송:곳-눈[—곤—]명 날카롭게 쏘아보는 눈초리.

송:곳-니[—곤—]명 앞니와 좌우 어금니 사이에 있는 뾰족한 이. 견치(犬齒)

속담 **송곳니가 방석니가 된다** : 뾰족한 송곳니가 닳아서 방석 모양이 되도록 이를 간다는 뜻으로, 몹시 원통해 하거나 원한이 사무쳐 있다는 말.

송:곳-벌[—곧—]명 송곳벌과의 곤충을 통틀어 이르는 말. 몸은 비교적 크며 몸길이 3cm 안팎. 몸빛은 검고 황갈색 무늬가 있음. 날개는 투명하며 송곳 같은 산란관을 나무 속에 박고 알을 낳음. 식물의 해충임.

송:곳-질[—곧—]명-하다자 송곳으로 구멍을 뚫는 일.

송:곳-치기[—곧—]명 송곳을 가지고 꽂기를 하는 장난.

송:곳-칼[—곧—]명 한쪽 끝은 송곳, 다른 한쪽 끝은 날이 있는 칼.

송과-선(松果腺)명 척추동물의 뇌량(腦梁)의 뒤쪽 윗부분에 돌출해 있는 솔방울 모양의 작은 기관. 생체 리듬과 관계가 있다고 함. 골윗샘. 송과체(松果體)

송과-체(松果體)명 송과선(松果腺)

송:관(訟官)명 송사(訟事)를 맡아보는 관원.

송:-괘(訟卦)명 육십사괘(六十四卦)의 하나. 건괘(乾卦) 아래 감괘(坎卦)가 놓인 괘로 하늘과 물이 어긋나서 행함을 상징함. 준송(訟) ☞사괘(師卦)

송:괴(悚愧)어기 '송괴(悚愧)하다'의 어기(語基).

송:괴-스럽다(悚愧—)(—스럽고·—스러워)형ㅂ 죄송스럽고 부끄러운 느낌이 있다.

송괴-스레부 송괴스럽게

송:괴-하다(悚愧—)형여 죄송스럽고 부끄럽다.

송괴-히부 송괴하게

송:구(送球)명 ①핸드볼(handball) ②-하다자 구기 경기에서, 자기편 선수에게 공을 던져 보내는 일.

송:구(悚懼)어기 '송구(悚懼)하다'의 어기(語基).

송:구-스럽다(悚懼—)(—스럽고·—스러워)형ㅂ 죄송스럽고 두려운 느낌이 있다. ¶송구스러운 마음이 들다.

송구-스레부 송구스럽게

송:구영신(送舊迎新)성구 묵은해를 보내고 새해를 맞이함을 이르는 말. 준송영(送迎)

송:구-하다(悚懼—)형여 죄송스럽고 두렵다. ¶송구하여 고개를 들 수 없다.

송구-히부 송구하게

송근-유(松根油)[—뉴]명 소나무의 그루터기나 가지를 건류(乾溜)하여 만든 기름과 같은 물질. 페인트나 바니시 따위의 용제(溶劑)로 쓰임.

송:금(送金)명-하다자타 돈을 부쳐 보냄, 또는 그 돈. ¶학비를 —하다./은행 온라인으로 —하다.

송:금=수표(送金手票)명 은행을 이용하여 송금할 때 쓰는 수표. 대개 은행이 자기의 지점 또는 거래가 있는 다른 은행에 대하여 발행함.

송:금-환(送金換)명 먼 곳에 송금하려는 사람이 현금을 보내는 대신에 송금 어음을 보내어 우체국이나 은행으로 하여금 대신 치르게 하는 일, 또는 그 어음.

송기(松肌)명 소나무의 속껍질. 쌀가루에 섞어서 떡을 해 먹거나 죽을 쑤어 먹음. 송피(松皮)

송:기(誦記)명-하다타 암기(暗記)

송기-떡(松肌—)명 송기에 멥쌀가루를 섞어 만든 절편·송편·개피떡 따위. 송기병(松肌餠)

송기-병(松肌餠)명 송기떡

송기-죽(松肌粥)명 송기를 넣고 쑨 죽.

송낙(∠松蘿)명 소나무겨우살이로 짚주저리 비슷하게 엮어 만든 바구니의 모자. 송라립(松蘿笠)

송낙-뿔명 둘 다 옆으로 꼬부라진 쇠뿔. ☞우걱뿔

송:년(送年)명-하다자타 한 해를 보냄. ☞영년(迎年)

송:년-사(送年辭)명 묵은해를 보내면서 하는 인사말.

송:년-호(送年號)명 신문이나 잡지의, 그 해를 보내면서 마지막으로 발행하는 호.

송:달(送達)명-하다타 ①편지나 주문 받은 물품 따위를 받을 사람에게 보내어 줌. ②법원 서기관이나 서기가 소송 관계의 서류를 소송 관계인에게 집달관을 시키거나 또는 우편으로 보내는 일. ¶영장을 —하다.

송:달-리(送達吏)명 소송 관계인에게 소송 관계의 서류를 전달하는 사람. 집달관이나 우편 집배원이 맡아 함.

송당-송당부 ①도막이 작게 빨리 써는 모양을 나타내는 말. ¶무를 — 썰다. ②시침질을 할 때, 좀 촘촘하게 호

는 모양을 나타내는 말. ☞송송. 숭덩숭덩. 쏭당쏭당
송:덕(頌德)[명]-하다[자] 덕망을 기림.
송:덕-문(頌德文)[명] 공덕을 기리는 글.
송:덕-비(頌德碑)[명] 공덕을 기리어 후세에 길이 빛내기 위하여 세운 비석.
송도(松都)[명] 고려 시대의 서울인 '개성(開城)'을 달리 이르던 말. 송경(松京)
[속담] **송도 말년의 불가사리라** : 손댈 수 없을 만큼 못된 행패를 부리는 사람을 비유하여 이르는 말./**송도 오이 장수** : 조금이라도 이익을 더 얻으려고 왔다갔다 하다가 기회를 놓치고 낭패를 보게 된 사람을 두고 이르는 말.
송도(松濤)[명] 소나무 가지를 스쳐 가는 바람소리를 물결 소리에 비유하여 이르는 말.
송:도(頌禱)[명]-하다[타] 송축(頌祝)
송도-삼절(松都三絶)[명] 지난날, 서화담(徐花潭)·황진이(黃眞伊)·박연 폭포(朴淵瀑布)를 개성(開城)에서 뛰어난 세 존재로 이르던 말.
송:독(誦讀)[명]-하다[타] ①소리를 내어 읽음. ②외어 읽음. 독송(讀誦) ¶'독립 선언서'를 -하다.
송:동(竦動)[명]-하다[자] 몹시 황송하여 몸을 옴츠림.
송두리-째[부] 있는 대로 죄다. 남김없이 몽땅. ¶삶의 터전을 - 잃다.
송라(松蘿)[명] '소나무겨우살이'의 딴이름.
송라-립(松蘿笠)[명] 송낙
송로(松露)[명] ①솔잎에 맺힌 이슬. ②알버섯과에 딸린 버섯. 지름 2~5cm의 구상(球狀)으로, 갓과 자루의 구별이 없으며 거죽은 담황색이고 속은 익으면 갈색이 됨. 덜 익은 흰 것을 먹음. 해안이나 호숫가의 소나무 숲 속 모래땅에서 자람. 알버섯
송뢰(松籟)[명] 솔바람. 송풍(松風)
송:료(送料)[명] 물건을 부치는 데 드는 요금.
송:름(悚懍)[어기] '송름(悚懍)하다'의 어기(語基).
송:름-하다(悚懍-)[형][여] 두려워서 마음이 불안하다.
송:리(訟理)[명] 송사(訟事)의 까닭.
송린(松鱗)[명] 물고기 비늘처럼 된 늙은 소나무의 겉껍질.
송림(松林)[명] 소나무가 많이 들어선 숲. 솔숲
송명(松明)[명] ①관솔불 ②관솔
송목(松木)[명] '소나무'의 딴이름.
송:무(訟務)[명] 소송에 관한 사무.
송무백열(松茂柏悅)[-녈][성구] 소나무가 무성하면 잣나무가 기뻐한다는 뜻으로, 벗이 잘 되는 일을 기뻐함을 이르는 말. ☞혜분난비(蕙焚蘭悲)
송:민(訟民)[명] 송사(訟事)를 하는 백성.
송방(松房)[명] 지난날, 서울 등지에서 장사하는 송도(松都) 사람의 주단(紬緞)이나 포목 가게를 이르던 말.
송방(松肪)[명] 송진(松津)
송백(松柏)[명] ①소나무와 잣나무를 아울러 이르는 말. ②껍질을 벗겨 솔잎에 꿴 잣.
송백-목(松柏木)[명] 육십갑자의 경인(庚寅)과 신묘(辛卯)에 붙이는 납음(納音). ☞장류수(長流水)
송백-조(松柏操)[명] 〔소나무와 잣나무가 사철 변함없이 푸른 것과 같이〕 뜻이 굳어 변하지 않는 지조나 절개.
송:변(訟辯)[명]-하다[타] 송사(訟事)에서 변론함.
송:별(送別)[명]-하다[타] 떠나는 사람을 작별하여 보냄. ☞유별
송:별-식(送別式)[명] 송별할 때 베푸는 의식.
송:별-연(送別宴)[명] 송별할 때 베푸는 잔치. ☞석별연
송:별-회(送別會)[명] 송별할 때 베푸는 모임.
송병(松餠)[명] 송편
송:병(送兵)[명]-하다[자] 군대를 보냄.
송:부(送付)[명]-하다[타] 물건을 부치어 보냄.
송:사(訟事)[명]-하다[타] ①지난날, 백성끼리의 분쟁의 판결을 관아에 호소하던 일. ②소송(訴訟) ¶-를 벌이다.
[속담] **송사는 졌어도 재판은 잘하더라** : 서로 다투다가 비록 제가 지기는 하였으나 그것을 판결함이 공평하여 조금도 억울하지 않다는 말.

[한자] **송사할 송**(訟) 〔言部 4획〕 ¶소송(訴訟)/송변(訟辯)/송사(訟事)/송소(訟訴)/쟁송(爭訟)

송:사(頌辭)[명] 공덕을 기리는 말.
송:사리[명] ①송사릿과의 민물고기. 몸길이 4cm 안팎. 몸은 가늘고 눈이 큼. 몸빛은 잿빛을 띤 엷은 갈색이며, 옆면에 검은 점이 많음. 강이나 못, 늪에서 떼지어 살며 생명력이 강함. ②세력이 약하거나 지위가 낮고 하찮은 무리를 비유하여 이르는 말. ¶거물은 손도 못 대고 -만 잡아간다.
송사리 끓듯[관용] 수없이 많이 모여 있는 모양을 나타내는 말.
송삼(松蔘)[명] 개성(開城)에서 나는 인삼. ☞영삼(嶺蔘)
송:상(送像)[명]-하다[자] 텔레비전의 영상(映像)을 전파로 보내는 일. ☞수상(受像)
송:상-기(送像機)[명] 텔레비전의 영상(映像)을 보내는 장치. ☞수상기(受像機)
송:성(頌聲)[명] 공덕을 기리는 말소리.
송:소(訟訴)[명]-하다[타] 소송(訴訟)
송송[부] ①파 따위를 짤막하고 고르게 써는 모양을 나타내는 말. ¶파를 - 썰다. ②잔구멍이 많이 뚫린 모양을 나타내는 말. ¶구멍이 - 뚫린 연근. ③살갗에 잔 땀방울이나 소름이 돋은 모양을 나타내는 말. ¶콧등에 식은땀이 - 맺히다./소름이 - 돋다. ④시침질을 할 때, 땀이 작고 촘촘하게 호는 모양을 나타내는 말. ☞송당송당. 숭숭
송송-이[명] 조선 시대, 궁중에서 '배추섞박지'를 이르던 말. ☞김치
송수(松樹)[명] '소나무'의 딴이름.
송:수(送水)[명]-하다[자] 송수관이나 수로로 물을 보냄.
송:수(送受)[명]-하다[타] ①보내는 일과 받는 일. ②송신(送信)과 수신(受信)을 아울러 이르는 말.
송:수-관(送水管)[명] 상수도의 물을 공급하는 관.
송순(松筍)[명] 소나무의 새순.
송순-주(松筍酒)[명] 송순(松筍)을 넣고 빚은 술, 또는 소주에 송순을 담가 우린 술.
송:시(頌詩)[명] 공덕을 기리는 시.
송시-요(松柴窯)[명] 지난날, 소나무를 때어 도자기를 굽던 가마.
송:신(送信)[명]-하다[타] 정보나 신호 등을 보냄. ¶긴급 신호를 -하다. ☞수신(受信)[1]
송:신(送神)[명]-하다[자] ①제사가 끝난 뒤에 신을 보내는 일. ☞영신(迎神) ②지난날, 마마가 나은 지 12일 만에 짚으로 말 모양의 두신(痘神)을 만들어 강남(江南)으로 보내던 일.
송:신-관(送信管)[명] 송신기에 쓰이는 전자관.
송:신-기(送信機)[명] 무선 통신에서, 정보나 신호 등을 고주파 전류로 바꾸어 보내는 장치. 발신기(發信機) ☞수신기(受信機)
송:신-소(送信所)[명] 유선 전신이나 무선 전신 등 송신 업무를 맡아 하는 곳.
송실(松實)[명] 소나무의 열매.
송심(松蕈)[명] '송이(松栮)'의 딴이름.
송아리[명] 꽃이나 열매가 잘게 모여 달린 덩어리. ¶탐스럽게 -로 핀 등꽃. ☞숭어리
송아지[명] 새끼 소. 어린 소. 독우(犢牛) ¶얼룩 -
[속담] **송아지 못된 것은 엉덩이에서 뿔이 난다** : 되지못한 것이 못된 짓을 한다는 말. 〔못된 송아지 엉덩이에 뿔 난다〕/**송아지 천자 가르치듯** : 알아듣지도 못하는 미련한 사람에게 애써 가르치는 모양을 이르는 말.

▶ **'송아지'와 관련된 고유어**
- ㅇ 하릅송아지 — 한 살 된 송아지.
- ㅇ 담불소 — 열 살 된 소.
- ㅇ 부룩소 — 작은 수소.
- ㅇ 어스럭송아지 — 거의 중송아지만 한 큰 송아지.
- ㅇ 엇부루기 — 거의 다 자라 가는 수송아지.

송악[명] 오갈피나뭇과의 상록 활엽 덩굴나무. 덩굴 길이는

10m 이상. 줄기와 가지에 기근(氣根)이 있으며, 잎은 삼각형 또는 달걀꼴로 어긋맞게 나고 짙은 초록에 윤이 남. 가을에 녹황색 꽃이 피고 열매는 핵과(核果)로 겨울에 흑색으로 익음. 중부 이남의 해안과 섬에 자라며 관상용으로도 심음. 줄기와 잎은 한방에서 '상춘등(常春藤)'이라 하여 약재로 쓰임.

송:안(訟案)명 지난날, 송사(訟事)의 기록을 이르던 말.

송알-송알부 ①술 따위가 익으려고 거품이 이는 모양을 나타내는 말. ②물 따위가 작게 방울져 많이 맺히는 모양을 나타내는 말.

송:양지인(宋襄之仁)성구 중국 춘추 시대 송나라의 양공(襄公)이 초(楚)나라와 싸울 때에, 준비가 덜된 상대를 공격하는 것은 군자의 도리가 아니라고 인정을 베풀다가 초나라에 패한 고사(故事)에서, 사람이 너무 어질기만 하여 쓸데없이 베푸는 인정을 이르는 말.

송어(松魚)명 연어과의 바닷물고기. 연어와 비슷하며 몸길이 60cm 안팎. 몸빛은 등 쪽은 짙은 남색, 배 쪽은 은백색임. 여름철 강물을 거슬러 올라가서 얕은 물에서 산란함. 치어는 1년 반 만에 강을 내려가서 바다로 감.

송연(松烟·松煙)명 소나무를 태워 만든 그을음. 먹〔墨〕의 원료로 쓰임.

송:연(竦然·悚然)어기 '송연(竦然)하다'의 어기(語基).

송연-묵(松烟墨)명 숯먹

송:연-하다(竦然-)형여 두려워서 몸을 옹송그리다. ¶ 모골(毛骨)이 -.

송연-히부 송연하게

송엽(松葉)명 소나무의 잎. 한방에서, 다리 저린 데나 타박상·습진·옴·감기·뇌염 등에 약재로 쓰임. 솔잎

송엽-주(松葉酒)명 솔잎을 달인 물이나 생솔잎을 섞어서 빚은 술. 솔잎술

송엽-죽(松葉粥)명 구황(救荒) 식품의 한 가지. 솔잎을 짓찧어 물을 쳐서 체에 거른 것에 흰밥을 지어 식혀서 솔잎 물에 넣고 휘저어 두었다가 먹음.

송:영(送迎)명-하다자타 ①사람을 배웅하거나 맞이함. 영송(迎送) ②'송구영신(送舊迎新)'의 준말.

송:영(誦詠)명-하다타 시가(詩歌)를 외며 읊조림.

송:영-대(送迎臺)명 공항 등에서, 사람을 배웅하거나 맞이할 때 먼발치에서 바라볼 수 있도록 만든 대.

송:옥(訟獄)명-하다타 소송(訴訟)

송운(松韻)명 소나무가 바람에 흔들리는 소리를 시운(詩韻)에 비유하여 이르는 말.

송유(松油)명 솔가지를 잘라 불에 구워서 받은 기름. 송탄유(松炭油)

송:유(送油)명-하다자 원유를 보냄. ¶정유소로 -하다.

송:유-관(送油管)명 원유를 다른 곳으로 보내기 위해 시설한 관. ☞파이프라인

송:의(送意)명 헤어져 보내는 애틋한 마음.

송이명 ①여러 개의 꽃잎이나 열매가 하나의 꼭지에 모여 달린 한 덩이. ¶꽃다발에서 시든 -를 빼다./포도를 -째 물에 씻다. ☞송아리 ②밤 따위와 같이 열매와 껍질로 이루어진 것. ¶밤-/잣- ③눈이나 솜 따위의 자그마한 덩이. ¶눈-/목화- ④〔의존 명사로도 쓰임〕¶바나나 두 -를 사다./모란 한 -를 꽃병에 꽂다.

송이(松栮)명 송이과의 버섯. 갓은 어릴 때는 둥근 알 모양을 하다가 다 자라면 우산 모양으로 펴지며 지름은 10cm 안팎임. 갓 표면은 회갈색이거나 엷은 흑갈색인데 뒷면은 회백색임. 대는 둥근 기둥 모양이고 굵직함. 살은 희며 두껍고 독특한 향이 남. 가을에 적송(赤松)이 우거진 숲 속에서 자라는 대표적인 식용 버섯임. 송심(松蕈). 송이버섯

송이-고랭이명 사초과의 여러해살이풀. 줄기는 단단하고 세모진 것이 모여 나는데 높이는 50~120cm임. 6~8월에 줄기 옆에 황백색의 이삭 꽃이 피고 열매는 수과(瘦果)로 갈색임. 늪이나 습지에서 자람.

송이-밤명 밤송이 속에 들어 있는 밤. ☞알밤

송이-밥(松栮-)명 밥을 짓다가 송이를 찢어 넣고 버무려서 뜸을 들이어 지은 밥.

송이-버섯(松栮-)명 송이(松栮)

송이-볶음(松栮-)명 송이를 적당한 크기로 썰어 얇게 저민 쇠고기와 함께 볶은 음식.

송이-송이부 ①한 송이 또 한 송이 잇달아서 움직이거나 놓여 있는 모양을 나타내는 말. ¶- 내리는 눈./- 핀 철쭉. ②송이마다 ¶- 탐스럽게 익은 포도.

송이-술명 전국으로 떠낸 술.

송이-재강명 술의 전국만 떠내고 남은 재강.

송이-전:골(松栮-)명 송이를 주재료로 한 전골. 전골 냄비에 납작납작하게 썬 송이와 양념한 쇠고기·미나리적 등을 보기 좋게 담고 장국을 부어 끓임.

송이-찌개(松栮-)명 찌개의 한 가지. 쇠고기로 장국을 끓이다가 고추장이나 고춧가루를 풀고 송이버섯, 풋고추, 파, 마늘을 넣어 다시 끓인 찌개.

송이-채(松栮菜)명 잘게 썬 쇠고기를 볶다가 송이를 썰어 넣고 볶은 나물.

송이-풀명 현삼과의 여러해살이풀. 줄기 높이 60cm 안팎. 잎은 길둥근데 끝 부분이 가늘고 뾰족하며 어긋맞게 남. 8~9월에 자홍색 꽃이 피고 열매는 삭과(蒴果)로 납작한 달걀꼴임. 어린잎은 먹을 수 있음.

송자(松子)명 ①솔방울 ②잣

송자-송(松子松)명 '잣나무'의 딴이름.

송:장명 죽은 사람의 몸. 시구(屍軀). 시신(屍身). 유체(遺體). 주검 ☞시체(屍體)

속담 **송장 때리고 살인 났다** : 아무 죄 없이, 또는 작은 죄를 짓고 억울하게 큰 벌을 받게 될 때 이르는 말./**송장 빼놓고 장사지낸다** : 가장 긴요한 것을 빼놓고 일을 치른다는 말.〔장사지내러 가는 놈이 시체 두고 간다〕

송:장(送狀)[-짱]명 ①물품을 보내는 사람이 받을 사람에게 증표로서 보내는 물품 명세서. 송증(送證) ②인보이스(invoice)

송:장-개구리명 개구릿과의 동물. 몸길이 6cm 안팎. 몸은 야위고 길며 몸빛은 적갈색임. 뒷발에만 물갈퀴가 있음. 등 쪽은 반드럽고 눈 뒤에서 꽁무니까지 두 줄의 세로 주름살이 도드라지게 나 있음. 풀밭이나 숲에서 삶.

송:장-메뚜기명 메뚜깃과의 곤충. 몸길이는 수컷이 4cm, 암컷은 6cm 안팎. 몸빛은 적갈색 또는 황갈색을 띰. 머리 꼭대기에서 앞날개까지 한 개의 누른 줄무늬가 있고, 앞날개는 녹황색에 갈색 무늬가 있음. 풀밭에 삶. 토종(土螽)

속담 **송장메뚜기 같다** : 쓸데없는 일에 잘난체 하고 얄밉게 날뛰는 사람을 두고 이르는 말.

송:장-벌레명 송장벌렛과의 딱정벌레. 몸길이 2cm 안팎. 몸빛은 검고 네 개의 불그스름한 무늬가 있으며 가슴 부분에 누른 털이 나 있음. 동물의 사체에 모여듦.

송:장-통(-桶)명 광산에서, 복대기의 금분(金分)을 가려내는 통.

송:장-풀명 꿀풀과의 여러해살이풀. 줄기 높이 1m 안팎. 줄기는 네모지고 곧게 섬. 잎은 길둥근 꼴로 마주남. 8~9월에 백색 또는 분홍색 꽃이 잎겨드랑이에 여러 송이씩 돌려 피며, 아래 꽃잎은 입술 모양이고 안쪽 면에 빨간 줄과 점으로 된 무늬가 있음.

송:장-하늘소[-쏘]명 하늘솟과의 곤충. 몸빛은 까맣고 목은 붉음. 살구나무에 많이 모임.

송:장-헤엄명 '배영(背泳)'을 달리 이르는 말. ☞개구리헤엄

송:장-헤엄치개명 송장헤엄치갯과의 물벌레. 몸길이는 1.2cm 안팎. 몸빛은 황갈색에 날개에는 검은 반문이 있으며 뒷다리는 매우 길고, 흔히 송장헤엄을 치면서 물 위를 다님. 연못·웅덩이에 살면서 잔고기나 올챙이 따위를 잡아 체액을 빨아먹음. 송조충(松藻蟲)

송:적(送籍)명-하다타 결혼한 여자, 또는 입양된 사람의 호적을 들어간 집의 호적으로 옮김.

송전(松田)명 솔밭

송:전(送電)명-하다자 발전소에서 변전소나 배전소로 전력을 보냄. ☞배전(配電)

송:전(送傳)명-하다타 보내어 전함.

송:전-선(送電線)명 발전소에서 변전소 또는 배전소로 전력을 보내는 데 쓰는 쇠줄.
송:전-탑(送電塔)명 발전소에서 변전소나 배전소로 전력을 보내는 고압 전선을 걸기 위하여 높이 세운 철탑.
송절(松節)명 소나무의 가지에 생긴 마디. 한방에서, 팔다리가 저리고 아프거나 마비되는 데, 또는 타박상이나 관절염으로 아픈 데 약재로 쓰임.
송:정(送呈)명-하다타 윗사람께 물품을 보내어 드림.
송:정(訟廷·訟庭)명 지난날, '법정(法廷)'을 이르던 말.
송정-유(松精油)명 테레빈유
송:조-체(宋朝體)명 활자체의 한 가지. 중국 송나라 때의 해서체(楷書體)로 가로획과 세로획이 거의 같게 가늚. 준송체(宋體) ☞명조체(明朝體). 청조체(淸朝體)
송조-충(松藻蟲)명 '송장헤엄치개'의 딴이름.
송:조=활자(宋朝活字)[-짜]명 송조체의 활자.
송:종(送終)명-하다자 ①장사(葬事)에 관한 모든 일. ②장사에 관한 일을 끝마침.
송:주(誦呪)명-하다자 ①주문(呪文)을 외움. ②다라니(陀羅尼)를 외움. 주송(呪誦)
송:주(誦奏)명-하다타 지난날, 임금에게 상주문(上奏文)을 읽어 올리던 일.
송죽(松竹)명 소나무와 대나무를 아울러 이르는 말.
송죽(松粥)명 솔잎을 날로 짓찧어 짜낸 물.
송죽매(松竹梅)명 소나무와 대나무와 매화나무를 아울러 이르는 말. 추운 겨울을 잘 견딘다 하여 '세한삼우(歲寒三友)'라고도 함.
송죽지절(松竹之節)명 소나무와 대나무같이 변함없이 굳은 절개를 이르는 말.
송:증(送證)[-쯩]명 송장(送狀)
송지(松脂)명 송진(松津)
송지-암(松脂岩)명 역청석(瀝青石)
송지-유(松脂油)명 테레빈유
송진(松津)명 소나무의 상처 따위에서 분비되는 끈끈한 수지(樹脂). 무색 또는 담황색의 액체인데 휘발 성분이 없어지면 굳어짐. 테레빈유를 함유하고 있음. 송고(松膏). 송방(松肪). 송지(松脂)
송:채(送綵)명-하다자 혼인을 정한 뒤에 신랑 집에서 신부 집으로 청색과 홍색의 채단(綵緞)을 보내는 일.
송채(菘菜)명 '배추'의 딴이름.
송:척(訟隻)명 지난날, 송사(訟事)에서 상대자(相對者)를 이르던 말.
송:청(送廳)명-하다타 경찰에서 조사한 범죄 혐의자를 검찰청으로 넘겨 보냄.
송:체(宋體)명 '송조체(宋朝體)'의 준말.
송추(松楸)명 소나무와 가래나무라는 뜻으로, 산소 둘레에 심는 나무를 통틀어 이르는 말.
송:축(悚縮·悚蹙)명-하다자 송구스러워서 몸을 움츠림.
송:축(頌祝)명-하다타 경사스러운 일을 기리며 축하함.
송:출(送出)명-하다타 다른 데로 내어 보냄.
송충(松蟲)명 '송충이'의 딴이름.
송충-나방(松蟲-)명 솔나방과의 곤충. 편 날개 길이 7cm 안팎. 몸빛은 갈색에 흰 줄 또는 검은 줄이 있음.
송충-목(松蟲木)명 송충이의 피해를 입은 나무.
송충-이(松蟲-)명 송충나방의 애벌레. 다 자란 것은 몸길이 7cm 안팎. 몸은 누에 모양이고 몸빛은 대개 황갈색임. 온몸에 긴 털이 있고 등에는 남빛을 띤 검은빛의 독이 있는 털이 다발로 나 있음. 소나무 잎을 갉아먹는 해충임. 송충(松蟲)
속담 **송충이가 갈밭에 내려왔다** : 분수에 넘치는 짓을 하는 사람을 두고 이르는 말. /**송충이가 갈잎을 먹으면 떨어진다** : 자기의 분수를 지키지 않고 딴 짓을 하다가는 낭패를 보게 된다는 말.
송치명 암소의 뱃속에 있는 새끼.
송:치(送致)명-하다타 ①보내어 닿게 하는 일. ②소송 사건에 관한 서류나 피의자 등을 수사 기관에서 검찰청 따위로 보내는 일.
송탄-유(松炭油)[-뉴]명 송유(松油)
송:파(送波)명-하다자 전파를 보냄.
송:판(宋板·宋版)명 중국 송나라 때의 책판(冊板). 연대가 오래 되어 매우 귀중함.
송판(松板)명 소나무 널빤지. 판자
송편(松-)명 멥쌀가루를 익반죽하여 소를 넣고 빚어 솔잎을 깔고 찐 떡. 떡이 다 쪄지면 찬물에 헹구어 물기를 빼고 참기름을 바름. 소로는 거피팥 고물, 거피녹두 고물, 밤, 대추, 청대콩, 깨소금 따위가 쓰임. 송병(松餠)
속담 **송편으로 목을 따 죽지** : 하찮은 일로 같잖게 성내거나 분해 하는 사람을 놀리어 이르는 말. [접시 물에 빠져 죽지/거미줄에 목을 맨다]
송:품(送品)명-하다타 물건을 보냄, 또는 그 물건.
송풍(松風)명 소나무 숲을 스치어 부는 바람. 솔바람. 송뢰(松籟) ☞송도(松濤)
송:풍(送風)명-하다자 바람이나 공기를 보냄. ¶- 장치
송:풍-기(送風機)명 바람을 일으켜 보내는 장치. 실내나 갱내의 환기나 용광로 따위의 통풍에 쓰임.
송피(松皮)명 송기(松肌)
송:하-인(送荷人)명 운송 계약에서, 물품의 운송을 위탁하는 사람. ☞수하인(受荷人)
송:학(宋學)명 중국 송나라 때의 유학(儒學). 정주(程朱)의 '성리학(性理學)'을 이르는 말.
송학(松鶴)명 화투짝에서, 소나무와 학을 그린, 솔의 스무 끗짜리 딱지. ☞매조(梅鳥)
송:한(悚汗)명 송구스러워서 흘리는 진땀.
송화(松花)명 소나무의 꽃, 또는 그 꽃가루. 한방에서, 어지럼증·위통·이질·악창(惡瘡) 등에 약재로 쓰임. 송황(松黃)
송:화(送話)명-하다자 전화기의 송화기를 통해 상대편에게 말을 함. ☞수화(受話)
송화-강정(松花-)명 조청을 바르고 송홧가루를 묻혀 만든 강정.
송:화-기(送話器)명 전화기에서, 말소리를 전기 신호로 바꾸어 상대편에게 보내는 장치. 수화기(受話器)
송화-다식(松花茶食)명 송홧가루를 꿀로 반죽하여 판에 박아 낸 다식.
송화-밀수(松花蜜水)[-쑤]명 송홧가루를 탄 꿀물.
송화-색(松花色)명 송화의 빛깔처럼 엷은 누른빛.
송화-주(松花酒)명 가향주(加香酒)의 한 가지. 찹쌀가루에 송홧가루를 섞어 물에 풀어 끓인 뒤에 누룩가루를 섞어 빚어 밑술로 삼고, 여기에 멥쌀로 찐 흰무리와 송화를 섞어 물에 오래 달인 것에 누룩을 섞어 빚은 덧술을 넣어 빚음.
송:환(送還)명-하다타 본디 있던 곳으로 되돌려 보냄. ¶전쟁 포로를 -하다. /밀입국자를 -하다.
송홧-가루(松花-)명 소나무의 꽃가루, 또는 그것을 물에 풀어 휘저어 잡물을 없앤 뒤 말린 가루.
송황(松黃)명 송화(松花)
송:황(悚惶)어기 '송황(悚惶)하다'의 어기(語基).
송:황-하다(悚惶-)형여 송구하고 황송하다.
솥명 밥을 짓거나 국 따위를 끓이는 데 쓰는 조리 기구. 쇠·양은·돌 따위로 만듦.
속담 **솥 떼어 놓고 삼 년**(三年) : 준비는 다 해 놓고도 실행에 옮기지 않고 질질 끈다는 말. [솥 씻어 놓고 기다리기]/**솥 속의 콩도 쪄야 익지** : 무엇이나 실제로 힘써 노력하지 않으면 아루어지지 않는다는 말. [가마 속의 콩도 삶아야 먹는다/구슬이 서 말이라도 꿰어야 보배라/부뚜막의 소금도 집어 넣어야 짜다]/**솥에 개 누웠다** : 여러 날 밥을 짓지 못했음을 이르는 말. /**솥은 검어도 밥은 검지 않다** : 겉모양은 더럽거나 흉하여도 그 속의 것은 깨끗하거나 훌륭할 경우에 이르는 말. /**솥은 부엌에 걸고 절구는 헛간에 놓아라 한다** : 누구나 다 아는 일이요 누구나 다 그렇게 하고 있는 일을 특별히 저만 아는체 하며 남에게 가르치는 사람을 놀리어 이르는 말.
솥-검댕[솓-]명 솥의 밑바닥 바깥 부분에 붙은 검댕.
솥-귀[솓-]명 솥의 운두 위로 뾰족하게 돋친 부분.
솥-뚜껑[솓-]명 솥을 덮는 뚜껑. 소댕

속담 솥뚜껑에 엿 놓았나 : 찾아온 사람이 빨리 돌아가려고 일어서는 것을 말리면서 이르는 말. 〔노굿전에 엿을 놓았나〕

솥-물[솓-] 명 새 솥에서 우러나는 쇳물.

솥-발[솓-] 명 솥 밑에 달린 발. 정족(鼎足)

솥발 같다 관용 '셋이 사이 좋게 나란히 있다'를 비유하여 이르는 말. ¶세 식구가 솥발같이 늘어앉았던 방.

솥-발이[솓-] 명 한배에 난 세 마리의 강아지.

솥-솔[솓-] 명 솥을 닦는 솔.

솥-전[솓-] 명 솥의 바깥 면 중턱에 수평으로 둘러 댄 것. 손잡이 또는 불 위에 솥을 놓을 때 부뚜막 등에 거는 데 쓰임.

솥-정(-鼎)[솓-] 명 한자 부수(部首)의 한 가지. '鼏' 등에서 '鼎'의 이름.

솥-젖[솓-] 명 솥이 부뚜막 등에 걸리도록 솥 바깥 면 중턱에 붙인 서너 개의 쇳조각. 솥전 대신으로 닮.

솨: 부 ①바람결이 무엇을 스치면서 부는 소리를 나타내는 말. ¶솔숲에 드니 바람이 — 하고 스쳐 간다. ②파도 따위가 밀려올 때 나는 소리를 나타내는 말. ③많은 물줄기가 떨어질 때 나는 소리를 나타내는 말. ¶샤워기에서 물이 — 하고 떨어진다. ☞쏴

솨:-솨 부 잇달아 솨 하고 나는 소리를 나타내는 말. ☞쏴쏴

솰:-솰 부 ①물 따위가 큰 구멍에서 흘러 나오거나 골진 곳을 흐르는 소리, 또는 그 모양을 나타내는 말. ¶큰 수도관에서 물이 — 흘러 나오다. ②가루 따위가 좁은 틈이나 구멍으로 자꾸 흘러내리는 소리, 또는 그 모양을 나타내는 말. ③털 따위를 자꾸 솔질하는 모양을 나타내는 말. ¶말의 갈기를 — 빗어 고르다.

쇄:골(鎖骨) 명 목과 가슴 사이에 가로놓인 좌우 한 쌍의 뼈. 가슴뼈와 어깨뼈에 이어져 있음. 빗장뼈

쇄:골분신(碎骨粉身) 성구 분골쇄신(粉骨碎身)

쇄:광(碎鑛) 명 -하다 자 쓸모 있는 광물을 분리해 내려고 광석을 부수는 일, 또는 그 부순 광석.

쇄:광-기(碎鑛機) 명 쇄광하는 기계.

쇄:국(鎖國) 명 -하다 자 국가 정책으로서 외국과의 교류와 교역을 금지하는 일. ☞개국(開國)

쇄:국=정책(鎖國政策) 명 국가의 방침으로서 쇄국하는 정책. ☞개방 정책(開放政策)

쇄:국=주의(鎖國主義) 명 나라의 문호를 닫고 외국과의 교류와 교역을 금지하자는 주의.

쇄:금(碎金) 명 금을 부순 것처럼 아름답다는 뜻으로, 아름다운 시나 글귀를 비유하여 이르는 말.

쇄:금(鎖金) 명 자물쇠 ▷鎖의 속자는 鎖

쇄:도(殺到) 명 -하다 자 많은 사람이나 사물이 한꺼번에 한 곳으로 몰려듦. ¶수요자로부터 주문이 —하다.

쇄:락(灑落) 어기 '쇄락(灑落)하다'의 어기(語基).

쇄:락-하다(灑落—) 형여 마음이 소탈하고 대범하다. ¶쇄락한 인품.

쇄:마(刷馬) 명 지난날, 지방에 배치하여 관용(官用)으로 쓰던 말.

쇄:말(瑣末) 어기 '쇄말(瑣末)하다'의 어기(語基).

쇄:말-하다(瑣末—) 형여 아주 작다.

쇄:문(鎖門) 명 -하다 자 문을 걸어 잠금.

쇄:문-도주(鎖門逃走) 명 문을 걸어 잠그고 몰래 달아남.

쇄:빙(碎氷) 명 -하다 자 얼음을 깨뜨림.

쇄:빙-선(碎氷船) 명 얼어붙은 바다나 하천, 호수 따위의 얼음을 깨뜨려 뱃길을 내는, 특수 장비를 갖춘 배.

쇄:상(鎖狀) 명 쇠사슬 모양.

쇄:서(曬書) 명 -하다 자타 좀이나 곰팡이를 막기 위하여, 책에 볕을 쪼이고 바람을 쏘임. 폭서(曝書)

쇄:석(碎石) 명 -하다 자 돌을 깨뜨려 부숨, 또는 그 돌.

쇄:석-기(碎石機) 명 바위나 큰 돌을 깨뜨려 알맞은 크기의 자갈로 만드는 기계.

쇄:석-도(碎石道) 명 쇄석을 깔아 고른 길.

쇄:선(鎖線) 명 일정한 길이의 실선(實線)과 점을 교대로 이어 놓은 선. 설계 도면 등에 쓰임. ☞파선(破線)

쇄:설(瑣屑) 명 잔 부스러기.

쇄:소(灑掃) 명 -하다 타 물을 뿌리고 비질을 함.

쇄:신(刷新) 명 -하다 타 묵은 것을 버리고 새롭게 함. ¶교육 제도를 —하다.

쇄:약(鎖鑰) 명 자물쇠

쇄:원(鎖院) 명 지난날, 과거의 성적을 발표하기 전에는 시관(試官)이 과장(科場)을 떠나지 못하던 일.

쇄:자(-子) 명 조선 시대에 무관(武官)이 신던 목이 긴 신. 수혜자(水鞋子)

쇄:자(刷子) 명 갓이나 탕건 따위의 먼지를 터는 솔.

쇄:자갑(鎖子甲) 명 조선 시대에 사용한 갑옷의 한 가지. 사방 두 치 정도 되는 돼지 가죽으로 미늘을 만들어 작은 쇠고리로 꿰어 달았음.

쇄:장(鎖匠) 명 '옥쇄장(獄鎖匠)'의 준말.

쇄:점-제(殺粘劑) 명 도자기를 만들 때 도토(陶土)의 끈기를 줄이는 데 쓰는 약제.

쇄:직(鎖直) 명 지난날, 계속되는 숙직 때문에 여러 날 외출하지 못하는 일을 이르던 말.

쇄진(灑塵) 명 -하다 자 물을 끼얹어 먼지를 씻어 내림.

쇄:탈(洒脫) 어기 '쇄탈(洒脫)하다'의 어기(語基).

쇄:탈-하다(洒脫—) 형여 성격이나 풍모가 속기(俗氣)를 벗어나 시원하다.

쇄:파(碎破) 명 -하다 타 부수어 깨뜨림.

쇄:편(碎片) 명 깨어진 물건의 조각. 파편(破片)

쇄:포(刷逋) 명 -하다 타 지난날, 써 버린 나랏돈을 보충하는 일을 이르던 말.

쇄:풍(曬風) 명 -하다 자타 바람을 쐬거나 바람에 말림.

쇄:항(鎖港) 명 -하다 자 ①항구에 배가 드나들지 못하도록 막는 일. ②외국과의 통상을 끊고 그 나라 배의 자국(自國) 항구의 출입을 금하는 일. ☞개항(開港)

쇄:행(刷行) 명 -하다 타 인쇄하여 펴냄. 간행(刊行)

쇄:환(刷還) 명 -하다 타 외국에서 유랑하는 동포를 본국으로 데리고 돌아옴.

쇠 명 ①철(鐵) ¶—로 만든 화로. ②쇠붙이 ¶—로 된 돈. ③'열쇠'의 준말. ④'자물쇠'의 준말. ⑤'지남철'의 준말.
속담 쇠가 쇠를 먹고 살이 살을 먹는다 : 친족이나 같은 무리끼리 서로 다툰다는 말. 〔갖에서 좀 난다〕/쇠라도 맞부딪쳐야 소리가 난다 : 한편이 가만히 있으면 싸움이 절대로 일어나지 않는다는 말. 〔두 손뼉이 맞아야 소리가 난다〕/쇠 먹는 줄이라 : 돈이 한없이 들어가는 일, 또는 돈을 물 쓰듯이 쓰는 사람을 이르는 말.

한자 쇠 금(金) 〔金部〕 ¶금속(金屬)/금전(金錢)/합금(合金)
쇠 철(鐵) 〔金部 13획〕 ¶강철(鋼鐵)/고철(古鐵)/제철(製鐵)/철근(鐵筋)/철재(鐵材) ▷속자는 鉄

쇠-[1] 접두 동식물 이름에 붙어 '작은'의 뜻을 나타냄. ¶쇠고래/쇠기러기/쇠돌피/쇠미역

쇠:-[2] 《접두사처럼 쓰이어》 '소[牛]의'의 준꼴. ¶쇠뿔/쇠고기/쇠코/쇠고집

쇠-가래 명 가랫바닥이 쇠로 된 가래.

쇠:-가죽 명 소의 가죽. 소가죽. 우피(牛皮)

쇠가죽을 무릅쓰다 관용 부끄러움을 돌아보지 않다.

쇠:-간 명 소의 간.

쇠-갈고리 명 쇠로 만든 갈고리.

쇠:-갈비 명 소의 갈비.

쇠:갈비-찜 명 쇠갈비를 토막 내어 표고와 저민 마늘·무·파 따위를 넣고 간장·기름·설탕으로 간을 맞춘 다음에 뭉근한 불에서 오래 찐 음식.

쇠감(衰減) 명 -하다 자 쇠하여 줄어듦. 쇠모(衰耗)

쇠경(衰境) 명 늙바탕

쇠:-고기 명 소의 고기. 소고기. 우육(牛肉). 황육(黃肉)

> ▶ 쇠고기의 부위(部位) 이름
> 목정/안심/등심/채끝살/갈비/우둔살/홍두깨/양지머리/사태/업진/쇠꼬리/쇠머리/쇠족/도가니/사골/멱미레

쇠:고기-맑은장:국 명 쇠고기를 채 썰어 양념하여 볶다가 물을 붓고 끓인 맑은장국.

쇠:고기-산:적(-散炙)명 쇠고기·느타리버섯·쪽파 따위를 같은 길이로 잘라 대꼬챙이에 번갈아 꿰어 양념 간장에 묻혀 구운 음식.
쇠:고기-전:골 명 쇠고기를 주재료로 하여 두부·표고버섯·미나리 따위를 곁들여 끓인 전골.
쇠-고랑 명 '수갑(手匣)'을 속되게 이르는 말. 준고랑[3]
쇠-고래 명 쇠고랫과의 포유동물. 몸길이 13~15m. 몸빛은 어두운 잿빛에 흰 얼룩무늬가 있음. 머리가 작고 등 지느러미는 없음. 북태평양에만 살며 겨울에 동해에 나타남. 울산 앞 바다의 쇠고래 회유 해면은 천연 기념물 제126호임.
쇠-고리 명 쇠로 된 고리. ¶미닫이의 ─.
쇠:-고집(-固執)명 몹시 센 고집, 또는 그러한 사람. 황소고집 ☞닭고집
속담 **쇠고집과 닭고집이다**: 매우 고집이 셈을 비유하여 이르는 말.
쇠곤(衰困)어기 '쇠곤(衰困)하다'의 어기(語基).
쇠곤-하다(衰困-)형여 몸이 쇠약하고 피곤하다.
쇠:-골 명 소의 골.
쇠골(衰骨)명 가냘프게 생긴 골격, 또는 그런 사람.
쇠:골-백숙(-白熟)명 쇠골을 백숙한 음식.
쇠-공이 명 쇠로 만든 공이.
쇠구(衰軀)명 쇠약한 몸.
쇠-구들 명 아무리 불을 때도 덥혀지지 않는 방구들.
쇠:-귀 명 소의 귀. 우이(牛耳)
속담 **쇠귀에 경 읽기**: 아무리 가르치고 일러주어도 알아듣지 못하는 것을 이르는 말. ☞우이독경(牛耳讀經)
쇠:-귀신(-鬼神)명 ①소가 죽어서 된다는 귀신. ②성질이 몹시 검질기고 둔한 사람을 비유하여 이르는 말.
쇠-금(-金)명 한자 부수(部首)의 한 가지. '針'·'鈴' 등에서 '金'의 이름.
쇠-기둥 명 작두의 날을 끼우기 위하여 바탕에 박아 놓은 두 개의 쇳조각.
쇠-기러기 명 오릿과의 겨울 철새. 몸길이 72cm 안팎. 몸빛은 회갈색인데, 부리는 분홍색, 이마는 백색, 발은 주황색임. 배에는 검은 반점과 줄무늬가 있음. 떼지어 논에 흩어진 벼나 풀씨, 풀뿌리 따위를 먹음.
쇠:-기름 명 ①소의 기름. 소기름 ②우지(牛脂)
쇠:-기침 명 오래도록 낫지 않아 쉰 기침.
쇠-길앞잡이 명 '무당가뢰'의 딴이름.
쇠:-꼬리 명 ①소의 꼬리. ②소의 꼬리를 고기로 이르는 말. 곰탕·찜 등에 쓰임. ☞쇠머리. 쇠족 ③베틀신과 신대를 잇는 끈.
속담 **쇠꼬리보다 닭 대가리가 낫다**: 크고 훌륭한 것들 중에서 꼴찌로 지내느니보다 작고 별것 아닌 것들 중에서 우두머리가 되는 편이 대접 받고 낫다는 말.
쇠:꼬리-채 명 베틀에 딸린 기구의 한 가지. 기름한 나무의 한끝을 베틀 위에 꽂고 다른 한끝에는 끈을 매어 이것을 잡아당겨서 날과 씨를 서로 오르내리게 함. 추두
쇠-꼬챙이 명 쇠로 만든 꼬챙이.
쇠-끄트러기 명 ①물건을 만들고 남은 찌꺼기 쇠. ②부스러기 쇠붙이. 준쇠끝
쇠-끝 명 '쇠끄트러기'의 준말.
쇠-나다 자 ①솥에 녹이 나서 그 솥으로 지은 밥 따위에 녹물이 들다. ②부스럼이 덧나다.
쇠년(衰年)명 늙어 쇠약해져 가는 나이. 쇠령(衰齡)
쇠뇌 명 여러 개의 화살을 잇달아 쏘게 만든 활의 한 가지. 노(弩). 노포(弩砲)
쇠다[1] 자 ①채소나 나물 따위가 너무 자라서 억세어지다. ②병 따위의 정도가 점점 더해 가다. ¶기침이 ─.
쇠:다[2] 타 명절이나 생일 따위의 날을 맞이하여 지내다. ¶추석을 ─./설을 ─.
쇠:-다리 명 소의 다리.
쇠-달구 명 쇠로 만든 달구.
쇠-닻 명 쇠로 만든 닻.
쇠-도리깨 명 쇠로 도리깨 모양으로 만든 옛 병장기(兵仗器)의 한 가지.
쇠-돌피 명 볏과의 두해살이풀. 줄기 높이 20~50cm. 잎은 어긋맞게 나며 선 모양임. 5~6월에 가늘고 긴 여러 개의 이삭으로 된 녹자색 꽃이 원추(圓錐) 꽃차례로 핌. 우리 나라 중부 이남의 들에서 자람.
쇠-두겁 명 쇠로 만든 두겁.
쇠:-두엄 명 외양간에서 쳐낸 두엄. 구비(廐肥)
쇠-딱따구리 명 딱따구릿과의 텃새. 딱따구리 중에서 가장 작은 종류로, 몸길이 15cm 안팎. 머리·등·꼬리는 검고 눈 옆과 뺨·뒷목·등에는 흰 줄무늬가 있음. 턱 밑·가슴·배는 백색이며 옆구리에 갈색 무늬가 있고 수컷의 뒷머리에는 빨간 점이 있음. 소탁목(小啄木)
쇠-딱지 명 어린아이의 머리에 눌어붙은 때. 쇠똥[2]
쇠-똥[1] 명 쇠를 불릴 때에 떨어지는 부스러기. 철락(鐵落). 철설(鐵屑)
쇠:-똥[2] 명 ①소의 똥. 우분(牛糞) ②쇠딱지
속담 **쇠똥에 미끄러져 개똥에 코 박은 셈이다**: 대단치 않은 일에 연달아 실수만 하여 기가 막히고 어이가 없음을 이르는 말./**쇠똥이 지짐떡 같으냐**: ①먹지 못할 것을 먹으려고 하는 사람을 놀리어 이르는 말. ②가망이 없는 일을 바란다는 뜻.
쇠:똥-구리 명 '말똥구리'의 딴이름.
쇠:똥-찜 명 쇠똥을 구워서 부스럼 자리를 지지는 찜질.
쇠뜨기 명 속샛과의 여러해살이풀. 땅속줄기는 가로로 길게 벋으며 보통의 잎은 퇴화하여 칼집 모양이고 3~4월에 길둥근 꼴의 홀씨주머니 이삭이 돋아남. 어린 홀씨줄기는 '뱀밥'이라 함. 필두채(筆頭菜)
쇠락(衰落)명-하다자 쇠하여 시들어 떨어짐.
쇠령(衰齡)명 쇠년(衰年)
쇠로(衰老)명-하다자 늙어 쇠약해짐.
쇠로지년(衰老之年)명 쇠로한 나이.
쇠-막대기 명 쇠로 만든 가늘고 긴 토막.
쇠망(衰亡)명-하다자 쇠퇴하여 망함. 유쇠멸(衰滅)
쇠-망치 명 쇠로 만든 망치.
쇠:-머리 명 ①소의 머리. 우두(牛頭) ②잡아서 각을 뜬 소의 머리 부분을 고기로 이르는 말. 찜·탕·편육 등에 쓰임. 소머리. 쇠머릿살 ☞쇠꼬리. 쇠족
쇠:머리-편육(-片肉)명 쇠머리를 푹 곤 다음에 뼈를 골라내고 고기만 보에 싸서 눌렀다가 얇게 저민 음식.
쇠:머릿-살 명 쇠머리
쇠:-먹이 명 소에게 먹이는 풀이나 곡식. 소의 사료.
쇠-메 명 쇠로 만든 메.
쇠멸(衰滅)명-하다자 쇠잔하여 없어짐. 유쇠망(衰亡)
쇠모(衰耗)명-하다자 쇠하여 줄어듦. 쇠감(衰減)
쇠목 명 장농의 앞쪽 두 기둥 사이에 가로 대는 나무.
쇠-못 명 쇠로 된 못. 철정(鐵釘) ☞나무못. 대못
쇠-몽둥이 명 쇠로 만든 몽둥이. 철봉(鐵棒)
쇠-몽치 명 쇠로 만든 몽치.
쇠:-무릎 명 비름과의 여러해살이풀. 줄기는 네모지고 마디는 소의 무릎과 같이 길둥근 꼴로 마디가 굵음. 마주나는 잎은 달걀꼴 또는 길둥근 꼴임. 8~9월에 초록의 작은 꽃이 이삭 모양으로 피고, 열매는 가시가 있어 사람 옷 같은 데에 달라붙음. 뿌리는 이뇨제로, 줄기와 잎은 해독제로 쓰임. 우슬(牛膝) 본쇠무릎지기
쇠:무릎-지기[-릅-] 명 '쇠무릎'의 본딧말.
쇠-문(-門)명 쇠로 만든 문. 철문(鐵門)
쇠문(衰門)명 쇠퇴해 가는 집안.
쇠문-이(衰門-)명 가문을 기울게 하는 자라는 뜻으로, 하는 짓이 못되고 진취성이 없는 사람을 이르는 말.
쇠-물닭[-닥] 명 뜸부깃과의 여름 철새. 몸길이 33cm 안팎. 등은 감람색을 띤 갈색이며 얼굴과 목, 배는 짙은 잿빛이고 옆구리를 따라 흰 줄무늬가 있음. 이마에서 부리는 붉은빛인데, 부리 끝은 황색이고 다리는 황록색임. 잡식성으로 연못이나 저수지, 강 어귀의 수초가 우거진 곳에서 번식함.
쇠-뭉치 명 둥그스름한 쇳덩어리.
쇠미(衰微)어기 '쇠미(衰微)하다'의 어기(語基).
쇠미-하다(衰微-)형여 쇠잔하여 미약하다.

쇠-발고무래 명 쇠로 만든 발고무래.
쇠:-백장 명 소를 잡는 일을 업으로 삼는 사람. 도우탄
쇠:-버짐 명 사상균(絲狀菌)에 감염되어 생기는 전염성 피부병의 한 가지. 살빛이 변하여 얼룩지고 살갗이나 털, 손발톱이 떨어져 나가거나 부스러짐. 백선(白癬)
쇠:-병(-病)[-뼝] 명 소에 일어난 병.
쇠병(衰病)[-뼝] 명 늙고 쇠약해져서 나는 병.
쇠-보리 명 볏과의 여러해살이풀. 줄기 높이 30~60cm. 잎은 선 모양이며 끝이 뾰족함. 7월경에 불그레한 자줏빛 이삭 꽃이 보리처럼 달려 피고 이삭에는 가시랭이가 없음. 중부 이남의 해안에서 자람.
쇠:-불알 명 소의 불알. 우랑
속담 **쇠불알 떨어지면 구워 먹기** : 언제 될지도 모르는 일을 한없이 기다린다는 뜻으로, 노력 없이 요행을 바란다는 말. /**쇠불알 떨어질까 하고 제 장작 지고 다닌다** : 가망이 없는 일을 늘상 기다리고 벼른다는 말.
쇠-붙이[-부치] 명 ①금속(金屬) ¶ -로 만든 연장. ②철물이나 쇳조각 따위를 통틀어 이르는 말. 쇠 ¶ 장농에 박힌 -를 닦다.
쇠-비름 명 쇠비름과의 한해살이풀. 줄기 높이 30cm 안팎. 줄기 아래 부분은 땅을 기며 적자색을 띰. 잎은 다육질(多肉質)에 주걱 모양이고 윤이 남. 5~8월에 노란 다섯잎꽃이 피고 열매에는 검은 씨가 있음. 밭이나 길가의 양지바른 곳에서 자람. 어린잎은 먹을 수 있고 풀 전체는 약으로 쓰임. 장명채(長命菜) ☞참비름
쇠:-뼈 명 소의 뼈. 소뼈. 우골(牛骨)
쇠:-뿔 명 소의 뿔. 우각(牛角)
속담 **쇠뿔도 각각 염주도 몫몫** : 무엇이나 각각 제 맡은 몫이 따로 있다는 말. /**쇠뿔도 단김에 빼라(빼랬다)** : 무슨 일을 하려고 했으면 망설이지 말고 바로 해치워야 한다는 말.

▶ 쇠뿔의 생김새에 따른 이름
○ 소는 암수가 다 뿔이 난다. 암소 뿔은 가늘고 길며 황소뿔은 굵고 짧다.
○ 뿔의 생김새에 따른 이름 — 고추뿔(작박구리)/노구거리/새앙뿔(생강뿔)/송낙뿔/우걱뿔/자빡뿔

쇠:뿔-고추 명 쇠뿔 모양으로 생긴 고추.
쇠:뿔-참외 명 쇠뿔 모양으로 생긴 참외.
쇠-사슬 명 ①쇠고리를 여러 개 걸어 이은 줄 모양의 것. 철쇄(鐵鎖) ¶ 개를 -에 매어 놓다. ②'구속'이나 '속박'을 비유하여 이르는 말. ¶ 압제의 -을 끊다. 준 사슬[1]
쇠-살 명 쇠로 된 활촉을 꽂은 화살.
쇠-살문(-門) 명 쇠로 된 창살을 박아 만든 문.
쇠:-살쭈 명 소를 팔고 살 때 흥정붙이는 사람. 준 살쭈
쇠-살창(-窓) 명 쇠로 만든 살창.
쇠상(衰相) 명 쇠한 모습.
쇠-새 명 '물총새'의 딴이름.
쇠:-서 명 ①소의 혀를 고기로 이르는 말. 우설(牛舌) ②'쇠서받침'의 준말.
쇠:서-나물 명 국화과의 두해살이풀. 산과 들에서 자라며 줄기 높이는 60~90cm. 전체에 적갈색의 센 털이 나 있고 윗줄기의 선 모양 잎의 밑은 줄기를 싸고 있음. 6~9월에 줄기나 가지 끝에 연노란 꽃이 두상(頭狀) 꽃차례로 피고 열매는 수과(瘦果)임.
쇠:서-받침 명 재래식 한옥에서, 전각(殿閣)의 기둥 위에 덧붙이는, 소의 혀 모양으로 생긴 장식. 준 쇠서
쇠세(衰世) 명 망해 가는 세상.
쇠세(衰勢) 명 쇠퇴한 세력.
쇠-솥 명 쇠로 만든 솥.
쇠-숟가락 명 놋쇠 따위 쇠붙이로 만든 숟가락. 준 쇠숟
쇠-숟 명 '쇠숟가락'의 준말.
쇠-스랑 명 농기구의 한 가지. 쇠로 서너 개의 발을 갈퀴 모양으로 만들고 나무 자루를 박은 것. 땅을 파헤쳐 고르거나 두엄 따위를 쳐내는 데 씀.
쇠스랑-개비 명 장미과의 여러해살이풀. 줄기는 땅으로 벋는데, 길이 60cm 안팎이며 잎에는 거친 톱니가 있음. 5~7월에 노란 다섯잎꽃이 피고 열매는 수과(瘦果)로 공 모양이며 매끈함.

쇠시리 명 재래식 한옥에서, 문살의 표면이나 기둥의 모서리 따위를 깎아 밀어서 골이 지게 하거나 도드라지게 하여 곡면으로 장식하는 일.
쇠:-심 명 소의 심줄.
쇠:심-떠깨 명 심줄이 섞여서 아주 질긴 쇠고기. 준 심떠깨
쇠:심-회(-膾) 명 소의 등심 속에 있는 쇠심떠깨의 심으로 만든 회로, 얇게 썰어 초고추장에 찍어 먹음.
쇠-쐐:기 명 쇠로 만든 쐐기. 채석(採石) 따위에 씀.
쇠안(衰眼) 명 시력이 쇠약해진 눈.
쇠안(衰顔) 명 쇠약해 보이는 얼굴, 또는 쇠약해진 얼굴.
쇠약(衰弱) 명 -하다 형 쇠하여 약함. ¶ 신경 -/병으로 -해지다.
쇠양배양-하다 형여 요량이 적고 분수가 없어 행망쩍다.
쇠:-여물 명 소에게 먹이는 여물.
쇠:-오줌 명 소의 오줌.
쇠:-옹두리 명 소의 옹두리뼈.
속담 **쇠옹두리를 우리듯** : 소의 옹두리뼈를 오래 우리듯, 두고두고 되풀이하여 우려먹는 모양을 이르는 말.
쇠용(衰容) 명 쇠약한 얼굴이나 모습.
쇠운(衰運) 명 쇠하는 운수. ¶ -을 맞다.
쇠-자루 명 쇠로 만든 자루.
쇠잔(衰殘) 명 -하다 자 아주 쇠하여 약해짐. ¶ 기력이 -하다.
쇠-잡이 명 농악에서, 쇠붙이로 만든 타악기인 꽹과리나 징을 맡아 치는 사람.
쇠:-장(-場) 명 소를 사고 파는 시장. 쇠전. 우시장
쇠:-전(-廛) 명 쇠장
쇠:-젖 명 소의 젖. 우유(牛乳) ¶ -을 짜다.
쇠:-족(-足) 명 잡아서 각을 뜬 소의 발을 식품으로 이르는 말. 족편이나 탕 등에 쓰임. 우족(牛足) ☞사골(四骨)
쇠:좆-매[-졷-] 명 지난날, 죄인을 때릴 때 쓰던 형구(刑具)의 한 가지. 황소의 생식기를 말려 만들었음.
쇠:-죽(-粥) 명 여물과 콩 따위를 섞어 끓인 소의 먹이. 우죽(牛粥)
쇠:죽-가마(-粥-) 명 쇠죽을 끓이는 가마솥. 쇠죽솥
쇠:죽-물(-粥-) 명 쇠죽을 끓이는 데 쓰는 쌀뜨물이나 개숫물 따위.
쇠:죽-바가지(-粥-) 명 쇠죽을 푸는 바가지.
쇠:죽-솥(-粥-) 명 쇠죽가마
쇠-줄 명 쇠로 만든 줄. 철사 따위.
쇠증(衰症)[-쯩] 명 늙고 쇠약하여 오는 병증.
쇠지랑-물 명 외양간 뒤쪽에 쇠오줌이 괸 검붉은 물. 거름으로 씀.
쇠지랑-탕 명 쇠지랑물을 받아 썩이는 웅덩이.
쇠-지레 명 쇠로 만든 지레.
쇠진(衰盡) 명 -하다 자 기운이나 세력 등이 다하여 없어짐.
쇠:-짚신[-집-] 명 소에게 일을 시킬 때 신기는 짚신.
쇠-차돌 명 산화철(酸化鐵)이 들어 있어서 붉은빛이나 누른빛을 띠는 차돌.
쇠-창살(-窓-)[-쌀] 명 쇠로 만든 창살. ¶ 감옥의 -.
쇠-채 명 거문고 따위를 탈 때 쓰는, 쇠로 만든 채.
쇠천 명 지난날, '소전(小錢)'을 속되게 이르던 말.
속담 **쇠천 뒷글자 같다** : 쇠천에 새긴 글자가 닳아서 잘 보이지 않는 것과 같이, 남의 마음속을 잘 알 수 없다는 말. /**쇠천 샐닢도 없다** : 주머니 속에 반푼도 없다는 말.
쇠천-반:푼(-半-) 명 샐닢
쇠첩 명 단청에서 머리초의 휘 끝에 돌려 그린 무늬.
쇠:-코 명 ①소의 코. ②보습의 뒷면 네모진 구멍 위에 가로 건너지른 부분.
쇠:-코뚜레 명 소의 코에 꿰는 고리와 같이 만든 나무. 이것에 고삐를 맴. 준 코뚜레
쇠:코-잠방이 명 농부가 일할 때 입는 짧은 잠방이.
쇠태(衰態) 명 쇠약한 상태나 모습.
쇠:-털 명 소의 털. 우모(牛毛)
쇠털같이 많다 관용 셀 수 없이 많다.
쇠털같이 허구한 날 관용 셀 수 없이 많은 나날.

속담 **쇠털 뽑아 제 구멍에 박는다** : 견식이 좁고 고지식하기만 한 행동을 이르는 말.
쇠-테 명 쇠로 만든 테.
쇠-톱 명 쇠붙이를 자르는 데 쓰는 톱.
쇠통 명 광산에서, 쇳줄의 넓이를 이르는 말.
쇠-통(-桶) 명 쇠로 만든 통. 철통(鐵桶)
쇠퇴(衰退·衰頹) 명-하다 자 세력이나 기운 등이 이전보다 나쁜 상태로 되어감. ¶양잠 산업이 -하다.
쇠:-파리 명 쇠파릿과의 파리. 몸빛은 황갈색이며 온몸에 검고 보드라운 털이 빽빽이 나 있음. 소나 말의 살갗을 파고들어 피를 빨아먹고 거기에 알을 슮. 우승(牛蠅)
쇠-판(-板) 명 쇠로 된 넓은 판. 철판(鐵板)
쇠-팥 명 팥의 한 가지. 팥과 비슷하나 너무 단단하여 먹지 못함. 적두(賊豆)
쇠패(衰敗) 명-하다 자 ①늙어서 기력이 약해짐. ②차차 약해져서 패망함. 유쇠망(衰亡)
쇠폐(衰弊) 명-하다 자 차차 약해져서 피폐해짐.
쇠폐(衰廢) 명-하다 자 차차 약해져서 쓸모 없이 됨.
쇠-푼 명 얼마 되지 않는 돈. ¶-이나 있나 보다.
쇠:-풍경(-風磬) 명 소의 턱 밑에 다는 방울. 소풍경
쇠-하다(衰-) 자여 힘이나 세력이 차차 줄어 약해지다. ¶기력이 -./가문이 -./국운이 -.

한자 쇠할 쇠(衰) 〔衣部 4획〕 ¶노쇠(老衰)/성쇠(盛衰)/쇠약(衰弱)/쇠진(衰盡)/쇠퇴(衰退)

쇠-호두(∠-胡桃) 명 껍데기가 두껍고 단단한 호두.
쇠-화:덕(-火-) 명 쇠로 만든 화덕.
쇠:-힘 명 소의 힘.
속담 **쇠힘도 힘이요 새 힘도 힘이다** : 큰 것도 좋기는 하나 작은 것도 쓸모가 따로 있다는 말. /**쇠힘은 쇠힘이요 새 힘은 새 힘이다** : ①큰 것과 작은 것은 제각기 쓸모가 다르니 대소(大小)만으로 그 가치를 평가해서는 안 된다는 말. ②워낙 차이가 커 비교가 안 된다는 말.
쇤:-네 대 지난날, 하인이 상전이나 웃어른에게 자신을 낮추어 일컫던 말. ¶-는 모르옵니다. 본소인네
속담 **쇤네를 내붙이다** : 비굴하게 아첨함을 이르는 말.
쇰직-하다 형여 그것보다 좀 더하거나 비슷하다. ¶농담 쇰직한 말을 하다./점심 쇰직한 아침을 먹다.
쇳-내 명 음식물에 쇳물이 우러나서 나는 냄새나 맛.
쇳-냥(-兩) 명 돈냥
쇳-녹 명 쇠붙이에 스는 녹.
쇳-독(-毒) 명 쇠붙이 따위에 다치어 생긴 독기. 철독(鐵毒) ¶못에 찔리어 -이 올랐다.
쇳-돌 명 ①쇠붙이의 성분이 들어 있는 돌. ②철의 성분이 들어 있는 돌.

한자 쇳돌 광(鑛) 〔金部 15획〕 ¶광맥(鑛脈)/광물(鑛物)/광석(鑛石)/채광(採鑛)/철광(鐵鑛) ▷ 속자는 鉱

쇳-물 명 ①쇠붙이에 슨 녹이 우러난 물. ②고열에 녹아 액체 상태로 된 쇠.
쇳-소리 명 ①쇠가 부딪쳐서 울리는 소리. ②가늘고 높은 새된 목소리. 금성(金聲). 금속성(金屬聲). 금속음(金屬音) ¶-로 악을 쓰며 대들다.
쇳-조각 명 ①쇠붙이의 조각. 편철(片鐵) ②경망하고 보암직하지 않게 생긴 사람을 비유하여 이르는 말.
쇳-줄 명 광맥(鑛脈)
쇼:(show) 명 ①상품이나 작품 따위의 전시회. ¶모터-/패션- ②음악과 춤을 위주로 한 보고 즐기는 구경거리. ¶뮤지컬-/지상 최대의 -.
쇼:맨십(showmanship) 명 관객을 즐겁게 해 주려 하는 연예인(演藝人)의 기질.
쇼비니슴(chauvinisme 프) 명 ①광신적이고 배타적인 애국주의. ☞징고이즘 ②배타적 자기 우월주의.
쇼:윈도:(show window) 명 상점이나 백화점의 진열창.
쇼크(shock) 명 ①물리적 충격. ②마음의 충격. ¶-를 받다. ③출혈이나 심장 장애, 약물 등으로 말미암아 혈압이 저하되고 뇌·심장 따위 여러 장기(臟器)의 기능이 저하되는 증세. 치료가 늦으면 죽음에 이름.
쇼크-사(shock死) 명 심한 출혈이나 약물 등으로 말미암아 쇼크를 일으켜 죽는 일.
쇼크=요법(shock療法) [-뻡] 명 정신적 장애를 치료하는 방법의 한 가지. 전기나 인슐린 따위로 인체에 충격을 주어 병적 과정이나 체험을 저지하여 치료함.
쇼킹-하다(shocking-) 형여 충격적이다. 크게 놀랄만하다. ¶쇼킹한 사건.
쇼:트(short) 명 ①짧게 하는 일, 또는 짧은 것. ②'쇼트서킷(short circuit)'의 준말. ③탁구에서, 탁구대에 바싹 붙은 자리에서 상대의 공이 튕겨 오르자마자 되받아 치는 타법. ☞롱(long)
쇼:트닝(shortening) 명 씹을 때 보드러운 느낌을 주기 위하여 빵이나 과자에 넣는 유지(油脂) 제품. 식물성 기름을 주원료로 하여 반고형(半固形)으로 만듦.
쇼:트서:킷(short circuit) 명 합선(合線) 준쇼트(short)
쇼:트톤(short ton) 명 미국톤
쇼:트트랙(short track) 명 빙상 경기의 한 가지. 실내에 설치된 111.12m의 타원형 트랙을 돌아 그 속도를 겨룸. 500·1000·1500·3000m는 남녀 공통이며, 계주는 남자 5000m, 여자 3000m로 구분됨. ☞스피드스케이팅
쇼:트패스(short pass) 명 축구나 농구 따위에서, 가까이 있는 자기편 선수에게 짧고 빠르게 공을 주는 일.
쇼핑(shopping) 명-하다 자 상점이나 백화점 등에서 물건 사는 일. 장보기 ¶-센터/백화점에서 -하다.
쇼핑몰:(shopping mall) 명 직선적인 배치에서 벗어나, 원형 등 면(面)을 중심으로 배치된 상가. 실내에 녹지 따위의 휴식 공간을 만들어 쾌적한 분위기에서 천천히 물건을 고르며 살 수 있도록 꾸밈.
쇼핑백(shopping bag) 명 상점 따위에서 산 물건을 넣는 주머니나 봉지.
쇼핑센터(shopping center) 명 한 군데에서 여러 가지 물건을 살 수 있도록 상점들이 모여 있는 곳. 통일적인 관리 아래 운영되며, 쇼핑 뿐만 아니라 오락과 휴식 기능도 갖추고 있음.
숄:(shawl) 명 여성이 추위를 막거나 장식으로 어깨에 걸치는 네모난 천. ☞어깨걸이
숄:더백(shoulder bag) 명 어깨에 메는 백.
수[1] 명 ①동물 가운데서 정소(精巢)를 가지고 있어서 정자(精子)를 만들어 내는 성(性)의 것, 또는 식물 가운데서 수꽃을 피우는 것. ¶암과 -를 구별하다. ②《접두사처럼 쓰이어》 ㉠'수컷'임을 나타냄. ¶수꿩/수소/수은행나무/수캐/수탉 ㉡짝을 이루는 사물을 나타내는 일부 명사에 붙어, '길게 튀어나온'·'안쪽에 들어가는'·'잘 보이는'의 뜻을 나타냄. ¶수나사/수단추 ☞암[1]

▶ '수-'와 '숫-'
동물의 수컷을 나타내는 표기는 '숫양·숫염소·숫쥐'를 제외하고는 모두 '수-'로 적는다.
¶수꿩/수소/수캉아지/수캐/수탉/수퇘지/수평아리/수나사/수키와/수톨쩌귀

수[2] 명 좋은 방법이나 도리. ¶지금은 달아나는 게 -다. 의 ①관형사형 어미 '-는'·'-ㄴ'·'-은'·'-ㄹ', 또는 일부 관형사 다음에 쓰이어, 일의 방법이나 도리를 나타냄. ¶좋은 -가 있다./뾰족한 -가 없다./그럴 -밖에 없다./온갖 -를 다 쓰다./무슨 -를 써서라도 해내겠다. ②관형사형 어미 '-는'·'-ㄴ'·'-은'·'-ㄹ' 다음에 쓰이어, 능력이나 가능성을 나타냄. ¶할 - 있는 데까지 해보다./잠을 잘 -가 없다./산에서는 다치는 -가 있으니 조심해라.
수(가) 나다 관용 좋은 방법이나 도리가 생기다. ¶무슨 -가 나겠지.
수(手) 명 ①바둑이나 장기 등을 두어 겨루는 기술이나 실력. ¶-가 높다./-가 세다./한 - 가르쳐 주시오. ②남과 겨룰 때 나타나는 수완이나 재간. ¶비열한 -를 쓰다. ③〔의존 명사로도 쓰임〕 바둑이나 장기 등을 번갈아 두는 번수. ¶두 - 앞을 보다./한 - 잘못 두어 패하다.

수(水)명 ①'수기(水氣)'의 준말. ②오행(五行)의 하나. 방위로는 북쪽, 계절은 겨울, 빛깔은 검정을 상징함. ③'수요일(水曜日)'의 준말.
수(秀)명 성적을 수(秀)·우(優)·미(美)·양(良)·가(可)의 다섯 등급으로 평가할 때의 첫째 등급.
수(受)명 불교에서 이르는 십이 인연(十二因緣)의 하나.
수(需)명 '수괘(需卦)'의 준말.
수(壽)명 ①'나이'의 높임말. ②오래 사는 일. 장수(長壽) ¶ —를 누리다 ☞수(壽)하다 ③'수명(壽命)'의 준말. ¶ —를 다하다. ▷壽의 속자는 寿
수(綬)명 ①훈장·포장·기장 등을 다는 데 쓰는 끈. ②패옥(佩玉)의 끈.
수:(數)[1]명 ①셀 수 있는 물건이 많거나 적은 것. ¶사람의 —./—를 세다./—가 많다. ②수학에서, 자연수·정수·분수·무리수·실수·허수 따위를 통틀어 이르는 말. ③'수학(數學)'의 준말. ▷數의 속자는 数
수(를) 놓다 관용 수효를 셈하다.
수:(數)[2]명 ①'운수(運數)'나 '신수(身數)'의 준말. ¶ —가 좋다. ②좋은 운수. ¶ —가 트이다.
수(가) 나다 관용 좋은 운수를 만나거나 재수가 생기다.
수(가) 사납다 관용 운수가 나쁘다.
수(隧)명 '수괘(隧卦)'의 준말.
수:(繡)명 천에다 색실로 그림이나 글씨를 떠서 나타내는 일, 또는 그 그림이나 글씨. 자수(刺繡) ¶ —를 놓다.

> ▶ 수(繡)를 놓는 데 쓰는 푼사 한 님
> ○ 바느질할 때 쓰기 위해 일정한 길이로 잘라 놓은 실오리를 셀 때, 오리의 단위를 '님'이라 한다. '수를 놓는 데 쓰는 푼사 한 님'이라 하는 따위.
> ○ 실의 길이가 한 발쯤 되는 것을 이를 때는 '바람'이라 한다. '무명실 두 바람'이라 하는 따위.

수(髓)명 ①골수(骨髓) ②중추 신경 조직. 뇌수(腦髓)·연수(延髓) 따위. ③식물 줄기의 중심에 있으며 관다발에 둘러싸인 연한 조직.
수(首)의 ①시(詩)나 노래를 세는 단위. ¶시를 몇 — 읊다. ②물고기나 닭 따위를 세는 단위. ¶닭 열 —.
-수(手)《접미사처럼 쓰이어》'능수꾼'이나 '맡은 선수'임을 나타냄. ¶저격수(狙擊手)/유격수(遊擊手)/조타수(操舵手)/일루수(一壘手)/우익수(右翼手)
-수(囚)《접미사처럼 쓰이어》'죄수(罪囚)'임을 나타냄. ¶기결수(旣決囚)/장기수(長期囚)/무기수(無期囚)
수가(收家)명-하다자 지난날, 빚쟁이의 청구로 빚진 사람의 집을 관청에서 몰수하던 일.
수가(受呵)명-하다자 꾸지람을 들음.
수가(酬價)[-까]명 보수(報酬)로 주는 돈.
수가(樹稼)명 나무에 눈같이 내려 앉은 서리. 상고대
수가(隨駕)명-하다자 거둥 때 임금을 모시고 따르는 일.
수가(讎家)명 원수의 집. ▷讎와 讐는 동자
수가동-법(囚家僮法)[-뻡]명 조선 시대, 양반이 죄를 범했을 때에 그 집의 종이 대신 형(刑)을 받던 법. 가벼운 죄에만 적용되었음.
수각(水閣)명 물가나 물 위에 지은 정각(亭閣).
수각(守閣)명 지난날, 의정(議政)이 긴급한 일로 임금에게 알현하기를 청하고 그 하답(下答)이 있을 때까지 편전(便殿)의 문에서 기다리던 일.
수:각(數刻)명 몇 시각. 서너 시각 또는 대여섯 시각.
수각-집(水閣—)명 터가 습하여 늘 물이 나는 집.
수각황망(手脚慌忙)성구 급작스러운 일에 놀라서 어찌할 바를 모름을 이르는 말.
수간(手簡)명 수서(手書)
수:간(數間)명 두서너 칸.
수간(樹間)명 나무와 나무 사이.
수간(樹幹)명 나무의 줄기.
수간(獸姦)명-하다자 짐승을 상대로 하는 성행위.
수:간-두옥(數間斗屋)명 두서너 칸밖에 안 되는 작은 집.
수:간-모옥(數間茅屋)명 두서너 칸밖에 안 되는 띳집.
수:간-초옥(數間草屋)명 두서너 칸밖에 안 되는 초가.
수-간호사(首看護師)명 간호사 가운데 으뜸 직위.
수감(收監)명-하다타 교도소 따위에 가둠. ¶구치소에 —되다./오랜 — 생활.
수감(隨感)명 마음에 느껴지는 감상(感想).
수감-록(隨感錄)명 마음에 느껴지는 감상을 적은 기록.
수감-자(收監者)명 교도소 따위에 갇힌 사람.
수갑(手匣)명 죄인이나 피의자의 두 손목에 걸쳐서 채우는 자물쇠. ¶ —을 채우고 호송하다. 속쇠고랑
수갑(水閘)명 수문(水門) ☞갑문(閘門)
수강(受講)명-하다자타 강의나 강습을 받음. ¶ — 신청
수강(髓腔)명 골수(骨髓)가 들어 있는 뼈의 구멍.
수강-생(受講生)명 강의나 강습을 받는 사람.
수개(修改)명-하다타 손질을 하여 고침.
수:개(數個)명 두서너 개. 몇 개.
수:-개월(數個月)명 두서너 달. ¶지난 — 동안의 동향.
수객(水客)명 ①뱃사공 ②선객(船客)
수객(瘦客)명 몹시 여윈 사람.
수갱(竪坑)명 수직으로 파 내려간 갱도. 곧은바닥. 곧은쌤 ☞횡갱(橫坑)
수거(手車)명 ①손수레 ②인력거(人力車)
수거(水渠)명 도랑
수거(收去)명-하다타 거두어 감. ¶쓰레기를 —하다.
수:건 명 손이나 얼굴, 몸 등을 닦는 데 쓰는 천. 타월
수건(手巾)명 손수건
수걸(秀傑)명-하다형 재주와 기상이 뛰어남, 또는 그런 사람.
수검(受檢)명-하다자 검사나 검열을 받음. ¶ — 대상자
수검(搜檢)명-하다타 금제품(禁制品)이 있고 없음을 수색하여 검사함.
수격(手格)명-하다타 주먹으로 침.
수격(首擊)명 격구에서, 처음 시작할 때 맨 먼저 공을 치는 사람.
수격=작용(水擊作用)명 가득 찬 상태로 흐르는 관 속의 물을 판(瓣)으로 급히 막을 때, 급속한 수압 변동으로 압력파가 관 속을 왕복하는 현상.
수견(收繭)명-하다자 섶에 지은 누에고치를 거두는 일.
수결(手決)명 지난날, 도장 대신으로 자기 성명이나 직함 아래에 쓰던 글자 비슷한 부호. 수례(手例). 수압(手押). 판압(判押) ☞화압(花押)
수결(을) 두다 관용 수결을 쓰다.
수경(水耕)명-하다타 '수경 재배(水耕栽培)'의 준말.
수경(水莖)명 '수중경(水中莖)'의 준말.
수경(水鏡)명 ①'수중 안경(水中眼鏡)'의 준말. ②물과 거울 같이 맑고 깨끗한 인격, 또는 그런 인격을 지닌 사람. ③'달'을 달리 이르는 말.
수경(瘦勁·瘦硬)어기 '수경(瘦勁)하다'의 어기(語基).
수경-법(水耕法)[-뻡]명 수경 재배를 하는 방법.
수경-성(水硬性)[-썽]명 석회나 시멘트처럼 물과 섞이어 굳어지는 성질.
수경=시멘트(水硬cement)명 물 속에서도 굳어지는 시멘트.
수경=재:배(水耕栽培)명 흙을 쓰지 않고 생장에 필요한 양분을 녹인 수용액으로 식물을 가꾸는 일. 물재배. 수중 배양 준수경(水耕)
수경-증(手硬症)[-쯩]명 뇌척수막염 따위로 어린아이의 손이 뻣뻣하게 되는 병증.
수경-하다(瘦勁—)형여 글자나 그림의 선이 가늘면서도 힘이 있다.
수계(水系)명 ①여러 지류(支流)와 그 호소(湖沼)를 포함한 큰 강줄기의 계통. ¶한강(漢江) — ☞하계(河系) ②바다 수괴(水塊)의 근원이 되는 바닷물의 계통.
수계(水界)명 ①수권(水圈) ②바다와 육지의 경계.
수계(水鷄)명 '비오리'의 딴이름.
수계(守誡)명-하다자 가톨릭에서, 계명(誡命)을 지키는 일.
수계(受戒)명-하다자 불교에서, 부처의 가르침을 받드는 사람이 지켜야 할 계율을 받는 일.
수계(受繼)명-하다자 ①계수(繼受) ②계승(繼承)
수계(授戒)명-하다자 불교에서, 부처의 가르침을 받드는

사람이 지켜야 할 계율을 주는 일.

수계=감:염(水系感染) 명 물을 매체로 감염되는 일. 콜레라·장티푸스·이질 따위에서 볼 수 있음. 수계 전염

수계-망(水系網) 명 그물처럼 퍼져 있는 하천과 호소 등의 분포 형태.

수계-선(水界線) 명 바다와 육지의 경계선. 만조(滿潮)로 수심이 최고일 때를 '고수선(高水線)', 간조(干潮)로 수심이 최저일 때를 '저수선(低水線)'이라 함.

수:-계:수(數係數) 명 숫자와 문자의 곱으로 된 단항식에서, 문자 인수에 상대하여 숫자 인수를 이르는 말.

수계=전염(水系傳染) 명 수계 감염

수:고 명 -하다 자 일을 하는 데 힘을 들이고 애쓰는 일. ¶ -가 많다. / -를 아끼지 않다. / -한 보람이 있다.

수고(水鼓) 명 물을 담은 동이에 바가지를 엎어 띄우고 그 바가지를 두드려 소리를 내는 일. 물장구

수고(受膏) 명 -하다 자 가톨릭에서, 성유(聖油)를 머리에 뿌려 받는 일.

수고(搜攷) 명 -하다 타 이것저것 찾아서 상고함.

수고(愁苦) 명 -하다 자 근심 걱정으로 괴로워함.

수고(壽考) 명 -하다 자 장수(長壽)

수고(邃古) 명 아주 오랜 옛날. 숭석(崇昔). 태고(太古)

수:고-롭다(-롭고·-로워) 형 ㅂ 일을 처리하기에 힘이 들다. ¶수고로운 일을 부탁드려 죄송합니다.

수고-로이 부 수고롭게

수:고-스럽다(-스럽고·-스러워) 형 ㅂ 수고가 많거나 힘이 들어 괴롭다. ¶수고스럽지만 이리 와 주시오.

수곡-도(水穀道) 명 '창자'를 달리 이르는 말.

수곡-리(水穀痢) 명 한방에서, 먹은 음식이 체하여 소화되지 아니하고 그대로 배설되는 병을 이르는 말.

수곡-선(垂曲線) 명 밀도가 일정한 줄이나 전선 따위를 같은 높이의 두 곳 사이에 건너 매었을 때, 제 무게로 말미암아 처져 생기는 곡선. 현수선(懸垂線)

수골(手骨) 명 손뼈

수골(收骨) 명 -하다 자 ①화장하고 남은 뼈를 거둠. ②흩어진 뼈를 매장하기 위하여 수습함.

수골(壽骨) 명 오래 살 수 있게 생긴 골격.

수공(水工) 명 지난날, 대궐 안에서 물을 긷거나 마당을 쓰는 일을 맡아 하던 하인.

수공(手工) 명 ①손으로 하는 공예. ¶ - 작품 ②손질이 가는 일의 품. ¶ -이 많이 가는 일. ③손으로 하는 일의 품삯. ¶ -을 받다.

수공(水孔) 명 식물의 잎 끝이나 가장자리에 있는 수분을 배출하는 구멍. 기공과는 달리 여닫이를 하지 않음.

수공(手功) 명 손공

수공(水攻) 명 가두었던 물을 갑자기 터 놓아서 적의 성을 침수·고립시키거나 급수로를 차단하여 적이 물 기근으로 고통 받게 하는 공략 전술.

수공(首功) 명 싸움터에서 적장의 목을 벤 공훈.

수공(殊功) 명 뛰어난 공훈. 수훈(殊勳)

수공-구(手工具) 명 공작에 사용하는 공구. 톱·대패·끌·칼 따위.

수공-업(手工業) 명 간단한 도구를 써서, 주로 손을 놀려서 물품을 만드는 소규모의 공업.

수-공예(手工藝) 명 손으로 만드는 공예. ¶ - 작품

수공-품(手工品) 명 손으로 만드는 물품.

수-공학(水工學) 명 하수 처리장, 정수장(淨水場), 댐, 수력 발전소 등의 설계·건설·공사에 관계되는 토목 공학의 한 분야.

수-공후(豎箜篌) 명 국악기 사부(絲部) 현악기의 한 가지. 기둥에 사다리를 기대 놓은 모양의 나무 틀에 짐승의 심줄로 21개의 줄을 매어 세로 세워서 뜯음. 하프와 비슷함.

수과(水瓜) 명 '수박'의 딴이름.

수과(瘦果) 명 폐과(閉果)의 한 가지. 단단한 막질(膜質)로 된 과실 껍질이 익으면 말라서 속에 한 개의 씨를 가지는, 전체가 씨처럼 보이는 열매. 국화·민들레·미나리아재비 따위의 열매.

수과(樹果) 명 나무의 열매.

수곽(水廓) 명 ①강이나 바닷가에 있는 촌락. 수향(水鄕) ②'수확(水廓)'의 원말.

수관(水管) 명 ①물이 통하는 대롱. 수도관·호스 따위. ②연체동물에서, 외투막(外套膜)의 한 부분이 대롱 모양으로 된 것. 이곳을 통하여 물이 드나드는데 이 물로 아가미 호흡을 하게 됨.

수관(受灌) 명 -하다 자 불문(佛門)에 들어갈 적에 관정(灌頂)을 받는 일.

수관(豎罐) 명 곧추세운 원통 꼴의 증기관(蒸氣罐).

수관(樹冠) 명 나무 위쪽의 가지와 잎이 우거진 부분.

수관-계(水管系) 명 성게 따위 극피동물의 운동 기관과 호흡·배설 기관의 기능을 아울러 가지는 특유한 구조. 고리 모양의 수관(水管)과 다섯 개의 방사(放射) 수관으로 이루어졌으며 관족(管足)에 이어져 있음. 보관계

수:-관형사(數冠形詞) 명 〈어〉관형사의 한 갈래. 사물의 '수(數)'나 '양(量)'을 나타내는 관형사. '한·두·석' 따위. ☞지시 관형사(指示冠形詞)

▶ **표기가 다른 수관형사**

수관형사 가운데서 뜻은 같으면서 표기 형태가 다른 말이 여러 가지가 있다.

- ○ 세 — 세 개/세 마리/세 살/세 치
- ○ 서 — 서 돈/서 되/서 말/서 홉
- ○ 석 — 석 냥/석 단/석 달/석 자
- ○ 네 — 네 개/네 마리/네 발/네 치
- ○ 너 — 너 근/너 돈/너 되/너 홉
- ○ 넉 — 넉 단/넉 달/넉 자/넉 자루
- ○ 닷 — 닷 냥/닷 돈/닷 되/닷 말
- ○ 엿 — 엿 냥/엿 돈/엿 되/엿 섬

수광-벌(受光伐) 명 생장이 왕성한 나무만 남기고 간벌(間伐)하여 충분히 햇볕을 받게 하는 가꿈법.

수-괘(需卦) 명 육십사괘(六十四卦)의 하나. 감괘(坎卦) 아래 건괘(乾卦)가 놓인 괘로 하늘에 구름이 오름을 상징함. 준 수(需) ☞송괘(訟卦)

수괘(樹卦) 명 나무에 눈같이 내려 앉은 서리. 상고대

수-괘(隨卦) 명 육십사괘(六十四卦)의 하나. 태괘(兌卦) 아래 진괘(震卦)가 놓인 괘로 못 가운데 우레가 있음을 상징함. 준 수(隨) ☞고괘(蠱卦)

수괴(水塊) 명 해양 가운데서, 수온·염분·물빛·투명도와 플랑크톤 분포 따위가 비교적 고른 바닷물의 덩어리.

수괴(水槐) 명 '고삼(苦蔘)'의 딴이름.

수괴(首魁) 명 악당의 두목. 괴수(魁首)

수괴(殊怪) 어기 '수괴(殊怪)하다'의 어기(語基).

수괴(羞愧) 어기 '수괴(羞愧)하다'의 어기(語基).

수괴무면(羞愧無面) 성구 부끄럽고 창피스러워 볼 낯이 없음을 이르는 말.

수괴-스럽다(殊怪-)(-스럽고·-스러워) 형 ㅂ 수상하고 괴이쩍다.

수괴-스레 부 수괴스럽게

수괴-스럽다(羞愧-)(-스럽고·-스러워) 형 ㅂ 부끄럽고 창피스럽다.

수괴-스레 부 수괴스럽게

수괴-하다(殊怪-) 형 여 수상하고 괴이하다.

수괴-히 부 수괴하게

수괴-하다(羞愧-) 형 여 부끄럽고 창피하다.

수괴-히 부 수괴하게

수교(手巧) 명 손재주

수교(手交) 명 -하다 타 손수 내어 주거나 전해 줌.

수교(手敎) 명 지난날, 훈공(勳功)을 봉할 때 공신(功臣)에게 내리던 책명(策命).

수교(受敎) 명 지난날, 임금이 내리던 명령.

수교(垂敎) 명 -하다 자 가르쳐 보이거나 가르침을 줌. 수시(垂示) ¶스승의 -.

수교(首校) 명 지난날, 지방 장교의 우두머리를 이르던 말.

수교(修交) 명 -하다 자 나라와 나라 사이에 친교를 맺음. ¶신생국과 -하다.

수-교위 명 밀가루 반죽을 얇게 밀어 네모지게 자른 것에 다진 쇠고기, 오이·표고·느타리·석이·알반대기 등을 모두 채 썰어 양념하여 볶은 것을 소로 넣고 만두 모양으로 빚어 찐 음식.

수교=조약(修交條約) 명 국교를 맺기로 정하는 조약.

수교=포장(修交褒章) 명 국권의 신장 및 우방과의 친선에 공적이 있는 사람에게 주는 포장.

수교=훈장(修交勳章) 명 국권의 신장 및 우방과의 친선에 공적이 뚜렷한 사람에게 주는 훈장. 광화장(光化章)·흥인장(興仁章)·숭례장(崇禮章)·창의장(彰義章)·숙정장(肅靖章)의 다섯 등급이 있음.

수구(水口) 명 ①물이 흘러 나가는 아가리. ②풍수지리설에서, 득(得)이 흘러간 곳을 이르는 말.

수구(手具) 명 리듬 체조 따위에서 손에 가지는 도구. 공·밧줄·후프·곤봉·리본 따위.

수구(水球) 명 수상 경기(水上競技)의 한 가지. 7명씩 짠 두 편이 헤엄을 치며 공을 상대편의 골(goal)에 던져 넣어서 득점으로 승패를 겨루는 경기. 워터폴로(water polo)

수구(守舊) 명-하다 자 예부터 내려온 관습이나 제도 따위를 그대로 지킴. ¶기득권(既得權)을 지키려는 ― 세력. 유 보수(保守)

수구(秀句)[―꾸] 명 뛰어난 시구(詩句).

수구(垂鉤) 명-하다 자 낚시를 드리우고 물고기를 낚음.

수구(首句)[―꾸] 명 시문(詩文)의 첫 구. 기구(起句)

수구(袖口) 명 소맷부리

수구(壽具) 명 죽은 뒤 염(殮)할 때 쓰는 옷이나 베개·이불·버선 따위를 통틀어 이르는 말.

수구(瘦軀) 명 여윈 몸.

수구(讎仇) 명 원수(怨讎)

수구레 명 ①쇠가죽 안쪽에서 벗겨 낸 질긴 고기. ②자리에 따라 몸을 수그리고 망치질하여 뚫는 남폿구멍.

수구레-편 명 수구레를 고아서 굳힌 음식.

수구-막이(水口―) 명 풍수지리설에서, 골짜기의 흐르는 물이 멀리 돌아서 하류가 보이지 않는 땅의 형세를 이르는 말. 좋은 묏자리로 침. 수구 장문(水口藏門)

수구-문(水口門) 명 ①성안의 물이 흘러 나가는 수구에 있는 문. ②'광희문(光熙門)'을 달리 이르는 말.

수구여병(守口如甁) 성구 병마개로 병을 막듯이 입을 굳게 다문다는 뜻으로, 비밀을 지켜 남에게 말하지 않음을 이르는 말.

수구=장문(水口藏門) 명 수구막이

수:구지가(數口之家) 명 식구가 몇 명 안 되는 집안.

수구초심(首丘初心) 성구 여우가 죽을 때 머리를 자기가 살던 굴이 있는 언덕 쪽으로 향한다는 데서, 고향을 그리워하는 마음을 이르는 말. ☞구수(丘首). 호사수구(狐死首丘)

수국(水國) 명 ①바다의 세계. ②물나라

수국(水菊) 명 범의귓과의 낙엽 관목. 높이는 1m 안팎. 잎은 넓은 달걀 모양에 두껍고 윤이 나며 가장자리에 톱니가 있음. 꽃은 6~10월에 산방(繖房) 꽃차례로 핌. 빛깔은 엷은 자줏빛이 푸른 빛으로 되었다가 다시 엷은 붉은 빛으로 변함. 관상용으로 개량한 원예 품종임. 자양화(紫陽花). 팔선화(八仙花)

수군(水軍) 명 지난날, 바다를 지키는 군대를 이르던 말. 지금의 '해군(海軍)'에 해당함. 수사(水師). 주군(舟軍). 주사(舟師)

수군-거리다(대다) 자 수군수군 말하다. ☞소곤거리다. 쑤군거리다

수군덕-거리다(대다) 자 수군덕수군덕 말하다. ☞쑤군덕거리다

수군덕-수군덕 부 남에게 눈치채일 정도로 수군수군 하는 모양을 나타내는 말. ☞쑤군덕쑤군덕

수군-수군 부 여럿이서 어떤 일에 관하여 남이 알아듣지 못하게 말을 주고받는 모양을 나타내는 말. ¶― 남의 흉을 보다. ☞소곤소곤. 쑤군쑤군

수군=절도사(水軍節度使)[―또―] 명 조선 시대, 수군을 거느리고 다스리던 정삼품 무관 관직, 또는 그 관원. 준 수사(水使). 절도사(節度使)

수군=첨절제사(水軍僉節制使)[―쩨―] 명 조선 시대, 진(鎭)의 수군을 통솔하던 종삼품 무관 관직, 또는 그 관원.

수굿-하다[―굳―] 형여 ①고개가 숙은듯 하다. ②흥분이 가라앉은듯 하다. ③꽤 다소곳하다. ¶수굿하게 앉아 있는 모습. ④〔동사처럼 쓰임〕 고개를 좀 숙이다. ¶머리만 수굿하며 지나가다. ☞소곳하다

수굿-이 부 수굿하게

수궁(水宮) 명 깊은 물 속에 있다고 하는 상상의 궁전. 유 용궁(龍宮)

수궁(守宮) 명-하다 자 궁궐을 지킴.

수궁(壽宮) 명 지난날, 임금이 살아 있을 때 나라에서 미리 마련하여 두는 임금의 관(棺)을 이르던 말.

수:궁(數窮) 어기 '수궁(數窮)하다'의 어기(語基).

수궁가(水宮歌) 명 판소리 열두 마당의 하나. '토끼전'을 판소리로 엮은 것. 토끼타령

수궁=대:장(守宮大將) 명 조선 시대, 임금이 궁궐 밖으로 거둥할 때 대궐을 지키는 무관의 임시 관직을 이르던 말.

수:궁-하다(數窮―) 형여 운수가 사납다.

수권(水圈)[―꿘] 명 지구 표면에서 물이 차지하는 부분. 해양과 육수(陸水)로 이루어지고 지구 면적의 약 70%를 차지함. 수계(水界)

수권(首卷) 명 책 한 질 가운데 첫째 권.

수권(授權)[―꿘] 명 법률에서, 일정한 자격이나 권리, 권한 등을 특정인에게 주는 일. 대리권의 수여 따위.

수권=자:본(授權資本)[―꿘―] 명 정관(定款)에서 정한 주식 회사의 발행 주식 총수.

수권-학(水圈學)[―꿘―] 명 지구 표면의 해양과 육수(陸水)의 상태와 성질에 관하여 연구하는 학문.

수권=행위(授權行爲)[―꿘―] 명 법률에서, 본인이 대리인에게 대리권을 주는 행위를 이르는 말.

수귀(水鬼) 명 ①물귀신 ②항해 중에 보인다는 괴물.

수귀(水龜) 명 '남생이'의 딴이름.

수규(守閨) 명 조선 시대, 세자궁에 딸린 내명부(內命婦)의 종육품 관직을 이르던 말.

수규(首揆) 명 '영의정(領議政)'을 달리 이르던 말.

수그러-지다 자 ①안으로 굽거나 깊게 숙어지다. ¶수그러진 벼 이삭. /고개가 저절로 ―. ②기세 따위가 차차 줄어들다. ¶태풍이 ―.

수그리다 타 ①꽤 깊게 숙이다. ¶머리를 ―. ②기세 따위를 굽히거나 줄이다. ¶노기(怒氣)를 ―.

수극화(水剋火) 성구 오행설(五行說)에서 이르는 상극(相剋) 관계의 하나. '물〔水〕이 불〔火〕을 이김'을 이름. ☞화극금(火剋金). 토극수(土剋水)

수근(水芹) 명 '미나리'의 딴이름.

수근(水根) 명 ①논밭에 댈 물이 나오는 곳. ②수생 식물(水生植物)의 뿌리.

수근(樹根) 명 나무의 뿌리.

수근(鬚根) 명 수염뿌리

수-글 명 ①배워서 잘 써먹는 글. ②지난날, 남자의 글이라는 뜻으로 '한문(漢文)'을 달리 이르던 말. ☞암글

수금(水金) 명 도자기 따위에 금빛으로 글이나 그림을 그려 넣는 데 쓰는 물감. 물금

수금(水禽) 명 물새

수금(囚禁) 명-하다 자 죄인을 가두어 둠. 구수(拘囚)

수금(收金) 명-하다 자 받을 돈을 거둠.

수금(豎琴) 명 하프(harp)

수급(收給) 명 수입과 지급(支給)을 아울러 이르는 말.

수급(受給) 명-하다 타 연금·급여 따위를 받음.

수급(首級) 명 싸움터에서 벤 적군의 머리.

수급(需給) 명 수요와 공급을 아울러 이르는 말. ¶생활 필수품의 ― 계획.

수급-비(水汲婢) 명 지난날, 관아에서 물을 긷는 일을 하는 여자 종을 이르던 말.

수급=시세(需給時勢) 명 주식에서, 시장 외부의 정세가 직접적인 원인이 아니고, 주식 자체의 수급 관계가 주된

원인으로 오르는 시세.
수긍(首肯)명-하다자타 ①그러하다고 고개를 끄덕임. ②옳다고 인정함. 이해하여 찬성함. ¶말을 듣고 보니 ―이 된다.
수기(手技)명 손으로 무엇을 만들거나 다루는 재주. 손재간. 손재주
수기(手記)명-하다타 ①자신의 체험이나 감상 등을 글로 적음, 또는 그 기록. ¶생존자의 ―. ②손수 글로 적음, 또는 적은 그 기록. ¶실종자의 ―가 발견되다. 수록(手錄) ③수표(手標)
수기(水氣)명 ①물의 기운. 준수(水) ②한방에서, 신경(腎經)의 음기(陰氣)를 이르는 말.
수기(手旗)명 ①손에 드는 작은 기. 손기 ②선박이나 철도 등에서 신호용으로 쓰는 작은 기. ③지난날, 행군할 때 장수가 직책을 표시하기 위하여 가지던 작은 기.
수기(秀氣)명 ①특별히 뛰어난 기운. ②수려한 경치.
수기(修己)명-하다자 스스로를 수양함.
수기(殊技)명 ①뛰어난 기술. ②-하다자 기능이나 기예를 달리함.
수기(授記)명 ①불교에서, 부처의 설법 가운데 문답식 또는 분류적 설명으로 되어 있는 부분을 이르는 말. ②-하다자 불교에서, 부처가 보살과 이승(二乘)들에게 내세에 성불하리라는 것을 예언함, 또는 그 기록.
수기(羞氣)명 수줍고 부끄러워하는 기색. ¶―를 띠다.
수기(需期)명 수요가 있는 시기.
수기(壽器)명 살아 있을 때 만들어 두는 관(棺).
수기(隨機)명-하다자 어떤 기회를 따름.

수:기(數奇)어기 '수기(數奇)하다'의 어기(語基).
수-기관(豎機關)명 왕복하는 부분이 곧게 서 있어서 수직으로 왕복 운동을 하는 기관.
수기량(隨其量) '식량에 알맞게 먹음'의 뜻.
수기력(隨其力) '자신의 힘에 알맞게 함'의 뜻.
수기=신:호(手旗信號)명 붉은빛과 흰빛의 작은 기를 오른손과 왼손에 각각 들고 일정한 동작으로 먼데 있는 상대편에게 통신하는 신호.
수기응:변(隨機應變)성구 그때그때의 형편에 따라서 일을 알맞게 처리함을 이르는 말. 임기응변
수:기-하다(數奇―)형여 운수가 기박하다.
수긴명 조선 시대, 궁중에서 '수건(手巾)'을 이르던 말.
수-꽃명 수술만 있고 암술이 없는 단성화(單性花)의 한 가지. 오이나 은행나무 따위에 볼 수 있음. 웅화(雄花) ☞암꽃
수-꽃술[―꼳―]명 수술 ☞암꽃술
수꿀-하다형여 몹시 무서워 몸이 으쓱하다.
수-꿩명 꿩의 수컷. 장끼 ☞암꿩
수-나귀명 '수탕나귀'의 준말.
수-나무명 암수딴그루인 나무에서, 열매가 열리지 않는 나무. ☞암나무
수-나방명 나방의 수컷.
수-나사(―螺絲)명 겉면에 나선형의 홈이 있어 암나사에 끼우게 되어 있는 나사. ☞암나사
수나이명-하다자 지난날, 피륙을 짤 때 두 필 감을 주어서 한 필은 짜서 받고 한 필은 그 삯으로 주던 일. 준수내
수난(水難)명 폭우나 홍수 따위로 말미암아 겪는 재난.
수난(受難)명 ①견디기 힘든 일을 당함. ¶민족의 ―./―을 겪다. ②크리스트교에서, 예수가 십자가에 못박힐 때 당한 고난을 이르는 말.
수난-곡(受難曲)명 예수의 수난을 주제로 한 음악. '마태 수난곡' 따위.
수난-극(受難劇)명 예수의 수난을 중심으로 그 생애(生涯)의 주요한 일을 극화(劇化)한 종교극.
수난-기(受難記)명 수난의 사실을 적은 기록.
수난-사(受難史)명 수난의 사실을 기록한 역사.
수난-일(受難日)명 크리스트교에서, 예수가 고난을 겪고 죽은 날을 이르는 말. ☞성금요일(聖金曜日)
수납(收納)명-하다타 금품 따위를 거두어들임.
수납(受納)명-하다타 받아 넣어 둠. 납수(納受)
수납(袖納)명-하다타 편지 따위를 지니고 가서 손수 드림. ☞수전(袖傳)
수납(輸納)명-하다타 실어다가 바침.
수납=기관(收納機關)명 조세나 그 밖의 수입금을 거두어들이는 행정 기관.
수납-장(收納帳)명 현금의 수납을 기록하는 장부.
수낭(水囊)명 접었다 폈다 할 수 있는 휴대용 물주머니.
수:낭(繡囊)명 수주머니
수내명 '수나이'의 준말.
수냇-소명 지난날, 송아지를 주고 그 소가 자란 뒤에 소의 값을 빼고 도조(賭租)를 내던 소.
수녀(修女)명 가톨릭에서, 청빈·정결·복종을 서약하고 독신으로 수도 생활을 하는 여자. ☞수사(修士)
수녀(須女)명 민속에서, 베와 비단에 관한 일을 맡고 있다는 별을 이르는 말.
수녀-원(修女院)명 가톨릭에서, 수녀들이 일정한 계율을 지키면서 공동 생활을 하는 시설. ☞수사원(修士院)
수:년(數年)명 두서너 해. ¶헤어진 지 ―이 지나다.
수:년-래(數年來)명 두서너 해를 지나 지금에까지 이르는 동안. ¶―에 처음 보는 풍작.
수녕(水濘)명 수렁
수노(首奴)명 지난날, 관아에 딸린 관노(官奴)의 우두머리를 이르던 말.
수-놈명 ①동물의 수컷을 이르는 말. ☞암놈 ②의협심이 강한 사람을 비유하여 이르는 말.
수:-놓다(繡―)자타 ①색실을 꿴 바늘로 천에 그림이나 글씨를 떠서 나타내다. ¶색실로 수놓은 병풍. ②색실로 떠서 나타낸 것처럼 아름다운 모습이나 경치를 비유하여 이르는 말. ¶밤하늘을 화려하게 수놓은 불꽃.
수뇌(首腦)명 한 단체나 기관에서 지도적인 구실을 하는 사람. ¶― 회담
수뇌(髓腦)명 ①골수(骨髓)와 뇌를 아울러 이르는 말. ②뇌(腦) ③척추동물의 뇌포(腦胞) 뒷부분. 나중에 연수(延髓)가 됨.
수뇌-부(首腦部)명 어떤 기관이나 단체 등에서 중요한 자리에 있는 간부들.
수뇨-관(輸尿管)명 오줌을 신장에서 방광으로 보내는 관(管). 오줌관. 요관(尿管)
수눅명 버선 등의 꿰맨 솔기.
수눅-버선명 젖먹이에게 신기는, 누비어 수놓은 버선. ☞수버선
수니-파(Sunni派)명 이슬람교의 2대 교파의 하나. 수나(Sunna)를 신봉하는 교파로, 이슬람교도의 약 90%를 차지함. ☞시아파
수:다명 쓸데없이 말수가 많음, 또는 그런 말.
수다(를) 떨다관용 말을 수다스럽게 지껄이다.
수다(를) 부리다관용 수다스러운 행동을 하다.
수:다(數多)어기 '수다(數多)하다'의 어기(語基).
수다라(∠首陀羅. sudra 범)명 수드라
수:다-스럽다(―스럽고·―스러워)형ㅂ 쓸데없이 말이 많고 수선스럽다. ¶수다스러운 아가씨들.
수다-스레부 수다스럽게
수:다-식구(數多食口)명 수가 많은 식구. 수다식솔
수:다-식솔(數多食率)명 수다식구(數多食口)
수:다-쟁이명 몹시 수다스러운 사람을 낮잡아 이르는 말.
수:다-하다(數多―)형여 수가 많다.
수다-히부 수다하게
수단(手段)명 ①어떤 목적을 이루기 위한 방법, 또는 그 도구. ¶생산 ―/교통 ―/최후의 ―. ②어떤 일을 꾸미거나 처리해 나가는 솜씨나 꾀. ¶―이 좋다.
수단(水團·水饍)명 흰떡 가래를 가늘게 밀어 잘게 썬 것에 녹말을 묻혀 찬물에 헹군 다음, 꿀물이나 오미자물에 넣고 실백을 띄운 음식. 음력 유월 유두(流頭)의 절식(節食)임.
수단(收單)명-하다자 여러 사람의 이름을 쓴 단자(單子)를 거두어들임, 또는 그 단자.
수단(壽短)명 오래 삶과 일찍 죽음. 수요(壽夭)

수:단(繡緞)[명] 여러 색깔로 수놓은 것처럼 짠 비단.
수-단추[명] 똑딱단추에서 암단추에 눌러 박는, 가운데가 볼록 튀어나온 단추. ☞암단추
수달(水獺)[명] 족제빗과의 포유동물. 몸길이 70cm, 꼬리 길이 50cm 안팎. 몸은 헤엄치기에 알맞고 발가락 사이에 물갈퀴가 있음. 몸빛은 등 쪽은 암갈색, 배 쪽은 담갈색임. 강가나 호숫가에 살며 물고기·게·가재 따위를 잡아먹음. 야행성으로, 멸종 위기에 있는 천연 기념물임. ☞해달(海獺)
수달-피(水獺皮)[명] 수달의 털가죽. 목도리나 털모자, 외투의 깃 따위로 쓰임.
수담(手談)[명][-하다][자] 마주앉아 손으로 의사 소통을 한다는 뜻으로, 바둑 또는 바둑을 두는 일을 이르는 말.
수담-관(輸膽管)[명] 간에서 만들어진 쓸개즙을 십이지장으로 나르는 통로. 간관(肝管)과 쓸개관과 이것들이 합류하는 총담관(總膽管)으로 이루어짐. [준] 담관(膽管)
수답(水畓)[명] 늘 물이 실려 있는 논. 무논. 수전(水田)
수답(酬答)[명][-하다][자] 남이 묻는 말에 대답함.
수당(手當)[명] 기본 급료 외에 따로 주는 보수. 가족 수당, 야근 수당 따위. ☞기본급(基本級)
수당(首堂)[명] '수당상(首堂上)'의 준말. ☞차당(次堂)
수당(壽堂)[명] 수실(壽室) ▷壽의 속자는 寿
수당(樹黨)[명][-하다][자] 당파를 세움.
수-당상(首堂上)[명] 조선 시대, 여러 당상관(堂上官) 가운데의 우두머리. [준] 수당(首堂) ☞차당상(次堂上)
수:-당혜(繡唐鞋)[명] 수놓은 비단으로 신울을 만든 가죽신의 한 가지.
수대(水大)[명] 불교에서, 사대종(四大種)의 하나인 '물'을 이르는 말. 축축함을 본질로 하고 만물을 포용하는 작용을 한다고 함. ☞지대(地大)
수대(水碓)[명] 물방아
수대(樹帶)[명] 높이가 비슷한 나무들이 띠처럼 산을 둘러싸고 있는 곳.
수대(獸帶)[명] 황도대(黃道帶)
수더분-하다[형][여] 성질이 순하고 소박하다. ¶수더분하게 생긴 사람./성격이 -.
수덕(手德)[명] 손덕
수덕(修德)[명][-하다][자] 덕을 닦음.
수덕(酬德)[명][-하다][자] 은덕에 보답함.
수도(手刀)[명] 손날
수도(水都)[명] 경치가 좋은 강가나 호숫가 등에 자리잡은 도시. ¶- 춘천
수도(水道)[명] ①'상수도(上水道)'의 준말. ②상수도와 하수도를 아울러 이르는 말. ③물을 받아 쓸 수 있도록 만든 시설. ④양쪽 육지 사이에 끼어 있는 좁다란 바다의 부분. ¶한려 -
수도(水稻)[명] 논에 물을 대어 심는 벼.
수도(囚徒)[명] 감옥에 갇힌 사람. 수인(囚人)
수도(受渡)[명][-하다][타] 물건이나 돈 따위를 받음과 넘김.
수도(首都)[명] 한 나라의 중앙 정부가 있는 도시. 수부(首府) ¶서울은 한국의 -이다.
수도(修道)[명][-하다][자] ①도(道)를 닦음. ②종교적으로 수행(修行)하는 일.
수도(隧道)[명] 굴길. 터널(tunnel)
×수도-고동(水道-)[명] →수도꼭지
수도-관(水道管)[명] 수돗물을 보내는 관. [유]송수관(送水管)
수도-교(水道橋)[명] 수로교(水路橋)
수도-권(首都圈)[-꿘][명] 수도를 중심으로 이루어지는 광역(廣域) 대도시권.
수도-기(囚徒記)[명] 감옥에 갇힌 사람의 이름과 죄명을 적은 책.
수도-꼭지(水道-)[명] 수돗물을 나오게 하거나 그치게 하는 장치. 수도전(水道栓) ¶-를 틀다./-를 잠그다. ☞급수전(給水栓)
수도-사(修道士)[명] 가톨릭에서, 수도회에 들어가 수도 생활을 하는 남자를 이르는 말. 수사(修士)
수도-승(修道僧)[명] 불교에서, 도를 닦는 중.
수도-원(修道院)[명] 가톨릭에서, 수녀원(修女院)과 수사원(修士院)을 아울러 이르는 말. [준] 수원(修院)
수도-자(修道者)[명] ①도를 닦는 사람. ②가톨릭에서, 수사(修士)와 수녀(修女)를 아울러 이르는 말.
수도-전(水道栓)[명] 수도꼭지
수도-회(修道會)[명] 가톨릭에서 인정하는 수도 단체. 수행(修行)과 노동에 전념하는 일과 바깥에 나가서 포교·교육·자선을 맡아 하는 일로 구분됨.
수돈(水豚)[명] '쏘가리'의 딴이름.
수돗-물(水道-)[명] 상수도에서 나오는 물.
수동(手動)[명] 동력을 쓰지 않고 사람의 손 힘으로만 움직이는 것. ☞자동(自動). 전동(電動)
수동(受動)[명] 다른 것으로부터 작용을 받음. ☞능동(能動). 피동(被動)
수동(竪童)[명] 심부름하는 더벅머리 아이.
수동=교환기(手動交換機)[명] 송신자와 수신자 사이의 회선을 교환원이 직접 연결하는 교환기.
수동=면:역(受動免疫)[명] 다른 생물체 속에 생긴 항체(抗體)를 자기 몸에 받아들여 이루어지는 면역. 예방 주사나 디프테리아·파상풍(破傷風)의 혈청 요법(血淸療法)이 이를 이용한 것임. 타동 면역(他動免疫) ☞자동 면역(自動免疫)
수-동모[명] 남사당패에서, 암동모를 거느리고 서방 노릇을 하는 광대를 이르는 말.
수동-성(受動性)[-썽][명] 다른 것으로부터 작용을 받아 움직이는 성질. ☞능동성(能動性)
수동-식(手動式)[명] 기계 따위를 손으로 움직여서 작동하도록 하는 방식. ¶- 펌프 ☞자동식(自動式)
수-동이[명] ①광산에서, 석유를 담는 육면체의 생철통을 이르는 말. ②[의존 명사로도 쓰임] 광석 무게의 단위. 1수동이는 37.5kg, 곧 10관(貫)임.
수동-적(受動的)[명] 제힘으로 움직이지 못하고 남의 도움이나 다른 힘을 빌려 움직이거나 작용하는 것. ☞능동적
수두(水痘)[명] 어린아이에게 흔히 걸리는 전염병의 한 가지. 바이러스에 감염되어 생기며, 열이 나고 온몸에 붉은 발진이 돋았다가 곧 물집이 생김. 한 번 걸리면 평생 면역이 됨. 소두(小痘). 수포창(水泡瘡). 작은마마
수두(首頭)[명] '수두자(首頭者)'의 준말.
수두(獸頭)[명] ①짐승의 대가리. ②수면(獸面)
수두룩-하다[형][여] 매우 많거나 흔하다. ¶우리 고장에는 약초가 -. ☞소도록하다
수두룩-이[부] 수두룩하게
수-두부(水豆腐)[명] 순두부
수두상기(垂頭喪氣)[성구] 근심과 걱정으로 고개가 숙여지고 맥이 풀림을 이르는 말.
수두-자(首頭者)[명] 어떤 일에 앞장선 사람. [준] 수두(首頭)
×수둑-하다[형][여] →수두룩하다
수드라(sudra 범)[명] 인도의 카스트 제도에서, 가장 낮은 계급을 이르는 말. 노예가 이에 딸리며 위 계급인 사람들에게 봉사하도록 되어 있음. 수다라 ☞바이샤
수득(收得)[명][-하다][타] 거두어들여 얻음.
수득(修得)[명][-하다][타] 배워서 터득함.
수득-수득[부][-하다][형] 뿌리나 열매 따위가 어느 정도 시들고 말라 있는 모양을 나타내는 말. ☞소득소득. 시득시득
수득수실(誰得誰失)[성구] 누가 이득을 보고 누가 손해를 보았는지 분명하지 않음을 이르는 말.
수들-수들[부][-하다][형] 푸성귀 따위가 매우 시들어 연한 모양을 나타내는 말. ☞소들소들. 시들시들
수:-때우다(數-)[자] 앞으로 닥쳐올 나쁜 운수를 미리 다른 좋지 않은 일을 겪음으로써 때우다. ☞액때우다
수:-땜(數-)[명][-하다][자] 앞으로 닥쳐올 나쁜 운수를 미리 다른 좋지 않은 일을 겪음으로써 때우는 일. ☞액땜
수-떨:다[자] 수다스럽게 떠들다.
수떨-하다[형][여] 수다스럽고 떠들썩하다.
수:-띠(繡-)[명] 수를 놓은 띠.
수라(∠水剌)[명] 조선 시대, 궁중에서 왕과 왕비에게 차려 내는 끼니 음식을 이르던 말.
수라(修羅)[명] '아수라(阿修羅)'의 준말.

ㅅ

수라(蒐羅)명-하다타 널리 수집함.
수라-간(∠水刺間)[-깐]명 조선 시대, 궁중에서 왕과 왕비에게 차려 내는 끼니 음식을 짓던 부엌. 어주(御廚)
수라-상(∠水刺床)[-쌍]명 조선 시대, 궁중에서 왕과 왕비에게 차려 내는 밥상을 이르던 말.
수라-장(修羅場)명 아수라(阿修羅)와 제석천(帝釋天)이 싸운 곳이란 뜻으로, 격렬한 싸움이 벌어진 곳, 또는 야단법석이 벌어진 판을 이르는 말. 아수라장(阿修羅場)
수락(受^諾)명-하다타 요구 따위를 받아들여 승낙함. ¶ 그런 조건은 -할 수 없다. ☞거부(拒否)
수락석출(水落石出)성구 〔물이 빠지고 밑바닥의 돌이 드러난다는 뜻으로〕 ①물가의 겨울 풍경을 이르는 말. ②무슨 일이 나중에 여지없이 드러남을 이르는 말.
수란(水卵)명 우리 나라 전래의 달걀 반숙(半熟) 요리. 달걀을 깨어 수란짜에 담아 끓는 물에 반숙한 음식. 담수란(淡水卵)
수란(秀卵)명 숭어 알로 만든 어란.
수:란(繡欄)명 지난날, 예식 때 나인들이 입던 금실로 수놓은 치마.
수란(愁亂)어기 '수란(愁亂)하다'의 어기(語基).
수란-관(輸卵管)명 나팔관(喇叭管). 난관(卵管)
수란-짜(水卵-)명 수란을 뜨는 데 쓰는 쇠로 된 그릇.
수란-하다(愁亂-)형여 시름이 많아 마음이 산란하다. 수요하다
수람(收攬)명-하다타 사람들의 마음 따위를 잡아 수습함.
수랍(水蠟)명 백랍(白蠟)
수랍-목(水蠟木)명 '쥐똥나무'의 딴이름.
수랑(守廊)명 행랑과 조금 떨어진 집주인의 객실.
수랭-식(水冷式)명 뜨거워진 엔진 따위를 물로 냉각하는 방식. ☞공랭식(空冷式)
수량(水梁)명 강물이 흐르다가 좁아진 곳.
수량(水量)명 물의 분량. ¶ - 조절/-이 풍부하다.
수:량(數量)명 수효와 분량. ¶ -이 미달하다. 준양(量)
수:량=경기(數量景氣)명 가격이 오르지 않고서도 거래량이 증대함으로써 기업의 수익이 늘어나고 경기가 좋아지는 상태. ☞가격 경기
수량-계(水量計)명 양수기(量水器)
수:량=단위=명사(數量單位名詞)명 물건 등의 수를 세거나 분량을 잴 때 수효의 단위를 나타내는 의존 명사. '참새 한 마리, 구두 두 켤레, 옷 세 벌, 고등어 한 손'에서 '마리, 켤레, 벌, 손' 따위.
수:량=지수(數量指數)명 수량의 변화를 표시하는 지수. 생산 수량 지수, 무역 수량 지수 따위.
수럭-수럭부-하다형 말이나 행동이 씩씩하고 시원시원한 모양을 나타내는 말. ¶ - 대답하다. ☞소락소락
수럭-스럽다(-스럽고·-스러워)형ㅂ 언행이 수럭수럭한 데가 있다. ¶수럭스럽고 명랑한 성격.
　수럭-스레부 수럭스럽게
수런-거리다(대다)자 수런수런 말하다.
수런-수런부 여럿이서 어떤 일에 대하여 나직하게 이야기하는 소리, 또는 그 모양을 나타내는 말. ¶방 안에서 - 이야기하는 소리가 들려 오다.
수렁명 ①무르게 풀린 진흙이나 개흙이 깊게 괸 곳. 수녕(水濘) ②헤어나기 힘든 어려운 처지를 비유하여 이르는 말. ¶ -에 빠지다./-에서 빠져 나오다.
수렁-논명 수렁으로 이루어진 논.
수렁-배미[-빼-]명 수렁처럼 무른 흙으로 된 논배미.
수레명 바퀴를 굴리어 몸체를 움직이게 만든 물건을 통틀어 이르는 말. 자동차·짐수레·자전거 따위.
　속담 **수레 위에서 이를 간다**: 이미 때가 늦은 다음에 후회하거나 원망한들 소용없다는 말.

한자 수레 거/차(車)〔車部〕¶인력거(人力車)/자전거(自轉車)/정거(停車)/차고(車庫)/차도(車道)
　수레 량(輛)〔車部 8획〕¶차량(車輛)
　수레 여(輿)〔車部 10획〕¶대여(大輿)/여가(輿駕)

수레-거(-車)명 한자 부수(部首)의 한 가지. '輪'·'軸' 등에서 '車'의 이름.
수레-바퀴명 수레 밑에 달아 구르도록 된 바퀴. 차륜
수려(秀麗)어기 '수려(秀麗)하다'의 어기(語基).
수려-하다(秀麗-)형여 경치나 생김새가 뛰어나게 아름답다. ¶미목(眉目)이 -./수려한 경관.
수력(水力)명 ①물의 힘. ②떨어지거나 흐르는 물로 말미암아 생기는 에너지. 동력으로 이용함.
수력(殊力)명 뛰어난 힘.
수력=기계(水力機械)명 물로부터 역학적 에너지를 얻거나 그 에너지를 이용하여 일을 하는 기계를 통틀어 이르는 말. 물레방아·펌프 따위.
수력=발전(水力發電)[-쩐]명 수력으로 발전기를 돌려 전기를 일으키는 발전 방식. 수로식·댐식 따위가 있음. ☞화력 발전(火力發電)
수력=전:기(水力電氣)명 물의 힘으로 발전기를 돌려 일으키는 전기. 준수전(水電)
수력=지점(水力地點)명 수력 전기를 일으키는 곳, 또는 그에 알맞은 곳.
수력-학(水力學)명 액체, 특히 물의 역학적 성질을 공학에 응용할 목적으로 연구하는 학문.
수련(首聯)명 한시에서 율시(律詩)의 제 1, 2의 두 구. 기련(起聯) ☞경련(經聯). 미련(尾聯). 함련(頷聯)
수련(修鍊·修練)명-하다타 인격이나 학문·기술의 향상을 위하여 몸과 마음을 단련함. ¶ -을 쌓다.
수련(睡蓮)명 수련과에 딸린 여러해살이 수초(水草). 잎은 둥근 모양에 아래 부분이 깊게 갈라졌고 물 위에 뜸. 7~8월에 품종에 따라 백색 또는 홍색 꽃이 아침에는 피었다가 저녁에는 오무라짐. 연못이나 늪에서 자라며 관상용으로 재배하기도 함.
수련(手練)어기 '수련(手練)하다'의 어기(語基).
수련=수녀(修鍊修女)명 가톨릭에서, 수녀가 되기를 서약한 예비 수녀를 이르는 말.
수련-의(修鍊醫)명 수련(修鍊) 병원이나 수련 기관에서 전문의(專門醫) 자격을 얻기 위하여 수련을 받는 인턴과 레지던트. 전공의(專攻醫)
수련-천(水連天)명 물과 잇닿아 보이는 아득한 하늘.
수련-하다형여 마음씨가 곱고 몸가짐이 꾸밈없다.
　수련-히부 수련하게
수련-하다(手練-)형여 솜씨가 익숙하다.
수렴(水廉)명 무덤 속에 물이 괴어 송장이 잠기는 일.
수렴(收斂)명-하다자타 ①돈이나 물건을 추렴하여 거두어들임. ②조세(租稅)를 거두어들임. ③오그라들게 함. ¶혈관의 -. ④많은 의견 따위를 한데로 모음. ¶각계 각층의 의견을 -하다. ⑤방탕한 사람이 반성하여 마음과 몸을 단속함. ⑥수학에서, 일정한 법칙을 따라 변수(變數)가 한없이 그 극한값에 가까워져서 그 수의 차가 아주 적어지는 현상. ⑦여러 광선이 한 점으로 모이는 현상. 수속(收束) ☞발산(發散) ⑧생물학에서, 계통이 다른 생물이 비슷한 형질을 나타내며 진화하는 현상.
수렴(垂簾)명-하다자 ①발을 드리움, 또는 그 발. ②'수렴청정(垂簾聽政)'의 준말.
수렴=기류(收斂氣流)명 지형이나 기상 조건에 따라 어느 한 지역에 몰려 있는 기류. 상승 기류가 존재하여 풍속이 증가함. ☞발산 기류(發散氣流)
수렴=렌즈(收斂lens)명 볼록 렌즈 ☞발산 렌즈
수렴-막(垂簾膜)명 눈병의 한 가지. 트라코마의 독소가 각막을 침범하여 생기며 눈망울이 흐려지는 증세를 보임.
수렴-전(收斂錢)명 추렴하여 모아 둔 돈.
수렴-제(收斂劑)명 피부나 점막·혈관 조직을 수축시키는 작용을 하는 약제. 설사를 멈추게 하고 지혈·진통·소염의 작용이 있음. 산화아연·황산알루미늄·타닌산 따위.
수렴-청:정(垂簾聽政)명 발을 드리우고 정사(政事)를 듣는다는 뜻으로, 지난날 임금이 나이 어릴 경우에 왕대비(王大妃)나 대왕대비가 임금을 대신하여 정사를 돌보는 일을 이르던 말. 준수렴(垂簾). 염정(簾政)
수렵(狩獵)명-하다타 사냥

수렵-기(狩獵期) 명 사냥을 허가하는 시기. 사냥철
수렵=면:허(狩獵免許) 명 사냥철에 사냥할 수 있는 허가.
수렵-법(狩獵法) 명 짐승의 보호와 번식을 위하여 사냥에 관하여 정한 법률.
수렵=시대(狩獵時代) 명 원시인이 주로 야생의 동물을 사냥하여 주식으로 삼던 시대.
수렵-조(狩獵鳥) 명 사냥할 수 있도록 허락된 새.
수렵-지(狩獵地) 명 사냥하는 곳. 사냥터
수령(守令) 명 조선 시대, 각 고을을 맡아 다스리는 부사·부윤·목사·군수·현감·현령 등을 두루 이르던 말. 원. 장리(長吏)
수령(受領) 명-하다 타 돈이나 물품 따위를 받아들임. 수취(受取). 영수(領受) ¶소포를 ―하다.
수령(首領) 명 한 당파나 무리의 우두머리. 유두령(頭領)
수령(樹齡) 명 나무의 나이. ¶― 오백 년의 은행나무.
수령(秀靈) 어기 '수령(秀靈)하다'의 어기(語基).
수령=능력(受領能力) 명 남이 하는 의사 표시의 내용을 이해하는 능력.
수령-인(受領人) 명 돈이나 물품, 우편물 따위를 받는 사람. 수취인(受取人) ☞발송인(發送人)
수령-증(受領證)[―쯩] 명 영수증(領收證)
수령-하다(秀靈―) 형여 재주가 빼어나고 영묘하다.
수례(手例) 명 수결(手決)
수로(水路) 명 ①물 또는 용수가 흐르는 길. 물길 ☞도수로(導水路) ¶관개용 ― ②물길. 뱃길 ☞육로(陸路) ③수영 경기에서, 경기자가 헤엄쳐 나가도록 정해 놓은 길.
수로(手爐) 명 손을 쬐게 만든 작은 화로.
수로(囚虜) 명 갇혀 있는 포로.
수로(垂老) 명 일흔 살 또는 일흔 살이 다 된 늙은이.
수로(酬勞) 명-하다 자 수고나 공로에 대하여 보수를 줌, 또는 그 보수.
수로-교(水路橋) 명 수로가 철로나 도로·하천·골짜기 따위를 지날 수 있도록 다리처럼 만들어 놓은 시설물. 수도교(水道橋)
수로-기(修路機) 명 도로 공사에서, 땅이나 포장 면을 고르고 다지는 데 쓰이는 기계. 로드롤러
수로-도지(水路圖誌) 명 선박이 해상 항행을 안전하게 할 수 있게 수로를 안내하는 책. 해도(海圖)를 곁들였음.
수로-선(水路線) 명 지도 등에 수로를 표시한 선.
수로식=발전(水路式發電)[―쩐] 명 하천의 물을 수로로 발전소까지 이끌어 낙차(落差)를 이용하여 발전하는 방식. ☞댐식 발전
수로-아(水老鴉) 명 '가마우지'의 딴이름.
수로=안:내인(水路案內人) 명 '도선사(導船士)'를 흔히 이르는 말.
수록(手錄) 명-하다 타 수기(手記)
수록(收錄) 명-하다 타 책이나 잡지·테이프 따위에 계통적으로 모아서 기록하거나 실음. ¶공연을 ―한 비디오. /10만 단어를 ―하다. /유고(遺稿)를 전집에 ―하다.
수록(蒐錄) 명-하다 타 수집하여 기록함, 또는 그 기록.
수록-대:부(綏祿大夫) 명 조선 시대, 정일품 의빈(儀賓)에게 내린 품계의 하나. 열두 등급 중 첫째 등급임. ☞성록대부(成祿大夫)
수뢰(水雷) 명 물 속에서 폭발시켜 적의 배를 부숴 버리는 무기. 어뢰(魚雷)·기뢰(機雷) 따위. ☞지뢰(地雷)
수뢰(受賂) 명-하다 자 뇌물을 받음. ¶― 혐의로 구속되다. ☞증뢰(贈賂)
수뢰-정(水雷艇) 명 수뢰 발사기를 장비해 적의 배를 공격하는 소형의 쾌속정.
수뢰-죄(受賂罪)[―쬐] 명 공무원이나 중재인이 그 직무와 관련하여 뇌물을 수수·요구·약속함으로써 성립하는 죄. 수회죄(收賄罪) ☞증뢰죄(贈賂罪)
수료(水蓼) 명 '여뀌'의 딴이름.
수료(修了) 명-하다 타 일정한 교육 과정을 다 배워 마침. ¶석사 과정을 ―하다.
수료-생(修了生) 명 일정한 교육 과정을 배워 마친 학생.
수료-증(修了證)[―쯩] 명 일정한 교육 과정을 다 배워 마쳤음을 증명하는 문서.
수룡(水龍) 명 '무자위'의 딴이름.
수룡-음(水龍吟) 명 지난날, 나라 잔치 때 아뢰던 풍류의 한 가지. 노래 없이 향피리를 중심으로 대금·해금·장구·북으로 합주함.
수루(水樓) 명 물가에 세운 누각(樓閣).
수루(戍樓) 명 지난날, 적군의 동정을 망보려고 성 위에 지었던 망루. ¶한산섬 달 밝은 밤에 ―에 혼자 앉아….
수루(垂淚) 명-하다 자 눈물을 흘림.
수루(愁淚) 명 시름에 겨워 흘리는 눈물.
수류(水流) 명 물의 흐름.
수류(垂柳) 명 '수양버들'의 딴이름.
수류(獸類) 명 포유류의 짐승을 통틀어 이르는 말.
수류-부:채(隨類賦彩) 명 동양화의 화육법(畫六法)의 하나. 대상의 특징을 살려 채색하는 기법. ☞경영위치(經營位置)
수류운공(水流雲空) 성구 흐르는 물과 하늘에 뜬 구름이라는 뜻으로, 지난 일의 흔적 없고 허무함을 이르는 말.
수류-탄(手榴彈) 명 손으로 던지는 근접 전투용 작은 폭탄.
수류=펌프(水流pump) 명 수돗물 따위 빠른 물 흐름을 이용한, 유리로 만든 간단한 진공 펌프. 주로 실험실에서 쓰임.
수륙(水陸) 명 ①물과 뭍. 물뭍 ②수로와 육로.
수륙-도:량(∠水陸道場) 명 불교에서, 수륙재를 올리는 마당을 이르는 말.
수륙=양:용(水陸兩用)[―냥―] 명 물 위에서나 뭍에서나 다 활용할 수 있는 것. ¶― 전차(戰車)
수륙=양:용기(水陸兩用機)[―냥―] 명 수상기(水上機)나 비행정에 바퀴를 달아 물 위 뿐만 아니라 땅 위에서도 뜨고 내릴 수 있도록 만든 비행기.
수륙-재(水陸齋) 명 불교에서, 물과 뭍의 홀로 떠도는 귀신과 아귀(餓鬼)에게 재를 올리고 음식을 공양하는 법회.
수륙-전(水陸戰) 명 바다와 육지에서 하는 전투.
수륙-진미(水陸珍味) 명 산해진미(山海珍味)
수륜(水輪) 명 ①눈동자 ②불교에서 이르는 삼륜(三輪)의 하나. 풍륜(風輪) 위에서 이 세상을 떠받치고 있다는 물의 층. ☞금륜(金輪)
수륜(垂綸) 명-하다 자 낚싯줄을 드리워 고기를 낚음.
수르르 부 ①매거나 감은 것이 갑작스레 풀리는 모양을 나타내는 말. ¶사려 놓은 밧줄이 ― 풀려 나가다. ②가루 따위가 쏟아지거나 새는 모양을 나타내는 말. ¶왕소금을 소쿠리에 ― 붓다. ☞소르르. 스르르
수릉(壽陵) 명 지난날, 살아 있는 동안에 미리 마련하여 두던 임금의 무덤.
수릉-관(守陵官) 명 지난날, 능을 맡아 지키던 관원.
수릉-군(守陵軍) 명 지난날, 능을 맡아 지키고 그 초목을 가꾸던 일꾼. 준능군(陵軍)
수리 명 매목 수릿과에 딸린 맹금류를 통틀어 이르는 말. 몸이 크고 힘이 세며, 부리와 발톱이 굵고 날카로우며 눈이 밝음. 낮에 새·들쥐·토끼 따위를 잡아먹음. 검독수리·참매·말똥가리·참수리 따위가 있음.
수리(水利) 명 ①수상 운송의 편리. ¶―가 좋다. ②물을 음료수나 관개 용수 등으로 이용하는 일. ¶― 사업
수리(水理) 명 수맥(水脈)
수리(受理) 명-하다 타 받아서 처리함. ¶사표를 ―하다.
수리(修理) 명-하다 타 고장난 데나 허름한 데를 손보아 고침. ¶지붕을 ―하다. 유수선(修繕)
수:리(數理) 명 ①수학의 이론이나 이치. ②계산 방법. 셈 ¶―에 밝다.
수:리=경제학(數理經濟學) 명 수학적 방법으로써 경제 법칙을 밝히려고 세운 경제 이론. 수리파 경제학
수리-권(水利權)[―꿘] 명 하천의 물을 관개나 발전, 수도 따위의 목적을 위하여 독점으로 사용할 수 있는 권리.
수리-먹다 자 밤이나 도토리 따위의 단단한 속살의 일부분이 상하여 퍼슬퍼슬하게 되다.
수:리=물리학(數理物理學) 명 물리 현상을 수학적 추론으로 결론을 이끌어 내는 물리학의 한 분야.

수리-부엉이 명 올빼밋과의 텃새. 몸길이 66cm 안팎. 머리에 귀 모양의 털이 나 있는 것이 특징임. 몸빛은 황갈색에 등과 날개에는 암갈색 점 무늬, 배에는 가로줄 무늬가 있음. 밤에 나와 들쥐나 산토끼 따위를 잡아먹고 괴상한 소리로 욺. 천연 기념물 제324호임. 수알치새. 야묘(夜猫)

수리-수리 부 -하다 형 시력이 약하여 보이는 것이 분명하지 않은 모양을 나타내는 말. ¶칠판 글씨가 ― 보인다.

수리=안전답(水利安全畓) 명 관개 시설을 이용하여 언제나 물을 댈 수 있는 논. ☞천수답(天水畓)

수:리적=위치(數理的位置) 명 경도와 위도의 숫자로 어떤 지점을 나타내는 자리, 또는 그러한 방법.

수:리=지리학(數理地理學) 명 우주, 특히 태양과 지구 사이의 관계를 수학적으로 계산하여 책력·방위(方位)·지도 따위를 연구하는 지리학의 한 분야.

수:리=철학(數理哲學) 명 수학에 관한 사항을 연구하는 철학.

수리-취 명 국화과의 여러해살이풀. 줄기 높이는 50~100cm. 줄기는 굵고 흰 솜털이 촘촘이 나 있음. 잎은 길둥글며 톱니가 있고 뒷면에 흰털이 있음. 9~10월에 줄기와 가지 끝에 짙은 자주색 또는 흰빛의 꽃이 꽃대 끝에 무리지어 핌. 어린잎은 먹을 수 있음. 지난날, 잎을 말려서 부싯깃으로 썼음. 구설초(狗舌草)

수리취-떡 명 멥쌀가루를 찐 것에 수리취를 넣고 곱게 찧은 다음, 둥글게 빚어 떡살로 찍은 떡. 단오의 명절 음식임. 단오떡. 단오병(端午餠)

수리-학(水理學) 명 유체 역학에 기초를 두고 강물이나 지하수·바닷물 등 흐르는 물의 운동과 토목 공학적인 응용을 연구하는 학문.

수:리학-파(數理學派) 명 수학의 원리를 다른 학문 분야에 응용하여 연구하는 학파.

수림(樹林) 명 나무가 우거진 숲.

수립(豎立) 명 -하다 타 꼿꼿하게 세움.

수립(樹立) 명 -하다 타 새로이 이룩함. 새로이 세움. ¶임시 정부를 ―하다./계획을 ―하다./신기록을 ―하다.

수마(水馬) 명 '해마(海馬)'의 딴이름.

수마(水魔) 명 수해(水害)를 악마에 비유하여 이르는 말. ¶―가 할퀴고 간 강 유역.

수마(睡魔) 명 몹시 심한 졸음을 마력(魔力)에 비유하여 이르는 말. ¶―가 엄습하다./―에 시달리다.

수-마노(水瑪瑙) 명 빛과 광택이 아름다운 석영(石英)의 한 가지. 분홍빛·검은빛·흰빛이 있음.

수-마:력(水馬力) 명 일정량의 물을 일정한 높이까지 올리는 데 필요한 동력.

수마-석(水磨石) 명 물의 흐름에 씻기어 서슬이 닳은 반들반들한 돌.

수막(首幕) 명 조선 시대, 비장(裨將) 중의 우두머리.

수:막(繡幕) 명 수를 놓아 꾸민 장막(帳幕).

수막(髓膜) 명 뇌척수막(腦脊髓膜)

수-막새 명 '막새'를 달리 이르는 말.

수:만(數萬) 수 ①여러 만. ¶―의 군중. ②〔관형사처럼 쓰임〕 썩 많은 수효. ¶― 금을 준대도 싫다.

수:-많:다(數―) 형 〔주로 '수많은'의 꼴로 쓰이어〕 수효가 아주 많다. ¶수많은 난관을 극복하다.

수-많이 부 수많게

수말(水沫) 명 ①물거품. 수포(水泡) ②물보라

수말(首末) 명 머리와 끝.

수망(首望) 명 조선 시대, 관원 임명에 천거된 삼망(三望) 가운데 첫째 후보자를 이르던 말. ☞부망(副望)

수매(水媒) 명 물을 매개로 가루받이가 이루어지는 일. ☞충매(蟲媒). 풍매(風媒)

수매(收買) 명 -하다 타 거두어 사들임. ¶쌀 ― 가격/추곡을 ―하다.

수매-화(水媒花) 명 물을 매개로 가루받이하는, 물에 사는 꽃식물의 꽃. 나사말이나 자라풀의 꽃 따위. ☞충매화(蟲媒花). 풍매화(風媒花)

수맥(水脈) 명 ①강이나 바다에서 배가 다니는 길. 뱃길. 수로(水路) ②땅 속에 흐르는 물의 줄기. 수리(水理) ¶―을 찾다.

수멍 명 논에 물을 대거나 빼기 위하여, 둑이나 방죽 밑에 뚫어 놓은 물구멍. ☞구교(溝橋)

수면(水面) 명 물의 겉면. 물면 ¶―에 뜬 연잎.

수면(水綿) 명 '해캄'의 딴이름.

수면(睡眠) 명 -하다 자 ①잠을 자는 일, 또는 잠. ¶―부족/― 시간 높 침수(寢睡) ②활동을 쉬고 있음을 비유하여 이르는 말. ¶― 상태 ☞휴면(休眠)

수면(獸面) 명 ①짐승의 얼굴을 본떠 만든 탈. ②방패나 병풍석에 그리거나 새긴 짐승의 얼굴. 수두(獸頭)

수면-계(水面計) 명 보일러나 탱크 따위의 속의 수면 높이를 밖에서 알 수 있도록 만든 계기(計器). 눈금이 새겨진 유리관으로 됨.

수면-병(睡眠病) [―뼝] 명 서부 아프리카에서 볼 수 있는 전염병. 트리파노소마가 사람의 피 속에 기생함으로써 일어남. 악화되면 혼수 상태에 빠지고 죽게 됨.

수면=상태(睡眠狀態) 명 ①잠자고 있는 상태. ②활동을 쉬고 있는 상태.

수면=요법(睡眠療法) [―뇨뻡] 명 수면제를 써서 계속 잠자게 하여 치료하는 방법. 정신병이나 마약 중독 따위를 치료하는 데 쓰임.

수면-욕(睡眠慾) [―뇩] 명 잠을 자고 싶어하는 욕심.

수면=운:동(睡眠運動) 명 취면 운동(就眠運動)

수면-제(睡眠劑) 명 잠이 오게 하는 약효가 있는 약제. 최면제(催眠劑)

수명(受命) 명 ①-하다 자 명령을 받음. ②'수명어천(受命於天)'의 준말.

수명(羞明) 명 눈이 부시어 밝은 빛을 바로 보지 못하는 병적인 상태.

수명(壽命) 명 ①생물이 생명을 이어가는 기간. 목숨 ☞명수(命數) ¶한국인의 평균 ―./―을 다하다. 준수(壽) ②기구 따위의 사용에 견디는 기간, 또는 어떤 것이 그 기능을 다할 때까지의 기간. ¶냉장고의 ―이 다되다. ③물질의 어떤 상태가 소멸할 때까지의 기간. ¶방사성 물질의 평균 ―. ▷壽의 속자는 寿

수명(隨命) 명 -하다 자 타고난 운명에 따름.

수명=법관(受命法官) 명 재판장의 명으로 합의부(合議部)를 대표하여 증거 조사, 화해(和解)의 권고, 증인 심문 따위의 소송 행위를 하는 법관.

수명어천(受命於天) 성구 천명(天命)을 받아 왕위(王位)에 오름을 이르는 말. 준수명(受命)

수명-장:수(壽命長壽) 명 목숨이 길어 오래 삶을 이르는 말. 주로 어린아이의 명이 길기를 빌 때 쓰는 말.

수모(手母) 명 재래식 혼례에서, 신부에 딸려 단장을 꾸며 주고 예식을 거행하게 받들어 주는 여자를 이르는 말.

수모(水母) 명 '해파리'의 딴이름.

수모(受侮) 명 -하다 자 모욕을 당함.

수모(首謀) 명 ①-하다 타 앞장서서 나쁜 일을 꾀함. ②'수모자(首謀者)'의 준말.

수모(誰某) '아무개'의 뜻.

수모-결시(手母―) [―견―] 명 수모(手母)를 따라다니면서 수모가 하는 일을 배우는 여자.

수모수모(誰某誰某) '아무개 아무개'의 뜻.

수모-시(壽母詩) 명 어머니의 생신 때 장수를 비는 시.

수모-자(首謀者) 명 앞장서서 나쁜 일을 꾀한 사람. 준수모(首謀)

수목 명 낡은 솜으로 실을 뽑아서 짠 무명.

수:목(數目) 명 낱낱의 수효.

수목(樹木) 명 ①땅에 뿌리내려 살아 있는 나무. ¶―이 우거진 산. ②'목본(木本)'를 통틀어 이르는 말.

수목(鬚目) 명 수염과 눈매를 아울러 이르는 말.

수몰(水沒) 명 -하다 자타 땅 위에 있던 것이 물 속에 잠김. ¶― 지구/댐 건설로 마을이 ―되다.

×수무(手―) 명 →수모(手母)

수무족도(手舞足蹈) 성구 손짓, 발짓을 하며 춤춘다는 뜻으로, 너무 좋아 어쩔 줄 몰라 날뜀을 이르는 말.

수-무지개 명 쌍무지개가 섰을 때, 빛이 곱고 뚜뚜하게 보이는 쪽의 무지개. ☞암무지개

수무푼전(∠手無分錢) 가진 돈이 한 푼도 없음의 뜻.

수묵(水墨) 명 빛이 엷은 먹물.

수묵(을) 치다 관용 잘못된 곳을 수묵을 발라 감추다.

수묵(이) 지다 관용 그림이나 글씨의 획 가장자리에 수묵이 번지다.

수묵=산수(水墨山水) 명 채색(彩色)을 쓰지 않고 수묵만으로 그린 산수화(山水畫).

수묵-색(水墨色) 명 엷은 먹물의 빛깔.

수묵-화(水墨畫) 명 채색을 쓰지 않고 수묵의 짙고 엷음의 조화만을 이용하여 그린 그림.

수문(水門) 명 저수지나 수로에 설치하여 수량을 조절하는 문. 수갑(水閘). 물문

수문(水紋·水文) 명 ①수면에 일어나는 물결의 무늬. ②물결의 무늬와 비슷한 어른어른한 무늬. ☞파문(波紋)

수문(手紋) 명 손금

수문(守門) 명 -하다 자 궁문(宮門)이나 성문(城門) 등을 지키는 일.

수문(壽門) 명 대대로 장수(長壽)하는 집안.

수문-군(守門軍) 명 지난날, 각 궁문과 성문을 여닫고 지나다니는 이를 검속하던 군졸.

수문-수답(隨問隨答) 명 묻는 대로 막힘 없이 대답함.

수문-장(守門將) 명 지난날, 궁문이나 성문을 지키던 무관의 관직.

수문-지기(水門-) 명 수문을 지키는 사람.

수문-학(水文學) 명 하천이나 호소(湖沼)·지하수·빙설(氷雪) 등의 형태로 육지에 있는 물의 상태를 연구 대상으로 하여, 그 기원·분포·순환, 물과 환경의 상호 작용 등을 연구하는 학문.

수미(水味) 명 물맛

수미(秀眉) 명 빼어나게 아름다운 눈썹.

수미(首尾) 명 〔머리와 꼬리라는 뜻에서〕 '처음과 끝'을 이름. 두미(頭尾) ¶ -가 한결같다.

수미(愁眉) 명 근심에 차서 찌푸린 눈썹. 근심스러운 얼굴.

수미(壽眉) 명 노인의 눈썹 가운데서 특별히 길게 자란 털.

수미(鬚眉) 명 수염과 눈썹을 아울러 이르는 말.

수미(粹美) 어기 '수미(粹美)하다'의 어기(語基).

수미-단(須彌壇) 명 절의 불전(佛殿) 안에 불상을 모셔 두는 단. 불단(佛壇)

수-미분(水米粉) 명 무리[3]

수미-산(須彌山 ∠Sumeru 범) 명 불교에서, 세계의 중심에 솟아 있다고 하는 상상의 높은 산. 꼭대기에 제석천(帝釋天)이, 중턱엔 사천왕(四天王)이 살며, 해와 달이 그 둘레를 돈다고 함.

수미-상응(首尾相應) 명 처음과 끝이 서로 어울리게 대응함.

수미-상접(首尾相接) 명 처음과 끝이 서로 이어져 있음.

수미-하다(粹美-) 형여 순수하고 아름답다.

수민(水黽) 명 '소금쟁이'의 딴이름.

수민(愁悶) 명 -하다 자 근심 걱정으로 번민함.

수밀(水密) 명 물이 밀폐되어, 수압이 있어도 새지 않게 된 상태, 또는 그런 구조. ☞방수(防水)

수밀=격벽(水密隔壁) 명 선박이 부서져 물이 새어 들어올 경우, 이를 일부에만 그치게 하고자 내부를 여러 구획으로 가른 칸막이 벽.

수밀-도(水蜜桃) [-또] 명 껍질이 얇고 수분과 단맛이 많은 복숭아의 한 품종. 중국 원산임.

수밀-문(水密門) 명 선박에서, 새어 들어오는 물을 일부에 그치게 하기 위해 닫는 문.

수:-바늘(繡-) 명 수를 놓을 때 쓰는 바늘.

수:박 명 박과의 한해살이 덩굴풀. 재배 식물로 줄기는 땅 위를 기어 자라며, 잎은 깃꼴로 깊게 갈라져 있음. 여름에 엷은 누런빛의 암꽃과 수꽃이 한 포기에 핌. 열매는 둥글고 살은 수분이 많고 달며 붉은빛이나 노란빛을 띰. 아프리카 원산임. 서과(西瓜). 수과(水瓜)

속담 **수박 겉핥기**: 사물의 본질을 모르고 겉만 앎을 비유하여 이르는 말.

수:박=깍두기 명 수박의 속껍질로 담근 깍두기.

수:박-단(-緞) 명 수박 빛깔을 한 비단.

수:박-풀 명 ①아욱과의 한해살이풀. 줄기 높이는 30~60 cm로 밑의 잎은 둥근 꼴, 위의 잎은 3~5갈래로 깊게 갈라져 있어 수박 잎을 닮았음. 7~8월에 안쪽 중심부가 자줏빛인 엷은 누른빛 꽃이 피고 열매는 삭과(蒴果)임. ②'오이풀'의 딴이름.

수:박=화채(-花菜) 명 수박의 속을 썰어 꿀에 재웠다가 꿀물이나 설탕물에 넣어 만든 화채.

수반(水畔) 명 물가

수반(水飯) 명 물에 말아 놓은 밥. 물만밥. 물말이. 수화반(水和飯) ☞건반(乾飯)

수반(水盤) 명 사기나 쇠붙이로 운두가 낮고 바닥을 평평하게 만든 그릇. 꽃을 꽂거나 분재(盆栽)·수석(壽石)을 담아 놓는 데 쓰임. ☞수분(水盆)

수반(首班) 명 ①행정부의 으뜸 지위. ②반열(班列) 가운데의 으뜸 자리.

수반(隨伴) 명 -하다 자타 ①남이 가는 데 좇아 따름. ¶회장을 -하여 출장 길에 오르다. ☞수행(隨行) ②무슨 일에 곁따라 일어나거나 나타남. ¶제도 개혁에 -하는 부작용./당뇨병에 -하는 합병증.

수-반:구(水半球) 명 지구를 수륙(水陸)의 분포에 따라 둘로 가를 때, 바다가 차지하는 면적을 되도록 넓게 잡아 구분한 반구. 남위 48°, 서경 179°가 극(極)이 됨. 수륙의 면적 비는 9 : 1임. 해반구(海半球) ☞육반구(陸半球)

수발 명 -하다 타 기동이 불편한 노인이나 병자 등의 곁에서 먹거나 입거나 거동할 수 있게 돌보거나 보살피는 일. ¶자리에 누운 노친을 2년 동안 - 들다. ☞바라지[1]. 시중

수발(鬚髮) 명 수염과 머리털을 아울러 이르는 말.

수발(秀拔) 어기 '수발(秀拔)하다'의 어기(語基).

수발-하다(秀拔-) 형여 여럿 중에서 뛰어나게 빼어나다.

수발황락(鬚髮黃落) 성구 수염과 머리털이 누렇게 되어 빠진다는 뜻으로, 늙어서 쇠약해 감을 이르는 말.

수방(水防) 명 -하다 자타 홍수 따위의 수해(水害)를 막음.

수방(守房) 명 -하다 자 지난날, 첫날밤에 신방을 지키던 일. 가까운 친척이나 시비(侍婢)들이 하던 풍습임.

수방(搜訪) 명 -하다 타 수소문하여 찾아감.

수방-림(水防林) 명 홍수 때 수해(水害)를 막으려고 심어 놓은 삼림.

수:-방석(繡*方席) 명 수를 놓아 만든 방석.

수배(手背) 명 손등

수배(手配) 명 -하다 타 ①임무를 갈라 맡기어 하게 함. ②범인을 잡으려고 수사망을 폄. ¶용의자를 -하다.

수배(受配) 명 -하다 자 배급을 받음.

수배(隨陪) 명 지난날, 원을 따라다니던 아전.

수백(水伯) 명 물귀신

수백(粹白) 명 순백(純白)

수:백(數百) 수 ①백의 두서너 배. 몇 백. ¶- 수천의 관객. ②〔관형사처럼 쓰임〕 ¶- 마리의 철새들.

수:-백만(數百萬) 수 ①여러 백만. 몇 백만. ¶인구 -이 되는 대도시. ②〔관형사처럼 쓰임〕 ¶- 명이 서명하다.

수:-버선(繡-) 명 수를 놓아 지은 버선. 주로 어린아이에게 신김. ☞수눅버선

수번(首番) 명 상여꾼의 우두머리.

수-벌 명 벌의 수컷. 꿀벌의 경우, 새 여왕벌이 태어나기에 앞서 태어나 여러 마리 가운데서 한 마리만 여왕벌과 교미(交尾)하게 됨. 침은 없고 수명은 3개월 가량임. ☞결혼 비행(結婚飛行). 암벌. 일벌

수벌(受罰) 명 -하다 자 벌을 받음.

수범(垂範) 명 -하다 자 남에게 모범을 보임.

수범(首犯) 명 죄를 지은 무리의 우두머리.

수법(手法) [-뻡] 명 ①일을 처리하는 솜씨나 방법. ¶교묘한 -./온갖 -을 다 쓰다. ②작품을 만드는 솜씨나 표현 방법. ☞기법(技法)

수법(受法) 명 -하다 자 불교에서, 스승에게서 불법(佛法)을 전해 받는 일을 이르는 말.

수법(修法) 명 ①도(道)를 닦는 방법. ②밀교(密敎)에서,

가지(加持) 기도하는 법식. 본존(本尊) 앞에서 입으로 진언(眞言) 다라니를 외고 손으로 인(印)을 맺어 마음으로 본존을 관상(觀想)하는 일. 식재(息災), 증익(增益), 경애(敬愛), 조복(調伏)의 네 가지 법이 있음.

수:법(數法)[–뻡]명 수를 셈하는 방법.

수:법(繡法)[–뻡]명 수를 놓는 방법.

수:-베개(繡–)명 수를 놓은 베개. 수침(繡枕)

수벽(手擘)명 ①손바닥 ②둘이 마주 앉아서 서로 손바닥을 마주치는 놀이.

수변(水邊)명 물가 ¶–의 식물.

수병(水兵)명 해군의 병사(兵士).

수병(守兵)명 수비하는 병사. 보초병 따위.

수병(受病)명-하다자 병에 걸림.

수병(銹病)명 엽삽병(葉澁病)

수:병(繡屛)명 수를 놓아서 만든 병풍.

수병-학(樹病學)명 수목의 병을 대상으로 그 원인과 증세에 따른 치료법 등을 연구하는 학문. ☞식물 병리학

수보(修補)명-하다타 헐었거나 망가진 부분을 손질하여 고침. 보수(補修)

수보(蒐補)명-하다타 모아다가 덜 갖춘 데를 채움.

수:-보다(數–)자 ①재수가 좋고 나쁨을 보다. ②좋은 재수를 만나다.

수복(收復)명-하다타 잃었던 땅을 도로 찾음.

수복(守僕)명 조선 시대, 묘(廟)·사(社)·능(陵)·원(園)·서원(書院) 등의 청소와 제사(祭祀)에 관한 일을 맡아보던 구실아치.

수복(修復)명-하다타 건물 등을 수리하여 본디의 모습과 같게 만듦. ¶대웅전의 – 공사.

수복(壽福)명 오래 사는 일과 복을 누리는 일. ¶–을 누리다.

수복-강녕(壽福康寧)명 오래 살아서 복을 누리며 몸이 건강하여 평안함.

수:-볶이(數–)명 여러 부위에 붙은 갖가지 쇠고기를 조금씩 베어 내어 한데 양념하여 볶은 음식. 수초(數炒)

수:-본(繡–)[–뽄]명 수를 놓기 위하여 어떤 모양을 종이나 헝겊에 그려 놓은 도안. 모형(模型)

수본(手本)명 조선 시대, 공사(公事)에 관한 일을 상관에게 보고하던 자필(自筆)의 서류.

수봉(收捧)명-하다타 ①세금을 거두어들임. 수쇄(收刷) ②남에게 꾸어 준 돈을 거두어들임.

수봉(秀峰)명 썩 아름다운 산봉우리.

수부(水夫)명 ①하급 선원(船員). ②뱃사람 ③조졸(漕卒)

수부(水缶)명 물장구

수부(水府)명 물을 다스리는 신(神)이 산다는 궁궐.

수부(手斧)명 손도끼

수부(囚俘)명 포로(捕虜)

수부(首府)명 ①수도(首都) ②조선 시대, 한 도(道)의 감영(監營)이 있던 곳.

수부(首富)명 으뜸가는 부자. 갑부(甲富)

수부(壽富)어기 '수부(壽富)하다'의 어기(語基).

수부다남자(壽富多男子) '오래 부유하게 살며 아들도 많음'의 뜻.

수부-전(水夫田)명 조선 시대, 결세(結稅)를 거둬 조졸(漕卒)에게 급료로 주던 논밭.

수부종(水付種)명-하다자 못자리를 따로 마련하지 않고 처음 삶은 논에 바로 볍씨를 뿌리는 일. 삶이

수부-하다(壽富–)형여 오래 살며 부유하다.

수북-수북부-하다형 ①여럿이 다 두드러지게 많이 담기거나 쌓여 있는 모양을 나타내는 말. ②식물이나 털 따위가 다 배고 두두룩한 모양을 나타내는 말. ☞소복소복

수북-하다형여 ①물건이 두드러지게 많이 담기거나 쌓여 있다. ¶소쿠리에 감자를 수북하게 담다./옷가지가 수북하게 쌓이다. ②살이 부어서 두드러져 있다. ¶수북하게 부어오른 발등. ③식물이나 털 따위가 배고 두두룩하다. ☞소복하다

수북-이부 수북하게 ☞소복이

수분(水分)명 ①물체의 성분으로 들어 있는 물이나 액체, 또는 그 양. ②물기 ¶–이 많은 수박./–을 없애다.

수분(水盆)명 물을 담고 그 속에 꽃이나 수석을 담아 두는 그릇. ☞수반(水盤)

수분(水粉)명 ①무리[3] ②물분

수분(守分)명-하다자 제 본분이나 분수를 지킴. ☞안분(安分)

수분(受粉)명-하다자 종자식물(種子植物)에서, 수술의 꽃가루가 암술머리에 붙는 일. 가루받이 ☞수정(受精). 자가 수분(自家受粉). 타가 수분(他家受粉)

수분(授粉)명-하다자 암술에 수술의 꽃가루를 붙여 주는 일.

수분-계(水分計)명 고체에 들어 있는 수분의 양을 재는 계기.

수분-수(授粉樹)명 타가 수분(他家受粉)을 하기 위하여 섞어 심는, 품종이 다른 과실 나무.

수불석권(手不釋卷)성구 손에서 책을 놓지 않는다는 뜻으로, 늘 열심히 공부함을 이르는 말.

수비(水肥)명 액체로 된 거름. 물거름. 액비(液肥)

수비(水飛)명-하다타 곡식의 가루나 그릇 만들 흙 따위를 물에 넣고 휘저어 잡물을 없애는 일, 또는 그 일을 하는 사람.

수비(守備)명-하다타 싸움이나 경기 따위에서 상대의 공격에 대비하여 지키거나 공격을 막음. ¶철통 같은 –./–를 잘하는 선수. ☞공격(攻擊). 방어(防禦)

수비-군(守備軍)명 수비를 중요 임무로 하는 군대.

수비-대(守備隊)명 수비를 중요 임무로 배치한 부대.

수비-수(守備手)명 구기 경기 등에서, 주로 수비하는 일을 맡은 선수. ☞공격수(攻擊手)

수비-진(守備陣)명 수비하는 편의 진영, 또는 그 군사나 선수. ☞공격진(攻擊陣)

수비-질(水飛–)명-하다타 수비(水飛)하는 일.

수비토(subito 이)명 악보의 나타냄말의 한 가지. '바로 곧' 또는 '즉시'의 뜻.

수빈(鬚鬢)명 수염과 귀밑털을 아울러 이르는 말.

수빙(水氷)명 물이 얼어서 된 얼음.

수빙(樹氷)명 냉각한 수증기나 과냉각(過冷却)한 물방울이 나뭇가지 등에 묻어 하얗게 언 얼음. ☞상고대

수사(水死)명-하다자 물에 빠져 죽음. 익사(溺死)

수사(水使)명 '수군 절도사(水軍節度使)'의 준말.

수사(水師)명 수군(水軍)

수사(手寫)명-하다타 글을 손수 베껴 씀. ¶고문헌을 –하다.

수사(秀士)명 학식이 빼어난 선비.

수사(首寺)명 도(道)나 군(郡)에서 으뜸가는 절. 수찰(首刹)

수사(修士)명 가톨릭에서, 수도회에 들어가 수도 생활을 하는 남자를 이르는 말. 수도사(修道士) ☞수녀(修女)

수사(修史)명-하다자 사료(史料)를 모아 역사를 엮음.

수사(修辭)명-하다자 말을 적절하게 써서 효과적으로 표현하는 일, 또는 그 기법(技法). 좁은 뜻으로는 문학상의 표현 기교를 이름.

수사(殊死)명-하다자 ①죄인의 목을 베는 일, 또는 그 형벌. ②죽기를 작정하고 결행함.

수사(搜査)명-하다타 ①찾아서 조사함. ②수사 기관에서 범인의 행방을 찾거나 공소(公訴)를 제기하고 유지하기 위하여 범인과 범죄에 관한 증거를 수집하는 일.

수사(愁思)명 근심스러운 생각.

수사(壽詞)명 장수(長壽)를 기리는 말이나 글.

수:사(數詞)명 〈어〉품사(品詞)의 하나. 수(數)로써 사물의 수량이나 차례를 나타내는 단어. '하나'·'둘' 등 수량(數量)을 나타내는 양수사(量數詞)와 '첫째'·'둘째' 등 차례를 나타내는 서수사(序數詞)로 구별됨. 셈씨 ☞체언(體言). 동사(動詞)

수사=기관(搜査機關)명 법률에 따라, 범죄 수사의 권한이 인정된 국가 기관. 검사(檢事), 사법 경찰관 등이 이에 딸림.

수:-사:납다(數–)(–사납고·–사나워)형ㅂ 운수가 아주 좋지 못하다.

수-사돈명 사위 편의 사돈. ☞암사돈

수사두호(隨事斗護)[성구] 일마다 돌보아 줌.
수사-류(垂絲柳)[명] '능수버들'의 딴이름.
수사-망(搜査網)[명] 수사를 위해 그물처럼 여러 곳에 사람을 배치해 놓은 조직.
수사-법(修辭法)[-뻡][명] 수사(修辭)의 방법.

> ▶ **수사법의 여러 가지**
> ① 비유법(譬喩法) — 직유법(直喩法)/은유법(隱喩法)/의인법(擬人法)/의성법(擬聲法)/의태법(擬態法)/풍유법(諷喩法)/제유법(提喩法)/환유법(換喩法)/대유법(代喩法)
> ② 강조법(強調法) — 과장법(誇張法)/반복법(反復法)/영탄법(詠歎法)/열거법(列擧法)/점층법(漸層法)/대조법(對照法)/현재법(現在法)
> ③ 변화법(變化法) — 도치법(倒置法)/인용법(引用法)/경구법(警句法)/대구법(對句法)/설의법(設疑法)/반어법(反語法)/역설법(逆說法)/생략법(省略法)

수사-본(手寫本)[명] 손으로 베껴 쓴 책. 필사본 ☞사본
수사-원(修士院)[명] 수사(修士)가 수도하는 곳. ☞수녀원(修女院). 수도원(修道院)
수사이(水賜伊)[명] 무수리[1]
수사-학(修辭學)[명] 말을 적절하게 써서 효과적으로 표현하는 법칙이나 기법(技法)을 연구하는 학문. 미사학(美辭學) ☞수사(修辭)
수삭(瘦削)[명]-하다[타] 몹시 여윔. 수척(瘦瘠)
수:삭(數朔)[명] 두서너 달. 몇 달. 수월(數月)
수산(水疝)[명] 한방에서, 불알이 붓고 아픈 병을 이르는 말.
수산(水產)[명] ①바다·강·호수 등의 물 속에서 나는 것. ②'수산물(水產物)'의 준말. ☞육산(陸產)
수산(蓚酸)[명] 가장 간단한 화학 구조의 이염기성 유기산의 한 가지. 식물계에 널리 분포하며, 사람이나 동물의 오줌 속에도 적은 양이 들어 있는데, 병이 나면 증량하여 결석(結石)을 만듦. 물이나 에탄올에 녹고 에테르 등 유기 용매에는 녹지 않음. 염료의 원료, 옷감의 표백제, 시약(試藥) 등으로 쓰임.
수산=가공업(水產加工業)[명] 수산물을 원료로 식품이나 비료, 유지(油脂) 따위를 생산하는 산업.
수산-기(水酸基)[명] 산소와 수소 각 한 원자로 결합되어 '-OH'로 나타내는 1가(價)의 기(基). 무기 화합물에서는 금속의 수산화물, 유기 화합물에서는 알코올 등이 있음.
수산-물(水產物)[명] 바다·강·호수 등의 물 속에서 나는 물고기·조개·말 따위 산물(產物). [준]수산(水產) ☞육산물(陸產物)
수산=비:료(水產肥料)[명] 수산물을 원료로 만든 비료.
수산=생물(水產生物)[명] 수산업의 대상이 되는 수중 생물. 넓은 뜻으로는 수산과 직접·간접으로 관계가 있는 모든 수중 생물을 뜻함.
수산=식품(水產食品)[명] 수산 생물이나 그것을 원료로 하여 제조, 가공한 식품.
수산=양:식(水產養殖)[명] 수산 생물을 인공적으로 길러서 이익을 얻는 일.
수산-업(水產業)[명] 바다·강·호수 등 물 속에 사는 생물을 인류 생활에 유용하도록 개발하는 산업.
수산업=협동=조합(水產業協同組合)[명] 어민과 수산 제조업자의 공동 이익을 꾀하려고 설립한 협동 조직.
수산=유지(水產油脂)[-뉴-][명] 바다·강·호수 등 물 속에서 자라는 동식물에서 채취한 기름.
수산=자:원(水產資源)[명] 바다·강·호수 등에서 어업(漁業)이나 수산 양식(水產養殖)의 대상이 되는 물고기·조개·말 따위의 자원(資源).
수산-제:이철(蓚酸第二鐵)[명] 수산화제이철(水酸化第二鐵)에 수산(蓚酸)을 넣어 만든 엷은 녹색의 고체. 물에 잘 녹으며, 사진 현상액이나 염색약의 재료로 쓰임.
수산-제:일철(蓚酸第一鐵)[명] 황산제일철(黃酸第一鐵)의 용액에 수산(蓚酸)을 넣어서 만든 적황색 가루. 사진 현상액의 재료로 쓰임.
수산-학(水產學)[명] 수산에 관한 연구를 하는 응용 과학. 어로(漁撈), 양식(養殖), 수산물 가공, 수산 경영 등을 연구 대상으로 삼음.
수-산호(水珊瑚)[명] 복숭아꽃 빛이 나는 산호.
수산화-나트륨(水酸化Natrium)[명] 탄산나트륨 수용액에 석회유(石灰乳)를 넣어 끓이거나, 또는 식염 용액을 전기 분해할 때 생기는 무색 투명의 결정체. 물과 알코올에 잘 녹음. 인조 섬유 공업과 화학 약품 공업 등 화학 공업의 모든 분야에 걸쳐 널리 쓰임. 가성소다
수산화-물(水酸化物)[명] 수산기(水酸基)를 지닌 무기 화합물을 통틀어 이르는 말.
수산화-바륨(水酸化Barium)[명] 바륨의 수산화물. 산화바륨과 물을 작용시키거나 수산화나트륨 수용액에 질산바륨을 넣으면 생기는 흰 가루. 물에 잘 녹고 알코올이나 에테르에는 잘 녹지 않음. 알칼리 표준 용액으로 화학 분석 등에 쓰임.
수산화-석회(水酸化石灰)[명] 수산화칼슘
수산화-암모늄(水酸化ammonium)[명] 암모니아와 물의 화합물.
수산화-철(水酸化鐵)[명] 철의 수산화물. 수산화제일철과 수산화제이철이 있음. 수산화제일철은 백색 가루로, 물이나 산에 녹지만 일반 알칼리에는 녹지 않으며 환원제로 쓰임. 수산화제이철은 대부분 적갈색 가루지만 반응 조건에 따라 각종 변태가 생김. 물에 약간 녹으며 알칼리에는 녹지 않음. 비소(砒素)의 해독제로 쓰임.
수산화-칼륨(水酸化Kalium)[명] 칼륨의 수산화물. 염화칼륨 수용액을 전기 분해하면 생김. 수용액은 강한 알칼리성인데 극약임. 칼륨 비누나 염료의 합성 등에 쓰임. 가성칼리
수산화-칼슘(水酸化calcium)[명] 칼슘의 수산화물. 산화칼슘에 물을 부을 때 생기는 흰 가루. 수용액은 석회수라 하며 강한 알칼리성을 나타냄. 모르타르나 시멘트 등의 원료, 산(酸)의 중화제, 농약, 제지, 비료 등 건축·공업용으로 널리 쓰임. 가성석회. 분회(粉灰). 소석회. 수산화석회
수-삼(-蔘)[명] 삼의 수포기. ☞암삼
수삼(水蔘)[명] 삼포(蔘圃)에서 캐어 말리지 않은 그대로의 인삼. 생삼(生蔘) ☞건삼(乾蔘)
수삼=정:과(水蔘正果)[명] 정과의 한 가지. 수삼을 살짝 삶아 쓴맛이 가시게 한 다음, 설탕을 넣어 약한 불로 졸이다가 거의 졸았을 때 꿀을 넣어 만든 정과.
수삽(羞澁)[어기] '수삽(羞澁)하다'의 어기(語基).
수삽-스럽다(羞澁-)(-스럽고·-스러워)[형ㅂ] 부끄럽고 수줍은 데가 있다.
　수삽-스레[부] 수삽스럽게
수삽-하다(羞澁-)[형여] 부끄럽고 수줍다.
수상(水上)[명] ①물의 위. ☞육상(陸上) ②흐르는 물의 상류(上流).
수상(手上)[명] 손위 ☞수하(手下)
수상(手相)[명] ①손금 ②손가락이나 손의 생김새, 손금 등을 보고 그 사람의 운세나 길흉을 예언하는 점.
수상(受傷)[명]-하다[자] 상처를 입음.
수상(受像)[명]-하다[자] 텔레비전 등에서, 영상을 전파로 받아 형상을 나타냄, 또는 그 형상. ☞송상(送像)
수상(受賞)[명]-하다[자] 상을 받음. ☞수상(授賞)
수상(首相)[명] 내각 책임제 국가에서 내각을 통솔하고 행정 각부를 지휘·감독하는 내각의 으뜸 지위.
수상(授賞)[명]-하다[타] 상을 줌. ☞수상(受賞)
수상(樹上)[명] 나무의 위. ☞수하(樹下)
수상(樹霜)[명] 상고대
수상(隨喪)[명]-하다[자] 장사를 지내는 데 따라감.
수상(隨想)[명] 인생이나 사회 등에 대하여 그때그때 떠오르는 느낌이나 생각, 또는 그것을 적은 글.
수상(壽像)[명] 불교에서, 살아 있을 때 그린 초상화를 이르는 말.
수상(穗狀)[명] 곡식의 이삭과 같은 모양.
수:상(繡像)[명] 수를 놓아서 만든 화상(畫像).
수:상(繡裳)[명] 수를 놓은 치마.

수상(殊常) 어기 '수상(殊常)하다'의 어기(語基).
수상=가옥(水上家屋) 명 물 속에 말뚝을 박아 그것을 기초로 삼아서 물 위에 지은 집.
수상=가옥(樹上家屋) 명 큰 나무 위에 나무 줄기나 가지 등을 이용하여 지은 집.
수상=경:기(水上競技) 명 경영(競泳), 다이빙, 수중 발레, 수구(水球) 등 물에서 하는 경기를 통틀어 이르는 말. ☞육상 경기(陸上競技)
수상=경:찰(水上警察) 명 강이나 바다 등에서 교통 정리나 조난 구조, 범법 행위의 단속 따위를 맡아보는 경찰. 해상 경찰
수상-관(受像管) 명 텔레비전의 수상(受像)에 쓰는 전자관(電子管). 보통 브라운관을 이름.
수상=교통(水上交通) 명 선박을 이용하는 교통. 해상 교통과 내륙 수로 교통이 있음.
수상-기(水上機) 명 '수상 비행기(水上飛行機)'의 준말.
수상-기(受像機) 명 텔레비전의 수상(受像)에 쓰이는 장치. ☞송상기(送像機)
수상-기(殊常氣)[-끼] 명 수상한 기미.
수상=꽃차례(穗狀-)[-꼳-] 명 무한(無限) 꽃차례의 한 가지. 하나의 긴 꽃대에 꽃자루가 없는 꽃이 이삭처럼 붙어서 피는 것. 벼 꽃 따위. 수상 화서(穗狀花序). 이삭 꽃차례 ☞육수(肉穗) 꽃차례
수상=돌기(樹狀突起) 명 신경 세포(神經細胞) 중에서 짤막한 나뭇가지처럼 갈라진 돌기. 외부로부터 흥분을 받아들이는 작용을 함. ☞축색 돌기
수상-록(隨想錄) 명 인생이나 사회 등에 대하여 그때그때 떠오르는 느낌이나 생각을 적어 모아 엮은 책. ¶몽테뉴의 -.
수상-목(水上木) 명 강의 상류에서 떼로 띄워 떠 내려온 재목. 수상재(水上材)
수상-문(隨想文) 명 인생이나 사회 등에 대하여 그때그때 떠오르는 느낌이나 생각을 적은 글.
수상=비행기(水上飛行機) 명 수면에서 날아오르거나 수면에 내려앉을 수 있는 항공기. 준수상기(水上機) ☞비행정(飛行艇)
수상=생활(水上生活) 명 수상 가옥(水上家屋)이나 배에서 하는 생활.
수상-선(水上船) 명 주로 나룻배로 쓰이는, 뱃전이 높지 않고 바닥이 평평한 배. 물윗배. 상류선(上流船)
수상=소방(水上消防) 명 물 위에서 일어나는 재해를 대상으로 하는 소방 활동.
수상-술(手相術) 명 손가락이나 손의 생김새, 손금 등을 보고 그 사람의 운세(運勢)나 길흉을 예언하는 법.
수상-스럽다(殊常-)(-스럽고·-스러워) 형ㅂ 보기에 수상한 데가 있다.
　수상-스레 부 수상스럽게
수상=스키:(水上ski) 명 양 발에 스키를 신고 모터보트에 연결된 줄을 잡고 끌려가면서 수면을 활주(滑走)하는 스포츠.
수상-자(受賞者) 명 상을 받는 사람.
수상-장(樹上葬) 명 시체를 나무 꼭대기나 갈라진 가지 사이에 올려 놓는 장례법. 수장(樹葬) ☞풍장(風葬)
수상-재(水上材) 명 수상목(水上木)
수상-쩍다(殊常-) 형 수상한 데가 있다.
수상-판(受像板) 명 텔레비전 수상기(受像機)의 영상(映像)을 나타내는 형광막으로 된 판.
수상-하다(殊常-) 형여 보통과 달라 의심스러운 데가 있다. ¶거동이 수상한 사람.
　수상-히 부 수상하게
수상-화(穗狀花) 명 수상 꽃차례로 피는 꽃.
수상=화서(穗狀花序) 명 수상(穗狀) 꽃차례 ☞무한 화서
수-새 명 새의 수컷. ☞암새
수색(水色) 명 ①물의 빛깔. ②호수나 바다의 수면(水面)과 같은 엷은 남빛. 물빛
수색(秀色) 명 뛰어나게 아름다운 경치.
수색(殊色) 명 여자의 빼어나게 아름다운 얼굴 모습.
수색(羞色) 명 부끄러워하는 기색(氣色).
수색(愁色) 명 근심스러운 기색(氣色).
수색(搜索) 명 -하다 타 ①간 곳을 알 수 없는 사람이나 물건을 뒤지어 찾음. ¶조난자를 -하다. ②형사 소송법에서, 법원 또는 수사 기관이 피의자(被疑者)나 피고인(被告人), 또는 증거물을 찾아내기 위해서 사람의 몸, 집, 물건 등을 강제로 뒤지는 강제 처분.
수색-경(搜索鏡) 명 큰 망원경에 딸리어, 찾으려는 천체(天體)의 자리를 수색하는 데 쓰는 작은 망원경.
수색-망(搜索網) 명 수색을 위해 여러 곳에 펴 놓은 조직.
수색=영장(搜索令狀)[-녕짱] 명 검사나 사법 경찰관이 수색할 수 있도록 법원이 발행하는 명령서.
수색-원(搜索願) 명 간 곳을 알 수 없는 사람이나 잃어버린 물건을 찾아 달라고 해당 기관에 내는 청원(請願).
수생(水生) 명 -하다 자 물에서 생겨남, 또는 물에서 삶.
수생=균류(水生菌類) 명 물 속에서 사는 균류.
수생=동:물(水生動物) 명 바다·강·호소(湖沼) 등 물 속에서 사는 동물을 통틀어 이르는 말. 살고 있는 수역에 따라 해산 동물(海産動物), 담수 동물(淡水動物), 기수 동물(汽水動物)로 분류됨. 수서 동물(水棲動物)
수생목(水生木) 성구 오행설(五行說)에서 이르는 상생(相生) 관계의 하나. '물〔水〕에서 나무〔木〕가 생김'을 이름. ☞상극(相剋). 목생화(木生火)
수생=식물(水生植物) 명 식물체의 전부 또는 일부가 물에 잠긴 채로 살아가는 식물을 통틀어 이르는 말. 부수 식물(浮水植物), 침수 식물(沈水植物), 정수 식물(挺水植物) 등으로 분류됨. 수서 식물(水棲植物). 수중 식물
수서(手書) 명 자기가 손수 쓴 편지라는 뜻으로, 윗사람이 아랫사람에게 자기의 '편지'를 이르는 말. 수간(手簡). 수찰(手札). 수한(手翰)
수서(水棲) 명 -하다 자 물에서 삶. ☞육서(陸棲)
수서(水鼠) 명 뒤쥣과의 동물. 모양은 쥐와 같으며 헤엄을 잘 쳐 물 속의 곤충이나 작은 고기를 잡아먹음.
수서(手署) 명 -하다 자 자기 이름을 손수 문서에 적음, 또는 그 서명. 자서(自署)
수-서기(首書記) 명 조선 시대, 지방 관아의 으뜸 서기를 이르던 말.
수서=동:물(水棲動物) 명 수생 동물(水生動物)
수서=식물(水棲植物) 명 수생 식물(水生植物)
수서양:단(首鼠兩端) 성구 쥐가 구멍에서 머리만 내밀고 요리조리 엿본다는 뜻으로, 진퇴나 거취를 결단하지 못하고 관망하고 있는 상태를 이르는 말.
수석(水石) 명 ①물과 돌을 아울러 이르는 말. ②물과 돌로 이루어진 경치. 천석(泉石) ③물 속에 있는 돌.
수석(首席) 명 ①차례 따위의 맨 윗자리. ¶- 합격 ②여럿 가운데서 가장 높은 지위, 또는 직위. ¶- 대표
수석(壽石) 명 관상용의 자연석(自然石).
수석(燧石) 명 부싯돌
수석침:류(漱石枕流) 성구 돌로 양치질하고 물을 베개 삼는다는 뜻으로, 흐르는 물로 양치질하고 돌을 벤다를 잘못 말한 것으로, 사실이 아닌 것에 억지를 씀을 이르는 말.
수선 명 -하다 형 정신이 어지럽게 부산을 떠는 말이나 행동, 또는 그 때문에 정신이 산란함.
　수선(을) 떨다 관용 수선스러운 말이나 행동을 자꾸 하다. ¶수다쟁이가 -.
　수선(을) 부리다 관용 짐짓 수선스러운 말이나 행동을 하다. ¶수선 부리지 말고 조용히 있어라.
　수선(을) 피우다 관용 말이나 행동을 수선스럽게 하다. ¶큰일이나 난 것처럼 -.
수선(水仙) 명 ①물 속에 산다는 신선. ②'수선화'의 준말.
수선(水蘚) 명 '개구리밥'의 딴이름.
수선(手選) 명 -하다 타 광석이나 석탄을 손으로 골라내는 일.
수선(垂線) 명 한 직선, 또는 평면과 직각을 이룬 직선. 수직선(垂直線)
수선(受禪) 명 -하다 자 전왕(前王)으로부터 왕위를 물려받아 즉위(卽位)하는 일. ☞선양(禪讓)
수선(首善) 명 나라에 모범을 세운다는 뜻에서 바뀌어, '서

울'을 뜻하는 말로 쓰였음. ¶ − 전도(全圖)

수선(首線)명 '시초선(始初線)'의 구용어.

수선(修禪)명-하다자 선(禪)을 수행함.

수선(修繕)명-하다타 해어지거나 낡은 것을 손보아 고침. ¶ 옷을 −하다. /구두 − 유수리(修理)

수:선(繡扇)명 그림 대신 수를 놓아 꾸민 부채.

수선-거(修船渠)명 건독

수선-거리다(대다)자 자꾸 수선수선 하다.

수선-공(修繕工)명 공장에서, 수선하는 일을 전문으로 하는 기술자.

수선-비(修繕費)명 수선하는 데 드는 돈.

수선-수선부 ①정신이 어지럽게 떠드는 모양을 나타내는 말. ②너무나 시끄러워서 정신이 산란해지는 상태를 이르는 말.

수선-스럽다(−스럽고·−스러워)형ㅂ 수선한 데가 있다.
수선-스레부 수선스럽게 ¶ − 떠들다.

수선-장(修船場)명 배를 고치는 곳.

수선-쟁이명 몹시 수선을 떠는 사람.

수선-창(水仙菖)명 '수선화(水仙花)'의 딴이름.

수선-화(水仙花)명 수선화과의 여러해살이풀을 통틀어 이르는 말. 잎은 가늘고 길며 비늘줄기에서 무더기로 남. 긴 꽃줄기 끝에 품종에 따라 희거나 노란 꽃이 핌. 지중해 연안과 중국 원산의 관상 식물. 한방에서 비늘줄기를 약재로 씀. 배현(配玄). 수선창(水仙菖) 준수선(水仙)

수설(水泄)명 물찌똥

수설불통(水泄不通)성구 물이 샐 틈이 없다는 뜻으로, 경비나 단속이 엄하여 비밀 따위가 새어 나가지 못함을 이르는 말.

수성(水性)명 ①물의 성질. ②어떤 물질이 물에 녹는 성질. 수용성(水溶性) ☞유성(油性)

수성(水姓)명 오행(五行)의 수(水)에 해당하는 성(姓). 허(許)·황(黃) 등. ☞목성(木姓)

수성(水星)명 태양계의 첫째 행성. 태양에 가장 가까운 별로, 공전 주기는 88일, 자전 주기는 59일, 질량은 지구의 0.055배. 해가 진 직후와 해가 돋기 직전에 볼 수 있음. 진성(辰星). 머큐리(Mercury) ☞금성(金星)

수성(水聲)명 ①물이 흘러가는 소리. ②오행(五行)의 수(水)에 해당하는 음성. 급히 구르는 것과 같은 음성을 이름. ☞목성(木聲)

수성(守成)명-하다타 ①조상이 이룩한 일을 이어받아 잘 지킴. ②창업자의 뒤를 이어 사업을 굳건히 이루어 감.

수성(守城)명-하다자 성을 지킴.

수성(垂成)명-하다자 어떤 일이 거의 이루어짐.

수성(首星)명 어떤 별자리 중에서 가장 밝은 항성(恒星). 작은곰자리의 북극성 따위. 알파성

수성(修成)명-하다타 고쳐서 완전하게 만듦.

수성(遂成)명-하다타 무슨 일을 이루어 냄. 성수(成遂)

수성(壽星)명 ①남극성(南極星). 노인성(老人星) ②'음력 팔월'을 달리 이르는 말. ☞영한(迎寒)

수성(獸性)명 ①짐승과 같은 성질. ②인간이 가진 동물과 같은 성질. 육체적인 욕망, 흉포함과 잔인함 따위.

수성=가스(水性gas)명 수소와 일산화탄소의 혼합 기체. 고온으로 가열한 코크스에 수증기를 통과시켜 얻음.

수성=경과(水星經過)명 수성이 태양 면을 작은 흑점(黑點)처럼 보이면서 지나가는 일.

수성=광:상(水成鑛床)명 땅 위의 암석이 풍화·침식되어 운반·퇴적의 과정을 거쳐 이루어진 광상.

수성=도료(水性塗料)명 물을 용매(溶媒)로 쓰는 칠감. 수성 칠감

수성-암(水成岩)명 암석의 작은 덩이나 생물의 유해 등이 수중이나 육상에 퇴적하여 이루어진 암석. 성층암(成層岩). 침적암(沈積岩). 침전암(沈澱岩). 퇴적암(堆積岩)

수성지업(垂成之業)명 자손에게 뒤를 이어 이루게 하는 일.

수성=칠감(水性−)[−깜]명 수성 도료(水性塗料)

수세(∠休書)명 지난날, 남자가 여자에게 주는 이혼의 증서를 이르던 말. 준휴서(休書)

수세(水洗)명 ①-하다자 물로 씻음. ②가톨릭에서, 물로 씻는 형식으로 하는 세례.

수세(水稅)명 ①관개지(灌漑地)에서 농업 용수를 이용하고 내는 요금. ②보수세(洑水稅)

수세(水勢)명 물이 흐르거나 뿜어져 나오거나 하는 기세.

수세(收稅)명-하다자 세금을 걷어들임. 세렴(稅斂)

수세(守勢)명 적의 공격을 받아 지키는 태세. ¶ 공세에서 −로 바뀌다. ☞공세(攻勢)

수세(守歲)명 민속에서, 음력 섣달 그믐날 밤에 등촉을 집안 곳곳에 밝히고 밤을 새우는 풍습. 이 날 밤에 자면 눈썹이 센다고 함. 별세(別歲)

수세(受洗)명-하다자 크리스트교에서, 세례를 받는 일.

수세(漱洗)명-하다자 양치질을 하고 세수를 함.

수세(樹勢)명 나무가 자라나는 기세.

수세(隨勢)명-하다자 시대의 추세나 세상 형편에 따름.

×**수-세공**(手細工)명 →수공(手工)

수세-관(收稅官)명 조선 시대, 조세(租稅)를 걷어들이려고 중앙에서 지방에 파견하던 관원.

수-세:다(手−)형 ①매우 세차다. ②바둑이나 장기 따위를 두는 솜씨가 매우 높다.

수세미명 그릇 따위의 물건을 문질러 씻는 데 쓰는 도구.

수세미-외명 박과의 한해살이 덩굴풀. 줄기는 덩굴손으로 다른 물건을 감아 올라가며, 잎은 손바닥 모양으로 깊이 갈라져 있고 긴 잎자루가 있음. 여름에 노란 꽃이 총상(總狀) 꽃차례로 피고, 긴 원통형의 녹색 열매가 열림. 열매 속의 섬유는 수세미로, 줄기의 즙액은 화장수로 이용함. 열대 아시아 원산임. 사과(絲瓜)

수세-식(水洗式)명 변소에 급수 장치를 하여 오물을 물로 씻어 내리는 방식. ☞수세(水洗)

수-소명 소의 수컷. 모우(牡牛) ☞암소

수소(水素)명 비금속 원소의 하나. 가장 가벼운 기체 원소로 자연계에 많이 있음. 빛깔·냄새·맛이 없고, 태우면 연한 푸른빛 불꽃이 일어나며, 산소와 화합하여 물이 됨. 인위적으로는 물을 전기 분해하거나 아연(亞鉛)에 묽은 황산을 작용시켜 만듦. 공업적으로는 석유를 분해하여 만듦. [원소 기호 H/원자 번호 1/원자량 1.01]

수소(受訴)명-하다자 소송(訴訟)을 받아들여 처리하는 일. ☞제소(提訴)

수소(愁訴)명 ①괴로운 사정을 애처롭게 하소연함. ②환자가 하소연하는 증세. ☞부정 수소(不定愁訴)

수-소:문(搜所聞)명-하다타 세상에 떠도는 소문을 더듬어서 찾음. ¶ 실종자의 행방을 −하다.

수소=법원(受訴法院)명 어떤 사건에 관한 재판 절차가 과거에 계속(係屬)되었거나, 현재 계속하고 있거나, 앞으로 계속할 법원.

수소=이온(水素ion)명 수소 원자가 한 개의 핵외 전자(核外電子)를 잃고 1가(價)의 양이온이 된 것. 수소의 원자핵이며, 단독으로는 안정하게 존재하지 않음. 용액 속에서는 산성의 원인이 됨. 기호는 H^+

수소=이온=농도(水素ion濃度)명 용액 속의 수소 이온의 농도. 보통, 수소 지수 pH로 나타냄.

수소=이온=농도=지수(水素ion濃度指數)명 수소 이온 농도를 나타내는 수치. 기호는 pH. 수소 이온 지수. 수소 지수

수소=이온=지수(水素ion指數)명 수소 이온 농도 지수

수소=지수(水素指數)명 수소 이온 농도 지수

수소-탄(水素彈)명 '수소 폭탄(水素爆彈)'의 준말.

수소=폭탄(水素爆彈)명 원자 폭탄의 한 가지. 수소의 동위체(同位体)의 핵융합(核融合)으로 방출되는 에너지를 이용하는 폭탄. 에이치봄(H-bomb) 준수소탄(水素彈). 수폭(水爆)

×**수속**(手續)명 →절차(節次)

수속(收束)명-하다타 ①거두어 바로잡음. ¶ 분쟁을 −하다. ②여러 광선이 한 곳으로 모이는 현장. 수렴(收斂)

수속(收贖)명-하다타 지난날, 죄인이 죄를 벗어나려고 바치는 돈을 거두던 일.

수속(殊俗)명 색다른 풍속.

수속(隨俗)명-하다자 세상의 풍속을 따름.
수송(輸送)명-하다타 ①기차·선박·자동차·비행기 따위로 사람이나 짐을 실어 나르는 일. ②군대의 병과(兵科)의 하나. 군대에서 군수 물자와 병력, 수송 장비의 수급·정비 등의 일을 맡아 봄.
수송-기(輸送機)명 사람이나 짐을 실어 나르는 비행기.
수송-량(輸送量)명 온갖 교통 기관이 실어 나르는 여객과 화물의 양.
수송-력(輸送力)명 교통 기관이 사람이나 짐을 실어 나를 수 있는 능력.
수송-로(輸送路)명 비행기나 선박·자동차 등으로 사람이나 짐을 실어 나르는 길.
수-송병(水松餠)명 물송편
수송-선(輸送船)명 사람이나 화물을 실어 나르는 선박.
수송-업(輸送業)명 사람이나 화물을 실어 나르는 일을 맡아 하는 영업.
수쇄(手刷)명-하다타 인쇄기를 손으로 움직여 인쇄함, 또는 그렇게 하는 인쇄.
수쇄(收刷)명-하다타 ①수습(收拾) ②수봉(收捧)
수-쇠명 ①'맷수쇠'의 준말. ②자물쇠의 암쇠에 끼우게 되어 있는 뾰족한 쇠. ☞암쇠
수수명 볏과의 한해살이풀. 줄기 높이는 1.5~3m, 잎은 넓은 선 모양임. 7~9월에 줄기 끝에 20~30cm의 원뿔 모양의 이삭이 피어 가을에 익음. 열매는 잡곡으로 쓰고, 줄기는 가축의 사료 등으로 쓰임. 인도 원산임. 고량(高粱). 촉서(蜀黍)
수수(收受)명-하다타 거두어서 받음.
수수(袖手)명-하다자 ①팔짱을 낌. ②몸을 사려 무슨 일에 나서지 않거나, 아무 일도 하지 아니함. ☞수수방관
수수(授受)명-하다타 주고받고 함. 특히 금품을 주고 받고 함. 여수(與受)
수:수(數數)관 주로 수사 앞에 쓰이어, '여러'의 뜻을 나타내는 말. ¶ ─ 백 년을 이어 온 전통.
수수-개:떡명 찰수숫가루와 갈분(葛粉)으로 만든 떡.
수수-경:단(─瓊團)명 찰수숫가루를 익반죽하여 밤알 크기로 동글게 빚어서 녹말을 묻힌 다음, 삶아 찬물에 담갔다가 건져 고물을 묻힌 떡.
수수깡명 수수의 줄기. 수숫대
수수께끼명 ①사물을 비유하여 말하여 그 뜻이나 이름을 알아맞히는 놀이. 미어(謎語) ②속내를 알 수 없는 복잡하고 이상야릇한 일을 이르는 말. ¶그 사건의 진상은 지금도 ─로 남아 있다.
수수꾸다타 장난으로 실없는 말을 하여 남을 부끄럽게 만들다. ¶어린 새댁을 ─.
수수-돌명 금(金)이 섞인 붉은 차돌.
수수-떡명 찰수숫가루로 만든 떡.
수수러-지다자 돛 같은 것이 바람에 부풀어 둥글게 되다.
수수-료(手數料)명 어떤 일을 맡아서 처리해 준 데 대한 삯. ¶─가 붙다./─를 물다.
수수-목명 수수 이삭의 목.
수수목-대명 수수목이 달린 줄기.
수수-미꾸리명 미꾸릿과의 민물고기. 몸길이 10~13 cm. 몸은 가늘고 길며 머리와 눈이 작음. 빛깔은 담황색 바탕에 암갈색 세로줄이 촘촘하게 나 있음. 맑은 물의 자갈 바닥에 살며 규조류를 먹고 삶. 낙동강 수계(水系)에서만 사는 우리 나라 특산종임.
수수미틀명 김맬 때 흙덩이를 떠서 들다가 반을 꺾어 누이는 일.
수수-밥명 찰수수로만 짓거나 수수쌀을 섞어 지은 밥.
수수방:관(袖手傍觀)성구 ①팔짱을 끼고 보고만 있음을 이르는 말. ②어떤 사태를 당하여 간섭하거나 거들지 아니하고 바라보고만 있음을 이르는 말.
수수-부꾸미명 수수전병
수수-비명 이삭을 떨어 낸 수수깡으로 맨 비.
수수-쌀명 수수 열매를 대끼어 껍질을 벗긴 속 알맹이. 고량미(高粱米). 당미(糖米)
수수-엿명 수수쌀로 고아 만든 엿.
수수-응이명 찰수숫가루를 끓는 물에 풀어서 끓여 설탕을 타서 먹는 음식.
수수-전:병(─煎餠)명 찰수숫가루를 묽게 반죽하여 기름에 지진 떡. 껍질을 벗긴 녹두나 팥을 소로 넣어 반달 모양으로 만들어서 지지기도 함. 수수부꾸미
수수-팥떡[─팓─]명 수숫 가루에 팥고물을 켜켜이 얹어 찐 시루떡.
수수-풀떡명 소금으로 간을 맞춘 물에 팥과 검정콩을 삶다가 찰수숫가루를 넣고 버무려서 익힌 다음에 꿀이나 설탕을 친 떡.
수수-하다[1]형여 ①옷차림이나 성격, 태도 따위가 별난 데가 없이 무던하다. ¶수수한 옷차림. ②물건이 썩 좋지도 나쁘지도 않고 그저 쓸만 하다.
수수-하다[2]형여 시끄럽고 떠들썩하여 정신이 어지럽다. ¶마음이 수수해서 일이 손에 잡히지 않는다.
수숙(嫂叔)명 형제의 아내와 남편의 형제.
수숙(手熟)어기 '수숙(手熟)하다'의 어기(語基).
수숙-하다(手熟─)형여 일이 손에 익숙하다.
×**수순**(手順)명 ①→순서(順序) ②→과정(過程)
수-술명 꽃실과 꽃밥으로 이루어진 꽃의 웅성(雄性) 생식 기관. 수꽃술. 웅예(雄蕊) ☞암술
수술(手術)명-하다타 ①의사가 환자의 탈난 데를 째거나 자르거나 끄집어내거나 하여 고치는 치료법. ②어떤 사물의 문제점이나 조직 따위를 크게 고치는 일을 비유하여 이르는 말. ¶정부 조직을 대대적으로 ─하여 개편하다.
수술-대[─때]명 수꽃술의 꽃밥이 달려 있는 가느다란 줄기. 꽃실 ☞암술대
수술-대(手術臺)명 수술할 사람을 올려 놓는 설비.
수술-머리명 수꽃술의 맨 윗부분.
수술-비(手術費)명 수술하는 데 드는 돈.
수술-의(手術醫)명 수술을 맡은 의사.
수숫-대명 수수깡
속담 **수숫대도 아래위 마디가 있다** : 어떤 경우에나 상하(上下)의 구별이 있음을 비유하여 이르는 말.
수숫잎-괭이[─닙─]명 볼이 얇고 넓죽하여 자루를 끼우는 부분이 수숫잎의 밑동 모양으로 생긴 괭이.
수숫잎-덩이[─닙─]명 논의 김을 맬 때, 호미로 모 포기 사이를 길게 파서 당기면 생기는, 수숫잎 모양의 덩어리 흙.
수슬-수슬부-하다형 헌데 따위가 진물이 거의 없이 마른 모양을 나타내는 말.
수습(收拾)명-하다타 ①흩어진 물건을 거두어 모음. 수쇄(收刷) ¶추락한 비행기의 잔해를 ─하다. ②어지러운 마음을 가라앉히거나, 사태를 잘 다스리어 바로잡음. ¶난국(難局)을 ─하다.
수습(修習)명-하다타 학문이나 기능 따위를 배워 몸에 익힘. ¶─ 기자/─ 사원
수습-공(修習工)명 수습을 통하여 기술을 익혀 가는 과정에 있는 공원(工員).
수습-생(修習生)명 수습을 통하여 기능이나 실무를 익혀 가는 과정에 있는 사람.
수습-책(收拾策)명 사태를 수습하는 방책.
수승(水丞)명 연적(硯滴)
수승(首僧)명 조선 시대, 북한산성의 치영(緇營)에 딸렸던 각 절의 승병(僧兵)의 우두머리.
수승(殊勝)명 유난히 뛰어남.
수시(水柿)명 둥주리감의 한 품종. 수분이 많고 맛이 달며, 살이 연함. 물감 ☞단감
수시(收屍)명-하다자 송장의 머리와 팔다리를 바로잡는 일.
수시 걷다관용 고복(皐復)이 끝난 뒤, 시체가 굳기 전에 팔다리를 반듯이 펴서 시신(屍身)을 끈으로 대강 묶다.
수시(垂示)명-하다자 수교(垂敎)
수시(隨時)명 ①그때그때 ¶─ 입학 ②〔부사처럼 쓰임〕 때때로. 언제든지 ¶─ 찾아오다./─ 접수하다.
수시렁이명 수시렁잇과의 딱정벌레. 몸길이 7mm 안팎. 몸빛은 흑색인데 금빛의 짧은 털이 많음. 더듬이는 열한

마디로 되어 있음. 오목한 앞가슴에 촉각이 있고 머리는 신축성이 있음. 애벌레는 '수시렁좀'이라 함.
수시렁-좀 명 수시렁이의 애벌레. 몸길이 1cm 안팎. 몸은 둥글고 온몸에 윤이 나는 적갈색 털이 덮여 있음. 누에고치·건어물·모직물·곡물 등을 파먹는 해충임.
수시-변:통(隨時變通) 명 그때그때 형편에 따라 일을 처리함.
수시-순:응(隨時順應) 명 무슨 일이든지 때와 사정에 따라 맞추어 함.
수시응:변(隨時應變) 성구 그때그때의 형편에 따라 일을 알맞게 처리함을 이르는 말. 수기응변(隨機應變)
수식(水蝕) 명 빗물이나 흐르는 물, 파도 따위가 땅 표면을 침식(浸蝕)하는 일.
수식(首飾) 명 부녀자가 머리를 치장하는 꾸미개. 비녀·뒤꽂이 따위.
수식(垂飾) 명 공예품이나 의복에 드리우는 꾸미개.
수식(修飾) 명-하다 타 ①겉모양을 꾸밈. ②〈어〉체언이나 용언에 딸리어 그 말을 꾸미거나 한정하는 일.
수:식(數式) 명 수나 양을 나타내는 숫자나 문자를 계산 기호로 연결하여 수학적인 뜻을 지니게 한 것. 식(式)
수식(樹植) 명-하다 타 ①나무를 심음. ☞식수(植樹) ②일의 밑바탕을 닦아 놓음.
수식-곡(水蝕谷) 명 흐르는 물이나 빙하의 침식 작용으로 말미암아 생긴 골짜기. 침식곡(浸蝕谷)
수식-사(修飾詞) 명〈어〉수식언(修飾言). 꾸밈씨
수식-산(水蝕山) 명 수식(水蝕)으로 말미암아 생긴 산.
수식-어(修飾語) 명〈어〉문장 성분의 하나. 문장에서 명사류(名詞類)의 개념을 규정하거나 동사류(動詞類)의 개념을 한정하는 말을 이르는 말. '붉은 꽃이 활짝 피었다.'에서 '붉은', '활짝' 따위. 꾸밈말 ☞부사어(副詞語). 피수식어(被修飾語)
수식언(修飾言) 명〈어〉단어를 문법상의 기능에 따라 분류한 말의 하나. 문장에서 체언을 꾸미는 관형사와 용언을 꾸미는 부사를 아울러 이르는 말. 꾸밈씨. 수식사(修飾詞) ☞독립언(獨立言)
수:-신(繡-) 명 수를 놓은 마른신. 수혜(繡鞋)
수신(水神) 명 바다·하천·연못·우물 등을 다스린다는 신. ☞하백(河伯)
수신(守臣) 명 '수령(守令)'을 달리 이르는 말.
수신(守身) 명-하다 자 스스로 품위와 지조를 지킴.
수신[1](受信) 명-하다 자타 ①우편물이나 전보 따위를 받음. ☞발신(發信) ②전신(電信), 전화, 라디오 방송, 텔레비전 방송 등을 받음. ¶ ― 상태가 좋다./위성 방송을 ―하다. ☞송신(送信)
수신[2](受信) 명 금융 기관이 고객으로부터 받는 신용. 곧 고객이 예금하는 일. ☞여신(與信)
수신(帥臣) 명 조선 시대, '병마 절도사(兵馬節度使)'와 '수군 절도사(水軍節度使)'를 아울러 이르던 말.
수신(修身) 명-하다 자 마음을 착하게 하고 행실을 바르게 하도록 몸과 마음을 닦음.
수신(晬辰) 명 편지 등에서 남을 높이어 그의 생일을 이르는 말. 수일(晬日) ☞생신(生辰)
수신(瘦身) 명 여윈 몸.
수신(獸身) 명 짐승의 몸.
수신-관(受信管) 명 라디오나 텔레비전의 수신용으로 쓰이는 진공관.
수신-기(受信機) 명 외부로부터 송신해 오는 전파나 진동 전류를 받는 장치. ☞송신기(送信機)
수신-사(修信使) 명 조선 말기, 우리 나라에서 일본에 보내던 사신을 이르던 말. '통신사(通信使)'를 고친 이름.
수신-소(受信所) 명 무선 통신에서, 송신소에서 보낸 전파를 받아 처리하는 곳.
수신-인(受信人) 명 ①통신을 받는 사람. ②우편물이나 전신(電信) 따위를 받는 사람. 수신자(受信者) ☞발신인(發信人)
수신-자(受信者) 명 수신인(受信人) ☞발신자(發信者)
수신-주의(受信主義) 명 도달주의(到達主義)
수신-함(受信函) 명 보내 오는 우편물을 받는 통.

수실(壽室) 명 시체를 묻는 구덩이. 광중(壙中). 수당(壽堂)
수심(水心) 명 하천·호수 등의 수면의 한가운데.
수심(水深) 명 하천·호수·바다 등의 물의 깊이.
수심(垂心) 명 삼각형의 각 정점에서 대변(對邊)에 그은 세 수선(垂線)이 서로 만나는 점.
수심(愁心) 명 근심하는 마음. 수의(愁意) ¶ ―에 찬 얼굴./―이 가득하다.
수심(獸心) 명 짐승과 같은 모질고 사나운 마음. ☞인면수심(人面獸心)
수심가(愁心歌) 명 서도(西道) 민요의 한 가지. 인생의 허무함을 한탄하는 내용의 사설로, 장단이 일정하지 않고 음조가 높으며 매우 구슬픈 느낌을 줌.
수심-정기(守心正氣) 명 천도교에서, 항상 한울님 마음을 잃지 아니하며 사특한 기운을 버리고 도기(道氣)를 길러 천인 합일(天人合一)을 하기 위한 수련 방법.
수:십(數十) 수 ①열의 두서너 곱절 되는 수효. 몇 십. ②〔관형사처럼 쓰임〕 ¶ ― 가지 방법.
수:-십만(數十萬) 수 ①여러 십만, 몇 십만. ¶ ―에 이르는 관중. ②〔관형사처럼 쓰임〕 ¶ ― 평의 땅.
수씨(嫂氏) 명 형제의 아내.
수아-주(∠水禾紬) 명 품질이 좋은 비단의 한 가지. 수주(水紬) 원 수화주(水禾紬)
수악(手握) 명 손아귀
수악(水鶚) 명 '물수리'의 딴이름.
수악(首惡) 명 악한 무리의 우두머리. 원흉(元兇)
수안(水眼) 명 잿물에 생긴 물거품 같은 잔 눈.
수안(愁顔) 명 근심스러운 얼굴.
수알치-새 명 '수리부엉이'의 딴이름.
수압(手押) 명 지난날, 자기의 성명이나 직함 아래에 도장 대신 쓰던 글자 비슷한 부호. 수결(手決). 판압(判押)
수압(水壓) 명 물이 물체나 물 자체에 미치는 압력. 물 깊이 10m마다 $1cm^2$에 1kg의 수압이 더해짐.
수압-기(水壓機) 명 물의 압력을 이용하여 일을 하는 기계를 통틀어 이르는 말.
수압=기관(水壓機關) 명 물의 압력을 이용하여 동력을 일으키는 기계 장치.
수압=시험(水壓試驗) 명 압력을 받는 부품에 수압을 주어서 이상이나 변형, 압력에 견디는 힘 등을 검사하는 일.
수애(水涯) 명 물가
수액(水厄) 명 가뭄이나 큰물로 말미암은 재액.
수:액(數厄) 명 운수가 사나운 재액.
수:액(數額) 명 물건의 수효.
수액(樹液) 명 ①나무줄기 등에서 분비되는 액체. ¶ 고로쇠나무의 ―. ☞진(津) ②나무가 땅에서 빨아올린, 나무의 양분이 되는 액체.
수액(輸液) 명-하다 타 입으로 음식물이나 약 등을 먹을 수 없는 환자에게 혈액과 삼투압이 같은 인공 용액을 주입하는 일. 증세나 상황에 따라 생리적 식염수, 링거액, 포도당 용액 등을 피하나 정맥에 조금씩 주입함.
수액료=작물(樹液料作物) 명 식물체가 분비하는 수액을 이용할 목적으로 재배하는 작물. 옻나무 따위.
수약(水藥) 명 물약
×**수-양**(-羊) 명 → 숫양
수양(水楊) 명 '갯버들'의 딴이름.
수양(收養) 명-하다 타 ①버려진 아이나 남의 자식을 맡아서 기름. ¶ ―아들/―딸 ②민속에서, 아이의 명이 길어지도록, 남남 사이를 명목상의 부모 자식으로 정하던 일.
수양 가다 관용 남의 집에 수양딸이나 수양아들로 들어가다.
수양(垂楊) 명 '수양버들'의 준말.
수양(修養) 명-하다 자 몸과 마음을 닦아 지식과 인격을 높임.
수양-골 명 쇠머리 속에 든 골.
수양-녀(收養女) 명 수양딸
수양-등(水楊藤) 명 '인동덩굴'의 딴이름.
수양-딸(收養-) 명 남의 자식을 데려다 기른 딸. 수양녀(收養女). 양녀(養女). 양딸 ☞수양아들
속담 **수양딸로 며느리 삼는다** : 경우를 가리지 아니하고

ㅅ

아무렇게나 제 편리한 대로 일을 처리함을 이르는 말.
수양-모(收養母)명 수양어머니 ☞생모(生母)
수양-버들(垂楊-)명 버드나뭇과의 낙엽 교목. 가지는 가늘며 길게 드리워짐. 잎도 가늘고 길며 이른봄에 새 잎과 함께 황록색 꽃이 핌. 중국 원산으로 가로수나 관상수로 심음. 사류(絲柳). 수류(垂柳). 실버들 준수양
수양-부(收養父)명 수양아버지 ☞생부(生父)
수양-부모(收養父母)명 남의 아들이나 딸을 데려다 친부모처럼 길러 주고 있거나, 길러 준 사람.
수양-산(首陽山)명 중국 은(殷)나라의 백이(伯夷)·숙제(叔齊) 형제가 주(周)나라의 곡식 먹기를 마다하고 산에 들어가 고사리를 캐 먹다가 굶어 죽었다는 옛이야기가 전해지는 산 이름.
속담 **수양산 그늘이 강동 팔십 리** : 한 사람이 크게 잘되면 친척이나 친구들까지도 그 덕을 입게 된다는 말.
수양산가(首陽山歌)명 조선 시대, 십이가사(十二歌詞)의 하나. 작자와 연대는 알려져 있지 않으며, 사는 동안에 풍류로 인생을 즐기자는 내용임. 모두 58구로 '교주가곡집(校註歌曲集)'에 실려 전함.
수양-아들(收養-)명 남의 자식을 데려다 기른 아들. 수양자(收養子) ☞수양딸
수양-아버지(收養-)명 자기를 데려다 친자식같이 길러 준, 아버지 같은 사람. 수양부(收養父). 의부(義父) 낮 수양아비
수양-아비(收養-)명 '수양아버지'의 낮춤말.
수양-액(水樣液)명 ①빛깔이 없고 물처럼 투명한 액체. ②눈알 속의 각막(角膜)과 수정체(水晶體)나 홍채(虹彩) 사이를 채우는 투명한 액체.
수양-어머니(收養-)명 자기를 데려다 친자식같이 길러 준, 어머니 같은 사람. 수양모(收養母). 의모(義母) 낮 수양어미
수양-어미(收養-)명 '수양어머니'의 낮춤말.
수양-자(收養子)명 수양아들
수어(守禦)명-하다타 적의 침입을 막아 지킴.
수어(秀魚)명 '숭어'의 딴이름.
수어(狩漁)명 사냥과 고기잡이. 어렵(漁獵)
수:어(數語)명 두어 마디의 말.
수어-군(守禦軍)명 수어청(守禦廳)에 딸린 군사.
수어-사(守禦使)명 수어청(守禦廳)의 정이품 관직.
수어=시대(狩漁時代)명 어렵 시대(漁獵時代)
수어지교(水魚之交)성구 물과 고기의 사귐이라는 뜻으로, 매우 친밀하여 떨어질 수 없는 사이를 비유하여 이르는 말. 주로, 임금과 신하 사이의 친밀함을 이름.
수어-청(守禦廳)명 조선 시대, 오군영(五軍營)의 하나. 1626년(조선 인조 4) 남한산성을 고쳐 쌓고 그 일대의 진(鎭)을 지휘하기 위해 설치하였음.
수:억(數億)수 ①억의 두서너 곱절. 몇 억. ¶ -의 돈을 벌다. ②[관형사처럼 쓰임] ¶ - 인구
수업(受業)명-하다타 기술이나 학업의 가르침을 받음.
수업(修業)명-하다타 학문이나 기술을 익히어 닦음.
수업(授業)명-하다타 학문이나 기술을 가르침.
수업-료(授業料)명 학교에서 학문이나 기술을 배우는 값으로 학생이 내는 돈.
수업=증서(修業證書)명 학교 등에서 일정한 수업 과정을 마친 학생에게 주는 증서.
수:-없:다(數-)[-업-]형 수가 한이 없다.
수-없이부 수없게. 무수히 ¶ - 많은 별.
수여(授與)명-하다타 증서·상장·상품 또는 훈장 등을 줌. ¶상장과 상품을 -하다.
수여리명 꿀벌의 암컷.
수역(水域)명 수면(水面)의 일정한 구역.
수역(囚役)명 죄수에게 시키는 노역(勞役).
수역(首譯)명 조선 시대, 여러 역관(譯官) 가운데서 으뜸 직위의 역관을 이르던 말.
수역(殊域)명 제고장에서 멀리 떨어져 있는 다른 지역. 이역(異域)
수역(壽域)명 ①다른 지역에 비하여 장수하는 사람이 많은 고장. ②오래 살았다고 할만 한 나이. ③수실(壽室)
수역(獸疫)명 짐승, 특히 가축(家畜)의 전염병.
수역=혈청(獸疫血淸)명 가축의 전염병을 예방하는 혈청.
수연(水鉛)명 몰리브덴
수연(水煙)명 ①불탑(佛塔)의 구륜(九輪) 윗부분에 얹는 불꽃 모양의 장식. ②물안개 ③수연통(水煙筒)
수연(垂涎)명-하다자 ①먹고 싶어서 군침을 흘림. ②탐이 나서 가지고 싶어함.
수연(晬宴)명 생일 잔치
수연(壽宴·壽筵)명 오래 산 것을 축하하는 잔치.
수연(粹然)어기 '수연(粹然)하다'의 어기(語基).
수연-대(水煙臺)명 수연통(水煙筒)
수연-시(壽宴詩)명 오래 삶을 축하하는 시.
수연-이나(雖然-)부 그러하나
수연-증(手軟症)[-쯩]명 어린아이의 손이 흐늘흐늘하고 힘이 없는 병.
수연-통(水煙筒)명 담배 연기가 물을 거쳐서 나오게 만든 담뱃대. 수연. 수연대(水煙臺)
수연-하다(粹然-)형여 꾸밈이 없이 의젓하고 천진하다.
수연-히부 수연하게
수:열(數列)명 수학에서, 어떤 일정한 규칙에 따라 배열한 수의 열.
수염(水厭)명 '가물치'의 딴이름.
수염(鬚髥)명 ①성숙한 남자의 입가·턱·뺨에 나는 털. 나룻 준염(髥) ②호랑이나 고양이·쥐 따위 동물의 입 둘레에 난 긴 털. ③미꾸라지나 메기의 입아귀에 나 있는 육질(肉質)의 돌기(突起). ④벼·보리·옥수수 등의 낟알 끝이나 사이에 난 까끄라기나 털 모양의 것.
속담 **수염의 불 끄듯** : 당황하여 서두름을 비유하여 이르는 말. /**수염이 대 자라도 먹어야 양반** : 배가 불러야만 체면도 차릴 수 있다는 말. [나룻이 석 자라도 먹어야 샌님]
수염-가래꽃(鬚髥-)명 초롱꽃과의 여러해살이풀. 줄기는 땅 위로 벋고 마디에서 뿌리가 나옴. 5~7월에 엷은 자줏빛 꽃이 잎겨드랑이에 핌. 논·못·밭둑 등에 자람.
수염-고래(鬚髥-)명 수염고래아목(亞目)에 딸린 고래를 통틀어 이르는 말. 몸집은 비교적 크며, 이빨은 태아기에 없어지고 그 대신 위턱 입천장의 일부가 변하여 고래 수염이 됨. ☞경수(鯨鬚)
수염-발(鬚髥-)[-빨]명 길러서 길게 늘어뜨린 수염.
수염-뿌리(鬚髥-)명 외떡잎 식물에서, 싹이 튼 뒤 원뿌리가 퇴화(退化)하고 줄기 아래 부분에서 수염 모양으로 많이 뻗어 나온 뿌리. 수근(鬚根)
×**수-염소**명 →숫염소
수염-수세(鬚髥-)명 수염의 숱.
수염-터(鬚髥-)명 수염이 나는 자리. ¶ -가 잡히다.
수엽(收靨)명 한방에서, 두창(痘瘡)이 말라서 생긴 딱지를 이르는 말.
수엽(樹葉)명 나뭇잎
수영명 여뀟과의 여러해살이풀. 줄기 높이는 30~80cm, 소루쟁이와 비슷하나 잎이 가늘고 작음. 초여름에 품종에 따라 연녹색이나 연붉은빛의 꽃이 핌. 산이나 들의 풀밭에서 자라고, 민간에서 뿌리의 즙액을 옴약으로 씀. 산모(酸模). 승아
수영(水泳)명-하다자 헤엄
수영(水英)명 '미나리'의 딴이름.
수영(水營)명 수군 절도사(水軍節度使)의 군영.
수영(秀英)명-하다형 재능과 지혜가 뛰어남, 또는 그런 사람.
수영(樹影)명 나무의 그림자.
수영=경:기(水泳競技)명 헤엄을 기본으로 하는 수상 경기. 헤엄 방법에 따라 속도를 겨루는 크롤·평영·배영·접영 등과 동작의 아름다움을 겨루는 수중 발레, 다이빙 등이 있음.
수영-모(水泳帽)명 헤엄칠 때 쓰는 모자.
수영-복(水泳服)명 헤엄칠 때 입는 옷.
수영-장(水泳場)명 헤엄을 치면서 놀거나 경기 따위를 할 수 있도록 만들어 놓은 시설.
수예(手藝)명 손으로 하는 기예(技藝). 자수(刺繡)나 뜨

개질 따위.
수예(樹藝)명 -하다타 심어 가꿈. 수종(樹種). 식예(植藝)
수예-품(手藝品)명 손으로 만든 공예품. 자수·편물 등.
수오(羞惡)명 -하다타 자기의 옳지 못함을 부끄러워하고, 남의 옳지 못함을 미워함.
수오지심(羞惡之心)명 사단(四端)의 하나. 자기의 옳지 못함을 부끄러워하고, 남의 옳지 못함을 미워하는 마음을 이르는 말.
수옥(水玉)명 '수정(水晶)'을 달리 이르는 말.
수옥(囚獄)명 감옥(監獄)
수온(水溫)명 물의 온도.
수온-계(水溫計)명 물의 온도를 재는 계기.
수완(手腕)명 일을 꾸미거나 처리 나가는 재간.
수완-가(手腕家)명 수완이 좋은 사람.
수왕지절(水旺之節)명 오행(五行)에서 수기(水氣)가 왕성한 절기라는 뜻으로, '겨울'을 이르는 말. ☞토왕지절(土旺之節)
수요(水曜)명 '수요일(水曜日)'의 준말.
수요(壽夭)명 오래 삶과 일찍 죽음. 수단(壽短)
수요(需要)명 어떤 재화나 용역을 일정한 가격으로 사려고 하는 욕구. ☞공급(供給)
수요(愁擾)어기 '수요(愁擾)하다'의 어기(語基).
수요-일(水曜日)명 요일(曜日)의 하나. 한 주의 넷째 날로, 화요일의 다음날임. 준수(水). 수요(水曜) ☞칠요일(七曜日)
수요-자(需要者)명 어떤 재화나 용역을 일정한 가격으로 사려는 사람.
수요-장단(壽夭長短)명 '수요'를 강조하여 이르는 말.
수요=탄:력성(需要彈力性)명 상품 가격의 변동에 따라 생기는 수요 변동의 정도.
수요-하다(愁擾-)형여 시름이 많아 마음이 산란하다. 수란하다
수요=함:수(需要函數)명 상품의 수요량과 가격의 관계를 나타내는 함수.
수욕(水浴)명 -하다자 물에 미역을 감음.
수욕(受辱)명 -하다자 남에게서 치욕을 당함.
수욕(羞辱)명 부끄럽고 욕된 일.
수욕(獸慾)명 ①짐승과 같은 욕망. ②짐승처럼 억누를 수 없는 음란한 정욕(情慾).
수욕-주의(獸慾主義)명 인간의 도덕적·윤리적 규범을 무시하고 오직 본능적으로 동물적 욕망만을 채우려고 하는 주의. 애니멀리즘(animalism)
수용(水茸)명 말리지 않은 녹용.
수용(收用)명 -하다타 ①거두어들여서 씀. ②공공 사업이나 공공의 목적을 위하여, 국가의 명령으로 토지 등의 특정한 물건의 소유권이나 그 밖의 권리를, 소유자 등이 입은 손실을 보상하는 것을 조건으로 하여 강제적으로 얻어 가지는 일.
수용(收容)명 -하다타 사람이나 물건을 일정한 곳이나 시설에 넣어 둠. ¶이재민을 학교의 강당에 -하다.
수용(受用)명 -하다타 받아 씀.
수용(受容)명 -하다타 받아들임. ¶반대 의견도 -하다.
수용(睟容)명 임금의 화상(畫像)이나 사진. 어진(御眞)
수용(愁容)명 근심스러운 표정.
수용(羞容)명 부끄러워하는 얼굴빛.
수용(需用)명 -하다타 필요에 따라 물건을 구하여 씀.
수용(瘦容)명 여윈 얼굴.
수용-기(受容器)명 동물의 몸에서, 자극을 받아들이는 기관(器官). 외계의 자극을 받는 기관과 몸 안에서 일어나는 자극을 받는 기관이 있음.
수용산출(水湧山出)성구 시문(詩文)을 짓는데 생각이 물 솟듯 산이 솟구치듯 하여 썩 빨리 이룸을 비유하여 이르는 말.
수용-성(水溶性)[-썽] 명 어떤 물질이 물에 녹는 성질. 수성(水性) ¶- 물질 ☞지용성(脂溶性)
수용-소(收容所)명 많은 사람을 한곳에 모아 맡거나 가두어 두거나 하는 곳. ¶이재민 -
수용-액(水溶液)명 어떤 물질을 물에 푼 액체.
수용-자(需用者)명 필요한 것을 구해 쓰는 사람.
수용-체(受容體)명 세포 표면에서 세포 밖의 물질이나 빛을 가리어 받아들이는 물질.
수용-토(受用土)명 삼불토(三佛土)의 하나. 보신불(報身佛)이 사는 불토.
수용-품(需用品)명 필요에 따라 꼭 써야 할 물품.
수우(水牛)명 '물소'의 딴이름.
수우(殊遇)명 특별한 대우.
수우(樹羽)명 편종(編鐘)이나 편경(編磬) 따위의 가자(架子)에 꽂아 세우는, 나무로 만든 공작(孔雀).
수우(殊尤)어기 '수우(殊尤)하다'의 어기(語基).
수우-각(水牛角)명 물소의 뿔.
수우-피(水牛皮)명 물소의 가죽.
수우-하다(殊尤-)형여 특별히 뛰어나다.
수운(水運)명 -하다타 하천·호수·운하 등의 물길을 따라 사람이나 짐을 실어 나르는 교통. ☞육운(陸運). 해운
수운(輸運)명 -하다타 물건을 실어 나름.
수운-교(水雲敎)명 수운 최제우(崔濟愚)를 교조(敎祖)로 하는 동학 계통의 한 종교 단체.
수원(水源)명 강 따위의 물이 흘러 나오는 근원.
수원(受援)명 -하다자 원조를 받음.
수원(修院)명 '수도원(修道院)'의 준말.
수원(隨員)명 ①지위가 높은 사람을 따라다니며 그의 시중을 드는 사람. 수행원(隨行員) ②외교 사절을 수행하는 사람. ③지난날, 임금의 명을 받들어 외국에 가는 사신을 따라가던 관원(官員).
수원수구(誰怨誰咎)성구 '누구를 원망하며 누구를 탓하랴'라는 뜻으로, 남을 원망하거나 탓할 것이 없음을 이르는 말. 수원숙우(誰怨孰尤)
수원숙우(誰怨孰尤)성구 수원수구(誰怨誰咎)
수원-지(水源地)명 강물이 흘러 나오기 시작하는 곳.
수원-지(水源池)명 상수도(上水道)로 보낼 물을 가두어 처리하는 곳.
수원=함양림(水源涵養林)명 빗물을 머금어 수해(水害)를 막고, 수원지의 물의 양을 일정하게 유지하기 위하여 이루어 놓은 숲.
수월(水月)명 ①물과 달. ②물에 비친 달.
수:월(數月)명 두서너 달. 몇 달. 수삭(數朔)
수월-내기명 다루기 쉬운 사람을 놀리어 이르는 말.
수월-놀이명 '수월래놀이'의 준말.
수월래-놀이명 '강강술래'의 춤과 노래를 하는 놀이. 준수월놀이
수월-수월부 -하다형 아주 수월하게. ¶일이 - 잘 풀리다.
수월-스럽다(-스럽고·-스러워)형ㅂ 보기에 수월하다. ¶일이 수월스럽게 처리되다.
　수월-스레부 수월스럽게
수월찮다형 '수월하지 않다'가 줄어든 말. ¶수월찮은 일.
　수월찮이부 수월찮게
수월-하다형여 ①힘이 안 들고 하기가 쉽다. ¶일이 생각보다 -. ②대하는 태도가 시원시원하다. ¶수월하게 부탁을 들어주다. ③아주 예사롭다.
　수월-히부 수월하게
수위(水位)명 일정한 기준 면에서 잰 수면의 높이.
수위(守衛)명 ①-하다타 지키어 호위함. ②관청·학교·공장 따위에서 경비를 맡아보는 일, 또는 그런 일을 하는 사람.
수위(首位)명 순위·지위·등급 등의 첫째가는 자리.
수위(秀偉)어기 '수위(秀偉)하다'의 어기(語基).
수위-계(水位計)명 하천·저수지·배수지 등의 수위를 나타내는 장치. ☞양수표(量水標). 액면계(液面計)
수위-하다(秀偉-)형여 뛰어나게 위대하다.
수유(受由)명 -하다타 말미를 받음, 또는 그 말미.
수유(受遺)명 -하다타 유증(遺贈)을 받음.
수유(茱萸)명 쉬나무의 열매. 한방에서 약재로 씀.
수유(授乳)명 -하다자 젖먹이에게 젖을 먹임. ☞이유(離乳)
수유(須臾)[1]명 잠시. 잠시 동안

수유(須臾)[2] 수 소수(小數) 단위의 하나. 준순(逡巡)의 10분의 1, 순식(瞬息)의 열 곱절.
수유-기(授乳期) 명 젖을 먹여 기르는 기간. ☞흡유기
수유=기름(茱萸-) 명 쉬나무의 열매로 짠 기름. 수유유
수유-나무(茱萸-) 명 '쉬나무'의 딴이름.
수유-유(茱萸油) 명 수유 기름.
수육(∠熟肉) 명 삶아 익힌 쇠고기. 익은이 원 숙육(熟肉)
수육(獸肉) 명 짐승의 고기.
수율(收率) 명 화학적 방법으로 원자재에서 어떤 물질을 얻었을 때, 예상한 양과 실제로 얻은 양의 비율.
수은(水銀) 명 금속 원소의 하나. 빛깔은 은백색이며 상온(常溫)에서 액체 상태인 유일한 금속임. 팽창률이 크며, 많은 금속과 합금을 이루는데 이 합금을 아말감이라 함. 온도계・기압계・수은등・의약품 따위에 널리 쓰임. [원소 기호 Hg/원자 번호 80/원자량 200.59]
수은(受恩) 명 -하다 자 은혜를 입음. ☞보은(報恩)
수은(殊恩) 명 특별한 은혜.
수은(酬恩) 명 -하다 자 보은(報恩)
수은-갑(水銀甲) 명 조선 시대의 갑옷의 한 가지. 쇠로 만든 갑옷미늘에 수은을 입혀 붉은 가죽끈으로 얽어 만듦.
수은=건전지(水銀乾電池) 명 소극제(消極劑)로 산화수은(酸化水銀)을 사용한 건전지. 양극에는 산화수은과 흑연 가루, 음극에는 아연, 전해액(電解液)으로는 수산화칼륨을 씀.
수은-광(水銀鑛) 명 수은이 나는 광산.
수은=기압계(水銀氣壓計) 명 기압계의 한 가지. 유리관 속에 수은을 넣어, 진공 유리관 속의 수은주의 높이로 기압을 잼. 수은 청우계(水銀晴雨計)
수은-등(水銀燈) 명 수은 증기를 넣은 진공관 속의 아크 방전으로 생기는 발광(發光)을 이용하는 전등.
수은=온도계(水銀溫度計) 명 온도계의 한 가지. 가느다란 유리관에 수은을 넣어, 수은의 열 팽창과 수축을 이용하여 온도를 잼. 수은 한란계(水銀寒暖計)
수은=정:류기(水銀整流器) 명 정류기의 한 가지. 진공 속에서 나타나는 수은의 특성을 이용한 아크 방전으로, 교류를 직류로 바꿈.
수은-제(水銀劑) 명 수은의 살균 작용을 이용하여 만든 약품을 통틀어 이르는 말.
수은-주(水銀柱) 명 수은 온도계 따위에서, 온도를 나타내는 가느다란 유리관 속의 수은 기둥. ¶ -가 올라가다.
수은=중독(水銀中毒) 명 수은이나 수은의 화합물이 몸에 닿거나 몸 속에 들어가서 일으키는 중독 증세.
수은=청우계(水銀晴雨計) 명 수은 기압계
수은=한란계(水銀寒暖計) 명 수은 온도계
수-은행나무(-銀杏-) 명 수꽃만 피는 은행나무. ☞암은행나무
수음(手淫) 명 -하다 자 스스로 성기(性器)를 자극하여 성적 쾌감을 얻는 짓. 마스터베이션(masturbation). 오나니(Onanie). 자독(自瀆). 자위(自慰) ☞용두질
수음(秀吟) 명 훌륭한 시가(詩歌).
수음(樹蔭) 명 나무의 그늘.
수응(酬應) 명 -하다 자 남의 요구에 응함.
수의(水衣) 명 '해캄'의 딴이름.
수의(囚衣) 명 죄수가 입는 옷.
수의(首醫) 명 조선 시대, 내의원(內醫院)에서 으뜸 직위에 있는 의원을 이르던 말.
수의(遂意) 명 -하다 자 뜻을 이룸.
수의(愁意) 명 수심(愁心)
수의(隨意) 명 자기의 뜻에 따라 함. 유 임의(任意)
수의(壽衣・襚衣) 명 염습할 때에 시신에 입히는 옷. 습의(襲衣). 세제지구(歲製之具)
수:의(繡衣) 명 ①수를 놓은 옷. ②'수의사또'의 준말.
수의(獸醫) 명 '수의사(獸醫師)'의 준말.
수의=계:약(隨意契約) 명 경쟁이나 입찰의 방법이 아니고, 일방적으로 상대편을 골라서 맺는 계약. ☞경쟁 계약(競爭契約)
수의고고(守義枯槁) 성구 역경에 처하여 의를 지키며 은거(隱居)함을 이르는 말.
수의-근(隨意筋) 명 자기의 의지(意志)에 따라 움직일 수 있는 근육. 뇌척수 신경(腦脊髓神經)의 지배 아래 있는 골격근(骨格筋)을 이름. ☞불수의근(不隨意筋)
수-의사(獸醫師) 명 동물, 특히 가축의 질병을 진찰하고 고치는 일을 전문으로 하는 의사. 준 수의(獸醫)
수:의-사:또(∠繡衣使道) 명 지난날, '어사또'를 달리 이르던 말. 준 수의(繡衣)
수:의야:행(繡衣夜行) 성구 수놓은 옷을 입고 밤길을 걷는다는 뜻으로, 영광스러운 일을 남에게 알리지 않음을 비유하여 이르는 말.
수의=운:동(隨意運動) 명 척추동물이 자기의 의지에 따라 하는 운동. 대뇌 피질(大腦皮質)에서 오는 자극에 따라 수의근(隨意筋)이 수축함으로써 운동이 일어남.
수의-학(獸醫學) 명 가축의 질병 및 그 치료법과 예방법을 연구하는 학문.
수이(殊異) 어기 '수이(殊異)하다'의 어기(語基).
수-이입(輸移入) 명 수입(輸入)과 이입(移入).
수이전(殊異傳) 명 고려 문종 때, 박인량(朴仁亮)이 지었다는 우리 나라 최초의 설화집. 책은 전하지 않고, 내용의 일부만 '삼국유사' 등에 실려 전함.
수-이출(輸移出) 명 수출(輸出)과 이출(移出).
수이-하다(殊異-) 형여 특별하게 다르다.
수익(收益) 명 사업 등을 하여 이익을 얻는 일, 또는 그 이익. ¶많은 -을 올리다.
수익(受益) 명 -하다 자 이익을 얻음.
수익=가치(收益價値) 명 화폐 수익에 따라서 하는 재산의 평가 가치.
수익-권(受益權) 명 ①이익을 받을 권리. ②국가를 상대로 특정한 이익을 받도록 요구할 수 있는 국민의 권리. 근로권, 재판 청구권, 교육을 받을 권리 따위.
수익-금(收益金) 명 이익으로 들어오는 돈.
수익-성(收益性) 명 지출에 대한 수익 면에서 효과적인 성질. ¶ -이 높은 사업.
수익-세(收益稅) 명 수익이 생기는 물건이나 그 수익에 부과하는 조세(租稅). 영업세・재산세 따위.
수익-자(受益者) 명 이익을 얻는 사람.
수익자=부:담(受益者負擔) 명 국가나 공공 단체 등이 하는 공익 사업으로 직접 이익을 보는 사람에게 그 사업비의 일부를 부담시키는 일.
수익=자:산(收益資産) 명 수익이 생기게 하는 자산, 특히 은행 자산 가운데서 수익 원천이 되는 대출금이나 유가 증권 투자 따위.
수익-재(收益財) 명 재정 재산(財政財産)
수익=증권(受益證券) [-꿘] 명 ①신탁 증서를 증권으로 한 것. ②증권 투자, 신탁 재산의 관리와 운용의 결과로 생긴 이익을 받을 권리를 표시한 증권.
수익=체감(收益遞減) 명 일정한 규모의 생산에서, 생산 요소 중 토지와 자본은 고정시키고 노동력만을 증가시킬 때, 그 한계 생산력이 상대적으로 점점 줄어드는 현상.
수인(手印) 명 ①손도장 ②손수 쓴 서명. ③손가락으로 인(印)을 짓는 일, 또는 그 손가락의 모양. 부처와 보살의 깨달음의 내용이나 맹세를 상징적으로 나타냄.
수인(囚人) 명 ①감옥에 갇힌 사람. 수도(囚徒) ②죄를 저지르고 교도소에 갇혀 지내는 사람. 죄수(罪囚)
수:인(數人) 명 두서너 사람.
수인감:과(修因感果) 성구 불교에서, 원인이 되는 행위의 결과로 과보를 얻음을 이르는 말.
수-인사(修人事) 명 -하다 자 ①인사를 차림. ¶ -를 나누다. ②사람으로서 할 수 있는 일을 다함.
수인사대:천명(修人事待天命) 성구 사람으로서 할 수 있는 일을 다하고 하늘의 뜻을 기다림을 이르는 말.
수인성=전염병(水因性傳染病) [-썽-뼝] 명 물이나 음식물에 들어 있는 세균으로 전염되는 병. 이질・장티푸스・콜레라 등.
수인-씨(燧人氏) 명 중국 고대 삼황(三皇)의 한 사람. 전설상의 인물로서 불과 음식 조리법을 전했다 함.

ㅅ

수일(晬日)명 편지 등에서 상대편을 높이어 그의 생일을 이르는 말. 수신(晬辰)
수:일(數日)명 이삼 일. 사오 일. 며칠
수일(讎日)명 해마다 맞이하는 부모가 돌아가신 날을 원망하여 이르는 말.
수일(秀逸)어기 '수일(秀逸)하다'의 어기(語基).
수일-하다(秀逸－)형여 빼어나게 훌륭하다.
수임(水荏)명 '들깨'의 딴이름.
수임(受任)명-하다자타 ①임무를 받음. ②위임 계약에 따라 위임 사무를 처리할 의무를 맡게 됨.
수입(收入)명 개인이나 기업 또는 나라가 돈이나 물건 따위를 벌어들이거나 거두어들이는 일, 또는 그 돈이나 물건. ☞지출(支出)
수입(輸入)명-하다타 ①외국에서 생산되거나 가공된 상품을 사들임. ¶원목을 －하다. ②외국으로부터 기술·문화·제도 등을 들여옴. ☞수출(輸出)
수입=과징금(輸入課徵金)명 수입 화물에 대하여 관세(關稅) 이외에 추가로 징수하는 부과금. 수입을 억제하여 무역 수지를 개선함을 목적으로 함.
수입=관:세(輸入關稅)명 수입품에 매기는 관세.
수입-금(收入金)명 수입한 금액.
수입=금:제품(輸入禁制品)명 수입이 금지되거나 제한된 외국의 물품. ☞수출 금제품(輸出禁制品)
수입=면:장(輸入免狀)[－짱]명 화물의 수입을 허가하는 통관 허가서.
수입-상(輸入商)명 외국의 물품을 수입하는 장사나 상인. ☞수출상(輸出商)
수입=성:향(輸入性向)명 수입 의존도(輸入依存度)
수입-세(輸入稅)명 수입품에 대하여 매기는 관세.
수입=신:용장(輸入信用狀)[－짱]명 국제간의 수출입 결재를 위하여 은행이 발행하는 수입 업자의 금융에 관한 신용 보증서를 수입 업자 쪽에서 이르는 말. ☞수출 신용장(輸出信用狀)
수입-액(收入額)명 수입의 액수.
수입=의존도(輸入依存度)명 한 나라의 경제가 수입에 의존하고 있는 비율. 국민 소득과 국민 총생산 등에 대한 수입액의 비율로 나타냄. 수입 성향(輸入性向)
수입=인지(收入印紙)명 국고(國庫)의 수입이 되는 조세(租稅)·수수료·벌금·과료 등 수납금(收納金)의 징수를 위하여 정부가 발행하는 증표(證票). ☞인지(印紙)
수입=제한(輸入制限)명 외국으로부터 수입하는 재화를 일정한 금액 또는 일정 수량 이내로 제한하는 일. 관세를 매기어 간접적으로 제한하는 경우와 직접 수입액이나 수량을 제한하는 경우가 있음.
수입=초과(輸入超過)명 어떤 기간에 수입한 총액이 수출한 총액보다 많은 상태. 준입초(入超) ☞수출 초과
수입-품(輸入品)명 외국으로부터 수입한 물품.
수입=할당=제:도(輸入割當制度)[－땅－]명 수입 수량의 증가에 따라 국내 산업이 손해를 입는 일을 막기 위해 특정한 품목의 수입 수량을 할당하는 제도.
수입-환(輸入換)명 수입품에 대한 대가를 지급하기 위하여 수입상이 사들이는 환어음. ☞수출환(輸出換)
수자(豎子)명 ①더벅머리 ②'풋내기'라는 뜻으로, 미숙한 사람을 얕잡아 이르는 말.
수:자(數字)명 두서너 자. 몇 글자.
수:자(繡刺)명 자수(刺繡)
수자리명-하다자 지난날, 나라의 변방을 지키던 일, 또는 그런 일에 동원되던 민병(民兵). 방수(防戍). 위수(衛戍)
수-자:원(水資源)명 지구에 있는 자연수(自然水) 중에서 농업과 공업, 발전(發電) 등에 자원으로서 이용할 수 있는 물.
수자-직(繻子織)명 직물 조직의 한 가지. 날실과 씨실이 교차하는 점이 연속되지 않고 날실이나 씨실만이 거죽으로 많이 나타나게 짠 조직, 또는 그런 직물. ☞능직
수:자폰(sousaphone)명 금관 악기의 한 가지. 취주악 등에 쓰이는, 나팔꽃 모양의 저음(低音) 악기인데, 걸어가면서 연주할 수 있도록 관을 둥글게 틀어 어깨에 걸 수 있게 만들었음.
수자해좆명 '천마(天麻)'의 딴이름.
수작(秀作)명 뛰어난 작품.
수작(授爵)명-하다자 작위(爵位)를 줌.
수작(酬酌)명-하다자 ①상대편과 서로 말을 주고받음, 또는 그 말. ¶－을 붙이다./－을 걸다./－을 건네다. ②주인과 손이 서로 술을 권함. ③남의 말이나 행동을 업신여겨서 하는 말. ¶건방진 －을 부리다.
수-잠명 깊이 들지 않은 얕은 잠. 겉잠 ¶그가 돌아오기를 기다리며 －을 자다. ☞풋잠
수장(手掌)명 손바닥
수장(水葬)명 송장을 강이나 바다에 던져 장사지내는 장법(葬法). ☞토장(土葬). 해장(海葬)
수장(水漿)명 마실것. 음료
수장(戍將)명 변방을 지키는 장수.
수장(手章)명 손도장
수장(收藏)명-하다타 ①모아서 간직해 둠. ¶골동품을 －하다. ②거두어들인 농작물을 저장함.
수장(首長)명 집단이나 조직을 통솔하는 우두머리.
수장(袖章)명 군인이나 경찰관 등의 정복 소매에 금줄 따위로 관등(官等)을 표시한 표장(標章).
수장(修粧)명-하다타 집이나 기구 등을 손질하고 꾸밈.
수장(樹葬)명 수상장(樹上葬)
수장(壽藏)명 수실(壽室)
수:장(繡帳)명 수를 놓은 휘장(揮帳).
수장-기둥(修粧－)[－끼－]명 주춧돌 위에 세우지 않고, 수장(修粧)하기 위해 임시로 세운 기둥. 수장주
수장-도리(修粧－)명 벽 속으로 들어가는 도리.
수장-목(修粧木)명 집을 수장하는 데 쓰는 재목.
수장-열(手掌熱)[－녈]명 한방에서, 손바닥에 열이 화끈화끈 나는 병증을 이르는 말.
수장-주(修粧柱)명 수장기둥
수장-판(修粧板)명 ①나무 벽을 만드는 데 쓰는 얇은 널빤지. ②집을 지을 때 쓰는 널빤지.
수재(手才)명 손재주
수재(水災)명 큰물로 말미암은 재해. 수화(水禍) ☞한재(旱災). 화재(火災)
수재(收載)명-하다타 책 따위에 글이나 작품을 거두어 실음.
수재(秀才)명 ①재주가 빼어난 사람. 무재(茂才) ☞준재(俊才) ②지난날, 아직 결혼하지 아니한 남자를 높이어 이르던 말.
수재(殊才)명 남달리 뛰어난 재주.
수저명 ①숟가락과 젓가락. 시저(匙箸) ②상대편을 높이어 그의 숟가락을 이르는 말.
수저(水底)명 물밑
수저-선(水底線)명 강이나 바다 등 물밑에 설치한 전신선(電信線)이나 전화선. ☞가공선(架空線)
수적(手迹·手跡)명 손수 쓴 필적(筆跡).
수적(水賊)명 바다나 큰 강에서 배를 타고 떠다니면서 남의 재물을 빼앗는 도둑.
수적(水滴)명 ①물방울 ②연적(硯滴)
수적(水積)명 한방에서, 물을 많이 마시거나 물기가 많은 음식을 먹어 생기는 위의 병증을 이르는 말.
수적(垂迹)명 부처나 보살이 중생을 제도(濟道)하려고 천신지기(天神地祇)의 몸으로 이 세상에 나타나는 일.
수:적(數的)[－쩍]명 숫자상으로 보는 것.
수적(讎敵)명 원수(怨讎)
수적천:석(水滴穿石)성구 물방울이 돌을 뚫는다는 뜻으로, 작은 노력이라도 끈기 있게 지속하면 큰 일을 이룰 수 있음을 비유하여 이르는 말. ☞적토성산(積土成山)
수전(水田)명 무논 ☞한전(旱田)
수전(水電)명 '수력 전기(水力電氣)'의 준말.
수전(水戰)명 배를 이용하여 수상에서 하는 전투. ☞육전(陸戰). 해전(海戰)
수전(守戰)명-하다자 쳐들어오는 적을 막아 싸움.
수전(收錢)명-하다자 여러 사람에게서 돈을 거둠.

수전(袖傳)명-하다타 편지 따위를 가지고 가서 손수 전함. ☞수납(袖納)
수전-노(守錢奴)명 돈에 대한 욕심이 많아 돈을 벌기만 할 뿐 쓸 줄을 모르는 인색한 사람을 욕으로 이르는 말. 유구두쇠 ☞자린고비
수전=양:어(水田養魚)명 무논에 물고기를 양식하는 일.
수전의(水田衣)명 '가사(袈裟)'를 달리 이르는 말.
수전-증(手顫症)[-쯩]명 한방에서, 손으로 물건을 잡을 때 공연히 손이 떨리는 증세를 이르는 말.
수절(守節)명-하다자 ①절의(節義)를 지킴. ②정절(貞節)을 지킴. ☞변절(變節). 실절(失節)
수절(秀絕)어기 '수절(秀絕)하다'의 어기(語基).
수절(殊絕)어기 '수절(殊絕)하다'의 어기(語基).
수절-사:의(守節死義)명 절개를 지키고 의롭게 죽음.
수절-원사(守節冤死)명 절개를 지키다가 원통하게 죽음.
수절-하다(秀絕-)형여 빼어나게 훌륭하다.
수절-하다(殊絕-)형여 유난히 뛰어나다.
수점(受點)명-하다자 임금의 낙점(落點)을 받음.
수접(酬接)명-하다타 손을 맞이하여 접대함.
수젓-집명 수저를 넣어 두는 주머니.
수정(水亭)명 물 위나 물가에 지은 정자.
수정(水程)명 물길
수정(水晶)명 결정(結晶)의 모양이 뚜렷한 석영의 한 가지. 보통 빛깔이 없고 투명하나 자색·황색·흑색 등의 빛깔을 띤 것도 있음. 광학 기기, 장식품과 도장 따위에 쓰임. 크리스털(crystal). 파리(玻璃)
수정(水精)명 ①물의 정령(精靈). 물 속에 산다는 요정(妖精). ☞님프(nymph) ②'달'을 달리 이르는 말.
수정(守貞)명-하다자 동정을 지킴. ☞실정(失貞)
수정(受精)명-하다자 암수의 생식 세포가 하나로 합쳐지는 일. 종자식물(種子植物)에서는 암술의 씨방 안에 수술의 꽃가루가 들어가서 이루어짐. 정받이
수정(授精)명-하다자 정자(精子)를 난자(卵子)에 결합시키는 일. ¶인공으로 -하다.
수정(修正)명-하다타 잘못된 점을 올바르게 고침. ¶규약(規約)의 자구(字句)를 -하다.
수정(修訂)명-하다타 서적 등의 내용의 잘못을 바로잡고, 빠진 데를 보충함. 유정정(訂正)
수정(修整)명-하다타 ①좋지 않은 점이나 잘못된 데를 손보아 잘 고침. ②사진에서 인화(印畫)의 흠을 지우거나 화상(畫像)을 손보거나 하는 일.
수-정:과(水正果)명 전래 음료의 한 가지. 생강과 계피를 달인 물에 꿀이나 설탕을 타고 한소끔 끓여 식힌 다음, 곶감을 넣어 불으면 건져 두었다가 마실 때 되넣고 실백을 띄움.
수정-관(輸精管)명 남성의 생식기인 정소(精巢)에서 정자(精子)를 정낭(精囊)으로 보내는 관. 정관(精管)
수정-낭(受精囊)명 연체동물(軟體動物), 절지동물(節肢動物) 등의 암컷의 생식 기관의 일부. 작은 주머니 모양으로, 수컷에게서 받은 정자(精子)를 수정(受精) 때까지 저장해 둠.
수정-능(受精能)명 암수의 생식 세포가 결합할 수 있는 능력.
수정-란(受精卵)명 정자(精子)를 받아들여 수정(受精)을 마친 난자(卵子). ☞무정란(無精卵)
수정란-풀(水晶蘭-)명 노루발과의 여러해살이 기생초(寄生草). 우리 나라의 산지의 나무 그늘에 자라는데, 줄기 높이는 8~15cm. 전체가 흰빛이고, 비늘 모양의 잎이 줄기에 어긋맞게 남. 줄기는 곧게 서는데 5~7월에 은빛 꽃이 줄기 끝에 한 송이씩 핌. 수정초
수정-렴(水晶簾)명 수정 구슬을 꿰어 만든 발.
수정-막(受精膜)명 수정 직후 난세포(卵細胞) 주위에 형성되어 난세포 표면을 덮는 막.
수정=발진기(水晶發振器)명 수정 진동을 이용한 발진기. 정확하고 안정된 주파수의 전기 진동을 일으킴.
수정=시계(水晶時計)명 수정 발진기(水晶發振器)의 안정된 주파수를 이용한 시계. 전자 시계(電子時計)
수정-안(修正案)명 원안의 잘못된 점을 고친 의안(議案).
수정=유리(水晶琉璃)[-뉴-]명 납유리의 한 가지. 투명도가 높고 아름다운 광택을 지니고 있으며, 굴절률이 높고 두드리면 맑은 쇳소리가 남. 고급 식기나 공예품에 쓰임. 크리스털 유리(crystal glass)
수정=자:본주의(修正資本主義)명 자본주의에서 생겨나게 마련인 실업(失業)이나 공황(恐慌) 등의 모순을, 체제 그 자체를 변혁하지 않고 부분적으로 수정함으로써 완화하려 하는 주의. 신자본주의(新資本主義)
수정-체(水晶體)명 안구(眼球)의 앞쪽에 자리하여, 밖에서 들어오는 광선을 굴절시켜 망막(網膜)에 상(像)을 맺게 하는 렌즈 모양의 투명한 기관(器官).
수정-초(水晶草)명 수정란풀
수정혼-식(水晶婚式)명 결혼 기념식의 한 가지. 서양 풍속으로, 결혼 15주년을 맞아 부부가 수정으로 된 선물을 주고받으며 기념함. ☞지혼식(紙婚式)
수제(手製)명 ①-하다타 손으로 만듦. ②'수제품'의 준말.
수제(水劑)명 물에 녹이거나 혼합한 약제.
수제(水制)명 하천의 물살을 약하게 하거나 흐름의 방향을 조절하기 위하여 만든 구조물.
수제비명 밀가루를 노글노글하게 반죽하여 멸치 맑은장국 등에 조금씩 떼어 넣거나, 얇게 밀어서 모나게 썰어 넣고 끓인 음식.
　수제비(를) 뜨다관용 ①끓는 장국에 밀가루 반죽을 조금씩 떼어 넣다. ②물수제비뜨다
　속담 **수제비 잘하는 사람이 국수도 잘한다**: 어떤 일을 잘하는 사람은 그와 비슷한 다른 일도 잘한다는 말.
수제비미역-죽(-粥)명 미역국을 끓이다가 수제비를 떠 넣고 쑨 죽.
수제비-태껸명-하다자 어른에게 덤벼들어 버릇없이 하는 말다툼.
수-제:자(首弟子)명 여러 제자 중에서 가장 뛰어난 제자.
수제-품(手製品)명 손으로 만든 제품. 준수제(手製)
수조(手爪)명 손톱
수조(水鳥)명 물새
수조(水槽)명 물을 담아 두는 큰 통. ☞물통
수조(水操)명-하다타 조선 시대, 수군(水軍)을 조련(操鍊)하는 일을 이르던 말.
수조(水藻)명 물 속에 나는 마름.
수조(守操)명-하다자 지조(志操)를 지킴.
수조(垂釣)명-하다자 낚시를 물 속에 드리움.
수-조기명 민어과의 바닷물고기. 몸길이 45cm 안팎. 민어와 비슷하나 비늘이 작음. 몸빛은 등 쪽은 등황색, 배쪽은 연한 은백색이며, 위턱이 아래턱보다 길. 우리 나라와 중국 연해에 분포함.
수조-안(收租案)명 조선 시대, 각 도의 감사가 가을에 그 도에서 걷힐 결세(結稅)의 예상고(豫想高)를 호조(戶曹)에 보고하던 문서.
수족(手足)명 ①손발 ②손발처럼 요긴하게 부리는 사람을 비유하여 이르는 말.
수족(水族)명 물 속에서 사는 동물.
수족-관(水族館)명 ①물 속에 사는 여러 가지 동물을 길러, 그 생태를 사람들이 볼 수 있도록 만든 시설. ②물고기 따위를 길러 팔 수 있도록 마련해 놓은 시설.
수족=군열(手足皸裂)명 한방에서, 손발이 얼어 터지는 병을 이르는 말.
수족=삼각형(垂足三角形)명 삼각형의 각 꼭지점에서 그 대변에 내리그은 수선(垂線)의 밑점 셋을 꼭지점으로 하는 삼각형.
수족-한(手足汗)명 한방에서, 손바닥과 발바닥에 땀이 많이 나는 병을 이르는 말.
수졸(守拙)명 ①-하다자 어리석음을 벗어나지 못하고, 본성을 고치지 아니함. ②바둑에서, 겨우 지킬 줄은 안다는 뜻으로, '초단(初段)'을 달리 이르는 말.
수졸(戍卒)명 변경에서 수자리를 사는 군사.
수종(水宗)명 바다와 하늘이 맞닿은 것처럼 보이는 두두룩한 부분. 물마루

수종(水腫)명 한방에서, 몸의 조직 사이나 체강(體腔) 안에 조직액이 괴어 몸이 붓는 병.
수종(首從)명 ①어떤 일을 할 때, 앞장서서 하는 사람과 그 뒤를 따라 하는 사람. ②주범(主犯)과 종범(從犯).
수:종(數種)명 몇 가지 종류. ¶ -의 유사품.
수종(隨從)명 ①-하다타 섬기면서 붙좇음. ②따르면서 시중을 드는 사람.
수종(樹種)명 ①나무의 품종. ②수예(樹藝)
수종-다리(水腫-)명 '수중다리'의 원말.
수좌(首座)명 ①수석(首席) ②상좌(上座) ③선원(禪院)에서 참선하는 중.
수죄(首罪)명 범죄 가운데서 가장 큰 범죄.
수:죄(數罪)명 ①여러 범죄. ②-하다타 범죄 행위를 하나하나 들추어냄.
수주(水柱)명 기둥처럼 솟는 물줄기. 물기둥
수주(手珠)명 여러 개의 구슬을 고리 모양으로 꿰어 만든 물건. 손에 쥐고 돌리어 손을 부드럽게 하는 데 씀.
수주(水紬)명 수아주
수주(受注)명-하다자 물건을 주문 받음. ☞발주(發注)
수주(壽酒)명 장수(長壽)를 축하하는 술.
수:주(數珠)명 염주(念珠)
수주대토(守株待兎)성구 나뭇등걸에 부딪쳐 죽은 토끼를 주은 농부가 그 뒤로는 일을 그만두고, 다시 토끼가 걸리기를 마냥 기다렸다는 고사에서, 옛 습관에 얽매어 달리 변통할 줄을 모르는 경우를 비유하여 이르는 말.
수:-주머니(繡-)명 수를 놓은 비단 주머니. 수낭(繡囊)
수주-정(壽酒亭)명 조선 시대, 나라 잔치 때 술 그릇을 올려 놓던 탁자.
수죽(脩竹)명 높이 자란 대나무.
수준(水準)명 ①사물의 가치·능력 등을 정할 때의 일정한 표준이나 정도. ②'수준기(水準器)'의 준말.
수준-기(水準器)명 수평면이나 연직면(鉛直面)을 정할 때, 또는 수평면으로부터의 기울기를 재거나 할 때 쓰는 기구. 수평기(水平器). 평준(平準) 준수준(水準)
수준=원점(水準原點)[-쩜]명 수준 측량의 높이의 기준이 되는 수준점.
수준-의(水準儀)명 수준 측량에서 높낮이의 차를 재는 기계. 망원경에 정밀한 수준기를 장치한 것.
수준-점(水準點)[-쩜]명 수준 측량으로 그 표고(標高)를 정밀히 잰 점. 주요 도로를 따라 약 2km마다 표석(標石)을 묻어 표시함.
수준=측량(水準測量)명 지표상의 여러 지점들의 높이 차이를 재는 측량.
수줍다형 성격이 암되어서 밖으로 드러내지 못하는 태도가 있다. ¶수줍어서 얼굴이 붉어지다.
수줍어-하다자여 수줍은 태도를 나타내다. ¶그녀는 수줍어하며 자기 소개를 했다.
수줍음명 수줍어하는 태도나 성질.
수중(手中)명 ①손안 ¶ -에 가진 것이 없다. ②자기가 가지거나 다룰 수 있는 범위 안. 손안. 장중(掌中) ¶전략적 요충지가 아군의 -에 있다.
수중(水中)명 물 속.
수중(睡中)명 잠들어 있는 동안.
수중-경(水中莖)명 수생 식물의 물 속에 잠긴 줄기. 준수경(水莖) ☞지상경(地上莖)
수중-고혼(水中孤魂)명 물에 빠져 죽은 이의 외로운 넋.
수중-근(水中根)명 물뿌리
수중-다리(∠水腫-)명 한방에서, 병으로 통통 부은 다리를 이르는 말. 원수종다리
수중=발레(水中ballet)명 음악 반주에 맞추어 헤엄치면서 동작과 표현의 아름다움 등을 겨루는 수중 경기. 1984년 로스앤젤레스 올림픽 때부터 여자 수영 경기의 정식 종목으로 채택되었고, 솔로·듀엣·팀의 세 종목이 있음. 싱크로나이즈드스위밍
수중=배:양(水中培養)명 수경 재배(水耕栽培)
수중=식물(水中植物)명 수생 식물(水生植物)
수중=안:경(水中眼鏡)명 물 속에서 눈을 뜨고 물체를 볼 수 있도록 만든 안경. 물안경 준수경(水鏡)
수중익-선(水中翼船)명 선체의 흘수선(吃水線) 아래에 날개를 단 배. 날개로 말미암아 생긴 양력(揚力)으로 선체가 떠올라, 고속으로 나아갈 수 있음.
수중=청:음기(水中聽音器)명 음파(音波)가 물 속에서도 전달되는 성질을 이용하여 소리로 적의 함정이나 잠수함 따위의 위치·방향 등을 탐지하는 장치.
수중축대(隨衆逐隊)성구 자기의 주견이 없이 여러 사람 서리에서 덩달아 행동함을 이르는 말.
수중=카메라(水中camera)명 물 속에서 촬영할 수 있도록 방수 장치가 된 카메라.
수중=텔레비전(水中television)명 물 속에서 촬영할 수 있도록 만든 텔레비전 카메라. 텔레비전 드라마나 다큐멘터리의 수중 장면 촬영, 해저 조사, 수중 작업의 감시 등에 쓰임.
수중=파:괴반(水中破壞班)명 유디티(U.D.T)
수:중=통신(數重通信)명 다중 통신(多重通信)
수중-혼(水中魂)명 물에 빠져 죽은 사람의 넋.
×수-쥐명 →숫쥐
수즉다욕(壽則多辱)성구 오래 살다 보면 그만큼 욕되는 일이 많음을 이르는 말.
수즙(修葺)명-하다타 집을 손질하고 지붕을 새로 임.
수증(受贈)명-하다타 선물을 받음. ☞기증(寄贈)
수증기(水蒸氣)명 물이 증발하여 생긴 기체. 준증기

한자 수증기 기(汽) 〔水部 4획〕 ¶기관(汽管)/기기(汽機)/기력(汽力)/기선(汽船)/기차(汽車)

×수지(-紙)명 →휴지(休紙)
수지(手指)명 손가락
수지(收支)명 수입(收入)과 지출(支出).
수지(가) 맞다관용 이익을 보다. 이익이 남다.
수지(守志)명-하다자 지조(志操)를 지킴.
수지(受持)명-하다타 불교에서, 경전(經典)을 받아서 늘 잊지 않고 머리에 새겨 지님을 이름.
수지(須知)명 모름지기 알아야 할 일.
수지(樹枝)명 나뭇가지
수지(樹脂)명 ①식물, 특히 침엽수에서 분비되는 진. 송진 따위. ②합성 수지(合成樹脂)
수지(獸脂)명 짐승의 기름.
수지=가공(樹脂加工)명 섬유나 종이 따위에 합성 수지를 먹이어 주름지는 것을 방지하고 내수성을 높이는 가공.
수지=결산(收支決算)[-싼]명 일정 기간의 수입과 지출을 셈하는 일.
수지=계:산(收支計算)명 수입과 지출의 계산.
수지니(手-)명 '산지니'에 상대하여 '보라매'를 달리 이르는 말. 수진(手陳). 수진개. 수진매 ☞송골매. 초지니
수지=비누(樹脂-)명 수지를 수산화나트륨 수용액과 섞어 끓여서 만든 비누.
수지-상(樹枝狀)명 나뭇가지처럼 여러 가닥으로 벋어 있는 모양.
수지=타:산(收支打算)명 수입과 지출을 셈하여 보아 이득과 손실을 헤아림. ¶ -에 밝은 사람.
수직(手織)명-하다타 손으로 짬, 또는 손으로 짠 피륙.
수직(守直)명-하다타 맡아서 지킴, 또는 그 사람.
수직(垂直)명 ①똑바로 드리운 모양. ¶ -으로 내린 줄. ②수평면에 상대하여 직각의 방향을 나타내는 것. ¶ -으로 깎아지른듯 한 절벽. ③직선과 직선, 직선과 평면, 평면과 평면이 닿아 직각을 이룬 모양.
수직(首職)명 으뜸 관직.
수직(壽職)명 조선 시대, 해마다 음력 정월에 여든 살이 넘은 관원과 아흔 살이 넘은 백성에게 은전(恩典)으로 주던 관직.
수직-갱(垂直坑)명 광산에서 곧추 내리뚫은 굴.
수직=거:리(垂直距離)명 한 점에서 직선이나 평면에 이르는 가장 짧은 거리.
수직-권(垂直圈)명 천정(天頂)을 통하여 지평면에 수직(垂直)인 대원(大圓).

수직-기(手織機)명 사람이 손발로 다루는 직기.
수직-기(垂直鰭)명 수직 지느러미 ☞대기(對鰭)
수직=단:면(垂直斷面)명 원기둥이나 각기둥 따위의 기둥체를 그 측면에 수직이 되게 평면으로 자른 면. 직단면
수직-면(垂直面)명 수평면과 직각을 이루는 평면. 연직면(鉛直面)
수직=미익(垂直尾翼)명 비행기 동체의 뒤에 있는 수직으로 된 꼬리 날개.
수직=분업(垂直分業)명 선진국과 발전 도상국 사이에 공업 제품과 제일차 산업 생산물의 무역을 하는 형식의 국제간의 분업. 수직적 국제 분업 ☞수평 분업
수직=분포(垂直分布)명 생태(生態) 분포의 한 가지. 땅의 높이나 물의 깊이 등의 관계에서 본 생물의 분포. ☞수평 분포(水平分布)
수직=사고(垂直思考)명 어떤 문제를 해결하려고 할 때, 일반적으로 인정된 차례를 밟아서 논리적으로 결론을 이끌어 내려 하는 사고 방식. ☞수평 사고(水平思考)
수직-선(垂直線)명 수선(垂線)
수:-직선(數直線)명 하나의 직선에 좌표를 붙여 그 점으로 수를 나타낼 수 있게 한 선(線).
수-직성(水直星)명 민속에서, 사람의 나이에 따라 그 운수를 맡아본다고 하는 아홉 직성의 하나. 길한 직성으로 남자는 열두 살, 여자는 열세 살에 처음 드는데 9년에 한 번씩 돌아온다고 함. ☞금직성(金直星)
수직=이:등분선(垂直二等分線)명 평면상에서 어떤 선분을 수직으로 이등분하는 직선.
수직=이착륙기(垂直離着陸機)명 활주(滑走)하지 않고 제자리에서 바로 뜨고 내려앉을 수 있는 비행기.
수직적=국제=분업(垂直的國際分業)명 수직 분업
수직=전:위(垂直轉位)명 암층(岩層)의 일부가 그 중력으로 말미암아 수직 운동을 일으켜 잇닿은 지층에 대하여 그 위치를 바꾸는 일.
수직=지느러미(垂直-)명 물고기의 정중선(正中線) 위에 하나씩 있는 지느러미. 등지느러미·뒷지느러미·꼬리지느러미 따위. 수직기(垂直鰭) ☞수평 지느러미
수직=투형도(垂直投形圖)명 입면도(立面圖)
수진(手陳)명 '수지니'의 딴이름.
수진(水盡)명-하다자 물의 흐름이 끊어짐.
수진(受診)명-하다자 진찰을 받음.
수진(袖珍)명 '수진본(袖珍本)'의 준말.
수진-개(手陳-)명 '수지니'의 딴이름.
수진-매(手陳-)명 '수지니'의 딴이름.
수진-본(袖珍本)명 지난날, 소매에 넣고 다닐 수 있게 만든 작은 책. 준수진(袖珍)
수질(水疾)명 뱃멀미
수질(水蛭)명 '거머리'의 딴이름.
수질(水質)명 물의 성질 또는 성분.
수질(首絰)명 상제가 상복(喪服)을 입을 때 머리에 두르는, 짚에 삼 껍질을 감은 둥근 테.
수질(髓質)명 생체의 기관에서, 그 겉층과 안쪽 층의 구조나 기능이 서로 다를 경우 겉층인 피질(皮質)에 상대하여 안쪽 층을 이르는 말. 대뇌의 백질(白質) 따위. 속질
수질=검:사(水質檢査)명 물의 성분·성질 등을 검사하여 사용 목적의 기준에 적합한지를 판단하는 일.
수질=오:염(水質汚染)명 산업 폐수나 생활 배수, 수산 생물의 양식 따위로 하천·호소·항만·연안 해역 등의 물이 더러워지는 일.
수집(收集)명-하다타 거두어 모음.
수집(搜集)명-하다타 찾아 모음.
수집(蒐集)명-하다타 취미로, 또는 연구 등을 위해 여러 가지 자료를 찾아서 모음.
수집(粹集)명-하다타 ①고갱이만 뽑아 모음. ②일이나 물건의 가장 중요한 부분만 골라 모음.
수집(蒐輯)명-하다타 여러 가지 자료를 모아 편집하는 일.
수집-가(蒐集家)명 수집을 전문으로 하는 사람.
수집-광(蒐集狂)명 무턱대고 여러 가지를 모아 대는 병적(病的)인 성질, 또는 그런 사람.
수집-벽(蒐集癖)명 여러 가지 자료를 찾아 모으기를 즐기는 버릇. 수집증(蒐集症)
수집-상(蒐集商)명 골동품 따위를 모아 파는 장사, 또는 그 장수.
수집-증(蒐集症)명 수집벽(蒐集癖)
수징(壽徵)명 오래 살 조짐.
수-짠지명 꿩이나 닭고기를 작고 납작납작하게 썰어 볶고, 절인 오이 썬 것과 계란지단, 다진 쇠고기 볶은 것을 맑은장국에 넣어 끓인 음식. 정월 차례나 귀한 손을 대접할 때 씀.
수-쪽명 지난날, 채권자가 가지는 어음의 오른쪽 조각을 이르던 말. ☞암쪽
수차(水車)명 ①물레방아 ②무자위
수차(收差)명 렌즈 따위가 만드는 물체의 상(像)이 흐려지거나 굽거나 하는 현상. 구면 수차, 색수차 따위.
수차(袖箚)명 임금에게 직접 바치는 상소(上疏).
수:차(數次)명 ①몇 차례. 여러 차례. ②〔부사처럼 쓰임〕 ¶ - 독촉하다.
수착(收着)명 흡수(吸收)와 흡착(吸着)이 동시에 일어나는 일. 기체가 고체 표면에 달라붙는 즉시 흡수되어 고용체(固溶體) 또는 화합물(化合物)을 만드는 현상.
수찬(修撰)명 ①책을 편집하여 출판함. ②조선 시대, 홍문관의 정육품 관직, 또는 그 관원.
수찬-관(修撰官)명 ① 고려 시대, 사관(史館)의 관직. ② 조선 시대, 춘추관(春秋館)에서 시정(時政)을 기록하는 일을 맡아보던 정삼품 당상관 관직.
수찰(手札)명 자기가 손수 쓴 편지라는 뜻으로, 윗사람이 아랫사람에게 자기의 편지를 이르는 말. 수서(手書)
수찰(水察)명 조선 시대, 경기도 관찰사를 달리 이르던 말. 기찰(畿察)
수찰(水札)명 '논병아리'의 딴이름.
수찰(首刹)명 도나 군에서 으뜸가는 절. 수사(首寺)
수참(水站)명 고려·조선 시대, 전라도·경상도·충청도의 수상 교통로의 요소에 설치했던 역참(驛站).
수참(修懺)명-하다자 불교에서, 부처 앞에서 자기가 저지른 죄과에 대하여 참회하는 의식을 치르는 일.
수참(羞慚)어기 '수참(羞慚)하다'의 어기(語基).
수참(愁慘)어기 '수참(愁慘)하다'의 어기(語基).
수참-선(水站船)명 조선 시대, 수참(水站)에 딸리어 세곡(稅穀)을 실어 나르던 배.
수참-하다(羞慚-)형여 매우 부끄럽다.
수참-하다(愁慘-)형여 시름겹고 슬프다.
수창(水脹)명 신장병으로 몸이 붓는 증세.
수창(守倉)명 조선 시대, 사창(社倉)의 일을 맡아보던 사람.
수창(首唱)명-하다타 ①우두머리가 되어 주창함. ②여러 사람이 모인 자리에서 맨 먼저 시를 지어 읊음.
수창(酬唱)명-하다타 시가를 서로 주고받으며 읊음.
수-창포(水菖蒲)명 '붓꽃'의 딴이름.
수채명 집에서 쓰고 버린 물이나 빗물이 흘러가도록 만든 시설. ☞하수도(下水道)
수채(水蠆)명 잠자리의 애벌레.
수채(收採)명-하다타 ①곡식 따위를 거두어 들임. ②인재(人材)를 채용함.
수채(受采)명-하다자 신랑 집에서 보내온 납채를 신부 집에서 받음. ☞납채(納采)
수채(睡菜)명 '조름나물'의 딴이름.
수채-엽(睡菜葉)명 조름나물의 잎. 한방에서 약재로 씀.
수:-채움(數-)명-하다타 ①일정한 수효에 이르도록 채워 보탬. ②다른 것으로 대신 채움. ¶부족한 양을 임시 변통으로 -하다. 준수챔
수채-통(-筒)명 하수가 흘러가도록 땅 속에 묻어 놓은 관. 하수관(下水管). 하수통(下水筩)
수채-화(水彩畫)명 그림 물감을 물에 개거나 풀어서 그리는 서양식 그림.
수책(水柵)명 물의 흐름을 막는 울타리. 말뚝을 박고 나무와 대를 가로 걸침.
수:-챔(數-)명 '수채움'의 준말.

수챗-구멍 명 수채의 물이 빠져 나가는 구멍.
수:처(數處) 명 두서너 곳. 몇 군데.
수척(水尺) 명 후삼국과 고려 시대에, 일정한 거주지가 없이 떠돌아다니며 사냥을 하거나 고리를 결어 팔던 무리. 무자리. 양수척(揚水尺)
수:척(數尺) 명 두서너 자.
수척(瘦瘠) 어기 '수척(瘦瘠)하다'의 어기(語基).
수척-하다(瘦瘠-) 형여 몸이 여위어 파리하다. ☞수삭(瘦削)하다
수천(水喘) 명 한방에서, 심장병이나 신장병 등으로 말미암아 몸이 붓고 숨이 차는 증세를 이르는 말.
수:천(數千) 수 ①천의 여러 배. 몇 천. ②〔관형사처럼 쓰임〕 ¶ - 년의 역사.
수:-천만(數千萬) 수 ①몇 천만. ②〔관형사처럼 쓰임〕 ¶ - 원의 돈.
수천일색(水天一色) 성구 멀리 보이는 물과 하늘이 한 가지 빛깔이라는 뜻에서, 물과 하늘이 이어진 광활한 풍경을 이르는 말.
수철(水鐵) 명 무쇠
수첩(手帖) 명 간단한 기록을 하는 데 쓰려고 지니고 다니는 작은 공책. 필첩(筆帖)
수청(守廳) 명 청지기
수청(을) 들다 관용 ①높은 관원에게 시중들다. ②관기(官妓)가 지방 수령에게 잠자리 시중을 들며 몸을 바치다.
수청목(水靑木) 명 '물푸레나무'의 딴이름.
수청-방(守廳房) 명 관아의 청지기가 거처하는 방.
수체(首髢) 명 지난날, 여자의 머리 숱이 많아 보이도록 덧드리는 딴머리를 이르던 말. 다리[3]
수:체(數體) 명 각 요소가 실수(實數), 유리수(有理數)를 포함하여 복소수(複素數)로 이루어진 체(體).
수초(手抄) 명-하다 타 손수 추리어 씀, 또는 그 기록.
수초(水草) 명 물풀
수:초(數炒) 명 수볶이
수초(髓鞘) 명 신경 섬유에서, 축삭(軸索)의 주위를 칼집 모양으로 둘러싸고 있는 막(膜). 절연체 구실을 하며, 척추동물의 신경 섬유에만 있음. ☞신경초(神經鞘)
수-초자(水硝子) 명 물유리
수촌(手寸) 명 조선 시대, 노비(奴婢)의 수결(手決)을 이르던 말. 좌촌(左寸)
수총(手銃) 명 지난날, '권총(拳銃)'을 이르던 말.
수총(壽冢) 명 수실(壽室)
수추(首秋) 명 '음력 칠월'을 달리 이르는 말.
수축(收縮) 명-하다 자 ①근육 따위가 오그라듦. ¶근육이 -하다. ☞이완(弛緩) ②온도·습도·압력 따위의 영향으로 부피가 줄어듦. ¶목재가 -하다. ③어떤 것의 규모·수량 따위가 줄어듦. ¶통화의 -. ☞팽창
수축(修築) 명-하다 타 ①방축 따위의 헐어진 데를 고쳐 쌓음. ②집을 고쳐 지음.
수축(獸畜) 명 들짐승과 집짐승.
수축-색(收縮色) 명 어떤 색이 다른 색과 대비될 때 멀리 있는 것처럼 보이는 색. 한색(寒色) 계통의 색이나 명도(明度)가 낮은 색이 이에 딸림. 짙은 녹색, 짙은 갈색 따위.
수축-포(收縮胞) 명 민물에 사는 원생동물의 공포(空砲). 수축·확장을 되풀이하여 몸 안의 노폐물을 배설하고 호흡 작용을 함.
수출(輸出) 명-하다 타 상품이나 기술 따위를 다른 나라에 팔아서 내보냄. ☞수입(輸入)
수출=공업(輸出工業) 명 수출품을 제조하는 공업.
수출=관세(輸出關稅) 명 수출품에 부과하는 관세. 수출세
수출=금:제품(輸出禁制品) 명 법률로써 수출이 금지되거나 제한된 물품. ☞수입 금제품(輸入禁制品)
수출=면:장(輸出免狀)[-짱] 명 세관에서 발급하는, 수출을 허가하는 증명서.
수출=보:상법(輸出補償法)[-뻡] 명 수출 보상제를 규정한 법률. ▷ 輸와 輸는 동자
수출=보:상제(輸出補償制) 명 정부가 수출을 진흥시키기 위하여 수출 업자나 수출 업자의 거래 은행이 수출로 말미암아 생기는 손실을 보상하는 제도.
수출=보:험(輸出保險) 명 수출 업자가 수입 업자의 신용 위험이나 수입국의 정치 상황 등으로 말미암아 수출 대금을 회수하지 못함으로써 생기는 재산상의 손해를 보상하는 신용 보험.
수출=산:업(輸出産業) 명 수출품을 생산하는 산업. ☞내수 산업(內需産業)
수출-상(輸出商)[-쌍] 명 상품을 외국으로 수출하는 상인. ☞수입상(輸入商)
수출-세(輸出稅)[-쎄] 명 수출 관세(輸出關稅)
수출=송:장(輸出送狀)[-짱] 명 수출품의 품목·수량·가격 등을 적어서 수출품과 함께 보내는 운송장(運送狀).
수출=신:용장(輸出信用狀)[-짱] 명 국제간의 수출입 결재를 위해 은행이 발행하는 금융에 관한 신용 보증서를 수출 업자 쪽에서 이르는 말. ☞수입 신용장
수출-입(輸出入) 명 수출(輸出)과 수입(輸入).
수출입=은행(輸出入銀行) 명 수출입과 해외 투자 및 해외 자원 개발에 관한 금융을 주요 업무로 하는 특수 은행.
수출=자유=지역(輸出自由地域) 명 정부가 외국인의 투자 유치와 수출의 진흥을 꾀하여, 세관의 절차 없이 원료 수입과 상품의 수출을 자유로이 할 수 있도록 특별히 지정한 지역.
수출=초과(輸出超過) 명 어떤 기간에 수출한 총액이 수입한 총액보다 많은 상태. 준 출초(出超) ☞수입 초과
수출-품(輸出品) 명 외국에 수출하는 물품. ☞수입품
수출-환(輸出換) 명 수출 업자가 수출 상품의 대금을 받기 위해 외국 수입 업자를 지급인으로 하는 어음을 발행하여 환은행에 그 매수를 의뢰하는 환어음. ☞수입환
수취(收取) 명-하다 타 거두어들여 손에 넣음.
수취(收聚) 명-하다 타 거두어 모음.
수취(受取) 명-하다 타 수령(受領)
수취=어음(受取-) 명 받을어음
수취-인(受取人) 명 수령인(受領人)
수치 명 소금에 절여 말린 민어의 수컷. ☞암치
수치(修治) 명 법제(法製)
수치(羞恥) 명 부끄러움. 수괴(羞愧) ¶가문의 -./-를 모르다.
수:치(數値) 명 ①계산이나 계량·계측을 하여 얻은 수. 숫값. 값 ¶소음의 정도를 -로 나타내다. ②문자로 나타낸 식(式) 가운데 문자에 해당하는 구체적인 수.
수:-치레(數-) 명-하다 자 좋은 운수를 누리는 일.
수치-스럽다(羞恥-)(-스럽고·-스러워) 형ㅂ 부끄러운 느낌이 있다. ¶수치스러운 행동.
수치-스레 부 수치스럽게
수:치=예:보(數値豫報) 명 일기 예보 방법의 한 가지. 대기의 운동 등을 방정식으로 나타내어, 지금의 상태를 초기 조건으로 하여 장래의 상태를 헤아리는 기술.
수치=요법(水治療法)[-뻡] 명 물이나 수증기로, 여러 가지 온도나 기계적인 자극을 이용하여 병을 다스리는 물리 요법.
수-치질(-痔疾) 명 항문 밖으로 두드러져 나온 치질. 모치(牡痔). 외치(外痔) ☞암치질
수칙(守則) 명 지켜야 할 일들을 정한 규칙. ¶안전 -
수침(水沈) 명-하다 자 물에 가라앉거나 잠김.
수침(水枕) 명 고무나 방수포(防水布)에 물을 넣어서 벨 수 있도록 만든 베개. 물베개
수침(受鍼) 명-하다 자 침을 맞음.
수:침(繡枕) 명 수를 놓은 베개. 수베개
수-캉아지 명 강아지의 수컷. ☞암캉아지
수-캐 명 개의 수컷. ☞암캐
속담 **수캐 배 되었다** : 먹지 못하여 배가 홀쭉함을 두고 이르는 말.
수컷 명 성(性)이 구분되어 있는 생물에서, 정자(精子)를 만들어 수정을 시키거나 수꽃을 맺는 성질을 가진 성(性)의 것. 수[1]. 웅성(雄性) ☞암수. 암컷
×**수-퀑** 명 →수꿩

ㅅ

수크로오스(sucrose)[명] 광합성 식물에 들어 있는 이당류(二糖類)의 한 가지. 특히, 사탕수수나 사탕무 등에 많이 들어 있는 단사 정계(單斜晶系)의 결정(結晶)으로, 물에 잘 녹으며 맛이 닮. 설탕 제품, 조미료, 당의(糖衣) 등에 쓰임. 자당(蔗糖). 사카로오스
수크령[명] 벼과의 여러해살이풀. 줄기는 무더기로 나고 잎은 빳빳하며 길고 끝이 뾰족함. 9월경에 흑자색의 이삭이 나오는데 까끄라기와 털이 빽빽이 남. 들이나 둑의 양지바른 곳에 자람.
×**수-클**[명] →수글
수-키와[명] 재래식 한옥에서 지붕을 일 때, 양쪽 암키와 끝자락 위에 엎어 이는 둥근 기와. 처마끝에는 와당(瓦當)이 달린 막새를 놓음. 동와(童瓦). 모와(牡瓦). 부와(夫瓦) ☞암키와
수탁(受託)[명]-하다[타] ①부탁을 받음. ②위탁을 받음.
수탁=매:매(受託賣買)[명] 남으로부터 위탁을 받아 하는 매매. ☞수탁 판매(受託販賣)
수탁-물(受託物)[명] 위탁을 받은 물건.
수탁=법원(受託法院)[명] 다른 법원으로부터 공조(共助)의 촉탁을 받아 그 관할 안에서 증거의 조사나 증인 신문 등을 하는 법원.
수탁-자(受託者)[명] 부탁이나 위탁을 받은 사람. ☞위탁자(委託者)
수탁=판매(受託販賣)[명] 남으로부터 위탁을 받아 하는 판매. ☞수탁 매매(受託賣買)
수탁=판사(受託判事)[명] 수소 법원(受訴法院)의 촉탁을 받아 그 관할 안에서 증거의 조사나 증인 신문 등을 하는 수탁 법원의 판사.
수탄(愁歎)[명]-하다[타] 근심하고 한탄함.
수탄(獸炭)[명] 활성탄(活性炭)의 한 가지. 동물의 피나 뼈 따위를 건류(乾溜)하여 얻은 탄화 물질을 통틀어 이르는 말. 약제나 탈색제 등으로 쓰임.
수탈(收奪)[명]-하다[타] 강제로 빼앗음.
수-탉[명] 닭의 수컷. 웅계(雄鷄) ☞암탉
수탐(搜探)[명]-하다[타] 남의 사정이나 비밀 따위를 몰래 조사함. 염알이. 염탐(廉探)
수탕(髓湯)[명] 골국
수-탕나귀[명] 당나귀의 수컷. [준]수나귀 ☞암탕나귀
수태(水苔)[명] '해캄'의 딴이름.
수태(受胎)[명]-하다[자] 아이를 뱀. 잉태(孕胎)
수태(羞態)[명] 부끄러워하는 태도.
수태(愁態)[명] 근심스러운 태도.
수태=조절(受胎調節)[명] 수태를 인공적으로 조절하는 일.
수택(水澤)[명] 물이 괴어 있는 늪.
수택(手澤)[명] ①손이 자주 닿았던 책이나 그릇 따위에 남아 있는 손때나 윤기. ②옛사람의 필적이나 유물.
수토(水土)[1][명] ①물과 흙. ②그 지방의 기후나 풍토.
수토(水土)[2][명] 경기도 광주 지역에서 나는, 도자기의 원료로 쓰이는 흙의 한 가지.
수토-불복(水土不服)[명] 물이나 풍토가 체질에 맞지 않아 위장이 나빠짐을 이르는 말.
수-톨쩌귀[명] 암톨쩌귀의 구멍에 꽂도록 된, 촉이 달린 돌쩌귀. ☞암톨쩌귀
수통(水桶)[명] 물통
수통(水筒)[명] 물을 담아서 가지고 다니며 마실 수 있도록 만든 병처럼 된 작은 통. 물통. 빨병
수통(水筩)[명] ①물이 통하는 관. ②수도꼭지
수통(羞痛)[어기] '수통(羞痛)하다'의 어기(語基).
수통-박이(水筩-)[명] 길거리에 상수도(上水道)의 수통이 박혀 있는 곳.
수통-스럽다(羞痛-)(-스럽고·-스러워)[형ㅂ] 부끄럽고 원통한 느낌이 있다.
 수통-스레[부] 수통스럽게
수통-하다(羞痛-)[형여] 부끄럽고 원통하다.
수-퇘지[명] 돼지의 수컷. ☞암퇘지
수투(水套)[명] 내연 기관이나 공기 압축기 따위가 과열하는 것을 막기 위해 기통의 둘레에 찬물을 넣어 두는 장치.
수:투(數鬪)[명] 지난날, 상류층 남자들이 수투전을 가지고 방 안에서 즐기던 노름 놀이.
수:투-전(數鬪牋)[명] 수투(數鬪) 노름에 쓰이던 놀이 패(牌). 한지를 서너 겹 덧붙인 좁다란 종이 쪽인데, 한쪽에 인물·새·짐승·벌레·물고기 등의 그림이나 글귀를 적어 끗수를 나타내고 들기름으로 결은 것으로, 60장 또는 80장이 한 벌임. 팔대가(八大家). 팔목(八目)
수-틀[명] 암수의 두 부분으로 되어 있는 틀에서 암틀에 끼워 넣게 된 틀. ☞암틀
수:-틀(繡-)[명] 수를 놓을 때 쓰는 틀.
수파(水波)[명] 물결
수파-련(水波蓮)[명] 재래식 혼례 때 장식으로 쓰는, 종이로 만든 연꽃.
수파-충(水爬蟲)[명] 게아재비류의 곤충을 통틀어 이르는 말.
수판(壽板)[명] ①수의(壽衣)와 관곽(棺槨). ②관(棺)을 만드는 데 쓸 재목. 관재(棺材)
수:판(數板)[명] 우리 나라와 중국, 일본 등에서 쓰는 계산 기구. 가로로 긴 얕은 상자를 아래위 두 단으로 나누어, 한 꿴대마다 윗단에 하나 또는 두 알, 아랫단에 넷 또는 다섯 알을 꿰었음. 산판(算板). 셈판. 주판(籌板)
 수판(을) 놓다[관용] ①수판으로 셈을 하다. ②이해(利害)를 따지다.
수:판-셈(數板-)[명]-하다[자타] 수판으로 셈함, 또는 그렇게 하는 셈. 주산(珠算)
수:판-질(數板-)[명]-하다[자타] ①수판으로 셈하는 일. ②이해(利害)를 따지는 짓. 주판질
수패(水敗)[명] ①홍수로 말미암은 재해. 수해(水害) ②물로 말미암은 실패.
수패(獸牌)[명] 짐승의 얼굴을 그린 방패.
수편(隨便)[명]-하다[타] 편한 것을 따름.
수편-기(手編機)[명] 손뜨개 기계.
수편-물(手編物)[명] 손으로 뜬 것.
수편-사(手編絲)[명] 손뜨개용으로 만들어 낸 실.
수평(水平)[명] ①잔잔한 수면처럼 평평한 상태. ☞형평(衡平) ②지구의 중력 방향과 직각을 이루는 상태. ③'수평기(水平器)'의 준말. ④'수평봉(水平棒)'의 준말.
수평(水萍)[명] '개구리밥'의 딴이름.
수평-각(水平角)[명] 각의 두 변이 모두 수평면 위에 있는 각. ☞내려본각. 올려본각
수평=거:리(水平距離)[명] 수평면 위에 있는 두 점 사이의 거리, 또는 같은 수평면 위에 투영(投影)된 두 점 사이의 거리.
수평=곡선(水平曲線)[명] 등고선(等高線)
수평-기(水平器)[명] 수준기(水準器) [준]수평(水平)
수평-동(水平動)[명] 지진 때에 지각(地殼)이 수평으로 흔들리는 진동. ☞상하동(上下動)
수평-면(水平面)[명] ①고요한 물 위의 평평한 면. ②연직(鉛直) 방향과 직각인 평면.
수평-보기(水平-)[명] 건물이나 시설물 따위를 짓는 데 기준이 될 수평면을 정하는 일. 물올림
수평-봉(水平棒)[명] 평행봉(平行棒) [준]수평(水平)
수평=분업(水平分業)[명] 선진 공업국들이 공업 제품을 중심으로 서로 다른 제품을 생산하여 무역을 통해 제품을 서로 교환하는 형식의 국제간의 분업. 수평적 국제 분업 ☞수직 분업
수평=분포(水平分布)[명] 생태(生態) 분포의 한 가지. 지구의 위도(緯度)에 따른 생물의 분포. ☞수직 분포
수평=사고(水平思考)[명] 어떤 문제를 해결하는 데 이제까지 해 오던 이론 등에 얽매이지 않고 아주 다른 각도에서 새로운 발상을 이끌어 내려는 생각. ☞수직 사고
수평-선(水平線)[명] ①하늘과 바다가 맞닿아 보이는 선. ②중력(重力)의 방향과 직각을 이루는 선.
수-평아리[명] 병아리의 수컷. ☞암평아리
수평=암층(水平岩層)[명] 대지(臺地)를 이룬 암석의 지층.
수평=운:동(水平運動)[명] 형평 운동(衡平運動)
수평=자력(水平磁力)[명] 지자기(地磁氣) 세기의 수평 방향의 분력(分力).

ㅅ

수평적=국제=분업(水平的國際分業)명 수평 분업
수평=지느러미(水平—)명 물고기의 몸 양쪽에 쌍을 이루는 지느러미. 가슴지느러미·배지느러미 따위. 대기(對鰭) ☞수직 지느러미
수포(水泡)명 ①물거품. 수말(水沫) ②공들인 일 따위가 헛되이 됨을 비유하여 이르는 말.
수포로 돌아가다관용 애쓴 보람도 없이 모든 것이 헛되이 끝나다. ¶오랜 노력이 —.
수포(水疱)명 살갗이 부르터서 속에 물이 잡힌 것. 물집²
수포-군(守鋪軍)명 지난날, 밤에 궁궐 문을 지키던 군사.
수-포기명 수꽃이 피는 포기. 웅주(雄株) ☞암포기
수포-석(水泡石)명 속돌
수포-진(水疱疹)명 살갗에 물집이 잡히는 발진. 헤르페스(herpes)
수포-창(水疱瘡)명 작은마마. 수두(水痘)
수폭(水爆)명 '수소 폭탄(水素爆彈)'의 준말.
수표(水豹)명 '바다표범'의 딴이름.
수표(手票)명 발행인이 일정한 금액을 소지인에게 지급할 것을 은행 등의 금융 기관에 위탁하는 유가 증권.
수표(手標)명 돈이나 물건의 대차(貸借) 관계 등에서 주고받는 증서. 수기(手記)
수표(水標)명 '양수표(量水標)'의 준말.
수:표(數表)명 필요한 수치를 쉽게 찾아 쓸 수 있도록 정리해 놓은 표. 함수표(函數表)·로그표 따위.
수풀명 ①나무가 무성하게 들어찬 곳. 삼림(森林) ¶—이 우거지다. 준숲 ②풀이나 덩굴, 나무 따위가 한데 엉킨 곳. ¶—에 몸을 숨기다.
속담 **수풀엣 꿩은 개가 내몰고 오장(五臟)엣 말은 술이 내몬다**: 술을 마시면 마음속에 품었던 것을 모두 말하게 된다는 말.

한자 수풀 림(林) 〔木部 4획〕 ¶밀림(密林)/산림(山林)/삼림(森林)/수림(樹林)/임간(林間)/조림(造林)
수풀 삼(森) 〔木部 8획〕 ¶삼림(森林)

수품(手品)명 솜씨
수품(殊品)명 뛰어나게 좋은 물품.
수:프(soup)명 서양 요리에서, 고기나 채소 따위를 끓여 내어 맛을 낸 국물.
수피(樹皮)명 나무의 껍질.
수피(獸皮)명 짐승의 가죽.
수필(手筆)명 자필(自筆)
수필(水筆)명 붓촉 전체를 먹물에 적셔서 쓰는 붓. ☞갈필(渴筆)
수필(隨筆)명 자기가 보고 들은 일이나 체험·감상(感想) 등을 생각나는 대로 자유로운 형식으로 쓴 문장. 상화(想華). 만문(漫文). 에세이(essay)
수필-가(隨筆家)명 수필을 즐겨 쓰는 사람으로서 그 글솜씨가 상당한 경지에 이른 사람. 에세이스트
수필-집(隨筆集)명 수필을 모은 책.
수하(手下)명 ①손아래 ②부하(部下) ☞수상(手上)
수하(水下)명 내나 강 따위의 하류(下流).
수하(首夏)명 '음력 사월'을 달리 이르는 말. 맹하(孟夏). 여월(余月)
수하(誰何)명-하다자타 경비 임무를 맡은 군인이 상대편이 누구인지 모를 때, 불러 세워 누구냐고 소리쳐 묻는 일, 또는 그 물음.
수하(樹下)명 나무 아래. ☞수상(樹上)
수-하다(壽—)자여 오래 살다. ¶대대로 수하는 집안.
수하-인(受荷人)명 부친 짐을 받을 사람. ☞송하인
수하-좌(樹下座)명 불교에서, 나무 아래 앉아 수도하는 일을 이르는 말. ☞두타(頭陀)
수학(受學)명-하다자타 학문을 배움.
수학(修學)명-하다자타 공부하여 지식을 얻음.
수:학(數學)명 ①수량 및 공간 도형의 성질 등에 관하여 연구하는 학문. 산수·대수학·기하학·해석학·미분학·적분학 등을 통틀어 이르는 말. 준수(數) ②교과(教科)의 한 가지. '수학 과목(數學科目)'을 줄여 이르는 말.
수학=여행(修學旅行)[—녀—]명 아동이나 학생들이 문화·산업·자연 등의 의미 있는 곳을 실지로 보고 들어서 지식을 넓히고 정조(情操)를 깊게 할 수 있도록 교사의 지도를 받으며 하는 여행.
수학-원(修學院)명 대한 제국 때, 황족(皇族)과 귀족의 자제를 교육하던 학교.
수한(水旱)명 ①큰물과 가물. ②수재(水災)와 한재(旱災)를 아울러 이르는 말.
수한(手翰)명 수서(手書)
수한(壽限)명 타고난 수명. ▷ 壽의 속자는 寿
수한충박상(水旱蟲雹霜)명 농사의 재앙인 큰물, 가물, 충해, 우박, 이른 서리를 아울러 이르는 말.
수할치명 매사냥을 하는 사람.
수함(手函)명 수서(手書)
수함(獸檻)명 짐승을 넣어 기르는 우리.
수합(收合)명-하다타 거두어 합함.
수합-해(水蛤醢)명 물조개젓
수항(受降)명-하다자 항복을 받음.
수:항(數行)명 두서너 줄.
수해(水害)명 홍수로 말미암은 재해. 수패(水敗). 수환(水患) ☞한해(旱害)
수해(受害)명-하다자 해를 입음.
수해(嗽咳)명 기침. 해수(咳嗽)
수해(樹海)명 넓게 펼쳐진 울창한 숲을 바다에 비유하여 이르는 말.
수행(修行)명-하다자 ①행실을 닦음. ②학문이나 기예(技藝)를 닦기 위해 힘써 배움. ③불교에서, 깨달음을 얻기 위해 계율(戒律)을 지키며 불도(佛道)를 닦는 일.
수행(遂行)명-하다타 맡은 일이나 계획한 일을 제대로 해냄. ¶업무를 —하다. /계획한 사업을 성공적으로 —하다.
수행(隨行)명-하다타 지위가 높은 사람이나 윗사람을 따라감, 또는 따라가는 그 사람. ¶국가 원수의 주치의로서 —하다. ☞배행(陪行)
수행(獸行)명 ①짐승과 같은 행위. ②수욕(獸慾)을 채우려고 하는 행위.
수행-원(隨行員)명 지위가 높은 사람을 따라다니며 시중을 들거나 그를 보호하는 사람. 수원(隨員)
수향(水鄕)명 하천(河川)이나 소택(沼澤) 가에 있는 마을. 수곽(水廓)
수향(首鄕)명 '좌수(座首)'를 달리 이르는 말.
수:-향낭(繡香囊)명 겉에 여러 가지 무늬를 수놓고 속에 향을 넣어 만든 주머니.
수험(受驗)명-하다자 시험을 치름.
수험-료(受驗料)명 시험을 치르는 데 수수료로 내는 돈.
수험-생(受驗生)명 시험을 치르는 사람.
수험-표(受驗票)명 수험생임을 증명하는 표.
수혈(豎穴)명 세로로 판 구멍이나 구덩이.
수혈(壽穴)명 시체를 묻는 구덩이. 수실(壽室)
수혈(嗽血)명 가래에 피가 섞이어 나오는 병.
수혈(輸血)명-하다자 환자의 정맥에, 건강한 사람으로부터 채취한 같은 형의 혈액이나 혈장·적혈구·혈소판 등 혈액 성분을 주입하는 일. ☞채혈(採血)
수혈성=황달(輸血性黃疸)[—썽—]명 B형 간염(肝炎) 바이러스를 가진 혈액을 수혈함으로써 감염하는 간염.
수혈-증(水血症)[—쯩]명 신장(腎臟)이나 심장 질환 등으로 혈액 중에 수분과 염분이 많아진 상태.
수협(搜挾)명 조선 시대, 과장(科場)에 책을 지니고 들어가는 것을 단속하던 일.
수협-자(搜挾子)명 '집게벌레'의 딴이름.
수형(水刑)명 물을 이용하여 고통을 주는 고문.
수형(受刑)명-하다자 죄인이 형벌을 받음.
수-형리(首刑吏)명 조선 시대, 삼공형(三公兄)의 하나. 지방 형리의 우두머리.
수형-자(受刑者)명 형벌을 받고 있는 죄인.
수혜(受惠)명 혜택을 입음.
수:혜(繡鞋)명 수를 놓은 마른 신. 수신

수혜자(水鞋子)명 조선 시대에 무관(武官)이 신던 목이 긴 신. 쇄자. 수화자(水靴子) ☞진신
수혜-자(受惠者)명 혜택을 입는 사람.
수호(守護)명-하다타 지키고 보호함. ¶주권을 ― 하다.
수호(修好)명-하다자 나라와 나라가 사이 좋게 교류함.
수호-부(守護符)명 질병이나 재액으로부터 몸을 보호하기 위하여 지니는 부적. 호신부(護身符)
수호-신(守護神)명 재액을 막고 몸을 지켜 주는 신.
수호=조약(修好條約)명 국제법의 여러 원칙을 아직 이행할 수 없는 나라와 국교를 맺을 때, 미리 일정한 규약을 명시하여 이를 지켜 나갈 것을 약속하는 조약.
수호=천사(守護天使)명 가톨릭에서, 모든 사람을 착한 길로 인도하고 악으로부터 보호하는 천사를 이르는 말.
수홍-화(水紅花)명 '들쭉나무'의 딴이름.
수화(水火)명 ①물과 불. ②홍수와 화재. ③물에 빠지고 불에 타는 것과 같은 괴로움을 비유하여 이르는 말. ④성질이 상반됨을 비유하여 이르는 말. ⑤서로 받아들이지 아니함을 비유하여 이르는 말. ☞빙탄(氷炭)
수화(水化)명 수화(水和)
수화(水和)명 수용액 중에서 용질(溶質) 분자나 이온이 그 주위 물 분자와 결합하여 집단을 이루는 현상, 또는 그와 같은 물 분자와의 결합. 수화(水化)
수화(水花)명 속돌
수화(手話)명 귀머거리이거나 벙어리인 사람이 지문자(指文字)로 의사 소통을 하는 일. 몸짓과 표정도 곁들여짐. 지화(指話) ☞구화(口話)
수화(水禍)명 수재(水災)
수화(受話)명-하다자 전화를 받음. ☞송화(送話)
수화(首花)명 조선 시대에 기녀(妓女)가 머리에 꽂던 꽃 모양의 장식. 꽃송이와 잎은 모시로 만들어 채색하고, 벌이나 나비는 채색 실로 만들었음.
수화(燧火)명 ①횃불. 봉화(烽火) ②부시를 쳐서 낸 불.
수:화(繡花)명 도자기의 몸에 도드라진 무늬를 나타내는 기법(技法).
수:화(繡畫)명 수를 놓아 만든 그림.
수화-기(受話器)명 전기 신호를 음성 신호로 바꾸어 귀로 들을 수 있도록 만든 장치. ☞송화기(送話器)
수화-물(水化物)명 물과 다른 분자가 결합하여 생긴 화합물. 함수 화합물(含水化合物)
수-화물(手貨物)명 여행하는 사람이 가지고 다니는 짐, 또는 들고 다닐만 한 작은 짐. ☞소화물(小貨物)
수화-반(水和飯)명 물만밥
수화-법(手話法)[―뻡]명 지문자(指文字)로 하는 의사 소통 방법.
수화불통(水火不通)성구 물과 불은 서로 통하지 않는다는 뜻으로, 서로 사귀지 아니함을 이르는 말.
수화상극(水火相克)성구 물과 불은 서로 용납하지 못한다는 뜻으로, 서로 원수와 같이 지냄을 이르는 말.
수화-석회(水化石灰)명 수산화칼슘
수화자(水靴子)명 수혜자(水鞋子)
수화=작용(水和作用)명 암석에 섞여 있는 광물이 물을 흡수하여 변화를 일으키는 작용.
수화주(水禾紬)명 '수아주'의 원말.
수화폐:월(羞花閉月)성구 꽃도 부끄러워하고 달도 숨는다는 뜻으로, 여인의 얼굴과 맵시가 매우 아름다움을 비유하여 이르는 말.
수확(水廓)명 동공(瞳孔)
수확(收穫)명 ①-하다타 농작물을 거두어들임, 또는 그 거두어들인 것. ②어떠한 일에서 얻은 성과를 비유하여 이르는 말. ¶유전 탐사가 ― 없이 끝나다.
수확-고(收穫高)명 수확량(收穫量)
수확-기(收穫期)명 농작물을 거두어들이는 시기.
수확-량(收穫量)명 거두어들인 농작물의 양. 수확고
수확=체감(收穫遞減)명 일정한 토지의 농작물의 수확량이 자본과 노동 투입량의 증가에 따라 어느 정도까지는 증가하나 그 한도를 넘어서면 차차 줄어드는 현상.

수환(水患)명 홍수로 말미암은 재해. ☞수해(水害)
수환(獸患)명 맹수의 피해로 말미암은 근심.
수활(手滑)어기 '수활(手滑)하다'의 어기(語基).
수활-하다(手滑―)형여 일에 익숙하여 재바르다.
수황-증(手荒症)[―쯩]명 병적으로 남의 물건을 훔치는 손버릇.
수회(收賄)명-하다자 뇌물을 받음. ☞증회(贈賄)
수:회(數回)명 여러 차례.
수회-죄(收賄罪)[―쬐]명 수뢰죄(受賂罪)
수:효(數爻)명 사물의 수.
수훈(垂訓)명 후세에 전하는 교훈.
수훈(受勳)명-하다자 훈장을 받음.
수훈(首勳)명 첫째가는 큰 공훈.
수훈(殊勳)명 뛰어난 공훈. 수공(殊功) ¶그의 ―을 기리다. /―을 세운 선수.
수훈(樹勳)명-하다자 공훈을 세움.
수훼수보(隨毁隨補)성구 훼손하는 대로 뒤미처 보수함.
수희(隨喜)명-하다자 불교에서, 남의 좋은 일을 보고 마치 자기의 좋은 일처럼 기뻐함을 이르는 말.
숙감(宿憾)명 오래된 원한.
숙-갑사(熟甲紗)명 '숙소갑사(熟素甲紗)'의 준말.
숙객(熟客)명 낯익은 손.
숙경(淑景)명 ①봄빛 ②봄날의 좋은 경치.
숙경(肅敬)명-하다타 삼가 존경함.
숙계(叔季)명 막내아우. 말제(末弟)
숙계(肅啓)명 편지 첫머리에, '삼가 아뢥니다'의 뜻으로 쓰는 한문 투의 말.
숙고(熟考)명-하다타 곰곰이 생각함. 숙려(熟慮)
숙-고사(熟庫紗)명 누인 명주실로 짠 고사. ☞생고사
숙공(宿工)명 오래 익혀서 익숙함.
숙과(熟果)명 '숙실과(熟實果)'의 준말.
숙구(叔舅)명 외숙(外叔)
숙군(肅軍)명-하다자 군대의 기강을 바로잡음.
숙근(宿根)명 겨울 동안에 땅 위의 줄기는 말라 죽고 뿌리만 살았다가, 이듬해 봄에 다시 새싹이 돋는 뿌리.
숙근-초(宿根草)명 겨울 동안에 땅 위의 줄기는 말라 죽고 뿌리만 살았다가, 이듬해 봄에 묵은 뿌리에서 새싹이 돋는 여러해살이풀.
숙금(宿芩)명 한방에서, 황금(黃芩)의 묵은 뿌리를 약재로 이르는 말. 부장(腐腸)
숙기(夙起)명-하다자 아침에 일찍 일어남.
숙기(宿耆)명 '노인'을 달리 이르는 말.
숙기(淑氣)명 봄날의 온화한 기운.
숙-김치(熟―)명 배추와 무를 살짝 삶아 건져서 갖은양념으로 버무린 김치. 숙저(熟菹)
숙-깍두기(熟―)명 깍둑썰기한 무를 살짝 삶아 건져서 갖은양념으로 버무린 깍두기.
숙녀(淑女)명 ①행실이 얌전하고 기품이 있는 여자. ②성년(成年)이 된 여자를 아름답게 이르는 말. ☞신사(紳士)
숙-녹비(∠熟鹿皮)명 ①부드럽게 다룬 사슴의 가죽. ②유순한 사람을 비유하여 이르는 말.
숙다자 ①앞으로 기울어지다. ¶액자가 숙게 걸려 있다. ②기운이 줄다. ¶그 펄펄하던 기가 숙었다.
숙달(熟達)명-하다자 무슨 일에 매우 익숙하게 됨. ¶공작 기계를 다루는 데 ―하다.
숙당(肅黨)명-하다자 정당이 내부의 기강을 바로잡음.
숙덕(淑德)명 여성의 정숙하고 우아한 덕행.
숙덕(宿德)명 오래 쌓은 덕망.
숙덕-거리다(대다)자 숙덕숙덕 말하다. 숙덕이다 ☞속닥거리다. 쑥덕거리다
숙덕-공론(―公論)명 떳떳하지 못한 일을 몇몇이서 남몰래 숙덕숙덕 의논하는 일. ☞쑥덕공론
숙덕-숙덕부 여럿이서 어떤 일을 은밀히 꾸미거나 할 때 비밀스레 말을 주고받는 모양을 나타내는 말. ¶― 음모를 꾸미다. /― 남의 허물을 퍼뜨리다. ☞속닥속닥. 쑥덕쑥덕
숙덕-이다자 숙덕거리다 ☞속닥이다. 쑥덕이다
숙덜-거리다(대다)자 숙덜숙덜 말하다. ☞속달거리다.

쑥덜거리다

숙덜-숙덜 부 말소리가 들릴듯 말듯 하게 지껄이는 모양을 나타내는 말. ☞속달속달. 쑥덜쑥덜

숙도(熟度) 명 과일 따위의 익은 정도.

숙독(熟讀) 명 -하다 타 문장의 뜻을 잘 생각하면서 읽음.

숙두(熟頭) 명 절에서 반찬을 장만하는 사람.

숙란(熟卵) 명 삶은 달걀. 돌알[2]. 팽란(烹卵)

숙란(熟爛) 명 -하다 자 난숙(爛熟)

숙람(熟覽) 명 -하다 타 자세히 눈여겨 살펴봄.

숙랭(熟冷) 명 ①숭늉 ②제사 때, 숭늉으로 올리는 끓여 식힌 물.

숙려(熟慮) 명 -하다 타 곰곰이 생각함. 숙고(熟考)

숙련(熟練) 명 -하다 자 손에 익어 능숙해짐.

숙련-공(熟練工) 명 어떤 기능에 능숙한 직공.

숙련=노동(熟練勞動) 명 일정한 교육과 훈련을 받아야 비로소 복잡한 작업을 할 수 있는 노동. ☞불숙련 노동

숙로(宿老) 명 경험이 많고 사리를 잘 헤아리는 노인.

숙로(熟路) 명 익숙하게 아는 길.

숙률(熟栗) 명 삶은 밤.

숙마(熟馬) 명 길이 잘 든 말.

숙마(熟麻) 명 누인 삼 껍질.

숙망(宿望) 명 ①오래 품어 온 소망. ②오래된 명망.

숙맥(菽麥) 명 ①콩과 보리를 아울러 이르는 말. ②'숙맥불변(菽麥不辨)'의 준말.

숙맥불변(菽麥不辨) 성구 콩인지 보리인지를 구별하지 못한다는 뜻으로, 아주 어리석고 못난 사람을 비유하여 이르는 말. 준 숙맥(菽麥) ☞쑥[2]

숙면(熟面) 명 낯익은 얼굴, 또는 낯익은 사람. 관면(慣面) ☞생면(生面)

숙면(熟眠) 명 -하다 자 잠이 깊이 듦, 또는 깊이 든 잠. 감면(酣眠). 숙수(熟睡) 유 단잠

숙면(熟麵) 명 밀가루에 파와 천초(川椒)를 다져 넣고 국수를 뽑아 쪄서 말린 것. 뜨거운 물에 넣어서 불려 온면을 만들어 먹거나 비벼 먹음.

숙명(宿命) 명 태어나기 전부터 정해진 운명. 타고난 운명. 숙운(宿運). 정명(定命)

숙명-관(宿命觀) 명 숙명론(宿命論)

숙명-론(宿命論) 명 세상에 일어나는 모든 일은 미리 그렇게 되도록 정해진 것이어서 사람의 힘으로는 어찌할 수 없다는 이론. 숙명관. 숙명설. 운명론(運命論)

숙명-설(宿命說) 명 숙명론(宿命論)

숙명-적(宿命的) 명 모두 미리 그렇게 되도록 정해져 있어서 달리 어찌할 수 없는 것.

숙모(叔母) 명 숙부의 아내. 작은어머니 ☞백모(伯母)

숙묵(宿墨) 명 갈아서 하룻밤을 묵힌 먹물.

숙박(宿泊) 명 -하다 자 자기의 집이 아닌 곳에서 자고 묵음.

숙박-료(宿泊料) 명 여관이나 호텔 따위에서 숙박하는 값으로 내는 돈.

숙박-업(宿泊業) 명 여관이나 호텔 따위와 같이 손을 숙박시키고 요금을 받는 영업.

숙배(肅拜) 명 -하다 자 ①삼가 공손히 절함. ②편지 끝에, 말을 마치고 공손히 절한다는 뜻으로 쓰는 한문 투의 말. ③지난날, 서울을 떠나 임지(任地)로 향하는 관원이 임금에게 작별을 아뢰던 일. 하직(下直)

숙백(叔伯) 명 ①아우와 형. ②형제(兄弟)

숙변(宿便) 명 장(腸) 속에 오래 머물러 있는 변.

숙변(熟卞) 명 '숙지황(熟地黃)'의 딴이름.

숙병(宿病) 명 오래 묵은 병. 숙증(宿症). 숙질(宿疾). 숙환(宿患)

숙보(宿報) 명 불교에서, 전생에 지은 선악의 행위에 따른 과보를 이르는 말.

숙복(熟鰒) 명 삶은 전복(全鰒). ☞생복(生鰒)

숙부(叔父) 명 아버지의 남동생. 작은아버지 ☞백부

숙-부드럽다(-부드럽고·-부드러워) 형ㅂ ①몸가짐이나 마음씨가 얌전하고 부드럽다. ②물건이 노글노글하고 부드럽다. ¶숙부드럽게 무두질한 가죽.

숙-부인(淑夫人) 명 조선 시대, 외명부(外命婦) 품계의 하나. 정삼품 당상관의 아내에게 내린 봉작(封爵).

숙불환생(熟不還生) 성구 익힌 음식은 날것으로 되돌아갈 수는 없다는 뜻으로, 남에게 이왕에 장만한 음식이니 먹으라고 권할 때 하는 말.

숙붙다[-붙-] 자 '도숙붙다'의 준말.

숙사(宿舍) 명 ①여행 중에 자고 머무르는 집. ②합숙소나 기숙사 등과 같이 여러 사람이 들어 함께 생활하는 집.

숙사(肅謝) 명 -하다 자 은혜에 정중하게 사례함. 숙은(肅恩)

숙사(熟思) 명 -하다 타 곰곰이 생각함. 숙려(熟慮)

숙사(熟絲) 명 누인 명주실. ☞숙소갑사(熟素甲紗)

숙상(肅霜) 명 된서리

숙서생동(熟西生東) 제상(祭床)에 제물을 차리는 격식의 하나. 익힌 나물은 서쪽에, 김치는 동쪽에 차림을 이르는 말. 생동숙서(生東熟西) ☞좌반우갱

숙석(夙昔) 명 좀 오래된 옛날.

숙석(宿昔) 명 오래지 않은 지난날.

숙석(熟石) 명 인공으로 다듬은 돌.

숙설(熟設) 명 -하다 타 잔치나 제사 등 큰일이 있을 때에 음식을 장만하는 일.

숙설-간(熟設間)[-깐] 명 잔치나 제사 등 큰일이 있을 때에 음식을 장만하는 곳. 숙수간(熟手間). 숙수방(熟手房) ☞과방(果房). 숙설청(熟設廳)

숙설-거리다(대다) 자 숙설숙설 말하다. ☞속살거리다. 쑥설거리다

숙설-소(熟設所) 명 숙설청(熟設廳)

숙설-숙설 부 여럿이서 낮은 목소리로 수다스레 말하는 모양을 나타내는 말. ☞속살속살. 쑥설쑥설

숙설-청(熟設廳) 명 조선 시대, 나라 잔치에 쓸 음식을 만들던 곳. 숙설소(熟設所) ☞숙설간(熟設間)

숙성(淑性) 명 얌전하고 착한 성질.

숙성(熟成) 명 -하다 자타 ①무르익어 알맞은 상태에 이름. ¶변혁의 기운이 -되다. ②발효한 것이 알맞게 익어 좋은 맛이 나는 상태. ¶-한 포도주./된장이 알맞게 -하다. ③물질을 알맞은 조건에서 천천히 화학 변화가 일어나게 하는 일.

숙성(熟省) 명 -하다 타 깊이 반성함. ¶잘못을 -하다.

숙성(夙成) 어기 '숙성(夙成)하다'의 어기(語基).

숙성-하다(夙成-) 형여 어린 나이에 비하여 정신적·육체적 발육이 올된 데가 있다. 조숙하다 ¶같은 또래의 아이들 중에서 숙성한 편이다.

숙세(宿世) 명 불교에서, '전세(前世)'를 이르는 말. 과거세(過去世). 전생(前生)

숙소(宿所) 명 머물러 묵는 곳.

숙소(熟素) 명 '숙소갑사(熟素甲紗)'의 준말.

숙소-갑사(熟素甲紗) 명 누인 명주실로 짠 갑사. 준 숙갑사(熟甲紗). 숙소(熟素) ☞숙사(熟絲)

숙소-참(宿所站) 명 조선 시대, 관원이 공무로 출장 중에 머물러 묵던 집.

숙속(菽粟) 명 콩과 조라는 뜻으로, 사람이 늘 먹는 것으로 없어서는 안 되는 것을 이르는 말.

숙수(菽水) 명 콩과 물이라는 뜻으로, 변변하지 못한 음식을 비유하여 이르는 말.

숙수(熟手) 명 ①음식을 잘 만드는 사람. ②지난날, 잔치 등의 큰일에서 음식을 만드는 사람, 또는 그 일을 전문으로 하는 사람을 이르던 말.

숙수(熟睡) 명 -하다 자 숙면(熟眠)

숙수-간(熟手間)[-깐] 명 숙설간(熟設間)

숙수그레-하다 형여 그만그만한 것이 많고 고르다. ☞속소그레하다. 쑥수그레하다

숙-수단(熟手段) 명 익숙한 수단.

숙수-방(熟手房)[-빵] 명 숙설간(熟設間)

숙수지공(菽水之供) 성구 콩과 물로 받든다는 뜻으로, 가난한 중에도 변변하지 못한 음식이나마 정성을 다하여 부모를 섬기는 일을 이르는 말.

숙수지환(菽水之歡) 성구 콩과 물만 먹는 가난한 생활 속의 즐거움이라는 뜻으로, 가난한 중에도 부모에게 정성을 다하여 부모의 마음을 기쁘게 하는 일을 이르는 말.

숙숙(肅肅)어기 '숙숙(肅肅)하다'의 어기(語基).
숙숙-하다(肅肅－)형여 엄숙하고 고요하다.
  숙숙-히부 숙숙하게
숙습(宿習)명 ①예로부터 전해 오는 풍습. ②불교에서, 전세(前世)로부터 전해 오는 습관을 이르는 말.
숙습(熟習)명 ①몸에 밴 습관. ②-하다타 익숙하게 익힘.
숙습난당(熟習難當)성구 무슨 일에나 익숙한 사람에게는 당해 내지 못함을 이르는 말.
숙습난방(熟習難防)성구 몸에 밴 습관은 고치기 어려움을 이르는 말.
숙시(熟柿)명 나무에 달린 채 익어 무른 감. ☞연시(軟柿). 홍시(紅柿)
숙시(熟視)명-하다타 눈여겨봄.
숙시숙비(孰是孰非)성구 누가 옳고 누가 그른지 알기 어려움을 이르는 말.
숙시-주의(熟柿主義)명 잘 익은 감이 저절로 떨어지기를 기다리듯이, 노력은 하지 않고 자기에게 이익이 돌아오기를 기다리는 태도를 비유하여 이르는 말.
숙식(宿食)명 ①먹은 것이 삭지 아니하고 위(胃)에 그대로 있음, 또는 그 음식. ②-하다자 잠을 자고 끼니를 먹음, 또는 그 일. 침식(寢食) ¶－할 곳을 정하다.
숙식(熟識)명-하다타 익히 앎. 속속들이 앎. 숙지(熟知)
숙실(熟悉)명-하다타 어떤 사정이나 형편, 상대편의 의사 따위를 환히 다 앎.
숙실과(熟實果)명 밀가루나 메밀가루 등에 기름과 꿀 따위를 섞어 만든 과자를 통틀어 이르는 말. 유밀과(油蜜果)를 실과(實果)에 견주어 이르는 말임. 준숙과(熟果)
숙씨(叔氏)명 남의 형제 중 셋째 되는 이를 높이어 이르는 말. ☞백씨(伯氏). 중씨(仲氏)
숙아(宿痾)명 숙병(宿病)
숙악(宿惡)명 ①이전에 저지른 나쁜 짓. ②불교에서, 전생(前生)에 저지른 나쁜 짓.
숙악(宿萼)명 완두의 꽃받침 따위와 같이 꽃잎이 진 뒤에도 남아 있는 꽃받침. ☞산악(散萼)
숙안(宿案)명 미리부터 생각해 놓은 안(案).
숙야(夙夜)명 ①이른 아침부터 밤 늦게까지. ②이른 아침. 조조(早朝)
숙약(宿約)명 오래된 약속. ¶－을 저버리다.
숙어(熟語)명 둘 이상의 단어가 어울리어 하나의 단어로 쓰이게 된 말. 백면서생(白面書生), 일조일석(一朝一夕) 따위. 성어(成語). 익은말
숙어-지다자 ①앞으로 기울어지다. ¶고개가 －. ②기운이나 기세 따위가 줄어들다. ¶더위가 점점 －.
숙업(宿業)명 불교에서, 전세(前世)에 행한 선악(善惡)의 행위를 이르는 말.
숙연(宿緣)명 전세(前世)의 인연. 숙인(宿因)
숙연(肅然)어기 '숙연(肅然)하다'의 어기(語基).
숙연-하다(肅然－)형여 고요하고 엄숙하다. ¶숙연한 분위기.
  숙연-히부 숙연하게 ¶－ 묵념을 드리다.
숙영(宿營)명 군대가 병영(兵營) 이외의 곳에서 숙박하는 일, 또는 그곳.
숙영낭자전(淑英娘子傳)명 작자와 연대를 알 수 없는, 조선 후기의 고대 소설. 한문 소설인 '재생연(再生緣)'을 번역하여 꾸민 것으로 선도(仙道) 사상에 바탕을 둔 애정 소설임.
숙오(夙悟)어기 '숙오(夙悟)하다'의 어기(語基).
숙오-하다(夙悟－)형여 어린 나이에도 매우 영리하다.
숙용(淑容)명 조선 시대, 내명부 품계의 하나. 임금의 후궁에게 내린 봉작으로 종삼품임. ☞소원(昭媛)
숙우(宿雨)명 ①지난밤부터 잇달아 내리는 비. ②여러 날을 잇달아 내리는 비.
숙운(宿運)명 태어나기 전부터 정해진 운명. 타고난 운명. 숙명(宿命)
숙원(宿怨)명 오래 묵은 원한.
숙원(宿願)명 오래 전부터 바라던 소원.
숙원(淑媛)명 조선 시대, 내명부 품계의 하나. 임금의 후궁에게 내린 봉작으로 종사품임. ☞상궁(尙宮)
숙위(宿衛)명-하다타 숙직하면서 지킴.
숙유(宿儒)명 학문과 덕망이 높은 선비.
숙육(熟肉)명 '수육'의 원말.
숙은(肅恩)명-하다자 은혜에 정중하게 사례함. 숙사(肅謝)
숙의(淑儀)명 조선 시대, 내명부 품계의 하나. 임금의 후궁에게 내린 봉작으로 종이품임. ☞소용(昭容)
숙의(熟議)명-하다타 충분히 의논함.
숙이다타 고개를 숙게 하다. ¶머리를 숙이고 묵념하다.
숙인(淑人)명 조선 시대, 외명부 품계의 하나. 정삼품 당하관과 종삼품 문무관의 아내에게 내린 봉작(封爵). ☞혜인(惠人)
숙인(宿因)명 숙연(宿緣)
숙자(淑姿)명 숙녀의 얌전하고 덕스러운 자태.
숙잠(熟蠶)명 익은누에
숙장(宿將)명 전투 경험을 많이 한 노련한 장수.
숙-장아찌(熟－)명 오이·무·두부·다시마 등을 길고 반듯하게 썰어서 쇠고기를 섞고 간장에 조린 다음에 갖은 양념을 한 반찬.
숙저(熟菹)명 숙김치
숙적(宿敵)명 오래 전부터 있어 온 원수 또는 적수.
숙전(熟田)명 해마다 농사짓는 밭.
숙정(肅正)명-하다타 엄중하게 다스려서 바로잡음.
숙정(肅整)어기 '숙정(肅整)하다'의 어기(語基).
숙정(肅靜)어기 '숙정(肅靜)하다'의 어기(語基).
숙정문(肅靖門)명 조선 시대, 서울 도성(都城)의 정북에 세운 성문(城門). ☞홍인지문(興仁之門)
숙정-하다(肅整－)형여 몸가짐이 단정하고 엄숙하다. 정숙(整肅)하다
숙정-하다(肅靜－)형여 조용하고 엄숙하다. 정숙하다
숙제(宿題)명 ①교사가 아동이나 학생에게 집에서 해 오도록 이르는 학습상의 과제. ¶여름 방학 －. ②앞으로 해결해야 할 문제. ¶뒷날의 －로 남겨 두다.
숙족(熟足)명 삶아 익힌 소의 발.
숙죄(宿罪)명 ①불교에서, 전세(前世)에 지은 죄를 이르는 말. ②원죄(原罪)
숙주명 '숙주나물'의 준말.
숙주(宿主)명 기생 생물(寄生生物)이 기생하는 동물이나 식물. 기주(寄主)
숙주(熟紬)명 누인 명주실로 짠 깁.
숙주-나물명 ①녹두를 물에 불려 콩나물처럼 싹을 틔워 기른 나물. 녹두채(綠豆菜) ②꼬리를 딴 숙주를 소금물에 살짝 삶아서 물기를 꼭 짠 다음, 갖은양념으로 무친 나물. 숙주채 준숙주
숙주-채(－菜)명 숙주나물
숙증(宿症)명 오래 묵은 병. 숙환(宿患)
숙지(宿志·夙志)명 오래 전부터 마음먹은 뜻.
숙지(熟知)명-하다타 익히 앎. 속속들이 앎. 숙식(熟識)
숙지근-하다형여 맹렬하던 형세가 누그러진듯 하다.
숙-지다자 어떤 현상이나 기세 따위가 차차 줄어지다. ¶더위가 제법 숙진듯 하다.
숙-지황(熟地黃)명 한방에서, 생지황(生地黃)을 술에 담갔다가 쪄서 말리기를 아홉 번 되풀이한 것을 약재로 이르는 말. 보혈제(補血劑)나 강장제(強壯劑)로 쓰임. 숙변. 숙하(熟苄) ☞구증구포(九蒸九曝)
숙직(宿直)명-하다자 직장에 근무하는 사람이 번갈아 밤에 직장에서 건물이나 시설 따위를 경비하는 일, 또는 그 사람. 상직(上直) ☞일직(日直)
숙직-실(宿直室)명 숙직하는 사람이 사용하는 방.
숙직-원(宿直員)명 숙직하는 사람.
숙질(叔姪)명 아저씨와 조카.
숙질(宿疾)명 오래 묵은 병. 숙환(宿患)
숙찰(熟察)명-하다타 자세히 살핌.
숙채(宿債)명 오래 묵은 빚.
숙채(熟菜)명 익혀 무친 나물. ☞생채(生菜)
숙철(熟鐵)명 시우쇠
숙청(肅淸)명-하다타 조직 안의 반대 세력을 모두 몰아냄.

숙청(熟淸)명 찌꺼기를 없앤 맑은 꿀. ☞생청(生淸). 화청(火淸)
숙청(淑淸)어기 '숙청(淑淸)하다'의 어기(語基).
숙청-하다(淑淸—)형여 성품이 정숙하고 깨끗하다.
숙체(宿滯)명 한방에서, 오래 묵은 체증을 이르는 말.
숙초(熟綃)명 누인 명주실로 짠 사(紗).
숙취(宿醉)명 술을 마신 다음날까지 가시지 않는 취기.
숙친(熟親)어기 '숙친(熟親)하다'의 어기(語基).
숙친-하다(熟親—)형여 사귀는 사이가 허물없이 가깝다.
숙폐(宿弊)명 오래된 폐단.
숙피(熟皮)명 다루어서 부드럽게 만든 가죽. ☞무두질
숙하(熟芐)명 숙지황(熟地黃)
숙학(宿學)명 학문이 깊고 인망(人望)이 높은 학자. ☞숙유(宿儒)
숙항(叔行)명 아저씨뻘의 항렬. ☞조항(祖行)
숙향전(淑香傳)명 조선 후기, 작자와 연대를 알 수 없는 한글 소설의 한 가지. 훗날 초왕(楚王)이 되는 이선(李仙)과 숙향의 사랑을 그린 내용임.
숙혐(宿嫌)명 오래된 미움.
숙호충비(宿虎衝鼻)성구 '자는 범 코침 주기'라는 말을 한문식으로 옮긴 구(句)로, 그대로 가만 두었으면 아무 일도 없었을 것을 공연히 건드려서 화(禍)를 불러들인다는 뜻.
숙환(宿患)명 오래 묵은 병. 숙병(宿病). 숙증(宿症)
숙황(熟荒)명-하다자 풍년으로 쌀값이 내려, 농민이 도리어 곤궁해지는 일.
숙황-장(熟黃醬)명 볶은콩과 밀가루로 만든 메주로 담근 장.
숙회(熟膾)명 생선을 얇게 떠서 녹말을 묻혀 끓는 물에 데치거나 쪄서 만든 회.
숙흥야:매(夙興夜寐)성구 아침에 일찍 일어나고 밤에는 늦게 잔다는 뜻으로, 밤낮을 가리지 않고 부지런히 일함을 이르는 말.
순(巡)[1]명 ①'순행(巡行)'의 준말. ②돌아오는 차례.
순(純)명 조선 시대, 과거 시험이나 서당에서 성적을 매기던 등급의 한 가지. 순(純)·통(通)·약(略)·조(粗)·불(不)의 다섯 등급 가운데서 첫째 등급.
순(筍)명 식물(植物)의 싹.
  순(을) 지르다관용 식물의 순을 잘라 내다.
  순(을) 치다관용 식물의 쓸모 없는 순을 자르다.
순(舜)명 중국 고대 전설상의 제왕(帝王). 오제(五帝)의 한 사람으로, 요(堯)의 뒤를 이어 제왕이 되었음. 후세에 요(堯)와 아울러 이상적인 성군(聖君)으로 일컬어짐.
순(旬)의 열흘 동안. ¶삼사 — 전에 만난 적이 있다.
순(巡)[2]의 활쏘기에서, 사람마다 화살 다섯 대씩을 쏘는 한 차례.
순(純)관 순전한 ¶— 한국식. /— 우리말.
순(純)-《접두사처럼 쓰이어》'순수한'의 뜻을 나타냄. ¶순문학(純文學)/순이익(純利益)/순백색(純白色)
-순(順)《접미사처럼 쓰이어》'차례'의 뜻을 나타냄. ¶가나다순/나이순/선착순(先着順)/석차순(席次順)
순각(楯桷)명 폿집의 불벽(佛壁)과 첨차(檐遮) 사이나 첨차와 첨차 사이를 막는 널빤지.
순각-반자(楯桷—)명 반자틀에다 상사를 치고, 반자 구멍에 끼운 널조각. 흔히 마루의 반자에 함.
순간(旬刊)명 신문이나 잡지 등을 열흘에 한 번씩 정기적으로 펴내는 일, 또는 그 간행물. ☞순보(旬報)
순간(旬間)명 ①음력 초열흘께. ②열흘 동안. 잡순(帀旬)
순간(瞬間)명 눈을 깜짝 할 사이라는 뜻으로, 매우 짧은 동안. 삽시간(霎時間). 찰나(刹那) ¶결정적인 —을 필름에 담다. /한 —에 일어난 사고.
순간=풍속(瞬間風速)명 끊임없이 변동하는 풍속 중 어느 한 순간의 풍속.
순강(巡講)명-하다자 여러 곳으로 돌아다니며 강연하는 일, 또는 그 강연.
순검(巡檢)명-하다타 ①순찰하며 점검함. ②조선 시대, 순청(巡廳)에서 맡은 구역 안을 돌며 통행을 감시하던 일. ③조선 말, 경무청에 딸렸던 가장 낮은 계급, 또는 그 계급의 관원. 지금의 순경에 해당함.
순견(純絹)명 명주실로만 짠 명주. 본견(本絹)
순결(純潔)명-하다형 ①잡된 것이 없이 순수하고 깨끗함. ¶—한 마음씨. ②이성과 성적인 관계를 갖지 않고 마음과 몸이 깨끗함. ¶—을 지키다.
순결=교:육(純潔教育)명 청소년에게 성(性)에 관한 과학적인 지식을 일러주고, 올바른 성도덕(性道德)을 일깨우는 교육. ☞성교육(性教育)
순결무구(純潔無垢)성구 마음과 몸이 아주 깨끗하여 조금도 더러운 티가 없음을 이르는 말.
순경(巡更)명 조선 시대, 밤에 도둑이나 화재 등을 단속하기 위하여 일정한 지역을 순찰하는 일을 이르던 말.
순경(巡警)명 경찰 공무원 계급의 하나. 경장의 아래로 경찰관의 가장 낮은 계급, 또는 그 계급의 사람.
순:경(順境)명 일이 마음먹은 대로 잘 되어가는 경우. ¶—에서 티 없이 자란 아이. ☞역경(逆境)
순경-음(脣輕音)명〈어〉훈민정음(訓民正音)에서 순음(脣音) 아래 'ㅇ'을 더하여 만든 'ㅱ·ㅸ·ㆄ·ㅹ'을 이른 말. 고유어에서는 'ㅸ'만 쓰였음.
순계(純系)명 유전자에 잡종이나 이종이 섞여 있지 않은 순수한 계통. 곧 순수한 계통의 개체들만으로 자가수정하여 생긴 생물의 계통.
순계=분리(純系分離)명 농작물이나 가축 따위의 품종 개량법의 한 가지. 여러 유전자형이 섞여 있는 데서 순계를 골라내는 일.
순고(淳古)어기 '순고(淳古)하다'의 어기(語基).
순고-하다(淳古—)형여 꾸밈 없이 수수하고 예스럽다.
순공(殉公)명-하다자 나라나 사회를 위하여 자기의 한 몸을 희생함.
순교(殉教)명-하다자 자기가 믿는 종교를 위해 목숨을 바침.
순국(殉國)명-하다자 나라를 위하여 목숨을 바침.
순국-선열(殉國先烈)명 나라를 위하여 목숨을 바친 열사. 애국선열(愛國先烈)
순근(醇謹)어기 '순근(醇謹)하다'의 어기(語基).
순근-하다(醇謹—)형여 성질이 어질고 조심성이 있다.
순금(純金)명 불순물이 섞이지 아니한 황금(黃金). 이십사금(二十四金). 정금(正金) ☞정은(正銀)
순:-기능(順機能)명 본디의 목적에 맞게 작용하는 바람직한 기능. ☞역기능(逆機能)
순난(殉難)명-하다자 재난이나 국난으로 몸을 희생함.
순년(旬年)명 십 년.
순-담:배(筍—)명 담배의 순을 따서 말린 담배.
순:당(順當)어기 '순당(順當)하다'의 어기(語基).
순:당-하다(順當—)형여 도리로 보아 당연하다.
순대명 돼지의 창자 속에 쌀·두부·파·숙주나물·표고버섯·선지 따위를 양념하여 이겨서 넣고 끝을 동여 삶아 익힌 음식.
순댓-국명 돼지고기를 삶은 국물에 순대와 간·콩팥 등의 내장을 썰어 넣고 끓인 국.
순도(純度)명 물질의 순수한 정도. ¶—가 높은 금.
순도(殉道)명-하다자 도의를 위하여 몸을 희생함.
순독(純篤·醇篤)어기 '순독(純篤)하다'의 어기(語基).
순독-하다(純篤—)형여 순박하고 인정이 두텁다.
순동(純銅)명 불순물이 섞이지 않은 구리.
순두(脣頭)명 입술 끝.
순-두부(—豆腐)명 눌러서 굳히지 아니한 두부. 수두부
순두부-찌개(—豆腐—)명 순두부에 고기와 파 등을 썰어 넣고 달걀을 풀어 간장 따위로 간을 하여 끓인 찌개.
순라(巡邏)명 ①'순라군'의 준말. ②'술래'의 원말.
순라-군(巡邏軍)명 조선 시대, 도둑이나 화재 따위를 경계하기 위해 밤에 사람의 통행을 금하고 경내를 순찰하던 군사.
순람(巡覽)명-하다타 여러 곳으로 돌아다니며 봄.
순량(純量)명 물건의 전체 무게에서 용기나 포장물 등의 무게를 뺀, 순수한 내용물만의 무게.

ㅅ

순량(循良)명 법을 지키며 선량함, 또는 그런 사람.
순량(純良)어기 '순량(純良)하다'의 어기(語基).
순량(淳良)어기 '순량(淳良)하다'의 어기(語基).
순:량(順良)어기 '순량(順良)하다'의 어기(語基).
순량(馴良)어기 '순량(馴良)하다'의 어기(語基).
순량-하다(純良-)형여 성질이 순진하고 착하다.
순량-하다(淳良-)형여 성질이 순박하고 착하다.
순:량-하다(順良-)형여 성질이 유순하고 착하다.
순량-하다(馴良-)형여 짐승이 길이 들어서 온순하다.
순력(巡歷)명-하다타 ①여러 곳을 두루 돌아다님. ②조선 시대, 감사(監司)가 도내의 각 고을을 돌아보던 일.
순례(巡禮)명-하다타 종교상의 성지(聖地)나 영지(靈地)를 찾아다니면서 참배하는 일.
순례(循例)명-하다자 관례(慣例)를 따름.
순례-자(巡禮者)명 성지(聖地)나 영지(靈地)를 순례하는 사람.
순:로(順路)명 ①평탄하고 곧은 길. ②사물의 평탄하고 올바른 순서. ☞역로(逆路)
순록(馴鹿)명 사슴과의 짐승. 키 1m, 몸길이 1.8m 안팎. 사슴과 비슷하나 더 크고 억세며 북극 지방 툰드라 지대에서 무리를 지어 삶. 암수 모두 뿔이 있으며 발굽이 큼. 북유럽에서는 예부터 가축으로 길러 썰매를 끌게 함.
순료(醇醪)명 무회주(無灰酒)
순:류(順流)명-하다자 ①물이 순탄하게 흐름, 또는 순탄하게 흐르는 물. ¶뗏목이 -를 따라 흘러가다. ②물의 흐름에 따라 내려간다는 뜻에서, 세상의 흐름에 따름을 이르는 말. ☞역류(逆流)
순리(殉利)명-하다자 이익만을 바라다가 몸을 망침.
순리(純利)명 '순이익(純利益)'의 준말. 순익(純益)
순리(純理)명 순수한 학문상의 이론.
순리(循吏)명 규칙을 잘 지키며 직무에 충실한 관리.
순:리(順理)명 ①마땅한 도리나 이치. ¶-에 따르다. ②-하다자 도리에 순종함.
순:리-적(順理的)명 마땅한 도리나 이치에 따르는 것.
순린(純鱗)명 비늘 같은 무늬가 있는 얇은 사(紗).
순막(瞬膜)명 가오리나 개구리 등 일부 척추동물의 눈꺼풀과 각막(角膜) 사이에 있는 반투명의 막. 필요에 따라 각막을 덮어 보호함.
순:만(順娩)명-하다타 순산(順産)
순망(旬望)명 음력 초열흘과 보름.
순망-간(旬望間)명 음력 초열흘에서 보름까지의 동안.
순망치한(脣亡齒寒)성구 입술이 없으면 이가 시리다는 뜻으로, 이해 관계가 서로 밀접하여 한쪽이 망하면 다른 한쪽도 온전할 수가 없음을 비유하여 이르는 말.
순-맥반(純麥飯)명 보리쌀로만 지은 밥. 꽁보리밥
순면(純綿)명 무명실만으로 짠 직물.
순명(殉名)명-하다자 명예를 위하여 목숨을 버림.
순:명(順命)명-하다자 ①명령을 따름. ②천명(天命)에 순종함.
순모(純毛)명 다른 것이 섞이지 아니한 순수한 털실, 또는 그런 털실로 짠 모직물.
순무명 겨잣과의 한해살이 또는 두해살이 재배 식물. 무와 비슷하나 뿌리가 품종에 따라 살이 쪄 둥글거나 길쭉하며, 빛깔도 흰 것, 붉은 것, 보랏빛인 것 등이 있음. 봄에 노란빛의 십자화(十字花)가 피고 잎과 뿌리는 먹을 수 있음. 만청(蔓菁). 무청(蕪菁). 제갈채(諸葛菜) ☞열무
순무(巡撫)명-하다타 지난날, 여러 지방을 돌아다니면서 민심(民心)을 진정시키던 일.
순무-어:사(巡撫御史)명 조선 시대, 지방에 변란이나 재해가 생겼을 때, 왕명을 받들고 각 지방을 돌아다니면서 민심을 진정시키던 특사.
순무-채(-菜)명 순무를 채쳐서 갖은양념을 한 생채.
순문(詢問)명-하다타 임금이 신하나 백성에게 물음. 자순(諮詢)
순-문학(純文學)명 ①대중 문학(大衆文學)에 상대하여, 순수한 예술성을 목적으로 삼는 문학을 이르는 말. ②넓은 뜻의 문학에 상대하여, 문학의 계몽성, 목적 의식 등이 없는, 순수하게 미적(美的) 감각에 중점을 둔 문학을 이르는 말. 순수 문학(純粹文學)
순-물명 순두부를 누를 때에 나오는 물.
순미(純味)명 다른 맛이 섞이지 않은 순수한 맛.
순미(純美)어기 '순미(純美)하다'의 어기(語基).
순미(醇美)어기 '순미(醇美)하다'의 어기(語基).
순미-하다(純美-)형여 티 없이 아름답다.
순미-하다(醇美-)형여 순박하고 아름답다. 순수하고 아름답다.
순:민(順民)명 순하고 착한 백성.
순박(淳朴·醇朴)어기 '순박(淳朴)하다'의 어기(語基).
순박-하다(淳朴-)형여 순진하고 꾸밈이 없다. ¶순박한 시골 인심.

한자 순박할 박(朴)〔木部 2획〕¶순박(淳朴)

순발-력(瞬發力)명 순간적으로 빨리 움직일 수 있는 근육의 힘.
순발-신:관(瞬發信管)명 작은 충격에도 곧 불을 일으켜 폭발하는 신관.
순방(巡訪)명-하다타 차례로 방문함. ¶- 외교.
순배(巡杯)명-하다자 ①술잔을 차례로 돌림, 또는 그 술잔. 주순(酒巡) ②〔의존 명사로도 쓰임〕¶술이 두 - 돌다.
순백(純白)명 ①-하다형 티없이 맑고 깨끗함. 수백(粹白) ②'순백색(純白色)'의 준말. ¶-의 눈.
순백-색(純白色)명 순수한 흰빛. 준순백(純白)
순:번(順番)명 차례대로 갈마드는 번, 또는 그 차례. ¶-에 따라 자리에 앉다./-을 기다리다.
순변-사(巡邊使)명 조선 시대, 왕명으로 군무(軍務)를 띠고 변경을 순찰하던 특사.
순보(旬報)명 열흘에 한 번씩 펴내는 잡지나 신문. ☞순간(旬刊)
순:복(順服)명-하다자 명령이나 요구에 고분고분 따름.
순복(馴服)명-하다자 길이 들어서 잘 따름.
순:부(順付)명-하다타 볼일을 마치고 돌아가거나 돌아오거나 하는 인편에 물건이나 편지 따위를 부침.
순분(純分)명 금은화(金銀貨)나 지금(地金)에 들어 있는 순금(純金)이나 순은(純銀)의 분량.
순분=공차(純分公差)명 법정 화폐의 순분과 실제로 주조된 화폐의 순분과의 차.
순비기-나무명 마편초과의 상록 관목. 높이 20~80cm. 우리 나라 중부 이남의 바닷가 모래땅에 자라는데, 잔가지는 네모지고 흰 털이 많음. 가지와 잎에서 향기가 나고, 잎은 길둥근 꼴로 두꺼움. 여름에 짙은 자색 꽃이 피고 열매는 핵과(核果)임. 열매는 만형자(蔓荊子)라 하여 한방에서 약재로 씀. 만형(蔓荊)
순-뽕(筍-)명 새순이 돋아 핀 연한 뽕잎.
순사(巡使)명 '순찰사(巡察使)'의 준말.
순사(巡査)명 일제 강점기의 경찰관의 가장 낮은 계급.
순사(殉死)명-하다자 ①나라를 위하여 스스로 목숨을 버림. ②임금이나 남편이 세상을 떠났을 때, 뒤따라서 스스로 목숨을 끊는 일.
순-사또(∠巡使道)명 조선 시대, 각도의 순찰사(巡察使)를 높이어 이르던 말.
순삭(旬朔)명 초열흘과 초하루.
순산(巡山)명-하다자 산림(山林)을 돌아보고 살핌.
순:산(順産)명-하다타 아무 탈이 없이 수월하게 아이를 낳음. 순만(順娩). 안산(安産) ☞난산(難産)
순상(巡相)명 순찰사(巡察使)
순:상(順喪)명 늙은 사람이 젊은 사람보다 먼저 죽는 일. ☞악상(惡喪)
순상-엽(楯狀葉)명 방패 모양으로 생긴 잎.
순상-지(楯狀地)명 선캄브리아 시대의 지반을 이루었던 바위가 널리 노출된 낮고 펀펀한 지역. 오랜 침식 작용으로 마치 방패를 엎어 놓은듯이 평평한 데서 이르는 말.
순상=화:산(楯狀火山)명 찰기가 적은 현무암질(玄武岩

質)의 용암(熔岩)이 분출하여 원뿔 모양으로 이루어진, 비탈이 가파르지 않은 화산. 아스피테(Aspite)
순색(純色)명 다른 색이 섞이지 않은 순수한 색. 특히 어떤 색상(色相) 가운데서 채도(彩度)가 가장 높은 색.
순:생-보(順生報)명 불교에서 이르는 삼보(三報)의 하나. 현세(現世)에서 지은 선악(善惡)의 업(業) 가운데서 그 과보(果報)를 내생(來生)에 받는 일을 이르는 말. 생보(生報). 순생업
순:생-업(順生業)명 순생보
순:서(順序)명 차례
순:서-도(順序圖)명 컴퓨터에서, 프로그램의 작성 순서를 단계화하여 약속한 기호로 나타낸 그림.
순석(巡錫)명-하다자 석장(錫杖)을 들고 순행(巡行)한다는 뜻으로, 중이 여러 곳을 돌아다니며 수행하거나 도(道)를 펴는 일을 이르는 말.
순선(脣腺)명 ①사람이나 파충류 따위의 아래위 입술 점막에 흩어져 있는, 점액을 분비하는 작은 구멍. ②수다스러운 것을 비유적으로 이르는 말.
순설(脣舌)명 ①입술과 혀를 아울러 이르는 말. ②수다스러운 것을 비유적으로 이르는 말.
순설을 허비하다관용 아무 보람도 없는 말을 늘어놓다.
순성(巡城)명-하다자 ①성(城)의 둘레를 돌면서 경계함. ②성을 돌아다니며 구경함.
순성(脣聲)명 순음(脣音)
순:성(順成)명-하다타 일이 아무 탈 없이 잘 이루어짐.
순성(馴性)명 ①사람에게 길이 잘 드는 성질. ¶가축의 -. ②남이 하라는 대로 잘 따라 하는 성질.
순-소:득(純所得)명 소득 전체에서 소득을 얻기 위하여 들인 모든 비용을 뺀 나머지의 순수한 소득.
순-소수(純小數)명 소수점(小數點) 앞에 0 이외의 정수(整數)가 없는 소수. ☞대소수(帶小數)
순속(淳俗)명 순박한 풍속. 순풍(淳風)
순:속(順俗)명-하다자 시속(時俗)을 따름.
순-속반(純粟飯)명 강조밥
순:손(順孫)명 조부모를 잘 받들어 모시는 손자.
순수(巡狩)명-하다자타 지난날, 임금이 나라 안을 돌아다니며 지방의 정치와 백성의 생활을 살펴보던 일. 순행(巡幸)
순:수(順數)명-하다타 차례로 셈함.
순수(純粹)어기 '순수(純粹)하다'의 어기(語基).
순수=경제학(純粹經濟學)명 순수한 경제 현상만을 연구하려 하는 근대 경제학의 한 경향.
순수=경험(純粹經驗)명 철학에서, 어떤 판단이나 사고(思考)가 더해지지 아니하고, 주관과 객관이 구별되기 이전 상태에서 직접 겪은 경험을 이르는 말.
순수=문학(純粹文學)명 ①대중 문학(大衆文學)에 상대하여, 순수한 예술성을 목적으로 삼는 문학을 이르는 말. ☞통속 문학 ②넓은 뜻의 문학에 상대하여, 문학의 계몽성, 목적 의식 등이 없는, 순수하게 미적(美的) 감각에 중점을 둔 문학을 이르는 말. 순문학(純文學)
순수=배:양(純粹培養)명 세균 따위를 다른 종류에서 분리하여 한 종류나 한 계통만 배양하는 일.
순수=법학(純粹法學)명 법을 사회학·정치학·형이상학 등과 분리하여 법 그 자체를 실증적으로 탐구하는 법학.
순수-비(巡狩碑)명 임금이 순수한 사실을 기념하기 위하여 그곳에 세운 비석.
순수=소:설(純粹小說)명 어떤 효용성이나 통속성, 이념 따위를 멀리하고, 작품의 예술적 가치만을 추구한 소설. ☞대중 소설. 통속 소설
순수-시(純粹詩)명 경험이나 교훈 등 모든 산문적인 요소를 멀리하고, 순수한 정서적 감동만을 추구한 시.
순수=의:식(純粹意識)명 경험의 제약을 받지 아니하는 선험적(先驗的) 의식.
순수=이:성(純粹理性)명 칸트 철학에서, 넓은 뜻으로는 경험을 가능하게 하는 선천적 인식 능력, 좁은 뜻으로는 개념(槪念)·판단(判斷)·추론(推論)의 능력을 이르는 말. ☞실천 이성(實踐理性)
순수=통:각(純粹統覺)명 의식 일반(意識一般)

순수-하다(純粹-)형여 ①다른 것이 섞인 것이 없다. ¶순수한 알코올. ②사악한 생각이나 사욕(私慾)이 없다. ¶소년의 순수한 사랑.

한자 순수할 순(純)〔糸部 4획〕¶불순(不純)/순결(純潔)/순도(純度)/순정(純情)/순진(純眞)/청순(淸純)

순:순(順順)어기 '순순(順順)하다'의 어기(語基).
순순(諄諄)어기 '순순(諄諄)하다'의 어기(語基).
순:순-하다(順順-)형여 ①성질이 고분고분하고 순하다. ②음식 맛이 순하다. ¶국물 맛이 -.
순순-히부 순순하게 ¶- 자백하다./- 따르다.
순순-하다(諄諄-)형여 일러주는 태도가 다정스럽고 자상하다. ¶순순하게 타이르다.
순순-히부 순순하게
순순환=소:수(純循環小數)명 소수점 바로 아래 숫자부터 순환하는 소수. 0.232323… 따위. ☞혼순환 소수
순시(巡視)명-하다타 돌아다니며 살펴봄, 또는 그런 일을 하는 사람. ☞순수(巡狩). 순찰(巡察)
순시(瞬時)명 눈을 깜짝할 사이라는 뜻으로, 매우 짧은 동안을 이르는 말. 삽시간(霎時間)
순식(瞬息)수 소수(小數) 단위의 하나. 수유(須臾)의 10분의 1, 탄지(彈指)의 열 곱절.
순식-간(瞬息間)명 매우 짧은 동안.
순실(純實)어기 '순실(純實)하다'의 어기(語基).
순실(淳實)어기 '순실(淳實)하다'의 어기(語基).
순실-하다(純實-)형여 순수하고 참되다.
순실-하다(淳實-)형여 순박하고 참되다.
순애(純愛)명 남녀 사이의 순수한 애정(愛情).
순애(殉愛)명-하다자 사랑을 위하여 목숨을 바침.
순양(巡洋)명-하다타 해양(海洋)을 순찰함.
순양(純陽)명 ①다른 것이 섞이지 않은 순수한 양기(陽氣). ②숫총각의 양기. ☞순음(純陰)
순양(馴養)명-하다타 길들여서 기름. 순육(馴育)
순양-함(巡洋艦)명 군함의 한 가지. 전함(戰艦)에 버금가는 공격력과 방어력을 가진, 속력이 빠르고 항속력(航續力)이 큰 군함. 크기와 주포(主砲)의 구경(口徑)에 따라 경순양함과 중순양함으로 구별함.
순여(旬餘)명 열흘 남짓한 동안.
순:역(順逆)명 ①순종(順從)과 거역(拒逆). ②순리(順理)와 역리(逆理).
순연(巡演)명-하다타 여러 지방을 돌아다니면서 상연함.
순:연(順延)명-하다타 미리 정해 놓은 날을 다음 날로 차례로 미룸. ¶비가 와서 경기 일정을 -하다.
순:연(順緣)명 ①늙은 사람부터 차례로 죽음. ②불교에서, 착한 일을 하는 것이 불도(佛道)에 드는 인연이 되는 일을 이르는 말.
순연(純然)어기 '순연(純然)하다'의 어기(語基).
순연-하다(純然-)형여 다른 것이 섞이지 않고 본디대로 온전하다.
순연-히부 순연하게
순열(巡閱)명-하다타 돌아다니면서 검열함.
순열(殉烈)명-하다자 나라를 위하여 목숨을 바침, 또는 그러한 사람.
순:열(順列)명 ①차례대로 늘어놓는 일. ②수학에서, 주어진 여러 개의 사물 중에서 일정한 개수의 것을 가지고 일정한 순서로 배열하는 방법. ☞조합(組合)[2]
순영(巡營)명 조선 시대, '감영(監營)'을 달리 이르던 말.
순오지(旬五志)명 조선 효종 때, 홍만종(洪萬宗)이 지은 책. 정철(鄭澈)·송순(宋純)의 시가와 중국의 서유기(西遊記)에 대하여 평하고, 130여 개의 속담을 부록으로 실었음. 지은이가 병중(病中)에 보름 동안 완성했다 해서 붙여진 이름이라 전함.
순월(旬月)명 열흘이나 달포 가량.
순:위(順位)명 차례를 나타내는 위치나 지위.
순유(巡遊)명-하다자 여러 곳으로 돌아다니며 놂. 역유
순육(馴育)명-하다타 길들여서 기름. 순양(馴養)

순은(純銀)명 불순물이 섞이지 않은 순수한 은(銀). 정은(正銀) ☞순금(純金)
순음(純陰)명 ①다른 것이 섞이지 않은 순수한 음기(陰氣). ②숫처녀의 음기. ☞순양(純陽)
순음(脣音)명〈어〉자음의 한 갈래. 두 입술 사이에서 나는 소리로 'ㅁ·ㅂ·ㅃ·ㅍ'을 이름. 입술소리. 양순음(兩脣音) ☞잇몸소리
순:응(順應)명-하다자 ①순순히 대응함. ②환경이나 처지의 변화에 따라 성질이나 행동이 그것에 맞추어 변하는 일. ¶새로운 환경에 -하다. ③외계(外界)의 자극에 대하여 생물체의 감각 기관이 익숙해지는 일.
순:의(殉義)명-하다자 의(義)를 위하여 죽음.
순-이:익(純利益)[-니-]명 일정 기간의 총수익에서 모든 경비를 뺀 나머지 금액. 준순리(純利). 순익(純益)
순익(純益)명 '순이익(純利益)'의 준말. 순리(純利)
순익-금(純益金)명 순이익(純利益)의 돈.
순인(純仁)명 무늬 없는 갑사. 날실은 생사로, 씨실은 연사(練絲)로 짬.
순:인(順人)명 조선 시대, 외명부 품계의 하나. 정육품 종친(宗親)의 아내에게 내린 봉작. ☞선인(宣人)
순일(旬日)명 ①음력 초열흘. ②열흘 동안.
순일(純一)어기 '순일(純一)하다'의 어기(語基).
순일-하다(純一-)형여 다른 것이 섞이지 아니하고 순수하다. ¶순일한 애정.
순-잎(筍-)[-닢]명 순이 돋아나와서 핀 잎.
순장(旬葬)명 지난날, 죽은 지 열흘 만에 지내던 장사.
순장(殉葬)명-하다타 고대 국가에서, 왕이나 귀족이 죽었을 때 그의 신하나 종을 함께 묻던 일.
순장-바둑명 우리 나라 고유의 재래식 바둑. 화점(花點)에 흑돌과 백돌을 섞바꾸어 여덟 개씩 미리 놓고 흑이 첫 수를 천원(天元)에 둠.
순-전(-前)명 개자리 앞.
순전(旬前)명 음력으로 초열흘 이전.
순전(脣前)명 무덤 앞에 평평하게 닦아 놓은 땅.
순전(純全)어기 '순전(純全)하다'의 어기(語基).
순전-하다(純全-)형여 순수하고 온전하다. ¶순전한 혈통의 진돗개.
　순전-히부 순전하게
순절(殉節)명-하다자 ①나라를 위하여 스스로 목숨을 버림. ②임금이나 남편이 세상을 떠났을 때, 충절(忠節)이나 정절(貞節)을 지키어 스스로 따라 죽음.
순:접(筍椄)명 식물의 접붙이기의 한 가지. 그 해에 난 새 가지의 끝을 쐐기처럼 깎아 대목(臺木)의 쪼갠 부분에 꽂아서 접붙이는 일. ☞가지접. 눈접. 쪼개접
순:접(順接)명〈어〉문장이나 구(句)의 접속 형식의 한 가지. 앞말과 이어지는 뒷말이 의미상 일치하는 접속 관계를 보이는 표현 방식. '그리고', '그래서', '그러니', '그러므로' 따위가 쓰임. ☞역접(逆接)
순정(純正)[1]명 학문에서, 이론을 주로 하고 응용이나 실용적인 면은 생각하지 않는 일. ¶- 수학
순정(純情)명 순수하고 사심(邪心)이 없는 감정.
순정(純正)[2]어기 '순정(純正)하다'의 어기(語基).
순:정(順正)어기 '순정(順正)하다'의 어기(語基).
순정-률(純正律)명 음계 중의 각 음의 음정 관계를 정수비(整數比)로 하여 화음의 협화도(協和度)를 높인 음률. 순정조(純正調)
순정=문학(純正文學)명 한문학에서, 고문(古文)을 숭상하여 성정(性情)을 바르게 하는 문학이란 뜻으로, '성리학(性理學)'을 이르던 말.
순정-조(純正調)[-쪼]명 순정률(純正律)
순정-하다(純正-)형여 순수하고 올바르다.
순:정-하다(順正-)형여 사리에 어긋나지 않고 올바르다.
순정=화:학(純正化學)명 화학의 기초적 연구 부문인 이론 화학, 무기 화학, 유기 화학을 통틀어 이르는 말. ☞응용 화학(應用化學)
순제(旬製)명 ①조선 시대, 성균관(成均館)에서 열흘마다 거재 유생(居齋儒生)에게 보이던 제술(製述) 시험. ②조선 시대, 승문원(承文院)의 당하문관(堂下文官)에게 열흘마다 보이던 이문(吏文)의 제술 시험.
순:조(順調)명 아무 탈이 없이 잘 되어감, 또는 그런 상태.
순:조(順潮)명 조수의 흐름에 따라 나아감. ☞역조(逆潮)
순:조-롭다(順調-)(-롭고·-로워)형ㅂ 탈이 없이 예정대로 잘 되어가는 상태에 있다.
　순조-로이부 순조롭게 ¶일이 예정대로 - 진행되다.
순종(純種)명 다른 계통과 섞이지 않은 순수한 종(種). ☞순계(純系). 잡종(雜種)
순종(脣腫)명 입술에 나는 부스럼.
순:종(順從)명-하다자 고분고분하게 따름. ☞복종(服從)
순주(醇酒)명 무회주(無灰酒)
순증(純增)명 '순증가(純增加)'의 준말.
순-증가(純增加)명 실질적인 증가. 준순증
순-지르기(筍-)명 성장이나 결실을 조절하기 위하여, 과수 따위에서 꼭지눈을 잘라 내는 일. 적심(摘心)
순직(殉職)명-하다자 직무를 다하다가 목숨을 잃음.
순직(純直)어기 '순직(純直)하다'의 어기(語基).
순:직(順直)어기 '순직(順直)하다'의 어기(語基).
순직-하다(純直-)형여 마음이 순진하고 곧다.
순:직-하다(順直-)형여 마음이 온순하고 곧다.
순진(純眞)어기 '순진(純眞)하다'의 어기(語基).
순진-하다(純眞-)형여 마음이 꾸밈이 없고 참되다. ¶순진한 아이. ☞무구하다
순:차(順次)명 돌아오는 차례.
순차(循次)명-하다자 차례를 좇음.
순:차-적(順次的)명 순서대로 차례차례 하는 것. ¶-으로 나아가다./-인 진행.
순찰(巡察)명-하다타 여러 곳으로 돌아다니며 사정을 살핌. ¶-을 돌다. ☞순시(巡視). 순초(巡哨)
순찰-병(巡察兵)명 순찰의 임무를 맡은 병사.
순찰-사(巡察使)[-싸]명 고려·조선 시대, 임금의 명령에 따라 지방 군무(軍務)를 순찰하던 임시 관직. 순상(巡相) 준순사(巡使)
순찰-차(巡察車)명 범죄나 사고를 방지하고 범죄자 따위를 쫓기 위하여 경찰이나 헌병 등이 타고 돌아다니는 차. 패트롤카(patrol car)
순찰-함(巡察函)명 일정한 구역 안의 곳곳에 달아 두고, 순찰한 사람이 순찰 결과를 적어 넣어 두는 함.
순창(脣瘡)명 입술이 터서 갈라지는 병.
순채(蓴菜)명 수련과의 여러해살이풀. 연못 등에 절로 자라는데, 잎은 길둥근 방패 모양이며 물 위에 뜸. 여름에 지름 2cm 안팎의 짙은 홍자색 꽃이 핌. 우리 나라와 중국, 일본 등지에 분포하며, 어린잎은 먹을 수 있고 원줄기의 잎은 이뇨제로 쓰임.
순:천(順天)명 '순천명(順天命)'의 준말. ☞역천(逆天)
순:-천명(順天命)명-하다자 하늘의 뜻에 따름. 준순천 ☞역천명(逆天命)
순:천-자(順天者)명 하늘의 뜻에 따르는 사람. ☞역천자
순철(純鐵)명 불순물이 조금도 섞이지 않은 순수한 철. 탄소나 불순물 등이 많이 들어 있는 선철(銑鐵)에 상대하여 이르는 말.
순청(巡廳)명 조선 시대, 야순(夜巡)을 맡아보던 관아.
순청(純靑)명 '순청색(純靑色)'의 준말.
순청-색(純靑色)명 순수하게 파란 빛. 준순청
순:체(順遞)명-하다타 중요한 관직을 잘못됨이 없이 원만하게 교체함.
순초(巡哨)명-하다타 돌아다니면서 적의 사정을 살피는 일.
순치(脣齒)명 ①입술과 이. ②입술과 이의 관계처럼, 이해 관계가 매우 밀접한 사이를 비유하여 이르는 말.
순치(馴致)명-하다타 ①짐승을 길들임. ②차차 어떠한 상태로 되게 함.
순치보:거(脣齒輔車)성구 순망치한(脣亡齒寒)과 보거상의(輔車相依)를 합친 말로, 서로 없어서는 안 될 밀접한 관계임을 이르는 말.
순치-음(脣齒音)명 아랫입술과 윗니 사이에서 내는 소리. 영어의 'v·f' 따위.

순치지국(脣齒之國)성구 입술과 이의 관계처럼, 이해 관계가 밀접한 두 나라를 비유하여 이르는 말.
순치지세(脣齒之勢)성구 입술과 이의 관계처럼, 서로 의지하고 돕는 형세를 비유하여 이르는 말.
순:탄(順坦)어기 '순탄(順坦)하다'의 어기(語基).
순:탄-하다(順坦-)형여 ①성질이 까다롭지 아니하다. ②길이 험하지 않고 평탄하다. ¶순탄한 도로. ③탈이 없이 순조롭다. ¶일생을 순탄하게 살아오다.
순탄-히부 순탄하게
순통(純通)명-하다자 글을 외고 그 내용에 통달함.
순:통(順通)명-하다자 일이 순조롭게 잘 통함.
순:편(順便)어기 '순편(順便)하다'의 어기(語基).
순:편-하다(順便-)형여 일이 순조롭고 편하다.
순편-히부 순편하게
순:평(順平)어기 '순평(順平)하다'의 어기(語基).
순:평-하다(順平-)형여 성질이 유순하고 편안하다.
순평-히부 순평하게
순풍(淳風)명 순박한 풍속. 순속(淳俗)
순:풍(順風)명 ①바람이 부는 쪽을 좇음. ②자기가 나아가는 방향, 특히 배가 나아가는 방향으로 부는 바람. ③순하게 부는 바람. ☞광풍(狂風). 역풍(逆風)
순풍에 돛을 달다관용 어떤 일을 하는 데 별 어려움이 없이 순조롭게 잘 되어 나가는 경우를 비유하여 이르는 말.
순풍-미:속(淳風美俗)명 순박하고 아름다운 풍속.
순피(筍皮)명 죽순의 껍질.
순:-하다(順-)형여 ①성질이 부드럽다. ¶순한 개. ☞사납다 ②맛이 부드럽다. ¶맛이 순한 술./순한 커피. ☞독하다 ③일이 쉽고 뜻대로 잘 되다. ☞까다롭다

한자 순할 순(順) [頁部 3획] ¶순산(順産)/순응(順應)/순종(順從)/순풍(順風)/온순(溫順)/유순(柔順)

순:합(順合)명 외합(外合)
순항(巡航)명-하다자 선박이나 비행기로 여러 곳을 돌아다님. ¶유럽을 -하다.
순항=미사일(巡航missile)명 제트 기관으로 추진하는 무인 유도 미사일. 컴퓨터 제어로 저공 비행이나 우회 항행을 할 수 있음. 크루즈미사일
순항=속도(巡航速度)명 선박이나 비행기가 적은 연료를 써서 되도록 장거리 또는 장시간을 항행할 수 있는 경제적이며 효율이 좋은 속도. ☞경제 속도(經濟速度)
순해-선(巡海船)명 해상을 순찰하는 경비선.
순행(巡行)명-하다자 여러 곳으로 돌아다님.
순행(巡幸)명-하다자타 지난날, 임금이 나라 안을 돌아다니며 지방의 정치와 백성의 생활을 살펴보던 일. 순수(巡狩)
순:행(順行)명 ①-하다자 차례에 따라 거스르지 아니하고 나아감. ¶시대의 흐름에 -하다. ☞역행(逆行) ②'순행 운동(順行運動)'의 준말.
순:행=동화(順行同化)명 〈어〉자음 동화(子音同化)의 한 가지. 두 자음이 이어질 때 앞 자음의 영향으로 뒤따르는 자음이 바뀌는 현상. '칼날[칼랄], 종로[종노], 불능[불릉]'과 같이 바뀌는 따위. ☞상호 동화(相互同化). 역행 동화(逆行同化)
순:행=운:동(順行運動)명 ①지구에서 보아, 천체(天體)가 서쪽에서 동쪽으로 움직이는 천구상(天球上)의 운동. ②천체 운동 가운데서, 태양에서 보아 지구의 운동과 같은 방향으로 일어나는 운동. 준순행(順行) ☞역행 운동(逆行運動)
순:현-보(順現報)명 불교에서 이르는 삼보(三報)의 하나. 현세(現世)에서 지은 업(業)을 현세에서 받는 과보(果報). 순현업(順現業). 현보(現報)
순:현-업(順現業)명 순현보(順現報)
순혈(純血)명 ①같은 종류인 동물의 암수 사이에서 태어난 것. ②순수한 혈통(血統). ☞혼혈(混血)
순형(楯形)명 방패와 같은 형상.
순형-화(脣形花)명 순형 화관으로 된 꽃.
순형=화관(脣形花冠)명 합판 화관(合瓣花冠)의 한 가지. 대롱 모양의 꽃잎 끝 부분이 위 아래 두 쪽으로 갈라져서 입술 모양으로 된 꽃부리. 입술꽃부리
순홍(純紅)명 '순홍색(純紅色)'의 준말.
순홍-색(純紅色)명 순수한 다홍색. 준순홍
순화(純化)명-하다타 ①섞인 것을 없애어 순수하게 함. 순화(醇化) ②복잡한 것을 단순하게 함.
순화(馴化)명-하다자 생물이 다른 환경에 옮겨졌을 경우에, 차차 그 환경에 적응할 수 있는 체질로 변하는 일. ¶산악 지대에 -한 산양.
순화(醇化)명-하다타 ①사람을 가르치어 그 마음을 바르고 아름답게 함. ¶비행 소년을 -하다. ②순화(純化)
순환(循環)명-하다자타 ①일정한 곳을 한 바퀴 돌아서 본디 자리로 돌아옴을 되풀이함. ¶혈액이 몸 안을 -하다./구내를 -하는 버스. ②일정한 변화 과정을 되풀이함. ¶물의 -을 탐구하다.
순환-계(循環系)명 혈액이나 림프를 온몸에 순환시키는 기관 계통. 심장·혈관계, 림프계 따위. 맥관계(脈管系). 순환 계통
순환=계:통(循環系統)명 순환계
순환=과:정(循環過程)명 어떤 상태가 변화를 거친 뒤, 다시 본디의 상태로 되돌아올 때까지의 일정한 과정. 사이클(cycle)
순환=급수(循環級數)명 무한 급수의 한 가지. 한 떼의 항(項)이 같은 차례로 되짚어 돌아 나오는 급수.
순환-기(循環器)명 온몸에 혈액이나 림프를 순환시키는 기관. 척추동물에서 심장·혈관·림프절 등으로, 영양분·호르몬·산소 등을 몸 속의 여러 조직으로 나르고 한편으로는 노폐물을 거두어 모음.
순환=논법(循環論法)[-뻡]명 순환 논증
순환=논증(循環論證)명 어떤 일을 증명할 때에 증명해야 할 명제를 논증의 근거로 삼는 논법. 순환 논법
순환=도:로(循環道路)명 일정한 지역을 순환할 수 있도록 닦아 놓은 도로.
순환-론(循環論)[-논]명 논증되어야 할 명제를 논증의 근거로 삼아 아무리 해도 결론을 내지 못하는 논의.
순환-류(循環流)[-뉴]명 흘러 오던 방향으로 다시 방향을 바꾸어 흐르는 바닷물의 흐름.
순환=마디(循環-)명 순환 소수에서, 같은 차례로 되풀이되는 숫자의 마디. 3.141414…에서 '14' 따위.
순환=변:동(循環變動)명 일정한 기간에 따라 반복되는 경제 현상의 변동.
순환-선(循環線)명 일정한 지역을 맴도는 기차·전차·버스 따위의 노선.
순환=소:수(循環小數)명 무한 소수의 한 가지. 소수의 어떤 자리에서부터 어떤 숫자가 같은 순서로 한없이 되풀이되는 소수. 3.141414… 따위.
순환-수(循環水)명 기권(氣圈)·수권(水圈)·암석권(岩石圈)의 사이를 순환하는 물. ☞초생수(初生水)
순환=장애(循環障礙)명 혈액의 순환이 잘 되지 않는 병증. 심장병, 신장병, 동맥 경화증 등이 그 원인임.
순황(純黃)명 '순황색'의 준말.
순-황산(純黃酸)명 황산을 희황산(稀黃酸)에 상대하여 이르는 말.
순-황색(純黃色)명 순수한 황색. 준순황(純黃)
순회(巡廻)명-하다타 여러 곳을 차례로 돌아다님. ¶각 지를 -하다./지방 - 공연.
순회=대:사(巡廻大使)명 어느 한 나라에 주재하지 않고 특별한 사명을 띠고 여러 나라를 차례로 방문하는 대사. 이동 대사(移動大使)
순회=도서관(巡廻圖書館)명 자동차에 책을 싣고 여러 고장을 정기적으로 옮아다니면서 이용자에게 책을 빌려 주는 도서관. 이동 도서관(移動圖書館)
순회=진:료(巡廻診療)명 의사와 간호사가 무의촌(無醫村) 등을 돌아다니면서 환자를 진찰하고 치료하는 일.
순효(純孝)명 순수한 효심(孝心).
순후(旬後)명 음력 초열흘이 지난 뒤.
순후(醇厚)어기 '순후(醇厚)하다'의 어기(語基).

순:후-보(順後報)명 불교에서 이르는 삼보(三報)의 하나. 현세에서 지은 업(業)을 삼생(三生) 뒤에 받는 과보(果報). 순후업. 후보(後報)
순:후-업(順後業)명 순후보(順後報)
순후-하다(醇厚—)형여 순박하고 인정이 두텁다. 순독하다
순흑(純黑)명 '순흑색'의 준말.
순-흑색(純黑色)명 순수한 흑색. 준순흑(純黑)
숟-가락명 ①밥이나 국 따위를 떠먹는 기구. 준숟갈 ②〔의존 명사로도 쓰임〕¶밥 한 —.
숟가락(을) 놓다관용 '죽다'를 에둘러서 이르는 말.
숟가락-질명-하다자 숟가락으로 음식을 떠먹는 일. 술질
숟가락-총명 숟가락의 자루.
숟-갈명 '숟가락'의 준말.
술[1]명 에틸알코올 성분이 들어 있어서 마시면 취하게 되는 음료를 통틀어 이르는 말. 화천(禍泉)
속담 **술 값보다 안주 값이 비싸다**: 어떤 일에서 주되는 것보다 그것에 딸린 것이 더 많음을 이르는 말.〔배보다 배꼽이 더 크다〕/**술과 안주를 보면 맹세도 잊는다**: 술을 즐기는 사람은 언제나 술이 몸에 해롭다 하여 끊으려고는 하나 보기만 하면 안 마시고 못 견딘다는 뜻./**술 담배 참아 소 샀더니 호랑이가 물어 갔다**: 돈을 모으기만 할 것이 아니라 쓸 자리에서는 써야 한다는 뜻으로 이르는 말./**술 덤벙 물 덤벙**: 무슨 일에나 경거망동함을 이르는 말./**술 먹여 놓고 해장 가자 부른다**: 일을 못 되게 망쳐 놓고서 그 뒤에 도와 주는체 한다는 말./**술 받아 주고 뺨 맞는다**: 자기 돈을 써 가면서 남을 대접하고 나서 자기가 도리어 욕을 보는 경우에 이르는 말.〔내 것 잃고 내 함박 깨뜨린다〕/**술은 괼 때 걸러야 한다**: 무슨 일이나 알맞은 때가 있는 법이니 그 때를 놓치지 말고 해야 된다는 말./**술은 초물에 취하고 사람은 후 물에 취한다**: 술은 처음 마실 때부터 취하기 시작하나 사람은 한참 사귀고 나서야 그 사람의 장점도 알게 되고 하여 좋게 지낸다는 말./**술이 술을 먹는다**: 인사불성(人事不省)이 되도록 술을 마시고 또 더 마시는 경우에 이르는 말./**술 익자 체 장수 간다**: 일이 우연히 잘 맞아 감을 비유하여 이르는 말./**술 취한 사람 사촌 집 사 준다**: 술 취한 사람이 흔히 뒷갈망도 하지 못할 호언장담을 함을 이르는 말.

한자 술 따를 작(酌)〔酉部 3획〕¶작주(酌酒)/첨작(添酌)
술 주(酒)〔酉部 3획〕¶곡주(穀酒)/금주(禁酒)

술[2]명 '쟁깃술'의 준말.
술[3]명 '술대'의 준말.
술:[4]명 가마나 고깔·기·띠·보 따위의 둘레나 끝을 꾸미기 위해 다는 여러 가닥의 실.
술:[5]명 책·종이·피륙 따위의 포갠 부피.
술[6]의 한 숟가락의 분량. ¶미음을 두어 — 뜨다 말다.
술(戌)명 ①십이지(十二支)의 열한째. 개를 상징함. ②'술시(戌時)'의 준말. ③'술방(戌方)'의 준말.

한자 **열한째 지지 술**(戌)〔戈部 2획〕¶경술(庚戌)/술방(戌方)/술시(戌時)/임술(壬戌)

-술(術)《접미사처럼 쓰이어》'기술', '술책(術策)'의 뜻을 나타냄. ¶연금술(鍊金術)/용병술(用兵術)/웅변술(雄辯術)/변장술(變裝術)/둔갑술(遁甲術)
술가(術家)명 음양(陰陽)이나 복서(卜筮), 점술에 정통한 사람. 술객(術客). 술사(術士)
술-값[—깞]명 술을 마시는 값. 주가(酒價)
술-감주(—甘酒)명 단술의 한 가지. 찬밥을 누룩과 버무려 물을 붓고 푹 끓여 달게 먹는 음료.
술객(術客)명 술가(術家)
술계(術計)명 어떤 일을 꾸미는 꾀. 술책(術策)
술-고래명 술을 많이 마시는 사람을 두고 우스개로 하는 말. 유술독 ☞호대(戶大)
술-구기[—꾸—]명 독이나 항아리에서 술을 푸는 데 쓰는 기구.
술-구더기[—꾸—]명 걸러 놓은 술에 뜬 밥알. 녹의(綠蟻). 주의(酒蟻)
술-국[—꾹]명 술안주 삼아 먹는 된장국. 소의 뼈를 곤 국물에 된장을 풀고 시래기와 선지 따위를 넣고 끓임. 주탕(酒湯)
술국-밥[—꾹—]명 밥을 만 술국.
술-기(—氣)[—끼]명 술기운 ¶—가 돌다./아침까지 —가 가시지 않는다.
술-기운[—끼—]명 술에 취한 기운. 술기. 주기(酒氣) ¶—이 오르다./—이 싹 가시다.
술-김[—낌]명 술에 취한 김. ¶—에 한 약속.
×**술-꾸러기**명 →술고래
술-꾼명 술을 좋아하며 많이 마시는 사람. 주객(酒客) ☞모주꾼
술-내명 술 냄새. ¶—를 풍기다.
술년(戌年)명 간지(干支)의 지지(地支)가 술(戌)인 해. 갑술년(甲戌年)·병술년(丙戌年)·무술년(戊戌年) 따위. ☞개해. 십이지(十二支). 지지(地支). 태세(太歲)
술대[—때]명 거문고를 타는 데 쓰는 채. 단단한 대나무로 끝을 뾰족하게 만듦. 준술[3]
술-대접(—待接)명-하다타 술을 차리어 놓고 대접하는 일.
술-도가(—都家)[—또—]명 술을 만들어 도매하는 집. 주조장(酒造場) ☞양조장(釀造場)
술-독[—똑]명 ①술을 담그거나 담아 두는 독. ②술을 많이 마시는 사람을 두고 우스개로 하는 말. 유술고래
술-독(—毒)[—똑]명 술을 많이 마셔 그 중독으로 얼굴 따위에 나타나는 붉은빛이나 점. 주독(酒毒)
술-두루미명 술을 담는 두루미.
술-등(—燈)[—뜽]명 지난날, 선술집의 문 밖에 달아 두던 유지(油紙)로 만든 초롱.
술:-띠명 끈목의 양쪽 끝에 술을 단 가는 띠.
술래명 술래잡기에서, 숨은 아이들을 찾아내는 차례를 맡은 아이. 원순라(巡邏)
술래-잡기명-하다자 여러 아이 가운데 한 아이가 술래가 되어서 숨은 아이들을 찾아내는 놀이.
술렁-거리다(대다)자 갑자기 웅성웅성 좀 소란스러워지다. 술렁이다 ¶장내가 갑자기 술렁거리기 시작하다./민심도 술렁거렸다.
술렁-술렁부 술렁거리는 모양을 나타내는 말. ¶청중들이 — 동요를 일으키다.
술렁-이다자 술렁거리다 ¶축제 분위기로 술렁이는 거리.
술-마당명 술잔치가 벌어진 마당.
술말(戌末)명 십이시(十二時)의 술시(戌時)의 끝 무렵. 지금의 오후 아홉 시가 되기 바로 전.
술-망나니명 주정이 심한 사람을 욕으로 이르는 말.
술명-하다형여 수수하고 걸맞다.
술명-히부 술명하게
술-밑명 누룩을 섞어 버무린 지에밥. 주모(酒母)
술-바닥[—빠—]명 쟁기에 보습을 대는 넓적하고 삐죽한 부분. ☞쟁깃술
술-밥[—빱]명 ①술을 담글 때에 쓰는 지에밥. ②쌀에 술·간장·설탕 따위를 섞어 지은 밥. 주반(酒飯)
술방(戌方)명 이십사 방위의 하나. 북서(北西)로부터 서쪽으로 15도 되는 방위를 중심으로 한 15도 범위 안의 방위. 신방(辛方)과 건방(乾方)의 사이. 준술(戌) ☞진방(辰方)
술법(術法)[—뻡]명 음양(陰陽)과 복술(卜術) 등에 관한 이치나 방법. 술수(術數)
술-벗[—뻗]명 술로써 사귄 벗. 술친구. 주붕(酒朋). 주우(酒友)
술-병(—病)[—뼝]명 술을 너무 많이 마셔서 생긴 병.
술-병(—瓶)[—뼝]명 술을 담는 병. 주호(酒壺)
×**술-보**명 →술고래
술부(述部)명〈어〉'서술부(敍述部)'의 준말.
술-빚[—삗]명 술집에서 외상으로 술을 마시고 진 빚. 주채(酒債)
술사(術士)[—싸]명 ①술가(術家) ②술책에 능한 사람.
술-살[—쌀]명 술을 마셔서 찐 살. ¶—이 오르다.

술-상(-床)[-쌍] 명 술과 안주를 차린 상. 주안상
술생(戌生)[-쌩] 명 간지(干支)의 지지(地支)가 술(戌)인 해에 태어난 일, 또는 그 해에 태어난 사람. 갑술생(甲戌生)·병술생(丙戌生) 등. ☞술년(戌年). 개띠
술서(術書)[-써] 명 술법에 관한 책.
술수(術數)[-쑤] 명 ①술법(術法) ②술책(術策)
술:술 부 ①액체나 가루 따위가 좀 큰 구멍이나 틈으로 막힘없이 잘 나오는 모양을 나타내는 말. ¶틈새로 물이 - 새다./설탕이 - 새어 나오다. ②엉킨 것이나 문제 따위가 쉽게 잘 풀리는 모양을 나타내는 말. ¶엉킨 실타래가 - 풀리다./문제가 - 풀리다./일이 - 풀려 나가다. ③말이나 글이 막힘없이 잘 나오거나 써지는 모양을 나타내는 말. ¶말이 - 나오다. ☞솔솔
술시(戌時)[-씨] 명 ①십이시(十二時)의 열한째 시(時). 지금의 오후 일곱 시부터 아홉 시까지의 동안. ②하루를 스물넷으로 가른, 스물한째 시(時). 지금의 오후 일곱 시 삼십 분부터 여덟 시 삼십 분까지의 동안. 준 술(戌) ☞건시(乾時). 해시(亥時)
술-쌀 명 술을 빚는 데 쓸 쌀.
술-안주 명 술을 마실 때 곁들여 먹는 음식. 안주
술어(述語) 명 〈어〉'서술어(敍述語)'의 준말.
술어(術語) 명 '학술어(學術語)'의 준말.
술-어미 명 술청에서 술을 파는 여자. 주모(酒母)
술어-절(述語節) 명 〈어〉서술절(敍述節)
술업(術業) 명 점복(占卜)이나 관상(觀相) 등을 전문으로 하는 일.
술-오한(-惡寒) 명 술탈로 일어나는 오한.
술월(戌月) 명 '음력 구월'을 달리 이르는 말. 월건(月建)의 지지(地支)가 갑술(甲戌)·병술(丙戌)처럼 술(戌)인 데서 이름. ☞태세(太歲)
술일(戌日) 명 간지(干支)의 지지(地支)가 술(戌)인 날. 갑술(甲戌)·병술(丙戌) 등. ☞개날. 월건(月建). 일진(日辰). 태세(太歲)
술-자리[-짜-] 명 술을 마시면서 즐기는 자리. 술좌석. 주석(酒席). 주연(酒筵) ¶-를 마련하다.
술자지능(述者之能)[-짜-] 성구 ①문장이 잘 되고 못됨은 쓴 사람의 재능에 달렸다는 말. ②일이 잘 되고 안됨은 그 사람의 수단에 달렸다는 말.
술작(述作)[-짝] 명 -하다 타 책을 지음, 또는 지은 그 책.
술-잔(-盞)[-짠] 명 ①술을 따라 마시는 그릇. 주배(酒杯) ¶-을 들다. ②몇 잔의 술. ¶-깨나 마셨는지 호기가 대단하다.
  술잔을 기울이다 관용 술잔에 따라 놓은 술을 마시다. 잔을 기울이다.
술잔-거리(-盞-)[-짠꺼-] 명 술잔이나 사 마실만 한 적은 돈.
  술잔을 나누다 관용 같이 술을 마시다.
술-잔치 명 술을 마시며 즐기는 잔치. 주연(酒宴)
술-장사 명 술을 파는 영업.
술-적심 명 밥을 먹을 때 곁들여 먹는, 국이나 찌개 따위 국물이 있는 음식을 이르는 말. ¶-도 없이 강다짐을 하다. ☞강다짐. 마른밥
술정(戌正)[-쩡] 명 십이시(十二時)의 술시(戌時)의 중간. 지금의 오후 여덟 시. ☞해정(亥正)
술좌(戌坐) 명 뫼자리나 집터 등이 술방(戌方)을 등진 좌향(坐向).
술-좌석(-座席) 명 술자리
술좌-진향(戌坐辰向) 명 뫼자리나 집터 등이 술방(戌方)을 등지고 진방(辰方)을 향한 좌향.
술-주자(-酒榨)[-쭈-] 명 술을 거르거나 짜는 틀. 주자(酒榨). 주조(酒槽)
술-주정뱅이(-酒酊-)[-쭈-] 명 주정뱅이
술-지게미 명 지게미
술-질 명 -하다 자 숟가락으로 음식을 떠먹는 일. 숟가락질
술-집[-찝] 명 술을 파는 집. 주가(酒家). 주사(酒肆). 주점(酒店)
술-찌끼 명 술을 거르고 남은 찌꺼기. 재강
술책(術策) 명 어떤 일을 꾸미는 꾀. 술계(術計). 술수(術數) ¶음흉한 -을 꾸미다.
술-청 명 선술집에서 술을 따라 놓는, 널빤지로 상처럼 길게 만들어 놓은 곳.
술초(戌初) 명 십이시(十二時)의 술시(戌時)의 처음. 지금의 오후 일곱 시가 막 지난 무렵.
술-추렴(-出斂) 명 -하다 자 ①술 값을 여러 사람이 나누어 내는 추렴. 갹음(醵飮) ②차례로 돌아가며 술을 대접하여 마시는 일.
술-친구(-*親舊) 명 술벗
술-타:령(-*打令) 명 -하다 자 할 일은 아니하고 술만 찾거나 술만 마시는 일. ¶자나깨나 -이다.
술-탈(-*頉) 명 술로 말미암아 생긴 탈.
술-통(-桶) 명 술을 담아 두는 통.
술파다이아진(sulfadiazine) 명 술파제의 한 가지. 백색이나 엷은 황색의 분말로 물에 거의 녹지 않고, 화농성 질환이나 폐렴·임질·패혈증·적리 등에 쓰임. 준 다이아진
술-파:리 명 여름철에 술독에 생기는 파리.
술파-제(sulfa劑) 명 세균 감염증의 치료에 쓰이는 화학요법제. 화농성 질환이나 폐렴·임질·적리 등에 쓰임.
술-판 명 술을 마시며 즐기는 자리. ¶-을 벌이다.
술:-패랭이꽃 명 석죽과의 여러해살이풀. 줄기 높이 1m 안팎. 잎은 갸름하고 긴데 끝이 뾰족함. 9월경에 분홍색 꽃이 취산(聚散) 꽃차례로 피고 열매는 삭과(蒴果)임. 우리 나라 각처의 산이나 들에 자람.
술회(述懷) 명 -하다 타 마음에 품었던 여러 가지 생각이나 느낌을 말함, 또는 그 말. ¶심경(心境)을 -하다./지난 일을 -하다.

숨: 명 ①사람이나 동물이 코나 입으로 공기를 들이마시고 내쉬는 일, 또는 그 기운. ¶-을 들이쉬다./-이 가빠지다./-이 끊어지다. ②푸성귀 따위의 생생한 기운. ¶배추의 -을 죽이다.
  숨(을) 거두다 관용 '죽다'를 에둘러서 이르는 말. 숨(을) 걷다.
  숨(을) 걷다 관용 숨(을) 거두다.
  숨(을) 고다 관용 숨이 막힌 상태에 이르다.
  숨(을) 끊다 관용 목숨을 끊다.
  숨(을) 넘기다 관용 '죽다'를 에둘러서 이르는 말.
  숨(을) 돌리다 관용 ①가쁜 숨을 가라앉히다. ¶잠시 숨을 돌린 다음 말을 계속하다. ②겨를을 얻어 좀 쉬다. ¶숨 돌릴 겨를조차 주지 않는다. ③어려운 고비를 우선 넘기다. ¶수술을 끝내고 -.
  숨(을) 모으다 관용 숨이 끊어져 가다.
  숨(을) 몰아 쉬다 관용 여러 번 쉴 숨을 한꺼번에 모아 크게 쉬다. ¶선수들은 숨을 몰아 쉬며 달렸다.
  숨(을) 쉬다 관용 살아 움직이다.
  숨(을) 죽이다 관용 두려움이나 놀람 등으로 ①숨쉬기를 멈추다. ②숨소리가 들리지 않을 정도로 조용히 하다. ¶숨을 죽이고 동정을 살피다. ③숨을 죽게 하다. ¶배추에 소금을 뿌려 -./쑥갓을 살짝 데쳐 -.
  숨(이) 가쁘다 관용 숨쉬기가 어렵고 답답하다. 숨(이) 차다. ¶숨 가쁘게 일하다./짐을 날랐더니 -.
  숨(이) 넘어가다 관용 '죽다'를 에둘러서 이르는 말.
  숨(이) 막히다 관용 숨쉬기가 어려울 정도로 긴장되다. ¶숨 막히는 대결 장면.
  숨(이) 붙다 관용 목숨이 이어지다. ¶눈 속에서도 숨이 붙어 겨울을 나다.
  숨(이) 죽다 관용 푸성귀 따위가 생생한 기운을 잃다.
  숨(이) 지다 관용 숨이 끊어져서 죽다.
  숨(이) 차다 관용 ①숨쉬기가 어려울 정도로 가쁘다. 숨(이) 가쁘다. ¶가슴이 울렁거리고 -. ②일을 하기가 어렵다. ¶아이들 학비 대기에 -.
  숨이 턱에 닿다 관용 숨이 몹시 가빠지다. ¶숨이 턱에 닿을 만큼 뛰어다니다.
속담 **숨은 내어 쉬고 말은 내어 하지 말라**: 말은 함부로 입 밖에 내기를 삼가라는 말.

숨:-결[-껼] 명 숨쉬는 상태. ¶-이 거칠다./-이 고르지 아니하다.
숨:-골[-꼴] 명 연수(延髓)
숨:-관(-管) 명 숨통
숨:-구멍[-꾸-] 명 ①숨이 통하는 구멍. ②숫구멍 ③기공(氣孔)
숨구멍이 트이다 관용 어떤 답답한 상태에서 얼마간 벗어나게 되다. ¶부금을 다 붓고 나니 이제 숨구멍이 트인다.
숨:-기(-氣)[-끼] 명 숨기운
숨기다 타 ①남의 눈에 뜨이지 않게 감추다. ¶증거물을 -. ②밖으로 드러나지 않게 하다. 남이 알지 못하게 하다. ¶신분을 -./숨겨 온 사실을 마침내 털어놓다.

한자 숨길 비(祕) 〔示部 5획〕 ¶비밀(祕密)/비방(祕方)/비법(祕法)/비책(祕策) ▷ 속자는 秘

숨:-기운[-끼-] 명 숨을 쉬는 기운. 숨기
숨:-기척[-끼-] 명 숨쉬는 기척. ¶-도 못 내다.
숨김-없:다[-업-] 형 숨기는 일이 없다. ¶숨김없는 사실.
숨김-없이 부 숨김없게 ¶- 고백하다.
숨김-표(-標) 명 문장 부호의 한 가지. × 표 또는 ○표를 이름. 글 가운데서 짐짓 드러내지 않음을 나타낼 때, 또는 비밀로 해야 할 경우에 그 글자의 수효만큼 표시함. ¶○○ 명/××× 씨(氏) ☞빠짐표
숨:-넘어가다 자 '죽다'를 에둘러서 이르는 말.
숨:다[-따] 자 ①눈에 뜨이지 않게 몸을 감추다. ¶바위 그늘에 -./범인이 숨어 있다. ②〔주로 '숨은'의 꼴로 쓰이어〕 밖으로 드러나지 아니하다. ¶숨은 노력.

한자 숨을 은(隱) 〔阜部 14획〕 ¶은거(隱居)/은둔(隱遁)/은사(隱士)/은신(隱身)/은일(隱逸) ▷ 속자는 隠

숨:-문(-門) 명 기문(氣門)
숨바꼭-질 명 -하다 자 ①술래가 숨은 사람을 찾아내는 아이들의 놀이. ②무엇이 숨었다 보였다 하는 일을 비유하여 이르는 말. ¶구름 사이에서 달이 -하다. 준 숨박질
숨박-질 명 -하다 자 '숨바꼭질'의 준말.
숨:-뿌리 명 호흡근(呼吸根)
숨:-소리[-쏘-] 명 숨을 쉴 때 나는 소리. ¶거친 -./-를 죽이고 동정을 살피다.
숨숨 부 -하다 형 어떤 면이 굵고 얕게 우묵우묵 패어 있는 모양을 나타내는 말. ¶얼굴이 - 얽었다./- 분화구가 흩어져 있는 달 표면. ☞솜솜
숨:-쉬:기 명 ①숨을 내쉬고 들이마시는 일. ¶-가 어려운 증세. ②숨쉬기 운동
숨:쉬기=운:동(-運動) 명 맨손 체조에서, 숨을 깊이 들이마시고 내쉬는 운동. 숨쉬기
숨:-쉬다 자 숨을 내보냈다 들이마셨다 하다. 호흡하다
숨쉴 사이 없다 관용 쉴 겨를이 없다. ¶숨쉴 사이 없이 바쁘다.
숨:-열(-熱)[-녈] 명 호흡열(呼吸熱)
숨은고-장식(-裝飾) 명 경첩의 한 가지. 몸이 문짝과 기둥에 한 쪽씩 속으로 들어가 박히게 된 것.
숨은-장 명 겉으로 보이지 않게 속으로 구멍을 파서 쐐기를 지른 못.
숨:탄-것 명 숨을 받아 태어난 것이라는 뜻으로, '동물'을 달리 이르는 말.
숨:-통(-筒) 명 척추동물의 목에서 폐까지 이어지는 관. 숨쉴 때 공기가 드나드는 길임. 기관(氣管). 숨관 ¶-을 조이다./-이 막히다.
숨:-표(-標) 명 악보에서, 숨쉬는 곳을 나타내는 표. 곧 ',' 또는 'V'.
숫-[1] 접두 '본디 그대로'의 뜻을 나타냄. ¶숫처녀/숫총각/숫음식
숫-[2] 《접두사처럼 쓰이어》'수'에서 바뀌어, '수컷'임을 나타냄. ¶숫양/숫염소/숫쥐
숫-간(-間)[숟-] 명 몸채 뒤에 낮게 지은 광이나 객실.
숫-값(數-) 명 수치(數値)
× 숫-강아지 명 →수캉아지
× 숫-개 명 →수캐
숫-것[숟-] 명 손을 대거나 변하거나 하지 않은, 본디 그대로의 것.
숫-구멍[숟-] 명 갓난아이의 정수리가 채 굳지 않아 숨쉴 때마다 발딱발딱 뛰는 곳. 백회혈(百會穴). 숨구멍. 신문(囟門). 정문(頂門)
숫-국[숟-] 명 숫보기로 있는 사람이나, 진솔대로 있는 물건.
숫-기(-氣)[숟-] 명 수줍어하지 아니하는 기운. 활발하여 부끄럼이 없는 기운.
숫기(가) 좋다 관용 수줍어하거나 부끄러워하는 기색이 없다. ¶숫기가 좋아 아무하고나 잘 어울리다.
× 숫-기와 명 →수키와
× 숫-꿩 명 →수꿩
× 숫-나사(-螺絲) 명 →수나사
× 숫-놈 명 →수놈
숫-눈[숟-] 명 건드리지 아니하고 쌓인 그대로 있는 눈.
숫눈-길[숟-낄] 명 아직 아무도 지나가지 않아 숫눈이 그대로 쌓여 있는 길.
× 숫-닭 명 →수탉
× 숫-당나귀(-唐-) 명 →수탕나귀
숫:대-집 명 산가지를 방바닥에 뿌려 놓고, 여러 사람이 둘러앉아서 하는 놀이.
숫-돌[숟-] 명 칼이나 낫 따위를 갈아서 날을 세우는 데 쓰는 돌. 여석(礪石). 지석(砥石)
× 숫-돌쩌귀 명 →수톨쩌귀
× 숫-돼지 명 →수퇘지
숫-되다[숟-] 형 순진하고 어수룩하다. ¶숫된 시골 총각./숫되고 어리석다.
숫-백성(-百姓)[숟-] 명 소박하고 순진한 백성.
× 숫-병아리 명 →수평아리
숫-보기[숟-] 명 ①숫된 사람. ②숫총각이나 숫처녀.
× 숫-사돈 명 →수사돈
숫-사람[숟-] 명 거짓이 없고 숫된 사람.
숫-색시[숟-] 명 숫처녀
× 숫-소 명 →수소
숫-스럽다[숟-](-스럽고·-스러워) 형 ㅂ 보기에 순진하고 어수룩하다. ¶숫스럽게 보이는 인상.
숫-스레 부 숫스럽게
숫:-실(繡-) 명 수를 놓는 데 쓰는 실.
숫-양(-羊)[숟냥] 명 양의 수컷. ☞암양
숫-염소[숟념-] 명 염소의 수컷. ☞암염소
× 숫-은행나무(-銀杏-) 명 →수은행나무
숫-음식(-飮食)[숟-] 명 만든 채로 손대지 않고 고스란히 있는 음식.
숫:자(數字) 명 ①수를 나타내는 글자. 1·2·3… 또는 一·二·三… 따위. ②통계 등에 숫자로 나타나는 수량적 사항. ¶-에 밝다. ☞ 수(數). 수자(數字)
숫-잔:대[숟-] 명 숫잔댓과의 여러해살이풀. 줄기 높이 1m 안팎. 잎은 갸름하고 7~8월에 푸르스름한 자줏빛 꽃이 핌. 산이나 들의 축축한 땅에서 저절로 자라는데 줄기와 잎은 산경채(山梗菜)라 하여 한방에서 해수·천식·복통·설사 따위에 약재로 쓰임.
숫-접다[숟-](-접고·-저워) 형 ㅂ 순박하고 수줍어하는 티가 있다. ¶숫저운 태도.
숫제[숟-] 부 ①숫접게 ¶사실대로 - 이야기하다. ②무엇을 하기 전에 차라리. 아예 ¶못 할 바에야 - 그만두어라.
숫-쥐[숟-] 명 쥐의 수컷. ☞암쥐
숫-지다[숟-] 형 순박하고 후하다. ¶숫진 데가 있어 보이는 인상.
숫-처녀(-處女)[숟-] 명 남자와 성적(性的) 관계가 한 번도 없는 처녀. 숫색시 ☞숫총각. 정녀(貞女)
숫-총각(-總角)[숟-] 명 여자와 성적(性的) 관계가 한 번도 없는 총각. ☞숫처녀. 정남(貞男)
숫-티[숟-] 명 숫된 태도와 모양. ¶아직도 처녀다운 -가 있다.

숫-하다[숟-] 형여 순박하고 어수룩하다. ¶숫한 데가 있어 가끔 손해를 보다.
숭경(崇敬) 명 -하다 타 숭배하고 존경함.
숭고(崇古) 명 -하다 자 옛 문물을 숭상함.
숭고(崇高) 어기 '숭고(崇高)하다'의 어기(語基).
숭고-하다(崇高-) 형여 거룩하고 존엄하다. ¶숭고한 애국 정신./숭고한 희생.
숭굴숭굴-하다 형여 ①성질이 너그럽고 원만하다. ¶그는 성격이 숭굴숭굴하여 벗이 많다. ②얼굴 생김새가 붙임성 있고 덕성스럽다. ¶숭굴숭굴하게 생긴 얼굴.
숭늉 명 밥을 푸고 난 솥에 물을 부어서 데운 물. 숙랭
숭덕-대:부(崇德大夫) 명 조선 시대, 종일품 의빈(儀賓)에게 내린 품계의 하나. 열두 등급 중 넷째 등급임. ☞수록대부(綏祿大夫)
숭덩-숭덩 부 ①도막이 큼직하게 빨리 써는 모양을 나타내는 말. ¶파를 - 썰다. ②시침질을 할 때, 성글게 호는 모양을 나타내는 말. ¶옷을 - 꿰매다. ☞송당송당. 숭숭. 쑹덩쑹덩
숭려(崇麗) 어기 '숭려(崇麗)하다'의 어기(語基).
숭려-하다(崇麗-) 형여 높고 아름답다.
숭례문(崇禮門) 명 조선 시대, 서울 도성(都城)의 정남에 세운 성문(城門). 달리 남대문(南大門)이라고도 이름. ☞숙정문(肅靖門)
숭록-대:부(崇祿大夫) 명 조선 시대, 종일품 문관에게 내린 품계의 하나. 서른 등급 중 셋째 등급임. ☞숭정대부(崇政大夫)
숭모(崇慕) 명 -하다 타 우러러 그리워함.
숭문(崇文) 명 -하다 자 문예(文藝)를 숭상함.
숭반(崇班) 명 높은 지위. 숭위(崇位)
숭배(崇拜) 명 -하다 타 ①훌륭히 여기어 우러러 공경함. ¶-하는 인물. ②종교적 대상을 절대적인 존재로 생각하여 우러러 받듦. ¶우상을 -하다.
숭보(崇報) 명 -하다 타 은덕(恩德)을 갚음.
숭봉(崇奉) 명 -하다 타 숭배하여 받듦.
숭사(崇祀) 명 -하다 타 숭배하여 제사를 지냄.
숭상(崇尙) 명 -하다 타 높이어 소중하게 여김.

한자 숭상할 상(尙) 〔小部 5획〕 ¶상고(尙古)/상무(尙武)/상문(尙文)/숭상(崇尙)

숭석(崇昔) 명 아주 오랜 옛날. 수고(邃古). 태고(太古)
숭숭 부 ①파 따위를 기름하고 고르게 써는 모양을 나타내는 말. ¶미나리를 - 썰다. ②구멍이 많이 뚫린 모양을 나타내는 말. ¶구멍이 - 뚫린 비닐 봉지. ③살갗에 굵은 땀방울이 돋은 모양을 나타내는 말. ¶땀방울이 - 맺히다. ④시침질을 할 때, 땀이 길고 성기게 호는 모양을 나타내는 말. ¶버선을 - 꿰매다. ⑤긴 털이 성기게 나 있는 모양을 나타내는 말. ¶털이 - 난 검은 피부. ☞송송. 숭덩숭덩
숭신(崇信) 명 -하다 타 우러러 받들며 믿음.
숭신(崇神) 명 -하다 자 신을 숭상함.
숭심-탕(菘心湯) 명 배추속댓국
숭앙(崇仰) 명 -하다 타 높이어 우러러봄.
숭:어 명 숭엇과의 바닷물고기. 몸길이 30~50cm. 몸은 가늘고 길며 둥근 편임. 몸빛은 등이 회청색이고 배는 은백색임. 세계 각지의 온대와 열대의 연안에 분포하는데, 하구(河口)에도 드나들며, 어린 물고기는 하천의 중류에까지 올라가 삶. 양식도 함. 수어(秀魚)
속담 **숭어가 뛰니까 망둥이도 뛴다** : 제 분수도 모르고 잘난 사람을 덮어놓고 따른다는 말.
숭:어-뜀 명 광대가 땅에 손을 짚고 잇따라 거꾸로 뛰어넘는 재주.
숭어리 명 꽃이나 열매 따위가 크게 모여 달린 덩어리. ¶탐스러운 포도 -. ☞송아리
숭엄(崇嚴) 어기 '숭엄(崇嚴)하다'의 어기(語基).
숭엄-하다(崇嚴-) 형여 숭고하고 존엄하다.
숭위(崇位) 명 높은 지위(地位). 숭반(崇班)
숭유(崇儒) 명 -하다 자 유교(儒敎)를 숭상함.
숭정-대:부(崇政大夫) 명 조선 시대, 종일품 문관에게 내린 품계의 하나. 서른 등급 중 넷째 등급임. ☞정헌대부(政憲大夫)
숭조(崇祖) 명 -하다 자 조상을 숭상함.
숭조(崇朝) 명 날이 새어서 아침밥을 먹을 때까지의 사이.
숭조-상:문(崇祖尙門) 명 조상을 숭상하고 가문을 위함.
숭중(崇重) 명 -하다 타 소중히 여김, 또는 소중히 여겨 받듦.
숭하(崇廈) 명 높고 큰 집.
숭헌-대:부(崇憲大夫) 명 조선 시대, 정이품 종친(宗親)에게 내린 품계의 하나. 스물두 등급 중 다섯째 등급임. ☞승헌대부(承憲大夫)
숯 명 ①나무가 타고 남은 검은 덩어리. ②나무를 숯가마에서 구워 낸 검은 덩어리. 땔감으로 쓰임. 목탄(木炭)
속담 **숯은 달아서 피우고 쌀은 세어서 짓는다** : 살림살이에서 지나치게 인색하다는 말./**숯이 검정 나무란다** : 제게도 허물이 있으면서 남의 허물을 탓함을 이르는 말.

한자 숯 탄(炭) 〔火部 5획〕 ¶목탄(木炭)/탄질(炭質)

숯-가마[숟-] 명 숯을 구워 내는 가마. 흙이나 돌·벽돌 따위로 쌓아 만듦.
숯-검정[숟-] 명 숯의 그을음.
숯-내[숟-] 명 숯불에서 나오는 가스의 냄새.
숯-등걸[숟-] 명 숯가마에서 덜 구워진 채 나온 숯 조각. 불을 붙이면 연기가 남.
숯-막(-幕)[숟-] 명 숯을 굽는 곳에 지은 움막.
숯-머리[숟-] 명 숯내를 맡아서 아픈 머리.
숯-먹[숟-] 명 소나무를 태워 생긴 철매를 기름에 개어 만든 먹. 송연묵(松煙墨)
숯-불[숟-] 명 숯으로 피운 불. 탄화(炭火)
숯-장수[숟-] 명 ①숯을 파는 사람. ②얼굴이 검은 사람을 놀리어 이르는 말.
숱 명 머리털 따위의 분량. ¶머리 -이 많다.
숱-지다[숟-] 형 숱이 많다.
숱-하다[숟-] 형여 ①물건의 분량이 많다. ¶돈을 숱하게 벌었다. ②흔하다 ¶그런 말은 숱하게 들었다.
숲 명 '수풀'의 준말.
속담 **숲이 깊어야 도깨비가 나온다** : 제게 덕이 있어야 사람들이 많이 따르게 된다는 말.〔물이 깊어야 고기가 모인다〕
숲-길[숩-] 명 숲 속에 나 있는 길.
숲-정이[숩-] 명 마을 근처의 수풀이 있는 곳.
쉬: 감 닭이나 참새 따위를 쫓는 말.
쉬[1] 명 파리의 알.
쉬:[2] 명 '오줌'의 어린이말.
쉬:[3] 부 '쉬이'의 준말.
쉬:[4] 감 ①어린아이에게 오줌을 누일 때 하는 말. 쉬야 ②떠들지 말라고 할 때 하는 말. ¶-! 선생님 오신다.
쉬-나무 명 운향과의 낙엽 교목. 높이는 7m 안팎. 잎은 깃꼴 겹잎이며, 보통 7~11 장의 작은 잎으로 이루어짐. 각각의 작은 잎은 마주 남. 7~8월에 가지 끝에 흰빛의 잔 꽃이 모여 핌. 열매는 삭과(蒴果)임. 씨의 기름은 머릿기름이나 살충제 따위로 쓰임. 우리 나라 중부 이남의 마을 부근에서 자람. 수유나무
쉬:다[1] 자 ①음식이 상하여 맛이 시금하게 변하다. ¶나물이 쉬었다./쉰 음식. ②목청에 탈이 나서 소리가 흐리게 나다. ¶목이 -.
속담 **쉰 밥 고양이 주기 아깝다** : 제게는 필요 없으나 남 주기는 아깝다는 말.〔나 먹자니 싫고 개 주자니 아깝다〕
쉬:다[2] 자타 ①피로를 풀려고 몸을 편하게 하다. ¶편히 -./푹 -. ②하던 일이나 움직임을 잠시 멈추다. ¶쉬지 않고 달리는 차. ③결근 또는 결석을 하다. ¶몸살이 심하여 직장을 -. ④잠을 자다. ¶밤이 깊었으니, 그만 들어가 일찍 쉬도록 하지.

한자 쉴 게(憩) 〔心部 12획〕 ¶휴게(休憩) ▷속자는 憇
쉴 식(息) 〔心部 6획〕 ¶안식(安息)/휴식(休息)
쉴 휴(休) 〔人部 4획〕 ¶휴가(休暇)/휴일(休日)

ㅅ

쉬:다[3] 타 ①입이나 코로 공기를 들이마셨다가 내보냈다 하다. ¶숨을 ―. ②한숨을 짓다. ¶길게 한숨을 ―.
쉬:다[4] 타 모시나 삼베 따위 피륙의 빛을 곱게 하기 위하여 뜨물에 담가 두다.
쉬리 명 모래무지아과의 민물고기. 몸길이는 10~13cm로 머리는 뾰족하며 몸통은 가늘고 긴 원통형임. 몸빛은 등은 검은빛, 배는 흰빛이며 옆구리에 넓은 노란색 세로띠가 있음. 작은 수서 곤충을 먹이로 삼음. 우리 나라 고유종으로 전국 하천 상류의 여울에 떼지어 삶.
쉬르리얼리즘(surrealism) 명 초현실주의(超現實主義)
쉬:쉬-하다 타여 남이 알까 저어하여 말이 나지 않게 숨기다. ¶아무리 쉬쉬해도 소문이 나게 마련이다.
쉬-슬다(―슬고·―스니) 자 파리가 쉬를 깔기다.
쉬야 감 쉬[4]
쉬야-하다 자여 쉬하다
쉬어 감 열중쉬어 자세보다 편한 자세를 가지라는 구령. 두 손을 풀고, 왼발과 윗몸을 가볍게 움직일 수 있음.
쉬엄-쉬엄 부 ①쉬어 가며 천천히 하는 모양을 나타내는 말. ¶산길을 ― 걸어가다. ②그쳤다 이어졌다 하는 모양을 나타내는 말. ¶― 내리는 비.
쉬이 부 ①쉽게 ¶일이 ― 풀릴 모양이다. ②오래지 않아. ¶― 돌아오리라. 준 쉬[3]
쉬이 보다 관용 가볍게 보다. 쉽게 보다.
쉬이 여기다 관용 쉽게 생각하다.
쉬지근-하다 형여 조금 쉰듯 한 냄새가 나다. ¶두부가 쉬지근해졌다.
쉬척지근-하다 형여 몹시 쉰듯 한 냄새가 나다.
쉬-파:리 명 쉬파릿과의 곤충을 통틀어 이르는 말. 개울쉬파리·검정쉬파리 등이 있으며, 여름에 썩은 고기나 똥 따위에 쉬를 깔김. 왕파리. 창승(蒼蠅)
속담 **쉬파리 무서워 장 안 담글까** : 마땅히 해야 할 일은 다소 어려움이 있더라도 해야 한다는 말. 〔구더기 무서워 장 못 담글까〕
쉬:-하다 자여 '오줌 누다'의 어린이말. 쉬야하다
쉰: 수 ①수의 고유어 이름의 하나. 열의 다섯 곱절. ②물건 따위를 셀 때의 쉰 개. ☞오십(五十)
관 단위를 나타내는 말 앞에 쓰이어 ①수량이 열의 다섯 곱절임을 나타냄. ②차례가 마흔아홉째의 다음임을, 또는 횟수가 마흔아홉 번째의 다음임을 나타냄.
속담 **쉰 길 나무도 베면 끝이 있다** : 아무리 복잡해 보이는 일이라도 시작하여 해 나가면 끝마칠 때가 있다는 말. /**쉰 길 물 속은 알아도 한 길 사람 속은 모른다** : 남의 속마음을 알아내기는 매우 어렵다는 말. 〔열 길 물 속은 알아도 한 길 사람의 속은 모른다〕
쉰:-내 명 음식 따위가 쉬어서 나는 시금한 냄새.
쉰:-둥이 명 아버지나 어머니의 나이가 쉰 줄에 들어서 낳은 아이.
쉼:-표(―標) 명 ①문장 부호의 한 갈래. 반점(,), 모점(、), 가운뎃점(·), 쌍점(:), 빗금(/)을 통틀어 이르는 말. 휴지부(休止符) ☞따옴표 ②악보에서, 소리가 없는 부분의 길이를 나타내는 기호를 이르는 말. 온쉼표, 이분 쉼표, 사분 쉼표, 팔분 쉼표 따위가 있음.
쉽:다(쉽고·쉬워) 형ㅂ ①어렵지 않다. ¶문제가 ―. ②가능성이 많다. ¶일이 잘못되기 ―.

한자 **쉬울 이**(易) 〔日部 4획〕 ¶난이도(難易度)/안이(安易)/용이(容易)/평이(平易)

쉽:-사리 부 아주 쉽게. 힘들이지 않고. ¶― 승낙했다./― 해결하다.
쉽-싸리 명 꿀풀과의 여러해살이풀. 줄기는 모가 지고 높이는 1m 안팎. 잎은 마주 나며 고춧잎과 비슷함. 6~8월에 작은 흰 꽃이 잎겨드랑이에서 핌. 연한 부분은 나물로 먹을 수 있고, 생리통·산후 복통 등에 약재로도 씀. 아시아 동부에서 북아메리카에 걸쳐 분포함. 택란(澤蘭)
슈나우저(Schunauzer) 명 개의 한 품종. 입 가장자리에 수염이 많은 것이 특징임. 털은 검은빛 또는 검은 갈색으로 많고 거칢. 주둥이는 까맣고 짙은 잿빛 따위가 섞여 있음. 힘이 세고 활달함.
슈미:즈(chemise 프) 명 여성용 양장(洋裝) 속옷의 한 가지. 가슴 부분에서 허벅다리까지를 가리며, 대개 끈으로 어깨에 걸치게 되어 있음.
슈반-초(Schwann鞘) 명 말초 신경계 신경 섬유의 가장 바깥을 싸고 있는 막(膜). 신경초 ☞수초(髓鞘)
슈:크림(∠chou a la crème 프) 명 밀가루·달걀·버터 따위를 섞어서 반죽한 것을 얇게 구워 낸 다음, 속에 크림을 넣어 만든 양과자의 한 가지.
슈타이크아이젠(Steigeisen 독) 명 아이젠(Eisen)
슈템보:겐(Stemmbogen 독) 명 스키의 활강 기술의 한 가지. 스키의 뒤끝을 벌리고, 한쪽 다리에 무게 중심을 옮기면서 회전하는 방법.
슈:트볼:(shoot ball) 명 스크루볼(screw ball)
슈:트케이스(suitcase) 명 여행용 옷 가방.
슈:팅(shooting) 명 축구나 농구 따위의 구기에서, 골이나 바스켓을 향해 공을 차거나 던지는 일. 슛(shoot)
슈:팅스크립트(shooting script) 명 콘티뉴이티(continuity)
슈:퍼(super) 명 '슈퍼마켓(supermarket)'의 준말.
슈:퍼마:켓(supermarket) 명 셀프서비스 방식에 따른 큰 소매점. 식료품을 중심으로 한 일용품 따위를 팖. 준 슈퍼
슈:퍼맨(superman) 명 초능력을 가진 사람.
슈:퍼임포:즈(superimpose) 명 사진을 이중으로 인화하는 일, 또는 영화의 화면 위에 자막을 인화하는 일.
슈:퍼컴퓨:터(super computer) 명 기상 예보, 우주선 발사 따위의 계산에 쓰이는 초고속·초대형의 컴퓨터.
슈:퍼탱커(supertanker) 명 초대형의 유조선(油槽船).
슈:퍼헤비급(super heavy級) 명 아마추어 권투나 레슬링 따위에서, 선수의 몸무게에 따라 나눈 체급의 하나. 아마추어 권투의 경우 91kg 이상임.
슛:(shoot) 명 슈팅(shooting)
스가랴서(∠Zechariah書) 명 구약성서의 한 편(篇)인 스가랴의 예언서. 회개를 권하고, 평화로운 메시아 상(像)에 관한 내용이 적혀 있음.
스낵바:(snack bar) 명 간편하게 음식을 먹고 마실 수 있는, 서양식의 간이 식당.
스냅(snap) 명 ①똑딱단추 ②야구 따위에서, 공을 던질 때 손목의 힘을 이용하는 일. ③'스냅숏'의 준말.
스냅숏(snapshot) 명 사진이나 영화에서, 인물이나 풍물 따위 그때그때 눈에 띈 피사체를 즉흥적으로 찍는 일, 또는 그렇게 찍은 사진이나 영화의 장면. 준 스냅
스노:모:빌(snowmobile) 명 소형의 설상차(雪上車). 스키 부분과 캐터필러 부분이 있으며, 눈이 많은 지방의 우편 배달이나 사냥, 레저 따위에 쓰임.
스노:보:트(snow boat) 명 눈 위에서 사람이나 짐을 실어 나르는, 보트 모양의 썰매.
스노:진:(snow jean) 명 정상적인 진을 탈색하고 문질러 가공한 옷. 오래 입은 듯이 낡고 바래 보이며 젊은이들이 즐겨 입음.
스노:타이어(snow tire) 명 눈길 등에서 미끄러지지 않도록 골을 깊게 한 특수한 타이어.
스니:커(sneaker) 명 ①밑바닥에 고무창 따위를 붙여 발소리가 나지 않도록 만든 운동화. ②자신이나 자신이 딸린 집단의 이익을 위하여 남의 컴퓨터의 정보를 훔쳐내거나 파괴하는 사람. ☞해커(hacker)
스님 명 ①중이 그 스승을 일컫는 말. 사승(師僧) ②'중'을 높이어 일컫는 말. 사주(師主)
스라소니 명 고양잇과의 짐승. 살쾡이 비슷하나, 몸길이 1m 안팎으로 더 큼. 몸빛은 잿빛을 띤 갈색이고 얼룩점이 있음. 귀가 뾰족하고 뺨에 고양이처럼 수염이 남. 헤엄을 잘 치고 나무에도 잘 오르며, 성질이 거칢. 우리 나라를 비롯하여 북반구의 온대 이북에 분포함. 토표(土豹)
스란-치마 명 입었을 때 발이 보이지 않는 넓고 긴 치마. 치마 끝에 금박의 무늬나 용, 봉황 따위를 수놓은 옷단을 닮.

ㅅ

-스러이 접미 -스레
스러지다 자 ①모양이나 자취가 차츰 희미해져 없어지다. ¶저녁놀이 ―. ②생각이나 감정 따위가 사그라지다. ¶노여움이 일시에 스러져 버렸다. ☞사라지다
-스럽다 접미 형용사가 되게 하는 말로 '느끼게 하는 면이나 점이 있다'의 뜻을 나타냄. ¶자랑스럽다/평화스럽다/부담스럽다/위험스럽다 ☞-답다. -롭다
-스레 접미 '-스럽다'에서 바뀌어, 일부 명사에 붙어 부사가 되게 하는 말로 '그러한 느낌이 있게'의 뜻을 나타냄. -스러이 ¶감격스레/다정스레/부담스레
스로:인 (throw-in) 명 -하다 타 축구 따위에서, 사이드라인 밖으로 나간 공을 두 손으로 높이 들어 경기장 안으로 던지는 일.
스루다 타 ①쇠붙이를 불에 달구어 무르게 하다. ②풀이 센 다듬잇감을 잡아당겨 풀기를 죽이다.
스르르 부 ①감거나 슬쩍 맨 것이 저절로 풀리는 모양을 나타내는 말. ¶대님이 ― 풀리다. ②눈 따위가 저절로 녹는 모양을 나타내는 말. ¶눈이 햇볕에 ―녹다. ③눈이 저절로 감기는 모양을 나타내는 말. ¶감미로운 음악에 ― 눈이 절로 감긴다./― 졸음이 오다. ④천천히 미끄러지듯 움직이는 모양을 나타내는 말. ¶뱀이 풀숲을 ― 지나가다. ⑤응어리진 감정이 저절로 풀리는 모양을 나타내는 말. ¶분한 마음이 ― 풀어지다./화가 ― 풀리다. ☞사르르. 수르르
스리 명 음식을 먹다가 볼 안쪽을 깨물어 생긴 상처.
스리:쿼:터 (three-quarter) 명 ①적재량이 4분의 3톤인 작은 트럭. ②'스리쿼터백'의 준말.
스리:쿼:터백 (three-quarter back) 명 럭비에서, 하프백과 풀백 사이에 위치하는 네 사람의 선수. 득점의 기회를 만드는 것이 주된 구실임. 준 스리쿼터
스리:피:스 (three-piece) 명 같은 감으로 지은, 세 부분으로 된 한 벌의 양복을 이르는 말. 남성의 재킷·조끼·바지, 여성의 재킷·블라우스·스커트 따위.
스릴 (thrill) 명 소설이나 연극·영화 따위를 보다가 일어나는, 섬뜩하거나 조마조마한 느낌.
스릴러 (thriller) 명 스릴을 느끼게 하는 소설이나 연극, 영화 따위를 이르는 말.
스마:트빌딩 (smart building) 명 빌딩 자동화 시스템에 사무 자동화 기능과 정보·통신 기능을 통합한 최첨단 인공 지능 빌딩.
스마:트-하다 (smart―) 형여 ①옷차림이나 태도 따위가 세련되고 말쑥하다. ¶스마트한 복장. ②몸매나 물건의 모양 따위가 날씬하고 미끈하다.
스매시 (smash) 명 -하다 타 테니스나 탁구·배드민턴 따위에서, 공이나 셔틀콕을 높은 위치에서 상대 코트를 향해 내리꽂듯 세게 쳐 넣어 공격하는 일.
스매싱 (smashing) 명 -하다 타 스매시하는 일.
스멀-거리다(대다) 자 작은 벌레 따위가 살갗 위를 기는 것같이 근질근질한 느낌이 자꾸 들다. ☞사물거리다
스멀-스멀 부 스멀거리는 느낌을 나타내는 말. ¶등에 벌레가 기어가듯이 ― 하다. ☞사물사물
스며-들다 (―들고·―드니) 자 '스미어 들다'가 줄어든 말. ¶물기가 ―.
스모그 (smog) 명 도시에서, 공장의 연기, 자동차의 배기가스 등의 오염 물질 때문에 대기가 흐려져 안개처럼 뿌옇게 된 것. ¶광화학(光化學) ―
스모르찬도 (smorzando 이) 명 악보의 나타냄말의 한 가지. '사라지듯 점점 여리게'의 뜻.
스목 (smock) 명 ①어린아이나 주부(主婦), 화가(畫家) 등이 옷 위에 덧입는 넉넉한 옷. ②수예(手藝)의 한 가지. 천에 주름을 잡으면서 무늬를 뜨는 자수(刺繡).
스무 관 일부 명사나 의존 명사 앞에 쓰이어, 스물을 나타내는 말. ¶― 사람./― 개./― 되.
스무-고개 명 스무 번 이내의 질문을 통하여 물음의 내용인 사물을 알아맞히는 놀이.
스무:드-하다 (smooth―) 형여 일의 진행이 순조롭다. 원활하다 ¶계약이 스무드하게 이루어졌다.
스물 수 ①수의 고유어 이름의 하나. 열의 갑절. ②물건 따위를 셀 때의 스무 개. ☞이십(二十)
관 단위를 나타내는 말 앞에 쓰이어 ①수량이 열의 갑절임을 나타냄. ②차례가 열아홉째의 다음임을, 또는 횟수가 열아홉 번째의 다음임을 나타냄.
스미다 자 ①물이나 기름 따위 액체가 물체에 배어들다. ¶빗물이 ―. ②기체가 좁은 틈으로 새어 들거나 새어 나오다. ¶옷 속으로 스며 드는 찬바람. ③몸 속 깊이 느껴지다.
스바냐서 (∠Zephaniah書) 명 구약성서의 한 편(篇)인 스바냐의 예언서. 유대인들의 타락을 경고하고 주(主)의 날이 가까움을 알림.
스산-하다 형여 ①어수선하고 쓸쓸하다. ¶폭풍이 휩쓸고 지나간 스산한 거리. ②날씨가 흐리고 으스스하다. ¶스산한 바람. ③마음이 가라앉지 않고 어수선하다. ¶스산한 마음.
　스산-히 부 스산하게
스스럼 명 조심하거나 어려워하는 마음이나 태도.
스스럼-없:다 [―업―] 형 보기에 스스러워하는 데가 없다. ¶스스럼없는 사이.
　스스럼-없이 부 스스럼없게
스스럽다 (스스럽고·스스러워) 형ㅂ ①그리 가깝게 지내는 사이가 아니어서 조심스럽다. ¶서로 스스럽게 지내는 친구. ②수줍고 부끄럽다. ¶그 자리에 나가기가 어쩐지 ―.
스스로 명 자기 자신. ¶―를 돌아보다.
부 ①제 힘으로. ¶― 할 수 있는 일. ②자진(自進)하여. ¶책임을 느끼고 ― 물러나다. ③저절로 ¶― 눈이 녹다./― 웃음이 나오다.

한자 **스스로 자**(自) 〔自部〕 ¶자각(自覺)/자급(自給)/자동(自動)/자립(自立)/자율(自律)/자활(自活)

스스로-자 (―自) 명 한자 부수(部首)의 한 가지. '臭'·'臬' 등에서 '自'의 이름.
스승 명 자기에게 학문 등을 가르치는 사람. 사부(師傅)

한자 **스승 사**(師) 〔巾部 7획〕 ¶교사(敎師)/사도(師道)/사모(師母)/사제(師弟)/은사(恩師)

스와프=거:래 (swap去來) 명 체인지오버(change over)
스웨이드 (suède 프) 명 송아지나 새끼 양 따위의 가죽의 안쪽을 보풀린 부드러운 가죽. 장갑·구두 등에 쓰임.
스웨터 (sweater) 명 털실로 짠 윗옷.
스위치 (switch) 명 ①전기 회로를 이었다 끊었다 하는 장치. 개폐기(開閉器) ②철도의 레일이 갈라지는 곳에 장치하는 전철기(轉轍機).
스위치=무:역 (switch貿易) 명 삼각 무역(三角貿易)의 한 가지. 상품의 매매 계약과 수출입은 해당 국가끼리 하지만, 대금 결제는 제삼국의 상사(商社)를 통해 하는 무역.
스위치보:드 (switchboard) 명 배전반(配電盤)
스위치아웃 (switch out) 명 연극에서, 일시에 조명을 꺼서 무대를 어둡게 하는 일. ☞스위치인
스위치인 (switch in) 명 연극에서, 일시에 조명을 켜서 무대를 밝히는 일. ☞스위치아웃(switch out)
스위치히터 (switch-hitter) 명 야구에서, 좌우 어느 쪽의 타석에서도 칠 수 있는 타자를 이르는 말.
스위:트피: (sweet pea) 명 콩과의 한해살이 덩굴성 식물. 줄기 높이 1~2m. 잎은 깃꼴 겹잎으로 끝이 갈라져 덩굴손이 됨. 봄에서 여름에 걸쳐 품종에 따라 분홍·하양·자주색 등의 꽃이 나비 모양으로 피고, 완두와 비슷한 꼬투리가 생김. 이탈리아의 시칠리아 섬 원산인데, 관상용으로 온 세계에 널리 재배되며 품종이 많음.
스위:트홈: (sweet home) 명 ①즐겁고 편안한 가정. ②흔히 '신혼 가정'을 이르는 말.
스윙 (swing) 명 ①야구 방망이나 골프채를 휘두르는 일. ②권투에서, 팔을 뻗으면서 옆으로 크게 휘둘러 치는 공격법. ③약동적인 리듬이 되풀이되는 재즈의 한 형식. 1930년대 미국의 베니 굿맨 악단이 그들이 연주하는 음

악을 스윙 음악이라고 한 데서 유래함.

스윙아웃(swing out)명 야구에서, 투수가 던지는 공을 세 번 헛침으로써 당하는 아웃.

스쳐-보다타 ①곁눈질하여 슬쩍 보다. ②대강대강 빨리 보다.

스치다자 ①서로 살짝 닿거나 닿을락말락 하며 지나가다. ¶서로 옷자락이 ―. ②어떤 생각이 퍼뜩 떠올랐다 사라지다. ¶문득 어제 일이 머리를 스쳤다.

스카우트(scout)명 ①보이스카우트나 걸스카우트의 단원. ②-하다타 우수한 인재를 찾아내거나, 다른 곳에서 빼내거나 하는 일, 또는 그 일을 하는 사람. ¶투수를 ―하다./외국의 기술자를 ―하다.

스카이다이빙(skydiving)명 공중에서 하는 스포츠의 한 가지. 일정한 높이를 나는 항공기에서 뛰어내려 갖가지 연기를 하며 낙하하다가 낙하산을 펴서 목표 지점에 착지함. 착지의 정확성과 낙하 연기의 난이도 따위를 겨룸.

스카이라이트(skylight)명 지붕이나 천장에 낸 채광창.

스카이라인(skyline)명 ①지평선(地平線) ②산이나 도시의 건물 따위가 하늘에 맞닿아 보이는 윤곽선.

스카이사인(skysign)명 고층 빌딩의 벽면이나 옥상 등에 마련한 네온사인 등의 광고.

스카이웨이(skyway)명 산악 지대를 달리는 관광 자동차 도로를 흔히 이르는 말.

스카이카(sky car)명 차세대의 교통 수단인 수직 이·착륙기. 항공기와 자동차의 기능을 겸비했고 지름 10m의 좁은 공간에서 이륙과 착륙이 가능함.

ㅅ

스카치테이프(Scotch tape)명 접착용 셀로판테이프. 상품명에서 유래함.

스카:프(scarf)명 주로 여성이 몸을 꾸미거나 추위를 막기 위하여 머리나 목에 두루는 얇은 천. 견(絹)·면(綿)·모직(毛織) 등으로 만들며, 크기가 다양하나 일반적으로 네커치프보다 큼.

스칸듐(scandium)명 란탄족 원소의 하나. 단체(單體)는 회백색의 금속. 공기 중에서는 암회색으로 바뀜. 〔원소 기호 Sc/원자 번호 21/원자량 44.96〕

스칼라(scalar)명 물리나 수학에서, 방향을 갖지 않고 크기만 갖는 양(量)을 이르는 말. 길이·질량·밀도 따위. ☞벡터(vector)

스칼러십(scholarship)명 ①장학금 ②장학생의 자격.

스캐너(scanner)명 그림이나 사진, 문서 등에 빛을 쬐어서 그 반사 광선이나 투과광의 세기에 따른 디지털 신호를 컴퓨터에 입력하는 화상(畫像) 입력 장치.

스캐닝(scanning)명 컴퓨터에서, 파일이나 프로그램의 내부를 검색하여 필요한 항목을 찾는 일.

스캔들(scandal)명 ①불명예스러운 소문. 특히 남녀간의 추문(醜聞)을 이름. ②부도덕한 사건.

스커:트(skirt)명 양장(洋裝)의 치마.

스컬(scull)명 좌우 한 쌍의 노를 양손으로 젓는 보트 경기, 또는 그 보트. 싱글·더블 등의 종목이 있음.

스컹크(skunk)[1]명 족제빗과의 짐승. 몸길이 40cm 안팎이며, 생김새가 족제비와 비슷함. 털빛은 검은데, 뒷머리에서 등줄기 양쪽으로 흰 줄이 갈라져 뻗어 있음. 적에게 심한 악취가 나는 노란 액체를 5m 안팎까지 내쏨. 들판에 살며, 밤에 쥐·개구리·곤충 따위를 잡아먹음.

스컹크(skunk)[2]명 운동 경기에서, 한 점도 얻지 못하고 지는 일, 곧 영패(零敗)를 당하는 일.

스케르찬도(scherzando 이)명 악보의 나타냄말의 한 가지. '유머러스하고 경쾌하게'의 뜻.

스케르초(scherzo 이)명 빠른 삼박자의 경쾌한 악곡. 흔히 교향곡 따위의 한 악장을 이룸. 해학곡(諧謔曲)

스케이트(skate)명 얼음지치기에 쓰는, 구두 바닥에 쇠로 된 날을 붙인 운동 기구, 또는 그것을 신고 하는 운동 경기.

스케이트보:드(skate board)명 길이 76cm, 너비 10cm 안팎의 널빤지 밑 앞쪽과 뒤쪽에 각 한 쌍의 바퀴를 단 놀이 기구.

스케이트-장(skate場)명 스케이트를 신고 얼음을 지칠 수 있도록 빙판(氷板) 따위 설비를 갖추어 놓은 곳. 아이스링크 ☞활빙장(滑氷場)

스케이팅(skating)명-하다자 스케이트를 신고 얼음을 지치는 일. 빙기(氷技)

스케일(scale)명 ①길이·각도 따위를 재는 기구. ②크기. 규모 ¶―이 큰 사업. ③치수. 척도(尺度)

스케줄(schedule)명 예정. 일정(日程). 일정표. 시간표.

스케치(sketch)명-하다타 ①대체적인 인상(印象)을 그림으로 나타내는 일, 또는 그 그림. 사생(寫生). 사생화(寫生畫) ②어떤 장면을 보고 대체적인 인상을 짧은 글이나 간단한 악곡으로 나타내는 일, 또는 그 작품.

스케치북(sketchbook)명 그림을 그릴 수 있는 도화지를 묶은 공책.

스케치-판(sketch板)명 그림을 그릴 때 도화지를 받쳐 쓰는 화판(畫板).

스코어(score)명 ①운동 경기 따위의 득점, 또는 그것을 적은 기록. ②모음 악보

스코어보:드(scoreboard)명 경기장에 마련되어 득점이나 시합의 진행 상황 따위를 기록하는 게시판.

스코어북(scorebook)명 운동 경기 따위에서, 득점이나 시합의 진행 상황 따위를 기록하는 장부.

스코:프(scope)명 교육 과정을 편성하는 데 기준이 되는 학습 활동의 범위.

스콜:(squall)명 소나기나 우레와 함께 갑자기 불었다가 얼마 안 되어 그치는 강풍(強風). 흔히 열대 지방의 오후에 내리는 소나기를 이름.

스콜라=철학(schola哲學)명 중세 유럽에서 성립된 신학(神學) 중심의 철학. 가톨릭의 교리를 학문적으로 체계화한 것. '스콜라'는 교회나 수도원에 딸린 학교를 뜻함. 번쇄 철학(煩瑣哲學)

스콥(schop 네)명 ①흙이나 모래 따위를 파거나 뜨거나 하는 데 쓰는 기구. 삽과 비슷하나 크기가 작고 끝이 평평함. ②원예용 모종 삽.

스쿠:너(schooner)명 돛대를 두 개 이상 세운 서양식의 경쾌한 범선(帆船). 돛을 배의 앞뒤 방향으로 닮.

스쿠:버(scuba)명 고압 압축 공기가 들어 있는 수중(水中) 호흡기.

스쿠:터(scooter)명 ①소형 오토바이의 한 가지. 바퀴의 지름이 작고, 의자에 앉듯 두 발을 나란히 하여 앉게 되어 있음. ②아이들의 놀이 기구의 한 가지. 앞뒤에 작은 바퀴가 달린 좁고 긴 널빤지에 한 발을 올려 놓고, 양손으로 핸들을 쥐고 다른 한 발로 땅을 차면서 달림.

스쿨:링(schooling)명 통신 교육을 받는 학생이 학교에 나가서 일정 시간의 수업을 받는 일.

스쿨:존(schoolzone)명 교통 사고로부터 어린이들을 보호하기 위하여 설치한 구역. 학교 정문을 중심으로 반경 300m 이내의 도로로 차량을 주·정차할 수 없음.

스쿼시(squash)명 ①음료의 한 가지. 레몬이나 오렌지 등의 과즙과 소다수를 섞고 설탕을 탄 것. ②테니스와 비슷한 실내 운동. 벽과 천장으로 둘러싸인 코트 안에서, 두 사람이 번갈아 라켓으로 공을 정면의 벽을 향하여 침.

스퀘어댄스(square dance)명 미국의 대표적인 민속 춤. 개척 시대 초기에 시작된 것으로, 네 쌍의 남녀가 마주 보고 사각형을 이루면서 춤.

스퀴:즈플레이(squeeze play)명 야구에서, 삼루 주자를 타자의 번트로 홈인시키려는 공격법.

스크랩(scrap)명 신문이나 잡지 따위에서 기사를 오려 내는 일, 또는 오려 낸 그 기사.

스크랩북(scrapbook)명 신문이나 잡지 따위의 기사를 오려 내어 붙여 두는 책.

스크럼(scrum)명 ①럭비에서, 양편의 선수가 어깨를 맞대고, 공을 차지하기 위하여 서로 밀치는 일. ②시위 운동 등을 할 때, 여러 사람이 서로 어깨와 팔을 단단히 겯고 옆으로 늘어서는 일. ¶―을 짜다.

스크루:(screw)명 엔진의 회전력을 추진력으로 바꾸는 나선 추진기(螺旋推進器).

스크루:볼:(screw ball)명 야구에서, 투수가 던지는 변화

구의 한 가지. 타자의 손목 가까이에서 휘는 투구로, 투수 쪽에서 보아 우완 투수의 경우에는 오른쪽으로, 좌완 투수의 경우에는 왼쪽으로 휨. 슈트볼(shoot ball)

스크루:컨베이어(screw conveyor)명 나사 컨베이어

스크린:(screen)명 ①영사막(映寫幕) ②영화(映畫) ③사진 제판에 쓰는, 그물눈 모양의 선이 그어져 있는 유리판.

스크린:=인쇄(screen印刷)명 비단이나 나일론 등의 눈을 통하여 인쇄 잉크를 정착시키는 인쇄 방법. 사진이나 회화 등의 농담(濃淡) 있는 원화(原畫)를 표현할 때 쓰임. 실크스크린 인쇄

스크린:쿼:터(screen quota)명 국내 영화 산업을 보호하기 위하여 한국 영화를 의무적으로 일정 기간 이상 상영하도록 한 제도.

스크린:프로세스(screen process)명 미리 찍어 놓은 배경용(背景用)의 필름을 영사(映寫)해 놓고, 그 앞에서 연기하는 배우를 촬영함으로써, 바로 그 자리에서 찍은 것처럼 보이게 하는 일.

스크린:플레이(screen play)명 농구에서, 상대편의 방해를 막기 위하여 자기편 선수를 앞세우고 그 뒤에서 슛을 시도하는 공격 방법.

스크립터(scripter)명 ①영화를 촬영할 때, 그 진행 상황을 기록하는 사람. ②방송국에서 방송용 대본의 자료를 수집·정리하는 사람.

스크립트(script)명 ①연극·영화·방송 등의 대본. ②스크립터의 기록.

스키(ski)명 눈 위를 걷거나 지치거나 할 때 신는 한 쌍의 좁고 긴 널빤지 모양의 기구, 또는 그것을 신고 하는 운동.

스킨다이빙(skin diving)명 ①기구를 사용하지 않고 맨몸으로 물 속을 헤엄쳐 다니는 운동. ②물안경과 물갈퀴를 착용하고, 물 위로 내놓은 대롱으로 호흡하면서 물 속을 헤엄치는 운동. ☞스쿠버다이빙

스타(star)명 어떤 분야에서 인기가 매우 높은 사람. 특히 인기 있는 연예인이나 운동 선수에 대하여 이름.

스타디움(stadium)명 축구장이나 육상 경기장 등 둘레에 관람석이 있는 큰 경기장. ¶올림픽-

스타일(style)명 ①몸매. 자태 ¶-이 좋다. ②문장의 양식(樣式). ¶사설(社說)의 -. ③미술이나 건축 따위의 양식. ¶바로크- ④방식. 형(型) ¶프리- ⑤옷차림이나 머리 따위의 모양. ¶최신 유행의 -.

스타일리스트(stylist)명 ①옷차림에 신경을 몹시 쓰는 사람. ②문체(文體) 등 예술상의 양식에 힘을 기울이는 사람. ③배우나 모델 등의 머리 모양, 의상, 액세서리 등을 선정하고 궁리하는 일을 전문으로 하는 사람.

스타일북(stylebook)명 유행하는 옷 따위의 모양을 그림이나 사진으로 나타낸 책. 패션북(fashion book)

스타카:토(staccato 이)명 음을 하나하나 짧게 끊는 주법(奏法)이나 창법(唱法), 또는 그것을 지시하는 기호. 음표의 위나 아래에 '·' 또는 '∨'로 나타냄. 끊음표. 단음기호(斷音記號)

스타킹(stocking)명 ①여성용의 목이 긴 양말. ②운동 경기나 등산할 때 신는, 목이 긴 양말.

스타:트(start)명-하다자 출발. 출발점

스타:트대시(start dash)명 단거리 경주에서, 출발 직후에 앞으로 힘껏 내닫는 일.

스타:팅멤버(starting member)명 도중에 선수를 교체할 수 있는 단체 경기에서, 경기를 시작할 때 출장하는 선수, 곧 선발로 나가는 선수.

스타:플레이어(star player)명 인기 있는 운동 선수.

스태그플레이션(stagflation)명 경기(景氣)가 침체되어 있으면서 물가가 오르는 현상.

스태미나(stamina)명 원기(元氣). 정력(精力). 끈기

스태프(staff)명 ①집행 부서에 조언이나 권고를 하는 참모 부서, 또는 그 부서에 딸린 사람. ¶편집 - ②영화·연극·방송 따위에서, 출연자 이외의 관계자.

스탠더:드(standard)명 ①표준. 표준적인 것. ②세로와 가로의 비율이 1:1.33인 영사막(映寫幕).

스탠더:드넘버(standard number)명 시대와 유행을 넘어 사람들에게 사랑을 받고, 많은 연주가들이 연주해 온 경음악의 명곡.

스탠드(stand)명 ①계단식으로 된 경기장의 관람석. ②물건을 올려 놓는 대(臺). ¶잉크- ③전기 스탠드

스탠드바:(stand bar)명 긴 바(bar) 앞에 의자를 늘어놓고 바텐더가 손님에게 서비스하는 서양풍의 술집.

스탠드플레이(stand play)명 ①관객의 갈채를 의식한 화려한 연기(演技). ②사람들의 관심을 끌려고 의식적으로 하는 행동.

스탠딩스타:트(standing start)명 중거리나 장거리 경주에서, 출발선에 선 자세에서 달려 나가는 출발법. ☞크라우칭스타트

스탠바이(stand-by)명 ①주로 입항(入港)이나 출항(出港) 때 선장이 '준비하라'는 뜻으로 외치는 구령. 항공이나 방송 부문에서도 쓰임. ②언제든지 행동할 수 있도록 대기하는 일, 또는 그런 상태.

스탠스(stance)명 야구나 골프 따위에서, 공을 칠 때 취하는 두 발의 위치나 자세.

스탬프(stamp)명 ①잉크를 묻혀서 찍는, 고무로 만든 도장. ②우편물에 찍는 소인(消印). ③관광지 등에서 기념으로 찍는 도장.

스탬프잉크(stamp ink)명 고무인 따위에 쓰이는 잉크.

스턴트맨(stunt man)명 영화 따위에서, 위험한 장면을 찍을 때에 배우의 대역(代役)을 전문으로 하는 사람.

스턴트카:(stunt car)명 자동차 곡예, 또는 그 자동차.

스테고돈(stegodon 라)명 신생대의 플라이오세로부터 홍적세까지 동아시아에 살던 몸집이 큰 코끼리. 중국·인도·일본 등지에서 그 화석이 발굴되고 있음.

스테레오(stereo)명 방송·녹음·레코드 등에서, 입체감을 느끼게 하는 음향. ☞모노럴(monaural)

스테레오레코드(stereorecord)명 입체 음향 방식에 따라 만들어진 음반. ☞모노럴레코드

스테레오카메라(stereocamera)명 입체 사진을 찍는 카메라. 좌우로 떨어진 두 개의 렌즈를 통해 하나의 피사체를 동시에 두 장 찍게 되어 있음.

스테레오타입(stereotype)명 틀에 박힌 방식.

스테아르-산(∠stearic酸)명 지방산(脂肪酸)의 한 가지. 냄새가 없는 흰 결정체이며, 양초·연고·비누·좌약(坐藥) 등의 원료로 쓰임. 경지산(硬脂酸)

스테아린(stearin)명 스테아르산의 글리세린에스테르. 쇠기름이나 면실유 등을 냉각하고 압착하여 물기를 뺀 고체로, 양초·화장품·연고의 원료로 쓰임.

스테이션브레이크(station break)명 방송의 프로그램과 프로그램 사이에 방송사 이름이나 콜사인, 광고 등을 방송하는 일.

스테이지(stage)명 무대(舞臺)

스테이지댄스(stage+dance)명 관람객에게 보이려고 무대 위에서 추는 춤. ☞사교 댄스

스테이크(steak)명 서양 요리의 한 가지인 구운 고기. 특히 '비프스테이크'를 이름.

스테이플러(stapler)명 누르면 'ㄷ'자 모양으로 생긴 쇠바늘이 튀어나와 종이 따위를 철하는 기구.

스테이플파이버(staple fiber)명 화학 섬유를 짧게 잘라 솜 모양으로 만든 것, 또는 그것으로 짠 직물. 준스프. 파이버

스테인드글라스(stained glass)명 색유리를 쓰거나 색을 칠하여 무늬나 그림을 나타낸 판유리.

스테인리스-강(stainless鋼)명 스테인리스스틸

스테인리스스틸:(stainless steel)명 내식성(耐蝕性)이 뛰어난 합금강(合金鋼)을 통틀어 이르는 말. 크롬 18%, 니켈 8%의 18-8 스테인리스가 대표적임. 불수강(不銹鋼). 스텐인리스강

스텐실(stencil)명 색칠하는 방법의 한 가지. 그림이 될 부분을 오려 낸 종이를 본으로 하여, 그 위에서 솔로 물감을 칠함.

스텔라이트(stellite)명 코발트를 주성분으로 하고, 크롬

ㅅ

과 텅스텐 등을 함유하는 경도가 뛰어난 합금(合金). 공구의 재료로 쓰임.

스텝(step)명 ①무용에서, 발과 몸의 한 동작. ¶ -을 밟다. ②등산에서, 설계(雪溪)나 빙판으로 된 비탈에 피켈로 깎아 만든 발판.

스텝(steppe)명 강수량이 적고 나무가 자라지 않는 온대의 초원. 보통 동유럽 남부로부터 시베리아 남서부로 이어지는 초원을 이름.

스토:니(stony)명 시멘트에 특수한 약품을 섞어 단단하게 굳힌 것. 경도가 높고 물·불·산(酸)에 강함. 모조 대리석(模造大理石)

스토:리(story)명 소설·영화·연극 따위의 줄거리.

스토:브(stove)명 난로(煖爐)

스토아=학파(Stoa學派)명 기원전 4세기 말에 키프로스의 제논이 창시한 그리스 철학의 한 파. 지혜의 실천적 성격을 강조하였으나 저술은 거의 전해지지 않음. 대표적인 인물로 세네카, 아우렐리우스 등이 있음. 극기파

스토이시즘(Stoicism)명 ①스토아 학파의 학설(學說). ②금욕주의(禁慾主義)

스토익(stoic)명 ①스토아 학파의 철학자. ②스토아 학파의 가르침을 받드는 사람. ③금욕적. 극기적

스토커(stalker)명 관심이 있는 상대편을 병적으로 집요하게 쫓아다니면서 괴롭히는 사람.

스토킹(stalking)명 관심이 있는 상대편을 병적으로 집요하게 쫓아다니면서 괴롭히는 일.

ㅅ

스톡옵션(stock option)명 기업에서 전문 경영인이나 핵심 기술자 등을 채용할 때, 일정 기간이 지난 후 채용할 때의 약속된 가격으로 주식을 살 수 있도록 하는 일.

스톨링(stalling)명 운동 경기에서 경기 종료 시간이 조금 남았을 때, 주로 이긴 쪽에서 리드한 점수를 지키기 위하여 시간을 끄는 일.

스톱(stop)명-하다 자타 ①정지함 또는 중지함. ¶ 차가 -하다. /송금을 -하다. ②오르간 따위 악기의 음전(音栓).

스톱모:션(stop motion)명 영화나 텔레비전 등의 화상(畫像)의 움직임을 순간적으로 멈추게 하는 일, 또는 그렇게 보여 주는 장면.

스톱워치(stop watch)명 초(秒) 이하의 시간까지 잴 수 있고, 작동을 자유롭게 할 수 있는 시계. 주로 운동 경기나 방송 등에 쓰임. 타임워치

스툴:(stool)명 등받이와 팔걸이가 없는 일인용 의자.

스튜:(stew)명 음식 재료를 한데 섞어 양념하여 오래 끓여 만드는 서양식 찌개 요리를 통틀어 이르는 말.

스튜:디오(studio)명 ①화실(畫室)·촬영실·녹음실 등을 통틀어 이르는 말. ②실내의 영화 촬영소, 방송국의 방송실 등을 통틀어 이르는 말.

스튜어드(steward)명 정기 항로의 여객기에 탑승하여 승객에게 서비스하는 남성 승무원.

스튜어디스(stewardess)명 정기 항로의 여객기에 탑승하여 승객에게 서비스하는 여성 승무원.

스트라이커(striker)명 축구에서, 슛이 뛰어나 득점력이 높은 공격수를 이르는 말.

스트라이크(strike)명 ①동맹 파업(同盟罷業) 또는 동맹 휴교. ②야구에서, 투수가 던진 공이 스트라이크존에 들어가는 일. 파울이나 헛 스윙 등도 스트라이크로 간주함. ③볼링에서, 공을 던져 핀 열 개를 모두 쓰러뜨리는 일. ☞스페어(spare)

스트라이크존:(strike zone)명 야구에서, 투수가 던진 공이 스트라이크로 판정되는 범위. 곧 타격 자세를 취한 타자의 어깨보다 높지 않고 무릎보다 낮지 않은, 홈플레이트 위의 공간.

스트럭아웃(struck out)명 야구에서, 세 번째의 스트라이크를 놓쳐서 아웃되는 일.

스트레스(stress)명 생명체가 받은 상해·자극 등에 대하여 체내에서 일어나는 생리적·심리적 반응. 심하면 심신에 병적인 변화를 일으킴. ¶ -가 쌓이다.

스트레이트(straight)명 ①야구에서, 변화구가 아닌 직구. ②권투에서, 팔을 앞으로 쭉 뻗어 치는 공격 기술. ③테니스에서, 사이드라인과 평행 방향인 타구. ④독한 양주 따위에 물이나 얼음 등을 타지 않는 일, 또는 그 술. ⑤같은 일이 이어지는 일. ¶ -로 이기다.

스트레이트코:스(straight course)명 육상 경기장 등의 직선 코스. 스트레치

스트레치(stretch)명 스트레이트코스(straight course)

스트레칭(stretching)명 준비 운동이나 정리 운동 등에서 신체의 여러 근육을 극도로 긴장시키면서 서서히 펴는 유연 체조. 부상 방지가 목적임.

스트렙토마이신(streptomycin)명 흙 속의 방선균(放線菌)을 배양하여 만드는 항생 물질의 한 가지. 특히 결핵균에 효력이 있음.

스트로보스코:프(stroboscope)명 주기적으로 깜박이는 빛을 진동하거나 회전하는 물체에 비추어 그 물체가 정지한듯 한 상태로 주기나 속도를 측정하는 장치. 물체의 운동 분석, 음반의 회전 속도의 조정 등에 쓰임.

스트로:크(stroke)명 ①보트에서, 노를 한 번 젓는 일, 또는 그 동작. ②수영에서, 팔로 물을 한 번 끌어당기는 일, 또는 그 동작. ③테니스나 골프 따위에서, 공을 치는 일, 또는 그 동작.

스트로풀루스(strophulus 라)명 유아(幼兒) 특유의 피부병. 주로 무릎과 팔꿈치에 발진(發疹)이 많이 생기는데, 몹시 가려우며 긁으면 물집이 생기고 커짐. 대개 여름에 많이 발생함.

스트론튬(strontium)명 알칼리 토류(土類) 금속 원소의 하나. 은백색의 무른 금속으로 상온(常溫)에서 산화하며, 수은과 결합하여 아말감을 만들고 염산에는 수소를 발생하며 녹음. 여러 가지 합금에 이용됨. [원소 기호 Sr/원자 번호 38/원자량 87.62]

스트리밍(streaming)명 인터넷에서, 데이터를 작은 단위로 나누어 보내 실시간으로 재생하는 기법. 하드디스크의 용량에 제약을 받지 않고 즉시 재생하여 볼 수 있음.

스트리크닌(strychnine)명 마전(馬錢)의 씨에 들어 있는 알칼로이드. 중추 신경을 매우 강하게 흥분시킴. 독성이 강하여 치료용보다는 연구용의 시약(試藥)으로 쓰임.

스트리:킹(streaking)명 벌거벗고 사람이 있는 거리 등을 뛰어다니는 짓.

스트리트아트(street art)명 열린 공간에서 공개적으로 하는 미술 전시, 낙서, 연극 등을 통틀어 이르는 말. 대중의 시선을 끌기 쉬우며, 정치적인 성격을 띠는 경우가 많음.

스트린젠도(stringendo 이)명 악보의 빠르기말의 한 가지. '점점 빠르게' 또는 '긴박감이 나게'의 뜻.

스티렌(styrene)명 방향족 탄화수소의 한 가지. 인화성이 크고 자극적인 냄새가 있는 투명한 액체로, 폴리스티렌이나 폴리에스테르 수지 등의 원료, 도료와 건성유 등의 제조에 쓰임. 스티롤(Styrol)

스티렌=수지(styrene樹脂)명 열가소성 합성 수지의 한 가지. 스티렌의 중합체로 고주파 절연물이나 일용품, 건축 재료 따위에 널리 쓰임. 스티롤 수지. 폴리스티렌

스티로폼(Styrofoam)명 '발포 스티렌 수지'의 상표명.

스티롤(Styrol 독)명 스티렌(styrene)

스티롤=수지(Styrol樹脂)명 스티렌 수지

스티치(stitch)명 바느질·자수·뜨개질 등에서, 한 땀이나 한 코를 이르는 말.

스티커(sticker)명 뒷면에 접착제가 칠해져 있어서 창·기둥·문벽 등에 붙일 수 있는 광고용의 인쇄물.

스틱(stick)명 단장(短杖)

스틸(steal)명 도루(盜壘)

스틸(steel)명 강철(鋼鐵)

스틸(still)명 영화 필름의 한 컷을 인화한 사진. 선전용으로 쓰임.

스틸:기타:(steel guitar)명 주로 하와이안 음악에 쓰이는 전기식 기타. 강철로 된 현(絃)을 쇠 막대로 눌러 음의 높이를 조절함. ☞하와이안기타

스틸:새시(steel sash)명 내화용(耐火用)이나 방음용 등으로 쓰이는 강철로 된 문틀.

스틸울(steel wool)명 쇠 수세미. 쇠를 실처럼 가늘게 깎은 것을 뭉쳐 만들며, 주로 묵은 때나 녹을 벗길 때 쓰임.
스팀:(steam)명 ①증기 ②증기를 이용한 난방 장치.
스팀:엔진(steam engine)명 증기 기관(蒸氣機關)
스팀:해머(steam hammer)명 쇳덩이로 된 크고 무거운 망치를 증기의 힘으로 끌어올렸다가 떨어뜨리는 기계. 강철 덩이 따위를 단련하는 데 쓰임.
스팅어(Stinger)명 개인의 휴대용 대공 유도탄. 어깨에 메고 저공으로 나는 적의 항공기나 헬리콥터 등을 향해 쏨.
스파게티(spaghetti 이)명 이탈리아식 국수 요리.
스파르타=교:육(Sparta教育)명 어려서부터 심하게 단련하는 엄격한 교육. 고대 스파르타의 엄격한 국가적·군사적 의무 교육에서 유래한 말임
스파:링(sparring)명 권투에서, 무거운 글러브와 헤드기어를 착용하고, 실전과 비슷하게 하는 연습.
스파이(spy)명 간첩(間諜). 밀정(密偵) ¶산업 -
스파이크(spike)명 ①육상 선수나 야구 선수 등의 구두 밑창에 미끄럼을 줄이기 위해 박아 놓은 징. ②배구에서, 매우 강력한 공격법의 한 가지. 네트 가까운 곳에 높이 토스한 공을, 높이 뛰어올라 상대편 코트로 강하게 내리꽂는 일. 킬(kill) ③'스파이크슈즈'의 준말.
스파이크슈:즈(spike shoes)명 미끄럼을 줄이기 위한 밑창을 댄 운동 경기용 신. 준스파이크(spike) ☞러닝슈즈(running shoes)
스파:크(spark)명 방전(放電) 때 생기는 불꽃. 전기 불꽃
스패너(spanner)명 너트나 볼트 따위를 죄거나 푸는 데 쓰는 공구. 렌치(wrench)
스패츠(spats)명 신에 눈이나 흙, 모래 따위가 들어가지 않게 하거나 발목을 보호하기 위하여, 구두 위를 감싸면서 발목에 두르는 각반(脚絆).
스팸메일(spam mail)명 불특정 다수의 사람에게 일방적으로 전달되는 전자 우편. 광고 메일, 설문 조사 메일, 메일 폭탄, 행운의 편지 따위. 정크메일(junk mail)
스팽글(spangle)명 여성복이나 무대 의상 등에 꾸미개로 다는 금속이나 플라스틱 등으로 만든 얇은 조각.
스퍼기어(spur gear)명 축과 톱니가 나란히 절삭되어 있는 톱니바퀴. 평행한 두 축 사이의 회전력을 전달하는 데 쓰임. 평치차(平齒車)
스퍼:트(spurt)명 달리기, 수영, 보트 젓기 따위에서 전속력을 내는 일.
스펀지(sponge)명 그릇의 때를 닦는 데나 쿠션 따위로 쓰이는, 고무나 합성 수지로 만든 물건.
스펀지케이크(sponge cake)명 카스텔라와 같은 스펀지 모양의 과자를 이르는 말.
스페어(spare)명 ①예비로 준비한 물건. ②볼링에서, 공을 던져서 쓰러뜨리지 못한 핀, 또는 공을 다시 던져서 그 핀을 모두 쓰러뜨리는 일. ☞스트라이크(strike)
스페이드(spade)명 트럼프 패의 하나. 검은 빛깔로 나뭇잎 모양이 그려져 있음.
스페이스(space)명 ①빈 자리. 공간(空間). 여백(餘白) ②우주 공간
스페이스셔틀(space shuttle)명 미국에서 만든, 재사용이 가능한 유인 우주선. 100회 이상 사용할 수 있음.
스펙터클(spectacle)명 연극이나 영화 따위의 거창하고 호화스러운 장면.
스펙트럼(spectrum)명 ①분광기(分光器)나 회절 격자(回折格子)에 빛을 통과시켰을 때 생기는 빛의 빛깔의 띠. ②여러 성분으로 이루어진 것을 단순한 성분으로 갈라 양의 대소에 따라 강도(強度)의 분포를 나타낸 것. ¶음향 -/질량 -
스펙트럼=분석(spectrum分析)명 분광 분석(分光分析)
스펙트럼-형(spectrum型)명 항성(恒星)의 표면 온도 따위의 물리적 상태를 스펙트럼에 따라 분류한 것.
스펠(spell)명 스펠링
스펠링(spelling)명 영어 등 유럽어의 맞춤법. 스펠
스포르찬도(sforzando 이)명 악보의 셈여림말의 한 가지. '그 음을 특히 세게'의 뜻. 기호는 sf 또는 sfz
스포이트(spuit 네)명 끝이 가늘고 다른 쪽 끝에 고무 주머니가 달린 유리관. 잉크나 물약 따위를 빨아올려 딴 곳으로 옮기거나 점적(點滴)할 때 씀.
스포:츠(sports)명 건강을 위하여 몸으로 하는 운동이나 운동 경기를 통틀어 이르는 말. ¶실내 -/야외 -
스포:츠맨(sportsman)명 운동 선수, 또는 운동을 좋아하는 사람.
스포:츠맨십(sportsmanship)명 운동 선수가 경기 등에서 지켜야 할 윤리 강령.
스포:츠센터(sports center)명 여러 가지 운동을 할 수 있는 시설물을 갖추어 놓은 곳.
스포:츠=의학(sports醫學)명 운동에 따른 심신(心身)의 변화, 신체의 발육, 건강의 유지와 증진 등 운동이 신체에 미치는 영향을 연구하는 의학의 한 분야.
스포:츠카:(sports car)명 고속으로 달리는 등 운전을 즐기기 위하여 만든 오락용 자동차.
스포:크(spoke)명 바퀴의 살.
스포:큰타이틀(spoken title)명 영화나 텔레비전의 대사를 화면의 가장자리에 나타낸 자막(字幕).
스포트라이트(spotlight)명 ①무대에서, 어떤 인물이나 어떤 곳을 특별히 밝게 비추는 광선, 또는 그 장치. ②세상 사람들의 주목(注目)을 비유하여 이르는 말. ¶각종 매스컴의 -를 받다.
스포:티-하다(sporty-)형여 옷차림 따위가 활동적이고 경쾌하다.
스폰서(sponsor)명 ①자금을 대 주는 사람. 후원자 ②상업 방송에서, 프로그램을 제공하는 사람. 광고주
스폿=광:고(spot廣告)명 스폿커머셜
스폿뉴스(spot news)명 프로그램의 중간이나 프로그램이 바뀌는 사이에 방송하는 짧은 뉴스.
스폿애드(spot ad)명 극장이나 영화관 등에서 막간(幕間)을 이용하여 슬라이드 따위로 하는 광고.
스폿=용접(spot鎔接)명 전기 용접의 한 가지. 금속판을 포개어 놓고 위아래에 전류를 통하여 한 부분만을 용접하는 일.
스폿커머:셜(spot commercial)명 프로그램의 중간이나 프로그램이 바뀌는 사이에 하는 짧은 광고. 스폿 광고
스푸트니크(Sputnik 러)명 구(舊)소련에서 만든 인공위성. 1957년 10월 4일, 세계 최초로 발사에 성공함.
스푼:(spoon)명 ①주로 양식(洋食)에 쓰는 숟가락. 사시(沙匙). 양숟가락 ②끝이 숟가락 모양으로 된 골프채.
스프(∠スフ 일. staple fiber)명 '스테이플파이버'의 준말.
스프레이(spray)명 액체를 뿜어 뿌리는 기구.
스프롤:=현상(sprawl現象)명 도시의 변두리에 택지(宅地)가 무계획적으로 확대되어 나가는 현상.
스프린트(sprint)명 ①육상 경기, 경영(競泳), 스피드스케이트 등의 단거리 경주. ②미국에서 개발한 대기권 내 요격용 핵탄두 미사일.
스프링(spring)명 용수철(龍鬚鐵)
스프링보:드(springboard)명 도약판(跳躍板)
스프링캠프(spring camp)명 프로 야구 팀 등이 정규 리그가 시작되기 전인 봄에 집중하여 하는 합숙 훈련, 또는 그 장소.
스프링코:트(spring+coat)명 톱코트(topcoat)
스프링클러(sprinkler)명 ①천장에 설치하여, 불이 나면 자동으로 물을 뿌리게 되어 있는 장치. ②밭이나 정원 등에 설치하는 자동 살수기(撒水器).
스플래셔(splasher)명 자동차나 자전거 따위에 달린, 바퀴에서 튀는 흙을 막는 장치.
스피넬(spinel)명 등축 정계(等軸晶系)에 딸린 광물의 한 가지. 알루미늄과 마그네슘의 산화물로 팔면체의 결정. 경도(硬度)는 8이고 무색 또는 빨강·파랑·초록·노랑·갈색·검정 등의 것이 있으며, 화성암(火成岩)이나 변성암(變成岩)에 널리 분포함. 분홍색의 투명한 것은 일급 보석으로 쓰임.
스피:드건(speed gun)명 움직이는 물체의 속도를 재는 기계. 야구 공의 투구 속도, 달리는 자동차의 속도 등을

재는 데 쓰임.

스피:드스케이팅(speed skating)명 빙상 경기의 한 가지. 스케이트를 신고 400m의 타원형 트랙을 돌아 그 속도를 겨루는 경기로, 오백·일천·천오백·오천·일만 미터의 종목이 있음. ☞쇼트트랙(short track)

스피로헤타(Spirochaeta 라)명 원생생물과 세균의 중간인 단세포의 미생물. 매독이나 회귀열(回歸熱) 등의 병원균이 되는 것으로 알려져 있음.

스피리토:소(spiritoso 이)명 악보의 나타냄말의 한 가지. '활기 있게' 또는 '힘차게'의 뜻.

스피츠(spitz)명 개의 한 품종. 독일 원산이며, 어깨 높이 40cm 안팎으로, 몸집이 작음. 몸은 희고 긴 털로 덮여 있고, 주둥이는 짧음. 귀는 작고 꼿꼿하며, 꼬리는 감김. 주로 애완용으로 기름.

스피카토(spiccato 이)명 바이올린 등 현악기의 활 쓰는 법의 한 가지. 활의 중간 부분으로 재빨리 짧게 연주하기 때문에 활이 현(絃) 위에서 튐.

스피:커(speaker)명 '라우드스피커'의 준말.

스핀(spin)명 ①테니스나 탁구 따위 구기(球技)에서, 공을 회전시키는 일, 또는 그 회전. ②피겨스케이팅에서, 한 다리를 축으로 하여 몸을 회전하는 일. ③비행기가 앞부분을 아래로 향하고 나선형을 그리며 하강하는 일.

스핑크스(sphinx)명 ①고대 이집트나 아시리아 등에서 지배자의 상징으로 왕궁·신전·무덤 따위의 입구에 세운, 얼굴은 사람 모양이고 몸은 사자 모양인 석상(石像). ②그리스 신화에 나오는, 얼굴은 사람의 얼굴로, 몸은 사자의 몸으로 이루어졌다는 괴물. 지나가는 사람에게 수수께끼를 내어, 풀지 못하면 죽였다고 함.

슬(瑟)명 국악기 사부(絲部) 현악기의 한 가지. 앞면은 오동나무, 뒷면은 엄나무로 만들어 25줄을 맴. 현악기 중 가장 크며 문묘제례악에 진설하지만 연주하지는 않음. ☞금(琴)

슬갑(膝甲)명 지난날, 추위를 막으려고 바지 위에 껴입던, 무릎까지 내려오는 반바지.

슬개건=반:사(膝蓋腱反射)명 무릎 반사

슬개-골(膝蓋骨)명 무릎 관절의 앞쪽에 있는 접시 모양의 뼈. 슬골(膝骨). 종지뼈

슬겁다(슬겁고·슬거워)형ㅂ ①겉으로 보기보다는 속이 제법 너르다. ¶그 집은 보기보다는 ―. ②마음씨가 너그럽고 정답다. ¶슬거운 사람. ☞살갑다

슬골(膝骨)명 슬개골(膝蓋骨)

슬-관절(膝關節)명 넓적다리 아래 부분과 정강이 윗부분에 있는 관절. 무릎마디

슬그니부 '슬그머니'의 준말.

슬그머니부 남이 모르게 넌지시. ¶― 들어오다./― 뒤로 빠지다. 준슬그니. 슬그미 ☞살그머니

슬그미부 '슬그머니'의 준말.

슬근-거리다(대다)자 물체가 서로 맞닿아 천천히 가볍게 비벼지다. ☞살근거리다

슬근-슬근부 자꾸 슬근거리는 모양을 나타내는 말. ¶톱으로 ― 박을 타다. ☞살근살근

슬금-슬금부 ①남이 눈치채지 못하게 자꾸 슬그머니 행동하는 모양을 나타내는 말. ¶― 곁눈질을 하다./― 꽁무니를 빼다. ②눈치를 살피면서 슬슬 행동하는 모양을 나타내는 말. ¶적 앞에서 ― 도망을 치다. ☞살금살금

슬금-하다형여 슬기롭고 너그럽다.

슬기명 사리(事理)를 바르게 깨닫고 일을 적절히 처리해 나가는 능력. 지혜(智慧)

한자 슬기 지(智) 〔日部 8획〕 ¶기지(機智)/지략(智略)/지력(智力)/지모(智謀)/지자(智者)/지혜(智慧)

슬기-롭다(―롭고·―로워)형ㅂ 슬기가 있다. ¶사태에 슬기롭게 대처하다.

슬기-로이부 슬기롭게

슬다[1](슬고·스니)자 ①쇠 따위에 녹이 생기다. ¶칼에 녹이 ―. ②곰팡이가 생기다. ¶옷에 곰팡이가 ―.

슬다[2](슬고·스니)자 ①진딧물 같은 것이 꾀어 식물이 누렇게 죽어 가다. ②두드러기나 소름 따위가 없어지다.

슬다[3](슬고·스니)타 벌레나 물고기 따위가 알을 낳다. ¶파리가 쉬를 ―.

슬다[4](슬고·스니)타 ①쇠붙이를 불에 달구어 무르게 하다. ②풀이 센 빨래를 손질하여 풀기를 죽이다.

슬두(膝頭)[―뚜]명 무릎

슬라브(Slav)명 유럽의 동부와 중부에 사는, 인도게르만어족의 슬라브 어파에 딸린 민족을 통틀어 이르는 말. 러시아인·폴란드인·체코인·불가리아인 따위.

슬라이더(slider)명 야구에서, 투수가 던지는 변화구의 한 가지. 강속구를 던지는듯 하면서 가운뎃손가락에 힘을 주어 공을 던져 바깥쪽으로 휘어들어가게 함.

슬라이드(slide)명 ①환등기(幻燈機)에 넣어 비추도록 만든 양화(陽畫)의 필름. ②'슬라이드글라스'의 준말.

슬라이드글라스(slide glass)명 깔유리 준슬라이드

슬라이딩(sliding)명 ①야구에서, 주자(走者)가 베이스를 향하여 몸을 누이면서 미끄러져 들어가는 동작. 터치아웃을 피하기 위하여, 또는 베이스에 확실히 닿기 위하여 함. ②활주(滑走)

슬라이딩스케일(sliding scale)명 슬라이딩시스템

슬라이딩시스템(sliding system)명 생산물의 가격 또는 생계비 지수 등의 변동에 따라 임금이나 연금을 올리거나 내리거나 하는 제도. 슬라이딩스케일. 종가 임금법(從價賃金法)

슬라이딩태클(sliding tackle)명 축구에서, 몸을 누이며 미끄러져 들어가듯 하여 공을 빼앗는 동작.

슬라이스(slice)명 ①한 조각, 또는 얇게 썬 조각. ②골프나 야구에서, 공을 비껴 쳐서 오른쪽으로 휘어져 날아가게 하는 일. ☞훅(hook)

슬래브(slab)명 ①등산에서, 반드러운 판자와 같은 큰 너럭바위를 이르는 말. ②강철의 덩이를 납작하게 압연(壓延)한 반제품(半製品). ③철근 콘크리트로 만든 건축물의 바닥이나 지붕 따위의 편편한 구조물. ¶― 지붕

슬랙스(slacks)명 양복 바지. 특히, 윗옷과 한 벌이 아닌, 이리저리 바꿔 입을 수 있는 바지를 이름.

슬러:(slur)명 악보에서, '매끄럽게 연주하라'는 뜻으로, 높이가 다른 둘 이상의 음표의 위나 아래에 긋는 호선(弧線). 이음줄

슬러거(slugger)명 야구의 강타자(強打者).

슬럼(slum)명 도시의 빈민가나 빈민굴.

슬럼프(slump)명 ①운동 선수 따위가 심신의 부조(不調)로 말미암아 일시적으로 활동이 부진한 상태. ¶―에 빠진 선수. ②불경기(不景氣). 불황(不況)

슬렁-슬렁부 서두르거나 하지 않고 천천히 행동하는 모양을 나타내는 말. ¶― 걸어가다. ☞어슬렁어슬렁

슬레이트(slate)명 지붕을 이거나 벽재(壁材) 등으로 쓰는 널빤지 모양의 재료. 점판암의 천연 슬레이트도 있으나, 시멘트에 석면이나 모래 따위를 섞어 눌러서 만든 것이 많음.

슬렌탄도(slentando 이)부 악보의 빠르기말의 한 가지. '차차 느리게'의 뜻.

슬로:건(slogan)명 어떤 강령(綱領)이나 주장 따위를 호소하거나 알리기 위하여 간결하게 표현한 짧은 어구. 표어(標語) ¶'질서를 지키자'라는 ―을 내걸다.

슬로:다운(slow-down)명 태업(怠業)의 한 가지. 일의 능률을 일부러 떨어뜨리는 일.

슬로:모:션(slow-motion)명 ①느린 동작. ②영화나 비디오에서, 고속도 촬영이나 저속도 재생을 하여 피사체의 움직임을 느리게 보여 주는 일.

슬로:볼:(slow ball)명 야구에서, 투수가 일부러 속도를 늦추어서 공을 던지는 일, 또는 그 공. ☞완구(緩球)

슬로:비디오(slow+video)명 비디오로 촬영한 피사체의 움직임을 느린 동작으로 재생하는 화면이나 방식, 또는 그 장치.

슬로:크랭킹(slow cranking)명 영화에서, 1초에 24장인 표준 속도보다 느린 속도로 촬영하는 일. 이것을 표준 속도로 영사(映寫)하면 빠른 동작으로 보임. ☞미속도 촬

영(微速度撮影)

슬로:프(slope)명 비탈. 특히 스키장의 비탈을 이름.

슬롯머신(slot machine)명 동전 또는 그 대용품을 넣어 기계를 작동시키는 자동 도박기(賭博機).

슬리퍼(slipper)명 발끝만 꿰게 된, 뒤축이 없는 실내화.

슬리핑(slipping)명 권투에서, 상대의 공격을 피하기 위하여 얼굴이나 윗몸을 요리조리 움직이는 일.

슬리:핑백(sleeping bag)명 등산 용구의 한 가지. 새의 깃털이나 화학 섬유 따위를 두어 자루 모양으로 만든 침구(寢具). 침낭(寢囊)

슬립(slip)명 ①여성용 속옷의 한 가지. 가는 끈 따위로 어깨에 걸어서 드레스보다 짧게 입음. ②-하다자 길이 비에 젖거나 얼어붙어서 자동차의 타이어가 미끄러지는 일.

슬립다운(slip down)명 권투에서, 상대편의 공격을 받지 않았는데, 미끄러지거나 하여 쓰러지는 일. 카운트하지 않음.

슬릿(slit)명 양복저고리 자락이나 스커트 자락, 소매 끝 따위에 튼 아귀.

슬며시부 ①드러나지 않게 슬그머니. ¶ ― 들어오다. ②속으로 은근히. ¶그가 꾸중 듣는 것이 나는 ― 좋았다. ☞살며시

슬몃-슬몃[―멷―]부 잇달아 슬며시 행동하는 모양을 나타내는 말. ☞살몃살몃

슬미지근-하다형여 조금 미지근하다. ¶태도가 ―.

슬슬부 ①남이 눈치채지 못하게 슬쩍 행동하는 모양을 나타내는 말. ¶ ― 뒤를 밟다. ②서두르지 아니하고 가만가만 행동하는 모양을 나타내는 말. ¶ ― 일을 시작하다./정원을 ― 거닐다. ③물체가 모르는 사이에 저절로 녹는 모양을 나타내는 말. ¶설탕이 입 안에서 ― 녹다. ④그럴듯하게 남을 달래거나 꾀는 모양을 나타내는 말. ¶ ― 꾀다. ⑤가만가만 문지르거나 긁는 모양을 나타내는 말. ¶ ― 문지르다. ⑥바람이 조금 이는 모양을 나타내는 말. ¶바람이 ― 불어오다. ⑦은근히 눈웃음을 치거나 기색을 살피는 모양을 나타내는 말. ☞살살[1]

슬쩍부 ①남의 눈에 뜨이지 않게 슬그머니 움직이는 모양을 나타내는 말. ¶사람들 틈에 ― 끼여들다. ②힘들이지 않고 능숙하게 움직이는 모양을 나타내는 말. ¶ ― 받아넘기다. ☞살짝

슬쩍 하다관용 남의 물건을 몰래 훔치다. ¶주머니 속의 지갑을 ―.

슬쩍-슬쩍부 ①남의 눈에 뜨이지 않게 잇달아 슬그머니. ¶옆얼굴을 ― 바라보다. ②힘들이지 않고 잇달아 능숙하게. ¶서류를 ― 보아 넘기다. ☞살짝살짝

슬치명 알을 낳아서 뱃속에 알이 없는 뱅어. ☞알치

슬퍼-하다타여 슬프게 여기다. ¶아버지의 죽음을 슬퍼할 겨를도 없이 또 다른 불행이 닥쳤다.

한자 슬퍼할 도(悼)〔心部 8획〕¶애도(哀悼)/통도(痛悼)
슬퍼할 처(悽)〔心部 8획〕¶처연(悽然)/처절(悽絶)

슬프다(슬프고·슬퍼)형 울고 싶어지도록 서럽다. ¶슬픈 이야기. ☞기쁘다

한자 슬플 비(悲)〔心部 8획〕¶비관(悲觀)/비극(悲劇)/비보(悲報)/비운(悲運)/희비(喜悲)
슬플 애(哀)〔口部 6획〕¶애도(哀悼)/애상(哀想)/애석(哀惜)/애수(哀愁)/애통(哀痛)

슬픔명 슬픈 느낌이나 마음. ¶ ―을 달래다. ☞기쁨

슬피부 슬프게 ¶ ― 우는 여인.

슬하(膝下)명 ①'무릎 아래'라는 뜻에서, 어버이의 곁을 이르는 말. ¶부모 ―를 떠나다. ②자식을 두었거나 두지 못하였거나 한 어버이의 처지. ¶ ―에 자식 하나 없다./―에 두 딸을 두다.

슬행(膝行)명-하다자 임금이나 귀인(貴人) 앞에서, 무릎으로 걷는 일, 또는 그 걸음.

슴벅부 속눈썹이 긴 큰 눈을 천천히 감았다 뜨는 모양을 나타내는 말. ☞끔벅. 삼박[2]. 씀벅

슴벅-거리다(대다)자타 속눈썹이 긴 큰 눈을 천천히 감았다 떴다 하다. 슴벅이다 ☞끔벅거리다. 삼박거리다. 씀벅거리다

슴벅-슴벅부 슴벅거리는 모양을 나타내는 말. ☞끔벅끔벅. 삼박삼박[2]. 씀벅씀벅

슴벅-이다자타 슴벅거리다 ☞끔벅이다. 삼박이다

습베명 칼·낫 따위의 자루 속에 들어 박히는 부분.

습새명 습샛과의 여름 철새. 몸길이 48cm 안팎. 몸빛은 머리와 등은 검은 잿빛을 띠고 배 쪽은 흼. 서남해의 섬에서 굴을 파고 삶. 낮에는 외양(外洋)에서 떼지어 지내다가 해가 진 뒤에 둥지로 돌아옴. 동북 아시아에서 번식하고 겨울은 동남 아시아에서 남.

습(濕)명 하초(下焦)가 습(濕)해지는 증세.

습개(濕疥)명 진옴

습격(襲擊)명-하다타 갑자기 덮침.

습곡(褶曲)명 거의 수평으로 형성되었던 지층(地層)이 지각 변동에 따른 외력(外力)을 받아 물결 모양으로 주름이 지는 현상, 또는 그런 상태. 습벽(褶襞)

습곡=산맥(褶曲山脈)명 지각의 습곡으로 말미암아 지층이 주름져 있는 산맥. 히말라야나 알프스 등 지구상의 큰 산맥은 모두 여기에 딸림.

습관(習慣)명 버릇

습관-법(習慣法)[―뻡]명 관습법(慣習法)

습관-성(習慣性)[―썽]명 버릇이 된 성질, 또는 버릇이 되기 쉬운 성질. ¶그의 엄살은 ―이다./― 약품

습관-음(習慣音)명 말소리를 표준어의 음가로 발음하지 않고 버릇으로 달리 발음하는 소리. '하고'를 '하구'로 말하는 따위. 버릇소리

습관-화(習慣化)명-하다자타 버릇이 되는 일, 또는 버릇이 되게 하는 일. ¶냉수 마찰을 ―하다./―된 예절.

습구(濕球)명 건습구(乾濕球) 온도계의 두 온도계에서, 젖은 천으로 싼 아래쪽 둥근 부분. ☞건구(乾球)

습구=온도계(濕球溫度計)명 건습구(乾濕球) 온도계의 두 온도계에서, 아래쪽 둥근 부분을 얇은 천으로 싸고, 그 한끝을 물에 담가 놓은 것. ☞건구 온도계

습기(濕氣)명 축축한 기운. 눅눅한 기운.

습기(襲器)명 습자배기

-습니까어미 '-습니다'의 의문형으로 받침 있는 어간에 붙어, 물음을 나타내는 종결 어미. ¶ 무슨 책을 읽습니까?/꽃이 붉습니까?/길이 있습니까? ☞-ㅂ니까

-습니다어미 받침 있는 어간에 붙어, 어떤 사실을 있는 그대로 나타내는 높임의 종결 어미. ¶나무를 심습니다./가을 하늘이 맑습니다./한 점 부끄러움이 없습니다. ☞-ㅂ니다

습담(濕痰)명 한방에서, 습기로 말미암아 생기는 가래를 이르는 말.

습답(襲踏)명-하다타 앞 사람이 해 내려온 것을 그대로 따름. 답습(踏襲). 도습(蹈襲) ¶옛 관습을 ―하다.

습도(濕度)명 대기(大氣) 속에 수증기가 포함되어 있는 정도. ¶ ―가 높다.

습도-계(濕度計)명 습도를 재는 데 쓰는 계기. 검습기

습독(習讀)[1]명-하다타 글읽기를 익힘.

습독(習讀)[2]명 '습독관(習讀官)'의 준말.

습-독(濕dock)명 계선독 ☞건독

습독-관(習讀官)명 조선 시대, 관상감(觀象監)·전의감(典醫監)·훈련원(訓鍊院) 등에 딸렸던 종구품 관직. 역서(曆書)·의서(醫書)·병서(兵書) 등을 연구하였음. 준 습독(習讀)[2]

습득(拾得)명-하다타 남이 잃어버린 물건을 주움. ¶전화 카드를 ―하다. ☞분실(紛失)

습득(習得)명-하다타 배워서 터득함. ¶새로운 건축 기술을 ―하다.

습득=관념(習得觀念)명 후천적인 경험을 통하여 얻는 관념. ☞본유 관념(本有觀念)

습득-물(拾得物)명 주운 물건. ¶ ―을 경찰에 신고하다.

습득=형질(習得形質)명 획득 형질(獲得形質)

-습디까어미 '-습디다'의 의문형으로 받침 있는 어간에 붙어, 사실이 그랬는지를 확인해 묻는 종결 어미. ¶걸

ㅅ

음은 잘 건습디까?/산이 깊습디까?/그 책이 있습디까? ☞-ㅂ디까

-습디다 어미 받침 있는 어간에 붙어, 사실이 그러했음을 확인하여 나타내는 높임의 종결 어미. ¶안부를 묻습디다./손님이 많습디다./뒷말이 있습디다. ☞-ㅂ디다

습란(濕爛)명 마찰하거나 땀이 번져서 붉게 짓무르는 습진 모양의 피부염. 여름에 많으며, 어린아이나 살이 많은 사람의 목이나 샅 등에 생김.

습래(襲來)명-하다자 쳐들어옴, 또는 덮쳐옴. 내습(來襲)

습랭(濕冷)명 한방에서, 습기로 말미암아 속이 차가워지는 병증을 이르는 말. 한습(寒濕)

습례(習禮)명-하다자 ①예법(禮法)을 익힘. ②예식(禮式)의 절차를 미리 익힘.

습벽(習癖)명 버릇 ¶나쁜 ―을 고치다.

습벽(褶襞)명 ①옷 따위의 주름. ②습곡(褶曲)

습보(習步)명-하다자 걸음을 익힘.

습보(襲步)명-하다자 승마술에서, 말이 가장 빠른 속도로 달리는 보조를 이르는 말. 한 걸음에 네 발이 모두 땅에서 떨어지면서 뛰는 주법(走法). 갤럽(gallop) ☞구보(驅步). 상보(常步). 속보(速步)

습복(慴伏)명-하다자 두려워서 엎드림. 굴복함.

습비(濕痹)명 한방에서, 습기로 말미암아 뼈마디가 저리고 쑤시는 증세를 이르는 말.

습사(習射)명-하다자 활쏘기를 익힘.

습생(濕生)명 ①-하다자 식물이 물기 있는 곳에서 자람. ②불교에서 이르는 사생(四生)의 하나. 물기 많은 곳에서 저절로 생겨나는 일, 또는 그런 것. 모기나 벌레 따위.

습생=식물(濕生植物)명 물가나 늪 등 습지에서 자라는 식물. 갈대, 줄 따위. 습지 식물 ☞건생 식물(乾生植物)

습석(襲席)명 주검을 염(殮)할 때 까는 돗자리.

습선(濕癬)명 진버짐

습-선거(濕船渠)명 계선독

습설(濕泄)명 한방에서, 장마 때의 습기 때문에 많이 생기는 설사(泄瀉)를 이르는 말.

습성(習性)명 ①습관으로 말미암아 이루어진 성질. ②동물의 각각의 종(種)에 나타나는 특유한 행동 양식. ¶뻐꾸기는 다른 새의 둥지에 알을 낳는 ―이 있다.

습성(濕性)명 ①물기가 많은 성질. ②젖기 쉬운 성질. ☞건성(乾性)

습성=늑막염(濕性肋膜炎)[―념]명 두 겹으로 된 늑막 사이에 삼출액(滲出液)이 괴는 병. ☞건성 늑막염

습속(習俗)명 사회의 습관과 풍속. 어떤 사회 집단에서 오랜 세월에 걸쳐 형성된 공통적인 생활 양식.

습숙(習熟)명-하다자 일에 익숙해짐. ¶실무에 ―하다./영어 회화에 ―되다.

습숙-견:문(習熟見聞)명 보고 들어서 잘 알거나 익숙함.

습습(習習)어기 '습습(習習)하다'의 어기(語基).

습습-하다 형여 사내답게 씩씩하고 너그럽다.

습습-하다(習習―)형여 바람이 시원하면서도 부드럽다.

습습-히 부 습습하게

습식(濕式)명 용액이나 용제(溶劑) 등의 액체를 사용하는 방식. ☞건식(乾式)

습식=공법(濕式工法)[―뻡]명 건축에서, 콘크리트 공사나 미장 등과 같이 물을 사용하는 공법. ☞건식 공법

습식-독(濕式dock)명 계선독

습식=제:련(濕式製錬)명 광석 속의 금속을 산(酸)이나 알칼리액에 녹여서 채취하는 제련법.

습-신(襲―)명 염(殮)할 때에 주검에 신기는 신.

습악(習樂)명-하다자 풍류나 음악을 익힘.

습업(習業)명-하다타 학업이나 기술 따위를 배워 익힘.

습연(襲沿)명-하다타 전례(前例)에 따라 그대로 함.

습열(濕熱)명 한방에서, 습증(濕證)으로 말미암아 나는 열을 이르는 말.

습염(習染)명-하다자 버릇이 됨.

습용(襲用)명-하다타 이제까지와 같이 그대로 씀.

습유(拾遺)명-하다타 빠진 글 따위를 모아서 보충함. [어떤 책에 실리지 아니한 이야기나 글 따위를 모아 보충함을 이름.]

습윤(濕潤)어기 '습윤(濕潤)하다'의 어기(語基).

습윤=기후(濕潤氣候)명 강우량이 증발량보다 많은 지방의 기후. ☞건조 기후(乾燥氣候)

습윤-하다(濕潤―)형여 습기가 많다. ¶공기가 ―.

습의(習儀)명-하다자 지난날, 나라에 의식(儀式)이 있을 때 미리 연습하는 일을 이르던 말. 이의(肄儀)

습의(襲衣)명 ①염(殮)할 때 주검에게 입히는 옷. 수의(壽衣) ②옷을 갖추어 입는 일.

습자(習字)명-하다자 글씨 쓰기를 익힘.

습-자배기(襲―)명 염(殮)할 때 주검을 씻기기 위한, 향(香)을 달인 물을 담는 질그릇. 습기(襲器)

습자-지(習字紙)명 글자 쓰기를 익힐 때 쓰는 종이.

습작(習作)명-하다자 문학·음악·그림·조각 등에서, 연습삼아 작품을 만드는 일, 또는 그 작품.

습작(襲爵)명-하다자 부조(父祖)의 봉작(封爵)을 이어받음. 승습(承襲)

습장(濕葬)명 수장(水葬)이나 토장(土葬) 등과 같이 주검을 습한 곳에 처리하는 장법(葬法).

습-전:지(濕電池)명 전해액(電解液)을 액체인 채로 사용하는 전지. ☞건전지(乾電池)

습종(濕腫)명 한방에서, 흔히 뚱뚱한 사람의 다리에 나는 부스럼을 이르는 말. 습창(濕瘡)

습증(濕症)명 한방에서, 습기(濕氣)로 말미암아 생기는 병을 통틀어 이르는 말.

습지(濕地)명 습기(濕氣)가 많은 땅.

습지(濕紙)명 도배할 때에 풀칠한 종이를 바르고 그 위를 문지르는 축축한 종이.

습지=식물(濕地植物)명 습생 식물(濕生植物)

습직(襲職)명-하다자타 직무를 이어 맡음.

습진(習陣)명-하다자 진법(陣法)을 연습함.

습진(濕疹)명 살갗에 일어나는 염증. 붉게 붓거나 작은 물집이 생기고 열이 오르기도 하며 몹시 가려움.

습집(拾集)명-하다타 주워 모음.

습창(濕瘡)명 습종(濕腫)

습처(濕處)명-하다자 습한 곳에서 삶, 또는 그런 처소.

습초(濕草)명 습한 곳에 자라는 풀.

습토(濕土)명 습기가 많은 땅.

습판(濕板)명 사진에 쓰는 감광판의 한 가지. 요오드화칼륨을 함유한 콜로디온 액을 유리판에 바른 다음, 질산은 용액에 담근 것. 마르기 전에 촬영함. 초기의 사진에 쓰였으나, 지금은 거의 쓰이지 않음. ☞건판(乾板)

습포(濕布)명-하다자 찬물이나 더운물, 약액(藥液) 따위에 적신 천을 환부에 대어 치료하는 일, 또는 그 천. 진통이나 소염 등의 작용을 함.

습-하다(襲―)타여《文》주검을 씻기고 옷을 갈아입히다. ☞염(殮)하다

습-하다(濕―)형여 습기가 있다. 축축한 기운이 있다.

승(升)[1]명 '승괘(升卦)'의 준말.

승(承)명 '승구(承句)'의 준말. ☞기승전결(起承轉結)

승(乘)[1]명 '승법(乘法)'의 준말. ☞제(除)

승(乘)[2]명 불교에서, 중생을 태워서 생사의 고해를 건너 열반에 이르게 하는 탈것이란 뜻으로, 부처의 가르침을 이르는 말. ☞대승(大乘). 소승(小乘)

승(僧)명 중

승(升)[2]의 ①척관법의 부피 단위의 하나. 1승은 1두(斗)의 10분의 1, 1홉의 열 곱절. 약 1.8L임. 되[1] ②새[6]

승가(僧伽 ∠samgha 범)명 불교의 교단, 또는 중.

승가(僧家)명 ①중이 사는 집. ②절 ③중들의 사회.

승가람(僧伽藍)명 '승가람마(僧伽藍摩)'의 준말.

승가람마(僧伽藍摩 ∠samgharama 범)명 중이 살며 불도(佛道)를 닦는 집. 곧 절의 건물을 이르는 말. 준가람(伽藍). 승가람(僧伽藍)

승가리(僧伽梨 ∠samghati 범)명 중이 입는 삼의(三衣)의 하나인 '대의(大衣)'를 달리 이르는 말.

승감(升鑑)명 편지 겉봉 따위에 받을 사람의 이름 아래 써서 높임의 뜻을 나타내는 말. '글을 올리오니 보시옵소

서'의 뜻. 승계(升啓)
승강(昇降)명-하다자 오르내림.
승강(乘降)명-하다자 타거나 내리거나 함.
승강-교(昇降橋)명 승개교(昇開橋)
승강-구(乘降口)명 기차·자동차·항공기 등에서, 타고 내릴 때 드나드는 문.
승강-기(昇降機)명 건물이나 선박 따위에서, 사람이나 짐을 위아래로 나르는 장치. 엘리베이터(elevator)
승강-이(昇降-)명-하다자 서로 옳으니 그르니 하고 옥신각신하는 일. 실랑이. 실랑이질 ¶-를 벌이다.
승강-장(乘降場)명 정거장이나 정류소에서 차를 타고 내리는 곳.
승강-타(昇降舵)명 비행기의 기수(機首)를 위아래로 향하게 하는 키. 수평 꼬리날개의 뒤 가장자리에 경첩식으로 달려 있는, 위아래로 회전할 수 있는 부분.
승개-교(昇開橋)명 가동교(可動橋)의 한 가지. 배가 지나갈 수 있게 다리의 양쪽 끝에 철탑을 세우고 매달아 오르내릴 수 있도록 장치한 다리. 승강교(昇降橋) ☞도개교(跳開橋). 선개교(旋開橋)
승객(乘客)명 차량·선박·항공기 등에 타는 사람.
승건(僧巾)명 중이 쓰는 두건(頭巾).
승검-초(-草)명 미나릿과의 여러해살이풀. 줄기 높이 1m 안팎. 잎은 깃꼴 겹잎이고, 각각의 작은 잎은 길둥글거나 달걀꼴임. 8월경에 포(苞)가 많은 흰 꽃이 피고 지름 7mm 안팎의 열매가 달림. 뿌리는 '당귀(當歸)'라 하여 한약재로 쓰임. 우리 나라 중부 이북의 산지(山地)에서 자람.
승겁-들다(-들고·-드니)형 몸달아 하지 않고 천연덕스럽다.
승격(昇格)[-껵]명-하다자 자격·신분·지위 따위가 오름. ¶읍(邑)이 시(市)로 -하다.
승:경(勝景)명 빼어나게 좋은 경치. ☞절경(絶景)
승:경(勝境)명 경치가 좋은 곳. 경승지(景勝地). 승경지(勝景地). 승지(勝地)
승경도(陞卿圖)명 지난날, 승경도놀이에 쓰던 도구. 종이에 조선 시대의 관직의 종류와 품계를 벌여 적은 것. 승정도(陞政圖). 종경도(從卿圖). 종정도(從政圖)
승경도-놀이(陞卿圖-)명 지난날, 민속 놀이의 한 가지. 승경도를 바닥에 펴 놓고, 노는 사람이 두 편으로 갈라 앉아 차례로 승경도 알을 굴리어 말을 써서 최고의 관직인 영의정에 이르기를 겨루는 놀이.
승경도-알(陞卿圖-)명 지난날, 승경도놀이를 할 때 쓰던 도구. 박달나무를 다섯 모 나게 다듬어서 면마다 끗수를 새겨 놓았음.
승:경-지(勝景地)명 승경(勝景)
승계(升啓)명 승감(升鑑)
승계(昇階·陞階)명-하다자 품계(品階)가 오름.
승계(承繼)명-하다타 ①뒤를 이음. ②법률에서, 남의 권리나 의무를 그대로 이어받는 일.
승계-인(承繼人)명 법률에서, 남의 권리나 의무를 그대로 이어받는 사람.
승계=취:득(承繼取得)명 법률에서, 남의 권리를 이어받음으로써 그 권리를 차지하는 일. 양도(讓渡)·상속(相續)이 이에 해당함. ☞원시 취득(原始取得)
승과(僧科)[-꽈]명 고려·조선 시대, 3년에 한 차례씩 중에게 실시하던 과거(科擧).
승-괘(升卦)명 육십사괘(六十四卦)의 하나. 곤괘(坤卦) 아래 손괘(巽卦)가 놓인 괘로 땅에 나무가 자라남을 상징함. 준승(升)[1] ☞곤괘(困卦)
승교(乘轎)명 가마
승교=바탕(乘轎-)명 타는 사람이 앉는 자리만 있고 울은 없는 가마.
승교-점(昇交點)[-쩜]명 행성·위성·혜성 등이 남쪽에서 북쪽을 향해 황도(黃道)의 면을 통과하는 점. 정교점(正交點) ☞강교점(降交點)
승구(承句)명 한시(漢詩) 절구(絶句)의 둘째 구. 기구(起句)의 뜻을 받아서 그 뜻을 넓힘. 준승(承) ☞기승전결(起承轉結)
승구(繩矩)명 먹줄과 곱자라는 뜻으로, 법도나 규범을 비유하여 이르는 말.
승:국(勝國)명 승조(勝朝)
승군(僧軍)명 중으로 조직한 군사. 승병(僧兵)
승규(僧規)명 중이 지켜야 할 규칙이나 규율.
승극(乘隙)명-하다자 틈을 타거나 기회를 이용함.
승급(昇級·陞級)명-하다자 등급이 오름.
승기(乘機)명 타고 있는 비행기, 또는 탈 비행기.
승기(昇機)명 좋은 기회를 탐. 승시(昇時)
승:기(勝機)명 이길 수 있는 기회. ¶-를 잡다.
승기(僧祇)명 '아승기(阿僧祇)'의 준말.
승:기-자(勝己者)명 자기보다 재주 따위가 나은 사람.
승낙(承諾)명-하다타 ①상대편의 부탁이나 요구 따위를 들어줌. 허락(許諾) ¶아버지의 -을 받다. ②법률에서, 상대편의 신청을 받아들여 계약을 성립하려는 의사 표시. ☞거부(拒否). 거절(拒絶)
승낙-서(承諾書)명 승낙하는 뜻을 적은 문서.
승냥이명 갯과의 짐승. 이리와 비슷하나 몸길이 1m 안팎으로 이리보다 작고 꼬리가 길며, 온몸에 황갈색의 긴 털이 나 있음. 주둥이와 네 다리는 짧으며, 귀는 곧게 섬. 산에 살며, 성질이 사납고 초식 동물을 잡아먹음. 우리 나라와 중국, 중앙 아시아 등지에 분포함.
승니(僧尼)명 비구와 비구니를 아울러 이르는 말.
승단(昇段)명-하다자 검도·유도·태권도·바둑 따위에서, 단위(段位)가 오름. ¶- 심사
승답(僧畓)명 중이 소유하고 있는 논.
승당(承當)명-하다타 받아들이어 감당함.
승당(僧堂)명 절에서, 중이 거처하는 건물.

승당입실(升堂入室)성구 [마루에 올라 방으로 들어온다는 뜻으로] ①무슨 일에나 순서가 있음을 이르는 말. ②학문이 점점 깊어짐을 이르는 말.
승도(僧徒)명 ①불도(佛道)를 닦고 있는 중. ②중의 무리. 승중(僧衆). 치의(緇衣)
승두지리(升斗之利)명 한 되나 한 말쯤 되는 이익이라는 뜻으로, 대수롭지 않은 이익을 이르는 말. ☞승두지리(蠅頭之利)
승두지리(蠅頭之利)명 파리 대가리만 한 이익이라는 뜻으로, 대수롭지 않은 이익을 이르는 말. ☞승두지리(升斗之利)
승두-화(僧頭花)명 '불두화(佛頭花)'의 딴이름.
승등(昇等·陞等)명-하다자 등급이나 직위가 오름.
승등(昇騰·升騰)명-하다자 ①높이 오르거나 위로 오름. ②값이 오름.
×**승락**(承諾)명-하다타 →승낙(承諾)
승랍(僧臘)명 중이 된 햇수.
승려(僧侶)명 불법(佛法)을 닦고 실천하며 포교(布敎)에 힘쓰는 사람. 석씨(釋氏). 중
승:률(勝率)명 경기 따위에서 이긴 비율. 이긴 수를 경기 수로 나눈 백분율.
승률(僧律)명 중이 지켜야 할 계율.
승:리(勝利)명-하다자 겨루거나 싸워서 이김. ☞패배(敗北)
승:리-감(勝利感)명 승리한 데서 오는 기쁨이나 우월감·만족감 따위. ¶짜릿한 -.
승:리-자(勝利者)명 이긴 사람. 이긴 편. 승자(勝者)
승림(僧林)명 큰 절. 많은 중이 있는 것을 숲에 비유하여 이르는 말임.
승마(升麻)명 ①미나리아재빗과의 여러해살이풀. 줄기 높이 1~1.2m. 세 잎씩의 겹잎은 어긋맞게 나며, 각각의 작은 잎은 다시 두세 갈래로 갈라짐. 8~9월에 줄기 끝에 흰 꽃이 총상(總狀) 꽃차례로 핌. 우리 나라 중부 이북과 중국 동북 지방의 산지(山地)에서 자람. ②한방에서, 승마의 뿌리를 약재로 이르는 말. 해열이나 해독에 쓰임.
승마(乘馬)명-하다자 ①말을 탐. ②사람이 타는 데 이용하는 말. 승용마 ☞역마(役馬)
승마-대(乘馬隊)명 말 탄 사람으로 이루어진 부대.

승마-복(乘馬服)명 말을 탈 때 입는 서양식의 옷. 허리를 가릴 정도의 짧은 재킷과, 허리에서 무릎까지는 헐렁하고 무릎 아래에서 짝 달라붙는 바지로 이루어짐.
승마-술(乘馬術)명 말을 타는 재주. 말을 타고 부리는 재주. 마술(馬術)
승명(承命)명-하다자 임금이나 어버이의 명령을 받듦.
승명(僧名)명 법명(法名)
승모-근(僧帽筋)명 등의 위쪽 좌우에 있는 삼각형 모양의 근육. 어깨를 올리거나 팔을 옆으로 올릴 때, 어깨뼈를 돌려 운동의 범위를 크게 함.
승모-판(僧帽瓣)명 이첨판(二尖瓣)
승무(陞廡)명-하다타 조선 시대, 학덕이 높은 이를 문묘(文廟)에 배향(配享)하던 일.
승무(僧舞)명 고깔을 쓰고 장삼을 입고 때때로 법고(法鼓)를 치면서 풍류에 맞춰 추는, 우리 고유의 춤.
승무-원(乘務員)명 기차·선박·항공기 따위에서, 운전을 하거나 승객을 돌보는 직원.
승묵(繩墨)명 먹줄
승문(承聞)명-하다타 존경하는 이에 관한 소식을 들음.
승문(僧門)명 ①불가(佛家) ②같은 절 또는 같은 중 밑에서 공부하는 제자들. ③승려의 신분.
승문-고(升聞鼓)명 신문고(申聞鼓)
승문-원(承文院)명 조선 시대, 외교 문서의 작성을 맡아보던 관아.
승발(承發)명 조선 시대, 지방 관아의 아전에 딸리어 잡무를 보던 사람.
승방(僧坊·僧房)명 ①중들이 거처하며 수도하는 절. ②흔히, 비구니들이 있는 절을 이르는 말. 여승당(女僧堂). 여승방(女僧房)
승법(乘法)[-뻡]명 곱셈법 준승(乘)[1] ☞제법(除法)
승:벽(勝癖)명 '호승지벽(好勝之癖)'의 준말.
승벽을 부리다관용 이기려고 기를 쓰다.
승병(僧兵)명 승군(僧軍)
승보(陞補)명 '승보시(陞補試)'의 준말.
승:보(勝報)명 전쟁이나 경기에 이겼다는 보고나 보도. ¶ -가 날아오다. ☞패보(敗報)
승보(僧譜)명 승니(僧尼)의 계보.
승보(僧寶)명 불교에서 이르는 삼보(三寶)의 하나. 불법을 닦고 실천하는 승려를 보배에 비유하여 이르는 말. ☞법보(法寶). 불보(佛寶)
승보-시(陞補試)명 ①고려 시대, 생원을 뽑던 과거의 한 가지. ②조선 시대, 생원과 진사의 복시(覆試)에 응시할 수 있는 자격을 주려고 성균관의 대사성(大司成)이 사학(四學)의 유생에게 보이던 초시(初試). 준승보(陞補)
승복(承服)명-하다자 ①납득하고 좇음. ¶ 명령에 -하다. ②죄를 자백함.
승복(僧服)명 중의 옷. 법의(法衣). 승의(僧衣)
승봉(承奉)명-하다자 윗사람의 명령을 받들어 지킴.
승부(承訃)명-하다타 부고(訃告)를 받음.
승:부(乘部)명 신라 때, 말과 수레에 딸린 일을 맡아보던 중앙 관아.
승:부(勝負)명 승패(勝敗) ¶ 좀처럼 -가 나지 않는다.
승비(繩菲)명 상복(喪服)을 입을 때 신는 짚신.
승사(承史)명 승지(承旨)와 사관(史官).
승사(承嗣)명-하다타 ①대(代)를 이음, 또는 대를 이을 아들. ②뒤를 이음.
승:사(勝事)명 훌륭한 일. 좋은 일.
승사(僧舍)명 절[1]
승삭(繩索)명 노와 새끼.
승:산(勝算)명 이길 가능성. 될성부른 희망. ¶ -이 있는 싸움./이번 사업은 -이 없다.
승상(丞相)명 옛날 중국에서, 천자(天子)를 도와 나라를 다스리던 정승.
승상(繩床)명 승창
승상접하(承上接下)성구 윗사람을 받들고 아랫사람을 거느리어 그 사이를 잘 주선함을 이르는 말.
승-새(升-)명 피륙의 올.
승서(承緖)명-하다타 제왕(帝王)이나 선대(先代)가 이룩한 일을 이어받음.
승서(陞敍)명-하다타 직위를 올림.
승석(昇席)명-하다자 ①자리에 오름. ②집회에서, 지도자의 자리에 오름.
승석(僧夕)명 중이 저녁밥을 먹을 때라는 뜻으로, 이른 저녁을 이르는 말.
승선(承宣)명 ①고려 시대, 중추원(中樞院)·추밀원(樞密院)·밀직사(密直司)에 두었던 정삼품 관직. 왕명(王命)의 출납을 맡아보았음. ②조선 후기, '승지(承旨)'를 달리 이르던 말.
승선(乘船)명-하다자 배를 탐. 배에 오름. 등선(登船). 상선(上船). 탑선(搭船) ☞하선(下船)
승세(乘勢)명-하다자 유리한 형세나 기세를 탐.
승:세(勝勢)명 이길 것 같은 형세. ☞패세(敗勢)
승소(承召)명-하다자 임금의 부름을 받음.
승:소(勝訴)명-하다자 소송에 이김. 득송(得訟) ¶ 제일심(第一審)에서 -하다. ☞패소(敗訴)
승소(僧梳)명 중의 빗이라는 뜻으로, 필요 없는 물건을 이르는 말.
승속(僧俗)명 중과 속인(俗人). 진속(眞俗)
승수(承受)명-하다타 윗사람의 분부를 받음.
승수(乘數)[-쑤]명 곱셈에서, 곱하는 수. $a \times b$의 b. 곱수 ☞제수(除數). 피승수(被乘數)
승수=효:과(乘數效果)[-쑤-]명 투자나 재정 지출 등의 경제량의 변화가 제이·제삼의 경제량의 변화를 파급적으로 일으키어, 최종적으로는 최초의 변화의 몇 곱절로 되는 효과.
승순(承順)명-하다타 윗사람의 명령에 순종함.
승습(承襲)명-하다타 부조(父祖)의 봉작(封爵) 따위를 이어받음. 습작(襲爵)
승승(繩繩)명-하다자 대대(代代)로 이어져 끊이지 않음.
승승장구(乘勝長驅)성구 싸움에 이겨 그 기세를 타고 멀리까지 몰아침을 이르는 말.
승시(乘時)명-하다자 승기(乘機)
승아명 '수영'의 딴이름.
승안(承顔)명 ①-하다타 웃어른을 뵘. ②세상을 떠난 집안 어른의 얼굴을 마지막으로 뵈었던 일.
승암(僧庵)명 중이 거처하는 암자.
승압(昇壓)명-하다자타 압력을 높임. ☞강압(降壓)
승압-기(昇壓器)명 승압 변압기
승압=변:압기(昇壓變壓器)명 전압을 높이는 변압기. 승압기
승야(乘夜)명-하다자 밤을 탐. 밤을 이용함.
승:어부(勝於父) '자식이 아버지보다 나음'의 뜻.
승언(承言)명-하다자 왕세자(王世子)의 명령을 받듦.
승언-색(承言色)명 조선 시대, 세자궁에 딸렸던 관직의 한 가지. 왕세자의 명령을 전달하는 일을 맡았음.
승여(乘輿)명 임금이 타는 수레. 대가(大駕)
승역-국(承役國)명 국제 지역의 설정으로, 영토상의 부담을 지는 나라. ☞요역국(要役國)
승역-지(承役地)명 지역권이 설정될 경우, 요역지(要役地)의 편익에 제공되는 토지. 요역지의 편익을 위하여 통로가 되는 토지 따위.
승용-마(乘用馬)명 사람이 타는 데 이용하는 말. 승마
승용-차(乘用車)명 사람이 타는 데 쓰는 자동차. 보통, 너덧 사람이 타는 소형 자동차를 이름.
승운(乘運)명-하다자 좋은 운수를 탐.
승운(勝運)명 이길 운. ¶ -이 따르지 않는다.
승원(僧院)명 중이 거처하는 집.
승:유(勝遊)명-하다자 즐겁게 잘 놂.
승윤(承允)명-하다자 임금의 허락을 받음.
승은(承恩)명-하다자 ①지난날, 신하가 임금으로부터 특별한 은혜를 받던 일. ②지난날, 후궁이나 궁녀 등이 임금의 사랑을 받아 잠자리를 함께 하던 일.
승의(僧衣)명 중의 옷. 법의(法衣). 승복(僧服)
승인(承認)명-하다타 ①정당하다고 인정하여 허가함. ¶

가입을 －하다. ②받아들임. ¶학부모의 －을 얻다. ③국가, 정부, 교전 단체 등에 대하여 외국이 그 국제법상의 지위나 자격을 인정하는 일. ¶독립을 －하다./새 정부를 －하다. ☞거부(拒否)

승:인(勝因)명 ①싸움이나 경기 따위에서 이긴 원인. ☞패인(敗因) ②불교에서, 선과(善果)를 가져오는 뛰어난 인연을 이르는 말.

승인-서(承認書)명 승인하는 내용을 적은 문서.

승일(乘馹)명-하다자 지난날, 왕명(王命)으로 먼 길을 가는 관원이 역마를 잡아타던 일.

승임(陞任)명-하다자타 직위가 오르거나 직위를 올림. 승직

승자(乘子)명 인수(因數)

승:자(勝者)명 싸움이나 경기 따위에서 이긴 사람, 또는 단체. 승리자(勝利者) ¶－의 영광. ☞패자(敗者)

승:자-총통(勝字銃筒)[－짜－]명 임진왜란 때 쓰던 휴대용 화기(火器).

승장(僧將)명 승군(僧軍)의 장수.

승적(承嫡)명-하다자 서자(庶子)가 적자(嫡子)로 됨.

승적(乘積)명 둘 이상의 수나 식을 곱하여 얻은 수 또는 식.

승적(僧籍)명 승니(僧尼)의 이름이나 득도(得道) 따위를 기록해 놓은 문서.

승전(承前) '앞엣것에 이어짐'의 뜻. [연재(連載)하는 글의 첫머리에 쓰는 한문 투의 말.]

승전(承傳)명-하다타 이어받아 전함.

승:전(勝戰)명-하다자 싸움에서 이김. 승첩(勝捷). 전승(戰勝). 전첩(戰捷) ¶－을 축하하다. ☞패전(敗戰)

승:전-고(勝戰鼓)명 싸움에 이겼을 때 치는 북.

승:전-국(勝戰國)명 싸움에 이긴 나라. ☞패전국(敗戰國)

승:전-비(勝戰碑)명 싸움에 이긴 것을 기념하여 세운 비.

승전-빗(承傳－)명 승전색

승전-색(承傳色)명 조선 시대, 임금이나 왕비의 명령을 전달하는 일을 맡아보던 내시부의 한 관직, 또는 그 관원. 승전빗

승:점(勝點)[－쩜]명 리그전 따위에서, 각 선수 또는 각 팀의 승패의 결과를 점수로 나타낸 것. 이기면 2점, 비기면 1점, 지면 0점 따위의 기준에 따라 계산함.

승접(承接)명-하다타 앞엣것을 이어받아 뒤로 물려줌.

승:접(勝接)명 자기보다 학식이 나은 동접(同接).

승정도(陞政圖)명 승경도(陞卿圖)

승정-원(承政院)명 조선 시대, 임금의 명령을 출납하는 일을 맡아보던 관아. 준정원(政院)

승제(乘除)명 곱하기와 나누기. ☞가감(加減). 가감승제(加減乘除)

승제-법(乘除法)[－뻡]명 승법(乘法)과 제법(除法). 곱셈과 나눗셈.

승:조(勝朝)명 멸망한 전대(前代)의 왕조. 승국(勝國)

×**승조-원**(乘組員) 명→승무원(乘務員)

승종(承從)명-하다타 거역하지 않고 따름.

승중(承重)명-하다자 ①세상을 떠난 아버지를 대신하여 할아버지를 잇는 일, 또는 조부모의 상사(喪事)나 제사(祭祀)를 받드는 일. ☞전중(傳重) ②대종(大宗)에 후사(後嗣)가 없을 때, 소종(小宗)의 지자(支子)가 대종의 계통을 잇는 일.

승중(僧衆)명 중의 무리. 승도(僧徒)

승중-상(承重喪)명 아버지를 여읜 맏아들로서 당하는 조부모의 상사(喪事).

승중-손(承重孫)명 세상을 떠난 아버지를 대신하여 할아버지를 잇는 손자, 또는 조부모의 상사(喪事)나 제사를 받드는 손자.

승지(承旨)명 ①고려 시대, 밀직사(密直司)에 딸려 왕명의 출납을 맡아보던 정삼품 관직. 좌승지·우승지·좌부승지·우부승지가 있었음. ②조선 시대, 승정원(承政院)에 딸려 왕명의 출납을 맡아보던 정삼품 관직. 도승지·좌승지·우승지·좌부승지·우부승지·동부승지가 있었음.

승:지(勝地)명 경치가 좋은 곳. 승경(勝境)

승직(昇職·陞職)명-하다자타 직위가 오르거나 직위를 올림. 승임(陞任). 승천(陞遷) ☞강직(降職)

승직(僧職)명 수계(授戒)·관정(灌頂) 따위의 의식이나 절의 운영을 맡아보는 중의 직무.

승진(昇進·陞進)명-하다자 직위가 오름. ¶－ 시험

승진(承塵)명 천장에 반자처럼 치고 보국에서 떨어지는 먼지와 흙을 받는 돗자리나 피륙.

승차(乘車)명-하다자 승객이 기차나 자동차 따위를 탐. ☞하차(下車)

승차(陞差)명-하다자 윗자리의 관직에 오름.

승차-권(乘車券)[－꿘]명 차표

승창명 지난날, 걸터앉기도 하고 말을 탈 때 디디기도 하는, 등받이가 없는 걸상. 접어서 들고 다닐 수 있게 되어 있음. 승상(繩床)

승척(繩尺)명 ①측량에 쓰이는, 노끈으로 만든 긴 자. ②먹줄과 자. ③일정한 규칙(規則).

승천(昇天)명-하다자 ①하늘에 오름. 등천(登天). 비승(飛昇). 상천(上天) ②가톨릭에서, 천국으로 간다는 뜻으로, '죽음'을 이르는 말. ③개신교에서, 예수가 부활한 뒤 하늘로 올라간 일을 이르는 말. ☞강림(降臨)

승천(陞遷)명-하다자 승직(陞職)

승천입지(昇天入地)[－닙－]성구 하늘로 오르고 땅 속으로 들어간다는 뜻으로, 자취를 감춤을 이르는 말.

승:첩(勝捷)명-하다자 승전(勝戰)

승취(乘醉)명-하다자 ①술에 취한 기회를 이용함. ②무슨 일을 술김에 함.

승:치(勝致)명 뛰어난 흥치(興致)나 경치.

승침(昇沈)명 오르거나 가라앉는다는 뜻으로, 인생의 성함과 쇠함을 이르는 말.

승통(承統)명-하다자 종가(宗家)의 대(代)를 이음.

승통(僧統)명 ①신라 시대, 전국의 불교를 통령(統領)하던 승직(僧職). ②고려 시대, 교종(教宗)의 최고 법계(法階). ③조선 시대, 승군(僧軍)을 통솔하던 승직. 섭리(攝理). 총섭(總攝)

승파(繩播)명-하다타 뽕나무의 씨를 심는 방법의 한 가지. 오디를 새끼줄에 문질러서 그 새끼줄째 심음.

승패(承牌)명-하다자 지난날, 임금으로부터 소명(召命)의 패(牌)를 받던 일.

승:패(勝敗)명 이김과 짐. ¶－를 겨루다./－를 가리다.

승평(承平)명-하다자 대대로 태평한 세상이 이어짐.

승평(昇平·升平)어기 '승평(昇平)하다'의 어기(語基).

승평-계(昇平契)명 조선 고종 때, 박효관(朴孝寬)·안민영(安玟英) 등 평민의 가객(歌客)들이 조직한 친목 단체.

승평=세:계(昇平世界)명 태평한 세상.

승평-하다(昇平－)형여 나라가 태평하다.

승표(乘標)명 곱셈표 ☞제표(除標)

승품(陞品)명-하다자 품계(品階)가 오름.

승풍파랑(乘風破浪)성구 순풍(順風)을 타고 거친 파도를 헤쳐 넓은 바다로 나아간다는 뜻으로, 큰 뜻이 있음을 이르는 말.

승핍(承乏)명-하다자 인재(人材)가 모자라서 재능이 없는 사람이 관직을 하게 되었다는 뜻으로, 자신의 출사(出仕)를 겸손하게 이르는 말.

승하(昇遐)명-하다자 지난날, 임금이 세상을 떠남을 이르던 말. 등하(登遐). 붕어(崩御)

승-하다(乘－)타여《文》①곱하다 ②어떤 상황을 용케 이용하다. 시류를 타다.

승:-하다(勝－)형여《文》더 뛰어나다. 더 두드러지다.

승학(乘鶴)명-하다자 학을 타고 하늘로 오른다는 뜻으로, 신선(神仙)이 됨을 비유하여 이르는 말.

승학-시(陞學試)명 조선 시대, 성균관(成均館)에서 유생들의 학업의 진전을 알아보기 위하여 치르던 시험.

승함(乘艦)명-하다자 군함에 오름.

승합-자동차(乘合自動車)명 주로 일곱 사람 이상을 태울 수 있게 만든 자동차. 승합차

승합-차(乘合車)명 승합자동차(乘合自動車)

승헌-대:부(承憲大夫)명 조선 시대, 정이품 종친(宗親)

ㅅ

에게 내린 품계의 하나. 스물두 등급 중 여섯째 등급임. ☞현록대부(顯祿大夫)

승혜(繩鞋)명 미투리

승호(乘號)명 곱셈표 ☞제호(除號)

승혼(乘昏)명-하다자 황혼의 어둑어둑한 때를 틈탐.

승홍(昇汞)명 염화제이수은(塩化第二水銀)을 의약품으로 이르는 말.

승홍-수(昇汞水)명 승홍(昇汞)을 물에 푼 수용액. 소독약이나 방부제로 쓰임.

승화(昇華)명-하다자 ①고체가 액체 상태를 거치지 않고 바로 기체로 변하는 일, 또는 기체가 바로 고체로 변하는 일. 장뇌(樟腦)나 드라이아이스에서 볼 수 있음. ②정신 분석학에서, 개인의 성적(性的) 에너지가 예술적 활동이나 종교적 활동 등 사회적으로 가치 있는 것으로 바뀌는 일을 이르는 말. ③어떤 상태에서 더 높은 상태로 높아지는 일. ¶향토애(鄕土愛)가 인류애로 -하다.

승화-열(昇華熱)명 물질이 승화할 때, 흡수되거나 방출되는 열량.

승:회(勝會)명 성대한 모임. 성회(盛會)

승후(承候)명-하다자 웃어른에게 문안(問安) 드림.

승후-관(承候官)명 조선 시대, 임금의 기거(起居)와 안부를 묻는 일을 맡아 하던 관직, 또는 그 관원. 종친이나 외척 가운데서 임명하였음.

승흥(乘興)명-하다자 흥겨운 상황을 이용함.

승희(繩戲)명 줄타기

시 감 시쁘게 여겨질 때 하는 말. ¶-, 겨우 요거야!

시:(市)명 지방 행정 구역의 하나. 도시를 중심으로 함.

시(矢)명 화살

시:(是)명 옳음. 정당함. ¶-와 비(非).

시(時)[1] 명 ①때를 뜻하는 말. ¶-가 급하다./-도 때도 없이 찾아오다./면담을 원할 -에는 연락하시오. ②사람이 태어난 시각(時刻). ¶-가 어떻게 됩니까?

시를 매기다 관용 시간을 제한하다.

시(詩)명 문학의 한 갈래로 인간의 감정을 함축적인 언어로 나타낸 글. 형식이나 내용 등에 따라 정형시와 산문시, 서사시와 서정시, 극시(劇詩) 등으로 가를 수 있음.

한자 시 시(詩) 〔言部 6획〕 ¶시가(詩歌)/시문(詩文)/시상(詩想)/시어(詩語)/시인(詩人)

시:(諡)명 시호(諡號)

시:(C·c)명 ①영어 자모(字母)의 셋째 글자의 이름. ②차례나 등급(等級) 등의 셋째. ¶- 등급의 과일. ③서양 음악의 장음계(長音階) 첫째(단음계의 셋째)의 미국·영국 음계 이름. 우리 나라 음계 이름 '다'에 해당함. ☞도(do) ④섭씨(攝氏) 온도를 나타내는 기호. ☞화씨(華氏)

시(si 이)명 서양 음악의 장음계 일곱째(단음계 둘째)의 이탈리아 음계 이름. 우리 나라 음계 이름 '나'에 해당함. ☞비(B)

시(時)[2] 의 시간의 단위. 한 시(時)는 하루를 스물넷으로 나눈 그 하나. 곧 1분의 60배, 1초의 3,600배임.

시- 접두 빛깔을 나타내는 형용사에 붙어 '짙게'의 뜻을 나타냄. ¶시퍼렇다/시뻘겋다 ☞싯-. 새-

시(媤)-《접두사처럼 쓰이어》'시가(媤家)'의 뜻을 나타냄. ¶시부모(媤父母)/시동생(媤同生)/시누이

-시(視)《접미사처럼 쓰이어》명사나 어기에 붙어 '그걸로 여김', '그렇게 봄'의 뜻을 나타냄. ¶등한시(等閑視)/백안시(白眼視)

-시- 선미 어간이나 '이다'의 '이-'에 붙어, 존경의 뜻을 나타내는 어미. ¶가니→가시니/보니→보시니/하는가→하시는가

시:가(市街)명 ①도시의 거리. ②시가지(市街地)

시:가(市價)[-까]명 시장에서 사고 파는 상품의 값.

시가(時價)[-까]명 그때의 물건 값. 시세(時勢) ¶-로 환산하다./-보다 싸게 팔다.

시가(媤家)명 시집

시가(詩家)명 시(詩)를 짓는 사람.

시가(詩歌)명 ①시와 노래. ②가사를 포함한 시문학을 통틀어 이르는 말.

시가:(cigar)명 잎담배를 막대 모양으로 말아서 만든 담배. 엽궐련

시:가-전(市街戰)명 시가지에서 하는 전투. ☞야전(野戰)

시:가-지(市街地)명 인가(人家)나 상점 따위가 몰려 있는 지역. 시가(市街)

시:각(始覺)명 불교에서, 가르침을 듣고 수행하여 처음으로 얻은 깨달음을 이르는 말. ☞본각(本覺)

시각(時角)명 천구(天球) 위의, 어떤 천체와 하늘의 극(極)을 잇는 대원(大圓)이 자오선과 이루는 각(角). 자오선을 기준으로 하여 서쪽으로, 시간의 단위로 잼.

시각(時刻)명 ①시간이 흐르는 중의 어떤 한 순간. 어떤 시점(時點). ¶해가 뜨는 -과 지는 -. ②짧은 시간. ¶-을 다투다.

시:각(視角)명 ①물체의 양끝에서 눈에 이르는 두 직선이 이루는 각. ②어떤 사물이나 일을 보는 각도.

시:각(視覺)명 빛의 에너지가 망막의 감각 세포를 자극하여 물체 따위를 보게 하는 감각. 시감(視感)

시:각=교:육(視覺教育)명 직접 눈으로 볼 수 있는 사진이나 그림, 비디오 따위를 이용하는 교육.

시각-권(時角圈)명 시권(時圈)

시:각-기(視覺器)명 빛의 자극을 받아들이는, 눈의 여러 기관을 통틀어 이르는 말.

시각대:변(時刻待變)성구 숨 거둘 시간만을 기다린다는 뜻으로, 병세가 위독한 상태임을 이르는 말.

시:각=언어(視覺言語)명 시각을 통하여 의사 소통이 되는 것. 조형 예술이나 사진, 영화 따위를 이름.

시각-표(時刻表)명 버스나 기차, 배, 항공기 등이 떠나고 다다르는 시각을 나타낸 표. 시간표(時間表)

시:각-화(視覺化)명-하다자타 형태가 없는 것이 눈으로 볼 수 있게 됨, 또는 그렇게 만듦.

시:간(屍姦)명-하다자 시체를 간음(姦淫)하는 일.

시:간(屍諫)명-하다자 목숨을 바치면서까지 임금에게 간언(諫言)하는 일.

시간(時間)[1] 명 ①어느 때에서 어느 때까지의 동안. 때의 길이. ¶-이 없다./-이 많이 걸리다. ②무엇을 하기로 되어 있는 때, 또는 그 동안. ¶점심 -/집에 돌아갈 -이 되다. ③철학에서, 과거와 현재, 미래에 끊임없이 이어지는 존재를 규정하는 개념. ☞시각(時刻)

시간 문제다 관용 곧 그렇게 될 것이 확실하므로, 지금은 그때를 기다릴 뿐인 상태이다. ¶우승은 -.

시간을 쪼개다 관용 시간에 여유가 없는 실정이지만, 형편에 따라 어떤 일을 위하여 짬을 내다.

시간(時間)[2] 의 하루의 24분의 1이 되는 동안을 세는 단위.

시간-각(時間覺)명 시간 지각(時間知覺)

시간=강:사(時間講師)명 대학 등에서 일정한 과목을 맡아 그 시간에만 수업하는 강사. ☞전임 강사

시간-급(時間給)명 ①일한 시간에 따라서 지급되는 임금. 월급·주급·일급 따위의 방식이 있음. ②한 시간에 얼마씩으로 정해서 계산해 주는 임금. 주로 임시로 고용된 사람에게 적용됨. 준 시급(時給)

시간=기록계(時間記錄計)명 출퇴근 따위의 시각을 기록하는 장치. 타임리코더(time recorder)

시간-대(時間帶)명 하루 가운데, 어느 시각(時刻)에서 어느 시각까지의 일정한 시간. ¶시청률이 높은 -.

시간=마:케팅(時間marketing)명 가격 인하나 품질 개선뿐만 아니라 고객의 시간을 아껴 줌으로써 판매를 촉진한다는 전략.

시간=반:전(時間反轉)명 물리학 등에서, 시간의 흐름을 거꾸로 하여 과거와 미래를 뒤바꾸는 일.

시간-밥(時間-)[-빱]명 날마다 일정한 시간에 먹도록 짓는 밥.

시간=예:술(時間藝術)[-네-]명 음악이나 무용, 문학 따위와 같이 시간의 흐름 속에서 표현되는 예술. ☞공간 예술(空間藝術)

시간외=근무(時間外勤務)명 정해진 근로 시간 외에 하는

근무. 잔업(殘業)이나 조출(早出) 따위.
시간외=수당(時間外手當)명 정해진 근로 시간 외의 근무에 대하여 지급하는 임금(賃金). 잔업 수당 따위.
시간-적(時間的)명 시간에 관한 것. ¶ -으로 아직 여유가 있다. ☞공간적(空間的)
시간=지각(時間知覺)명 시간의 앞뒤 관계와 지속 기간의 장단(長短), 빠르고 느림 따위에 대한 직관적 인식. 시간각(時間覺) ☞공간 지각(空間知覺)
시간차=공:격(時間差攻擊)명 배구에서, 한 선수가 스파이크하는척 하며 뛰어올라 상대편의 블로킹타이밍을 흐트러 놓고 곧바로 다른 선수가 뛰어 하는 스파이크 공격.
시간-표(時間表)명 ①학습이나 작업, 생활 따위를 일정한 시간대에 배정한 표. 수업 시간표나 작업 시간표 따위. ②시각표(時刻表) ¶열차 운행 -
시감(時感)명 돌림감기
시:감(視感)명 시각(視覺)
시감(詩感)명 시적(詩的)인 감각이나 감흥.
시:강(侍講)명 ①조선 시대, 임금이나 세자에게 경서를 강론하던 일, 또는 그 사람. ②조선 말, 경연원(經筵院)·홍문관(弘文館)·시종원(侍從院) 등에 딸렸던 한 관직.
시:강-관(侍講官)명 조선 시대, 경연청(經筵廳)에 딸리어 임금에게 경서(經書)를 강의하던 정사품 관직.
시:강-원(侍講院)명 세자 시강원(世子侍講院)
시객(詩客)명 시(詩)를 짓는 사람.
시거에부 ①우선 급한 대로. ¶ - 이걸 쓸 수밖에…. ②머뭇거리지 않고 곧.
시:거-의(視距儀)명 거리를 재는 기구. 트랜싯을 써서 어느 일정한 길이의 목표를 재고, 그 사이의 각도의 크기로 계산함.
시-건드러지다형 시큰둥하게 건드러지다.
시-건방지다형 시큰둥하게 건방지다. ¶말투가 -.
시게명 지난날, 장에서 사고 파는 곡식, 또는 그 시세를 이르던 말.
시게-전(-廛)명 지난날, 곡식을 파는 노점을 이르던 말.
시겟-금명 장에서 사고 파는 곡식의 시세.
시겟-돈명 장에서 판 곡식의 값으로 받는 돈.
시겟-바리명 장으로 팔러 가는 곡식을 실은 짐바리.
시겟-박명 ①선사로 보내는 물건을 담는 함지박. ②식기를 담아 두는 함지박. 원식기박
시겟-장수명 지난날, 마소에 곡식을 싣고 다니면서 파는 도붓장수를 이르던 말.
시격(詩格)명 시(詩)의 격식이나 품격. ☞시품(詩品)
시:경(市警)명 '시(市) 경찰청'이 줄어든 말. ☞도경(道警)
시경(詩經)명 유학(儒學)에서, 오경(五經)의 하나. 중국 최고(最古)의 시집으로 공자(孔子)가 편찬했다고 함.
시경(詩境)명 시(詩)를 쓰는 심경. 시에 나타낸 경지.
시경언:해(詩經諺解)명 조선 광해군 5년(1013)에 펴낸 칠서(七書) 언해(諺解)의 하나. '시경(詩經)'을 한글로 번역한 책. 20권 10책.
시계(時計)명 시각(時刻)을 나타내고 시간을 재는 장치 또는 기계를 통틀어 이르는 말.
시:계(視界)명 시야(視野) ¶ -가 열리다./-가 좁다.
시-계:열(時系列)명 어떤 현상의 시간적 변화를 연속적으로, 또는 일정한 간격을 두고 불연속적으로 관측해서 얻은 값의 계열. 기상(氣象)이나 경제 동향 따위를 수량적으로 분석할 때 이용됨.
시계-자리(時計-)명 에리다누스자리의 동쪽에 있는, 남쪽 하늘의 지평선 가까이에서 볼 수 있는 작은 별자리.
시계-추(時計錘)명 괘종에 매달려 있는 흔들이. 톱니바퀴의 회전을 일정하게 조정하는 구실을 함. 준추(錘)
시계-탑(時計塔)명 멀리서도 볼 수 있도록 큰 시계를 달아 놓은 건물이나 탑.
시고(詩稿)명 시의 초고(初稿)나 원고(原稿).
시-고모(媤姑母)명 남편의 고모.
시-고모부(媤姑母夫)명 남편의 고모부. 시고모의 남편.
시골명 ①도시에서 떨어져 있는 곳이나 그곳에 있는 마을. 촌(村) ¶ - 마을/- 사람/- 풍경 ☞도시(都市). 도회지(都會地) ②수도(首都)인 서울에 상대하여 서울 이외의 고장을 이르는 말. ¶직장이 -이다./-에서 전학해 오다. ③도시로 나와 사는 사람이 고향을 이르는 말. ¶ -에 계신 부모님./명절이면 -로 내려간다.
속담 **시골 깍쟁이 서울 곰만 못하다** : 시골 사람보다 서울 사람이 인색하고 인정이 없다는 뜻으로 이르는 말.

한자 **시골 향**(鄕) 〔邑部 10획〕 ¶향객(鄕客)/향리(鄕里)/향민(鄕民)/향촌(鄕村)/향토(鄕土)

시골-고라리[-꼬-]명 어리석은 시골 사람을 얕잡아 이르는 말. 준고라리
시골-구석[-꾸-]명 아주 외진 시골. 촌구석 ¶도시에서 -까지 안 가는 데가 없다.
시골-내기명 시골에서 나서 자라난 사람. ☞서울내기
시골-뜨기명 시골 사람을 얕잡아 이르는 말. 촌뜨기
시골-말명 시골에서 쓰는 사투리.
시골-집명 시골에 있는 집. 촌가(村家)
시골-티명 시골 사람의 세련되지 못하고 어수룩한 모양이나 태도. 촌티 ¶어딘지 -가 나는 차림새.
시:공(施工)명-하다타 공사(工事)를 시행함. ¶설계를 마치고 -에 들어가다.
시공(時空)명 시간(時間)과 공간(空間). ¶ -을 넘나드는 이야기./-을 초월한 사랑.
시:-공간(視空間)명 심리학에서, 시각(視覺)으로 지각(知覺)되는 공간을 이르는 말.
시공간=예:술(時空間藝術)[-네-]명 연극이나 영화, 무용 따위와 같이 시간의 변화에 따라 전개되면서 인간의 감각에 호소할 뿐만 아니라 공간적인 넓이도 갖는 예술.
시공=세:계(時空世界)명 사차원 세계(四次元世界)
시과(時果)명 그 계절의 과실.
시과(翅果)명 폐과(閉果)의 한 가지. 열매 껍질이 자라서 날개 모양이 되고, 바람에 날리어 흩어짐. 단풍나무·물푸레나무·신나무의 열매 따위. 익과(翼果)
시:관(視官)명 시각(視覺)을 맡은 기관(器官), 곧 눈을 이르는 말.
시:관(試官)명 조선 시대, 과거(科擧)를 주관하는 관직을 통틀어 이르던 말. 명관(命官) 따위.
시:교(示敎)명-하다타 어떻게 할 것인지를 보이어 가르침.
시:구(屍柩)명 시체를 넣는 관(棺).
시:구(屍軀)명 죽은 사람의 몸. 송장
시구(詩句)[-꾸]명 시의 구절. ¶ -를 외다.
시:구-문(屍口門)명 시체를 내가는 문이라는 뜻으로, '수구문(水口門)'을 달리 이르는 말. ☞광희문
시:구-식(始球式)명 야구에서, 경기를 시작하기에 앞서 주최자 또는 내빈이 마운드에서 포수에게 공을 던지는 의식(儀式)을 이르는 말.
시국(時局)명 국가나 사회의 현재 정세(情勢). ¶중대한 -./-이 불안하다.
시국-관(時局觀)명 시국을 보는 눈. 시국에 대한 견해. ¶ -이 서로 다르다.
시국-담(時局談)명 시국에 관한 이야기.
시:굴(試掘)명-하다타 광산이나 유전, 유적 따위의 채굴 가치를 알아보기 위하여 시험적으로 파 보는 일. ¶온천을 -하다.
시:굴-권(試掘權)[-꿘]명 특정한 광구 안에서 광물을 시굴할 수 있는 권리.
시굼시굼-하다형여 매우 시굼하다. ☞새곰새곰하다. 시금시금하다
시굼-하다형여 맛이 꽤 시다. ¶시굼한 김치 맛. ☞새곰하다. 시금하다. 시쿰하다
시궁명 더러운 물이 잘 빠지지 않고 썩어서 질척질척하게 된 곳.
시궁-구멍[-꾸-]명 시궁의 구멍.
시궁-발치명 시궁의 근처. 준시궁치
시궁-쥐명 집쥐
시궁-창명 시궁의 바닥이나 속.
시궁-치명 '시궁발치'의 준말.

ㅅ

시권(時圈)[-꿘] 명 천구(天球)의 두 극(極)을 지나 적도와 직교하는 대원(大圓). 시각권(時角圈)

시:권(試券·試卷) 명 지난날, 과거(科擧)를 볼 때 글을 지어 내던 종이. 글장

×**시귀**(詩句) 명 → 시구(詩句)

시그널(signal) 명 ①신호(信號) ②신호기(信號機)

시그널뮤:직(signal music) 명 연속적 또는 정기적으로 진행되는 방송 프로그램에서, 그 방송의 직전이나 직후에 일종의 신호로서 연주되는 음악.

시그러-지다 자 ①뻗쳤던 힘이 사라지다. ¶등등했던 기세가 -. ②흥분 상태가 가라앉다. ¶격했던 감정이 -.

시그마(sigma) 명 ①그리스어 자모 열여덟째 글자 'Σ·σ(s)'의 이름. ②수학에서, 같은 종류의 수치 합계를 나타내는 기호 'Σ'의 이름.

시그무레-하다 형여 좀 열게 시금하다. ☞새그무레하다. 시크무레하다

시극(詩劇) 명 운문(韻文)이나 시(詩)의 형식으로 쓴 희곡. 고대 그리스와 로마 시대 이래, 유럽에서 희곡의 주류를 이루어 온 비극은 대부분 시극임. ☞극시(劇詩)

시:근(始根) 명 근본이 되는 원인.

시:근(試根) 명 함지나 사발 따위로 색볼 때, 눈에 뛸 정도로 큰 금분(金分).

시근-거리다(대다)[1] 자 숨이 차거나 하여 숨을 잇달아 거칠게 쉬다. ☞새근거리다[1]. 씨근거리다

시근-거리다(대다)[2] 자 뼈마디나 이 뿌리 따위가 몸이 움찔움찔 하도록 저릿저릿한 느낌이 나다. ¶찬 것이 닿으면 이가 시근거린다. ☞새근거리다[2]. 시큰거리다

시근-담 명 재래식 한옥에서, 구들을 놓을 때에 중방(中枋) 가로 구들장이 걸치도록 쌓는 나지막한 담.

시근덕-거리다(대다) 자 숨이 차서 자꾸 몹시 거칠게 숨을 쉬다. ☞새근덕거리다. 씨근덕거리다

시근덕-시근덕 부 시근덕거리는 모양을 나타내는 말. ☞새근덕새근덕. 씨근덕씨근덕

시근-시근[1] 부 시근거리는 모양을 나타내는 말. ¶먼 길을 달려와 - 숨을 몰아 쉬다. ☞새근새근[1]. 씨근씨근

시근-시근[2] 부-하다 형 시근거리는 느낌을 나타내는 말. ¶관절염으로 무릎이 -하다. ☞새근새근[2]. 시큰시큰

시근-하다 형여 뼈마디나 이 뿌리 따위가 몸이 움찔 하도록 저릿하다. ☞새근하다. 시큰하다

시글-거리다(대다) 자 사람이나 동물이 한데 모여 들끓다. ☞버글거리다[2]

시글-버글 부-하다 형 시글거리고 버글거리는 모양을 나타내는 말. ¶도떼기시장처럼 -하다.

시글-시글 부-하다 형 사람이나 동물이 한데 모여 들끓는 모양을 나타내는 말. ¶골목길이 사람들로 -하다.

시:금(試金) 명-하다 타 ①광석이나 합금을 정량 분석하는 일. ②금화나 지금(地金) 따위 귀금속의 순도를 결정하는 일.

시금떨떨-하다 형여 맛이 조금 시금하면서 떫다. ☞시금털털하다

시:금-석(試金石) 명 ①검고 단단한 석영(石英)으로 된 돌. 금이나 은 따위 귀금속 조각을 이 돌에 문질러, 나타난 빛깔을 보고 순도를 판정함. ②사물의 가치나 인물의 역량 따위를 시험하는 사물을 비유하여 이르는 말. ¶이 정책은 새 정부의 -이 될 것이다.

시금시금-하다 형여 매우 시금하다. ☞새금새금하다. 시굼시굼하다. 시큼시큼하다

시금씁쓸-하다 형여 맛이 조금 시금하면서 씁쓸하다.

시금-장(-醬) 명 등겨장

시금치 명 명아줏과의 한해살이 또는 두해살이풀. 채소로 재배하며 줄기 높이는 50cm 안팎. 잎은 긴 세모꼴이거나 길둥글며, 잎자루의 밑동과 뿌리는 붉음. 적근채(赤根菜). 파릉채(菠薐菜)

시금치-나물 명 시금치를 끓는 물에 살짝 데쳐 간장·파·마늘·기름·깨소금 따위로 무친 나물.

시금치-토장국 명 시금치를 끓는 물에 살짝 데쳐 고기·파·마늘 따위를 넣고 된장을 풀어 끓인 국.

시금털털-하다 형여 맛이 시금하면서 꽤 떫다. ☞시금떨떨하다

시금-하다 형여 신맛이 좀 열은듯 하다. ☞새금하다. 시굼하다. 시큼하다

시급(時給) 명 '시간급(時間給)'의 준말.

시급(時急) 어기 '시급(時急)하다'의 어기(語基).

시급-하다(時急-) 형여 몹시 급하다. ¶시급한 문제.
 시급-히 부 시급하게

시기(時期) 명 어떤 일이 일어나거나 이루어지는 때. ¶추수하는 -./한창 자라는 -.

시기(時機) 명 알맞은 때. 좋은 기회. ¶-를 엿보다./-를 놓치다./-가 오다. 유 기회(機會)

시기(猜忌) 명-하다 타 샘하여 미워함. ¶남의 성공을 -하다.

시:기(試技) 명 역도나 도약 경기, 던지기 운동 따위에서 허용되는 몇 차례의 시도를 이르는 말.

시기-물(時期物) 명 시기에 맞추어 내는 상품. 정기 간행물(定期刊行物) 따위.

시기상:조(時機尙早) 성구 어떤 일을 하기에 아직 때가 덜 되었음을 이르는 말. 준 상조(尙早)

시기-심(猜忌心) 명 남을 시기하는 마음. ☞암기

시김새 명 ①판소리에서, 소리꾼이 소리를 하는 방법이나 소리의 상태. ②국악에서, 선율을 이루는 주요 음의 앞이나 뒤에서 그 음을 꾸미는 꾸밈음.

시-꺼멓다(-꺼멓고·-꺼먼) 형ㅎ ①빛깔이 아주 꺼멓다. ②품은 생각이나 마음이 매우 엉큼하고 음흉하다. ☞새까맣다. 시커멓다

시꺼메-지다 자 빛깔이 시꺼멓게 되다. ☞새까매지다. 시커메지다

시끄럽다(시끄럽고·시끄러워) 형ㅂ ①듣기 싫을 만큼 소리가 크거나 떠들썩하다. ¶시끄럽게 떠드는 아이들. ②가탈이 많아 귀찮고 성가시다. ¶일이 시끄럽게 되다.

시끈-가오리 명 '전기가오리'의 딴이름.

시끌벅적-하다 형여 몹시 어수선하게 떠들썩하다. ¶시끌벅적한 웃음 소리.

시끌시끌-하다 형여 몹시 시끄럽다. ¶교실 안이 -.

시나리오(scenario) 명 영화의 각본(脚本).

시나리오=경영(scenario經營) 명 선택 변수가 여러 가지일 때, 각각의 경우에 맞추어 불확실한 경제 요인, 기업에 미치는 영향, 기업의 대응 따위를 각본 형태로 미리 생각해 보는 경영 기법.

시나리오라이터(scenario writer) 명 시나리오 쓰기를 전문으로 하는 사람. ☞각본가(脚本家)

시나브로 부 모르는 사이에 조금씩 조금씩. ¶간밤에 - 눈이 내려 쌓였다./단풍이 - 붉게 들었다.

시나위 명 남도(南道)의 무악(巫樂)에서 시작된 속악(俗樂)의 한 가지. 향피리와 대금, 해금, 장구 따위로 편성되는 즉흥적인 합주(合奏).

시난고난 부 병(病)이 그리 심하지 않으면서 오래 끄는 모양을 나타내는 말. ¶몇 해 전부터 - 앓아 왔다.

시:납(施納) 명-하다 타 절에 시주로 금품 따위를 바침.

시:내 명 조그만 내.

> 한자 **시내 계**(溪) [水部 10획] ¶계곡(溪谷)/계류(溪流)/계수(溪水)/계천(溪川)/벽계(碧溪)

시:내(市內) 명 시의 구역 안. ☞시외(市外)

시:내=버스(市內bus) 명 시내에서 운행되는 버스.

시:냇-가 명 물이 흐르는 시내의 가. ¶-로 난 길.

시:냇-물 명 시내에 흐르는 물.

시너(thinner) 명 유성(油性)의 도료에 타서, 칠하기 좋도록 묽게 하는 데 쓰이는 용제(溶劑).

시너지=효:과(synergy效果) 명 상승 효과(上乘效果)

시네라마(Cinerama) 명 석 대의 카메라로 정경을 분할하여 동시에 찍은 필름을, 석 대의 영사기로 비추어 가로로 넓은 입체적인 화면을 만들어 내는 영화. 상품명에서 온 말임.

시네마스코:프(CinemaScope) 명 입체적인 음향 장치와 입체적인 화면을 가진 영화. 특수 렌즈로 압축 촬영한 것

을 가로로 넓고 휘우듬하게 옥은 대형 스크린에 확대하여 비춤.

시네카메라(cinecamera)명 영화 촬영기

시:녀(侍女)명 지난날, 귀인(貴人) 곁에 있으면서 시중드는 여자를 이르던 말.

시:노(侍奴)명 지난날, 시중을 드는 종을 이르던 말.

시노(柴奴)명 지난날, 땔나무를 하는 머슴을 이르던 말.

시뇨(屎尿)명 똥오줌. 분뇨(糞尿)

시누(媤-)명 '시누이'의 준말.

×시-누렇다 형ㅎ →싯누렇다

시-누이(媤-)명 남편의 누이. 준시누. 시뉘

시누이-올케(媤-)명 시누이와 올케.

속담 **시누이올케 춤추는데 가운데 올케 못 출까** : 자기도 마땅히 거기에 참여할 자격이나 권리가 있다는 뜻으로 하는 말. 〔참깨 들깨 노는데 아주까리 못 놀까〕

시뉘(媤-)명 '시누이'의 준말.

시늉 명-하다자 어떤 동작이나 소리, 모양 따위를 흉내내는 짓. ¶놀라는 —./우는 —.

시늉-말 명 시늉하는 말. 흉내말

×시늠-시늠 부 →시름시름

시니시즘(cynicism)명 ①키니코스 학파 ②세평(世評)이나 관습, 도덕 따위를 무시하고, 모든 일에 냉소적인 태도. 견유주의(犬儒主義)

시니컬-하다(cynical-)형여 냉소적이다.

시다 형 ①초나 덜 익은 살구의 맛과 같다. ¶포도가 —. ☞시굼하다. 시그무레하다. 시금하다. 시척지근하다 ②뼈마디나 이 뿌리 따위가 몸이 움찔 하게 저리다. ¶어금니가 —. ☞시근하다. 시큰하다 ③하는 짓이 눈에 벗어나 비위에 거슬리다. ¶눈꼴이 —. ④눈이 강한 빛을 받거나 하여 아린 느낌이 들다. ¶눈이 실 정도로 강한 불빛. ⑤〔동사처럼 쓰이어〕 신맛이 나게 되다. ¶더우면 김치가 빨리 신다.

속담 **시거든 떫지나 말고, 얽거든 검지나 말지** : 이도 저도 아닌 쓸모 없는 사람을 두고 이르는 말./**시지도 않아서 군내부터 먼저 난다** : 같잖은 것이 미리부터 노숙한 체 한다는 말.

시:다림(∠尸陀林)명-하다자 불교에서, 죽은 이를 위하여 설법하고 염불하는 일.

시:다림=법사(∠尸陀林法師)명 죽은 이를 위하여 마지막으로 설법하고 염불하는 중.

시닥-나무 명 단풍과의 낙엽 소교목. 높이는 10m 안팎임. 잎은 손바닥 모양으로 3~5갈래로 갈라져 있고 가장자리에는 톱니가 있는데, 잎자루가 길고 마주 남. 암수한그루임. 6~7월에 가지 끝에 노란 꽃이 이삭 모양으로 피고, 열매는 시과(翅果)로 10월경에 익음. 우리 나라 곳곳의 깊은 산에 자람.

시단(詩壇)명 시인(詩人)들의 사회.

시:-단:조(C短調)〔-쪼〕명 다단조

시:달(示達)명-하다타 상급 기관에서 하급 기관으로, 명령이나 통지를 문서로 전달함. ¶명령을 —하다.

시달리다[1] 자 괴로움을 받다. ¶빚쟁이에게 —.

시달리다[2] 타 성가시게 굴다. 짓궂게 괴롭히다.

시:담(示談)명 민사상의 분쟁을 당사자끼리 해결하는 일. 화해나 중재로 하는 경우가 많음.

시답다(시답고·시다워)형ㅂ 마음에 만족스럽거나 대수롭다. ¶그다지 시다운 눈치가 아니었다.

시답잖다 형 마음에 차지 않다. 마음에 내키지 않다. ¶사윗감을 시답잖게 여기다./몸이 아프니 만사가 —.

시-당숙(媤堂叔)명 남편의 당숙.

시대(時代)명 ①어떤 기준에 따라 구분한 역사적 기간. ¶삼국 — ②지금 있는 그 시기, 또는 문제로 삼고 있는 그 시기. ¶—를 앞서가다./—의 선구자.

시대=감:각(時代感覺)명 그 시대의 특성이나 움직임을 파악하여 순응할 수 있는 감각. ¶—이 없다.

시대-극(時代劇)명 지나간 어떤 시대를 배경으로 만든 영화나 연극.

시대-병(時代病)〔-뼝〕명 시대의 사조나 풍조에 따라 생겨나는 병폐.

시대=사상(時代思想)명 그 시대의 사회 일반에 널리 미치는 사상.

시대=사조(時代思潮)명 그 시대의 주류를 이루는 사상의 경향.

시대-상(時代相)명 그 시대의 사회 모습. ¶당시의 —을 반영한 문학.

시대-색(時代色)명 그 시대 특유의 경향이나 색조.

시대-성(時代性)〔-썽〕명 그 시대 특유의 사회적 성격.

시대=소:설(時代小說)명 지나간 어떤 시대를 배경으로 쓴 소설.

시대-적(時代的)명 그 시대의 특징이 나타나 있는 것. ¶—인 인물./—인 사건.

시대=정신(時代精神)명 그 시대의 사회나 사람들의 마음을 지배하는 정신, 또는 그 시대를 특징짓고 있는 정신.

시대=착오(時代錯誤)명 그 시대에 뒤처지거나 역행하는 일. 아나크로니즘(anachronism)

시댁(媤宅)명 '시집'의 높임말.

시:덕(施德)명 백제의 16관등 중 여덟째 등급. ☞고덕(固德)

시데로스탯(siderostat)명 일주 운동을 하고 있는 천체의 빛을, 시계 장치로 움직이는 하나의 거울로, 일정한 방향으로 보내는 장치.

시:도(示度)명 계기(計器)가 가리키는 눈금의 숫자. 특히 기압계가 나타내는 기압의 높이를 이름.

시:도(市道)명 도로의 한 가지. 시내(市內)의 도로망을 이루는 도로로서, 관할 시장(市長)이 그 노선을 정하고 관리함. ☞군도(郡道)

시:도(視度)명 공기 속의 가스나 부유물(浮游物)로 말미암아 생기는 대기의 투명도. 시계(視界) 거리에 따라 0에서 9까지로 구분함.

시:도(試圖)명-하다타 시험 삼아 꾀하여 봄, 또는 꾀한 바를 시험해 봄. ¶반격을 —하다.

시:도-식(始渡式)명 다리를 놓고 처음 건너는 의식(儀式), 곧 다리의 개통식. 초도식(初渡式)

시독(柴毒)명 한방에서, 나무 가시에 찔려 곪는 병을 이르는 말.

시:독(屍毒)명 시체가 분해될 때 생기는 독성 물질.

시돌(豕突)명-하다자 ①멧돼지처럼 앞뒤를 헤아리지 않고 마구 내닫거나 덤빔. 저돌(猪突) ②앞일을 헤아리지 않고 일을 처리함.

시:동(尸童)명 지난날, 제사 때 신위(神位) 대신으로 앉혀 놓던 어린아이.

시:동(侍童)명 지난날, 귀인 곁에서 시중을 들던 아이.

시:동(始動)명-하다자타 원동기나 기계 따위가 움직이기 시작하는 일, 또는 원동기나 기계 따위를 움직이기 시작하는 일. 기동(起動) ¶기계를 —하다.

시동을 걸다 관용 ①기계를 움직이기 시작하다. ②어떤 행동을 시작하다.

시:동-기(始動機)명 내연 기관이나 전동기를 시동하는 장치. 기동기(起動機)

시-동생(媤*同生)명 남편의 남동생.

시두(時痘)명 한방에서, 천연두를 이르는 말.

시두-법(時頭法)〔-뻡〕명 일진(日辰)의 천간(天干)을 보아서 그 날의 자시(子時)가 육십갑자(六十甲子) 중의 어떤 자시(子時)가 되는지를 알아내는 방법.

시:드(seed)명 토너먼트식 경기에서, 강할 것으로 예상되는 선수나 팀을 남겨 두었다가, 몇 차례 이겨서 올라온 선수나 팀과 맞붙도록 대진표를 짜는 일.

시드럭-부드럭 부-하다형 매우 시들고 말라 부드럽지 않은 모양을 나타내는 말.

시드럭-시드럭 부-하다형 매우 시들고 말라 거칠고 힘이 없는 모양을 나타내는 말.

시득-부득 부-하다형 꽤 시들어서 부드럽지 않은 모양을 나타내는 말.

시득-시득 부-하다형 푸성귀 따위가 부드럽지 않게 꽤 시들어 있는 모양을 나타내는 말. ☞새득새득. 수득수득

시들다(시들고·시드니) 자 ①식물이 말라서 생기가 없어지다. ¶잎이 ―. ②사람의 기력이 약해지다. ¶나이 따라 몸도 시들어 간다. ③사물이 발전하지 못하고 스러져 가다. ¶빛을 잃고 시들어 간 사상.

시들-마르다(―마르고·―말라) 자르 물기나 윤기가 없어져, 생기가 없이 쪼그라지다. ¶시들마른 얼굴.

시들먹-하다 형여 시들한 데가 있어 보이다.

시들-방귀 명 시들한 것을 하찮게 여겨 이르는 말. ¶그 따위 ― 같은 소리 작작 하게나.

시들-병(―病)[―뼝] 명 만성적으로 시들시들 앓는 병. 위병(萎病)

시들-부들 부-하다형 ①몹시 시들어서 부드러운 느낌을 나타내는 말. ②어떤 일에 재미를 못 느껴 시큰둥한 모양을 나타내는 말. ③기운이 없고 풀이 죽어 있는 모양을 나타내는 말.

시들-시들 부-하다형 ①푸성귀 따위가 몹시 시들어서 힘이 없는 모양을 나타내는 말. ¶― 시든 꽃다발. ②사람이 늙거나 기운이 빠져 맥없는 모양을 나타내는 말. ¶― 맥을 못 추다. ☞새들새들. 수들수들

시들-하다 형여 마음에 차지 않고 언짢다. 대수롭지 않고 하찮다. ¶수석이 아니어서인지 시들한 표정이다.

시들-히 부 시들하게

시:디:(CD) 명 영상이나 음성 신호를 디지털 신호로 바꾸어 기록해 놓은 지름 12cm의 원반. 저장된 자료는 레이저 광선을 이용하여 재생함. 콤팩트디스크(compact disk)

시:디:롬(CD-ROM) 명 시디에 컴퓨터 전용 데이터를 입력한, 읽기 전용의 기억 장치. 작으면서도 용량이 큼. [compact disk read only memory]

ㅅ

시디-시다 형 맛이 몹시 시다.

시뜻-하다[―뜯―] 형여 마음이 내키지 않거나 싫증이 나서 시들하다. ¶시뜻한 얼굴로 마지못해 앉아 있다. ☞시틋하다

시뜻-이 부 시뜻하게 ☞시듯이

×시라소니 명 →스라소니

시:랑(侍郞) 명 ①신라 시대, 집사성(執事省)·창부(倉部)·병부(兵部)의 버금 관직. ②고려 시대, 육관(六官)·육부(六部)·육조(六曹)의 정사품 관직.

시:랑(豺狼) 명 ①승냥이와 이리. ②탐욕스럽고 잔혹한 사람을 비유하여 이르는 말.

시래기 명 말린 무청.

시래기-나물 명 나물의 한 가지. 삶은 시래기를 하룻밤 정도 물에 담가 두었다가 건져서 물기를 꼭 짜고 썬 다음, 갖은양념으로 무쳐 기름에 볶은 나물.

시래깃-국 명 된장을 푼 쌀뜨물에 시래기를 넣고 끓인 국.

시:량(柴糧) 명 땔나무와 양식을 아울러 이르는 말.

시러베-아들 명 실없는 사람을 욕하여 이르는 말. 시러베자식

시러베-자식(―子息) 명 시러베아들

시러베-장단 명 실없는 언행(言行)을 낮잡아 이르는 말.

시럽(syrup) 명 진하게 탄 설탕물을 가공한 액체. 여러 가지 과즙이나 향료를 넣은 것도 있음. 과자나 청량 음료 따위의 단맛을 내는 데 쓰임.

시렁 명 방이나 마루, 부엌 따위에 물건을 얹어 두기 위하여 높이 건너지른 두 개의 시렁가래.

속담 시렁 눈 부채 손 : 눈은 높으나 능력이 없는 사람을 두고 이르는 말.

시렁-가래[―까―] 명 시렁을 매는 데 쓰는 긴 나무.

시:력(視力) 명 ①물체를 보는 눈의 능력. 안력(眼力). 안총(眼聰) ②눈으로 두 점을 구별할 수 있는 능력. 구별할 수 있는 두 점 사이의 최소 거리를 재고, 그것을 시각(視角)으로 나타내어, 그 시각의 역수(逆數)에 비례하는 값을 시력으로 함. 시력표로 잼.

시:력=검:사(視力檢査) 명 시력표로 시력을 재는 일.

시:력-표(視力表) 명 시력을 재는 데 쓰는 표. 재는 거리를 5m로 하고, 0.1에서 2.0까지를 열두 단계로 구분한 문자나 숫자, 도형 따위를 차례로 늘어놓은 것. 시시력표(試視力表)

시:련(試鍊·試練) 명 ①-하다타 신앙이나 결심 따위가 얼마나 굳은지를 시험함. ②겪기 어려운 단련이나 고난. ¶―에 부딪치다./―을 견디다.

시련(詩聯) 명 시구(詩句)를 쓴 주련(柱聯).

시:련-기(試鍊期) 명 시련을 겪는 시기.

시령(時令) 명 ①절기(節氣) ②시환(時患)

시령(詩令) 명 시회(詩會) 따위가 있을 때, 미리 정해 두는 약속.

시례-고:가(詩禮故家) 명 여러 대에 걸쳐 시(詩)와 예절(禮節)로써 이름 있는 집안.

시례지훈(詩禮之訓) 성구 백어(伯魚)가 아버지인 공자(孔子)로부터, 시(詩)와 예(禮)를 익혀야 할 까닭을 들었다는 고사(故事)에서, 아들에게 주는 아버지의 교훈을 이르는 말.

시로미 명 시로밋과의 상록 소관목. 줄기는 땅을 기는데 높이 10~20cm, 길이 60~90cm로 자람. 선(線) 모양의 두꺼운 잎은 광택이 있고 끝이 뭉툭하여 가장자리가 뒤로 말림. 암수딴그루이고, 초여름에 자줏빛의 작은 꽃이 잎겨드랑이에 핌. 지름 1cm 안팎의 열매는 검게 익는데, 맛이 달면서 시어 과일주를 담그기도 함. 우리 나라에서는 북부 고산(高山) 지대와 제주도 한라산의 정상 근처에 자람.

시론(時論) 명 ①그 시대 또는 그 시기의 여론. ②시사(時事)에 대한 평론. ③조선 정조 때, 벽론(僻論)에 맞서던 시파(時派)의 당론(黨論).

시론(詩論) 명 시(詩)에 대한 이론이나 평론.

시:론(試論) 명 ①자유로운 형식으로 쓴 문학적인 소론(小論). ②시험 삼아 해본 평론이나 논설.

시:료(施療) 명-하다타 무료로 병을 치료해 줌.

시료(詩料) 명 시의 소재. 시재(詩材)

시:료(試料) 명 시험이나 검사, 분석 따위를 하는 데 쓰는 물질이나 생물.

시루 명 떡이나 쌀 따위를 찌는 데 쓰는 둥근 질그릇. 자배기처럼 생겼으나, 바닥에 구멍이 여러 개 뚫려 있음.

속담 시루에 물 퍼붓기 : 아무리 힘이나 돈을 들여도 보람이 나타나지 않는 일을 비유하여 이르는 말. [밑 빠진 독에 물 붓기]

시루-떡 명 떡가루를 시루에 안쳐 찐 떡. 증병(甑餠)

시룻-밑 명 시루 바닥에 까는, 가는 새끼 따위를 꼬아서 둥글게 엮어 만든 물건. 시루의 구멍을 막아 떡가루 따위가 새지 않도록 함.

시룻-방석(―*方席) 명 시루를 덮는 방석 모양의 덮개. 짚으로 두껍고 둥글게 틀어 엮어서 만듦.

시룻-번 명 시루를 솥에 안칠 때, 시루와 솥 사이에서 김이 새지 않도록 바르는 반죽. 준번

시룽-거리다(대다) 자 ①마음이 매우 뒤숭숭하고 허전한 느낌이 자꾸 들다. ②희롱거리며 넉살좋게 굴다. ☞새롱거리다

시룽-새룽 부-하다형 마음이 차분하지 못하고 좀 뒤숭숭한 모양을 나타내는 말. ☞싱숭생숭

시룽-시룽 부 ①마음이 매우 뒤숭숭하고 허전한 느낌을 나타내는 말. ②희롱거리며 넉살스레 구는 모양을 나타내는 말. ¶길 가는 여자에게 ― 말을 걸다. ☞새롱새롱

시류(時流) 명 그 시대의 풍조나 경향. ¶―를 타다.

시르-죽다 자 힘이 쑥 빠지거나 풀이 죽다.

시름 명-하다타 마음에 걸려 풀리지 않는 근심이나 걱정. ¶―에 잠겨 있다./―을 놓다.

시름-겹다(―겹고·―겨워) 형ㅂ 못 견딜 정도로 시름이 많다. ¶시름겨운 얼굴.

시름-시름 부 병세가 더하지도 않고 낫지도 않으면서 은근히 오래 끄는 모양을 나타내는 말. ¶― 앓다.

시름-없:다[―업―] 형 ①근심이나 걱정으로 맥이 없다. ¶시름없는 얼굴. ②아무 생각이 없다.

시름-없이 부 시름없게 ¶― 내리는 빗줄기.

시리다 형 살갗이나 관절, 이 따위에 찬 기운을 느끼다. ¶손이 ―./뼈마디가 ―.

시리우스(Sirius) 명 큰개자리의 수성(首星)이며, 하늘에

서 볼 수 있는 가장 밝은 별. 밝기 −1.46등급, 거리는 8.7광년임.

시리:즈(series)명 기본 틀이 바뀌지 않은 채 내용만 바뀌어 여러 번 거듭되는 것을 이르는 말. 차례로 출판되는 총서(叢書), 주인공이나 주제가 같은 두 편 이상의 영화나 방송극, 어느 기간에 잇달아 열리는 경기 따위.

시:립(市立)명 시에서 세워 운영하는 것. ¶ − 공원/− 병원 ☞국립(國立)

시:립(侍立)명-하다자 웃어른을 모시고 곁에 서는 일.

시마명 '남동풍(南東風)'의 뱃사람말.

시마(緦麻)명 지난날, 오복(五服)의 하나. 시마친(緦麻親)의 상사(喪事)에 석 달 동안 입던 복제(服制).

시마(sima)명 지각의 아래 부분을 지질학적으로 이르는 말. 지구 내부에서 시알(sial)의 밑으로, 주로 규소(Si)와 마그네슘(Mg)을 주성분으로 하는 현무암질로 이루어져 있다는 데서 붙은 이름.

시마-친(緦麻親)명 지난날, 시마의 복(服)을 입던 친척. 종증조(從曾祖), 삼종 형제(三從兄弟), 중증손(衆曾孫) 등이 이에 딸림.

시:말(始末)명 일의 처음과 끝. 시종(始終)

시:말-서(始末書)[−써]명 공적으로 잘못을 저지른 사람이 잘못된 일의 경위를 처음부터 끝까지 자세히 적은 문서. 경위서(經緯書). 전말서(顚末書) ¶이번 일은 − 한 장으로 끝날 일이 아니다.

시망(諡望)명 지난날, 공신(功臣)에게 내릴 시호(諡號)를 정할 때, 신하들이 세 가지 시호를 미리 정하여 임금에게 아뢰던 일.

시망-스럽다(−스럽고·−스러워)형ㅂ 몹시 짓궂다.
시망-스레부 시망스럽게

시-매부(媤妹夫)명 시누이의 남편.

시맥(翅脈)명 곤충의 날개에 얼기설기 뻗어 있는 가는 줄기. 부챗살처럼 날개를 튼튼히 하는 구실을 함.

시먹명 단청(丹靑)할 때, 먹으로 가는 획을 그어 두 쪽의 경계를 나타내는 줄. 세묵(細墨)

시먹다형 주제넘고 시건방지다. ¶시먹은 소리.

시멘트(cement)명 석회석과 진흙에 석고를 알맞게 섞어 이긴 것을 구워서 회백색의 가루로 만든 것. 물에 개면 시간이 지나면서 엉기므로 토목이나 건축용의 접합제로 쓰임. 양회(洋灰)

시멘트=기와(cement−)명 시멘트와 모래, 석면 따위를 섞어서 만든 기와.

시멘트모르타르(cement mortar)명 시멘트와 모래를 섞어 물에 개어서 만든 토목·건축용의 접합제. 벽돌 따위를 쌓거나 타일을 붙일 때, 또는 미장할 때 쓰임.

시멘트-질(cement質)명 이촉 겉면의 상아질을 싸고 있는 흰빛의 얇은 골조직 층. 백악질(白堊質) ☞에나멜질

시멘트콘크리:트(cement concrete)명 시멘트와 모래, 자갈 따위를 물에 개어서 만든 콘크리트.

시:멸(示滅)명 부처나 보살이 중생을 교화하기 위해 열반하는 일.

시:명(示明)명-하다타 일반에게 널리 알림.

시명(詩名)명 ①시를 잘 짓는다는 명성이나 영예. ¶ −을 떨치다. ②시의 제목.

시모(媤母)명 시어머니

시-모:녀(媤母女)명 시어머니와 며느리.

시목(柴木)명 땔나무

시:묘(侍墓)명-하다자 지난날, 부모의 거상(居喪) 중 무덤 옆에 막(幕)을 짓고 삼 년을 지내던 일.

시:무(始務)명-하다자 관공서나 회사 등에서 새해 들어 업무를 시작하는 일. ☞종무(終務)

시무(時務)명 ①그때그때 필요한 일. ②당장에 급한 일.

시:무(視務)명-하다자 사무를 봄.

시무룩-하다형여 좋지 않은 일로 풀이 죽어 우울해 있다. ¶꾸중을 듣고 시무룩해 있다./시무룩한 표정. ☞새무룩하다. 씨무룩하다
시무룩-이부 시무룩하게 ☞새무룩이. 씨무룩이

시:-무외(施無畏)명 ①부처나 보살이 중생에게 두려움을 없애 주는 일. ②'관세음보살'을 달리 이르는 말.

시무-책(時務策)명 시무에 대한 계책.

시문(時文)명 그 시대의 말로 적은 글.

시문(柴門)명 사립문

시문(詩文)명 시가(詩歌)와 산문(散文).

시:문(試問)명-하다타 시험 삼아 묻는 일, 또는 그 질문.

시문서화(詩文書畫)명 시가(詩歌)와 산문(散文)과 글씨와 그림을 아울러 이르는 말.

시문-집(詩文集)명 시문(詩文)을 모아 엮은 책. 문림(文林)

시-문학(詩文學)명 시와 관련된 문학을 통틀어 이르는 말.

시:물(施物)명 시주(施主)로 내는 재물.

시물-거리다(대다)자 시물시물 웃다. ☞새물거리다. 씨물거리다

시물-시물부 입술을 실그러뜨리며 소리 없이 자꾸 웃는 모양을 나타내는 말. ☞새물새물. 씨물씨물

시뮬레이션(simulation)명 직접 실험하기에 위험하거나 조작하기에 시간적·공간적으로 제한이 있는 경우, 실제와 같은 모델이나 상태를 만들어 모의(模擬)로 해보는 일. 자동차나 선박·항공기 등의 설계와 생산, 전투기 비행 훈련, 기업의 경영 전략, 경제 예측 따위에 쓰임.

시뮬레이터(simulator)명 시뮬레이션을 하기 위한 장치. 항공기의 조종, 원자로(原子爐)의 운전 따위의 훈련이나 시험 등에 쓰임.

시:민(市民)명 ①시(市)에 적(籍)을 두고 거주하는 사람. ②정치에 참여할 수 있는 권리를 가진 국민. ③시민 계급에 딸린 사람.

시:민=계급(市民階級)명 정치적으로는 근대 민주주의의 이념을 내걸고 봉건 체제를 깨뜨렸으며, 경제적으로는 산업 혁명을 이룩하여 근대 자본주의 경제 체제를 확립한 사람들을 통틀어 이르는 말.

시:민-권(市民權)[−꿘]명 ①일반 국민이나 주민이 누리는 권리. ②시민으로서 행동이나 사상·재산·신앙의 자유가 보장되고, 거주하는 지역 또는 국가의 정치에 참여할 수 있는 권리.

시:민=문학(市民文學)명 근대 시민 의식을 반영한 문학. 새로 대두한 부르주아 계급의 문제를 다룬 것으로, 18~19세기 자본주의 발전과 더불어 문학의 주류를 이루었음. 부르주아 문학

시:민-법(市民法)[−뻡]명 ①고대 로마에서, 로마 시민에게만 적용되는 실정법(實定法)을 이르던 말. ②근대 시민 사회를 규율하는 사법(私法). 소유권이나 계약의 자유 따위를 원칙으로 함. ☞만민법(萬民法)

시:민=사:회(市民社會)명 자유롭고 평등한 개인들로 이루어진 근대 사회. 시민 혁명을 계기로 이룩되었고, 자유 경제 체제를 경제적 토대로 삼음. 부르주아 사회

시:민=혁명(市民革命)명 시민 계급이 주도하여 봉건 사회를 넘어뜨리고 근대 자본주의 사회를 세운 사회적 변혁. 프랑스 혁명이나 청교도 혁명 따위. 부르주아 혁명

시밀레(simile 이)명 악보의 나타냄말의 한 가지. 먼저 부분과 같은 연주를 반복하라는 뜻.

시바(Siva 범)명 비슈누·브라마와 함께 힌두교 세 주신(主神)의 하나. 파괴와 창조의 신.

시:반(侍飯)명-하다자 웃어른을 모시고 함께 음식을 먹음. 배식(陪食). 시식(侍食)

시:반(屍斑)명 사람이 죽은 뒤에 피부에 나타나는 자줏빛 얼룩점. 혈액이 중력의 작용으로 사체의 밑 부분에 있는 모세혈관에 모여서 나타나는 현상으로, 사망 시간을 추정하는 데 도움이 됨.

시반(詩伴)명 함께 시를 짓는 벗. 시붕(詩朋). 시우(詩友)

시:발(始發)명-하다자 ①맨 처음 출발하거나 발차함. ¶ − 버스/− 시간 ②어떤 일이 처음으로 시작됨.

시:발-역(始發驛)[−력]명 기차나 전철 따위가 처음 출발하는 역. ☞종착역(終着驛)

시방명 지금(只今) ¶ −이 바로 말할 때다.
부 지금 ¶ − 떠나는 참이다.

시방(∠十方)명 불교에서, 사방(四方)과 사우(四隅), 위아래를 통틀어 이르는 말. 곧 모든 세계.

ㅅ

시:방(試放)명-하다타 총이나 대포 등을 시험 삼아 쏘는 일.
시방-공(∠十方空)명 불교에서, 아무 것도 없는 텅 빈 시방 세계를 이르는 말.
시:방-서(示方書)명 설계가 복잡한 제품이나 공사에 필요한 재료의 종류와 품질, 사용처, 시공 방법, 제품의 납기, 준공 기일 등 설계 도면에 나타내기 어려운 사항을 적은 문서.
시방=세:계(∠十方世界)명 불교에서, 사방(四方)과 사우(四隅), 위아래의 온 세계를 이르는 말.
시방=정:토(∠十方淨土)명 불교에서, 시방에 수없이 많이 있는 여러 부처의 정토를 이르는 말.
시:배(侍陪)명-하다타 지난날, 귀인(貴人)을 따라다니며 시중드는 일, 또는 그 하인을 이르던 말.
시배(時輩)명 ①때를 만나 뜻을 이룬 사람들. ②그 당시의 사람들.
시백(詩伯)명 ①시(詩)를 잘 짓는 사람. 시의 대가(大家). ②'시인(詩人)'을 높이어 이르는 말.
시-백모(媤伯母)명 남편의 큰어머니.
시-백부(媤伯父)명 남편의 큰아버지.
시:범(示範)명-하다타 모범을 보임. ¶ - 경기/선생님께서 먼저 -을 보이셨다.
시법(時法)[-뻡]명 하루의 시간을 같은 간격으로 나누어 시각을 정하는 방법.
시법(諡法)[-뻡]명 지난날, 시호(諡號)를 의논하여 정하던 방법.
시베리안허스키(Siberian Husky)명 스피츠종의 한 가지. 털이 부드럽고 무성하며, 귀가 쫑긋 서 있음. 썰매 끄는 개로 유명함.
시벽(詩癖)명 ①시 짓기를 지나치게 좋아하는 버릇. ②시를 짓는 데 드러나는 그 사람 특유의 버릇.
시:변(市邊)명 ①시가지의 변두리. ②장변(場邊)
시:병(侍病)명-하다자 앓는 사람 곁에서 시중드는 일. ☞간병(看病). 병시중
시병(柿餠)명 감편
시병(時病)명 ①그 시대의 병폐나 악습. 시폐(時弊) ②계절에 따른 유행병.
시보(時報)명 ①방송 따위로 표준 시각을 알리는 일. ¶라디오에서 정오(正午) -를 알리다. ②그때그때의 사건이나 사실에 대한 보도, 또는 그것을 싣는 잡지나 신문.
시:보(試補)명 어떤 관직에 정식으로 임명되기 전에, 그 일을 실제로 하며 사무를 익히는 일, 또는 그 직책.
시:보(諡寶)명 임금의 시호(諡號)를 새긴 도장.
시:복(施福)명 절에서, 시주가 많은 것을 이르는 말.
시복(時服)명 ①철에 맞는 옷. ②지난날, 관원이 입시(入侍)할 때나 공무를 볼 때 입던 관복의 한 가지. 단령(團領)에 흉배(胸背)가 없음.
시:복(諡福)명-하다타 가톨릭에서, 생전에 뛰어나게 신앙심이 깊었던 사람이나 순교로 이름이 높은 사람에게 교황이 '복자(福者)'라는 칭호를 내리는 일을 이르는 말.
시:봉(侍奉)명-하다타 부모를 모시어 받듦.
시부(媤父)명 시아버지
시부(詩賦)명 시(詩)와 부(賦)를 아울러 이르는 말.
시부렁-거리다(대다)자 주책없이 실없는 말을 자꾸 지껄이다. ☞사부랑거리다. 씨부렁거리다
시부렁-시부렁부 시부렁거리는 모양을 나타내는 말. ☞사부랑사부랑[1]. 씨부렁씨부렁
시-부모(媤父母)명 시아버지와 시어머니. 구고(舅姑)
시부저기명 별로 힘들이지 않고 슬쩍. ☞사부자기
시부적-시부적부 별로 힘들이지 않고 슬쩍슬쩍 행동하는 모양을 나타내는 말. ☞사부작사부작
시:분(∠細粉)명-하다자 단청(丹靑)할 때, 물감을 칠한 뒤에 무늬의 테두리를 백분(白粉)으로 가늘게 그리는 일.
시분할=시스템(時分割system)명 여러 사용자가 단말기를 통해 중앙의 컴퓨터시스템을 동시에 쓰는 방식. 중앙 처리 장치의 처리 시간을 잘게 나누어 여러 사용자의 작업을 순차적으로 처리함. 티에스에스(TSS)

시붕(詩朋)명 함께 시를 짓는 벗. 시반(詩伴). 시우(詩友)
시:비(市費)명 시(市)가 부담하는 비용. 시의 경비.
시:비(侍婢)명 곁에서 시중드는 여자 종.
시:비(施肥)명-하다자 논밭에 거름을 주는 일.
시:비(是非)명 ①옳고 그름. 이비(理非). 잘잘못 ¶ -를 가리다. ②-하다자 옳고 그름을 따짐, 또는 그런 말다툼. ¶내게 -하려고 하니?/-를 걸다.
시비(柴扉)명 사립문
시비(詩碑)명 시를 새긴 비.
시:비-곡직(是非曲直)명 옳고 그르고 굽고 곧음의 뜻으로, 잘잘못을 이르는 말.
시:비-조(是非調)[-쪼]명 트집을 잡아 시비하는 것 같은 말투나 글투. ¶대뜸 -로 나오다.
시:비-주비(是非-)[-쭈-]명 걸핏하면 남의 시비에 끼어들기 좋아하는 사람을 이르는 말.
시:비지단(是非之端)명 시비가 일어나게 되는 실마리.
시:비지심(是非之心)명 사단(四端)의 하나. 옳고 그름을 가릴 줄 아는 마음을 이르는 말.
시뻐-하다타여 마음에 차지 않아 시들하게 여기다. 대수롭지 않게 생각하다. ¶고마워하기는커녕 시뻐하는 기색이 또렷했다.
시-뻘겋다(-뻘겋고·-뻘건)형ㅎ 빛깔이 매우 뻘겋다. ¶시뻘겋게 달아 오른 쇳덩이. ☞새빨갛다
시뻘게-지다자 빛깔이 매우 뻘겋게 되다. ¶성이 나서 시뻘게진 얼굴. ☞새빨개지다
시-뿌옇다(-뿌옇고·-뿌연)형ㅎ 빛깔이 매우 뿌옇다. ¶시뿌연 연기. ☞새뽀얗다
시뿌예-지다자 빛깔이 매우 뿌옇게 되다. ¶공장에서 나오는 연기로 하늘이 온통 시뿌예졌다. ☞새뽀얘지다
시쁘다(시쁘고·시뻐)형 마음에 차지 않아 시들하다. 대수롭지 않다. ¶시쁜 빛을 보이다./시쁘게 여기다.
시쁘둥-하다형여 마음에 차지 않아 매우 시들한 기색이 있다. ¶시쁘둥한 목소리.
시:사(示唆)명-하다타 암시하여 넌지시 알려 줌. ¶그의 행동은 우리에게 -하는 바가 크다.
시:사(市肆)명 시전(市廛)
시:사(侍史)명 ①윗사람을 가까이에서 모시면서 서기(書記)의 일을 맡아보는 사람. ②편지 겉봉에, 받는 이를 높이어 그의 이름 뒤에 쓰는 말.
시:사(侍師)명 스승을 모심.
시사(時仕)명-하다자 지난날, 아전이나 기생 등이 그 딸린 관아에서 맡은 일을 치르던 일.
시사(時祀)명 시제(時祭)
시사(時事)명 당시에 일어난 여러 가지 사건이나 일, 또는 현재 사회의 움직임. ¶ - 논평/그는 -에 관심이 많다.
시:사(視事)명-하다자 ①지난날, 임금이 나라일을 돌보던 일. ②관청에 나가서 사무를 보는 일.
시사(詩史)명 시(詩)의 역사, 또는 그것에 관한 저술.
시사(詩社)명 시인들이 조직한 문학 단체.
시사(詩思)명 시상(詩想)
시:사(試射)명-하다타 ①활이나 총 따위를 시험 삼아 쏨. ②지난날, 활을 잘 쏘는 사람을 시험으로 뽑아 쓰던 일.
시:사(試寫)명-하다타 영화를 개봉하기 앞서 선전 따위를 하기 위해 기자나 평론가, 제작 관계자 등의 특정인에게 시험적으로 먼저 보이는 일.
시사-담(時事談)명-하다자 시사(時事)에 관한 이야기를 나눔, 또는 그 이야기.
시사=만:평(時事漫評)명 당시에 일어난 여러 가지 세상 일에 대하여 체계 없이 생각나는 대로 한 비평.
시사-물(時事物)명 ①시사에 관한 기사 거리. ②시사 문제를 다룬 간행물이나 방송 프로그램. ¶이번 프로그램 개편에서 -이 대폭 늘어났다.
시사=보:도(時事報道)명 시사에 관한 보도.
시사-성(時事性)[-썽]명 당시 일어난 여러 가지 사건이나 일이 지니고 있는 시대적·사회적 성격.
시:사여귀(視死如歸)성구 죽음을 고향에 돌아가는 것처럼 여긴다는 뜻으로, 죽음을 조금도 두려워하지 않음을 이르는 말.

시사=용:어(時事用語)명 시사에 관한 용어.
시:사-터(試射-)명 활 따위를 시험 삼아 쏘는 곳.
시사=해:설(時事解說)명 나라 안팎의 중요한 시사 문제를 알기 쉽게 풀어 설명하는 일, 또는 그 내용.
시:사-회(試寫會)명 영화를 개봉하기에 앞서 선전 따위를 하기 위하여 시험적으로 보이는 모임.
시:산(試算)명-하다타 ①시험 삼아 계산함, 또는 그 계산. ②계산에 잘못이 있는지 없는지를 검산함.
시:산-표(試算表)명 복식 부기에서, 분개장에서 원장으로 정확히 옮겨 적었는지, 또는 영업의 개요가 어떠한지를 알기 위하여 원장 각 계정의 차변과 대변의 합계액과 잔고를 집계한 표를 이르는 말. 차변과 대변의 금액이 일치해야 함.
시:산혈해(屍山血海)성구 사람의 시체가 산처럼 쌓이고 피가 흘러 바다를 이룬다는 뜻으로, 격렬한 전투로 수많은 사람이 죽음을 비유하여 이르는 말.
시:살(弑殺)명-하다타 부모나 임금을 죽임. 시역(弑逆). 시해(弑害) ¶왕을 -하다.
시-삼촌(媤三寸)명 남편의 작은아버지. 시숙부(媤叔父)
시삼촌-댁(媤三寸宅)[-땍]명 ①시삼촌의 집. ②시삼촌의 아내.
시:상(施賞)명-하다타 상장이나 상품 또는 상금 따위를 줌.
시:상(柿霜)명 곶감의 거죽에 생기는 흰 가루. 시설(柿雪)
시상(時狀)명 당시의 세상 형편.
시상(時相)명〈어〉시제(時制)
시:상(視床)명 간뇌(間腦)의 뒤쪽 대부분을 차지하는 달걀 모양의 회백질 덩어리. 후각 이외의 감각, 충동과 흥분 따위를 대뇌 피질로 전달하는 구실을 함.
시상(詩想)명 ①시를 짓는 데 필요한 구상이나 착상. ¶-이 떠오르다. ②시에 나타난 사상이나 감정. ¶낭만적인 -. ③시적인 생각이나 상념. 시사(詩思)
시:상-판(屍床板)명 입관(入棺)하기 전에 시체를 올려 놓는 긴 널. 속 올림대[1]
시:상=하:부(視床下部)명 간뇌(間腦)의 한 부분. 시상 아래쪽에서 뇌하수체에 이어지는 곳으로 체온 조절이나 수면, 생식, 물질 대사(物質代謝) 따위를 다스리는 자율 신경계의 중추임.
시:새명 가는모래
시새다타 '시새우다'의 준말.
시새우다타 ①저보다 잘 되거나 나은 이를 공연히 미워하고 싫어하다. ¶남이 잘 되는 것을 -. ②남보다 더 잘나 보이려고 다투다. ¶서로가 시새우듯 솜씨 자랑을 하다. 준 시새다
시새움명 시새우는 짓, 또는 그러한 마음.
시:색(柿色)명 감빛
시색(時色)명 시대의 추세.
시:생(侍生)대 윗사람에게 '자기'를 낮추어 일컫는 말.
시:생대(始生代)명 지질 시대 중 가장 오랜 시대. 약 25억 년 전으로, 원생대(原生代)와 함께 선캄브리아 시대라고 이름. 태고대(太古代) ☞원생대(原生代)
시:생대-층(始生代層)명 시생대에 이루어진 지층. 주로 화강암이나 편마암으로 이루어졌고 퇴적암이 분포하기도 함. 드물게 세균 등의 화석이 들어 있음.
시서(時序)명 계절의 순서.
시서(詩書)명 ①시경(詩經)과 서경(書經)을 아울러 이르는 말. ②시(詩)와 글씨를 아울러 이르는 말. ¶-와 음률(音律)에 능하다.
시서늘-하다형여 음식 따위가 식어서 차다.
시-서:모(媤庶母)명 남편의 서모.
시-서-역(詩書易)명 시경(詩經)과 서경(書經)과 주역(周易)을 아울러 이르는 말.
시:석(矢石)명 지난날, 싸움터에서 쓰이던 화살과 돌.
시:선(視線)명 ①안구의 중심과 대상을 잇는 직선. ②눈으로 보는 방향. 눈[1]. 눈길[1] ¶따가운 -./-이 집중되다.
시선(詩仙)명 ①세속을 초월한 천재적인 시인을 비유하여 이르는 말. ②두보(杜甫)를 '시성(詩聖)'이라 일컫는 데 상대하여 '이백(李白)'을 일컫는 말.
시선(詩選)명 시를 가려 뽑아 모은 책.
시:선(試選)명-하다타 시험을 보여서 인재를 뽑음.
시:설(柿雪)명 곶감 거죽에 생기는 흰 가루. 시상(柿霜)
시:설(施設)명-하다타 어떤 목적을 위하여 건물이나 설비를 마련함, 또는 그 건물이나 설비. 설시(設施) ¶놀이 -/아동 복지 -/군사 기지를 -하다.
시설-거리다(대다)자 실실 웃으면서 수다스레 지껄이다. ☞새살거리다. 시실거리다
시설-궂다[-굳-]형 몹시 시설스럽다. ☞새살궂다
시설-떨:다자 시설스러운 행동을 하다. ☞새살떨다
시:설-물(施設物)명 시설해 놓은 것. 건물·설비 따위.
시설-스럽다(-스럽고·-스러워)형ㅂ 말이나 행동이 얌전치 못하고 쓸데없이 수선스럽다. ☞새살스럽다
시설-스레부 시설스럽게
시설-시설부 시설거리는 모양을 나타내는 말. ☞새살새살. 시실시실
시성(詩性)명 시적(詩的)인 품성이나 감성.
시성(詩聖)명 ①고금(古今)에 비길 데 없이 뛰어난 시인. ②이백(李白)을 '시선(詩仙)'이라 일컫는 데 상대하여 '두보(杜甫)'를 일컫는 말.
시:성(諡聖)명-하다타 가톨릭에서, 교황이 시복(諡福)된 복자(福者)를 성인의 명부에 올리고, 모든 교인이 그를 존경하도록 선언하는 일을 이르는 말.
시:성=분석(示性分析)명 각 원소의 함량(含量)과 함께 원소 사이의 결합 상태를 나타내는 화학 분석.
시:성-식(示性式)명 유기 화합물(有機化合物)의 구조식을 간략히 하여 분자의 특성을 밝히도록 적은 화학식. 에탄올을 CH_3CH_2OH로 적는 따위.
시:세(市勢)명 시(市)의 인구와 산업·재정·시설 따위의 종합적인 동태(動態).
시세(時世)명 시대(時代), 또는 그 시대의 세상.
시세(時勢)명 ①변해 가는 시대의 모습. 시대의 추세. ¶-에 어둡다./-를 거스르다. ②그때의 물건 값. 시가(時價) ¶-가 안정되어 있다.
시세가 닿다관용 값이 시세에 맞다.
속담 시세도 모르고 값을 놓는다 : 물건의 가치도 모르면서 평가하려 함을 이르는 말.
시세션(secession)명 1897년 독일과 오스트리아에서 기존의 예술 양식에서 분리하려고 일어난 예술 운동의 한 파. 직선을 위주로 하여 기능성과 합리성을 중시했으며, 건축이나 디자인에 큰 영향을 미쳤음. 분리파
시:-세:포(視細胞)명 동물의 감각 세포의 한 가지. 빛의 자극을 받아들임. 하등 동물인 지렁이 따위에서는 체표(體表)에 흩어져 있으나, 척추동물에서는 많은 세포가 모여서 망막을 이루는데, 이를 망막 세포라고 이름.
시:소(尸素)명 '시위소찬(尸位素餐)'의 준말.
시:소(試所)명 지난날, 과거를 치르던 곳. 시원(試院)
시:소:(seesaw)명 긴 널빤지의 한가운데를 괴어, 그 양끝에 사람이 타고 번갈아 오르락내리락하는 놀이, 또는 그 기구(器具).
시:소:게임(seesaw game)명 실력이 서로 비슷하여 엎치락뒤치락 하는 경기. ¶-을 벌이다.
시소:러스(thesaurus)명 뜻이 같은 말이나 비슷한 말, 관련이 있는 말 따위를 분류하고 정리한 어휘집.
시속(時俗)명 그 시대의 인정(人情)과 풍속. ¶성인(聖人)도 -을 따른다.
시속(時速)명 한 시간에 나아가는 거리로 나타낸 속도. ¶- 100km로 달리다. ☞분속. 초속
시:솔(侍率)명 웃어른을 모시고 아랫사람을 거느림.
시:수(矢數)명 과녁에 맞은 화살의 수효.
시:수(屍水)명 송장이 썩어서 흐르는 물. 추깃물
시수(柴水)명 땔나무와 마실 물, 또는 나무를 하고 물을 긷는 일. 신수(薪水)
시수(時囚)명 그때의 죄수.
시:수-꾼(矢數-)명 지난날, 화살 50대를 쏘아 반 이상을 맞히는 사람을 이르던 말.
시숙(媤叔)명 시아주버니

시-숙모(媤叔母)명 남편의 작은어머니.
시-숙부(媤叔父)명 남편의 작은아버지. 시삼촌
시:술(施術)명-하다자타 의사가 의술(醫術)을 베풂. 흔히 수술을 이름.
시스템(system)명 ①각각의 요소가 유기적으로 조합되어 이루어진, 하나의 큰 전체. ②컴퓨터에서, 하드웨어나 소프트웨어, 또는 그 둘을 아울러 이르는 말.
시스템다운(system down)명 컴퓨터가 하드웨어 또는 소프트웨어의 상태가 나쁘거나 정전 등으로 제 기능을 하지 못하는 상태.
시습(時習)명 ①그 시대의 풍습. ②-하다타 때때로 복습함.
시:승(市升)명 지난날, 장에서 쓰던 공인된 되. 장되
시:승(試乘)명-하다타 말·자동차·기차·배 따위의 탈것을 시험 삼아 탐. ¶새로 나온 차를 －하다.
시승(詩僧)명 시문(詩文)에 능한 중.
시:시:(cc)명 가로와 세로, 높이가 각각 1cm인 부피, 곧 세제곱 센티미터를 나타내는 기호. [cubic centimeter]
시시-각각(時時刻刻)부 시간마다. 시간이 지남에 따라. ¶－ 쏟아져 나오는 정보./－으로 변하는 세상.
시시-거리다(대다)자 실없이 웃으면서 자꾸 지껄이다. ☞시시덕거리다
시시껄렁-하다형여 시시하고 껄렁하다. 시시하고 너절하여 골답지 않다. ¶시시껄렁한 이야기.
시시덕-거리다(대다)자 경박하게 웃으면서 몹시 지껄이다. ☞시시거리다
시시덕-시시덕부 시시덕거리는 모양을 나타내는 말.
시시덕-이명 시시덕거리기를 잘하는 사람을 얕잡아 이르는 말.
속담 **시시덕이는 재를 넘어도 새침데기는 골로 빠진다**: 시시덕거리는 사람은 수다스럽고 실없이 보이지만 그다지 큰 실수를 하지 않고, 늘 새침하고 얌전한체 하는 사람이 도리어 엉뚱한 마음을 품어 그로 말미암아 실수하는 일이 많다는 말.
시시-때때로(時時－)부 '때때로'를 강조하여 이르는 말.
시:시력-표(試視力表)명 시력표(視力表)
시시-로(時時－)부 때때로 ¶정세(情勢)가 － 변한다.
시시부지-하다자 저절로 없어지다.
시:시-비비(是是非非)명 ①여러 가지의 잘잘못. ¶－를 가리다. ②옳은 것은 옳고 그른 것은 그르다고 공정(公正)한 처지에서 판단함.
시:시비비-주의(是是非非主義)명 옳은 것은 옳다고 하고 그른 것은 그르다고 공정하게 판정하는 주의.
시시-종:종(時時種種)명 그때그때의 여러 가지. ¶－의 금석맹약(金石盟約)을 식(食)하였다 하여….
시시-콜콜부 ①시시하고 자질구레한 것까지 낱낱이 따지거나 다루는 모양을 나타내는 말. ¶－ 따지다. ②-하다형 시시하고 고리타분한 모양을 나타내는 말. ¶－한 일에까지 관심을 쏟다./－한 이야기.
시시콜콜-히부 시시콜콜하게 ¶－ 일러바치다
시:시:티:브이(CCTV)명 폐쇄 회로 텔레비전 [closed circuit television]
시시풍덩-하다형여 시시하고 실답지 않다. ¶시시풍덩한 이야기를 나불나불 늘어놓다.
시시-하다형여 ①재미 없고 변변찮다. ¶내용이 －./시시한 이야기. ②작고 쩨쩨하다. ¶시시하게 굴다. ③끝이 흐리멍덩하다. ¶일이 시시하게 끝나다.
시:식(侍食)명-하다자 웃어른을 모시고 함께 음식을 먹음. 배식(陪食). 시반(侍飯)
시:식(施食)명-하다자 ①불가에서, 아귀(餓鬼)에게 먹을 것을 보시하는 의식. ②음식을 대접함.
시식(時食)명 계절의 맛을 즐기고 모자란 영양분을 채우기 위해 그 철에 나는 재료로 특별히 만들어 먹는 음식. ☞절식(節食)[2]
시:식(試食)명-하다타 맛이나 요리 솜씨를 보기 위하여 시험삼아 먹어 봄.
시:식(試植)명-하다타 새 품종의 식물을 시험 삼아 심음.
시:식-대(施食臺)명 시식돌
시:식-돌(施食－)명 불교에서, 천도(薦度)를 마치고 밖에서 아귀(餓鬼)에게 음식을 베풀며 경문(經文)을 읽는 자리. 시식대. 헌식돌
시식잖다형 같잖고 되잖다. ¶시식잖게 함부로 나서다.
시:신(侍臣)명 임금을 곁에서 가까이 모시는 신하. 근신(近臣). 친신(親臣)
시:신(屍身)명 송장
시신(柴薪)명 땔나무
시:-신경(視神經)명 망막(網膜)의 시세포(視細胞)가 받은 자극을 뇌로 전달하는 감각 신경.
시:신세(始新世)명 에오세
시:실(屍室)명 병원 등에서 시신(屍身)을 두는 방.
시실-거리다(대다)자 시실시실 웃다. ☞새실거리다. 시설거리다
시실-시실부 소리 없이 싱겁게 자꾸 웃는 모양을 나타내는 말. ☞새실새실. 시설시설
시:심(始審)명 '제일심(第一審)'의 구용어.
시심(詩心)명 시로 나타내고 싶은 마음, 또는 시를 이해하고 음미하는 마음.
시:아:르티:(CRT)명 컴퓨터 단말기의, 문자나 화상을 나타내는 장치에 쓰이는 음극관. [cathod ray tube]
시-아버지(媤－)명 남편의 아버지. 시부(媤父) ㊇시아비
시-아비(媤－)명 '시아버지'를 낮추어 이르는 말.
시-아주버니(媤－)명 남편의 형(兄). 시숙(媤叔) ㊇시아주비
속담 **시아주버니와 제수는 백년손**: 시아주버니와 제수 사이는 친척 가운데서 가장 서먹한 사이라는 말.
시-아주비(媤－)명 ①'시아주버니'를 낮추어 이르는 말. ②남편의 아우.
시:아-파(Shiah派)명 이슬람교의 2대 교파의 하나. 마호메트의 사위인 알리가 세운 교파. ☞수니파
시:안(試案)명 시험적으로 만든 안(案). ¶5개년 계획의 －을 마련하다.
시안(cyan)명 ①수은이나 은, 금 따위의 시안화물을 발갛게 달구었을 때 생기는 빛깔 없는 기체. 특이한 냄새가 있고 독성이 강하며, 불을 붙이면 자줏빛 불꽃을 내면서 탐. 청소(青素) ②맑은 청록색.
시안화-나트륨(cyan化Natrium)명 시안화수소와 수산화나트륨이 반응하여 생기는 조해성(潮解性)이 있는 흰 결정. 물에 잘 녹으며 알코올에도 녹음. 독성이 강함. 금과 은의 야금(冶金), 강철의 표면 경화, 도금(鍍金) 따위에 쓰임.
시안화-물(cyan化物)명 시안화수소산의 염을 통틀어 이르는 말.
시안화-수소(cyan化水素)명 시안화칼륨에 황산을 넣어 증류해서 만드는 빛깔 없는 액체. 특이한 냄새가 있음. 불을 붙이면 분홍빛 불꽃을 내면서 탐. 독성이 강함. 아크릴 수지(樹脂)의 합성, 살충제 등에 쓰임. 청산(青酸)
시안화수소-산(cyan化水素酸)명 시안화수소의 수용액. 흔히 청산(青酸)이라 이름.
시안화-수은(cyan化水銀)명 산화수은을 시안화수소산에 녹여서 농축하여 만든 빛깔 없는 결정. 독성이 강하며 가열하면 320°C에서 수은과 시안으로 분해됨. 의약품이나 시안을 만드는 데 쓰임. 청화홍
시안화-은(cyan化銀)명 질산은 용액에 시안화칼륨을 섞어서 생긴 앙금을 암모니아수에 넣어 만든 흰빛 또는 잿빛의 가루. 320°C 이상으로 가열하면 은과 시안으로 분해됨. 은도금 따위에 쓰임. 청화은(青化銀)
시안화-칼륨(cyan化Kalium)명 수산화칼륨과 시안화수소가 반응하여 생기는, 빛깔이 없고 조해성(潮解性)이 있는 가루. 물에 잘 녹고 알코올에도 녹음. 수용액은 가수 분해하여 알칼리성을 나타냄. 독성이 강함. 금과 은의 야금이나 도금 따위에 쓰임. 청산가리. 청화가리
시알(sial)명 지각(地殼)의 맨 위층인, 주로 화강암질 암석으로 된 부분. 규소(Si)와 알루미늄(Al)이 많이 들어있어 붙은 이름임.
시앗명 남편의 첩(妾). ¶－을 보다.

속담 **시앗을 보면 길가의 돌부처도 돌아앉는다** : 아무리 점잖고 무던한 부인이라도 남편이 첩을 두면 화도 내고 몹시 미워하기도 한다는 말. 〔돌부처도 꿈적인다〕
시액(詩額)명 시를 쓰거나 새긴 현판.
시:야(視野)명 ①눈에 보이는 범위. 시력이 미치는 범위. 시계(視界) ¶ －를 가리다. /－에 들어오다. /－가 탁 트이다. ☞청야(聽野) ②생각하거나 판단하는 범위. ¶ 국제적인 －. /－가 좁은 사람. 안계(眼界)
시:야비야(是也非也)성구 옳으니 그르니 따져 말함을 이르는 말. 왈시왈비(曰是曰非)
시:약(示弱)명-하다자 약점(弱點)을 드러내 보임.
시:약(施藥)명-하다자 가난한 병자에게 무료로 약을 지어 줌, 또는 그 약.
시:약(試藥)명 실험 등에 쓰이는, 순도가 높은 화학 약품.
시:약불견(視若不見)성구 보고도 못 본체 함을 이르는 말.
시어(詩語)명 시(詩)에 쓰이는 말, 또는 시에 있는 말. 시의 언어.
시어다골(鰣魚多骨)성구 맛이 좋은 준치에는 잔 가시가 많음과 같이, 좋은 일의 한편에는 좋지 않은 일도 있음을 이르는 말.
시-어머니(媤－)명 남편의 어머니. 시모(媤母) 낮시어미
시-어미(媤－)명 '시어머니'를 낮추어 이르는 말.
속담 **시어미 부를 노래 며느리 먼저 부른다** : ①제가 하고 싶은 말을 상대편이 먼저 한다는 말. ②제가 상대편을 탓하려 했더니 그 편에서 먼저 자기 허물을 잡고 나무란다는 말. 〔내가 할 말을 사돈이 한다〕

한자 **시어미 고**(姑)〔女部 5획〕 ¶고부(姑婦)/고식(姑媳)/구고(舅姑)/선고(先姑)

시:언(矢言)명 아주 굳게 언약한 말.
시:-언어(C言語)명 프로그램을 기계어 명령에 가까운 형태로 직접적으로 기술할 수 있는 프로그래밍 언어. 연산자와 자료 구조가 풍부하여 구조화 및 모듈프로그래밍이 쉬움.
시:업(始業)명-하다자 ①그 날의 업무를 시작함. ②한 학년 또는 한 학기의 학업을 시작함. ☞종업(終業)
시:업-림(施業林)명 어떤 특별한 목적을 위하여 인공적으로 만든 삼림(森林).
시:업-식(始業式)명 시업하는 의식(儀式).
시:에프(cf.)명 '비교하라' 또는 '참조(參照)하라'의 뜻. [confer]
시:에프(C.F.)명 텔레비전에서 방송되는 광고용의 필름. [commercial film]
시:엠(C.M.)명 방송에서, 프로그램의 도중이나 프로그램과 프로그램 사이에 내보내는 상업용 광고 문구. [commercial message]
시:여(施與)명-하다타 남에게 재물을 베풂. ☞희사(喜捨)
시여(詩餘)명 중국 송나라 때 성행한 시체(詩體)의 한 가지. 당나라 때 유행한 새로운 가요(歌謠)의 가사(歌詞)가 문학의 형식으로 자리잡은 것. 한 구(句)의 글자 수가 일정하지 않고 속어를 많이 씀. '장단구(長短句)'라고도 함. 사(詞)
시역명 힘이 드는 일.
시:역(市域)명 시(市)를 이루는 지역.
시:역(始役)명-하다타 공사(工事)를 시작함.
시역(時疫)명 유행병(流行病)
시:역(弑逆)명-하다타 부모나 임금을 죽임. 시살(弑殺)
시:연(侍宴)명-하다자 대궐 안 잔치에 모든 신하가 자리를 함께하는 일, 또는 그 잔치.
시:연(試演)명-하다타 연극이나 음악, 무용 따위를 일반에 공개하기 앞서 시험 삼아 상연하는 일.
시:염(柹染)명 감을 염료로 하여 갈색 물을 들이는 일.
시:영(市營)명 지방 자치 단체인 시(市)에서 사업을 경영하는 일, 또는 그 사업. ¶－ 아파트/－ 버스
시:영(始映)명-하다자타 상영(上映)을 시작함.
시:예(試藝)명-하다타 시재(試才)
시오니즘(Zionism)명 유대인이 고국이었던 팔레스타인에 그들의 국가를 세우려는 유대 민족주의 운동. 1948년 이스라엘의 독립으로 목적을 이룸. 시온 운동. 유대주의
시오-리(∠十五里)명 십 리에 오 리를 더한 거리.
시온(Zion)명 예루살렘에 있는 언덕의 이름. 다윗이 제단을 쌓은 뒤부터 성스러운 산으로 여겨졌음. 전(全) 이스라엘의 상징이 됨.
시온=운:동(Zion運動)명 시오니즘(Zionism)
시옷명〈어〉한글 자모(字母) 'ㅅ'의 이름.
시왕(∠十王)명 불교에서, 저승에서 죽은 이들을 심판한다는 염라 대왕(閻羅大王) 등 열 명의 왕. 죽은 이는 차례로 각 왕의 심판을 받아 내세(來世)의 살 곳이 결정된다고 함. 십대왕(十大王).
시왕(을) 가르다 관용 죽은 이의 명복(冥福)을 빌기 위하여 무당이 굿을 하다.
시왕-가름(∠十王－)명 민속에서, 죽은 이의 명복을 빌기 위하여 굿을 하는 일을 이르는 말. ☞지노귀새남
시왕-전(∠十王殿)명 불교에서, 시왕을 모신 법당(法堂). 곧 명부전(冥府殿)을 이르는 말.
시왕-청(∠十王廳)명 ①불교에서, 저승에서 시왕이 거처한다는 곳. ②저승
시:외(市外)명 시(市)의 구역 밖, 또는 시에 인접한 곳. ¶－로 나가다. /－ 버스/－ 전화 ☞시내(市內)
시-외:가(媤外家)명 남편의 외가.
시-외:삼촌(媤外三寸)명 남편의 외삼촌.
시-외:삼촌댁(媤外三寸宅)[－땍]명 ①남편의 외삼촌 집. ②남편의 외숙모(外叔母).
시-외:조모(媤外祖母)명 남편의 외할머니.
시-외:조부(媤外祖父)명 남편의 외할아버지.
시-외:편(媤外便)명 남편의 외가(外家) 쪽.
시:용(施用)명-하다타 목적에 따라 씀. ¶농약 － 방법
시:용(試用)명-하다타 시험 삼아 써 봄.
시용향악보(時用鄕樂譜)명 조선 중종 이전에 간행된 것으로 추정되는 가사집. 26수의 가사가 악보와 함께 실려 있음.
시우(時雨)명 때를 맞추어서 내리는 비.
시우(詩友)명 시반(詩伴)
시우-쇠명 무쇠를 불려 만든 쇠붙이. 숙철(熟鐵). 유철(柔鐵). 정철(正鐵)
시운(時運)명 때의 운수. ¶－을 만나다. /－이 열리다.
시운(詩韻)명 ①시의 운율. ②시의 운자(韻字).
시:-운:동(視運動)명 지구에서 본 천체(天體)의 겉보기 운동. 태양이 날마다 동쪽에서 서쪽으로 운동하는 것처럼 보이는 현상 따위.
시운-불행(時運不幸)명 때를 잘 만나지 못한 불행.
시:-운:전(試運轉)명-하다타 자동차나 기계 따위의 성능을 확인하려고, 시험 삼아 해보는 운전. ¶자동차를 －하다. /윤전기(輪轉機)의 －.
시울명 눈이나 입의 가장자리. ¶입 －
시:원(始原)명 사물의 처음. ¶우주의 －.
시:원(試院)명 지난날, 과거를 치르던 곳. 시소(試所)
시:원(試員)명 고려 시대, 국자감시(國子監試)의 감독을 하거나 시문(試問)을 하던 관원.
시:원대(始原代)명 선캄브리아대
시:원-림(始原林)[－님]명 원시림(原始林)
시원섭섭-하다형여 시원하면서도 한편으로는 섭섭하다. ¶사표를 내고 나니 어쩐지 －.
시원-스럽다(－스럽고·－스러워)형ㅂ 보기에 시원하다. ¶시원스러운 대답. /움직임이 －.
시원-스레부 시원스럽게
시원시원-하다형여 말이나 움직임, 성격 따위가 아주 시원하다. ¶대답이 －. /성격이 －.
시원시원-히부 시원시원하게
시원찮다형 〔'시원하지 않다'가 줄어든 말〕 ①시원하지 아니하다. ¶하겠다고는 하나, 대답이 －. ②몸이 성하지 아니하다. ¶나이 들어 몸이 －. /③변변하지 아니하다. ¶애써서 만든 것이기는 하나 솜씨가 －.
속담 **시원찮은 귀신이 사람 잡아간다** : 어설프게 보이는

사람이 오히려 큰일을 저질러 놓기 쉽다는 말.

▶ '시원하지 않다' → '시원찮다'
줄어든 말 가운데 '-하지'에 '않-'이 어울려 '-찮-'이 된 말은 준 과정을 밝히지 아니하고 준 대로 표기한다.
¶ 시원하지 않다 → 시원찮다(×시원챦다)
대단하지 않다 → 대단찮다(×대단챦다)
만만하지 않다 → 만만찮다(×만만챦다)

시원-하다 형여 ①알맞게 선선하다. ¶ 시원한 바람. /시원한 나무 그늘. ②탁 트여 막힘이 없다. ¶ 시원하게 뚫린 길. ③목소리나 표정 따위가 맑고 깨끗하다. ¶ 시원한 목소리. /눈매가 ㅡ. ④답답하던 일이 풀려 속이 후련하다. ¶ 사건이 시원하게 해결되었다. /흠뻑 한 방에 속이 시원해졌다. /모든 것을 시원하게 밝혔다. ⑤입맛이 산뜻하고 개운하다. ¶ 국물이 ㅡ. ⑥가려움이나 마려움, 체증 따위가 가셔서 기분이 상쾌하다. ¶ 체한 것이 내려가 속이 ㅡ. ⑦'시원하지 않다', '시원하지 못하다'의 꼴로 쓰이어, 기대에 미치지 못하다. ¶ 계획이 시원치 않아 일이 틀어지게 되었다. /성능이 시원치 못하다.
시원-히 부 시원하게

시월 (∠十月) 명 한 해의 열째 달. ☞맹동(孟冬). 방동(方冬). 해월(亥月)

시:월 (是月) '이 달'의 뜻.

시월-막사리 (∠十月ㅡ) 명 시월 그믐께.

시월-상:달 (∠十月上ㅡ) [ㅡ딸] 명 민속에서, 햇곡식을 신(神)에게 드리기에 가장 좋은 달이라는 뜻으로, '시월'을 예스럽게 이르는 말. 준 상달

시위¹ 명 비가 많이 내려 강물이 넘쳐흐르거나 하여 땅이나 도로, 건물 따위가 물에 잠기는 일, 또는 그러한 물. 큰물. 홍수(洪水)
시위가 나다 관용 큰물(이) 지다. 홍수가 나다.

시위² 명 '활시위'의 준말.

한자 **시위 현**(弦) 〔弓部 5획〕 ¶ 궁현(弓弦)

시:위 (尸位) 명 지난날, 제사 때 신주 대신에 시동(尸童)을 앉히던 자리.

시:위 (示威) 명 -하다 자 어떤 목적을 위하여 위력이나 기세 따위를 남에게 보임. 데모 ¶ 반전(反戰) ㅡ

시:위 (侍衛) 명 -하다 타 지난날, 임금을 가까이에서 시중들며 호위하던 일, 또는 그런 사람.

시:위 (施威) 명 -하다 자 위엄을 부림.

시:위-대 (侍衛隊) 명 대한 제국 때, 임금을 호위하던 군대.

시:위-소리 (侍衛ㅡ) 명 지난날, 왕·왕비·대군(大君)·공주 등이 행차할 때 내관(內官)이 곁을 따르면서 외치던 소리. '시위, 시위'나 '옆장봐 시위'라고 하는 따위.

시:위소:찬 (尸位素餐) 성구 직책은 다하지 못하면서 한갓 관직만 차지하여 녹봉(祿俸)을 받아먹음을 이르는 말. 준 시소(尸素)

시:위=운:동 (示威運動) 명 어떤 주장이나 요구를 내걸고, 그 실현을 위해 집회나 행진을 하며 위력을 보이는 일.

시위-잠 명 몸을 웅크리고 자는 잠. 새우잠

시위적-거리다(대다) 자 일을 서둘러 하지 않고 느릿느릿 되는대로 하다.

시위적-시위적 부 시위적거리는 모양을 나타내는 말.

시:유 (市有) 명 시(市)의 소유.

시율 (詩律) 명 시의 율격.

시:은 (市銀) 명 '시중 은행(市中銀行)'의 준말.

시:은 (施恩) 명 ①-하다 자 은혜를 베풂. ②불교에서, 시주(施主)에게서 받은 은혜를 이르는 말.

시:음 (侍飮) 명 -하다 자 웃어른을 모시고 술을 마심.

시음 (詩吟) 명 -하다 자 시(詩)를 읊조림. 특히 한시(漢詩)를 읊조림을 이름.

시음 (詩淫) 명 시 짓기에 지나치게 탐닉하여 생활을 돌보지 아니하는 일.

시:음 (試飮) 명 -하다 타 술이나 음료수 따위를 맛보기 위하여 시험 삼아 마셔 봄. ☞시식(試食)

시:읍 (試邑) 명 조선 시대, 도(道)에서 삼 년마다 치르는 향시(鄕試)의 시장(試場)으로 지정되었던 고을.

시:의 (市議) 명 '시의회(市議會)'의 준말.

시:의 (侍醫) 명 지난날, 궁중에서 임금과 왕족의 진료를 맡아보던 의사. 어의(御醫)

시의 (時衣) 명 철에 맞추어 입는 옷.

시의 (時宜) 명 그때의 사정에 알맞음. ¶ ㅡ 적절한 조처. ☞기의(機宜)

시의 (時議) 명 그때의 사람들의 논의.

시의 (猜疑) 명 -하다 타 시기하고 의심함.

시의 (詩意) 명 시에 들어 있는 뜻.

시:-의원 (市議員) 명 시의회(市議會)의 의원.

시:-의회 (市議會) 명 지방 자치 단체인 시(市)의 의결 기관. 준 시의(市議)

시이사:왕 (時移事往) 성구 세월이 흐르고 모든 것이 변함을 이르는 말.

시:이:오: (CEO) 명 기업의 최고 의사 결정권자. 기업을 대표하고 이사회의 결의를 집행하며, 회사 업무에 대한 경영 전반을 통괄함. [chief executive officer]

시:인 (矢人) 명 지난날, 화살 만드는 일을 직업으로 삼는 사람을 이르던 말.

시:인 (是認) 명 -하다 타 어떤 사실이 옳다고 또는 그러하다고 인정함. ¶ 제 잘못을 ㅡ하다. ☞부인(否認)

시인 (時人) 명 그때의 사람들.

시인 (詩人) 명 시를 짓는 사람, 또는 시 짓는 일을 전문으로 하는 사람.

시:일 (侍日) 명 천도교에서, '일요일'을 이르는 말.

시:일 (是日) '이 날'의 뜻.

시일 (時日) 명 ①때와 날. ¶ 짧은 ㅡ에 많은 일을 했다. /귀중한 ㅡ을 헛되이 보내다. ②미리 정해 놓은 어느 날짜. ¶ 약속한 ㅡ을 지키다. /ㅡ을 넘기다.

시임 (時任) 명 ①현임(現任) ②현재의 관원. ☞원임(原任)

시:자 (侍者) 명 ①불교에서, 스승이나 장로(長老)를 모시며 시중드는 사람을 이르는 말. ②귀인(貴人)을 가까이 모시는 사람.

시:자-법 (示姿法) [ㅡ뻡] 명 의태법(擬態法)

시:작 (始作) 명 ①사물이나 현상의 처음. ¶ 일의 ㅡ과 끝이 한결같다. /일의 ㅡ이 좋다. ②-하다 자 무엇에서 비롯함. ¶ 압록강은 백두산에서 ㅡ한다. /한 해는 1월 1일에서 ㅡ한다. ③-하다 타 새로 무슨 일을 함. 새로 무슨 일에 손댐. ¶ 포장 공사를 ㅡ하다. /중단되었던 협상을 다시 ㅡ하다. /부업으로 꽃가게를 ㅡ했지. ④-하다 자 〔주로 '~기 시작하다'의 꼴로 쓰이어〕 늘 하던 버릇대로 또함. ¶ 또 칭얼대기 ㅡ한다. /오늘도 수다를 떨기 ㅡ한다. /여느 때처럼 넋두리를 늘어놓기 ㅡ한다.
속담 **시작이 반이라** : 무슨 일이든지 시작하기가 어렵지, 시작하기만 하면 끝맺기는 그리 어렵지 않다는 말.

시작 (詩作) 명 -하다 자 시를 지음. 작시(作詩)

시:작 (試作) 명 -하다 타 정식으로 만들기 전에 시험 삼아 만듦, 또는 그 물건. 시제(試製) ¶ 새 모델을 ㅡ하다.

시:작-품 (試作品) 명 시험 삼아 만든 물건.

시:잠 (視箴) 명 사물잠(四勿箴)의 하나. 예(禮)가 아니면 보지 말라는 가르침.

시장 명 -하다 형 배가 고픔. ¶ ㅡ을 느끼다. /ㅡ할 때는 무엇이나 맛있다.
속담 **시장이 반찬이라** : 배가 고프면 반찬이 없어도 밥이 맛있음을 이르는 말. 〔기갈이 감식(甘食)〕/**시장한 사람더러 요기(療飢)시키라 한다** : 배고픈 사람더러 음식을 대접하라는 것이니, 제 일도 감당하지 못하는 사람에게 무리한 일을 요구한다는 말.

시:장 (市長) 명 한 시(市)의 행정을 맡은 책임자.

시:장 (市場) 명 ①상품을 팔고 사고 하는 일정한 곳. 농산물 시장, 수산물 시장, 청과물 도매 시장, 증권 거래소 따위. ②재화(財貨)나 서비스가 상품으로 교환되고 매매되는 곳. 국제 시장, 금융 시장, 노동 시장 따위. ③상품을 매매하는 범위. 상품의 판로(販路) ¶ 새 제품의 ㅡ을 개척하다. 준 장³

시장 (柴場) 명 ①나무장 ②나뭇갓

시장(詩章)명 시의 장구(章句).
시:장(試場)명 시험을 치르는 곳. 시험장(試驗場)
시:장=가격(市場價格)[—까—]명 시장에서 실제로 물건을 사고 파는 값.
시:장=가치(市場價値)명 같은 종류의 상품 전체의 평균 가치. 시장에서의 경쟁에 따라 결정되며, 시장 가격을 이루는 기초가 됨.
×시장-갓(柴場—)명 →나뭇갓
시장-기(—氣)[—끼]명 배가 고픈 느낌. ¶—를 느끼다./—가 들다.
시:장=개입(市場介入)명 환율을 안정적으로 유지하기 위하여, 중앙 은행이 정부의 의뢰를 받아 보유 외화를 팔거나 시장에서 외화를 사들이는 조정 행위.
시:장=독점(市場獨占)명 트러스트나 카르텔 따위의 방법을 쓰거나 재력(財力)을 이용하여 상품 공급의 지배권을 장악하는 일.
시:장=생산(市場生産)명 생산자가 시장의 수요를 미리 예측하여 생산하는 일. 예측이 빗나가면 생산자가 위험 부담을 안게 됨. ☞주문 생산(注文生産)
시:장-성(市場性)[—썽]명 시장에서 유통이 활발히 이루어질 가능성. ¶—이 있는 상품./—을 잃다.
시장-시장 감 시장질할 때 부르는 소리.
시:장=점유율(市場占有率)명 특정한 기간 내에, 어떤 회사의 제품의 총 판매액이 같은 종류의 산업 전체의 판매액에서 차지하는 비율. 마켓셰어(market share)
시:-장조(C長調)[—쪼]명 다장조
시:장=조사(市場調査)명 상품의 판매를 촉진하거나 신제품을 개발하기 위하여 시장 동향을 조사하는 일.
시장-질 명-하다자 어린아이를 세워서 두 손을 붙들고 '시장시장' 하면서 앞뒤로 밀었다 당겼다 하는 짓.
시재(時在)명 ①현재 가지고 있는 돈의 액수나 곡식·물품 따위의 수량. ¶—가 충분하다. ②현재(現在)
시재(詩才)명 시를 짓는 재주.
시재(詩材)명 시의 소재. 시료(詩料)
시:재(試才)명-하다타 재주를 시험해 봄. 시예(試藝)
시재-궤(時在櫃)[—꿰]명 시잿돈을 넣어 두는 궤.
시재-금(時在金)명 시잿돈
시재-문(時在文)명 시잿돈
시재-장(時在帳)[—짱]명 현재 가지고 있는 돈의 액수나 곡식·물품 따위의 수량을 적은 장부.
시잿-돈(時在—)명 현재 가지고 있는 돈, 또는 쓰고 남아 있는 돈. 시재금(時在金). 시재문(時在文)
시저(匙箸)명 숟가락과 젓가락. 수저
시:적(示寂)명 불교에서, 보살이나 고승(高僧)의 죽음을 부처의 입멸(入滅)에 견주어 이르는 말.
시적(詩的)[—쩍]명 시의 정취가 있는 것. ¶—인 감흥. ☞산문적(散文的)
시적-거리다(대다)자타 내키지 않는 일을 마지못해 느릿느릿 말하거나 행동하다.
시적-시적 부 시적거리는 모양을 나타내는 말.
시:전(市典)명 신라 때, 서울인 경주(慶州)의 시장과 시전(市廛)을 감독하던 관아.
시:전(市廛)명 지난날, 시장에 있던 큰 가게. 시사(市肆)
시전(詩傳)명 '시경(詩經)'을 알기 쉽게 풀이한 책.
시전(詩箋)명 시전지(詩箋紙)
시전-지(詩箋紙)명 시나 편지 따위를 쓰는 종이. 시전. 화전지(花箋紙)
시절(時節)명 ①자연 현상에 따라 한 해를 구분한 것 중의 한 시기. 보통 온대 지방은 봄·여름·가을·겨울로 구분하고, 열대 지방은 건기(乾期)와 우기(雨期)로 구분함. 계절(季節). 철[1] ¶벼가 익는 —. ②사람의 일생 중 한 시기. ¶소년 —/학생 — ③지나간 한 시기, 또는 한 시대. ¶가난했던 —./호랑이 담배 피던 —. ④농사철의 날씨. ¶—이 좋아서 농사가 잘 되었다. ⑤세상의 형편. ¶—이 뒤숭숭하다.
시절-가(時節歌)명 ①시절을 읊은 속요(俗謠). ②시조
시점(時點)[—쩜]명 시간의 흐름 위의 어느 한 점. ¶지금 —에서는 밝힐 수 없다./그 사건이 일어난 —.

시:점(視點)[—쩜]명 ①시선이 가 닿는 곳. 주시점(注視點) ②사물이나 어떤 일을 보는 처지. ¶—을 달리하여 생각하다. ③그림의 원근법에서, 화면에 대하여 시선이 직각으로 만나는 가상의 점.
시:접 명 속으로 접혀 들어간 옷 솔기의 한 부분.
시:접(匙楪)명 제사 때, 수저를 담는 대접 비슷한 놋그릇.
시:정(市井)명 ①옛날 중국에서 우물이 있는 곳에 사람이 많이 모여 시장이 섰다는 데서, 인가가 모인 곳을 이르는 말. 가구(街衢). 방간(坊間) ②'시정아치'의 준말.
시:정(市政)명 시의 행정(行政).
시:정(侍丁)명 조선 시대, 늙은 어버이를 봉양할 수 있게 국역(國役)을 면제받던 사람. 부모의 나이가 일흔 살 이상이면 아들 1명이, 아흔 살 이상이면 아들 모두가 면제받았음.
시:정(始政)명-하다자 정무(政務)를 보기 시작함.
시:정(是正)명-하다타 잘못된 것을 바로잡음. ¶불균형을 —하다./차별 대우를 —하다.
시:정(施政)명-하다자 정치를 베풂, 또는 그 정치.
시정(時政)명 당시의 정치.
시:정(視程)명 대기의 흐린 정도를 나타내는 척도의 한 가지. 맨눈으로 목표물을 분간할 수 있는 최대 거리를 나타내는데, 50m 이하에서 50km 이상까지 아홉 계급으로 구분함.
시정(詩情)명 ①시적인 정취(情趣). ¶—이 넘치는 가을 들판. ②시에 나타내고자 한 작자의 정서. ③시를 짓고 싶은 마음. ¶—을 자아내다.
시정-기(時政記)명 조선 시대, 국정(國政)을 수행하는 과정에서 역사에 남길만 한 일을 사관(史官)이 추려서 적은 기록.

시:정-배(市井輩)명 시정아치
시:정=소:설(市井小說)명 일반 도시 서민의 생활을 소재로 쓴 소설.
시:정-아치(市井—)명 시장에서 장사하는 사람. 시정배(市井輩) 준 시정(市井)
시:정=잡배(市井雜輩)명 시정의 부랑배.
시:제(施濟)명-하다자 어려운 처지에 있는 사람에게 도움을 베풂.
시제(時制)명〈어〉말의 표현에서 동작이나 상태의 시간상의 앞뒤 관계를 나타내는 동사나 형용사의 어형(語形) 변화. 현재·과거·미래가 있음. '오늘 눈이 내린다.', '어제 비가 내렸다.', 내일도 비가 내리겠다.'와 같은 표현 형식을 이름. 때매김. 시상(時相)
시제(時祭)명 ①음력 2월·5월·8월·11월에 사당(祠堂)에 지내는 제사. ②음력 시월에 시조(始祖)와 5대 이상의 조상 무덤에 가서 드리는 제사. 시사(時祀). 시향(時享)
시:제(試製)명-하다타 시작(試作)
시:제(試題)명 과거(科擧)의 글제.
시제(詩題)명 시의 제목, 또는 제재(題材).
시제-법(時際法)[—뻡]명 법률이 바뀌어 하나의 법률 관계가 신법과 구법에 모두 관련되었을 때 어느 쪽의 법률을 적용할 것인지를 정하는 법률. ☞경과 규정(經過規定)
시:조(始祖)명 ①한 겨레나 성씨(姓氏), 또는 그 지파(支派)의 맨 처음이 되는 조상. ¶우리 겨레의 —는 단군이다. ②어떤 학문이나 기술 따위를 처음으로 시작한 사람. ¶정신 분석학의 —. ③나중 것의 바탕이 된 맨 먼저의 것. ¶거북선은 철갑선의 —이다. ☞비조(鼻祖). 원조(元祖)
시:조(始釣)명 봄에 얼음이 풀린 뒤 처음 하는 낚시질.
시조(時鳥)명 '두견이'의 딴이름.
시조(時調)명 우리 나라 고유의 정형시(定型詩). 향가(鄕歌)나 고려 가요 등의 영향을 받아 고려 말에 그 형태가 확립된 것으로, 보통 초장·중장·종장의 3장으로 이루어짐. 형식에 따라 평시조·엇시조·사설 시조로 구분됨. 시절가(時節歌)
시-조모(媤祖母)명 남편의 할머니.
시-조부(媤祖父)명 남편의 할아버지.

시:조-새(始祖-)명 중생대 쥐라기에 살았던 화석 동물의 한 가지. 파충류와 조류의 중간형으로 여겨지며, 몸길이는 40cm 안팎이고 머리가 작음. 부리에는 날카로운 이가 나 있고, 앞다리는 날개로 바뀌었으나 날개 끝에는 발톱이 달린 세 개의 발가락이 붙어 있음. 시조조(始祖鳥)

시조유취(時調類聚)명 육당(六堂) 최남선(崔南善)이 여러 문헌에 실린 시조를 모아 엮어 1928년에 펴낸 시조집. 1,405수의 시조를 내용에 따라 시절(時節), 목화(木花), 금수(禽獸) 등 21개 부문으로 구분하여 실었음.

시:조-조(始祖鳥)명 시조새

시:종(始終)명 ①일의 처음과 끝. 단예(端倪). 시말(始末). 종시(終始) ②처음부터 끝까지의 모두. ¶싸움의 -을 캐묻다. ③-하다자 처음부터 끝까지 한결같이 하는 일. ¶침묵으로 -하다.
부 처음부터 끝까지. ¶- 심각한 표정을 하다./통화를 하며 - 깔깔대다.

시:종(侍從)명 ①대한 제국 때, 시종원(侍從院)의 주임(主任) 관직. ②가톨릭에서, 미사나 그 밖의 의식을 집전하는 사제를 돕는 사람을 이르는 말.

시:종=무:관(侍從武官)명 대한 제국 때, 황제를 경호하던 무관.

시:종-신(侍從臣)명 조선 시대, 홍문관(弘文館)의 옥당(玉堂), 사헌부(司憲府) 또는 사간원(司諫院)의 대간(臺諫), 예문관(藝文館)의 검열(檢閱) 등을 이르던 말.

시:종여일(始終如一)성구 처음부터 마칠 때까지 변함없이 한결같음을 이르는 말. 종시여일(終始如一)

시:종-원(侍從院)명 대한 제국 때, 궁내부(宮內府)에 딸려 왕의 시종(侍從)에 관한 일을 맡아보던 관청. 고종 33년(1896)에 설치하였음.

ㅅ

시:종일관(始終一貫)성구 처음부터 마칠 때까지 한결같은 마음이나 태도로 해 나감을 이르는 말. 종시일관

시:좌(侍坐)명-하다타 ①웃어른을 모시고 앉음. ②지난날, 임금이 정전(正殿)에 나갔을 때 세자(世子)가 그 옆에서 모시고 앉던 일.

시:주(施主)명-하다타 절이나 중에게 돈이나 물품을 바침, 또는 그 사람. 단나(檀那). 단월(檀越). 화주(化主) ☞공양주(供養主)

시:주(試走)명 ①자동차 등의 성능을 알아보기 위해 시험삼아 타고 달림. ②경주(競走)에서, 경기 전에 미리 달려 보아서 주로(走路)나 몸의 상태를 확인하는 일.

시:주-걸:립(施主乞粒)명 중이 시주할 곡식이나 돈을 얻기 위해 집집이 다니면서 하는 걸립.

시:준(視準)명 목표물을 정확히 관찰하려고 망원경의 축을 목표물과 평행이 되게 맞추는 일.

시준-가(時準價)[-까]명 당시의 가장 비싼 시세.

시:준-기(視準器)명 렌즈 따위를 써서 들어오는 광선을 평행 광선으로 만드는 장치. 시준의(視準儀)

시:준-선(視準線)명 망원경의 대물 렌즈의 중심과 대안 렌즈의 초점을 잇는 직선.

시:준=오:차(視準誤差)명 망원경의 시준선과 천체를 바라보는 방향이 일치하지 않을 때 생기는 차이.

시:준-의(視準儀)명 ①천체를 관측하는 망원경에 딸린 작은 망원경. 이것으로 천체의 방향을 미리 알아낸 뒤, 큰 망원경으로 관측함. ②시준기(視準器)

시:준=화:석(示準化石)명 표준 화석(標準化石)

시중 명-하다타 옆에서 보살피거나 온갖 심부름을 하는 일. ¶거동이 불편한 사람의 -을 들다.

시:중(市中)명 도시의 안. ¶-에 나도는 유사품. ☞장안(長安). 항간(巷間)

시:중(侍中)명 ①신라 때, 집사성(執事省)의 으뜸 관직. ②고려 시대, 문하부(門下府)의 으뜸 관직. ③조선 초기, 문하부(門下府)의 으뜸 관직.

시:중(試中)명-하다자 과거에 급제함.

시:중=금리(市中金利)명 금융 시장의 표준적인 금리. 일반적으로 시중 은행의 표준적인 대출 금리를 이름.

시중-꾼 명 시중을 드는 사람.

시중-들다(-들고·-드니)타 옆에서 보살피거나 온갖 심부름을 하다.

시:중=은행(市中銀行)명 큰 도시에 본점이 있고 전국에 지점을 둔 보통 은행. 준시은(市銀) ☞지방 은행

시:중=판매(市中販賣)명 시장이나 가게에서 팖. ¶통신 판매 상품은 -를 하지 않음. 준시판(市販)

시:즌(season)명 행사나 경기 따위의 어떤 활동이 한창 이루어지는 시기, 또는 어떤 활동을 하기에 알맞은 시기. ¶프로 야구 -

시:즌오프(season+off)명 행사나 경기 따위가 열리지 않는 시기.

시:즙(屍汁)명 추깃물

시:지(試紙)명 과거에 쓰던 종이. 명지(名紙). 정초(正草)

시지근-하다 형여 음식이 조금 쉬어서 맛이 시금하다. ¶팥죽이 -./두부가 시지근한 맛이 난다.

시지르다(시지르고·시질러)자르 '졸다[2]'의 속된말.

시:-지름(視-)명 지구에서 본 천체(天體)의 겉보기 지름. 시직경(視直徑)

시:지:에스=단위계(CGS單位系)명 단위계의 한 가지. 기본이 되는 단위로 길이에 센티미터(cm), 질량에 그램(g), 시간에 초(s)를 쓰며, 이것을 기준으로 하여 다른 물리량의 단위를 정함. ☞엠케이에스 단위계

시:-직경(視直徑)명 시지름

시:진(視診)명-하다타 의사가 눈으로 환자의 몸을 진찰하는 일. ☞망진(望診)

시-집(媤-)명 남편의 본집. 시부모(媤父母)의 집. 시가(媤家) 높시댁(媤宅) ☞친정(親庭)
속담 **시집도 가기 전에 기저귀 마련한다** : 일을 너무 일찍 서두른다는 말.〔시집도 아니 가서 포대기 장만한다〕

> ▶ **시집 가족에 대한 호칭**
> ○ 아버님·어머님 — 남편의 부모를 부르거나 남에게 말할 때.
> ○ 아주버님 — 남편의 형을 부르거나 가족에게 말할 때.
> ○ 시숙 — 남편의 형을 남에게 말할 때.
> ○ 도련님 — 장가들지 않은 시동생을 부를 때.
> ○ 서방님 — 장가든 시동생을 부를 때.
> ○ 시동생 — 남편의 남동생을 남에게 말할 때.
> ○ 시누이 — 남편의 누이를 남에게 말할 때.
> ○ 작은아씨 — 시집가지 않은 손아래 시누이를 부를 때.
> ○ 동서 — 시동생의 아내를 부를 때.

시집(詩集)명 시를 모아 엮은 책.

시집-가다(媤-)자 여자가 혼인하여 남편을 맞이하다. ☞장가가다
속담 **시집갈 때 등창이 난다** : 기다리던 때가 닥쳤을 때 난데없는 일로 낭패를 본다는 말.

시집-보내다(媤-)타 시집가게 하다. ¶만딸을 -.

시집-살이(媤-)명-하다자 ①혼인한 여자가 시집에서 하는 살림살이. ②남의 밑에서 감독이나 간섭을 받으면서 고되게 일함을 비유하여 이르는 말. ¶까다로운 상사를 만나 -하다.

시집-오다(媤-)자 여자가 혼인하여 남편 집안의 사람이 되다. ¶시집온 지 십 년이 되었다.

시차(時差)명 ①진태양시와 평균 태양시의 차. 균시차(均時差) ②세계시와 표준시의 차. ③지구에 있는 두 지점의 지방시(地方時)의 차. ¶-에 적응하다. ④시간에 차가 나게 하는 일. ¶-를 두다.

시:차(視差)명 ①같은 물체를 서로 다른 두 곳에서 보았을 때 생기는 방향의 차. ②어떤 천체를 관측자의 자리에서 본 때와 어떤 기준점에서 본 때의 방향의 차. ☞연주 시차(年周視差)

시:차=압력계(示差壓力計)명 'U'자관의 양끝에 나타나는 액면(液面)의 차이로써 압력을 재는 장치.

시:차=운:동(視差運動)명 태양계의 공간 운동으로 말미암아 생기는 천체의 겉보기 운동.

시차-제(時差制)명 어떤 일을 하는 데, 시간에 차이를 두

는 제도. ¶학년별로 – 급식을 하다./– 출근

시:찰(視察)[명]-하다[타] 돌아다니며 실지 사정을 살피는 일. ¶현지 –/산업 –

시참(詩讖)[명] 자기가 지은 시(詩)가 우연히 자기의 앞날을 예언한 것과 같이 되는 일.

시창[명] 배의 고물 머리에 깐 작은 마루.

시:창(視唱)[명]-하다[타] 처음 대하는 곡을 악기 따위의 도움 없이 악보를 보고 노래부르는 일.

시:채(市債)[명] 시(市)에서 발행하는 채권.

시:책(施策)[명]-하다[자] 국가나 행정 기관 등이 어떤 정책을 시행하는 일, 또는 그 정책. ¶정부 –에 따르다.

시책(時策)[명] 시국(時局)에 대처할 정책.

시:책(諡冊)[명] 시책문을 새긴 옥책(玉冊)이나 죽책(竹冊).

시:책-문(諡冊文)[명] 지난날, 세상을 떠난 임금이나 왕비의 시호를 임금에게 아뢸 때, 생전의 업적과 덕행을 칭송하여 지은 글.

시처위(時處位) 때와 곳과 지위, 곧 사람이 처해 있는 형편이나 사정을 뜻하는 말.

시척지근-하다[형여] 음식이 쉬어서 비위에 거슬리게 시큼하다. [준]시치근하다 ☞새척지근하다

시:천-교(侍天敎)[명] 천도교에서 갈리어 나온 한 종파. 1906년 친일파였던 이용구(李容九)가 세웠던 것으로 그의 죽음과 함께 유명무실해졌음.

시:첩(侍妾)[명] 지난날, 귀족이나 관원을 곁에서 모시며 시중들던 첩.

시:청(市廳)[명] 시의 행정을 맡아보는 곳, 또는 그 건물.

시:청(視聽)[명]-하다[타] 보고 들음. ¶텔레비전을 –하다.

시:청(試聽)[명]-하다[타] 새로운 곡이나 녹음한 내용 따위를 일반 대중에게 발표하기 전에 시험 삼아 들어 봄.

시:-청각(視聽覺)[명] 시각과 청각을 아울러 이르는 말.

시:청각=교:육(視聽覺敎育)[명] 교육 효과를 높이기 위하여 실물·지도·표본·영화·텔레비전 따위 시청각 매체를 활용하는 교육.

시:청-료(視聽料)[명] 텔레비전으로 공영 방송 따위를 보고 듣는 데 내는 요금.

시:청-률(視聽率)[명] 텔레비전의 어떤 프로그램이 시청되는 비율. 방송국에서 매체 가치를 결정하는 중요한 요소임. ☞청취율(聽取率)

시:체(侍體)[명] 어버이를 모시고 있는 몸이라는 뜻으로, 편지를 받을 사람의 안부를 물을 때 쓰는 한문 투의 말.

시:체(柹蔕)[명] 한방에서, 감의 꼭지를 약재로 이르는 말. 딸꾹질을 그치게 하는 데 쓰임. ▷柹의 정자는 㭨

시:체(屍體)[명] 죽은 사람이나 동물의 몸. 사체(死體). 사해(死骸) ☞송장

시체(時體)[명] 그 시대의 풍습이나 유행. ¶–에 따른 화장./–에 따른 차림새./– 상품

시체(詩體)[명] 시의 형식과 체재.

시쳇-말(時體–)[명] 그 시대에 유행하는 말.

시:초(市草)[명] 품질이 낮은 굵게 썬 살담배.

시:초(始初)[명] 맨 처음. ¶일의 –는 그렇지 않았다. [유]기원(起源)

시초(柴草)[명] 땔나무로 쓰이는 풀.

시초(翅鞘)[명] 딱정벌레 따위 갑충(甲蟲)의 겉날개. 단단하여 속 날개와 몸을 보호함. 딱지날개

시초(詩抄)[명] 시를 뽑아서 적은 책.

시초(詩草)[명] 시의 초고(草稿).

시:초-선(始初線)[명] 극좌표를 선택할 때 기선(基線)으로 하는 직선(直線).

시:추(試錐)[명]-하다[타] 지질의 구조나 광상(鑛床) 등을 알기 위해 땅 속에 깊이 구멍을 뚫는 일. 보링(boring)

시추에이션(situation)[명] 영화나 소설 따위에서, 상황이나 장면.

시추에이션코미디(situation comedy)[명] 시트콤

시:축(始蹴)[명]-하다[타] 축구 따위에서, 경기가 시작될 때나 득점이 있은 뒤 경기를 다시 시작할 때 공을 중앙선의 한가운데 놓고 차는 일. 킥오프(kickoff)

시축(詩軸)[명] 시를 적은 족자. ☞시화축(詩畫軸)

시:취(屍臭)[명] 시체가 썩는 냄새.

시:취(試取)[명]-하다[타] 시험을 보게 하여 인재를 뽑음.

시취(詩趣)[명] ①시정(詩情)을 일으키는 정취(情趣). ②시에 나타난 정취.

시츄(Shih Tzu)[명] 개의 한 품종. 중국말로 '사자(獅子)'라는 뜻으로, 페키니즈와 비슷하나 활동적이고 주둥이에 주름이 없음. 머리털이 길고 숱이 많으며 곧음.

시치근-하다[형여] '시척지근하다'의 준말. ☞새치근하다

시치다[타] 듬성듬성 호다.

시치름-하다[형] 시치미를 떼는 태도가 조금 있다. [준]시침하다 ☞새치름하다

시치름-히[부] 시치름하게

시치미[명] 매의 임자를 밝히기 위하여 주소를 적어 매의 꽁지 위의 털 속에 매어 둔 네모난 뿔. [준]시침[1]

시치미(를) 떼다[관용] 하고도 안 한체 하거나 알고도 모르는체 하다. ¶다 알고 묻는 데도 –. ☞몽때리다

시:친(屍親)[명] 살해된 사람의 친척.

시침[1] [명] '시치미'의 준말.

시침[2] [명]-하다[타] '시침질'의 준말.

시:침(侍寢)[명]-하다[자] 임금을 모시고 잠.

시:침(施鍼)[명]-하다[타] 침을 놓음.

시침(時針)[명] 시계에서, 시(時)를 가리키는 짧은 바늘. 단침(短針) ☞분침(分針). 초침(秒針)

시침-바느질[–빠–][명]-하다[타] 양복 따위를 지을 때 본 바느질에 앞서 몸에 잘 맞는가를 보기 위해 시치는 일, 또는 그런 바느질.

시침-질[명]-하다[타] 대강 호는 일. [준]시침[2]

시침-하다[명] '시치름하다'의 준말. ☞새침하다

시-커멓다(–커멓고·–커먼)[형ㅎ] 매우 시꺼멓다. ¶시커먼 매연./시커먼 심보. ☞새카맣다. 시꺼멓다

시커메-지다[자] 빛깔이 시커멓게 되다. ☞새카매지다. 시꺼메지다

시컨트(secant)[명] 삼각비·삼각 함수의 하나. 직각 삼각형에서, 한 예각(銳角)에 대하여 밑변에 대한 빗변의 비. 약호는 sec ☞코사인(cosine)

시:쾌(市儈)[명] 장주릅

시쿰시쿰-하다[형여] 매우 시쿰하다. ☞새콤새콤하다. 시굼시굼하다. 시큼시큼하다

시쿰-하다[형여] 맛이 매우 시다. ☞새콤하다. 시굼하다. 시큼하다

시:퀀스(sequence)[명] ①영화에서, 몇 개의 장면이 모여서 이루어진 하나의 연속된 화면을 이르는 말. ②학습에서, 단원 발전의 차례나 계열을 이르는 말.

시크-교(Sikh敎)[명] 15세기 말에 인도 서북부의 펀자브 지방에서 나나크(Nanak)가 창시한 종교. 카스트 제도를 부정함.

시크무레-하다[형여] 좀 엷게 시큼하다. ☞새크무레하다. 시그무레하다

시큰-거리다(대다)[자] ①뼈마디나 이 뿌리 따위가 몸이 움찔움찔 하도록 매우 저릿저릿한 느낌이 나다. ②슬픔이나 깊은 감동 등으로 눈물이 흐를듯이 코허리가 찡한 느낌이 자꾸 나다. ☞새큰거리다. 시근거리다[2]

시큰둥-이[명] 시큰둥한 사람.

시큰둥-하다[형여] 달갑지 않거나 못마땅하여, 말이나 하는 짓이 건방지며 대수롭지 않게 여기는 태도가 있다. ¶시큰둥하게 대답하다./무슨 일에든지 –.

시큰-시큰[부]-하다[형] 시큰거리는 느낌을 나타내는 말. ☞새큰새큰. 시근시근[2]

시큰-하다[형여] 뼈마디나 이 뿌리 따위가 몸이 움찔하도록 매우 저릿하다. ☞새큰하다. 시근하다

시클라멘(cyclamen)[명] 앵초과의 여러해살이풀. 땅 속의 덩이줄기에서 잎과 꽃줄기가 나옴. 잎은 심장 모양으로 가장자리에 톱니가 있고 은백색 무늬가 있음. 겨울에서 봄에 걸쳐 품종에 따라 하양·분홍·빨강 등의 꽃이 핌.

시큼들큼-하다[형여] 시큼하면서도 들큼한 맛이 있다. ☞새큼달큼하다

시큼시큼-하다[형여] 매우 시큼하다. ☞새큼새큼하다.

ㅅ

시금시금하다. 시쿰시쿰하다
시큼-하다 형여 신맛이 좀 짙은듯 하다. ☞새큼하다. 시금하다. 시쿰하다
시키다 타 ①어떤 일을 하게 하다. ¶심부름을 -./노래를 -. ②음식을 만들거나 파는 사람에게 음식을 주문하다. ¶냉면을 -./자장면을 시켜 먹었다.
시탄(柴炭)명 땔나무와 숯. 신탄(薪炭)
시:탕(侍湯)명-하다자 어버이의 병환에 약시중을 드는 일.
시태 명 소의 등에 실은 짐.
시태(時態)명 그때의 세상 형편.
시:-태양(視太陽)명 실제의 태양. 진태양(眞太陽) ☞평균 태양(平均太陽)
시:태양-시(視太陽時)명 시태양을 기준으로 하여 정한 시각. 태양이 남중(南中)했을 때가 열두 시, 한밤중이 영시(零時)가 됨. 진태양시(眞太陽時) ☞평균 태양시
시태-질 명-하다타 소의 등에 짐을 싣는 일.
시토크롬(cytochrome)명 동식물의 세포나 세균·곰팡이·효모 등에 널리 있는 색소 단백질. 세포를 통한 호흡의 촉매로 작용함.
시:통(始痛)명 천연두를 앓을 때, 발진하기 전에 나는 신열(身熱)이나 그 밖의 증세.
시투(猜妬)명-하다타 의심하고 질투함.
시:투시:(C to C)명 소비자와 소비자 간에 이루어지는 전자 상거래. [consumer to customer] ☞비투비(B to B). 비투시(B to C)
시퉁머리-터:지다 형 '시퉁하다'를 속되게 이르는 말.
시퉁-스럽다(-스럽고·-스러워)형ㅂ 시퉁한 데가 있다. ¶말하는 것이 -.
시퉁-스레 부 시퉁스럽게
시퉁-하다 형여 주제넘고 건방지다.
시:트(sheet)명 요나 매트리스 따위에 씌우거나 그 위에 까는 천.
시트론(citron)명 운향과의 상록 활엽 관목. 가지에 가시가 있으며, 꽃은 엷은 자줏빛임. 녹황색의 열매는 레몬과 비슷하며 껍질은 두껍고 딱딱하며 우툴두툴함.
시트르-산(∠citric酸)명 구연산(枸櫞酸)
시트콤(sitcom)명 무대와 등장 인물은 같지만 매회 소재가 다르고, 성격이나 움직임에 의존하기보다는 상황에 초점을 맞춰 이야기를 끌어 가는 코미디. 시추에이션코미디(situation comedy)
시:트파일(sheet pile)명 토목 공사 등에서, 흙더미가 무너지지 않도록 땅에 박는 강철판 말뚝.
시틋-하다[-튿-]형여 대수롭지 않게 여기거나 싫증이 난듯 하다. ¶이제는 노는 것도 -./맞선 자리에 나와 시틋한 얼굴로 앉아 있다. ☞시뜻하다
시틋-이 부 시틋하게 ☞시뜻이
시:티:(CT)명 컴퓨터 단층 촬영[computed tomography]
시:티:시:(C.T.C.)명 열차 집중 제어(列車集中制御) [centralized traffic control]
시파(柴杷)명 씨앗을 뿌리고 흙을 덮을 때나 흙을 평평하게 고를 때 쓰이는 농기구.
시파(時派)명 조선 후기에 일어난 당파의 하나. 사도 세자(思悼世子)를 동정하던 무리. 대부분이 남인(南人) 계통이었음. ☞벽파(僻派)
시:판(市販)명-하다타 '시중 판매(市中販賣)'의 준말.
시판(時版)명 숫자나 기호를 써 넣어 시간을 나타내는 시계의 판.
시-퍼렇다(-퍼렇고·-퍼런)형ㅎ ①빛깔이 매우 퍼렇다. ¶등이 시퍼런 생선. ②매우 씽씽하다. ¶시퍼렇게 살아 있다. ③날이 매우 날카롭다. ¶시퍼런 칼날./날이 시퍼렇게 서다. ④기세가 매우 등등하다. ¶시퍼런 서슬. ☞새파랗다. 퍼렇다
시퍼레-지다 자 빛깔이 매우 퍼레지다. ☞새파래지다. 퍼레지다
시편(詩篇)명 구약성서 중의 한 편. 150편의 종교시를 모아 엮은 것임. ☞성영(聖詠)
시평(時評)명 ①그때의 사건이나 현상에 대한 비평이나 평판. ②시사(時事)에 관한 평론.
시평(詩評)명 시에 대한 비평.
시폐(時弊)명 그 시대의 병폐나 악습. 시병(時病)
시:표(視標)명 측량할 때, 측점(測點) 위에 세우는 표적.
시품(詩品)명 시의 품격. ☞시격(詩格)
시풍(詩風)명 시에 나타나는 독특한 작풍(作風). ¶상징주의적 -.
시프다 조형 '싶다'의 원말.
시:피:(CP)[1]명 지휘소 [command post]
시:피:(CP)[2]명 신종 기업 어음. 기업의 단기 자금을 쉽게 융통하기 위한 어음. 금리를 자율로 결정함. [commercial paper]
시:피:아이(CPI)명 소비자 물가 지수(消費者物價指數) [consumer price index]
시:피:엑스(CPX)명 각급 부대의 지휘소 요원을 대상으로 실시되는 작전 연습. [command post exercise]
시:피:유:(CPU)명 중앙 처리 장치(中央處理裝置) [central processing unit]
시:필(試筆)명-하다자 시험 삼아 글씨를 쓰거나 그림을 그려 봄. 시호(試毫) ¶신년 -
시:하(侍下)명 부모나 조부모를 모시고 있는 처지, 또는 그런 사람. ☞층층시하(層層侍下)
시하(時下)명 '이때' 또는 '요즈음'의 뜻으로, 편지에 쓰는 한문 투의 말.
시:하-생(侍下生)명 당신을 모시는 몸이라는 뜻으로, 아버지와 나이가 비슷한 어른에게 보내는 편지에서 자신을 낮추어 자신의 이름자와 함께 쓰는 한문 투의 말.
시:하-인(侍下人)명 편지 받는 사람을 높이어, 그를 모시고 있는 사람이 받아서 전해 달라는 뜻으로, 편지 겉봉에 쓰는 한문 투의 말.
시학(詩學)명 시의 본질이나 작법 등을 연구하는 학문.
시한(時限)명 어떤 동안의 끝으로 정해 놓은 시각. ¶결단을 내릴 -이 얼마 남지 않았다.
시한-부(時限附)명 어떤 일에 일정한 시한을 정해 놓는 일, 또는 일정한 시한이 정해진 일. ¶- 삶을 살다.
시한=신:관(時限信管)명 일정한 시간이 지난 뒤에 터지도록 장치한 신관.
시한=폭탄(時限爆彈)명 일정한 시간이 지난 뒤에 저절로 터지게 만든 폭탄.
시-할머니(媤-)명 남편의 할머니. 시조모(媤祖母)
시-할아버지(媤-)명 남편의 할아버지. 시조부(媤祖父)
시:합(試合)명-하다자 경기(競技)
시:항(試航)명-하다자 시험 삼아 항해함, 또는 그 항해.
시:해(弑害)명-하다타 부모나 임금을 죽임. 시살(弑殺). 시역(弑逆) ¶명성 황후 - 사건
시:행(施行)명-하다타 ①실제로 함. ¶정해진 대로 -하다. ②법령의 효력을 실제로 발생시킴.
시:행(試行)명-하다타 시험 삼아 해 봄.
시:행=규칙(施行規則)명 법령 시행에 관한 사항을 정한 규칙.
시:행=기일(施行期日)명 법령을 처음 시행하는 날.
시:행=기한(施行期限)명 법령을 공포한 뒤 효력이 발생하기까지의 기한.
시:행-령(施行令)명 법률을 시행하는 데 필요한 세부 규칙이나 규정을 내용으로 하는 명령.
시:행-법(施行法)[-뻡]명 법률을 시행하는 데 필요한 사항을 규정한 법률.
시:행=착오(施行錯誤)명 학습 과정의 한 양식. 시도와 실패를 되풀이하는 가운데 학습이 이루어지는 일. 일반적으로는 어떤 일을 해 보아 실패한 뒤에 그 과정을 인식함으로써 완전한 경험에 이르는 일을 이름.
시향(時享)명 ①음력 2월·5월·8월·11월에 사당(祠堂)에 지내는 제사. ②음력 시월에 시조(始祖)와 5대 이상의 조상 무덤에 가서 드리는 제사. 시제(時祭)
시-허옇다(-허옇고·-허연)형ㅎ 빛깔이 매우 허옇다. ¶시허옇게 센 머리털. ☞새하얗다. 허옇다
시허예-지다 자 빛깔이 매우 허옇게 되다. ☞새하얘지

다. 허예지다

시헌-력(時憲曆)[-녁]명 태음력에 태양력의 원리를 부합시켜 이십사 절기의 시각과 하루의 시각을 계산하여 만든 역법. 중국 청나라 때 독일의 선교사 아담 샬(Adam Schall)이 만든 것으로, 우리 나라에서는 1653년(조선 효종 4)부터 조선 말까지 쓰였음.

시험(試驗)명-하다타 ①문제 풀이나 실기(實技) 따위로 사람의 학력이나 지식, 능력 등을 알아보거나 평가하는 일. ¶학력 평가 -/작문 - ②사물의 성질이나 성능 등을 검사해 보는 일. ¶- 운전/강도(剛度) -

한자 시험할 시(試)〔言部 6획〕¶시식(試食)/시주(試走)
시험할 험(驗)〔馬部 13획〕¶시험(試驗)/실험(實驗)

시험(猜險)어기 '시험(猜險)하다'의 어기(語基).

시험-관(試驗管)명 화학이나 의학 등의 실험에 쓰이는, 아래가 막혀 있는 유리관.

시험관=아기(試驗管-)명 난자를 몸 밖으로 꺼내어 배양액 속에서 수정시킨 다음, 수정란을 자궁에 착상시켜 태어나게 한 아기.

시험-대(試驗臺)명 시험할 물건을 올려 놓는 대.

시험대에 오르다관용 시험 대상이 되다.

시험=매매(試驗賣買)명 ①신상품을 시장에 내놓아 시험삼아 파는 일. ②살 사람이 실제의 물품을 시험해 보고 마음에 들면 산다는 조건으로 이루어지는 매매.

시험=문:제(試驗問題)명 시험을 보이기 위한 문제.

시험-액(試驗液)명 ①화학 실험에서, 시험용으로 쓰이는 액체를 이르는 말. ②식물이나 하등 동물을 시험적으로 기르는 데 쓰이는 액체.

시험-장(試驗場)명 ①시험을 치는 곳. 시장(試場) ¶운전 면허 - ②농업이나 공업 등에서, 개량이나 발명 등의 연구를 위하여 실지로 시험할 수 있도록 시설을 갖추어 놓은 곳을 이르는 말. ¶임업 -

시험-지(試驗紙)명 ①시험 문제가 적혀 있는 종이. ②화학 반응의 시험에 쓰이는 종이. 리트머스 시험지 따위.

시험-침(試驗針)명 한 금속에 다른 금속이 섞인 분량을 알아보는 데 쓰이는 바늘.

시험-하다(猜險-)형여 시기심이 많고 음험하다.

시:현(示現)명 ①신불(神佛)이 영험을 나타냄. ②부처나 보살이 중생을 제도하기 위해 세상에 나타나는 일. ③-하다타 나타내어 보임.

시:현-탑(示現塔)명 불교에서, 자연적으로 이루어진 탑을 이르는 말.

시혐(猜嫌)명-하다타 시기하여 싫어함.

시형(詩形)명 시의 형식.

시:혜(施惠)명-하다자 은혜를 베풂, 또는 그 은혜.

시호(時好)명 그때의 유행. ☞시체(時體)

시호(柴胡)명 미나릿과의 여러해살이풀. 줄기 높이는 40~70cm이며 뿌리줄기는 굵고 짧음. 잎은 어긋맞게 나며 좁고 기름하고 잎맥이 나란함. 8~9월에 노란 꽃이 핌. 뿌리는 한방에서 해열제나 진통제 등으로 쓰임.

시호(豺虎)명 승냥이와 호랑이라는 뜻으로, 사납고 음험한 사람을 비유하여 이르는 말.

시:호(試毫)명-하다타 시필(試筆)

시호(詩豪)명 뛰어난 시인.

시호(詩號)명 시인의 아호(雅號).

시:호(諡號)명 지난날, 세상을 떠난 사람의 생전의 행적에 따라 추증(追贈)하던 칭호. 왕이나 신하의 경우는 시법(諡法)에 따라 정하였고, 학덕이 뛰어났던 선비에게 그의 친척이나 문인(門人)이 지어 올리기도 했음. ☞사시(私諡) ▷諡와 謚는 동자

시혼(詩魂)명 시를 짓는 마음, 또는 시인의 정신.

시:홍(視紅)명 로돕신(rhodopsin)

시:홍-소(視紅素)명 로돕신(rhodopsin)

시화(詩化)명-하다자타 시나 시적인 것이 됨, 또는 그렇게 되게 함.

시화(詩畫)명 ①시와 그림. ②시를 곁들인 그림.

시화(詩話)명 시나 시인에 관한 이야기.

시화세:풍(時和歲豊)성구 시화연풍(時和年豊)

시화연풍(時和年豊)성구 나라가 태평하고 풍년이 듦을 이르는 말. 시화세풍(時和歲豊)

시화-전(詩畫展)명 시를 곁들인 그림을 벽 따위에 걸어 놓고 여러 사람에게 보이는 일.

시화총림(詩話叢林)명 조선 효종 3년(1652)에 홍만종(洪萬宗)이 엮은 시화집. 역대의 시화를 모은 것으로, '백운소설(白雲小說)'과 '역옹패설(櫟翁稗說)', '지봉유설(芝峰類說)' 등이 실려 있음. 4권 4책.

시화-축(詩畫軸)명 그림의 위쪽 여백에 그림과 어울리는 한시(漢詩)를 적어 놓은 족자. ☞시축(詩軸)

시환(時患)명 한방에서, 때에 따라 유행하는 상한(傷寒)을 이르는 말. 시령(時令). 염질(染疾)

시:황(市況)명 상품이나 주식 등의 거래 상황.

시회(詩會)명 시인과 시를 좋아하는 이들이 모여 시를 짓거나 시에 대하여 이야기하며 즐기는 모임.

시효(時效)명 법률에서, 어떤 사실 상태가 일정 기간 계속된 경우에 권리의 취득 또는 소멸이라는 법률 효과를 인정하는 제도.

시효=기간(時效期間)명 시효가 완성되는 데 필요한 법정 기간. ¶금전 채권의 소멸 -은 5년이다.

시효=정지(時效停止)명 시효 기간이 거의 끝날 무렵에 권리자가 시효를 중단하기 곤란한 사정이 있을 때, 시효의 완성을 얼마 동안 미루는 일.

시효=중단(時效中斷)명 시효의 기초가 되는 사실 상태와 맞지 않는 어떤 사실이 생긴 경우 시효 기간의 진행이 중단되어 이미 경과한 시효 기간의 효력이 소멸되는 일.

시후(時候)명 봄·여름·가을·겨울의 절후(節候).

시휘(時諱)명 그 시대에 금기(禁忌)하는 말이나 글자.

시흥(詩興)명 시를 짓고 싶은 마음, 또는 시심(詩心)을 일어나게 하는 흥취. ¶-이 일다./-에 겹다.

식:부 좁은 틈으로 김이 매우 세차게 나오는 소리를 나타내는 말. ☞색

식(式)명 ①일정한 전례, 표준, 또는 규정. ¶-에 따라 장례를 치르다. ②'의식(儀式)'의 준말. ¶-을 진행하다. ③수식(數式) ¶-을 세우다./-을 풀다. ④투(套) ¶그런 -으로 말하지 마시오./필요 없다는 -으로 대하다.

식(識)명 불교에서, 대상을 분별하는 마음의 작용을 이름.

-식(式)《접미사처럼 쓰이어》'방식', '법식(法式)'의 뜻을 나타냄. ¶한국식(韓國式)/서구식(西歐式)/재래식(在來式)/수세식(水洗式)/개폐식(開閉式)

식가(式暇)명 지난날, 관원이 규정에 따라 받던 휴가.

식각(蝕刻)명-하다타 부각(腐刻)

식각=요판(蝕刻凹版)[-뇨-]명 조각 요판의 한 가지. 방식제(防蝕劑)를 바른 판에 그림을 그리고 방식제를 씻어 낸 뒤, 약물로 부식하여 만듦.

식각=판화(蝕刻版畫)명 약물을 이용하여 금속이나 유리판 등을 조각한 판화.

식간(食間)명 끼니때와 끼니때의 사이. ¶-에 참을 먹다.

식객(食客)명 ①지난날, 세력 있는 집에서 문객(門客) 노릇을 하며 머물러 있던 사람. ②하는 일 없이 남에게 얹혀 얻어먹는 사람.

식거(植炬)명-하다자 지난날, 임금이 밤에 거둥할 때 길 양쪽에 횃불을 죽 세워 놓던 일.

식견(息肩)명 어깨를 쉬게 한다는 뜻으로, 무거운 책임을 벗음을 비유하여 이르는 말.

식견(識見)명 ①배우거나 보고 들어서 아는 지식. ¶-을 넓히다./예술적 -이 높다. ②사물의 본질을 올바르게 판단할 수 있는 능력. 견식(見識) ¶-이 있는 행동.

식경(食頃)명 한 끼의 밥을 먹을만 한 동안이라는 뜻으로, 짧은 시간을 이르는 말.

식경(息耕)의 한참에 갈만 한 넓이라는 뜻으로, 논밭의 넓이를 어림으로 헤아리는 말. 곧 하루갈이를 여섯으로 나눈 넓이를 이름.

식계(蝕溪)명 보통 때는 물이 없다가 큰비가 내릴 때만 물이 거세게 흐르는 비탈진 물길.

식고(食告)명-하다자 천도교에서, 음식을 먹을 때마다

한울님에게 고하는 일을 이르는 말.
식곤-증(食困症)[-쯩]명 음식을 먹고 나서 몸이 나른하고 졸음이 오는 증세.
식공(食供)명-하다타 음식을 줌.
식과(式科)명 식년과(式年科)
식관(食管)명 식도(食道)
식-교자(食交子)명 여러 가지 반찬과 국, 밥 등을 차린 교자. ☞건교자(乾交子). 얼교자
식구(食口)명 ①같은 집에서 함께 먹고 사는 사람. ¶딸린 -가 많다. ②한 조직체에 딸려 함께 일하는 사람을 비유하여 이르는 말. ¶부서에 새 -가 들어왔다. ☞가족(家族). 식솔(食率)
식권(食券)명 식당 따위에서 음식물과 맞바꿀 수 있는 표를 이르는 말.
식궐(食厥)명 한방에서, 음식을 너무 많이 먹어 졸도하고 말을 못 하는 증세를 이르는 말.
식균=세:포(食菌細胞)명 식세포(食細胞)
식균=작용(食菌作用)명 식세포 작용(食細胞作用)
식근(食根)명 ①먹을 거리가 나오는 근본이라는 뜻으로, 논밭을 이르는 말. ②밥줄
식기(食器)명 음식을 담는 데 쓰이는 여러 가지 그릇이나 기구. ☞밥그릇
식기(蝕旣)명 일식(日蝕)이나 월식(月蝕) 때 해나 달이 완전히 가려지는 상태.
식기-박(食器-)명 '시겟박'의 원말.
식기-장(食器*欌)명 식기를 넣어 두는 장. ☞찬장
식-나무명 산수유나뭇과의 상록 관목. 높이는 3m 안팎. 잎은 마주 나며 길둥근 꼴로 끝이 뾰족하고 가장자리에 톱니가 있음. 3~4월에 자갈색 꽃이 피며, 10월경에 길둥근 열매가 빨갛게 익음. 우리 나라와 일본 등지에 분포하며 관상용으로 재배함.
식년(式年)명 지난날, 나라에서 과거를 보이거나 호적을 만드는 시기로 지정한 해. 조선 시대에는 지지(地支)에 자(子)·묘(卯)·오(午)·유(酉)가 드는 해였음.
식년(蝕年)명 태양이 황도(黃道)와 백도(白道)가 만나는 점을 지나 다시 그 점에 돌아오는 데 걸리는 시간. 주기는 약 346.62일임.
식년-과(式年科)명 지난날, 식년(式年)마다 보이던 문과·무과·생원과·진사과·잡과 등의 과거를 이르는 말. 동당(東堂). 식과. 식년대비. 식년시
식년-대:비(式年大比)명 식년과(式年科)
식년-시(式年試)명 식년과(式年科)
식념(食念)명 음식을 먹고 싶은 생각.
식능(食能)명 먹이에 대한 동물의 습성을 이르는 말. 잡식성·육식성·초식성의 세 가지가 있음.
식다자 ①더운 기운이 없어지다. ¶찌개가 다 식었다./싸늘하게 식은 주검. ②정열이나 의욕, 열기 따위가 줄어들거나 가라앉다. ¶사랑이 -./관중석의 열기가 -.
속담 **식은 밥이 밥일런가, 명태 반찬이 반찬일런가**: 음식 대접이 좋지 않음을 허물 잡는 말./**식은 죽 가 둘러 먹기**: 무슨 일을 차분히 해 나간다는 말./**식은 죽도 불어 가며 먹어라**: 무엇이나 틀림없을듯 한 일도 잘 알아보고 조심해서 하라는 말.[아는 길도 물어가라/돌다리도 두들겨 보고 건너라/구운 게도 다리 떼고 먹는다/무른 감도 쉬어 가며 먹어라/삼 년 벌던 전답(田畓)도 다시 돌아보고 산다]/**식은 죽 먹고 냉방에 앉았다**: 괜히 벌벌 떨고 있는 사람을 놀리는 말./**식은 죽 먹기**: 일이 아주 하기 쉽다는 말.
식단(食單)명 ①차림표 ②가정이나 병원, 구내 식당 등에서 얼마 동안 먹을 음식의 종류와 순서를 짜 놓은 표. 식단표(食單表)
식단(食團)명 비빔밥을 완자처럼 둥글게 빚어서 밀가루를 묻히고 달걀을 풀어 씌워 지진 음식. 그냥 먹거나 장국에 넣어 먹음.
식단-표(食單表)명 식단(食單)
식달(識達)어기 '식달(識達)하다'의 어기(語基).
식달-하다(識達-)형여 식견이 있어서 사리에 밝다.
식당(食堂)명 ①음식을 먹을 수 있도록 시설을 갖추어 놓은 방. ②음식을 만들어 파는 가게.
식당-차(食堂車)명 열차에서 음식을 먹을 수 있도록 설비를 갖추어 놓은 찻간.
식대(食代)명 ①청해 먹은 음식의 값으로 치르는 돈. ②지난날, 병역이나 부역에 나간 사람들이 차례로 돌아가며 밥을 먹던 일.
식도(食刀)명 음식을 만들 때 쓰는 칼. 식칼
식도(食道)명 소화 기관의 한 부분. 인두(咽頭)와 위(胃) 사이에 있는 근육성 기관으로 음식물을 입에서 위로 보내 줌. 밥줄. 식관(食管)
식도(識度)명 식량(識量)
식도-경(食道鏡)명 내시경(內視鏡)의 한 가지. 식도 안에 넣고 광원(光源)을 비추어 식도의 상태를 관찰하는, 금속성의 긴 관.
식-도:락(食道樂)명 여러 가지 음식을 맛보는 것을 재미나 취미로 하는 일. ☞미식가(美食家)
식도-암(食道癌)명 식도의 점막(粘膜)에 생기는 암. 주로 50세 이상의 성인에게 많음.
식-되(食-)명 가정에서 곡식을 될 때 쓰는 작은 되.
식량(食量)명 음식을 먹는 분량. 준양(量)
식량(食糧)명 살아가는 데 필요한 먹을 거리. 양식(糧食)
식량(識量)명 식견과 도량. 식도(識度)
식량-난(食糧難)명 식량이 모자라 겪는 어려움.
식량=연도(食糧年度)[-넌-]명 식량이 되는 농산물의 수확 시기를 기준으로 하여 정한 연도. 우리 나라에서는 쌀을 기준으로 하여 11월 1일부터 이듬해 10월 31일까지가 한 해임. ☞미곡 연도(米穀年度)
식량=우:산(食糧雨傘)명 미국이 세계 시장을 상대로 펼치는 농산물 정책에서, 그 공급권에 드는 범위를 비유하여 이르는 말. ☞핵우산(核雨傘)
식력(識力)명 사물을 식별하는 능력.
식례(式例)명 일정한 전례(前例).
식록(食祿)명 ①녹봉(祿俸) ②-하다자 녹봉을 받음.
식료(食料)명 음식의 재료.
식료-품(食料品)명 육류·어패류·채소류·과일류 등 음식의 재료가 되는 물품. 준식품(食品)
식리(殖利)명-하다자 재물을 불리어 이익을 늘림. 요리(要利). 흥리(興利)
식림(植林)명-하다자 나무를 심어 수풀을 만듦.
식멸(熄滅)명-하다자 사라져 없어짐.
식모(式帽)명 의식 때 쓰는 예모(禮帽).
식모(食母)명 ①지난날, '가정부'를 이르던 말. ②지난날, 부엌일을 맡아 하던 여자 종. 식비(食婢) ☞반비(飯婢)
식모(植毛)명-하다자타 몸의 털이 없는 부분에 다른 부분의 털을 옮기어 심는 일.
식모-술(植毛術)명 몸의 털이 없는 부분에 다른 부분의 털을 옮겨 심는 기술.
식목(植木)명-하다자 나무를 심음, 또는 그 나무. 식수(植樹). 종수(種樹)
식목-도감(式目都監)명 고려 시대, 나라의 주요한 격식과 의정을 맡아보던 관아.
식목-일(植木日)명 국토를 가꾸고 산림을 푸르게 하기 위하여 국가가 정한 나무 심는 날. 매년 4월 5일.
식물(植物)명 생물계를 크게 둘로 구별한 것의 하나. 동물에 상대되는 생물, 곧 나무·풀·이끼류·고사리류 따위를 이름. 한곳에 머물러 사는데, 세포에 세포막이 있고, 광합성으로 공기나 물에서 영양분을 섭취함.
식물=검:역(植物檢疫)명 식물에 해를 끼치는 병균과 해충이 들어오는 것을 막기 위하여, 수출입 식물과 국내 식물을 검사하고 식물에 해로운 동식물을 격리·소독·폐기하는 등의 조처를 하는 일. ☞동물 검역(動物檢疫)
식물-계(植物界)명 생물의 다섯 분류 체계의 한 계(界). 다세포 광합성 생물임. 속씨식물·겉씨식물·양치식물(羊齒植物)·선태식물(蘚苔植物)이 이에 딸림. ☞동물계(動物界)
식물=고사병(植物枯死病)[-뼝]명 박테리아 등이 기생

하여 식물의 잎이나 가지, 줄기가 검게 타고 열매나 꽃 등이 말라 죽는 병.
식물구-계(植物區系)명 식물의 지리 분포상의 지역. 세계 각지의 식물상(植物相)을 비교하여 각각 특징을 가진 지역으로 가른 것. ☞동물 지리구(動物地理區)
식물=군락(植物群落)명 식물로 이루어진 생물 공동체. 같은 환경 조건에서 모여 사는 식물의 집단.
식물-대(植物帶)명 기후 조건에 따라 띠 모양으로 구분되는 식물의 분포. 수평적으로 열대·온대·냉대, 수직적으로 구릉대·저산대·고산대 따위로 구분됨.
식물=병:리학(植物病理學)명 식물의 병을 대상으로 하여, 그 원인·증세·치료·방제 등을 연구하는 학문.
식물=분류학(植物分類學)명 식물의 무리를 알맞은 방법으로 정리하여 이름짓고 체계를 세우는 학문.
식물-산(植物酸)명 식물체에 들어 있는 산. 수산(蓚酸)이나 구연산 따위.
식물-상(植物相)[-쌍]명 특정한 지역에서 자라고 있는 식물의 분포 상태. ☞동물상
식물=상아(植物象牙)명 상아야자 열매의 배젖을 말린 것. 희고 단단하여 단추나 장식품을 만듦.
식물=색소(植物色素)명 식물체에 포함되어 있는 색소. 엽록소·카로티노이드·플라보노이드 따위.
식물=생리학(植物生理學)명 식물의 생리 현상에 관하여 연구하는 학문.
식물=생태학(植物生態學)명 식물이 주위 환경에 어떻게 적응하며 생존하는가를 연구하는 학문.
식물=섬유(植物纖維)명 식물성 섬유(植物性纖維)
식물-성(植物性)[-썽]명 ①식물체가 가진 특유한 성질. ②식물에서 채취한 것. ¶- 섬유 ☞동물성
식물성=기능(植物性機能)[-썽-]명 생물의 생명 활동 가운데, 호흡·배설·순환·생식 등 동식물의 공통적인 생리 기능.
식물성=섬유(植物性纖維)[-썽-]명 천연 섬유의 한 가지. 주성분은 섬유소이며, 흡습성이 좋고, 진한 황산이나 염산에 녹음. 면·삼·케이폭 등. 식물 섬유
식물성=신경(植物性神經)[-썽-]명 자율 신경
식물성-유(植物性油)[-썽뉴]명 식물의 씨나 열매 등에서 짠 기름. 아마인유·면실유·콩기름 따위.
식물-암(植物岩)명 생물암의 한 가지. 식물체가 가라앉아 퇴적하여 이루어진 암석. ☞동물암(動物岩)
식물=연쇄(植物連鎖)명 먹이 연쇄
식물-원(植物園)명 많은 종류의 식물을 한데 모아 가꾸면서 식물을 연구하거나 일반에게 구경시키는 곳.
식물=인간(植物人間)명 대뇌를 다치어 의식과 운동 기능을 잃고, 호흡과 소화 등 식물성 기능만을 하는 사람.
식물=지리학(植物地理學)명 식물의 지리적 분포 상태와 원인 등을 연구하는 학문. ☞동물 지리학
식물-질(植物質)[-찔]명 식물체를 이루고 있는 물질. ☞동물질
식물=채:집(植物採集)명 식물의 표본을 만들기 위하여 필요한 여러 가지 식물을 찾아 모으는 일.
식물-체(植物體)명 식물, 또는 식물의 형태.
식물=표본(植物標本)명 식물을 채집하여 계통적으로 분류해서 만든 표본.
식물-학(植物學)명 생물학의 한 분과. 식물을 연구 대상으로 삼아, 그 형태나 생리·유전 등을 연구함. ☞동물학(動物學)
식물=호르몬(植物hormone)명 식물체 안에서 만들어져 식물의 여러 가지 생리 작용을 조절하는 물질.
식민(植民)명-하다자 본국과 종속 관계에 있는 나라나 토지에 자국민을 이주시키는 일, 또는 그 이주민.
식민-국(植民國)명 식민지를 통치하는 나라.
식민=정책(植民政策)명 식민지를 통치하고 경영하기 위한 모든 정책.
식민-지(植民地)명 본국의 밖에 있으면서 정치·경제적으로 본국의 통치를 받는 지역. 콜로니(colony)
식반(食盤)명 음식을 차려 놓는 작은 상.
식별(識別)명-하다타 사물을 분별하여 알아봄.
식별-역(識別閾)[-력]명 심리학에서, 차이를 변별할 수 있는 자극의 최소값을 이르는 말. 변별역(辨別閾)
식보(食補)명-하다자 맛있고 영양가 높은 음식을 먹어서 원기(元氣)를 도움.
식복(食復)명 한방에서, 중병을 앓다가 회복할 때 음식을 잘못 먹어 병이 더치는 일이나 그런 병을 이르는 말.
식복(食福)명 뜻밖에 음식을 먹게 되는 분복(分福). 먹을복 유식수(食數)
식분(蝕分)명 일식(日蝕)이나 월식(月蝕) 때, 태양이나 달이 가려지는 정도를 수치로 나타낸 것.
식불감미(食不甘味)성구 근심 걱정으로 음식을 먹어도 맛이 없음을 이르는 말.
식불언(食不言) '음식을 먹을 때는 말을 삼감'의 뜻.
식비(食婢)명 지난날, 부엌일을 맡아 하던 여자 종. 식모
식비(食費)명 먹는 데 드는 비용. ☞밥값
식-빵(食-)명 끼니로 먹는, 긴 네모꼴의 빵. 얇게 썰어 토스트나 샌드위치 등을 만들어 먹음.
식사(式辭)명-하다자 식장(式場)에서 그 식에 관하여 인사로 하는 공식적인 말.
식사(食事)명 ①-하다자 끼니 음식을 먹는 일. ②먹음새 ¶할아버지께서는 여전히 -가 좋으시다.
식사(飾詐)명-하다자 거짓으로 꾸밈.
식사(飾辭)명 남에게 듣기 좋게 꾸며서 하는 말.
식산(殖產)명-하다자 ①생산물을 늘림. ②재산을 불림. 식재(殖財)
식상(食床)명 밥상
식상(食傷)명-하다자 ①같은 음식을 계속 먹어서 물리는 일. ②한방에서, 먹은 음식에 체하여 토하거나 설사를 하는 일을 이르는 말. ③같은 일을 여러 번 보거나 겪거나 하여 싫어짐을 비유하여 이르는 말.
식색(食色)명 식욕(食慾)과 색욕(色慾).
식생(植生)명 어떤 지역에 모여 자라는 식물의 집단. ☞식물 군락(植物群落)
식생-도(植生圖)명 식생을 일정한 기준에 따라 구분하여 지도에 나타낸 것.
식-생활(食生活)명 사람의 일상 생활 중에서, 먹는 일에 관한 면.
식서(飾緖)명 올이 풀리지 않게 짠, 피륙의 가장자리 부분. 변폭(邊幅) ☞푸서
식성(食性)명 음식을 좋아하거나 싫어하는 성미. ¶-이 별나다./-대로 골라 먹다.
식-세:포(食細胞)명 동물의 몸 안에서 세균 등의 이물을 처리하는 세포를 통틀어 이르는 말. 백혈구나 망상 세포 따위. 식균 세포(食菌細胞)
식세포=작용(食細胞作用)명 식세포가 몸 안에서 낡은 혈구나 조직, 병원균 등의 이물을 세포 안으로 잡아들여 소화하는 작용. 식균 작용(食菌作用). 식작용(食作用)
×**식-소라**(食-)명 →밥소라
식소사:번(食少事煩)성구 먹는 것은 적은데 하는 일은 많다는 뜻으로, 소득은 별로 없으면서 늘 바쁘게 지내는 경우를 이르는 말.
식솔(食率)명 집안에 딸린 식구. ☞권솔(眷率). 식구
식송(息訟)명-하다타 서로 화해하여 소송을 그침.
식수(食水)명 마실 수 있는 물. ☞음료수(飮料水)
식수(食數)명 뜻밖에 음식을 먹게 되는 운수. 유식복
식수(植樹)명-하다자 나무를 심음, 또는 그 나무. 식목
식수-난(食水難)명 식수가 모자라 겪는 어려움.
식순(式順)명 의식(儀式)을 진행하는 순서.
식식부 ①숨을 거칠게 쉬면서 곤히 자는 모양, 또는 그 숨소리를 나타내는 말. ②숨을 거칠게 내쉬는 모양, 또는 그 소리를 나타내는 말. ☞색색. 시근시근[1]. 씩씩
식식-거리다(대다)자 숨을 잇달아 거칠게 내쉬다. ¶화가 나서 -. ☞색색거리다. 시근거리다[1]. 씩씩거리다
식신(食神)명 민속에서, 음식을 맡는다는 귀신.
식심(蝕甚)명 일식(日蝕)이나 월식(月蝕)에서, 태양이나 달이 가장 많이 가리어진 때.

ㅅ

식야(識野)명 어떤 순간에 의식하는 경험의 모든 범위.
식언(食言)명-하다자 입 밖에 낸 말을 입 속에 도로 넣는다는 뜻으로, 약속한 말을 지키지 않음을 이르는 말.
식역(識閾)명 의식(意識)이 나타나기 시작하거나 사라지기 시작하는 경계. 의식과 무의식의 경계.
식열(食熱)명 어린아이가 너무 많이 먹어서 나는 신열.
식염(食塩)명 소금
식염-수(食塩水)명 ①식염을 탄 물. 소금물 ②'생리 식염수(生理食塩水)'의 준말.
식염=주:사(食塩注射)명 생리 식염수를 정맥이나 피하에 주사하는 일. 독기를 풀어 없애거나 수분을 채워 줌. 염수 주사(塩水注射)
식염-천(食塩泉)명 물 속에 염분이 1,000분의 1 이상 들어 있는 광천(鑛泉). 염천(塩泉)
식예(植藝)명 수예(樹藝)
식욕(食慾)명 음식을 먹고 싶어하는 욕심. 밥맛 ¶ -을 돋우다./-이 좋다./-을 잃다.
식욕=부진(食慾不振)명 식욕이 별로 없는 상태.
식욕=이:상(食慾異常)명 식욕이 지나치게 늘거나 줄어드는 병적 현상.
식용(食用)명-하다타 먹을 것으로 씀. ¶- 기름
식용=개구리(食用-)명 식용으로 삼는 개구리류.
식용-균(食用菌)명 식용으로 삼는 담자균류. 송이·표고·싸리버섯 따위.
식용-근(食用根)명 식용으로 삼는 식물의 뿌리. 고구마·무·당근 따위.
식용=달팽이(食用-)명 식용으로 삼는 달팽이. 주로 프랑스 요리에 쓰이는 에스카르고를 이름. 껍데기는 높이와 지름이 4.5cm 안팎이며 둥근 모양에 빛깔이 누르스름함.
식용=색소(食用色素)명 음식물에 빛깔을 들일 때 쓰는, 먹어도 몸에 해롭지 않은 색소.
식용=식물(食用植物)명 사람이 먹을 수 있는 식물을 통틀어 이르는 말. ☞약용 식물
식용-유(食用油)[-뉴]명 먹는 기름. 콩기름, 참기름, 땅콩 기름, 고래 기름, 어유(魚油) 따위가 있음.
식용=작물(食用作物)명 사람이 먹으려고 심어서 가꾸는 농작물. 곡류와 채소 따위. ☞공예 작물. 사료 작물
식원-복(食遠服)명-하다타 한방에서, 음식을 먹고 한참 뒤에 약을 먹는 일을 이르는 말. ☞식후복(食後服)
식육(食肉)명 식용으로 삼는 고기. 쇠고기·돼지고기·닭고기 따위.
식육-목(食肉目)명 포유강의 한 목(目). 주로 육식을 하며 성질이 사나움. 갯과·고양잇과·족제빗과·곰과 따위. ☞식충목(食蟲目)
식은-땀명 ①몸이 쇠약하여 병적으로 나는 땀. 냉한(冷汗) ☞도한(盜汗) ②몹시 긴장하여 나는 땀.
식음(食飮)명-하다타 먹고 마심. ¶-을 전폐하다.
식읍(食邑)명 지난날, 임금이 왕족이나 공신 등에게 조세를 받아 쓰도록 떼어 주던 고을, 또는 민호(民戶).
식이=반:사(食餌反射)명 실험 동물이 식기(食器) 소리를 듣거나 사육자가 오는 것만 보고도 반사적으로 군침을 흘리는 현상. ☞조건 반사(條件反射)
식이=요법(食餌療法)[-뻡]명 섭취하는 음식물의 품질이나 성분, 분량 등을 조절하여 질병을 치료하거나 예방하는 방법. 당뇨병·신장병 등에 이용됨. 영양 요법
식이=전염(食餌傳染)명 섭취하는 음식물을 통해서 일어나는 질병의 전염.
식인(食人)명 사람을 잡아먹는 일.
식인-귀(食人鬼)명 사람을 잡아먹는다는 귀신.
식인-종(食人種)명 식인 풍습을 가진 미개 인종.
식일(式日)명 ①날마다 ②의식(儀式)이 있는 날.
식자(植字)명-하다타 활판 인쇄에서, 문선(文選)한 활자를 원고에서 지정한 대로 벌여 짜는 일. ☞조판(組版)
식자(識字)명 글이나 글자를 아는 것.
식자(識者)명 사물의 이치를 깨달아 아는 사람. 식견이 있는 사람.
식자우환(識字憂患)성구 학식이 있는 것이 도리어 근심을 사게 됨을 이르는 말.
식자-판(植字版)명 활판(活版)
식-작용(食作用)명 식세포 작용(食細胞作用)
식장(式場)명 식을 치르는 곳.
식재(息災)명 밀교(密教)에서 이르는 수법(修法)의 한 가지. 불력(佛力)으로 온갖 재해와 고난을 없애는 일. ☞경애(敬愛). 조복(調伏)
식재(殖財)명-하다자 재산을 불림. 식산(殖産)
식적(食積)명 한방에서, 먹은 음식물이 잘 소화되지 않고 위 속에 차서 생기는 병을 이르는 말. 체적(滯積)
식전(式典)명 의식(儀式)
식전(食前)명 ①밥을 먹기 전. ☞식후(食後) ②이른 아침. ¶-부터 웬 전화냐?
식전-바람(食前-)[-빠-]명 아침밥을 먹기 전 이른 때. ¶-부터 어디를 가려고?
식전-참(食前-)명 아침에 일어나서부터 아침밥을 먹을 때까지의 사이.
식정-수(食精水)명 밥물
식-주인(食主人)명 지난날, 나그네를 묵게 하여 음식을 파는 민가(民家)의 주인을 이르던 말.
식-중독(食中毒)명 음식물을 먹고 일어나는 중독. 세균이나 화학 물질, 자연독, 미생물 등이 원인이 되며, 발열·구토·설사·복통 등의 증세가 나타남.
식지(食指)명 맛을 보는 손가락이라는 뜻으로 '집게손가락'을 달리 이르는 말. 검지
식지(食紙)명 지난날, 밥상이나 음식을 덮는 데 쓰던 기름을 먹인 종이.
속담 **식지에 붙은 밥풀**: 얼마 되지 않는 것은 그럭저럭 없어진다는 말.
식찬(食饌)명 밥에 곁들여 먹는 온갖 음식. 반찬(飯饌)
식채(食債)명 여관이나 음식점에서 음식을 먹고 갚지 못한 빚.
식체(食滯)명 한방에서, 먹은 음식물이 잘 소화되지 않는 증세를 이르는 말.
식초(食醋)명 조미료의 한 가지. 3~5%의 초산(醋酸)이 들어 있는, 시고 약간의 단맛이 있는 액체. 초(醋)
식충-목(食蟲目)명 포유강의 한 목(目). 주로 환형동물이나 절지동물 등의 벌레를 잡아먹고 삶. 고슴도칫과·두더짓과 따위. ☞영장류
식충=식물(食蟲植物)명 잎이나 특별히 발달한 기관으로 곤충 등을 잡아 소화하여 양분의 일부를 얻는 식물. 끈끈이주걱 따위. 벌레잡이 식물. 포충 식물(捕蟲植物)
식충-엽(食蟲葉)명 날아 붙는 벌레를 잡아먹는 식충 식물의 잎. 벌레잡이잎. 포충엽(捕蟲葉)
식충-이(食蟲-)명 ①식성이 좋아 어떤 음식이나 가리지 않고 유달리 많이 먹는 사람을 놀리어 이르는 말. 먹보 ②일은 하지 않고 밥이나 축내는 사람을 빈정대어 이르는 말. 밥벌레
식-칼(食-)명 음식을 만들 때 쓰는 칼. 부엌칼. 식도(食刀)
속담 **식칼이 제 자루를 못 깎는다**: 아무리 중요한 일이라도 제 손으로 못하고 남의 손을 빌려야만 이루어지는 것을 이르는 말. [중이 제 머리 못 깎는다]
식탁(食卓)명 음식을 차려서 먹을 수 있게 만든 탁자.
식탈(食^頉)명 음식을 잘못 먹어 생기는 탈.
식탐(食貪)명-하다자 음식을 욕심 사납게 탐냄.
식포(食胞)명 원생동물에서, 먹이를 둘러싸서 세포 안에서 소화하기 위하여 한때 만들어지는 세포 기관.
식품(食品)명 '식료품(食料品)'의 준말.
식품(食稟)명 먹음새
식품=공업(食品工業)명 농산물·축산물·수산물을 원료로 하여 여러 가지 가공 식품을 만들어 내는 공업. 제분업·양조업·제과업·제당업 등.
식품=위생법(食品衛生法)[-뻡]명 식품으로 말미암은 위생상의 위해(危害)를 막고, 식품 영양의 질을 향상시켜 국민 보건을 증진하기 위하여 제정된 법률.
식품=저:장법(食品貯藏法)[-뻡]명 식품의 변질을 방지

하기 위하여 과학적인 원리를 응용하는 저장 수단. 건조법·절임법·훈연법 따위.

식품=첨가물(食品添加物)명 식품을 제조·가공·보존할 때 첨가하는 물질. 표백제·조미료·감미료·향료 등.

식피-술(植皮術)명 결손된 피부에 건강한 피부 조직을 이식하는 방법. ☞박피술(剝皮術)

식해(食醢)명 발효 식품의 한 가지. 토막친 생선을 소금에 절여 물기를 빼고 쌀밥과 함께 담가 소금을 치고 삭힌 음식. 생선젓. 어초(魚酢) ☞식혜(食醢)

식해(蝕害)명 해충이나 쥐 등이 식물의 잎이나 줄기 등을 갉아먹거나 쏠거나 하는 일, 또는 그런 피해.

식혜(食醯)명 우리 나라 전래 음료의 한 가지. 찹쌀을 쪄서 엿기름물을 부어 삭힌 다음, 밥알은 냉수에 헹구어 건져 놓고, 삭힌 물에 설탕과 생강을 넣고 끓여 식혀서 밥알을 띄워 마심. ☞식해(食醢)

속담 **식혜 먹은 고양이 상** : 잔뜩 찌푸린 얼굴을 비유적으로 이르는 말./**식혜 먹은 고양이 속** : 자기가 저지른 죄가 드러날까 봐 근심하는 마음을 이르는 말.

식화(食貨)명 음식물과 재물, 곧 '경제'를 이르는 말.

식화(殖貨)명-하다자 재화(財貨)를 늘림.

식후(食後)명 음식을 먹은 뒤. ☞식전(食前)

식후-경(食後景) 아무리 좋은 것이나 재미있는 것이 있다 해도 배가 불러야 좋은 줄 알지 배가 부르지 않고는 좋은 줄도 모른다는 뜻. ¶금강산도 —.

식후-복(食後服)명-하다타 한방에서, 음식을 먹은 다음에 약을 먹는 일을 이르는 말. ☞공심복. 식원복

식히다타 식게 하다. ¶국을 식혀 먹다./열기를 —.

신[1]명 발을 보호하고 걷거나 뛰기에 편리하도록 발에 꿰는 물건을 통틀어 이르는 말. 신발

속담 **신 벗고 따라도 못 따른다** : 온 힘을 다하여도 미치지 못한다는 말./**신 신고 발바닥 긁기** : 정곡을 찌르지 못하고 애만 씀을 이르는 말. [목화(木靴) 신고 발등 긁기] ☞격화소양(隔靴搔癢)

한자 **신 리**(履) [尸部 12획] ¶목리(木履)/초리(草履)

▶ **지난날의 신의 여러 가지**
나막신/당혜(唐鞋)/마른신/미투리/발막/삼신/진신/짚신/태사혜(太史鞋)/평나막신

신[2]명 어떤 일에 열성과 흥미가 생기어 매우 좋아진 기분. ¶칭찬을 듣자 —이 나서 더 열심이다.

속담 **신에 붙지 않는다** : 마음에 차지 않아서 즐겁지 않음을 이르는 말./**신이야 넋이야 한다** : 잔뜩 벼르던 일을 신이 나서 한다는 말.

신(申)명 ①십이지(十二支)의 아홉째. 원숭이를 상징함. ②'신방(申方)'의 준말. ③'신시(申時)'의 준말. ☞지지(地支)

한자 **아홉째 지지 신**(申) [田部] ¶갑신(甲申)/무신(戊申)/신방(申方)/신시(申時)

신(臣)[1]명 신하(臣下)

신(辛)명 ①십간(十干)의 여덟째. ②'신방(辛方)'의 준말. ③'신시(辛時)'의 준말.

한자 **여덟째 천간 신**(辛) [辛部] ¶신미(辛未)/신방(辛方)/신시(辛時)/신유(辛酉)

신:(信)명 오상(五常)의 하나. 믿음성이 있고 성실함. ☞인(仁)

신(神)명 ①종교의 대상으로, 초인간적이거나 초자연적인 힘을 가진 존재. 검 ②귀신(鬼神) ③하느님 ④'신명(神明)[1]'의 준말.

신(이) 내리다관용 사람에게 신령이 붙다.

신(이) 지피다관용 사람에게 신령이 내리어 모든 것을 알게 되다.

신:(腎)명 ①'신장(腎臟)'의 준말. ②'자지'를 달리 이르는 말. ☞외신(外腎). 음경(陰莖)

신(臣)[2]대 지난날, 신하가 임금에게 자기를 일컫던 말.

신:(scene)명 연극이나 영화 등의 한 장면.

신(新)-《접두사처럼 쓰이어》'새'의 뜻을 나타냄. ¶신교육(新教育)/신무기(新武器)/신문명(新文明)/신세대(新世代)/신여성(新女性) ☞구(舊)-

신가파(新嘉坡)명 '싱가포르'의 한자 표기.

신간(新刊)명-하다타 출판물을 새로 간행함, 또는 새로 간행한 그 출판물. ☞구간(舊刊)

신간(新墾)명-하다타 땅을 새로 일구는 일.

신간구:황촬요(新刊救荒撮要)명 조선 현종 1년(1660)에 신속(申洬)이 기근 구제에 대하여 펴낸 책. 명종 때 엮은 '구황촬요(救荒撮要)'에 '구황보유(救荒補遺)'를 합본(合本)한 것임. 1권 1책의 목판본.

신간-답(新墾畓)명 새로 일군 논.

신갈-나무명 참나뭇과의 낙엽 교목. 높이는 30m 안팎임. 잎은 어긋맞게 나고 길둥글며 가장자리가 둥근 톱니 모양임. 꽃은 5월경에 피는데, 수꽃의 이삭은 잎겨드랑에서 밑으로 처지고 암꽃의 이삭은 윗부분에서 곧추 자람. 9월경에 길둥근 견과가 익는데 먹을 수 있음. 산지에서 자라며 표고 재배의 원목으로 쓰임.

신-감:각파(新感覺派)명 문학 예술 운동의 한 파. 관념이나 사상, 영탄적 감정 등을 멀리하고 참신한 감각성의 표현을 강조함.

신-감기[-깜-]명 '신갱기'의 원말. 준감기

신:객(信客)명 신용이 있는 사람.

신객(新客)명 새로 온 손.

신-갱기[-깽-]명 짚신이나 미투리의 총갱기와 뒷갱기를 아울러 이르는 말. 준갱기 원신감기

신건-이명 말이나 짓이 싱거운 사람을 놀리어 이르는 말.

신:겁(腎怯)명 성교(性交) 중에 음경이 오그라지는 병증.

신격(神格)[-껵]명 신으로서 지닌 자격. 신의 격식.

신격-화(神格化)[-껵-]명-하다타 어떤 대상을 신의 자격을 지닌 것으로 만듦. ¶자연물을 —하여 우러르다.

신:-결석(腎結石)[-썩]명 신장 결석(腎臟結石)

신겸-노복(身兼奴僕)명 지난날, 가난하여 종을 둘 처지가 못 되어 종이 하는 일까지 몸소 함을 이르던 말. ☞겸노상전(兼奴上典)

신:경(信經)명 크리스트교의 교의(教義)를 간추려 적은 경문(經文). 세례나 성찬식 등에서 신자들이 신앙을 고백하는 뜻으로 욈. 사도신경, 니체아 신경, 콘스탄티노플 신경 등.

신경(神經)명 ①동물의 몸 안팎의 여러 변화를 중추에 전하거나 몸의 각 부분에 중추 자극을 전하는 기관. 수많은 뉴런(neuron)으로 이루어져 있음. ②사물에 대한 감각이나 반응, 또는 생각. ¶—이 둔하다./—이 곤두서다./—이 날카롭다.

신경(을) 쓰다관용 어떤 사물에 주의를 기울이다. ¶건강에 — ./너무 신경을 써서 머리가 다 셌다.

신:경(腎經)명 ①한방에서, 신장에 딸리고 방광에 이어지는 경락(經絡)을 이르는 말. ②신장(腎臟)

신경=가스(神經gas)명 독가스의 한 가지. 신경 전달 물질에 관한 효소의 작용을 막아서 근육을 마비시켜 질식사하게 함.

신경-계(神經系)명 신경 기관들의 계통. 중추 신경계와 말초 신경계 따위로 분류함. 신경 계통(神經系統)

신경=계:통(神經系統)명 신경계(神經系)

신경-과(神經科)[-꽈]명 신경계의 질환을 전문으로 연구하고 치료하는 임상 의학의 한 분과. ☞정신과

신경=과:민(神經過敏)명 사소한 자극에도 지나치게 예민한 반응을 보이는 신경계의 병적인 불안정 상태.

신경-관(神經管)명 척추동물의 발생에서, 외배엽에 따라 형성되는 관상(管狀) 구조. 나중에 뇌나 척수가 되는 부분임. ☞뇌포(腦胞)

신경=단위(神經單位)명 뉴런(neuron)

신경=마비(神經痲痹)명 뇌나 척수에서 나온 신경이 자극 전도 기능을 잃어, 운동 마비나 지각 마비 따위를 일으키는 일.

신경-병(神經病)명 신경계의 질병을 통틀어 이르는 말.

신경=섬유(神經纖維)[명] 신경 세포의 긴 돌기가 막(膜)으로 싸인 것. 신경의 흥분을 전달하는 기능을 함.
신경=세:포(神經細胞)[명] 뉴런에서 돌기(突起)를 제외한 부분. 핵과 그것을 둘러싸는 세포질로 이루어진 세포체. 넓은 의미로는 뉴런과 같은 뜻으로 쓰임.
신경=쇠약(神經衰弱)[명] 자극에 대하여 지나치게 예민하게 반응하여, 초조해지거나 피로해지기 쉬운 증후군. 불면이나 두통, 현기증, 기억력 감퇴 따위의 증세가 나타남.
신경-염(神經炎)[-념][명] 말초 신경계의 장애. 신경 섬유나 그 조직의 염증, 또는 퇴행성 변성(變性) 따위로 말미암아 일어남. 운동 마비나 지각 저하, 신경통, 저림 따위의 증세가 나타남.
신경-원(神經元)[명] 뉴런(neuron)
신경-전(神經戰)[명] 모략이나 선전 따위로 상대편의 신경을 피로하게 하여 사기를 잃게 하는 전술.
신경-절(神經節)[명] 말초 신경이 지나는 가운데 부분적으로 신경 세포가 모여 굵게 되어 있는 곳.
신경=조직(神經組織)[명] 동물체의 신경계를 이루는 조직. 신경 세포와 이것으로부터 나온 축색 돌기와 수상 돌기 따위로 이루어짐.
신경=중추(神經中樞)[명] 신경 세포가 모여 있는 곳. 말초 신경으로부터 자극을 받고 통제하며 다시 말초 신경으로 자극을 전달함. [준] 중추(中樞)
신경-증(身硬症)[-쯩][명] 한방에서, 뇌척수에 이상이 생겨 몸과 힘줄이 뻣뻣해지는 어린아이의 병을 이름.
신경-증(神經症)[-쯩][명] 노이로제(Neurose)
신-경지(新境地)[명] 새로운 경지. ¶한국 미술의 -를 개척하다.
신경-질(神經質)[명] 신경이 날카로워 사소한 자극에도 민감하게 반응하는 성질. ¶-을 내다./-을 부리다.
신경질-적(神經質的)[-쩍][명] 신경이 날카로워 사소한 자극에도 민감하게 반응하는 것. ¶-인 반응./-으로 말하다.
신경-초(神經草)[명] '미모사(mimosa)'의 딴이름.
신경-초(神經鞘)[명] 말초 신경계 신경 섬유의 가장 바깥을 싸고 있는 막(膜). 슈반초 ☞수초(髓鞘)
신경-통(神經痛)[명] 일정한 신경의 경로나 분포 영역을 따라 발작적으로 일어나는 심한 통증. 안면 신경통이나 좌골 신경통, 늑간 신경통 따위.
신-경향(新傾向)[명] 사상이나 풍속 따위의 새로운 경향.
신경향-파(新傾向派)[명] 1920년대 전반, 우리 나라 문단의 낭만주의와 자연주의의 경향을 비판하고 일어난 사회주의 경향의 문학 유파(流派).
신계(晨鷄)[명] 새벽을 알리는 닭.
신계(新界)[명] 동물 지리구(動物地理區)를 크게 셋으로 가른 것 가운데 하나. 남아메리카 대륙을 포함하는 지역. ☞북계(北界). 남계(南界)
신고(申告)[명][-하다][타] 학교나 관청, 회사 따위에 일정한 사실을 서면(書面)이나 말로 알리는 일. ¶전입 -
신고(辛苦)[명][-하다][자] 어려운 일을 당하여 몹시 애씀, 또는 그런 고통이나 고생. ¶-를 겪다.
신고=납세(申告納稅)[명] 조세의 부과나 징수를 납세 의무자의 자진 신고에 따라 확정하는 일, 또는 그 제도.
신고-스럽다(辛苦-)(-스럽고·-스러워)[형][ㅂ] 어려운 일을 당하여 몹시 애쓰거나 고생스러운 데가 있다.
신고-스레[부] 신고스럽게
신-고:전주의(新古典主義)[명] 20세기 초, 독일에서 일어난 예술 전반의 한 경향. 자연주의와 신낭만주의에 반대하고, 고전주의의 엄격한 형식 원리를 발전시키려고 하였음. 네오클래시시즘(neoclassicism)
신곡(新曲)[명] 새로 지은 곡. ¶- 발표회
신곡(新穀)[명] 햇곡식 ☞구곡(舊穀)
신곡-머리(新穀-)[명] 햇곡식이 날 무렵.
신-골[-꼴][명] 신을 만드는 데 쓰는 골. ☞화형
신골-방망이[-꼴-][명] 신을 만들어 신골을 박아서 제 모양을 바로잡을 때 쓰는 방망이.
신공(神工)[명] ①신묘하게 만듦, 또는 그 물건. ②물건을 신묘하게 잘 만드는 사람.
신공(神功)[명] ①신의 공덕. ②영묘한 공적.
신관[명] 남을 높이어, 그의 얼굴을 이르는 말.
신:관(信管)[명] 탄환이나 폭탄, 어뢰 따위의 작약(炸藥)을 점화하는 장치. 순발 신관이나 시한 신관 따위가 있어 필요한 때 폭발하게 됨. ☞시한 폭탄(時限爆彈)
신:관(腎管)[명] 거머리나 지렁이 등 환형동물의 각 체절(體節)에 있는 배설기(排泄器). 환절기(環節器)
신관(新官)[명] ①새로 임명된 관리. ②새로 부임한 관리. ¶- 사또 ☞구관(舊官)
신관(新館)[명] 새로 세운 건물. ☞구관(舊館)
신광(身光)[명] 부처나 보살의 몸에서 내비치는 빛. ☞광배
신광(晨光)[명] 새벽에 동이 틀 때의 빛. 서광(曙光)
신괴(神怪)[어기] '신괴(神怪)하다'의 어기(語基).
신괴-하다(神怪-)[형][여] 신비스럽고 괴이하다.
신:교(信敎)[명][-하다][자] 종교를 믿음, 또는 믿는 종교.
신교(神交)[명][-하다][자타] 정신적으로 사귐.
신교(神敎)[명] 신의 가르침.
신교(新敎)[명] 개신교(改新敎) ☞구교(舊敎)
신-교:육(新敎育)[명] ①옛날 한학(漢學) 중심의 교육에 상대하여, 현대의 학교 교육을 이르는 말. ②종래의 교과(敎科)·교사(敎師)·암기 중심의 교육에 상대하여, 피교육자의 흥미와 경험, 자발적 활동 따위를 중시하는 새로운 교육을 이르는 말.
신구(伸救)[명][-하다][타] 죄가 없음을 사실대로 밝히어 남을 구원함. 영구(營救)
신:구(信口)[명][-하다][자] 〔입에 맡긴다는 뜻으로〕 말을 할 때 신중하게 생각함이 없이 입에서 나오는 대로 함부로 말함.
신:구(愼口)[명][-하다][자] 말을 삼감. 신언(愼言)
신구(新舊)[명] 새것과 헌것.
신-구:관(新舊官)[명] 신관과 구관.
신-구:세(新舊歲)[명] 새해와 묵은해.
신구=세:계(新舊世界)[명] ①신대륙과 구대륙. ②동식물의 분포학상 구분한 신세계와 구세계.
신-구:약(新舊約)[명] 신약성서와 구약성서.
신국(神國)[명] 크리스트교에서, 신이 통치하며 영원하고 완전하다는 나라, 곧 하느님의 나라를 이르는 말.
신국(神麴)[명] 한방에서, 메밀가루·도꼬마리·창출(蒼朮)·행인(杏仁)·붉은팥 등을 섞어서 만든 누룩을 약재로 이르는 말. 소화제로 쓰임.
신:국(訊鞫)[명][-하다][타] 죄상(罪狀)을 캐어물어 조사함.
신국(新麴)[명] 햇누룩
신-국면(新局面)[명] 새로운 국면. ¶-에 접어들다.
신권(神權)[-꿘][명] ①신의 권능. ②신에게서 받은 인간의 신성한 권력. ③성직자가 행사하는 직권.
신권-설(神權說)[-꿘-][명] '제왕 신권설(帝王神權說)'의 준말.
신귀(神龜)[명] 신령한 거북.
신규(新規)[명] ①새로운 규정이나 규모. ☞구규(舊規) ②어떤 일을 새롭게 함. ¶- 채용/-로 설립한 학교.
신극(新劇)[명] 서구의 근대주의 영향을 받아 국내에서 상연된 근대적 연극. 1920년대에 토월회(土月會)가 토대를 닦았고, 1930년대에 극예술 연구회가 발족된 이후 본격화됨. ☞신파극. 창극
신근(身根)[명] 불교에서 이르는 육근(六根)의 하나. 촉각(觸覺)을 맡은 기관인 '몸'을 이르는 말.
신근(伸筋)[명] 척추동물에서, 팔다리를 뻗는 작용을 하는 근육을 통틀어 이르는 말. ☞굴근(屈筋)
신:근(信根)[명] 불교에서 이르는 오근(五根)의 하나. 삼보(三寶)와 사제(四諦)의 이치를 믿는 일을 이름.
신:금(信禽)[명] '기러기'의 딴이름.
신금(宸襟)[명] 임금의 마음.
신:급(迅急)[어기] '신급(迅急)하다'의 어기(語基).
신:급-하다(迅急-)[형][여] 매우 급하다.
신기(神技)[명] 신묘한 기술. 매우 뛰어난 기량.
신기(神祇)[명] '천신지기(天神地祇)'의 준말.

신기(神氣)명 ①만물을 만들어 내는 원기(元氣). ②신령스러운 기운. ③정신과 기력.
신기(神器)명 ①신령에게 제사지낼 때 쓰는 그릇. 대기(大器) ②임금의 자리.
신기(神機)명 신묘한 기계나 계략.
신:기(腎氣)명 남자의 정력(精力).
신기(神奇)어기 '신기(神奇)하다'의 어기(語基).
신기(新奇)어기 '신기(新奇)하다'의 어기(語基).
신기-군(神騎軍)명 고려 숙종 때, 윤관(尹瓘)이 여진(女眞)을 정벌하기 위해 조직한 별무반(別武班)의 기병(騎兵)을 이르던 말.
신기다 타 신게 하다. ¶아이에게 양말을 ―.
신기-답(新起畓)명 새로 일구어 만든 논. ☞신답(新畓)
신-기록(新記錄)명 새로운 기록. ¶―을 세우다.
신기-롭다(神奇―)(―롭고·―로워)형ㅂ 묘하고 기이한 느낌이 있다. ¶신기로운 현상.
　신기-로이 부 신기롭게
신기-롭다(新奇―)(―롭고·―로워)형ㅂ 새롭고 기이한 느낌이 있다.
　신기-로이 부 신기롭게
신기료-장수 명 헌 신을 깁는 일을 직업으로 삼는 사람.
신:기-루(蜃氣樓)명 ①대기 속에서 일어나는 빛의 이상 굴절로 엉뚱한 곳에 물상(物像)이 나타나는 현상. 해시(海市) 준 신루(蜃樓) ②공중누각(空中樓閣)
×**신기-스럽다** 형ㅂ →신기롭다
신-기원(新紀元)명 ①새로운 기원. ②획기적인 사실로 말미암아 나타나는 새로운 시대. ¶―을 이루다.
신기-전(神機箭)명 조선 세종 때 만든, 폭발물을 장치한 화살. 기화전(起火箭)
신기-전(新起田)명 새로 일구어 만든 밭. 준 신전(新田)
신-기축(新機軸)명 전에 있던 것과 전혀 다른, 새로운 방법이나 체제.
신기-하다(神奇―)형여 신비롭고 기이하다.
신기-하다(新奇―)형여 새롭고 기이하다.
×**신나** 명 →시너(thinner)
신-나다 자 흥이 일어나 기분이 몹시 좋아지다. ¶신나게 춤을 추다./신나는 여름 방학.
신-나무 명 단풍나뭇과의 낙엽 소교목. 잎은 마주 나며 가장자리에 톱니가 있음. 5월경에 향기가 있는 황백색의 꽃이 피며, 9~10월에 열매가 시과(翅果)로 익음. 개울가나 습지에서 자라며, 재목은 기구의 재료로, 잎은 염료로 쓰임.
신-날 명 짚신이나 미투리 따위의 바닥에 세로 놓은 날.
신:남(信男)명 우바새 ☞신녀(信女)
신:낭(腎囊)명 불알
신-낭:만주의(新浪漫主義)명 19세기 말부터 20세기 초에 유럽에서 일어난 문학 사조. 자연주의에 반대하여 낭만주의로 돌아갈 것을 주장했음. 네오로맨티시즘
신:녀(信女)명 우바이 ☞신남(信男)
신년(申年)명 간지(干支)의 지지(地支)가 신(申)인 해. 갑신년(甲申年)·임신년(壬申年) 따위. ☞십이지(十二支). 원숭이해. 지지(地支). 태세(太歲)
신년(新年)명 새해 ☞구년(舊年)
신:념(信念)명 굳게 믿는 마음. ¶―을 가지고 일하다.
신념(宸念)명 임금의 생각이나 뜻.
신노(宸怒)명 임금의 노여움.
신노(神怒)명 신명(神明)의 노여움.
신농(神農)명 중국 고대 전설상의 황제(皇帝). 삼황(三皇)의 한 사람으로, 농구(農具)를 발명하고 백성들에게 농사짓는 법을 가르쳤으며, 온갖 풀 가운데서 약초(藥草)를 가려 내어 의약(醫藥)의 길을 열었다 함. 신농씨 ☞황제(黃帝). 오제(五帝)
신농-씨(神農氏)명 신농(神農)
신:다[―따] 타 신이나 버선, 양말 따위를 발에 꿰다. ¶구두를 ―./양말을 ―.
신단(神壇)명 신령에게 제사지내는 단.
신단(宸斷)명 임금의 재결(裁決).
신답(新畓)명 사거나 일구어 만든 새 논. ☞신기답(新起畓)
신당(神堂)명 신령을 모셔 놓은 집.
신-대[―때]명 베틀의 용두머리 한가운데에 박아 뒤로 내뻗친 조금 굽은 막대. 그 끝에 베틀신끈이 달림. 베틀신대. 신찐나무. 신초리
신-대:륙(新大陸)명 새로 발견된 대륙이라는 뜻으로, 남북 아메리카 또는 오스트레일리아를 이르는 말. 신세계(新世界) ☞구대륙(舊大陸)
신:덕(信德)명 가톨릭에서, 하느님의 가르침을 굳게 믿는 마음을 이르는 말.
신덕(神德)명 신의 공덕.
신데렐라(Cinderella)명 ①유럽 동화의 여주인공. 계모에게 구박을 받으며 비참하게 살았는데, 궁중 무도회에 참석했다가 그곳에서 잃어버린 유리 구두 한 짝이 인연이 되어 왕자와 결혼하게 됨. ②하루아침에 신분이 높아지거나 유명해진 여자를 비유하여 이르는 말.
신데렐라콤플렉스(Cinderella complex)명 자신의 능력으로 자립할 자신이 없는 여성이 남자에게 의지하여 마음의 안정을 찾고, 또 그로부터 보호 받기를 원하는 심리적 의존 상태.
신도(臣道)명 신하로서 마땅히 지켜야 할 도리.
신:도(信徒)명 종교를 믿는 사람이나 그 무리. 교도(敎徒) ¶불교 ― ☞신자(信者)
신도(神道)명 ①'귀신'을 높여 이르는 말. ②무덤 앞의 혼령이 다닌다는 길. ③신묘한 도리. ④일본 고유의 신앙.
신도(新都)명 새로 정한 도읍. ☞구도(舊都)
신도가(新都歌)명 정도전(鄭道傳)이 지은 조선 초기 악장(樂章)의 하나. 새로 정한 도읍 한양(漢陽)의 형세를 찬양하고, 국운의 번성과 임금의 덕을 칭송함. '악장가사(樂章歌詞)'에 실려 전함. 모두 10행 단련(單聯)임.
신도-비(神道碑)명 죽은 이의 생전의 사적(事蹟)을 기록하여 무덤 근처에 세우는 비.
신도-주(新稻酒)명 햅쌀로 빚은 술.
신:독(愼獨)명-하다 자 혼자 있을 때에도 도리에 어긋남이 없도록 말과 행동을 삼감.
신-돌이 명 신의 가장자리에 댄 꾸미개.
신동(神童)명 남달리 재주가 뛰어나거나 머리가 좋은 아이.
신:동(腎洞)명 콩팥 안의 빈 자리. 이곳에 오줌이 괴어 있다가 오줌관으로 나감.
신둥-부러지다 형 지나치게 주제넘다.
신-뒤축[―뛰―]명 신의 발꿈치가 닿는 부분.
신드롬(syndrome)명 증후군(症候群)
신-들리다(神―)자 ①어떤 영(靈)이 몸에 내리다. ¶신들리어 늘어놓는 알 수 없는 말들. ②무엇에 도취하여 자기를 잊은 상태가 되다. ¶신들린듯 한 연주./신들린듯 한 붓놀림.
신디케이트(syndicate)명 ①여러 기업이 공동 판매 회사를 만들어 공동으로 판매하는 일, 또는 그런 조직. ②공채(公債)나 사채(私債) 따위의 유가 증권을 인수하기 위해 만든 금융 기관의 연합체.
신-딸(神―)명 신어미의 도움으로 신 내림을 받은 무당. ☞신어미
신라(新羅)명 우리 나라 삼국 시대의 한 나라. 기원전 57년에 영남 지방에서 박혁거세(朴赫居世)를 시조(始祖)로 세워짐. 고구려와 백제를 멸하고 서기 676년에 삼국을 통일함. 935년에 고려의 태조 왕건(王建)에게 망함.
신라-방(新羅坊)명 통일 신라 시대, 당나라에 있는 신라 사람의 집단 거류지를 이르던 말.
신라-소(新羅所)명 통일 신라 시대, 당나라에 거주하는 신라 거류민의 자치적 행정 기구를 이르던 말.
신라-원(新羅院)명 통일 신라 시대, 신라 사람이 당나라에 세운 절을 이르던 말.
신랄(辛辣)어기 '신랄(辛辣)하다'의 어기(語基).
신랄-하다(辛辣―)형여 〔맛이 몹시 맵다는 뜻으로〕 사물의 분석이나 비판이 매우 날카롭고 매섭다. ¶신랄한 비평 기사(記事).
　신랄-히 부 신랄하게 ¶― 지적하다.

신랑(新郎)명 갓 결혼한 남자, 또는 곧 결혼할 남자. ☞신부(新婦)
신랑-감(新郎-)[-깜]명 신랑이 될만 한 사람, 또는 신랑이 될 사람. 낭재(郎材) ¶-을 고르다. ☞신붓감
신래(新來)명 지난날, 새로 과거에 급제한 사람을 그 선배들이 이르던 말. ☞불리다[5]. 삼진삼퇴. 신은(新恩)
신량(新涼)명 초가을의 서늘한 기운.
신려(宸慮)명 임금의 뜻. 신의(宸意)
신:려(愼慮)명-하다자 신중히 생각함.
신:력(信力)명 불교에서 이르는 오력(五力)의 하나. 불법(佛法)을 믿고 따르는 힘을 이름. ☞진력(進力)
신력(神力)명 ①신의 위력. ②신통한 힘.
신력(新曆)명 ①새해의 책력. ②태양력 ☞구력(舊曆)
신련(神輦)명 지난날, 임금이나 왕비의 장사 때 신백(神帛)을 가지고 가던 연(輦).
신령(神靈)[1]명 풍습으로 숭배하는 모든 신. 준영(靈)

한자 신령 령(靈)〔雨部 16획〕¶심령(心靈)/영물(靈物)/영혼(靈魂)/정령(精靈)/혼령(魂靈) ▷속자는 灵·灾

신령(神靈)[2]어기 '신령(神靈)하다'의 어기(語基).
신령-스럽다(神靈-)(-스럽고·-스러워)형ㅂ 보기에 신기하고 영묘한 데가 있다.
신령-스레부 신령스럽게
신령-하다(神靈-)형여 신기하고 영묘하다.
신례(臣禮)명 신하로서 마땅히 지켜야 할 예의.
신례(新例)명 새로운 예.
신록(新綠)명 초여름에 새잎이 띤, 엷고 산뜻한 푸른 빛, 또는 그런 빛을 띤 나무나 풀. ¶-이 짙어 가는 계절.
신:뢰(迅雷)명 격렬한 우레.
신:뢰(信賴)명-하다타 믿고 의지함. ¶-가 가다. ☞신빙
신:뢰-성(信賴性)[-썽]명 믿음성
신료(臣僚)명 모든 신하. 많은 신하.
신:루(蜃樓)명 '신기루(蜃氣樓)'의 준말.
신린(臣隣)명 한 임금을 모시는 신하끼리의 처지.
신말(申末)명 십이시(十二時)의 신시(申時)의 끝 무렵. 지금의 오후 다섯 시가 되기 바로 전.
신-맛명 식초와 같은 맛. 산미(酸味)

한자 신맛 산(酸)〔酉部 7획〕¶산미(酸味)/산패(酸敗)/신산(辛酸)/유산균(乳酸菌)/초산(醋酸)

신:망(信望)명-하다타 믿고 바람, 또는 믿음과 덕망. ¶-이 두텁다./-을 받다./-을 얻다.
신:망애(信望愛)명 크리스트교에서, 믿음·소망·사랑의 세 가지 덕(德)을 이르는 말. ☞삼덕(三德)
신-맬서스주의(新Malthus主義)명 맬서스의 인구론(人口論)에 근거하여, 인구가 늘어나는 것을 억제하기 위하여 산아 제한 또는 수태 조절을 해야 한다는 견해.
신-면:목(新面目)명 새로운 면목. ¶-을 보이다.
신:멸(燼滅)명-하다자 ①불에 타서 없어짐. ②멸망하거나 끊겨 없어짐.
신명명 흥겨운 신과 멋. ¶-을 내다.
신명(身命)명 몸과 목숨. ¶-을 다해 일하다.
신명(神明)[1]명 하늘과 땅의 신령. ¶천지 - 준신(神)
신명(神命)명 가톨릭에서, 영성(靈性)의 생명을 이르는 말.
신명(晨明)명 새벽녘
신명(神明)[2]어기 '신명(神明)하다'의 어기(語基).
신명-기(申命記)명 구약성서의 모세 오경 중 마지막 책. 모세가 최후로 율법을 설명한 내용임.
신명-나다자 흥겨운 신과 멋이 나다.
신명-지다형 신이 나고 멋들어지다. ¶신명지게 마당 놀이를 벌이다.
신명-하다(神明-)형여 신령스럽고 사리에 밝다.
신모(身謀)명 자기 몸을 돌보기 위한 꾀.
신모(神謀)명 신기한 꾀.
신묘(辛卯)명 육십갑자의 스물여덟째. ☞신묘년
신묘(神廟)명 선조(先祖)의 신주(神主)를 모신 사당.
신묘(神妙)어기 '신묘(神妙)하다'의 어기(語基).
신묘-년(辛卯年)명 육십갑자로 해를 이를 때, 신묘(辛卯)가 되는 해. 곧 천간(天干)이 신(辛)이고 지지(地支)가 묘(卯)인 해. ☞묘년(卯年). 임진(壬辰)
신묘-하다(神妙-)형여 신기하고 묘하다.
신무(神武)명 뛰어난 무덕(武德).
신:묵(愼默)명-하다자 삼가서 침묵을 지킴.
신:문(囟門)명 ①숫구멍 ②정수리
신문(神門)명 능원이나 사당, 제단 따위의 앞에 세운 문.
신:문(訊問)명-하다타 ①캐어물음. ②법원이나 수사 기관 등에서 증인이나 피고인에게 말로 물어 조사하는 일.
신문(新聞)명 ①시사(時事)에 관한 뉴스를 비롯하여 정보·지식·오락·광고 따위를 전달하는 정기 간행물. ②'신문지(新聞紙)'의 준말.
신문-고(申聞鼓)명 조선 시대, 대궐의 문루(門樓)와 의금부 당직청에 달아 놓아 백성이 억울한 사정을 알릴 때 치게 하던 북. 등문고(登聞鼓). 승문고(升聞鼓)
신문=기자(新聞記者)명 신문에 실을 기사를 취재·수집·집필·편집 등을 하는 사람.
신문-사(新聞社)명 신문을 발행하는 회사.
신문=소:설(新聞小說)명 신문에 연재하는 장편 소설.
신-문예(新文藝)명 새로운 경향의 문학 예술. 흔히 자연주의 이후의 문학 예술을 이름.
신문-인(新聞人)명 신문에 관한 일을 하는 사람.
신:문=조서(訊問調書)명 신문(訊問)하여 진술한 내용을 위주로 하여 적은 문서.
신문-지(新聞紙)명 신문 기사를 인쇄한 종이. 준신문
신문-철(新聞綴)명 여러 장의 신문을 철하는 데 쓰는 기구, 또는 거기에 철한 신문.
신-문학(新文學)명 갑오개혁 이후에 서구 문학의 영향을 받으며 발달한 새로운 형식과 내용의 문학. 신소설·신체시·신극 따위가 포함됨.
신문-학(新聞學)명 신문을 중심으로 한 매스커뮤니케이션을 연구 대상으로 하는 학문.
신-물명 먹은 것에 체하거나 위장 장애 따위로 속이 거북할 때, 위에서 목구멍으로 넘어오는 시척지근한 물. 산패액(酸敗液)
신물(이) 나다관용 어떤 일을 너무 오래 계속했거나, 또는 어떤 일이 너무 고생스러워서 진절머리가 나다.
신:물(信物)명 뒷날에 보고 표가 되게 하기 위하여 서로 주고받는 물건. 신표(信標)
신물(新物)명 새로 나오는 물건.
신:물(贐物)명 먼 길을 떠나는 사람에게 선사하는 물건.
신미(辛未)명 육십갑자의 여덟째. ☞신미년
신미(辛味)명 매운맛
신미(新米)명 햅쌀 ☞고미(古米). 구미(舊米)
신미(新味)명 새로운 맛.
신미-년(辛未年)명 육십갑자로 해를 이를 때, 신미(辛未)가 되는 해. 곧 천간(天干)이 신(辛)이고 지지(地支)가 미(未)인 해. ☞임신(壬申). 미년(未年)
신민(臣民)명 군주국의 신하와 백성. 신서(臣庶)
신:밀(愼密)어기 '신밀(愼密)하다'의 어기(語基).
신:밀-하다(愼密-)형여 조심성이 많아 빈틈이 없다.
신-바닥[-빠-]명 신의 바닥.
신-바람[-빠-]명 어떤 일이 즐겁거나 흥이 나서 우쭐우쭐해지는 기운. ¶-이 나다. ☞궁둥잇바람. 어깻바람. 엉덩잇바람
신발명 신 ¶-을 신다./-을 벗다.
신-발명(新發明)명-하다타 새로 발명함, 또는 새로운 발명.
신발-장(-*欌)[-짱]명 신장
신발-차명 심부름하는 값으로 주는 돈.
신발-하다자여 짚신을 신고 감발을 하다.
신방(申方)명 이십사 방위의 하나. 남서(南西)로부터 서쪽으로 15도 되는 방위를 중심으로 한 15도 범위 안의 방위. 곤방(坤方)과 경방(庚方)의 사이. 준신(申) ☞인방(寅方)
신방(辛方)명 이십사 방위의 하나. 정서(正西)로부터 북쪽으로 15도 되는 방위를 중심으로 한 15도 범위 안의 방

위. 유방(酉方)과 술방(戌方)의 사이. 준 신(辛) ☞을방(乙方)

신:방(*信防)명 일각문 기둥 밑에 가로놓인 짧은 침목.

신방(神方)명 신통한 효험이 있는 약방문(藥方文).

신방(新房)명 ①신랑과 신부가 첫날밤을 치르도록 새로 꾸민 방. ¶ -에 들다. / -을 차리다. ②신랑과 신부가 거처하도록 새로 꾸민 방.

신방(新榜)명 지난날, 과거에 새로 급제한 사람의 이름을 써서 게시하는 방목(榜目)을 이르던 말.

신백(申白)명-하다타 윗사람에게 사실을 자세히 아뢲.

신백(神帛)명 빈전(殯殿)에 두는, 베로 만든 혼백(魂帛).

신백(新伯)명 새로 부임한 방백(方伯)을 이르던 말.

신벌(神罰)명 신이 내리는 벌.

신법(新法)[-뻡]명 새로 제정(制定)하거나 개정(改正)함으로써 현행법으로 된 법령. ☞구법(舊法)

신-벼나명 신의 울과 바닥 창을 이어 꿰맨 곳.

신변(身邊)명 몸 또는 몸의 주위. ¶ -의 안전. / -이 위태롭다. / - 잡기(雜記)

신변(神變)명 사람의 지혜로는 알 수 없는 신비로운 변화.

신변=소:설(身邊小說)명 객관적 현실에는 관심을 두지 않고, 작자 자신의 신변의 일을 다루는 근대 소설의 한 형태. ☞사소설(私小說). 일인칭소설(一人稱小說)

신병(身病)명 몸의 병. 신양(身恙) ¶ -을 치료하다.

신병(神兵)명 신이 보낸 군사라는 뜻으로, 신출귀몰하여 감히 맞싸울 수 없는 강한 군사를 비유하여 이르는 말.

신병(新兵)명 새로 입대한 병사. ☞고병(古兵)

신보(申報)명-하다타 고하여 알림.

신보(新報)명 새로운 보도. 새 소식.

신보(新譜)명 ①새로운 곡의 악보. ②새로 취입한 음반.

신복(申複)명-하다타 같은 사실을 거듭하여 자세히 말함.

신복(臣服)명-하다자 신하로서 복종함.

신복(臣僕)명 신하(臣下)

신:복(信服)명-하다자 믿고 복종함. ☞신종(信從)

신본(申本)명 지난날, 왕세자가 임금을 대신하여 정사를 볼 때 신하가 왕세자에게 올리던 문서. 달본(達本)

신본(新本)명 ①새 책. ②새로 간행된 책. ☞구본(舊本)

신-볼[-뽈]명 신의 너비.

신:봉(信奉)명-하다타 옳다고 믿고 받듦. ¶교리를 -하다.

신:부(信否)명 믿을 수 있는 일과 믿을 수 없는 일.

신:부(信符)명 조선 시대, 대궐을 드나드는 하례(下隷)에게 병조(兵曹)에서 내어 주는 문표를 이르던 말.

신부(神父)명 가톨릭이나 성공회 따위의 성직자를 일반적으로 일컫는 말. 특히 가톨릭에서, 사제(司祭) 서품을 받은 성직자를 일컬음.

신부(神符)명 부적(符籍)

신부(新婦)명 갓 결혼한 여자, 또는 곧 결혼할 여자. ☞신랑(新郞)

신부-례(新婦禮)명 재래식 혼례에서, 신부가 처음으로 시집에 와서 올리는 예식.

신:부양:난(信否兩難)성구 믿기도 어렵고 믿지 않기도 어려움을 이르는 말.

신:-부인(愼夫人)명 조선 시대, 외명부(外命婦) 품계의 하나. 정삼품 당상관인 종친(宗親)의 아내에게 내린 봉작(封爵). ☞숙부인(淑夫人)

신:-부전(腎不全)명 콩팥의 기능이 떨어져서 생기는 병. 몸 안에 노폐물이 쌓이고, 고혈압이나 빈혈 따위가 생기며, 심하면 요독증(尿毒症)으로 진행됨.

신분(身分)명 ①개인의 사회적 지위. ¶공무원 - / -에 맞는 행동. ②사람의 법률상 지위. 배우자·부모·자녀·호주·가족, 또는 친족 따위. ③봉건 시대의 사회적 계급. 귀족·자유민·농노 따위.

신분-권(身分權)[-꿘]명 부모와 자녀, 남편과 아내 등과 같이 신분법의 특정한 지위에 따라 인정되는 권리. ☞재산권(財產權)

신분-범(身分犯)명 행위자의 일정한 신분이 범죄의 구성 요건 또는 형(刑)의 가감 요건이 되는 범죄. 수뢰죄(收賂罪)나 존속 살해죄 따위.

신분-법(身分法)[-뻡]명 신분 관계를 규율하는 법률을 통틀어 이르는 말. 친족법이나 상속법 따위. ☞재산법

신분=보:장(身分保障)명 공무원이 형의 선고나 징계 처분, 그 밖의 법이 정한 사유와 절차에 따르지 않고서는 면직 따위의 신분에 관한 불이익 처분을 받지 않는 일.

신분=상속(身分相續)명 신분상의 지위를 이어받는 상속. 호주 상속 따위.

신분=제:도(身分制度)명 근대 이전, 각 신분을 제도로써 법제화하여 세습적으로 고정되어 있던 봉쇄적·배타적 계급 제도.

신분제=의회(身分制議會)명 중세 말기의 유럽 각국에 형성되어 절대 국가가 성립할 때까지 있던 의회. 성직자·귀족·시민의 신분별로 이루어졌음.

신분-증(身分證)[-쯩]명 '신분 증명서'의 준말.

신분=증명서(身分證明書)명 관청·학교·회사 따위에서, 그에 딸린 신분임을 증명하는 문서. 준 신분증(身分證)

신불(神佛)명 신령과 부처를 아울러 이르는 말.

신붓-감(新婦-)명 신부가 될만 한 사람, 또는 신부가 될 사람. 색싯감 ¶참한 -. ☞신랑감

신비(神秘)명-하다형 사람의 지혜로는 헤아릴 수 없이 신기함. ¶태고의 -를 간직한 동굴. / -한 체험을 하다.

신비-경(神秘境)명 신비로운 지경.

신비-롭다(神秘-)(-롭고·-로워)형ㅂ 신비한 데가 있다. 보기에 신비하다. ¶신비로운 우주의 세계.

신비-로이부 신비롭게

신비-적(神秘的)명 사람의 지혜로는 헤아릴 수 없이 신기한 것. ¶ -인 아름다움. / -인 광경.

신비-주의(神秘主義)명 신(神)이나 절대자와 직접적이고 내면적인 일치의 체험을 중시하는 철학, 또는 종교 사상. 곧 합리적인 추론이나 이성으로는 신을 인식할 수 없다는 주의(主義). 미스티시즘

신-비:평(新批評)명 1930년대에 미국에서 일어난 문예 비평의 한 경향. 작품을 작자나 시대 등 사회적인 연관 속에서 보는 비평 태도에 반대하여, 작품을 작품 그대로 평가하기를 주장하는 비평. 뉴크리티시즘

신:빙(信憑)명-하다타 믿고 근거로 삼음. ☞신뢰(信賴)

신사(臣事)명-하다자 신하가 되어 섬김.

신사(辛巳)명 육십갑자의 열여덟째. ☞임오(壬午)

신:사(信士)명 ①신의(信義)가 있는 사람. ②우바새

신사(神祀)명 천지신명(天地神明)에게 제사를 지내는 일, 또는 그 제사.

신사(神祠)명 민속에서, 신령을 모신 사당을 이르는 말.

신:사(紳士)명 ①예절과 신의를 갖춘 점잖고 교양 있는 남자를 이르는 말. ¶ -답게 행동하다. ②일반 남자를 대접하여 이르는 말. ¶ - 숙녀 여러분. ☞숙녀(淑女)

신:사(愼思)명-하다타 신중하게 생각함.

신사-년(辛巳年)명 육십갑자로 해를 이를 때, 신사(辛巳)가 되는 해. 곧 천간(天干)이 신(辛)이고 지지(地支)가 사(巳)인 해. ☞임오년(壬午年). 사년(巳年)

신:사-도(紳士道)명 신사로서 마땅히 지켜야 할 도리.

신:사-복(紳士服)명 성인 남자의 보편적인 양복.

신-사상(新思想)명 새로운 사상. ☞구사상(舊思想)

신-사:실주의(新寫實主義)명 사실주의의 단순 묘사에서 더 나아가 인생의 내면적 진리를 파악하려는 예술상의 한 경향. 베르그송과 오이켄 등의 철학에서 영향을 받음.

신:사-적(紳士的)명 신사다운 것. ¶ -으로 대화하다.

신:사=협약(紳士協約)명 ①법적 구속력을 갖지 않는, 비공식적인 국제 협약. ②서로 상대편을 믿고 맺는 사적(私的)인 비밀 협약. 신사 협정

신:사=협정(紳士協定)명 신사 협약

신삭(新削)명 머리털을 갓 깎았다는 뜻으로, 갓 중이 된 사람을 이르는 말.

신산(辛酸)명-하다형 ①맛이 맵고 심. ②세상살이의 고됨을 비유하여 이르는 말. ¶ -을 겪다. ☞신초(辛楚)

신산(神山)명 ①신령을 모신 산. ②선인(仙人)이 산다는 산. ☞영산(靈山)

신산(神算)명 신묘한 계책.

신산(新山)명 새로 쓴 무덤.
신상(身上)명 한 사람의 신변에 관련된 형편. ¶ -에 해롭다./-에 관한 이야기.
신상(神像)명 신의 형상을 나타낸 그림이나 조각.
신:상(紳商)명 상류층의 점잖은 상인.
신상=명세서(身上明細書)명 개인의 신상에 관한 내용을 자세히 적은 문서.
신-상투(新-)명 지난날, 관례를 치르고 처음으로 상투를 튼 사람을 이르던 말. ☞신착립(新着笠)
신:상필벌(信賞必罰)성구 공이 있는 사람에게는 반드시 상을 주고 죄가 있는 사람에게는 반드시 벌을 준다는 뜻으로, 상벌을 엄격하고 공명하게 함을 이르는 말.
신색(神色)명 남을 높이어 그의 안색(顏色)을 이르는 말. ¶ -이 좋아지셨다.
신:색(愼色)명-하다자 색사(色事)를 삼감.
신생(申生)명 간지(干支)의 지지(地支)가 신(申)인 해에 태어난 일, 또는 그 해에 태어난 사람. 갑신생(甲申生)·경신생(庚申生) 등. ☞신년(申年). 원숭이띠
신생(新生)앞말 새로 생김을 뜻하는 말. ¶ - 독립 국가
신생대(新生代)명 지질 시대의 세 구분 가운데 셋째 시대. 약 6,500만 년 전부터 지금까지의 시대를 이르는데, 제삼기와 제사기로 나뉨. 포유류, 속씨 식물이 번성한 시대로, 말기에는 인류도 나타났음. ☞중생대(中生代). 선캄브리아대
신-생명(新生命)명 ①새로운 생명. ②정신적으로 개혁하여 새로워진 생명.
신생-아(新生兒)명 갓난아이
신생아-기(新生兒期)명 유아기의 한 과정으로서, 생후 4주일까지의 동안.
신생아=황달(新生兒黃疸)명 생후 2~5일 되는 갓난아이에게 나타나는 황달. 몇 주일 뒤에는 저절로 없어짐.
신서(臣庶)명 군주국의 신하와 백성. 신민(臣民)
신:서(信書)명 편지(片紙)
신서(新書)명 새로 나온 책. 신서적 ☞고서(古書)
신-서적(新書籍)명 신서(新書)
신석(晨夕)명 새벽과 저녁을 아울러 이르는 말.
신석(新釋)명-하다타 새롭게 해석함, 또는 그 해석.
신-석기(新石器)명 주로 돌을 갈아서 만든 신석기 시대의 도구. ☞구석기(舊石器)
신석기=시대(新石器時代)명 석기 시대의 마지막 단계. 농경과 수렵, 벌채 등의 도구로 간석기가 쓰였으며, 농경이 발달하고 정착과 촌락 생활을 할 수 있게 되었음. ☞구석기 시대(舊石器時代)
신선(神仙)명 선도(仙道)를 닦아서 신통력을 얻은 사람. 속세를 떠나 선경(仙境)에 살며 늙지 않고 오래 산다고 함. 선객(仙客). 선인(仙人). 선자(仙子)

> 한자 신선 선(仙) 〔人部 3획〕 ¶ 선경(仙境)/선녀(仙女)/선도(仙桃)/선약(仙藥)/선인(仙人)

신선(新選)명-하다타 새로 뽑음.
신선(新鮮)어기 '신선(新鮮)하다'의 어기(語基).
신선-놀음(神仙-)명 근심이나 고통을 모르고 편안히 지내는 일. ¶ 모두 바쁘게 일하는데, 너는 -이구나.
속담 **신선놀음에 도끼 자루 썩는 줄 모른다**: 재미 있는 일에 정신이 팔려 세월 가는 줄 모른다는 말.
신선-도(神仙圖)명 신선을 주제로 그린 그림.
신선-로(神仙爐)명 상 위에 놓고 열구자탕(悅口子湯)을 끓이는 그릇, 또는 그 음식. 여러 가지 어육과 채소를 돌려 담은 것에 장국을 붓고, 가운데에 있는 통에 숯불을 넣어 끓이면서 먹음.
신선-하다(新鮮-)형여 ①새롭고 산뜻하다. ¶ 신선한 공기./신선한 물./감각이 -. ②과일이나 채소, 고기 등이 싱싱하다. ¶ 생선이 -./신선한 채소 샐러드.
신설(伸雪)명 '신원설치(伸冤雪恥)'의 준말.
신설(新設)명-하다타 새로 세우거나 마련함. ¶ - 도로/놀이 공원을 -하다./-한 학교.
신설(新說)명 새로운 학설이나 견해.
신:섭(愼攝)명-하다타 몸을 조심하여 조리함.
신성(神性)명 신의 성격, 또는 신의 속성(屬性).
신성(神聖)명-하다형 매우 거룩하고 존엄함. ¶ -한 의식.
신성(晨星)명 샛별
신성(新星)명 ①희미한 상태에서 갑자기 환하게 빛나다가 서서히 다시 원래의 밝기로 돌아가는 별. 일시성(一時星) ②어떤 분야에 새로 나타나서 주목을 받거나 인기를 얻는 사람을 비유하여 이르는 말.
신성=모:독(神聖冒瀆)명 가톨릭에서, 거룩한 것을 함부로 욕되게 함을 이르는 말.
신성불가침(神聖不可侵) 거룩하고 존엄하여 함부로 침범할 수 없음의 뜻.
신세명 남에게 도움을 받거나 괴로움을 끼치는 일.
신세(를) 지다관용 남에게 도움을 받거나 괴로움을 끼치다. ¶ 친구에게 -./하룻밤 -.
신세(身世)명 살아가는 처지와 형편. 〔주로 딱한 형편과 관련하여 쓰이는 말임.〕 ¶ 의지 없는 처량한 -.
신세(新歲)명 새해
신-세:계(新世界)명 ①새로운 세상. ¶ -가 열리다. ②신대륙(新大陸) ☞구세계(舊世界)
신-세:기(新世紀)명 새로운 세기.
신-세:대(新世代)명 새로운 세대. ☞구세대(舊世代). 기성 세대(既成世代)
신세=타:령(身世*打令)명 자신의 불행한 신세를 넋두리하듯이 늘어놓는 일, 또는 그런 이야기. ☞팔자 타령
신-소리[1] 명 상대편의 말을 슬쩍 농으로 받아넘기는 말. ☞흰소리
신-소리[2] [-쏘-] 명 신을 끌면서 걸을 때 나는 발소리.
신-소:설(新小說)명 갑오개혁 이후에 개화파 지식인들이 창작, 발표하였던 소설. 내용이나 형식 면에서 고대 소설과는 다른 새로운 면을 보여 주는 것으로 봉건 타파와 개화, 계몽, 자주 독립, 근대적인 사상과 문물의 도입 등을 주제로 하였음. 이인직(李人稙)의 '혈(血)의 누(淚)', 이해조(李海朝)의 '자유종(自由鐘)' 따위.
신-소재(新素材)명 금속이나 무기(無機)·유기(有機) 원료와 이들을 조합한 원료를 새로운 기술로 제조하여 이제껏 없던 뛰어난 성능과 용도를 가지게 된 소재.
신:-소:체(腎小體)명 신장의 피질(皮質) 속에 있는 지름 0.1~0.2mm의 둥근 모양의 기관. 오줌의 성분을 걸러 내는 장치로 신장 기능의 최소 단위임. 말피기 소체
신속(臣屬)명-하다자 신하로서 예속됨, 또는 그런 신하.
신:속(迅速)어기 '신속(迅速)하다'의 어기(語基).
신속(神速)어기 '신속(神速)하다'의 어기(語基).
신:속-하다(迅速-)형여 매우 날쌔고 빠르다. ¶ 신속한 업무 처리.
신속-히부 신속하게
신속-하다(神速-)형여 신기할 만큼 매우 빠르다.
신속-히부 신속하게
신수(身手)명 ①용모와 풍채. ¶ -가 훤하다. ②사람의 얼굴에 나타난 건강한 기운. ¶ -가 좋아지다.
신수(身數)명 사람의 운수. ¶ -가 사납다./점쟁이에게 -를 보다. 준 수(數)[2]
신:수(信手)명-하다자 일이 익숙하여 손의 움직임이 빠름을 이르는 말.
신수(神授)명-하다타 신(神)이 내려 줌.
신:수(腎水)명 ①한방에서, 신장(腎臟)을 오행(五行)의 수(水)에 딸려 이르는 말. ②한방에서, 정액(精液)을 이르는 말.
신수(薪水)명 땔나무와 마실 물, 또는 나무를 하고 물을 긷는 일. 시수(柴水)
신수-설(神授說)명 왕권이나 주권 등을 신이 내린 것으로 보고, 신성하여 침범할 수 없다는 주장.
신수-점(身數占)명 한 해 운수의 길흉을 알아보는 점.
신수지로(薪水之勞)성구 땔나무를 하고 물을 긷는 수고라는 뜻으로, 몸소 근근이 생계를 이어 감을 이르는 말.
신:숙(信宿)명-하다자 이틀 밤을 묵음. 재숙(再宿)
신술(神術)명 신기한 술법, 또는 매우 뛰어난 재주.

신승(辛勝) 명 -하다 자 경기 등에서 힘겹게 이김. ¶한 점 차이로 ―을 거두다. ☞낙승(樂勝)
신승(神僧) 명 신기(神氣)가 신령과 통하여 모든 일을 잘 아는 중.
신시(申時) 명 ①십이시(十二時)의 아홉째 시(時). 지금의 오후 세 시부터 다섯 시까지의 동안. ②하루를 스물넷으로 가른, 열일곱째 시(時). 지금의 오후 세 시 삼십 분부터 네 시 삼십 분까지의 동안. 준 신(申) ☞경시(庚時). 유시(酉時)
신시(辛時) 명 하루를 스물넷으로 가른, 스무째 시(時). 지금의 오후 여섯 시 삼십 분부터 일곱 시 삼십 분까지의 동안. 준 신(辛) ☞술시(戌時)
신시(神市) 명 고조선 건국 이전, 환웅이 무리 3,000명을 거느리고 태백산에 내려와 세웠다는 도시.
신시(新詩) 명 ①내용이나 형식 등이 새로운 것을 지향하는 시. ②신체시(新體詩)
신시(薪柴) 명 장작과 섶나무라는 뜻으로, '땔나무'를 이르는 말. ☞신수(薪水)
신-시:가(新市街) 명 이미 있던 시가에서 뻗어 나가 새로 발전한 시가. ☞구시가
신-시대(新時代) 명 새로운 시대. ☞구시대(舊時代)
신시사이저(synthesizer) 명 전자 발진기를 이용하여 여러 가지 음을 자유로이 합성할 수 있도록 고안한 악기.
신식(新式) 명 새로운 형식이나 방식. ¶― 교육/― 무기 ☞구식(舊式)
신:신(信臣) 명 믿을만 한 신하.
신신(新新) 어기 '신신(新新)하다'의 어기(語基).
신신-당부(申申當付) 명 되풀이하여 간곡하게 당부함. ☞신신부탁(申申付託)
신신-부:탁(申申付託) 명 되풀이하여 간곡하게 부탁함. ☞신신당부(申申當付)
신신-하다(新新―) 형여 ①아주 신선하다. ☞싱싱하다 ②새로운 데가 있다.
 신신-히 부 신신하게
신:실(信實) 어기 '신실(信實)하다'의 어기(語基).
신:실-하다(信實―) 형여 믿음직하고 착실하다. ¶신실한 젊은이.
신:심(信心) 명 ①옳다고 믿는 마음. ②신앙심(信仰心)
신:심직행(信心直行) 성구 옳다고 믿는 대로 망설이지 않고 행동함을 이르는 말.
신아(新芽) 명 새싹
신안(神眼) 명 ①지술(地術)이나 상술(相術)에 정통한 사람의 눈. ②귀신을 능히 볼 수 있다는 눈.
신:안(腎岸) 명 불두덩
신안(新案) 명 새로운 고안(考案)이나 제안(提案).
신알(晨謁) 명 -하다 자 아침 일찍이 사당에 문안하는 일.
신:앙(信仰) 명 -하다 타 신(神)이나 절대자 등을 믿고 그 가르침대로 따르는 일. 믿음
신:앙=개조(信仰個條) 명 크리스트교에서, 교회가 공인하는 표준적 교의(教義)를 간결하게 나타낸 것.
신:앙=고:백(信仰告白) 명 크리스트교에서, 예수에 대한 믿음을 공식적으로 밝히는 일을 이르는 말.
신:앙-심(信仰心) 명 신(神)이나 절대자 등을 믿고 따르는 마음. 신심(信心)
신:애(信愛) 명 ①믿음과 사랑. ②-하다 타 믿고 사랑함.
신야(晨夜) 명 새벽과 밤을 아울러 이르는 말.
신약(臣藥) 명 한방에서, 군제(君劑)를 도와 주증(主症)을 치료하는 약을 이르는 말.
신:약(信約) 명 -하다 타 믿음으로써 약속함.
신약(神藥) 명 신통한 효험이 있는 약.
신약(新約) 명 ①크리스트교에서, 하느님이 예수를 통하여 신자들에게 한 새로운 약속을 이르는 말. ②'신약성서(新約聖書)'의 준말. ☞구약(舊約)
신약(新藥) 명 ①새로 제조하여 판매하는 약. ②양약(洋藥)
신약(身弱) 어기 '신약(身弱)하다'의 어기(語基).
신약-성:경(新約聖經) 명 신약성서
신약-성:서(新約聖書) 명 크리스트교 성전(聖典)의 한 가지. 예수의 언행과 그 제자들의 전도 행각, 여러 사도들의 편지 글과 예언서 등을 기록한 것. 신약성경 준 신약(新約) ☞구약성서(舊約聖書)
신약=시대(新約時代) 명 크리스트교에서, 예수가 세상에 난 때부터 재림할 때까지의 시대를 이르는 말. ☞구약시대(舊約時代)
신약-하다(身弱―) 형여 몸이 약하다.
신양(身恙) 명 몸의 병. 신병(身病)
신어(神御) 명 임금의 화상(畫像)이나 사진. 어진(御眞)
신어(新語) 명 새로 생긴 말. 새말
신-어미(神―) 명 젊은 무당을 수양딸로 삼은 늙은 무당. ☞신딸
신:언(慎言) 명 -하다 자 말을 삼감. 신구(慎口)
신언서판(身言書判) 명 인물을 고르는 데 표준으로 삼는 네 가지 조건, 곧 신수·말씨·문필·판단력을 이름.
신업(身業) 명 불교에서 이르는 삼업(三業)의 하나. 몸으로 지은 모든 죄업(罪業). ☞구업(口業). 의업(意業)
신-여성(新女性)[―녀―] 명 개화기 때, 신식 교육을 받거나 개화 문명에 영향을 받은 여성을 이르던 말.
신역(身役) 명 ①지난날, 나라에서 장정(壯丁)들에게 일정한 구실 대신으로 시키던 강제 노동. ②지난날, 관아나 권문세가에 종으로 매여 치르던 구실.
신역(新役) 명 새로 맡은 일.
신역(新譯) 명 -하다 타 새로 번역함, 또는 그 번역.
신연(新延) 명 지난날, 감영(監營)이나 고을에 새로 부임하는 감사나 수령을 장교(將校)나 이속(吏屬)이 가서 맞아 오던 일.
신열(身熱) 명 병으로 말미암아 나는 몸의 열. 준 열(熱)
신예(新銳) 명 어떤 분야에 새로 나타나 뛰어난 역량을 보이는 일, 또는 그런 사람이나 물건. ¶골프계의 ―.
신예-기(新銳機) 명 새로 개발한 성능이 좋은 비행기.
신오(神奧) 어기 '신오(神奧)하다'의 어기(語基).
신오-하다(神奧―) 형여 신비하고 오묘하다.
신외무물(身外無物) 성구 몸 밖에는 아무 것도 없다는 뜻으로, 무엇보다도 몸이 소중함을 이르는 말.
신:용(信用) 명 -하다 타 ①약속 등을 반드시 지킬 것이라고 믿음, 또는 그러한 믿음성. ¶―을 얻다./―을 잃다./―이 떨어지다. ②거래에서, 재화의 대가를 일정 기간 뒤에 상환(償還) 또는 지급할 수 있는 능력.
신용(神勇) 명 매우 뛰어난 용기.
신용(神容) 명 신과 같은 거룩한 모습.
신:용=거:래(信用去來) 명 ①매매나 고용 등의 계약에서, 화폐의 지급을 뒷날로 정하는 거래. ②증권 회사로부터 대금이나 주권을 차용하여 거래하는 매매 행위.
신:용=경제(信用經濟) 명 화폐 경제가 발달하여 신용이 경제 생활의 바탕을 이루는 경제 양식. 상거래에는 수표나 어음이 유통되며, 큰 자본에는 주식 등이 쓰임.
신:용=공:황(信用恐慌) 명 금융 공황(金融恐慌)
신:용=기관(信用機關) 명 신용을 이용하여 돈을 융통하는 기관. 은행이나 상호 신용 금고 따위.
신:용=대:금(信用貸金) 명 신용 대출
신:용=대:출(信用貸出) 명 금융 기관이 물적 담보 없이 채무자의 신용만으로 돈을 빌려 주는 일. 신용 대금
신:용=보:증=기금(信用保證基金) 명 담보 능력이 부족한 기업의 채무를 보증하기 위해 세워진 특수 법인.
신:용=보:험(信用保險) 명 신용으로 돈을 빌려 주었거나 물품을 팔았다가 채무자가 채무를 이행하지 않아 보게 되는 손해를 보상하는 보험.
신:용=어음(信用―) 명 담보 없이 신용에 기초를 두고 발행·유통되는 어음.
신:용-장(信用狀)[―짱] 명 은행이 거래처의 요청으로 신용을 보증하기 위하여 발행하는 증서. 수입 업자에게 발행하는 상업 신용장과 해외 여행자에게 발행하는 여행 신용장이 있음. 엘시(L/C)
신:용=조사(信用調査) 명 새로 거래를 하기 전에 상대편의 신용 상태를 조사하는 일. 금융 기관이 기업이나 개인에게 대출할 때 또는 기업이 국내외에서 새로 거래를

ㅅ

할 때, 상대편의 지급 능력을 중심으로 이루어짐.
신:용=증권(信用證券)[-꿘]명 신용에 따라서 그 사용이 이루어지는 증권. 환어음이나 약속 어음, 공채 증권 등.
신:용=카:드(信用card)명 신용 판매(信用販賣)에 쓰이는 카드. 은행이나 상점 등과 제휴한 카드 회사가 회원에게 발행하는데, 카드를 가진 사람은 그 회사의 가맹점에서 카드만으로 상품을 외상으로 살 수 있음. 크레디트카드
신:용=판매(信用販賣)명 상품이나 서비스를 파는 사람이 대금을 뒷날에 받기로 하고 파는 일.
신:용=협동=조합(信用協同組合)명 서로 유대가 있는 개인이나 단체가 협동하여 자금을 마련하고 이용하려고 조직한 비영리 금융 기관.
신:용=화:폐(信用貨幣)명 은행권·어음·수표 등 은행의 신용을 바탕으로 만든 화폐. 채권과 채무 관계에 따라 화폐와 같은 기능을 지님.
신우(神佑)명 신의 도움. 신조(神助)
신:우(腎盂)명 신장에서, 요관(尿管)이 시작되는 깔때기 모양의 부분. 신장에서 만들어진 오줌이 이곳에 괴어 있다가 요관을 통하여 방광으로 빠짐.
신:우신-염(腎盂腎炎)[-념]명 신우염이 생기고 그것이 신장에 번지는 염증.
신:우-염(腎盂炎)명 대장균 따위의 세균으로 말미암아 신우에 생기는 염증. 오한이 나며, 허리에 통증을 느낌.
신운(身運)명 운수(運數)
신운(神韻)명 신비하고 고상한 운치.
신-울명 신의 양쪽 가를 두른 부분. 준울² ☞운두
신원(身元)명 개인이 자라 온 과정과 관련된 모든 일. 곧 출생·출신·학력·직업 따위. ¶-을 보증하다.
신원(伸冤)명-하다타 원통한 일을 풀어 버림.
신원(新元)명 설날
신원=보:증(身元保證)명 ①어떤 사람의 신상(身上)과 자력(資力)이 확실함을 책임지는 일. ②고용 계약에서, 사용자가 고용된 사람 때문에 입게 될지 모르는 손해의 배상을 다른 사람이 담보하는 계약.
신원-설치(伸冤雪恥)명 애먼 죄를 밝혀 원통함과 부끄러움을 씻음. 준신설(伸雪)
신-원소(新元素)명 1940년 이후에 발견된 원자 번호 93 이상의 초우라늄 원소와 원소표에 비어 있던 43번·61번·85번·87번 원소를 통틀어 이르는 말.
신월(申月)명 '음력 칠월'을 달리 이르는 말. 월건(月建)의 지지(地支)가 갑신(甲申)·정신(丁申)처럼 신(申)인 데서 이름. ☞일진(日辰). 태세(太歲)
신월(新月)명 ①초승달 ②달과 해의 황경(黃經)이 같아진 때, 곧 음력 초하루에 보이는 달.
신위(神位)명 죽은 사람의 영혼이 의지하게 하는 자리라는 뜻으로, 신주(神主)나 지방(紙榜)을 이르는 말.
신위(神威)명 ①신의 위엄. ②감히 범할 수 없는 거룩한 위엄.
신유(辛酉)명 육십갑자의 쉰여덟째. ☞임술(壬戌)
신유-년(辛酉年)명 육십갑자로 해를 이를 때, 신유(辛酉)가 되는 해. 곧 천간(天干)이 신(辛)이고 지지(地支)가 유(酉)인 해. ☞유년(酉年). 임술년(壬戌年)
신은(神恩)명 신의 은혜.
신은(新恩)명 지난날, 새로 과거에 급제한 사람을 이르던 말. ☞신래(新來)
신음(呻吟)명-하다자 ①병이나 고통으로, 앓는 소리를 냄. ②괴로움이나 고통으로 허덕이며 고생함.
신:의(信義)명 믿음과 의리를 아울러 이르는 말.
신:의(信疑)명 믿음과 의심을 아울러 이르는 말.
신의(宸意)명 임금의 뜻. 신려(宸慮). 신지(宸旨)
신의(神意)명 신의 뜻.
신의(神醫)명 신통하게 병을 잘 고치는 의사.
신의(新醫)명 지난날, '양의(洋醫)'를 흔히 이르던 말.
신의-설(神意說)명 국가의 기초나 군주의 힘은 신(神)의 뜻에 있다는 종교적인 학설.
신이(神異)어기 '신이(神異)하다'의 어기(語基).
신이(新異)어기 '신이(新異)하다'의 어기(語基).
신-이:상주의(新理想主義)명 19세기 말에서 20세기에 걸쳐 일어난 철학·사상·문예의 한 경향. 자연 과학의 급속한 발달에 따른 실증주의와 유물론 등에 맞서, 이상주의 또는 관념론의 정신을 계승하고 발전시키고자 하였음. 네오이데알리즘(neo-idealism)
신이-하다(神異-)형여 신기하고 이상하다.
신이-하다(新異-)형여 새롭고 기이하다.
신-익다(神-)[-닉-]형 일을 많이 경험하여 신이 지핀 듯이 익숙하다.
신인(神人)명 ①신과 사람. ②신통력을 가진 사람.
신인(新人)명 ①예술계나 체육계 등 어떤 분야에 새로 나타나 활동을 시작한 사람. ¶- 배우/- 감독 ☞신진(新進) ②지난날, 새로 맞이한 아내 또는 첩을 이르던 말. ③인류의 진화 과정에서, 구인(舊人) 다음에 나타난, 현생 인류(現生人類)와 같은 종(種)인 화석 인류를 이르는 말.
신:인(愼人)명 조선 시대, 외명부 품계의 하나. 정삼품 당하관과 종삼품 종친(宗親)의 아내에게 내린 봉작(封爵). ☞숙인(淑人)
신인공:노(神人共怒)성구 천인공노(天人共怒)
신-인문주의(新人文主義)명 18세기 후반에 계몽주의에 반대하여 독일에서 일어난 문화·문예 사조(思潮). 고대 그리스와 르네상스를 이상으로 하여 인격의 발전과 완성을 추구함.
신-인상주의(新印象主義)명 근대 프랑스 회화의 한 경향. 색조의 분할을 철저히 한 점묘법(點描法)을 특징으로 삼았으며, 형태나 구도에서 안정성을 추구하였음. 점묘주의(點描主義)
신-인상파(新印象派)명 신인상주의의 화가의 일파. 점묘파(點描派)
신일(申日)명 간지(干支)의 지지(地支)가 신(申)인 날. 경신(庚申)·임신(壬申) 등. ☞원숭이날. 월건(月建). 일진(日辰). 태세(太歲)
신:임(信任)명-하다타 믿고 맡김, 또는 그러한 믿음. ¶윗사람의 -을 받다./-하는 직원.
신임(新任)명-하다자 새로 임명되거나 취임함, 또는 그 사람. ¶- 대사/- 장관
신:임-장(信任狀)[-짱]명 외교 사절을 파견하는 나라의 원수가 특정한 사람을 외교 사절로 파견하는 취지와 그 사람의 신분을 상대국에 정식으로 통고하는 문서. ☞해임장(解任狀)
신:임=투표(信任投票)명 국민의 대표 기관인 의회가 정부를 신임하느냐의 여부를 결정하기 위하여 하는 투표.
신입(新入)명-하다자 어떤 단체나 조직 따위에 새로 들어옴. ¶- 사원/- 회원
신입구:출(新入舊出)성구 새것과 묵은 것이 갈림을 이름.
신입-생(新入生)명 새로 입학한 학생.
신자(臣子)명 신하(臣下) ☞군부(君父)
신:자(信者)명 종교를 믿는 사람. ¶불교 - ☞신도(信徒)
신자(新字)명 새로 만든 글자.
신-자:본주의(新資本主義)명 수정 자본주의
신-자유주의(新自由主義)명 자유 방임적인 자유주의의 결함에 대하여 국가 사회 정책의 필요를 인정하면서도, 자본주의의 자유 기업 전통을 지키려는 경향.
신자전(新字典)명 최남선(崔南善)이 유근(柳瑾) 등과 함께 엮은 근대적인 한자 자전(字典). 중국의 '강희자전(康熙字典)'을 바탕으로 삼고 '전운옥편(全韻玉篇)'을 보완하여 각 한자마다 글자의 음과 뜻을 달았음. 부록으로 속자(俗字)와 신자(新字)를 실었음. 1915년에 펴냄. 4권 1책.
신작(新作)명-하다타 새로 만듦, 또는 그 작품. ¶- 소설/- 발표회 ☞구작(舊作)
신작-로(新作路)명 자동차가 다닐 수 있는, 새로 낸 큰 길. ☞구로(舊路)
신-장(-*欌)[-짱]명 신을 넣어 두는 장. 신발장
신장(身長)명 사람의 키. ☞키¹
신장(伸長)명-하다타 길게 늘임.

신장(伸張)명 -하다 자타 세력이나 규모 따위가 늘거나 커짐, 또는 늘리거나 크게 함. ¶수출 -/여권(女權) -/국력을 -하다.

신:장(訊杖)명 지난날, 죄인을 신문(訊問)할 때 매질하던 몽둥이. ☞곤장(棍杖)

신장(神將)명 ①신병(神兵)을 거느리는 장수. ②전략이나 전술에 귀신처럼 능한 장수. ③민속에서, 갑옷을 입고 투구를 쓴 귀신을 이르는 말. ④'화엄신장(華嚴神將)'의 준말.

신:장(腎臟)명 척추동물의 배설 기관. 몸 안에 생기는 불필요한 물질을 오줌으로 배설하고 체액의 균형을 유지하는 기능을 함. 사람의 경우는 척주(脊柱)의 양쪽에 하나씩 있으며, 길이는 10cm 가량이고 강낭콩 모양임. 내신(內腎). 신경(腎經). 콩팥[2] 준 신(腎) ☞두태(豆太)

신장(新粧)명 -하다 타 새로 단장함, 또는 그 단장.

신장(新裝)명 -하다 타 시설이나 겉모양 따위를 새롭게 꾸밈, 또는 그 꾸밈새. ¶- 개업

신:장=결석(腎臟結石)[-썩]명 신장에 결석이 생기는 병. 동통(疼痛)이 있고 오줌에 피가 섞여 나옴. 신결석

신:장=결핵(腎臟結核)명 신장이 결핵균에 감염되어 생기는 병.

신장-대(神將-)[-때]명 무당이 신장을 내릴 때 쓰는 막대기나 나뭇가지. ☞내림대

신:장-병(腎臟病)[-뼝]명 신장에 생기는 병을 통틀어 이르는 말. 신장염, 신장 결석, 신장 결핵 따위.

신:장-염(腎臟炎)[-념]명 신장에 생기는 염증. 부증(浮症)·혈뇨(血尿)·단백뇨(蛋白尿)가 주된 증세임.

신:장-증(腎臟症)[-쯩]명 네프로제(Nephrose)

신저(新著)명 새로 지어 펴낸 책.

신-전(-廛)명 지난날, 신을 파는 가게를 이르던 말.

신전(伸展)명 -하다 타 늘이어 펼침.

신전(神前)명 신령의 앞.

신전(神殿)명 신령을 모신 전각(殿閣).

신전(新田)명 ①새로 산 밭. ②'신기전(新起田)'의 준말.

신전(新錢)명 새로 주조한 돈.

신전=반:사(伸展反射)명 근육을 오래 뻗고 있으면 반사적으로 수축이 일어나 긴장이 더하여 가는 현상.

신전-장(伸展葬)명 펴묻기

신절(臣節)명 신하로서 지켜야 할 절개.

신:절(愼節)명 남을 높이어 그의 '병(病)'을 이르는 말.

신점(新占)명 -하다 타 집터나 묏자리를 새로 잡음.

신접(神接)명 -하다 자 신령이 몸에 지핌.

신접(新接)명 -하다 자 ①결혼을 하거나 따로 살림을 차려 나와, 한 집안을 이룸. ②타향에서 새로 옮겨 와서 삶.

신접-살림(新接-)명 -하다 자 신접살이

신접-살이(新接-)명 -하다 자 처음으로 차린 살림살이. 신접살림

신정(申正)명 십이시(十二時)의 신시(申時)의 중간. 지금의 오후 네 시. ☞유정(酉正)

신정(神政)명 신의 대변자인 사제(司祭)가 지배권을 가지는 정치.

신정(新正)명 ①양력 1월 1일. ②양력 정월. ☞구정(舊正)

신정(新訂)명 -하다 타 새로 바로잡아 고침. ¶- 교과서

신정(新情)명 새로 사귄 정.

신제(新制)명 새로운 제도나 체재. ☞구제(舊制)

신제(新帝)명 새로 즉위한 황제.

신제(新製)명 -하다 타 새로 만듦, 또는 그 물건.

신:조(信條)명 ①굳게 믿으며 지키는 생각. ¶정직을 생활 -로 삼고 있다. ②종교의 교의(敎義)나 조목.

신조(神助)명 신의 도움. 신우(神佑)

신조(神造)명 신이 만든 것.

신조(新造)명 -하다 타 새로 만듦.

신조(新調)명 새 곡조.

신종(信從)명 -하다 타 믿고 따름. ☞신복(信服)

신종(新種)명 ①새로운 종류. ②새로 발견하거나 새롭게 개량된 생물의 품종.

신:종(愼終)명 -하다 자 상사를 당하여 예절을 정중히 함.

신-종교(新宗敎)명 신흥 종교

신좌(申坐)명 묏자리나 집터 등이 신방(申方)을 등진 좌향(坐向).

신좌(辛坐)명 묏자리나 집터 등이 신방(辛方)을 등진 좌향(坐向).

신좌-을향(辛坐乙向)명 집터나 묏자리 등이 신방(辛方)을 등지고 을방(乙方)을 향한 좌향(坐向).

신좌-인향(申坐寅向)명 집터나 묏자리 등이 신방(申方)을 등지고 인방(寅方)을 향한 좌향(坐向).

신주(神主)명 죽은 이의 이름이나 법명(法名)을 적은 나무 패. 사판(祠版). 위패(位牌) ☞신위(神位). 지방(紙榜)

신주 모시듯 관용 몹시 조심스럽고 소중히 다루는듯이.

속담 **신주 개 물어 갔다** : 귀중하게 간직하고 위하던 것을 남에게 빼앗김을 이르는 말./**신주 치레하다가 제(祭) 못 지낸다** : 모양만 내다가 정작 해야 할 일을 하지 못함을 이르는 말.

신주(神酒)명 신령에게 올리는 술.

신주(新株)명 주식 회사가 자본을 늘리기 위하여 새로 발행하여 아직 첫 결산기가 지나지 않은 주식. ☞구주

신주(新註·新注)명 새로운 주석(註釋). ☞고주(古註)

신주-보(神主-)[-뽀]명 주독(主櫝)을 덮는 보. 독보

신주-양:자(神主養子)명 죽은 사람을 양자로 삼아 그 자손으로 하여금 대를 잇는 일. 백골양자(白骨養子). 사당양자(祠堂養子)

신-중 명 '여자 중'을 세속에서 이르는 말. ☞여승(女僧)

신:중(愼重)명 -하다 형 조심스럽고 무게가 있음. ¶-을 기하다./-한 태도.

신중-히 부 신중하게

신-중산층(新中產層)명 주로 자영업(自營業)을 하는 구중산층(舊中產層)에 상대하여, 도시의 봉급 생활자 계층을 이르는 말.

신-중:상주의(新重商主義)명 외국과 무역을 할 때, 관세 정책에 따라 수입을 제한하고 국내 수요를 억제함으로써 경제적 우위를 차지하려는 주의.

신중-절 명 여자 중들만 거처하며 수도하는 절을 세속에서 이르는 말. ☞ 여승방(女僧房)

신:증(信證)명 믿을만 한 증거.

신증동국여:지승람(新增東國輿地勝覽)명 조선 성종 때 펴낸 '동국여지승람(東國輿地勝覽)'을 중종 25년(1530)에 왕명에 따라 이행(李荇) 등이 증보(增補)한 지리서(地理書). 55권 25책.

신증유합(新增類合)명 조선 선조 9년(1576)에 유희춘(柳希春)이 '유합(類合)'을 증보(增補)하여 엮은 한자 학습서. 2권 1책.

신지(臣智)명 삼한(三韓) 때, 군장(君長)을 이르던 말.

신지(宸旨)명 임금의 뜻. 신의(宸意)

신지(神智)명 신묘한 지혜.

신-지식(新知識)명 새로운 지식.

신진(新陳)명 새 것과 묵은 것.

신진(新進)명 -하다 자 ①어떤 분야에 새로 나아감, 또는 그 사람. ¶- 세력/-들의 활약이 두드러지다. ②새로 관직에 오름.

신진=대:사(新陳代謝)명 ①묵은 것이 없어지고 새 것이 대신 생기는 일. 준 대사(代謝) ②물질 대사(物質代謝)

신-짚[-찝]명 짚신을 삼을 짚.

신-짝 명 ①신의 한 짝. ¶현관에서 -을 찾아 신다. ②'신'을 가벼이 여겨 이르는 말.

신찐-나무 명 베틀의 용두머리 한가운데에 박아 뒤로 내뻗친 조금 굽은 막대. 그 끝에 베틀신끈이 달림. 베틀신대. 신대. 신초리

신찐-줄 명 베틀에서, 신찐나무의 끝과 베틀신을 잇는 줄. 베틀신끈

신-착립(新着笠)명 -하다 자 지난날, 관례(冠禮)를 치른 뒤에 나이가 더 들어서 처음으로 초립(草笠)을 벗고 갓을 쓰던 일. ☞신상투

신찬(神饌)명 신령에게 올리는 음식물.

ㅅ

신찬(新撰)명-하다타 새로 책으로 엮음, 또는 그 책.
신참(新參)명-하다자 ①새로 들어옴, 또는 그 사람. ¶ - 사원 ☞고참(古參) ②지난날, 새로 임명된 관원이 처음으로 관아에 출근하던 일.
신-창명 신발의 밑창과 속창을 아울러 이르는 말.
신채(神彩)명 ①정신과 풍채. ②뛰어난 풍채.
신책(神策)명 신기하고 뛰어난 계책.
신:천옹(信天翁)명 '앨버트로스'의 딴이름.
신-천지(新天地)명 새로운 세상.
신철(伸鐵)명 강철 부스러기를 가열·압연한 강철.
신첩(臣妾)대 ①지난날, 주로 왕비가 임금에 대하여 스스로를 낮추어 일컫던 말. ☞첩(妾) ②지난날, 신하가 임금에 대하여 스스로를 낮추어 일컫던 말. 소신(小臣)
신청(申請)명-하다타 ①관계 기관이나 관계 부서에 어떠한 일이나 물품 등을 청구함, 또는 그러한 의사 표시. ¶ 휴가를 -하다./물품 - ②법률에서, 개인이 행정 기관에 대하여, 또는 행정 기관이 다른 행정 기관에 대하여 특정한 요구를 하는 의사 표시. ¶본안(本案)의 -.
신:청(信聽)명-하다타 곧이들음.
신청(神廳)명 무당이 자기가 섬기는 신을 모셔 두고 치성을 드리는 곳.
신청부-같다[-갇-]형 ①근심 걱정이 많아서 사소한 일을 돌아볼 마음의 여유가 없다. ②사물이 너무 작거나 모자라서 마음에 차지 아니하다.
신-청주(新淸酒)명 햇곡식으로 새로 빚어 떠낸 맑은 술.
신체(身體)명 ①사람의 몸. 구체(軀體) ☞육체(肉體) ② '시체(屍體)'를 에둘러 이르는 말.
신체(神體)명 신령을 상징하는 신성한 물체.
신체(新體)명 새로운 체재.
신체=검:사(身體檢査)명 건강 상태를 알기 위하여 몸의 각 부분을 검사하는 일. 준신검(身檢) ☞체격 검사
신체-권(身體權)[-꿘]명 인격권의 한 가지. 사람이 불법적으로 신체에 상해(傷害)를 입지 아니할 권리.
신체-발부(身體髮膚)명 몸과 머리털과 살갗이란 뜻으로, 몸 전체를 이르는 말.
신체-시(新體詩)명 갑오개혁 이후에 서양 시의 영향을 받아 나타난 새로운 형식의 시. 창가(唱歌)와 자유시(自由詩) 사이의 과도기적 형태의 것으로, 현대시의 출발점이 됨. 1908년, 최남선(崔南善)이 발표한 '해(海)에게서 소년에게'가 그 효시임. 신시(新詩)
신-체제(新體制)명 새롭게 고쳐지거나 다시 조직된 새로운 체제.
신체-형(身體刑)명 범죄인의 신체에 고통을 주는 형벌. 태형(笞刑)·장형(杖刑) 따위. ☞자유형(自由刑)
신초(申初)명 십이시(十二時)의 신시(申時)의 처음. 지금의 오후 세 시가 막 지난 무렵.
신초(辛楚)명 고통스럽고 괴로운 일. ☞신산(辛酸)
신초(神草)명 신령스러운 풀이라는 뜻으로, '산삼(山蔘)'을 달리 이르는 말. ☞동자삼(童子蔘)
신초(新草)명 그 해에 새로 난 담배. 햇담배 ☞진초(陳草)
신-초리명 신찐나무
신-총명 짚신이나 미투리의 총. ☞신골. 신울
신추(新秋)명 ①초가을 ②'음력 칠월'을 달리 이르는 말.
신축(辛丑)명 육십갑자의 서른여덟째. ☞임인(壬寅)
신축(伸縮)명-하다자타 늘고 줆, 또는 늘이거나 줄임. 서축(舒縮) ¶ -성/-하는 옷감.
신축(新築)명-하다타 건물을 새로 지음. ¶신축한 아파트./체육관을 -하다. ☞신설(新設)
신축=관세(伸縮關稅)명 보호 관세의 한 가지. 외국 상품의 부당한 염가(廉價)에 대항하기 위하여, 행정 관청이 일정한 한도 내에서 관세율을 증감하는 관세. ☞덤핑
신축-년(辛丑年)명 육십갑자로 해를 이를 때, 신축(辛丑)이 되는 해. 곧 천간(天干)이 신(辛)이고 지지(地支)가 축(丑)인 해. ☞임인년(壬寅年). 축년(丑年)
신춘(新春)명 ①새봄 ②새해
신출(新出)명-하다자 ①새로 세상에 나옴, 또는 그 사람이나 물건. ②초출(初出)
신출귀:몰(神出鬼沒)성구 귀신처럼 나타났다 사라졌다 한다는 뜻으로, 용병술(用兵術)에 변화가 많고 교묘함을 비유하여 이르는 말.
신출-내기(新出-)명 무슨 일을 하기 시작한 지가 얼마 안 되어서 일에 익숙하지 못한 사람을 얕잡아 이르는 말. ¶ - 기자/- 택시 기사
신충(臣忠)명 신하의 충성.
신:충(腎蟲)명 선형동물 신충과에 딸린 기생충. 지렁이 모양으로 몸이 매우 길며, 몸빛은 선홍색임. 가축이나 야생 동물의 신장에 기생함.
신칙(申飭)명-하다타 단단히 타일러 조심하게 함.
신친(神親)명 가톨릭에서, 대부모(代父母)와 대자녀(代子女) 사이의 친권(親權)을 이르는 말.
신-코명 신의 앞쪽 끝 부분.
신:탁(信託)명-하다타 ①믿고 맡김. ②현금이나 유가 증권, 부동산 등 재산을 가지고 있는 사람이 그 재산권을 남에게 넘기어 관리나 처분을 맡기는 일.
신탁(神託)명 신이 무당이나 예언자 등을 매개로 하여 자기의 판단이나 의지를 알리는 일. 선탁(宣託)
신:탁=사:업(信託事業)명 위탁자로부터 재산권을 넘겨받아, 그것의 관리나 처분을 영업으로 하는 사업. 신탁업
신:탁-업(信託業)명 신탁 사업
신:탁=통:치(信託統治)명 국제 연합의 신탁을 받은 나라가 일정한 지역을 통치하는 일.
신:탁=회:사(信託會社)명 신탁 사업을 경영하는 회사.
신탄(薪炭)명 땔나무와 숯. 시탄(柴炭)
신통(神通)어기 '신통(神通)하다'의 어기(語基).
신통-력(神通力)명 보통 사람은 할 수 없는 일을 마음대로 할 수 있는 불가사의한 힘. 통력(通力)
신통-술(神通術)명 보통 사람은 할 수 없는 일을 마음대로 할 수 있는 불가사의한 기술.
신통-스럽다(神通-)(-스럽고·-스러워)형ㅂ 신통한 데가 있다. ¶신통스럽게도 통증이 가시다.
신통-스레부 신통스럽게
신통찮다(神通-)형 신통하지 않다. 그리 좋지 아니하다. ¶요즘은 벌이가 -./몸이 -./솜씨가 -.
신통-하다(神通-)형여 ①매우 영검하고 신기하다. ¶ 신통하게 잘 듣는 약./몇 백년 전의 예언이 신통하게 들어맞았다. ②훌륭하고 대견하다. ¶어린 나이에 이만큼 한 것도 -. ③마땅하거나 다른 것보다 낫다. ¶모처럼 신통한 의견을 내놓았다./무슨 신통한 소식이 없나.
신통-히부 신통하게
신-트림명-하다자 시큼한 냄새나 신물이 목구멍으로 넘어오며 나는 트림.
신-틀명 미투리나 짚신 따위를 삼을 때 신날을 거는 틀.
신틸레이션카운터(scintillation counter)명 섬광계수기
신파(新派)명 ①새로운 유파. ②'신파극(新派劇)'의 준말. ☞구파(舊派)
신파-극(新派劇)명 창극(唱劇)과 신극(新劇)의 과도기적 형태의 연극. 1910년대에 일본에서 들어온 것으로, 처음에는 개화 사상을 주로 다루었으나, 차츰 세상 풍속이나 인정 비화 등의 통속적인 내용을 주로 다루었음. 신파 연극(新派演劇) 준신파(新派)
신파=연:극(新派演劇)명 신파극(新派劇)
신판(新版)명 ①새로 출판된 책. ②전에 출판했던 것을 새로 개정하거나 증보한 판, 또는 그 출판물. ¶개정 - ☞구판(舊版) ③과거의 어떤 사실·인물·작품 등과 비슷한, 새로운 사물이나 인물 등을 비유하여 이르는 말. ¶ - 심청전/- 놀부
신:편(信便)명 믿을만 한 인편(人便).
신편(新編)명 새롭게 편집함, 또는 새로 편집한 책.
신포(身布)명 조선 시대, 정군(正軍)이나 군보(軍保)가 군역(軍役) 대신에 바치던 베.
신:표(信標)명 뒷날에 보고 표가 되게 하기 위하여 서로 주고받는 물건. 신물(信物)
신-풀이(新-)명-하다타 맨땅이나 밭을 갈아 논을 새로 만드는 일, 또는 그 논.

신품(神品)명 ①신성한 품위. ②그림의 세 가지 품격의 하나. 가장 뛰어난 품격. ☞삼품(三品)
신품(新品)명 새로운 물품. ☞중고품(中古品)
신품=성:사(神品聖事)명 가톨릭에서, '성품 성사(聖品聖事)'의 구용어.
신풍(新風)명 ①신선한 바람. ②새로운 유풍(流風).
신필(神筆)명 아주 뛰어나게 잘 쓴 글씨.
신하(臣下)명 임금을 섬기어 벼슬하는 사람. 신(臣). 신복(臣僕). 신자(臣子). 인신(人臣)

한자 **신하 신**(臣) 〔臣部〕 ¶충신(忠臣)/간신(奸臣)

신하(新荷)명 새로 들어온 물건.
신하-신(臣下臣)명 한자 부수(部首)의 한 가지. '臥'·'臨' 등에서 '臣'의 이름.
신학(神學)명 어떤 종교나 신앙, 특히 크리스트교의 교의(敎義)를 체계적으로 연구하는 학문.
신학(新學)명 '신학문(新學問)'의 준말.
신학-교(神學校)명 크리스트교의 교리를 가르쳐 성직자를 양성하는 학교.
신-학기(新學期)명 새 학기.
신-학문(新學問)명 재래의 한학(漢學)에 대하여 근래 서양에서 들어온 새로운 학문을 이르는 말. 준신학(新學)
신학=삼덕(神學三德)명 가톨릭에서 이르는 세 가지 덕(德). 곧 믿음·소망·사랑.
신해(辛亥)명 육십갑자의 마흔여덟째. ☞임자(壬子)
신:해(信解)명 ①믿어 이해함. ②불교에서, 신앙에 의지하여 불법의 진리를 터득하는 일을 이르는 말.
신해-년(辛亥年)명 육십갑자로 해를 이를 때, 신해(辛亥)가 되는 해. 곧 천간(天干)이 신(辛)이고 지지(地支)가 해(亥)인 해. ☞임자년(壬子年). 해년(亥年)
신행(新行)명-하다자 혼행(婚行)
신향(新鄕)명 지난날, 타향에서 새로 이사 온 향족(鄕族)을 이르던 말.
신:허(腎虛)명 한방에서, 하초(下焦)가 허약한 병을 이르는 말. 노곤하고 식은땀이 나며 정수(精水)가 흐름.
신험(神驗)명 신비한 영험.
신혈(新穴)명 광물을 캐다가 새로 발견한 광맥.
신혈(을) 뜨다관용 신혈을 발견하다.
신혈(을) 먹다관용 신혈을 발견하여 큰 이익을 얻다.
신형(新型)명 전에 없던 새로운 형태, 또는 새로운 형태의 것. ¶ー 카메라/ー 자동차 ☞구형(舊型)
신:호(信號)명-하다자타 소리·빛깔·빛·모양 따위의 일정한 부호를 이용하여 의사를 전함, 또는 그 부호. 교통 신호 따위. 시그널(signal)
신호(新戶)명 새로 생긴 가구(家口).
신:호-기(信號旗)명 신호하는 데 쓰는 기.
신:호-기(信號機)명 교통의 안전을 위하여 신호를 내보내는 장치. 시그널(signal)
신:호=나팔(信號喇叭)명 군대 등에서, 신호로 부는 나팔. 기상 나팔 따위.
신:호-등(信號燈)명 교통 신호를 하기 위하여 켜는 등.
신:호-수(信號手)명 신호원(信號員)
신:호-원(信號員)명 신호하는 일을 맡아보는 사람. 신호수(信號手)
신:호-탄(信號彈)명 신호를 하기 위하여 쏘는 탄알. 터지면서 강렬한 소리나 연기 따위를 냄.
신혼(神魂)명 정신과 넋을 아울러 이르는 말.
신혼(晨昏)명 새벽과 해질녘을 아울러 이르는 말.
신혼(新婚)명-하다자 갓 혼인함. ¶ー 부부
신혼-여행(新婚旅行)[ー녀ー]명 혼인식을 마친 신혼 부부가 함께 가는 여행. 밀월여행(蜜月旅行)
신화(神化)명 ①신기한 변화. ②신의 조화(造化). ③-하다자 신이 됨, 또는 신과 같은 것으로 됨.
신화(神火)명 도깨비불
신화(神話)명 ①설화(說話)의 한가지. 한 민족 사이에 전승되는 신적 존재와 그 활동에 관한 이야기. 천지 창조의 신화, 건국 신화, 영웅 신화 따위. ¶단군 ー/그리스 ー ②많은 사람이 절대적인 것으로 믿고 있거나 획기적인 일을 비유하여 이르는 말. ¶스승에 대한 ー가 깨지다./불모의 육상계에 ー를 창조하다. ☞민담(民譚). 전설(傳說)
신화=시대(神話時代)명 역사 시대 이전, 신화에만 존재하는 시대. ☞선사 시대(先史時代)
신화-학(神話學)명 신화의 기원·성립·분포·의의 등을 연구하는 학문.
신환(新患)명 병원 등에서, '새로 온 환자'를 이르는 말.
신효(神效)명-하다형 신통한 효험, 또는 효험이 신통함.
신후(申後)명 신시(申時)가 지난 뒤.
신후(身後)명 죽은 뒤. 사후(死後)
신:후(愼候)명 병중(病中)에 있는 웃어른의 안부.
신:후(信厚)어기 '신후(信厚)하다'의 어기(語基).
신-후리명 고등어 잡이에 쓰는 후릿그물.
신후-사(身後事)명 죽은 뒤의 일이라는 뜻으로, 장사지내는 일을 뜻함.
신후지계(身後之計)명 죽은 뒤의 계획.
신후지지(身後之地)명 살아 있을 때 잡아 둔 묏자리.
신:후-하다(信厚ー)형여 신의(信義)가 있고 후덕하다.
신흥(新興)명-하다자 사회적 현상이나 사실 등이 새로 일어남. ¶ー 공업국/ー 재벌
신흥=계급(新興階級)명 사회 정세나 구조 등의 변동으로 갑자기 경제 상태가 넉넉해진 계급.
신흥=문학(新興文學)명 제일차 세계 대전 후 새로 일어난 문학의 여러 유파. 프롤레타리아 문학과 미래파·표현파·초현실파·신즉물주의(新卽物主義) 따위.
신흥=종교(新興宗敎)명 기성 종교에 상대하여, 새로 일어난 종교를 이르는 말. 신종교(新宗敎)
신희(新禧)명 새해의 복.
싣:다(싣고·실어)타ㄷ ①나를 것을 차·배·비행기나 짐승의 등 따위에 얹다. ¶채소를 트럭에 ー./물고기를 가득 실은 배. ②논이나 보에 물이 괴게 하다. ③글이나 그림 따위를 출판물에 내다. ¶독자의 투고를 ー. ④어떤 기운을 품거나 띠다. ¶봄바람이 실어 온 꽃향기.

한자 **실을 재**(載) 〔車部 6획〕 ¶게재(揭載)/기재(記載)/등재(登載)/적재(積載)

▶ **'싣다'와 '태우다'**
'탈것에 올려 놓거나 얹는다'는 뜻으로는 '싣다'나 '태우다'나 다 같은 말이다. 다만, 사람의 경우는 짐승과 구별하여 '싣다'가 아니고 '태우다'라 해야 바른 표현이다.
¶버스에 관광객을 태우고 간다.
소를 트럭에 싣고 간다.

실:명 고치·털·솜·삼 따위를 가늘고 길게 자아서 꼰 것. 피륙을 짜거나 바느질을 하는 데 쓰임.
실을 켜다관용 고치에서 실을 뽑아 내다.
속담 **실 가는 데 바늘도 간다** : 밀접한 관계에 있는 둘은 언제든지 서로 따라다닌다는 말./**실 엉킨 것은 풀어도 노 엉킨 것은 못 푼다** : ①작은 일은 쉽게 처리할 수 있어도 큰 일은 처리하기 어려움을 이르는 말. ②보기에 힘들 것 같은 일은 조심스럽게 다루기 때문에 쉽게 해결되지만, 보기에 쉬울 것 같은 일은 함부로 다루기 때문에 잘 해결되지 않음을 이르는 말.

한자 **실 사**(絲) 〔糸部 6획〕 ¶견사(絹絲)/마사(麻絲)/면사(綿絲)/모사(毛絲) ▷ 속자는 糸

실(失)명 ①노름판에서 잃은 돈. ②손실(損失). 손해(損害) ¶득(得)보다 ー이 많다.
실(室)[1]명 ①관청이나 회사 등에서 업무를 구분한 부서(部署)의 한 가지. ②〔의존 명사로도 쓰임〕 ㉠부서의 수를 나타내는 단위. ¶이 기관은 3부 2ー로 구성되어 있다. ㉡객실(客室) 따위의 수를 나타내는 단위. ¶300ー 규모의 호텔.
실(室)[2]명 '실수(室宿)'의 준말.

ㅅ

실(實)명 실질(實質). 내용 ¶명분보다 —이 중요하다.
실:-《접두사처럼 쓰이어》실[絲]의 뜻에서 옮아져, '가느다란', '아주 작은', '엷은' 따위의 뜻을 나타냄. ¶실금/실개울/실개천/실구름/실버들
실(實)-《접두사처럼 쓰이어》'실제의', '실질의'의 뜻을 나타냄. ¶실생활(實生活)/실수입(實收入)/실수요(實需要)/실머슴 ▷實의 속자는 実
-실(室)《접미사처럼 쓰이어》①'방'의 뜻을 나타냄. ¶비서실(祕書室)/사무실(事務室)/연구실(硏究室) ②시집간 사람을 친정 쪽 손윗사람이 부를 때, 시집의 성(姓) 아래 붙어 쓰임. ¶김실(金室)/이실(李室)/박실(朴室)
실가(室家)명 집 또는 가정.
실가(實家)명 ①자기가 태어난 집. 생가(生家) ②혼인을 하거나 양자로 다른 집에 들어간 사람의 친정이나 생가를 이르는 말.
실:-가지명 실처럼 가느다란 나뭇가지.
실가지락(室家之樂)명 부부 사이의 화락(和樂).
실각(失脚)명-하다자 ①발을 헛디딤. 실족(失足) ②실패하여 지위를 잃음. ¶—한 정치인.
실각-성(失脚星)명 전에는 있었다고 하나 이제는 찾아볼 수 없게 된 별.
실감(實感)명-하다타 실제로 체험한 느낌, 또는 실제로 체험하는듯 한 느낌. ¶고통을 —하다./— 나게 설명하다.
실:-감개명 실을 감아 두는 물건. ☞실패
실:-개울명 폭이 매우 좁은 개울.
실:-개천명 폭이 매우 좁은 개천. 소류(小流)
실:-갯지네명 참갯지렁잇과의 환형동물. 몸이 가늘고 길며 약 300개의 고리마디가 있음. 강물이 흘러 드는 해변의 진흙 속에 삶.
실거리-나무명 콩과의 덩굴성 낙엽 관목. 가지는 길게 구부러지고 전체에 갈고리 모양의 가시가 있음. 잎은 어긋맞게 나며 길둥근 꼴임. 5~6월에 노란빛의 꽃이 핌. 우리 나라와 일본, 중국 남부에 분포함.
실:-거위명 '요충(蟯蟲)'의 딴이름.
실격(失格)[—껵]명-하다자 자격을 잃음. ¶체중 미달로 —되다./규칙 위반으로 —하다. ☞합격(合格)
실경(實景)명 실제의 경치나 광경. 진경(眞景)
실계(失計)명 잘못된 계책. 실책(失策)
실:-고사리명 양치식물 실고사릿과의 덩굴성 여러해살이풀. 뿌리줄기는 옆으로 자라고, 작은 잎은 어긋맞게 나며 가장자리에 톱니가 있음. 남부 지방의 산기슭에서 자람. 포자는 한방에서 해금사(海金砂)라 하여 결석(結石)·천식 등에 약으로 쓰임.
실:-고추명 실처럼 가늘게 썬 고추. 주로 고명으로 쓰임. ☞채고추
실:-골:목명 폭이 매우 좁고 긴 골목.
실공(實功)명 실제의 공적.
실과(實果)명 ①먹을 수 있는 초목의 열매를 통틀어 이르는 말. ☞과실(果實) ②조과(造果)에 상대하여, 열매를 이르는 말.
실과(實科)[—꽈]명 실생활에 필요한 것을 내용으로 하는 교과목.
실과-나무(實果—)명 과수(果樹)
실:-구름명 실처럼 가늘고 긴 모양의 구름.
실:-국수명 발이 가는 국수. 사면(絲麵). 세면(細麵)
실:-굽명 그릇의 밑바닥에 돌려 있는 가는 받침.
실:굽-달이명 실굽이 달려 있는 그릇.
실궁(實弓)명 탄력의 세기에 따라 구별한 활의 한 가지. 강궁(強弓)보다는 무르고 실중힘보다는 센 활. ☞중힘
실권(失權)[—꿘]명-하다자 권리나 권세를 잃음. ☞복권
실권(實權)[—꿘]명 실제로 행사할 수 있는 권리나 권세. ¶—을 잡다.
실권=약관(失權約款)[—꿘—]명 채무자가 채무를 이행하지 않을 경우에 당연히 계약은 효력을 잃게 되며, 채무자는 계약상의 권리를 잃는다는 뜻을 정하는 약관.
실권-주(失權株)[—꿘—]명 회사가 유상 증자를 할 때 주주가 배정된 신주 인수권을 포기하고 대금을 납입하지 않은 주식.
실그러-뜨리다(트리다)타 실그러지게 하다. ☞샐그러뜨리다. 씰그러뜨리다
실그러-지다자 물체가 한쪽으로 기울어지다. ☞샐그러지다. 씰그러지다
실근(實根)명 대수 방정식의 실수(實數)인 근. ☞허근(虛根)
실:-금명 ①그릇 따위가 깨지거나 터지거나 하여 생긴 가는 금. ②가늘게 그은 금.
실금(이) 가다관용 그릇 따위가 깨져서 가는 금이 생기다. ¶사기그릇에 —.
실금(失禁)명-하다자 대소변을 참지 못하고 쌈.
실긋-거리다(대다)[—귿—]자타 물체가 자꾸 기울다, 또는 기울이다. ☞샐긋거리다. 씰긋거리다
실긋-샐긋[—귿—]부 실긋거리며 샐긋거리는 모양을 나타내는 말. ☞씰긋쌜긋
실긋-실긋[—귿—]부 물체의 한쪽이 잇달아 기우는 모양을 나타내는 말. ☞샐긋샐긋. 씰긋씰긋
실긋실긋-하다[—귿—귿—]형여 물체가 다 실그러진듯하다. ☞샐긋샐긋하다. 씰긋씰긋하다
실긋-하다[—귿—]형여 물체가 실그러진듯 하다. ☞살긋하다. 샐긋하다. 씰긋하다
실긋-이부 실긋하게 ☞살긋이. 샐긋이. 씰긋이
실기(失期)명-하다자 일정한 시기를 놓침. 기한을 어김.
실기(失機)명-하다자 기회를 놓침.
실기(實技)명 실제의 기능이나 기술. ¶— 교육
실기(實記)명 사실을 있는 그대로 적은 기록.
실기죽부 천천히 실그러지는 모양을 나타내는 말. ☞샐기죽. 씰기죽
실기죽-거리다(대다)자타 물체가 한쪽으로 천천히 기울다, 또는 기울이다. ☞샐기죽거리다. 씰기죽거리다
실기죽-샐기죽부 실기죽거리고 샐기죽거리는 모양을 나타내는 말. ☞씰기죽쌜기죽
실기죽-실기죽부 실기죽거리는 모양을 나타내는 말. ☞샐기죽샐기죽. 씰기죽씰기죽
실:-꾸리명 실을 둥글게 감아 놓은 뭉치.
실-꾼(實—)명 그 일을 능히 감당할만 한 일꾼.
실:-낱명 실의 올.
실낱 같다관용 ①아주 가늘다. ②목숨이나 희망 따위가 약하여 자칫하면 끊어질 것 같다. ¶실낱 같은 목숨.
실내(室內)명 ①방 안, 또는 집의 안. ¶— 장식 ☞실외(室外) ②남의 아내를 점잖게 일컫는 말. ¶— 마님
실내=경:기(室內競技)명 실내의 경기장에서 하는 운동 경기를 통틀어 이르는 말. 탁구나 배드민턴 따위.
실내-등(室內燈)명 실내에 켜는 등. ☞옥외등(屋外燈)
실내-복(室內服)명 실내에서 입는 옷.
실내-악(室內樂)명 실내에서 적은 인원으로 연주하기에 알맞은 기악 합주곡. 성부(聲部) 수에 따라 이중주·삼중주·사중주·오중주 등이 있음.
실내=오:락(室內娛樂)명 실내에서 할 수 있는 오락. 바둑이나 장기 따위.
실내=장식(室內裝飾)명 건물의 내부를 그 용도에 맞게 아름답게 꾸미는 일. 인테리어(interior)
실내-화(室內靴)명 실내에서 신게 만든 신.
실념(失念)명-하다타 깜박 잊어버림. 망각(忘却)
실념-론(實念論)명 실재론(實在論)의 한 가지로, 보편적 개념의 실재를 주장하는 학설. ☞유명론(唯名論)
실:-노린재명 실노린잿과의 곤충. 몸이 매우 가늘며 몸길이는 6~7mm. 몸빛은 엷은 황록색임. 산지의 낙엽 밑 그늘진 곳에 떼지어 사는데, 농작물이나 수목의 해충임.
실농(失農)명-하다자 ①농사짓는 일에 실패함. ②농사를 지을 시기를 놓침.
실-농군(實農軍)명 ①착실한 농군. ②실지로 농사를 지을 힘이 있는 사람.
실:-눈명 ①가늘고 긴 눈. ②가늘게 뜬 눈. ¶—을 뜨고 바라보다.
실담(失談)[—땀]명 실수로 잘못한 이야기.

실담(實談)[-땀]명 ①진실한 말. 거짓이 없는 말. ②실제로 있었던 이야기.
실-답다(實-)(-답고·-다워)형ㅂ 진실하고 미덥다. ¶실다운 청년./실답지 않게 대답하다.
실당(失當)[-땅]명-하다자 사리에 어그러짐.
실:-대:패명 목재를 가늘게 깎는 작은 대패.
실덕(失德)[-떡]명 ①-하다자 덕망을 잃음, 또는 그러한 행실. ②점잖은 사람의 허물.
실덕(實德)[-떡]명 진실한 덕성.
실:-도랑명 아주 작은 도랑.
실독-증(失讀症)[-똑-]명 대뇌 피질의 장애로 말미암아 글을 읽을 수 없게 되는 병적 상태. ☞실어증
실동-률(實動率)[-똥-]명 연간 일수에 대한, 기계나 설비를 사용한 일수의 비율. ☞가동률(稼動率)
실동=시간(實動時間)[-똥-]명 근무 시간 중에서 휴식 시간 등을 뺀, 실제로 근무하는 시간. ☞구속 시간
실:-뒤명 집을 짓고 남은 뒷마당. ☞실터
실떡-거리다(대다)자 실없이 웃으며 쓸데없는 말을 자꾸 하다.
실떡-실떡부 실떡거리는 모양을 나타내는 말.
실뚱머룩-하다형여 마음에 내키지 않아서 시무룩하다.
실:-뜨기명-하다자 실의 양끝을 마주 매어 양쪽 손가락에 얼기설기 얽어 가지고 두 사람이 주고받으면서 여러 가지 모양을 만드는 놀이.
실랑이명-하다자 서로 옳으니 그르니 하며 다투는 일. 승강이 ¶주차 때문에 이웃과 -를 벌이다.
실랑이-질명-하다자 ①이러니저러니 하며 남을 시달리게 하는 짓. ②서로 옳으니 그르니 하며 자꾸 다투는 짓. 승강이 ¶차도에 차를 세워 두고 -을 한다.
실력(實力)명 ①실제로 일을 해낼 수 있는 능력. ¶-이 뛰어나다./-을 쌓다. ②무력(武力)이나 완력(腕力)을 이르는 말. ¶-을 행사하다.
실력-다짐(實力-)명-하다재타 ①실력을 더욱 튼튼히 하는 일. ②실력으로 남을 굴복시키는 일.
실력-범(實力犯)명 강력범(強力犯)
실력-자(實力者)명 실제의 권력이나 역량을 가지고 있는 사람. ¶막후 -
실련(失戀)명-하다자 '실연(失戀)'의 원말.
실례(失禮)명-하다자 말이나 행동이 예의에 벗어남, 또는 그러한 말이나 행동. 결례(缺禮). 실수(失手)
실례(實例)명 실제의 예. ¶-를 들면서 설명하다.
실-로(實-)부 참으로 ¶- 놀랄만 하다.
실로(失路)명-하다자 길을 잃음.
실로스탯(coelostat)명 천문 관측 기계의 한 가지. 두 평면경으로 천체의 빛을 일정한 방향으로 유도하여 관측하는 장치.
실로폰(xylophone)명 타악기의 한 가지. 길이와 두께에 따라 조율한 나무토막을 음계순(音階順)으로 늘어놓고, 채로 쳐서 소리를 냄. 목금(木琴)
실록(實錄)명 ①사실을 있는 그대로 적은 기록. ¶6·25 전쟁 -. ②한 임금의 재위 동안의 사적(事蹟)을 연대순으로 기록한 것. ¶세조 - ☞일기(日記)
실록-자(實錄字)명 조선 시대, 임진왜란으로 소실된 역대 실록과 난후(亂後) 주자(鑄字) 인쇄가 회복되기까지의 실록들을 찍어내기 위하여 만든 목활자(木活字).
실루리아기(∠Silurian紀)명 지질 시대 구분의 한 가지. 고생대(古生代) 가운데서 셋째로 오래된 시대. 약 4억 4600만 년 전부터 약 4억 1600만 년 전까지의 시기. 바다 속에는 산호·삼엽충(三葉蟲)이 번성하였고, 육상에는 하등의 양치류(羊齒類)가 나타났음. 고틀란드기 ☞오르도비스기
실루민(silumin)명 알루미늄 경합금의 한 가지. 알루미늄에 규소를 첨가하여 만든 주물용(鑄物用) 합금.
실루엣(silhouette)명 ①윤곽 안이 검게 칠해진 사람의 얼굴 그림. ②검은색의 그림자 그림만으로 표현한 영화 장면. ③옷차림에서, 옷의 입체적 윤곽을 이르는 말.
실룩부 입 따위를 한쪽으로 좀 실그러지게 움직이는 모양을 나타내는 말. ☞샐룩. 씰룩
실룩-거리다(대다)타 ①입 따위를 잇달아 한쪽으로 좀 실그러지게 움직이다. ¶볼을 -. ②걸음을 걸을 때 살진 엉덩이를 이리저리 내젓다. 실룩이다 ☞샐룩거리다. 씰룩거리다
실룩-실룩부 실룩거리는 모양을 나타내는 말. ☞샐룩샐룩. 씰룩씰룩
실룩-이다타 실룩거리다 ☞샐룩이다. 씰룩이다
실리(失利)명-하다자 손해를 봄. 몰리(沒利)
실리(實利)명 실제로 얻는 이익. 실익(實益) ¶-를 따지다./명분보다 -를 중요시하다.
실리다[1]자 실어지다. ¶트럭에 실려 있는 이삿짐을 내리다./신문에 날마다 시사 만평이 -./보에 물이 가득 실려 있다./눈빛에 원망이 실려 있었다./피로가 실린 목소리.
실리다[2]타 신게 하다. ¶부상자를 들것에 -.
실리-적(實利的)명 실제로 이익이 되는 것. ¶매사를 -으로 해결하자.
실리-주의(實利主義)명 ①공리주의(功利主義) ②형벌은 사회 방위의 수단으로서, 사회의 필요와 실익(實益)에 기인한다는 법리상의 주의. ③바둑에서, 상대편의 말을 잡는 것보다 자기 집을 크게 만들려고 하는 주의.
실리카겔(silica gel)명 형체가 일정하지 않은 규산. 규산나트륨의 수용액에 염화칼슘을 더하여 합성하며, 무색 또는 백색임. 가스나 수증기·물 등에 대한 흡착력이 강하여 탈수제나 건조제 등으로 쓰임.
실리콘:(silicone)명 규소 수지(硅素樹脂)
실리콘:=가공(silicone加工)명 물건에 실리콘을 바르거나 먹이는 가공.
실린더(cylinder)명 증기 기관이나 내연 기관 등의 주요 부분의 하나. 유체(流體)를 밀폐한 원통형의 그릇인데, 그 속을 피스톤이 왕복 운동을 함. 기통(汽筒)
실:-마디명 실에 생긴 마디. ¶-를 풀다.
실:-마루명 매우 좁은 툇마루. 실퇴
실:-마리명 ①실의 첫머리. ¶-를 찾다. ②일이나 사건의 첫머리. 단서(端緖) ¶사건의 -가 잡히다.

한자 실마리 서(緖)〔糸部 9획〕¶단서(端緖)/서론(緖論)

실망(失望)명-하다자 희망을 잃음. ¶기대가 크면 -도 크게 마련이다.
실망=실업자(失望失業者)명 실제로는 경제 활동 인구지만 실업률 통계 때 일할 의사가 없는 비경제 활동 인구에 포함되거나, 구직 노력에도 불구하고 일자리를 찾지 못하여 조사 기간 중 구직 활동을 포기함으로써 비경제 활동 인구로 분류되는 인구를 이르는 말.
실:-머리동이명 머리에 넓이가 닷 푼쯤 되는 색종이를 두른 연. ☞동이연
실-머슴(實-)명 지난날, 상일을 가리지 않고 잘하는 머슴을 이르던 말.
실면(實綿)명 씨를 빼지 않은 목화.
실명(失名)명 이름이 전해지지 않아서 알 수 없음.
실명(失明)명-하다자 시력을 잃음. 상명(喪明)
실명(失命)명-하다자 목숨을 잃음.
실명(實名)명〔가명(假名)이나 별명 등에 상대하여〕본디의 이름. 본명(本名). 본이름 ☞위명(僞名)
실명-씨(失名氏)명 이름을 모르는 사람. 무명씨(無名氏)
실모(實母)명 친어머니. 친모(親母) ☞계모(繼母)
실:-몽당이명 실을 꾸려 감은 뭉치.
실무(實務)명 실제의 업무. ¶- 능력/-에 밝다.
실무-자(實務者)명 어떤 사무 등을 직접 맡아 하는 사람. 당무자(當務者)
실무-적(實務的)명 실무에 관계되는 것. ¶-인 문제.
실무-주의(實務主義)명 실무를 가장 중요시하는 경향이나 태도.
실문(實聞)명-하다타 직접 자기 귀로 들음.
실물(失物)명-하다자 물건을 잃음, 또는 그 물건.
실물(實物)명 ①실제의 물체나 인물. ¶- 크기의 사진./-이 더 아름답다. ②주식이나 채권, 상품 등의 현

품(現品). 현물(現物) ¶ — 거래 ☞선물(先物)²

실물=거:래(實物去來)명 주식의 매매 계약이 이루어지면, 결제일에 증권과 대금을 주고받는 거래. 현물 거래(現物去來) ☞선물 거래. 청산 거래

실물=경제(實物經濟)명 자연 경제(自然經濟)

실물=광:고(實物廣告)명 실물을 일반 사람들의 앞에 제시하는 광고.

실물=교:수(實物敎授)명 추상적인 언어로 하는 교수에 상대하여, 그림이나 사진·모형·실물 따위의 구체적인 사물을 만지거나 관찰하여 감각적으로 체험하도록 하는 교수법. 직관 교수(直觀敎授)

실물=교환(實物交換)명 화폐를 쓰지 않고 실물로 교환하는 일.

실물-대(實物大)명 실물과 꼭 같은 크기. ¶ —의 모형.

실물-수(失物數)[—쑤]명 물건을 잃을 운수.

실물=임:금(實物賃金)명 화폐 대신에 물건으로 지급하는 임금.

실미적지근-하다형여 ①조금 식어서 미지근하다. ¶ 찌개가 실미적지근하여 다시 데우다. ②어떤 일이 마음에 내키지 않아서 열성이 없다. ¶ 공부하는 품이 —. 유실미지근하다

실미적지근-히부 실미적지근하게

실미지근-하다형여 ①더운 기운이 있는듯 마는듯 하다. ②열기나 열성이 적다. ¶ 경기가 —./응원이 —. 유실미적지근하다

실미지근-히부 실미지근하게

실:-바람명 ①솔솔 부는 바람. ②풍력 계급 1급에 해당하는 바람. 가장 약한 바람으로, 풍속은 매초 0.3~1.5m. 풍향계로는 바람기를 알아낼 수 없고, 연기가 날리는 것으로 풍향을 알 수 있을 정도임. ☞남실바람

실:-반대[—빤—]명 뽑아 낸 고치실을 둥글게 사리어 놓은 뭉치.

실:-밥[—빱]명 ①옷 따위를 꿰맨 실의 겉으로 드러난 부분. ¶ —을 뽑다. ②옷 솔기 따위에서 뜯어낸 실의 부스러기. ☞실보무라지

실백(實柏)명 실백잣 ¶ 수정과에 —을 띄우다.

실백자(實柏子)명 실백잣

실백-잣(實柏—)명 껍데기를 벗긴 알맹이 잣. 실백. 실백자(實柏子) ☞겉잣

실:-뱀명 실뱀과의 파충류. 몸길이 8~10cm이고 실처럼 가늘고 길며, 머리가 좁고 길. 몸빛은 등 쪽은 연한 갈색이고 배 부분은 누런색이며, 몸의 옆면에 연한 황갈색의 세로줄이 여러 개 있음. 우리 나라와 중국 북부 등지에 분포함.

속담 **실뱀 한 마리가 온 바닷물을 흐린다** : 되잖은 사람 하나가 전체에 좋지 않은 영향을 끼친다는 말. (한 갯물이 열 갯물 흐린다/미꾸라지 한 마리가 온 웅덩이를 흐린다)

실:-뱀:장어(—長魚)명 뱀장어의 새끼.

실:-버들명 가지가 가늘고 길게 늘어진다 하여, '수양버들'을 달리 이르는 말.

실버=산업(silver産業)명 노인을 위하여 여러 가지 상품을 제조·판매하거나 의료 시설이나 편의 시설 따위를 세우는 산업.

실범(實犯)명 실제로 죄를 저지른 사람.

실:-보무라지[—뽀—]명 실의 부스러기. 사설(絲屑)

실-복마(實卜馬)명 무거운 짐을 실을 수 있는 튼튼한 말.

실본(失本)명-하다자 본전에서 밑지는 일. 낙본(落本)

실봉(實捧)명 ①실제로 받는 금액. ②빚을 꼭 갚을 사람.

실부(實父)명 친아버지. 친부(親父) ☞양부(養父)

실-부모(實父母)명 친아버지와 친어머니. 친부모

실:-비명 실같이 가늘게 내리는 비. 사우(絲雨) ☞가랑비

실비(實費)명 실제로 드는 비용.

실:-사(—糸)명 한자 부수(部首)의 한 가지. '結'·'索'·'經' 등에서 '糸'의 이름.

실사(實事)[—싸]명 실제로 있는 일. 사실(事實)

실사(實査)[—싸]명-하다타 실제 검사하거나 조사함.

실사(實寫)[—싸]명-하다타 실물·실경·실황 등을 그리거나 촬영함, 또는 그 그림이나 사진.

실사(實辭)[—싸]명 실질 형태소(實質形態素)

실사-구시(實事求是)[—싸—]명 사실에 토대를 두고 진리를 탐구하는 일, 또는 그런 학문 태도.

실사=영화(實寫映畫)[—싸—]명 배우나 세트를 쓰지 않고, 실경·풍속·뉴스 등의 실황을 찍은 영화.

실-사:회(實社會)[—싸—]명 [관념적인 사회에 상대하여] 실제의 사회. 현실 사회.

실살[—쌀]명 겉으로 드러나지 않은 이익. 유실속

실살-스럽다[—쌀—](—스럽고·—스러워)형ㅂ 말이나 행동이 실없지 않고 충실하다.

실살-스레부 실살스럽게

실상(實狀)[—쌍]명 실제의 상태. ¶ —을 보도하다. 부 실제로 ¶ 생각보다 — 큰 사고는 아니었다.

실상(實相)[—쌍]명 ①실제 모양이나 내용. ②불교에서, 있는 그대로의 만물의 모양을 이르는 말. ☞가상(假相)

실상(實像)[—쌍]명 빛이 렌즈를 통과하거나 구면경(球面鏡)에 반사한 뒤 다시 한 점에 모여 이루어진 상. 실영상(實映像) ☞허상(虛像)

실:-새:삼명 메꽃과의 한해살이풀. 콩과 식물에 주로 기생하는 식물임. 실 모양의 덩굴이 50cm 안팎 자라고 잎은 비늘같이 작고 어긋맞게 남. 7~8월에 흰 꽃이 피며, 열매는 한방에서 강장제 따위로 쓰임.

실색(失色)[—쌕]명-하다자 놀라서 얼굴빛이 변함. ¶ 사고 소식을 듣고는 —하여 쓰러졌다./대경(大驚) —

실:-샘명 나비목·날도래목 곤충의 애벌레가 가진 분비선. 고치나 집을 지을 때 실을 분비함. 견사선(絹絲腺)

실생(實生)[—쌩]명-하다자 씨에서 싹이 터서 자람, 또는 그러한 식물. ☞접목(接木). 휘묻이

실생-법(實生法)[—쌩뻡]명 씨를 심어서 식물을 번식시키는 방법. ☞접붙이기

실-생활(實生活)[—쌩—]명 실제의 생활. 현실 생활.

실선(實線)[—썬]명 끊어지지 않고 이어진 선.

실섭(失攝)[—썹]명-하다자 몸조리를 그르침.

실성(失性)[—썽]명-하다자 정신에 이상이 생기어 제정신을 잃음. 실진(失眞) ¶ —하여 멍하니 앉아 있다.

실성(室星)[—썽]명 실수(室宿)

실세(失勢)[—쎄]명-하다자 세력을 잃음. ☞득세(得勢)

실세(實勢)[—쎄]명 ①실제의 세력, 또는 그 기운. ②실제의 시세.

실세=시세(實勢時勢)[—쎄—]명 한 나라 통화(通貨)의 실제 대외 가치를 나타내는 환시세.

실소(失笑)[—쏘]명-하다자 ①참아야 할 자리에서 참지 못하고 웃는 일, 또는 그 웃음. ¶ —를 금할 수 없다. ②저도 모르는 사이에 웃음이 터져 나오는 일, 또는 그 웃음. ¶ —를 자아내다.

실:-소금쟁이명 실소금쟁잇과의 곤충. 몸이 막대 모양으로 가늘고 길며, 몸길이는 1~1.4cm임. 몸빛은 어두운 갈색인 것이 많음. 못이나 하천 따위에 삶.

실-소:득(實所得)명 가처분 소득(可處分所得)

실속[—쏙]명 ①실제의 내용. 알맹이가 되는 내용. ¶ 크기만 하지 —이 없다. ②겉으로 드러나지 않는 알찬 이익. ¶ 제 —만 차린다. 유실살

실속(失速)[—쏙]명-하다자 비행 중이던 비행기가 갑자기 속도를 잃는 현상. 날개의 양력(揚力)이 떨어져 기수(機首)가 내려가고 고도(高度)를 잃음.

실속(實速)[—쏙]명 ①실속도 ②대지 속도(對地速度)

실-속도(實速度)명 실제의 속도. 실속(實速)

실솔(蟋蟀)[—쏠]명 '귀뚜라미'의 딴이름.

실수(失手)[—쑤]명-하다자 ①부주의로 잘못을 저지름, 또는 그 잘못. ¶ —로 유리창을 깨다./—는 빨리 잊어라. ②실례(失禮) ¶ 이웃 어른께 큰 —를 했다.

실수(室宿)명 이십팔수(二十八宿)의 하나. 북쪽의 여섯째 별자리. 실성(室星) 준실(室)

실수(實收)[—쑤]명 실제의 수입이나 수확.

실수(實需)[—쑤]명 '실수요(實需要)'의 준말. ☞가수

(假需)

실수(實數)[-쑤] 명 ①실제의 수효. ②유리수와 무리수를 통틀어 이르는 말. ☞허수(虛數)

실수-금(實受金)[-쑤-] 명 실제로 받은 돈.

실-수요(實需要) 명 실제로 소비하기 위한 수요. 준 실수(實需) ☞가수요(假需要)

실-수요자(實需要者) 명 실제로 필요하여 사거나 얻으려고 하는 사람. ☞가수요자(假需要者)

실-수익(實收益) 명 실제의 수익.

실-수입(實收入) 명 실제의 수입.

실습(實習)[-씁] 명 -하다 타 실지로 해 보고 익힘. ¶구급 치료를 -하다./요리를 -하다.

실습-생(實習生)[-씁-] 명 실습하는 학생.

실습-지(實習地)[-씁-] 명 농작물 재배 등의 실습을 위하여 마련된 땅.

실시(失時)[-씨] 명 -하다 자 때를 놓침.

실시(實施)[-씨] 명 -하다 타 실제로 시행함. ¶병충해 방제 작업을 -하다.

실시=등:급(實視等級)[-씨-] 명 맨눈으로 본 별의 밝기를 등급으로 나타낸 것. ☞절대 등급(絶對等級)

실시=연성(實視連星)[-씨-] 명 망원경 따위로 그 궤도 운동을 실제로 볼 수 있는 연성(連星). ☞분광 연성

실신(失身)[-씬] 명 -하다 자 ①여자가 정조를 잃음. 실절(失節). 실정(失貞) ②목숨을 잃음.

실신(失信)[-씬] 명 -하다 자 신용을 잃음.

실신(失神)[-씬] 명 -하다 자 ①정신을 잃음. 상신(喪神) ¶충격적인 소식을 듣고 -하다. ②뇌빈혈 따위로 말미암아 일시적으로 의식을 잃는 상태.

실:실 부 ①소리 없이 실답잖게 웃는 모양을 나타내는 말. ②부질없이 지껄이는 모양을 나타내는 말. ☞샐샐

실실-거리다(대다) 자 ①실실 웃다. ②부질없이 자꾸 지껄이다. ☞샐샐거리다

실심(失心)[-씸] 명 -하다 자 근심 따위로 마음이 산란해지고 맥이 빠짐. 상심(喪心)

실쌈-스럽다(-스럽고·-스러워) 형ㅂ 말이나 행동이 착실하고 부지런하다.

실:-안:개 명 엷게 낀 안개.

실액(實額) 명 실제의 금액.

실어(失語) 명 -하다 자 ①말실수. 실언(失言) ②말을 잊어버리거나 바르게 하지 못함.

실어-증(失語症)[-쯩] 명 대뇌 피질의 언어 중추의 장애로 말을 하거나 말을 이해하는 일이 불완전해지는 병.

실언(失言) 명 -하다 자 해서는 안 될 말을 실수로 함, 또는 그 말. 말실수. 실어(失語) ¶취중에 -을 하다.

실업(失業) 명 -하다 자 ①생업(生業)을 잃음. ②노동자가 노동할 의욕과 능력을 가지고도 일할 기회를 얻지 못하는 상태. ¶- 보험/- 인구

실업(實業) 명 농업·공업·상업·수산업 등 생산 경제에 관한 사업. ¶- 교육/- 학교

실업-가(實業家) 명 기업체를 경영하는 사람.

실업-계(實業界) 명 ①실업의 영역. ②실업가들의 사회.

실업=교:육(實業敎育) 명 실업 일을 하려는 사람에게 필요한 지식과 기능을 가르치고 체득시키는 교육.

실업-률(失業率) 명 노동력을 가진 인구 가운데서 실업자가 차지하는 비율.

실업=보:험(失業保險) 명 사회 보험의 한 가지. 피보험자인 근로자가 직장을 잃었을 경우 보험금을 지급하여 생활의 안정을 보장해 주는 보험. ☞고용 보험제

실업=수당(失業手當) 명 실업 보험에 따라서 실업자에게 지급되는 수당.

×**실업의-아들** 명 →시러베아들

실업=인구(失業人口) 명 노동할 의사와 능력을 가지고 있으나 취업하지 못하고 있는 인구.

실업-자(失業者) 명 직업을 잃거나 얻지 못한 사람.

실업=학교(實業學校) 명 실업 교육을 실시하는 학교.

실-없:다[-업-] 형 말이나 행동이 실답지 않다. ¶바쁜 사람 붙잡고 실없는 말만 늘어놓는다.

실-없이 부 실없게 ¶- 돌아다니다.

속담 **실없는 말이 송사(訟事) 건다** : 무심히 한 말 때문에 큰 탈이 생김을 이르는 말./**실없는 부채 손** : 눈은 높아 좋은 것을 원하나 손이 둔해 이루지 못하는 경우를 이르는 말.〔시렁 눈 부채 손〕

실없-쟁이[-업-] 명 '실없는 사람'을 놀리어 이르는 말.

실역(實役) 명 현역으로 군 복무를 치르는 병역.

실연(失戀) 명 -하다 자 연정(戀情)이 상대편에게 통하지 않거나 사랑이 받아들여지지 않게 됨. 원 실련(失戀)

실연(實演) 명 -하다 자타 ①실제로 해 봄. ¶마술을 -하다. ②무대 따위에서, 배우가 실제로 연기함.

실연적=판단(實然的判斷) 명 주어(主語)와 술어(述語)의 관계가 실제로 성립함을 나타내는 판단. 'A는 B이다.' 라는 따위. ☞개연적 판단

실열(實熱) 명 한방에서, 몸에 열이 나고 목이 마르며 대변과 소변이 순조롭지 않은 병을 이르는 말.

실엽(實葉) 명 포자엽(胞子葉)

실-영:상(實映像) 명 실상(實像)

실:-오라기 명 실오리 ¶- 하나 걸치지 않은 몸.

실:-오리 명 실의 가닥. 실오라기 ¶- 같은 희망.

실온(室溫) 명 방안의 온도.

실외(室外) 명 건물이나 방 따위의 바깥 공간. ¶- 운동 ☞실내(室內)

실용(實用) 명 -하다 타 실제로 씀. ¶- 가치를 따지다.

실용=단위(實用單位) 명 기본 단위나 유도(誘導) 단위와 달리 실생활에서 편리하게 쓰이는 단위. 마력(馬力)·볼트·와트 따위.

실용-문(實用文) 명 실생활에서 쓰는 글. 공문·통신문·서간문(書簡文) 따위.

실용-성(實用性)[-썽] 명 실제로 쓸모가 있는 성질이나 특성. ¶보기에도 좋고 -도 갖춘 디자인.

실용-신안(實用新案) 명 물품의 형상·구조 등에 관하여 산업상 이용할 수 있는 실용적인 새 형태의 고안. 법에 따라 등록함으로써 실용신안권을 가지게 됨.

실용신안-권(實用新案權)[-꿘] 명 공업 소유권의 한 가지. 실용신안을 등록한 사람이 그 실용신안에 대하여 독점적·배타적으로 가지는 지배권.

실용-적(實用的) 명 실제로 쓸모가 있는 것. ¶집의 구조가 -이다./-인 글을 주로 쓴다.

실용-주의(實用主義) 명 관념이나 사상을 행위와 관련하여 파악하는, 현대 미국의 대표적인 철학 이론. 인간 생활이나 행위에서 유용성을 떠나서는 진리란 있을 수 없다고 봄. 프래그머티즘(pragmatism)

실용-품(實用品) 명 실제로 쓸모가 있는 물품.

실용-화(實用化) 명 -하다 자타 쓰여지거나 쓰이도록 함. ¶개발 단계를 지나 - 단계에 들어섰다.

실-은(實-) 부 사실은 ¶- 나도 잘 모른다.

실음(失音) 명 -하다 자 목소리가 쉼.

실의(失意) 명 -하다 자 뜻이나 의욕을 잃음. ¶-에 빠지다./-에 찬 나날. ☞득의(得意)

실의(實意) 명 -하다 자 진실한 뜻. 참다운 마음.

실익(實益) 명 실제의 이익. 실리(實利)

실인(失認) 명 대뇌에 장애가 생겨, 감각기 등에 장애가 없는데도 사람이나 물건을 인식하지 못하는 상태.

실인(室人) 명 남에게 자기 '아내'를 일컫는 말. 내자(內子)

실인(實印) 명 인감 도장(印鑑圖章)

실인심(失人心) '인심을 잃음'의 뜻.

실자(實子)[-짜] 명 자기가 낳은 아들. 친아들

실자(實字)[-짜] 명 한자에서, 형상(形象)이 있는 사물을 본뜬 글자. 日·月·山·川·木 따위.

실-작인(實作人) 명 지난날, 착실하게 농사를 잘 짓는 소작인(小作人)을 이르던 말.

실:-잠자리 명 실잠자릿과의 잠자리를 통틀어 이르는 말. 몸길이는 4cm 안팎이며 배와 날개는 가늚. 방울 실잠자리, 참실잠자리 따위가 있음. 기생잠자리

실재(實才)[-째] 명 글재주가 있는 사람.

실재(實在) 명 ①-하다 자 실제로 존재함. 실존(實存) ¶-

의 인물./―하지 않는 가공의 인물. ②철학에서, 의식이나 주관으로부터 독립된 객관적 존재를 이르는 말. ☞가상(假象)

실재-론(實在論)[―째―] 명 철학에서, 의식이나 주관으로부터 독립된 객관적 존재를 인정하고 그것을 올바른 인식의 목적 또는 기준으로 삼는 인식론의 사고 방식. ☞관념론(觀念論)

실재-성(實在性)[―째썽] 명 철학에서, 의식이나 주관으로부터 독립하여 객관적으로 존재하는 성질.

실재-적(實在的)[―째―] 명 실재하는 것. 실재하는 것의 특성을 가진 것.

실적(失跡)[―쩍] 명-하다 자 자취를 감춤.

실적(實積)[―쩍] 명 실제의 용적이나 면적.

실적(實績)[―쩍] 명 실제의 업적이나 공적. ¶영업 ―이 좋다./―을 높이 평가하다.

실전(失傳)[―쩐] 명-하다 타 지난날의 학술이나 예술·기술 등이 전해지지 않음.

실전(實戰)[―쩐] 명 실제의 싸움. ¶―에 강하다.

실절(失節)[―쩔] 명-하다 자 여자가 정조를 잃음. 실신(失身). 실정(失貞) ☞수절(守節)

실점(失點)[―쩜] 명-하다 자 경기나 승패 등에서 점수를 잃음, 또는 잃은 그 점수. ¶―을 만회하다. ☞득점(得點)

실정(失政)[―쩡] 명-하다 자 정치를 잘못함, 또는 잘못된 정치. ¶거듭되는 ―을 규탄하다. ☞악정(惡政)

실정(失貞)[―쩡] 명-하다 자 ①여자가 정조를 잃음. 실신(失身). 실절(失節) ②동정(童貞)을 잃음.

실정(實定)[―쩡] 명-하다 타 실제로 정함.

실정(實情)[―쩡] 명 ①실제의 사정. ¶―을 파악하다. ②진실한 마음. 진정(眞情)

실정-법(實定法)[―쩡뻡] 명 현실적으로 시행하고 있는 법. 곧 사람이 인위적(人爲的)으로 정하여 고치거나 폐기할 수 있는 법. 성문법·관습법·판례법 따위. 실증법(實證法) ☞자연법(自然法)

실제(實弟)[―쩨] 명 친아우

실제(實際)[―쩨] 명 ①사실 그대로의 상태. ¶―의 상황을 보고하다./―로 나타난 사실을 확인하다. ②이론이나 상상이 아닌 사실 그대로의 경우, 또는 처지. ¶환자의 간호에 대한 이론과 ―에 두루 밝다.

실제-적(實際的)[―쩨―] 명 실제의 것. ¶―인 해결 방법을 찾다.

실조(失調)[―쪼] 명 조화나 균형을 잃음. ¶영양 ―

실족(失足)[―쪽] 명-하다 자 ①발을 잘못 디딤. 헛디딤. ②행동을 잘못함.

실존(實存)[―쫀] 명 ①-하다 자 실제로 존재함. 실재(實在) ¶― 인물을 주인공으로 한 작품. ②철학에서, 가능적 존재인 본질에 대하여 구체적·실질적인 존재. 특히 인간의 주체적 존재를 의미함.

실존-주의(實存主義)[―쫀―] 명 객관적·관념적인 인간 파악이 아니고, 현실 속의 자기자신의 실존을 자각하는 일을 철학적 사색의 목표로 삼는 사상.

실종(失踪)[―쫑] 명-하다 자 종적을 잃어 있는 곳이나 생사를 알 수 없게 됨.

실종=선고(失踪宣告)[―쫑―] 명 사람의 실종 상태가 오래 계속되어 사망으로 추측될 때, 법원이 하는 선고. 선고에 따라 그 사람은 사망한 것으로 간주하여 신분이나 재산상의 법률 관계가 정리됨.

실종-자(失踪者)[―쫑―] 명 ①실종된 사람. ②법원에서 실종 선고를 받은 사람.

실주(實株)[―쭈] 명 거래할 때 실제로 주고받는 주식의 현물(現物). 정주(正株) ☞공주(空株)

실죽(實竹)명 줄기의 속이 비지 않고 차 있는 대나무.

실-중력(實中力)명 실중힘

실-중힘(實中―)명 탄력의 세기에 따라 구별한 활의 한 가지. 실궁보다는 무르고 중힘보다는 센 활. 실중력(實中力) ☞강궁(強弓). 연상(軟上)

실증(實證)[―쯩] 명-하다 타 ①확실한 증거. ②사실로써 증명함. ¶이론을 실험을 통하여 ―하다. ③한방에서, 체력이 충실하여 질병에 대한 저항력이 강한 체질을 이르는 말. ☞표증(表證). 허증(虛證). 보사(補瀉)

실증-론(實證論)[―쯩―] 명 실증주의(實證主義)

실증-법(實證法)[―쯩뻡] 명 실정법(實定法)

실증-적(實證的)[―쯩―] 명 경험·관찰·실험 등을 통해 실제로 증명이 되는 것. ¶―인 접근 방법.

실증-주의(實證主義)[―쯩―] 명 과학으로 얻어지는 지식의 총체만이 참된 지식이라고 보는 근대 철학의 한 경향. 자연 과학이 급속히 발달하고 공업 사회가 성립되었던 프랑스 혁명기의 대표적 철학. 실증론(實證論)

실지(失地)[―찌] 명 잃어버린 땅.

실지(實地)[―찌] 명 ①실제의 처지. ②실제의 장소.

실지(實智)명 불교에서, 진리를 깨닫는 참된 지혜를 이르는 말. ☞권지(權智)

실지=답사(實地踏査)[―찌―] 명 실제로 현장에 가서 보고 조사하는 일.

실직(失職)[―찍] 명-하다 자 직업을 잃음.

실직(實職)[―찍] 명 ①지난날, 관원의 직책으로 실제 담당하던 직무. ②지난날, 정식 규정에 따라서 두었던 문무관의 실질적인 관직. 정직(正職)

실직(實直)[―찍] 어기 '실직(實直)하다'의 어기(語基).

실직-록(實職祿)[―찍―] 명 지난날, 실직(實職)의 관원에게 지급하던 녹봉.

실직-하다(實直―)[―찍―] 형여 성실하고 정직하다.

실진(失眞)[―찐] 명-하다 자 실성(失性)

실질(實質)[―찔] 명 실제로 지닌 내용이나 성질.

실질-론(實質論)[―찔―] 명 실질주의(實質主義)

실질-범(實質犯)[―찔―] 명 결과범(結果犯)

실질-법(實質法)[―찔뻡] 명 법률 관계를 직접 규율하는 법률. 단순히 법률 관계의 준거법(準據法)을 지정하는 국제 사법(國際私法) 규정에 상대하여, 법 적용 당사국의 민법·상법 따위를 이름.

실질=소:득(實質所得)[―찔―] 명 명목 소득에서 물가 변동분을 뺀 소득. ☞명목 소득(名目所得)

실질-어(實質語)[―찔―] 명〈어〉단어로서 실질적인 뜻을 지니고 있는 말. 명사·동사·형용사 따위.

실질=임:금(實質賃金)[―찔―] 명 명목 임금을 물가 지수(物價指數)로 나눈 임금. 곧 임금으로 실제 구매할 수 있는 생활 물자의 양을 표시한 것.

실질-적(實質的)[―찔쩍] 명 실질의 내용을 갖춘 것. ¶―인 변화는 없다. ☞형식적(形式的)

실질-주의(實質主義)[―찔―] 명 형식보다 내용을 중요하게 여기는 태도나 경향. 실질론(實質論)

실질=형태소(實質形態素)[―찔―] 명〈어〉구체적인 대상을 나타내는 단어나 단어의 중심이 되는 뜻을 지닌 형태소. '신을 신는다.'에서 '신을'의 '신', '신는다'의 '신-'이 이에 해당함. 개념어(概念語). 실사(實辭). 의미소(意味素) ☞형식 형태소(形式形態素)

실쭉 부 ①피부나 고무 따위를 한쪽으로 길쭉이 실그러지게 움직이는 모양을 나타내는 말. ¶입을 ― 움직이다. ②마음에 맞갖잖아 틀어지는 모양을 나타내는 말. ¶서운한 마음에 ― 토라지다. ☞샐쭉

실쭉-거리다(대다) 자타 ①피부나 고무 따위가 한쪽으로 길쭉이 자꾸 실그러지다, 또는 그리 되게 하다. ②마음에 맞갖잖아 자꾸 틀어지다. 실쭉이다 ☞샐쭉거리다

실쭉-실쭉 부 실쭉거리는 모양을 나타내는 말. ¶입을 ―하더니 끝내 울음을 터뜨리고 말았다. ☞샐쭉샐쭉

실쭉-이다 자타 실쭉거리다 ☞샐쭉이다

실쭉-하다 형여 ①한쪽으로 길쭉하게 실그러져 있다. ②마음에 맞갖잖아 틀어진 태도가 있다. ☞샐쭉하다

실책(失策)명 잘못된 계책이나 처리. ¶―을 범하다.

실천(實踐)명-하다 타 실제로 행동으로 옮김. ¶말보다 ―이 중요하다./―에 옮기다./계획을 ―하다.

실천-가(實踐家)명 할 일을 행동으로 직접 옮기는 사람.

실천-궁행(實踐躬行)명 실제로 몸소 행동으로 옮김.

실천-력(實踐力)[―녁]명 계획 따위를 실제로 행동으로 옮기는 힘.

실천=윤리(實踐倫理)명 도덕의 실천적 방면을 주로 연구하는 윤리학.
실천=이:성(實踐理性)명 칸트 철학에서, 도덕적인 실천의 의지를 규정하는 이성. ☞순수 이성(純粹理性)
실천-적(實踐的)명 실천에 바탕을 두는 것.
실천=철학(實踐哲學)명 인간의 윤리적·실천적 행위에 따르는 여러 문제를 연구하는 철학. ☞이론 철학
실:-첩명 실이나 헝겊 조각 따위를 담는 그릇의 한 가지. 종이를 배접하여 접어서 만듦.
실체(失體)명-하다자 체면을 잃음.
실체(實體)명 ①실제의 물체, 또는 겉모습에 가려진 진정한 모습. ¶-를 파악하다. ②철학에서, 현상의 바탕이 되는, 영원히 변하지 않는 본질적 존재.
실체-경(實體鏡)명 두 장의 사진이나 그림 따위를 사용하여 어떤 상(像)을 실물과 같이 입체적으로 보이게 하는 장치. 입체경(立體鏡)
실체-론(實體論)명 존재론(存在論)
실체-법(實體法)[-뻡]명 권리나 의무의 실체를 규정하는 법률. 민법·상법·형법 등. 주법(主法) ☞절차법
실체=자:본(實體資本)명 화폐 등을 포함한 실체적인 재화로 존재하는 기업 자본. ☞명목 자본(名目資本)
실체=진:자(實體振子)명 복진자(複振子)
실체-파(實體波)명 진원지에서 지구 내부로 전파하는 지진파. ☞표면파(表面波)
실체-화(實體化)명-하다자타 철학에서, 단순한 속성(屬性)이나 추상적인 개념의 내용을 객관화하여 독립적 실체로 만드는 일.
실총(失寵)명-하다자 받아 오던 총애를 받지 못하게 됨.
실추(失墜)명-하다타 명예나 위신 따위를 떨어뜨리거나 잃음. ¶권위를 -하다.
실측(實測)명-하다타 실제로 측량함. ¶- 면적
실측-도(實測圖)명 실제로 측량하여 그린 도면.
실컷부 마음에 차도록 한껏. 마음껏 ¶- 먹다.

> ▶ '실컷'의 어원(語源)
> ㅇ '싫증'이라는 단어는 '싫은 증'이라는 뜻이라 하여 어원을 밝혀 '싫-'로 표기한다.
> ㅇ '실컷'이라는 단어도, 사실은 '싫다'의 '싫'에 어원을 두었다고 할 수 있겠으나 본디 뜻과는 딴말로 변한 데서 소리나는 대로 '실컷'으로 표기한다.

실켓(silket)명 인조 견사(人造絹絲)
실크(silk)명 견사(繭絲), 또는 그 실로 짠 피륙.
실크로:드(Silk Road)명 아시아의 내륙을 동서(東西)로 횡단하던 고대의 통상로(通商路). 동방에서 서방으로 간 대표적인 상품이 중국의 비단이었던 데서 비롯된 말임. 비단길
실크스크린=인쇄(silk screen印刷)명 스크린 인쇄
실크프린트(silk print)명 명주에 날염(捺染)한 것.
실크해트(silk hat)명 겉을 비단으로 싼 서양식 모자. 원통 모양이고 춤이 높으며 챙이 좁음. 주로 남성이 정장할 때 씀.
실큼-하다형여 조금 싫어하는 생각이나 태도가 있다.
실탄(實彈)명 쏘았을 때 실제로 효력을 나타내는 탄알. ☞공포탄(空砲彈)
실태(失態)명 본디의 면목을 잃음, 또는 그런 모양.
실태(實態)명 있는 그대로의 상태. 실제의 형편. ¶하천의 오염 -를 조사하다.
실:-터명 집과 집 사이에 있는 길고 좁은 빈터. ☞실뒤
실:-테명 물레의 얼레에 일정하게 감은 실의 분량, 또는 그렇게 감긴 실의 묶음.
실토(實吐)명-하다타 숨겼던 사실을 모두 털어놓음. 토설(吐說). 토실(吐實) ¶거짓 증언한 사실을 -하다.
×**실-토리**명 →실톳
실토정(實吐情) '거짓이 없는 참된 심정이나 사실을 솔직히 털어 놓음'의 뜻.
실:-톱명 도림질을 하는 데 쓰는 실같이 가는 톱.
실:-톳명 ①방추형으로 감아 놓은 실뭉치. 피륙을 짤 때 북에 넣어서 씀. ②물레로 자은 실을 받아 감는 막대기.
실:-퇴(-*退)명 매우 좁은 툇마루. 실마루
실투(失投)명-하다자 야구 등에서, 공을 잘못 던지는 일.
실투(失透)명 유리 속에 결정(結晶)이 생겨서 투명도가 낮아지는 현상.
실투-유(失透釉)명 도자기의 몸에 입히는 불투명한 잿물.
실:-파명 몸이 가느다란 파. 세총(細葱) ☞왕파. 움파
실:파-장:국명 국의 한 가지. 쇠고기 맑은장국에 연한 실파를 넣고 끓인 국.
실팍-지다형 실팍한 모양이 있다.
실팍-하다형여 사람이나 물건이 보기에 다부지고 실하다. ¶실팍한 두 다리로 버티고 서다.
실:-패명 실을 감아 두는 작은 도구.
실패(失敗)명-하다자타 잘못하여 뜻을 이루지 못하고 헛되이 됨. ¶결혼에 -하다./사업이 -하다.
실:패-강정명 실패 모양으로 가운데가 잘록한 강정.
실:-핏줄명 모세혈관(毛細血管)
실-하다(實-)[1]타여 떡고물로 쓸 깨를 물에 불려 껍질을 벗기다.
실-하다(實-)[2]형여 ①야무지고 튼튼하다. ¶보기보다 몸이 실한 편이다./책상을 아주 실하게 만들었다. ②재물 따위가 넉넉하다. ¶양가가 모두 살림이 실한 편이다. ③모자람이 없이 차거나 넉넉하다. ¶쌀을 열 사람이 먹기에 실하게 안쳤다. ④착실하고 믿을 수 있다. ¶실한 일꾼을 만났다.
　실-히부 실하게. 넉넉히. 족히 ¶- 한 달은 걸리겠다.
실학(實學)명 조선 중기인 17세기 후반에, 이론에만 치우치던 성리학을 비판하고 일어난 현실 개혁적인 학문과 사상 체계. 실증적인 방법으로 학문을 연구하고 그 성과를 실생활에 활용하고자 하였던, 실사구시(實事求是)와 이용후생(利用厚生)의 학문.

실학-자(實學者)명 조선 시대, 실학을 주장하던 사람.
실학-파(實學派)명 조선 시대, 실학을 주장하던 학파.
실함(失陷)명-하다자타 ①헛디디어 구렁에 빠짐. ②적에게 거점이나 진지 등을 빼앗김.
실함(實銜)명 지난날, 실제로 근무하는 관직을 이르던 말. ☞차함(借銜)
실행(失行)명-하다자 도의에 어긋나게 행동함.
실행(實行)명-하다타 실제로 함. ¶-에 옮기다./도시 계획을 -하다./환경 운동을 -하다.
실행=미:수(實行未遂)명 범죄를 실행하였으나 목적한 결과가 발생하지 않은 경우를 이르는 말.
실행=미:수범(實行未遂犯)명 실행 미수에 그친 범죄, 또는 그 범인. 결효범(缺效犯)
실행=예:산(實行豫算)명 정부 예산이 국회에서 성립된 후, 그 예산의 범위 안에서 실행에 적합하도록 정부가 재편성한 예산.
실행=정:범(實行正犯)명 교사(敎唆)와 같은 무형적 정범에 상대하여, 직접적으로 범죄를 실행한 유형적 정범을 이르는 말.
실행-증(失行症)[-쯩]명 대뇌 피질의 운동 영역에 생긴 장애로 말미암아 늘 하던 동작이 뜻대로 되지 않는 증세.
실행=행위(實行行爲)명 범죄의 기본적 구성 요건에 해당하는 행위.
실향(失鄕)명-하다자 고향을 잃거나 빼앗김.
실향-민(失鄕民)명 고향을 잃고 타향살이를 하는 사람.
실험(實驗)명-하다타 ①일정한 조건을 설정하고 그 상태에서 일어나는 현상을 관측하여, 어떤 법칙을 찾아내거나 증명하는 일. ¶화학 -을 하다. ②실제로 시험하거나 경험함, 또는 그 시험이나 경험. ¶작가의 - 정신.
실험=과학(實驗科學)명 실험을 연구의 중요한 수단으로 삼는 과학.
실험=교:육학(實驗敎育學)명 교육학의 한 분야. 관찰·실험·통계 등의 방법으로 학생의 심신 상태나 교육 정도에 관하여 연구함.
실험=극장(實驗劇場)명 영리보다는 새로운 연극을 시도하려고 실험적으로 운영하는 극장.

실험-대(實驗臺)명 실험의 대상물이나 기구를 얹고 실험하기 위해 마련한 대.
실험=소:설(實驗小說)명 과학자가 실험실에서 실험을 하여 그 결과를 관찰하듯이, 작가가 작중 인물을 어떤 조건에 놓아 두고 그 반응을 정확하고 객관적으로 묘사한 소설. 프랑스의 소설가 에밀 졸라의 자연주의 소설론에 근거한 것임.
실험-식(實驗式)명 화합물의 조성(組成)을 원소 기호로 간단하게 나타내는 화학식.
실험-실(實驗室)명 실험을 하기 위하여 필요한 설비와 기구를 갖춘 방.
실험=심리학(實驗心理學)명 정신 현상의 연구에 실험적 방법을 적용하는 심리학. 주로 자연 과학적인 관찰과 실험을 이용함.
실험-적(實驗的)명 실험에 따르는 것, 또는 실험의 성질이나 특성을 가진 것. ¶-인 방법./-인 작품.
실험=학교(實驗學校)명 새로운 교육의 이론이나 방법을 실제로 적용하고 연구하기 위하여 세운 학교.
실험=현:상학(實驗現象學)명 정신 현상의 연구에 실험적 방법을 적용하는 심리학. 현상에 관한 경험을 그대로 파악하여 그 특성을 기술·분류하는 한편, 그 현상이 나타나는 조건을 실험하여 밝히는 것을 목표로 함.
실현(實現)명-하다자타 실제로 나타나거나 나타냄. ¶꿈을 -하다./이상이 -되다.
실현-성(實現性)[-썽]명 실현될 가능성. ¶-이 없다.
실현-화(實現化)명-하다타 실제로 나타나게 함.

실혈(失血)명-하다자 출혈이 멈추지 않음. 탈혈(脫血)
실혈-증(失血症)[-쯩]명 한방에서, 피가 몸 밖으로 나오는 병을 통틀어 이르는 말. 객혈·변혈(便血) 따위.
실형(實兄)명 친형(親兄)
실형(實刑)명 실제로 받는 체형(體刑). ☞집행 유예
실혜(實惠)명 실제로 받는 은혜나 혜택.
실혼(失魂)명-하다자 몹시 두려워서 넋을 잃음.
실-혼처(實婚處)명 믿을 수 있는 혼처.
실화(失火)명-하다자 실수로 불을 냄, 또는 그 불. ☞방화
실화(失和)명-하다자 서로 사이가 좋지 않게 됨.
실화(實話)명 실지로 있었던 이야기.
실화=문학(實話文學)명 실화를 바탕으로 한 문학.
실화-죄(失火罪)[-쬐]명 실수로 건조물·기차·자동차·선박·항공기 등에 불을 내어 짓는 죄.
실황(實況)명 실제의 상황. ¶경기 -을 보도하다.
실황=방:송(實況放送)명 텔레비전이나 라디오 등에서, 스튜디오나 현장에서 진행되는 상황을 직접 방송하는 일.
실효(失效)명-하다자 효력을 잃음. ☞발효(發效)
실효(實效)명 실제의 효력. ¶-를 거두다.
실효=가격(實效價格)[-까-]명 소비자가 같은 상품을 각각 다른 가격으로 구입하고 있을 때, 그 가격들의 가중 평균 가격.
싫다 형 ①마음에 들지 않다. ¶말만 앞세우는 사람은 -. ②하고 싶지 않다. ¶가기가 -.
싫어-하다[실-]타여 싫게 여기다. ¶벌레를 -.

한자 싫어할 염(厭)〔厂部 12획〕¶염세(厭世)/염증(厭症)
싫어할 혐(嫌)〔女部 10획〕¶혐기(嫌忌)/혐오(嫌惡)

싫증[실쯩]명 싫은 생각. 달갑지 않게 여기는 마음. 염증(厭症) ¶공부하는 데 -을 내다.
싫증-나다[실쯩-]자 싫어하는 마음이 생기다. ¶똑같은 소리를 자꾸 하니 싫증난다.
싫증-내:다[실쯩-]자타 싫은 생각을 나타내다. ¶같은 일을 싫증내지 않고 열심히 한다.
심[1]명 소의 심줄.
심[2]명 '산삼(山蔘)'의 심마니말. ¶- 봤다!
심(心)[1]명 ①죽에 곡식 가루를 반죽하여 잘게 뭉쳐 넣은 덩이. 팥죽에 넣는 새알심 따위. ②곪아서 고름이 빠진 구멍 등에 박는 솜이나 헝겊 따위의 물건. 심지 ③나무줄기 가운데의 연한 줄기. 나무의 고갱이. ④무 등의 뿌리 속에 든 질긴 부분. ⑤양복 저고리의 어깨나 깃 따위에 빳빳하게 하여 모양을 내려고 넣는 헝겊. ⑥연필 따위의 대의 한복판에 박혀 있는 빛깔을 내는 부분. ⑦'촉심(燭心)'의 준말.
심(心)[2]명 '심수(心宿)'의 준말.
-심(心)《접미사처럼 쓰이어》'마음'의 뜻을 나타냄. ¶애국심(愛國心)/충성심(忠誠心)/호기심(好奇心)
심각(深刻)[1]명-하다타 깊이 새김.
심각(深刻)[2]어기 '심각(深刻)하다'의 어기(語基).
심각-하다(深刻-)형여 ①매우 중요하거나 절박하다. ¶심각하게 논의하다./심각한 표정. ②정도가 매우 심하다. ¶실업 문제가 갈수록 심각해진다.
심각-히부 심각하게
심간(心肝)명 ①심장(心臟)과 간장(肝臟). ②마음속
심갱(深坑)명 깊은 구덩이.
심겁(心怯)어기 '심겁(心怯)하다'의 어기(語基).
심겁-하다(心怯-)형여 소심하고 겁이 많다.
심결(審決)명 특허 심판 등에서, 심리(審理)의 결정.
심경(心經)[1]명 심장에서 갈려 나온 경락(經絡).
심경(心經)[2]명 '반야심경(般若心經)'의 준말.
심경(心境)명 마음의 상태. 마음의 경지. 의태(意態) ¶갑자기 -의 변화를 보이다./-이 복잡하다.
심경(深更)명 깊은 밤. 심야(深夜)
심경(深耕)명-하다타 논이나 밭을 깊이 가는 일. 깊이갈이
심경(深境)명 깊은 경지.
심경=소:설(心境小說)명 작가가 일상 생활을 소재로 하여 자기의 심경을 솔직히 그린 소설. ☞본격 소설(本格小說). 사소설(私小說)
심경언:해(心經諺解)명 조선 세조 때 한계희(韓繼禧) 등이 왕명에 따라 반야바라밀다심경(般若波羅蜜多心經)을 한글로 번역한 책. 세조 9년(1463)에 펴냄. 반야심경언해(般若心經諺解)
심계(心界)명 ①마음이 편하고 편하지 못한 형편. ②마음의 세계. ☞물질계(物質界). 정신계(精神界)
심계(心悸)명 심장의 고동.
심계(深戒)명-하다타 깊이 경계함.
심계(深計)명 깊은 계략.
심계=항:진(心悸亢進)명 흥분하거나 과로했을 때, 또는 심장병 등으로 말미암아 심장의 고동이 빨라지고 세어지는 상태.
심-고명 활시위를 걸 수 있게 양냥고자 끝에 소의 심줄로 만들어 댄 고.
심고(心告)명-하다타 천도교에서, 일을 시작하기 전에 먼저 한울님에게 마음으로 고(告)하는 일.
심곡(心曲)명 간절하고 애틋한 마음. 정곡(情曲). 충곡
심곡(深谷)명 깊은 골짜기.
심골(心骨)명 ①정신과 육체. ②마음속
심광체반(心廣體胖)성구 마음이 너그러우면 몸이 편안함을 이르는 말.
심교(心交)명 서로 마음을 터놓고 사귀는 벗.
심교(深交)명-하다자 정분이 깊은 사귐.
심구(心垢)명 불교에서, 마음을 더럽히는 때라는 뜻으로 '번뇌(煩惱)'를 이르는 말.
심구(深究)명-하다타 깊이 연구함.
심구(深溝)명 깊은 도랑.
심구(尋究)명-하다타 찾아서 밝힘.
심굴(深窟)명 깊숙한 굴.
심궁(深宮)명 깊고 그윽한 궁중.
심규(深閨)명 부녀자가 거처하는, 깊숙이 들어앉은 방이나 집채.
심근(心根)명 겉으로 드러나지 않는 속마음.
심근(心筋)명 심장의 벽을 이루고 있는 두꺼운 근육.
심근=경색증(心筋梗塞症)명 심장 질환의 한 가지. 관상동맥(冠狀動脈)에 혈전(血栓)·색전(塞栓) 등이 생겨, 순환 장애로 심근이 괴사(壞死)하는 병. 흉부에 심한 통증을 느끼며 흔히 발작적으로 일어남.
심금(心琴)명 어떤 자극을 받고 미묘하게 움직이는 마음을 거문고에 비유하여 이르는 말.

심금(을) 울리다 관용 감동을 주다. 감동시키다 ¶심금을 울리는 대금 소리.
심급(審級) 명 법률에서, 같은 사건을 서로 다른 법원에서 반복하여 심판하는 경우에 그 법원 사이의 심판 순서, 또는 상하의 관계. 우리 나라는 원칙적으로 삼심 제도(三審制度)를 채택하고 있음.
심:급(甚急) 어기 '심급(甚急)하다'의 어기(語基).
심:급-하다(甚急-) 형여 매우 급하다.
심기(心氣) 명 마음으로 느끼는 기분. ¶-가 좋지 않다./불편한 -를 드러내다.
심기(心機) 명 마음의 움직임, 또는 마음의 작용.
심기다[1] 자 심음을 당하다. ¶꽃밭의 앞쪽에는 채송화가 심겨 있다.
심기다[2] 타 심게 하다. ¶실습으로 아이들에게 모를 -.
심기일전(心機一轉)[-쩐] 성구 어떤 계기를 통하여 이제까지 품었던 마음을 완전히 바꿈을 이르는 말.
심기-증(心氣症)[-쯩] 명 신경증의 한 가지. 자기의 건강을 지나치게 염려하여 병이 없는데도 병이 있다고 여기는 증세. 히포콘드리(Hypochondrie)
심-나물 명 말린 쇠심을 물에 불려 잘게 썬 다음 데쳐서 숙주나물에 넣어 먹는 음식.
심:난(甚難) 어기 '심난(甚難)하다'의 어기(語基).
심:난-하다(甚難-) 형여 매우 어렵다.
심낭(心囊) 명 심막(心膜)
심념(心念) 명-하다 타 마음속으로 생각함, 또는 그 생각.
심념(深念) 명 깊은 생각.
심-녹색(深綠色) 명 짙은 초록색. 심록(深綠)
심뇌(心惱) 명 마음속에서 일어나는 괴로움.
심:다[-따] 타 ①초목이 자라도록 뿌리나 씨앗 따위를 땅속에 묻다. ¶나무를 -./예쁜 꽃을 -. ②마음에 깊이 새겨지게 하다. ¶항상 감사하는 마음을 심어 주다.

한자 심을 식(植) 〔木部 8획〕 ¶식목(植木)/식수(植樹)/식재(植栽)/이식(移植)
심을 재(栽) 〔木部 6획〕 ¶분재(盆栽)/재배(栽培)

심담(心膽) 명 심지(心地)와 담력.
심담(深潭) 명 깊은 못. 심연(深淵)
심-대(心-)[-때] 명 바퀴나 팽이 따위의 중심을 이루는 대. 축(軸)[1]
심:대(甚大) 어기 '심대(甚大)하다'의 어기(語基).
심대(深大) 어기 '심대(深大)하다'의 어기(語基).
심:대-하다(甚大-) 형여 매우 크다. ¶손실이 -.
심대-하다(深大-) 형여 깊고 크다.
심덕(心德) 명 덕이 있는 마음. 어질고 너그러운 마음.
심도(心到) 명 독서삼도(讀書三到)의 하나. 글을 읽을 때에는 마음을 오로지 글 읽기에만 집중해야 함을 이르는 말. ☞구도(口到). 안도(眼到)
심도(深度) 명 깊은 정도.
심도(深悼) 명-하다 자 마음속 깊이 슬퍼함. ☞애도(哀悼)
심독(心讀) 명-하다 타 마음속으로 읽음.
심-돋우개(心-) 명 등잔의 심지를 돋우는 데 쓰는 쇠꼬챙이.
심동(心動) 명-하다 자 마음이 움직이거나 들썽거림.
심동(深冬) 명 추위가 한창인 겨울. 한겨울
심드렁-하다 형여 ①마음에 들지 않아 관심이 거의 없다. ¶심드렁하게 대꾸하다. ☞시큰둥하다 ②병이 더하지도 덜하지도 아니하고 오래 끌다.
심-떠깨 명 '쇠심떠깨'의 준말.
심란(心亂) 어기 '심란(心亂)하다'의 어기(語基).
심란-하다(心亂-) 형여 마음이 산란하다. 마음이 뒤숭숭하다. 심산하다 ¶이사하는 날 비가 오니 -.
심람(深藍) 명 짙은 남색.
심량(深量) 명-하다 타 깊이 헤아림. ☞사량(思量)
심량(深諒) 명-하다 타 사정을 깊이 살펴 헤아림.
심려(心慮) 명-하다 타 마음속으로 걱정함, 또는 그러한 걱정. ¶-를 끼쳐 드려 죄송합니다.
심려(深慮) 명-하다 타 깊이 염려함, 또는 그러한 염려.
심력(心力) 명 ①마음과 힘을 아울러 이르는 말. ¶-을 기울이다. ②마음이 미치는 힘.
심렬(深裂) 명-하다 자타 깊이 찢거나 찢어짐.
심령(心靈) 명 ①마음의 작용을 일으킨다는 근원적인 존재. ②육체를 떠나서 존재한다는 마음의 주체. ③과학으로 설명할 수 없는 신비하고 불가사의한 심적 현상.
심령-론(心靈論) 명 ①심령이 물질계에 신비하고 불가사의한 현상을 일으키는 힘을 가졌다고 주장하는 이론. ②강신론(降神論)
심령-술(心靈術) 명 심령 현상을 일으키는 여러 가지 기술.
심령-학(心靈學) 명 심령 현상을 연구하는 학문.
심령=현:상(心靈現象) 명 과학으로는 설명할 수 없는 불가사의한 정신 현상.
심로(心勞) 명 ①마음속의 괴로움. ②마음의 수고.
심록(深綠) 명 짙은 초록색. 심녹색(深綠色)
심리(心理) 명 ①마음의 상태나 움직임. ②'심리학(心理學)'의 준말.
심리(心裏) 명 마음의 속. 마음속. 심중(心中)
심리(審理) 명-하다 타 소송 사건에서, 법원이 판결에 필요한 조사를 하는 일.
심리-극(心理劇) 명 사이코드라마(psychodrama)
심리=묘:사(心理描寫) 명 소설 등에서, 등장 인물의 심리적 변화를 자세히 그려 내는 일.
심리-설(心理說) 명 심리주의(心理主義)
심리=소:설(心理小說) 명 인간 내면의 심리적 변화를 관찰하여 묘사한 소설.
심리=요법(心理療法)[-뻡] 명 심리적인 장애나 부조화, 부적응 등을 치료하는 방법을 통틀어 이르는 말. 주로 심리적 기법을 이용한 것을 이름. 정신 요법
심리=유보(心裡留保) 명 법률에서, 의사(意思)를 표시하는 사람이 진의가 아닌 뜻으로 해석될 것을 알고 한 의사 표시. 단독 허위 표시(單獨虛僞表示) 또는 비진의 표시(非眞意表示)라고도 함.
심리-적(心理的) 명 심리에 관계되는 것. ¶-으로 많이 위축되다.
심리-전(心理戰) 명 전투나 경기 등에서, 상대편을 심리적으로 자극하거나 압박하여 자기편에 유리하도록 이끄는 방법. 심리 전쟁(心理戰爭)
심리=전:쟁(心理戰爭) 명 심리전(心理戰)
심리-주의(心理主義) 명 논리주의에 상대하여, 인식론·논리학·윤리학·미학 등 철학 여러 부문의 문제 해명의 기초를 심리학이라고 주장하는 이론이나 태도. 심리설(心理說) ☞논리주의(論理主義)
심리-학(心理學) 명 인간이나 동물의 의식과 행동을 연구하는 학문. 준 심리(心理)
심리학적=측정(心理學的測定) 명 심리학에 관한 측정 방법을 통틀어 이르는 말. 정신 물리적 측정법, 기억 실험법, 학습 실험법, 지능 검사법, 적성 검사법 등이 있음.
심리=환경(心理環境) 명 행동 환경(行動環境)
심림(深林) 명 무성한 수풀.
심마니 명 산삼을 캐는 일을 직업으로 삼는 사람. 채삼꾼
심마니-말 명 심마니들 사이에 쓰이는 말.
심마진(蕁麻疹) 명 두드러기
심막(心膜) 명 심장을 싸고 있는 주머니 모양의 이중막. 심낭(心囊)
심막-강(心膜腔) 명 심막과 심장 사이의 빈 데.
심만의:족(心滿意足) 성구 마음에 흡족함을 이르는 말.
심-메 명 산삼을 캐러 산에 가는 일.
심메(를) 보다 관용 산삼을 찾다.
심모(深謀) 명 깊은 꾀. 깊은 계략.
심모-원:려(深謀遠慮) 명 깊은 계략과 앞일에 대한 생각.
심목(心目)[1] 명 사물을 알아보는 마음과 눈.
심목(心目)[2] 명 기둥의 중심선.
심목(深目) 명 움쑥 들어간 눈.
심무소:주(心無所主) 마음에 줏대가 없음의 뜻.
심문(心門) 명 피가 심장에 드나드는 문.
심문(尋問) 명-하다 타 심방(尋訪)

ㅅ

심문(審問)명-하다타 ①자세히 따져서 물음. ②법률에서, 당사자나 그 밖의 이해 관계인에게 개별적으로 서면(書面)이나 구술(口述)로 진술할 기회를 주는 일.
심미(審美)명 미(美)와 추(醜)를 분별함.
심미-안(審美眼)명 미(美)와 추(醜)를 분별하는 안목.
심미-학(審美學)명 미학(美學)
심밀(深密)어기 '심밀(深密)하다'의 어기(語基).
심밀-하다(深密-)형여 생각이 깊고 빈틈이 없다. ☞면밀하다. 주밀하다. 치밀하다
심박(深博)어기 '심박(深博)하다'의 어기(語基).
심-박동(心搏動)명 심장이 늘어났다 줄어들었다 하며 주기적으로 운동하는 일. 심장의 박동(搏動).
심박-하다(深博-)형여 지혜나 학문 따위가 깊고 넓다.
심발=지진(深發地震)명 땅 속 300km 이상의 깊이에서 일어나는 지진.
심방(心枋)명 일각 대문 따위의 양쪽 기둥 위를 가로지른, 도리 같은 나무.
심방(心房)명 정맥과 이어진 심장의 윗부분. 심근(心筋) 조직을 경계로 하여 우심방과 좌심방으로 구분됨. 염통방 ☞심실(心室)
심방-변(心傍邊)명 한자 부수(部首)의 한 가지. '恨'·'怪' 등에서 '忄'의 이름. ☞밑마음심
심방(尋訪)명-하다타 방문하여 찾아봄. 심문(尋問)
심배(深杯)명 운두가 깊고 큼직한 술잔.
심벌(symbol)명 ①상징 또는 표상. ②기호(記號)
심벌리즘(symbolism)명 상징주의(象徵主義)
심벌즈(cymbals)명 타악기의 한 가지. 금속으로 만든 원반 두 개를 서로 맞부딪쳐서 소리를 내며, 오케스트라나 취주악에 쓰임.
심법(心法)[-뻡]명 ①불교에서, 물질을 뜻하는 색법(色法)에 상대하여 사물을 의식하는 마음을 뜻하는 말. ②마음을 쓰는 법.
심벽(心壁)명 ①재래식 한옥에서, 기둥이 드러나게 친 벽. ②흙으로 둑을 쌓을 때, 물이 새지 않도록 진흙 따위를 다져서 가운데에 넣는 벽체.
심병(心病)명 ①마음속의 번민으로 생긴 병. ②기쁨이나 슬픔 등으로 충격을 받아 정신을 잃고 쓰러지는 증세.
심-보(心-)[-뽀]명 마음을 쓰는 본새. 마음보
심복(心服)명 '심열성복(心悅誠服)'의 준말.
심복(心腹)명 ①가슴과 배를 아울러 이르는 말. 복심(腹心) ②매우 중요한 사물. ③'심복지인(心腹之人)'의 준말.
심복지인(心腹之人)명 매우 친밀한 사람, 또는 마음놓고 믿을 수 있는 부하. 준심복(心腹)
심복지환(心腹之患)명 내부에 숨어 있는 큰 화근.
심복-통(心腹痛)명 근심으로 말미암아 생긴 가슴앓이.
심부(深部)명 표면에서 깊이 들어간 곳.
심:부름 명-하다자 남이 시키거나 부탁하여 어떤 일을 대신 하는 것, 또는 그 일. ¶가게에서 -할 사람을 구하다.
심:부름-꾼 명 심부름을 하는 사람.
심-부전(心不全)명 심장 판막증, 고혈압증, 심근 경색증 등으로 심장의 기능이 쇠약해져서 혈액의 공급이 불안정한 병. 호흡 곤란, 해수(咳嗽), 부종 등의 증세가 나타남.
심불(心佛)명 ①불교에서, 마음속의 부처라는 뜻으로 거룩한 마음의 본바탕을 이르는 말. ②화엄종에서, 만유(萬有)의 본체인 '마음'을 이르는 말.
심사(心事)명 마음속으로 생각하는 일.
심사(心思)명 ①어떤 일로 말미암아 일어나는 감정. ¶-가 편치 않다. ②남의 일을 방해하려는 고약한 마음.
  심사(가) 사납다관용 성질이 고약하고 심술궂다.
  심사(가) 틀리다관용 마음이 비뚤어져서 일을 방해하고 싶은 마음이 들다. ¶왠지 심사가 틀려 퉁명스럽게 전화를 끊었다.
  심사(를) 부리다관용 심술궂게 남의 일을 방해하다. ¶공연히 심사를 부리는 바람에 일을 그르쳤다.
  속담 **심사가 놀부라** : 본래 마음씨가 고약하고 탐욕스러우며, 남의 일에 심술을 부리는 사람을 비유하여 이르는 말. /**심사는 없어도 이웃집 불난 데 키 들고 나선다** : 남의 일은 무엇이든 못되게 방해하는 사람을 이르는 말.
심사(深思)명-하다타 깊이 생각함, 또는 그 생각.
심사(深謝)명-하다타 ①깊이 사례함. ②깊이 사죄하거나 사과함.
심사(審査)명-하다타 자세히 조사함, 또는 심의(審議)하여 사정(査定)함. ¶- 대상/응모 작품을 -하다.
심사=도법(心射圖法)[-뻡]명 지도 투영법의 한 가지. 시점(視點)을 지구의 중심에 두고, 지구의(地球儀) 위의 한 점에 접하도록 배치한 투영 면에 경선과 위선을 투영하는 방법임.
심사-묵고(深思默考)명 깊이 조용히 생각함.
심사-숙고(深思熟考)명 깊이 잘 생각함. 심사숙려
심사-숙려(深思熟慮)명 심사숙고
심산(心算)명 마음속으로 하는 요량이나 계획. 속셈 ¶눈치봐서 빠져나갈 -이었는데 들켜 버렸다.
심산(深山)명 깊은 산.
심산(心散)어기 '심산(心散)하다'의 어기(語基).
심산(心酸)어기 '심산(心酸)하다'의 어기(語基).
심산-계곡(深山溪谷)명 높은 산의 깊은 골짜기.
심산-궁곡(深山窮谷)명 심산유곡
심산-유곡(深山幽谷)[-뉴-]명 깊은 산의 으슥한 골짜기.
심산-하다(心散-)형여 심란하다
심산-하다(心酸-)형여 마음이 몹시 고통스럽다.
심-살(心-)[-쌀]명 흙벽을 만들 때, 외(椳)를 든든하게 하기 위하여 상인방(上引枋)과 하인방의 사이에 끼워 세우는 나무. 벽심(壁心)
심살-내리다[-쌀-]자 잔걱정이 늘 마음에서 떠나지 않다.
심상(心狀)명 마음의 상태.
심상(心相)명 마음씨
심상(心喪)명 상복(喪服)은 입지 않아도 상제와 같은 마음으로 근신하는 일.
심상(心象·心像)명 감각 기관의 자극 없이 마음속에 떠오르는 상(像). 이미지(image)
심상(心想)명 마음속의 생각.
심상(心傷)명-하다자 상심(傷心)
심상(尋常)어기 '심상(尋常)하다'의 어기(語基).
심상-하다(尋常-)형여 대수롭지 않다. 예사롭다. 범상하다 ¶심상치 않은 기운이 감돌다.
  심상-히부 심상하게
심서(心緖)명 마음속에 품은 생각. 심회(心懷)
심:서(甚暑)명 심한 더위.
심선(心線)명 ①코일이나 케이블 등의 중심에 있는 선. ②용접봉의 중심에 있는 금속선.
심설(深雪)명 깊이 쌓인 눈.
심성(心性)명 ①본디부터 타고난 마음씨. 심성정(心性情) ¶-이 고운 사람. ②불교에서, 변하지 않는 참된 마음을 이르는 말.
심성(心星)명 심수(心宿)
심성(深省)명-하다타 깊이 반성함.
심성-암(深成岩)명 화성암의 한 가지. 마그마가 땅 속에서 천천히 굳은 것으로 화강암·섬록암·반려암·감람암 등이 있음.
심-성:정(心性情)명 심성(心性)
심소(心素)명 주소(住所)나 점유(占有) 등 법률 사실의 구성 요소로서 필요한 의사적 요소.
심수(心受)명-하다타 마음으로 받아들이거나 깨달음.
심수(心宿)명 이십팔수(二十八宿)의 하나. 동쪽의 다섯째 별자리. 상성(商星). 심성(心星) 준심(心)²
심수(心授)명-하다자 심법(心法)을 가르쳐 전함.
심수(心髓)명 ①물건 속에 있는 심. 중심이 되는 골수. ②깊은 마음속.
심수(深愁)명 깊은 근심. 깊은 시름.
심수(深邃)어기 '심수(深邃)하다'의 어기(語基).
심수-하다(深邃-)형여 ①산골짜기나 집 따위의 지형이 깊숙하다. ②학술이나 이론 따위가 깊고 오묘하다.
심술(心術)명 ①사리에 맞지 않게 고집을 부리는 마음. ¶

ㅅ

아무리 달래도 ―만 내고 있다. ②남을 괴롭히거나 남이 잘 되는 것을 시기하는 마음. ¶동생이 먼저 시집을 간다고 하니 은근히 ―이 났다.

심술(을) 놓다 관용 심술(을) 부리다.

심술(을) 부리다 관용 심술궂은 행동을 하다. 심술(을) 놓다. ¶놀이에 끼지 못한 아이가 심술을 부린다.

심술(을) 피우다 관용 심술을 행동으로 나타내다.

심술(이) 사납다 관용 심술이 나쁘고 모질다.

심술-궂다(心術―)[―굳―] 형 심술이 몹시 많다. ¶성미가 심술궂은 데가 있다./심술궂게 굴다.

심술-기(心術氣)[―끼] 명 표정이나 태도 등에서 드러나는 심술스러운 생각이나 감정.

심술-꾸러기(心術―) 명 심술이 많거나 심술을 잘 부리는 사람을 얕잡아 이르는 말. 심술쟁이

심술-딱지(心術―) 명 '심술'을 속되게 이르는 말.

심술-스럽다(心術―)(―스럽고·―스러워) 형ㅂ 심술이 있다. ¶심술스러운 말투./심술스럽게 굴다.

심술-스레 부 심술스럽게

심술-쟁이(心術―) 명 심술꾸러기

심술-주머니(心術―)[―쭈―] 명 심술궂은 마음이나 그러한 마음을 가진 사람을 빗대어 이르는 말.

심술-퉁이(心術―) 명 몹시 심술이 많은 사람.

심술-패기(心術―) 명 심술궂은 아이.

심신(心身) 명 마음과 몸. ¶―이 피로한 상태./― 장애

심신(心神) 명 마음과 정신. ¶― 불안

심신(深信) 명 -하다 타 깊이 믿음. 꼭 믿음.

심:신(審訊) 명 -하다 타 자세히 따져서 물음.

심:신(審愼) 명 -하다 타 언행을 조심하고 삼감.

심신=미약자(心神微弱者) 명 심신 박약자(心神薄弱者)

심신=박약자(心神薄弱者) 명 법률에서, 의사 능력을 상실한 정도에는 이르지 않고 불완전하지만 판단력을 가진 사람을 이르는 말. 심신 미약자(心神微弱者) ☞한정 치산자(限定治産者)

심신=상실(心神喪失) 명 법률에서, 정신 기능의 장애로 사물을 변별할 능력이 없거나 의사를 결정할 능력이 없는 상태를 이르는 말.

심신=상실자(心神喪失者)[―짜] 명 법률에서, 자기의 행위의 결과를 합리적으로 판단할 능력이 없는 사람, 곧 의사 능력이 없는 사람을 이르는 말. ☞금치산자

심신=장애자(心神障礙者) 명 법률에서, 정신 기능에 장애가 있는 사람을 이르는 말. 심신 상실자와 심신 박약자로 구분함.

심실(心室) 명 동맥과 이어진 심장의 아래 부분. 우심실과 좌심실로 구분됨. 염통집 ☞심방(心房)

심심(深心) 명 ①불교에서, 묘리(妙理)와 선도(善道)를 구하는 마음. ②불교에서, 부처를 깊이 믿는 마음.

심심(深甚) 어기 '심심(深甚)하다'의 어기(語基).

심심(深深) 어기 '심심(深深)하다'의 어기(語基).

심심-산곡(深深山谷) 명 아주 깊은 산골짜기.

심심-산천(深深山川) 명 아주 깊은 산천.

심심상인(心心相印) 성구 말 없는 가운데 마음과 마음으로 뜻이 전해짐을 이르는 말. ☞이심전심

심심-소일(―消日) 명 -하다 자 심심하지 않게 세월을 보내려고 무엇을 함, 또는 그 일. ¶―로 붓글씨를 쓴다.

심심장:지(深深藏之) 성구 소중한 물건을 깊이깊이 감추어 둠을 이르는 말.

심심찮다 형 '심심하지 않다'가 줄어든 말. ¶꽃 가꾸기로 심심찮게 소일하며 지낸다.

심심-파:적(―破寂) 명 심심풀이

심심-풀이 명 심심함을 잊으려고 무엇을 하는 것, 또는 그 일. 심심파적 ¶부업이라기보다는 ―로 하는 일이다. ☞파적(破寂). 파한(破閑)

심심-하다[1] 형여 맛이 조금 싱겁다. ¶물김치가 심심한게 먹을만 하다. ☞밍밍하다. 삼삼하다

심심-히[1] 부 심심하게

심심-하다[2] 형여 하는 일이 없어 시간 보내기가 지루하고 재미 없다. ¶하루 종일 혼자 지내려니 ―.

심심-히[2] 부 심심하게

심심-하다(深甚―) 형여 마음을 쓰는 정도가 매우 깊다. ¶심심한 애도의 뜻을 표하다./심심한 감사를 드리다.

심심-히 부 심심하게

심심-하다(深深―) 형여 깊고 깊다. ¶심심한 골짜기.

심심-히 부 심심하게

심-쌀(心―) 명 죽에 넣는 쌀.

심:악(甚惡) 어기 '심악(甚惡)하다'의 어기(語基).

심:악-스럽다(甚惡―)(―스럽고·―스러워) 형ㅂ 심악한 데가 있다. ¶심악스러운 처사(處事). ☞사막스럽다

심악-스레 부 심악스럽게

심:악-하다(甚惡―) 형여 ①몹시 악하다. ②가혹하고 용서함이 없다. ¶심악한 탐관오리. ☞사막하다

심안(心眼) 명 사물의 참모습을 꿰뚫어 보는 마음의 능력, 또는 그 작용. 마음눈 ☞육안(肉眼)

심야(深夜) 명 깊은 밤. 심경(深更) ¶― 방송/― 영업

심약(心弱) 어기 '심약(心弱)하다'의 어기(語基).

심약-하다(心弱―) 형여 마음이 약하다. ¶사람됨이 심약하고 좀스럽다./심약한 성격.

심연(深淵) 명 ①깊은 못. 심담(深潭) ②좀처럼 헤어나기 힘든 구렁을 비유하여 이르는 말. ¶절망의 ―에 빠지다.

심열(心熱) 명 ①무엇을 바라는 마음속의 열망. ②울화로 일어나는 열. ☞심화(心火)

심열성복(心悅誠服) 성구 마음속에서부터 기꺼이 순종함을 이르는 말. 준 심복(心服)

심영(沁營) 명 조선 시대, 강화에 있던 친군영(親軍營)의 하나.

심오(深奧) 어기 '심오(深奧)하다'의 어기(語基).

심오-하다(深奧―) 형여 깊고 오묘하다. ¶우주의 심오한 이치./심오한 진리.

심옹(心癰) 명 젖가슴에 생기는 종기.

심와(心窩) 명 명치

심외(心外) 명 마음의 밖, 또는 생각의 밖.

심외무별법(心外無別法)[―뻡] 성구 불교에서, 모든 법은 마음에 있는 것이지, 마음 밖에 따로 있는 것이 아님을 이르는 말.

심우(心友) 명 서로 마음이 잘 통하는 벗. ☞면우(面友)

심:우(甚雨) 명 심하게 퍼붓는 비. ☞호우(豪雨)

심우(深憂) 명 -하다 타 깊이 근심함, 또는 그 근심.

심원(心願) 명 -하다 타 마음으로 바람, 또는 그렇게 바라는 일.

심원(深怨) 명 -하다 타 깊이 원망함, 또는 그 원망.

심원(深遠)[1] 명 삼원(三遠)의 하나. 산수화에서, 골짜기 안을 수평으로 바라보는 시각(視覺)으로 대상을 그리는 방법을 이름. ☞고원(高遠)[1]. 평원(平遠)[1]

심원(深遠)[2] 어기 '심원(深遠)하다'의 어기(語基).

심원-하다(深遠―) 형여 내용이나 뜻 따위가 쉽사리 헤아려 알 수 없을 정도로 깊다. ¶심원한 철학.

심월(心月) 명 불교에서, 달과 같이 밝은 마음이라는 뜻으로, 도를 깨달은 마음을 이르는 말.

심육(心肉) 명 등심

심음(心音) 명 심장이 수축이나 확장할 때 나는 소리.

심의(心意) 명 마음과 뜻.

심의(深衣) 명 지난날, 선비들이 평상시에 입던 웃옷의 한 가지. 흰 베로 소매를 넓게 만들고 깃·단·도련·소매 끝은 검은빛의 비단으로 둘렀음. ☞학창의(鶴氅衣)

심의(深意) 명 깊은 뜻.

심의(審議) 명 -하다 타 어떤 사항에 관하여 상세하게 검토하고 의논함. ¶국회의 예산 ―.

심의=기관(審議機關) 명 국가 기관이나 행정 관청이 자문을 구하거나 특정 사항을 조사·연구·심사·조정하기 위해서 설치하는 합의제 행정 기관.

심의-회(審議會) 명 어떤 사항을 심의하기 위하여 마련한 모임.

심이(心耳) 명 ①어떤 말을 듣고 뜻을 헤아리는 마음의 힘, 또는 그렇게 헤아리는 일. ②심장에서, 좌우 심방의 일부가 귓바퀴 모양으로 튀어나온 부분을 이르는 말.

심인(心印) 명 불교에서, 부처의 깨달음을 도장에 비유하

여 확고한 불심(佛心)에 대한 인증을 뜻하는 말.
심인(心因)명 정신적·심리적인 원인. ☞내인(內因). 외인(外因)
심인(尋人)명-하다자 사람을 찾음, 또는 그 찾은 사람.
심인-성(心因性)[-썽]명 어떤 병이나 증세가 한때의 정신적·심리적인 일로 말미암아 생기는 성질.
심인성=반:응(心因性反應)[-썽-]명 한때의 정신적·심리적인 일로 말미암아 일어나는 정신 장애. 그 체험이 없으면 일어나지 않으며, 반응의 경과나 내용도 체험에 의존함. 망상증·히스테리 따위.
심입(深入)명-하다자 깊이 들어감.
심장(心腸)명 감정이 우러나오는 마음의 속.
심장(心臟)명 ①동물의 몸 안에서 혈액 순환을 맡은 중추 기관. 사람의 경우, 흉강의 왼쪽 부위에 있는데 주먹만 한 크기임. 좌심방·좌심실·우심방·우심실의 네 부분으로 이루어져 있음. 염통 ☞폐장(肺臟) ②한방에서 이르는 오장(五臟)의 하나. ③조직이나 사물의 가장 중요한 부분을 비유하여 이르는 말. ¶한 나라의 -과 같은 곳. ④'비위(脾胃)' 또는 '배짱'을 비유하여 이르는 말. ¶-이 강하다./보통 -으로는 못 버틴다.
심장(深藏)명-하다타 물건을 깊이 감추어 둠.
심장(深長)어기 '심장(深長)하다'의 어기(語基).
심장=마비(心臟痲痹)명 여러 가지 원인으로 심장의 기능이 갑자기 멈추는 일.
심장-병(心臟病)[-뼝]명 심장에 생기는 병증을 통틀어 이르는 말.
심장적구(尋章摘句)성구 옛 사람의 글귀를 여기저기서 따다 시문(詩文)을 지음을 이르는 말.
심장-통(心臟痛)명 흉골의 아래쪽, 특히 심장부에 생기는 격렬한 통증.
심장=판막증(心臟瓣膜症)명 심장 판막의 기능이 지속적으로 장애를 일으켜서 생기는 병증.
심장-하다(深長-)형여 뜻이 깊고 함축성이 있다.
심재(心材)명 나무줄기의 중심부. 빛깔이 짙고 단단함. ☞변재(邊材)
심적(心的)[-쩍]명 마음에 관계되는 것. ¶- 반응/-인 고통./-으로 이해하다. ☞물적(物的). 인적(人的)
심적=포:화(心的飽和)[-쩍-]명 같은 일을 되풀이할 경우 싫증이 나서 작업 능률이 떨어지는 현상을 이르는 말.
심적=현:상(心的現象)[-쩍-]명 의식 안에서 일어나는 사건이나 상태. 의식의 현상. ☞물적 현상
심적=활동(心的活動)[-쩍-똥]명 정신의 작용을 통틀어 이르는 말.
심전-계(心電計)명 심장의 활동 전류를 기록하여 곡선으로 나타내는 장치.
심전-도(心電圖)명 심장의 박동에 따른 심근의 활동 전류를 증폭하여 기록한 그림. 심장 질환의 진단에 이용함.
심절(心絶)명-하다타 마음으로 서로의 사귐을 아주 끊음.
심절(深切)어기 '심절(深切)하다'의 어기(語基).
심절-하다(深切-)형여 마음에서 우러나오는 정도가 깊고 간절하다.
심정(心情)명 마음에 품은 뜻과 감정. ¶만나고 싶은 -./자식이 부모의 -을 얼마나 알까?
심정(心旌)명 바람에 펄럭거리는 깃발처럼 마음이 산란한 상태를 이르는 말.
심:정(審廷)명 소송을 심판하는 법정.
심:정(審定)명-하다타 자세히 살피어 정함.
심제(心制)명 지난날, 대상(大祥) 때부터 담제(禫祭) 때까지 입던 복(服).
심조-증(心燥症)[-쯩]명 한방에서, 정신의 과로로 마음이 번잡하고 초조해지는 병증을 이르는 말.
심주(心柱)명 마음의 줏대.
심-줄[-쭐]명 '힘줄'의 변한말.
심중(心中)명 마음속 ¶-에 있는 말 한마디./-을 떠보다./-을 헤아리다.
심중(深重)어기 '심중(深重)하다'의 어기(語基).
심중-소:회(心中所懷)명 마음에 품은 생각이나 느낌.
심중-하다(深重-)형여 ①생각이 깊고 태도에 무게가 있다. ¶행동이 -./심중하게 고려하다. ②매우 심각하고 중대하다. ¶병세가 -.
심중-히부 심중하게 ¶- 처리하다.
심증(心證)명 ①마음에 받는 인상(印象). ②법률에서, 재판의 기초가 되는 사실 관계가 있느냐 없느냐에 관한 법관의 주관적인 의식 상태나 확신의 정도. ¶-이 가다.
심지(心-)명 ①등잔이나 초 따위에 불을 붙이게 된 물건. 실이나 헝겊을 꼬아 만듦. 등심(燈心)[1] ②남포 따위 폭발약을 터뜨리기 위하여 불을 댕기게 되어 있는 줄. ③곪아서 고름이 빠진 구멍 등에 박는 솜이나 헝겊 따위의 물건. 심(心)[1]
심지(心地)명 마음의 본바탕. 마음자리
심지(心志)명 마음에 지니는 의지. 뜻하는 바.
심:지어(甚至於)부 심하게는. 심하다 못해 나중에는. ¶- 욕설까지 퍼붓다.
심:찰(審察)명-하다타 자세히 살핌.
심창(深窓)명 집 안 깊숙한 곳에 있는 방의 창문이란 뜻으로, 여자가 거처하는 방을 이르는 말.
심책(深責)명-하다타 몹시 책망함, 또는 그런 책망. 절책
심천(深淺)명 깊은 것과 얕은 것.
×**심청**명 →마음보
심청(深青)명 짙은 푸른 빛.
심:청가(沈清歌)명 판소리 열두 마당의 하나. '심청전'의 내용을 판소리로 엮은 것임.
심:청전(沈清傳)명 작자와 연대가 알려지지 않은 조선 후기 소설의 하나. 효녀 심청이 소경인 아버지의 눈을 뜨게 하기 위해 공양미 삼백 석에 자신을 팔아 인당수에 몸을 던졌으나, 감동한 상제(上帝)의 구원을 받아 왕후가 되고, 아버지 또한 눈을 뜨게 된다는 내용임. 유교의 효(孝) 사상과 불교의 인과응보(因果應報) 사상이 잘 드러난 작품임. ☞심청가(沈清歌)
심축(心祝)명-하다타 마음으로 축복함.
심충(深衷)명 깊고 참된 속마음.
심취(心醉)명-하다자 어떤 일에 마음이 취한듯이 깊이 몰두함. ¶고전 문학에 -하다./봄 경치에 -되다.
심취(深醉)명-하다자 술 따위에 몹시 취함.
심층(深層)명 속의 깊은 층. ¶- 구조/- 심리
심층-수(深層水)명 대양(大洋)의 저층수(底層水)와 중층수 사이에 있는, 수심 약 1,000~4,000m에 있는 저온·고밀도의 거대한 수괴(水塊).
심층=심리학(深層心理學)명 인간의 무의식적인 행동이나 심리를 연구하는 심리학.
심토(心土)명 표토(表土) 아래 층의 토양. 갈아도 갈아지지 않는 부분의 토양.
심통명 도막으로 끊어져 있는 광맥.
심통(心-)명 좋지 않은 마음의 본바탕.
심통(心痛)어기 '심통(心痛)하다'의 어기(語基).
심통-하다(心痛-)형여 마음이 괴롭고 아프다.
심:판(審判)명-하다타 ①법률에서, 어떤 사건을 심리하고 재판하는 절차. ②각종 경기에서, 반칙이나 승패 등을 판정하는 일, 또는 그 사람. ③유대교나 크리스트교에서, 죽은 다음이나 역사의 종말에 내린다는 하느님의 판정. ¶-의 날./최후의 -.
심:판-관(審判官)명 ①심판원(審判員) ②심판하는 일을 하는 관리. 군사 법원의 재판관, 가정 법원의 법관, 준사법 기관의 특허 심판관 또는 국세 심판관 등.
심:판-대(審判臺)명 ①경기에서, 심판하는 사람이 있는 자리. ②판단이나 결정이 내려지는 자리. ¶-에 오르다.
심:판-원(審判員)명 경기에서, 심판을 하는 사람. 심판관
심폐(深弊)명 매우 폐(弊)가 되는 일. 심한 폐단.
심포-경(心包經)명 십이 경락의 하나. 가운뎃손가락 끝에서 시작하여 가슴속에 이르는 경락으로 정신 작용 등을 주관한다고 함.
심포니(symphony)명 교향곡(交響曲)
심포니오:케스트라(symphony orchestra)명 교향악단
심포닉포엠(symphonic poem)명 교향시(交響詩)

심포지엄(symposium)명 토의 방식의 한 가지. 주어진 안건에 대하여 두 사람 이상의 전문가가 청중 앞에서 공개적으로 토론함. 포럼에 비하여 형식적이고 청중의 질의 기회도 적음. ☞세미나
심피(心皮)명 종자식물에서 암술이 되는, 변형된 잎.
심피(棯皮)명 한방에서, 물푸레나무의 껍질을 약재로 이르는 말. 강장제(強壯劑)나 안약으로 쓰임.
심:-하다(甚-)형여 보통 정도보다 훨씬 대단하다. 되다[4] ¶ 심한 수해를 입다./통증이 -./장난이 -.
심-히부 심하게 ¶ - 염려가 되다./- 덥다.

한자 **심할 극**(劇)〔刀部 13획〕¶ 극독(劇毒)/극렬(劇烈)/극서(劇暑)/극심(劇甚)/극약(劇藥)/극진(劇震)
심할 심(甚)〔甘部 4획〕¶ 극심(極甚)/막심(莫甚)
심할 태(太)〔大部 1획〕¶ 태급(太急)/태촉(太促)
심할 혹(酷)〔酉部 7획〕¶ 혹서(酷暑)/혹한(酷寒)

심항(深巷)명 깊숙이 들어앉은 마을. ☞두메
심해(深海)명 깊은 바다. 보통 수심이 200m 이상인 바다를 이름. ☞천해(淺海)
심해-선(深海線)명 깊은 바다에서 쓰는 해저 전선.
심해=성층(深海成層)명 태양 광선이 들어가지 못하는 깊은 바다 밑에 형성된 지층. 보통 길이 1,000~2,000m이며 생물의 유해, 화산의 분출물 등으로 되어 있음.
심해-어(深海魚)명 수심 200m 이상 되는 깊은 바다에 사는 어류.
심해=어업(深海漁業)명 수심 200m 이상 되는 깊은 바다에 사는 어류를 대상으로 하는 어업. ☞천해 어업
심해-저(深海底)명 배타적 경제 수역과 대륙붕 바깥쪽의 공해(公海)의 해저.
심:핵(審覈)명-하다타 일의 실상을 자세히 조사함.
심허(心許)명-하다타 진심으로 기꺼이 허락함.
심허(心虛)명 한방에서, 정신이 허약한 병증을 이르는 말. 가슴이 두근거리고 숨결이 밭으며 건망증이 심함.
심험(心險)어기 '심험(心險)하다'의 어기(語基).
심험(深險)어기 '심험(深險)하다'의 어기(語基).
심험-하다(心險-)형여 마음이 음흉하고 험상궂다.
심험-하다(深險-)형여 ①깊고 험하다. ②마음이 매우 음험하다.
심현(深玄)어기 '심현(深玄)하다'의 어기(語基).
심현-하다(深玄-)형여 깊고 현묘하다.
심혈(心血)명 온 정신과 정력. ¶ -을 기울여 만든 작품.
심혈(深穴)명 깊은 구멍.
심협(深峽)명 깊은 골짜기.
심형(深刑)명 혹형(酷刑)
심혜(深慧)명 깊은 지혜. 깊은 슬기.
심-호흡(深呼吸)명 깊게 쉬는 숨.
심혼(心魂)명 온 정신.
심홍(深紅)명 짙은 다홍빛.
심화(心火)명 ①마음속에 일어나는 울화. ②한방에서, 마음속의 화기로 가슴이 아프고 답답하며 신열이 나는 병을 이르는 말. 심화병(心火病)
심화를 끓이다관용 몹시 신경을 쓰거나 속을 태우다.
심화(深化)명-하다자타 정도를 깊게 함. ¶ - 학습/갈등이 -되다.
심화-병(心火病)[-뼝]명 심화(心火) ☞울화병(鬱火病)
심황(-黃)명 생강과의 여러해살이풀. 굵은 황색의 뿌리줄기에서 길둥근 꼴의 잎이 뭉쳐 나옴. 가을에 노란 꽃이 핌. 열대 지방에서 재배하며, 뿌리줄기는 한방에서 지혈제로 쓰고 말린 가루는 물감으로 씀. 울금(鬱金)
심황(深黃)명 짙은 누른빛.
심황-산(-黃散)명 한방에서, 심황의 가루를 약재로 이르는 말. 성질이 차고 매우며, 혈적(血積)·하기(下氣)·요혈(尿血) 따위에 쓰임.
심회(心懷)명 마음속에 품은 생각. 심서(心緖)
심회(深懷)명-하다타 깊이 생각하는 일, 또는 깊은 회포.
심회(心灰)어기 '심회(心灰)하다'의 어기(語基).
심회-하다(心灰-)형여 마음이 싸늘하다.
심후(深厚)어기 '심후(深厚)하다'의 어기(語基).
심후-하다(深厚-)형여 마음씨가 깊고 두텁다.
심흉(心胸)명 마음속
심흑(深黑)명 짙은 검은빛.
십(十·拾)수 수의 한자말 이름의 하나. 구(九)에 일(一)을 더한 수. ☞열[4]
관 단위를 나타내는 말 앞에 쓰이어 ①수량이 열임을 나타냄. ②차례가 열째임을, 또는 횟수가 열 번째임을 나타냄.
십간(十干)명 열 개의 천간(天干). 곧 갑(甲)·을(乙)·병(丙)·정(丁)·무(戊)·기(己)·경(庚)·신(辛)·임(壬)·계(癸)를 통틀어 이르는 말. ☞십이지(十二支)
십경(十經)명 유가(儒家)의 열 가지 경서. 곧 주역(周易)·상서(尙書)·모시(毛詩)·예기(禮記)·주례(周禮)·의례(儀禮)·춘추좌씨전(春秋左氏傳)·공양전(公羊傳)·곡량전(穀梁傳)과 논어(論語), 효경(孝經)을 이름.〔논어와 효경을 아울러 한 경(經)으로 침.〕
십계(十戒)명 불교에서, 사미(沙彌)나 사미니(沙彌尼)가 지켜야 할 열 가지 계율. 곧 중생을 죽이지 말 것, 훔치지 말 것, 음행하지 말 것, 거짓말하지 말 것, 술 마시지 말 것, 꽃다발을 쓰거나 향을 바르지 말 것, 노래하고 춤추고 풍류를 즐기지 말 것, 높고 큰 평상에 앉지 말 것, 제때가 아니면 먹지 말 것, 재물을 모으지 말 것을 이름.
십계(十界)명 불교에서, 미계(迷界)와 오계(悟界)를 통틀어 이르는 말. 지옥계(地獄界)·아귀계(餓鬼界)·축생계(畜生界)·수라계(修羅界)·인간계(人間界)·천상계(天上界)의 여섯 미계와 성문계(聲聞界)·연각계(緣覺界)·보살계(菩薩界)·불계(佛界)의 네 오계.
십계(十誡)명 십계명(十誡命)
십-계:명(十誡命)명 하느님이 모세를 통하여 이스라엘 백성에게 내렸다는 열 가지 계명. 다른 신을 섬기지 말 것, 우상을 섬기지 말 것, 하느님의 이름을 함부로 말하지 말 것, 안식일을 지킬 것, 부모를 공경할 것, 살인하지 말 것, 간음하지 말 것, 도둑질하지 말 것, 거짓말하지 말 것, 남의 재물을 탐내지 말 것 등으로, 크리스트교의 기본 계율이 되고 있음. 십계(十誡)
십구공-탄(十九孔炭)명 구멍이 열아홉 개 뚫려 있는 연탄. 준 구공탄(九孔炭)
십구사략언:해(十九史略諺解)명 조선 영조 48년(1772)에 중국 명나라 여진(余進)의 '십구사략통고(十九史略通攷)' 제1권을 한글로 음과 토를 달고 번역한 책. 2권 2책의 목판본.
십년(十年)명 열 해. ▷十의 갖은자는 拾
속담 **십년 공부 나무아미타불**: 오랜 시일을 두고 노력해 온 일이 하루 아침에 허사로 돌아갔을 때 이르는 말./**십년 세도(勢道) 없고 열흘 붉은 꽃 없다**: 부귀 영화는 오래 계속 되지 못한다는 말./**십년을 같이 산 시어미 성(姓)도 모른다**: ①가까운 것에 관심이 적어 모르고 지내는 경우가 많다는 말. ②너무 무심하여 응당 알고 있을 만 한 것도 모르고 지낸다는 말./**십년이면 강산(江山)도 변한다**: 십년 동안에는 세상에 변하지 않는 것 없이 다 변한다는 말.
십년감:수(十年減壽) 목숨이 십년은 줄었다는 뜻으로, 몹시 위험한 고비를 겪었거나 놀란 경우를 이르는 말.
십년일득(十年一得)성구 ①홍수나 가뭄의 피해를 받기 쉬운 논밭이 어쩌다가 풍작일 경우를 이르는 말. ②늘 잘 안 되던 일이 어쩌다 잘 됨을 이르는 말.
십년지계(十年之計)명 앞으로 십년을 목표로 한 계획.
십년-지기(十年知己)명 오래 전부터 사귀어 온 친한 벗. ☞죽마고우(竹馬故友)
십념(十念)명-하다타 ①불교에서, 나무아미타불을 열 번 외는 일을 이르는 말. ②불교에서, 불(佛)·법(法)·승(僧)·계(戒)·시(施)·천(天)·휴식(休息)·안반(安般)·신(身)·사(死)의 열 가지를 정성껏 기원하여 마음의 통일을 꾀하는 일.
십대(十代)명 열 살부터 열아홉 살까지의 소년·소녀, 또는 그 나이. ¶ - 가수/-의 우상.

ㅅ

십-대:왕(十大王)명 시왕

십대-제:자(十大弟子)명 불교에서, 석가모니의 많은 제자 가운데 특히 뛰어난 열 사람의 제자를 이르는 말. 곧 마하가섭·아난·사리불·목건련·아나율·수보리·부루나·가전연·우바리·나후라.

십량-주(十兩紬)명 지난날, 한 필의 무게가 열 냥쭝이 나가는, 중국에서 나던 질 좋은 명주.

십만(十萬)수 만의 열 곱절.

십만억-불토(十萬億佛土)명 불교에서, 중생이 사는 사바 세계와 서방 극락의 사이에 있다고 하는 수많은 불토(佛土)를 이르는 말.

십맹일장(十盲一杖)[-짱]성구 열 소경에 한 막대라는 뜻으로, 어떠한 사물이 여러 사람에게 다 같이 요긴하게 쓰임을 비유하여 이르는 말.

십모(十母)명 ①'십간(十干)'을 달리 이르는 말. ②친모(親母)·출모(出母)·가모(嫁母)·서모(庶母)·적모(嫡母)·계모(繼母)·자모(慈母)·양모(養母)·유모(乳母)·제모(諸母)를 통틀어 이르는 말.

십목소:시(十目所視)성구 여러 사람이 다 같이 보고 있다는 뜻으로, 세상 사람의 눈을 속일 수 없음을 이르는 말.

십목십수(十目十手)성구 보고 있는 사람과 손가락질을 하는 사람이 많음을 이르는 말.

×**십방**(十方)명 →시방(十方)

십분(十分)부 충분히 ¶네 사정은 — 이해한다.

십분-무의(十分無疑)명 조금도 의심할 여지가 없음.

십사-금(十四金)명 순금의 금분(金分)을 24로 했을 때, 합금 속에 들어 있는 금분(金分)이 14인 금. 장신구 따위에 쓰임. ☞십팔금

십사행-시(十四行詩)명 소네트(sonnet)

십상명 ①아주 잘 맞는 일이나 물건. ¶부업으로는 —인 일이다. ②〖부사처럼 쓰임〗 마침맞게 ¶심심풀이로는 — 좋았다.

십상(十常)명 '십상팔구(十常八九)'의 준말. ¶그렇게 장사를 하다간 망하기 —이다.

십상팔구(十常八九)성구 십중팔구(十中八九) 준 십상(十常)

십생구사(十生九死)성구 죽을 고비를 여러 번 넘기고 겨우 살아남음을 이르는 말. 구사일생(九死一生)

십선(十善)명 불교에서, 십악(十惡)을 짓지 않고 십계(十戒)를 지키는 일을 이름. ☞십악(十惡)

십성(十成)명 황금의 품질을 열 등급으로 가른 그 첫째 등급. ☞십품금(十品金)

십습(十襲)명-하다타 열 겹이나 싼다는 뜻으로, 소중히 감추어 두는 일을 이르는 말.

십승-법(十乘法)[-뻡]명 십진법(十進法)

십승지지(十勝之地)명 ①나라 안의 열 군데의 명승지. ②풍수설에서, 굶주림이나 병화(兵火)의 염려가 없어서 피란하기에 알맞다는 열 군데의 고장.

십시일반(十匙一飯)성구 한 술의 밥도 열 술이 모이면 한 그릇이 된다는 뜻으로, 여러 사람이 조금씩 힘을 합하여 도우면 한 사람을 쉽게 구제할 수 있음을 이르는 말.

십신(十神)명 문루(門樓)나 전각(殿閣)의 지붕 네 귀퉁이 앉히는 열 가지 잡상(雜像). 대당사부(大唐師傅)·손행자(孫行者)·저팔계(猪八戒)·사화상(沙和尙)·마화상(麻和尙)·삼살보살(三殺菩薩)·이구룡(二口龍)·천산갑(穿山甲)·이귀박(二鬼朴)·나토두(裸土頭) 등.

십실구공(十室九空)성구 방이 열인데 아홉은 비었다는 뜻으로, 재난(災難)으로 죽은 사람이나 멀리 떠난 사람이 많음을 이르는 말.

십악(十惡)명 불교에서, 몸·입·마음의 삼업(三業)으로 짓는 열 가지 죄악을 이르는 말. 곧 살생(殺生)·투도(偸盜)·사음(邪淫)의 신업(身業)과 망어(妄語)·기어(綺語)·양설(兩舌)·악구(惡口)의 구업(口業)과 탐욕(貪慾)·진에(瞋恚)·사견(邪見)의 의업(意業). ☞십선

십악-대:죄(十惡大罪)명 조선 시대, 대명률(大明律)에 정하였던 열 가지 큰 죄. 곧 모반(謀反)·모대역(謀大逆)·모반(謀叛)·악역(惡逆)·부도(不道)·대불경(大不敬)·불효(不孝)·불목(不睦)·불의(不義)·내란(內亂).

십여(十餘)관 여남은 ¶— 마리의 가축./기다린 지 — 분이 되다.

십오-야(十五夜)명 음력 보름날 밤. 삼오야(三五夜)

×**십왕**(十王)명 →시왕(十王)

×**십월**(十月)명 →시월(十月)

십육=방위(十六方位)[-뉵-]명 동서남북을 다시 열여섯 방향으로 가른 방위.

십육분=쉼:표(十六分-標)[-뉵-]명 온쉼표의 16분의 1의 길이를 가지는 쉼표. 𝄿로 나타냄.

십육분=음표(十六分音標)[-뉵-]명 온음의 16분의 1의 길이를 가지는, 팔분음표의 반을 나타내는 음표. ♬로 나타냄.

십이-가사(十二歌詞)명 조선 후기에 널리 불리던 열두 편의 가사. 백구사(白鷗詞)·죽지사(竹枝詞)·어부사(漁夫詞)·길군악·황계사(黃鷄詞)·처사가(處士歌)·춘면곡(春眠曲)·상사별곡(相思別曲)·권주가(勸酒歌)·양양가(襄陽歌)·매화타령(梅花打令)·수양산가(首陽山歌) 등.

십이=경락(十二經絡)명 한방에서, 인체의 경락 가운데 기본이 되는 열두 경락을 이르는 말. 간·위·폐 등의 장기(臟器)를 주관하는 열 경락과 심포경·삼초경을 아울러 이름. ☞기경 팔맥(奇經八脈)

십이-궁(十二宮)명 춘분점(春分點)을 기점으로 하여 황도(黃道)의 둘레를 열두 부분으로 가른 것. 곧 백양궁(白羊宮)·금우궁(金牛宮)·쌍자궁(雙子宮)·거해궁(巨蟹宮)·사자궁(獅子宮)·처녀궁(處女宮)·천칭궁(天秤宮)·천갈궁(天蠍宮)·인마궁(人馬宮)·마갈궁(磨羯宮)·보병궁(寶甁宮)·쌍어궁(雙魚宮). 황도 십이궁(黃道十二宮) ☞십이 성좌(十二星座)

십이=사:도(十二使徒)명 크리스트교에서, 예수가 복음을 널리 전하기 위하여 특별히 뽑은 열두 제자를 사도(使徒)로서 이르는 말. ☞십이 제자(十二弟子)

십이=성좌(十二星座)명 황도상에 있는 열두 별자리. 지금의 춘분점(春分點) 자리에서 동쪽으로 물고기자리·양자리·황소자리·쌍둥이자리·게자리·사자자리·처녀자리·천칭자리·전갈자리·궁수자리·염소자리·물병자리로 벌여 있는데, 태양은 이들 별자리를 한 해에 한 차례씩 돎. 본디 황도 십이궁과 대응되었던 별자리였으나 춘분점의 세차(歲差)에 따라 지금은 한 궁씩 옮아 대응되어 있음.

십이-승(十二升)명 열두 새로 짠 피륙이라는 뜻으로, 가는 실로 곱게 짠 무명·모시·삼베 따위를 이르는 말.

십이-시(十二時)명 하루를 열둘로 갈라 각각에 십이지(十二支)의 이름을 붙이어 이르는 시간. ☞자시(子時)

십이-신(十二神)명 ①열두 신장 ②구나(驅儺)할 때, 쥐·소·범·토끼·용·뱀·말·양·원숭이·닭·개·돼지의 열두 가지 짐승 형상의 탈을 쓴 나자(儺者).

십이=신장(十二神將)명 열두 신장

십이=연기(十二緣起)명 십이 인연(十二因緣)

십이-월(十二月)명 한 해의 마지막 달. ☞선달

십이-율(十二律)명 아악(雅樂)의 열두 음계. 음양(陰陽)의 원리에 따른 육률(六律)과 육려(六呂)로 이루어짐.

십이-음(十二音)명 한 옥타브 중에 있는 서로 다른 열두 개의 음. 반음계를 구성하는 열두 음을 이름.

십이음=음계(十二音音階)명 열두 개의 반음으로 이루어진 음계. 원음과 사이음의 구별 없이 전체의 음이 똑같이 다루어짐. ☞반음 음계(半音音階)

십이음=음악(十二音音樂)명 한 옥타브 안의 열두 개의 음을 일정한 순서로 배열하여, 그 음렬(音列)을 바탕으로 작곡한 음악. 도데카포니(Dodekaphonie)

십이=인연(十二因緣)명 불교에서, 삼계(三界)에 유전(流轉)하는 미혹한 세계의 인과(因果)를 열둘로 가른 것. 곧 무명(無明)·행(行)·식(識)·명색(名色)·육처(六處)·촉(觸)·수(受)·애(愛)·취(取)·유(有)·생(生)·노사(老死)를 이름. 십이 연기(十二緣起). 십이지(十二支)

십이-자(十二子)명 십이지(十二支)

십이=잡가(十二雜歌)명 경기 잡가(京畿雜歌) 가운데 앉은소리에 딸리는 열두 가지 잡가. 곧 유산가(遊山歌)·적벽가(赤壁歌)·제비가·소춘향가(小春香歌)·선유가(船遊歌)·집장가(執杖歌)·형장가(刑杖歌)·평양가(平壤歌) 등 팔잡가(八雜歌)와 달거리·십장가(十杖歌)·출인가(出引歌)·방물가(房物歌) 등 잡잡가(雜雜歌)를 합하여 이름. 긴잡가 ☞경기 좌창. 휘모리 잡가

십이=제:자(十二弟子)명 크리스트교에서, 예수가 복음을 널리 전하기 위하여 특별히 뽑은 열두 명의 제자. 곧 베드로·안드레(안드레아)·야고보·요한·빌립(필립보)·바돌로매(바르톨로메오)·도마(토마)·마태(마태오), 알패오의 아들 야고보, 다대오(타대오), 가나안의 시몬, 유다를 이름. ☞십이 사도(十二使徒)

십이-지(十二支)명 ①열두 개의 지지(地支). 곧 자(子)·축(丑)·인(寅)·묘(卯)·진(辰)·사(巳)·오(午)·미(未)·신(申)·유(酉)·술(戌)·해(亥)를 통틀어 이르는 말. 십이자(十二子) ☞십간(十干) ②십이 인연(十二因緣)

십이지-장(十二指腸)명 소장(小腸)의 처음 부분으로, 위의 유문(幽門)과 공장(空腸) 사이에 있는 말굽 모양의 부위. 쓸개즙과 이자액을 받아들여 소화를 도움. 샘창자

십이지장-충(十二指腸蟲)명 구충과(鉤蟲科)의 기생충. 주로 소장(小腸)의 윗부분에 기생함. 처음에 십이지장에서 발견되어 붙여진 이름.

십인십색(十人十色)성구 사람에 따라 생각이나 취향이 저마다 다름을 이르는 말. 유 각인각색(各人各色)

십일면-관음(十一面觀音)명 불교에서 이르는 육관음(六觀音)의 하나. 아수라도(阿修羅道)에 있는 것들을 구제하는 보살. 머리 위에 열한 개의 얼굴이 있음.

십일-세(十一稅)[-쎄]명 십일조(十一租)

십일-월(十一月)명 한 해의 열한째 달. ☞동짓달

십일-제(十一除)[-쩨]명-하다자 ①열에서 하나를 덜어 내는 일. ②지난날, 장색(匠色)이 물건을 주문하면 장수가 받은 물건 값의 10분의 1을 심부름 온 사람에게 주던 일. 십일조(十一條)

십일-조(十一租)[-쪼]명 ①중세 유럽의 교회에서, 수입의 10분의 1을 거두던 조세(租稅). 십일세(十一稅) ②십일조(十一條)

십일-조(十一條)[-쪼]명 ①크리스트교에서, 자기 수입의 10분의 1을 교회에 헌납하는 일, 또는 그 돈. 십일조(十一租) ②십일제(十一除)

십자(十字)명 ①'十'의 글자와 같은 모양. ¶ - 무늬 ②십자가(十字架) ¶ -를 긋다. ☞성호(聖號)

십자-가(十字架)명 ①고대 서양에서 쓰던 '十'자 모양의 형틀. ②크리스트교의 상징으로 쓰는 '十'자 모양의 표. 십자(十字)

십자가(를) 지다관용 어려운 일을 떠맡거나 희생을 감수하다.

십자-가(十字街)명 네거리

십자-고사리(十字-)명 면마과의 여러해살이풀. 짧은 뿌리줄기에서 잎이 무더기로 나며, 잎자루는 밑부분이 갈색이고 비늘 조각이 드문드문 있음. 작은 잎 조각은 안으로 굽은 깃꼴이며 가장자리에 톱니가 있고, 첫째 잎 조각이 길게 발달하여 십자 모양이 됨. 습기가 많은 숲 속에서 자라며, 우리 나라와 일본, 중국 등지에 분포함.

십자-고상(十字苦像)명 십자가 위에 못으로 박힌 예수의 수난(受難)을 묘사한 그림이나 조각상. 준 고상(苦像)

십자-꽃부리(十字-)[-꼳-]명 십자 화관(十字花冠)

십자-로(十字路)명 한곳에서 길이 네 방향으로 갈라져 나간 곳, 또는 그러한 거리. 네거리

십자-말풀이(十字-)명 바둑판처럼 금을 그은 바탕에 해답의 글자 수만큼 빈칸을 가로와 세로로 엇갈리게 배열해 놓고, 힌트에 따라 알맞은 글자를 넣어 가로세로로 말이 되게 풀어 나가는 놀이. 크로스워드(crossword)

십자-맞춤(十字-)[-맏-]명 두 개의 재목을 '十'자 모양으로 물리게 짜는 방법, 또는 그렇게 짠 것.

십-자매(十姉妹)명 납부리샛과의 새. 몸길이 12~13cm. 몸빛은 백색이나 연한 갈색 등 다양함. 일 년에 5~6회 번식하는데, 한배에 5~7개의 알을 낳음.

십자-목(十字木)명 물레방아의 굴대에 '十'자 모양으로 박아 굴대가 돌아가는 대로 방앗공이를 올리는 나무.

십자-수(十字繡)명 자수(刺繡)에서, 실을 '十'자 모양으로 엇걸리게 놓는 수.

십자-썰:기(十字-)명 감자나 무 따위를 세로로 '十'자 모양으로 썰고 다시 가로로 써는 방법. 은행잎썰기 ☞알팍썰기. 어슷썰기

십자-집(十字-)명 용마루가 '十'자 모양으로 된 집.

십자=포화(十字砲火)명 십자화(十字火)

십자-형(十字形)명 '十'자로 된 모양.

십자형=화관(十字形花冠)명 십자 화관(十字花冠)

십자-화(十字火)명 전후좌우에서 쏘는 총이나 대포의 불. 십자 포화(十字砲火)

십자=화관(十字花冠)명 이판화관(離瓣花冠)의 한 가지. 네 개의 꽃잎이 십자형을 이룬 꽃부리. 무나 배추, 평지 따위의 꽃부리. 십자꽃부리. 십자형 화관 ☞네잎꽃. 사판화(四瓣花)

십장(什長)명 ①공사장 등에서, 일꾼을 감독하고 지시하는 사람. ②지난날, 병졸 열 사람 가운데서 우두머리를 이르던 말.

십장-가(十杖歌)명 십이 잡가(十二雜歌)의 하나. 판소리 '춘향가' 가운데 춘향이 매 열 대를 맞는 각 장면을 가곡으로 고쳐 부른 것으로, 매질을 당할 때마다 그 숫자에 맞는 말로 굳은 절개를 노래함.

십-장생(十長生)명 장생불사(長生不死)를 상징하는 열 가지. 곧 해·산·물·돌·구름·소나무·불로초·거북·학·사슴을 이름.

십재(十齋)명 불가(佛家)에서, 매월 열 날을 정하여 재계(齋戒)를 지켜 재앙과 죄벌을 피하는 날. 곧 음력으로 매월 1일·8일·14일·15일·18일·23일·24일·28일·29일·30일을 이름. 십재일(十齋日)

십-재일(十齋日)명 십재(十齋)

십전(十全)어기 '십전(十全)하다'의 어기(語基).

십전구도(十顚九倒)성구 열 번 엎어지고 아홉 번 거꾸러진다는 뜻으로, 온갖 고난을 겪거나 실패를 거듭함을 이르는 말. ☞칠전팔도(七顚八倒)

십전-대:보탕(十全大補湯)명 한방에서, 원기(元氣)를 돕는 데 쓰는 탕약(湯藥)의 한 가지. 인삼·백출(白朮)·백복령(白茯苓)·감초·숙지황(熟地黃)·백작약·천궁(川芎)·당귀·황기(黃芪)·육계(肉桂)·대추·생강을 함께 넣고 달인 것. 준 대보탕 ☞사물탕(四物湯). 팔물탕(八物湯)

십전-하다(十全-)형여 ①모두 갖추어져 결점이 없다. 완전(完全)하다 ②조금도 위험이 없다. 안전하다

십종=경기(十種競技)명 육상 경기의 한 가지. 한 선수가 이틀에 걸쳐서 열 종목의 경기를 하여 얻은 총득점으로 승패를 가리는 경기. 남자만의 경기로, 첫날에는 100m 달리기·멀리뛰기·포환던지기·높이뛰기·400m 달리기, 다음날에는 110m 장애물 경주·원반던지기·장대높이뛰기·창던지기·1,500m 달리기를 함.

십중팔구(十中八九)성구 열 가운데 여덟이나 아홉이 그러하다는 뜻으로, 거의 예외 없이 그렇게 될 것임을 추측하여 이르는 말. 십상팔구(十常八九)

십지부동(十指不動)성구 열 손가락을 꼼짝 하지 않는다는 뜻으로, 게을러서 아무 일도 하지 않음을 이르는 말.

십진-법(十進法)[-뻡]명 기수법(記數法)의 한 가지. 0·1·2·3·4·5·6·7·8·9의 열 개의 숫자를 써서, 일·십·백·천·만 등과 같이 열 배마다 한 자리씩 올려서 나타냄. 십승법(十乘法) ☞오진법(五進法). 이진법(二進法)

십진=분류법(十進分類法)[-뻡]명 도서(圖書) 분류법의 한 가지. 모든 분야의 도서를 0~9까지 크게 유(類)로 분류하고, 다시 유를 0~9까지 강(綱)으로, 다시 강을 0~9까지 목(目)으로 분류하여 차례로 세분하여 나가는 방법.

ㅅ

> ▶ 십진법의 단위 이름 ☞소수(小數)
>
> | | |
> |---|---|
> | 일(一)－하나 | 정(正)－간의 만 곱절 |
> | 십(十)－하나의 열 곱절 | 재(載)－정의 만 곱절 |
> | 백(百)－십의 열 곱절 | 극(極)－재의 만 곱절 |
> | 천(千)－백의 열 곱절 | 항하사(恒河沙)－극의 억 곱절 |
> | 만(萬)－천의 열 곱절 | |
> | 억(億)－만의 만 곱절 | 아승기(阿僧祇)－항하사의 억 곱절 |
> | 조(兆)－억의 만 곱절 | |
> | 경(京)－조의 만 곱절 | 나유타(那由他)－아승기의 억 곱절 |
> | 해(垓)－경의 만 곱절 | |
> | 자(秭)－해의 만 곱절 | 불가사의(不可思議)－나유타의 억 곱절 |
> | 양(穰)－자의 만 곱절 | |
> | 구(溝)－양의 만 곱절 | 무량대수(無量大數)－불가사의의 억 곱절 |
> | 간(澗)－구의 만 곱절 | |

십진-수(十進數)명 십진법으로 나타낸 수. ☞오진수. 이진수

십철(十哲)명 공자(孔子)의 여러 제자 가운데 뛰어난 열 사람. 곧 안회(顔回)·민자건(閔子騫)·염백우(冉伯牛)·중궁(仲弓)·재아(宰我)·자공(子貢)·염유(冉有)·자로(子路)·자유(子游)·자하(子夏)를 이름.

십초-룰:(十秒rule)명 농구에서, 경기 후반의 마지막 3분과 연장전 동안에 공격하는 팀은 백코트 안에서 공을 잡는 순간부터 10초 이내에 상대편 코트로 공을 몰고 가야 하며 10초가 지나면 상대편의 공이 된다는 규칙.

십촌(十寸)명 사종(四從)간의 촌수로, 같은 오대조(五代祖)의 자손. ☞팔촌

십팔=경계(十八境界)명 십팔계(十八界)

십팔-계(十八界)명 불교에서, 인간과 그 밖의 모든 존재를 인식 관계로 파악한 열여덟 가지 범주. 곧 육근(六根)·육경(六境)·육식(六識)을 통틀어 이름. 십팔 경계

십팔-금(十八金)명 순금의 금분(金分)을 24로 했을 때, 합금 속에 들어 있는 금분이 18인 금. ☞십사금(十四金)

십팔-기(十八技)명 조선 시대, 중국에서 전해진 열여덟 가지의 무예. 장창(長槍)·당파(鐺鈀)·낭선(狼筅)·쌍수도(雙手刀)·등패(藤牌)·곤방(棍棒)·죽장창(竹長槍)·기창(旗槍)·예도(銳刀)·왜검(倭劍)·교전(交戰)·월도(月刀)·협도(挾刀)·쌍검(雙劍)·제독검(提督劍)·본국검(本國劍)·권법(拳法)·편곤(鞭棍)을 이름. 십팔반 무예

십팔반=무:예(十八般武藝)명 십팔기(十八技)

십팔사략(十八史略)명 중국 원(元)나라의 증선지(曾先之)가 편찬한 역사책. 태고(太古)부터 송(宋)나라 말까지의 사실(史實)을 뽑아 엮은 내용임.

십편-거리(十片-)명 열 뿌리가 열여섯 냥쭝 한 근이 되는 인삼. ☞무편삼(無片蔘)

십품-금(十品金)명 불려서 만든 가장 좋은 품질의 금. 십성(十成)의 금. ☞엽자금(葉子金)

십한일폭(十寒一曝)성구 열흘 춥고 하루 햇볕이 쬔다는 뜻으로, 일을 할 때 근실하지 못하고 끊임이 많음을 비유하여 이르는 말. 일폭십한(一曝十寒)

싯-접두 빛깔을 나타내는 형용사에 붙어 '짙게'의 뜻을 나타냄. ¶싯누렇다/싯누레지다 ☞시-

×**싯-꺼멓다**형ㅎ →시꺼멓다

싯-누렇다[신-](-누렇고·-누런)형ㅎ 빛깔이 매우 누렇다. ☞샛노랗다

> ▶ 접두사 '새-, 시-'와 '샛-, 싯-'의 구별
>
> '새까맣다·시뻘겋다·새파랗다·시허옇다'와 같이 된소리나 거센소리 앞에서는 '새-, 시-'로 표기한다.
>
> 그러나 '샛노랗다·싯누렇다·샛말갛다'와 같이 울림소리 앞에서는 '샛-, 싯-'으로 표기한다.

싯누레-지다[신-]자 빛깔이 매우 누레지다. ☞샛노래지다

싯-멀겋다[신-](-멀겋고·-멀건)형ㅎ 매우 멀겋다. ¶싯멀건 콩나물국. ☞샛말갛다

싯멀게-지다[신-]자 매우 멀겋게 되다. ☞샛말개지다

싯-발(詩-)명 한시(漢詩)를 지을 때 다는 운자(韻字). ¶-을 달다.

싱건-김치명 김장 때 좀 싱겁게 담근 무김치. 싱건지

싱건-지명 싱건김치

싱겁다(싱겁고·싱거워)형ㅂ ①짜지 않다. ¶국이 -./싱거운 반찬. ☞짜다 ②술이나 담배 따위가 독하지 않다. ③말이나 행동 따위가 멋쩍다. ¶하는 짓이 -./사람은 좋은데 좀 싱거운 데가 있다. ④이야기나 글의 내용 따위가 흥미롭지 않고 엉성하다. ¶싱겁게 끝난 이야기.

싱겅싱겅-하다형여 방이 차고 써늘하다. ¶방이 이렇게 싱겅싱겅해서 어디 자겠나?

싱경이명 갈파래과의 바다 이끼. 속이 빈 관상 세포로 형성되고, 다소 납작하며 둥근 대롱 모양임. 장아찌·쌈·장조림 등을 만들어 먹음.

싱그럽다(싱그럽고·싱그러워)형ㅂ 싱싱하고 향기롭다. ¶싱그러운 새봄의 향기.

싱그레부 다정한 눈길로 소리 없이 부드럽게 웃는 모양을 나타내는 말. ☞빙그레. 생그레. 성그레. 씽그레

싱글(single)명 ①홑. 외겹 ②'싱글히트(single hit)'의 준말. ③테니스나 탁구 등에서, 단식 경기를 이르는 말. ④양복 앞자락의 여미는 부분을 좁게 하여 외줄로 단추를 단 상의 또는 외투. ☞더블(double) ⑤'독신자' 또는 '미혼'를 이르는 말.

싱글-거리다(대다)자 싱글싱글 웃다. ☞생글거리다. 성글거리다. 씽글거리다

싱글-벙글부 싱글거리며 벙글거리는 모양을 나타내는 말. ☞생글뱅글. 씽글뻥글

싱글-싱글부 자꾸 싱그레 웃는 모양을 나타내는 말. ☞생글생글. 성글성글. 씽글씽글

싱글히트(single hit)명 단타(單打) 준싱글

싱긋부 친근한 눈길로 소리 없이 부드럽게 잠깐 웃는 모양을 나타내는 말. 싱긋이 ☞생긋. 성긋. 씽긋. 씽끗

싱긋-거리다(대다)[-귿-]자 싱긋싱긋 웃다. ☞생긋거리다. 성긋거리다. 씽긋거리다. 씽끗거리다

싱긋-빙긋[-귿-]부 싱긋 웃으며 빙긋 웃는 모양을 나타내는 말. ☞생긋뱅긋. 성긋벙긋. 씽긋뻥긋. 씽끗뻥끗

싱긋-싱긋[-귿-]부 자꾸 싱긋 웃는 모양을 나타내는 말. ☞빙긋빙긋. 생긋생긋. 성긋성긋. 씽긋씽긋. 씽끗씽끗

싱긋-이부 싱긋 ☞생긋이. 성긋이. 씽긋이. 씽끗이

싱끗부 친근한 눈길로 소리 없이 정답게 잠깐 웃는 모양을 나타내는 말. 싱끗이 ☞생끗. 성끗. 씽긋. 씽끗

싱끗-거리다(대다)[-끋-]자 싱끗싱끗 웃다. ☞생끗거리다. 성끗거리다. 씽긋거리다. 씽끗거리다

싱끗-빙끗[-끋-]부 싱끗 웃으며 빙끗 웃는 모양을 나타내는 말. ☞생끗뱅끗. 성끗벙끗. 씽긋뻥긋. 씽끗뻥끗

싱끗-싱끗[-끋-]부 자꾸 싱끗 웃는 모양을 나타내는 말. ☞생끗생끗. 성끗성끗. 씽긋씽긋. 씽끗씽끗

싱끗-이부 싱끗 ☞생끗이. 성끗이. 씽긋이. 씽끗이

싱둥싱둥-하다형여 기운이 떨어질만 한 일을 겪은 다음에도 본래의 기운이 있다. ☞생동생동하다

싱숭-생숭부-하다형 이런 저런 생각으로 마음이 들뜨고 뒤숭숭한 모양을 나타내는 말. ☞시룽새룽

싱숭-증(-症)[-쯩]명 마음이 들떠서 싱숭생숭한 느낌이 일어나는 증세.

싱싱-하다형여 ①시들거나 상한 데 없이 생기가 있다. ¶생선이 -./싱싱한 수박. ②원기(元氣)가 매우 왕성하다. ¶화초가 싱싱하게 자라다. ☞생생하다. 쌩쌩하다. 씽씽하다

싱아명 여뀟과의 여러해살이풀. 줄기 높이는 1m 안팎으로 가지가 많이 갈라져 있음. 잎은 어긋맞게 나며 길둥근꼴로 양끝이 좁고 가장자리에 톱니가 있음. 6~8월에 흰 꽃이 피며, 어린 대는 신맛이 있고 먹을 수 있음.

싱어명 멸칫과의 바닷물고기. 몸길이 15~24cm로, 몸은 가늘고 길며 옆으로 납작함. 몸빛은 은백색인데 등 쪽은 푸른색임. 우리 나라와 일본, 중국 등지의 연안에 분포함.

싱커페이션(syncopation)명 당김음

싱크-대(sink臺)명 주방이나 실험실, 암실 등에 물을 흘

려 보내며 물건을 씻을 수 있도록 시설을 해 놓은 대. ☞개수대. 세면대

싱크로나이즈드스위밍(synchronized swimming)명 수중 발레

싱크로사이클로트론(synchro-cyclotron)명 입자(粒子) 가속 장치의 한 가지. 사이클로트론의 가속 한계를 극복한 것으로, 각 입자의 에너지를 어느 일정한 값으로 조종해 놓고 고주파 전압의 주파수로 점차 낮추어 가도록 한 장치.

싱크로스코:프(synchroscope)명 오실로스코프의 한 가지. 시간축이 관측 파형에 따라 기동(起動)하게 만든 것으로, 매우 높은 주파수의 파형을 관측할 수 있음.

싱크로트론(synchrotron)명 입자(粒子) 가속 장치의 한 가지. 다른 가속 장치로 미리 가속된 입자를 전기장과 자기장의 작용 아래에서 처음부터 원 궤도에 따라 가속하여 높은 운동 에너지로 가속시킬 수 있는 장치.

싱크탱크(think tank)명 모든 학문 분야의 전문가를 조직적으로 결집하여 조사와 분석, 연구 개발 등을 하고 그 성과를 제공하는 조직.

싶다[십-] 조형 본용언 다음에 쓰이어 ①그렇게 하기를 바라는 마음이 있음을 나타냄. ¶자고 -./떠나고 -. ②그렇게 짐작됨을 나타냄. ¶비가 오는가 -./너보다 조금 클까 -./너무 서두를까 싶어 전화했다. ③그렇게 되면 좋겠다는 희망을 나타냄. ¶빨리 만났으면 -.

싸각-거리다(대다)자타 싸각싸각 소리가 나다, 또는 그런 소리를 내다. ☞사각거리다. 써걱거리다

싸각-싸각부 갈대 따위의 얇고 빳빳한 물체가 잇달아 베이거나 서로 스칠 때 나는 소리를 나타내는 말. ☞사각사각. 써걱써걱

싸개[1]명 물건을 싸는 종이나 헝겊 따위. ¶발-/책-

싸개[2]명 '싸개통'의 준말.

싸개(가) 나다관용 여러 사람이 둘러싸고 다투며 승강이 하는 판이 벌어지다.

싸개-장이명 지난날, 싸개질을 직업으로 삼던 사람.

싸개-질명-하다타 ①물건을 종이나 헝겊 따위로 싸는 일. ②의자나 침대 따위의 앉거나 누울 자리를 헝겊이나 가죽 따위로 싸는 일.

싸개-통명 여러 사람이 에워싸고 승강이를 하는 통. 준 싸개[2]

싸개-판명 싸개통이 벌어진 판.

싸고-돌:다(-돌고·-도니)타 ①어떤 사람을 감싸거나 편들어서 행동하다. ¶할머니께서는 늘 큰오빠만 싸고도셨다. ②어떤 대상을 중심으로, 가까이서 한통속이 되어 행동하다. ¶권세가를 싸고돌던 무리. ③어떤 일을 중심으로 하여 그 일에 관련되다. ¶두 사람 사이를 싸고도는 야릇한 소문./환경 문제를 싸고도는 온갖 분쟁. 준 싸돌다 ☞감싸고돌다

싸구려명 값이 싸거나 질이 낮은 물건. ¶-를 비싸게 판다./- 같지 않다.

감 길바닥에 물건을 벌여 놓고 파는 장수가 손을 모으려고 싸게 판다는 뜻으로 외치는 말.

싸구려-판명 싸구려 물건을 파는 판.

싸느랗다(싸느랗고·싸느란)형ㅎ 좀 싸늘한 느낌이 있다. ¶방바닥이 -./표정이 -. ☞사느랗다. 싸늘하다

싸늘-하다형여 ①날씨나 공기가 살갗에 닿는 느낌이 꽤 찬듯 하다. ¶밤 공기가 -./늦가을 바람결이 -. ②물체의 온도가 꽤 찬듯 하다. ¶몸이 싸늘하게 식다. ③놀랍거나 두려워 가슴이 내려앉으며 산뜩한 기운이 도는듯 하다. ④분위기나 태도 따위가 정답지 않고 매우 쌀쌀하다. ¶싸늘한 표정./마음이 싸늘하게 식다. ☞사늘하다. 싸느랗다. 쌀쌀하다. 써늘하다

싸늘-히부 싸늘하게

싸다[1]타 ①물건 따위를 속에 넣고 둘러 말거나 하여 보이지 않게 하다. ¶옷가지를 보자기에 -./선물을 포장지로 예쁘게 -. ②어떤 물건을 옮기기 좋게 담거나 묶거나 하여 꾸리다. ¶이삿짐을 -./책가방을 -./도시락을 -. ③어떤 대상의 둘레를 가리거나 막다. ¶마을을 싸고 흐르는 강물.

한자 쌀 포(包) [勹部 3획] ¶포괄(包括)/포장(包裝)

싸다[2]타 ①똥이나 오줌을 참거나 가리지 못하여 함부로 누다. ¶아기가 기저귀에 오줌을 -. ②'누다'를 속되게 이르는 말.

싸다[3]형 ①입이 매우 가볍다. ¶저 사람은 입이 싸서 비밀을 못 지킨다. ②불기운이 세다. ¶고기를 싼 불에 빨리 굽다. ③성미가 진득하거나 누긋한 맛이 없다. ☞괄다

싸다[4]형 ①물건 값이나 어떤 일에 드는 돈이 시세에 비하여 적다. ¶도매로 사면 훨씬 -. ☞비싸다 ②저지른 일이나 하는 행동에 비추어 보아, 어떤 일을 당하는 것이 마땅하다. ¶그렇게 게으름을 피웠으니 낙제해도 -.

속담 **싼 것이 비지떡** : 값이 싼 물건은 품질도 그만큼 좋지 못하다는 말.

싸-다니다자 여기저기를 채신없이 바삐 돌아다니다. ¶어디를 싸다니다가 이제 오니? 준 싸대다 속 싸지르다

싸-다듬이명-하다타 매나 몽둥이 따위로 함부로 때리는 짓.

싸-대:다자 '싸다니다'의 준말.

싸-데려가다자 신랑 쪽에서 혼수를 모두 부담하여 가난한 신부와 혼인하다.

싸-돌:다(-돌고·-도니)타 '싸고돌다'의 준말.

싸라기명 ①부스러진 쌀알. 절미(折米) ②싸라기눈

속담 **싸라기 밥을 먹었나** : 상대편이 함부로 반말질을 할 때 핀잔주는 말./**싸라기 쌀 한 말에 칠 푼 오 리라도 오리 없어 못 먹더라** : 아무리 작은 돈이라도 하찮게 여기지 말고 소중히 아껴 쓰라는 말.

싸라기-눈명 싸라기 모양으로 내리는 눈. 싸라기. 싸락눈 ☞함박눈

싸락-눈명 싸라기눈

싸리명 싸리나무

속담 **싸리 밭에 개 팔자** : 더운 여름에 서늘한 싸리 밭에 누워 있는 개 팔자라는 뜻으로, 남부러울 것 없고 마음 편하게 늘어진 팔자를 이르는 말.

싸리-나무명 콩과의 낙엽 관목. 높이 3m 안팎, 잎은 세 잎씩 나오고 넓은 달걀 모양임. 7~8월에 짙은 자색 또는 홍자색 꽃이 핌. 밀원 식물(蜜源植物)로 산과 들에서 저절로 자람. 소형(小荊). 싸리

싸리-말명 싸리를 결어 말 모양으로 만든 것. 지난날, 민속에서 천연두에 걸린 지 열이틀째 되는 날에 역신(疫神)을 쫓아내는 데 쓰였음.

싸리말(을) 태우다관용 '쫓아내다'를 에둘러 이르는 말.

싸리-문(-門)명 싸리를 엮어 만든 문. ☞사립문

싸리-버섯명 싸리버섯과의 버섯. 높이 7~18cm, 폭 6~20cm이며 산호 모양임. 자루는 흰빛이며, 끝 부분은 담홍색 또는 담자색임. 가을에 숲 속 활엽수 밑의 땅에 많이 자라며 먹을 수 있음.

싸리버섯-맑은장국명 국의 한 가지. 싸리버섯을 소금물에 헹군 다음 알맞게 찢고, 쇠고기를 다져 함께 양념하여 끓인 맑은장국.

싸리-비명 싸리로 만든 비. ☞댑싸리비

싸릿-개비명 싸리의 줄기, 또는 가늘게 쪼갠 도막.

싸릿-대명 싸리의 줄기.

싸-매다타 헝겊 따위로 싸서 묶다. ¶머리를 -.

싸목-싸목부 조금씩 천천히 나아가는 모양을 나타내는 말.

싸부랑-거리다(대다)자 경망스레 쓸데없는 말을 자꾸 재깔이다. ☞사부랑거리다. 써부렁거리다

싸부랑-싸부랑부 싸부랑거리는 모양을 나타내는 말. ☞사부랑사부랑[1]. 써부렁써부렁

싸우다자 ①말이나 힘, 무기 따위로 서로 이기려고 다투다. ¶하찮은 일로 친구와 -. ②운동 경기 등에서, 이기려고 맞서 겨루다. ¶우리 선수들이 모두 열심히 싸워 우승했다. ③고통이나 장애, 슬픔 따위를 이겨내려고 참고 견디다. ¶온갖 질병과 -. ④무엇을 얻거나 이루기 위하여 힘쓰다. ¶불의와 -.

ㅅ

한자 싸울 전(戰)〔戈部 12획〕¶격전(激戰)/결전(決戰)/승전(勝戰)/전쟁(戰爭)/전투(戰鬪) ▷속자는 战
싸울 투(鬪)〔鬥部 10획〕¶결투(決鬪)/사투(死鬪)/암투(暗鬪)/투병(鬪病)/투쟁(鬪爭)/투혼(鬪魂)

싸울-투(-鬥) 명 한자 부수(部首)의 한 가지. '鬧'·'鬪' 등에서 '鬥'의 이름.
싸움 명 **-하다** 자 싸우는 일. 준 쌈[2]
속담 **싸움은 말리고 불은 끄랬다**: 좋지 않은 일은 말리는 것이 옳다는 말. /**싸움은 말리고 흥정은 붙이랬다**: 나쁜 일은 말리고 좋은 일은 권하는 것이 옳다는 말.
싸움-꾼 명 걸핏하면 싸움질을 하는 사람. 준 쌈꾼
싸움-닭[-닥] 명 닭싸움을 시키려고 기르는 닭. 투계(鬪鷄) 준 쌈닭
싸움-질 명 **-하다** 자 싸우는 짓. 준 쌈질
싸움-터 명 싸움이 벌어진 곳. 전쟁터. 전지(戰地). 전진(戰陣) 준 쌈터
싸움-판 명 싸움이 벌어진 판. 준 쌈판
싸움-패 명 싸움을 일삼거나, 싸움을 잘하는 무리. 준 쌈패
싸이다[1] 자 ①물건 따위가 속에 넣어지거나 둘러 말리거나 하여 보이지 않게 되다. ¶보자기에 싸인 것이 무엇인지 궁금하다. ②둘레가 가리어지거나 막히다. ¶산에 싸인 마을. ③어떤 기운에 뒤덮이다. ¶집 안은 어둠에 싸여 괴괴했다. /신비에 싸인 인물. 준 쌔다[2]
싸이다[2] 타 대소변을 싸게 하다. 준 쌔다[3] ☞누이다[2]
싸-잡다 타 그 속에 함께 들게 하다. ¶싸잡아 비난하다.
싸-잡히다 자 싸잡음을 당하다. ¶몇 사람의 잘못으로 모두 싸잡혀서 욕을 먹다.
싸-전(-廛) 명 지난날, 쌀과 그 밖의 곡물을 팔던 가게. 미전(米廛)
속담 **싸전에 가서 밥 달라고 한다**: 성미가 몹시 급함을 비유하여 이르는 말.
싸전-쟁이(-廛-) 명 지난날, 싸전을 내고 쌀 등의 곡물을 팔던 장수.
싸-지르다[1](-지르고·-질러) 자타르 '싸다니다'를 속되게 이르는 말. ¶동네방네 싸지르고 다니다.
싸-지르다[2](-지르고·-질러) 타르 불을 함부로 지르다. ¶집에 불을 싸지르고 나가다.
싸-지르다[3](-지르고·-질러) 타르 똥이나 오줌을 함부로 싸다. ¶담벼락에 오줌을 -.
싸:-하다 형여 입 안이나 목구멍·코 등이 자극을 받아 아린듯 한 느낌이 있다. ¶찬 바람을 쐬었더니 목이 -. /싸한 겨자 맛.
싹[1] 명 ① 식물의 씨앗·뿌리·줄기·가지 등에서 새로 돋아 나와 잎이나 가지·줄기 등으로 자라날 부분. ¶-이 돋아나다. /-이 트다. ②어떤 일이나 현상이 이루어지는 본바탕 또는 맨 처음을 비유하여 이르는 말. ¶둘 사이에 사랑의 -이 텄다. ③싹수 ¶큰 인물이 될 -이 보인다.
싹도 없다 관용 전혀 흔적이 보이지 않다. ¶돈을 많이 벌었다더니, 그런 -.
싹을 밟다 관용 새로 시작하는 것을 처음부터 막거나 아예 없애다. ¶지금 싹을 밟아야 뒤에 탈이 없지.
싹이 노랗다 관용 싹수가 노랗다.

한자 싹 아(芽)〔艸部 4획〕¶맹아(萌芽)/발아(發芽)

싹[2] 부 ①거침없이 베거나 자르는 모양, 또는 그 소리를 나타내는 말. ¶가위로 종이를 - 자르다. ②한쪽으로 좀 세게 밀거나 치우는 모양을 나타내는 말. ¶이불을 한쪽으로 - 밀어 놓다. ☞삭[1]. 썩[1]
싹[3] 부 ①남김없이 몽땅. ¶머리를 - 밀다. /바닥을 - 태우다. /가구를 - 바꾸다. ②완전히. 아주 ¶마음이 - 돌아서다. /분위기가 - 바뀌다. ☞삭[2]
싹둑 부 물체를 단번에 힘있게 잘라 도막을 내는 모양, 또는 그 소리를 나타내는 말. ¶썩은 부분을 - 잘라 내다. ☞삭둑. 썩둑
싹둑-거리다(대다) 자타 자꾸 싹둑 자르는 소리가 나다, 또는 그런 소리를 내다. ☞삭둑거리다. 썩둑거리다
싹둑-싹둑 부 자꾸 싹둑 자르는 모양, 또는 그 소리를 나타내는 말. ¶머리털을 - 자르다. ☞삭둑삭둑. 썩둑썩둑
싹-수 명 어떤 일이나 사람이 앞으로 잘 될 것 같은 낌새나 징조. 싹 ¶-가 보이다. /-가 있다. /-가 없다. /-가 틀린 것 같다.
싹수(가) 노랗다 관용 잘될 가능성이나 희망이 처음부터 보이지 않다. 싹이 노랗다. ¶네가 하는 행동을 보니, 싹수가 노랗구나.
싹수-머리 명 '싹수'를 속되게 이르는 말.
싹-싹[1] 부 ①여럿을 거침없이 베거나 자르는 모양, 또는 그 소리를 나타내는 말. ¶종이를 - 자르다. ②여럿을 한쪽으로 좀 세게 밀거나 치우는 모양을 나타내는 말. ☞삭삭[1]. 썩썩[1]
싹싹[2] 부 ①맞대어 세게 비비는 모양을 나타내는 말. ¶칼을 - 갈다. /흙을 - 비벼 떨다. ②찬찬히 말끔하게 쓸거나 닦는 모양을 나타내는 말. ¶때를 - 밀다. /걸레로 - 문지르다. ☞삭삭[2]. 썩썩[2]. 쓱쓱
싹싹-하다 형여 상냥하고 눈치가 빠르며 사근사근하다. ¶이곳 사람들은 -. /싹싹하게 굴다. ☞썩썩하다
싹쓸-바람 명 풍력 계급 12급에 해당하는 가장 세찬 바람. 풍속은 매초 32.7m 이상. 육상은 격심한 피해가 생기고, 해상은 산더미 같은 파도와 흰 물거품, 물보라 등으로 지척을 분간할 수 없게 됨. 태풍(颱風) ☞실바람
싹-쓸이 명 **-하다** 타 차지해야 할 것이나 없애야 할 것을 남김없이 죄다 차지하거나 없애 버리는 일. ¶판돈을 -하다.
싹-트다(-트고·-터) 자 ①식물의 싹이 돋아나다. ②어떤 감정이나 생각, 현상 따위가 생겨나다. ¶사랑이 -. /시민 의식이 싹트기 시작하다.
싼-값 명 시세보다 헐한 값. 염가(廉價). 저가(低價). 헐가(歇價). 헐값 ¶옷을 -에 사다.
싼-거리 명 물건을 싸게 사는 일, 또는 그 물건.
싼-흥정 명 물건을 싸게 사고 파는 일.
쌀 명 ①벼의 껍질을 벗긴 알맹이. 대미(大米). 미곡(米穀) ②'입쌀'의 준말. ③볏과에 딸린 곡식의 껍질을 벗긴 알맹이를 두루 이르는 말. ¶보리-/좁-
속담 **쌀 먹은 개 욱대기듯**: 좋지 못한 짓을 한 사람이 도리어 험상궂고 거칠게 굶을 비유하여 이르는 말. /**쌀은 쏟고 주워도 말은 하고 못 줍는다**: 한번 입 밖에 낸 말은 어찌할 수 없으니 삼가야 함을 이르는 말. /**쌀 한 알 보고 뜨물 한 동이 마신다**: 적은 이익을 위해 노력이나 비용이 지나치게 많이 들어감을 비유하여 이르는 말.

한자 쌀 미(米)〔米部〕¶미곡(米穀)/미맥(米麥)/미반(米飯)/백미(白米)/현미(玄米)

쌀-가게[-까-] 명 쌀을 파는 가게. 쌀집
쌀-가루[-까-] 명 쌀을 빻아 만든 가루. 미분(米粉)
쌀-강아지 명 털이 짧고 보드라우며 윤기가 반지르르하게 흐르는 강아지. ☞쌀개[2]
쌀-강정 명 쌀을 볶거나 튀겨서 만든 강정.
쌀개[1] 명 방아 허리에 가로 맞추어 방아를 걸 수 있게 만든 나무 막대기.
쌀-개[2] 명 털이 짧고 보드라우며 윤기가 반지르르하게 흐르는 개. ☞쌀강아지
쌀-겨[-껴] 명 쌀을 쓿을 때 나오는 고운 속겨.
쌀-고치 명 희고 굵으며 단단하게 지은 질이 좋은 고치. ☞무리고치
쌀-광[-꽝] 명 쌀을 넣어 두는 광.
속담 **쌀광에서 인심 난다**: 자기에게 여유가 있어야 남의 딱한 사정을 헤아리고 도와 줄 마음이 생김을 비유하여 이르는 말. 〔광에서 인심 난다〕
쌀-금[-끔] 명 시세나 흥정으로 정해지는 쌀의 값. ☞미가(米價)
쌀긋-하다[-근-] 형여 물체가 조금 쌜그러진듯 하다. ☞살긋하다. 쌜긋하다. 씰긋하다
쌀긋-이 부 쌀긋하게 ☞살긋이. 쌜긋이. 씰긋이

쌀-깃[-낃] 명 갓난아이의 배냇저고리 안에 옷 대신으로 싸는 헝겊 조각.
쌀-누룩 명 쌀가루를 쪄서 띄운 누룩. 미국(米麴)
쌀-눈 명 쌀의 배아(胚芽).
쌀-독[-똑] 명 쌀을 담아 두는 독.
속담 **쌀독에서 인심 난다** : 자기가 넉넉해야 남도 도울 수 있음을 비유하여 이르는 말.〔광에서 인심 난다〕
쌀-되[-뙤] 명 ①쌀을 되는 되. ②한 되 남짓의 쌀.
쌀-뜨물 명 쌀을 씻고 난 뿌연 물. 미감수. 미즙(米汁)
쌀랑-거리다(대다) 자타 ①바람이 쌀랑쌀랑 불다. ②팔을 재게 내저어 바람을 일으키며 걷다. ③꼬리나 엉덩이 따위를 자꾸 흔들다. ☞살랑거리다. 썰렁거리다
쌀랑-쌀랑 부 ①바람이 자꾸 싸늘하게 불어오는 모양을 나타내는 말. ②팔을 내저어 바람을 일으키며 걷는 모양을 나타내는 말. ③꼬리나 엉덩이 따위를 자꾸 흔드는 모양을 나타내는 말. ☞살랑살랑. 썰렁썰렁
쌀랑쌀랑-하다 형여 매우 쌀랑하다. ☞살랑살랑하다. 썰렁썰렁하다
쌀랑-하다 형여 바람이나 공기가 싸느랗다. ¶쌀랑한 새벽 공기. ☞살랑하다. 썰렁하다
쌀래-쌀래 부 고개를 작은 동작으로 힘있게 가로 흔드는 모양을 나타내는 말. ☞살래살래. 썰레썰레
쌀-말 명 ①쌀을 되는 말. ②한 말 남짓의 쌀.
쌀-목탁(-木鐸) 명 절에서, 끼니때에 밥쌀을 가져오라고 치는 목탁. ☞쌀북
쌀-무리 명 흰쌀을 물에 불려 맷돌에 갈아서, 물에 담가 웃물을 여러 번 갈면서 가라앉힌 앙금. 죽이나 응이를 쑬 때 씀. 무리[3]. 수미분(水米粉). 수분(水粉)
쌀-미(-米) 명 한자 부수(部首)의 한 가지. '粉'·'粟'·'粥' 등에서 '米'의 이름.
쌀-미꾸리 명 종갯과의 민물고기. 미꾸리와 비슷하나 몸길이 6cm 안팎의 작은 종임. 우리 나라와 중국, 시베리아 등지의 하천에 널리 분포함.
쌀-미음(-米飮) 명 쌀을 갈아 쑨 미음. 체에 밭아서 소금이나 진간장을 쳐서 먹음.
쌀-밥 명 쌀로 지은 밥. 미반(米飯)
쌀-벌레[-뻘-] 명 ①쌀을 갉아먹는 벌레. ☞바구미 ②일하지 않고 놀고 먹는 사람을 비유하여 이르는 말.
쌀-보리 명 볏과의 한해살이풀. 보리의 한 가지로, 줄기 높이 60~120cm이며 곧게 서 있음. 까끄라기가 짧고 억세며, 속껍질과 겉껍질이 잘 떨어져 도정(搗精)이 쉬움. 겉보리와 구분하여 부르는 명칭으로, 겉보리보다 추위에 잘 견디지 못하여 주로 우리 나라 남부 지방에서 재배됨. 나맥(裸麥). 밀보리 ☞겉보리
쌀-부대(-負袋)[-뿌-] 명 쌀을 담는 부대.
쌀-북 명 절에서, 밥을 지을 때에 쌀을 모으기 위하여 치는 북. ☞쌀목탁
쌀-새 명 볏과의 여러해살이풀. 줄기 높이 90~120cm이며, 잎은 선 모양으로 어긋맞게 남. 꽃은 8~9월에 피며, 열매는 영과(穎果)로 익음. 산지(山地)의 숲에서 자라며 우리 나라와 일본, 중국 등지에 분포함.
쌀-새우 명 쌀새웃과의 새우. 몸길이 7~8cm이며 좌우로 편평함. 몸빛은 붉은빛을 띠면서 투명하고 광택이 나는데 마르면 흰빛이 됨. 깊은 바다에 살며, 먹을 수 있음. 우리 나라와 일본 등지의 근해에 분포함. 미하(米蝦). 백하(白蝦). 세하(細蝦)
쌀-수수 명 볏과의 여러해살이풀. 수수의 한 가지로, 까끄라기가 없고 낟알이 희읍스름함. 초가을에 익음.
쌀쌀[1] 부 ①물 따위가 몹시 끓는 모양을 나타내는 말. 물이 − 끓다. ②바닥이 고루 뜨거워지는 모양을 나타내는 말. ¶온돌방이 − 끓다. ☞살살[2]. 썰썰[1]
쌀쌀[2] 부 고개를 잇달아 살짝 젓는 모양을 나타내는 말. ¶고개를 − 내젓다. ☞살살[3]. 썰썰[2]
쌀쌀[3] 부 뱃속이 매우 쓰린듯이 아픈 모양을 나타내는 말. ¶아랫배가 − 아파 오다. ☞살살[4]
쌀쌀-맞다[-맏-] 형 성격이나 태도가 붙임성이나 인정미가 없이 매우 차갑다. ¶찬바람이 일 정도로 −./쌀쌀맞게 굴다./쌀쌀맞은 아이.

쌀쌀-하다 형여 ①날씨나 공기가 춥게 느껴질 정도로 차다. ¶아직 아침저녁으로는 −. ②사람의 성질이나 태도가 정다운 맛이 없고 차갑다. ¶어찌나 쌀쌀한지 말 한마디 못했다. ☞싸느랗다. 싸늘하다
쌀쌀-히 부 쌀쌀하게
쌀-알 명 쌀 하나하나의 알. 낟알. 미립(米粒)
쌀-암죽(-粥) 명 ①고운 쌀가루에 물을 타서 쑨 암죽. ②지에밥을 잘 쪄서 볕에 말렸다가 누릇누릇하게 볶아서 만든 가루로 쑨 죽.
쌀-장사 명-하다 자 쌀을 사고 파는 일. 미상(米商)
쌀-장수 명 쌀을 사고 파는 일을 전문으로 하는 사람. 미상(米商)
쌀-집[-찝] 쌀을 파는 가게. 쌀가게
쌀-책박 명 싸리로 엮어 만든, 쌀을 담는 그릇.
쌀-통(-桶) 명 쌀을 넣어 두는 통.
쌀-포(-勹) 명 한자 부수(部首)의 한 가지. '勻'·'勿'·'匏' 등에서 '勹'의 이름.
쌀-풀 명 쌀가루로 쑨 풀.
쌈[1] 명 상추·미나리·쑥갓·배추·깻잎·미역 잎 따위로 밥과 반찬을 함께 싸서 먹는 음식.
쌈:[2] 명-하다 자 '싸움'의 준말.
쌈[3] 의 ①바늘 스물네 개를 한 단위로 세는 말. ¶바늘 두 −. ②피륙을 다듬기 알맞은 분량으로 싸 놓은 덩이를 세는 말. ¶빨랫감 한 −. ③금 백 냥쭝을 한 단위로 세는 말.
쌈-김치 명 '보쌈김치'의 준말.
쌈:-꾼 명 '싸움꾼'의 준말.
쌈-노 명 나뭇조각을 붙이고 굳을 때까지 동여매는 데 쓰는 노끈.
쌈:-닭[-딹] 명 '싸움닭'의 준말.
쌈박[1] 부 날이 선 연장으로 물체를 단번에 자르거나 베어 내는 모양을 나타내는 말. ¶칼로 무를 − 자르다. ☞삼박[1]. 삼빡. 쌈빡. 썸벅
쌈박[2] 부 속눈썹이 긴 눈을 빨리 감았다 뜨는 모양을 나타내는 말. ☞깜빡. 삼박. 씀벅
쌈박-거리다(대다) 자타 속눈썹이 긴 눈을 빨리 감았다 떴다 하다. 쌈박이다 ¶티가 들어간 눈을 −. ☞깜빡거리다. 삼박거리다. 씀벅거리다
쌈박-쌈박[1] 부 날이 선 연장으로 물체를 잇달아 자르거나 베어 내는 모양을 나타내는 말. ¶오이를 − 자르다. ☞삼박삼박[1]. 삼빡삼빡. 쌈빡쌈빡. 썸벅썸벅
쌈박-쌈박[2] 부 쌈박거리는 모양을 나타내는 말. ☞깜빡깜빡. 삼박삼박[2]. 씀벅씀벅
쌈박-이다 자타 쌈박거리다 ☞깜빡이다. 삼박이다
쌈빡 부 날이 선 연장으로 좀 단단한 물체를 단번에 자르거나 베어 내는 모양을 나타내는 말. ☞삼박[1]. 삼빡. 쌈박. 썸뻑
쌈빡-쌈빡 부 날이 선 연장으로 좀 단단한 물체를 잇달아 자르거나 베어 내는 모양을 나타내는 말. ☞삼박삼박[1]. 삼빡삼빡. 쌈박쌈박. 썸뻑썸뻑
쌈-솔 명 솔기를 싸서 박는 바느질법, 또는 그렇게 박은 솔기. 시접을 똑같이 맞추어 박고 한쪽 시접을 약간 잘라 낸 후 자르지 않은 시접을 접어 자른 시접 쪽으로 뉘여 그 위를 박음. 홑옷이나 올이 풀리기 쉬운 천을 박을 때 쓰임. ☞통솔
쌈지 명 담배나 부시 따위를 싸서 가지고 다니는 주머니. 종이나 헝겊, 가죽 따위로 만듦. ¶담배 −
쌈:-질 명-하다 자 '싸움질'의 준말.
쌈짓-돈 명 쌈지에 있는 돈이라는 뜻으로, 푼돈을 이르는 말.
속담 **쌈짓돈이 주머닛돈** : 주머닛돈이 쌈짓돈
쌈:-터 명 '싸움터'의 준말.
쌈:-판 명 '싸움판'의 준말.
쌈:-패 명 '싸움패'의 준말.
쌉싸래-하다 형여 좀 쌉쌀한듯 하다. 쌉쓰름하다 ¶맛이 좀 −./쌉싸래한 더덕구이. ☞씁쓰레하다

ㅅ

쌉쌀-하다 [형여] 혀에 닿는 맛이 조금 쓰다. ☞씁쓸하다
쌉쓰름-하다 [형여] 쌉싸래하다 ☞씁쓰름하다
쌍(雙) [명] ①둘씩 짝을 이룬 것. ¶ ―을 지어 다니다./―을 이루다. ②〔의존 명사로도 쓰임〕 둘을 하나로 묶어 세는 단위. ¶신혼 부부 두 ―./호랑이 한 ―.

[한자] **쌍 쌍**(雙) 〔隹部 10획〕 ¶쌍발(雙發)/쌍벽(雙璧)/쌍생아(雙生兒)/쌍수(雙手) ▷ 속자는 双

쌍-가마(雙―)[1] [명] 머리에 쌍으로 있는 가마, 또는 그런 가마를 가진 사람. 쌍선모(雙旋毛)
쌍-가마(雙―)[2] [명] 지난날, 말 두 필이 가마의 앞뒤 채를 메고 가는 가마를 이르던 말. 관찰사나 높은 관리 등이 탔으며, 도성(都城) 안에서는 타지 못했음. 가교(駕轎). 쌍교(雙轎). 쌍마교(雙馬轎)
쌍각(雙脚) [명] 두 다리. 양각(兩脚)
쌍각-류(雙殼類) [명] 조가비가 두 개로 쌍을 이루는 조개를 통틀어 이르는 말. 대합·모시조개 따위.
쌍-간균(雙桿菌) [명] 두 개씩 이어진 간균.
쌍-갈(雙―) [명] 인방(引枋) 머리를 두 갈래지도록 장부나 촉으로 깎고 다듬는 일, 또는 그렇게 만든 장부나 촉.
쌍갈-지다(雙―) [자] 두 갈래로 갈라지다. ¶머리를 쌍갈지게 땋다.
쌍검(雙劍) [명] ①양손에 한 자루씩 쥐는 칼. 쌍수검(雙手劍) ②십팔기(十八技) 또는 무예 이십사반(武藝二十四般)의 하나. 두 손에 요도(腰刀)를 쥐고 하는 검술. ☞쌍도(雙刀). 쌍수도(雙手刀)
쌍-겨리(雙―) [명] 겨리
쌍견(雙肩) [명] 양쪽 어깨. 두 어깨.
쌍견(雙繭) [명] 쌍고치
쌍겹-눈(雙―) [명] 쌍꺼풀이 진 눈.
쌍계(雙紒) [명] 쌍상투
쌍계(雙鷄) [명] 한 개의 알에서 나온 두 마리의 병아리.
쌍계=가족(雙系家族) [명] 부계(父系)와 모계(母系) 양쪽의 혈연 계통을 모두 인정하면서 결합되는 가족.
쌍-고치(雙―) [명] 두 마리의 누에가 함께 지은 고치. 공동견(共同繭). 동공견(同功繭). 쌍견(雙繭)
쌍곡-면(雙曲面) [명] 이차 곡면의 한 가지. 쌍곡선의 한 주축을 축으로 하여 회전시켰을 때 얻어지는 곡면. 쌍곡선면(雙曲線面)
쌍-곡선(雙曲線) [명] 한 평면 위에서 두 정점(定點)으로부터의 거리의 차가 일정한 점의 자취로 나타나는 곡선.
쌍곡선-면(雙曲線面) [명] 쌍곡면(雙曲面)
쌍관(雙關) [명] 쌍관법(雙關法)
쌍관-법(雙關法)[―뻡] [명] 한문(漢文)이나 한시(漢詩) 작법의 한 가지. 상대되는 두 사물을 읊을 때, 위아래 구를 상대되는 글귀로 조응(照應)시켜 서로 짝을 이루게 하여 한 편(篇) 또는 한 단(段)의 골자(骨子)로 삼는 수사법. 쌍관(雙關)
쌍교(雙轎) [명] 쌍가마[2]
쌍구(雙鉤) [명] '쌍구법(雙鉤法)'의 준말.
쌍-구균(雙球菌) [명] 두 개의 균체(菌體)가 짝을 이루어 연결된 구균. 폐렴균·임균(淋菌) 따위.
쌍구-법(雙鉤法)[―뻡] [명] ①붓을 잡는 방법의 한 가지. 엄지손가락과 집게손가락, 가운뎃손가락으로 붓대를 잡고 쓰는 법. ☞단구법(單鉤法) ②글씨를 베낄 때, 획의 윤곽을 가는 선으로 떠내는 법. ③구륵법(鉤勒法) [준]쌍구(雙鉤)
쌍구-전:묵(雙鉤塡墨) [명] 글씨를 베낄 때, 먼저 쌍구를 떠낸 다음에 쌍구 사이의 빈 부분에 먹칠을 하는 일.
쌍-권총(雙拳銃) [명] 양손에 각각 쥔 두 개의 권총.
쌍-그네(雙―) [명] 한 그네에 두 사람이 마주 서서 뛰는 그네. 어우렁그네
쌍그렇다(쌍그렇고·쌍그런) [형ㅎ] 추운 날씨에 비해 옷차림이 매우 쓸쓸하다. ¶눈 오는 날, 외투도 걸치지 않은 모습이 ―.
쌍그레 [부] 사글사글한 눈길로 소리 없이 밝게 웃는 모양을 나타내는 말. ☞빵그레. 상그레. 쌩그레. 썽그레
쌍-극자(雙極子) [명] 양과 음의 전기 또는 자극(磁極)이 서로 마주 대하고 있는 물체, 또는 그 전기나 자극.
쌍글-거리다(대다) [자] 쌍글쌍글 웃다. ☞빵글거리다. 상글거리다. 쌩글거리다. 썽글거리다
쌍글-빵글 [부] 쌍글거리며 빵글거리는 모양을 나타내는 말. ☞상글방글. 썽글뻥글
쌍글-쌍글 [부] 자꾸 쌍그레 웃는 모양을 나타내는 말. ☞빵글빵글. 상글상글. 쌩글쌩글. 썽글썽글
쌍금-쇠(雙―)[―쐬] [명] 나무 따위에 두 줄의 금을 긋는 쇠. 칼처럼 생긴 두 개의 쇠가 달려 있음.
쌍긋 [부] 사글사글한 눈길로 소리 없이 밝게 잠깐 웃는 모양을 나타내는 말. 쌍긋이 ¶― 미소를 띠다. ☞빵긋. 상긋. 상끗. 쌍끗. 쌩긋. 썽긋
쌍긋-거리다(대다)[―귿―] [자] 쌍긋쌍긋 웃다. ☞빵긋거리다. 상긋거리다. 상끗거리다. 쌍끗거리다. 쌩긋거리다. 썽긋거리다
쌍긋-빵긋[―귿―] [부] 쌍긋 웃으며 빵긋 웃는 모양을 나타내는 말. ☞상긋방긋. 상끗방끗. 쌍끗빵끗. 쌩긋뺑긋. 썽긋뻥긋
쌍긋-쌍긋[―귿―] [부] 자꾸 쌍긋 웃는 모양을 나타내는 말. ☞빵긋빵긋. 상긋상긋. 상끗상끗. 쌍끗쌍끗. 쌩긋쌩긋. 썽긋썽긋
쌍긋-이 [부] 쌍긋 ☞빵긋이. 상긋이. 상끗이. 쌍끗이. 쌩긋이. 썽긋이
쌍-기마(雙騎馬) [명] 두 사람이 각각 말을 나란히 타는 일, 또는 그 두 필의 말.
쌍-기역(雙―) [명] 〈어〉한글 자모(字母) 'ㄲ'의 이름.
쌍-꺼풀(雙―) [명] 두 겹으로 겹쳐진 눈꺼풀, 또는 그런 눈. ¶―이 지다.
쌍끗 [부] 사글사글한 눈길로 소리 없이 환하게 잠깐 웃는 모양을 나타내는 말. 쌍끗이 ☞빵끗. 상긋. 상끗. 쌍긋. 쌩끗. 썽끗
쌍끗-거리다(대다)[―끋―] [자] 쌍끗쌍끗 웃다. ☞빵끗거리다. 상긋거리다. 상끗거리다. 쌍긋거리다. 쌩끗거리다. 썽끗거리다
쌍끗-빵끗[―끋―] [부] 쌍끗 웃으며 빵끗 웃는 모양을 나타내는 말. ☞상긋방긋. 상끗방끗. 쌍긋빵긋. 쌩끗뺑끗. 썽끗뻥끗
쌍끗-쌍끗[―끋―] [부] 자꾸 쌍끗 웃는 모양을 나타내는 말. ☞빵끗빵끗. 상긋상긋. 상끗상끗. 쌍긋쌍긋. 쌩끗쌩끗. 썽끗썽끗
쌍끗-이 [부] 쌍끗 ☞빵끗이. 상긋이. 상끗이. 쌍긋이. 쌩끗이. 썽끗이
쌍날-칼(雙―) [명] 양쪽에 날이 있는 칼.
쌍녀(雙女) [명] 쌍동딸
쌍녀-궁(雙女宮) [명] 처녀궁(處女宮)
쌍-년 [명] '상년'을 보다 거친 어감(語感)으로 이르는 말.
쌍년(雙年) [명] 나이가 짝수가 되는 해.
쌍-놈 [명] '상놈'을 보다 거친 어감(語感)으로 이르는 말.
쌍도(雙刀) [명] 쌍수도(雙手刀) ☞쌍검(雙劍). 쌍수검(雙手劍)
쌍도-배(雙桃杯) [명] 두 개의 복숭아를 붙여 놓은 것처럼 생긴 모양의 술잔.
쌍동(雙童) [명] 쌍둥이
쌍동-딸(雙童―) [명] 쌍둥이로 태어난 딸. 쌍녀. 쌍생녀
쌍동-밤(雙童―) [명] 한 톨 안에 두 쪽이 들어 있는 밤.
쌍동-아들(雙童―) [명] 쌍둥이로 태어난 아들. 쌍생자
×**쌍-동이**(雙童―) [명] →쌍둥이
쌍동-중매(雙童中媒) [명] 짝을 지어 다니며 직업적으로 중매를 하는 일, 또는 그런 사람.
쌍-되다[―뙤―] [형] '상되다'를 더욱 거친 어감(語感)으로 이르는 말. ¶말씨가 아주 ―./쌍된 행동.
쌍-두레 [명] 맞두레
쌍-두리(雙―) [명] 두 척의 배를 사용하여 두릿그물이나 주머니그물을 둘러치는 일, 또는 그렇게 하여 고기를 잡는 일.
쌍두-마차(雙頭馬車) [명] ①두 필의 말이 끄는 마차. 양두

마차(兩頭馬車) ②어떤 분야에서 주축이 되는 두 사람이나 사물 따위를 비유하여 이르는 말. ¶가요계의 ─.
쌍-둥이(雙─)명 한 태(胎)에서 태어난 두 아이. 쌍동(雙童). 쌍생아(雙生兒)
쌍둥이-강(雙─江)명 한곳에서 시작하여 중간에 갈라져 흐르다가 하류에서 다시 합쳐져 흐르는 강.
쌍둥이-자리(雙─)명 십이 성좌(十二星座)의 하나. 겨울에 천정(天頂) 가까이에 보이는 별자리로, 3월 상순 오후 여덟 시 무렵에 자오선(子午線)을 통과함. 하지점(夏至點)이 이 별자리에 있음. 쌍둥이좌 ☞황도 십이궁
쌍둥이-좌(雙─座)명 쌍둥이자리
쌍둥이=화:산(雙─火山)명 구조·모양·크기 따위가 거의 비슷한 두 개의 화산체로 된 화산.
쌍-디귿(雙─)명〈어〉한글 자모(字母) 'ㄸ'의 이름.
쌍-떡잎(雙─)[─닙]명 한 개의 배(胚)에서 나오는 두 장의 떡잎. 복자엽(複子葉). 쌍자엽(雙子葉) ☞뭇떡잎. 외떡잎
쌍떡잎-식물(雙─植物)[─닙─]명 속씨식물의 한 강(綱). 밑씨가 두 장의 떡잎을 가진 식물임. 관다발에 형성층이 있으며 잎은 그물맥이고 원뿌리와 곁뿌리의 구분이 뚜렷함. 국화·민들레·무궁화·장미 따위. 쌍자엽식물(雙子葉植物) ☞외떡잎식물
쌍떡잎-씨앗(雙─)[─닙─]명 밑씨가 두 장의 떡잎을 가진 씨. 쌍자엽 종자(雙子葉種子)
쌍란(雙卵)명 쌍알
쌍란-국(雙蘭菊)명 '바꽃'의 딴이름.
쌍룡(雙龍)명 한 쌍의 용. 두 마리의 용.
쌍루(雙淚)명 두 눈에서 나오는 눈물.
쌍륙(雙六)명 놀이의 한 가지. 여러 사람이 편을 갈라 두 개의 주사위를 던져서 나오는 사위대로 말을 써서 먼저 궁에 들어가는 편이 이기는 놀이. 원상륙(象陸)
쌍륙-판(雙六板)명 쌍륙의 말밭을 그린 판.
쌍륜(雙輪)명 ①앞뒤 또는 양쪽 옆에 달린 두 개의 바퀴. ②쌍륜차(雙輪車)
쌍륜-차(雙輪車)명 바퀴가 둘 달린 수레. 쌍륜(雙輪)
쌍림(雙林)명 사라쌍수(沙羅雙樹)
쌍립(雙立)명 ①양쪽이 대립하여 마주 서는 일. ②바둑에서, 한 줄을 사이에 두고 두 개씩 나란히 놓으면서 나가는 같은 편의 돌, 또는 그렇게 놓은 모양.
쌍마-교(雙馬轎)명 쌍가마
쌍-말명 '상말'을 더욱 거친 어감(語感)으로 이르는 말.
쌍-망이명 광산에서 돌에 구멍을 뚫을 때, 정을 치는 데 쓰는 큰 쇠망치. 한 사람은 정을 잡고 다른 한 사람은 두 손으로 쌍망이를 휘둘러 정을 침.
쌍메-질(雙─)명-하다타 두 사람이 번갈아 들며 메로 치는 일, 또는 그런 메질.
쌍모(雙眸)명 양안(兩眼)
쌍무(雙務)명 계약 당사자 쌍방이 서로 지는 의무. ¶─ 관계/─ 방위 조약 ☞편무(片務)
쌍무=계:약(雙務契約)명 법률에서, 계약 당사자 쌍방이 서로 의무를 부담하는 계약. 매매·교환·임대차·고용 따위. ☞편무 계약(片務契約)
쌍-무지개(雙─)명 두 개가 한꺼번에 쌍을 지어 선 무지개. ☞수무지개. 암무지개
쌍무=협정(雙務協定)명 당사자 쌍방이 서로 대등하게 의무를 지는 협정.
쌍문-주(雙紋紬)명 지난날, 중국에서 나던 무늬가 있는 고급 비단의 한 가지.
쌍미(雙眉)명 좌우 양쪽의 두 눈썹. 양미(兩眉)
쌍-바라지(雙─)명 두 짝의 창문을 달아서 좌우로 열어젖히게 만든 바라지창.
쌍-반점(雙半點)명 가로쓰기 문장 부호의 한 가지인 ';'의 이름. 문장을 일단 끊었다가 이어서 설명을 더 하거나 대등절 사이에 쓰임. 세미콜론(semicolon) ☞쌍점(雙點)
쌍-받침(雙─)명〈어〉한글에서, 한 음절의 끝소리가 같은 자음으로 겹쳐서 된 받침을 이름. '낚다'의 'ㄲ', '보았다'의 'ㅆ' 따위. ☞겹받침

쌍발(雙發)명 ①두 대의 발동기를 장치한 것. ②총알 나가는 구멍이 둘인 것. ¶─ 엽총 ☞다발(多發). 단발(單發)
쌍발-기(雙發機)명 발동기를 두 대 장치한 항공기. ☞다발기(多發機). 단발기(單發機)
쌍발-식(雙發式)[─씩]명 발동기를 두 대 장치한 구조. ¶─ 전투기 ☞다발식(多發式). 단발식(單發式)
쌍방(雙方)명 양방(兩方) ¶─ 과실
쌍방=대:리(雙方代理)명 법률에서, 한 사람이 계약 당사자 쌍방의 대리인이 되어 계약을 체결하는 일. 원칙적으로 금지되어 있음.
쌍방=독점(雙方獨占)명 공급자와 수요자가 각각 한 사람 또는 한 회사인 경우의 시장 형태.
쌍벌-죄(雙罰罪)[─쬐]명 법률에서, 어떤 행위에 관련된 양쪽 당사자를 모두 처벌하는 범죄. 간통죄·뇌물죄 따위.
쌍벌-주의(雙罰主義)명 법률에서, 어떤 행위에 관련된 양쪽 당사자를 모두 처벌하는 주의.
쌍벽(雙璧)명 두 개의 구슬이라는 뜻으로, 여럿 중에 특별히 뛰어나 우열을 가리기 어려운 둘을 비유하여 이르는 말. ¶영화계에서 ─을 이루는 두 배우. ☞연벽(聯璧)
쌍보(雙補)명-하다타 한방에서, 약을 먹어 음양(陰陽)을 함께 보하는 일, 또는 그런 방법을 이르는 말.
쌍봉(雙峰)명 나란히 솟은 두 개의 봉우리.
쌍봉-낙타(雙峰駱駝)명 낙타과의 포유동물. 몸길이 3m, 키 2m 안팎이고 등에 육봉(肉峰)이 두 개 있음. 발바닥이 넓고 눈과 귀 둘레에 긴 털이 나 있으며, 추위와 기갈에 잘 견디어 사막 생활을 하기에 알맞음. 사막의 교통 수단으로 이용됨. 몽고·이란·아프가니스탄·파키스탄 등지에 분포함. 쌍봉약대. 쌍봉타(雙峰駝). 양봉타(兩峰駝) ☞단봉낙타(單峰駱駝)
쌍봉-약대(雙峰─)명 쌍봉낙타
쌍봉-타(雙峰駝)명 쌍봉낙타
쌍분(雙墳)명 합장하지 않고 같은 묏자리에 나란히 쓴 부부의 두 무덤.
쌍-분합(雙分閤)명 대청 앞에 드리는, 두 짝으로 여닫게 되어 있는 긴 창살문. 쌍분합문 ☞사분합(四分閤)
쌍-분합문(雙分閤門)명 쌍분합(雙分閤)
쌍-비읍(雙─)명〈어〉한글 자모(字母) 'ㅃ'의 이름.
쌍사슬-고리(雙─)명 쇠사슬이 두 개 달린 문고리.
쌍-상투(雙─)명 지난날, 주로 관례(冠禮) 때에 머리를 갈라 두 개로 틀어 올리던 상투. 쌍계(雙紒)
쌍생(雙生)명-하다자타 쌍둥이를 낳음, 또는 쌍둥이가 태어남.
쌍생-녀(雙生女)명 쌍동딸
쌍생-아(雙生兒)명 쌍둥이
쌍생-자(雙生子)명 쌍동아들
쌍서(雙棲)명-하다자 짝지어 사는 일. 곧 부부(夫婦) 또는 암컷과 수컷이 함께 사는 일.
쌍-선모(雙旋毛)명 쌍가마'
쌍성(雙星)명 서로의 인력(引力) 때문에 공통의 무게 중심의 둘레를 일정한 주기로 공전하고 있는 두 개 이상의 항성. 연성(連星)
쌍-성화(雙─)명 ①이렇게 해도 저렇게 해도 가라앉지 않는 성화. ②한 가지 성화에 이어서 생긴 또 다른 성화.
쌍-소리[─쏘─]명 '상소리'를 거친 어감(語感)으로 이르는 말.
쌍수(雙手)명 두 손. 양손. 양수(兩手) ¶─를 들어 환영하다.
쌍수(雙袖)명 양쪽의 소매.
쌍수-검(雙手劍)명 양손에 한 자루씩 쥐는 검. 쌍검(雙劍). ☞쌍도(雙刀). 쌍수도(雙手刀)
쌍수-도(雙手刀)명 ①두 손으로 모아 쥐고 쓰는 칼. ②십팔기(十八技) 또는 무예 이십사반(武藝二十四般)의 하나. 칼을 가지고 하는 검술. 관무재(觀武才) 초시(初試)에 사용하였으며 여러 가지 세(勢)가 있음. 쌍도(雙刀) ☞쌍검(雙劍). 쌍수검(雙手劍)
쌍-스럽다[─쓰─](─스럽고·─스러워)형ㅂ '상스럽다'

를 강조하는 어감(語感)으로 이르는 말.
쌍-스레 副 쌍스럽게
쌍-시옷(雙-)名〈어〉한글 자모(字母) 'ㅆ'의 이름.
쌍-심지(雙心-)名 한 등잔에 있는 두 개의 심지라는 뜻으로, 몹시 화가 나서 두 눈에 핏발이 섬을 비유하여 이르는 말. ¶ -가 나다./-가 돋다./-가 서다.
쌍심지(를) 켜다 관용 몹시 화가 나서 두 눈을 부릅뜨며 핏발을 세우다. ¶눈에 쌍심지를 켜고 덤비다.
쌍쌍(雙雙)名 둘씩 쌍을 이룬 것. ¶ -으로 다니다.
쌍쌍-이(雙雙-)副 ①둘씩 쌍을 지은 모양을 나타내는 말. ②남녀, 또는 동물의 암수가 둘씩 쌍을 이룬 모양을 나타내는 말. ¶ - 어울려 이야기를 나누다.
쌍아(雙蛾)名 ①미인의 양쪽 눈썹이라는 뜻으로, '미인'을 이르는 말. ②'쌍유아(雙乳蛾)'의 준말.
쌍안(雙眼)名 양안(兩眼)
쌍안-경(雙眼鏡)名 두 개의 망원경을 평행으로 장치하여 두 눈에 대고 멀리 볼 수 있게 만든 광학 기계. 상(像)이 입체적으로 보이고 원근(遠近)을 구별하기가 쉬움. 양안경(兩眼鏡) ☞단안경(單眼鏡)
쌍안=현:미경(雙眼顯微鏡)名 접안 렌즈가 두 개 있어서 물체를 입체적으로 볼 수 있는 현미경.
쌍-알(雙-)名 노른자가 둘 들어 있는 달걀. 쌍란(雙卵)
쌍알-모끼(雙-)名 창살 따위의 등밀이를 만드는 데 쓰는, 날이 두 골로 된 대패.
쌍어-궁(雙魚宮)名 황도 십이궁(黃道十二宮)의 열두째 궁. 본디 십이 성좌(十二星座)의 물고기자리에 대응되었으나 세차(歲差) 때문에 지금은 서쪽의 물병자리로 옮아가 있음. ☞백양궁(白羊宮)
쌍-여닫이(雙-)[-녀다지]名 두 개의 문짝을 달아 좌우 양쪽으로 여닫게 된 문이나 창을 통틀어 이르는 말.
쌍열-박이(雙-)[-녈-]名 총열이 두 개인 총.
쌍올-실(雙-)名 두 올을 겹으로 꼰 실. 이겹실
쌍유-아(雙乳蛾)名 한방에서, 양쪽 편도선이 모두 붓고 종기가 나며 열이 나고 침을 흘리는 병. 준쌍아(雙蛾)
쌍익(雙翼)名 양익(兩翼)
쌍일(雙日)名 ①유일(柔日) ②짝이 맞는 날, 곧 우수(偶數)의 날. ☞편일(片日)
쌍자-궁(雙子宮)名 황도 십이궁(黃道十二宮)의 셋째 궁. 본디 십이 성좌(十二星座)의 쌍둥이자리에 대응되었으나 세차(歲差) 때문에 지금은 서쪽의 황소자리로 옮아가 있음. ☞거해궁(巨蟹宮)
쌍-자엽(雙子葉)名 쌍떡잎 ☞단자엽(單子葉)
쌍자엽-식물(雙子葉植物)名 쌍떡잎식물
쌍자엽-종자(雙子葉種子)名 쌍떡잎씨앗
쌍-장부(雙-)名 두 개가 나란히 된 장부.
쌍장부-끌(雙-)名 한 자루에 같은 치수의 날이 두 개 붙어 있는 끌. 쌍으로 된 구멍을 파는 데 씀.
쌍-장애(雙-)名 지난날, 광산에서 곧은바닥에 괸 물을 퍼올리는 데 쓰던 기구. 도르래에 한 쌍의 두레박을 달아 쓰게 되어 있음. ☞장애
쌍전(雙全)어기 '쌍전(雙全)하다'의 어기(語基).
쌍전-하다(雙全-)형여 양쪽이 모두 온전하다. ¶문무(文武)가 -. 유겸전하다
쌍절(雙絶)어기 '쌍절(雙絶)하다'의 어기(語基).
쌍절-하다(雙絶-)형여 두 가지가 다 뛰어나다.
쌍점(雙點)名 가로쓰기 문장 부호의 한 가지인 ' : '표의 이름. ㉠그것에 드는 것들을 들 때 쓰임. ¶체언 : 명사·대명사·수사 ㉡부표제 뒤에 간단한 설명을 붙일 때 쓰임. 콜론(colon) ¶기간 : 2003년 1월 1일부터 1월 31일까지./주소지 : 서울 ☞빗금
쌍정(雙晶)名 두 개 이상의 같은 종류의 결정이 일정한 각도로 규칙적으로 결합되어 있는 것.
쌍조-잠(雙鳥簪)名 머리에 한 쌍의 새를 아로새긴 비녀.
쌍줄-표(雙-標)名 문장이나 수식(數式)에 쓰이는 부호 '='의 이름.
쌍-지읒 名〈어〉한글 자모(字母) 'ㅉ'의 이름.
쌍-지팡이(雙-)名 두 다리가 성하지 못한 사람이 짚고 다니는 두 개의 지팡이.
쌍지팡이 짚고 나선다 관용 어떤 일에 대하여, 기를 쓰고 반대하거나 참견하고 나섬을 비유하여 이르는 말.
쌍창(雙窓)名 문짝이 둘 달린 창문.
쌍창-미닫이(雙窓-)[-다지]名 쌍창으로 된 미닫이.
쌍창-워라名 엉덩이만 흰 검은 말. ☞가라말
쌍촉(雙鏃)名 두 갈래로 된 장부촉.
쌍-코(雙-)名 두 줄로 솔기를 댄 가죽신의 코.
쌍코-신(雙-)名 쌍코로 된 신.
쌍태(雙胎)名 한 태(胎) 안에 두 태아(胎兒)를 동시에 배는 일, 또는 그 태아.
쌍태=임:신(雙胎妊娠)名 한 태(胎) 안에 두 태아를 동시에 밴 상태. ☞다태 임신
쌍턱-장부촉(雙-鏃)名 장부촉이 두 턱이 져서 이단(二段)으로 된 것.
×**쌍-판대기** 名 →상판대기
쌍편모조-류(雙鞭毛藻類)名 황적조류(黃赤藻類)
쌍학-흉배(雙鶴胸背)名 조선 시대, 당상관 문관의 관복에 붙이던, 한 쌍의 학을 수놓은 흉배. ☞단학흉배(單鶴胸背). 쌍호흉배
쌍-항아리(雙-)名 두 개의 조그마한 항아리를 맞붙인 항아리. 양념 따위를 담는 데 쓰임.
쌍현(雙絃)名 고려 시대, 송나라에서 들어온 것으로 추정되는 줄이 두 가닥인 금(琴)의 한 가지. '고려사'에 이름만 전해짐.
쌍호-흉배(雙虎胸背)名 조선 시대, 당상관 무관의 관복에 붙이던, 한 쌍의 호랑이를 수놓은 흉배. ☞단호흉배(單虎胸背). 쌍학흉배
쌍-홍장(雙-*欌)名 재래식 한옥(韓屋)에서, 부엌 안에 그릇을 넣어 두던 곳.
쌍화점(雙花店)名 작자와 연대를 알 수 없는 고려 가요의 한 가지. 퇴폐적인 남녀의 사랑을 읊은 내용임. '악장가사(樂章歌詞)'에 실려 전함. 상화점(霜花店)
쌍화-탕(雙和湯)名 한방약의 한 가지. 피로를 풀고 허한(虛汗)을 거두는 데 쓰는 탕약으로, 백작약·숙지황·당귀·천궁 따위를 달여서 만듦.
쌍-희자(雙喜字)[-짜]名 '喜'자를 둘 합쳐 만든, '囍'의 이름. 균형이 잘 맞아서 그림이나 자수 등에 널리 쓰임.
쌓다 타 ①물건을 겹겹이 포개어 올려 놓다. ¶상자를 -./장작을 -./볏단을 -. ②무엇을 재료로 하여, 구조물을 짓거나 만들다. ¶벽돌로 담을 -./탑을 -./흙으로 둑을 -. ③공, 덕, 경험 등을 거듭 닦거나 이루다. ¶경험을 -./수양을 -.

한자 쌓을 저(貯)〔貝部 5획〕¶저곡(貯穀)/저금(貯金)/저장(貯藏)/저축(貯蓄)/저탄(貯炭)
쌓을 적(積)〔禾部 11획〕¶누적(累積)/적금(積金)/적립(積立)/축적(蓄積)
쌓을 축(築)〔竹部 10획〕¶축성(築城)/축조(築造)

쌓이다[싸-]자 ①쌓아지다. ¶먼지가 잔뜩 쌓여 있다./눈이 쌓인 길. ②여러 가지 일이나 현상 따위가 겹치다. ¶피로가 -./불만이 -./그리움이 -.
쌔근-거리다(대다)자 잠을 자면서 숨을 잇달아 고르게 쉬다. ☞새근거리다[1]. 씨근거리다
쌔근덕-거리다(대다)자 가쁘게 새근덕거리다. ☞새근덕거리다. 씨근덕거리다
쌔근덕-쌔근덕 부 쌔근덕거리는 모양을 나타내는 말. ☞새근덕새근덕. 씨근덕씨근덕
쌔근-발딱 부 가쁜 숨을 새근거리며 할딱이는 모양을 나타내는 말. ☞씨근벌떡
쌔근발딱-거리다(대다)자 가쁜 숨을 새근거리며 할딱이다. ☞씨근벌떡거리다
쌔근발딱-쌔근발딱 부 쌔근발딱거리는 모양을 나타내는 말. ☞씨근벌떡씨근벌떡
쌔근-쌔근 부 쌔근거리는 모양을 나타내는 말. ☞새근새근[1]. 씨근씨근
쌔다[1] 자 ①'쌓이다'의 준말. ¶눈이 한 길이나 -. ②쌓여

있을 만큼 흔하게 있다. 〔주로 '쌨다'의 꼴로 쓰임.〕
쌔고 쌨다 관용 아주 흔하다. ¶그런 물건은 ―.
쌔다[2] 자 '싸이다'의 준말. ¶보자기에 쌘 물건.
쌔다[3] 타 '싸이다[2]'의 준말. ¶아이에게 오줌을 ―.
쌔무룩-하다 형여 못마땅하여 말없이 뽀로통해 있다. ☞새무룩하다. 씨무룩하다
쌔무룩-이 부 쌔무룩하게 ☞새무룩이. 씨무룩이
쌔물-거리다(대다) 자 쌔물쌔물 웃다. ☞새물거리다. 씨물거리다
쌔물-쌔물 부 입술을 샐그러뜨리며 소리 없이 자꾸 웃는 모양을 나타내는 말. ☞새물새물. 씨물씨물
쌔비다 타 '훔치다'를 속되게 이르는 말.
쌕 부 소리 없이 애교스레 잠깐 웃는 모양을 나타내는 말. ☞씩
쌕쌔기 명 여칫과의 곤충. 몸길이 1.3~1.8cm이며 몸은 가늘고 깁. 앞날개는 가늘고 길며 담녹색이고 머리와 가슴부의 등 쪽에 갈색 줄무늬가 있음. 우리 나라와 일본, 중국 동북부 등지에 분포함.
쌕쌕 부 ①어린아이가 숨을 세게 쉬면서 곤히 자는 모양, 또는 그 숨소리를 나타내는 말. ②숨을 매우 가쁘게 쉬는 모양, 또는 그 소리를 나타내는 말. ☞색색. 쌔근쌔근. 씩씩
쌕쌕-거리다(대다) 자 숨을 잇달아 매우 가쁘게 쉬다. ☞색색거리다. 쌔근거리다. 씩씩거리다
쌘:-구름 명 적운(積雲) ☞쌘비구름
쌘:비-구름 명 '적란운(積亂雲)'의 딴이름. ☞쌘구름
쌜그러뜨리다(트리다) 타 쌜그러지게 하다. ☞샐그러뜨리다. 씰그러뜨리다
쌜그러-지다 자 물체가 한쪽으로 까울어지다. ☞샐그러지다. 씰그러지다
쌜긋-거리다(대다)[―귿―] 자타 물체의 한쪽이 잇달아 까울다, 또는 까울게 하다. ☞샐긋거리다. 씰긋거리다
쌜긋-쌜긋[―귿―] 부 물체의 한쪽이 잇달아 꺄우는 모양을 나타내는 말. ☞샐긋샐긋. 씰긋씰긋
쌜긋쌜긋-하다[―귿―귿―] 형여 물체가 다 쌜그러진듯 하다. ☞샐긋샐긋하다. 씰긋씰긋하다
쌜긋-하다[―귿―] 형여 물체가 쌜그러진듯 하다. ☞샐긋하다. 쌀긋하다. 씰긋하다
쌜긋-이 부 쌜긋하게 ☞샐긋이. 쌀긋이. 씰긋이
쌜기죽 부 찬찬히 쌜그러지는 모양을 나타내는 말. ☞샐기죽. 씰기죽
쌜기죽-거리다(대다) 자타 물체가 한쪽으로 찬찬히 까울어지다, 또는 까울이다. ☞샐기죽거리다
쌜기죽-쌜기죽 부 쌜기죽거리는 모양을 나타내는 말. ☞샐기죽샐기죽. 씰기죽씰기죽
쌜룩 부 입 따위를 한쪽으로 좀 쌜그러지게 움직이는 모양을 나타내는 말. ☞샐룩. 씰룩
쌜룩-거리다(대다) 타 ①입 따위를 잇달아 한쪽으로 좀 쌜그러지게 움직이다. ②걸음을 걸을 때 살진 엉덩이를 요리조리 해해 내젓다. 쌜룩이다 ☞샐룩거리다
쌜룩-쌜룩 부 쌜룩거리는 모양을 나타내는 말. ☞샐룩샐룩. 씰룩씰룩
쌜룩-이다 타 쌜룩거리다 ☞샐룩이다. 씰룩이다
쌩 부 ①찬바람이 빠르게 스치어 불 때 나는 소리를 나타내는 말. ¶바람이 ― 스치고 지나가다. ②작은 사람이나 물체가 매우 빠르게 지나가는 소리, 또는 그 모양을 나타내는 말. ¶총알이 ― 날아가다. ☞씽
쌩그레 부 상냥한 눈길로 소리 없이 밝게 웃는 모양을 나타내는 말. ☞뺑그레. 생그레. 쌍그레. 씽그레
쌩글-거리다(대다) 자 쌩글쌩글 웃다. ☞뺑글거리다. 생글거리다. 쌍글거리다. 씽글거리다
쌩글-뺑글 부 쌩글거리며 뺑글거리는 모양을 나타내는 말. ☞생글뺑글. 씽글뺑글
쌩글-쌩글 부 자꾸 쌩그레 웃는 모양을 나타내는 말. ☞뺑글뺑글[1]. 생글생글. 쌍글쌍글. 씽글씽글
쌩긋 부 상냥한 눈길로 소리 없이 밝게 잠깐 웃는 모양을 나타내는 말. 쌩긋이 ☞뺑긋. 생긋. 생끗. 쌍긋
쌩긋-거리다[―귿―] 자 쌩긋쌩긋 웃다. ☞뺑긋거리다. 생긋거리다. 생끗거리다. 쌍긋거리다. 쌩끗거리다
쌩긋-뺑긋[―귿―] 부 쌩긋 웃으며 뺑긋 웃는 모양을 나타내는 말. ☞생긋뺑긋. 생끗뺑끗. 쌍긋뺑긋. 쌩끗뺑끗. 씽긋뺑긋
쌩긋-쌩긋[―귿―] 부 자꾸 쌩긋 웃는 모양을 나타내는 말. ☞뺑긋뺑긋. 생긋생긋. 생끗생끗. 쌍긋쌍긋. 쌩끗쌩끗. 씽긋씽긋
쌩긋-이 부 쌩긋 ☞뺑긋이. 생긋이. 생끗이. 쌍긋이. 쌩끗이. 씽긋이
쌩끗 부 상냥한 눈길로 소리 없이 애교스레 잠깐 웃는 모양을 나타내는 말. 쌩끗이 ☞뺑끗. 생긋. 생끗. 쌍끗. 쌩긋. 씽끗
쌩끗-거리다(대다)[―끋―] 자 쌩끗쌩끗 웃다. ☞뺑끗거리다. 생긋거리다. 생끗거리다. 쌍끗거리다. 쌩긋거리다. 씽끗거리다
쌩끗-뺑끗[―끋―] 부 쌩끗 웃으며 뺑끗 웃는 모양을 나타내는 말. ☞생긋뺑긋. 생끗뺑끗. 쌍끗빵끗. 쌩긋뺑긋. 씽끗뺑끗
쌩끗-쌩끗[―끋―] 부 자꾸 쌩끗 웃는 모양을 나타내는 말. ☞뺑끗뺑끗. 생긋생긋. 생끗생끗. 쌍끗쌍끗. 쌩긋쌩긋. 씽끗씽끗
쌩끗-이 부 쌩끗 ☞뺑끗이. 생긋이. 생끗이. 쌍끗이. 쌩긋이. 씽끗이
쌩-쌩 부 ①찬바람이 빠르게 자꾸 스치어 불 때 나는 소리를 나타내는 말. ¶바람이 ― 불다. ②작은 사람이나 물체가 잇달아 매우 빠르게 지나가는 소리, 또는 그 모양을 나타내는 말. ¶자전거를 타고 ― 달리는 아이. ☞씽씽
쌩쌩-하다 형여 매우 생기가 있고 활발하다. ¶야근을 하고도 아침이면 쌩쌩한 모습으로 출근한다. ☞생생하다. 싱싱하다. 씽씽하다
쌩이-질 명-하다 자 ①'씨양이질'의 준말. ②뜻밖에 생기는 방해.
써걱-거리다(대다) 자타 써걱써걱 소리가 나다, 또는 그런 소리를 내다. ☞서걱거리다. 싸각거리다
써걱-써걱 부 갈대 따위의 얇고 빳빳한 물체가 잇달아 베이거나 서로 세게 스칠 때 나는 소리를 나타내는 말. ☞서걱서걱. 싸각싸각
써-넣다 타 쓸 자리에 글씨를 써서 채우다. ¶빈칸에 이름을 ―.
써느렇다(써느렇고·써느런) 형ㅎ 좀 써늘한 느낌이 있다. ¶아침 공기가 ―./손발이 ―./가슴이 ―./써느런 태도. ☞서느렇다. 싸느랗다. 써늘하다
써늘-하다 형여 ①날씨나 공기가 살갗에 닿는 느낌이 매우 찬듯 하다. ¶바람이 ―. ②물체의 온도가 매우 찬듯 하다. ¶방이 ―. ③놀랍거나 두려워 가슴이 내려앉으며 선뜩한 기운이 도는듯 하다. ¶등골이 ―. ④눈초리가 매우 차다. ¶써늘한 눈빛. ☞서늘하다. 싸늘하다. 써느렇다
써늘-히 부 써늘하게
써다 자 ①괸 물이 새거나 잦아들어서 줄다. ②밀려왔던 조수(潮水)가 밀려 나가다. 물써다 ☞물밀다. 썰물
써:레 명 갈아 놓은 논바닥의 흙덩이를 바수거나 바닥을 판판하게 고르는 데 쓰는 농기구. 단단한 나무로 바탕을 만들고 뾰족하게 깎은 발을 빗살처럼 나란히 박은 것으로, 소나 말이 끌게 함. 초파(耖耙) ☞나루채. 봇줄
써:레-몽둥이 명 써레의 몸이 되는 나무.
써:레-질 명-하다 자 써레로 갈아 놓은 논바닥을 고르는 일.
써:렛-발 명 써레몽둥이에 빗살처럼 나란히 박는, 뾰족하게 깎은 나무. ☞써레
써:리다 타 갈아 놓은 논바닥을 써레질하여 고르게 하다.
써-먹다 타 '쓰다'를 속되게 이르는 말. ¶실컷 써먹고는 버리다.
썩[1] 부 ①거침없이 큼직하게 베거나 자르는 모양, 또는 그 소리를 나타내는 말. ¶사과를 ― 베어 물다./무를 ― 자르다. ②한쪽으로 거침없이 밀거나 치우는 모양을 나

ㅅ

타내는 말. ¶책상 위를 – 치우다. ☞석[3]. 싹[2]

썩[2] 부 ①우물쭈물하지 말고 빨리. ¶– 물러가라./– 꺼져라. ②거침없이 ¶앞으로 – 나서다.

썩[3] 부 보통의 정도보다 훨씬 뛰어나게. ¶– 질이 좋다./노래를 – 잘하다./– 예쁘다./– 넓다.

썩다 자 ①동식물이나 음식물 등이 미생물의 작용으로 변질되다. ¶달걀이 –./썩은 고기./풀이 썩어 거름이 된다./썩은 나무 그루터기./괸 물이 –. ②쇠붙이 등이 산화하여 삭다. ¶기둥에 박힌 못이 –. ③재주나 능력, 또는 그것을 가진 사람이 제대로 쓰이지 못하다. ¶귀한 재주가 썩는다./아까운 인재가 썩고 있다. ④물자나 시설 따위가 쓰이지 않고 쓸모 없는 것이 되어 가다. ¶일거리가 없어 기계들이 썩고 있다. 유놀다 ⑤정신이나 태도, 제도 따위가 나쁘게 변하다. ¶정신 상태가 썩었다./사회 구석구석이 썩어 있다. ⑥걱정이나 근심으로 마음이 상하다. ¶자식 때문에 부모 속이 썩는다.

속담 **썩어도 준치** : 좋은 물건은 썩거나 헐어도 어느 정도는 본디의 가치를 지니고 있다는 말.〔물어도 준치 썩어도 생치〕/**썩은 고기에 벌레 난다** : 좋지 못한 원인이 있게 되면 반드시 그 결과로 좋지 않은 일이나 사고가 생긴다는 말.〔빈 틈에 바람이 난다/틈 난 돌이 터지고 태 먹은 독이 깨진다〕/**썩은 공물(貢物)이요 성한 간색(看色)이라** : 실물보다 견본이 더 좋을 때에 하는 말./**썩은 새끼도 쓸 데가 있다** : 아무 쓸모가 없어 보이는 것도 다 쓸 데가 있다는 말./**썩은 새끼로 범 잡기** : ①허술한 술책으로 큰일을 이루었을 경우를 이르는 말. ②어림도 없는 일을 헛되이 이루려고 한다는 말./**썩은 새끼를 잡아 당기다간 끊어지지** : ①몸이 극도로 쇠약해진 사람에게 고된 일을 시키다가 죽이고 만다는 말. ②무엇이나 낡고 힘 없는 것을 세게 건드리면 아주 못 쓰게 된다는 말.

한자 썩을 부(腐)〔肉部 8획〕¶방부제(防腐劑)/부식(腐蝕)/부엽토(腐葉土)/부패(腐敗)/산패(酸敗)

썩덩나무-노린재 명 노린잿과의 곤충. 몸길이 1.4~1.8 cm. 몸빛은 짙은 갈색으로 불규칙한 황갈색의 무늬가 흩어져 있음. 성충은 6월경에 나타남. 우리 나라와 일본, 중국 등지에 분포함.

썩둑 부 물체를 단번에 힘있게 잘라 큼직하게 도막을 내는 모양, 또는 그 소리를 나타내는 말. ¶무를 – 썰다. ☞석둑. 싹둑

썩둑-거리다(대다) 자타 자꾸 썩둑 자르는 소리가 나다, 또는 그런 소리를 내다. ☞석둑거리다. 싹둑거리다

썩둑-썩둑 부 자꾸 썩둑 자르는 모양, 또는 그 소리를 나타내는 말. ☞석둑석둑. 싹둑싹둑

썩-박 명 잘 익지 아니한 박을 통째로 말린 다음에 타서 쓰는 바가지.

썩-버력 명 광산에서, 갱 속에 버려 둔 버력을 이르는 말.

썩-썩[1] 부 ①여럿을 거침없이 큼직하게 베거나 자르는 모양을 나타내는 말. ②여럿을 한쪽으로 거침없이 밀거나 치우는 모양을 나타내는 말. ☞석석[1]. 싹싹[1]

썩썩[2] 부 ①맞대어 세게 비비는 모양을 나타내는 말. ¶사과를 옷에 – 문질러 닦다. ②거칠게 힘주어 쓸거나 닦는 모양을 나타내는 말. ¶서둘러 – 닦다. ☞석석[2]. 싹싹[2]. 쓱쓱[2]

썩썩-하다 형여 마음씨나 태도가 시원시원하며 친절하다. ¶사원감이 썩썩해서 마음에 들었다. ☞싹싹하다

썩어-빠지다 자 '아주 심하게 썩다'를 속되게 이르는 말. ¶썩어빠진 생활 태도를 버려야 한다.

썩은-새 명 초가 따위의 인 지 오래되어 썩은 이엉.

썩은-흙 명 부식토(腐植土)

썩이다 타 썩게 하다. ¶짚을 썩여 거름을 만들다.

썩-정이[1] 명 썩은 물건.

×**썩-정이**[2] 명 →삭정이

썩-초(–草) 명 빛깔이 거무스름하고 품질이 낮은 담배. ☞막불겅이. 불겅이. 상초(上草). 중초(中草)

×**썩히다** 타 →썩이다

썰:다[1] 타 날붙이 따위로 물체를 동강내다. ¶파를 잘게 –./작두로 짚을 –. ☞베다[2]. 자르다. 켜다

> ▶ **음식 재료 썰기의 여러 가지**
> 깍둑썰기/마구썰기/반달썰기/십자썰기(은행잎썰기)
> 얄팍썰기/어슷썰기/채썰기/통째썰기(통썰기)

썰:다[2] 타 써리다

썰렁-거리다(대다) 자타 ①바람이 썰렁썰렁 불다. ②팔을 활기차게 내저어 바람을 일으키며 걷다. ☞설렁거리다. 쌀랑거리다

썰렁-썰렁 부 ①바람이 자꾸 써늘하게 불어오는 모양을 나타내는 말. ②팔을 활기차게 내저어 바람을 일으키며 걷는 모양을 나타내는 말. ☞설렁설렁. 쌀랑쌀랑

썰렁썰렁-하다 형여 바람이나 공기가 매우 써느렇다. ☞설렁설렁하다. 쌀랑쌀랑하다

썰렁-하다 형여 ①바람이나 공기가 써느렇다. ¶바람이 –. ②어떤 공간이 텅 빈듯이 쓸쓸하고 허전하다. ¶혼자 남으니 집이 –. ☞설렁하다. 쌀랑하다

썰레-놓다 타 안 될 일이라도 될 수 있게 마련하다.

썰레-썰레 부 고개를 큰 동작으로 힘있게 가로 흔드는 모양을 나타내는 말. ☞설레설레. 쌀래쌀래

썰리다[1] 자 썲을 당하다. ¶이 칼로는 잘 안 썰린다.

썰리다[2] 타 썰게 하다. ¶며느리에게 고기를 –.

썰매 명 ①눈 위나 얼음판에서 사람이나 짐을 실어 나르는 기구. 짐승이나 사람이 끎. ②아이들이 눈 위나 얼음판에서 미끄럼을 타는 놀이 기구. 원설마(雪馬)

썰-무 명 지난날, 멍구럭 따위에 담아 마소에 싣고 팔러 다니던 무.

썰-물 명 하루에 두 번씩 일정한 때에 해안에서 밀려 나가는 바닷물, 또는 그 현상. 만조(滿潮)에서 간조(干潮)까지를 이름. 낙조(落潮). 퇴조(退潮) ☞밀물. 조수(潮水)

썰썰[1] 부 ①물 따위가 매우 심하게 끓는 모양을 나타내는 말. ¶주전자 물이 – 끓다. ②바닥이 고루 매우 뜨거워지는 모양을 나타내는 말. ¶– 끓는 방바닥. ☞설설[1]. 쌀쌀[1]

썰썰[2] 부 고개를 크게 힘주어 젓는 모양을 나타내는 말. ☞설설[2]. 쌀쌀[2]

썰썰-하다 형여 배가 고픈 느낌이 있다.

썰:음-질 명-하다 타 재목 따위를 먹줄을 친 대로 세톱으로 자르는 일.

썸벅 부 날이 선 연장으로 큼직한 물체를 단번에 자르는 모양을 나타내는 말. ☞섬벅. 섬뻑. 쌈박. 썸뻑

썸벅-썸벅 부 날이 선 연장으로 큼직한 물체를 잇달아 자르는 모양을 나타내는 말. ☞섬벅섬벅. 섬뻑섬뻑. 쌈박쌈박. 썸뻑썸뻑

썸뻑 부 날이 선 연장으로 크고 단단한 물체를 단번에 자르는 모양을 나타내는 말. ☞섬벅. 섬뻑. 쌈빡. 썸벅

썸뻑-썸뻑 부 날이 선 연장으로 크고 단단한 물체를 잇달아 자르는 모양을 나타내는 말. ☞섬벅섬벅. 섬뻑섬뻑. 쌈빡쌈빡. 썸벅썸벅

썽그레 부 서글서글한 눈길로 소리 없이 밝게 웃는 모양을 나타내는 말. ☞뻥그레. 성그레. 쌍그레. 씽그레

썽글-거리다(대다) 자 썽글썽글 웃다. ☞뻥글거리다. 성글거리다. 쌍글거리다. 씽글거리다

썽글-뻥글 부 썽글거리며 뻥글거리는 모양을 나타내는 말. ☞성글벙글. 쌍글빵글

썽글-썽글 부 서글서글한 눈길로 소리 없이 밝게 잇달아 웃는 모양을 나타내는 말. ☞뻥글뻥글. 성글성글. 쌍글쌍글. 씽글씽글

썽긋 부 서글서글한 눈길로 소리 없이 밝게 잠깐 웃는 모양을 나타내는 말. 썽긋이 ☞뻥긋. 성긋. 성끗. 쌍긋. 썽끗. 씽긋

썽긋-거리다(대다)[–귿–] 자 썽긋썽긋 웃다. ☞뻥긋거리다. 성긋거리다. 성끗거리다. 쌍긋거리다. 썽끗거리다. 씽긋거리다

썽긋-뻥긋[–귿–] 부 썽긋 웃으며 뻥긋 웃는 모양을 나타내는 말. ☞성긋벙긋. 성끗벙끗. 쌍긋빵긋. 썽끗뻥끗. 씽긋뻥긋

씽긋-씽긋[-귿-] 부 자꾸 씽긋 웃는 모양을 나타내는 말. ☞빵긋빵긋. 성긋성긋. 성끗성끗. 쌍긋쌍긋. 씽끗씽끗. 씽긋씽긋

씽긋-이 부 씽긋 ☞빵긋이. 성긋이. 성끗이. 쌍긋이. 씽끗이. 씽긋이

씽끗 부 서글서글한 눈길로 소리 없이 환하게 잠깐 웃는 모양을 나타내는 말. 씽끗이 ☞빵끗. 성긋. 성끗. 쌍끗. 씽긋. 씽끗

씽끗-거리다(대다)[-끋-] 자 씽끗씽끗 웃다. ☞빵끗거리다. 성긋거리다. 성끗거리다. 쌍끗거리다. 씽긋거리다. 씽끗거리다

씽끗-뺑끗[-끋-] 부 씽끗 웃으며 뺑끗 웃는 모양을 나타내는 말. ☞성긋벙긋. 성끗벙긋. 쌍긋빵긋. 씽긋뺑긋. 씽끗뺑끗

씽끗-씽끗[-끋-] 부 자꾸 씽끗 웃는 모양을 나타내는 말. ☞빵끗빵끗. 성긋성긋. 성끗성끗. 씽긋씽긋. 씽끗씽끗

씽끗-이 부 씽끗 ☞빵끗이. 성긋이. 성끗이. 쌍끗이. 씽긋이. 씽끗이

쏘가리 명 꺽짓과의 민물고기. 몸길이 60cm 안팎. 몸은 긴 편이며 옆으로 납작하고, 입이 좀 큼. 몸 전체에 불규칙한 잿빛의 다각형 무늬가 많음. 주산지는 한강과 대동강임. 한강에서 드물게 보이는 변종(變種) 황쏘가리는 천연 기념물 제190호임. 궐어(鱖魚). 금린어(錦鱗魚). 수돈(水豚)

쏘개-질 명 -하다 자 있는 일 없는 일을 얽어서 몰래 일러바치는 짓.

쏘곤-거리다(대다) 자 쏘곤쏘곤 말하다. ☞소곤거리다. 쑤군거리다

쏘곤-쏘곤 부 좀 빠르게 소곤소곤 말하는 모양을 나타내는 말. ☞소곤소곤. 쑤군쑤군

쏘:다 타 ①화살이나 총알 따위를 목표물에 날아가게 하다. ¶대포를 -./활을 -. ☞놓다 ②벌레 따위가 침으로 살을 찌르다. ¶벌이 손등을 -. ☞물다[3] ③듣는 이가 마음에 따끔하게 느끼도록 날카롭게 말하다. ¶가슴이 뜨끔하게 한 마디 쏘아 주었지. ④맛이나 냄새 따위가 혀나 코를 강하게 자극하다. ¶암모니아 냄새가 코를 -./혀를 톡 쏘는 매운맛. ☞찌르다

한자 쏠 사(射) 〔寸部 7획〕 ¶난사(亂射)/발사(發射)/사격(射擊)/사살(射殺)/사수(射手)

쏘-다니다 자타 여기저기를 매우 분주하게 돌아다니다. ¶하루 종일 -./거리를 -. 준 쏘대다 속 쏘지르다

쏘-대:다 자타 '쏘다니다'의 준말.

쏘삭-거리다(대다) 타 ①쏘삭쏘삭 쑤시다. ②쏘삭쏘삭 들추거나 뒤지다. ③쏘삭쏘삭 꼬드기다. ☞쑤석거리다

쏘삭-쏘삭 부 ①자꾸 좀스럽게 쑤시는 모양을 나타내는 말. ¶이쑤시개로 - 쑤시다. ②자꾸 좀스럽게 뒤지거나 들추는 모양을 나타내는 말. ¶가방 속을 - 뒤지다. ③남을 은근히 자꾸 꼬드겨서 달뜨게 하는 모양을 나타내는 말. ¶귀가 솔깃하게 - 꼬드기다. ☞쑤석쑤석

쏘시개 명 '불쏘시개'의 준말.

쏘시개-나무 명 불쏘시개로 쓸 나무.

쏘아-보다 타 날카롭게 바라보다. ☞노려보다

쏘아-붙이다[-부치-] 타 듣는 이가 마음에 따끔하도록 날카롭게 말을 해 대다. ¶입을 떼지도 못하게 -.

쏘이다[1] 자 쏨을 당하다. ¶벌에 -. 준 쐬다[1]

쏘이다[2] 타 쐬다[2]

쏘-지르다(-지르고·-질러) 자르 '쏘다니다'를 속되게 이르는 말.

쏙[1] 부 ①밖으로 좀 내밀리거나, 안으로 들어간 모양을 나타내는 말. ¶보조개가 - 들어간 볼. ②박히거나 들어 있던 것이 대번에 뽑히거나 빠져 나오는 모양을 나타내는 말. ¶이가 - 빠지다. ③속으로 밀어 넣거나, 좀 길게 내미는 모양을 나타내는 말. ¶주머니에 손을 - 집어넣다./혀를 - 내밀다. ④가치작거림이 없이 들어가는 모양을 나타내는 말. ¶알사탕을 입 안으로 - 넣다. ☞쑥[3]

쏙[2] 부 ①매우 탐탁하게. ¶마음에 - 드는 사윗감. ②꼭 그대로. ¶아기가 엄마를 - 빼닮다. ③남김없이 다. ¶때가 - 빠지다./얼룩이 - 빠지다. ④꽤 많이. ¶살이 - 빠지다. ⑤매우 잘. ¶강의 내용이 머리에 - 들어온다. ☞꼭[2]. 쪽[6]

쏙닥-거리다(대다) 자 쏙닥쏙닥 말하다. 쏙닥이다 ☞속닥거리다. 쑥덕거리다

쏙닥-쏙닥 부 좀 빠르게 속닥속닥 말하는 모양을 나타내는 말. ☞속닥속닥. 쑥덕쑥덕

쏙닥-이다 자 쏙닥거리다 ☞속닥이다. 쑥덕이다

쏙달-거리다(대다) 자 쏙달쏙달 말하다. ☞속달거리다. 쑥덜거리다

쏙달-쏙달 부 좀 빠르게 속달속달 말하는 모양을 나타내는 말. ☞속달속달. 쑥덜쑥덜

쏙대기 명 돌김을 성기게 떠서 얇게 펴 말린 김. 쏙대김

쏙독-새 명 쏙독샛과의 여름 철새. 몸길이 28cm 안팎. 몸빛은 흑갈색을 띠며 회갈색의 세로무늬와 반점 등 복잡한 무늬가 있음. 동아시아 일대에서 번식하며 여름을 나고 동남아시아로 날아가 월동을 함. 바람개비. 토문조(吐蚊鳥)

쏙살-거리다(대다) 자 쏙살쏙살 말하다. ☞속살거리다. 쑥설거리다

쏙살-쏙살 부 좀 빠르게 속살속살 말하는 모양을 나타내는 말. ☞속살속살. 쑥설쑥설

쏙소그레-하다 형여 고만고만한 것이 꽤 많고 고르다. ☞속소그레하다. 쑥수그레하다

쏙-쏙 부 ①여럿이 밖으로 좀 내밀리거나, 안으로 들어간 모양을 나타내는 말. ②박히거나 들어 있던 것이 잇달아 대번에 뽑히거나 빠져 나오는 모양을 나타내는 말. ③여럿을 속으로 밀어 넣거나, 좀 길게 내미는 모양을 나타내는 말. ④가치작거림이 없이 잇달아 들어가는 모양을 나타내는 말. ☞쑥쑥[1]

쏜살-같다[-갇-] 형 쏜 화살같이 몹시 빠르다.
쏜살-같이 부 쏜살같게

×쏜살-로 부 →쏜살같이

쏟다 타 ①그릇을 기울이거나 쓰러뜨리거나 하여 안에 담긴 것을 나오게 하다. ¶간장을 다려 항아리에 쏟아 붓다./트럭이 모래를 쏟아 놓다./잔을 건드려 옷에 커피를 쏟았다. ☞따르다[2] ②피·눈물·땀 따위를 많이 흘리다. ¶코피를 쏟아 가며 일을 하다./사정을 듣고는 모두 눈물을 쏟았다. ③마음이나 정성·관심 따위를 한곳으로 많이 기울이거나 들이다. ¶관심을 쏟던 분야./과수원에 정성을 -. ④마음속에 품고 있는 것을 남김없이 드러내다. ¶그 동안 쌓였던 불만을 쏟아 놓다.

쏟-뜨리다(트리다) 타 '쏟다'를 강조하여 이르는 말.

쏟아-지다 자 ①그릇이 기울어지거나 쓰러지거나 못 쓰게 되어 안에 담긴 것이 나오다. ¶잔이 쓰러져 술이 -./비닐 봉지가 터져 쌀이 -. ②비나 눈, 햇빛 따위가 한꺼번에 많이 내리거나 내리쬐다. ¶우박이 -./쏟아지는 햇빛에 눈이 부시다. ③피·눈물·땀 따위가 많이 흐르다. ¶땀이 비 오듯 -./걷잡을 수 없이 눈물이 -. ④어떤 사물이나 현상 등이 몰리거나 많이 생기다. ¶새로운 상품이 쏟아져 나오다./학생들이 교문으로 쏟아져 나온다./일거리가 한꺼번에 -.

쏠:다(쏠고·쏘니) 타 쥐나 좀 따위가 물건을 갉거나 물어뜯다. ¶옷에 좀이 쏜 자국./쥐가 고구마를 쏠고 갔다.

쏠리다 자 ①물체가 한쪽으로 기울어지거나 몰리다. ¶몸이 앞으로 -./무게가 한쪽으로 -. ②마음이나 시선이 어떤 대상에 끌리어 기울어지다. ¶온통 마음이 아이에게 -./사람들의 시선이 -. ☞팔리다

쏠쏠-하다 형여 ①품질 따위가 어지간하다. ②재미나 이문 따위가 꽤 있다. ¶이익이 -. ☞쑬쑬하다
쏠쏠-히 부 쏠쏠하게 ☞쑬쑬히

쏨뱅이 명 양볼락과의 바닷물고기. 몸길이는 30cm 안팎으로 모양이 쏘가리와 비슷하며 몸빛은 사는 곳에 따라 다름. 등지느러미에 열두 개의 가시가 있음. 연안

ㅅ

에 사는 것은 흑갈색에 가깝고 좀 깊은 곳에 사는 것은 적색에 가까움. 새끼를 낳는 물고기로 먹을 수 있음.

쏭당-쏭당 부 익숙한 솜씨로 송당송당 써는 모양을 나타내는 말. ¶감자를 ― 썰다. ☞송당송당. 쑹덩쑹덩

쏴: 부 ①바람결이 무엇에 스치면서 세차게 부는 소리를 나타내는 말. ¶노송에 ― 하고 스치는 바람. ②파도 따위가 거세게 밀려올 때 나는 소리를 나타내는 말. ¶강풍과 함께 ― 하고 밀려오는 바닷물. ③많은 물줄기가 세차게 떨어질 때 나는 소리를 나타내는 말. ¶소나기가 ― 하고 퍼붓다. ☞솨

쏴:-쏴 부 잇달아 쏴 하는 소리를 나타내는 말. ☞솨솨

쐐:기[1] 명 한끝은 얇고 다른 끝은 두껍게 깎아 만든 나무쪽이나 쇠붙이 따위. 물건과 물건의 틈에 박아 사개가 물러나지 못하게 하거나 물체의 틈을 벌리는 데 쓰임. ☞결쐐기

쐐기(를) 박다 관용 ①나중에 문제가 생기지 않도록 미리 다짐을 해두다. ¶더 이상의 도움은 없다고 쐐기를 박았다. ②바람직하지 않게 되어가는 일이나 현상을 막다.

쐐:기[2] 명 ①쐐기나방의 애벌레를 통틀어 이르는 말. 독침을 가진 것이 많으며 살갗에 닿으면 아픔. 주로 활엽수의 잎을 먹으며 배나무·사과나무의 해충임. ②'풀쐐기'의 준말.

쐐:기-나방 명 나비목 쐐기나방과 곤충을 통틀어 이르는 말. 몸과 다리는 털로 덮여 있고 더듬이는 양빗살 모양이거나 실 모양임. 앞날개는 나비가 넓고 약간 둥근 꼴임. 애벌레는 독침을 가진 것이 많음. ☞쐐기[2]

쐐:기=문자[―짜] 명 설형 문자(楔形文字)

쐐:기-풀 명 쐐기풀과의 여러해살이풀. 줄기 높이는 1m 안팎. 잎은 길둥글며 가장자리가 깊이 패여 있고 톱니가 있음. 잎과 줄기에 가시가 있으며 가시에는 포름산이 들어 있어 찔리면 쐐기한테 쏘인 것처럼 아픔.

쐬:다[1] 자 '쏘이다'의 준말.

쐬:다[2] 타 ①바람이나 연기, 햇볕 따위를 몸에 받다. ¶바람을 쐬러 나가다./얼굴에 김을 ―. ②자기의 물건을 남에게 평가받아 보다. ③'맞쐬다'의 준말. 쏘이다[2]

쑤군-거리다(대다) 자 쑤군쑤군 말하다. ¶귓속말로 ―. ☞수군거리다. 쏘곤거리다

쑤군덕-거리다(대다) 자 쑤군덕쑤군덕 말하다. ☞수군덕거리다

쑤군덕-쑤군덕 부 남에게 눈치채일 정도로 쑤군쑤군 하는 모양을 나타내는 말. ☞수군덕수군덕

쑤군-쑤군 부 좀 빠르게 수군수군 말하는 모양을 나타내는 말. ☞수군수군. 쏘곤쏘곤

쑤다 타 곡식의 알갱이나 가루를 물에 끓이어 죽이나 풀 따위를 만들다. ¶죽을 ―./메주를 ―./도토리묵을 ―.

쑤석-거리다(대다) 타 ①쑤석쑤석 쑤시다. ②쑤석쑤석 들추거나 뒤지다. ③쑤석쑤석 꼬드기다. ☞쏘삭거리다

쑤석-쑤석 부 ①자꾸 쑤시는 모양을 나타내는 말. ¶화로의 불덩이를 부젓가락으로 ― 쑤시다. ②자꾸 뒤지거나 들추는 모양을 나타내는 말. ¶책상 속을 ― 뒤지다. ③남을 은근히 자꾸 꼬드겨서 들뜨게 하는 모양을 나타내는 말. ¶남의 마음을 ― 흔들어 놓다. ☞쏘삭쏘삭

쑤시다[1] 자 바늘로 찌르는듯 한 아픈 느낌이 일어나다. ¶다리의 상처가 욱신욱신 쑤신다.

쑤시다[2] 타 ①구멍이 뚫리게 하거나 틈이 더 벌어지게 하거나, 속에 있는 것이 나오도록 구멍이나 틈을 가늘고 긴 물건으로 이리저리 찌르다. ¶이쑤시개로 이 사이를 ―. ☞우비다. 후비다 ②건드려서 숨은 일을 들추어내거나 크게 떠벌이다. ¶무언가 캐내려고 쑤시고 다니다./조용한 동네를 벌집 쑤시듯이 쑤셔 놓다.

쑥[1] 명 국화과의 여러해살이풀. 줄기 높이는 60~120cm. 뿌리줄기는 옆으로 벋으며 자람. 잎은 어긋맞게 나며 깃꼴로 갈라져 있고 뒷면에 흰 털이 빽빽하게 나 있음. 7~10월에 엷고 붉은 보라색 꽃이 핌. 어린잎은 먹을 수 있고, 잎줄기는 약으로 쓰임. 다북쑥. 봉애(蓬艾). 봉호(蓬蒿)

쑥[2] 명 지나치게 순진하거나 어리석은 사람을 비유하여 이르는 말. ☞숙맥(菽麥)

쑥[3] 부 ①밖으로 뾰죽이 내밀리거나 안으로 꽤 들어간 모양을 나타내는 말. ¶입을 ― 내밀다./오래 앓아 눈이 ― 들어가다. ②박힌 것이 쉽게 뽑히거나 빠져 나오는 모양을 나타내는 말. ¶대못이 ― 빠지다. ③속으로 밀어 넣거나, 길게 내미는 모양을 나타내는 말. ¶이불을 장농 속으로 ― 밀어 넣다./손을 ― 내밀다. ④거치적거림이 없이 잘 들어가는 모양을 나타내는 말. ¶말뚝이 ― 들어가다. ☞쏙[1]

쑥[4] 부 ①키가 눈에 띄게 빨리 자라는 모양을 나타내는 말. ¶못 본 사이 키가 ― 컸다. ②성적 따위가 크게 오른 모양을 나타내는 말. ¶한 달 만에 성적이 ― 오르다.

쑥[5] 부 ①음식물이 아주 삭은 모양을 나타내는 말. ¶점심 먹은 것이 ― 내려가다./체한 것이 ― 내려가다. ②입거나 걸친 것이 힘없이 흘러내리는 모양을 나타내는 말.

쑥-갓 명 국화과의 한해살이풀 또는 두해살이풀. 줄기 높이는 30~60cm. 전체에 털이 없고 독특한 향기가 있음. 잎은 어긋맞게 나며 깃꼴로 깊게 갈라져 있음. 6~8월에 황색 또는 백색의 꽃이 핌. 채소로 재배하여 날로 먹거나 각종 요리의 재료로 씀.

쑥갓-나물[―갇―] 명 쑥갓을 살짝 데쳐서 식초·기름·간장·깨소금 따위를 치거나, 또는 양념하여 볶은 고기를 한데 주물러 무친 나물. 애국채(艾菊菜)

쑥-고(―膏) 명 쑥 잎을 고아 만든 고약.

쑥-국 명 햇쑥을 살짝 데쳐 다진 것과 쇠고기 다진 것을 섞어서 완자를 빚은 다음, 달걀을 풀어 씌워서 맑은장국에 넣어 끓인 국. 애탕(艾湯)

쑥-굴리 명 찹쌀가루와 쑥을 섞어 반죽한 것에 소를 넣고 경단같이 둥글게 빚어 물에 삶은 후 고물을 묻힌 떡.

쑥-대 명 쑥의 줄기.

쑥-대강이 명 쑥대머리

쑥대-김 명 쑥대기

쑥대-머리 명 머리털이 어수선하게 흐트러진 머리. 봉두(蓬頭). 봉수(蓬首). 쑥대강이

쑥대-밭 명 ①쑥이 우거져 있는 거친 땅. ②거의 파괴되어 못 쓰게 되어 버린 상태를 비유하여 이르는 말. ¶폭격으로 ―이 되다./―을 만들다. 준 쑥밭

쑥덕-거리다(대다) 자 쑥덕쑥덕 말하다. 쑥덕이다 ☞숙덕거리다. 쏙닥거리다

쑥덕-공론(―公論) 명 떳떳하지 못한 일을 몇몇이서 남몰래 쑥덕쑥덕 의논하는 일. ☞숙덕공론

쑥덕-쑥덕 부 좀 빠르게 숙덕숙덕 말하는 모양을 나타내는 말. ☞숙덕숙덕. 쏙닥쏙닥

쑥덕-이다 자 쑥덕거리다 ☞숙덕이다. 쏙닥이다

쑥덜-거리다(대다) 자 쑥덜쑥덜 말하다. ☞숙덜거리다. 쏙달거리다

쑥덜-쑥덜 부 좀 빠르게 숙덜숙덜 말하는 모양을 나타내는 말. ☞숙덜숙덜. 쏙달쏙달

쑥-돌 명 화강암의 한 가지. 질이 단단하고 검푸른 얼룩점이 많음. 건축 재료로 쓰임. 애석(艾石)

쑥-돼:지벌레 명 '쑥잎벌레'의 딴이름.

쑥-떡 명 쑥을 넣어서 만든 떡.

×**쑥맥** 명 →숙맥(菽麥)

쑥-밥 명 쑥을 넣어 지은 밥.

쑥-방망이[1] 명 국화과의 여러해살이풀. 줄기 높이는 1m 안팎으로, 곧게 서 있음. 잎은 어긋맞게 나며 깃꼴로 갈라져 있음. 8~9월에 노란색 꽃이 핌. 우리 나라 각처의 산지에서 자람.

쑥-방망이[2] 명 쑥떡을 만들 때 쑥이 골고루 섞이도록 문질러 치는 방망이. 떡메보다 썩 작음.

쑥-밭 명 '쑥대밭'의 준말.

쑥-버무리 명 쌀가루와 쑥을 버무려서 시루에 찐 떡.

쑥-부쟁이 명 국화과의 여러해살이풀. 줄기 높이는 50cm 안팎이며, 뿌리줄기는 옆으로 벋으면서 자람. 잎은 깃꼴로 어긋맞게 나며, 가장자리가 깊게 갈라져 있음. 7~10월에 연한 자줏빛 꽃이 핌. 습기가 있는 땅에서 자라며, 어린잎은 먹을 수 있음.

쑥-새 명 멧샛과의 겨울 철새. 몸길이 15cm 안팎. 머리는 흑색, 등은 흑갈색, 배는 백색임. 울 때 머리의 깃을 세우는 특징이 있음. 잡식성으로 떼지어 삶. 시베리아 동부 지역에서 날아와 겨울을 남.

쑥설-거리다(대다) 자 쑥설쑥설 말하다. ☞숙설거리다. 쏙살거리다

쑥설-쑥설 부 좀 빠르게 숙설숙설 말하는 모양을 나타내는 말. ☞숙설숙설. 쏙살쏙살

쑥수그레-하다 형여 그만그만한 것이 꽤 많고 고르다. ☞숙수그레하다. 쏙소그레하다

쑥-스럽다 (-스럽고·-스러워)형ㅂ 하는 짓이나 모양이 멋쩍고 어색하다. ¶사람들 앞에 나서려니 -./쑥스러워 말고 인사를 나누어라.

쑥-쑥[1] 부 ①여럿이 밖으로 뿌죽이 내밀리거나, 안으로 꽤 들어간 모양을 나타내는 말. ②박힌 것이 잇달아 쉽게 뽑히거나 빠져 나오는 모양을 나타내는 말. ¶무가 - 뽑히다. ③여럿을 속으로 밀어 넣거나 길게 내미는 모양을 나타내는 말. ④거치적거림이 없이 잇달아 잘 들어가는 모양을 나타내는 말. ☞쏙쏙

쑥쑥[2] 부 ①키가 눈에 띄게 자꾸 자라는 모양을 나타내는 말. ¶벼가 - 자라다./키가 - 자라다. ②성적 따위가 자꾸 오르는 모양을 나타내는 말. ¶성적이 - 오르다.

쑥-잎벌레[-닙-] 명 잎벌렛과의 곤충. 몸길이 7~9 mm. 몸빛은 흑색이며 표면에 남색을 띤 광택이 남. 머리·앞가슴·딱지날개 등에 팬 점이 많이 있음. 애벌레는 쑥을 먹고 살며 성충은 5~7월에 나타남. 쑥돼지벌레

쑥-전(-煎)명 쑥을 소금에 절여 밀가루를 묻힌 다음, 번철 따위에 기름을 두르고 지진 음식.

쑥-홰 명 쑥을 묶어 만든 홰.

쑬쑬-하다 형여 ①품질 따위가 꽤 쓸만 하다. ②재미나 이문 따위가 썩 좋다. ☞쏠쏠하다

쑬쑬-히 부 쑬쑬하게 ☞쏠쏠히

쑹덩-쑹덩 부 익숙한 솜씨로 숭덩숭덩 써는 모양을 나타내는 말. ¶호박을 - 썰다. ☞숭덩숭덩. 쏭당쏭당

쒜-쒜 감 어린아이가 다쳐서 아파할 때 다친 곳을 만져 주며 달래는 말.

쓰개 명 머리에 쓰는 물건을 통틀어 이르는 말.

> ▶ **지난날의 방한용 쓰개들**
> 남바위/만선두리/볼끼/아얌/조바위/처네/풍차/휘양

쓰개-치마 명 지난날, 부녀자가 나들이할 때 머리에 쓰던 얼굴 가리개. 일반 치마와 같은 것에 끈이 달려 있으며, 머리에 쓰고 얼굴을 치마허리로 감싸며 속에서 손으로 앞을 여미어 잡았음. ☞너울

쓰기 명 국어나 외국어 학습의 한 부분. 글자를 배우기 위해 글자를 써 보는 일, 또는 생각이나 느낌을 글로 적어 표현하는 일. ☞듣기. 말하기. 읽기

쓰다[1](쓰고·써)타 ①모자 따위를 머리에 얹거나 덮다. ¶모자를 -./삿갓을 -./면류관을 쓴 임금./너울을 -./머리에 수건을 쓴 아낙네. ②우산 따위를 머리 위로 펴 들다. ¶우산을 -./양산을 -. ☞받다[2] ③무엇으로 얼굴이나 온몸을 가리거나 덮거나 하다. ¶탈을 -./이불을 쓰고 자다. ④안경 따위를 얼굴에 걸거나 끼거나 하다. ¶돋보기를 써야 신문을 본다./선글라스를 -. ⑤칼을 목에 걸다. ¶큰칼을 쓴 죄인. ⑥먼지 따위를 몸에 받다. ¶총채질을 하느라고 먼지를 -. ⑦누명이나 혐의 따위를 받다. ¶누명을 -./공범의 혐의를 -.

쓰다[2](쓰고·써)타 ①사람을 두어 일을 하게 하다. ¶사람도 안 쓰고 그 큰살림을 혼자 한다./사람을 구해 -. ②어떤 일에 돈·재료·시간 따위를 들이거나 없애다. ¶용돈을 많이 -./설탕과 소금을 쓰지 않고 조리하다./그 일에 많은 시간을 -. ③어떤 일에 물건이나 시설 따위를 다루거나 이용하다. ¶이앙기를 써서 모를 내다./지하실을 창고로 -./방을 따로 -. ④어떤 일에 마음이나 힘을 들이다. ¶마음을 -./신경을 -./선심을 -./기를 -./악을 -./애를 -. ⑤억지를 부리다. ¶아이가 떼를 쓰며 조르다./턱없이 깎아 달라고 억지를 쓰다. ⑥권력이나 세력·힘 따위를 부리다. ¶그가 힘을 써 주었다./폭력을 써서는 안 된다. ⑦몸의 일부를 놀리거나 움직이다. ¶팔목을 무리하게 -./다리를 못 쓴다./영화라면 사족을 못 쓰고 좋아한다. ⑧약을 먹거나 바르거나 하다. ¶좋다는 약은 다 써 보았다. ⑨빚을 지다. ¶은행 돈을 -./빚을 -. ⑩장기·바둑·윷놀이 따위에서 말을 옮기다. ¶말을 잘 써서 이기다./패를 -. ⑪어떤 말이나 이름으로 생각·사실·뜻 따위를 나타내다. ¶반말을 -./사투리를 -./영어를 -./필명을 -. ⑫어떤 수단이나 방법을 부리다. ¶갖은 수단을 다 -./무슨 수를 써야겠다./빨리 손을 써라.

> 한자 쓸 비(費)〔貝部 5획〕¶낭비(浪費)/허비(虛費)
> 쓸 용(用)〔用部〕¶용도(用途)/용법(用法)/활용(活用)

쓰다[3](쓰고·써)타 ①붓이나 연필 따위로 획을 그어서 글자를 이루다. ¶글씨를 또박또박 -./맨 앞에 이름을 -. ☞적다[1] ②글을 짓다. ¶시를 -./보고서를 -.

쓰다[4](쓰고·써)타 묏자리를 잡아 시체나 유골을 묻다. ¶묘를 -./묏자리를 골라 -.

쓰다[5] 형 ①혀에 닿는 맛이 날 씀바귀의 맛과 같다. ¶쓴 탕약. ②음식이 당기지 않을 만큼 입에 거슬리는 느낌이 있다. ¶음식이 입에 -. ③마음에 언짢고 싫다. ¶쓴 표정을 짓다. ④겪기에 괴롭고 고달프다. ¶인생의 쓴맛을 보다. ☞달다[3]. 씁쌀하다. 씁쓸하다

쓴 잔을 마시다 관용 실패의 쓰라린 경험을 하다. 고배를 마시다 ¶낙방의 -.

속담 **쓰니 시어머니** : 시어머니가 몹시 까다롭고 괴팍스러울 때 이르는 말./**쓰다 달다 말이 없다** : 어떤 문제에 관해 이렇다저렇다는 얘기 없이 가만히 있다는 말.〔검다 희다 말이 없다〕/**쓰면 뱉고 달면 삼킨다** : 의리는 돌아보지 않고 자신에게 이로우면 취하고 그렇지 않으면 버리는 일을 비유하여 이르는 말.〔달면 삼키고 쓰면 뱉는다〕☞감탄고토(甘呑苦吐)/**쓴 배도 맛들일 탓** : 모든 일의 좋고 나쁨은 그 일을 하는 사람 자신이 하기에 달렸다는 말.

쓰다듬다[-따] 타 ①손으로 가볍게 쓸어 어루만지다. ¶아이의 머리를 -./수염을 쓰다듬으며 점잖게 앉아 있다. ②살살 달래어 가라앉히다. ¶고통받는 사람들의 마음을 쓰다듬어 주다.

쓰디-쓰다 (-쓰고·-써)형 ①매우 쓰다. 몹시 쓰다. ②몹시 괴롭다. ¶쓰디쓴 고통을 당하다.

쓰라리다 형 ①쓰리고 아리다. ¶눈에 비눗물이 들어가서 -./넘어져서 까진 데가 -. ②마음이 몹시 괴롭다. ¶쓰라린 마음을 달래 주다.

쓰러-뜨리다(트리다) 타 쓰러지게 하다.

쓰러-지다 자 ①한쪽으로 쏠리어 넘어지거나 무너지다. ¶강풍으로 가로수가 -./고목이 저절로 -. ②개인이나 회사, 국가 등이 형세를 지탱하지 못하여 망하다. ¶회사가 불경기로 쓰러지고 말았다. ③병이나 피로, 부상 등으로 앓아 눕거나 하다. ¶뇌졸중으로 -./지쳐 -.

속담 **쓰러져 가는 나무는 아주 쓰러뜨린다** : 잘 될 가망성이 없는 일은 빨리 그만두고 새 일을 시작한다는 말.

쓰렁쓰렁-하다 형여 사귀는 정이 버성기어 서로 쓸쓸하게 되다. ¶다정했던 둘 사이가 -.

쓰레-그물 명 끌그물의 한 가지. 자루만으로 되어 있거나 자루 입구 양쪽에 날개 같은 것이 달린 그물에 긴 끌줄을 달아, 그물의 아랫자락이 바다 밑바닥에 닿도록 하면서 옆으로 끌어 물고기를 잡음. 원양 어업에서 쓰임. 저인망(底引網). 저예망(底曳網). 트롤망

쓰레기 명 비로 쓸어 내는 티끌이나 온갖 물건의 잡된 부스러기, 또는 내버릴 물건을 통틀어 이르는 말. ¶-를 분리해서 수거하다./- 더미 ☞허섭쓰레기

쓰레기-차(-車)명 쓰레기를 거두어다 버리는 차.

쓰레기-통(-桶)명 쓰레기를 모아 두는 그릇.

쓰레-받기 명 비로 쓴 쓰레기를 받아 내는 기구.

쓰레-장판 명 장판지로 만든 쓰레받기.

쓰레-질 명-하다 자 비로 쓸어서 깨끗이 하는 일. ☞비질

쓰레-하다 형여 쓰러질듯이 한쪽으로 기울어져 있다.
쓰르라미 명 매밋과의 곤충. 몸길이 2.5cm 안팎이고, 몸빛은 암갈색임. 성충은 6~8월에 나타남. 저녁매미. 한선(寒蟬)
쓰르람-쓰르람 부 쓰르라미의 우는 소리를 나타내는 말.
쓰름-매:미 명 매밋과의 곤충. 몸길이 3cm 안팎. 날개는 투명하고 적자색으로 반사되며 시맥(翅脈)의 기부 쪽은 갈색임. 성충은 7~8월에 나타남.
쓰름-쓰름 부 쓰름매미의 우는 소리를 나타내는 말.
쓰리 명 겨울에 물고기를 낚으려고 얼음을 끄는 쇠꼬챙이.
쓰리다 형 ①상처 따위가 쑤시는듯이 아프다. ¶칼에 벤 자리가 ―. ②마음이 쑤시는듯이 괴롭다. ¶이대로 헤어지려니 마음이 ―. ③뱃속이 비어 몹시 배가 고프다. ¶아침을 걸렀더니 속이 ―.
쓰이다[1] 자 얽히거나 덮이거나 하다. ¶젊은이들 사이에 운동 모자가 많이 쓰인다. 준 씌다[1]
쓰이다[2] 자 씀을 당하다. ¶많이 쓰이는 물건은 잘 보이는 곳에 놓아라./월급이 병원비로 다 쓰였다. 준 씌다[2]

한자 쓰일 수(需)〔雨部 6획〕¶제수(祭需)/혼수(婚需)

쓰이다[3] 자 글이나 글씨가 써지다. ¶글이 술술 잘 쓰일 때가 있다./이 펜이 길이 들어 잘 쓰인다. 준 씌다[3]
쓰이다[4] 타 글이나 글씨를 쓰게 하다. ¶이 원고는 제자에게 쓰인 것이다./조카에게 붓글씨를 ―. 준 씌다[5]
쓰임-새 명 쓰이는 데, 또는 쓰이는 정도. 용도(用途) ¶모양에 따라 ―가 다르다./―가 많다.
쓰적-거리다(대다) 자타 ①물건이 서로 맞닿아서 자꾸 스치거나 비비어지다. ②쓰레질을 대강대강 하다.
쓰적-쓰적 부 쓰적거리는 모양, 또는 그 소리를 나타내는 말. ¶걸을 때마다 ― 바짓가랑이가 스친다./바빠서 바닥만 ― 쓸어 놓고 왔다.
쓱 부 ①드러나지 않게 행동하는 모양을 나타내는 말. ¶잠깐 사이에 ― 자취를 감추다./― 낌새를 엿보다. ②재빨리 행동하는 모양을 나타내는 말. ¶― 지나가다./― 훑어보다. ③척 내닫거나 나서는 모양을 나타내는 말. ¶한 발을 ― 내딛다./사람들 앞에 ― 나서다. ④가볍게 한 번 문지르거나 비비는 모양을 나타내는 말. ¶눈물을 주먹으로 ― 훔치다.
쓱싹[1] 부 톱질이나 줄질을 할 때 나는 소리를 나타내는 말.
쓱싹[2] 부 ①옳지 않은 일을 슬쩍 얼버무려 감추는 모양을 나타내는 말. ¶저희끼리 ― 덮어두다. ②주고받을 셈을 에끼어 버리는 모양을 나타내는 말.
　쓱싹 하다 관용 '남의 것을 슬쩍 가로채거나 훔치다'를 속되게 이르는 말.
쓱-쓱 부 ①대충 자꾸 문지르거나 비비는 모양을 나타내는 말. ¶사과를 옷에 ― 문지르다./지우개로 ― 지우다. ②일을 힘들이지 않고 빨리 해치우는 모양을 나타내는 말. ¶일을 ― 해치우다.
쓴-너:삼 명 콩과의 여러해살이풀. 줄기 높이 80~120cm. 전체에 노란색의 짧은 털이 있으며 줄기는 곧게 서 있음. 잎은 어긋맞게 나고 깃꼴 겹잎이며, 작은 잎은 열 쌍으로 길둥글고 가장자리가 밋밋함. 6~8월에 연한 노란색의 꽃이 피며, 9~10월에 열매를 맺음. 고삼(苦蔘). 너삼
쓴-맛 명 소태껍질 따위의 맛과 같은 맛. 고미(苦味)
　속담 **쓴맛 단맛 다 보았다**: 온갖 괴로움과 즐거움을 다 겪었다는 뜻으로, 경험이 많음을 이르는 말.
쓴-술 명 ①맛이 쓴 술. ②찹쌀로 담근 술에 상대하여 멥쌀로 담근 술을 이르는 말.
쓴-웃음 명 ①억지로 웃는 웃음. ②어이가 없어 마지못하여 웃는 웃음. 고소(苦笑)
쓸개 명 간에서 분비된 쓸개즙을 일시적으로 저장하는 주머니. 담(膽). 담낭(膽囊)
　쓸개(가) 빠지다 관용 줏대가 없음을 욕으로 이르는 말.

한자 쓸개 담(膽)〔肉部 13획〕¶담관(膽管)/담낭(膽囊)/담석(膽石)/웅담(熊膽) ▷속자는 胆

쓸개-관(―管) 명 수담관(輸膽管)
쓸개-머리 명 소의 쓸개에 붙은 고기.
쓸개-즙(―汁) 명 척추동물의 간에서 만들어지는, 쓴맛을 내는 강한 알칼리성의 액체. 지방의 소화를 돕고 소장의 음식물이 부패하는 것을 방지함. 담액(膽液). 담즙(膽汁). 쓸개진
쓸개-진(―津) 명 쓸개즙
쓸까스르다(쓸까스르고·쓸까슬러) 타르 남을 추슬렀다 낮추었다 하며 놀리어 비위가 틀리게 하다. ¶한동안 자기들끼리 쓸까스르더니 제풀에 그만두었다.
쓸다[1](쓸고·쓰니) 타 ①비로 쓰레기 따위를 밀어내거나 한데 모아서 치우다. ¶마당을 싹싹 ―. ②손으로 가볍게 문지르다. ¶손자의 아픈 배를 쓸어 주시던 할머니./아이는 강아지를 보자 등을 쓸어 주며 귀여워한다. ③모조리 없애거나 혼자서 다 차지하다. ¶도둑이 들어 귀중품을 모조리 쓸어 갔다./수영 종목의 메달을 쓸다시피 하다. ④어떤 범위 안에 널리 영향을 미치다. ¶콜레라가 유럽 전역을 쓸었다.

한자 쓸 소(掃)〔手部 8획〕¶소쇄(掃灑)/소제(掃除)/소지(掃地)/소탕(掃蕩)/청소(淸掃)

쓸다[2](쓸고·쓰니) 타 줄 따위로 문질러 닳게 하다.
쓸데-없:다[―떼업―] 형 ①쓸 곳이 없다. 소용없다 ¶쓸데없는 물건을 자꾸 사들이다. ②아무 가치나 뜻이 없다. ¶쓸데없는 고민을 하지 말고 공부나 열심히 해라.
　쓸데-없이 부 쓸데없게 ¶― 자꾸 말을 시킨다.
쓸리다[1] 자 한쪽으로 비스듬히 기울어지다.
쓸리다[2] 자 ①어떤 물체가 서로 맞닿아 비비어지거나 스치어 흠이 생기거나 하다. ¶걸을 때마다 쓸리어 바지의 허벅지 부분이 다 해졌다. ②살갗이 무엇에 문질리어서 벗기어지다. ¶풀을 먹인 깃에 목 부분이 쓸렸다.
쓸리다[3] 자 비로 쓺을 당하다. ¶간밤에 내린 눈이 말끔히 쓸린 골목길.
쓸리다[4] 자 줄 따위에 문질리어 닳게 되다. ¶쇠창살에는 줄에 쓸린 자국이 있었다.
쓸리다[5] 타 비로 쓸게 하다. ¶새댁에게 마당을 ―.
쓸-모 명 ①쓸만 한 값어치. ¶칼은 ―가 많은 도구이다. ②쓸만 한 자리. ¶아무 데도 ―가 없다.
쓸쓸-하다[1] 형여 ①날씨가 차고 흐릿하다. ②외롭고 적적하다. 소연(蕭然)하다
　쓸쓸-히 부 쓸쓸하게 ¶노년을 ― 보내다.
쓸쓸-하다[2] 형여 뱃속이 헛헛하고 쓰리다. ¶아침을 먹지 않았더니 배가 ―.
쓸어-들이다 타 쓸어서 모아 들이다.
쓸어-모으다 타 쓸어서 한군데로 모으다. ¶낙엽을 쓸어 모아 태우다.
쓸-용(―用)[―룡] 명 한자 부수(部首)의 한 가지. '甫'·'甬' 등에서 '用'의 이름.
쓸음-질 명-하다 자타 줄로 쓰는 일.
쓿다 타 곡식을 찧어 껍질을 벗기고 깨끗하게 하다.
쓿은-쌀[쓸―] 명 쓿어서 껍질을 벗겨 깨끗하게 한 쌀. ☞아주먹이
씀바귀 명 국화과의 여러해살이풀. 줄기 높이는 25~50cm로 위에서 가지가 갈라져 있음. 잎은 가늘고 길며 가장자리에 톱니가 있음. 5~7월에 노란색 꽃이 핌. 쓴맛이 있으나 이른봄에 뿌리와 어린잎은 나물 따위로 먹을 수 있음. 산이나 들에 흔히 자람. 고채(苦菜)
씀벅 부 속눈썹이 긴 큰 눈을 빨리 감았다 뜨는 모양을 나타내는 말. ☞끔뻑. 슴벅. 쌈박
씀벅-거리다(대다) 자타 속눈썹이 긴 큰 눈을 빨리 감았다 떴다 하다. 씀벅이다 ☞끔뻑거리다. 슴벅거리다. 쌈박거리다
씀벅-씀벅 부 씀벅거리는 모양을 나타내는 말. ¶눈을 ― 하며 생각에 잠기다. ☞끔뻑끔뻑. 슴벅슴벅. 쌈박쌈박
씀벅-이다 자타 씀벅거리다 ☞끔뻑이다. 슴벅이다
씀씀-이 명 돈이나 물건 따위를 쓰는 태도, 또는 그 비용. 용도(用度) ¶―가 여전히 헤프다./―가 커졌다.
씁쓰레-하다 형여 좀 씁쓸한듯 하다. 씁쓰름하다 ☞쌉

씁쓰름-하다 형여 씁쓰레하다 ☞쌉쓰름하다
씁쓸-하다 형여 ①뒷맛이 좀 날 씀바귀의 맛과 같다. ¶ 씁쓸한 도라지. ②어떤 일의 뒷맛이 좀 언짢고 싫다. ¶ 면접을 마친 수험생의 표정이 ─. ☞쌉쌀하다
씁쓸-히 부 씁쓸하게 ¶ ─ 돌아서다.
씌:다[1] 자 '쓰이다[1]'의 준말. ¶ 모자가 작아서 잘 안 ─.
씌:다[2] 자 '쓰이다[2]'의 준말. ¶ 거실 겸 주방으로 씌는 공간.
씌:다[3] 자 '쓰이다[3]'의 준말. ¶ 원고가 잘 ─.
씌:다[4] 자 귀신이 접하다. ¶ 귀신이 씌어도 단단히 씌었다. 유 들리다
씌:다[5] 타 '쓰이다[4]'의 준말. ¶ 붓글씨를 필순에 따라 ─.
씌:다[6] 타 '씌우다'의 준말. ¶ 눈에 잘 띄게 노란 모자를 씐 어린이들.
씌우개 명 덮어씌우는 물건.
씌우다 타 쓰게 하다. ¶ 딸에게 모자를 ─./김치 보시기에 비닐 덮개를 ─./올가미를 ─./손님에게 바가지를 ─./덤터기를 ─./애먼 사람에게 누명을 ─. 준 씌다[6]
씨[1] 명 ①종자식물(種子植物)에서 수정한 밑씨가 성숙하여 휴면(休眠) 상태로 있는 것. 싹이 터서 새 식물체가 될 씨눈과 씨눈의 양분을 간직하고 있는 배젖, 그것들을 싸고 있는 껍질로 이루어져 있음. 종자(種子) ¶ ─ 없는 수박. ②씨앗 ¶ 못자리에 ─를 뿌리다. ③동물의 계통을 이어 가는 근본이 되는 것. 정자(精子) ¶ 우량종의 ─를 받다. ④'혈통' 또는 '대를 이을 자손'을 속되게 이르는 말. ¶ ─는 못 속인다./왕후장상의 ─가 따로 있나. ⑤어떤 일이 일어나는 근원을 비유하여 이르는 말. 씨앗 ¶ 사소한 말다툼이 불행의 ─가 되었다.
씨(가) 마르다 관용 어떤 종류가 모조리 없어지다. ¶ 돈이라고는 씨가 말랐다.
씨(가) 먹다 관용 어떤 일이나 말, 글 따위가 조리에 닿아 남을 납득시키다. ¶ 도대체 씨가 먹는 얘기라야 듣지.
씨(가) 먹히다 관용 어떤 일이나 말, 글 따위가 조리에 닿아 납득이 되다. ¶ 타일러도 씨가 먹히지 않는다.
씨(가) 지다 관용 대를 이을 사람이 하나도 남지 않고 없어지다. ¶ 전쟁으로 씨가 진 집안이 한둘이 아니다.
씨(도) 없이 관용 아무 것도 남기지 않고 모두.
씨(를) 말리다 관용 어떤 종류를 모조리 없애다. ¶ 남획으로 야생 동물의 ─.
속담 **씨 도둑(도적)은 못한다** : 부모나 조상에게서 내려오는 신체나 성격의 특징 따위는 유전되는 일이 많으므로, 혈연이나 혈통은 속이지 못함을 이르는 말./**씨 보고 춤춘다** : 오동나무의 씨만 보고도 오동나무로 만든 거문고를 생각하고 춤을 춘다는 뜻으로, 너무 일찍 서두름을 이르는 말.

한자 **씨 종**(種) 〔禾部 9획〕 ¶ 종란(種卵)/종마(種馬)/종자(種子)/종축(種畜)/파종(播種)

씨[2] 명 피륙 따위를 짤 때 가로놓는 실이나 노나 새끼 따위. ☞날[3]. 씨실. 씨줄

한자 **씨 위**(緯) 〔糸部 9획〕 ¶ 경위(經緯)/위도(緯度)

씨[3] 명 품사(品詞)
씨(氏)[1] 의 이름 뒤에 써서, 그 사람을 높이거나 대접하는 뜻을 나타내는 말. ¶ 김일호 ─/윤길 ─
씨(氏)[2] 대 이미 말하였거나 알려져 있는 제삼자를 높이어 일컫는 말. ¶ 많은 사람들이 ─를 따르고 존경했다.
-씨(氏) 《접미사처럼 쓰이어》 인명에서 성(姓)을 나타내는 말에 붙어, '그 성 자체'의 뜻을 나타냄. ¶ 김씨는 우리 나라에서 가장 많은 성이다.
씨-감자 명 씨앗으로 쓸 감자.
씨-고기 명 씨를 받을 물고기. 종어(種魚)
씨-고치 명 누에 알을 받을 나방이 들어 있는 고치. 종견(種繭)
씨-곡(─穀) 명 씨앗으로 쓸 곡식. 종곡(種穀)
씨그둥-하다 형여 귀에 거슬려 달갑지 않다.
씨근-거리다(대다) 자 숨이 차거나 하여 숨을 잇달아 거칠고 가쁘게 쉬다. ☞시근거리다[1]. 쌔근거리다. 씨근덕거리다. 씩씩거리다
씨근덕-거리다(대다) 자 가쁘게 시근덕거리다. ☞시근덕거리다. 쌔근덕거리다. 씨근거리다. 씩씩거리다
씨근덕-씨근덕 부 씨근덕거리는 모양을 나타내는 말. ☞시근덕시근덕. 쌔근덕쌔근덕. 씨근씨근. 씩씩
씨근-벌떡 부 가쁜 숨을 시근거리며 헐떡이는 모양을 나타내는 말. ☞쌔근발딱
씨근벌떡-거리다(대다) 자 가쁜 숨을 시근거리며 헐떡이다. ☞쌔근발딱거리다
씨근벌떡-씨근벌떡 부 씨근벌떡거리는 모양을 나타내는 말. ☞쌔근발딱쌔근발딱
씨근-씨근 부 씨근거리는 모양을 나타내는 말. ¶ 분해서 연신 ─ 한다. ☞시근시근[1]. 쌔근쌔근. 씨근덕씨근덕
씨-금 명 위선(緯線) ☞날금
씨-껍질 명 식물의 씨의 껍질. 겉씨껍질과 속씨껍질로 구별되어 있음. 종피(種皮)
씨-끝 명 어미(語尾)
씨-내리 명 지난날, 남편의 생식 기능 따위에 이상이 있어 대(代)를 잇지 못할 경우에 다른 남자를 들여 아이를 배게 하던 일, 또는 그 남자. ☞씨받이
씨-눈 명 식물의 씨 속에서 자라 나무나 풀의 싹눈이 되는 부분. 배(胚)
씨눈-줄기 명 배축(胚軸)
씨다리 명 사금(砂金)의 낟알.
씨-닭 명 번식이나 품종 개량을 위하여 기르는 수탉. 종계(種鷄) ☞씨암탉
씨-도(─度) 명 위도(緯度) ☞날도[1]
씨-도리 명 씨도리배추
씨도리-배:추 명 씨앗을 받으려고 밑동만 남겨 둔 배추. 씨도리
씨-돼:지 명 번식이나 품종 개량을 위하여 기르는 수퇘지. 종돈(種豚)
씨르래기 명 '여치'의 딴이름.
씨르륵-씨르륵 부 씨르래기 따위의 곤충이 내는 소리를 나타내는 말.
씨름 명 ①두 사람이 샅바나 띠 또는 허리춤을 잡고 힘과 재주를 겨루어, 상대를 먼저 넘어뜨리는 것으로 승패를 가리는 운동 또는 경기. 각력(角力). 각저(角抵). 각희(脚戲). 상박(相撲) ②-하다 자 무엇을 이겨 내거나 이루려고 끈기 있게 달라붙어 온 힘을 기울임을 비유하여 이르는 말. ¶ 가난과 ─하다./하루 종일 아이들과 ─하다./지난 여름은 책과 ─하며 보냈다.
씨름-꾼 명 씨름을 하는 사람, 또는 씨름을 잘하는 사람.
씨름-잠방이 명 씨름을 할 때, 남자들이 입는 짧은 홑바지.
씨름-판 명 씨름을 하는 판.
씨-말 명 번식이나 품종 개량을 위하여 기르는 수말. 종마(種馬)
×**씨명**(氏名) 명 → 성명(姓名)
씨무룩-하다 형여 좋지 않은 일로 풀이 죽어 몹시 우울해 있다. ¶ 사업에 실패하고 씨무룩하게 지내다. ☞시무룩하다. 쌔무룩하다
씨무룩-이 부 씨무룩하게 ☞시무룩이. 쌔무룩이
씨물-거리다(대다) 자 씨물씨물 웃다. ☞시물거리다. 쌔물거리다
씨물-씨물 부 입술을 씰그러뜨리며 소리 없이 자꾸 웃는 모양을 나타내는 말. ☞시물시물. 쌔물쌔물
씨-받기 명-하다 자 좋은 씨앗을 골라서 받는 일. 채종(採種) 유 취종(取種)
씨-받이[─바지] 명 ①-하다 자 가축의 번식이나 품종 개량을 위하여 좋은 품종(品種)의 수컷을 암컷과 교배시켜 새끼를 얻는 일. ¶ ─ 돼지 ②지난날, 아내의 생식 기능 따위에 이상이 있어 대(代)를 잇지 못할 경우에 다른 여자를 들여 아이를 낳게 하던 일, 또는 그 여자. ☞대리모. 씨내리
씨-방(─房) 명 속씨식물에서, 암술의 아래쪽에 있는 주머니 모양으로 볼록한 부분. 속에 밑씨가 들어 있음. 자방

씨-벼 명 볍씨
씨보(氏譜)명 족보(族譜)
씨부렁-거리다(대다)자 실없는 말을 함부로 자꾸 지껄이다. ☞시부렁거리다. 싸부랑거리다
씨부렁-씨부렁 부 씨부렁거리는 모양을 나타내는 말. ☞시부렁시부렁. 싸부랑싸부랑
씨-소 명 번식이나 품종 개량을 위해서 기르는 수소. 종우(種牛)
씨식잖다 형 같잖고 되잖다. 시식잖다 준 씩잖다
씨-실 명 피륙에서, 가로 방향으로 짜인 실. 위사(緯絲) ☞날실
씨아 명 목화의 씨를 빼는 기구. 교거(攪車). 연거(碾車)
씨아-손 명 씨아의 손잡이. 도괴(掉拐)
씨아-질 명-하다 자 씨아로 목화의 씨를 빼는 일.
씨-알 명 ①번식을 위하여 쓰는 알. 종란(種卵) ¶ 닭의 -./연어의 -./누에의 -. ②곡식 등의 씨앗으로 쓰는 낟알. ☞씨곡 ③광물의 잔 알갱이. ④물고기의 크기. ¶ 붕어의 -이 크다.
씨알-머리 명 남을 욕할 때, 그의 '혈통'을 속되게 이르는 말. ¶ - 없는 놈.
씨-암탉 명 번식을 위해 기르는 암탉. ☞씨닭
속담 **씨암탉 잡은듯 하다** : 집안이 화락함을 이르는 말.
씨암탉-걸음[-탁-]명 아기작거리며 가만히 걷는 걸음걸이를 비유하여 이르는 말.
씨앗 명 ①채소나 곡식 따위의 씨. 종자(種子) ¶좋은 -을 골라 뿌리다. ②어떤 일이 일어나는 근원을 비유하여 이르는 말. ¶불행의 -이 싹트다. 씨'
씨양이-질 명-하다 자 바쁠 때 쓸데없는 일로 남을 귀찮게 하는 짓. 준 쌩이질
씨억씨억-하다 형여 성질이 굳세고 활발하다.
씨우적-거리다(대다)자 못마땅하여 입 속으로 불평스럽게 씨부렁거리다.
씨우적-씨우적 부 씨우적거리는 모양을 나타내는 말.
씨-젖 명 배젖
씨-조개 명 번식을 위하여 기르는 조개. 종패(種貝)
씨족(氏族)명 같은 조상을 가진 사람들로 이루어진 혈족 집단.
씨족=사:회(氏族社會)명 씨족으로 이루어진 원시 사회.
씨족=제:도(氏族制度)명 원시 시대에 씨족을 중심으로 구성되었던 사회 제도.
씨-종 명 지난날, 대대로 물려 가며 남의 집 종살이를 하던 사람.
씨-주머니 명 자낭(子囊)
씨-줄 명 ①피륙의 씨. ②위선(緯線) ☞날줄
씨-짐승 명 번식이나 품종 개량을 위하여 기르는 가축. 종견(種犬), 종돈(種豚) 따위. 종축(種畜)
씨-토끼 명 번식이나 품종 개량을 위하여 기르는 수토끼. 종토(種兎)
씩 부 소리 없이 싱겁게 잠깐 웃는 모양을 나타내는 말. ☞쌕
-씩 접미 '얼마의 수량이나 횟수의 꼴로'의 뜻을 나타냄. ¶한 번에 한 알씩/약을 하루에 세 번씩 먹는다.
씩둑-거리다(대다)자 부질없는 말을 수다스럽게 지껄이다. ☞씩둑꺽둑
씩둑-꺽둑 부 이런 말 저런 말로 되는대로 씩둑거리는 모양을 나타내는 말.
씩둑-씩둑 부 씩둑거리는 모양을 나타내는 말.
씩씩 부 ①숨을 거칠게 쉬면서 매우 곤히 자는 모양, 또는 그 숨소리를 나타내는 말. ②숨을 매우 거칠게 내쉬는 모양, 또는 그 소리를 나타내는 말. ☞식식. 쌕쌕
씩씩-거리다(대다)자 숨을 잇달아 매우 거칠게 내쉬다. ¶덤비지는 못하고 -. ☞식식거리다. 쌕쌕거리다
씩씩-하다 형여 굳세고 위엄스럽다. ¶씩씩하게 답하다.
　씩씩-히 부 씩씩하게
씩잖다 형 '씨식잖다'의 준말.
씰그러-뜨리다(트리다)타 씰그러지게 하다. ☞실그러뜨리다. 쌜그러뜨리다
씰그러-지다자 물체가 한쪽으로 끼울어지다. ☞실그러지다. 쌜그러지다
씰긋-거리다(대다)[-귿-]자타 물체가 자꾸 끼울어지다, 또는 끼울이다. ☞실긋거리다. 쌜긋거리다
씰긋-쌜긋[-귿-]부 씰긋거리며 쌜긋거리는 모양을 나타내는 말. ☞실긋샐긋
씰긋-씰긋[-귿-]부 물체가 씰그러질듯이 자꾸 움직이는 모양을 나타내는 말. ☞실긋실긋. 쌜긋쌜긋
씰긋씰긋-하다[-귿-귿-]형여 물체가 다 씰그러진듯하다. ☞실긋실긋하다. 쌜긋쌜긋하다
씰긋-하다[-귿-]형여 물체가 씰그러진듯 하다. ☞실긋하다. 쌀긋하다. 쌜긋하다
　씰긋-이 부 씰긋하게 ☞실긋이. 쌀긋이. 쌜긋이
씰기죽 부 천천히 씰그러지는 모양을 나타내는 말. ☞실기죽. 쌜기죽
씰기죽-거리다(대다)자타 물체가 한쪽으로 천천히 끼울어지다, 또는 끼울이다. ☞실기죽거리다. 쌜기죽거리다
씰기죽-쌜기죽 부 씰기죽거리며 쌜기죽거리는 모양을 나타내는 말. ☞실기죽샐기죽
씰기죽-씰기죽 부 씰기죽거리는 모양을 나타내는 말. ☞실기죽실기죽. 쌜기죽쌜기죽
씰룩 부 입 따위를 한쪽으로 좀 씰그러지게 움직이는 모양을 나타내는 말. ☞실룩. 쌜룩
씰룩-거리다(대다)타 ①입 따위를 잇달아 한쪽으로 좀 씰그러지게 움직이다. ②걸음을 걸을 때 살진 엉덩이를 이리저리 휘휘 내젓다. 씰룩이다 ☞실룩거리다. 쌜룩거리다
씰룩-씰룩 부 씰룩거리는 모양을 나타내는 말. ☞실룩실룩. 쌜룩쌜룩
씰룩-이다 타 씰룩거리다 ☞실룩이다. 쌜룩이다
씹 명 ①어른의 '보지'를 이르는 말. ☞좆 ②-하다 자 '성교(性交)'를 속되게 이르는 말.
씹-거웃 명 씹두덩에 난 털. ☞불거웃
씹다 타 ①음식 따위를 입에 넣고 자꾸 깨물다. ¶밥을 꼭꼭 씹어 먹다./껌을 짝짝 -./오징어를 질겅질겅 -. ②남을 나쁘게 말하다. ¶친구들은 그의 실수를 계속 씹었다. ☞헐뜯다 ③같은 말이나 생각을 거듭해서 자꾸 하다. ¶어제의 일을 곰곰이 씹고 또 씹었다. ☞곱씹다. 되씹다
씹-두덩 명 씹 언저리의 두두룩한 부분. ☞불두덩
씹-조개 명 말씹조갯과의 민물 조개. 패각의 길이 10cm 안팎으로 흑색 광택이 남. 못이나 늪의 진흙 속에 살며, 먹을 수 있음. 펄조개
씹히다[1] 자 씹음을 당하다. ¶오이가 아삭아삭 -./실수를 저질러 여기저기서 -.
씹히다[2] 타 씹게 하다.
씻-가시다[씯-]타 씻어서 더러운 것이 없게 하다. ¶밥솥을 씻가시고 아침쌀을 안치다.
씻기다[1] [씯-]자 씻음을 당하다. ¶저녁 먹은 그릇들이 말끔히 씻겨 있었다.
씻기다[2] [씯-]타 ①씻게 하다. ¶아이들의 몸을 -. ②씻어 주다. ¶아내는 다 큰 애를 씻기고 있었다.
씻김-굿[씯-]명 전라 남도 지방에서 볼 수 있는, 죽은 사람의 부정(不淨)을 씻어 주어 영혼을 극락으로 인도하는 굿. ☞지노귀굿
씻다[씯-]타 ①물 따위로 더러운 것을 없애다. ¶손발을 깨끗이 -./목에 낀 때를 -. ②묻은 것을 없어지게 닦아 내다. ¶손등으로 이마의 땀을 -. ③누명·치욕·죄과 따위를 벗다. ¶불명예를 씻고 승리하다. ④원한 따위를 풀다. ¶그 집과는 평생 씻지 못할 원한이 맺혔다.
　씻은듯 부신듯 관용 아무 것도 남지 아니하고 말끔하게 없어진 모양을 나타내는 말. ¶두통이 - 사라졌다.

한자 씻을 목(沐)〔水部 4획〕¶목간(沐間)/목욕(沐浴)/목욕탕(沐浴湯)
씻을 세(洗)〔水部 6획〕¶세면(洗面)/세수(洗手)/세정(洗淨)/세제(洗劑)/세차(洗車)
씻을 탁(濯)〔水部 14획〕¶세탁(洗濯)/탁족(濯足)

씻은듯이 관용 씻어 버린 것처럼 아주 깨끗하게. ¶병이 ― 나았다./치통이 ― 사라지다.

씻-부시다 [씯―] 타 그릇 따위를 물로 깨끗이 씻어서 더러운 것이 없게 하다.

씽 부 ①세찬 바람이 빠르게 스치어 불 때 나는 소리를 나타내는 말. ②사람이나 물체가 매우 빠르게 지나가는 소리, 또는 그 모양을 나타내는 말. ¶비행기가 ― 하고 지나가다. ☞쌩

씽그레 부 다정한 눈길로 소리 없이 밝게 웃는 모양을 나타내는 말. ☞빙그레. 싱그레. 쌩그레. 썽그레

씽글-거리다(대다) 자 씽글씽글 웃다. ☞빙글거리다. 싱글거리다. 쌩글거리다. 썽글거리다

씽글-뻥글 부 씽글거리며 뻥글거리는 모양을 나타내는 말. ☞싱글벙글. 쌩글빵글

씽글-씽글 부 자꾸 씽그레 웃는 모양을 나타내는 말. ☞빙글빙글[1]. 싱글싱글. 쌩글쌩글. 썽글썽글

씽긋 부 친근한 눈길로 소리 없이 밝게 잠깐 웃는 모양을 나타내는 말. 씽긋이 ☞빙긋. 싱긋. 싱끗. 쌩긋. 썽긋. 씽끗

씽긋-거리다(대다) [―귿―] 자 씽긋씽긋 웃다. ☞빙긋거리다. 싱긋거리다. 싱끗거리다. 쌩긋거리다. 썽긋거리다. 씽끗거리다

씽긋-뻥긋 [―귿―] 부 씽긋 웃으며 뻥긋 웃는 모양을 나타내는 말. ☞싱긋빙긋. 싱끗빙끗. 쌩긋빵긋. 썽끗뻥끗. 씽끗뻥끗

씽긋-씽긋 [―귿―] 부 자꾸 씽긋 웃는 모양을 나타내는 말. ☞빙긋빙긋. 싱긋싱긋. 싱끗싱끗. 쌩긋쌩긋. 썽긋썽긋. 씽끗씽끗

씽긋-이 부 씽긋 ☞빙긋이. 싱긋이. 싱끗이. 쌩긋이. 썽긋이. 씽끗이

씽끗 부 친근한 눈길로 소리 없이 환하게 잠깐 웃는 모양을 나타내는 말. 씽끗이 ☞빙끗. 싱긋. 싱끗. 쌩끗. 썽끗. 씽긋

씽끗-거리다(대다) [―끋―] 자 씽끗씽끗 웃다. ☞빙끗거리다. 싱긋거리다. 싱끗거리다. 쌩끗거리다. 썽끗거리다. 씽긋거리다

씽끗-뻥끗 [―끋―] 부 씽끗 웃으며 뻥끗 웃는 모양을 나타내는 말. ☞싱긋빙긋. 싱끗빙끗. 쌩끗빵끗. 썽끗뻥끗. 씽긋뻥긋

씽끗-씽끗 [―끋―] 부 자꾸 씽끗 웃는 모양을 나타내는 말. ☞빙끗빙끗. 싱긋싱긋. 싱끗싱끗. 쌩끗쌩끗. 썽끗썽끗. 씽긋씽긋

씽끗-이 부 씽끗 ☞빙끗이. 싱긋이. 싱끗이. 쌩끗이. 썽끗이. 씽긋이

씽-씽 부 ①세찬 바람이 빠르게 자꾸 스치어 불 때 나는 소리를 나타내는 말. ¶― 부는 겨울 바람. ②사람이나 물체가 잇달아 매우 빠르게 지나가는 소리, 또는 그 모양을 나타내는 말. ¶썰매를 타고 ― 달리다. ☞쌩쌩

씽씽-하다 형여 힘차고 생기가 넘치다. ¶나이에 비해 씽씽한 체력. ☞생생하다. 싱싱하다. 쌩쌩하다

ㅇ

훈민정음 자모 ㅇ 훈몽자회 자모

아¹ 명 〈어〉한글 자모(字母) 'ㅏ'의 이름.

아² 감 ①놀라거나 당황하거나 잊었던 것이 문득 생각나거나 할 때 저도 모르게 내는 소리. ¶ ―, 큰일났네./―, 잘못 탔구나./―, 가방을 두고 왔네. ②상대편의 주의를 끌기 위해 가볍게 내는 소리. ¶ ―, 김 군, 나 좀 보세./―, 선생님, 안녕하셨습니까? ☞어²

아:³ 감 기쁨·슬픔·안타까움·뉘우침·따분함 등의 감정을 나타내는 소리. ¶ ―, 우리가 이겼다./―, 딱하게 되었구나./―, 내 잘못이로구나./―, 시시해. ☞어³

아:(我) 대 '나', '우리'의 뜻으로 쓰는 한문 투의 말. ¶ ―의 자족(自足)한 독창력을 발휘하야.

-아 조 받침 있는 체언에 붙어, 손아랫사람이나 짐승 또는 사물을 부를 때 쓰이는 호격 조사. ¶바람아, 불어라./길동아, 이리 오너라./가노라 삼각산아, 다시 보자 한강수야./걸음아, 날 살려라. ☞-야

아:(亞)- 접두 '버금가는', '준(準)하는'의 뜻을 나타냄. ¶아열대(亞熱帶)/아종(亞種)

-아(兒)《접미사처럼 쓰이어》'아이'나 '젊은이'의 뜻을 나타냄. ¶신생아(新生兒)/정상아(正常兒)/풍운아(風雲兒)/행운아(幸運兒)

-아¹ 어미 양성 모음 'ㅏ·ㅗ'의 어간에 붙어, 여러 서술 표현의 방법으로 쓰이는 반말 투의 종결 어미. ¶나는 안 봐. (사실 표현)/너는 알아? (물음)/여기 보아. (시킴)/나와 함께 놀아. (권유) ☞-어¹

-아² 어미 ①양성 모음 'ㅏ·ㅗ'의 어간에 붙어, 뒤에 동사나 형용사를 뒤따르게 하는 부사형 어미. 부사어가 되기도 하고 동사구를 만들기도 하며 뒤의 말과 어울려 한 덩이가 되기도 함. ¶즐겁게 살아가다./이웃을 돌보아 준다./집으로 돌아오다. ②'-아서'의 준말. ☞-어²

아가 명 '아기'를 귀엽게 이르는 말.
감 ①아기를 부르는 말. ②갓 시집온 며느리를 부르는 말. ¶ ―, 아비 들어왔느냐?

아:가(雅歌) 명 구약성서 가운데의 한 편. 신(神)과 이스라엘 민족의 사랑의 관계를 남녀간의 애정에 비유하여 노래한 것으로 해석되고 있음.

아가-딸 명 시집가기 전의 딸을 귀엽게 이르는 말.

아가리 명 ①'입'을 속되게 이르는 말. ②그릇 따위의 속으로 통하는 구멍의 어귀. ¶병 ―/맷돌 ―
아가리(를) 놀리다 관용 '말하다'를 속되게 이르는 말.

아가리-질 명 -하다 자 ①'말질²'을 속되게 이르는 말. ②'악다구니'를 속되게 이르는 말.

아가리-홈 명 널빤지 같은 것을 끼워 맞추기 위하여 개탕을 쳐 깊이 판 홈.

아가미 명 물 속에 사는 동물의 숨쉬는 기관(器官). 물고기의 경우는 빗살 모양의 조직이 있으며, 이곳을 통하여 물 속의 산소를 받아들임.

아가미-구멍 명 아감구멍

아가미-뚜껑 명 아감딱지

아가미-뼈 명 아감뼈

아:가사창(我歌查唱) 성구 '내가 부를 노래를 사돈이 부른다'는 말을 한문식으로 옮긴 구(句)로, 내가 할 말을 상대편이 먼저 하거나, 책망을 들어야 할 사람이 도리어 큰소리를 한다는 뜻.

아가씨 명 시집가지 않은 젊은 여자를 이르는 말.

> 한자 **아가씨 양**(孃) 〔女部 17획〕 ¶영양(令孃)
> **아가씨 희**(姬) 〔女部 6획〕 ¶가희(佳姬)/미희(美姬)

아가위 명 산사자(山査子)

아가위-나무 명 '산사나무'의 딴이름.

아가타(阿伽陀 ∠Agada 범) 명 무병(無病)·건강·불사(不死) 등의 뜻으로, 불교에서, 온갖 병을 다 고친다는 영약(靈藥)을 이르는 말.

아가페:(agapē 그) 명 인간에 대한 신(神)의 무조건적인 사랑. 신약성서에서 예수의 수난과 부활에 상징적으로 나타나 있는 사랑. 인간의 희생적인 사랑을 이르기도 함. ☞애찬(愛餐). 에로스(eros)

아갈-머리 명 '입'을 속되게 이르는 말.

아갈-잡이 명 -하다 자타 소리를 지르지 못하게 헝겊이나 솜 따위로 입을 틀어막는 짓.

아:-갈탄(亞褐炭) 명 아탄(亞炭)

아감-구멍[―꾸―] 명 물고기의 아감딱지 뒤쪽에 있는, 물이 드나드는 구멍. 아가미구멍. 새공(鰓孔). 새열

아감-딱지 명 물고기의 아가미를 덮어 보호하는, 뼈로 된 얇은 뚜껑. 아가미뚜껑. 새개(鰓蓋)

아감딱지-뼈 명 아감딱지를 이룬 뼈. 새개골(鰓蓋骨)

아감-뼈 명 물고기의 아가미 양쪽에 있는, 활 모양의 뼈. 아가미뼈. 새골(鰓骨)

아감-젓 명 생선의 아가미로 담근 젓. 어시해(魚顋醢)

아감-창(牙疳瘡) 명 아구창(牙口瘡)

아강(亞綱) 명 생물 분류상의 한 단계. 강(綱)과 목(目) 사이에 필요에 따라 두는 작은 구분. ☞아목(亞目)

아객(衙客) 명 조선 시대, 고을의 원을 찾아와 관아에서 묵고 있는 손을 이르던 말.

아:견(我見) 명 불교에서, 본래 실체가 없는 자아(自我)를 실체로 잘못 보는 일. ☞아집(我執)

아:결(雅潔) 어기 '아결(雅潔)하다'의 어기(語基).

아:결-하다(雅潔―) 형여 아담하고 깔끔하다. ¶문장이 ―./아결한 인품(人品).

아:경(亞卿) 명 조선 시대, 경(卿)인 판서(判書)나 판윤(判尹)에 버금가는 관직이라는 뜻으로, 육조(六曹)의 참판(參判)이나 한성부(漢城府)의 좌윤(左尹)·우윤(右尹)과 그 등급의 관직을 이르던 말.

아경-에(俄頃―) 부 '아까' 또는 '조금 있다가'의 뜻으로 쓰는 한문 투의 말.

아:-고산대(亞高山帶) 명 식물의 수직 분포대의 하나. 고산대와 산지대(山地帶) 사이에 있으며, 가문비나무나 낙엽송, 분비나무 등의 침엽수가 많음.

아골(鴉鶻) 명 '난추니'의 딴이름.

아:과(亞科)[―꽈] 명 생물 분류상의 한 단계. 과(科)와 속(屬) 사이에 필요에 따라 두는 작은 구분. ☞아종(亞種)

아관(牙關) 명 위턱과 아래턱의 아귀.

아:관(亞官) 명 좌수(座首)

아관(俄館) 명 조선 말기, 러시아 공사관을 이르던 말.

아관=긴급(牙關緊急) 명 턱의 근육이 경련을 일으켜 입이 벌어지지 않고, 이를 악물고 있는 상태가 되는 증세. 파상풍(破傷風)의 초기 따위에서 볼 수 있음.

아:-관:목(亞灌木) 명 관목과 초본의 중간적인 성질을 나타내는 식물. 작은 관목으로서 가지 끝 부분이 부드럽고 풀과 같은 것, 또는 여러해살이풀로서 줄기가 목질(木質)로 변한 것이 있음. 부용이나 월귤 따위.

아관-석(鵝管石) 명 ①표면에 국화 모양의 무늬가 있는 덩어리, 또는 공 모양의 산호(珊瑚). 산호초를 이루며 그 지름이 2~3m에 이름. 무늬는 개체가 들어 있던 자국임. 해화석(海花石) ②'돌고드름'의 딴이름.

아교(阿膠)[명] 쇠가죽을 진하게 고아서 굳힌 황갈색의 풀. 끓여서 씀. 갖풀
아:-교목(亞喬木)[명] 교목(喬木)과 관목(灌木)의 중간 높이의 나무. ▷亞의 속자는 亜
아교-주(阿膠珠)[명] 한방에서, 아교를 잘게 썰어 불에 볶아 만든 환약을 이르는 말. 지혈제 등으로 쓰임.
아교-질(阿膠質)[명] 갖풀과 같은 끈적끈적한 성질, 또는 그런 물질.
아교-풀(阿膠-)[명] 갖풀
아구장-나무[명] 장미과의 낙엽 활엽 관목. 경상 북도와 충청 북도 이북의 깊은 산 속 바위 틈에 자람. 높이는 2 m 안팎임. 잎은 길둥글며 길이가 3~4cm이고, 위쪽의 가장자리에 톱니가 있으며, 뒷면에는 털이 빽빽이 나 있음. 5월경에 가지 끝에 자잘한 흰 꽃이 산형(繖形) 꽃차례로 피고, 작은 열매는 8월경에 익음.
아구-창(牙口瘡·鵝口瘡)[명] 칸디다(candida)라고 하는 진균류(眞菌類)에 감염되어, 혀나 입 안의 점막에 흰 반점이 생기는 병. 그것이 벗겨진 자국은 붉게 짓무름. 영양 부족인 젖먹이에게 흔함. 아감창(牙疳瘡)
×**아구-탕**(-湯)[명] →아귀탕
아:국(我國)[명] 우리 나라. ☞타국(他國)
아:군(我軍)[명] ①우리 편의 군대. ②우리 편의 선수나 팀. ¶-의 승리. ☞적군(敵軍)
아궁[명] '아궁이'의 준말.
아궁이[명] 방고래나 가마, 솥 따위의 밑에 불을 때려고 만든 구멍. ¶-에 불을 지피다. [준]아궁
아귀[1] [명] ①가닥이 져 갈라진 곳. ¶-가 지다. ②두루마기나 속곳 따위의 옆을 터 놓은 구멍. ③씨앗의 싹이 터져 나오는 자리. ④활의 줌통과 오금이 닿은 오긋한 부분.
　아귀(가) 맞다[관용] 어떤 기준이 되는 수효에 맞다. ¶이 왕이면 아귀가 맞게 하나 더 가져가세.
　아귀(가) 무르다[관용] ①손으로 옥죄는 힘이 약하다. ②남에게 쉽사리 굽혀 드는 데가 있다.
　아귀(가) 트다[관용] 씨앗의 싹이 날 자리가 벌어지다.
　아귀(를) 맞추다[관용] 어떤 기준이 되는 수효에 맞게 하다.
아귀[2] [명] 아귓과의 바닷물고기. 몸길이는 1m 안팎. 몸은 아래위로 납작하고 입이 크며, 빗살 모양의 억센 이빨이 배게 나 있음. 몸에는 비늘이 없고, 연골(軟骨)이 많으며 살은 탄력이 있음. 입 위에 있는 가늘고 긴 돌기를 움직여 잔 물고기들을 꾀어 들여 잡아먹음. 바닷말이 많은 연안(沿岸)에 삶. 안강(鮟鱇)
아:귀(餓鬼)[명] ①불교에서, 전생(前生)에 지은 죄로 아귀도에 떨어져 늘 굶주리고 있는 귀신을 이르는 말. ②염치없이 먹을 것만 탐내는 사람을 비유하여 이르는 말.
아:귀-계(餓鬼界)[명] 불교에서 이르는 십계(十界)의 하나. 아귀의 세계를 이르는 말.
아:귀-고(餓鬼苦)[명] 불교에서 이르는 오고(五苦)의 하나. 아귀도에 떨어져서 받는 고통을 이르는 말.
아귀-다툼[명]-하다[자] 서로 악을 쓰며 다투는 짓.
아:귀-도(餓鬼道)[명] 불교에서 이르는 삼악도(三惡道)의 하나. 이승에서 악업(惡業)을 지은 이가 죽어서 가는 곳으로, 늘 굶주림과 목마름으로 고통을 겪는다고 함.
아귀-세:다[형] ①남에게 쉽사리 굽혀 들지 않는 데가 있다. ☞아귀차다 ②손으로 옥죄는 힘이 세다.
아귀-아귀[부] 음식을 입 안에 잔뜩 넣고 욕심사납게 씹는 모양을 나타내는 말. ☞어귀어귀
아귀-찜[명] 아귀를 콩나물·미나리·미더덕 따위와 함께 갖은양념을 하고 고춧가루와 녹말풀, 된장을 넣어 걸쭉하게 찐 음식.
아귀-차다[형] 뜻이 굳고 하는 일이 야무지다. ☞어귀차다
아귀-탕(-湯)[명] 국의 한 가지. 멸치 국물에 된장을 풀어 끓이다가, 아귀와 고춧가루·쑥갓·미나리·파 따위를 넣고 다시 끓인 국.
아귀-토(-土)[명] 기와집 처마끝의 수키와 끝에 물리는 흙이나 회삼물(灰三物). [원]와구토(瓦口土)
아귀-피(-皮)[명] 활의 줌통 아래와 위에 벚나무 껍질로 감은 곳.
아그레망(agrément 프)[명] 외교 사절을 파견할 때, 정식 임명에 앞서 파견 상대국으로부터 받는 동의나 승낙.
아그배[명] 아그배나무의 열매. 배와 모양이 비슷하나 아주 작고, 맛이 시고 떫음.
아그배-나무[명] 장미과의 낙엽 활엽 소교목 또는 관목. 우리 나라에서는 황해도 이남의 산기슭에 자람. 높이는 10m 안팎이며, 전체에 가시가 있음. 잎은 길둥글며 가장자리에 톱니가 있음. 4~5월에 흰빛 또는 연분홍빛의 다섯잎꽃이 피고, 가을에 둥근 열매가 붉게 익음. 열매는 날로 먹거나 술을 담그는 데 쓰고 나무껍질은 물감의 원료로 쓰임.
아근-바근[1] [부] 서로 뜻이 맞지 않아 자꾸 다투는 모양을 나타내는 말. ¶만나기만 하면 - 한다. ☞어근버근[1]. 아옹다옹. 티격태격
아근-바근[2] [부]-하다[형] 사개나 짜임새가 맞지 않고 바그라져 있는 모양을 나타내는 말. ☞어근버근[2]
아금-받다[형] 알뜰하게 발밭다.
아긋-아긋[-글-][부]-하다[형] 물건의 이음매 따위가 모두 조금씩 바라져 있는 모양을 나타내는 말. ☞어긋어긋
아긋-하다[-글-][형여] ①물건의 이음매 따위가 조금 바라져 있거나 어그러진듯 하다. ②어떤 기준 등에 거의 미칠듯 하다. ☞어긋하다
아기[명] ①'젖먹이'를 귀엽게 이르는 말. ②부모나 시부모가 나이 어린 딸이나 며느리를 친숙하게 이르는 말. ③남을 어리게 여겨 이르는 말. ④어린 동물이나 식물을 귀엽게 이르는 말. ¶- 공룡/- 단풍나무
　아기(가) 서다[관용] 아이를 배게 되다.
아기(牙旗)[명] 지난날, 임금이나 대장군(大將軍)의 기. 깃대머리를 상아(象牙)로 장식한 데서 이름.
아기(牙器)[명] 상아(象牙)로 만든 그릇이나 기구.
아:기(雅氣)[명] ①맑은 기운. ②아담하고 고상한 기품.
아기-능(-陵)[명] 어린 세자(世子)나 세손(世孫)의 무덤.
아기똥-거리다(대다)[자] 키가 작은 사람이 몸을 굼뜨게 움직이면서 나릿나릿 걷다. ☞어기뚱거리다
아기똥-아기똥[부] 아기똥거리는 모양을 나타내는 말. ☞어기뚱어기뚱
아기똥-하다[형여] 말이나 하는 짓이 좀 되바라진듯 한 데가 있다. ☞어기뚱하다
아기-살[명] 길이가 여덟 치 남짓한 짧은 화살. 날아가는 힘이나 목표물을 뚫는 힘이 강함. 가는대. 세전(細箭). 편전(片箭)
아기-씨[명] ①지난날, 지체가 낮은 사람이 지체 높은 집안의 처녀를 일컫던 말. ②지난날, 지체 낮은 사람이 새댁을 일컫던 말. ③올케가 손아래 시누이를 대접하여 일컫는 말. ☞아가씨. 작은아기씨. 큰아기씨
아기자기[부]-하다[형] ①여러 가지가 짜임새 있게 잘 어울려 아름다운 모양을 나타내는 말. ¶-한 경치./이야기가 -하다. ②오순도순 잔재미가 있는 모양을 나타내는 말. ¶-한 새살림.
아기작-거리다(대다)[자] ①몸집이 작은 사람이 걸을 때 다리를 부자연스럽게 자꾸 움직이다. ②아기작아기작 씹다. ☞아기족거리다. 아깃거리다. 어기적거리다
아기작-아기작[부] ①몸집이 작은 사람이 다리를 부자연스럽게 움직이면서 나릿나릿 걷는 모양을 나타내는 말. ②잘깃한 음식을 입에 가득 넣고 입을 작게 놀리며 나릿나릿 씹는 모양을 나타내는 말. ☞아기족아기족. 아깃아깃. 어기적어기적
아기족-거리다(대다)[자] 몸집이 작은 사람이 발걸음을 부자연스레 떼면서 걷다. ☞아기작거리다. 아깃거리다. 어기죽거리다
아기족-아기족[부] 아기족거리는 모양을 나타내는 말. ☞아기작아기작. 아깃아깃. 어기죽어기죽
아기-집[명] 자궁(子宮)
아깃-거리다(대다)[-긷-][자] 아깃아깃 걷다. ☞아기작거리다. 아기족거리다. 어깃거리다
아깃-아깃[-긷-][부] 몸집이 작은 사람이 손발을 부자연스레 놀리며 걷는 모양을 나타내는 말. ☞아기작아기

작. 아기족아기족. 어깃어깃
아까 부 조금 전에. ¶ — 다녀간 사람.
명 조금 전. ¶ —의 내 말을 잊지 마시오.
아까시-나무 명 콩과의 낙엽 교목. 높이 25m 안팎. 잎은 깃꼴 겹잎이며 어긋맞게 남. 잎자루가 붙은 부분에는 턱잎이 변한 가시가 있음. 5~6월에 향기로운 흰빛의 꽃이 송아리를 이루며 아래로 드리워져 핌. 북아메리카 원산으로, 꽃에 꿀이 많아 가장 흔한 밀원(蜜源)이기도 함. 아카시나무
아까워-하다 타여 아깝게 여기다. ¶ 헛되이 쓴 돈을 —.
아깝다(아깝고・아까워) 형ㅂ ①소중한 것을 잃거나 내놓거나 헛되이 하기가 싫다. ¶ 목숨이 —./시간이 —./팔기엔 아까운 물건이다. ②사람이나 사물이 유용하게 쓰이지 않아 안타깝다. ¶ 재주가 —./아까운 인재를 잃다. ③좋은 기회를 놓치거나 하여 아쉽다. ¶ 수상(受賞)을 놓친 것이 몹시 —./아깝게도 경기를 놓쳤다.

한자 **아까울 석**(惜) 〔心部 8획〕 ¶ 석패(惜敗)/애석(哀惜)

아끼다 타 ①돈이나 물건 따위를 되도록 적게 들이려 하다. ¶ 비용을 —./종이를 아껴 쓰다./시간을 아껴 쓰다. ②소중히 하다. ¶ 자연을 —./인재(人材)를 —.
속담 **아끼면 똥 된다** : 물건을 쓰지 않고 아끼기만 하면 도리어 쓰지 못하게 되는 경우가 많다는 말.
아낌-없:다[—업—] 형 아끼는 마음이 없다. ¶ 아낌없는 박수를 보내다.
아낌-없이 부 아낌없게 ¶ 자선 단체에 — 희사하다.
아:나 감 ①'옜다'의 뜻으로, 어린아이에게 이르는 말. ¶ —, 이것 받아라. ②'아나나비야'의 준말.
아:나-나비야 감 고양이를 부르는 말. 준 아나
아나나스(ananas) 명 파인애플과 아나나스속의 식물을 통틀어 이르는 말. 특히 관엽 식물로서 재배하는 것을 이름. 중남미(中南美) 원산이며 종류가 많음.
아나서 명 조선 시대, 정삼품 이하의 관원의 첩을 하인들이 이르던 말.
아나운서(announcer) 명 ①방송국의 방송원. 라디오나 텔레비전에서 뉴스를 전하거나 사회를 보거나 스포츠의 실황 방송을 하거나 하는 사람. ②경기장이나 극장, 역 등에서 안내 방송을 하는 직원.
아나크로니즘(anachronism) 명 그 시대에 뒤처지거나 역행하는 일. 시대 착오(時代錯誤)
아나키스트(anarchist) 명 무정부주의자(無政府主義者)
아나키즘(anarchism) 명 무정부주의(無政府主義)
아나톡신(anatoxin) 명 세균의 독소를 포르말린으로 처리하여 독성을 없애고 항원성(抗原性)만 남긴 것. 디프테리아나 파상풍(破傷風) 등의 예방 주사약에 쓰임.
아나필락시스(Anaphylaxis) 명 알레르기 중에서 특히 증세가 심한 것. 약물 쇼크 따위.
아낙 명 ①부녀(婦女)가 거처하는 곳. 내간(內間). 내정(內庭) ②'아낙네'의 준말.
아낙-군:수(—郡守) 명 늘 집에만 틀어박혀 있는 남자를 놀리어 이르는 말. ¶ 젊은 사람이 — 노릇만 하다니. ☞ 안방샌님
아낙-네 명 남의 집의 부녀(婦女)를 흔히 이르는 말. 내인(內人) ¶ 밭을 매는 —들. 준 아낙 ☞ 남정네
아날로그(analogue・analog) 명 어떤 양(量)이나 데이터를 전압이나 전류, 길이, 각도처럼 연속적으로 변화할 수 있는 물리량으로 나타내는 일. ☞ 디지털(digital)
아날로그=시계(analogue時計) 명 문자반(文字盤)의 눈금이나 숫자를 바늘로 가리키어 시간을 나타내는 시계. ☞ 디지털 시계
아날로그컴퓨:터(analogue computer) 명 수치를 연속적으로 변화하는 물리량으로 바꾸어 계산하는 컴퓨터. 데이터를 수치로 바꾸지 않고 직접 입력할 수 있으나 정밀도가 낮음. ☞ 디지털컴퓨터(digital computer)
아날로지(analogy) 명 유추(類推)
아-남자(兒男子) 명 사내아이

아내 명 ①혼인한 부부 사이에서 여자 쪽을 이르는 말. ¶ —를 맞이하다. ②남편이 배우자인 여자를 남에게 이를 때 쓰는 말. 내자(內子). 안사람. 안식구. 처(妻) ¶ 퇴근 후 —와 약속이 있다.
속담 **아내가 귀여우면 처갓집 말뚝 보고도 절한다** : 아내가 귀여우면 처갓집 사람들은 물론, 처갓집에 있는 하찮은 물건까지도 고맙게 여겨진다는 말./**아내 나쁜 것은 백 년 원수, 된장 쉰 것은 일 년 원수** : 아내를 잘못 맞으면 평생을 그르치게 된다는 말./**아내 없는 처갓집 가나 마나** : 목적으로 하는 바가 없으니 갈 필요도 없다는 말.

한자 **아내 처**(妻) 〔女部 5획〕 ¶ 부처(夫妻)/애처(愛妻)/양처(良妻)/처가(妻家)/처남(妻男)/처족(妻族)

▶ **아내에 대한 호칭**(呼稱)
장가간 남자가 친부모에게 자기의 아내를 말할 때는 '(○○) 어미(어멈)' 또는 '그 사람'이라 한다. 또 장인이나 장모에게는 '○○ 어미(어멈, 엄마)', '집사람', '그 사람', '안사람'이라고 한다.

아냐 감 '아니야'의 준말.
아네로이드=기압계(aneroid氣壓計) 명 기압계의 한 가지. 얇은 금속제의 그릇 내부를 진공으로 하여, 그것이 기압의 변화에 따라 변하는 것을 지침(指針)으로 나타냄. 휴대용이며, 고도계로도 쓰임. 무액 기압계
아네모네(anemone) 명 미나리아재빗과의 여러해살이풀. 줄기 높이 15~20cm로, 잎은 깃꼴 겹잎임. 이른봄에 하나의 알뿌리에서 7~8개의 줄기가 자라서 줄기 끝에 꽃이 한 송이씩 핌. 꽃의 빛깔은 빨강・분홍・하양・자주 등으로 다양하며, 겹꽃도 있음. 지중해 연안이 원산지이며 관상용으로 기름.
아녀(兒女) 명 '아녀자(兒女子)'의 준말.
아-녀자(兒女子) 명 ①어린아이와 여자. ②'여자'를 낮잡아 이르는 말. ¶ —가 나설 자리가 아니오. 준 아녀
아노(衙奴) 명 지난날, 지방의 수령(守令)이 사사로이 부리는 사내종을 이르던 말. ☞ 아비(衙婢)
아노락(anorak) 명 후드(hood)가 달린 방한・방풍용 윗옷. 등산을 하거나 스키를 탈 때 입음.
아노미:(anomie 프) 명 사회를 구성하는 개인이나 집단의 행위를 규제하는 공통된 가치나 도덕적 규범이 사라짐으로써 생기는 혼란 상태. 또는 그 결과로 개인의 욕구나 행동에 대한 규제가 없어져 범죄나 비행(非行) 등 비정상적인 행동을 나타내기 쉬운 상태.
아누다라=삼먁=삼보리(∠阿耨多羅三藐三菩提) 명 최상의 깨달음. 일체의 진리를 바르게 깨친 부처의 지혜. [anuttara-samyak-sambodhi 범] 준 아누보리
아누-보리(∠阿耨菩提) 명 '아누다라삼먁삼보리'의 준말.
아느작-거리다(대다) 자 가느다란 나뭇가지나 풀잎 따위가 가볍게 자꾸 흔들리다. 준 아늑거리다
아느작-아느작 부 아느작거리는 모양을 나타내는 말.
아늑-거리다(대다) 자 '아느작거리다'의 준말.
아늑-하다 형여 둘레가 폭 싸여 조용하고 편안한 느낌이 있다. ¶ 아늑한 분위기의 찻집. ☞ 으늑하다
아늑-히 부 아늑하게
아늘-거리다(대다) 자 가볍고 부드럽게 자꾸 흔들리다.
아늘-아늘 부 아늘거리는 모양을 나타내는 말.
아늠 명 볼을 이루고 있는 살.
아니[1] 부 ①부정의 뜻을 나타내는 말. ¶ — 가다./일을 — 하다. 준 안 ②자기가 한 말을 고쳐 말할 때 쓰는 말. ¶ 벌써 십 년, — 십오 년의 세월이 흘렀구나. ③어떤 사실을 강조할 때, 이미 한 말을 부정하는 형식으로 쓰는 말. ¶ 그는 우리 학교의 자랑, — 우리 고장의 자랑입니다./나는 가지 않겠다. — 죽어도 못 가겠다.
아니 할 말로 관용 그렇게는 차마 말할 수 없지만. ¶ — 회사가 망한다 하더라도 부정한 짓은 할 수 없네.
속담 **아니 되는 놈의 일은 자빠져도 코가 깨진다** : 하는 일마다 안 될 때에는 예상 밖의 재화(災禍)까지 겹쳐 일어난다는 말./**아니 되면 조상 탓** : ①자기가 잘못하거나 못나서 일에 실패하면 반성은 하지 않고 조상을 탓한다

는 말. ②자기 잘못을 남에게 미룬다는 말.〔안 되면 산소 탓/잘 되면 제 탓, 못 되면 조상 탓/못 살면 터 탓〕/**아니 땐 굴뚝에 연기 날까** : ①원인이 없는 결과는 없다는 말. ②실제 일이 있기 때문에 말이 난다는 말.〔불 안 땐 굴뚝에 연기 날까/아니 때린 장구 북소리 날까/뿌리 없는 나무에 잎이 필까〕/**아니 무너진 하늘에 작대기 받치자 한다** : ①공연히 쓸데없는 일을 하자고 함을 비유하여 이르는 말. ②지나치게 걱정하는 사람을 보고 이르는 말. /**아니 밴 아이를 자꾸 낳으란다** : 아직 이루어질 시기도 안 되었는데 무리하게 재촉한다는 말.

아니[2] 감 ①대등한 관계인 사람이나 아랫사람에게, 그렇지 않다는 뜻의 대답으로 하는 말. ¶고단하지? ㅡ, 괜찮아. ②놀라움·의아스러움·감탄의 뜻을 나타내는 말. ¶ㅡ, 이럴 수가!/ㅡ, 이게 웬일이냐?/ㅡ, 그게 정말이야?

아니꼽다(아니꼽고·아니꼬워)형ㅂ ①비위에 거슬리어 토할듯 하다. ②하는 짓이나 말이 같잖아 마음에 거슬리거나 불쾌하다. ¶아니꼬운 태도.

아니꼽살-스럽다(ㅡ스럽고·ㅡ스러워)형ㅂ 몹시 아니꼬운 데가 있다.

아니꼽살-스레 부 아니꼽살스럽게

아니다 형 '그렇지 않다'의 뜻을 나타내는 말. ¶그의 말은 거짓이 ㅡ./사실이 아닌 이야기.

아니나 다르랴 관용 아니나 다를까.

아니나 다를까 관용 과연 짐작했던 바와 같다는 말. 아니나 다르랴. ¶과속한다 싶더니, ㅡ 교통 경찰에게 걸렸다.

아닌 게 아니라 관용 사실이 정말 그렇다는 말. ¶소문으로만 듣다 오늘 와 보니, ㅡ 절경(絕景)일세.

아닌 밤중에 관용 갑자기 불쑥. 느닷없이 ¶이민을 가겠다니, ㅡ 그게 무슨 소리야?

속담 **아닌 밤중에 차시루떡** : 갑자기 뜻하지 않은 행운을 만났다는 말.〔선반에서 떨어진 떡/움 안에서 떡 받는다/호박이 넝쿨째로 굴러 떨어졌다〕/**아닌 밤중에 홍두깨** : 뜻밖의 말을 불쑥 하거나, 뜻하지 않은 행동을 갑자기 함을 이르는 말.〔새벽 봉창 두들긴다/어둔 밤중에 홍두깨 내밀듯/어둔 밤에 주먹질/자다가 봉창 두들긴다〕

한자 **아닐 미**(未)〔木部 1획〕¶미결(未決)/미납(未納)/미만(未滿)/미숙(未熟)/미정(未定)
아닐 부(否)〔口部 4획〕¶가부(可否)/거부(拒否)/부결(否決)/부인(否認)/부정(否定)
아닐 부/불(不)〔一部 3획〕¶부정(不定)/불가(不可)/불결(不潔)/불변(不變)/불편(不便)/불행(不幸)
아닐 비(非)〔非部〕¶비범(非凡)/비상(非常)

아니리 명 판소리에서, 연기자가 창(唱)을 하다가 한 대목에서 다음 대목으로 넘어가기 전에 자유로운 리듬으로 엮어 나가는 사설. ☞발림[2]

아니마토(animato 이)명 악보의 나타냄말의 한 가지. '생기 있게', '활기 있게'의 뜻.

아니야 감 대등한 관계인 사람이나 아랫사람에게 그렇지 않다는 뜻으로 하는 말. ¶ㅡ, 내 말이 맞아. 준아냐

아니-참 감 무슨 생각이 문득 떠올랐을 때, 그 말 앞에 쓰이는 말. ¶ㅡ, 그 사람이 온다고 했었지.

아니-하다[1] 조동여 동사의 어미 '-지' 뒤에 쓰이어, 부정의 뜻을 나타냄. ¶가지 ㅡ./깎지 ㅡ. 준않다

아니-하다[2] 조형여 형용사의 어미 '-지' 뒤에 쓰이어, 부정의 뜻을 나타냄. ¶곱지 ㅡ./싫지 ㅡ. 준않다

아닐린(aniline)명 특이한 냄새가 나는 무색의 기름 형태의 액체. 공기나 빛에 닿으면 갈색으로 변함. 니트로벤젠을 주석 또는 철과 염산으로 환원하면 생기며, 독성이 있음. 합성 염료의 원료로 쓰임.

아닐린=염:료(aniline染料)명 아닐린의 유도체로 만든 합성 염료. 초기의 합성 염료는 대부분 아닐린을 원료로 하였음.

아닐-비(ㅡ非)[ㅡ삐]명 한자 부수(部首)의 한 가지. '靠'·'靡' 등에서 '非'의 이름.

아다지에토(adagietto 이)명 악보의 빠르기말의 한 가지. '아다지오보다 조금 빠르게'의 뜻.

아다지오(adagio 이)명 악보의 빠르기말의 한 가지. '아주 느리게'의 뜻.

아닥-치듯 부 기를 쓰며 말다툼하는 모양을 나타내는 말.

아단-단지 명 소이탄(燒夷彈)과 같이 불을 뿜어 내는 폭탄. 임진왜란 때 쓰였다고 함.

아:담(雅談)명 품위 있는 담화(談話).

아담(Adam)명 구약성서에 나오는, 하느님이 창조하였다는 인류 최초의 남성. ☞하와

아:담(雅淡)어기 '아담(雅淡)하다'의 어기(語基).

아담-스럽다(雅淡ㅡ)(ㅡ스럽고·ㅡ스러워)형ㅂ 아담한 데가 있다. ¶양지바른 언덕 아래의 아담스러운 집.

아담-스레 부 아담스럽게

아담-창(鵝啗瘡)명 한방에서, 태독(胎毒)으로 생기는 갓난아이의 부스럼을 이르는 말.

아담-하다(雅淡ㅡ)형여 조촐하고 깔끔하다. ¶집이 참 아담하구나./아담하게 생긴 얼굴.

아:당(亞堂)명 조선 시대, 육조(六曹)의 참판(參判)을 달리 이르던 말.

아당(阿黨)명-하다자 빌붙어 그 무리에 낌, 또는 그 무리.

아데노바이러스(adenovirus)명 사람의 편도선의 세포에 기생하는 바이러스. 감기나 눈병 따위를 일으킴.

아데노이드(adenoid)명 목 안의 편도선이 병적으로 부은 상태. 어린아이에게 많이 생기며, 코가 막혀 입으로만 숨쉬고 귀가 잘 들리지 않게 되며, 주의력이 떨어지는 증세가 나타남.

-아도 어미 ①양성 모음 'ㅏ·ㅗ'의 어간에 붙어, 어떤 사실을 들어 인정하는 조건에 두는 연결 어미. ¶아무리 깎아도 더는 못 깎겠다./네가 옳아도 참아라. ②대립적인 사실 표현에 쓰임. ¶말은 많아도 불평은 적다. ☞-어도

아:동(我東)명 '아동방(我東邦)'의 준말.

아동(兒童)명 어린아이, 특히 초등 학교에 다니는 어린아이.〔교육법에서는 만 6세~12세까지를 학령(學齡) 아동으로 규정하고 있음.〕

아동-극(兒童劇)명 아동을 위한 연극, 또는 아동들이 상연하는 연극. 준동극(童劇)

아동-기(兒童期)명 유아기(幼兒期) 이후, 예닐곱 살에서 열두세 살 무렵까지의 시기. 지적(知的) 능력이 두드러지게 발달하는 시기임. ☞소년기(少年期)

아동=문학(兒童文學)명 아동을 독자 대상으로 삼아 창작되는 문학 작품을 통틀어 이르는 말. 동화(童話)·동시(童詩)·동요(童謠) 따위.

아:-동방(我東邦)명 동쪽에 있는 우리 나라라는 뜻으로, 지난날 우리 겨레가 우리 나라를 가리켜 이르던 말. 준아동(我東)

아동-병(兒童病)[ㅡ뼝]명 아동에게 잘 걸리는 병을 통틀어 이르는 말. 소아마비·백일해·홍역·마마 따위.

아동-복(兒童服)명 아동이 입을 수 있도록 만든 옷.

아동=복지(兒童福祉)명 아동이 건전하게 출생하여, 건강하고 행복하게 자라도록 보장하는 일.

아동=복지법(兒童福祉法)[ㅡ뻡]명 아동의 복지를 보장하는 법률. 1961년 아동 복리법(兒童福利法)으로 제정되었다가, 1981년에 아동 복지법으로 개정되었음.

아동=심리학(兒童心理學)명 발달 심리학의 한 분야. 아동을 대상으로 하여, 정신 생활과 성장 발달의 상태를 연구하는 학문.

아동-주:졸(兒童走卒)명 철모르는 아이들과 어리석은 사람들. ▷兒의 속자는 児

아동=편사(兒童便射)명 지난날, 아이들만으로 편을 짜서 동네끼리 활쏘는 재주를 겨루던 일.

아동-화(兒童畫)명 아동이 그린 그림.

아둔-패기 명 아둔한 사람을 낮추어 이르는 말. 준둔패기 ☞멍청이

아둔-하다 형여 슬기롭지 못하고 어리석다. ¶아둔해서 눈치를 채지 못한다.

아드-님 명 남을 높이어 그의 아들을 이르는 말. ¶ㅡ의 첫돌을 축하합니다. ☞따님

아드득 부 ①작고 단단한 물건을 한 번 힘껏 깨물어 바스러뜨리는 소리를 나타내는 말. ¶얼음을 – 깨물어 먹다. ②이를 한 번 야무지게 가는 소리를 나타내는 말. ☞으드득

아드득-거리다(대다) 자타 자꾸 아드득 소리가 나다, 또는 그런 소리를 내다. ☞으드득거리다

아드득-아드득 부 아드득거리는 소리를 나타내는 말. ☞으드득으드득

아드등-거리다(대다) 자 아드등아드등 다투다. ☞으드등거리다

아드등-아드등 부 서로 고집스레 바득바득 우기며 다투는 모양을 나타내는 말. ☞으드등으드등

아드레날린(adrenalin) 명 부신 수질(副腎髓質)에서 분비되는 호르몬의 한 가지. 인슐린과 길항적(拮抗的)으로 작용하여 혈당량을 조절하며, 교감 신경을 자극하여 심장이나 혈관의 수축력을 높임.

아드리비툼(ad libitum 라) 명 ①재즈에서 즉흥적으로 하는 독주(獨奏). 악보와 관계없이 자유로이 멜로디를 만들어 연주함. ②영화나 연극에서, 배우가 대본에 없는 대사를 즉흥적으로 말하는 일. 애드리브(ad lib)

아득-바득 부 ①악지스레 우기는 모양을 나타내는 말. ¶ – 우기다. ②무슨 일을 이루려고 악착스레 애쓰는 모양을 나타내는 말. ¶떨어지지 않으려고 – 매달리다. ☞바득바득. 아등바등

아득-하다 형여 ①가물가물 하도록 끝없이 멀다. ¶아득한 지평선. ②까마득하게 오래다. ¶아득한 옛날. ③종잡을 수가 없다. 막연하다 ¶찾을 길이 –. ☞어득하다

아득-히 부 아득하게

한자 아득할 망(茫) 〔艸部 6획〕 ¶망막(茫漠)/망망(茫茫)/망연(茫然)/창망(蒼茫)

아들 명 남자로 태어난 자식. ¶ –과 딸. / –만 셋을 두다. ☞딸

속담 **아들네 집 가 밥 먹고 딸네 집 가 물 마신다**: 아들보다 딸의 살림살이를 아끼고 생각해 주는 부모를 두고 이르는 말.

한자 아들 자(子) 〔子部〕 ¶모자(母子)/부자(父子)/양자(養子)/장자(長子)/효자(孝子)

아들-놈 명 남에게 자기의 아들을 낮추어 이르는 말.

아들-딸 명 아들과 딸. 자녀(子女)

아들-마늘 명 마늘종 위에 열리는 작은 마늘.

아들-바퀴 명 쳇불을 메우는 데에 쓰는 두 개의 썩 좁은 테. 하나는 쳇불을 씌워서 쳇바퀴 아래의 안쪽에 대고, 다른 하나는 그 안쪽에 덧대어 쳇불에 고정시킴.

아들-아이 명 ①남에게 자기의 아들을 겸손하게 이르는 말. ②아들인 아이. 준아들애 ☞딸아이

아들-애 명 '아들아이'의 준말.

아들-이삭[–리–] 명 벼의 곁줄기에 생기는 이삭.

아들-자 명 길이나 각도 등을 재는 어미자의 눈금의 끝수를 더욱 세밀하게 나타내기 위한, 보조 구실을 하는 자. 어미자를 따라 미끄러지듯 움직임. 버니어 ☞어미자

아들-자(–子) 명 한자 부수(部首)의 한 가지. '孔'·'字' 등에서 '子'의 이름.

아들-자식(–子息) 명 남에게 자기의 아들을 겸손하게 이르는 말. ☞딸자식

아:등(我等) 대 '우리' 또는 '우리들'의 뜻으로 쓰는 한문 투의 말. 오등(吾等)

아등그러-지다 자 ①바싹 말라서 배틀어지다. ¶가뭄에 아등그러진 나뭇잎. ②날씨가 조금씩 찌푸려지다. ☞으등그러지다

아등-바등 부 힘든 처지에서 벗어나려고 애쓰는 모양을 나타내는 말. ¶잘살아 보려고 – 애쓰다. /잡히지 않으려고 – 하다. ☞아득바득

아딧-줄 명 바람의 방향에 맞추어 돛을 움직이는 데 쓰는 줄. 준앗줄

아따 감 남의 말이나 행동이 못마땅하거나 하찮게 여기어 하는 말. ¶ –, 웬 엄살이 그리 심하오. / –, 그까짓 것 가지고 뭘 그러시오. ☞어따

아뜩-수(–手) 명 장기를 둘 때, 별안간 장기짝을 움직이는 짓. ☞외통수

아뜩-아뜩 부-하다 형 눈앞이 캄캄해지면서 자꾸 쓰러질 듯 한 느낌을 나타내는 말. ☞아찔아찔. 어뜩어뜩

아뜩-하다 형여 갑자기 눈앞이 캄캄해지면서 쓰러질듯하다. ☞아찔하다. 어뜩하다

-아라[1] 어미 양성 모음 'ㅏ·ㅗ'의 동사 어간에 붙어, '시킴'을 나타내는 종결 어미. ¶새야 날아라. /하늘을 보아라. ☞-거라. -어라[1]. -여라[1]

-아라[2] 어미 양성 모음 'ㅏ·ㅗ'의 형용사 어간에 붙어, 감탄스런 느낌을 나타내는 종결 어미.〔이따금 동사 어간에 붙어 쓰이기도 함.〕 ¶아이구 좋아라. /푸른 봄이 생기가 뛰놀아라. ☞-어라[2]. -여라[2]

아라-가야(阿羅伽倻) 명 삼한(三韓) 때, 육가야(六伽倻)의 하나. 지금의 경상 남도 함안(咸安) 일대에 자리했는데, 532년 신라에 합병되기까지 약 500년간 이어졌음.

아라베스크(arabesque 프) 명 ①아라비아인이 만들어 낸, 건축물이나 공예품 등을 꾸미는 데 쓰는 무늬. 문자 무늬, 덩굴무늬, 기하학적 무늬 따위. ②음악에서, 하나의 악상을 화려하게 장식하여 전개하는 환상적인 기악곡. ③클래식 발레의 기본 자세의 한 가지. 한쪽 다리로 서서 다른 쪽 다리를 선 다리와 직각이 되게 뒤로 곧게 뻗친 자세.

아라비아-고무(Arabia–) 명 아라비아고무나무 등에서 뽑아 낸 수액, 또는 그것을 말려서 만든 흰 가루. 접착제나 유제(乳劑) 따위의 원료로 쓰임.

아라비아고무-나무(Arabia–) 명 콩과의 상록 교목. 높이 7m 안팎. 잎은 깃꼴 겹잎이고, 줄기에는 아래로 향한 가시가 나 있음. 꽃은 희고 자잘하며 둥글게 모여서 핌. 북서 아프리카 원산으로 열대 지방에서 재배함. 수액(樹液)으로 아라비아고무를 만듦.

아라비아-말(Arabia–) 명 아라비아 원산의 말. 균형 잡힌 몸매에다 온순하고 굳세고 영리하고 날쌔어 경주마(競走馬)의 모체가 됨. 아랍

아라비아=숫:자(Arabia數字) 명 주로 계산에 쓰이는 0, 1, 2, 3, 4, 5, 6, 7, 8, 9의 열 개의 숫자를 이르는 말. 인도에서 만들어져, 아라비아를 거쳐 유럽으로 전해졌음. ☞로마 숫자

아라비아-어(Arabia語) 명 아랍어

아라비아-인(Arabia人) 명 아랍인

아라비안나이트(Arabian Nights) 명 아라비아 지방의 민화(民話)를 중심으로 페르시아, 인도, 이란, 이집트 등지의 설화까지 모아 집대성한 250여 편의 설화집. 연대나 지은이는 알 수 없음. 대신의 딸인 세헤라자데가 임금을 위하여 1,001 밤 동안 모험·범죄·여행·신선 등에 대한 이야기를 계속한다는 형식으로 구성됨.

아라비안라이트(Arabian Light) 명 사우디아라비아에서 나는 경질유(輕質油). 중동 원유 가운데서 생산량이 가장 많고 표준적인 품질을 가지고 있어 원유 값을 정할 때 기준 원유로 채택됨.

아라사(俄羅斯) 명 '러시아'의 한자 표기.

아라한(阿羅漢 ∠arhan 범) 명 불교에서, 수행(修行)의 최고의 단계, 또는 그 단계에 이른 사람을 이르는 말. 본디는 부처의 높임말로도 쓰였으나, 후세에는 주로 소승 불교(小乘佛敎)의 성자(聖者)를 가리킴. 응진(應眞) 준나한(羅漢)

아라한-과(阿羅漢果) 명 불교에서, 아라한이 이른 수행의 최고의 경지, 또는 그 지위.

아란야(阿蘭若 ∠aranya 범) 명 ①불교에서, 조용하여 수행하기에 알맞은 한적한 곳을 이르는 말. ②'절'을 달리 이르는 말.

아람 명 밤이나 상수리 따위가 나무에 달린 채 저절로 충분히 익은 상태, 또는 그 열매.

아람(이) 붙다 관용 아람이 충분히 익어 나무에서 떨어지거나 떨어진 상태에 있다.

아람=문자(Aram文字)[-짜] 명 기원전 7세기경부터 쓰이기 시작하여, 셈어족에 딸린 시리아어·히브리어·아랍어 등 여러 문자의 바탕이 된 문자.

아람-어(Aram語) 명 셈어족에 딸린 언어. 고대 서아시아의 공통어로서, 구약성서를 비롯하여 여러 곳에 널리 쓰였음. 오늘날에도 터키·이라크·이란·시리아의 크리스트 교도, 유대 교도 등 약 30만 명이 사용하고 있음.

아람-치 명 개인이 사사로이 차지하는 몫. 유 낭탁(囊橐)

아랍(Arab) 명 ①아랍인, 또는 아랍 여러 나라를 통틀어 이르는 말. ②아라비아말

아랍-어(Arab語) 명 셈어족에 딸리며 아랍 여러 나라에서 공통으로 쓰는 언어. 아라비아어

아랍-인(Arab人) 명 아랍어를 모어(母語)로 하는 여러 민족을 통틀어 이르는 말. 아라비아 반도에 모여 살았으나, 이슬람교가 발전하면서 현재는 서아시아로부터 북아프리카에 걸쳐서 삶. 아라비아인

아랑 명 소주를 고아 낸 다음에 남은 찌꺼끼.

아랑곳 명 -하다 자 어떤 일에 관심을 두거나 마음을 쓰는 일. ¶그런 일에는 - 안 한다./그가 무슨 짓을 하든 - 할 바 아니다.

아랑곳-없:다[-곧업-] 형 무슨 일에 관심을 두거나 마음을 씀이 없다. ¶그에게는 남의 비난도 아랑곳없었다.

아랑곳-없이 부 아랑곳없게 ¶그는 아버지의 만류에도 - 밤길을 떠났다.

아랑-주(-酒) 명 소주를 곤 다음에 남은 찌꺼기로 다시 곤 술. 질이 낮고 독함. ☞아랑

아랑-주(-紬) 명 날은 명주실로, 씨는 명주실과 무명실을 두 올씩 섞바꾸어 가며 짠 피륙. 반주(斑紬)

아래 명 ①어떤 자리보다 낮은 자리. ¶옥상에서 -를 내려다보다./산 -에 있는 마을. ②겉에서는 보이지 않는 안쪽. ¶속치마를 치마 -에 받쳐 입다. ③지위가 낮거나 능력이 모자라는 쪽, 또는 그 사람이나 물건. ¶-에서 올라온 의견./계급이 -인 사람./기술이 나보다 -이다. ④나이나 수량이 적은 쪽. ¶두 살 -인 동생./50점 -는 불합격이다. ⑤어떤 힘이나 영향 등이 미치는 범위. ¶엄한 감시 - 놓이다./그런 상황 -서는 어쩔 수 없었다. ⑥'음부(陰部)'를 에둘러 이르는 말. ¶-만 겨우 가리다. ⑦글 따위에서, 다음에 이어지는 내용. ¶그 내용은 -와 같다. ☞위

한자 아래 하(下) 〔一部 2획〕 ¶상하(上下)/지하(地下)/하강(下降)/하락(下落)/하류(下流)

아래-닫기 명 책상 서랍의 밑에 대는 나무.

아래-대 명 지난날, 서울 장안에서 홍인지문과 광희문 일대에 있는 마을들을 이르던 말. ☞우대

아래댓-사:람 명 지난날, 아래대에 사는 한 군영에 딸린 기사(騎士) 또는 마병(馬兵) 이하의 여러 군졸 계급의 사람을 이르던 말. ☞우댓사람

아래-뻘 명 '손아래뻘'의 준말.

아래-아 명 한글의 옛 모음 'ㆍ'의 이름.

아래-아귀 명 활의 줌통의 아래.

아래-알 명 수판(數板)의 가름대 아래쪽에 있는 네다섯 개의 알. 알 하나가 1을 나타냄. ☞윗알

아래-애 명 한글의 옛 모음 'ㆎ'의 이름.

아래-옷 명 아랫도리옷. 하의(下衣) ☞윗옷

아래-위 명 ①아래와 위. 상하(上下) ¶-의 옷. ②아랫사람과 윗사람. ¶-가 한마음이 되다. 위아래

아래위-턱 명 아랫사람과 윗사람의 구별. ¶-도 모르다.

아래윗-막이 명 물건의 아래위 양쪽 머리를 막는 부분.

아래윗-벌 명 옷의 아랫벌과 윗벌.

아래-짝 명 아래위로 한 벌을 이루는 물건의 아래 부분이 되는 짝. ¶맷돌의 -. ☞위짝

아래-쪽 명 아래가 되는 곳이나 방향. 하방(下方). 하측(下側) ¶길 -에 놀이터가 있다. ☞위쪽

아래-채 명 ①여러 채로 된 한 집의 아래쪽에 있는 집채. ☞위채 ②'뜰아래채'의 준말.

아래-청(-廳) 명 지난날, 윗사람을 섬기고 있는 사람이 따로 머무는 곳을 이르던 말. 하청(下廳) ☞위청

아래-층(-層) 명 이층 이상으로 된 건물에서 아래에 있는 층. 밑층. 하층(下層) ☞위층

아래-치마 명 부챗살처럼 편 갈퀴발을 가로 걸쳐 고정한 두 나무 중 뒤초리에 가까운 것. ☞위치마

아래-턱 명 아래쪽의 턱. 하악(下顎) ☞위턱

속담 **아래턱이 위턱에 올라가 붙나**: 위아래를 무시하여 아랫사람이 윗자리에 올라가 앉을 수는 없다는 말.

아래턱-뼈 명 아래턱을 이루는 말굽 모양의 뼈. 하악골

아래-통 명 물체의 아래 부분의 둘레. ☞위통

아래-팔 명 팔꿈치에서 손목까지의 부분. 전박(前膊). 전완(前腕). 하박(下膊) ☞위팔

아래팔-뼈 명 전완골(前腕骨) ☞위팔뼈

아래-편짝(-便-) 명 위아래로 갈라져 있는 것의 아래쪽 부분. ☞위편짝

아랫-간(-間) 명 아랫방 ☞윗간

아랫-것 명 지난날, 하인을 낮추어 이르던 말.

아랫-길 명 ①아래쪽으로 나 있는 길. ②여럿 가운데서 가장 낮은 품질, 또는 그런 물건. 핫길 ☞윗길

속담 **아랫길도 못 가고 윗길도 못 가겠다**: 이것도 저것도 믿을 수 없어 어찌 해야 할지 모르겠다는 말.

아랫-녘 명 ①어떤 지방에서 그 남쪽 지방을 이르는 말. 앞대 ②지난날, 경상도와 전라도를 그 북쪽 지방에서 이르던 말. ☞윗녘

아랫-눈시울[-씨-] 명 아래쪽의 눈시울. ☞윗눈시울

아랫-눈썹 명 아랫눈시울에 난 속눈썹. ☞윗눈썹

아랫-니 명 아랫잇몸에 난 이. 하치(下齒) ☞윗니

아랫-다리 명 다리의 무릎 아래 부분.

아랫-단 명 옷의 아래쪽의 단.

아랫-당줄[-쭐] 명 망건의 편자 끝에 단 당줄.

아랫-덧줄[-덛-] 명 악보의 오선(五線) 아래쪽에 붙는 덧줄. ☞윗덧줄

아랫-도리 명 ①몸의 허리 아래 부분. 하체(下體) ☞윗도리 ② '아랫도리옷'의 준말. ③지위가 낮은 계급.

아랫도리-옷 명 아랫도리에 입는 옷. 아래옷. 아랫마기. 하의(下衣) 준 아랫도리 ☞윗도리옷

아랫-돌 명 돌로 쌓은 축대 따위에서, 아래쪽에 있는 돌.

속담 **아랫돌 빼서 윗돌 괴고, 윗돌 빼서 아랫돌 괸다**: 근본적인 대책 없이 임시로 둘러맞춰서 이리저리 꾸려 나감을 이르는 말.

아랫-동 명 '아랫동아리'의 준말.

아랫-동:네 명 아랫마을 ☞윗동네

아랫-동아리 명 ①긴 물체의 아래 부분. 준 아랫동 ☞윗동아리 ②'아랫도리'의 속된말.

아랫-마기 명 아랫도리옷 ☞윗마기

아랫-마디 명 화살의 살촉에 가까운 마디.

아랫-마을 명 아래쪽에 있는 마을. 아랫동네 ☞윗마을

아랫-막이 명 물건의 아래쪽 머리를 막는 부분. ☞윗막이

아랫-머리 명 아랫동아리의 끝 부분. ☞윗머리

아랫-면(-面) 명 아래쪽의 겉면. 하면(下面) ☞윗면

아랫-목 명 온돌방에서, 아궁이에 가까운 방바닥. ☞윗목

아랫-몸 명 사람의 몸의 허리 아래 부분. 하반신. 하체 ☞윗몸

아랫-물 명 강이나 내에서 아래쪽에 흐르는 물. ☞윗물

아랫물-수(-氺) 명 한자 부수(部首)의 한 가지. '泰'·'滕' 등에서 '氺'의 이름. ☞물수. 삼수변(三水邊)

아랫-미닫이틀[-다지-] 명 장지나 미닫이의 아래쪽이 끼이는, 홈이 팬 인방(引枋). ☞윗미닫이틀

아랫-바람 명 ①아래쪽에서 불어오는 바람. ②연을 날릴 때, 동쪽에서 불어오는 바람을 이르는 말. ☞윗바람

아랫-방(-房) 명 ①재래식 한옥에서, 방고래가 잇달린 두 방 중 구들목에서 가까운 쪽에 있는 방. 아랫간 ☞윗방 ②'뜰아랫방'의 준말.

아랫-배 명 배의 배꼽 아래 부분. 소복(小腹). 하복(下腹) ¶-가 살살 아프다. ☞윗배

아랫-벌 명 한 벌로 된 옷 중에서, 아랫도리에 입는 옷. ☞윗벌

ㅇ

아랫-변(-邊)명 사다리꼴에서 가로로 평행인 두 변 중 아래쪽의 변. ☞윗변

아랫-볼명 볼의 아래 부분. ☞윗볼

아랫-사:람명 ①손아랫사람 ②자기보다 지위나 계급 따위가 낮은 사람. ☞윗사람

아랫-사랑명 ①아래채에 있는 사랑. ☞윗사랑 ②작은사랑.

아랫-세장명 지게나 걸채 따위에서, 아래 부분에 가로질러 박은 나무. ☞윗세장

아랫-수염(-鬚髥)명 아래턱에 난 수염.

아랫-입술[-닙-]명 아래쪽의 입술. 하순(下脣)

아랫-잇몸[-닌-]명 아래쪽의 잇몸. ☞윗잇몸

아랫-자리명 ①아랫사람이 앉는 자리. 하좌(下座) ②낮은 지위나 순위(順位). ③십진법에서, 어느 자리의 다음 자리. 천의 자리에 대한 백의 자리 따위. ☞윗자리

아랫-중방(-中枋)명 재래식 한옥에서, 기둥과 기둥 사이의 벽 아래 부분에 가로지르는 나무. 하인방(下引枋) ☞윗중방

아랫-집명 바로 아래쪽에 이웃하여 있는 집. ☞윗집

아:량(雅量)명 너그러운 마음. 넓은 도량. ¶ -을 베풀다. /-이 넓다. /남을 감싸 주는 -.

아레스(Ares)명 그리스 신화에 나오는 군신(軍神). 로마 신화의 마르스에 해당함.

아:려(雅麗)어기 '아려(雅麗)하다'의 어기(語基).

아:려-하다(雅麗-)형여 아담하고 곱다.

아련-하다형여 ①의식이나 기억 따위가 희미하다. ¶아련하게 떠오르는 옛 추억. ②보이거나 들리는 것 따위가 가물가물하게 아렴풋하다. ¶아련한 불빛. /아련한 종소리. ☞오련하다. 우련하다

　아련-히부 아련하게

아렴풋-하다[-푿-]형여 ①의식이나 기억 따위가 또렷하지 않고 아슴푸레하다. ¶아렴풋하게 떠오르는 어머니 얼굴. ②물체가 또렷이 보이지 않고 희미하다. ¶안개 사이로 산봉우리가 아렴풋하게 보인다. ③소리가 잘 들리지 않고 흐릿하다. ¶귀를 기울이자 아렴풋하게 뱃고동 소리가 들렸다. ☞어렴풋하다

　아렴풋-이부 아렴풋하게

아:령(啞鈴)명 운동 기구의 한 가지. 한 손으로 잡을 수 있는 손잡이의 양쪽 끝에 둥글게 된 쇠뭉치가 달려 있음. 팔심을 기르고 상체를 발달시키는 데 쓰임. 무게와 크기, 모양이 여러 가지이며, 한 쌍으로 이루어짐.

아:령=체조(啞鈴體操)명 두 손에 각각 아령을 들고 하는, 팔과 가슴 등의 근육을 단련하는 체조.

아령칙-하다형여 긴가민가하여 기억이 또렷하지 않다. ☞어령칙하다

　아령칙-이부 아령칙하게

아례(衙隷)명 지난날, 지방의 관아에서 심부름하던 하인. 아속(衙屬)

아로록-다로록부-하다형 다문다문 아록다록한 모양을 나타내는 말. ☞어루룩더루룩

아로록-아로록부-하다형 다문다문 아록아록한 모양을 나타내는 말. ☞어루룩어루룩

아로롱-다로롱부-하다형 다문다문 아롱다롱한 모양을 나타내는 말. ☞어루룽더루룽

아로롱-아로롱부-하다형 다문다문 아롱아롱한 모양을 나타내는 말. ☞어루룽어루룽

아로-새기다타 ①또렷하고 맵시 있게 새기다. ¶덩굴무늬를 아로새긴 옷장. ②잊지 않기 위하여 단단히 기억해 두다. ¶가슴 깊이 아로새긴 어머니 말씀.

아록(衙祿)명 조선 시대, 지방의 수령과 관원들에게 주던 녹봉(祿俸). 아록전(衙祿田)을 주어 그 결세(結稅)를 받아 쓰게 하였음.

아록-다록부-하다형 여러 엷은 빛깔의 알록이나 점 따위가 고르지 않게 무늬가 져 있는 모양을 나타내는 말. ☞어룩더룩

아록-아록부-하다형 엷은 빛깔의 알록이나 점 따위가 고르게 무늬가 져 있는 모양을 나타내는 말. ☞어룩어룩

아록-전(衙祿田)명 조선 시대, 지방의 수령과 관원들에게 녹봉(祿俸) 대신으로 결세(結稅)를 받아 쓰도록 나누어 주던 논밭.

아롱명 '아롱이'의 준말. ☞알롱[1]. 어룽

아롱-거리다(대다)자 물체가 아렴풋이 보이다 말다 하다. ☞아른거리다. 아물거리다. 어룽거리다

아롱-다롱명-하다형 여러 엷은 빛깔의 알록이나 점 따위가 도렷한 모양으로 고르지 않게 무늬가 져 있는 모양을 나타내는 말. ☞어룽더룽

아롱-무늬명 아롱아롱한 무늬.

아롱-사태명 뭉치사태의 한가운데에 붙은 고기.

아롱-아롱[1]부 아롱거리는 모양을 나타내는 말. ☞아른아른. 아물아물. 어룽어룽[1]

아롱-아롱[2]부-하다형 엷은 빛깔의 알록이나 점 따위가 도렷한 모양으로 고르게 무늬가 져 있는 모양을 나타내는 말. ☞어룽어룽[2]

아롱-이명 ①아롱아롱한 무늬. ②아롱아롱한 무늬가 있는 짐승을 두루 이르는 말. 준아롱 ☞알롱이. 어룽이

아롱-지다자 ①아롱아롱한 무늬가 나타나다. ②〖형용사처럼 쓰임〗 아롱아롱한 무늬가 있다. ☞어룽지다

아뢰다타 ①윗사람에게 알려 드리다. ¶삼가 아뢰옵니다. ②윗사람 앞에서 풍악(風樂)을 연주하다. ¶풍악을 아뢰어라.

한자 아뢸 주(奏) 〔大部 6획〕 ¶상주(上奏)/주달(奏達)

아:류(亞流)명 ①학문이나 예술 따위에서 같은 유파(流派)에 딸린 사람. ②사상이나 문학, 예술 따위에서 남의 흉내만 낼 뿐 독창성이 없는 사람을 얕잡아 이르는 말. 에피고넨 ¶그는 모차르트의 -에 지나지 않는다.

아륜(牙輪)명 톱니바퀴

아륜(蛾輪)명 누에의 알받이를 할 때, 판지(板紙) 위에 올려 놓은 암나방을 덮어 두는, 양철로 만든 깔대기 모양의 기구. 그 범위 안의 판지에만 알을 슬게 하려는 것임.

아:르(R·r)명 영어 자모(字母)의 열여덟째 글자의 이름.

아:르(are 프)의 미터법에 따른 넓이의 단위. 1아르는 100제곱미터. 기호 a

아르곤(argon)명 비금속 원소의 하나. 빛깔·냄새·맛이 없는 기체로 공기 속에 0.93% 들어 있음. 어떤 원소와도 화합하지 않으며, 영하 187℃에서 액체로 바뀜. 전구 따위에 넣는 가스로 이용됨.〔원소 기호 Ar/원자 번호 18/원자량 39.95〕

아:르누보(art nouveau 프)명 새 미술이라는 뜻으로, 19세기 말에서 20세기 초에 프랑스를 중심으로 유럽에서 유행한 미술 운동. 좌우 대칭이나 직선적인 구성을 피하고 유기적이고 움직임이 있는 미(美)를 추구함.

아르렁부 작은 짐승이 성나서 앙칼스레 울부짖는 소리, 또는 그 모양을 나타내는 말. ☞으르렁

아르렁-거리다(대다)자 작은 짐승이 성나서 앙칼스레 울부짖다. ☞으르렁거리다

아르렁-아르렁부 자꾸 아르렁거리는 소리, 또는 그 모양을 나타내는 말. ☞으르렁으르렁

아르롱-이명 크게 아롱아롱한 무늬. ☞어르룽이

아르르부 몸이 좀 아스스 떨리는 모양을 나타내는 말. ☞으르르

아르마딜로(armadillo)명 아르마딜로과의 포유동물. 몸길이 15~100cm. 등은 단단한 등딱지로 싸여 있으며 앞발에는 억센 발톱이 있어 구멍을 파는 데 편리함. 배 부분에는 털이 나 있음. 위급할 때는 공 모양으로 몸을 옹크림. 야행성이며, 작은 동물이나 나무뿌리 따위를 먹고 삶. 중남미의 건조 지대에 분포함.

아르바이트(Arbeit 독)명 학생이나 직장인이 학업이나 본업 외에 하는 부업, 또는 그것을 하는 사람.

아:르에스시:(RSC)명 아마추어 권투에서, 실력의 차이가 크게 나거나 부상 등으로 경기를 계속할 수 없다고 판단되었을 때, 주심(主審)이 경기를 중단시키는 일. [referee stop contest] ☞티케이오(TKO)

아:르에이치식=혈액형(Rh式血液型)명 사람의 혈액형의

한 가지. 아르에이치 인자가 있고 없음에 따라 Rh 양성과 Rh 음성으로 분류됨. 동양인의 약 99%, 서양인의 약 85%가 양성임. 음성인 사람에게 양성인 사람이 수혈할 수 없음.

아:르에이치=인자(Rh因子)명 사람의 적혈구 속에서 발견되는 항원(抗原). 이 인자가 있는 사람은 Rh 양성, 없는 사람은 Rh 음성임. 'Rh'는 붉은털원숭이의 영어 이름인 'rhesus'에서 비롯됨.

아:르엔에이(RNA)명 리보 핵산 [ribonucleic acid] ☞디엔에이(DNA)

아:르오:티:시:(ROTC)명 4년제 대학 재학생에게 군사 훈련을 실시하여 장교로 편입하는 제도. [Reserve Officers' Training Corps]

아르카이즘(archaism)명 ①장중한 멋을 내려고 고풍스런 어구(語句)나 표현을 즐겨 쓰는 문예상(文藝上)의 기법. ②미술에서, 고대 예술의 단순하고 소박함을 이상(理想)으로 하는 주의를 이르는 말.

아르코(arco 이)명 현악기에 쓰이는 활.

아르티장(artisan 프)명 기교는 뛰어나지만 그를 뒷받침하는 예술성이 낮아 본격적인 예술가가 되지 못하는 사람을 이르는 말.

아르페지오(arpeggio 이)명 화음의 각 음을 동시에 연주하지 않고, 낮은 음에서 높은 음으로, 또는 높은 음에서 낮은 음으로 차례로 빠르게 연주해 나가는 일.

아른-거리다(대다)자 ①물체가 아리송하게 보이다 말다 하다. ¶아지랑이가 아른거리며 피어 오르다. ②작은 그림자가 희미하게 움직이다. ¶커튼에 비친 그림자가 아른거린다. ③작은 물체가 물에 어리어 잔물결에 흔들리다. ¶여울에 아른거리는 달 그림자. ④어떤 대상이 눈에 선하게 자꾸 어리다. ¶눈만 감으면 그녀의 얼굴이 아른거린다. ⑤망(網)으로 된 것이 여럿 겹치어 무늬가 물결처럼 요리조리 변하다. ☞아롱거리다. 아릿거리다. 아물거리다. 알른거리다. 어른거리다

아:른-스럽다(-스럽고·-스러워)형ㅂ 어린아이가 어른인체 하는 태도가 있다. ☞어른스럽다

아른-스레부 아른스럽게

아른-아른부 아른거리는 모양을 나타내는 말. ☞아롱아롱[1]. 아릿아릿[1]. 아물아물. 알른알른. 어른어른

아름의 두 팔을 벌려 껴안은 둘레의 길이. ¶세 -이나 되는 느티나무.

아름-거리다(대다)자타 ①말이나 행동을 또렷이 하지 않고 좀 머뭇머뭇 하다. ②일을 제대로 하지 않고 대충 눈가림을 하려 하다. ☞아름작거리다. 어름거리다

아름답다(아름답고·아름다워)형ㅂ ①모양이나 빛깔, 소리 따위가 조화를 이루고 있어, 흐뭇하고 즐거운 느낌을 줄 만큼 곱고 예쁘다. ¶아름다운 얼굴./목소리가 방울 소리처럼 -. ②마음씨나 행동 따위가 훌륭하고 인정스럽다. ¶아름다운 이야기.

아름다이부 아름답게

한자 아름다울 가(佳) 〔人部 6획〕 ¶가경(佳景)/가려(佳麗)/가사(佳詞)/가인(佳人)/가절(佳絶)
아름다울 미(美) 〔羊部 3획〕 ¶미덕(美德)/미모(美貌)/미인(美人)/찬미(讚美)

아름-드리명 한 아름이 넘는 큰 나무나 물건.

아름-아름부 아름거리는 모양을 나타내는 말. ☞아름작아름작. 어름어름

아름작-거리다(대다)자타 말이나 행동을 시원스레 하지 아니하고 매우 머뭇머뭇하다. ☞아름거리다. 어름적거리다

아름작-아름작부 아름작거리는 모양을 나타내는 말. ☞아름아름. 어름적어름적

아름-차다형 힘에 벅차다. 힘에 겹다.

아리다형 ①매운 음식을 먹거나 하여 혀끝을 톡톡 쏘는 것처럼 알알하다. ¶혀가 -. ②상처가 찌르는 것같이 아프다. ¶불에 덴 자리가 -. ③손발이 얼어서 알알한 느낌이 있다.

아리땁다(아리땁고·아리따워)형ㅂ 모습이나 몸가짐, 마음씨 따위가 사랑스럽고 아름답다. ¶아리따운 아가씨./아리따운 마음씨.

아리랑명 우리 나라의 대표적인 민요의 한 가지. 종류도 많고 유래설(由來說)도 갖가지임.

아리송-하다형여 긴가민가하여 또렷이 분간하기 어렵다. ¶너무 오래되어 기억이 -./아리송한 이야기. 준 알쏭하다 ☞어리숭하다

아리아(aria 이)명 ①오페라나 오라토리오, 칸타타 등에서 서정적인 독창 부분. ②서정적인 짧은 가곡(歌曲), 또는 그 기악곡(器樂曲). 영창(詠唱)

아리아리-하다[1]형여 이것저것이 모두 아리송하다. ☞어리어리하다

아리아리-하다[2]형여 연이어 아린 느낌이 있다. ¶매워서 혀끝이 -.

아리안(Aryan)명 인도유럽 어족(語族)에 딸린 사람들을 통틀어 이르는 말. 특히 인도나 이란에 정주한 한 지파(支派)를 가리킴.

아리잠직-하다형여 키가 작고 보기에 얌전하며 어린 티가 있다.

아린(芽鱗)명 나무의 겨울눈을 싸서, 뒤에 꽃이나 잎이 될 연한 부분을 보호하는 단단한 비늘 모양의 조각.

아릿-거리다(대다)[-릳-]자 ①물체가 아슴푸레하게 움직이다. ②어떤 대상이 아렴풋이 눈에 자꾸 어리다. ☞아른거리다. 아물거리다. 어릿거리다

아릿-아릿[1][-릳-]부 아릿거리는 모양을 나타내는 말. ☞아른아른. 아물아물. 어릿어릿[1]

아릿-아릿[2][-릳-]부-하다형 ①정신이 매우 알딸딸한 모양을 나타내는 말. ②혀가 매우 아릿한 느낌을 나타내는 말. ¶- 매운 마늘. ☞어릿어릿[2]

아릿-하다[-릳-]형여 혀가 좀 아린 느낌이 있다. ¶아릿한 고추의 맛. ☞알알하다. 어릿하다

아마부 꼭 단정하기는 어려우나 어느 정도 그러하리라고 짐작하는 때에 '짐작하건대'의 뜻으로 쓰는 말. ¶- 집에는 없을 것이다./- 기억하지 못하겠지.

아마(兒馬)명 ①길들지 않은 어린 말. ②조선 시대, 하급 관원이 작은 공(功)을 세웠을 때 나라에서 주던 말.

아마(亞麻)명 아마과의 한해살이풀. 줄기 높이는 1m 안팎. 선(線) 모양의 잎은 작으며 어긋맞게 남. 초여름에 푸른 보랏빛 또는 흰빛의 다섯잎꽃이 핌. 열매는 둥글고, 속에는 납작하고 길둥근 황갈색의 씨가 있음. 씨로는 아마인유(亞麻仁油)를 짜고, 줄기의 섬유로는 피륙을 짬. 중앙 아시아 원산이며, 세계 각지에서 재배되고 있음.

아마(∠amateur)명 '아마추어(amateur)'의 준말.

아마겟돈(∠Harmagedon)명 신약성서 요한계시록에서, 세계의 마지막 날에 일어나는 선(善)과 악(惡)의 마판 결전장(決戰場).

아마-도부 '아마'를 강조하여 이르는 말.

아마릴리스(amaryllis)명 수선화과의 여러해살이풀. 잎은 두껍고 선(線) 모양이며 무더기로 남. 9월경에 길이 40~50cm의 굵은 꽃줄기 끝에 향기로운 담홍색 또는 흰빛의 다섯잎꽃이 산형(繖形) 꽃차례로 핌. 남아프리카 원산이며, 관상용으로 재배함.

아마빌레(amabile 이)명 악보의 나타냄말의 한 가지. '사랑스럽게' 또는 '부드럽게'의 뜻.

아마-사(亞麻絲)명 아마의 섬유로 뽑은 실. 가는 실은 손수건이나 셔츠 따위를 짜는 데 쓰고, 굵은 실은 천막 천 등을 짜는 데 씀. ▷ 亞의 속자는 亜

아마-유(亞麻油)명 '아마인유(亞麻仁油)'의 준말.

아마-인(亞麻仁)명 아마의 씨. 길둥글고 납작하며 황갈색임. 짜서 아마인유를 만들거나 한방에서 당뇨병의 약으로 쓰임.

아마인-유(亞麻仁油)[-뉴]명 아마의 씨로 짠 누른빛의 건성유(乾性油). 페인트나 리놀륨, 인쇄 잉크 등을 만들거나 그림 물감을 개는 데 쓰임. 준 아마유(亞麻油)

아마인유-지(亞麻仁油紙)[-뉴-]명 아마인유를 먹인

종이.

아마추어(amateur)명 예술이나 스포츠 따위를 직업이 아닌 취미 삼아 즐기는 사람. ¶ - 바둑/- 테니스 선수/- 정신(精神) 준아마 ☞프로페셔널

아:마추어(armature)명 전동기나 발전기에서, 회전 부분 전체를 이르는 말. 전기자(電機子)

아마추어리즘(amateurism)명 스포츠 따위를 순수하게 취미로 즐기려는 생각이나 태도.

아마추어=무선사(amateur無線士)명 국가 시험에 합격하여 무선 통신을 할 수 있는 자격을 딴 일반인. 영리를 꾀하지 않으며, 개인적으로 국제 친선, 기술 촉진, 재해 통보 등을 함. 햄(ham)[2]

아마-포(亞麻布)명 아마의 실로 짠 얇은 직물을 통틀어 이르는 말. 옷감으로 쓰이는 섬유 중에서 가장 오래됨. 리넨(linen)

아:만(我慢)명 불교에서, 자신이 높다는 생각에 교만하여 남을 업신여김을 이르는 말.

아말감(amalgam)명 수은(水銀)과 다른 금속의 합금. 백금·철·코발트·니켈·망간 등을 제외한 대부분의 금속과 합금을 만듦. 은이나 주석의 합금은 이가 삭은 자리를 때우는 데 쓰임. 물금

아말감-법(amalgam法)[-뻡]명 광석에 섞인 금이나 은을 수은을 써서 아말감을 만들고, 그것을 가열하여 수은을 승화시켜서 금이나 은을 채취하는 방법.

아:망명 아이들이 부리는 오기.

아망(을) 떨다관용 얄밉게 아망을 부리다.

아망(을) 부리다관용 아망을 행동으로 나타내다.

아:망-스럽다(-스럽고·-스러워)형ㅂ 보기에 아망이 있다.

아망-스레부 아망스럽게

아메리슘(americium)명 악티늄족 원소의 하나. 1944년 플루토늄에 중성자를 쬐어서 인공적으로 만든 것으로 아메리카 대륙에서 만들어졌다 하여 붙은 이름.〔원소 기호 Am/원자 번호 95/원자량 243〕

아메리카(America)명 북아메리카와 남아메리카를 아울러 이르는 말.

아메리카=합금(America合金)명 구리가 7~9% 섞인 알루미늄 합금. 미국에서 많이 쓰이기 때문에 붙은 이름.

아메리칸인디언(American Indian)명 남북 아메리카 대륙의 원주민을 통틀어 이르는 말. 북극 지방에서 열대에 이르기까지 언어나 문화의 지방적인 차이가 크지만, 모두 오랜 옛날 육지로 이어져 있던 베링 해협을 거쳐 아시아 대륙에서 건너간 사람들의 자손이라 생각되며, 황인종의 특색을 지님.

아메리칸크롤:(American crawl)명 미국에서 발달한 자유형 수영법(水泳法)의 한 가지.

아메리칸풋볼:(American football)명 미국에서 시작된, 축구와 럭비를 섞은 구기(球技). 각각 11명인 두 팀의 선수가 길둥근 모양의 공을 상대편 엔드존(end zone)에 터치다운을 하거나, 발로 차서 골대를 넘겨서 득점함. 격렬한 운동이므로 방호구를 갖추며, 마음대로 상대편 선수에게 부딪칠 수도 있음. 미식 축구

아메:바(amoeba)명 위족류(僞足類) 아메바과의 원생생물을 통틀어 이르는 말. 단세포로 몸길이는 0.02~0.2 mm. 대체로 둥근 모양이지만 끊임없이 모습을 바꾸고, 헛발을 내어 기어다니기도 하고 먹이를 싸서 섭취하기도 함. 민물이나 바닷물, 흙 속 등에 사는데, 다른 생물에 기생하기도 하고 병원성(病原性)을 가지는 것도 있음.

아메:바=운:동(amoeba運動)명 아메바와 같이 원형질의 유동(流動)에 따라 몸의 일부를 내밀어 헛발을 이루면서 하는 운동. 고등 동물의 백혈구나 림프구 따위에서도 볼 수 있음.

아메:바=적리(amoeba赤痢)명 적리 아메바의 감염(感染)으로 말미암아 대장(大腸)에 궤양이 생겨, 피가 섞인 설사를 자주 하거나 복통을 일으키는 병. 흔히 만성(慢性)이 되어 재발을 되풀이함.

아:멘(amen 히)감 크리스트교에서, 기도 끝에 '진실로 그리 되게 하여 주소서'의 뜻으로 하는 말.

아명(兒名)명 아이 때의 이름. ☞관명(冠名)

아:명(雅名)명 풍류스럽고 운치가 있는 이름.

아모로소(amoroso 이)명 악보의 나타냄말의 한 가지. '사랑스럽게', '애정(愛情)이 풍부하게'의 뜻.

아모르(Amor)명 큐피드(Cupid)

아:목(亞目)명 생물 분류상의 한 단계. 목(目)과 과(科) 사이에 필요에 따라 두는 작은 구분. ☞아과(亞科)

아:몬드(almond)명 '편도(扁桃)'의 딴이름.

아:무[1] 대 특별히 누구라고 지정하지 않는 사람을 가리킬 때 쓰는 말. 대체로 부정의 뜻을 가진 서술어가 뒤따르나, '-나' 또는 '-라도'와 같은 조사가 붙을 때는 긍정의 뜻을 가진 서술어가 뒤따르기도 함. ¶ -도 없다./-도 모르는 일이다./-나 할 수 있다./-라도 좋으니 이리 좀 나오시오. ☞하모(何某)

아:무[2] 관 ①특별히 무엇이라고 지정하지 않고, 사물이나 때, 곳을 가리킬 때 쓰는 말. ¶ - 때나 만나자./- 곳이나 좋다./- 일이나 하겠다. ②'아무런' 또는 '조금도'의 뜻으로 쓰임. ¶ - 걱정 없다./- 관계도 없다.

속담 **아무 때 먹어도 김가가 먹을 것이다**: 내버려 두더라도 결국은 제게 돌아올 것이라는 말.

한자 **아무 모**(某)〔木部 5획〕 ¶모년(某年)/모모(某某)/모시(某時)/모월(某月)/모일(某日)

아:무-개대 사람의 이름을 대신하여 이르는 말. ¶김 -와는 상대할 수 없다./그 지방에서 - 하면 모르는 이가 없다.

아:무래도부 ①'아무러하여도'가 줄어든 말. ¶가든 안 가든 - 상관없다./값이야 - 좋다. ②'아무리 하여도'가 줄어든 말. ¶ - 이기기는 어려울 것 같다./- 나는 여기에 있어야겠다.

아:무러면부 '아무러하면'이 줄어든 말. ¶나야 - 어떠냐./- 그런 말을 했을라고.

아:무러-하다형여 ①어떠하다고 특별히 말하지 않고, 어떤 모양·상태·조건·정도에 있다. ¶누가 아무러하게 말하더라도 곧이들어서는 안 된다. ②'아무러한'의 꼴로 부정(否定)의 뜻을 가진 서술어와 함께 쓰이어, '전혀 어떠한'의 뜻을 나타내는 말. ¶아무러한 대책도 세우지 못하다./아무러한 일도 일어나지 않았다. ③'아무러하게나'의 꼴로 쓰이어, '되는 대로 마구'의 뜻을 나타내는 말. ¶아무러하게나 굴러다니다. 준아무렇다

아:무렇다(아무렇고·아무런)형ㅎ '아무러하다'의 준말. ¶재물이야 아무렇든 마음이 중요하지.

속담 **아무렇지도 않은 다리에 침 놓기**: 가만히 두었더라면 아무 일 없을 것을, 공연히 건드려서 탈을 낸다는 말.

아:무려나감 아무렇게나 하려거든 하라고 승낙하는 말. ¶ - '하고 싶은 대로 해' 보렴.

아:무려니감 그렇지 않으리라고 생각하면서 '아무리 그러하기로', '설마'의 뜻을 나타내는 말. ¶ -, 그런 말을 했을까.

아:무려면감 물론 그렇다는 뜻을 나타내는 말. ¶ -, 말할 것도 없지. 준아무렴. 암[2]

아:무렴감 '아무려면'의 준말.

아:무리[1] 부 ①어떤 일이나 행동의 정도로 '매우', '몹시'의 뜻을 나타내는 말. ¶ - 힘들어도 참고 견디자./- 열심히 해도 우승은 어렵겠군. ②비록 그러하더라도. ¶ - 일이 생겨도 약속은 지켜야지. 암만[2]

속담 **아무리 바빠도 바늘 허리 매어 쓰지 못한다**: 아무리 급한 일이라도 방식과 차례를 어기고 할 수는 없다는 말./**아무리 사당(祠堂)을 잘 지었기로 제사를 못 지내면 무엇 하나**: 겉모양이 아무리 번듯하여도 제구실을 못하는 것은 쓸모가 없다는 말.

아:무리[2] 감 결코 그럴 리가 없다는 뜻으로 쓰는 말. ¶ -, 그가 거짓말을 했을까.

아:무-아:무[1] 대 특별히 누구누구라고 지정하지 않고 두 사람 이상을 가리키는 말. 아무와 아무. 모모(某某)

아:무-아:무[2] 관 어떤 사물을 지정하지 않고, 감추어 이르

는 말. 모모(某某)² ¶그는 ― 회사에 다닌다.
아:무-짝에도 부 어떤 곳에도. 아무 데도. ¶― 못 쓰겠다./― 쓸데없는 사람.
아:무-쪼록 부 될 수 있는 대로. 모쪼록 ¶― 성공하고 돌아오시오./― 건강하세요.
아무튼 부 '아무러하든'이 줄어든 말. 어떻든 ¶―, 만나 보기나 합세. ☞어쨌든. 하여튼
아무튼지 부 '아무러하든지'가 줄어든 말.

▶ '아무튼'과 '아무튼지'
○ 이 부사는 지난날 '아뭏든, 아뭏든지'로 적던 단어이다. 단어의 형태는 용언의 활용형 '아무러하든지'로 볼 수 있으나 현실적으로 부사로 바뀌어 쓰이며 용언과 같은 기능을 지니고 있지 않기 때문에 본디 모양을 밝히지 않고 소리 나는 대로 '아무튼, 아무튼지'로 적기로 한 것이다.
○ 소리나는 대로 적는 부사의 예
¶결단코/결코/기필코/무심코/요컨대/정녕코/필연코/하마터면/하여튼/한사코

아:문(亞門) 명 생물 분류상의 한 단계. 문(門)과 강(綱) 사이에 필요에 따라 두는 작은 구분. ☞아강(亞綱)
아:문(雅文) 명 우아(優雅)한 문장.
아문(衙門) 명 ①지난날, 상급(上級)의 관아를 이르던 말. ②지난날, 관아를 통틀어 이르던 말.
아물-거리다(대다) 자 ①멀리 있는 작은 물체가 희미하게 보이다 말다 하다. ②가늘고 작은 물체가 눈에 보일 듯 말듯 하게 움직이다. ③정신이 흐리거나 하여 물체가 자꾸 흐리마리하게 보이다.
아물다(아물고·아무니) 자 부스럼이나 상처가 나아서 새살이 나와 살갗이 맞붙다. ¶수술한 데가 아물었다.
아물리다 타 ①아물게 하다. ②어수선하게 벌어진 일을 거두어서 잘 어우르다. ¶일을 원만히 ―. ③셈을 끝막다.
아물-아물 부 아물거리는 모양을 나타내는 말. ¶아지랑이가 ― 피어 오르는 봄날.
×**아뭏든** 부 → 아무튼
아미(蛾眉) 명 누에나방의 더듬이를 눈썹에 비유하여, 가늘고 길게 굽은 아름다운 눈썹, 또는 그런 눈썹을 가진 미인을 이르는 말.
아미를 숙이다 관용 여자가 다소곳이 머리를 숙이는 모습을 이르는 말.
아미노-산(amino酸) 명 단백질을 가수 분해할 때 생기는 유기 화합물을 통틀어 이르는 말. 생명체의 유지와 성장에 없어서는 안 되는 성분임.
아미노산=간장(amino酸―醬) 명 콩깻묵이나 밀기울 등을 화학적으로 분해한 아미노산을 주로 하여 만든 간장.
아미노피린(aminopyrine) 명 대표적인 피린계의 약제(藥劑). 해열과 진통에 효과가 있는, 물에 잘 녹는 흰 가루. 암(癌)을 일으키는 성질이 있어 먹는 약으로는 쓰이지 않게 되었음.
아미-월(蛾眉月) 명 아미처럼 생긴 달, 곧 음력 초사흗날의 달을 이르는 말.
아미타(阿彌陀 ∠Amitābha 범) 명 '아미타불'의 준말.
아미타-경(阿彌陀經) 명 정토종(淨土宗)의 삼부경(三部經)의 하나. 1세기경에 북인도에서 편찬되고, 402년에 구마라습(鳩摩羅什)이 한문으로 번역하였음. 염불을 욈으로써 극락정토에 왕생할 수 있다고 가르침.
아미타경언:해(阿彌陀經諺解) 명 조선 세조 10년(1464)에 왕이 '아미타경(阿彌陀經)'을 한글로 번역하고 안혜(安惠)의 글씨로 간경도감(刊經都監)에서 펴낸 책. 목판본 1권.
아미타-불(阿彌陀佛) 명 불교에서, 서방 정토(西方淨土)를 주재한다는 부처를 이르는 말. 모든 중생을 구하려고 사십팔원(四十八願)을 세웠으며, 이를 이루어 부처가 되었다고 함. 누구나 정성껏 염불하면 극락왕생할 수 있다고 가르침. 무량수불(無量壽佛). 서방주(西方主). 아미타여래(阿彌陀如來) 준 미타(彌陀). 미타불(彌陀佛). 아미타(阿彌陀)
아미타=삼존(阿彌陀三尊) 명 아미타불과 그 왼쪽 협사(脇士)인 관세음보살과, 오른쪽 협사인 대세지보살을 함께 일컫는 말. 준 미타 삼존(彌陀三尊)
아미타-여래(阿彌陀如來) 명 아미타(阿彌陀)
아민(amine) 명 암모니아의 수소 원자를 알킬기(基)로 치환한 화합물. 치환된 알칼기의 수에 따라 제1아민, 제2아민, 제3아민으로 분류되고, 알킬기의 종류로 지방족(脂肪族) 아민과 방향족(芳香族) 아민으로 분류됨.
아밀라아제(Amylase 독) 명 다당류(多糖類)를 엿당, 덱스트린, 포도당으로 가수 분해하는 효소. 침 속에 들어 있으며 소화 작용에 꼭 필요함. 소화제 따위로 쓰임.
아밀로오스(amylose) 명 녹말을 구성하는 주성분의 한 가지. 글루코오스가 긴 사슬 모양으로 이어진 것으로, 물에 녹음. 요오드를 넣으면 파란 자줏빛이 됨.
아밀로펙틴(amylopectin) 명 아밀로오스와 함께 녹말을 구성하는 주성분의 한 가지. 글루코오스의 사슬이 복잡한 분기(分岐)를 가지고 이어진 것. 찹쌀에 특히 많이 들어 있는데 물에 잘 녹지 않고, 요오드를 넣으면 붉은 자줏빛이 됨.
아밀롭신(amylopsin) 명 이자에서 분비되는 소화 효소. '이자액 아밀라아제'라고도 함.
아밀알코올(amyl alcohol) 명 탄소가 다섯 개인 알코올. 여덟 가지 이성질체(異性質體)가 있음. 물에 잘 녹지 않으며, 인체에 해로움.
아바-마:마 명 지난날, 궁중에서 임금이나 임금의 아들딸이 자기의 아버지를 일컫던 말.
아반(兒斑) 명 몽고반(蒙古斑). 소아반(小兒斑)
아:방(兒房) 명 조선 시대, 대궐을 지키는 장수들이 쉬기도 하고 잠도 자던 곳.
아:방(亞房) 명 조선 시대, 관아의 사령(使令)이 있던 곳.
아방가르드(avant-garde 프) 명 제1차 세계 대전 무렵부터 유럽에서 일어난 예술 운동. 특히 추상 예술과 초현실주의를 이르는 경우가 많음. 전위파(前衛派) ☞전위예술(前衛藝術)
아방게:르(avant-guerre 프) 명 제2차 세계 대전 이전의 사상이나 습관, 생활 태도 따위를 지니고 있는 사람들. 전전파(戰前派) ☞아프레게르(après-guerre)
아방-궁(阿房宮) 명 ①중국 진(秦)나라의 시황제(始皇帝)가 웨이수이 강의 남쪽에 세운 큰 궁전. ②으리으리하게 지은 집을 비유하여 이르는 말.
아방-나찰(阿防羅刹 ∠Avorkasa 범) 명 불교에서, 지옥의 옥정(獄丁)을 이르는 말. 머리는 소, 몸통과 팔은 사람, 다리는 소와 비슷하며, 산을 뽑을 수 있을 만큼 힘이 세고, 또 나찰처럼 포악하다고 함.
아버-님 명 '아버지'를 높이어 일컫는 말.
아버지 명 ①어머니의 남편. 바깥어버이. 부친(父親) 높 아버님 낮 아비 ☞가군(家君). 가존(家尊). 가친(家親) ②양아버지·수양아버지·의붓아버지를 두루 이르는 말. ③아이가 자기 어머니의 남편을 부르는 말. ④크리스트교에서 '하느님'을 이르는 말. ⑤어떤 새로운 분야를 열어 큰 업적을 남긴 선구자를 비유하여 이르는 말. ¶근대 의학의 ―./음악의 ―.
속담 **아버지는 아들이 잘났다고 하면 기뻐하고, 형은 아우가 더 낫다고 하면 노한다** : 형제 사이의 우애(友愛)는 부모의 사랑만은 못하다는 말./**아버지 종도 내 종만 못하다** : 하찮은 것이라도 제가 직접 가지고 있는 것이 더 좋다는 말.
아범 명 ①집안의 할아버지나 할머니가 손자나 손녀의 '아버지'를 가리켜 일컫는 말. ¶복남아, ― 돌아왔느냐. ②윗사람에게 자기의 남편을 낮추어 일컫는 말. ③지난날, 나이든 남자 하인을 그 집 주인이 일컫던 말. ☞어멈
아베마리아(Ave Maria 라) 명 ①가톨릭에서, 성모(聖母) 마리아를 기리어 축복하고 찬미하는 기도문. ②성모 마리아를 기리는 기도문을 가사(歌詞)로 하여 작곡한 가곡. 구노, 베르디, 슈베르트 등의 작품이 유명함.
아베크-족(avec族) 명 동행(同行)한 한 쌍의 남녀, 특히 연인 관계에 있는 젊은 남녀를 이름.

아벨(Abel)명 구약성서 창세기(創世記)에 나오는 아담과 이브의 둘째 아들. 형 카인에게 맞아 죽음.

아병(牙兵)명 지난날, 대장(大將)에 바로 딸린 군사(軍士)를 이르던 말.

아:보(雅步)명 점잖고 우아한 걸음걸이.

아보가드로-수(Avogadro數)명 1몰(mol) 속에 들어 있는 분자·원자·이온 따위의 입자의 수. N 또는 N_A 등으로 나타내며, 그 값은 6.02×10^{23}임.

아부(阿附)명-하다자 남의 비위를 맞추며 알랑거림, 또는 그 짓. 아첨(阿諂) ¶사장에게 ―하다.

아:부-악(雅部樂)명 아악(雅樂)

아-부용(阿芙蓉)명 양귀비(楊貴妃)의 꽃.

아불리가(阿弗利加)명 '아프리카(Africa)'의 한자 표기.

아불리가-주(阿弗利加洲)명 '아프리카주'의 한자 표기. 준아주(阿洲)

아불식-초(鵝不食草)명 '피막이풀'의 딴이름.

아비 명 ①'아버지'의 낮춤말. ②자식을 낳은 뒤 시부모 앞에서 자기 남편을 일컫는 말.

속담 **아비만 한 자식이 없다** : 자식의 효도가 아무리 극진하다 해도, 그 아버지의 자식 사랑에 미치지 못한다는 말. /**아비 아들 범벅 금 그어 먹어라** : 아버지와 아들이 범벅을 같이 먹을 때도 금을 그어 놓고 먹으라는 뜻으로, 친숙한 사이라도 한계를 분명히 해야 한다는 말. /**아비 죽은 지 나흘 후에 약을 구한다** : 행동이 몹시 느리다는 말.

한자 아비 부(父) 〔父部〕 ¶부녀(父女)/부모(父母)/부자(父子)/부정(父情)/부친(父親)

아비(阿比)명 아비과의 겨울 철새. 몸길이는 65cm 안팎으로 갈매기만 함. 여름에는 등이 갈색이나 겨울에는 흰 얼룩이 있는 갈색으로 바뀜. 조금 위로 휜 부리는 가늘고 길며 날카로움. 북극 근처에서 번식하고 우리 나라의 남해 연안과 제주도 연안으로 내려와서 겨울을 남.

아비(衙婢)명 지난날, 지방의 수령(守令)이 사사로이 부리는 계집종을 이르던 말. ☞아노(衙奴)

아비규환(阿鼻叫喚)성구 ①불교에서, 아비지옥과 규환지옥을 아울러 이르는 말로, 지옥에서 갖은 형벌을 받으며 울부짖는 광경을 이르는 말. ②많은 사람이 비참한 상태에 빠져 울부짖는 광경을 비유하여 이르는 말.

아비-부(―父)명 한자 부수(部首)의 한 가지. '爸'·'爺' 등에서 '父'의 이름.

아-비:산(亞砒酸)명 ①삼산화비소(三酸化砒素)가 물에 녹았을 때, 용액 속에 존재하는 약산(弱酸). ②'삼산화비소'를 흔히 이르는 말.

아비-지옥(阿鼻地獄)명 불교에서 이르는 팔열 지옥(八熱地獄)의 하나. 오역(五逆)이나 불법을 비방하는 등의 대악을 저지른 사람이 떨어지는 곳. 다른 지옥의 천 곱절의 고통을 받는다고 함. 무간지옥(無間地獄)

아빠 명 '아버지'의 어린이 말.

아뿔싸 감 미처 생각지 못한 일이나, 일이 잘못 되었음을 깨닫고 뉘우치면서 하는 말. ¶―, 집에 두고 왔구나./―, 차를 잘못 탔구나. ☞어뿔사. 하뿔싸

아:사(雅士)명 고아(高雅)한 선비.

아:사(雅事)명 아치(雅致) 있는 일. 아름다운 일.

아:사(餓死)명-하다자 굶어 죽음. 기사(飢死)

아사달(阿斯達)명 고조선(古朝鮮)을 세운 단군(檀君)이 서울로 삼았다는 곳.

아사리(阿闍梨∠ācārya 범)명 ①제자들에게 모범이 되는 고승을 이르는 말. ②계율에 밝은 수계(授戒)의 사승(師僧). ③밀교(密敎)에서, 수행을 마치고 전법관정(傳法灌頂)을 받은 중.

아사이(assai 이)명 악보의 나타냄말의 한 가지. 다른 말에 덧붙어 '매우'의 뜻. 알레그로 아사이 따위.

아:사-자(餓死者)명 굶어서 죽은 사람.

아:사지경(餓死之境)명 오래 굶어 거의 죽게 된 지경.

아삭 부 싱싱하고 연한 오이나 무 따위를 한 입 베어 물 때 나는 소리를 나타내는 말. ¶셀러리를 ― 베어먹다. ☞아싹. 아작. 어석

아삭-거리다(대다)자타 ①아삭아삭한 느낌이 나다. ②아삭아삭 소리를 내다. ¶무를 아삭거리며 씹다. ☞아싹거리다. 아작거리다. 어석거리다

아삭-아삭 부 싱싱하고 연한 오이나 무 따위를 잇달아 씹을 때 나는 소리를 나타내는 말. ¶배를 ― 씹어 먹다. ☞아싹아싹. 아작아작. 어석어석

아삭아삭-하다 형여 오이나 무 따위가 씹히는 느낌이 매우 싱싱하고 연하다. ☞어석어석하다

아산화-질소(亞酸化窒素)명 약한 향기가 있는 무색(無色)의 기체. 들이마시면 얼굴의 근육이 경련을 일으켜 웃는 것처럼 보이므로 '소기(笑氣)'라고도 함. 마취제나 방부제 따위로 쓰임. 일산화이질소(一酸化二窒素)

아:살(餓殺)명-하다타 굶기어 죽임.

아삼륙(∠二三六)명 골패 노름에서 나온 말로, 서로 뜻이 맞아 늘 행동을 같이하는 사이, 곧 '단짝'을 비유하여 이르는 말. ¶둘은 그야말로 ―이다.

아:상(我相)명 ①불교에서, 실체로서 자아(自我)가 있는 것으로 고집하는 생각을 이르는 말. ②자기의 학문이나 재산, 지위 따위를 자랑하며 남을 업신여기는 일.

아생(芽生)명-하다자 발아(發芽)

아생-법(芽生法)[―뻡]명 출아법(出芽法)

아생=생식(芽生生殖)명 출아법(出芽法)

아서 감 '아서라'의 준말. ¶―, 다칠라.

-아서 어미 양성 모음 'ㅏ·ㅗ'의 어간에 붙어, '-아 가지고'의 뜻을 나타내는 연결 어미. ¶내가 알아서 처리하겠다./산이 좋아서 산에서 산다./형편을 보아서 가겠다. 준-아² ☞-어서

아서라 감 '해라'할 자리에 그리하지 말도록 말리는 말. ¶―, 틀림없이 뒤탈이 생길 테니. 준아서

아선-약(阿仙藥)[―냑]명 생약(生藥)의 한 가지. 인도에서 나는 꼭두서닛과 식물의 잎으로 만든 암갈색의 덩어리 모양의 엑스. 지혈제·수렴제·염료 따위로 쓰임. 백약전(百藥煎)

아성(牙城)명 ①주장(主將)이 있는 내성(內城). '아(牙)'는 장수의 깃발인 '아기(牙旗)'를 뜻함. ②어떤 조직이나 세력의 중심이 되는 곳을 비유하여 이르는 말. ¶개혁파의 ―./―이 무너지다./―을 무너뜨리다.

아:성(亞聖)명 ①성인(聖人)에 버금가는 훌륭한 사람. ☞대현(大賢) ②성인으로 일컬어지는 공자(孔子)에 상대하여 '맹자(孟子)' 또는 '안회(顔回)'를 이르는 말.

아:-성층권(亞成層圈)[―꿘]명 성층권의 아래인, 지표에서 8~12km의 대기권.

아세(阿世)명-하다자 세상 사람들에게 아첨함, 또는 세속에 맞추어 처신함. ☞곡학아세(曲學阿世)

아:세(亞歲)명 '동지(冬至)'를 달리 이르는 말.

아세나프텐(acenaphthene)명 방향족(芳香族) 탄화수소의 한 가지. 콜타르 속에 들어 있는 무색의 바늘 모양의 결정. 나프탈렌과 비슷한 냄새가 나며 물에 녹지 않음. 합성 수지의 원료, 살균제 등으로 쓰임.

아세아(亞細亞)명 '아시아'의 한자 표기.

아세아-주(亞細亞洲)명 '아시아주'의 한자 표기. 준아주

아세안(ASEAN)명 동남 아시아 국가 연합. 1967년 타이·인도네시아·말레이시아·필리핀·싱가포르의 다섯 나라가 맺은 지역 협력 기구. 그 후, 브루나이·베트남·라오스·캄보디아 등이 가맹하였음. [Association of Southeast Asian Nations]

아세테이트(acetate)명 '아세테이트 섬유'의 준말.

아세테이트=견사(acetate絹絲)명 아세테이트 섬유

아세테이트=섬유(acetate纖維)명 아세틸셀룰로오스를 원료로 하는 반합성 섬유. 감촉이 실크와 비슷하고 질기며, 내수성과 보온성이 좋으나 열에 약함. 옷감 등 견직물 대용으로 쓰임. 아세테이트 견사. 아세틸 인조 견사. 초산 견사(醋酸絹絲). 초산 인견(醋酸人絹) 준아세테이트(acetate)

아세톤(acetone)명 특유한 냄새가 나는 무색의 휘발성 액체. 인화성이 있음. 공업적으로는 프로필렌을 산화하거나 하여 만듦. 용제, 의약품 따위의 원료로 쓰임.

아세트-산(∠acetic酸)명 포화 지방산(飽和脂肪酸)의 한 가지. 자극성이 강한 냄새와 신맛이 나는 무색의 액체. 식초 따위 식품 조미료, 용매, 합성 수지의 원료 따위로 쓰임. 초산(醋酸)

아세트산-구리(∠acetic酸-)명 산화구리나 염기성 탄산구리를 아세트산에 녹여서 만드는 짙은 청록색의 결정. 살충제나 의약품 등으로 쓰임. 초산동(醋酸銅)

아세트산-균(∠acetic酸菌)명 에틸알코올을 아세트산으로 변화시키는 세균을 통틀어 이르는 말. 간균(桿菌)이며 사슬 모양으로 이어져 있음. 식초를 만드는 데 쓰임. 초산균(醋酸菌). 초산박테리아

아세트산-나트륨(∠acetic酸Natrium)명 아세트산을 수산화나트륨으로 중화하여 증발시켜서 만드는 무색의 결정. 물에 녹으며, 염료의 매염(媒染)이나 분석의 시약(試藥) 따위로 쓰임. 초산나트륨. 초산소다

아세트산-납(∠acetic酸-)명 산화납을 묽은 아세트산에 녹인 다음 냉각하여 만드는 무색의 결정. 의약품, 납염의 원료로 쓰임. 연당(鉛糖). 초산납. 초산연(醋酸鉛)

아세트산=발효(∠acetic酸醱酵)명 아세트산균의 작용으로 에틸알코올이 산화하여 아세트산이 되는 현상. 식초를 만드는 데 이용됨. 초산 발효(醋酸醱酵)

아세트산-비닐(∠acetic酸vinyl)명 아세틸렌이나 에틸렌과 아세트산에서 합성되는, 달짝지근한 냄새가 나는 무색의 액체. 아세트산비닐 수지나 비닐론의 원료로 쓰임. 초산비닐

아세트산비닐=수지(∠acetic酸vinyl樹脂)명 아세트산비닐을 중합(重合)하여 만드는 열가소성 수지(熱可塑性樹脂). 연화하는 온도가 낮음. 칠감·접착제·껌·비닐론의 원료 등으로 쓰임. 초산비닐 수지

아세트산-에스테르(∠acetic酸ester)명 아세트산과 알코올의 에스테르를 통틀어 이르는 말. 대체로 방향이 있는 무색의 액체로 인공 향료에 쓰임. 초산에스테르

아세트산-칼슘(∠acetic酸calcium)명 수산화칼슘에 아세트산을 작용시켜 만드는 흰 가루. 의약품이나 아세톤 따위의 원료로 쓰임. 초산칼슘. 초산석회(醋酸石灰)

아세트아닐리드(acetanilide)명 아닐린과 빙초산(氷醋酸)으로 합성되는 무색의 결정. 안료나 염료의 원료이며, 해열제로도 쓰이나 부작용이 있음.

아세틸렌(acetylene)명 탄화수소(炭化水素)의 한 가지. 무색의 가연성 기체. 탈 때는 강한 빛과 열을 냄. 합성 화학 공업의 원료 외에 아세틸렌등이나 산소 아세틸렌염 등에 쓰임.

아세틸렌-등(acetylene燈)명 아세틸렌을 연료로 하는 등. 통에 넣은 카바이드에 물을 떨어뜨려 발생시킨 아세틸렌을 대롱 끝으로 나오게 하여 불을 켜게 되어 있음.

아세틸렌=용:접(acetylene鎔接)명 아세틸렌과 고압 산소를 혼합해서 점화하여 생기는 약 3,000°C의 불꽃으로 금속을 용접하거나 절단하는 일.

아세틸살리실-산(∠acetylsalicylic酸)명 살리실산을 무수 아세트산으로 아세틸화하여 만든, 바늘 모양의 흰 결정. 물에 잘 녹지 않음. 해열제나 진통제로 쓰임. 상품명은 '아스피린'임.

아세틸셀룰로오스(acetylcellulose)명 셀룰로오스와 아세트산의 에스테르. 플라스틱 성형품, 아세테이트 섬유, 필름, 칠감 등의 원료가 됨. 초산 섬유소

아세틸=인조=견사(acetyl人造絹絲)명 아세테이트 섬유

아:속(雅俗)명 풍아(風雅)스런 것과 속된 것.

아속(衙屬)명 아례(衙隷)

아손(兒孫)명 아들과 손자, 곧 '자손(子孫)'을 이르는 말.

아수라(阿修羅 ∠asura 범)명 ①고대 인도의 악신(惡神). 제석천(帝釋天)과 싸움을 일삼는다고 함. ②불교에서, 불법을 지키는 팔부중(八部衆)의 하나. 준수라(修羅) ③아수라왕(阿修羅王)

아수라-도(阿修羅道)명 불교에서 이르는 육도(六道)의 하나. 아수라가 사는, 싸움이 끊이지 않는 세계.

아수라-왕(阿修羅王)명 아수라의 우두머리. 제석천(帝釋天)과 싸워 정법(正法)을 없애려고 한다는 악신(惡神). 아수라(阿修羅)

아수라-장(阿修羅場)명 아수라와 제석천이 싸운 곳이라는 뜻으로, 피비린내 나는 격렬한 싸움이 벌어진 곳, 또는 야단법석이 벌어진 판을 이르는 말. 수라장(修羅場) ¶장내가 ―으로 변하다./―이 되다.

아수룩-하다 형여 ①약빠르지 못하고 좀 아둔한 데가 있다. ¶아수룩한 시골 아주머니. ②되바라지지 않고 좀 숫되고 후하다. ¶아수룩하게 보여서 더 정이 간다. ☞어수룩하다

아:순(雅馴)어기 '아순(雅馴)하다'의 어기(語基).

아:순-하다(雅馴-)형여 글이 품위 있고 세련되다.

아쉽다(아쉽고·아쉬워)형ㅂ ①필요한 것이 없거나 모자라서 안타깝다. ¶아내의 꼼꼼한 손길이 ―./용돈이 ―. ②아깝고 서운하다. ¶작별이 못내 ―./다 이긴 경기를 놓친 것이 무척 ―.

아쉬운 대로 관용 흡족하지는 못하나 그런대로. ¶― 그냥 쓸 수밖에.

아쉬운 소리 관용 남에게 군색하게 사정하는 말. ¶― 안 하고 살 수 있게 되었다.

속담 **아쉬운 감 장수 유월부터 한다** : 가을이나 되어야 익은 감을 따서 팔 텐데, 돈이 아쉬워 물건답지 않은 것을 헐값으로 팔게 되었다는 말./**아쉬워 엄나무 방석이라** : 마음에 들 리 없으나, 어쩔 수 없이 하게 되는 일을 이르는 말.

아스라-하다 형여 ①아슬아슬하게 높거나 까마득하게 멀다. ¶아스라하게 바라보이는 산마루. ②기억이 어렴풋하다. ¶아스라하게 떠오르는 추억. 준아스랗다

아스라-이 부 아스라하게 ¶― 멀어져 가는 배.

아스랗다(아스랗고·아스란)형ㅎ '아스라하다'의 준말. ¶아스란 하늘 끝./아스랗게 떠오르는 옛 추억.

아스러-뜨리다(트리다) 타 아스러지게 하다. ☞으스러뜨리다

아스러-지다 자 ①작고 단단한 것이 센 힘에 짓눌리어 바서지다. ¶땅콩 알이 발에 밟혀서 ―. ②살이 터지거나 벗어지다. ¶넘어져 무릎이 ―. ☞으스러지다

아스베스토스(asbestos)명 돌솜. 석면

아스스 부-하다형 차고 싫은 기운이 돌면서 몸에 소름이 돋게 좀 추운 느낌을 나타내는 말. ☞아르르. 오스스. 으스스

아스코르브-산(∠ascorbic酸)명 비타민시(vitamin C)

아스키:(ASCII)명 미국에서 정한 컴퓨터의 정보 교환용 표준 코드. 알파벳과 숫자, 기호 따위를 한 자에 7비트로 나타냄. 세계적으로 통용되고 있음. [American Standard Code for Information Interchange]

아스타틴(astatine)명 할로겐족에 딸린 방사성 원소의 하나. 1940년 핵반응을 일으켜 인공적으로 처음 만듦. 〔원소 기호 At/원자 번호 85/원자량 210〕

아스테로이드-호(asteroid弧)명 어떤 원의 안쪽 둘레에 따라 그 원의 4분의 1의 반지름인 원이 미끄러지지 않고 굴러갈 때, 그 작은 원의 둘레 위의 한 점이 그리는 도형.

아스트라한(astrakhan 러)명 러시아의 카스피해 근처인 아스트라한 지방에서 나는 털이 곱슬곱슬한 양의 모피, 또는 합성 섬유로 그와 비슷하게 만든 모양의 직물.

아스트롤라베(astrolabe 프)명 천체의 고도를 관측하여 경도(經度)와 위도(緯度), 방위각을 재는 기계.

아스트린젠트(astringent)명 수렴성(收斂性)이 있는 산성 화장수. 땀이나 피지(皮脂)의 분비를 적게 하여 피부를 탄력 있게 함.

아스파라거스(asparagus)명 백합과의 여러해살이풀. 줄기 높이는 1.5m 안팎. 잎은 비늘 모양이며 줄기가 자라면 떨어져 나감. 줄기는 많은 가지를 치고 다시 마디에 가는 잎 모양의 가지가 몇 개 모여서 남. 암수딴그루. 여름에 종 모양을 한 황록색의 자잘한 꽃이 핌. 유럽 원산으로, 살이 많고 굵은 어린 줄기는 먹을 수 있음. 관상용으로 가꾸기도 함.

아스파라긴(asparagine)명 아미노산의 한 가지로 아스파르트산의 유도체(誘導體). 아스파라거스에서 처음으

로 발견되었기 때문에 붙은 이름임. 식물계에 널리 존재하는데 특히 사탕무나 콩나물에 많음.

아스파라긴-산(asparagine酸)[명] 아스파르트산

아스파르트-산(∠aspartic酸)[명] 아미노산의 한 가지. 생체 속에 유리(遊離)하여 있거나 단백질의 구성 성분으로서 들어 있는데, 대사(代謝)에 중요한 구실을 함. 아스파라긴산

아스팍(ASPAC)[명] 아시아 태평양 각료(閣僚) 이사회. [Asian and Pacific Council]

아스팔트(asphalt)[명] 탄화수소를 주성분으로 하는 검은 고체 또는 반고체의 화합물. 천연으로 나기도 하지만 거의 석유의 정제 과정에서 나옴. 도로 포장 외에 절연제나 칠감 따위로 쓰임. 지역청(地瀝青). 토역청(土瀝青). 피치(pitch)

아스팔트콘크리:트(asphalt concrete)[명] 아스팔트를 녹여서 모래·자갈·쇄석(碎石) 따위를 섞은 것. 도로 포장에 쓰임.

아스팔트=포장(asphalt鋪裝)[명] 길바닥에 알맞은 크기의 자갈을 깔고 단단하게 다진 다음 아스팔트를 부어서 반반하게 다지는 일, 또는 그렇게 다진 포장.

아스피린(aspirin)[명] 아세틸살리실산으로 만든 약제의 한 가지. 해열제나 진통제로 쓰임. 상표명임.

아스피테(Aspite 독)[명] 순상 화산(楯狀火山)

아슥-아슥[부][-하다][형] 이것저것이 모두 한쪽으로 조금씩 배뚤어져 있는 모양을 나타내는 말. ☞어슥어슥

아슬랑-거리다(대다)[자] 아슬랑아슬랑 걸어 다니다. ¶일없이 거리를 ―. ☞어슬렁거리다

아슬랑-아슬랑[부] 몸집이 작은 사람이나 짐승이 나릿나릿 걸어 다니는 모양을 나타내는 말. ☞어슬렁어슬렁

아슬-아슬[부][-하다][형] 몸에 자꾸 소름이 돋게 좀 추운 느낌을 나타내는 말. ¶― 한기가 들다. ☞오슬오슬. 으슬으슬

아슬아슬-하다[형여] ①매우 아찔아찔할 정도로 위태롭다. ¶아슬아슬한 묘기. ②어떤 일의 판가름이 어떻게 날지 마음이 조마조마하다. ¶아슬아슬한 순간. /아슬아슬하게 위기를 넘기다.

아슴푸레-하다[형여] ①또렷이 보이지 않고 희미하다. ¶안개 속에서 아슴푸레하게 드러나는 모습. ②들리는 소리가 아렴풋하다. ¶멀리 아슴푸레하게 들리는 기적 소리. ③기억이 또렷하지 않고 흐리마리하다. ¶어릴 적의 아슴푸레한 기억. ☞어슴푸레하다. 으슴푸레하다

아습[명] 말이나 소, 개 따위의 아홉 살을 이르는 말. 구릅 ☞담불¹. 열릅

아승기(阿僧祇 ∠asamkhya 범)¹[명] 불교에서, 셀 수 없을 정도로 큰 수. [준] 승기(僧祇)

아승기(阿僧祇 ∠asamkhya 범)²[수] 수의 단위. 항하사(恒河沙)의 억 곱절. ☞나유타(那由他)

아승기-겁(阿僧祇劫 ∠asamkhyeyaih kalpair 범)[명] 무량겁(無量劫)

아시도:시스(acidosis)[명] 혈액 속의 산(酸)과 알칼리의 평형이 깨져 산성 쪽으로 기울어진 상태. 두통이나 구토 등이 나타남. 산독증(酸毒症)

아시아(Asia)[명] 육대주(六大洲)의 하나. 유라시아 대륙의 동부와 중부, 그 부근의 섬들로 이루어짐. 세계 육지의 약 3분의 1과 세계 인구의 2분의 1 이상을 차지하고 있음. 아시아주

아시아-인(Asia人)[명] 아시아 사람. 아시아 여러 나라의 민족.

아시아적=생산=양식(Asia的生産樣式)[―냥―][명] 마르크스가 경제 사회의 발전 단계의 하나로 내세운 말로서, 원시 공동체적 생산 양식을 달리 이르는 말. 노예 제도의 고대 아시아적 형태로 보는 설(說)도 있음.

아시아-주(Asia洲)[명] 아시아(Asia)

아시아=태평양=경제=협력체(Asia太平洋經濟協力體)[명] 한국·미국·일본·캐나다·오스트레일리아·뉴질랜드와 동남아시아 국가 연합(ASEAN)이 환태평양 지역의 경제 협력과 무역 증진을 위하여 결성한 기구. 에이펙(APEC)

아싹[부] 단단하고 싱싱한 채소나 과일 따위를 힘있게 한입 베어 무는 소리를 나타내는 말. ¶사과를 ― 베어먹다. ☞아삭. 아싹. 어썩

아싹-거리다(대다)[타] 아싹아싹 소리를 내다. ¶단감을 아싹거리며 먹다. ☞아삭거리다. 아짝거리다. 어썩거리다

아싹-아싹[부] 단단하고 싱싱한 채소나 과일 따위를 힘있게 자꾸 베어 무는 소리를 나타내는 말. ☞아삭아삭. 아짝아짝. 어썩어썩

아쓱[부][-하다][형] 무섭거나 추워서 몸이 움츠러지게 갑자기 아스스한 느낌을 나타내는 말. ¶찬바람에 몸이 ―해지다. ☞으쓱²

아:씨[명] 지난날, 하인들이 주인집의 젊은 부녀자를 일컫던 말. ☞작은아씨. 큰아씨

아-아[감] 놀람·기쁨·탄식(歎息)·슬픔 등의 감정을 강하게 느낄 때 내는 소리. ¶―, 이렇게 기쁜 일이 …. /―, 이 일을 어찌하나. ☞어어

아아(峨峨)[어기] '아아(峨峨)하다'의 어기(語基).

아아-하다(峨峨―)[형여] 산 따위가 아찔할 정도로 높다.

아:악(雅樂)[명] 고려·조선 시대, 궁중의 의식에서 연주되던 전통 음악. 좁은 뜻으로는 정악을 가리키고, 넓은 뜻으로는 궁궐 밖의 민속 음악에 상대하여, 궁중에서 연주되던 당악(唐樂)·향악(鄕樂)·정악을 통틀어 이르기도 함. 아부악(雅部樂)

아:악-서(雅樂署)[명] 고려·조선 시대, 음악에 관한 일을 맡아보던 관아. 조선 예종(睿宗) 때 '장악원(掌樂院)'으로 바뀌었음.

아압(鵝鴨)[명] 거위와 오리를 아울러 이르는 말.

아야[감] 무엇에 부딪히거나 찔리거나 꼬집히거나 하여, 갑자기 아픔을 느끼어 하는 말. ¶―, 왜 때려!

-아야[어미] 양성 모음 'ㅏ·ㅗ'의 어간에 붙어 ①충족시키는 조건임을 나타내는 연결 어미. ¶마음이 맞아야 같이 가지. /산이 높아야 골이 깊지. ②양보하는 조건을 나타내는 연결 어미. ¶보기에만 좋아야 소용없다. /가 봐야 별 것 있겠느냐? ☞-어야

-아야만[어미] '-아야'의 힘줌말. ¶은혜를 알아야만 한다.

-아야지[어미] '-아야 하지'가 줄어든 말. ¶마음이 좋아야지 얼굴만 예뻐 뭘 하나? /없는 사람을 도와야지. ☞-어야지

아약(兒弱)[명] 연약한 어린아이들.

아얌[명] 지난날, 겨울에 부녀자가 나들이할 때 방한용으로 머리에 쓰던 쓰개. 좌우에 털을 대고, 위는 터졌으며, 뒤에는 긴 아얌드림을 늘어뜨렸음. 액엄(額掩)

아얌-드림[명] 아얌 뒤에 넓고 길게 늘어뜨리던 비단.

아양[명] 남에게 잘 보이거나 귀염을 받으려고 일부러 부리는 애교. ¶―을 부리다. /―을 피우다.

아양-스럽다(―스럽고·―스러워)[형ㅂ] 아양을 부리는듯하다. ¶짐짓 아양스러운 짓을 하다.

아양-스레[부] 아양스럽게

아양-피(兒羊皮)[명] 새끼 양의 가죽.

아:어(雅語)[명] 바르고 품위 있는 말. 아언(雅言) ☞속어

아:언(雅言)[명] 아어(雅語)

아:언각비(雅言覺非)[명] 조선 정조 때의 실학자 정약용(丁若鏞)이 지은 어원(語源) 연구서. 우리 나라의 속어(俗語)를 어원적으로 고증하였음. 순조 19년(1819)에 간행. 3권 1책.

아역(兒役)[명] 연극·영화·방송극 등에서, 어린아이의 역, 또는 그 역을 맡은 연기자. ☞노역(老役)

아연(亞鉛)[명] 금속 원소의 하나. 파란빛을 띤 은백색의 광택이 있는 무른 금속임. 습기에 닿으면 표면이 잿빛 백색으로 변함. 철판에 입혀서 함석을 만들거나, 아연 도금(鍍金), 건전지의 전극(電極), 놋쇠나 양은(洋銀) 따위의 합금에 쓰임. [원소 기호 Zn/원자 번호 30/원자량 65.39]

아연(俄然)¹[부] 아연(俄然)히

아연(啞然)¹[부] 아연(啞然)히

아연(俄然)² 어기 '아연(俄然)하다'의 어기(語基).
아연(啞然)² 어기 '아연(啞然)하다'의 어기(語基).
아연-광(亞鉛鑛) 명 아연을 파내는 광산, 또는 그 광석.
아연=도:금(亞鉛鍍金) 명 철물 표면에 녹이 스는 것을 막으려고 아연을 입히는 일.
아연-실색(啞然失色) [-쌕] 명 뜻밖의 일에 크게 놀라서 얼굴빛이 변함. 악연실색(愕然失色)
아연-철(亞鉛鐵) 명 함석
아연=철판(亞鉛凸版) 명 아연판을 사진 제판법에 따라 질산(窒酸)으로 부식시켜 화상(畫像)을 나타낸 볼록판.
아연-판(亞鉛版) 명 아연을 재료로 하는 인쇄판. 보통 평판(平版)용을 이름. 징크판
아연-하다(俄然-) 형여 급작스럽다
아연-히 부 아연하게. 아연(俄然)
아연-하다(啞然-) 형여 너무나 놀라워 어안이 벙벙하다. ¶뜻밖의 사태에 모두 아연한 표정이었다.
아연-히 부 아연하게. 아연(啞然)
아연-화(亞鉛華) 명 산화아연(酸化亞鉛)
아연화=연:고(亞鉛華軟膏) 명 아연화가 10~20% 들어 있는 연고. 습진 따위의 피부병에 쓰임.
아:-열대(亞熱帶) [-때] 명 기후대(氣候帶)의 한 가지. 열대와 온대의 중간 지대로 대체로 남북 위도 각각 20~40°까지의 범위를 이름.
아:열대=기후(亞熱帶氣候) [-때-] 명 아열대 지방에서 나타나는 특유의 온난한 기후. 아열대 고기압의 영향으로 대기가 안정되고 비가 적게 내림.
아:열대-림(亞熱帶林) [-때-] 명 녹나무·떡갈나무·빈랑나무 등의 상록 활엽수가 우거져 있는 아열대의 삼림.
아예 부 〔주로, 부정이나 금지의 뜻을 가진 서술어 다음에 쓰이어〕 ①'처음부터', '애초부터'의 뜻을 나타내는 말. ¶상대편을 ― 무시하다. ②'결코', '절대로'의 뜻을 나타내는 말. ¶나에게 기댈 생각은 ― 하지도 말아라.
아옹 부 고양이가 우는 소리를 나타내는 말. ☞야옹
아옹-개비 명 어린아이에게 '고양이'를 이르는 말.
아옹-거리다(대다)¹ 자 고양이가 자꾸 울다. ☞아옹거리다. 야옹거리다
아옹-거리다(대다)² 자 ①소견 좁은 사람이 자질구레한 일로 자꾸 불만을 늘어놓다. ②하찮은 일로 서로 자꾸 다투다.
아옹-다옹 부 서로 걸핏하면 트집을 잡아 다투는 모양을 나타내는 말. ¶만나기만 하면 ― 다투기 일쑤다. ☞아근바근¹. 티격태격
아옹-아옹 부 고양이가 자꾸 우는 소리를 나타내는 말. ☞아옹아옹. 야옹야옹
아옹-하다 형여 ①물체의 표면이 오망한듯 하다. ②속 좁은 사람이 꽁하게 여기는 기색이 있다. ¶아옹하고 있지만 말고 말 좀 해 보렴.
아왜-나무 명 인동과의 상록 소교목. 높이 10m 안팎. 길둥근 잎은 두껍고 광택이 있으며 마주남. 초여름에 흰빛의 잔 꽃이 빽빽히 피고 열매는 가을에 붉게 익고 점점 검어짐. 따뜻한 지방의 해안에 자라는데, 우리 나라에서는 제주도에 자람. 정원수나 생울타리로 가꾸기도 함. 산호수(珊瑚樹)
-아요 어미 양성 모음 'ㅏ·ㅗ'의 어간에 붙어, '해요' 할 자리에 여러 서술 표현 방법으로 두루 쓰이는 종결 어미. ¶내가 알아요. (긍정)/누가 보아요? (의문)/함께 놀아요. (청유)/빨리 찾아요. (명령) ☞-어요
아:욕(我慾) 명 남은 아랑곳없이 자기의 이익만 생각하는 욕망.
아우 명 ①남자의 손아래 남자 동기(同氣)를 이르는 말. ②여자의 손아래 여자 동기를 이르는 말. ③같은 항렬의 동성(同性)의 손아래 동기를 이르는 말. ④남자끼리, 또는 여자끼리의 친근한 사이에서 자기보다 나이가 적은 이를 이르는 말. ⑤같은 또래의 남자 사이, 또는 여자 사이에서 자기를 낮추어 이르는 말. ☞동생
아우를 보다 관용 아우가 생기다.
아우를 타다 관용 젖먹이를 가진 어머니가 아이를 배거나 낳거나 하여, 그 영향으로 젖먹이가 여위어 가다.

한자 아우 제(弟) 〔弓部 4획〕 ¶제매(弟妹)/제부(弟夫)/제수(弟嫂)/형제(兄弟)

아:우(雅友) 명 예의바르고 점잖은 벗.
아우-거리 명 김을 맬 때 흙덩이를 푹푹 파 젖히는 일.
아우-님 명 ①남을 높이어 그의 아우를 일컫는 말. ②친근한 남자끼리나 여자끼리 나이가 적은 사람을 대접하여 일컫는 말. ¶이 일은 ―이 맡아 해 주시오.
아우러-지다 자 여럿이 한 덩어리나 한 동아리를 이루게 되다. ☞어우러지다
아우르다(아우르고·아울러) 타르 ①여럿을 한 덩어리나 한 동아리가 되게 하다. ¶우리 모두가 힘을 ―. ②윷놀이에서, 두 바리 이상의 말을 한데 합치다. ☞어우르다²
아우성 명 여럿이 기세를 올려 소리치거나 악을 쓰며 부르짖는 소리. ¶군중의 ― 소리.
아우성(을) 치다 관용 여럿이 악을 쓰며 고함을 지르다. ¶흥분하며 아우성 치는 군중.
아우트라인(outline) 명 ①윤곽(輪廓) ②대체적인 내용. 대략(大略) ¶사업의 ―을 설명하다.
아욱 명 아욱과의 여러해살이풀. 줄기 높이 60~90cm. 잎은 어긋맞게 나며 잎자루가 길고 손바닥 모양으로 5~7갈래로 얕게 갈라져 있음. 봄에서 가을에 걸쳐 잎겨드랑이에 작은 분홍색 다섯잎꽃이 모여서 핌. 씨앗은 동규자(冬葵子)라 하여 한방에서 이뇨제로 쓰임. 노규(露葵). 동규(冬葵)
아욱-국 명 된장을 푼 물에 아욱을 넣고 끓인 국.
아욱-장아찌 명 아욱으로 만든 싱거운 장아찌라는 뜻으로, 말이나 행동이 싱거운 사람을 놀리어 이르는 말.
아욱-죽(-粥) 명 아욱과 마른 새우, 파, 마늘 등을 넣고 된장을 풀어서 국을 끓이다가 쌀을 넣고 쑨 죽.
아울러 부 함께 ¶지식과 덕을 ― 갖추다./두 가지 뜻을 ― 나타내다.
아울리다 자 ①아우르게 되다. ②서로 조화가 잘 되어 자연스러워지다. ☞어울리다
아웃(out) 명 ①아웃사이드(outside) ②골프에서, 규정된 18홀 중에서 전반의 9홀을 이르는 말. ☞인(in) ③야구에서, 타자나 주자가 타석이나 누(壘)에 있을 자격을 잃는 일. ☞세이프(safe)
아웃도어세트(outdoor set) 명 야외에 임시로 꾸며 놓은 무대 장치.
아웃복싱(out+boxing) 명 권투에서, 상대 선수와 늘 일정한 거리를 유지하면서 싸우는 일. ☞인파이팅
아웃사이더(outsider) 명 ①기성의 틀 밖에서 독자적인 사상을 가지고 행동하는 사람. 국외자(局外者) ②카르텔이나 트러스트, 그 밖의 어떤 협정에도 가입하지 않은 동업자를 이르는 말.
아웃사이드(outside) 명 테니스나 탁구 따위에서, 공이 일정한 경계선 밖으로 떨어지는 일. 아웃(out) ☞인사이드(inside)
아웃사이드킥(outside kick) 명 축구에서, 발등의 바깥쪽으로 공을 차는 일. ☞인사이드킥(inside kick)
아웃오브바운즈(out-of-bounds) 명 ①배구나 농구 등에서 공이나 공을 가진 선수가 코트 밖으로 나가는 일. ②골프에서, 경기 구역의 바깥쪽, 또는 그곳에 공이 들어가는 일.
아웃커:브(outcurve) 명 야구에서, 투수가 던진 공이 홈베이스 가까이에서 타자로부터 먼 쪽으로 휘는 일, 또는 그 공. ☞인커브(incurve)
아웃코:너(out+corner) 명 야구에서, 타자(打者)가 보아 홈베이스 중앙부의 바깥쪽 공간. ☞인코너
아웃코:스(out+course) 명 ①야구에서, 아웃코너를 지나가는 투수가 던진 공의 길. ②육상 경기나 스피드스케이트 경기 등에서, 트랙의 중앙에서 바깥쪽의 주로(走路). ☞인코스
아웃포:커스(out+focus) 명 사진이나 영화 등에서, 일부러 초점을 흐리게 하는 기법.

아웃풋(output)명 출력(出力) ☞인풋(input)
아웅부 고양이가 우는 소리를 나타내는 말. ☞야옹
아웅-거리다(대다)자 고양이가 자꾸 울다. ☞아옹거리다. 야옹거리다
아웅-아웅부 고양이가 자꾸 우는 소리를 나타내는 말. ☞아옹아옹. 야옹야옹
아:원(亞元)명 지난날 과거(科擧)에서, 장원(壯元)에 버금가는 성적으로 급제하던 일, 또는 그 사람.
아유감 ①뜻밖의 일에 놀람의 느낌을 나타내는 말. ¶ -, 깜짝이야. ②힘에 부치거나 피곤할 때 하는 말. ¶ -, 이걸 언제 다 끝내나. ☞어유
아유(阿諛)명-하다자 아첨(阿諂)
아:유(雅遊)명-하다자 풍류스러운 놀이. 시가(詩歌)나 서화(書畫) 따위를 짓거나 감상하거나 하며 즐기는 일.
아유-구용(阿諛苟容)명 남에게 아첨을 하며 구차스레 행동함.
아유-자(阿諛者)명 남에게 아첨하는 사람.
아:윤(亞尹)명 조선 시대, 한성부(漢城府)의 판윤(判尹) 다음가는 좌윤(左尹)과 우윤(右尹)을 달리 이르던 말.
아음(牙音)명〈어〉훈민정음(訓民正音)에서 연구개음(軟口蓋音)인 'ㄱ·ㅋ·ㄲ·ㆁ'을 이르는 말. 어금닛소리
아-음속(亞音速)명 음속에 가까운 속도.
아이[1]명 ①나이가 어린 사람. ¶똘똘한 -./-들의 놀이터. ②아들이나 딸을 달리 이르는 말. ¶우리 -/그 집 -들. 아자(兒子) 준애[2]
아이(가) 서다관용 아이를 배다.
아이(가) 지다관용 태아(胎兒)가 유산이 되다.
아이(를) 보다관용 어린아이를 돌보다.
속담 **아이 가진 떡**: 상대편의 물건을 쉽게 빼앗을 수 있는 경우에 이르는 말./**아이 낳기 전에 기저귀 감 장만한다**: 너무 성급하게 서둔다는 뜻으로 이르는 말./**아이는 칠수록 운다**: 우는 아이는 때리는 것보다 달래는 것이 낫다는 말./**아이 말도 귀여겨들어라**: 어린아이 말도 허술히 여기지 말고 주의해서 들어야 한다는 말./**아이 말 듣고 배 딴다**: 어리석은 사람의 말을 곧이듣고 그대로 했다가는 큰 낭패를 보게 된다는 말./**아이 보는 데서는 찬물도 못 마신다**: 아이들은 어른이 하는 대로 따라 하려는 습성이 있으니, 아이 보는 데서는 말과 행동을 조심해서 해야 한다는 말./**아이보다 배꼽이 크다**: ①본체(本體)보다 거기에 달린 부분이 더 클 경우에 이르는 말. ②사리에 맞지 않는다는 뜻으로 이르는 말.〔배보다 배꼽이 더 크다〕/**아이 보채듯 한다**: 몹시 졸라댄다는 말.〔어린애 젖 조르듯 한다〕/**아이 싸움이 어른 싸움 된다**: 아주 작은 일이 차차 커져서 큰 사건으로 발전한다는 말.

한자 아이 동(童)〔立部 7획〕¶동시(童詩)/동심(童心)/동요(童謠)/동화(童話)/신동(神童)
아이 아(兒)〔儿部 6획〕¶고아(孤兒)/미아(迷兒)/소아(小兒)/아명(兒名)/유아(幼兒) ▷속자는 児

아이[2]감 ①못마땅하거나 내키지 않을 때 하는 말. ¶ -, 그만둬요./-, 싫다니까. ②'아이고'의 준말.
아이(I·i)명 영어 자모(字母)의 아홉째 글자의 이름.
아이고감 ①몹시 아프거나 힘들거나 놀라거나 원통하거나 기가 막힐 때 하는 말. ¶ -, 머리야./-, 야단났다./-, 분해. 준아이[2] ②우는 소리, 특히 상중(喪中)에 곡(哭)하는 소리. 준애고 ☞어이구. 아이코
아이고나감 어린아이의 재롱이나 기특한 짓을 보고 신통해서 하는 말. ¶ -, 잘도 걷네. ☞어이구나
아이고머니감 '아이고'의 힘줌말. 준애고머니 ☞어이구머니
아이-기:생(-妓生)명 지난날, 머리를 쪽지지 않은 어린 기생을 이르던 말. 동기(童妓)
아이-년명 '계집아이'를 낮잡아 이르는 말. 준애년
아이-놈명 '사내아이'를 낮잡아 이르는 말. 준애놈
아이누-족(Ainu族)명 일본의 홋카이도와 사할린 등지에 거주하는, 선주 민족(先住民族).
아이들시스템(idle system)명 공장에서 생산량을 줄일 필요가 있을 때, 노동자를 해고하지 않고, 노동 시간을 줄이거나 하여 불황을 견디어 내는 방법.
아이들코스트(idle cost)명 시설이나 노동력 등 공장의 생산 능력이 충분히 활용되지 않음으로써 생기는 손실.
아이디:(ID)명 여러 사람이 공유하는 컴퓨터시스템이나 컴퓨터 통신에서, 사용자에게 주어진 고유의 이름. [identifier]
아이디어(idea)명 ①착상(着想). 발상(發想). 고안(考案) ¶좋은 -가 떠오르다. ②철학에서, 관념(觀念)이나 이념(理念), 또는 이데아(idea)를 이르는 말.
아이디어맨(idea man)명 독창적인 생각이나 착상(着想)이 풍부한 사람.
아이디:카:드(ID card)명 신분 증명서(身分證明書) [Identification card]
아이러니(irony)명 ①반어(反語). 풍자(諷刺) ②모순(矛盾) ¶역사의 -.
아이러니컬-하다(ironical-)형여 풍자적이다. 반어적이다. 역설적이다
아이론(∠iron)명 서양식 다리미.
아이리스(iris)명 ①붓꽃과의 외떡잎 식물을 통틀어 이르는 말. 붓꽃·꽃창포·제비붓꽃 따위. 일반적으로 영국아이리스·저먼아이리스·더치아이리스 등의 외국종을 이름. ②눈의 홍채(虹彩). ③카메라의 조리개.
아이리스아웃(iris out)명 영화나 텔레비전에서, 화면이 주위에서 중앙의 한 점으로 점점 오므라들면서 사라지게 하는 기법. 준아이오(I.O.) ☞아이리스인(iris in)
아이리스인(iris in)명 영화나 텔레비전에서, 화면 한 점으로부터 둥글게 펼쳐지면서 전체 화면을 채우는 기법. 준아이아이(I.I.) ☞아이리스아웃
아이맥스(IMAX)명 1970년 캐나다에서 개발된 영화의 한 형태. 가로 25m, 세로 18m의 초대형 스크린과 입체감이 나는 화면, 웅장한 음향이 특징임.
아이뱅크(eye bank)명 안구 은행(眼球銀行)
아이보리(ivory)명 ①상아(象牙) ②상앗빛 ③두껍고 광택이 있는 상앗빛의 양지(洋紙). 카드나 그림 엽서 따위에 쓰임. 아이보리지. 아이보리페이퍼(ivory paper)
아이보리블랙(ivory black)명 상아를 태워 만든 검은 그림물감.
아이보리-지(ivory紙)명 아이보리(ivory)
아이보리페이퍼(ivory paper)명 아이보리(ivory)
아이빔:(I-beam)명 단면이 'I' 자 모양인 구조용 강재(鋼材). 아이형강(I型鋼)
아이섀도:(eye shadow)명 눈꺼풀에 바르는 화장품의 한 가지. 눈가를 강조하거나 음영(陰影)을 나타내기 위한 것임.
아이셰이드(eyeshade)명 햇볕을 가리기 위한 챙과 테만으로 된 모자.
아이소타이프(isotype)명 시각 언어(視覺言語), 또는 시각 언어의 국제적인 시스템을 이름. 도로 표지의 국제적인 통일 등. [international system of typographic picture education]
아이소토:프(isotope)명 동위 원소(同位元素)
아이스댄싱(ice dancing)명 피겨스케이팅의 한 종목. 얼음판 위에서 남녀 한 쌍이 음악에 맞추어 얼음을 지치면서 하는 댄스. 기술과 예술성을 겨룸.
아이스링크(ice rink)명 스케이트장
아이스박스(icebox)명 얼음을 넣어 쓰는 냉장고, 또는 휴대용 냉장 용기.
아이스반:(Eisbahn 독)명 눈의 표면이 얼어서 얼음처럼 된 상태, 또는 그런 산비탈이나 스키장.
아이스백(ice bag)명 얼음주머니
아이스쇼:(ice show)명 얼음판을 무대로, 스케이트를 타면서 음악에 맞추어 춤·곡예·경연극(輕演劇) 따위를 펼쳐 보이는 구경거리.
아이스요트(ice yacht)명 바람을 이용하여 얼음판 위를 달리는 요트. 밑바닥에 스케이트 비슷한 기구를 달았음.
아이스캔디(ice candy)명 과즙(果汁)이나 우유 따위를

탄 물을 얼려서 만든 얼음과자.
아이스커피(ice+coffee)명 커피에 얼음을 넣어 차게 한 음료(飮料).
아이스크림:(ice cream)명 우유·설탕·달걀·향료 따위를 섞어서 얼린 얼음과자.
아이스크림:선디(ice-cream sundae)명 아이스크림에 과즙·코코아·딸기·파인애플 등을 얹은 것.
아이스크림:소:다(ice-cream soda)명 소다수에 아이스크림을 띄운 음료. 크림소다
아이스하:켄(Eishaken 독)명 빙벽(氷壁)을 오를 때 얼음에 박아 두는, 머리 부분에 구멍이 뚫린 쇠못. 록클라이밍에서 쓰는 '하켄'과 같은 용도로 쓰임.
아이스하키(ice hockey)명 빙상 경기(氷上競技)의 한 가지. 온몸에 방호구(防護具)를 착용한 여섯 사람씩의 선수가, 스케이트를 신고 얼음을 지치면서 끝이 구부러진 막대기로 퍽을 쳐서 상대편 골에 넣어 그 득점을 겨루는 경기. 빙구(氷球). 하키(hockey) ☞필드하키(field hockey)
아이시:(IC)명 ①집적 회로 [integrated circuit] ②인터체인지(interchange)
아이시:비:엠(ICBM)명 대륙간 탄도 미사일 [Intercontinental Ballistic Missile]
아이시:카:드(IC card)명 집적 회로를 내장한 플라스틱제의 카드. 자기(磁氣) 카드보다 기억 용량이 크고 처리 기능도 갖춤. 현금 인출 카드나 공중 전화 카드 등에 이용됨.
아이시:피:오:(ICPO)명 국제 형사 경찰 기구(國際刑事警察機構) [International Criminal Police Organization]
아이아:르비:엠(IRBM)명 중거리 탄도 미사일 [Intermediate Range Ballistic Missile]
아이아:르:시(IRC)명 국제 적십자(國際赤十字) [International Red Cross]
아이-아버지명 ①어린 아들이나 딸을 둔 남자를 달리 이르는 말. ②아이 있는 여자가 남에게 자기의 남편을 이르는 말. 낮아이아범. 아이아비 ☞아이어머니
아이-아범명 '아이아버지'를 낮추어 이르는 말.
아이-아비명 '아이아버지'를 낮추어 이르는 말.
아이아이(I.I.)명 '아이리스인(iris in)'의 준말.
아이-어머니명 ①어린 아들이나 딸을 둔 여자를 달리 이르는 말. ②아이 있는 남자가 남에게 자기의 아내를 이르는 말. 낮아이어멈. 아이어미 ☞아이아버지
아이-어멈명 '아이어머니'를 낮추어 이르는 말.
아이-어미명 '아이어머니'를 낮추어 이르는 말.
아이언(iron)명 공을 치는 부분이 금속으로 된 골프채. ☞우드(wood)
아이에스디엔(ISDN)명 종합 정보 통신망(綜合情報通信網) [integrated service digital network]
아이에스비:엔(ISBN)명 국제 표준 도서 번호. 세계에서 펴내는 책마다 붙이는 고유 번호로, ISBN이라는 영문자 다음에 나라와 발행자, 책 이름을 알아볼 수 있도록 숫자 열 자리와 체크 기호로 나타냄. 우리 나라의 고유 번호는 89임. [International Standard Book Number]
아이에스피:(ISP)명 인터넷 정보 제공자 [internet service provider]
아이엘에스(ILS)명 계기 착륙 장치(計記着陸裝置) [Instrument Landing System]
아이엘오:(ILO)명 국제 노동 기구(國際勞動機構) [International Labor Organization]
아이엠에프(IMF)명 국제 통화 기금(國際通貨基金) [International Monetary Fund]
아이오:(I.O.)명 '아이리스아웃(iris out)'의 준말.
아이오:시:(IOC)명 국제 올림픽 위원회 [International Olympic Committee]
아이유:(IU)명 국제 단위(國際單位) [International Unit]
아이젠(Eisen 독)명 등산에서, 다져진 눈이나 얼음으로 덮인 비탈이나 빙벽(氷壁)을 오르내릴 때, 등산화의 바닥에 덧신어 미끄럼을 막는 쇠로 된 용구.
아이지:와이(IGY)명 국제 지구 물리 관측년(國際地球物理觀測年) [International Geophysical Year]
아이징글라스(isinglass)명 철갑상어 따위의 부레로 만든, 냄새와 맛이 없는 젤라틴. 청량제나 과자 따위를 만드는 데 쓰임.
아이-참감 짜증이 나거나 조바심이 나거나 기가 막히거나 수줍어하거나 할 때 하는 말. ¶ –, 속상해./–, 그만 놀리세요.
아이-초라니명 지난날, 궁중 나례(儺禮) 때의 나자(儺者)의 하나. 열둘에서 열여섯 살 사이의 사내아이가 탈을 쓰고 붉은 옷을 입고 붉은 건을 쓰고 나옴. 진자(侲子)
아이캔(ICANN)명 인터넷에 있는 홈페이지 등의 도메인 이름을 관리하는 국제적 조정 기구. 비영리 공익 법인으로 1998년에 설립됨. [Internet Corporation for Assigned Names and Numbers]
아이코감 몹시 아프거나 힘들거나 놀라거나 원통하거나 기가 막히거나 할 때 하는 말. ¶ –, 이게 무슨 날벼락이냐./–, 이 원수야. ☞아이고. 어이쿠
아이코노스코:프(iconoscope)명 최초의 실용적인 텔레비전 촬상관(撮像管).
아이콘(icon)명 ①그리스 정교에서 받드는 예수나 성모 등의 초상. ②이콘(Ikon) ③컴퓨터에서 파일의 내용이나 프로그램의 기능 등을 문자나 기호, 그림 따위로 화면에 나타낸 것.
아이쿠감 갑자기 무엇에 몹시 부딪히거나 걸리거나, 크게 놀랐을 때 내는 소리. ¶ –, 깜짝이야.
아이큐:(IQ)명 지능 지수 [intelligence quotient]
아이템(item)명 ①항목(項目)·조목(條目)·품목(品目)을 이르는 말. ②컴퓨터의 자기 테이프에 기록되는 한 항목분의 데이터.
아이티:(IT)명 정보 기술(情報技術) [information technology]
아이티:브이(ITV)명 방송 이외의 분야에서 쓰는 공업용 텔레비전. [industrial television]
아이피(IP)명 컴퓨터 통신을 이용하여 수요자에게 원하는 정보를 주는 사람이나 기업. [information provider]
아이피:스(eyepiece)명 현미경이나 망원경 따위의 접안렌즈.
아이피:아이(IPI)명 국제 신문 편집인 협회(國際新聞編輯人協會) [International Press Institute]
아이피:유:(IPU)명 국제 의원 연맹. 의회 제도의 발전과 의회 행동으로 해결할 수 있는 국제 문제의 연구를 위한, 각 나라 국회 의원이 연합체. 1888년 창립하고, 우리 나라는 1964년에 가입함. [Inter-Parliamentary Union]
아이형-강(I型鋼)명 단면이 I자 모양인 구조용 강재(鋼材). 아이빔(I-beam)
아:인(雅人)명 품격이 있어 고상한 사람.
아-인산(亞燐酸)명 인(燐)에 건조한 염소를 통하여 만든 액체를 가수 분해하여 농축하면 생기는 무색(無色)의 결정(結晶). 환원성이 강함.
아인시타이늄(einsteinium)명 악티늄족 원소의 하나. 핵실험을 하던 중에 발견된 인공 방사성 원소임. 아인슈타인을 기념하여 이름을 붙임. [원소 기호 Es/원자 번호 99/원자량 252]
아일릿(eyelet)명 사프트는 자수(刺繡)의 한 가지. 단춧구멍 따위에 이용됨.
아잇-적명 어른이 되기 전. 아이 때. ¶ –의 이름.
아자(牙子)명 한방에서, 짚신나물의 뿌리를 이르는 말. 독을 푸는 데 또는 구충제로 쓰임. 견아(犬牙)
아자(兒子)명 아이
아자(啞者)명 벙어리[1]
아:자=교창(亞字交窓)[–짜–]명 창살이 '亞'자 모양으로 된 교창. ▷ 亞의 속자는 亜
아:자-문(亞字門)[–짜–]명 문짝의 살대가 '亞'자 모양으로 된 문. 아자쇄문(亞字瑣門)
아:자-방(亞字房)[–짜–]명 방고래를 '亞'자 모양으로 만

들어 구들을 놓은 방.
아:자-쇄문(亞字瑣門)[－쌔－] 명 아자문(亞字門)
아-자제(衙子弟)명 지난날, 아버지를 따라 지방의 관아(官衙)에 묵고 있던 원(員)의 자제.
아:자-창(亞字窓)[－짜－]명 창살이 '亞'자 모양으로 된 창.
아작 부 단단한 날고구마나 무 따위를 한 번 깨물어 먹을 때 나는 소리를 나타내는 말. ¶날밤을 － 깨물어 먹다. ☞아삭. 아짝. 어적
아작-거리다(대다)타 아작아작 소리를 내다. ¶날고구마를 아작거리며 씹어 먹다. ☞아삭거리다. 아짝거리다. 어적거리다
아작-아작 부 단단한 날고구마나 무 따위를 자꾸 깨물어 먹을 때 나는 소리를 나타내는 말. ☞아삭아삭. 아짝아짝. 어적어적
아:장(亞長)명 조선 시대, 장관(長官)에 버금가는 관직이라는 뜻으로, 사간원(司諫院)의 사간(司諫)과 사헌부(司憲府)의 종삼품 관직을 이르던 말.
아:장(亞將)명 조선 시대, 주장(主將)에 버금가는 장수(將帥)라는 뜻으로, 훈련도감(訓鍊都監)이나 금위영(禁衛營)의 중군(中軍), 병조(兵曹) 참판(參判), 포도대장(捕盜大將) 등을 두루 이르던 말.
아장-거리다(대다)자 아장아장 걷다. ☞어정거리다
아장-걸음명 아장아장 걷는 걸음.
아장-바장 부 작은 몸집으로 하는 일 없이 요리조리 돌아다니는 모양을 나타내는 말. ☞어정버정
아장-아장 부 짧은 다리로 귀엽게 걷는 모양을 나타내는 말. ¶아기가 － 걷는다. ☞어정어정
아재 명 '아저씨'나 '아주버니'를 흔히 이르는 말.
아재비 명 '아저씨'를 낮추어 이르는 말.

한자 아재비 숙(叔) 〔又部 6획〕 ¶당숙(堂叔)/백숙(伯叔)/숙모(叔母)/숙부(叔父)/외숙(外叔)

ㅇ

아쟁(牙箏)명 국악기 사부(絲部) 현악기의 한 가지. 대쟁(大箏)보다 조금 작고, 앞면은 오동나무, 뒷면은 밤나무로 되어 있으며, 개나리나무의 껍질을 벗겨 송진을 먹인 활로 일곱 개의 줄을 문질러 소리 냄.
아저(兒豬)명 애저
아저씨 명 ①어른이 된, 삼촌을 제외한 아버지와 같은 항렬의 남자를 일컫는 말. ②혈연 관계가 없는, 어른인 남자를 친근하게 일컫는 말. 낮아재비. 아주비 ☞아재
속담 **아저씨 못난 것 조카 장짐 지운다** : 되지 못한 사람이 조금 윗자리에 있다는 유세로 아랫사람을 마구 부려먹는다는 말. /**아저씨 아저씨 하고 길짐만 지운다** : 겉으로는 받드는체 하면서 실제로는 부려먹기만 한다는 말.
아전(衙前)명 조선 시대, 지방 관아에 딸린 지위가 낮은 관원을 이르던 말. 서리(胥吏). 소리(小吏). 이서(吏胥). 하리(下吏). 하전(下典)
아:전인수(我田引水)성구 '제 논에 물 대기'라는 말을 한문식으로 옮긴 구(句)로, 무슨 일을 자기에게 유리하도록 말하거나 해석하거나 처리하거나 한다는 뜻.
아접(芽椄)명 눈접 ☞순접(筍椄). 접아(椄芽). 지접(枝椄)
아접-도(芽椄刀)명 눈접에 쓰이는 칼.
아:정(雅正)어기 '아정(雅正)하다'의 어기(語基).
아:정-하다(雅正－)형여 청아(淸雅)하고 바르다.
아제 명 자매(姉妹)의 남편을 여자 쪽에서 이르는 말.
아조(牙彫)명 상아(象牙)를 재료로 하여 만든 조각.
아:조(我朝)명 우리 왕조(王朝) 또는 우리 조정(朝廷)이라는 말로서, 지난날 '우리 나라'의 뜻으로 쓰이던 말. ☞본조(本朝)
아조(鵝鳥)명 '거위'의 딴이름.
아조(azo)명 '질소(窒素)'의 뜻으로, '－N＝N－'로 표시되는 이가(二價)의 기(基). 아조기
아조-기(azo基)명 아조(azo)
아조=염료(azo染料)명 아조기를 가진 염료를 통틀어 이르는 말. 합성 염료(合成染料)의 절반 이상을 차지함. 콩고레드(Congo red) 따위.
아조=화:합물(azo化合物)명 아조기를 가진 화합물을 통틀어 이르는 말. 빨강·노랑·주황 따위의 빛깔을 띠며 중요한 염색용 화합물임. 특히 방향족(芳香族) 아조 화합물은 아조 색소(色素)라고도 함.
아:족(我族)명 우리 겨레, 또는 우리 민족.
아:종(亞種)명 생물 분류상의 한 단계. 종(種)의 아래 계급의 하나. 종으로서 독립시킬 정도로 크지는 않으나 변종으로 보기에는 다른 점이 많은 한 무리의 생물에 대해서 씀. ☞아문(亞門). 품종(品種)
아주[1] 부 ①매우 또는 썩. ¶주위가 － 조용하다./－ 오래된 일이다. ②전혀 또는 완전히. ¶어제와는 － 딴판이다./기계가 － 못 쓰게 되었다. ③영영 ¶여기서 － 살기로 하였다.
아:주[2] 감 젠체하는 것을 비웃을 때 쓰는 말. ¶－, 제가 제일인 줄 아나 봐.
아주(阿洲)명 '아불리가주(阿弗利加洲)'의 준말.
아주(亞洲)명 '아세아주(亞細亞洲)'의 준말.
아주까리 명 ①대극과(大戟科)의 한해살이풀. 줄기는 높이 2m 이상. 잎은 손바닥 모양으로 갈라져 있으며 어긋맞게 남. 가을에 잎자루의 윗부분에 암꽃이, 아래 부분에 수꽃이 핌. 열매에는 가시가 있고, 씨는 길둥글며 윤이 남. 씨에서 아주까리기름을 짜기 위하여 우리 나라 각지에서 재배함. 비마(萆麻) ②'아주까리씨'의 준말. 피마자(蓖麻子)
속담 **아주까리대에 개똥참외 달리듯** : 생활이 어려운 과부에게 딸린 자식이 많음을 이르는 말.
아주까리-기름 명 아주까리씨에서 짜 낸 기름. 완하제·관장제 등으로 쓰임. 비마자유(萆麻子油). 피마자유(蓖麻子油)
아주까리-씨 명 아주까리 열매 속에 들어 있는 씨. 비마자(萆麻子). 피마자(蓖麻子) 준아주까리
아주머니 명 ①부모와 같은 항렬의 부인(婦人)을 일컫는 말. ②아저씨의 아내를 일컫는 말. ③형수(兄嫂)를 친근하게 일컫는 말. ④혈연 관계가 없는, 어른인 여자를 친근하게 일컫는 말. 높아주머님 낮아주미 ☞아줌마
속담 **아주머니 떡도 싸야 사 먹지** : 친분보다도 이해 관계가 앞서는 게 사람 마음이라는 말.
아주머님 명 '아주머니'를 높이어 일컫는 말.
아주-먹이 명 더 손댈 필요가 없을 만큼 깨끗이 쓿은 쌀. 입정미(入鼎米). 정백미(精白米)
아주미 명 '아주머니'를 낮추어 이르는 말.
아주버니 명 여자가 남편의 형 뻘 되는 남자를 일컫는 말. 높아주버님 낮아주비
아주버님 명 '아주버니'를 높이어 일컫는 말.
아주비 명 '아저씨'나 '아주버니'를 낮추어 이르는 말.
아주-심기[－끼]명 모판에서 기른 모종을 논밭에 내어 제대로 심는 일. 정식(定植)
아줌마 명 '아주머니'를 정답게 일컫는 말.
아즐-아즐 부 강아지 따위가 연신 꼬리를 내두르며 배쓱배쓱 걷는 모양을 나타내는 말.
아지랑이 명 맑은 봄날에, 땅에서 투명한 불꽃 같은 것이 아른아른 피어오르는 현상. 온도가 높아진 땅 가까이의 공기와 주위 공기 사이에 밀도의 차가 생겨 빛이 굴절함으로써 일어남. 야마(野馬). 양염(陽炎). 유사(遊絲)
×**아지랭이** 명 →아지랑이
아지작 부 작고 단단한 물체가 깨물리어 아스러질 때 나는 소리, 또는 그 모양을 나타내는 말. ☞으지적
아지작-거리다 자타 자꾸 아지작 소리가 나다, 또는 그런 소리를 내다. ☞으지적거리다
아지작-아지작 부 자꾸 아지작 하는 소리, 또는 그 모양을 나타내는 말. ☞으지적으지적
아지직 부 작고 단단한 물체가 아스러지거나 짜그라질 때 나는 소리, 또는 그 모양을 나타내는 말. ☞으지직
아지직-거리다(대다)자타 자꾸 아지직 소리가 나다, 또는 그런 소리를 내다. ☞으지직거리다
아지직-아지직 부 자꾸 아지직 하는 소리, 또는 그 모양을 나타내는 말. ☞으지직으지직
아지타토(agitato 이)명 악보의 나타냄말의 한 가지. '격

정적으로' 또는 '급속히'의 뜻.

아지트(∠agitpunkt 러)명 ①노동 쟁의, 혁명 운동, 게릴라 활동 등을 지도하는 비밀의 지령 본부. ②비합법적 운동가나 범죄자의 은신처.

아직부 ①부정(否定)의 뜻을 가진 말의 뒤에 쓰이어, 무슨 일이 그때까지 이루어지지 않았음을 뜻하는 말. ¶일이 — 끝나지 않았다./— 돌아오지 않았다. ②어떤 상태가 그때까지 이어지고 있음을 뜻하는 말. ¶— 자고 있다./— 눈이 내리고 있다. ③기대한 상태에 이르지 못하였음을 뜻하는 말. ¶시합에 나가기에는 — 이르다./지금은 — 3월이다. ④미진한 것이 있거나 여지(餘地)가 있음을 뜻하는 말. ¶— 할 말이 있다./시간은 — 충분하다. ⑤시간이나 날짜가 오래되지 않았음을 뜻하는 말. 〔부정하는 말이 뒤에 쓰이는 경우가 많음.〕 ¶집을 떠난 지 — 사흘밖에 지나지 않았다./개업한 지 — 반년.
속담 **아직 신날도 안 꼬았다** : 짚신이나 미투리를 삼는데 가장 먼저 해야 할 일인 신날도 꼬지 않았다는 것이니, 무슨 일을 아직 시작도 하지 않았다는 말./**아직 이도 나기 전에 갈비를 뜯는다** : 제 실력도 아랑곳없이 무턱대고 큰일을 하려고 한다는 말.

아직-껏부 아직까지 ¶— 소식이 없다.

아직-도부 '아직'의 힘줌말.

아-질산(亞窒酸)[—싼]명 수용액(水溶液)으로서만 존재하는 약산(弱酸). 분해되기 쉬우며, 가열하면 일산화질소가 발생하여 질산이 됨. 아초산(亞硝酸)

아질산-균(亞窒酸菌)[—싼—]명 흙 속의 암모니아를 아질산으로 산화시키는 세균. 흙 속의 질소 순환에 중요한 구실을 함. 아질산 박테리아

아질산=박테리아(亞窒酸bacteria)[—싼—]명 아질산균(亞窒酸菌)

아질-아질부-하다형 어지럼이 나서 정신이 좀 어지러운 느낌을 나타내는 말. ¶깎아지른 절벽을 보니, 머리가 —하다. ☞어질어질. 아찔아찔

아:집(我執)명 ①자기 중심의 생각에 사로잡혀, 거기에서 벗어나지 못하는 일. 자아(自我)를 고집하는 일. ¶—을 버리다. ②불교에서, 실체(實體)가 없는 자아를 실체로 보고 그것에 집착하는 일.

아짝부 단단하거나 잘깃한 물체를 힘있게 한입 물어뜯는 소리를 나타내는 말. ☞아싹. 아작. 어쩍

아짝-거리다(대다)타 아짝아짝 소리를 내다. ☞아싹거리다. 아작거리다. 어쩍거리다

아짝-아짝부 단단하거나 잘깃한 물체를 힘있게 자꾸 물어뜯는 소리를 나타내는 말. ☞아싹아싹. 아작아작. 어쩍어쩍

아찔-아찔부-하다형 정신이 아득해져서 자꾸 쓰러질듯한 느낌을 나타내는 말. ☞아뜩아뜩. 어찔어찔

아찔-하다형여 ①갑자기 정신이 아득해져서 쓰러질듯하다. ¶자리에서 일어나다가 아찔하여 도로 앉다./건물 옥상에서 아래를 내려다보니 —. ②갑작스러운 일을 당하여 두렵거나 놀라운 느낌이 있다. ¶지금도 그 일을 떠올리면 —. ☞아뜩하다. 어찔하다

아차감 잘못된 것을 문득 깨달았을 때 하는 말. 아차차 ¶—, 실수했군./—, 길을 잘못 들었구나.

아차차감 아차

아찬(阿飡)명 신라 때, 17관등의 여섯째 등급.

아창-거리다(대다)자 아창아창 걷다. ☞아장거리다. 어청거리다

아창-아창부 좀 빠르게 아장아장 걷는 모양을 나타내는 말. ☞어청어청

아첨(阿諂)명-하다자 남의 비위를 맞추며 알랑거림, 또는 그 짓. 아부(阿附). 아유(阿諛) ¶상관에게 —하다.

한자 아첨할 아(阿) 〔阜部 5획〕 ¶아부(阿附)/아세(阿世)/아유(阿諛)/아첨(阿諂)

아청(鴉靑)명 검은빛을 띤 파란빛. 야청(野靑)

아첼레란도(accelerando 이)명 악보의 빠르기말의 한 가지. '점점 빠르게'의 뜻. 기호는 accel ☞랄렌탄도(rallentando). 리타르단도(ritardando)

아-초산(亞硝酸)명 아질산(亞窒酸)

아총(兒塚)명 어린아이의 무덤. 애총

아:취(雅趣)명 고아(高雅)한 정취.

아츠-조금명 무수기를 볼 때, 음력 초이렛날과 스무이튿날을 이르는 말.

아치(牙齒)명 엄니

아치(兒齒)명 이가 다 빠진 뒤에 다시 나는 늙은이의 이.

아:치(雅致)명 아담한 풍치.

아:치(arch)명 ①건물의 입구나 문·창 따위의 윗부분이 반원 모양으로 되어 있는 것, 또는 그러한 구조. ②축하나 환영의 뜻으로 세우는 무지개 모양의 구조물.

-아치접미 '그 일에 종사하는 사람'임을 나타냄. ¶벼슬아치/구실아치

아치-교(arch橋)명 구조물의 주된 골격이 아치 형태로 이루어진 다리. 무지개다리

아치랑-거리다(대다)자 아치랑아치랑 걷다. ☞어치렁거리다

아치랑-아치랑부 작은 몸집으로 쓰러질듯 나릿나릿 걷는 모양을 나타내는 말. ☞어치렁어치렁

아치장-거리다(대다)자 아치장아치장 걷다. ☞어치정거리다

아치장-아치장부 짧은 다리로 기운 없이 나릿나릿 걷는 모양을 나타내는 말. ☞어치정어치정

아:칙(雅飭)어기 '아칙(雅飭)하다'의 어기(語基).

아:칙-하다(雅飭—)형여 성품이 단아하고 조심스럽다.

아칠-거리다(대다)자 아칠아칠 걷다. ☞어칠거리다

아칠-아칠부 작은 몸집으로 기운이 없어 쓰러질듯 걷는 모양을 나타내는 말. ☞어칠어칠

아침 명 ①날이 새면서부터 반나절 가량의 동안. ¶그는 늘 — 일찍 일어난다./—저녁으로 쌀쌀하다. ②'아침밥'의 준말. ¶—은 꼭 챙겨 먹어라. ☞저녁
속담 **아침에 까치가 울면 좋은 일이 있고 밤에 까마귀가 울면 대변(大變)이 있다** : 아침에 까치가 울면 반가운 손님이 오거나 기쁜 소식이 있고, 밤에 까마귀가 울면 흔히 좋지 않은 일이 생긴다는 말.

한자 아침 단(旦) 〔日部 1획〕 ¶단모(旦暮)/원단(元旦)
아침 조(朝) 〔月部 8획〕 ¶조간(朝刊)/조반(朝飯)/조석(朝夕)/조찬(朝餐)/조회(朝會)

아침-거리[—꺼—]명 아침 끼니를 만들 거리.

아침-결[—껼]명 ①아침인 동안. ¶—에 신문을 배달하다. ②아침이 지나기 전. ¶—에 하루의 계획을 세운다.

아침-나절명 날이 샌 뒤 해가 중천에 뜨기 전까지의 나절. ¶—에 김매기를 마치다. ☞저녁나절

아침-내부 아침 내내. 아침 동안 줄곧. ¶— 신문을 읽고 있다. ☞저녁내

아침-노을명 해돋이 무렵에 동쪽 하늘이 벌겋게 물들어 보이는 현상. 조하(朝霞) 준아침놀 ☞저녁노을

아침-놀명 '아침노을'의 준말. ☞저녁놀
속담 **아침놀 저녁 비요, 저녁놀 아침 비라** : 아침에 놀이 서면 저녁에 비가 오고, 저녁에 놀이 서면 아침에 비가 온다는 말.

아침-때명 ①아침 무렵. ②아침밥을 먹는 때. ¶—가 되어도 일어날 기미가 보이지 않는다. ☞저녁때

아침-뜸명 해안 지방에서, 뭍바람이 바닷바람으로 바뀌는 아침 무렵에 한때 바람이 자는 현상. ☞저녁뜸

아침-밥[—빱]명 아침 끼니로 먹는 밥. 조반(朝飯). 조식(朝食) 준아침 높아침진지

아침-상(—床)[—쌍]명 아침밥을 차려 놓은 상. 조반상(朝飯床) ¶—을 차리다.

아침-상식(—上食)명 아침에 올리는 상식. ☞저녁상식

아침-선반(—宣飯)명 일터에서, 일꾼이 아침밥을 먹은 뒤 잠시 쉬게 하는 시간.

아침-술[—쑬]명 아침에 마시는 술. 조주(朝酒)

아침-쌀명 아침밥을 지을 쌀. ☞저녁쌀

아침-잠[—짬]명 ①아침에 자는 잠. 조침(朝寢) ②아침

늦게까지 자는 잠. 늦잠 ¶ -이 많아 지각하기 일쑤다.
아침-진지 명 남을 높이어 그의 '아침밥'을 이르는 말.
아침-참 명 일을 하다가 아침과 점심 사이에 잠시 쉬는 동안, 또는 그때에 먹는 음식. ☞낮참. 새참. 점심참
아칫-거리다(대다)[-칟-] 자 아칫아칫 걷다.
아칫-아칫[-칟-] 부 어린아이가 요리조리 위태롭게 걸음을 떼어 놓는 모양을 나타내는 말.
아카데미(academy) 명 플라톤이 기원전 385년경 아테네 교외에 세운 '아카데메이아(Akadēmeia)'라는 학교에서 유래하여 ①서양 여러 나라의 학문이나 예술에 관한 지도자 또는 권위자의 단체. 학사원(學士院)·학술원(學術院)·한림원(翰林院) 따위. ②대학이나 연구소 등 학문·예술의 중심이 되는 단체나 기관을 두루 이르는 말.
아카데미-상(Academy賞) 명 미국 영화상의 한 가지. 1927년에 창설된 미국의 영화 예술 과학 아카데미가 1928년부터 해마다 영화인에게 주는 최고의 상. 작품, 감독, 배우, 기술, 음악 등의 여러 분야에서 우수한 작품이나 사람을 선정하여 수여함. 오스카상
아카데미즘(academism) 명 ①학문 연구나 예술 창작에서, 순수하게 이론을 중시하고 아름다움을 추구하려는 태도. ②학문이나 예술의 보수적·관료주의적 학풍. ③형식 뿐이고 내용이 따르지 않는 비현실적 학문의 경향.
아카데믹-하다(academic-) 형여 ①학문의 분야에서 정통적이고 견실하다. 학구적이다 ¶ 아카데믹한 논문. ②그림이나 조각 따위에서, 낡은 형식에 얽매여 신선미가 없다. ¶ 아카데믹한 예술.
아카사니 감 힘을 써서 무거운 물건을 들어올릴 때 하는 말. ☞이커서니
아카시-나무 명 '아까시나무'의 딴이름.
아카시아(acacia) 명 콩과 아카시아속의 상록 교목을 통틀어 이르는 말. 줄기 높이 12~15m. 줄기나 가지에 가시가 있으며 잎은 깃꼴 겹잎임. 꽃은 노랑 또는 하양으로 송아리를 이루어 핌. 북아메리카가 원산지로 열대와 온대 지방에 500종 안팎이 분포함. ☞아까시나무
아카펠라(a capella 이) 명 기악 반주가 없는 합창곡, 또는 그러한 합창. '교회풍으로'라는 뜻으로, 중세 교회에서 무반주 합창이 대부분이었던 데서 유래함.
아칸서스(acanthus) 명 쥐꼬리망촛과의 여러해살이풀. 엉겅퀴와 비슷하며 잎은 가시가 많고 깊게 갈라져 있음. 6~7월에 1.5m 가량 자란 줄기 끝에 입술 모양의 흰빛 또는 붉은빛 꽃이 이삭 모양으로 핌. 지중해 연안이 원산지임.
아칸서스-무늬(acanthus-) 명 아칸서스의 잎을 도안화(圖案化)한 무늬. 주로 고대 그리스·로마 건축의 기둥에 조각되어 있음.
아:케이드(arcade) 명 ①기둥 위에 아치를 연속적으로 가설한 구조물, 또는 아치 모양의 천장을 가진 통로. ②길 위에 지붕 같은 덮개를 씌운 상점가(商店街).
아코:디언(accordion) 명 악기의 한 가지. 주름상자를 늘였다 오므렸다 하면서, 버튼이나 건반을 눌러 연주함. 손풍금
아쾌(牙儈) 명 거간꾼
아퀴 명 일의 갈피를 잡아 마무르는 끝매듭.
아퀴(를) 짓다 관용 일이나 말 따위를 끝마무리하다.
아퀴-쟁이 명 가장귀가 진 나뭇가지.
아:크-등(arc燈) 명 아크 방전(放電)을 이용한 전등. 마주 보는 두 개의 탄소봉에 강한 전류를 흘리어 보내면 그 사이에서 아치 모양의 백열광이 남. 탐조등·영사기·제판(製版) 등에 이용됨. 호광등(弧光燈). 호등(弧燈)
아:크-로(arc爐) 명 아크 방전으로 말미암아 생기는 고열을 이용한 전기로(電氣爐).
아크로폴리스(akrópolis 그) 명 고대 그리스에서, 도시 국가의 중심부가 되었던 언덕. 수호신의 신전이 세워져 있으며, 긴급한 때에는 피난소나 요새가 되기도 하였음. 파르테논 신전이 있는 아테네의 것이 유명함.
아크릴(acryl) 명 ①'아크릴 수지'의 준말. ②'아크릴 섬유'의 준말.
아크릴로니트릴(acrylonitrile) 명 무색(無色)의 특유한 냄새가 나는, 독성(毒性)이 강한 액체. 중합(重合)이 잘 됨. 합성 섬유나 합성 고무의 원료로 쓰임.
아크릴-산(acryl酸) 명 초산 비슷한 자극적인 냄새가 나는 무색(無色)의 액체. 중합(重合)이 매우 쉬움. 아크릴 수지 따위의 원료임.
아크릴=섬유(acryl纖維) 명 아크릴로니트릴을 주성분으로 하는 중합체(重合體)를 녹여 만든 합성 섬유. 감촉이 양털 비슷하며, 가볍고 보온성이 좋음. 준 아크릴
아크릴=수지(acryl樹脂) 명 플라스틱의 한 가지. 아크릴산·메타크릴산과 그들의 유도체를 중합(重合)하여 만드는 합성 수지를 통틀어 이르는 말. 투명도가 높고 단단하나, 긁힌 자국이 잘 나는 것이 결점임. 준 아크릴
아:크=방:전(arc放電) 명 기체 방전의 한 가지. 전극 재료의 일부가 증발하여 기체가 되고, 전류의 밀도가 매우 커서 높은 열을 내면서 강하게 반짝임. 방전에 지속성이 있음. 전호(電弧)
아:크=용접(arc鎔接) 명 전기 용접의 한 가지. 아크 방전으로 말미암아 생기는 높은 열을 이용하여 금속을 용접하는 방법.
아키타-개(あきた-∠秋田-) 명 개 품종의 하나. 몸이 크고 털이 짧으며 꼬리가 말려 있음. 투견이나 번견(番犬)으로 이용함. 일본 아키타 지방 원산으로 일본의 천연 기념물임.
아킬레스(Achilles 그) 명 그리스 신화에 나오는 영웅이며, 호머의 시 '일리아드(Iliad)'의 주인공. 불사신(不死身)이었으나, 유일한 약점인 발뒤꿈치에 화살을 맞아 죽었다 함.
아킬레스-건(Achilles腱) 명 ①아킬레스 힘줄 ②아킬레스의 신화(神話)에서 유래되어, 치명적인 약점을 비유하여 이르는 말.
아킬레스=힘줄(Achilles-)[-쭐] 명 장딴지에 있는 배복근(腓腹筋)과 비목어근(比目魚筋)을 발뒤꿈치뼈에 부착시키는 힘줄. 인체에서 가장 강한 힘줄이며, 보행에 중요한 구실을 함. 아킬레스건
아타락시아(ataraxia 그) 명 철학에서, 흐트러지지 않는 조용하고 편안한 마음의 상태를 이르는 말. 헬레니즘 시대의 인생관이었으며, 특히 에피쿠로스 학파의 처세 철학에서는 행복의 필수 조건으로 여겼음.
아:탄(亞炭) 명 갈탄(褐炭)의 한 가지. 탄화(炭化)의 정도가 낮고 질이 나쁜 석탄. 아갈탄(亞褐炭)
아테나(Athena) 명 그리스 신화에 나오는 전쟁·학문·예술의 여신. 제우스의 머리에서 태어났다고 함. 로마 신화의 미네르바.
아템포(a tempo 이) 명 악보의 빠르기말의 한 가지. '본디 빠르기로'의 뜻.
아토니:(Atonie 독) 명 근육 조직의 수축력이 약해지거나 없어지는 일. '위(胃)아토니' 따위.
아토미즘(atomism) 명 원자설(原子說)
아:-토양(亞土壤) 명 표면 토양과 암석층 사이의 토층(土層). 돌이 충분히 분해되지 않아 크고 작은 바위 부스러기로 이루어짐.
아:토타이프(artotype) 명 아교와 중크롬산과의 혼합물의 감광성을 이용한 사진판. 명화의 복제와 같은 고급 미술 인쇄에 쓰이는 사진 제판.
아토피(atopy) 명 환경에 대한 선천적 과민증. ¶ -성 피부염
아톰(atom) 명 그리스 철학에서 '더 이상 가를 수 없는 것'이라는 뜻에서, '원자(原子)'를 이르는 말.
아:트(art) 명 ①예술. 미술 ②'아트지'의 준말.
아:트디렉터(art director) 명 ①영화·연극·텔레비전 따위에서, 무대·소도구·배경·의상 등의 미술 전반에 관한 것을 지도하는 사람, 또는 그 책임자. ②광고의 제작에서 미술 부문을 통괄하는 사람.
아트로핀(atropine) 명 알칼로이드의 한 가지. 가짓과 식물인 미치광이풀이나 흰독말풀 등의 뿌리·잎에 들어 있음. 중추 신경이나 부교감 신경에 작용하여 동공(瞳孔)을 확대시키거나 평활근(平滑筋)을 이완시키기도 하는

극약임. 진경제(鎭痙劑)·산동제(散瞳劑)·지한제(止汗劑) 등으로 쓰임.

아:트만(ātman 범)명 인도 철학의 근본 원리의 한 가지. 개인의 심신 활동의 바탕이 되는 원리, 곧 '자아의 본질', '영혼'을 뜻함. 우파니샤드 철학에서는 우주의 근본 원리인 '브라만'과 같은 것으로 생각함.

아:트-지(art紙)명 종이의 한 가지. 광물성의 흰 안료를 입혀 광택이 나도록 만든 인쇄 용지. 주로 사진판 인쇄나 천연색 인쇄 등에 쓰임. ㊅아트 ☞모조지(模造紙)

아:트타이틀(art title)명 영화나 텔레비전 등에서, 배경을 그림이나 사진 등으로 꾸민 미술적인 자막(字幕).

아틀라스(Atlas)명 그리스 신화에 나오는 거인(巨人). 올림포스의 신들과의 싸움에 패하여, 하늘을 두 어깨로 떠받치고 있어야 하는 벌을 받았음.

아틀란티스(Atlantis)명 대서양에 있었다고 하는 전설상의 대륙. 지브롤터 해협의 바깥쪽에 있던 높은 문화를 지닌 유토피아였으나 신의 벌을 받아 하루 낮 하룻밤 사이에 바닷속에 가라앉았다고 하며, '이상향(理想鄕)'의 뜻으로 쓰임.

아틀리에(atelier 프)명 화가나 조각가 등이 작품을 만드는 방. 화실(畫室)

아:티스트(artist)명 예술가(藝術家)

아파(牙婆)명 방물장수

아파시오나:토(appassionato 이)명 악보의 나타냄말의 한 가지. '열정적으로'의 뜻.

아파치(Apache)명 아메리칸인디언의 한 부족. 20세기 초까지 백인에 저항하였던 용맹한 부족으로, 지금은 백인에게 쫓겨 뉴멕시코 주, 애리조나 주 등지에 살고 있음. 모계 사회로 대부분이 목축 일을 함.

아파테이아(apatheia 그)명 정감(情感)에 따라 흐트러지지 않고, 욕정(欲情)에 따라 지배되지 않는 마음의 상태. 스토아 학파는 이 경지에 이르는 것을 삶의 이상으로 삼았음.

아파:트(∠apartment house)명 한 채의 건물 안에 많은 가구(家口)가 살도록 만든 공동 주택, 또는 그런 건물. 건축법에서는 주택으로 쓰이는 층수가 5개층 이상인 주택을 이름.

아파-하다자여 아픔을 느껴 괴로워하다. ¶그 비통한 소식에 가슴 ―.

아패(牙牌)명 조선 시대, 종이품 이상의 문무관이 지니던 상아로 된 호패(號牌)를 이르던 말.

아페르토(aperto 이)명 악보의 나타냄말의 한 가지. '피아노의 오른쪽 페달을 밟고'의 뜻.

아페리티프(apéritif 프)명 식욕(食慾)을 돋우기 위하여 음식을 먹기 전에 가볍게 마시는 술. 셰리·베르무트·칵테일 따위.

아편(阿片·鴉片)명 ①마약의 한 가지. 덜 익은 양귀비의 열매 껍질에 흠집을 내어, 흘러 나오는 진을 말려서 굳힌 고무 모양의 덩어리. 모르핀·코데인 등 여러 알칼로이드가 들어 있음. 진통제·마취제 등으로 쓰이며, 계속 사용하면 습관성 중독을 일으킴. ②바른 정신을 마비시키는 것을 비유하여 이르는 말. ¶공산주의는 한때 민중을 도취시키는 ―이었다.

아편-굴(阿片窟)명 법을 피하여 몰래 아편 주사를 맞거나 아편연을 피우는 비밀한 곳.

아편-연(阿片煙)명 ①아편을 넣어 만든 담배. ②아편을 피우는 연기.

아편-쟁이(阿片―)명 아편에 중독된 사람을 속되게 이르는 말.

아편=전:쟁(阿片戰爭)명 1840~1842년에, 청나라가 아편 수입을 금지함으로써 영국과의 사이에서 일어난 전쟁. 청나라가 패하여 난징〔南京〕 조약을 맺었음.

아편=중독(阿片中毒)명 상습적으로 아편연을 피우거나 아편 주사를 맞아서 일어나는 중독 증세. 몸이 여위고 피부가 하얘지며 눈빛이 날카로워지고 환각 등의 신경증을 일으킴. 급성인 경우에는 구토 등을 일으키며, 심하면 호흡이 마비되어 죽음에 이르기도 함.

아포리아(aporia 그)명 ①아리스토텔레스 철학에서, 어떤 물음에 대한 답으로서 상반되는 두 견해가 다같이 성립되는 경우를 이르는 말. ②해결의 실마리를 찾을 수 없는 어려운 문제나 난관을 이르는 말.

아포리즘(aphorism)명 인생이나 사회 등에 대한 깊은 진리를 간결하고 날카롭게 표현한 짧은 말이나 글. 경구(警句)·격언(格言)·금언(金言)·잠언(箴言) 따위.

아포스테리오리(a posteriori 라)명 '후천적(後天的)'의 뜻. 타고난 것이 아닌, 경험이나 학습으로 터득한 것을 이름. ☞아프리오리

아포코(a poco 이)명 악보의 빠르기말의 한 가지. 다른 말에 덧붙어 '점점'·'조금씩'의 뜻을 나타냄.

아포크리파(Apocrypha 그)명 크리스트교에서, '경외성서(經外聖書)'를 이르는 말.

아폴로(Apollo)명 로마 신화에 나오는 신. 그리스 신화의 아폴론.

아폴로=계:획(Apollo計畫)명 미국 항공 우주국의 달 탐사 계획. 1961년에 계획을 세워, 1969년에는 유인 우주선 아폴로 11호를 처음으로 달에 착륙시켰음.

아폴론(Apollon 그)명 그리스 신화에서, 광명·의술·음악·예언을 맡은 아름답고 남성적인 신. 제우스의 아들이며, 여동생 아르테미스와는 쌍둥이간임. 이지적이고 밝은 그리스 정신을 대표하는 신. 로마 신화의 아폴로.

아폴론-형(Apollon型)명 예술 활동의 한 유형. 단정·엄격·질서·조화를 추구하며 몽상적이고 정관적(靜觀的)인 것으로, 조형 예술과 서사시의 본질임. 니체가 '비극의 탄생'에서 주장함. ☞디오니소스형(Dionysos型)

아:표(餓莩)명 굶어 죽은 송장.

아프간(afgan)명 아프간뜨기로 뜬 기하학적 무늬의 부드러운 모직 담요나 어깨걸이 따위.

아프간-뜨기(afgan―)명 아프간바늘을 써서, 대바늘뜨기와 코바늘뜨기의 기술을 혼합, 왕복 두 번의 동작을 되풀이해 가며 뜨는 입체적인 뜨개질 방식.

아프간-바늘(afgan―)명 대바늘의 한쪽 끝이 코바늘로 된 뜨개바늘.

아프다(아프고·아파)형 ①얻어맞거나 다치거나 또는 몸에 병이 생기거나 하여 괴로운 느낌이 있다. ¶다친 데가 ―./이가 ―./머리가 ―. ②슬픔이나 안타까움 따위로 마음이 괴롭다. ¶가슴 아픈 일. ③해결하기 어려운 일이나 복잡한 문제 따위로 마음이 편치 않다. ¶골치 아픈 문제.

한자 아플 통(痛) 〔疒部 7획〕 ¶고통(苦痛)/두통(頭痛)/복통(腹痛)/진통(鎭痛)/통증(痛症)

아프레(après 프)명 '아프레게르'의 준말.

아프레게:르(après-guerre 프)명 ①제1차 세계 대전 후, 프랑스를 중심으로 문학·예술에서 일어난 새로운 경향. ②제2차 세계 대전 후에 종래의 사상이나 도덕에 얽매이지 않고 행동하는 사람을 이르는 말. 전후파(戰後派) ㊅아프레(après) ☞아방게르(avant-guerre)

아프로디테(Aphrodite)명 그리스 신화에 나오는 사랑과 미(美)의 여신. 제우스와 바다의 정령(精靈) 디오네의 딸. 로마 신화의 비너스에 해당함.

아프리오리(a priori 라)명 '선천적(先天的)'의 뜻. 천성(天性)으로 타고난 것을 이름. ☞아포스테리오리

아프리카(Africa)명 육대주(六大洲)의 하나. 수에즈 운하로 아시아와 연결되어 있는 세계 제2의 대륙. 아프리카주

아프리카-주(Africa洲)명 아프리카

아프리카-코끼리(Africa―)명 코끼릿과의 동물. 오늘날 뭍에 사는 동물 중에서 가장 크며, 키 3~4m, 몸무게는 5~7.5t에 이름. 암컷은 수컷에 비하여 조금 작음. 귀는 둥글고 커서 어깨가 덮이며, 코는 길고 코 끝에 손가락 모양의 두 개의 돌기가 있음. 인도코끼리보다 활발하게 돌아다니며, 성질이 거칠어서 길들이기가 어려움. 사하라 사막 이남의 아프리카 초원 지대에 널리 분포하며, 암컷을 중심으로 무리를 이루고 삶.

아프트-식(Abt式) 명 가파른 비탈이나 경사면 따위에 설치된 기어식 철도. 열차가 미끄러져 내리지 않도록 두 개의 레일 중앙에 기어가 맞물리도록 톱니 궤도를 부설하고, 이것에 동력차에 붙은 기어를 맞물려서 운전하는 방식임. 스위스의 아프트가 발명하였으며, 스위스나 독일 등지의 산악 철도로 이용됨. 아프트식 철도

아프트식=철도(Abt式鐵道)[-또] 명 아프트식

아플리케(appliqué 프) 명 서양 자수(刺繡)의 한 가지. 여러 가지 모양으로 오린 천을, 바탕이 되는 천에 꿰매거나 붙이거나 하는 기법, 또는 그 무늬.

아픔 명 아픈 느낌. 아픈 상태. ¶상처의 -./-이 가시다.

아피아체레(a piacere 이) 명 악보의 나타냄말의 한 가지. '자유롭게'의 뜻.

아하 감 ①미처 생각하지 못했음을 깨달았을 때 가볍게 내는 소리. ¶-, 그랬었구나. ②좀 못마땅한 느낌이 있을 때 내는 소리. ¶-, 그렇게 하는 게 아닌데. ☞어허

아하하 감 거리낌없이 크게 웃는 소리를 나타내는 말.

아:-한대(亞寒帶) 명 기후대(氣候帶)의 한 가지. 온대(溫帶)와 한대(寒帶)의 중간 지역. 냉대(冷帶). 냉온대

아함-경(阿含經 ∠Agama 범) 명 원시 불교의 경전. 보통 한역(漢譯)된 것을 가리키는데, 장(長)·중(中)·잡(雜)·증일(增一)의 사부(四部)로 이루어짐.

아해(兒孩) 명 아이 ▷兒의 속자는 児

아:헌(亞獻) 명 제례에서, 신에게 주부가 두 번째 술을 올리는 절차. ☞종헌(終獻). 초헌(初獻)

아:헌-관(亞獻官) 명 제향(祭享) 때, 아헌을 맡은 제관(祭官). ☞종헌관. 초헌관

아:형(雅兄) 명 편지 등에서, 친구 사이에 서로 상대편을 높이어 이르는 말. ☞인형(仁兄)

아:호(雅號) 명 문인·학자·화가 등이 본이름 외에 따로 지어 부르는 풍아한 이름. 준 호(號)

아혹(訝惑) 어기 '아혹(訝惑)하다'의 어기(語基).

아혹-하다(訝惑-) 형여 괴이하고 의심쩍다.

아홉 수 ①수의 고유어 이름의 하나. 여덟에 하나를 더한 수. ②물건 따위를 셀 때의 아홉 개. ☞구(九)

관 단위를 나타내는 말 앞에 쓰이어 ①수량이 여덟에 하나를 더한 수임을 나타냄. ②차례가 여덟째의 다음임을, 또는 횟수가 여덟 번째의 다음임을 나타냄.

속담 **아홉 살 먹을 때까진 아홉 동네서 미움을 받는다**: 철없는 어린아이들은 장난이 심하여 이곳 저곳에서 말썽을 일으켜 미움을 받는다는 말./**아홉 섬 추수(秋收)한 자(者)가 한 섬 추수한 자더러 그 한 섬을 채워 열 섬으로 달라 한다**: 남의 사정은 조금도 생각지 않고 제 욕심만 채우려는 사람을 두고 이르는 말.

한자 아홉 구(九) 〔乙部 1획〕 ¶구월(九月)/구일(九日)

아홉-무날 명 밀물과 썰물의 차가 같은, 무수기인 음력 초사흘과 열여드레를 아울러 이르는 말.

아홉-수(-數) 명 9·19·29·39 따위와 같이 아홉이 든 수를 이르는 말. 남자의 나이에서, 아홉수가 드는 해를 꺼리는 풍습이 있음.

아홉-째 수 여덟째의 다음.

아:-황산(亞黃酸) 명 이산화황(二酸化黃)을 물에 녹였을 때 생기는 산(酸). 수용액(水溶液)으로만 존재하며, 산화하여 황산이 됨.

아:황산-가스(亞黃酸gas) 명 이산화황(二酸化黃)

아:회(雅會) 명 글을 지으려고 모이는 모임.

아후라마즈다(Ahura Mazda) 명 '아후라'는 '신(神)', '마즈다'는 '지혜'의 뜻으로, 조로아스터교의 최고신(最高神)을 이르는 말.

아훔(∠阿吽·阿呍, ahūm 범) 명 〔'아(阿)'는 입을 벌리고 내는 음, '훔(吽)'은 입을 다물고 내는 음으로, 범어의 열두 자모(字母)에서 '아'는 첫 자모, '훔'은 끝 자모임.〕 ①처음과 끝. 밀교(密敎)에서는 이 두 자를 만물의 처음과 끝을 상징하는 것이라 하였음. ②절의 인왕문(仁王門) 양쪽에 있는 금강신(金剛神)의 상(像). 하나는 입을 벌리고 하나는 입을 다물고 있음. ③날숨과 들숨.

아흐레 명 ①아홉 날. ¶외가에 놀러 가서 - 있었다. ②'아흐렛날'의 준말.

아흐렛-날 명 ①한 달의 아홉째 날. 본 초아흐렛날 준 아흐레 ②아흐레째의 날. ¶올림픽-은 태권도 경기가 있다.

아흔 수 ①수의 고유어 이름의 하나. 열의 아홉 곱절. ②물건 따위를 셀 때의 아흔 개. ☞구십(九十)

관 단위를 나타내는 말 앞에 쓰이어 ①수량이 열의 아홉 곱절임을 나타냄. ②차례가 여든아홉째의 다음임을, 또는 횟수가 여든아홉 번째의 다음임을 나타냄.

아희(兒戲) 명 어린아이들의 장난.

아희원람(兒戲原覽) 명 조선 순조 3년(1803)에 장혼(張混)이 엮은 어린이 학습서. 옛 글이나 일들에서 어린이에게 교양이 될 사실들을 가려 뽑아 천지(天地), 국속(國俗), 인사(人事) 등으로 분류하여 수록한 내용. 1책.

악[1] 명 ①있는 힘을 다하여 모질게 마구 쓰는 기운. ¶-을 쓰다. ②모질게 일어나는 성. ¶-이 치받치다.

악(에) 받치다 관용 악이 몹시 나다. 모진 마음이 치받치다. ¶악에 받쳐 고래고래 소리지르다.

악[2] 감 몹시 놀라거나 쓰러지거나 할 때 저도 모르게 지르는 소리.

악(惡) 명 ①바르지 못한 것. ¶선(善)과 -. ②도덕이나 법률에 어긋나는 일. ¶-에 물들다. ☞선(善)

속담 **악으로 모은 살림 악으로 망한다**: 나쁜 짓을 하여 모은 재산은 오래가지도 못할 뿐더러 도리어 자신에게 해를 끼치게 된다는 말.

악(握) 명 검도에서, 손을 보호하려고 끼는 가죽 장갑.

악(萼) 명 꽃받침

악가(樂歌) 명 악곡(樂曲)이나 악장(樂章)에 따라서 부르는 노래. ☞속가(俗歌)

악감(惡感) 명 '악감정(惡感情)'의 준말. ☞호감(好感)

악-감:정(惡感情) 명 남에 대하여 가지는 불쾌한 감정. 준 악감(惡感) ☞호감정(好感情)

악계(樂界) 명 악단(樂壇)

악곡(樂曲) 명 음악의 곡조. 성악곡·기악곡·관현악곡 등을 통틀어 이르는 말. 곡(曲)

악골(顎骨) 명 턱뼈

악공(樂工) 명 ①조선 시대, 장악원(掌樂院)에 딸리어 속악(俗樂)을 연주하던 잡직(雜職). ☞악생(樂生) ②지난날, 악기를 다루거나 노래부르기를 직업으로 삼는 사람을 이르던 말.

악과(惡果) 명 불교에서, 나쁜 짓에 대한 갚음을 이르는 말. 악보(惡報) ☞선과(善果)

악관(樂官) 명 악사(樂師) ▷樂의 속자는 楽

악-관절(顎關節) 명 하악골(下顎骨)과 두개골(頭蓋骨)을 잇는 관절.

악구(惡口) 명 ①험구(險口) ②불교에서 이르는 십악(十惡)의 하나. 남에게 악한 말을 하는 짓을 이름. 악설

악구(樂句) 명 음악에서, 하나의 악상(樂想)을 나타내는 멜로디의 자연스런 도막. '작은악절'을 가리키기도 함.

악궁(樂弓) 명 ①현악기(絃樂器)를 연주하는 데 쓰는 활. ②활의 시위를 뚱기거나 문지르거나 하여 소리를 내는 원시적인 현악기.

악귀(惡鬼) 명 몹쓸 귀신. 악한 귀신.

악극(樂劇) 명 가극(歌劇)이 노래와 춤에 치우친 데 대하여, 음악을 극적 내용의 표현에 합치시킨 음악극.

악극-단(樂劇團) 명 악극을 상연할 목적으로 조직된 단체.

악기(惡氣) 명 ①사람을 해치는 독기(毒氣). 고약한 냄새. ②악의(惡意)

악기(樂器) 명 음악을 연주하는 데 쓰려고 만든 기구. 관악기·현악기·타악기와 건반 악기 등이 있음.

악-기류(惡氣流) 명 난기류(亂氣流)

악녀(惡女) 명 성품이 악독한 여자. 악부(惡婦)

악념(惡念) 명 나쁜 짓을 꾀하는 마음. 악상(惡想)

악다구니 명-하다 자 사나운 욕설을 하며 다투는 짓, 또는 그 소리. ¶-를 퍼붓다.

악단(樂團) 명 음악을 연주할 목적으로 조직된 단체.

악단(樂壇) 명 음악가의 사회. 악계(樂界)

악담(惡談) 명 -하다 자 악의(惡意)에 찬 마음으로 남을 헐뜯거나 저주하는 말. ☞덕담(德談)

속담 **악담은 덕담이라** : 남을 저주하는 나쁜 말이 오히려 듣는 사람에게는 좋은 수가 될 수도 있음을 이르는 말.

악당(惡黨) 명 ①나쁜 무리. 악도(惡徒) ②악한(惡漢)

악:대 명 ①불깐 짐승. ②'악대소'의 준말.

악대(樂隊) 명 여러 가지 악기로 편성된 연주 집단. 주로 '브라스밴드'를 이름.

악:대-말 명 불깐 말.

악:대-소 명 불깐 소. 불친소 준 악대

악:대-양(-羊) 명 불깐 양.

악덕(惡德) 명 도의(道義)에 벗어난 행동. ¶ - 사채업자(私債業者) ☞선덕(善德)

악덕-한(惡德漢) 명 ①마음보가 나쁜 사람. ②도의(道義)에 벗어난 행동을 하는 나쁜 사나이.

악도(惡徒) 명 악당(惡黨)

악도(惡道) 명 불교에서, 이승에서 나쁜 짓을 한 사람이 죽어서 간다는 고통에 찬 세계. 악취(惡趣)

악독(惡毒) 어기 '악독(惡毒)하다'의 어기(語基).

악독-스럽다(惡毒-)(-스럽고·-스러워) 형ㅂ 보기에 악독한 데가 있다.

악독-스레 부 악독스럽게

악독-하다(惡毒-) 형여 마음이나 행동이 모질고 독살스럽다. ¶악독한 행위.

악독-히 부 악독하게

악-돌이 명 악을 쓰며 모질게 덤비는 사람. ☞악바리

악동(惡童) 명 ①행실이 나쁜 아이. ②장난꾸러기 ¶초등학교 시절의 -들.

악랄(惡辣) 어기 '악랄(惡辣)하다'의 어기(語基).

악랄-하다(惡辣-) 형여 성질이나 하는 짓이 악착스럽고 악독하다. ¶악랄한 수법.

악랄-히 부 악랄하게

악력(握力) 명 물건을 쥐는 손아귀의 힘.

악력-계(握力計) 명 악력을 재는 기구. 힘껏 꽉 쥐었을 때 검침이 나타내는 눈금의 수치로 잼. 단위는 1kg 또는 0.5kg임. 다이너모미터(dynamometer)

악력=지수(握力指數) 명 두 손의 악력을 합한 수치와 몸무게의 비(比).

악령(惡靈) 명 사람에게 재앙을 내린다는 원령(怨靈).

악례(惡例) 명 나쁜 전례(前例).

악률(樂律) 명 ①음악의 가락. 악조(樂調) ②악음(樂音)의 음률(音律), 또는 악음을 음률의 높낮이에 따라 늘어놓은 것. 십이율(十二律)이나 평균율(平均律) 따위.

악리(樂理) 명 음악의 이치.

악마(惡魔) 명 ①잔인하고 포악하며 사람에게 재난을 가져온다는 악령(惡靈). ②불교에서, 불도(佛道)를 방해하는 악신(惡神)을 통틀어 이르는 말. ③크리스트교에서, 하느님에게 반역하여 사람을 악(惡)으로 꾀어들이는 것. 사탄 ④잔인 무도한 사람을 비유하여 이르는 말.

악-마디(惡-) 명 결이 지나치게 꼬여서 모질게 된 마디.

악마-주의(惡魔主義) 명 19세기 말에 유럽에서 일어난, 악마적인 것 속에서 미(美)를 찾으려는 문학의 한 경향. 탐미주의(耽美主義)가 극단으로 나아간 것으로, 보들레르나 오스카 와일드가 그 대표적인 작가임.

악마-파(惡魔派) 명 악마주의를 추종하는 문예상(文藝上)의 한 갈래.

악막(幄幕) 명 진중(陣中)에 친 장막.

악매(惡罵) 명 -하다 타 입에 담지 못할 말로 마구 욕하고 꾸짖음, 또는 그 말.

악머구리 명 잘 우는 개구리라는 뜻으로, 참개구리를 이르는 말.

속담 **악머구리 끓듯 한다** : 많은 사람이 무슨 소리인지 알아들을 수 없이 시끄럽게 떠들어댄다는 말.

악명(惡名) 명 ①나쁜 평판. ¶-이 높다. ②악독하기로 소문난 이름.

악모(岳母) 명 아내의 친정 어머니. 장모 ☞악부(岳父)

악모(惡毛) 명 붓의 털 속에 섞여 있는 몽땅한 털. 악치

악목(惡木) 명 재목으로 쓰기에 알맞지 않은, 질이 나쁜 나무.

악목불음(惡木不陰) 성구 나쁜 나무는 그늘도 지지 않는다는 뜻으로, 사람은 덕망이 있어야 따르는 이가 많다는 말.

악몽(惡夢) 명 ①불길한 꿈. 꿈자리가 사나운 꿈. ¶-에 시달리다. ②꿈이라고밖에 생각할 수 없을 것 같은, 몸서리나게 무서운 현실을 비유하여 이르는 말. ¶전쟁의 -. ☞길몽(吉夢)

악무(樂舞) 명 음악과 춤을 아울러 이르는 말.

악문(惡文) 명 문맥이 어지러워 이해하기 어려운 문장.

악물(惡物) 명 악종(惡種)

악-물다(-물고·-무니) 타 고통을 견디거나 몹시 분하거나 무슨 결심을 하거나 할 때, 아래위의 이를 꽉 마주 물다. ¶이를 악물고 공부하다. ☞윽물다

악-물리다 자 악묾을 당하다. ☞윽물리다

악미(惡米) 명 '앵미'의 원말.

악-바리 명 ①성미가 깐깐하고 고집이 센 사람을 이르는 말. ②지나치게 똑똑하고 영악한 사람을 이르는 말.

속담 **악바리 악돌이 악쓴다** : 무슨 일에나 옹고집을 부리며 악착같이 덤비어 든다는 말.

악박-골 명 서울 서대문구 현저동(峴底洞) 안산(鞍山) 일대의 옛 이름.

속담 **악박골 호랑이 선불 맞은 소리** : 선불 맞은 호랑이처럼 사납게 날뛰며 으르렁거리는 소리를 이르는 말.

악법(惡法) 명 ①국민에게 도움이 되지 않는 나쁜 법률. ②좋지 않은 방법. ☞양법(良法)

악벽(惡癖) 명 나쁜 버릇. 악습(惡習)

악병(惡病) 명 고치기 어려운 병. 악증(惡症). 악질(惡疾)

악보(惡報) 명 ①좋지 않은 소식. ②악과(惡果)

악보(樂譜) 명 가곡(歌曲)이나 악곡(樂曲)을 규정에 따라 기호를 써서 나타낸 것. 곡보(曲譜). 보곡(譜曲). 보면(譜面). 음보(音譜)

악부(岳父) 명 아내의 친정 아버지. 장인 ☞악모(岳母)

악부(握斧) 명 주먹도끼

악부(惡婦) 명 성품이 악독한 여자. 악녀(惡女)

악부(樂府) 명 ①한시(漢詩)의 고체(古體)의 한 형식. 인정이나 풍속을 읊은 것으로, 길고 짧은 구를 섞어 쓴 변화의 묘가 있음. ②악장(樂章)

악사(惡事) 명 나쁜 짓이나 일. ☞호사(好事)

악사(樂士) 명 악기로 음악을 연주하는 사람. 악수(樂手)

악사(樂師) 명 ①조선 시대, 장악원(掌樂院)에 딸린 정육품 관직, 또는 그 관원. 악공(樂工)과 악생(樂生)들에게 음악을 가르치고, 주악(奏樂)의 지휘와 감독을 맡아보았음. ②조선 말기, 장례원(掌禮院)에 딸리어 주악을 맡아보던 관직, 또는 그 관원. 악관(樂官)

악사천리(惡事千里) 성구 나쁜 짓에 관한 소문은 금방 멀리까지 알려지게 마련임을 이르는 말.

악산(惡山) 명 산세(山勢)가 험한 산. ☞험산(險山)

악상(惡相) 명 ①험상궂은 얼굴. 좋지 않은 인상(人相). ②불교에서, 불길한 현상을 이르는 말.

악상(惡喪) 명 젊어서 부모보다 앞서서 죽은 사람의 상사(喪事). ☞순상(順喪). 호상(好喪)

악상(惡想) 명 악념(惡念)

악상(樂想) 명 ①악곡에 대한 작곡자의 구상(構想). ②악곡에 표현되어 있는 주제(主題)나 중심 사상.

악-상어 명 악상엇과의 바닷물고기. 몸은 방추형이며, 길이 3m 안팎. 몸빛은 등 쪽은 검고 배 쪽은 흼. 아래위 턱에 삼각형의 날카로운 이가 나 있으며 성질이 사나움. 한대성 물고기로 동해와 베링 해에 분포하며, 송어·연어 등을 잡아먹음.

악생(樂生) 명 조선 시대, 장악원(掌樂院)에 딸리어 아악(雅樂)을 연주하던 잡직(雜職). ☞악공(樂工)

악서(惡書) 명 내용이 속악(俗惡)하여 독자나 사회, 특히 청소년에게 나쁜 영향을 끼치는 책. ☞양서(良書)

악서(樂書) 명 음악에 관한 책.

악-선전(惡宣傳) 명 남을 깎아 내리기 위한 악의(惡意) 있는 선전. ¶상대편의 -으로 큰 타격을 입다.

악설(惡舌·惡說)명 ①남을 욕하는 말. 욕설(辱說). 악언(惡言) ②악구(惡口)
악성(惡性)명 ①나쁜 성질. 모질고 악독한 성질. ¶ ― 루머 ②치료가 어려운, 고약한 병의 성질. ¶ ― 빈혈(貧血) ☞양성(良性) ③불교에서 이르는 삼성(三性)의 하나. 나쁜 짓 하기를 좋아하는 성질. ☞무기성(無記性)
악성(惡聲)명 ①듣기 싫은 소리. ②악평(惡評)
악성(樂聖)명 아주 뛰어난 음악가를 높이어 이르는 말. ¶ ― 베토벤
악성=인플레이션(惡性inflation)명 경제·사회 전체를 혼란에 빠뜨릴 정도의 심한 인플레이션.
악성=종:양(惡性腫瘍)명 세포가 변이(變異)하여 한없이 증식(增殖)을 계속하여 주위의 정상적인 조직을 파괴하는 종양. 암종(癌腫), 곧 암(癌)이 대표적인 것임. ☞양성 종양(良性腫瘍)
악-세:다 형 ①악착스럽고 세차다. ¶악세게 맞서다. ②식물의 잎이나 줄기가 빳빳하고 세다. ☞억세다
악센트(accent)명 ①낱낱의 말에 대하여 어떤 음절을 특별히 강하거나 높게 발음하는 일, 또는 그 부분. ②디자인이나 문장 따위에서, 특별히 강조하고 싶은 부분이나 눈길을 끌려고 하는 부분. 역점(力點). 중점(重點) ¶글이 밋밋하기만 하고 ―가 없다./브로치로 블라우스에 ―를 주다.
악속(惡俗)명 나쁜 풍속. 악풍(惡風)
악송(惡松)명 제대로 잘 자라지 못한 쓸모 없는 소나무.
악-송:구(惡送球)명-하다자 야구에서, 자기편이 받기 어렵게 공을 잘못 던지는 일. ☞폭투(暴投)
악수 명 물을 퍼붓듯 세게 내리는 비. ☞억수
악수(握手)명-하다자 인사를 하거나 친밀감·반가움·축하 등의 뜻을 나타내기 위하여, 서로 손을 마주잡는 일. ¶ ―를 나누다.
악수(幄手)명 소렴(小殮) 때 시신의 손을 싸는 헝겊.
악수(惡手)명 바둑이나 장기 따위에서, 잘못 둔 나쁜 수. ☞호수(好手). 횡수(橫手)
악수(惡獸)명 모질고 사나운 짐승.
악수(樂手)명 악사(樂士)
악수-례(握手禮)명 악수하는 예절.
악-순환(惡循環)명 어떤 일이 다른 나쁜 상태를 일으키고, 그것이 또 앞엣것에 나쁜 영향을 끼치는 관계가 되풀이되어 사태가 더욱더 나빠지는 일. ¶테러와 보복의 ―이 되풀이되다.
악습(惡習)명 ①나쁜 버릇. 악벽(惡癖) ¶ ―를 고치다. ②나쁜 풍습. 악폐(惡弊). 악풍(惡風) ¶ ―을 타파하다. ☞양습(良習)
악승(惡僧)명 계율(戒律)을 지키지 않고 나쁜 행동을 하는 중.
악식(惡食)명 ①맛없고 거친 음식. ②-하다자 거친 음식을 먹음. ☞미식(美食). 조식(粗食). 호식(好食)
악식(樂式)명 악곡을 구성하는 형식. 세도막 형식, 론도 형식, 소나타 형식, 리드 형식 따위.
악신(惡神)명 사람을 해코지하거나 사람에게 재앙을 가져다 준다는 나쁜 신.
악심(惡心)명 악한 마음. 남을 해치려는 마음. ☞선심
악-쓰다(―쓰고·―써)자 악을 내어 소리를 지르거나 행동하다.
악아 감 ①아기를 부르는 말. ②시부모가 갓 시집온 며느리를 부르는 말. ☞아가
악악-거리다(대다)자 불만이나 노여움 따위로 자꾸 소리를 지르다.
악액-질(惡液質)명 암이나 결핵, 말라리아 등 병의 말기에 나타나는 심한 쇠약 상태. 온몸이 여위고, 피부는 생기가 없으며, 눈두덩이나 다리가 부어 오름.
악어(鰐魚)명 악어목에 딸린 파충류를 통틀어 이르는 말. 생김새는 대체로 도마뱀과 비슷하나, 훨씬 커서 몸길이 7~10m임. 온몸이 단단한 비늘판으로 덮여 있고, 몸통은 평평한 편이며, 주둥이는 가늘고 길. 아가리가 크며 아래위 턱에 강한 원뿔 모양의 이빨이 늘어서 있음. 대부분은 열대와 아열대의 하천이나 호수 등 민물에 삶.
악언(惡言)명 악설(惡舌)
악업(惡業)명 불교에서, 고통과 괴로움을 받을 원인이 되는 나쁜 짓을 이르는 말. ☞선업(善業)
악역(惡役)명 ①영화·연극 따위에서 악인으로 나오는 배역(配役). 악인역(惡人役) ②사람들에게 미움을 사는 일을 함을 비유하여 이르는 말. ¶ ―을 맡다.
악역(惡疫)명 악성(惡性)의 유행병. 콜레라나 페스트 따위.
악역(惡逆)명 사람의 도리에 벗어난 악독한 짓.
악역-무도(惡逆無道)명 비길 데 없이 악독하고 도리에 크게 어긋남.
악연(惡緣)명 ①고통스럽기만 한 불행한 인연. 아무리 끊으려 해도 끊어지지 않는 남녀간의 인연 같은 것. ②좋지 않은 인연. 악인연(惡因緣)
악연(愕然)어기 '악연(愕然)하다'의 어기(語基).
악연-실색(愕然失色)[―쌕]명 뜻밖의 일에 크게 놀라 얼굴빛이 변함. 아연실색(啞然失色)
악연-하다(愕然―)형여 몹시 놀라 어안이벙벙하다.
악연-히 부 악연하게
악-영:향(惡影響)명 나쁜 영향. ¶ ―을 끼치다.
악용(惡用)명-하다타 본디의 쓰임과는 달리 나쁜 목적으로 이용함. ¶법을 ―하다. ☞선용(善用)
악우(惡友)명 나쁜 벗. 사귀어서 해로운 벗. ☞양우(良友)
악운(惡運)명 사나운 운수. ¶ ―이 겹치다. ☞길운(吉運)
악월(惡月)명 ①운수가 사나운 달. ②음양도(陰陽道)에서 이르는 불길한 달. 특히 음력 오월을 이름.
악음(樂音)명 음악의 소재가 되는 음. 진동 주기가 일정하여 듣기 좋으며, 그 높이를 뚜렷이 구별할 수 있는 음. ☞소음(騷音)
악의(惡衣)명 허름한 옷. 너절한 옷. ☞호의(好衣)
악의(惡意)명 ①남을 미워하여 해를 끼치려는 마음. 악기(惡氣) ¶ ―에 찬 말./그에 대해 ―를 품다. ②좋지 않은 뜻. ¶내 말을 ―로 해석하다. ③법률에서, 법률상의 효력에 영향을 미치는 사정을 알고 있는 일. 도덕상의 선악(善惡)과는 다름. ☞선의(善意)
악의-악식(惡衣惡食)명 ①허름한 옷과 변변찮은 음식. ②잘 못 입고 잘먹지 못하는 형편을 뜻함. 조의조식(粗衣粗食). ☞호의호식(好衣好食)
악의=점유(惡意占有)명 법률에서, 소유권 등의 본권(本權)이 없음을 알고 있거나 그 유무(有無)에 의심을 품으면서 점유하고 있는 일. ☞선의 점유(善意占有)
악인(惡人)명 나쁜 사람. 악한 사람. ¶얼굴은 험상궂지만 ―이 아니다. ☞선인(善人)
악인(惡因)명 불교에서, 좋지 않은 결과를 가져오는 원인을 이르는 말. ☞선인(善因)
악인(樂人)명 조선 시대, 악사(樂師)·악공(樂工)·악생(樂生) 등을 통틀어 이르던 말.
악인악과(惡因惡果)성구 나쁜 짓으로 말미암아 나쁜 결과가 생김을 이르는 말. ☞선인선과(善因善果)
악인-역(惡人役)[―녁]명 악역(惡役)
악-인연(惡因緣)명 악연(惡緣)
악일(惡日)명 민속에서, 무슨 일을 하기에 불길하다고 하는 날. 흉일(凶日) ☞길일(吉日)
악작(樂作)명-하다자 풍악(風樂)을 시작함.
악장(岳丈)명 '장인(丈人)'을 높이어 이르는 말. 빙장(聘丈)
악장(樂匠)명 뛰어난 음악가.
악장(樂長)명 악대나 악단(樂團)을 이끄는 사람.
악장(樂章)명 ①조선 시대 초에 생긴 시가(詩歌)의 한 가지. 궁중의 제전이나 잔치 때 주악에 맞추어 부르던 가사(歌詞)임. 용비어천가나 월인천강지곡 따위. 악부(樂府) ②소나타·교향곡·협주곡 등 다악장 형식의 악곡에서, 악곡을 이루는 하나하나의 장(章). 제1악장, 제2악장 등으로 부름.
악장가사(樂章歌詞)명 고려 시대부터 조선 시대 초까지의 속요와 가곡 따위를 모아 실은 책. 작자와 연대는 분명하지 않음. '서경별곡(西京別曲)'·'만전춘(滿殿春)'·'가시리' 등 스물네 편이 실려 있음. 국조사장(國朝詞章)

악장-치다 자 악을 쓰며 싸우다.
악재(惡材) 명 ①증권에서, 시세를 떨어지게 하는 요인. ¶중동(中東)의 긴장이 －가 되어 주가가 떨어지다. ②나쁜 결과를 가져오는 요인. ¶사업에 －로 작용하다. 악재료 ☞호재(好材)
악재(樂才) 명 음악을 잘할 수 있는 재능.
악-재료(惡材料) 명 악재(惡材)
악전(惡戰) 명 -하다 자 불리한 상황에서 싸우는 몹시 힘드는 싸움. ☞선전(善戰)
악전(惡錢) 명 ①나쁜 짓을 하여 손에 넣은 돈. ②품질이 낮은 화폐.
악전(樂典) 명 악보를 쓰거나 읽는 데 필요한 여러 가지 원리와 규칙, 또는 그것을 설명한 책.
악전-고투(惡戰苦鬪) 명 -하다 자 ①강한 적을 상대로 하는 몹시 힘드는 싸움. ¶적의 기습을 받아 －하다. ②어려운 상황을 이겨내려고 온 힘을 다해 노력함. ¶－ 끝에 부도난 회사를 되살리다.
악절(樂節) 명 악곡에서, 악장(樂章)을 구성하는 단위. 여덟 마디로 된 큰악절과 네 마디로 된 작은악절이 있음. 악곡(樂曲)을 구성하는 기초가 됨.
악정(惡政) 명 나쁜 정치. 국민의 뜻에 맞지 않는 정치. ¶－에 시달리는 국민. ☞선정(善政). 양정(良政)
악제(惡制) 명 나쁜 제도.
악조(樂調) 명 음악의 가락. 악률(樂律)
악-조건(惡條件)[-껀] 명 불리한 조건. 나쁜 조건. ¶여러 －을 무릅쓰고 탐험에 성공하다. ☞호조건(好條件)
×**악조-증**(惡阻症) 명 오조증(惡阻症)
악종(惡種) 명 성질이 악독한 사람이나 동물을 이르는 말. 악물(惡物) ¶천하의 － 같으니.
악증(惡症) 명 ①악질(惡疾) ②나쁜 짓.
악지 명 잘 되지 않을 일을 기어이 해내려는 고집. ☞억지
  악지(가) 세다 관용 기어이 해내려는 고집이 세다.
  악지(를) 부리다 관용 기어이 무슨 일을 하려고 하다. ¶살림을 나겠다고 －.
  악지(를) 세우다 관용 무슨 일을 기어이 해내려고 끝까지 버티다.
  악지(를) 쓰다 관용 몹시 악지를 부리다.
악지(惡地) 명 사람이 살기에 알맞지 않은 땅.
악지-스럽다(-스럽고·-스러워) 형ㅂ 잘 되지 않을 일을 기어이 해내려는 데가 있다. ¶악지스러운 주장.
  악지-스레 부 악지스럽게
악-지식(惡知識) 명 불교에서, 남을 악(惡)으로 인도하는 사악한 사람을 이르는 말. ☞선지식(善知識)
악지-악각(惡知惡覺) 명 불교에서, 불과(佛果)를 얻는 데 방해가 되는 사악한 지식을 이르는 말.
악질(惡疾) 명 고치기 어려운 병. 악병(惡病). 악증(惡症)
악질(惡質) 명 ①질이 나쁨, 또는 그러한 사람. ¶－ 고리대금업자/－ 상인 ②나쁜 바탕이나 품질. ☞양질(良質)
악질-적(惡質的) 명 바탕이 좋지 않은 것. ¶－인 범죄.
악짓-손 명 악지를 써서 해내는 솜씨.
악차(堊次) 명 시묘(侍墓)하는 상제가 거처하는 뜸집.
악차(幄次) 명 지난날, 거둥 때 임금이 쉬도록 임시로 둘러치던 장막.
악착(齷齪) 명 -하다 형 ①자잘한 일에 아등바등 하는 것이 몹시 이악스러움. ②모질고 끔찍스러움. ☞억척
  악착(을) 떨다 관용 무슨 일을 악착스럽게 하다. ¶악착을 떤 보람이 있었군.
  악착(을) 부리다 관용 악착스러운 짓을 하다.
악착-같다(齷齪-)[-갇-] 형 모질고 끈질기다. ¶재물을 모으는 일에는 －. ☞억척같다
  악착-같이 부 악착같게 ¶－ 덤벼들다.
악착-꾸러기(齷齪-) 명 몹시 악착스러운 사람.
악착-빼기(齷齪-) 명 몹시 악착스러운 아이. ☞억척빼기
악착-스럽다(齷齪-)(-스럽고·-스러워) 형ㅂ 보기에 악착같은 데가 있다. ¶악착스럽게 일하다.
  악착-스레 부 악착스럽게
악창(惡瘡) 명 한방에서, 고치기 힘든 악성(惡性)의 부스럼을 이르는 말.

악처(惡妻) 명 성질이나 행실이 좋지 않은 아내. ☞악부(惡婦). 양처(良妻)
악-천후(惡天候) 명 좋지 않은 날씨. ¶－를 무릅쓰고 길을 나서다. ☞호천후(好天候)
악첩(惡妾) 명 성질이나 행실이 좋지 않은 첩.
악초(惡草) 명 품질이 낮은 담배.
악-초구(惡草具) 명 고기붙이는 없이 채소만으로 만든 거친 음식. ☞소찬(素饌)
악충(惡蟲) 명 해충(害蟲)
악취(惡臭) 명 고약한 냄새. ¶－가 풍기는 음식 쓰레기.
악취(惡趣) 명 악도(惡道)
악-취:미(惡趣味) 명 ①속되고 나쁜 취미. ②남이 싫어하는 일을 예사로 하는 일. ¶남의 비위를 건드리는 －.
악치(惡-) 명 ①악모(惡毛) ②여러 개의 물건 속에서 추려 내고 남은 찌꺼기.
악티노마이신(actinomycin) 명 방선균(放線菌)에서 발견된 항생 물질을 통틀어 이르는 말. 악성 종양에 효과가 있으나 독성이 강해 한동안 사용이 중지됨.
악티노우라늄(actinouranium) 명 악티늄계 붕괴 계열의 시발(始發)이라는 뜻으로, 우라늄 235를 달리 이르는 말. 핵연료로 중요함.
악티늄(actinium) 명 악티늄족 원소의 하나. 1899년 피치블렌드에서 발견된 은백색의 금속. [원소 기호 Ac/원자 번호 89/원자량 227]
악티늄=계:열(actinium 系列) 명 우라늄 235에서 시작하여 악티늄을 거쳐 납 207에 이르는 방사성 핵 종류의 붕괴 계열.
악티늄족=원소(actinium族元素) 명 전이 금속 중에서, 원자 번호 89인 악티늄에서 103인 로렌슘까지의 열다섯 개 원소를 통틀어 이르는 말. 모두 방사성 원소이며 물리적·화학적으로 비슷한 성질을 가짐.
악판(顎板) 명 거머리 따위의 인두(咽頭) 안에 있는 턱. 딴 동물에 붙어 피를 빨아먹을 수 있음.
악-패듯 부 사정없이 매우 심하게. ¶－ 울어대다.
악편(蕚片) 명 꽃받침 조각.
악평(惡評) 명 ①좋지 않은 평판이나 평가, 또는 비평. 악성(惡聲) ¶－ 속에서도 책은 많이 팔렸다. ②-하다 타 좋지 않게 평가하거나 비평함. ¶전시된 작품을 마구 －하다. ☞호평(好評)
악폐(惡弊) 명 ①악풍(惡風) ②좋지 않은 풍습으로 말미암은 폐단. ¶－를 없애다.
악풍(惡風) 명 ①나쁜 풍습. 악속(惡俗). 악습(惡習). 악폐(惡弊) ☞미풍(美風). 양풍(良風) ②모진 바람.
악필(惡筆) 명 서투른 글씨, 또는 잘 쓰지 못한 글씨. ☞달필(達筆) ②품질이 나쁜 붓.
악-하다(惡-) 형여 ①성질이 모질고 사납다. ¶악한 사람. ②사람의 도리(道理)에 벗어나다. ¶악한 짓을 하다. ☞선(善)하다

한자 악할 악(惡) [心部 8획] ¶선악(善惡)/악독(惡毒)/악인(惡人)/죄악(罪惡) ▷ 속자는 悪

악학궤:범(樂學軌範) 명 조선 시대 음악의 지침이 된 악전(樂典). 성종 24년(1493) 왕명에 따라 성현(成俔)·유자광(柳子光)·신말평(申末平) 등이 엮음. 궁중 의식에서 연주하던 음악에 관한 여러 가지가 그림으로 풀이되어 있고, 백제 가요 '정읍사', 고려 가요 '정과정'과 '동동' 등이 실려 있어 국문학 연구에도 귀중한 자료가 됨. 9권 3책. ▷ 樂의 속자는 楽
×**악한**(惡寒) 명 → 오한(惡寒)
악한(惡漢) 명 나쁜 짓을 일삼는 사람. 악당(惡黨)
악한=소:설(惡漢小說) 명 피카레스크 소설
악행(惡行) 명 악한 행위. 나쁜 짓. ¶－을 저지르다. ☞선행(善行)
악향(惡鄕) 명 풍기가 문란한 고장.
악혈(惡血) 명 ①고름이 섞여 나오는 피. ②해산한 뒤에 나오는 궂은 피.

악형(惡刑) 명 모진 형벌. ☞참형(慘刑)

악화(惡化) 명 -하다 자 어떤 상태나 관계 등이 나빠짐. ¶ 병세가 ―하다./둘의 관계가 ―되다. ☞호전(好轉)

악화(惡貨) 명 지금(地金)의 가격이 법정 가격보다 떨어지는 화폐. ¶―가 양화(良貨)를 구축한다.

악희(惡戲) 명 심술궂은 장난.

안[1] 명 ①어떤 공간이나 물체의 둘레에서 가운데로 향한 쪽, 또는 그러한 부분. ¶가게 ―/상자 ―에 있다./대문 ―으로 들어가다. ②시간·공간·수량·순위 등에서 어떤 범위에 드는 것. ¶한 시간 ―에 끝내다./나라 ―의 일./3등 ―에 들다. ③'아내'를 이르는 말. ¶―에서 알고 있습니다. ④집에서 부인들이 거처하는 방. 안방 ¶―으로 들어가다. ⑤'안찝'의 준말. ¶명주로 ―을 넣은 저고리. ⑥속마음 ¶어찌 그대가 내 안을 알 수 있겠소? ☞밖

안으로 들어가다 관용 실속 있게 내용을 파고들다.

안(을) 받치다 관용 옷의 안쪽에 다른 안감을 대다. ¶안을 받친 마고자.

속담 **안 인심이 좋아야 바깥양반 출입이 넓다** : 제집에 오는 사람의 대접을 잘해야 다른 데 가서도 대접을 잘 받게 된다는 말.

한자 안 내(內) 〔入部 2획〕 ¶국내(國內)/내복(內服)/내부(內部)/실내(室內)/장내(場內)

안[2] 부 '아니'의 준말. ¶― 가다./― 먹다./― 사다.

속담 **안 되는 놈은 두부에도 뼈라** : 액운(厄運)에 빠진 사람은 일마다 뜻대로 되지 않고, 뜻밖의 재화까지 겹쳐 입는다는 말./**안 먹겠다 침 뱉은 물 돌아서서 다시 먹는다** : 뒷날에 아쉬운 소리를 하게 될지 모르니, 누구에게나 좋게 대해야 한다는 말./**안 본 용(龍)은 그려도 본 뱀은 못 그린다** : 사실을 있는 그대로 파악하기란 지극히 어렵다는 말.

안:(案) 명 ①생각. 계획 ¶별다른 ―이 없다./아주 좋은 ―이다. ②'안건(案件)'의 준말.

안- 접두 ①'아내가 되는'의 뜻을 나타냄. ¶안사람 ②'여자'임을 나타냄. ¶안노인/안주인 ③'가정의'의 뜻을 나타냄. ¶안살림

안가(晏駕) 명 -하다 자 붕어(崩御)

안-가업(―家業) 명 -하다 자 안방에서 술 따위의 음식을 팖.

안:각(眼角) 명 ①눈구석과 눈초리를 이르는 말. ②사물을 보는 눈.

안-간힘[―깐―] 명 고통·불만·노여움 따위를 참으려고 하지만 저절로 터져 나오는 간힘. ¶―을 다해 버티다.

안간힘을 쓰다 관용 고통이나 노여움 따위를 억지로 참다. ¶지지 않으려고 ―.

안-감[―깜] 명 ①물건의 안쪽에 대는 감. ②안찝 ¶명주 ―을 댄 핫저고리. ☞겉감

안갑(鞍匣) 명 안장을 덮는 헝겊.

안강(鮟鱇) 명 '아귀[2]'의 딴이름.

안강(安康) 어기 '안강(安康)하다'의 어기(語基).

안강-망(鮟鱇網) 명 아가리가 둥근 긴 자루 모양의 그물. 조류(潮流)가 빠른 곳에 닻으로 고정해 놓고, 조류에 밀려 그물 안으로 들어오는 아귀·조기 따위를 잡는 데 씀.

안강-하다(安康―) 형여 편안하고 건강하다. ¶그 동안 안강하시옵니까.

안강-히 부 안강하게

안갖춘-꽃[―갇―] 명 하나의 꽃에서, 꽃받침·꽃부리·수술·암술 중의 어느 것을 갖추지 못한 꽃. 불완전화(不完全花) ☞갖춘꽃

안갖춘-잎[―갇―닙] 명 턱잎·잎자루·잎몸 중의 어느 것을 갖추지 못한 잎. 불완전엽(不完全葉) ☞갖춘잎

안:-갚음 명 -하다 자 까마귀 새끼가 자라서 어미에게 먹이를 물어다 준다는 이야기에서, 어버이의 은혜를 갚는 일을 이르는 말. 반포(反哺)

안:개 명 지면이나 수면에 가까운 공기가 차가워지면서 수많은 작은 물방울로 되어 김처럼 보이는 것.

한자 안개 무(霧) 〔雨部 11획〕 ¶무로(霧露)/무산(霧散)/무우(霧雨)/무적(霧笛)/운무(雲霧)

안:개-구름 명 '층운(層雲)'의 딴이름.

안:개-뿜이 명 분무기(噴霧器)

안거(安居) 명 -하다 자 ①편안히 지냄. ②중이 일정한 기간 한 곳에 머물러 수행하는 일. 동안거(冬安居)와 하안거(夏安居)가 있음.

안거낙업(安居樂業) 성구 편안히 지내면서 생업(生業)을 즐김을 이르는 말.

안거위사(安居危思) 성구 편안할 때일수록 어려움이 닥칠 것을 생각하여 미리 대비하라는 말.

안:건(案件)[―껀] 명 토의하거나 연구할 대상으로 내놓은 사항. ¶중요한 ―./처리해야 할 ―. 준 안(案)

안:검(眼瞼) 명 눈꺼풀

안:검상시(按劍相視) 성구 칼자루를 잡고 서로 노려본다는 뜻으로, 서로 원수처럼 대함을 이르는 말.

안:검-염(眼瞼炎)[―념] 명 다래끼

안-겉장(―張)[―걷―] 명 속표지 준 안장

안:경(眼鏡) 명 시력을 조정하거나 눈을 보호하기 위하여 눈에 쓰는 기구.

안:경-다리(眼鏡―)[―따―] 명 안경테의 양쪽에 달려 귀에 걸게 된 부분.

안:경-알(眼鏡―) 명 안경테에 끼우는 유리 알 따위.

안:경-집(眼鏡―)[―찝] 명 안경을 넣는 갑.

안:경-테(眼鏡―) 명 안경알을 끼우는 테.

안:계(眼界) 명 ①눈에 보이는 범위. 시계(視界) ¶―가 열리다./―가 탁 트이다. ②생각이 미치는 범위. 시야(視野) ¶―가 좁은 사람.

안:고-나다[―꼬―] 자 남의 일이나 남의 책임을 제가 맡다. ¶제 일이나 착실히 하지 남의 일까지 안고나다니.

안-고름[―꼬―] 명 '안옷고름'의 준말. ☞겉고름

안:고수비(眼高手卑) 성구 눈은 높으나 재주가 그에 따르지 못함을 이르는 말.

안:고-지기[―꼬―] 명 두 짝의 문을 한데 붙여 여닫게 된 문, 또는 두 짝을 한쪽으로 몰아 문턱째 함께 열게 된 미닫이.

안:고-지다[―꼬―] 자 남을 해치려다 도리어 제가 해를 입다.

안-골[―꼴] 명 골짜기의 안쪽, 또는 골짜기 안에 있는 마을. ¶―에 자리한 자그마한 암자.

안공 명 둘 이상의 나무를 붙일 때, 아교풀이 마를 때까지 나무를 물고 죄어서 고정하는 목공 기구.

안:공(眼孔) 명 눈구멍[1]

안:공(鞍工) 명 말 안장을 만들거나 고치는 일을 전문으로 하는 사람.

안과(安過) 명 -하다 자타 아무 탈 없이 편히 지나감, 또는 그렇게 지냄.

안:과(眼科)[―꽈] 명 눈병의 치료나 예방 따위를 연구하는 의학의 한 분야. ¶― 의사

안:과(眼窠) 명 눈구멍[1]

안:과-의(眼科醫)[―꽈―] 명 눈병을 전문으로 다루는 의사.

안과-태평(安過太平) 명 탈없이 태평하게 지나감, 또는 그렇게 지냄.

안:과-학(眼科學)[―꽈―] 명 눈 또는 눈병의 치료와 예방을 연구하는 학문.

안:광(眼光) 명 눈빛

안:광(眼眶) 명 눈자위

안:구(眼球) 명 눈알

안:구(鞍具) 명 말 안장에 딸린 여러 가지 기구.

안:구-근(眼球筋) 명 안구의 운동을 맡은 근육을 통틀어 이르는 말. 준 안근(眼筋)

안:구=돌출(眼球突出) 명 눈알이 비정상적으로 튀어나온 상태.

안:구-마(鞍具馬) 명 안장을 얹은 말.

안:구=은행(眼球銀行) 명 각막 이식을 위한 안구를 제공받아 각막을 보관하고 알선하는 기관. 아이뱅크

안-귀[―뀌] 명 내이(內耳) ☞겉귀

안:근(眼根)명 불교에서, 육근(六根)의 하나. 시각(視覺)을 맡은 기관인 '눈'을 이르는 말.
안:근(眼筋)명 '안구근(眼球筋)'의 준말.
안기다[1] 자 남의 품속에 들다. ¶어머니 품에 ─.
안기다[2] 타 ①가슴에 안게 하다. ¶엄마에게 젖먹이를 ─. ②암탉 등 날짐승의 암컷에 알을 품게 하여 새끼를 까게 하다. ¶달걀을 ─. ③생각이나 감정 따위를 품게 하다. ④무슨 일을 겪게 하다. ¶주먹을 ─./큰 손해를 ─.
안-깃[─낏]명 저고리나 두루마기 따위의 안자락으로 들어가는 깃. ☞겉깃
안-껍데기명 속껍데기
안-꽃뚜껑[─꼳─]명 꽃뚜껑의 안쪽, 꽃잎에 해당하는 부분. ☞겉꽃뚜껑
안-낚걸이[─낙─]명 택견에서, 발질의 한 가지. 상대편의 가랑이 사이로 다리를 넣어 발뒤꿈치로 상대편의 오금을 걸어 당기는 공격 기술.
안-날명 바로 앞의 날. ¶그 ─에 예약을 하다.
안남-미(安南米)명 베트남에서 생산되는 쌀.
안남-인(安南人)명 중국인이 '베트남인'을 이르는 말.
안:낭(鞍囊)명 말 안장의 앞 양쪽에 달아 자잘한 물건을 넣는 가죽 주머니.
안:내(案內)명-하다타 ①어떤 곳에 관하여 잘 모르는 사람을 그곳에 데려다 주거나 데리고 다니면서 그곳의 사정을 가르쳐 줌. ¶국립 박물관으로 ─하다./공장을 ─하고 다니다. ②어떤 내용이나 사정 등을 알림, 또는 그 문서. ¶대학 입시 ─/─ 방송
안:내-란(案內欄)명 행사 안내나 직업 안내 따위를 모아서 싣는, 신문이나 잡지 등의 지면.
안:내-서(案內書)명 ①어떤 사정이나 내용 등을 알리는 설명서. ¶사용 ─ ②여행지나 관광지 따위에 관한 설명서. 가이드북(guidebook) ¶관광 ─
안:내-소(案內所)명 어떤 일에 관한 안내를 맡아보는 곳. ¶관광 ─/여행 ─
안:내-업(案內業)명 안내를 맡아 하는 직업.
안:내-인(案內人)명 안내하는 사람. ¶관광 ─
안:내-장(案內狀)[─짱]명 어떤 행사에 관한 사항을 알리거나, 그 행사에 초대하는 글. ¶예술제 ─
안-너울대기명 택견에서, 발질의 한 가지. 원품으로 서서 번갈아 가며 두 무릎을 들어 올려 몸 안쪽으로 크게 돌렸다 내렸다 하는 동작.
안녕(安寧)[1] 명-하다형 ①세상이 평온하고 안정되어 있음. ¶가정의 ─./사회의 ─./─과 질서. ②'평안(平安)'의 높임말. ¶─하세요?/그 동안 ─하셨습니까?
 안녕-히부 안녕하게 ¶─ 계세요.
안녕(安寧)[2] 감 무간하게 지내는 사이에, 만나거나 헤어질 때 하는 인사말.
안녕=질서(安寧秩序)[─써]명 국가나 사회가 평온하고 질서가 잘 지켜지고 있는 상태.
안-노인(─老人)명 한 가정의 여자 노인. ¶그 집 ─이 돌아가셨대.
안:다[─따]타 ①두 팔로 끼어서 가슴에 품다. ¶아기를 ─./과일 바구니를 안은 여인. ②햇빛이나 눈·비·바람 따위를 정면으로 받다. ¶눈보라를 안고 가다./햇빛을 안고 달리다. ③남의 일이나 책임을 떠맡다. ¶은행 빚을 안고 집을 사다. ④날짐승이 알을 품다. ¶암탉이 알을 안고 있다. ⑤생각이나 감정 따위를 품다. ¶희망을 안고 돌아오다.

한자 안을 포(抱)〔手部 5획〕¶포옹(抱擁)

안다리-걸기[─따─]명 씨름의 다리 기술의 한 가지. 오른다리로 상대편의 왼다리를 안쪽으로 감아 끌어 붙여 밀어 넘어뜨리는 공격 재간. ☞밭다리걸기
안:다미명-하다타 남의 책임을 맡아서 짐.
안:다미-로부 담은 분량이 그릇에 넘치도록 많이. ¶밥을 ─ 담다.
×**안다미-시키다**타 →안다미씌우다
안:다미-씌우다타 책임이나 허물을 남에게 지우다. 더미씌우다 준다미씌우다
안:다미-조개명 안다미조갯과의 바닷조개. 얕은 바다의 진흙 속에 삶. 조가비 길이는 5cm 안팎으로 두꺼우며, 회백색의 표면에는 부챗살 모양의 돋을무늬가 나 있음. 살이 연함. 우리 나라와 일본 등지에 분포함. 고막. 꼬막. 살조개
안단테(andante 이)명 악보의 빠르기말의 한 가지. '느리게'의 뜻. 모데라토와 아다지오의 중간.
안단테칸타빌레(andante cantabile 이)명 악보의 나타냄말의 한 가지. '느리게 노래부르듯이'의 뜻.
안단티노(andantino)명 악보의 빠르기말의 한 가지. '조금 느리게'의 뜻. ☞모데라토. 안단테(andante)
안달[1] 명-하다자 속을 태우며 괴로워하는 짓. ¶─이 나다./밖에 나가지 못해 ─하는구나.
안-달[2] [─딸]명 바로 전달. 바로 전월(前月).
안달루시안(Andalusian)명 닭의 한 품종. 에스파냐 남부의 안달루시아 지방 원산의 난용종(卵用種) 닭.
안달-뱅이명 걸핏하면 안달하는 사람을 얕잡아 이르는 말. 준안달이
안달복달-하다자여 몹시 안달하다.
안달-이명 '안달뱅이'의 준말.
안-당(─堂)[─땅]명 정당(正堂)
안당-사:경(─堂四更)[─땅─]명 집안의 평안을 빌며, 사경(四更)에 하는 실력굿의 거리. 3년에 한 번씩 함.
안:대(案對)명-하다자 두 사람이 마주 대함.
안:대(眼帶)명 눈병이 났을 때 눈을 보호하기 위하여 가리는 거즈 따위의 천 조각.
안-대:문(─大門)[─때─]명 바깥채와 안채 사이에 있는 대문.
안-댁(─宅)[─땍]명 남의 부인을 높이어 이르는 말.
안도(安堵)명-하다자 ①자기가 사는 곳에서 편안히 지냄. ②걱정거리가 없어져 마음을 놓음. ¶무사하다는 소식을 듣고 ─하다./─의 한숨을 내쉬다.
안:도(眼到)명 독서삼도(讀書三到)의 하나. 글을 읽을 때에는 눈을 오로지 글 읽기에만 집중해야 함을 이르는 말. ☞심도(心到). 구도(口到)

안도-감(安堵感)명 걱정거리가 없어져 마음이 푹 놓이는 편안한 느낌.
안:독(案牘)명 지난날, 관아의 공문서를 이르던 말.
안-돈[─똔]명 살림하는 주부가 가지고 있는 적은 돈.
안:-돌이명 험한 벼랑길 따위에서 바위 같은 것을 안고 겨우 돌아가게 된 곳. ☞지돌이
안동=도호부(安東都護府)명 고구려가 망한 뒤, 그 영토를 다스리기 위해 평양에 두었던 당나라의 관아.
안동-포(安東布)명 경상 북도 안동에서 나는 올이 가늘고 빛이 누런 삼베.
안-되다형 섭섭하거나 딱한 느낌이 있다. ¶파리한 얼굴 모습을 보니 마음이 안되었다.
안:두(案頭)명 책상 위. 안상(案上) ¶─에 놓인 책.
안두리-기둥명 ㅁ자집 따위에서, 건물의 안쪽 둘레에 돌아가며 세운 기둥.
안-뒤꼍명 안채 뒤에 있는 뜰.
안-뒷간[─깐]명 재래식 한옥에서, 안채에 딸린 부녀자용 뒷간. 내측(內廁)
안드러냄-표(─標)명 문장 부호의 한 갈래. 숨김표(××, ○○), 빠짐표(□), 줄임표(……)를 통틀어 이르는 말. 잠재부(潛在符) ☞드러냄표
안-뜨기명 대바늘뜨개질에서, 코를 안으로만 감아 떠 나가는 가장 기본적인 뜨개질법의 한 가지. ☞겉뜨기. 메리야스뜨기
안-뜰명 안채에 있는 뜰. 내정(內庭)
안락(安樂)명-하다형 몸과 마음이 편안하고 즐거움. ¶노년을 ─하게 지내다./─한 생활을 바라다./자신의 ─만을 추구하다.
안락-국(安樂國)명 '극락(極樂)'을 달리 이르는 말.
안락-사(安樂死)명 나을 가망이 전혀 없는 병자를 고통에서 벗어나게 해 줄 목적으로 죽음의 시기를 앞당겨 편안

히 죽음에 이르게 하는 조처, 또는 그러한 죽음. ㊟안사
안락-세:계(安樂世界)명 극락(極樂)
안락=의자(安樂椅子)명 팔걸이가 있고 푹신푹신하여 편안히 기대어 앉을 수 있는 의자.
안락-정:토(安樂淨土)명 극락(極樂)
안:력(眼力)명 ①물체를 보는 눈의 능력. 목력(目力). 시력(視力) ②안목(眼目)
안:렴-사(按廉使)명 고려 시대, 각 도의 으뜸 관직.
안:롱(鞍籠)명 지난날, 수레나 가마 따위를 덮던 우비. 유지(油紙)로 만들었는데, 한쪽에 사자가 그려져 있음.
안:롱-장(鞍籠匠)명 지난날, 안롱 만드는 일을 전문으로 하던 사람.
안:롱-직(鞍籠直)명 조선 시대, 사복시(司僕寺)에 딸려 안롱을 맡아 지키던 하급 관리.
안료(顔料)명 ①물이나 기름에 녹지 않는 착색용의 미세한 가루. 무기 안료와 유기 안료로 나뉨. 칠감이나 인쇄잉크, 그림물감의 원료로 쓰이고, 고무나 화장품의 착색 등에 이용됨. ②그림물감이나 칠감. ☞염료(染料)
안:마(按摩)명-하다타 손으로 몸의 근육을 주무르거나 문지르거나 하여 근육을 풀어 주고 혈액 순환을 좋게 하여, 피로가 풀리게 하는 일. ☞지압 요법(指壓療法)
안:마(鞍馬)명 ①안장을 얹은 말. ②체조 기구의 한 가지. 높이 1.1m의 말 등 모양으로 만든 틀 위에 두 개의 손잡이를 달아 놓은 것, 또는 그 기구를 이용해서 하는 남자 체조 경기. 안마 운동
안-마당명 집 안에 있는 마당. ☞바깥마당
안-마루명 안채에 있는 마루.
안:마-사(按摩士)명 안마를 직업으로 하는 사람.
안:마-술(按摩術)명 안마하는 기술.
안:마=운:동(鞍馬運動)명 안마(鞍馬)
안:마지로(鞍馬之勞)명 먼 길을 달려가는 수고로움.
안:막(眼膜)명 각막(角膜)
안-맥명 서까래나 부연이 도리나 평고대 안으로 들어간 부분.
안:맥(按脈)명-하다타 환자의 맥을 짚어 봄. 진맥(診脈)
안:맹(眼盲)명-하다자 눈이 멂.
안-면(-面)명 안쪽 면. 내면(內面) ☞겉면
안면(安眠)명-하다자 편하게 푹 잠. 안침(安枕) ¶-을 방해하다.
안면(顔面)명 ①얼굴. 낯 ¶-이 창백하다. ②서로 얼굴을 아는 친분. ¶-이 있다.
　안면(을) 바꾸다관용 잘 아는 사람이 모른체 하며 새삼스러운 태도를 취하다.
안면-각(顔面角)명 사람의 얼굴을 옆에서 보았을 때, 턱의 튀어나온 정도를 나타내는 척도. 귓구멍과 콧구멍을 잇는 직선이, 이마의 한가운데와 위턱을 잇는 직선과 이루는 각. 면각(面角)
안면-근(顔面筋)명 표정근(表情筋)
안면-박대(顔面薄待)명 잘 아는 사람을 푸대접함.
안면=방해(安眠妨害)명 남이 잠잘 때 시끄럽게 굴어서 편하게 잠자지 못하게 하는 일.
안면-부지(顔面不知)명 얼굴을 모름, 또는 얼굴을 모르는 사람. ¶-의 여성.
안면=신경(顔面神經)명 안면에 분포하는 뇌신경의 한 갈래. 표정근을 지배하는 운동 신경과 침·눈물 등의 분비를 지배하는 신경, 미각(味覺)을 지배하는 신경이 있음.
안면=신경=마비(顔面神經痲痹)명 찬 기운이나 류머티즘·외상(外傷)·귓병 등으로 말미암아 일어나는 안면 신경의 마비. 얼굴의 한쪽이 일그러져 표정을 지을 수 없으며, 입아귀가 처지고, 눈을 감거나 뜨기가 힘들며, 음식을 씹기가 힘드는 등의 증세가 나타남.
안면=신경통(顔面神經痛)명 '삼차 신경통(三叉神經痛)'을 흔히 이르는 말. ㊟안면통(顔面痛)
안면-치레(顔面-)명 안면이 있는 사람에게 차리는 체면. ¶-로 눈인사만 나누다.
안면-통(顔面痛)명 '안면 신경통(顔面神經痛)'의 준말.
안:명수쾌(眼明手快)성구 눈썰미가 있고 솜씨가 시원시원함을 이르는 말.
안모(顔貌)명 얼굴의 생김새. 용모(容貌)
안-목명 안치수 ☞바깥목
안:목(眼目)명 ①사람의 눈. 보는 눈. ¶남의 -이 두렵지 않나. ②사물의 좋고 나쁨이나 참과 거짓 등을 분간할 수 있는 능력. 안력(眼力). 안식(眼識). 면안(面眼) ¶골동품에 대해서 -이 높다.
안:목-소:시(眼目所視)명 남들이 보고 있는 터임.
안:무(按舞)명-하다자 무용에서, 음악이나 가사에 맞추어서 추는 동작을 만드는 일, 또는 그것을 가르치는 일. ¶새 뮤지컬의 -를 맡아보다.
안:무(按撫)명-하다타 백성의 사정을 잘 살펴서 위로함.
안:무-사(按撫使)명 ①조선 시대에 변란이나 재난이 있을 때, 왕명으로 파견되어 백성을 안무하던 임시 관직. 주로 당상관이 임명되었는데, 당하관인 경우에는 '안무어사(按撫御史)'라 하였음. ②조선 고종 때, 함경 북도의 행정관 군무를 맡아보던 외관직(外官職). 북감사(北監司)
안-문(-門)명 ①안으로 통하는 문. ②겹으로 된 문이나 창에서, 안쪽의 문이나 창. ☞바깥문
안:문(按問)명-하다타 죄를 캐어 물음.
안:문(案文)명-하다자 ①문장을 구상함. ②초안(草案)으로 쓴 문서.
안민(安民)명-하다자 ①백성이 편안히 살 수 있게 함. ②민심(民心)을 살피어 안정시킴.
안민가(安民歌)명 신라 경덕왕(景德王) 24년(765) 충담사(忠談師)가 지은 10구체의 향가(鄕歌). 나라가 태평하리라는 내용. '삼국유사'에 실려 전함.
안밀(安謐)어기 '안밀(安謐)하다'의 어기(語基).
안밀-하다(安謐-)형여 조용하고 편안하다.
　안밀-히부 안밀하게
안반명 떡을 칠 때 쓰는 두껍고 넓은 나무판. 안반짝
안-반상(-飯床)[-빤-]명 지난날, 궁중에서 대비·왕비·공주·옹주에게 차려 내는 밥상을 이르던 말. ☞바깥반상
안반-짝명 안반
안:-받다자 ①부모가 자식에게서 안갚음을 받다. ②어미까마귀가 새끼에게서 먹이를 받아 먹다.
안:-받음명 안갚음을 받는 일.
안-방(-房)[-빵]명 ①집 안채의 부엌에 붙은 방. ㊍안방구석 ②안주인이 거처하는 방. 규방(閨房). 내방(內房). 내침(內寢) ☞바깥방
　속담 **안방에 가면 시어머니 말이 옳고, 부엌에 가면 며느리 말이 옳다**: 양편의 말이 모두 그럴법해서 잘잘못을 가리기가 어려운 경우를 비유적으로 이르는 말.

한자 안방 규(閨)〔門部 6획〕¶규문(閨門)/규방(閨房)/규중(閨中)/규합(閨閤)

안방-구석(-房-)[-빵꾸-]명 '안방'의 속된말.
안방-샌:님(-房-)[-빵-]명 늘 안방에만 틀어박혀 좀처럼 바깥출입을 하지 않는 남자를 놀리어 이르는 말. ☞아낙군수
안:배(按排)명-하다타 알맞게 늘어놓거나 조절함. ¶좌석을 -하다./전시 공간을 -하다.
안-벽(-壁)[-뼉]명 건물 안쪽의 벽. 내벽(內壁) ☞겉벽. 바깥벽
　속담 **안벽 치고 밭벽 친다**: 이쪽저쪽 왔다갔다 하면서 이간질을 한다는 말. [안벽 붙이고 밭벽 붙인다]
안:벽(岸壁)명 ①험하게 깎아지른듯 한 바닷가나 강가의 낭떠러지. ☞절벽(絶壁) ②배를 대기 위하여 항구 따위에 수직으로 쌓은 옹벽(擁壁).
안:병(眼病)[-뼝]명 눈병
안보(安保)명 '안전 보장(安全保障)'의 준말.
안보(安寶)명-하다자 임금이 옥새(玉璽)를 찍는 일.
안보-리(安保理)명 '국제 연합 안전 보장 이사회'의 준말.
안보=이:사회(安保理事會)명 '국제 연합 안전 보장 이사회(國際聯合安全保障理事會)'의 준말.
안:본(贋本)명 위조된 서화(書畫). 가짜의 서화. ☞진본

안-봉투(-封套)[명] 겹으로 된 봉투 속에 들어 있는 얇은 봉투. ☞겉봉투
안부(安否)[명] ①편안함과 편안하지 아니함, 또는 그런 소식. ¶-를 묻다./-를 전하다. ②-하다[자] 편히 잘 있는지를 물음, 또는 편히 잘 있다고 알림. ¶-하는 편지.
안:부(眼部)[명] 눈이 있는 부위.
안:부(雁夫)[명] 재래식 혼례에서, 전안(奠雁)할 때 기러기를 들고 신랑보다 앞서 가는 사람. 기럭아비
안:부(鞍部)[명] 산등성이의 잘록하게 낮은 부분. ¶험한 바위 능선에서 -로 내려서다.
안-부모(-父母)[-뿌-][명] '어머니'를 달리 이르는 말. 안어버이 ☞바깥부모. 밭부모
안-부인(-婦人)[-뿌-][명] 남의 부인을 높이어 이르는 말.
안분(安分)[명]-하다[자] 제 분수에 만족함. ☞수분(守分)
안:분(按分)[명]-하다[타] 기준이 되는 수량에 비례하여 물건을 나눔. ¶머릿수에 따라 이익을 -하다.
안:분=비:례(按分比例)[명] 비례 배분(比例配分)
안분지족(安分知足)[성구] 제 분수에 만족할 줄 앎을 이르는 말.
안불망위(安不忘危)[성구] 편안한 때에도 그렇지 못하였던 때를 잊지 않고 늘 스스로를 경계함을 이르는 말.
안빈(安貧)[명]-하다[자] 가난한 처지에 있으면서도 편안한 마음으로 지냄.
안빈낙도(安貧樂道)[성구] 가난하게 살면서도 편안한 마음으로 도(道)를 즐김을 이르는 말.
안사(安死)[명] '안락사(安樂死)'의 준말.
안:사(雁使)[명] 안신(雁信)
안사(顔私)[명] 서로 얼굴을 앎으로써 생기는 사사로운 정분(情分).
안-사돈[-싸-][명] 부부의 어머니를 가리켜 사돈 사이에 서로 일컫는 말. ☞바깥사돈. 암사돈
안-사:람[-싸-][명] 자기의 아내를 달리 일컫는 말. ☞집사람
안-사랑[-싸-][명] 안채에 딸린 사랑.
안사-술(安死術)[명] 사람을 안락사(安樂死)시키는 방법.
안산(安産)[명]-하다[타] 순산(順産)
안:산(案山)[명] 풍수지리설에서, 집터나 묏자리의 맞은편에 있는 산을 이르는 말.
안산-암(安山岩)[명] 화산암의 한 가지. 어두운 잿빛이며 조직이 치밀함. 사장석(斜長石)·각섬석(角閃石)·흑운모(黑雲母)·휘석(輝石) 등이 들어 있으며, 판 모양과 기둥 모양 등으로 갈라짐. 토목·건축에 널리 쓰임.
안-살림[-쌀-][명] '안살림살이'의 준말.
안살림-살이[-쌀-][명] 안식구가 맡아서 하는 집안의 살림살이. ㊟안살림
안:상(案上)[명] 책상 위. 안두(案頭)
안상(安詳)[어기] '안상(安詳)하다'의 어기(語基).
안-상제(-喪制)[-쌍-][명] 여자 상제. ☞바깥상제
안상-하다(安詳-)[형][여] 성질이 꼼꼼하고 자상하다.
안상-히[부] 안상하게
안색(顔色)[명] 얼굴빛. 낯빛. 면색(面色) ¶-이 좋지 않구나. ㊍신색(神色)
안생(安生)[명]-하다[자] 탈없이 편안히 지냄, 또는 그런 생활.
안:서(雁書)[명] 안신(雁信)
안:석(案席)[명] 벽에 붙여 세워 놓고 편안히 기대앉을 수 있게 한, 방석 모양의 것. 안식(案息)
안성-맞춤(安城-)[명] ①지난날, 경기도 안성에서 만든 놋그릇이 주문한 이의 마음에 꼭 들었다는 데서, 어떤 물건이 마음에 꼭 듦을 이르는 말. ¶우리 세 식구가 살기엔 -인 집. ②무슨 일이 어떤 계제에 꼭 들어맞음을 비유하여 이르는 말. ¶진달래가 만발하고 날씨까지 좋으니, 산행에 -이다.
안-섶[-썹][명] 저고리나 두루마기의 안으로 들어가는 섶. ☞겉섶
안-손[-쏜][명] 여자 손. ☞바깥손. 안손님
안-손님[-쏜-][명] 여자 손님. 내객(內客). 내빈(內賓) ☞바깥손님. 안손
안:수(按手)[명]-하다[자] 크리스트교에서, 성직자가 다른 사람의 머리 위에 손을 얹고, 그 사람에게 성령의 힘이 내리도록 비는 일. 안수 기도
안:수=기도(按手祈禱)[명] 안수(按手)
안:수-례(按手禮)[명] 안수 기도를 하는 의식.
×**안-슬프다**[형] →안쓰럽다
안식(安息)[명]-하다[자] 몸과 마음을 편안히 쉼.
안:식(案息)[명] 안석(案席)
안:식(眼識)[명] 안목(眼目)
안식-교(安息教)[명] 토요일을 안식일로 하여 예배를 보는, 개신교의 한 교파(教派).
안-식구(-食口)[명] ①여자 식구. ☞바깥식구 ②자기의 아내를 낮추어 이르는 말. ¶-와 의논해 보겠습니다.
안식-년(安息年)[명] ①지난날, 유대인이 7년 만에 1년씩 쉬던 해. ②서양 선교사들이 7년 만에 1년씩 쉬는 해. ③수업에 쫓겨 온 교수에게 연구 활동에만 전념하도록 1년쯤 주는 장기 휴가.
안식-산(安息酸)[명] '안식향산(安息香酸)'의 준말.
안식-일(安息日)[명] 유대교·크리스트교에서, 일을 쉬고 예배를 보는 성스러운 날. 유대교에서는 금요일의 일몰로부터 토요일의 일몰까지이고, 크리스트교에서는 예수가 부활하였다는 일요일임.
안식-처(安息處)[명] 편안히 쉴 수 있는 곳.
안식-향(安息香)[명] 안식향나무의 수지(樹脂). 비누나 화장품의 향료, 거담제(祛痰劑) 등에 쓰임.
안식향-나무(安息香-)[명] 때죽나뭇과의 상록 교목. 높이는 25m 안팎. 잎은 길둥글고 어긋맞게 남. 7월경에 잎겨드랑이에서 흰 꽃이 핌. 나무껍질에 상처를 내어 수지(樹脂)인 안식향을 채취함. 동남 아시아 원산임.
안식향-산(安息香酸)[명] 방향족(芳香族) 카본산의 한 가지. 의약품, 식품의 방부제 등에 쓰임. ㊟안식산(安息酸)
안신(安身)[명]-하다[자] 몸을 편안하게 함.
안신(安信)[명] ①안부(安否)를 묻는 편지. ②편안히 잘 있다는 소식. ㊍안후(安候)
안:신(雁信)[명] 오랑캐에 잡혀 있던 한(漢)나라의 소무(蘇武)가 기러기 발에 편지를 묶어 날려 보냈다는 고사에서 유래한 말로, '편지'를 이르는 말. 안사(雁使). 안서(雁書)
안심[명] 소나 돼지의 갈비 안쪽에 붙은 고기. 부드럽고 연하며 주로 구이로 쓰임. 안심살. 안심쥐 ☞등심
안심(安心)[명] ①-하다[자] 마음을 놓음. 마음이 놓임. 방념(放念) ¶-이 안 되다./이제 -해도 좋다. ②불교에서, 부처의 가르침을 깨달아 번뇌가 없어진 편안한 경지를 이르는 말. ③불교에서, 아미타불(阿彌陀佛)의 구원을 믿고 극락왕생을 바라는 마음을 이르는 말.
안심-결정(安心決定)[-쩡][명] 불교에서, 부처를 믿음으로써 모든 의혹과 번뇌를 버려 마음이 흔들리지 않는 상태를 이르는 말.
안-심:부름[-씸-][명] ①집안의 부녀자들이 시키는 심부름. ②집안일로 다니는 심부름. ☞바깥심부름
안심-살[명] 안심
안심-입명(安心立命)[명] 불교에서, 깨달음으로 마음의 평안을 얻어 다른 것에 따라서 마음이 움직이지 않는 도(道)의 경지를 이르는 말.
안심-쥐[명] 안심
안심찮다(安心-)[형] ①마음이 놓이지 아니하고 걱정스럽다. ¶처음 하는 일이라 늘 -. ②남에게 폐를 끼쳐서 마음이 꺼림하다.
안쓰럽다(안쓰럽고·안쓰러워)[형][ㅂ] ①손아랫사람이나 약자(弱者)에게 폐를 끼쳐 매우 미안하고 딱하다. ②손아랫사람이나 약자의 딱한 사정이 마음에 언짢고 가엾다. ¶엄마 없는 아이들이 안쓰럽기 그지없다.
안아-맡다[-맏-][타] 남의 일을 맡아 책임지다.
안아-맹이[명] 뚫을 자리를 어깨 위 뒤쪽에 두고 정을 어깨 너머로 댄 다음, 망치를 안아쳐서 뚫는 남폿구멍.
안아-치다[자] 못이나 정 따위를 어깨 위 뒤쪽에 대고 어깨 너머로 망치질을 하다.
안:압(眼壓)[명] 각막(角膜)과 공막(鞏膜)에 싸여 있는 안

구(眼球) 내부의 일정한 압력.

안:약(眼藥) 명 눈병을 치료하는 데 쓰는 약. 눈약

안양(安養) 명 ①-하다 자 불교에서, 마음을 편안하게 지니고 몸을 쉬게 함. ②안양정토(安養淨土)

안-양:반(-兩班)[-냥-] 명 '안주인'을 높이어 이르는 말. ☞바깥양반

안양-세:계(安養世界) 명 극락세계

안양-정:토(安養淨土) 명 극락정토. 안양(安養)

안-어버이 명 ①주로 집안일을 돌보는 어버이라는 뜻으로, '어머니'를 이르는 말. 안부모 ☞밭어버이 ②시집간 여자가 시집 어른에 대하여 '친정 어머니'를 이르는 말.

안어울림-음(-音) 명 음악에서, 둘 이상의 음이 동시에 울릴 때 서로 조화되지 않아 불안정한 느낌을 주는 화음. 불협화음(不協和音) ☞어울림음

안어울림=음정(-音程) 명 음악에서, 서로 어울리지 않아 불안정한 느낌을 주는 두 음 사이의 음정. 장2도·단2도·장7도·단7도 따위. 불협화 음정 ☞어울림 음정

안업(安業) 명-하다 자 편안한 마음으로 업무에 종사함.

안:여(晏如) 어기 '안여(晏如)하다'의 어기(語基).

안여반석(安如盤石·安如磐石) 성구 안여태산

안여태산(安如泰山) 성구 태산과 같이 든든하고 믿음직함을 이르는 말. 안여반석(安如盤石)

안:여-하다(晏如-) 형여 안연하다

안:연(晏然) 어기 '안연(晏然)하다'의 어기(語基).

안:-연:고(眼軟膏) 명 눈병에 쓰는 연고.

안:연-하다(晏然-) 형여 마음이 평온하고 태평스럽다. 안여하다

안연-히 부 안연하게

안:염(眼炎) 명 눈에 생기는 염증.

안온(安穩) 어기 '안온(安穩)하다'의 어기(語基).

안온-하다(安穩-) 형여 ①바람이 없이 따뜻하고 포근하다. ②아무 탈 없이 조용하고 평안하다. ¶부족함 없는 가정에서 안온하게 자라다.

안온-히 부 안온하게

안-올리다 타 그릇이나 기구 따위의 안쪽을 칠하다.

안-옷 명 ①안에 입는 옷. ②안식구가 입는 옷. ☞바깥옷

안-옷고름[-옫-] 명 옷의 안깃을 여미어 잡아매는 옷고름. 준안고름 ☞겉옷고름

안와(安臥) 명-하다 자 편안히 누움.

안:와(眼窩) 명 눈알이 들어 있는 구멍. 눈구멍[1]. 안과

안울림-소리 명 〈어〉무성음(無聲音) ☞울림소리

안위(安危) 명 편안함과 위험함. ¶국가의 -에 관련된 일.

안위(安慰) 명-하다 타 ①위로하여 마음을 편안하게 함. ②몸을 편안하게 하고, 마음을 위로함.

안유(安諭) 명-하다 타 안심하도록 타이름.

안이(安易) 어기 '안이(安易)하다'의 어기(語基).

안이-하다(安易-) 형여 ①하기에 어렵지 아니하다. ¶안이한 방법을 찾다. ②매우 편안하다. ¶안이한 생활. ③충분히 생각하지 않고 적당히 처리하려는 태도가 있다. ¶안이한 생각./안이한 태도.

안인(安人) 명 조선 시대, 외명부 품계의 하나. 정칠품·종칠품 문무관의 아내에게 내리던 봉작. ☞단인(端人)[2]

안-일[-닐] 명 주로 집 안에서 여자들이 하는 일. ☞바깥일

안일(安逸) 명-하다 형 ①편안하고 한가로움. ¶-한 나날. ②어떤 일을 손쉽고 편안하게만 생각하여 애쓰지 않음. ¶모든 문제를 -하게 처리하다.

안일-호:장(安逸戶長) 명 고려 시대, 나이가 일흔이 되어 퇴직한 호장을 이르던 말.

안-자락[-짜-] 명 저고리나 치마 따위를 여미었을 때, 안쪽으로 들어가는 옷자락. 속자락 ☞겉자락

안자일렌(Anseilen 독) 명 등산에서, 등산자가 안전을 위하여 서로의 몸을 등산 로프로 잡아매는 일.

안:작(贋作) 명-하다 타 위조(僞造)

안잠-자기[-짬-] 명 남의 집에서 살면서 일을 거드는 여자.

안잠-자다[-짬-] 자 여자가 남의 집에서 살면서 일을 거들다.

안-장(-張)[-짱] 명 '안겉장'의 준말.

안장(安葬) 명-하다 타 죽은 영혼이 편안하도록 격식을 갖추어 정성껏 장사지냄. 영장(永葬) ¶순국 선열의 유해를 국립 묘지에 -하다.

안:장(鞍裝) 명 ①사람이 올라 앉을 수 있도록 말의 등에 얹는 제구(諸具). ②자전거 등에서, 사람이 앉는 자리.

안:장-코(鞍裝-) 명 말의 안장 모양으로 콧등이 잘록하게 들어간 코, 또는 코가 그렇게 생긴 사람.

안:저(眼底) 명 눈알 안의 뒤쪽 면, 망막(網膜)·시신경(視神經)·혈관 등이 보이는 부분.

안저지 명 지난날, 어린아이를 안아 보살피는 여자 하인을 이르던 말.

안-전[-쩐] 명 그릇의 아가리나 전의 안쪽. ☞변죽

안-전(-殿)[-쩐] 명 지난날, 궁궐 안의 임금이 거처하던 집. 내전(內殿)

안전(安全) 명-하다 형 위험이 없음, 또는 그러한 상태. ¶- 운전/-한 곳으로 옮기다./-하게 보관하다.

안전-히 부 안전하게

안:전(案前) 명 높으신 어른이 앉아 있는 자리의 앞. ¶어느 -이라고 함부로 말하느냐.

안:전(眼前) 명 눈앞 ¶-의 이익에만 급급하다.

안전-감(安全感) 명 탈이나 위험이 없는 편안한 느낌.

안전=개폐기(安全開閉器) 명 화재 등을 방지하기 위하여 전기 회로 가운데 끼우는 장치. 일정량 이상의 전류가 흐르면 자동적으로 회로가 차단됨. 준안전기(安全器)

안전-거:리(安全距離) 명 ①도로에서 주행할 때 유지해야 하는, 앞차와 뒤차 사이의 최소한의 거리. ②굽은 길이나 고개 등에서, 맞은편에서 오는 차가 처음 발견되는 거리. 안전시거(安全視距)

안전=계:수(安全係數) 명 안전율(安全率)

안전=관리(安全管理) 명 기업이 근로 기준법에 따라서, 재해와 사고로부터 종업원의 안전을 지키기 위하여 마련한 온갖 조처나 대책.

안전=교:육(安全教育) 명 재해나 사고로부터 몸을 지킬 수 있는 능력을 기르도록 베푸는 교육.

안전-기(安全器) 명 '안전 개폐기'의 준말.

안전-답(安全畓) 명 관개(灌漑) 시설이 잘 되어 있어 가뭄 피해를 염려하지 않고 농사를 지을 수 있는 논.

안전-등(安全燈) 명 광산 등의 갱 안에서 광부들이 쓰는 등. 갱 안의 가스에 인화(引火)되는 것을 방지하기 위해 유리와 철망을 씌웠음.

안전-띠(安全-) 명 자동차나 항공기 따위에서, 사고가 났을 때 충격에서 사람을 보호하기 위해 몸을 좌석에 고정할 수 있게 만들어 놓은 띠. 안전벨트

안:전막동(眼前莫同) 못생긴 아이라도 항상 가까이 데리고 있으면 저절로 정이 붙음을 이르는 말.

안전-면:도기(安全面刀器) 명 살갗을 상할 염려가 없이 안전하게 수염 등을 깎을 수 있는 면도기.

안전-모(安全帽) 명 공사장이나 탄광, 운동 경기 등에서 머리를 보호하기 위하여 쓰는 모자. 헬멧(helmet)

안전-벨트(安全belt) 명 안전띠

안전=보:장(安全保障) 명 외부의 침략이나 공격으로부터 국가의 독립과 국민의 안전을 지키는 일. 준안보

안전=보:장=이:사회(安全保障理事會) 명 '국제 연합 안전 보장 이사회'의 준말.

안전-봉(安全棒) 명 제어봉의 한 가지. 원자로 안에서 중성자가 늘어 폭주(暴走)를 일으킬 위험이 생겼을 때 원자로의 중심부에 끼워 넣는 막대. 붕소를 넣은 카드뮴 막대 따위.

안전=성냥(安全-) 명 성냥개비 끝과 성냥갑에 발화성 약제를 발라 놓아, 양쪽을 마찰시켜야만 불이 붙는 성냥.

안전=수칙(安全守則) 명 공장·탄광·공사장 등에서, 작업자의 안전과 사고 방지를 위하여 관계자가 지키도록 정해 놓은 규칙.

안전-시:거(安全視距) 명 안전거리(安全距離)

안전=유리(安全琉璃)[-뉴-] 명 유리가 깨어져도 그 파

편으로 사람이 다치지 않도록 만든 유리. 유리의 재질을 강화하여 잘 깨지지 않고 깨어지더라도 금만 가거나 알갱이로 부서지게 된 것. 강화 유리나 방탄 유리 따위.

안전-율(安全率)[-뉼]명 기계나 구조물 또는 그 재료가 견딜 수 있는 최대 강도와 안전상 허용되는 응력(應力)의 비(比). 하중(荷重)으로 말미암아 부재(部材)가 변형·파괴되지 않는 범위를 정하는 데 이용됨. 안전 계수

안전=장치(安全裝置)명 설비나 기계, 기구 등에 위험을 방지하기 위하여 덧붙인 장치. 총포의 오발을 막기 위하여 방아쇠가 움직이지 않도록 하는 장치 따위.

안전=전:류(安全電流)명 전선의 단면적에 따라 정해진 허용 한도 이내의 전류. 단면적이 같더라도 나선(裸線)이나 피복선에 따라 허용 전류가 달라짐.

안전=주간(安全週間)명 교통 안전이나 작업장 내의 사고 방지 등에 대한 주의를 일깨우기 위하여 특별히 정하여 안전을 강조하는 주간.

안전=지대(安全地帶)명 ①재난이나 위험이 미치지 않는 곳. ②도로를 횡단하거나 차를 타고 내리는 사람의 안전을 위해 안전 표지나 그 밖의 공작물로써 위험이 없는 곳임을 표시한 도로 위의 부분.

안전-판(安全瓣)명 ①증기관(蒸氣罐)의 내부 압력이 일정 한도 이상으로 오르면 자동적으로 배출구가 열려 증기가 밖으로 빠지게 된 장치. ②다른 사물의 위험이나 파멸을 사전에 막는 작용을 하는 기구나 제도 등을 비유하여 이르는 말. ¶전쟁 방지의 - 구실을 하다.

안전=표지(安全標識)명 사고 예방과 안전을 위하여 도로나 공사장, 비행장 등에 표시한 주의·금지·방향 등의 표지.

안전-핀(安全pin)명 ①긴 타원형으로 구부리고 끝을 안전하게 덮어서 만든 핀. ②폭탄·수류탄·소화기 따위가 돌발적으로 터지지 않도록 신관(信管)에 꽂힌 핀.

안절부절-못:하다[-몯-]자여 몹시 초조하고 불안하여 어쩔 줄 몰라 하다. ¶합격자 발표를 기다리며 -.

×안절부절-하다자여 →안절부절못하다

안접(安接)명-하다자 근심없이 평안히 지냄.

안정(安定)명-하다자타 ①흔들림이 없이 안전하게 자리 잡음. ¶금리 - ②물리에서, 물체가 외부의 힘을 받아 변할 때 본디의 상태에서 크게 벗어나지 않고 일정한 범위 안에 있는 일. ③화학에서, 홑원소 물질이나 화합물이 쉽게 화학 변화를 일으키지 않거나 반응 속도가 느린 성질.

안정(安靖)명-하다타 나라를 편안하게 다스림.

안정(安靜)명 ①-하다형 육체적·정신적으로 편안하고 고요함. ¶마음의 -을 얻다. ②-하다자타 병을 치료하기 위하여 몸과 마음을 편안히 하여 조용히 지냄. ¶-을 취하다./이 환자는 절대 -이 필요하다.

안:정(眼睛)명 눈동자

안정(顔情)명 여러 차례 만나서 생기는 정.

안정-감(安定感)명 편안하게 자리잡힌 느낌.

안정=공:황(安定恐慌)명 인플레이션을 수습하고 통화 가치를 안정시켜 나가는 과정에서 일어나는 공황.

안정=다수(安定多數)명 정부·여당이 국회를 안정적으로 운영하기 위하여 필요한 의석의 수. 흔히 총의석의 53% 가량이 필요하다고 함. ☞절대 다수(絶對多數)

안정-도(安定度)명 물체가 안정 상태를 유지하는 정도.

안정=동위=원소(安定同位元素)명 동위 원소 중에서 방사성을 가지지 않는 원소.

안정=성장(安定成長)명 한 나라의 경제가 국내 물가 수준이나 국제 수지 등에 영향을 끼치지 않고 경제 전반에 균형이 잡혀, 꾸준하고 완만하게 성장하는 일.

안정-세(安定勢)명 큰 변동 없이 안정된 상태를 유지하는 시세. ¶물가가 -를 유지하다.

안정-의(安定儀)명 선박의 동요를 막기 위한 장치의 한 가지. 고속으로 회전하는 바퀴의 특성을 이용한 것임.

안정=임:금제(安定賃金制)명 노사간에 장기 임금 협정을 맺어 해마다 정기 승급액이나 상여금 계산 방식 따위를 정해 두는 임금 제도.

안정-적(安定的)명 안정된 상태인 것. ¶주식보다는 채권 투자가 -이다.

안정=주주(安定株主)명 고정 주주(固定株主)

안정=통화(安定通貨)명 통화 가치의 안정을 위하여 한 나라의 생산물의 증감에 맞추어 발행량을 인위적으로 조절하는 통화. 안정 화폐(安定貨幣)

안정-판(安定板)명 비행기의 수직 꼬리 날개에서 방향키를, 수평 꼬리 날개에서 승강키를 제외한 부분.

안정=포말(安定泡沫)명 오랜 시간 동안 꺼지지 않는 거품. 비누·색소·단백질 등의 수용액에서 볼 수 있음.

안정=화:폐(安定貨幣)명 안정 통화(安定通貨)

안젤루스(Angelus 라)명 삼종 기도(三鐘祈禱)

안:조(贋造)명-하다타 위조(僞造)

안:족(雁足)명 기러기발

안존(安存)명어기 '안존(安存)하다'의 어기(語基).

안존-하다(安存-)형여 사람됨이 얌전하고 조용하다. ¶그는 천성이 안존하여 누구와 다투는 일이 없다.

안좌(安坐)명-하다자타 ①편히 앉음. ②불상 앞에서 무릎을 꿇고 앉음. ③불상을 법당에 봉안(奉安)함.

안주명 술을 마실 때 곁들여 먹는 음식. 술안주

안주(安住)명-하다자 ①자리를 잡고 편안히 삶. ②현재의 상태나 처지에 만족함. ¶현실에 -하다.

안:주(眼珠)명 눈알

안:주(雁柱)명 기러기발

안-주머니[-쭈-]명 옷의 안쪽에 달린 주머니.

안주-상(-床)[-쌍]명 안주를 차려 놓은 상.

안-주인(-主人)[-쭈-]명 여자 주인. 주인댁(主人宅) ☞바깥주인. 밭주인

안-주장(-主張)[-쭈-]명 내주장(內主張)

안주-항:라(安州亢羅)명 지난날, 평안 남도 안주에서 생산되던 항라. ㊅안항라(安亢羅)

안:중(眼中)명 ①눈 속. ②생각하거나 관심을 두는 범위의 안. ¶그 정도 일은 -에 두지 않는다.

안중에(도) 없다관용 전혀 신경을 쓰지 아니하다.

안:중무인(眼中無人)성구 안하무인(眼下無人)

안-중문(-中門)[-쭝-]명 안마당으로 들어가는 중문.

안:중-인(眼中人)명 ①늘 염두에 두고 만나 보기를 원하는 사람. ②전에 본 적이 있는 사람.

안:중정(眼中釘)성구 '눈엣가시'라는 말을 한문식으로 옮긴 구(句)로, 몹시 미워 늘 눈에 거슬리는 사람을 이르는 말.

안지(安地)명 안전한 땅.

안-지름[-찌-]명 관(管)이나 그릇 따위의 안쪽 지름. 내경(內徑) ☞바깥지름

안-지밀(-至密)[-찌-]명 조선 시대, 궁중에서 내전(內殿)이 거처하는 곳을 이르던 말. ☞밭지밀

안:진(雁陣)명 ①줄지어 날아가는 기러기의 행렬. ②옛 진법(陣法)의 한 가지. 기러기 행렬같이 진을 쳤음.

안:질(眼疾)명 눈병

안-집[-찝]명 ①안채 ②한 집에서 여러 가구가 살 때의 주인집. ③지난날, 하인들이 주인집을 이르던 말.

안-짝명 ①안팎 두 짝을 이룬 물건에서, 안쪽에 있는 짝. ②어떤 거리나 수량에 미치지 못한 범위. ¶십 리 -./스무 살 -. ③한시(漢詩)에서, 한 구(句)를 이루는 두 짝 가운데서 앞에 있는 짝. ☞바깥짝

안짱-걸이명 택견에서, 발질의 한 가지. 발목을 구부려 상대편의 발뒤꿈치나 발 회목을 걸어 당기는 공격 기술.

안짱-다리명 걸을 때 두 발끝이 안쪽으로 우긋하게 휘는 다리, 또는 다리가 그렇게 생긴 사람. ☞밭장다리

안-쪽명 ①안으로 향한 쪽. ②안에 있는 부분. ¶건물의 -. 내측(內側) ☞바깥쪽

안쫑-잡다타 ①마음속에 두다. ¶늘 안쫑잡아 오던 일. ②겉가량으로 헤아리다. ¶안쫑잡아 스무 개는 더 되겠다.

안찌명 윷판의 '방'에서 '참먹이' 쪽으로 둘째 말밭 이름. 곧 '사려'와 '참먹이' 사이임.

안찌-대:다타 윷놀이에서, 말을 윷판 안찌에 놓다.

안-찝명 ①옷의 안에 받치는 감. 안감 ㊅안[1] ②소나 돼지

의 내장. ③관(棺)

안찝-광:목(-廣木)명 안찝으로 쓰는 광목.

안차다 형 겁이 없고 야무지다. ¶안차고 깜찍한 아이.

안차고 다라지다 관용 겁 없이 야무지며 당돌하다.

안착(安着)명-하다 자 ①무사히 도착함. ¶비행기가 활주로에 -하다. ②어떤 곳에 착실히 자리잡음.

안:찰(按察)명-하다 타 자세히 살피어 조사함. 안검(按檢). 안핵(按覈)

안:찰(按擦)명-하다 자 개신교에서, 목사나 장로 등이 기도 받는 사람의 몸의 어느 부위를 어루만지는 일.

안:찰=기도(按擦祈禱)명 개신교에서, 목사나 장로 등이 안찰하며 기도하는 일.

안-창 명 신의 안쪽 바닥에 대는 가죽이나 헝겊. ☞중창

안:창(雁瘡)명 한방에서, 흔히 첫 추위가 올 무렵에 생기는 다리의 부스럼을 이르는 말.

안-채 명 안팎 두 채로 이루어진 집에서, 안쪽에 있는 집채. 내사(內舍). 안집 ☞바깥채

안:채(眼彩)명 안광(眼光)

안:-채다 자 ①앞으로 들이치다. ②맡아서 당하게 되다.

안:책(案冊)명 선생안(先生案)

안:초-공(按草工)명 재래식 한옥에서, 기둥머리에 얹어서 주심포(柱心包)를 받드는 부재(部材).

안:총(眼聰)명 시력(視力)

안-추르다(-추르고·-출러)타르 ①고통을 꾹 참고 억누르다. ②분노를 눌러서 가라앉히다.

안:출(案出)명-하다 타 어떤 계획이나 안을 생각해 냄. ¶좋은 방법을 -하다.

안치(安置)명-하다 타 ①안전하게 잘 둠. ②신불의 상(像)이나 위패, 시신(屍身) 등을 잘 모시어 둠. ¶대웅전에 불상을 -하다. 유봉안(奉安) ③지난날, 귀양살이하는 죄인의 주거를 제한하던 일.

안:치다[1] 자 ①어려운 일이 앞에 닥치다. ②앞에 와서 부딪치듯이 안기다.

안치다[2] 타 찌거나 삶거나 끓일 물건을 솥이나 시루에 넣다. ¶떡쌀을 -./밥을 -.

안치-소(安置所)명 안치하여 두는 곳.

안-치수(-數)명 칸살이나 모난 그릇 따위의 마주한 안쪽 면의 사이를 잰 치수. ☞바깥치수

안침(安枕·安寢)명-하다 자 안면(安眠)

안타(安打)명 야구에서, 타자가 안전하게 베이스에 나아갈 수 있도록 공을 치는 일. 히트 ¶-를 치다.

안타까워-하다 타여 ①남의 고통이나 딱한 처지 등에 대하여 답답하며 안쓰럽게 여기다. ②뜻대로 되지 않거나 마음에 시원스럽지 않아 애를 태우며 초조해하다.

안타깝다(안타깝고·안타까워)형ㅂ ①남의 고통이나 딱한 처지 등을 보니 마음이 답답하고 안쓰럽다. ¶소녀 가장의 딱한 사정을 들으니 안타까울 따름이다. ②뜻대로 되지 않거나 마음에 시원스럽지 않아 애가 타고 초조하다. ¶이 중대 시기에 논쟁만 하고 있으니 안타까운 일이다.

안타까이 부 안타깝게

안타깝-이 명 걸핏하면 안타까워하는 사람을 놀리어 이르는 말.

안타깨비[1] 명 지난날, 명주실의 토막을 이어서 짠 굵은 명주.

안타깨비[2] 명 '안타깨비쐐기'의 준말.

안타깨비-쐐:기 명 쐐기나방의 애벌레. 몸은 짧고 굵으며 독침을 지닌 돌기(突起)가 있어 쏘이면 매우 아픔. 감나무·배나무·능금나무 등의 해충임. 준안타깨비[2]

안:-타다 자 말·가마·인력거 같은 것을 탄 사람의 앞에 앉아 함께 타다.

안태(安胎)명-하다 타 한방에서, 뱃속의 태아가 놀라 움직이는 것을 다스려 편안하게 하는 일.

안태(安泰)명-하다 형 나라나 집안이 편안하고 태평함.

안태-본(安胎本)명 어머니 뱃속에 있을 때부터 가졌던 본관(本貫)이라는 뜻으로, 선조 때부터 살던 고향을 이르는 말.

안:-태우다 타 말·가마·인력거 같은 것을 탄 사람이 다른 사람을 자기 앞에 앉혀 태우다.

안태-음(安胎飮)명 한방에서, 뱃속의 태아가 놀라 움직이는 것을 다스리어 편안하게 하는 데 쓰는 약.

안택(安宅)명-하다 자 판수나 무당이 집안에 탈이 없도록 터주를 달래는 일.

안택-경(安宅經)명 안택할 때에 판수가 외는 경문.

안택-굿(安宅-)명 안택을 위하여 하는 굿.

안테나(antenna)명 무선 전신이나 라디오, 텔레비전 따위에서 전파를 보내거나 받기 위하여 공중에 세우는 도선 장치. 공중선(空中線)

안테나-선(antenna線)명 안테나로 사용하는 금속선.

안테나숍(antenna shop)명 상품의 실제 판매보다는 신제품 소개와 영업 방식의 개발이나 소비자 수요의 조사 등을 목적으로 제조 회사가 직영하는 실험 점포.

안토(安土)명-하다 자 그 땅에 정착하여 편안히 삶.

안토시안(anthocyan)명 식물의 꽃이나 잎, 열매 따위의 세포액(細胞液) 속에 있는 수용성 색소. 화청소(花青素). 꽃파랑이

안토-중:천(安土重遷)명 고향을 떠나 다른 고장으로 가기를 꺼림.

안-통 명 ①그릇 따위의 안쪽 넓이. ②'속마음'을 속되게 이르는 말.

안-틀다(-틀고·-트니)자 수량이나 값 따위가 일정한 한도를 넘지 아니하다.

안티몬(Antimon 독)명 은백색의 광택이 나는 금속 원소의 하나. 질이 물러서 잘 부스러지며, 합금·도금(鍍金)·반도체의 재료 등으로 쓰임. 〔원소 기호 Sb/원자 번호 51/원자량 121.76〕

안티테:제(Antithese 독)명 반정립(反定立) ☞테제

안-팎 명 ①안과 밖. ¶집 -을 깨끗이 쓸다. ②어떤 수량에 약간 모자라거나 넘치는 정도. ¶서른 살 -. ③아내와 남편. 내외 ¶-이 직장에 다니다.

> ▶ '안팎(안ㅎ밖)'—두 단어가 어울릴 때 'ㅎ' 소리가 덧나는 말은 소리대로 적는다.
> ¶머리카락(머리ㅎ가락)/살코기(살ㅎ고기)/수캐(수ㅎ개)/수컷(수ㅎ것)/수탉(수ㅎ닭)/암캐(암ㅎ개)/암컷(암ㅎ것)/암탉(암ㅎ닭)

안팎-곱사등이[-팍-]명 ①가슴과 등이 병적으로 솟은 사람. 귀흉귀배(龜胸龜背) ②하는 일마다 잘 안되어 답답한 경우를 비유하여 이르는 말.

안팎-노:자(-路資)[-팡-]명 오고 가는 데 드는 여비.

안팎-벽(-壁)[-팍-]명 안벽과 바깥벽.

안팎-살림[-팍-]명 안살림과 바깥살림.

안팎-식구(-食口)[-팍-]명 안식구와 바깥식구.

안팎-심:부름[-팍-]명 안심부름과 바깥심부름.

안팎-일[-팡닐]명 안일과 바깥일.

안팎-장사[-팍-]명 이곳에서 물건을 사서 다른 곳에 가져다가 팔고, 그 돈으로 그곳의 싼 물건을 사서 이곳에 가져다가 파는 장사.

안팎-중매(-中媒)[-팍-]명 부부가 함께 나서서 하는 중매.

안팎-채[-팍-]명 안채와 바깥채.

안-편:지(-片紙)명 여자들끼리 서로 주고받는 편지, 또는 그런 편지를 보내는 일. 내간(內簡). 내서(內書). 내찰(內札)

안:폐(眼廢)명-하다 자 눈이 멂.

안:포(眼胞)명 척추동물의 배(胚)에서, 장차 눈을 형성하는 부분. ☞눈꺼풀

안:표(眼標)명 나중에 보아서 알 수 있게 한 표. ☞눈표

안-표지(-表紙)명 안겉장

안:피-지(雁皮紙)명 산닥나무 종류의 껍질 섬유로 만든 종이. 매우 얇고 질김.

안:하(眼下)명 '눈 아래'라는 뜻으로, 내려다보이는 곳.

안:하무인(眼下無人)성구 사람됨이 방자하고 교만하여 모든 사람을 업신여김을 이르는 말. 안중무인(眼中無人)

안한(安閑)명-하다 형 몸과 마음이 평안하고 한가로움.

안:항(雁行) 명 기러기의 행렬이라는 뜻으로, 남을 높이어 그의 형제를 이르는 말.
안-항라(安亢羅) 명 '안주항라(安州亢羅)'의 준말.
안-해 명 바로 전 해. 전년(前年). 지난해
×**안해** 명 → 아내
안:핵(按覈) 명 -하다 타 안찰(按察)
안:핵-사(按覈使) 명 조선 시대, 지방에서 발생한 사건을 조사하도록 파견하던 임시 관직, 또는 그 관원.
안향(安享) 명 -하다 타 평안하게 복을 누림.
안향-부:귀(安享富貴) 명 평안하게 부귀를 누림.
안:험(按驗) 명 -하다 타 자세히 살펴서 증거를 세움.
안-형제(-兄弟) 명 여자 형제.
안:혼(眼昏) 명 -하다 형 시력(視力)이 흐림.
안:화(眼花) 명 한방에서, 눈앞에 불똥 같은 것이 어른어른 보이는 증세를 이르는 말. 공화(空華)
안:-확(眼-) 명 눈구멍[1]
안:환(眼患) 명 남을 높이어 그의 눈병을 이르는 말.
안회(安蛔) 명 -하다 자 회충으로 말미암은 배앓이를 다스림.
안후(安候) 명 '안신(安信)'의 높임말.
안후(顔厚) 어기 '안후(顔厚)하다'의 어기(語基).
안후-하다(顔厚-) 형 여 낯이 두껍다, 곧 뻔뻔스럽다.
앉다[안따] 자 ①궁둥이를 바닥에 붙이고 윗몸을 세우다. ¶의자에 -./방석을 깔고 -. ②새나 날벌레 따위가 무엇에 발을 붙이고 머무르다. ¶새가 나뭇가지에 -./나비가 꽃에 -. ③건물 따위가 어떤 방향으로 자리를 잡다. ¶집이 동향(東向)으로 앉았다. ④어떤 지위나 자리에 있게 되다. ¶부장 자리에 -./높은 지위에 -. ⑤떠 있던 물질이 아래로 내려 쌓이다. ¶먼지가 보얗게 -./앙금이 곱게 -. ⑥이끼나 때 따위가 물체 위에 덮이거나 끼다. ¶바위에 이끼가 파랗게 -./까맣게 때가 앉았다. ⑦주로 '앉아'의 꼴로 쓰이어, 어떤 일을 위해 적극적으로 나서지 않다. ¶가만히 앉아서 당하기만 하다니./앉아만 있는다고 해결될 일이 아니다.
속담 **앉아 주고 서서 받는다** : 빌려 주기는 쉬우나 돌려받기는 어렵다는 뜻./**앉은 자리에 풀도 안 나겠다** : 사람이 지나치게 깔끔하고 매서울 만큼 냉정하다는 뜻.

한자 앉을 좌(坐) 〔土部 4획〕 ¶단좌(端坐)/정좌(正坐)/좌선(坐禪)/좌수(坐睡)/좌정(坐定)

앉은-걸음 명 '앉은뱅이걸음'의 준말.
앉은-검정 명 솥 밑에 붙은 검은 그을음. 한방에서, 지혈제나 지사제로 쓰임. 백초상(百草霜)
앉은-굿 명 장구와 춤 없이 하는 굿.
앉은-뱅이 명 ①일어나 앉기는 해도 서거나 걷지 못하는 사람. 좌객(坐客) ②키가 작거나 높이가 낮은 대상을 비유하여 이르는 말.
속담 **앉은뱅이가 서면 천리를 가나** : 능력도 없고 기력도 없는 사람이 장차 무슨 큰일이라도 할듯이 이야기할 때 핀잔하여 이르는 말./**앉은뱅이 앉으나 마나** : 하나 마나 마찬가지라는 뜻./**앉은뱅이 용쓴다** : 도저히 불가능한 일을 억지로 하려고 애쓴다는 뜻.
앉은뱅이-걸음 명 앉은 채 걷는 걸음걸이. 준 앉은걸음
앉은뱅이-저울 명 저울의 한 가지. 받침판에 물건을 올려 놓고 지레의 원리를 응용하여 대저울로 무게를 전달하고, 분동(分銅)으로 균형을 잡아 무게를 닮.
앉은뱅이-책상(-冊床) 명 의자 없이 바닥에 앉아서 쓰도록 만든 낮은 책상.
앉은-부채 명 천남성과(天南星科)의 여러해살이풀. 원줄기는 없고, 땅속줄기에서 수염뿌리가 사방으로 퍼져서 나 있음. 잎은 밑동에서 나오는데 넓고 크며, 잎자루의 길이는 30~40cm임. 4~6월에 담자색 꽃이 잎보다 먼저 꽃줄기 끝에 핌. 우리 나라 각처의 산골짜기 그늘진 곳에서 자람.
앉은-소리 명 잡가(雜歌)에서, 자리에 앉아서 부르는 방식, 또는 그렇게 부르는 소리. 좌창(坐唱) ☞선소리[1]
앉은-일[-닐] 명 앉아서 하는 일. ☞선일
앉은-자리 명 일이 벌어진 바로 그 자리. ¶-에서 만두 두 접시를 먹어 치웠다.
앉은-장사 명 일정한 곳에 가게를 차려 놓고 하는 장사. 좌고(坐賈). 좌상(坐商) ☞도붓장사
×**앉은-저울** 명 → 앉은뱅이저울
앉은-절 명 우리 나라의 절의 한 가지. 앉은 자세로 하는 절로서, 큰절·평절·반절의 구별이 있음. ☞선절
앉은-키 명 등을 곧게 세우고 앉았을 때, 앉은 바닥으로부터 머리 끝까지의 높이. 좌고(坐高) ☞선키
앉은-헤엄 명 물 속에서 앉은 자세를 하고 치는 헤엄. ☞선헤엄
앉을-깨 명 ①베틀에서, 사람이 앉는 자리. ②걸터앉는 데 쓰이는 물건을 통틀어 이르는 말.
앉을-자리[-짜-] 명 물건이 놓일 자리. ¶-가 없다.
앉음-새 명 앉음앉음
앉음-앉음 명 자리에 앉아 있는 태도나 모양새. 앉음새 ¶선생님 앞에서는 -을 바로해야 해.
앉히다 타 ①앉게 하다. ¶아이들을 의자에 앉혔다. ②사람이나 물건을 어떤 자리나 지위에 있게 하다. ¶원동기를 제자리에 -./전문인을 요직(要職)에 -. ③버릇을 가르치다. ¶아이들에게 규칙적인 생활 습관을 -. ④기사(記事)나 그림 따위를 인쇄 원판지의 일정한 자리에 싣다. ¶광고를 신문의 일면 하단에 -.
앉힐-낚시[-낙-] 명 물 밑바닥에 미끼를 가라앉혀 놓고 하는 낚시질.
않다 타 '아니 하다'가 줄어든 말. ¶그는 말을 않고 떠났다./공부를 않고 놀기만 하다니.
조동 '아니하다[1]'의 준말. ¶오지 -.
조형 '아니하다[2]'의 준말. ¶쉽지 -.

▶ **'않느냐'와 '않으냐'**
○ '않느냐'는 보조 동사이다.
¶묘목을 심느냐, 심지 않느냐
○ '않으냐'는 보조 형용사이다.
¶오늘 중에 끝마쳐야 할 일이 있지 않으냐.

알[1] 명 ①새나 물고기, 벌레 등의, 새끼나 애벌레가 될 물질의 껍데기에 싸인 둥근 모양의 것. ¶닭이 -을 낳다./-에서 깨어나다. ②작고 동근 물건의 낱개. ¶안경의 -이 빠지다./-이 굵은 사과. ③근육 따위가 딴딴하게 뭉친 상태. ¶다리에 -이 배다.

한자 알 란(卵) 〔卩部 5획〕 ¶계란(鷄卵)/난각(卵殼)/난백(卵白)/난생(卵生)/산란(產卵)

알[2] 의 ①작고 동근 물건을 세는 단위. ¶환약 열 -. ☞환(丸) ②열매 따위의 낱개. ¶도토리 세 -.
알- 접두 ①'덮어 싸거나 가리는 바가 없는'의 뜻을 나타냄. ¶알몸/알궁둥이 ②'알짜', '진짜'의 뜻을 나타냄. ¶알부자/알거지/알돈 ③'알갱이처럼 작은'의 뜻을 나타냄. ¶알개미/알뚝배기
알-개:미 명 아주 작은 개미.
알갱이[1] 명 ①열매나 곡식 따위의 작은 낱알. ¶-가 굵다. ②물질을 이루는 미세한 낱낱의 알. 입자(粒子)
알갱이[2] 명 장농의 쇠목과 동자목 사이에 낀 널빤지.
알-거:지 명 아무 것도 가진 것이 없이 거지꼴이 된 사람. ¶하루아침에 -가 되다.
알-건달 명 알짜 건달.
알겨-내:다 타 소소한 남의 것을 좀스러운 언행으로 꾀어서 빼앗아 내다. ¶꼬마들의 과자를 -.
알겨-먹다 타 약한 사람이 가진 자잘한 것을 알겨내어 자기 것으로 만들다. ¶아이들의 용돈을 -.
알-겯:다(-겯고·-결어) 자 ㄷ 암탉이 발정(發情)한 때에 수탉을 부르느라고 골골거리는 소리를 내다.
알고기-씨 명 알도 많이 낳고 고기 맛도 좋은 닭의 종자, 또는 그러한 닭.
알고리듬(algorithm) 명 컴퓨터 작업에서 어떤 문제를 해결하기 위하여, 입력된 자료를 토대로 하여 원하는 출력을 유도해 내는 규칙의 집합.
알-고명 명 달걀의 흰자와 노른자를 따로 얇게 부친 다음

잘게 썬 고명. ☞지단채

알-곡 명 ①쭉정이나 잡것이 섞이지 않은 곡식. ②깍지를 깐 콩이나 팥 따위의 곡식. 알곡식

알-곡식 명 알곡

알골(ALGOL) 명 과학 기술 계산용으로 개발된 프로그래밍 언어. 산법 언어 [algorithmic language]

알과(戛過) 명 -하다 타 친한 사람의 집 앞을 지나가면서도 들르지 않고 그냥 지나침.

알-과:녁 명 과녁의 한복판. ¶ ―을 맞히다.

알-관(-管) 명 나팔관(喇叭管)

알-관:주(-貫珠) 명 한시(漢詩) 등을 꼲을 때, 비점(批點) 위에 찍던 관주.

알:-괘(-卦)[-꽤] 명 알만 한 일. 알조

알구지 명 지겟작대기의 아귀진 부분.

알궁(軋弓) 명 아쟁을 켜는 활.

알-궁둥이 명 벌거벗은 궁둥이.

알근달근-하다 형여 맛이 알근하면서 좀 단듯 하다. ¶ 알근달근한 떡볶이. ☞알짝지근하다. 얼근덜근하다

알근-하다 형여 맛이 좀 알알한듯 하다. ☞알근달근하다. 알큰하다. 얼근하다

알근-히 부 알근하게 ☞알큰히. 얼근히

알금-뱅이 명 얼굴이 알금알금하게 얽은 사람을 놀리어 이르는 말. ☞얼금뱅이

알금-솜솜 부 -하다 형 얽은 자국이 솜솜한 모양을 나타내는 말. ☞얼금숨숨

알금-알금 부 -하다 형 잘고 얕게 얽은 자국이 다문다문 있는 모양을 나타내는 말. ☞얼금얼금

알기-살기 부 요리조리 좀 상기게 얽거나 결은 모양을 나타내는 말. ☞알키살키. 얼기설기

알긴-산(algin酸) 명 다당류의 한 가지. 바닷말 속에 많이 들어 있는 점성(粘性)이 강한 산(酸). 접착제나 필름 제조 등에 쓰임.

알-깍쟁이 명 얄밉도록 약삭빠르거나 성질이 다부진 사람을 이르는 말. ¶어린것이 아주 ―로군.

알-꼴 명 달걀 따위의 알과 같은 모양.

알-꽈:리 명 가짓과의 여러해살이풀. 줄기 높이는 60~90 cm. 잎은 길둥글거나 둥글며 어긋맞게 남. 7~8월에 담황색 꽃이 잎겨드랑이에 1~5송이씩 피며, 가을에 길이 1cm 안팎의 동근 열매가 붉은 빛으로 익음. 우리 나라 중부 이남 지역에 분포함.

알-끈 명 알의 노른자의 양쪽을 알의 속껍질에 이어 댄 흰 자질의 끈. 노른자의 위치가 변하지 않도록 하며, 배반(胚盤)의 위치가 늘 위로 향하게 함.

알-나리 명 나이가 어리고 키가 작은 사람이 관직을 맡았을 때, 그를 놀리어 이르던 말.

알나리-깔나리 감 아이들이 남을 놀릴 때 하는 말. ¶ ―, 오줌 쌌대요.

알-내기 명 양계장 같은 데에서 알을 많이 낳게 할 목적으로 닭이나 오리 따위를 기르는 일.

알-넣기 명 부화기(孵化器)에 알을 넣는 일.

알-눈 명 변태를 한 곁눈의 한 가지. 양분을 저장하여 살이 많으며, 모체에서 땅에 떨어져 무성적(無性的)으로 새 식물이 됨. 참나리나 마 등의 잎겨드랑이에 생김. 주아(珠芽)

알:다(알고·아니) 타 ①모르던 것이나 잊었던 것을 깨닫다. ¶부모님의 고마움을 ―./나의 실수라는 것을 알게 되었다. ②어떤 것에 대한 지식이나 기술을 가지다. ¶컴퓨터를 다룰 줄 안다./로마 역사에 관해 잘 안다. ③생각하여 판단하거나 분간하다. ¶그 일은 네가 알아서 처리해라. ④안면이 있거나 낯이 익다. ¶그녀와는 잘 알고 지내는 사이다. ⑤어떤 일에 관계하거나 관여하다. ¶너는 알 것 없다. ⑥보조 조사 '-만' 다음에 쓰이어, 소중하게 여기다. ¶책만 안다./어머니는 동생만 아신다. ⑦어떻게 여기거나 이해하다. ¶나는 그가 학생인 줄 알았다./그는 자기 방인 줄 알고 문을 벌컥 열었다.

알다가도 모를 일 관용 어떤 일이 뜻밖으로 엉뚱하게 되어, 도무지 이해가 가지 아니함을 이르는 말.

속담 **아는 게 병** : ①어설프게 아는 것은 도리어 걱정거리의 원인이 된다는 말. ②도리(道理)를 잘 알기 때문에 도리어 불리하게 되었음을 이르는 말./**아는 길도 물어 가라** : 아무리 쉬운 일도 신중하게 해야 한다는 말./**아는 놈 붙들어 매듯** : 어떤 것을 잡아 묶을 때 허술하게 함을 이르는 말.〔아는 도둑놈 묶듯〕/**아는 도끼에 발등 찍힌다** : 친한 사람에게 도리어 해를 입음을 이르는 말.〔믿는 도끼에 발등 찍힌다〕/**알고도 죽는 해수병이라** : 결과가 좋지 않을 줄 뻔히 알면서도 어쩔 수 없이 그 일을 겪는다는 말./**알기는 칠월 귀뚜라미** : 매사에 유식한듯이 자랑하는 사람을 놀리어 이르는 말./**알던 정 모르던 정 없다** : 공적(公的)인 일에는 사정(私情)이 없이 냉정하다는 말.

한자 **알 식**(識)〔言部 12획〕¶식견(識見)/지식(知識)
알 인(認)〔言部 7획〕¶인식(認識)/인지(認知)
알 지(知)〔矢部 3획〕¶무지(無知)/지명(知命)/지성(知性)/지인(知人)

알도(-道)[-또] 명 '갈도(喝道)'의 변한말.

알-도요 명 '꼬마물떼새'의 딴이름.

알-돈 명 알짜가 되는 돈.

알-돌 명 토목이나 건축에서, 지름 25cm 안팎 되는 둥근 돌을 이르는 말.

알-둥지 명 날짐승이 알을 낳으려고 지은 둥지.

알-땅 명 ①비바람을 막을 준비가 되어 있지 않은 맨땅. ②나무도 풀도 없는 맨땅. 나지(裸地)

알-뚝배기 명 자그마한 뚝배기.

알-뜯이[-뜨지] 명 늦가을에 알을 꺼낸 게.

알뜰-살뜰 부 -하다 형 살림을 아끼며 정성껏 규모 있게 꾸려 나가는 모양을 나타내는 말.

알뜰-하다 형여 ①일이나 살림을 정성스럽고 규모 있게 하여 허술한 데가 없다. ¶살림을 알뜰하게 잘하다. ②아끼고 위하는 마음이 지극하고 참되다. ¶자식에 대한 부모의 알뜰한 사랑.

알뜰-히 부 알뜰하게 ¶돈을 ― 모아서 집을 사야지.

알라(alla 이) 명 악보의 나타냄말의 한 가지. 다른 말에 덧붙어 '…풍(風)으로' 또는 '…조(調)로'의 뜻.

알라(Allah) 명 이슬람교의 유일·절대·전지전능의 신.

알라꿍-달라꿍 부 -하다 형 어지러이 알락달락한 모양을 나타내는 말. ☞얼러꿍덜러꿍

알라르간도(allargando 이) 명 악보의 빠르기말의 한 가지. '점점 폭 넓게'의 뜻. ☞라르간도

알라차 감 경쾌한 동작이나 느낌을 나타낼 때 내는 소리. ¶ ― 하며, 역기를 번쩍 들었다.

알락 명 바탕의 어느 부분에 알락알락 섞여 있는 다른 빛깔의 작은 점이나 가는 줄 따위. ☞알록. 얼럭

알락-곰:치 명 곰칫과의 바닷물고기. 몸길이 75cm 안팎. 몸은 원통형으로 가늘고 길며, 황백색의 얼룩무늬가 몸 전체에 있음. 피부는 두껍고 탄력성이 있어 가죽으로 쓰임. 우리 나라와 일본, 동인도 제도 등의 얕은 바다의 산호초나 바위 틈에서 삶.

알락-꼽등이 명 꼽등잇과의 곤충. 몸길이 2~2.5cm. 몸 빛깔은 황갈색 바탕에 검은 얼룩무늬가 있으며, 날개는 없고 등은 곱사등이 모양임. 부엌이나 마루 밑 등의 습한 곳에 살며, 우리 나라와 일본 등지에 분포함. 알락왕뚱이

알락-나방 명 알락나방과의 곤충. 한쪽 날개 길이 3cm 안팎. 몸빛은 갈색이고 털이 많으며 날개는 투명함. 애벌레는 활엽수의 잎을 갉아먹는 해충임. 우리 나라와 일본, 중국 등지에 분포함.

알락-달락 부 -하다 형 여러 밝은 빛깔의 알락이 고르지 않게 무늬 져 있는 모양을 나타내는 말. ☞얼럭덜럭

알락-도요 명 도요샛과의 나그네새. 몸길이 20cm 안팎. 등은 회갈색에 흰 반점이 있으며, 배는 희고 날개에는 누런 둥근 알락이 있음. 연못가나 논밭 부근의 습지에 두세 마리씩 작은 무리를 지어 살면서 곤충류·거미류·작은 조개류 등을 잡아먹음. 주로 북반구 툰드라에 분포함.

알락-알락 부 -하다 형 여러 밝은 빛깔의 알락이 고르게 무늬 져 있는 모양을 나타내는 말. ☞얼럭얼럭
알락-왕뚱이 명 '알락꼽등이'의 딴이름.
알락-지다 자 알락이 생기다. ☞얼럭지다
알락-하늘소[-쏘] 명 하늘솟과의 곤충. 몸길이 3cm 안팎. 몸빛은 광택 있는 흑색 바탕에 흰 점이 흩어져 있음. 애벌레는 버드나무나 뽕나무 따위에 구멍을 뚫고 들어가 살며, 땅 속에서 겨울을 남. 성충은 6~8월에 활엽수의 가지에서 많이 볼 수 있음. 과일 나무의 해충으로, 우리 나라와 일본 등지에 분포함.
알락-할미새 명 할미샛과의 여름 철새. 몸길이 22cm 안팎. 얼굴과 배 부분은 희며, 목·가슴·등은 검고, 날개와 꽁지는 흰빛과 검은빛이 섞여 있음. 주로 거미류와 곤충류를 잡아먹음. 아열대나 열대 지역에서 월동하고 여름에 우리 나라에 가장 일찍 찾아오는 철새임. 유라시아 대륙 전역에 걸쳐 분포함.
알랑-거리다(대다) 자 알랑알랑 아첨을 떨다. ¶그는 늘 부장에게 알랑거린다. ☞얼렁거리다
알랑-똥땅 부 살짝 엉너리를 부리어 어벌쩡하게 행동하는 모양을 나타내는 말. ☞얼렁뚱땅
알랑-방:귀 명 알랑거리는 짓을 속되게 이르는 말.
알랑-쇠 명 알랑거리는 사람을 얕잡아 이르는 말. ☞얼렁쇠
알랑-수[-쑤] 명 알랑똥땅 하여 남을 속여넘기는 수단. ☞얼렁수
알랑-알랑 부 남의 비위를 맞추려고 다랍게 아첨하는 모양을 나타내는 말. ☞얼렁얼렁
알량-하다 형여 변변하지 못하고 보잘것없다. ¶그 알량한 재주로 돈을 벌겠다는 거냐?
알레고리(allegory) 명 어떤 이야기나 묘사에서, 겉으로 드러나 있는 것 이상의 깊은 뜻이나 내용이 암시되어 있는 비유. ☞우의(寓意). 풍유(諷喩)
알레그라멘테(allegramente 이) 명 악보의 나타냄말의 한 가지. '즐겁게'의 뜻.
알레그레토(allegretto 이) 명 악보의 빠르기말의 한 가지. '조금 빠르게'의 뜻. 모데라토보다는 빠르고 알레그로보다는 조금 느림.
알레그로(allegro 이) 명 악보의 빠르기말의 한 가지. '빠르게'의 뜻.
알레그로콘브리오(allegro con brio 이) 명 악보의 빠르기말의 한 가지. '씩씩하고 빠르게'의 뜻.
알레그리시모(allegrissimo 이) 명 악보의 빠르기말의 한 가지. '아주 빠르게'의 뜻. 알레그로보다 빠름.
알레르기(Allergie 독) 명 ①어떤 특정한 물질이 약이나 음식으로 섭취되거나 몸에 닿았을 때 체질상 보통 사람과 다르게 과민한 반응을 일으키는 일. 콧물, 재채기, 두드러기, 호흡 곤란 등의 증세가 나타남. ¶꽃가루 — ②어떤 특정한 사람이나 사물에 대한 정신적인 거부 반응이나 과민 반응을 비유하여 이르는 말.
알레르기성=질환(Allergie性疾患)[-썽-] 명 알레르기로 말미암아 일어나는 질병. 알레르기성 기관지염이나 알레르기성 비염, 알레르기성 피부염 따위.
알렉산더-석(alexander石) 명 알렉산드라이트
알렉산드라이트(alexandrite) 명 아주 희귀한 보석인 금록석의 한 가지. 자연광 아래에서는 녹색, 인공광 아래에서는 적자색을 나타냄. 우랄 지방과 스리랑카, 브라질 등지에서 산출됨. 알렉산더석
알렐루야(alleluia 라) 명 할렐루야(hallelujah)
알력(軋轢) 명 수레가 삐걱거린다는 뜻으로, 어떤 집단의 내부 의견이 맞지 않아 서로 충돌하는 일. ¶각 계파 간의 —이 심하다.
알로기 명 털빛이 알록알록한 짐승. ☞얼루기
알로-까다 형 몹시 약다는 뜻을 속되게 이르는 말.
알로록-달로록 부 -하다 형 다문다문 알록달록한 모양을 나타내는 말. ☞얼루룩덜루룩
알로록-알로록 부 -하다 형 다문다문 알록알록한 모양을 나타내는 말. ☞얼루룩얼루룩
알로롱-달로롱 부 -하다 형 다문다문 알롱달롱한 모양을 나타내는 말. ☞얼루룽덜루룽
알로롱-알로롱 부 -하다 형 다문다문 알롱알롱한 모양을 나타내는 말. ☞얼루룽얼루룽
알로에(aloe 라) 명 백합과 알로에속의 상록 여러해살이풀을 통틀어 이르는 말. 남아프리카 원산의 다육 식물(多肉植物)이며, 200종 내외가 있음. 잎은 어긋맞게 나며 두꺼운 칼 모양이고 가장자리에 가시가 나 있음. 여름에 등황색 또는 붉은빛 꽃이 총상(總狀) 꽃차례로 핌. 관상용으로 재배하기도 하며, 즙액은 각종 약으로 쓰임. 노회(蘆薈)
알로하셔츠(aloha shirts) 명 하와이에서 처음 유행한 여름용 반소매 셔츠. 빛깔과 무늬가 화려하며 옷자락을 바지 위로 내놓아 입음.
알록 명 바탕의 어느 부분에 알록알록 섞여 있는 다른 빛깔의 작은 점이나 가는 줄 따위. ☞알락. 얼룩
알록-달록 부 -하다 형 여러 산뜻한 빛깔의 알록이나 점 따위가 고르지 않게 무늬 져 있는 모양을 나타내는 말. ☞얼룩덜룩
알록-알록 부 -하다 형 여러 산뜻한 빛깔의 알록이나 점 따위가 고르게 무늬 져 있는 모양을 나타내는 말.
알록-이 명 알록알록한 무늬. ☞알롱이. 얼룩이
알록-점(-點) 명 알록알록하게 박힌 점. ☞얼룩점
알록-지다 자 알록이 생기다. ☞알락지다. 얼룩지다
알롱[1] 명 '알롱이'의 준말. ☞아롱. 얼룽
알롱[2] 명 지난날, 지방 관아의 전령을 맡아보던 엄지머리 총각.
알롱-달롱 부 -하다 형 여러 산뜻한 빛깔의 알록이나 점 따위가 도렷한 모양으로 고르지 않게 무늬 져 있는 모양을 나타내는 말. ☞얼룽덜룽
알롱-알롱 부 -하다 형 산뜻한 빛깔의 알록이나 점 따위가 도렷한 모양으로 고르게 무늬 져 있는 모양을 나타내는 말. ☞얼룽얼룽
알롱-이 명 알롱알롱한 무늬. 준 알롱[1] ☞아롱이. 얼룽이
알루마이트(Alumite) 명 알루미늄 표면에 산화알루미늄의 막을 입혀서, 내식성(耐蝕性)·내구성(耐久性)·내열성(耐熱性)이 향상하도록 처리한 것의 상품명.
알루멜(alumel) 명 니켈을 주성분으로 한 합금으로, 금속 전기 저항 재료의 한 가지.
알루미나(alumina) 명 산화알루미늄
알루미나시멘트(alumina cement) 명 고급 시멘트의 한 가지. 산화알루미늄이 30~40% 들어 있으며, 물과 섞은 다음 굳기까지의 시간이 짧아서 긴급한 공사나 겨울철의 공사에 쓰임. 반토 시멘트
알루미나=자기(alumina瓷器) 명 산화알루미늄으로 성형(成形)하여 1,600℃ 이상의 높은 열에 구워 낸 자기. 화학용 기구 제조에 쓰임.
알루미늄(aluminium) 명 금속 원소의 하나. 은백색의 가볍고 부드러운 금속으로, 산화가 잘 안 되며 전성(展性)과 연성(延性)이 풍부함. 비중이 작으며 열이나 전기의 전도성이 큼. 내식성(耐蝕性)이 강함. 항공기·선박·차량·송전선 등의 주요 재료로 쓰임. 〔원소 기호 Al/원자 번호 13/원자량 26.98〕
알루미늄=경합금(aluminium輕合金) 명 알루미늄을 주성분으로 하고, 구리·마그네슘·니켈·망간·규소(硅素)·아연 등을 섞어서 만든 경합금.
알루미늄-박(aluminium箔) 명 공업용 알루미늄판을 얇게 압연(壓延)해서 종이처럼 만든 것. 내식성(耐蝕性)이 강하고 무해(無害)하여, 식품·약품·담배 등의 포장이나 단열재 등으로 쓰임. 포일(foil) ☞박(箔). 은박지(銀箔紙)
알루미늄-족(aluminium族) 명 토류 금속(土類金屬)
알루미늄=청동(aluminium靑銅) 명 구리를 주성분으로 하고, 7~10%의 알루미늄을 섞어서 만든 합금.
알류(斡流) 명 -하다 자 물이 돌아 흐름, 또는 그렇게 흐르는 물.
알른-거리다(대다) 자 좀 또렷하게 아른거리다. ☞얼른

거리다
알른-알른 부 좀 또렷하게 아른거리는 모양을 나타내는 말. ☞얼른얼른[1]
알리다 타 알게 하다. ¶기쁜 소식을 ㅡ.

한자 알릴 보(報) 〔土部 9획〕 ¶경보(警報)/급보(急報)/보고(報告)/보도(報道)/속보(速報)

알리바이(alibi) 명 범죄 사건이 발생한 시간에 용의자가 범죄 현장에 있지 않았다는 증명, 또는 그것을 뒷받침하는 사실. 현장 부재 증명(現場不在證明)
알리자린(alizarine) 명 식물성 염료의 한 가지. 고대부터 쓰이어 온 붉은 색소로, 꼭두서니의 뿌리 속에 배당체(配糖體)로 들어 있음. 요즘은 안트라센을 합성하여 만듦.
알림-장(ㅡ狀)〔ㅡ짱〕 명 알려야 할 내용을 적은 글.
알:-맞다〔ㅡ맏ㅡ〕 형 어떤 기준이나 정도에 지나침이나 모자람이 없다. ¶병자에게 알맞은 음식./김치가 알맞게 익었다. ☞얼맞다

▶ '알맞은'과 '맞는'
ㅇ '알맞다'는 형용사이므로, 관형사형으로 활용할 때는 '알맞는'이 아니라 '알맞은'으로 표기해야 한다.
ㅇ 다만 '맞다'의 경우는 동사이므로 '맞는, 맞는다'로 활용한다.

알:-맞추〔ㅡ맏ㅡ〕 부 알맞게 ¶ㅡ 간을 하다.
알매 명 재래식 한옥에서, 산자(橵子) 위에 이겨 바르는 흙을 이르는 말.
알매(戞昧) 어기 '알매(戞昧)하다'의 어기(語基).
알매-하다(戞昧ㅡ) 형여 사실을 분별하기 어렵다. 암매(暗昧)하다
알맹이 명 ①물건의 껍질이나 겉면 속에 있는 것, 또는 그 씨. ¶호두의 ㅡ./상자 속 ㅡ. ②사물의 중심이 되는 중요한 부분. 핵심(核心). 핵자(核子) ¶내용에 ㅡ가 없다.

한자 알맹이 핵(核) 〔木部 6획〕 ¶핵과(核果)/핵심(核心)/핵자(核子)/핵질(核質)

알-몸 명 ①아무 것도 입지 아니한 벌거벗은 몸. 나신(裸身). 나체(裸體). 맨몸. 전라(全裸) ☞벌거숭이 ②재산이나 그 밖의 아무 것도 가진 것이 없는 사람을 비유하여 이르는 말. ¶ㅡ으로 쫓겨나다. 속 알몸뚱이
알-몸뚱이 명 '알몸'을 속되게 이르는 말. 맨몸뚱이
알묘(揠苗) 명 -하다 타 빨리 자라게 하려고 모의 싹을 뽑아 올린다는 뜻으로, 급하게 이익을 보려다가 도리어 해를 입는 경우를 비유하여 이르는 말.
알묘(謁廟) 명 -하다 자 사당에 참배(參拜)함.
알-바가지 명 작은 바가지.
알-바늘 명 실을 꿰지 않은 바늘.
알-반대기 명 달걀을 풀어 얇게 부친 반대기. 지단
알-받이〔ㅡ바지〕 명 기르기 위하여 새나 물고기, 벌레 따위의 알을 받는 일.
알-밤 명 ①밤송이에서 빠내거나 떨어져 나온 밤톨. ¶ㅡ을 줍다. ☞송이밤 ②주먹으로 가볍게 머리를 쥐어박는 짓. 꿀밤 ¶형이 동생에게 ㅡ을 먹이다.
알-방구리 명 작은 방구리.
알-방동사니 명 방동사닛과의 한해살이풀. 줄기 높이는 25~60cm. 잎은 선형(線形)이고, 꽃은 8~10월에 피는데 원줄기 끝에 하나 또는 여러 개의 가지에 작은 이삭이 다닥다닥 핌. 열매는 수과(瘦果)임. 온대와 난대 지방의 논밭이나 습지에 절로 자람.
알-배기 명 ①알이 들어 배가 부른 생선. ☞홀태 ②겉보다 속이 알차고 야무진 것을 비유하여 이르는 말.
알-배:다 자 ①뱃속에 알을 가지다. ¶알밴 게. ②곡식의 알이 들다.
알-버섯 명 알버섯과의 버섯. 지름 2~5cm의 공 모양으로, 갓과 자루의 구별이 없음. 거죽은 담황색이고 속은 익으면 갈색이 됨. 덜 익은 흰 것을 먹을 수 있음. 해안이나 호반의 소나무 숲 속 모래땅에 자람. 송로(松露)
알-보:지 명 거웃이 나지 않은 어른의 보지. 밴대보지
알봉(閼逢) 명 고갑자(古甲子)에서, 십간(十干)의 첫째인 '갑(甲)'을 이르는 말.
알-부랑자(ㅡ浮浪者) 명 아주 못된 부랑자.
알부민(Albumin 독) 명 단순 단백질의 한 가지. 글로불린과 함께 세포의 기초 물질을 이루며, 동식물의 조직 속에 흔히 들어 있음.
알-부:자(ㅡ富者) 명 실속이 있는 부자.
알-불 명 무엇에 싸이거나 담기지 않은 불등걸.
알-붙이기〔ㅡ부치ㅡ〕 명 참나무누에를 깨우는 방법의 한 가지. 주머니에 든 알을 떼어 종이에 옮긴 다음, 나무 마디에 붙여서 깨움.
알-뿌리 명 둥근 덩어리 모양의 땅속줄기나 뿌리를 이르는 말. 알줄기, 덩이줄기, 덩이뿌리, 뿌리줄기, 비늘줄기 따위로 나뉨. 구근(球根)
알-사탕(ㅡ砂^糖) 명 알처럼 동글동글하게 만든 사탕. 눈깔사탕
알-살 명 아무 것도 걸치거나 가린 것이 없는 채로 드러난 몸의 살.
알선(斡旋)〔ㅡ썬〕 명 -하다 타 ①양편의 사이에 들어서 일이 잘 되도록 주선함. ¶직장을 ㅡ하다. ②장물인 줄 알면서 수수료를 받고 매매를 주선하는 행위. ③노동 쟁의 조정법에서, 노동 쟁의의 신고를 받은 행정 관청이나 노동 위원회가 노사 쌍방의 주장의 요점을 확인하고 쟁의가 해결되도록 노력하는 제도.
알-섬 명 사람이 살지 않는 작은 섬.
알성(謁聖)〔ㅡ썽〕 명 -하다 자 조선 시대, 임금이 성균관 문묘(文廟)의 공자 신위에 참배하던 일.
알성-과(謁聖科)〔ㅡ썽ㅡ〕 명 조선 시대, 임금이 성균관 문묘에 참배하고 나서 보이던 과거. 알성시(謁聖試)
알성=급제(謁聖及第)〔ㅡ썽ㅡ〕 명 조선 시대, 알성과에 합격하던 일, 또는 합격한 그 사람.
알성=무:과(謁聖武科)〔ㅡ썽ㅡ〕 명 조선 시대, 임금이 성균관 문묘(文廟)에 참배한 뒤에 보이던 무과. ☞알성문과(謁聖文科)
알성=문과(謁聖文科)〔ㅡ썽ㅡ〕 명 조선 시대, 임금이 성균관 문묘(文廟)에 참배한 뒤에 보이던 문과. ☞알성무과(謁聖武科)
알성-시(謁聖試)〔ㅡ썽ㅡ〕 명 알성과(謁聖科)
알성=장:원(謁聖壯元)〔ㅡ썽ㅡ〕 명 조선 시대, 알성 문과의 갑과(甲科)에서 세 사람 중 첫째로 급제하던 일.
알세뇨(al segno 이) 명 악보의 나타냄말의 한 가지. '기호가 있는 곳까지'의 뜻.
알-세:포(ㅡ細胞) 명 난세포(卵細胞)
알소(訐訴)〔ㅡ쏘〕 명 -하다 타 남을 헐뜯으려고 일을 꾸며서 윗사람에게 일러바침.
알-속〔ㅡ쏙〕 명 ①겉으로 보기보다 알찬 실제의 내용. ②수량·부피·무게 따위의 헛것을 빼고 남은 실속. ③핵심(核心) ④비밀스레 알린 내용.
알속-하다〔ㅡ쏙ㅡ〕 타여 몰래 속내를 알리다.
알-송편(ㅡ松ㅡ) 명 번철에 기름을 두르고 달걀을 부쳐 밑을 익힌 다음 한쪽을 들어 엎어 다른 쪽에 맞붙여 반달 모양으로 만든 음식.
알-심〔ㅡ씸〕 명 ①은근히 동정하는 마음. ¶ㅡ이 생기다. ②속에 가지고 있는 야무진 힘. ¶겉으로는 유약해 보이나 ㅡ이 있다.
알싸-하다 형여 자극성 있는 맛이나 냄새 때문에 혀나 코 속이 알알하다. ¶껍질을 벗긴 양파 냄새가 ㅡ.
알-쌈 명 달걀 갠 것을 번철에 얇게 펴서 익힌 다음, 다진 고기를 넣고 싸서 반달 모양으로 만든 음식. 계란포
알쏭-달쏭[1] 부 -하다 형 여러 가지 빛깔이나 모양이 뒤섞이어 가려내기 어려운 모양을 나타내는 말. ☞알쏭알쏭[1]
알쏭-달쏭[2] 부 -하다 형 생각이 뒤섞이어 알듯 말듯 한 모양을 나타내는 말. ☞알쏭알쏭[2]
알쏭-알쏭[1] 부 -하다 형 여러 가지 빛깔이나 모양이 뒤섞이어 가려내기가 아리송한 모양을 나타내는 말. ☞알쏭달쏭[1]
알쏭-알쏭[2] 부 -하다 형 생각이 자꾸 헷갈리어 알듯 알듯 하면서 또렷하지 않은 모양을 나타내는 말. ☞알쏭달쏭[2]

알쏭-하다 형여 '아리송하다'의 준말.

알씬 부 작은 물체가 눈앞에 잠깐 보이는 모양을 나타내는 말. ¶고양이 한 마리 — 하지 않는다. ☞얼씬

알씬-거리다(대다) 자 작은 물체가 눈앞에 잠깐씩 나타났다 사라졌다 하다. ¶귀찮게 —. ☞얼씬거리다

알씬-알씬 부 알씬거리는 모양을 나타내는 말. ☞얼씬얼씬

알아-내:다 타 모르던 것을 새로 밝히어 깨닫다. ¶그의 정체를 —./은신처를 —.

알아-듣다(—듣고·—들어) 타ㄷ ①남의 말뜻을 이해하다. ¶무슨 얘기인지 알아듣겠느냐? ②어떤 소리를 분간하여 듣다. ¶심봉사는 딸의 목소리를 알아들었다.

알아-맞히다 타 ①어떤 문제에 대하여 맞는 답을 말하다. ¶열 문제를 모두 —. ②사실에 꼭 들어맞게 추측하거나 예측하다. ¶선거 결과를 —.

알아-먹다 타 '알아듣다'의 속된말.

알아-방이다 타 어떤 일의 낌새를 알고 미리 대처하다.

알아-보다 타 ①무엇을 보고 분간하다. ¶어두워서 누구인지 알아볼 수 없었다. ②잊어버리지 않고 기억하다. ¶십 년 만에 만났지만 서로를 알아보았다. ③물건의 가치나 사람의 능력 따위를 보고 알다. ¶큰 인물이 될 것임을 —. ④알기 위하여 조사하거나 살펴보다. ¶지름길이 어디인지 —.

알아-주다 타 ①남의 장점이나 특성을 인정하다. ¶그의 재능을 알아주는 사람을 만났다. ②남의 사정이나 처지를 이해하여 주다. ¶애타는 내 마음을 알아주세요.

알아-차리다 타 ①눈치나 짐작으로 미리 알거나 깨닫다. ¶사건의 내막을 —. ②알아채다

알아-채다 타 낌새를 미리 알다. 알아차리다 ¶음모를 —.

알알-이 부 한 알 한 알마다. ¶— 통통하게 여물었다.

알알-하다 형여 ①매워서 혀가 달아오르는듯이 아리다. ¶생마늘을 먹었더니 혀가 —. ②살이 벗겨지거나 하여 쓰라린 느낌이 있다. ¶까진 무릎이 —. ☞알근달근하다. 알근하다. 알짝지근하다. 얼얼하다

알-약(—藥)[—략] 명 가루약 등을 뭉쳐 작고 동글동글한 알갱이 형태로 만든 약. ☞정제(錠劑)

알-요강[—료—] 명 어린아이의 오줌을 누이는 작은 요강.

알은척 명 알은체

알은체 명 ①어떤 일에 대하여 관심을 가지는듯 한 태도를 보이는 일. ¶두 사람의 관계에 대해 — 하지 마라. ②사람을 보고 인사를 보내거나 안다는듯 한 표정을 짓는 일. ¶그가 나를 보더니 —를 했다. 알은척

알음 명 ①서로 아는 안면. 면식(面識) ¶그들은 전부터 —이 있는 사이다. ②신의 보호, 또는 신이 보호하여 준 보람. ☞앎

알음-알음 명 개인끼리 서로 아는 관계. ¶—으로 회원을 모집하다./—으로 이름이 알려지다.

알음-알이 명 ①서로 잘 아는 사람. ¶—끼리 놀러 가다. ②꾀바른 수단. ¶—가 보통이 넘는다.

알음짱 명-하다 타 눈치로 넌지시 알려 주는 짓.

알자(謁刺)[—짜] 명 지위가 높고 귀한 사람에게 뵙기를 청하여 내는 명함.

알자(謁者)[—짜] 명 ①알현(謁見)을 청하는 사람. ②귀한 손을 주인에게 안내하는 사람.

알-자리[—짜—] 명 날짐승의 어미가 알을 낳거나 품고 있는 자리.

알-장(—*欌)[—짱] 명 머릿장 중에서 옷을 넣어 두는 가장 작은 장.

알-젓 명 생선의 알로 담근 젓. 난해(卵醢)

알젓-찌개[—전—] 명 알젓 국물에 고기·두부·파 등을 썰어 넣고 끓인 찌개.

알정(遏情)[—쩡] 명-하다 자 사귀어 맺은 정을 끊음.

알-제기다 자 눈동자에 흰 점이 생기다. 준 제기다[1]

알:-조[—쪼] 명 알만 한 일. 알쾌

알족(窘足)명-하다 자 질그릇의 굽 속을 파내는 일.

알-종아리 명 가린 것이 없이 맨살을 드러낸 종아리.

알-주머니[—쭈—] 명 물고기의 알을 싸고 있는 얇고 질긴 껍질. 난낭(卵囊)

알-줄 명 거죽에 아무 것도 씌우지 않은 전선. 나선(裸線)

알-줄기[—쭐—] 명 땅속줄기가 양분을 저장하여 알처럼 둥글게 된 것. 토란이나 글라디올러스의 땅속줄기 따위. 구경(球莖)

알-지게 명 '물자라'의 딴이름.

알-집[—찝] 명 난소(卵巢) ☞정집

알짜 명 ①여럿 중에서 가장 중요하거나 훌륭한 물건. ¶—만 골라내다. ☞얼짜 ②조금도 모자람이 없이 표본이 될만 한 것.

알짝지근-하다 형여 맛이 은근하게 알알하다. ¶알짝지근한 매운탕. 준 알찌근하다

알짬 명 여럿 중에서 가장 중요한 내용.

알짱-거리다(대다) 자 ①남의 환심을 얻으려고 알랑거리다. ②공연히 가치작거리게 알씬거리다. ☞얼쩡거리다

알짱-알짱 부 알짱거리는 모양을 나타내는 말. ☞얼쩡얼쩡

알쫑-거리다(대다) 자 천연스런 태도로 말을 그럴듯하게 하면서 알씬거리다. ☞얼쭝거리다

알쫑-알쫑 부 알쫑거리는 모양을 나타내는 말. ☞얼쭝얼쭝

알-찌개 명 달걀을 풀어 간장이나 젓국을 친 다음, 고기나 두부 등을 넣고 양념하여 끓인 찌개.

알찌근-하다 형여 '알짝지근하다'의 준말. ☞얼찌근하다

알찐-거리다(대다) 자 남의 비위를 맞추려고 좀스럽게 앞에서 감돌다. ☞얼찐거리다

알찐-알찐 부 알찐거리는 모양을 나타내는 말. ☞얼찐얼찐

알-차다 형 ①속이 꽉 차다. ¶알차게 여문 낟알. ②내용이 매우 충실하다. ¶강연 내용이 —./알찬 생활 계획.

알-천 명 ①재산 중에서 가장 값나가는 물건. ②음식 중에서 가장 맛있는 음식.

알-추녀 명 재래식 한옥에서, 추녀를 보강하기 위하여 받쳐 댄 짧은 추녀.

알츠하이머-병(Alzheimer病) 명 퇴행성 뇌질환의 한 가지. 노인성 치매의 원인 중 가장 흔한 형태로 뇌의 위축, 뇌실의 확장, 신경 섬유의 다발성 병변(病變) 등으로 말미암아 기억·판단·언어 능력 등의 감퇴와 일상 생활 능력, 행동 양상의 장애가 생기는 것이 특징임.

알-치 명 알을 밴 뱅어. ☞슬치

알치(戛齒)명-하다 자 소리를 내어 이를 갊. 교치(咬齒)

알칼로시스(alkalosis) 명 알칼리 중독 ☞아시도시스

알칼로이드(alkaloid) 명 질소를 함유하는 염기성 유기 화합물을 통틀어 이르는 말. 식물계에 널리 분포하며, 니코틴·모르핀·카페인 등이 대표적인 것임. 진통·진해(鎭咳)·마취 작용을 함.

알칼리(alkali) 명 물에 녹는 염기성(鹽基性) 물질을 통틀어 이르는 말. 알칼리 금속이나 알칼리 토금속의 수산화물이 이에 딸림. 그 수용액은 알칼리성 반응을 나타내며 붉은 리트머스 종이를 청색으로 바꿈.

알칼리=금속(alkali金屬) 명 주기율표 1A족에 딸린 원소 중 성질이 비슷한 리튬·나트륨·칼륨·루비듐·세슘·프랑슘의 여섯 원소를 통틀어 이르는 말. 은백색의 무른 금속으로, 비중·녹는점·끓는점 등이 낮음.

알칼리=섬유소(alkali纖維素) 명 알칼리셀룰로오스

알칼리-성(alkali性)[—썽] 명 알칼리를 나타내는 성질. 붉은 리트머스 종이를 푸르게 변화시키고, 산(酸)을 중화하여 염(塩)이 되게 하는 따위. ☞산성. 염기성

알칼리성=반:응(alkali性反應)[—썽—] 명 알칼리성임을 나타내는 반응. 붉은 리트머스 종이나 용액을 푸르게 변화시키거나 산을 중화시켜 그 성질을 없애는 따위. ☞산성 반응(酸性反應)

알칼리성=식품(alkali性食品)[—썽—] 명 나트륨·칼륨·칼슘·마그네슘 등의 알칼리성 원소를 많이 함유한 식품. 채소·과일·우유 등. ☞산성 식품(酸性食品)

> ▶ **알칼리성 식품들**
> 시금치/상추/양배추/당근/무/토란/우엉/연근/감자/고구마/양파/호박/오이/가지/죽순/송이/표고버섯/고비/미역/다시마/굴/바나나/딸기/수박/토마토/사과/배/복숭아/포도/건포도/밤/오렌지/두부/콩/우유/달걀 흰자위/포도주/홍차/카레

ㅇ

알칼리성=토양(alkali性土壤)[−썽−] 명 나트륨·마그네슘·칼슘 등의 가용성(可溶性) 염류를 많이 포함하고 있어 다소 알칼리성을 나타내는 토양. 배수(排水)가 나쁘며, 식물이 자라기 어려움.

알칼리셀룰로오스(alkali cellulose) 명 수산화나트륨 수용액과 셀룰로오스의 반응 생성물. 비스코스레이온, 에틸셀룰로오스 등의 원료임. 알칼리 섬유소

알칼리=중독(alkali中毒) 명 체내의 산과 알칼리의 균형이 깨어져서 혈액이 알칼리성 쪽으로 기울어지는 일, 또는 그 증세. 알칼로시스(alkalosis) ☞산독증(酸毒症)

알칼리=토금속(alkali土金屬) 명 주기율표 2A족에 딸린 원소 중 칼슘·스트론튬·바륨·라듐·베릴륨·마그네슘의 여섯 원소를 통틀어 이르는 말. 광택이 있는 은백색 또는 회색의 가벼운 금속으로, 그 수산화물은 알칼리성을 나타냄.

알코올(alcohol) 명 ①탄화수소의 수소 원자를 수산기로 치환한 화합물을 통틀어 이르는 말. 메틸알코올·에틸알코올·글리세린 따위. ②에틸알코올(ethyl alcohol)

알코올램프(alcohol lamp) 명 알코올을 연료로 하는 간단한 가열 기구. 화력이 강하여 화학 실험 등에 쓰임.

알코올=발효(alcohol醱酵) 명 당류(糖類)가 효모나 세균 등의 미생물로 말미암아 알코올과 이산화탄소로 분해되는 현상. 주정 발효(酒精醱酵)

알코올=온도계(alcohol溫度計) 명 열에 팽창하는 알코올을 이용한 온도계. 비교적 낮은 온도를 정확히 재는 데 알맞음.

알코올=음:료(alcohol飮料) 명 알코올 성분이 들어 있는 음료. 곧 '술'을 달리 이르는 말.

알코올=의존증(alcohol依存症)[−쯩] 명 술을 오랜 기간 습관적으로 마셔서 인이 박이어 끊을 수 없이 된 상태를 이르는 말. 〔세계 보건 기구의 제의로 '알코올 중독'을 고친 용어임.〕

알코올=중독(alcohol中毒) 명 '알코올 의존증'의 구용어.

알큰-하다 형여 혀가 알알하게 맵고도 감칠맛이 있다. ☞알근하다. 얼큰하다

알큰-히 부 알큰하게 ☞알근히. 얼큰히

알키-살키 부 요리조리 몹시 얽힌 모양을 나타내는 말. ☞알기살기. 얼키설키

알킬-기(alkyl基) 명 메탄계 탄화수소에서 수소 원자 한 개를 뺀 나머지로 이루어진 원자단을 통틀어 이르는 말. 메틸기·에틸기 따위.

×**알타리-무** 명 →총각무

알타이=어:족(Altai語族) 명 튀르크어·몽골어·퉁구스어를 통틀어 이르는 말. 한국어와 일본어를 포함시키기도 함. 모음 조화와 교착어적 특징이 있음.

알-탄(−炭) 명 알 모양으로 빚어 만든 석탄.

알-탄(−彈) 명 탄알

알토(alto 이) 명 ①성악에서, 여성의 목소리 중 가장 낮은 음역(音域)의 소리, 또는 그 음역의 가수. ②같은 종류의 악기 중에서 알토에 상당하는 음역을 맡는 악기. 알토색소폰·알토트럼본 따위. ☞소프라노(soprano)

알-토란(−土卵) 명 ①털과 껍질을 다듬은 깨끈한 토란. ②소중히 여기는 물건이나 재산을 비유하여 이르는 말. ¶ − 땅을 자식에게 물려주다.

알토란 같다 관용 ①내용이 옹골차다. ②살림이 오붓하여 아쉬운 것이 없다.

알-톡토기 명 알톡토깃과의 곤충. 몸길이 1.5mm 안팎. 가슴과 배가 서로 붙어서 둥근 모양을 이루고, 더듬이에서 다리까지는 어두운 자줏빛 바탕에 귤색의 크고 작은 반점이 있음. 채소류의 해충임. 톡토기

알-통 명 사람의 몸에서, 힘을 주면 근육이 불거져 나오는 부분. ¶팔을 굽혀 −을 자랑하다.

알파(alpha) 명 ①그리스어 자모(字母)의 첫째 글자 'Α·α'의 이름. ②'첫째'나 '처음'의 뜻으로 이르는 말. ¶ −에서 오메가까지. ☞오메가(omega) ③미지수를 나타내는 기호. ¶상금 외에 플러스 −가 있다.

알파벳(alphabet) 명 일정한 차례로 배열한 표음 문자. 보통, 로마자를 정해진 차례로 배열한 것을 이름.

알파벳-순(alphabet順) 명 로마자의 ABC의 순. ¶영어의 단어를 −으로 배열하다.

알파=붕괴(α崩壞) 명 방사성 원자핵이 알파 입자를 방출하고 다른 종류의 원자핵으로 바뀌는 과정.

알파-선(α線) 명 방사성 원소가 붕괴할 때 나오는 알파 입자의 방사선.

알파-성(α星) 명 어떤 별자리 중에서 가장 밝은 항성(恒星). 수성(首星) ☞감마성. 베타성

알파인=종목(alpine種目) 명 스키 경기에서, 활강·회전·대회전·슈퍼대회전의 네 종목, 또는 그것의 복합 경기를 이르는 말. 알프스 지방에서 발달하였음. ☞노르딕 종목

알파=입자(α粒子) 명 알파 붕괴 때에 나오는 헬륨 원자핵. 두 개의 양성자와 두 개의 중성자가 결합한 것으로, 원자핵 반응을 일으키는 데 쓰임.

알파카(alpaca) 명 ①낙타과의 포유류. 몸길이 2m, 어깨높이 90cm 안팎. 목과 몸통이 길며 부드러운 털이 발목까지 덮여 있음. 흑갈색의 털은 옷감으로 쓰고, 고기는 먹을 수 있음. 남아메리카의 고원 지대에서 방목함. ②알파카의 털로 만든 실이나 옷감. 가볍고 질겨서 여름 옷감이나 안감으로 쓰임.

알-판 명 방아확 밑바닥에 깔아서 방아촉과 맞부딪치게 하는 둥글넓적한 무쇳덩이. 광산에서 광석을 부수는 데 쓰임.

알-팔(−八) 명 투전이나 골패 따위의 노름에서 하나와 여덟을 잡은 끗수.

알펜슈토크(Alpenstock 독) 명 갈고리가 달린 등산용 지팡이. ☞피켈(pickel)

알펜호른(Alpenhorn 독) 명 알프스 지방에 전해 내려오는 긴 나팔 모양의 악기. 나무껍질이나 가죽으로 만들며, 길이는 1~2m. 원래 목동이 목장의 가축 떼를 불러 모을 때 썼음.

알-풍뎅이 명 풍뎅잇과의 갑충(甲蟲). 몸빛은 짙은 남색에 금속성의 윤이 나며, 배 부분이 겉날개보다 깊. 썩은 물질이나 나무 등에 모여듦.

알피네(al fine 이) 명 악보의 나타냄말의 한 가지. '끝까지'의 뜻.

알피니즘(alpinism) 명 높은 산에 도전하는 근대적 스포츠인 등산(登山), 또는 그 정신.

알-합(−盒) 명 아주 작은 합. 난합(卵盒)

알-항아리 명 매우 작은 항아리.

알현(謁見) 명 -하다 타 지체가 높고 귀한 사람을 찾아뵘. 현알(見謁) ¶여왕을 −하다.

알형(軋刑) 명 고대 형벌의 한 가지. 죄인을 수레바퀴 밑에 깔아 뼈를 부수던 형벌. ☞책형(磔刑)

앍다[악−] 자 ①얼굴에 오목오목한 마마 자국이 성기게 생기다. ②물건의 거죽에 흠이 다문다문 나다. ☞얽다¹

앍둑-빼기[악−] 명 얼굴이 앍둑앍둑 앍은 사람. ☞얽둑빼기

앍둑-앍둑[악−악−] 부 -하다 형 잘고 깊이 앍은 자국이 다문다문 있는 모양을 나타내는 말. ☞앍박앍박. 앍작앍작. 앍족앍족. 얽둑얽둑

앍박-앍박[악−악−] 부 -하다 형 잘고 깊이 앍은 자국이 배게 있는 모양을 나타내는 말. ☞앍둑앍둑. 앍작앍작. 앍족앍족. 얽벅얽벅

앍작-빼기[악−] 명 얼굴이 앍작앍작 앍은 사람. ☞얽적빼기

앍작-앍작[악−악−] 부 -하다 형 잘고 굵은 것이 섞이어 얕게 앍은 자국이 배게 있는 모양을 나타내는 말. ☞앍둑앍둑. 앍박앍박. 앍족앍족. 얽적얽적

앍족-빼기[악−] 명 얼굴이 앍족앍족 앍은 사람. ☞앍작빼기. 얽죽빼기

앍족-앍족[악−악−] 부 -하다 형 잘고 굵은 것이 섞이어 얕게 앍은 자국이 많이 있는 모양을 나타내는 말. ☞앍둑앍둑. 앍박앍박. 앍작앍작. 얽죽얽죽

앎: 명 아는 일. 지식(知識) ¶겉핥기식 −. ☞알음

▶ '앎'과 '알음'
'알다'를 어원으로 하여 이루어진 명사인데 '앎'은 '지식(知識)'이고, '알음'은 '서로 아는 안면', 곧 '면식(面識)'의 뜻으로 쓰이는 말이다.

앓다 자타 ①병에 걸려 괴로워하다. ¶열병을 -./심한 감기에 걸려 밤새 -. ②마음속으로 고통을 느끼며 괴로워하다. ¶벙어리 냉가슴 앓듯.
속담 **앓느니 죽지** : 자기의 수고를 덜기 위하여 남을 시켜서 시원치 않게 일을 하느니보다는 힘이 들더라도 직접 해치우는 편이 낫겠다는 말./**앓던 이 빠진 것 같다** : 늘 괴롭히던 걱정거리가 없어져 매우 시원하다는 말.

한자 앓을 환(患) 〔心部 7획〕 ¶병환(病患)/환부(患部)/환자(患者)/환후(患候)
앓을 회(瘣) 〔土部 17획〕 ¶회사(瘣死)/회저(瘣疽)

앓아-눕다[알-](-눕고·-누워) 자ㅂ 몸이나 마음에 탈이 나서 자리에 눕다. ¶노환으로 -.
-앓이 《접미사처럼 쓰이어》'앓다'의 전성형으로 '병'의 뜻을 나타냄. ¶이앓이/배앓이/가슴앓이
암[1] 명 ①동물 중에서 난소(卵巢)를 만들어 내는 성(性)의 것, 또는 식물 중에서 암꽃을 피우는 것. ②《접두사처럼 쓰이어》㉠'암컷'임을 나타냄. ¶암소/암캉아지/암퇘지/암은행나무 ㉡짝을 이루는 사물을 나타내는 일부 명사에 붙어, '오목한', '상대적으로 약한'의 뜻을 나타냄. ¶암나사/암단추 ↔수[1]
×**암** 명 →암죽
암:[2] 감 '아무려면'의 준말. ¶-, 그렇지.
암:(癌) 명 ①몸 속의 세포에 발생하여 주위의 조직을 침범하거나 장기(臟器)에 퍼지는 악성의 종양(腫瘍). 암종(癌腫) ②어떤 조직의 내부에서, 활동이나 발전의 장애가 되는 폐단을 비유하여 이르는 말. ¶-적인 존재.

한자 암 암(癌) 〔疒部 12획〕 ¶간암(肝癌)/암세포(癌細胞)/암종(癌腫)/위암(胃癌)/폐암(肺癌)

암:-갈색(暗褐色)[-쌕] 명 검은 기운이 도는 갈색.
암거(岩居) 명 -하다 자 속계를 떠나 산야에 은거(隱居)함. 암처(岩處)
암:거(暗渠) 명 흐르는 물이 보이지 않도록 땅 속이나 구조물 밑으로 낸 배수로. ☞개거(開渠). 명거(明渠)
암:-거:래(暗去來) 명 -하다 타 법으로 매매가 금지된 물건을 몰래 팔고 사고 함. 암매매(暗賣買) 유 뒷거래
암:계(暗計) 명 -하다 타 어떤 일을 몰래 꾀함, 또는 그 꾀. 암모(暗謀)
암:관(暗款) 명 암화(暗花)
암괴(岩塊) 명 바위 덩어리.
암구다 타 흘레를 붙이다. ¶돼지를 -.
암:군(暗君) 명 정사(政事)에 어둡고 어리석은 임금을 이르는 말. 암주(暗主). 혼군(昏君)
암굴(岩窟) 명 석굴(石窟)
암:굴(暗窟) 명 어두운 굴.
암-글 명 ①배워 알기는 하지만 실제로 활용할 수 없는 지식을 얕잡아 이르는 말. ②지난날, '한글'을 여자들이나 쓰는 글이라는 뜻으로 얕잡아 이르던 말. ☞수글
암:-기(-氣)[-끼] 명 암상스러운 마음. ☞시기심
암:기(暗記) 명 -하다 타 글자나 글 등을 보지 않고도 기억할 수 있도록 외어 둠. 송기(誦記) ¶영어 단어를 -하다.
암:기-력(暗記力) 명 글자나 글 등을 외워서 잊지 아니하는 힘. ☞기억력(記憶力)
암-꽃 명 수술은 없고 암술만 있는 단성화(單性花)의 한 가지. 밤나무나 호박 따위. 자화(雌花) ☞수꽃
암-꽃술[-꼳-] 명 암술 ☞수꽃술
암-꿩 명 꿩의 암컷. 까투리 ☞수꿩
암-나귀 명 '암탕나귀'의 준말. ☞수나귀
암-나무 명 암수딴그루인 나무에서, 열매가 열리는 나무. ☞수나무
암-나사(-螺絲) 명 수나사를 끼울 수 있도록 구멍 안쪽에 나선형으로 홈이 팬 나사. ☞수나사

암-내[1] 명 암컷의 발정기(發情期)에 몸에서 나는 냄새. ¶-를 피우다./-를 맡다.
암내(가) 나다 관용 짐승의 암컷이 발정을 하다.
암내(를) 내다 관용 발정하여 암내를 피우다.
암:-내[2] 명 겨드랑이에서 나는 좋지 않은 냄새. 액기(腋氣). 액취(腋臭)
암냥 명 '압령(押領)'의 변한말.
암:-녹색(暗綠色) 명 검은 기운이 도는 녹색. 암록(暗綠)
암-놈 명 동물의 암컷을 이르는 말. ☞수놈
암-눈비앗 명 '익모초(益母草)'의 딴이름.
암-단추 명 똑딱단추에서, 수단추가 들어가 끼이도록 된 단추.
암:-달러(暗dollar) 명 암시장에서 몰래 거래되는 달러 화폐. ¶-상(商)
암:담(暗澹) 어기 '암담(暗澹)하다'의 어기(語基).
암:담-하다(暗澹-) 형여 앞날에 대한 희망이 없이 막막하다. ¶앞으로 살아갈 일이 -.
암:독(暗毒) 어기 '암독(暗毒)하다'의 어기(語基).
암:독-하다(暗毒-) 형여 음험하고 독살스럽다.
암-되다[-뙤-] 형 남자의 성격이 여자처럼 얌전하고 수줍음이 많다.
암:둔(闇鈍) 어기 '암둔(闇鈍)하다'의 어기(語基).
암:둔-하다(闇鈍-) 형여 사리에 어둡고 우둔하다.
암:-띠다 형 ①비밀스러운 것을 좋아하는 성질이 있다. ②수줍음을 잘 타는 성질이 있다. ¶성질이 암띠어 남자다운 데가 없다.
암:록(暗綠) 명 암녹색(暗綠色)
암:루(暗淚) 명 남모르게 흘리는 눈물.
암류(岩流) 명 풍화 작용으로 생긴 암설(岩屑)의 층이 비탈진 면을 따라 천천히 아래로 이동하는 현상.
암:류(暗流) 명 ①표면으로 드러나지 않는 물의 흐름. ②겉으로 드러나지 않는 불온한 움직임.
암:류(暗留) 명 -하다 자타 지난날, 환곡(還穀)을 제때에 백성들에게 꾸어 주지 않고 창고에 쌓아 두었다가, 값이 오를 때는 팔고 값이 떨어질 때는 사들여 사사로운 이익을 도모하던 일.
암:륜-선(暗輪船) 명 추진기가 내부에 장치되어 있어 겉으로는 드러나지 않은 기선.
암:막(暗幕) 명 광선을 막고 방을 캄캄하게 하기 위하여 둘러치는 검은 막.
암-막새 명 '내림새'의 딴이름. ☞막새
암:만[1] 명 밝힐 필요가 없는 값이나 수량 따위를 대신하여 쓰는 말.
암만[2] 부 아무리[1] ¶- 얘기해도 소용이 없다.
암:만-암만 명 밝혀 말할 필요가 없는 두 가지 이상의 값이나 수량 따위를 대신하여 쓰는 말.
암만-해도 부 아무리 생각하거나 애써 보아도. ¶- 내가 나서야 할까 보다.
암-말 준 '아무 말'이 줄어든 말. ¶- 없이 방을 나갔다.
암매(岩梅) 명 '돌매화나무'의 딴이름.
암:매(暗買) 명 -하다 타 매매가 금지된 물건을 몰래 삼.
암:매(暗賣) 명 -하다 타 매매가 금지된 물건을 몰래 팖. 잠매
암매(晻昧) 어기 '암매(晻昧)하다'의 어기(語基).
암:매(暗昧) 어기 '암매(暗昧)하다'의 어기(語基).
암:-매매(暗賣買) 명 -하다 타 법으로 매매가 금지된 물건을 몰래 팔고 사고 하는 일. 암거래(暗去來) 유 뒷거래
암:-매:장(暗埋葬) 명 -하다 타 암장(暗葬)
암매-하다 (晻昧-) 형여 사실을 분별하기 어렵다. 알매하다
암:매-하다(暗昧-) 형여 사리에 어둡고 어리석다.
암맥(岩脈) 명 화성암의 마그마가 다른 암석 사이로 뚫고 들어가 굳어서 된 암체(岩體).
암면(岩綿) 명 현무암이나 안산암 등의 염기성 화성암을 녹여 섬유로 만든 것. 단열재나 음향 흡수재 등으로 쓰임. 암석 섬유(岩石纖維)
암:면(暗面) 명 ①사물의 어두운 면. ②암흑면(暗黑面)

암:면=묘:사(暗面描寫)명 문학 작품에서, 인생의 어두운 면을 제재로 하여 묘사하는 일.
암:모(暗謀)명 -하다 타 무슨 일을 몰래 꾀함, 또는 그 꾀. 암계(暗計)
암모나이트(ammonite)명 두족류(頭足類)의 화석 조개. 앵무조개와 비슷하며 껍데기는 보통 평면 나사선 모양임. 고생대 데본기에서 중생대 백악기에 걸쳐 생존하였으며, 특히 중생대 지층에서 널리 산출됨. 국석(菊石). 국화석(菊花石). 암몬조개
암모늄(ammonium)명 질소 1원자와 수소 4원자로 이루어진 일가(一價)의 원자 집단. 산과 화합하여 염류(塩類)를 만듦.
암모늄-기(ammonium基)명 질소 1원자와 수소 4원자로 이루어진 원자 집단.
암모늄-염(ammonium塩)명 암모니아와 산이 화합하여 생기는 염(塩)을 통틀어 이르는 말.
암모니아(ammonia)명 ①질소와 수소의 화합물로 무색의 자극적이고 강한 냄새가 나는 기체. 질소 비료나 요소 수지(尿素樹脂) 등의 제조에 쓰임. ②황산암모늄
암모니아=냉:동법(ammonia冷凍法)[-뻡]명 암모니아가 기화(氣化)할 때 주위로부터 많은 열을 빼앗는 성질을 이용한 냉동법.
암모니아소:다-법(ammonia soda法)[-뻡]명 소다회 제조법의 한 가지. 석회석과 식염을 주원료로 하고 암모니아를 부원료로 하여 소다회를 만듦. 솔베이법
암모니아-수(ammonia水)명 암모니아의 수용액. 알칼리성 반응을 나타내는 무색 투명한 액체로, 시약(試藥)·의약품 등으로 쓰임.
암몬-조개(ammon-)명 암모나이트(ammonite)
암-무지개명 쌍무지개가 섰을 때, 빛깔이 엷고 흐린 쪽의 무지개. ☞수무지개
암:묵(暗默)명 자기의 의사(意思)를 밖으로 나타내지 않고 침묵을 지키는 일. ¶-의 지지를 보내 준 사람들.
암:묵-리에(暗默裡-)부 '자기의 의사를 나타내지 않고 침묵을 지키고 있는 가운데'의 뜻. ¶- 합의가 이루어지다.
암:문(暗門)명 성벽(城壁)에 만들어 놓은 비상문.
암-물명 보얀 빛을 띤 샘물.
암미:터(ammeter)명 전류계(電流計)
암반(岩盤)명 바위로 이루어진 지반(地盤).
암:-반응(暗反應)명 광합성에서, 빛과 관계없이 진행되는 반응 단계. ☞명반응(明反應)
암:-반응(癌反應)명 암 환자의 몸에서 일어나는 생화학적 반응. 혈청학적 반응, 피부 반응, 오줌의 반응 등이 있는데 암의 조기 진단에 쓰임.
암반-층(岩盤層)명 땅 속에 암반을 이루고 있는 층.
암-벌명 벌의 암컷. 여왕벌과 일벌이 이에 딸리는데, 일벌은 산란 능력이 없음. 자봉(雌蜂) ☞수벌
암:범(暗犯)명 -하다 타 남몰래 죄나 잘못을 저지름.
암벽(岩壁)명 깎아지른듯이 험하게 솟은 커다란 바위. ¶- 등반
암:사(暗射)명 -하다 타 목표물을 겨냥하지 않고 마구 쏨.
암-사내명 암된 사내.
암-사돈명 며느리 쪽의 사돈. ☞수사돈. 안사돈
암:사=지도(暗射地圖)명 대륙이나 섬, 등의 윤곽과 경계, 하천·도시 따위만을 그린 지도. 세부의 기호나 지명 따위의 기입 연습이나 분포도 작성 등에 쓰임. 백지도(白地圖)
암산(岩山)명 바위가 많은 산. ☞토산(土山)
암:산(暗算)명 -하다 타 계산 기구나 필기 도구를 사용하지 않고 머리 속으로 계산함. 목산(目算). 속셈 ☞필산
암살명 '엄살'을 얕잡는 어감(語感)으로 이르는 말.
암:살(暗殺)명 -하다 타 사람을 몰래 죽이는 일. 도살(盜殺) ¶요인을 -하다.
암-삼명 삼의 암포기. ☞수삼
암:상명 남을 시기하고 샘을 잘 내는 잔망스러운 심술.
암상(岩床)명 마그마가 지층 사이로 비스듬히 들어가서, 판자 모양으로 넓게 퍼져 굳은 것.
암:상(暗像)명 ①어두운 형상. ②어둠 속에서 윤곽만 흐릿하게 나타난 형상.
암:상(暗箱)명 어둠상자
암:상-궂다[-굳-]형 몹시 암상스럽다.
암:상-꾸러기명 암상을 잘 부리는 사람을 얕잡아 이르는 말.
암:상-내:다자 암상스러운 말이나 행동을 하다.
암:상-떨:다(-떨고·-떠니)자 암상스러운 짓을 자꾸 하다.
암:상-부리다자 일부러 암상스러운 태도를 나타내다.
암:상-스럽다(-스럽고·-스러워)형ㅂ 암상한 태도가 있다.
암상-스레부 암상스럽게
암상=식물(岩上植物)명 암생 식물(岩生植物)
암:-상인(暗商人)명 법을 어기면서 판매가 금지된 물건을 몰래 사고 파는 장사꾼.
암:상-피우다자 암상스러운 태도를 나타내다.
암:상-하다형여 남을 시기하고 샘내는 마음이 많다. 준 암하다
암-새명 새의 암컷. ☞수새
암:색(暗色)명 어두운 색. ☞명색(明色)
암:색(暗索)명 '암중모색(暗中摸索)'의 준말.
암생=식물(岩生植物)명 바위 틈이나 바위 위에 자라는 식물을 통틀어 이르는 말. 이끼나 부처손 따위. 바위 식물. 암상 식물(岩上植物)
암서(岩嶼)명 바위로 된 섬.
암석(岩石)명 바위 ▷岩의 정자는 巖
암석-권(岩石圈)명 암석으로 구성되어 있는, 지구의 표면에 가장 가까운 층. ☞수권(水圈)
암석=단구(岩石段丘)명 사력층(砂礫層)이 없이 암석이 드러나 있는 단구. 침식되어 생긴 하안 단구나 해안 단구에서 볼 수 있음.
암석=사막(岩石沙漠)명 지표에 바위나 돌덩이, 자갈 따위가 많이 노출되어 있는 사막. 돌사막
암석=섬유(岩石纖維)명 암면(岩綿)
암석-층(岩石層)명 암석으로 이루어진 지층.
암석-학(岩石學)명 암석의 여러 성질과 산출 상태 등을 조사하여, 그 자료를 근거로 암석의 성인(成因), 생성 과정, 생성 조건 등을 규명하는 지질학의 한 분야.
암설(岩屑)명 풍화하거나 붕괴하여 생기는 바위 부스러기.
암설-토(岩屑土)명 자잘한 바위 부스러기를 주로 하여 이루어진 토양.
암:성(暗星)명 빛을 내지 않는 별.
암:-세:포(癌細胞)명 암을 이루는 세포. 정상의 조직 세포와 달리 무제한 증식하며 매우 빠르게 분열함.
암-소명 소의 암컷. 빈우(牝牛) ☞수소
암:소(暗笑)명 -하다 타 마음속으로 비웃음.
암:송(暗誦)명 -하다 타 글을 보지 않고 입으로 욈.
암-쇠명 ①자물쇠 따위에서, 수쇠가 들어갈 구멍에 박은 쇠. ②'매암쇠'의 준말.
암-수명 암컷과 수컷. 빈모(牝牡). 자웅(雌雄)
암:수(暗數)명 속임수. 외수(外數)
암:수-거리(暗數-)명 -하다 타 속임수로 남을 속이는 짓.
암수-딴그루명 암꽃과 수꽃이 각각 다른 그루에 있는 일, 또는 그 식물. 자웅 이주(雌雄異株) ☞암수한그루
암수-딴몸명 동물에서, 난소가 있는 암컷과 정소가 있는 수컷이 분명히 구별되어 있는 일, 또는 그 동물. 척추동물 따위. 자웅 이체(雌雄異體) ☞암수한몸
암수-한그루명 암꽃과 수꽃이 한 그루에 있는 일, 또는 그 식물. 호박·오이·소나무 따위. 자웅 동주(雌雄同株) ☞암수딴그루
암수-한몸명 동물에서, 한 개체 안에 암수의 생식기를 모두 가지는 일, 또는 그 동물. 지렁이나 달팽이 따위. 자웅 동체(雌雄同體) ☞암수딴몸
암:-순응(暗順應)명 밝은 데서 갑자기 어두운 데로 들어갔을 때, 처음에는 아무 것도 보이지 않으나 시간이 지남에 따라 차차 보이게 되는 현상. ☞명순응(明順應)
암술명 수술로부터 꽃가루를 받는 자성(雌性)의 생식 기

관. 암술대와 씨방 등으로 이루어져 있음. 암꽃술. 자예(雌蕊) ☞수술

암술-대[-때] 명 암술의 씨방과 암술머리를 연결하는, 둥근 기둥 모양의 부분. 화주(花柱) ☞수술대

암술-머리 명 암술의 꼭대기에 있어, 꽃가루를 받는 부분. 표면에 돌기가 있거나 점액이 분비되어 있어 꽃가루가 잘 붙게 되어 있음. 주두(柱頭)

암:시(暗示) 명 ①-하다 타 넌지시 깨우침, 또는 그 내용. ¶다음 장면을 -하다. ☞명시(明示) ②말이나 그 밖의 자극으로써 타인의 관념이나 행동 따위를 유발하는 심리적 작용. ¶자기 -를 걸다./- 요법

암:시-법(暗示法)[-뻡] 명 문장 표현법의 한 가지. 어떤 내용을 직접 말하지 않고 간접적으로 표현하는 방법.

암:-시세(暗時勢) 명 암거래의 시세.

암:-시:장(暗市場) 명 암거래가 이루어지는 시장. 블랙마켓(black market)

암:시=장치(暗視裝置) 명 어두운 곳이나 안개 속에 있어서 잘 보이지 않는 사물을 자외선을 이용하여 볼 수 있게 한 장치. 녹토비전(noctovision)

암:실(暗室) 명 밖으로부터 빛이 들어오지 못하도록 설비한 방. 주로 사진 현상이나 화학 실험 등을 하는 데 씀.

암:실-램프(暗室lamp) 명 암실에서, 필름이나 인화지 등이 감광(感光)되는 것을 막기 위하여 사용하는 등(燈). 전구를 상자에 넣고 빛이 비치는 부분에 색유리를 끼워 만듦.

암:암(暗暗) 어기 '암암(暗暗)하다'의 어기(語基).

암암(黯黯) 어기 '암암(黯黯)하다'의 어기(語基).

암암(巖巖) 어기 '암암(巖巖)하다'의 어기(語基).

암:암-리에(暗暗裏-) 부 남이 모르는 가운데에. ¶- 일을 꾸미다./- 일을 진행하다.

암암-하다 형여 잊혀지지 아니하고 가물가물 보이는듯하다. ¶떠나온 고향 산천이 눈에 -.

암:암-하다(暗暗-) 형여 몹시 어둡거나 조용하다. ¶암암한 가운데 비밀 작업이 진행되다.
 암암-히 부 암암하게

암암-하다(黯黯-) 형여 속이 상하여 시무룩하다.

암암-하다(巖巖-) 형여 산이나 바위너설이 높고 험하다. ¶멀리 보이는 암암한 산.
 암암-히 부 암암하게

암:야(暗夜) 명 어두운 밤.

암:약(暗躍) 명 -하다 자 '암중비약(暗中飛躍)'의 준말.

암:약(闇弱·暗弱) 어기 '암약(闇弱)하다'의 어기(語基).

암:약-하다(闇弱-) 형여 어리석고 겁이 많다. 암잔하다

암-양(-羊)[-냥] 명 양의 암컷. ☞숫양

암:어(暗語) 명 특정인만이 알 수 있도록 정한 암호의 말.

암-여의[-녀-] 명 '암술'을 예스럽게 이르는 말.

암:연(黯然) 어기 '암연(黯然)하다'의 어기(語基).

암:연-하다(黯然-) 형여 슬픔으로 마음이 어둡고 침울하다.
 암연-히 부 암연하게

암:-열선(暗熱線)[-썬] 명 적외선(赤外線)

암염(岩塩) 명 땅 속이나 건조 지대의 지상에서 천연으로 나는 소금. 반투명하거나 흼. 경염(硬塩). 돌소금. 산염(山塩). 석염(石塩)

암-염소[-념-] 명 염소의 암컷. ☞숫염소

암:영(暗影) 명 ①어두운 그림자. ②어떤 일이 이루어지는 데 방해가 될 불길한 예감이나 징조. ¶사업에 -이 끼다.

암:영(暗營) 명 -하다 자 적군 몰래 진(陣)을 침, 또는 그 진영.

암:영-부(暗影部) 명 태양 흑점에서, 중앙의 어두운 부분.

암:우(暗愚) 어기 '암우(暗愚)하다'의 어기(語基)

암:우-하다(暗愚-) 형여 사리에 어둡고 어리석다.

암:운(暗雲) 명 ①곧 비나 눈이 내릴 것처럼 컴컴하게 낀 구름. ②좋지 못한 일이 일어날듯 한 불길한 기미. ¶-이 드리워지다. 먹구름

암:울(暗鬱) 어기 '암울(暗鬱)하다'의 어기(語基).

암:울-하다(暗鬱-) 형여 암담하고 침울하다. ¶암울한 얼굴빛./암울한 마음.

암:유(暗喩) 명 은유(隱喩)

암-은행나무(-銀杏-) 명 열매가 열리는 은행나무. ☞수은행나무

암:인-법(暗引法)[-뻡] 명 인용법의 한 가지. 인용할 내용을 문장 부호로 묶지 않고, 글 가운데 섞어서 표현하는 방법. ☞명인법(明引法)

암자(庵子) 명 ①큰 절에 딸린 작은 절. ②중이 임시로 거처하며 공부하는 자그마한 집.

암:-자색(暗紫色) 명 어두운 자줏빛.

암:-자색(暗赭色) 명 검은 기운이 도는 주홋빛.

암:잔(闇孱) 어기 '암잔(闇孱)하다'의 어기(語基).

암:잔-하다(闇孱-) 형여 어리석고 겁이 많다. 암약하다

암장(岩漿) 명 마그마(magma)

암:장(暗葬) 명 -하다 타 ①남몰래 장사지냄. ②남의 산이나 묏자리에 몰래 장사지내는 일. 도장(盜葬). 암매장(暗埋葬). 투장(偸葬)

암:-적갈색(暗赤褐色)[-쌕] 명 검은 기운이 도는 어두운 적갈색.

암:-적색(暗赤色) 명 검붉은 빛.

암:전(暗箭) 명 ①과녁에 맞지 않고 빗나가는 화살. ②숨어서 남을 쏘는 화살.

암:전(暗轉) 명 -하다 자 무대를 어둡게 해 놓고 그 동안에 무대 장치나 장면을 바꾸는 일. ☞명전(明轉)

암:조(暗潮) 명 ①표면에 드러나지 않고 흐르는 조수(潮水). ②표면에 드러나지 않는 풍조(風潮)나 세력을 비유하여 이르는 말.

암:종(癌腫) 명 암(癌)

암주(庵主) 명 암자(庵子)의 주인, 또는 그 암자에서 거처하는 중.

암:주(暗主) 명 암군(暗君)

암:-죽(-粥) 명 곡식이나 밤 등의 가루를 밥물에 타서 끓인 죽. 우리 나라의 유아용 음식으로, 모유가 모자랄 때 모유 대신에 씀. ☞떡암죽. 밤암죽. 쌀암죽

암:죽-관(-粥管) 명 작은창자 내벽의 융털 돌기에 분포되어 있는 림프관. 주로 지용성(脂溶性) 영양분을 흡수하는 구실을 함. 유미관(乳糜管)

암:중(暗中) 명 ①어둠 속. ②은밀한 가운데.

암:중모색(暗中摸索) 성구 어두운 데서 손으로 더듬어 물건을 찾는다는 뜻으로, 확실한 방법을 모르는 채 어림으로 무엇을 알아내려 함을 이르는 말. ¶난국을 헤쳐 나갈 방법을 -하다. 준 암색(暗索)

암:중비약(暗中飛躍) 성구 비밀히 활동함을 이르는 말. 준 암약(暗躍)

암-쥐 명 쥐의 암컷. ☞숫쥐

암증-널 명 도자기를 빚는 곳에서, 흙을 반죽할 때 쓰는 널빤지. 연토판(鍊土板)

암지(岩地) 명 바위로 이루어져 있거나 바위가 많은 땅.

암-지르다(-지르고·-질러) 타르 주된 것에 덧붙여서 하나가 되게 하다.

암-쪽 명 지난날, 채무자가 가지는 어음의 왼편 조각을 이르던 말. ☞수쪽

암채(岩彩) 명 석채(石彩)

암처(岩處) 명 -하다 자 암거(岩居)

암천(岩泉) 명 바위 틈에서 솟는 샘.

암:체(暗體) 명 스스로 빛을 내지 못하는 물체. ☞발광체

암:초(暗礁) 명 바다나 큰 호수의 수면 가까이에 보이지 않게 잠겨 있는 바위. 여² ☞초석(礁石)
 암초에 부딪치다 관용 뜻하지 아니한 장애로 말미암아 일에 어려움을 겪게 됨을 비유하여 이르는 말.

암:층(暗層) 명 어두운 층.

암-치 명 배를 갈라서 소금에 절여 말린 암민어, 또는 소금에 절여 말린 민어를 두루 이르는 말. ☞수치

암-치질(-痔疾) 명 항문 안에 생기는 치질. 내치(內痔) ☞수치질

암-캉아지 명 강아지의 암컷. ☞수캉아지

암-캐 명 개의 암컷. ☞수캐

암커나 부 '아무러하거나'가 줄어든 말.

암-컷 명 성(性)이 구분되어 있는 동물에서, 새끼를 밸 수

있는 성(性)의 것. 암. 자성(雌性) ☞수컷. 암수

한자 암컷 자(雌) 〔隹部 5획〕 ¶자성(雌性)/자웅(雌雄)

×**암-괭이** 명 →암괭이
×**암-쿠렁이** 명 →암구렁이
×**암-퀑** 명 →암꿩
암크령 명 볏과의 여러해살이풀. 줄기 높이는 30~80cm. 잎은 가늘고 길며 끝이 뾰족하고, 8~9월에 길둥근 모양의 적갈색 꽃이 원추(圓錐) 꽃차례로 핌. 잎은 밧줄의 재료나 편물용으로 쓰임. 지풍초(知風草)
암-키와 명 재래식 한옥에서 지붕을 일 때, 고랑이 되게 이는 기와. 처마끝에는 반달 모양의 혀가 붙은 내림새를 놓음. 반(瓪). 빈와(牝瓦). 앙와(仰瓦). 여와(女瓦) ☞수키와
암탈개비 명 모시나비의 애벌레.
암-탉 명 닭의 암컷. 빈계(牝鷄) ☞수탉
속담 **암탉의 무녀리냐** : 맨 처음 낳는 알이 매우 작음에 비유하여, 몸집이 작은 사람을 놀리어 이르는 말./**암탉이 울면 집안이 망한다** : 집안에서 여자가 지나치게 나서거나 내주장(內主張)이 강하면 집안일이 잘 되어가지 않는다는 말.
암-탕나귀 명 당나귀의 암컷. 준암나귀 ☞수탕나귀
암-톨쩌귀 명 문짝의 수톨쩌귀를 끼는 구멍 뚫린 돌쩌귀. ☞수톨쩌귀
암-퇘:지 명 돼지의 암컷. ☞수퇘지
암:투(暗鬪) 명 -하다 자 서로 적의를 품고 드러나지 않게 다툼. ¶두 파 사이에 -가 벌어지다.
암:투-극(暗鬪劇) 명 매우 복잡하게 벌어지고 있는 암투를 연극에 비유하여 이르는 말.
암:특(暗慝) 어기 '암특(暗慝)하다'의 어기(語基).
암:특-하다(暗慝-) 형여 성질이 음흉하고 사특하다.
암-틀 명 서로 끼웠다 뺐다 할 수 있는 틀에서 수틀이 들어갈 공간이 있는 틀.
암팡-스럽다(-스럽고·-스러워) 형ㅂ 보기에 암팡지다.
암팡-스레 부 암팡스럽게
암팡-지다 형 몸은 자그마하여도 당차고 다부지다. ¶암팡진 목소리로 대들다.
암:퍅(暗愎) 어기 '암퍅(暗愎)하다'의 어기(語基).
암:퍅-하다(暗愎-) 형여 성질이 음험하고 강퍅하다.
암페어(ampere) 명 전류의 세기를 나타내는 단위. 1암페어는 매초 1쿨롱의 전기량이 흐르는 전류의 세기를 나타냄. 기호는 A
암페어-계(ampere計) 명 암페어를 눈금의 단위로 읽을 수 있게 만든 전류계.
암페어=법칙(ampere法則) 명 전류와 자기장의 관계를 나타내는 법칙. 전류의 방향을 오른나사의 진행 방향으로 할 때, 자기장의 방향은 그 오른나사의 회전 방향과 일치함.
암페어-시(ampere時) 명 전기량의 단위. 1암페어의 전류가 한 시간 동안에 흐른 전기량. 기호는 Ah
암-평아리 명 병아리의 암컷. ☞수평아리
암-포기 명 암꽃이 피는 포기. ☞수포기
암:표(暗票) 명 정상적인 유통 과정을 거치지 않고 뒷거래되는 차표·입장권·관람권 따위.
암:표(暗標) 명 -하다 타 자기만 알 수 있도록 표시함, 또는 그 표시.
암하고:불(岩下古佛) 성구 바위 밑에 있는 오래된 불상(佛像)이라는 뜻으로, 선량하고 점잖은 성격을 비유하여 이르는 말. 암하노불 ☞풍전세류(風前細柳)
암하노:불(岩下老佛) 성구 암하고불(岩下古佛)
암:-하다 형여 '암상하다'의 준말.
암:합(暗合) 명 -하다 자 사물이 서로 우연히 맞거나 일치함, 또는 우연한 일치. ¶뜻하지 않게 -하다.
암해(岩海) 명 바위와 돌들이 넓게 깔려 있는 지역.
암:해(暗海) 명 빛이 미치지 못하는 어두운 바다 속.
암:해(暗害) 명 -하다 타 남몰래 해치거나 죽임.
암:행(暗行) 명 -하다 자 자기의 신분을 숨기고 몰래 다님. 잠행(潛行)
암:행-어:사(暗行御史) 명 조선 시대, 임금의 비밀 명령에 따라 모습을 가장하여 지방을 돌아다니면서 관원의 행정 실태와 민심을 살피던 임시 관직, 또는 그 직책에 있던 사람. 준어사(御史)
암:향(暗香) 명 그윽하게 풍기는 향기.
암혈(岩穴) 명 석굴(石窟)
암:호(暗號) 명 비밀을 유지하거나 어떤 내용을 남모르게 전달하기 위하여 당사자끼리만 알도록 약속한 신호나 부호. ¶-를 대다./-를 풀다.
암:호-문(暗號文) 명 남모르게 암호로 쓴 글.
암:호=해:독(暗號解讀) 명 암호로 된 글을 풀어서 그 내용과 뜻을 밝혀 내는 일.
암:화(暗花) 명 도자기에 입힌 잿물 아래에 잠긴 꽃무늬. 암관(暗款)
암:-회색(暗灰色) 명 어두운 잿빛.
암:흑(暗黑) 명 -하다 형 ①어둡고 캄캄함, 또는 캄캄한 어둠. ②정신적·사회적으로 암담하고 비참한 상태를 비유하여 이르는 말. ☞광명(光明)
암:흑-가(暗黑街) 명 범죄나 불법 행위가 자주 발생하는 거리. ¶-를 주름잡다.
암:흑-기(暗黑期) 명 문화가 쇠퇴하고 도덕과 사회 질서가 문란한 어지러운 시기. 암흑 시대(暗黑時代)
암:흑-면(暗黑面) 명 ①사물의 어두운 면. ②사회나 인생에서 부정적이고 추악한 면. 암면(暗面)
암:흑=사:회(暗黑社會) 명 ①문화가 쇠퇴하여 발전이 정체된 사회. ②범죄나 부도덕한 행위가 빈번하게 일어나는 무질서한 사회. ③억압을 받아 희망을 가질 수 없는 사회.
암:흑-상(暗黑相) 명 도덕과 사회 질서가 문란하고 온갖 범죄가 일어나는 어둡고 비참한 사회상.
암:흑=성운(暗黑星雲) 명 은하계에 딸린 성운의 한 가지. 우주 먼지나 성간 가스의 집합체로, 성운 그 자체는 빛을 내지 않으나 뒤쪽의 빛을 내는 성운을 가림으로써 검은 덩어리나 띠로 관측됨.
암:흑=세:계(暗黑世界) 명 ①어두운 세계. ②무질서하고 부도덕과 범죄로 가득 찬 사회를 비유하여 이르는 말. ☞암흑 사회
암:흑=시대(暗黑時代) 명 ①문화가 쇠퇴하고 도덕과 사회 질서가 문란한 어지러운 시기. 암흑기 ②유럽 역사에서, 학문과 예술이 쇠퇴하였던 '중세'를 이르는 말.
암:희(暗喜) 명 -하다 자 속으로 은근히 기뻐함.
압(押) 명 '화압(花押)'의 준말.
압각(壓覺) 명 피부 감각의 하나. 피부나 몸의 일부가 눌릴 때 느끼는 감각. 좁은 뜻으로는 피부 깊이 느껴지는 감각을 이르며, 피부 겉면에서 느껴지는 감각을 촉각(觸角)이라 하여 구분함. 눌림감각
압객(狎客) 명 주인과 스스럼없이 썩 가깝게 지내는 손.
압경(壓驚) 명 -하다 타 놀란 마음을 진정시킴.
압교(押交) 명 -하다 타 압부(押付)
압권(壓卷) 명 ①책이나 공연물, 예술 작품 등에서 가장 뛰어난 부분. ¶오늘 본 연극에서는 제2막이 -이었어. ②여럿 중에서 가장 뛰어난 것. ¶정지용의 작품 가운데서도 -은 '향수'이다. ▷壓의 속자는 圧
압궤(壓潰) 명 -하다 타 눌러서 부숨.
압근(狎近) 명 -하다 자 압핍(狎逼)
압기(壓氣) 명 -하다 자타 상대편의 기세에 눌림, 또는 상대편의 기세를 누름.
압뇨-초(鴨尿草) 명 '조팝나무'의 딴이름.
압도(壓度) 명 ①압력의 정도. ②단위 면적에 작용하는 압력의 크기.
압도(壓倒) 명 -하다 타 남을 눌러 넘어뜨린다는 뜻으로, 모든 점에서 남보다 두드러지게 뛰어남을 비유하는 말. ¶좌중을 -하는 말솜씨.
압도-적(壓倒的) 명 모든 점에서 남보다 두드러지게 뛰어난 것. ¶-으로 승리하다.
압두(壓頭) 명 -하다 타 상대편을 누르고 첫째 자리를 차지함.

압려-기(壓濾器)명 압력을 이용하여 액체를 거르는 기구.
압력(壓力)명 ①어떤 물체가 다른 물체를 누르는 힘. ¶기체의 ―을 받다. ②어떤 요구나 주장에 응하도록 심리적으로 압박하는 힘. ¶정치적 ―을 받다.
압력-계(壓力計)명 액체나 기체의 압력을 재는 기구를 통틀어 이르는 말. 탄성 압력계, 고압계, 진공계 따위. 검압기(檢壓器) ☞마노미터(manometer)
압력=단체(壓力團體)명 특정의 이익이나 주의 주장을 관철하기 위하여 의회·정당·행정 관청 등에 압력을 넣는 단체나 조직.
압력=변:성(壓力變成)명 암석이 지각의 내부에서 강한 압력을 받아 성질이 변하는 현상.
압력-선(壓力線)명 옹벽이나 둑 따위의 단면에 작용하는 압력이 지나는 선.
압력-솥(壓力-)명 뚜껑을 밀폐하여 용기 내부의 압력을 높임으로써 고온을 유지시켜 식품을 짧은 시간에 조리할 수 있게 만든 솥.
압령(押領)명-하다타 ①죄인을 데리고 옴. ②물건을 호송함. 변암냥
압류(押留)명-하다타 국가 기관이 공권력으로써 특정의 물건이나 권리에 대하여 개인의 처분이나 양도 등을 금지하는 일, 또는 그 행위.
압류=명:령(押留命令)명 제삼 채무자에 대해서는 채무자에게 지급하는 것을 금지하고, 채무자에 대해서는 채권의 처분, 또는 추심(推尋)과 변제(辨濟)의 금지를 명하는 집행 법원의 결정.
압맥(壓麥)명 납작보리
압박(壓迫)명-하다타 ①힘을 주어 내리누름. ¶― 붕대 ②기운을 펴지 못하도록 세력으로 내리누름. ¶―과 설움으로부터 벗어나다.
압박-감(壓迫感)명 내리눌리는 느낌.
압복(壓伏·壓服)명-하다타 힘으로 눌러서 복종하게 함.
압부(押付)명-하다타 죄인을 압송하여 넘김. 압교
압사(壓死)명-하다자 무거운 것에 눌려서 죽음. ¶산사태로 일가족이 ―하다.
압살(壓殺)명-하다타 ①눌러서 죽임. ②상대편의 의사나 행동 따위를 힘으로 눌러 막음.
압생트(absinthe 프)명 리큐어의 한 가지. 살구씨·회향·아니스 등을 주된 향료로 써서 만든 녹색의 양주로, 알코올 농도는 40~45%임. 프랑스와 스위스가 주산지임.
압설(狎褻)어기 '압설(狎褻)하다'의 어기(語基).
압설-자(壓舌子)[―짜]명 입 안이나 목구멍을 살펴볼 수 있도록 혓바닥을 누르는 의료 기구.
압설-하다(狎褻―)형여 사이가 너무 가까워서 서로 예의가 없다.
압설-히부 압설하게
압송(押送)명-하다타 죄인이나 피의자를 어떤 곳에서 다른 곳으로 감시하며 데려감. 호송(護送) ¶범인을 서울로 ―하다.
압쇄-기(壓碎機)명 눌러 으깨어 부수는 기계.
압수(押收)명-하다타 법률에 따라 법원이나 수사 기관 등이 증거물 등을 그 소유자나 관리자로부터 강제로 가져감. ¶밀수품을 ―하다.
압수=펌프(壓水pump)명 낮은 곳에 있는 물을 높은 곳으로 자아올리는 펌프.
압슬(壓膝)명 지난날, 죄인을 심문할 때 널빤지나 무거운 돌로 꿇린 무릎 위를 몹시 누르던 고문의 한 가지.
압슬-기(壓膝器)명 지난날, 압슬할 때 쓰던 형구(刑具)의 한 가지.
압승(壓勝)명-하다자 압도적으로 이김. ¶선거에서 ―하다./경기에서 ―을 거두다.
압시(壓視)명-하다타 남을 멸시하거나 만만히 봄.
압신(壓神)명 기계의 작용이 살갗에 닿아 일으키는 감각.
압연(壓延)명-하다타 회전하는 두 개 이상의 롤러 사이에 금속 재료를 넣어 판(板)이나 막대, 관(管) 등의 모양으로 성형(成形), 가공하는 일.
압연-기(壓延機)명 금속 재료를 압연하여 강철판(鋼鐵板)이나 형강(形鋼), 강관(鋼管) 등을 만드는 기계.
압운(押韻)명-하다자 ①한시(漢詩)나 부(賦)의 일정한 자리에 같은 운자(韻字)를 쓰는 일. ②시가(詩歌)에서, 일정한 자리에 같은 음이나 유사음을 규칙적으로 배치하여 운율적인 효과를 내는 일.
압인(壓印)명-하다자 각종 증명서나 증명 사진 따위에 찍힌 부분이 도드라져 나오거나 들어가도록 만든 도장, 또는 그렇게 찍는 일.
압자일렌(Abseilen 독)명 등산에서, 급사면(急斜面)을 자일을 써서 내려가는 일.
압-전:기(壓電氣)명 수정(水晶)이나 전기석(電氣石) 등의 광물을 압축하거나 길게 늘일 때, 그 변형의 정도에 비례하여 발생하는 기전력(起電力).
압점(壓點)명 피부에 분포되어 압각(壓覺)을 느끼게 하는 신경의 말단 기관.
압정(押釘)명 손가락으로 눌러 박는, 대가리가 크고 납작하며 촉이 짧은 쇠못.
압정(壓政)명 권력이나 무력으로 국민을 억압하는 정치. ¶―에 시달리다.
압제(壓制)명-하다타 권력이나 무력으로 꼼짝 못 하게 억압하고 강제함. ¶독재 정권의 ―에서 벗어나다.
압존(壓尊)명 존경법에서, 말하는 사람보다는 윗사람이지만 말을 듣는 사람보다는 아랫사람인 주체에 대하여 그 존대의 정도를 낮추는 일. 할머니 앞에서, "할머니, 아버님께서 편지를 보내셨습니다"라고 하지 않고, "할머니, 아버지가 편지를 보냈습니다"라고 하는 따위.
압지(押紙·壓紙)명 흡묵지(吸墨紙)
압착(壓搾)명-하다타 ①기계 따위로 세게 눌러 짬. ②압축(壓縮)
압착=공기(壓搾空氣)명 압축 공기(壓縮空氣)
압착-기(壓搾機)명 식물의 씨나 열매 따위에서 즙액이나 기름을 짜는 기계.
압축(壓軸)명 지난날, 같은 시축(詩軸)에 실린 여러 시 가운데 가장 잘 지은 시를 이르던 말.
압축(壓縮)명-하다타 ①기체나 물체 따위를 누르거나 하여 부피를 줄임. 압착(壓搾) ¶―된 공기. ②문장 등을 짧게 함. ¶그의 말을 ―하자면 다음과 같다. ③컴퓨터에서, 파일에 저장된 불필요하거나 반복되는 부분을 없애 데이터의 양을 줄이는 일.
압축=가스(壓縮gas)명 상온(常溫)에서 액화하지 않을 정도로 압축된 고압 기체. 압축 공기나 압축 산소 따위.
압축=공기(壓縮空氣)명 압력을 주어 부피를 줄인 공기. 전동차나 버스 등의 자동 개폐 장치나 브레이크, 지하철이나 건축물의 환기용으로 쓰임. 압착 공기(壓搾空氣)
압축-기(壓縮機)명 기체를 압축하여 그 압력을 높이는 기계 장치. 압축 펌프나 수압기 따위. 컴프레서
압축=산소(壓縮酸素)명 상온(常溫)에서 높은 압력을 주어 부피를 줄인 산소. 보통 봄베에 저장함. 금속의 용접이나 절단, 인공 호흡 등에 쓰임.
압축=펌프(壓縮pump)명 기체를 압축해서 그 압력을 높이는 데 쓰이는 펌프. 기체의 액화, 압축 공기의 제조 등에 쓰임.
압출(壓出)명-하다타 눌러서 밀어냄.
압출=진통(壓出陣痛)명 해산 때, 태아가 음문을 나올 때 일어나는 진통.
압통-점(壓痛點)[―쩜]명 손가락 따위로 피부 위를 눌렀을 때 특별히 아픈 부위.
압핍(狎逼)명-하다자 어른에게 무람없이 다가붙음. 압근
압핍지지(狎逼之地)명 무덤이나 집터의 바로 옆에 이웃해 있는 땅.
압흔(壓痕)명 부종(浮腫)일 때, 손가락으로 누른 자리가 원상태로 돌아가지 않고 한동안 그대로 있는 흔적.
앗감 깜짝 놀랐을 때나 위급할 때에 내는 소리.
앗기다[앋―]타 빼앗기다
앗:다[1] [앋―]타 ①빼앗다 ¶목숨을 앗아 가다./내게서 모든 것을 앗아 갔다. ②곡식의 껍질을 벗기다. ¶수수를 ―. ③씨아 따위로 목화의 씨를 빼다. ¶목화씨

ㅇ

를 -. ④깎아 내다. ¶송판을 -.
앗:다²[앋-] 타 일을 해 주고 일로 갚게 하다. ¶품을 -.
앗-사위[앋-] 명 쌍륙(雙六)이나 골패 놀이에서, 승패가 끝나는 판.
앗-쌤[앋-] 명 광산에서, 엇비슷하게 통한 구덩이.
앗아-넣다 타 한쪽으로 쏠리지 않도록 끝을 깎아 어긋매껴 넣다.
×앗아라 감 →아서라
앗-줄[앋-] 명 '아딧줄'의 준말.
-았- 선미 양성 모음 'ㅏ·ㅗ'의 어간에 붙는 어미로 ①과거의 '때'를 나타냄. ¶언제 만났나?/어제 만났다. ②과거의 사실·동작·상태 등을 나타냄. ¶내 눈으로 직접 보았다./표정이 밝았다./산이 높았다.
-았었- 선미 ①'-았-'의 강조 표현. ¶내가 보았다.→내가 보았었다. ②과거의 어느 때를 기준으로 하여 사실·동작·상태 등을 나타냄. ¶젊을 때는 얼굴이 좋았었다.
-았자 어미 '-았다 하자'가 줄어든 말로, 사실로 받아들인다는 조건 어미. ¶지금 가 보았자 만날 수 없다./아무리 따져 보았자 헛일이다.
앙 감 ①어린아이가 우는 소리를 나타내는 말. ②남을 놀라게 하려고 지르는 소리를 나타내는 말.
앙가-발이 명 ①짧고 옥은 다리, 또는 그런 다리를 가진 사람. ②자기의 이익을 위하여 남에게 잘 달라붙는 사람을 얕잡아 이르는 말.
앙-가슴 명 양쪽 젖 사이의 가슴 부분.
앙가-조춤 부-하다 형 ①앉은 것도 아니고 선 것도 아니게 좀 어정쩡한 모양을 나타내는 말. ¶-한 자세. ②어떤 일에 대한 태도가 요것도 조것도 아닌 상태를 나타내는 말. ¶-한 태도. ☞엉거주춤
앙가주망(engagement 프) 명 '참여'라는 뜻을 가진 프랑스 실존주의 학파의 용어로, 작가나 문학 작품 등의 사회 참여 또는 현실 참여를 이르는 말.
앙:각(仰角) 명 '올려본각'의 구용어. ☞부각(俯角)
앙감-질 명-하다 자 한 발은 들고 한 발로만 뛰어가는 짓.
앙-갚음 명-하다 자 남이 자기에게 어떤 해를 입혔을 때, 자기도 상대편에게 그만한 해를 입히는 일, 또는 그런 행동. 보구(報仇). 보복(報復). 보수(報讎). 보원(報怨). 복보수(復報讎) ¶-으로 그와 다시는 말하지 않았다. ☞복수(復讎)
앙:견(仰見) 명-하다 타 앙관(仰觀)
앙경(殃慶) 명 재앙과 경사를 아울러 이르는 말.
앙:고(仰告) 명-하다 타 우러러 아뢺.
앙고라-모(Angora毛) 명 앙고라염소의 털.
앙고라-염소(Angora-) 명 터키의 앙카라 지방 원산의 염소. 온몸에 난 희고 윤이 나는 긴 털은 직물에 쓰임.
앙고라-토끼(Angora-) 명 터키의 앙카라 지방 원산의 토끼. 집토끼의 한 품종으로 귀는 짧고 털빛은 대개 흰빛이나 잿빛·검은빛·갈색도 있음. 부드럽고 긴 털은 직물에 쓰임.
앙:관(仰觀) 명-하다 타 우러러봄. 앙망(仰望). 앙시(仰視)
앙:-괭이 명 ①민속에서, 정월 초하룻날 밤에 인가(人家)에 내려와서 잠자는 아이의 벗어 놓은 신이 발에 맞으면 신고 간다는 귀신. 이 날 밤에 신을 잃어버리면 그 해 일 년 동안 운수가 나쁘다 하여 신을 숨기는 풍습이 있음. 야광귀(夜光鬼). 약왕귀(藥王鬼) ②얼굴에 먹이나 검정으로 함부로 그려 놓은 모양.
앙괭이(를) 그리다 관용 얼굴에 먹이나 검정으로 함부로 그리다.
앙구다 타 ①음식 따위를 식지 않도록 불 위에 놓거나 따뜻한 데에 묻어 두다. ¶밥그릇을 이불 밑에 -. ②곁들이다 ¶고기에 야채를 -. ③사람을 안동하여 보내다. ¶유모를 -.
앙그러-지다 형 ①음식이 먹음직하다. ②모양이 어울려 보기에 좋다. ¶물건들을 앙그러지게 정리하다. ③하는 짓이 잘 어울리고 짜인 맛이 있다.
앙글-방글 부 어린아이가 귀엽게 웃는 모양을 나타내는 말. ☞엉글벙글
앙금 명 ①액체의 바닥에 가라앉은 가루 모양의 물질. 전물(澱物). 침전물(沈澱物) ②마음속에 남아 있는 개운치 않은 감정을 비유하여 이르는 말. ¶-으로 남다./-을 털어 버리다./-이 가시다.
앙금-쌀쌀 부 앙금앙금 기다가 재빠르게 기다가 하는 모양을 나타내는 말. ☞엉금썰썰
앙금-앙금 부 어린아이가 야무지게 기는 모양을 나타내는 말. ☞앙큼앙큼. 엉금엉금
앙급자손(殃及子孫) 성구 지은 죄로 말미암은 화(禍)가 자손에게 미침을 이르는 말.
앙급지어(殃及池魚) 성구 성문에 난 불을 끄느라고 못물이 다하여 그 못의 물고기가 다 죽었다는 고사에서, 재난이 뜻하지 아니한 곳까지 미침을 비유하여 이르는 말.
앙-다물다(-다물고·-다무니) 타 입을 힘주어 꽉 다물다. ¶입을 앙다문 채 노려보다.
앙달-머리 명 얄망궂고 야살스러운 짓.
앙달머리-스럽다(-스럽고·-스러워) 형ㅂ 말이나 행동이 얄망궂고 야살스러운 태도가 있다.
앙달머리-스레 부 앙달머리스럽게
앙당그러-지다 자 ①물체가 마르거나 굳어지면서 조금 뒤틀리다. ②춥거나 겁이 나서 몸이 옴츠러지다. ¶어깨가 저절로 -. ☞웅등그러지다
앙당-그리다 타 춥거나 겁이 나서 몸을 옴츠러뜨리다. ¶온몸을 앙당그리며 귀를 기울이다. ☞웅등그리다
앙:등(昂騰) 명-하다 자 등귀(騰貴)
앙똥-하다 형여 말이나 행동이 분수에 맞지 않게 지나치고 야살스럽다. ¶하는 짓이 앙똥하구나. ☞엉뚱하다
앙:련(仰蓮) 명 불교 미술에서, 꽃부리가 위로 향한 연꽃 무늬. ☞복련(覆蓮)
앙:련(仰聯) 명 잔칫상 따위의 음식을 괼 때, 쌓은 음식이 무너지지 않도록 접시 가에 둘러싸는 종이.
앙:련-좌(仰蓮座) 명 꽃부리가 위로 향한 연꽃 무늬를 새긴, 불상을 올려 놓는 대. ☞복련좌(覆蓮座)
앙:롱(仰弄) 명-하다 자 자기보다 나이가 훨씬 많은 사람에게 실없이 행동함.
앙:망(仰望) 명-하다 타 ①우러러 바람. 앙원(仰願) ¶선처를 -하나이다. ②우러러봄. 앙관(仰觀)
앙:망불급(仰望不及) 성구 우러러 바라보아도 미치지 못함을 이르는 말.
앙:면(仰面) 명-하다 자 얼굴을 쳐듦.
앙:모(仰慕) 명-하다 타 우러러 사모함. 경모(景慕)
앙묘(秧苗) 명 벼의 모. 볏모
앙바틈-하다 형여 작달막하고 딱 바라지다. ¶앙바틈한 몸집. ☞엉버틈하다
앙바틈-히 부 앙바틈하게
앙-버티다 자 끝까지 대항하여 버티다. ¶앙버티고 서서 노려보다.
앙:벽(仰壁) 명-하다 자 건축에서, 천장이나 산자 따위의 안쪽에 흙을 바름, 또는 그 흙. 앙토(仰土). 치받이
앙:부일구(仰釜日晷) 명 1437년(조선 세종 19)에 만든 우리 나라 최초의 시계. 지금 전하는 것은 두 개로 17세기와 18세기에 각각 만들어졌음. 모양은 가마와 비슷한데 발이 달려 있고, 안쪽에 이십사 절기를 나타내는 선과 수직으로 시각선이 그어져 있음.
앙:부일영(仰釜日影) 명 앙부일구(仰釜日晷)
앙분(怏忿) 명-하다 자 분하게 여겨 앙갚음할 마음을 품음.
앙분-풀이(怏忿-) 명-하다 자 분한 마음을 품고 앙갚음을 하는 짓.
앙:사(仰射) 명-하다 타 활이나 총 따위를 높은 곳을 향하여 쏨. ☞감사(瞰射)
앙:사부모(仰事父母) 성구 우러러 부모를 섬김을 이름.
앙:사부:육(仰事俯育) 성구 위로는 부모를 섬기고, 아래로는 아내와 자식을 보살핌을 이르는 말.
앙살 명-하다 자 엄살을 피우며 반항함, 또는 그러한 짓.
앙살(을) 부리다 관용 짐짓 엄살을 부리며 반항하는 태도를 나타내다.
앙살(을) 피우다 관용 앙살스러운 태도를 나타내다.

앙살-궂다[-굳-] 형 매우 앙살스럽다.
앙살-스럽다(-스럽고·-스러워) 형ㅂ 보기에 엄살을 부리며 반항하는 태도가 있다.
 앙살-스레 부 앙살스럽게
앙상-궂다[-굳-] 형 몹시 앙상하다.
앙상블(ensemble 프) 명 ①통일적 효과나 조화. ②두 사람 이상이 하는 중창(重唱)이나 합주(合奏). ③적은 인원의 합주단 또는 실내악단. ④의복에서, 처음부터 함께 결합하여 조화를 이루도록 디자인한 한 벌의 옷.
앙상블스테레오(ensemble stereo) 명 모든 장치를 한 대의 캐비닛에 담아 놓은 일체형(一體型)의 스테레오.
앙상-하다 형여 ①뼈만 남은 것처럼 말라서 까칠하다. ¶ 갈비뼈가 앙상하게 드러나 있다. ②나뭇잎이 떨어지고 가지만 남아 스산하다. ¶ 앙상한 가지. ☞엉성하다
 앙상-히 부 앙상하게
앙-세:다 형 몸은 약해 보여도 보기보다 힘세고 다부지다.
앙숙(怏宿) 명 원한을 품고 서로 미워하는 사이. ¶ 저 두 사람은 예전부터 -이었지.
앙:시(仰視) 명 -하다 타 앙관(仰觀)
앙심(怏心) 명 원한을 품고 앙갚음하기를 벼르는 마음. ¶ -을 품다.
 앙심(을) 먹다 관용 앙심을 품다.
앙알-거리다(대다) 자 알아들을 수 없는 불만의 말을 종알거리다. ☞엉얼거리다. 옹알거리다
앙알-앙알 부 앙알거리는 모양을 나타내는 말. ¶ - 떼를 쓰다. ☞엉얼엉얼. 옹알옹알
앙-앙 부 어린아이가 크게 우는 소리, 또는 그 모양을 나타내는 말. ☞엉엉
앙앙(怏怏) 어기 '앙앙(怏怏)하다'의 어기(語基).
앙앙-거리다(대다) 자 ①어린아이가 앙앙 울다. ②앙탈을 부리며 우는 소리를 하다. ☞엉엉거리다
앙앙불락(怏怏不樂) 성구 늘 마음에 차지 아니하여 시뜻함을 이르는 말.
앙앙지심(怏怏之心) 명 늘 마음에 차지 아니하여 시뜻하고 야속하게 여기는 마음.
앙앙-하다(怏怏-) 형여 늘 마음에 차지 아니하여 시뜻하고 야속하다.
 앙앙-히 부 앙앙하게
앙:양(昂揚) 명 -하다 타 정신이나 의욕, 사기 등을 드높임. ¶ 애국심을 -하다./준법 정신 -
앙얼(殃孼) 명 앙화(殃禍) ¶ -을 입다.
앙연(怏然) 어기 '앙연(怏然)하다'의 어기(語基).
앙연-하다(怏然-) 형여 마음에 차지 아니하여 시뜻하고 야속한 기색이 있다. ¶ 낯빛이 -.
 앙연-히 부 앙연하게
앙:와(仰瓦) 명 암키와
앙:와(仰臥) 명 -하다 자 배와 가슴을 위로 하고 반듯이 누움.
앙:우(仰友) 명 재주나 학식, 덕망 등이 자기보다 나아 존경하는 벗.
앙:원(仰願) 명 -하다 타 우러러 바람. 앙망(仰望)
앙잘-거리다(대다) 자 알아들을 수 없는 군소리를 종알거리다. ☞엉절거리다. 옹잘거리다
앙잘-앙잘 부 앙잘거리는 소리, 또는 그 모양을 나타내는 말. ☞엉절엉절. 옹잘옹잘
앙:장(仰帳) 명 천장이나 상여 위에 치는 휘장.
앙:장(仰障) 명 종이 반자나 반자틀을 통틀어 이르는 말.
앙장(鞅掌) 어기 '앙장(鞅掌)하다'의 어기(語基).
앙장-하다(鞅掌-) 형여 일이 매우 번거롭고 바쁘다.
앙재(殃災) 명 재앙(災殃)
앙증-맞다[-맏-] 형 매우 앙증스럽다. ¶ 아기의 발가락이 -.
앙증-스럽다(-스럽고·-스러워) 형ㅂ 보기에 앙증하다. ¶ 앙증스러운 인형.
 앙증-스레 부 앙증스럽게
앙증-하다 형여 ①모양이 제격에 맞지 않게 작다. ②작으면서도 귀엽고 깜찍하다. ¶ 장난감이 -.
앙짜 명 ①성질이 깐작깐작하고 암상스러운 사람을 놀리어 이르는 말. ②앳되게 점잔을 빼는 짓. ¶ -를 부리다.
앙:천(仰天) 명 -하다 자 하늘을 우러러봄.
앙:천대:소(仰天大笑) 성구 하늘을 우러러 크게 웃는다는 뜻으로, 어이가 없어 큰소리로 웃음을 이르는 말.
앙:천부:지(仰天俯地) 성구 하늘을 우러러보고 땅을 굽어봄을 이르는 말.
앙:첨(仰瞻) 명 -하다 타 우러러봄. 앙관(仰觀)
앙:청(仰請) 명 -하다 타 우러러 청함.
앙:축(仰祝) 명 -하다 타 우러러 축하함.
앙칼-스럽다(-스럽고·-스러워) 형ㅂ 앙칼진 데가 있다. ¶ 앙칼스럽게 대들다./앙칼스러운 여자.
 앙칼-스레 부 앙칼스럽게
앙칼-지다 형 ①제힘에 넘치는 일에 악을 쓰며 덤비는 태도가 있다. ②매우 모질고 날카롭다. ¶ 앙칼진 목소리.
앙케:트(enquête 프) 명 사람들의 의견을 조사하기 위하여, 여러 사람에게 같은 내용의 질문을 하고 그 회답을 구하는 일, 또는 그러한 조사 방법.
앙코:르(encore 프) 명 '다시 한 번'의 뜻으로 ①음악회 따위에서 연주를 마친 출연자의 솜씨를 찬양하여 다시 연주를 청하는 일. ②이전에 공연했거나 상영했던 연극이나 영화 따위를 다시 한 번 공연하거나 상영하는 일.
앙큼-상큼 부 짧은 다리로 가볍고 힘차게 걷는 모양을 나타내는 말. ¶ 어린아이가 - 다가온다. ☞엉큼성큼
앙큼-스럽다(-스럽고·-스러워) 형ㅂ 앙큼한 데가 있다. ¶ 저 앙큼스러운 짓 좀 보게. ☞엉큼스럽다
 앙큼-스레 부 앙큼스럽게
앙큼-앙큼 부 어린아이가 매우 야무지게 기는 모양을 나타내는 말. ☞앙금앙금. 엉큼엉큼
앙큼-하다 형여 앙똥한 욕심을 품고 제 분수에 넘치는 짓을 하려는 태도가 있다. ¶ 앙큼한 속마음을 드러내다. ☞엉큼하다
앙:탁(仰託) 명 -하다 타 우러러 청탁함.
앙탈 명 -하다 자 ①생떼를 쓰며 고집을 부리거나 불평을 늘어놓음. ¶ -을 떨다. ②시키는 말을 듣지 않고 꾀를 부림.
 앙탈(을) 부리다 관용 몹시 앙탈을 하다.
앙:토(仰土) 명 -하다 자 건축에서, 천장이나 산자 따위의 안쪽에 흙을 바르는 일, 또는 그 흙. 앙벽(仰壁). 치받이
앙:토-장이(仰土-) 명 앙토를 바르는 미장이.
앙:토-질(仰土-) 명 -하다 자 치받이를 바르는 일.
앙투카(en-tout-cas 프) 명 육상 경기장의 트랙이나 테니스장 등에 까는 적갈색의 흙, 또는 그 흙을 깐 경기장. 벽돌 가루 등을 가공한 인조 흙으로 물이 잘 빠짐.
앙트레(entrée 프) 명 서양 요리의 정찬(正餐)에서, 생선 요리와 로스트(roast) 사이에 나오는 요리. 식단의 중심이 되는 요리로, 재료는 여러 수조육류(獸鳥肉類)를 씀.
앙티로망(anti-roman 프) 명 전통적인 소설의 개념을 부정하고 이야기의 줄거리 따위를 중시하지 않는 실험적인 수법의 소설. 누보로망(nouveau roman). 반소설(反小說)
앙티크(antique 프) 명 활자체(活字體)의 한 가지. 고딕체처럼 획이 굵으나 고딕체보다 부드러움.
앙판(秧板) 명 못자리
앙팡테리블(enfant terrible 프) 명 프랑스의 작가 장 콕토의 소설 제목에서 일반화된 말로, '깜찍하고 엉뚱한 일을 잘 벌이는 무서운 아이'라는 뜻.
앙:포(仰哺) 명 -하다 타 자손이 부모를 봉양함.
앙-하다 형여 속으로 앙심을 품은 기색이 있다.
앙:혼(仰婚) 명 -하다 자 지체가 낮은 집안 사람이 지체가 높은 집안 사람과 하는 혼인. ☞강혼(降婚)
앙화(殃禍) 명 지은 죄의 앙갚음으로 받는 온갖 재앙. 앙얼(殃孼) ¶ -가 미치다./-를 입다.
앞 명 ①향하고 있는 쪽이나 곳. ¶ -으로 뛰어가다./-을 바라보다. ②방향을 가진 물체에서, 향하고 있는 쪽에 있는 부분. ¶ 자동차의 - 부분./-이 찌그러지다. ③시간상으로나 차례로 보아 먼저. ¶ -에 선 사람./-에서 말씀드린 바와 같이 …. ④앞길이나 장래. 미래 ¶ -

을 내다보는 눈이 있다. ☞뒤 ⑤상대의 맞은편. ¶어른 –에서는 조심해야 한다./선생님 –이라고 너무 어려워하지 마라. ⑥차례에 따라 오는 몫, 또는 맡은 몫. ¶사과가 한 사람 –에 두 개씩 돌아간다./음식 값은 내 –으로 달아라. ⑦이제부터 뒤에〔주로 '앞으로'의 꼴로 쓰임.〕 ¶–으로는 이런 일이 없도록 해라. ⑧'망건앞'의 준말. ⑨몸의 전면(前面).〔특히 젖가슴이나 음부를 가리킴.〕 ¶–을 가리다. ⑩처한 상황이나 조건.〔주로 '앞에(서)'의 꼴로 쓰임.〕 ¶암담한 현실 –에 망연자실할 수밖에 없었다./엄청난 시련 –에서 인간이 얼마나 작은 존재인지 느끼게 된다. ⑪편지나 초대장 따위에서, 받을 사람인 손아랫사람의 이름이나 직함 뒤에 쓰는 말.

앞(을) 가리다관용 자기에게 닥친 일을 겨우 처리해 나갈만 하다. ¶앞을 가릴만 한 나이가 되다.

앞을 다투다관용 서로 앞서려고 애쓰다. ¶앞을 다투어 뛰어나가다.

앞(을) 닦다관용 제 할 일을 잘하고 바르게 행동하다.

앞(을) 못 보다관용 ①눈이 멀다. ②장래를 내다보는 안목이 없다.

앞(이) 캄캄하다관용 앞일이 막연하게 아득하고 답답하다. ¶장차 살아갈 일을 생각하니 –.

속담 **앞 남산 호랑이가 뭘 먹고 사나** : 어리석고 못된 사람을 보고 미워서 죽어 없어지거나 하라는 뜻으로 하는 말./**앞 방석을 차지한다** : 비서(祕書) 격이 된다는 말./**앞에서 꼬리치는 개가 후에 발뒤꿈치 문다** : 앞에서 살살 좋은 말만 하고 비위를 맞추기에 급급한 사람일수록 보이지 않는 데서는 도리어 험담을 하고 모해(謀害)를 한다는 뜻./**앞에 할 말 뒤에 하고, 뒤에 할 말 앞에 하고** : 순서가 뒤바뀌었음을 뜻하는 말.

한자 앞 전(前)〔刀部 7획〕 ¶면전(面前)/목전(目前)/문전(門前)/전방(前方)/전후(前後)

ㅇ

앞-가르마[압–] 명 앞머리 한가운데에 반듯이 탄 가르마.

앞-가림[압–] 명-하다자 능력이나 처지가 제 앞에 닥친 일이나 겨우 해낼만 한 것. ¶네 –이나 잘해라.

앞-가슴[압–] 명 ①'가슴'을 강조하여 이르는 말. ¶–을 펴다. ②윗도리의 앞자락. ¶–을 여미다. ③곤충의 가슴 부분 중 앞 부분. 전흉(前胸) ☞뒷등

앞-가슴마디[압–] 명 곤충의 세 가슴마디 중의 앞 마디. 한 쌍의 앞다리가 붙어 있음. ☞뒷가슴마디

앞-가지[압–] 명 길마의 앞 부분이 되는 말굽쇠 모양의 나무. ☞뒷가지

앞-갈망[압–] 명-하다자타 앞에 놓인 일을 감당하여 처리해 냄. ¶제 –은 할만 한 나이가 되다.

앞-갈이[1][압–] 명 망건 앞이 해졌을 때, 뜯어내고 새로 갈아 뜨는 일.

앞-갈이[2][압–] 명 ①-하다타 논을 애벌 가는 일. ②그루갈이에서, 첫 번째 지은 농사를 이르는 말.

앞-감기[압–] 명 '앞갱기'의 원말.

앞-개[압–] 명 윷판의 '갯밭'을 '뒷개'에 상대하여 달리 이르는 말.

앞-갱기[압–] 명 짚신이나 미투리 따위의 '뒷갱기'에 상대하여 '총갱기'를 이르는 말. 원앞감기

앞-거리[압–] 명 앞쪽 길거리. ☞뒷거리

앞-걸[압–] 명 윷판의 '걸밭'을 '뒷걸'에 상대하여 달리 이르는 말.

앞-걸이[압–] 명 말에 사람이 타거나 수레를 끌게 할 때, 말을 부릴 수 있도록 말의 앞가슴에 다는, 가죽으로 된 마구(馬具).

앞-그루[압–] 명 그루갈이에서, 먼저 심은 농작물. 전작(前作)[2] ☞뒷그루

앞-길[1][압–] 명 ①집채나 마을의 앞에 난 길. ¶마을 – ☞뒷길[1] ②가는 길, 또는 가야 할 길. ¶–을 가로막다. ③앞으로 나아갈 길. 전도(前途). 전로(前路). 전정(前程) ¶–이 창창하다. ④앞으로 살아갈 길. ¶–이 막막하다. ☞앞날

속담 **앞길이 구만 리 같다** : 아직 나이가 젊어서 앞으로 어떤 일이라도 해낼 수 있는 세월이 충분히 있다는 뜻.

앞-길[2][압–] 명 지난날, 서북(西北) 지방에서 남도(南道)를 이르던 말. ☞뒷길[2]

앞-길[3][압–] 명 웃옷의 앞쪽에 있는 길. ☞뒷길[3]

앞깃-걸이[압긷–] 명 택견에서, 본 운동을 하기 전에 몸을 푸는 준비 운동을 이르는 말.

앞-날[압–] 명 ①앞으로 다가올 날이나 때. 장래(將來) ¶–이 밝다. ②장차 살아갈 남은 세월. 여일(餘日) ¶–이 얼마 남지 않았다. ☞앞길[1] ③전날

앞-날개[압–] 명 ①곤충의 앞가슴마디의 등에 달린 날개. ②비행기 따위에서, 앞쪽에 있는 날개. ☞뒷날개

앞-내[압–] 명 마을 앞을 흐르는 내.

앞-넣다[압–] 타 윷놀이에서, 말을 앞밭에 옮겨 놓다.

앞-니[압–] 명 잇바디의 한가운데 있는, 위아래 각각 네 개씩 난 이. 문치(門齒). 전치(前齒)

앞-다리[압–] 명 ①네발짐승의 앞쪽에 있는 두 다리, 또는 곤충의 세 쌍의 다리 중 가장 앞쪽에 있는 한 쌍의 다리. 전지(前肢) ☞전각(前脚) ②두 다리를 앞뒤로 벌렸을 때, 앞쪽에 놓인 다리. ③네 다리로 된 물건의 앞의 다리. ¶걸상의 –. ☞뒷다리 ④베틀의 '선다리'를 달리 이르는 말.

앞다리-들기[압–] 명 씨름의 손기술의 한 가지. 상대편의 다리 샅바를 깊숙이 잡고 무릎을 굽혀 상대편의 앞다리를 들어 젖혀 넘어뜨리는 공격 재간. ☞앞무릎짚기

앞다리-차기[압–] 명 씨름의 다리기술의 한 가지. 앞으로 나와 있는 상대편의 오른 발목을 오른 발바닥으로 차서 낚아채 넘어뜨리는 공격 재간. ☞뒤축걸어밀기

앞-다투다[압–] 자 서로 앞서 나가거나 행하려고 하다. ¶앞다투어 할인 매장으로 들어가다.

앞-닫이[압다지] 명 구두의 앞 부분.

앞-당기다[압–] 타 이미 정해진 날짜나 시간을 당겨서 미리 하다. ¶완공 기일을 –.

앞-대[압–] 명 어떤 곳에서 그 남쪽 지방을 가리키는 말. 아랫녘 ☞뒤대

앞-대:문(–大門)[압–] 명 집채의 앞쪽에 난 대문. ☞뒷대문

앞-도[압–] 명 윷판의 '돗밭'을 '뒷도'에 상대하여 달리 이르는 말.

앞-두다[압–] 타 닥쳐올 때나 곳 등을 가까이 두다. ¶결혼을 –./목적지를 앞두고 돌아서다.

앞-뒤[압–] 명 ①공간적으로 앞과 뒤. ¶–를 잘 살피다./–로 움직이다. ②일의 먼저와 나중. 전후(前後)

앞뒤(가) 막히다관용 융통성이 없어 답답하다.

앞뒤(가) 맞다관용 어떤 일이 이치에 어긋나지 않고 조리가 서다. ¶앞뒤가 맞지 않는 이야기.

앞뒤(를) 가리지 않다관용 어떤 일에 무모하게 또는 성급하게 뛰어들다. ¶앞뒤를 가리지 않고 덤벼들다.

앞뒤(를) 재다관용 이해 관계를 신중히 따지고 계산하다. ¶앞뒤를 재느라고 할 일을 못 하다.

앞뒤-갈이[압–] 명 두벌갈이

앞-뒷:문(–門)[압–] 명 앞문과 뒷문.

앞-뒷:질[압–] 명-하다자 배나 비행기 따위의 앞뒤가 위아래로 흔들리는 일. 피칭 ☞옆질

앞-뒷:집[압–] 명 앞집과 뒷집이라는 뜻으로, 가깝게 이웃하여 있는 집을 이르는 말. ¶–에 사는 친구.

앞-들[압–] 명 마을 앞에 있는 들판. ☞뒷들

앞-들다[압–](–들고·–드니) 자 ①앞서서 들어서다. ②윷놀이에서, 말이 앞밭에 이르다.

앞-뜰[압–] 명 집채 앞에 있는 뜰. 전정(前庭) ☞뒤뜰

앞-마구리[압–] 명 걸채의 앞쪽에 가로 댄 나무. 앞채[2] ☞뒷마구리

앞-마당[압–] 명 집채 앞에 있는 마당. ☞뒷마당

앞-막이[압–] 명 검도(劍道)에서, 하체(下體)를 보호하기 위하여 앞을 가리는 일, 또는 그런 물건.

앞-머리[압–] 명 ①정수리 앞쪽 부분의 머리. ¶–를 다치다. ②머리의 앞쪽에 난 머리털. ¶–를 자르다. ③어떤 일이나 긴 물건, 행렬의 앞쪽. ¶기차의 –가 보이기

시작했다. ☞뒷머리

앞머리-뼈[압-] 명 두개(頭蓋)의 앞 부분을 이루는 뼈. 전두골(前頭骨)

앞메-꾼[압-] 명 대장간에서 불린 쇠를 큰 메로 치는 일을 하는 사람.

앞-면(-面)[압-] 명 앞쪽의 면. 전면(前面) ☞뒷면

앞-모[압-] 명 윷판의 '모밭'을 '뒷모'에 상대하여 달리 이르는 말.

앞-모개[압-] 명 윷판의 '모개'를 '뒷모개'에 상대하여 달리 이르는 말.

앞-모도[압-] 명 윷판의 '모도'를 '뒷모도'에 상대하여 달리 이르는 말.

앞-모습[압-] 명 앞에서 본 모습. ☞뒷모습

앞-모양(-貌樣)[압-] 명 앞에서 본 모양. ☞뒷모양

앞-몸[압-] 명 네발짐승의 몸의 앞 부분. 곧 머리에서 허리까지의 부분.

앞무릎-뒤집기[압-릅-] 명 씨름의 손기술의 한 가지. 오른손으로 상대편의 무릎을 아래에서 위로 쳐 올리면서 상체를 오른쪽으로 회전시켜 뒤집으면서 넘어뜨리는 공격 재간. ☞뒷오금잡기

앞무릎짚고-밀기[압-릅집-] 명 씨름의 손기술의 한 가지. 상대편의 오른 무릎을 오른손으로 짚고 어깨를 축으로 하여 밀어붙여 넘어뜨리는 공격 재간. ☞팔잡아돌리기

앞무릎-짚기[압-릅집-] 명 씨름의 손기술의 한 가지. 오른손으로 상대편의 무릎을 짚고 목과 가슴을 오른쪽으로 틀면서 샅바를 위로 당기면서 넘어뜨리는 공격 재간. ☞뒷오금짚기

앞무릎-치기[압-릅-] 명 씨름의 손기술의 한 가지. 상대편의 오른 무릎을 오른손으로 쳐서 앞으로 돌려 넘어뜨리는 공격 재간. ☞옆무릎치기

앞-문(-門)[압-] 명 집의 앞쪽으로 난 문. 전문(前門) ☞뒷문

앞-바다[압-] 명 ①육지에서 보아 그 앞쪽에 있는 바다. ¶속초 - ②기상 예보에서, 한반도를 중심으로 육지로부터 20km(동해) 또는 40km(서해·남해) 이내의 바다. ¶물결의 높이는 -에서 1m, 먼바다에서 1.5m로 일겠습니다. ☞먼바다

앞-바닥[압-] 명 ①신바닥의 앞쪽. ②계속 파 나아가는 사금(砂金) 판에서, 앞으로 파 나아갈 남은 바닥. 앞장

앞-바람[압-] 명 ①'남풍(南風)'의 뱃사람 말. 마파람 ②마주 불어오는 바람. 거슬러 부는 바람. 역풍(逆風)

앞-바퀴[압-] 명 수레나 차 따위의 앞에 달린 바퀴.

앞-발[압-] 명 ①네발짐승의 앞쪽에 있는 두 발. 전족(前足) ¶강아지가 -을 들고 서다. ②두 발을 앞뒤로 벌렸을 때 앞쪽에 놓인 발. ☞뒷발

앞-밭[압-] 명 ①집이나 마을 따위의 앞에 있는 밭. ②윷판의 첫째 말밭인 돗밭으로부터 다섯째 말밭인 못밭까지를 이르는 말. ☞날밭. 뒷밭

앞-볼[압-] 명 버선을 기울 때 바닥의 앞쪽에 덧대는 두 폭 가량의 헝겊 조각. ☞뒷볼

앞-산(-山)[압-] 명 집이나 마을의 앞쪽에 있는 산. 전산(前山) ☞뒷산

앞-서[압-] 부 ①지난번에 ¶- 얘기했던 대로 이번 주는 휴강이다. ②미리 ¶그런 일은 - 얘기해 주었더라면 좋았을 텐데. ③다른 사람보다 먼저. ¶남보다 - 행동하다./- 출발한 사람들.

앞서-가다[압-] 자타 ①남의 앞에 서서 가다. ②남보다 뛰어나다. ¶앞서가는 첨단 기술. ③먼저 죽다. ¶앞서 간 전우들의 명복을 빌다.

앞-서다[압-] 자 ①남보다 먼저 앞으로 나아가다. ¶앞서서 걷다. ②어떤 일이 다른 일보다 먼저 이루어지다. ¶행동보다 마음이 -. ③능력이나 수준이 다른 것보다 더 뛰어나다. ¶앞선 기술. ☞뒤떨어지다. 뒤서다

앞서거니 뒤서거니 관용 한 방향으로 가면서 서로 앞으로 나서기도 하고 뒤로 처지기도 함을 이르는 말. ¶- 달리는 선수들.

앞-서서[압-] 부 ①정한 시간보다 먼저. ¶그녀는 모임 시간에 - 도착했다. ②어떤 일보다 먼저. ¶일을 시작하기에 - 자료 조사를 철저히 하여라.

앞-섶[압-] 명 옷의 앞자락에 대는 섶.

앞-세우다[압-] 타 ①앞에 서게 하다. 기수를 앞세우고 행진하다. ②먼저 내어 놓다. ¶말만 앞세우고 행동이 뒤따르지 않는 사람. ③배우자나 손아래 가족이 자기보다 먼저 죽는 일을 당하다. ¶자식을 -./남편을 -.

앞-소리[압-] 명 민요 따위를 주고받으며 부를 때 한 사람이 먼저 메기는 소리. ☞뒷소리. 메김소리

앞-수표(-手票)[압-] 명 발행 날짜를 실제의 발행일 이후의 날짜로 적어 넣은 수표. 연수표(延手票)

앞-앞[압-] 명 저마다의 앞.

앞앞-이[압-] 부 ①저마다의 앞에. ¶사람들은 - 놓인 사업 계획서를 읽기 시작했다. ②저마다의 몫으로. ¶- 과제를 한 가지씩 받았다.

앞-어금니[압-] 명 송곳니 안쪽에 있는 이. 상하 좌우에 모두 여덟 개 있음. 소구치(小臼齒) ☞뒤어금니

앞에-총(-銃) 명 소총(小銃)을 다루는 자세의 한 가지. 차려 자세로 왼손은 덮개를 싸잡고 오른손은 총목을 쥔 다음, 총이 왼쪽 어깨에서 오른쪽 허리의 대각선 방향을 이루게 한 자세.
감 앞에총을 시킬 때 구령으로 하는 말.

앞으로-누르기 명 씨름의 혼합기술의 한 가지. 상대편의 몸 중심이 앞으로 쏠릴 때에 윗몸을 눌러 손을 짚게 하거나 앞으로 쓰러지게 하는 공격 재간. ☞손짚이기

앞-윷[압늇] 명 윷판의 '윷밭'을 '뒷윷'에 상대하여 달리 이르는 말.

앞-이마[압니-] 명 ①'이마'를 강조하여 이르는 말. ②이마의 가운데 부분.

앞-일[압닐] 명 앞으로 닥쳐올 일. 미래사(未來事) ¶고비는 넘겼지만 -이 걱정이다.

앞-자락[압-] 명 옷의 앞쪽 자락. ☞뒷자락

앞-잡이[압-] 명 ①앞에서 이끄는 사람. ¶산행(山行)에 -를 서다. ②남의 끄나풀이 되어 그 지시대로 움직이는 사람. ¶점령군의 - 노릇을 하다.

앞-장[압-] 명 ①여럿이 나아가거나 어떤 일을 꾀할 때 맨 앞에 서는 사람, 또는 그 위치. ¶불우 이웃 돕기에 -을 서다. ☞선두(先頭) ②계속 파 나아가는 사금(砂金) 판에서, 앞으로 파 나아갈 남은 바닥. 앞바닥

앞장-서다[압-] 자 ①맨 앞에 서서 나아가다. ②어떤 일을 할 때 가장 적극적으로 참여하거나 활동하다. ¶그는 늘 남을 돕는 일에 앞장선다.

앞장-세우다[압-] 타 앞장서게 하다.

앞-전(-殿)[압-] 명 종묘(宗廟)의 정전(正殿).

앞-정강이[압-] 명 '정강이'를 강조하여 이르는 말.

앞-주(-註)[압-] 명 서책에서, 장하주(章下註)의 앞에 있는 대주(大註).

앞-줄[압-] 명 앞쪽의 줄. ¶-에 서다. ☞뒷줄

앞줄-댕기[압-] 명 재래식 혼례 때, 비녀에 둘러 두 어깨에 걸쳐서 앞으로 늘이는 긴 금박 댕기. 도투락댕기와 짝을 이루어 씀.

앞-지르기[압-] 명-하다 타 뒤따라가다가 그보다 앞서 나아가는 일.

앞-지르다[압-](-지르고·-질러) 타르 ①뒤따라가다가 그보다 앞서 나아가다. ¶택시가 트럭을 -. ②힘이나 능력이 남보다 앞서게 되다. ¶우리의 기술 수준이 선진국을 -. ③남보다 먼저 하다. ¶내가 할 말을 동생이 앞질러 말했다.

앞-집[압-] 명 앞쪽으로 이웃해 있는 집. ☞뒷집

앞짧은-소리[압-] 명 ①앞날의 불행이나 실패를 뜻하게 된 말마디. ②하지도 못할 일을 하겠다고 미리 장담하는 말.

앞-쪽[압-] 명 앞을 향한 쪽. ☞뒤쪽

앞-차(-車)[압-] 명 ①먼저 떠난 차. ¶어머니께서는 -로 벌써 떠나셨는데요. ②앞쪽에서 달리는 차. ¶-를 쫓아가다. ☞뒤차

앞-차다[압-] 형 앞일을 헤아리는 태도가 믿음직하다.
앞-창[압-] 명 신 따위의 앞쪽에 대는 창. ☞뒤창
앞-채[1][압-] 명 한 울 안의 몸채 앞에 있는 집채. ☞뒤채[1]
앞-채[2][압-] 명 ①가마나 상여 따위의 앞에서 메는 채. ②걸채의 앞쪽에 가로 댄 나무. 앞마구리 ☞뒤채[2]
앞-철기[압-] 명 소의 목에 휘돌려 길마의 양쪽 궁글막대에 매는 줄.
앞-치마[압-] 명 부엌일 따위를 할 때 옷을 더럽히지 않도록 몸 앞을 가리는 치마. 행주치마
앞-턱[압-] 명 두 턱을 가진 물건의 앞쪽에 있는 턱. ☞뒤턱
앞편-짝[압-] 명 앞으로 있는 쪽. ¶학교 -에 과수원이 있다. ☞뒤편짝
앞-폭(-幅)[압-] 명 ①옷의 앞쪽이 되는 옷감 조각. ②나무로 짜는 물건의 앞쪽에 대는 널조각. ☞뒤폭
애:[1] 명 ①근심에 싸여 초조한 마음속. ¶-가 타다./-를 태우다. ②몸과 마음의 수고로움을 이르는 말. ¶-를 쓰다.
　애가 터지다 관용 몹시 안타깝고 속이 상하다.
애:[2] 명 '아이[1]'의 준말.
애[3] 감 업신여기는 뜻을 나타내는 말. ¶-, 요게 뭐야.
애(埃) 수 소수(小數) 단위의 하나. 진(塵)의 10분의 1, 묘(渺)의 열 곱절.
애- 접두 '처음', '최초'의 뜻을 나타냄. ¶애당초/애벌
-애(愛)《접미사처럼 쓰이어》'사랑'의 뜻을 나타냄. ¶조국애(祖國愛)/민족애(民族愛)/모성애(母性愛)
애가(哀歌) 명 ①슬픈 마음을 읊조린 노래. 비가(悲歌) ②죽은 사람을 애도(哀悼)하는 노래.
애각(涯角) 명 멀리 떨어져 있는 외진 땅.
애:-간장(-肝臟) 명 '애'는 '창자'의 옛말로, 근심이나 걱정으로 몹시 괴로워하는 마음을 강조하여 이르는 말. ¶-이 녹는 것 같다.
　애간장(을) 태우다 관용 몹시 애가 타게 하다.
애-갈이 명 -하다 타 여러 번 갈아야 하는 논이나 밭을 첫 번째 가는 일. 애벌갈이
애걔 감 ①'아뿔싸'보다 조금 가벼운 뉘우침이나 탄식을 나타내는 말. ¶-, 그 사이에 가 버렸네! ②변변찮은 것을 보고 시쁘게 여겨 내는 말. ¶-, 겨우 이거야?
애걔걔 감 '애걔'를 거듭한 '애걔애걔'가 줄어든 말. ¶-, 그것도 재주라고 보여 주는 거니?
애걸(哀乞) 명 -하다 자타 어떤 요구나 소원을 들어 달라고 애처롭게 사정하며 빎. ¶돈을 빌려 달라고 -하다.
애걸복걸(哀乞伏乞) 성구 어떤 요구나 소원을 들어 달라고 간절히 사정하거나 빎을 이르는 말.
애:견(愛犬) 명 ①귀여워하며 기르는 개. ②-하다 자 개를 사랑함.
애경(哀慶) 명 슬픈 일과 경사스러운 일.
애:경(愛敬) 명 -하다 타 존경하여 친근한 마음을 가짐. 경애
애고 감 '아이고'의 준말. ☞에구
애고(哀苦) 명 슬픔과 괴로움을 아울러 이르는 말.
애:고(愛顧) 명 -하다 타 사랑하여 돌봄.
애고-대고 부 높은 소리로 목을 놓아 우는 모양을 나타내는 말. ☞에구데구
애고-머니 감 '아이고머니'의 준말. ☞에구머니
애고-애고 감 상제(喪制)가 곡하는 소리. ☞에구에구
애고-지고 부 소리 내어 애통히 우는 모양을 나타내는 말.
애곡(哀曲) 명 슬픈 곡조.
애곡(哀哭) 명 -하다 자 소리 내어 슬피 욺. ☞통곡(痛哭)
애관(礙管) 명 전선을 꿰어서 쓰는 절연용 사기 대롱. 주로 옥내 배선에 쓰임. ▷礙의 속자는 碍
애:교(愛校) 명 -하다 자 자기 학교를 사랑함.
애:교(愛嬌) 명 상냥하고 사분사분하여 귀엽게 보이는 말씨나 행동. ¶-가 많다.
　애교(를) 떨다 관용 간드러지게 애교를 부리다.
　애교(를) 부리다 관용 애교가 있는 태도를 나타내다.
애:국(愛國) 명 -하다 자 자기 나라를 사랑함. ¶-하는 마음으로 국산품을 애용하자.
애:국-가(愛國歌) 명 ①나라를 사랑하는 마음을 일깨우고 다짐하기 위하여 부르는 노래. ②대한 민국 국가(國歌)의 이름.
애:국=공채(愛國公債) 명 국가에서 비상시에 국민의 애국심에 호소하여, 이자가 없이 또는 싼 이자로 공모(公募)하는 공채.
애:국-선열(愛國先烈) 명 나라를 위하여 목숨을 바친 열사. 순국선열(殉國先烈)
애:국-심(愛國心) 명 자기 나라를 사랑하고 아끼는 마음.
애:국-열(愛國熱)[-녈] 명 자기 나라를 사랑하고 아끼는 열의.
애:국-자(愛國者) 명 자기 나라를 사랑하는 사람.
애:국=지사(愛國志士) 명 나라를 위한 일에 제 몸과 마음을 다 바쳐 이바지하려는 뜻을 가진 사람.
애국-채(艾菊菜) 명 쑥갓나물
애:군(愛君) 명 -하다 자 임금을 사랑함.
애급(埃及) 명 '이집트'의 한자 표기.
애긍(哀矜) 명 -하다 타 불쌍하게 여김. ☞애련(哀憐)
×**애기** 명 →아기
애:기(愛妓) 명 특별히 사랑하는 기생.
애:기(愛機) 명 자기의 비행기를 아끼는 뜻으로 이르는 말.
애기(噯氣) 명 트림
애기-고추나물 명 물레나물과의 여러해살이풀. 줄기 높이는 15~50cm이며, 네모지고 털이 없음. 잎은 달걀꼴로 마주 남. 7~8월에 노란 꽃이 피고, 열매는 삭과(蒴果)임. 들이나 산기슭의 습지에서 자람. 우리 나라와 일본, 중국, 인도 등지에 분포함.
애기-나리 명 백합과의 여러해살이풀. 줄기 높이는 15~40cm. 잎은 길둥근 꼴로 어긋맞게 나며 잎꼭지가 없음. 4~5월에 희고 작은 여섯 잎 꽃이 피며, 열매는 둥글고 검게 익음. 산지의 숲 속에서 자라며, 어린순은 나물로 먹을 수 있음.
애기-나방 명 애기나방과의 곤충. 앞날개는 긴 세모꼴이고 뒷날개는 아주 작음. 몸과 날개는 검고 앞날개에는 다섯 개의 투명한 무늬가 있음. 주로 낮에 활동하며, 애벌레는 배나무나 사과나무 등의 잎을 갉아먹는 해충임. 우리 나라와 일본 등지에 분포함.
애기-나:인(∠-內人) 명 지난날, 새앙머리를 한 어린 궁녀를 이르던 말. 새앙각시
애기똥-풀 명 양귀비과의 두해살이풀. 줄기 높이는 50cm 안팎. 5~8월에 노란 꽃이 피고, 열매는 삭과(蒴果)임. 줄기와 잎은 분처럼 흰빛이 돌고, 상처를 내면 귤색 즙액이 나옴. 어린잎은 먹을 수 있으며, 온 포기는 마취와 진정 작용이 있어 한방에서 약재로 쓰임.
애기-마름 명 마름과의 한해살이풀. 연못에 자라는데, 줄기는 가늘고 마디마디에서 두세 가닥의 실 같은 뿌리가 나옴. 잎은 마름모꼴임. 여름에 잎 사이에서 나온 긴 꽃줄기 끝에 흰 꽃이 하나씩 피고, 열매는 핵과(核果)로 먹을 수 있음.
애기-메꽃 명 메꽃과의 여러해살이 덩굴풀. 잎은 어긋맞게 나고 잎자루가 길며 세모꼴임. 6~8월에 엷은 분홍빛 꽃이 피는데, 꽃부리는 나팔꽃 모양이고 길이는 4cm 안팎임. 어린순은 나물로, 뿌리는 삶아서 먹으며, 온 포기는 이뇨제로 쓰임. 들에서 흔히 자람. 우리 나라와 일본, 동남 아시아 등지에 분포함.
애기-뿌리 명 땅 속에 처음 돋은 연한 뿌리.
애기-수영 명 여뀟과의 여러해살이풀. 줄기 높이는 20~50cm. 뿌리줄기가 옆으로 벋으면서 줄기가 나옴. 뿌리에서 돋는 잎은 모여 나는데 잎자루가 길고, 줄기에서는 어긋맞게 남. 5~6월에 꽃이 피며, 열매는 길둥근 꼴임. 수영과 비슷하나 크기가 작음. 우리 나라에는 중부 이남에 널리 퍼져 있음.
애기-씨름 명 씨름판에서, 기술이 서투른 선수끼리 하는 씨름을 이르는 말.
애기-잠 명 누에가 뽕을 먹기 시작하여 첫 번째 자는 잠. ☞일령(一齡). 일령잠(一齡蠶)
애기-태(-太) 명 작은 명태.

애기-패 명 노름판에서 물주를 상대로 하여 내기를 하는 여러 사람.
애기-풀 명 원지과(遠志科)의 여러해살이풀. 줄기는 뿌리에서 여러 대 나며 줄기 높이는 20cm 안팎. 잎은 길둥글고 어긋맞게 나며, 4~5월에 자줏빛 꽃이 총상(總狀) 꽃차례로 핌. 뿌리는 한방에서 거담제(祛痰劑)로 쓰임. 산이나 들에 절로 자라며, 우리 나라와 중국, 일본 등지에 분포함. 세초(細草). 영신초(靈神草)
애-깎이 명 조각칼의 한 가지. 속을 우묵하게 파내는 데 씀.
애꾸 명 ①'애꾸눈'의 준말. ②'애꾸눈이'의 준말.
애꾸-눈 명 한쪽이 먼 눈. 반맹(半盲). 반소경 준 애꾸
애꾸눈-이 명 한쪽 눈이 먼 사람. 묘목(眇目). 반맹(半盲). 외눈박이. 척안(隻眼) 준 애꾸
애꿎다[-꾿-] 형 ①아무런 잘못 없이 어떤 일을 당하여 억울하다. ¶애꿎게 야단을 맞다. ②〔'애꿎은'의 꼴로 쓰이어〕 그 일과는 아무 상관이 없다. ¶애꿎은 담배만 피워 대다.
애:-끊다 자 몹시 슬퍼서 창자가 끊어질듯 하다.
애:-끌 명 커다란 끌.
애:-끓다 자 몹시 걱정이 되거나 안타까워 속이 끓는듯 하다. 애타다 ¶애끓는 이별.
애끼-찌 명 활의 재료로 쓰는 특수한 나무. 궁간목
애:-나무 명 어린 나무.
애:-년 명 '아이년'의 준말.
애년(艾年) 명 머리털이 약쑥처럼 희어진다는 뜻에서 '쉰 살'을 이르는 말. ☞애인(艾人)
애:념(愛念) 명 사랑하는 마음.
애:-놈 명 '아이놈'의 준말.
애:-늙은이 명 말이나 행동 따위를 나이 많은 사람처럼 하는 아이를 놀리어 이르는 말.
애니멀리즘(animalism) 명 인간의 도덕적·윤리적 규범을 무시하고 오직 본능에 따라 동물적 욕망만을 채우려고 하는 주의. 수욕주의(獸慾主義)
애니메이션(animation) 명 만화 영화 따위에서, 동작이나 모양이 조금씩 다른 그림이나 인형 따위를 한 장면씩 촬영하여 영사(映寫)했을 때 화상(畫像)이 잇달아 움직이는 것처럼 보이게 한 것. 동화(動畫)
애니미즘(animism) 명 원시 종교의 한 가지. 자연계의 모든 사물에는 영혼이 있다고 보는 생각이나 신앙.
애:-달다(-달고·-다니) 자 몹시 마음이 쓰이어 속이 다는듯 하다. ¶소식이 없으니 애달아 견딜 수가 없다.
애달프다(애달프고·애달파) 형 마음에 못내 애처롭게 여겨지고 안타깝다. ¶애달픈 심정.
애달피 부 애달프게
×**애닯다** 형 →애달프다

> ▶ '애닯다'와 '애달프다'
> '애닯다'와 같이 이전에는 쓰였으나 오늘날 거의 쓰이지 않게 된 단어는 고어로 처리하고, 오늘날 널리 쓰이는 '애달프다'를 표준어로 삼았다.
> '설겆다'→'설거지하다', '낭'→'낭떠러지' 따위가 그와 같은 경우이다.

애-당초(-當初) 명 '애초'를 강조하여 이르는 말. ¶지키지 못할 약속은 - 하지 마라.
애도(哀悼) 명 -하다 타 세상을 떠난 사람에 대하여 슬퍼하고 애석하게 여김. 애척(哀戚) ¶-의 뜻을 전하다.
애:독(愛讀) 명 -하다 타 어떤 책이나 신문, 잡지 따위를 즐겨 읽음. ¶나는 낚시 잡지를 -한다.
애:독-자(愛讀者) 명 어떤 책이나 신문, 잡지 따위를 즐겨 읽는 사람. ¶신문에는 -가 투고하는 난이 있다.
애동대동-하다 형여 매우 앳되고 젊다. ¶자넨 아직도 애동대동해 보이는군.
애-돝 명 한 살이 된 돼지.
애드리브(ad lib) 명 ①재즈에서 즉흥적으로 하는 독주(獨奏). 악보와 관계없이 자유로이 멜로디를 만들어 연주함. ②영화나 연극에서, 배우가 대본에 없는 대사를 즉흥적으로 말하는 일. 아드리비툼(ad libitum)
애드맨(adman) 명 광고 일을 하는 사람.
애드벌룬:(ad+balloon) 명 광고하는 글이나 그림 등을 매달아 공중에 띄우는 풍선.
애디슨-병(Addison病) 명 부신 피질(副腎皮質)의 기능이 떨어지는 데 따르는 내분비 질환의 한 가지. 영국의 의사 토마스 애디슨이 발견한 만성 질환으로, 빈혈이나 소화 장애, 신경 장애 따위가 나타나고, 피부와 구강 점막 등이 갈색이 됨.
애락(哀樂) 명 슬픔과 즐거움을 아울러 이르는 말.
애:란(愛蘭) 명 '아일랜드'의 한자 표기.
애련(哀憐) 명 -하다 타 애처롭고 가엾게 여김. ☞애긍(哀矜)
애련(哀戀) 명 슬픈 사랑.
애:련(愛憐) 명 -하다 타 불행한 처지에 있거나 약한 사람을 가엾게 여기어 따뜻한 정을 베풂.
애:련(愛戀) 명 -하다 타 사랑하여 못내 그리워함.
애로(隘路) 명 ①좁고 험한 길. ②일을 하는 데 장애가 되는 것. ¶- 사항이 있으면 말해라.
애:린(愛隣) 명 -하다 자 이웃을 사랑함.
애:린여기(愛隣如己)[-녀-] 성구 이웃을 제 몸같이 사랑함을 이르는 말.
애:림(愛林) 명 -하다 자 나무와 숲을 사랑하고 아낌.
애:마(愛馬) 명 사랑하고 아끼는 말.
애:매(曖昧) 어기 '애매(曖昧)하다'의 어기(語基).
애:매모호-하다(曖昧模糊-) 형여 뚜렷하지 아니하고 희미하다. ¶애매모호한 대답으로 말꼬리를 흐리다.
애-매:미 명 매밋과의 곤충. 몸길이 3cm 안팎. 몸빛은 어두운 누른빛 바탕에 검은 무늬가 있고 금빛의 가는 털이 많이 나 있음. 8~10월에 나타나는데 애벌레는 몇 년 동안을 땅 속에서 삶. 우리 나라와 일본, 중국 등지에 분포함. 기생매미
애:매-설(曖昧說) 명 19세기 프랑스의 탐미파(耽美派) 작가들이 주장한 학설. 언어란 애매한 것이어서 작가의 깊은 사상이나 복잡한 감정을 나타낼 수 없다는 주장임.
애:매-하다 형여 아무런 잘못도 없이 죄를 뒤집어쓰거나 꾸지람을 듣게 되어 억울하다. ¶애매하게 누명을 쓰다. 준 앰하다
애매-히 부 애매하게
애:매-하다(曖昧-) 형여 어렴풋하여 확실하지 못하다. ¶애매한 기억.
애매-히 부 애매하게
애:-먹다 자 속이 상하도록 어려움을 겪다. ¶이번 일도 애먹게 생겼군./한겨울에 이사하느라고 -.
애:-먹이다 타 남을 애먹게 하다.
애:먼 관 ①엉뚱하게 딴. ¶- 짓 하지 말고 이쪽을 보아라. ②애매하게 딴. ¶- 사람을 잡아들이다.
애면글면 부 힘에 겨운 일을 이루려고 애쓰는 모양을 나타내는 말. ¶혼자 힘으로 자식들을 - 키우신 어머니.
애모(哀慕) 명 -하다 타 세상을 떠난 사람을 마음에 두고 몹시 그리워하며 슬퍼함.
애:모(愛慕) 명 -하다 타 사랑하며 그리워함.
애목-잡채기 명 씨름의 혼합기술의 한 가지. 오른손으로 상대편의 목을 감고 잡채기로 넘어뜨리는 공격 재간. ☞들어잡채기
애:무(愛撫) 명 -하다 타 사랑하여 어루만짐.
애:-물 명 ①몹시 애를 먹이거나 성가시게 구는 물건이나 사람. ②어린 나이로 부모보다 먼저 죽은 자식을 비유하여 이르는 말.
애:물(愛物) 명 사랑하여 아끼는 물건.
애:물-단지[-딴-] 명 '애물'을 속되게 이르는 말.
애민(哀愍) 명 -하다 타 불쌍하고 딱하게 여김.
애:민(愛民) 명 -하다 자 백성을 사랑함.
애-바르다(-바르고·-발라) 형르 재물과 이익을 좇아 덤벼드는 데 발밭다.
애-바리 명 애바른 사람을 얕잡아 이르는 말.
애버리지(average) 명 볼링에서, 한 게임당 평균 득점을 이르는 말.
애-벌 명 같은 일을 거듭해서 할 때 첫 번째로 하는 차례.

ㅇ

초벌 ☞막벌
애벌-갈이 명 -하다 타 여러 번 갈아야 하는 논이나 밭을 첫 번째 가는 일. 애갈이. 초경(初耕)
애벌-구이 명 -하다 타 설구이
애벌-김 명 논이나 밭에 첫 번째 매는 김.
애벌-논 명 애벌로 맨 논.
애-벌레 명 곤충 등의 알에서 깨어 번데기나 성충(成蟲)으로 변하기 전까지의 벌레. 새끼벌레. 유충(幼蟲). 자충(仔蟲) ☞어른벌레
애벌-방아 명 첫 번째로 대강 찧는 방아.
애벌-빨다(−빨고·−빠니) 타 애벌빨래를 하다.
애벌-빨래 명 뒤에 온전히 하려고 우선 대강 하는 빨래.
애벌-찌다 타 두 번 이상 쪄야 할 음식물 따위를 첫 번째로 찌다.
애벌-칠 명 칠을 할 때, 첫 번째로 하는 칠.
애별(哀別) 명 -하다 자 슬프게 헤어짐, 또는 그런 이별.
애:별(愛別) 명 -하다 자 사랑하는 사람과 헤어짐.
애:별리-고(愛別離苦) 명 불교에서 이르는 팔고(八苦)의 하나. 어버이나 형제, 처자, 애인 등과 생별(生別) 또는 사별(死別)함으로써 받는 고통을 이름.
애:부(愛夫) 명 기생이나 창부(娼婦)가 정을 주는 남자.
×**애비** 명 →아비
애비(崖碑) 명 자연적인 암벽의 면을 갈아 비문을 새긴 것.
애:비(愛婢) 명 상전이 사랑하는 여자 종.
애사(哀史) 명 개인이나 국가의 슬픈 역사. ¶단종(端宗) −
애사(哀詞) 명 죽은 사람을 애도하여 지은 글.
애:사(愛社) 명 -하다 자 자기가 다니는 회사를 아끼고 사랑함.
애:사란(愛斯蘭) 명 '아이슬란드'의 한자 표기.
애산(礙產) 명 태아가 머리만 나오고 어깨가 걸려서 잘 나오지 않는, 몹시 힘이 드는 해산.
애살-스럽다(−스럽고·−스러워) 형ㅂ 마음 쓰는 것이 좀스럽고 애바른 데가 있다.
  애살-스레 부 애살스럽게
애상(哀喪) 명 -하다 자 상사(喪事)를 당하여 슬퍼함.
애상(哀想) 명 슬픈 생각.
애상(哀傷) 명 -하다 자 ①죽은 사람을 생각하여 마음을 상함. ②몹시 슬퍼하고 가슴 아파함.
애:상(愛賞) 명 -하다 타 자연 풍경이나 예술 작품 따위를 아끼는 마음으로 칭찬함.
애:서(愛壻) 명 아끼고 사랑하는 사위.
애:-서다 자 아이를 배다.
애석(艾石) 명 쑥돌
애:석(愛石) 명 수석(壽石) 따위의, 모양이나 빛깔이 특이하게 생긴 돌을 좋아하고 즐기는 일.
애석(哀惜) 어기 '애석(哀惜)하다'의 어기(語基).
애:석(愛惜) 어기 '애석(愛惜)하다'의 어기(語基).
애석-하다(哀惜−) 형여 슬프고 아깝다. ¶애석하게도 한 점 차이로 졌다.
  애석-히 부 애석하게
애:석-하다(愛惜−) 형여 ①서운하고 아쉽다. ②딱하고 가엾다. ¶그렇게 젊은 나이에 세상을 떠나다니 −.
  애석-히 부 애석하게
애:-성이 명 분하거나 성이 나서 몹시 애를 태우거나 안달함, 또는 그런 감정.
애소(哀訴) 명 -하다 자타 애절하게 호소함. ¶한 번만 도와 달라고 −하다.
애:손(愛孫) 명 사랑하는 손자.
애-솔 명 어린 소나무. 애송
애솔-밭 명 애솔이 가득히 들어선 땅. 애송밭
애-송(−松) 명 애솔
애:송(愛誦) 명 -하다 타 어떤 글귀나 시, 노래 따위를 즐겨 외거나 부름. ¶그는 늘 이 시를 −했다.
애송-밭(−松−) 명 애솔밭
애-송아지 명 어린 송아지.
애-송이 명 ①아직 애티가 있는 사람을 이르는 말. ¶고등학교를 갓 졸업한 −. ②경험이나 실력이 모자라는 사람을 낮잡아 이르는 말. ¶해 놓은 일을 보니 아주 −로군.
애수(哀愁) 명 슬프고 시름겨운 느낌이나 마음.
애-순(−筍) 명 풀이나 나무의 새로 나는 어린 싹. 어린순
애:식(愛息) 명 사랑하는 자식. 보통 남의 자식을 이를 때 씀. ¶이 청년이 김 선생님의 −입니다.
애:심(愛心) 명 아끼고 사랑하는 마음.
애:-쓰다(−쓰고·−써) 자 어떤 일을 이루기 위하여 마음과 힘을 다하여 노력하다. ¶우승하기 위해 −.
애:-씌우다 타 애를 쓰게 하다.
애:아(愛兒) 명 사랑하는 자식.
애:안(愛眼) 명 불교에서, 자비로운 부처의 눈을 이름.
애안(礙眼) 명 -하다 자 눈에 거슬림.
애애(哀哀) 어기 '애애(哀哀)하다'의 어기(語基).
애애(皚皚) 어기 '애애(皚皚)하다'의 어기(語基).
애애(藹藹) 어기 '애애(藹藹)하다'의 어기(語基).
애애(靄靄) 어기 '애애(靄靄)하다'의 어기(語基).
애애-하다(哀哀−) 형여 몹시 슬프다.
  애애-히 부 애애하게
애애-하다(皚皚−) 형여 눈이나 서리 따위가 내려서 모든 곳이 하얗다.
  애애-히 부 애애하게
애애-하다(藹藹−) 형여 ①매우 많다. ②나무나 풀이 무성하다. ③향기가 짙다.
  애애-히 부 애애하게
애애-하다(靄靄−) 형여 ①구름이나 안개가 자욱이 끼어 있다. ¶애애한 저녁 내는 산촌에 잠겨 있고…. ②부드럽고 평화로운 분위기에 싸여 있다. ¶화기(和氣) −.
  애애-히 부 애애하게
애역(呃逆) 명 -하다 자 딸꾹질
애:연(愛宴) 명 애찬(愛餐)
애:연(愛煙) 명 -하다 자 담배를 즐겨 피움.
애:연(愛緣) 명 은애(恩愛)로 맺어진 인연.
애:연-가(愛煙家) 명 담배를 즐겨 피우는 사람.
애열(哀咽) 명 -하다 자 슬퍼서 목이 멤.
애:열(愛悅) 명 -하다 자 사랑하고 기뻐함.
애:염(愛染) 명 애집(愛執)
애엽(艾葉) 명 한방에서, 약쑥의 잎사귀를 약재로 이르는 말. 토혈, 생리 불순, 대하(帶下) 등에 쓰임.
애:영(愛詠) 명 -하다 타 애음(愛吟)
애오라지 부 ①마음에 좀 부족하나마 겨우. ②'오로지'의 예스러운 말. ¶− 나라를 위해 힘쓰다.
애옥-살림 명 -하다 자 애옥살이
애옥-살이 명 -하다 자 가난에 쪼들려 고생스럽게 사는 살림살이. 애옥살림
애옥-하다 형여 살림이 매우 구차하다.
애:완(愛玩) 명 -하다 타 매우 사랑하거나 귀여워하며 가까이 두고 보며 즐김.
애:완-구(愛玩具) 명 매우 좋아하고 아끼는 장난감.
애:완=동:물(愛玩動物) 명 매우 귀여워하며 기르는 동물.
애:완-물(愛玩物) 명 매우 좋아하고 아끼는 물건.
애:욕(愛慾) 명 ①애정과 욕심. ②이성에 대한 성적(性的) 욕망.
애:용(愛用) 명 -하다 타 어떤 물건을 즐겨 씀. ¶국산품 −
×**애운-하다** 형여 →섭섭하다
애원(哀怨) 명 -하다 타 애처롭고 슬프게 원망함.
애원(哀願) 명 -하다 타 애처롭게 사정하며 간절히 바람. ¶용서해 달라고 −하다. 유 탄원(歎願)
애:육(愛育) 명 -하다 타 귀여워하며 기름.
애음(哀音) 명 슬프게 들리는 소리.
애:음(愛吟) 명 -하다 타 마음에 드는 시가(詩歌)를 이따금 즐겨 읊음. 애영(愛詠)
애:음(愛飮) 명 -하다 타 늘 즐겨 마심. ¶녹차를 −하다.
애읍(哀泣) 명 -하다 자 슬프게 욺.
애이불비(哀而不悲) 성구 슬프기는 하나 겉으로 나타내지 않음을 이르는 말.
애인(艾人) 명 나이가 쉰 살이 된 사람을 이르는 말. ☞애년
애:인(愛人) 명 ①서로 사랑하는 이성(異性) 사이에서 상대

편을 이르는 말. ☞연인(戀人). 정인(情人) ②-하다 자 남을 사랑함. ¶하늘을 공경하고 -하는 정신.
애:인여기(愛人如己)[-녀-] 성구 남을 사랑하기를 제 몸같이 아끼고 사랑함을 이르는 말.
애인이목(礙人耳目)[-니-] 성구 남의 이목(耳目)을 꺼림을 이르는 말.
애잇-기름 명 애벌로 짠 기름.
애잇-닦기[-닥-] 명-하다 타 애벌로 닦는 일.
애-잎 명 어린잎
애자(哀子) 명 어머니를 여읜 상제(喪制)가 자기를 일컫는 말. ☞고애자(孤哀子). 고자(孤子). 효자(孝子)

> ▶ '애자(哀子)'와 '효자(孝子)'
> 상중(喪中)의 축문(祝文)에서 상주가 스스로를 '애자(哀子)'라 한다. 그러나 소상(小祥)·대상(大祥)이 아닌 일반 제사인 경우에는 축문에서 '효자(孝子: 상복을 입은 아들이라는 뜻으로)'라 한다.

애:자(愛子) 명 사랑하는 아들.
애자(礙子) 명 뚱딴지² ▷礙의 속자는 碍
애자지원(睚眥之怨) 명 아주 작은 원망.
애:자지정(愛子之情) 명 부모로서 자식을 사랑하는 정.
애잔-하다 형여 ①매우 가냘프고 약하다. ②애처롭고 애틋하다. ¶수심을 띤 애잔한 모습.
 애잔-히 부 애잔하게
애:장(愛藏) 명-하다 타 소중히 간직함. ¶-하는 그림.
애재(哀哉) '슬프도다'의 뜻. ¶오호(嗚呼) -라.
애-저(-猪) 명 고기로 먹을 어린 돼지. 아저(兒猪)
×**애-저녁** 명 → 초저녁
애절(哀切) 어기 '애절(哀切)하다'의 어기(語基).
애절-하다 형여 견디기 어려울 만큼 애가 타다.
애절-하다(哀切-) 형여 몹시 애처롭고 슬프다.
 애절-히 부 애절하게
애-젊다[-점따] 형 아주 앳되게 젊다.
애-젊은이 명 아주 앳되게 젊은 사람.
애정(哀情) 명 가엾게 여기는 마음.
애:정(愛情) 명 ①각별한 관심을 가지고 사랑하거나 귀여워하는 마음. ¶선생님은 - 어린 눈으로 아이들을 바라보았다. ②이성(異性)을 사랑하는 마음. ¶서로 -을 느끼는 사이. ☞연정(戀情)
애조(哀調) 명 구슬픈 느낌을 자아내는 가락. ¶- 띤 피리 소리.
애:조(愛鳥) 명-하다 자 새를 귀여워함, 또는 귀여워하는 새.
애:족(愛族) 명-하다 자 겨레를 사랑함. ¶애국(愛國) -
애:주(愛酒) 명-하다 자 술을 마시기를 즐김. ☞호주(好酒)
애:주-가(愛酒家) 명 술을 마시기를 즐기는 사람.
애:중(愛重) 명-하다 타 사랑하고 소중히 여김.
 애중-히 부 애중하게 ¶자식을 - 여기다.
애:증(愛憎) 명 사랑과 미움. 증애(憎愛)
애:증후:박(愛憎厚薄) 명 사랑과 미움과 후함과 박함.
애:지중:지(愛之重之) 성구 매우 사랑하고 소중히 여김을 이르는 말. ¶- 키운 딸을 시집보내다.
애:집(愛執) 명 불교에서, 애욕이나 소유욕에 사로잡혀 헤어나지 못함을 이르는 말. 애염(愛染). 애착(愛着)
애:착(愛着) 명 ①-하다 타 어떤 대상을 몹시 아끼고 사랑하여 그것과 떨어지지 못함, 또는 그런 마음. ¶-이 가는 작품./일에 대한 -이 강하다. ②애집(愛執)
애:착-생사(愛着生死) 명 불교에서, 생(生)이 있는 한 생노병사를 벗어날 수 없음을 깨닫지 못하고 생사를 되풀이하는 이 세상에 집착함을 이르는 말.
애:착-심(愛着心) 명 애착을 느끼는 마음.
애:찬(愛餐) 명 초기 크리스트교인들이 단합하기 위하여 성찬식이 끝난 뒤에 한자리에 모여서 음식을 함께 먹던 잔치. 애연(愛宴)
애찬-성(礙竄性)[-썽] 명 불가입성(不可入性)
애:창(愛唱) 명-하다 타 어떤 노래를 즐겨 부름. ¶'그네'는 널리 -되는 가곡이다.
애:창-곡(愛唱曲) 명 즐겨 부르는 노래. ¶내 아내의 -은 '봄처녀'이다.
애채 명 나무의 새로 돋은 가지.
애책-문(哀冊文) 명 왕이나 왕비의 죽음을 슬퍼하는 글.
애:처(愛妻) 명-하다 자 아내를 사랑함, 또는 사랑하는 아내.
애:처-가(愛妻家) 명 아내를 몹시 아끼고 사랑하는 사람.
애처롭다(애처롭고·애처로워) 형ㅂ 슬픈 느낌이 들도록 보기에 딱하고 가엾다. ¶소녀 가장의 애처로운 삶.
 애처로이 부 애처롭게
애척(哀戚) 명-하다 타 세상을 떠난 사람에 대하여 슬퍼하고 애석하게 여김. 애도(哀悼)
애:첩(愛妾) 명 아끼고 사랑하는 첩.
애:청(愛聽) 명-하다 타 방송이나 음악 따위를 즐겨 들음. ¶음악 방송을 -하다.
애체(礙滯) 명-하다 타 걸려서 막힘.
애초 명 일의 맨 처음. 당초(當初)
애초-에 부 맨 처음부터. ¶- 그곳에 갈 생각이 없었다. 준 애최
애:-총(-塚) 명 어린아이의 무덤. 아총(兒塚)
애최 부 '애초에'의 준말.
애추(崖錐) 명 벼랑이나 급경사진 산기슭 등에서 풍화되어 무너져 내린 암석 조각이 반원뿔 모양으로 쌓인 것.
애:친(愛親) 명-하다 자 부모를 사랑으로 섬김.
애:친-경:장(愛親敬長) 명 부모를 사랑하고 어른을 공경함.
애:칭(愛稱) 명 본이름 외에 친근하고 정답게 부르는 이름.
애쿼렁(aqualung) 명 잠수용 호흡 기구의 한 가지. 등에 지는 압축 공기 탱크와 얼굴에 쓰는 유리 마스크가 호스로 연결되어 있음.
애크로매틱렌즈(achromatic lens) 명 색지움 렌즈. 소색(消色) 렌즈
애:-타다 자 몹시 걱정이 되거나 안타까워 속이 타는듯 하다. 애끓다
애:타-설(愛他說) 명 이타설(利他說)
애:타-심(愛他心) 명 남을 사랑하는 마음.
애:타-주의(愛他主義) 명 이타주의(利他主義)
애탕(艾湯) 명 햇쑥을 살짝 데쳐 다진 것과 쇠고기 다진 것을 섞어서 완자를 빚은 다음, 달걀을 풀어 씌워서 맑은 장국에 넣어 끓인 국. 쑥국
애:-태우다 타 애타게 하다. ¶자식 걱정으로 -.

> 한자 애태울 초(焦) 〔火部 8획〕 ¶초려(焦慮)/초사(焦思)/초순(焦脣)/초심(焦心)/초조(焦燥)

애:-터지다 타 몹시 안타깝고 속이 상하다.
애통(哀痛)¹ 명-하다 자 몹시 슬퍼함.
애통(哀痛)² 어기 '애통(哀痛)하다'의 어기(語基).
애:통-터:지다 자 마음이 몹시 상하여 속이 터질듯 하다.
애통-하다(哀痛-) 형여 몹시 애달프고 슬프다. ¶애통한 심정./애통한 일.
애틋-하다[-틀-] 형여 ①안타깝거나 근심스러워 애가 타는듯 하다. ¶어머니의 병이 낫기를 바라는 애틋한 마음. ②매우 아쉽고 섭섭하다. ¶애틋한 이별. ③은근히 마음을 끄는 정겨운 느낌이 있다. ¶어머니의 애틋한 사랑.
 애틋-이 부 애틋하게
애:-티 명 어린 모양이나 태도. ¶겨우 -를 벗은 얼굴.
애틱-식(Attic式) 명 고대 그리스의 아티카(Attica) 지방에서 발달한 건축 양식. 모난 기둥을 많이 사용했음.
애프터리코:딩(after recording) 명 영화나 텔레비전 등에서, 화면을 먼저 촬영한 다음에 그 화면에 맞추어 대사·음향·음악을 녹음하는 일. ☞프리리코딩
애프터서:비스(after+service) 명 상품을 판매한 후에도 그 상품에 대한 수리와 점검 등의 편의를 보아 주는 일.
애플파이(apple pie) 명 설탕을 넣고 조린 사과를 밀가루에 달걀과 버터 등을 넣고 반죽하여 편 것으로 싸서 구운 서양 과자.
애해 감 우스운 일이나 기막힌 일을 보았을 때 가볍게 하는 말. ¶-, 저 옷 입은 꼴 좀 봐! ☞에헤
애햄 감 짐짓 점잔을 빼거나 인기척을 낼 때에 가볍게 한번 큰기침을 하는 소리를 나타내는 말. ¶-, 안에 누구

없소? ☞에헴
애:향(愛鄕)명-하다자 고향을 아끼고 사랑함.
애:향-심(愛鄕心)명 고향을 사랑하는 마음.
애호(艾蒿)명 '산쑥'의 딴이름.
애호(哀號)명-하다자 슬프게 울부짖음.
애:호(愛好)명-하다타 좋아하고 즐김. ¶음악을 -하다.
애:호(愛護)명-하다타 아끼어 소중히 다루며 보호함. ¶문화재를 -하다./동물을 -하다
애-호리병벌(-葫-甁-)명 말벌과의 곤충. 암컷의 몸길이는 1.5cm 안팎. 몸빛은 검은빛이고 몸의 여기저기에 노란 무늬가 있음. 나뭇가지에 진흙으로 병 모양의 집을 짓고 삶. 우리 나라와 일본, 유럽 등지에 분포함. 조롱벌
애-호:박명 어린 호박.
애호박-나물명 애호박을 통썰기 하여 소금에 절인 다음 꼭 짜서 볶고, 새우젓·파·마늘·깨소금·설탕 따위를 넣고 간을 맞춘 나물.
애호박-적(-炙)명 굵게 채 썬 애호박을 밀가루를 갠 것을 씌워서 부친 적.
애호박-죽(-粥)명 쌀과 애호박으로 쑨 죽. 영계를 곤 국물에 쌀을 넣고 새우젓국이나 굴젓국으로 간을 하여 죽을 쑤다가 애호박을 채 썰어 넣음.
애호-체읍(哀號涕泣)명 슬프게 울부짖으며 눈물을 흘리며 욺. ☞호곡(號哭)
애화(哀話)명 슬픈 이야기. 비화(悲話)
애환(哀歡)명 슬픔과 기쁨을 아울러 이르는 말. 비환(悲歡) ¶서민들의 -이 담긴 이야기.
애:휼(愛恤)명-하다타 불쌍히 여겨 은혜를 베풂.
애:희(愛姬)명 남달리 사랑하는 여자.
애:희(愛戱)명 사랑의 장난.
액:감 먹은 것을 토해 낼 때 나오는 소리를 나타내는 말.
액(厄)명 사나운 운수. ¶-을 피하다./-을 때우다.
액(液)명 물이나 기름 따위와 같이 흘러 움직이는 물질.
액(額)명 '편액(偏額)'의 준말.
-액(額)《접미사처럼 쓰이어》'금액(金額)'의 뜻을 나타냄. ¶예상액(豫想額)/목표액(目標額)
액각(額角)명 일부 하등 동물의 이마 부분에 뿔 모양으로 쑥 내민 것.
액과(液果)명 중과피(中果皮)와 내과피(內果皮)가 다육질이고 익으면 즙이 많아지는 과실, 귤·포도 따위의 열매가 이에 딸림. ☞건과(乾果)
액구(隘口)명 좁고 험한 길목.
액기(厄氣)명 액운(厄運)이 닥칠듯 한 기운.
액기(腋氣)명 겨드랑이에서 나는 좋지 않은 냄새. 암내[2]. 액취(腋臭)
액내(額內)명 ①일정한 인원이나 수량, 또는 금액의 범위 안. ②한집안 사람. ③한패나 한 무리에 든 사람. ☞액외(額外)
액년(厄年)명 운수가 사나운 해.
액-달(厄-)명 운수가 사나운 달. 액월(厄月)
액-때우다(厄-)자 앞으로 닥칠 액운을 미리 다른 작은 어려움으로 대신 때우다. ☞수때우다
액-때움(厄-)명-하다자 '액땜'의 본딧말.
액-땜(厄-)명-하다자 앞으로 닥칠 액운을 미리 다른 작은 어려움으로 대신 때우는 일. 면액(免厄) 본액때움 ☞수땜
액란(液卵)명 껍데기를 깨뜨려서 쏟아 놓은 알.
액랭=기관(液冷機關)명 끓는점이 높은 에틸렌글리콜 등의 특수한 액체로 냉각시키는 기관. 주로, 항공기용 엔진으로 쓰임.
액량(液量)명 액체의 분량. ☞건량(乾量)
액례(掖隷)명 조선 시대, 액정서(掖庭署)에 딸렸던 아전이나 하인.
액-막이(厄-)명-하다자 앞으로 닥칠 액운을 미리 막음. 도액(度厄)
액막이-굿(厄-)명 그 해의 재액(災厄)을 예방하기 위하여 정월 대보름 전에 하는 굿.
액막이-연(厄-鳶)명 그 해의 모든 액운을 연과 함께 날려 보낸다는 뜻으로, 정월 열나흗날에 띄워 보내는 연.
액막이-옷(厄-)명 정월 대보름에 그 해의 액막이로 내버리는 옷.
액면(液面)명 액체의 표면.
액면(額面)명 ①유가 증권이나 화폐 등에서, 금액 따위가 적혀 있는 앞면. ②'액면 가격'의 준말. ③말이나 글에서 표현된 그대로의 사실을 비유하여 이르는 말. ¶그의 말을 - 그대로 믿을 수는 없다.
액면=가격(額面價格)[-까-]명 유가 증권이나 화폐의 앞면에 적힌 금액. 준액면(額面)
액면-계(液面計)명 용기 속의 액면의 높이를 나타내는 장치. ☞수위계(水位計). 양수표(量水標)
액면=동가(額面同價)[-까]명 유가 증권이나 화폐의 앞면에 적힌 금액 그대로의 가치.
액면=주식(額面株式)명 액면 가격이 기재되어 있는 주식. ☞무액면 주식(無額面株式)
액모(腋毛)명 겨드랑이에 난 털.
액문(掖門)명 협문(夾門)
액비(液肥)명 액체 상태로 된 거름. 똥이나 오줌을 썩힌 것이나 물에 녹인 화학 비료 따위. 물거름. 수비(水肥)
액사(縊死)명-하다자 스스로 목을 매어 죽음. 교사(絞死) 원의사(縊死)
액살(縊殺)명-하다타 목을 졸라 죽임. 원의살(縊殺)
액상(液狀)명 액체의 상태. 액태(液態) ¶- 과당(果糖)
액상(液相)명 물질이 액체의 상태에 있는 상(相). ☞고상(固相). 기상(氣相)[2]
액상=결정(液狀結晶)[-쩡]명 액정(液晶)
액색(阨塞)어기 '액색(阨塞)하다'의 어기(語基).
액색-하다(阨塞-)형여 운수가 막히어 군색하다.
액세서리(accessory)명 ①몸치장을 하는 데 쓰는 여러 가지 기구. 귀고리·목걸이·브로치 따위. ②차(車)나 기구 따위를 장식하는 부속품. ¶자동차 -/카메라 -
액세스(access)명 컴퓨터의 기억 장치에 저장되어 있는 정보를 읽어 오는 작업.
액세스타임(access time)명 컴퓨터 시스템에서 기억 장치로부터 정보를 읽어 오기 위하여, 데이터 전송 요구가 발생하는 시간부터 실제로 정보가 읽혀지기까지 걸리는 시간.
액셀러레이터(accelerator)명 ①가속 장치 ②자동차의 가속 페달.
액션(action)명 행동·활동·동작이라는 뜻으로, 배우의 연기, 특히 움직임이 격렬한 연기. ¶- 영화
액수(扼守)명-하다타 중요한 곳을 굳게 지킴.
액수(額數)명 돈의 머릿수. ¶-가 맞지 않는다.
액신(厄神)명 재앙을 가져온다는 나쁜 귀신.
액아(腋芽)명 겨드랑눈 ☞정아(頂芽)
액엄(額掩)명 아얌
액와(腋窩)명 겨드랑이
액완(扼腕·搤腕)명-하다자 분개하거나 억울해 하면서 팔짱을 끼고 자기의 두 팔을 꽉 잡음.
액외(額外)명 ①일정한 인원이나 수량, 또는 금액의 범위 밖. ②한집안이 아닌 사람. ③한 패나 한 무리에 들지 않는 사람. ☞액내(額內)
액운(厄運)명 재난을 당할 사나운 운수. ☞길운(吉運). 악운(惡運)
액월(厄月)명 운수가 사나운 달. 액달
액자(額子)명 그림이나 글씨, 사진 따위를 넣어 벽에 걸기 위한 틀. 액틀
액자(額字)명 현판(懸板)에 쓴 큰 글자.
액자=소:설(額子小說)명 이야기 속에 또다른 이야기를 끼어 넣는 구성의 소설.
액적=모형(液滴模型)명 물리학에서, 원자핵의 성질을 설명하기 위하여 비슷하게 만든 원자 모형의 한 가지. 원자핵 전체를 하나의 물방울로 생각함.
액정(掖庭)명 대궐 안. 궁내(宮內). 궐내(闕內)
액정(液晶)명 액체와 고체의 중간적인 상태의 물질. 전체

가 액체와 같은 유동성을 가지면서 복굴절(複屈折)을 보이는 등 광학적인 점에서는 결정(結晶)과 비슷함. 액상 결정(液狀結晶)

액정-국(掖庭局)명 고려 시대, 왕명의 전달과 궁궐 관리를 맡아보던 관아.

액정=디스플레이(液晶display)명 전류가 흐르면 분자의 배열이 변하는 액정의 성질을 이용하여 만든 화면 표시 장치. 전자 계산기, 액정 텔레비전, 노트북 컴퓨터 등에 폭넓게 쓰임. 엘시디(LCD)

액정-서(掖庭署)명 조선 시대, 대궐 안에서 어명의 전달, 임금이 쓰는 필연(筆硯)과 궁중의 자물쇠의 관리, 궁궐의 수리와 보수(補修) 등을 맡아보던 관아.

액즙(液汁)명 즙(汁)

액체(液體)명 물이나 기름 따위와 같이 일정한 부피는 가지고 있으나 일정한 모양을 유지하지 못하고 유동하는 물질. 고체에 비하여 분자 응집력이 약함. ☞고체. 기체

액체=공기(液體空氣)명 공기를 임계 온도 이하로 냉각, 강하게 압축하여 액화(液化)한 것. 액체 산소와 액체 질소의 혼합물로, 약간 파란빛을 띰. 공기액

액체=배:양(液體培養)명 매우 작은 동식물을 액체 상태의 배양기 안에서 배양하는 일.

액체=산소(液體酸素)명 액체 상태로 만든 산소. 액체 공기를 분류하거나 산소를 압축, 냉각하여 만듦. 산소 용접, 산소 흡입 등에 쓰임.

액체=암모니아(液體ammonia)명 압축하거나 냉각하여 액체 상태로 만든 암모니아. 용매(溶媒), 비료, 냉동용 한제(寒劑)로 쓰임.

액체=압력(液體壓力)명 액체가 가지고 있는 중력으로 생기는 압력.

액체=연료(液體燃料)명 연료로 쓰는 액체를 통틀어 이르는 말. 중유·경유·등유·가솔린·알코올 따위.

액체=염소(液體塩素)명 액화한 염소. 상하수도의 살균, 산화제·표백제 등 공업 화학 약품의 제조에 쓰임.

액체=온도계(液體溫度計)명 액체의 열팽창을 이용하여 온도를 측정하는 기구. 수은 온도계, 알코올 온도계 등이 있음.

액체=질소(液體窒素)[-쏘]명 압축하여 액화한 질소.

액체=탄:소(液體炭素)명 압축하여 액화한 이산화탄소.

액체=폭약(液體爆藥)명 상온(常溫)에서 액체 상태로 있는 혼합 폭약. 액체 산소 폭약, 니트로글리세린 따위.

액체-화(液體化)명-하다 자타 액화(液化)

액취(腋臭)명 겨드랑이에서 나는 좋지 않은 냄새. 암내[2]. 액기(腋氣)

액태(液態)명 물질이 액체 상태로 있는 것. 액상(液狀) ☞고태(固態). 기태(氣態)

액-틀(額-)명 그림이나 글씨·사진 따위를 벽에 걸기 위한 틀. 액자(額子)

액포(液胞)명 성장한 세포의 원형질 안에서 세포액을 가득 채우고 있는 부분. 세포액 속에는 여러 가지 당류, 색소, 유기산 따위가 녹아 있음. 공포(空胞)

액한(腋汗)명 겨드랑이에서 늘 땀이 나는 병. 곁땀

액화(厄禍)명 액(厄)으로 말미암아 입는 재앙.

액화(液化)명-하다 자타 기체나 고체 상태에 있는 물질이 액체로 변하는 현상, 또는 그렇게 만드는 일. 액체화 ☞기화(氣化). 승화(昇華)

액화=석유=가스(液化石油gas)명 석유 성분 중에서 프로판이나 부탄가스 등 끓는점이 낮은 탄화 수소를 주성분으로 하는 가스를 가압하여 액화한 것. 조리용 연료나 자동차 연료 등으로 쓰임. 엘피지. 프로판가스

액화-열(液化熱)명 기체가 액체 상태로 변할 때 밖으로 내놓는 열.

액화=천연=가스(液化天然gas)명 천연 가스를 정제하여 생긴 메탄을 주성분으로 하는 가스를 냉각시켜 액화한 것. 가정용·발전용 연료, 화학 공업 원료 등으로 쓰임. 엘엔지

액회(厄會)명 재앙이 닥치는 불행한 고비.

앤생이명 가냘프고 약한 사람, 또는 보잘것없는 물건을 얕잡아 이르는 말.

앤솔러지(anthology)명 일정한 기준에 따라 선정한 여러 작가들의 시가(詩歌)나 문장(文章)을 모아 엮은 책. 사화집(詞華集)

앤티노크-제(anti-knock劑)명 불꽃 점화 기관에서 발생하는 이상 연소를 막기 위하여 연료에 섞는 약제.

앨러배스터(alabaster)명 설화 석고(雪花石膏)

앨리(alley)명 볼링에서, 공을 굴리는 마루. 레인(lane)

앨리데이드(alidade)명 평판(平板) 측량에 쓰이는 기구의 한 가지. 수준기(水準器)와 조준 장치, 자를 갖추고 방향과 기울기를 측정함.

앨버트로스(albatross)명 앨버트로스과의 바닷새. 몸길이 90cm 안팎. 몸은 전체가 흰빛이고 날개 끝과 꽁지는 검으며, 부리는 크고 분홍색임. 북태평양의 외양(外洋)에 살며, 국제 보호조임. 신천옹(信天翁)

앨범(album)명 사진첩(寫眞帖)

앨트루이즘(altruism)명 이타주의(利他主義) ☞에고이즘(egoism)

앰버(amber)명 연극 따위의 조명에서 석양 효과나 보조 광선으로 쓰는 엷은 적갈색을 이르는 말.

앰뷸런스(ambulance)명 ①이동식 야전 병원. ②구급차

앰풀:(ampoule)명 한 번 쓸 분량의 주사액을 넣어 밀폐한 작은 유리 용기.

앰프(∠amplifier)명 진공관이나 트랜지스터 등을 이용하여 전류나 전압을 증폭시키는 장치. 증폭기(增幅器) 원앰플리파이어

앰플리파이어(amplifier)명 '앰프'의 원말.

앰:-하다 형여 '애매하다'의 준말.

앳(at)명 골뱅이. 동그람에이. 기호는 @

앳-되다 형 나이에 비해 어린 티가 있다.

앵[1] 부 모기 따위가 날 때 나는 소리를 나타내는 말.

앵[2] 감 성나거나 딱하거나 짜증이 날 때 토라져서 하는 말. ¶ -, 오늘도 또 늦네. ☞엥

앵(甖·罌)명 목이 긴 병.

앵가(鶯歌)명 꾀꼬리가 지저귀는 소리를 노래에 비유하여 이르는 말.

앵글(angle)명 ①각도 ②'카메라앵글'의 준말.

앵글숏(angle shot)명 영화나 텔레비전 등에서 카메라의 위치를 바꾸어 같은 장면을 다른 각도에서 촬영하는 일.

앵데팡당(Indépendants 프)명 프랑스에서 보수적이고 관료적인 권위주의에 반대하는 화가들이 조직한 미술가 협회, 또는 그들이 여는 미술 전람회.

앵도(櫻桃)명 '앵두'의 원말.

앵도-창(櫻桃瘡)명 목에 앵두만 하게 나는 종기.

앵-돌아앉다[-안따] 자 성이 나거나 마음이 토라져서 홱 돌아앉다. ¶그녀는 내 말이 끝나자마자 앵돌아앉아 울기 시작했다.

앵-돌아지다 자 ①방향이 틀어져서 한쪽으로 홱 돌아가다. ②성이 나서 토라지다. ¶앵돌아져서 하루 종일 말도 하지 않는다.

앵두(∠櫻桃)명 앵두나무의 열매. 원앵도(櫻桃)

앵두(를) 따다 관용 '눈물을 흘리다', '울다'를 속되게 이르는 말.

앵두-나무(∠櫻桃-)명 장미과의 낙엽 활엽 관목. 높이 3m 안팎. 어린 가지에는 털이 밀생(密生)하며, 길둥근 잎은 어긋맞게 나고 표면에 잔털이 있음. 4월경에 흰빛 또는 연분홍빛 꽃이 잎보다 먼저 피거나 같이 피며, 열매는 지름 1cm 정도의 핵과(核果)로 6월경에 붉게 익는데, 먹을 수 있음. 중국 원산임.

앵무(鸚鵡)명 앵무새

앵무가(鸚鵡歌)명 우리 나라의 고대 가요. 신라 흥덕왕 즉위 초에 중국 당나라에서 가져온 앵무새 한 쌍 중 먼저 죽은 암컷을 그리며 울다 죽은 수컷을 위해 지은 노래. 흥덕왕이 지었다고 하며, 가사는 전하지 않고 '삼국유사'에 그 유래만 전함.

앵무-새(鸚鵡-)명 앵무과의 새. 깃털의 빛깔은 대개 암수가 같은 빛깔로 다채로우며, 짧고 굵은 주둥이는 둥글

게 꼬부라져 있음. 과실이나 풀씨 따위를 먹으며 다른 동물의 소리나 사람의 말 흉내를 잘 냄. 열대 원산임. 앵무

앵무-잔(鸚鵡盞)명 앵무조개의 조가비로 만든 술잔.

앵무-조개(鸚鵡－)명 앵무조갯과의 바닷조개. 조가비의 주둥이가 앵무새 부리와 비슷하게 생겨서 붙은 이름으로, 조가비의 긴 지름은 20cm, 나비는 10cm 안팎이며, 흰 바탕에 불꽃 모양의 갈색 무늬가 있음. 육식성으로 새우・게・성게 등을 먹고 삶. 인도양과 태평양의 열대 수역에 분포함.

앵미명 쌀에 섞여 있는, 빛깔이 붉고 품질이 낮은 쌀. 적미(赤米) 원악미(惡米)

앵삼(鶯衫)명 조선 시대, 생원시(生員試)나 진사시(進士試)에 급제하였을 때 입던 연두 빛깔의 예복.

앵성(鶯聲)명 ①꾀꼬리가 지저귀는 소리. ②고운 목소리를 비유하여 이르는 말.

앵속(罌粟)명 '양귀비(楊貴妃)'의 딴이름.

앵속-각(罌粟殼)명 한방에서, 양귀비 열매의 껍질을 약재로 이르는 말. 기침・설사 등에 쓰임. ☞속각(粟殼)

앵속-자(罌粟子)명 한방에서, 양귀비의 씨를 약재로 이르는 말. 설사・경련 등에 쓰임. 어미(御米)

앵-앵부 모기 따위가 날 때 잇달아 나는 소리를 나타내는 말.

앵앵-거리다(대다)자 앵앵 소리가 나다.

앵어(鶯語)명 ①꾀꼬리가 지저귀는 소리. ②듣기 좋은 말소리를 비유하여 이르는 말.

앵월(櫻月)명 '음력 삼월'을 달리 이르는 말. 혜풍(惠風)

앵접(鶯蝶)명 노래하는 꾀꼬리와 춤추는 나비.

앵초(櫻草)명 앵초과의 여러해살이풀. 줄기 높이는 20cm 안팎. 잎자루가 긴 잎은 뿌리에서 모여 나는데, 길둥근 꼴이며 가장자리에는 톱니가 있음. 4～5월에 홍자색 꽃이 산형(繖形) 꽃차례로 피고, 열매는 삭과(蒴果)를 맺음. 어린잎은 먹을 수 있고, 온 포기는 한방에서 기침・천식・기관지염・종기 따위에 약재로 쓰임. 우리 나라와 동북 아시아의 산이나 들에서 자람.

앵커(anchor)명 ①배의 닻. ②태엽식 시계의 기계 속에서 톱니바퀴와 맞물려 그 회전을 일정하게 하고 속도를 조절하는 닻 모양의 장치. ③앵커맨 ④계주(繼走)나 계영(繼泳)에서의 마지막 주자(走者)나 영자(泳者). ⑤암벽이나 빙벽 따위에 팀을 짜 올라갈 때에 자일로 몸을 묶은 다음 나무・바위・하켄 등에 자일을 걸어 서로 자기의 안전을 확보하는 일.

앵커맨(anchor man)명 라디오나 텔레비전 방송에서, 각종 뉴스를 종합하여 해설하고 진행하는 종합 뉴스의 사회자. 앵커

앵포르멜(informel 프)명 제2차 세계 대전 후 프랑스를 중심으로 유럽에서 일어난 추상 회화의 한 경향. 물감을 캔버스에 떨어뜨리거나 석회를 바르는 기법을 구사하는 등 구상(具象)과 비구상(非具象)을 초월하여 모든 성형을 부정하고 기성의 미적 가치를 파괴하여 새로운 조형의 의미를 만들어 내려 함.

앵-하다형여 어떤 일에 손해를 보아 마음이 분하고 아깝다. ¶경마장에서 돈을 잃은 것이 －.

앵화(櫻花)명 ①앵두나무의 꽃. ②'벚꽃'의 딴이름.

야[1]명 〈어〉한글 자모(字母) 'ㅑ'의 이름.

야[2]명 돈치기할 때 던진 돈이 두서너 푼씩 한데 포개지거나 붙은 것.

야[3]감 ①매우 놀랍거나 반갑거나 감탄하거나 할 때 내는 소리. ¶－, 정말 놀라운데!/－, 이게 얼마 만이야? ②어른이 아이를 부르거나 같은 또래의 벗끼리 서로 허물없이 부르는 말. ¶－, 나랑 같이 가자.

야:(野)명 '야당(野黨)'의 준말. ¶여(與)와 －의 대립. ☞여(與)

-야조 ①받침 없는 체언에 붙어, 손아랫사람이나 짐승, 또는 사물을 부를 때 쓰이는 호격 조사. ¶나비야, 청산 가자./새야 새야 파랑새야, 녹두밭에 앉지 마라./해야 솟아라, 고운 해야 솟아라. ☞-아 ②강조의 뜻을 나타내는 보조 조사. ¶너야 어찌 알겠니? ☞-이야

야:간(夜間)명 밤 동안. 야래(夜來) ☞주간(晝間)

야:간-도주(夜間逃走)명 야반도주(夜半逃走)

야:간=열차(夜間列車)[－녈－]명 밤에 운행하는 기차.

야:간=작업(夜間作業)명 밤에 하는 일. 밤일

야:간=학교(夜間學校)명 밤에 수업을 하는 학교. 야학교(夜學校) 준야학(夜學)

야:객(夜客)명 밤손님

야:객(野客)명 관직에 오르지 않고 초야에 묻혀 사는 사람.

야거리명 돛대가 하나인 작은 배.

야거릿-대명 야거리의 하나 뿐인 돛대.

야:견(野犬)명 '들개'의 딴이름.

야:견(野繭)명 산누에가 지은 고치. 산누에고치

야:견-사(野繭絲)명 산누에의 고치에서 뽑은 실. 야잠사

야:경(夜景)명 밤의 경치. 야색(夜色)

야:경(夜警)명-하다자 밤 사이에 건물의 내부나 거리 따위를 돌며 화재나 범죄가 없도록 살피고 지키는 일.

야:경(野徑)명 들길

야:경(野景)명 들의 경치. 야색(野色)

야:경=국가(夜警國家)명 국가의 기본 목표를 국방과 치안 유지, 개인의 사유 재산과 자유에 대한 침해의 배제 등 꼭 필요한 최소한의 임무만을 수행하는 것으로 한정한 국가.

야:경-꾼(夜警－)명 야경을 도는 사람.

야:계(野鷄)명 ①'멧닭'의 딴이름. ②'꿩'의 딴이름.

야:고-초(野古草)명 '새[1]'의 딴이름.

야:공(冶工)명 대장장이

야:공(夜攻)명-하다타 어둠을 타서 적을 공격함. 야습(夜襲)

야:광(夜光)명 ①어두운 곳에서 스스로 빛을 냄, 또는 그 빛. ②'달[1]'을 달리 이르는 말.

야:광-귀(夜光鬼)명 앙괭이

야광-나무명 장미과의 낙엽 소교목(小喬木). 높이는 6m 안팎. 잎은 길둥글고 가장자리에 잔 톱니가 있음. 5～6월에 흰빛 또는 분홍빛 꽃이 피고, 10월경에는 지름 1cm 안팎의 동근 열매가 빨강 또는 노랑으로 익음. 우리 나라 중부 이북과 중국, 일본, 시베리아 등지에 분포함.

야:광=도료(夜光塗料)명 어두운 곳에서 빛을 내도록 만든 도료. 계기(計器)의 바늘이나 도로 표지 따위에 쓰임. 발광 도료(發光塗料)

야:광-명월(夜光明月)명 밤하늘에 빛나는 밝은 달.

야:광=시계(夜光時計)명 바늘과 문자반의 문자에 야광 도료를 칠한 시계. 어둠 속에서도 시간을 볼 수 있음.

야:광-운(夜光雲)명 고위도 지방에서 일출 전이나 일몰 후에 드물게 나타나는 구름. 희고 엷게 퍼져 있으며, 모양은 권층운(卷層雲)이나 권적운(卷積雲)과 비슷함.

야:광-주(夜光珠)명 고대 중국에 있었다는, 밤이나 어두운 곳에서도 빛을 내는 구슬. 야명주(夜明珠)

야:광-충(夜光蟲)명 편모류에 딸린 원생생물. 크기는 지름 1mm 안팎. 몸은 공 모양이며 뒤쪽에 굵고 긴 촉수가 있어 이것으로 해면을 떠다님. 빛깔은 연한 붉은빛인데, 어두운 곳에서 자극을 받으면 빛을 냄.

야구(冶具)명 ①야금(冶金)에 쓰이는 연장. ②대장일에 쓰이는 여러 가지 연장.

야:구(野球)명 구기(球技)의 한 가지. 각각 아홉 사람으로 이루어진 두 팀이 아홉 차례씩의 공격과 수비를 되풀이하여 득점을 겨루는 경기. 공격 쪽의 타자가 상대편의 투수가 던진 공을 방망이로 쳐서, 세 사람이 아웃 되기 전에 1・2・3루를 돌아 본루에 들어오면 1점을 얻게 됨.

야:구=방망이(野球－)명 야구에서, 타자가 공을 치는 긴 방망이. ☞배트(bat)

야:구-장(野球場)명 야구를 할 수 있는 시설이 갖추어진 운동장.

야:구-화(野球靴)명 야구를 할 때 신는 신. 가죽으로 가볍고 단단하게 만들어 앞뒤 축에 세 발 달린 징을 박음.

야:국(野菊)명 '들국화'의 딴이름.

야:권(野圈)[－꿘]명 야당과 야당을 지지하는 세력의 범위 안에 드는 사람이나 단체. ☞여권(與圈)

야:근(夜勤)명-하다자 밤에 근무함. ☞일근(日勤)

야:금(冶金)명-하다타 광석에서 순수한 금속 성분을 뽑아

내거나 합금을 만드는 일.

야:금(夜禽)명 낮에는 자고 밤에 활동하는 새. 부엉이·올빼미 따위. 야조(夜鳥)

야:금(夜禁)명 지난날, 인경을 친 뒤부터 파루(罷漏)를 칠 때까지 통행을 금지하던 일.

야:금(野禽)명 산이나 들에 사는 야생의 새. 들새. 야조(野鳥) ☞가금(家禽)

야금-거리다(대다)자타 ①조금씩 자꾸 먹어 들어가다. ②조금씩 자꾸 축내거나 써 없애다.

야:금-술(冶金術)명 광석에서 순수한 금속 성분을 뽑아내거나 합금을 만드는 방법이나 기술.

야금-야금[-냐-]부 ①조금씩 천천히 먹어 들어가는 모양을 나타내는 말. ¶과자를 - 아껴 먹다. ②조금씩 축내거나 써 없애는 모양을 나타내는 말. ¶그나마 있던 재산을 - 다 써 버렸다.

야:금-학(冶金學)명 금속 공학의 한 분야. 야금의 원리·방법·기술 따위를 연구하는 학문임.

야긋-야긋[-귿냐-]부-하다형 톱날처럼 높이나 크기 따위가 어슷비슷한 모양을 나타내는 말.

야:기(夜氣)명 밤 공기의 차고 눅눅한 기운.

야:기(惹起)명-하다타 어떤 일이나 사건 따위를 일으킴. ¶사소한 분쟁이 전쟁을 -하다.

야:기-부리다자 불만을 품고 마구 떠들어대다.

야:기-요단(惹起鬧端)명 서로 시비의 실마리를 끌어 일어킴. 준야료

야기죽-거리다(대다)자 짓궂게 야죽거리다. ☞야죽거리다. 이기죽거리다

야기죽-야기죽부 짓궂게 야죽거리는 모양을 나타내는 말. ☞야죽야죽. 이기죽이기죽

야:뇨(惹鬧)명 '야료'의 원말.

야:뇨-증(夜尿症)[-쯩]명 오줌 누는 일을 가릴 나이가 지났는데도 밤에 자다가 무의식 중에 오줌을 자주 싸는 증세. 유뇨증(遺尿症)

야:다-시(夜茶時)명 조선 시대, 나라에 긴급한 사고가 생겼을 때, 그 내용을 밝히기 위하여 사헌부(司憲府)의 감찰(監察)이 밤중에 모이던 일.

야다-하면부 어찌할 수 없이 일이 급하게 되면. ¶- 내게 연락해라.

야:단명-하다자 ①매우 떠들썩하거나 부산하게 벌어지는 일. ¶아침부터 웬 -이야? ②소리를 높여 단단히 꾸짖는 일. ¶지각해서 -을 맞다. ③매우 곤란하거나 딱한 일. ¶이렇게 가뭄이 계속되면 -인데.

야:단-나다자 ①떠들썩한 일이 벌어지다. ②매우 곤란하거나 딱한 일이 생기다. ¶빚이 늘어만 가니 야단났네.

야:단-맞다[-맏-]자 꾸지람을 듣다. ¶야단맞고 시무룩해지다.

야:단-받이[-바지]명 남의 꾸지람을 듣는 일, 또는 그 사람. ¶그는 어딜 가나 -다.

야:단-법석명 여러 사람이 한곳에 모여서 떠들고 시끄러운 판.

야:단-법석(野壇法席)명 불교에서, 법당 밖에서 크게 베푸는 설법의 자리를 이르는 말.

야:단-스럽다(-스럽고·-스러워)형ㅂ 매우 떠들썩하고 소란스럽다. ¶개가 야단스럽게 짖다.

야단-스레부 야단스럽게

야:단-야:단[-냐-]명-하다자 ①자꾸 함부로 떠들어대거나 부산을 떠는 모양을 나타내는 말. ¶빌려 준 돈을 내놓으라고 -을 치다. ②큰소리로 마구 꾸짖는 모양을 나타내는 말. ¶어머니께서는 내가 약속 장소에 나오지 않았다고 -하셨다. ③〔부사처럼 쓰임〕 ¶온 집안이 떠나가도록 - 떠들어대다.

야:단-치다자타 ①큰소리로 마구 꾸짖다. ②함부로 떠들어대거나 부산하게 굴다.

야:담(野談)명 야사(野史)를 바탕으로 재미 있게 꾸민 이야기. ☞야화(野話)

야:당(野黨)명 정당 정치에서 현재 정권을 잡지 않은 정당. 준야(野) ☞여당(與黨)

야:대(也帶)명 지난날, 문무과(文武科)에 급제한 사람이 그 증서를 받을 때 띠던 띠.

야:대(夜對)명-하다자 조선 시대에 임금이 밤중에 신하를 불러서 경연(經筵)을 베풀던 일.

야:도(夜盜)명 밤을 타서 남의 물건을 훔치는 짓, 또는 그런 짓을 하는 도둑.

야:독(夜讀)명-하다자 밤에 글을 읽는 일.

야:드(yard)의 야드파운드법에 따른 길이의 단위. 1야드는 3피트로, 약 91.44cm임. 마(碼). 기호는 yd

야드르르부-하다형 연하고 윤이 반드르르한 모양을 나타내는 말. ¶새로 돋은 잎새가 - 연하다./물오른 버들잎이 -하다. ☞야드를. 야들야들. 이드르르

야드를부-하다형 좀 야드르르한 모양을 나타내는 말. ☞야드르르. 야들야들. 이드를

야:드파운드-법(yard-pound法)[-뻡]명 주로 영국과 미국 등 영어권 나라에서 쓰이는 도량형 단위계(單位系). 질량에는 파운드, 부피에는 갤런, 시간에는 초(秒) 따위를 기본 단위로 함. ☞미터법

야들-야들부-하다형 윤기가 있고 보들보들한 모양을 나타내는 말. ¶- 연한 상추./-한 어린아이의 피부. ☞야드르르. 야드를. 이들이들

야:래(夜來)명 밤 동안. 야간(夜間)

야로명 남에게 드러내지 않고 무슨 일을 꾸미려는 어물쩍한 셈속이나 수작을 속되게 이르는 말. ¶이번 일에는 틀림없이 무슨 -가 있다.

야:로(冶爐)명 불을 피울 때 바람을 일으키는 기구. 풀무

야:로(野老)명 시골 늙은이. 야옹(野翁)

야로비=농법(yarovi農法)[-뻡]명 춘화 처리(春化處理)의 이론에 기초를 두고 식물의 싹이나 종자를 저온이나 고온으로 처리함으로써 발육, 개화, 결실을 빠르게 하거나 그 유전성을 변화시키는 방법.

야:료(∠惹鬧)명-하다자 ①까닭 없이 트집을 잡고 함부로 떠들어대는 짓. ¶불량배들이 와서 -를 부리다. ②'야기요단(惹起鬧端)'의 준말.

야릇-하다[-른-]형여 어떤 상태나 현상이 무엇이라고 표현할 수 없게 묘하고 이상하다.

야리다형 ①물건이 보드랍고 연하다. ¶새싹이 -. ②감정이나 의지가 모질지 못하고 무르다. ¶마음이 -. ③정한 표준이나 기준보다 조금 모자라다. ¶고기를 야리게도 달아 준다. ☞여리다

야:마(夜摩 ∠yāma 범)명 염라대왕(閻羅大王)

야:마(野馬)명 ①아지랑이 ②야생의 말.

야마(llama 에)명 라마(llama)

야:마리명 '얌통머리'의 변한말.

야:마리-없:다[-업-]형 '얌치가 없다'를 속되게 이르는 말. 얌통머리가 없다.

야마리-없이부 야마리없게

야:마-천(夜摩天∠suyama deva 범)명 욕계육천(欲界六天)의 셋째 하늘. 오욕(五欲)의 즐거움을 누릴 수 있다고 하며, 그 하루는 인간 세계의 200년에 해당하고 2천 세의 수명을 유지한다고 함.

야:만(野蠻)명-하다형 ①문화의 정도가 낮고 미개함, 또는 그러한 종족. ②도의심(道義心)이 없고 난폭함, 또는 그러한 사람. ☞문명(文明)

야:만-성(野蠻性)[-썽]명 야만스러운 성질.

야만-스럽다(野蠻-)(-스럽고·-스러워)형ㅂ 야만한 데가 있다.

야만-스레부 야만스럽게

야:만-시(野蠻視)명-하다타 야만스러운 것으로 여김.

야:만-인(野蠻人)명 ①미개하고 문화의 정도가 낮은 사람. 토매인(土昧人) 유미개인(未開人) ②야만스러운 사람. 만인(蠻人). 번인(蕃人) ☞문명인(文明人). 문화인(文化人)

-야말로조 받침 없는 체언에 붙어, 그 말이 가리키는 대상을 특별히 돋보이게 강조하는 보조 조사. ¶국기야말로 나라의 표상이다. ☞-이야말로

야:망(野望)명 ①분수에 어울리지 않게 품은 큰 욕망, 희

망. ②남몰래 품고 있는 큰 희망. ☞야심(野心)
야:매(野梅)명 들에 절로 자라는 매화나무.
야:맹-증(夜盲症)[-쯩]명 어둑해지면 사물이 잘 보이지 않는 증세. 망막에 있는 간상체(桿狀體)의 기능 장애로 암순응(暗順應)이 더디어서 일어남. ☞밤소경
야멸-스럽다(-스럽고·-스러워)형ㅂ 야멸친 데가 있다. ¶부탁을 야멸스럽게 거절하다.
야멸-스레부 야멸스럽게
×**야멸-차다**형 →야멸치다
야멸-치다형 제 일만 생각하고 남의 사정은 아랑곳하지 않는 태도가 있다.
야:명-사(夜明砂)명 한방에서, 박쥐의 똥을 약재로 이르는 말. 안질·감독(疳毒)·암내 등에 쓰임.
야:명-주(夜明珠)명 야광주(夜光珠)
야:목(野鶩)명 '청둥오리'의 딴이름.
야:묘(夜猫)명 '수리부엉이'의 딴이름.
야:묘(野猫)명 '살쾡이'의 딴이름.
야:묘-피(野猫皮)명 삵피
야무지다형 ①성격이나 솜씨, 행동 따위가 빈틈이 없고 야물다. ¶손끝이 -./야무지게 쏘아붙이다. ②생김새가 알차고 단단하다. ¶야무진 체격. ☞여무지다
야:무청초(野無靑草)성구 가뭄이 들어 들에 푸른 풀이 없음을 이르는 말.
야물-거리다(대다)자 무엇을 씹느라고 입을 가볍게 자꾸 놀리다.
야물다[1](야물고·야무니)자 열매나 씨가 단단하게 익다. ¶벼가 -. ☞여물다
야물다[2](야물고·야무니)형 ①바탕이 굳고 단단하다. ¶야문 재목./야문 돌. ②몸이나 마음이 단단하고 옹골차다. ¶어려움을 당해도 야물게 헤쳐 나아가다. ③씀씀이가 헤프지 아니하고 알뜰하다. ¶살림살이를 야물게 꾸려 가다. ④일을 뒤탈 없이 잘 처리하는 태도가 있다. ¶복잡한 일들을 야물게 마무르다. ☞여물다
야물-야물부 야물거리는 모양을 나타내는 말.
야:밀(野蜜)명 야생(野生)하는 벌의 꿀.
야:바위명 ①속임수로 돈을 따는 노름의 한 가지. ②속임수로 그럴듯하게 꾸미는 일.
야바위(를) 치다관용 그럴듯한 방법으로 남의 눈을 속이어 협잡을 꾸미다.
야:바위-꾼명 야바위를 잘 치는 사람을 낮잡아 이르는 말.
야:바위-통명 여럿이 한 통속이 되어 야바위를 치는 판.
야:바위-판명 야바위가 벌어지고 있는 판.
야바윗-속명 여럿이 야바위를 치려는 속셈.
야:박(夜泊)명-하다자 ①밤에 배를 정박시킴. ②밤에 배에서 지냄.
야:박(野薄)어기 '야박(野薄)하다'의 어기(語基).
야:박-스럽다(野薄-)(-스럽고·-스러워)형ㅂ 보기에 야박한 데가 있다. ¶야박스럽게 굴다.
야박-스레부 야박스럽게
야:박-하다(野薄-)형여 야멸치고 인정이 없다.
야박-히부 야박하게
야:반(夜半)명 자정(子正) 무렵, 곧 한밤중. 야분(夜分)
야:반-도주(夜半逃走)명 남의 눈을 피하여 한밤중에 몰래 달아남. 야간도주(夜間逃走)
야:반-무례(夜半無禮)명 어두운 밤에는 예의를 제대로 갖출 수 없음의 뜻. 야심무례(夜深無禮)
야:발명 얄망궂고 되바라진 태도나 말씨.
야:발-단지[-딴-]명 야발쟁이
야:발-스럽다(-스럽고·-스러워)형ㅂ 얄망궂고 되바라지다.
야발-스레부 야발스럽게
야:발-쟁이명 야발스러운 사람을 낮잡아 이르는 말. 야발단지
야:-밤(夜-)명 깊은 밤. ¶-에 천둥 번개가 치다.
야:-밤중(夜-中)[-쭝]명 한밤중 ☞야반(夜半)
야:번(夜番)명 밤에 드는 번(番), 또는 그 사람.
야:-별초(夜別抄)명 고려 고종 때, 최우(崔瑀)가 야간 순찰을 위하여 특별히 조직한 군대. ☞별초(別抄)
야:부(野夫)명 시골에 사는 남자.
야:부(野鳧)명 '청둥오리'의 딴이름.
야:분(夜分)명 한밤중. 야반(夜半)
야:불답백(夜不踏白)성구 밤길을 갈 때에 바닥이 희게 보이는 것은 물이니 밟지 말고 비켜 가라는 말.
야:불폐:문(夜不閉門)성구 밤에 대문을 닫지 아니한다는 뜻으로, 세상이 태평하고 인심이 좋음을 이르는 말.
야:비(野卑·野鄙)어기 '야비(野卑)하다'의 어기(語基).
야:비다리명 대단찮은 사람이 제딴에 만족한듯이 거드름을 부리는 일.
야비다리(를) 치다관용 사실은 그렇지 아니하면서 겉으로 겸손한체 하다.
야:비-하다(野卑-)형여 말이나 하는 짓이 품위가 없고 천하다. ¶야비한 수작./야비하게 웃다.
야:사(夜事)명-하다자 밤에 하는 일이라는 뜻으로, 남녀 간의 성교를 에둘러 이르는 말.
야:사(夜思)명 깊은 밤 고요한 때에 일어나는 온갖 생각.
야:사(野史)명 민간에서 사사로이 기록한, 정사(正史)가 아닌 역사. 야승(野乘). 외사(外史) ☞정사(正史)
야:산(野山)명 들에 있는 나지막한 산.
야:산(野蒜)명 '달래'의 딴이름.
야:산-고사리(野山-)명 고사릿과의 여러해살이 양치식물. 땅속줄기에서 돋은 잎은 높이 60cm 안팎이며, 깃꼴로 갈라져 있음. 포자엽은 선 모양이고 두 줄로 포자낭군이 있음. 자실체(子實體)에 흑갈색의 자낭이 생겨 이듬해까지 남음. 산이나 들의 습지에서 자라고, 어린잎은 먹을 수 있음.
야:살명 얄망궂고 되바라진 태도나 짓.
야살(을) 떨다관용 야살을 몹시 부리다.
야살(을) 부리다관용 짐짓 야살스러운 짓을 하다.
야살(을) 피우다관용 자꾸 야살을 부리다.
야:살-스럽다(-스럽고·-스러워)형ㅂ 말이나 하는 짓이 얄망궂고 되바라진 데가 있다.
야살-스레부 야살스럽게
야:살-이명 야살쟁이
야:살-쟁이명 야살스러운 사람. 야살이
야:-삼경(夜三更)명 삼경(三更) 무렵의 한밤중.
야:상-곡(夜想曲)명 주로 피아노곡으로 작곡된, 조용한 밤의 정서를 나타내는 서정적인 소곡. 녹턴. 몽환곡
야:색(夜色)명 밤의 경치. 야경(夜景)
야:색(野色)명 들의 경치. 야경(野景)
야:생(野生)명-하다자 동식물이 산이나 들에서 저절로 나서 자람. ¶-의 난초./-의 토끼.
야:생=동:물(野生動物)명 산이나 들에서 자연 그대로 사는 동물. ☞사육 동물(飼育動物)
야:생-마(野生馬)명 들에서 자연 그대로 살아가는, 길들이지 않은 말. 유생마(生馬)
야:생=식물(野生植物)명 산이나 들에서 자연 그대로 자라는 식물. ☞재배 식물(栽培植物)
야:생-적(野生的)명 ①산이나 들에서 자라는 자연 그대로인 것. ②야생 동물이 지니고 있는 성질과 같은 것.
야:생-종(野生種)명 산이나 들에서 자연히 나서 자라는 동물이나 식물의 품종.
야:생-초(野生草)명 산이나 들에서 자라는 풀.
야:생-화(野生花)명 산이나 들에서 절로 나서 자라는 식물의 꽃. 들꽃
야:서(野鼠)명 '들쥐'의 딴이름.
야:설(夜雪)명 밤에 내리는 눈. 밤눈[3]
야:성(野性)명 ①자연 그대로의 성질, 또는 본능 그대로의 성질. ¶새끼 호랑이가 자라면서 -이 살아났다. ②세련되지 않은 거친 성질. ¶-의 연기인.
야:성-미(野性美)명 야성적인 모습에서 풍기는 아름다움.
야:성-적(野性的)명 야성을 느끼게 하는 것.
야:소(耶蘇)명 '예수'를 비슷한 음의 한자로 적은 것.
야:소-교(耶蘇敎)명 크리스트교, 곧 '예수교'를 비슷한 음의 한자로 적은 것.

야:속-스럽다(-스럽고·-스러워)형ㅂ 야속한 느낌이 있다. ¶청을 거절한다고 야속스럽게 생각지 말게.
야속-스레부 야속스럽게
야:속-하다형여 ①인정머리 없고 쌀쌀하다. ¶야속한 인심. ②원망스럽고 섭섭하다. ¶모른체 하는 태도가 -.
야속-히부 야속하게
야:수(夜嗽)명 밤만 되면 나는 기침.
야:수(野手)명 야구에서, 내야수와 외야수를 아울러 이르는 말. 필더
야:수(野叟)명 시골 늙은이. 야옹(野翁)
야:수(野獸)명 ①산이나 들에서 자연 그대로 사는 산짐승과 들짐승. ¶-의 본성을 드러내다. ②성질이 사납고 모진 사람을 비유하여 이르는 말.
야수다자 기회를 노리다.
야:수-성(野獸性)[-썽]명 ①야수의 성질. ¶자람에 따라 -이 나타나다. ②야수와 같은 성질.
야:수-파(野獸派)명 20세기 초엽에 프랑스에서 일어난 회화의 한 화풍(畫風). 대담한 원색의 대비와 거칠고 굵은 붓놀림을 특징으로 함. 포비슴(fauvisme)
야:숙(野宿)명-하다자 들이나 산 따위의 한데에서 밤을 지냄. 노숙(露宿). 한둔 ☞한뎃잠
야스락-거리다(대다)자 바라진 태도로 입담 좋게 말을 자꾸 늘어놓다. ☞야슬거리다
야스락-야스락부 야스락거리는 모양을 나타내는 말. ☞야슬야슬
야슬-거리다(대다)자 입담 좋게 말을 살살 자꾸 늘어놓다. ☞야스락거리다
야슬-야슬[-랴-]부 야슬거리는 모양을 나타내는 말. ☞야스락야스락
야:습(夜習)명-하다타 밤에 공부하거나 익힘.
야:습(夜襲)명-하다타 어둠을 타서 적을 공격함. 야공(夜攻)
야:승(野乘)명 야사(野史)
야:시(夜市)명 '야시장(夜市場)'의 준말.
야:-시:장(夜市場)명 지난날, 도시의 번화가 등에서 밤에만 영업을 하던 난전. 밤장 준야시(夜市)
야:식(夜食)명-하다자 밤에 참으로 음식을 먹음, 또는 그 음식. ☞밤밥[1]. 밤참
야:심(野心)명 ①마음에 품은 큰 소망. ¶세계를 제패하려는 -을 품다. ②분수에 맞지 않게 야망을 이루려는 마음. ¶권력을 잡으려는 -. ☞야망(野望)
야:심(夜深)어기 '야심(夜深)하다'의 어기(語基).
야:심-가(野心家)명 야심을 품고 행동하는 사람.
야:심-무례(夜深無禮)명 야반무례(夜半無禮)
야:심-작(野心作)명 새로운 시도로 큰 성과를 이룩해 보려는 야심에서 이루어진 작품.
야:심-하다(夜深-)형여 밤이 이슥하다.
야:안(野雁)명 '느시'의 딴이름.
야:압(野鴨)명 '청둥오리'의 딴이름.
야:야(夜夜)부 밤마다. 매야(每夜)
야:양(野羊)명 솟과의 포유동물. 서아시아 지방의 바위산에 삶. 양과 비슷하나 목이 길고, 암수가 다 뿔이 있으며, 수컷은 턱에 긴 털이 나 있음. 성질이 온순하며 무리를 지어 지냄. 염소는 야양을 길들인 것임.
야:업(夜業)명-하다자 밤에 일을 함, 또는 그 일. 밤일
야:업(野業)명-하다자 들에서 하는 일. 들일
야:역(夜役)명-하다자 밤에 하는 토목이나 건축 따위의 일.
야:연(夜宴)명 밤에 베푸는 잔치.
야:연(野椽)명 들연
야:영(夜影)명 ①밤에 달빛에 비치는 그림자. ②밤의 경치. 야경(夜景)
야:영(野營)명-하다자 ①군대가 들판에 진영(陣營)을 침, 또는 그 진영. ②야외에서 천막을 치고 지냄, 또는 그런 생활. 노영(露營)
야옹부 고양이가 우는 소리를 나타내는 말. ☞아옹. 아웅
야:옹(野翁)명 시골 늙은이. 야로(野老). 야수(野叟)
야옹-거리다(대다)자 고양이가 자꾸 울다. ☞아옹거리다. 아웅거리다
야옹-야옹부 고양이가 자꾸 우는 소리를 나타내는 말. ☞아옹아옹. 아웅아웅
야옹-이명 고양이를 흔히 이르는 말.
야:외(野外)명 ①시가지에서 멀리 떨어진 들. ☞교외(郊外) ②노천(露天). 한데 ¶- 공연
야:외-극(野外劇)명 야외에서 자연을 무대나 배경으로 삼아 공연하는 연극.
야:외=극장(野外劇場)명 광장이나 빈터 따위에 마련한 극장. 노천 극장(露天劇場)
야:외=수업(野外授業)명 교실 밖에서 하는 수업. 노천 수업(露天授業)
야:외=촬영(野外撮影)명 스튜디오에서 벗어나, 자연 경치나 실제 건조물 등을 배경으로 하여 촬영하는 일. 로케이션(location)
야:욕(野慾)명 ①야심을 채우려는 욕심. ②짐승과 같은 성적(性的) 욕망.
야:용(冶容)명-하다자 얼굴을 예쁘게 가꿈, 또는 그 얼굴.
야:용지회(冶容之誨)성구 얼굴을 너무 예쁘게 꾸미면 남자들에게 음탕한 마음을 품게 하기 쉽다는 말.
야:우(夜雨)명 밤에 내리는 비. 밤비
야:우(野牛)명 '들소'의 딴이름.
야울-거리다(대다)자 약한 불꽃이 부드럽게 자꾸 움직이다. ☞여울거리다
야울-야울부 야울거리는 모양을 나타내는 말. ¶촛불이 밤바람에 - 흔들린다. ☞여울여울
야위다자 살이 조금 빠지다. ¶몸살을 앓고 나서 몸이 많이 야위었다. ☞여위다
속담 야윈 말이 짐 탐한다: ①몸이 약한 사람이 남보다 일을 많이 하려 함을 비유하여 이르는 말. ②야윈 사람이 음식을 탐내어 많이 먹으려 함을 비유하여 이르는 말.
야:유(冶遊)명-하다자 주색(酒色)에 빠져 방탕하게 놂.
야:유(夜遊)명-하다자 밤에 노는 놀이. 밤놀이
야:유(野遊)명-하다자 들놀이
야:유(揶揄)명-하다타 남을 빈정거리며 놀림, 또는 그렇게 놀리는 말이나 짓.
야:유-랑(冶遊郞)명 주색(酒色)에 빠져 방탕하게 노는 사나이를 이르는 말.
야:유-회(野遊會)명 산이나 들, 강가 등에 가서 놂, 또는 그런 모임.
야:음(夜陰)명 밤의 어둠. ¶-을 타고 기습하다.
야:음(夜飮)명-하다자 밤에 술을 마심.
야:이계:주(夜以繼晝)성구 밤에 시작한 일을 이튿날 낮까지 계속한다는 뜻으로, 어떤 일을 밤낮을 가리지 않고 계속해서 함을 이르는 말.
야:인(野人)명 ①시골 사람. ②일반인으로 지내는 사람을 공직에 있는 사람에 상대하여 이르는 말. ¶만년(晩年)에는 공직에서 물러나 -으로 지낸다. ③미개한 사람. ④조선 시대, 압록강과 두만강 이북에 사는 여진족(女眞族)을 달리 이르던 말.
야:임(野荏)명 '들깨'의 딴이름.
야:자(椰子)명 ①야자나무 ②야자나무의 열매.
야:자-나무(椰子-)명 ①야자과의 상록 교목을 통틀어 이르는 말. 야자. 야자수 ②'코코야자'를 흔히 이르는 말. 야자
야자-버리다타 '잊어버리다'를 낮잡아 이르는 말.
야:자-수(椰子樹)명 야자나무
야:자-유(椰子油)명 야자의 배젖에서 짠 기름. 비누의 원료로 쓰임.
야:잠(野蠶)명 '산누에'의 딴이름.
야:잠-사(野蠶絲)명 산누에의 고치에서 뽑은 실. 야견사
야:잠-아(野蠶蛾)명 '산누에나방'의 딴이름.
야:장(冶匠)명 대장장이
야:장(夜葬)명-하다타 밤에 장사(葬事)를 지냄, 또는 그 장사.
야:장(野葬)명 ①죽은 사람을 들에서 장사지내는 일. ②임장(林葬)
야:장-간(冶匠間)명 대장간

야:저(野猪)[명] '멧돼지'의 딴이름.
야:적(野積)[명]-하다[타] 노적(露積)
야:전(夜戰)[명] 밤에 벌어지는 전투.
야:전(野戰)[명] 산이나 들에서 벌어지는 전투. ☞시가전
야:전-군(野戰軍)[명] 사령부와 그에 딸린 직할 부대로 편성되거나 여러 개의 군단(軍團)과 사단(師團)으로 편성된, 전투 및 근무 지원 기능을 가진 전술 부대.
야:전=병:원(野戰病院)[명] 전투 지역 가까이에 설치하여 교전(交戰) 중에 생긴 부상병 등을 한동안 수용하여 치료하는 병원.
야:전-포(野戰砲)[명] 야전에서 쓰는 대포. 발사된 탄도 모양에 따라 곡사포(曲射砲)·평사포(平射砲)로 구분됨. [준]야포(野砲)
야젓잖다[-젇-][형] '야젓하지 않다'가 줄어든 말. ☞의젓잖다
  야젓잖이[부] 야젓잖게
야젓-하다[-젇-][형][여] 태도나 됨됨이가 옹졸하거나 잘지 않아서 점잖고 무게가 있다. ☞의젓하다
  야젓-이[부] 야젓하게
야:정(野情)[명] ①소박한 풍정(風情). ②시골의 소박한 분위기. [유]야취(野趣)
야:제(野祭)[명] 조선 시대, 들에서 천지신명(天地神明)에게 지내는 제사를 이르던 말.
야:제-병(夜啼病)[-뼝][명] 한방에서, 어린아이가 밤에 발작적으로 몹시 우는 병을 이르는 말.
야:조(夜鳥)[명] 낮에는 자고 밤에 활동하는 새. 부엉이·올빼미 따위. 야금(夜禽)
야:조(夜操)[명] 조선 시대, 밤에 하던 군사 훈련.
야:조(野鳥)[명] 산이나 들에 사는 야생의 새. 들새. 야금(野禽)
야죽-거리다(대다)[자] 맵살스레 재깔이며 빈정거리다. ☞야기죽거리다. 이죽거리다
야죽-야죽[부] 야죽거리는 모양을 나타내는 말. ☞야기죽야기죽. 이죽이죽
야:중(夜中)[명] 밤중
야:지(野地)[명] 넓고 평평한 들판. ☞산중(山中)
-야지[어미] '-아야지'·'-어야지'의 준말. ¶나도 가야지./기차를 타야지./집을 사야지.
야지랑[명] 얄밉도록 능청스러운 태도. ☞이지렁
  야지랑(을) 떨다[관용] 야지랑스러운 짓을 자꾸 하다.
  야지랑(을) 부리다[관용] 짐짓 야지랑을 떨다.
  야지랑(을) 피우다[관용] 야지랑스러운 태도를 나타내다.
야지랑-스럽다(-스럽고·-스러워)[형][ㅂ] 얄밉도록 능청맞으면서 천연스럽다. ☞이지렁스럽다
  야지랑-스레[부] 야지랑스럽게
야지러-지다[자] 물체의 한 부분이 떨어져 없어지다.
야짓[부] 한쪽에서 시작하여 건너뛰거나 빼놓지 않고 모조리. ¶장부의 첫 장부터 — 보아 나가다.
야:차(夜叉)[명] ①두억시니 ②무섭게 생기고 초자연적인 힘을 가졌다는 인도의 귀신. ③불교에서, 불법(佛法)을 지킨다는 팔부중(八部衆)의 하나. ④염마졸(閻魔卒)
야:차(野次)[명] 지난날, 임금이 교외에 거둥할 때에 임시로 머물던 곳.
야:차-두(夜叉頭)[명] 야차의 흩어진 머리털이라는 뜻으로, 추악한 형상을 비유하여 이르는 말.
야:찬(夜餐)[명] 저녁 끼니를 먹은 뒤, 밤중에 입이 궁금하여 먹는 군음식. 밤참
야:참(夜-)[명] 조선 시대, 궁중에서 '밤참'을 이르던 말.
야:채(野菜)[명] ①들에서 나는 나물. 들나물 ②채소. 남새
야:처(野處)[명]-하다[자] 집이 없이 들에서 지냄.
야:천(野川)[명] 들 가운데를 흐르는 내.
야:천마(野天麻)[명] '익모초(益母草)'의 딴이름.
야:천문동(野天門冬)[명] '파부초(婆婦草)'의 딴이름.
야청[명] 검은빛을 띤 파란빛. 아청(鴉靑). 야청빛
야청-빛[-삗][명] 야청
야:초(野草)[명] 산이나 들에 저절로 나는 풀.
야초(野椒)[명] 한방에서, 산초나무의 열매 껍질을 약재로 이르는 말.
야:출(惹出)[명]-하다[타] 사건이나 문제 등을 끌어 냄.
야:취(野趣)[명] ①소박한 취미. ②시골의 소박한 정취. 야치(野致) [유]야정(野情)
야:치(野致)[명] 야취(野趣)
야:크(yak)[명] 솟과의 포유동물. 어깨 높이 1.5~2m. 암수 모두 뿔이 있으며, 배와 꼬리에 흑갈색의 긴 털이 빽빽이 남. 티베트와 히말라야 산맥에 걸친 고원 지대에서 가축으로 기름. 짐을 실어 나르는 데 이용되고, 고기와 젖은 식품으로, 똥은 말려서 땔감으로 쓰임.
야:태(野態)[명] 촌스러운 티. 시골티
야:토(野兔)[명] '산토끼'의 딴이름. ☞가토(家兔)
야트막-하다[형][여] ①조금 야틈한듯 하다. ¶야트막한 구덩이. ②조금 나지막하다. ¶야트막한 언덕. ☞여트막하다
  야트막-이[부] 야트막하게
야틈-하다[형][여] 조금 얕다. ¶야틈한 냄비. ☞여틈하다
야:포(野砲)[명] '야전포(野戰砲)'의 준말.
야:-포도(野葡萄)[명] '머루'의 딴이름.
야:표(夜標)[명] 밤에 보이게 한 표지물.
야:풍(野風)[명] 깨지 못하여 촌스러운 풍속.
야:-하다(冶-)[형][여]《文》빛깔이나 꾸밈새가 깊은 맛이 없이 천격스레 아리땁다. ¶옷차림이 —.
야:-하다(野-)[형][여]《文》품격이 없이 상스럽고 거친 데가 있다. ¶말씨나 행동이 —.
야:학(夜瘧)[명]-하다[자] 밤이 되면 심하게 앓는 학질.
야:학(夜學)[명] ①'야간 학교(夜間學校)'의 준말. ②-하다[자] 야간 학교 등에서 배움. ☞주학(晝學)
야:학(野鶴)[명] '두루미'의 딴이름.
야:학-교(夜學校)[명] 야간 학교(夜間學校)
야:학-생(夜學生)[명] 야간 학교에서 학업을 닦는 학생.
야:한(夜寒)[명] 밤의 찬 기운.
야:합(野合)[명]-하다[자] ①부부 아닌 남녀가 정을 통하거나 함께 삶. ②좋지 못한 목적으로 어울림. ¶검은손과 —하다.
야:합-피(夜合皮)[명] 한방에서, 자귀나무의 껍질을 약재로 이르는 말. 해수(咳嗽)·접골(接骨) 등에 약으로 씀.
야:항(夜航)[명]-하다[자] 밤에 항행함.
야:행(夜行)[명]-하다[자] ①밤에 길을 감. ②밤에 활동함. ¶—하는 동물. ☞주행(晝行)
야:행-성(夜行性)[-썽][명] 동물이 먹이를 구하는 활동 등을 주로 밤에 하는 성질. ☞주행성(晝行性)
야:호(野狐)[명] '여우'의 딴이름.
야-호(∠yo-ho)[감] 등산하는 사람이 자기의 위치를 알릴 때 지르는 소리.
야:홍-화(野紅花)[명] '엉겅퀴'의 딴이름.
야:화(夜話)[명] 설화(說話)와 같은 줄거리를 내용으로 한 짤막한 이야기, 또는 그런 글을 모아 엮은 책.
야:화(野火)[명] 들판의 마른 풀을 태우는 불. ☞쥐불
야:화(野花)[명] 들에 피는 꽃. 들꽃
야:화(野話)[명] 항간에 떠도는 이야기. ☞야담(野談)
야:화=식물(野化植物)[명] 재배 식물이던 것이 절로 흩어져 퍼져서 야생종(野生種)이 된 식물.
야:회(夜會)[명] 밤에 모이는, 사교(社交)를 위한 모임. 음악회, 만찬회 따위.
야:회-복(夜會服)[명] 밤에 모이는, 정식 사교 모임에 참석할 때 입는 예복(禮服). 여성의 이브닝드레스, 남성의 연미복(燕尾服)·턱시도(tuxedo) 따위.
야:훼(Yahweh 히)[명] 여호와
약[1][명] ①어떤 식물이 자라서 지니게 되는 매운맛이나 쓴맛 등의 자극성 성분. ②마음에 언짢은 일로 말미암아 일어나는 은근히 분한 느낌.
  약(을) 올리다[관용] 성이 나게 하다. ¶흉을 보며 —.
  약(이) 오르다[관용] ①고추나 담배 따위가 맵거나 쓰거나 한 성분을 지니게 되다. ¶약이 오른 고추가 맵다. ②분한 마음이 생기다. ¶놀리는 말에 몹시 —.
약[2][명] 화투 놀이에서, 오월의 난초나 시월의 단풍, 십이월

의 비(雨) 등 그 어느 달의 딱지 넉 장을 모두 차지한 경우를 이르는 말. 놀이에 참가한 다른 사람들로부터 스무 끗씩을 받게 됨. ☞단(短). 비약. 초약. 풍약
약(略)명 ①'생략(省略)'의 준말. ②조선 시대, 과거 시험이나 서당에서 성적을 매기던 등급의 하나. 순(純)·통(通)·약(略)·조(粗)·불(不)의 다섯 등급 가운데서 셋째 등급, 또는 통(通)·약(略)·조(粗)·불(不)의 네 등급 가운데서 둘째 등급.
약(葯)명 꽃밥
약(藥)명 ①병이나 상처를 다스리거나, 또는 병을 예방하기 위하여 먹거나 바르거나 주사하는 물질. 약품(藥品). 의약품(醫藥品) ②세균이나 해충 따위를 죽이는 물질. 소독약, 파리약 따위. ③물건의 거죽에 바르는 물질. 구두약 따위. ④'화약(火藥)'의 준말. ⑤몸이나 마음에 유익한 사물을 비유하여 이르는 말. ¶그의 충고가 내게 －이 되었다.
약(을) 팔다 관용 이 말 저 말 끌어대어 입담 좋게 이야기를 늘어놓다.
약을 하다 관용 약으로 쓰다. 약을 쓰다.
약(이) 되다 관용 ①약의 효력이 나타나 치료에 도움이 되다. ②어떤 일이 몸이나 마음에 유익하게 되다.
속담 **약은 나누어 먹지 않는다**: 약을 나누어 먹으면 약의 효험이 덜해진다 하여 이르는 말.

한자 약 약(藥) 〔艸部 15획〕 ¶독약(毒藥)/묘약(妙藥)/약국(藥局)/약용(藥用)/약재(藥材) ▷ 속자는 薬

약(籥)명 국악기 죽부(竹部) 관악기의 한 가지. 굵은 황죽(黃竹)으로 지공(指孔) 세 개를 뚫어 만드는데, 문묘 제례의 연주 등에 쓰임.
약(約)관 수량을 나타내는 말 앞에 쓰이어, 그 수량에 거의 가까운 정도를 나타내는 말. ¶－ 스무 사람./－ 십 년. ☞근(近)
-약(弱)접미 '약간 모자람'의 뜻을 나타냄. ¶체중이 75킬로그램약. ☞-강(強)
약가(藥價)명 약값
약-가심(藥－)명-하다자 약을 먹은 뒤에 입을 가시는 짓, 또는 그 음식. ¶사탕으로 －하다.
약간(若干)명 ①얼마 안 되는 것. 얼마간 ¶－의 구호품을 보내다. ②〔부사처럼 쓰임〕 ¶분량이 － 모자라다.
약갑(藥匣)명 약을 넣는 갑.
약-값(藥－)명 약의 값. 약가(藥價). 약대(藥代)
약건(鑰鍵)명 ①열쇠 ②문빗장에 내리지르는 쇠.
약견(弱肩)명 어깨가 약하다는 뜻으로, 몸이 약한 사람을 이르는 말.
약계(藥契)명 조선 시대, 한약을 지어 파는 가게를 이르던 말. 약국(藥局)
약계-봉:사(藥契奉事)명 조선 시대, 약계를 내어 한약을 지어 파는 사람을 이르던 말. 약계주부(藥契主簿)
약계-주부(藥契主簿)명 약계봉사(藥契奉事)
약-고초장(藥苦草醬)명 약고추장
약-고추장(藥－醬)명 ①찹쌀을 원료로 하여 고춧가루를 많이 넣어 담근 고추장. 약고초장 ②볶은 고추장.
약골(弱骨)명 ①몸이 약한 사람. 유약질(弱質) ☞병골(病骨) ②약한 골격. 잔골(孱骨)
약과(藥果)명 ①과줄 ②다른 것에 견주어, 그만한 정도는 대단한 것이 아님의 뜻으로 이르는 말. ¶그 정도의 벌은 －지.
속담 **약과는 누가 먼저 먹을는지**: 약과는 제사에 쓰므로 누가 먼저 제사를 받게 될 것이냐라는 말로, 누가 먼저 세상을 떠날지는 모를 일이라는 뜻의 말.
약과-문(藥果紋)명 ①검은담비의 가슴패기에 나 있는 황갈색 얼룩무늬처럼 네모진 무늬. ②비단에 짜 넣은 약과 모양의 무늬.
약과-장식(藥果裝飾)명 장의 문이나 귀퉁이에 박는 네모진 장식.
약관(約款)명 조약(條約)이나 계약 등에서 약속하여 정한 하나하나의 조항.
약관(弱冠)명 ①관례를 치르는 남자의 나이 '스무 살'을 이르는 말. 관세(冠歲) ②약년(弱年)
약국(弱國)명 국력이 약한 나라. ☞강국(強國). 약소 국가(弱小國家)
약국(藥局)명 ①한약국과 양약국을 통틀어 이르는 말. ②의사의 처방전에 따라 의약품을 조제하여 팔거나 매약(賣藥)을 파는 가게. 양약국 ③약계(藥契)
약국-방(藥局方)명 '약전(藥典)'을 이전에 이르던 말.
약군(弱群)명 ①약한 무리. ②양봉(養蜂)에서, 무리를 지은 형세가 왕성하지 아니한 꿀벌 떼를 이르는 말. ☞강군(強群)
약-그릇(藥－)명 약을 따라 마시거나 담는 그릇. 약기(藥器). 약탕기(藥湯器) ☞약대접
약기(略記)명-하다타 간략하게 적음, 또는 간략하게 적은 기록. ¶사건의 개요(概要)를 －하다. ☞상기(詳記)
약기(藥器)명 약그릇
약기(躍起)명-하다자 뛰어 일어남.
약-꿀(藥－)명 약으로 쓰는 꿀.
약낭(藥囊)명 ①약을 넣는 주머니. ②대포의 포탄 하나 치의 화약을 넣는 주머니.
약년(弱年)명 나이가 젊음, 또는 젊은 나이. 약관(弱冠)
약년(藥碾)명 '약연(藥碾)'의 원말.
약노(弱奴)명 나이 어린 사내종.
약다 형 ①눈치가 있고 매우 꾀바르다. ②무슨 일에나 자기에게 이롭게만 꾀를 부리는 성질이 있다. ☞역다
약단(約短)명 화투 놀이에서, 약과 단을 아울러 이르는 말.
약대 명 '낙타(駱駝)'의 딴이름.
약대(藥代)명 약값
약-대구(藥大口)명 알을 가진 대구를 소금에 절여 말린 건어(乾魚).
약-대:접(藥－)명 약그릇으로 쓰는 대접. ☞약사발
약덕(藥德)명 약을 먹어서 효력을 본 덕.
약도(略圖)명 간략하게 그린 그림. ¶주택지의 －.
약독(藥毒)명 약에 들어 있는 해로운 성분.
약동(躍動)명-하다자 생기 있고 활발하게 움직임.
약동-감(躍動感)명 생기가 펄펄 넘치는 느낌.
약-되다(藥－)자 약효가 있어서 몸에 유익해지다.
약-두구리(藥－)명 탕약 따위를 달이는 데 쓰는, 자루 달린 놋그릇. 준두구리 ☞약탕관(藥湯罐)
약-둥이 명 똑똑하고 약은 아이를 귀엽게 이르는 말.
약략(略略)어기 '약략(略略)하다'의 어기(語基).
약략-스럽다(略略－)(－스럽고·－스러워)형ㅂ 약략한 느낌이 있다.
약략-스레 부 약략스럽게
약략-하다(略略－)형여 ①매우 간략하다. ¶절차가 －. ②매우 약소하다. ▷ 略과 畧은 동자
약략-히 부 약략하게
약량(藥量)명 약의 분량. ▷ 藥의 속자는 薬
약력(略歷)명 대강의 경력(經歷), 또는 그것을 적은 것.
약력(藥力)명 약의 효력. 약효(藥效)
약령(藥令)명 조선 시대, 봄과 가을에 서던 약재(藥材) 시장. 대구·청주·공주 등지에 섰음. 약령시 준영(令)
약령(을) 보다 관용 약령에 가서 약재를 사거나 팔다. 영을 보다.
약령(이) 서다 관용 많은 사람이 모여 약재를 사고 파는 장판이 벌어지다. 영이 서다.
약령-시(藥令市)명 약령(藥令)
약로(藥路)명 여러 약을 써 보고 그 병을 다스리는 데 알맞은 약을 얻게 된 경로.
약론(略論)명-하다타 ①요점만을 간략하게 줄이어 말함. ②간략하게 논한 글. ☞상론(詳論)
약롱(藥籠)명 약을 담아 두는 채롱이나 궤. ☞약장
약롱중물(藥籠中物)성구 약롱 속의 약이라는 뜻으로, 늘 곁에 있어야 하는 꼭 필요한 사람을 이르는 말.
약료(藥料)명 '약재료(藥材料)'의 준말.
약료=작물(藥料作物)명 약재(藥材)로 쓰려고 심어 가꾸는 농작물.

약리(藥理)명 약물로 말미암은 생체의 생리적 변화.
약리=작용(藥理作用)명 약물이 생체에 미치는 작용.
약리-학(藥理學)명 생체에 미치는 약물의 효과나 부작용 등을 연구하는 학문.
약마복중(弱馬卜重)성구 힘없는 말에 무거운 짐을 싣는다는 뜻으로, 재주나 능력에 벅찬 일을 맡음을 비유하여 이르는 말.
약-막대기(藥－)명 탕약을 짤 때 약수건을 비트는 데 쓰는 막대기.
약맥(弱脈)명 한방에서, 가늘고 힘없이 뛰는 맥을 이르는 말. 기혈(氣血)이 모자라거나 양기(陽氣)가 약할 때 나타남. ☞허맥(虛脈)
약명(藥名)명 약의 이름.
약모(略帽)명 정모(正帽)에 상대하여 평상시에 쓰는 근무모를 이르는 말.
약문(略文·約文)명 중요한 내용 이외의 것을 줄이고 적은 글. ☞약필(略筆)
약-물(藥－)명 ①마시거나 몸에 바르거나 하면 약효가 있다는 샘물. 광천수(鑛泉水) 따위. 약수(藥水) ②약을 타거나 우린 물. ③탕약(湯藥)을 달인 물.
약물(約物)명 인쇄에서, 문자와 숫자 이외의 기호·약호(略號)·부호를 통틀어 이르는 말.
약물(藥物)명 ①약이 되는 물질. ¶－로 치료하다. ②생체(生體)에 어떤 변화를 일으키게 하는 화학 물질. ¶－에 중독되다.
약물=검사(藥物檢査)명 운동 선수가 운동 능력을 높이기 위해서 흥분제나 근육 증강제 따위의 약물을 사용했는지를 검사하는 일. 도핑테스트(doping test)
약물=소독(藥物消毒)명 알코올이나 포르말린 등의 약물로 하는 소독.
약물=알레르기(藥物Allergie)명 생체에 어떤 약물이 들어갔을 때 나타나는 알레르기 반응.
약물=요법(藥物療法)[－료뻡]명 병을 약물로써 치료하는 방법. ☞정신 요법(精神療法)
약물=중독(藥物中毒)명 생체에 들어간 약물로 말미암아 기능 장애 등이 일어나는 일.
약물-터(藥－)명 약수터
약물-학(藥物學)명 '약리학(藥理學)'의 구용어.
약박(弱拍)명 여린박 ☞강박(強拍)
약반(藥飯)명 약밥
약-발(藥－)명 약을 쓴 보람. ☞약효(藥效)
약밤-나무명 참나뭇과의 낙엽 교목. 높이는 15~20m. 보통의 밤나무와 비슷하나 잎 가장자리의 톱니가 깊고, 밤송이의 가시가 짧으며 껍질이 얇음. 열매는 잘고 맛이 닮. 중국 북부 원산인데, 우리 나라 각지에서 자람.
약-밥(藥－)명 물에 불린 찹쌀을 시루에 쪄서 참기름을 넣어 밥알이 떨어지도록 버무린 다음 꿀이나 설탕·밤·대추·계핏가루·잣 등을 넣고 진간장으로 간을 하여 다시 시루에 쪄서 뜸을 들인 음식. 약반(藥飯). 약식(藥食)
약방(藥房)명 ①'매약상(賣藥商)'·'약종상(藥種商)'을 흔히 이르는 말. 약포(藥鋪) ②조선 시대, 궁중에서 의약(醫藥)에 관한 일을 맡아보던 관아. 내의원
속담 **약방에 감초**: 탕약(湯藥)에 으레 들어가는 약재인 감초처럼, 어떤 일에나 빠짐없이 끼어드는 사람, 또는 사물을 이르는 말.
약-방문(藥方文)명 한방에서, 약을 짓기 위하여 약재의 이름과 그 분량을 적은 것을 이르는 말. 약화제(藥和劑) 준방문(方文)
약-밭(藥－)명 약초를 심은 밭. 약전(藥田) ☞약원(藥園)
약법(約法)명 약장(約章)
약병(藥甁)명 약을 담는 병.
약-병아리(藥－)명 병아리보다 조금 큰 닭. 고기가 연하고 기름기가 알맞아 영양식이나 약용(藥用)으로 쓰임. ☞영계
약-보명 약빠른 사람. 약빠리
약보(略報)명-하다타 요점만 간략하게 보고하거나 보도함, 또는 그 보고나 보도. ☞상보(詳報)
약보(略譜)명 ①간략하게 나타낸 계보(系譜). ②음악에서, 오선(五線)에 적은 악보인 본보(本譜)에 상대하여 숫자 따위로 간략하게 적은 악보를 이르는 말.
약보(藥補)명-하다타 약을 먹어서 원기(元氣)를 돋움.
약-보(藥－)명 ①오래도록 온갖 약을 써서, 여간한 약을 써서는 약효가 나지 않는 상태를 이르는 말. ②약수건
약-복지(藥袱紙)명 첩약을 싸는 데 쓰는 네모진 종이. 약지(藥紙) 준복지(袱紙)
약-봉지(藥封紙)명 약을 담는 봉지.
약부(藥夫)명 조선 시대, 지방 관아에 딸려 약초 캐는 일을 맡아 하던 사람.
약분(約分)명-하다타 분수(分數)나 분수식(分數式)의 분모와 분자를 공약수(公約數)로 나누어 간단한 분수나 분수식으로 만드는 일. 맞줄임
약-비(藥－)명 약이 되는 비라는 뜻으로, 요긴한 때에 내리는 비를 이르는 말.
약비(略備)명-하다타 꼭 필요한 것만 대강 갖춤.
약비-나다자 정도가 지나쳐 진저리날 만큼 싫증이 나다.
약-빠르다(－빠르고·－빨라)형르 약고 눈치가 빠르다. ¶약빠르게 위기를 벗어나다. ☞역빠르다
약-빨리부 약빠르게
속담 **약빠른 고양이 밤눈 어둡다**: 약빨라서 실수가 없을 듯 한 사람이라도 부족한 점이 있다는 말. [영리한 고양이가 밤눈 못 본다]/**약빠른 고양이 상 못 얻는다**: 지나치게 약은체 하다가 아무 것도 얻어 가지지 못한다는 말./**약빠른 고양이 앞을 못 본다**: 지나치게 약으면 도리어 기회를 놓치는 수가 있다는 말.
약-빠리명 약빠른 사람. 약보
약사(略史)명 간략히 줄여서 적은 역사.
약사(藥事)명 의약품이나 화장품, 의료 기구, 위생 용품의 제조·조제(調劑) 등에 관한 일.
약사(藥師)[1]명 약사 자격증을 가지고 약을 제조하거나 의사의 처방에 따라 약을 조제하거나 의약품을 파는 사람.
약사(藥師)[2]명 '약사여래(藥師如來)', '약사유리광여래(藥師瑠璃光如來)'의 준말.
약-사발(藥*沙鉢)명 약을 담는 사발. ☞약대접
약사-법(藥事法)[－뻡]명 약사나 약국, 의약품, 의료 기구, 화장품의 제조와 판매 등에 대하여 규정한 법률.
약사=삼존(藥師三尊)명 약사여래와 그 왼쪽 협사(脇士)인 일광보살(日光菩薩), 오른쪽 협사인 월광보살(月光菩薩)을 통틀어 이르는 말.
약사-여래(藥師如來)명 중생을 병과 재난에서 구제한다는 부처. 왼손에는 약병을 들고, 오른손에는 시무외(施無畏)의 인(印)을 맺고 있는 모습임. 약사유리광여래 준약사(藥師)[2]
약사유리광-여래(藥師瑠璃光如來)명 약사여래
약사-전(藥師殿)명 약사여래(藥師如來)를 모신 곳.
약삭-빠르다(－빠르고·－빨라)형르 꾀가 있고 눈치가 재빠르다. ¶약삭빠르게 행동하다.
약삭-스럽다(－스럽고·－스러워)형ㅂ 하는 짓이 약삭빠른 데가 있다.
약삭-스레부 약삭스럽게
약산(弱酸)명 수용액(水溶液) 중에서 전리도(電離度)가 낮은 산(酸). 탄산·초산·붕산 따위. ☞강산(強酸)
약-산:적(藥散炙)명 ①양념한 진간장에 담가 둔 쇠고기를 꼬챙이에 꿰어 구운 음식. ②쇠고기를 다져 양념하여 반대기를 만들어서 구운 뒤에 반듯반듯하게 썰어 진간장에 조려 둔 음식. 장산적(醬散炙)
약상(藥商)명 약장수
약-샘(藥－)명 약물이 솟는 샘. ☞약수터. 약우물
약서(略敍)명-하다타 약술(略述)
약석(藥石)명 약과 돌침이라는 뜻으로, 온갖 약재와 치료법을 이르는 말. ¶－의 보람도 없이 세상을 떠났다.
약석지언(藥石之言)명 약석(藥石)과 같은 말이라는 뜻으로, 남의 잘못을 훈계하여 올바르게 이끄는 말을 이르는 말.
약설(略設)명-하다타 ①간략하게 차림. ②간략하게 설비함.

약설(略說)명-하다타 간략하게 설명함, 또는 그 설명. ☞상설(詳說)
약-설기(藥-)명 석이(石耳)를 물에 불려 찧어서 꿀에 버무려 멥쌀가루와 찹쌀가루를 함께 섞어 시루에 찐 떡. 석이병(石耳餠)
약성(藥性)명 ①약의 성질. ②약재의 성질.
약세(弱勢)명 약한 세력, 또는 약한 기세. ¶ -에 몰리다. ☞강세(強勢)
약소(弱小)어기 '약소(弱小)하다'의 어기(語基).
약소(略少)어기 '약소(略少)하다'의 어기(語基).
약소-국(弱小國)명 약소 국가 ☞강대국(強大國)
약소=국가(弱小國家)명 국토나 군사력, 경제력 등이 약하고 작은 나라. 약소국(弱小國) ☞약국(弱國)
약-소금(藥-)명 ①두더지소금 ②양치질할 때나 눈을 씻는 데 쓰기 위하여 볶아서 곱게 빻은 소금. ③정제하여 약으로 쓰는 소금.
약소=민족(弱小民族)명 정치·경제적으로 강대국의 지배를 받는 민족.
약소-하다(弱小-)형여 약하고 작다. ¶약소한 나라./약소한 기업. ☞강대하다
약소-하다(略少-)형여 적고 변변하지 못하다. ¶약소한 것이오나 저의 성의로 생각해 주십시오.
약속(約束)명-하다타 ①어떤 일에 대하여 서로가 어떻게 하기로 다짐하여 정함, 또는 그 일. ¶결혼을 -한 사이./-한 일을 지켜 나가다./-을 어기다. ②'약속된'의 꼴로 쓰이어, 그렇게 될 것이 틀림이 없음을 이르는 말. ¶요직(要職)이 -된 뛰어난 인재./장차 장관 자리가 -된 사람이지.

한자 약속 계(契)〔大部 6획〕¶계약(契約)/묵계(默契)
약속 약(約)〔糸部 3획〕¶규약(規約)/맹약(盟約)/약속(約束)/약정(約定)/약조(約條)/약혼(約婚)/협약(協約)

약속=대:련(約束對鍊)명 맞춰겨루기
약속=어음(約束-)명 채무자가 채권자에 대하여, 채권자 또는 그가 지정하는 사람이나 그 어음을 가지고 있는 사람에게 일정한 금액을 일정한 기일에 지급하기로 약속하여 발행하는 어음. ☞환어음
약-손(藥-)명 ①아픈 데를 만지면 낫는다고 하면서 어루만져 주는 손. ¶체한 데는 내 손이 -이지. ②'약손가락'의 준말.
약-손가락(藥-)[-까-]명 엄지손가락으로부터 넷째 손가락. 가운뎃손가락과 새끼손가락 사이에 있음. 무명지(無名指). 약지(藥指) 준약손
약-솜(藥-)명 소독면. 탈지면(脫脂綿)
약수(約數)명 어떤 정수(整數)나 다항식을 나누어 떨어지게 할 수 있는 정수나 다항식. 12는 6의 배수(倍數)이고, 6은 12의 약수임.
약수(藥水)명 마시거나 몸에 바르거나 하면 약효가 있다는 샘물. 광천수 따위. 약물
약수(藥狩)명 민속에서, 단오에 산이나 들에 가서 약초를 캐어 모으는 일. ☞약일(藥日)
약-수건(藥-)명 달인 탕약을 짜는 베 헝겊. 약보
약수-욕(藥水浴)명 병을 치료하려고 약수로 하는 목욕.
약수-터(藥水-)명 약수가 솟는 곳. 약물터
약-술(藥-)명 ①생약재를 넣어 빚은 술. ②술에 한방약을 담가 우린 것. 약주(藥酒). 약지주(藥漬酒)
약술(略述)명-하다타 주요 내용만 간략하게 말함. 약서(略敍)
약-스럽다 (-스럽고·-스러워)형ㅂ 성질이 괴상하고 못나다. ☞괴망스럽다. 괴벽스럽다
약-스레부 약스럽게
약시(弱視)명 안경을 써도 교정할 수 없을 정도로 약한 시력, 또는 그런 눈.
약시(鑰匙)명 열쇠
약시(若是) '이와 같음'의 뜻.
약-시시(藥-)명-하다자 환자를 돌보면서 약을 쓰는 일.
약시약시(若是若是) '이러이러함'의 뜻.
약-시중(藥-)명-하다자 병을 앓는 사람 곁에서 때맞추어 약을 먹이거나 바르거나 하는 일.
약식(略式)명 간략한 의식이나 양식. ☞정식(正式)
약식(藥食)명 '약밥'을 달리 이르는 말.
약식=명:령(略式命令)명 형사 사건에서, 약식 절차를 거쳐 피고인에게 재산형(財産刑)을 선고하는 재판. 정식 재판의 청구가 없는 경우, 확정 판결과 같은 효력을 가짐. 약식 재판(略式裁判)
약-식염천(弱食塩泉)명 광천(鑛泉) 1kg 중에 식염이 5g 이하 들어 있는 식염천.
약식=재판(略式裁判)명 약식 명령(略式命令)
약식=절차(略式節次)명 공판 절차를 거치지 아니하고 서면 심리만으로 피고인에게 벌금이나 과료를 선고하는 간략한 형사 재판 절차.
약실(藥室)명 총포(銃砲)의 폭약(爆藥)을 재는 부분.
약-쑥(藥-)명 약재로 쓰는 쑥. 흔히 '산쑥'을 이름.
약아-빠지다형 몹시 약다.
약약-하다형여 몹시 싫증나서 귀찮다.
약어(略語)명 ①두 음절 이상으로 된 말의 일부를 줄여 간략하게 만든 말. '고등 학교(高等學校)'를 '고교(高校)'라 하는 따위. ②로마자의 머리글자만 따서 쓰는 말. '유엔(UN)', '유에프오(UFO)' 따위. 준말

> ▶ **약어**(略語)·**약자**(略字)·**약칭**(略稱)
> 준말이란 줄기 전의 본딧말과 똑같은 뜻으로 쓸 수 있는 말이다.
> 준 것은 글자에도 단어에도 호칭에도 있을 수 있다. 약자(略字)·약어(略語)·약칭(略稱) 등이 그것이다. '萬 : 万', '마음 : 맘', '국제연합안전보장이사회 : 안보리(安保理)'의 경우처럼 통용된다. 줄기 전의 그것이 본디의 글자, 본디의 말이다.

약언(略言)명-하다타 요점만을 간략하게 말함.
약여(躍如)어기 '약여(躍如)하다'의 어기(語基).
약여-하다(躍如-)형여 눈앞에 나타남이 생생하다. ¶비록 빛 바랜 사진이지만 당시의 정경이 -.
약여-히부 약여하게
약연(∠藥碾)명 덩어리로 된 약재를 부수어 가루로 만드는 데 쓰는 기구. 나무나 쇠, 돌 따위로 만든, 홈이 팬 배 모양의 연발(碾鉢)에 약재를 담고 연알을 굴려서 가루를 만듦. 준연(碾) 원약년(藥碾) ☞막자사발
약-염기(弱塩基)명 수용액(水溶液) 중에서 전리도(電離度)가 낮은 염기(塩基). 수산화알루미늄이나 암모니아 따위. ☞강염기(強塩基)
약-오르다(-오르고·-올라)자르 ①고추나 담배 따위가 다 자라 맵거나 쓰거나 한 성분을 지니다. ¶약오른 담배 잎. ②분한 마음이 생기다.
약-올리다타 성이 나게 하다.
약왕-귀(藥王鬼)명 '앙괭이'를 달리 이르는 말.
약왕-보살(藥王菩薩)명 묘약(妙藥)으로 중생의 심신의 병고를 덜어 주고 다스린다는 보살.
약용(藥用)명-하다타 약으로 씀.
약용=비누(藥用-)명 의료용이나 위생용으로 쓸 수 있게 살균제를 넣어 만든 비누.
약용=식물(藥用植物)명 약으로 쓰이거나 약의 재료가 되는 식물. ☞특용 작물(特用作物)
약용-탄(藥用炭)명 위장약으로 쓰는 검은 가루약. 색소·독소·알칼로이드 따위 물질을 빨아들임.
약-우물(藥-)명 약수가 솟아나오는 우물.
약원(藥院)명 내의원(內醫院)
약원(藥園)명 약초를 심어 가꾸는 밭. 약초원(藥草園). 약포(藥圃)
약육강식(弱肉強食)성구 약자가 강자의 먹이로 된다는 뜻으로, 약자가 강자의 희생이 됨을 이르는 말.
약음(弱音)명 약한 음.
약음-기(弱音器)명 현악기·관악기·타악기 등에 붙여서 음을 약하게 하거나 음색을 부드럽게 하는 기구.
약음=페달(弱音pedal)명 피아노의 왼쪽 페달. 음을 약하

게 할 때 밟음.
약이(藥餌)명 ①약과 음식. ②약이 되는 음식.
약인(略人)명-하다자 꾀거나 으르거나 하여 사람을 잡아 감.
약인(略印)명 생략의 뜻으로 찍는 도장.
약일(藥日)명 민속에서, 단오를 '약초를 캐는 날'이라는 뜻으로 이르는 말. ☞약수(藥狩)
약자(弱者)명 힘이나 세력 등이 약한 사람이나 생물, 또는 그 집단. ¶-를 보호하다. ☞강자(強者)
약자(略字)명 글자의 점이나 획을 줄여 간략하게 쓴 한자. '價'를 '価'로, '個'를 '们'로 쓰는 따위. 반자(半字). 생문(省文) ☞정자(正字)
약자-선수(弱者先手)명 바둑이나 장기 따위에서, 수가 낮은 사람이 먼저 두는 일.
약장(約章)명 서로 약속한 법이나 규칙. 약법(約法)
약장(略章)명 약식의 훈장(勳章)이나 휘장(徽章) 등을 통틀어 이르는 말. ☞정장(正章)
약장(略裝)명 약식(略式)의 복장. ☞예장(禮裝). 정장(正裝)
약장(藥*欌)명 ①약재를 넣어 두는 장. ②한방의 약재(藥材)를 종류별로 넣어 두는, 여러 개의 서랍으로 된 나무 장. ▷ 藥의 속자는 薬
약-장수(藥-)명 ①약을 파는 일을 직업으로 삼는 사람. 약상(藥商) ②온갖 말을 끌어대어 능란하게 이야기를 엮어 대는 사람을 놀리어 이르는 말.
약재(藥材)명 약재료(藥材料)
약-재료(藥材料)명 약을 짓는 데 쓰는 재료. 약재(藥材). 약종(藥種) 준약료(藥料)
약-저울(藥-)명 '분칭(分秤)'을 달리 이르는 말. 약칭(藥秤). 약형(藥衡)
약전(弱電)명 통신 회로, 전자 회로, 제어 회로 등 비교적 약한 전류를 사용하는 전기 기기 부문을 이르는 말.
약전(略傳)명 간략하게 적은 전기(傳記). ☞소전(小傳)
약전(藥田)명 약초를 심은 밭. 약밭
약전(藥典)명 ①국가에서, 국민 보건에 중요한 약품의 순도·강도·품질 등에 대한 기준을 정한 법전. ②'대한 약전(大韓藥典)'의 준말. ③신라 때, 의약(醫藥)에 관한 일을 맡아보던 관아.
약전(藥箋)명 처방전(處方箋)
약전(藥廛)명 한약재를 파는 가게.
약-전국(藥-)명 한방에서, 콩을 찌거나 삶아서 소금과 생강을 섞어 띄운 약. 상한(傷寒)·두통·학질 따위에 해독제나 발한제로 쓰임. 두시(豆豉)
약-전:해질(弱電解質)명 물에 녹았을 때의 전리도(電離度)가 낮은 전해질. 아닐린·초산·암모니아 따위. ☞강전해질(強電解質)
약점(弱點)명 ①부족하거나 불완전한 점. ¶-을 보완하다. ②자기의 처지를 위태롭게 할 가능성이 있는, 뒤가 켕기거나 떳떳하지 못한 점. ¶경쟁자의 -을 잡아 공격하다. ☞강점(強點). 허점(虛點)
약정(約定)명-하다타 약속하여 정함.
약정-서(約定書)명 약정한 일들을 적은 문서.
약정=이:식(約定利息)명 약정 이자
약정=이자(約定利子)명 계약으로 정한 이자. 약정 이식(約定利息) ☞법정 이자(法定利子)
약제(藥劑)명 사용 목적에 따라 여러 가지 약재를 섞어 조제한 약. ☞약품(藥品)

한자 약제 제(劑)〔刀部 14획〕¶약제(藥劑)/정제(錠劑)/조제(調劑)/탕제(湯劑) ▷ 속자는 剤

×**약제-사**(藥劑師)명 → 약사(藥師)
약조(約條)명-하다타 조건을 붙여 약속함, 또는 약속된 조문(條文).
약조-금(約條金)명 계약 보증금(契約保證金)
약졸(弱卒)명 약한 병졸. ☞강졸(強卒)
약종(藥種)명 약재(藥材)
약종-상(藥種商)명 의약품 중 매약(賣藥)을 파는 일, 또는 그런 장수.
약주(弱主)명 ①나이 어린 임금. ②세력이 없는 임금.
약주(弱奏)명 약하게 연주하는 일. 악보의 위나 아래에 피아노(piano)를 뜻하는 p로 표시됨.
약주(藥酒)명 ①약술 ②탁주보다 맑고 주정분(酒精分)이 많은 술. 약주술 ③'술'을 점잖게 이르는 말. ¶-를 좋아하십니까?
약-주릅(藥-)명 약재를 사고 파는 일을 거간하는 사람.
약주-상(藥酒床)[-쌍]명 '술상'을 점잖게 이르는 말.
약주-술(藥酒-)명 약주(藥酒)
약지(弱志)명 약한 의지.
약지(藥指)명 약손가락
약지(藥紙)명 약을 싸는 데 쓰는 종이. 약복지(藥袱紙)
약-지르다(藥-)(-지르고·-질러)자르 술을 빚어 놓은 뒤에 발효를 돕는 약품을 넣다.
약지-주(藥漬酒)명 약술
약진(弱震)명 지진의 세기에 따른 계급의 하나. 진도(震度) 3에 해당하는 것으로, 집이 흔들리고 창문이 덜그럭덜그럭 떨리며 전등과 같이 매달려 있는 것이 눈에 띌 정도로 흔들리는 지진을 이름. ☞중진(中震)
약진(藥疹)명 약을 먹거나 주사를 맞은 것이 원인이 되어 생기는 발진(發疹). 약물에 대한 알레르기나 중독을 일으킨 상태임.
약진(躍進)명-하다자 눈부신 기세로 나아가거나 발전함. ¶-하는 조선(造船) 공업.
약진-상(躍進相)명 눈부신 기세로 나아가거나 발전하는 모습.
약-질(藥-)명-하다자 ①병을 고치기 위하여 환자에게 약을 쓰는 일. ②술을 빚을 때 여러 가지 약재를 넣는 일.
약질(弱質)명 허약한 체질, 또는 허약한 체질을 가진 사람. ☞약골(弱骨)
약차(藥茶)명 약재를 달여 차 대신으로 마시는 물.
약차(藥借)명-하다자 약을 먹어서 힘이 나게 함.
약차(若此) '이와 같음'의 뜻.
약차약차(若此若此) '이러이러함'의 뜻.
약차-하면(若此-)부 만일의 경우에는. ¶- 대피할 각오를 하고 견디어 보다.
약찬(略饌)명 간소하게 차린 음식.
약책(藥冊)명 지난날, 약국에서 단골 자리의 거래를 적어 두던 책.
약철(藥鐵)명 화약과 철환을 아울러 이르는 말.
약체(弱體)명 ①허약한 몸. ②허약한 조직이나 체제.
약체(略體)명 ①정식 체재를 간략하게 한 형식. ②글자의 획을 줄인 한자 글씨체. ☞약자(略字)
약체-화(弱體化)명-하다자타 어떤 조직이나 체제의 힘이 본디보다 약해짐, 또는 조직을 약하게 함.
약초(藥草)명 약으로 쓰이는 풀. 약풀
약초-원(藥草園)명 약원(藥園)
약취(略取)명-하다자 ①우격으로 빼앗아 가짐. ②법률에서, 폭행이나 협박 따위의 수단으로 사람을 유괴하는 일.
약취=강:도(略取強盜)명 사람을 약취하여 볼모로 삼고 놓아주는 대가로 재물을 빼앗는 행위.
약취=유괴(略取誘拐)명 약취 유인(略取誘引)
약취=유인(略取誘引)명 폭행·협박·속임수 등으로 사람을 유괴하여 자기나 제삼자의 지배 아래 두어 자유를 침해하는 행위. 약취 유괴(略取誘拐)
약취=유인죄(略取誘引罪)[-쬐]명 약취하거나 유인함으로써 성립하는 죄. 미성년자를 대상으로 한 것, 추행(醜行)·영리(營利)·결혼, 또는 국외 이송(移送) 등을 목적으로 한 것이 있음.
약치(掠治)명-하다타 지난날, 죄인을 심문할 때 볼기를 치던 일.
약치(藥治)명 '약치료(藥治療)'의 준말.
약-치료(藥治療)명-하다타 약으로 병을 다스림. 준약치(藥治)
약-칠(藥-)명-하다자타 ①아프거나 다친 데에 약을 바르는 일. ¶깨진 무릎에 -을 하다. ②물건에 윤을 내기 위하여 약을 칠하는 일. ¶구두에 -하다.

약침(藥鍼)명 약과 침, 또는 의약(醫藥)과 침술(鍼術).

약칭(略稱)명-하다타 정식 이름의 일부를 줄여서 간략하게 일컬음, 또는 그 이름. '정신 문화 연구원'을 '정문연'이라고 하는 따위. ▷ 略과 畧은 동자

약칭(藥秤)명 약저울

약탈(掠奪)명-하다타 폭력을 써서 남의 것을 함부로 빼앗아 제 것으로 삼음. 양탈(攘奪). 창탈(搶奪). 탈략(奪掠)

약탈=농업(掠奪農業)명 거름을 주지 않고 작물을 재배하여 수확하는 원시적인 농업. 땅심이 다하면 다른 곳으로 옮김. ☞유기 농업(有機農業)

약탈-혼(掠奪婚)명 혼인 상대로 삼을 여성을 다른 부족에서 약탈하여 오던, 원시 시대나 미개 민족의 혼인 형태.

약탕(藥湯)명 ①탕약을 달인 물. ②상처 난 부위를 씻으려고 약을 넣고 끓인 물.

약-탕:관(藥湯罐)명 탕약을 달이는 데 쓰는 손잡이가 달린 오지그릇. 약탕기(藥湯器)

약-탕:기(藥湯器)[-끼]명 ①약물을 담아 두는 탕기. 약그릇 ②약탕관(藥湯罐)

약토(藥土)명 인삼을 재배할 때, 모종을 심을 삼밭에 쓰는 밑거름. 활엽수의 생잎이나 낙엽을 한데에 쌓아 두어서 썩인 다음, 잘게 빻아 어레미로 친 것. ☞사토(沙土)

약통명 인삼이나 더덕 따위의 둥근 몸 부분.

약통(略通)명 조선 시대, 과거 시험이나 서당에서 성적을 매기던 등급의 하나. 대통(大通)·통(通)·약통(略通)·조통(粗通)·불통(不通)의 다섯 등급 가운데서 셋째 등급, 또는 통(通)·약통(略通)·조통(粗通)·불통(不通)의 네 등급 가운데서 둘째 등급.

약통(藥桶)명 약이나 약재를 담아 두는 통.

약포(葯胞)명 꽃밥

약포(藥包)명 ①가루약을 종이에 싼 것. ②대포의 포탄(砲彈) 발사용의 화약을 주머니에 담은 것.

약포(藥圃)명 약초를 심어 가꾸는 밭. 약원(藥園)

약포(藥脯)명 연한 쇠고기를 얇고 넓게 결대로 저며서 양념장으로 간을 하여 채반에 널어 말린 육포. 마른안주나 반찬으로 쓰임. ☞육포(肉脯)

약포(藥鋪)명 약방(藥房)

약표(略表)명 어떤 일의 개략을 나타낸 간단한 표.

약-풀(藥-)명 약으로 쓰이는 풀. 약초(藥草)

약품(藥品)명 ①약(藥). 의약품(醫藥品) ②화학 변화를 일으키게 하는 데 쓰는 물질. ¶화공(化工) -

약필(略筆)명-하다자타 ①중요한 점 외에는 생략하여 씀, 또는 그렇게 쓴 글. 약문(略文) ②반자(半字)

약-하다(約-)타여 '약분하다'의 준말.

약-하다(略-)타여 생략하다 ¶소수점 이하를 -.

약-하다(藥-)자타여 ①병에 약으로 쓰다. ¶더위먹은 데 약하려고 익모초를 구해 왔다. ②약을 쓰다. ¶약한 보람으로 체질이 개선되었다.

약-하다(弱-)형여 ①튼튼하지 못하다. ¶체질이 -. ②굳세지 못하고 여리다. ¶마음이 -. ③힘이 세지 못하다. ¶바람결이 -./체력이 -. ④연하고 무르다. ¶약한 실. ⑤능력·기술·지식 등이 모자라거나 낮다. ¶수학에 -./바둑의 수가 -. ⑥견디는 힘이 적거나 모자라다. ¶술에 -./추위에 -.

한자 약할 약(弱) 〔弓部 7획〕 ¶강약(強弱)/약골(弱骨)/약자(弱者)/약체(弱體)/연약(軟弱)

약학(藥學)명 의약품의 성질이나 작용, 제조, 관리 등에 관한 이론과 응용을 연구하는 학문.

약해(略解)명-하다타 요점만을 간략하게 풀이함, 또는 그 풀이. ☞상해(詳解). 정해(精解)

약해(藥害)명 ①의약품을 잘못 써서 일어나는 건강상의 이상 상태. ②농약을 씀으로 말미암아 농작물이나 동식물이 입게 되는 피해.

약협(藥莢)명 총포의 탄알 발사약을 재는 대롱 모양의 것. 바닥에 뇌관(雷管)이 있음.

약형(藥衡)명 약저울

약호(略號)명 어떤 사물이나 말 따위를 간단하게 나타내기 위하여 정해 놓은 기호. '한국 산업 규격(韓國產業規格)'을 KS라 하는 따위.

약혼(約婚)명-하다자 혼인하기로 약속함. 부부지약(夫婦之約). 혼약(婚約)

약혼-기(約婚期)명 약혼하여 혼인할 때까지의 기간.

약혼=반지(約婚-)명 약혼의 성립을 확인하는 뜻으로 약혼한 상대편에게 주는 반지.

약혼-식(約婚式)명 약혼을 선언하는 의식.

약혼-자(約婚者)명 약혼한 상대편인 남자나 여자.

약화(弱化)명-하다자타 힘이나 세력 등이 약해짐, 또는 약하게 만듦. ☞강화(強化)

약화(略畫)명 윤곽만을 간단히 그린 그림.

약-화제(藥和劑)명 약방문(藥方文) 준 화제(和劑)

약회(約會)명-하다자 서로 만나기로 약속함.

약효(藥效)명 약의 효력. 약력(藥力)

얀정명 '인정'을 더욱 얕잡는 어감(語感)으로 이르는 말.

얀정-머리명 '인정머리'를 더욱 얕잡는 어감(語感)으로 이르는 말.

얀정머리-없:다[-업-]형 '얀정없다'를 얕잡는 어감으로 이르는 말.

얀정머리-없이부 얀정머리없게

얀정-없:다[-업-]형 동정하는 마음이 조금도 없다.

얀정-없이부 얀정없게

얄개명 야살스러운 짓을 하는 사람.

얄-궂다[-굳-]형 ①성질이 괴상하다. ②이상야릇하고 짓궂다. ¶얄궂은 운명.

얄긋-거리다(대다)[-귿-]자 물건의 사개가 물러나서 요리조리 일그러지게 움직이다. ☞일긋거리다

얄긋-얄긋[-귿-]부 얄긋거리는 모양을 나타내는 말. ☞일긋일긋

얄긋-하다[-귿-]형여 한쪽으로 조금 일그러진듯 하다. ☞일긋하다

얄기죽-거리다(대다)자 ①느리게 얄긋거리다. ②허리를 요리조리 느리게 흔들다. ☞얄쭉거리다. 일기죽거리다

얄기죽-얄기죽부 얄기죽거리는 모양을 나타내는 말. ☞얄쭉얄쭉. 일기죽일기죽

얄:따랗다(얄따랗고·얄따란)형ㅎ 생각보다 더 얇다.

얄라차감 잘못됨을 이상야릇하게 또는 신기하게 생각하였을 때 하는 말.

얄랑-거리다(대다)자 ①잔물결이 좀 느리게 움직이다. ②물체가 잔물결에 따라 요리조리 움직이다. 얄랑이다 ☞욜랑거리다. 일렁거리다

얄랑-얄랑부 얄랑거리는 모양을 나타내는 말. ¶꽃잎이 - 물결에 실려 간다. ☞욜랑욜랑. 일렁일렁

얄랑-이다자 얄랑거리다 ☞욜랑이다. 일렁이다

얄망-궂다[-굳-]형 ①좀 괴상하고 얄궂다. ¶하는 짓마다 -. ②성질이나 행동이 야릇하고 밉다.

얄망-스럽다(-스럽고·-스러워)형ㅂ 좀 얄망궂은듯 하다.

얄망-스레부 얄망스럽게

얄:밉다(얄밉고·얄미워)형ㅂ 언행이 간사스럽고 밉다.

얄:밉상-스럽다(-스럽고·-스러워)형ㅂ 보기에 좀 얄미운 데가 있다.

얄밉상-스레부 얄밉상스럽게

얄브스레-하다형여 얄브스름하다 ☞열브스레하다

얄브스름-하다형여 좀 얇은듯 하다. 얄브스레하다 ☞열브스름하다

얄쭉-거리다(대다)자타 허리를 요리조리 빠르게 흔들다. ☞얄기죽거리다

얄쭉-얄쭉부 얄쭉거리는 모양을 나타내는 말. ☞얄기죽얄기죽

얄찍-얄찍부-하다형 여럿이 다 얄찍한 모양을 나타내는 말.

얄찍-하다형여 좀 얇은 느낌이 있다.

얄찍-이부 얄찍하게

얄팍-스럽다(-스럽고·-스러워)형ㅂ 사람됨이나 하는 짓이 좀 얄팍한 데가 있다.

얄팍-스레부 얄팍스럽게

얄팍-썰:기 명 무나 감자, 오이, 두부 따위를 얄팍하게 써는 방법. ☞십자썰기. 어슷썰기
얄팍-얄팍 부-하다 형 여럿이 다 얄팍한 모양을 나타내는 말.
얄팍-하다 형여 ①두께가 매우 얇다. ¶무를 얄팍하게 썰다. ②사람됨이나 하는 짓이 깊은 맛이 없고 반드럽다. ¶얄팍한 수작./얄팍한 속셈.
얄팍-히 부 얄팍하게
얇:다[얄따] 형 두께가 두껍지 않다. ☞두껍다. 엷다
×**얌남** 부 →냠냠
×**얌냠-이** 명 →냠냠이
×**얌냠-하다** 형여 →냠냠하다
얌심 명 암상스럽게 남을 샘하는 마음.
얌심(을) 부리다 관용 짐짓 얌심스러운 짓을 하다.
얌심(을) 피우다 관용 얌심스러운 태도를 나타내다.
얌심-꾸러기 명 얌심이 많은 사람.
얌심-데기[-떼-] 명 얌심을 자꾸 부리는 사람을 얕잡아 이르는 말.
얌심-스럽다(-스럽고·-스러워) 형ㅂ 좀 암상궂게 남을 샘하는듯 하다.
얌심-스레 부 얌심스럽게
얌전-떨:다 자 짐짓 얌전한 태도를 드러내다.
얌전-부리다 자 얌전한 태도를 나타내다.
얌전-빼:다 자 짐짓 얌전한 태도를 짓다.
얌전-스럽다(-스럽고·-스러워) 형ㅂ 보기에 얌전하다. ¶몸가짐이 얌전스러운 아가씨.
얌전-스레 부 얌전스럽게
얌전-이 명 얌전한 아이를 귀엽게 이르는 말.
얌전-피우다 자 얌전한 태도를 나타내다.
얌전-하다 형여 ①성질이 온순하고 언행이 차분하며 단정하다. ¶얌전한 새색시. ②모양이 좋고 품격이 있다. ¶옷맵시가 -./글씨가 -.
얌전-히 부 얌전하게 ¶말썽부리지 말고 - 있어라.
얌체 명 얌치가 없는 사람.
얌치 명 '염치'를 얄밉고 좀스러운 어감(語感)으로 이르는 말. ¶-가 없다.
얌통-머리 명 '얌치'를 속되게 이르는 말. ¶-가 없는 사람이군. 변 야마리 ☞염통머리
얏 감 불끈 힘을 줄 때 내는 소리를 나타내는 말.
양 명 '갓양태'의 준말.
양(羊) 명 ①포유류 소목 솟과 양속(羊屬)의 동물을 통틀어 이르는 말. 몸의 크기는 품종에 따라 다른데, 털은 보드라우며 대개 뿔은 크고 소용돌이 모양으로 굽음. 주로 풀을 먹고 무리를 지어 지냄. 기원전 약 6천 년부터 가축으로 길러 왔고, 털이나 털가죽을 이용하는 것, 고기를 이용하는 것 등 품종이 여러 가지임. ☞면양(緬羊) ②크리스트교에서, 목자의 보살핌이 필요한 '신자'를 비유하여 이르는 말.

한자 양 양(羊) [羊部] ¶백양(白羊)/산양(山羊)/양각(羊角)/양모(羊毛)/양피(羊皮)

양(良) 명 성적(成績)을 수(秀)·우(優)·미(美)·양(良)·가(可)의 다섯 등급으로 평가할 때의 넷째 등급.
양(洋) 명 동양(東洋)과 서양(西洋). ¶-의 동서(東西)를 불문하고 축구 열기가 대단하다.
양:(胖) 명 소의 위(胃)를 고기로 이르는 말. 구이나 전, 찜 등에 쓰임. ☞우설(牛舌). 처녑
양(梁) 명 굴건(屈巾)이나 금양관(金梁冠) 따위의, 앞이마에서부터 우뚝 솟아올라가 둥긋하게 마루를 이루어 뒤쪽까지 닿은 부분.
양(陽) 명 ①역학(易學)에서, 음(陰)에 상대되는 적극적·능동적인 것, 곧 하늘·남성(男性)·해·낮·움직임·기수(奇數) 등을 이름. ②한방에서, 체질·증세·약성(藥性) 등이 더운 것, 활발한 것, 능동적인 것을 이르는 말. ③'양극(陽極)'의 준말. ④'양수(陽數)'를 나타내는 말. ¶-의 부호(符號). ⑤사물의 겉으로 드러나 보이는 데. ¶음(陰)으로 -으로 보살피다.
양(量) 명 ①'수량(數量)' 또는 '분량(分量)'의 준말. ¶많은 -의 곡식./-보다 질(質)이 중요하다. ☞-량(量) ②'식량(食量)'의 준말. ¶-이 커서 많이 먹는다.
양에 차다 관용 ①배가 부르다. ②모자람이 없이 만족하다. ¶모자란 잠을 실컷 잤더니 이제 양에 차는듯 하다.
양(樣) 명 ①'양식(樣式)'의 준말. ②'양태(樣態)'의 준말.
양(孃) 의 여자의 성이나 이름 뒤에 쓰여 미혼 여성을 대접하여 이르는 말. ¶박 -./은실 -.
양(穰) 수 수의 단위. 자(秭)의 만 곱절. 구(溝)의 1만분의 1.
양:(兩) 관 양쪽의. 둘의 ¶- 날개를 펼치다.
양(養)-《접두사처럼 쓰이어》남의 자식을 자기의 자식으로 삼을 때 서로의 관계를 나타냄. ¶양아들/양부모
양가(良家) 명 ①양민(良民)의 집안. ②교양이 있는 집안. 양갓집 ¶-의 자녀(子女).
양:가(兩家) 명 양쪽 집. ¶-의 부모님.
양:가(養家) 명 양자로 들어간 집. 소후가(所後家) 높 양정(養庭) ☞본생가(本生家). 생가(生家)
양:가=독자(兩家獨子) 명 생가(生家)와 양가(養家)의 두 집 사이에 있는 외아들.
양각(羊角) 명 ①양의 뿔. 한방에서 약재로 쓰이거나 공예품 따위를 만드는 데 쓰임. ②회오리바람. 양각풍
양:각(兩脚) 명 양쪽 다리. 쌍각(雙脚)
양각(陽角) 명 삼각법(三角法)에서, 각을 낀 두 직선 중의 한 직선이 시계 바늘의 반대 방향으로 돌아서 생기는 각. 정각(正角) ☞음각(陰角)
양각(陽刻) 명-하다 타 그림이나 글씨 따위를 도드라지게 새기는 일, 또는 그 조각. 돋을새김. 부조(浮彫) ☞섭새김. 음각(陰刻)
양:각-규(兩脚規) 명 양각기(兩脚器)
양:각-기(兩脚器) 명 제도기(製圖器)의 한 가지. 치수를 다른 곳에 옮기거나 선분을 분할하는 데 씀. 걸음쇠. 디바이더. 양각규(兩脚規)
양각-등(羊角燈) 명 양의 뿔을 고아서 만든, 얇고 투명한 껍질을 씌운 등.
양각-삼(羊角蔘) 명 중국 명나라 때, 우리 나라의 '인삼(人蔘)'을 이르던 말.
양:각-정(兩脚釘) 명 거멀못 ▷ 兩의 속자는 両
양각-풍(羊角風) 명 회오리바람. 양각(羊角)
양간(羊肝) 명 양의 간. 한방에서, 간장병의 약으로 쓰임.
양간(陽乾) 명-하다 타 '양건(陽乾)'의 원말.
양:간(兩間) 명 두 쪽의 사이.
양-간수(洋-) 명 '염화마그네슘'을 흔히 이르는 말.
양-갈보(洋-) 명 ①서양 사람을 상대로 하는 갈보. ②서양 여자인 갈보.
양:갈-소:로(兩-小櫨) 명 화반(花盤)이나 장여 사이에 끼우는 소로.
양감(涼感) 명 시원한 느낌.
양감(量感) 명 ①무엇을 보았을 때 느껴지는 묵직하거나 두툼하거나 한 느낌. ②조각(彫刻)이나 회화(繪畫) 등에서, 표현된 대상물에서 느껴지는 입체감. 볼륨(volume)
양갓-집(良家-) 명 양가(良家)
양갱(羊羹) 명 단팥묵
양갱-병(羊羹餠) 명 단팥묵
양거(羊車) 명 불교에서 이르는 삼거(三車)의 하나. 성문승(聲聞乘)을 비유하여 이르는 말. ☞녹거(鹿車). 우거(牛車)
양거지 명 여러 남자들이 모여 놀 때, 그 가운데 아이 밴 아내를 가진 사람이 있으면 우선 한턱 먹고서 사내아이가 태어나면 아이 아버지가 그 돈을 치르고, 계집아이가 태어나면 여러 사람이 그 돈을 나누어 치르는 장난.
양건(陽乾) 명-하다 타 햇볕에 말림. 원 양간(陽乾) ☞음건
양:-걸침(兩-) 명-하다 자 바둑에서, 귀에 둔 상대편의 돌을 양쪽에서 공격하는 일.
양검(量檢) 명-하다 타 헤아려 검사함.
양:견(兩肩) 명 두 어깨.
양:견(養犬) 명 ①기르는 개. ②-하다 자 개를 기름.
양결(量決) 명-하다 타 사정을 잘 헤아려 판결함.
양경(佯驚) 명-하다 자 거짓으로 놀라는체 함.

양경(陽莖)명 '음경(陰莖)'을 달리 이르는 말. 남경(男莖). 옥경(玉莖). 자지 ☞음문(陰門)
양:경-장수명 '도둑'의 곁말.
양:계(兩界)명 밀교(密敎)에서, 금강계(金剛界)와 태장계(胎藏界)를 아울러 이르는 말.
양계(陽界)명 ①이 세상. 이승 ②뭍을 물 속이나 바다 속에 상대하여 이르는 말. ☞음계(陰界)
양:계(養鷄)명-하다자 닭을 침.
양:계=만다라(兩界曼陀羅)명 밀교(密敎)의 근본 가르침을 그림으로 그린 금강계(金剛界) 만다라와 태장계(胎藏界) 만다라를 아울러 이르는 말. 양부 만다라
양:계-장(養鷄場)명 닭을 치는 시설.
양고심장(良賈深藏)성구 장사를 잘하는 장수는 좋은 물건을 밖에 너절하게 벌여 놓지 않고 깊이 간직한다는 말로, 지덕(知德)이 높은 사람은 학식이나 재능을 숨기고 함부로 드러내지 않음을 비유하여 이르는 말.
양곡(洋曲)명 서양의 악곡(樂曲).
양곡(洋谷)명 해저곡(海底谷)의 한 가지. 대륙붕의 사면(斜面)을 파고 들어간 골짜기.
양곡(暘谷)명 옛날 중국에서 해가 돋는 곳이라고 상상한 동쪽 땅 끝의 골짜기로, 곧 해가 돋는 곳을 이르는 말. ☞함지(咸池)
양곡(糧穀)명 양식으로 쓰는 곡식. 쌀·보리·밀 따위.
양곡=관리(糧穀管理)명 식량의 생산·유통·소비를 나라에서 관리하는 일.
양곡=관리법(糧穀管理法)[-뻡]명 양곡의 수요와 공급을 조절하여 적정 값을 유지함으로써 국민 식량을 확보하고 국민 경제를 안정시키기 위한 법률.
양곡=증권(糧穀證券)[-꿘]명 정부가 양곡을 사들이는 자금의 마련 등을 위하여 발행하는 유가 증권.
양:-곤:마(兩困馬)명 바둑에서, 중간이 끊기어 양쪽 말이 모두 살기 어렵게 된 형세, 또는 그 말.
양골(陽骨)명 소의 양지머리뼈.
양골-조림(陽骨-)명 소의 양지머리뼈를 도막내어 장으로 간을 맞추어 조린 음식.
양공(良工)명 ①솜씨가 뛰어난 장인(匠人). 양장(良匠) ②가사(袈裟)를 짓는 침공(針工).
양-과자(洋菓子)명 서양식 과자. 초콜릿이나 카스텔라 등을 통틀어 이르는 말.
양:관(兩館)명 조선 시대, 홍문관(弘文館)과 예문관(藝文館)을 아울러 이르던 말.
양관(洋館)명 ①서양에서 발달한 건축 양식으로 지은 건물. ②지난날, 서양 여러 나라의 공사관이나 영사관을 이르던 말. 서양관(西洋館)
양관(涼冠)명 지난날, 대오리나 풀 따위로 결어 만들어 여름에 쓰던 갓.
양관(梁冠)명 금관(金冠)
양광명 분수에 넘치는 호강.
양광(佯狂)명-하다자 거짓으로 미친체 함.
양광(陽光)명 ①태양의 빛. ②진공 방전(眞空放電) 때 전극간에 나타나는 빛.
양광-스럽다(-스럽고·-스러워)형ㅂ 호강이 분수에 넘친듯 하다.
　양광-스레부 양광스럽게
양교-맥(陽蹻脈)명 기경 팔맥의 하나. 음교맥과 짝을 이루어 근육과 눈동자의 운동을 주관함.
양구(羊韭)명 '맥문동(麥門冬)'의 딴이름.
양구-에(良久-)부 '한참 있다가'의 뜻으로 쓰는 한문 투의 말.
양:국(兩國)명 두 나라. ¶-의 수뇌(首腦)가 만나다.
양국(洋菊)명 '달리아(dahlia)'의 딴이름.
양:군(兩軍)명 ①양편의 군사. ②운동 경기 등에서 겨루는 두 편.
양궁(良弓)명 좋은 활.
양궁(洋弓)명 서양식 활, 또는 그 활로 겨루는 운동 경기. ☞국궁(國弓)
양궁거:시(揚弓擧矢)성구 활과 화살을 높이 쳐든다는 뜻으로, 전쟁에 이겼음을 비유하여 이르는 말.

양궐(陽厥)명 한방에서, 신열(身熱)이 난 뒤에 궐랭(厥冷)이 생기는 병을 이르는 말. 열궐(熱厥)
양귀비(楊貴妃)명 양귀비과의 두해살이풀. 줄기 높이는 1m 안팎. 잎은 흰빛을 띤 녹색의 길둥근 꼴이며, 5~6월에 빨강·하양·자주 등의 네잎꽃이 원줄기 끝에 한 송이씩 핌. 열매는 둥근데, 덜 익었을 때 상처를 내어 받은 즙액으로 아편을 만듦. 관상용이나 약으로 쓰려고 중국·인도·이집트 등지에서 재배하지만, 우리 나라에서는 법으로 금지되어 있음. 앵속(罌粟)
양:-귀포(兩-包)명 장기에서, 두 포를 모두 궁밭의 귀에 놓고 두는 일.
양귤(洋橘)명 네이블오렌지(navel orange)
양:-그루(兩-)명 그루갈이. 양글. 이모작(二毛作)
양:극(兩極)명 ①남극과 북극. ②양극과 음극. ③양극단(兩極端) ¶양편 주장이 -으로 갈리다.
양극(陽極)명 두 전극(電極) 사이에 전류가 흐르고 있을 때, 전위(電位)가 높은 쪽의 극. 곧 플러스의 극. 양전극(陽電極). 기호는 + 준양(陽)
양:-극단(兩極端)명 두 사물이 몹시 동떨어져 있는 일, 또는 그런 상태에 있는 것. 양극(兩極)
양극-선(陽極線)명 진공 방전 때에 양극에서 음극으로 매우 빠르게 흐르는 양이온의 흐름.
양:극-성(兩極性)명 자석의 양극처럼, 하나가 양극으로 대립하는 성질. 서로 배척하면서도 서로가 다른 쪽을 자기의 존재 조건으로 하는 관계에 있음.
양근(陽根)명 '음경(陰莖)'을 달리 이르는 말. 남근(男根)
양:글명 ①소가 논밭을 가는 일과 짐을 싣는 일. ②같은 논에서 한 해에 두 번 수확하는 일. 양그루
　양글(로) 먹다관용 한꺼번에 두 가지를 다 가지게 되다.
양:금(兩衾)명 신랑과 신부의 이부자리.
양금(洋琴)명 ①국악기 사부(絲部) 현악기의 한 가지. 오동나무로 네모지게 만든 바탕에 쉰여섯 줄의 쇠 현(絃)을 매고, 대나무로 만든 채로 쳐서 소리를 냄. ②피아노(piano)[1]
양금미:옥(良金美玉)성구 좋은 금과 아름다운 옥이라는 뜻으로, 뛰어난 인격이나 문장을 비유하여 이르는 말.
양금신족(量衾伸足)성구 '이불 안 보아 가며 발을 편다'라는 말을 한문식으로 옮긴 구(句)로, 무슨 일에나 처지를 생각하여 감당할 수 있는 정도 안에서 해야 한다는 뜻.
양금택목(良禽擇木)성구 좋은 새는 나무를 가려서 앉는다는 뜻으로, 어진 선비는 어진 군주를 가려서 섬김을 비유하여 이르는 말.
양:기(兩岐)명 두 갈래.
양기(涼氣)명 서늘한 기운.
양기(陽氣)명 ①모든 것이 생겨나는 바탕이 되는 두 기(氣)의 하나, 곧 양(陽)의 기운. ②햇볕의 기운. ¶봄날의 -에 초목의 싹이 돋아난다. ③남성의 정력(精力). ④한방에서, 몸 안의 양(陽)의 기운을 이르는 말. ¶-를 돕다. ☞음기(陰氣)
양기(揚氣)명-하다자 의기가 솟음.
양기(揚棄)명-하다타 지양(止揚)
양기(量器)명 곡식이나 액체의 분량을 되는 그릇.
양기(養氣)명-하다자 ①기력(氣力)을 기름. ②도가(道家)에서, 심신의 기(氣)를 기르는 일.
양기-석(陽起石)명 한방에서, 이산화규소(二酸化硅素)와 산화마그네슘이 주성분인 돌을 약재로 이르는 말. 음위(陰痿)나 낭습증(囊濕症) 등에 쓰임.
양-기와(洋-)명 양옥(洋屋)의 지붕을 이는 서양식의 기와. 시멘트와 모래 등을 섞어서 만듦. 양와(洋瓦)
양:-껏(量-)부 먹을 수 있거나 할 수 있는 양의 한도까지. ¶- 먹다./- 짊어지다.
양:-끝(兩-)명 두 끝. 양쪽의 끝.
양:-끼(兩-)명 아침과 저녁의 두 끼니.
양:난(兩難-)명-하다형 이러기도 어렵고 저러기도 어려움. ¶-의 처지에 놓이다.
양-날(羊-)명 간지(干支)의 지지(地支)가 미(未)인 날

을 지지의 동물 이름으로 상징하여 이르는 말. ☞미일(未日)
양:-날(兩-)명 양쪽에 있는 날.
양:날-톱(兩-)명 양쪽에 날이 있는 톱. 보통 한쪽은 켜는 톱니, 다른 쪽은 자르는 톱니로 되어 있음.
양:남(兩南)명 영남(嶺南)과 호남(湖南)을 아울러 이르는 말. ☞양호(兩湖)
양냥-거리다(대다)자 불만스러운 일로 짜증을 내며 종알거리다.
양냥-고자 명 활 끝의 심고가 걸리는 부분.
양냥이 명 ①'입'을 속되게 이르는 말. ②끼니 음식 밖의 군것질 거리를 이르는 말.
양냥이-뼈 명 '턱뼈'를 속되게 이르는 말.
양냥이-줄 명 자전거의 앞뒤 톱니바퀴를 잇는 쇠사슬.
양:녀(養女)명 양딸
양:년(兩年)명 두 해. 이태
양념 명 ①맛을 돋우려고 음식에 조금씩 넣는 것. 기름·간장·마늘·고추·파·깨소금·후춧가루 따위. ☞조미료 ②재미를 돋우기 위하여 곁들이는 것을 비유하여 이르는 말. ¶ -으로 마술을 한 가지 보여 드리겠습니다.

▶ 양념을 집는 양
양념 따위를 엄지·검지·장지의 세 손가락 끝으로 집는 양을 '자밤'이라 한다. '깨소금 두어 자밤을 넣고 무친다'라고 하는 따위.

양념-감[-깜]명 양념으로 쓰는 거리. 양념거리
양념-거리[-꺼-]명 양념감
양념-장(-醬)명 여러 가지 양념을 한 간장.
양념-절구 명 깨소금이나 후춧가루 따위의 양념을 찧는 데 쓰는 작은 절구.
양념-하다 자타여 음식을 만들 때 여러 가지 양념을 넣거나 치거나 하다.
양농(良農)명 선량한 농민.
양능(良能)명 사람이 태어날 때부터 지니고 있는 뛰어난 재능. ☞양지(良知)
양:-다리(兩-)명 양쪽 다리.
양다리(를) 걸다 관용 양다리(를) 걸치다.
양다리(를) 걸치다 관용 양쪽에서 모두 이익을 얻으려고 두 편에 다 관계를 가지다. 양다리(를) 걸다.
양:단(兩端)명 ①양쪽 끝. ②재래식 혼례에서, 혼인 때 쓰는 붉은빛과 파란빛의 채단(采緞).
양:단(兩斷)명-하다타 하나를 둘로 자르거나 가름.
양단(洋緞)명 여러 가지 무늬를 놓아 두껍게 짠 고급 비단의 한 가지. ¶- 치마
양:단-간(兩端間)부 이렇든 저렇든. 어찌하든지 ¶- 마무리를 짓자.
양달(陽-)명 볕이 잘 드는 곳. ☞응달
양-달력(洋-曆)명 지난날, 벽이나 기둥에 걸어 두고 보는 일력(日曆)이나 달력을 책력(冊曆)에 상대하여 이르던 말. 괘력(掛曆)
양-달령(洋-)명 서양 피륙의 한 가지. 당목과 비슷하나 두껍고 질김. 양대포(洋大布)
양-닭(洋-)[-딱]명 서양 품종의 닭.
양-담:배(洋-)[-땀-]명 서양에서 만들어 들여온 담배.
양답(良畓)명 기름진 논.
양:당(兩堂)명 남을 높이어 그의 부모를 이르는 말.
양-대:포(洋大布)명 양달령
양덕(陽德)명 ①만물을 나서 자라게 하는 우주의 덕. ②다른 사람에게 알려지게 베푸는 덕행. ☞음덕(陰德)
양:도(兩度)명 두 번. 양차(兩次). 재차(再次)
양도(洋刀)명 서양식으로 만든 주머니칼이나 식탁용 칼.
양도(洋島)명 '대양도(大洋島)'의 준말.
양도(洋陶)명 서양(西洋)의 도자기.
양도(陽道)명 ①남자가 지켜야 할 도리. 임금·아버지·남편의 도리를 이름. ②남자의 생식력(生殖力). ③태양의 궤도(軌道). ☞음도(陰道)
양도(糧道)명 ①얼마 동안 먹고 살 양식. ②군량(軍糧)을 실어 나르는 길.
양:도(讓渡)명-하다타 권리나 재산, 법률상의 지위 등을 남에게 넘겨줌. ¶토지를 -하다. ☞양수(讓受)
양:도=논법(兩刀論法)[-뻡]명 논리학에서, 대전제로 두 가지 명제(命題)를 세워서 결론이 어느 쪽이 되어도 상관없도록 구성하는 삼단 논법.
양:도=담보(讓渡擔保)명 채무의 담보로 어떤 재산을 형식적으로 채권자에게 양도하는 방법의 물적 담보.
양:도=뒷:보증(讓渡-保證)명 어음 따위의 유가 증권을 남에게 넘길 때 하는 뒷보증.
양:-도목(兩都目)명 고려·조선 시대, 해마다 유월과 선달에 치르는 도목 정사(都目政事)를 이르던 말.
양:도=소:득(讓渡所得)명 토지·건물·주식 등의 재산을 양도함으로써 생기는 소득. ▷讓의 속자는 譲
양:도=소:득세(讓渡所得稅)명 개인이 토지나 건물 등을 양도할 때 생기는 차익에 대하여 부과하는 조세.
양:도-인(讓渡人)명 권리나 재산, 법률상의 지위 등을 남에게 넘겨주는 사람. ☞양수인(讓受人)
양-도:체(良導體)명 열이나 전기가 잘 전도하는 물질. ☞도체(導體). 부도체(不導體). 불량 도체(不良導體)
양독(陽毒)명 ①'양독발반'의 준말. ②성홍열(猩紅熱)
양독-발반(陽毒發斑)명 홍역보다 굵은 발반을 하는 어린아이의 열병의 한 가지. 준양독(陽毒)
양:-돈(兩-)[-돈]명 한 냥 가량의 돈.
양:돈(養豚)명-하다자 돼지를 침.
양:-돈:사(兩-)명 한 냥에 몇 돈을 더한 금액.
양동(陽動)명 본래의 목적이나 의도를 숨기고, 주의를 다른 데로 쏠리게 하기 위하여 짐짓 다른 행동을 하는 일.
양-동이(洋-)명 동이처럼 쓸 수 있도록 폴리에틸렌 등으로 통처럼 만든 그릇.
양동=작전(陽動作戰)명 자기편의 작전을 숨기고 적의 판단을 빗나가게 하기 위하여, 짐짓 본래의 목적과는 다른 움직임을 보이는 작전.
양-돼:지(洋-)명 ①서양 품종의 돼지. ②살진 사람을 놀리어 이르는 말.
양두(羊頭)명 양의 머리. 한방에서, 보허 안심제(補虛安心劑)로 쓰임.
양:두(讓頭)명-하다타 지위를 남에게 넘겨줌.
양두구육(羊頭狗肉)성구 양의 머리를 내걸어 놓고 실제로는 개고기를 판다는 뜻으로, 겉은 그럴듯하지만 내실이 따르지 못함을 비유하여 이르는 말.
양:두-마:차(兩頭馬車)명 쌍두마차(雙頭馬車)
양:두-사(兩頭蛇)명 ①대가리가 둘 달려 있다는 뱀. ②머리와 꼬리에 각각 대가리가 달려 있다는 뱀.
양:두=정치(兩頭政治)명 두 사람의 지도자가 양립(兩立)하여 다스리는 정치. 이두 정치(二頭政治)
양:득(兩得)명-하다자타 ①한꺼번에 두 가지 이익을 얻음. ②양자(兩者)가 다 함께 이익을 얻음. ③둘잡이
양등(洋燈)명 남포등
양:-딸(養-)명 남의 자식을 데려다 기른 딸. 수양녀. 수양딸. 양녀(養女) ☞양아들
양-딸:기(洋-)명 장미과의 여러해살이풀. 줄기는 땅 위로 뻗고 마디에서 뿌리를 내림. 봄에 하얀 다섯잎꽃이 피고 열매는 장과(漿果)로 붉게 익음. 열매는 날로 먹기도 하고 잼을 만들기도 함.
양떼-구름(羊-)명 '고적운(高積雲)'의 딴이름.
양-띠(羊-)명 간지(干支)의 지지(地支)가 미(未)인 해에 태어난 일, 또는 그 사람을 지지의 동물 이름으로 상징하여 이르는 말. ☞미생(未生)
양란(洋亂)명 양요(洋擾)
양람(洋藍)명 인디고(indigo)
양력(揚力)명 유체(流體) 속을 운동하는 물체에 대하여, 그 운동 방향과 수직인 위쪽으로 작용하는 힘.
양력(陽曆)명 '태양력(太陽曆)'의 준말. ☞음력(陰曆)
양:례(襄禮)명 장례(葬禮)
양:로(養老)명-하다자 ①노인을 편안히 지낼 수 있도록 받드는 일. ②늙어서 여생을 편안히 지내는 일.

양:로(讓路)명-하다자 길을 서로 비켜 줌.
양:로=보:험(養老保險)명 저축과 보장을 겸한 생명 보험의 한 가지. 피보험자가 보험 기간 만료까지 살면 만기 보험료가 지급되고, 보험 기간 내에 사망하면 사망 보험금이 유족에게 지급되는 보험.
양:로-원(養老院)명 의지할 곳 없는 노인들을 수용하여 돌보아 주는 시설.
양록(洋綠)명 진채(眞彩)의 한 가지. 공작석(孔雀石)과 같은 진한 초록색.
양:론(兩論)명 대립되는 두 논설. ¶찬반 -
양롱(佯聾)명-하다자 거짓으로 귀먹은체 함.
양류(楊柳)명 버드나무
양류-목(楊柳木)명 육십갑자의 임오(壬午)와 계미(癸未)에 붙이는 납음(納音). ☞정중수(井中水)
양륙(揚陸)명-하다타 ①물 속에 잠긴 것을 건져 뭍으로 꺼냄. ②배에 실린 짐을 육지에 부림. 육양(陸揚)
양률(陽律)명 육률(六律) ☞음려(陰呂)
양리(良吏)명 백성을 잘 다스리는 어진 수령. ☞오리(汚吏)
양:립(兩立)명-하다자 ①두 가지 일이 동시에 지장 없이 이루어짐. ¶본업과 부업의 -을 꾀하다. ②두 세력이 맞섬. ¶신구 세력이 -하다.
양마(良馬)명 좋은 말. ☞준마(駿馬)
양마-석(羊馬石)명 무덤 옆에 돌로 만들어 세운 석양(石羊)과 석마(石馬).
양막(羊膜)명 포유동물의 자궁(子宮) 안에서 양수(羊水)를 채워 태아(胎兒)를 싸는 반투명의 막. 모래집
양말(洋襪)명 실로 짠 서양식 버선.
양말(糧秣)명 군대의 양식과 군마(軍馬)의 꼴. 양초(糧草)
양말-대님(洋襪-)명 양말이 흘러내리지 않도록 조이는 고무 따위의 띠.
양:망(養望)명-하다자 명망(名望)을 얻을 수 있도록 힘씀. 저망(貯望)
양매(楊梅)명 '소귀나무'의 딴이름.
양:맥(兩麥)명 보리와 밀을 아울러 이르는 말.
양-머리(洋-)명 서양식으로 꾸민 여성의 머리 단장.
양:면(兩面)명 ①양쪽 면. ¶펼친 신문의 -. ②앞면과 뒷면. ¶동전의 -. ③두 방향, 또는 두 방면. ¶물심(物心) -으로 지원하다. ④천의 짜임이나 색이 겉과 안이 같은 것, 또는 안팎을 같은 천으로 지은 옷.
양:면=가치(兩面價值)명 같은 대상에 대하여 사랑과 미움 등 아주 상반되는 감정을 동시에 품게 되는 일.
양:면=작전(兩面作戰)명 ①두 방면에서 하는 작전. ②두 가지 수단을 쓰는 일. ¶강압과 회유의 -으로 나오다.
양명(揚名)명-하다자 이름을 들날림. ¶입신 - ☞낙명(落名)
양명(陽明)명 ①태양 ②-하다형 햇볕이 환하게 밝음.
양명(亮明)어기 '양명(亮明)하다'의 어기(語基).
양명-방(陽明方)명 햇볕이 잘 들어 밝은 방위.
양명-하다(亮明-)형여 환하게 밝다.
양명-학(陽明學)명 중국 명나라 때의 왕양명(王陽明)이 주창한 학설. 지행합일(知行合一)을 주요 사상으로 한 실천 윤리를 역설했음. ☞성리학(性理學)
양모(羊毛)명 양의 털. 양털
양:모(養母)명 양아들이나 양딸이 되어 섬기는 어머니. 양어머니 ☞생모(生母). 생어머니. 양부(養父)
양:모-작(兩毛作)명 이모작(二毛作)
양:모-제(養毛劑)명 모근(毛根)에 영양과 자극을 주어 털이 돋아나게 촉진하는 약제. 모생약(毛生藥). 발모제
양모-지(羊毛脂)명 라놀린(lanolin)
양모-직(羊毛織)명 양털로 짠 직물.
양목(洋木)명 당목(唐木)
양:목(養木)명-하다자 나무를 가꿈.
양:목(養目)명-하다자 눈을 보호함. 보안(保眼)
양:목-경(養目鏡)명 눈을 보호하려고 쓰는 안경. 보안경
양-몰이(羊-)명 놓아 기르는 양떼를 모는 일, 또는 그 일을 하는 사람.
양묘(良苗)명 좋은 모.
양:묘(養苗)명-하다자 모나 모종을 기름.
양묘-기(揚錨機)명 배에서, 닻을 감아 올리거나 풀어 내리거나 하는 장치.
양문(陽文)명 도장이나 종(鐘), 비(碑) 등에 양각(陽刻)된 문자. ☞음문(陰文)
양-물(洋-)명 서양의 문물이나 풍습. ¶-에 물들다.
양물(洋物)명 양품(洋品)
양물(陽物)명 ①'음경(陰莖)'을 달리 이르는 말. ☞음문(陰門) ②양기가 대단한 사람을 놀리어 이르는 말.
양:미(兩眉)명 두 눈썹. 쌍미(雙眉)
양미(糧米)명 양식으로 쓰는 쌀.
양:미-간(兩眉間)명 두 눈썹 사이. ¶-을 찌푸리다. 준 미간(眉間)
양미리 명 양미릿과의 바닷물고기. 몸길이 15cm 안팎. 몸은 가늘고 길며 비늘이 없음. 몸빛은 등이 갈색이고 배는 은백색임. 암컷이 해조류에 알을 슬고 수컷이 보호함. 우리 나라 동해와 오호츠크해에 분포함.
양민(良民)명 ①선량한 백성. ②양인(良人)
양-밀(洋-)명 ①서양에서 수입한 밀. ②서양 품종의 밀.
양:밀(釀蜜)명-하다자 꿀을 빚음.
양박(涼薄)어기 '양박(涼薄)하다'의 어기(語基).
양박-하다(涼薄-)형여 얼굴에 살이 적고 하관이 빨다.
양:반(兩半)명 한 냥에 닷 돈을 더한 금액.
양:반(兩班)명 ①고려·조선 시대의 '동반(東班)'과 '서반(西班)'을 아울러 이르는 말. ②지난날, 우리 나라에서 지체가 높은 계급이나 그런 계급에 딸린 사람을 이르던 말. ☞상사람 ③결혼한 여자가 남에게 자기의 남편을 가리켜 이르는 말. ¶우리 집 -이 그렇게 말했습니다. ④점잖은 사람이라는 뜻으로 이르는 말. ¶차림새는 저래도 행실은 -이야. ⑤남성인 남을 대접하여 이르는 말. ¶저 -이 또 오셨군요. ⑥남을 가벼이 여기어 이르는 말. ¶이 -이 눈이 멀었나.
속담 **양반 김칫국 떠먹듯** : 아니꼽게 점잔을 부리는 사람을 두고 하는 말. /**양반 못된 것이 장에 가 호령한다** : 되지 못한 사람이 만만한 데 가서 허세를 부리면서 잘난체 한다는 말. /**양반은 가는 데마다 상(床)이요, 상놈은 가는 데마다 일이라** : 편하게 지내는 사람은 남의 집에 가도 대접을 받고, 고생스레 지내며 일만 하는 사람은 어디를 가나 일만 하게 되어 괴롭다는 말. /**양반은 물에 빠져도 개헤엄은 안 한다** : 아무리 다급하다 해도 체면이 깎이는 짓은 하지 않는다는 말. 〔양반은 얼어 죽어도 곁불(짚불)을 안 쬔다〕/**양반은 세 끼만 굶으면 된장 맛 보잔다** : 평소에 잘 먹고 지내던 이는 배고픔을 조금도 못 참으며, 주리면 아무 것이나 고맙게 여기어 먹는다는 말. /**양반은 죽어도 문자(文字) 쓴다** : 몹시 고루한 습성을 비웃어 이르는 말. /**양반은 하인이 양반 시킨다** : 밑에서 일하는 사람이 잘 해야 그 윗사람이 칭찬을 들으며 그만한 대우도 받게 된다는 말. /**양반이 대추 한 개가 하루 아침 해장이라고** : 음식은 많이 먹을 필요가 없고, 조금씩만 먹어도 넉넉하다고 할 때 이르는 말. /**양반 지게 진 것 같다** : 모양이 어울리지 아니하고 하는 짓이 서툴러서 보기에 우스울 때 이르는 말.
양:반전(兩班傳)명 조선 정조 때, 박지원(朴趾源)이 지은 한문 소설. 양반의 허례허식과 무능, 특권 의식을 풍자한 내용. '연암집(燕巖集)'에 실려 전함.
양방(良方)명 ①좋은 방법. 양법(良法) ②좋은 약방문.
양:방(兩方)명 ①두 방향, 또는 두 방면. ¶좌우 -에서 공격하다. ②양쪽, 또는 양쪽 모두. ¶-이 조금씩 양보하다. /-이 합의하다. 상방(雙方)
양-배:추(洋-)명 겨잣과의 두해살이풀. 잎은 두껍고 크며 공 모양으로 고갱이를 겹겹이 에워싸고 있음. 초여름에 줄기가 나와 담황색의 꽃이 핌. 유럽 원산으로 여러 가지 품종이 있는데 채소로 널리 이용되고 있음. 감람(甘藍) ☞양상추
양-버들 명 버들과의 낙엽 활엽 교목. 미루나무와 비슷하나 가지가 위로 곧게 자라는 것이 특징임. 유럽 원산으로 가로수나 건축재 등으로 쓰임. ☞포플러
양범(揚帆)명-하다자 돛을 올림.

양법(良法)[-뻡]명 ①좋은 법규(法規). ②좋은 방법. 양방(良方) ☞악법(惡法)
양:벽-부(禳辟符)명 재앙과 액운을 물리친다는 부적.
양:변(兩邊)명 ①양쪽 가장자리. ¶도로의 -. ②양편짝
양병(良兵)명 ①훌륭한 병사(兵士). ②좋은 무기(武器).
양병(佯病)명 거짓으로 앓는체 하는 짓. 꾀병
양병(洋甁)명 오지그릇의 한 가지. 배가 부르고 목이 좁고 짧으며 아가리의 전이 딱 바라진 오지병.
양:병(養兵)명-하다자 군사를 양성함.
양:병(養病)명-하다자 ①병이 난 몸을 잘 조리하여 낫도록 함. 양아(養痾) ②치료를 게을리 하여 병이 더하여짐.
양:보(讓步)명-하다타 ①남에게 길을 비켜 주거나, 또는 남에게 물건이나 자리 따위를 내줌. ¶자리를 -하다. ②자기의 생각이나 주장을 굽혀 남의 의견을 좇음. ¶서로 한 발짝씩 -하여 합의점을 찾다.
양-보라(洋-)명 서양에서 만든 보랏빛 물감.
양복(洋服)명 서양식의 옷. ☞한복(韓服)
양복-떼기(洋服-)명 ①'양복'을 낮잡아 이르는 말. ¶때 묻은 -를 걸치고 나서다. ②양복짜리
양복-장이(洋服-)명 양복 만드는 일을 전문으로 하는 사람을 흔히 이르는 말.
양복-저고리(洋服-)명 양복의 윗도리. 준 저고리
양복-점(洋服店)명 남성용 양복을 만들거나 파는 가게. ☞양장점(洋裝店)
양복-짜리(洋服-)명 양복을 입은 사람의 모양새를 낮잡아 이르는 말. 양복떼기
양:-볶이(胖-)명 소의 양을 잘게 썰어서 익혀 파와 후춧가루를 치고 볶은 음식.
양:본위-제(兩本位制)명 복본위제(複本位制)
양-볼락(洋-)명 양볼락과의 바닷물고기를 통틀어 이르는 말. 우럭볼락·눌치볼락·도화볼락·좀볼락 따위의 볼락류와 점감펭·쑥감펭·놀락감펭·쭈글감펭 따위의 감펭류가 모두 이에 딸림.
양:봉(養蜂)명-하다자 꿀이나 꽃가루·밀랍(蜜蠟) 등을 얻기 위하여 꿀벌을 치는 일.
양:봉(襄奉)명-하다타 장례 지내는 일을 높이어 이르는 말.
양:봉제비(兩鳳齊飛)성구 두 마리의 봉황이 나란히 날아간다는 뜻으로, 형제가 함께 영달(榮達)함을 비유하여 이르는 말.
양:봉-타(兩峰駝)명 쌍봉낙타(雙峰駱駝)
양-봉투(洋封套)명 서양식의 봉투.
양부(良否)명 좋음과 좋지 못함. 선부(善否)
양:부(兩府)명 ①조선 시대, 동반(東班)의 의정부(議政府)와 서반(西班)의 중추부(中樞府)를 아울러 이르던 말. ②고려 시대, 문하부(門下部)와 밀직사(密直司)를 아울러 이르던 말.
양:부(養父)명 양아들이나 양딸이 되어 섬기는 아버지. 양아버지 ☞생부(生父). 실부(實父). 양모(養母)
양:부=만다라(兩部曼陀羅)명 양계 만다라(兩界曼陀羅)
양:-부모(養父母)명 양자로 들어가 모시는 부모. 양어버이
양-부인(洋婦人)명 ①서양 부인. ②이전에 '양갈보'를 에둘러 이르던 말.
양:분(兩分)명-하다타 둘로 가름. ¶천하를 -하다./국토가 -되다.
양:분(養分)명 영양이 되는 성분. 영양분 ¶-을 섭취하다. ☞자양분(慈養分)
양:분-표(養分表)명 음식물이 지니고 있는 양분을 성분별(成分別)로 나타낸 표.
양붕(良朋)명 좋은 벗. 양우(良友)
양:비대:담(攘臂大談)성구 팔을 걷어붙이고 큰소리침을 이르는 말. 양비대언(攘臂大言)
양:비대:언(攘臂大言)성구 양비대담(攘臂大談)
양-비둘기(洋-)명 비둘깃과의 텃새. 몸길이 32cm 안팎. 집비둘기의 원종(原種)으로, 몸빛은 보통 집비둘기와 비슷함. 벼랑의 바위 구멍 등에 둥지를 틀고 삶. 우리나라와 중국, 시베리아 등지에 분포함.
양:사(兩司)명 조선 시대, 사헌부(司憲府)와 사간원(司諫院)을 아울러 이르던 말.
양사(洋紗)명 '서양사(西洋紗)'의 준말.
양사(洋絲)명 양실
양사(陽邪)명 양증외감(陽證外感)
양사(陽事)명 '성교(性交)'를 달리 이르는 말.
양:사(養士)명-하다자 선비를 양성함.
양:사(養嗣)명-하다타 양자를 들임.
양:-사자(養嗣子)명 호주(戶主) 상속권을 가진 양자.
양사주:석(揚沙走石)성구 모래가 날리고 돌이 구른다는 뜻으로, 바람이 몹시 세게 붊을 이르는 말. 비사주석(飛沙走石)
양삭(陽朔)명 '음력 시월 초하룻날'을 달리 이르는 말.
양산(洋傘)명 서양식의 헝겊 우산. ☞박쥐우산
양산(陽傘)명 햇빛을 가리기 위하여 여성들이 쓰는 우산 모양의 물건. 파라솔(parasol)
양산(陽繖)명 옛 의장(儀仗)의 한 가지. 일산(日傘)과 비슷한 모양인데 자루가 길고 둘레를 넓은 헝겊으로 꾸며 늘어뜨렸음.
양산(量産)명-하다타 '대량 생산(大量生産)'의 준말.
양:산(養山)명-하다자 ①산에 나무를 심고 가꿈. ②산소에 나무 등을 심고 가꿈.
양산도(陽山道)명 경기 민요 선소리의 한 가지. 세마치장단에 맞추어 부르는 경쾌한 노래임.
양-살구(洋-)명 비파나무의 열매를 달리 이르는 말.
양상(良相)명 어진 재상(宰相). 현상(賢相)
양상(樣相)명 생김새, 또는 모습. ¶새로운 -을 띠다./다채로운 -을 보이다.
양상군자(梁上君子)성구 ①들보 위에 있는 군자라는 뜻으로, '도둑'을 에둘러 이르는 말. ②'쥐'를 비유하여 이르는 말.
양상=급유(洋上給油)명 해상 급유(海上給油)
양상도회(梁上塗灰)성구 들보 위에 회칠을 한다는 뜻으로, 그다지 아름답지 아니한 여자가 얼굴에 분을 너무 많이 바른 것을 비웃어 이르는 말.
양-상추(洋-)명 잎이 둥글고 넓으면서 주름이 많은 개량종의 상추. 양배추처럼 잎이 겹잎으로 공 모양을 이룸.
양:상-화매(兩相和賣)명 흥정하는 사람끼리 서로 잘 의논하여서 물건을 팔고 삼을 이르는 말.
양:색(兩色)명 ①두 가지 빛깔. ②두 가지 물건.
양:색-단(兩色緞)명 다른 빛깔의 씨와 날로 짠 비단.
양:생(養生)명-하다자 ①병이 나지 않고 오래 살 수 있도록 몸과 마음을 편안히 하여 생활함. 섭생(攝生). 섭양(攝養) ②병이나 상처 등을 다스리며 건강 회복을 위하여 한동안 편히 쉼. ③토목·건축 공사에서, 콘크리트나 모르타르로 시공한 것을 제대로 잘 굳히기 위하여 보호하는 작업.
양:생-방(養生方)명 양생법(養生法)
양:생-법(養生法)[-뻡]명 몸과 마음을 건강하게 잘 다스리는 방법. 양생방(養生方)
양서(良書)명 읽어서 유익한 책. 선서(先書) ☞악서(惡書)
양:서(兩西)명 해서(海西)와 관서(關西), 곧 황해도와 평안도 일대를 아울러 이르는 말. 황평양서(黃平兩西)
양:서(兩棲)명 물 속이나 땅 위에서 다 살 수 있음.
양서(洋書)명 서양에서 출판된 서양 말로 쓰여진 책.
양:서-동:물(兩棲動物)명 양서류에 딸리는 동물.
양:서-류(兩棲類)명 척추동물의 한 강(綱). 유생(幼生) 때에는 물 속에서 아가미로 호흡하고, 변태(變態) 후에는 폐(肺)로 호흡하면서 땅 위에서도 살 수 있음. 개구리·도롱뇽 따위. ☞연골어류. 조류(鳥類)
양:-서리목(胖-)명 소의 양의 안팎 껍질을 벗기고 넓게 베어 잘게 엔 다음, 간장, 기름, 다진 파, 후춧가루 등과 버무려 꼬챙이에 꿰어서 재웠다가 구운 음식.
양석(羊石)명 왕릉 따위의 둘레에 돌로 만들어 세운 양 모양의 조각물. 석양(石羊)
양:-선(胖-)명 ①소의 양을 얇게 썰어서 녹말을 묻혀 기름에 지진 음식. ②소의 양을 잘게 썰어 채소와 갖은 고명을 넣어서 겨자에 버무린 음식. ③소의 양을 익혀 잣가

루를 묻혀서 초장에 찍어 먹는 음식.
양:선(讓先)[명] [-하다][자] 남에게 먼저 하도록 양보함.
양선(良善)[어기] '양선(良善)하다'의 어기(語基).
양선-하다(良善−)[형][여] 어질고 착하다.
양선-히[부] 양선하게
양:설(兩舌)[명] ①먼저 한 말을 뒤집고 달리 말하는 일. ②불교에서 이르는 십악(十惡)의 하나. 두 사람 사이에서 이간질을 하여 싸움을 붙이는 일.
양성(良性)[명] ①어질고 착한 성질. ②어떤 병의 치료가 어렵지 않은 상태나 성질. ¶ − 종양(腫瘍) ☞악성(惡性)
양:성(兩性)[명] ①남성과 여성. ②웅성(雄性)과 자성(雌性). ③서로 다른 두 성질.
양성(陽性)[명] ①양(陽)의 성질. 밝고 적극적인 성질. ②병을 진단하기 위하여 생화학적 또는 세균학적인 검사를 했을 때 특정한 반응을 나타내는 성질. ☞음성(陰性)
양성(陽聲)[명] ①국악(國樂)에서 이르는, 양(陽)에 딸린 소리. 곧 십이율(十二律) 가운데서 육률(六律)의 소리. ②맑은 소리. ☞음성(陰聲)
양:성(養成)[명] [-하다][타] ①길러 냄. ¶인재를 −하다. ②교육이나 훈련을 시키어 어떤 기능을 익히게 함. ¶기능공을 −하다.
양:성(養性)[명] [-하다][자] 타고난 천성(天性)을 기름.
양:성(釀成)[명] [-하다][타] ①원료를 발효시켜 술이나 간장 따위를 만드는 일. 양조(釀造) ②어떤 분위기나 기분을 자아냄. ▷釀의 속자는 醸
양성=모:음(陽性母音)[명] 〈어〉훈민정음(訓民正音)에서 구별한 한글 모음의 갈래. 'ㅏ·ㅓ·ㅗ·ㅜ·ㅡ·ㅣ'가운데서 'ㅏ·ㅗ' 계열의 모음을 이르는 말. ☞음성 모음(陰性母音). 중성 모음(中性母音)
양성=반:응(陽性反應)[명] 병을 진단하기 위하여 생화학적 또는 세균학적인 검사를 했을 때 특정한 반응을 나타내는 반응. ☞음성 반응
양:성=산:화물(兩性酸化物)[명] 염기(塩基)에 대해서는 산성(酸性), 산(酸)에 대해서는 염기성(塩基性)을 나타내는 산화물. 산화알루미늄 따위.
양:성=생식(兩性生殖)[명] 유성 생식의 한 가지. 암수 배우자의 수정으로 새로운 개체를 만드는 일. ☞단위 생식(單爲生殖)
양:성-소(養成所)[명] 짧은 기간에 일정한 교육이나 훈련을 통하여 특수한 지식이나 기능을 익히게 하는 곳.
양:성=원소(兩性元素)[명] 단체(單體)나 산화물(酸化物), 수산화물 등의 화합물이 산(酸)에도 염기(塩基)에도 모두 반응하는 원소.
양성=원소(陽性元素)[명] 화학 결합 때, 전자를 쉽게 방출하고 양이온으로 되기 쉬운 원소. ☞음성 원소(陰性元素)
양성-자(陽性子)[명] 중성자와 더불어 원자핵(原子核)을 구성하는 소립자의 하나. 양자(陽子). 프로톤(proton) 기호는 P
양:성=잡종(陽性雜種)[명] 두 쌍의 대립 형질 사이에서 생긴 잡종. ☞단성 잡종(單性雜種)
양성=장마(陽性−)[명] 집중 호우와 같은 소나기성 장마. ☞음성 장마
양성=종:양(良性腫瘍)[명] 종양 중에서, 발생한 자리에서만 더디게 증식하며 옮아가거나 재발하지 않는 종양. ☞악성 종양(惡性腫瘍)
양:성-화(兩性花)[명] 한 꽃 속에 수술과 암술을 모두 갖춘 꽃. 양전화(兩全花). 자웅 동화(雌雄同花) ☞단성화(單性花)
양성-화(陽性化)[명] [-하다][자타] ①가려졌거나 숨겨졌던 사실이 겉으로 드러남, 또는 드러나게 함. ¶사원들의 불만이 −되다. ②합법적이 아닌 것이 합법적인 것으로 됨, 또는 그리 되게 함. ¶무허가 건물을 −하다.
양:성=화:합물(兩性化合物)[명] 산(酸)에 대해서는 염기(塩基)로, 염기에 대해서는 산으로 작용하는 성질을 지닌 화합물. 아미노산, 단백질 따위.
양소(良宵)[명] 양야(良夜)
양속(良俗)[명] 좋은 풍속. 아름다운 풍속.
양속(洋屬)[명] ①서양에서 만든 피륙을 통틀어 이르는 말. ②서양에서 만든 물건을 두루 이르는 말.
양:-손(兩−)[명] 두 손. 양쪽 손. 왼손과 오른손. 쌍수(雙手). 양수(兩手)
양:손(養孫)[명] ①아들의 양자. 양손자(養孫子) ②[-하다][타] 양손자로 정하여 집으로 데려옴.
양:-손녀(養孫女)[명] 아들의 양녀(養女).
양:-손자(養孫子)[명] 아들의 양자(養子). 양손(養孫)
양:손-잡이(兩−)[명] 왼손과 오른손을 모두 별차이 없이 자유롭게 쓰는 사람. 양수잡이
양:송(養松)[명] 소나무를 가꾸어 기르는 일.
양-송이(洋松栮)[명] 서양 품종의 양식용 송이버섯.
양수(羊水)[명] 임신 때, 양막(羊膜) 속을 채우고 있는 액체. 태아를 보호하고, 출산 때는 태아와 함께 흘러 나와 분만을 쉽게 함. 모래집물. 포의수(胞衣水)
양:수(兩手)[명] ①양손 ②장기나 바둑 등에서, 두 군데에 한목 걸리는 수.
양수(揚水)[명] [-하다][자] 물을 자아올림.
양수(陽數)[명] 영(零)보다 큰 수. ☞음수(陰數)
양수(陽樹)[명] 햇볕이 잘 드는 곳에서 잘 자라고 응달에서는 자라지 못하는 나무. 낙엽송·버드나무·오동나무·자작나무 따위. ☞음수(陰樹)
양:수(養漱)[명] [-하다][자] 양치질
양:수(讓受)[명] [-하다][타] 권리나 재산 또는 법률상의 지위 등을 남에게서 넘겨받음. ☞양도(讓渡)
양:수-거지(兩手据地)[명] 절을 한 뒤에 두 손으로 땅을 짚고 꿇어 엎드림.
양:수-걸이(兩手−)[명] ①무슨 일을 이루기 위하여, 두 군데에 관계를 걸어 놓는 일. ②장기나 바둑 등에서, 한 수로 두 군데를 잡게 되는 수.
양:수-겸장(兩手兼將)[명] 장기에서, 한 수로써 두 말이 한꺼번에 장을 부르게 된 관계.
양수-기(揚水機)[명] 물을 자아올리는 기계. ☞무자위
양수-기(量水器)[명] 물의 흐른 양을 재는 계기. 수량계
양-수사(量數詞)[명] 〈어〉수사(數詞)의 한 갈래. 수량을 나타내는 수사. '하나, 둘, 열, 마흔' 등과 같은 말을 이름. 기본 수사(基本數詞) ☞서수사(序數詞)

> ▶ 양수사(量數詞)와 서수사(序數詞)
> ① 양수사—〔고유어〕하나·둘·셋·열·스물·서른 …
> 〔한자어〕일·이·삼·십·이십·삼십 …
> ② 서수사—〔고유어〕첫째·둘째·셋째·넷째 …
> ③ 양수사의 고유어는 '아흔아홉', 서수사의 고유어는 '아흔아홉째'까지만 있다. 그 다음은 한자어로 쓴다.
> ④ 날짜를 나타내는 고유어는 '스무아흐레'까지만 있다. 그 다음은 한자어로 쓴다.

양:수-인(讓受人)[명] 권리나 재산 또는 법률상의 지위 등을 남에게서 넘겨받는 사람. ☞양도인(讓渡人)
양:수-잡이(兩手−)[명] ①[-하다][타] 장기나 바둑 따위에서, 양수걸이를 두는 일. ②양손잡이
양:수집병(兩手執餠)[성구] '두 손에 떡'이라는 말을 한문식으로 옮긴 구(句)로, 어느 것을 가져야 할지 가리기 어려운 경우를 두고 이르는 말.
양수-척(揚水尺)[명] 무자리
양수-표(量水標)[명] 강·호수·바다 등의 수위(水位)를 재기 위하여 설치한, 눈금이 있는 기둥. 물자 [준]수표(水標) ☞수위계(水位計). 액면계(液面計)
양순(良順)[어기] '양순(良順)하다'의 어기(語基).
양:순-음(兩脣音)[명] 〈어〉순음(脣音). 입술소리
양순-하다(良順−)[형][여] 어질고 온순하다.
양순-히[부] 양순하게
양-숟가락(洋−)[명] 스푼(spoon)
양습(良習)[명] ①좋은 풍습. ②좋은 버릇. ☞악습(惡習)
양:시쌍비(兩是雙非)[성구] 양쪽에 다 그럴만한 까닭이 있어 시비를 가리기 어려움을 이르는 말.
양식(良識)[명] 건전한 생각이나 판단. ¶ − 있는 행동.
양식(洋式)[명] '서양식(西洋式)'의 준말.

ㅇ

양식(洋食)명 서양식의 음식. 서양 요리 ☞한식(韓食)

양식(樣式)명 ①어떤 사물에 공통된 일정한 형식. ¶신고서의 ―./전래 ―의 가구. ②예술 작품이나 건축물 등에서 나타나는, 시대·민족·유파(流派)의 공통된 표현 형식. ¶고딕 ―의 교회 건축./고려 시대의 건축 ―. ③같은 종류의 문화에서 볼 수 있는 공통된 형식이나 방식. ¶한민족의 생활 ―./미개인의 행동 ―. 준양(樣)

양:식(養殖)명-하다타 수산물(水産物) 등을 인공적으로 기르고 번식시키는 일. ¶숭어를 ―하다.

양식(糧食)명 ①생활하는 데 필요한 먹을 거리. 식량(食糧) ②정신 활동에 영양분과 같은 구실을 하는 것. ¶독서는 마음의 ―.

속담 **양식(糧食) 없는 동자는 며느리 시키고 나무 없는 동자는 딸 시킨다**: 양식 없이 밥 짓는 일은 며느리를 시키고 나무 없이 밥 짓는 일은 딸을 시킨다는 말로, 흔히 시어머니가 며느리를 미워하고 제 딸은 생각함을 두고 이르는 말.〔배 썩은 것 딸을 주고 밤 썩은 것 며느리 준다/죽 먹은 설거지는 딸 시키고 비빔 그릇 설거지는 며느리 시킨다/가을 볕에는 딸을 쬐이고 봄볕에는 며느리를 쬐인다〕

한자 **양식 양**(糧)〔米部 12획〕¶군량(軍糧)/식량(食糧)/양곡(糧穀)/양식(糧食) ▷糧과 粮은 동자

양:식=어업(養殖漁業)명 양식업(養殖業)

양:식-업(養殖業)명 양식(養殖)을 전문으로 하는 수산업의 한 가지. 양식 어업(養殖漁業)

양:식-장(養殖場)명 양식(養殖)을 하는 연안의 일정한 수역(水域).

양식-점(洋食店)명 서양 요리를 전문으로 만들어 파는 음식점. 레스토랑(restaurant)

양:식=진주(養殖眞珠)명 진주조개 속에 조개 껍데기로 만든 동근 핵(核)을 넣고 일정 기간 양식하여 만든 진주. 인공 진주(人工眞珠)

양신(良臣)명 육정(六正)의 하나. 어진 신하.

양신(良辰)명 ①좋은 날. 길일(吉日) ②좋은 때. 가기(佳期)

양신-죽(羊腎粥)명 멥쌀과 구기자 잎, 양의 콩팥, 긴 파의 대가리를 잘게 이긴 것을 한데 섞어 쑨 죽.

양:실(兩失)명-하다자타 ①두 가지 일을 다 실패함. ②두 가지를 다 잃음. ③두 편이 다 이롭지 못하게 됨.

양-실(洋―)명 서양식으로 만든 실. 양사(洋絲)

양실(洋室)명 서양식으로 꾸민 방.

양실(涼室)명 ①시원한 방. ②햇빛을 가리기 위하여 건물의 처마끝에 차양을 덧달아 낸 칸.

양심(良心)명 사물의 선악(善惡)과 옳고 그름을 판단하여 올바르게 행동하려는 마음.

양:심(兩心)명 ①두 가지 마음. ②딴마음 ¶―을 품다.

양:심(養心)명-하다자 심성을 닦음.

양심-범(良心犯)명 사상이나 신념이 문제가 되어 투옥되거나 구금된 사람. 양심수

양심-수(良心囚)명 양심범(良心犯)

양심-적(良心的)명 양심에 비추어 보아 부끄럽지 않는 것. ¶―인 태도.

양:아(養痾·養痾)명-하다자 양병(養病)

양:-아들(養―)명 양자(養子)

양:-아버지(養―)명 양부(養父) 낮양아비 ☞생부(生父). 생아버지

양:-아비(養―)명 '양아버지'의 낮춤말.

양-아욱(洋―)명 쥐손이풀과의 여러해살이풀. 줄기 높이는 30~50cm. 줄기와 잎에 털이 빽빽이 나 있음. 6~8월에 빨강·분홍·하양 등의 다섯잎꽃이 잎겨드랑이에서 피고, 둥글납작한 열매를 맺음. 남아프리카 원산이며 관상용으로 재배됨. 제라늄(geranium)

양악(洋樂)명 '서양 음악(西洋音樂)'의 준말.

양:악(養惡)명-하다자 나쁜 버릇을 기름.

양-악기(洋樂器)명 서양 음악에 사용하는 악기. 피아노·바이올린·호른·드럼 등.

양안(良案)명 좋은 방안. 좋은 생각. 유명안(名案)

양:안(兩岸)명 강 등의 양쪽 기슭.

양:안(兩眼)명 양쪽 눈. 쌍모(雙眸). 쌍안(雙眼)

양안(洋鞍)명 '양안장(洋鞍裝)'의 준말.

양안(量案)명 조선 시대에 논밭을 측량하여 만든 토지 대장. 논밭의 소재지, 토지의 번호·등급·형상·면적·소유주 등을 적었음. 전적(田籍)

양:안-경(兩眼鏡)명 쌍안경(雙眼鏡)

양:안=시:야(兩眼視野)명 양쪽 눈으로 그 자리를 옮기지 아니하고 보는 외계(外界)의 범위. ☞단안 시야

양-안장(洋鞍裝)명 서양식의 안장. 준양안(洋鞍)

양암(諒闇)명 임금이 부모의 상중에 있을 때 거처하는 방, 또는 그 기간. 양음(諒陰)

양:액(兩腋)명 양쪽 겨드랑이.

양야(良夜)명 하늘이 맑고 달이 밝은 밤. 양소(良宵)

양야(涼夜)명 서늘한 밤.

양약(良藥)명 효능이 매우 뛰어난 약. 양제(良劑)

양약(洋藥)명 서양의 제약 방법으로 만든 약. 신약(新藥) ☞한약(韓藥)

양약고구(良藥苦口)성구 좋은 약은 입에 쓰다는 뜻으로, 충언(忠言)은 귀에 거슬리지만 자기의 행실에는 이로움을 비유하여 이르는 말.

양-약국(洋藥局)명 양약을 파는 약국. 양약방(洋藥房)

양-약방(洋藥房)명 양약국(洋藥局)

양-약재(洋藥材)명 양약을 만드는 데 쓰는 재료.

양-양(羊羊)명 한자 부수(部首)의 한 가지. '群'·'羚' 등에서 '羊', '美'·'羔' 등에서 '⺷'의 이름.

양양(洋洋)어기 '양양(洋洋)하다'의 어기(語基).

양양(揚揚)어기 '양양(揚揚)하다'의 어기(語基).

양양가(襄陽歌)명 조선 시대, 십이가사(十二歌詞)의 하나. 작자와 연대는 알려져 있지 않으며, 중국 호북성(湖北省)의 양양 지방의 명승과 고적에 대한 감흥을 읊은 이태백의 한시(漢詩)에 토를 달아 부른 노래임. '청구영언(靑丘永言)'에 실리어 전함.

양양자득(揚揚自得)성구 뜻을 이루어 뽐내며 거들먹거림을 이르는 말.

양양-하다(洋洋―)형여 ①넘칠듯 한 수면이 끝없이 넓게 펼쳐져 있다. ¶양양한 대양(大洋). ②앞길이 환히 열려 희망에 차 있다. ¶앞길이 ―.

양양-히부 양양하게

양양-하다(揚揚―)형여 자랑스러이 뽐내는 태도가 있다.

양양-히부 양양하게

양:어(養魚)명-하다자 물고기를 길러 번식시키는 일.

양:-어머니(養―)명 양모(養母) 낮양어미 ☞생모(生母). 생어머니

양:-어미(養―)명 '양어머니'의 낮춤말.

양:-어버이(養―)명 양자로 들어가 모시는 어버이. 양부모(養父母). 양친(養親) ☞어버이

양:어-장(養魚場)명 시설을 갖추어 인공적으로 물고기를 길러 번식시키는 곳.

양언(揚言)명-하다타 거리낌없이 드러내어 말함.

양:여(讓與)명-하다타 자기의 것을 다른 사람에게 넘겨줌.

양연(良緣)명 좋은 인연. 좋은 연분.

양:열=재료(釀熱材料)[-녈-]명 온상(溫床) 등에 쓰이는, 발효열(醱酵熱)을 내는 유기물(有機物). 두엄·낙엽·겨 따위.

양염(陽炎)명 아지랑이

양엽(陽葉)명 식물의 잎 중에서 햇빛이 잘 쬐는 곳에서 자란 잎. 울타리 조직이 발달하여 두껍고 기공의 수가 많음. ☞음엽(陰葉)

양오(陽烏)명 '태양(太陽)'을 달리 이르는 말.

양옥(洋屋)명 서양식으로 지은 집. 양옥집 ☞한옥

양:옥(養獄)명-하다자 옥바라지

양옥-집(洋屋―)명 양옥(洋屋)

양와(洋瓦)명 양기와

양:-외:가(養外家)명 양어머니의 친정을 양아들이나 양딸의 처지에서 이르는 말. ☞생외가(生外家)

양요(洋擾)명 서양 사람들로 말미암아 일어난 난리. 1866

년 프랑스 군함의 강화도 포격과, 1871년 미국 군함의 강화도 침입 등을 가리킴. 양란(洋亂)
양:요=렌즈(兩凹lens)명 양쪽이 다 오목한 렌즈.
양-요리(洋料理)명 '서양 요리(西洋料理)'의 준말.
양:용(兩用)명 한 가지 물건이 두 가지 용도로 쓰임. 겸용(兼用) ¶수륙 — 탱크
양우(良友)명 좋은 벗. 사귀어서 이로운 벗. 가붕(佳朋). 양붕(良朋) ☞악우(惡友). 익우(益友)
양우(涼雨)명 서늘한 비.
양:우(養牛)명 ①기르는 소. ②소를 침.
양:웅(兩雄)명 두 영웅.
양:원(兩院)명 이원제(二院制)의 국회를 구성하는 두 의원(議院). 참의원(參議院)과 민의원(民議院), 또는 상원(上院)과 하원(下院) 등으로 이름.
양:원-제(兩院制)명 '양원 제도(兩院制度)'의 준말. 이원제(二院制) ☞단원제(單院制)
양:원=제:도(兩院制度)명 양원으로 조직된 의회 제도. 이원 제도(二院制度) 준양원제(兩院制) ☞단원 제도
양:월(良月·陽月)명 '음력 시월'을 달리 이르는 말.
양:위(兩位)명 ①'양위분'의 준말. ②죽은 부부를 이르는 말.
양:위(讓位)명-하다자 임금의 자리를 물려줌. 손위(遜位) ☞즉위(卽位)
양:위-분(兩位—)명 '부부(夫婦)'를 높이어 이르는 말. 내외분 ¶회장 —이 참석하셨다. 준양위(兩位)
양유(羊乳)명 양젖
양유(良莠)명 벼와 가라지, 곧 좋은 풀과 나쁜 풀이라는 뜻으로, 착한 사람과 악한 사람을 비유하여 이르는 말.
양유-맥(陽維脈)명 기경 팔맥(奇經八脈)의 하나. 몸에 있는 양(陽)의 경락을 이어 주는 작용을 함.
양육(羊肉)명 양의 고기.
양:육(養育)명-하다타 돌보아 길러 자라게 함. 국육(鞠育). 육양(育養). 장양(將養) ¶젖먹이를 데려다 —하다.
양:육-비(養育費)명 양육하는 데 드는 비용.
양융(洋絨)명 서양에서 만든 융.
양-으로(陽—)부 남이 알 수 있을 만큼 드러나게. ¶음으로 — 도와 주다. ☞음으로
양은(洋銀)명 ①구리·니켈·아연으로 된 은백색의 합금. 값이 싸고 단단하며 가공이 쉬워 그릇이나 장식품 등을 만드는 데 쓰임. ¶— 냄비 ②'양은전(洋銀錢)'의 준말.
양-은전(洋銀錢)명 서양의 은전. 준양은(洋銀)
양음(陽陰)명 ①양(陽)과 음(陰). 음양(陰陽) ②양수(陽數)와 음수(陰數).
양음(諒陰)명 양암(諒闇)
양:응(養鷹)명 ①-하다자 매를 기름. ②집에서 기른 매.
양:응-가(養鷹家)명 매를 전문으로 기르는 사람.
양의(良醫)명 의술이 뛰어난 의사. 명의(名醫)
양:의(兩儀)명 ①양(陽)과 음(陰), 또는 남(男)과 여(女). ②하늘과 땅. 이의(二儀)
양의(洋醫)명 ①서양 의술로 치료하는 의사. 신의(新醫) ☞한의(韓醫) ②서양인 의사.
양의(量宜)명-하다자타 잘 헤아림.
양이(洋夷)명 서양 오랑캐라는 뜻으로, 지난날 서양 사람을 얕잡아 이르던 말.
양이(量移)명-하다타 지난날, 섬이나 변방으로 귀양 보냈던 사람의 죄를 줄여 가까운 곳으로 옮기던 일.
양:이(攘夷)명-하다자 외국인을 얕보고 배척함.
양:이-론(攘夷論)명 조선 말에, 외국과 교섭을 끊고 쇄국(鎖國)하자던 주장. 흥선 대원군 집정 시대에 대두됨.
양-이온(陽ion)명 양전기(陽電氣)를 띤 이온. 원자 기호의 오른쪽 어깨에 '+' 또는 '·' 표를 붙여서 나타냄. ☞음이온
양:익(兩翼)명 ①새나 비행기 따위의 양쪽 날개. ②중군(中軍)의 좌우에 진을 친 군대. 쌍익(雙翼)
양인(良人)명 ①어질고 착한 백성. ②지난날, 신분이 양반과 천민의 중간 계층인 백성을 이르던 말. 양민(良民)
양:인(兩人)명 두 사람. ¶—을 번갈아 보다.
양인(洋人)명 '서양인(西洋人)'의 준말.
양:일(兩日)명 두 날. 이틀¹
양일(洋溢)명 해일(海溢)
양:일-간(兩日間)명 이틀 사이. 이틀 동안.
양:자(兩者)명 ①양쪽 사람. ¶—의 요구 조건을 들어 보자. ②두 사물. ¶— 중 어느 것을 택할 참인가?
양자(陽子)명 양성자(陽性子)
양자(量子)명 물리에서 다루는 양이, 어떤 기본 양의 정수배(整數倍)의 값만 지닐 때의 그 기본 양, 곧 물리량의 최소 단위.
양:자(養子)명 ①대를 잇기 위해서 조카 뻘 되는 남자 아이를 데려다가 삼은 아들. 계자(繼子). 양아들. 과방자(過房子) ②법률에서, 입양(入養)을 통해 혼인하여 낳은 자식과 같은 자격으로 인정받게 된 사람. 계자(系子) ③-하다타 양자로 정하여 데려옴.
　양자(를) 들다관용 남의 집의 양자가 되다.
　양자(를) 세우다관용 양자를 들이어 대를 잇다.
양자(樣子)명 얼굴의 생긴 모양.
양자(樣姿)명 모습
양:자-가다(養子—)자 양자가 되어 양가로 들어가다.
양-자기(洋瓷器)명 '양재기'의 원말.
양자-론(量子論)명 양자 역학을 기초로 하여 물리 현상을 해명하려는 이론을 통틀어 이르는 말.
양-자리(羊—)명 십이 성좌(十二星座)의 하나. 가을에 천정(天頂) 가까운 남쪽 하늘에 보이는 별자리인데, 12월 하순 오후 여덟 시 무렵에 자오선(子午線)을 통과함. ☞황도 십이궁(黃道十二宮)
양자=물리학(量子物理學)명 양자 역학을 기초로 하여 물리 현상을 연구하는 학문 분야를 통틀어 이르는 말.
양자=역학(量子力學)명 소립자·원자·분자 등의 미시적(微視的)인 세계의 물리 현상을 다루는 이론 체계.
양:자-택일(兩者擇一)명 둘 가운데서 하나를 고름. 이자택일(二者擇一)
양자=화:학(量子化學)명 양자 역학의 이론을 이용하여 화학(化學) 현상을 밝히려는 이론 화학의 한 분야.
양:잠(養蠶)명-하다자 고치를 거두기 위해 누에를 침.
양:잠-업(養蠶業)명 고치를 거두기 위해 누에를 치는 사업. 준잠업(蠶業)
양장(羊腸)명 ①양의 창자. ②꼬불꼬불한 길을 양의 창자에 비유하여 이르는 말.
양장(良匠)명 솜씨가 뛰어난 장인(匠人). 양공(良工)
양장(良將)명 훌륭한 장수.
양장(洋裝)명 ①-하다자 여성이 서양식 옷을 입음, 또는 그런 옷차림. ②-하다타 제책 방법의 한 가지. 책의 낱장을 실 따위로 매어 한데 엮고, 두꺼운 표지를 씌워 꾸미는 방법, 또는 그렇게 꾸민 책. ☞반양장
양장-본(洋裝本)명 양장으로 제책한 책.
양:장=시조(兩章時調)명 초장(初章)과 종장(終章)만으로 이루어진된 시조의 한 형식.
양장-점(洋裝店)명 여성용 서양식 옷을 짓거나 파는 일을 전문으로 하는 가게. ☞양복점(洋服店)
양재(良才)명 훌륭한 재능, 또는 그런 재능을 가진 사람.
양재(良材)명 ①좋은 재목이나 재료. ②훌륭한 인재.
양재(洋裁)명 양복을 마르고 바느질하는 일.
양재(涼材)명 냉재(冷材) ☞온재(溫材)
양:재(禳災)명-하다자 신령에게 빌어서 재앙을 물리침.
양-재기(∠洋瓷器)명 ①금속으로 만든 그릇의 안팎에 법랑을 입힌 그릇. ②알루미늄으로 된 식기.
양재-사(洋裁師)명 양복을 마르거나 바느질하는 사람.
양-잿물(洋—)명 '수산화나트륨'을 달리 이르는 말. 준잿물
양적(量的)[—쩍]명 양(量)으로 따진 것. ¶—으로 우세하다. ☞질적(質的)
양:전(良田)명 기름진 밭.
양:전(兩銓)명 조선 시대에 이조(吏曹)와 병조(兵曹)를 아울러 이르던 말.
양전(洋氈)명 서양식으로 짠 모전(毛氈).
양전(量田)명-하다자 논밭을 측량함.
양전(陽電)명 '양전기(陽電氣)'의 준말.

ㅇ

양전(陽轉)명-하다자 투베르쿨린 반응 따위의 생체 반응 검사에서, 음성이던 것이 양성으로 바뀌는 현상.
양:전(兩全)어기 '양전(兩全)하다'의 어기(語基).
양-전:극(陽電極)명 양극(陽極) ☞음전극(陰電極)
양-전:기(陽電氣)명 유리 막대로 비단 헝겊을 문질렀을 때 유리 막대에 생기는 전기, 또는 그와 같은 성질을 가진 전기. '+' 부호로 표시함. 준양전(陽電) ☞음전기
양-전:자(陽電子)명 전기량·질량 등은 전자와 같으면서 양전하(陽電荷)를 지닌 소립자(素粒子). 포지트론
양-전:하(陽電荷)명 물체가 음전기보다 양전기를 더 많이 지니고 있는 전하. 양하전(陽荷電) ☞음전하(陰電荷)
양:전-하다(兩全-)형여 두 가지가 다 온전하다.
양:전-화(兩全花)명 양성화(兩性花)
양-접시(洋-)명 운두가 낮고 넓은 서양식 접시.
양정(良丁)명 양민(良民)의 장정.
양정(良政)명 선정(善政) ☞악정(惡政)
양:정(養正)명-하다자 정도(正道)를 닦음.
양:정(養庭)명 '양가(養家)'의 높임말. ☞생정(生庭)[1]
양정(糧政)명 양곡 관계의 정책이나 시책(施策).
양-젖(羊-)명 양의 젖. 양유(羊乳)
양제(良劑)명 효능이 좋은 약. 양약(良藥)
양제(洋制)명 서양식 제도.
양제(涼劑)명 한방의 찬 성질의 약제. 신열을 내리게 하는 약제. 냉제(冷劑) ☞온제(溫劑)
양제-근(羊蹄根)명 한방에서, 소리쟁이의 뿌리를 약재로 이르는 말. 옴 등에 쓰임.
양:조(兩朝)명 ①앞뒤의 두 왕조. ¶당송(唐宋) - ②앞뒤 두 임금의 시대. ¶영·정(英正) -
양조(陽鳥)명 '기러기'의 딴이름.
양:조(釀造)명-하다타 원료를 발효·숙성시켜 술이나 간장 등을 만드는 일. 양성(釀成)
양:-조모(養祖母)명 양자로 간 집의 할머니.
양:-조부(養祖父)명 양자로 간 집의 할아버지.
양:조-업(釀造業)명 술이나 간장 등을 만드는 일을 전문으로 하는 사업.
양:조-장(釀造場)명 술이나 간장 등을 만드는 공장. ☞주조장(酒造場) ▷ 釀의 속자는 醸
양:조-주(釀造酒)명 곡류나 과실 등을 원료로 하여 발효시켜 빚은 술. 청주·포도주·맥주 따위. ☞합성주
양:족(兩足)명 양쪽 발. 두 발. ▷ 兩의 속자는 両
양존(陽尊)명-하다타 속으로는 해칠 마음을 품고 있으면서 겉으로는 존경하는체 함.
양종(良種)명 ①좋은 품종. ②좋은 종자.
양:종(兩宗)명 ①불교의 조계종(曹溪宗)과 천태종(天台宗)을 아울러 이르는 말. ②불교의 교종(教宗)과 선종(禪宗)을 아울러 이르는 말.
양종(洋種)명 원산지가 서양인 종류. 서양종(西洋種)
양종(陽種)명 허식이 없고 소탈하여 자신을 있는 그대로 드러내는 사람.
양종(陽腫)명 한방에서, 몸의 겉에 난 종기를 이르는 말.
양종-다리(陽腫-)명 종기가 난 다리.
양주(良酒)명 좋은 술.
양:주(兩主)명 바깥주인과 안주인이라는 뜻으로, 부부(夫婦)를 이르는 말.
속담 **양주 싸움은 칼로 물 베기** : 부부간의 싸움은 화합이 곧 된다는 말. [부부 싸움은 칼로 물 베기]
양주(洋酒)명 ①서양에서 들여온 술. ②서양식 양조법으로 빚은 술.
양주(陽鑄)명 주금(鑄金)에서 표면에 무늬나 명문(銘文) 따위를 도드라지게 나타내는 일.
양:주(釀酒)명-하다자 술을 빚음.
양-주정(佯酒酊)명-하다자 거짓으로 하는 주정.
양:-죽(胖粥)명 소의 양즙에 물을 타서 묽게 만든 것에 쌀을 넣고 쑨 죽.
양:중(兩中)명 남자 무당을 민간에서 이르는 말.
양중(陽中)명 '봄'을 달리 이르는 말. ☞음중(陰中)
양:즙(胖汁)명 소의 양을 잘게 썰어 끓이거나 볶아서 짜낸 즙. 몸을 보하기 위해 먹음.
양증(陽症)[-쯩]명 활발하고 명랑한 성격. ☞음증(陰症)
양증(陽證)[-쯩]명 ①한방에서, 병에 대한 저항력이 강하고 체력이 병을 이기고 있는 상태를 이르는 말. ②'상한양증(傷寒陽證)'의 준말. ☞음증(陰證)
양증-상한(陽證傷寒)[-쯩-]명 상한양증(傷寒陽證)
양증-외:감(陽證外感)[-쯩-]명 한방에서, 외부의 영향으로 생기는 급성병을 이르는 말. 양사(陽邪) ☞음증외감(陰證外感)
양지(羊脂)명 양의 지방. 비누 등의 원료로 쓰임.
양지(良知)명 사람이 태어날 때부터 지니고 있는 올바른 지혜. ☞양능(良能)
양:지(兩地)명 두 지방.
양지(洋紙)명 서양식 제지법으로 만든 종이.
양지(陽地)명 햇볕이 잘 드는 곳. 양달 ☞음지(陰地)
속담 **양지가 음지 되고 음지가 양지 된다** : 세상일이란 돌고 도는 것이어서, 처지가 뒤바뀌는 경우도 많다는 말. /**양지 마당의 씨암탉 걸음** : 교태를 부리느라고 아장거리며 걷는 여자의 걸음을 비유하여 이르는 말.
양지(量地)명-하다자 토지를 측량함. 측지(測地). 탁지(度地)
양지(量知)명-하다타 헤아려 앎.
양:지(養志)명-하다타 뜻을 기름.
양지(諒知)명-하다타 살펴서 앎. 찰지(察知)
양지(壤地)명 나라의 영토(領土). 강토(疆土)
양지-꽃명 장미과의 여러해살이풀. 산에 절로 자라며, 줄기 높이는 30cm 안팎. 잎은 깃꼴 겹잎인데 뿌리에서 무더기로 남. 4～6월에 노란 다섯잎꽃이 핌. 어린순은 나물로 먹을 수 있음.
양지니명 되샛과의 겨울 철새. 몸길이는 18cm 안팎으로 참새보다 조금 큼. 수컷은 고운 붉은빛 바탕에 목은 은백색, 머리 위는 장밋빛이고 등에는 검은 얼룩무늬가 세로로 나 있음. 사할린과 시베리아 동부 등지에서 번식하고, 우리 나라와 일본, 중국 등지에서 겨울을 남. 홍료(紅料)
양지머리명 ①소의 앞가슴에 붙은 고기를 이르는 말. 육질이 질기고 장국·찜·편육 등에 쓰임. ☞사태 ②쟁기의 술의 둥글고 삐죽한 우두머리 끝.
양지머리-편육(-片肉)명 소의 양지머리를 큰 덩어리째로 삶아 뜨거울 때 눌렀다가 식혀 썬 음식.
양지-바르다(陽地-)(-바르고·-발라)형르 햇볕이 잘 드는 자리에 있다. ¶양지바른 남향집.
양지=식물(陽地植物)명 양지에서 잘 자라는 식물. ☞음지 식물(陰地植物)
양지=아문(量地衙門)명 대한 제국 때, 토지의 측량이나 조사에 관한 일을 맡아보던 관아.
양지-옥(羊脂玉)명 양의 기름 덩이 같은 빛깔의, 윤이 있는 흰 옥.
양지-쪽(陽地-)명 볕이 잘 드는 쪽. ☞음지쪽
양지-초(羊脂-)명 양의 기름으로 만든 초. 양지촉(羊脂燭)
양지-촉(羊脂燭)명 양지초
양직(洋織)명 ①서양에서 짠 직물. ②서양식으로 짠 직물.
양직(亮直)어기 '양직(亮直)하다'의 어기(語基).
양직-하다(亮直-)형여 마음이 밝고 곧다.
양:진(兩陣)명 서로 맞선 양편의 진.
양:진(痒疹)명 신경성 피부병의 한 가지. 만지면 알 수 있을 정도의 작은 두드러기가 돋고 몹시 가려움.
양질(良質)명 좋은 바탕, 또는 품질. ¶-의 옷감.
양질호:피(羊質虎皮)성구 속은 양이고 거죽은 범이란 뜻으로, 실속 없이 겉만 꾸미는 일을 이르는 말.
양:-짝(兩-)명 두 편짝.
양:-쪽(兩-)명 ①두 편쪽. ②두 쪽.
양:차(兩次)명 두 번. 양도(兩度)
양-차렵(兩-)명 봄과 가을 두 철에 입을 수 있도록 솜을 얇게 둔 차렵.
양착(量窄)어기 '양착(量窄)하다'의 어기(語基).
양착-하다(量窄-)형여 ①음식을 먹거나 마시는 양이 적

다. ②도량이 좁다. 양협하다
양찬(糧饌)명 양식과 반찬을 아울러 이르는 말.
양찰(亮察)명-하다타 사정이나 형편을 밝게 살핌.
양찰(諒察)명-하다타 사정이나 형편을 헤아려 살핌. 양촉
양창(亮窓)명 창살이 없는 창.
양책(良策)명 좋은 계책. ☞장책(長策)
양처(良妻)명 착한 아내. 유현처(賢妻) ☞악처(惡妻)
양:처(兩處)명 두 곳.
양처현모(良妻賢母)성구 남편에게는 착한 아내이고, 자식에게는 어진 어머니임을 이르는 말. 현모양처
양:척(兩隻)명 송사(訟事)를 일으킨 사람과 송사를 당한 사람, 곧 원고(原告)와 피고(被告)를 아울러 이르는 말.
양:척(攘斥)명-하다타 물리쳐 쫓아 버림.
양천(良賤)명 양인(良人)과 천인(賤人).
양천(涼天)명 서늘한 날씨.
양천(陽天)명 구천(九天)의 하나. 동남쪽 하늘.
양철(洋鐵)명 주석을 입힌 얇은 철판. 생철 ☞함석
양철-가위(洋鐵-)명 양철을 베는 데 쓰는 가위.
양철-공(洋鐵工)명 양철로 물건을 만드는 직공.
양:철-렌즈(兩凸lens)명 양쪽이 다 볼록한 렌즈.
양철-통(洋鐵桶)명 양철로 만든 통. 생철통
양첨(涼簷)명 햇볕을 가리기 위하여 덧댄 처마.
양첩(良妾)명 조선 시대, 양민(良民)의 신분으로 남의 첩이 된 사람을 이르던 말.
양청(洋靑)명 당청(唐靑)보다 짙은 파란 물감.
양:체=웅예(兩體雄蕊)명 이체 웅예(二體雄蕊)
양:초(兩草)명 조선 시대, 엽초 한 냥쭝을 한 묶음으로 하여 팔던 품질이 좋은 담배.
양초(洋-)명 백랍(白蠟)이나 파라핀을 원료로 하고, 무명실을 꼬아 심을 만든 초. 양촉(洋燭)
양초(洋醋)명 화학 약품으로 만든 식초. 물에 초산(醋酸)을 3~5% 타서 만듦.
양초(糧草)명 군대의 양식과 군마(軍馬)의 꼴. 양말(糧秣)
양촉(洋燭)명 양초
양촉(諒燭)명-하다타 양찰(諒察)
양-촉매(陽觸媒)명 화학 반응에서, 반응의 속도를 빠르게 하는 촉매. ☞음촉매(陰觸媒)
양추(涼秋)명 ①서늘한 가을. ②'음력 구월'을 달리 이르는 말. 중양(重陽) ☞양춘(陽春)
양:축(養畜)명-하다자 가축(家畜)을 침.
양춘(陽春)명 ①따뜻한 봄철. ②'음력 정월'을 달리 이르는 말. 왕월(王月) ☞양추(涼秋)
양춘-가절(陽春佳節)명 따뜻하고 좋은 봄철. ☞화풍난양(和風暖陽)
양춘-화기(陽春和氣)명 봄철의 따뜻하고 화창한 기운.
양-춤(洋-)명 '서양식의 춤'을 속되게 이르는 말.
양취(佯醉)명-하다자 거짓으로 취한체 함.
양:측(兩側)명 ①두 편. 양방(兩方) ②양쪽의 옆면. ¶도로 -의 가드레일. ☞편측(片側)
양:치명 '양치질'의 준말.
양-치기(羊-)명 ①양을 기르는 일, 또는 양을 기르는 사람. ②놓아 기르는 양을 돌보는 사람. ¶- 소년
양치-류(羊齒類)명 양치식물의 한 강(綱). 줄기는 대개 땅속줄기이고, 잎은 복잡한 잎맥으로 되어 있으며 대부분 깃꼴 겹잎임. 잎 뒤에 자낭체(子囊體)가 있어 그 속에서 포자(胞子)를 만듦.
양치-식물(羊齒植物)명 식물계(植物界)의 한 문(門). 양치류(羊齒類)·석송류(石松類)·목적류(木賊類) 등으로 나뉨. 관다발이 발달한 뿌리·줄기·잎으로 분화하며, 포자로 번식함. 포자는 싹이 터서 전엽체(前葉體)가 되는데, 여기서 생긴 난자와 정자가 수정하면 또 포자체(胞子體)가 됨. ☞선태식물(蘚苔植物)
양:치-질명-하다자 이를 닦고 물로 입 안을 가셔 내는 일. 양수(養漱) 준양치
양:친(兩親)명 부친과 모친을 아울러 이르는 말. 부모(父母). 어버이
양:친(養親)[1]명-하다자 부모를 봉양함.
양:친(養親)[2]명 양어버이. 양부모(養父母)
양철-간죽(洋-竿竹)명 빨강·파랑·노랑의 빛깔로 알록지게 칠한 담배 설대.
양:칫-물명 양치질할 때 쓰는 물.
양:칭(兩秤)명 저울대의 한 눈이 한 냥의 무게를 나타내는 저울. ☞분칭(分秤)
양코(洋-)명 ①서양 사람, 또는 그들의 높은 코를 놀리어 이르는 말. ②'코가 높은 사람'을 놀리어 이르는 말.
양코-배기(洋-)명 '서양 사람'을 얕잡아 이르는 말.
양:콩-잡이(兩-)명-하다타 바둑에서, 한 점을 놓아 양쪽으로 한 점씩 따내는 일, 또는 그런 수를 이르는 말.
양키(Yankee)명 '미국 사람'을 속되게 이르는 말.
양키이즘(Yankeeism)명 ①미국풍(美國風) ②미국 사람의 기질(氣質).
양-탄:자(∠洋毯子)명 짐승의 털을 굵은 베실에 박아 짠 피륙. 방바닥이나 마룻바닥의 깔개로 씀. 모전(毛氈). 융단(絨緞). 카펫
양탈(攘奪)명-하다타 약탈(掠奪)
양태[1]명 '갓양태'의 준말.
양태[2]명 양탯과의 바닷물고기. 몸길이는 60cm 안팎. 몸은 가늘고 길며 아래위로 납작하고, 머리는 크고 꼬리는 가늚. 몸빛은 등이 암갈색이고 배는 흼. 연안의 모래 바닥에서 살며, 새우나 게를 잡아먹음. 우리 나라 연안에서 인도양에 걸쳐 분포함. 낭태(浪太). 낭태어(浪太魚)
양태(樣態)명 사물의 상태와 양상. 준양(樣)
양태-장(-匠)명 조선 시대, 상의원(尙衣院)에 딸리어 갓양태를 만들던 공장(工匠).
양택(陽宅)명 ①음양가(陰陽家)에서, 음택(陰宅)인 무덤에 상대하여 '사람이 이승에서 사는 집'을 이르는 말. ☞음택(陰宅) ②집터
양-털(羊-)명 양의 털. 양모(羊毛)
양:토(養兎)명-하다자 토끼를 침.
양토(壤土)명 ①흙. 토양(土壤) ②점토(粘土)가 30% 가량 섞인 흙. 수분이나 양분의 흡수가 잘 되어 작물을 재배하기에 알맞음.
양통(痒痛)명 가려움과 아픔. 통양(痛痒)
양:통-집(兩通-)[-찝]명 겹집
양-파(洋-)명 백합과의 두해살이풀. 줄기 높이는 50~100cm, 땅 속의 비늘줄기는 지름 10cm 안팎으로 둥글넓적한 모양이고 겉의 비늘잎은 자줏빛이 도는 갈색임. 잎은 파 모양으로 속이 비었고 녹색인데 꽃이 필 무렵 말라 버림. 9월경에 백색의 꽃이 줄기 끝에 다수가 모여 핌. 비늘줄기는 매운 맛과 독특한 향이 나는데, 먹을 수 있고, 약재로도 쓰임. 페르시아 원산임. 옥총(玉葱)
양판명 대패질할 때 밑에 받쳐 놓는 널빤지.
양:-팔(兩-)명 양쪽 팔. 두 팔.
양:팔=간:격(兩-間隔)명 제식 훈련에서, 양팔을 어깨 높이로 곧게 올렸을 때 손끝이 좌우에 있는 사람이 올린 손끝과 닿을 정도의 간격. ☞정식 간격. 좁은 간격
양패(佯敗)명-하다자 거짓으로 진체 함.
양:편[1](兩便)명 두 편. 양방
양:편[2](兩便)어기 '양편(兩便)하다'의 어기(語基).
양:편-짝(兩便-)명 두 편짝. 양변(兩邊)
양:편-하다(兩便-)형여 양쪽이 다 편하다.
양푼명 운두가 낮고 전이 없으며 위가 넓은 큰 놋그릇. 음식물을 담거나 데우는 데 쓰임.
양품(良品)명 품질이 좋은 물건.
양품(洋品)명 ①서양풍의 물건. ②서양풍의 옷이나 장신구 따위의 잡화(雜貨). 양물(洋物)
양품-점(洋品店)명 양품을 파는 가게.
양풍(良風)명 좋은 풍속. 유미풍(美風)
양풍(洋風)명 '서양풍(西洋風)'의 준말.
양풍(涼風)명 ①팔풍(八風)의 하나. '남서풍(南西風)'을 달리 이르는 말. ②서늘한 바람.
양풍(陽風)명 ①춘풍(春風) ②동풍(東風)
양풍-미:속(良風美俗)명 아름답고 좋은 풍속. 미풍양속(美風良俗)

양피(羊皮)명 양의 가죽.
양피=구두(羊皮−)명 양의 가죽으로 만든 구두.
양피=배:자(羊皮褙子)명 양의 가죽으로 만든 배자.
양피-지(羊皮紙)명 양이나 산양의 가죽으로 만든, 글을 적는 재료. 무두질한 가죽을 말리어 표백하여, 활석(滑石)으로 닦아 윤을 낸 것.
양:피-화(兩被花)명 꽃받침과 꽃부리를 완전히 갖춘 꽃. 배꽃·살구꽃 따위 ☞나화(裸花). 단피화(單被花)
양필(良筆)명 ①좋은 붓. ②훌륭한 글씨. ③훌륭한 문장가(文章家).
양하(蘘荷)명 생강과의 여러해살이풀. 줄기 높이는 30~50cm. 생강과 비슷함. 땅속줄기는 옆으로 뻗고, 잎은 길둥글고 두 줄로 어긋맞게 나며, 여름에 담황색의 꽃이 핌. 열대 아시아 원산으로 각지에서 재배되며, 화수(花穗)·어린잎·땅속줄기는 향미료로 쓰임.
양-하전(陽荷電)명 양전하(陽電荷)
양학(洋學)명 서양의 학문. ☞한학(漢學)
양-항라(洋亢羅)명 무명실로 짠 항라.
양-해(羊−)명 간지(干支)의 지지(地支)가 미(未)인 해를, 지지의 동물 이름으로 상징하여 이르는 말. ☞미년
양해(諒解)명-하다타 사정을 잘 헤아려서 너그러운 마음으로 받아들임. 이해(理解)
양해=각서(諒解覺書)명 국가 사이에 문서로 된 합의. 조약과 같은 효력을 가지며, 일반적으로 외교 교섭 결과 서로 양해된 사항을 확인·기록할 때 쓰임.
양핵(陽核)명 '원자핵(原子核)'을 달리 이르는 말.
양행(洋行)명 ①-하다자 서양으로 여행하거나 유학하는 일. ②상사(商社)를 달리 이르는 말.
양향(糧餉)명 군사가 먹을 양식. 군량(軍糧)
양허(亮許)명-하다타 사정을 잘 알아서 허용함.
양허(陽虛)명-하다형 ①한방에서, 양기(陽氣)가 허약한 상태를 이르는 말. ②양기가 허약하여 한기가 드는 증세.
양:현-고(養賢庫)명 ①고려 시대, 국학(國學)의 재정 관리를 하던 관아. ②조선 시대, 성균관(成均館)의 유생(儒生)에게 주는 식량·물품에 관한 일을 맡아보던 관아, 또는 그것에 딸린 창고.
양:혈(養血)명-하다자 약을 써서 조혈을 돕는 일.
양협(量狹)어기 '양협(量狹)하다'의 어기(語基).
양협-하다(量狹−)형여 도량이 좁다. 양착하다
양형(量刑)명-하다자 형벌의 정도를 헤아려 정함.
양혜(洋鞋)명 지난날, '구두'를 이르던 말. 양화(洋靴)
양호(羊毫)명 '양호필(羊毫筆)'의 준말.
양:호(兩虎)명 ①두 마리의 범. ②역량이 비슷한 두 영웅(英雄), 또는 두 강대국(強大國)을 비유하여 이르는 말. ☞양호상투(兩虎相鬪)
양:호(兩湖)명 호남(湖南)과 호서(湖西), 곧 전라도(全羅道)와 충청도(忠淸道)를 아울러 이르는 말. ☞양남
양:호(養戶)명 조선 시대, 부자가 천민(賤民)의 조세를 대신 물고 공역(公役)을 면제해 놓은 뒤에 마음대로 부리던 민가(民家).
양:호(養虎)명-하다자 범을 기른다는 뜻으로, 뒷날의 근심거리를 남김을 비유하여 이르는 말. ☞양호유환
양:호(養護)명-하다타 ①기르고 보호함. ②학교에서, 아동이나 학생의 건강을 돌보아 주는 일.
양호(良好)어기 '양호(良好)하다'의 어기(語基).
양:호=교:사(養護教師)명 학교에서, 아동이나 학생의 건강을 돌보아 주며 위생과 보건에 관한 교육을 담당하는 교사.
양:호상투(兩虎相鬪)성구 두 마리의 범이 싸운다는 뜻으로, 두 영웅 또는 두 강대국의 싸움을 비유하여 이르는 말. ☞양호(兩虎)
양:호-실(養護室)명 학교에서, 아동이나 학생의 건강·위생 등을 돌보아 주는 방.
양:호유환(養虎遺患)성구 범을 길러서 뒷날의 근심거리를 남긴다는 뜻으로, 은혜를 베풀고도 도리어 해를 입는 일이 있을 수 있음을 이르는 말.
양호-필(羊毫筆)명 양털로 촉을 만든 붓. 준양호(羊毫)
양호-하다(良好−)형여 매우 좋다. ¶건강 상태가 −.
양홍(洋紅)명 중남미(中南美) 시막의 선인장에 기생하는 연지벌레의 암컷에서 채취하여 정제한, 가루로 된 붉은 색소. 그림 물감, 분석 시약 등에 쓰임. 카민(carmine)
양화(良貨)명 품질이 좋은 화폐. 실제 가격과 법정 가격과의 차(差)가 적은 화폐. ¶악화는 −를 구축한다. ☞악화(惡貨)
양화(洋貨)명 ①서양의 화폐. ②서양에서 수입한 상품.
양화(洋畫)명 ①'서양화(西洋畫)'의 준말. ②서양에서 제작한 영화.
양화(洋靴)명 구두. 양혜(洋鞋)
양화(涼花)명 목화(木花)
양화(陽畫)명 음화(陰畫)를 감광지(感光紙)에 박은, 색상과 명암이 실제의 것과 같은 사진. ☞음화(陰畫)
양:화(釀禍)명-하다자 화근을 만듦.
양:화-구복(禳禍求福)명 재앙을 물리치고 복을 구함.
양-화료(∠洋花縟)명 양탄자로 만든 요.
양-화포(洋花布)명 무명실로 꽃무늬를 놓아서 짠 서양식 피륙.
양황(洋黃)명 서양에서 만든 노랑 물감.
양회(洋灰)명 시멘트(cement)
양회(諒會)명-하다타 자세히 살펴서 앎.
양-휘양(涼−)명 잘이나 돈피로 만들지 않고 깁으로 만든 휘양. 가을에 씀. ▷涼의 속자는 凉
얕다[얃−]형 ①표면에서 바닥까지의 거리가 짧다. ¶얕은 내./얕은 구덩이. ②아가리나 전에서 바닥까지의 깊이가 낮다. ¶얕은 병./얕은 단지./얕은 냄비. ③사물의 정도나 양이 적다. ¶얕은 상식./얕은 잠./학문이 −. ④정 등이 두텁지 아니하다. ☞깊다. 열다
속담 **얕은 내도 깊게 건너라** : 작은 일이라도 가벼이 생각지 말고 조심하여 하라는 말.

한자 얕을 천(淺)〔水部 8획〕¶심천(深淺)/천식(淺識)/천학(淺學)/천해(淺海) ▷속자는 浅

얕디-얕다[얃−얃−]형 매우 얕다. ☞열디열다
얕-보다[얃−]타 얕잡아 보다. ¶얕보고 덤볐다가 지고 말았다. ☞돋보다
얕은-꾀명 속이 들여다보이는 하찮은 꾀.
얕은-맛명 진하지 않은 산뜻하고 부드러운 맛.
얕-잡다[얃−]타 남을 낮추보아 하찮게 대하다.
얕추[얃−]부 얕게 ¶모를 − 심다.
얘[1]명〈어〉한글 자모(字母) 'ㅒ'의 이름.
얘:[2]준 '이 아이'가 줄어든 말. ☞개. 재
얘:기명-하다자 '이야기'의 준말.
얘:깃-거리명 '이야깃거리'의 준말.
얘:야감 '이 아이야'가 줄어든 말.
얜:준 '이 아이는'이 줄어든 말. ¶− 누구야? ☞걘
얠:준 '이 아이를'이 줄어든 말. ¶− 데려가게. ☞걜
어[1]명〈어〉한글 자모(字母) 'ㅓ'의 이름.
어[2]감 ①급작스런 일에 놀라거나 당황하거나 다급할 때, 또는 문득 생각이 떠오를 때 내는 소리를 나타내는 말. ¶−, 또 당했다. ②상대편의 주의를 불러일으키려고 내는 소리를 나타내는 말. ¶−, 잠깐 기다려. ☞아[2]
어[3]감 반가움·기쁨·슬픔·뉘우침 등의 느낌을 나타낼 때 내는 소리. ¶−, 오랜만이야./−, 따뜻하다.
어(敔)명 국악기 목부(木部) 타악기의 한 가지. 엎드린 범 같은 모양으로, 등에 27개의 톱니가 있음. 연주를 마칠 때 견(籈)으로 긁어서 소리를 냄.
-어(語)《접미사처럼 쓰이어》'말'의 뜻을 나타냄. ¶표준어(標準語)/중국어(中國語)/민족어(民族語)
-어[1]어미 음성 모음 'ㅓ·ㅜ·ㅡ'의 어간에 붙어, 반말하는 자리에 여러 서술 표현의 방법으로 쓰이는 종결 어미. ¶때가 너무 늦어. (사실 표현)/어릴 때가 그리워. (사실 표현)/그것을 믿어? (물음)/장난을 그만 두어. (시킴)/우리 함께 웃어. (권유) ☞-아[1]
-어[2]어미 ①음성 모음 'ㅓ·ㅜ·ㅡ'의 어간에 붙어, 동사나 형용사를 뒤따르게 하는 부사형 어미. 부사어가 되기

도 하고 동사구를 만들기도 하며 뒤의 말과 어울려 한 덩이가 되기도 함. ¶학생들이 걸어온다./해가 떠오른다./사정을 들어 본다./얼굴을 살펴본다./아래를 굽어본다. ②'-어서'의 준말. ☞-아²

어:가(御街)명 ①대궐에 이르는 길. ②대궐 안의 길.

어:가(御駕)명 임금이 타는 수레. 대가(大駕). 용가(龍駕)

어가(漁歌)명 고기잡이를 하며 부르는 노래.

어:간명 ①어느 일정한 때로부터 언제까지의 사이. ¶1980년에서 1990년 ―에 생산된 자동차. ②어떤 물체와 물체 사이. ¶윗집과 아랫집 ―에 산울타리가 있다.

어간(魚肝)명 물고기의 간.

어:간(語幹)명〈어〉활용하는 단어로서 활용할 때 변하지 않는 부분. '가다, 가고, 가면', '밝다, 밝고, 밝게'에서 변하지 않는 '가-', '밝-'이 이에 해당함.

어:간-대:청(―大廳)명 방과 방의 사이에 있는 대청.

어:간-마루명 방과 방 사이에 있는 마루.

어간-유(魚肝油)[―뉴]명 간유(肝油)

어:간-장지(∠―障子)명 대청이나 큰방의 중간을 막은 장지.

어:간-재비명 ①사이에 칸막이로 둔 물건. ②몸집이 썩 큰 사람을 놀리어 이르는 말.

어:감(語感)명 말하는 이의 말소리나 말씨에서 느껴지는 독특한 느낌. 말맛

> ▶ **어감(語感)의 차이를 나타내는 단어**
> 어감의 차이를 나타내는 단어나 발음이 비슷한 단어들이 다 같이 널리 쓰일 때에는 그 모두를 표준어로 삼았다.
> ¶거슴츠레하다·게슴츠레하다/고까·꼬까/고린내·코린내/교기(驕氣)·갸기/구린내·쿠린내/꺼림하다·께름하다/나부랭이·너부렁이

어개(魚介)명 ①어류(魚類)와 패류(貝類)를 아울러 이르는 말. ②바다에 사는 동물을 통틀어 이르는 말.

어:거(馭車)명-하다타 ①수레를 메운 소나 말을 부리어 모는 일. ②거느리어 바른길로 나가게 함.

> 한자 어거할 어(御) 〔彳部 8획〕 ¶어자(御者)

어:거리-풍년(―豊年)명 썩 드물게 드는 큰 풍년.

×**어거지**명 →억지

어:격(語格)[―껵]명 말하는 격식, 또는 규칙. 어훈(語訓) ☞어법(語法)

어겹명 한데 뒤범벅이 되는 일.

어:계(語系)명 언어의 계통.

어고(魚鼓)명 목어(木魚)¹

어:고(御庫)명 지난날, 임금이 사사로이 쓰는, 대궐 안의 곳집을 이르던 말.

어골-경(魚骨鯁)명 물고기의 가시.

어:공(御供)명-하다타 임금에게 물건을 바침.

어:공-미(御供米)명 임금에게 바치는 쌀.

어:공-원(御供院)명 대한 제국 때, 궁내부(宮內府)에 딸리어 땅의 개간, 고기잡이, 사냥 등과 어공하는 여러 가지 물품 등에 관한 일을 맡아보던 관아.

어곽(魚藿)명 물고기와 미역이라는 뜻으로, 해산물(海産物)을 통틀어 이르는 말.

어곽-전(魚藿廛)명 해산물을 파는 가게.

어교(魚膠)명 부레풀

어구(魚狗)명 '물총새'의 딴이름.

어:구(御溝)명 대궐에서 흘러 나오는 개골창.

어:구(語句)명 말의 마디나 구절.

어구(漁具)명 고기잡이에 쓰는 도구나 기구.

> ▶ **재래식 고기잡이 기구들**
> 가리/만두/보쌈/사둘/산대/오구/족대/쨍이/통발/후리치

어구(漁區)명 고기잡이를 할 수 있도록 허가된 구역. 정부가 법으로 정하거나 국제적인 조약이나 협정 등에 따라 정함.

어구머니감 '어이구머니'의 준말.

어군(魚群)명 물고기의 떼. 어대(魚隊)

어:군(語群)명 같은 어파(語派) 중에서 서로 친족 관계를 이루는 여러 언어를 통틀어 이르는 말. 말떼

어:-군막(御軍幕)명 지난날, 임금이 거둥 중에 잠시 머물 수 있도록 임시로 꾸민 막을 이르던 말.

어군=탐지기(魚群探知機)명 어선에서 해저(海底)로 초음파를 쏘아서 그 반사파로써 바다 속의 어군의 종류와 규모, 위치 등을 알아내는 장치.

어:굴(語屈)어기 '어굴(語屈)하다'의 어기(語基).

어:굴-하다(語屈―)형여 말이 꿀려서 대답하기가 거북하다.

어:궁(語窮)어기 '어궁(語窮)하다'의 어기(語基).

어:궁-하다(語窮―)형여 할 말이 없어서 대답이 궁하다.

어궤조산(魚潰鳥散)성구 물고기 떼나 새떼처럼 흩어진다는 뜻으로, 사방으로 흩어짐을 이르는 말.

어귀(∠於口)명 드나드는 길목의 첫머리.

×**어귀**(語句)명 →어구(語句)

어귀-어귀부 음식을 입 안에 잔뜩 틀어넣고 마구 씹는 모양을 나타내는 말. ☞아귀아귀

어귀-차다형 뜻이 굳고 하는 일이 여무지다. ☞아귀차다

어그러-뜨리다(트리다)타 어그러지게 하다.

어그러-지다자 ①짜여 있어야 할 것이 제자리에서 물러나 서로 맞지 아니하다. ¶상자의 사개가 ―. ②바라던 일 따위가 그대로 되지 아니하다. ¶기대에 ―. ③사이가 좋지 않게 되다. ¶다정하던 사이가 ―. 어긋나다

> 한자 어그러질 착(錯) 〔金部 8획〕 ¶착각(錯覺)/착란(錯亂)/착시(錯視)/착오(錯誤)

어그러질-천(―舛)명 한자 부수(部首)의 한 가지. '舞'·'舜' 등에서 '舛'의 이름.

어:극(御極)명-하다자 ①즉위(卽位) ②재위(在位)

어:근(語根)명〈어〉단어를 분석하여 얻은 구성 요소의 한 가지. 그 말의 근본이 되는 뜻을 지닌 부분으로, 그 이상 가를 수 없는 말 조각. 곧 '앞뒤, 풀잎, 팔굽혀펴기, 덧버선, 손질, 놀이, 얼음' 등에서 '앞, 뒤, 풀, 잎, 팔, 굽-, 펴-, 버선, 손, 놀-, 얼-'이 어근에 해당함.

> ▶ **한자어의 어근(語根)의 예**
> ① '귀(貴)하다'에서 '-하다'를 떼어 내면 '귀(貴)'가 남는다. '중(重)하다'에서 '-하다'를 떼어 내면 '중(重)'이 남는다. 이 '귀(貴)'와 '중(重)'은 각각 어근이다.
> ② '귀중(貴重)하다'를 분석하여 '-하다'를 떼어 내면 '귀중'이 남는다. 여기서 '귀중'은 '귀중하다'의 어기(語基)이다. 이 '귀중'을 다시 분석하면 '귀(貴)'와 '중(重)'인데, 이 '귀'나 '중'이 어근이다.

어근-버근¹부 서로 마음이 맞지 않아 툭하면 다투는 모양을 나타내는 말. ☞아근바근¹

어근-버근²부-하다형 사개나 짜임새가 어그러지고 버그러져 있는 모양을 나타내는 말. ☞아근바근²

어글어글-하다형여 ①얼굴의 생김새가 시원시원하다. ②서글서글하다

어금-깔음명 건축에서, 돌을 갈지(之) 자 모양으로 까는 일. ☞어금쌓기

어금-꺾쇠[―꺽―]명 양쪽 끝이 서로 반대 방향으로 구부러진 꺾쇠.

어금-니명 포유동물의 아래윗니 중에서 구석 쪽에 있는, 가운데가 확처럼 오목한 이. 구치(臼齒) ☞엄니

어금닛-소리명〈어〉훈민정음(訓民正音) 언해본(諺解本)에서 이른 엄쏘리〔牙音〕로, 오늘날의 연구개음(軟口蓋音)임.

어금-막히다자 서로 어긋나게 놓이다.

어금버금-하다형여 어금지금하다

어금-쌓기명 길이모쌓기에서, 벽돌을 갈지(之) 자 모양으로 쌓는 일.

어금지금-하다형여 서로 어슷비슷하여 큰 차가 없다.

어금버금하다
어긋-나기[-귿-] 명 잎차례의 한 가지. 식물의 잎이 줄기나 가지의 한 마디에 하나씩 맞은쪽과 어긋맞게 나는 일. 호생(互生) ☞돌려나기
어긋-나다[-귿-] 자 ①서로 꼭 맞지 아니하다. ¶턱뼈가 -. ②사실이나 도리에 맞지 않고 틀리다. ¶도리에 어긋나는 행동. ③오고 가는 길이 달라서 서로 만나지 못하게 되다. ¶길이 -. ④어그러지다
어긋-놓다[-귿-] 타 서로 엇갈리게 놓다.
어긋-맞다[-귿맏-] 형 이쪽 저쪽이 서로 어긋나게 마주 있다. ¶잎이 어긋맞게 나다.
어긋-매끼다[-귿-] 타 서로 어긋나게 맞추다. 준엇매끼다
어긋-물다[-귿-] 타 서로 어긋나게 물다. 준엇물다
어긋-물리다[-귿-] 자 서로 어긋나게 물리다. 준엇물리다
어긋-버긋[-귿-] 부-하다 형 사개나 짜임새가 어그러지고 버그러져 있는 모양을 나타내는 말.
어긋-어긋[-귿-] 부-하다 형 물건의 이음매 따위가 모두 조금씩 벌어져 있는 모양을 나타내는 말. ¶- 사개가 물러나다. ☞아긋아긋
어긋-하다[-귿-] 형여 ①물건의 이음매 따위가 조금 벌어져 있거나 어그러진듯 하다. ②어떤 기준 등에 좀 못 미치어 있다. ☞아긋하다
어기(漁基) 명 어장(漁場)
어기(漁期) 명 어떤 해역(海域)에서 어떤 종류의 고기가 많이 잡히는 시기.
어:기(語氣) 명 말하는 어조(語調)나 기세(氣勢). ☞어세(語勢)
어:기(語基) 명 <어>단어를 이루는 데 직접적인 바탕이 되는 요소. '소박(素朴)하다, 한가(閑暇)하다'에서 '소박(素朴), 한가(閑暇)'가 어기에 해당함.

▶ **한자어의 어기(語基)의 예**
'방정(方正)하다', '심오(深奧)하다'에서 '-하다'를 떼어 낸 '방정(方正)', '심오(深奧)'가 어기에 해당한다. 이들은 그 자체가 우리말일 수 없고 '-하다'와 결합하여 비로소 우리말의 형용사가 된다.

어기다 타 지켜야 할 일을 지키지 아니하다. ¶교통 법규를 -./약속을 -.

한자 어길 위(違) 〔辵部 9획〕 ¶위반(違反)/위배(違背)/위법(違法)/위약(違約)/위헌(違憲)

어기-대:다 자 고분고분 따르지 아니하고 뻗대다.
어기뚱-거리다(대다) 자 키가 큰 사람이 몸을 굼뜨게 움직이면서 느릿느릿 걷다. ☞아기똥거리다
어기뚱-어기뚱 부 어기뚱거리는 모양을 나타내는 말. ☞아기똥아기똥
어기뚱-하다 형여 말이나 하는 짓이 좀 뒤퉁스러운 데가 있다. ☞아기똥하다
어기야 감 '어기야디야'의 준말.
어기야-디야 감 뱃사람들이 노를 저을 때, 노를 밀었다 당겼다 하면서 하는 말. 준어기야. 어야디야. 에야디야
어기여차 감 여러 사람이 힘을 모을 때 함께 하는 말. 어여차
어기적-거리다(대다) 자 ①몸집이 큰 사람이 걸을 때 다리를 부자연스럽게 자꾸 움직이다. ②어기적어기적 씹다. ☞아기작거리다. 어기죽거리다. 어깃거리다
어기적-어기적 부 ①몸집이 큰 사람이 다리를 부자연스럽게 움직이면서 느릿느릿 걷는 모양을 나타내는 말. ¶다친 다리로 - 걸어오다. ②질깃한 음식을 입에 가득 넣고 느릿느릿 씹는 모양을 나타내는 말. ☞아기작아기작. 어기죽어기죽. 어깃어깃
어기죽-거리다(대다) 자 몸집이 큰 사람이 발걸음을 부자연스레 떼면서 걷다. ☞아기족거리다. 어기적거리다. 어깃거리다
어기죽-어기죽 부 어기죽거리는 모양을 나타내는 말. ☞아기족아기족. 어기적어기적. 어깃어깃
어기중(於其中) 어기 '어기중(於其中)하다'의 어기(語基).
어기중-하다(於其中-) 형여 중간 정도에 해당하다. 가운데쯤 되다.
어기-차다 형 뜻을 굽히지 아니하고 꿋꿋하다. ¶어기차게 어려움을 극복하다. ☞아귀차다
어김-없:다[-업-] 형 어기는 일이 없다.
어김-없이 부 어김없게 ¶일정한 시각에 - 도착하다.
어깃-거리다(대다)[-긷-] 자 몸집이 큰 사람이 손발을 부자연스레 놀리며 걷다. ☞아깃거리다. 어기적거리다. 어기죽거리다
어깃-어깃[-긷-] 부 어깃거리는 모양을 나타내는 말. ☞아깃아깃. 어기적어기적. 어기죽어기죽
어깃-장 명 짐짓 어기대는 행동. ¶-을 놓다.
어깨 명 ①사람의 팔이 몸통에 이어진 부분의 위쪽에서 목줄기 밑동에 이르는 부분. ¶-에 짐을 얹다. ②짐승의 앞다리나 새의 날개가 몸통에 이어진 부분의 위쪽. ③옷의 소매 위쪽에서 깃에 이르는 부분. ¶제복 -에 붙인 표장(標章). ④물건이나 글자 따위의 위쪽 모서리 부분. ¶글자의 왼쪽 -에 따옴표를 찍다. ⑤물건의 목에서 몸통에 이르는 부분. ¶백자 화병의 - 부분의 우아한 선. ⑥지거나 맡은 책임. ¶국방은 국군 장병의 -에 달려 있다.
어깨가 가벼워지다 관용 ①어깨의 결림이 풀리어 편안해지다. ②책임이나 부담을 벗어 마음이 홀가분해지다.
어깨가 무겁다 관용 책임을 지게 되어 마음에 짐이 되다.
어깨가 움츠러들다 관용 마음에 두렵거나 부끄러운 느낌을 받게 되다.
어깨가 처지다 관용 기가 꺾기거나 용기를 잃거나 하여 기운이 빠지다.
어깨를 겨루다 관용 어깨를 나란히 하다.
어깨를 겯다 관용 ①서로 어깨를 나란히 대고 남의 어깨에 팔을 걸치다. ②남과 행동을 같이하다.
어깨를 나란히 하다 관용 ①두 사람 이상이 가로로 가지런히 서다. ②지위나 역량 등이 서로 비슷한 정도가 되다. 또는 그런 사이에 서로 겨루다. 어깨를 겨루다.
어깨를 펴다 관용 당당하거나 뽐내는 태도를 보이다.
어깨에 힘을 주다 관용 위세를 과시하거나 남을 위압하는 태도를 나타내다.

한자 어깨 견(肩) 〔肉部 4획〕 ¶견골(肩骨)/견비(肩臂)/견장(肩章)/쌍견(雙肩)

어깨-걸이 명 부녀자가 나들이할 때 추위를 막거나 치레삼아 어깨에 걸치는 것. ☞숄(shawl)
어깨너머-던지기 명 씨름의 혼합 기술의 한 가지. 서로 붙어 있는 상태에서 몸을 뒤로 뒤집는 자세를 취하면서 상대편을 어깨 너머로 던지어 넘어뜨리는 공격 재간. ☞업어던지기
어깨너머-로 부 남이 하는 것을 옆에서 눈여겨보고 듣는 방법으로. ¶- 배운 솜씨.
어깨너머-문장(-文章) 명 정식으로 공부를 하지 않고, 남이 공부하는 옆에서 보고 들어서 배운 사람.
어깨너멋-글 명 남이 공부하는 옆에서 보고 들어 배운 글.
어깨-동갑(-*同甲) 명 나이가 한 살 차이인 동배(同輩). 자치동갑
어깨-동무 명 ①-하다 자 두 사람이나 여러 사람이 가로로 나란히 서거나 앉아서 팔을 남의 어깨에 서로 얹음. ②어린이 사이에서 나이가 비슷한 또래의 친한 동무. ③어릴 때 친하게 지내던 동무.
어깨-번호(-番號) 명 글자나 단어 등의 오른쪽 위에 매긴 번호.
어깨-뼈 명 척추동물의 등 위쪽에 있는, 상박골(上膊骨)과 몸통을 잇는 한 쌍의 넓적한 뼈. 견갑골(肩胛骨). 죽지뼈
어깨=차례 명 ①차례를 거르지 않고 돌아가는 차례. 견차(肩次) ②키에 따른 차례.
어깨-총(-銃) 명 소총(小銃)을 다루는 자세의 한 가지. 총신(銃身)을 어깨에 기대고 개머리판 바닥을 손바닥으

로 받친 자세.
감 어깨총을 시킬 때 구령으로 하는 말.
어깨-춤 명 ①신이 나서 어깨를 으쓱거리는 짓. ②어깨를 으쓱거리며 추는 춤.
어깨-통 명 어깨의 너비.
어깨-판 명 어깨의 넓적한 부분.
어깨-허리 명 한복 치마에서 끈을 어깨에 걸치도록 단 치마 허리.
어깻-바대 명 한복 적삼의 어깨에 속으로 덧댄 조각.
어깻-바람 명 어떤 일이 즐겁거나 흥이 나서 절로 우쭐거려지는 흥겨운 어깻짓. ☞궁둥잇바람. 신바람
어깻-부들기 명 어깨의 뿌리, 또는 어깨의 언저리.
어깻-살 명 돼지의 어깨 부위의 살을 고기로 이르는 말. 구이·조림·찜·편육 등에 쓰임. ☞삼겹살
어깻-숨 명 어깨를 들먹이며 가쁘게 쉬는 숨.
어깻자-맞춤(-字-)[-만-] 명 한 줄 건너씩 나란히 있는, 같은 글자를 찾아내는 놀이.
어깻-죽지 명 어깨와 팔이 이어진 부분. 죽지
어깻-짓 명 어깨를 움직이거나 으쓱거리는 짓.
×어꾸수-하다 형여 →엇구수하다
어:-녹다 자 '얼녹다'의 준말.
어:-녹이다 타 '얼녹이다'의 준말.
어:녹이-치다 자 여기저기서 얼다가 녹다가 하다.
어농(漁農) 명 ①어업과 농업. ②어민과 농민.
어:눌(語訥) 어기 '어눌(語訥)하다'의 어기(語基).
어:눌-하다(語訥-) 형여 말을 할 때 떠듬거려 말이 순하지 못하다. 말굳다
어느 관 분명하지 않거나 분명하게 밝히고 싶지 아니한 사람·때·곳 등을 가리키는 말. ¶ - 사람도 그 제안에 반대하는 이가 없었다./그는 - 나라 사람인가?
어느 겨를에 관용 어느 사이에. 어느 틈에. ¶ - 그 많은 일을 다 해냈을까?
어느 누구 관용 '누구'를 강조할 때 쓰는 말. ¶그의 말에 -도 말대꾸하지 않았다.
어느 세월에 관용 기다려야 할 시간이 아득함을 이르는 말. 어느 천년에. ¶ - 그 많은 낟알을 다 셀까.
어느 천년에 관용 어느 세월에.
어느 틈에 관용 어느 겨를에.
속담 **어느 구름에서 비가 올지**: ①언제, 어떤 일이 생길지 알 수 없다는 말. ②일이란 실제로 되어야 알지 미리 헤아리기는 어렵다는 말./**어느 귀신이 잡아갈지 모른다**: 어느 경우에 어떻게 잘못될지 모른다는 말./**어느 말이 물 마다하고 여물 마다하랴**: 사람들이 비록 말은 하지 않지만 누구나 다 제 욕심은 있다는 뜻으로 이르는 말./**어느 장단에 춤추랴**: 한 가지 일에 참견하는 이가 여럿일 때, 누구의 말을 좇아야 할지 난처하다는 말.
어느-것 대 어느 물건. ¶ -이 마음에 드니?.
어느-결에 부 '어느 겨를에'가 줄어든 말. ¶그 먼데를 - 다녀왔지?
어느-덧 부 어느 사이인지 모르는 동안에. ¶회초리 같았던 묘목이 - 아름드리로 자랐다.
어느-새 부 어느 틈에 벌써. ¶ - 해가 지다.
어:는-점(-點) 명 물이 얼기 시작하는 온도. 1기압 아래서는 0℃를 이름. 빙점(氷點)
어단(魚團) 명 동근 생선묵 튀김.
어대(魚隊) 명 물고기의 떼. 어군(魚群)
어도(魚道) 명 ①물고기 떼가 늘 지나는 일정한 길. ②하천에 물고기의 이동을 방해하거나 막는 장애물이 있을 때, 물고기의 이동이 가능하도록 만든 수로나 장치. ☞어제(魚梯)
-어도 어미 ①음성 모음 'ㅓ·ㅜ·ㅡ'의 어간이나 '이다'의 '이-'에 붙어, 어떤 사실을 들어 인정하는 조건에 두는 연결 어미. ¶썩어도 준치./길어도 한 달이다./꿈이 아니어도 좋다./중학생이어도 상관없다. ②대립적인 사실 표현에 쓰임. ¶겉은 검어도 속은 희다./놀기는 좋아하여도 일하기는 싫어한다. ☞-아도
어:동(禦冬) 명-하다 자 겨울을 날 준비를 함.
어동어서-에(於東於西-) 부 어떻게 되든지. 어차어피에
어동육서(魚東肉西)[-늑-] 제상(祭床)에 제물을 차리는 격식의 하나. 생선으로 만든 제물은 동쪽에, 고기로 만든 제물은 서쪽에 차림을 이르는 말. ☞동두서미(東頭西尾). 좌포우혜(左脯右醯)
어:두(語頭) 명 말이나 단어의 첫머리. ☞말머리
어두-귀:면(魚頭鬼面) 명 물고기 대가리에 귀신 낯짝이라는 뜻으로, 괴상하게 생긴 얼굴을 형용하는 말.
어두움 명 어두운 상태. 준 어둠
어두-육미(魚頭肉尾) 명 물고기는 대가리가 맛이 좋고, 짐승 고기는 꼬리 부분이 맛이 좋다는 말.
어두-일미(魚頭一味) 명 물고기는 대가리가 특히 맛이 좋다는 말.
어두커니 부 새벽녘 어둑어둑할 때에. ¶ - 산에 오르다.
어두컴컴-하다 형여 어둡고 컴컴하다. ¶어두컴컴한 골목길을 가다.
어둑-새벽 명 아직 어두움이 가시지 않은 이른 새벽. ¶ -부터 들일을 시작하다.
어둑-어둑 부 점점 어두워져 가는 모양을 나타내는 말. ¶ - 저물 무렵에 일을 마치고 돌아오다.
어둑어둑-하다 형여 무엇을 또렷이 분간하기 어려울 만큼 어둡다.
어둑-하다 형여 ①조금 어둡다. ②되바라지지 않고 어수룩한 데가 있다. ¶사람됨이 어둑한 데가 있다.
어:둔(語鈍) 어기 '어둔(語鈍)하다'의 어기(語基).
어:둔(語遁) 어기 '어둔(語遁)하다'의 어기(語基).
어:둔-하다(語鈍-) 형여 말씨가 분명하지 아니하고 둔하다. 말굳다 ¶모국어에 어둔한 교포.
어:둔-하다(語遁-) 형여 둘러댈 말이 없어서 대답이 군색하다. ¶어둔한 변명으로 얼버무리다.
어둠 명 '어두움'의 준말. ¶ -이 깔린 들판.
어둠-길[-낄] 명 날이 저물어 어두워진 길. ☞밤길
어둠-별[-뻘] 명 개밥바라기
어둠-상자(-箱子) 명 주름상자식 사진기의 몸체. 렌즈로만 빛이 들어오게 만든 상자 모양의 장치. 암상(暗箱)
어둠침침-하다 형여 좀 어둡고 침침하다. ¶눈이 -./어둠침침한 방 안.
어둡다(어둡고·어두워) 형ㅂ ①빛이 약하거나 적어서 컴컴하다. ¶어두운 밤길./어두운 굴 속. ②빛깔이 검은 빛을 띤 느낌이 있다. ¶어두운 자줏빛. ③분위기나 표정, 인상 등이 밝지 아니하고 무겁다. ¶어두운 표정./어두운 분위기. ④눈이 잘 보이지 않거나 귀가 잘 들리지 않는 상태에 있다. ¶눈이 -./귀가 -. ⑤남에게 보이거나 알리고 싶지 않은, 불행한 데가 있다. ¶마음에 어두운 과거를 간직하고 있다./어두운 생활에서 벗어나려고 애쓴다. ⑥어떤 일에 대하여 희망이나 기대를 할 수 없는 상태에 있다. ¶전망이 -. ⑦어떤 방면이나 분야에 대하여 아는 바가 매우 적다. ¶경제 방면에는 깜깜할 정도로 -. ⑧어떤 일에 대한 판단 능력이 없다. ¶세상 물정에 어두운 사람./말귀가 -. ☞밝다[2]

한자 어두울 명(冥) 〔冖部 8획〕 ¶명명(冥冥)/회명(晦冥)
어두울 암(暗) 〔日部 9획〕 ¶명암(明暗)/암흑(暗黑)
어두울 혼(昏) 〔日部 4획〕 ¶혼매(昏昧)/혼야(昏夜)

어:둥둥 감 '어허둥둥' 또는 '어화둥둥'의 준말.
어드레스(address) 명 컴퓨터에서, 기억 장치 속의 위치를 식별하기 위해 붙여 놓은 번호.
어드밴티지룰:(advantage rule) 명 축구나 럭비 등에서, 반칙 행위가 있을 때, 주심이 그것을 벌함으로써 반칙 행위를 한 편이 도리어 유리하게 된다고 판단했을 때 경기를 그대로 계속 진행하는 일.
어드밴티지리시:브(advantage receive) 명 테니스에서, 듀스가 된 다음 서브를 받는 편에서 먼저 득점하는 일. 어드밴티지아웃(advantage out)
어드밴티지서:브(advantage serve) 명 테니스에서, 듀스가 된 다음에 서브를 한 편에서 먼저 득점하는 일. 어드밴티지인(advantage in)

어드밴티지아웃(advantage out)명 어드밴티지리시브
어드밴티지인(advantage in)명 어드밴티지서브
어득-하다형여 ①거물거물할 정도로 아득하게 멀다. ¶끝간 데 없이 어득하게 넓은 호수. ②까마득하게 매우 오래다. ¶어득한 고대의 유적이 발굴되다. ③소리가 들릴 듯 말듯 매우 멀다. ¶어득한 기적 소리. ☞아득하다
어득-히부 어득하게
어디¹대 ①분명히 가리킬 수 없는 어느 곳을 이르는 말. ¶-를 가도 그의 모습은 보이지 않아. ②굳이 밝히고 싶지 않은 어느 곳을 이르는 말. ¶지난 달에는 -에서 좀 쉬었지. ③어떤 곳, 어느 대목을 이르는 말. ¶-가 잘된 대목인가? ④분명히 말하기 어려운 어떤 점을 이르는 말. ¶어딘지 좀 미심쩍은 데가 있어. ⑤어느 부분, 어느 부위를 가리키는 말. ¶-를 다쳤는가?/-가 아픈가? ⑥얼마만 한 정도를 뜻하는 말. ¶그의 말은 -까지가 진심인지 헤아릴 수가 없다./공정은 -까지 진척되었나? ⑦그것이 매우 대단함을 뜻하는 말. ¶임시직으로 고용된 것만 해도 그게 -인가.
속담 **어디 개가 짖느냐 한다**: 남을 업신여겨서 그의 말을 들은체도 아니 함을 이르는 말.
어디²부 ①벼르거나 다짐하는 뜻을 강조하여 이르는 말. ¶- 두고 보자. ②되묻는 뜻을 강조하는 말. ¶이게 - 될 말이요.
어디여감 ①마소를 몰 때, 길을 잘못 들려고 하면 바른 길로 들라고 부리는 말. ②마소를 몰 때, 오른쪽으로 가도록 부리는 말.
어딜감 '어디를'의 준말로, 하지 못하게 함을 강조하는 말. ¶-, 발을 들여놓는가./-, 또 말대꾸야.
어따감 무슨 일이 마음에 못마땅하여 빈정거리며 하는 말. ☞아따
어때준 '어떠해'의 준말. ¶맛이 -?/건강 상태는 -?
어떠-하다형여 ①일의 성질이나 상태가 어찌 되어 있다. ¶기분이 어떠하냐면 이러하다./요즈음 경기가 좀 어떠합니까? ②무어라고 분명히 말할 수가 없을 때, 막연하게 이르는 말. ¶어떠한 식품은 몸에 이롭고 어떠한 식품은 몸에 해가 되기도 한다. 준어떻다
어떡-하다준 '어떠하게 하다'가 줄어든 말. ¶앞으로 어떡할 작정인가?/길을 잃어버렸으니 어떡하지?
어떤관 ①사람이나 사물의 특성, 상태, 성격 따위가 무엇인지 물을 때 쓰는 말. ¶그 사람은 - 성격입니까?/너는 - 날씨가 좋니?/이 물건은 - 쓰임새가 있나요? ②주어진 여러 사물 가운데 그 대상이 무엇인지 물을 때 쓰는 말. ¶수박과 참외 중에서 - 것을 줄까?/이 가운데 - 옷이 마음에 드십니까? ③대상을 뚜렷하게 밝히지 아니하고 이를 때 쓰는 말. ¶꿈에서 - 길을 걷고 있었다./우연히 - 한 사람을 알게 되었다. ④특정 대상으로 제한하지 아니하고 이를 때 쓰는 말. ¶- 상황에서도 당황하지 말아라./성실하면 - 사람도 괜찮습니다.
어떻다(어떻고·어떤)형ㅎ '어떠하다'의 준말.
어떻든부 '어떠하든'의 준말. 여하튼 ¶외모야 - 마음씨만 착하면 된다.
어떻든지부 '어떠하든지'의 준말. ¶-, 급한 일부터 먼저 처리하자.
어뜨무러차감 어린아이를 안아서 들어올리거나 무거운 물건을 들어올릴 때 하는 말.
어뜩부 언뜻 지나치는 바람에. ¶- 보아서 기억이 또렷하지 않다.
어뜩-비뜩부-하다형 ①몸가짐이 바르지 못한 모양을 나타내는 말. ②이리저리 비뚤어지거나 어긋나 있어서 가지런하지 못한 모양을 나타내는 말. ¶나무들이 - 서 있다.
어뜩-어뜩부-하다형 눈앞이 캄캄해지면서 자꾸 정신을 잃을듯 한 느낌을 나타내는 말. ☞아뜩아뜩. 어찔어찔
어뜩-하다형여 급자기 눈앞이 캄캄해지면서 정신을 잃을듯 하다. ☞아뜩하다. 어찔하다
-어라¹어미 음성 모음 'ㅓ·ㅜ·ㅡ'로 끝나는 동사 어간에 붙어, '시킴'의 뜻을 나타내는 종결 어미. ¶내 말을 들어라./바람아 불어라. ☞-거라. -아라¹. -여라¹
-어라²어미 ①음성 모음 'ㅓ·ㅜ·ㅡ'로 끝나는 형용사 어간에 붙어, 감탄스런 느낌을 나타내는 종결 어미. ¶정작으로 고와서 서러워라./갈 길이 없어라.〔이따금 동사 어간에도 붙어 쓰임. ¶양귀비꽃보다도 더 붉은 그 마음 흘러라.〕②'이다'의 '이-'에 붙어, 감탄스런 느낌을 나타내는 종결 어미. ¶쓰라린 고통이어라./그것이 사랑이어라. ☞-아라². -여라²
어란(魚卵)명 ①물고기의 알. ②소금을 쳐서 말린 생선 알.
어람(魚籃)명 물고기를 담는 바구니. ☞어롱(魚籠)
어:람(御覽)명-하다타 임금이 봄. 상람(上覽). 예람(叡覽)
어:람-건(御覽件)[-껀]명 임금이 볼 서류.
어랍(魚蠟)명 어류나 바다 짐승의 기름으로 만든 흰 빛깔의 지방(脂肪).
어량(魚梁)명 강이나 바다에서 물이 한군데로 흐르도록 만들어서 거기에 통발을 놓아 고기를 잡는 장치. 발담
어런-더런부-하다형 많은 사람이 지껄이며 오락가락 하는 모양을 나타내는 말.
어럽쇼감 '어어'의 속된말. ¶-, 우리 편이 지고 있네.
어레미명 쳇불의 그물눈이 굵은 체. ☞가는체
어레인지-하다(arrange-)타여 ①정리하다. 정돈하다 ②미리 준비하다. ③편곡하다 ④각색하다
어렝이명 통싸리로 결어 만든 삼태기의 한 가지. 보통의 삼태기보다 작음.
어려워-하다타여 ①윗사람을 어렵게 생각하다. ¶선배를 -./어려워함이 없이 의견을 말하다. ②하는 일을 힘겨워 하다.
어려이부 어렵게 ¶- 여기지 말고 말해 보게. 준어레
어련무던-하다형여 별로 흠잡을 데 없이 무던하다. 어리무던하다 ¶몸은 튼실하고 성격은 -.
어련무던-히부 어련무던하게
어련-하다형여 의문형으로 쓰이어, '잘못될 리가 없다'는 뜻. ¶천성이 빈틈없는 사람이니 일의 마무리야 어련하겠소.
어련-히부 어련하게 ¶- 알아서 할까.
어렴-성[-썽]명 남을 어려워하는 기색.
어렴풋-하다[-푿-]형여 ①의식이나 기억에 또렷하지 않고 어슴푸레하다. ¶오랜 옛일을 어렴풋하게 회상하다. ②물체가 또렷이 보이지 않고 희미하다. ¶수평선에 고깃배가 어렴풋하게 보이다. ③소리가 잘 들리지 않고 흐리다. ¶멀리서 기적 소리가 어렴풋하게 들리다. ④잠이 깊이 들지 않고 가물가물하는 상태에 있다. 의희하다 ¶어렴풋한 가운데 초인종 소리가 들린다. ☞아렴풋하다
어렵(漁獵)명 ①고기잡이 ②고기잡이와 사냥.
어렵다(어렵고·어려워)형여 ①알거나 익히기 쉽지 아니하다. ¶이해하기 어려운 글./문제가 -./기술을 터득하기 -. ②일을 이루기가 힘들거나 쉽지 아니하다. ¶사업의 경영이 -./문제를 해결하기 -./암을 완치하기 -. ③살림살이가 가난하여 살아가기 고생스럽다. ¶가업(家業)이 기울자 생활도 어려워졌다. ④상대편을 존경하거나 그 위풍에 눌리거나 하여 행동하기가 조심스럽고 거북하다. ¶시아버지 앞에서 행동하기가 늘 -./어려워 말고 느낀 바를 말해 보아요. ⑤일이 그렇게 되기 쉽지 아니하다. ¶깊이 가라앉은 배는 끌어올리기 -./한번 헤어지면 쉬이 만나기 어려운 동창생들. ⑥성미가 까다로워 다루기 힘들다. ¶그의 변덕스런 성미를 맞추기 -.
어려운 걸음(을) 하다관용 좀처럼 가기 어려운 곳에 가거나 오다. ¶이 먼데까지 어려운 걸음을 하셨습니다.

한자 **어려울 난**(難)〔隹部 11획〕¶고난(苦難)/난관(難關)/난국(難局)/난점(難點)/난제(難題)

어렵-사리부 매우 어렵게. ¶길을 물어 - 집을 찾았다./- 살림을 꾸려 가다.
어렵-선(漁獵船)명 고기잡이 배.
어렵=시대(漁獵時代)명 인류가 고기잡이와 사냥으로 생활하던 원시 시대. 수어 시대(狩漁時代)
어:령(御令)명 임금의 명령. 어명(御命)

어령칙-하다 형여 기억이 또렷하지 않아서 마음에 걸리다. ¶세금을 냈는지 어령칙하여 영수증을 찾아 확인했다. ☞아령칙하다

어령칙-이 부 어령칙하게

어례 부 '어려이'의 준말.

어:로(御路) 명 거둥길

어로(漁撈) 명 물고기를 잡거나 조개나 바닷말 등 수산물을 채취하는 일.

어로-권(漁撈權) [-꿘] 명 특정한 수역에서 일정한 어업을 독점적으로 할 수 있는 권리. 어업권(漁業權)

어로불변(魚魯不辨) 성구 '어(魚)' 자와 '노(魯)' 자를 구별하지 못한다는 뜻으로, 무식함을 이르는 말.

어로-선(漁撈船) 명 어선(漁船)

어로=수역(漁撈水域) 명 바다 등에서 어로권이 인정된 일정한 구역.

어:록(語錄) 명 위인(偉人)이나 유명한 사람의 말이나 짧은 글 등을 모은 기록, 또는 그 책.

어:록해(語錄解) 명 중국 송나라 때의 '주자어록(朱子語錄)'을 한글로 번역한 책. 조선 효종 3년(1652)에 정양(鄭瀁)이 이황(李滉)과 유희춘(柳希春)의 주해를 수정하고 증보하여 펴낸 뒤 현종 10년(1669)에 남이성(南二星)과 송준길(宋浚吉)이 고쳐 펴냄. 1책 1권.

어롱(魚籠) 명 물고기를 담는 작은 다래끼. ☞어람(魚籃)

어뢰(魚雷) 명 머리 부분에 폭약을 장전하고 꼬리에 추진기를 장치한, 함선 공격용 병기. 함정(艦艇)이나 항공기로부터 발사되어 제힘으로 물 속을 나아가 목표물에 명중하면 폭발함. 어형 수뢰(魚形水雷)

어뢰=방어망(魚雷防禦網) 명 적의 어뢰로부터 함정을 보호하기 위하여 장치하는 그물.

어뢰-정(魚雷艇) 명 어뢰 발사 장치를 가진 소형의 함정(艦艇)

어룡(魚龍) 명 ①물고기와 용. ②물 속에 사는 동물을 통틀어 이르는 말. ③어룡목(魚龍目)의 화석 파충류(化石爬蟲類). 중생대 쥐라기에서 백악기(白堊紀)까지 바다에서 살았음. 생김새는 돌고래 비슷한데, 몸길이는 3배 이상임.

어루-꾀:다 타 ①남을 달래어서 꾀다. ②남을 속이다.

어루-더듬다 [-따] 타 ①손으로 어루만지며 더듬다. ②어림으로 여기저기 더듬어 찾다. ¶어둠 속에서 공구를 어루더듬어 찾았다. ③마음으로 어림짐작하여 헤아리다. ¶그의 기색을 보고 속마음을 -.

어루러기 명 땀을 잘 흘리는 사람에게 흔히 생기는 피부병의 한 가지. 사상균(絲狀菌)의 기생으로 생기는데, 피부에 얼룩얼룩하게 무늬가 생김. 전풍(癜風)

어루러기-지다 자 피부에 얼룩얼룩하게 무늬가 생기다.

어루룩-더루룩 부 -하다 형 드문드문 어룩더룩한 모양을 나타내는 말. ☞아로록다로록

어루룩-어루룩 부 -하다 형 드문드문 어룩어룩한 모양을 나타내는 말. ☞아로록아로록

어루룽-더루룽 부 -하다 형 드문드문 어룽더룽한 모양을 나타내는 말. ☞아로롱다로롱

어루룽-어루룽 부 -하다 형 드문드문 어룽어룽한 모양을 나타내는 말. ☞아로롱아로롱

어루-만지다 타 ①손바닥으로 가볍게 쓰다듬으며 만지다. ¶아기의 볼을 -. ②쓸쓸한 마음, 슬픈 마음, 괴로운 마음 등이 풀리도록 부드럽게 위로의 말로써 다스리다. ¶슬픔에 젖어 있는 그의 마음을 어루만져 주다.

어루-쇠 명 구리 따위의 쇠붙이를 갈아서 만든 거울.

어루숭-어루숭 부 -하다 형 무늬가 현란한 모양을 나타내는 말.

어루-화초담(-花草-) 명 어룽어룽하게 여러 가지 빛깔로 무늬나 그림을 놓아 쌓은 담.

어룩-더룩 부 -하다 형 조금 칙칙한 여러 빛깔의 얼룩이나 점 따위가 고르지 않게 무늬가 져 있는 모양을 나타내는 말. ☞아록다록

어룩-어룩 부 -하다 형 조금 칙칙한 빛깔의 얼룩이나 점 따위가 고르게 무늬가 져 있는 모양을 나타내는 말.

어룽 명 '어룽이'의 준말. ☞아롱. 얼룽

어룽-거리다(대다) 자 물체가 어렴풋이 보이다 말다 하다. ☞아롱거리다. 어른거리다

어룽-더룽 부 -하다 형 조금 칙칙한 여러 빛깔의 얼룩이나 점 따위가 두렷한 모양으로 고르지 않게 무늬가 져 있는 모양을 나타내는 말. ☞아롱다롱

어룽-어룽[1] 부 어룽거리는 모양을 나타내는 말. ☞아롱아롱[1]. 어른어른

어룽-어룽[2] 부 -하다 형 조금 칙칙한 빛깔의 얼룩이나 점 따위가 두렷한 모양으로 고르게 무늬가 져 있는 모양을 나타내는 말. ☞아롱아롱[2]

어룽-이 명 ①어룽어룽한 무늬. ②어룽어룽한 무늬가 있는 짐승을 두루 이르는 말. 준 어룽 ☞아롱이. 얼룽이

어룽-지다 자 ①어룽어룽한 무늬가 나타나다. ②〖형용사처럼 쓰임〗 어룽어룽한 무늬가 있다. ☞아롱지다

어류(魚類) 명 척추동물의 한 가지인 물고기를 이르는 말. 물 속에서 아가미로 호흡하며 사는데, 몸에는 등지느러미·배지느러미·꼬리지느러미 등이 있음. 어속(魚屬)

어:류(語類) 명 ①말의 종류. ②말을 분류한 것.

어:르다[1] (어르고·얼러) 타르 ①어린아이를 달래거나 즐겁게 해 주려고, 몸을 추슬러 주거나 또는 물건을 보이거나 들려 주다. ②사람이나 짐승을 놀리며 장난하다. ¶고양이가 쥐를 어르며 즐기다.

속담 **어르고 등골 빼다**: 겉으로는 잘 해 주는체 하면서 사실은 굶림을 이르는 말. /**어르고 뺨 치기**: 거짓으로 위하는체 하다가 마침내는 해롭게 한다는 말.

어:르다[2] (어르고·얼러) 자타르 ①'어우르다[1]'의 준말. ②'어우르다[2]'의 준말.

어르룽-이 명 크게 어룽어룽한 무늬. ☞아르롱이

어르신 명 '어르신네'의 준말.

어르신-네 명 남의 아버지나 나이가 많은 사람을 높이어 일컫는 말. 준 어르신

어:른 명 ①성년(成年)이 된 사람. 만 20세 이상의 남녀를 이름. 성인(成人) ¶- 대접을 받다. /-으로서 마땅히 해야 할 일을 하다. ②나이나 지위, 항렬 따위가 자기보다 위인 사람. 장자(長者) ¶집안의 -. /이 고장 사람들은 그를 -으로 받든다. ③혼인한 사람. ¶혼인을 했으니 이제 -이 되었다. ④남의 아버지를 높이어 일컫는 말. ¶자네 -과는 막역한 사이지.

속담 **어른도 한 그릇, 아이도 한 그릇**: 나누어 주는 양이 어른과 아이의 구별이 없다는 말. /**어른 없는 데서 자라났다**: 말이나 하는 짓이 막되고 건방진 사람을 두고 이르는 말.

한자 어른 장(丈) 〔一部 2획〕 ¶빙장(聘丈)/장모(丈母)/장부(丈夫)/장인(丈人)/춘부장(椿府丈)

어른-거리다(대다) 자 ①물체가 어리숭하게 보이다 말다 하다. ¶멀리 섬이 -. ②그림자가 희미하게 움직이다. ¶창에 나뭇잎 그림자가 -. ③물체가 물에 어리어 잔물결에 흔들리다. ¶우물에 비친 얼굴이 어른거리며 흔들린다. ④그리운 대상이 눈앞에 자꾸 떠오르다. ¶꿈에서 본 임의 모습이 생시이듯 -. ⑤망(網)으로 된 것이 여럿 겹치어 무늬가 물결처럼 이리저리 변하다. ☞아른거리다. 어룽거리다. 어릿거리다. 얼른거리다

어:른-벌레 명 곤충 등의 애벌레가 자라서 생식 기능을 가지게 된 것. 성충(成蟲). 엄지벌레. 자란벌레 ☞애벌레

어:른-스럽다 (-스럽고·-스러워) 형ㅂ 어린아이의 말이나 행동이 어른 같은 데가 있다. ☞아른스럽다

어른-스레 부 어른스럽게

어른-어른 부 어른거리는 모양을 나타내는 말. ☞아른아른. 어룽어룽[1]. 어릿어릿[1]. 얼른얼른

어름[1] 명 ①물체와 물체가 맞닿은 자리, 또는 거의 맞닿을 듯 한 자리. ¶하늘과 바다 -에 작은 고깃배 하나. ②두 물체의 가운데. ¶치솟은 두 산 -에 급류가 흐른다. /두 건물 -에 큰 은행나무가 서 있다.

어름[2] 명 남사당패의 여섯 가지 놀이 중에서 넷째 놀이인 '줄타기'를 이르는 말. ☞덧뵈기

어름-거리다(대다) 자타 ①말이나 행동을 분명히 하지 않고 머뭇머뭇 하다. ¶대답을 못 하고 ―. ②일을 제대로 하지 않고 어물쩍 눈가림으로 하려 하다. ☞아름거리다. 어름적거리다

어름-산이 명 남사당패에서, 어름 재주를 부리는 광대를 이르는 말.

어름-쇠 명 남사당패에서, 어름산이들 중에서 뜬쇠를 이르는 말.

어름-어름 부 어름거리는 모양을 나타내는 말. ¶일을 ― 뭉개고 있다. ☞아름아름. 어름적어름적

어름적-거리다(대다) 자타 말이나 행동을 분명히 하지 않고 답답할 정도로 머뭇머뭇 하다. ¶진격 명령에도 어름적거리고 있는 병사들. ☞아름작거리다. 어름거리다

어름적-어름적 부 어름적거리는 모양을 나타내는 말. ¶선뜻 나서지 않고 ― 눈치만 보고 있다. ☞아름작아름작. 어름어름

어름치 명 모래무지아과의 민물고기. 몸길이는 20~40 cm이며 편평함. 몸빛은 은색 바탕에 등 쪽은 어두운 갈색, 배 쪽은 백색임. 옆구리에는 검은 점으로 된 세로띠가 일여덟 줄이 나 있음. 우리 나라 고유종으로 한강과 금강 상류에만 서식하며, 천연 기념물 제259호와 제238호로 지정・보호하고 있음.

어리[1] 명 문을 다는, 위아래 문지방과 좌우 문설주를 통틀어 이르는 말.

어리[2] 명 ①닭 따위를 가두어 기르는 데 쓰는, 싸리로 용수처럼 결어 만든 물건. ②지난날, 닭을 넣어 팔러 다닐 때 쓰던, 닭장 비슷한 물건.

어리- 접두 '그와 비슷하거나 가까움'을 나타냄. ¶어리호박벌/어리여치

어리광 명-하다 자 어른으로부터 귀염을 받으려고 어리고 귀여운 태도를 보이며 짐짓 버릇없이 구는 짓.
어리광(을) 떨다 관용 어리광스러운 짓을 자꾸 하다.
어리광(을) 부리다 관용 일부러 어리광을 떨다.
어리광(을) 피우다 관용 어리광스러운 태도를 나타내 보이다.

어리광-스럽다(―스럽고・―스러워) 형ㅂ 어리광부리는 태도가 있다.
어리광-스레 부 어리광스럽게

어리-굴젓 명 생굴의 적을 따고 소금을 짜지 않게 뿌려서 삭으려 할 때, 고춧가루, 다진 마늘 등 양념을 버무려 담근 젓. 홍석화해(紅石花醢)

어리-김치 명 배추와 무를 얇고 네모지게 썰어서 고춧가루를 섞은 물과 갖은양념으로 버무려 담근 김치.

어리-나무쑤시기 명 어리나무쑤시깃과의 곤충. 몸길이 5mm 안팎. 몸빛은 검은데 등은 금빛이고, 입・다리・촉각은 적갈색이며, 겉날개에는 황갈색 얼룩무늬가 있음. 썩은 나무 따위에 모임. 우리 나라와 일본, 시베리아 등지에 분포함.

어리-눅다 자 짐짓 못난체 하다.

어리다[1] 자 ①눈에 눈물이 조금 괴다. ¶눈물 어린 눈으로 바라보다. ②엉기어 되직해지다. ¶콩물이 어리어 순두부가 되다. ③현란한 빛이나 빛깔로 말미암아 눈이 어른어른하다. ¶조명에 눈이 ―. ④어떤 기운이나 현상이 나타나다. ¶들에는 이미 봄 기운이 ―./애정 어린 눈빛으로 지켜보다.

어리다[2] 형 ①나이가 적다. ¶막내둥이는 아직 ―. ②동물이나 식물이 난 지 오래지 않아 여리다. ¶어린 찻잎을 덖다. ③수준이 낮다. ¶사고 방식이 ―.
속담 **어릴 때 굽은 길맛가지** : 좋지 않은 버릇이 어릴 적부터 굳어 다시 고칠 수 없게 됨을 비유하여 이르는 말.

> 한자 어릴 유(幼) 〔幺部 2획〕 ¶유년(幼年)/유시(幼時)/유아(幼兒)/유어(幼魚)/유충(幼蟲)/유치(幼稚)
> 어릴 치(稚) 〔禾部 8획〕 ¶치기(稚氣)/치어(稚魚)

어리-대:다 자 ①남의 눈앞에서 일없이 어정거리다. ¶관심을 끌려고 ―. ②어물어물 하면서 서성거리다. ¶남의 앞에 선뜻 나서지 못하고 ―.

어리둥절-하다 형여 뜻밖이거나 영문을 몰라 정신이 얼떨떨하다. ¶뜻밖의 희소식이라 ―. ☞어리벙벙하다. 얼떨떨하다

어리뜩-하다 형여 말이나 하는 짓이 똑똑하지 못하고 좀 얼뜨다. ¶어리뜩해 보이지만 실은 똑똑한 아이이다. ☞어리삥삥하다

어리-마리 부-하다 형 잠이 든 둥 만 둥 하여 정신이 흐린 모양을 나타내는 말. ¶잠결에 ―하다.

어리무던-하다 형여 어련무던하다

어리-박각시 명 박각싯과의 곤충. 생김새가 벌 비슷한데, 몸길이 2.5cm, 날개 길이는 5cm 안팎임. 몸빛은 짙은 회갈색이고, 배 끝에는 털 뭉치가 있음. 여름에 나타나 꽃의 꿀을 먹고 삶.

어리-뱅어젓 명 고춧가루를 넣고 간이 삼삼하게 담근 뱅어젓. 홍색백어해(紅色白魚醢)

어리벙벙-하다 형여 갑작스러운 일로 넋이 빠진 것같이 얼떨떨하다. ¶느닷없는 폭발 소리에 어리벙벙해지다. ☞벙벙하다. 어리둥절하다. 어리뻥뻥하다

어리-보기 명 말이나 하는 짓이 얼뜬 사람.

어리빙빙-하다 형여 정신을 차리지 못할 정도로 어질어질하다. ¶맴을 도니 ―. ☞어리삥삥하다

어리뻥뻥-하다 형여 갑작스러운 일로 넋이 빠진 것같이 매우 얼떨떨하다. ☞뻥뻥하다. 어리벙벙하다. 어리뻥뻥하다

어리삥삥-하다 형여 ①말이나 하는 짓이 똑똑하지 못하고 얼뜨다. ②정신을 차리지 못할 정도로 어찔어찔하다. ☞어리뜩하다. 어리빙빙하다. 어리뻥뻥하다

어리-상수리혹벌 명 혹벌과의 곤충. 몸길이 3mm 안팎이고, 머리는 황갈색, 가슴은 황갈색 또는 적갈색임. 날개는 투명하고 앞날개에는 잿빛 점이 많음. 식물의 잎・가지・뿌리에 슨 알이 깨어 충영(蟲癭)이 되며, 그것을 '몰식자(沒食子)'라고 함. 동물의 몸에 기생하기도 함. 몰식자벌. 몰식자봉(沒食子蜂)

어리석다 형 사리에 어둡고 슬기롭지 못하다.

> 한자 어리석을 몽(蒙) 〔艸部 10획〕 ¶계몽(啓蒙)/몽매(蒙昧)/우몽(愚蒙)
> 어리석을 우(愚) 〔心部 9획〕 ¶우둔(愚鈍)/우매(愚昧)/우문(愚問)/우인(愚人)/우직(愚直)

어리숙-하다 형여 보기에 좀 어리석거나 어수룩하다.

어리숭-하다 형여 ①비슷비슷한 것이 뒤섞여서 분간하기 어렵다. 준 얼숭하다 ☞아리송하다 ②보기에 어리석은 듯 하다.

어리어리-하다 형여 이것저것이 모두 어리숭하다. ¶감기약을 먹었더니 정신이 ―. ☞아리아리하다[1]

어리-여:치 명 어리여칫과의 곤충. 몸길이 3cm 안팎. 몸빛은 초록이고, 머리는 짧고 굵음. 산란관이 매우 길고, 수놈은 가을밤에 찌르륵거리며 욺.

어리-연꽃(―蓮―) 명 용담과의 여러해살이 물풀. 못에 자라는데 연과 비슷함. 진흙 속에 뿌리를 박고, 긴 잎자루 끝에 1~3장의 잎이 달리는데 물 위에 뜸. 8월경에 흰 꽃이 핌.

어리-장사 명 지난날, 닭이나 오리 따위를 어리에 넣어 지고 다니며 파는 장사를 이르던 말.

어리-장수 명 어리장사를 하는 사람.

어리-전(―廛) 명 어리에 꿩・닭・오리 따위를 가두어 놓고 파는 가게.

어리-젓 명 얼간으로 담근 젓. 어리굴젓이나 어리뱅어젓 따위.

어리-치다 자 아주 심한 자극으로 정신이 흐릿하여지다.

어리칙칙-하다 형여 능글맞게 일부러 어리석은체 하는 데가 있다.

어리-하늘소[―쏘] 명 어리하늘솟과의 곤충. 몸길이 1 cm 안팎. 하늘소와 비슷하며 몸빛은 흑갈색이고 겉날개는 황갈색이며 회색의 짧은 털이 있음. 애벌레는 썩은 나무에 모이고 성충은 꽃에 모임. 하늘소붙이

어리-호박벌 명 꿀벌과의 곤충. 몸길이 2cm 안팎. 몸빛

은 검으며, 가슴과 배에는 노란 털이 빽빽하게 나 있음. 마른 나무나 재목 따위에 구멍을 뚫어 놓고 꽃가루나 꿀을 모으는데, 집단 생활은 하지 않음. 박벌. 왕벌. 웅봉(熊蜂). 호박벌

어린(魚鱗)명 ①물고기 비늘. ②'어린진(魚鱗陣)'의 준말.

어린-것 명 '어린아이'를 낮추어 이르는 말.

어린-눈 명 씨눈의 한 부분으로서, 자라서 싹이 되는 부분. 유아(幼芽)

어린-뿌리 명 종자식물의 배(胚)에서 나오는 뿌리. 자라서 원뿌리가 됨. 유근(幼根)

어린-순(-筍)명 풀이나 나무의 새로 나는 어린 싹. 애순

어린-아이 명 나이가 어린 아이. 소아(小兒) 준어린애 ☞어린것

속담 **어린아이 가진 떡도 빼어 먹겠다** : 염치없이 제 욕심을 채우며 어리석은 사람을 속이기만 하는 사람을 두고 이르는 말. /**어린아이도 괴는 데로 간다** : 사람이란 누구든지 조금이라도 더 자기를 위해 주는 쪽에 끌린다는 말. /**어린아이 말도 귀담아들어라** : ①어린아이에게도 배울 것이 있다는 말. ②어린아이가 한 말이라 하더라도 무시하지 말라는 말. /**어린아이 매도 많이 맞으면 아프다** : 작은 손해도 여러 번 보면 큰 손해가 된다는 말. /**어린아이 예뻐 말고 겨드랑 밑이나 잡아 주어라** : 어린아이를 그저 귀여워만 하지 말고 잘 가르쳐 주라는 말.

어린-애 명 '어린아이'의 준말.

어린-양(-羊)[-냥]명 크리스트교에서, 인류의 죄를 대신 갚은 희생자로서 예수 그리스도를 가리키는 말.

어린-이 명 '어린아이'를 대접하여 이르는 말.

어린이-날 명 어린이의 인격을 소중히 여기고, 어린이의 행복을 꾀한다는 취지에서 정한 날. 5월 5일.

어린-잎[-닙]명 새로 나온 연한 잎. 애잎

어린-진(魚鱗陣)명 옛 병법의 진형(陣形)의 한 가지. 중앙부를 쑥 내민 꼴로 하고, 좌우를 사다리꼴로 벌여 놓은 진(陣)의 형태. 준어린(魚鱗) ☞학익진(鶴翼陣)

어린-학익(魚鱗鶴翼)명 옛 병법의 진형(陣形)의 한 가지. 물고기의 비늘 모양으로 벌이고, 두루미가 나래를 펼친듯 한 진(陣)의 형태.

어림 명-하다타 대강 짐작하여 헤아림. ¶대회에 참석한 인원이 -으로 300명 가량은 되어 보인다.

어림 반푼어치도 없다 관용 천부당만부당한 소리를 한다는 말.

어림-셈 명-하다타 어림잡아 셈함, 또는 그런 셈. 가산(假算). 개산(概算) ☞추산(推算)

어림-수(-數)[-쑤]명 짐작으로 잡은 수효. 개수(概數) ☞개산(概算). 어림셈

> ▶ 어림수를 나타내는 수관형사
> 수량을 나타내는 고유어 가운데서 '한두'와 같은 구성의 수관형사가 여러 가지가 있다.
> ¶한두 — 하나나 둘.
> 두어 — 둘 가량.
> 두세 — 둘이나 셋.
> 두서너 — 둘이나 셋이나 넷.
> 서너 — 셋이나 넷.
> 너덧 — 넷 가량.
> 네다섯 — 넷이나 다섯.
> 네댓 — 넷이나 다섯 가량.
> 너더댓 — 넷이나 다섯 가량.
> 댓 — 다섯 가량.
> 대여섯 — 다섯이나 여섯.
> 예닐곱 — 여섯이나 일곱.
> 일여덟 — 일곱이나 여덟.
> 엳아홉 — 여덟이나 아홉.
> 여남은 — 열 가량부터 열이 좀 더 되는 수.

어림-없:다[-업-]형 ①너무 많거나 커서 대강 짐작도 할 수 없다. ¶어림없는 수량. ②도저히 될 가망이 없다. ¶연약한 몸으로는 어림없는 일이다. ③아무래도 감당할 수 없다. ¶그의 고집을 꺾기란 어림없는 일이다. ④견줄 수도 없다. ¶그와 맞서다니, 어림없는 일이다.

어림-없이 부 어림없게

어림-잡다 타 대강 짐작으로 헤아려 보다. 어림치다 ¶공사비를 -.

어림-재기 명 대중으로 어림하여 재는 일.

어림-쟁이 명 일정한 주견이 없는 어리석은 사람.

어림-짐작 명-하다타 어림으로 헤아리는 짐작. 가량(假量)[1] ¶-으로 넘겨짚다.

어림-치다 타 어림잡다

어:립(御笠)명 임금이 쓰는 갓.

어릿-간(-間)명 마소 따위를 들여 매어 놓기 위하여 사면을 둘러막은 곳.

어릿-거리다(대다)[-릳-]자 ①물체가 어슴푸레하게 움직이다. ②어떤 대상이 어렴풋이 눈에 자꾸 어리다. ☞아릿거리다. 어른거리다

어릿-광:대[-릳-]명 ①곡예 등에서 정작 광대가 나오기 전에 먼저 나와서 우습고 재미 있는 말이나 행동으로 관객을 즐겁게 하고 판을 어우르는 사람. ☞얼럭광대 ②무슨 일에 앞잡이로 나서서 그 일을 시작하기에 서투르지 않게 하여 주는 사람. ③익살스러운 말이나 몸짓으로 남을 잘 웃기는 사람을 흔히 이르는 말.

어릿-어릿[1][-릳-]부 어릿거리는 모양을 나타내는 말. ☞아릿아릿[1]. 어른어른

어릿-어릿[2][-릳-]부-하다형 ①정신이 맑지 못하여 얼떨떨한 모양을 나타내는 말. ¶술에 취해 머리가 -하다. /-한 표정. ②혀가 매우 어릿한 느낌을 나타내는 말. ¶혀가 불에 덴듯 -하다. ☞아릿아릿[2]

어릿-하다[-릳-]형여 혀가 꽤 아린 느낌이 있다. ¶어릿하게 담은 배추김치. ☞아릿하다. 얼얼하다

어마 감 여성이 깜짝 놀라거나 끔찍함을 느꼈을 때 가볍게 하는 말. ☞어마나. 어머

어:마(馭馬)명-하다자 말을 부리거나 몲.

어마나 감 '어마'의 힘줌말. ☞어머나

어마-뜨거라 감 무섭거나 꺼리는 것을 갑자기 만났을 때 지르는 소리를 나타내는 말.

어마-마:마 명 지난날, 임금이나 임금의 아들딸이 그의 어머니를 부르던 말.

어마어마-하다 형여 엄청나고 굉장하고 장엄하다. ¶어마어마한 넓이의 사막.

어마지두-에 부 무섭고 놀라워서 정신이 얼떨떨하여. ¶ - 무작정 달아나다.

어-만두(魚饅頭)명 만두피를 생선의 살로 하는 만두. 생선을 얇고 넓게 포를 떠서 소를 넣고 반으로 접어 가장자리에 녹말을 묻혀 삶거나 찐 음식.

어:말=어:미(語末語尾)명〈어〉활용 어미(活用語尾)

어망(魚網·漁網)명 물고기를 잡는 그물.

어망홍리(魚網鴻離)성구 물고기를 잡으려고 쳐 놓은 그물에 기러기가 걸렸다는 뜻으로 ①구하려는 것은 얻지 못하고 엉뚱한 것을 얻게 되었음을 이르는 말. ②남의 일로 엉뚱하게 화를 입게 되었음을 비유하여 이르는 말.

어:맥(語脈)명 글 가운데서의 단어와 단어의 연결 관계. ☞문맥(文脈)

어머 감 여성이 깜짝 놀라거나 끔찍함을 느꼈을 때 하는 말. ☞어마. 어머나

어머나 감 '어머'의 힘줌말. ☞어마나

어머니 명 ①자기를 낳은 여자. 모친(母親) ¶-의 은혜. 높어머님 낮어미 ☞가모(家母). 아버지. 자모(慈母). 자친(慈親) ②'양어머니'·'수양어머니'·'의붓어머니(새어머니)'를 두루 일컫는 말. ☞팔모(八母) ③자식을 가진 여성을 흔히 일컫는 말. ¶-들의 자원 봉사 모임. ④아이가 자기의 '안어버이'를 부르는 말. ⑤사물이 생겨나는 근원(根源)을 비유하여 이르는 말. ¶실패는 성공의 -. /대지(大地)는 생물의 -.

속담 **어머니 뱃속에서 배워 가지고 나온다** : 태어날 때부터 이미 알고 있다는 말.

어머님 명 '어머니'를 높이어 일컫는 말.

어멈 명 ①집안의 할아버지나 할머니가 손자나 손녀의 '어머니'를 가리켜 이르는 말. ¶애들아, - 돌아왔느냐?

②지난날, 남의집살이하는 부인을, 그 집 주인이 이르던 말. ☞아범
어:명(御名)명 지난날, 국서(國書)에 쓰는 임금의 이름을 이르던 말. 어휘(御諱)
어:명(御命)명 임금의 명령. 대명(大命). 어령(御令)
어:모(禦侮)명 -하다자타 ①외부로부터 받는 모욕을 막음. ②적이 쳐들어오는 것을 막음.
어:모-장군(禦侮將軍)명 조선 시대, 정삼품 당하관 무관에게 내린 품계의 하나. 스물두 등급 중 둘째 등급임. ☞절충장군(折衝將軍)
어목(魚目)명 ①물고기의 눈. ②'어목연석(魚目燕石)'의 준말.
어목(漁牧)명 ①어렵(漁獵)과 목축(牧畜). ②어부(漁夫)와 목자(牧者).
어목-선(魚目扇)명 흰 뼈로 사북을 박은 접부채.
어목연석(魚目燕石)[-년-]성구 물고기의 눈과 중국 연산(燕山)에서 나는 돌이라는 뜻으로, 두 가지가 다 구슬 같으면서 구슬이 아니라는 데서, 매우 비슷하기는 하나 진짜와는 다른 것을 이르는 말. 준어목(魚目)
어목-창(魚目瘡)명 한방에서, 온몸에 물고기의 눈과 같은 부스럼이 나는 병을 이르는 말.
어:무윤척(語無倫脊)성구 말에 차례와 줄거리가 없음을 이르는 말.
어-묵(魚-)명 생선의 살을 갈아 녹말이나 조미료 등을 섞고 여러 가지 모양으로 만들어 찌거나 굽거나 튀기거나 한 음식. 생선묵
어:문(語文)명 말과 글. 언어(言語)와 문장(文章).
어:문-일치(語文一致)명 말할 때 쓰는 말과 같은 형식으로 글을 쓰는 일. 언문일치(言文一致)
어:-문학(語文學)명 어학과 문학.
어물(魚物)명 식품으로 쓰는 물고기. 생선, 말린 물고기, 절인 물고기 따위를 통틀어 이르는 말.
어:물(御物)명 임금이 쓰는 물건. 어용(御用)
어물-거리다(대다)자 ①어떤 상황을 넘기려고 말을 대충 얼버무리다. ②우물쭈물 하며 꾸물거리다. ¶어물거리다가 기회를 놓치다. ③쓸데없이 이리저리 헤매듯 다니다. ¶길에서 어물거리며 집에 갈 생각을 않는다.
어물다(어물고·어무니)형 사람됨이 여무지지 못하다. ¶아이가 응석둥이로 자라서 -.
어물-상(魚物商)[-쌍]명 어물을 파는 장사나 장수, 또는 그 가게.
어물-어물부 어물거리는 모양을 나타내는 말. ¶- 넘기다./- 대답하다.
어물어-빠지다형 몹시 어물다.
어물-전(魚物廛)명 어물을 파는 가게. 어물점(魚物店). 어사(魚肆)
속담 **어물전 망신은 꼴뚜기가 시킨다** : 못난 것이 같은 무리에게 누를 끼칠 일만 함을 비유하여 이르는 말.〔과물전 망신은 모과가 시킨다/황아장수 망신은 고불통이 시킨다/실과 망신은 모과가 시킨다〕/**어물전 털어먹고 꼴뚜기 장사한다** : 큰 사업에 실패하여 보잘것없는 작은 사업을 하게 됨을 비유하여 이르는 말.
어물-점(魚物店)명 어물을 파는 가게. 어물전(魚物廛)
어물쩍부 말을 어물어물 하여 슬쩍 넘기는 모양을 나타내는 말. ¶- 넘어가다.
어물쩍-거리다(대다)자 자꾸 어물쩍 넘기다.
어물쩍-어물쩍부 어물쩍거리는 모양을 나타내는 말. ¶그렇게 - 쉽게 넘어가서는 안 될 일이다.
어미명 ①'어머니'의 낮춤말. ②집안의 할아버지나 할머니가 손자나 손녀의 '어머니'를 가리켜 친근하게 이르는 말. ¶애들아, -는 어디 갔느냐? ③'어머니'가 스스로를 낮추어 이르는 말. ¶어쩌면 이토록 이 -의 애간장을 녹이느냐. ④새끼를 낳았거나 알을 깐 동물의 암컷을 이르는 말. ¶새끼 오리가 -를 따라 실개천에 첫 나들이를 한다.
속담 **어미는 좁쌀만씩 벌어 오고 아들은 말똥만씩 먹는다** : 부모가 어려운 가운데서도 애써 끼닛거리를 벌어 오고 재산을 늘려 놓으면, 자식은 속도 모르고 그저 배불리 먹고 재산을 탕진함을 이르는 말./**어미 모르는 병 열두 가지를 앓는다** : 어머니도 자식 속마음을 다 알지 못한다는 말./**어미 본 아기, 물 본 기러기** : 언제 만나도 반가운 사람을 만나 기뻐함을 이르는 말.〔꽃 본 나비, 물 본 기러기〕/**어미 잃은 송아지** : 의지할 곳이 없어진 사람을 비유하여 이르는 말./**어미 팔아 동무 산다** : 사람은 누구나 친구가 있어야 함을, 또는 사람에게는 친구가 매우 소중함을 이르는 말./**어미한테 한 말은 나고, 소한테 한 말은 안 난다** : 아무리 친근한 사이일지라도 비밀은 잘 지켜지지 않는다는 말.

한자 어미 모(母)〔母部〕¶노모(老母)/모성(母性)/모유(母乳)/모정(母情)/모친(母親)

어미(魚尾)명 ①물고기의 꼬리. ②관상(觀相)에서, 눈꼬리의 주름을 이르는 말.
어미(魚味)명 물고기의 맛.
어:미(御米)명 한방에서, 양귀비의 씨를 약재로 이르는 말. 설사·경련 등에 쓰임. 앵속자(罌粟子)
어:미(語尾)명〈어〉활용어(活用語)가 문법적 기능을 하기 위하여 활용될 때 끼어들거나 바뀌는 부분. '가실 분은 가시오.'에서 '-시'는 끼어든 어미이며 '-ㄹ'이나 '-오'는 활용 어미임. 씨끝

> ▶ **어미(語尾)의 갈림**
> 어간(語幹)에 받침이 있느냐 없느냐에 따라 활용하는 어미가 달라진다. 이를테면, '맑다 → 맑습니다', '흐리다 → 흐립니다'로 어미가 '-습니다, -ㅂ니다'로 다르게 표기된다. 그러나 그 어미의 구실과 뜻은 같다.

어미-그루명 뿌리를 가지고 있는 주된 그루.
어:미=변:화(語尾變化)명〈어〉용언(用言)의 쓰임에 따라 어미의 형태가 바뀌는 것. 끝바꿈. 활용(活用)
어미-자명 길이나 각도 등의 눈금을 더욱 세밀하게 읽으려고 아들자를 보조로 쓸 때의, 그 주가 되는 자. 큰 치수를 재는 데 씀. ☞아들자
어미-젖명 ①어머니의 젖. ②포유동물의 어미의 젖. 모유(母乳)
어민(漁民)명 어업(漁業)을 직업으로 삼는 사람.
어박(魚粕)명 물고기의 기름을 짜고 남은 찌꺼기. 비료나 가축의 먹이로 쓰임.
어반(於半)어기 '어반(於半)하다'의 어기(語基).
어반-하다(於半-)형여 서로 비슷하다. 어상반하다
어백(魚白)명 이리[2]
어:-백미(御白米)명 지난날, 임금에게 바치는 흰쌀을 이르던 말. 왕백(王白)
어버이명 자기를 낳은 아버지와 어머니를 아울러 이르는 말. 부모(父母). 양친(兩親) ☞양어버이
어버이-날명 어버이를 존중하고 어버이의 은혜를 고맙게 여기며 되새기자는 뜻으로 제정한 날. 5월 8일.
어벌쩡-하다형여 하는 말이 실답지 아니하고 엄벙하다. ¶어벌쩡하게 아무나 속이려고 들다.
어:법(語法)[-뻡]명 ①말의 표현에 관한 법칙. 말법. 문법 ②말로써 표현하는 방법. ¶격식을 벗어난 -.
어변성룡(魚變成龍)성구 물고기가 변하여 용이 된다는 뜻으로, 어렵게 지내던 사람이 부귀를 누리게 됨을 비유하여 이르는 말. 또는, 어릴 적에 하찮게 보이던 사람이 자라서 훌륭하게 됨을 비유하여 이르는 말.
어별(魚鼈)명 ①물고기와 자라. ②수생 동물(水生動物)을 통틀어 이르는 말.
어보(魚譜)명 어류(魚類)를 계통별로 분류하여 설명한 책. ¶자산(玆山) -
어:보(御寶)명 옥새(玉璽)와 옥보(玉寶).
어보(漁父)명 '어부(漁父)'의 원말.
어복(於腹)명 '어복점(於腹點)'의 준말.
어복(魚腹)명 ①물고기의 배. ②'장딴지'를 달리 이르는 말.
어:복(御服)명 임금의 옷. 어의(御衣)
어복=장:국(-醬-)[-꾹]명 어복 쟁반 차림의 음식.

어복=쟁반(-錚盤)명 ①평안도 향토 음식의 한 가지. 굽이 달린 큼직한 놋 쟁반에 여러 가지 편육과 메밀국수 사리를 둘러 담고, 버섯이나 배, 달걀 부친 것 등을 곁들이고 한가운데에 초장 종지를 놓고 여럿이 둘러앉아 끓인 육수를 부어 데워 가며 먹는 음식 차림. ②어복 장국을 담는 그릇.
어복-점(於腹點)명 바둑판 한가운데의 점, 또는 거기에 놓은 바둑돌. 배꼽점. 천원점(天元點) 준어복(於腹)
어복-치기(魚腹-)명 택견에서, 발질의 한 가지. 상대편의 종아리의 볼록한 부분을 걷어차는 공격 기술.
어복-포(魚腹脯)명 물고기의 배의 살로 뜬 포.
어복포(가) 되다관용 아주 수가 나다.
어:부(御府)명 임금이 쓰는 물건을 넣어 두는 곳집.
어부(漁父)명 물고기를 잡는 사람을 대접하여 이르는 말. 원어보(漁父) ☞어부(漁夫). 어옹(漁翁)
어부(漁夫)명 물고기를 잡는 일을 직업으로 삼는 사람. 고기잡이 ☞어부(漁父)
어부가(漁父歌)명 '악장가사(樂章歌詞)'에 실려 전하는 고려 가요의 하나. 모두 12장. 고려 충목왕(忠穆王) 이전의 작품으로 추측됨. ☞어부사(漁父詞)
어부-림(魚付林)명 물고기 떼를 끌어들이기 위하여 바닷가·강가·호숫가 등지에 나무를 심어 이룬 숲.
어부바감 ①아기에게 등에 업히라고 할 때 이르는 말. ②아기가 업어 달라고 할 때 하는 말. 준부바
어부바-하다자타여 '업다'·'업히다'의 어린이 말.
어부사(漁父詞)명 조선 시대, 십이 가사(十二歌詞)의 하나. 중종 때, 이현보(李賢輔)가 고려의 '어부가(漁父歌)' 12장을 9장으로 고쳐 지은 것으로, 어부들의 생활을 읊은 노래임. 크게 다섯 가지 형태의 가락으로 되풀이하여 불림. ☞어부가(漁父歌). 어부사시사(漁父四時詞)
어부사시사(漁父四時詞)명 조선 효종 때 윤선도(尹善道)가 지은 연시조(連時調). 춘·하·추·동 각 10수씩 모두 40수. 강촌(江村)의 어부 생활을 읊은 내용으로, '어부가(漁父歌)'를 참작하여 지었음.
어-부슴(魚-)명-하다자 음력 정월 대보름날, 그 해의 액막이나 발원(發願)의 뜻으로 조밥을 강물에 던져 고기에게 먹이는 일.
어부지리(漁夫之利)성구 도요새와 조개가 싸우는 사이에, 어부가 쉽게 둘을 다 잡았다는 고사에서, 둘이 다투고 있는 사이에 제삼자가 힘들이지 않고 이익을 가로챔, 또는 그 이익을 이르는 말. ☞방휼지쟁(蚌鷸之爭)

> ▶ **한자 성구와 두음 법칙**
> '어부지리(漁夫之利)'와 같은 구성의 한자 성구는 띄어 쓰지 않으므로 두음 법칙을 적용하지 않는다.
> ¶견마지년(犬馬之年)/견마지로(犬馬之勞)
> 견마지류(犬馬之類)/을야지람(乙夜之覽)
> 자중지란(自中之亂)/청출어람(青出於藍)

어부한-이(∠漁夫干-)명 '어부(漁夫)'를 속되게 이르는 말. ☞어부(漁父)
어분(魚粉)명 물고기를 말려서 빻은 가루. 질소 비료나 사료로 씀.
어:불근:리(語不近理)성구 말이 이치에 맞지 아니함을 이르는 말. ☞어불성설(語不成說)
어:불성설(語不成說)[-썽-]성구 말이 사리에 맞지 아니함을 이르는 말. 준불성설(不成說) ☞어불근리
어:불택발(語不擇發)성구 말을 삼가지 않고 함부로 함을 이르는 말.
어비(魚肥)명 물고기를 원료로 하여 만든 거름.
어:비(御批)명 상소(上疏)에 대한 임금의 대답. 비답(批答)
어비-딸명 아버지와 딸을 아울러 이르는 말.
어비-아들명 아버지와 아들을 아울러 이르는 말.
어빡-자빡부-하다형 ①여럿이 고르지 않게 포개진 모양을 나타내는 말. ②여럿이 아무렇게나 자빠져 있는 모양을 나타내는 말.
어뿔싸감 ①미처 생각지 못한 일이나 잘못된 일을 문득 깨닫거나 뉘우치면서 하는 말. ②미치지 못하여 못 이루었을 때 하는 말. ☞아뿔싸. 허뿔싸
어사(魚肆)명 어물전(魚物廛)
어:사(御史)명 ①지난날, 임금의 명령으로 지방에 파견되던 임시 관직. ②'암행어사(暗行御史)'의 준말.
속담 **어사는 가어사(假御史)가 더 무섭다** : 진짜 권세를 가진 사람보다도 어떤 세력을 빙자하여 유세를 부리는 사람이 더 혹독함을 비유하여 이르는 말./**어사 덕분에 큰기침한다** : 남에게 의지하여 큰소리치는 것을 비유하여 이르는 말.
어:사(御事)명 고려 시대, 육조(六曹)의 으뜸 관직을 이르던 말.
어:사(御射)명-하다자 임금이 활을 쏨.
어:사(御賜)명-하다타 임금이 아랫사람에게 돈이나 물품을 내림.
어사(漁師)명 고기잡이를 전문으로 하는 사람.
어:사(語辭)명 말. 언사(言辭)
어:사-검(御賜劍)명 임금이 신하에게 내려 준 검(劍).
어:사-대(御史臺)명 고려 시대, 정치에 관하여 의논하고, 풍속을 바로잡으며, 관원의 부정이나 비행(非行)을 조사하여 그 책임을 묻는 일 등을 맡아보던 관아.
어:사-대:부(御史大夫)명 고려 시대, 어사대(御史臺)의 으뜸 관직을 이르던 말.
어:사-또(御史-)명 지난날, '어사(御史)'를 높이어 일컫던 말.
어-사리(漁-)명-하다자 그물을 넓게 쳐서 고기를 잡는 일.
어사지간-에(於斯之間-)부 '어느덧'의 뜻으로 쓰는 한문 투의 말.
어:사-출두(御史出頭)[-뚜]명-하다자 조선 시대, 암행어사가 지방 관아에 가서, 중요한 사건을 처리하기 위하여 마패로써 자기 신분을 밝히던 일. 준출두(出頭)
어:사-출또(御史出-)명-하다자 '어사출두'의 속된말.
어:사-화(御賜花)명 지난날, 임금이 과거에 급제한 사람에게 내리던, 종이로 만든 꽃. 모화(帽花). 사화(賜花)
어-산:적(魚散炙)명 생선으로 만든 산적. 흰살 생선과 쇠고기를 산적 감으로 썰어 양념에 재웠다가 꼬챙이에 꿰어 구운 음식.
어-살(魚-)명 강이나 바다에서 물고기를 잡기 위하여 물속에 나무를 둘러 꽂아 물고기를 들게 하는 울. 어전(漁箭) 준살[2]
어살(을) 지르다관용 어살을 물 속에 꽂아 세우다.
어:삽(語澁)어기 '어삽(語澁)하다'의 어기(語基).
어:삽-하다(語澁-)형여 하는 말이 시원스럽지 못하고 꺽꺽하다.
어상(-商)명 소를 사서 장에 갖다 파는 사람.
어상(魚商)명 생선을 파는 장수. 생선 장수.
어:상(御床)명 임금의 음식상.
어상반(於相半)어기 '어상반(於相半)하다'의 어기(語基).
어상반-하다(於相半-)형여 서로 비슷하다. 어반하다 ¶두 선수의 체력이 -./양편 의견이 -.
어:새(御璽)명 임금의 도장. 국새(國璽). 보새(寶璽). 어인(御印). 옥새(玉璽)
어색(漁色)명-하다자 여자를 갈아 가며 정사(情事)에만 골몰함. ☞호색(好色)
어:색(語塞)명-하다자 할 말이 없어 말이 막힘.
어:색-하다형여 ①낯이 익지 않아서 서먹서먹하다. ¶두 젊은이의 어색한 만남. ②멋쩍고 쑥스럽다. ¶어색한 표정으로 머리만 긁적이다. ③보기에 서투르다. ¶어색한 운전 솜씨라서 보기에 불안하다.
어서부 ①'빨리'·'곧'의 뜻으로 어떤 일이나 행동을 재촉하는 말. ¶- 읽어 보아라./- 가자. ②〔'오다'와 함께 쓰이어〕 찾아온 손을 반가이 맞이하는 마음을 나타내는 인사말. ¶- 오십시오.
-어서어미 음성 모음 'ㅓ·ㅜ·ㅡ'의 어간에 붙어, '-어 가지고'의 뜻을 나타내는 연결 어미. ¶물어서 찾아갔다./믿어서 맡긴 것이다./해가 길어서, 많은 일을 할 수 있었다. ☞-아서

어:서-각(御書閣)명 고려 시대, 임금이 쓴 글씨나 책을 보관하던 전각. 어필각(御筆閣)
어서기명 금광(金鑛)에서, 금줄이 떨어졌다가 다시 시작되는 부분.
어서-어서부 어떤 일이나 행동을 빨리 하기를 다그쳐 재촉하는 말. ¶ — 따라오너라.
어:서-원(御書院)명 고려 시대, 비서성(祕書省)에 딸리어 궁내의 도서를 맡아보던 관아.
어석부 싱싱하고 연한 무 따위를 한입 크게 베어 물 때 나는 소리를 나타내는 말. ¶무를 — 베어먹다. ☞아삭. 어썩. 어적
어석-거리다(대다)자타 ①어석어석한 느낌이 나다. ②어석어석 소리를 내다. ☞아삭거리다. 어적거리다
어석-소명 '어스럭송아지'의 준말.
어석-송아지명 '어스럭송아지'의 준말.
어석-어석부 싱싱하고 연한 무 따위를 자꾸 크게 베어 물 때 나는 소리를 나타내는 말. ☞아삭아삭. 어썩어썩. 어적어적
어석어석-하다형여 무 따위가 씹히는 감촉이 싱싱하고 연하다. ☞아삭아삭하다
어선(魚鮮)명 생선
어:선(御膳)명 임금에게 차려 내는 음식.
어선(漁船)명 어업(漁業)이나 그와 관련된 일에 쓰이는 배. 고기잡이배. 어로선(漁撈船)
어:설프다(어설프고·어설퍼)형 ①꼭 짜이지 못하고 엉성하다. ¶썩은 나뭇가지로 어설프게 지어 놓은 까치 집. ②탐탁하지 못하다. ¶말이나 하는 짓이 —. ③손에 익지 아니하여 설다. ¶공구를 다루는 손놀림이 —.
속담 **어설픈 약국이 사람 죽인다**: 잘 알지도 못하면서 아는체 하여 일을 하다가 아주 그르치게 됨을 이르는 말.
어:설피부 어설프게 ¶— 사업에 손을 대었다가 가산을 탕진하였다.
어섯명 ①사물의 한 부분에 지나지 않는 정도. ¶—만 보고 전모를 헤아리기는 힘들다. ②완전하게 다 되지 못하는 정도.
어섯-눈[—섣—]명 사물의 한 부분에 지나지 않는 정도를 볼 수 있는 눈이라는 뜻으로, 사물을 보고 차차 이해하게 된 능력을 이르는 말.
어섯눈(을) 뜨다관용 사물의 대강을 이해하는 능력이 생기다.
어:성(語聲)명 말소리. 언성(言聲) ¶—이 크다.
어:세(御世)명 임금이 나라를 다스림. ☞어우(御宇)
어:세(語勢)명 말을 하거나 글을 쓰거나 할 때의, 말의 기세(氣勢). ☞어기(語氣). 어조(語調)
어셈블러(assembler)명 어셈블리어로 작성된 원시 프로그램을 컴퓨터가 실행하기에 적합한 형태의 목적 프로그램으로 변환하는 프로그램. ☞인터프리터(interpreter). 컴파일러(compiler)
어셈블리-어(assembly語)명 기계어를 인간이 사용하는 자연 언어에 가깝게 기호화한 프로그래밍 언어. 기계 중심의 언어로 기계에 대한 지식이 없이는 프로그램을 작성하기가 어려우나, 숫자를 사용하는 기계어에 비하여 읽고 해석하기가 편리함. ☞기호 언어(記號言語)
어:소(御所)명 임금이 있는 곳.
어소(漁所)명 어장(漁場)
어속(魚屬)명 척추동물의 한 가지인 물고기를 이르는 말. 물 속에서 아가미로 호흡하며 사는데, 몸에는 등지느러미·배지느러미·꼬리지느러미 등이 있음. 어류(魚類)
어:수(御手)명 임금의 손을 이르는 말. 옥수(玉手)
어:수(御水)명 임금에게 올리는 우물물.
어수룩-하다형여 ①약삭빠르지 못하고 아둔한 데가 있다. ②말이나 하는 짓이 되바라지지 않고 숫되고 후하다. ☞아수룩하다
어수리명 미나릿과의 여러해살이풀. 줄기 높이 70~150 cm. 잎은 깃꼴 겹잎으로 나는데 털이 많음. 꽃은 흰빛이며 7~8월에 산형(繖形) 꽃차례로 핌. 애순은 먹을 수 있고, 뿌리는 한방에서 약재로 씀. 우리 나라 각처의 산과 들에 흔히 자람.
어:수-물(御水—)명 ①어수로 쓰는 물. ②'어수 우물'의 준말.
어수선-산:란하다(—散亂—)형여 몹시 어수선하고 산란하다. ¶방 안이 —./마음이 —.
어수선-하다형여 ①사물이 어지럽게 뒤섞여 매우 수선스럽다. ¶이삿짐을 들어내어 놓으니 온 마당이 —. ②마음이 뒤숭숭하다. ¶근심거리가 떠나지 않아 마음이 —./꿈자리가 —.
어:수=우물(御水—)명 어수를 긷는 우물. 준어수물
어:순(語順)명 말이나 글에서 단어를 일정하게 늘어놓는 차례.
어숭그러-하다형여 ①예사롭고 수수하다. ②일이 그리 까다롭지 않다.
어:스(earth)명 ①지구(地球) ②접지(接地)
어스러기명 옷의 솔기 따위가 어슷하게 닳은 곳.
어스러-지다자 ①한 부분이 어슷하게 되다. ¶솔기를 어스러지게 박아 놓았다. ②어슷하게 닳다. ¶신의 뒤축이 —. ③말이나 하는 짓이 정상에서 벗어나다.
어스럭-송아지명 거의 중송아지만큼 자란 큰 송아지. 준어석소. 어석송아지
어스렁이-고치명 밤나무벌레의 고치.
어스레-하다형여 날이 저물어 좀 어둑하다. 어스름하다 ¶어스레할 무렵에야 밭일을 마쳤다. 준어슬하다
어스름명 새벽이나 저녁의 어스레한 때, 또는 그런 상태. ¶— 달밤/새벽 —부터 시장은 활기를 띤다.
어스름-밤명 날이 저물어 어스레한 밤.
어스름-하다형여 날이 저물어 좀 어둑하다. 어스레하다
어:스-선(earth線)명 접지선(接地線)
어슥-어슥부-하다형 여러 개가 모두 한쪽으로 조금씩 비뚤어져 있는 모양을 나타내는 말.
어슬(魚蝨)명 갑각류에 딸린 기생 동물. 몸은 편평한 원형이며, 악각이 두 쌍 있는데 그 한 쌍은 흡반으로 되어 있어서 그것으로 물고기의 피를 빨아먹음.
어슬렁-거리다(대다)자 어슬렁어슬렁 걸어 다니다. ☞아슬랑거리다
어슬렁-어슬렁부 몸집이 큰 사람이나 짐승이 느릿느릿 걸어 다니는 모양을 나타내는 말. 어슬어슬[1] ☞아슬랑아슬랑
어슬-어슬[1]부 어슬렁어슬렁
어슬-어슬[2]부-하다형 날이 어두워지거나 밝아질 무렵에 주위가 좀 어둑한 모양을 나타내는 말. ¶— 날이 어두워지다.
어슬핏-하다[—핃—]형여 조금 어스레하다. ¶해가 져서 주위가 —./날이 저물어 어슬핏해진 들판.
어슬-하다형여 '어스레하다'의 준말.
어슴-새벽명 어스레한 새벽. ¶—에 길을 떠나다.
어슴푸레-하다형여 ①빛이 약하여 좀 어둑하다. ¶어슴푸레한 새벽 길을 달리다. ②뚜렷이 보이지 않고 희미하다. ¶어슴푸레하게 떠오르는 산봉우리들. ③들리는 소리가 어렴풋하다. ¶어슴푸레하게 들려 오는 농악 소리. ④기억이 뚜렷하지 않고 매우 흐리마리하다. ¶어슴푸레하게 기억들이 되살아나다. ☞아슴푸레하다. 으슴푸레하다
어슷-거리다(대다)[—슫—]자 선뜻 나아가지 못하고 어정거리다.
어슷비슷-하다[—슫—슫—]형여 ①서로 비슷하다. ¶두 선수의 기량이 —. ②이리 쏠리고 저리 쏠려 가지런하지 못하다. ¶책꽂이에 책들이 어슷비슷하게 꽂히다.
어슷-썰기[—슫—]명 무나 파 따위를 한쪽으로 비스듬하게 써는 일. ☞십자썰기. 얄팍썰기
어슷-어슷[1][—슫—]부 어슷거리는 모양을 나타내는 말. ¶힘없이 — 걸어가다.
어슷-어슷[2][—슫—]부-하다형 여럿이 다 조금씩 기울어진 모양을 나타내는 말. ¶무를 —하게 썰다.
어슷-하다[—슫—]형여 한쪽으로 조금 비뚤다. ¶오이를 가로로 어슷하게 썰다.

어시스트(assist)명 축구나 농구 경기 등에서, 적절한 패스로써 자기편에게 공격할 수 있는 기회를 주어 득점을 돕는 일, 또는 그렇게 한 선수.

어시-에(於是-)부 '여기에서', '이에'의 뜻으로 쓰이는 한문 투의 말.

어-시:장(魚市場)명 어물(魚物)·해초류·조개류·젓갈류 따위의 수산물을 파는 시장.

어시-해(魚醢醢)명 아감젓

어:식(御食)명 임금이 내리는 음식.

어:-신필(御宸筆)명 임금이 쓴 글씨. 어필(御筆)

어심(於心) '어심에'의 꼴로 쓰이어, '마음에'의 뜻을 나타냄. ¶ -에 몹시 못마땅한 기색이다.

어썩부 단단하고 싱싱한 채소나 과일 따위를 한입 크게 힘주어 베어 무는 소리를 나타내는 말. ¶ 복숭아를 - 베어먹다. ☞아싹. 어석. 어쩍

어썩-거리다(대다)타 어썩어썩 소리를 내다. ☞아싹거리다. 어석거리다. 어쩍거리다

어썩-어썩부 단단하고 싱싱한 채소나 과일 따위를 자꾸 크게 힘주어 베어 무는 소리를 나타내는 말. ¶ 무를 뽑아 - 베어먹다. ☞아싹아싹. 어석어석. 어쩍어쩍

어쓴-하다[-쓴-]형여 의협심이 있고, 작은 일에 거리낌이 없다.

어안(魚眼)명 물고기의 눈.

어안=렌즈(魚眼lens)명 물고기의 눈알처럼 180° 안팎의 시야를 가진, 광각(廣角)의 볼록렌즈.

어안=사진(魚眼寫眞)명 어안 렌즈로 180° 시야의 전부를 찍은 사진.

어안-석(魚眼石)명 함수 규산염 광물의 한 가지. 정방 정계에 딸린 주상(柱狀) 또는 판상(板狀)의 결정으로, 무색 또는 백색인데 유리와 같은 광택이 남.

어:안이-벙벙하다형여 말이 막힐 만큼, 기막히고 어이없다. ¶ 너무도 기가 막혀 어안이벙벙할 따름이다.

어:압(御押)명 임금의 수결(手決)을 새긴 도장. 어함

-어야어미 음성 모음 'ㅓ·ㅜ·ㅡ'의 어간이나 '이다'의 '이-'에 붙어 ①충족시키는 조건임을 나타내는 연결 어미. ¶ 구슬이 서 말이라도 꿰어야 보배라./물이 흐려야 고기가 놀지./성적이 상위권이어야 지원할 수 있다. ②양보하는 조건을 나타내는 연결 어미. ¶ 다 써야 만 원이다./길어야 십 년이다. ☞-아야

어야-디야감 뱃사람들이 노를 저을 때, 노를 밀었다 당겼다 하면서 하는 소리. 본어기야디야

-어야만어미 '-어야'의 힘줌말. ¶ 좋은 말을 골라 써야만 한다./교통 법규는 지켜야만 한다.

-어야지어미 '-어야 하지'가 줄어든 말. ¶ 밥을 먹어야지 약만 먹어서는 안 된다./가훈(家訓)은 지켜야지./모르면 물어야지? ☞-아야지

어-어감 뜻밖의 일을 당할 때 내는 소리. ¶ -, 조심해야지./-, 정말이야? ☞아아

어언(於焉)부 '어언간(於焉間)'의 준말.

어언-간(於焉間)부 어느덧. 어느 사이. ¶ - 십 년이라는 세월이 흘렀다. 준어언(於焉) 본어언지간(於焉之間)

어언지간(於焉之間)부 '어언간(於焉間)'의 본딧말.

어업(漁業)명 물고기나 조개 따위를 잡거나, 바닷말을 따거나, 수산물을 양식하거나 하여 수입을 얻는 사업.

어업-권(漁業權)[-꿘]명 특정한 수역에서 일정한 어업을 독점적으로 할 수 있는 권리. 어로권(漁撈權)

어업=면:허(漁業免許)명 특정한 수역에서 일정한 어업을 독점적으로 할 수 있는 권리를 행정 관청이 허가하는 일.

어업=영해(漁業領海)명 어업 전관 수역

어업=자:원(漁業資源)명 어업의 대상이 되는 물고기·조개·바닷물 등의 수산물.

어업=전관=수역(漁業專管水域)명 어업에 관하여 연안국이 배타적 권한을 행사할 수 있는 공해상의 수역. 어업 영해 준전관 수역(專管水域)

어여-머리명 지난날, 부인이 예복 차림을 할 때에 머리에 얹던 다리로 된 큰 머리. 가환(假鬟) 준어염 ☞동의머리

어여쁘다(어여쁘고·어여뻐)형 '예쁘다'의 예스러운 말. ¶ 마음이 -./어여쁜 얼굴.

어여삐부 어여쁘게 ¶ - 여기다.

어여차감 여럿이 힘을 합할 때에 함께 지르는 소리. 어기여차 ¶ -, 노를 저어라.

어:연(御筵)명 임금이 앉는 자리.

어연간-하다형여 정도가 표준이나 기준에 어지간히 가깝다. ¶ 그 정도면 어연간하게 되었다. 준엔간하다

어연간-히부 어연간하게 ¶ - 울어대는구나.

어연번듯-하다[-듣-]형여 남에게 드러내 보이기에 어엿하고 번듯하다. ¶ 어연번듯한 집안에서 태어나다.

어연번듯-이부 어연번듯하게

어염명 '어여머리'의 준말.

어염(魚塩)명 생선과 소금이라는 뜻으로, '해산물(海産物)'을 달리 이르는 말.

어염-시수(魚塩柴水)명 생선과 소금과 땔나무와 마실 물이라는 뜻으로, 식생활에 필요한 물건을 통틀어 이르는 말.

어염-족두리명 지난날, 어여머리의 밑받침으로 쓰던, 솜으로 속을 채운 족두리. 예장(禮裝)할 때 머리 앞 부분에 얹고 잘록한 부분에 어여머리를 얹었음.

어엿-하다[-엳-]형여 행동이 당당하고 떳떳하다. ¶ 어엿한 군인이 되어 돌아오다.

어엿-이부 어엿하게 ¶ 기죽지 않고 - 나타나다.

어:영-대:장(御營大將)명 조선 시대, 어영청(御營廳)의 으뜸 관직. 품계는 종이품임. 준어장(御將)

어영부영부 하는 일 없이 일이 되어 가는 대로 지내는 모양을 나타내는 말. ¶ - 세월만 보내다.

어:영-청(御營廳)명 조선 시대, 삼군문(三軍門)의 하나인 군영(軍營)의 이름.

어옹(漁翁)명 고기잡이를 하는 노인. ☞어부(漁父)

-어요어미 음성 모음 'ㅓ·ㅜ·ㅡ'의 어간이나 '이다'의 '이-'에 붙어, '해요' 할 자리에 여러 서술 표현 방법으로 두루 쓰이는 종결 어미. ¶ 물이 깊어요. (긍정)/좋은 사람이어요. (긍정)/꽃이 붉어요? (의문)/같이 걸어요. (청유)/어서 들어요. (명령) ☞-아요

어:용(御用)명 ①임금이 쓰는 물건. 어물(御物) ②권력을 가진 사람에게 아첨하며 자주성이 없이 행동하는 사람을 경멸하여 이르는 말. ¶ - 작가/- 단체

어:용=기자(御用記者)명 어용 신문의 기자.

어:용=문학(御用文學)명 그 시대의 권력 기관에 아부하여 그 정책을 두둔하고 선전하는 문학.

어:용=신문(御用新聞)명 정부의 보호를 받고 그 정책을 두둔하고 선전하는 신문. 어용지(御用紙)

어:용-지(御用紙)명 어용 신문(御用新聞)

어:용=학자(御用學者)명 정부나 권력자의 보호 아래서 그 정책을 정당화하기 위한 학설을 주장하는 학자.

어:우(御宇)명 임금이 나라를 다스리는 동안.

어우러-지다자 여럿이 한 동아리나 한판을 이루게 되다. ¶ 남녀노소가 한데 어우러져 즐기다. ☞아우러지다

어우렁-그네명 쌍그네

어우렁-더우렁부 여러 사람들과 어울려 정신없이 지내는 모양을 나타내는 말. ¶ 하는 일 없이 - 지내다.

어우르다[1](어우르고·어울러)자르 성교(性交)하다 준어르다[2]

어우르다[2](어우르고·어울러)타르 ①여럿으로 한 덩어리나 한판이 되게 하다. ¶ 힘을 -./술자리를 -./노래와 춤으로 한판 -. ②윷놀이에서 말 두 바리 이상을 한데 합치다. 준어르다[2] ☞아우르다

한자 어우를 병(倂)〔人部 8획〕¶ 병기(倂記)/병발(倂發)/병용(倂用)/병존(倂存)/병합(倂合)

어우야담(於于野談)명 조선 광해군 13년(1621)에 어우당(於于堂) 유몽인(柳夢寅)이 지은 야담집. '대동야승(大東野乘)'에 실려 전함. 한글본과 한문본이 있는데, 원본인 한문본은 5권 1책이고 2책의 사본(寫本)이 있음.

어:운(語韻)명 말의 음운(音韻).

어울리다자 ①어우르게 되다. ¶ 친구들과 어울려 산에 오르다. ②두 가지 이상의 것이 조화되어 자연스럽게 보

이다. ¶빨간 모자가 하얀 얼굴과 잘 -./나이에 어울리지 않는 옷차림. ㊅얼리다 ☞아울리다
어울림 명 두 가지 이상의 사물이나 현상이 서로 대립되거나 어긋남이 없이 잘 맞아 어우러진 상태.
어울림-음(-音)명 음악에서, 둘 또는 둘 이상의 음이 같이 울렸을 때, 어울려서 하나의 음으로 들리는 고른 음. 협화음(協和音) ☞안어울림음
어울림=음정(-音程)명 음악에서, 두 음이 같이 울렸을 때 서로 잘 어울리는 음정. 협화 음정(協和音程) ☞안어울림 음정
어웅-하다 형여 속이 텅 비어 있고 침침하다. ¶어웅하게 뚫린 동굴. ☞아웅하다
어:원(御苑)명 비원(祕苑)
어:원(語源·語原)명 단어가 지금의 꼴이나 뜻으로 쓰이게 된 유래와 기원(起源). 말밑

> ▶ **어원을 밝혀 적지 않는 말들**
> ① 어간에 '-이'나 '-음'이 붙어서 명사로 된 말 가운데 어간의 뜻과 멀어진 것은 어원을 밝혀 적지 아니한다.
> ¶굽도리/목거리/무녀리/거름/고름
> ② 어간에 '-이', '-음' 이외의 모음으로 시작된 접미사가 붙어서 다른 품사로 바뀐 것은 그 어간의 어원을 밝혀 적지 아니한다.
> ¶〔명사〕 귀머거리/너머/마감/마개/마중
> 〔부사〕 너무/도로/바투/비로소/자주
> 〔조사〕 나마/부터/조차

어유 감 ①뜻밖의 일에 놀람을 나타내는 소리. ¶-, 이게 무슨 꼴이람. ②고달프고 힘겨울 때 하는 소리. ¶-, 아직도 할 일이 태산이군. ☞아유
어유(魚油)명 정어리나 청어 등에서 짜낸 지방유(脂肪油). 비누 등의 원료로 쓰임.
어육(魚肉)명 ①생선의 고기와 짐승의 고기. ②생선의 살. ③아주 짓밟아 결딴냄을 비유하여 이르는 말. ¶내 손에 잡히기만 하면 -을 만들어 버릴 테다.
어육-장(魚肉醬)명 물고기나 고기에 켜지켜지 메주와 소금을 넣어 담근 장.
어육-포(魚肉脯)명 생선 살을 넓고 얇게 저미어 간장·설탕·생강·후춧가루 등으로 양념하여 채반에 말린 포.
어음 명 ①일정한 금액을 일정한 기일에 일정한 곳에서 지급할 것을 약속하는 유가 증권. 약속 어음과 환어음이 있음. ②지난날, 돈의 지급을 약속하던 문서. 금액과 날짜 따위를 적고 그 한가운데를 잘라 채권자와 채무자가 한 쪽씩 가졌음.
어:음(語音)명 말의 소리.
어음=개:서(-改書)명 지급 기한을 미루기 위하여 정해진 기한이 찬 날에 어음을 고쳐 쓰는 일.
어음=교환(-交換)명 일정 지역의 은행 등 금융 기관의, 직원이 일정한 곳에 모여서 어음을 교환하고 은행끼리의 대차를 청산하는 일.
어음=교환소(-交換所)명 어음이나 수표, 또는 만기가 된 공채·사채 등의 교환·결재를 하는 상설 기관.
어음=대:출(-貸出)명 금융 기관의 대출 방식의 한 가지. 차용 증서 대신에 차용인이 은행을 수취인으로 발행한 약속 어음이나 환어음을 담보로 하는 대출 방식.
어음=배:서(-背書)명 어음을 남에게 양도하는 경우, 어음의 뒷면에 그 내용을 적고 서명 날인하는 일.
어음=할인(-割引)명 금융 기관이 어음을 가진 이의 의뢰에 따라 어음에 적힌 금액에서 만기일까지의 이자와 수수료를 공제한 금액으로 어음을 사들이는 일. ㊅할인
어음=행위(-行爲)명 어음의 발행·배서·인수·보증·참가 인수 등 다섯 가지 법률 행위.
어:의(御衣)명 임금의 옷. 어복(御服)
어:의(御醫)명 지난날, 궁중에서 임금과 왕족의 진료를 맡아보던 의사. 시의(侍醫)
어:의(語義)명 말뜻
어:-의대(御衣襨)명 '의대(衣襨)'의 높임말.
어이[1] 명 짐승의 어미.
어이[2] 부 '어찌'의 예스러운 말. ¶이 일을 - 할꼬.
어이-곡(-哭)명 곡(哭)하는 방식의 한 가지. 부모상과 종손의 조부모상 이외의 상중(喪中)에 하는 곡. '어이어이' 하며 욺.
어이구 감 몹시 아플 때나 슬플 때, 놀랐을 때, 힘들 때, 기막힐 때 하는 말. ¶-, 가슴이야./-, 답답해./-, 속상해. ㊅에구 ☞아이고. 어이구머니
어이구나 감 어린아이의 귀여운 재롱이나 기특한 짓을 보고 놀라워서 하는 말. ¶-, 착하기도 하지. ☞아이고나
어이구머니 감 '어이구'의 힘줌말. ¶-, 정신 나갔네. ㊅어구머니. 에구머니 ☞아이고머니
어이-동자(-童子)명 머름의 칸막이 기둥에 붙여 세운 동자기둥.
어이-딸 명 어머니와 딸을 아울러 이르는 말. 모녀(母女)
속담 **어이딸이 두부 앗듯**: 무슨 일을 할 때, 뜻이 맞고 손이 맞아 일이 쉽게 잘 되어 나감을 이르는 말.
어이-며느리 명 시어머니와 며느리를 아울러 이르는 말. 고부(姑婦). 고식(姑媳)
어이-새끼 명 짐승의 어미와 새끼를 아울러 이르는 말.
어이-아들 명 어머니와 아들을 아울러 이르는 말. 모자
어이-어이 감 상중(喪中)에 상제 외에 복을 입은 사람이나 조상하는 사람이 곡하는 소리.
어이-없:다[-업-]형 일이 너무 뜻밖이거나 엄청나서 기가 막히다. 어처구니없다 ¶어이없는 일을 당하다.
어이-없이 부 어이없게 ¶기대가 - 무너지다.
어이쿠 감 몹시 부딪치거나 갑자기 놀랐을 때 하는 말. ¶-, 깜짝이야. ☞아이쿠
어:인(御印)명 임금의 도장. 어새(御璽)
어:자(御者·馭者)명 마차를 맨 말을 다루어 마차를 끌게 하는 사람.
어자-문(魚子紋)명 도자기에 덧씌운 잿물의 자디잔 무늬.
어:장(御將)명 '어영대장(御營大將)'의 준말.
어장(魚醬)명 토막 친 생선에 소금을 뿌리고, 천초(川椒)·간장·누룩 등을 함께 버무려 항아리에 담아 봉하여 삭힌 음식.
어장(漁場)명 ①수산 자원이 많아서 어업을 하기에 알맞은 수역(水域). 어기(漁基). 어소(漁所) ②허가를 얻어 어업권(漁業權)을 행사할 수 있는 수역.
속담 **어장이 안 되려면 해파리만 끓는다**: 되지 않는 일에는 달갑지 않은 것만 모여 들끓는다는 말.
어장(魚腸)명 물고기의 내장.
어장-비(魚腸肥)명 물고기의 내장으로 만든 거름.
어재(魚滓)명 살을 발라냈거나 기름을 짜고 난 물고기의 찌꺼기.
어:-재실(御齋室)명 지난날, 임금이 능이나 묘(廟)에 거둥할 때 잠시 머무르던 집.
어저귀 명 아욱과의 한해살이풀. 줄기 높이 1.5m 안팎. 전체에 털이 빽빽히 나 있으며, 잎은 심장 모양이고 8~9월에 누른 꽃이 잎겨드랑이에 핌. 인도 원산의 섬유 식물로서 한때 많이 재배하였음. 줄기 껍질은 섬유로, 씨는 한방에서 경실(苘實)이라 하여 약재로 쓰임. 백마(白麻)
어저께 명 어제
어적 부 단단한 날고구마나 무 따위를 한 번 크게 깨물어 먹을 때 나는 소리를 나타내는 말. ¶날고구마를 - 베어물다. ☞아작. 어석. 어쩍
어적(魚炙)명 생선 살을 소금으로 간하여 구운 적.
어:적(禦敵)명 -하다 자 적의 침략을 막음.
어적-거리다(대다) 타 어적어적 소리를 내다. ☞아작거리다. 어석거리다. 어쩍거리다
어적-어적 부 단단한 날고구마나 무 따위를 자꾸 크게 깨물어 먹을 때 나는 소리를 나타내는 말. ¶사과를 껍질째 - 씹어 먹다. ☞아작아작. 어석어석. 어쩍어쩍
어전(魚筌)명 물고기를 잡는 통발.
어전(魚煎)명 생선전
어:전(御田)명 지난날, 임금이 몸소 농사를 짓던 밭. ☞적전(籍田). 친경전(親耕田)

어:전(御前)[명] 임금의 앞.
어:전(御殿)[명] 임금이 머무는 궁전.
어:전(語典)[명] ①문전(文典) ②사전(辭典). 사서(辭書)
어전(漁箭)[명] 강이나 바다에서 물고기를 잡기 위하여 물속에 나무를 둘러 꽂아 물고기를 들게 하는 울. 어살
어:전=회:의(御前會議)[명] 중요한 국사를 의논하기 위하여 임금 앞에서 중신들이 모여 하는 회의.
어:절(語節)[명]〈어〉문장을 이루고 있는 도막도막의 성분. '그 모습이 참 좋더라'는 '그', '모습이', '참', '좋더라'의 네 어절로 이루어져 있음.
어정[명] ①'어정잡이'의 준말. ②무슨 일을 정성 들여 탐탁하게 하지 않고 대강 하여 어울리지 아니하는 일. ¶ －으로 그린 그림.
어정(漁艇)[명] 고기잡이에 쓰는 작은 배.
어정-거리다(대다)[자] ①어정어정 걷다. ☞아장거리다 ②어정어정 시간을 보내다. ¶종일 밖에서 －.
어정-뜨다(－뜨고·－떠)[형] 마땅히 할 일을 건성으로 하여 넘기거나 탐탁하지 못한 태도가 있다. ¶사람이 저렇게 어정떠서야 믿을 수가 있어야지.
어정-뱅이[명] ①갑자기 잘된 사람. ②하는 일이 없이 어정버정 지내는 사람.
어정-버정[부] 하는 일 없이 이리저리 돌아다니는 모양을 나타내는 말. ¶ － 마을 안팎을 돌아다니다. ☞아장바장
어정-어정[1][부] 긴 다리로 천천히 걷는 모양을 나타내는 말. ¶ － 문밖으로 걸어 나가다. ☞아장아장
어정-어정[2][부] 갈피를 잡지 못하고 이것저것 손대다 말다 하는 모양을 나타내는 말. ¶ － 시간을 보내다.
어정-잡이[명] ①형식만 꾸미고 실속이 없음, 또는 그러한 사람. ②능력이 없어서 제 앞가림도 제대로 하지 못하는 사람. [준]어정
어정쩡-하다[형여] ①미심하여 마음이 꺼림하다. ¶시키는 일이라 하기는 해도 어쩐지 －. ②또렷하지 않고 흐릿하다. ¶나오는 태도가 －.
  어정쩡-히[부] 어정쩡하게
어정-칠월(－七月)[명] 음력 칠월은 농사일이 바쁜 때이므로 어정어정 하는 동안에 빨리 지나가 버린다는 뜻에서, '음력 칠월'을 달리 이르는 말. ☞미끈유월. 건들팔월
[속담] **어정칠월 동동팔월** : 농가에서 음력 칠월은 어정어정 하는 사이에 지나가고, 음력 팔월은 추수에 바빠 동동거리는 사이에 지나가 버린다는 말.
어제[명] 오늘의 하루 전날. 어저께. 작일(昨日) ☞내일
[속담] **어제가 다르고 오늘이 다르다** : 사물의 변화하는 속도가 아주 빠름을 이르는 말. /**어제 보던 손님** : ①낯이 익었음을 이르는 말. ②만나자 곧 친한 사이가 되었음을 이르는 말.

[한자] **어제 작**(昨) 〔日部 5획〕 ¶작금(昨今)/작석(昨夕)/작야(昨夜)/작일(昨日)

어제(魚梯)[명] 댐이나 둑이 있는 곳에, 물고기가 하천(河川)으로 오르내릴 수 있도록 만들어 놓는 층계식 물길. ☞어도(魚道)
어:제(御製)[명] 임금이 몸소 지은 시문이나 저술.
어:제(御題)[명] 지난날, 임금이 친히 보이던 과거의 글제.
어:제상훈언:해(御製常訓諺解)[명] 상훈언해(常訓諺解)
어:제여사서언:해(御製女四書諺解)[명] 여사서언해
어제일리어(azalea)[명] 진달랫과의 상록 관목. 높이는 50~70cm. 중국 원산인 철쭉의 원예 품종으로 벨기에 등에서 개량된 품종임. 봄에 하양·분홍·주황 등의 큰 꽃이 피며 관상용으로 온실에서 재배됨.
어젯-밤[명] 어제의 밤. 작소(昨宵). 작야(昨夜)
어:조(語調)[명] 말의 가락. 말하는 투. ¶실망한 －로 말하다. /부드러운 －로 달래다. ☞어세(語勢)
어:조-사(語助辭)[명] 한문(漢文)의 토. 실질적인 뜻은 없고 다른 글자의 보조로만 쓰임. 곧 어(於)·의(矣)·언(焉)·야(也) 따위. 조어(助語) [준]조사(助辭)

[한자] **어조사 어**(於) 〔方部 4획〕 ¶어언간(於焉間)

어족(魚族)[명] 물고기의 종족. ☞어류(魚類)
어:족(語族)[명] 같은 언어를 조상으로 하여 파생되었다고 생각되는 언어를 일괄하여 이르는 말. ¶우랄알타이 －/인도유럽 －
어:졸(語拙)[어기] '어졸(語拙)하다'의 어기(語基).
어:졸-하다(語拙－)[형여] 말솜씨가 서투르다. 언졸하다
어종(魚種)[명] 물고기의 종류.
어:좌(御座)[명] 임금이 앉는 자리. 옥좌(玉座)
어:주(御酒)[명] 임금이 내리는 술.
어:주(御廚)[명] 수라간
어주(漁舟)[명] 낚시질에 쓰는 작은 배. 낚싯거루
어주-자(漁舟子)[명] 낚싯거루를 타고 고기를 잡는 사람.
어죽(魚粥)[명] 흰 살 생선과 쌀로 쑨 죽. 흰 살 생선의 살을 쪄서 부스러뜨리고, 뼈와 머리는 물을 붓고 푹 고아서 체에 밭쳐 국물을 받아 그 국물에 쌀과 생선 살을 넣고 죽을 쑴.
어:줍다[형] ①말이나 동작이 둔하고 자유롭지 못하다. ¶몸놀림이 좀 －. ②손에 익지 않아 서투르다. ¶사람을 대하는 품이 그저 어줍기만 하다. ③손·발 따위가 저려서 놀리기에 부자유스럽다. ¶발이 저려 걸어 다니기 －.
어중간(於中間)[어기] '어중간(於中間)하다'의 어기(語基).
어중간-하다(於中間－)[형여] ①거의 중간쯤 되는 데 있다. ¶어중간한 지점까지 마중 나가다. ②이것에도 저것에도 알맞지 아니하다. ¶시간이 －.
어중-되다(於中－)[－뙤－][형] 정도가 넘거나 처져서 알맞지 아니하다. ¶신랑감으로는 나이가 －. /출발하기에는 어중된 시간이다.
어:중-이[명] 어중간하여 쓸모 없는 사람.
어:중이-떠:중이[명] 여러 방면에서 모여든 별로 신통치 못한 사람들을 얕잡아 이르는 말. 유상무상(有象無象)
어:지(御旨)[명] 임금의 뜻. 성의(聖意). 성지(聖旨). 성충(聖衷)
어지간-하다[형여] ①어떤 정도에 거의 가깝다. ¶인물은 그만하면 어지간한 편이다. ②꽤 무던하다. ¶들볶이면서도 참고 견디는 태도가 －. ③웬만하다 ¶어지간하면 헌것을 그냥 쓰기로 하자.
  어지간-히[부] 어지간하게 ¶날씨가 － 풀린 것 같다.
어지러-뜨리다(트리다)[타] 어지럽게 하다. ¶실내를 －. /집 안을 어지러뜨려 놓고 나가다.
어지럼[명] 어지러운 기운.
어지럼-증(－症)[－쯩][명] 어지러운 증세.
어지럽다(어지럽고·어지러워)[형ㅂ] ①몸을 바로 가누기 어려울 만큼 정신이 아뜩아뜩하고 얼떨떨하다. ¶머리가 멍하고 －. ②마음이 갈피를 잡을 수 없이 뒤숭숭하다. ¶어지러운 마음을 가라앉히다. ③온갖 물건이 헝클어져 있어 어수선하다. ¶방 안에 옷가지들이 어지럽게 널려 있다. ④도덕이나 질서가 흐트러진 상태에 있다. ¶어지러운 세상을 올바르게 이끌어 갈 지도자.

[한자] **어지러울 란**(亂) 〔乙部 12획〕 ¶난국(亂局)/난동(亂動)/난립(亂立)/산란(散亂) ▷ 속자는 乱
  어지러울 문(紊) 〔糸部 4획〕 ¶문란(紊亂)
  어지러울 분(紛) 〔糸部 4획〕 ¶분규(紛糾)/분란(紛亂)/분분(紛紛)/분잡(紛雜)/분쟁(紛爭)

어지르다(어지르고·어질러)[타르] 어지럽게 흐트러 놓다. ¶방 안을 －. /아이가 장난감들을 어질러 놓다.
어지-빠르다(－빠르고·－빨라)[형르] 넘고 처져서 어느 한쪽에도 맞지 아니하다. 엇되다 ¶마중 나가기엔 시간이 －. [준]엇빠르다 ☞어중되다
어:지-자지[명] 한 몸에 남녀 양성(兩性)의 생식기를 가지고 있거나, 외음부가 생식선(生殖腺)과 일치하지 않는 것, 또는 그런 사람. 고녀(睾女). 남녀추니. 반음양(半陰陽)
어:지-증(語遲症)[－쯩][명] 한방에서, 아기가 말하기 시작하는 것이 늦는 증세를 이르는 말. ☞구연증(口軟症)
어:진(御眞)[명] 임금의 화상(畫像)이나 사진. 수용(睟容).

신어
어진사람-인(一儿)명 한자 부수(部首)의 한 가지. '元'·'光'·'充' 등에서 '儿'의 이름.
어진-혼(一魂)명 어질고 착한 사람의 죽은 넋.
어진혼(이) 나가다관용 몹시 놀라거나 매우 시끄럽거나 하여 맑은 정신이 흐트러지다.
어질다형 마음이 너그럽고 인정이 도탑다. ¶마음이 ―./사람됨이 어질어 많은 사람이 따른다.

한자 어질 량(良) 〔艮部 1획〕 ¶선량(善良)/순량(淳良)/양민(良民)/양순(良順)/양처(良妻)
어질 인(仁) 〔人部 2획〕 ¶인덕(仁德)/인술(仁術)/인애(仁愛)/인자(仁慈)/인후(仁厚)
어질 현(賢) 〔貝部 8획〕 ¶명현(名賢)/선현(先賢)/성현(聖賢)/현덕(賢德)/현명(賢明)/현인(賢人)

어질더분-하다형여 마구 어질러져 있어 지저분하다. ¶방 안에 늘어놓은 물건들이 ―.
×**어질-머리**명 →어질병
어질-병(一病)[一뼝]명 한방에서, 정신이 어질어질한 병을 이르는 말.
속담 **어질병이 지랄병 된다**: 작은 병통을 다스리지 않고 그냥 두면 큰 병통이 된다는 말.
어질-어질부-하다형 머리가 자꾸 어지러운 상태를 나타내는 말. ☞아질아질. 어찔어찔
어질-증(一症)[一쯩]명 한방에서, 어질병의 증세를 이르는 말. 현훈증(眩暈症)
어째부 '어찌하여'의 준말. ¶― 연락이 없을까?
어째서부 '어찌하여서'의 준말.
어쨌든[一짿一]부 '어찌 하였든', '어찌 되었든'의 줄어든 말. 하여튼 ¶― 말이나 한번 들어 보자.
어쨌든지[一짿一]부 '어찌 하였든지', '어찌 되었든지'의 줄어든 말. ¶― 만나서 의논하자.
어쩌고-저쩌고부 '이러니저러니', '이러쿵저러쿵'을 익살스럽게 하는 말. ¶― 너무 말이 많다.
어쩌다[1] 자타 '어찌하다'의 준말. ¶이 일을 어쩐다?/어쩔 줄 모르고 좋아하다.
어쩌다[2] 부 '어쩌다가'의 준말.
어쩌다가부 ①어떻게 하다가. 우연히 ¶― 놀라운 사실을 알아내었다. ②동안을 두고 이따금. 가다가다 ¶― 생각이 나다. 준어쩌다[2]
어쩌면부 ①감탄적으로 쓰이어, '어찌 되어서'의 뜻. ¶― 이렇게 더울까?/― 저렇게 예쁠까? ②'어찌하면'의 준말. ¶― 그가 한 짓인지 모른다.
어쩍부 단단하거나 질깃한 물체를 힘있게 한 입 물어뜯는 소리를 나타내는 말. ☞아짝. 어썩. 어적
어쩍-거리다(대다)타 어쩍어쩍 소리를 내다. ☞아짝거리다. 어썩거리다. 어적거리다
어쩍-어쩍부 단단하거나 질깃한 물체를 힘있게 자꾸 물어뜯는 소리를 나타내는 말. ☞아짝아짝. 어썩어썩. 어적어적
어쩐관 '어찌한'의 준말. ¶― 영문인지 알 수가 없다.
어쩐지부 어찌 된 까닭인지는 모르나. ¶― 낌새가 예사롭지 않다. 유왠지
어쭙잖다형 '어쭙지않다'의 준말.
어쭙지-않다형 말이나 하는 짓이 분수에 넘치는 데가 있다. ¶남의 일에 어쭙지않게 끼어들다. 준어쭙잖다
어찌부 ①어떠한 까닭으로. ¶― 그런 소문이 났을까? ②어떠한 방법으로. ¶냇물이 불어 ― 건널꼬. ③'어떻게'의 뜻으로 느낌과 물음을 아울러 나타내는 말. ¶― 무섭던지 잠을 못 이루었다./너는 ― 생각하느냐?

한자 어찌 하(何) 〔人部 5획〕 ¶하여간(何如間)

어찌나부 '어찌'를 강조하여 이르는 말. ¶아이가 ― 귀엽게 굴던지, 한번 안아 주고 싶었다.
어찌씨명〈어〉부사(副詞) ☞느낌씨
어찌-하다자타여 어떻게 하다. ¶기뻐 어찌할 바를 모르다./이 문제를 어찌하면 좋을까? 준어쩌다[1]
어찌-하여부 무슨 까닭으로. ¶― 떨고 있니? 준어째
어찔-어찔부-하다형 정신이 어득해져서 자꾸 쓰러질듯한 느낌을 나타내는 말. ¶절벽에서 내려다보니 ―하다. ☞아찔아찔. 어뜩어뜩
어찔-하다형여 급자기 정신이 어득해져서 쓰러질듯 하다. ¶정신이 ―. ☞아찔하다. 어뜩하다
어차(魚杈)명 작살
어:차간-에(語次間一)부 말을 하는 김에.
어차어피-에(於此於彼一)부 ①이렇게 하든지 저렇게 하든지. 이러거나 저러거나. ②어떻게 되든지. 어동어서(於東於西)에 준어차피(於此彼)
어차-에(於此一)부 여기에서. 이때에
어차피(於此彼)부 '어차어피(於此於彼)에'의 준말.
어찬(魚饌)명 생선으로 만든 반찬.
어:찰(御札)명 임금의 편지.
어창(魚倉)명 물고기를 넣어 두는 창고.
어채(漁採)명 고기잡이
어채(魚菜)명 생선과 곤자소니·해삼·전복·버섯 따위를 잘게 썰어 녹말에 무친 것을, 끓는 물에 데친 다음 깻국에 넣어 먹는 음식.
어처구니명 놀랄 만큼 엄청나게 큰 사람이나 물건.
어처구니-없:다[一업一]형 '어이없다'의 속된말.
어처구니-없이부 어처구니없게
어천만사-에(於千萬事一)부 어떤 일에든지. 모든 일에. ¶그의 호기심은 ― 미치지 아니함이 없다.
어:첩(御牒)명 임금의 가계(家系)를 간략하게 적은 접책(摺冊).
어청-거리다(대다)자 어청어청 걷다. ☞아창거리다. 어정거리다
어청-어청부 좀 빠르게 어정어정 걷는 모양을 나타내는 말. ☞아창아창
어초(魚酢)명 식해(食醢)
어초(漁樵)명 ①어부와 나무꾼. ②고기잡이와 나무하기. 초어(樵漁)
어촌(漁村)명 고기잡이하는 사람들이 모여 사는 바닷가의 마을. ☞갯마을
어:취(語趣)명 말하려 하는 중요한 뜻. 말의 취지.
어치명 까마귓과의 텃새. 몸길이 33cm 안팎이며, 몸빛은 분홍빛을 띤 갈색임. 숲 속에 살면서 쉰 목소리 같은 소리로 우는데, 다른 새나 짐승의 울음소리를 잘 흉내 냄. 산까치. 언치[2]. 언치새
-어치접미 '값〔價格〕에 맞는 가치나 치르는 값만큼의 분량(分量)'의 뜻을 나타냄. ¶값어치/만 원어치.
어치렁-거리다(대다)자 어치렁어치렁 걷다. ☞아치랑거리다
어치렁-어치렁부 큰 몸짓으로 쓰러질듯 느릿느릿 걷는 모양을 나타내는 말. ☞아치랑아치랑
어치:브먼트테스트(achievement test)명 교과의 학습 효과를 객관적으로 판정하기 위한 테스트. ☞학력 고사
어치정-거리다(대다)자 어치정어치정 걷다. ☞아치장거리다
어치정-어치정부 긴 다리로 기운 없이 느릿느릿 걷는 모양을 나타내는 말. ☞아치장아치장
어칠-거리다(대다)자 어칠어칠 걷다. ☞아칠거리다
어칠-어칠부 기운이 없어 쓰러질듯 걷는 모양을 나타내는 말. ☞아칠아칠
어:침(御寢)명 임금이 잠자리에 드는 일.
어탁(魚拓)명 물고기의 탑본(搨本)을 뜨는 일, 또는 그 탑본. 거죽에 먹물을 칠한 다음 종이를 놓고 문질러서 뜸.
어:탑(御榻)명 임금이 앉는 평상. ☞탑(榻)
어탕(魚湯)명 ①생선국 ②생선 건더기가 많고 국물이 적은, 제사 때 쓰는 탕의 한 가지.
어태치먼트(attachment)명 어떤 기구나 기계에 끼워서 그 기능을 넓히는 부속품을 통틀어 이르는 말. 사진기에 바꿔 끼우는 필터나 망원 렌즈, 재봉틀에 바꿔 끼우는 노루발 따위.
어택(attack)명 성악(聲樂)이나 기악(器樂) 따위에서,

처음 나오는 소리.
어:투(語套)[명] 말투
어트랙션(attraction)[명] 손을 끌어 모으기 위하여, 주된 행사 외에 곁들이는 여흥(餘興). 배우의 인사, 가수의 노래와 춤 따위. ¶시사회에 앞선 ─.
어:파(語派)[명] 같은 어족(語族)에 딸린 여러 언어 중, 특히 가까운 유연(類緣) 관계에 있는 것들을 통틀어 이르는 말. 인도유럽 어족의 켈트 어파, 슬라브 어파 따위.
어판(魚板)[명] 목어(木魚)[1]
어패럴=산:업(apparel産業)[명] 모피(毛皮) 제품을 제외한, 옷이나 양말, 모자, 장갑 따위를 만들거나 유통하는 산업.
어패-류(魚貝類)[명] 어류와 패류, 곧 물고기와 조개류를 통틀어 이르는 말.
어퍼컷(uppercut)[명] 권투에서, 상대의 턱을 아래에서 올려 치는 공격법.
어:폐(語弊)[명] 오해를 불러일으키기 쉬운 말, 또는 그로 말미암은 폐해. ¶이렇게 말하면 ─가 있을지 모르나….
어포(魚脯)[명] 생선을 얇게 저며서 간장·깨·후춧가루 등의 양념을 하여 말린 포. ☞육포(肉脯)
어표(魚鰾)[명] 부레
어표-교(魚鰾膠)[명] 부레풀. 어교(魚膠)
어푸-어푸[부] 물에 빠져서 괴롭게 물을 켜며 내는 소리, 또는 그 모양을 나타내는 말.
어프로:치(approach)[명] ①스키나 육상의 점프 경기에서, 출발에서 구름판까지의 사이, 또는 그 도움닫기. ②골프에서, 그린 가까이에서 홀을 향해 공을 쳐올리는 일.
어피(魚皮)[명] 물고기의 가죽.
어피-집(魚皮─)[명] 상어의 가죽으로 만든 안경집.
어:필(御筆)[명] 임금이 쓴 글씨. 어신필(御宸筆)
어:필-각(御筆閣)[명] 고려 시대, 임금이 쓴 글씨나 책을 보관하던 전각. 어서각(御書閣)
어필:-하다(appeal─)[자타여] 운동 경기에서, 선수나 감독이 심판에게 항의하거나 이의를 제기하다.
어:핍(語逼)[어기] '어핍(語逼)하다'의 어기(語基).
어:핍-하다(語逼─)[형여] 말이 남의 비위를 건드릴만 하다. 말이 남이 싫어할만 하다.
어:하(御下)[명]-하다[자] 아랫사람을 다스림.
어:-하다[타여] 어린아이의 응석을 받아 주고 떠받들다. ¶아이를 어해 키워 버릇이 없다.
어:학(語學)[명] ①'언어학(言語學)'의 준말. ②외국어의 학습, 또는 그 학과.
어:학-도(語學徒)[명] ①언어학을 연구하는 사람. ②외국어를 공부하는 사람.
어:학-자(語學者)[명] ①언어학을 연구하는 학자. ②외국어를 연구하는 학자.
어:한(禦寒)[명]-하다[자] 추위에 언 몸을 녹임. ¶들어오셔서 ─이나 하시고 떠나세요.
어한-기(漁閑期)[명] 어촌에서, 고기잡이 일이 별로 바쁘지 않은 한가로운 시기. ☞성어기(盛漁期)
어:함(御啣)[명] 임금의 수결(手決)을 새긴 도장. 어압(御押)
어항(魚缸)[명] ①금붕어 따위의 물고기를 기르는 데 쓰는 유리 항아리. ②물고기를 잡는 데 쓰는 유리 항아리.
[속담] **어항에 금붕어 놀듯**: 남녀가 서로 잘 어울려 지냄을 이르는 말.
어항(漁港)[명] 어선(漁船)들이 고기잡이하는 데 근거지가 되는 항구.
어해(魚醢)[명] 생선으로 담근 젓.
어해(魚蟹)[명] 물고기와 게를 아울러 이르는 말.
어해-도(魚蟹圖)[명] 물고기와 게를 화제(畫題)로 하여 그린 수묵화(水墨畫).
어해-적(魚蟹積)[명] 한방에서, 생선이나 게 따위를 먹고 체하여 난 배탈을 이르는 말.
어허[감] ①미처 생각하지 못했음을 깨달았을 때 내는 소리. ¶─, 그걸 모르고 있었다니. ②못마땅한 느낌이 있을 때 내는 소리. ¶─, 그래선 안 되는데. ☞아하
어허-둥둥[감] 아기를 업거나 안고 어르며 노래를 부르듯이 하는 말. 어화둥둥 [준]어둥둥 ☞얼싸둥둥
어허라-달구야[감] 달구질을 할 때, 여럿이 힘을 모으려고 노래를 부르듯 하는 말.
어:허랑(御許郞)[감] 조선 시대, 과거에 급제한 사람이 유가(遊街)할 때, 소리꾼이 앞에서 춤추며 외치던 소리.
어허야-어허[감] 달구질 같은 것을 할 때, 여럿이 힘을 모으려고 함께 하는 소리.
어허허[감] 점잖게 너털웃음을 웃는 소리. ☞아하하
어험[감] 인기척을 내기 위하여 짐짓 점잔을 빼면서 내는 헛기침 소리.
어:혈(瘀血)[명] 한방에서, 무엇에 부딪히거나 맞거나 하여, 피하(皮下)에 피가 맺혀 퍼렇게 멍이 든 상태를 이르는 말. 적혈(積血). 축혈(蓄血)
어:혈-지다(瘀血─)[자] 어혈이 되다. 멍이 들다.
[속담] **어혈진 도깨비 개천 물 마시듯**: 술 따위를 맛도 모르고 마구 들이켜는 것을 비웃는 말.
어:형(語形)[명]〈어〉단어가 문법적인 구실에 따라 변화하는 여러 형태. '가고, 가는, 가면' 따위.
어:형-론(語形論)[명]〈어〉형태론(形態論)
어형=수뢰(魚形水雷)[명] 어뢰(魚雷)
어:혜(御鞋)[명] 임금이 신는 신.
어호(漁戶)[명] 어부(漁夫)의 집.
어:화[감] 흥겹게 부르는 노래에서, 누구를 부르거나 하는 사설(辭說)이 이어질 때, 한층 소리를 돋우면서 내는 소리. ¶─, 벗님네야.
어화(漁火)[명] 밤에 물고기를 모으려고 어선(漁船)에 켜는 등불이나 횃불.
어화-둥둥[감] 아기를 업거나 안고 어르며 노래를 부르듯이 하는 말. 어허둥둥 [준]어둥둥 ☞얼싸둥둥
어:환(御患)[명] 임금의 병환(病患).
어황(漁況)[명] 어장(漁場)의 고기잡이의 상황. 물고기의 종류, 크기, 어획량의 변동 상태 등을 이름. ¶─이 좋다.
어회(魚膾)[명] 싱싱한 생선의 살을 잘게 썰어 초고추장 등에 찍어 먹는 음식. 생선회(生鮮膾)
어획(漁獲)[명]-하다[타] 물고기나 조개 따위를 잡거나 바닷말을 따는 일, 또는 그 수산물.
어획-량(漁獲量)[명] 잡거나 따거나 한 수산물의 수량. ¶─이 작년에 비하여 많이 늘었다.
어:훈(語訓)[명] 어격(語格)
어:휘(御諱)[명] 국서(國書)에 쓰는 임금의 이름. 어명(御名)
어:휘(語彙)[명] ①어떤 한 언어 체계에서 쓰이는 단어의 모든 것. ¶한국어의 ─. ②어떤 기준에 따라 단어를 모아 일정한 방식으로 배열한 것. ¶현대 생활 ─/학습 기본 ─ ③개인이 쓰는 단어의 모든 것. ¶─가 풍부한 작품.
어:휘-집(語彙集)[명] 어떤 범위의 단어를 모아 일정한 차례로 배열해 놓은 책.
어흥[부] ①범이 으르는 소리를 나타내는 말. ②〖감탄사처럼 쓰임〗어린아이에게 겁을 주기 위하여 범의 으르는 소리를 흉내 내는 말.
어:희(語戲)[명] 웃음거리로 하는 말장난.
억(億)[수] 수의 단위. 만(萬)의 만 곱절. 조(兆)의 1만분의 1.

[한자] **일억 억**(億)〔人部 13획〕¶억겁(億劫)/억년(億年)/억대(億臺)/억만(億萬)/억조(億兆)

억강부약(抑強扶弱)[성구] 강한 자를 억누르고 약한 자를 도움을 이르는 말. ☞억약부강(抑弱扶強)
억겁(億劫)[명] 불교에서, 겁(劫)의 억 곱절, 곧 무한히 긴 시간을 이르는 말. 억천만겁(億千萬劫)
억견(臆見)[명] 억측에 따른 의견이나 소견.
억결(臆決)[명]-하다[타] 억측을 근거로 하여 일을 결정함.
억념(憶念)[명]-하다[타] 마음에 깊이 새겨 늘 잊지 않음, 또는 그 생각. ☞명념(銘念)
억-누르다(─누르고·─눌러)[타르] 억지로 내리누르다. 꼼짝 못 하게 마구 내리누르다. ¶울분을 ─.

[한자] **억누를 압**(壓)〔土部 14획〕¶압력(壓力)/압박(壓迫)/압제(壓制)/압축(壓縮) ▷ 속자는 圧

억-눌리다 자 억누름을 당하다. ¶억눌려 기를 못 펴다.
억단(臆斷) 명 -하다 타 근거도 없이 짐작으로 판단함. 억판
억대(億臺) 명 '억'으로 헤아릴 만큼 많은 금액. ¶기부금이 —에 이르다.
억료(臆料) 명 -하다 타 억측(臆測)
억류(抑留) 명 -하다 타 ①자유를 주지 않고 강제로 어떤 곳에 머물러 있게 하는 일. ②국제법에서, 외국인이나 외국의 물건, 특히 선박을 자기 나라 안의 어떤 곳에 머물러 있게 하는 일.
억륵(抑勒) 명 -하다 타 억제(抑制)
억만(億萬) 관 썩 많은 수량을 나타내는 말. ¶— 가지 걱정.
억만-년(億萬年) 명 끝없이 오랜 세월. 만억년(萬億年)
억만-장:자(億萬長者) 명 헤아릴 수 없을 만큼 많은 재산을 가진 사람을 이르는 말.
억매(抑買) 명 -하다 타 물건을 팔 뜻이 없는 사람에게서 물건을 억지로 삼. 강매(強買)
억매(抑賣) 명 -하다 타 물건을 살 뜻이 없는 사람에게 물건을 억지로 떠맡겨 팖. 강매(強賣)
억매-흥정(抑買—) 명 -하다 타 어림없는 값으로 억지로 사려고 하는 흥정.
억매-흥정(抑賣—) 명 -하다 타 어림없는 값으로 억지로 팔려고 하는 흥정.
억박-적박 부 -하다 형 뒤죽박죽으로 어긋매끼어 있는 모양을 나타내는 말.
억병 명 한량없는 주량(酒量), 또는 한량없이 술을 마셔 고주망태가 된 상태. ¶—으로 취하다.
억-보 명 억지가 센 사람.
억분(抑忿) 명 -하다 형 억울하고 분함.
억불(抑佛) 명 -하다 자 불교를 억제함. ¶숭유 — 정책
억산(臆算) 명 -하다 타 억측(臆測)
억:새 명 볏과의 여러해살이풀. 산이나 들에 절로 자람. 줄기 높이는 1~2m. 잎은 갸름하며 끝이 뾰족함. 가을에 줄기 끝에 황갈색의 자잘한 꽃이 큰 이삭 모양으로 핌. 참억새
억:새-반지기 명 억새가 많이 섞인 풋장.
억색(臆塞) 어기 '억색(臆塞)하다'의 어기(語基).
억색-하다(臆塞—) 형여 원통하여 가슴이 메일 것 같다.
억석당년(憶昔當年) 성구 지난날의 일을 돌이켜 생각함을 이르는 말.
억설(臆說) 명 근거 없이 짐작으로 하는 말. ¶하나의 —에 지나지 않는다.
억-세:다 형 ①몸이 튼튼하고 힘이 세다. ¶억센 팔뚝. ②어떤 기운이 매우 세차다. ¶억센 바람./억센 정신. ③식물의 잎이나 줄기가 뻣뻣하고 세다. ☞악세다
억수 명 물을 퍼붓듯 세차게 내리는 비. ☞악수
 억수 같다 관용 비가 물을 퍼붓듯 몹시 세차게 내리다.
억수=장마 명 여러 날을 계속하여 억수로 내리는 비.
억실억실-하다 형여 얼굴 모양이나 눈의 생김새가 큼직큼직하고 시원스럽다.
억압(抑壓) 명 -하다 타 ①억눌러서 무슨 일을 못 하게 함. ¶자유를 —하다. ②심리학에서, 불안이나 불쾌감을 불러일으키는 기억이나 관념을 무의식 속에 가두어 두고 의식하지 않으려고 하는 일.
억약부강(抑弱扶強) 성구 약한 자를 억누르고 강한 자를 도움을 이르는 말. ☞억강부약
억양(抑揚) 명 말을 할 때, 물음이나 단정(斷定) 등을 나타내는 경우나 말하는 이의 감정의 기복(起伏)에 따라 말소리가 높아지기도 하고 낮아지기도 하는 말의 가락.
억울(抑鬱) 어기 '억울(抑鬱)하다'의 어기(語基).
억울-하다(抑鬱—) 형여 ①불공평하거나 애매한 일을 당하여 속상하고 분하다. ¶억울한 처지를 하소연하다. ②마음이 개운하지 않고 답답하다.
억원(抑冤) 어기 '억원(抑冤)하다'의 어기(語基).
억원-하다(抑冤—) 형여 억울하게 죄를 뒤집어써서 원통하다.
억장(億丈) 명 매우 높은 것.
 억장이 무너지다 관용 〔공들여 쌓은 높은 것이 무너진다는 뜻으로〕 가슴이 무너지는듯 한 절망감에 빠지다.
억정(抑情) 명 -하다 자 욕정(慾情)이나 감정을 억누름.
억제(抑制) 명 -하다 타 ①어떤 현상이 왕성해지거나 심해지지 않도록 억누름. ¶사치품 수입을 —하다./과잉 생산을 —하다./물가의 상승세를 —하다. ②감정이나 생각을 의식적으로 억누름. ¶정욕을 —하다./울분을 —하다. 억륵(抑勒)
억제=재:배(抑制栽培) 명 생장이나 수확의 시기를 자연적인 상태보다 늦추는 재배법. 저온 재배 따위. ☞촉성 재배(促成栽培)
억조-창생(億兆蒼生) 명 수많은 백성.
억지 명 자기의 생각이나 주장을 무리하게 내세우는 일, 또는 그러한 고집. ☞악지
 억지가 세다 관용 무슨 일을 무리하게 해내려는 고집이 대단하다.
 억지(를) 부리다 관용 무리한 고집을 부리다.
 억지(를) 세우다 관용 무리한 고집을 부리며 끝내 버티다. ¶억지 세우지 말고 같이 돌아가자.
 억지(를) 쓰다 관용 몹시 억지를 부리다.
 억지 춘향이 관용 일이 순리대로 이루어지는 것이 아니고, 무리를 하여 겨우 이루어지게 되는 경우를 이르는 말. ¶안 된다는 것을 —로 승낙 받았다.
 속담 **억지가 사촌보다 낫다** : 남의 도움을 받으려 하지 말고, 무리를 해서라도 제힘으로 해내는 것이 바람직하다는 말.
억지(抑止) 명 -하다 타 억눌러서 어떤 움직임 따위를 그치게 함. ¶핵(核) 개발을 —하다. ☞저억(沮抑)
억지-다짐 명 억지로 받는 다짐.
억지-로 부 강제로. 무리하게. ¶— 일을 시키다.
억지-스럽다(—스럽고·—스러워) 형ㅂ 억지가 있는듯 하다. ¶억지스러운 말./웃음이 왠지 —.
 억지-스레 부 억지스럽게
억지-웃음 명 억지로 웃는 웃음. ¶—으로 어색한 분위기를 얼버무렸다.
억짓-손 명 억지를 써서 일을 해내는 솜씨. ☞악짓손
억척 명 모질고 끈덕지어 어떤 어려움에도 꺾이지 않고 억세게 버티어 나가는 일, 또는 그런 사람. ¶몸도 다부지지만 일에도 —이다. ☞악착
 억척을 떨다 관용 짐짓 억척스러운 행동을 하다.
 억척을 부리다 관용 억척스러운 행동을 하다.
억척-같다[—갇—] 형 아주 끈덕지고 모질다. ¶겉으로는 억척같지만 속마음은 여린 구석도 있다. ☞악착같다
 억척-같이 부 억척같게 ¶— 돈을 벌다.
억척-꾸러기 명 몹시 억척스러운 사람. ☞악착꾸러기
억척-보두 명 성질이 모질고 굳은 사람을 이르는 말.
억척-빼기 명 매우 억척스러운 아이. ☞악착빼기
억척-스럽다(—스럽고·—스러워) 형ㅂ 모질고 끈덕지며 억세게 버티어 나가는 성질이 있다.
 억척-스레 부 억척스럽게 ¶— 일하다.
억천만-겁(億千萬劫) 명 억겁(億劫)
억측(臆測) 명 -하다 타 어떤 사정이나 남의 마음 따위를 근거도 없이 제멋대로 짐작함, 또는 그런 짐작. 억료(臆料). 억산(臆算). 억탁 ¶그건 —에 지나지 않는다.
억탁(臆度) 명 -하다 타 억측(臆測)
억탈(抑奪) 명 -하다 타 강제로 빼앗음.
억판 명 매우 가난한 처지.
억판(臆判) 명 -하다 타 억단(臆斷)
억패-듯 부 사정없이 마구 윽박지르는 모양을 나타내는 말. ☞악패듯
억하심정(抑何心情) 성구 '대체 무슨 생각으로 그러는지 그 마음을 알 수 없음'의 뜻. ¶—으로 못살게 구는지.
억혼(抑婚) 명 -하다 자 본인의 뜻을 무시하고 억지로 혼인하게 함, 또는 그런 혼인.
언:간(諺簡) 명 '언문 편지'라는 뜻으로, 한글로 쓴 편지를 이르는 말. ☞언문(諺文)
언감생심(焉敢生心) 성구 '어찌 감히 그런 마음을 먹을 수 있으랴'의 뜻.

언감-히(焉敢－)부 어찌 감히.
언거번거-하다형여 쓸데없는 말이 많고 수다스럽다.
언거언래(言去言來)성구 설왕설래(說往說來)
언:건(偃蹇)어기 '언건(偃蹇)하다'의 어기(語基).
언:건-하다(偃蹇－)형여 ①높다. 높이 솟아 있다. ②거드름을 피우며 거만하다. 언연하다
언건-히부 언건하게
언걸명 다른 사람 때문에 애먼 사람이 해를 입거나 골탕을 먹는 일. 준얼'
언걸(을) 먹다관용 다른 사람 때문에 해를 입어 골탕을 먹다. 언걸(을) 입다.
언걸(을) 입다관용 언걸(을) 먹다.
언경(言輕)어기 '언경(言輕)하다'의 어기(語基).
언경-하다(言輕－)형여 말이 조심성 없이 가볍다.
언과:기실(言過其實)성구 말이 사실보다 과장됨을 이르는 말. ☞과약기언(果若其言)
언관(言官)명 '간관(諫官)'을 달리 이르는 말.
언:교(諺敎)명 언문(諺文)으로 쓴 왕비의 교서(敎書).
언구(言句)[－꾸] 명 어구(語句)
언구럭명 약삭빠르게 떠벌리며 남을 농락하는 일.
언구럭(을) 부리다관용 짐짓 약삭빠르게 떠벌리며 남을 농락하다.
언구럭-스럽다(－스럽고·－스러워)형ㅂ 언구럭을 부리는 태도가 있다.
언구럭-스레부 언구럭스럽게
언권(言權)[－꿘] 명 '발언권(發言權)'의 준말.
언근(言根)명 소문이 퍼진 근거. 소문의 출처.
언근지원(言近旨遠)성구 말은 쉬운듯 하나 그 뜻은 아주 깊음을 이르는 말.
언급(言及)명-하다자 어떤 일에 대하여 말함. ¶후계자 문제에 대하여 －하다./구태여 －할 필요가 있을까?
언니명 ①자매 사이에서, 자기보다 먼저 태어난 이를 이르는 말. ②여자들이 자기보다 나이가 위인 여자를 높이어, 또는 정답게 부르는 말.
언단(言端)명 말다툼을 일으키는 실마리. 언지(言地)
언단(言壇)명 논단(論壇)
언담(言談)명 말[5]
언더그라운드(underground)명 ①비합법적인 지하 운동, 또는 그 조직. ②상업성을 무시한 전위 예술이나 실험 예술의 풍조, 또는 그 예술.
언더스로(under+throw)명 야구에서, 팔을 아래에서 앞으로 휘두르며 던지는 투구법.
언더웨어(underwear)명 속옷을 통틀어 이르는 말.
언더컷(undercut)명 테니스나 탁구 따위에서, 공의 아래쪽을 깎아치는 일. 역회전을 주기 위한 것임.
언더파:(under par)명 골프에서, 기준 타수인 72타(打) 이하로 한 라운드의 경기를 끝내는 일.
언덕명 ①땅이 좀 높고 비탈진 곳. ②나지막한 산. 구릉
속담 **언덕에 자빠진 돼지가 평지에 자빠진 돼지를 나무란다**: 제 흉은 모르고 남의 흉만 탓한다는 말. [똥 묻은 개가 겨 묻은 개 나무란다]

한자 언덕 구(丘) [一部 4획] ¶구릉(丘陵)/사구(砂丘)
언덕 릉(陵) [阜部 8획] ¶능이(陵夷)/산릉(山陵)
언덕 안(岸) [山部 5획] ¶하안(河岸)/해안(海岸)
언덕 원(原) [厂部 8획] ¶고원(高原)/초원(草原)

언덕-길명 언덕으로 난 비탈진 길.
언덕-바지명 언덕배기
언덕-밥명 솥에 쌀을 언덕지게 안쳐서 한쪽은 질게, 한쪽은 되게 지은 밥. ☞삼층밥
언덕-배기명 언덕의 꼭대기, 또는 가파르게 언덕진 곳. 언덕바지
언덕-부(－阜)명 한자 부수(部首)의 한 가지. '阜'의 이름. '阜'가 '防'·'附' 등과 같이 변(邊)으로 쓰일 때는 '阝'을 '좌부변(左阜邊)'이라 함. ☞우부방(右阜傍)
언덕-지다형 비탈이 지다.
언도(言渡)명 '선고(宣告)'의 구용어.
언동(言動)명 말과 행동.
언:-두부(－豆腐)명 겨울에 두부를 잘고 네모나게 썰어 한데서 얼린 다음에 바싹 말린 식품. 동두부
언뜻부 잠깐 나타나거나 문득 생각나거나 하는 모양을 나타내는 말. 얼핏 ¶－ 눈에 띄다./머리에 － 떠오르다.
언뜻-언뜻[－뜯－] 부 잇따라 잠깐 나타나거나 문득문득 생각나거나 하는 모양을 나타내는 말.
언뜻-하면[－뜯－] 부 ①무엇이 눈앞에 잠깐 나타나기만 하면. ¶우체부만 － 달려나간다. ②무슨 생각이 문득 떠오르기만 하면. ¶－ 수첩과 연필을 꺼내 든다.
언락(言樂)명 전통 성악곡(聲樂曲)인 가곡의 하나. 우락(羽樂) 다음에 불리며, 처음을 높은 음으로 질러 내는 점이 특징임. 음계는 우조(羽調)이고 남창(男唱)으로만 불림. 언락 시조(言樂時調)
언락=시조(言樂時調)명 언락(言樂)
언로(言路)명 윗사람이나 상부 기관 등에 의견을 말할 수 있는 기회나 방법. ¶－가 막히다. ☞말길
언론(言論)명 말이나 글로 자기의 사상이나 의견을 발표하는 일, 또는 그 말이나 글.
언론-계(言論界)명 신문이나 잡지, 방송 등 언론과 관련된 일을 하는 사람들의 사회.
언론=기관(言論機關)명 신문사나 잡지사, 방송국 등 언론과 관련된 일을 하는 기관.
언론-인(言論人)명 신문이나 잡지, 방송 등을 통해 언론 활동을 하는 사람.
언론=자유(言論自由)명 개인이 말이나 글로 자기의 사상이나 의견을 발표할 수 있는 자유.
언론=통:제(言論統制)명 공권력(公權力)이 검열 따위의 수단을 써서 언론이나 표현의 자유를 제한하는 일.
언롱(言弄)명 전통 성악곡인 가곡의 하나. 소용(搔聳) 다음 평롱(平弄) 앞에서 불림. 초장은 높은 음으로 질러서 내되 무겁고 근엄하게 부르고, 2장 이하는 흥청거리는 두 가지의 창법적 특징을 지님. 음계는 계면조(界面調)이고 남창(男唱)으로만 불림. ☞농(弄)[2]

언:-막이(堰－)명 보를 둘러막은 둑. 봇둑
-언만어미 '-언마는'의 준말로, '-건만'의 예스러운 말. '아니다'의 어간이나 '이다'의 '이-'에 붙어, 앞뒤의 사실이 상반됨을 나타내는 연결 어미. ¶철이 아니언만 수박이 한창이다./겨울이언만 날씨가 봄 같구나. ☞-건만
언명(言明)명-하다타 자신의 뜻을 말로써 똑똑히 나타냄. ¶하야(下野)할 것임을 －하다.
언모(言貌)명 말씨와 용모(容貌). 언용(言容)
언:무(偃武)명 무기를 뉘어 두고 쓰지 않는다는 뜻으로, 전쟁이 끝남을 이르는 말.
언:무수문(偃武修文)성구 난리를 평정하고 문물 제도를 정비함을 이르는 말.
언문(言文)명 말과 글.
언:문(諺文)명 지난날, 한문(漢文)에 상대하여 '한글'을 이르던 말.
언문-일치(言文一致)명 말할 때 쓰는 말과 같은 형식으로 글을 쓰는 일. 어문일치(語文一致)
언:문지(諺文誌)명 조선 순조(純祖) 24년(1824) 유희(柳僖)가 지은 한글 연구서. 훈민정음의 자모(字母)를 초성·중성·종성으로 갈라서 해설하였음. 1권.
언:문-청(諺文廳)명 1443년(조선 세종 25), 훈민정음 창제를 위하여 궁중에 설치하였던 기관.
언:문-풍월(諺文風月)명 ①지난날, 언문으로 지은 풍월, 곧 한글로 지은 시가(詩歌)를 이르던 말. ②한글로 지은 시가에는 한시(漢詩)의 운(韻)과 같은 까다로운 격식이 없는 데서, 격식을 갖추지 않은 것을 이르는 말.
언변(言辯)명 말솜씨. 구변(口辯) ¶－이 청산유수다.
언비천리(言飛千里)성구 '발 없는 말이 천리 간다'는 말을 한문식으로 옮긴 구(句)로, 말이 전하여 퍼짐이 매우 빠르고도 멀리에 이름을 이르는 말.
언사(言辭)명 말. 어사(語辭). 언담(言談) ¶공손한 －.
언사-불공(言辭不恭)명 말이 공손하지 못함.
언색(言色)명 언어와 안색, 곧 말과 얼굴빛.

언:색(堰塞)명-하다타 물의 흐름을 흙과 모래 따위로 막음.
언:색-호(堰塞湖)명 산사태나 화산 활동 따위로 암석이나 토사가 흘러내려 하천을 막아 생기는 호수. 언지호(堰止湖). 폐색호(閉塞湖)
언:서(諺書)명 지난날, 언문(諺文)으로 쓴 책, 곧 한글로 쓴 책을 이르던 말.
언:서=고:담(諺書古談)명 지난날, 한글로 쓴 옛날이야기 책을 이르던 말.
언설(言說)명-하다타 말로 의견을 나타내거나 무엇을 설명하거나 하는 일, 또는 그 말.
언성(言聲)명 어성(語聲)
언소(言笑)명-하다타 담소(談笑)
언소자약(言笑自若)성구 담소자약(談笑自若)
언습(言習)명 말버릇
언약(言約)명-하다타 말로 약속함, 또는 그 약속. 약언(約言) ¶굳은 ㅡ.
언어(言語)명 음성이나 문자를 수단으로 하여 사람의 사상이나 느낌을 나타내고 전달하며 그것을 이해하는 행위, 또는 그 음성이나 문자. ☞말[5]
언어=공:동체(言語共同體)명 같은 언어를 쓰는 구성원이 이루는 공동체.
언어도:단(言語道斷)성구 이야기할 길이 끊어졌다는 뜻으로, 너무나 터무니없거나 기가 막혀서 말로써 나타낼 수가 없음을 이르는 말.
언어=생활(言語生活)명 언어의 면에서 본 인간의 생활, 또는 인간 생활 속에서 말하기·듣기·읽기·쓰기 등 언어에 관계되는 측면.
언어=심리학(言語心理學)명 언어 행동을 인간의 심리와 관련하여 연구하는 학문. 언어 활동이나 언어의 학습과 발달 등을 대상으로 함.
언어=예:술(言語藝術)명 말이나 글로 표현하는 예술. 시나 소설, 희곡 따위.
언어=유희(言語遊戲)명 ①말이나 글을 부려 써서 하는 놀이. ②내용도 없이 아름답게 꾸민 말을 듣기 좋게 늘어놓거나, 진실성 없이 이리저리 말로만 꾸며 대는 일.
언어=장애(言語障礙)명 말을 정확하게 발음하지 못하는 일이나 말을 더듬는 일, 실어증 등의 언어상의 장애.
언어=정책(言語政策)명 정부가 어떤 목적에 따라 실시하는, 언어의 개혁·정리·보급 따위의 여러 정책.
언어=중추(言語中樞)명 대뇌 피질(大腦皮質)에 있는 언어 활동을 맡는 중추. 말을 하거나 글을 쓰거나 하는 운동성 언어 중추와 말을 듣거나 글을 읽고 이해하는 감각성 언어 중추 따위가 있음.
언어=지도(言語地圖)명 언어의 지리적 분포를 지도상에 나타낸 것. 방언 지도 따위.
언어=지리학(言語地理學)명 언어학의 한 분야. 언어의 지리적 분포를 조사하여 언어 지도를 만들며, 언어의 변천이나 전파 따위를 연구함.
언어-학(言語學)명 인류의 언어 구조·변천·계통·분포와 언어 상호간의 관계 따위를 연구하는 학문. 준어학
언언-사:사(言言事事)명 모든 말과 모든 일. 말마다 일마다. ¶ㅡ에 지나침이 없다.
언:역(諺譯)명-하다타 언해(諺解)
언:연(偃然)어기 '언연(偃然)하다'의 어기(語基).
언:연-하다(偃然ㅡ)형여 거만하다. 언건하다
언연-히부 언연하게
언왕설래(言往說來)성구 설왕설래(說往說來)
언외(言外)명 말에 나타나 있지 않은 부분. 언표(言表) ¶ㅡ에 사퇴의 뜻을 풍기다./ㅡ의 뜻.
언외지의(言外之意)명 말에 나타나 있지 않은 딴 뜻. ☞언중지의(言中之意)
언용(言容)명 말씨와 용모(容貌). 언모(言貌)
언:월(偃月)명 ①반달, 또는 반달 같은 모양. ②벙거지에서, 머리를 덮는 둥글게 솟아나온 부분을 이르는 말.
언:월-도(偃月刀)[ㅡ또]명 ①옛날, 중국의 무기. 자루가 길고 날이 초승달처럼 구붓하게 생긴 큰 칼. ②'청룡언월도(靑龍偃月刀)'의 준말.
언의(言議)명 이러니저러니 하는 소문.
언자(言者)명 말하는 이.
언:자(諺字)[ㅡ짜]명 언문(諺文) 글자, 곧 한글.
언잠(言箴)명 사물잠(四勿箴)의 하나. 예(禮)가 아니거든 말하지 말라는 가르침.
언재(言才)명 말재주
언쟁(言爭)명-하다자 말다툼 ¶ㅡ을 벌이다.
언:저리명 둘레의 부근. ¶마을 ㅡ/입 ㅡ
언적(言的)명 군중(軍中)에서 쓰는 암호를 이르던 말.
언:제대 어느 때. ¶ㅡ쯤 만날까?/졸업은 ㅡ니?
부 어느 때에. ¶ㅡ 와도 좋다./ㅡ 봐도 웃는 얼굴이다.
속담 **언제는 외조(外祖) 할미 콩죽으로 살았나**: 이제까지 남의 덕으로 살아온 것이 아니니 새삼스럽게 호의를 바라지 않는다고 거절하는 말./**언제 쓰자는 하늘타리냐**: 아무리 좋은 것이라도 필요할 때 쓰지 않으면 쓸모가 없다는 말.
언:제(堰堤)명 제언(堤堰)
언:제-나부 ①어느 때에나. 늘. 언제든지 ¶ㅡ 집에 있다./ㅡ 웃는 얼굴. ②어느 때가 되어야. 어느 때에 가서야. ¶ㅡ 갈 수 있을까?/ㅡ 통일이 될까?
언:제-든지부 어느 때든지. 언제나 ¶ㅡ 볼 수 있다.
언:제-호(堰堤湖)명 하천을 가로질러 둑을 쌓아 만든 호수.
언졸(言拙)어기 '언졸(言拙)하다'의 어기(語基).
언졸-하다(言拙ㅡ)형여 말솜씨가 서투르다. 어졸하다
언죽-번죽부 조금도 수줍어하거나 부끄러워하는 기색이 없고 비위가 좋은 모양을 나타내는 말. ¶새색시가 ㅡ 말도 잘하고 놀기도 잘한다.
언중(言中)명 말 가운데. ¶ㅡ에 가시가 있다.
언중(言衆)명 같은 언어를 쓰는 집단.
언중(言重)어기 '언중(言重)하다'의 어기(語基).
언중유:골(言中有骨)[ㅡ뉴ㅡ]성구 말 속에 뼈가 있다는 뜻으로, 예사로운 말 속에 날카로운 풍자(諷刺)나 암시(暗示) 따위가 있음을 이르는 말.
언중유:언(言中有言)[ㅡ뉴ㅡ]성구 예사로운 말 속에 또 다른 뜻이 들어 있음을 이르는 말.
언중지의(言中之意)명 말에 나타나 있는 뜻. ☞언외지의(言外之意)
언중-하다(言重ㅡ)형여 입이 무겁다. ☞언경하다
언중-히부 언중하게
언즉시:야(言則是也)성구 말인즉 옳다는 뜻으로, 그 말이 옳음을 이르는 말.
언지(言地)명 말다툼을 일으키는 실마리. 언단(言端)
언지무익(言之無益)성구 말해 보아야 쓸데없음을 이름.
언:지-호(堰止湖)명 언색호(堰塞湖)
언질(言質)명 남이 한 말을 뒷날의 증거로 잡아 두는 일, 또는 증거가 될 그 말.
언질(을) 잡다관용 남이 한 말을 증거로 삼다.
언질(을) 주다관용 뒷날의 증거가 될 말을 남에게 하다. 남에게 어떤 약속을 하다.
언집(言執)명-하다자 자기의 말을 고집함.
언짢다형 마음에 들지 않다. ¶언짢게 여기다.
언참(言讖)명 앞날의 일을 꼭 맞추는 말.
언책(言責)명 ①자기가 한 말에 대한 책임. ¶ㅡ을 지고 사임하다. ②지난날, 임금의 잘못을 간(諫)해야 하는 언관(言官)의 책임을 이르던 말.
언청계:용(言聽計用)성구 남을 깊이 믿어 그가 하자는 대로 함을 이르는 말.
언청이명 윗입술이 선천적으로 세로로 갈라진 입술, 또는 그런 입술을 가진 사람. 결순(缺脣) ☞토순(兎脣)
언:초(偃草)명 풀이 바람에 쓸려 쓰러진다는 뜻으로, 백성이 잘 교화(敎化)됨을 비유하여 이르는 말.
언치[1]명 마소의 등에 덮어 주는 덕석이나 담요.
속담 **언치 뜯는 말**: 제 등을 덮어 주는 언치를 뜯는다는 말로, 일가붙이를 해치는 것은 자기 자신을 해치는 것과 같다는 말.
언치[2]명 '어치'의 딴이름.
언치-새명 '어치'의 딴이름.

언컷(uncut) 명 ①책의 제책에서, 등을 제외한 세 부분의 가장자리가 가지런히 잘리지 않은 것. ②영화의 필름이 검열에서 가위질 당하지 않는 일, 또는 그 필름.
언탁(言託) 명 -하다 타 말로 부탁함.
언턱 명 물건 위에 턱처럼 층이 진 곳.
언턱-거리 명 말썽을 일으킬 거리, 또는 남에게 찌그렁이를 부릴만 한 핑곗거리. ¶ ―를 잡다. 준 턱거리
언투(言套) 명 말버릇
언틀-먼틀 부 -하다 형 바닥이 고르지 못하여 울퉁불퉁한 모양을 나타내는 말.
언:패(諺稗) 명 조선 시대에 패관(稗官)들이 언문(諺文), 곧 한글로 쓴 옛 소설. ☞패관 소설(稗官小說)
언편(言編) 명 전통 성악곡인 가곡의 하나. 편수대엽(編數大葉)의 초장을 높은 음으로 질러 낸 형태의 곡으로 편수대엽 다음에 불림. 음계는 계면조(界面調)이고 남창(男唱)으로만 불림.
언표(言表) 명 언외(言外)
언품(言品) 명 말의 품위.
언필칭(言必稱) '말을 할 때마다 으레'. '입을 열기만 하면 으레'의 뜻. ¶ ― 신용이라. /― 개혁이라.
언:해(諺解) 명 -하다 타 ①한문(漢文)을 언문(諺文), 곧 한글로 번역함. ②한문을 한글로 번역한 책. '두시언해(杜詩諺解)' 따위. 언역(諺譯)
언:해구:급방(諺解救急方) 명 구급방언해(救急方諺解)
언행(言行) 명 말과 행동. ¶ 사람은 ―이 일치해야 한다.
언행-록(言行錄) 명 어떤 사람의 언행을 모아 엮은 책.
언행-일치(言行一致) 명 하는 말과 행동이 일치함. 하는 말과 실제의 행동에 모순됨이 없음.
언힐(言詰) 명 -하다 타 잘못을 꾸짖고 나무람.
얹다[언따] 타 ①물건을 다른 것 위에 올려 놓다. ¶ 선반 위에 ―. /성경 위에 손을 ―. ②윷놀이에서, 한 말을 다른 말에 어우르다. ¶ 날개에서 ―. ③일정한 양이나 돈을 덧보태다. ¶ 학비에다 용돈까지 얹어 주다.
얹은-머리 명 땋아서 위로 둥글게 둘러 얹은 머리. ☞어여머리. 트레머리
얹은-활 명 시위를 걸어 놓은 활. ☞부린활
얹혀-살:다(―살고·―사니) 자 제힘으로 살아가지 못하고 남에게 부쳐 살다. ¶ 외가에 ―.
얹히다 자 ①다른 것 위에 올려 놓이다. ¶ 선반에 얹혀 있는 그릇. ②좌초하다 ¶ 배가 암초에 ―. ③먹은 음식이 체하다. ¶ 낮에 먹은 것이 얹혔나 보다.
얻:다[1] 타 ①주는 것을 받아 가지다. ¶ 용돈을 ―. /고양이를 얻어 기르다. ②차지하다 ¶ 자격을 ―. /부(富)와 명예를 ―. ③부탁을 하여 받다. ¶ 허락을 ―. /승인을 ―. ④터득하다 ¶ 지혜를 ―. ⑤어떤 느낌을 가지게 되다. ¶ 기쁨을 ―. /위안을 ―. ⑥어떤 결과를 가져오다. ¶ 승리를 ―. /신임을 얻게 되다. ⑦대가(對價)를 주고 빌려 쓰다. ¶ 셋방을 ―. /빚을 ―. ⑧새 가족을 가지게 되거나 맞게 되다. ¶ 아내를 ―. /아들을 ―. /사위를 ―. ⑨병(病)을 앓게 되다. ¶ 속병을 ―.
속담 **얻기 쉬운 계집 버리기 쉽다** : 힘들이지 않고 쉽게 얻은 것은 버리기도 쉽다는 말. /**얻은 도끼나 잃은 도끼나** : 잃어버린 것이나 새로 얻은 것이나 비슷비슷해서 차이가 없다는 말. /**얻은 떡이 두레 반이다** : 물장수가 집집이 드나들며 조금씩 얻은 떡이 한 두레 하고도 반이나 되었다는 것이니, 여기저기서 얻어 모은 것이 적지 않을 때 이르는 말. /**얻은 잠방이라** : 남에게서 얻은 물건은 신통한 것이 없다는 말. /**얻은 장 한 번 더 떠먹는다** : 남의 집 음식이 더 맛있어 보인다는 말. /**얻은 죽에 머리가 아프다** : 변변치 못한 것이라 하더라도 남에게 신세를 지면 마음에 짐이 된다는 말.

한자 얻을 득(得) 〔彳部 8획〕 ¶ 득남(得男)/득실(得失)/득점(得點)/득표(得票)/소득(所得)
얻을 획(獲) 〔犬部 14획〕 ¶ 어획(漁獲)/포획(捕獲)/획득(獲得)/획리(獲利)

얻다[2] 준 '어디에다'의 준말.
얻다-가 준 '어디에다가'의 준말.
얻:어-걸리다 자 '힘들이지 아니하고 우연히 일이나 물건이 생기다'를 속되게 이르는 말. ¶ 술 한 잔 ―.
얻:어-내:다 타 상대편으로 하여금 내놓게 하여 그것을 차지하다. ¶ 찬조금을 듬뿍 ―. /허가를 ―.
얻:어-듣다(―듣고·―들어) 타ㄷ 남이 말하는 것을 우연히 들어서 알다. ¶ 얻어들은 지식. /중요한 정보를 ―.
얻어들은 풍월(風月) 관용 정식으로 배운 것이 아니고 남에게 자주 들어 아는 지식.
얻:어-맞다[―맏―] 자 남에게 매를 맞다.
얻:어-먹다 자타 ①남에게 빌어서 먹다. ②욕설을 듣다. ¶ 빚 받으러 갔다가 욕만 실컷 얻어먹었다.
속담 **얻어먹은 데서 빌어먹는다** : 남이 얻어 온 것을, 다른 사람이 또 얻어먹는 경우를 이르는 말. /**얻어먹을 것도 사돈(이웃) 집 노랑 강아지 때문에 못 얻어먹는다** : 훼방꾼 때문에 하고 싶은 일을 하지 못하게 되는 경우를 이르는 말. /**얻어먹지 못하는 제사에 갓 망건 부순다** : 아무런 소득도 없이 손해만 입었다는 말. 〔먹지도 못하는 제사에 절만 죽도록 한다〕
얻:어-터:지다 타 '얻어맞다'를 속되게 이르는 말.
얼[1] 명 ①밖에 드러난 흠. ②'언걸'의 준말.
얼:[2] 명 사람의 몸에 깃들여 생장(生長)을 돕는 음(陰)의 기운. 사람의 육체를 다스리는 것으로 생각되는 것. 옛날에는 사람이 죽으면 '넋〔魂〕'과 갈라져 지상에 백골(白骨)로 남는다고 했음. ¶ 민족의 ―. ☞넋. 혼백(魂魄)
얼(을) 빼다 관용 얼빠지게 하다.
얼:- 접두 ①일부 명사 앞에 붙어 '덜된'의 뜻을 나타냄. ¶ 얼개화/얼간이 ②일부 동사 앞에 붙어 '여러 가지가 뒤섞여', '분명하지 못하게'의 뜻을 나타냄. ¶ 얼넘어가다/얼버무리다
얼간[1] 명 ①'얼간망둥이'의 준말. ②'얼간이'의 준말.
얼-간[2] 명 -하다 타 소금을 조금 쳐서 절이는 일, 또는 그 간. 담염(淡塩) ¶ ― 고등어
얼간-구이 명 생선을 얼간하여 구운 음식.
얼간-망:둥이 명 주책이 없으면서 좀 멍한 사람을 이르는 말. 준 얼간[1]
얼간-쌈 명 가을에 배추의 속대를 골라서 얼간하여 눌러 두었다가 겨울에 쌈으로 먹는 음식.
얼간-이 명 됨됨이가 똑똑하지 못하고 좀 모자라는 사람을 얕잡아 이르는 말. 준 얼간[1] ☞등신
얼:-갈이 명 -하다 타 ①겨울에 논밭을 대충 갈아 엎는 일. ②푸성귀를 겨울에 심는 일, 또는 그 푸성귀.
얼:갈이-김치 명 얼갈이 배추로 담근 김치.
얼개 명 기계 따위의 짜임새나 구조(構造).
얼:-개화(―開化) 명 얼치기로 된 개화.
얼거리 명 일의 골자만을 대충 추려 잡은 전체의 대강.
얼결-에[―껼―] 부 '얼떨결에'의 준말.
얼-교자(―交子) 명 식교자(食交子)와 건교자(乾交子)를 함께 차린 교자.
얼교자-상(―交子床)[―쌍] 명 얼교자로 차린 상.
얼굴 명 ①눈과 코, 입 따위가 있는 머리의 앞쪽. 낯. 안면(顔面) ¶ ―이 곱다. /―을 씻다. ②표정(表情) ¶ 침통한 ―. /―을 살피다. ③사회에 대한 체면. ¶ ―을 내놓을 수가 없다. /내 ―이 뭐가 되느냐. ④사회에서 널리 알려진 정도. ¶ ―이 넓다. ⑤어떤 조직이나 집단을 대표하는 것. ¶ 그는 우리 회사의 ―이다. /서울은 우리 나라의 ―이다.
얼굴에 먹칠을 하다 관용 창피를 당하다. 체면이나 명예가 크게 깎이다.
얼굴에 모닥불을 담아 붓듯 관용 몹시 부끄러운 일을 당하여 얼굴이 화끈화끈 달아오름을 이르는 말.
얼굴에 철판을 깔다 관용 몹시 뻔뻔스럽다.
얼굴에 침 뱉다 관용 심한 모욕을 주다.
얼굴을 내밀다 관용 어떤 자리에 나가다.
얼굴이 깎이다 관용 체면을 잃게 되다.
얼굴이 두껍다 관용 부끄러운 줄을 모르도록 뻔뻔스럽고 염치가 없다. 낯가죽이 두껍다.

얼굴이 팔리다 관용 세상에 널리 알려지다.

한자 얼굴 용(容) 〔宀部 7획〕 ¶미용(美容)/용모(容貌)/용색(容色)/용안(容顔)/용자(容姿)/용태(容態)

얼굴-값[-깝] 명 잘생긴 얼굴에 걸맞은 행동.
얼굴-빛[-삗] 명 ①얼굴의 빛깔. ②얼굴에 나타난 기색. 낯빛. 면색(面色). 안색(顔色). 얼굴색 ¶-이 변하다.
얼굴-색(-色)[-쌕] 명 얼굴빛
얼근덜근-하다 형여 맛이 얼근하면서 좀 들척지근하다. ☞알근달근하다. 얼쩍지근하다
얼근-하다 형여 ①맛이 좀 얼얼한듯 하다. ¶얼근한 육개장. ②술기운이 좀 도는 상태에 있다. ¶술을 얼근하게 마시다. ☞알근하다. 얼근덜근하다. 얼큰하다
얼근-히 부 얼근하게 ☞알근히. 얼큰히
얼금-뱅이 명 얼굴이 얼금얼금 얽은 사람. ☞알금뱅이
얼금-숨숨 부-하다 형 얽은 자국이 숨숨한 모양을 나타내는 말. ☞알금솜솜
얼금-얼금 부-하다 형 굵고 얕게 얽은 자국이 드문드문 있는 모양을 나타내는 말. ☞알금알금
얼기-설기 부 이리저리 성기게 얽거나 결은 모양을 나타내는 말. ☞알기살기. 얼키설키
얼김-에[-낌-] 부 ①어떤 일이 벌어지는 바람에 덩달아서. ¶- 따라 나서다. ②생각할 겨를도 없이 얼떨결에. ¶- 고개를 끄덕였다.
얼-넘기다 타 일을 얼버무려서 넘기다. ¶씩 웃으면서 난처한 처지를 얼넘기었다.
얼-넘어가다 자타 일이 얼버무려 넘어가다, 또는 일을 얼버무려 넘기다. ¶그 자리는 그럭저럭 얼넘어갔다.
얼:-녹다 자 얼다가 녹다가 하다. 준어녹다
얼:-녹이다 타 얼렸다가 녹였다가 하다. 준어녹이다
얼:다(얼고·어니) 자 ①액체, 특히 물의 온도가 낮아져 엉겨서 고체 상태가 되다. 얼음이 되다. ¶강물이 얼다. ②추위로 손발 따위의 감각이 둔해지다. ¶손가락이 -. ③'기가 꺾이다'를 속되게 이르는 말.
속담 **언 발에 오줌누기**: 효력은 잠깐일 뿐 끝내는 더 나쁘게 될 수도 있다는 말./**언 수탉 같다**: 힘이 빠져 제대로 움직이지도 못하고 쪼그리고 앉아 있는 처량한 모습을 이르는 말./**얼어 죽고 데어 죽는다**: 큰 어려움을 겪고 나서 또 다른 큰 어려움을 겪게 되었다는 말.〔엎친 데 덮치기/눈 위에 서리 친다〕

한자 얼 동(凍) 〔冫部 8획〕 ¶냉동(冷凍)/동결(凍結)/동빙(凍氷)/동사(凍死)/동상(凍傷)/해동(解凍)

얼:-더듬다 자 우물쭈물 하며 제대로 알아들을 수 없는 모호한 말을 하다.
얼떨결-에[-껼-] 부 정신이 얼떨떨한 사이에. ¶- 시인하다./-에 대답하다. 준얼결에
얼떨떨-하다 형여 매우 얼떨하다. ☞어리둥절하다
얼떨-하다 형여 뜻밖의 일을 겪거나 하여 정신이 없다. ☞얼떨떨하다
얼뚱-아기 명 둥둥 얼러 주고 싶도록 재롱스러운 아기.
얼:-뜨기 명 얼뜬 사람.
얼:-뜨다(-뜨고·-떠) 형 다부지지 못하고 어수룩한 데가 있다. ¶얼뜬 성격이라 남에게 잘 속는다.
속담 **얼뜬 봉변이다**: 공연히 남의 일에 걸려들어서 창피를 당하는 등 큰 고생을 한다는 말.
얼:락-녹을락 부 얼듯 말듯, 또는 얼었다 녹았다 하는 모양을 나타내는 말.
얼락-배락 부 성(盛)했다 망(亡)했다 하는 모양을 나타내는 말.
얼러기 명 털빛이 얼럭얼럭한 짐승.
얼러꿍-덜러꿍 부-하다 형 어지러이 얼럭덜럭한 모양을 나타내는 말. ☞알라꿍달라꿍
얼:러-맞추다[-맏-] 타 그럴듯하게 둘러대어 남의 비위를 맞추다. ¶이리저리 -.
얼:러-먹다 타 서로 어울러서 함께 먹다. ¶이웃집과 -.

×**얼러-방망이** 명 →을러방망이
얼:러-방치다 타 ①두 가지 이상의 일을 한꺼번에 해내다. ②일을 얼렁뚱땅 넘기다.
얼:러-붙다[-붇-] 자 서로 어우러져 한데 붙다. ¶몇 사람이 얼러붙어 싸우다.
얼:러-치다 타 ①둘 이상의 것을 한꺼번에 때리다. ②여러 가지 물건의 값을 함께 셈하다. ¶얼러쳐서 계산하다.
얼럭 명 바탕의 어느 부분에 얼럭얼럭 섞여 있는 다른 빛깔의 점이나 줄 따위. ☞알락. 얼룩
얼럭-광:대 명 '어릿광대'에 상대하여 광대를 이르는 말.
얼럭-덜럭 부-하다 형 여러 어두운 빛깔의 얼럭이 고르지 않게 무늬 져 있는 모양을 나타내는 말. ☞알락달락
얼럭-말 명 털빛이 얼럭얼럭한 말.
얼럭-소 명 '얼룩소'의 딴이름.
얼럭-얼럭 부-하다 형 여러 어두운 빛깔의 얼럭이 고르게 무늬 져 있는 모양을 나타내는 말. ☞알락알락
얼럭-지다 자 ①얼럭이 생기다. ②일이 어느 한쪽에 치우치게 마무리되다. ☞알락지다. 얼룩지다
얼럭-집 명 한 집의 각 채를 다른 양식으로 지은 집.
얼렁-거리다(대다) 자 얼렁얼렁 아첨을 떨다. ☞알랑거리다
얼렁-뚱땅 부 슬쩍 엉너리를 부리어 어벌쩡하게 행동하는 모양을 나타내는 말. 엄벙뗑 ☞알랑똥땅
얼렁-쇠 명 남에게 얼렁거리는 사람을 얕잡아 이르는 말. ☞알랑쇠
얼렁-수[-쑤] 명 얼렁뚱땅 하여 남을 속이는 수단. ☞알랑수
얼렁-얼렁 부 남의 비위를 맞추려고 치사스레 아첨 떠는 모양을 나타내는 말. ☞알랑알랑
얼:렁-장사 명 여러 사람이 밑천을 어울러서 하는 장사.
얼:렁-질 명-하다 자 실 끝에 작은 돌을 매어 서로 걸고 당겨서, 어느 실이 더 질긴지를 겨루는 놀이.
얼레 명 손잡이를 돌려 실을 감게 되어 있는 기구. 연줄이나 낚싯줄 등을 감는 데 쓰는 것도 있음.
얼레-공 명 장치기할 때, 양편의 주장이 경기장의 한가운데에 파 놓은 구멍에서 공을 서로 빼앗기 위해 공을 어르는 짓.
얼레-빗 명 빗살이 굵고 성긴 큰 빗. 월소(月梳) ☞참빗
속담 **얼레빗 참빗 품에 품고 가도 제 복(福) 있으면 잘 산다**: 시집갈 때 입은 옷과 빗밖에 가져갈 것이 없더라도 얼마든지 잘 살 수 있는 것이니, 물건을 많이 해 가지고 가야만 좋은 것은 아니라는 말.
얼레지 명 백합과의 여러해살이풀. 숲 속의 기름진 땅에 무리지어 자람. 줄기 높이는 15cm 안팎. 잎은 길둥근 꼴이며 거죽에 보랏빛 얼룩무늬가 있음. 봄에 꽃줄기 끝에 붉은 자줏빛의 여섯잎꽃이 하나씩 아래로 향하여 핌. 땅속줄기에는 질이 좋은 녹말이 들어 있음.
얼레짓-가루 명 얼레지의 땅속줄기에 들어 있는 흰 녹말. 요리나 과자의 재료 등으로 쓰임.
얼루기 명 털빛이 얼룩얼룩한 짐승. ☞알로기
얼루룩-덜루룩 부-하다 형 드문드문 얼룩덜룩한 모양을 나타내는 말. ☞알로록달로록
얼루룩-얼루룩 부-하다 형 드문드문 얼룩얼룩한 모양을 나타내는 말. ☞알로록알로록
얼루룽-덜루룽 부-하다 형 드문드문 얼룽덜룽한 모양을 나타내는 말. ☞알로롱달로롱
얼루룽-얼루룽 부-하다 형 드문드문 얼룽얼룽한 모양을 나타내는 말. ☞알로롱알로롱
얼룩 명 ①바탕의 어느 부분에 얼룩얼룩 섞여 있는 다른 빛깔의 점이나 줄 따위. ②액체 따위가 묻거나 하여 생긴 자국. ¶-이 생기다./-이 지다./-을 빼다./-을 지우다. ☞알록. 얼럭
얼룩-나방 명 얼룩나방과의 곤충. 편 날개 길이 5cm 안팎. 몸빛은 검으며, 배의 각 마디 부분은 귤색임. 날개도 바탕은 검으나, 앞날개에는 누런빛을 띤 백색, 뒷날개에는 귤색의 얼룩무늬가 있음. 성충은 6월경에 나타남. 애벌레는 물푸레나무 등의 잎을 갉아먹음.
얼룩-덜룩 부-하다 형 여러 칙칙한 빛깔의 얼룩이나 점 따

위가 고르지 않게 무늬 져 있는 모양을 나타내는 말. ☞ 알록달록

얼룩-말 명 말과 얼룩말아속의 포유동물을 통틀어 이르는 말. 말보다 조금 작고, 몸빛은 흰 바탕에 검은 줄무늬가 있으며, 갈기는 곧게 서 있음. 아프리카의 초원에 떼지어 사는데, 성질이 사나워 길들이기 어려움. 화마(花馬)

얼룩-무늬 명 얼룩얼룩한 무늬. 반문(斑紋)

얼룩-빼기 명 털빛이 얼룩얼룩한 동물, 또는 거죽이 얼룩얼룩한 물건을 이르는 말.

얼룩-소 명 털빛이 얼룩얼룩한 소. 얼럭소. 이우(犁牛)

얼룩-얼룩 부 -하다 형 칙칙한 빛깔의 얼룩이나 점 따위가 고르게 무늬 져 있는 모양을 나타내는 말. ☞알록알록

얼룩-이 명 얼룩얼룩한 무늬. ☞알록이

얼룩-점(-點) 명 얼룩얼룩하게 박힌 점. 반점(斑點) ☞ 알록점 ▷點의 속자는 点

얼룩-지다 자 ①얼룩이 생기다. ②좋지 않은 것이 끼거나 하여 말끔하지 못한 상태가 되다. ¶한으로 얼룩진 세월. ③일이 어느 한쪽에 치우치게 마무리되다. ☞알록지다. 얼럭지다

얼룽 명 '얼룽이'의 준말. ☞알롱[1]. 어룽

얼룽-덜룽 부 -하다 형 여러 칙칙한 빛깔의 얼룩이나 점 따위가 두렷한 모양으로 고르지 않게 무늬 져 있는 모양을 나타내는 말. ☞알롱달롱

얼룽-얼룽 부 -하다 형 칙칙한 빛깔의 얼룩이나 점 따위가 두렷한 모양으로 고르게 무늬 져 있는 모양을 나타내는 말. ☞알롱알롱

얼룽-이 명 얼룽얼룽한 무늬. 준 얼룽 ☞알롱이. 어룽이

얼른 부 사이를 두지 않고 빨리. ¶ - 가 보아라.

얼른-거리다(대다) 자 좀 뚜렷하게 어른거리다. ☞알른거리다

얼른-얼른[1] 부 좀 뚜렷하게 어른거리는 모양을 나타내는 말. ☞알른알른

얼른-얼른[2] 부 '얼른'을 강조하여 이르는 말.

얼:리다[1] 자 ①'어울리다'의 준말. ②서로 얽히게 되다.

얼리다[2] 타 얼게 하다.

얼:리다[3] 타 어울리게 하다.

얼:마 명 ①값이나 수량 따위를 묻는 말. ¶하나에 -입니까?/-를 더 가야 하나./무게는 -인가? ②밝혀 말할 필요가 없는 값이나 수량, 정도 따위를 이르는 말. ¶그런 건 -든지 있다./이제 - 남지 않았다.

얼:마-간(-間) 명 ①그리 많지 않은 수량이나 시간, 정도 따위를 나타내는 말. ¶-의 돈은 가져가야지./-은 힘이 들겠구나. ②〔부사처럼 쓰임〕 ¶ - 기다려야지./어제보다 - 좋아졌다.

얼:마-나 부 ①얼마만큼이나. 얼마쯤이나. ¶ - 가야 합니까?/밑천이 - 듭니까? ②어떤 정도를 강조하거나 감탄하는 뜻으로 쓰는 말. ¶ - 걱정이 많으십니까./자식들이 효자니 - 좋을까?/네가 있어서 - 든든한지 모르겠다. ☞여북. 오죽

얼:-마르다(-마르고·-말라) 자르 얼어 가며 조금씩 마르다. ¶얼마른 두부.

얼:마-만큼 부 얼마만하게 준 얼마큼

얼:마-큼 부 '얼마만큼'의 준말.

얼-망(-網) 명 새끼나 노끈 따위를 양쪽 가장자리 사이에 가로세로 걸쳐, 그물 친 모양으로 만든 것.

얼-맞다[-맏-] 형 어떤 기준이나 정도에 넘치거나 모자라지 아니하다. ☞알맞다

얼-먹다 자 놀라서 어리둥절해지다.

얼멍-덜멍 부 -하다 형 죽이나 풀 따위가 잘 풀어지지 않고 여기저기 덩어리져 있는 모양을 나타내는 말.

얼멍-얼멍 부 -하다 형 ①죽이나 풀 따위가 잘 풀어지지 않은 모양을 나타내는 말. ②실 따위로 짠 물건의 발이 곱지 않은 모양을 나타내는 말.

얼-미:닫이[-다지] 명 두 짝이 엇물리게 닫히는 미닫이.

얼밋-얼밋[-믿-] 부 자기의 허물이나 책임을 어물어물 남에게 넘기려고 하는 모양을 나타내는 말.

얼:-바람둥이 명 실없이 허황한 짓을 하는 사람.

얼:바람-맞다[-맏-] 자 어중되게 바람맞은 것처럼 실없이 허황한 짓을 하다.

얼-버무리다 자타 ①대충 버무리다. ¶배추를 얼버무려 겉절이를 만들다. ②음식을 잘 씹지 않고 삼키다. ③뚜렷하지 않게 말하며 슬쩍 넘어가다. ¶대답을 -.

얼:-보다 타 똑바로 보지 못하다.

얼:-보이다 자 바로 보이지 아니하다.

얼:-부풀다(-부풀고·-부푸니) 자 얼어서 부풀어오르다.

얼:-비치다 자 빛이 반사되어 비치다.

얼:-빠:지다 자 정신이 나가다.

얼빰-붙이다[-부치-] 타 얼떨결에 남의 뺨을 때리다.

얼싸 감 흥겨워 내는 말. ¶- 좋구나!

얼싸-둥둥 부 남의 운에 이끌려 멋모르고 행동하는 모양을 이르는 말.

감 아기를 업거나 안고 흥겹게 어르며 하는 말. ¶ -, 우리 아기. ☞어허둥둥

얼싸-안:다[-따] 타 두 팔을 벌려 껴안다.

얼싸-절싸 감 매우 흥겨워 지르는 말. ☞얼씨구절씨구

얼쑹-덜쑹 부 -하다 형 여러 가지 빛깔이나 모양이 보기 흉하게 뒤섞이어 가려내기 어려운 모양을 나타내는 말. ☞알쏭달쏭[1], 얼쑹얼쑹

얼쑹-얼쑹 부 -하다 형 여러 가지 빛깔이나 모양이 뒤섞이어 가려내기가 어리숭한 모양을 나타내는 말. ☞알쏭알쏭[1]. 얼쑹덜쑹

얼쑹-하다 형여 '어리숭하다'의 준말.

얼씨구 감 ①흥겹게 장단을 맞추며 하는 말. ¶- 좋다. ②눈꼴사나운 것을 보거나 듣거나 할 때 놀리며 하는 말. ¶-, 잘들 노는군.

얼씨구나 감 '얼씨구'의 힘줌말.

얼씨구-절씨구 감 흥에 겨워 마구 떠들 때 하는 말.

얼씬 부 물체가 눈앞에 잠깐 보이는 모양을 나타내는 말. ☞알씬

얼씬-거리다(대다) 자 물체가 눈앞에 잠깐씩 나타났다 사라졌다 하다. ¶내 주위에 얼씬거리지 마라. ☞알씬거리다

얼씬-못:하다[-몯-] 자여 눈앞에 나타나지 못하다.

얼씬-얼씬 부 얼씬거리는 모양을 나타내는 말. ¶ - 지나가는 풍경. ☞알씬알씬

얼씬-없:다[-업-] 형 얼씬 하는 일이 없다.

얼씬-없이 부 얼씬없게

얼:-안 명 테두리의 안.

얼어-붙다[-붇-] 자 ①얼어서 단단히 들러붙다. ¶강이 꽁꽁 -. ②긴장 따위로 몸이 굳어지다. ¶그대로 얼어붙은듯 말을 할 수도 없었다.

얼얼-하다 형여 ①매워서 혀가 달아오르는듯이 몹시 아리다. ¶혀가 얼얼하게 매운 고추. ②맞거나 부딪거나 하여 뻐근한 느낌이 있다. ¶한 대 맞은 뺨이 아직까지 -./손바닥이 얼얼하도록 손뼉을 치다. ☞알알하다. 얼근덜근하다. 얼근하다. 얼쩍지근하다

얼-없:다[-업-] 형 조금도 틀림이 없다.

얼-없이 부 얼없게

얼-요기(-療飢)[-료-] 명 넉넉하지 못하거나 대강 하는 요기.

얼음 명 물이 얼어서 굳은 것.

얼음이 박이다 관용 동상에 걸리다. ¶발가락에 -.

얼음(을) 지치다 관용 얼음판 위를 미끄러져 나가다. ¶얼음 지치는 데 정신팔린 아이들.

속담 **얼음 구멍에 잉어** : 구하기 어려운 귀중한 것을 이르는 말.〔새벽 바람 사초롱〕/**얼음에 박 밀듯** : 글을 거침없이 줄줄 외거나 읽는 모양을 이르는 말.

▶ **접미사가 붙어서 된 명사 '얼음'**
- ㅇ 어간에 '-이'가 붙어서 명사로 된 말은 어간의 원형을 밝혀 적는다.
  ¶길이/깊이/높이/다듬이/땀받이/먹이/미닫이/벌이
- ㅇ 어간에 '-음'이나 '-ㅁ'이 붙어서 명사로 된 말은 어간의 원형을 밝혀 적는다.
  ¶걸음/묶음/물음/믿음/얼음/웃음/졸음/죽음

ㅇ

한자 얼음 빙(氷) 〔水部 1획〕 ¶결빙(結氷)/박빙(薄氷)/빙과(氷菓)/빙산(氷山)/해빙(解氷) ▷ 본자는 冰

얼음-걷기 명 올벼의 한 품종. 까끄라기가 없으며 껍질이 얇음. 낟알은 누른빛을 띰. 얼음이 풀릴 무렵에 씨를 뿌림.
얼음-과자(-菓子) 명 과즙(果汁)이나 크림 등에 설탕이나 향료를 섞어서 얼린 과자. 아이스캔디나 셔벗 따위. 빙과(氷菓)
얼음-낚시[-낙-] 명 겨울에 강이나 저수지 등에서 얼음을 깨고 물 속에 낚싯줄을 드리워서 하는 낚시.
얼음-냉:수(-冷水) 명 얼음물
얼음-덩이[-떵-] 명 얼음의 덩어리.
얼음-물 명 얼음을 띄워 차게 한 물. 빙수(氷水). 얼음냉수
얼음-베개 명 얼음이나 찬물을 넣어 베는 베개. 신열이 있을 때 머리를 식히는 데 이용함. 빙침(氷枕)
얼음-사탕(-砂^糖) 명 순도가 높은 설탕을 녹인 다음 수분을 증발시켜서 만든 큰 결정(結晶). 요리를 만들거나 과실주를 담그거나 하는 데에 쓰고, 과자로서 먹기도 함. 빙당(氷糖). 빙사탕
얼음-장[-짱] 명 ①얼음의 넓은 조각. ②몸이나 방바닥 따위가 몹시 차가움을 비유하여 이르는 말. ¶손이 - 같다./방이 -이구나.
얼음-점(-點)[-쩜] 명 빙점(氷點)
얼음-주머니[-쭈-] 명 얼음을 넣어 얼음찜질을 하는 데 쓰는, 거죽을 고무 등으로 만든 주머니. 빙낭(氷囊)
얼음-지치기 명-하다 자 얼음 위를 지치는 일, 또는 그런 운동. 활빙(滑氷)
얼음-찜 명-하다 자 '얼음찜질'의 준말.
얼음-찜질 명-하다 자 몸의 어떤 부분에 얼음을 대어 열을 내리게 하는 일. 준 얼음찜
얼음-판 명 얼음이 넓게 언 곳. 빙반(氷盤). 빙판(氷板)
얼음-편자 명 얼음판 위를 갈 때 미끄러지지 않게 말굽에 박는 쇳조각.
얼-입다[-립-] 자 남의 잘못으로 해를 입다.
얼자(孼子)[-짜] 명 서자(庶子)
얼-젓국지[-젇-] 명 젓국을 조금 타서 담근 김치.
얼-조개젓 명 얼간으로 담근 조개젓.
얼짜 명 얼치기인 물건. ☞알짜
얼쩍지근-하다 형여 맛이 은근하게 얼얼하다. 준 얼찌근하다 ☞알짝지근하다
얼쩡-거리다(대다) 자 ①남의 환심을 얻으려고 얼렁거리다. ②공연히 거치적거리게 얼씬거리다. ☞알짱거리다
얼쩡-얼쩡 부 얼쩡거리는 모양을 나타내는 말.
얼쭝-거리다(대다) 자 능청스런 태도로 말을 그럴듯하게 하면서 얼씬거리다.
얼쭝-얼쭝 부 얼쭝거리는 모양을 나타내는 말.
얼쯤 부 주춤거리는 모양을 나타내는 말.
얼쯤-거리다(대다) 자 주춤거리다
얼쯤-얼쯤 부 자꾸 주춤거리는 모양을 나타내는 말.
얼찌근-하다 형여 '얼쩍지근하다'의 준말.
얼찐-거리다(대다) 자 남의 비위를 맞추려고 앞에서 감돌다. ☞알찐거리다
얼찐-얼찐 부 얼찐거리는 모양을 나타내는 말.
얼추 부 ①대강. 대충 ¶맡은 일을 - 끝냈다. ②어떤 목표에 거의 가깝게. ¶시간이 - 다 됐다.
얼추-잡다 타 대강 짐작하여 정하다. 건목치다
얼-추탕(孼鰍湯) 명 밀가루 국에 미꾸라지는 넣지 않고, 여러 가지 양념만 넣어 추어탕처럼 끓인 탕.
얼-치기 명 ①이도 저도 아닌 어중된 것. ②이것저것이 조금씩 섞인 것. ③다부지지 못하고 어수룩한 사람을 이르는 말.
얼크러-뜨리다(트리다) 타 얼크러지게 하다.
얼크러-지다 자 이리저리 서로 얽히게 되다. ¶줄이 -.
얼큰-하다 형여 ①혀가 얼얼하게 맵고도 감칠맛이 있다. ¶얼큰한 매운탕. ②술기운이 꽤 도는 상태에 있다. ¶술이 얼큰하게 취하다. ☞알큰하다. 얼근하다
　얼큰-히 부 얼큰하게 ☞알큰히. 얼근히
얼키-설키 부 이리저리 몹시 얽힌 모양을 나타내는 말. ☞알키살키. 얼기설기
얼토당토-아니하다 형여 ①전혀 관계가 없다. ¶얼토당토아니한 사람이 왔구나. ②전혀 합당하지 않다. ¶얼토당토아니한 말을 하고 있다. 준 얼토당토않다
얼토당토-않다 형 '얼토당토아니하다'의 준말.
얼통(孼統) 명 서자(庶子)의 혈통(血統).
얼-통:량(-統涼) 명 거칠게 만든 통량.
얼핏 부 언뜻
얽다[1][억-] 자 ①얼굴에 마마 자국이 생기다. ☞앍다 ②물건의 거죽에 흠이 많이 생기다.
　속담 **얽은 구멍에 슬기 들었다** : 사람을 겉모양만으로 평가할 수 없다는 말.
얽다[2][억-] 타 ①노끈이나 새끼 따위로 이리저리 걸어서 묶다. ¶짐을 단단히 -. ②실이나 노끈, 새끼 따위로 이리저리 매어서 꾸미다. ¶그물을 -. ③없는 일을 있는 것처럼 꾸미다. ¶죄를 얽어 잡아들이다.

한자 얽을 구(構) 〔木部 10획〕 ¶구도(構圖)/구문(構文)/구상(構想)/구성(構成)/구조(構造)

얽-동이다[억-] 타 얽어서 동여매다.
얽둑-빼기[억-] 명 얼굴이 마마 자국으로 얽둑얽둑한 사람. ☞앍둑빼기
얽둑-얽둑[억-억-] 부-하다 형 굵고 깊이 얽은 자국이 드문드문 있는 모양을 나타내는 말. ☞앍둑앍둑. 얽벅얽벅. 얽적얽적. 얽죽얽죽
얽-매다[억-] 타 ①얽어서 매다. ②자유를 구속하다. ¶몸은 몰라도 마음까지 얽맬 수는 없다.
얽-매이다[억-] 자 ①얽맴을 당하다. ¶쇠사슬에 얽매인 짐승. ②자유를 구속 당하다. ¶낡은 관습에 -. ③몸이나 마음이 어떤 일에서 벗어나지 못하다. ¶집안일에 얽매여 꼼짝을 못 한다./죄책감에 -.
얽박-고:석(-古石)[억-] 명 ①구멍이 숭숭 뚫린 낡은 돌덩이. ②몹시 얽은 얼굴을 비유하여 이르는 말.
얽벅-얽벅[억-억-] 부-하다 형 굵고 깊이 얽은 자국이 배게 있는 모양을 나타내는 말. ☞앍박앍박. 얽둑얽둑. 얽적얽적. 얽죽얽죽
얽-빼기[억-] 명 얼굴에 얽은 자국이 많은 사람을 이르는 말.
얽어-내:다 타 ①물건을 얽어서 끌어내다. ②남의 것을 약빠르게 끄집어내다. 옭아내다
얽어-매다 타 ①얽어서 매다. ②남의 자유를 구속하다.
얽이 명 ①물건을 보호하기 위하여 노끈이나 새끼 따위로 거죽을 이리저리 싸서 얽는 일. ②일의 순서나 구조 따위를 대충 잡아 보는 일.
　얽이(를) 치다 관용 이리저리 얽어서 매다.
얽적-빼기[억-] 명 얼굴이 얽적얽적 얽은 사람을 이르는 말. ☞앍작빼기
얽적-얽적[억-억-] 부-하다 형 잘고 굵은 것이 섞이어 깊이 얽은 자국이 배게 있는 모양을 나타내는 말. ☞앍작앍작. 얽둑얽둑. 얽벅얽벅. 얽죽얽죽
얽죽-빼기[억-] 명 얼굴이 얽죽얽죽 얽은 사람을 이르는 말. ☞앍족빼기
얽죽-얽죽[억-억-] 부-하다 형 잘고 굵은 것이 섞이어 깊이 얽은 자국이 촘촘히 있는 모양을 나타내는 말. ☞앍족앍족. 얽둑얽둑. 얽벅얽벅. 얽적얽적
얽히고-설키다 자 이리저리 복잡하게 얽히다.
얽히다[1] 자 얽음을 당하다. ¶쇠사슬에 얽힌 짐승./오랏줄에 얽힌 도둑./사건에 얽혀 들어가다.
얽히다[2] 자 ①서로 얼크러지다. ¶덩굴이 -./고무줄이 -. ②복잡하게 뒤섞이다. ¶이해 관계(利害關係)가 복잡하게 얽혀 있다./문제가 이리저리 얽혀 풀리지 않는다. ③관련되다 ¶이차 대전에 얽힌 이야기./눈물겨운 사연이 얽혀 있다.
엄(厂) 명 한자 부수(部首) 유형의 한 가지. 글자의 위에서 왼쪽 아래로 처진 자형(字形)의 '厚·病·展' 등의 '厂·

疒·'尸'를 이르는 말. ☞몸³
엄:(掩)명 엄폐(掩蔽)
엄각(嚴刻)어기 '엄각(嚴刻)하다'의 어기(語基).
엄각-하다(嚴刻-)형여 몹시 혹독하다. 엄혹하다
엄각-히부 엄각하게
엄감(嚴勘)명-하다타 엄단(嚴斷). 엄처(嚴處)
엄:개(掩蓋)명 참호(塹壕)나 방공호(防空壕) 등의 덮개.
엄:격(掩擊)명-하다타 엄습(掩襲)
엄격(嚴格)[-껵]어기 '엄격(嚴格)하다'의 어기(語基).
엄격-하다(嚴格-)[-껵-]형여 도덕이나 규율이 엄하고, 부정이나 태만이 허용되지 아니하다. ¶할아버지의 엄격한 가정 교육./규율이 -. ☞엄준하다
엄격-히부 엄격하게
엄견(嚴譴)명-하다타 엄하게 꾸짖음, 또는 엄한 꾸중. 엄책(嚴責). 통책(痛責)
엄계(嚴戒)명-하다타 엄중하게 경계함.
엄고(嚴鼓)명 지난날, 임금의 거둥 때에 경계의 신호로 큰 북을 세 차례 울리던 일, 또는 그 북.
엄곤(嚴棍)명 가차없이 엄하게 치는 곤장(棍杖).
엄관(淹貫)어기 '엄관(淹貫)하다'의 어기(語基).
엄관-하다(淹貫-)형여 학식이 넓고 깊다. 엄박하다 ☞해박하다
엄:광-창(掩壙窓)명 관(棺)을 묻기 전, 파 놓은 구덩이를 가리는 데 쓰는 창짝.
엄교(嚴敎)명 ①엄한 가르침. ②남의 가르침을 공손히 이르는 말. ▷ 嚴의 속자는 厳
엄군(嚴君)명 가군(家君). 가엄(家嚴)
엄금(嚴禁)명-하다타 엄하게 금지함. 절금(切禁). 통금(痛禁) ¶화기(火氣)를 -합니다./앞지르기 -
엄:-나무명 오갈피나뭇과의 낙엽 활엽 교목. 각처의 숲 속에서 자라며, 높이는 25m 안팎임. 가지에는 날카로운 가시가 많고, 손바닥 모양의 잎은 일곱 가닥 안팎으로 갈라져 있으며 잎자루가 긺. 여름에 가지 끝에 엷은 녹색의 잔꽃이 산형(繖形) 꽃차례로 핌. 10월경에 작고 동근 열매가 검게 익음. 나무껍질은 약으로 쓰이고, 어린잎은 먹을 수 있음. 음나무. 자동(刺桐). 해동(海桐)
엄:-니명 포유류의 이 가운데서 특히 크고 날카로운 이. 범이나 멧돼지 등은 송곳니[犬齒]가, 코끼리는 앞니[門齒]가 발달한 것임. 아치(牙齒)

한자 엄니 아(牙) [牙部] ¶상아(象牙)/아치(牙齒)

엄:니-아(-牙)명 한자 부수(部首)의 한 가지. '掌' 등에서 '牙'의 이름.
엄:닉(掩匿)명-하다타 가리어 숨김. 엄폐(掩蔽)
엄단(嚴斷)명-하다타 엄하게 처단함. 엄감(嚴勘). 엄처(嚴處)
엄달(嚴達)명-하다타 엄하게 통고(通告)함. ¶명령을 -하다.
엄담(嚴談)명-하다타 강경한 태도로 담판함.
엄:대[-때]명 지난날, 반찬 가게 따위에서 외상으로 물건을 팔 때, 그 값을 기록하기 위하여 가로금을 새기던 긴 막대기. 오늘날의 외상 장부 대신으로 쓰던 것임.
엄:-대:답(-對答)명-하다자 남이 써 놓은 어음을 보증함.
엄:대-질[-때-]명-하다자 지난날, 엄대에 액수를 기록하던 외상 거래.
엄독(嚴督)명-하다타 ①엄중하게 감독함. ②몹시 독촉함.
엄동(嚴冬)명 몹시 추운 겨울. 융동(隆冬)
엄동-설한(嚴冬雪寒)명 한겨울의 눈보라치는 몹시 심한 추위.
엄두명 어떤 일을 감히 해 보려는 마음. ¶-를 못 내다.
엄랭(嚴冷)어기 '엄랭(嚴冷)하다'의 어기(語基).
엄랭-하다(嚴冷-)형여 몹시 차다.
엄랭-히부 엄랭하게
엄령(嚴令)명-하다타 엄명(嚴命)
엄마명 ①어린아이가 '어머니'를 부르는 말. ②'어머니'를 친근하게 일컫는 말.
엄마리명 장마 때, 물에 흘러내리는 사금(砂金)을 한 곬으로 몰아 받아 내는 일.

×엄망(掩網)명 ←덮그물
엄매부 송아지의 울음 소리를 나타내는 말.
엄:매(掩埋)명-하다타 흙이나 덮어서 겨우 장사(葬事)를 지냄, 또는 그런 장사. 엄토(掩土)
엄명(嚴命)명-하다타 엄하게 명령함, 또는 그 명령. 엄령(嚴令) ¶비밀을 지키도록 -하다./-이 내리다.
엄명(嚴明)어기 '엄명(嚴明)하다'의 어기(語基).
엄명-하다(嚴明-)형여 엄정하고 공명하다.
엄명-히부 엄명하게
엄:문(掩門)명-하다자 문을 닫음. 폐문(閉門)
엄밀(嚴密)어기 '엄밀(嚴密)하다'의 어기(語基).
엄밀-하다(嚴密-)형여 세밀한 부분에까지 빈틈이 없다.
엄밀-히부 엄밀하게 ¶- 말하면 조금 다르다.
엄:박(淹博)어기 '엄박(淹博)하다'의 어기(語基).
엄:박-하다(淹博-)형여 학식이 넓고 깊다. 엄관하다 ☞해박하다
엄발-나다자 행동이나 태도가 남들과 달리 빗나가다.
엄버(umber)명 천연의 갈색 안료(顔料). 칠감이나 그림 물감 등으로 쓰임. 이산화망간과 규산염을 함유한 수산화철 덩이로 산출됨.
엄벌(嚴罰)명-하다타 엄하게 처벌함, 또는 엄한 벌. ¶범죄자를 -하다./-에 처하다.
엄범부렁-하다형여 실속은 없으면서 겉만 부프다. 준 엄부렁하다
엄:법(罨法)[-뻡]명 염증이나 충혈을 가라앉히기 위하여 찬물 또는 더운물 등으로 찜질하는 치료법.
엄법(嚴法)[-뻡]명 엄격한 법률.
엄벙-덤벙부 영문도 모르고 함부로 덤벙거리는 모양을 나타내는 말.
속담 엄벙덤벙 하다가 물에 빠졌다 : 영문도 모르고 함부로 덤벙거리다가 낭패를 보게 되었다는 말.
엄벙-뗑부 얼렁뚱땅 ¶- 넘어가다.
엄벙-통명 엄벙덤벙 하는 가운데. ¶-에 저지르는 실수.
엄벙-판명 엄벙덤벙 하는 판.
엄벙-하다형여 말이나 행동이 착실하지 못하고 부풋하다. ¶엄벙하게 늘어놓는 큰소리.
엄:보(掩堡)명 산병호(散兵壕)
엄봉(嚴封)명-하다타 단단히 봉함. 밀봉(密封)
엄부(嚴父)명 엄한 아버지.
엄부럭명 어린아이처럼 철없이 부리는 심술이나 엄살. ¶-을 떨다./-을 부리다./-을 피우다.
엄부렁-하다형여 '엄범부렁하다'의 준말.
엄-부형(嚴父兄)명 엄한 아버지와 형을 이르는 말.
엄비(嚴批)명 임금에게 올린 글에 대한 임금의 답서.
엄비(嚴祕)명 절대로 새어 나가서는 안 될 비밀. ☞극비
엄사(嚴査)명-하다타 엄중하게 조사함, 또는 그 조사.
엄사(嚴師)명 엄격한 스승.
엄살명-하다자 고통이나 어려움 따위를 일부러 꾸미거나 떠벌려 나타내는 짓. ¶-을 떨다./-을 부리다. ☞암살. 엄부럭
엄:살(掩殺)명-하다타 갑자기 들이닥쳐 죽임.
엄살-궂다[-굳-]형 엄살스러운 데가 있다.
엄살-꾸러기명 엄살을 잘 부리는 사람.
엄살-스럽다(-스러워)형ㅂ 엄살하는 태도가 있다.
엄살-스레부 엄살스럽게
엄상(嚴霜)명 된서리
엄색(嚴色)명-하다자 엄한 표정을 지음, 또는 그 표정.
엄선(嚴選)명-하다타 엄격하고 공정하게 가려냄. ¶합격자를 -하다./-된 작품.
엄수(嚴囚)명-하다타 엄중히 가두어 둠.
엄수(嚴守)명-하다타 명령이나 규칙, 약속 따위를 엄격하게 지킴. ¶규칙을 -하다./시간 -
엄수(嚴修)명-하다타 의식(儀式) 따위를 엄숙하게 지냄. ¶장례를 -하다.
엄숙(嚴肅)어기 '엄숙(嚴肅)하다'의 어기(語基).
엄숙-주의(嚴肅主義)명 감각적·육체적인 욕망을 이성

(理性)의 엄격한 지배 아래 둠으로써 도덕적 이상(理想)을 구하려는 생각. 칸트의 철학, 스토아 학파의 윤리설이 대표적임.

엄숙-하다(嚴肅－) 형여 ①장엄하고 정숙하다. ¶엄숙하게 치러진 예식. /엄숙한 분위기. ②말이나 태도 따위가 위엄이 있다. 삼연하다 ¶엄숙한 표정. /엄숙하게 말하다.

엄숙-히 부 엄숙하게

> 한자 엄숙할 숙(肅) 〔聿部 7획〕 ¶숙연(肅然)/숙정(肅靜)/엄숙(嚴肅)/정숙(靜肅) ▷속자는 粛
> 엄숙할 장(莊) 〔艸部 7획〕 ¶장엄(莊嚴)/장중(莊重)

엄:습(掩襲) 명 -하다 타 ①갑작스럽게 습격함. 엄격(掩擊) ¶적의 사령부를 －하다. ②생각이나 감정, 기운 따위가 갑자기 들이침. ¶찬 기운이 온몸을 －해 온다. /그를 －한 피로.

> 한자 엄습할 습(襲) 〔衣部 16획〕 ¶급습(急襲)/기습(奇襲)/습격(襲擊)/엄습(掩襲)

엄승(嚴繩) 명 -하다 타 엄징(嚴懲)

엄-시:하(嚴侍下) 명 홀로된 아버지를 모시고 있는 처지, 또는 그런 처지의 사람을 이르는 말. ☞자시하(慈侍下)

엄-신 명 '엄짚신'의 준말.

엄:신(掩身) 명 -하다 자 ①몸을 가림. ②살림이 어려워 허름한 옷을 입음.

엄:심-갑(掩心甲) 명 갑옷에서 가슴을 가리는 부분.

엄:엄(奄奄) 어기 '엄엄(奄奄)하다'의 어기(語基).

엄:엄(掩掩) 어기 '엄엄(掩掩)하다'의 어기(語基).

엄엄(嚴嚴) 어기 '엄엄(嚴嚴)하다'의 어기(語基).

엄:엄-하다(奄奄－) 형여 숨이 금방이라도 끊어질 것 같은 상태에 있다.

엄엄-히 부 엄엄하게

엄:엄-하다(掩掩－) 형여 향기가 매우 그윽하다.

엄엄-히 부 엄엄하게

엄엄-하다(嚴嚴－) 형여 ①매우 엄하다. ¶엄엄한 분위기. ②매우 으리으리하다. ¶대궐처럼 엄엄하게 꾸미다.

엄엄-히 부 엄엄하게

엄:연(儼然) 어기 '엄연(儼然)하다'의 어기(語基).

엄:연곡(儼然曲) 명 조선 중종(中宗) 때의 학자 주세붕(周世鵬)이 지은 경기체가. 군자의 엄연한 덕을 읊은 내용.

엄:연-하다(儼然－) 형여 ①사람의 겉모양이나 언행이 엄격하고 점잖다. ¶용모가 －. /엄연한 태도. ②감히 부인할 수 없을 만큼 명백하다. ¶엄연한 사실.

엄연-히 부 엄연하게

엄위(嚴威) 명 -하다 형 엄숙하고 위광이 있음, 또는 그 위광.

엄의(嚴毅) 어기 '엄의(嚴毅)하다'의 어기(語基).

엄의-하다(嚴毅－) 형여 엄격하고 꿋꿋하다.

엄:이도령(掩耳盜鈴) 성구 '귀 막고 방울 도둑질 한다'는 말을 한문식으로 옮긴 구(句)로, 얕은 꾀를 써서 남을 속이려 한다는 뜻.

엄장 명 풍채 좋은 큰 덩치.

엄장(嚴杖) 명 -하다 타 엄히 곤장을 침, 또는 그 곤장.

엄장(嚴壯) 어기 '엄장(嚴壯)하다'의 어기(語基).

엄장-뇌수(嚴杖牢囚) 명 엄히 곤장을 친 뒤에 옥(獄)에 가둠.

엄장-하다(嚴壯－) 형여 위엄이 있고 장대하다.

엄:적(掩迹) 명 -하다 타 흔적을 가리어 숨김.

엄전-스럽다(－스럽고·－스러워) 형ㅂ 엄전한 태도가 있다.

엄전-스레 부 엄전스럽게

엄전-하다 형여 몸가짐이 정숙하다. ☞음전하다

엄절(嚴切) 어기 '엄절(嚴切)하다'의 어기(語基).

엄절-하다(嚴切－) 형여 몹시 엄하다.

엄절-히 부 엄절하게

엄정(嚴正) 어기 '엄정(嚴正)하다'의 어기(語基).

엄정-중립(嚴正中立) 명 어느 쪽으로도 치우치지 않고 중립의 지위를 엄격하게 지킴.

엄정-하다(嚴正－) 형여 엄격하고 공정하다. ¶엄정한 심사. /엄정한 재판.

엄정-히 부 엄정하게

엄:족-반(掩足盤) 명 밥그릇을 나르는 데 쓰는, 다리가 짧은 소반.

엄:존(儼存) 명 -하다 자 엄연히 존재함, 곧 틀림없이 있음. ¶하늘 아래 내가 －하고 있다는 사실. /정의가 －하는 사회.

엄주(嚴誅) 명 -하다 타 엄한 형벌에 처함.

엄준(嚴峻) 어기 '엄준(嚴峻)하다'의 어기(語基).

엄준-하다(嚴峻－) 형여 매우 엄하다. 준엄하다

엄준-히 부 엄준하게

엄중(嚴重) 어기 '엄중(嚴重)하다'의 어기(語基).

엄중-하다(嚴重－) 형여 무슨 일에 대처하는 태도 따위가 매우 엄하다. ¶엄중한 감시. /엄중하게 항의하다.

엄중-히 부 엄중하게

엄지 명 '엄지가락'의 준말.

엄:-지(－紙)[－찌] 명 지난날, 어음 쓴 종이를 이르던 말.

엄지(嚴旨) 명 임금의 준엄한 교지(敎旨).

엄지-가락 명 엄지손가락이나 엄지발가락. 준 엄지

엄지머리-총:각(－總角) 명 평생을 총각으로 지내는 사람. ☞떠꺼머리총각

엄지-발 명 '엄지발가락'의 준말.

엄지-발가락[－까－] 명 발가락 가운데 가장 굵은 발가락. 준 엄지발

엄지-발톱 명 엄지발가락의 발톱.

엄지-벌레 명 성충(成蟲)

엄지-손 명 '엄지손가락'의 준말.

엄지-손가락[－까－] 명 손가락 가운데 가장 굵은 손가락. 거지(巨指). 무지(拇指) 준 엄지손

엄지-손톱 명 엄지손가락의 손톱.

엄지-총 명 짚신이나 미투리의 맨 앞에 양쪽으로 굵게 낸 신총.

엄징(嚴懲) 명 -하다 타 엄하게 징벌함. 엄승(嚴繩). 통징(痛懲)

엄:-짚신[－집－] 명 상제(喪制)가 초상 때부터 졸곡(卒哭) 때까지 신는 짚신. 신총을 드문드문 따고, 총 돌기에 흰 종이를 감았음. 준 엄신

엄:-쪽 명 두 쪽을 내어 서로 나누어 가지는 어음의 한 쪽.

엄책(嚴責) 명 -하다 타 엄하게 꾸짖음, 또는 엄한 꾸중. 엄견(嚴譴). 통책(痛責)

엄처(嚴處) 명 -하다 타 엄하게 처단함. 엄감(嚴勘). 엄단(嚴斷)

엄처-시:하(嚴妻侍下) 명 아내에게 쥐여 사는 남자를 놀리어 이르는 말.

엄청-나다 형 생각보다 아주 대단하다. ¶규모가 －. /비용이 엄청나게 든다.

엄:체(淹滯) 명 -하다 자 ①오래 지체함. ②능력이 있으면서도 인정을 받지 못하여 오랜 동안 파묻혀 있음.

엄:체(掩體) 명 적탄(敵彈)으로부터 몸과 장비를 지키기 위한, 산병호(散兵壕)나 모래주머니 따위의 설비.

엄:치(掩置) 명 -하다 타 숨기어 둠.

엄치(嚴治) 명 -하다 타 엄하게 다스림, 또는 엄한 벌을 내림. 중치(重治). 통치(痛治)

엄칙(嚴飭) 명 -하다 타 엄하게 타일러 경계함.

엄친(嚴親) 명 글에서, 남에게 자기의 아버지를 이르는 말. 가친(家親) ☞자친(慈親)

엄탐(嚴探) 명 -하다 타 경찰 등이 범인을 엄중히 찾음.

엄:토(掩土) 명 -하다 타 흙이나 덮어서 겨우 장사(葬事)를 지냄, 또는 그런 장사. 엄매(掩埋)

×**엄파** 명 →움파

엄펑-소니 명 의뭉스럽게 남을 속이거나 골탕먹이는 솜씨나 짓.

엄펑-스럽다(－스럽고·－스러워) 형ㅂ 남을 속이거나 골리는 품이 보기에 의뭉스럽다.

엄펑-스레 부 엄펑스럽게

엄:폐(掩蔽) 명 -하다 타 ①가리어 숨김. 엄닉(掩匿) ¶사실을 －하다. /부정을 －하다. ②지구와 항성(恒星) 또

는 행성의 사이에 달이 끼여들어 항성이나 행성을 가리는 현상. 엄(掩)

엄:폐-물(掩蔽物)명 야전(野戰)에서, 적의 포탄을 막기 위하여 이용하는 지물(地物)을 통틀어 이르는 말.

엄:폐-호(掩蔽壕)명 야전(野戰)에서, 적에게 보이지 않도록 위를 덮어 만든 참호. 벙커(bunker) 준 엄호(掩壕)

엄:-포 명 실속 없는 큰소리로 남을 으르는 짓.

엄포(를) 놓다 관용 실속 없는 큰소리로 남을 으르다. ¶당장 빌린 돈을 내놓으라고 ─.

엄-하다(嚴─)형여 ①규율이나 예절 따위를 지키게 하는 것이 매우 철저하다. ¶엄한 가르침./가풍(家風)이 ─. ②잘못되지 않도록 잡도리가 심하다. ¶엄한 경비./단속이 ─. ③몹시 심하여 가차없다. ¶엄하게 다스리다.

엄-히 부 엄하게

한자 **엄할 엄**(嚴) 〔口部 17획〕 ¶엄격(嚴格)/엄단(嚴斷)/엄벌(嚴罰)/엄선(嚴選)/엄수(嚴守) ▷ 속자는 厳

엄한(嚴寒)명 몹시 심한 추위. ☞한추위

엄핵(嚴覈)명-하다타 불법 행위 따위를 엄하게 조사함.

엄핵-조:율(嚴覈照律)명 불법 행위 따위를 엄하게 조사하여 법대로 다스림.

엄형(嚴刑)명-하다타 엄한 형벌(刑罰)을 내림, 또는 엄한 형벌.

엄:-호(广戶)명 한자 부수(部首)의 한 가지. '床'·'序' 등에서 '广'의 이름.

엄:호(掩壕)명 '엄폐호(掩蔽壕)'의 준말.

엄:호(掩護)명-하다타 적의 공격으로부터 자기편의 행동이나 시설 따위를 보호함. ¶공격 부대를 ─하다.

엄:호=사격(掩護射擊)명 ①자기편의 행동을 엄호하기 위한, 측면이나 후방(後方)에서 하는 사격. ②어떤 사람의 처지를 돕기 위한 발언이나 행동을 비유하여 이르는 말.

엄혹(嚴酷)어기 '엄혹(嚴酷)하다'의 어기(語基).

엄혹-하다(嚴酷─)형여 몹시 혹독하다. 엄각하다

엄혹-히 부 엄혹하게

엄:홀(奄忽)어기 '엄홀(奄忽)하다'의 어기(語基).

엄:홀-하다(奄忽─)형여 매우 급작스럽다.

엄홀-히 부 엄홀하게

엄:회(掩晦)명-하다타 가려서 어둡게 함.

엄훈(嚴訓)명 엄격한 가르침.

업 명 민속에서, 한 집안의 살림을 지키고 늘린다고 믿는 동물이나 사람을 이르는 말. ¶맏며느리는 우리 집 ─이지요.

업(業)명 ①'직업(職業)' 또는 '생업(生業)'의 준말. ②'삼업(三業)'의 준말. ③불교에서, 전세(前世)에 지은 선악의 행위로 말미암아 현세에서 받는 응보(應報)를 이르는 말. ☞갈마(羯磨)

업감(業感)명 불교에서, 선악의 업인(業因)에 따라서 고락의 과보(果報)를 받음을 이르는 말.

업-거울 명 민속에서, 업의 구실을 한다는 거울.

업경(業鏡)명 저승의 들머리에 있다는 거울. 중생이 생전에 지은 선악의 업(業)을 비추어 보여 준다고 함.

업계(業界)명 산업이나 상업 등에서 같은 업종에 몸담은 사람들끼리의 사회. ¶금융 ─/해운 ─

업고(業苦)명 불교에서, 전세(前世)에 지은 악업(惡業)으로 말미암아 현세에서 받는 고통을 이르는 말.

업과(業果)명 업보(業報)

업-구렁이 명 민속에서, 업의 구실을 한다는 구렁이. 긴업. 텃구렁이

업그레이드(upgrade)명 컴퓨터 따위에서, 하드웨어나 소프트웨어의 성능을 기존 제품보다 높이는 일.

업다 타 ①사람을 등에 지다. ¶아기를 ─. ②어떤 세력을 이용하다. ¶회장을 등에 업고 실권을 잡다. ③윷놀이에서, 두 말을 한데 어우르다. ④연이 얼렸을 때, 연줄을 재빠르게 감아 들여서 남의 연을 빼앗다.

업어 가도 모른다 관용 잠이 깊이 들어 웬만한 소리나 일에는 깨어나지 아니하는 상태를 이르는 말.

속담 **업어다 난장(亂杖) 맞힌다** : 잘 해 주려고 소중히 업고 와서 난장을 맞히게 되었다는 것이니, 애써 한 일이 도리어 손해되는 결과를 가져왔다는 말./**업으나 지나** : 이러나저러나 마찬가지라는 말./**업은 아이 삼면(三面) 찾는다** : 가까운 데 있는 것을 모르고 다른 데 가서 찾아 다니는 경우를 이르는 말.〔업은 아이 삼간(三間) 찾는다/업은 아이 삼 년 찾는다〕/**업은 자식에게 배운다** : 나이 어린 사람에게도 배울 것이 있다는 말.

업-두꺼비 명 민속에서, 업의 구실을 한다는 두꺼비.

업-둥이 명 그 집에서 업 구실을 하는 소중한 아이라는 뜻으로, 집 앞에 버려져 있거나 하여 기른 아이를 귀하게 여기어 이르는 말. ☞개구멍받이

업라이트피아노(upright piano)명 세로로 선 공명 상자(共鳴箱子) 안에 현(絃)을 수직으로 친 피아노. 그랜드피아노에 상대하여 이르는 말.

업로:드(upload)명 컴퓨터 통신망을 통하여 다른 컴퓨터에 파일이나 프로그램을 보내는 일. ☞다운로드

업력(業力)명 불교에서, 과보(果報)를 낳는 업인(業因)의 힘을 이르는 말. 곧 선업에는 선과(善果)를, 악업에는 악과(惡果)를 가져다 주는 힘.

업마(業魔)명 불교에서, 악업이 정도(正道)를 방해하고 지혜를 잃게 하는 것을 악마에 비유하여 이르는 말.

업무(業務)명 직업이나 사업 등에서, 계속 맡아 하는 일. ¶─ 시간/바쁜 ─에 쫓기어 여가가 없다.

업무=감사(業務監査)명 기업의 회계 기록의 검토와 각종 업무에 대한 감사.

업무=관리(業務管理)명 생산 관리

업무-권(業務權)[─꿘]명 보통의 위법(違法) 행위가 정당한 업무로서 행하여질 수 있는 권리. 의사의 수술 행위나 권투 시합에서 하는 주먹질 따위.

업무=방해죄(業務妨害罪)[─쬐]명 허위 사실을 퍼뜨리거나, 위계(僞計) 또는 위력(威力)으로써 남의 업무를 방해하는 죄.

업무상=과:실(業務上過失)명 어떤 업무를 맡은 사람이, 그 업무상 지켜야 할 주의를 게을리 하여 생기는 과실. 형법상 형이 가중되는 사유가 됨.

업무상=비:밀=누:설죄(業務上祕密漏泄罪)[─쬐]명 의사·한의사·약사·조산사(助産師)·변호사·공증인(公證人) 등이나 그 보조자가 업무상 알게 된 남의 비밀을 누설하는 죄.

업무용=서류(業務用書類)명 ①업무에 사용하는 문서. ②제4종 우편물의 하나. 특정인에게 주는 통신문의 성질을 띠지 않은 문서.

업병(業病)명 불교에서, 전세에 지은 악업으로 말미암아 걸린다는 고치기 어려운 병을 이르는 말.

업보(業報)명 ①불교에서, 선악의 업인(業因)으로 말미암아 나타나는 고락의 과보(果報)를 이르는 말. ②불교에서, 업(業)과 과보(果報)를 아울러 이르는 말. 업과(業果)

업소(業所)명 영업을 하는 곳.

업수-놓다 자 광산에서, 갱내(坑內)의 물을 밖으로 뽑아내기 위한 설비를 하다.

업숭-이 명 하는 짓이 변변하지 못한 사람을 놀리어 이르는 말.

업스타일(up+style)명 목덜미가 드러나도록 머리를 빗어 올려, 머리 위 또는 뒷머리에서 마무르는 여자의 머리 모양.

업습(業習)명 버릇. 습관

업시름 명 업신여겨서 하는 구박. ¶낯선 땅에서 ─까지 받다니….

업:신-여기다[─녀─]타 남을 깔보거나 하찮게 여기다. ¶가난한 사람들을 ─.

한자 **업신여길 멸**(蔑) 〔艸部 11획〕 ¶경멸(輕蔑)/능멸(凌蔑)/멸법(蔑法)/멸시(蔑視)/멸칭(蔑稱)
업신여길 모(侮) 〔人部 7획〕 ¶모만(侮慢)/모매(侮罵)/모멸(侮蔑)/모소(侮笑)/모욕(侮辱)

업:신-여김[─녀─]명 남을 업신여기는 일. 준 업심

업:심 명 '업신여김'의 준말. ¶ ―을 받다.
업액(業厄)명 불교에서, 악업의 갚음으로 받는 재액(災厄)을 이르는 말.
업양(業樣)명 업왕(業王)
업어-던지기 명 씨름의 혼합기술의 한 가지. 상대편의 오른팔을 잡고 오른 허리를 상대편의 허리 부분에 붙이어 업어 던져 넘어뜨리는 공격 재간. ☞앞으로누르기
업어-치기 명 유도에서, 메치기 기술 중의 손기술의 한 가지. 상대편을 등에 업듯이 하여 어깨 너머로 크게 둘러 메치는 기술.
업연(業緣)명 업인(業因)
업왕(業王)명 재물을 맡아 도와 준다는 신. 업양(業樣)
업음-질 명-하다 자 서로 번갈아 업어 주는 짓.
업의-항 명 민속에서, 살림을 지켜 준다는 신을 위해 쌀이나 돈 따위를 넣어 모셔 두는 항아리.
업인(業因)명 불교에서, 미래에 고락(苦樂)의 과보(果報)를 가져오는 원인이 되는 선악의 행위. 업연(業緣)
업자(業者)명 사업을 경영하고 있는 사람.
업장(業障)명 불교에서 이르는 삼장(三障)의 하나. 말과 행위 또는 마음으로 악업(惡業)을 지어 정도(正道)를 방해하는 장애. 보장(報障)
업저지 명 지난날, 남의집살이하면서 어린아이를 업어 주며 돌보던 계집아이.
업적(業績)명 사업이나 학술 연구 따위에서 이룩한 성과. 사적(事績) ¶ ―을 남기다./―을 올리다.
업-족제비 명 민속에서, 업의 구실을 한다는 족제비.
업종(業種)명 사업이나 영업의 종류. ¶서비스 ―
업죄(業罪)명 죄업(罪業)
업주(業主)명 '영업주(營業主)'의 준말.
업진 명 소의 배 부분에 붙은 고기. 조림·찜·편육 등에 쓰임. ☞사태. 양지
업진-편육(―片肉)명 업진을 삶아서 만든 편육.
업차(業次)명 생업(生業), 또는 생업을 위한 일터.
업체(業體)명 '기업체(企業體)' 또는 '사업체(事業體)'의 준말.
업태(業態)명 사업이나 기업의 형태.
업해(業海)명 불교에서, 갖가지 업보(業報)의 원인을 대해(大海)에 비유하여 이르는 말.
업화(業火)명 ①불교에서, 악업이 사람을 망하게 함을 불에 비유하여 이르는 말. ②불교에서, 죄인을 괴롭히는 지옥의 불을 이르는 말.
업히다[1] 자 업음을 당하다. ¶어머니 등에 업힌 아기.
속담 **업혀 가는 돼지 눈** : 잠이 와서 눈이 거슴츠레한 사람을 놀리는 말.
업히다[2] 타 업게 하다. ¶누이에게 아이를 ―.
없:다[업―] 형 ①있지 아니하다. 사람이나 사물이 존재하지 아니하다. ¶집에 아무도 ―./물이 없는 사막./수상한 점이 ―. ②가지거나 갖추고 있지 아니하다. ¶돈이 ―./신용이 ―./매력이 ―. ③가난하다 ¶없는 사람./없는 녀석이 큰소리친다. ④많지 아니하다. 모자라다 ¶별로 아는 것이 ―./볼만 한 것이 ―. ⑤썩 드물다. ¶둘도 없는 친구./다시는 없는 기회. ⑥베풀어지지 아니하다. ¶회의가 없는 날. ⑦〔'-ㄹ 수 없다'의 꼴로 쓰이어〕 가능하지 아니하다. ¶막을 수 없는 일./알 수 없는 행위. ⑧'불이익을 각오해야 한다.', '그냥 두지 않겠다.' 등의 뜻을 속되게 이르는 말. ¶한 번만 더 약속을 어기면 없어./또 그런 소리 하였다가는 ―. ☞있다 ⑨《접미사처럼 쓰이어》'그것이 있지 않거나 있지 않은 상태임'을 나타냄. ¶난데없다/서슴없다
없이 부 없게
속담 **없는 꼬리를 흔들까** : 아무리 하고 싶어도, 없으면 할 수가 없다는 말. 또는, 가지고 있지 않은 것을 내놓을 수는 없다는 말./**없는 놈이 있는체, 못난 놈이 잘난체** : 실속도 없는 사람이 유난히 허세(虛勢)를 부린다는 말./**없는 놈이 찬밥 더운밥 가리랴** : 사정이 다급하고 아쉬울 때는 좋고 나쁜 것을 가릴 겨를이 없으며, 닥치는 대로 무엇이나 다 고맙게 여기게 된다는 말./**없는 손자 환갑 닥치겠다** : 너무 오래 기다리게 되어 지루하기 짝이 없는 경우를 이르는 말./**없어 비단 옷** : 살림이 넉넉해서 비단옷을 입는 것이 아니라, 그것밖에는 옷이 없어서 입게 되었다는 말.〔없어 비단치마〕/**없으면 제 아비 제사도 못 지낸다** : 꼭 해야 할 중요한 일이라도 비용이 없으면 어쩔 수가 없다는 말.

한자 없을 막(莫)〔艸部 7획〕¶막강(莫強)/막역(莫逆)
없을 망(罔)〔网部 3획〕¶망극(罔極)/망측(罔測)
없을 무(無)〔火部 8획〕¶무례(無禮)/무명(無名)

▶'없다'가 붙어서 된 용언
접미사처럼 쓰이는 '-없다'가 붙어서 된 용언(用言)은 본모양을 밝혀 '-없다'로 적는다.
¶부질없다/상없다/시름없다/하염없다

없:애다 타 '없이하다'의 준말.
없:어-지다 자 ①있던 것이 없게 되다. ¶강아지가 ―./통증이 ―. ②쓰거나 줄거나 하여 남지 않게 되다. ¶양식이 ―./자금이 ―.
없:을-무(―无)명 한자 부수(部首)의 한 가지. '无'·'旣' 등에서 '无'의 이름.
없:이-살:다(―살고·―사니)자 가난하게 살다.
없:이-하다 타여 없어지게 하다. 준 없애다
엇- 접두 '비뚜로', '어긋남'의 뜻을 나타냄. ¶엇나가다/엇대다/엇먹다/엇시조
엇-가게[얻―]명 지붕을 한쪽으로만 기울게 하여 덮은 헛가게.
엇-가다[얻―]자 말이나 행동이 사리에 어그러지게 나가다. 엇나가다 ¶하는 짓이 엇가기만 한다.
엇-가리[얻―]명 대나 채를 엮어서 위는 둥글고 아래는 편평하게 만든 것. 곡식을 담거나 덮는 데 씀.
엇-각(―角)[얻―]명 두 직선이 한 직선과 만날 때에 생기는 여덟 개의 각 가운데, 한 직선에서 보아 엇비껴 있는 한 쌍의 각.
엇-갈리다[얻―]자 ①오고 가는 것이 서로 어긋나서 만나지 못하다. ¶길이 ―. ②서로 달라지다. ¶주장이 ―./희비(喜悲)가 ―.
엇-걸:다[얻―](―걸고·―거니)타 서로 어긋맞게 걸다. ¶줄을 엇걸어 잡아당기다.
엇-걸리다[얻―]자 서로 어긋맞게 걸리다.
엇-겯다[얻―](―겯고·―결어)타ㄷ 서로 어긋매끼어 겯다. ¶어깨를 엇겯고 걸어가다.
엇-결[얻―]명 비꼬이거나 엇나간 나무의 결. 역결
엇-결리다[얻―]자 서로 어긋매끼어 결리다.
엇구뜰-하다[얻―]형여 변변찮은 국이나 찌개 따위의 음식 맛이 조금 구수하다.
엇구뜰-히 부 엇구뜰하게
엇구수-하다[얻―]형여 ①음식 맛이 조금 구수하다. ②성미가 수수하면서도 마음을 끄는 은근한 맛이 있다. ③하는 말이 그럴듯하다.
엇구수-히 부 엇구수하게
엇-그루[얻―]명 엇비슷하게 자른 그루터기.
엇-깎다[얻깍―]타 비뚤어지게 깎다.
엇-꼬:다[얻―]타 서로 엇바꾸어 꼬다.
엇-나가다[얻―]자 ①장작 따위가 비뚜름하게 쪼개지다. ②줄 따위가 바르지 않게 그어지다. ③엇가다
엇-놀리다[얻―]타 손발 따위를 서로 엇바꾸어 놀리다. ¶손발을 엇놀리며 벼랑을 기어오르다.
엇-눈[얻―]명 꼭지눈이나 곁눈이 나는 자리가 아닌, 뿌리나 잎 또는 줄기의 마디 사이에서 나는 눈. 막눈. 부정아(不定芽) ☞제눈
엇-눕다[얻―](―눕고·―누워)자ㅂ ①엇비슷하게 눕다. ②엇섞이어 눕다.
엇-대:다[얻―]타 ①어긋나게 대다. ¶서로 엇대어 잇다. ②비꼬아 빈정거리다.
엇-되다[얻―]형 ①좀 건방지다. ②어지빠르다
엇-뜨다[얻―](―뜨고·―떠)타 눈동자가 한쪽으로 몰아

박혀서 빗보다.
엇-매끼다[얻-] 타 '어긋매끼다'의 준말.
엇-먹다[얻-] 타 ①나무를 톱으로 켜거나 할 때, 날이 비뚜로 먹다. ②엇나가는 말로 남을 비꼬다.
엇-메:다[얻-] 타 한쪽 어깨에서 다른 쪽 겨드랑이 밑으로 걸어서 메다. ¶책보를 -.
엇모리-장단[얻-] 명 국악의 민속악 장단의 한 가지. 매우 빠른 장단으로 2분박과 3분박이 되풀이되는 8분의 10박자임. 산조와 무가(巫歌), 판소리 '심청가' 중 중타령 등에 쓰임. ☞휘모리장단
엇-물다[얻-](-물고·-무니) 타 '어긋물다'의 준말.
엇-물리다[얻-] 자 '어긋물리다'의 준말.
엇-바꾸다[얻-] 타 서로 바꾸다.
엇-박다[얻-] 타 ①어슷하게 박다. ②서로 엇갈리게 번갈아 가며 박다.
엇-박이[얻-] 명 한곳에 붙박이로 있지 않고 갈아들거나 이리저리 움직이는 상태, 또는 그런 사물.
엇-베:다[얻-] 타 비뚜름하게 베다.
엇-보(-保)[얻-] 명 두 사람이 한곳에서 빚을 얻을 때 서로 서는 보증.
엇-부루기[얻-] 명 아직 큰 소가 되지 못한 수송아지.
엇-붙다[얻붇-] 자 비스듬하게 맞닿다.
엇-붙이다[얻부치-] 타 엇붙게 하다.
엇비뚜름-하다[얻-] 형여 조금 비뚜름하다.
 엇비뚜름-히 부 엇비뚜름하게
엇비스듬-하다[얻-] 형여 조금 비스듬하다.
 엇비스듬-히 부 엇비스듬하게
엇비슷-하다[얻-슫-] 형여 ①어지간하게 비슷하다. ¶힘이 -. ②조금 비스듬하다.
 엇비슷-이 부 엇비슷하게
엇-뿌리[얻-] 명 부정근(不定根)
엇-서다[얻-] 자 겸질기게 맞서다.
엇-섞다[얻석-] 타 서로 어긋매끼어 섞다.
엇-셈[얻-] 명-하다 타 줄 것과 받을 것을 서로 비겨 에끼는 셈. 회감(會減) ¶외상값과 빚을 -하다.
엇-송아지[얻-] 명 아직 덜 자란 송아지.
엇-시조(*旕時調)[얻-] 명 시조 형식의 하나. 초장(初章)이나 중장(中章)의 어느 한 구절의 글자 수가 평시조의 글자 수보다 몇 자 많아진 시조. 중시조(中時調) ☞평시조. 사설시조
엇중모리-장단[얻-] 명 국악의 민속악 장단의 한 가지. 보통 빠른 4분의 4박자임. 판소리에서 가장 드물게 쓰임. ☞자진모리장단
엇-치량(-樑)[얻-] 명 집의 갈비가 두 칸 반 통이 되게 지을 때, 처마도리·중도리·마룻대 등 여섯 줄의 도리를 건 지붕틀의 꾸밈새.
엇치량-집(-樑-)[얻-찝] 명 엇치량으로 두 칸 반 통이 되게 지은 집.
-었- 선미 음성 모음 'ㅓ·ㅜ·ㅡ'나 중성 모음 'ㅣ'의 어간에 붙는 어미로 ①과거의 '때'를 나타냄. ¶언제 얻었나?/어제 얻었다. ②과거의 사실·동작·상태 등을 나타냄. ¶그의 약속을 굳게 믿었다./어제 두 시간 동안 걸었다./밤이 깊었다.
-었었- 선미 ①'-었-'의 강조 표현. ¶내가 직접 들었다. →내가 직접 들었었다. ②과거의 어느 때를 기준으로 사실·동작·상태 등을 나타냄. ¶그는 나를 믿었었다.
-었자 어미 '-었다 해 봤자'의 뜻으로, 사실로 받아들이는 조건 어미.
엉거능측-하다 형여 음충맞고 능청스럽게 남을 속이는 수단이 있다.
엉거시 명 '지느러미엉겅퀴'의 딴이름.
엉거-주춤 부-하다 형 ①앉은 것도 아니고 선 것도 아니게 어정쩡한 모양을 나타내는 말. ¶- 서 있다. ②어떤 일에 대한 태도가 이것도 저것도 아닌 상태를 나타내는 말. ¶- 결정을 미루다./-한 태도. ☞앙가조촘
엉겁 명 끈끈한 물질이 마구 범벅이 되어 달라붙은 상태. ¶손에 물엿이 -이 되었다.
엉겁-결에 부 저도 모르는 사이에 느닷없이. ¶- 그런 말이 나왔다./- 밖으로 뛰쳐나왔다.
엉겅퀴 명 국화과의 여러해살이풀. 잎은 빽빽한데 깃꼴로 깊게 갈라져 있으며 가시가 많음. 여름에 붉은 자줏빛 꽃이 피며, 열매는 수과(瘦果)임. 우리 나라 각지의 산이나 들에 자람. 애순은 나물로 먹을 수 있고, 다 자란 뿌리와 줄기, 잎은 약재로 쓰임. 야홍화(野紅花)
엉구다 타 여러 가지를 모으거나 손을 대거나 하여 무엇이 되게 하다. ¶일손을 구해서 이 일을 엉구도록 하시오.
엉그름 명 진흙 바닥이 마르면서 넓게 벌어진 금. ¶논바닥에 -이 갔다.
엉글-벙글 부 어린아이가 탐스럽게 웃는 모양을 나타내는 말. ☞앙글방글
엉금-썰썰 부 엉금엉금 기다가 빠르게 기다가 하는 모양을 나타내는 말. ☞앙금쌀쌀
엉금-엉금 부 사람이나 짐승이 느리게 기는 모양을 나타내는 말. ☞앙금앙금. 엉큼엉큼
엉기다[1] 자 ①액체가 한데 뭉쳐 굳어지다. ¶기름이 -./피가 -. ②가늘고 긴 것이 한데 뒤얽히다. ¶벽에 엉겨 붙은 담쟁이덩굴.

한자 엉길 응(凝)〔冫部 14획〕¶응결(凝結)/응고(凝固)/응집(凝集)/응착(凝着)/응축(凝縮)/응혈(凝血)

엉기다[2] 자 ①매우 힘겹게 간신히 기어가다. ②일을 척척 해내지 못하고 굼뜨고 허둥거리다.
엉기-정기 부 어지럽게 여기저기 벌여 놓은 모양을 나타내는 말. ¶방바닥에 신문지가 - 널려 있다.
엉너리 명 남의 환심을 사려고 어벌쩡하게 떠벌리는 짓.
엉너리-치다 자 남의 환심을 사려고 어벌쩡하게 떠벌리다. ¶장사꾼이 물건을 팔려고 -.
엉너릿-손 명 엉너리로 남을 후리는 솜씨.
엉:덩-머리 명 '엉덩이'의 속된말.
엉:덩-방아 명 털썩 주저앉으면서 엉덩이를 땅에 부딪는 일. 궁둥방아
 엉덩방아(를) 찧다 관용 엉덩이를 땅에 부딪치며 털썩 주저앉다.
엉:덩-배지기 명 씨름의 허리기술의 한 가지. 오른쪽 어깨로 상대편을 밀어 오른쪽으로 돌리면서 왼쪽 엉덩이를 상대편의 배에 돌려 대어 상대편의 몸을 당겨 넘어뜨리는 공격 재간. ☞오른배지기
엉:덩이 명 허리 아래에서 허벅다리 뒤쪽으로 이어진 살이 두둑한 부분. 둔부(臀部) 속 엉덩머리 ☞궁둥이
 엉덩이가 구리다 관용 방귀를 뀌어 구린내를 풍기고도 모른체 하는 사람처럼, 나쁜 짓을 하고도 시치미를 떼고 있는 사람을 수상쩍어 하여 이르는 말.
 엉덩이가 근질근질하다 관용 한곳에 가만히 앉아 있지 못하고 자꾸 돌아다니고 싶다.
 엉덩이가 무겁다 관용 한번 자리잡고 앉으면 좀처럼 일어나려 하지 않는다.
 엉덩이를 붙이다 관용 한곳에 자리잡고 머무르다. 한군데 오래 앉아 있다.
 속담 **엉덩이에 뿔이 났다** : 어린 사람이 윗사람의 가르침에 따르지 않고 비뚜로 나감을 이르는 말.
엉:덩잇-바람 명 즐겁거나 흥이 나서 절로 내둘러지는 엉덩잇짓. ☞궁둥잇바람. 신바람. 어깻바람
엉:덩잇-짓 명-하다 자 엉덩이를 홰홰 내두르는 짓.
엉:덩-춤 명 신이 나서 엉덩이를 들썩거리는 짓.
엉:덩-판 명 엉덩이의 넓고 두둑한 부분.
엉:두덜-거리다(대다) 자 엉얼거리며 두덜거리다. ¶입속말로 -.
엉두덜-엉두덜 부 엉얼거리고 두덜거리며 자꾸 불만을 늘어놓는 모양을 나타내는 말. ¶무엇이 불만인지 끊임없이 - 혼자소리를 한다.
엉뚱-스럽다(-스럽고·-스러워) 형ㅂ 엉뚱한듯 하다.
 엉뚱-스레 부 엉뚱스럽게
엉뚱-하다 형여 ①말이나 행동이 지나쳐 분수에 맞지 아니하다. ¶엉뚱한 야심(野心). ☞앙똥하다 ②생각이나

짐작과는 전혀 다르다. ¶엉뚱한 대답을 하다.

엉망 [명] 일이나 물건이 뒤죽박죽이 되어 갈피를 잡을 수 없거나 결딴나 있는 상태. ¶살림이 -이다./기계가 -이 되었다. ☞엉망진창

엉망-진창 [명] '엉망'의 힘줌말.

엉머구리 [명] '참개구리'의 딴이름.

엉버틈-하다 [형여] 커다랗게 떡 벌어져 있다.

엉버틈-히 [부] 엉버틈하게

엉-버티다 [자] 억척스럽게 버티다. ☞앙버티다

엉성-궂다[-굳-] [형] 매우 엉성하다. ☞앙상궂다

엉성-하다 [형여] ①짜임새가 없고 어설프다. ¶계획이 -./진행이 -. ②몸이 여위어 보기에 꺼칠하다. ¶얼굴이 좀 -. ③빽빽하지 않고 성기다. ¶머리털이 많이 빠져서 -. ☞앙상하다

엉성-히 [부] 엉성하게

엉세-판 [명] 몹시 가난한 처지. ¶-을 겪어 오다.

엉얼-거리다(대다) [자] 알아들을 수 없는 불만의 말을 중얼거리다. ☞앙알거리다. 웅얼거리다

엉얼-엉얼 [부] 엉얼거리는 모양을 나타내는 말. ☞앙알앙알. 웅얼웅얼

엉엉 [부] 소리를 내어 몹시 우는 소리, 또는 그 모양을 나타내는 말. ¶아이처럼 - 목을 놓고 울다. ☞앙앙

엉엉-거리다(대다) [자] ①엉엉 울다. ②엄살을 부리며 어려움을 하소연하다. ☞앙앙거리다

엉이야-벙이야 [부] 얼렁수로 어물어물 꾸며 대는 모양을 나타내는 말. ¶뒤가 구린지 - 너스레를 떤다.

엉절-거리다(대다) [자] 알아들을 수 없는 군소리를 중얼거리다. ☞앙잘거리다. 웅절거리다

엉절-엉절 [부] 엉절거리는 모양을 나타내는 말. ☞앙잘앙잘. 웅절웅절

엉정-벙정 [부] ①쓸데없는 물건을 너절하게 벌여 놓은 모양을 나타내는 말. ②쓸데없는 말을 너절하게 늘어놓는 모양을 나타내는 말.

엉치-등뼈 [명] 등골뼈의 아래쪽에 있는 세모진 뼈. 천골

엉클다(엉클고·엉크니) [타] ①실·노끈·새끼 등 가늘고 긴 것을 한데 뒤얽히게 하다. ¶줄을 -. ②물건과 물건을 한데 뒤섞어 놓다. ③갈피를 잡기 어렵게 일을 뒤죽박죽으로 만들어 놓다. ☞헝클다

엉클리다 [자] 엉큶을 당하다. ☞헝클리다

엉클어-뜨리다(트리다) [타] 엉클어지게 하다.

엉클어-지다 [자] 서로 얽혀서 풀기 어렵게 되다. ¶그물이 -./일이 -. [준] 엉키다 ☞헝클어지다

엉큼-대:왕(-大王) [명] 엉큼한 짓을 잘하는 사람을 놀리어 이르는 말.

엉큼-성큼 [부]-하다 [형] 긴 다리로 가볍고 힘차게 걷는 모양을 나타내는 말. ¶십리 길을 - 걸어 단숨에 도착했다. ☞앙큼상큼

엉큼-스럽다(-스럽고·-스러워) [형ㅂ] 엉큼한 데가 있다. ¶그런 짓을 하고도 시치미를 떼고 있다니, 엉큼스러운 녀석…. ☞앙큼스럽다

엉큼-스레 [부] 엉큼스럽게

엉큼-엉큼 [부] 사람이나 짐승이 다리를 크게 놀려 기는 모양을 나타내는 말. ☞앙큼앙큼. 엉금엉금

엉큼-하다 [형여] 엉뚱한 속심을 품고 분수에 넘치는 짓을 하려는 티가 있다. ¶엉큼한 욕심. ☞앙큼하다

엉키다 [자] '엉클어지다'의 준말.

엉터리 [명] ①터무니없는 말이나 행동, 또는 그런 말이나 행동을 하는 사람. ¶그런 말을 한 사람은 다 -다. ②허울만 있고 내용이 없는 사람, 또는 그러한 사물. ¶이 계획은 -다. ③대강의 윤곽.

엉터리-없:다[-업-] [형] 터무니없다. 이치에 닿지 아니하다. ¶엉터리없는 이야기.

엉터리-없이 [부] 엉터리없게

엊-그저께[언-] [명] '어제 그저께'가 줄어든 말로, 바로 며칠 전. ¶-만 해도 멀쩡하셨던 분이 돌아가셨다니. [부] 바로 며칠 전에. ¶고향에 - 다녀왔다. [준] 엊그제

엊-그제[언-] [명] '엊그저께'의 준말.

엊-빠르다[언-](-빨라) [형르] '어지빠르다'의 준말.

엊-저녁[언-] [명] '어제 저녁'이 줄어든 말.

엎-누르다[업-](-눌러) [타르] '엎어누르다'의 준말.

엎다[업-] [타] ①아래위가 반대가 되도록 뒤집어 놓다. ¶읽던 책을 엎어 놓다./컵을 씻어서 엎어 놓다. ②부수거나 없애 버리다. ¶부패한 정권을 엎어 버리다./사업을 -. ☞엎치다

엎더-지다[업-] [자] '엎드러지다'의 준말.

엎드러-뜨리다(트리다)[업-] [타] 엎드러지게 하다.

엎드러-지다[업-] [자] 엎어지다 ¶돌부리에 걸려 엎드러지고 말았다. [준] 엎더지다

[속담] **엎드러지면 코 닿을 데** : 매우 가까운 곳이라는 말.

엎드려-뻗치다[업-] [자] 두 손바닥과 두 발끝으로 몸을 받치며 몸을 곧게 뻗쳐 엎드리다. ¶엎드려뻗친 자세로 기합을 받다.

엎드려-팔굽혀펴기[업-] [명] 엎드려뻗친 자세로 양팔을 굽혔다 폈다 하는 운동.

엎드리다[업-] [자] 얼굴·가슴·배 등, 몸의 앞 부분을 바닥에 가까이하거나 붙이다. ¶숨을 죽이고 납작 -./책상에 엎드려서 울다. [준] 엎디다

[속담] **엎드려 절 받기** : 자신이 먼저 절을 하여 상대편도 할 수 없이 절을 하게 함과 같이, 상대편은 마음도 없는데, 억지로 대접을 받으려 함을 이르는 말.

[한자] **엎드릴 복**(伏) 〔人部 4획〕 ¶굴복(屈伏)/기복(起伏)/복걸(伏乞)/복지(伏地)/항복(降伏)

엎디다[업-] [자] '엎드리다'의 준말.

엎어-누르다(-누르고·-눌러) [타르] ①엎어서 누르다. ②내리눌러 못 일어나게 하다. [준] 엎누르다

엎어-뜨리다(트리다) [타] 엎어지게 하다.

엎어-말다(-말고·-마니) [타] ①국수 따위를 곱빼기로 해서 말다. ②떡국이나 국밥 따위를 말 때, 고기가 보이지 않게 밑에 넣고 말다.

엎어-말이 [명] 엎어만 국수나 떡국·국밥 따위.

엎어-삶:다[-삼따] [타] ①그럴싸한 말로 속여 넘기다. ②노름에서, 앞 판에서 딴 돈을 다음 판에 몽땅 태우다.

엎어-지다 [자] ①위아래가 뒤집히다. ¶배가 -. ②앞으로 넘어지다. ¶일등으로 달리다가 엎어지고 말았다. ③일이 결딴나다. ¶사업이 엎어졌다.

[속담] **엎어진 김에 쉬어 간다** : 뜻하지 않게 찾아온 기회를 이용하여 제가 하려던 일을 이룬다는 말.

[한자] **엎어질 복**(覆) 〔襾部 12획〕 ¶복선(覆船)/전복(顚覆)

> ▶ **두 용언(用言)의 결합**
> ① 앞 말이 본뜻을 지니고 있는 경우에는 원형대로 적는다.
> ¶넘어-지다/늘어-나다/늘어-지다/돌아-가다/들어-가다/떨어-지다/벌어-지다/엎어-지다/틀어-지다/흩어-지다
> ② 앞 말이 본뜻에서 멀어진 경우에는 원형을 밝혀 적지 않는다.
> ¶드러나다/무너지다/사라지다/쓰러지다

엎-지르다[업-](-지르고·-질러) [타르] 그릇이 뒤집히거나 기울어지게 하여, 그 안에 담긴 액체가 그릇 밖으로 쏟아지게 하다.

[속담] **엎지른 물** : 일을 원래대로 다시 돌이킬 수 없이 되었음을 이르는 말.

엎질러-지다[업-] [자] 그릇이 뒤집히거나 기울어지거나 하여, 액체가 그릇 밖으로 쏟아져 나오다.

엎-집[업-] [명] 빗물이 한쪽으로만 흐르게, 지붕 앞쪽은 높고 뒤쪽은 낮게 하여 지은 집.

엎쳐-뵈:다[업-] [자] ①구차하게 남에게 머리를 숙이다. ②'절하다'를 속되게 이르는 말.

엎치다[업-] [타] '엎다'의 힘줌말.

[속담] **엎친 데 덮치기** : 어려운 일이나 불행한 일을 당하고 있는데, 또 다른 어려움이나 불행이 닥친다는 말. ☞

설상가상(雪上加霜)
엎치락-뒤치락[업-] 부 ①몸을 엎쳤다 뒤쳤다 하는 모양을 나타내는 말. ¶ - 하면서 잠을 이루지 못하였다. ②경기 등에서, 실력이 어슷비슷하여 이쪽이 우세했다 저쪽이 우세했다 하며 좀처럼 결판이 나지 않는 모양을 나타내는 말. ¶ - 하다가 무승부로 끝났다.
엎친-물[업-] 명 엎지른 물.
에[1] 명 〈어〉한글 자모(字母) 'ㅔ'의 이름.
에:[2] 감 말을 하다가, 이내 떠오르지 않는 뒷말을 생각하면서 내는 군말. ¶ 누군가가 -, '실패는 성공의 어머니'라 했지.
-에 조 체언에 붙어, 사물·때·곳·지위·방향·상황 등을 대상으로 그 자리를 나타내는 부사격 조사. ㉠사물을 대상으로 나타냄. ¶ 가는 말에 채찍질./가랑비에 옷 젖는 줄 모른다./옥에 티./문학에 뜻을 두었다. ㉡때를 나타냄. ¶ 가을에 피는 꽃./12시에 떠나는 기차. ㉢곳을 나타냄. ¶ 서울에 있다./벽에 걸린 거울. ㉣지위를 나타냄. ¶ 총장에 임명되었다./사무직에 일하는 사람들. ㉤방향을 나타냄. ¶ 땅에 떨어진 낙엽./동에 번쩍 서에 번쩍./앞뒤에 있다. ㉥상황을 나타냄. ¶ 추위에 떤다./떡 본 김에 제사 지낸다./남의 장단에 춤춘다./고생 끝에 낙이 온다./가뭄에 콩 나듯. ㉦열거를 나타냄. ¶ 대추에 밤에 곶감에 많은 과일이 나왔다.
-에게 조 생명체를 나타내는 명사나 대명사에 붙어 ①간접 대상임을 나타내는 부사격 조사. ¶ 나에게 자유를 다오. ②'-에 대하여'의 뜻으로 쓰이는 부사격 조사. ¶ 그 질문은 본인에게 하십시오. ③'-에 의하여'의 뜻으로 쓰이는 부사격 조사. ¶ 멧돼지가 포수에게 잡혔다. ④'-에게서'의 뜻으로 쓰이는 부사격 조사. ¶ 영어는 영국 사람에게 배웠다. ☞-께[1]
-에게로 조 '-에게'에 '-로'가 어울린 복합 조사. 생명체를 나타내는 명사나 대명사에 붙어, '그 방향으로'의 뜻을 나타냄. ¶ 그 아이는 나에게로 올 것이다. ☞-한테로
-에게서 조 생명체를 나타내는 명사나 대명사에 붙어, '-으로부터'의 뜻으로 쓰이는 부사격 조사. ¶ 그 둘에게서 인종(人種)이 퍼졌습니다./소식은 그에게서 들었다. ☞-한테서
에계 감 ①미처 생각지 못했던 것을 깨달았을 때, 가볍게 뉘우치거나 실망하면서 하는 말. '아뿔싸'보다 뜻이 좀 가벼움. ¶ -, 깜빡 잊고 있었구나. ②작고 하찮은 것을 업신여기어 하는 말. ¶ -, 고까짓 걸 가지고….
에계-계 감 '에계 에계'가 줄어든 말.
에고(ego 라) 명 ①자아(自我) ②'에고이스트'의 준말. ③'에고이즘'의 준말.
에고이스트(egoist) 명 이기적(利己的)인 사람. 이기주의자 준 에고
에고이즘(egoism) 명 이기주의(利己主義) 준 에고
에고티즘(egotism) 명 자기 중심주의(自己中心主義)
에구 감 '어이구'의 준말. ☞애고
에구구 감 크게 낙심(落心)하거나 놀라거나 했을 때 저도 모르게 하는 말. ¶ -, 또 떨어지다니./-, 이게 무슨 변인고. ☞에쿠쿠
에구-데구 부 좀 굵고 나직한 소리로 목을 놓아 우는 모양을 나타내는 말. ☞애고대고
에구머니 감 '어이구머니'의 준말. ☞애고머니
에구-에구 감 상제(喪制)가 슬피 우는 소리. ☞애고애고
에:굽다 형 조금 휘우듬하게 굽다. ¶ 애굽게 자란 소나무.
에그 감 가엽거나 끔찍하거나 징그럽거나 섬뜩하거나 할 때 하는 말. ¶ -, 동생까지 데리고 어떻게 제 어미를 찾는단 말인고.
에그그 감 몹시 놀랐을 때 저도 모르게 하는 말. ¶ -, 그 큰 다리가 무너지다니.
에:기 감 짜증이 나거나 맞갖지 않거나 할 때 하는 말. ¶ -, 난 그만두겠다. 준 엑 ☞에끼
에꾸 감 흠칫 놀랄 때 저도 모르게 하는 말. ☞에쿠
에꾸나 감 '에꾸'의 힘줌말.
에끄 감 갑자기 놀랐을 때 저도 모르게 하는 말. ☞에크
에끄나 감 '에끄'의 힘줌말.
에끼[1] 감 갑자기 놀랐을 때 저도 모르게 하는 말. ☞에키
에:끼[2] 감 몹시 짜증이 나거나 맞갖지 않거나 할 때 하는 말.
에끼다 타 주고받을 돈이나 물건을 서로 비겨 없애다. 상쇄하다
에나멜(enamel) 명 ①금속·도자기·유리그릇 등의 겉에 칠하여 구워 내는 유리질의 칠감. 법랑(琺瑯) ②에나멜페인트
에나멜=가죽(enamel-) 명 가죽에 에나멜페인트를 칠하여, 광택을 내고 내수성(耐水性)을 갖게 한 가죽. 핸드백이나 구두 등에 쓰임.
에나멜-질(enamel質) 명 법랑질(琺瑯質) ☞시멘트질
에나멜페인트(enamel paint) 명 안료(顔料)를 바니시에 섞어서 만든 칠감. 표면이 반질반질하고 유리처럼 윤이 나며, 유성(油性) 페인트보다 빨리 마름. 에나멜
에너지(energy) 명 ①활동의 근원으로서 몸 속에 지니는 힘. 원기(元氣). 정력(精力). 활력 ②물체가 물리적인 일을 할 수 있는 능력. 운동 에너지, 위치 에너지, 열에너지, 빛 에너지, 원자 에너지 등이 있음. 에네르기
에너지=대:사(energy代謝) 명 생물의 물질 대사(物質代謝)와 관련하여 이루어지는 에너지의 출입과 변환. 식물은 햇빛의 에너지를 화학적 에너지로 바꾸고, 동물은 이 화학적 에너지를 열에너지나 운동 에너지 등으로 바꿈.
에너지-론(energy論) 명 자연 현상을 지배하는 근본적인 양(量)은 에너지이며, 모든 자연 법칙은 에너지의 변화에 귀착된다고 하는 학설.
에너지=보:존=법칙(energy保存法則) 명 에너지가 어떤 형태에서 다른 형태로 바뀌기 전과 바뀐 후의 에너지의 총량(總量)은 항상 같다고 하는 법칙. 에너지 불멸 법칙
에너지=불멸=법칙(energy不滅法則) 명 에너지 보존 법칙
에너지=산:업(energy産業) 명 전력·석탄·석유·원자력·액화(液化) 가스 등 동력원(動力源)을 공급하는 산업.
에너지-원(energy源) 명 에너지의 근원이 되는 것. 곧 석탄·석유·액화(液化) 가스, 원자력·지열(地熱)·태양열·수력·풍력 따위.
에너지=준:위(energy準位) 명 정상 상태에서 원자·분자·전자 등이 갖고 있는 에너지의 값.
에너지=혁명(energy革命) 명 에너지원이 급격히 바뀌는 일. 특히 제이차 세계 대전 후에 석탄에서 석유로 바뀐 일을 이름.
에넘느레-하다 형여 종이나 헝겊 따위가 여기저기 흩어져 있어 어수선하다.
에네르기:(Energie 독) 명 에너지
에누리 명-하다 타 ①물건 값을 받을 값보다 더 얹어서 부르는 일. 월가(越價) ②물건 값을 깎는 일. ¶ 흥정에는 -가 있게 마련이지. ③사실보다 보태거나 줄여서 말하는 일. ¶ 그의 말에는 -가 많다.
에누리-없:다[-업-] 형 에누리하지 않다. 사실보다 더 보태거나 줄이거나 하지 않다.
　에누리-없이 부 에누리없게
-에는 조 '-에'에 '-는'이 어울린 복합 조사. 체언에 붙어, '특별히 내걸어 보이는', '제시하는'의 뜻을 나타냄. ¶ 산에는 눈, 들에는 비./염불에는 맘이 없고 잿밥에만 맘이 있다./눈에는 풍년이요 입에는 흉년이라.
에니악(ENIAC) 명 1946년 미국 펜실베이니아 대학에서 만든 세계 최초의 전자식 컴퓨터.
[Electronic Numerical Integrator And Calculator]
에:다 타 ①'에우다'의 준말. ②칼로 도려내듯이 베다. ¶ 살을 에는듯 한 추위. ③마음을 아프게 하다. ¶ 자식 잃은 슬픔이 가슴을 엔다.
에덴(Eden 히) 명 히브리어로 '환희(歡喜)'의 뜻으로, 구약성서에서 하느님이 인류의 시조(始祖)인 아담과 이브에게 마련해 준 낙원. 두 사람은 하느님의 명령을 어기어 이곳에서 쫓겨났음.
에델바이스(Edelweiss 독) 명 국화과의 여러해살이풀. 고산 식물로 알프스나 히말라야 산맥 등 높은 산에서 자람. 줄기 높이 10～30cm. 전체에 흰 솜털이 나 있음. 뿌

리에서 무더기로 돋는 잎은 주걱 모양이고, 줄기에는 잎이 드문드문 남. 꽃은 여름에 줄기 끝에 별 모양으로 펼친 꽃턱잎 안에 몇 송이 두상화(頭狀花)로 핌. ☞솜다리

-에도 조 '-에'에 '-도'가 어울린 복합 조사. ㉠체언에 붙어, '-에 또한, -에 마찬가지로'의 뜻을 나타냄. ¶달걀에도 뼈가 있다./밤에도 일을 한다. ㉡체언에 붙어, '-에까지도, -에조차도'의 뜻을 나타냄. ¶꿈에도 생각지 못한 일./마음에도 없는 말을 한다./옥에도 티가 있다.

에:-돌:다(-돌고·-도니)타 ①바로 가지 않고 멀리 돌다. ¶지름길을 피하여 일부러 에돌아 가다. ②선뜻 나가서 하려 하지 않고 슬슬 피하여 그 자리에서 돌다.

에-뜨거라 감 '혼날뻔 하였다'는 뜻으로 하는 말. ¶ - 하고 줄행랑을 놓았다.

에라 감 ①하는 수 없으니 될 대로 되라는 뜻으로 하는 말. ¶ -, 포기하고 말자./-, 모르겠다. ②어린아이에게 그리하지 말라는 뜻으로 하는 말. ¶ -, 거기서 놀면 안 돼. ③'에루화'의 준말.

에러(error)명 ①잘못. 과실(過失). 오류(誤謬). 실책(失策) ②이론적인 수치와 실지로 계산하거나 측정한 수치의 차이. 오차(誤差) ③야구에서, 수비 쪽이 잡을 수 있는 타구를 못 잡거나 공을 주고받는 데 실수하여 불리하게 되는 일.

에렙신(erepsin)명 장액(腸液)에 들어 있는 소화 효소. 단백질의 분해 산물인 펩톤을 다시 아미노산으로 분해하여 흡수를 쉽게 함.

에로(∠eroticism)명 '에로티시즘'의 준말. ¶ - 문학

에로스(Erōs 그)명 ①그리스 신화에 나오는 사랑의 신. 아프로디테의 아들. 로마 신화의 큐피드 또는 아모르에 해당함. ②소행성(小行星)의 하나. 지름 약 20km. 지구에 아주 가까이 접근하는 것으로 유명함.

에로스(eros)명 ①이성(異性)에 대한 성애(性愛)로서의 사랑. ②플라톤의 철학에서, 진선미(眞善美)에 대한 동경(憧憬)이라는 순화된 사랑. ☞아가페(agapē)

에로티시즘(eroticism)명 남녀 사이의 정욕(情慾)이나 성애(性愛), 또는 그것을 강조하거나 과시하는 경향. 준 에로

에로틱-하다(erotic-)형여 성적(性的)인 욕망을 자아내거나 자극하는 점이 있다. 색정적(色情的)인 데가 있다. ¶에로틱한 자태./에로틱한 묘사.

에루화 감 노래할 때 흥겨움을 돋우려고 하는 말. ¶ - 좋고 좋다. 준 에라

에르그(erg)의 일 또는 에너지의 CGS 단위. 1에르그는 1다인(dyne)의 힘이 물체에 작용하여, 그 힘의 방향으로 1cm 움직이는 데 필요한 일의 양(量)임. 기호 erg

에르븀(erbium)명 란탄족 원소의 하나. 잿빛의 금속이며 산화물은 분홍빛의 유약(釉藥)으로 쓰임. 〔원소 기호 Er/원자 번호 68/원자량 167.26〕

에르스텟(oersted)의 자장(磁場)의 세기를 나타내는 CGS 단위. 1에르스텟은 단위 자극(磁極)에 1다인(dyne)의 힘이 작용했을 때의 세기임. 기호 Oe

에리트로마이신(erythromycin)명 방선균(放線菌)이 생산하는 항생 물질의 한 가지. 디프테리아균·리케차·스피로헤타 등에 효과가 있음.

-에만 조 '-에'에 '-만'이 어울린 복합 조사. 체언에 붙어, '-에 다만'의 뜻을 나타냄. ¶잿밥에만 마음이 있다./운동에만 열중하는 학생이 있다.

에머리(emery)명 갖가지 불순물이 섞인 자잘한 알갱이 모양의 강옥(鋼玉). 가루로 만들어 연마재(研磨材)로 씀. ☞금강사(金剛砂)

에멀션(emulsion)명 서로 섞이지 않는 두 가지 액체에서, 한쪽이 다른 액체 속에 미립자(微粒子) 모양으로 흩어져 있는 것. 물 속에 기름 방울이 흩어져 있는 우유 따위. 유탁액(乳濁液)

에메랄드(emerald)명 녹색의 광택이 있는 보석. 녹주석(綠柱石)의 한 가지. 녹옥(綠玉). 녹주옥(綠柱玉). 취옥(翠玉)

에메랄드그린(emerald green)명 ①에메랄드와 같은 맑고 산뜻한 녹색. ②초산동(醋酸銅)과 아비산동(亞砒酸銅)의 안료(顔料). 맑고 산뜻한 녹색이며, 주로 뱃바닥의 칠감으로 쓰임.

에메틴(emetine)명 생약(生藥)인 토근(吐根)에 들어 있는 알칼로이드의 주성분. 아메바 적리(赤痢)의 치료에 효과가 있음. 독성(毒性)이 강함.

에멜무지-로 부 ①물건을 단단히 묶지 않은 채로. ②헛일하는 셈치고. ¶ - 시험 삼아 해봤지.

에뮤(emeu)명 에뮤과의 새. 키 2m 안팎. 현생 조류 중에서는 타조 다음가는 크기이며 생김새도 비슷함. 몸빛은 흑갈색임. 날개가 퇴화하여 날 수 없으나 빠르게 달릴 수 있고 헤엄도 잘 침. 오스트레일리아에 분포하며, 과실이나 목초 따위를 먹고 삶. 알은 수컷이 품음.

에밀레종(-鐘)명 신라 때에 만든 우리 나라에서 가장 큰 종인 '성덕 대왕 신종(聖德大王神鐘)'을 흔히 이르는 말. 봉덕사(奉德寺)에 달았었기 때문에 '봉덕사종'이라고도 함. 국보 제29호. 경주 박물관에 있음.

에버글레이즈(ever+glaze)명 수지 가공(樹脂加工)을 한 무명. 잘 오그라들거나 쉽게 주름지거나 하지 않음. 상표명(商標名)임.

에버샤:프펜슬(ever+sharp pencil)명 샤프펜슬

에버플리:트(ever+pleat)명 기계적으로 주름지게 만든 옷감. 비를 맞아도 주름이 잘 펴지지 않음.

에베소서(∠Ephesus書)명 신약성서 중의 한 편(篇). 사도(使徒) 바울이 감옥에서 에베소 교회에 보낸 편지.

에보나이트(ebonite)명 생고무에 다량의 황을 섞어 가열하여 얻는 플라스틱 모양의 검은 물질. 화학적으로 안정되어 있고, 전기 절연성이 뛰어남. 만년필의 대나 전기기구 등에 쓰임. 경화(硬化) 고무

에부수수-하다 형여 머리털 따위가 찹찹하지 않고 어수선하게 일어나 엉성하다. ¶에부수수한 머리. ☞에푸수수하다

에비 명 아이들에게 무서운 가상적 존재나 물건을 이르는 말. ¶자꾸 울면 -가 와 잡아간다.

감 아이들에게 어떤 일을 하지 못하게 하기 위하여 무서운 것이라는 뜻으로 하는 말. ¶ -, 만져선 안 돼!

-에서 조 ①체언에 붙어 쓰이는 부사격 조사. ㉠장소〔공간〕를 나타냄. ¶밭에서 일한다./교실에서 공부한다. ㉡'-에서부터'의 뜻으로 시작하는 점을 나타냄. ¶서울에서 왔다./한 시에서 두 시까지./나무에서 떨어졌다. ㉢근거나 기반을 나타냄. ¶신문에서 보았다./아홉에서 셋을 빼면 몇이냐?/고마운 마음에서 한 말이다. ㉣'-보다'의 뜻으로 비교를 나타냄. ¶이에서 더한 사랑은 없다. ②단체 주어가 되게 함. ¶학교에서 점심을 제공한다.

에세이(essay)명 ①자기의 체험이나 보고 들은 일, 감상(感想) 등을 생각나는 대로 형식에 얽매이지 않고 자유롭게 쓴 글. 수상(隨想). 수필(隨筆) ②특정의 주제에 관하여 적은 시론(試論) 또는 소론(小論).

에세이스트(essayist)명 수필가(隨筆家)

에센스(essence)명 ①사물의 중요한 부분. 본질. 정수(精髓) ②식물에서 추출한 향기로운 정유(精油).

에스(S·s)명 ①영어 자모의 열아홉째 글자의 이름. ②영어 'south'의 머리글자로, 남쪽 또는 남극(南極)을 나타내는 기호. ☞엔(N) ③영어 'small'의 머리글자로, 보통보다 작은 옷의 치수를 나타내는 기호. ☞엠(M)

에스겔서(∠Ezekiel書)명 구약성서 중의 한 편(篇). 선지자(先知者) 에스겔의 예언, 곧 유대 왕국의 멸망과 수도 예루살렘의 파괴, 구세주의 출현, 이스라엘의 회복 등에 관하여 기록한 내용임.

에스-극(S極)명 막대자석이 지구의 남쪽을 가리키는 자극(磁極). ☞엔극(N極)

에스더서(∠Ester書)명 구약성서 중의 한 편(篇). 유대인의 딸인 에스더로 말미암아 구원 받게 되는 유대 민족에 대하여 기록한 내용임.

에스디:아:르(SDR)명 국제 통화 기금의 특별 인출권. 국제 통화 기금, 곧 아이엠에프(IMF)의 가맹국이 국제 수지의 악화나 국제 유동성의 부족 때, 아이엠에프로부터

담보 없이 외화(外貨)를 인출할 수 있는 권리. [Special Drawing Right]

에스사이즈(S size)명 셔츠나 블라우스 따위의 규격 중 보통보다 작은 치수를 이르는 말. [small size] ☞엘사이즈(L size). 엠사이즈(M size)

에스상=결장(S狀結腸)[-짱]명 대장(大腸)의 한 부분으로, 결장의 끝. S자 모양을 이루며, 직장으로 이어짐.

에스아:르비:엠(SRBM)명 단거리 탄도 미사일(短距離彈道missile) [Shortrange ballistic missile]

에스에이치에프(SHF)명 초고주파(超高周波) [superhigh frequency]

에스에프(SF)명 공상 과학 소설[science fiction]

에스오:에스(SOS)명 ①무선 전신을 이용한 세계 공통의 조난 신호. 단순한 모스 부호로 글자 자체에는 뜻이 없음. ☞엑스엑스엑스(XXX) ②일반적으로 구조나 구원을 요청하는 신호, 또는 위험 신호를 이르는 말. ¶본사에 지원을 요청하는 -를 보냈다.

에스카르고(escargot 프)명 유럽 원산인 식용(食用) 달팽이. 주로 프랑스 요리에 쓰임.

에스컬레이션(escalation)명 단계적으로 상승·증대·격상(格上)하는 일. ¶임금의 -.

에스컬레이터(escalator)명 사람을 위층 또는 아래층으로 운반하는 계단 모양의 장치. 자동 계단(自動階段)

에스컬레이트-하다(escalate-)자여 단계적으로 상승·증대·격상(格上)하다. ¶분쟁이 -./물가가 -.

에스코:트(escort)명-하다타 호위(護衛)하는 일, 또는 그 사람. 특히 남성이 여성과 함께 가며 그 안전을 지키는 일, 또는 그 구실.

에스키모(Eskimo)명 이누이트(Inuit)를 달리 이르는 말.〔아메리칸인디언 말로 '날고기를 먹는 사람'이라는 뜻임.〕

에스테라아제(Esterase 독)명 에스테르를 산(酸)과 알코올로 가수 분해하는 효소를 통틀어 이르는 말. 리파아제 따위.

에스테르(Ester 독)명 산(酸)과 알코올로부터 물을 분리, 축합(縮合)하여 만든 화합물을 통틀어 이르는 말. 초산과 에틸알코올의 화합물인 초산에틸 따위.

에스페란토(Esperanto)명 폴란드의 의사 자멘호프가 만들어 1887년에 발표한 국제어(國際語). 라틴계의 어휘를 바탕으로 모음 다섯 자, 자음 스물석 자를 사용함. 기본 단어수는 1,900개, 문법 체계는 매우 간단함.

에스프레시보(espressivo 이)명 악보의 나타냄말의 한 가지. '표현을 풍부하게'의 뜻.

에스프리(esprit 프)명 ①정신(精神) ②기지(機智). 재기(才氣) ¶-가 풍부한 작품.

에스피:-반(SP盤)명 1분간에 78회를 회전하는 레코드. 이피반이나 엘피반이 나오기 전에 만들던 것임. [standard playing record]

에야-디야감 '어기야디야'의 준말.

에어라인(airline)명 ①정기 항공로 ②항공 회사

에어러그램(aerogram)명 국제 항공 우편용의 봉함 엽서(封緘葉書). 항공 서간(航空書簡)

에어로빅댄스(aerobic dance)명 에어로빅스를 응용한 미용 체조의 한 가지.

에어로빅스(aerobics)명 체내에 산소를 다량으로 공급하여, 심장이나 폐의 활동을 자극함으로써 건강을 증진시키려는 전신 운동.

에어로졸(aerosol)명 ①콜로이드의 한 가지. 기체 속에 고체나 액체의 미립자가 흩어져 떠돌아다니고 있는 것. 연기나 안개 따위. ②분무식(噴霧式)으로 된 방충제나 소독제 따위를 이르는 말.

에어매트(air+mat)명 캠핑 등에서, 공기를 불어넣어서 쓰는 휴대용 매트.

에어메일(air mail)명 항공 우편(航空郵便)

에어버스(air bus)명 대량 수송을 위한 근거리용 대형 제트 여객기를 이르는 말.

에어브러시(air brush)명 압축 공기로 칠감이나 그림물감 따위를 뿜어서 착색하는 방법, 또는 그 기구.

에어브레이크(air brake)명 압축 공기를 이용하여 차량 등의 속도를 조절하거나 멈추게 하는 장치. 공기 제동기

에어서:비스(air service)명 항공기로 승객이나 화물, 우편물 등을 운송하는 사업.

에어쇼:(air show)명 비행기가 하늘에서 펼쳐 보이는 전시 비행(展示飛行)이나 곡예 비행 따위를 이르는 말.

에어슈:터(air+shooter)명 서류를 넣은 캡슐을 파이프 속에 넣어, 압축 공기의 힘으로 같은 건물 안의 다른 부서로 보내는 장치.

에어스테이션(air station)명 규모가 작은 비행장.

에어식(∠airsickness)명 비행기를 탔을 때 일으키는 멀미.

에어십(airship)명 비행선(飛行船)

에어커:튼(air curtain)명 단열(斷熱)이나 먼지막이를 위하여, 건물의 출입구 등에 외기(外氣)를 차단하는 공기의 흐름을 만드는 장치.

에어컨(∠air conditioner)명 실내 공기의 온도나 습도, 청정도(淸淨度) 등을 조절하여 쾌적한 상태를 유지하는 장치. 공기 조절 장치

에어컨디셔닝(air conditioning)명 공기 조절(空氣調節)

에어컴프레서(air compressor)명 공기를 대기압 이상으로 압축하는 기계. 공기 압축기(空氣壓縮機)

에어쿠션(air cushion)명 ①속에 공기를 넣어 푹신하게 해서 쓰는 에어매트나 공기 베개 따위. ②압축 공기의 탄력을 이용한 완충 장치. 자동차 차체의 지지 등에 쓰임.

에어클리:너(air cleaner)명 공기 중의 먼지를 없애는 장치. 공기 청정기(空氣淸淨器)

에어패전트(air pageant)명 에어쇼 등에서 하는 비행기의 공중 연기(演技).

에어펌프(air pump)명 공기 펌프

에어포켓(air pocket)명 비행 중인 항공기가 하강 기류 등의 영향으로 양력이 감소하여 급격히 하강하는 곳.

에어포:트(airport)명 공항(空港), 특히 세관(稅關)이 있는 공항을 이름.

에에감 다음 말을 망설이거나 말이 곧 나오지 않거나 할 때 내는 군말. ¶-, 또 뭐더라….

에오명 지난날 임금이 거둥할 때, 노상(路上)의 귀신을 쫓기 위하여 유지(油紙)에 그린 짐승의 이름을 이르던 말. 다리를 지날 때, 이 그림을 끼고 가는 안롱(鞍籠)이 '에오' 하고 소리를 치면 다리 밑의 모든 귀신들이 달아난다고 함.

에오세(∠Eocene世)명 신생대(新生代) 제삼기를 다섯으로 나눈 둘째 지질 시대. 시신세(始新世) ☞팔레오세

에오신(eosine)명 붉은빛의 산성 염료의 한 가지. 붉은 잉크, 불용성(不溶性)의 유기 안료(有機顔料), 분석용 시약(試藥) 등에 쓰임.

에우다타 ①빙 돌아가며 두르다. ¶적병이 성(城)을 -. ②장부 따위의 필요 없는 곳을 지우다. ¶탈락자의 명단을 -. ③딴 길로 돌리다. ¶공사(工事)를 위하여 통로를 둑 밑으로 -. ④다른 음식으로 끼니를 때우다. ¶감자로 저녁을 -. 준에다

에우쭈루감 지난날, 벽제(辟除)하느라고 하인이 외치던 소리의 한 가지.

에운-담명 한자 부수(部首)의 한 가지. '四'·'國' 등에서 '口'의 이름. 큰입구 ☞입구

에움-길[-낄]명 굽은 길. 에워서 돌아가는 길.

에워-싸다타 둘레를 빙 둘러싸다. ¶모닥불을 -.

한자 에워쌀 위(圍)〔口部 9획〕¶위립(圍立)/위배(圍排)/위요(圍繞)/주위(周圍)/포위(包圍) ▷속자는 囲

에이감 ①마음에 맞지 않거나 무슨 일을 단념할 때 하는 말. ¶-, 속상해./-, 나도 모르겠다. ②남을 가볍게 나무랄 때 하는 말. ¶-, 그러면 안돼. ③기분이 좋아 흐뭇해 하며 하는 말. ¶-, 시원하다. ④'에이끼'의 준말. ¶-, 무정한 사람 같으니라고.

에이(A·a)명 ①영어 자모(字母)의 첫째 글자의 이름. ②차례나 등급(等級) 등의 첫째, 최상(最上), 최고(最高)

등의 뜻으로 쓰이는 말. ¶학점이 모두 -이다. ③서양 음악의 장음계 여섯째(단음계 첫째)의 미국·영국 음계 이름. 우리 나라 음계 이름 '가'에 해당함. ☞라(la)

에이그 감 밉거나 가엾거나 한탄스러울 때 하는 말. ¶-, 그 꼬락서니 하곤…. /-, 저걸 어쩌나.

에이-급(A級) 명 정도나 등급이 가장 높은 것. 최상급. 에이클래스 ¶- 학생/- 선수

에이끼 감 손아랫사람에 대하여 괘씸하다는 뜻으로 하는 말. ¶-, 이 철없는 녀석. 준에이. 에익

에이-단:조(A短調)[-쪼] 명 가단조

에이드(ade) 명 과일즙을 묽게 하여 설탕을 탄 음료.

에이디:(A.D.) 명 서력 기원(西曆紀元). 서기(西紀) [Anno Domini] ☞비시(B.C.)

에이디:아이제트(ADIZ) 명 방공 식별권(防空識別圈) [Air Defense Identification Zone]

에이디:에스엘(ADSL) 명 비대칭 디지털 가입자 회선 [asymmetric digital subscriber line]

에이비:시:(ABC) 명 ①영어의 알파벳의 처음 세 글자, 또는 영어의 알파벳. ¶-의 차례로 입장하다. ②첫걸음. 초보(初步). 입문(入門) ¶골프의 -.

에이비:시:=무:기(ABC武器) 명 A[atomic]는 원자 폭탄이나 수소 폭탄 등의 원자 무기, B[biological]는 세균 등의 생물 무기, C[chemical]는 독가스 등의 화학 무기를 이르는 말.

에이비:시:=전쟁(ABC戰爭) 명 에이비시 무기를 사용하는 전쟁. ☞화생방전(化生放戰)

에이비:엠(ABM) 명 탄도탄 요격 미사일 [anti-ballistic missile]

에이비:오:식=혈액형(ABO式血液型) 명 사람의 혈액형을 A·B·O·AB의 네 가지로 분류하는 방식.

에이비:-형(AB型) 명 ABO식 혈액형의 하나. 항(抗)A·항B 혈청의 어느 것과도 응집이 되는 혈액형. ☞에이형

에이스(ace) 명 ①트럼프의 한 끗. ②제일류(第一流). 제일인자 ¶젊은 사원 중의 -. ③야구에서, 팀의 주전 투수를 일컫는 말.

에이아:르에스(ARS) 명 컴퓨터가 사람의 목소리로 응답하는 시스템. 음성 응답 시스템[audio respons system]

에이아이(AI) 명 인공 지능 [artificial intelligence]

에이아이칩(AI chip) 명 인공 지능에 사용하는 반도체 집적 회로반(集積回路盤).

에이엠(A.M.·a.m.) 명 시각(時刻)을 나타내는 숫자 뒤에 쓰이어, '오전 시간'임을 나타내는 약호(略號). 오전(午前)[ante meridiem] ☞피엠(P.M.)

에이엠(AM) 명 진폭 변조(振幅變調) [ampolitude modulation] ☞에프엠(FM)

에이엠=방:송(AM放送) 명 진폭 변조(振幅變調) 방식에 따른 방송. ☞에프엠 방송(FM放送)

에이오:-판(A五版) 명 ①인쇄 용지 치수의 한 가지. 14.8 cm×21cm. ②책 규격의 한 가지. 가로 14.8cm, 세로 21cm. 국판보다 조금 작음.

에이-장조(A長調)[-쪼] 명 가장조

에이전시(agency) 명 대리점(代理店). 대리업(代理業)

에이=전:원(A電源) 명 전자관의 음극을 가열하여 열전자를 내기 위한 전원. ☞비전원(B電源)

에이전트(agent) 명 대리인(代理人). 지배인(支配人)

에이즈(AIDS) 명 면역 결핍 바이러스에 감염되어 걸리는 병. 바이러스가 면역 세포를 파괴하여 인체가 여러 가지 병원균에 대하여 저항력을 잃는 병으로, 사망률이 매우 높음. 후천성 면역 결핍증(後天性免疫缺乏症) [acquired immune deficiency syndrome]

에이치(H·h) 명 ①영어 자모(字母)의 여덟째 글자의 이름. ②연필심의 경도(硬度)를 나타내는 기호. 1H에서 9H까지 있으며, 숫자가 클수록 단단함. [hard]

에이치디:(HD) 명 고화질 [high definition]

에이치봄(H-bomb) 명 수소 폭탄(水素爆彈) [hydrogen bomb]

에이치비:(HB) 명 연필심의 보통 정도의 경도(硬度)를 나타내는 기호. [hard black]

에이치빔:(H-beam) 명 단면이 'H'자 모양인 강재(鋼材). 에이치형강

에이치에이(HA) 명 일반 가정에서 필요로 하는 일들을 컴퓨터를 이용하여 자동화하는 일. 방재(防災)·방범(防犯) 시설이나 홈뱅킹 등이 대표적인 것임. 가정 자동화(家庭自動化) [home automation] ☞에프에이(FA)

에이치티:엠엘(HTML) 명 월드와이드웹(WWW)에서 홈페이지를 만드는 데 사용하는 프로그래밍 언어의 한 가지. 글자 크기, 글자색, 글자 모양, 그래픽, 하이퍼링크 등을 정의하는 명령임. 하이퍼텍스트 생성 언어 [hypertext markup language]

에이치형-강(H型鋼) 명 에이치빔

에이커:(acre) 의 야드파운드법의 토지 면적의 단위. 1에이커는 약 4,047m²임. 기호는 ac

에이큐:(AQ) 명 성취 지수 [achievement quotient]

에이클래스(A class) 명 에이급(A級)

에이트(eight) 명 ①키잡이를 빼고, 여덟 사람이 젓는 경조용(競漕用) 보트, 또는 그 경기. ②럭비에서, 스크럼을 여덟 사람이 짜는 일, 또는 그 방식을 이르는 말. ③피겨스케이팅에서, 8자를 그리며 도는 것을 이르는 말.

에이티:시:(ATC) 명 열차의 운행 속도나 정지를 자동적으로 관리하는 장치. 자동 열차 제어 장치(自動列車制御裝置) [automatic train control]

에이티:에스(ATS) 명 정지 신호 앞에서 자동적으로 정지시키는, 열차의 제어 장치의 한 가지. [automatic train stop]

에이티:엠(ATM) 명 현금 인출 카드나 예금 통장을 사용하여 현금의 인출, 예입, 기장(記帳), 잔고 조회 따위를 자동적으로 할 수 있는 장치. [automatic teller machine]

에이-판(A版) 명 인쇄 용지 치수의 한 가지. 84.1cm×118.9cm를 기본으로, 그 긴 변을 기준하여 절반으로 자른 59.4cm×84.1cm를 A1판으로 하고, 차례로 A10판까지 있음. ☞비판(B版)

에이펙(APEC) 명 아시아 태평양 경제 협력체 [Asia Pacific Economic Council]

에이프런(apron) 명 ①서양식 앞치마나 턱받이. ②'에이프런스테이지'의 준말.

에이프런스테이지(apron stage) 명 극장에서, 객석 가운데까지 쑥 내민 정면의 무대를 이르는 말. 준에이프런

에이프릴풀:(April fool) 명 4월 1일에 악의(惡意) 없는 거짓말을 하여 남을 속이는 서양의 풍습, 또는 그 날. 만우절(萬愚節)

에이-형(A型) 명 ABO식 혈액형의 하나. 항(抗)B 혈청에만 응집되는 혈액형. ☞비형(B型)

에익 감 '에이끼'의 준말.

에인절(angel) 명 ①천사(天使) ②천사와 같은 사람.

에인절=산:업(angel産業) 명 유아부터 초등 학교 어린이를 수요층으로 하는 신종 산업. 어린이 전용의 백화점·사진관·놀이방 따위.

에인절피시(angel fish) 명 시클리드과의 민물고기. 몸길이 15cm 안팎. 몸은 납작하며, 은백색 바탕에 몇 가닥의 검은 가로띠가 있고, 등지느러미와 꼬리지느러미가 길. 남아메리카의 아마존 수계 원산인 열대어로, 관상용으로 기름.

에일(ale) 명 영국산 맥주의 한 가지. 6% 가량의 알코올을 함유함.

에잇 감 몹시 속이 상하거나 맞갖잖을 때 하는 말. ¶-, 귀찮아. /-, 네 마음대로 해.

에:참 감 맞갖잖으나 어찌할 수 없을 때 하는 말. ¶-, 하필이면 이런 날에….

에칭(etching) 명 ①동판에 질산에 부식되지 않는 초 따위를 바른 다음, 바늘로 그림이나 글을 새겨 그것을 질산으로 부식시키는 오목판 인쇄술. 부식 동판(腐蝕銅版) ②반도체 직접 회로의 제조 공정에서, 박막이나 반도체의 표면 부분을 산 따위를 써서 부식시켜 제거하는 방법.

에코(Echo)명 그리스 신화에 나오는 숲의 요정. 나르시스에 실연(失戀) 당한 고통으로 모습은 여위어 사라지고 목소리만 남았다 함.

에코머신(echo machine)명 인공으로 메아리처럼 반향(反響)이나 잔향(殘響)이 울리게 하는 장치.

에콜드파리(École de Paris 프)명 파리파(派)의 뜻으로, 1920년대에서 1930년대에 걸쳐 파리에서 활약한 외국인 화가들의 무리를 이르는 말. 샤갈, 모딜리아니, 수틴 등이 이에 딸림.

에쿠감 깜짝 놀랐을 때, 저도 모르게 하는 말. ¶ -, 깜짝이야! ☞에꾸

에쿠나감 '에쿠'의 힘줌말.

에쿠쿠감 몹시 놀라거나 크게 상심했을 때, 저도 모르게 하는 말. ☞에구구

에크감 갑자기 몹시 놀라서 하는 말. ¶ -, 놀라라! ☞에끄

에크나감 '에크'의 힘줌말.

에키감 갑자기 몹시 놀라서 하는 말. ☞에끼

에탄(ethane)명 파라핀계 탄화수소(炭化水素)의 한 가지. 석탄 가스나 천연 가스 속에 들어 있는 빛깔도 냄새도 없는 기체로, 메탄과 성질이 비슷함.

에탄올(ethanol)명 에틸알코올(ethyl alcohol)

에:테르(ether 네)명 ①특수 상대성 이론이 나오기 전에 가설로서 제시되었던, 빛이나 전자장(電磁場)의 매질(媒質). ②두 개의 탄화수소기(炭化水素基)가 산소 원자 한 개와 결합한 유기 화합물을 통틀어 이르는 말. 일반적으로 중성이며 방향(芳香)이 있는 액체임. 특히 에틸에테르를 이름.

에:토스(ethos 그)명 ①철학에서, 습관에 따라 이루어지는 인간의 지속적인 성질을 이르는 말. ②어떤 민족이나 사회 집단을 지배하는 도덕적인 관습이나 분위기. ☞파토스

에튀드(étude 프)명 ①미술에서, 그림이나 조각 따위의 습작(習作)을 이르는 말. ②서양 음악에서, 주로 기악(器樂)의 연주 기교를 습득하기 위해 만든 곡. 연습곡

에티켓(étiquette 프)명 사교상의 마음가짐이나 몸가짐.

에틸(ethyl)명 에틸기

에틸-기(ethyl基)명 알킬기의 한 가지. 화학식은 C_2H_5-임. 에틸

에틸렌(ethylene)명 탄화수소의 한 가지. 빛깔이 없는 가연성(可燃性)의 기체로서 알코올과 진한 황산을 가열하면 생김. 공업적으로는 석유 가스나 나프타를 고온에서 열분해하여 만듦. 아세틸렌과 함께 석유 화학 공업의 중요한 원료임.

에틸알코올(ethyl alcohol)명 당류를 알코올 발효하여 만드는 방향성(芳香性) 액체. 빛깔이 없고 휘발성이 강하며 타기 쉬움. 술의 주성분이며 용제(溶劑)나 땔감, 의약품 등으로 쓰임. 알코올. 에탄올. 주정(酒精)

에틸에:테르(ethyl ether)명 알코올에 진한 황산을 넣고 증류한 빛깔이 없는 액체. 특이한 냄새가 있으며 휘발성이 강하고 타기 쉬움. 마취제나 용제(溶劑)로 쓰임. 흔히 에테르라고 이름.

에페(épée 프)명 펜싱에서, 온몸을 공격 대상으로 하며 찌르기를 주로 하는 경기, 또는 그 경기에 쓰이는 검(劍). ☞사브르(sabre). 플뢰레(fleuret)

에페드린(ephedrine)명 생약(生藥)인 마황(麻黃)에 들어 있는 알칼로이드의 한 가지. 흰빛 또는 빛깔이 없는 결정으로 각성제(覺醒劑)의 원료이며 기관지염이나 백일해·천식의 치료에도 쓰임.

에펠-탑(Eiffel塔)명 파리에 있는 높이 약 320m의 철탑. 1889년 만국 박람회 때 에펠의 설계로 세워졌음.

에푸수수-하다형여 머리털 따위가 찹찹하지 않고 매우 어수선하게 일어나 엉성하다. ¶바람에 날려 에푸수수하게 된 머리를 쓰다듬다. ☞에부수수하다

에프(F·f)명 ①영어 자모(字母)의 여섯째 글자의 이름. ②서양 음악의 장음계(長音階) 넷째(단음계 여섯째)의 미국·영국 음계 이름. 우리 나라 음계 이름 '바'에 해당함. ☞파(fa) ③화씨(華氏) 온도를 나타내는 기호. ☞섭씨(攝氏)

에프넘버(F number)명 카메라의 렌즈 등에서, 초점 거리에 비례하고 렌즈의 지름에 반비례하는 수치. 렌즈의 밝기 등을 나타내며, 이 수치가 작을수록 렌즈는 밝음.

에프-단:조(F短調)[-쪼]명 바단조

에프아이(FI)명 페이드인(fade-in)

에프에이(FA)명 공장의 작업을 컴퓨터를 이용하여 자동화하는 일. 컴퓨터가 장치된 기계와 로봇 등으로 생산 과정을 자동화하는 일을 비롯하여 공장과 관련된 기업이나 기관들을 정보 통신 시스템으로 연결하는 일 등을 이름. 공장 자동화(工場自動化)[factory automation] ☞에이치에이(HA)

에프에이에스(FAS)명 무역의 거래 조건의 한 가지. 파는 이가 수출품을 선적항(船積港)의 배 곁, 곧 부두까지 운반하는 비용과 책임을 지는 일. 이후의 비용과 책임은 사는 이가 짐. 선측 인도(船側引渡)[free alongside ship] ☞에프오비(FOB)

에프에이오:(FAO)명 국제 연합 식량 농업 기구 [Food and Agriculture Organization]

에프엠(FM)명 주파수 변조(周波數變調) [frequency modulation] ☞에이엠(AM)

에프엠=방:송(FM放送)명 주파수 변조(周波數變調) 방식에 따른 방송. 음질이 좋고 잡음과 혼신(混信)이 적으므로 스테레오 방송에 알맞음. ☞에이엠 방송

에프오:(FO)명 페이드아웃(fade-out)

에프오:비:(FOB)명 무역의 거래 조건의 한 가지. 파는 이가 선적항(船積港)의 배에 수출품을 싣기까지의 비용과 책임을 지는 일. 이후의 비용과 책임은 사는 이가 짐. 본선 인도(本船引渡) [free on board] ☞에프에이에스(FAS)

에프-장조(F長調)[-쪼]명 바장조

에프-층(F層)명 지상의 200~250km 사이에 있는 전리층(電離層). 산소 원자와 질소 분자가 자외선에 의해 전리되어 형성됨.

에피고:넨(Epigonen 독)명 사상이나 문학, 예술 따위에서 남의 흉내만 낼 뿐 독창성이 없는 사람을 얕잡아 이르는 말. 아류(亞流)

에피소:드(episode)명 ①이야기나 사건 등의 줄거리 사이에 끼워 넣는 짤막한 이야기. 삽화(揷話) ②아직 알려지지 않은 재미 있는 이야기. 일화(逸話) ③론도 형식의 악곡 따위에서, 두 주제(主題) 사이에 끼워 넣는 부분. 삽입부(揷入部)

에피쿠로스-주의(Epicouros主義)명 고대 그리스의 철학자 에피쿠로스의 학설에서, 인생의 목적은 정신적인 쾌락에 있다는 주의. 에피큐리즘

에피큐리언(epicurean)명 ①에피쿠로스 학파의 사람. ②향락이나 쾌락을 일삼는 사람을 비유하여 이르는 말. ③식도락가 또는 미식가.

에피큐리즘(epicurism)명 에피쿠로스주의

에필로그(epilogue)명 ①시가(詩歌)나 소설, 연극 따위의 끝나는 부분. ☞프롤로그(prologue) ②오페라나 극음악(劇音樂) 따위의 마무리 부분.

에헤감 ①기막힌 일이나 우스운 일을 보았을 때 하는 말. ☞애해 ②노래에서, 흥겨울 때 내는 소리.

에헤야감 노래에서 '에헤'를 더욱 흥겹게 하는 소리.

에헤헤부 ①가소롭다는듯이 웃는 웃음소리를 나타내는 말. ¶ -, 그것도 말이라고 하는 거야? ②천하고 비굴하게 웃는 웃음소리를 나타내는 말.

에헴감 짐짓 점잔을 빼거나 인기척을 낼 때에 헛기침을 하는 소리를 나타내는 말. ☞애햄

엑감 '에기'의 준말.

×**엑기스**(∠extract)명 →엑스

엑사이팅-하다(exciting-)형여 사람을 흥분시킬만 하다. 경기 따위가 치열하다.

엑스(X·x)명 ①영어 자모(字母)의 스물넷째 글자의 이름. ②수학에서, 미지수(未知數)나 변수(變數), 좌표

(座標) 따위를 나타내는 기호.
엑스(∠extract)명 약물이나 식품을 물이나 알코올, 에테르 따위에 담가서 유효 성분을 뽑아 내어 농축한 것. ¶홍삼 －/매실 －
엑스-각(X脚)명 외반슬(外反膝) ☞오각(O脚)
엑스=광선(X光線)명 엑스선
엑스레이(X ray)명 엑스선
× **엑스밴드**(X band)명 → 익스팬더(expander)
엑스-선(X線)명 전자파의 한 가지. 파장은 0.01~100옹스트롬. 투과력이 강하여 병(病)의 진단, 결정 구조의 연구, 스펙트럼 분석 등에 쓰임. 1895년 독일의 뢴트겐이 발견하여 미지의 방사선이라는 뜻으로 이름붙였음. 뢴트겐선. 엑스 광선. 엑스레이(X ray)
엑스선-관(X線管)명 엑스선을 발생시키는 진공관. 음극에서 나오는 전자를 양극에 충돌시키는 장치임.
엑스선=사진(X線寫眞)명 엑스선을 써서 눈으로 볼 수 없는 물체나 인체의 내부를 찍는 사진. 뢴트겐 사진
엑스선=스펙트럼(X線spectrum)명 물질에 엑스선 또는 전자선(電子線)을 쬐일 때, 물질에서 나오는 전자파의 스펙트럼.
엑스선=천문학(X線天文學)명 엑스선 천체를 관찰하고 연구하는 천문학의 한 분과. 인공 위성이나 기구(氣球) 따위에 실은 엑스선 검출기로 관측함.
엑스선=천체(X線天體)명 엑스선을 방사하는 천체.
엑스선=현:미경(X線顯微鏡)명 광선 대신 엑스선을 쓰는 현미경. 배율은 3,000~10,000이며 생물학이나 결정 구조 해석에 쓰임.
엑스엑스엑스(XXX)명 무선 전신을 이용한 세계 공통의 긴급 신호. 조난 신호인 에스오에스(SOS) 다음가는 제2급의 긴급 상황 때 발신함.
엑스=염:색체(X染色體)명 성염색체의 하나. 암컷은 모양과 크기가 같은 두 개의 엑스 염색체를 가지며, 수컷은 한 개를 가짐. ☞와이 염색체
엑스-축(X軸)명 가로축
엑스터시(ecstasy)명 쾌감이 최고조에 이르러 무아도취 상태가 되는 일.
엑스트라(extra)명 영화나 텔레비전 극 따위에서, 군중이나 지나가는 사람 등으로 잠깐 나오는 임시 출연자를 이르는 말. ☞단역(端役)
엑스포(Expo)명 만국 박람회[Exposition]
엑슬란(Exlan)명 아크릴 합성 섬유의 한 가지. 가볍고 보온성이 좋음. 상표명임.
엔(N·n)명 ①영어 자모(字母)의 열넷째의 글자의 이름. ②영어 'north'의 머리글자로, 북쪽 또는 북극(北極)을 나타내는 기호. ☞에스(S)
엔(えん.円 일)의 일본의 화폐 단위.
엔간찮다형 '어연간하지 않다'가 줄어든 말. 보통이 아니다. 만만찮다 ¶일이 보기보다 －.
엔간-하다형여 '어연간하다'의 준말. ¶엔간하면 함께 다녀오도록 해라.
  엔간-히부 엔간하게 ¶날씨가 － 무덥군.
엔굽이-치다자 물이 기슭을 따라 빙 돌아서 흐르다. ¶낭떠러지 밑으로 엔굽이쳐 흐르는 강물.
엔-극(N極)명 막대 자석이 지구의 북쪽을 가리키는 자극(磁極). ☞에스극(S極)
엔:-담명 사방을 빙 둘러쌓은 담.
엔도르핀(endorphin)명 포유류의 뇌나 뇌하수체 속에 들어 있는 펩티드. 모르핀과 같은 진통 효과가 있음.
엔드라인(end line)명 농구나 배구·테니스 따위의 직사각형 코트에서, 짧은 쪽의 구획선.
-엔들조 체언에 붙어, 반어의 뜻을 나타내는 보조 조사. ¶어느 곳엔들 못 가리?
엔실리지(ensilage)명 목초나 옥수수 따위 수분이 많은 사료 작물을 사일로에 재여 넣어 젖산 발효시킨 저장 사료. 사일리지(silage)
엔오:시:(NOC)명 국가 올림픽 위원회. 올림픽에 참가하는 나라가 조직하는, 그 나라의 올림픽 위원회. 우리 나라에서는 케이오시(KOC)가 이에 해당함. [National Olympic Committee]
엔지:(NG)명 녹화 촬영을 할 때, 배우의 연기나 출연자의 진행 따위가 제대로 되지 않는 일, 또는 그 때문에 버리게 된 필름. ¶연거푸 －를 내다. [no good]
엔지니어(engineer)명 기계나 전기·건축 등의 기술자.
엔지니어링(engineering)명 공학(工學)
엔진(engine)명 동력을 일으키는 기계 장치.
엔진브레이크(engine brake)명 자동차의 주행 중 가속 페달에서 발을 뗄 때 생기는 제동 작용.
엔트로피(entropy)명 열역학(熱力學)에서, 물질의 상태를 나타내는 양(量)의 한 가지. 물질을 이루는 입자의 배열이나 질서의 정도를 나타냄.
엔트리(entry)명 운동 경기 따위에서, 참가 등록 또는 참가자 명부를 이르는 말.
엔-화(えん貨.円貨)명 엔을 단위로 하는 일본의 화폐.
엘(L·l)명 ①영어 자모(字母)의 열두째 글자의 이름. ②영어 'large'의 머리글자로, 보통보다 큰 옷의 치수를 나타내는 기호. ☞에스(S). 엠(M)
엘니뇨(el Niño 에)명 차가운 페루 해류에 난류(暖流)가 흘러들어 에콰도르와 페루 연안의 수온이 높아지는 해류의 이변 현상. 육상에서는 홍수 따위의 기상 이변이 일어남. ☞라니냐(la Niña)
엘디(LD)명 레이저디스크(laser disk)
× **-엘랑**조 →-에는
엘레간테(elegante 이)명 악보의 나타냄말의 한 가지. '우아하게'의 뜻.
엘레아=학파(Elea學派)명 고대 그리스 철학의 한 파. 기원전 6세기 후반에 남이탈리아의 엘레아에서 일어남. 존재는 하나이고 불변하며, 현상은 그저 가상에 지나지 않음을 주장했음. 파르메니데스가 체계화했음.
엘레지명 한방에서, 개의 자지를 약재로 이르는 말. 구신(狗腎)
엘레지(élégie 프)명 비가(悲歌). 만가(輓歌)
엘레지아코(elegiaco 이)명 악보의 나타냄말의 한 가지. '슬프게'의 뜻.
엘렉트라콤플렉스(Electra complex)명 정신 분석학에서, 딸이 어머니를 미워하고 아버지를 좋아하는 무의식의 심적(心的) 경향. ☞오이디푸스콤플렉스
엘리베이터(elevator)명 건물이나 선박 등에서, 동력으로 사람이나 짐을 위아래로 나르는 장치. 승강기(昇降機)
엘리트(élite 프)명 사회나 집단에서, 지도적·지배적 역할을 하는 사람. ¶－ 의식(意識)
엘사이즈(L size)명 셔츠나 블라우스 따위의 규격 중 보통보다 큰 치수를 이르는 말. [large size] ☞에스사이즈(S size). 엠사이즈(M size)
엘시:(L/C)명 신용장(信用狀) [letter of credit]
엘시:디(LCD)명 액정 디스플레이 [liquid crystal display]
엘시:엠(LCM)명 최소 공배수(最小公倍數) [least common multiple]
엘에스디:(LSD)명 귀리에 생기는 맥각(麥角)으로 만든 강력한 환각제. [lysergic acid diethylamide]
엘에스아이(LSI)명 고밀도 집적 회로(高密度集積回路) [large scale integration]
엘에스티:(LST)명 미군의 전차 양륙용(揚陸用)의 함정(艦艇). 전차 이외에도 많은 병력이나 무기 등을 수송할 수 있으며, 해안에 배를 대고 뱃머리 부분을 열어 전차나 병력 따위를 상륙시킴. [landing ship for tank]
엘엔지:(LNG)명 액화 천연 가스 [liquefied natural gas]
엘엠지:(LMG)명 경기관총 [light machine gun]
엘피:가스(LP gas)명 엘피지(LPG)
엘피:-반(LP盤)명 1분간에 33과 3분의 1회를 회전하는 레코드. [long playing record] ☞에스피반
엘피:지:(LPG)명 액화 석유 가스. 엘피가스 [liquefied petroleum gas]
엠(M·m)명 ①영어 자모(字母)의 열셋째 글자의 이름.

②영어 'medium'의 머리글자로, 보통 크기인 옷의 치수를 나타내는 기호. ☞엘(L)
엠바:고(embargo)명 선박의 입출항을 금지한다는 뜻으로, 어떤 특정 국가를 경제적으로 고립시키기 위하여 그 국가에 대하여 수출 금지 또는 통상 금지 조처를 하는 일. 보통은 국가와 국가 사이에 이루어지지만, 때로는 유엔의 결의에 따라 여러 국가가 특정 국가를 대상으로 하는 경우도 있음. 금수 조처(禁輸措處)
엠보싱=가공(embossing加工)명 직물이나 종이 따위의 겉면에 오목한 무늬 또는 돋을무늬를 나타내는 일. 주로 열가소성(熱可塑性)의 합성 섬유 직물에 쓰임.
엠브이피(MVP)명 스포츠 경기에서, 가장 많이 활약한 최우수 선수를 이르는 말. [most valuable player]
엠사이즈(M size)명 셔츠나 블라우스 따위의 규격 중 보통 크기의 치수를 이르는 말. [midium size] ☞에스사이즈(S size). 엘사이즈(L size)
엠시:(MC)명 집회나 쇼 등의 사회자. 특히 방송 연예 프로그램의 사회자를 이름. [master of ceremonies]
엠아:르에이=운:동(MRA運動)명 도덕 재무장 운동(道德再武裝運動) [Moral Re-Armament]
엠아이에스(MIS)명 경영 정보 시스템 [management information system]
엠에스에이(MSA)명 미국이 1951년에 제정한 상호 안전 보장법(相互安全保障法). 자유주의 국가에 대한 군사·경제·기술 등의 원조가 목적이고, 원조 받는 나라는 방위력을 강화하는 의무를 짐. [Mutual Security Act]
엠케이-강(MK鋼)명 강력한 자석강(磁石鋼)의 한 가지. 니켈·알루미늄·구리·망간·코발트 등을 함유하는 합금. 영구 자석에 쓰임.
엠케이에스=단위계(MKS單位系)명 길이에 미터(m), 무게에 킬로그램(kg), 시간에 초(s)를 기본 단위로 하는 단위계. ☞시지에스 단위계(CGS單位系)
엠케이에스에이=단위계(MKSA單位系)명 MKS 단위계에 전류의 단위인 암페어(A)를 더한 단위계.
엠파이어클로:스(empire cloth)명 무명 따위에 유성(油性) 바니시를 먹여서 가열, 건조시킨 전기 절연재.
엠펙(MPEG)명 ①디지털화된 소리와 동영상의 압축, 부호화 따위의 국제 표준화 작업을 추진하는 조직. ②동영상을 압축하는 데 적용되는 표준 규격. [Moving Picture Experts Group]
엠피:에이치(m. p. h.)명 마일을 단위로 하는 시속(時速). [miles per hour]
엡실론(epsilon)명 ①그리스어 자모(字母)의 다섯째 글자 'E·ε'의 이름. ②수학에서, 영(零)에 가까운 임의의 미소량(微少量). 기호는 ε
엥 감 마음이 잔뜩 틀어져서 하는 말. ¶ -, 내 참 아니꼬워서…. ☞앵[2]
엥겔=계:수(Engel係數)명 가계(家計)의 소비 지출 총액 중에서 차지하는 식비(食費)의 비율. 이 계수가 높을수록 생활 수준이 낮은 것으로 봄.
엥겔=법칙(Engel法則)명 가족의 소득이 늘어날수록 소비 지출 총액 중에서 식비(食費)가 차지하는 비율은 낮아진다는 법칙. 독일의 통계학자인 엥겔이 노동자의 가계(家計) 조사에서 밝혀 냈음.
여[1]명〈어〉한글 자모(字母) 'ㅕ'의 이름.
여[2]명 물 속에 잠겨 있는 바위. 암초(暗礁)
여(女)[1]명 ①'여성(女性)'의 준말. ②호적이나 족보 등에서 '딸'을 이르는 말.
여(女)[2]명 '여수(女宿)'의 준말.
여(旅)명 '여괘(旅卦)'의 준말.
여:(與)명 '여당(與黨)'의 준말. ☞야(野)
여:(汝) '너', '자네'의 뜻.
여(余·予)대 나
-여[1]조 받침 없는 체언에 붙어, 정중한 뜻을 나타내는 호격 조사. ¶동포여 각성하라. ☞-이여
-여(餘)《접미사처럼 쓰이어》숫자를 나타내는 한자에 붙어, '남짓의'의 뜻을 나타냄. ¶십여 사람./백여 가구.
-여[2]어미 ①'하다' 동사에 쓰이는 부사형 어미. '하여'는 '해'로도 쓰임. ¶연구하여 보다. ②'-여서'가 줄어서 쓰인 말. ¶그는 독학하여 성공하였다.
여가(閭家)명 여염집
여가(餘暇)명 겨를. 틈 ▷餘의 속자는 余
여가(輿駕)명 임금이 타는 가마와 수레.
여가=산:업(餘暇産業)명 레저 산업
여각(旅閣)명 객줏집
속담 여각이 망하려면 나귀만 든다 : 여관에 손님은 들지 않고 나귀만 든다는 것이니, 일이 안 되려면 귀찮은 일만 생긴다는 말.
여각(餘角)명 두 각의 합이 직각일 때에 그 한 각에 대하여 다른 각을 이르는 말. ☞보각(補角)
여간 부 부정하는 뜻의 서술어와 함께 쓰이어 ①보통으로. 어지간하게 ¶ - 어려운 게 아니다./- 고마워하는 기색이 아니다. ②〔관형사처럼 쓰임〕 보통의. 웬만한. 어지간한 ¶ - 정성으로는 이룰 수 없다. ③〔명사처럼 쓰임〕 보통의 정도. 웬만한 정도. ¶성적이 -만 해도 대학에 보내겠는데…./솜씨가 -이 아니다.
여간(이) 아니다 관용 보통이 아니다. 대단하다 ¶손재주가 -./성깔이 -.
여간-내기 명 보통내기
여간-일[-닐]명 〔부정하는 뜻의 서술어와 함께 쓰이어〕 보통 정도로 힘드는 일. ¶허락 받는 일도 -이 아니다.
여간-하다 형여 부정하는 뜻의 서술어와 함께 '여간한', '여간해서'의 꼴로 쓰이어, '어지간하다'의 뜻을 나타냄. ¶여간한 재주가 아니다./여간해서 넘어지지 않는다.
여감(女監)명 여자 죄수를 가두어 두는 감방. 여감방
여-감방(女監房)명 여감(女監)
여객(旅客)명 ①여행하는 사람. 나그네 ②열차·배·비행기 등 교통 수단을 이용하는 승객. ¶ - 운송
여객-기(旅客機)명 여객을 실어 나르는 비행기.
여객-선(旅客船)명 여객을 실어 나르는 배. 객선(客船)
여객=열차(旅客列車)[-녈-]명 여객을 실어 나르기 위한, 객차로만 편성된 열차. ☞화물 열차(貨物列車)
여:건(與件)[-껀]명 해결되어야 할 문제의 전제로서 주어진 것. ▷與의 속자는 与
여건(餘件)[-껀]명 여벌
여걸(女傑)명 헌걸차고 기개가 있는 여자. 여장부(女丈夫)
여겨-듣다(-듣고·-들어)타ㄷ 주의 깊게 듣다. 자세히 듣다. ¶여겨들어야 할 내용이 많다.
여겨-보다 타 눈여겨 똑똑히 보다.
여경(女警)명 '여자 경찰관'의 준말.
여경(餘慶)명 조상이 베푼 선행(善行)의 갚음으로 말미암아 그 자손이 누리는 행복. ☞여앙(餘殃)
여계(女系)명 여자만으로 계승해 가는 가계(家系), 또는 어머니 쪽의 혈통. ☞남계(男系). 모계(母系)
여계(女戒)명 여색(女色)에 관한 경계, 또는 그 계율.
여계(女誡)명 여자가 지켜야 할 계율.
여고(女高)명 '여자 고등 학교(女子高等學校)'의 준말.
여고(旅苦)명 여행하면서 겪는 고생.
여곡(餘穀)명 집안 살림에 쓰고 남은 곡식.
여공(女工)명 '여직공(女職工)'의 준말. ☞남공(男工)
여공(女功)명 여자들이 하는 길쌈질.
여:과(濾過)명-하다타 액체 따위를 걸러서 밭여 내는 일. 물 따위를 걸러서 맑게 하는 일. ¶물을 -하다.
여:과-기(濾過器)명 여지(濾紙)나 목면(木棉) 따위를 써서 여과하는 장치.
여:과성=병:원체(濾過性病原體)[-썽-]명 세균 여과기를 빠져 나가는 미세한 병원체라는 뜻으로, '바이러스(virus)'를 달리 이르는 말.
여:과-지(濾過池)명 수도 시설에서, 하천으로부터 끌어들인 물을 여과하기 위한 저수지.
여:과-지(濾過紙)명 거름종이 준 여지(濾紙)
여관(女官)명 지난날, 궁궐에서 왕과 왕비를 가까이 모시는 내명부(內命婦)를 통틀어 이르던 말. 나인
여관(旅館)명 여객을 숙박시키는 일을 영업으로 하는 집.

ㅇ

여광(餘光)명 ①해가 진 다음에도 남아 있는 은은한 빛. ②여덕(餘德)
여-광:대(女-)명 여자 광대.
여광여취(如狂如醉)성구 몹시 기뻐서, 미친 것 같기도 하고 취한 것 같기도 한 상태를 비유하여 이르는 말. 여취여광(如醉如狂)
여:광-판(濾光板)명 필터
여-괘(旅卦)명 육십사괘(六十四卦)의 하나. 이괘(離卦) 아래 간괘(艮卦)가 놓인 괘로 산 위에 불이 있음을 상징함. 준여(旅) ☞환괘(渙卦)
여구(旅具)명 여행할 때 쓰는 갖가지 용구.
여구(如舊)어기 '여구(如舊)하다'의 어기(語基).
여구-하다(如舊-)형여 옛날 그대로 변함이 없다. 여전하다 ¶강산(江山)은 -.
여구-히부 여구하게
여국(女國)명 중국의 전설에서, 부상국(扶桑國) 동쪽에 있고 여자들만 산다는 전설의 나라. 여인국(女人國)
여국(女麴)명 누룩의 한 가지. 찐 찰수수를 반죽한 다음, 쑥으로 얇게 덮어 누렇게 변한 뒤 볕에 말린 누룩.
여군(女軍)명 ①여자 군인 ②여자로 조직된 군대.
여국(與國)명 서로 돕는 관계인 나라.
여권(女權)[-꿘]명 여자의 사회·정치·법률상의 권리.
여권(旅券)[-꿘]명 국가가 외국 여행자의 신분과 국적을 증명하고, 여행국에 대하여 여행자의 편의와 보호를 부탁하는 문서. 패스포트(passport)
여:권(與圈)[-꿘]명 여당과 여당을 지지하는 세력의 범위 안에 드는 사람이나 단체. ☞야권(野圈)
여:귀(厲鬼)명 ①제사를 못 받는 귀신. ②몹쓸 돌림병으로 죽은 귀신.
여근(女根)명 음문(陰門) ☞남근(男根)
여금(如今) '지금', '이제'의 뜻.
여기대 ①말하는 사람으로부터 매우 가까운 곳을 가리키는 말. 이곳 ¶-가 서울이다./-서 기다려라. ②지금 거론하고 있는 내용, 또는 직면하고 있는 상황을 가리키는 말. ¶문제는 바로 -에 있다./일이 -까지 이르게 된 책임./이제 -서 손을 떼겠다. ③〔부사처럼 쓰임〕 이곳에 ¶- 두고 가거라./- 앉게나. 준예[3] ☞요기. 저기

> ▶ **'여기'·'거기'·'저기'의 쓰임**
> 이 지시 대명사에 조사가 붙어 주어나 목적어가 되기도 하고 그대로 부사어가 되기도 한다.
> ¶여기가 옛 절터로구나.〔주어〕
> 거기를 잘 살펴라.〔목적어〕
> 친구가 저기 있구나.〔부사어〕

여기(女妓)명 기녀(妓女)
여:기(沴氣)명 요사하고 독한 기운.
여:기(厲氣)명 몹쓸 돌림병을 일으키는 기운.
여:기(餘技)명 전문(專門)이 아니고 취미로 익힌 기능. ¶사진 촬영은 -이지만 상당한 수준이다.
여기(餘氣)명 ①여습(餘習) ②여증(餘症)
여기다타 마음속으로 그렇게 생각하다. ¶대수롭지 않게 -./고맙게 -.
여기-저기대 ①이곳 저곳. ¶-를 구경하며 다니다./-에서 전화가 걸려 오다. ②〔부사처럼 쓰임〕 이곳 저곳에. ¶- 피어 있는 꽃.
여뀌명 여뀟과의 한해살이풀. 각지의 냇가나 습지에 자람. 줄기 높이 40~60cm. 넓은 피침 모양의 잎은 어긋맞게 나고 잎자루가 없으며, 씹으면 매운맛이 남. 가을에 가지 끝 이삭에서, 연분홍색의 잔 꽃이 성기게 핌. 애순은 먹을 수 있음. 수료(水蓼)
여뀌-누룩명 찹쌀을 여뀌 즙에 담가 두었다가 건져서 밀가루와 반죽하여 띄운 누룩.
여낙낙-하다형여 성미가 부드러우며 상냥하다.
여낙낙-히부 여낙낙하게
여난(女難)명 여자 관계로 말미암아 겪는 재난.
여남은관 열이 조금 넘는 수. 십여(十餘) ¶- 명이 모이다.
여남은-째수 열째가 조금 넘는 차례.
여년(餘年)명 여생(餘生)
여:년-묵다자 여러 해 묵다.
여념(餘念)명 생각할 겨를. ¶집필에 -이 없다.
여느관 보통의. 예사로운 ¶- 때와는 느낌이 다르다.
×**여늬**관 →여느
여단(旅團)명 군대 편성 단위의 하나. 사단(師團)의 하위 부대로, 대개는 2개 연대로 이루어짐.
여단수족(如斷手足)성구 손발이 잘림과 같이, 요긴한 사람이나 물건이 없어져서 아쉬움을 비유하여 이르는 말.
여:-닫다타 열고 닫고 하다. ¶방문을 여닫는 소리.
여:-닫이[-다지]명 ①열고 닫는 일. ②문짝을 밀거나 당겨서 열고 닫는 구조, 또는 그런 문이나 창. ③미닫이와 내리닫이를 아울러 이르는 말. ☞미닫이
여담(餘談)명 용건이나 이야기의 본줄기와 별 관계가 없는 이야기. ¶-이지만 이런 일도 있었다….
여답평지(如踏平地)성구 험한 산길이나 벼랑길 따위를 마치 평지를 걸어가듯 힘 안 들이고 다님을 이르는 말.
여:당(與黨)명 정당 정치에서, 정권을 담당하거나 지지하는 정당. 준여(與) ☞야당(野黨). 집권당(執權黨)
여당(餘黨)명 패하거나 망한 데서 살아 남은 무리. 여류(餘類). 잔당(殘黨)
여대(女大)명 '여자 대학(女子大學)'의 준말.
여대(輿儓)명 하인(下人)
여대(麗代)명 '고려 시대(高麗時代)'의 준말.
여대-생(女大生)명 '여자 대학생'의 준말.
여덕(餘德)명 선인이 남긴 은덕(恩德). 여광(餘光)
여덟수 ①수의 고유어 이름의 하나. 일곱에 하나를 더한 수. ②물건 따위를 셀 때의 여덟 개. ☞팔(八)
관 단위를 나타내는 말 앞에 쓰이어 ①수량이 일곱에 하나를 더한 수임을 나타냄. ②차례가 일곱째의 다음임을, 또는 횟수가 일곱 번째의 다음임을 나타냄.

> 한자 여덟 팔(八)〔八部〕 ¶팔각(八角)/팔경(八景)/팔괘(八卦)/팔도(八道)/팔등신(八等身)/팔방(八方)

여덟달-반(-半)[-덜딸-]명 제 달수를 채우지 못하고 태어난 사람이라는 뜻으로, 지능이 좀 모자라는 사람을 놀리어 이르는 말. ☞팔삭둥이
여덟-무날[-덜-]명 밀물과 썰물의 차가 같은 음력 초이틀과 열이레를 이르는 말.
여덟-째[-덜-]수 일곱째의 다음 차례.
여덟-팔(-八)[-덜-]명 한자 부수(部首)의 한 가지. '公'·'其' 등에서 '八'의 이름.
여덟팔자-걸음(-八字-)[-덜-짜-]명 발끝을 바깥쪽으로 벌리고 느릿느릿 걷는 걸음. 팔자걸음
여도(女徒)명 여수(女囚)
여독(旅毒)명 여행 중에 쌓인 피로. 유노독(路毒)
여독(餘毒)명 ①채 가시지 않고 남은 독기(毒氣). ②뒤에까지 남는 해독. 후독(後毒)
여동-대명 절에서, 여동밥을 떠놓는 조그마한 밥그릇.
여동-밥명 절에서, 밥을 먹기 전에 아귀, 또는 새와 들짐승 따위에게 주기 위하여 한 술씩 여동대에 떠놓는 밥. ☞생반(生飯)
여-동생(女*同生)명 누이동생
여동-통(-桶)명 여동밥을 담아 두는 통.
여두소:읍(如斗小邑)성구 곡식을 되는 말만큼 작은 고을이라는 뜻으로, 아주 작은 고을을 비유하여 이르는 말.
여드레명 ①여덟 날. ¶걸어서 가면 -는 걸릴 것이오. ②'여드렛날'의 준말.
속담 **여드레 삶은 호박에 도래송곳 안 들어갈 소리**: 무를 대로 물러진 호박에 도래송곳이 안 들어간다는 뜻으로, 말하는 것이 전혀 사리에 맞지 않는다는 말./**여드레 팔십 리**: 하루에 십 리밖에 못 간다는 뜻으로, 걸음이 매우 더디거나 행동이 몹시 느린 경우에 이르는 말.
여드렛-날명 ①한 달의 여덟째 날. 본초여드렛날 준여드레 ②여드레째의 날. ¶오늘로 - 피아노를 배우고 있다.
여드름명 사춘기 남녀의 얼굴 등의 털주머니에 생기는 작은 종기나 농포(膿疱). 피지(皮脂)의 분비가 늘어나 털

구멍이 막힘으로써 염증을 일으킨 것.

여득천금(如得千金)[성구] 천금을 얻은 것과 같이 마음에 흡족하게 여김을 이르는 말.

여든[수] ①수의 고유어 이름의 하나. 열의 여덟 곱절. ②물건 따위를 셀 때의 여든 개. ☞팔십(八十)
[관] 단위를 나타내는 말 앞에 쓰이어 ①수량이 열의 여덟 곱절임을 나타냄. ②차례가 일흔아홉째의 다음임을, 또는 횟수가 일흔아홉 번째의 다음임을 나타냄.
[속담] **여든 살 난 큰 애기가 시집가랬더니 차일**(遮日)**이 없다 한다** : 벼르고 벼르던 일을 오랜만에 이루려고 하는데, 생각지 않은 일이 생겨 못 이루게 되었다는 말./**여든 살이라도 마음은 어린애다** : 아무리 나이가 많아도 마음만은 늙지 않는다는 말./**여든에 낳은 아들인가** : 자기 아이를 지나치게 귀여워하는 것을 보고 놀리는 말./**여든에 능참봉**(陵參奉)**을 하니 한 달에 거둥이 스물아홉 번이라** : 오랫동안 바라던 일이 이루어졌으나 수고롭기만 하고 실속이 없음을 이르는 말./**여든에 죽어도 구들 동티에 죽었다지** : 오래 살다가 죽는 것은 지극히 자연스러운 일인데도, 사람은 무엇인가 핑계를 붙이게 된다는 말. 〔여든에 죽어도 핑계에 죽는다〕/**여든에 첫 아이 비치 듯** : 일을 이루기가 몹시 어려운 경우에 이르는 말.

여든-대:다[자] 귀찮게 자꾸 억지를 쓰다.

여:들-없:다[－업－][형] 하는 짓이 멋없고 미련하다.
여들-없이[부] 여들없게

여듭[명] 말이나 소, 개 따위의 여덟 살을 이르는 말. ☞구릅. 아습

여:등(汝等) '너희들'이라는 뜻으로, 편지 등에 쓰는 한문 투의 말. 여배(汝輩)

-여라[1][어미] '하다' 동사에 붙어 쓰이는 명령형 어미. ¶일을 열심히 하여라./공부에 열중하여라. ☞-아라[1]. -어라[1]

-여라[2][어미] '하다' 형용사에 붙어 쓰이는 감탄형 종결 어미. ¶깨끗하기도 하여라!/높기도 하여라!/용감하여라! ☞-아라[2]. -어라[2]

여랑(女郞)[명] 남자와 같은 기질(氣質)이나 재주를 가지고 있는 여자를 이르는 말.

여랑(女娘)[명] 젊은 여자.

여랑(旅囊)[명] ①승마용 말의 안장 좌우에 다는 망태기. ②지난날, 길을 떠날 때 물건을 넣어 가지고 가던 자루.

여랑-화(女郞花)[명] '마타리'의 딴이름.

여래(如來)[명] 부처를 이르는 열 가지 이름 중의 하나. 법계불(法界佛) ¶석가－/아미타－/약사－

여래-십호(如來十號)[명] 부처의 공덕을 기리는 열 가지 이름. 곧 여래(如來)·응공(應供)·정변지(正遍知)·명행족(明行足)·선서(善逝)·세간해(世間解)·무상사(無上士)·조어장부(調御丈夫)·천인사(天人師)·불세존(佛世尊).

여러[관] 수효가 많은. ¶－ 나라./－ 사람.

[한자] 여러 루(累) 〔糸部 5획〕 ¶누년(累年)/누월(累月)/누차(累差)/누회(累回)
여러 루(屢) 〔尸部 11획〕 ¶누일(屢日)/누차(屢次)
여러 서(庶) 〔广部 8획〕 ¶서류(庶流)/중서(衆庶)
여러 제(諸) 〔言部 9획〕 ¶제군(諸君)/제국(諸國)

여러-모로[부] 여러 가지 점으로. ¶－ 검토해 보다.

여러-분[대] 그 자리에 있는 사람들, 또는 관계되는 사람들 모두를 높이어 일컫는 말. ¶－의 협조를 바랍니다./신사 숙녀 －!

여러해-살이[명] 식물 가운데서, 해를 넘기어 뿌리나 줄기가 남아 있어서 3년 이상 해마다 자라는 것. 다년생(多年生) ☞두해살이

여러해살이=식물(－植物)[명] 3년 이상 사는 식물을 통틀어 이르는 말. 다년생 식물(多年生植物)

여러해살이-풀[명] 식물의 뿌리나 땅속줄기에서 해마다 새로 줄기가 나오거나 잎이 돋아나서 여러 해 사는 초본 식물. 다년생 초본. 다년초 ☞두해살이풀

여럿[명] ①많은 수. ¶마음에 드는 작품이 － 있다. ②많은 사람. ¶－이 힘을 모으다./－을 거느리다.
[속담] **여럿이 가는 데 섞이면 병든 다리도 끌려 간다** : 여럿이 일을 같이 하는 바람에, 이제까지 그 일을 못 하던 사람도 덩달아 하게 된다는 말.

여:력(膂力)[명] 근육의 힘, 또는 완력(腕力).

여력(餘力)[명] 어떤 일을 하고 나서도 남아 다른 일을 더 할 수 있는 힘. ¶－이 있거든 좀 도와 주게.

여력(餘瀝)[명] ①그릇이나 술잔의 바닥에 방울져 남아 있는 국물이나 술. ②남의 은덕을 비유하여 이르는 말.

여:력과:인(膂力過人)[성구] 완력(腕力)이 보통 사람보다 뛰어남을 이르는 말.

여령(女伶)[명] 지난날, 진연(進宴) 때에 시중드는 기생이나 의장(儀仗)을 드는 여자 종을 이르던 말.

여령(餘齡)[명] 여생(餘生)

여례(女禮)[명] 여자가 갖춰야 할 예의 범절.

여로(旅路)[명] 여행하는 길. 객로(客路). 나그네길

여로(藜蘆)[명] 백합과의 여러해살이풀. 산지의 나무 밑이나 풀밭에 자라며, 줄기 높이는 60cm 안팎. 가늘고 긴 잎은 줄기 아래 부분에 어긋맞게 나는데, 잎집이 줄기를 싸고 있음. 여름에 줄기 끝에 검은 자줏빛의 잔 꽃이 핌. 뿌리줄기는 독성이 있으며, 농업용 살충제로 쓰임.

여로-달(女勞疸)[명] 황달의 한 가지. 과로나 지나친 성교로 말미암아 오한(惡寒)이 들고 소변이 잦으며, 이마가 거무스름해짐. 색달(色疸). 흑달(黑疸)

여록(餘祿)[명] 여득(餘得)

여록(餘錄)[명] 어떤 기록에서 빠진 나머지 사실의 기록. 여적(餘滴) ¶6·25 전쟁 －

여록(餘麓)[명] 묏자리 근처에 있는 주산(主山)·청룡(青龍)·백호(白虎)·안산(案山) 밖의 산.

여론(餘論)[명] 본론 이외의 논설. 그 밖의 논설.

여:론(輿論)[명] 사회적인 문제에 관한 대중(大衆)의 공통된 의견. 세론(世論) ¶－에 귀를 기울이다./－의 동향.

여:론=조사(輿論調査)[명] 사회적·정치적 문제에 대한 대중의 생각을 파악하기 위한 통계 조사.

여:론-화(輿論化)[명]-하다[자타] 여론으로 나타나거나 나타냄. ¶상수원 보호 문제를 －하다.

여룡(驪龍)[명] '이룡(驪龍)'의 딴이름.

여류(餘流)[명] 본류(本流) 이외의 흐름이나 유파(流派).

여류(餘類)[명] 잔당(殘黨)

여류(女流)[앞말] 예술이나 어떤 전문적인 기능을 가진 여자임을 뜻하는 말. ¶－ 소설가/－ 기사(棋士)/－ 비행사

여류(如流)[어기] '여류(如流)하다'의 어기(語基).

여류=문인(女流文人)[명] 문필 생활을 하는 여자. 여류 문학가(女流文學家)

여류=문학(女流文學)[명] 여류 작가가 쓴 문학.

여류=문학가(女流文學家)[명] 여류 문인(女流文人)

여류=시인(女流詩人)[명] 여자로서 시를 짓는 일을 전문으로 하는 사람.

여류=작가(女流作家)[명] 여자로서 예술 작품의 창작, 특히 소설 쓰는 일을 전문으로 하는 사람.

여류-하다(如流－)[형][여] 세월이 빠르게 지나가는 것이 흐르는 물과 같다. ¶세월이 여류하여 홍안(紅顔)이 백발(白髮) 되니….

여류=화:가(女流畫家)[명] 여자로서 그림 그리는 일을 전문으로 하는 사람.

여름[명] 네 철의 하나. 봄과 가을 사이의 철. 양력으로는 5월에서 7월까지이며, 음력으로는 4월에서 6월까지임. 절기로는 입하(立夏)에서 입추(立秋)까지를 이름.
여름(을) 타다[관용] 여름철만 되면 식욕이 줄고 몸이 쇠약해지다.
[속담] **여름 불도 쬐다 나면 섭섭하다** : 쓸데없는 것이라도 있다가 없어지면 왠지 섭섭하다는 말./**여름에 먹자고 얼음 뜨기** : 뒷날에 소용될 것을 미리 알아서 준비한다는 말./**여름에 하루 놀면 겨울에 열흘 굶는다** : 뒷일을 생각해 준비하라는 말.

[한자] 여름 하(夏) 〔夊部 7획〕 ¶성하(盛夏)/하계(夏季)/하곡(夏穀)/하기(夏期)/하복(夏服)

여름-날 명 ①여름철의 날. 하일(夏日) ②여름철의 날씨. ☞봄날

여름-낳이[-나-] 명 여름에 짠 피륙. 특히 무명을 이름. ☞봄낳이

여름-내 부 여름철 내내. ¶ - 농사일을 거들다. ☞봄내

여름-누에 명 여름에 치는 누에. 하잠(夏蠶) ☞가을누에. 봄누에

여름-눈 명 여름에 생겨 그 해 안에 발육이 끝나는 눈. 오이나 가지 따위의 눈. 나아(裸芽). 녹아(綠芽). 하아(夏芽) ☞겨울눈

여름=방:학(-放學)[-빵-] 명 여름철의 한창 더운 시기에 하는 방학. 하기 방학(夏期放學) ☞겨울 방학

여름-비[-삐] 명 여름철에 내리는 비. 하우(夏雨) ☞봄비

여름-살이 명 여름에 입는, 베나 무명으로 지은 홑옷.

여름-새 명 봄이나 여름에 날아와서 번식한 다음, 가을에 돌아가는 철새. 제비나 두견이 따위. ☞겨울새

여름-옷 명 여름철에 입는 옷. 하복(夏服). 하의(夏衣) ☞겨울옷. 봄가을옷

여름-잠[-짬] 명 열대 지방 등에서, 일부 동물이 기온이 높고 건조한 시기에 활동을 멈추고 잠을 자는 상태로 있는 현상. 하면(夏眠) ☞겨울잠

여름-철 명 여름인 철. 하계(夏季). 하절(夏節) ☞봄철

여름-털 명 ①새나 짐승의 몸에 여름에 나는 털. 늦은 봄에서 초여름에 걸쳐 털갈이하여 가을까지 남아 있음. 겨울털보다 짧고 성김. 하모(夏毛) ☞겨울철 ②여름철에 황갈색으로 바뀐 사슴의 털. 붓을 만드는 데 쓰임.

여름=학교(-學校) 명 여름 방학 동안에 일정한 학과 공부나 실습, 또는 체험 학습 등을 목적으로 여는 학교. 하기 학교(夏期學校)

여름=휴가(-休暇) 명 관청이나 회사, 학교 따위에서 여름철에 실시하는 휴가. 하기 휴가(夏期休暇)

여릉귀-잡히다 자 능(陵)을 헤치다가 잡히다.

여리(閭里) 명 여염(閭閻)

여리-꾼 명 가게 앞에서 행인을 안으로 끌어들여 물건을 사게 하고, 주인으로부터 삯을 받는 사람.

여리다 형 ①보드랍고 약하다. ¶여린 싹./마음이 -. ②기준에 이르지 못하다. 좀 모자라다. ¶십리 길치고는 좀 -./양복 한 벌 감으로는 좀 -. ☞야리다

여리박빙(如履薄氷) 성구 살얼음을 밟는 것 같다는 뜻으로, 매우 위태로움을 이르는 말.

여린-내기 명 악곡(樂曲)이 여린박부터 시작되는 것, 또는 그런 악곡.

여린-말 명 〈어〉예사소리로 된 말. '딴딴하다'에 상대하여 '단단하다', '투덜투덜'에 상대하여 '두덜두덜'과 같은 말.

여린-박(-拍) 명 음악에서, 박자의 여린 부분. 2박자에서는 센박·여린박, 3박자에서는 센박·여린박·여린박으로 되풀이됨. 약박(弱拍)

여린-뼈 명 연골(軟骨)

여린-입천장(-*天障)[-닙-] 명 연구개(軟口蓋)

여린입천장-소리(-*天障-)[-닙-] 명 〈어〉연구개음(軟口蓋音)

여린-줄기 명 물고기의 지느러미를 이루고 있는 물렁한 줄기. 물렁살. 연조(軟條)

여립-모(女笠帽) 명 개두(蓋頭)

여립-켜다 자 여리꾼이 손을 끌어들이다.

여:마(輿馬) 명 수레와 말을 아울러 이르는 말.

여막(廬幕) 명 궤연(几筵) 옆이나 무덤 가까이에 지어 상제(喪制)가 거처하는 초막(草幕).

여말(麗末) 명 고려의 말기.

여망(餘望) 명 ①아직 남은 희망. ②장래의 희망.

여:망(輿望) 명 세상의 인망(人望). 여러 사람의 기대. ☞중망(衆望)

여맥(餘脈) 명 세력이 점점 약해져 간신히 허울만 남아 있는 것.

여-메:기 명 '종어(宗魚)'의 딴이름.

여:명(黎明) 명 ①날이 밝을 무렵. 갓밝이. 어둑새벽 ②새로운 것의 시작을 비유하여 이르는 말. ¶민주주의의 -.

여명(餘命) 명 여생(餘生) ¶-이 얼마 남지 않았다.

여:명-기(黎明期) 명 새로운 시대나 문화가 시작되려는 시기. ¶남북 화합의 -.

여모 명 서까래나 마루 등의 끝을 막아 대는 나무.

여모(女帽) 명 ①여자가 쓰는 모자. ②여자의 시체를 염습(殮襲)할 때 머리를 싸는 베.

여묘(廬墓) 명 상제(喪制)가 무덤 가까이에 여막(廬幕)을 짓고 살며 무덤을 지키는 일.

여무(女巫) 명 여자 무당. 선관(仙官)

여무(女舞) 명 여자가 추는 춤. ☞남무(男舞)

여무가:론(餘無可論) 성구 이미 대부분이 결정되어 나머지는 의논할 필요가 없음을 이르는 말.

여무-지다 형 성질이나 하는 일 따위가 여물고 오달지다. ☞야무지다

여묵(餘墨) 명 여적(餘滴)

여문(閭門) 명 동네 어귀에 세운 문. 이문(里門)

여문(儷文) 명 '변려문(騈儷文)'의 준말.

여물[1] 명 ①마소에게 먹이기 위해 말려서 썬 짚이나 풀. ②초벽을 치기 위하여 흙을 이길 때, 초벽이 갈라지지 않도록 썰어 넣는 짚.

속담 **여물 많이 먹은 소 똥 눌 때 알아본다** : 한 일이나 저지른 죄는 반드시 드러나게 된다는 말./**여물 안 먹고 잘 걷는 말** : 현실과는 동떨어진 허황된 희망을 비웃는 말.

여물[2] 명 조금 짠맛이 나는 우물물. 허드렛물로 씀.

여물(餘物) 명 나머지 물건. 남은 물건.

여물-간(-間)[-깐] 명 여물을 넣어 두는 헛간.

여물다[1](여물고·여무니) 자 식물의 열매가 알이 들어 충분히 익다. ¶벼가 -. ☞야물다

여물다[2](여물고·여무니) 형 ①바탕이 굳고 든든하다. ¶재료의 표면이 -. ②몸이나 언행이 옹골차다. ¶행실이 아주 -. ③일이 알차게 되어 뒤탈이 없다. ¶일을 여물게 매듭짓다. ④헤프지 않고 알뜰하다. ¶씀씀이가 -. ☞야물다

여물-바가지 명 여물죽을 푸는 데 쓰는 자루바가지.

여물-죽(-粥) 명 마소에게 먹이는, 여물로 쑨 죽.

여물-통(-桶) 명 여물을 담는 통.

여미다 타 옷깃 등을 바로잡아 단정하게 하다. ¶옷깃을 -.

여:민(黎民) 명 검수(黔首)

여:민-동락(與民同樂) 명 임금이 백성과 함께 즐김. 여민해락(與民偕樂)

여:민락(與民樂)[-낙] 명 조선 시대, 아악(雅樂)의 한 가지. 나라의 잔치나 임금의 거둥 때 연주하였음. 용비어천가 1~4장과 125장을 아악 곡조에 얹어 부를 수 있도록 작곡한 것으로, 모두 열 장인데 일곱 장만을 관현악기로 연주할 뿐, 노래는 부르지 않았음. 선율이 화평하고 웅대함.

여:민-해락(與民偕樂) 명 여민동락(與民同樂)

여반장(如反掌) '손바닥을 뒤집는 일 같다'는 뜻으로, 일이 매우 하기 쉽거나 일을 매우 쉽게 처리함을 이르는 말.

여방(餘芳) 명 ①남아 있는 방향(芳香). ②후세에까지 남는 명예. ☞유방(遺芳)

여:배(汝輩) '너희들'이라는 뜻으로, 편지 등에 쓰는 한문 투의 말. 여등(汝等)

여배(余輩) '우리들'이라는 뜻으로, 편지 등에 쓰는 한문 투의 말.

여-배우(女俳優) 명 여자 배우. 준 여우(女優) ☞남배우(男俳優)

여백(餘白) 명 종이나 책 등에 글씨나 그림이 없는 곳. 공백(空白) ¶-에 주석(註釋)을 달다.

여-벌(餘-) 명 당장은 아니나 머지않아 소용될 여분의 물건. 부건(副件). 여건(餘件) ¶-로 와이셔츠 두 벌은 있어야 한다.

여범(女犯) 명 ①여자 범인(犯人). ②불교에서, 중이 오계(五戒)의 하나인 사음(邪淫)을 범하여 여성과 관계하는

일을 이르는 말.
여범(女範)명 여자로서 지켜야 할 규범.
여법(如法)어기 '여법(如法)하다'의 어기(語基).
여법-수행(如法修行)명 불교에서, 부처의 가르침대로 수행함을 이르는 말.
여법-하다(如法-)형여 ①법령이나 법식에 맞다. ☞합법(合法) ②불교에서, '부처의 가르침에 어긋나지 아니하다'의 뜻으로 쓰는 말. ③온화하다
여병(餘病)명 합병증(合倂症)
여보감 ①'여보시오'의 겸양어. ②부부 사이에 서로 부르는 말.
여-보게감 '여보시오'를 '하게' 할 자리에 쓰는 말.
여-보시게감 친한 벗이나 아랫사람을 대접하여 부르는 말.
여-보시오감 남을 예사로 높이어 부르는 말. 높여보십시오 낮여보
여-보십시오감 '여보시오'의 존경어. 준여봅시오
여복(女卜)명 점(占)을 치는 장님 여자. 여자 판수.
속담 **여복이 바늘귀를 꿴다**: 앞을 못 보는 여자 장님이 바늘에 실을 꿴다는 것이니, 대충 어림잡아 한 일이 우연히도 맞아떨어진 경우를 이르는 말./**여복이 아이 낳아 더듬듯**: 일의 속내를 파악하지 못하고 어름어름 하며 어쩔 줄 모르는 경우를 이르는 말.
여복(女服)명 ①여자의 옷. ②-하다자 남자가 여자의 옷차림을 함. 여장(女裝) ☞남복(男服)
여복(女福)명 염복(艷福)
여-봅시오감 '여보십시오'의 준말.
여-봐라감 '여기 보아라'의 뜻으로, 손아랫사람을 부르거나 주의를 불러일으키는 말. ¶-, 거기 누구 없느냐.
여봐란듯이부 뽐내어 자랑하는 태도로. 보아란듯이 ¶- 고급차를 몰고 다닌다.
여:부(與否)명 ①그러한 것과 그렇지 않은 것. 연부(然否) ¶출석 -는 알 수 없다. ②틀리거나 의심할 여지. ¶-가 있겠습니까?
여부(가) 없다관용 틀림이 없다. 물론 그렇다.
여-부인(如夫人)명 남의 첩을 높이어 이르는 말.
여북부 주로 의문문에 쓰이어, '얼마나'·'오죽'·'작히나'·'좀' 등의 뜻을 나타내는 말. 여북이나 ¶- 좋았으면 만세까지 불렀을까?
여북-이나부 여북
여북-하다형여 주로 '여북하면'·'여북해서'·'여북하랴' 등의 꼴로 의문문에 쓰이어, '오죽 심했으면'의 뜻을 나타내는 말. ¶여북하면 여기까지 찾아왔겠나?
속담 **여북하여 눈이 머나**: 고생이 극도에 이르러 죽을 지경임을 이르는 말.
여분(餘分)명 남는 분량. 나머지 ¶-으로 두 개씩 더 들어 있다.
여분(餘憤)명 남아 있는 분기(憤氣). 덜 가신 울분. ¶-을 삭히느라 애썼다.
여불규칙=용:언(-不規則用言)[-뇽-]명〈어〉여불규칙 활용을 하는 용언. 동사 '하다'나 접미사처럼 쓰이는 '-하다'로 끝나는 용언은 모두 이에 딸림.
여불규칙=활용(-不規則活用)명〈어〉동사 '하다'나 접미사처럼 쓰이는 '-하다'가 붙는 모든 용언에서 어미 '-아'를 취해야 할 것이 '-여'를 취하는 데서 이르는 말. '노래하다'가 '노래하여'로, '착하다'가 '착하여'로 되는 따위.
여불비(餘不備) 여불비례(餘不備禮)
여불비:례(餘不備禮) 한문 투의 편지 글에서 '용건만 적었을 뿐 예를 갖추지 못하였음'의 뜻으로, 끝 인사말 대신에 쓰는 말. 여불비(餘不備) ☞불비례(不備禮)
여비(女婢)명 여자 종. ☞남노(男奴)
여비(旅費)명 여행하는 데 드는 비용. 노자(路資). 노전(路錢)
여사(女士)명 옛날 중국에서, 교양이 있고 덕이 높은 여성을 일컫던 말.
여사(女史)명 ①사회적 지위나 명성이 있는 여자를 높이어 일컫는 말, 또는 그 이름에 덧붙여 경의를 나타내는 말. ②혼인한 중년 이상의 여자를 높이어 일컫는 말, 또는 그 이름에 덧붙여 경의를 나타내는 말.
여사(如斯) '이러함'의 뜻.
여사(旅舍)명 여관(旅館)
여사(餘事)명 ①여력(餘力)으로 하는 일. 여가(餘暇)에 하는 일. ②꼭 필요하지 않은 일. ③딴 일.
여:사(輿士)명 조선 시대, 여사청(輿士廳)에 딸리어 국상(國喪) 때 대여(大輿)나 소여(小輿)를 메던 사람. 여사군(輿士軍)
여사(麗史)명 고려의 역사.
여사(麗辭)명 고운 말. 아름답게 꾸민 말. 미사(美辭)
여:사-군(輿士軍)명 여사(輿士)
여:사-대:장(輿士大將)명 조선 시대, 여사청(輿士廳)의 대장을 이르던 말. 포도 대장이 겸임하였음.
여사서언:해(女四書諺解)명 조선 영조 12년(1736)에 이덕수(李德壽)가 중국의 '여사서(女四書)'를 한글로 토를 달고 번역한 책. 영조의 서문(序文)이 있음. 4권 3책.
여사여사(如斯如斯) '이러이러함'의 뜻
여:사-청(輿士廳)명 조선 시대, 국상(國喪) 때 여사를 통할하기 위하여 포도청 안에 임시로 두던 관아.
여삼추(如三秋) 짧은 시간이 삼 년인양 길게 느껴진다는 뜻으로, 기다리는 시간 따위가 몹시 지루함의 뜻. ¶일각(一刻)이 -라.
여상(女相)명 여자처럼 생긴 남자 얼굴. ☞남상(男相)
여상(女商)명 여자 상인(商人).
여상(女喪)명 여자의 상사(喪事).
여상(如上) '위와 같음', '앞에서 말한 바와 같음'의 뜻.
여상(旅商)명 행상(行商)
여상(如常)어기 '여상(如常)하다'의 어기(語基).
여상-지다(女相-)형 남자의 얼굴이 여자처럼 생기다.
여상-하다(如常-)형여 보통 때와 같다. 늘 같다.
여:새명 참새목 여샛과의 새를 통틀어 이르는 말. 몸길이 18cm 안팎. 날개와 꽁지에 빨강 또는 노랑 부분이 있으며, 머리에는 도가머리가 있음. 우리 나라에는 황여새와 홍여새가 가을에 날아와 겨울을 나는데, 떼를 지어 나무 열매를 먹고 삶. 연새. 연작(連雀)
여색(女色)명 ①여자의 얼굴. 여자의 아름다움. ②여자와 관계하는 정사(情事). ¶-에 빠지다. 준색(色)²
여색(餘色)명 보색(補色)
여색(麗色)명 맑고 고운 얼굴빛.
여생(餘生)명 남은 인생. 여년(餘年). 여명(餘命). 잔년(殘年) ¶-을 편안히 보내다.
여서(女壻)명 사위
-여서어미 '하다'의 '하-'에 붙는, '-아서'와 같은 뜻을 지닌 연결 어미. ¶공부를 열심히 하여서 꼭 합격하겠다./내용이 복잡하여서 정리하기가 힘들다./심사하여서 결정하겠다. ☞-어서
여:석(礪石)명 숫돌
여-선생(女先生)명 여자 선생.
여섯수 ①수의 고유어 이름의 하나. 다섯에 하나를 더한 수. ¶딸만 -인 집. ②물건 따위를 셀 때의 여섯 개. 관 단위를 나타내는 말 앞에 쓰이어 ①수량이 다섯에 하나를 더한 수임을 나타냄. ¶사과 - 개./닭 - 마리. ②차례가 다섯째의 다음임을, 또는 횟수가 다섯 번째의 다음임을 나타냄. ☞엿². 육(六)

한자 여섯 륙(六) 〔八部 2획〕 ¶육각(六角)/육감(六感)/육경(六卿)/육순(六旬)/육조(六曹)/육촌(六寸)

여섯-때[-섣-]명 절에서, 하루 여섯 차례 염불과 독경(讀經)을 하는 때. 곧 새벽·아침·한낮·해질녘·초저녁·밤중을 이름.
여섯-무날[-섣-]명 조수의 간만(干滿)의 차가 같은, 음력 보름과 그믐을 이르는 말. ☞무날. 무수기
여섯발-게[-섣-]명 원숭이겟과의 게. 등딱지는 길이 1cm, 너비 1.5cm 안팎이고 가로로 길쭉한 원기둥 모양이며, 앞쪽이 뒤쪽보다 좁음. 넷째 다리가 퇴화하여 걷는 다리는 세 쌍임. 해삼류의 구멍 속에 공생함. 우리 나라와 일본, 타이 등지에 분포함.

여섯잎-꽃[-섣닙-] 명 꽃잎이 여섯 장인 꽃. 나리 따위. 육판화(六瓣花) ☞다섯잎꽃

여섯-째[-섣-] 수 다섯째의 다음 차례.

여성(女性) 명 성(性)에 따라 구별할 때, 암의 성인 사람. 일반적으로 성년인 여자를 이름. ¶- 잡지/-의 지위. 준여(女)[1] ☞남성(男性)

여성(女星) 명 여수(女宿)

여성(女聲) 명 성악에서 여성이 맡는 성부(聲部). 소프라노나 알토 따위. ☞남성(男聲)

여성-계(女性界) 명 여성들의 사회.

여성-미(女性美) 명 외모나 성격 등에 나타나는 여자다운 아름다움. ☞남성미(男性美)

여성-복(女性服) 명 여성들이 입는 옷.

여성-적(女性的) 명 여자다운 것. 여자에게 어울리는 것. 여자처럼 부드럽거나 온화하거나 섬세한 것. ¶-인 분위기. ☞남성적(男性的)

여성-학(女性學) 명 남성의 시점에서 구축된 이제까지의 학문을 여성의 시점에서 다시 파악하려는 학문.

여성=합창(女聲合唱) 명 여성들만으로 이루어진 합창. ☞남성 합창(男聲合唱)

여성=호르몬(女性hormone) 명 여성의 난소(卵巢)에서 분비되는 호르몬. 성기(性器)의 발달과 생식 기능 조절 등에 작용함. ☞남성 호르몬

여세(餘勢) 명 어떤 일을 끝내고 나서도 남아 있는 기세나 세력. ¶연전연승의 -를 몰아 결승전에서 승리하다.

여:세부침(與世浮沈) 성구 여세추이(與世推移)

여:세추이(與世推移) 성구 세상이 변함에 따라 함께 변함을 이르는 말. 여세부침(與世浮沈)

여손(女孫) 명 손녀(孫女)

여:송(輿頌) 명 여러 사람들의 칭송.

여:송-연(呂宋煙) 명 엽궐련, 특히 필리핀의 루손 섬에서 나는 향기가 좋은 엽궐련을 이름.

여수(女囚) 명 여자 죄수. 여도(女徒) ☞남수(男囚)

여수(女宿) 명 이십팔수(二十八宿)의 하나. 북쪽의 셋째 별자리. 여성(女星) 준여(女)[2]

여수(旅愁) 명 여행 중에 느끼는 시름이나 쓸쓸한 느낌. 객수(客愁)

여:수(與受) 명 -하다 타 주고받고 함. 특히 금품을 주고받고 함. 수수(授受) ¶-를 분명히 하다.

속담 **여수가 밀천이다** : 갚아야 할 것은 꼭 갚는 등 셈이 분명해야 신용을 얻어 일이 더 잘 된다는 말.

여수(餘祟) 명 여증(餘症)

여수(餘數) 명 남은 수.

여:수(濾水) 명 -하다 자 더러운 물을 걸러서 깨끗이 함. 또는 그 물.

여수-구(餘水口) 명 저수지 따위의 수량이 일정량 이상이 되었을 때, 여분의 물을 다른 곳으로 흘려 보내기 위한 물구멍.

여:수-동죄(與受同罪) 명 장물(贓物)을 주거나 받는 일은 그 죄가 같음.

여수-로(餘水路) 명 저수지 따위의 수량이 일정량 이상이 되었을 때, 여분의 물을 흘려 보내는 물길.

여:수장우중문시(與隋將于仲文詩) 명 고구려 영양왕 때의 장수 을지문덕(乙支文德)이 지은 한시(漢詩). 살수(薩水)까지 추격해 온, 중국 수(隋)나라의 적장 우중문을 조롱하여 지어 보냈다고 함. 우리 나라에서 가장 오랜 오언 고시(五言古詩)로, '삼국사기'에 실려 전함.

여수투수(如水投水) 성구 물에 물을 탄듯 하다는 뜻으로, 무슨 일을 함에 철저하지 못하고 흐리멍덩함을 비유하여 이르는 말.

여-술(女-) 명 여자가 쓰도록 만든 숟가락. ☞남술

여-스님(女-) 명 '여승(女僧)'을 높이어 이르는 말.

여습 명 말이나 소 따위의 여섯 살을 이르는 말. ☞이릅

여습(餘習) 명 남아 있는 풍습이나 습관. 여기(餘氣)

여승(女僧) 명 여자 중. 높여스님 ☞남승(男僧). 비구니(比丘尼)

여승(餘乘) 명 불교에서, 자기 종파의 교법을 종승(宗乘)이라고 하는 데 대하여, 다른 종파의 교법을 이르는 말.

여승-당(女僧堂) 명 승방(僧房)

여승-방(女僧房) 명 승방(僧房)

여시 명 '엿방망이'의 준말.

여시(女侍) 명 나인

여시(如是) '이와 같음'의 뜻.

여시아:문(如是我聞) 성구 〔'나는 이와 같이 들었다.'라는 뜻으로〕 불교에서, 석가모니의 가르침을 제자 아난(阿難)이 구술하여 전하던 데서 비롯된 말로, 여러 불경의 첫머리에 적혀 있음.

여시여시(如是如是) '이러이러함'의 뜻.

여식(女息) 명 딸

여신(女神) 명 여성 신(神).

여:신(與信) 명 금융 기관에서, 고객에게 돈을 빌려 주는 일. ☞수신(受信) ▷與의 속자는 与

여신(餘燼) 명 ①타다 남은 불. ②무슨 일이 끝난 뒤에도 그 영향이 아직 부분적으로 남아 있는 것. ¶홍분의 -.

여:신=계:약(與信契約) 명 일정 금액을 한도로, 고객이 필요할 때 융자해 줄 것을 약속하는 계약. 당좌 대월(當座貸越) 따위.

여-신:도(女信徒) 명 여자 신도.

여:신=업무(與信業務) 명 금융 기관의 여신에 관한 모든 업무. 어음 할인, 대부, 어음 인수, 신용장 발행 따위.

여-신:자(女信者) 명 여자 신자.

여실(如實) 어기 '여실(如實)하다'의 어기(語基).

여실-하다(如實-) 형여 실제와 똑같다.

여실-히 부 여실하게 ¶속마음이 - 드러나다.

여심(女心) 명 여자의 마음. 여자다운 마음.

여심(旅心) 명 여정(旅情)

여:씨향약언:해(呂氏鄕約諺解) 명 조선 중종 13년(1518)에, 김안국(金安國)이 '증손여씨향약(增損呂氏鄕約)'을 이두로 토를 달고 한글로 번역한 책.

여아(女兒) 명 ①계집아이. 여자 아이. ②딸

여악(女樂) 명 지난날, 궁중 연회(宴會) 때 기생이 하던 노래와 춤. ☞남악(男樂)

여알(女謁) 명 대궐에서 정사(政事)를 어지럽히는 여자.

여암 명 재래식 한옥의 부연 끝의 평고대 위에 박는 나무.

여:압-실(與壓室) 명 고공(高空)을 나는 항공기에서, 승객과 승무원을 기압 변화로부터 보호하기 위하여, 가압(加壓)하여 지상과 비슷한 기압 상태를 유지하도록 조정하는 방.

여앙(餘殃) 명 조상이 저지른 나쁜 짓의 갚음으로, 그 자손이 받는 재앙. ☞여경(餘慶) ▷餘의 속자는 余

여액(餘厄) 명 아직 남아 있는 재액. 여얼(餘孽)

여액(餘額) 명 쓰고 남은 돈, 또는 그 액수.

여:야(與野) 명 여당(與黨)과 야당(野黨).

-여야 어미 '하다'의 '하-'에 붙는, '-아서'와 같은 뜻을 지닌 연결 어미. ¶아들딸은 마땅히 부모를 공경하여야(해야) 한다./국민은 나라에 충성을 다하여야 한다. ☞-아야. -어야

여얼(餘孽) 명 ①여액(餘厄) ②여증(餘症) ③멸망한 집안의 자손. 여추(餘醜)

여업(餘業) 명 ①선인(先人)이 남긴 공업(功業). ②본업 외에 따로 가진 직업. 부업(副業)

여:역(癘疫) 명 한방에서, 유행성 열병을 이르는 말. 여질(癘疾). 온역(瘟疫)

여:역-발황(癘疫發黃) 명 한방에서, 여역에 황달을 겸한 병을 이르는 말.

여열(餘熱) 명 ①아직 다 식지 않고 남아 있는 열, 또는 그 열기(熱氣). 잔열(殘熱) ②늦여름의 남은 더위. 여염(餘炎). 잔서(殘暑). 잔염(殘炎)

여염(閭閻) 명 ①마을의 골목. ②서민들이 사는 마을. 여리(閭里). 여항(閭巷)

여염(餘炎) 명 ①타다 남은 불꽃. ②늦여름의 남은 더위. 잔서(殘暑). 잔염(殘炎)

여염(麗艶)[어기] '여염(麗艶)하다'의 어기(語基).
여염-가(閭閻家)[명] 여염집
여염-집(閭閻-)[-찝][명] 서민의 살림집. 여가(閭家). 여염가(閭閻家) ¶ - 아낙 [준]염집
여염-하다(麗艶-)[형][여] 곱고 예쁘다.
여영(餘榮)[명] ①죽은 뒤의 영광. 죽은 뒤에까지 남는 명예. ②선조의 여광(餘光).
여예(餘裔)[명] ①말류(末流) ②후손(後孫)
여와(女瓦)[명] 암키와
여왕(女王)[명] ①여자 임금. 여주(女主) ②어떤 분야에서 가장 뛰어나거나, 가장 인기 있는 여성을 비유하여 이르는 말. ¶가요계의 -.
여왕-개:미(女王-)[명] 사회 생활을 하는 개미의 한 무리를 거느리는, 산란 능력을 가진 암개미. 태어나서 며칠 만에 한 마리의 수컷과 공중에서 교미(交尾)한 다음, 땅에 내려와 날개가 떨어지면 숨을 곳을 찾아 집을 짓고 알을 낳아 새 무리를 만듦.
여왕-벌(女王-)[명] 사회 생활을 하는 벌의 한 무리를 거느리는, 산란 능력을 가진 암벌. 한 번의 교미(交尾)로 일생 산란만 함. 꿀벌의 경우 하루 3,000개 가량의 알을 낳는데, 수명은 3～5년임. 봉왕(蜂王). 여왕봉(女王蜂). 왕봉(王蜂). 장수벌 ☞분봉(分蜂). 수벌. 일벌
여왕-봉(女王蜂)[명] 여왕벌
여요(麗謠)[명] '고려 가요(高麗歌謠)'의 준말.
여용(麗容)[명] 예쁜 얼굴. 아름다운 용모.
여우[명] ①갯과의 짐승. 몸길이 70cm 안팎. 개와 비슷한데 몸이 더 홀쭉하고, 주둥이가 길고 뾰족하며 꼬리는 굵고 깁. 털빛은 적갈색 또는 황갈색임. 야호(野狐) ②교활하고 변덕스러운 사람을 비유하여 이르는 말. ¶그 사람, 교활하기는 -야.
 여우 같다[관용] 간사하고 요망하다.
 [속담] **여우가 죽으니 토끼가 슬퍼한다** : 같은 무리끼리 서로 동정함을 이르는 말. /**여우 뒤웅박 쓰고 삼밭에 든 것** : 뒤웅박을 쓰고 삼이 빽빽이 자란 삼밭에 든 여우처럼, 앞을 보지 못하여 방향을 잡지 못하고 갈팡질팡 헤매며 쏘다님을 이르는 말.
여우(女優)[명] '여배우(女俳優)'의 준말. ☞남우(男優)
여우(旅寓)[명]-**하다**[자] 객거(客居)
여우-구슬[명] 대극과의 한해살이풀. 줄기 높이 15～40cm. 전체에 붉은빛이 돌며 잎은 어긋맞게 나며 겹잎처럼 보임. 7～8월에 적갈색의 작은 꽃이 잎겨드랑이에 피며 열매는 삭과(蒴果)임. 우리 나라 남부의 들이나 밭에서 자람.
여우-떨:다(-떨고·-떠니)[자] 간사스러운 아양으로 남을 홀리다.
여우-별[명] 비 내리는 날 잠깐 났다가 사라지는 별.
여우-비[명] 맑은 날에 잠깐 내리다가 그치는 비.
여우-오줌[명] 국화과의 여러해살이풀. 줄기 높이 1m 안팎. 잎은 길둥근 꼴이며 가장자리에 톱니가 있음. 8～9월에 노란 꽃이 줄기나 가지 끝에 하나씩 핌. 열매는 수과(瘦果)임. 꽃이 붙은 잎자루는 타박상 치료에, 열매는 구충제로 쓰임. 경상 북도 이북의 산지에서 자람. 담배풀. 추면(皺面)
여우-콩[명] '쥐눈이콩'의 딴이름.
여운(餘運)[명] 아직 남아 있는 운수.
여운(餘韻)[명] ①여음(餘音) ②어떤 일이 끝난 뒤에도 아직 남아 있는 느낌. 여정(餘情) ¶흥분의 -. ③시문(詩文)의 표현에서 느껴지는 정취.
여운-시(餘韻詩)[명] 말의 여운을 남김으로써 어떤 효과를 노리는 서정시의 한 형식.
여울[명] 강이나 바다의 바닥이 얕거나 폭이 좁거나 하여, 물살이 빠르고 세차게 흐르는 곳. ☞천탄(淺灘)
 [속담] **여울로 소금 섬을 끌래도 끌지** : 여울로 소금 섬을 끌어들이면 소금이 다 녹아 버릴 것이지만, 윗사람이 시킨다면 서슴지 않고 하겠다는 것. 곧 무슨 일이든 시키는 대로 하겠다는 말.
여울-거리다(대다)[자] 큰 불꽃이 부드럽게 자꾸 움직이다. ☞야울거리다
여울-돌[-똘][명] 여울 바닥에 깔린 돌.
여울-목[명] 여울의 가장 좁은 부분.
여울-여울[-려-][부] 여울거리는 모양을 나타내는 말.
여월(如月)[명] '음력 이월'을 달리 이르는 말. ☞영월
여월(余月·餘月)[명] '음력 사월'을 달리 이르는 말. 음월
여위(餘威)[명] ①어떤 일을 이룬 다음까지도 여전히 남아 있는 위세(威勢). ②뒷날까지 남아 있는 선인(先人)의 위광(威光).
여위다[자] 살이 빠지다. ¶며칠 사이 부쩍 -. ☞야위다
여윈-잠[명] 깊이 들지 않은 잠, 또는 충분하지 못한 잠.
여유(餘裕)[명] 정신적으로나 물질적, 시간적으로 남음이 있을 만큼 넉넉함. ¶생활에 -가 생기다. /몸가짐에 -가 있다. /며칠만 -를 주시오.
여유작작-하다(餘裕綽綽-)[형][여] 태도가 침착하고 느긋하다. 작작유여하다
여음(女陰)[명] 여자의 음부(陰部). 여자의 성기(性器).
여음(餘音)[명] ①소리가 그친 뒤에도 아직 남아 있는 울림. 여운(餘韻). 여향(餘響) ②민요나 고려 가요 등에서, 흥을 돋우거나 리듬을 고르기 위하여 별뜻 없이 끼워 넣는 어절이나 구절. '에헤야', '아으 동동 다리' 따위.
여음(餘蔭)[명] 조상의 공덕으로 자손이 입는 은혜.
여읍여소(如泣如訴)[-녀-][성구] 우는 것 같기도 하고 하소연하는 것 같기도 함을 이르는 말.
여의(女醫)[명] '여의사(女醫師)'의 준말.
여의(如意)[1][명] 중이 독경이나 설법을 할 때, 손에 드는 불구(佛具)의 한 가지. 주로 금속으로 된 30～40cm의 막대 끝을 고사리 잎 모양으로 구부려져 있음.
여의(餘意)[명] 말에 함축되어 있는 속뜻.
여의(如意)[2][어기] '여의(如意)하다'의 어기(語基).
여의다[타] ①죽어서 이별하다. ¶부모를 -. ②딸을 시집보내다. ¶딸을 -.
여의륜-관음(如意輪觀音)[명] 불교에서 이르는 육관음(六觀音)의 하나. 여의보주와 법륜의 공덕으로 육도 중생의 고통을 덜어 주고 소원을 이루어 주는 관음.
여의-보:주(如意寶珠)[명] 여의주(如意珠)
여의-봉(如意棒)[명] 길이를 마음대로 늘이거나 줄일 수 있고, 신통력을 발휘할 수 있다는 방망이. 중국의 고대 소설인 '서유기(西遊記)'에 나오는 손오공의 무기임.
여-의사(女醫師)[명] 여자 의사. [준] 여의(女醫)
여의-주(如意珠)[명] 불교에서, 모든 소원을 이루게 해 준다는 영묘한 구슬. 중생에게 베푸는 은혜가 그지없는 데서 부처나 불설(佛說)의 상징이 됨. 보주(寶珠). 여의보주(如意寶珠)
 [속담] **여의주를 얻은듯** : 일이 뜻대로 되어감을 비유하여 이르는 말.
여의찮다(如意-)[형] '여의하지 않다'가 줄어든 말.
여의-하다(如意-)[형][여] 뜻과 같다. 마음대로이다.
여인(女人)[명] 어른인 여자.
여인(旅人)[명] 나그네
여인(麗人)[명] 아름다운 여자. 미인(美人)[2]
여인-국(女人國)[명] 여국(女國)
여:인동락(與人同樂)[성구] 남과 더불어 함께 즐김을 이르는 말.
여인-숙(旅人宿)[명] 규모가 작고 숙박료가 싼 여관.
여일(餘日)[명] ①앞으로 남은 날. ¶-이 많지 않다. ②장차 살아갈 남은 세월. 앞날 ③한가한 날. ④다른 날.
여일(麗日)[명] 맑게 개어 화창한 날.
여일(如一)[어기] '여일(如一)하다'의 어기(語基).
여일-하다(如一-)[형][여] 한결같다 ¶시종(始終)이 -.
 여일-히[부] 여일하게
여자(女子)[명] 여성(女性)으로 태어난 사람. ☞남자
 [속담] **여자가 셋이면 나무 접시가 드논다** : 여자들이 모이면 말이 많고 떠들썩하다는 말. 〔여자 열이면 쇠도 녹인다. /여자 셋이 모이면 새 접시를 뒤집어 놓는다.〕

[한자] 여자 녀(女) 〔女部〕 ¶미녀(美女)/부녀(婦女)/소녀(少女)/숙녀(淑女)/열녀(烈女)

ㅇ

여자(餘資)명 쓰고 남은 자금.
여:자(勵磁)명-하다자 자기장(磁氣場) 안의 물체가 자성(磁性)을 띠는 일. 자화(磁化)
여:자-기(勵磁機)명 교류 발전기나 직류 발전기, 동기(同期) 전동기 등의 장자석(場磁石) 코일에 전류를 보내기 위하여 만든 직류 발전기.
여:자=전:류(勵磁電流)명 장자석(場磁石)의 코일에 보내는 전류. ▷ 勵의 속자는 励
여장(女將)명 '여장군(女將軍)'의 준말.
여장(女裝)명-하다자 남자가 여자의 옷차림을 함. 여복(女服) ☞남장(男裝)
여장(女墻)명 몸을 숨겨 적을 공격할 수 있도록 성 위에 나지막하게 덧쌓은 담. 성가퀴
여장(旅裝)명 여행할 때의 몸차림. 객장(客裝). 정의(征衣) ¶ -을 꾸리다./-을 풀다.
여장(藜杖)명 '청려장(靑藜杖)'의 준말.
여-장군(女將軍)명 ①여자 장수(將帥). ②몸집이 크고 힘이 센 여자를 이르는 말. 준여장(女將)
여-장:부(女丈夫)명 남자 이상으로 헌걸차고 기개가 있는 여자. 여걸(女傑)
여:장절각(汝墻折角)성구 '네 각담이 아니었으면 내 소의 뿔이 부러졌겠느냐'는 말을 한문식으로 옮긴 구(句)로, 남에게 책임을 지우려고 터무니없는 억지를 부린다는 뜻.
여재(餘在)명 쓰고 남은 돈이나 물건. 여존(餘存)
여재(餘財)명 남은 재산.
여재-문(餘在文)명 ①셈을 치르고 남은 돈. ②다 갚지 못하고 남아 있는 돈.
여적(女賊)명 불교에서, 남자의 마음을 어지럽히는 여색(女色)을 비유하여 이르는 말.
여적(餘滴)명 ①글을 다 쓰거나 그림을 다 그린 뒤에 붓 끝에 남은 먹물. 여묵(餘墨) ②어떤 기록에서 빠진 나머지 사실의 기록. 여록(餘錄)

여적-란(餘滴欄)명 신문이나 잡지 등에서 여록(餘錄)이나 가십(gossip) 등을 싣기 위하여 마련한 지면(紙面).
여전(餘錢)명 쓰고 남은 돈. 잔금(殘金)
여전(如前)어기 '여전(如前)하다'의 어기(語基).
여전-하다(如前-)형여 전과 다름이 없다. 여구(如舊)하다 ¶예나 지금이나 잘난척 하는 버릇은 -.
 여전-히부 여전하게 ¶ - 건강하다.
여절(餘切)명 '코탄젠트'의 구용어.
여점(旅店)명 지난날, 길손이 음식이나 술 따위를 사 먹고 쉬어 가거나 묵어 가는 집을 이르던 말. 객점(客店)
여-점:원(女店員)명 여자 점원.
여접(餘接)명 '코탄젠트'의 구용어.
여정(旅情)명 여행지에서 느끼는 외롭고 쓸쓸한 감정. 여심(旅心). 여포(旅抱). 여회(旅懷) ☞객정(客情). 객회(客懷)
여정(旅程)명 ①여행 중에 거쳐 가는 길. ¶긴 -을 마치고 귀국하다. ②여행의 일정. ¶날씨 때문에 -을 바꾸다.
여정(餘情)명 어떤 일이 끝난 뒤에도 아직 남아 있는 느낌. 여운(餘韻)
여정(餘酲)명 술이 아직 덜 깬 상태. 아직 덜 깬 술기운.
여:정(輿情)명 어떤 일이나 행동에 대한 사회 일반의 정적(情的)인 반응.
여:정(勵精)명-하다자 마음을 가다듬고 정성을 다하여 힘씀.
여:정도치(勵精圖治)성구 마음을 가다듬고 정성을 다하여 정치에 힘씀을 이르는 말.
여정-목(女貞木)명 '광나무'를 달리 이르는 말.
여정-실(女貞實)명 한방에서, 광나무의 열매를 약재로 이르는 말. 동지 때 따서 술을 뿜어 쪄서 강장제로 씀. 여정자(女貞子)
여정-자(女貞子)명 여정실(女貞實)
여정-하다형여 별다를 것이 없이 거의 같다.
여제(女弟)명 누이동생
여제(女帝)명 여자 황제. 여황(女皇)
여:제(厲祭)명 지난날, 제사를 받지 못하거나 돌림병으로 죽은 귀신을 위로하기 위하여 지내던 제사.
여조(餘條)명 돈이나 곡식 등을 셈할 때의 나머지 부분.
여조(麗朝)명 '고려 왕조(高麗王朝)'의 준말.
여조(麗藻)명 아름다운 시나 문장.
여조과:목(如鳥過目)성구 나는 새가 눈앞을 스쳐 감과 같이, 빠르게 지나가는 세월을 이르는 말.
여존(餘存)명 여재(餘在)
여존-남비(女尊男卑)명 사회적 지위나 권리에서, 여자를 남자보다 더 존중하여 우대하는 일. ☞남존여비
여-종(女-)명 계집종
여좌(如左) '왼쪽에 적힌 내용과 같음'의 뜻.
여좌:침:석(如坐針席)성구 '바늘방석에 앉은 것과 같다'는 말을 한문식으로 옮긴 구(句)로, 몹시 거북하고 불안하다는 뜻.
여죄(餘罪)명 주된 죄 이외의 또 다른 죄. ¶ -를 캐다.
여:주명 박과의 한해살이 덩굴풀. 줄기는 가느다란 덩굴손으로 감아 오르며, 잎은 어긋맞게 나고 손바닥 모양으로 갈라져 있음. 여름과 가을에 노란 꽃이 피며, 열매는 길둥글고 전체에 혹 같은 돌기가 돋아 있음. 고과(苦瓜). 금여지(錦荔枝)
여주(女主)명 여왕(女王)
여-주인공(女主人公)명 사건이나 소설·연극·영화 등에서 가장 중심적인 구실을 하는 여자.
여죽(女竹)명 지난날, 여자용 담뱃대를 이르던 말.
여줄가리명 ①주된 몸뚱이나 원줄기에 딸린 물건. ②중요한 일에 곁달린, 그리 중요하지 않은 일.
여중(女中)명 '여자 중학교'의 준말.
여중(旅中)명 객지에 있는 동안. 객중(客中)
여중-군자(女中君子)명 정숙하고 덕(德)이 높은 여자.
여중-호걸(女中豪傑)명 호방(豪放)하고 협기(俠氣)가 있는 여자.
여증(餘症)명 병이 나은 뒤에도 남아 있는 증세. 여기(餘氣). 여수(餘祟). 여얼(餘孼)
여지(餘地)명 ①어떤 것이 더 들어설 수 있는 공간이나 더 이용할 수 있는 땅. ¶개간할 -가 있다./입추(立錐)의 -도 없다. ②어떤 일을 하거나 또는 어떤 일이 일어날 다소의 가능성. ¶의문의 -가 없다.
여:지(輿地)명 지구, 또는 대지(大地).
여:지(濾紙)명 '여과지(濾過紙)'의 준말.
여지(鑢紙)명 사포(砂布). 샌드페이퍼
여:지-도(輿地圖)명 종합적인 내용이 그려진 일반 지도.
여지-없:다(餘地-)[-업-]형 더할 나위가 없다. 달리 어찌할 방도나 가망이 없다.
 여지-없이부 여지없게 ¶ - 패하다.
×**여직**부 →여태
여-직공(女職工)명 여자 직공. 준여공(女工)
×**여직-껏**부 →여태껏
여진(女眞)명 10세기 이후 중국 동북부와 시베리아의 연해주에 걸쳐서 산 퉁구스계의 민족.
여진(餘塵)명 수레 따위가 지나가고 난 뒤에 남아 있는 흙먼지라는 뜻으로, 옛 사람이 남겨 놓은 일의 자취를 이르는 말.
여진(餘震)명 큰 지진이 일어난 뒤에 그 주위에서 잇달아 일어나는 작은 지진.
여진여퇴(旅進旅退)[-너-]성구 일정한 주견이 없이 남이 하는 대로 어울려 행동을 같이 함을 이르는 말.
여질(女姪)명 조카딸
여:질(癘疾)명 한방에서, 유행성 열병을 이르는 말. 여역(癘疫)
여질(麗質)명 ①아름다운 천성(天性). ②'미인(美人)'을 달리 이르는 말.
여짓-거리다(대다)[-짇-]자 무슨 말을 할듯 말듯 자꾸 머뭇거리다. ¶그렇게 여짓거리지만 말고 말해 보게.
여짓-여짓[-짇녀-]부 여짓거리는 모양을 나타내는 말. ¶잠시 - 하다가 밖으로 나가다.
여:쭈다타 윗사람에게 말이나 인사 등을 올리다. 여쭙다 ¶선생님께 여쭈어 보아라./아저씨께 인사를 -.

여:쭙다(여쭙고·여쭈워)[타ㅂ] 여쭈다
여:차¹[명] 대수롭지 않은 사물. ¶그까짓 것은 ―다.
여:차²[감] '이영차'의 준말.
여차(旅次)[명] 아랫사람에게 보내는 편지에서, '여행 중에 머무는 곳'이라는 뜻으로 쓰는 한문 투의 말.
여차(如此) '이와 같음'의 뜻.
여차여차(如此如此) '이러이러함'의 뜻
여차-하면[부] 무슨 일이 일어나기만 하면. ¶― 재빨리 달아나거라.
여창(女唱)[명][-하다][자] ①여자가 부르는 노래. ②남자가 여자의 음조(音調)로 노래부르는 일, 또는 그 노래. 여청 ☞남창(男唱)
여창(旅窓)[명] 나그네가 객지에서 묵는 방, 또는 그 방의 창. 객창(客窓)
여창남수(女唱男隨)[성구] 여자가 주장하여 앞에 나서고 남자는 뒤에서 따라만 함을 이르는 말.
여창유취(女唱類聚)[명] 조선 고종 13년(1876)에 박효관과 안민영이 편찬한 '가곡원류(歌曲源流)' 뒤에 여창 178수를 모아 부록으로 엮은 시가집(詩歌集).
여창-지름시조(女唱-時調)[명] 시조 창법의 한 가지. 지름시조와 비슷하나 초장(初章) 첫 장단을 지르지 않고 가성(假聲)으로 곱게 발성함.
여천(餘喘)[명] ①죽음을 눈앞에 두고 끊어질듯 말듯 쉬는 숨. ②아직 죽지 아니하고 부지하여 가는 목숨.
여철(藜鐵)[명] 마름쇠
여-청(女-)[명] ①여자의 목청. ②여창(女唱)
여체(女體)[명] 여자의 몸.
여체(旅體)[명] 객지에 있는 몸이라는 뜻으로, 편지에서 상대편의 안부를 물을 때 쓰는 한문 투의 말. 객체(客體)
여초(餘草)[명] ①소용없게 된 글의 초고(草稿). ②심심풀이로 쓴 글.
여추(餘醜)[명] ①쳐서 없애 버린 뒤에도 아직 남아 있는 악인(惡人)의 무리. ②멸망한 집안의 자손. 여얼(餘孼)
여축(餘蓄)[명][-하다][타] 쓰고 남은 물건을 모아 둠, 또는 그 물건. ¶식량을 ―하다.
여:출-액(濾出液)[명] 혈액 속의 혈청이 혈관 벽의 여과 작용으로 조직이나 체강(體腔) 속으로 들어간 것. 정맥압(靜脈壓)이 높을 때 볼 수 있음.
여출일구(如出一口)[성구] 이구동성(異口同聲)
여취여광(如醉如狂)[성구] 여광여취(如狂如醉)
여측이:심(如廁二心)[성구] '뒷간에 갈 적 마음 다르고 올 적 마음 다르다'는 말을 한문식으로 옮긴 구(句)로, 자기에게 긴요할 때에는 다급하게 행동하다가 그 일이 끝나면 마음이 변한다는 뜻.
여:치[명] 여칫과의 곤충. 몸길이 3～4cm, 몸빛은 황록색 또는 황갈색임. 몸은 통통하고 긴 촉각이 있으며 앞날개의 중심에 검은 점이 줄지어 있음. 여름에 나타나며 수컷은 큰소리로 욺. 우리 나라와 일본, 중국, 시베리아 등지에 분포함. 씨르래기
여침(旅寢)[명] 객지에서 드는 잠자리.
여쾌(女儈)[명] 중매하는 여자.
여타(餘他)[명] 그 밖의 다른 것. ¶―의 일은 묻지 마라.
여:탈(與奪)[명] 주는 일과 빼앗는 일.
여:탐(∠豫探)[명][-하다][타] 무슨 일이 있을 때 웃어른의 뜻을 살피기 위하여 미리 여쭙는 일. [원]예탐
여:탐-굿(∠豫探-)[명][-하다][자] 집안에 경사가 있을 때 조상에게 먼저 아뢰는 굿. [원]예탐굿
여탕(女湯)[명] 대중 목욕탕에서, 여자들이 목욕하는 곳. ☞남탕(男湯)
여태[부] 지금까지. 입때 ¶― 무얼 했느냐?
여태(女態)[명] 여자다운 태도.
여태-껏[부] '여태'를 힘주어 이르는 말. 입때껏 ¶― 놀다가 이제 막 잠이 들었다./― 생각해 본 적이 없다.
여-태혜(女太鞋)[명] 지난날, 볼이 좁고 간단하여 여자의 신과 모양이 비슷한 남자용 가죽신을 이르던 말.
여택(餘澤)[명] 선인이 남겨 준 은택(恩澤).
여택(麗澤)[명] 친구끼리 서로 도와 학문과 덕행을 닦는 일.
여투다[타] 물건이나 돈을 아껴 쓰고 남은 것을 모아 두다. ¶어려운 때를 위해 돈을 조금씩 여투어 두다.
여트막-하다[형여] 조금 여틈한듯 하다. ¶여트막하게 파놓은 구덩이. ☞야트막하다
여틈-하다[형여] 조금 옅다. ¶여틈한 시내를 건너다. ☞야틈하다
여파(餘波)[명] ①바람이 잔 뒤에도 아직 일고 있는 파도. ②어떤 일이 끝난 뒤에도 남아 미치는 영향. ¶기름 값 인상의 ―로 물가가 올랐다.
여:파-기(濾波器)[명] 여러 주파수가 섞여 있는 전파에서 특정 주파수만을 가려내어 흐르게 하는 전기적 장치.
여편-네[명] ①혼인한 여자를 속되게 이르는 말. ②자기의 아내를 속되게 이르는 말. 계집 ☞마누라
여폐(餘弊)[명] 뒤에까지 미치는 폐해(弊害).
여포(旅抱)[명] 여정(旅情)
여:포(濾胞)[명] ①동물의 내분비선 조직에서 많은 세포가 모여 이루어진 속이 빈 공 모양의 구조. ②포유류의 난소(卵巢) 안에서, 성장 과정에 있는 세포성(細胞性)의 주머니. 여포 호르몬을 분비함. 난포(卵胞)
여:포=호르몬(濾胞hormone)[명] 척추동물의 난소 안에 있는 난포(卵胞)에서 분비되는 자성(雌性) 호르몬. 자궁과 젖샘의 발육, 제2차 성징(性徵)의 발현 등의 구실을 함. 난포 호르몬. 발정 호르몬
여풍(餘風)[명] ①큰바람이 분 뒤에 남아 부는 바람. ②예부터 남아 전해 온 풍습이나 습관.
여풍(麗風)[명] 팔풍(八風)의 하나. '북서풍(北西風)'을 달리 이르는 말.
여피(yuppie)[명] 도시 주변을 생활 기반으로 하여 전문직에서 일하며 높은 소득을 올리는 젊은이. 'young urban professionals'의 머리글자 'YUP'에서 나온 말.
여필(女筆)[명] 여자의 글씨 또는 필체.
여필종부(女必從夫)[성구] 아내는 반드시 남편의 뜻을 따라야 한다는 말.
여하(如何)[명][-하다][형] 일의 형편이나 정도 등이 어떠함. ¶노력 ―에 따라 결과가 달라진다.
여하-히[부] 여하하게
여하-간(如何間)[부] 어떻든 간에. ¶― 한번 만나 보자.
여하튼(如何-)[부] 어떻든 ¶― 이야기나 들어 보자.
여-학교(女學校)[명] 여자만을 가르치는 학교를 통틀어 이르는 말.
여-학생(女學生)[명] 여자 학생. ☞남학생
여한(餘恨)[명] 풀지 못하고 남은 원한. ¶이제 눈을 감아도 ―이 없다.
여한(餘寒)[명] 겨울이 지날 무렵의 늦추위. 잔한(殘寒) ¶―이 가시질 않고 쌀쌀하다. ☞여열(餘熱)
여할(餘割)[명] '코시컨트'의 구용어.
여-함:수(餘函數)[-쑤][명] 삼각 함수에서, 직각 삼각형의 직각이 아닌 각의 사인과 코사인, 탄젠트와 코탄젠트, 시컨트와 코시컨트를 서로 상대하여 이르는 말.
여합부절(如合符節)[성구] 부절(符節)이 서로 꼭 맞듯이, 사물이 조금도 틀리지 않고 꼭 들어맞음을 이르는 말.
여항(閭巷)[명] 여염(閭閻)
여항(餘項)[명] 남은 항목(項目).
여항-간(閭巷間)[명] 일반 사람들 사이. 항간(巷間)
여행(旅行)[명][-하다][자] 볼일이나 유람의 목적으로 일정 기간 다른 고장이나 외국에 가는 일.
여:행(勵行)[명][-하다][타] ①무슨 일을 힘써 함. ②실행하도록 장려함. ¶절약을 ―하다.
여행-기(旅行記)[명] 여행 중에 보고 겪고 느낀 일이나 감상 등을 적은 글.
여행-사(旅行社)[명] 교통이나 숙박 등 여행자의 편의를 돌보아 주는 일을 주요 업무로 하는 회사.
여행-자(旅行者)[명] 여행하는 사람.
여행자=수표(旅行者手票)[명] 해외 여행자가 다른 나라에서 현금 대신 사용할 수 있는 수표.
여행=증명(旅行證明)[명] 외국을 여행하는 사람에게 여행을 허가하고 신분을 증명해 주는 문서.

ㅇ

여향(餘香)명 향기로운 물건이 없어진 뒤에도 남아 있는 향기. 여훈(餘薰). 유향(遺香)
여향(餘響)명 ①소리가 그친 뒤에도 아직 남아 있는 울림. 여음(餘音) ②아직 남아 있는 영향.
여현(餘弦)명 '코사인'의 구용어.
여혈(餘血)명 아기를 낳은 뒤에 산문(產門)에서 나오는 나쁜 피.
여혐(餘嫌)명 아직 남아 있는 혐의.
여형(女兄)명 손위 누이.
여형(女形)명 여자같이 보이는 형상.
여형약제(如兄若弟)성구 서로 친하기가 형제와 같음을 이르는 말.
여-형제(女兄弟)명 자매(姉妹)
여혜(女鞋)명 지난날, 여자용 가죽신을 이르던 말.
여호수아-서(∠Jehoshua書)명 구약성서의 한 편. 모세의 후계자인 여호수아가 이스라엘 사람들을 이끌고 가나안을 정복하여, 그 땅을 각 지파(支派)에게 나누어 주고 정착해 간 역사를 기록하였음.
여호와(Jehovah 히)명 이스라엘 민족과 크리스트교에서, 천지 만물을 창조한 유일신으로 섬기는 신(神). 야훼
여혹(如或)부 만일. 혹시
여혼(女婚)명 딸의 혼사(婚事). ☞남혼(男婚)
여화(女禍)명 여색(女色)으로 말미암은 재앙.
여환(如幻)명 불교에서, 모든 존재는 실체가 없이 환영(幻影)처럼 덧없음을 이르는 말.
여황(女皇)명 여자 황제. 여제(女帝)
여황(旅況)명 객지에서 지내는 형편. 객황(客況)
여회(旅懷)명 여정(旅情)
여회(藜灰)명 한방에서, 명아주를 태운 재를 약재로 이르는 말. 어루러기나 혹을 없애는 데 쓰임. 동회(冬灰)
여훈(餘薰)명 여향(餘香)
여훈(餘醺)명 아직 깨끗이 깨지 못한 술기운.
여휘(餘暉)명 저녁에 비치는 햇빛. 석조(夕照)
여흔(餘痕)명 남아 있는 흔적.
여흥(餘興)명 ①놀이 끝에 남아 있는 흥. ¶채 가시지 않은 -. ②연회나 모임 따위에서, 흥을 돋우기 위하여 곁들이는 연예(演藝)나 오락. ¶-을 즐기다.
역(力)명 조선 시대, 달음질 취재(取才)의 한 가지. 양손에 50근 무게의 물건을 하나씩 들고 갔으며, 일력(一力)·이력(二力)·삼력(三力)의 세 등급이 있었음.
역(役)명 영화나 연극 등에서, 작품 중의 인물을 맡아서 연기하는 배우의 구실. ¶의사 -을 맡다.
역(易)명 주역(周易)
역(逆)명 ①차례나 방향 따위가 반대 또는 거꾸로임. ¶-으로 생각해 보다. ②논리학이나 수학에서, 어떤 명제의 가정과 결론을 뒤바꾸어 얻은 명제를 전자(前者)의 명제에 상대하여 이르는 말.
역(域)명 '경역(境域)'의 준말.
역(閾)명 심리학에서, 자극으로 말미암아 감각이나 반응이 일어나는 경계의 값을 이르는 말.
역(譯)명 '번역(飜譯)'의 준말.
역(驛)명 ①열차가 멈추어서 여객이나 화물을 싣고 내릴 수 있도록 설비를 갖춘 곳. 정거장 ②지난날, 나라의 명령이나 공문서를 중계하여 전하고, 공무로 여행하는 관원들에게 말과 숙소 등의 편의를 제공하던 곳. 우역(郵驛)

한자 역 역(驛) 〔馬部 13획〕 ¶간이역(簡易驛)/역내(驛內)/역무원(驛務員)/역사(驛舍) ▷ 속자는 駅

역(逆)-《접두사처럼 쓰이어》'반대의'의 뜻을 나타냄. ¶역선전(逆宣傳)/역작용(逆作用)/역효과(逆效果) ☞반(反)-. 정(正)-
-역(役)《접미사처럼 쓰이어》①'맡아서 하는 일'의 뜻을 나타냄. ¶감사역(監査役)/상담역(相談役)/조정역(調整役) ②'병역(兵役)'의 뜻을 나타냄. ¶예비역(豫備役)/보충역(補充役)
역가(力價)명 화학에서, 적정(滴定) 등에 쓰이는 표준 용액의 농도.
역가(役價)명 ①일한 것에 대한 품삯. ②조선 시대에 경저리(京邸吏)와 영저리(營邸吏)에게 주던 보수.
역간(力諫)명-하다타 임금이나 윗사람에게 힘써 간함.
역강(力強)어기 '역강(力強)하다'의 어기(語基).
역강-하다(力強-)형여 힘이 세다.
역-결(逆-)명 비꼬이거나 엇나간 나무의 결. 엇결
역-겹다(逆-)(-겹고·-겨워)형ㅂ 몹시 메스껍거나 마음에 거슬리어 언짢다. ¶보기만 해도 -./역겨운 냄새.
역경(易經)명 주역(周易)
역경(逆境)명 불운한 처지나 일이 순조롭지 않아 힘든 형편. ¶-을 딛고 일어서다. ☞순경(順境)
역공(力攻)명-하다타 힘을 다하여 공격함.
역공(逆攻)명-하다타 공격을 당하던 편에서 맞받아 공격함, 또는 그 공격. ¶-을 펼치다.
역과(譯科)명 조선 시대, 잡과의 한 가지. 외국어에 능통한 사람을 역관(譯官)으로 뽑기 위해 보이던 과거.
역관(曆官)명 지난날, 역법(曆法)과 역학(曆學)에 관한 일을 맡아보던 관원.
역관(歷官)명-하다자 여러 관직을 두루 지냄.
역관(譯官)명 ①통역 일을 맡아보는 관원. ②지난날, 사역원(司譯院)의 관원을 통틀어 이르던 말.
역관(驛館)명 지난날, 역참(驛站)에서 공무로 여행하는 관원이 묵는 집을 이르던 말.
역광(逆光)명 사진을 찍거나 그림을 그릴 때, 대상이 되는 물체의 뒤편에서 비치는 광선. 역광선
역-광선(逆光線)명 역광(逆光)
역구(力求)명-하다타 힘써 찾음.
역구(力救)명-하다타 힘써 구원함.
역군(役軍)명 ①어떠한 부분에서 중요한 구실을 하는 사람. ¶조국 건설의 -. ②건축이나 토목 등의 공사장에서 삯일을 하는 사람. 역부(役夫)
역군(逆軍)명 역적(逆賊)의 군대.
역권(力勸)명-하다타 힘써 권함.
역권(役權)명 어떤 목적을 이루려고 타인의 토지나 물건을 이용하는 물권(物權). ☞지역권(地域權)
역귀(疫鬼)명 전염병을 일으켜 퍼뜨린다는 귀신.
역기(力技)명 역도(力道)
역기(力器)명 역도(力道)나 근력 단련에 쓰는 운동 기구. 철봉의 양쪽 끝에 원반형의 쇳덩이를 끼워 중량을 조절함. 바벨(barbell)
역기(逆氣)명 욕지기
역-기능(逆機能)명 본디 목적한 것과는 반대로 작용하는 기능. ¶-을 낳다./-을 가져오다. ☞순기능(順機能)
역-기전력(逆起電力)[-녁]명 전기 회로에 급격히 전류를 보냈을 때, 전원(電源)의 기전력과 반대 방향으로 생기는 기전력.
역내(域內)명 일정한 구역이나 범위의 안. ☞역외(域外)
역내(閾內)명 문지방의 안. ☞역외(閾外)
역내(驛內)명 역의 안.
역내=무:역(域內貿易)명 일정한 경제권 안의 국가나 가맹국 사이에 이루어지는 무역.
역년(歷年)명 ①-하다자 여러 해를 지내는 일, 또는 지나온 여러 해. ②한 왕조(王朝)가 왕업(王業)을 누린 햇수. 역세(歷歲)
역년(曆年)명 책력(冊曆)에 정해진 한 해. 태양력에서는 평년은 365일, 윤년은 366일임.
역노(驛奴)명 지난날, 역참(驛站)에 딸려 있던 남자 종. ☞역비(驛婢)
역-놈(驛-)명 지난날, '역노(驛奴)'를 낮추어 이르던 말.
역농(力農)명-하다자 힘써 농사를 지음. 역전(力田)
역다형 ①눈치가 있고 꾀바르다. ②무슨 일에나 자기에게 이롭게만 꾀를 부리는 태도가 있다. ☞약다
역-단:층(逆斷層)명 단층의 한 가지. 경사진 단층면의 상반(上盤)이 하반(下盤)에 비해서 밀려 올라간 모양의 단층. ☞정단층(正斷層)
역답(驛畓)명 지난날, 역참(驛站)에 딸려서 그 소출을 역참의 경비로 쓰게 되어 있던 논.

역당(逆黨)명 역적들의 무리. 역도(逆徒)
역대(歷代)명 대대로 이어 내려온 여러 대. 역세(歷世) ¶ — 대통령/—의 기록. ▷歷의 속자는 厯
역대-기(歷代記)명 구약성서에 수록된 이스라엘의 역사서. 유대와 이스라엘의 고대 역사를 상(上)·하(下) 두 권으로 기록하였음.
역도(力道)명 역기(力器)를 양손으로 잡아 머리 위까지 들어올려 그 역기의 중량(重量)에 따른 기록으로 겨루는 경기. 역기(力技)
역도(逆徒)명 역적들의 무리. 역당(逆黨)
역도(逆睹)명-하다타 앞일을 미리 내다봄.
역독(譯讀)명-하다타 번역하여 읽음. ▷譯의 속자는 訳
역동(力動)명-하다자 힘차고 활발하게 움직임.
역동-적(力動的))명 힘차고 활발하게 움직이는 것. ¶ — 인 모습./—으로 생활하다.
역두(驛頭)명 역(驛)의 앞. 역전(驛前)
역-둔토(驛屯土)명 지난날, 각 역(驛)에서 경작하던 토지, 곧 역의 경비를 충당하던 역토(驛土)와 역에 주둔하는 병사들의 군량용(軍糧用)으로 경작하던 둔토(屯土)를 아울러 이르던 말.
역람(歷覽)명-하다타 ①여러 곳을 두루 다니면서 구경함. ②하나하나 살펴봄.
역랑(逆浪)명 역풍으로 말미암아 거슬러 밀려오는 물결.
역량(力量)명 어떤 일을 해낼 수 있는 능력, 또는 그 능력의 정도. ¶—을 발휘하다./—이 모자라다.
역량(役糧)명 역사(役事)할 때 쓰는 양식.
역량-계(力量計)명 사람이 낼 수 있는 최대의 신체적 힘을 측정하는 계기.
역려(逆旅)명 객사(客舍). 여관(旅館)
역려과:객(逆旅過客)성구 ①지나가는 나그네와 같이 아무 관계가 없는 사람을 이르는 말. ②세상은 여관과 같고 인생은 지나가는 나그네와 같다는 말.
역력(歷歷)어기 '역력(歷歷)하다'의 어기(語基).
역력-하다(歷歷—)형여 자취나 낌새, 기억 등이 또렷하고 분명하다. ¶노력한 흔적이 —.
역력-히부 역력하게
역로(逆路)명 ①되짚어 돌아오는 길. ②역경에서 헤매는 고난의 길. ③어떤 일의 반대되는 방향. ☞순로(順路)
역로(歷路)명 거쳐서 지나가는 길.
역로(驛路)명 역참(驛站)으로 통하는 길.
역류(逆流)명-하다자타 ①물 따위가 거슬러 흐름. ¶바닷물이 강으로 —하다./피가 —하는듯 한 느낌. ②세상의 흐름에 거스름을 이르는 말. ¶시대의 흐름에 —하다. ☞순류(順流)
역륜(逆倫)명-하다자 인륜(人倫)에 어긋남.
역률(力率)명 교류 회로에서, 전압과 전류의 위상(位相)의 차이를 코사인으로 나타낸 양.
역률(逆律)명 역적을 처벌하는 법률.
역리(疫痢)명 적리균으로 말미암은 전염병의 한 가지. 어린아이들이 걸리는 중증(重症)의 이질로 고열과 경련, 설사 등이 따름. ☞이질(痢疾). 적리(赤痢)
역리(逆理)명 ①도리(道理)나 사리(事理)에 어긋나는 일. ②논리학에서, 부주의로 생기는 추리의 착오를 이르는 말. 반리(反理). 배리(背理)
역리(驛吏)명 지난날, 역참(驛站)에 딸린 이속(吏屬)을 이르던 말.
역린(逆鱗)명 용의 턱밑에 나 있다는 비늘. 이것을 건드리면 용이 성을 내어 그 사람을 죽인다는 전설에서, 임금의 노여움을 비유하여 이르는 말.
역마(役馬)명 부리는 말.
역마(驛馬)명 지난날, 각 역참(驛站)에다 두고 관용(官用)으로 부리던 말. 역말
역마-살(驛馬煞)[—쌀]명 늘 여기저기 떠돌아다니게 된 액운(厄運). ¶—이 끼다.
역-마을(驛—)명 역참(驛站)이 있던 마을. 역촌(驛村)
역마-직성(驛馬直星)명 늘 분주하게 여기저기 떠돌아다니는 사람을 이르는 말.
역-마차(驛馬車)명 서양에서, 여객·소화물·우편물 따위를 정기적으로 운송하던 마차.
역-말(驛—)명 역마(驛馬)
속담 **역말도 갈아타면 낫다**: ①한 가지 일만 하지 않고 이따금 일을 갈아 하면 기분도 새로워지고 싫증이 나지 않는다는 말. ②무엇이건 적당하지 않으면 다른 것으로 바꿔 보는 것이 더 낫다는 말.
역면(力勉)명-하다자 부지런히 힘씀.
역명(逆命)명 ①-하다자 임금이나 윗사람의 명령을 거스름. ②정도(正道)를 벗어난 포악한 명령.
역명지전(易名之典)명 지난날, 임금으로부터 시호(諡號)를 받는 은전(恩典)을 이르던 말.
역모(逆謀)명-하다자 반역을 꾀함, 또는 그러한 꾀.
역-모:션(逆motion)명 ①야구 따위에서, 하려는 동작 자세와 반대가 되는 자세를 취하는 일. ¶투수의 —에 걸려 아웃되다. ②영화에서, 촬영한 것을 프린트할 때 그 순서를 거꾸로 하는 일. 높은 곳에 뛰어오르는 장면을 촬영할 때, 실제로는 높은 곳에서 뛰어내리는 장면을 촬영하여 편집할 때 그 순서를 거꾸로 하는 일 따위.
역목(櫟木)명 '떡갈나무'의 딴이름.
역무(役務)명 노역(勞役) 따위를 하는 일.
역무=배상(役務賠償)명 전쟁 등으로 말미암아 상대편에 끼친 손해를 금전이나 물품이 아닌 기술이나 노동력을 제공하여 배상하는 일.
역-무:역(逆貿易)명-하다타 수출했던 것을 다시 수입하거나, 수입한 것을 다시 수출하는 무역.
역무-원(驛務員)명 역에 근무하는 사람. 역원(驛員)
역문(譯文)명 번역한 글.
역-반:응(逆反應)명 가역 반응에서, 화학 변화가 생성된 물질에서 본디의 물질 쪽으로 진행되는 반응. ☞정반응(正反應)
역발산기개세(力拔山氣蓋世) 힘은 산이라도 빼어 던질 만큼 세고, 기상(氣像)은 세상을 덮을 만큼 웅대(雄大)함을 이르는 말. 초패왕 항우(項羽)의 빼어난 힘과 기상을 표현한 말. 발산개세(拔山蓋世)
역방(歷訪)명-하다타 여러 곳을 차례로 들러서 방문함.
역벌(逆罰)명 사리에 맞지 않는 일을 신불(神佛)에게 빌다가 도리어 받는 벌.
역법(曆法)명 책력을 만들 때, 천체의 주기적인 현상을 기준으로 시간을 구분하고 절후(節候)와 날짜의 순서를 정하는 방법.
역병(疫病)명 ①농작물 유행병의 한 가지. 잎에 어두운 녹색 반점과 흰 곰팡이가 생기며, 말라서 갈색이 됨. 감자·토마토·담배 등에서 볼 수 있음. ②악성(惡性) 전염병. ¶마을에 —이 돌다.
역복(易服)명-하다자 거상(居喪)을 마치고 옷을 바꿔 입는 일, 또는 그 옷.
역본(譯本)명 번역한 책. 역서(譯書) ☞원본(原本)
역본-설(力本說)명 철학에서, 물질을 포함하는 일체의 자연 현상을 자연의 힘에서 나오는 것으로 보는 세계관. 다이너미즘(dynamism)
역부(役夫)명 역군(役軍)
역부(驛夫)명 지난날, 역(驛)에 딸리어 심부름하던 사람. 역졸(驛卒)
역부족(力不足) '힘이나 기량(技倆) 등이 모자람'의 뜻. ¶—으로 패배하다./—인 일.
역분-전(役分田)명 고려 태조 23년(940)에 관원과 군사들에게 공로에 따라 나누어 주던 토지 제도.
역불급(力不及) '힘이 미치지 못함'의 뜻.
역비(逆比)명 반비(反比)
역비(驛婢)명 지난날, 역참(驛站)에 딸려 있던 여자 종. ☞역노(驛奴)
역-비:례(逆比例)명 반비례(反比例)
역-빠르다(—빠르고·—빨라)형르 역고 눈치가 빠르다.
역-빨리부 역빠르게 ☞약빨리
역사(力士)명 힘이 센 사람. 장사(壯士)
역사(役事)명-하다자 토목이나 건축 따위의 공사.

역사(歷史)명 ①인간 사회가 변화하고 발전해 온 자취, 또는 그 기록. ¶ －에 길이 남을 사건./인류의 －. ②사물이나 인물, 조직 따위가 과거로부터 변천해 온 자취. ¶ －와 전통을 자랑하는 학교.

한자 역사 사(史)〔口部 2획〕 ¶ 국사(國史)/사극(史劇)/사서(史書)/야사(野史)/정사(正史)

역사(歷事·歷仕)명-하다타 여러 대의 임금을 내리 섬김.
역사(歷辭)명-하다자 지난날, 고을의 원이 부임하기 전에 각 관아를 돌아다니며 인사하던 일.
역사(譯詞)명 번역한 가사.
역사(轢死)명-하다자 차에 치어 죽음. ☞역살(轢殺)
역사(驛舍)명 역으로 쓰는 건물.
역사-가(歷史家)명 역사를 전문적으로 연구하는 사람. 준 사가(史家)
역사=과학(歷史科學)명 ①과거에 있던 인간 생활의 여러 현상을 대상으로 연구하는 여러 과학을 통틀어 이르는 말. ②인간에 관한 사물의 역사적 개별성을 기술(記述)하는 여러 과학을 통틀어 이르는 말. ☞법칙 과학
역사-관(歷史觀)명 역사적 세계의 구조와 발전에 대한 하나의 체계적인 견해. 준 사관(史觀)
역사-극(歷史劇)명 역사적인 사건이나 인물을 소재로 하여 만든 연극이나 방송극. 준 사극(史劇)
역사-담(歷史談)명 역사에 관한 이야기.
역사=문학(歷史文學)명 역사적인 사실을 주요 제재로 하여 인간의 보편성을 표현한 문학.
역사=법칙(歷史法則)명 ①역사에도 일정한 법칙이 있다고 할 때, 역사의 진보·발전에서 볼 수 있는 법칙. ②어떤 일정한 역사적 시대에만 적용되는 법칙.
역사=법학(歷史法學)명 법의 역사성을 강조하고, 법제(法制)나 법률의 발달과 현상(現狀)을 역사적 관점에서 연구함으로써 법률의 원리를 밝히려는 학문.
역사-성(歷史性)[－썽]명 역사적인 성질.
역사=소:설(歷史小說)명 역사적인 사건·인물·풍속 등 사실(史實)을 소재로 한 소설.
역사=시대(歷史時代)명 인류 생활에 관한 문헌이나 기록이 있어, 그 역사와 변천을 연구할 수 있는 시대. ☞선사 시대(先史時代)
역사=신학(歷史神學)명 크리스트교를 역사적으로 연구하는 신학의 한 분과.
역사-적(歷史的)명 ①역사에 관계되는 것. 사적(史的) ¶ －인 사실. ②오랜 과거로부터 이어 내려오는 것. ¶ － 전통을 자랑하다./－인 문화 유산. ③역사에 남을 만큼 중요한 것. ¶ －인 인물./－인 사건.
역사=지리학(歷史地理學)명 지리의 역사적 연혁(沿革)을 연구하는 학문.
역사=철학(歷史哲學)명 역사를 다루는 철학의 한 부문. 역사 과정의 전개 원리나 본질을 밝히는 역사 존재론과 역사학의 성립 근거 및 방법론을 밝히는 역사 인식론으로 구분됨.
역사-학(歷史學)명 역사를 연구의 대상으로 하는 학문. 준 사학(史學)
역사학-파(歷史學派)명 19세기에서 20세기 초에 걸쳐 독일을 중심으로 일어난 경제학의 한 파. 경제 현상이나 국민 경제는 나라와 시대에 따라 달라지는, 상대적이고 개별적인 것이라 주장하였음.
역사-화(歷史畫)명 역사적인 사건이나 인물을 소재로 하여 그린 그림. 준 사화(史畫)
역산(逆産)[1]명-하다타 해산할 때에 아기의 발이 머리보다 먼저 나오는 상태, 또는 그런 해산. 도산(倒産)
역산(逆産)[2]명 역적이나 부역자(附逆者)의 재산.
역산(逆算)명-하다타 ①거꾸로 계산함, 또는 그런 계산. ②계산한 결과를 계산하기 전으로 되돌리는 산법(算法). 덧셈에 대한 뺄셈, 곱셈에 대한 나눗셈 따위.
역산(曆算)명 역학(曆學)과 산학(算學).
역살(轢殺)명-하다타 차로 치어 죽임. ☞역사(轢死)

역상(曆象)명 ①여러 가지 천체의 현상. ②책력에 따라서 천체의 운행을 헤아리는 일.
역상(轢傷)명-하다자 차에 치어 다침, 또는 그 상처.
역-상속(逆相續)명 피상속인의 직계 존속이 하는 상속.
역서(易書)명 점술(占術)에 관한 책.
역서(曆書)명 ①책력(冊曆) ②역학(曆學)에 관한 서적.
역서(譯書)명 번역한 책. 역본(譯本) ☞원서(原書)
역석(礫石)명 자갈
역선(力線)명 힘의 장(場) 중에 그은 곡선. 각 점에서 접선의 방향이 그 점에 작용하는 힘의 방향과 일치하는 곡선. 전기력선·자기력선 따위. 지력선(指力線)
역-선전(逆宣傳)명-하다타 상대편의 선전을 이용하여, 거꾸로 상대편에게 불리하도록 선전하는 일.
역-선풍(逆旋風)명 고기압의 중심에서 사방으로 소용돌이치며 부는 바람. 북반구에서는 시계 방향으로, 남반구에서는 시계 반대 방향으로 붊.
역설(力說)명-하다자타 어떤 뜻을 강하게 주장함. ¶ 환경 보존을 －하다./세계 평화에 대하여 －하다.
역설(逆說)명 표면상으로는 모순되고 불합리하지만 실제 내용은 진리를 나타내고 있는 말. '지는 것이 이기는 것이다.', '임은 갔지만 나는 임을 보내지 아니하였습니다.' 따위.
역설-법(逆說法)[－뻡]명 수사법(修辭法)의 한 가지. 보편적인 진리에 벗어나는 말로써 사실을 나타내는 표현 방법. '무자식 상팔자', '매 끝에 정 든다.'와 같은 표현법.
역설-적(逆說的)[－쩍]명 표면상으로는 모순되고 불합리하지만 실제 내용은 진리를 나타내는 것. ¶ －인 표현.
역성명-하다타 옳고 그름에는 관계없이 한쪽만 편드는 일.
역성을 들다관용 역성들다
역성(易姓)명-하다자 혁세(革世)
역성-들다(－들고·－드니)타 옳고 그름에는 관계없이 한쪽만 편들다. ¶ 할머니는 늘 동생만 역성드신다.
역성-혁명(易姓革命)명 임금의 성(姓)이 바뀌는 혁명이라는 뜻으로, 왕조가 바뀜을 이르는 말.
역세(歷世)명 대대로 이어 내려온 여러 대. 역대(歷代)
역세(歷歲)명 ①-하다자 여러 해를 지냄, 또는 지나온 여러 해. ②한 왕조(王朝)가 왕업(王業)을 누린 햇수를 이르는 말. 역년(歷年)
역세-권(驛勢圈)[－꿘]명 어느 철도 역이나 지하철 역을 중심으로 한 지역으로, 그 역을 통한 수송 수요가 늘어날 것으로 기대되는 범위.
역소(役所)명 역사(役事)를 하는 곳.
역수(易數)명 주역(周易)의 원리에 따라 길흉화복(吉凶禍福)을 미리 점치는 술법.
역수(逆水)명-하다자 물이 거슬러 흐름, 또는 거슬러 흐르는 물.
역수(逆修)명 불교에서 ①죽은 뒤의 명복을 빌기 위하여 생전에 미리 불사(佛事)를 닦는 일. 예수(豫修) ②젊어서 죽은 사람의 명복을 살아 있는 어버이가 비는 일. ③자기가 복을 받으려고 죽은 사람의 명복을 비는 일.
역수(逆數)명 곱하여서 1이 되는 두 수의 각각을 다른 수에 상대하여 이르는 말. 5의 역수는 5분의 1, 3분의 2의 역수는 2분의 3임. 반수(反數)
역수(曆數)명 ①천체의 운행과 변화하는 계절의 차례. ②천체의 운행을 바탕으로 하여 책력을 만드는 법. ③자연히 돌아오는 운수.
역수(歷數)명-하다타 차례로 셈.
역-수입(逆輸入)명-하다타 수출했던 물품을 가공하지 않은 채 다시 수입하는 일. ☞재수입
역-수출(逆輸出)명-하다타 수입하였던 물품을 가공하지 않은 채 다시 수출하는 일. ☞재수출
역순(逆順)명 거꾸로 된 순서. ¶ － 사전
역순(歷巡)명-하다타 여러 곳을 차례로 돌아다님.
역술(譯述)명-하다타 번역하여 기술(記述)함.
×**역-스럽다**(逆－)형ㅂ →역겹다
역습(逆襲)명-하다타 방어하던 쪽에서 거꾸로 상대편을 공격하는 일. ¶ －을 당하다.
역시(譯詩)명-하다자 시를 번역함, 또는 그 번역한 시.

역시(亦是)[부] ①또한 ¶나 — 마찬가지다. ②예상한 대로. ¶— 네가 한 일이구나.
역-시간(逆時間)[의] 물리에서, 원자로 반응도의 단위. 1 역시간은 원자로의 반응 시간이 1시간임을 나타냄.
역시-집(譯詩集)[명] 번역한 시를 모아 엮은 책.
역식(力食)[명][-하다][자] 열심히 일해서 먹고 삶.
역신(疫神)[명] ①민속에서, 천연두를 앓게 한다는 신. ②'천연두'를 달리 이르는 말.
역신(逆臣)[명] 임금에게 반역한 신하. ☞충신(忠臣)
역신-마:마(疫神—)[명] '역신'을 높여 이르는 말. ㊟ 마마[1]
역심(逆心)[명] ①반역을 꾀하는 마음. 적심(赤心) ②상대편의 말이나 행동에 반발하여 일어나는 역겨운 마음.
역아(逆兒)[명] 해산할 때, 다리가 먼저 나온 아이.
역암(礫岩)[명] 자갈이 진흙이나 모래에 섞여 굳어져서 된 퇴적암.
역약(力弱)[어기] '역약(力弱)하다'의 어기(語基).
역약-하다(力弱—)[형][여] 힘이 약하다.
역양(歷敭)[명][-하다][타] ①좋은 관직을 두루 지냄. ②역임(歷任)
역어(譯語)[명] 번역한 말. ☞원어(原語)
역어유:해(譯語類解)[명] 조선 숙종 16년(1690)에 신이행(愼以行), 김경준(金敬俊) 등이 펴낸 중국어의 국어 대역집(對譯集). 2권 2책의 목판본.
역업(譯業)[명] 번역을 직업으로 삼는 일, 또는 그 업적.
역여시(亦如是)[부] 이것도 또한.
역연(亦然)[1][부] 또한 그러하게. 역연히
역연(亦然)[2][어기] '역연(亦然)하다'의 어기(語基).
역연(歷然)[어기] '역연(歷然)하다'의 어기(語基).
역-연령(曆年齡)[명] 생일을 기점(起點)으로 세는 나이. 생활 연령(生活年齡)
역연-하다(亦然—)[형][여] 또한 그러하다.
역연-히[부] 역연하게. 역연(亦然)[1]
역연-하다(歷然—)[형][여] ①기억에 뚜렷하다. ②분명히 알 수 있도록 뚜렷하다. ¶흔적이 —./아픈 기색이 —.
역연-히[부] 역연하게
역연-혼(逆緣婚)[명] 배우자의 한쪽이 죽었을 때 그의 가족 중에서 다시 배우자를 정하는 혼인 형태.
역영(力泳)[명][-하다][자] 힘껏 헤엄침.
역옹패설(櫟翁稗說)[명] 고려 공민왕 때의 학자 이제현(李齊賢)이 지은 책. 역사책에 나오지 않는 이문(異聞)·기사(奇事)·시문(詩文)·인물평 등을 수록함. 조선 숙종 19년(1693) 허경(許熲)이 목각본(木刻本)으로 간행. '익재난고(益齋亂藁)'에 실려 전함. 4권 1책.
역외(域外)[명] 일정한 구역이나 범위의 밖. ☞역내(域內)
역외(閾外)[명] 문지방 바깥. ☞역내(閾內)
역외=자:금(域外資金)[명] 세율이 높은 나라의 거주자가 투자를 목적으로 세율이 낮은 나라에서 운용하는 자금을 통틀어 이르는 말. 사유 재산에 대한 정치적 간섭이나 조세의 부담을 피하기 위한 재산 도피, 법인세나 배당세 등의 세율이 낮은 나라로의 기업 이동 따위로 생김.
역용(役用)[명][-하다][타] 노역(勞役)에 사용함.
역용(逆用)[명][-하다][타] 원래의 목적과 반대로 이용함. 역이용
역용=동:물(役用動物)[명] 농사를 짓거나 짐을 실어 나르는 일 따위의 노역(勞役)에 쓰이는 가축. 소나 말 따위. 역축(役畜)
역우(役牛)[명] 농사를 짓거나 짐을 실어 나르는 일 따위의 노역(勞役)에 쓰이는 소.
역운(逆運)[명] 순조롭지 못한 운수.
역원(役員)[명] 임원(任員)
역원(驛院)[명] 조선 시대, 역로(驛路)에 있던 여관.
역원(驛員)[명] 역에 근무하는 사람. 역무원(驛務員)
역위(逆位)[명] 염색체에서, 유전자의 일부가 거꾸로 배열되어 있는 상태.
역위(逆胃)[명][-하다][자] ①위(胃)에서 음식을 잘 받지 아니함. ②비위에 거슬림.
역-위답(驛位畓)[명] 마위답(馬位畓)
역-위전(驛位田)[명] 마위전(馬位田)

역유(歷遊)[명][-하다][자] 여러 곳으로 돌아다니며 놂. 순유
역의(逆意)[명] 반역(叛逆)을 꾀하려는 마음.
역이(逆耳)[명][-하다][자] 다른 사람의 말이 귀에 거슬림.
역-이민(逆移民)[명] 모국을 떠나 다른 나라로 이민 갔다가 되돌아와 다시 귀화(歸化)하는 일.
역-이:용(逆利用)[명][-하다][타] 역용(逆用) ¶상대편의 계책을 —하다.
역이지언(逆耳之言)[명] 〔귀에 거슬리는 말이라는 뜻으로〕 잘못을 지적하여 충고하는 말.
역인(役人)[명] 조선 시대, 관아(官衙)나 육주비전(六注比廛)에 딸려 물건 운반과 심부름을 하던 사람.
역인(驛人)[명] 지난날, 역리(驛吏)와 역졸(驛卒)을 통틀어 이르던 말.
역일(曆日)[명] 역법(曆法)에 따라 정해진 날짜.
역임(歷任)[명][-하다][타] 여러 직위를 두루 거쳐 지냄. ¶정부의 요직(要職)을 —하다.
역자(易者)[명] 점(占)을 치는 일을 직업으로 삼는 사람.
역자(譯者)[명] 번역한 사람. 옮긴이
역자이교:지(易子而敎之)[성구] 다른 사람의 자식을 내가 가르치고, 내 자식은 다른 사람에게 부탁하여 가르치게 한다는 뜻으로, 자기 자식을 직접 가르치기 어려움을 이르는 말.
역작(力作)[명] 힘을 기울여서 만든 작품. 노작(勞作) ¶필생의 —.
역장(力場)[명] 물리에서, 힘의 작용이 미치는 범위.
역장(驛長)[명] 한 역(驛)의 일을 책임지고 맡아보는 직책, 또는 그 직책에 있는 사람.
역재(譯載)[명][-하다][타] 번역하여 출판물에 실음.
역쟁(力爭)[명][-하다][자] 온 힘을 다하여 다툼.
역저(力著)[명] 힘을 기울여서 지은 책.
역적(力積)[명] '충격량(衝擊量)'의 구용어.
역적(逆賊)[명] 제 나라나 임금에게 반역하는 사람.
역적=모의(逆賊謀議)[명] 역적들이 모여 반역을 꾀하는 일.
역적-질(逆賊—)[명][-하다][자] 제 나라나 임금에게 반역(叛逆)을 꾀하는 짓.
역전(力田)[명][-하다][자] 힘써 농사를 지음. 역농(力農)
역전(力戰)[명][-하다][자] 온 힘을 다하여 싸움. 역투(力鬪)
역전(逆戰)[명][-하다][자] 역습하여 싸움.
역전(逆轉)[명][-하다][자] ①거꾸로 회전함. ②형세나 순위(順位) 따위가 지금까지와 반대로 뒤집힘. ¶전세가 —되다./—의 기회를 잡다. ☞반전(反轉)
역전(歷傳)[명][-하다][자] 대대로 전하여 내려옴.
역전(歷戰)[명][-하다][자] 여러 차례의 전투를 겪음. ¶—의 용사.
역전(驛田)[명] 지난날, 역에 딸렸던 논밭. 역토(驛土)
역전(驛前)[명] 역(驛)의 앞. 역두(驛頭)
역전(驛傳)[명][-하다][타] 지난날, 역참(驛站)에서 중계식으로 공문(公文)을 주고받던 일. 역체(驛遞)
역전=경:주(驛傳競走)[명] 장거리를 이어달리는 경기로, 몇 사람이 한 팀을 이루어 각각 한 구간씩을 달리는 경주. 역전 릴레이. 역전 마라톤
역전=릴레이(驛傳relay)[명] 역전 경주
역전=마라톤(驛傳marathon)[명] 역전 경주
역전-승(逆轉勝)[명][-하다][자] 경기 따위에서, 처음에는 지고 있다가 형세가 바뀌어 이기는 일. ☞역전패
역전-층(逆轉層)[명] 기상학에서, 고도(高度)가 높으면서 아래층보다 기온이 높은 기층(氣層).
역전-패(逆轉敗)[명][-하다][자] 경기 따위에서, 처음에는 이기고 있다가 형세가 바뀌어 지는 일. ☞역전승
역절-풍(歷節風)[명] 한방에서, 뼈마디가 아프거나 붓거나 굴신(屈伸)을 잘 못하는 풍증.
역점(力點)[명] ①지레를 써서 물체를 움직일 때, 지레의 힘이 걸리는 점. ☞지점(支點) ②가장 중요하게 여기고 힘을 많이 들이는 점. ¶통신 사업에 —을 두다.
역점(易占)[명] 주역(周易)의 팔괘(八卦)·육십사괘에 따라 앞날의 길흉(吉凶)을 점치는 일, 또는 그 점.

역접(逆接)명〈어〉문장이나 구(句)의 접속 형식의 한 가지. 앞말과 이어지는 뒷말이 의미상 일치하지 않는 접속 관계를 보이는 표현 형식. '봄이 왔다. 그러나 날씨는 차다.'와 같이 '그러나', '그렇지만' 따위가 쓰임. ☞순접(順接)
역정(力征)명-하다타 힘을 다하여 적군을 침.
역정(逆情)명 몹시 노엽거나 언짢아서 내는 성. 역증(逆症) ¶-이 나다./-을 사다.
역정(歷程)명 지나온 과정. ¶인생 - ☞도정(道程)
역정(驛程)명 역과 역 사이의 거리.
역-정:리(逆定理)명 한 명제의 가설과 결론을 바꾸어 만든 명제를 원래의 명제에 대하여 이르는 말.
역정-스럽다(逆情-)(-스럽고·-스러워)형ㅂ 역정이 난듯 하다. ¶역정스러운 말투.
역정-스레부 역정스럽게
역정-풀이(逆情-)명-하다자타 역정을 참지 못하고 닥치는 대로 푸는 일.
역제(曆制)명 책력(冊曆)에 관한 제도.
역조(力漕)명-하다자 보트 따위를 힘껏 저음.
역조(逆潮)명 ①바람이 부는 방향과 반대 방향으로 흐르는 조류(潮流). ②배가 가는 방향과 반대 방향으로 흐르는 조류. ☞순조(順潮)
역조(逆調)명 일이 좋지 않은 방향으로 되어가는 상태. ¶무역의 - 현상.
역조(歷朝)명 ①역대의 왕조나 조정. ②역대의 임금.
역졸(驛卒)명 지난날, 역에 딸려 심부름하던 사람. 역부
역주(力走)명-하다자 힘껏 달림. ¶마라톤 경주에서 -하다.
역주(譯註)명 ①번역과 주석(註釋)을 아울러 이르는 말. ②번역한 사람이 붙인 주석.
역증(逆症)명 역정(逆情)
역지사지(易地思之)성구 처지를 서로 바꾸어서 생각함.
역지정가=주:문(逆指定價注文)[-까-]명 유가 증권의 매매를 증권업자에게 위탁할 때의 주문 방법의 한 가지. 자기가 지정한 가격보다 오름세일 때에는 사고, 내림세일 때에는 팔도록 하는 주문 방법. ☞지정가 주문
역직-기(力織機)명 수력이나 전력 등의 동력으로 움직이는 직기(織機).
역진(力盡)명-하다자 힘이 다함.
역진(逆進)명-하다자 반대 방향으로 나아감.
역진-세(逆進稅)명 과세 표준이 증가함에 따라 세율이 낮아지는 조세. 누감세(累減稅) ☞누진세(累進稅)
역질(疫疾)명 한방에서, '천연두'를 이르는 말. 역환
역차(逆次)명 거꾸로 된 차례. 뒤바뀐 차례.
역참(驛站)명 지난날, 역말을 갈아 타던 곳.
역천(力薦)명-하다타 힘써 천거(薦擧)함.
역천(逆天)명-하다자 천명(天命)을 거역함. 역천명(逆天命) ☞순천(順天)
역-천명(逆天命)명-하다자 역천(逆天) ☞순천명(順天命)
역-천자(逆天者)명 하늘의 뜻을 거스르는 사람. ☞순천자
역청(瀝靑)명 천연으로 나는 탄화수소 화합물을 통틀어 이르는 말. 아스팔트·타르 따위.
역청-석(瀝靑石)명 검거나 파란빛을 띤 유리질(琉璃質) 화산암. 송지암(松脂岩). 역청암(瀝靑岩)
역청-암(瀝靑岩)명 역청석(瀝靑石)
역청-탄(瀝靑炭)명 석탄의 한 가지. 검고 광택이 있으며, 유질(油質)이 많고 무연탄보다 탄화도가 낮음. 탈 때에는 긴 불꽃을 내며, 특유한 악취가 나는 매연을 냄. 연탄(軟炭). 흑탄(黑炭)
역체(驛遞)명 역전(驛傳) ▷驛의 속자는 駅
역촌(驛村)명 지난날, 역참(驛站)이 있던 마을. 역마을
역추산-학(曆推算學)명 태양계에 딸린 천체의 천구상 위치와 그 운동을 예보하고 연구하는 학문.
역추진=로켓(逆推進rocket)명 비행 중인 우주선이나 인공 위성에 제동을 걸려고 그 반대 방향으로 쏘는 로켓.
역축(役畜)명 역용 동물(役用動物)
역취(力吹)명-하다타 국악에서, 높은 음을 내기 위하여 센 입김으로 관악기를 연주하는 일, 또는 그런 연주법. ☞저취(低吹). 평취(平吹)
역치(閾値)명 생물체가 자극에 대한 반응을 일으키는 데 필요한 최소 한도의 자극의 강도를 표시하는 수치.
역-코:스(逆course)명 ①보통의 코스를 거슬러 가는 코스. ②시대의 흐름에 역행하는 일.
역-탐지(逆探知)명-하다타 전파나 전화의 발신지를 수신한 쪽에서 거꾸로 알아내는 일.
역토(礫土)명 자갈이 많이 섞인 흙.
역토(驛土)명 역전(驛田)
역투(力投)명-하다자 힘껏 던짐. 〔특히 야구에서 투수가 온힘을 다해 공을 던지는 일을 이름.〕
역투(力鬪)명-하다자 온 힘을 다하여 싸움. 역전(力戰)
역풍(逆風)명 ①거슬러 부는 바람. 마주 불어오는 바람. 앞바람 ②-하다자 바람을 안고 감.
역-하다(逆-)[1]타여《文》①거역하다 ②배반하다
역-하다(逆-)[2]형여 ①메스껍다 ¶하수구에서 역한 냄새가 올라오다. ②마음에 거슬리어 언짢다. ¶그의 잘난체하는 꼴을 보니 -.
역학(力學)명 ①물리학의 한 부문. 물체 사이에 작용하는 힘과 물체의 운동과의 관계를 연구하는 학문임. ②서로 관계되는 세력이나 권력, 영향력 등의 힘을 비유하여 이르는 말. ¶강대국의 - 관계.
역학(易學)명 주역(周易)에 관하여 연구하는 학문.
역학(疫瘧)명 한방에서, '유행성 말라리아'를 이르는 말.
역학(曆學)명 책력에 관한 연구를 하는 학문.
역학적=에너지(力學的energy)명 물체의 운동 또는 그 놓여 있는 위치 등의 역학적인 양(量)에 따라서 정해지는 에너지. 보통, 운동 에너지와 위치 에너지 또는 그 양자(兩者)의 합(合)을 말함. 기계적 에너지
역할(役割)명 구실
역-함:수(逆函數)[-쑤]명 독립 변수와 종속 변수의 구실을 반대로 바꾸어 나타낸 함수를 본디 함수에 대하여 이르는 말.
역해(譯解)명-하다타 번역하여 알기 쉽게 풀이함, 또는 그렇게 한 풀이. ▷譯의 속자는 訳
역행(力行)명-하다타 힘써 함. 노력해서 함.
역행(逆行)명-하다자타 ①나아갈 방향과는 반대 방향으로 나아감. ②시대의 흐름을 거슬러 행함. ¶시대의 흐름에 -하는 정책. ③'역행 운동'의 준말. ☞순행(順行)
역행=동화(逆行同化)명〈어〉자음 동화(子音同化)의 한 가지. 두 자음이 이어질 때 앞 자음이 뒤따르는 음절 첫 자음의 영향으로 바뀌는 현상. '먹는다[멍는다]', '믿는[민는]'과 같이 바뀌는 따위. ☞순행 동화(順行同化)
역행=운:동(逆行運動)명 ①지구에서 보아, 천체가 동쪽에서 서쪽으로 움직이는 천구상(天球上)의 시운동(視運動). ②천체 운동 가운데서, 태양에서 보아 지구의 공전 운동과 반대 방향으로 일어나는 운동. 준역행 ☞순행 운동(順行運動)
역형(役刑)명 기결수를 일정한 곳에 가두어 두고 노역(勞役)을 시키는 형벌.
역혼(逆婚)명-하다자 형제 자매 사이에 동생이 먼저 혼인하는 일, 또는 그런 혼인. 도혼(倒婚)
역환(疫患)명 역질(疫疾)
역-효:과(逆效果)명 기대하던 것과는 정반대의 효과.
엮다[역-]타 ①끈이나 짚, 대오리 따위로 이러저리 얽거나 줄지어 묶다. ¶바자를 -./돗자리를 -./굴비를 -. ②글이나 이야기 등을 조리 있게 줄대어 말하거나 책으로 만들다. ¶겪은 이야기를 줄줄 -./사전을 -.

한자 엮을 편(編) 〔糸 9획〕 ¶개편(改編)/편곡(編曲)/편성(編成)/편저(編著)/편집(編輯)/편찬(編纂)

엮은-이명 책을 엮은 사람. 편자(編者)
엮음명 ①엮은 것. ②민요 등에서, 많은 사설을 엮어 가면서 잦은 박자로 부르는 창법(唱法), 또는 그런 소리.
엮음수심가(-愁心歌)명 서도 민요의 한 가지. '수심가'로 시작하여 긴 사설을 마치 이야기하듯 엮어 빠르게 부

르다가 마지막을 '수심가'로 끝내는 노래로, 주로 인생의 허무함을 탄식한 내용임.

엮음-시조(-時調)명 국악 시조 창법(唱法)의 한 가지. 보통 긴 사설을 빠른 장단으로 촘촘히 엮어 나가다가 끝부분은 평시조 종장과 같이 느리게 부름. '곰보타령'·'맹꽁이타령'·'만학천봉(萬壑千峰)' 등이 있음.

연(年)명 '한 해'의 뜻. 해² ¶대출 이자율은 ― 13%이다./―에 네 차례 발간되는 잡지.

연(煙)명 연수정(煙水晶)의 빛깔.

연(鉛)명 납

연(鳶)명 가늘게 다듬은 대오리로 뼈대를 만들어 종이를 바르고, 붙이고, 실을 매어서 공중에 띄우는 장난감. 지연(紙鳶). 풍연(風鳶). 풍쟁(風箏)

연(碾)명 '약연(藥碾)'의 준말.

연(蓮)명 수련과(水蓮科)의 여러해살이 수초. 연못에서 자라는데, 논에서 재배하기도 함. 뿌리줄기는 굵고 가로 벋으며 마디가 있음. 잎은 뿌리줄기에서 나온 1~2m의 잎자루 끝에 달리는데 둥근 방패 모양이며 물 위에 뜨고, 7~8월에 지름 20cm 안팎의 붉거나 흰 꽃이 핌. 땅속줄기와 어린잎은 먹을 수 있으며, 열매는 한방에서 약재로 쓰임. 뇌지(雷芝)

연(緣)명 ①'연분(緣分)'의 준말. ②불교에서, 원인을 도와 결과를 낳게 하는 작용을 이르는 말.

연(輦)명 지난날, 임금이 거둥할 때 타던 가마의 한 가지. 덩과 비슷하나 좌우와 앞쪽에 주렴(珠簾)이 있고, 채가 훨씬 김. 난가(鸞駕). 난여(鸞輿) ☞옥련(玉輦)

연(聯)명 ①한 편의 시(詩)를 몇 개의 단락으로 구분했을 때, 그 각각의 단락을 이르는 말. ②한시(漢詩)에서, 대(對)가 되어 짝을 이루는 두 구(句).

연(連)의 양지(洋紙)의 전지(全紙) 500장을 한 묶음으로 세는 단위. ¶백상지 세 ―.

연(延)관 동일한 단위가 몇 차례 되풀이되거나 포함되어도, 그 전체를 한 단위로 셈하여 나타내는 말. 30일 동안 하루에 100명씩의 관객이 들었을 때, '연(延) 3000명'의 관객이라고 하는 따위.

연(延)-《접두사처럼 쓰이어》'어떤 대상을 기본으로 하여 그것들을 모두 합쳐 계산한'의 뜻을 나타냄. ¶연면적(延面積)/연건평(延建坪)/연인원(延人員) ☞총(總)-

연(連)-《접두사처럼 쓰이어》'연이어'의 뜻을 나타냄. ¶연이틀/연이레

연:(軟)-《접두사처럼 쓰이어》'연(軟)한'의 뜻을 나타냄. ¶연분홍/연보라 ☞진-²

-연(宴)《접미사처럼 쓰이어》'잔치', '연회(宴會)'의 뜻을 나타냄. ¶축하연(祝賀宴)/회갑연(回甲宴)

연가(連枷)명 도리깨

연가(煙家)명 굴뚝 위에 장식으로 얹은, 기와 지붕 모양의 물건. 나(甗)

연가(煙價)[-까]명 지난날, 여관이나 주막의 밥값을 이르던 말.

연가(戀歌)명 이성(異性)을 그리는 정을 나타낸 노래. 염가(艷歌). 염곡(艷曲) ▷戀의 속자는 恋

연각(緣覺)명 불교에서, 부처의 가르침이 없이 스스로 진리를 깨달은 성자(聖者). 보살의 아래, 성문(聲聞)의 위에 자리함.

연각-계(緣覺界)명 불교에서, 십계(十界)의 하나인, 연각의 세계를 이름.

연각-승(緣覺乘)명 불교에서, 이승(二乘)·삼승(三乘) 또는 오승(五乘)의 하나. 스스로 진리를 깨닫기 위하여 닦는 교법. ☞보살승. 성문승

연각-탑(緣覺塔)명 불교에서, 연각(緣覺)과 성문(聲聞)을 중심으로 하여 세운 탑.

연간(年刊)명 일 년에 한 번씩 간행함, 또는 그런 간행물.

연간(年間)명 ①한 해 동안. ¶― 생산액 ②한 임금이 왕위에 있는 동안을 이르는 말. ¶세종(世宗) ―

연:-갈색(軟褐色)[-쌕]명 엷은 갈색.

연:-감(軟-)명 붉고 말랑말랑하게 무르익은 감. 연시(軟柿). 홍시(紅柿)

연감(年鑑)명 어떤 분야에 관한 한 해 동안에 일어난 여러 사건·통계 등의 자료를 실은, 한 해 한 번씩 내는 정기 간행물. ¶출판 ―

연갑(年甲)명 연배(年輩)

연:갑(硯匣)명 벼룻집

연강(沿江)명 강가를 따라 벌여 있는 땅. 연하(沿河)

연:강(軟鋼)명 탄소강 가운데서 탄소 함유량이 0.12~0.2%인 강철. 가단성(可鍛性)과 인성(靭性)이 커서 가공하기에 알맞음. ☞경강(硬鋼)

연:강(鍊鋼)명 불린 강철.

연개-판(椽蓋板)명 서까래 위에 까는 널판.

연:거(碾車)명 씨아

연:거(燕居)명-하다자 한가히 지냄. 한거(閑居)

연-거푸(連-)부 계속하여 여러 번. ¶― 물을 들이켜다.

연:건(軟巾)명 지난날, 소과(小科)에 합격한 사람이 백패(白牌)를 받을 때 쓰던 건.

연-건:평(延建坪)명 건물의 각 층의 바닥 평수를 합계한 평수. ☞건평(建坪). 연면적(延面積)

연견(延見)명-하다타 맞아들여 만나 봄. 영견(迎見)

연결(連結)명-하다타 서로 이어서 맺음. 결련(結連) ¶차량을 ―하다.

연결-기(連結器)명 열차의 차량끼리 연결하는 장치.

연결-부(連結符)명 이음표

연결-선(連結線)[-썬]명 이음줄

연결=어:미(連結語尾)명〈어〉복문(複文)이나 중문(重文)에서 앞 문장을 끝맺지 아니하고 뒷문장에 이어 주는 형식의 어미를 이름. '봄이 왔으나 꽃은 피지 않았다.'에서 '-으나'와 같은 것. '봄이 왔다. 그러나 꽃은 피지 않았다.'로 고쳐 표현할 수 있음. ☞종결 어미

연결=추리(連結推理)명 복합적 삼단 논법

연결-형(連結形)명〈어〉연결 어미의 형태를 이름.

연경(連境)명-하다자 접경(接境)

연경(煙景)명 안개가 짙게 끼어 있는 봄 경치.

연경(煙鏡)명 알이 검은 색안경. ☞백경(白鏡)

연계(連繫)명-하다타 ①서로 관련하여 관계를 가짐, 또는 그러한 관계. ¶관련 업종과 ―하다. ②지난날, 남의 죄에 관련되어 함께 옥에 갇히는 일을 이르던 말.

연:계(㜫鷄·軟鷄)명 '영계'의 원말.

연계-성(連繫性)[-썽]명 서로 밀접한 관련을 가지고 있는 특성이나 성질.

연:고(硏考)명-하다타 연구하고 궁리함.

연:고(軟膏)명 지방·바셀린·글리세린 등에 의약재를 섞어 만든 반고체 상태의 외용약. ¶페니실린 ―

연고(緣故)명 ①어떤 일의 까닭. 사유(事由). 연유(緣由) ¶무슨 ―로 그런 일을 했느냐? ②혈통·정분이나 법률상으로 맺어진 특별한 관계, 또는 그런 관계의 사람. ¶나는 이 고장에 아무런 ―가 없다.

한자 연고 고(故)〔攴部 5획〕¶무고(無故)/연고(緣故)

연고(年高)어기 '연고(年高)하다'의 어기(語基).

연고-권(緣故權)[-꿘]명 일반적으로 귀속 재산의 임대·관리권을 가진 사람이, 국가가 그 귀속 재산을 매각(賣却)할 때 우선적으로 사들일 수 있는 권리.

연고-로(然故-)부 그러한 까닭으로.

연고-자(緣故者)명 혈통·정분이나 법률상으로 어떤 특별한 인연이나 관계에 있는 사람. 연변(緣邊) ¶아무 ―도 없는 떠돌이.

연고-지(緣故地)명 혈연(血緣)·지연(地緣)이나 그 밖의 이유로 어떤 특별한 인연 또는 관계가 있는 곳. ¶범인의 ―에 형사를 급파하다.

연고-하다(年高-)형여 연세가 많다. 연로(年老)하다. 연만(年晩)하다

연:골(軟骨)명 ①척추동물의 뼈로서 단단하지 않고 좀 무른 뼈. 물렁뼈 ②나이가 어려 뼈가 채 굳지 않은 몸, 또는 그런 사람. ③의지가 약하고 권세에 꺾이기 쉬운 기질의 사람을 비유하는 말. ☞경골(硬骨)

연:골-막(軟骨膜)명 연골의 겉을 싸고 있는 질긴 막.

연:골=세:포(軟骨細胞)명 연골 조직에 있는 기본 세포.
연:골-어류(軟骨魚類)명 척추동물의 한 강(綱). 뼈가 연골로 된 원시적인 어류. 부레와 아감딱지가 없으며, 난태생(卵胎生)을 하는 것이 많음. 상어·가오리 따위. ☞경골어류(硬骨魚類). 조류(鳥類)
연:골=조직(軟骨組織)명 연골 세포와 그것을 둘러싼 기질로 이루어진 조직. 유백색을 띠며 탄력성이 있음.
연:골-한(軟骨漢)명 의지가 약하고 권세에 꺾이기 쉬운 남자. ☞경골한(硬骨漢)
연공(年功)명 ①여러 해 동안 근무한 공로. ②여러 해 동안 익힌 고도의 기술.
연공(年貢)명 해마다 바치는 공물(貢物).
연공(聯筇)명-하다자 행동을 같이함. 연메(聯袂)
연공=가봉(年功加俸)명 여러 해 동안 근무한 공로에 따라 본봉 외에 더 주는 봉급.
연공=서:열(年功序列)명 근속 연수(勤續年數)나 나이가 많아짐에 따라 지위가 올라가는 일, 또는 그 체계.
연관(連貫)명-하다타 활을 쏠 때, 잇달아 과녁을 맞힘.
연관(鉛管)명 납 또는 납의 합금으로 만든 관. 급수관·배수관·가스관 등에 사용함. 납관
연관(煙管)명 ①담뱃대 ②연기를 내보내는 관.
연관(聯關)명-하다자 ①어떤 사물과 다른 사물이 서로 걸리어 얽힘. 관련(關聯) ¶이 주제와 -된 책의 목록을 뽑아 오시오./이번 일을 김 선생과 - 짓지 마시오. ②유전학에서, 같은 염색체 위에 있는 두 개 이상의 유전 인자가 함께 유전되는 현상.
연관=생활(聯關生活)명 일정한 지역에 사는 생물군이 전체적으로 연관하여 평형을 유지하는 일종의 공동 생활.
연관-성(聯關性)[-썽]명 서로 얽히어 관계되는 성질. 관련성(關聯性) ▷ 聯의 속자는 聠
연광(年光)명 ①바뀌는 사철의 경치. ②젊은 나이.
연광(鉛鑛)명 ①납을 캐는 광산. ②납이 들어 있는 광석.
연교(連翹)명 ①'개나리[1]'의 딴이름. ②한방에서, '개나리 씨'를 약재로 이르는 말. 종기의 고름을 빼거나 통증을 멎게 하는 데 쓰임.
연교(筵敎)명 지난날, 임금과 신하가 문답하는 자리에서 내리던 임금의 명령.
연-교차(年較差)명 일 년 동안 측정한 기온이나 습도 등의 최대값과 최소값의 차.
연:구(研究)명-하다타 어떤 사물에 대하여 깊이 생각하고 사리를 따지어 봄. ¶- 성과를 올리다./암을 -하다.

한자 **연구할 구**(究) 〔穴部 2획〕 ¶강구(講究)/구명(究明)/궁구(窮究)/연구(研究)/탐구(探究)

연:구(軟球)명 연식 야구(軟式野球)나 연식 정구(軟式庭球)에 쓰는 무른 공. ☞경구(硬球)
연:구(燕口)명 '연귀'의 원말.
연구(聯句)[-꾸]명 한시에서, 짝을 맞춘 시의 글귀.
연구(年久)어기 '연구(年久)하다'의 어기(語基).
연:구개(軟口蓋)명 입천장 뒤쪽의 연한 부분. 그 뒤끝 중앙에 목젖이 있음. 여린입천장 ☞경구개(硬口蓋)
연:구개-음(軟口蓋音)명〈어〉조음(調音) 위치에 따라 구별한 자음의 한 갈래. 연구개에 혓바닥의 뒷부분을 대고 내는 소리로 'ㄱ·ㅋ·ㄲ·ㅇ'이 이에 딸림. 여린입천장소리 ☞경구개음(硬口蓋音)
연:구-물(研究物)명 연구의 대상이 되는 사물.
연:구-비(研究費)명 어떤 사물을 연구하는 데 드는 비용.
연:구-생(研究生)명 일정한 자격을 갖추고, 어떤 전문적인 분야를 연구하는 학생.
연구세:심(年久歲深)성구 세월이 아주 오램을 이르는 말. 세구연심(歲久年深). 연구월심(年久月深). 연심세구(年深歲久). 연심세월(年深歲月)
연:구-소(研究所)명 어떤 사물을 전문적으로 연구하는 기관. ¶미생물학 -
연:구=수업(研究授業)명 학교 교육에서, 수업 방법의 개선과 효율화를 목적으로, 참관자들 앞에서 공개로 행하는 수업.
연:구-실(研究室)명 학교나 기관에 딸려, 어떤 사물의 연구를 전문적으로 하는 부서(部署), 또는 그 방.
연:구-열(研究熱)명 연구하는 일에 온 정신을 기울이는 열성.
연:구-원(研究員)명 ①연구를 하는 사람. ②지방 공무원 중 연구 업무를 맡아보는 직책의 한 가지.
연:구-원(研究院)명 어떤 분야를 전문적으로 연구하기 위하여 설치한 기관. ¶정신 문화 -
연구월심(年久月深)성구 연구세심(年久歲深)
연구-하다(年久-)형여 세월이 매우 오래되다.
연:구=학교(研究學校)명 학교 교육의 질을 높일 목적으로, 학교의 운영 방법이나 교수법 등에 관한 연구를 하도록 특별히 지정된 학교.
연:구-회(研究會)명 연구를 목적으로 토론과 의견 교환 등을 하기 위한 모임이나 단체.
연군(煙軍)명 '연호군(煙戶軍)'의 준말.
연:군(戀君)명-하다자 임금을 그리워함.
연:궁(軟弓)명 ①탄력이 약한 활. ②탄력의 세기에 따라 구별한 활의 등급이 연상·연중·연하인 활을 통틀어 이르는 말. ☞강궁(強弓)
연:귀(∠燕口)명 목공(木工)에서, 재목과 재목을 직각으로 모지게 맞추기 위하여 두 재목을 엇베어 맞추는 부분.
연:귀-실(∠燕口-)명 연귀에 있는 실 모양의 장식물.
연:귀-자(∠燕口-)명 목공(木工)에서, 나무에 45°의 빗금을 그리는 데 쓰는 자.
연:귀-판(∠燕口板)명 나무를 45°가 되게 줄을 긋거나 자르는 데 쓰는 틀.
연:극(演劇)명 ①배우가 무대 위에서 각본에 따라 동작과 대사를 통하여 어떤 사건과 인물을 구체적으로 표현하는 예술. 연희(演戲) 준극(劇) ②거짓을 사실인 것처럼 그럴듯하게 꾸며 행동하는 일을 비유하여 이르는 말. ¶강도 피습은 -이었다.
연:극-계(演劇界)명 연극에 관계하는 사람들의 사회.
연:극-인(演劇人)명 연극에 관계하는 사람.
연근(蓮根)명 연의 뿌리. 구멍이 여러 개 뚫려 있으며, 먹을 수 있음. 연뿌리. 연우(蓮藕)
연근-정:과(蓮根正果)명 연근의 껍질을 벗기고 썰어 삶아서 설탕물에 넣고 은근한 불에 조린 정과.
연금(年金)명 정부나 회사 또는 단체가 일정한 기간 어떠한 개인에게 해마다 정기적으로 지급하는 돈. ¶국민 -/공무원 -
연:금(捐金)명 '의연금(義捐金)'의 준말.
연:금(軟禁)명-하다타 정도가 가벼운 감금. 일정한 장소 안에서는 신체의 자유를 구속하지 않으나 외부와는 연락이나 외출 등을 금하거나 제한함. ¶자택 -
연:금(鍊金)명-하다자 쇠붙이를 불림.
연금=공채(年金公債)명 이자와 원금의 일부 합계를 연금 형식으로 상환하는 조건 아래 모집하는 공채.
연금=보:험(年金保險)명 보험 금액을 연금 형식으로 일정 기간 지급하는 생명 보험.
연:금-사(鍊金師)명 연금술사
연금-산(年金算)명 상업 산술에서 연금액, 연금 수수(授受) 기간, 이율 등을 대상으로 하는 계산.
연:금-술(鍊金術)명 구리·납·철 따위의 금속을 금·은 따위의 귀금속으로 변화시키는 일과 불로장수의 영약을 만들고자 했던 일. 고대 이집트에서 시작되어 16세기경까지 유럽에 유행하였음. ☞연단(煉丹)
연:금술-사(鍊金術師)[-싸]명 연금술에 관한 기술을 가진 사람. 연금사(鍊金師)
연급(年級)명 교육에서, 학생의 학령(學齡) 또는 학력에 따라 학년별로 갈라놓은 등급.
연급(年給)명 한 해 동안에 받는 봉급. 연봉(年俸)
연기(年紀)명 ①대강의 나이. ②자세히 적은 연보.
연기(年期)명 정해진 기한. 연한(年限)
연기(延期)명-하다타 정해 놓은 기한을 뒤로 물림. 퇴기(退期). 퇴한(退限) ¶출발을 -하다.
연기(連記)명-하다타 둘 이상의 것을 잇대어 적음. ☞단기

연기(煙氣)명 물건이 탈 때에 생기는 빛깔 있는 기체. ¶굴뚝 위로 ―가 피어 오르다. ☞내[1]

한자 연기 연(煙)〔火部 9획〕¶연기(煙氣)/연막(煙幕)

연:기(演技)명-하다자 ①연극이나 영화에서, 배우가 맡은 배역의 성격이나 행동을 나타내는 일, 또는 그 재주. ¶아직 ―가 서투르다. ②어떤 속셈을 가지고 일부러 남에게 보이기 위해 하는 말이나 행동. ¶그녀의 동정을 사려고 ―를 했다.

연기(緣起)명 ①불교에서, 사물의 기원인 인(因)과 연(緣)이 서로 응하여 만물이 생기는 일. ②절 등을 짓기까지 있던 유래, 또는 그것을 적은 기록.

연기-론(緣起論)명 불교에서, 사물의 기원인 인(因)과 연(緣)으로 말미암아 만물이 생성한다고 보는 이론. 연기설(緣起說)

연-기명(連記名)명-하다타 둘 이상의 이름을 잇대어 적음, 또는 적은 그 이름. ☞단기명(單記名)

연기명=투표(連記名投票)명 한 선거구에서 여러 사람의 의원을 뽑는 경우, 한 장의 투표 용지에 후보자의 이름을 연기하는 투표. 연기 투표 ☞단기명 투표

연기-받이(煙氣―)[―바지]명 ①담뱃대 물부리에 난 가는 구멍. ②낮은 굴뚝이나 함실아궁이 위의 연기에 직접 그을리기 쉬운 곳에 가리어 댄 물건.

연기-설(緣起說)명 연기론

연기=소:작(年期小作)명 지주가 일정한 기간 소작인에게 땅을 빌려 주는 소작.

연:기-자(演技者)명 연기를 하는 사람.

연기=투표(連記投票)명 연기명 투표 ☞단기 투표

연길(涓吉)명-하다자 좋은 날을 가림. 택일(擇日)

연-꽃(蓮―)명 연의 꽃. 부용(芙蓉). 연화(蓮花)

한자 연꽃 련(蓮)〔艸部 11획〕¶백련(白蓮)/연근(蓮根)/연좌(蓮座)/연지(蓮池)/연화(蓮花)

연꽃-끌(蓮―)[―꼳―]명 날의 한쪽이 오목한 조각용 끌.

연꽃-누룩(蓮―)[―꼳―]명 연꽃을 밀가루·녹두·찹쌀과 함께 짓찧은 다음에, 천초(川椒)를 넣고 한데 반죽하여 만든 누룩. 연화국(蓮花麴)

연-나이(年―)명 태어난 날로부터 이듬해 1월 1일을 지난 횟수로 나이를 세는 법, 곧 올해에서 태어난 해를 뺀 수의 나이를 이름.

연-날리기(鳶―)명 연을 공중에 띄우는 놀이. 비연(飛鳶)

연납(延納)명-하다타 ①기한보다 늦게 납부함. ②납입 기한을 연기함.

연내(年內)명 올해 안. ¶―에 처리할 문제들.

연년(年年)명 매년(每年)
부 연년이 ¶― 계속되다.

연년(延年)명 오래 삶을 이르는 말. 연수(延壽) ☞연년익수(延年益壽)

연년(連年)명 여러 해를 계속함.

연년-생(年年生)명 한 살 터울로 태어남, 또는 그런 형제. ¶나와 언니는 ―이다.

연년-세:세(年年歲歲)명 '연년(年年)'을 힘주어 이르는 말. 세세연년(歲歲年年)

연년-이(年年―)부 한 해도 거르지 아니하고. 해마다 ¶― 세배 드리다.

연년익수(延年益壽)성구 오래 삶을 이르는 말. ☞연수

연:-노랑(軟―)명 연한 노랑.

연:-녹색(軟綠色)명 연한 초록. 준연록(軟綠)

연-놈명 '계집과 사내'를 낮추어 이르는 말.

연:니(軟泥)명 바다 밑바닥에 있는 무른 진흙. 플랑크톤의 유체가 30% 이상 섞여 있음.

연단(鉛丹)명 사삼산화연(四三酸化鉛)

연:단(煉丹·鍊丹)명 ①고대 중국에서, 도사(道士)가 진사(辰砂)로 황금이나 선약(仙藥)을 만들고자 했던 일, 또는 그 약. ☞연금술(鍊金術) ②몸의 기운을 단전에 모아 심신을 수련하는 방법.

연:단(演壇)명 강연이나 연설 등을 하는 사람이 올라설 수 있도록 청중석 앞에 조금 높게 마련한 단. 연대(演臺)

연:단(鍊鍛)명-하다타 단련(鍛鍊)

연-달(鳶―)[―딸]명 연의 뼈대. 달풀 줄기를 연의 살로 이용한 데서 나온 말임. ☞연살

연:달(練達·鍊達)명-하다자 어떤 일에 익숙하게 단련이 되어 통달함.

연-달다(連―)(―달고·―다니)자타 잇달다 ¶연달아 과녁을 명중시키다.

연당(鉛糖)명 아세트산납. 초산납

연당(蓮堂)명 연못가에 지은 정자. 연정(蓮亭)

연당(蓮塘)명 연못

연대(年代)명 지나온 시대를 일정한 햇수의 단위로 나눈 것. ¶공룡이 살았던 ―를 추정하다.

연대(連帶)명-하다타 두 사람 이상이 공동으로 무슨 일을 하거나 책임을 지는 일. ¶― 책임

연대(煙臺)명 담뱃대

연:대(演臺)명 연단(演壇)

연대(蓮臺)명 '연화대(蓮花臺)'의 준말.

연대(聯隊)명 군대 편성 단위의 하나. 사단(師團)·여단(旅團)의 하위 부대로, 대개는 3개 대대로 이루어짐.

연대-기(年代記)명 역사적인 사건을 연대의 순서에 따라 적은 기록. 기년체 사기(紀年體史記)

연대=보:증(連帶保證)명 보증인이 채무자와 공동으로 책임을 지고 채무를 이행할 것을 약속하는 보증.

연대-순(年代順)명 연대를 따라 벌인 순서. ¶―으로 정리하다.

연대=운:송(連帶運送)명 몇 사람의 운송인이 책임을 연대하여 운송하는 일. 상차 운송(相次運送)

연대=의:식(連帶意識)명 어떤 집단의 구성원들이 자신들의 목표나 이해 관계가 서로 같으며, 서로가 가깝게 이어져 있다고 생각하는 일.

연대-장(聯隊長)명 연대를 통솔하는 지휘관.

연대=채:무(連帶債務)명 같은 내용의 채무에 대하여 두 사람 이상의 채무자가 각자 독립적으로 갚을 의무를 지지만, 그 중 한 사람이 채무를 갚으면 다른 사람의 채무도 없어지는 채무.

연대=책임(連帶責任)명 어떤 행위 또는 결과에 대하여 두 사람 이상이 함께 지는 책임.

연대=측정법(年代測定法)[―뻡]명 방사성 원소가 일정한 반감기(半減期)에서 붕괴하는 것을 이용하여 지층이나 화석, 고고학적 유물과 유적 등이 이루어진 절대(絕對) 연대를 재는 방법.

연대-표(年代表)명 역사적 사실을 일어난 연대순으로 벌여 적은 표. 연표(年表)

연대-학(年代學)명 관련된 모든 과학을 이용하여, 역사적 사실의 절대 연대나 서로간의 시간적 관계를 결정하는 학문. 기년학(紀年學)

연도(年度)명 사무나 회계 처리 등에서, 편의에 따라 구분한 일 년 동안을 이르는 말.

연도(沿道)명 한길 가. 연로(沿路) ¶―를 따라 늘어선 환영 인파.

연도(煙道)명 난로 등의 연기가 굴뚝에 이르러 나가기까지의 통로.

연도(羨道)명 고분의 입구에서 시체를 안치한 방까지 이르는 길. 널길

연독(連讀)명-하다타 계속해서 읽음.

연독(煙毒)명 공장이나 제련소 따위에서 나는 연기 속에 들어 있는 유독 물질.

연독(鉛毒)명 납에 들어 있는 독.

연돌(煙埃·煙突)명 굴뚝

연동(聯動·連動)명-하다자 ①기계 장치 등에서, 한 부분을 움직이면 그에 이어진 다른 부분도 함께 움직이는 일을 이르는 말. ¶― 장치 ②물가 정책 등에서, 어떤 품목의 값이 오르내림에 따라 그와 관련된 다른 품목의 값을 올리거나 내리는 일. ▷聯의 속자는 联

연동(蠕動)명-하다자 ①벌레가 자꾸 굼실굼실 하며 움직임. ②근육의 수축이 물결처럼 서서히 전파되어 가는듯

한 모양의 운동. 위벽이나 장벽에서 볼 수 있음. 연동 운동(蠕動運動)
연:동(戀童)명 남색(男色)의 상대가 되는 아이. 유면²
연동=운:동(蠕動運動)명 연동(蠕動)
연동-제(聯動制)명 기본적인 품목의 값이 오르내림에 따라, 관련된 다른 품목의 값도 조절해 나가는 제도.
연두(年頭)명 한 해의 첫머리, 또는 그 해의 첫머리. 설. 세수(歲首). 연시(年始). 연초(年初)
연:두(軟豆)명 우리 나라의 기본색 이름의 하나. 노랑과 초록의 중간색, 또는 그런 색의 물감. 연둣빛. 연두색(軟豆色) ☞주황(朱黃). 청록(靑綠)
연두=교:서(年頭敎書)명 그 해의 첫머리에 의회로 보낸다는 뜻에서, 미국의 일반 교서를 이르는 말.
연:두-벌레(軟豆-)명 유글레나(Euglena)
연두-법(年頭法)[-뻡]명 그 해의 천간(天干)으로 그 해 정월의 월건(月建)을 아는 법.
연두-사(年頭辭)명 연초에 새해 인사와 함께 희망과 계획 등을 발표하는 말이나 글.
연:두-색(軟豆色)명 연두(軟豆)
연두-송(年頭頌)명 정초(正初)에 새해를 맞는 희망과 기쁨을 예찬하여 짓는 글.
연:둣-빛(軟豆-)명 연두(軟豆)
연득-없:다[-업-]형 갑자기 행동하는 모양이 있다.
연득-없이부 연득없게 ¶ - 끼여들다.
연-들다(-들고·-드니)자 감이 익어 말랑말랑해지다.
연등(連等)명-하다타 평균(平均)
연등(連騰)명-하다자 물가나 시세 따위가 계속 오름. 속등(續騰) ☞연락(連落)
연등(燃燈)명 ①'연등절(燃燈節)'의 준말. ②'연등회(燃燈會)'의 준말.
연등-절(燃燈節)명 등(燈)을 내어 달고 불을 켜는 명절이라는 뜻으로, 석가모니가 탄생한 '사월 초파일'을 이르는 말. 준연등
연등-회(燃燈會)명 고려 태조 때부터 해마다 열리던 국가적인 불교 행사. 집집마다 등을 달아 국가와 왕실의 태평, 백성들의 복을 빌었음. 처음에는 음력 정월 보름에 하다가 공민왕 때부터 사월 초파일로 바뀌었음. 준 연등
연-때(緣-)명 인연이 맺어지는 계기. ¶-가 맞다.
연:락(宴樂)명-하다자 잔치를 벌여 즐김.
연락(連絡·聯絡)명-하다타 ①서로 관련을 가짐. ¶-을 끊다. ②상대편에게 어떤 사실이나 정보 따위를 알림. ¶못 온다는 -을 받다. ③오고 가는 일이나 교통이 한 지점에서 이어짐. ¶버스와 지하철이 -되는 곳.
연락(連落)명-하다자 물가나 시세 따위가 계속 떨어짐. 속락(續落) ☞연등(連騰)
연락-기(連絡機)명 군사상 공중 연락 임무를 수행하는 작은 비행기.
연락-망(連絡網)명 연락을 유지하기 위한 유선·무선의 통신망, 또는 인적(人的) 조직 체계.
연락-병(連絡兵)명 군무상(軍務上)의 문서나 전언(傳言)을 가지고 오가며 각 단위 부대 사이의 연락을 맡은 병사.
연락부절(連絡不絕)성구 왕래가 끊이지 않고 잦음을 이르는 말. 낙역부절(絡繹不絕)
연락-선(連絡船)명 해협이나 만(灣), 큰 강 따위의 양쪽 해안의 교통을 잇는 배.
연락-소(連絡所)명 연락처(連絡處)
연락=운:송(連絡運送)명 여러 구간의 장거리 운송에서, 각 구간의 운송인들이 공동으로 운송을 맡아 구간이 바뀔 때의 절차나 비용을 줄이는 운송을 이르는 말.
연락=장:교(連絡將校)명 다른 부대 또는 외국 군대 등에 파견되어 소속 부대의 군사적인 연락 임무를 맡은 장교.
연락-처(連絡處)명 연락을 주고받을 수 있는 곳. 연락소
연란(鰱卵)명 연어의 알.
연람(延攬)명-하다타 남의 마음을 끌어당겨 자기편으로 만듦.
연래(年來)명 여러 해 전부터. ¶-의 소망.
연려실기술(燃藜室記述)명 조선 정조 때, 이긍익(李肯翊)이 엮은 역사책. 조선 태조 이래 현종 때까지의 중요한 역사적 사실들을 각종 야사(野史), 문집 등에서 모아 원문(原文)대로 싣고 출전(出典)을 밝혔음. 59권 42책.
연력(年力)명 나이와 정력.
연력(年歷)명 여러 해 동안의 내력.
연:련(硏鍊)명-하다자타 갈고 닦아 단련함.
×연련-하다(戀戀-)형여 →연연하다
연령(年齡)명 나이
연:령(煉靈)명 가톨릭에서, 연옥(煉獄)에 들어가 있는 영혼을 이르는 말.
연령-별(年齡別)명 나이에 따라 구별하는 일. ¶- 선호도 조사
연령-초(延齡草)명 백합과의 여러해살이풀. 줄기 높이는 20~40cm. 줄기 끝에 잎자루가 없는 둥글고 넓은 세 잎이 돌려 나는데, 5~6월에 잎 가운데에서 꽃대가 나와 자줏빛 꽃이 핌. 산간의 그늘진 습지에 자람. 열매는 먹을 수 있으며, 말린 뿌리줄기는 위장병의 약재로 쓰임.
연령-층(年齡層)명 같은 나이 또는 비슷한 나이의 사람들의 계층. ¶-에 따라 선호하는 대중 음악이 다르다.
연례(年例)명 해마다 하게 되어 있는 관례(慣例). ¶- 행사(行事)
연:례(宴禮)명 지난날, 나라에 경사가 있을 때 궁중에서 베풀던 잔치.
연:례-악(宴禮樂)명 지난날, 궁중의 조회(朝會)나 연회 때에 궁중무(宮中舞)에 맞추어 연주하던 음악. ☞제례악(祭禮樂)
연례-회(年例會)명 해마다 한 번씩 모이는 모임.
연로(沿路)명 연도(沿道)
연로(年老)어기 '연로(年老)하다'의 어기(語基).
연로-하다(年老-)형여 연세가 많다. 연고(年高)하다. 연만하다 ¶연로하신 스승님. ☞연소(年少)하다
연:록(軟綠)명 '연녹색(軟綠色)'의 준말.
연료(燃料)명 열이나 빛, 동력(動力) 등을 얻기 위하여 태우는 재료를 통틀어 이르는 말. 석탄·나무·코크스·가스 따위. 땔감
연료=가스(燃料gas)명 연료로 쓰이는 가스를 통틀어 이르는 말. 천연 가스, 석유 가스, 석탄 가스 따위.
연료=광:상(燃料鑛床)명 석유나 석탄, 천연 가스, 우라늄 등 열에너지원이 되는 광상을 통틀어 이르는 말.
연료-비(燃料費)명 연료를 사는 데 드는 비용.
연료=액화(燃料液化)명 고체 연료를 액체 연료로 만드는 일. 석탄의 액화 따위.
연료=전:지(燃料電池)명 양극에 산소나 공기, 음극에 수소나 알코올 등을 이용한 전지.
연루(連累·緣累)명-하다자 남이 저지른 행위에 걸려들어 죄를 덮어쓰거나 피해를 입음. ¶폭행 사건에 -되다. ☞연좌(連坐)
연류(連類)명 한패를 이룬 동아리.
연륙(連陸)명-하다자 육지에 이어짐.
연륙-교(連陸橋)명 육지와 섬을 이은 다리.
연륜(年輪)명 ①나이테 ②여러 해 동안의 경험이나 노력으로 이루어진 숙련의 정도.
연리(年利)명 일 년을 단위로 계산하는 이율. 연변(年邊). 연이율(年利率) ¶- 8%인 적금을 들다.
연리-지(連理枝)명 ①두 나무의 가지가 서로 붙어서 나뭇결이 하나로 이어진 것. ②화목한 부부 또는 남녀 사이를 비유하여 이르는 말. ☞비익조(比翼鳥)
연리-초(連理草)명 콩과의 여러해살이풀. 줄기 높이는 30~60cm. 잎은 어긋맞게 나고 깃꼴 겹잎이며, 잎 끝에 덩굴손이 있음. 5월경에 붉은 자색 꽃이 총상(總狀) 꽃차례로 피고 가는 꼬투리가 달림. 애순은 먹을 수 있음.
연립(聯立)명-하다자 둘 이상의 것이 어울려서 이루어짐.
연립=내:각(聯立內閣)명 둘 이상의 정당으로 이루어진 내각. ☞단독 내각(單獨內閣)
연립=방정식(聯立方程式)명 두 개 이상의 미지수를 가진 두 개 이상의 방정식이 있을 때, 그 미지수의 값이 주어

진 방정식을 동시에 만족시키는 방정식.

연립=정부(聯立政府) 명 둘 이상의 정당이나 단체로 이루어진 정부. 준 연정(聯政)

연립=주:택(聯立住宅) 명 한 건물 안에서 여러 세대가 각각 독립된 주거 생활을 할 수 있도록 지은 공동 주택. 건축법에서는, 주택으로 쓰이는 한 개 동의 연면적(지하 주차장 면적 제외)이 660m²를 초과하고, 층수가 네 개 층 이하의 주택을 말함.

연:마(研磨) 명 -하다 타 ①돌이나 금속, 보석 따위를 겉면이 반질반질하도록 갈고 닦음. 마연(磨研) ②연마(練磨)

연마(連馬) 명 -하다 자 바둑에서, 각각 떨어져 있는 돌을 잇는 일을 이르는 말.

연:마(練磨·鍊磨) 명 -하다 타 학문이나 기예 따위를 갈고 닦음. 연마(研磨) ¶무술을 -하다.

연-마루(椽-) 명 층으로 된 집에서, 아래층의 지붕에 있는 툇마루를 이르는 말.

연:마장양(練磨長養) 성구 오랫동안 갈고 닦아 기름을 이르는 말.

연:마-재(研磨材) 명 연마하는 데 쓰이는 단단한 물질. 금강사(金剛砂)나 석영가루 따위.

연막(煙幕) 명 ①어떤 군사 행동이나 목표물을 적에게 보이지 않으려고 약품을 써서 피워 놓은 짙은 연기. ②어떤 사실을 숨기기 위하여 그럴듯하게 부리는 수단을 비유하여 이르는 말.

연막(을) 치다 관용 ①연막을 터뜨려서 아군의 소재나 행동을 숨기다. ②어떤 사실을 숨기기 위하여 그럴듯한 말이나 행동으로 너스레를 떨다.

연막-탄(煙幕彈) 명 연막을 치는 데 쓰는 포탄이나 폭탄.

연만(年晩) 어기 '연만(年晩)하다'의 어기(語基).

연만-하다(年晩-) 형여 연세가 많다. 연고(年高)하다. 연로(年老)하다

연말(年末) 명 한 해의 마지막 무렵. 세말(歲末). 세모(歲暮). 세밑. 연모(年暮)

연말=정산(年末精算) 명 급여 소득에서 원천 징수한 소득세가 모자라거나 남음을, 연말에 정산하는 일.

연:-망간석(軟Mangan石) 명 이산화망간을 주성분으로 하는, 정방정계(正方晶系)의 광물. 검은 갈색을 띠며 금속 광택이 있음. 제철 또는 전지용(電池用)으로 쓰임.

연매(煙煤) 명 ①연기에 섞여 나오는 검은 가루. 철매 ②그을음

연:맥(軟脈) 명 혈압이 낮아서 긴장도가 낮아진 약한 맥박. ☞경맥(硬脈)

연:맥(燕麥) 명 '귀리'의 딴이름.

연맹(聯盟) 명 -하다 자 둘 이상의 단체나 개인이 공동의 목적을 위하여 서로 돕고 함께 행동할 것을 맹약(盟約)하는 일, 또는 그 조직체. ¶국제 적십자사 -/국제 복싱 -

연맹-전(聯盟戰) 명 경기에 참가한 개인이나 단체가 다른 모든 선수나 단체와 한 번 이상 맞서 겨루게 되어 있는 경기 방식. 리그전

연메-꾼(輦-) 명 연을 메는 사람.

연면(連綿) 어기 '연면(連綿)하다'의 어기(語基).

연-면:적(延面積) 명 건물의 각 층의 바닥 면적을 합계한 면적. ☞연건평(延建坪)

연면-체(連綿體) 명 서예(書藝)에서, 초서(草書)의 글씨가 끊어지지 않고 계속 이어져 있는 서체를 이르는 말.

연면-하다(連綿-) 형여 끊이지 않고 계속 잇닿아 있다.

연면-히 부 연면하게 ¶- 이어온 전통.

연멸(煙滅) 명 -하다 자 연기처럼 흔적도 없이 사라짐. ☞인멸(湮滅)

연명(延命) 명 -하다 자 ①겨우 목숨을 이어 감. ¶죽으로 -하다. ②지난날, 감사나 원이 부임할 때 관아의 궐패(闕牌) 앞에서 왕명(王命)을 널리 알리던 의식. ③지난날, 원이 감사를 처음 찾아가서 보던 의식.

연:명(捐命) 명 -하다 자 목숨을 버림.

연명(聯名·連名) 명 -하다 자 두 사람 이상의 이름을 한곳에 나란히 씀. ☞합명(合名)

연명-법(延命法)[-뻡] 명 밀교에서, 수명을 늘리고 복덕(福德)을 비는 수법(修法)을 이르는 말.

연명=차:자(聯名箚子) 명 지난날, 두 사람 이상이 연명하여 임금에게 올리던 글. 준 연차(聯箚)

연몌(聯袂) 명 -하다 자 행동을 같이함. 연공(聯筇)

연모 명 물건을 만들거나 일을 하는 데 쓰는 기구. 연장

연모(年暮) 명 연말(年末)

연:모(戀慕) 명 -하다 타 이성(異性)을 사랑하여 애타게 그리워함. ¶-의 정을 품다.

연:목(軟木) 명 질이 무른 나무.

연목(椽木) 명 서까래

연목구어(緣木求魚) 성구 나무에 올라가 물고기를 구한다는 뜻으로, 될 수 없는 일을 무리하게 하려고 함을 비유하여 이르는 말.

연-못(蓮-) 명 ①연이 자라는 못. ②작은 못을 흔히 이르는 말. 연당(蓮塘). 연지(蓮池)

연무(延袤) 명 연(延)은 동서, 무(袤)는 남북의 뜻으로, 넓고 멀리 뻗지른 길이를 이르는 말.

연무(煙霧·烟霧) 명 ①연기와 안개를 아울러 이르는 말. ②먼지나 티끌 따위의 가늘고 작은 것들이 떠다녀 대기가 부옇게 보이는 현상.

연:무(演武) 명 -하다 자 무예를 연습함.

연:무(鍊武) 명 -하다 자 무예를 닦음.

연무-기(煙霧機) 명 농약이나 소독약의 용액을 연무질(煙霧質)로 만들어 내뿜는 기계.

연무=신:호(煙霧信號) 명 안개가 짙을 때, 항해하고 있는 선박들끼리 맞부딪치는 것을 막으려고 울리는 신호. 기적이나 나팔, 종 따위의 소리로 선박이 있는 곳과 나아가는 방향을 알림.

연무-질(煙霧質) 명 대기 속에 떠다니는 고체 또는 액체의 가늘고 작은 입자.

연:문(衍文) 명 글 가운데 잘못 들어간 쓸데없는 글귀.

연:문(戀文) 명 연애 편지. 연서(戀書)

연:-문학(軟文學) 명 흥미 중심의 문학. 주로 남녀 사이의 연애나 정사(情事)를 주제로 함. ☞경문학(硬文學)

연:미-복(燕尾服) 명 남자용 예복의 한 가지. 검은 모직물로 지으며, 저고리의 앞쪽은 허리 아래가 없고 뒷자락은 두 갈래로 길게 내려와 제비 꼬리처럼 되어 있음.

연:-미사(∠煉彌撒) 명 '위령 미사'의 구용어.

연미지액(燃眉之厄) 성구 '눈썹에 불 붙는다'라는 말을 한문식으로 옮긴 구(句)로, 매우 절박하게 닥친 재액(災厄)을 비유하여 이르는 말.

연민(憐憫·憐愍) 명 -하다 타 불쌍하고 딱하게 여김. ¶-의 정으로 거두어 보살피다.

연:-바탕(硯-) 명 연발(硯鉢)

연반(延^燔) 명 -하다 자 장사지내러 갈 때 등을 들고 감.

연반-경(緣攀莖) 명 덩굴손이 있어 다른 식물이나 물건을 감거나 그것에 붙어서 벋어 나가는 식물의 줄기.

연반-꾼(延^燔-) 명 장사지내러 갈 때 등(燈)을 들고 가는 사람.

연발(延發) 명 -하다 자 정했던 날짜나 시각보다 늦게 떠남. ¶비행기가 한 시간 -하다. ☞연착(延着)

연발(連發) 명 -하다 자타 ①잇달아 일어나거나 일으킴. ¶사고가 -하다./감탄사를 -하다. ②총이나 대포 따위를 잇달아 쏨. 연방(連放) ☞단발(單發)

연:발(硯鉢) 명 약연(藥碾)의 몸체. 연바탕 ☞연알

연발-총(連發銃) 명 탄창 속에 여러 발의 총알을 재어 넣고, 탄환이 떨어질 때까지 쏠 수 있는 총. ☞단발총

연-밥(蓮-)[-빱] 명 연꽃의 열매. 연실(蓮實). 연자(蓮子) ☞연방(蓮房)

연방 부 잇달아 자꾸. ¶- 꾸벅거리다.

연방(連放) 명 -하다 타 연발(連發)

연방(蓮房) 명 연밥이 들어 있는 송이.

연방(蓮榜) 명 조선 시대, 소과(小科)인 생원시(生員試)와 진사시(進士試)에 합격한 사람의 명부를 이르던 말.

연방(聯邦) 명 자치권을 가진 여러 국가가 공통의 정치 이념 아래 하나의 주권 국가를 이룬 나라. 미국·캐나다·스위스 따위. 연합 국가(聯合國家) ¶- 공화국

연방=의회(聯邦議會)명 연방 국가에서, 연방을 이루는 각국의 대표들로 이루어진 의회.

연배(年輩)명 서로 비슷한 나이, 또는 나이가 서로 비슷한 사람. 연갑(年甲)

연:-백분(煉白粉)명 연고처럼 만든 분.

연번(連番)명 '일련 번호(一連番號)'의 준말.

연벽(聯璧·連璧)명 한 쌍의 구슬이라는 뜻으로, 형제가 한때에 나란히 과거에 급제함을 비유하여 이르는 말.

연변(年邊)명 일 년을 단위로 계산하는 이율. 연리(年利)

연변(沿邊)명 강이나 철도, 국경 등과 같이 길게 이어져 있는 것의 양쪽 지역. ¶철도 -의 주민들.

연변(緣邊)명 ①둘레 또는 테두리. ②연고자(緣故者)

연변=태좌(緣邊胎座)명 식물에서, 홑암술로 된 홑씨방의 한쪽 벽에 있는 태좌. 콩이나 완두 등에서 볼 수 있음.

연별(年別)명-하다타 해에 따른 구별.

연별=예:산(年別豫算)[-례-]명 일 년을 기간으로 하여 짜는 예산.

연:병(硯屛)명 벼루 머리에 세우는 작은 병풍 모양의 것. 바람이나 먼지, 또는 먹이 튀는 것을 막기 위하여 치는 데, 옥이나 도자기, 나무 따위로 만듦.

연:병(鍊兵)명-하다자 병사를 훈련함. 조련(調鍊)

연:병-장(鍊兵場)명 군대에서 병사의 훈련 등을 목적으로 닦아 놓은 넓은 곳.

연보(年報)명 어떤 사실이나 사업 등에 대하여 해마다 한 번씩 내는 보고서, 또는 그 인쇄물. ☞월보(月報). 일보(日報)

연보(年譜)명 개인의 한평생의 이력(履歷)을 연대순으로 간략하게 적은 기록. ¶작가의 -.

연:보(捐補)명-하다타 ①자기 재물을 내어 남을 도와 줌. 연조(捐助) ②크리스트교에서 '헌금'을 이르던 말.

연보(蓮步)명 미인의 걸음걸이를 비유하여 이르는 말.

연:보-금(捐補金)명 크리스트교에서 '헌금'을 이르던 말. 연봇돈

연:-보라(軟-)명 엷은 보랏빛.

연:복(練服)명 소상(小祥) 후부터 담제(禫祭) 전까지 입는 상제의 옷.

연복-초(連福草)명 연복초과의 여러해살이풀. 줄기 높이는 8~17cm. 밑동에서 난 잎은 세 쪽 잎이고 잎자루가 깊. 4~5월에 누른 초록 꽃이 줄기 끝에 모여 피며, 꽃자루는 없음. 북반구의 온대에서 한대에 걸쳐 분포함.

연:봇-돈(捐補-)명 연보금(捐補金)

연-봉(蓮-)[-뽕]명 ①막 피려는 연꽃 봉오리. ②'연봉잠'의 준말.

연봉(年俸)명 한 해 동안에 받는 봉급. 연급(年給) ☞월급(月給)

연봉(延逢)명-하다타 지난날, 고을 원이 지위가 높거나 존귀한 사람을 나아가 맞던 일.

연봉(連峰)명 죽 이어져 있는 산봉우리. ¶지리산의 -.

연봉-매듭(蓮-)[-뽕-]명 연꽃 봉오리 모양의 매듭. 단추나 장도(粧刀)의 끈 따위에 쓰임.

연봉-무지기(蓮-)[-뽕-]명 연꽃 빛깔처럼 끝 부분만 붉게 물들인 무지기.

연봉-잠(蓮-簪)[-뽕-]명 여자 머리에 꽂는 장신구의 한 가지. 금붙이로 연꽃 봉오리를 본떠 만들고 산호 구슬을 물림. 준연봉

연부(年賦)명 갚거나 치러야 할 돈을 해마다 얼마씩 나누어 내는 일. ¶대출금을 -로 갚다. ☞월부(月賦)

연부(然否)명 그러한 것과 그렇지 않은 것. 여부(與否)

연부-금(年賦金)명 연부에서, 해마다 얼마씩 나누어 내는 돈.

연-부년(年復年)부 해마다 계속해서.

연:부-병(軟腐病)[-뼝]명 수분이 많은 식물의 조직이 썩어 문드러지는 병. 감자나 호박, 파, 무, 담배 등에 생김.

연부역강(年富力強)성구 나이가 젊고 기운이 왕성함을 이르는 말.

연분(年分)명 ①한 해 중의 어떤 때. ②조선 시대, 농사의 풍흉(豐凶)에 따라 해마다 정하던 전세(田稅)의 세율.

연분(連墳)명 상하분(上下墳)

연분(鉛粉)명 백분(白粉)

연분(緣分)명 ①서로 관계를 맺게 되는 인연. ②부부가 되는 인연. 준연(緣)

연:-분홍(軟粉紅)명 엷은 분홍빛. ¶- 치마 저고리

연:분홍-산호(軟粉紅珊瑚)명 산호과의 강장동물. 높이 1m, 너비 1.6m 안팎. 몸빛은 엷은 분홍빛이며, 많은 가지를 가진 나뭇가지 모양임. 바다 밑 바위에 붙어 삶. 목걸이나 단추 따위의 장식품을 만드는 데 쓰임.

연불(延拂)명-하다타 대금의 지급을 얼마 동안 늦춤.

연불=보:험(年拂保險)명 보험 기간 중, 일 년에 한 번씩 보험료를 내는 보험.

연불=수출(延拂輸出)명 수출 대금의 결제 조건에서, 지급을 얼마 동안 늦추는 것을 인정하는 수출 방식.

연:-붉다(軟-)[-북-]형 엷게 붉다. ¶연붉은 꽃잎.

연비(連比)명 수학에서, 세 개 이상의 수(數)나 양(量)의 비를 이르는 말.

연비(燃費)명 1L의 연료로 자동차가 갈 수 있는 거리를 수치로 나타낸 것.

연비(聯臂)명-하다타 사이에 사람을 넣어 간접적으로 소개하는 일.

연비-연비(聯臂聯臂)부 여러 겹의 간접적인 소개로. ☞연줄연줄

연빈(延賓)명-하다자 손을 맞음.

연빙(延聘)명-하다타 예를 갖추어 맞아들임.

연-뿌리(蓮-)명 연의 뿌리. 연근(蓮根)

연뿌리-초(蓮-草)명 서까래 끝에 그린 단청(丹青).

연사(年事)명 농사가 되어가는 형편. 농형(農形)

연사(連*査)명 사돈의 친척.

연사(連辭)명 명제의 주사(主辭)와 빈사(賓辭)를 연결하여 부정 또는 긍정의 뜻을 나타내는 말. 계사(繫辭)

연:사(軟絲)명 유밀과의 한 가지. 반죽한 찹쌀가루를 얇게 펴서 모나게 썬 다음, 기름에 튀겨 엿을 바르고 찹쌀을 튀겨 묻힌 것. ☞세반강정

연사(鉛絲)명 한쪽 끝에 납덩이를 단 실. 건축이나 측량 따위에서 수직(垂直)인지를 알아보는 데 쓰임.

연:사(演士)명 연설하는 사람.

연사(鳶絲)명 연줄로 쓰는 실. 연실

연사(撚絲)명 두 올 이상의 실을 꼬아 만든 실.

연:사(練祀)명 '연제사(練祭祀)'의 준말.

연:사(練絲)명 생사(生絲)를 비눗물이나 수산화나트륨 용액에 담가서 아교질을 없앰으로써 특유의 광택과 촉감을 낸 실.

연사-간(連*査間)명 사돈의 친척이 되는 사이.

연사-기(撚絲機)명 실을 꼬는 기계.

연사-질명-하다자 교묘한 말로 남을 꾀어 그 속마음을 떠보는 짓.

연산(年產)명 한 해 동안에 생산하거나 산출하는 총량. ¶- 백만 대를 돌파하다.

연산(連山)명 죽 이어져 있는 산.

연:산(演算)명-하다자타 식이 나타내는 일정한 규칙에 따라 계산하여 필요한 답을 구하는 일. 운산(運算)

연산-액(年產額)명 한 해 동안의 생산액.

연:산-자(演算子)명 벡터 공간이나 함수 공간의 요소를 다른 요소에 대응시키는 계산 기호. 미적분 기호 따위.

연:산=장치(演算裝置)명 컴퓨터의 중앙 처리 장치에서, 산술(算術) 연산과 논리(論理) 연산을 하는 장치.

연-산적(縺散炙)명 사슬산적

연산-품(連產品)명 같은 재료를 쓰고, 같은 공정(工程)을 거쳐 생산되는 두 가지 이상의 종류가 다른 제품들. 석유 공업에서 생산되는 석유·휘발유·등유·중유·경유 따위.

연-살(鳶-)[-쌀]명 연의 뼈대. ☞연달

연상(年上)명 서로 비교하여 나이가 많음, 또는 그런 사람. ¶남편은 나보다 2년 -이다. ☞연하(年下)

연상(連喪)명 잇달아 초상이 남, 또는 그 초상. 줄초상

연:상(軟上)명 탄력의 세기에 따라 구별한 활의 한 가지.

중힘보다는 무르나 연궁(軟弓) 가운데서는 가장 센 활. ☞강궁(強弓). 연중(軟中)

연:상(硯床)명 벼루·먹·붓·연적·종이 따위를 넣어 두는 조그만 책상. 벼룻집

연:상(硯箱)명 벼루·먹·붓·연적 따위를 넣어 두는 납작한 상자. 벼룻집. 연갑(硯匣)

연상(鉛商)명 ①지난날, 연광(鉛鑛)만을 허가하던 때에 금이나 은을 캐서 몰래 사고 팔던 사람. ②덕대의 재력(財力)이 모자랄 때, 그에게 필요한 돈을 대어 주고 채광(採鑛) 뒤에 이익 배당을 받는 사람.

연:상(練祥)명 소상(小祥)

연상(聯想)명-하다타 하나의 관념이 그와 관련 있는 다른 관념을 불러일으키는 심리 작용. 관념 연합(觀念聯合) ¶겨울 하면 눈(雪)을 ―한다.

연상=심리학(聯想心理學)명 연합 심리학

연상=테스트(聯想test)명 정신 진단법의 한 가지. 일정한 단어를 제시하고 연상되는 것을 말하게 하여, 그 내용과 걸린 시간 등을 통해 정신 상태를 알아봄.

연새명 '여새'의 딴이름.

연:색(硏索)명-하다타 연구하고 사색함.

연색(鉛色)명 납빛

연생(緣生)명 ①불교에서, 세상의 모든 사물은 인연으로 말미암아 생겨남을 이르는 말. ②불교에서, 인연에 따라 생기는 결과를 이르는 말.

연생=보:험(聯生保險)명 한 계약의 피보험자가 여러 사람인 생명 보험. ☞단생 보험(單生保險)

연생이명 잔약한 사람이나 하찮은 물건.

연서(連書)명 훈민정음(訓民正音)에서 순경음(脣輕音)을 표기할 때, 'ㅇ'을 입술소리 아래에 이어 씀을 규정한 말. 곧 'ㅱ·ㅸ·ㆄ·ㅹ'와 같이 씀을 이름. ☞부서(附書)

연서(連署)명-하다자 한 문서에 두 사람 이상이 나란히 서명함, 또는 그 서명.

연:서(戀書)명 연애 편지. 연문(戀文)

연:석(宴席)명 연회를 베푸는 자리. 연회석(宴會席)

연석(連席)명-하다자 ①여러 사람이 한곳에 늘어앉음. ¶내빈이 ―한 식장. ②여러 사람이나 단체가 동등한 자격으로 자리를 같이함. ¶각 대표가 ―한 자리.

연:석(硯石)명 벼룻돌

연석(筵席)명 지난날, 임금과 신하가 모여 자문(諮問)하고 대답하는 자리를 이르던 말. 연중(筵中)

연석(緣石)명 차도(車道)와 인도(人道)의 경계에 늘어놓은 돌.

연석(憐惜)명-하다타 딱하고 애석하게 여김.

연석=회:의(連席會議)명 ①둘 이상의 다른 기관이나 부서가 합동으로 여는 회의. ②국회에서, 둘 이상의 위원회가 공동으로 회의를 열어 의견을 주고받는 일. ¶교육 위원회와 정보 위원회의 ―가 열리다.

연선(沿線)명 선로(線路) 가의 지역.

연설(筵說)명-하다타 지난날, 연석(筵席)에서 임금의 자문에 답하던 일, 또는 그 대답.

연:설(演說)명-하다자 여러 사람 앞에서 자기의 주장이나 사상, 의견 따위를 말하는 일, 또는 그 말. ¶선거 ―

연:설-문(演說文)명 연설의 내용을 적은 글.

연:설-조(演說調)[―쪼]명 연설하는 것과 같은 어조나 말투.

연성(延性)명 물질이 탄성 한계가 넘는 힘을 받아도 파괴되지 않고 가늘고 길게 늘어나는 성질. ☞전성(展性)

연:성(軟性)명 유연한 성질. ☞경성(硬性)

연성(連星·聯星)명 서로의 인력(引力) 때문에 공통의 무게 중심의 둘레를 일정한 주기로 공전하고 있는 두 개 이상의 항성. 쌍성(雙星) ☞중성(重星)

연성(緣成)명-하다자 불교에서, 세상의 모든 사물은 인연으로 말미암아 이루어짐을 이르는 말.

연:성(鍊成)명-하다타 ①몸과 마음을 닦아서 일을 이룸. ②쇠붙이 따위를 불려서 물건을 만듦.

연:성=하:감(軟性下疳)명 성병의 한 가지. 음부 등에 붉은 발진이 나타났다가 좁쌀 크기의 궤양으로 진행됨. ☞경성 하감(硬性下疳). 혼합 하감(混合下疳)

연:성=헌:법(軟性憲法)[―뻡]명 엄격한 개정 절차 없이 일반 법률과 같은 절차로 개정할 수 있는 헌법. ☞경성 헌법(硬性憲法)

연세(年歲)명 남을 높이어 그의 나이를 이르는 말. 연치(年齒). 춘추(春秋) ¶―가 많은 어른.

연:세(捐世)명-하다자 세상을 떠난 사람을 높이어 그의 죽음을 이르는 말.

연소(延燒)명-하다자 불길이 다른 곳까지 번져서 탐.

연:소(燕巢)명 ①제비의 보금자리. ②연와(燕窩)

연소(燃燒)명-하다자 ①불이 붙어서 탐. ②물질이 산소와 화합할 때, 다량의 빛과 열을 내는 현상. ¶불완전 ―

연소(年少)어기 '연소(年少)하다'의 어기(語基).

연소-관(燃燒管)명 고열에 견디는 경질(硬質)의 유리관. 원소의 화학 분석 등에 쓰임.

연소기예(年少氣銳)성구 나이가 젊고 기운이 왕성함을 이르는 말.

연소몰각(年少沒覺)성구 나이가 어리고 철이 없음을 이르는 말. 연천몰각(年淺沒覺)

연소-물(燃燒物)명 ①불에 타는 물건. ②산소와 화합하여 열과 빛을 낼 수 있는 물질.

연소-배(年少輩)명 나이 어린 무리.

연소-숟가락(燃燒―)명 고열에 견디는 금속으로 만든, 숟가락 모양의 실험 기구. 화학 분석 실험 등에서 연소 물질을 담는 데 씀.

연소-실(燃燒室)명 내연 기관이나 보일러 따위에서, 연료를 태우는 곳.

연소-열(燃燒熱)명 물질이 완전 연소할 때 발생하는 열량. 보통 1g 또는 1mol에 대한 열량으로 표시함.

연소-율(燃燒率)명 보일러 따위에서, 고체 연료가 $1m^2$ 넓이의 불판 위에서 한 시간 동안 연소하는 양.

연소-자(年少者)명 나이가 어린 사람.

연소-체(燃燒體)명 타는 물체, 또는 탈 수 있는 물체.

연소-하다(年少―)형여 나이가 어리다. ☞연로하다

연속(連續)명-하다자타 끊이지 않고 죽 이어짐, 또는 죽 이음. ¶두 차례를 ― 우승하다.

연속-극(連續劇)명 라디오나 텔레비전 등에서, 정기적으로 일부분씩 연속하여 방송하는 극(劇).

연속-범(連續犯)명 연속된 여러 범행이 동일한 죄명에 해당되는 범죄, 또는 그 범인.

연속부절(連續不絶)성구 죽 이어져서 끊이지 않음을 이르는 말.

연속=스펙트럼(連續spectrum)명 파장(波長)의 어떤 범위에 걸쳐 연속으로 나타나는 스펙트럼.

연속-적(連續的)명 끊이지 않고 죽 이어지는 것.

연속-파(連續波)명 물리에서, 잇달아 진동하는 파동의 순환을 이르는 말.

연송(連誦)명-하다타 책 한 권이나 글 한 편을 처음부터 끝까지 내리 욈.

연쇄(連鎖)명 ①물건과 물건을 이어 매는 사슬, 또는 서로 사슬처럼 이어져 있는 것. ②-하다자 어떤 현상이 사슬처럼 서로 연결되어 관련을 맺음. ¶― 충돌/― 사건

연쇄-극(連鎖劇)명 연극에서, 극 중에 영화 장면을 끼워 넣어 하나의 줄거리로 이끌어 가는 극.

연쇄=반:응(連鎖反應)명 ①하나의 반응이 계기가 되어, 외부로부터 에너지 공급이 없어도 반복하여 진행되는 반응. 원자 폭탄이나 원자로 등의 핵분열 따위. ②하나의 사건이 계기가 되어 그와 관련된 사건들이 연달아 일어나는 일을 비유하여 이르는 말.

연쇄상=구균(連鎖狀球菌)명 사슬 모양으로 연결되어 있는 구균의 무리. 화농·성홍열·폐렴 등을 일으킴.

연쇄-식(連鎖式)명 ①연쇄의 형식이나 방식으로 된 것. ②복합적 삼단 논법의 한 가지. 다수의 삼단 논법의 결론을 생략하고 전제만을 연결하여 최후의 판단을 내리는 추론식 논법임.

연쇄-점(連鎖店)명 하나의 통일된 경영 방침으로 조직되어 구입과 광고 따위를 공동으로 하는, 여러 곳의 소매

ㅇ

상점. 체인스토어(chain store)
연수(年收)명 일 년 동안의 수입.
연수(年首)명 연시(年始)
연수(年數)[-쑤]명 햇수 ¶근무 -가 십 년이 되다.
연수(延壽)명 연년(延年) ☞연년익수(延年益壽)
연수(延髓)명 척추동물의 뇌의 최하부. 곧 척수 윗부분으로 폐·심장·혈관 등의 운동을 지배하는 중추가 있음. 숨골
연:수(宴需)명 잔치에 드는 물건이나 비용.
연:수(軟水)명 단물 ☞경수(硬水)
연:수(研修)명-하다타 어떤 분야에 필요한 지식이나 기능을 익히기 위하여 공부하는 일. ¶어학 -를 마치다./사원 -
연:수(硯水)명 ①벼룻물 ②연적(硯滴)
연수(淵藪)명 못에 물고기가 모여들고 숲에 새들이 모이는 것과 같이, 사물이나 사람이 많이 모이는 곳을 비유하여 이르는 말. 연총(淵叢)
연수(淵邃)어기 '연수(淵邃)하다'의 어기(語基).
연수-당(延壽堂)명 절에서, 늙고 병든 중이 거처하는 집이나 방.
연-수정(煙水晶)명 황갈색, 또는 흑갈색의 연기가 낀 것처럼 무늬가 있는 수정.
연-수표(延手票)명 앞수표
연수-하다(淵邃-)형여 깊고 고요하다.
연:숙(鍊熟)어기 '연숙(鍊熟)하다'의 어기(語基).
연:숙-하다(鍊熟-)형여 단련되어 익숙하다.
연습(沿襲)명-하다타 관례(慣例)를 따름.
연:습(演習)명-하다타 ①연습(練習) ②실제로 하는 것처럼 하면서 익힘. ¶실전 -/- 경기
연:습(練習·鍊習)명-하다타 학문이나 기예 등을 반복하여 익힘. 연습(演習) ¶발음 -/글씨 -
연:습-곡(練習曲)명 서양 음악에서, 주로 기악의 연주 기교를 연습하기 위하여 만든 곡. 에튀드(étude)
연:습-기(練習機)명 비행 연습에 쓰이는 비행기.
연:습-림(演習林)명 임학(林學)을 연구하는 학생들의 실습과 연구에 쓰려고 학교 등에서 가꾼 숲.
연:습-선(練習船)명 선박의 운항 기술과 해상 실무를 익히기 위한 연습용 배.
연:습-장(練習帳)명 연습할 때 쓰는 공책.
연승(延繩)명 주낙
연승(連乘)명-하다타 여러 수나 식을 차례로 곱함.
연승(連勝)명 ①-하다자 전쟁이나 운동 경기 따위에서 잇달아 이김. 연첩(連捷) ¶10-을 바라보다. ☞연패(連敗) ②'연승식(連勝式)'의 준말.
연승-식(連勝式)명 경마나 경륜(競輪) 등에서, 1·2등 또는 1·2·3등 중 어느 하나를 알아맞히는 방식. 준연승(連勝) ☞단승식(單勝式). 복승식
연승=어업(延繩漁業)명 무명이나 나일론으로 만든 긴 끈의 곳곳에 낚시찌를 달아 수면에 띄우고, 낚시찌와 낚시찌 사이에 낚싯바늘을 드리워 물고기를 낚는 어업.
연시(年始)명 한 해의 첫머리, 또는 그 해의 첫머리. 설. 세수(歲首). 세시(歲時). 세초(歲初). 연두(年頭). 연수(年首). 연초(年初) ☞연말(年末)
연:시(軟柿)명 붉고 말랑말랑하게 무르익은 감. 연감. 홍시(紅柿) 유숙시(熟柿)
연시(聯詩)명 두 사람 이상이 각각 한 연(聯)이나 한 구(句)씩 지은 것을 모아 한 편으로 만든 한시(漢詩).
연-시조(連時調)명 두 수(首) 이상의 평시조로 엮은 시조. 연형 시조(連形時調) ☞단시조(單時調)
연식(年式)명 기계류, 특히 자동차 등의 제조 연도에 따른 형태. ¶오래된 -의 자동차.
연:식(軟式)명 야구나 테니스 따위에서, 무른 공을 쓰는 경기 방식. ☞경식(硬式)
연:식(軟食)명 반고형식(半固形食)
연:식=야:구(軟式野球)[-냐-]명 연구(軟球)를 쓰는 야구. ☞경식 야구(硬式野球)
연:식=정구(軟式庭球)명 연구(軟球)를 쓰는 테니스.
연:식=지구의(軟式地球儀)명 축(軸)을 조립식으로 하고 이중으로 인쇄한 지도를 풍선처럼 바른, 접고 펼 수 있게 만든 지구의.
×연신부 →연방
연신(連信)명 소식이 끊이지 아니함, 또는 그러한 소식.
연-실(鳶-)[-씰]명 연줄로 쓰는 실. 연사(鳶絲) ¶-에 풀을 먹이다.
연실(鉛室)명 납 판으로 둘러싼 큰 상자. 연실법에서 황산을 만들 때 쓰임.
연실(煙室)명 화력을 이용하는 기관(汽罐)에서, 연기를 모았다가 굴뚝으로 내보내는 곳.
연실(蓮實)명 연꽃의 열매. 연밥. 연자(蓮子)
연실-갓끈(蓮實-)[-갇-]명 연밥 모양의 구슬을 꿰어서 만든 갓끈.
연실-돌쩌귀(蓮實-)명 연밥 모양의 돌쩌귀.
연실-법(鉛室法)[-뻡]명 황산 제조법의 한 가지. 연실 속에서 산화질소를 촉매로 하여 이산화황과 공기를 결합한 뒤 수증기를 뿜어 황산을 만드는 방법임.
연실-죽(蓮實竹)명 대통을 연밥 모양으로 만든 담뱃대.
연실=황산(鉛室黃酸)명 연실법에 따라 만든 황산. 접촉법으로 만든 황산보다 순도가 낮고, 주로 과인산석회나 황산암모늄을 만드는 데 쓰임.
연:심(戀心)명 사랑하여 그리는 마음.
연심세:구(年深歲久)성구 세월이 아주 오램을 이르는 말. 연구세심(年久歲心). 연심세월(年深歲月)
연심세:월(年深歲月)성구 연심세구(年深歲久)
연안(沿岸)명 ①강가·바닷가·호숫가에 있는 땅. ¶태평양 -의 나라. ②강가·바닷가·호숫가에 가까운 수역(水域). ¶-에서 고기잡이하다.
연:안(宴安)어기 '연안(宴安)하다'의 어기(語基).
연안-국(沿岸國)명 연안에 있는 국가. ¶지중해 -
연안-류(沿岸流)[-뉴]명 해안을 따라 흐르는 바닷물의 흐름.
연안=무:역(沿岸貿易)명 한 나라의 해안선에 있는 여러 항구 사이에 이루어지는 화물이나 여객 등의 운송 사업. 연해 무역. 연해 상업
연안=어업(沿岸漁業)명 해안에서 멀지 않은 곳이나 그 나라의 주권이 미치는 해양 수역에서 하는 어업. 근해 어업. 연해 어업 ☞원양 어업(遠洋漁業)
연:안-하다(宴安-)형여 몸과 마음이 한가하고 편안하다. 연한하다
연안=항:로(沿岸航路)명 한 나라의 여러 항구 사이의 항로.
연안-해(沿岸海)명 한 나라의 영토의 해안선을 따라 일정한 범위 안에 있는 바다.
연안=해:저=지역(沿岸海底地域)명 '대륙붕(大陸棚)'을 달리 이르는 말.
연:-알(碾-)명 약연(藥碾)의 연발(碾鉢)에 약재를 담아 갈 때 굴리는 바퀴 모양의 쇠. ☞막자
연앙(年央)명 한 해의 한중간.
연:애(涓埃)명 물방울과 티끌이라는 뜻으로, 매우 하찮은 일이나 썩 작은 물건을 비유하여 이르는 말.
연애(憐愛)명-하다타 불쌍히 여기어 사랑함.
연:애(戀愛)명-하다자 남녀간에 서로 애틋하게 그리워하고 사랑하는 일. ¶-로 맺어진 사이./-하는 기분.
연:애=결혼(戀愛結婚)명 연애를 통하여 이루어진 결혼. ☞중매 결혼(中媒結婚)
연:애=소:설(戀愛小說)명 연애 문제를 주제로 한 소설. 염정 소설(艷情小說)
연:애-지상주의(戀愛至上主義)명 연애를 인생 최고의 목적이라고 생각하는 태도나 경향.
연액(年額)명 수입이나 지출 따위의, 일 년 동안의 총액.
연야(連夜)명 ①-하다자 여러 날 밤을 계속함. ②〔부사처럼 쓰임〕 밤마다 ¶- 불야성을 이루다.
연:약(煉藥)명-하다자 한방에서, 약을 고는 일, 또는 고아서 만든 약을 이르는 말.
연:약(軟弱)어기 '연약(軟弱)하다'의 어기(語基).
연:-약과(軟藥果)명 말랑말랑하게 잘 만든 약과.

연:-약밥(軟藥-)명 말씬말씬하게 잘 쪄진 약밥.
연:약=외:교(軟弱外交)명 상대국의 눈치를 보면서 나라의 외교 방침을 세우는, 줏대 없는 외교.
연:약-하다(軟弱-)형여 ①바탕이 무르고 약하다. 연취하다 ¶체질이 -./연약한 지반을 다지는 공사. ②의지나 마음 따위가 굳세지 못하고 나약하다. ¶의지가 -. ☞강고하다
연양가(延陽歌)명 작자와 연대 미상의 고대 가요. 고구려 때, 연양 땅의 머슴이 주인에 대한 충성을 다짐하여 지어 부른 노래로, 가사는 전하지 않고 그 유래만 고려사 악지(高麗史樂志)에 전함.
연어(鰱魚)명 연어과의 바닷물고기. 몸길이는 70~90cm. 몸빛은 등 쪽이 남회색, 배 쪽이 은백색임. 가을에 바다에서 강 상류로 거슬러 올라와 모래 바닥에 알을 낳고 죽음. ☞산란 회유
연어-자:반(鰱魚*佐飯)명 연어의 내장을 빼고 소금에 절인 것. 자반연어
연역(煙役)명 '연호잡역(煙戶雜役)'의 준말.
연:역(演繹)명-하다타 여러 전제에서 논리의 규칙에 따라 결론을 이끌어 내는 일. 보통, 일반적 원리에서 특수한 원리나 사실을 이끌어 냄을 이름. ☞귀납(歸納)
연:역-법(演繹法)명 일반적인 원리로부터 개별적이고 특수한 사실을 이끌어 내는 논리적 연구 방법. ☞귀납법
연:역-적(演繹的)명 연역으로 논리를 전개해 나가는 것. ☞귀납적(歸納的)
연연(連延)명-하다자 죽 이어져 길게 뻗음.
연:연(涓涓)어기 '연연(涓涓)하다'의 어기(語基).
연:연(娟娟)어기 '연연(娟娟)하다'의 어기(語基).
연:연(軟娟)어기 '연연(軟娟)하다'의 어기(語基).
연:연(戀戀)어기 '연연(戀戀)하다'의 어기(語基).
연:연불망(戀戀不忘)성구 그리워 잊지 못함을 이르는 말.
연:연-하다(涓涓-)형여 물이나 소리 등의 흐름이 가늘거나 약하다. ¶연연하게 들려 오는 피리 소리.
연연-히부 연연하게
연:연-하다(娟娟-)형여 ①빛깔이 산뜻하고 곱다. ¶연연한 진달래 꽃. ②맵시가 아름답다. ¶연연한 한복 차림.
연연-히부 연연하게
연:연-하다(軟娟-)형여 가냘프고 약하다.
연연-히부 연연하게
연:연-하다(戀戀-)[1]자여 미련이 남아서 잊지 못하다. ¶지나간 일에 연연하지 말자.
연:연-하다(戀戀-)[2]형여 애틋하게 그립다.
연연-히부 연연하게

▶ 한자음 '랴·려·례·료·류·리'
단어 첫머리 이외에는 본음대로 적는다.
¶개량(改良)/수력(水力)/사례(謝禮)/하류(下流)/도리(道理)/진리(眞理)
다만, 같은 음절(音節)이 겹쳐 나는 다음 단어나 성구의 경우 관용되는 대로 적는다.
¶연연하다(戀戀-)/연연불망(戀戀不忘)/유유상종(類類相從)/누누이(屢屢-)/요요무문(寥寥無聞)

연염(煙焰)명 ①연기와 불꽃. ②연기 속의 타오르는 불길.
연엽명 '연엽살'의 준말.
연엽(蓮葉)명 연잎
연엽-관(蓮葉冠)명 지난날, 관례를 치르고 처음 상투를 튼 사람이 쓰던 연잎 모양의 관.
연엽-대:접(蓮葉-)명 연엽반상에 딸린 대접. 밑이 빨고 위가 바라져서 연잎 모양이며 두께가 얇음.
연엽-바리때(蓮葉-)명 밑이 빨고 위가 바라져서 연잎 모양으로 생긴 바리때.
연엽-반(蓮葉盤)명 소반 면의 가장자리를 연잎처럼 다듬어 만든 반. ☞모반. 반월반(半月盤)
연엽-반상(蓮葉飯床)명 반상기의 한 가지. 그릇들의 위가 모두 바라지고 운두가 나부죽한 연잎 모양임.
연엽-살명 소의 도가니에 붙은 고기. 준연엽
연엽-주발(蓮葉*周鉢)명 연엽반상에 딸린 주발. 밑이 빨고 위가 바라져서 연잎 모양이며 두께가 얇음.

연영-전(延英殿)명 고려 시대, 대궐 안에 많은 서적을 갖추어 놓고 학사(學士)를 두어 경사(經史)를 강론하고, 임금의 자문에 응하던 곳. 인종 14년(1136)에 '집현전(集賢殿)'으로 이름을 바꿈.
연:예(演藝)명-하다자 관중 앞에서 노래·춤·연극·만담 등의 예능을 보이는 일, 또는 그 예능.
연예(蓮蕊)명 연꽃의 꽃술. 불좌수(佛座鬚)
연:예(鍊銳)명 훈련이 잘 된 군사.
연:예-계(演藝界)명 연예인들의 사회.
연:예-란(演藝欄)명 신문이나 잡지 등에서 주로 연예에 관한 기사를 싣는 난(欄).
연:예-인(演藝人)명 관중 앞에서 예능을 보이는 일을 직업으로 삼는 사람을 통틀어 이르는 말. 배우·가수·코미디언 등.
연:옥(軟玉)명 옥의 한 가지. 각섬석(角閃石)으로 된 것과 양기석(陽起石)으로 된 것이 있는데, 경옥(硬玉)에 비하여 질이 무름.
연:옥(煉獄)명 가톨릭에서, 죽은 사람의 영혼이 천국에 들어가기 전에 남은 죄를 씻기 위하여 머무는 곳을 이르는 말.
연:옥-사(研玉沙)명 옥을 갈 때 쓰는 보드라운 잔모래.
연:-옥색(軟玉色)명 엷은 옥색.
연:옹지:치(吮癰舐痔)성구 종기의 고름을 빨고, 치질 앓는 밑을 핥는다는 뜻으로, 남에게 지나치게 아첨함을 이르는 말.
연:와(煉瓦)명 벽돌
연:와(燕窩)명 해안의 동굴이나 바위 틈에 사는 금사연(金絲燕)의 보금자리. 물고기나 해조류를 물어다가 침으로 굳혀 만든 것으로 고급 중국 요리의 국거리 재료로 쓰임. 연소(燕巢)
연:완(燕婉)어기 '연완(燕婉)하다'의 어기(語基).
연:완-하다(燕婉-)형여 마음씨가 곱고 얼굴이 예쁘다.
연우(延虞)명-하다자 상례(喪禮)에서, 장사지낸 뒤 신주를 집으로 모셔 올 때 밖에 나가서 신주를 맞이하는 일.
연우(連雨)명 날마다 계속해서 내리는 비.
연우(煙雨)명 는개
연우(蓮藕)명 연근(蓮根)
연-우:량(年雨量)명 일 년 동안 내린 비의 총량.
연운(年運)명 그 해의 운수. 해운
연운(煙雲)명 ①연기와 구름을 아울러 이르는 말. ②구름처럼 피어오르는 연기.
연원(淵源)명 사물의 근원. 본원(本源)
연월(連月)명-하다자 ①여러 달을 계속함. ②[부사처럼 쓰임] 다달이. 달마다. 매월 ¶- 적자가 난다.
연월(煙月)명 ①안개 같은 것이 끼어 흐릿하게 보이는 달. ②세상이 매우 편안함을 비유하여 이르는 말. ¶태평-이 꿈이려가 하노라.
연월일(年月日)명 (무슨 일이 있었거나 있을) 어느 해, 어느 달, 어느 날을 이르는 말. ¶출생 -/제조 -
연월일시(年月日時)[-씨]명 어느 해, 어느 달, 어느 날, 어느 시를 이르는 말. ¶태어난 -.
연:유(宴遊)명-하다자 잔치를 베풀어 즐겁게 놂.
연:유(煉乳)명 우유를 진공 상태에서 농축한 것. ☞당유(糖乳)
연유(緣由)명 ①어떤 일의 까닭. 사유(事由). 연고(緣故). 이유(理由). 정유(情由) ¶그렇게 한 -가 무엇이냐? ②-하다자 어떤 일에서 비롯됨. ¶그의 건강은 규칙적인 운동에서 -한다.
연유(燃油)명 연료로 쓰는 기름.
연육(蓮肉)명 한방에서, 연꽃의 열매를 약재로 이르는 말. 원기(元氣)를 돋우는 데 씀.
연:융(鍊戎)명-하다타 군사를 훈련함.
연음(延音)명 음악에서, 한 음을 본디의 박자 이상으로 길게 늘이는 일, 또는 그러한 음.
연:음(宴飮)명-하다타 잔치 자리에서 술을 마심.
연음(連音)명 앞 음절의 받침이, 모음으로 시작하는 뒤 음절의 첫소리로 이어져 나는 소리. ☞연음 법칙

연음(漣音)명 음악에서, 소리를 울려서 내는 떠는 음.
연음=기호(延音記號)명 음악에서, 음표나 쉼표의 위 또는 아래에 붙여, 그 부분을 알맞게 늘여서 연주하라는 기호. '𝄐'로 표시함. 늘임표. 연장 기호(延長記號)
연음=법칙(連音法則)명 〈어〉발음 현상의 한 가지. 앞 음절의 끝소리가 뒤 음절의 첫소리로 옮겨져 발음되는 현상. '옷이, 꽃을, 월요일' 등이 [오시], [꼬츨], [워료일]로 발음되는 따위. ☞절음 법칙(絕音法則)
연-음부(連音符)명 잇단음표
연읍(沿邑)명 큰길 가에 자리잡은 마을.
연:의(衍義)명-하다타 의미를 확대하여 자세히 설명함, 또는 확대하여 자세히 설명한 뜻.
연:의(演義)명 ①-하다타 뜻을 부연하여 자세히 설명함. ②중국에서, 역사적 사실을 재미 있게 재구성하여 쓴 통속 소설. '삼국지연의(三國志演義)' 따위.
연:이(軟餌)명 익혀서 무르게 만든 모이.
연-이나(然一)부 '그러나'의 뜻을 나타내는 한문 투의 말.
연-이면(然一)부 '그러면'의 뜻을 나타내는 한문 투의 말.
연:-이:율(年利率)[-니-]명 일 년을 단위로 계산하는 이율. 연리(年利). 연변(年邊)
연:익(燕翼)명-하다타 조상이 자손을 편안하게 살도록 도움.
연인(延引)명-하다타 길게 잡아 늘임.
연인(連引)명-하다타 어떤 일에 관계 있는 것을 죽 끌어댐.
연:인(戀人)명 이성(異性) 사이에 서로 그리며 사랑하는 사람. 정인(情人) ¶-을 만나다. ☞애인(愛人)
연-인수(延人數)명 연인원(延人員)
연-인원(延人員)명 한 가지 일을 완성하는 데 동원된 인원을, 하루에 한 일로 가정하여 환산한 총 인원수. 이를테면, 다섯 사람이 사흘 걸려서 한 일의 연인원을 열다섯 사람이라 하는 따위. 연인원 ☞연일수(延日數)
연인-접족(連姻接族)명 친족(親族)과 인척(姻戚)을 아울러 이르는 말.
연일(連日)명 ①계속하여 여러 날. ②〔부사처럼 쓰임〕 날마다 ¶비가 - 계속되다. ☞적일(積日)
연-일수(延日數)[-쑤]명 한 가지 일을 완성하는 데 걸린 날수를, 한 사람이 완성한 것으로 가정하여 환산한 날수. 이를테면, 다섯 사람이 사흘 걸려서 한 일의 연일수를 15일이라 하는 따위. ☞연인원(延人員)
연임(連任)명-하다타 임기가 끝난 사람이 다시 그 자리에 임용됨. ¶회장을 -하다./-된 대법관.
연-잇다(連-)[-닏-](-잇고·-이어)타ㅅ 끊이지 않고 죽 잇다. ¶연이어 닷새나 비가 내렸다.

> 한자 **연이을 련**(聯) 〔耳部 11획〕 ¶관련(關聯)/연관(聯關)/연상(聯想)/연주(聯珠) ▷ 속자는 聠

연-잎(蓮-)[-닙]명 연의 잎. 연엽(蓮葉). 하엽(荷葉)
연잎-쌈(蓮-)[-닙-]명 갓 나온 연한 연잎을 살짝 데쳐서 먹는 쌈.
연:자(衍字)[-짜]명 글 속에 잘못 들어간 쓸데없는 글자.
연자(蓮子)명 연꽃의 열매. 연밥. 연실(蓮實)
연:자-간(研子間)[-깐]명 연자맷간
연:자-마(研子磨)명 연자매
연:자-매(研子-)명 판판하고 둥글게 다듬은 돌판 위에 그보다 작은 바퀴 모양의 돌을 세워 얹어, 그것을 마소가 끌어 돌게 하여 곡식을 찧거나 빻는 큰 매. 연자마(研子磨). 연자방아
연:자맷-간(研子-間)명 연자매를 차려 놓고 곡식을 찧는 곳. 연자간(研子間)
연:자-방아(研子-)명 연자매
연자-영(蓮子纓)명 연꽃의 열매를 꿰어 만든 갓끈.
연작(連作)[1]명-하다타 한 땅에 같은 작물을 해마다 심는 일. 이어짓기 ☞돌려짓기. 윤작(輪作)
연작(連作)[2]명-하다타 ①한 사람의 작가가 하나의 주제 아래 내용상 관련이 있는 작품을 잇달아 짓는 일, 또는 그런 작품. 연작시, 연작 소설 따위. ②여러 작가가 한 작품을 나누어 맡아서 짓는 일, 또는 그런 작품.
연작(連雀)명 '여새'의 딴이름.
연:작(燕雀)명 ①제비와 참새를 아울러 이르는 말. ②도량이 좁은 사람을 비유하여 이르는 말.
연:작-류(燕雀類)명 조류의 한 목(目). 몸이 작으며 잘 날고 명관(鳴管)이 발달하였음. 전세계에 5,000여 종 이상이 분포하며, 까마귓과·참샛과·제빗과 등 20여 과가 있음. 명금류(鳴禽類)
연장명 물건을 만들거나 일을 하는 데 쓰는 기구. 연모
연장(年長)명-하다형 서로 비교하여 나이가 많음, 또는 그런 사람. ¶할아버지는 우리 마을에서 가장 -이시다.
연장(延長)명-하다타 ①처음에 정한 것보다 길이·시간·횟수 등을 늘임. ¶계약 기간을 -하다. ②수학에서, 주어진 선분을 한 방향 또는 양쪽 방향으로 늘이는 일. ③여러 선의 길이를 모두 연결한 전체 길이. ¶- 100km의 도로 공사. ④하나로 이어진 것. ¶소풍도 수업의 -이다.
연장(妍粧)명-하다자타 예쁘게 단장함.
연장(連將)명 '연장군(連將軍)'의 준말.
연장(連墻)명-하다자 담이 맞닿음.
연장-걸이명 씨름의 혼합 기술의 한 가지. 오른다리로 상대편의 오른다리를 감고 왼다리를 축으로 돌면서 왼쪽으로 샅바를 당기어 넘어뜨리는 공격 재간. ☞빗장걸이
연-장군(連將軍)명 장기에서, 연이어 부르는 장군. 준연장(連將)
연장-궤(-櫃)[-꿰]명 연장을 넣어 두는 궤.
연장=기호(延長記號)명 연음 기호(延音記號)
연장-선(延長線)명 어떤 직선의 한 끝에서 그 방향으로 더 늘인 직선.
연장-자(年長者)명 자기보다 나이가 많은 사람.
연장-전(延長戰)명 운동 경기에서, 규정된 횟수나 시간 안에 승패가 나지 않을 경우, 횟수나 시간을 늘여서 계속하는 경기.
연장-접옥(連墻接屋)명 집이 이웃하여 있음.
연장-포(聯裝砲·連裝砲)명 한 포가(砲架)나 포탑(砲塔)에 두 문 이상의 포신(砲身)을 장치한 포.
연:재(軟材)명 침엽수의 연한 목재. 목공예 등에 쓰이는 잣나무나 삼나무 따위. ☞경재(硬材)
연재(連載)명-하다타 만화·소설·기사 따위를 신문이나 잡지에 연속해서 싣는 일. 속재(續載) ¶소설을 신문에 -하다.
연재(煙滓)명 그을음
연재-물(連載物)명 신문이나 잡지에 연속해서 싣는 만화·소설·기사 따위.
연:적(硯滴)명 벼룻물을 담는 그릇. 수승(水丞). 수적(水滴). 연수(硯水) ¶청자 -
연:적(戀敵)명 연애의 경쟁자. ▷ 戀의 속자는 恋
연전(年前)명 몇 해 전. ¶-에 큰 경사가 있었지.
연전(連戰)명-하다자 두 번 이상 연달아 싸우거나 경기를 함.
연:전(硯田·研田)명 문인들이 생계(生計)를 위하여 글을 쓸 때, 벼루를 농사짓는 논에 비유하여 이르는 말.
연:전(揀箭)명-하다자 활쏘기할 때 무겁에 떨어진 화살을 주워 오는 일.
연:전-길(揀箭-)[-낄]명 무겁에 떨어진 화살을 주우러 다니는 길.
연:전-동(揀箭童)명 무겁에 떨어진 화살을 주워 오는 일을 맡은 아이.
연:전띠-내:기(揀箭-)명 활쏘기할 때 편을 갈라서 차례대로 활을 쏘아, 가장 적게 맞힌 편인 하띠가 무겁에 떨어진 화살을 주워 오기로 하는 내기.
연전-연승(連戰連勝)[-년-]명 싸울 때마다 잇달아 이김.
연전-연패(連戰連敗)[-년-]명 싸울 때마다 잇달아 짐.
연:절(軟癤)명 한방에서, 살에 작은 멍울이 자꾸 생겨서 좀처럼 낫지 않는 병을 이르는 말.
연접(延接)명-하다타 손을 맞아 접대함. 영접(迎接)
연접(連接)명-하다자타 이어져 맞닿음, 또는 이어 맞닿게 함.
연접-봉(連接棒)명 증기 기관이나 내연 기관 따위에서, 피스톤의 동력을 크랭크축에 전달하여 바퀴를 회전시키는 쇠막대.

연정(蓮亭)명 연못가에 지은 정자. 연당(蓮堂)

연정(聯政)명 '연립 정부(聯立政府)'의 준말.

연:정(鍊正)명 도자기를 만들 때, 흙을 개어 이기거나 잿물을 다루는 사람.

연:정(戀情)명 이성(異性)을 못내 그리는 마음. 염정(艶情) ¶이웃 처녀에게 ―을 품다. ☞애정(愛情)

연:제(演題)명 연설이나 강연의 제목.

연:제(練祭)명 '연제사(練祭祀)'의 준말.

연:제-복(練祭服)명 상제가 소상(小祥) 뒤 대상(大祥) 전에 빨아 입는 상복.

연:-제:사(練祭祀)명 아버지가 살아 있는 경우, 어머니의 소상(小祥)을 한 달 앞당겨서 열한 달 만에 지내는 제사. 준연사(練祀). 연제(練祭)

연조(年租)명 한 해 동안에 내는 조세(租稅).

연조(年祚)명 ①임금의 재위 연수. ②나라의 존속 연수. ③사람의 수명.

연조(年條)명 ①어떠한 일에 종사한 햇수. ¶―가 짧다. ②사물의 역사나 유래. ¶이 유물은 오랜 ―를 말해 준다. ③어느 해에 어떠한 일이 있었음을 나타내는 조목. ¶―를 조사하다.

연:조(捐助)명-하다타 자기 재물을 내어 남을 도와 줌. 연보

연:조(軟條)명 물고기의 지느러미를 이루고 있는 물렁한 줄기. 물렁살. 여린줄기

연-존장(年尊長)명 자기보다 스무 살 이상 나이가 많은 어른.

연종(年終)명 한 해의 마지막 무렵. 세밑

연:좌(宴坐)명-하다자 불교에서, 몸과 마음을 가라앉히고 좌선하는 일.

연좌(連坐)명-하다자 ①여러 사람이 자리에 잇대어 앉음. ¶― 시위 ②한 사람의 범죄로 말미암아 특정 범위의 사람이 연대 책임을 지고 처벌을 받음. ☞연루(連累)

연좌(緣坐)명 ①지난날, 역모(逆謀) 등의 중대한 범죄를 저지른 사람의 친척이나 인척까지 처벌하던 형벌 제도. ②-하다자 친척이나 인척의 범죄 때문에 죄 없이 처벌을 받음.

연좌(蓮座)명 '연화좌(蓮花座)'의 준말.

연좌-구들명 골을 켜고 놓은 구들. ☞허튼구들

연주(連珠)명 ①'연주창(連珠瘡)'의 준말. ②오목(五目)

연:주(煉酒)명 청주에 달걀 흰자위와 흰설탕을 넣고 약한 불에 끓인 술.

연:주(演奏)명-하다타 어떤 곡을 악기로 다루어 남에게 표현하거나 들려주는 일. ¶바이올린을 ―하다.

연주(筵奏)명-하다타 지난날, 신하가 연석에서 임금에게 여쭈어 아뢰던 일. 연품(筵稟)

연주(聯奏)명-하다타 두 사람 이상이 같은 종류의 악기를 동시에 연주하는 일. ☞합주(合奏)

연주(聯珠)명 ①구슬을 꿴다는 뜻으로, 아름다운 시문(詩文)을 비유하여 이르는 말. ②'연주시'의 준말.

연:주-가(演奏家)명 악기의 연주를 잘하거나 직업으로 하는 사람. ¶유명한 피아노 ―.

연:주-권(演奏權)[―꿘]명 저작권법에 규정되어 있는 공연권의 한 가지. 어떤 곡을 독점적으로 연주할 수 있는 권리.

연주-나력(連珠瘰癧)명 한방에서, 목 주위에 여러 개의 멍울이 연달아 생겨 쉽게 낫지 않는 병을 이르는 말. ☞연주창(連珠瘡)

연:주-법(演奏法)[―뻡]명 악기를 연주하는 방법. 준주법(奏法)

연주-시(聯珠詩)명 칠언절구(七言絶句)로 된 당시(唐詩) 중에서 잘된 것을 뽑아 모은 시집. 준연주(聯珠)

연주=시:차(年周視差)명 어떤 항성을 지구에서 본 방향과 태양에서 본 방향과의 차이. 항성과 태양, 항성과 지구를 잇는 두 직선이 이루는 각도로 값을 나타내며 항성까지의 거리를 측정하는 데 쓰임. ☞시차(視差)

연:주-자(演奏者)명 악기를 연주하는 사람. 준주자(奏者)

연주-차(年周差)명 연차(年差)

연주-창(連珠瘡)명 한방에서, 연주나력이 터져서 생긴 부스럼을 이르는 말. 준연주(連珠)

연주-체(聯珠體)명 풍자와 비유를 주로 하여 대구(對句)로 잇대어 짓는 시문(詩文)의 한 형식.

연주-혈(連珠穴)명 풍수지리설에서, 꿴 구슬처럼 잇달아 이어진 혈(穴)을 이르는 말.

연:-주황(軟朱黃)명 엷은 주황빛.

연:주-회(演奏會)명 음악을 연주하여 여러 사람에게 들려주는 모임.

연죽(煙竹)명 담뱃대

연죽-전(煙竹廛)명 지난날, 담뱃대를 팔던 가게.

연-줄(鳶―)[―쭐]명 연을 매어서 띄우는 데 쓰는 실. ¶―을 끊다./―을 풀다.

연-줄(緣―)명 연고(緣故)가 닿는 길. ¶선배의 ―로 연극 동아리에 들다.

연줄-연줄(緣―緣―)[―련―]부 거듭되는 연줄로, 여러 가지로 연고(緣故)가 닿아서. ¶그분은 ―로 알게 된 사람이다. ☞연비연비(聯臂聯臂)

연줄=혼인(緣―婚姻)명 연줄이 닿는 사람끼리 하는 혼인.

연중(年中)명 그 해의 한 해 동안. ¶― 강우량

연중(連中)명-하다타 총이나 활을 쏘아 목표물에 연달아 맞힘.

연:중(軟中)명 탄력의 세기에 따라 구별한 활의 한 가지. 연상(軟上)보다는 무르고 연하(軟下)보다는 센 활. ☞강궁(強弓). 실궁(實弓). 연궁(軟弓)

연중(筵中)명 지난날, 임금과 신하가 모여 자문(諮問)하고 대답하는 자리를 이르던 말. 연석(筵席)

연-중독(鉛中毒)명 납중독

연중-무휴(年中無休)명 한 해 동안 하루도 쉬지 않음.

연-중:석(鉛重石)명 납과 텅스텐이 들어 있는 광석. 정방정계(正方晶系)의 결정 광물로, 적색·회색·갈색·황색 등을 띠며 윤이 남.

연중-에(然中―)부 그런데다가. 그러한 가운데.

연중=행사(年中行事)명 해마다 일정한 시기에 치르는 행사. ¶우리 학교는 5월이 되면 ―로 축제가 열린다.

연즉(然則)부 그런즉, 또는 그러면.

연증세:가(年增歲加)성구 해마다 더하여 감.

연지(連枝)명 한 뿌리에 이어진 가지라는 뜻으로, '형제자매'를 비유하여 이르는 말.

연:지(硯池)명 벼루 앞쪽에 오목하게 팬 부분. 먹을 갈기 위해 벼룻물을 담거나 먹을 간 먹물이 고이게 하는 곳임. 묵지(墨池) 연해(硯海)

연지(蓮池)명 연못

연지(撚紙)명 종이로 꼰 노끈. 지노. 지승(紙繩)

연지(臙脂)명 ① 자주와 빨강의 중간색, 또는 그런 색의 물감. ☞다홍 ②여자의 볼이나 입술에 바르는 붉은빛의 화장용 물감.

연지-묵(臙脂墨)명 연지에 먹을 섞어 만든 물감. 검붉은 빛을 띠는 밤색 물감임.

연지-벌레(臙脂―)명 둥근깍지진딧과의 곤충. 수컷은 몸이 가늘고 적갈색이며, 암컷은 달걀꼴로 몸길이는 2mm 안팎임. 선인장에 기생하는 벌레로, 암컷은 말려서 가루를 내어 붉은 색소인 카민을 만듦.

연지-분(臙脂粉)명 연지와 분, 곧 화장품을 이르는 말.

연지-합(臙脂盒)명 연지를 담아 두는 합.

연직(鉛直)명 ①중력의 방향. ②어떤 직선이 다른 직선이나 평면에 대하여 수직인 상태.

연직-각(鉛直角)명 수평면에 수직으로 내린 직선이 그 면과 이루는 각.

연직=거:리(鉛直距離)명 공간 안에 있는 두 점 사이의 거리를, 그 두 점과 수평면의 높이의 차로 나타내는 거리.

연직-면(鉛直面)명 수평면과 직각을 이루는 평면. 수직면(垂直面)

연직-선(鉛直線)명 연직 방향의 직선, 곧 수평면과 수직을 이루는 직선.

연:진(研眞)명-하다타 진리를 연구함.

연진(煙塵)명 싸움터에서 일어나는 흙먼지라는 뜻으로, 전쟁의 북새통 또는 전쟁으로 말미암아 어지러운 사회

분위기를 이르는 말. 병진(兵塵). 전진(戰塵)

연:질(軟質)명 부드럽고 연한 성질, 또는 그런 성질의 물질. ☞경질(硬質)

연:질-미(軟質米)명 수분이 15% 이상 들어 있어 변질되기 쉬운 현미.

연:질=유리(軟質琉璃)[-류-]명 연화점(軟化點)이 낮아 비교적 쉽게 녹아서 가공하기가 쉬운 유리. 보통 소다 석회 유리를 이르며, 유리창·유리병·전구 따위를 만드는 데 쓰임. ☞경질 유리(硬質琉璃)

연차(年次)명 ①나이의 차례. ②햇수의 차례. ③매년

연차(年差)명 달의 운행이 일정하지 않은 현상. 지구의 궤도가 타원형이기 때문에 태양·달·지구 사이의 거리는 일 년을 주기로 변하며, 그에 따라 달에 미치는 태양의 인력(引力)도 변화하기 때문에 일어남. 연주차(年周差)

연차(聯借)명 여러 사람이 연대하여 돈이나 물건을 빌림.

연차(聯箚)명 '연명 차자(聯名箚子)'의 준말.

연차(連次)부 ①여러 차례를 계속하여. ②번번이

연차=계:획(年次計畫)명 그 연도의 일 년 동안의 계획.

연:-차:관(軟借款)명 낮은 금리나 긴 상환 기간 따위의 유리한 조건을 지닌 차관.

연차=교:서(年次敎書)명 미국에서, 대통령이 해마다 정기적으로 의회에 보내는 교서.

연차=대:회(年次大會)명 해마다 정기적으로 여는 대회.

연차=휴가(年次休暇)명 기업체에서 해마다 종업원에게 일정하게 베푸는 유급 휴가. 준연휴(年休)

연착(延着)명-하다자 예정된 시각보다 늦게 도착함. ¶비행기가 두 시간이나 -하였다. ☞연발(延發). 조착(早着)

연:-착륙(軟着陸)명 ①-하다자 우주를 비행하는 물체가 지구나 그 밖의 천체에 착륙할 때 점점 속도를 줄여 충격 없이 내려앉는 일. ②경기가 활황에서 불황 국면으로 접어들 때의 부작용을 최소화함을 이르는 말. 경기 하강이 시작되기 전부터 통화, 재정, 환율 따위의 정책 수단을 적절히 조합하는 탄력적인 대응을 해야 한다는 것.

연:찬(硏鑽)명-하다타 학문 따위를 깊이 연구함. 찬연(鑽硏)

연-창(-窓)명 안방과 건넌방에 딸린 덧문.

연창(煙槍)명 아편 연기를 빨 때 쓰는 대롱.

연창-문(連窓門)명 문짝의 중간 부분만을 살창으로 만든 사분합(四分閤).

연:채(軟彩)명 중국 청나라 때 유행하던, 백자의 그림 기법. 부드러운 법랑질의 불투명한 물감을 이용하여 다채로운 그림 효과를 냄. 분채(粉彩) ☞경채(硬彩)

연천(年淺)어기 '연천(年淺)하다'의 어기(語基).

연천몰각(年淺沒覺)성구 연소몰각(年少沒覺)

연천-하다(年淺-)형여 ①나이가 어리다. ②햇수가 오래지 아니하다. ¶공방(工房)에 들어온 지 아직 -.

연철(連綴)명〈어〉체언(體言)과 조사, 용언(用言)의 어간과 어미를 구별하여 적지 않았던 옛 표기로, '떡을 먹으니'를 '떠글 머그니'로 적던 형식을 이르는 말.

연:철(軟鐵)명 탄소 함유량이 적은 철. 무르고 잘 늘어나 철사나 양철판 따위를 만드는 데 쓰임. 뜬쇠[1] ☞강철

연철(鉛鐵)명 납과 철이 섞인 광석.

연철(鍊鐵·練鐵)명 ①잘 단련된 쇠. 단철(鍛鐵) ②탄소 함유량이 0.2% 이하인 연철(軟鐵). 철선이나 못 따위를 만드는 데 쓰임.

연:철-심(軟鐵心)명 연철로 만든 막대. 이것에 절연 동선(絶緣銅線)을 감으면 전자석이 됨.

연철-줄(鉛鐵-)[-줄]명 납이나 철이 섞여 있는 광맥.

연첩(連捷)명-하다자 연승(連勝)

연청(延請)명-하다타 남을 청하여 맞음. 청요(請邀)

연체(延滯)명-하다타 이행해야 할 채무나 납세 등을 늦추거나 그 기한을 넘김. 건체(愆滯) ¶관리비를 -하다.

연체-금(延滯金)명 연체료(延滯料)

연:체-동:물(軟體動物)명 동물계의 한 문(門). 몸은 뼈가 없이 연하고 부드러우며, 머리·다리·내장·외투막의 네 부분으로 이루어져 있음. 모두 암수딴몸으로 유성 생식을 하며, 대부분 물에서 삶. 조개·문어 따위. ☞원삭동물(原索動物)

연체-료(延滯料)명 기한 안에 이행하여야 할 채무나 납세 따위를 지체하였을 때, 밀린 날짜에 따라 더 내는 돈. 연체금(延滯金)

연체=이:자(延滯利子)명 원금의 상환을 연체했을 때, 연체 기간에 따라 추가되는 이자. 지연 이자(遲延利子)

연초(年初)명 한 해의 첫머리, 또는 그 해의 첫머리. 연두(年頭). 연시(年始)

연초(煙草)명 담배

연초(鉛醋)명 염기성 초산연(醋酸鉛)의 수용액. 무색 투명한 알칼리성 수렴제로, 화상(火傷)·좌상(挫傷)·염증 등에 쓰임.

연-초자(鉛硝子)명 납유리

연:-초점(軟焦點)[-쩜]명 소프트포커스(soft focus)

연촌(煙村·烟村)명 안개·비·이내 등에 가리어 희미하게 보이는 마을.

연총(淵叢)명 못에 물고기가 모여들고 숲에 새들이 모이는 것과 같이, 사물이나 사람이 많이 모이는 곳을 비유하여 이르는 말. 연수(淵藪)

연축(攣縮)명-하다자 순간적인 자극으로 근육이 흥분하여 수축되었다가 다시 본래의 상태로 이완되는 일.

연축-기(連軸器)명 클러치(clutch)

연-축전지(鉛蓄電池)명 납축전지

연:출(演出)명-하다타 ①연극이나 방송극 따위에서, 대본에 따라 배우의 연기와 무대 장치·의상·조명·분장·음향 효과 등을 지도하고 전체를 종합하여 효과적으로 작품을 완성하는 일, 또는 그 일을 맡은 사람. ¶그는 연극 '명성황후'를 -하였다. ②규모가 큰 행사나 집회 따위를 총지휘하여 효과적으로 진행하는 일, 또는 그런 일을 맡은 사람. ¶월드컵 개막식을 -하다. ③어떤 상황이나 상태를 만들어 내는 일. ¶환상적인 분위기를 -하다.

연:출-가(演出家)명 연극이나 방송극 따위의 연출을 전문으로 하는 사람.

연춧-대명 토담을 쌓을 때 쓰는 나무.

연춧-대(輦-)명 연(輦)이나 상여 따위를 멜 때, 채 아래 가로 대는 나무.

연충(淵衷)명 깊은 속마음.

연:충(蠕蟲)명 몸이 가늘고 길며, 꿈틀거리며 기어다니는 하등 동물. 지렁이·갯지렁이·거머리 따위.

연:충-류(蠕蟲類)명 연형동물(蠕形動物)

연취(煙嘴)명 물부리

연:취(軟脆)어기 '연취(軟脆)하다'의 어기(語基).

연:취-하다(軟脆-)형여 바탕이 무르고 약하다. 연약하다

연층=갱도(沿層坑道)명 탄광에서, 탄층(炭層)을 따라 파 들어간 갱도.

연치(年齒)명 남을 높이어 그의 나이를 이르는 말. 연세(年歲). 춘추(春秋)

연칙(筵飭)명-하다타 연석(筵席)에서 임금이 신하를 단단히 꾸짖어 삼가게 하던 일.

연:침(燕寢)명 임금이 평상시에 한가롭게 거처하는 전각(殿閣).

연타(連打)명-하다타 ①잇달아 침. ②야구에서, 타자(打者)가 잇달아 안타(安打)를 치는 일.

연:탄(軟炭)명 역청탄(瀝青炭)

연:탄(煉炭)명 주원료인 무연탄에 코크스나 목탄 등의 탄화물과 점결제(粘結劑)를 섞어 원통형의 덩어리로 만든 연료. 세로로 공기 구멍이 여러 개 뚫려 있음. 준탄(炭)

연탄(聯彈·連彈)명-하다타 한 대의 피아노를 두 사람이 함께 연주하는 일, 또는 그런 연주법. ¶피아노 -

연:탄=가스(煉炭gas)명 연탄의 연소 과정에서 발생하는 유독성 가스. 일산화탄소를 주성분으로 함. ¶- 중독

연:탄-재(煉炭-)[-째]명 연탄이 타고 남은 재. 준탄재

연:토-판(鍊土板)명 도자기를 빚는 곳에서, 흙을 반죽할 때 쓰는 널빤지. 암증널

연통(連通)명-하다타 남몰래 서로 연락함.

연통(煙筒)명 양철이나 슬레이트 따위로 둥글게 만든 굴

뚝. ¶난로에 ―을 설치하다.
연통-관(連通管)명 액체를 넣은 두 개 이상의 용기(容器)의 바닥을 관으로 이어 액체가 자유롭게 이동할 수 있도록 만든 관. 액체의 밀도 측정 등에 쓰임.
연투(連投)명-하다타 야구에서, 한 투수가 두 경기 이상 계속해서 등판하여 공을 던지는 일.
연:투(軟投)명-하다타 야구에서, 투수가 느린 변화구를 던지는 일. ☞폭투(暴投)
연:파(軟派)명 어떤 의견이나 주장을 강하게 내세우지 않는 소극적인 파, 또는 그런 파에 딸린 사람. ☞경파
연파(連破)명-하다타 전쟁이나 운동 경기 따위에서, 상대를 잇달아 물리침. ¶강적들을 ―하다.
연파(煙波)명 ①멀리 연기나 안개가 부옇게 낀 수면. ②연기가 자욱하게 끼어서 물결처럼 보이는 것을 비유하여 이르는 말.
연판(連判)명-하다자타 하나의 문서에 두 사람 이상이 연명(連名)하고 도장을 찍음.
연판(鉛版)명 활자로 짠 원판(原版)으로 지형(紙型)을 뜬 다음에 그 지형에 납·주석·알루미늄의 합금을 녹여 부어서 만든 인쇄판.
연판-장(連判狀)[―짱]명 두 사람 이상이 연명(連名)하고 도장을 찍은 문서. ¶―을 돌리다.
연패(連敗)명-하다자 전쟁이나 운동 경기 따위에서 잇달아 짐. ¶세 경기에서 내리 ―하다. ☞연승(連勝)
연패(連霸)명-하다자 운동 경기 따위에서, 잇달아 우승함.
연-평수(延坪數)[―쑤]명 여러 층으로 된 건물에서, 각 층의 평수를 모두 합친 평수.
연:포(練布)명 누인 베.
연포지목(連抱之木)명 아름드리 나무.
연:포-탕(軟泡湯)명 연폿국
연폭(連幅)명-하다타 피륙·종이·널빤지 등의 조각을 너비로 마주 이어서 붙임; 또는 그렇게 이어 붙인 폭.
연폭(連爆)명-하다타 잇달아 폭격함.
연:폿-국(軟泡―)명 쇠고기·두부·무·다시마 등을 넣어 끓인 맑은장국. 흔히, 상가(喪家)에서 발인(發靷)하는 날에 끓임. 연포탕(軟泡湯)
연표(年表)명 역사적 사실을 일어난 연대순으로 벌여 적은 표. 연대표(年代表)
연품(筵稟)명 연주(筵奏)
연풍(年豐)명-하다자 풍년이 듦.
연:풍(軟風)명 ①솔솔 부는 바람. ②바닷가에서 낮과 밤의 온도 차가 클 때 부는 바람. ③풍력 계급 '산들바람'의 구용어. ☞화풍(和風)
연풍(連豊)명 여러 해 계속해서 드는 풍년.
연피-선(鉛被線)명 '연피 전선(鉛被電線)'의 준말.
연피=전:선(鉛被電線)명 도선(導線)을 고무나 절연된 피륙 등으로 싸고 다시 연관(鉛管)을 씌운 전선. 준연피선
연필(鉛筆)명 필기 용구의 한 가지. 흑연 가루와 점토의 혼합물을 높은 열로 구워 만든 가느다란 심을 홈이 팬 두 나무 사이에 넣고 붙인 것.
연필-깎이(鉛筆―)명 연필을 깎는 기구.
연필-심(鉛筆心)명 연필 속에 들어 있는 심.
연필=철광(鉛筆鐵鑛)명 적철광(赤鐵鑛)의 한 가지. 연필 모양의 개체로, 갈라지기 쉬움.
연필-향나무(鉛筆香―)명 측백나뭇과의 상록 교목. 높이 30m 안팎. 잎은 바늘 모양으로 마주 남. 4~5월에 암수한그루로 꽃이 피며, 둥근 열매는 가을에 자흑색으로 익음. 재목은 연필 재료로 쓰이고, 건류하여 채취한 기름은 비누와 향료의 원료로 쓰임. 북아메리카 원산으로, 우리 나라에서는 중부 이남에 분포함.
연하(年下)명 서로 비교하여 나이가 적음, 또는 그런 사람. ¶3년 ―의 아내. ☞연상(年上)
연하(年賀)명 새해를 축하함.
연하(沿河)명 강가의 땅. 연강(沿江)
연:하(宴賀)명-하다자 축하 잔치를 베풂.
연:하(軟下)명 탄력의 세기에 따라 구별한 활의 한 가지. 연중(軟中) 아래 등급으로 가장 무른 활. ☞연상(軟上). 중힘
연하(煙霞)명 ①안개와 노을을 아울러 이르는 말. ②고요한 자연의 경치.
연하(嚥下)명-하다타 삼켜서 넘김.
연하고질(煙霞痼疾)성구 자연을 지극히 사랑하는 성벽을 고치기 어려운 병에 비유하여 이르는 말. 연하지벽(煙霞之癖). 천석고황(泉石膏肓)
연-하다(連―)자타여 잇닿다. 잇대다 ¶미장원과 이발소가 연해 있다./기침을 연하여 하다.
연:-하다(練―)타여《文》소상(小祥) 때에 입을 상복을 삶아 빨아 부드럽게 다듬다.
연:-하다(軟―)형여 ①무르고 부드럽다. ¶연한 살코기. ②빛깔이 엷고 산뜻하다. ¶연한 하늘색.

한자 연할 담(淡)〔水部 8획〕¶담록(淡綠)/담색(淡色)
연할 연(軟)〔車部 4획〕¶연골(軟骨)/연시(軟柿)/연약(軟弱)/연질(軟質)/유연(柔軟)

-연하다(然―)《접미사처럼 쓰이어》'거짓으로 그것인 것처럼 행동하다.'의 뜻을 나타냄. ¶애국자(愛國者)연하다/대가(大家)연하다
연하=우편(年賀郵便)명 특별 취급 우편물의 한 가지. 연하장 등 새해 인사를 적어 보내는 우편물.
연하일휘(煙霞日輝)성구 안개와 노을과 빛나는 햇살이라는 뜻으로, 아름다운 자연 경치를 이르는 말.
연하-장(年賀狀)[―짱]명 연말 연시에, 새해를 축하하는 간단한 글이나 그림을 담아 보내는 편지.
연하지벽(煙霞之癖)성구 연하고질(煙霞痼疾)
연:학(硏學)명-하다자 학문을 연구함.
연한(年限)명 정해진 기한. 연기(年期) ¶―이 차다.
연:한(燕閑)어기 '연한(燕閑)하다'의 어기(語基).
연:한-하다(燕閑―)형여 몸과 마음이 한가하고 편안하다. 연안하다
연함(椽檻)명 서까래 끝의 평고대 위에, 기왓골이 되는 암키와가 놓일만 하게 반달 모양으로 오목하게 에어서 대는 나무.
연합(聯合)명-하다자타 둘 이상의 개별적인 단체나 조직체가 공동의 목적으로 합께 행동함. ¶다국적 군이 ―하여 작전을 펴다.
연합=고:사(聯合考査)명 어떤 지역의 전체 학교가 연합하여, 해당되는 모든 학생에게 동시에 보이는 시험.
연합-국(聯合國)명 같은 목적을 위하여 연합한 두 개 이상의 나라.
연합=국가(聯合國家)명 자치권을 가진 여러 국가가 공통의 정치 이념 아래 결합하여 하나의 주권 국가를 이룬 나라. 미국·캐나다·스위스 따위. 연방(聯邦)
연합-군(聯合軍)명 둘 이상의 국가가 연합하여 편성한 군대. ¶―의 상륙 작전.
연합=심리학(聯合心理學)명 관념 또는 그 밖의 정신적 요소를 연합하여 마음의 작용을 설명하고자 하는 심리학. 연상 심리학
연합=작전(聯合作戰)명 단일 기본 임무를 수행하기 위하여, 행동을 같이하는 두 나라 이상의 동맹국 부대가 실시하는 작전.
연합=전:선(聯合戰線)명 여러 나라 또는 여러 부대가 연합하여 펴는 전선.
연합=함:대(聯合艦隊)명 둘 이상의 함대 또는 두 나라 이상의 함대를 연합하여 편성한 함대.
연해(沿海)명 ①육지에 가까이 있는 바다. ②바다에 가까이 있는 육지.
연:해(硯海)명 연지(硯池)
연해(煙害)명 연기나 가스의 독으로 말미암아 입는 재해.
연해(緣海)명 대양(大洋)의 가장자리에 있으면서, 섬이나 반도 등을 경계로 대양과 불완전하게 구획된 해양. 동해나 황해 따위.
연-해(連―)부 자꾸 계속하여. 연달아 ¶― 이름을 부르다.
연해=기후(沿海氣候)명 연해 지방에서 볼 수 있는 대륙성 기후와 해양성 기후의 중간 기후형. 바닷바람과 뭍바

람이 밤낮으로 바뀌어 불며 공기가 맑고 겨울에도 비교적 따뜻함.
연해=무:역(沿海貿易)명 연안 무역(沿岸貿易)
연해-변(沿海邊)명 바닷가 일대.
연해=상업(沿海商業)명 연안 무역(沿岸貿易)
연해-선(沿海線)명 해안선(海岸線)
연해-안(沿海岸)명 바닷가를 따라서 벋은 육지.
연해=어업(沿海漁業)명 연안 어업(沿岸漁業)
연해-연방(連-連-)부 그칠 사이 없이 잇달아서 자꾸.
연해-읍(沿海邑)명 바닷가에 있는 읍.
연해-지(沿海地)명 바닷가의 땅.
연행(連行)명-하다타 데리고 감. 특히 경찰이 범인이나 피의자를 경찰서로 데리고 감을 이름. ¶피의자를 -하다.
연:행(燕行)명-하다자 지난날, 사신이 중국의 연경(燕京), 곧 북경(北京)에 가던 일.
연:행가(燕行歌)명 조선 고종 때의 문장가 홍순학(洪淳學)이 지은 가사. 서장관(書狀官)으로 중국의 연경(燕京), 곧 북경을 다녀와서 지은 기행 가사. 총 3,800여 구의 장편임.
연:향(宴享·醼享)명-하다자 지난날, 국빈을 대접하던 일, 또는 그 잔치.
연혁(沿革)명 사물이 변천하여 온 내력. ¶우리 회사의 -.
연:혁(研革)명 면도칼 따위를 가는 데 쓰는 가죽.
연형(年形)명 농사가 되어가는 형편. 농형(農形)
×**연형**(連衡)명 →연횡(連衡)
연형-동:물(蠕形動物)명 편형(扁形)·선형(線形)·윤형(輪形)·환형(環形) 동물 등 몸을 꿈틀거려 운동하는 동물을 통틀어 이르는 말. 일반적으로 가늘고 긴 모양이며, 좌우 상칭임. 지렁이·회충·촌충 따위. 연충류
연형=시조(連形時調)명 연시조(連時調)
연호(年號)명 지난날, 임금의 재위 연대에 붙이던 칭호. 원호(元號) ☞다년호
연호(連呼)명-하다타 계속하여 부름. ¶관중들은 홈런 타자의 이름을 -하였다.
연호(煙戶)명 ①굴뚝에서 연기가 나는 집이라는 뜻으로, 사람이 사는 집을 이르는 말. ②일반 백성의 집.
연호-군(煙戶軍)명 고려 말기에 왜구의 침입에 대비하기 위해 지방의 농민이나 관노, 사노비를 징발하여 설치했던 지방 군대. 준연군(煙軍)
연호-법(煙戶法)[-뻡]명 조선 시대, 호적법의 한 가지. 상호(上戶)·중호(中戶)·하호(下戶)·하하호(下下戶)로 구별하였음.
연호-잡역(煙戶雜役)명 조선 시대, 민가의 집집마다 과하던 여러 가지 부역. 준연역(煙役)
연혼(連婚)명-하다자 혼인에 따라서 인척 관계가 맺어짐.
연홍(緣紅)명 전두리를 붉게 칠한 도자기.
연:홍지탄(燕鴻之歎)성구 여름새인 제비와 겨울새인 기러기가 만나지 못하듯, 길이 어긋나 서로 만나지 못함을 탄식하여 이르는 말.
연화(年華)명 세월
연:화(軟化)명-하다자타 ①단단한 것이 무르게 됨, 또는 무르게 함. ②강경하던 주장이나 태도가 누그러짐, 또는 누그러뜨림. ☞경화(硬化)
연:화(軟貨)명 ①주화(鑄貨)에 상대하여 '지폐'를 이르는 말. ②국제 수지의 결제에서, 금이나 외국의 통화와 바꿀 수 없는 통화. ☞경화(硬貨)
연-화(連火)명 한자 부수(部首)의 한 가지. '無'·'然'·'熱' 등에서 '灬'의 이름. ☞불화
연화(煙火)명 ①연기와 불. ② 인연(人煙)
연화(煙花)명 ①봄의 경치. ②화포(花砲) ③기녀(妓女)
연화(鉛華)명 백분(白粉)
연화(蓮花·蓮華)명 '연꽃'의 딴이름.
연화-국(蓮花國)명 불교에서, 연꽃이 피어 있는 나라라는 뜻으로 '극락정토'를 이르는 말.
연화-대(蓮花臺)명 ①불교에서, 극락에 있다는 대(臺). 준연대(蓮臺) ②고려 시대, 정재(呈才) 때에 추던 춤의 한 가지.
연화-등(蓮花燈)명 연꽃 모양의 등.
연화-머리초(蓮花-)명 단청의 한 가지. 연꽃이나 석류를 주된 무늬로 삼는데, 건물의 종류나 격식에 관계 없이 두루 쓰이는 단청. ☞장구머리초
연화-문(蓮花紋)명 연꽃을 도안화한 무늬.
연:화-병(軟化病)명 누에와 같은 곤충의 소화관이나 혈액 속에 세균이 번식하여 먹이를 잘 먹지 않고, 움직임이 느려지며 피부의 탄력이 없어져 마침내 연약해지는 병. 무름병
연화-분(鉛華粉)명 합석꽃
연화-세:계(蓮花世界)명 극락(極樂)
연화-소(緣化所)명 절에서, 특별한 불사(佛事)를 맡아 처리하는 임시 사무소.
연:화-유(軟火釉)명 약한 불에 녹는 잿물.
연화-좌(蓮花坐)명 결가부좌(結跏趺坐)
연화-좌(蓮花座)명 연꽃 모양으로 만든, 불상(佛像)의 자리. 화좌(華座) 준연좌(蓮座)
연화중-인(煙火中人)명 화식(火食)을 하는 사람이라는 뜻으로, 도가에서 속세(俗世)의 인간을 이르는 말.
연화향낭-노리개(蓮花香囊-)명 비단 향낭에 활짝 핀 연꽃 무늬와 나비를 수놓은 노리개.
연환(連環)명 여러 개의 고리를 이은 사슬 모양의 물건.
연환-계(連環計)명 적에게 간첩을 보내어 계교를 꾸미게 하고, 그 사이에 적을 공격하여 승리를 얻는 계략. 중국 삼국 시대에 주유(周瑜)가 조조(曹操)의 군함을 불로 칠 때, 방통(龐統)을 보내 조조의 군함을 쇠고리로 연결시킨 데서 유래함.
연:활(軟滑)어기 '연활(軟滑)하다'의 어기(語基).
연:활-하다(軟滑-)형여 연하고 매끄럽다.
연회(年會)명 일 년에 한 번 여는 집회.
연:회(宴會)명 여러 사람이 모여 베푸는 잔치. ¶우승 축하 -를 베풀다.
연:회-석(宴會席)명 연회를 베푸는 자리. 연석(宴席)
연횡(連衡)명 중국 전국 시대에 진(秦)나라의 장의(張儀)가 주장했던 외교 정책. 소진(蘇秦)의 합종(合縱)에 맞서서 진나라가 한(韓)·위(魏)·조(趙)·초(楚)·연(燕)·제(齊)의 여섯 나라와 각각 단독으로 동맹을 맺자는 주장이었음. ☞합종(合縱)
연후(然後)부 '연후에'의 준말.
연후-에(然後-)부 그러한 뒤에. ¶밥을 먹은 - 회의를 속개합시다. 준연후(然後)
연후지사(然後之事)명 그러한 뒤의 일.
연훈(煙薰)명 연기로 말미암은 훈훈한 기운.
연휴(年休)명 '연차 휴가(年次休暇)'의 준말.
연휴(連休)명 휴일이 이틀 이상 계속되는 일, 또는 그런 휴일. ¶이번 -에는 여행을 가려 한다.
연휼(憐恤)명-하다타 불쌍히 여겨 물품을 내어 도움.
연흉(連凶)명 계속해서 드는 흉년.
연흔(漣痕)명 ①호숫가나 해안의 지층에 나타나 있는 물결 모양의 흔적. ②바람으로 말미암아 모래나 눈 위에 생기는 물결 모양의 흔적.
연:희(演戲)명-하다자 ①연극(演劇) ②관객 앞에서 곡예나 가무 등의 재주를 보이는 일.
열-아홉수 ①여덟이나 아홉. ☞한둘 ②〔관형사처럼 쓰임〕¶- 사람. ☞여남은. 한두
열[1]명 '총열'의 준말.
열[2]명 '챗열'의 준말.
열[3]명 화투짝의 열 끗짜리 딱지. 그림 속에 동물이나 그릇을 그려 놓았음. 매조(梅鳥)·흑싸리·난초·모란·홍싸리·공산·국준·단풍·비의 아홉 딱지. ☞광(光)[1]. 띠[2]
열[4]수 ①수의 고유어 이름의 하나. 아홉에 하나를 더한 수. ②건물 따위를 셀 때의 열 개. ☞십(十)
관 단위를 나타내는 말 앞에 쓰이어 ①수량이 아홉에 하나를 더한 수임을 나타냄. ¶- 마리. ②차례가 아홉째의 다음임을, 또는 횟수가 아홉 번째의 다음임을 나타냄.
속담 **열 골 물이 한 골로 모인다**: 여럿이 지은 죗값으로 받게 되는 벌이 자기 한 사람에게만 모인다는 뜻으로 하

는 말. /**열 길 물 속은 알아도 한 길 사람의 속은 모른다** : 사람의 마음은 알아내기가 어렵다는 뜻으로 하는 말. /**열 놈이 백 말을 해도 들을 이 짐작** : 말하는 사람이 여러 소리를 하더라도 듣는 사람이 잘 판단하여 들어야 한다는 말. /**열 놈이 죽 한 사발** : 나누어 가진 양이 매우 적음을 이르는 말. /**열 달 만에 아이 낳을 줄 몰랐던가** : 응당 알고 있을만 한 평범한 사실도 모르고 있는 사람에게 핀잔 주는 말. /**열 도깨비 날치듯** : 일이 급한 처지에 이르러 여러 사람이 야단스럽게 떠들고 다툼을 이르는 말. /**열 발 성한 방게 같다** : 어린아이가 기운이 좋아 잠시도 가만히 있지 못하고 돌아다님을 이르는 말. /**열 번 듣는 것이 한 번 보는 것만 못하다** : 듣기만 하는 것보다 직접 눈으로 보아야 한다는 말. ☞백문불여일견(百聞不如一見) /**열 번 잘하고 한 번 실수를 하지 말아야 한다** : 열 번을 잘한 일이 한 번의 실수로 소용없게 될 수 있으니 늘 조심하라는 말. /**열 번 찍어 아니 넘어가는 나무 없다** : ①여러 번 계속해서 애쓰면 기어이 뜻대로 일을 이룬다는 말. ②아무리 뜻이 굳은 사람이라도 여러 번 꾀고 권하거나 달래면 결국 마음이 변한다는 말. /**열 벙어리가 말을 해도 가만 있어라** : 누가 무어라고 해도 상관하지 말고 제 일만 하고 있으면 실수하지 않는다는 말. /**열 사람이 지켜도 한 도둑을 못 막는다** : 여럿이 애써 지켜보고 살펴도 한 사람의 나쁜 짓을 못 막는다는 말. /**열 사람 형리(刑吏)를 사귀지 말고 한 가지 죄를 범하지 마라** : 남의 힘을 믿고 함부로 처신하는 것보다 제가 알아서 제 몸을 절제하는 것이 안전하다는 말. 〔삼정승을 사귀지 말고 내 한 몸을 조심하여라〕 /**열 손가락 깨물어 안 아픈 손가락이 없다** : 부모에게 자식은 모두 한 결같이 소중하다는 말. /**열 손 한 지레** : 여러 사람이 할 일을 능력 있는 한 사람이 해치운다는 말. /**열 식구 벌지 말고 한 입 덜라** : 많이 벌려고 애쓰지 말고 적게 쓰는 것이 낫다는 말. /**열을 듣고 하나도 모른다** : 몹시 우둔하다는 말. /**열의 한 술 밥이 한 그릇 푼푼하다** : 많은 사람이 힘을 합하면 적은 힘을 들여도 그 성과가 크다는 말. 〔열의 한 술 밥〕 ☞십시일반(十匙一飯) /**열 집 사위 열 집 며느리 안 되어 본 사람 없다** : 혼담(婚談)이란 흔히 여기저기 여러 곳에 걸려 이야기된다는 말.

한자 **열** 십(十) 〔十部〕 ¶십간(十干)/십계(十戒)/십대(十代)/십리(十里) ▷ 갖은자는 拾
열 십(拾) 〔手部 6획〕 ¶십상(拾參)/이십(貳拾)

열(列) 명 사람이나 물건 등이 죽 늘어선 줄. ¶ -을 짓다. ☞오(伍)

열(熱) 명 ①덥거나 뜨거운 기운. ¶전구에 전류를 통하면 빛과 -이 동시에 난다. ②'신열(身熱)'의 준말. ¶ -이 39℃까지 올랐다. ③열성 또는 열의. ¶회사 일에 -과 성을 다하다. ④격분하거나 흥분한 상태.
열(을) 내다 관용 열을 올리다.
열을 올리다 관용 ①흥분하여 성을 내다. 열(을) 내다. ¶열을 올리며 다투다. ②열중하거나 열성을 보이다. ¶시장 개척에 -. ③기세를 높이다.
열(이) 식다 관용 흥분이나 정열이 가라앉다.
열(이) 오르다 관용 ①기세가 오르다. ¶선제 골에 열이 오른 선수들. ②격분하거나 흥분하다.

-열(熱) 《접미사처럼 쓰이어》 '열성(熱誠)', '열의(熱意)'의 뜻을 나타냄. ¶교육열(教育熱)/연구열(研究熱)/학구열(學究熱)

열-가:소성(熱可塑性) [-썽] 명 가열하면 연화(軟化)하여 다른 모양으로 쉽게 바뀌고, 냉각하면 다시 굳어지는 성질. ☞열경화성(熱硬化性)

열가소성=수지(熱可塑性樹脂) [-썽-] 명 상온(常溫)에서는 변형하기 어려우나, 가열하면 연화(軟化)하여 여러 가지 모양으로 가공할 수 있는 합성 수지. 폴리에틸렌 수지나 염화비닐 수지 따위. ☞열경화성 수지

열각(劣角) 명 켤레각에서 작은 쪽의 각, 곧 180°보다 작은 각. ☞우각(優角). 둔각(鈍角)

열간=가공(熱間加工) 명 금속 등의 결정체에 재결정이 일어나는 온도보다 높은 온도에서 성형하는 가공.

열간=압연(熱間壓延) 명 금속 재료를, 그 결정체에 재결정이 일어나는 온도보다 높은 온도로 가열하여 눌러 늘이거나 펴는 가공. 준 열연(熱延) ☞냉간 압연(冷間壓延)

열감(熱疳) 명 한방에서 이르는 어린아이의 감병(疳病)의 한 가지. 뺨이 붉어지고 입 안이 바싹 마르며, 변비가 생기면서 몸이 차차 야위어 감.

열감(熱感) 명 신열(身熱)이 나는 느낌.

열강(列強) 명 여러 강한 나라. ¶세계 -간의 각축전.

열개(裂開) 명 -하다 자타 ①찢어져 벌어짐, 또는 찢어서 벌림. 개열(開裂) ②광물이나 암석 등이 일정하지 않은 방향으로 쪼개짐. ☞벽개(劈開)

열거(列擧) 명 -하다 타 어떤 사실이나 예(例) 등을 하나씩 들어 말함. ¶문제점을 -하다.

> ▶ **열거(列擧)의 의존 명사**
> 들/등(等)/등등(等等)/등속(等屬)/등지(等地)
> ¶소·말·돼지·닭 들을 가축이라 한다./
> 사과·과자·음료 등속을 사 왔다./
> 대전·공주·부여 등지를 여행했다.

열거-법(列擧法) [-뻡] 명 수사법(修辭法)의 한 가지. 관련 있는 여러 구체적인 사례(事例)를 늘어놓는 표현 방법. '저희는 다만 지껄이지 않고 까불대지 않을 뿐.' '피보다 더욱 붉게, 눈보다 더욱 희게 피어나는 한 송이 꽃.'과 같은 표현법임.

열결(列缺) 명 번개

열경화-성(熱硬化性) [-썽] 명 가열하면 단단해져서 큰 힘을 주어도 변형하지 않는 성질. ☞열가소성

열경화성=수지(熱硬化性樹脂) [-썽-] 명 가열하여 성형한 다음에는 다시 가열해도 변형하지 않는 수지. 멜라민 수지, 페놀 수지, 요소 수지 따위. ☞열가소성 수지

열고-나다 자 몹시 급하게 서두르다.

열-공학(熱工學) 명 연료와 증기의 이용에 관한 이론과 기술을 연구하는 과학.

열과(裂果) 명 익으면 열매 껍질의 일부가 저절로 터져 벌어져서 그 속에 든 씨를 흩뜨리는 열매. 쇠비름이나 채송화 따위의 열매. 개열과(開裂果) ☞개과(蓋果). 폐과(閉果)

열-관:리(熱管理) 명 석탄·석유·가스·전기 따위 열원(熱源)이 가진 열에너지를 효율적으로 이용할 수 있도록 연구하고 관리하는 일.

열광(烈光) 명 강렬한 빛.

열광(熱狂) 명 -하다 자 어떤 일에 몹시 흥분하여 미친듯이 날뜀. ¶우승이 확정되자 -하는 응원단.

열광-적(熱狂的) 명 열광하는 기세가 있는 것. ¶ -인 환영. /-으로 응원하다.

열구(悅口) 명 -하다 자 음식이 입에 맞음.

열-구름 명 떠가는 구름. 행운(行雲)

열구자(悅口子) 명 '열구자탕'의 준말.

열구자-탕(悅口子湯) 명 신선로에 여러 고기와 생선, 채소를 넣고, 그 위에 여러 과일과 갖은양념을 넣어 끓인 음식. 탕구자(湯口子) 준 구자탕(口子湯). 열구자(悅口子)

열구지물(悅口之物) 명 입에 맞는 음식.

열국(列國) 명 여러 나라. 열방(列邦) ¶ -의 각축장.

열:굽 명 열삼의 잎사귀.

열권(熱圈) [-꿘] 명 대기권 구분의 한 가지. 중간권 위쪽, 고도 90～400km에 위치함. 전자와 이온의 밀도가 높고, 몇 개의 전리층이 존재함.

열궐(熱厥) 명 한방에서, 신열(身熱)이 난 뒤에 궐랭(厥冷)이 생기는 병을 이르는 말. 양궐(陽厥)

열:기 [-끼] 명 눈동자에 드러나는, 정신의 담찬 기운.

열기(列記) 명 -하다 타 여러 가지를 죽 벌여서 적음, 또는 죽 벌여 적은 기록. 열록(列錄). 열서(列書)

열기(熱氣) 명 ①뜨거운 기운. ¶용광로에서 뿜어져 나오는 -. ②높아진 체온, 곧 신열(身熱). ¶몸에 -가 있다. ③흥분한 기운이나 분위기. ¶경기장은 관중들의 -로 가득 찼다.

열-기관(熱機關)명 열에너지를 기계적 에너지로 바꾸는 원동기를 통틀어 이르는 말. 가솔린, 디젤, 증기 기관 따위. ☞내연 기관(內燃機關). 외연 기관(外延機關)
열-기구(熱氣球)명 기구(氣球) 속의 공기를 버너로 가열하여 팽창시켜, 바깥 공기와의 비중 차이로 떠오르게 만든 기구(器具).
열-기구(熱器具)명 전기·가스·석유 등을 연료로 하는, 열을 내는 기구. 난로나 전기 다리미 따위.
열기-욕(熱氣浴)명 전도열을 이용한 요법의 한 가지. 환자에게 뜨거운 공기를 쐬게 하여 몸 안의 신진대사를 활발하게 함으로써 신경성·순환성 질병을 고치는 일. 류머티즘이나 신경통 등에 효과가 있음.
열-김(熱-)[-낌]명 ①열이 오른 김. ¶-에 소리를 질러 댔다. ②홧김
열-나다(熱-)자 ①몸에서 열이 나다. ②열성이 생기다. ¶열나게 뛰다. ③화가 나다. ¶사람을 열나게 한다.
열-나절명 일정한 한도 안에서 매우 오랜 동안. ¶-이나 꾸물거리다.
열녀(烈女)명 절개가 곧은 여자. 열부(烈婦)
열녀-문(烈女門)명 열녀의 행적을 기리기 위해 세운 정문(旌門). ☞효자문(孝子門)
열녀-비(烈女碑)명 열녀의 행적을 기리기 위해 세운 비.
열녀-전(烈女傳)명 열녀의 행적을 적은 전기.
열녀춘향수절가(烈女春香守節歌)명 춘향전(春香傳)
열년(閱年)명-하다자 해가 지남, 또는 해를 넘김. ☞열월(閱月)
열뇨(熱鬧)어기 '열뇨(熱鬧)하다'의 어기(語基).
열뇨-하다(熱鬧-)형여 많은 사람이 모여 떠들썩하다.
열:다[1](열고·여니)자 열매가 맺히다. ¶감나무에 감이 -.
열:다[2](열고·여니)타 ①닫히거나 잠긴 것을 트이게 움직이다. ¶창문을 활짝 -./열쇠로 자물쇠를 -. ②장사나 업무 따위를 시작하다. ¶식당을 새로 -./야시장을 -. ③모임을 베풀다. ¶주주 총회를 -. ④제한이나 조건을 풀고 남과 관계를 맺거나 가지다. ¶국교를 -. ⑤사물의 통로나 진로, 나아갈 방향 등을 뚫거나 개척하다. ¶돌파구를 -. ⑥말을 하거나 털어놓다. ¶입을 -. ⑦마음을 터놓다. ¶마음을 -. ☞닫다[2]

한자 열 개(開) 〔門部 4획〕 ¶개관(開館)/개막(開幕)/개방(開放)/개봉(開封)/개장(開場)/공개(公開)

열담(熱痰)[-땀]명 한방에서, 신열(身熱)이 나고 얼굴이 달아오르며 눈이 짓무르고 목이 잠기는 병을 이르는 말. 화담(火痰)
열대(列代)[-때]명 거듭된 세대(世代). 대대(代代)
열대(熱帶)[-때]명 기후대의 한 가지. 보통 적도를 중심으로 남북 회귀선 사이의 지대를 말하는데, 연평균 기온이 20℃ 이상임. ☞냉대. 온대(溫帶). 한대(寒帶)
열대=강:우림(熱帶降雨林)[-때-]명 열대 지방에서 비가 많이 내리는 곳에 발달한 삼림 지대. 열대 우림
열대=과:실(熱帶果實)[-때-]명 열대 지방에서 나는 과실. 바나나·파인애플·야자 따위.
열대=기후(熱帶氣候)[-때-]명 열대 지방의 기후. 일 년 내내 매우 덥고 낮과 밤의 기온 차가 큼.
열대-림(熱帶林)[-때-]명 열대 지방에 발달해 있는 삼림대.
열대=몬순=기후(熱帶monsoon氣候)[-때-]명 열대 우림 기후의 바깥쪽에 발달한 기후. 여름철에 우기(雨期)를 맞으나 3~4개월의 건기(乾期)도 있음. 미얀마, 필리핀, 인도 서안(西岸) 등지에서 발달함.
열대-병(熱帶病)[-때뼝]명 열대 지방에서 흔히 발생하는 질병. 수면병(睡眠病)이나 말라리아 따위.
열대=사바나=기후(熱帶savanna氣候)[-때-]명 열대 기후 중에서 건기(乾期)와 우기(雨期)가 뚜렷이 구분되는 기후. 연중 기온의 변화가 크지 않음. 아프리카에 가장 많이 분포함.
열대-산(熱帶産)[-때-]명 열대 지방에서 나는 산물.
열대-성(熱帶性)[-때썽]명 열대 지방의 특유한 성질. ¶- 고기압/- 기후
열대=식물(熱帶植物)[-때-]명 열대 지방에서 자라는 식물을 통틀어 이르는 말. 키가 큰 상록 활엽수가 많음. 고무나무·야자수·파파야 따위.
열대-야(熱帶夜)[-때-]명 야간의 최저 실외 기온이 25℃ 이상인 밤.
열대-어(熱帶魚)[-때-]명 열대 또는 아열대 지방 원산의 물고기. 진기한 형태와 고운 빛깔을 가진 것이 많아 관상용으로 기름. 에인절 피시·거피·네온테트라 따위.
열대=우:림(熱帶雨林)[-때-]명 열대 강우림
열대=우:림=기후(熱帶雨林氣候)[-때-]명 열대 기후 중에서 가장 다습한 기후. 강수량이 많고 일교차가 큼. 적도 바로 아래인 남아메리카의 아마존 강 유역, 아프리카의 콩고 강 유역, 동남 아시아의 섬 지역에서 발달함.
열대=작물(熱帶作物)[-때-]명 열대 지방에서 재배되는 특유의 농작물. 야자나무·고무나무·바나나·커피·파인애플·마닐라삼 따위.
열대=저:기압(熱帶低氣壓)[-때-]명 열대 지방의 해상에 발생하는 저기압을 통틀어 이르는 말. 세찬 폭풍우를 동반하며, 발생하는 지역에 따라서 태풍·허리케인·사이클론·윌리윌리 등의 특정한 이름으로 불림.
열대-호(熱帶湖)[-때-]명 ①열대와 온대 남부에 분포하며, 수온이 일 년 내내 4℃ 이상인 호수. ②우기(雨期)에 수위(水位)가 높고 건기(乾期)에 수위가 낮아지는 호수. 아프리카의 빅토리아 호 따위.
열도(列島)[-또]명 줄을 지은 모양으로 길게 늘어서 있는 섬들. ¶쿠릴 -
열도(熱度)[-또]명 ①열의 뜨거운 정도. ②열성(熱誠)의 정도. ¶면학의 -가 대단하다.
열독(熱毒)[-똑]명 한방에서, 더위로 말미암아 생기는 발진을 이르는 말. 온독(溫毒)
열독(熱讀)[-똑]명-하다타 책 따위를 열심히 읽음.
열독(閱讀)[-똑]명-하다타 책이나 문서 따위를 죽 훑어 읽음.
열독-창(熱毒瘡)[-똑-]명 한방에서, 온몸에 부스럼이 나고 몹시 아픈 병을 이르는 말.
열두밭-고누[-뚜반-]명 말밭이 열둘인 고누.
열두=신장(-神將)[-뚜-]명 판수나 무당이 경을 욀 때 부르는 신장. 십이신(十二神). 십이 신장(十二神將)
열두-째[-뚜-]수 열한째의 다음 차례.
열두-하님[-뚜-]명 지난날, 혼인 때에 신부를 따르던 열두 사람의 하님.
열등(劣等)[-뜽]명-하다형 보통 수준보다 뒤떨어져 있음. ¶-한 품질. ☞우등(優等)
열등-감(劣等感)[-뜽-]명 자기가 다른 사람보다 못하거나 뒤떨어져 있다는 느낌. ¶심한 -에 사로잡히다. ☞우월감(優越感)
열등-생(劣等生)[-뜽-]명 성적이 보통 수준보다 낮은 학생. ☞우등생(優等生)
열등=의:식(劣等意識)[-뜽-]명 자기가 다른 사람보다 못하거나 뒤떨어져 있다고 느끼는 의식. ¶그는 외모에 대한 -을 가지고 있다.
열-띠다(熱-)자 열성을 띠다. ¶열띤 토론을 벌이다.
열락(悅樂)명 ①-하다자 기뻐하고 즐거워함. ②불교에서, 이승의 욕구를 초탈함으로써 큰 기쁨과 만족감에 이름을 이르는 말.
열람(閱覽)명-하다타 책이나 문서 등을 훑어보거나 내용을 조사하면서 읽음. ¶토지 대장을 -하다.
열람-석(閱覽席)명 도서관 등에서 책이나 신문 등을 열람하는 자리.
열람-실(閱覽室)명 도서관 등에서 책이나 신문 등을 열람하는 방.
열량(熱量)명 열을 에너지의 양으로 나타낸 것. 단위는 보통 칼로리를 씀.
열량-계(熱量計)명 열량을 측정하는 계기. 칼로리미터
열력(閱歷)명-하다타 여러 일들을 보고 듣고 체험함. 경력(經歷)

열력풍상(閱歷風霜)성구 오랜 세월을 두고 온갖 풍상을 겪음을 이르는 말.
열렬(熱裂)명-하다자 열로 말미암아 광물 따위가 갈라짐.
열렬(熱烈)어기 '열렬(熱烈)하다'의 어기(語基).
열렬-하다(熱烈-)형여 흥분하거나 열중하거나 하여 행동이나 태도가 대단히 맹렬하다. ¶열렬하게 사랑하다.
열렬-히부 열렬하게
열록(列錄)명-하다타 여러 가지를 죽 벌여서 적음, 또는 죽 벌여 적은 기록. 열기(列記). 열서(列書)
열뢰(熱雷)명 여름철에 땅이 다른 곳에 비하여 과열됨으로써 나타난 상승 기류가 소나기 구름을 일으켰을 때, 이에 수반하여 생기는 우레.
열루(熱淚)명 몹시 감격하여 흘리는 눈물.
열릅명 말이나 소, 개 따위의 열 살을 이르는 말. 담불[1] ☞하릅. 한습
열리(熱痢)명 서리(暑痢)
열리(熱離)명 '열해리(熱解離)'의 준말.
열리다[1]자 열매가 맺혀서 달리다. ¶복숭아가 많이 ─.
열리다[2]자 ①닫히거나 막히거나 가리어진 것이 트이다. ¶문이 활짝 ─./서랍이 열려 있다. ②모임이 베풀어지다. ¶기념식이 ─. ③장사나 업무 따위가 시작되다. ¶벼룩시장이 ─. ④어떤 관계가 맺어지다. ¶국교가 ─. ⑤사람들의 생각이 깨고 문화가 발전하다. ¶세상이 ─. ⑥나아갈 길이나 바탕이 마련되다. ¶새로운 시대가 ─. ⑦말을 하거나 털어놓게 되다, 또는 마음을 터놓게 되다.
열립(列立)명-하다자 여럿이 죽 벌여 섬.
열망(熱望)명-하다타 열렬히 바람. ¶평화를 ─하다.
열매명 ①식물이 수정(受精)한 후, 씨방이 자라서 된 것. 과실(果實) ¶─를 맺다. ②힘을 써서 이룬 일의 결과를 비유하여 이르는 말. ¶그 동안의 노력이 ─를 맺다.

한자 열매 과(果) 〔木部 4획〕 ¶건과(乾果)/과당(果糖)/과수(果樹)/과즙(果汁)/핵과(核果)
열매 실(實) 〔宀部 11획〕 ¶매실(梅實)/결실(結實)/과실(果實)/실과(實果) ▷實의 속자는 実

열매-가지명 결과지(結果枝) ☞자람가지
열명(列名)명-하다타 여러 사람의 이름을 죽 벌여 적음.
열명-정장(列名呈狀)명 지난날, 여러 사람의 이름을 죽 벌여 적어서 관아에 내던 진정서.
열모(悅慕)명-하다타 기쁜 마음으로 사모함.
열목-어(熱目魚)명 연어과의 민물고기. 몸길이 70cm 안팎. 몸빛은 은빛에 자홍색 반점이 많으며, 산란기가 되면 짙은 홍색으로 변함. 눈이 빨감. 한류성(寒流性) 어류로, 일생을 하천 상류에서만 삶. 우리 나라와 시베리아, 유럽, 북아메리카 등지에 분포함. 국가가 지정한 특정 보호 어종으로서 그 서식지를 천연 기념물로 지정함. 열목이
열목-이(熱目-)명 '열목어(熱目魚)'의 딴이름.
열목-카래명 두 가래를 나란히 잇고, 장부꾼 두 사람과 줄잡이 여덟 사람이 하는 가래질.
열-무명 겨잣과의 한해살이 또는 두해살이 재배 식물. 소형 무의 한 품종으로, 주로 연한 줄기와 잎을 먹음. 여름 김치용의 대표적 채소임. ☞총각무
열무(閱武)명-하다자 임금이 친히 열병(閱兵)함.
열무-김치명 열무를 절여 파·마늘·생강·고추 간 것과 소금으로 버무려, 묽게 쑤어 식힌 밀가루 풀을 부어 익힌 김치.
열-무날명 무수기로 볼 때 조수 간만의 차가 같은, 음력 초나흘과 열아흐레를 아울러 이르는 말.
열무-장아찌명 열무를 4cm 안팎의 길이로 썰어 절이고, 쇠고기를 다져 양념하여 볶은 것과 설탕·참기름·깨소금 등을 넣고 무친 반찬.
열문(熱門)명 권세가 있어 많은 사람이 드나드는 집.
× **열-바가지**명 →바가지
× **열-박**명 →바가지
열박(劣薄)어기 '열박(劣薄)하다'의 어기(語基).
열박-하다(劣薄-)형여 못나고 경박하다.
열반(涅槃)명 ①불교에서, 진리를 깨달아 모든 번뇌의 속박에서 벗어나고 불생불멸의 법을 체득한 경지. 멸도(滅度). 적멸(寂滅) ②-하다자 불교에서, '죽음' 특히 석가모니나 고승(高僧)의 입적(入寂)을 이르는 말.
열반-경(涅槃經)명 석가모니의 죽음에 관하여 풀이한 불교 경전. 대반열반경(大般涅槃經)
열반-종(涅槃宗)명 불교의 한 종파. 열반의 적극적인 해석을 종지(宗旨)로 삼으며, 우리 나라에서는 신라 시대에 보덕 화상(普德和尙)이 개종(開宗)하였음.
열방(列邦)명 여러 나라. 열국(列國)
열-방사(熱放射)명 열복사(熱輻射)
열변(熱辯)명 열렬한 변론. ¶─을 토하다.
열변(熱變)명-하다자 광물이 열로 말미암아 질이 변화함.
열병(閱兵)명-하다자 군대를 정렬시켜 놓고 그 위용과 사기의 상태를 검열함. 관병(觀兵)
열병(熱病)명 높은 신열(身熱)이 나는 질병. 두통, 불면, 식욕 부진 등이 따름. 티푸스·말라리아·폐렴 따위.
열병-식(閱兵式)명 정렬한 군대의 앞을 지나면서 검열하는 의식. ☞사열식(査閱式)
열-보라명 비교적 흰빛을 띤 보라매.
열복(悅服)명-하다자 기쁜 마음으로 따르거나 복종함.
열-복사(熱輻射)명 물체 내부의 이온이나 전자의 열운동으로 전자기파가 복사되는 현상. 열방사(熱放射)
열-복통(熱腹痛)명 뱃속이 항상 뜨겁고, 갑자기 몹시 아프다가 갑자기 멎기도 하는 배앓이.
열부(烈夫)명 절개가 굳은 남자.
열부(烈婦)명 절개가 곧은 여자. 열녀(烈女)
열분-수(熱粉水)명 쌀가루나 보릿가루를 냉수에 풀어서 끓였다가 다시 식힌 음식.
열브스레-하다형여 열브스름하다 ☞얄브스레하다
열브스름-하다형여 좀 엷은듯 하다. 열브스레하다 ☞얄브스름하다
열브스름-히부 열브스름하게
열비(劣比)명 수학에서, 앞 항의 값이 뒤 항의 값보다 작은 비(比). ☞우비(優比)
열사(烈士)[-싸]명 나라를 위하여 절의를 굳게 지키다가 죽은 사람. ¶항일 ─ ☞의사(義士)
열사(熱砂)[-싸]명 ①햇볕에 뜨겁게 단 모래. ②몹시 더운 사막 지역. ¶─의 나라에 선교사로 파견되다.
열사-병(熱射病)[-싸뼝]명 고온 다습한 곳에서, 몸의 열을 몸 밖으로 내보내지 못하여 생기는 병. 체온이 높아져 갑자기 의식을 잃고 쓰러짐.
열:-삼(-蔘)명 씨를 받으려고 기르는 삼.
열상(裂傷)[-쌍]명 피부가 찢어진 상처. 열창(裂創)
열상(熱想)[-쌍]명 열렬하게 일어나는 감정이나 생각.
열새-베명 고운 베.
열색(悅色)[-쌕]명 기뻐하는 얼굴빛.
열서(列書)[-써]명 열록(列錄)
열석(列席)[-썩]명-하다자 ①자리에 죽 벌여 앉음. 열좌(列座) ¶─한 귀빈들. ②회의나 의식 따위에 여러 사람과 함께 참석함. ¶국제 회의에 ─하다.
열선(熱線)[-썬]명 ①적외선(赤外線) ②전류가 흐르면 열이 발생하는 도선(導線).
열선=전:류계(熱線電流計)[-썬-]명 열선이 팽창하는 것을 이용하여 전류의 세기를 측정하는 계기(計器).
열설(熱泄)[-썰]명 한방에서, 배가 아플 때마다 붉은빛의 설사가 나는 병을 이르는 말. 화설(火泄)
열-섬(熱-)[-썸]명 어떤 지역의 상공을, 주위보다 높은 온도의 공기가 섬 모양으로 뒤덮고 있는 상태. 주로 도시나 공장 지대에서 볼 수 있음.
열성(劣性)[-썽]명 대립 형질이 다른 두 품종을 교배할 때, 잡종 제1대에는 나타나지 않다가 그 이후의 대(代)에서 나타나는 형질. 잠성(潛性) ☞우성(優性)
열성(列聖)[-썽]명 대대(代代)의 여러 임금.
열성(熱性)[-썽]명 ①흥분되기 쉬운 성질. ②열을 수반하는 성질. ¶─ 소아마비
열성(熱誠)[-썽]명 열렬한 정성. ¶─을 다하다.

열성-껏(熱誠－)[－썽－] 부 열성을 다해. ¶－ 일하다.
열성=인자(劣性因子)[－썽－] 명 유전에서, 우성 인자에게 눌려서 겉으로 드러나지 않는 인자.
열성-적(熱誠的)[－썽－] 명 열성을 다하는 것. ¶－으로 참여하다./모든 일에 －인 사람.
열성-조(列聖朝) 명 여러 대(代)의 임금의 시대. 준 열조
열세(劣勢)[－쎄] 명 -하다 형 힘이나 형세 따위가 상대편보다 약함, 또는 그런 상태. ¶수적으로 －에 놓이다./－를 만회하다. ☞우세(優勢)
열세(熱洗)[－쎄] 명 화세(火洗)
열손(熱損)[－쏜] 명 전기 기계에서, 전력이 열로 변하여 손실되는 현상.
열:-쇠[－쐬] 명 ①자물쇠를 잠그거나 여는 쇠붙이. 개금(開金). 약건(鑰鍵). 약시(鑰匙) 준 쇠 ②어떤 문제나 사건 따위를 해결하는 실마리를 비유하여 이르는 말. ¶사건의 －./해결의 －를 쥐고 있다.
열수(列樹)[－쑤] 명 줄을 지어 나란히 서 있는 나무.
열수(熱水)[－쑤] 명 ①뜨거운 물. ②마그마가 식어서 각 성분을 석출한 뒤에 남는 뜨거운 수용액.
열수(熱嗽)[－쑤] 명 한방에서, 더위로 말미암아 발열·기침·구갈(口渴) 등을 일으키는 병증을 이르는 말.
열심(熱心)[－씸] 명 어떤 일에 온 마음을 기울임, 또는 그런 마음. ¶그는 시험 공부에 －이다.
×**열심-으로**(熱心－) 부 →열심히
열심-히(熱心－)[－씸－] 부 어떤 일에 온 마음을 기울여. ¶－ 일하다./－ 공부하다.
열-십(－十)[－씹] 명 한자 부수(部首)의 한 가지. '千'·'博' 등에서 '十'의 이름.
열:쌔다 형 ①매우 날쌔다. ¶열쌔게 몸을 움직이다. ②매우 눈치가 빠르다. ¶열쌔게 처신하다.
열씨(列氏) 명 열씨온도계의 눈금의 이름.
열씨-온도계(列氏溫度計) 명 물의 어는점을 0°, 끓는점을 80°로 규정한 온도계.
열악(劣惡) 어기 '열악(劣惡)하다'의 어기(語基).
열악-하다(劣惡－) 형여 품질이나 형편 따위가 몹시 나쁘다. ¶품질이 －./열악한 근무 조건.
열안(悅眼) 명 -하다 자 눈을 즐겁게 함, 곧 보기 좋음.
열안(閱眼) 명 -하다 타 잠깐 열람함.
열애(熱愛) 명 -하다 타 열렬히 사랑함, 또는 그 사랑. ¶－중인 두 사람./－ 끝에 결혼하다.
열약(劣弱) 어기 '열약(劣弱)하다'의 어기(語基).
열약-하다(劣弱－) 형여 뒤떨어지고 약하다.
열양(洌陽) 명 지난날, 한양(漢陽) 곧 오늘날의 '서울'을 달리 이르던 말.
열양세시기(洌陽歲時記) 명 조선 순조 19년(1819), 김매순(金邁淳)이 서울의 세시풍속(歲時風俗)을 기록하여 펴낸 책. 1권 1책.
열어-젖뜨리다(트리다)[－젇－] 타 문이나 창문 따위를 갑자기 활짝 열다. ¶창문을 활짝 －.
열어-젖히다 타 문이나 창문 따위를 갑자기 열다.
×**열어-제치다** 타 →열어젖히다
열:-없다[－업－] 형 ①좀 겸연쩍고 부끄럽다. ¶열없어 얼굴이 붉어지다. ②겁이 많고 담이 작다. ¶그렇게 열없어서야 무슨 큰일을 하겠니? ③성질이 올차지 못하고 헤무르다. ¶열없는 성격.
열-없이 부 열없게 ¶주인 없는 방에 － 앉아 있다.
열:없-쟁이[－업－] 명 열없는 사람을 얕잡아 이르는 말.
열-에너지(熱energy) 명 '열'을 에너지의 한 형태로 보았을 때 이르는 말. 물체의 온도나 상태를 변화시키는 작용을 함.
열-역학(熱力學)[－력－] 명 물리학의 한 부문. 열을 에너지의 한 형태로 보고, 열과 역학적 일의 관계를 기본으로 하여 자연계의 에너지 흐름을 연구함.
열연(熱延) 명 '열간 압연'의 준말. ☞냉연(冷延)
열연(熱演) 명 -하다 타 연기를 열정적으로 함, 또는 그 연기. ¶연속극에서 주연을 맡아 －하다.
열왕-기(列王記) 명 구약성서의 한 편. 다윗 왕의 말년부터 유대 왕국의 멸망까지의 이스라엘 역사를 기록함.
열외(列外) 명 ①늘어선 줄의 밖. ¶－에 서다. ②어떠한 몫이나 축에 들지 않는 부분. ¶－로 취급하다.
열-용량(熱容量)[－룡－] 명 일정한 조건에서 어떤 물체의 온도를 1℃ 올리는 데 필요한 열량.
열원(熱援) 명 -하다 타 열렬히 응원함, 또는 그러한 응원.
열원(熱源) 명 열이 발생하는 근원.
열원(熱願) 명 -하다 타 열렬히 원함, 또는 그러한 바람.
열월(閱月) 명 -하다 자 달이 지남, 또는 달을 넘김. ☞열년
열위(劣位) 명 남보다 낮은 자리나 처지. ☞우위(優位)
열위(列位) 대 '여러분'의 뜻으로, 글에서 쓰는 한문 투의 말. 제위(諸位)
열-음극(熱陰極) 명 열전자를 방출시키기 위하여 전자관 안에 장치한 음극. 텅스텐 음극, 산화물 음극 따위.
열읍(列邑) 명 여러 고을.
열의(熱意) 명 열성을 다하려는 마음. ¶－가 대단하다.
열인(閱人) 명 -하다 자 많은 사람을 겪어 봄.
열일(烈日) 명 여름의 뜨거운 태양, 또는 그 햇볕.
열-장부(烈丈夫)[－짱－] 명 절개가 굳은 남자.
열장-이음[－짱－] 명 재래식 한옥에서, 길이이음의 한 가지. 볼록한 열장장부촉과 오목한 열장장부촉을 끼워 맞춰 잇는 방법.
열장-장부촉(－鏃)[－짱－] 명 재래식 한옥에서, 장부촉의 한 가지. 비둘기 꽁지 모양으로 끝이 넓음.
열재(劣才)[－째] 명 보잘것없는 재주, 또는 재주가 보잘것없는 사람.
×**열-적다** 형 →열없다
열적(烈蹟)[－쩍] 명 빛나는 사적(事蹟).
열전(列傳)[－쩐] 명 기전체의 역사책에서, 여러 사람의 전기(傳記)를 차례로 벌여 기록한 글. ¶사기(史記) － ☞본기(本記)
열전(熱戰)[－쩐] 명 ①무력을 사용하는 실제적인 전쟁. ☞냉전(冷戰) ②있는 힘을 다해 격렬히 겨루는 싸움이나 경기. ¶－을 벌이다./－이 벌어지다.
열-전:기(熱電氣) 명 열전류(熱電流)
열전기-쌍(熱電氣雙) 명 열전쌍(熱電雙)
열-전달(熱傳達) 명 열에너지가 이동하는 현상. 열전도·대류·열복사 등이 있음.
열-전:대(熱電對) 명 열전쌍(熱電雙)
열-전도(熱傳導) 명 물질의 고온 부분에서 저온 부분으로 열이 이동하는 현상.
열전도-도(熱傳導度) 명 열전도율 준 전도도
열전도-율(熱傳導率) 명 물질 속에서 열이 전도하는 정도를 나타내는 수치. 열전도도 준 전도율(傳導率)
열-전:류(熱電流) 명 두 종류의 도체나 반도체를 고리 모양으로 잇대어 만든 폐회로에서, 두 접점 사이에 온도 차가 있을 때 흐르는 전류. 열전기(熱電氣)
열-전:쌍(熱電雙) 명 두 가지 금속을 길둥근 고리 모양으로 잇대고 접점 사이에 온도 차이가 나게 하여 열기전력(熱起電力)을 일으키는 장치. 열전기쌍. 열전대. 열전지
열-전:자(熱電子) 명 높은 온도로 가열된 금속이나 반도체의 표면에서 방출되는 전자.
열-전:지(熱電池) 명 열전쌍(熱電雙)
열절(烈節)[－쩔] 명 곧고 굳센 절의(節義).
열정(劣情)[－쩡] 명 ①비열한 마음. ②성적인 욕망이나 감정을 낮잡아 이르는 말. ¶－에 사로잡히다.
열정(熱情)[－쩡] 명 ①열렬한 애정. ¶남녀간의 －. ②열중하는 마음. ¶지역 발전에 －을 쏟다.
열-정산(熱精算) 명 내연 기관 따위에서, 공급된 열에너지의 유효 이용량과 손실량 등을 조사하는 일.
열정-적(熱情的)[－쩡－] 명 열렬한 애정을 가지고 열중하는 것. ¶－인 연주(演奏).
열조(列朝)[－쪼] 명 '열성조(列聖朝)'의 준말.
열조(烈祖)[－쪼] 명 큰 공훈과 업적이 있는 조상.
열종(劣種)[－쫑] 명 나쁜 품종.
열좌(列坐)[－쫘] 명 -하다 자 열석(列席)
열좌(列座)[－쫘] 명 -하다 타 물건을 이리저리 벌여 놓음.

열주(列柱)[-쭈] 명 줄지어 늘어선 기둥.
열중(列中)[-쭝] 명 늘어선 줄의 가운데.
열중(熱中)[-쭝] 명-하다 자 한 가지 일에 온 정신을 기울임. 몰두(沒頭) ¶학업에 -하다.
열-중성자(熱中性子) 명 원자로 속에서 핵분열로 말미암아 발생한 고속 중성자가, 원자핵과 충돌하는 사이에 감속하여 그 운동 에너지가 상온(常溫)에서의 열에너지 정도로 된 것.
열중-쉬어(列中-)[-쭝-] 감 차려 자세에서 왼발을 30 cm 정도 옆으로 벌리고 두 손을 등허리에서 맞잡은 채로 약간 편한 자세로 쉬라는 구령.
열증(熱症)[-쯩] 명 체온이 높은 증세.
열증(熱證)[-쯩] 명 한방에서, 신열(身熱)이 높거나 조열(潮熱) 등이 있는 증세를 이르는 말. ☞이증(裏證). 한증(寒證)
열지(裂指)[-찌] 명-하다 자 병이 위중한 사람에게 생혈(生血)을 내어 먹이려고 자기 손가락을 째는 일.
열진(列陣) 명-하다 자 진을 벌여 침.
열진(烈震)[-찐] 명 지진의 세기에 따른 계급의 하나. 진도(震度) 6에 해당하는 것으로, 가옥이 30% 가량 무너지고, 산사태가 일어나며 지면이 갈라지고 사람이 서 있을 수 없을 정도의 지진을 이름. ☞격진(激震)
열-째 수 아홉째의 다음 차례. ¶- 줄./- 번.
열쭝이 명 ①겨우 날기 시작한 어린 새. ②연약하고 겁이 많은 사람을 비유하여 이르는 말.
열차(列次) 명 죽 벌여 놓은 차례.
열차(列車) 명 기관차에 여러 대의 객차나 화차를 연결하여 여객이나 화물을 실어 나르는 차량. ¶특급 -
열차-원(列車員) 명 여객 열차에서, 여객 전무나 차장을 도와 열차 내의 여러 가지 일을 보살피는 승무원.
열차=집중=제:어(列車集中制御) 명 철도의 전 구간 또는 특정 구간의 열차 운행 상태를 한 곳에서 집중적으로 제어·관리하는 방식. 시티시(C.T.C.)
열:-창(-窓) 명 여닫을 수 있는 창을 통틀어 이르는 말. ☞붙박이창
열창(裂創) 명 열상(裂傷)
열창(熱唱) 명-하다 타 열을 다하여 노래를 부름.
열:-채 명 챗열이 달린 채찍.
열-처:리(熱處理) 명-하다 타 재료를 가열·냉각함으로써 본디의 성질을 변화시키는 일. 쇠의 담금질 따위.
열천(冽泉) 명 물이 차고 맑은 샘.
열:-치다 타 힘있게 열다. ¶창문을 -.
열친(悅親) 명-하다 자 부모의 마음을 기쁘게 함.
열탕(熱湯) 명 끓는 국이나 물.
열퇴(熱退) 명-하다 자 환자의 신열(身熱)이 내림.
열투(熱鬪) 명-하다 자 있는 힘을 다하여 맹렬히 싸움, 또는 그런 싸움이나 경기.
열:통-적다 형 말이나 행동이 데통스럽다. ¶열통적은 말로 남의 비위를 건드리다.
열파(裂破) 명-하다 타 찢어 결딴냄.
열파(熱波) 명 ①온대 지방의 여름이나 열대 지방에서 간헐적으로 나타나는 이상 고온 현상. ②열전도에서의 열의 파동.
열패(劣敗) 명-하다 자 남보다 못하거나 약하여 경쟁에서 짐.
열-팽창(熱膨脹) 명 온도가 올라감에 따라 물체의 부피가 늘어나는 현상.
열품(劣品) 명 품질이 낮은 물건.
열풍(烈風) 명 ①매우 세차게 부는 바람. ②세차게 이는 기운이나 기세를 비유하여 이르는 말. ¶독서 -이 일다.
열풍(熱風) 명 열기를 품은 바람. 뜨거운 바람. ¶사막의 -. ☞냉풍(冷風)
열하(熱河) 명 ①중국 허베이 성(河北省)에 있는 강 이름. ②중국 청나라 때, 열하 서쪽의 행정 구역.
열-하다(熱-) 타여 《文》뜨겁게 하다.
열하=우라늄(劣下uranium) 명 우라늄 235의 함유율이 0.712% 이하인 우라늄.
열하일기(熱河日記) 명 조선 정조 4년(1780)에 연암(燕巖) 박지원(朴趾源)이 쓴 기행문. 청나라에 가는 사신을 따라 열하까지 갔을 때의 기록으로, 자연과 인생·역사에 대한 뛰어난 관찰과 화려한 문장이 돋보임. '허생전(許生傳)'·'호질(虎叱)' 등의 단편 소설도 실려 있음.
열학(熱瘧) 명 학질의 한 가지. 더위를 먹어 생기며 신열이 몹시 나고 오한이 따름. 서학(暑瘧)
열학(熱學) 명 물리학의 한 부문. 물질의 열에 관한 현상을 연구함. 열팽창, 열전도, 대류, 열복사 등이 그 대상임.
열한(烈寒) 명 몹시 심한 추위.
열한(熱汗) 명 운동이나 일을 심하게 한 뒤에 흘리는 땀.
열한-째 수 열째의 다음 차례.
열-해:리(熱解離) 명 복잡한 조성(組成)을 가진 원소나 화합물이 열을 받아 간단한 원소나 화합물로 분리하는 현상. 준 열리(熱離)
열핵(熱核) 명 격렬한 열에너지를 내는 원자핵.
열핵=반:응(熱核反應) 명 핵융합
열행(烈行) 명 여자로서 절개를 꿋꿋이 지킨 행위나 행적.
열혈(熱血) 명 ①더운 피. ②끓는 피라는 뜻으로, 열렬한 의기를 비유하여 이르는 말.
열혈-남아(熱血男兒) 명 혈기가 왕성하고 열렬한 의기를 가진 사나이. 열혈한
열혈-한(熱血漢) 명 열혈남아
열호(劣弧) 명 원둘레를 두 개의 호로 나누었을 때, 작은 쪽의 호. 반원보다 작은 원호임. ☞우호(優弧)
열화(烈火) 명 맹렬히 타는 불. ¶-같이 화를 내다.
열화(熱火) 명 ①뜨거운 불길이라는 뜻으로, 매우 격한 열정을 비유하여 이르는 말. ¶-와 같은 성원./-와 같은 박수를 받다. ②매우 급한 화증. ¶-가 치밀다.
열-화:학(熱化學) 명 물리 화학의 한 부문. 물질의 화학 반응에 따라 변하는 열 현상을 연구함.
열-확산(熱擴散) 명 분자 질량이 다른 유체 혼합물에 열전도가 일어날 때, 그에 따라 농도 차가 생기는 현상.
열-효:율(熱效率) 명 열기관에 공급된 열량과 그 기관이 발생하는 출력의 비율.
열후(列侯) 명 제후(諸侯)
열훈(熱暈) 명 한방에서, 신열(身熱)이 오르고 어지러우며 갈증이 심한 병을 이르는 말.
열흘 명 ①열 날. ¶- 동안 합숙 훈련에 들어가다. ②'열흘날'의 준말.
속담 **열흘 굶어 군자(君子) 없다**: 아무리 점잖은 사람이라도 오래 굶주리면 옳지 못한 짓을 한다는 말. [사흘 굶어 도둑질 아니할 놈 없다]/**열흘 길 하루도 아니 가서**: 오래 두고 해야 할 일을 처음부터 싫어하거나 할 때 이르는 말. [사흘 길 하루도 아니 가서]/**열흘 나그네 하루 길 바빠한다**: 오래 걸릴 일은 처음에는 그리 바쁘지 않은듯 하더라도 급히 서둘러 하지 않으면 안 된다는 말./**열흘 붉은 꽃 없다**: 권세나 영화는 일시적이어서 계속되지 않는다는 말. [봄 꽃도 한때/그릇도 차면 넘친다/달도 차면 기운다] ☞화무십일홍(花無十日紅)

한자 **열흘 순**(旬) [日部 2획] ¶순간(旬刊)/순보(旬報)/중순(中旬)/하순(下旬)

열흘-날 명 ①한 달의 열째 날. 본 초열흘날 준 열흘 ②열흘째의 날. ¶방학하고 한 일이 없는데 -이 됐다.
속담 **열흘날 잔치에 열하룻날 병풍 친다**: 해야 할 일을 미루다 제때가 다 지난 다음에 하려는 것을 비웃는 말. [사또 떠난 뒤에 나팔 분다/여드레 병풍 친다]
엷:다[열따] 형 ①두께가 두껍지 않다. ¶엷은 천. ②빛깔이 연하다. ¶엷은 초록. ③농도나 밀도가 짙지 않고 성기다. ¶안개가 엷게 끼다./꽃향기가 엷게 풍기다. ④웃음 따위가 보일듯 말듯 은근하다. ¶엷은 미소.

한자 **엷을 박**(薄) [艸部 13획] ¶박명(薄明)/박빙(薄氷)/박사(薄紗)/박운(薄雲)/박편(薄片)

엷:-붉다[열북-] 형 엷게 붉다. ¶엷붉게 칠한 입술.
염: 명 바위로 이루어진 작은 섬.
염(炎) 명 '염증(炎症)'의 준말.

염:(念)명 무엇을 하려는 생각. ¶감히 대들 ―을 내다니./암벽을 오를 ―도 못 내다.
염(塩)명 ①소금 ②산과 염기의 중화 반응으로 생기는 화합물을 통틀어 이르는 말.
염(髥)명 '수염(鬚髥)'의 준말.
염:(殮)명-하다타 '염습(殮襲)'의 준말.
염(簾)명 한시(漢詩)를 지을 때, 자음의 높낮이를 맞추는 형식의 한 가지. 가새염 등이 많이 쓰임.
염가(廉價)[―까]명 싼값. 저가(低價) ¶― 판매
염:가(艶歌)명 연가(戀歌)
염:간(念間)명 그 달의 스무날께. ¶정월 ―
염간(塩干)명 지난날, 염전에서 소금을 만드는 사람을 이르던 말.
염개(廉介)어기 '염개(廉介)하다'의 어기(語基).
염개-하다(廉介―)형여 염결(廉潔)하다
염객(廉客)명 염탐꾼
염검(廉儉)어기 '염검(廉儉)하다'의 어기(語基).
염검-하다(廉儉―)형여 청렴하고 검소하다.
염결(廉潔)어기 '염결(廉潔)하다'의 어기(語基).
염결-하다(廉潔―)형여 청렴하고 결백하다. 염개(廉介)하다. 염백(廉白)하다 ¶염결한 선비 정신.
염결-히부 염결하게
염경(廉勁)어기 '염경(廉勁)하다'의 어기(語基).
염경-하다(廉勁―)형여 청렴하고 강직하다.
염:고(厭苦)명-하다타 싫어하고 괴롭게 여김.
염:곡(艶曲)명 연가(戀歌)
염교명 백합과의 여러해살이풀. 잎은 땅 속의 비늘줄기에서 모여 나며, 여름에 잎이 마른 다음 40cm 안팎의 꽃줄기가 자라고 끝에 자주색 꽃이 산형(繖形) 꽃차례로 핌. 비늘줄기는 먹을 수 있음.
염:구(殮具)명 염습할 때 쓰는 제구.
염구(簾鉤)명 발을 거는 갈고리.
염:근(念根)명 불교에서 이르는 오근(五根)의 하나. 정법(正法)을 마음에 새겨 두고 늘 잊지 않는 일.
염:금(斂襟)명-하다자 옷깃을 여미고 삼감. 염임(斂袵)
염:기(厭忌)명-하다타 싫어하고 꺼림.
염기(塩氣)[―끼]명 소금기
염기(塩基)명 산을 중화시켜 염을 만들고, 물에 녹으면 수산 이온을 생성하는 물질. ☞산(酸)
염기-도(塩基度)명 산의 한 분자 속에 들어 있는 수소 원자 중에서, 금속 원자나 양성기(陽性基)와 치환할 수 있는 수소 원자의 수. ☞산도(酸度)
염기-류(塩基類)명 산을 중화시켜 염을 만들고, 물에 녹으면 수산 이온을 생성하는 물질을 통틀어 이르는 말. ☞산류(酸類)
염기-성(塩基性)[―썽]명 염기가 가지고 있는 기본적인 성질. ☞산성(酸性)
염기성=물감(塩基性―)[―썽―깜]명 색소 분자 중에 염기성의 원자단을 가진 수용성의 합성 염료를 통틀어 이르는 말. 색이 선명하고 착색력도 강하지만 햇빛이나 마찰에 견디는 힘이 약함. 염기성 염료
염기성=산화물(塩基性酸化物)[―썽―]명 물과 반응하여 염기가 되고, 산과 중화하여 염을 만드는 산화물. 일반적으로 금속의 산화물은 대부분 이에 딸림.
염기성-암(塩基性岩)[―썽―]명 이산화규소를 비교적 적게 함유한 화성암. 현무암·반려암 따위. 기성암(基性岩) ☞산성암(酸性岩)
염기성-염(塩基性塩)[―썽념]명 산과 염기의 중화 반응으로 생기는 화합물 중에서, 완전 중화가 되지 않고 염기의 수산기나 산소 원자를 함유한 염. ☞산성염(酸性塩)
염기성=염:료(塩基性染料)[―썽―]명 염기성 물감
염난-수(塩難水)명 '압록강'의 옛이름. 중국 '한서(漢書)'의 '조선전(朝鮮傳)'과 '지리지(地理志)'에 전함.
염낭(―囊)명 두루주머니 원협낭(夾囊) ☞귀주머니
염낭-쌈지(―囊―)명 염낭 모양의 쌈지.
염-내(塩―)명 두부나 비지 등에서 나는 간수의 냄새.
염:념불망(念念不忘)성구 자꾸 생각이 나서 잊지 못함을 이르는 말. 염념재자(念念在茲)
염:념생멸(念念生滅)성구 불교에서, 우주 만물은 잠시도 멈추지 않고 변화하고 있음을 이르는 말.
염:념재:자(念念在茲)성구 염념불망(念念佛忘)
염담(恬淡·恬澹)어기 '염담(恬淡)하다'의 어기(語基).
염담퇴수(恬淡退守)성구 아무런 욕심도 없이 담담하게 물러나 자신의 본분만을 지킴을 이르는 말.
염담-하다(恬淡―·恬澹―)형여 욕심이 없이 깨끗하고 담담하다.
염담-히부 염담하게
염도(塩度)명 소금기의 정도.
염독(炎毒)명 ①극심한 무더위. ②열병의 원인이 되는 더위의 독기(毒氣).
염:독(念讀)명-하다타 정신을 차려 읽음.
염:두(念頭)명 생각 또는 마음속. ¶친구의 충고를 ―에 두다./―도 못 낼 일이다.
염라(閻羅)명 염라대왕
염라-국(閻羅國)명 불교에서, 염라대왕이 다스린다는 나라, 곧 저승을 이르는 말.
염라-대:왕(閻羅大王)명 불교에서, 죽은 사람의 영혼을 다스리고 생전의 행동을 심판하여 상벌을 준다고 하는 염라국의 왕을 이르는 말. 사왕(死王). 야마(夜摩). 염라. 염마. 염마대왕
속담 **염라대왕이 문밖에서 기다린다**: 곧 죽을 때가 임박했다는 말./**염라대왕이 외조부(外祖父)라도**: ①큰 죄를 지어 벌을 면할 길이 없다는 말. ②중병(重病)에 걸려 살 가망이 전혀 없다는 말.〔염라대왕이 제 할아버지라도〕
염량(炎涼)명 ①따뜻함과 서늘함. ②사리를 분별하는 슬기. ③융성하는 일과 쇠퇴하는 일.
염량세:태(炎涼世態)성구 권세가 있을 때에는 아첨하여 붙좇고, 권세가 없어지면 푸대접하는 세속 인심을 이르는 말.
염:려(念慮)명-하다타 마음을 놓지 못하여 걱정함, 또는 그런 마음. ¶발각될 ―는 없다./너무 ―하지 마십시오.
염:려(艶麗)어기 '염려(艶麗)하다'의 어기(語基).
염:려-스럽다(念慮―)(―스럽고·―스러워)형ㅂ 걱정이 되어 마음이 놓이지 아니하다. ¶혼자 보내려니 염려스럽구나./염려스러워서 하는 말이다.
염:려-하다(艶麗―)형여 화려하고 아름답다.
염:력(念力)명 ①어떤 일에 온 힘을 다하는 마음, 또는 그 힘. ②초능력의 한 가지. 정신을 집중함으로써 손을 대지 않고도 물건을 움직이는 힘. ③불교에서 이르는 오력(五力)의 하나. 한 가지 일을 오로지 생각함으로써 모든 마장(魔障)을 물리치고 마음을 흐트러뜨리지 않는 힘. ☞혜력(慧力)
염:료(染料)명 천이나 액체 따위에 빛깔을 들이는 물질. 물감 ☞안료(顔料). 칠감
염:료-식물(染料植物)명 염료의 원료가 되는 식물. 치자·쪽·잇꽃 따위.
염류(塩類)명 산의 수소 원자를 금속으로 치환하거나 염기의 수산기를 산기로 치환하여 만드는 화합물.
염류-천(塩類泉)명 염소 이온을 가진 염류의 함유량이 많은 온천.
염리(廉吏)명 청렴한 관리. 청리(淸吏) ☞오리(汚吏)
염:리(厭離)명-하다타 불교에서, 세상이 싫어져서 속세(俗世)를 떠남을 이르는 말.
염마(閻魔)명 염라대왕
염마-대:왕(閻魔大王)명 염라대왕
염마-법왕(閻魔法王)명 '염라대왕'을 높이어 이르는 말.
염마-장(閻魔帳)[―짱]명 염라대왕이 죽은 사람의 생전의 행적을 적어 둔다는 장부.
염마-졸(閻魔卒)명 저승에 살며 염라대왕의 명에 따라 죄인을 다룬다는 옥졸. 귀졸(鬼卒). 야차(夜叉)
염마-천(閻魔天)명 염마하늘
염마-청(閻魔廳)명 죽은 사람의 생전의 죄상을 문초한다는 염라국의 법정.

염마-하늘 (閻魔-) [명] 밀교(密敎)에서 '염라대왕'을 이르는 말. 염마천(閻魔天)
염막 (簾幕) [명] 발과 장막.
염막 (塩幕) [명] 염밭에 벗을 걸어 놓고 소금을 굽는 집. 벗집
염:망 (念望) [명] [-하다] [타] 어떤 일이 이루어지기를 간절히 바람, 또는 그 바라는 것.
염매 (塩梅) [명] 한방에서, 다 익은 매실을 소금에 절인 것을 약재로 이르는 말. 설사·중풍·유종(乳腫) 따위에 쓰임. 백매(白梅)
염매 (廉買) [명] [-하다] [타] 싸게 삼.
염매 (廉賣) [명] [-하다] [타] 싸게 팖.
염명 (廉明) [어기] '염명(廉明)하다'의 어기(語基).
염명-하다 (廉明-) [형] [여] 청렴하고 총명하다.
염문 (廉問) [명] [-하다] [타] 남의 사정이나 형편 따위를 몰래 물어봄. ☞염알이. 염탐
염:문 (艶文) [명] 염서(艶書)
염:문 (艶聞) [명] 연애나 정사(情事)에 관한 소문. ¶ -을 뿌리다. /-을 퍼뜨리다.
염문-꾼 (廉問-) [명] 남의 사정이나 형편 따위를 몰래 조사하는 사람. ☞염알이꾼
염:미 (染尾) [명] 부들[1]
염밀 (恬謐) [어기] '염밀(恬謐)하다'의 어기(語基).
염밀-하다 (恬謐-) [형] [여] 고요하고 평안하다.
염:박 (厭薄) [명] [-하다] [타] 밉고 싫어서 쌀쌀하게 대함.
염반 (塩飯) [명] ①반찬이 변변치 못한 밥상. 소금엣밥 ②손에게 대접하는 자기 집의 음식을 겸손하게 이르는 말.
염발 (炎魃) [명] ①가물 ②가물을 가져온다는 귀신.
염:발 (染髮) [명] [-하다] [자] 머리털을 물들임, 또는 그 머리.
염:발 (斂髮) [명] [-하다] [자] 머리를 쪽을 찌거나 틀어 올림.
염:발-제 (染髮劑) [-쩨] [명] 머리털을 물들이는 데 쓰는 약제. 머리 염색약.
염방 (炎方) [명] 몹시 더운 곳이라는 뜻으로, '남방(南方)'을 이르는 말.
염-밭 (塩-) [명] 염전(塩田)
염백 (廉白) [어기] '염백(廉白)하다'의 어기(語基).
염백-하다 (廉白-) [형] [여] 청렴하고 결백하다. 염결하다
염:병 (染病) [명] ①'장티푸스'를 흔히 이르는 말. ②'전염병(傳染病)'의 준말.
[속담] **염병에 까마귀 소리를 듣지** : 귀에 아주 거슬리는 소리나 불길한 말을 할 때를 비유하여 이르는 말. 〔돌림병에 까마귀 울음〕/**염병에 보리죽을 먹어야 오히려 낫겠다** : 너무 어처구니없어서 논박할 필요조차 느끼지 않을 경우에 쓰는 말.
염-보다 (簾-) [자] 한시(漢詩)를 지을 때, 글자의 음의 높낮이를 맞추다.
염:복 (艶福) [명] 여자가 잘 따르는 복. 여복(女福)
염부 (廉夫) [명] 청렴한 사람.
염부 (塩釜) [명] 바닷물을 고아 소금을 만드는 가마. 염분(塩盆) ☞벗[1]
염분 (塩分) [명] ①물질 속에 들어 있는 소금 성분. 소금기 ¶바닷물에서 -을 없애다. ②바닷물 1kg 속에 용해되어 있는 염류(塩類)의 양을 g으로 나타낸 것. 단위는 퍼밀(‰)을 쓰는데, 바닷물의 평균 염분은 35‰임. 함도(鹹度) ③조선 시대에 관아나 궁방(宮房)에서 소금 장수에게 받던 세금.
염분 (塩盆) [명] 염부(塩釜)
염불 [명] 음문(陰門) 밖으로 자궁의 일부가 비어져 나온 것. ☞자궁탈(子宮脫)
염:불 (念佛) [명] [-하다] [자] 부처의 모습과 공덕을 생각하면서, 입으로는 '나무아미타불'을 외거나 부처의 이름을 계속해서 부르는 일.
[속담] **염불도 몫몫** : 저마다 받아야 할 몫이 다 따로 있다는 말. 〔염불도 몫몫이요 쇠뿔도 각각이다/염주도 몫몫이요 쇠뿔도 각각이다〕/**염불 못 하는 중이 아궁이에 불을 땐다** : 염불을 못 하여 떳떳한 중 행세를 못 하고 아궁이에 불이나 때고 있다는 말이니, 누구나 제 능력에 따라 일을 하고 또 대접을 받는다는 말. /**염불에는 맘이 없고 잿밥에만 맘이 있다** : 제가 맡은 직분에는 정성이 없고 제 욕망 채우는 데에만 마음을 쓴다는 말.
염불 (塩拂) [명] 장례가 끝난 뒤에, 부정(不淨)을 씻는 뜻으로 몸에 소금을 뿌리는 일.
염:불-당 (念佛堂) [-땅] [명] 염불을 하는 법당(法堂).
염:불-삼매 (念佛三昧) [명] 염불하여 잡념을 없애고 번뇌에서 벗어나 부처의 진리를 보게 되는 경지.
염:불-송:경 (念佛誦經) [명] 마음속으로 부처를 생각하며 불경을 욈. 염송(念誦)
염:불-왕:생 (念佛往生) [명] 열심히 염불하여 극락 세계에 왕생함.
염불위괴 (恬不爲愧) [성구] 옳지 않은 일을 하고도 조금도 부끄러워하지 않음을 이르는 말.
염사 (蚺蛇) [명] '이무기'의 딴이름.
염사 (廉士) [명] 청렴한 선비.
염:사 (艶事) [명] 남녀간의 정사(情事)나 연애에 관한 일.
염산 (塩酸) [명] 염화수소의 수용액. 순수한 것은 무색투명하며, 증발할 때 흰 연기가 나고 냄새가 자극적임. 강산(強酸)으로, 아미노산 조미료·염료·의약품의 제조 등에 널리 쓰임. 염화수소산(塩化水素酸). 청강수
염산=가스 (塩酸gas) [명] 염화수소(塩化水素)
염산=모르핀 (塩酸morphine) [명] 흰 바늘 모양의 결정. 물과 알코올에 녹으며, 진통제·진경제(鎭痙劑)·최면제(催眠劑) 및 진정제로 쓰임.
염산-키니네 (塩酸kinine) [명] 키니네를 염산에 화합시켜 만든 바늘 모양의 흰 가루. 말라리아·폐렴·신경통 등에 해열 진통제로 쓰임. 금계랍(金鷄蠟). 기나염(幾那塩)
염:색 (染色) [명] [-하다] [타] 물감으로 실이나 천 따위에 물을 들임. 색염(色染) ☞탈색(脫色)
염:색 (艶色) [명] 아름다운 얼굴빛.
염색=반:응 (焰色反應) [명] 불꽃 반응
염:색-사 (染色絲) [명] 세포의 핵 속에 있으며, 염기성 색소에 잘 물드는 실 모양의 물질. 세포 분열이 시작되면 둘레를 기질(基質)이 둘러싸서 염색체가 됨. 핵사(核絲)
염:색-질 (染色質) [명] 세포의 핵 속에 있으며, 염기성 색소에 잘 물드는 물질. 염색사를 만듦.
염:색-체 (染色體) [명] 세포가 분열할 때 나타나는 실 모양의 물질. 유전자를 지니며, 생물의 성(性)을 결정하는 데 중요한 구실을 함.
염:색체=돌연=변:이 (染色體突然變異) [명] 염색체 이상(染色體異常)
염:색체=이상 (染色體異常) [명] 염색체의 수(數)와 구조상의 이상으로 나타나는 돌연 변이. 염색체 돌연 변이
염:색체=지도 (染色體地圖) [명] 염색체 위에서 유전자의 상대적 위치를 나타낸 그림.
염생=식물 (塩生植物) [명] 바닷가나 염분이 있는 호숫가, 암염 지대(岩塩地帶) 등 염분이 많은 땅에서 자라는 식물을 통틀어 이르는 말. 퉁퉁마디·갯길경 따위. 염성식물(塩性植物)
염서 (炎暑) [명] 매우 심한 더위. 염열(炎熱)
염:서 (艶書) [명] 이성(異性)에게 사랑의 정을 써 보내는 편지. 염문(艶文)
염석 (塩析) [명] [-하다] [타] 어떤 유기 물질의 수용액에 다량의 염류(塩類)를 넣어 녹아 있던 물질을 석출하는 일. 비눗물에 소금을 많이 넣으면 비누가 석출되는 따위.
염:선 (艶羨) [명] [-하다] [타] 남의 좋은 점을 부러워함.
염성=식물 (塩性植物) [명] 염생 식물(塩生植物)
염세 (塩稅) [-쎄] [명] 지난날, 소금을 만들어 파는 사람에게 물리던 세금.
염:세 (厭世) [명] [-하다] [자] 세상을 괴롭고 비관적인 것으로 생각하여 싫어함. ☞낙천(樂天)
염:세-가 (厭世家) [명] 인생을 괴롭고 비관적으로 생각하는 사람. ☞낙천가(樂天家)
염:세-관 (厭世觀) [명] 염세주의(厭世主義)
염:세=문학 (厭世文學) [명] 세상이나 인생에 대한 비관적인 내용을 주제로 한 문학.
염:세-적 (厭世的) [명] 세상을 싫어하고 모든 일을 비관적으

로 생각하는 것. ¶ -인 사고 방식. ☞낙천적

염:세-주의(厭世主義) 명 세상과 인생을 추악하고 괴로운 것으로 보아 살아갈만 한 가치가 없다고 생각하며, 진보나 개선이 불가능하다고 보는 사고 방식. 염세관(厭世觀) ☞낙천주의(樂天主義)

염:세-증(厭世症) [-쯩] 명 세상이 싫어지고 모든 것이 귀찮게만 느껴지는 증세.

염:세=철학(厭世哲學) 명 염세주의에 바탕을 둔 철학. 삶은 고통을 의미하며, 이 고통에서 벗어나는 길은 의지의 멸각(滅却)밖에 없다고 주장함. 쇼펜하우어가 그 대표자임.

염소 명 솟과의 포유동물. 어깨 높이 60~90cm로, 네 다리와 목은 짧고 수컷은 턱 밑에 긴 수염이 있음. 몸빛은 갈색·백색·흑색 등 여러 가지임. 고기와 젖은 먹을 수 있음. 산양(山羊)

속담 **염소 물똥 누는 것 보았나**: 있을 리 없는 일을 말할 때 이르는 말.

염소(塩素) 명 할로겐족 원소의 하나. 자극적인 냄새를 가진 황록색의 기체로, 화학적 활성이 커서 비활성 기체를 제외한 대부분의 원소와 화합물을 만듦. 표백제·살균제·산화제나 염산과 염소 화합물을 만드는 원료로 쓰임. [원소 기호 Cl/원자 번호 17/원자량 35.45]

염소-량(塩素量) 명 바닷물 1킬로그램에 들어 있는 염소의 양. 단위는 그램(g)으로 표시함.

염소-산(塩素酸) 명 수용액으로서만 존재하는 무색의 강한 일염기산(一塩基酸). 염소산바륨 수용액에 황산을 작용시켜 만듦. 강한 산화제로, 진한 용액은 유기물과 접촉하면 폭발함.

염소산-나트륨(塩素酸Natrium) 명 염화나트륨 용액을 전기 분해하면 생기는 무색의 결정. 산화제로서 염색에 쓰이거나 성냥·폭약의 재료, 살충제·표백제 등으로 쓰임. 염소산소다

염소산-소:다(塩素酸soda) 명 염소산나트륨

염소산-염(塩素酸塩) [-념] 명 염소산의 수소가 금속 원소로 치환되어 생기는 염류. 수용액은 대개 무색이고, 가열하면 산소를 냄. 염소산칼륨·염소산나트륨 따위.

염소산-칼륨(塩素酸Kalium) 명 염화칼륨을 전기 분해하면 생기는 무색의 결정. 산화력이 강하며, 성냥·폭약의 원료가 되고, 표백제·염료·의약품 등의 제조에도 쓰임. 염소산칼리

염소산-칼리(塩素酸Kali) 명 염소산칼륨

염소-수(塩素水) 명 염소의 수용액. 산성을 띠며, 강한 염소 냄새가 남. 표백제·살균제로 쓰임.

염소-자리 명 황도 십이궁(黃道十二宮)의 하나. 가을에 남쪽 하늘의 궁수자리 동쪽에 보이는 별자리인데, 9월 하순 오후 여덟 시 무렵에 자오선을 통과함. 산양좌

염소족=원소(塩素族元素) 명 할로겐족 원소

염:속(染俗) 명 -하다 자 세속에 물듦.

염:송(念誦) 명 -하다 타 마음속으로 부처를 생각하며 불경을 외는 일. 염불송경(念佛誦經) ¶ 불경을 -하다.

염수(塩水) 명 소금물

염:수(斂手) 명 -하다 자 ①어떤 일에 손을 대지 않거나, 일에서 손을 뗌. ②서서 두 손을 공손히 모아 잡음.

염수-선(塩水選) 명 -하다 타 종자 선택 방법의 한 가지. 소금물에 곡식의 씨를 넣어, 뜨는 것은 버리고 가라앉는 것만 고르는 일.

염수=주:사(塩水注射) 명 식염 주사(食塩注射)

염수-초(塩水炒) 명 한방에서, 약재가 변질되지 않도록 소금물에 담갔다가 볶는 일.

염:슬-단좌(斂膝端坐) 명 무릎을 가지런히 모으고 단정히 앉음.

염:습(殮襲) 명 -하다 타 죽은 이의 몸을 씻긴 후에 수의(壽衣)를 입히고 염포(殮布)로 묶는 일. 준 염(殮)

염식(饜食) 명 -하다 타 배불리 먹음.

염:심(染心) 명 불교에서, 번뇌로 말미암아 더럽혀진 마음을 이르는 말.

염심(焰心) 명 불꽃 중심의 어두운 부분. 불꽃심

염아(恬雅) 어기 '염아(恬雅)하다'의 어기(語基).

염아-하다(恬雅-) 형여 욕심이 없이 늘 마음이 화평하고 단아하다.

염-알이(廉-) 명 -하다 타 염탐(廉探)

염알이-꾼(廉-) 명 염탐꾼

염:야(艶冶) 어기 '염야(艶冶)하다'의 어기(語基).

염:야-하다(艶冶-) 형여 자태나 용모가 곱고 아름답다.

염양(炎陽) 명 몹시 뜨겁게 내리쬐는 볕. 불볕

염:양(艶陽) 명 화창한 봄 날씨.

염어(塩魚) 명 소금에 절인 생선.

염:언(念言) 명 -하다 자 불교에서, 마음속으로 생각하고 입으로 말함을 이르는 말.

염:역(染疫) 명 -하다 자 유행병에 전염됨.

염연(恬然) 어기 '염연(恬然)하다'의 어기(語基).

염연-하다(恬然-) 형여 욕심이 없어 마음이 평안하다.

염연-히 부 염연하게

염열(炎熱) 명 매우 심한 더위. 염서(炎暑)

염:오(染汚) 명 -하다 자 오염(汚染)

염:오(厭惡) 명 -하다 타 싫어하고 미워함. 혐오(嫌惡)

염:외(念外) 명 생각 밖.

염:용(艶容) 명 예쁘고 아리따운 용모.

염우(廉隅) 명 행실이 바르고 절개와 지조가 굳은 품성.

염우-염치(廉隅廉恥) 명 염우와 염치.

염:원(念願) 명 -하다 타 어떤 일이 이루어지기를 늘 생각하고 간절히 바람, 또는 그러한 소원.

염위(炎威) 명 복중(伏中)의 매우 심한 더위.

염:일(念日) 명 그 달의 초하룻날부터 스무째 되는 날.

염:임(斂衽) 명 -하다 자 염금(斂襟)

염:자(艶姿) 명 아리따운 자태. 염태(艶態)

염장(炎瘴) 명 더위로 말미암아 생기는 탈.

염장(塩場) 명 염전(塩田)

염장(塩醬) 명 ①소금과 간장. ②음식의 간을 맞추는 양념을 통틀어 이르는 말.

염장(塩藏) 명 -하다 타 소금에 절이어 저장함. ¶ 명태의 알을 -한 것이 명란젓이다.

염:장(殮匠) 명 염장이

염:장(殮葬) 명 -하다 타 시체를 염습하여 장사지냄.

염:장(艶粧) 명 -하다 타 예쁘게 단장함.

염장-법(塩藏法) [-뻡] 명 소금에 절이어 저장하는 방법. 소금물의 삼투 작용을 이용하여 수분을 없앰으로써 미생물이 살 수 없게 됨.

염:-장이(殮-) 명 염습(殮襲)하는 일을 직업으로 삼는 사람. 염장(殮匠)

염:적(染跡) 명 깨끗하지 못한 자취.

염:적(斂跡) 명 -하다 자 ①종적을 감춤. ②어떤 일에서 발을 뺌.

염:전(捻轉) 명 -하다 자 비틀려 꼬임. ¶ 대장(大腸) -

염전(塩田) 명 소금을 만들기 위하여 바닷물을 끌어들여 논이나 밭처럼 만들어 놓은 곳. 염밭. 염장(塩場)

염전(塩廛) 명 소금을 파는 가게.

염:전(厭戰) 명 -하다 자 전쟁을 싫어함. ¶ - 사상

염:전(斂錢) 명 -하다 자 돈을 거두어 모음, 또는 그 돈.

염전-법(塩田法) [-뻡] 명 소금을 만드는 방법의 한 가지. 바닷물을 가두어 햇볕으로 증발시켜 소금만 남게 함.

염절(廉節) 명 청렴하고 강직한 절개.

염:절(艶絶) 어기 '염절(艶絶)하다'의 어기(語基).

염:절-하다(艶絶-) 형여 비길 데 없이 아름답다.

염:접 명 -하다 타 종이·피륙·떡 등의 가장자리를 접거나 베어 가지런하게 하는 일.

염정(炎程) 명 찌는듯 한 더위에 걸어가는 길.

염정(炎精) 명 ①태양(太陽) ②민속에서, 불을 맡아 다스리거나 불을 낸다고 하는 귀신. 불귀신

염정(塩井) 명 소금을 만들 바닷물을 가두어 두는 웅덩이.

염정(廉貞) 명 염정성(廉貞星)

염정(簾政) 명 '수렴청정(垂簾聽政)'의 준말.

염:정(艶情) 명 이성(異性)을 사랑하여 그리워하는 마음. 연정(戀情)

염정(恬靜)어기 '염정(恬靜)하다'의 어기(語基).
염정(廉正)어기 '염정(廉正)하다'의 어기(語基).
염정-성(廉貞星)명 구성(九星)의 다섯째 별. 염정
염:정=소:설(艷情小說)명 연애 문제를 주제로 하여 쓴 소설. 연애 소설(戀愛小說)
염정-하다(恬靜―)형여 편안하고 고요하다.
염정-하다(廉正―)형여 청렴하고 공정하다.
염제(炎帝)명 ①여름을 맡은 신(神). ②고대 중국의 전설에 나오는 제왕인 '신농(神農)'을 이르는 말. 화제(火帝) ③태양(太陽)
염:좌(捻挫)명 손이나 발 등의 관절에 무리한 힘을 주어 어긋날뻔 하는 바람에 인대나 힘줄이 손상된 상태. 통증이나 부기가 생김. ☞접질리다. 좌섬(挫閃)
염:주(念珠)[1]명 불교에서, 부처에게 절하거나 염불할 때에 엄지손가락 끝으로 한 알씩 넘기면서 그 횟수를 세거나 손목에 거는 기구. 수주(數珠) ¶백팔(百八) ―
염:주(念珠)[2]명 볏과의 한해살이풀. 줄기 높이는 1.5m 안팎. 잎은 어긋맞게 나며, 7월경에 꽃이 이삭 모양으로 핌. 동그란 열매는 단단한 껍데기로 싸여 있어 염주 대신으로 쓰기도 함.
염:주-나무(念珠―)명 피나뭇과의 낙엽 활엽 교목. 높이는 5~6m이며, 잎은 넓고 길둥글며 어긋맞게 남. 초여름에 꽃이 산방(繖房) 꽃차례로 피고, 가을에 다섯 개의 줄이 있는 길둥근 열매를 맺는데, 열매는 염주를 만드는 데 쓰임.
염:주-말(念珠―)명 남조류(藍藻類)에 딸린 원핵생물(原核生物)의 한 가지. 민물에 살며, 염주 모양의 세포가 한 줄로 연결되어 엉키고 점액질로 싸여 덩어리를 이룸. ☞흔들말
염:주-찌(念珠―)명 작은 구슬찌를 여러 개 달아 쓰는 낚시찌.
염증(炎症)[―쯩]명 생체가 세균에 감염되거나 외상 등으로 말미암아 붓거나 열이 나거나 통증을 일으키는 일. 생체의 방어적인 반응임. 준염(炎)
염증(炎蒸)명 찌는듯 한 더위.
염:증(厭症)[―쯩]명 싫증
염:지(染指)명-하다타 ①음식을 맛봄. ②부당하게 이득을 취함.
염지(塩池)명 소금을 만들 바닷물을 가두어 두는 못.
염:지-서(染指書)명 집게손가락의 윗마디를 엄지손가락의 머리에 대고 먹을 묻혀서 쓴 글씨.
염:직(染織)명 ①염색과 직조를 아울러 이르는 말. ②-하다타 피륙에 물을 들임, 또는 물을 들인 피륙.
염직(廉直)어기 '염직(廉直)하다'의 어기(語基).
염직-하다(廉直―)형여 청렴하고 강직하다. 염경하다
염:질(染疾)명 시환(時患)
염:질(艶質)명 곱고 아름다운 바탕.
염:-집[―찝]명 '여염집'의 준말.
염찰(廉察)명-하다타 염탐(廉探)
염창(廉窓)명 발을 끼워서 만든 창. 발창
염채(塩菜)명 소금에 절인 채소.
염:처(艶妻)명 아름다운 아내.
염천(炎天)명 ①몹시 더운 날씨. ¶―에 예까지 오시느라고 고생하셨습니다. ②구천(九天)의 하나. 남쪽 하늘.
염천(塩泉)명 물 속에 염분이 1,000분의 1 이상 들어 있는 광천(鑛泉). 식염천(食塩泉)
염:체(艶體)명 부드럽고 아름답게 나타내는 서정적인 시체(詩體).
염초(焰硝)명 ①한방에서, 박초(朴硝)를 개어 만든 약재를 이르는 말. ②화약의 원료가 되는 '질산칼륨'을 흔히 이르는 말. ③'화약'을 흔히 이르는 말.
염초-청(焰硝廳)명 조선 시대, 훈련 도감의 한 분장(分掌)으로, 화약 만드는 일을 맡아보던 곳.
속담 **염초청 굴뚝 같다** : 마음속이 검고 음흉하다는 말. 〔호두각(虎頭閣) 대청 같다〕
염:출(捻出)명-하다타 ①어렵게 생각을 짜 냄. ②비용 따위를 어렵게 장만함. ¶학자금을 ―하다.
염치(廉恥)명 체면을 차리고 부끄러움을 아는 마음. ¶그 사람 참 ―도 좋더구나. 속염통머리 ☞얌치
염치-없:다(廉恥―)[―업―]형 체면도 없고 부끄러움도 없다.
염치-없이부 염치없게 ¶― 또 부탁하러 오다.
염탐(廉探)명-하다타 남의 사정이나 비밀 따위를 몰래 알아내는 일. 수탐(搜探). 염알이. 염찰(廉察) ¶적의 동향을 ―하다. ☞염문(廉問)

한자 **염탐할 정**(偵)〔人部 9획〕¶정찰(偵察)/정첩(偵諜)/정탐(偵探)/탐정(探偵)
염탐할 첩(諜)〔言部 9획〕¶첩보(諜報)/첩자(諜者)

염탐-꾼(廉探―)명 남의 사정이나 비밀 따위를 몰래 조사하는 사람. 염객(廉客). 염알이꾼 ☞염문꾼
염탐-질(廉探―)명-하다타 염탐하는 짓을 얕잡아 이르는 말.
염탕(塩湯)명 소금을 넣고 끓인 물.
염:태(艶態)명 아리따운 자태. 염자(艶姿)
염통명 심장(心臟)
속담 **염통에 고름 든 줄은 몰라도 손톱눈에 가시 든 줄은 안다** : 눈에 보이는 작고 하찮은 것은 잘 알면서도 눈에 보이지는 않지만 크고 중대한 일은 알지 못한다는 말.
염통-구이명 구이의 한 가지. 소의 염통을 깨끗이 씻어 물기를 빼고 알맞은 크기로 자른 다음, 간장 양념으로 무쳐 대꼬챙이에 꿰어 구운 음식.
염통-머리명 '염치'를 속되게 이르는 말. ☞얌통머리
염통-방(―房)명 심방(心房)
염통-산:적(―散炙)명 소의 염통을 넓게 저며 꼬챙이에 꿰어 양념해서 구운 음식.
염통-주머니[―쭈―]명 심낭(心囊)
염통-집명 심실(心室)
염퇴(恬退)명-하다타 명예나 이익에 욕심이 없어 관직을 내어 놓고 물러남.
염파(廉波)명 창에 드리운 발 그림자가 어른어른 하며 내는 무늬의 결.
염평(廉平)어기 '염평(廉平)하다'의 어기(語基).
염평-하다(廉平―)형여 청렴하고 공평하다.
염평-히부 염평하게
염포(塩脯)명 얇게 저민 고기를 소금에 절여 후추를 뿌려서 말린 포. ☞육포(肉脯)
염:포(殮布)명 염습할 때, 수의(壽衣)를 입힌 시체를 묶는 베. 효포(絞布)
염:폿-국(殮布―)명 쇠고기·두부·무·다시마 등을 넣고 끓인 맑은장국. 흔히 상가(喪家)에서 발인(發靷)하는 날에 끓임. 연포탕(軟泡湯). 연폿국
염풍(炎風)명 팔풍(八風)의 하나. '북동풍(北東風)'을 달리 이르는 말.
염:피(厭避)명-하다타 마음에 싫어서 피함.
염:필(染筆)명-하다타 ①붓에 먹이나 물감 따위를 묻힘. ②붓으로 글씨를 쓰거나 그림을 그림.
염하(炎夏)명 ①더운 여름. ②한여름
염:-하다(念―)타여《文》불경이나 진언(眞言) 등을 조용히 외다.
염:-하다(殮―)타여 염습하다 ☞습(襲)하다
염-하다(廉―)형여《文》①값이 싸다. ②청렴하다
염한(炎旱)명 한여름에 드는 가물.
염한(塩干)명 소금을 굽는 사람.
염호(塩湖)명 함수호(鹹水湖)
염화(塩化)명-하다자 어떤 물질이 염소와 화합하는 일.
염화-구리(塩化―)명 구리와 염소의 화합물. 염화제일구리와 염화제이구리가 있음.
염화-금(塩化金)명 ①금과 염소의 화합물. 염화제일금과 염화제이금이 있음. ②'염화금산(塩化金酸)'을 흔히 이르는 말.
염화금-산(塩化金酸)명 금을 왕수(王水)에 녹이면 생기는 연한 노랑의 바늘 모양의 결정. 도자기의 착색(着色)이나 알칼로이드 시약(試藥) 등으로 쓰임. ☞염화금

염화-나트륨(塩化Natrium)명 나트륨과 염소의 화합물로, '소금'의 화학명임.
염화-마그네슘(塩化Magnesium)명 마그네슘과 염소의 화합물. 조해성(潮解性)이 있는 무색 결정으로 간수의 주성분임.
염화-물(塩化物)명 염소 또는 염소보다 양성인 원소로 이루어지는 화합물을 통틀어 이르는 말. 염화나트륨·염화철 따위.
염화미소(拈華微笑)성구 석가모니가 영취산에서 설법할 때, 말없이 연꽃 한 송이를 들어 대중에게 보이자 마하가섭(迦葉)만이 그 뜻을 깨닫고 미소를 지었다는 데서, '말로 하지 않고 마음에서 마음으로 전하는 일'을 뜻하는 말. 염화시중(拈華示衆)
염화-바륨(塩化Barium)명 바륨과 염소의 화합물. 물에 잘 녹는 무색 결정으로, 독성이 있음. 분석용 시약(試藥), 살충제 등으로 쓰임.
염화-백금산(塩化白金酸)명 백금을 왕수(王水)에 녹인 다음 증발시켜서 얻는 기둥 모양의 황갈색 결정. 백금 석면이나 백금흑의 제조, 또는 시약(試藥) 등에 쓰임. 백금 염화수소산(白金塩化水素酸)
염화-비닐(塩化vinyl)명 아세틸렌과 염화수소의 반응으로 생기는 화합물. 상온·상압(常壓)에서 무색의 기체로 인화성이 있음. 염화비닐 수지의 합성 원료로 쓰임.
염화-비닐=수지(塩化vinyl樹脂)명 염화비닐의 단독 중합체나 염화비닐을 50% 이상 함유한 혼성 중합체를 통틀어 이르는 말. 열에는 약하나 내수성(耐水性), 내산성(耐酸性), 전기 절연성이 뛰어남. 합성 섬유, 필름, 도료(塗料), 접착제 등에 널리 쓰임.
염화-수소(塩化水素)명 수소와 염소의 화합물. 상온에서 자극적인 냄새가 나는 무색 기체로 물에 잘 녹음. 수용액을 염산이라고 함. 염산 가스
염화-수소산(塩化水素酸)명 염산(塩酸)
염화시:중(拈華示衆)성구 염화미소(拈華微笑)
염화-아연(塩化亞鉛)명 염소와 아연의 화합물. 무색의 결정성 가루로, 조해성(潮解性)이 있으며 물에 잘 녹음. 살균제, 나무의 방부제, 건전지의 재료, 의약품 등으로 쓰임. ▷ 塩의 정자는 鹽
염화-알루미늄(塩化aluminium)명 알루미늄과 염소의 화합물. 무색 또는 황색 결정으로, 공기 중에 방치하면 수분을 흡수하고 가수 분해 되어 염화수소의 흰 연기를 발생함. 유기 화학 반응의 촉매로 쓰임.
염화-암모늄(塩化ammonium)명 암모니아와 염산을 화합하여 얻는 무색의 결정. 물에 잘 녹음. 건전지, 금속 접합, 염색, 의약품 등에 쓰임.
염화-은(塩化銀)명 은과 염소의 화합물. 백색 가루로, 햇빛을 쬐면 분해되어 검게 변함. 감광 재료로 쓰임.
염화-제:이구리(塩化第二-)명 흡습성이 있는 황갈색의 결정. 구리 가루를 염소 속에서 가열하면 생김. 독성이 있으며, 매염제·소독제 등으로 쓰임.
염화-제:이수은(塩化第二水銀)명 광택이 나는 무색 결정. 황산제이수은에 식염을 섞어서 가열하면 생김. 맹독(猛毒)이 있으며 방부제·소독제·살균제, 유기 합성의 촉매, 분석 시약 등에 쓰임. 승홍(昇汞)
염화-제:이철(塩化第二鐵)명 적갈색의 조해성(潮解性)이 있는 결정. 염화수소와 산화철의 반응으로 생김. 물·알코올·아세톤·에테르 등에 잘 녹으며, 유기 반응의 산화제·축합제(縮合劑)나 매염제(媒染劑)·지혈제(止血劑) 등으로 쓰임.
염화-제:일구리(塩化第一-)명 무색의 결정. 황산구리 수용액에 염화나트륨을 섞고 이산화황을 통과시키거나, 염화제이구리의 염산 용액에 구리를 섞어 가열하면 생김. 공기 중에서 쉽게 산화되어 녹색이 되며, 물·알코올·아세톤에는 거의 녹지 않지만 진한 염산과 진한 암모니아수에는 녹음. 독성이 있으며, 유기 반응의 촉매와 살충제의 제조, 일산화탄소의 흡수제로 쓰임.
염화-제:일수은(塩化第一水銀)명 단맛이 있는 무색의 결정. 염화제이수은과 수은의 혼합물을 가열하여 승화시키면 생김. 표준 전극, 이뇨제, 수은 연고 등으로 쓰임. 감홍(甘汞). 경분(輕粉)
염화-제:일철(塩化第一鐵)명 백색 또는 담녹색의 조해성(潮解性)이 있는 결정. 물·알코올에 잘 녹으며, 염색·야금(冶金) 등에 쓰임.
염화-주석(塩化朱錫)명 주석과 염소의 화합물. 염화제일주석과 염화제이주석이 있음.
염화-철(塩化鐵)명 철과 염소의 화합물. 염화제일철과 염화제이철이 있음.
염화-칼륨(塩化Kalium)명 칼륨과 염소의 화합물. 쓴맛과 짠맛이 섞여 있는 무색 결정, 또는 흰 결정성 가루. 칼륨 비료 열처리제, 사진 시약, 의약품 등을 만드는 데 쓰임. 염화포타슘
염화-칼슘(塩化calcium)명 칼슘과 염소의 화합물. 조해성(潮解性)이 있는 사방 정계(斜方晶系)의 백색 결정. 건조제·한제(寒劑)·의약품 등으로 쓰임.
염화-포타슘(塩化potassium)명 염화칼륨
엽각(葉脚)명 잎의 밑동.
엽견(獵犬)명 사냥개. 엽구(獵狗)
엽고-병(葉枯病)[-뼝]명 잎마름병
엽관(獵官)명-하다자 많은 사람이 관직을 얻으려고 온갖 방법으로 서로 경쟁함.
엽구(獵具)명 새나 짐승 등을 잡는 데 쓰는 기구. 그물·덫·엽총 따위.
엽구(獵狗)명 사냥개. 엽견(獵犬)
엽구(獵區)명 사냥이 허가된 구역. ☞금렵구(禁獵區)
엽-권:연(葉卷煙)명 '엽궐련'의 원말.
엽권-충(葉捲蟲)명 곤충의 애벌레 중에서, 식물의 잎을 돌돌 말아 그 속에 사는 습성을 가진 것을 이름.
엽-궐련(∠葉卷煙)명 잎담배를 막대 모양으로 말아서 만든 담배. 시가(cigar) 원엽권연 ☞지궐련(紙卷煙)
엽기(獵奇)명-하다자 이상하고 기괴한 일에 유난히 흥미를 느끼는 일.
엽기(獵期)명 ①사냥하는 데 알맞은 시기. ②법규상으로 사냥이 허가되어 있는 시기.
엽기=소:설(獵奇小說)명 이상하고 기괴한 일이나 그런 세계를 소재로 하여 흥미 본위로 쓴 소설.
엽기-적(獵奇的)명 이상하고 기괴한 일에 유난히 흥미를 가지는 것. ¶-인 사건이 연쇄적으로 일어나다.
엽량(葉量)명 잎의 양(量). ¶-이 많은 나무.
엽록-소(葉綠素)명 엽록체 속에 들어 있는 녹색의 색소. 광합성에 필요한 에너지를 태양으로부터 얻는 구실을 함. 잎파랑이
엽록-체(葉綠體)명 녹색 식물의 잎 세포 속에 들어 있는 색소체의 한 가지. 엽록소가 들어 있어 녹색을 띠며, 광합성을 하여 녹말을 만드는 부분임. 잎파랑치
엽맥(葉脈)명 잎맥
엽병(葉柄)명 잎자루
엽복(獵服)명 사냥할 때 입는 옷. ▷ 獵의 속자는 猟
엽부(獵夫)명 사냥꾼
엽비(葉肥)명 녹비(綠肥)의 한 가지. 나뭇잎 따위를 썩혀서 만든 거름.
엽사(獵師)명 '사냥꾼'을 대접하여 이르는 말.
엽산(葉酸)명 비타민엠(vitamin M)
엽삽-병(葉澁病)명 식물의 잎이나 줄기에 귤색 또는 갈색의 가루가 덩어리로 생기는 병. 수병(銹病)
엽상(葉狀)명 잎같이 생긴 모양.
엽상-경(葉狀莖)명 식물 줄기의 한 변태. 모양이 잎처럼 생기고, 엽록소가 있어 광합성을 하는 줄기. 선인장 등에서 볼 수 있음. 잎줄기
엽상=식물(葉狀植物)명 다세포체이지만 뿌리·줄기·잎 등이 분화되지 않고, 전체가 잎 모양으로 되어 있는 식물. 선태식물(蘚苔植物)이 이에 딸림. 세포 식물 ☞경엽 식물(莖葉植物)
엽상-체(葉狀體)명 줄기·잎·뿌리의 구별이 없는 식물. 전체가 잎과 비슷한 모양이며, 잎과 같은 작용을 함.
엽색(獵色)명-하다자 변태적으로 채신없이 여색(女色)을

탐하는 일. ¶ — 행각
엽서(葉序)명 잎차례
엽서(葉書)명 '우편엽서(郵便葉書)'의 준말.
엽설(葉舌)명 잎혀
엽신(葉身)명 잎몸
엽아(葉芽)명 잎눈
엽액(葉腋)명 잎겨드랑이
엽연(葉緣)명 잎의 가장자리. 잎가
엽-연초(葉煙草)명 잎담배
엽우(獵友)명 함께 사냥하러 다니는 친구나 동호인.
엽육(葉肉)명 잎살
엽인(獵人)명 사냥하는 사람. 사냥꾼. 엽사(獵師)
엽자(葉子)명 '엽자금(葉子金)'의 준말.
엽자-금(葉子金)명 품질이 가장 좋은 금. 얇게 불려 잎사귀 모양으로 만든 십품금(十品金). 준엽자(葉子)
속담 **엽자금 동자삼(童子蔘)이라** : ①가장 좋은 것으로 흠잡을 데 없음을 두고 이르는 말. ②'제법'이라는 뜻으로 쓰는 말.
엽장(獵場)명 사냥하는 곳. 사냥터
엽전(葉錢)명 놋쇠로 만든 옛날 돈. 둥글고 납작하며, 가운데에 네모진 구멍이 있음.
엽전-평(葉錢坪)명 엽전풀이
엽전-풀이(葉錢—)명 다른 돈을 엽전으로 환산하는 일. 엽전평(葉錢坪). 엽평(葉坪)
엽조(獵鳥)명 사냥이 허가된 새. ☞금렵조(禁獵鳥)
엽주(獵酒)명-하다자 아는 사람을 찾아 다니며 체면 없이 술을 우려먹음, 또는 우려먹는 그 술.
엽차(葉茶)명 찻잎을 덖은 것, 또는 그것을 우린 찻물.
엽채(葉菜)명 주로 잎을 먹는 채소. 잎채소
엽채-류(葉菜類)명 주로 잎을 먹는 채소붙이. 배추·상추·시금치 등. ☞경채류(莖菜類). 근채류(根菜類)
엽초(葉草)명 잎담배
엽초(葉鞘)명 잎집
엽총(獵銃)명 사냥에 쓰는 총. 사냥총
엽축(葉軸)명 잎줄기
엽치다타 보리나 수수 따위를 대강 찧다.
엽침(葉枕)명 줄기에 붙는 잎자루 밑동의 볼록한 부분.
엽침(葉針)명 잎바늘
엽탁(葉托)명 턱잎
엽편(葉片)명 잎몸
엽평(葉坪)명 엽전풀이
엽호(獵戶)명 ①사냥꾼의 집. ②사냥꾼
엽황-소(葉黃素)명 식물의 잎에 있는 엽록체 중의 노란 색소. 가을에 잎이 누레짐은 이 색소 때문임. 잎노랑이
엿[1]명 녹말 또는 녹말이 들어 있는 쌀·조·옥수수·고구마 따위의 원료를 엿기름으로 당화(糖化)하여 만든 달고 끈끈한 식품. 이당(飴餹)
속담 **엿을 물고 개잘량에 엎드러졌나** : 수염 따위 털이 많은 사람을 놀리는 말.

한자 엿 당(糖) [米部 10획] ¶ 당류(糖類)/당분(糖分)/맥아당(麥芽糖)/과당(果糖)/포도당(葡萄糖)

엿[2]관 'ㄴ·ㄷ·ㅁ·ㅂ·ㅅ·ㅈ' 등을 첫소리로 가진, 단위를 나타내는 의존 명사 앞에 쓰이는 수관형사. '여섯'의 뜻을 나타냄. ¶ — 냥. /— 돈. /— 말.
엿-가락[엳—]명 엿가래
엿-가래[엳—]명 가래엿의 낱개. 엿가락
엿-가위[엳—]명 엿장수가 들고 다니는 큰 가위.
엿-강정[엳—]명 잣·깨·콩·쌀 따위를 볶거나 튀겨, 묽게 녹인 엿에 버무려 틀에 넣고 식혀서 자른 강정.
엿-기름[엳—]명 보리에 물을 부어 싹을 내어 말린 것. 녹말을 당분으로 바꾸는 효소가 많이 들어 있음. 식혜·엿·맥주 등을 만드는 데 쓰임. 맥아(麥芽)
엿기름-가루[엳—까—]명 엿기름을 타서 만든 가루.
엿-단쇠[엳—]감 엿장수가 엿을 사라고 외치는 말.
엿-당(—糖)[엳—]명 엿기름을 녹말에 작용시켜서 만드는 이당류(二糖類)의 한 가지. 흰 바늘 모양의 결정으로 물에 잘 녹으며, 단맛은 자당(蔗糖)보다 약함. 맥아당(麥芽糖). 말토오스(maltose)
엿:-듣다[엳—](—듣고·—들어)타ㄷ 남의 말을 몰래 듣다. ¶남의 전화 내용을 —.
엿-먹다[엳—]자 '남의 꾀에 넘어가 골탕을 먹다'의 속된말. [흔히 '엿먹어라'의 꼴로 쓰임.]
엿-먹이다[엳—]타 '남에게 골탕을 먹이다'의 속된말.
엿-목판(—木板)[엳—]명 엿을 담는 목판.
엿-물[엳—]명 엿기름 물에 밥을 담가 삭혀서 짠 물. 이것을 고면 엿이 됨.
엿-반대기[엳—]명 엿으로 만든 반대기. 엿자박
엿-밥[엳—]명 엿물을 짜낸 밥 찌끼.
엿-방망이[엳—]명 ①투전 노름이나 골패 노름의 한 가지. 두 짝이나 세 짝을 뽑아 그 끗수가 많은 쪽이 이김. 준여시 ②'엿죽방망이'의 준말.
엿:-보다[엳—]타 ①남몰래 가만히 보다. ¶남의 방을 —. ②때를 노리어 기다리다. ¶기회를 —.
엿:-보이다[엳—]자 엿봄을 당하다.
엿:-살피다[엳—]타 남몰래 가만히 살피다.
엿새[엳—]명 ①여섯 날. ¶ — 동안이나 기다렸다. ②'엿샛날'의 준말.
엿샛-날[엳—]명 ①한 달의 여섯째 날. 본초엿샛날 준엿새 ②엿새째의 날. ¶객지에 온 지 —이 되었다.
엿-자박[엳—]명 엿반대기
엿-장수[엳—]명 엿을 파는 사람.
속담 **엿장수 마음대로** : 엿장수가 엿을 마음대로 늘였다 줄였다 하듯, 무슨 일을 제 마음대로 이랬다저랬다 하는 경우를 이르는 말.
엿-죽[엳—]명 '엿죽방망이'의 준말.
엿죽-방망이[엳—]명 ①엿을 골 때 엿물을 젓는 막대기. ②하기 쉬운 일을 농으로 이르는 말. 준엿방망이. 엿죽
엿-치기[엳—]명-하다자 엿가래를 부러뜨려 구멍의 크고 작음으로 이기고 짐을 겨루는 내기.
-였-[1]선미 '-었-'의 바뀐 꼴로 '하-' 다음에만 쓰임. ¶그 일을 어제 하였다. /그녀는 언제나 조용하였다.
-였-[2]선미 '-이었-'의 준 꼴. ¶둘이 아니고, 하나였다.
영[1]명 '이엉'의 준말.
영:[2]명 깨끗한 집 안이나 방 안에서 느껴지는 산뜻하고 밝은 기운. ¶ —이 돌다.
영(令)명 ①'명령(命令)'의 준말. ②'법령(法令)'의 준말. ☞—령(令) ③'약령(藥令)'의 준말.
영(을) 보다관용 약령을 보다. 약령에서 약재를 사거나 팔거나 하다.
영(이) 서다관용 ①명령이 제대로 시행되다. ②약령이 서다. 약재를 사고 파는 시장이 서다.
영(英)명 '영국(英國)'의 준말.
영(零)명 ①수학에서, 양수(陽數)도 아니고 음수(陰數)도 아닌 수. ②수량이 전혀 없음을 수량이 있는 경우에 상대하여 이르는 말. ¶3대 —으로 이기다.
영(營)명 '영문(營門)'의 준말.
영(嶺)명 재[2]
영(靈)명 ①'신령(神靈)'의 준말. ②'영혼(靈魂)'의 준말.
영:(永)부 뒤에 부정하는 말이 쓰이어 ①'영영(永永)'의 준말. ¶ — 소식이 없다. /— 오지 않는다. ②도무지. 전혀 ¶ — 신이 나지 않는다. /— 재미 없다.
영:가(詠歌)명-하다자 창가(唱歌)
영가(靈歌)명 흑인 영가(黑人靈歌)
영가(靈駕)명 영혼(靈魂) ▷靈의 속자는 霊
영:가집언:해(永嘉集諺解)명 선종영가집언해
영각명 암소를 찾는 황소의 긴 울음소리를 이르는 말.
영각(을) 쓰다관용 암소를 찾느라고 황소가 길게 울음소리를 내다.
영:각(影閣)명 절에서, 고승(高僧)의 화상(畫像)을 모셔 놓은 곳.
영각(靈覺)[1]명 불교에서, 중생이 본디 지니고 있는 영묘한 불성(佛性)을 이르는 말.
영각(靈覺)[2]어기 '영각(靈覺)하다'의 어기(語基).

영각-하다 (靈覺-) 형여 뛰어나게 지혜롭고 총명하다.
영:감 (永感) 명 부모를 모두 여의어 영원히 슬퍼하는 일.
영:감 (令監) 명 ①남자 노인을 대접하여 이르는 말. ②나이 든 부부 사이에서, 아내가 남편을 이르는 말. ③조선 시대, 종이품과 정삼품의 관원을 높이어 이르던 말.
속담 **영감님 주머니 돈은 내 돈이요 아들 주머니 돈은 사돈네 돈이다** : 남편의 돈은 아내가 관리하게 마련이므로, 영감의 돈은 마누라인 자기의 것이고, 아들의 돈은 그 아내인 며느리의 것이라는 뜻으로 이르는 말. /**영감 밥은 누워 먹고 아들 밥은 앉아 먹고 딸의 밥은 서서 먹는다** : 남편의 덕으로 사는 것이 가장 편안하고, 아들의 부양을 받는 것은 견딜만 하나 딸에게 얹혀서 사는 것은 매우 어렵다는 말. /**영감의 상투** : 보잘것없는 물건을 이르는 말.
영감 (靈感) 명 ①신령스러운 예감이나 감각. ¶ -이 들어맞다. ②문득 떠오르는 기발한 착상이나 생각. ¶ 번득이는 -으로 고안해 낸 발명품.
영:감-마:님 (令監-) 명 '영감'의 높임말.
영감-무 (靈感巫) 명 신(神)의 영감을 받아 무당이 되었다는 사람.
영:감-쟁이 (令監-) 명 남자 노인을 낮추어 이르는 말. 영감태기
영:감-태기 (令監-) 명 영감쟁이
영:감-하 (永減下) 명 부모를 모두 여읜 처지, 또는 그런 처지에 있는 사람.
영거 (領去) 명 -하다 타 지난날, 귀양가는 사람을 데리고 가거나 관물(官物)을 가지고 가던 일.
영거 (寧居) 명 -하다 자 자리를 잡고 편안히 삶.
영거 (靈車) 명 영구차(靈柩車)
영거-관 (領去官) 명 지난날, 영거하는 일을 맡아보는 관원을 이르던 말.
영거리=사격 (零距離射擊) 명 가까이 닥친 적에 대하여, 포탄이 포구로부터 가까운 곳에서 터지도록 사격하는 일.
영건 (營建) 명 -하다 타 건물 따위를 지음. 영구(營構)
영걸 (英傑) 명 ①영웅이나 호걸이라고 할만 한 뛰어난 인물. ②-하다 형 영특하고 용기와 기상이 뛰어남.
영걸-스럽다 (英傑-) (--스럽고 · --스러워) 형ㅂ 영걸한 데가 있다. ¶ 영걸스러운 기상.
영걸-스레 부 영걸스럽게
영걸지주 (英傑之主) [-찌-] 명 영걸스러운 기상을 가진 군주(君主).
영검 (∠靈驗) 명 -하다 형 사람의 기원(祈願)에 대하여 신불이 내리는 징험이 영묘함, 또는 그러한 징험. ¶ -을 빌다. /기도를 드리자 -한 일이 벌어졌다. 원 영험(靈驗)
영검 (靈劍) 명 영묘한 힘을 가진 검.
영검-스럽다 (∠靈驗-) (--스럽고 · --스러워) 형ㅂ 영검한 데가 있다.
영검-스레 부 영검스럽게
영:겁 (永劫) 명 불교에서, 한없이 오랜 세월을 이르는 말. 광겁(曠劫). 만겁(萬劫). 천겁(千劫) ☞ 구원겁
영격 (迎擊) 명 -하다 타 요격(邀擊)
영견 (迎見) 명 -하다 타 연견(延見)
영:결 (永訣) 명 -하다 자 죽은 사람과 영원히 이별함. 영원한 이별. ☞ 영이별(永離別)
영:결-사 (永訣辭) [-싸] 명 영결식에서 고인(故人)을 추도하는 말.
영:결-식 (永訣式) 명 죽은 사람의 영혼에 대하여 영결을 고하는 의식. 고별식(告別式)
영:결-종천 (永訣終天) 명 죽어서 영원히 헤어짐.
영경 (靈境) 명 신령스러운 땅. 영지(靈地)
영계 (∠鍾鷄 · 軟鷄) 명 병아리에서 조금 더 자란 어린 닭. 살이 연하여 요리에 많이 쓰임. ☞ 약병아리
영계 (靈戒) 명 대종교(大倧敎)에서, 신도 자격을 주는 입교 의식을 이르는 말.
영계 (靈界) 명 ①영혼의 세계. 죽은 뒤의 세계. ②정신, 또는 그 작용이 미치는 범위. ☞ 육계(肉界)
영계-구이 (∠鍾鷄-) 명 영계의 고기를 저며서 양념을 하여 구운 음식.
영계-백숙 (∠鍾鷄白熟) 명 영계의 털과 내장을 없애고 뱃속에 인삼 · 찹쌀 · 대추 따위를 넣어 삶은 음식.
영계-찜 (∠鍾鷄-) 명 백숙한 영계의 뼈를 추려 낸 고기에 녹말을 물에 풀어 끓여서 붓고, 양념을 치고 고명을 얹은 음식.
영고 (迎鼓) 명 지난날, 부여국(夫餘國)에서 섣달에 하늘에 제사지내던 의식. 온 백성이 며칠을 연이어 술을 마시고 노래하고 춤추었다고 함.
영고 (榮枯) 명 번영하는 일과 쇠퇴하는 일. 성쇠(盛衰). 영락(榮落) ▷ 榮의 속자는 栄
영고 (靈告) 명 신령(神靈)의 계시(啓示).
영고 (靈鼓) 명 국악기 혁부(革部) 타악기의 한 가지. 북면이 하나인 작은북 여덟 개를 한데 묶어 틀에 매단 것임. 토신(土神)에게 제사지내는 사직(社稷)의 강신악(降神樂)에 쓰임.
영고성:쇠 (榮枯盛衰) 성구 인생이나 사물이 번성하고 쇠퇴함이 되풀이됨을 이르는 말.
영곡 (嶺曲) 명 영남 지방에서 나는 곡삼(曲蔘).
영공 (領空) 명 영토(領土)와 영해(領海)의 상공으로, 그 나라의 주권이 미치는 범위. ¶ -을 침범하다.
영공 (靈供) 명 부처나 죽은 이의 영전(靈前)에 올리는 잿밥. 영반(靈飯)
영공-권 (領空權) [-꿘] 명 국가가 영공에 대하여 가지는 권리.
영:과 (穎果) 명 과피(果皮)가 얇고 목질(木質)이며, 종피(種皮)와 밀착하여 있는 열매를 이르는 말. 벼 · 보리 · 밀 따위의 열매.
영관 (領官) 명 군대의 계급에서, 소령 · 중령 · 대령을 통틀어 이르는 말. ☞ 위관(尉官)
영관 (榮冠) 명 빛나는 승리나 성공을 거둔 이에게 주는 관, 또는 그런 영예를 비유하여 이르는 말. ¶ 우승의 -을 차지하다.
영광 (榮光) 명 빛나는 영예. 광영(光榮) ¶ 개인과 조국의 -. /수석 졸업의 -을 누리다.
영광 (靈光) 명 ①영묘한 빛. ②왕의 은덕을 비유하여 이르는 말.
영광-송 (榮光誦) 명 크리스트교에서, 하느님을 찬미하는 노래나 기도를 이르는 말.
영광-스럽다 (榮光-) (--스럽고 · --스러워) 형ㅂ 영광이 있다. ¶ 영광스러운 졸업식.
영광-스레 부 영광스럽게
영괴 (靈怪) 어기 '영괴(靈怪)하다'의 어기(語基).
영괴-하다 (靈怪-) 형여 신비스럽고 괴이하다.
영교 (令嬌) 명 영애(令愛)
영:구 (永久) 명 -하다 형 길고 오램. 언제까지 이어져 변함이 없음. ¶ -불변의 진리. /- 보존 ☞ 몰세(沒世)
영구-히 부 영구하게 ¶ - 변치 않을 우정.
영구 (榮救) 명 -하다 타 신구(伸救)
영구 (營構) 명 -하다 타 영건(營建)
영구 (靈柩) 명 시체를 넣은 관(棺).
영:구=가스 (永久gas) 명 영구 기체(永久氣體)
영:구=경수 (永久硬水) 명 칼슘이나 마그네슘, 황산염 따위를 함유하고 있어서, 끓여도 연수(軟水)가 되지 않는 경수.
영:구=공채 (永久公債) 명 정기적으로 이자를 지급할 뿐, 일정 기일에 원금을 상환할 의무가 없는 정부 발행의 공채. 영원 공채(永遠公債). 무기 공채(無期公債) ☞ 유기 공채(有期公債)
영:구=기관 (永久機關) 명 외부로부터 에너지를 공급받지 않고 운동을 영원히 계속하는 가상적인 기관.
영:구=기체 (永久氣體) 명 어떤 저온(低溫)에서도 액화(液化)가 불가능하다고 여겨지던 산소 · 수소 · 질소 따위의 기체. 현재는 모두 액화할 수 있으므로 영구 기체는 존재하지 않음. 영구 가스(永久gas)
영:구=동:토 (永久凍土) 명 땅 속의 온도가 일 년 내내 0℃ 이하로 얼어 있는 땅. 시베리아 · 캐나다 · 그린란드 등

지에 분포함.
영:구-불변(永久不變)명 언제까지나 변하지 않음.
영:구-성(永久性)[-썽]명 영구히 변하지 않는 성질.
영:구=운:동(永久運動)명 에너지를 공급하지 않아도 자동으로 영구히 움직이는 가상적인 기계 운동.
영:구=자석(永久磁石)명 한번 자화(磁化)된 뒤에는 오래도록 자력(磁力)을 지니는 자석. ☞일시 자석(一時磁石)
영:구-장천(永久長川)명 한없이 길고 오랜 세월.
영:구-적(永久的)명 영구히 변하지 않는 것. ¶-인 평화. ☞일시적(一時的)
영:구=중립(永久中立)명 영세 중립(永世中立)
영구-차(靈柩車)명 영구를 실어 나르는 자동차. 영거(靈車) 준구차(柩車)
영:구-치(永久齒)명 젖니가 빠진 다음에 나는 이. 위아래 16개씩 모두 32개이며, 평생 다시 나지 않음. 간니 ☞유치(乳齒)
영:구-화(永久化)명-하다자타 영구하게 되는 일, 또는 영구하게 되도록 하는 일. ¶거의 -하다시피 한 시설.
영국=국교회(英國國敎會)명 1534년, 가톨릭으로부터 갈라진 영국의 국교회. 국왕을 수장(首長)으로 하며, 개신교에 딸리나 가톨릭적인 의식과 교의(敎義)가 남아 있음. 영국 성공회(英國聖公會)
영국=성:공회(英國聖公會)명 영국 국교회
영군(領軍)명-하다자 군사를 거느림.
영궤(靈几)명 상가(喪家)에서, 신위(神位)를 모셔 놓은 작은 나무 의자와 그것을 받치는 상(床). 궤연(几筵)
영귀(靈鬼)명 귀신이 된 죽은 이의 영혼.
영귀(榮貴)어기 '영귀(榮貴)하다'의 어기(語基).
영귀-접(靈鬼接)명-하다자 귀신이 접했다는 뜻으로, 드러나지 않은 일이나 짐작 못할 일을 척척 알아맞히는 일.
영귀-하다(榮貴-)형여 지체가 높고 귀하다.
영규(令閨)명 남을 높이어 그의 아내를 이르는 말. 부인(夫人). 영실(令室)
영금명 따끔하게 겪는 곤욕. ¶-을 당하다.
영금(靈禽)명 영조(靈鳥)
영기(令旗)명 조선 시대, 군중(軍中)에서 군령(軍令)을 전하러 가는 군사가 들던 기. 파란 바탕에 붉은 '令' 자를 오려 붙였음.
영기(英氣)명 뛰어난 기상과 재기. ¶-를 기르다.
영기(靈氣)명 영묘한 기운. 신비스러운 분위기.
영낙-없:다[-업-]형 조금도 틀림이 없다.
영낙-없이부 영낙없게 ¶생긴 모양이 - 문어 같다.
영남(嶺南)명 조령(鳥嶺)의 남쪽 지방. 흔히 경상도 일대를 이르는 말. 교남(嶠南)
영남가(嶺南歌)명 조선 인조 13년(1635)에 노계(蘆溪) 박인로(朴仁老)가 지은 가사(歌辭). 당시의 영남 순찰사 이근원(李謹元)의 선정(善政)을 기린 내용임.
영내(領內)명 영토의 안. 영역의 안.
영내(營內)명 병영(兵營)의 안. ☞영외(營外)
영내=거주(營內居住)명 군인이 영내에서 생활하는 일. ☞영외 거주(營外居住)
영-내:다(令-)자 명령을 내다.
영녀(令女)명 영애(令愛)
영:년(永年)명 긴 세월. 오랫동안 ¶- 근속
영년(迎年)명 새해를 맞이함. 영세(迎歲). 영신(迎新). 영춘(迎春) ☞송년(送年)
영:년=변:화(永年變化)명 몇 만 년이라는 긴 세월에 걸쳐서 일어나는 지각(地殼), 지자기 따위의 변동. 단기간에 나타나는 변화나 주기적인 변동은 제외됨.
영노(營奴)명 조선 시대, 각 감영(監營)·병영(兵營)·수영(水營) 등에 딸렸던 사내 종.
영농(營農)명-하다자 농업을 경영함. 경농(經農)
영농=자:금(營農資金)명 농사짓는 데 드는 자금. 농자(農資)
영단(英斷)명 ①-하다타 과감하게 결단을 내림, 또는 그런 결단. ②뛰어난 결단. ¶-을 내리다./사령관의 -을 바라다.
영단(靈壇)명 신(神)에게 제사지내는 단.
영달(令達)명-하다타 ①명령을 전달함, 또는 그 명령. ②하부 기관에 예산을 배정함, 또는 그 예산.
영달(榮達)명-하다자 높은 지위에 오르거나 지체가 높아짐. 영진(榮進) ¶-을 바라지 않는다.
영달(英達)어기 '영달(英達)하다'의 어기(語基).
영달-하다(英達-)형여 영명(英明)하다
영:답(影畓)명 '영위답(影位畓)'의 준말.
영:당(影堂)명 절에서, 개산 조사(開山祖師)나 고승(高僧)의 화상을 모셔 놓은 곳. 영전(影殿)
영:대(永代)명 그지없는 세월. 영원한 세월. 영세(永世)
영대(靈臺)명 ①영혼이 있는 곳, 곧 마음이나 정신을 이르는 말. 영부(靈府) ②지난날, 천문(天文)이나 운기(雲氣) 따위를 관측하던 천문대를 이르던 말.
영덕(令德)명 아름다운 덕행(德行), 또는 착한 마음씨. 미덕(美德)
영덕(靈德)명 신불(神佛)의 영묘한 덕.
영도(英圖)명 뛰어난 계획. 영략(英略)
영도(零度)명 온도나 각도, 고도 따위의 도수(度數)를 재는 기점이 되는 자리.
영도(領導)명-하다타 거느려 이끎. ¶국민을 -하다.
영도(靈都)명 성도(聖都)
영도-력(領導力)명 거느려 이끄는 능력.
영도-자(領導者)명 거느려 이끄는 사람.
영도-적(領導的)명 거느려 이끌거나 그럴 수 있는 성질을 가진 것. ¶- 지위/- 역할
영독(獰毒)어기 '영독(獰毒)하다'의 어기(語基).
영독-하다(獰毒-)형여 모질고 독살스럽다.
영동(楹棟)명 ①기둥과 마룻대를 아울러 이르는 말. ②중요한 인물을 비유하여 이르는 말. ☞동량(棟梁). 주석
영동(嶺東)명 강원도의 대관령(大關嶺) 동쪽 지방. ☞영서(嶺西)

영동=팔경(嶺東八景)명 관동 팔경(關東八景)
영-둔전(營屯田)명 조선 시대, 각 영문(營門)의 비용을 대기 위하여 나라에서 지급하는 둔전(屯田)을 이르던 말. 영둔토(營屯土)
영-둔토(營屯土)명 영둔전(營屯田)
영득(領得)명-하다타 ①법률에서, 자기 또는 제삼자가 가지려고 남의 재산을 차지하는 일. 강도나 절도 따위의 행위. ②사물의 이치를 깨달음.
영등-날(靈登-)명 음력 이월 초하룻날. 민속에서, 영등할머니가 내려온다는 날로 비가 오면 풍년, 바람이 불면 흉년이 든다고 함.
영등-할머니(靈登-)명 민속에서, 영등날 하늘에서 내려와 집집마다 다니며 농촌의 실정을 살펴보고 20일 만에 하늘로 올라간다는 할머니를 이르는 말.
영락(零落)명-하다자 ①초목의 잎이 시들어 떨어짐. ②세력이나 살림이 아주 보잘것없이 짜부러짐. 낙탁(落魄). 영체(零替) ¶-한 집안. ☞조락(凋落)
영락(榮落)명 영고(榮枯)
영락(瓔珞)명 머리나 목·가슴·팔 등에 두르는, 구슬이나 귀금속을 꿴 장식품. 원래 인도 귀족들의 장신구였으나, 불교에서는 불상을 꾸미기도 하였음.
영락(榮樂)어기 '영락(榮樂)하다'의 어기(語基).
×영락-없:다[-업-]형 →영낙없다
영락-하다(榮樂-)형여 영화롭고 즐겁다.
영란(迎鑾)명-하다타 임금의 행차를 맞이함.
영란(英蘭)명 ①'잉글랜드'의 한자 표기. ②영국과 화란(和蘭)을 아울러 이르는 말. ¶- 전쟁
영랑(令郎)명 남을 높이어 그의 자식을 이르는 말. 영식(令息). 영윤(令胤)
영략(英略)명 뛰어난 계획. 영도(英圖)
영략(領略)명-하다타 대강의 뜻을 깨달음.
영력(營力)명 지형(地形)을 바꾸는 힘. 물·바람·빙하·동식물 등의 작용에 따른 외적 영력과 지진, 화산 활동, 지각 운동 등의 작용에 따른 내적 영력이 있음. 지질 영력(地質營力)
▷營의 속자는 営

영련(楹聯)명 주련(柱聯)
영령(英領)명 영국의 영토를 이르는 말.
영령(英靈)명 ①훌륭한 사람의 영혼. ②죽은 사람을 높이어 그의 영혼을 이르는 말. 특히 전사자(戰死者)의 영혼에 대하여 이름. 영현(英顯) ¶호국 -
영령(泠泠)어기 '영령(泠泠)하다'의 어기(語基).
영령쇄:쇄(零零瑣瑣)성구 보잘것없이 자질구레함을 이르는 말. 준영쇄(零瑣)
영령-하다(泠泠-)형여 물소리, 바람 소리, 악기 소리, 목소리 등이 듣기에 맑고 시원하다. ¶영령한 단소 소리.
영령-히부 영령하게
영록(榮祿)명 높은 지위와 많은 녹봉(祿俸). 영화로운 복록(福祿).
영롱(玲瓏)어기 '영롱(玲瓏)하다'의 어기(語基).
영롱-하다(玲瓏-)형여 ①옥을 굴리는 것처럼 소리가 맑고 아름답다. ¶영롱한 방울 소리. ②빛이나 빛깔이 투명하고 곱다. ¶오색이 -./영롱한 눈빛.
영롱-히부 영롱하게
영류(瘿瘤)명 혹[1]
영리(英里)명 마일(mile)
영리(榮利)명 영예와 복리(福利).
영리(營吏)명 조선 시대, 감영(監營)·병영(兵營)·수영(水營)에 딸려 있던 아전.
영리(營利)명 재산상(財産上)의 이익을 꾀하여 활동하는 일. ¶-를 추구하다.
영:리(怜悧·伶俐)어기 '영리(怜悧)하다'의 어기(語基).
영리=법인(營利法人)명 영리 사업을 하는 법인. ☞공익법인(公益法人)
영리=보:험(營利保險)명 영리를 꾀하여 경영하는 보험. 영업자가 보험료에서 보험금과 경비를 빼고 남은 돈을 영업 소득으로 함. ☞상호 보험(相互保險)
영리=사:업(營利事業)명 영리를 꾀하여 경영하는 사업. ☞자선 사업(慈善事業)
영리=자:본(營利資本)명 영리를 꾀하여 쓰는 자본.
영리-주의(營利主義)명 영리를 사업 활동의 가장 큰 목적으로 하는 일.
영:리-하다(怜悧-)형여 똑똑하고 눈치가 빠르다. ¶영리한 아이./영리하게 처세(處世)하다.
속담 **영리한 고양이가 밤눈이 어둡다** : 무엇이든지 다 잘할 것 같은 영리한 사람이라도 모자라는 곳이 있다는 말.
영리=회:사(營利會社)명 영리를 꾀하여 조직된 회사.
영림(營林)명-하다자 삼림(森林)을 관리하고 경영하는 일.
영립(迎立)명-하다타 맞아들이어 임금으로 세움.
영-마루(嶺-)명 재의 맨 꼭대기. ¶-에 오르다.
영만(盈滿)명-하다자 ①가득하게 참. ②집안 따위가 번성함. 성만(盛滿). 영성(盈盛)
영망(令望)명 ①좋은 평판(評判). ②남을 높이어 그의 인망(人望)을 이르는 말.
영매(令妹)명 남을 높이어 그의 누이동생을 이르는 말. ☞영자(令姉)
영:매(永賣)명-하다타 '영영 방매(永永放賣)'의 준말.
영매(靈媒)명 신령이나 죽은 이의 혼령과 의사가 통하여 혼령과 인간 사이를 매개하는 사람. 무당 따위.
영매(英邁)어기 '영매(英邁)하다'의 어기(語基).
영매-술(靈媒術)명 영매의 매개로 죽은 이의 혼령을 불러내거나 죽은 이와 산 이가 서로 의사를 통하는 술법.
영매-하다(英邁-)형여 재지(才智)가 뛰어나고 훌륭하다. ¶영매한 임금.
영맹(獰猛)어기 '영맹(獰猛)하다'의 어기(語基).
영맹-하다(獰猛-)형여 모질고 사납다. ¶들짐승처럼 영맹한 성질.
영:면(永眠)명-하다자 영원히 잠든다는 뜻으로, 죽음을 이르는 말. 영서(永逝). 잠매(潛寐) ☞장면(長眠)
영:멸(永滅)명-하다자 아주 없어지거나 사라짐.
영명(令名)명 좋은 명성. 영명(英名). 영문(令聞). 영예(令譽) ¶-이 높다.
영명(英名)명 영명(令名)
영명(榮名)명 명예. 영예(榮譽)
영명(靈名)명 세례명(洗禮名)
영명(英明)어기 '영명(英明)하다'의 어기(語基).
영명=축일(靈名祝日)명 가톨릭에서, 세례를 받은 신자가 자기의 세례명과 같은 이름의 성인(聖人)의 축일을 자기의 축일로 삼아 기념하는 날.
영명-하다(英明-)형여 재지(才智)가 뛰어나고 사리에 밝다. 영달하다 ¶영명한 지도자.
영:모(永慕)명-하다타 ①오래도록 그리워함. ②평생토록 어버이를 잊지 못함.
영모(翎毛)명 새털과 짐승의 털이라는 뜻으로, 새나 짐승을 그린 그림을 이르는 말.
영목(嶺木)명 영남(嶺南)에서 나는 무명.
영몽(靈夢)명 신이나 부처 등이 나타나는 신령한 꿈.
영묘(英妙)명 재능이 뛰어난 젊은이.
영묘(靈廟)명 ①선조(先祖)나 위인 등의 신위(神位)를 모셔 놓은 사당. ②'탑(塔)'을 달리 이르는 말.
영묘(靈妙)어기 '영묘(靈妙)하다'의 어기(語基).
영묘-하다(靈妙-)형여 사람의 지혜로는 짐작할 수 없을 만큼 신령스럽고 기묘하다. ¶영묘한 효험.
영무(英武)어기 '영무(英武)하다'의 어기(語基).
영무(榮茂)어기 '영무(榮茂)하다'의 어기(語基).
영무-하다(英武-)형여 영민하고 용맹스럽다.
영무-하다(榮茂-)형여 번화하고 무성하다.
영문명 까닭. 형편 ¶무슨 -인지 알 수 없다.
영문(令聞)명 영명(令名)
영문(英文)명 ①영어로 적은 글. ②'영문학'의 준말.
영문(榮問)명-하다타 지난날, 과거에 급제한 사람을 찾아보고 축하 인사를 하던 일.
영문(營門)명 ①군문(軍門) ②감영(監營) 준영(營)
영-문법(英文法)[-뻡]명 영어의 문법.
영-문자(英文字)[-짜]명 영어를 적는 데 쓰는 문자. 영자(英字)
영-문학(英文學)명 영국의 문학, 또는 그것을 연구하는 학문. 널리 미국 문학 등 영어로 표현된 문학에 대해서도 이름. 준영문(英文)
영물(英物)명 영특한 인물.
영:물(詠物)명 자연의 풍물을 제재로 하여 시가(詩歌)를 지음, 또는 그 시가.
영물(靈物)명 ①신비스러운 물건이나 짐승. ②썩 영리한 짐승을 이르는 말.
영미(英美)명 영국과 미국을 아울러 이르는 말.
영미-법(英美法)[-뻡]명 영국의 법률과 그 계통을 이어받은 미국의 법률. 관습법과 판례법을 주로 하는 불문법(不文法)에 특색이 있음. ☞대륙법(大陸法)
영민(英敏)어기 '영민(英敏)하다'의 어기(語基).
영민(穎敏)어기 '영민(穎敏)하다'의 어기(語基).
영민-하다(英敏-)형여 뛰어나게 현명하다.
영민-하다(穎敏-)형여 재지(才智)가 날카롭고 총명하다. 예민(銳敏)하다
영-바람[-빠-]명 자랑스러운 의기(意氣). 뽐내는 기세. ¶메달을 따고 -이 났다.
영반(靈飯)명 영공(靈供)
영:발(映發)명-하다자 빛이나 빛깔 따위가 반짝임.
영발(英發)어기 '영발(英發)하다'의 어기(語基).
영발-하다(英發-)형여 재기(才氣)가 겉으로 드러날 만큼 썩 현명하다.
영방(營房)명 조선 시대, 감영(監營)·병영(兵營)·수영(水營) 등에서 영리(營吏)가 사무를 보던 곳.
영백(嶺伯)명 조선 시대, 영남(嶺南)의 방백(方伯), 곧 경상도 관찰사를 이르던 말.
영법(泳法)[-뻡]명 헤엄치는 방법. 수영하는 방법.
영법(英法)[-뻡]명 ①영국의 법률. ②영국의 법식.
영:변(佞辯)명 말솜씨 좋게 아첨함, 또는 그 말.
영:별(永別)명-하다자타 '영이별(永離別)'의 준말.
영복(營福)명-하다자 복을 구함.
영:본(影本)명 탑본(搨本)

영봉(零封)명 -하다 타 운동 경기 등에서, 상대편에게 한 점도 주지 않고 이김.

영봉(靈峰)명 신령스러운 산. 영산(靈山) ¶백두산 —

영부(靈府)명 영혼이 있는 곳, 곧 마음이나 정신을 이르는 말. 영대(靈臺)

영-부인(令夫人)명 ①지체 높은 사람의 아내를 높이어 이르는 말. ¶대통령 — ②남을 높이어 그의 아내를 이르는 말. 귀부인(貴夫人) ¶—과 함께 모시겠습니다.

영분(榮墳)명 -하다 자 지난날, 과거(科擧)에 급제하거나 관직에 오른 사람이 조상의 무덤을 찾아 풍악을 울리며 그 영예를 아뢰던 일.

영불(英佛)명 영국과 프랑스를 아울러 이르는 말.

영:불출세(永不出世)[—쎄] 성구 집 안에 들어박혀 도무지 세상에 나오지 않음을 이르는 말.

영비(營裨)명 조선 시대, 감사(監司)의 비장(裨將)을 이르던 말.

영빈(迎賓)명 -하다 자 손님을 맞음. 특히 외국의 빈객(賓客)을 환영하고 접대함.

영빙(迎聘)명 -하다 타 사람을 초대하여 대접함. ☞청대(請待)

영사(令士)명 착하고 훌륭한 선비.

영사(令嗣)명 남을 높이어 그의 사자(嗣子)를 이르는 말.

영사(佞邪)명 -하다 형 마음이 바르지 못하고 간사함, 또는 그런 사람.

영사(映射)명 -하다 자 빛을 받아 반짝반짝 빛남.

영사(映寫)명 -하다 타 영사기나 환등기 따위로 필름의 상을 영사막에 비춤.

영사(領事)[1] 명 다른 나라에 있으면서 자국민을 보호하고 통상과 문화 교류 등의 일을 맡아보는 외무 공무원. 영사관(領事官) ☞공사(公使). 대사(大使)

영사(領事)[2] 명 ①고려 시대, 삼사(三司)·춘추관(春秋館)·사복시(司僕寺) 등의 최고 관직. ②조선 시대, 문하부(門下府)·집현전(集賢殿)·춘추관(春秋館)·관상감(觀象監) 등의 으뜸 관직.

영:사(影祀)명 영당(影堂)에 지내는 제사.

영:사(影寫)명 -하다 타 글씨나 그림을 다른 얇은 종이 밑에 받쳐 놓고 그대로 베끼는 일. 투사(透寫)

영사(營舍)명 병영(兵營)의 건물. ☞군영(軍營)

영사(靈砂)명 한방에서, 수은을 고아서 결정체로 만든 약재. 붉은 것과 흰 것이 있음. 경기(驚氣)·곽란·토사 등에 약으로 쓰임.

영사-관(領事官)명 영사(領事)

영사-관(領事館)명 영사가 머물며 사무를 보는 공관. ☞공사관. 대사관

영사-기(映寫機)명 영화나 슬라이드의 화상을 영사막에 확대하여 비추는 장치.

영사-막(映寫幕)명 영화나 슬라이드의 화상을 확대하여 비추는 흰 막. 스크린(screen). 은막(銀幕)

영:사-본(影寫本)명 글씨나 그림 따위를 원본대로 충실히 베낀 책.

영사-실(映寫室)명 영사를 하기 위하여 영사기 따위를 갖추어 놓은 방.

영사=재판(領事裁判)명 지난날, 영사가 본국의 법에 따라 그 주재국에 있는 자국민의 재판을 하던 제도. 19세기에 유럽 여러 나라가 아시아 여러 나라에서 실시하였으나, 지금은 폐지되었음.

영산 명 참혹하고 억울하게 죽은 사람의 넋.

영산(靈山)명 ①신령스러운 산. 영봉(靈峰) ☞신산(神山) ②영취산(靈鷲山)

영산가(令山歌)명 조선 시대 잡가(雜歌)의 한 가지. 작자와 연대는 알 수 없음. 인생의 덧없음을 한탄하고, 살아 있을 때 마음껏 즐거움을 누려야 한다는 내용임.

영산-놀이(靈山—)명 농악의 한 부분. 연주의 종목 가운데서 절정을 이루는 부분임.

영산-백(映山白)명 꽃이 흰빛인 영산홍(映山紅)을 흔히 이르는 말.

영산-상(靈山床)[—쌍] 명 무당이 굿을 할 때 쓰는, 제물(祭物)을 차리는 상.

영산-자(映山紫)명 꽃이 자줏빛인 영산홍(映山紅)을 흔히 이르는 말. 자영산(紫映山)

영산-홍(映山紅)명 진달랫과의 상록 관목. 높이 1~2m. 잔가지가 많으며 좀 두꺼운 잎은 가지 끝에 모여 나고 초여름에 꽃이 핌. 관상용으로 많은 원예 품종이 있으며, 꽃의 빛깔도 흰빛·분홍·자줏빛 등 갖가지인데, 특히 붉은 자색(紫色)인 것을 이름.

영산-회(靈山會)명 ①불교에서, 석가모니가 영취산(靈鷲山)에서 법화경 등을 설법하였을 때의 모임을 이르는 말. ②법화경을 설법하는 자리.

영산회:상(靈山會相)명 불교 음악의 한 가지. 석가모니가 설법하던 영산회의 불보살을 노래한 악곡. 줄풍류와 대풍류의 두 가지가 있으며, 조선 초기까지는 가사가 붙은 성악곡이었으나, 그 뒤 가사가 없어지고 기악곡으로 바뀌었음. 영산회상곡

영산회:상곡(靈山會相曲)명 영산회상(靈山會相)

영삼(嶺蔘)명 영남에서 생산되는 인삼. ☞용삼(龍蔘)

영상(映像)명 ①광선의 굴절이나 반사에 따라 이루어지는 상(像). ②영사막이나 텔레비전의 화면에 비추어진 화상. ¶— 예술 ③마음속에 어떤 사물의 모습으로 떠오르는 상(像). 이미지(image)

영상(零上)명 온도가 0°C 이상임을 이르는 말. ☞영하

영상(領相)명 영의정(領議政) ☞우상(右相). 좌상(左相)

영:상(影像)명 그림이나 조각으로 나타낸 신(神)이나 부처 또는 사람의 모습. ☞영정(影幀)

영상(靈牀)명 대렴(大殮)한 뒤에 시신(屍身)을 얹어 두는 곳. 영침(靈寢)

영상(靈像)명 신불(神佛)의 상(像).

영색(令色)명 남에게 아첨하는 얼굴빛. ☞교언영색

영:생(永生)명 -하다 자 ①영원히 삶, 또는 영원한 생명. ②크리스트교에서, 천국에서 복락(福樂)을 누리며 영원히 삶을 이르는 말.

영:생불멸(永生不滅)성구 죽지 않고 영원히 삶을 이름.

영:생-수(永生水)명 생명수(生命水)

영생이 명 '박하(薄荷)'의 딴이름.

영서(令書)명 지난날, 왕세자가 왕 대신에 정사(政事)를 처리할 때 내리던 영지(令旨).

영:서(永逝)명 -하다 자 영면(永眠)

영서(令壻)명 남을 높이어 그의 사위를 이르는 말.

영서(英書)명 영어로 쓴 책.

영서(嶺西)명 강원도의 대관령(大關嶺) 서쪽 지방. ☞영동(嶺東)

영서(靈瑞)명 신령스럽고 상서로운 조짐.

영선(嶺扇)명 영남 지방에서 나는 부채.

영선(營繕)명 -하다 타 건조물을 짓거나 수리하거나 하는 일.

영선-비(營繕費)명 영선하는 데 드는 비용.

영:설지재(詠雪之才)[—찌—] 성구 눈을 보고 바람에 날리는 버들개지 같다고 읊은 중국의 옛 여인의 고사(故事)에서, 여성의 뛰어난 글재주를 이르는 말.

영성(盈盛)명 -하다 자 성만(盛滿). 영만(盈滿)

영성(靈性)명 신령한 품성이나 성질.

영성(零星)어기 '영성(零星)하다'의 어기(語基).

영-성:체(領聖體)명 가톨릭에서, 성체 성사(聖體聖事)를 받는 일을 이르는 말.

영성체-송(領聖體頌)명 가톨릭에서, 영성체 때 읊는 시편(詩篇)을 이르는 말.

영성-하다(零星—)형여 수효가 적어서 보잘것없다.

영:세(永世)명 그지없는 세월. 영원한 세월. 영대(永代) ☞몰세(沒世)

영세(迎歲)명 새해를 맞이함. 영년(迎年). 영신(迎新). 영춘(迎春)

영세(領洗)명 가톨릭의 칠성사(七聖事)의 하나인 세례 성사(洗禮聖事)를 받는 일. 곧 세례를 받는 일.

영세(零細)어기 '영세(零細)하다'의 어기(語基).

영세=기업(零細企業)명 적은 자본과 설비로 경영하는, 규모가 아주 작은 기업.

ㅇ

영세-농(零細農) 명 농사지을 땅이 적어 겨우 살아가는 가난한 농가.

영:세무궁(永世無窮) 성구 영원하여 다함이 없음을 이르는 말. 영원무궁(永遠無窮)

영세-민(零細民) 명 보잘것없는 소득으로 겨우 살아가는 주민. ¶ ㅡ 구호(救護)

영:세불망(永世不忘) 성구 영원히 은덕을 잊지 않음을 이르는 말. 만세불망(萬歲不忘)

영:세=중립(永世中立) 명 국제법상 국가가 다른 나라 사이의 전쟁에 영구히 관여하지 않는 의무를 갖고, 그 독립과 영토의 보전이 각국으로부터 영구히 보장되어 있는 상태. 영구 중립(永久中立)

영세-하다(零細ㅡ) 형여 ①썩 자잘하다. ②수량이나 규모가 썩 적거나 작아 보잘것없다. ¶ 영세한 기업.

영소(領所) 명 절의 사무소.

영소(營所) 명 군영(軍營)

영:속(永續) 명 -하다 자타 오래 계속함.

영속(營屬) 명 조선 시대, 감영(監營)·병영(兵營)·수영(水營)에 딸린 아전과 종을 통틀어 이르던 말.

영:속=변:이(永續變異) 명 환경 변화에 따라 일어나는 일시 변이가 여러 세대에 걸쳐 나타나는 현상. 계속 변이(繼續變異)

영:속-성(永續性) 명 오래 계속되는 성질. ¶ 이 사업은 ㅡ이 없다.

영:속-적(永續的) 명 오래 계속되는 것. ¶ ㅡ인 관계.

영손(令孫) 명 남을 높이어 그의 손자(孫子)를 이르는 말. 영포(令抱)

영솔(領率) 명 -하다 타 부하나 가족 등을 거느림. 대솔(帶率)

영송(迎送) 명 -하다 자타 사람을 배웅하거나 맞이함. 송영

영:송(詠誦) 명 -하다 타 시가(詩歌) 따위를 소리 내어 읊음. ¶ 자작시를 ㅡ하다.

영쇄(零瑣) 명 -하다 형 '영령쇄쇄(零零瑣瑣)'의 준말.

영:수(永壽) 명 -하다 자 장수(長壽)

영수(英數) 명 영어와 수학을 아울러 이르는 말.

영수(領水) 명 한 나라의 영역에 딸리는 수역(水域). 영해(領海)와 하천·호소(湖沼) 등의 내수(內水)로 구분되는데, '영해'와 같은 뜻으로 쓰이기도 함.

영수(領收·領受) 명 -하다 타 돈이나 물품을 받음. ¶ 대금은 틀림없이 ㅡ하였습니다.

영수(領袖) 명 한 집단의 우두머리가 되는 사람. ¶ ㅡ 회담

영수(靈水) 명 신비로운 효험이 있는 물. 영검스러운 물.

영수(靈獸) 명 영묘하고 상서롭다고 하는 짐승. 기린(麒麟)·해태 따위를 이름.

영수-서(領收書) 명 영수증(領收證)

영수-인(領收人) 명 영수하는 사람.

영수-인(領收印) 명 돈이나 물품을 받았다는 표시로 영수하는 사람이 찍는 도장.

영수-증(領收證) 명 돈이나 물건을 받은 사람이 그것을 준 사람에게 받았다는 표시로 써 주는 증서. 수령증. 영수서

영시(英詩) 명 영어로 쓴 시, 또는 영국의 시.

영:시(詠詩) 명 -하다 자 시를 읊음.

영시(零時) 명 하루가 시작되는 순간인 시각. 밤 열두 시, 곧 자정을 이르는 말. ¶ 대전발 ㅡ 오십 분 열차.

영식(令息) 명 남을 높이어 그의 아들을 이르는 말. 영랑(令郎). 영윤(令胤) ☞영애(令愛)

영신(令辰) 명 영일(令日)

영신(佞臣) 명 간사하고 아첨하는 신하.

영신(迎神) 명 -하다 자 제사 때 신을 맞아들임, 또는 그 절차. ☞송신(送神)

영신(迎晨) 명 날이 밝아 옴, 또는 그 무렵.

영신(迎新) 명 -하다 자 ①새것을 맞아들임. ②새해를 맞이함. 영년(迎年). 영세(迎歲). 영춘(迎春)

영신(靈神) 명 영검이 있는 신.

영신가(迎神歌) 명 구지가(龜旨歌)

영신군가(迎神君歌) 명 구지가(龜旨歌)

영신-초(靈神草) 명 '애기풀'의 딴이름.

영실(令室) 명 남을 높이어 그의 아내를 이르는 말. 부인(夫人). 영규(令閨)

영실(營實·榮實) 명 한방에서, 찔레나무의 열매를 약재로 이르는 말. 하제·이뇨제 등으로 쓰임.

영실(靈室) 명 궤연(几筵) ▷ 靈의 속자는 霊

영아(嬰兒) 명 젖먹이

영아=세:례(嬰兒洗禮) 명 유아 세례(幼兒洗禮)

영아자 명 초롱꽃과의 여러해살이풀. 줄기 높이 50~100 cm. 길둥근 잎은 어긋맞게 나며, 가장자리에 톱니가 있음. 7~9월에 자줏빛 꽃이 총상 꽃차례로 핌. 산지(山地)의 낮은 지대에 자람. 어린잎은 나물로 먹을 수 있음.

영악(獰惡) 어기 '영악(獰惡)하다'의 어기(語基).

영악-스럽다(-스럽고·-스러워) 형ㅂ 보기에 영악하다. **영악-스레** 부 영악스럽게

영악-하다 형여 애바르고 극성스럽다. ¶ 영악한 아이.

영악-하다(獰惡ㅡ) 형여 모질고 사납다. ¶ 영악한 짐승.

영안-실(靈安室) 명 병원 따위에서, 시신을 임시로 안치해 두는 방. 유가족이 빈소를 차리기도 함.

영애(令愛) 명 남을 높이어 그의 딸을 이르는 말. 영교(令嬌). 영녀(令女). 영양(令孃). 영원(令媛) ☞영식(令息)

영액(靈液) 명 ①신령스런 힘을 가진 물. ②도교(道敎)에서, '이슬'을 이르는 말.

영약(靈藥) 명 영묘한 효험이 있는 약. ¶ 불로장생의 ㅡ.

영양(令孃) 명 영애(令愛)

영양(羚羊) 명 솟과에 딸린 짐승. 생김새는 사슴과 비슷하며 네 다리가 가늘고 긺. 크기는 토끼만 한 것부터 소만 한 것까지 있음. 뿔은 가지를 치지 않음. 아프리카에서 인도, 몽고에 걸쳐 분포함.

영양(榮養) 명 -하다 타 지위가 높아져서 부모를 영화롭게 봉양(奉養)함.

영양(營養) 명 생물이 생명을 유지하거나 몸을 자라게 하기 위하여, 외부로부터 몸에 이로운 양분을 섭취하는 작용, 또는 그 양분.

영양-가(營養價)[-까] 명 식품에 들어 있는 영양의 정도.

영양-각(羚羊角) 명 영양의 뿔. 한방에서, 해열제·진정제 따위로 쓰임.

영양=기관(營養器官) 명 생물체의 영양을 맡은 기관. 동물체에서는 보통 입·위·장 따위의 소화 기관을 이르나, 널리 호흡·순환·배설 등의 기관을 포함함. 식물체에서는 뿌리·잎·줄기 등을 이름.

영양-물(營養物) 명 영양소가 많이 들어 있는 음식물.

영양=부족(營養不足) 명 영양분을 충분히 섭취하지 못하여 몸이 쇠약해지는 일.

영양-분(營養分) 명 식품 속에 들어 있는, 영양이 되는 성분. 양분(養分)

영양=불량(營養不良) 명 영양의 섭취가 좋지 않아, 몸의 여러 기관의 활동이 둔해지고 건강의 유지가 충분히 이루어지지 않는 상태.

영양-사(營養士) 명 식품 위생법에 규정된 자격을 가지고 단체 급식소 등에서 영양의 지도와 식사의 계획, 관리를 담당하는 사람.

영양=생식(營養生殖) 명 무성 생식의 한 가지. 주로 식물의 영양체의 일부가 모체에서 떨어져 나가 새로운 개체를 이루는 생식법. 땅속줄기·주아(珠芽) 등으로 번식하는 것, 또는 꺾꽂이·휘묻이 등 인공적으로 이루어지는 것이 있음. ☞포자 생식(胞子生殖)

영양-소(營養素) 명 생물체의 영양이 되는 물질. 사람에게 필요한 영양소로는, 단백질·지방·탄수화물·무기질·비타민 따위가 있음.

영양-식(營養食) 명 영양소의 배분을 충분히 고려하여 만든 음식, 또는 그런 음식을 먹는 일.

영양=실조(營養失調)[-쪼] 명 음식의 섭취량이나 영양소의 부족으로 몸에 이상이 나타난 상태. 체중이 줄거나, 체온·혈압이 낮아지거나, 맥박이 더디어지거나, 부기(浮氣)·빈혈·설사 따위가 나타남.

영양-액(營養液) 명 식물의 성장에 필요한 성분이 들어 있는 수용액. 식물의 물재배에 쓰임.

영양-엽(營養葉) 명 포자(胞子)를 만들지 않고, 오직 광

합성을 하여 식물의 영양 기능을 맡는 보통의 잎. 나엽(裸葉) ☞포자엽(胞子葉)

영양=요법(營養療法)[-뇨뻡] 명 식이 요법(食餌療法)

영양=장애(營養障礙) 명 섭취한 영양소가 충분히 소화, 흡수되지 않아 신진 대사가 순조롭지 않은 상태.

영양-제(營養劑) 명 영양분을 보충하는 약제.

영양=지수(營養指數) 명 영양의 상태를 나타내는 지수.

영양-학(營養學) 명 생물의 영양에 대해 연구하는 학문.

영양=화:학(營養化學) 명 몸 안에서 영양소가 하는 생리적 구실이나 식품에 들어 있는 영양소를 화학적으로 연구하는 학문.

영어(囹圄) 명 죄수를 가두는 곳. 감옥(監獄)

영어(英語) 명 인도유럽 어족에 딸리며, 영국·미국·캐나다·뉴질랜드·오스트레일리아·남아프리카 공화국 등에서 공용어로 쓰는 말.

영어(營漁) 명 -하다 자 어업을 경영함.

영:언(永言) 명 말을 길게 빼어 읊는다는 뜻으로, 시조(時調)나 시가(詩歌)를 이르는 말.

영언(英彥) 명 뛰어난 선비.

영업(營業) 명 -하다 자 이익을 얻을 목적으로 사업을 경영하는 일, 또는 그 경영. 특히 기업의 판매 활동을 이름.

영업=감찰(營業鑑札) 명 영업을 허가한 증거로 행정 기관에서 내어 주는 감찰.

영업-권(營業權) 명 영업을 하는 데 따르는 권리. 그 업체의 전통과 명성, 기술, 입지 조건, 거래 관계 등에서 생기는 일종의 무형 재산.

영업=금:지(營業禁止) 명 행정 처분으로 영업을 금지하는 일. ☞영업 정지

영업=보:고서(營業報告書) 명 회사가 결산기마다 주주에게 보내는 보고서. 그 해의 영업 실적이 내용임.

영업-비(營業費) 명 기업에서, 영업 활동을 하는 데 드는 비용. 판매비와 일반 관리비를 이름.

영업-세(營業稅) 명 영업에 대해 부과되던 국세. 1976년 부가 가치세의 시행에 따라 폐지됨.

영업-소(營業所) 명 ①영업 활동을 하는 곳. ②기업에서, 영업 활동의 근거지로 삼는 곳.

영업=소:득(營業所得) 명 영업 활동으로 얻는 소득.

영업=신:탁(營業信託) 명 신탁의 인수(引受)를 영업으로 하는 일. 영업적 상행위로 간주됨.

영업=양:도(營業讓渡)[-냥-] 명 영업 재산을 중심으로 한 조직체의 영업을 계약에 따라 남에게 넘기는 일.

영업=연도(營業年度)[-년-] 명 영업의 수지·손익을 결산하기 위하여 설정한 기간. 보통 일 년 또는 반년임.

영업외=비:용(營業外費用) 명 기업의 주된 영업 활동에서 경상적으로 발생하는 비용. 이자, 어음 할인료, 유가 증권 매각손(賣却損) 따위.

영업외=수익(營業外收益) 명 기업의 주된 영업 활동 이외의 활동에서 경상적으로 발생하는 수익. 받는 이자, 할인료, 받는 배당금, 유가 증권 매각익(賣却益) 따위.

영업용-차(營業用車)[-뇽-] 명 요금을 받고 사람이나 짐을 실어 나르는 자동차. ☞자가용차(自家用車)

영업-자(營業者) 명 영업을 하는 사람.

영업=재산(營業財產) 명 영업을 하기 위해 있는 조직적인 재산. 동산·부동산·채권·영업권 따위 외에 영업상의 채무도 포함됨.

영업=정지(營業停止) 명 영업자가 단속 규칙을 어겼을 때, 행정 처분에 따라 일정 기간 영업을 정지시키는 일.

영업=조합(營業組合) 명 일정한 지역 안의 동업자가 공동의 이익을 위하여 조직하는 단체.

영업-주(營業主) 명 영업소의 주인. 준 업주(業主)

영업-체(營業體) 명 영업을 하기 위한 조직체.

영여(靈輿) 명 요여(腰輿)

영역(英譯) 명 -하다 타 영어로 번역함, 또는 영어로 번역된 것. ¶'전쟁과 평화'의 -을 읽다./국문을 -하다.

영역(塋域) 명 산소(山所)

영역(領域) 명 ①힘이 미치는 범위. ¶판매 - ②국제법에서, 한 나라의 주권이 미치는 범위. 영토·영해·영공으로 이루어짐. ¶-을 침범하다. ③학문이나 연구 따위에서 전문으로 하는 분야. ¶연구의 -을 넓혀 나가다.

영역(靈域) 명 유서 깊은 능묘·사당·사찰 따위가 있거나 하여 신령스럽게 여기는 지역.

영역-권(領域權) 명 자기 나라의 영역에 대하여 가지는 국가의 권리.

영:영(永永) 부 영원히. 언제까지나 ¶- 돌아오지 못할 길을 가다. 준 영(永)

영영(盈盈) 어기 '영영(盈盈)하다'의 어기(語基).

영영(營營) 어기 '영영(營營)하다'의 어기(語基).

영영급급(營營汲汲) 성구 명리와 세력을 얻기 위해 매우 바쁘게 왔다갔다 함을 이르는 말. 영영축축(營營逐逐)

영영:무궁(永永無窮) 성구 영원하여 다함이 없음을 이르는 말. 영원무궁(永遠無窮)

영:영=방:매(永永放賣) 명 세(貰)를 놓는 것이 아니고 아주 팔아 버리는 일. 지난날, 임대차(賃貸借)와 구별하여 계약서에 쓰던 말. 준 영매(永賣)

영영축축(營營逐逐) 성구 영영급급(營營汲汲)

영영-하다(盈盈-) 형여 물이 그득히 괴어 있다.

영영-하다(營營-) 형여 어떤 일에 몹시 부지런하고 골똘하다. ▷營의 속자는 営

영예(令譽) 명 영명(令名)

영예(榮譽) 명 빛나는 명예. 영명(榮名) ¶금메달의 -.

영예(英銳) 어기 '영예(英銳)하다'의 어기(語基).

영예-롭다(榮譽-)(-롭고·-로워) 형ㅂ 영예로 여길만하다. ¶영예롭게 퇴임하다.

영예-로이 부 영예롭게 ¶- 여기다.

영예-스럽다(榮譽-)(-스럽고·-스러워) 형ㅂ 영예로울만 하다. ¶국가 유공자인 아버지가 -.

영예-스레 부 영예스럽게

영예-하다(英銳-) 형여 영민하고 기상이 날카롭다.

영:오(穎悟) 어기 '영오(穎悟)하다'의 어기(語基).

영:오-하다(穎悟-) 형여 매우 총명하다.

영외(營外) 명 병영(兵營)의 밖. ☞영내(營內)

영외=거주(營外居住) 명 군인이 허가를 받고 부대 밖에서 거주하는 일. ☞영내 거주(營內居住)

영요(榮耀) 명 크게 영화로워져 부귀와 호사를 누림.

영욕(榮辱) 명 영예와 치욕. ¶-의 세월./-이 엇갈리다.

영용(英勇) 어기 '영용(英勇)하다'의 어기(語基).

영용무쌍(英勇無雙) 성구 영특하고 용감하기가 비길 데 없음을 이르는 말.

영용-하다(英勇-) 형여 영특하고 용감하다.

영우(零雨) 명 부슬부슬 내리는 비.

영우(靈雨) 명 때맞추어 알맞게 내리는 비. 호우(好雨) ☞감우(甘雨). 자우(慈雨)

영운(嶺雲) 명 산마루 위에 뜬 구름.

영웅(英雄) 명 재지(才智)와 무용(武勇)이 특히 뛰어나서, 보통 사람으로는 엄두도 못 낼 일을 해낼 수 있는 사람. ¶국토를 크게 넓힌 -.

영웅-담(英雄譚) 명 영웅의 전설적인 행적(行蹟)을 담은 이야기.

영웅=서:사시(英雄敍事詩) 명 영웅시(英雄詩)

영웅=숭배(英雄崇拜) 명 영웅의 뛰어난 재능이나 무용(武勇)을 기리고 우러르는 일.

영웅-시(英雄詩) 명 역사나 전설상의 영웅을 주인공으로 하여 그의 무용(武勇)이나 운명을 읊은 서사시. 영웅 서사시(英雄敍事詩)

영웅=신화(英雄神話) 명 영웅의 출생·성장·행적 따위를 내용으로 하는 신화.

영웅-심(英雄心) 명 기개(氣槪)와 용략(勇略)이 뛰어남을 나타내 보이려는 마음.

영웅-적(英雄的) 명 영웅이라 할만 한 것. ¶-인 투쟁.

영웅-전(英雄傳) 명 영웅의 생애와 업적을 담은 전기.

영웅-주의(英雄主義) 명 영웅을 숭배하고 영웅적 행동을 좋아하는 마음.

영웅지재(英雄之材) 명 영웅이 될만 한 재질(才質)을 갖춘 사람.

영웅=호걸(英雄豪傑)명 영웅과 호걸을 아울러 이르는 말.

영원(令媛)명 영애(令愛)

영:원(永遠)명-하다형 끝없이 이어지는 세월, 또는 한없이 이어져 끝이 없음. ¶ -한 진리./순간에서 -으로.

영원-히부 영원하게 ¶ - 변하지 않을 우정.

영원(蠑蚖·蠑螈)명 양서류 영원과에 딸린 동물을 통틀어 이르는 말. 몸길이 8~13cm. 생김새는 도롱뇽과 비슷함. 등은 흑갈색이고, 배는 붉은 바탕에 검은 얼룩무늬가 있음. 네 다리가 짧고, 꼬리는 길고 납작하여 헤엄치기에 알맞음. 연못 등 민물에 삶. 북반구 온대 지방에 약 40여 종이 분포함.

영:원=공채(永遠公債)명 영구 공채(永久公債)

영:원무궁(永遠無窮)성구 영원하여 다함이 없음을 이르는 말. 영세무궁(永世無窮). 영영무궁(永永無窮)

영:원불멸(永遠不滅)성구 영원히 없어지지 않음을 이르는 말. ¶ -의 진리.

영:원-성(永遠性)[-썽]명 영원히 존재하는 성질.

영월(令月)명 ①'음력 이월'을 달리 이르는 말. ☞여월(如月) ②상서로운 달. 길월(吉月)

영월(迎月)명-하다자 달맞이

영월(盈月)명 만월(滿月)

영위(榮位)명 영광스러운 지위. ¶ -에 오르다.

영위(領位)명 영좌(領座)

영위(營爲)명-하다타 나날이 무슨 일을 하거나 일상 생활을 함. ¶사업을 -하다./문화 생활을 -하다.

영위(靈位)명 혼백이나 위패·지방 따위의 신위(神位).

영위(靈威)명 신령스럽고 묘한 위력(威力).

영위(英偉)어기 '영위(英偉)하다'의 어기(語基).

영:위-답(影位畓)명 영정(影幀) 앞에 향을 피워 달라는 뜻으로 불교 신자가 절에 바치는 논. 준영답(影畓)

영위-하다(英偉-)형여 영명하고 위대하다.

영:유(永有)명-하다타 영원히 가짐.

영유(領有)명-하다타 차지하여 가짐. ¶ -권/자국(自國)이 -하는 섬.

영육(靈肉)명 영혼과 육체를 아울러 이르는 말.

영육=일치(靈肉一致)명 정신과 육체는 따로 떨어져 존재할 수 있는 것이 아니라 오직 하나라고 하는 사상.

영윤(令胤)명 영식(令息)

영윤(榮潤)어기 '영윤(榮潤)하다'의 어기(語基).

영윤-하다(榮潤-)형여 집안이 영화롭고 넉넉하다.

영-의정(領議政)명 조선 시대의 최고 행정 관아인 의정부의 으뜸 관직. 상상(上相). 수규(首揆). 영상(令相). 영합(領閤)

영이(靈異)어기 '영이(靈異)하다'의 어기(語基).

영:-이별(永離別)[-니-]명-하다자 다시 만나지 못하는 영원한 이별. 영별(永別) ¶문 앞에서 헤어진 것이 -이 될 줄이야.

영이-하다(靈異-)형여 사람의 지혜로는 짐작할 수 없을 만큼 신령스럽다.

영인(令人)명 조선 시대, 외명부 품계의 하나. 정사품과 종사품 문무관의 아내에게 내린 봉작. ☞온인(溫人)

영인(伶人)명 악공(樂工)과 광대를 아울러 이르는 말.

영:인(佞人)명 간사스럽게 아첨하는 사람.

영:인(影印)명-하다타 책 따위를 사진으로 찍어서 제판(製版)한 뒤 인쇄하는 일.

영:인-본(影印本)명 원본을 사진으로 찍어서 제판(製版)한 뒤 인쇄한 책.

영일(令日)명 좋은 날. 길한 날. 길일(吉日). 영신(令辰)

영:일(永日)명 ①하루 종일. ②낮이 긴 날, 또는 낮 동안이 길게 느껴지는 봄날.

영일(盈溢)명-하다자 가득 차서 넘침. 충일(充溢)

영일(寧日)명 별다른 일이 없는 조용한 날. 평안한 날.

영입(迎入)명-하다타 사람을 맞아들임. ¶기술자를 외부에서 -하다./새로운 강사를 -하다.

영자(令姉)명 남을 높이어 그의 손윗누이를 이르는 말. ☞영매(令妹)

영:자(泳者)명 수영하는 사람. 특히 수영 경기에 나온 선수를 이름.

영자(英字)[-짜]명 영문자(英文字) ¶ - 신문

영자(英姿)명 매우 늠름하고 당당한 모습. ¶이마에 백설을 인 백두의 -.

영자(英資)명 매우 훌륭한 자질.

영:자(影子)명 그림자

영자(纓子)명 ①'구영자(鉤纓子)'의 준말. ②가사(袈裟)의 끈. ③문끈

영:자-팔법(永字八法)[-짜-뻡]명 한자(漢字) 서예에서, '永' 자 한 자가 가진 모든 한자에 활용할 수 있는 여덟 가지 운필법(運筆法)을 이르는 말.

영작(英作)명 '영작문(英作文)'의 준말. ¶ - 문제

영작(榮爵)명 영예로운 작위(爵位).

영작(營作)명-하다타 영조(營造)

영-작문(英作文)명 영어로 글을 짓는 일, 또는 그 글. 준영작(英作)

영장(令狀)[-짱]명 ①명령을 적은 문서. 소집 영장이나 징집 영장 따위. ②법원이나 법관이 발부하는, 강제 처분 명령이나 허가를 적은 문서. 소환장과 구속 영장, 압수 수색 영장, 형 집행 영장의 네 가지가 있음.

영:장(永葬)명-하다타 안장(安葬)

영장(英將)명 슬기롭고 용맹스러운 장수.

영장(營將)명 '진영장(鎭營將)'의 준말.

영장(靈長)명 영묘한 지혜와 능력을 지니고 있어서 만물의 우두머리가 되는 것. ¶인간은 만물의 -이다.

영장-류(靈長類)명 포유류의 한 목(目)인 영장목을 흔히 이르는 말. 동물 중에서 가장 진화한 종류이며, 사람도 여기에 딸림. 원숭이류·유인원류·인류를 이름.

영장-주의(令狀主義)[-짱-]명 강제 처분을 할 경우에는 법원이나 법관의 영장이 필요하다는 원칙. 인권 침해를 방지하려는 제도임.

영재(英才)명 뛰어난 재능, 또는 그런 재능을 가진 사람. ¶ -를 발굴하다.

영재(零在)명-하다형 물건 따위가 조금 남아 있음, 또는 조금 남아 있는 것.

영재=교:육(英才敎育)명 뛰어난 재능을 타고난 아동이나 소년에 대해 그 재능을 길러 주기 위하여 베푸는 특수 교육.

영저(嶺底)명 높은 재의 아래 기슭, 곧 고갯길의 초입.

영저-리(營邸吏)명 조선 시대, 각 감영(監營)에 딸리어 감영과 각 고을 사이의 연락 업무를 맡아보던 아전. 영주인(營主人)

영적(靈的)[-쩍]명 신령스러운 것. 정신이나 영혼에 관한 것. ¶ -인 현상.

영적(靈蹟)명 신(神)이나 고승(高僧) 등에 관한 신령스러운 사적(事蹟)이 있었던 곳, 또는 그에 따른 전설이 전하여지는 곳.

영적=교감(靈的交感)[-쩍-]명 멀리 떨어져 있는 사람 사이에 의사가 서로 통하는 일. ☞텔레파시

영전(令前)명 명령이 떨어지기 전. ☞영후(令後)

영전(令箭)명 지난날, 군령(軍令)을 전할 때 증표로 가지고 가던 '令' 자가 새겨진 화살. ☞영기(令旗)

영전(迎戰)명-하다자 오는 적을 맞아 나아가서 싸움.

영전(榮典)명 ①영광스러운 의식(儀式). 축하의 의식. ¶졸업의 -. ②국가와 사회에 공로가 있는 사람을 표창하여 주는 훈장이나 포장 따위.

영전(榮轉)명-하다자 지금보다 더 좋은 자리나 직위로 옮기는 일. ☞좌천(左遷) ▷榮의 속자는 栄

영:전(影殿)명 ①임금의 진영(眞影)을 걸어 두는 전각(殿閣). ②영당(影堂)

영전(靈前)명 영위(靈位)나 영구(靈柩)의 앞. ¶ -에 꽃을 올리다.

영절(令節)명 좋은 시절.

영:절(永絶)명-하다자 ①소식이 아주 끊어짐. ②혈통이 아주 끊어져 없어짐. ¶자손이 -하다.

영절-스럽다(-스럽고·-스러워)형ㅂ 실제인양 아주 그럴듯하다. ¶꿈이 너무나 -.

영절-스레 부 영절스럽게
영점(零點)[-쩜] 명 ①득점이 없거나 평가할 값어치가 전혀 없는 일. ¶수학 시험에서 -을 받았다./오늘 청소는 -이다. ☞빵점 ②계기에서 눈금이 0인 점.
영접(迎接) 명 -하다 타 손을 맞아 접대함. 연접(延接) ¶손님을 대문 앞에서 -하다.
영:정(影幀) 명 족자(簇子)로 된 화상(畫像).
영정(營庭) 명 병영(兵營) 안에 있는 마당.
영정(零丁) 어기 '영정(零丁)하다'의 어기(語基).
영정-하다(零丁-) 형여 보잘것없는 신세가 되어 외롭고 의지할 데가 없다.
영제(令弟) 명 남을 높이어 그의 아우를 이르는 말. ☞영형(令兄)
영:제(永制) 명 언제까지나 시행될 법률이나 제도.
영제(零濟) 명 -하다 타 조선 시대, 흉년에 굶주리는 백성들에게 여러 차례에 걸쳐서 식량을 조금씩 나누어 주며 구제하던 일.
영조(映照) 명 -하다 타 빛을 비춤.
영조(零凋) 명 -하다 자 꽃 따위가 시들어 버림.
영조(營造) 명 -하다 타 건조물이나 시설물을 만드는 일. 규모가 큰 공적(公的)인 것에 대하여 이름. 영작(營作) ¶궁궐을 -하다./올림픽 경기 시설의 -.
영조(嶺調)[-쪼] 명 영남 지방에서 독특한 가락으로 부르는 시조의 창법. ☞경조(京調). 완조(完調)
영조(靈鳥) 명 신령한 새. 상서로운 새. 봉황과 같은 상상의 새를 이름. 영금(靈禽)
영조-물(營造物) 명 건조물, 특히 학교·도서관·경기장·도로·공원 등 공공의 사용을 위하여 마련된 시설.
영:조-본(影照本) 명 고서(古書)나 비석 따위의 문자를 사진으로 찍어서 제판(製版)한 뒤 인쇄한 책.
영조-척(營造尺) 명 지난날, 목수가 쓰던 자의 한 가지. 주척(周尺)의 한 자 네 치 구 푼 구 리에 해당함.
영:존(永存) 명 -하다 자 ①영구히 존재함. ②영구히 보존함.
영존(令尊) 명 남을 높이어 그의 아버지를 이르는 말.
영졸(營卒) 명 감영(監營)에 딸린 군졸(軍卒).
영종(令終) 명 -하다 자 고종명(考終命)
영:종(影從) 명 그림자처럼 떨어지지 않고 따라다님.
영-종정경(領宗正卿) 명 조선 시대, 종친부(宗親府)의 으뜸 관직. 품계가 없으며, 대군(大君)이나 왕자군(王子君)이 맡았음.
영좌(領座) 명 한 마을이나 한 단체의 대표가 되는 사람. 영위(領位)
영좌(靈座) 명 영궤(靈几)
영:주(永住) 명 -하다 자 한곳에 오랫동안 삶. 죽을 때까지 한곳에 삶. ¶외국에서 -하다./고국으로 돌아와 -하다.
영주(英主) 명 영명한 군주. 뛰어난 임금.
영주(領主) 명 주로 중세 유럽에서, 영지(領地)를 직접 지배하던 사람.
영:주-권(永住權)[-꿘] 명 일정한 자격을 갖춘 외국인에게 주는, 그 나라에 영주할 수 있는 권리.
영주-권(領主權)[-꿘] 명 주로 중세 유럽에서, 영주(領主)가 지녔던 권리. 토지 소유권, 주민 지배권, 영주 재판권 등이 있음.
영-주인(營主人) 명 영저리(營邸吏)
영준(英俊) 명 -하다 형 재능이 특별히 뛰어남, 또는 그런 사람. 준영(俊英) ¶-한 인물.
영지(令旨) 명 왕세자(王世子)의 명령을 적은 문서.
영지(英智) 명 뛰어나게 현명한 지혜.
영지(領地) 명 영토(領土)
영:지(影紙) 명 정간지(井間紙)
영지(嶺紙) 명 영남 지방에서 생산되는 한지(韓紙).
영지(靈地) 명 신령스러운 땅. 영경(靈境)
영지(靈芝) 명 모균류(帽菌類)에 딸린 버섯. 주로 활엽수의 밑동이나 그루터기에 기생하며 반원 모양으로 자라면서 나무를 썩게 함. 윗면에는 동심원 모양의 무늬가 있고 빛깔은 노랑·갈색 등 종류가 많음. 목질이며 마른 것은 매우 단단함. 한방에서 강장제 등 약용으로 쓰이고, 관상용·세공용으로도 쓰임. 지초(芝草)
영지(靈智) 명 영묘(靈妙)한 지혜.
영직(嶺直) 명 영남 지방에서 나는 직삼(直蔘).
영진(榮進) 명 -하다 자 높은 지위에 오르거나 지체가 높아짐. 영달(榮達) ¶영업 이사로 -하다.
영질(令姪) 명 남을 높이어 그의 조카를 이르는 말. 함씨
영:차 감 '이영차'의 준말.
영:찬(影讚) 명 어떤 이의 영정(影幀)에 부쳐서 쓴, 그를 기리는 내용의 글.
영찬(營饌) 명 -하다 자 음식을 장만함.
영찰(寧察) 명 조선 말, 평안북도 관찰사를 달리 이르던 말.
영창(映窓) 명 방을 밝게 하기 위하여 방과 마루 사이에 낸 두 쪽의 미닫이.
영:창(詠唱·咏唱) 명 아리아(aria)
영:창(影窓) 명 유리를 끼운 창. 유리창
영창(營倉) 명 군율을 어긴 군인을 가두어 두는 병영 안의 시설, 또는 그곳에 수용되는 형벌.
영창-대(映窓-)[-때] 명 영창을 끼우기 위하여 홈을 파서 댄 긴 나무.
영채(映彩) 명 환하게 빛나는 고운 빛깔.
영천(靈泉) 명 영묘한 약효가 있는 물이 솟는 샘.
영철(英哲) 어기 '영철(英哲)하다'의 어기(語基).
영철-하다(英哲-) 형여 뛰어나게 총명하다. 예철하다
영:청(影靑) 명 흰 바탕에 파르스름한 잿물을 입힌 백자(白瓷), 또는 그 자기의 빛깔. 침청(沈靑)
영체(零替) 명 -하다 자 영락(零落)
영체(靈體) 명 신령스러운 존재, 곧 신(神)을 이르는 말.
영초(英綃) 명 중국에서 나는 비단의 한 가지. 모초(毛綃)와 비슷한데 품질이 좀 떨어짐.
영초(靈草) 명 ①약으로 영묘(靈妙)한 효험이 있는 풀. ②'담배'를 달리 이르는 말.
영총(令寵) 명 남을 높이어 그의 첩(妾)을 이르는 말.
영총(榮寵) 명 임금의 은총(恩寵).
영총(靈寵) 명 신(神)이나 부처의 은총(恩寵).
영축(盈縮·贏縮) 명 남는 일과 모자라는 일.
영축(零縮) 명 -하다 형 수량이 줄어들어서 모자람.
영춘(迎春) 명 -하다 자 ①새해를 맞이함. 영년(迎年). 영세(迎歲). 영신(迎新) ②'개나리'의 딴이름.
영취산(靈鷲山) 명 고대 인도 마갈타국(摩竭陀國)의 수도인 왕사성(王舍城) 북동쪽에 있는 산. 석가모니가 이곳에서 법화경(法華經)과 무량수경(無量壽經)을 가르쳤다고 함. 영산(靈山)
영치(領置) 명 -하다 타 형사 소송법에서, 피의자나 피고인 등이 임의로 내놓거나 놓아둔 물건을 법원이나 수사 기관이 보관하거나 처분하는 행위.
영치-금(領置金) 명 재소자가 교도소에 맡겨 두는 돈.
영:치기 감 목도할 때 동작을 맞추고 힘을 모으기 위하여 여럿이 함께 하는 말. ¶- 영차.
영칙(令飭) 명 -하다 타 명령을 내려서 단단히 경계함.
영친(榮親) 명 -하다 자 출세하거나 큰일을 이루거나 하여, 부모를 영화롭게 함.
영침(靈寢) 명 영상(靈床)
영탁(鈴鐸) 명 방울
영:탄(詠歎) 명 -하다 자 ①깊이 감탄함. ②감동을 소리를 내어 나타냄. ¶자연의 아름다움에 -하다.
영:탄-법(詠歎法)[-뻡] 명 수사법(修辭法)의 한 가지. 감탄사나 감탄 어미 등을 써서 감동의 뜻을 나타내는 표현 방법. '불러도 대답 없는 이름이여. 부르다가 내가 죽을 이름이여.'와 같은 표현법임.
영토(領土) 명 ①영유하고 있는 땅. 영지(領地) ②한 나라의 주권이 미치는 땅. 넓은 뜻으로는 영해(領海)와 영공(領空)을 포함하여 쓰임. ¶양국간의 - 분쟁.
영토-권(領土權)[-꿘] 명 ①영토 주권(領土主權) ②국가가 영토를 점유하고 사용 처분할 수 있는 권리.
영토=주권(領土主權)[-꿘] 명 국가가 영토 안의 모든 사람과 물건을 통치하는 권능. 영토권 ☞대인 주권(對人主權)

ㅇ

영통(靈通)[명]-하다[자] 신령스럽게 통함.
영특(英特)[어기] '영특(英特)하다'의 어기(語基).
영특(獰慝)[어기] '영특(獰慝)하다'의 어기(語基).
영특-하다(英特−)[형여] 뛰어나게 영명하다. ¶어린것이 썩 영특하구나./영특했던 군주.
영특-하다(獰慝−)[형여] 영악하고 사특하다.
영판¹[명] 앞날의 길흉(吉凶)을 신통하게 잘 맞추어 내는 일, 또는 그 사람.
×**영판**²[부] →아주¹
영패(令牌)[명] 조선 시대, 임금의 명령이나 군령(軍令)을 전할 때 쓰던 패.
영패(零敗)[명]-하다[자] 경기 따위에서, 한 점도 얻지 못하고 짐. ¶가까스로 −를 면하다. ☞제로게임
영:폐(永廢)[명]-하다[타] 영영 폐지하거나 아주 없애 버림.
영포(令抱)[명] 영손(令孫)
영포(嶺布)[명] 조선 시대, 영남 지방에서 생산되는 베를 이르던 말. ☞강포(江布). 북포(北布)
영풍(英風)[명] 영웅다운 풍채.
영:-피다[자] 기운을 내다. 기를 펴다.
영하(零下)[명] 온도가 0℃ 이하임을 이르는 말. 빙점하(氷點下) ¶− 20℃의 강추위. ☞영상(零上)
영-하다(靈−)[형여] 영검하다. 효험이 있다. ¶영한 의원./−고 소문이 나다. ☞용하다
영하-읍(營下邑)[명] 지난날, 감영(監營)이나 병영(兵營)이 있는 고을을 이르던 말.
영한(迎寒)[명]-하다[자] ①추운 계절을 맞음. ②'음력 팔월'을 달리 이르는 말. ☞장월(壯月)
영합(迎合)[명]-하다[자] 자기의 생각을 굽히며 남의 비위를 맞추거나, 세상의 풍조에 맞추어 행동함. ¶시대의 흐름에 −하다./권력에 −할 줄 모르는 강직한 성품.
영합(領閤)[명] 영상(領相), 곧 '영의정'을 달리 이르는 말.
영합-주의(迎合主義)[명] 자기의 주장은 없이 남의 뜻에만 맞추어 나가려는 태도나 경향.
영해(領海)[명] 한 나라의 둘레에 있으며, 그 나라의 주권이 미치는 바다. 우리 나라의 영해는 간조선에서 12해리까지이며, 대한 해협만 3해리로 되어 있음. 영수(領水) ¶−를 침범한 외국 선박. ☞공해(公海)
영해(嬰孩)[명] 어린아이
영해-선(領海線)[명] 영해의 한계선. 곧 영해와 공해(公海)와의 경계선을 이름.
영해=어업(領海漁業)[명] 영해 안에서 하는 어업. 그 나라의 선박만이 어업 활동을 할 수 있음.
영:향(影響)[명] 어떤 사물의 힘이나 작용이 다른 사물에까지 미치는 일, 또는 그 결과. ¶태풍의 −으로 많은 피해를 입다./나쁜 −을 주다./많은 −을 받다.
영:향-력(影響力)[명] 영향을 미치는 힘, 또는 그 정도. ¶−을 행사하다./−이 큰 인물.
영허(盈虛)[명]-하다[자] 영휴(盈虧)
영험(靈驗)[명] '영검'의 원말.
영험약초(靈驗略抄)[명] 조선 명종 5년(1550)에 다섯 가지의 다라니(陀羅尼)를 모아 한글로 번역한 불교 해설책. '오대진언(五大眞言)'에 수록되어 전함. 1책.
영현(英賢)[명]-하다[형] 뛰어나게 현명함, 또는 그런 사람.
영현(英顯)[명] 영령(英靈)
영현(榮顯)[어기] '영현(榮顯)하다'의 어기(語基).
영현-하다(榮顯−)[형여] 영화롭고 지위와 명망이 높다.
영형(令兄)[명] 남을 높이어 그의 형을 이르는 말. ☞영제(令弟)
영혜(英慧)[명]-하다[형] 영민(英敏)하고 지혜로움, 또는 영민한 지혜.
영혜(靈慧)[명]-하다[형] 신령스럽고 지혜로움, 또는 신령스러운 지혜.
영:호(永好)[어기] '영호(永好)하다'의 어기(語基).
영:호-하다(永好−)[형여] 오래도록 서로 사이가 좋다.
영혼(靈魂)[명] ①사람의 몸 속에 깃들여, 정신적 활동의 근원이자 원동력이라고 생각되는 존재. ②육체와는 별도로, 그것만으로 하나의 실체이고 죽은 뒤에도 존속할 수 있는 것으로 여겨지는 비물질적인 존재. 영가(靈駕). 혼령(魂靈) ☞영령(英靈) ③크리스트교에서, 죽지도 않고 없어지지도 않는 신령스러운 정신을 이르는 말. 영신(靈神) [준]영(靈)
영혼-불멸(靈魂不滅)[명] 육체는 없어져도 인간의 영혼은 육체를 떠나 영원히 존속함.
영혼=신:앙(靈魂信仰)[명] 영혼의 존재를 믿고, 살아 있는 사람이나 사물에 끼치는 영향을 두려워하여 이를 숭배하는 일.
영화(英貨)[명] 영국의 화폐. ☞파운드
영화(英華)[명] ①겉으로 드러나는 뛰어난 아름다움, 또는 뛰어난 재능. ②뛰어나게 운치 있는 시문(詩文).
영화(映畫)[명] 필름에 연속적으로 찍은 영상을 영사기로 스크린에 비추어, 눈의 잔상 현상을 이용하여 움직임이 있는 화상(畫像)으로 보여 주는 것. 예전에는 '활동 사진(活動寫眞)'이라고 하였음. ¶− 배우/기록 −
영화(榮華)[명] 권력과 부귀를 마음껏 누림. ¶부귀와 −./−를 누리다.

[한자] 영화 영(榮) 〔木部 10획〕 ¶번영(繁榮)/영광(榮光)/영예(榮譽)/영화(榮華) ▷ 속자는 栄

영화(靈化)[명]-하다[자타] 영적(靈的)인 것이 됨, 또는 그렇게 되게 함.
영화=감독(映畫監督)[명] 영화를 제작할 때, 배우의 연기를 지도하고, 촬영·음악·미술·편집 등을 지휘하여 통일된 하나의 작품으로 만드는 사람.
영화-계(映畫界)[명] 배우·감독·제작자·시나리오 작가 등 영화에 관계되는 사람들의 사회.
영화-관(映畫館)[명] 영화를 상영하여 관객에게 보여 주는 상설의 시설. ☞극장(劇場)
영화-롭다(榮華−)(−롭고·−로워)[형ㅂ] 영화가 있다. ¶영화롭게 살다./영화로운 생애를 마치다.
　영화-로이[부] 영화롭게 ¶− 지내다.
영화=배:우(映畫俳優)[명] 영화에 출연하는 배우.
영화-사(映畫社)[명] 영화의 제작·배급 또는 수입·수출 등을 주요 업무로 하는 회사.
영화=예:술(映畫藝術)[명] 영화를 하나의 예술 분야로서 이르는 말. 영화를 상업성이나 오락성보다 그 표현의 예술성을 중시함.
영화=음악(映畫音樂)[명] 영화를 위하여 만들어지거나 영화에 사용된 음악. 영화의 주제를 표현하고 장면의 효과를 위하여 화면과 동시에 재생됨.
영화-인(映畫人)[명] 영화와 관련된 일을 하는 사람.
영화-제(映畫祭)[명] 일정 기간에 여러 영화를 상영하여 각 영화를 작품으로서 평가하고 영화인의 친선이나 교류를 위한 행사. ¶부산 국제 −/베니스 −
영화-화(映畫化)[명]-하다[타] 소설이나 실제의 사건 따위를 각색하여 영화로 만드는 일.
영활(靈活)[어기] '영활(靈活)하다'의 어기(語基).
영활-성(靈活性)[−썽][명] 영활한 성질이나 특성.
영활-하다(靈活−)[형여] 정신의 활동이 기민하다.
　영활-히[부] 영활하게 ▷靈의 속자는 霊
영:회(詠懷)[명]-하다[자] 마음에 품은 생각을 시가(詩歌)로 나타냄, 또는 그 시가.
영효(榮孝)[명] 부모를 영화롭게 하는 효도.
영효(靈效)[명] 영묘(靈妙)한 효험.
영후(令後)[명] 명령을 내린 뒤. ☞영전(令前)
영휴(盈虧)[명]-하다[자] ①달이 차기도 하고 이지러지기도 하는 일. ②사물이 번영하기도 하고 쇠퇴하기도 하는 일. 영허(盈虛)
엳다[엳−][형] ①표면에서 바닥까지의 거리가 조금 짧다. ¶냇물이 −./구멍을 엳게 파다. ②아가리나 전에서 바닥까지의 깊이가 조금 낮다. ¶엳은 함지박. ③사물의 정도나 양이 조금 적다. ¶엳은 꾀로 속이려 들다. ④정(情) 따위가 도탑지 아니하다. ¶엳은 정. ⑤빛깔이 연하다. ¶엳은 초록빛. ⑥냄새가 짙지 아니하다. ¶엳은 솔 향기. ☞깊다. 얕다

열디-열다[연-연-] 형 매우 열다. ☞얄디얄다
옆 명 어떤 것의 왼쪽이나 오른쪽의 곁. ¶-에 서다./-으로 옮겨 앉다.
옆-갈비[엽-] 명 몸의 양쪽 옆구리에 있는 갈빗대.
옆-구리[엽-] 명 몸에서 갈빗대가 있는, 가슴과 등 사이의 양쪽 옆 부위. 곧 양쪽 겨드랑이의 아래 부위.
옆구리(를) 찌르다 관용 옆찌르다 ¶형이 옆구리를 찌르는 바람에 사실대로 말하지 못했다.
속담 **옆구리에 섬 찼나**: 옆구리에 곡식을 담는 섬을 차서 그렇게 많이 들어가느냐는 뜻으로, 많이 먹는 사람을 놀리어 이르는 말.

한자 **옆구리/곁 협**(脇) 〔肉部 6획〕 ¶협사(脇士)/협시(脇侍)/협장(脇杖) ▷脇과 脅은 동자

옆-길[엽-] 명 큰길에서 갈라진 작은 길, 또는 큰길 옆으로 따로 난 작은 길. ☞곁길
옆길로 새다 관용 그릇된 길로 들어서다.
옆-널[엽-] 명 나무상자 따위의 양쪽 옆에 대는 널빤지.
옆-댕이[엽-] 명 '옆'을 속되게 이르는 말.
옆-들다[엽-](-들고·-드니) 타 옆에서 도와 주다. ¶내가 옆들었는데도 일을 끝내지 못했다.
옆-막이[엽-] 명 양 옆을 가로막기 위하여 대는 물건.
옆-면(-面)[엽-] 명 양쪽 옆의 면. 측면(側面)
옆-모서리[엽-] 명 각기둥이나 각뿔의 옆면과 옆면이 만나서 이루는 모서리. 측릉(側稜)
옆-모습[엽-] 명 옆에서 본 모습.
옆무릎-치기[엽-릅-] 명 씨름의 손기술의 한 가지. 상대편의 중심이 실린 왼다리의 무릎 바깥쪽을 오른손으로 쳐서 옆으로 넘어뜨리는 공격 재간. ☞앞다리들기
옆-바람[엽-] 명 옆에서 불어오는 바람.
옆-발치[엽-] 명 누운 사람의 발 옆.
×**옆-사리미** 명 →비켜덩이
옆-쇠[엽-] 명 장농 따위의 기둥과 기둥 사이를 옆으로 이어 댄 나무.
옆-심(-心)[엽-] 명 배 위에 지은 뜸집의 서까래.
옆-얼굴[엽-] 명 옆에서 본 얼굴.
옆옆-이[엽녑-] 부 이 옆 저 옆에. ¶- 사람 뿐이다.
옆-줄[엽-] 명 ①사물 따위의 옆에 난 줄. ②옆으로 나란한 줄. ③물고기나 양서류 따위의 몸 양 옆에 선(線) 모양으로 늘어서 있는 감각 기관. 물의 흐름이나 수압의 변화 따위를 느끼는 구실을 함.
옆-지르기[엽-] 명 태권도 손기술의 한 가지. 옆 쪽에 있는 상대편을 공격하기 위하여, 허리에서 어깨 바깥쪽으로 주먹을 내지르는 동작.
옆-질[엽-] 명-하다 자 배나 비행기, 자동차 따위가 좌우로 흔들리는 일. ☞앞뒷질
옆-집[엽-] 명 바로 옆에 있는 집.
옆-찌르다[엽-](-찌르고·-찔러) 자르 넌지시 귀띔해 주기 위하여 손으로 남의 옆구리를 찌르다.
속담 **옆찔러 절 받기**: 상대편은 전혀 관심이 없거나 그럴 생각이 없는데, 자기 스스로 요구하거나 알려 주면서까지 억지로 대접을 받으려 함을 이르는 말.
옆-차기[엽-] 명 태권도 발기술의 한 가지. 옆 쪽에 있는 상대편을 공격하기 위하여, 윗몸을 옆으로 눕히면서 발로 차는 동작.
옆-채기[엽-] 명 씨름의 혼합기술의 한 가지. 왼쪽으로 돌면서 오른다리를 상대편의 다리 사이에 깊숙이 넣고 허리 샅바를 당겨 넘어뜨리는 공격 재간. ☞샅들어치다
옆-폭(-幅)[엽-] 명 사물 따위의 옆에 박는 널빤지.
옆-훑이[엽훌치] 명 홈 따위의 옆을 훑는 데 쓰는 연장.
예[1] 명〈어〉한글 자모(字母) 'ㅖ'의 이름.
예:[2] 명 오래 전. 옛적 ¶-나 지금이나 마찬가지다./-로부터 전해 오는 이야기.

한자 **예 고**(古) 〔口部 2획〕 ¶고금(古今)/고대(古代)/고문(古文)/고분(古墳)/고성(古城)/고풍(古風)
예 구(舊) 〔臼部 12획〕 ¶구가(舊家)/구습(舊習)/구태(舊態)/구풍(舊風)/구형(舊型) ▷舊의 속자는 旧

예[3] 대 '여기'의 준말. ¶어느새 -까지 왔구나.
예:[4] 감 ①존대할 자리에서 대답하는 말. ¶-, 알겠습니다. ②존대할 자리에서 재우쳐 묻는 말. ¶-, 뭐라고요? ③〔말의 끝에 쓰이어〕 존대할 자리에서 앞에서 한 말을 확인하거나 다짐하는 말. ¶꼭 오세요, -?
예[5] 감 몹시 나무랄 때 하는 말. ¶-, 이 녀석!
예:(例) 명 ①'전례(前例)' 또는 '선례(先例)'의 준말. ②무엇을 설명하기 위하여 같은 종류의 것 중에서 끌어대는 보기. ¶-를 들어 말하다. ☞-례(例) ③여느 때와 같음을 이르는 말. ¶-의 그 큰소리를 또 들어야 했다.
예:(豫) 명 '예괘(豫卦)'의 준말.
예:(濊) 명 예맥(濊貊)
예:(隷) 명 예서(隷書) ▷隷·隸는 동자
예(禮) 명 ①오상(五常)의 하나. 사회 생활에서, 원활한 인간 관계를 유지하기 위하여 지녀야 할 몸가짐이나 마음가짐. ¶-를 다하여 대접하다. ☞지(智) ②'예법(禮法)'의 준말. ▷禮의 속자는 礼
예가(禮家) 명 '예문가(禮文家)'의 준말.
예:각(銳角) 명 두 직선이나 두 면이 서로 만나 이루는, 90°보다 작은 각. ☞둔각(鈍角). 직각(直角)
예:각(豫覺) 명-하다 타 예감(豫感)
예:각=삼각형(銳角三角形) 명 세 각(角)이 모두 예각인 삼각형. ☞둔각 삼각형(鈍角三角形)
예:감(銳感) 명 예민한 감각. ☞둔감(鈍感)
예:감(豫感) 명-하다 타 무슨 일이 일어날 것을 미리 느끼는 일, 또는 그 느낌. 예각(豫覺) ¶불길한 -./-이 좋다.
예:거(例擧) 명-하다 타 예(例)를 듦. ¶문제점을 -하다./하도 많아 일일이 -할 겨를이 없다.
예:격(例格) 명 전례(前例)가 되어 온 격식.
예:견(豫見) 명-하다 타 어떤 일이 일어나기 전에 미리 아는 일. 예지(豫知) ¶합격을 -하다.
예:결(豫決) 명 예산과 결산. ¶- 위원회

예경(禮敬) 명-하다 자 부처나 성현에게 배례함.
예:계(豫戒) 명-하다 타 미리 조심하거나 경계함.
예:고(豫告) 명-하다 타 미리 알림. ¶선거일을 -하다.
예:고-편(豫告篇) 명 영화나 텔레비전으로 상영(上映) 또는 방영(放映)할 내용을 미리 알리기 위하여 그 일부를 추려서 엮은 것.
예:과(豫科)[-꽈] 명 본과(本科)에 들어가기 위한 예비 과정. ☞본과(本科)
예:광-탄(曳光彈) 명 탄도(彈道)를 알 수 있도록 빛을 내며 날아가게 만든 탄환.
예:-괘(豫卦) 명 육십사괘(六十四卦)의 하나. 진괘(震卦) 아래 곤괘(坤卦)가 놓인 괘로 우레가 땅에서 나와 떨침을 상징함. 준 예(豫) ☞수괘(隨卦)
예궁(禮弓) 명 지난날, 예식(禮式) 때 쓰던 활의 한 가지. 여섯 자 길이에 모양은 각궁(角弓)과 같음. 대궁(大弓)
예:궐(詣闕) 명-하다 자 대궐에 들어감. 입궐(入闕)
예:규(例規) 명 관례와 규칙, 또는 관례로 되어 있는 규칙. ¶-에 따라 처리하다.
예:금(預金) 명-하다 타 은행 따위의 금융 기관에 돈을 맡기는 일, 또는 그 돈. ¶다달이 일정액을 -하다./정기 -
예:금=계:좌(預金計座) 명 금융 기관에 예금하기 위하여 개설하는 계좌. 준 계좌(計座)
예:금=보:험(預金保險) 명 은행 등 금융 기관의 파산으로 생기는 예금자의 손해를 보상하기 위한 보험.
예:금-액(預金額) 명 예금한 금액.
예:금=원가(預金原價)[-까] 명 은행이 예금을 모으는 데 드는 경비. 예금 이자, 인건비, 영업비 등. 예금 코스트
예:금=은행(預金銀行) 명 일반으로부터 예금을 받아들여, 자금을 상공업자 등에게 융자하는 은행. 곧 일반 은행을 이름. ☞중앙 은행
예:금-자(預金者) 명 예금을 한 사람. 예금주(預金主)
예:금-주(預金主) 명 예금자(預金者)
예:금=증서(預金證書) 명 은행 등 금융 기관이 예금의 내용을 증명하기 위하여 예금자에게 건네주는 문서.

예:금=코스트(預金cost)명 예금 원가(預金原價)

예:금=통장(預金通帳)명 은행 등 금융 기관이 예금자에게 만들어 주는, 예입·지급 등의 내용을 기재하는 통장. 저금 통장

예:금=통화(預金通貨)명 현금으로 바꾸지 않아도 수표나 대체 제도(代替制度)에 따라 통화 기능을 가지는 예금. 당좌 예금이나 보통 예금 등의 요구불 예금을 이름. ☞현금 통화(現金通貨)

예:금=협정(預金協定)명 은행 사이의 과다 경쟁을 막기 위하여 예금 이율 따위에 대하여 은행끼리 맺는 협정.

예:기 감 심하게 나무랄 때 하는 말. ¶ −, 고얀놈. /−, 여보시오. ☞예[5]. 예끼

예:기(銳氣)명 날카로운 기질이나 기세. ¶ −를 꺾다.

예:기(銳騎)명 날쌔고 굳센 기병(騎兵).

예:기(豫期)명-하다타 앞으로 닥칠 일을 미리 기대하거나 예상함. ¶ −치 못한 사건. /−에 어긋나다.

예기(禮記)명 중국의 오경(五經)의 하나. 예법에 관한 해설과 이론을 적은 책. 전한(前漢)의 대덕(戴德)이 모아 엮고, 조카인 대성(戴聖)이 다시 정리한 것으로 전해짐. '대학(大學)'과 '중용(中庸)'은 그 가운데 한 편임.

예기(禮器)명 제기(祭器)

예:기(穢氣)명 더러운 냄새.

예:기(藝妓)명 노래·춤·시문·글씨·그림 따위 기예를 익혀 손님을 대하는 기생(妓生).

예:기방장(銳氣方張)성구 예기가 한창 성함을 이르는 말.

예:끼 감 몹시 심하게 나무랄 때 하는 말. ¶ −, 이 고얀 놈! ☞예기

예:납(例納)명-하다타 전례(前例)에 따라 바침.

예:납(豫納)명-하다타 기한이 되기 전에 미리 냄. 선납(先納). 전납(前納) ¶세금을 −하다.

예:년(例年)명 여느 해. ¶ −에 없이 폭설이 내렸다. /−과 같은 풍작(豊作).

예:능(藝能)명 ①학교 교육에서, 음악·미술·무용 등의 교과를 이르는 말. ②영화·연극·음악·만담(漫談)·마술(魔術) 등 대중적인 연예를 통틀어 이르는 말.

예-니레 명 엿새나 이레. ¶ −쯤 기다려야겠다.

예-닐곱 수 ①여섯이나 일곱. ¶버스 안에는 승객이 − 뿐이다. ②〔관형사처럼 쓰임〕¶ − 사람. ☞엳아홉

예닐곱-째 수 여섯째나 일곱째.

예:단(豫斷)명-하다타 미리 판단함. ¶승패를 −할 수 없다.

예단(禮單)명 예물을 적은 단자(單子).

예단(禮緞)명 예물로 보내는 비단.

예:담(例談)명 늘 하는 이야기. 으레 하는 이야기.

예-답다(禮−)(−답고·−다워)형ㅂ '예모답다'의 준말.

예당(禮堂)명 조선 시대, 예조(禮曹)의 당상관, 곧 판서·참판·참의를 아울러 이르던 말.

예대(禮待)명-하다타 예우(禮遇)

예:대-율(預貸率)명 은행의 예금 잔액에 대한 대출 잔액의 비율. 수익 면에서는 이 비율이 높은 것이 바람직하나, 지나치게 높으면 경영의 안전성을 위협함.

예:덕(睿德)명 왕세자의 덕망.

예:덕(穢德)명 좋지 않은 행실. 특히 임금의 좋지 않은 행실을 이름.

예덕-나무 명 대극과의 낙엽 활엽 소교목. 높이 10m에 이르는 것도 있으나 대개 관목 모양임. 길이 10~20cm인 길둥근 잎은 어긋맞게 나고 가장자리가 밋밋하며 잎자루가 매우 길. 암수딴그루로 6월경에 녹황색의 꽃이 원추(圓錐) 꽃차례로 핌. 열매는 삭과(蒴果)로 익으면 3개로 갈라짐. 산기슭이나 산골짜기에 자라는데, 정원수로 심기도 함. 목재는 가구재 등으로 쓰임.

예:덕선생전(穢德先生傳)명 조선 시대 후기의 실학자 박지원(朴趾源)이 지은 한문 소설. 하는 일 없이 놀고 먹는 양반들의 허욕과 위선을 비꼬는 내용임.

예:도(銳刀)명 ①군도(軍刀)의 한 가지. 환도(環刀)와 비슷한 모양이나 끝이 아주 날카로움. ②지난날의 십팔기(十八技) 또는 무예 이십사반의 하나. 보졸(步卒)이 환도를 가지고 하는 무예를 이름.

예도(禮度)명 예절(禮節)

> 한자 예도 례(禮)〔示部 13획〕¶가례(家禮)/예도(禮度)/예법(禮法)/예의(禮儀)/예절(禮節) ▷속자는 礼

예:도(藝道)명 기예(技藝) 또는 연예(演藝)를 닦는 길.

예:도-옛:날[−옌−]명 아주 오랜 옛날.

예:둔(銳鈍)명 이둔(利鈍)

예:라 감 ①아이들에게 비키라거나 그리 말라거나 할 때 하는 말. ¶ −, 그런 짓 하는 게 아냐. ②이리저리 망설이다가 마지못해 마음을 작정할 때 하는 말. ¶ −, 나도 모르겠다.

예라-꼐라 감 벽제(辟除) 소리의 한 가지. '비켜라, 비켜라'의 뜻.

예라-끼놈 감 벽제 소리의 한 가지. '예라 이놈'의 뜻.

예:람(睿覽)명-하다타 왕세자(王世子)가 봄.

예:람(叡覽)명-하다타 임금이 봄. 어람(御覽)

예레미야서(Jeremiah書)명 구약성서 중의 한 편(篇). 기원전 7세기의 이스라엘의 예언자인 예레미야의 예언서. 유다 왕국의 멸망, 신과의 새로운 계약과 구제를 예언하고, 국민의 회개를 호소한 내용임.

예레미야-애가(Jeremiah哀歌)명 구약성서 중의 한 편(篇). 재난으로 황폐해진 예루살렘을 슬퍼하여 읊은 예레미야의 시가(詩歌).

예:령(豫令)명 구령(口令)에서, 그 동작을 미리 준비하게 하기 위한 앞 부분의 말. '앞으로 가', '뒤로 돌아 가'에서, '앞으로', '뒤로 돌아' 따위. ☞동령(動令)

예론(禮論)명 예법(禮法)에 관한 논설.

예:료(豫料)명-하다타 예측(豫測)

예:리(銳利)어기 '예리(銳利)하다'의 어기(語基).

예:리-하다(銳利−)형여 ①날붙이 따위가 날카롭다. ¶예리한 칼날. ②재지(才智)나 감각 따위가 날카롭다. ¶예리한 판단. /관찰력이 −.

예:림(藝林)명 예원(藝苑)

예:막(瞖膜)명 한방에서, 희거나 붉거나 파란 막(膜)이 눈자위를 덮는 눈병을 이르는 말.

예:망(曳網)명 ①끌그물 ②-하다자 어망(漁網)을 끌어당김.

예:망(譽望)명 명예와 인망을 아울러 이르는 말.

예:매(豫買)명-하다타 차표나 입장권 따위를 사용하는 날짜에 앞서서 미리 삼. ☞선매(先買). 예매(豫賣)

예:매(豫賣)명-하다타 차표나 입장권 따위를 사용하는 날짜에 앞서서 미리 팖. ☞선매(先賣). 예매(豫賣)

예:매-권(豫賣券)[−꿘]명 예매하는 차표나 입장권.

예:맥(濊貊)명 한반도 북동부에서 중국 동북 지방에 걸쳐 살았던 고대 민족. 부여·고구려 등이 이에서 갈려 나왔음. 예(濊)

예:명(藝名)명 연예인이 연예계에서 본명(本名) 이외에 따로 지어 부르는 이름.

예:명(叡明)어기 '예명(叡明)하다'의 어기(語基).

예:명-하다(叡明−)형여 임금이 총명하고 사리에 밝다. 예민(叡敏)하다

예모(禮帽)명 예복(禮服)을 입을 때, 갖추어 쓰는 모자.

예모(禮貌)명 예절에 맞는 모양이나 태도.

예모-답다(禮貌−)(−답고·−다워)형ㅂ 언행이나 태도가 예절에 맞다. 준예답다

예:문(例文)명 무엇을 설명하기 위한 보기로 드는 글. ¶ −을 들어 풀이하여라. ☞문례(文例)

예:문(例問)명 ①지난날, 지방의 감사(監司)·통제사(統制使)·병사(兵使) 들이 그 지방의 특산물을 정례적(定例的)으로 중앙의 고관에게 선사하던 일. ②보기로 내는 문제. 예제(例題)

예문(禮文)명 ①예법에 관하여 밝혀 놓은 글. ②그 나라의 전례(典禮)와 제도. ③사례의 뜻을 적은 글.

예:문(藝文)명 학문과 예술, 또는 예술과 문학.

예문-가(禮文家)명 예법을 잘 알고 그대로 지키는 사람, 또는 그런 집안. 준예가(禮家)

예:문-관(藝文館)명 고려·조선 시대, 임금의 사명(辭命)을 지어 바치는 일을 맡아보던 관아.

예물(禮物)명 ①사례의 뜻이나 예의를 나타내기 위하여 주는 물건. ②시집 어른들이 신부의 첫인사에 대한 답례로 주는 물품. ③결혼식에서 신랑 신부가 주고받는 기념품. ④전례(典禮)와 문물(文物).
예:물(穢物)명 더러운 물건.
예:민(銳敏)어기 '예민(銳敏)하다'의 어기(語基).
예:민(叡敏)어기 '예민(叡敏)하다'의 어기(語基).
예:민-하다(銳敏–)형여 감각이나 재지가 날카롭다. ¶ 신경이 –./예민한 두뇌.
예:민-하다(叡敏–)형여 임금이 총명하고 사리에 밝다. 예명(叡明)하다
예-바르다(禮–)(–바르고·–발라)형르 예절이 바르다.
예-반(–盤)명 나무로 만든 작은 쟁반 모양의 칠그릇.
예:방(豫防)명-하다타 탈이 나기 전에 미리 막음. ¶전염병 –/산불을 –하다.
예방(禮防)명-하다타 예법을 지킴으로써 행동을 그르치지 않도록 함.
예방(禮房)명 조선 시대, 승정원(承政院) 또는 지방 관아에 딸렸던 육방(六房)의 하나. 예전(禮典)에 관한 일을 맡아보았음.
예방(禮訪)명-하다타 예를 갖추는 의미로 인사차 방문함.
예:방-선(豫防線)명 ①적의 공격 등에 대비하여 미리 갖추어 두는 경계나 감시 따위의 수단. ②실패하거나 남에게 책잡히지 않도록 미리 손을 써 두는 일. ¶저쪽에서 트집을 잡지 못하도록 –을 쳐 두자.
예:방=의학(豫防醫學)명 질병의 발생 원인을 밝히어 병의 예방을 목적으로 하는 의학의 한 부문.
예:방=접종(豫防接種)명 전염병의 발생이나 유행을 예방하기 위하여, 독성을 약하게 한 병원체 따위를 항원으로 몸 안에 주입함으로써 면역이 생기게 하는 일.
예:방=주:사(豫防注射)명 병을 예방하기 위하여 놓는 주사.
예:방-책(豫防策)명 예방하기 위한 대책.
예배(禮拜)명-하다자 ①신(神)이나 부처에게 공경하는 마음으로 절을 하는 일. ②개신교에서, 신자들이 모여 하나님을 찬송하고 기도를 하며 설교를 듣는 일.
예배-당(禮拜堂)명 개신교에서, 신자들이 모여 예배를 보는 건물. ☞교회(教會)
예백(曳白)명 지난날, 과거보는 사람이 과장(科場)에서 글을 짓지 못하고 백지(白紙)를 그대로 가지고 나오는 일을 이르던 말. 타백(拖白)
예번(禮煩)어기 '예번(禮煩)하다'의 어기(語基).
예번-하다(禮煩–)형여 예의가 지나쳐 오히려 번거롭다.
예법(禮法)[–뻡]명 예절의 법식. 법례(法禮) 준예(禮)
예:병(銳兵)명 ①골라 뽑은, 강하고 용감한 군사. ②성능이 뛰어난 최신 병기(兵器).
예:보(豫報)명-하다타 앞으로 생길 일을 예상하여 미리 알림. ¶단수(斷水) –/내일의 날씨를 –하다.
예:복(隸僕)명 종[3]
예복(禮服)명 예식 때나 특별히 예절을 차릴 때에 입는 옷. ☞평복(平服)
예:봉(銳鋒)명 ①날카로운 창 끝. ②날카롭게 공격하는 기세. ¶적의 –을 꺾다. ③말이나 글로 하는 날카로운 논조. 기봉(機鋒) ¶언론의 –.
예부(禮部)명 ①신라 시대, 의례(儀禮)를 맡아보던 관아. ②고려 시대, 육부(六部)의 하나. 의례·제향(祭享)·조회(朝會)·교학(教學) 등을 맡아보던 관아.
예:분(蕊粉)명 꽃가루
예불(禮佛)명-하다자 불교에서, 부처에게 예배하는 일.
예불-상(禮佛床)[–쌍]명 불교에서, 예불할 때 올리는 음식상을 이르는 말.
예:비(例批)명 전례(前例)에 따른 임금의 비답(批答).
예:비(豫備)명-하다타 ①필요할 때 쓰려고 미리 준비함, 또는 그 준비. ¶–로 사 둔 물건. ②형법에서, 범죄의 실행 직전까지 하는 준비 행위를 이르는 말.
예:비=교섭(豫備交涉)명 정식 교섭을 시작하기 전에, 교섭 내용의 자잘한 부분이나 기술적인 문제에 대하여 협의하는 교섭.
예:비=교:육(豫備教育)명 어떤 일을 하기 전에, 미리 베푸는 교육. ¶스카이다이빙을 위한 –.
예:비-군(豫備軍)명 ①예비로 확보해 두는 병력. ②예비역으로 편성된 군대.
예:비군=포장(豫備軍褒章)명 예비군의 육성과 발전에 공이 많은 사람에게 주는 포장. ☞수교 포장
예:비-금(豫備金)명 예비비(豫備費)
예:비-병(豫備兵)명 예비역에 복무하는 병사.
예:비-비(豫備費)명 ①만일의 일을 대비하여 마련해 두는 돈. 예비금(豫備金) ②예측할 수 없는 세출 예산의 부족에 대비하여 미리 편성해 두는 비용.
예:비=선:거(豫備選擧)명 미국에서, 정당의 대통령 후보자를 선출할 대의원을 선출하는 선거.
예:비=시:험(豫備試驗)명 본시험에 앞서, 본시험을 치를 만 한 학력(學力)이 있는지 없는지를 알아보기 위한 시험. 준예시(豫試)
예:비-역(豫備役)명 병역(兵役)의 한 가지. 현역(現役)을 마친 이가, 일정 기간 복무하는 병역. 보통 때에는 시민으로서 생활하다가 비상시나 연습 때 소집되어 일정 기간 복무함.
예:비-적(豫備的)명 예비가 되는 것. ¶–인 조처.
예:비=정:리(豫備定理)명 보조 정리(補助定理)
예:비=지식(豫備知識)명 무슨 일을 하기 전에 미리 알아두어야 할 지식. ¶주식 투자를 위한 –.
예빙(禮聘)명-하다타 예의를 다하여 사람을 부름. 초빙(招聘) ¶훌륭한 교수를 –하다.
예:쁘다(예쁘고·예뻐)형 귀엽성스럽게 아름답다. ¶예쁘게 생긴 아이./얼굴도 예쁘지만 재롱이 더 –.
속담 **예쁘지 않은 고양이가 주걱 물고 살강에 오른다**: 가뜩이나 미운 것이 더욱 더 미운 짓만 한다는 말./**예쁜 자식 매로 키운다**: 귀여운 자식일수록 엄하게 가르쳐야 훌륭한 사람으로 자랄 수 있다는 말.
예:쁘디-예:쁘다(–예쁘고·–예뻐)형 아주 예쁘다.
예:쁘장-스럽다(–스럽고·–스러워)형ㅂ 예쁘장한 데가 있다.
예쁘장-스레부 예쁘장스럽게
예:쁘장-하다형여 제법 예쁘다. ¶손이 조그맣고 –.
예:사명 보통으로 흔히 있는 일. ¶그 정도의 일은 –다.
예사(禮斜)명 조선 시대, 예조(禮曹)에서 입양(入養)의 청원을 허가하던 일, 또는 그 문서를 이르던 말.
예사(禮謝)명-하다자 고맙게 여김을 말로 나타내는 일.
예:사-내기명 보통내기
예:사-로부 보통으로. 아무렇지도 않게. ¶어려운 일도 – 척척 해낸다./그 정도의 고생은 – 여겨야지.
예:사-롭다(–롭고·–로워)형ㅂ 예사로 있는 일이다. 보통이다 ¶누구에게나 예사롭게 대하다./예사롭지 않은 일이 일어나다.
예사-로이부 예사롭게
예:사-말명 ①예사롭게 하는 말. 보통으로 하는 말. ②높임의 뜻이 없는 보통의 말. '주무시다'에 대한 '자다', '진지'에 대한 '밥' 따위.
예:사-소리명 ①'예사말'을 얕잡아 이르는 말. ②〈어〉한글 자음의 한 갈래. 성문(聲門)을 막지 않고 예사로 숨쉬는 날숨으로 소리내는 자음. 거센소리나 된소리가 아닌 'ㄱ·ㄷ·ㅂ·ㅈ·ㅅ'이 이에 딸림. 평음(平音) ☞거센소리. 된소리
예:산(叡算)명 임금의 나이를 높이어 이르는 말. 보력(寶曆)
예:산(豫算)명 ①-하다타 무슨 일을 할 때, 미리 필요한 비용을 산정하는 일, 또는 그 금액. ¶–을 세우다./100만 원쯤 –하다. ②한 회계 연도에 세우는 세입과 세출의 계획. 의회나 주주 총회 등의 의결을 거쳐서 성립됨.
예:산=단가(豫算單價)[–까]명 예산을 세우는 데 기초 자료가 되는, 표준적인 인건비나 물건비에 대하여 정하는 단가.
예:산=선의권(豫算先議權)[–꿘]명 양원제(兩院制)의 국회에서, 하원(下院)이 상원(上院)보다 먼저 예산안의 제출을 받아 심의할 수 있는 권한.

예:산=수정권(豫算修正權)[-꿘] 명 정부에서 제출한 예산안을 수정할 수 있는 국회의 권한.
예:산=심의(豫算審議)명 정부에서 제출한 예산안을 확정하기 위한 국회의 심의.
예:산-안(豫算案)명 의회나 총회의 심의와 결정을 얻기 위한 예산의 원안.
예:산-외(豫算外)명 예산의 비목(費目)에 없는 것, 또는 그 비목.
예:산=조치(豫算措置)명 시행하기로 결정된 사업 따위에 대하여 예산의 뒷받침을 하는 일.
예:산=초과(豫算超過)명 세입·세출 또는 지출이 예산액 이상이 되는 일. ¶ -로 공사가 중단되다.
예:삿-일[-닐] 명 보통 있는 일. 별다를 것이 없는 일. ¶ -로 여기다./정말 -이 아니다.
예:상(豫想)명-하다 타 무슨 일의 결과 따위를 미리 짐작함, 또는 그 짐작. ¶ -대로 들어맞다./-이 빗나가다.
예:상-고(豫想高)명 ①예상량 ②예상액
예:상-량(豫想量)명 수확이나 수입 전에 미리 헤아려 본 수량. 예상고(豫想高)
예:상-액(豫想額)명 미리 헤아려 본 금액. 예상고
예:상-외(豫想外)명 생각 밖. 뜻밖 ¶ -의 패배.
예새 명 도자기를 만들 때, 흙으로 만든 그릇 모양을 다듬는 데 쓰는 나무칼.
예서 준 '여기서'의 준말.
예:서(隷書)명 한자 서체(書體)의 한 가지. 진(秦)나라의 정막(程邈)이 소전(小篆)을 간략하게 만든 것이라고 함. 예(隷). 좌서(左書) ☞팔분(八分)
예:서(豫壻)명 데릴사위
예서(禮書)명 ①예법(禮法)에 관한 책. ②혼서(婚書)
예선 준 '여기서는'의 준말.
예:선(曳船)명-하다 자 ①제 힘으로 항행(航行)할 수 없는 배나 뗏목 따위를 줄을 매거나 하여 끌고 가는 일. ②다른 배 따위를 끄는 배. 예인선(曳引船)
예:선(豫選)명 본선이나 결승전 등에 나아갈 자격이 있는 사람·팀·작품을 미리 뽑는 일. ¶ -을 통과하다. ☞결선(決選). 본선(本選)
예설(禮說)명 예절(禮節)에 관한 학설(學說).
예:성(叡聖)명-하다 형 임금이 덕(德)이 있고 현명함.
예:성(譽聲)명 명예(名譽)와 명성(名聲).
예:속(隷屬)명-하다 자 ①남에게 딸리어 매임. 속례(屬隷) ¶강대국에 -된 식민지. ②윗사람에게 매여 있는 아랫사람. 예종(隷從) ▷隷와 隸는 동자
예속(禮俗)명 예로부터 전해 내려오는 관혼상제(冠婚喪祭) 따위의 습속(習俗).
예:속-국(隷屬國)명 종속국(從屬國)
예속상교(禮俗相交)성구 향약(鄕約)의 네 덕목 중의 하나. 서로 사귐에 예의를 지킴을 이르는 말. ☞환난상휼(患難相恤)
예:속=자:본(隷屬資本)명 매판 자본(買辦資本)
예손(裔孫)명 대수가 먼 자손.
예:송(例送)명-하다 타 정례(定例)에 따름, 또는 전례(前例)에 따라 보냄.
예송(禮訟)명 예법(禮法)에 관한 논란.
예:수(豫受)명-하다 타 미리 받음.
예:수(豫修)명 불교에서, 죽은 뒤의 명복을 빌기 위하여 생전에 미리 불사(佛事)를 닦는 일. 역수(逆修)
예수(禮數)명 신분이나 지위에 알맞은 예의 또는 격식.
예:수(∠Jesus)명 크리스트교의 개조(開祖). 야소(耶蘇) ☞구세주(救世主). 메시아
예:수-교(∠Jesus敎)명 ①크리스트교 ②크리스트교의 신교(新敎)를 우리 나라에서 이르는 말. ☞개신교
예:수교-인(∠Jesus敎人)명 예수교를 믿는 사람.
예:수교-회(∠Jesus敎會)명 ①예수교 신도(信徒)들의 조직. ②예수교 신도들이 모여서 예배를 보는 곳.
예:수=그리스도(∠Jesus Christ)명 '구세주 예수'라는 뜻으로 예수를 일컫는 말.
예:수-금(豫受金)명 미리 받는 돈.
예수-남은 관 예순이 좀 더 되는 수. ¶ - 살의 노인.
예:수-재(豫修齋)명 불교에서, 죽은 뒤의 명복을 빌기 위하여 생전에 미리 올리는 재.
예순 수 ①수의 고유어 이름의 하나. 열이 여섯 곱절. ②물건 따위를 셀 때의 예순 개. ☞육십(六十)
관 단위를 나타내는 말 앞에 쓰이어 ①수량이 열의 여섯 곱절임을 나타냄. ②차례가 쉰아홉째의 다음임을, 또는 횟수가 쉰아홉 번째의 다음임을 나타냄.
예:술(藝術)명 어떤 재료와 양식으로 아름다움을 추구하고 표현하려는 인간의 활동, 또는 그 산물(産物). 그림·조각·건축 등의 공간 예술·음악·문학 등의 시간 예술, 연극·영화·무용·오페라 등의 종합 예술 따위. ¶ 인생은 짧고, -은 길다.
예:술-가(藝術家)명 예술 작품을 창작하거나 표현하는 사람. 예술인. 아티스트(artist)
예:술-계(藝術界)명 예술가들의 사회.
예:술-관(藝術觀)명 예술의 본질·목적·가치 등에 관한 일정한 견해.
예:술-론(藝術論)명 예술의 본질이나 가치 등을 다루는 이론. ▷藝의 속자는 芸
예:술-미(藝術美)명 예술로 표현되는 아름다움. ☞자연미(自然美)
예:술-사(藝術史)[-싸] 명 예술의 기원·변천·발달 등을 역사적으로 연구하는 학문.
예:술=사진(藝術寫眞)명 어떤 대상을 예술적 시점(視點)에서 파악하여, 보는 사람에게 미적 감동을 불러일으키도록 찍은 사진. ☞기록 사진(記錄寫眞)
예:술=심리학(藝術心理學)명 심리학의 이론과 방법에 따라 예술을 연구하고 해명하려는 학문의 분야. 창작과 감상의 두 면(面)이 그 대상이 됨.
예:술-인(藝術人)명 '예술가(藝術家)'를 달리 이르는 말.
예:술-적(藝術的)[-쩍] 명 예술에 관한 것, 또는 예술의 성질을 가지는 것. ¶ - 가치/-인 재능.
예:술-제(藝術祭)[-쩨] 명 예술에 관한 여러 가지 행사의 이름으로 흔히 쓰이는 말. ¶향토 -
예:술=지상주의(藝術至上主義)명 예술은 다른 것의 수단으로서 존재하는 것이 아니라 그 자체가 목적이며 가치라고 하는 생각이나 경향. '예술을 위한 예술'을 이념으로 함.
예:술-파(藝術派)명 예술 지상주의를 받들어, 오로지 예술의 세련미를 추구하는 사람들, 또는 그런 사람들의 파.
예:술-품(藝術品)명 예술적인 가치가 있는 작품.
예:술-학(藝術學)명 예술을 실증적이고 과학적으로 연구하는 학문.
예:-스럽다(-스럽고·-스러워)형ㅂ 옛것 같은 느낌이 있다. ¶예스러운 태깔의 오지그릇./말씨가 -.
예-스레 부 예스럽게

> ▶ **'예스럽다'의 '-스럽다'**
> '-스럽다'는 명사에 붙어 형용사가 되게 하는 접미사이다. 그러므로 관형사인 '옛'에 '-스럽다'가 붙은 꼴인 '옛스럽다'는 성립될 수 없고, 명사인 '예'에 '-스럽다'가 붙어서 된 '예스럽다'가 바른 말이다.

예스맨(yes-man)명 아무에게나 '예예'하고 고분고분 따르는 사람을 이르는 말.
예:습(豫習)명-하다 타 앞으로 배울 것을 미리 학습하거나 익힘. ¶내일 공부할 내용을 -하다. ☞복습(復習)
예:승(例陞)명-하다 타 규례(規例)에 따라 관직을 올림.
예승즉리(禮勝則離)성구 사람 사이의 관계에서 예의가 지나치면 도리어 사이가 멀어짐을 이르는 말.
예:시(例示)명-하다 타 예를 들어 보임. ¶답을 -하다.
예:시(豫示)명-하다 타 미리 보이거나 알림.
예:시(豫試)명 '예비 시험(豫備試驗)'의 준말.
예:-시:위(詣侍衛)감 지난날, 임금의 거둥 때 별감들이 외치던 봉도(奉導)의 말. '모시고 나가자'의 뜻.
예:식(例式)명 정해져 있는 의식(儀式), 또는 법식.
예식(禮式)명 예법에 따른 의식(儀式).

예식-장(禮式場)명 예식을 올리는 곳. 주로 혼례식을 올리는 곳을 이름.

예신(禮臣)명 지난날, 임금이 가난한 신하나 병든 신하에게 금품이나 약을 내리던 일.

예:신(穢身)명 불교에서, 부정(不淨)한 몸을 이르는 말.

예:심(豫審)명 지난날의 형사 소송법에서, 기소된 피고인을 공판에 회부할 것인지 아닌지를 결정하기 위하여 법원에서 하던 소송 절차.

예:심(穢心)명 불교에서, 부정(不淨)한 마음을 이르는 말.

예악(禮樂)명 예절과 음악을 아울러 이르는 말. 예절은 사회의 질서를 유지시키고, 음악은 사람의 마음을 아름답게 한다 하여, 예로부터 존중되었음.

예:약(豫約)명-하다타 ①미리 약속함, 또는 그 약속. ¶항공권을 -하다./식당을 -하다. ②법률에서, 장차 본계약을 맺기로 약속하는 계약.

예:약-금(豫約金)명 예약의 보증으로 치르는 돈.

예:약-처(豫約處)명 예약을 받는 곳.

예:약=판매(豫約販賣)명 미리 구매 신청을 받고, 그 신청자에게 우선적으로 물품을 파는 일.

예양(禮讓)명-하다자 예의바르고 겸손한 태도를 가짐.

예:언(例言)명 일러두기

예:언(豫言)명-하다타 미래의 일을 짐작하여 말함, 또는 그 말. ¶재난을 -하다./-이 들어맞다.

예:언(譽言)명 남을 기리는 말.

예:언-자(豫言者)명 예언하는 사람. ☞선지자(先知者)

예:열(豫熱)명-하다타 기관(機關)이나 기기(機器) 따위를 원활하게 또는 빠르게 시동(始動)하려고 미리 데우는 일, 또는 그 열.

예:-예감 무슨 일이나 하라는 대로 따르겠다는 태도로, '예'보다 더욱 공손히 대답하는 말. ¶-, 그러겠습니다.

예오감 벽제소리의 한 가지. 지난날, 임금의 거둥 때 도가(導駕) 사령이 앞서 가며 외쳤음.

예:외(例外)명 일반적인 원칙이나 통례에 벗어나는 일. ¶- 없는 규칙은 없다./-는 인정하지 않는다.

예:외-법(例外法)[-뻡]명 법률에서, 원칙법(原則法)의 적용이 타당하지 않을 때, 그 예외의 사항에 대해서만 적용하는 법규.

예:외-적(例外的)명 일반적인 원칙이나 통례(通例)에 벗어나는 것. ¶-인 규정.

예:욕(穢慾)명 더러운 욕심.

예용(禮容)명 예절 바른 태도.

예:용(銳勇)어기 '예용(銳勇)하다'의 어기(語基).

예:용-하다(銳勇-)형여 날카롭고 굳세다.

예우(禮遇)명-하다타 예의를 다하여 정중하게 대접함. 예대(禮待) ¶국빈으로서 -하다.

예:원(藝苑·藝園)명 문학계나 예술계를 달리 이르는 말. 예림(藝林)

예:의(銳意)명 ①무슨 일을 하려고 단단히 차리는 마음. ②[부사처럼 쓰임] ¶- 주시하다./- 노력하다.

예의(禮意)명 남을 공경하는 마음.

예의(禮義)명 예절과 도의(道義)를 아울러 이르는 말.

예의(禮誼)명 사람이 마땅히 지켜야 할 바른 도리.

예의(禮儀)명 사회 생활에서, 남에게 실례가 되지 않게 하기 위한 공손한 마음가짐과 몸가짐. ¶-를 지키다./-에 벗어나다. ☞예절(禮節)

예의-바르다(禮儀-)(-바르고·-발라)형르 말이나 행동에 공손하고 삼가는 태도가 있다. ¶예의바른 인사말.

예의=범절(禮儀凡節)명 예의바르고 법도(法度)에 맞는 일상 생활의 모든 행동과 절차.

예이[1]감 어떤 사실을 부정하거나 무엇이 못마땅할 때 하는 말. ¶-, 설마 그럴라고./-, 그런 소리 말게.

예:-이[2]감 지난날, 윗사람의 명령에 대하여 절도를 갖추어 길게 대답하던 말.

예:인(銳刃)명 날카로운 칼날.

예:인(藝人)명 여러 가지 기예를 닦아 그 재주를 직업으로 삼는 사람.

예:인-선(曳引船)명 다른 배나 뗏목 따위를 끄는 배. 예선(曳船)

예:입(預入)명-하다타 돈을 은행 등에 맡김.

예:입-금(預入金)명 예입한 돈.

예:자(隷字)명 예서체(隷書體)의 글자.

예:장(銳將)명 날쌘 장수.

예장(禮狀)명 ①혼서(婚書) ②사례(謝禮)의 뜻으로 보내는 편지.

예장(禮葬)명 ①예법(禮法)에 따라 치르는 장사(葬事). ②지난날, '인산(因山)'을 달리 이르던 말.

예장(禮裝)명-하다자 예복(禮服)을 입음, 또는 그 옷차림. ☞약장(略裝). 정장(正裝)

예장-함(禮狀函)명 재래식 혼례에서, 신랑 집에서 채단(采緞)과 혼서(婚書)를 넣어서 신부 집으로 보내는 나무 그릇. 봉치함. 함(函)

예:전명 오래된 지난날. ¶-에 살던 곳.

예:전(例典)명 관례(慣例)가 되어 온 법식(法式).

예:전(隷篆)명 예서(隷書)와 전서(篆書).

예전(禮典)명 조선 시대, 육전(六典)의 하나. 예조(禮曹)의 여섯 가지 사무를 규정한 책.

예전(禮電)명 ①사례(謝禮)의 뜻을 전하는 전보(電報). ②의례적인 인사말을 전하는 전보.

예절(禮節)명 예의의 규칙이나 절차. 예도(禮度). 의절(儀節) ¶-이 바른 사람.

예:정(豫定)명-하다타 미리 정함, 또는 미리 정해 놓은 것. ¶내일 모임이 있을 -이다./-을 취소하다.

예:정(豫程)명 미리 정한 노정(路程)이나 일정(日程).

예:정(穢政)명 비정(秕政)

예:정-설(豫定說)명 사람이 구원을 받는 것은 오로지 신(神)의 뜻에 따라 예정되어 있다는 크리스트교의 교리.

예:정-일(豫定日)명 예정한 날짜. ¶출발 -이 다가오다.

예:정=조화(豫定調和)명 라이프니츠의 철학에서, 무한한 개체로 이루어진 세계가 질서를 유지하는 것은, 신(神)이 각 개체 사이에 조화가 이루어지도록 미리 정해 놓았기 때문이라고 하는 학설.

예:정-표(豫定表)명 할 일의 차례를 미리 짜서 적어 놓은 표. ¶이 달의 행사 -.

예-제명 여기와 저기를 아울러 이르는 말.

예제(가) 없다관용 여기나 저기나 구별이 없이 다 같다.

예:제(例題)명 보기로 내는 문제. 예문(例問)

예:제(睿製)명 왕세자나 왕세손이 지은 시문(詩文).

예:제(豫題)명 ①넌지시 미리 알려 준 글제. ②예상 문제.

예제(禮制)명 상례(喪禮)에 관한 제도.

예:조(枘鑿)명 '방예원조(方枘圓鑿)'의 준말.

예:조(銳爪)명 날카로운 손톱이나 발톱.

예조(禮曹)명 고려·조선 시대, 육조(六曹)의 하나. 예의(禮儀)·제향(祭享)·조회(朝會)·교빙(交聘)·학교(學校)·과거(科擧) 등에 관한 일을 맡아보았음.

예조=판서(禮曹判書)명 조선 시대, 예조의 으뜸 관직. 정이품임. 준예판(禮判)

예:종(隷從)명-하다자 남에게 딸리어 매임. 예속(隷屬)

예:좌(猊座)명 사자(獅子)의 자리라는 뜻으로, 불교에서 부처 또는 고승(高僧)이 앉는 자리를 이르는 말. 사자좌(獅子座)

예주(禮奏)명 연주회에서, 앙코르에 대한 답례 연주.

예:증(例症)명 평소에 앓고 있는 병. ☞지병(持病)

예:증(例證)명-하다타 예를 들어 증명함, 또는 증거가 되는 예. ¶-을 보이다.

예:지(睿旨)명 왕세자가 왕을 대리하여 내리는 명령.

예:지(銳志)명 결연한 뜻. 단호하고 날카로운 의지.

예:지(銳智)명 날카로운 지혜.

예:지(豫知)명-하다타 어떤 일이 일어나기 전에 미리 앎. 예견(豫見) ¶사건을 -하다.

예:지(叡智)명 깊은 도리를 깨달을 수 있는 뛰어난 슬기.

예:진(銳進)명-하다자 용감하게 나아감.

예:진(豫診)명-하다타 의사가 진찰에 들어가기 전에, 환자의 증세나 병력 등에 대하여 미리 문진(問診)하는 일.

예:차(預差)명 조선 시대, 차비관(差備官)으로 임용될 사

람을 이르던 말.

예찬(禮讚) 명 -하다 타 ①매우 훌륭히 여겨 칭찬함. ¶국토 ─ ②부처를 예배하고, 그 공덕을 찬양함.

예참(禮參) 명 -하다 자 부처나 보살에게 예배함.

예참(禮懺) 명 -하다 자 부처나 보살에게 예배하고 죄를 참회함.

예:철(睿哲) 어기 '예철(睿哲)하다'의 어기(語基).

예:철-하다(睿哲─) 형여 뛰어나게 총명하다. 영철(英哲)하다

예총(禮銃) 명 군대 의식에서, 경의(敬意)나 축하의 뜻을 나타내기 위하여 쏘는 헛총. ☞예포(禮砲)

예:측(豫測) 명 -하다 타 무슨 일의 결과를 미리 짐작함. 예료(豫料). 예탁(豫度) ¶승패를 ─하기 어렵다. /10년 후의 인구를 ─하다.

예:치(預置) 명 -하다 타 맡겨 둠. ¶돈을 은행에 ─하다.

예:치-금(預置金) 명 보조부(補助簿)에 수지(收支)의 명세를 기록하든지, 원장(元帳)에 한 과목을 만들어 그것만으로 정리하여도 되는 예금.

예:-컨대(例─) 부 이를테면. 예를 들건대.

예:탁(預託) 명 -하다 타 돈이나 물품을 일시적으로 맡김. ¶채권을 ─하다.

예:탁(豫度) 명 -하다 타 예측(豫測)

예:탁(豫託) 명 -하다 타 미리 부탁함.

예:탁(穢濁) 어기 '예탁(穢濁)하다'의 어기(語基).

예:탁-하다(穢濁─) 형여 더럽고 탁하다.

예:탐(豫探) 명 -하다 타 '여탐'의 원말.

예:탐-굿(豫探─) 명 -하다 자 '여탐굿'의 원말.

예:탐-꾼(豫探─) 명 '여탐꾼'의 원말.

예:토(穢土) 명 불교에서, 더러운 국토(國土), 곧 미망(迷妄)에서 벗어나지 못하는 중생이 사는 '이승'을 이르는 말. ☞정토(淨土)

예:통(豫通) 명 -하다 타 미리 알림.

예:투(例套) 명 일상의 일이 된 버릇.

예판(禮判) 명 '예조 판서(禮曹判書)'의 준말.

예:팔(隷八) 명 한문(漢文) 글씨체에서, 예서(隷書)와 팔분(八分)을 아울러 이르는 말.

예:-팥 명 길쭉하게 생긴 붉은팥.

예:편(豫編) 명 -하다 자 예비역(豫備役)에 편입함.

예폐(禮幣) 명 고마움과 공경의 뜻으로 보내는 물품.

예포(禮砲) 명 군대 의식에서, 경의(敬意)나 축하의 뜻을 나타내기 위하여 쏘는 공포(空砲). ☞예총(禮銃)

예:풍(藝風) 명 예술·기예(技藝)·연예(演藝) 등에 나타나는 독특한 풍취나 경향.

예:필(睿筆) 명 왕세자(王世子)의 글씨.

예:하(例下) 명 -하다 타 지난날, 관아에서 금품을 전례(前例)에 따라 내어 주던 일.

예:하(猊下) 명 ①고승을 높이어 일컫는 말. ②중에게 보내는 편지에서, 중 이름 아래에 쓰는 한문 투의 말.

예:하(隷下) 명 어떤 사람이나 조직 따위에 딸려 있음, 또는 딸려 있는 사람이나 조직. ¶─ 부대

예:하-정(例下程) 명 지난날, 외국으로 사신(使臣)이 떠날 때, 전례에 따라 베풀던 잔치.

예:학(睿學) 명 왕세자가 닦는 학문.

예학(禮學) 명 예법(禮法)에 관한 학문.

예항(曳航) 명 -하다 타 배가 다른 배나 뗏목 따위를 끌고 항행(航行)하는 일. 인항(引航)

예:해(例解) 명 -하다 타 예를 들어 설명하거나 해석함.

예:행(豫行) 명 -하다 타 실제로 하기 전에 미리 해봄.

예:행=연:습(豫行演習) 명 식(式)·공연(公演)·운동회 따위의 행사를 하기 전에, 실제와 똑같이 하는 연습. ☞리허설(rehearsal)

예:혈(預血) 명 -하다 자 수혈(輸血)이 필요할 때에 대비하여, 혈액 은행에 피를 맡겨 두는 일.

예:화(例話) 명 실제(實際)의 예를 들어 하는 이야기.

예화(禮化) 명 예의(禮儀)와 교화(敎化).

예:-황제(─皇帝) 명 태평 시대의 임금을 하는 일 없이 편하기만 했을 것으로 여겨 이르는 말.

속담 **예황제 부럽잖다** : 더 이상 바랄 것이 없을 만큼 흡족하고 편안하다는 말. /**예황제 팔자** : 아무 것도 부러울 것이 없는 편안한 처지를 이르는 말.

예:회(例會) 명 날짜를 정하여 정례적으로 모이는 모임.

예:획(隷畫) 명 한문(漢文) 글씨체에서, 예서(隷書)의 자획(字畫)을 이르는 말.

예:후(豫後) 명 ①진단에 따른, 병(病)의 경과에 대한 의학적인 전망. ②병후(病後)의 경과. ¶─가 좋지 않다.

옌장 감 실망하여 하는 말. ¶─, 손해만 봤네.

옐로:저:널리즘(yellow journalism) 명 독자의 관심을 끌기 위해 흥미 본위의 선정적인 기사를 주로 보도하는 태도, 또는 그런 신문. ☞블랙저널리즘(black journalism)

옐로:카:드(yellow card) 명 ①축구 등의 경기에서, 고의적인 반칙이나 비신사적인 행위를 한 선수에게 경고할 때 심판이 내보이는 노란빛 카드. ②해외 여행 때, 필요한 예방 접종을 받았음을 증명하는 국제 예방 접종 증명서를 흔히 이르는 말. 표지가 노란빛임.

옐로:페이지(yellow page) 명 인터넷의 각 사이트를 분야별로 정리해 놓은 주소 목록, 또는 그 인터넷 서비스.

옐로:페이퍼(yellow paper) 명 개인의 추문(醜聞) 등 흥미 본위의 저속한 기사가 많은 신문. 황색 신문(黃色新聞)

옛: 관 지나간 때의. 옛날의 ¶─ 등걸. /─ 모습. /─ 수도(首都). /─ 친구. / ─ 터전. /─ 풍속.

옛:-것[옏─] 명 오랜 옛날의 것.

옛:-길[옏─] 명 지난날 다니던 길. ☞구도(舊道)

옛:-날[옌─] 명 오래된 지난날. 오래된 과거의 한 시기나 한 시점. 석년(昔年). 석일(昔日) ☞왕년(往年)

옛날 옛적에 관용 매우 오래 전에.

속담 **옛날 갑인(甲寅) 날 콩 볶아 먹은 날** : 아주 오랜 옛날이야기임을 이르는 말.

한자 **옛날 석**(昔) 〔日部 4획〕 ¶금석(今昔)/석일(昔日)

옛:날-이야기[옌─리─] 명 예로부터 전해 내려오는 이야기. 고담(古談). 고설(古說). 옛이야기

옛:-말[옌─] 명 ①옛날에 쓰이던 말. 고어(古語) ②예로부터 전해 내려오는 속담, 또는 옛사람의 말. ¶거미줄에 목을 맨다는 ─이 있다. /─에 이르기를 …. ③지난날에 대한 이야기. ¶지금은 ─ 하며 편안히 살게 되었다.

속담 **옛말 그른 데 없다** : 예로부터 전해 내려오는 말에는 틀리는 것이 없다는 말.

옛:-사:람[옏─] 명 ①옛날 사람. 고인(古人) ②지금은 죽고 없는 사람. ¶─이 되다. ③고풍(古風)의 사람. ¶─ 같은 풍모(風貌).

옛:-사랑[옏─] 명 ①지난날의 사랑. ②지난날에 사랑하던 사람.

옛:-이야기[옌니─] 명 옛날이야기

옛:-일[옌닐] 명 옛날의 일. 지나간 일. ¶─을 들먹이다.

옛:-적[옏─] 명 오랜 옛날. 고석(古昔). 구시(舊時). 석시(昔時). 석자(昔者). 왕석(往昔). 재석(在昔)

옛:-정(─情)[옏─] 명 지난날에 사귄 정. 구정(舊情). 전정(前情) ¶─이 새로워지다.

옛:-집[옏─] 명 ①옛날의 집. 오래 묵은 낡은 집. ②예전에 살던 집. ¶─이 그대로 남아 있다.

옛:-터[옏─] 명 옛날에 어떤 건축물이 있었거나, 어떤 사건이 일어났던 곳. ¶왕궁의 ─. /독립 선언의 ─. ☞고기(古基). 고적(古蹟)

옜네[옏─] 감 '여기 있네'가 줄어든 말. '하게' 할 사람에게 무엇을 주려고 부르는 말. ¶─, 이거 뿐일세.

옜다[옏─] 감 '여기 있다'가 줄어든 말. '해라' 할 사람에게 무엇을 주려고 부르는 말. ¶─, 가져라.

옜소[옏─] 감 '여기 있소'가 줄어든 말. '하오' 할 사람에게 무엇을 주려고 부르는 말. ¶─, 이게 마지막이오.

옜습니다[옏─] 감 '여기 있습니다'가 줄어든 말. '합쇼' 할 사람에게 무엇을 주려고 부르는 말. ¶─, 이거면 되겠습니까?

옜어[옏─] 감 ①'여기 있어'가 줄어든 말. ②'옜다'의 반말.

오[1] 명 〈어〉한글 자모(字母) 'ㅗ'의 이름.

오:² 자 '오다'의 '하오' 체 명령형인 '오오'의 준말. ¶어서 ─./이리로 ─.

오:(午) 명 ①십이지(十二支)의 일곱째. ②'오시(午時)'의 준말. ③'오방(午方)'의 준말.

한자 **일곱째 지지 오**(午) 〔十部 2획〕 ¶무오(戊午)/오방(午方)/오시(午時)/임오(壬午)

오:(伍) 명 종대로 정렬하였을 때 기준 줄과 수직 방향으로 늘어선 줄. ☞열(列)

오:(五) 수 수의 한자말 이름의 하나. 사(四)에 일(一)을 더한 수. ☞다섯
관 단위를 나타내는 말 앞에 쓰이어 ①수량이 다섯임을 나타냄. ②차례가 다섯째임을, 또는 횟수가 다섯 번째임을 나타냄. ¶반에서 ─ 등을 했다.

오:(O·o) 명 영어 자모(字母)의 열다섯째 글자.

오:─ 접두 '올-'에서 바뀌어, '올된'의 뜻을 나타냄. ¶오조/오되다

-오- 선미 '-옵-'의 바뀐 꼴. ¶하니→하오니/가나→가오나

-오 어미 ①받침 없는 어간에 붙어, '하오' 할 자리에 쓰이는, 사실 표현이나 의문, 시킴, 요구를 나타내는 표현의 종결 어미. ¶나는 찬성하오!/당신은 반대하오? ☞-으오 ②'아니다'의 어간이나 '이다'의 '이-'에 붙어, '하오' 할 자리에 쓰이는, 사실 표현이나 의문 표현의 종결 어미. ¶꿈이 아니라 현실이오./거짓이 아니오?

오:가(五歌) 명 판소리 열두 마당 중 다섯 마당을 따로 떼어 이르는 말. 춘향가(春香歌)·심청가(沈淸歌)·홍부가(興夫歌)·수궁가(水宮歌)·적벽가(赤壁歌)의 다섯 가지.

오─가다 자타 ①오고 가고 하다. 왕래하다 ¶거리에 오가는 사람들. ②오고 가는 일이 되풀이되다. ¶말다툼 끝에 주먹이 ─.

오가리 명 ①박·호박·가지·무 따위의 살을 얇고 길게 오려서 말린 것. ②식물의 잎이 마르거나 병들어 오글쪼글하게 된 것. 준 오갈

오가리─나물 명 호박 오가리나 가지 오가리, 무 오가리 등을 물에 불렸다가 건져서 물기를 뺀 다음, 간장·깨소금·참기름·파·마늘 따위를 넣고 살짝 볶은 나물.

오가리─들다(─들고·─드니) 자 ①식물의 잎 등이 병들거나 말라 오글쪼글해지다. ②좋지 않은 일이 잇달아서 형편이 옹색해지다. 준 오갈들다

오가리─솥 명 아가리가 안쪽으로 옥은 옹달솥.

오:가─작통(五家作統) 명 오가작통법(五家作統法)

오:가─작통법(五家作統法)[─뻡] 명 조선 시대, 범죄자의 색출과 세금 징수, 부역의 동원 따위를 효과적으로 실시하려고 다섯 민가를 한 통(統)으로 편성하던 제도.

오:가─재비(五─) 명 굴비나 자반 준치 따위를 한 줄에 다섯 마리씩 엮은 것.

오:가─피(五加皮) 명 '오갈피'의 원말.

오:가피─나무(五加皮─) 명 '오갈피나무'의 원말.

오:가피─주(五加皮酒) 명 '오갈피술'의 원말.

오:각(五角) 명 ①다섯모 ②'오각형(五角形)'의 준말.

오:─각(O脚) 명 두 다리를 한데 모으고 섰을 때, 무릎이 붙지 않고 바깥쪽으로 휘어진 모양의 다리. 내반슬(內反膝) ☞엑스각

오:각─기둥(五角─) 명 밑면이 오각형인 각기둥. 오각주

오각─대(烏角帶) 명 조선 시대, 정칠품에서 종구품까지의 관원들이 띠던 품대(品帶)의 한 가지. 은(銀) 테두리에 검은 뿔 조각을 붙였음.

오:각─뿔(五角─) 명 밑면이 오각형으로 된 각뿔. 오각추

오:각─주(五角柱) 명 오각기둥

오:각─추(五角錐) 명 오각뿔

오:각─형(五角形) 명 다섯 개의 선분으로 둘러싸인 평면도형. 준 오각(五角)

오:간(午間) 명 낮때

오갈 명 '오가리'의 준말.

오갈─들다(─들고·─드니) 자 ①'오가리들다'의 준말. ②겁을 먹어 기를 펴지 못하다. ¶오갈든 닭처럼 달아나다.

오갈─병(─病)[─뻥] 명 농작물의 잎이나 줄기가 오그라들며 약해지거나 말라 죽거나 하는 병해(病害). 바이러스로 감염되어 벼, 보리, 무, 콩 따위에 발생함. 위축병(萎縮病)

오:갈피(∠五加皮) 명 한방에서, 오갈피나무의 뿌리 껍질과 줄기 껍질을 이르는 말. 성질은 온(溫)하며 강장제나 진통제 따위로 쓰이고, 오갈피술을 담그기도 함. 원 오가피(五加皮)

오:갈피─나무(∠五加皮─) 명 오갈피나뭇과의 낙엽 관목. 높이는 3~4m. 줄기에 가시가 있고, 잎은 다섯 장의 작은 잎으로 이루어지는 손바닥 모양의 겹잎임. 암수딴그루로 여름에 자줏빛의 잔 꽃이 산형(繖形) 꽃차례로 모여서 핌. 열매는 장과(漿果)로 10월경에 검게 익음. 껍질은 '오갈피'라 하여 한방에서 약재로 쓰임. 원 오가피나무

오:갈피─술(∠五加皮─) 명 멥쌀, 누룩, 오갈피 달인 물을 넣어 담그는 술. 허리 아픈 데에 약으로 쓰임. 원 오가피주(五加皮酒)

오:감(五感) 명 시각(視覺)·청각(聽覺)·후각(嗅覺)·촉각(觸角)·미각(味覺)의 다섯 감각.

오:감─스럽다(─스럽고·─스러워) 형ㅂ 말이나 행동이 오괴하고 경망스럽다.
오감─스레 부 오감스럽게

오:감─하다 형여 분수에 맞아 만족하게 여길만 하다. ¶오두막집도 제게는 오감하지요.

오:강(五江) 명 지난날, 도성(都城)으로 이어지는 나루가 있던 한강(漢江)·용산(龍山)·마포(麻浦)·현호(玄湖)·서강(西江) 등 다섯 군데의 강 마을을 이르던 말.
속담 **오강 사공의 닻줄 감듯** : 둘둘 동인다는 말. 〔육모 얼레에 연줄 감듯〕

오:─거리(五─) 명 길이 다섯 방향으로 갈라진 곳.

오:거─서(五車書) 명 다섯 수레에 실을만 한 많은 책이라는 뜻으로, 장서(藏書)가 많음을 이르는 말.

오:견(誤見) 명 옳지 못한 생각이나 잘못된 견해.

오:결(誤決) 명─하다 타 잘못 처결함, 또는 그 처결.

오:경(五更) 명 ①지난날, 하루의 밤 시간을 다섯으로 등분하여 이르던 말. 곧 초경(初更)·이경(二更)·삼경(三更)·사경(四更)·오경(五更). ☞오야(五夜) ②지난날, 하루의 밤 시간을 다섯으로 등분한 다섯째 시간. 지금의 오전 세 시부터 오전 다섯 시까지의 동안. 무야(戊夜) ☞잔경(殘更)

오:경(五硬) 명 한방에서, 어린아이의 손·다리·허리·살·목 다섯 군데가 뻣뻣해지는 병증을 이르는 말. ☞오연

오:경(五經) 명 유교(儒教)에서 중요하게 여기는 다섯 경서(經書). 주역(周易)·시경(詩經)·서경(書經)·예기(禮記)·춘추(春秋)를 이름.

오경(烏鏡) 명 '오수경(烏水鏡)'의 준말.

오:계(五戒) 명 불교에서 이르는, 재가(在家)의 신자가 지켜야 할 다섯 가지 금계(禁戒). 곧 살생(殺生)·투도(偸盜)·사음(邪淫)·망어(妄語)·음주(飮酒)를 이름. ②세속오계(世俗五戒)

오:계(午鷄) 명 한낮에 우는 닭.

오:계(悟界) 명 불교에서, 오도(悟道)의 세계를 이르는 말. ☞미계(迷界)

오계(烏鷄) 명 '오골계(烏骨鷄)'의 준말.

오:계(誤計) 명 그릇된 계획이나 계책(計策).

오:계─성(午鷄聲) 명 한낮에 우는 닭의 울음 소리.

오:고(五苦) 명 ①불교에서 이르는, 인생의 다섯 가지 괴로움. 곧 생고(生苦)·병고(病苦)·노고(老苦)·사고(死苦)·애별리고(愛別離苦)를 이름. ②불교에서, 미계(迷界)인 오취(五趣)에서 받는다는 다섯 가지 괴로움. 곧 제천고(諸天苦)·인도고(人道苦)·축생고(畜生苦)·아귀고(餓鬼苦)·지옥고(地獄苦)를 이름.

오:고(午鼓) 명 지난날, 임금이 정전(正殿)에 있을 때, 정오(正午)를 알리기 위해 치던 북.

오:곡(五穀) 명 ①다섯 가지 주요 곡식. 보통 쌀·보리·

조·콩·기장을 이름. ②'곡식'을 통틀어 이르는 말.
오:곡-밥(五穀一)명 다섯 가지 곡식으로 지은 밥. 특히 쌀·차조·찰수수·검정콩·붉은팥을 섞어 지어 먹는, 정월 대보름날의 절식(節食)을 이름.
오:곡-백과(五穀百果)명 온갖 곡식과 과실.
오:곡-수라(五穀∠水剌)명 지난날, 궁중에서 수라상에 차리는 '오곡밥'을 이르던 말.
오:곡-충(五穀蟲)명 똥에 생긴 구더기.
오골-계(烏骨鷄)명 닭의 한 품종. 몸집이 작고, 깃털 빛에는 검은 것과 흰 것이 있으나, 살갗·살·뼈는 모두 검은빛임. 동남 아시아 원산(原産)임. 흔히 민간에서 습증(濕症)·풍병(風病)·허약증(虛弱症)에 약으로 삶아 먹음. ㊟오계(烏鷄)
오골-호:박명 거죽이 오그라진 호박.
오공(蜈蚣)명 ①'지네'의 딴이름. ②한방에서, 말린 지네를 약재로 이르는 말. 어린아이의 임파선염·늑막염 등에 약으로 쓰임.
오공-계(蜈蚣鷄)명 내장을 들어낸 닭에 말린 지네를 넣고 곤 국. 내종(內腫)이나 부족증 등에 약으로 쓰임.
오:공-이(悟空一)명 잡상(雜像)의 손오공(孫悟空)처럼 생겼다는 뜻으로, 몸이 작고 옹골찬 사람을 놀리어 이르는 말.
오공-철(蜈蚣鐵)명 지네철
오:과(五果)명 다섯 가지 주요 과실. 보통 복숭아·자두·살구·밤·대추를 이름.
오:과-차(五果茶)명 호두·은행·대추·밤·곶감을 새앙과 짓이겨 두었다가 달인 차. 감기나 기침 따위에 효과가 있음.
오:관명 골패나 화투를 늘어놓으면서, 같은 패가 나오거나 바닥의 패와 끗수를 합하여 일정한 수가 되거나 했을 때, 그 패를 떼어 나가는, 혼자 하는 놀이의 한 가지.
오관(을) 떼다관용 혼자서 오관을 놀다.
오:관(五官)명 오감(五感)을 낳는 다섯 가지 감각 기관. 곧 눈〔시각〕·귀〔청각〕·혀〔미각〕·코〔후각〕·피부〔촉각〕를 이름.
오:관(五款)명 천도교에서, 교인이 하는 다섯 가지 수도(修道)의 항목. 곧 주문(呪文)·청수(淸水)·시일(侍日)·성미(誠米)·기도(祈禱)를 이름.
오:관-떼:기명-하다자 화투나 골패로 오관을 떼는 일, 또는 그 놀이.
오:광(五光)명 화투 놀이에서, 솔·벚꽃·공산·오동·비의 스무 끗짜리 다섯 장을 이르는 말.
오:괴(迂怪)어기 '오괴(迂怪)하다'의 어기(語基).
오:괴-하다(迂怪一)형여 사리에 어둡고 괴까다롭다.
오:교(五敎)명 ①유교에서, 오륜(五倫)의 가르침을 이르는 말. ②신라 시대에 있던 불교의 다섯 종파. 열반종(涅槃宗)·계율종(戒律宗)·법성종(法性宗)·화엄종(華嚴宗)·법상종(法相宗)을 이름.
오:교(誤校)명 잘못된 교정(校正).
오구명 물고기 잡는 기구의 한 가지. 용수 모양의 그물 아가리에 둥근 테를 메우고 '十'자형의 긴 자루를 맨 것. 잠자리채와 비슷함.
오구(汚垢)명 더러운 때.
오구(烏口)명 가막부리
오구(烏韭)명 '맥문동(麥門冬)'의 딴이름.
오구-나무(烏臼一)명 대극과의 낙엽 교목. 높이 10m 안팎. 마름모꼴의 잎은 어긋맞게 나며 가을에 붉게 물듦. 암수한그루로 초여름에 누런빛의 잔 꽃이 총상(總狀) 꽃차례로 피는데, 윗부분이 수꽃이고 아래 부분이 암꽃임. 길이 1cm 가량의 길둥근 열매는 흑갈색으로 익으며 씨앗에서 뽑는 납(蠟)은 초·비누의 원료가 됨. 중국 원산으로 우리 나라 남부에 자람. 오구목
오구-목(烏臼木)명 오구나무
오구-잡탕(烏口雜湯)명 오사리잡놈
오:-구족(五具足)명 부처 앞에 차려 놓는 다섯 개의 기구. 곧 촛대 한 쌍, 꽃병 한 쌍, 향로 한 개를 이름.
오:국(誤國)명-하다자 나라의 장래를 그르침.
오:-군문(五軍門)명 오군영(五軍營)
오:-군영(五軍營)명 조선 시대, 임진왜란 후 오위(五衛)를 고쳐 두었던 다섯 군영인 훈련 도감(訓鍊都監)·금위영(禁衛營)·어영청(御營廳)·수어청(守禦廳)·총융청(摠戎廳)을 통틀어 이르던 말. 오군문. 오영문(五營門)
오:궁-도화(五宮桃花)명 바둑에서, 열십자 모양의 빈 집 다섯이 상대편의 돌들로 에워싸인 상태를 이르는 말. 상대편이 한가운데에 돌을 놓으면 두 집을 내지 못하여 죽음. ☞매화육궁(梅花六宮)
오귀명 죽은 이의 넋을 극락으로 인도하는 굿.
오귀-발명 '불가사리[2]'의 딴이름.
오그라-들다(一들고·一드니)자 ①오그라져서 작아지거나 오목하게 되다. ¶공기가 새어 풍선이 一. ☞우그러들다 ②형세나 형편이 전보다 못하게 되다. ¶살림이 많이 오그라들었다.
오그라-뜨리다(트리다)타 오그라지게 하다. ☞우그러뜨리다
오그라-지다자 ①물체의 거죽이 안쪽으로 옥아 들다. ¶오그라진 깡통. ☞우그러지다 ②물체의 거죽이 주름이 지면서 줄어지거나 쪼그라지다. ¶말라 오그라진 나뭇잎. ③사업이나 살림의 규모가 작아지다. ¶가세가 一.
오그랑-망태명 ①아가리에 돌려 꿴 줄로 오그렸다 벌렸다 하는 망태기. ②일이 아주 형편없이 된 상태를 비유하여 이르는 말. 오그랑쪽박 ¶살림이 一가 되다.
오그랑-오그랑부-하다형 여러 군데가 안쪽으로 좀 오그라져 있는 모양을 나타내는 말. ☞오그랑쪼그랑. 우그렁우그렁. 쪼그랑쪼그랑
오그랑-이명 ①오그랑하게 생긴 물건. ②마음씨가 올바르지 아니한 사람을 비유하여 이르는 말. ☞우그렁이. 쪼그랑이
오그랑-장사명 이익을 못 남기고 밑천을 먹어 들어가는 장사. 밑지는 장사. ㊟옥장사
오그랑-쪼그랑부-하다형 여러 군데가 오그랑하고 쪼그랑한 모양을 나타내는 말. ☞오그랑오그랑. 우그렁쭈그렁. 쪼그랑쪼그랑
오그랑-쪽박명 ①시들어서 쪼그라진 작은 박. ②덜 여문 박으로 만들어 오그라진 쪽박. ③오그랑망태
오그랑-하다형여 안쪽으로 좀 오그라져 있다. ¶아가리가 오그랑한 항아리. ☞우그렁하다. 쪼그랑하다
오그르르[1]부 적은 양의 액체가 갑자기 끓어오르는 모양을 나타내는 말. ☞보그르르. 와그르르. 우그르르[1]
오그르르[2]부-하다형 벌레 따위가 한곳에 배좁게 많이 모여 있는 모양을 나타내는 말. ☞와그르르. 우그르르[2]
오그리다타 오그라지게 하다. ¶몸을 오그리고 앉다. ☞우그리다
오:극(五極)명 다섯 가지의 최고의 덕(德). 인(仁)·의(義)·예(禮)·지(智)·신(信)을 이름.
오:근(五根)명 ①불교에서 이르는, 다섯 가지 감각 기관. 눈·귀·코·혀·몸을 이름. ②불교에서, 깨달음에 이르기 위한 수행의 다섯 가지 근본. 신근(信根)·진근(進根)·염근(念根)·정근(定根)·혜근(慧根)을 이름.
오글-거리다(대다)자 ①액체가 오글오글 끓어오르다. ②벌레 따위가 한곳에 배좁게 많이 모여 번잡스레 움직이다. ☞보글거리다. 와글거리다. 우글거리다
오글-보글부 액체가 오글거리고 보글거리는 소리, 또는 그 모양을 나타내는 말. ☞우글부글
오글-오글[1]부 오글거리는 모양을 나타내는 말. ☞보글보글. 와글와글. 우글우글[1]
오글-오글[2]부-하다형 ①여러 군데가 오그라진 모양을 나타내는 말. ¶커튼에 一 주름을 잡다. ②잔주름이 많은 모양을 나타내는 말. ¶一 주름진 얼굴. ☞우글우글[2]
오글-쪼글부-하다형 여러 군데가 오그라지고 쪼그라진 모양을 나타내는 말. ¶一해진 얼굴. ☞우글쭈글
오금명 ①무릎의 구부러지는 안쪽 부분. ②'팔오금'의 준말. ③'한오금'의 준말.
오금아 날 살려라관용 위급한 지경에서 도망칠 때 다리가 빨리 움직여 주기를 바라는 마음에서 하는 말. ☞걸

음아 날 살려라
오금에서 불이 나게 관용 오금에서 불이 날 정도로 바삐 싸다니는 모양을 나타내는 말.
오금을 떼다 관용 걸음을 옮기다. 걷기 시작하다.
오금을 못 쓰다 관용 몹시 마음이 끌려 스스로 억제하지 못하다. 오금을 못 펴다. ¶술이라면 오금을 못 쓴다.
오금을 못 추다 관용 힘이 빠지거나 앓아눕거나 하여 제 몸을 가누지 못하다.
오금을 못 펴다 관용 오금을 못 쓰다.
오금을 박다 관용 함부로 말하거나 행동하지 못하도록 쐐기를 박다. ¶말할 때마다 곁에서 ─.
오금을 박히다 관용 남에게 쐐기를 박히어 함부로 말하거나 행동할 수 없게 되다.
오금이 굳다 관용 꼼짝을 못하게 되다.
오금이 쑤시다 관용 무슨 일이 하고 싶어 가만히 있지 못하다. ¶오금이 쑤셔 견딜 수가 없다.
오금이 저리다 관용 잘못이 들통날 것 같아 마음이 편치 않다. ¶선생님께 야단맞을 일을 생각하니 오금이 저려 온다.
오:금(五金) 명 금·은·구리·철·주석의 다섯 가지 금속.
오금(烏金) 명 ①구리에 금 1~10%를 섞은 합금. 빛깔이 검붉으며 장식물을 만드는 데 쓰임. ② 철 또는 적동(赤銅) 을 달리 이르는 말. ③'먹'을 달리 이르는 말.
오금-걸이 명 씨름의 다리기술의 한 가지. 오른다리로 상대편의 오른쪽 오금을 안쪽으로 걸어 밀어젖혀 넘어뜨리는 공격 재간. ☞뒷발목걸이
오금-당기기 명 씨름의 손기술의 한 가지. 상대편의 오금을 자기의 두 다리 사이로 끌어당기면서 넘어뜨리는 공격 재간. ☞앞무릎뒤집기
오금-대:패 명 나무를 우비어 깎는 데 쓰는 대패.
오금-뜨다(─뜨고·─떠) 자 차분히 있지 못하고 들떠서 나덤비다.
×오금-탱이 명 →오금팽이
오금-팽이 명 ①'오금'을 낮추어 이르는 말. ②구부러진 물건에서, '오금'에 해당하는 부분을 이르는 말.
오긋-오긋[─귿─] 부-하다 형 여러 군데가 안쪽으로 좀 옥은듯 한 모양을 나타내는 말. ☞우긋우긋
오긋-하다[─귿─] 형여 안쪽으로 좀 옥은듯 하다. ¶오긋한 턱. ☞우긋하다
오긋-이 부 오긋하게
오:기(五紀) 명 ①세시(歲時)를 바로잡는 다섯 가지. 곧 세(歲)·월(月)·일(日)·성신(星辰)·역수(曆數)의 다섯 가지 질서. ②12년을 1기(紀)로 하는 데서, '60년'을 이르는 말.
오:기(五氣) 명 ①심장·간장·비장·폐장·신장의 오장(五臟)에서 나오는 다섯 가지 기운. ②목(木)·화(火)·토(土)·금(金)·수(水)의 오행(五行)의 기(氣). ③동·서·남·북과 중앙의 다섯 가지 기. 추위·더위·메마름·습기·바람을 이름. ⑤기쁨·노여움·욕심·두려움·근심의 다섯 가지 감정.
오:기(傲氣) 명 남에게 지기 싫어하는 마음. ¶─를 부리다./─로 버티다.
속담 **오기에 쥐 잡는다** : 쓸데없이 오기를 부리다가 낭패를 본다는 말.
오:기(誤記) 명-하다 타 잘못 적음, 또는 그 글자나 글. ¶옛 기록에도 ─가 더러 있다.
오나-가나 부 어디로 가든지 마찬가지로. 가는 곳마다. 어디서나. 가나오나 ¶─ 불평이다.
오나니(Onanie 독) 명 수음(手淫)
오:납(誤納) 명-하다 타 세금 따위를 잘못 냄.
오:낭(五囊) 명 염(殮)할 때, 죽은 이의 머리털, 좌우의 손톱·발톱을 잘라서 넣는, 다섯 개의 작고 붉은 주머니.
오:내(五內) 명 한방에서, '오장(五臟)'을 달리 이르는 말.
오:냐 감 ①아랫사람에게 대답하여, 승낙이나 동의를 나타내는 말. ¶─, 그렇게 해라./─, 알겠다. ②혼잣말로 벼르거나 다짐하는 말. ¶─, 꼭 해내고야 말겠다.
오:냐오냐-하다 자타여 응석이나 투정 따위를 다 받아 주다. ¶외아들이라고 오냐오냐했더니 버릇이 없다.

오:너(owner) 명 회사·상점·선박 따위의 소유자.
오:너드라이버(owner driver) 명 자기의 자동차를 자기가 운전하는 사람.
오:너먼트(ornament) 명 ①장식이나 장식품. ②인쇄에서, 장식적인 무늬로 된 괘선.
오:년(午年) 명 간지(干支)의 지지(地支)가 오(午)인 해. 갑오년(甲午年)·병오년(丙午年) 따위. ☞말해. 십이지(十二支). 지지(地支). 태세(太歲)
오:뇌(懊惱) 명-하다 자 뉘우쳐 한탄하고 괴로워함.
오-누 명 '오누이'의 준말.
오-누이 명 오라비와 누이. 남매(男妹) 준 오누. 오뉘
오-뉘 명 '오누이'의 준말.
오뉘-죽(─粥) 명 ①멥쌀에 간 팥을 섞어 쑨 죽. ②삶은 팥을 체로 밭은 팥물을 끓이다 불린 멥쌀을 넣어 쑨 죽.
오:-뉴월(∠五六月) 명 ①오월과 유월을 아울러 이르는 말. ②음력 오월과 유월에 해당하는, 한창 더운 여름철을 이르는 말. ¶찌는듯 한 ─ 더위.
속담 **오뉴월 감기는 개도 아니 앓는다** : 여름에 감기를 앓는 사람을 놀리어 이르는 말./**오뉴월 개가죽 문인가** : 추운 날 방문을 열어 놓고 다니는 사람에게 핀잔 주는 말./**오뉴월 겻불도 쬐다 나면 서운하다** : 평소에 쓸모 없는 것으로 여겨지던 것도 없어지면 아쉬움을 느낀다는 말./**오뉴월 녹두 깜대기 같다** : 매우 신경질적이어서 툭 건드리기만 하여도 쏘아 버린다는 말./**오뉴월 닭이 여북해서 지붕을 허비랴** : 어쩔 수 없이 그렇게까지 하게 되었음을 이르는 말./**오뉴월 더위에는 암소 뿔이 물러 빠진다** : 오뉴월이 더위가 가장 심하다는 말./**오뉴월 두룽다리** : 제철에 맞지 않아 쓸데없이 된 물건을 이르는 말./**오뉴월 바람도 불면 차갑다** : 아무리 미약한 것이라도 계속되면 무시 못할 결과를 가져온다는 말./**오뉴월 배 양반이요 동지섣달은 뱃놈** : 뱃사공들은 여름에는 물 위에서 더운 줄 모르고 지내지만, 겨울에는 물 위에서 생활하기가 매우 고생스럽다 하여 이르는 말./**오뉴월 병아리 하루 볕이 새롭다** : 짧은 동안에 자라는 정도의 차이가 뚜렷할 경우를 이르는 말. 〔오뉴월 볕 하루만 더 쬐어도 낫다〕/**오뉴월 볕은 솔개만 지나도 낫다** : 한여름의 땡볕은 조그만 그림자만 있어도 낫다는 말./**오뉴월 소나기는 쇠 등을 두고 다툰다** : 여름 소나기는 아주 좁은 지역에서도 내리는 곳이 있고 내리지 않는 곳이 있다는 말. 〔오뉴월 소나기 닫는 말 한쪽 귄 젖고 한쪽 귄 안 젖는다〕/**오뉴월 손님은 호랑이보다 무섭다** : 더운 여름날에 손님 접대하기가 매우 힘든 일임을 이르는 말./**오뉴월 쇠파리 같다** : ①몹시 성가시게 구는 것을 비유하여 이르는 말. ②먼데 있으면서도 먹을 것을 잘 알아서 와 먹는 사람을 이르는 말./**오뉴월에 감주 맛 변하듯** : 매우 빨리 변하여 못 쓰게 되는 것을 비유하여 이르는 말./**오뉴월에 얼어 죽는다** : 춥지도 않은데 추워하며 지나치게 추위를 못 이기는 사람을 놀리어 이르는 말.
오:뉴월-염천(∠五六月炎天)[─렴─] 명 음력 오뉴월 무렵의 아주 심한 더위를 이르는 말.
오늘 명 ①지금의 이 날. 금일(今日) ¶어제와 ─./─의 날씨. ②'오늘날'의 준말. ¶─의 경제 발전.
부 지금의 이 날에. ¶─ 할 일./─ 만나고 싶다.
오늘-껏 부 오늘까지도 아직. ¶─ 소식이 없다.
오늘-날 명 지금의 이 시대. 현금(現今) ¶─의 국제 정세. 준 오늘
오늘-내일(─來日)[─래─] 명 ①오늘이나 내일. ¶─이 고비가 될 것이다. ②〔부사처럼 쓰임〕 오늘이나 내일 사이에. 멀지 않아. ¶─ 결말이 날 수는 없다.
오늘내일 하다 관용 일이 가까이 다가왔음을 이르는 말. ¶오늘내일 하는 병세(病勢).
오늘-따라 부 ①하필 오늘 같은 날에. ¶─ 날씨가 차다. ②여느 때와는 다르게. ¶─ 손님이 많다.
오늬 명 화살 끝을 시위에 메길 수 있게 두 갈래 지게 에어 낸 부분. 흔히 짐승의 뼈 같은 것으로 따로 만들어 붙임.
오늬-도피(─桃皮) 명 화살의 오늬를 싸는 복숭아나무의

껍질.
×오니 명 →오늬
오:니(汚泥) 명 더러운 흙.
-오니까 어미 ①받침 없는 형용사 어간에 붙어, '-옵니까'의 뜻으로 쓰이는 예스러운 종결 어미. ¶대붕(大鵬)이 얼마나 크오니까?/얼마나 바쁘오니까? ☞-으오니까 ②'아니다'나 '이다'의 어간에 붙어, '-옵니까'의 뜻으로 쓰이는 예스러운 종결 어미. ¶돈이 무엇이오니까?/그 분은 선비가 아니오니까?
오다 (오너라) 자너라 ①어떤 대상이 이쪽을 향하여 움직이다. ¶버스가 ―./누가 오는구나./이리 오너라. ②어떤 시기나 시간·기회 따위가 닥치다. 이르다¹ ¶봄이 오다./때가 왔다./차례가 ―./가는 세월, 오는 세월. ③편지·전화·소식·물건 따위가 이쪽으로 전해지다. ¶편지가 ―./짐이 ―./좋은 소식이 왔다. ④비·눈 따위가 내리거나, 추위·더위 따위가 닥치다. ¶비가 ―./강추위가 ―./태풍이 ―. ⑤유래하다. 기인하다 ¶영어에서 온 말./과로에서 오는 병./경영 부실에서 오는 도산. ⑥상황이 바뀌어 어떤 상태가 되다. ¶전쟁이 끝나고 평화가 ―./불황이 ―./고생 끝에 낙(樂)이 ―. ⑦길이나 깊이 따위가 어느 정도에 이르다. ¶무릎까지 오는 바지./허리까지 오는 냇물. ⑧어떤 반응·감각·감정이 일어나다. ¶가슴에 와 닿는 말./무엇을 표현하려 했는지, 느낌이 잘 오지 않는다. ⑨어떤 생리적 현상이나 변화가 일어나다. ¶잠이 ―./졸음이 ―./몸살이 오는 모양이다. ⑩전기가 통하거나 전등이 켜지다. ¶벽지라서 전기가 오지 않는다./불이 왔다. ⑪근무 따위를 위하여 다른 곳에서 이쪽으로 이동하다. ¶새로 오신 선생님. ⑫'와서'의 꼴로 쓰이어, '이르러'의 뜻을 나타냄. ¶이제 와서 생각해 보니…./오늘에 와서야 알게 되었다. ⑬〔타동사처럼 쓰임〕 어떤 목적을 가지고 이쪽으로 이동하다. ¶구경을 ―./면회를 ―. ☞가다
조동 〔본용언(本用言) 다음에 쓰이어〕 ①조금씩 진행되어 차츰 그런 상태가 되고 있음을 나타냄. ¶날이 밝아 ―./물이 가슴까지 차 ―. ②어떤 동작이나 상태가 이제까지 진행되고 있음을 나타냄. ¶열심히 일해 ―./즐겁게 살아온 인생./오래 끌어 온 교섭./오늘날까지 참아 왔다. ☞가다
오너라 가너라 하다 관용 오라 가라 하다.
오라 가라 하다 관용 제멋대로 남을 오라느니 가라느니 하다. 오너라 가너라 하다.
속담 **오는 말이 고와야 가는 말이 곱다**: 남이 나에게 공손하면 나도 상대편에게 공손하게 마련이라는 말. 〔가는 말이 고와야 오는 말이 곱다〕/**오는 정(情)이 있어야 가는 정이 있다**: 남이 나에게 잘해 주면, 나도 그에게 잘해 주게 마련이라는 말.

한자 올 래(來) 〔人部 6획〕 ¶내객(來客)/내방(來訪)/내빈(來賓)/내습(來襲)/내신(來信)/내왕(來往)/내한(來韓)/왕래(往來) ▷ 속자는 来

오다-가다 부 ①오고 가는 겨를에. ¶― 들르는 서점. ②가끔 어쩌다가. ③우연하게 ¶― 만난 사람.
오:단(誤斷) 명 -하다 타 잘못 판단함, 또는 그 판단.
오:단계=교:수법(五段階敎授法) 명 -하다 타 수업 전개 방식의 한 가지. 예비·제시·비교·총괄·응용의 다섯 단계로 이루어짐.
오:달-지다 형 올차고 야무지다. ¶말씨가 ―./오달진 사람. 준 오지다. 올지다
오:답(誤答) 명 틀린 답. ☞정답(正答)
오:대(五大) 명 불교에서 이르는, 만물을 만들어 내는 다섯 가지 요소(要素). 지(地)·수(水)·화(火)·풍(風)·공(空)을 이름.
오:대(五帶) 명 지구상의 다섯 기후대(氣候帶). 곧 열대, 남북의 두 온대와 두 한대를 이름.
오대(烏臺) 명 지난날, '사헌부(司憲部)'를 달리 이르던 말.
오:대-명왕(五大明王) 명 불교에서, 오방(五方)을 지킨다는 명왕을 이르는 말.
오:-대:양(五大洋) 명 지구상의 다섯 대양. 태평양·대서양·인도양·남극해·북극해를 이름.
오:대-조(五代祖) 명 고조(高祖)의 어버이. 할아버지의 증조(曾祖)를 이름.
오:-대:주(五大洲) 명 지구상의 다섯 대륙. 아시아주·유럽주·아프리카주·오세아니아주·아메리카주를 이름. 준 오주(五洲)
오:더(order) 명 ①차례. 순서(順序) ②주문(注文) ③'배팅오더(batting order)'의 준말.
오:덕(五德) 명 ①유교에서 이르는 다섯 가지 덕목. 온화(溫和)·양순(良順)·공손(恭遜)·검소(儉素)·겸양(謙讓)을 이름. ②병가(兵家)에서 이르는 다섯 가지 덕목. 지(智)·신(信)·인(仁)·용(勇)·엄(嚴)을 이름.
오:도(五道) 명 오취(五趣)
오:도(悟道) 명 -하다 자 불도(佛道)의 진리를 깨달음.
오:도(誤導) 명 -하다 타 그릇 인도함. ¶독자를 ―하는 기사.
오도깝-스럽다 (-스럽고·-스러워) 형ㅂ 경망하게 덤비는 태도가 있다. ¶손님들 앞에서 오도깝스럽게 굴다.
오도깝-스레 부 오도깝스럽게
오:-도깨비 명 괴상한 잡것.
오도당-거리다(대다) 자 오도당오도당 소리를 자꾸 내다. ☞우두덩거리다
오도당-오도당 부 목직하고 단단한 물체들이 서로 자꾸 부딪칠 때 요란하게 울리어 나는 소리를 나타내는 말. ¶의자들이 마룻바닥에 ― 넘어지다. ☞우두덩우두덩
오도독-거리다(대다) 자타 오도독오도독 소리를 자꾸 내다. ☞오독거리다. 우두둑거리다.
오도독-오도독 부 날밤 따위를 천천히 자꾸 씹을 때 나는 소리를 나타내는 말. ¶날밤을 ― 깨물다. ☞오독오독. 우두둑우두둑
오도독-뼈 명 소나 돼지의 여린 뼈.
오도독-주석(-朱錫) 명 빛깔이 노란 주석.
오:도=명관(五道冥官) 명 불교에서 이르는, 지옥에서 오도(五道)로 가는 중생의 선악을 판정한다는 관리.
오:-도:미 명 '옥돔'의 딴이름. 준 오돔
오도-방정 명 몹시 방정맞은 말이나 짓. ¶―을 떨다.
오도카니 부 작은 사람이 한곳에 멀거니 서 있거나 앉아 있는 모양을 나타내는 말. ¶하루 종일 사랑 마루 기둥에 ― 기대 앉아 하늘만 쳐다보다. ☞우두커니
오:독(汚瀆) 명 -하다 타 어떤 것을 더럽힘.
오:독(誤讀) 명 -하다 타 잘못 읽음.
오독-거리다(대다) 자타 오독오독 소리를 자꾸 내다. ☞오도독거리다. 우둑거리다
오독도기 명 미나리아재빗과의 여러해살이풀. 줄기 높이 40~70cm. 줄기는 모가 지고 곧게 서며, 흑갈색의 뿌리는 굵고 큼. 뿌리에서 돋는 잎은 잎자루가 길고, 줄기에서 돋는 잎은 잎자루가 짧으며 손바닥 모양임. 늦여름에 엷은 자줏빛 꽃이 총상(總狀) 꽃차례로 핌. 독성이 있으나 뿌리는 한방에서 진통·진경제 등으로 쓰임. 우리 나라 각처의 산지에 자람.
오독-오독 부 날밤 따위를 자꾸 단단히 깨물어 씹을 때 나는 소리를 나타내는 말. ¶날고구마를 ― 씹어 먹다. ☞오도독오도독. 우둑우둑
오돌독[-똑] 명 경기 민요의 한 가지. 제주도 민요인 '오돌또기'가 전해져 사설이 달라진 것임.
오돌또기 명 제주도 민요의 한 가지. 앞소리가 네 장단, 뒷소리가 네 장단인 장절(章節) 형식의 굿거리장단으로, 선법(旋法)이 계면조적이며 남국적인 정서가 짙음.
오돌-오돌 부 -하다 형 잘 씹히지 않을 정도로 단단하면서 탄력이 있는 느낌을 나타내는 말. ¶― 씹히는 해삼. ☞우둘우둘
오돌-토돌 부 -하다 형 물체의 거죽이나 바닥이 고르지 않게 군데군데 도드라져 있는 모양을 나타내는 말. ¶여드름이 ― 돋기 시작하다. ☞우둘투둘
오:-돔 명 '오도미'의 준말.
오동 명 배의 높이.
오동(烏銅) 명 검은빛이 나는 적동(赤銅). 오금(烏金)과 같

은 광택이 있어 장식품에 쓰임.

[속담] **오동 숟가락에 가물치 국을 먹었나** : 검은빛의 숟가락으로 검은 물고기의 국을 먹었느냐의 뜻으로, 살갗이 검은 사람을 놀리는 말.

오동(梧桐)[명] ①오동나무 ②화투 딱지의 한 가지. 11월을 상징하여 오동나무를 그린 딱지. 광(光), 껍데기 석 장으로 이루어짐. ☞비[2]

오동-나무(梧桐-)[명] 현삼과의 낙엽 활엽 교목. 높이 15 m 안팎. 잎은 넓은 심장 모양이며 가장자리에 톱니가 없음. 5~6월에 흰빛을 띤 자줏빛 꽃이 원추(圓錐) 꽃차례로 피고, 열매는 끝이 뾰족한 둥근 삭과(蒴果)로 10월경에 익음. 정원수로도 가꾸고, 목재는 옷장이나 악기의 재료로 쓰임. 경상 북도 울릉도 원산으로 평안 남도 이남에 분포함.

[속담] **오동나무 보고 춤춘다** : 오동나무를 보고, 오동나무로 만든 거문고를 생각하며 춤을 춘다는 뜻으로, 지나치게 성급한 사람을 두고 이르는 말.

[한자] 오동나무 동(桐) 〔木部 6획〕 ¶오동(梧桐)
오동나무 오(梧) 〔木部 7획〕 ¶오엽(梧葉)

오동-딱지(烏銅-)[명] 오동으로 된 몸시계의 껍데기.

오동-보동[부][-하다][형] 오동통하고 보동보동한 모양을 나타내는 말. ¶ - 살이 오르다. ☞오동포동. 우둥부둥

오동-빛(烏銅-)[-삗][명] 검붉은 구릿빛.

오동-상장(梧桐喪杖)[명] 모친상(母親喪)에 짚는 오동나무 지팡이.

오동-장(梧桐*欌)[명] 오동나무로 만든 장.

오:-동지(-冬至)[명] 음력 동짓달 초순에 든 동지.

오:-동지(五冬至)[명] 음력 오월과 동짓달. 동짓달에 눈 오는 양(量)에 비례하여 다음 해 오월에 비가 온다고 하여 상대적으로 이르는 말.

오:동지-육섣달(五冬至六-)[명] 오동지와 육섣달. 동지 섣달에 눈이 많이 내리면 농사철인 이듬해 오뉴월에 비가 많이 내린다 하여 이르는 말.

오동-철갑(烏銅鐵甲)[명] 검은 철갑에 싸였다는 뜻으로, 온몸에 때가 까맣게 낀 상태를 이르는 말.

오동통-하다[형][여] 몸집 따위가 작고 통통하다. ¶아기가 젖살이 올라 -. ☞우둥퉁하다

오동-포동[부][-하다][형] 오동통하고 포동포동한 모양을 나타내는 말. ☞오동보동. 우둥푸둥

오:-되다[1] [자] '올되다[1]'의 준말.

오:-되다[2] [형] '올되다[2]'의 준말.

오두(烏頭)[명] ①'바꽃'의 딴이름. ②'천오두(川烏頭)'의 준말. ③'초오두(草烏頭)'의 준말.

오두-막(-幕)[명] 사람이 겨우 들어 살 수 있을 정도로 작게 만든 막. 작고 초라한 집.

오두막-집(-幕-)[명] 오두막으로 된 집. [유]오막살이

오:두-미(五斗米)[명] ①닷 말의 쌀. ②한 해에 닷 말인 녹미(祿米)라는 뜻으로, 얼마 안 되는 급료를 이르는 말.

오:두-발광(-發狂)[명] 매우 방정맞게 굴며 날뛰는 짓.

오두-잠(烏頭簪)[명] 지난날, 부인들이 보통 때 쓰던, 꼭대기의 한쪽을 턱지게 만든 비녀.

오둠지[명] ①옷의 깃고대가 붙은 어름. ②그릇의 윗부분.

오둠지에 진상(進上)[관용] 오둠지에 올린다는 뜻으로 ①지나치게 높이 올라 붙은 것을 이르는 말. ②상투나 덜미를 잡아 번쩍 들어올리는 짓을 이르는 말.

오:드(ode)[명] ①고대 그리스극에서, 합창하기 위하여 지은 시가(詩歌). ②근대 서양에서, 특정의 사람이나 물건을 찬양하여 지은 서정시.

오:득(悟得)[명][-하다][타] 깨달아 얻음. ☞각득(覺得)

오들-오들[부] 작은 몸을 가볍게 자꾸 떠는 모양을 나타내는 말. ¶추워서 웅크린 채 - 떨다./겁이 나서 - 떨다. ☞바들바들. 우들우들

오:등(五等)[명] 예기(禮記)에서 ①남편의 지위에 따른, 그 아내의 호칭의 다섯 등급. 천자(天子)는 후(后), 제후(諸侯)는 부인(夫人), 대부(大夫)는 유인(孺人), 선비는 부인(婦人), 서민은 처(妻)를 이름. ②사람의 지위에 따른, 그의 죽음을 이르는 말의 다섯 등급. 천자는 붕(崩), 제후는 훙(薨), 대부는 졸(卒), 선비는 불록(不祿), 서민은 사(死)를 이름.

오등(吾等)[명] 우리들. 아등(我等). 아배(我輩) ¶ -은 자(玆)에 아(我) 조선의 독립국임과….

오:등-작(五等爵)[명] 고려 시대의 다섯 등급의 작위. 공작(公爵)·후작(侯爵)·백작(伯爵)·자작(子爵)·남작(男爵)을 이름. 오작(五爵)

오디[명] 뽕나무의 열매. 상실(桑實)

오디-나무[명] '뽕나무'의 딴이름.

오디-새[명] '후투티'의 딴이름.

오:디션(audition)[명] ①가수·배우 등을 기용할 때 실시하는 심사. ②새 방송 프로그램을 방송하기 전에 관계자가 다시 시청하는 일.

오:디오(audio)[명] ①라디오·텔레비전 등의 음성이나 음향 부분. ②음악을 감상하기 위한 음향 장치(音響裝置). ☞비디오

오:디오=기기(audio機器)[명] 라디오·전축·카세트·CD 플레이어 등과 같이, 귀로 들을 수만 있는 가전 기기.

오:디오미:터(audiometer)[명] ①라디오나 텔레비전의 시청률을 조사하는 데 쓰이는 자동 기록장치. ②청력계

오뚝[부][-하다][형] 도드라지게 쏙 솟거나 솟아 있는 모양을 나타내는 말. ¶ - 솟은 산봉우리./- 선 콧날. ☞우뚝

오뚝-이[부] 오뚝하게 ☞우뚝이

오뚝-오뚝[부][-하다][형] 군데군데 도드라지게 쏙 솟거나 솟아 있는 모양을 나타내는 말. ☞우뚝우뚝

오뚝-이[명] 아무렇게나 굴려도 오뚝오뚝 서게 만든 아이들의 장난감. 부도옹(不倒翁)

오뚝이-찌[명] 오뚝이 모양으로 만든 낚시찌.

오:라[명] 지난날, 도둑 등 죄인을 묶는 붉고 굵은 줄을 이르던 말. 오랏줄. 포승(捕繩). 홍사(紅絲)

오:라기[명] 헝겊이나 실 따위의 긴 것의 도막. ¶실 -/헝겊 -/노 -/다시마 -

오라버니[명] 여자가 항렬이 같은 손위 남자를 일컫는 말. [높]오라버님

오라버님[명] '오라버니'를 높이어 일컫는 말.

오라범[명] 오라비

오라범-댁(-宅)[-땍][명] 오라비의 아내. 올케

오라비[명] ①여자가 남에게 자기의 '오라버니'를 낮추어 이르는 말. 오라범 ②여자가 남에게 자기의 사내 동생을 이르는 말.

오:라-지다[자] 죄인이 두 손을 등 뒤로 하여 오랏줄로 묶이다. 줄지다

오:라-질[관] '오랏줄에 묶여 갈'의 뜻으로 ①남을 일컫는 말에 앞세워, 그를 미워하거나 욕하는 뜻을 나타내는 말. ¶이 - 놈아./그 - 녀석이…. ②〔감탄사처럼 쓰임〕 실망·미움·노여움 따위의 감정을 나타내는 말. ¶ -, 또 틀렸군./-, 두고 보라지. [변]우라질

오라토리오(oratorio 이)[명] 성서의 내용을 소재로 하여, 독창·합창·관현악으로 이루어지는 대규모의 악곡(樂曲). 성담곡(聖譚曲)

오:락(娛樂)[명] 여가를 이용하여 게임이나 놀이 따위를 즐기는 일, 또는 그런 게임이나 놀이 따위.

오락-가락[부] ①왔다갔다 하는 모양을 나타내는 말. ¶복도에서 - 하다. ②비나 눈이 내리다 말다 하는 모양을 나타내는 말. ¶비가 - 하다. ③정신이 흐려졌다 맑아졌다 하는 모양을 나타내는 말. ¶정신이 - 하다.

오:락-물(娛樂物)[명] 오락을 위주로 하여 만든 연예물.

오:락-실(娛樂室)[명] 오락에 필요한 시설이 되어 있는 방.

오:락-회(娛樂會)[명] 오락을 하기 위한 모임. ¶동향인(同鄕人)들이 -를 열었다.

오:랏-바람[명] 지난날, 오라를 차고 죄인을 잡으러 나서는 포졸(捕卒)의 기세(氣勢)를 이르던 말.

오랏-줄[명] 오라

오랑우탄(orangutan)[명] 성성잇과의 포유동물. 키 1.4m, 몸무게 70kg 안팎이며, 얼굴 이외는 적갈색의 긴 털로 덮여 있음. 뒷다리는 짧으나 앞다리가 길어, 일어서면

끝이 복사뼈까지 닿음. 네발은 물건을 쥐기에 알맞아, 나뭇가지를 붙잡고 능숙하게 건너다님. 수마트라와 보르네오 등지의 숲 속에 삶. 성성이

오랑캐 명 ①지난날, 두만강 일대에 사는 여진족을 달리 이르던 말. ②'야만스러운 종족'이란 뜻으로 흔히 이르는 말. 되. 만이(蠻夷). 외이(外夷). 이적(夷狄)

한자 **오랑캐 만**(蠻) 〔虫部 19획〕 ¶ 남만(南蠻)/만속(蠻俗)/만어(蠻語)/만족(蠻族) ▷ 蠻의 속자는 蛮
오랑캐 이(夷) 〔大部 3획〕 ¶ 양이(洋夷)/이적(夷狄)
오랑캐 호(胡) 〔肉部 5획〕 ¶ 호란(胡亂)/호인(胡人)

오랑캐-꽃 명 '제비꽃'의 딴이름.

오래[1] 명 한 동네에서, 몇 집이 한 골목이나 한 이웃이 되어 사는 구역 안.

오래[2] 부 시간상으로 길게. ¶ ― 살다./집을 ― 비우다.
속담 **오래 앉으면 새도 살을 맞는다** : 편하거나, 이득이 생기는 곳이라 해서 너무 오래 있으면 마침내 화(禍)를 당하게 된다는 말./**오래 해 먹은 면주인**(面主人) : 여기저기, 이 사람 저 사람에게 왔다갔다 하면서 발라맞추기를 잘하는 사람을 두고 이르는 말.

한자 **오랠 구**(久) 〔丿部 2획〕 ¶ 구원(久遠)/내구(耐久)/영구(永久)/장구(長久)/항구(恒久)

오래-가다 자 상태나 현상이 오래 유지되다. 시간상으로 길게 이어지다. ¶ 오래가는 물건./약효가 ―.

오래간-만 명 오랜 뒤. 오래 된 끝. ¶ ―에 외출하다./―에 만나다. 준 오랜만

오래다 형 어떤 시점으로부터 지나간 동안이 길다. ¶ 술을 끊은 지 벌써 ―./오래지 않아 봄이 올 것이다.

오래-도록 부 시간이 많이 지나도록. ¶ ― 유지되다.

오래-되다 형 지난 동안이 오래다. ¶ 오래된 탑(塔).

오래-뜰 명 대문 앞의 뜰.

오래-오래[1] 부 아주 오래도록. 언제까지나 ¶ ― 기억하다.

오래-오래[2] 감 돼지를 부르는 말.

오랜 관 오래된. ¶ ― 세월.
속담 **오랜 원수를 갚으려다가 새 원수가 생겼다** : 무슨 일에나 앙갚음을 하면 당장은 후련할는지 모르나, 그 뒤가 더욱 좋지 않다는 말.

오랜-만 명 '오래간만'의 준말.

오랫-동안 부 긴 동안. ¶ ― 기다린 끝에 식이 시작되다.

> ▶ '오랫동안'과 '오랜 동안'
> '오랫동안'은 '긴 동안'의 뜻으로, '오랜 동안'은 '오래된 긴 세월 동안'의 뜻으로 쓰인다.
> ¶ 오랫동안 기다렸습니다.
> ¶ 우리는 오랜 동안 이 고장에서 살아 왔다.

오:량(五樑) 명 재래식 한옥에서, 들보 다섯 개를 써서 두 칸 넓이로 집을 짓는 방식. ☞칠량

오:량-각(五樑閣) 명 오량집

오:량-보(五樑―) [―뽀] 명 오량집의 마룻대.

오:량-집(五樑―) [―찝] 명 오량으로 지은 집. 오량각

오:량-쪼구미(五樑―) 명 ①오량보를 받치는 동자기둥. ②오량집에 쓰이는 동자기둥.

오렌지(orange) 명 ①감귤류의 과실나무의 한 가지, 또는 그 열매. ②'오렌지색'의 준말.

오렌지-색(orange色) 명 주황빛. 귤색. 등색 준 오렌지

오렌지에이드(orangeade) 명 오렌지의 과즙에 설탕과 물을 섞은 음료수.

오렌지주:스(orange juice) 명 오렌지의 과즙(果汁), 또는 그것으로 가공한 음료.

오:려-논 명 올벼를 심은 논.
속담 **오려논에 물 터놓기** : 물이 한창 필요한 때에 오려논의 물꼬를 터놓아 물을 흘려 보낸다는 뜻으로, 매우 심술 사나운 짓을 이르는 말.

오려-백복(烏驢白腹) 명 온몸이 검고 배만 흰 나귀.

오:력(五力) 명 불교에서 이르는 수행에 필요한 다섯 가지 힘. 신력(信力)·진력(進力)·염력(念力)·정력(定力)·혜력(慧力)을 이름.

오련-하다 형여 빛깔이나 형체 등이 보일듯 말듯 희미하다. ☞아련하다. 우련하다
오련-히 부 오련하게

오:렴(誤廉) 명 -하다 타 염알이를 그릇함, 또는 그런 염알이.

오렴-매(烏蘞苺) 명 '거지덩굴'의 딴이름.

오:령(五齡) 명 누에가 넉 잠을 자고 난 뒤로부터 섶에 오를 때까지의 동안. ☞오령잠(五齡蠶)

오:령(五靈) 명 다섯 가지의 신령한 동물. 기린·봉황·거북·용·백호(白虎)를 이름.

오:령-잠(五齡蠶) 명 넉 잠을 자고 난 뒤로부터 섶에 오를 때까지의 누에. ☞오령(五齡)

오:령-지(五靈脂) 명 한방에서, 산박쥐의 똥을 약재로 이르는 말. 이질·하혈(下血)·복통·산증(疝症)·학질 등에 약으로 쓰임.

오:례 명 '오례쌀'의 준말.

오:례(五禮) 명 제사·상장(喪葬)·빈객(賓客)·군려(軍旅)·관혼(冠婚)에 관한 다섯 가지 예(禮). '주례(周禮)'에 나오는 말임.

오:례-송편(―松―) 명 오례쌀로 빚은 송편.

오:례-쌀 명 올벼의 쌀. 준 오례

오:로(迂路) 명 둘러서 가는 길. 두름길. 우로(迂路)

오로(烏鷺) 명 ①까마귀와 해오라기를 아울러 이르는 말. ②까마귀와 해오라기의 몸빛에 비유하여, 검정과 하양을 이르는 말. ③검은 돌을 까마귀에, 흰 돌을 해오라기에 견주어, '바둑'을 달리 이르는 말.

오:로(惡露) 명 산후(産後)에 몇 주일 동안, 자궁이나 질(膣)에서 흘러나오는 피가 섞인 분비물.

오:로라(aurora) 명 극광(極光)

오로지 부 오직 한 곬으로. ¶ ― 학문에만 마음을 쏟다.

한자 **오로지 전**(專) 〔寸部 8획〕 ¶ 전념(專念)/전담(專擔)/전속(專屬)/전용(專用)/전임(專任)

오로지쟁(烏鷺之爭) 성구 검은 까마귀와 흰 해오라기의 싸움이라는 뜻으로, 바둑, 또는 바둑으로 승패를 겨루는 일을 이르는 말.

오로지-하다 타여 혼자 차지하여 제 마음대로 하다. ¶ 국정을 ―.

오:록(誤錄) 명 -하다 타 잘못 기록함, 또는 그 기록.

오롯-이 부 고요하고 쓸쓸하게. 호젓하게 ¶ ― 앉아서 옛 생각에 잠기다.

오롯-하다 [―롣―] 형여 모자람이 없이 온전하다. ¶ 오롯한 행복감./오롯한 정적(靜寂).
오롯-이 부 오롯하게

오롱이-조롱이 명 오롱조롱하게 생긴 여럿을 이르는 말.

오롱-조롱 부 -하다 형 몸피가 작은 여러 개의 물건이 고르지 않고 저마다 다른 모양을 나타내는 말.

오:룡-초(五龍草) 명 '거지덩굴'의 딴이름.

오:류(誤謬) 명 ①생각·지식·정보 따위가 잘못되거나 그릇된 일. ②논리학에서, 인식이 그릇된 일.

오:륙(五六) 수 ①다섯이나 여섯. 대여섯 ②〔관형사처럼 쓰임〕 ¶ ― 명.

×**오-륙월**(五六月) 명 → 오뉴월

오:륜(五倫) 명 유교에서 이르는, 사람이 지켜야 할 다섯 가지 도리. 부자(父子) 사이의 친애(親愛 ; 사랑), 군신(君臣) 사이의 의리, 부부(夫婦) 사이의 구별, 장유(長幼) 사이의 차서(次序 ; 차례), 붕우(朋友) 사이의 신의(信義 ; 믿음)를 이름. 오상(五常). 오전(五典)

> ▶ 오륜(五倫)
> ① 부자유친(父子有親) ② 군신유의(君臣有義)
> ③ 부부유별(夫婦有別) ④ 장유유서(長幼有序)
> ⑤ 붕우유신(朋友有信)

오:륜(五輪) 명 ①오대(五大) ②오륜기에 그려진, 오대륙(五大陸)을 나타내는 다섯 개의 고리. ③'올림픽'을 달리 이르는 말.

오:륜가(五倫歌) 명 ①조선 초기에 지어진 것으로 추정되

는, 작자를 알 수 없는 경기체가(景幾體歌). 오륜을 다룬 것으로, 모두 5장으로 이루어짐. '악장가사'에 실려 전함. ②조선 중종 때, 주세붕(周世鵬)이 오륜을 주제로 지은 연시조(連時調). 모두 6수로 되어 있으며, '무릉속집(武陵續集)'에 실려 전함. ③조선 인조 때, 김상용(金尙容)이 오륜을 주제로 지은 연시조. 모두 5수로 되어 있으며, '선원유고(仙源遺稿)'에 실려 전함. ④조선 선조 때, 박인로(朴仁老)가 오륜을 주제로 지은 연시조. 모두 25수이며, '노계집(蘆溪集)'에 실려 전함. ⑤조선 시대, 황립(黃岦)이 오륜을 주제로 지은 가사.

오:륜-기(五輪旗)명 올림픽을 상징하는 기. 흰 바탕에 파랑·노랑·검정·녹색·빨강의 차례로 오대륙을 상징하는 다섯 개의 고리가 W자 모양으로 서로 이어져 있음.

오:륜=대:회(五輪大會)명 국제 올림픽 위원회가 주최하는 국제 스포츠 경기 대회.

오:륜행실도(五倫行實圖) 명 조선 정조 21년(1797)에 이병모(李秉模) 등이 왕명에 따라 펴낸 책. '삼강행실도(三綱行實圖)'와 '이륜행실도'를 합하여 수정한 것으로, 효자·충신·열녀 등 150여 명의 행적을 그림으로 그리고 한글로 설명했음. 5권 4책의 활자본.

오르가슴(orgasme 프)명 성적(性的) 쾌감의 절정.

오르간(organ)명 파이프오르간·리드오르간·전자 오르간 따위를 통틀어 이르는 말. 풍금(風琴)

오르골(orgel 네)명 태엽의 힘으로 회전하면서, 일정한 멜로디가 자동적으로 연주되는 장치. 음악 상자(音樂箱子). 자명금(自鳴琴). 자명악(自鳴樂)

오르-내리다자타 ①올라갔다 내려갔다 하다. ¶계단을 -./물가가 공급량에 따라 -. ②어떤 기준보다 조금 넘쳤다 모자랐다 하다. ¶기온이 30도를 -. ③남의 이야깃거리가 되다. ¶관계자의 이름이 사람들 입에 오르내린다.

오르다(오르고·올라)자르 ①아래에서 위로, 낮은 데서 높은 데로 옮아가다. ¶지붕에 -./막이 -. ②물 위에서 육지로 옮아가다. 상륙하다 ¶뭍에 -. ③탈것에 타다. ¶버스에 -./비행기에 -. ④높은 지위로 나아가다. ¶왕위(王位)에 -./장관 자리에 -. ⑤등급이나 단계가 높아지다. ¶계급이 -./급수가 -. ⑥값이 비싸지다. ¶물가가 -./품삯이 -./요금이 -. ⑦정도가 지금까지보다 높은 상태가 되다. 성하여지다 ¶기온이 -./혈압이 -./사기(士氣)가 -. ⑧음식이 상에 차려지다. ¶풋나물이 밥상에 -./식탁에 자주 오르는 생선. ⑨솟아 일어나다. ¶함성이 -./불길이 -. ⑩남의 이야깃거리가 되다. ¶화제에 -./기사에 -. ⑪바람직한 결과가 얻어지다. ¶성적이 -./실적이 -./성과가 -. ⑫윤이 나다. 생기가 나다. ¶반질반질 기름이 오른 가구./물이 오른 버들가지. ⑬병독(病毒)이 몸에 옮다. ¶옻이 -. ⑭술기운이 몸에 퍼지다. ¶취기가 -. ⑮귀신 따위가 들리다. ¶신(神)이 -. ⑯길을 떠나다. ¶여행길에 -./탐험의 길에 -.

속담 **오르지 못할 나무는 쳐다보지도 마라**: 자기의 능력이 미치지 못하는 일에는 처음부터 욕심을 내지 않는 것이 좋다는 말.

한자 **오를 등**(登)〔癶部 7획〕¶등극(登極)/등단(登壇)/등반(登攀)/등산(登山)/등정(登頂)
오를 등(騰)〔馬部 10획〕¶등귀(騰貴)/등락(騰落)/등세(騰勢)/상등(上騰)/폭등(暴騰)
오를 승(昇)〔日部 4획〕¶상승(上昇)/승강기(昇降機)/승격(昇格)/승진(昇進)/승천(昇天)

오르도비스기(Ordovice紀)명 지질 시대의 구분의 하나. 캄브리아기에 이어지는 고생대의 둘째 시대. 약 5억 900만 년 전부터 약 4억 4600만 년 전까지의 시기. 앵무조개의 전성기로, 삼엽충도 발전하였으며, 갑주어도 나타났음. ☞캄브리아기

오르되:브르(hors-d'oeuvre 프)명 서양 요리에서, 식욕을 돋우기 위하여 식사할 때 맨 먼저 나오는 가벼운 요리. 전채(前菜)

오르락-내리락부 계속해서 올라갔다 내려갔다 하는 모양을 나타내는 말. ¶언덕길을 - 하다.

오르로부 오른쪽으로 향하여. ☞외로

오르르부 ①적은 양의 액체가 갑자기 끓어오르는 모양, 또는 그 소리를 나타내는 말. ②쌓여 있던 작은 물건이 갑자기 무너지는 모양을 나타내는 말. ③사람이나 짐승 따위가 갑자기 한곳으로 몰려오거나 몰려가는 모양을 나타내는 말. ④몸피가 작은 것이 몹시 떠는 모양을 나타내는 말. ¶추워서 - 떠는 토끼. ☞와르르. 우르르

오르를부 '오르르'를 강조하여 이르는 말.

오르막명 ①비탈이 져서 오르도록 된 곳. ¶- 중간쯤에서 쉬어 가다. ②일이 조금씩 성(盛)해져 가는 상태. ¶인기가 한창 -이다. ☞내리막

오르막-길명 오르막으로 된 길. ☞내리막길

오르막-지다형 오르막으로 되어 있다. ¶찻길이 -.

오른관 오른쪽의. 바른 ☞왼

오른-갈고리명 한자 자획(字畫)의 의 한 가지. '式'·'武' 등에서 '㇂'의 이름. ☞왼갈고리

오른-걸음명 재래식 한옥에서, 동자기둥의 아래쪽 가랑이를 '▚' 모양으로, 오른편으로 대각(對角)이 되게 따내는 방식. ☞왼걸음

오른-나사(-螺絲)명 오른쪽, 곧 시계바늘이 도는 방향으로 돌려서 죄는 나사. ☞왼나사

오른-다리명 오른쪽 다리. ☞왼다리

오른-발명 오른쪽 발. ☞왼발

오른-배지기명 씨름의 허리 기술의 한 가지. 오른쪽 허리와 다리를 상대편 쪽으로 깊이 들이밀면서 상대편의 배를 밀어 넘어뜨리는 공격 재간. ☞배지기

오른-뺨명 오른쪽 뺨. ☞왼뺨

오른-새끼명 오른쪽으로 꼰 새끼. ☞왼새끼

오른-섶명 저고리의 오른쪽으로 덮은 섶, 또는 그 저고리. ☞왼섶

오른-손명 오른쪽 손. 바른손. 우수(右手) ☞왼손

오른-쪽명 동쪽을 향하였을 때, 남쪽에 해당하는 방향. 바른쪽. 우방(右方). 우측(右側) ☞왼쪽

한자 **오른 우**(右)〔口部 2획〕¶우변(右邊)/우열(右列)/우완(右腕)/우측(右側)/좌우(左右)

오른-팔명 ①오른쪽 팔. 우완(右腕) ☞왼팔 ②가장 믿고 의지하는 부하를 비유하여 이르는 말. ¶사장의 -이 되어 활동했다.

오른-편(-便)명 오른쪽. 우편(右便) ☞왼편

오른-편짝(-便-)명 오른쪽의 편짝. ☞왼편짝

오름-세(-勢)명 물가나 기세 따위가 오르는 형세. 등세(騰勢) ¶-가 꺾이다. ☞내림세

오름-차(-次)명 다항식(多項式)에서, 문자의 차수(次數)가 낮은 항으로부터 차례로 배열하는 일. ☞내림차

오름차-순(-次順)명 다항식에서, 각 항의 차수를 낮은 항부터 높은 항의 차례로 배열하는 일. ☞내림차순

오리[1]명 실·나무·대 따위의 가늘고 긴 가닥.

오:리[2]명 ①오릿과에 딸린 물새를 통틀어 이르는 말. 부리는 납작하고 끝이 둥글며, 발가락 사이에 물갈퀴가 있음. 대체로 수컷의 털빛은 화려하고, 암컷은 갈색임. 황오리·청둥오리·흰빰검둥오리·쇠오리 따위. ②집오리

속담 **오리 알에 제 똥 묻은 격**(格): 오리 알에 오리 똥이 묻는 것은 예사로운 일이니, 별로 흠잡을 것이 못 된다는 말./**오리 홰 탄 것 같다**: 새나 닭처럼 홰에 올라 앉을 수 없는 오리가 홰에 앉아 있는 것과 같다 함이니, 제가 있을 곳이 아닌 높은 데 있어, 위태롭기도 하고 또 격에 맞지도 않다는 말.

오:리(五厘·五釐)명 ①일전(一錢)의 절반 값이 되는 돈. ②한 푼쭝의 절반이 되는 무게.

속담 **오리**(五厘)**를 보고 십리**(十里)**를 간다**: 장사하는 사람은 한 푼이 못 되는 적은 돈이라도 벌 수만 있다면 고생을 무릅쓴다는 말.

오:리(汚吏)명 부정(不正)을 저지르는 관리. ¶탐관- ☞염리(廉吏). 청리(淸吏)

ㅇ

오:리-걸음 명 오리처럼 뒤뚱거리며 걷는 걸음.
-오리까 어미 '-리까'를 겸손하게 표현하는 예스러운 말. '-겠습니까?'의 뜻으로 쓰임. ¶깊은 마음을 왜 모르오리까?/어떻게 하오리까?/그것이 나라 사랑이 아니오리까? ☞-리까. -으오리까
오리-나무 명 자작나뭇과의 낙엽 활엽 교목. 높이는 17m 안팎. 가지는 황갈색이며 껍질눈이 뚜렷함. 잎은 길둥글며, 가장자리에 톱니가 있고 어긋맞게 남. 암수한그루로 이른봄에 잎에 앞서 검은 자갈색의 수꽃 이삭과 홍자색의 암꽃 이삭이 가지 끝에 핌. 열매는 작고 솔방울 모양이며 10월경에 익음. 사방 공사용으로 많이 심음. 유리목(楡理木). 적양(赤楊)
오:리-너구리 명 단공목(單孔目) 오리너구릿과의 원시적인 포유동물. 몸길이는 45cm 안팎, 꼬리 길이는 15cm 안팎, 몸빛은 흑갈색임. 생김새가 너구리 비슷하나 주둥이가 오리의 부리 같고, 발가락에는 물갈퀴가 있어 헤엄을 잘 침. 알을 낳아 깐 새끼는 젖을 먹여 기름. 오스트레일리아 특산임.
오리다 타 종이나 천 따위를 칼이나 가위로 어떤 모양이 되게 베다. ¶색종이를 비둘기 모양으로 ―./신문 기사를 오려 스크랩북에 붙이다.
-오리다 어미 '-리다'를 겸손하게 나타내는 말. '-겠습니다'의 뜻으로 쓰임. ¶제가 가오리다./사실대로 말씀드리오리다. ☞-리다
오리-목(―木) 명 가늘고 길게 켠 나무.
오:리무중(五里霧中) 성구 오 리에 걸친 짙은 안개 속이라는 뜻으로, 방향을 잃고 어찌 해야 할지 갈피를 잡을 수 없거나, 행방이 감감함을 이르는 말.
오:리-발 명 ①물갈퀴 ②손가락이나 발가락 사이의 살가죽이 달라붙은 손발을 이르는 말. ③'닭 잡아먹고 오리발 내어 놓는다'라는 속담에서, 엉뚱하게 딴전 부리는 일을 비유하여 이르는 말.
  오리발(을) 내밀다 관용 자기가 일을 저질러 놓고서는 엉뚱하게 딴전을 부리다.
오리엔탈리즘(orientalism) 명 ①유럽 문화에 동양적인 요소를 끌어들이는 일. ②동양의 언어나 문화 따위를 연구하는 학문. 동양학(東洋學)
오리엔테이션(orientation) 명 신입생이나 신입 사원 등 새로운 환경에 놓인 사람에게 환경에 쉽게 적응하도록 실시하는 교육.
오리엔트(Orient) 명 ①동방의 여러 나라. 동방. 동양 ②메소포타미아와 이집트를 중심으로 하는 지방, 특히 터키와 아랍을 이르는 말.
오리엔티어링(orienteering) 명 산과 들에서 이루어지는 스포츠의 한 가지. 지도와 나침반을 가지고, 지정된 여러 지점을 찾아 통과하여 목적지에 이르는 속도를 겨룸.
오리온(Orion) 명 그리스 신화에 나오는 미남이며 거인인 사냥꾼. 죽어서 하늘로 올라가 별이 되었다 함.
오리온-자리(Orion―) 명 하늘의 적도 양쪽에 걸쳐 있는 별자리. 한 줄로 늘어선 중앙의 세 별과 둘레의 네 별로 이루어지는데, 겨울에 가장 잘 보임. 오리온좌(Orion座)
오리온-좌(Orion座) 명 오리온자리
-오리이까 어미 '-오리이다'의 의문형으로 '-오리까'보다 정중한 표현의 말. ¶심정이야 모르오리이까?/굳이 못 가게 말리오리이까? ☞-으오리이까
-오리이다 어미 '-오리다'를 정중하게 표현한 말. ¶원하시면 보내드리오리이다. ☞-으오리이다
오리지널리티(originality) 명 독창성(獨創性). 창의(創意) ¶―가 넘치는 작품.
오리지널(original) 명 ①원형(原型). 원본(原本). 원도(原圖). 원화(原畫) ②문예 작품, 악곡 따위의 원작이나 원곡(原曲). ③'오리지널시나리오'의 준말.
오리지널시나리오(original scenario) 명 소설 따위를 각색한 것이 아닌, 영화나 텔레비전 방송을 위하여 새로 쓴 시나리오. 준 오리지널(original)
오림-장이 명 오리목 따위를 주로 켜는 목수.
오:립-송(五粒松) 명 '잣나무'의 딴이름.
오:마-작대(五馬作隊) 명 -하다 자 지난날, 마병(馬兵)이 행군할 때 오열 종대(五列縱隊)로 편성하던 방식.
오막-살이 명 ①사람이 겨우 거처할 수 있을 정도의 작고 허술한 집. 오막살이집 준 오두막집 ②오두막집에서 사는 살림살이.
오막살이-집 명 오막살이
오:만(傲慢) 명 -하다 형 젠체하며 건방짐. 거만(倨慢) ¶―한 태도로 말하다.
오:만-스럽다(傲慢―)(―스럽고·―스러워) 형ㅂ 젠체하며 건방진 데가 있다.
  오만-스레 부 오만스럽게
오:만(∠五萬) 관 퍽 많은. ¶― 물건.
오:만-가지(∠五萬―) 명 셀 수 없이 많은 여러 가지. ¶―일을 다 겪었다.
오:만무례-하다(傲慢無禮―) 형여 오만하여 예의를 모르다. ¶오만무례한 태도.
오:만불손-하다(傲慢不遜―)[―쏜―] 형여 오만하여 겸손한 데가 없다. ¶오만불손한 말버릇.
오:만-상(∠五萬相) 명 얼굴을 잔뜩 찌푸린 모습, 또는 그런 얼굴. ¶―을 짓다.
오:만-소리(∠五萬―) 명 끝도 없이 늘어놓는 실답지 않은 말. ¶―로 변명을 되풀이하다.
오:말(午末) 명 십이시(十二時)의 오시(午時)의 끝 무렵. 지금의 오후 한 시가 되기 바로 전.
오:망(五望) 명 지난날, 관원을 등용할 때 후보자 다섯 사람을 임금에게 천거(薦擧)하던 일.
오:망(迂妄) 명 -하다 형 사리에 어둡고 망녕됨, 또는 그러한 짓. 우망(迂妄)
  오망(을) 떨다 관용 몹시 오망한 짓을 하다.
  오망(을) 부리다 관용 오망스러운 짓을 하다.
오망-부리 명 전체에 비하여 어느 한 부분이 너무 볼품없이 작게 된 형체.
오:망-스럽다(迂妄―)(―스럽고·―스러워) 형ㅂ 사리에 어둡고 망녕된 데가 있다.
  오망-스레 부 오망스럽게
오망-하다 형여 바닥이나 면이 약간 오목하게 들어가 있다. ☞우멍하다
오:맞이-꾼(五―) 명 물맞고, 비 맞고, 도둑맞고, 서방맞고, 매맞을 사람이라는 뜻으로, 지난날 물맞으러 가는 여자를 놀리던 말.
오매(烏梅) 명 한방에서, 덜 익은 매실의 껍질을 벗기고 짚불 연기에 그슬러서 말린 것을 약재로 이르는 말. 기침·설사·소갈증(消渴症) 등에 쓰임.
오:매(寤寐) 명 깨어 있을 때와 자고 있을 때. ¶―에도 잊지 못하다.
오:매구지(寤寐求之) 성구 자나깨나 찾음을 이름.
오:매불망(寤寐不忘) 성구 자나깨나 잊지 못함을 이름.
오매-육(烏梅肉) 명 오매의 살. 오매차를 만들기도 하고, 구워서 약으로도 씀.
오매-차(烏梅茶) 명 오매육의 가루를 뜨거운 꿀물에 타서 만든 차. 항아리에 담아 두고 냉수에 타서 마심.
오메가(omega) 명 ①그리스어 자모의 맨 끝 글자인 'Ω·ω'의 이름. ②맨 끝. 마지막. 최후 ☞알파(α) ③전기 저항의 단위인 옴(ohm)의 기호인 'Ω'의 이름.
오면-가면 부 오면서 가면서. ¶― 사귄 사람들.
오:면-잠(五眠蠶) 명 다섯 번 잠을 자고 나서 고치를 짓는 누에의 품종.
오:면-체(五面體) 명 다섯 평면으로 둘러싸인 입체.
오:명(汚名) 명 더럽혀진 명예. ¶―을 씻다.
오:명-마(五明馬) 명 이마와 네발만 희고 온몸이 검은 말.
오목 부 -하다 형 동그스름하게 쏙 패거나 들어가 있는 모양을 나타내는 말. ¶낙숫물에 땅이 ― 패었다. ☞우묵
  오목-이 부 오목하게 ☞우묵이
오:목(五目) 명 바둑판에 흑백(黑白)의 돌을 번갈아 놓아 가로로, 세로로 또는 모로 다섯 개를 먼저 줄지어 놓는 것으로 승패를 겨루는 놀이. 연주(連珠)
오목(烏木) 명 흑단(黑檀)의 줄기의 중심 부분. 빛깔이 검

고 단단하여 젓가락, 담배설대, 문갑 등의 재료로 쓰임.
오목-거울 명 반사면이 오목하게 되어 있는 거울. 오목면경. 요경(凹鏡). 요면경(凹面鏡) ☞볼록거울
오목-누비 명 솜옷이나 이불 따위에 줄을 굵게 잡아 골을 깊게 한 누비.
오목-눈 명 오목하게 들어간 눈.
오목눈-이 명 ①오목눈잇과의 텃새. 몸길이는 14cm 안팎. 꽁지가 길고 몸이 가는 것이 특징임. 등의 위쪽과 꽁지는 검고, 등의 아래쪽과 옆구리는 검정·분홍·하양이 섞여 있음. 유라시아의 온대와 아한대(亞寒帶)에 널리 분포함. ②눈이 오목한 사람을 비유하여 이르는 말.
오목-다각형(-多角形) 명 내각(內角) 중 하나 이상이 180°보다 큰 각으로 이루어진 다각형. ☞볼록다각형
오목-다리 명 누비어 지은 어린아이의 버선. 버선코에는 꽃을 수놓고, 목에는 대님을 닮.
오목-렌즈(-lens) 명 복판이 얇고 가로 갈수록 두꺼워 중심 부분이 오목하게 된 렌즈. 빛을 발산시키는 작용을 하며, 근시용 안경 따위에 쓰임. 발산 렌즈 ☞볼록렌즈
오목-면경(-面鏡) 명 오목거울
오목-설대(烏木-)[-때] 명 오목으로 만든 담배설대.
오목-오목 부-하다 형 군데군데 동그스름하게 쏙 패거나 들어가 있는 모양을 나타내는 말. ¶무를 뽑아 낸 밭이 -하다. ☞우묵우묵
오목-조목 부-하다 형 생김새 따위가 고만고만하면서 짜임새 있는 모양을 나타내는 말. ¶ - 귀엽고 복스럽게 생기다. ☞우묵주묵
오목-주발(-*周鉢) 명 운두가 옥아 들어 속이 오목한 주발. ☞우묵주발
오목-판(-版) 명 볼록판과 반대로 잉크가 묻는 글씨나 그림 부분이 다른 면보다 오목하게 들어가 있는 인쇄판. 그라비어판 따위가 있으며, 지폐나 증권 따위의 인쇄에 쓰임. 요판(凹版) ☞볼록판
오:묘(奧妙) 어기 '오묘(奧妙)하다'의 어기(語基).
오:묘-하다(奧妙-) 형여 뜻이 매우 깊고 신기하며 훌륭하다. ¶자연계의 오묘한 질서.
오무래미 명 이가 다 빠져 합죽한 입을 늘 오물거리는 늙은이를 이르는 말.
오:문(誤聞) 명-하다 타 잘못 들음.
오:물(汚物) 명 ①더러운 물건. ②쓰레기나 대소변 따위의 배설물. ¶ - 수거(收去)
오물-거리다[1](대다) 자 작은 벌레나 짐승 따위가 한데 모여 나릿나릿 움직이다. ¶땅 속에 여러 가지 벌레들이 -. ☞우물거리다[1]
오물-거리다[2](대다) 자타 ①말이나 행동을 똑바로 하지 않고 고물고물 하다. ¶자신 있게 말을 못하고 -. ②작은 입을 다문 채 음식 따위를 느리게 씹다. ¶아기가 사과를 오물거리며 먹는다. ☞우물거리다[2]
오물-오물[1] 부 작은 벌레나 짐승 따위가 한데 모여 나릿나릿 움직이는 모양을 나타내는 말. ¶장미 줄기에 진딧물들이 - 기어 다닌다. ☞우물우물[1]
오물-오물[2] 부 오물거리는 모양을 나타내는 말. ¶아기가 과자를 - 씹는다. ☞우물우물[2]
오므라-들다(-들고·-드니) 자 차차 오므라져 들어가다. ☞우므러들다
오므라-뜨리다(트리다) 타 힘주어 오므라지게 하다. ☞우므러뜨리다
오므라이스(∠omelet+rice) 명 볶은 밥을 케첩 따위로 맛을 내어, 얇은 달걀부침으로 싼 서양식 요리.
오므라-지다 자 물건의 가장자리가 한군데로 옥아 들다. ¶조리개가 차츰 -. ☞우므러지다
오므리다 타 오므라지게 하다. ¶입술을 -. ☞우므리다
오믈렛(omelet) 명 달걀을 풀어 소금과 후추 따위로 간을 맞추어 프라이팬에 부친 음식. 다진 고기, 햄, 양파 따위를 소로 넣기도 함.
오미 명 평지보다 조금 낮아서, 물풀이 자라며 언제나 물이 괴어 있는 곳.
오:미(五味) 명 신맛·쓴맛·매운맛·단맛·짠맛의 다섯 가지 맛.
오:미-자(五味子) 명 오미자나무의 열매. 한방에서, 기침·소갈·설사 따위에 약재로 쓰임.
오:미자-나무(五味子-) 명 목련과의 낙엽 덩굴나무. 길둥근 잎은 어긋맞게 나며, 가장자리에 톱니가 있음. 암수딴그루로 5~7월에 황백색 또는 연분홍의 잔 꽃이 피고 열매는 8~9월에 붉은빛의 장과(漿果)로 익는데, '오미자'라고 하여 먹거나 한방에서 약재로 쓰임. 우리 나라 각처의 산지(山地)의 비탈에 자람.
오:미자-차(五味子茶) 명 오미자를 더운물에 넣고 달여 알맞게 우린 물에 잣을 띄워 마시는 차.
오:미자-화채(五味子花菜) 명 화채의 한 가지. 오미잣국에 배를 얇게 저며 꽃 모양으로 만들어 띄운 음료.
오:미잣-국(五味子-) 명 오미자를 찬물에 담가 진하게 우려낸 국물. 화채나 음식물을 물들이는 데 쓰임.
속담 **오미잣국에 달걀**: 원래의 모양은 조금도 남지 않고 완전히 녹아 버린 것을 이르는 말.
오밀-조밀 부-하다 형 ①무엇을 만들거나 꾸미는 솜씨가 세밀하고 공교한 모양을 나타내는 말. ¶ -하게 꾸민 화단. ②마음씨가 꼼꼼하고 자상함을 나타내는 말.
오바댜-서(Obadiah書) 명 구약성서 중의 한 편(篇). 오바댜의 예언을 적은 것임.
오:반(午飯) 명 점심 밥.
오:발(誤發) 명-하다 타 ①총포 따위를 실수로 잘못 쏨. ②잘못 말함. ¶ -하여 비밀이 드러나다.
오:발-탄(誤發彈) 명 실수로 잘못 쏜 탄환.
오:-밤중(-中)[-쭝] 명 한밤중
오:방(午方) 명 ①팔방(八方)의 하나. 정남방(正南方)을 중심으로 한 45도 범위 안의 방위. ②이십사 방위의 하나. 정남방을 중심으로 한 15도 범위 안의 방위. 병방(丙方)과 정방(丁方)의 사이. 준 오(午) ☞자방(子方)
오:방(五方) 명 다섯 방위. 중앙과 동·서·남·북을 이름.
오:방-낭자(五方囊子) 명 파랑·하양·빨강·검정을 동서남북의 방위에 맞추어 배치하고 중앙은 노랑으로 한, 오색 비단 주머니.
오:방-색(五方色) 명 다섯 방위를 상징하는 색. 동쪽은 파랑〔靑〕, 서쪽은 하양〔白〕, 남쪽은 빨강〔赤〕, 북쪽은 검정〔黑〕, 가운데는 노랑〔黃〕임.
오:방=신장(五方神將) 명 민속에서, 동·서·남·북·중앙의 오방을 각각 맡아 다스린다는 신장들. 방위신
오:방-잡처(五方雜處) 명 여러 곳에서 온 사람이 섞여 삶.
오:방=장군(五方將軍) 명 민속에서, 다섯 방위를 지킨다는 신. 동의 청제(靑帝), 서의 백제(白帝), 남의 적제(赤帝), 북의 흑제(黑帝), 중앙의 황제(黃帝)를 이름.
오:배-자(五倍子) 명 한방에서, 붉나무의 새싹이나 어린잎에 오배자벌레가 기생하여 생기는 벌레혹을 이르는 말. 자갈색의 올통볼통한 주머니 모양으로 생겼는데, 타닌산이 많이 들어 있어 약재로 쓰일 뿐만 아니라 염료나 잉크 제조용으로도 쓰임. 백충창(白蟲倉)
오:배자-나무(五倍子-) 명 '붉나무'의 딴이름.
오:배자-벌레(五倍子-) 명 진딧물과의 곤충. 몸길이는 2mm 안팎이며, 빛깔은 검음. 붉나무의 어린잎에 기생하여 오배자를 만듦.
오:백-계(五百戒) 명 불교에서 이르는, 비구니가 지켜야 할 온갖 계율.
오:백=나한(五百羅漢) 명 석가모니의 제자 중에서 깨달음에 이른 500명의 성자(聖者). 석가모니 입적 후 결집에 참여함. 오백 아라한
오:백=아라한(五百阿羅漢) 명 오백 나한
오:버(over) 명 ①무선 통신에서, 상대편의 응답을 바라는 말. ¶위치를 말하라, -. ②'오버코트'의 준말.
오:버네트(∠over the net) 명 테니스·배드민턴·배구 따위에서, 경기 중 네트 너머로 상대편 코트 위에 있는 공에 라켓이나 손이 닿는 반칙.
오:버랩(overlap) 명 ①영화나 텔레비전에서, 하나의 화면을 지우면서 다음 화면을 겹쳐 나타내는 촬영 기법. 오엘(OL) ②축구에서, 수비 선수가 앞으로 내달으며 공격

에 가담하는 일.
오:버런(overrun)명 야구에서, 주자가 달리는 가속도 때문에 베이스를 지나쳐 달림으로써 아웃이 될 우려가 있는 상태.
오:버론:(overloan)명 은행이 예금의 한도를 넘어서 대출하는 일. 대출 초과(貸出超過)
오:버센스(over+sense)명 지나치게 예민한 생각.
오:버슈:즈(overshoes)명 ①방수용(防水用)으로 구두 위에 신는, 고무나 비닐로 만든 덧신. ②등산에서, 방한용(防寒用)으로 등산화 위에 신는 덧신.
오:버스로:(∠overhand throw)명 야구에서, 팔을 위로부터 아래로 휘둘러 던지는 투구법.
오:버올:(overall)명 ①위아래가 한데 붙은 작업복. ②멜빵과 가슴받이가 붙은 작업용 바지나 아동복.
오:버추어(overture)명 서곡(序曲)
오:버코:트(overcoat)명 외투(外套) 준오버(over)
오:버타임(overtime)명 ①규정 시간 이외의 노동 시간. 초과 근무 ②농구나 배구 따위에서, 규정된 시간이나 횟수 이상 공에 닿는 반칙.
오:버페이스(overpace)명 운동 경기 따위에서, 힘을 적절히 안배하지 않고 지나치게 힘을 내는 일.
오:버행(overhang)명 등산에서, 처마처럼 툭 튀어나온 암벽을 이르는 말.
오:버히:트(overheat)명 엔진 따위가 과열되는 일.
오벨리스크(obelisk)명 고대 이집트에서 태양신의 상징으로 세운 높다란 기념탑. 하나의 거대한 석재(石材)로 만들며, 단면은 사각형이고 올라갈수록 가늘어져, 끝은 피라미드 모양임. 방첨탑(方尖塔)
오:보(五寶)명 불교에서, 금·은·진주·산호·호박(琥珀)의 다섯 가지 보물을 이르는 말.
오:보(誤報)명-하다자타 잘못 보도함, 또는 그 보도. ¶유전 발견 보도는 —로 밝혀졌다.
오보록-하다형여 작은 풀이나 나무 따위가 한곳에 많이 모여 있어 소복하다. ¶밭둑에 쑥이 —. ☞우부룩하다
오보록-이부 오보록하게 ☞우부룩이
오보에(oboe 이)명 목관 악기의 한 가지. 두 개의 혀를 가진 세로 피리. 음색이 부드럽고 차분하며, 실내악이나 관현악에서 고음부(高音部)를 맡음.
오:복(五服)명 다섯 가지 복제(服制). 참최(斬衰)·재최(齊衰)·대공(大功)·소공(小功)·시마(緦麻)를 이름.
오:복(五福)명 유교(儒敎)에서 이르는 다섯 가지 복(福). 수(壽)·부(富)·강녕(康寧)·유호덕(攸好德)·고종명(考終命)을 이름.
오:복-수낭(五福繡囊)명 오복을 수놓은 비단 주머니.
오:복-음(五福飮)명 한방에서, 오장(五臟)을 돕는 약을 이르는 말.
오:복-조르듯부 심하게 조르는 모양을 나타내는 말. ¶딸이 — 옷을 사 달란다.
오:복-탕(五福湯)명 도라지·닭고기·돼지고기·해삼·전복의 다섯 가지를 넣어 끓인 국.
오복-하다형여 작은 풀이나 나무 따위가 한곳에 많이 모여 있어 소복하다. ¶뜨락에 채송화가 —. ☞우북하다
오복-이부 오복하게 ☞우북이
오:봉산타령(五峰山*打令)명 경기 민요의 한 가지. 사설 중간에 '에루화'라는 입 타령이 있는 것이 특징으로, 경기 민요 가운데 경쾌하고 명랑한 노래로 꼽힘.
오:부(五父)명 아버지로 섬겨야 할 다섯 사람. 실부(實父)·양부(養父)·계부(繼父)·의부(義父)·사부(師父)를 이름.
오불-고불부-하다형 고르지 않게 고불고불한 모양을 나타내는 말. ¶—한 오솔길. ☞오불꼬불. 우불구불
오불관언(吾不關焉) '나는 상관하지 않음'의 뜻.
오불-꼬불부-하다형 고르지 않게 꼬불꼬불한 모양을 나타내는 말. ¶—한 산길. ☞오불고불. 우불꾸불
오:-불효(五不孝)명 다섯 가지 불효. 게으른 일, 술과 노름을 좋아하는 일, 재물과 처자만 아끼는 일, 놀이를 일삼는 일, 사나워 부모를 불안하게 하는 일을 이름.
오붓-하다[-붇-]형여 ①홋홋하고 가든하다. ¶단둘이 오붓하게 하루를 지내다. ②실속이 있고 허실이 없다. ¶살림이 —.
오붓-이부 오붓하게
오브제(objet 프)명 '물체' 또는 '대상(對象)'의 뜻. 예술에서, 작품에 쓰이는 돌, 나뭇조각, 금속 따위의 온갖 물건, 또는 그 작품을 이름.
오븐(oven)명 조리 기구의 한 가지. 식품을 넣고 밀폐하여 전체적으로 굽거나 데우거나 함.
오블라:토(oblato 포)명 녹말 따위로 종이 모양으로 만든 것. 가루약 같은 것을 싸서 먹는 데 쓰임.
오블리가토(obbligato 이)명 ①음악 연주에서 생략할 수 없는 악기나 성부(聲部). ② 조주(助奏)
오:비:(OB)명 재학생에 대하여, 그 학교의 졸업생을 이르는 말. [old boy]
오비다타 ①구멍 따위의 속을 뾰족한 끝으로 갉아 도려내다. ¶상한 부분을 오비어 내다. ☞우비다. 호비다 ② '훔치다'·'빼앗다'를 속되게 이르는 말.
오비삼척(吾鼻三尺)성구 '내 코가 석 자'라는 말을 한문식으로 옮긴 구(句)로, 내 사정이 급해서 남을 돌볼 겨를이 없다는 뜻.
오비이락(烏飛梨落)성구 '까마귀 날자 배 떨어진다'는 말을 한문식으로 옮긴 구(句)로, 어떤 일이 공교롭게 같은 때에 일어나서 남의 의심을 받게 된다는 뜻.
오비작-거리다(대다)타 오비작오비작 파다. ☞우비적거리다. 호비작거리다
오비작-오비작부 작은 틈이나 구멍 따위를 자꾸 오비어 파내는 모양을 나타내는 말. ☞호비작호비작
오빠명 ①'오라버니'의 어린이말. ②'오라버니'를 친근하게 일컫는 말.
오:사(五事)명 ①유교에서 이르는, 예절상의 다섯 가지 중요한 일. 모(貌)·언(言)·사(思)·시(視)·청(聽)을 이름. ②손자의 병법(兵法)에서 중요시하는 다섯 가지. 도(道)·천(天)·지(地)·장(將)·법(法)을 이름. ③불교에서, 조절해야 할 중요한 다섯 가지 일. 심(心)·신(身)·식(息)·면(眠)·식(食)을 이름.
오사(烏蛇)명 '먹구렁이'의 딴이름.
오:사(誤死)명-하다자 형벌이나 재앙으로 비명에 죽음.
오:사(誤寫)명-하다타 잘못 베낌.
오:-사리명 ①제철보다 이른 철 사리에 잡힌 해산물. ②제철보다 이른 철 사리에 잡힌 새우. 음력 5월 사리 때 잡히는 것으로 잡것이 많이 섞임. ☞오사리젓. 오젓
오:사리-잡놈(-雜-)명 ①온갖 지저분한 짓을 거침없이 하는 사내를 욕하여 이르는 말. ②여러 종류의 불량배들. 오구잡탕. 오색잡놈
오:사리-젓명 오사리로 담근 새우젓. 준오젓
오-사:모(烏紗帽)명 사모
오사바사-하다형여 부드럽고 사근사근하여 잔 재미는 있으되, 요리조리 변하기 쉽다.
오:산(誤算)명-하다타 ①잘못 계산함, 또는 그 계산. ②잘못 짐작하거나 예상함, 또는 그 짐작이나 예상. ¶그의 능력을 —하고 있었다.
오:산화-인(五酸化燐)명 인을 공기 중에서 태웠을 때 생기는 흰 가루. 물에 녹이면 인산(燐酸)이 됨. 습기를 흡수하는 성질이 강하여 건조제나 탈수제 등으로 쓰임.
오:살(誤殺)명-하다타 잘못하여 사람을 죽임.
오:상(五常)명 ①유교에서 이르는, 사람이 지켜야 할 다섯 가지 도리. 인(仁)·의(義)·예(禮)·지(智)·신(信)을 이름. ②유교에서 이르는, 가족 사이에 지켜야 할 다섯 가지 도리. 아버지는 의리, 어머니는 자애, 형은 우애, 아우는 공경, 자식은 효도를 이름. 오전(五典) ③오륜(五倫)
오:상(五傷)명 가톨릭에서, 예수가 수난(受難) 때 입은 양손, 양발, 옆구리의 다섯 상처를 이르는 말.
오:상(誤想)명-하다타 ①잘못 생각함, 또는 잘못된 생각. ②법률에서, 어떤 사실에 대하여 잘못 생각함으로써 효력이 인정되지 않는 일.

오:상고절(傲霜孤節)성구 '서릿발 속에서도 굴하지 않고 외로이 지키는 절개'라는 뜻으로, '국화(菊花)'를 비유하여 이르는 말.

오:상=방위(誤想防衛)명 법률에서, 정당 방위의 요건인 부당한 침해가 없었는데, 잘못 생각하여 취한 방위 행위. 정당 방위가 인정되지 않음. 착각 방위(錯覺防衛)

오:상=피:난(誤想避難)명 법률에서, 긴급 피난의 요건인 긴박한 위난이 없었는데, 잘못 생각하여 취한 피난 행위. 긴급 피난이 인정되지 않음. 착각 피난(錯覺避難)

오:색(五色)명 ①파랑·노랑·빨강·하양·검정의 다섯 가지 빛깔. 오채(五彩) ②여러 가지 빛깔. ¶ － 단청(丹靑)/－으로 물든 단풍. ③여러 가지. ¶ － 나물

오색이 영롱(玲瓏)하다관용 여러 가지 빛깔이 한데 어울려 눈부시게 아름답다.

오:색(傲色)명 오만한 기색.

오:색=경단(五色瓊團)명 떡의 한 가지. 찹쌀 경단에 노란 콩가루, 푸른 콩가루, 밤 고물, 검은깨 가루, 계핏가루 등 다섯 가지 고물을 각각 묻혀 만든 경단.

오:색-나비(五色－)명 네발나빗과의 곤충. 편 날개 길이 7cm 안팎. 날개에는 짙은 보랏빛 광택이 있고, 노랑·하양·검정의 무늬가 흩어져 있음. 한 해에 한두 번 발생하는데, 애벌레는 버드나무류의 잎을 갉아먹고, 나비는 버드나무나 상수리나무의 진을 빨아먹음. 우리 나라와 일본, 유라시아 북부 등지에 분포함.

오:색=단청(五色丹靑)명 ①오색으로 칠한 단청. ②오색의 칠.

오:색-딱따구리(五色－)명 딱따구릿과의 텃새. 몸길이 24cm 안팎. 몸빛은 전체적으로 검은데, 턱밑과 배는 희고, 아랫배는 붉으며 뺨은 갈색임. 딱따구리 중 가장 흔한 텃새로, 홀로이거나 암수가 함께 생활하는데, 나무줄기에 구멍을 파서 번식함. 곤충류, 거미류, 식물의 열매 등을 먹으며, 우리 나라와 일본 등지에 분포함.

오:색-실(五色－)명 다섯 가지 빛깔의 실.

오:색-잡놈(五色雜－)명 오사리잡놈

오:색=한삼(五色汗衫)명 빨강·노랑·초록·파랑·하양의 색동 헝겊으로 만든 한삼. 지난날, 여자가 예장(禮裝)할 때나 무기(舞妓)가 춤을 출 때 사용하였음.

오:생(午生)명 간지(干支)의 지지(地支)가 오(午)인 해에 태어난 일, 또는 태어난 사람. 갑오생(甲午生), 무오생(戊午生) 등. ☞오년(午年). 말띠

오:생(五牲)명 지난날, 제물(祭物)로 쓰던 다섯 가지 짐승. 사슴·고라니·본노루·이리·토끼를 이름.

오:서(誤書)명-하다타 글자를 잘못 쓰는 일, 또는 잘못 쓴 글자. ¶편지에 －가 많다. ☞오자(誤字)

오:서-낙자(誤書落字)명 잘못 쓴 글자와 빠뜨린 글자. ☞오자(誤字). 탈자(脫字)

오석(烏石)명 흑요암(黑曜岩)

오:선(五善)명 불교에서, 오계(五戒)를 잘 지키는 일.

오:선(五線)명 악보를 적는 데 쓰는, 일정한 간격으로 가로로 그은 다섯 줄의 평행선.

오:선-주(五仙酒)명 오가피(五加皮), 어아리, 쇠무릎지기, 삽주, 소나무의 마디를 넣어 빚은 술.

오:선-지(五線紙)명 악보를 적는 데 쓰는, 오선이 그어져 있는 종이.

오:성(五性)명 사람의 다섯 가지 성정(性情). 기쁨·노여움·욕심·두려움·근심을 이름.

오:성(五星)명 ①다섯 개의 별. ②중국에서, 고대로부터 알려진 다섯 행성(行星). 목성(木星)·화성(火星)·토성(土星)·금성(金星)·수성(水星)을 이름.

오:성(五聖)명 고대 중국의 다섯 성인. 흔히 요(堯)·순(舜)·우(禹)·탕(湯)·문왕(文王)을 이름.

오:성(五聲)명 오음(五音)

오:성(悟性)명 사물을 논리적으로 생각하고 판단하는 능력. ☞감성(感性). 이성(理性). 지성(知性)

오:성=장군(五星將軍)명 계급장에 별을 다섯 개 단 장군이라는 뜻으로, 원수(元帥)를 달리 이르는 말.

오:세(汚世)명 도덕이나 풍속, 사회 질서 따위가 어지럽고 더러운 세상. 탁세(濁世)

오세아니아(Oceania)명 육대주(六大洲)의 하나. 태평양의 멜라네시아·폴리네시아·미크로네시아와 오스트레일리아·뉴질랜드를 포함하는 섬들과 대륙으로 이루어진 지역을 통틀어 이르는 말. 대양주(大洋洲)

오소리명 족제빗과의 포유동물. 몸길이 50～90cm. 너구리와 비슷하나 발톱이 길고, 곰처럼 발꿈치를 땅에 대고 걸음. 몸빛은 회갈색인데, 얼굴에는 뚜렷한 검정과 백색의 띠가 있음. 야행성이고 잡식성임. 유럽과 아시아의 온대 지방에 분포하며, 숲 속에 굴을 파고 삶.

오소리-감투명 오소리의 털가죽으로 만든 벙거지.

속담 **오소리감투가 둘이라** : 일은 하나인데, 주관(主管)하는 사람이 둘이 있어, 이러니저러니 하고 서로 다툼을 이르는 말.

오소소부 낟알 따위 자잘한 물건이 한꺼번에 많이 쏟아지는 모양을 나타내는 말. ¶자루 구멍에서 좁쌀이 － 흘러내리다. ☞와스스. 우수수

오:손(汚損)명-하다자타 더러워지거나 상함, 또는 더럽히거나 상하게 함. ¶자연이 －되다./기물을 －하다.

오솔-길[－낄]명 폭이 좁고 호젓한 길. ¶숲 속의 －.

오솔-하다형여 주위가 괴괴하여 무서울 만큼 호젓하다.

오:수(午睡)명 낮잠. 오침(午寢)

오:수(汚水)명 더러운 물. 구정물

오수-경(烏水鏡)명 알을 오수정(烏水晶)으로 박은 안경. 준 오경(烏鏡)

오:수부동(五獸不動)성구 ①쥐·고양이·개·범·코끼리의 다섯 짐승이 모이면, 연쇄적으로 견제하는 관계가 생겨, 서로 선뜻 움직이지 못함을 이르는 말. ②사회 조직이 서로 견제하는 여러 세력으로 이루어져 있음을 비유하여 이르는 말.

오수부동 격이다관용 여러 세력이 서로 견제함으로써 균형이 이루어져 있음을 이르는 말.

오-수유(吳茱萸)명 운향과(芸香科)의 낙엽 활엽 소교목. 중국 원산으로 암수딴그루. 높이는 5m 안팎. 잎은 깃꼴 겹잎으로 마주 남. 초여름에 녹황색의 잔 꽃이 모여서 핌. 가을에 익는 붉은 열매는 한방에서 두통이나 구토에 약으로 쓰임. 오유(吳萸)

오-수정(烏水晶)명 검은 빛깔의 수정.

오순-도순부 의좋게 지내거나 정답게 이야기하는 모양을 나타내는 말. ¶두 자매가 － 이야기를 나누다.

오:순-절(五旬節)명 크리스트교에서, 성령(聖靈)이 세상에 임한 날을 기념하는 축일(祝日). 부활절 후 50일째 되는 성령 강림절(聖靈降臨節)을 이름.

오스람(osram)명 오스뮴과 텅스텐의 합금.

오스람=전:구(osram電球)명 오스람을 필라멘트로 한 전구. 전력 소비가 적고 내구성(耐久性)이 좋음.

오스뮴(osmium)명 백금족 원소의 하나. 물질 중에서 최대의 비중과 백금족 중에서 최고의 녹는점을 가지고 있으며, 청회색 금속 광택이 있음. [원소 기호 Os/원자 번호 76/원자량 190.23]

오스뮴=전:구(osmium電球)명 오스뮴을 필라멘트로 한 백열 전구.

오스스부-하다형 차고 싫은 기운이 돌면서 몸에 소름이 돋게 꽤 추운 느낌을 나타내는 말. ☞아스스. 으스스

오스카(Oscar)명 미국의 영화상인 아카데미상 수상자에게 주는 금 도금을 한 청동제의 입상(立像).

오스카-상(Oscar賞)명 아카데미상

오스트랄로피테쿠스(Australopithecus)명 1924년 남아프리카에서 발견된, 세계에서 가장 오래된 화석 인류(化石人類). 약 300만～150만 년 전에 살았던 것으로 추정됨.

오슬-오슬부-하다형 몸에 자꾸 소름이 돋게 꽤 추운 느낌을 나타내는 말. ☞아슬아슬. 으슬으슬

오:승(五乘)명 불교의 다섯 가지 교법(敎法). 곧 인승(人乘)·천승(天乘)·성문승(聲聞乘)·연각승(緣覺乘)·보살승(菩薩乘)을 이름.

오:승-포(五升布)명 다섯 새의 베나 무명.

오:시(午時)명 ①십이시(十二時)의 일곱째 시(時). 지금의 오전 열한 시부터 오후 한 시까지의 동안. ②하루를 스물넷으로 가른, 열셋째 시(時). 지금의 오전 열한 시 삼십 분부터 오후 열두 시 삼십 분까지의 동안. 준오(午) ☞미시(未時). 정시(丁時)

오:시(五時)명 ①달력에 나타나는, 계절이 바뀌는 때. 곧 입춘(立春)·입하(立夏)·대서(大暑)·입추(立秋)·입동(立冬). ②'오시교(五時敎)'의 준말.

오:시-교(五時敎)명 불교에서, 석가모니가 50년간에 가르친 교법(敎法)을 다섯 기(期)로 분류한 것. 곧 화엄시(華嚴時)·아함시(阿含時)·방등시(方等時)·반야시(般若時)·법화 열반시(法華涅槃時). 준오시(五時)

오시-목(烏柹木)명 '먹감나무'의 딴이름.

오:시:아:르(OCR)명 컴퓨터 입력 장치의 한 가지. 손으로 쓴 글씨나 인쇄된 문자에 빛을 비추어 정해진 문자와 비교하여 판독하고, 전기 신호로 바꾸어서 컴퓨터에 입력하는 장치. 광학 문자 판독기(光學文字判讀機) [optical character reader]

오:시:아:르카:드(OCR card)명 오시아르로 판독할 수 있게 한 카드. 전산기(電算機)로 채점하는 답안지 따위.

오:시-오:중(五矢五中)명-하다자 화살을 다섯 대 쏘아서 다섯 대를 다 맞힘. 준오중(五中)

오:식(五識)명 불교에서, 눈·귀·코·혀·몸의 오근(五根)에 따라 일어나는 색(色)·성(聲)·향(香)·미(味)·촉(觸)의 다섯 가지 지각(知覺) 작용을 이르는 말.

오:식(誤植)명-하다타 활판에 활자를 잘못 꽂음.

오:신(娛神)명 굿을 할 때, 무당이 노랫가락이나 타령 등으로 신(神)을 즐겁게 하는 일.

오:신(誤信)명-하다타 잘못 믿음. ¶그의 실력을 ─하다가 낭패를 보았다.

오:-신명(誤身命)명-하다자 몸과 목숨을 그르침.

오:-신채(五辛菜)명 다섯 가지 자극성 채소. 불가(佛家)에서는 마늘·달래·무릇·김장파·실파를, 도가(道家)에서는 부추·자총이·마늘·평지·무릇을 이름. 오훈채(五葷菜)

오실로그래프(oscillograph)명 빠르게 변화하는 갖가지 진동이나 파형의 시간적 변화를 기록하는 장치. 보통은 전기 신호로 바꾸어 기록하는 것을 이름.

오실로스코:프(oscilloscope)명 음극선을 이용하여, 오실로그래프에 따른 전기 신호의 파형을 관찰하는 장치.

오:심(惡心)명 한방에서, 속이 불쾌해지면서 토할듯 한 기분이 생기는 증세를 이르는 말.

오:심(誤審)명-하다타 경기나 재판 등에서, 심판이나 판정을 잘못함, 또는 그 심판이나 판정.

오:심-열(五心熱)[-녈]명 한방에서, 비장(脾臟) 속에 화기(火氣)가 뭉쳐서 가슴과 손발이 몹시 더워지는 병을 이르는 말.

오:십(五十·五拾)수 수의 한자말 이름의 하나. 십(十)의 다섯 곱절. ☞쉰
관 단위를 나타내는 말 앞에 쓰이어 ①수량이 쉰임을 나타냄. ②차례가 쉰째임을, 또는 횟수가 쉰 번째임을 나타냄.

오:십보백보(五十步百步)성구 약간의 차이는 있으나 본질적인 잘못에는 차이가 없음을 이르는 말. 전투에서 쉰 걸음 달아난 병사가 백 걸음 달아난 병사를 겁쟁이라고 비웃었으나, 달아났다는 점에서는 같으므로 비웃을 자격이 없다는 '맹자(孟子)'의 우화(寓話)에서 나온 말임. 오십보소백보(五十步笑百步) ¶5분 지각이나 10분 지각이나 ─다.

오:십보소:백보(五十步笑百步)성구 오십보백보(五十步百步) 준오십소백(五十笑百)

오:십소:백(五十笑百)성구 '오십보소백보(五十步笑百步)'의 준말.

오싹부 몸이 옴츠러질 정도로 갑자기 추워지거나 소름이 끼치는 상태를 나타내는 말. ¶등골이 ─ 하다.

오싹-오싹부 몸이 옴츠러질 정도로 자꾸 추워지거나 소름이 끼치는 상태를 나타내는 말.

오아시스(oasis)명 ①사막 가운데서 샘이 솟고 나무가 자라는 곳. ②피로를 풀어 주고 마음을 편하게 해 주는 곳을 비유하여 이르는 말. ¶시끄러운 도시 속의 ─.

오:악(五惡)명 불교에서, 오계(五戒)를 어기는 다섯 가지 악행(惡行)을 이르는 말. 곧 살생(殺生)·투도(偸盜)·사음(邪淫)·망어(妄語)·음주(飮酒).

오:악(五嶽)명 ①우리 나라의 다섯 명산(名山). 곧 금강산·묘향산·지리산·백두산·삼각산. ②중국의 다섯 영산(靈山). 곧 태산(泰山)·화산(華山)·형산(衡山)·항산(恒山)·숭산(嵩山). ③관상(觀相)에서, 얼굴의 튀어나온 다섯 부분을 이르는 말. 곧 이마·코·턱·좌우의 광대뼈.

오:안(五眼)명 불교에서, 진리를 인식하는 능력을 눈에 견주어 다섯 가지로 정리한 것. 곧 육안(肉眼)·천안(天眼)·법안(法眼)·혜안(慧眼)·불안(佛眼).

오:야(午夜)명 밤 열두 시. 자정(子正)

오:야(五夜)명 지난날, 하루의 밤 시간을 다섯으로 등분하여 이르던 말. 곧 갑야(甲夜)·을야(乙夜)·병야(丙夜)·정야(丁夜)·무야(戊夜). ☞오경(五更)

오약(烏藥)명 한방에서, 천태(天台) 오약, 또는 형주(衡州) 오약의 뿌리를 이르는 말. 곽란 등에 약으로 쓰임.

오얏명 자두

한자 오얏 리(李) [木部 3획] ¶도리(桃李)/이화(李花)

오얏-나무 명 '자두나무'의 딴이름.

오:언(五言)명 ①한 구(句)가 다섯 글자로 이루어진 한시의 시체(詩體). ②오언시(五言詩)

오:언=고:시(五言古詩)명 한 구(句)가 다섯 글자로 이루어진 고체시(古體詩).

오:언=배율(五言排律)명 한 구(句)가 다섯 글자로 이루어진 배율.

오:언-시(五言詩)명 한 구(句)가 다섯 글자로 이루어진 한시(漢詩)를 통틀어 이르는 말. 오언(五言) ☞사언시(四言詩). 칠언시(七言詩)

오:언=율시(五言律詩)[-뉼씨]명 오언의 여덟 구(句)로 이루어진 한시(漢詩). 준오율(五律)

오:언=절구(五言絶句)명 오언의 네 구(句)로 이루어진 한시(漢詩). 준오절(五絶)

오:에스(OS)명 오퍼레이팅시스템(operating system). 운영 체제(運營體制)

오:에이(OA)명 사무 자동화(事務自動化) [office automation]

오:엑스=문:제(OX問題)명 문제를 풀 때, 맞는 것에 ○표, 틀린 것에 ×표를 하여 답안을 작성하는 시험 문제.

오:엘(OL)명 오버랩(overlap)

오:엠아:르(OMR)명 컴퓨터 입력 장치의 한 가지. 연필이나 펜으로 쓴 표시에 빛을 비추어 판독하고, 전기 신호로 바꾸어서 컴퓨터에 입력시키는 장치. 광학 마크 판독기 [optical mark reader]

오:역(五逆)명 불교에서, 무간지옥(無間地獄)에 떨어질 다섯 가지 악행(惡行)을 이르는 말. 곧 아버지를 죽이는 일, 어머니를 죽이는 일, 아라한(阿羅漢)을 죽이는 일, 중의 화합을 깨뜨리는 일, 불신(佛身)을 손상하는 일.

오:역(誤譯)명-하다타 잘못 번역함, 또는 잘못된 번역.

오:연(五軟)명 한방에서, 어린아이에게 나타나는 다섯 가지 무력증(無力症)을 이르는 말. 곧 고개를 가누지 못하는 것, 몸을 가누지 못하는 것, 입술과 혀에 힘이 없어 말을 하지 못하는 것, 살에 힘이 없어 피부가 처지는 것, 손발에 힘이 없어 걷지 못하는 것. ☞오경(五硬)

오:연(傲然)어기 '오연(傲然)하다'의 어기(語基).

오:연-하다(傲然─)형여 거만스럽다 ¶오연한 태도.
오연-히부 오연하게

오:열(五列)명 적대 세력의 내부에 숨어들어 간첩 활동 등을 하는 사람이나 부대를 이르는 말. 스페인 내란 때, 네 개 부대를 이끌고 마드리드를 공격한 몰라 장군이 시내에도 우리에게 호응하는 다섯째의 부대가 있다고 한 데서 유래함. 본제오열(第五列)

오열(嗚咽)명-하다자 목이 메어 욺. 또는 그 울음.

오:염(汚染)명-하다자 ①더러워짐. 염오(染汚) ②공기나 물 따위가 세균·가스·방사능 등으로 유독 성분을 가지게 됨. ¶공기가 ─되다./하천을 ─시키다.

오:염-도(汚染度)명 오염된 정도.

오:염-원(汚染源)명 환경을 오염시키는 근원(根源), 또는 근원이 되는 곳.

오엽(梧葉)명 오동나무의 잎.

오엽-선(梧葉扇)명 살의 끝을 휘어서 오동나무 잎의 잎맥과 비슷하게 만든 둥근 부채.

오:엽-송(五葉松)명 '잣나무'의 딴이름.

오:-영문(五營門)명 오군영(五軍營)

오:예(汚穢)명 더러운 것.

오:옥(五玉)명 다섯 가지 빛깔의 옥. 곧 창옥(蒼玉)·적옥(赤玉)·황옥(黃玉)·백옥(白玉)·현옥(玄玉).

오옥(烏玉)명 빛깔이 검은 구슬.

오:온(五蘊)명 불교에서, 사람의 몸과 마음을 형성하는 다섯 가지 요소를 이르는 말. 곧 육체의 요소인 색온(色蘊), 감각의 요소인 수온(受蘊), 상상의 요소인 상온(想蘊), 의지의 요소인 행온(行蘊), 인식의 요소인 식온(識蘊). 오음(五陰)

오요요감 강아지를 부르는 소리를 나타내는 말.

오:욕(五慾)명 ①불교에서, 사람이 가지는 다섯 가지 욕심을 이르는 말. 곧 재욕(財慾)·색욕(色慾)·식욕(食慾)·명예욕(名譽慾)·수면욕(睡眠慾). ②오진(五塵)

오:욕(汚辱)명-하다타 더럽히고 욕되게 함. ¶─의 세월./국가의 명예를 ─하다.

오:용(誤用)명-하다타 잘못 씀. ¶약을 ─하다.

오우(烏芋)명 한방에서, 올방개의 뿌리를 약재로 이르는 말. 지갈(止渴)이나 개위(開胃) 따위에 약으로 쓰임.

오:우가(五友歌)명 조선 인조 때 고산(孤山) 윤선도(尹善道)가 지은 연시조(連時調). 물·돌·솔·대·달의 다섯 가지 자연물을 벗으로 삼아 자신의 자연관(自然觀)을 나타냄. 서장(序章)을 포함하여 모두 여섯 수. '고산유고(孤山遺稿)' 중 '산중신곡(山中新曲)'에 실려 있음.

오:운(五雲)명 오색(五色)의 구름.

오:운(五運)명 오행(五行)의 운행(運行).

오:운-거(五雲車)명 신선(神仙)이 타고 다닌다는 오색(五色)의 수레.

오:월(午月)명 ①'음력 오월'을 달리 이르는 말. 월건(月建)의 지지(地支)가 갑오(甲午)·임오(壬午)처럼 오(午)인 데서 이름. ☞태세(太歲) ②오야(午夜)의 달.

오:월(五月)명 한 해의 다섯째 달.

오월(吳越)명 ①중국 춘추 시대에 있었던 오(吳)나라와 월(越)나라. ②오나라와 월나라가 오랫동안 적대(敵對) 관계에 있었던 데서, 사이가 썩 좋지 않음을 비유하여 이르는 말.

오월(梧月)명 '음력 칠월'을 달리 이르는 말. 오추(梧秋)

오:월-국(五月菊)명 국화의 한 품종. 5월경에 꽃이 핌.

오월동주(吳越同舟)성구 사이가 좋지 않은 오나라 사람과 월나라 사람이 같은 배를 탄다는 뜻으로, 곧 사이가 좋지 않은 사람이 같은 곳에 있거나 함께 행동함을 비유하여 이르는 말.

오:월-로(五月爐)명 따뜻한 계절인 오월의 화로라는 뜻으로, 당장은 필요하지 않으나 없으면 아쉽게 여겨지는 물건을 비유하여 이르는 말.

오:위(五衛)명 1457년(조선 세조 3)에 개편된 군사 조직 체계의 하나인 다섯 위(衛). 곧 중위(中衛)인 의흥위(義興衛), 좌위(左衛)인 용양위(龍驤衛), 우위(右衛)인 호분위(虎賁衛), 전위(前衛)인 충좌위(忠佐衛), 후위(後衛)인 충무위(忠武衛). 한 위를 다섯 부(部)로, 다시 한 부를 네 통(統)으로 갈랐음.

오:위=도총부(五衛都摠部)명 조선 시대, 오위(五衛)의 군무(軍務)를 지휘 감독하던 관아.

오:위-장(五衛將)명 조선 시대, 오위(五衛)의 군사를 거느리는 종이품의 으뜸 관직.

오유(吳萸)명 '오수유(吳茱萸)'의 딴이름.

오유(烏有)명 사물이 아무 것도 없이 됨을 뜻하는 말.

오유로 돌아가다관용 완전히 없어지다. ¶화재로 귀중한 문화재가 ─.

오:유(娛遊)명-하다자 즐기며 놂.

오유-선생(烏有先生)명 중국 한(漢)나라의 사마상여(司馬相如)가 그의 글 속에서 만들어 낸 인물이었던 데서 유래하여, 가공(架空)의 인물을 이름.

오:율(五律)명 '오언 율시(五言律詩)'의 준말.

오:음(五音)명 국악의 음계를 구성하는 다섯 음률. 곧 궁(宮)·상(商)·각(角)·치(徵)·우(羽). 오성(五聲)

오:음(五陰)명 오온(五蘊)

오:음(五飮)명 다섯 가지 마실 것. 곧 물·미음·약주·단술·청주.

오:음성-고(五陰盛苦)명 불교에서 이르는 팔고(八苦)의 하나. 색(色)·수(受)·상(想)·행(行)·식(識)의 오온(五蘊)에서 비롯되는 몸과 마음의 괴로움을 이름.

오:음=음계(五音音階)명 오음으로 이루어진 음계. 국악과 중국 음악을 비롯하여 세계 각국의 민요에서도 볼 수 있음.

오:의(奧義)명 사물의 깊은 뜻. 오지(奧旨)

오이명 박과의 한해살이 덩굴풀. 줄기에서 덩굴손이 나와 다른 것에 달라붙으면서 올라감. 여름에 노란 빛깔의 암꽃과 수꽃이 핌. 둥글고 긴 열매는 거죽이 오돌토돌하며, 처음에는 초록이나 익으면 황갈색이 됨. 인도 원산으로 세계 각지에 분포함. 물외. 호과 준외

속담 **오이는 씨가 있어도 도둑은 씨가 없다** : 누구나 마음을 잘못 가지면 도둑이 될 수 있다는 말./**오이를 거꾸로 먹어도 제멋** : 남이 보아서 좀 이상한 짓이라도, 제가 좋아하는 것이라면 상관할 필요가 없다는 말.

한자 **오이 과**(瓜) 〔瓜部〕 ¶감과(甘瓜)/과전(瓜田)

▶ **'오이' 따위를 세는 단위**
오이나 가지 등을 셀 때 쉰 개를 한 단위로 하여 이르는데, 쉰 개를 한 '거리'라 한다. 곧 '오이 한 거리, 가지 두 거리'라 하는 따위.

오이-과(─瓜)명 한자 부수(部首)의 한 가지. '瓞'·'瓢' 등에서 '瓜'의 이름.

오이-김치명 오이로 담근 김치. 토막친 오이의 가운데를 십자(十字)로 갈라 소금에 절였다가 건져 파·마늘·고춧가루 따위를 섞어서 만든 소를 넣고, 국물을 부어 익힘. 과저(瓜菹) 준외김치

오이-깍두기명 오이를 썰어서 젓국·고춧가루·고명을 넣고 버무려 담근 깍두기.

오이-나물명 나물의 한 가지. 오이를 채 썰거나 얇게 저며서 소금에 살짝 절였다가 꼭 짠 다음, 파·깨소금·후춧가루 등을 넣고 볶은 나물.

오이-냉:국(─冷─)[─꾹]명 오이를 채 쳐서 양념한 것에 끓여 식힌 물을 붓고 식초를 친 음식. 오이찬국

-오이다어미 ①'-옵니다'보다 예스러운 표현의 말. ¶잘 아오이다./얼굴이 훤하오이다. ②'아니다'의 어간이나 '이다'의 '이-'에 붙어 쓰임. ¶사실이 아니오이다./지금이 한창이오이다. 준-외다 ☞-소이다. -으오이다

오이디푸스콤플렉스(Oedipus complex)명 사내아이가 동성(同性)인 아버지를 미워하고, 어머니에 대하여 애정을 가지는 무의식의 경향. 프로이트의 정신 분석학의 용어임. ☞엘렉트라콤플렉스(Electra complex)

오이-무름명 어린 오이의 껍질을 벗기고 데쳐 두 토막으로 자르고 세 골로 가른 다음, 이겨서 양념하여 볶은 고기를 사이에 넣고, 버섯·석이·알고명을 채쳐 얹거나, 밀가루를 묻히고 달걀을 풀어 씌워 지진 반찬. 과숙(瓜熟) 준외무름

오이-무침명 생채의 한 가지. 소금에 살짝 절인 오이를 알맞은 크기로 잘라 십자(十字)로 쪼개고, 채친 무와 함께 고춧가루·파·마늘·생강·후춧가루로 무친 음식.

오이-생채(─生菜)명 생채의 한 가지. 채친 오이를 소금에 절였다가 물에 헹구어 짠 다음, 쇠고기 볶은 것과 초

장 양념으로 무친 음식.
오이-소박이 명 '오이소박이김치'의 준말.
오이소박이-김치 명 오이의 허리를 서너 갈래로 잘라, 속에 파·마늘·생강·고춧가루를 섞어 만든 소를 넣어 파로 허리를 동여매고 국물을 부어 담근 김치. 준 소박이. 소박이김치. 오이소박이
오이-송송이 명 김치의 한 가지. 무와 오이를 갸쭉하게 썰어 소금에 약간 절였다가 파·마늘·생강·고춧가루·새우젓국으로 양념하여 버무려 담근 김치.
오이-순(-筍) 명 오이의 어린순.
오이-씨 명 오이의 씨. 준 외씨
오이씨 같다 관용 여자의 버선발이 갸름하고 예쁘다.
오:이:엠(OEM) 명 주문자 상표 부착 생산 [original equipment manufacturing]
오이-장(-醬) 명 오이를 어슷어슷 굵게 썰어 고기·파·기름·깨소금으로 양념하고, 고추장으로 간을 하여 끓인 음식.
오이-지 명 김치의 한 가지. 오이를 켜마다 소금을 뿌려 독이나 항아리에 담고 돌로 누른 다음, 끓여서 식힌 소금물을 부어 담근 김치. 준 외지
오이-찬국 명 오이냉국
오이-풀 명 장미과의 여러해살이풀. 줄기 높이는 1m 안팎. 잎은 깃꼴 겹잎이며 어긋맞게 남. 6~9월에 붉은 자줏빛 꽃이 핌. 어린 줄기와 잎은 먹을 수 있고, 뿌리는 한방에서 지혈제나 해독제 등으로 쓰임. 각처의 산과 들에 흔히 자람. 어린 줄기와 잎에서 오이 냄새가 남. 수박풀. 외나물
오:인(午人) 명 조선 시대, '남인(南人)'을 달리 이르던 말.
오:인(誤認) 명 -하다 타 잘못 보거나 잘못 앎. ¶적군으로 -하여 공격하다.
오인(吾人) 대 ①나 ②우리
오:일(午日) 명 간지(干支)의 지지(地支)가 오(午)인 날. 갑오(甲午)·무오(戊午) 등. ☞말날. 일진(日辰). 태세(太歲)
오:일경조(五日京兆) 성구 겨우 닷새 동안의 경조윤(京兆尹)이라는 뜻으로, 오래가지 못하는 일을 비유하여 이르는 말. ☞삼일천하(三日天下)
오일달러(oil dollar) 명 원유(原油)의 수출로 산유국이 벌어들인 달러. 달러 이외의 외화(外貨)를 포함하여 '오일머니(oil money)'라고도 함.
오일버:너(oil burner) 명 중유(重油)나 경유(輕油)를 연소시켜 열을 내는 장치.
오일쇼크(oil+shock) 명 석유 수출국들이 원유 값을 올리고 원유 생산을 제한하여 일어나는 세계 각국의 경제적 혼란. 석유 파동. 유류 파동(油類波動)
오일스킨(oilskin) 명 기름을 먹여 방수 처리한 천. ☞방수포(防水布). 유포(油布)
오일실크(oil silk) 명 기름이나 수지 용액을 입힌 명주. 비옷 등에 쓰임.
오:일-장(五日-) 명 닷새마다 서는 장. 재래 시장의 경우 달마다 일정한 날짜를 정하여 닷새 만에 한 번씩 섬.
오:일-장(五日葬) 명 초상난 지 닷새 만에 지내는 장사. ☞삼일장. 구일장
오일클로스(oilcloth) 명 ①기름으로 방수 처리한 천을 통틀어 이르는 말. ②두툼한 천에 에나멜을 입히고 무늬를 그린 천. 책상보 따위로 쓰임.
오일페니실린(oil penicillin) 명 페니실린을 정제하여 기름에 녹인 약. 근육 주사에 쓰임.
오일펜스(oil fence) 명 배 따위에서 흘러나온 기름이 수역(水域)에 번지는 것을 막기 위하여 물 위에 설치하는 울타리 모양의 부체(浮體).
오:입(悟入) 명 -하다 자 불교에서, 도를 깨달아 실상(實相)의 세계에 들어감을 이르는 말. ☞해오(解悟)
오:입(誤入) 명 -하다 자 남자가 제 아내가 아닌 여자와 상관하는 일. 외도(外道)[2]. 외입(外入)
오:입-쟁이(誤入-) 명 오입을 잘하는 남자.
속담 **오입쟁이 제 욕심 채우듯**: 다른 사람의 처지는 아랑곳없이 저 하고 싶은 것만 하는 것을 이르는 말.
오:입-질(誤入-) 명 -하다 자 오입하는 짓.
오:자(誤字) [-짜] 명 ①글에서, 잘못 쓴 글자. ②인쇄물 등에서 틀린 글자. ☞탈자(脫字)
오-자기(烏瓷器) 명 오지그릇
오:작(五爵) 명 공작(公爵)·후작(侯爵)·백작(伯爵)·자작(子爵)·남작(男爵)의 다섯 등급의 작위(爵位). 오등작(五等爵)
오:작(仵作) 명 조선 시대, 지방 관아에 딸리어 검시(檢屍) 때 시체를 수습하던 하인. 오작인(仵作人)
오작(烏鵲) 명 까마귀와 까치. 까막까치
오작-교(烏鵲橋) 명 칠석날 저녁에 견우와 직녀가 서로 만날 수 있도록 까막까치가 은하(銀河)에 모여서 몸을 죽 잇대어 만든다는 전설상의 다리. 은하 작교(銀河鵲橋)
오:작-인(仵作人) 명 오작(仵作)
오:장(五葬) 명 장사(葬事)의 다섯 가지 방식. 곧 토장(土葬)·화장(火葬)·수장(水葬)·야장(野葬)·임장(林葬)을 이름.
오:장(五臟) 명 한방에서, 간장·심장·비장·폐장·신장의 다섯 가지 내장을 통틀어 이르는 말. ☞오내(五內). 육부(六腑)
오장이 뒤집히다 관용 몹시 화가 나서 견딜 수가 없다.
속담 **오장까지 뒤집어 보인다**: 속속들이 다 털어놓음을 이르는 말.

한자 **오장 장**(臟) [肉部 18획] ¶간장(肝臟)/비장(脾臟)/심장(心臟)/장기(臟器) ▷ 속자는 䑋

오:장=육부(五臟六腑) [-뉵-] 명 한방에서, 내장을 통틀어 이르는 말. 곧 오장과 육부. 준 장부(臟腑)
오:재(五材) 명 사물의 다섯 가지 재료. 곧 쇠·나무·물·불·흙, 또는 쇠·나무·가죽·옥(玉)·흙.
오쟁이 명 짚으로 엮어 작은 섬 모양으로 만든 물건. 곡식이나 소금 따위를 담는 데 씀. ☞멱서리
오:적(五賊) 명 대한 제국 때, 을사조약(乙巳條約) 체결에 찬성한 다섯 사람의 역적을 이르는 말. 곧 외부 대신 박제순(朴齊純), 내부 대신 이지용(李址鎔), 군부 대신 이근택(李根澤), 학부 대신 이완용(李完用), 농상공부 대신 권중현(權重顯).
오적-어(烏賊魚) 명 '오징어'의 딴이름.
오:전(五典) 명 ①오륜(五倫) ②오상(五常)
오:전(午前) 명 밤 열두 시부터 낮 열두 시까지의 사이. 상오(上午) ☞오후(午後)
오:전(誤傳) 명 -하다 타 사실과 다르게 전함, 또는 사실과 다르게 전한 것.
오:절(五絕) 명 ①비명에 죽는 다섯 가지. 곧 목매달아 죽는 일, 물에 빠져 죽는 일, 눌려 죽는 일, 얼어 죽는 일, 놀라서 죽는 일. ②'오언 절구(五言絕句)'의 준말.
오:점(汚點) [-쩜] 명 ①더러운 점. ②명예를 더럽히는 흠. ¶가문의 명예에 -을 남기다.
오-접선(烏摺扇) 명 검은 칠을 한 접부채.
오:-젓 명 '오사리젓'의 준말. ☞육젓. 추젓
오:정(午正) 명 십이시(十二時)의 오시(午時)의 중간. 지금의 낮 열두 시. 오중(午中). 정오 ☞자정(子正)
오:정(五情) 명 사람의 다섯 가지 감정. 곧 희(喜)·노(怒)·애(哀)·낙(樂)·욕(慾). 욕(慾) 대신에 오(惡)나 원(怨)을 이르기도 함.
오:정-주(五精酒) 명 솔잎·구기자(枸杞子)·천문동(天門冬)·백출(白朮)·황정(黃精)의 다섯 가지로 빚은 술.
오:정-포(午正砲) 명 지난날, 오정(午正)에 놓아서 낮 열두 시를 알리던 대포. 준 오포(午砲)
오:제(五帝) 명 ①중국 고대의 다섯 성군(聖君). 여러 설(說)이 있으나 사기(史記)에는 황제(黃帝)·전욱(顓頊)·제곡(帝嚳)·요(堯)·순(舜)을 들었음. ②민속에서, 오방(五方)을 맡은 다섯 신장(神將)을 이르는 말. 곧 동의 청제(靑帝), 서의 백제(白帝), 남의 적제(赤帝), 북의 흑제(黑帝), 중앙의 황제(黃帝). 오방 신장(五方神將). 오방제(五方帝)

오:-조 명 여느 조보다 일찍 익는 조. ☞올벼

▶ '오조'의 '오-'와 '올-'
'올-'은 식물이나 열매 이름 앞에 붙어 다른 품종보다 일찍 자라거나 익음을 나타내는 말이다.
'올감자·올배·올뽕·올콩'이 그런 경우인데, 다만 '오조'는 '올조'라 하지 않고 '오조'라 한다.
'찰-'의 경우도 그와 같은 예들이 있다. 찹쌀로 만든 시루떡을 '찰시루떡'이라 하지 않고 '차시루떡', '찰전병'은 '차전병'이라 하는 따위다.

오:조-룡(五爪龍) 명 ①발톱이 다섯 개가 있다는 용. ②'거지덩굴'의 딴이름.
오조-증(惡阻症)[-쯩] 명 입덧
오:족(五足) 명 피륙을 짤 때 씨실을 다섯 올씩 배게 하고 간걸러서 짠 것. ☞항라(亢羅)
오족-철(烏足鐵) 명 문짝틀이 벌어지지 않게 덧붙인 쇠.
오:족-항:라(五足亢羅) 명 오족으로 짠 항라.
오존(ozone) 명 산소의 동소체(同素體)로서 특유의 냄새가 나는 엷은 청색의 기체. 액체일 때는 어두운 청색, 고체일 때는 암자색을 띰. 상온에서 분해되어 산소가 됨. 살균이나 표백 따위에 쓰임.
오존-층(ozone層) 명 오존이 많이 들어 있는 공기층. 지상 20~25km 높이에 분포함. 태양의 자외선을 흡수하여, 생물이 자외선 때문에 받는 피해를 막아 줌.
오졸-거리다(대다) 자 작은 사람이 어깨 따위를 율동적으로 달싹거리다. ☞오쫄거리다. 우줄거리다
오졸-오졸 부 오졸거리는 모양을 나타내는 말. ¶아이가 엄마를 — 따라가다. ☞오쫄오쫄. 우줄우줄
오:종(五宗) 명 '선가 오종(禪家五宗)'의 준말.
오종종-하다 형여 ①자질구레한 물건이 모여 있어 빽빽하다. ②얼굴이 작고 옹졸스럽다. ¶이마가 좁고 턱이 뾰족해서 더욱 오종종해 보인다.
오:좌(午坐) 명 묏자리나 집터 등이 오방(午方)을 등진 좌향(坐向).
오:좌-자향(午坐子向) 명 묏자리나 집터 등이 오방(午方)을 등지고 자방(子方)을 향한 좌향(坐向).
오:주(五洲) 명 '오대주(五大洲)'의 준말.
오:주연문장전산고(五洲衍文長箋散稿) 명 조선 헌종 때, 이규경(李圭景)이 우리 나라와 중국 등의 고금(古今)의 사물, 곧 천문(天文)·시령(時令)·지리(地理)·풍속(風俗)·관직(官職)·궁실(宮室)·음식(飮食)·금수(禽獸) 등 1,400여 항목에 걸쳐 고증하고 해설한 책. 60권 60책.
오죽 부 주로 의문문에 쓰이어, '얼마나'·'여북'·'작히나'·'좀' 등의 뜻을 나타내는 말. 오죽이나 ¶어린것이 — 외로웠을까?/— 힘들었으면 앓아 눕겠느냐?
오죽(烏竹) 명 볏과의 여러해살이 목본 식물. 대의 한 가지로 높이 2~20m, 지름 2~5cm로 자람. 줄기는 첫해에는 엷은 녹색이나 점점 자흑색으로 바뀜. 관상용으로 심고, 다 자란 것은 세공 재료로 쓰임.
오죽-이나 부 오죽 ¶삼복더위에 — 더웠겠습니까?
오죽잖다 형 보통도 못 될 만큼 변변찮거나 하찮다. ¶오죽잖은 솜씨이나마 정성을 다했습니다.
오죽-하다 형여 〔주로, '오죽하면', '오죽하여', '오죽하랴'의 꼴로 의문문에 쓰이어〕'얼마나 심했으면', '얼마나 대단했으면', '얼마나 심했기에'의 뜻을 나타냄. ¶그 순하디순한 사람이 오죽하면 화를 냈을까?/몇 달째 수입이 없으니 그 형편이 오죽하랴.
  오죽-이 부 오죽
오줌 명 혈액 속의 수분이나 몸 안의 노폐물이 신장(腎臟)에서 걸러져 몸 밖으로 나오는 액체. ¶—을 누다./아기가 —을 쌌구먼./아이가 —을 가리다.
  오줌(이) 마렵다 관용 오줌을 누고 싶은 느낌이 있다.
  속담 **오줌에도 데겠다** : 몸이 허약함을 놀리어 이르는 말.

한자 오줌 뇨(尿) 〔尸部 4획〕 ¶요관(尿管)/요도(尿道)

오줌-관(-管) 명 오줌을 신장에서 방광으로 보내는 관. 수뇨관(輸尿管). 요관(尿管)
오줌-길[-낄] 명 오줌줄. 요도(尿道)
오줌-누다 자 오줌을 몸 밖으로 내보내다. ☞소피
  속담 **오줌누는 새에 십리(十里) 간다** : 오줌을 누고 있는 사이에 다른 사람은 십리 길을 간다는 뜻으로, 잠시 동안이라도 쉬는 것과 쉬지 않고 계속하는 것은 매우 큰 차이가 있다는 말.
오줌-버캐 명 오줌을 담아 둔 그릇에 엉겨 붙은 허연 물질, 또는 가라앉은 찌꺼기. 한방에서 '인중백(人中白)'이라 하여 약재로 쓰임. ☞버캐. 소금버캐
오줌-소태 명 한방에서, 오줌이 자주 마려운 여자의 병증을 이르는 말. 방광염이나 요도염으로 말미암음. 삽뇨증(澁尿症) ☞삭뇨증(數尿症)
오줌-싸개 명 ①오줌을 가리지 못하는 아이. ②실수로 오줌을 싼 아이를 놀리어 이르는 말. ☞똥싸개
오줌-싸다 자 ①오줌을 참거나 가리지 못하여 함부로 누다. ¶아기가 또 오줌쌌다. ②모르는 사이에 오줌이 나오다. ¶잠결에 —. ③'오줌누다'를 속되게 이르는 말.
오줌-장군[-짱-] 명 오줌을 담아 나를 때 쓰는 그릇. 오지나 나무로 작은 독을 뉜 모양으로 만듦. 준 장군
오줌-줄[-쭐] 명 오줌을 방광에서 몸 밖으로 내보내는 관. 오줌길. 요도(尿道)
오줌-통(-桶) 명 방광(膀胱)
오:중(午中) 명 오정(午正)
오:중(五中) 명 활쏘기에서, 화살 다섯 대를 쏘아 다섯 대를 다 맞힌 경우를 이르는 말. 오시오중(五矢五中) ☞일중(一中)
오:중(五重) 명 ①다섯 겹. ②다섯 번 거듭되거나 다섯이 겹침. ¶— 추돌 사고
오:중(誤中) 명-하다 자 과녁이나 목표를 잘못 맞힘.
오:중-례(五中禮) 명 사정(射亭)에 새로 들어온 사원(射員)이 오중을 하였을 때 스승과 여러 사원에게 술잔치를 베풀던 일. ☞일중례(一中禮)
오:중-별(五重-) 명 오중성(五重星)
오:중-성(五重星) 명 맨눈으로는 하나로 보이나 실제로는 다섯으로 떨어져 있는 별. 오중별 ☞중성(重星)
오:중-주(五重奏) 명 다섯 개의 악기로 하는 합주(合奏).
오:중-창(五重唱) 명 다섯 사람이 서로 다른 성부(聲部)를 함께 부르는 중창(重唱).
오:중-탑(五重塔) 명 오층탑(五層塔)
오지 명 ①오지그릇 ②오짓물
오:지(五指) 명 다섯 손가락.
오:지(汚池) 명 ①물이 더러운 못. ②검버섯
오:지(忤旨) 명-하다 타 임금의 뜻을 거역함.
오:지(奧旨) 명 사물의 깊은 뜻. 오의(奧義)
오:지(奧地) 명 해안이나 도시에서 멀리 떨어진 내륙의 깊숙한 곳. ¶—를 탐험하다. ☞두메. 벽지(僻地)
오지-그릇 명 오짓물을 올리어 구운 질그릇. 거죽이 검붉고 윤이 나며, 질이 단단함. 뚝배기나 약탕관 따위. 오자기(烏瓷器). 오지 ☞사기그릇
오지끈 부 좀 가늘고 단단한 물체가 부러질 때 나는 소리, 또는 그 모양을 나타내는 말. ¶나무젓가락을 — 부러뜨리다. ☞와지끈. 우지끈
오지끈-거리다(대다) 자타 자꾸 오지끈 소리가 나다, 또는 그런 소리를 내다. ☞와지끈거리다. 우지끈거리다
오지끈-뚝딱 부 좀 가늘고 단단한 물체가 부러져 아주 끊어질 때 나는 소리, 또는 그 모양을 나타내는 말. ☞와지끈뚝딱. 우지끈뚝딱
오지끈-오지끈 부 오지끈거리는 소리, 또는 그 모양을 나타내는 말. ☞와지끈와지끈. 우지끈우지끈
오:지다 형 '오달지다'의 준말.
오지-동이 명 오짓물을 올리어 구운 동이.
오지랖 명 웃옷의 앞자락.
  오지랖(이) 넓다 관용 남의 일에 지나치게 끼어드는 사람을 비꼬아서 이르는 말.
오지리(墺地利) 명 '오스트리아'의 한자 표기.
오지-벽돌(-甓-) 명 오짓물을 올리어 구운 벽돌. 도벽

(陶甓)

오지병-격(-甁鬲)명 한자 부수(部首)의 한 가지. '鬴'·'鬻' 등에서 '鬲'의 이름.

오:지-서(五指書)명 다섯 손가락에 힘을 주어 붓대를 잡고 쓴 글씨.

오지-자배기명 오짓물을 올리어 구운 자배기.

오지직부 ①좀 가늘고 단단한 물체가 천천히 부러질 때 나는 소리, 또는 그 모양을 나타내는 말. ②마른 풀이나 나뭇잎 따위가 불에 타 들어가는 소리, 또는 그 모양을 나타내는 말. ¶보릿짚이 불에 ― 타 들어가다. ③간국 따위가 바짝 졸아붙을 때 나는 소리를 나타내는 말. ¶장국물이 ― 졸아붙다. ☞우지직

오지직-거리다(대다)자타 자꾸 오지직 소리가 나다, 또는 그런 소리를 내다. ☞우지직거리다

오지직-오지직부 오지직거리는 소리, 또는 그 모양을 나타내는 말. ☞우지직우지직

오지-항아리명 오짓물을 올리어 구운 항아리.

오직부 여럿 가운데서 무엇을 한정하여 그것뿐임을 나타내는 말. 다다 ¶그는 ― 자기의 이익만을 생각한다./― 한 사람만을 사랑한다./걱정이라곤 ― 건강 문제이다. ☞다만. 단지(但只). 오로지

한자 오직 유(唯) 〔口部 8획〕 ¶유심(唯心)/유일(唯一)

오:직(汚職)명 직권을 이용하여 이익을 얻거나 부정한 일을 꾀함. 유독직(瀆職)

오직-율(-聿)[-뉼]명 한자 부수(部首)의 한 가지. '肅'·'肆' 등에서 '聿'의 이름.

오:진(五塵)명 불교에서 이르는, 중생의 진성(眞性)을 더럽히는 다섯 가지. 곧 색(色)·성(聲)·향(香)·미(味)·촉(觸). 오욕(五欲)

오:진(五鎭)명 조선 시대, 나라에서 제사를 지내던 다섯 진산(鎭山). 백악산(白嶽山)을 중심으로 동쪽의 오대산(五臺山), 서쪽의 구월산(九月山), 남쪽의 속리산(俗離山), 북쪽의 백두산(白頭山).

오:진(汚眞)명-하다자 타고난 품성(品性)을 더럽힘.

오:진(汚塵)명 더러운 먼지.

오:진(誤診)명-하다타 진단을 잘못함, 또는 그릇된 진단.

오:진-법(五進法)[-뻡]명 기수법(記數法)의 한 가지. 0·1·2·3·4의 다섯 개의 숫자를 써서, 다섯 배마다 한 자리씩 올려서 나타냄. 4 다음은 10, 10이 다섯이면 100이 됨. ☞십진법(十進法). 이진법(二進法)

오:진-수(五進數)명 오진법으로 나타낸 수. ☞이진수. 십진수

오집(烏集)명-하다자 까마귀 떼처럼 질서 없이 갑자기 모여듦. 오합(烏合)

오집지교(烏集之交)성구 신의(信義)가 없는 교제, 또는 이욕(利慾)으로 맺어진 사이를 이르는 말.

오짓-물명 질흙으로 만든 그릇에 올리어 구우면 윤이 나는 잿물. 오지 ☞오지그릇

오징어명 연체동물 두족류(頭足類) 오징엇과의 동물을 통틀어 이르는 말. 몸은 원통형이며 머리·몸통·다리의 세 부분으로 되어 있음. 다리와 몸통 사이에 머리가 있고, 좌우에 큰 눈이 있음. 다섯 쌍의 다리 가운데 긴 한 쌍의 다리로 먹이를 잡음. 몸 속에 먹물 주머니가 있어 적을 만나면 먹물을 뿜고 달아남. 묵어(墨魚). 오적어(烏賊魚)

오징어-구이명 물오징어의 내장을 빼고 끓는 물에 살짝 데친 다음 갖은양념을 하여 구운 음식.

오징어-순대명 물오징어의 내장을 빼고 그 속에 오징어 다리와 쇠고기·두부·숙주나물 따위를 다져 양념을 한 속을 채워 넣고 찐 음식. 썰어서 초장을 찍어 먹음.

오징어-젓명 젓갈의 한 가지. 물오징어의 껍질을 벗기고 채 썰어 무채와 고춧가루로 버무려 삭힌 젓.

오징어-포(-脯)명 말린 오징어.

오쫄-거리다(대다)자 작은 사람이 어깨 따위를 율동적으로 매우 달싹거리다. ☞오졸거리다. 우쭐거리다

오쫄-오쫄부 오쫄거리는 모양을 나타내는 말. ¶마음이 달떠서 ― 가다. ☞오졸오졸. 우쭐우쭐

오:차(誤差)명 ①관측하거나 계산하여 얻은 값과 그 정확한 값의 차이. ②수학에서, 근삿값에서 참값을 뺀 차이를 이르는 말.

오:-차:물(五借物)명 불교에서, 중생(衆生)이 세상에 살고 있는 동안 빌려 쓴다는 다섯 가지 물질을 이르는 말. 곧 흙·물·불·바람·공기.

오:차-율(誤差率)명 ①오차의 정도. ②수학에서, 참값에 대한 오차의 비율을 이르는 말.

오:착(五鑿)명 눈·코·입·귀·심(心)의 다섯 구멍.

오:착(誤捉)명-하다타 사람을 잘못 알고 잡음.

오:착(誤錯)명-하다타 착오(錯誤)

오:찬(午餐)명 손을 청하여 잘 차려서 대접하는 점심 끼니. 주찬(晝餐) ☞만찬(晩餐). 조찬(朝餐)

오:찬-회(午餐會)명 손을 청하여 점심 끼니를 겸하여 베푸는 모임. ☞만찬회(晩餐會). 조찬회(朝餐會)

오:채(五彩)명 ①파랑·노랑·빨강·하양·검정의 다섯 가지 빛깔. 오색(五色) ②짙고 선명하게 나타낸 도자기의 그림 빛깔. 경채(硬彩)

오:천(午天)명 한낮

오:천(五天)명 동·서·남·북과 중앙의 하늘.

오:첩=반상(五-飯床)명 한식(韓食)의 격식을 갖추어 차리는 상차림의 한 가지. 밥·국·김치·장·찌개를 기본으로 하고, 숙채·생채·구이(또는 조림)·전·마른 반찬(또는 젓갈)의 다섯 가지 반찬을 갖추어 차리는 상차림. ☞삼첩 반상. 칠첩 반상. 구첩 반상

오:첩=반상기(五-飯床器)명 오첩 반상을 차리는 데 쓰이는 한 벌의 그릇. 곧 밥그릇·국그릇·김치 보시기·간장 종지·찌개 그릇 등 기본 그릇 외에, 반찬 접시 다섯 개를 더한 한 벌임. ☞삼첩 반상기. 칠첩 반상기. 구첩 반상기

오:청(五淸)명 문인화(文人畫)의 소재가 되는 깨끗한 다섯 가지. 곧, 솔·대·매(梅)·난(蘭)·돌, 또는 솔·대·파초·난·돌, 또는 매·국(菊)·파초·대·돌.

오:청(誤聽)명-하다타 잘못 들음.

오:체(五體)명 ①사람의 온몸. ②불교에서, 머리와 사지(四肢)를 아울러 이르는 말. ③한자의 다섯 가지 서체(書體). 곧, 전(篆)·예(隸)·해(楷)·행(行)·초(草).

오:체-투지(五體投地)명 불교도가 하는 최고의 경례법. 두 무릎과 두 팔꿈치를 땅에 대고 엎드리어, 다시 두 손을 합장하여 이마를 땅에 대는 절을 이름.

오:초(午初)명 십이시(十二時)의 오시(午時)의 처음. 지금의 오전 열한 시가 막 지난 무렵.

오:촌(五寸)명 아버지의 사촌 형제와 자기, 또는 사촌 형제의 아들딸과 자기 사이의 촌수. ☞종숙(從叔). 칠촌(七寸)

오:촌-척(五寸戚)명 오촌이 되는 친척.

오총-이(烏驄-)명 오추마

오추(梧秋)명 '음력 칠월'을 달리 이르는 말. 오월(梧月)

오추-마(烏騅馬)명 ①검은 털에 흰털이 섞인 말. 오총이 ②옛날 중국의 항우(項羽)가 탔다는 준마(駿馬).

오:축(五畜)명 집에서 기르는 다섯 가지 짐승. 곧 소·양·돼지·개·닭.

오:취(五臭)명 다섯 가지 냄새. 곧 노린내, 비린내, 향내, 타는 내, 썩는 내.

오:취(五趣)명 불교에서, 중생이 선악의 업보(業報)에 따라 가게 된다는 다섯 곳. 곧 천상(天上)·인간(人間)·지옥(地獄)·축생(畜生)·아귀(餓鬼)의 세계. 오도(五道)

오:취(汚臭)명 더러운 냄새.

오:층-탑(五層塔)명 다섯 층으로 된 불탑(佛塔). 흙·물·불·바람·공기의 오대(五大)를 상징함. 오중탑(五重塔)

오:칠-일(五七日)명 불교에서, 사람이 죽은 뒤 35일 동안, 또는 35일째 되는 날을 이르는 말.

오:침(午寢)명 낮잠. 오수(午睡)

오:칭(誤稱)명-하다타 잘못 일컬음, 또는 그런 명칭.

오카리나(ocarina)명 도자기나 쇠붙이 따위로 만든 작은 새 모양의 관악기. 위쪽의 튀어나온 부분을 입에 물고 불

며, 8~10개의 구멍을 손가락으로 여닫으며 소리를 조절함.

오:케스트라(orchestra)명 관현악단(管絃樂團)

오:케스트라박스(orchestra box)명 오페라 극장에서, 오케스트라를 연주하는 자리. 무대의 아래에 있음.

오:케이(O.K.)감 ①'좋다', '알았다'의 뜻. ②〔명사처럼 쓰임〕 인쇄물의 교정을 끝내는 일. 교료(校了)

오:탁(五濁)명 불교에서 이르는, 세상의 다섯 가지 더러운 것. 곧 명탁(命濁)·중생탁(衆生濁)·번뇌탁(煩惱濁)·견탁(見濁)·겁탁(劫濁).

오:탁(汚濁)어기 '오탁(汚濁)하다'의 어기(語基).

오:탁-하다(汚濁-)형여 더럽고 흐리다. 탁오하다

오:탄-당(五炭糖)명 탄소 원자 다섯 개로 이루어진 단당류(單糖類). 펜토오스(pentose)

오:탈(誤脫)명 탈오(脫誤)

오:탕(五湯)명 다섯 가지의 탕. 곧 소탕(素湯)·육탕(肉湯)·어탕(魚湯)·봉탕(鳳湯)·잡탕(雜湯)을 이름.

오토(烏兎)명 ①'금오옥토(金烏玉兎)'의 준말. ②세월(歲月)

오:토=단청(五土丹靑)명 흰 분(粉)과 검은 먹, 연녹색과 살구색, 그리고 자흑색의 석간주(石間硃)로 선이나 무늬를 그리는 단청.

오:토메이션(automation)명 기계나 장치, 과정이나 조작 따위의 자동화, 또는 그러한 방식.

오:토바이(∠autobicycle)명 가솔린 기관을 장치하여 자동으로 움직이게 만든 자전거. 모터바이시클

오:토피아노(auto+piano)명 자동 피아노

오톨-도톨부-하다형 바닥이나 물체의 거죽이 고르지 않게 도드라져 있는 모양을 나타내는 말. ¶땀띠가 ─ 나다. ☞우툴두툴

오:트밀:(oatmeal)명 귀리를 볶아서 거칠게 부수거나 납작하게 누른 식품. 주로 서양에서 죽을 쑤어 설탕과 소금, 우유 등을 넣어 먹음.

오:판(誤判)명-하다타 잘못 판단함, 또는 그릇된 판단.

오:판-화(五瓣花)명 꽃잎이 다섯 장인 꽃. 무궁화·벚꽃·배꽃 따위. 다섯잎꽃 ☞육판화(六瓣花)

오팔(opal)명 단백석(蛋白石)

오:퍅(傲愎)어기 '오퍅(傲愎)하다'의 어기(語基).

오:퍅-하다(傲愎-)형여 오만하고 독살스럽다.

오퍼(offer)명 수출업자가 상대국의 수입업자에게 일정 조건을 제시하며 매매 계약을 하겠다는 의사 표시. 곧 단가나 대금 결제 조건 등을 적어 내는 판매 신청서.

오퍼랜드(operand)명 컴퓨터에서, 연산의 대상이 되는 수치, 또는 연산으로 나타나는 수치를 이르는 말.

오퍼레이션(operation)명 증권 시장의 투기 매매, 또는 매매에 따른 시장 조작.

오퍼레이션리서:치(operations research)명 기업 경영에서, 과학적 방법과 컴퓨터를 도입하여 경영 전반의 관점에서 최적의 정책을 찾아내고자 하는 것을 이르는 말. 원래는 군대의 작전에서 의사 결정의 방법으로 발전되어 온 것임.

오퍼레이터(operator)명 기계나 장치 따위를 다루는 사람. 전화 교환원, 무선 통신사, 컴퓨터 조작자 등.

오퍼레이팅시스템(operating system)명 컴퓨터를 효율적으로 운영하고 조작할 수 있도록 컴퓨터시스템을 제어하고 관리하는 프로그램을 통틀어 이르는 말. 오에스(OS). 운영 체제(運營體制)

오퍼-상(offer商)명 오퍼 업무를 전문으로 하는 수출업자, 또는 그 영업.

오페라(opera)명 대사에 곡을 붙여 관현악 반주에 맞추어 독창·중창·합창을 하는 극·음악을 중심으로 연극·무용·미술 등이 어우러진 종합 예술임. 가극(歌劇)

오페라글라스(opera glass)명 연극이나 오페라 따위를 관람할 때 쓰는 소형의 쌍안경.

오페라부파(opera buffa 이)명 서민의 일상 생활 등을 소재로 만든 희극적 오페라. 18세기 이탈리아에서 발달함. ☞오페라세리아

오페라세리아(opera seria 이)명 신화나 고대의 영웅담 따위를 제재(題材)로 한 엄숙하고 비극적인 오페라. 화려한 아리아가 많음. 18세기 이탈리아에서 발달함. 정가극(正歌劇) ☞오페라부파

오페라코미크(opéra comique 프)명 대사를 곁들인 프랑스 오페라를 통틀어 이르는 말. ☞그랜드오페라(grand opera)

오페라하우스(opera house)명 오페라나 오페레타, 또는 그와 비슷한 공연물을 상연하기 위하여 세운 극장. 가극장(歌劇場)

오페레타(operetta 이)명 내용이나 형식이 단순하고, 통속적인 노래와 춤을 곁들인, 음악이 따르는 극(劇). 경가극(輕歌劇)

오펙(OPEC)명 석유 수출국 기구(石油輸出國機構) [Organization of Petroleum Exporting Countries]

오:평(誤評)명-하다타 그릇 평론함, 또는 그릇된 평론.

오:-평생(誤平生)명-하다자 평생을 그르침, 또는 그르친 평생.

오:포(五包)명 재래식 한옥에서, 촛가지가 다섯이 되게 짠 공포(栱包). ☞삼포(三包)

오:포(午砲)명 '오정포(午正砲)'의 준말.

오:풍(午風)명 마파람

오풍(烏風)명 한방에서, 눈이 가렵고 아프며, 머리를 돌리지 못하는 병을 이르는 말.

오:풍십우(五風十雨)성구 닷새마다 바람이 불고 열흘마다 비가 내린다는 뜻으로, 기후(氣候)가 순조로워 풍년이 들고 천하(天下)가 태평한 모양을 이르는 말. ☞우순풍조(雨順風調)

오:풍-증(惡風症)[-쯩]명 한방에서, 오한증과 같이 급성은 아니나 몸이 오슬오슬 추운 증세를 이르는 말.

오프더레코:드(off the record)명 '비공개'·'비공식'의 뜻으로, 기자 회견이나 면담 등을 할 때에 정보로서 참고할 뿐 기사화하거나 공표하지 않을 것을 조건으로 하는 일. ☞온더레코드(on the record)

오프라인(off-line)명 컴퓨터에서, 입출력 장치 등 단말기가 중앙 처리 장치와 통신 회선으로 연결되어 있지 않은 상태, 또는 그러한 시스템. ☞온라인(on-line)

오프라인시스템(off-line system)명 컴퓨터에서, 각각의 장치들이 중앙 처리 장치와 통신 회선으로 연결되어 있지 않은 상태에서 독립적으로 작업을 수행하는 방식. ☞온라인시스템(on-line system)

오프사이드(off-side)명 축구·럭비·하키 따위에서, 반칙의 한 가지. 경기자가 상대편의 진영 안에서 공이나 퍽(puck)보다 앞으로 나아가거나 규칙에 어긋나는 곳에서 경기하는 일. ☞온사이드(on-side)

오프셋(offset)명 오프셋 인쇄

오프셋=인쇄(offset印刷)명 평판 인쇄의 한 가지. 판에서 직접 인쇄를 하지 않고, 고무판에 우선 전사(轉寫)를 한 다음 용지에 인쇄하는 간접 인쇄 방식. 오프셋(offset)

오프신:(off-scene)명 '화면 밖'의 뜻으로, 영화 등에서 화면 밖의 인물이 대사나 설명을 하는 것, 또는 그 대사나 설명.

오:픈게임(open game)명 ①공개된 경기. 정식 경기가 아니고 참가 자격에 제한 없이 누구나 참가할 수 있는 경기. ②권투 등에서, 주요한 경기에 앞서 하는 경기.

오:픈=선:수권(open選手權)명 테니스나 골프 등에서, 아마추어와 프로가 함께 출전하는 선수권 대회.

오:픈세트(open set)명 영화 따위에서, 촬영소의 건물 바깥에 마련하는 촬영 장치, 또는 그 장치를 이용한 촬영.

오:픈숍(open shop)명 종업원이 그 기업의 노동 조합에 가입 의사를 자유롭게 결정할 수 있는 제도.

오:픈카:(open car)명 지붕이 없는 자동차, 또는 접을 수 있는 지붕이 있는 자동차. 무개차(無蓋車)

오:피:(O.P.)명 관측소(觀測所) [observation post]

오피스텔(∠office+hotel)명 간단한 주거 시설을 갖춘 사무실을 이르는 말.

오:한(惡寒)명 갑자기 몸에 열이 나면서 오슬오슬 추운 증세. 오한증(惡寒症) ▷惡의 속자는 悪

오:한(懊恨)명-하다타 뉘우치고 한탄함. 회한(悔恨)
오:한-두통(惡寒頭痛)명 오한이 나고 머리가 아픈 증세.
오:한-증(惡寒症)[-쯩]명 오한(惡寒)
오:함(汚陷)명-하다자 땅바닥이 움푹 패어 들어감.
오합(烏合)명-하다자 까마귀 떼처럼 질서 없이 갑자기 모여듦. 오집(烏集)
오:합-무지기(五合-)명 조선 시대, 상류층 부녀자들이 입던 속치마의 한 가지. 길이가 서로 다른 다섯 벌의 치마를 허리에 달아 다섯 층이 지도록 한 것. 매 층의 단에 갖가지 채색을 하기도 하였음. ☞무지기
×오합-잡놈(-雜-)명 →오사리잡놈
오합지졸(烏合之卒)성구 까마귀 떼처럼 모인 군사라는 뜻으로, 어중이떠중이들이 모여 규율도 통일도 없는 군사를 이르는 말. 오합지중(烏合之衆)
오합지중(烏合之衆)성구 오합지졸(烏合之卒)
오:해(誤解)명-하다타 사물의 뜻이나 내용 따위를 잘못 해석하거나 이해함, 또는 그러한 해석이나 이해. ¶네 마음도 모르고 내가 -했다./충분히 -를 살만 한 말이었다./-를 받다. ☞정해(正解)
오:행(五行)명 ①동양 철학에서, 만물을 생성하는 다섯 원소. 목(木)·화(火)·토(土)·금(金)·수(水)를 이름. ②불교에서 이르는 다섯 가지 수행(修行). 보시·지계(持戒)·인욕(忍辱)·정진(精進)·지관(止觀)을 이름.

▶ 오행(五行)
계절·빛깔·방위(方位)를 오행에 따라 구별하면 아래와 같다.

오행	木	火	土	金	水
계절	봄	여름	늦여름	가을	겨울
빛깔	청(靑)	적(赤)	황(黃)	백(白)	흑(黑)
방위	동	남	중앙	서	북

오:행=상극(五行相剋)명 오행설에서 이르는, 오행이 서로 이기는 이치. 토는 수[土剋水]를, 수는 화[水剋火]를, 화는 금[火剋金]을, 금은 목[金剋木]을, 목은 토[木剋土]를 이긴다 함.
오:행=상생(五行相生)명 오행설에서 이르는, 오행이 순환하며 서로 생겨나게 하는 이치. 목은 화[木生火]를, 화는 토[火生土]를, 토는 금[土生金]을, 금은 수[金生水]를, 수는 목[水生木]을 생겨나게 한다 함.
오:행-설(五行說)명 동양 철학에서, 우주 만물은 목(木)·화(火)·토(土)·금(金)·수(水)의 다섯 원소에 따라 생성되고 변화한다는 이론. ☞오행(五行). 음양설(陰陽說). 음양 오행설(陰陽五行說)
오:행=오:음표(五行五音表)명 궁(宮)·상(商)·각(角)·치(徵)·우(羽)의 다섯 음이 오행인 토(土)·금(金)·목(木)·화(火)·수(水)에 각각 응하여 육십갑자(六十甲子)의 납음(納音)의 기초를 이루는 것을 적은 표.
오:행-점(五行占)명 지난날, 정초에 하던 민속 놀이의 한 가지. 다섯 개의 나무쪽에 목(木)·화(火)·토(土)·금(金)·수(水)의 글자를 새기어 윷을 놀듯이 던져서, 잦혀지고 엎어진 것을 보고 새해의 신수(身數)를 점쳤음.
오:향(五香)명 ①밀교(密敎)에서 단을 만들 때에 오보(五寶)와 오곡(五穀)과 함께 땅 속에 묻는 다섯 가지 향. 곧 백단향(白檀香)·정향(丁香)·침향(沈香)·울금향(鬱金香)·용뇌향(龍腦香). ②한방에서, 감인(芡仁)·복령(茯苓)·백출(白朮)·인삼(人蔘)·사인(砂仁)의 다섯 가지 약재를 아울러 이르는 말.
오:형(五刑)명 ①지난날, 죄인에게 내리던 다섯 가지 형벌. 태형(笞刑)·장형(杖刑)·도형(徒刑)·유형(流刑)·사형(死刑)을 이름. ②고대 중국에 있었던 다섯 가지 형벌. 묵형(墨刑)·의형(劓刑)·비형(剕刑)·궁형(宮刑)·대벽(大辟)을 이름.
오형(吾兄)명 '나의 형'의 뜻으로, 친한 벗 사이에 오가는 편지에서 상대를 이르는 한문 투의 말.
오:-형(O型)명 ABO식 혈액형의 하나. 항(抗)A와 항B 혈청의 어느 것과도 응집되지 않는 혈액형.
오:호(五胡)명 중국의 한(漢)·진(晉) 때부터 서북방으로부터 중국 본토에 이주해 살던 다섯 민족. 흉노(匈奴)·갈(羯)·저(氐)·강(羌)·선비(鮮卑)를 이름.
오호(嗚呼)감 슬프거나 탄식할 때, '아'·'오'의 뜻으로 쓰는 한문 투의 말. ¶-라./- 애재(哀哉)라.
오:호=십육국(五胡十六國)[-뉵-]명 중국의 진(晉)나라 말엽부터 북위(北魏)가 통일할 때까지, 화북(華北)에 세워졌던 오호(五胡)와 한족(漢族)의 열여섯 나라를 통틀어 이르는 말.
오호호부 여자의 간드러진 웃음 소리를 나타내는 말.
오-흡다(於-)감 감탄하여 찬미할 때 하는 말.
오:활(迂闊)어기 '오활(迂闊)하다'의 어기(語基).
오:활-하다(迂闊-)형여 ①실제와 관련이 멀다. ②사리에 어둡고 미련하다. 원우활하다
오:황(五黃)명 음양설(陰陽說)에서 이르는 구성(九星)의 하나. 별은 토성(土星), 방위(方位)는 중앙임.
오:회(五悔)명 불교에서, 죄를 없앤다는 다섯 가지 법. 참회(懺悔)·권청(勸請)·수희(隨喜)·회향(回向)·발원(發願)을 이름.
오:회(悟悔)명-하다타 잘못을 깨닫고 뉘우침. 회오(悔悟)
오:회(懊悔)명-하다타 뉘우침.
오:후(午後)명 낮 열두 시부터 밤 열두 시까지의 사이. 하오(下午) ☞오전(午前)
오:-훈채(五葷菜)명 다섯 가지 자극성 채소. 불가(佛家)에서는 마늘·달래·무릇·김장파·실파를, 도가(道家)에서는 부추·자총이·마늘·평지·무릇을 이름. 오신채(五辛菜)
오희(於戲)감 감탄하거나 찬미할 때 쓰는 한문 투의 말.
오히려부 ①일반적으로 생각하거나 어림잡아 생각한 것과는 다르게. ¶형보다 - 아우가 의젓하다. ②아직도 좀. 그래도 좀. ¶답을 다 쓰고도 - 시간이 남았다. 준외려 ☞도리어. 차라리
옥(玉)명 유백색(乳白色)이나 녹색 따위의 빛이 곱고 모양이 아름다워 귀하게 여기는 돌. 경옥(硬玉)과 연옥(軟玉)을 통틀어 이르는 말.
속담 **옥에는 티나 있지**: 옥에도 있는 티가 없다는 뜻으로, 행동이나 마음 따위가 깨끗하여 흠잡을 데가 없는 사람을 이르는 말./**옥에도 티가 있다**: 아무리 훌륭한 사람이나 좋은 물건이라도 작은 흠은 있음을 이르는 말.
옥(獄)명 '감옥(監獄)'의 준말.

한자 옥 옥(獄) [犬部 10획] ¶감옥(監獄)/옥고(獄苦)/옥사(獄死)/출옥(出獄)/탈옥(脫獄)

옥-접두 '옥은'의 뜻을 나타냄. ¶옥니/옥자새/옥집
옥-가락지(玉-)명 옥으로 만든 가락지. 옥지환(玉指環) ☞금가락지
옥-갈:다(-갈고·-가니)타 칼이나 낫, 대패 따위의 날을 비스듬히 세워 빗문질러 갈다.
옥갑(玉匣)명 옥으로 만든 갑.
옥개(屋蓋)명 ①옥개석(屋蓋石) ②지붕
옥개-석(屋蓋石)명 석탑의 옥신석(屋身石) 위에 지붕 모양으로 만들어 얹는 돌. 옥개(屋蓋)
옥경(玉京)명 도가(道家)에서, 옥황상제(玉皇上帝)가 있다는 곳. 백옥경(白玉京)
옥경(玉莖)명 '음경(陰莖)'을 달리 이르는 말. 남경(男莖). 양경(陽莖) ☞옥문(玉門)
옥경(玉磬)명 옥으로 만든 경쇠.
옥경(玉鏡)명 ①옥으로 만든 거울. ②'달[1]'을 달리 이르는 말. ☞금경(金鏡)
옥계(玉溪)명 옥과 같이 맑은 물이 흐르는 시내. ¶- 청류(淸流)
옥계(玉階)명 대궐 안의 섬돌. 옥섬돌
옥계(玉鷄)명 털빛이 흰 닭.
옥고(玉稿)명 남을 높이어, 그의 원고(原稿)를 이르는 말. 귀고(貴稿)
옥고(獄苦)명 옥살이하는 고생. ¶-를 치르다.
옥곤금우(玉昆金友)성구 옥 같은 형과 금 같은 아우라는

뜻으로, 남의 형제를 칭찬하여 이르는 말.
옥골(玉骨)명 ①'매화나무의 가지'를 달리 이르는 말. ②옥같이 희고 깨끗한 골격이라는 뜻으로, 고결한 풍채를 비유하여 이르는 말.
옥골선풍(玉骨仙風)성구 살갗이 희고 고결하여 신선과 같은 풍채를 이르는 말.
옥공(玉工)명 옥장이
옥관=문화=훈장(玉冠文化勳章)명 문화 훈장의 넷째 등급. ☞화관 문화 훈장(花冠文化勳章)
옥-관자(玉貫子)명 조선 시대, 왕과 왕족, 당상관 이상의 관원이 쓰던 옥으로 만든 관자. ☞금관자(金貫子). 도리옥
옥교(玉轎)명 임금이 타던 가마의 한 가지. 위를 장식하지 않았음. 보련(寶輦)
옥교-배(玉轎陪)명 지난날, 옥교를 메는 사람이나 군사를 이르던 말.
옥구(獄具)명 감옥에서, 죄인을 처형하거나 고문할 때 쓰는 도구.
옥근(玉根)명 '음경(陰莖)'을 달리 이르는 말.
옥기(玉肌)명 옥과 같이 희고 고운 살갗. 옥부(玉膚)
옥기(玉器)명 옥으로 만든 그릇.
옥-낫명 접낫
옥내(屋內)명 집의 안. ¶ - 배선/- 집회 ☞실내(室內). 옥외(屋外)
옥녀(玉女)명 ①마음과 몸이 옥과 같이 깨끗한 여자. ②남을 높이어, 그의 딸을 이르는 말. ③선녀(仙女)
옥-니명 안으로 옥게 난 이. ☞버드렁니. 뻐니
옥-니(玉-)명 옥으로 만든 의치(義齒). 옥치(玉齒)
옥니-박이명 옥니가 난 사람.
옥다형 끝 부분이 안으로 고부라져 있다. ☞벋다². 욱다²
옥단춘전(玉丹春傳)명 조선 시대 국문 소설의 하나. 작자와 연대를 알 수 없음. 기생 옥단춘(玉丹春)의 도움으로 출세한 이혈룡이 친구 김진희의 잘못을 다스리고 옥단춘과 재회하는 내용의 애정 소설임.
옥답(沃畓)명 기름진 논. ¶황무지를 -으로 바꾸어 놓았다. ☞박답(薄畓)
옥당(玉堂)명 ①지난날, 홍문관(弘文館)을 달리 이르던 말. ②지난날, 홍문관의 부제학(副提學) 이하 교리(校理)·부교리·수찬(修撰)·부수찬을 통틀어 이르던 말.
옥-당목(玉唐木)명 품질이 낮은 옥양목.
옥대(玉帶)명 비단으로 싸고 옥으로 된 장식을 붙여 만든 띠. 임금이나 관원이 공복(公服)에 띠었음. 옥띠
옥도(玉度)명 지난날, 임금을 높이어, 그의 건강 상태를 이르던 말. ☞체후(體候)
옥도(沃度)명 요오드(Jod)
옥도-가리(沃度加里)명 요오드화칼륨
옥도-아연(沃度亞鉛)명 요오드화아연
옥도=전:분=반:응(沃度澱粉反應)명 요오드 녹말 반응
옥도-정기(沃度丁幾)명 요오드팅크
옥-돌(玉-)명 ①옥이 들어 있는 돌. ②가공하지 않은 옥. 옥석(玉石)
옥-돔(玉-)명 옥돔과의 바닷물고기. 몸길이 45cm 안팎. 몸빛은 황갈색 바탕에 희미한 홍갈색 가로띠가 있어 엷은 분홍빛으로 보임. 우리 나라 제주도 근해와 일본, 중국 등지의 연해에 분포함. 오도미
옥동(玉童)명 ①옥경(玉京)에 있다는 맑고 깨끗한 모습을 지닌 가상의 사내아이. ②옥동자
옥-동:자(玉童子)명 옥같이 예쁜 사내아이라는 뜻으로, 남의 어린 아들을 추어서 이르는 말. 옥동(玉童)
옥두(玉斗)명 ①옥으로 만든 국자. ②'북두칠성'을 달리 이르는 말.
옥등(玉燈)명 옥으로 만든 등.
옥-띠(玉-)명 옥대(玉帶)
옥란(玉蘭)명 '백목련(白木蓮)'의 딴이름.
옥련(玉輦)명 '연(輦)'을 높이어 이르던 말.
옥렴(玉簾)명 옥으로 꾸민 발, 또는 아름다운 발.
옥로(玉露)명 맑고 깨끗하게 방울진 이슬.
옥로(玉鷺)명 조선 시대, 갓 위에 달던 장식품의 한 가지. 옥으로 해오라기 모양을 만든 것으로, 외국에 가는 사신이나 장신(將臣)이 쓰는 갓에 달았음. ☞입식(笠飾)
옥루(玉淚)명 '눈물'을 아름답게 이르는 말.
옥루(玉漏)명 ①옥으로 꾸며 만든 물시계. ②풍수설에서, 무덤 속의 해골에 맺힌 누런 이슬을 이르는 말. 자손이 복을 받는다고 함.
옥루(玉樓)명 '백옥루(白玉樓)'의 준말.
옥루몽(玉樓夢)명 조선 말기에 남영로(南永魯)가 지었다는 고대 소설. 한글본과 한문본이 있음.
옥류-수(屋霤水)명 '낙숫물'을 달리 이르는 말.
옥륜(玉輪)명 '달¹'을 달리 이르는 말.
옥리(獄吏)명 지난날, 감옥에 딸리어 죄수를 감시하거나 형옥(刑獄)을 심리하던 아전.
옥매(玉梅)명 장미과의 낙엽 관목. 줄기는 무더기로 나고, 잎은 길둥글며 끝이 뾰족하고 가장자리에 잔 톱니가 있음. 5월경에 흰빛이나 붉은빛의 꽃이 피고, 여름에 붉게 익는 둥근 열매는 먹을 수 있음. 관상용으로 심음.
옥모(玉貌)명 아름다운 얼굴 모습. 옥용(玉容)
옥문(玉文)명 아름다운 문장.
옥문(玉門)명 ①옥으로 꾸민 아름다운 문. ②'궁궐(宮闕)'을 달리 이르는 말. ③'음문(陰門)'을 달리 이르는 말. 소문(小門) ☞옥경(玉莖)
옥문(獄門)명 감옥의 문.
옥문-대(獄門臺)명 효목(梟木)
옥-문방(玉文房)명 옥으로 만든 문방구.
옥-물부리(玉-)[-뿌-]명 옥으로 만든 물부리.
옥-밀이명 새김질에 쓰는 연장. 도래송곳과 같은 날이 있고 끝이 구부러져서, 홈을 밀어서 반반하게 깎는 데 쓰임.
옥-바라지(獄-)명-하다자 옥에 갇힌 사람에게 사사로이 옷과 음식 등을 대어 주거나 하며 보살피는 일. 양옥(養獄)
옥반(玉盤)명 옥으로 만든 반. ¶- 가효(佳肴)
속담 **옥반에 진주 굴듯**: 목소리가 매우 맑고 아름다움을 비유하여 이르는 말.
옥방(玉房)명 지난날, 옥으로 여러 가지 물건을 만들던 곳, 또는 그런 물건을 팔던 곳.
옥방(獄房)명 감옥의 방.
옥배(玉杯)명 ①옥으로 만든 술잔. 옥치(玉卮) ②'술잔'을 아름답게 이르는 말.
옥백(玉帛)명 ①옥과 비단을 아울러 이르는 말. ②지난날 중국에서 제후들이 조현(朝見)할 때나 회맹(會盟)할 때 예물로 바치던 옥과 비단.
옥병(玉屛)명 옥으로 꾸민 병풍.
옥병(玉甁)명 옥으로 만든 병.
옥보(玉步)명 귀인이나 여자의 걸음을 아름답게 이르는 말.
옥보(玉寶)명 임금의 존호(尊號)를 새긴 도장.
옥부(玉膚)명 옥과 같이 희고 고운 살갗. 옥기(玉肌)
옥-비녀(玉-)명 옥으로 만든 비녀. 옥잠(玉簪). 옥차(玉釵)
옥빈홍안(玉鬢紅顔)성구 예쁜 귀밑머리와 붉은 얼굴이라는 뜻으로, 아름다운 젊은이의 모습을 이르는 말.
옥사(屋舍)명 '집' 또는 '건물'을 달리 이르는 말.
옥사(獄死)명-하다자 감옥살이를 하다가 감옥에서 죽음.
옥사(獄舍)명 감옥으로 쓰는 집.
옥사(獄事)명 반역이나 살인 등 크고 중한 범죄를 다스리는 일, 또는 그 사건. 죄옥(罪獄) ¶-가 일어나다./-를 일으키다. ☞사옥(史獄)
옥사-쟁이(獄-)명 지난날, 감옥에 갇힌 사람을 맡아 지키던 사람. 옥정(獄丁). 옥졸(獄卒) 준사쟁이 원옥쇄장(獄鎖匠)
옥-살이(獄-)명-하다자 '감옥살이'의 준말.
옥상(屋上)명 ①지붕의 위. ②서양식 건물에서, 지붕 부분을 평평하게 만들어 이용할 수 있게 한 곳.
옥상가:옥(屋上架屋)성구 지붕 위에 또 지붕을 얹는다는 뜻으로, 일을 부질없이 거듭함을 비유하여 이르는 말. ☞옥하가옥(屋下架屋)

옥상=정원(屋上庭園)명 빌딩 등의 옥상에 만든 정원. 루프가든(roof garden)

옥상-토(屋上土)명 육십갑자의 병술(丙戌)과 정해(丁亥)에 붙이는 납음(納音). ☞벽력화(霹靂火)

옥-새명 잘못 구워져서 안으로 오그라든 기와. ☞벋새

옥새(玉璽)명 임금의 도장. 국새(國璽). 대보(大寶). 보새(寶璽). 어새(御璽). 인새(印璽)

옥색(玉色)명 약간 파르스름한 빛깔. ¶ ― 티셔츠

옥-생각명-하다자 ①사물에 대해 대범하지 않고 옹졸하게 하는 생각. ¶처지가 안 좋아지니 자꾸 ―을 품게 된다. ②공연히 자기에게 해롭다고 여기는 그릇된 생각. ¶누가 자기를 욕한다는 ―에 마음이 불편하다.

옥서(玉書)명 ①신선이 전한다는 글. ②남을 높이어, 그의 편지를 이르는 말. 옥찰(玉札). 혜서(惠書)

옥석(玉石)명 ①옥돌 ②'옥과 돌'의 뜻으로, 좋은 것과 나쁜 것을 비유하여 이르는 말. ¶ ―을 가리다.

옥석구분(玉石俱焚)성구 옥과 돌이 함께 탄다는 뜻으로, 착한 사람이나 악한 사람이 다 같은 운명에 처하게 됨을 비유하여 이르는 말.

옥석혼:효(玉石混淆)성구 옥과 돌이 한데 섞여 있다는 뜻으로, 좋은 것과 나쁜 것이 한데 섞여 있음을 비유하여 이르는 말.

옥설(玉屑)명 한방에서, 옥을 바수어 만든 가루를 약재로 이르는 말.

옥설(玉雪)명 옥처럼 희고 깨끗한 눈이라는 뜻으로, 사물의 깨끗함을 비유하여 이르는 말. ¶ ― 같은 살결. /―처럼 눈부신 흰 벽.

옥섬(玉蟾)명 ①전설에서, 달 속에 있다는 두꺼비. ②'달[1]'을 달리 이르는 말.

옥-섬돌(玉―)[―똘]명 대궐 안의 섬돌. 옥계(玉階)

옥성(玉成)명-하다자 갈고 닦아 옥을 이룬다는 뜻으로, 학덕을 갖춘 훌륭한 인물이 됨을 이르는 말.

옥-셈명-하다타 생각을 잘못하여 제게 손해가 되게 하는 셈.

옥소(玉簫)명 옥퉁소

옥소(沃素)명 요오드(Jod)

옥송(獄訟)명 지난날, '소송 사건'을 이르던 말.

옥-송골(玉松鶻)명 매 중에서 참매를 길들인 송골매. ☞잡송골(雜松鶻). 해동청(海東靑)

옥쇄(玉碎)명-하다자 옥처럼 아름답게 부서진다는 뜻으로, 명예나 절의 등을 지키기 위하여 목숨을 바침을 비유하여 이르는 말. ☞와전(瓦全)

옥쇄-장(獄鎖匠)명 '옥사쟁이'의 원말. 준 쇄장(鎖匠)

옥수(玉手)명 ①임금의 손을 이르는 말. 어수(御手) ②여자의 고운 손을 이르는 말. ¶섬섬―

옥수(玉水)명 맑은 샘물.

옥수(獄囚)명 옥에 갇힌 죄수.

옥수수명 ①볏과의 한해살이풀. 줄기는 높이 1~3m이고, 곧게 섬. 잎은 길이 1m 안팎이고 표면에 털이 있음. 꽃은 단성화(單性花)로 수꽃 이삭은 줄기 끝에, 암꽃 이삭은 줄기 윗부분의 잎겨드랑이에 핌. 열매는 주요 잡곡의 한 가지이며 사료로도 쓰임. 열대 아메리카 원산의 재배 식물임. ②옥수수의 열매. 강냉이. 옥촉서(玉蜀黍)

옥수수-떡명 옥수수를 맷돌에 타서 껍질을 버리고 물에 담갔다가 곱게 갈아서 만든 떡.

옥수수-소주(―燒酒)명 옥수수와 누룩을 버무린 다음에 고리에 내려 만든 소주.

옥수수-쌀명 옥수수를 맷돌에 타서 껍질을 벗긴 속 알.

옥수숫-대명 옥수수의 줄기.

옥시글-거리다(대다)자 유별나게 여럿이 한데 많이 모여 오글거리다. ¶시장에 사람들이 옥시글거린다. ☞옥실거리다. 욱시글거리다

옥시글-옥시글부 옥시글거리는 모양을 나타내는 말.

옥시다아제(Oxydase 독)명 생물체 안에서 산화 반응에 작용하는 효소. 특히 분자(分子) 상태의 산소로 산화 반응을 촉매하는 효소를 통틀어 이르는 말.

옥시돌(oxydol)명 과산화수소의 3% 수용액에 안정제를 섞은 약품. 무색투명한 액체로 살균제·소독제·함수제(含漱劑) 등으로 쓰임.

옥식(玉食)명 ①맛있는 음식. ②흰 쌀밥.

옥신-각신부 ①서로 옳으니 그르니 따지며 다투는 모양을 나타내는 말. ¶서로가 옳다고 ― 다투다. ②〔명사처럼 쓰임〕 두 사람 사이에 약간의 ―이 있었다. ☞왕배덕배

옥신-거리다(대다)자 ①여럿이 뒤섞이어 몹시 복작대다. ②자꾸 콕콕 쑤시면서 열이 치오르다. ¶썩은 이가 ―. ☞욱신거리다

옥신-석(屋身石)명 석탑의 탑신(塔身)을 이루는 돌. ☞옥개석(屋蓋石)

옥신-옥신부 옥신거리는 모양이나 상태를 나타내는 말. ¶머리가 ― 쑤신다. ☞욱신욱신

옥실-거리다(대다)자 여럿이 한데 모여서 오글오글 들끓다. ☞옥시글거리다. 욱실거리다

옥실-옥실부 옥실거리는 모양을 나타내는 말. ☞옥시글옥시글. 욱실욱실

옥심-기둥(屋心―)명 다층(多層) 건물의 중심에 세우는 기둥. 옥심주(屋心柱)

옥심-주(屋心柱)명 옥심기둥

옥안(玉眼)명 ①수정이나 구슬 따위를 박은 불상(佛像)의 눈. ②여자의 아름다운 눈을 이르는 말.

옥안(玉顔)명 용안(龍顔)

옥액경장(玉液瓊漿)성구 신선이 마시는 음료라는 뜻으로, 빛깔과 맛이 좋은 술을 이르는 말. 옥액금장

옥액금장(玉液金漿)성구 옥액경장(玉液瓊漿)

옥야(沃野)명 기름진 들.

옥야-천리(沃野千里)명 끝없이 넓은 기름진 들.

옥양(沃壤)명 기름진 땅. 옥토(沃土)

옥-양목(玉洋木)명 생목보다 발이 고운 무명. 감이 얇고 빛이 매우 흼. 캘리코(calico)

옥-양사(玉洋紗)명 옥양목의 한 가지. 감이 얇고 생사보다 고움.

옥연(玉硯)명 옥돌로 만든 벼루.

옥예(玉瞖)명 한방에서, 각막이 쑥 나오고 거죽은 옥색, 속은 청홍색으로 되는 눈병을 이르는 말.

옥외(屋外)명 집 또는 건물의 바깥. ☞옥내. 호외(戶外)

옥외-등(屋外燈)명 집의 바깥을 밝히기 위하여 가설한 등. 준 외등(外燈) ☞가로등(街路燈)

옥요(沃饒)어기 '옥요(沃饒)하다'의 어기(語基).

옥요-하다(沃饒―)형여 땅이 기름져서 산물이 많다.

옥용(玉容)명 아름다운 얼굴 모습. 옥모(玉貌)

옥우(屋宇)명 집. 가옥(家屋)

옥운(玉韻)명 남을 높이어, 그의 시가(詩歌)를 이르는 말.

옥음(玉音)명 ①지난날, 임금의 말이나 목소리를 이르던 말. 덕음(德音) ②여자의 아름다운 목소리를 이르는 말. ③남을 높이어, 그의 편지나 말을 이르는 말.

옥의(玉衣)명 아름다운 옷. 좋은 옷.

옥의-옥식(玉衣玉食)명 좋은 옷과 맛있는 음식.

옥이(玉珥)명 옥으로 만든 귀고리.

옥이다타 옥게 만들다. ☞욱이다

옥인(玉人)명 ①옥장이 ②용모와 마음씨가 아름다운 사람. ③옥으로 만든 인형.

옥인(玉印)명 옥으로 새긴 도장.

옥자강이명 올벼의 한 품종.

옥-자귀명 자귀의 한 가지. 날을 옥게 만든 것으로 무엇을 후비어 파내는 데 쓰임.

옥자-둥이(玉子―)명 어린아이를 옥같이 귀하고 보배롭다는 뜻으로 이르는 말. ☞금자둥이

옥작-거리다(대다)자 많은 사람이 좁은 곳에 모여 수선스레 들끓다. ☞욱적거리다

옥작-옥작부 옥작거리는 모양을 나타내는 말. ☞욱적욱적

옥잠(玉簪)명 옥으로 만든 비녀. 옥비녀

옥잠-화(玉簪花)명 백합과의 여러해살이풀. 줄기 높이 40~60cm. 잎은 근생엽(根生葉)으로 잎자루가 길며, 끝이 뾰족한 길둥근 꼴임. 8~9월에 품종에 따라 흰빛이나 자줏빛의 꽃이 피는데, 꽃봉오리의 모양이 옥비녀와 비슷함. 중국 원산의 관상용 재배 식물임.

옥장(玉匠) 명 옥장이

옥장(玉章) 명 ①남을 높이어, 그의 편지나 글을 이르는 말. ②아름다운 시문(詩文).

옥-장사 명 '오그랑장사'의 준말.

옥-장이(玉-) 명 옥을 다루는 일을 직업으로 삼는 사람. 옥공(玉工). 옥인(玉人). 옥장(玉匠)

옥저(沃沮) 명 함경도 일대에 살았던 고조선의 한 부족, 또는 그 부족 국가.

옥적(玉笛) 명 국악기 관악기의 한 가지. 청옥이나 황옥으로 만드는데 모양이 대금(大笒) 비슷함.

옥적-석(玉滴石) 명 단백석(蛋白石)의 한 가지. 둥글거나 포도 모양의 집합체를 이룸. 무색투명하며 엷은 청색이나 초록을 띠기도 함.

옥전(沃田) 명 기름진 밭.

옥절(玉折) 명 옥이 부러진다는 뜻으로 ①훌륭한 죽음을 이르는 말. ②재자(才子)나 가인(佳人)이 젊어서 죽음을 이르는 말.

옥절(玉節) 명 옥으로 만든 부신(符信). 지난날, 관직을 제수(除授)할 때에 받던 증표.

옥정(獄丁) 명 옥졸(獄卒)

옥정(獄情) 명 지난날, 반역이나 살인 등 중한 범죄를 다스리던 일의 내용이나 경위. ☞옥사(獄事)

옥정-반(玉井飯) 명 연근과 연밥을 두어서 지은 멥쌀밥.

옥정-수(玉井水) 명 옥이 나는 곳에서 나오는 샘물.

옥제(玉帝) 명 '옥황상제(玉皇上帝)'의 준말.

옥졸(獄卒) 명 지난날, 옥에 갇힌 사람을 맡아 지키던 사람. 옥사쟁이. 옥정(獄丁)

옥좌(玉座) 명 임금이 앉는 자리. 보좌(寶座). 보탑(寶榻). 어좌(御座). 왕좌(王座)

옥-죄:다 타 몸의 한 부분을 바싹 옥여 죄다. ¶목을 -./가슴을 -. ☞욱죄다

옥-죄이다 자 옥죔을 당하다. ¶손목이 수갑에 -. ☞욱죄이다

옥중(獄中) 명 ①감옥의 안. ②옥에 갇히어 형(刑)을 사는 동안. ¶- 수기(手記)

옥지(玉支) 명 '철쭉'의 딴이름.

옥지(玉指) 명 옥과 같이 아름다운 손가락이라는 뜻으로, 미인의 손가락을 이르는 말.

옥지(玉趾) 명 지난날, 임금의 발을 이르던 말.

옥-지환(玉指環) 명 옥가락지

옥-집 명 바둑에서, 필요한 연결점을 상대편이 차지하고 있기 때문에 집처럼 보이면서 집이 아닌 것.

옥차(玉釵) 명 옥비녀

옥찰(玉札) 명 남을 높이어, 그의 편지를 이르는 말. 옥서(玉書)

옥책(玉冊) 명 왕이나 왕비에게 존호(尊號)를 올릴 때, 그 덕을 기리는 글을 새긴 옥 조각을 엮어서 책처럼 맨 것.

옥책-문(玉冊文) 명 옥책에 새긴 송덕문(頌德文).

옥척(屋脊) 명 지붕 위의 마루. 용마루

옥천(玉泉) 명 옥같이 맑은 샘.

옥첩(玉牒) 명 ①황실(皇室)의 계보(系譜). ②하늘에 제사지낼 때 제문(祭文)을 쓴 패(牌).

옥체(玉體) 명 ①'귀중한 몸'이라는 뜻으로, 편지 등에서 상대편을 높이어 그의 몸을 이르는 말. 보체(寶體) ¶- 만강(萬康)하옵신지. ②지난날, 임금의 몸을 이르던 말.

옥촉서(玉蜀黍) 명 '옥수수'의 딴이름.

옥총(玉葱) 명 '양파'의 딴이름.

옥치(玉卮) 명 옥으로 만든 술잔. 옥배(玉杯)

옥치(玉齒) 명 ①지난날, 임금의 이를 이르던 말. ②미인의 이를 이르는 말. ③옥으로 만든 의치(義齒). 옥니

옥타브(octave) 명 음계의 어떤 음에서 8음정이 되는 음, 또는 그 폭.

옥탄(octane) 명 탄소의 수가 여덟 개인 탄화수소를 통틀어 이르는 말. n-옥탄, 이소옥탄 등 스물두 개의 이성질체(異性質體)가 있음.

옥탄-가(octane價)[-까] 명 가솔린의 내폭성(耐爆性)을 나타내는 수치. 옥탄값

옥탄-값(octane-)[-깞] 명 옥탄가

옥탄트(octant 네) 명 측량 기계의 한 가지. 360도를 팔분(八分)한 것으로, 천체의 고도나 두 물체 사이의 각도를 재는 데 쓰임. 팔분의(八分儀)

옥탑(屋塔) 명 건물의 맨꼭대기에 마련한 공간.

옥탑-방(屋塔房) 명 옥탑에 만든 한 칸짜리 방.

옥텟(octet) 명 팔중주(八重奏)

옥토(玉兔) 명 ①옥토끼 ②'달'을 달리 이르는 말.

옥토(沃土) 명 기름진 땅. 옥양(沃壤) ☞박토(薄土)

옥-토끼(玉-) 명 ①전설에서, 달에 산다는 토끼. 옥토(玉兎) ②털빛이 흰 토끼.

옥-퉁소(∠玉洞簫) 명 옥으로 만든 퉁소. 옥소(玉簫)

옥판(玉板) 명 잘게 새김질을 한 얇은 옥 조각. 족두리·아얌·거문고·벼룻집 따위에 붙여 꾸미는 데 쓰임.

옥판-선지(玉板宣紙) 명 서화(書畫)에 쓰이는 종이의 한 가지. 폭이 좁고 두꺼움. ☞선지(宣紙)

옥패(玉佩) 명 옥으로 만든 패물(佩物).

옥편(玉篇) 명 한자(漢字)를 모아 부수(部首)와 획수의 순서로 배열하고, 그 한 자 한 자의 음과 뜻, 자원(字源) 등을 적은 책. 자전(字典)

옥필(玉筆) 명 남을 높이어, 그의 글씨나 시문(詩文)을 이르는 말.

옥하가옥(屋下架屋) 성구 지붕 아래 또 지붕을 만든다는 뜻으로, 다른 사람이 한 일을 부질없이 흉내만 낼 뿐 발전이 없음을 비유하여 이르는 말. ☞옥상가옥(屋上架屋)

옥하사담(屋下私談) 성구 집안끼리의 이야기라는 뜻으로, 쓸데없는 사사로운 이야기를 이르는 말.

옥-할미(獄-) 명 민속에서, 옥(獄)의 부군당(府君堂)에 있었다는 할미 귀신.

옥함(玉函) 명 옥으로 만든 함.

옥합(玉盒) 명 옥으로 만든 합.

옥항(玉缸) 명 옥으로 만든 항아리.

옥향(玉香) 명 여자의 노리개의 한 가지. 옥돌을 속이 비게 새겨 그 속에 사향을 넣어 몸에 지녔음.

옥형(玉衡) 명 북두칠성의 하나. 자루 쪽에서 셋째 별. ☞천권(天權)

옥호(玉虎) 명 지난날, 갓에 달던 장식품의 한 가지. 옥으로 범 모양을 만든 것으로, 무관의 갓 머리에 달았음.

옥호(玉毫) 명 불교에서, 부처의 두 눈썹 사이에 있다는 흰 털을 이르는 말.

옥호(玉壺) 명 옥으로 만든 작은 병.

옥호-빙(玉壺氷) 명 옥으로 만든 병 속의 얼음이란 뜻으로, 마음이 깨끗함을 비유하여 이르는 말.

옥화(沃化) 명-하다 자 요오드화

옥화-물(沃化物) 명 요오드화물

옥화-수소(沃化水素) 명 요오드화수소

옥화-은(沃化銀) 명 요오드화은

옥화-칼륨(沃化Kalium) 명 요오드화칼륨

옥황-상:제(玉皇上帝) 명 도가(道家)에서, 하느님을 이르는 말. 준 옥제(玉帝)

온: 관 전부의. 모두의. ¶- 마을./- 세계가 놀라다.
속담 **온 바닷물을 다 켜야 맛이냐**: 욕심이 끝이 없고, 무슨 일이나 끝장을 볼 때까지 손을 놓지 않는 사람에게 하는 말.

×**온-가지** 관 →온갖

온각(溫覺) 명 피부 감각의 하나. 피부의 온도보다 높은 온도의 자극을 받았을 때, 피부의 온점(溫點)을 통하여 느끼는 감각. ☞냉각(冷覺) ▷溫의 속자는 温

온:-갖 관 모든 종류의. 여러 가지의. ¶- 정성을 다 기울이다./- 일들이 벌어지다.

> ▶ **'온갖'은 준말이 아니다.**
> '온갖'이 '온가지'에서 생긴 말임은 틀림없다. '귀치않다'에서 '귀찮다'가 생긴 것과 같다. 이 말들이 같은 뜻으로 더불어 쓰일 경우에는 본딧말과 준말의 관계에 놓이지만 한쪽만 쓰이거나 뜻이 달라졌을 경우에는 준말이라 할 수는 없다.

온건(溫乾)어기 '온건(溫乾)하다'의 어기(語基).
온:건(穩健)어기 '온건(穩健)하다'의 어기(語基).
온:건-파(穩健派)명 사상이나 행동 따위가 사리에 맞고 무난한 사람, 또는 그러한 무리. ☞강경파(強硬派). 과격파(過激派) ▷穩의 속자는 穏
온건-하다(溫乾—)형여 따뜻하고 습기가 없다.
온:건-하다(穩健—)형여 사상이나 행동 따위가 사리에 맞고 무난하다. ¶온건한 태도. ☞강경하다. 과격하다
온건-히부 온건하게 ¶— 행동하다.
온고지신(溫故知新)성구 옛 것을 익히고 그것을 통하여 새로운 지식이나 도리를 찾아냄을 이르는 말.
온고지정(溫故之情)명 옛 것을 살피고 생각하는 마음.
온:-골명 종이나 피륙 따위의 한 폭(幅)의 전부.
온공(溫恭)어기 '온공(溫恭)하다'의 어기(語基).
온:-공일(—空日)명 하루를 온전히 쉬는 날이라는 뜻으로, '일요일'을 토요일에 대하여 이르는 말. ☞반공일
온:-공전(—工錢)명 한목에 전액을 다 주는 공전.
온공-하다(溫恭—)형여 온화하고 공손하다.
온구(溫灸)명 한방에서, 뜸쑥을 기구에 넣어 간접으로 뜸질하는 요법.
온기(溫氣)명 따뜻한 기운. 난기(暖氣) ¶방에 —가 없다./손발에 —가 돌다. ☞냉기(冷氣)
온기(溫器)명 음식을 끓이거나 데우는 데 쓰는 그릇.
온난(溫暖)어기 '온난(溫暖)하다'의 어기(語基).
온난=고기압(溫暖高氣壓)명 기온이 주위보다 높은 고기압. ☞한랭 고기압
온난=전선(溫暖前線)명 따뜻한 기단(氣團)이 차가운 기단 쪽으로 이동할 때 생기는 전선. 이 전선이 접근하면 비가 내리게 되며, 통과하면 기온이 오르고 날씨가 맑아짐. ☞한랭 전선(寒冷前線)
온난-하다(溫暖—)형여 날씨가 따뜻하다. ¶이 지방은 온난하고 비가 많은 곳이다. ☞한랭하다
온:-달명 가장 둥근 달. 음력 보름일 때의 달. ☞반달
온:당(穩當)어기 '온당(穩當)하다'의 어기(語基).
온:당-하다(穩當—)형여 사리에 어그러지지 아니하다. 무리가 없다. ¶처신(處身)이 —.
온당-히부 온당하게 ¶— 대우하다.

한자 **온당할 타**(妥) [女部 4획] ¶타결(妥結)/타당(妥當)

온대(溫帶)명 기후대(氣候帶)의 한 가지. 열대(熱帶)와 한대(寒帶) 사이에 있는 지대. 대체로 남북 각각의 회귀선(23.5°)에서 극권(66.5°)까지의 범위.
온대=기후(溫帶氣候)명 온대 지방의 기후. 사철의 구별이 뚜렷하고, 중위도 지방에 해당되기 때문에 열대와 한대 기단(氣團)의 영향을 받아 기온의 변화가 심함. 여름에는 열대 지방과 비슷하고, 겨울에는 한대 지방과 비슷함.
온대-림(溫帶林)명 온대의 삼림. 참나무·밤나무 등의 활엽수와 소나무·낙엽송 등의 침엽수가 자람. ☞열대림. 한대림
온대=몬순=기후(溫帶monsoon氣候)명 계절풍의 영향으로, 여름에는 강수량이 많고 겨울에는 건조한 온대 기후. 우리 나라와 일본 등지가 이 기후에 딸림.
온대=식물(溫帶植物)명 온대에 주로 자라는 식물. 상록 활엽수와 낙엽 활엽수가 많고, 다른 여러 침엽수가 섞여 자람. ☞열대 식물
온대=저:기압(溫帶低氣壓)명 온대 지방에서 발생하는 저기압. 주로 한대 전선상에서 발생하는 경우가 많으며, 발생 초기부터 전선을 동반함.
온대-호(溫帶湖)명 ①수위(水位)가 봄과 가을에는 높아지고, 여름과 겨울에는 낮아지는 호수. ②표면의 수온(水溫)이 여름에는 4°C 이상이 되고, 겨울에는 4°C 이하로 내려가는 호수.
온더레코:드(on the record)명 신문 기자 등에게 담화 따위를 발표할 때, 보도하여도 무방한 사항. ☞오프더레코드(off the record)
온데간데-없:다[—업—]형 감쪽같이 자취를 감추어 찾을 수가 없다. ¶공원은 온데간데없고 그 자리에 고층 건물이 들어서 있었다.
온데간데-없이부 온데간데없게 ¶잠시 자리를 뜬 사이에 아이가 — 사라졌다.
온도(溫度)명 덥고 찬 정도, 또는 그것을 나타내는 도수(度數). 주로 온도계에 새겨진 눈금으로 표시함.
온도=감:각(溫度感覺)명 피부 감각의 한 가지. 온도의 자극을 받았을 때 생김. 온각(溫覺)과 냉각(冷覺)이 있음.
온도-계(溫度計)명 온도를 재는 기구.
온독(溫毒)명 한방에서, 더위로 생기는 발진(發疹)을 이르는 말. 열독(熱毒)
온돌(*溫突·*溫堗)명 방의 바닥에 고래를 켜서, 아궁이에서 불을 때면 불기운이 방 밑을 지나 방바닥 전체를 덥게 하는 난방 장치. 방구들
온돌-방(*溫突房)[—빵]명 온돌을 놓아 만든 방. 구들방
온디-콩명 콩의 한 품종. 깍지는 회색, 알은 잘고 누름.
온:땀-침(—針)명 온박음질
온라인(on-line)명 컴퓨터에서, 중앙 처리 장치와 컴퓨터 또는 단말기 등이 통신 회선을 통하여 연결되어 있어, 각각의 컴퓨터에서 직접 작업을 수행할 수 있는 상태.
온라인리얼타임시스템(on-line real-time system)명 컴퓨터에서, 단말기와 중앙 처리 장치가 통신 회선으로 직접 연결되어 있어 보내 오는 정보를 즉시 처리하여 다시 단말기로 돌려보내는 방식. 은행의 예금 인출이나 입금 업무 등에 이용됨.
온라인시스템(on-line system)명 컴퓨터에서, 단말기와 중앙 처리 장치가 통신 회선으로 연결되어 있어 직접 정보를 처리함과 동시에 그 처리 결과도 사용 장소로 직접 전송하는 방식. ☞오프라인시스템
온랭(溫冷)명 따뜻한 기운과 찬 기운.
온량(溫涼)명 따뜻한 것과 서늘한 것을 아울러 이르는 말.
온량(溫良)어기 '온량(溫良)하다'의 어기(語基).
온량보:사(溫涼補瀉)명 한방에서, 약의 성질을 네 가지로 나누어서 이르는 말. 곧 더운 성질, 찬 성질, 보(補)하는 성질, 사(瀉)하는 성질.
온량-하다(溫良—)형여 성품이 온화하고 선량하다.
온마(蘊魔)명 불교에서 이르는 사마(四魔)의 하나. 오온(五蘊)이 여러 가지 번뇌를 지어 괴롭게 하므로 마(魔)라 이름.
온면(溫麵)명 더운 맑은장국에 만 국수. ☞냉면
속담 **온면 먹을 제부터 그르다** : 혼인하는 날 국수를 먹을 때부터 글렀다는 뜻으로, 일이 시작부터 틀렸음을 이르는 말.
온:-몸명 몸의 전체. 전신(全身) ¶—에 햇살을 받다.
속담 **온몸이 입이라도 말 못하겠다** : 변명의 여지가 없음을 비유하여 이르는 말.
온:몸=운:동(—運動)명 온몸을 고루 움직이는 운동. 전신 운동
온박(鰮粕)명 멸치나 정어리의 기름을 짜낸 찌꺼기. 거름이나 사료로 씀.
온:-박음질명 박음질의 한 가지. 한 땀을 뜨고 난 다음 그 바늘땀 전부를 되돌아가서 다시 뜨는 바느질. 온땀침 ☞반박음질
온반(溫飯)명 ①더운밥 ②장국밥
온:-반:사(—反射)명 전반사(全反射)
온:-밤명 온 하룻밤. ¶—을 꼬박 새웠다. 장야(長夜)
온-백색(溫白色)명 약간 밝은 기운이 있는 흰빛. 조명(照明)에서 쓰는 말.
온:-벽(—壁)명 창이나 문이 뚫리지 않은 벽.
온복(溫服)명-하다타 탕약(湯藥)을 따뜻하게 데워서 먹음.
온사이드(on-side)명 축구·럭비·하키 따위에서, 경기자가 규칙에 따른 정당한 위치에서 경기하는 일. ☞오프사이드
온상(溫床)명 ①한랭한 시기에 특별히 보온 설비를 갖추고 인공적으로 따뜻하게 하여, 식물을 촉성 재배하는 묘상(苗床). ☞냉상(冷床). 온실(溫室) ②어떤 현상이나 사상 따위가 발생하기에 알맞은 환경을 비유하여 이르는 말. ¶부패의 —이 되다.

온상=재:배(溫床栽培)명 채소나 화초 따위를 온상에서 기르는 일.
온:새미-로 부 가르거나 쪼개지 아니한, 생긴 그대로.
온색(溫色)명 ①빨강·주황·노랑 등과 같이 보는 이에게 따뜻한 느낌을 주는 빛깔. 난색(暖色) ②온화한 얼굴빛.
온:색(慍色)명 성난 얼굴빛.
온수(溫水)명 따뜻한 물. 더운물 ☞냉수(冷水)
온수=난:방(溫水煖房)명 중앙 보일러에서 끓인 물을 건물 안의 각 방열기에 보내어 실내를 덥게 하는 장치.
온:숙(穩宿)명-하다자 편안하게 잠을 잠. 온침(穩寢)
온순(溫順)어기 '온순(溫順)하다'의 어기(語基).
온순-하다(溫順—)형여 성질이나 마음이 부드럽고 순하다. ¶온순한 아이.
　온순-히부 온순하게 ¶— 따르다.
온:-쉼:표(—標)명 악보에서, 온음표와 같은 길이의 쉼표. 기호는 '▬'. 전휴부(全休符)
온스(ounce)의 ①야드파운드법에 따른 질량의 단위. 파운드의 16분의 1로 약 28.35g에 해당함. ②액체의 분량의 단위. 미국에서는 29.6mL, 영국에서는 28.4mL.
온습(溫習)명-하다타 배운 것을 되풀이하여 익힘. 복습
온습(溫濕)어기 '온습(溫濕)하다'의 어기(語基).
온습=지수(溫濕指數)명 불쾌 지수(不快指數)
온습-하다(溫濕—)형여 따뜻하고 눅눅하다.
온신(溫神)명 피부 신경이 더운 것을 느끼는 기능. ☞냉신(冷神)
온실(溫室)명 내부의 광선·온도·습도를 인공적으로 조절하여 여러 가지 식물을 자유롭게 재배할 수 있도록 만든 건축물. ☞온상(溫床)
온실=재:배(溫室栽培)명 온실에서 꽃이나 채소 따위 식물을 가꾸는 일. ☞노지 재배(路地栽培)
온실=효:과(溫室效果)명 대기 중의 수증기와 이산화탄소, 오존 등이 온실의 유리처럼 작용하여 지구 표면의 온도가 높아지는 현상. 이산화탄소가 지표로부터 복사열을 흡수하여 우주로 열이 방사되는 것을 막는 작용을 함.
온아(溫雅)어기 '온아(溫雅)하다'의 어기(語基).
온아-하다(溫雅—)형여 온화하고 아담하다.
온안(溫顔)명 온화한 얼굴빛. 부드러운 얼굴빛.
온:양(醞釀)명-하다자타 ①술을 담금. ②없는 죄를 꾸며 냄. ③마음속에 어떤 생각을 은근히 품음.
온언(溫言)명 온화한 말, 또는 그 말씨.
온언-순:사(溫言順辭)명 따뜻하고 부드러운 말씨.
온엄-법(溫罨法)[—뻡]명 환부를 더운찜질로 따뜻하게 하거나 광선을 쬐거나 하여 통증을 가라앉히는 치료법. ☞냉엄법(冷罨法)
온:역(瘟疫)명 ①한방에서, 봄철의 돌림병을 이르는 말. ②한방에서, 유행성 열병을 이르는 말. 여역(癘疫)
온:오(蘊奧)어기 '온오(蘊奧)하다'의 어기(語基).
온:오-하다(蘊奧—)형여 학문이나 기예 등의 이치가 매우 깊고 오묘하다.
온유(溫柔)어기 '온유(溫柔)하다'의 어기(語基).
온유-하다(溫柔—)형여 온화하고 유순하다. ¶성품이 —./온유한 태도로 사람을 대하다.
온윤(溫潤)어기 '온윤(溫潤)하다'의 어기(語基).
온윤-하다(溫潤—)형여 성품이 온화하고 인정이 있다.
온:-음(—音)명 두 개의 반음을 가지는 음의 간격. 장 2도에 해당함. 전음(全音) ☞반음(半音)
온:-음계(—音階)명 한 옥타브 안에 다섯 개의 온음과 두 개의 반음을 포함하는 음계. 전음계(全音階)
온:음=음계(—音音階)명 반음계의 음을 건너뛰어, 여섯 개의 온음만으로 된 음계. 전음 음계(全音音階)
온:-음정(—音程)명 두 반음정(半音程)을 합한 음정. 전음정(全音程)
온:음-표(—音標)명 악보에서, 음표 가운데 기준이 되는 길이의 음표. 기호는 '𝅝'. 전음부(全音符)
온:의(慍意)명 성난 마음.
온:이-로부 전체의 것으로. 통째로
온인(溫人)명 조선 시대, 외명부 품계의 하나. 정오품과 종오품 종친(宗親)의 아내에게 내린 봉작. ☞공인(恭人)

온자(溫慈)어기 '온자(溫慈)하다'의 어기(語基).
온:자(蘊藉)어기 '온자(蘊藉)하다'의 어기(語基).
온자-하다(溫慈—)형여 온화하고 자애롭다.
온:자-하다(蘊藉—)형여 마음이 너그럽고 온화하다.
온:-장(—張)명 종이 따위의 베어 내지 않은 온통의 것.
온:장(蘊藏)명-하다타 깊이 간직하여 둠.
온장-고(溫藏庫)명 조리한 식품 따위가 식지 않도록 넣어 두는 상자 모양의 기구. ☞냉장고(冷藏庫)
온재(溫材)명 한방에서, 더운 성질의 약재를 통틀어 이르는 말. ☞냉재(冷材)
온:전-하다형여 축나거나 변하거나 하지 않고 본바탕 그대로이다. ¶온전한 정신으로 그런 행동을 했을 리가 없다./온전하게 간수하다.
　온전-히부 온전하게 ¶유품을 — 간직하다.

한자 **온전할 전**(全)〔入部 4획〕¶만전(萬全)/보전(保全)/순전(純全)/안전(安全)/완전(完全)

온:-점(—點)[—쩜]명 문장 부호의 한 가지. 〔.〕표를 이름. ㉠가로쓰기 글에서, 서술·명령·청유(請誘) 등을 나타내는 문장 끝에 쓰임. 다만, 표제어나 표어 등에는 쓰지 않음. ¶어린이는 나라의 보배다./이리 오너라./학교에 가자. ㉡아라비아 숫자만으로 연월일을 적을 때 쓰임. ¶2003.5.31. ㉢표시 문자 다음에 쓰임. ¶A. 총론(總論)/가. 머리말/ㄱ. 쓰기 ☞고리점

▶ **온점을 쓰지 않는 경우**
① 표제어(標題語)에 쓰지 않는다.
　¶압록강은 흐른다
② 표어(標語)에 쓰지 않는다.
　¶꺼진 불도 다시 보자

온점(溫點)[—쩜]명 감각점의 한 가지. 피부나 점막에 퍼져 있어 피부의 온도보다 높은 온도의 자극을 느끼는 점. ☞냉점(冷點)
온정(溫井)명 ①더운물이 솟는 우물. ②온천(溫泉)
온정(溫淸)명 '동온하정(冬溫夏淸)'의 준말.
온정(溫情)명 따뜻한 인정. 정다운 마음. ¶불우 이웃에게 —의 손길이 이어지다.
온정-주의(溫情主義)명 상하 관계나 노사 관계에서, 이해 타산이 아닌 온정으로 대하려는 생각이나 태도.
온제(溫劑)명 한방의 더운 성질의 약제. 몸을 따뜻하게 하는 약제. 더운약 ☞냉제(冷劑). 양제(涼劑)
온:-종일(—終日)명 ①아침부터 저녁때까지. ¶혼자서는 —을 해도 다 못한다. ②〔부사처럼 쓰임〕¶— 먼 산만 바라보고 있다. 진종일(盡終日)
온중(溫中)명-하다자 한방에서, 약을 먹어 속을 덥게 하는 일.
온-찜질(溫—)명 더운찜질 ☞냉찜질. 온엄법(溫罨法)
온:-채명 집 한 채의 전체. ¶한 가구가 —를 다 쓴다.
온:챗-집명 한 채를 전부 쓰는 집.
온처(溫處)명-하다자 따뜻한 방에서 지냄.
온천(溫泉)명 ①지열(地熱)로 말미암아 25°C 이상으로 데워진 지하수가 자연적으로 솟아나는 곳, 또는 그 물을 인공적으로 끌어올려 목욕 시설로 만든 곳. 온정(溫井). 탕정(湯井). 탕천(湯泉) ¶— 요법 ☞냉천(冷泉) ②온천장(溫泉場)
　온천(을) 하다관용 온천물로 목욕하다.
온천-장(溫泉場)명 온천이 있는 곳, 또는 온천에서 목욕할 수 있게 설비가 된 장소. 온천(溫泉)
온천-하다형여 재물이 축남이 없이 온전하다. ¶낭비가 심한데 재산이 온천할 리 없다.
　온천-히부 온천하게 ¶유산을 — 지켜 나가다.
온:축(蘊蓄)명-하다타 ①물건 따위를 쌓아 모음. ②깊이 연구하여 몸에 익힌 지식. 깊은 학식. ¶—을 기울이다.
온:침(穩寢)명-하다자 편안하게 잠을 잠. 온숙(穩宿)
온탕(溫湯)명 ①온천의 따뜻한 물. ②목욕탕 등에서 더운 물이 담긴 욕조. ☞냉탕(冷湯)

ㅇ

온:-통 부 있는 대로 모두. ¶지진으로 도시가 ― 쑥대밭이 되었다./방 안이 ― 하얗다. 준통[7]

온:통-으로 부 통째로 전부 다. 전부를 그대로 다. ¶―삼키다. 준통으로

온파(溫波) 명 따뜻한 공기가 밀려와 평균보다 기온이 오르는 현상. 난파(暖波) ☞한파(寒波)

온:편(穩便) 어기 '온편(穩便)하다'의 어기(語基).

온:편-하다(穩便―) 형여 ①온당하고 원만하다. ¶온편한 조처. ②안온하고 편리하다.

온편-히 부 온편하게

온포(溫飽) 명 따뜻하게 입고 배부르게 먹는다는 뜻으로, 의식(衣食)이 넉넉함을 이르는 말.

온:포(縕袍) 명 묵은 솜을 두어 지은 도포라는 뜻으로, 지난날 빈천한 사람들이 입는 거친 옷을 이르던 말.

온:포(蘊抱) 명 가슴속에 깊이 품은 재주나 포부.

온:-폭(―幅) 명 피륙이나 종이 따위의, 가르지 아니한 본디 그대로의 폭. 한 폭의 전부. 전폭(全幅) ☞온필

온:-품 명 온 하루일의 품, 또는 그 품값.

온풍(溫風) 명 ①따뜻한 바람. ②음력 유월경에 부는 남풍(南風). ③봄바람

온풍-난:방(溫風煖房) 명 주로 대형 건물 등에서, 가열한 공기를 도관(導管)을 통해 각 방으로 보내는 난방 방식.

온:-필(―疋) 명 피륙 따위의, 잘라 쓰지 아니한 본디 그대로의 필. ¶베를 ―로 열 필을 사다. ☞온폭

온-하다(溫―) 형여 ①따뜻하다 ②〔한방에서〕 약의 성질이 덥다. ¶성질이 온한 약재. ☞냉하다

온혈(溫血) 명 ①한방에서, 약으로 마시는 사슴이나 노루의 더운 피를 이르는 말. ②외기의 온도에 관계없이 늘 더운 동물의 피. 더운피 ☞냉혈(冷血)

온혈=동:물(溫血動物) 명 정온 동물(定溫動物)

온:화(穩話) 명-하다 자 조용하고 부드럽게 이야기함, 또는 그런 말.

온화(溫和) 어기 '온화(溫和)하다'의 어기(語基).

온:화(穩和) 어기 '온화(穩和)하다'의 어기(語基).

온화-하다(溫和―) 형여 ①날씨가 따뜻하고 맑다. ¶기후가 ―. ②성질이나 태도가 부드럽고 인자하다. ¶성품이 ―./온화한 말씨.

온:화-하다(穩和―) 형여 조용하고 부드럽다. ¶온화한 분위기./온화한 미소.

온:회(穩會) 명-하다 자 조용하고 화기롭게 모임.

온후(溫厚) 어기 '온후(溫厚)하다'의 어기(語基).

온후-하다(溫厚―) 형여 성질이 부드럽고 어질다. ¶온후한 인품./천성이 온후한 사람.

올[1] 명 '올해'의 준말. ¶― 여름/― 농사

올:[2] 명 ①실이나 줄의 가닥. ¶―이 풀리다./―이 가늘다. ②〔의존 명사로도 쓰임〕 ¶세 ―씩 섞어 짜다.

올이 곧다 관용 마음이 곧고 바르다. ¶올이 곧은 성품.

올이 되다 관용 ①피륙의 올이 촘촘하여 짜임이 단단하다. ②거만하고 고집이 세다. ¶올이 된 아가씨.

올:- 접두 '올된'의 뜻을 나타냄. ¶올벼/올콩 ☞오-

올가미 명 ①새끼나 노 따위로 고를 내어 짐승을 잡는 데 쓰는 물건. 활고자. 활투(活套) ②남이 걸려들게 꾸민 수단이나 술책.

올가미(를) 쓰다 관용 남의 꾀에 걸려들다.

올가미(를) 씌우다 관용 남을 자기의 꾀에 걸려들게 하다. ¶무조건 올가미를 씌워 생사람 잡으려 한다.

속담 **올가미 없는 개 장사** : 밑천 없이 하는 장사를 얕잡아 이르는 말.

올각-거리다(대다) 자타 잇달아 올각올각 소리가 나다, 또는 그런 소리를 내다. ☞울걱거리다

올각-올각 부 입 안에 액체를 조금 머금고 양볼의 근육을 자꾸 움직일 때 나는 소리, 또는 그 모양을 나타내는 말. ☞울걱울걱

올:-감자 명 여느 감자보다 철 이르게 되는 감자.

올강-거리다(대다) 자 물체가 입 안에서 올강올강 미끄러지다. ☞울겅거리다

올강-볼강 부 ①올강거리며 볼강거리는 모양을 나타내는 말. ②무엇에 싸이거나 든 동근 물건이 요기조기 심하게 볼가져 나오는 모양을 나타내는 말. ¶주머니에 든 구슬들이 ― 볼가져 나오다. ☞울겅불겅

올강-올강 부 잘깃하고 오돌오돌한 물체가 잘 씹히지 않고 요리조리 미끄러지는 모양을 나타내는 말. ☞울겅울겅

올:-고구마 명 여느 고구마보다 철 이르게 되는 고구마.

올:곡-하다 형여 실이나 줄 따위의 가닥이 너무 꼬여서 비비 틀려 있다.

올:-곧다 형 ①마음이 곧고 바르다. ¶성품이 ―./평생을 올곧게 살아가다. ②줄이 반듯하다.

올공-거리다(대다) 자 물체가 입 안에서 올공올공 미끄러지다.

올공-볼공 부 올공거리며 볼가지는 모양을 나타내는 말.

올공-올공 부 잘깃하고 오돌오돌한 물체가 잘 씹히지 않고 입 안에서 요리조리 미끄러지는 모양을 나타내는 말.

올근-거리다(대다) 타 물체를 올근올근 씹다. ☞울근거리다

올근-볼근[1] 부 ①서로 사이가 틀어져서 아근바근 다투는 모양을 나타내는 말. ¶― 다투다. ②올근거리며 볼근거리는 모양을 나타내는 말. ¶― 씹다. ③무엇에 들었거나 싸인 동근 물건이 요기조기 볼가지는 모양을 나타내는 말. ¶― 볼가지다. ☞울근불근[1]

올근-볼근[2] 부-하다 형 힘살 따위가 고르지 않게 요기조기 조금씩 볼가져 있는 모양을 나타내는 말. ¶알통이 ― 나와 있다. ☞울근불근[2]

올근-올근 부 잘깃하고 오돌오돌한 물체를 오물거리며 씹는 모양을 나타내는 말. ☞울근울근

올긋-볼긋[―귿―] 부-하다 형 여러 가지 볼긋한 빛깔들이 야단스레 다른 빛깔들과 섞이어 있는 모양을 나타내는 말. ¶― 물들어 있는 설악의 단풍. ☞울긋불긋

올깍 부 먹은 것을 갑자기 조금 게우는 소리, 또는 그 모양을 나타내는 말. ¶먹은 것을 ― 토하다. ☞올칵. 울꺽

올깍-거리다(대다) 자타 먹은 것을 자꾸 올깍 게우다. ☞올칵거리다. 울꺽거리다

올깍-올깍 부 올깍거리는 소리, 또는 그 모양을 나타내는 말. ☞올칵올칵. 울꺽울꺽

올눌(膃肭) 명 '물개'의 딴이름.

올:-되다[1] 자 ①곡식이나 열매 따위가 제철보다 일찍 익다. ¶올된 감자를 캐다. ②나이에 비하여 철이 일찍 들다. ¶그 나이에 너무 ―. 일되다 준오되다[1] ☞늦되다

올:-되다[2] 형 피륙의 올이 촘촘하여 짜임이 단단하다. ¶올된 겨울 옷감. 준오되다[2]

올:드미스(old+miss) 명 노처녀(老處女)

올딱 부 조금 먹은 것을 몽땅 게워 내는 모양을 나타내는 말. ¶먹은 것을 ― 토해 버리다. ☞왈딱

올뚝 부-하다 형 성미가 급하여 언행을 함부로 우악스럽게 하는 모양을 나타내는 말. ¶― 화를 내다. ☞울뚝

올뚝-볼뚝 부-하다 형 성질이 좀 변덕맞고 급하여 언행을 함부로 우악스럽게 잇달아서 하는 모양을 나타내는 말. ¶―한 성미. ☞울뚝불뚝

올라-가다 자 ①아래에서 위로, 낮은 데서 높은 데로 움직이어 가다. ¶산에 ―./나무 위로 ―./옥상으로 ―. ②등급이나 단계 따위가 높아지다. ¶지위가 ―./1년에 1호봉씩 ―. ③값이 더 비싸지다. ¶물가가 ―./땅 값이 자꾸 ―. ④정도가 지금까지 보다 더하게 되거나 높아지다. ¶사기가 ―./혈압이 ―./기온이 ―. ⑤바람직한 결과가 얻어지다. ¶판매 실적이 ―./학교 성적이 ―. ⑥건조물 따위가 점점 더 높아지거나 커지다. ¶아파트가 ―./축대가 더 올라갈 것 같다. ⑦지방에서 서울 등의 중앙으로 옮아가다. ¶내일 서울로 올라갈 예정이다. ⑧위쪽으로 향하여 뻗치다. ¶눈썹이 치켜 ―./입 끝이 살짝 올라갔다. ⑨〔타동사처럼 쓰임〕 ㉠낮은 데서 높은 데를 향하여 가다. ¶언덕을 ―. ㉡강물 따위가 흘러내리는 위쪽을 향하여 가다. ¶계곡을 따라 ―./강을 따라 거슬러 ―. ☞내려가다

올라-붙다[―붇―] 자 다른 것에 비해 높은 곳에 붙다. ¶간판이 너무 올라붙었다.

올라-서다 자 ①낮은 데서 높은 데로 옮아가 서다. ¶언덕에 -./난간 위에 -. ②어떤 지위·단계·수준 등에 이르다. ¶선두 대열에 -./본궤도에 -. ③무엇을 디디고 그 위에 서다. ¶단상에 -./문지방에 -.

올라-앉다[-안따] 자 ①낮은 데서 높은 데로, 아래에서 위로 옮아가 앉다. ¶무릎에 -./대청으로 -. ②이전보다 높은 지위를 차지하다. ¶사장 자리에 -.

올라-오다 자 ①낮은 데서 높은 데로, 아래에서 위로 움직이어 오다. ¶정상까지 -. ②흐름을 거슬러 이편으로 오다. ¶강물을 거슬러 -. ③지방에서 서울 등의 중앙으로 옮아 오다. ¶온 가족이 서울로 -. ④아래에서 위로 미치어 오다. ¶냇물이 불어 무릎까지 올라왔다. ⑤먹은 것이나 뱃속의 것이 입으로 나오다. ¶신물이 -. ⑥물 속에서나 배에서 뭍으로 옮아 오다. ¶뭍으로 -.

올라-타다 자 ①탈것에 오르다. ¶버스에 -./짐칸에 -. ②몸 위에 오르다. ¶말 등에 -.

올랑-거리다(대다) 자 ①가슴이 올랑올랑 뛰놀다. ②물결이 올랑올랑 흔들리다. ③속이 올랑올랑 게울 것 같아지다. 올랑이다 ☞울렁거리다

올랑-올랑 부 ①설레어 작은 가슴이 자꾸 도근도근 뛰노는 모양을 나타내는 말. ②물결이 작게 자꾸 흔들리는 모양을 나타내는 말. ③먹은 것이 삭지 않아 속이 매슥매슥하고 게울 것 같아지는 상태를 나타내는 말. ☞울렁울렁

올랑-이다 자 올랑거리다 ☞울렁이다

올랑-촐랑 부 액체가 올랑거리며 촐랑거리는 모양을 나타내는 말. ¶병에 든 물이 - 흔들리다. ☞울렁출렁

올레-산(∠oleic酸) 명 불포화 지방산의 한 가지. 무색무취의 액체로 공기 중에 두면 산화하여 황색이나 갈색으로 변하고 썩는 냄새가 남. 올리브유나 동백기름 등 식물성 기름에 많이 들어 있음. 공업적으로 용도가 다양하며 비누의 원료나 천의 방수제로 쓰임. 유산(油酸)

올려다-보다 자타 ①아래쪽에서 위쪽을 바라보다. ¶산꼭대기를 -. ②존경하는 마음으로 높이 받들고 우러러보다. ¶선생님을 올려다보고 따르다. ☞내려다보다

올려본-각(-角) 명 수학에서, 낮은 곳에서 높은 곳에 있는 목표물을 올려다볼 때, 시선(視線)과 수평면을 이루는 각. 고각(高角). 앙각(仰角) ☞내려본각

올려-붙이다[-부치-] 타 ①올라붙게 하다. ¶간판을 -. ②뺨을 때리다. ¶너무 화가 나서 한 대 올려붙였다.

올록-볼록 부-하다 형 고르지 않게 볼록볼록한 모양을 나타내는 말. ☞울룩불룩

올리고세(∠Oligocene世) 명 신생대(新生代) 제삼기를 다섯으로 가른 셋째 지질 시대. 점신세 ☞에오세

올리다¹ 타 ①오르게 하다. ¶성적을 -./기세를 -./속도를 -./봉급을 -./약을 -. ②낮은 데서 높은 데로, 아래에서 위로 옮기다. ¶손을 -./책상에 올려 놓다. ③윗사람에게 드리거나 바치다. ¶부모님께 진짓상을 -./술잔을 -./편지를 -. ④행사나 의식 따위 큰일을 차리어 치르다. ¶결혼식을 -./기우제를 -. ⑤기와 따위로 지붕을 이다. ¶기와를 -. ⑥조선 시대, 궁중에서 '먹다'를 이르던 말.

조동 본용언(本用言) 다음에 쓰이어, 상대편을 높이어 그에게 무엇을 해 줌의 뜻을 나타냄. ¶상을 차려 -./옷을 지어 -.

올리다² 타 칠 따위를 입히거나 채색을 하다. ¶단청을 -./금박을 -./칠을 -.

올리-닫다(-닫고·-달아) 자ㄷ 위로 향하여 달리다. 치닫다 ¶노루가 산등성이로 -.

올리브(olive) 명 물푸레나뭇과의 상록 교목. 높이 5~10m. 잎은 마주 나고 길둥글며 가장자리가 밋밋함. 늦은 봄에 황백색 꽃이 피고, 열매는 둥근 핵과(核果)로 올리브유를 짬. 소아시아 원산으로 지중해 연안과 미국 등지에 분포함.

올리브-색(olive色) 명 올리브 열매의 빛깔과 같이, 약간 누른빛을 띤 녹색.

올리브-유(olive油) 명 올리브 열매에서 짠 기름. 담황색이며 냄새가 없음. 식용·의약용·공업용 등으로 쓰임.

올림 명 수학에서, 어림수를 만드는 방법의 한 가지. 구하고자 하는 자리의 수에 1을 더하고, 그 아랫자리의 숫자를 모두 0으로 하는 일. ☞반올림. 버림

올림-대¹[-때] 명 '시상판(屍床板)'을 속되게 이르는 말.

올림-대²[-때] 명 '숟가락'의 심마니말.

올림대(를) 놓다 관용 숟가락을 놓았다는 뜻으로, '죽다'를 에둘러 이르는 말.

올림-조(-調)[-쪼] 명 올림표로만 나타낸 조. ☞내림조

올림-표(-標) 명 음악에서, 본래의 음을 반음 올리라는 표시. 기호 '#'로 나타냄. 샤프(sharp) ☞내림표

올림피아드(Olympiad) 명 ①올림피아 제전과 다음 올림피아 제전 사이의 4년을 단위로 하던, 고대 그리스의 역수(曆數) 단위. ②올림픽 경기

올림픽(Olympic) 명 올림픽 경기. 오륜(五輪)

올림픽=경:기(Olympic競技) 명 ①국제 올림픽 위원회가 4년마다 개최하는 국제적인 운동 경기 대회. ②운동 이외의, 올림픽 경기를 본떠서 하는 국제 경기를 이르는 말. 올림피아드. 올림픽 ¶기능 -

올막-졸막 부-하다 형 크기가 고만고만하고 덩어리진 것들이 고르지 않게 늘어서 있는 모양을 나타내는 말. ¶언덕에 다복솔이 - 서 있다./-한 자갈. ☞울먹줄먹

올-망(-網) 명 깊은 바다에서 고기를 잡을 때 쓰는, 자루 모양의 긴 그물.

올망-대(-網-)[-때] 명 올망을 칠 때 쓰는 긴 장대.

올망이-졸망이 명 올망졸망한 물건.

올망-졸망 부-하다 형 ①크기가 고만고만하고 동글동글한 것들이 고르지 않게 늘어서 있는 모양을 나타내는 말. ¶- 진열되어 있는 인형들. ②귀염성스럽고 고만고만한 아이들이 여럿이 모여 있는 모양을 나타내는 말. ¶- 모여 앉아 놀고 있는 꼬마들. ☞울멍줄멍

올목-졸목 부-하다 형 크기가 고만고만하게 작은 덩어리진 것들이 고르지 않게 늘어서 있는 모양을 나타내는 말. ☞울묵줄묵

올몽-졸몽 부-하다 형 크기가 고만고만하게 작은 동글동글한 것들이 고르지 않게 늘어서 있는 모양을 나타내는 말. ☞울뭉줄뭉

올무¹ 명 새나 짐승을 잡는 올가미. ¶-를 놓다.

올:-무² 명 ①여느 무보다 철 이르게 되는 무. ②일찍 자란 무.

올미 명 택사과의 여러해살이풀. 줄기 높이 10~25cm. 뿌리줄기는 가늘고 옆으로 뻗음. 뿌리에서 가늘고 긴 잎이 모여 나며 6~10월에 흰 꽃이 핌. 논이나 연못가에 흔히 자람. 한방에서, 종기·탕화창(湯火瘡) 등에 약재로 쓰임.

올-바로 부 곧고 바르게. ¶- 살다./- 판단하다.

올-바르다(-바르고·-발라) 형르 말이나 생각, 행동 등이 곧고 바르다. ¶생각이 -./올바르게 처신하다.

올:-밤 명 여느 밤보다 철 이르게 익는 밤.

올방개 명 방동사닛과의 여러해살이풀. 줄기 높이 50~100cm. 땅속줄기는 길게 옆으로 뻗고 끝에 덩이줄기가 달리며, 꽃줄기 끝에는 원뿔 모양의 꽃이삭이 달림. 덩이줄기는 '오우(烏芋)'라 하여 한방에서 약재로 쓰임. 연못이나 도랑 속에 떼지어 자람.

올:-벚나무[-벋-] 명 장미과의 낙엽 교목. 높이 10m 안팎. 잎은 길둥글고 톱니가 있음. 4월경에 담홍색 꽃이 잎보다 먼저 피고, 열매는 핵과(核果)로 여름에 검게 익는데 먹을 수 있음.

올:-벼 명 여느 벼보다 일찍 익는 벼. 조도(早稻). 조양(早穰). 조종(早種) ☞늦벼

올:-보리 명 여느 보리보다 철 이르게 익는 보리.

올빼미 명 올빼밋과의 텃새. 몸길이 35cm 안팎. 부엉이와 비슷하나 머리 꼭대기에 귀 모양의 깃털이 없음. 깃털은 황갈색으로 얼룩지고 세로무늬가 있음. 낮에는 숨어 있다가 밤에 새나 쥐·곤충 따위의 먹이를 찾아 활동함. 천연 기념물 제324호임. 치효(鴟梟). 토효(土梟)

속담 **올빼미 눈 같다** : 낮에는 잘 보지 못하거나 낮보다

밤에 더 잘 봄을 비유하여 이르는 말.

올:-뿌림 명 씨앗을 제철보다 일찍 뿌리는 일. 조파(早播) ☞늦뿌림

올:-새 명 피륙의 발. ¶천의 ―가 곱다.

올:-서리 명 여느 해보다 이르게 내리는 서리. 조상(早霜) ¶―가 내리다. ☞늦서리

×-올습니다 어미 →-올시다

-올시다[―씨―] 어미 '아니다'의 어간이나 '이다'의 '이-'에 붙어, '-ㅂ니다'보다 겸손한 뜻으로 쓰이는 예스러운 표현의 말. ¶거짓이 아니올시다./진실이올시다.

×올-실 명 →외올실

올쏙-볼쏙 부 -하다 형 고르지 않은 것이 요기조기 쏙쏙 내밀려 있는 모양을 나타내는 말. ☞울쑥불쑥

올올(兀兀) 어기 '올올(兀兀)하다'의 어기(語基).

올올-고봉(兀兀高峰) 명 우뚝하게 높이 솟은 산봉우리.

올:올-이 부 올마다. 가닥마다 ¶― 맺히다.

올올-하다(兀兀―) 형여 〔산이나 바위 따위가 솟은 모양이〕 우뚝우뚝하다

올:지다 형 '오달지다'의 준말. ¶올진 대답.

올:-차다 형 오달지고 기운차다. ¶일하는 게 ―./나이에 비해 올찬 데가 있다.

올챙이 명 개구리의 어린 새끼. 알에서 깨어나 변태하기 전까지를 이름. 머리가 둥글고 몸빛이 검음. 물속에서 아가미로 호흡하며 꼬리로 헤엄침. 과두(蝌蚪). 현어(玄魚)

속담 **올챙이 개구리 된 지 몇 해나 되나**: 어떤 일에 좀 익숙해진 사람이나, 가난하다가 부유해진 사람이 너무 젠체함을 비꼬아 이르는 말./**올챙이 적 생각은 못하고 개구리 된 생각만 한다**: 처지가 좀 나아진 사람이 어렵게 지내던 과거는 생각하지 않고 오만하게 행동함을 비유하여 이르는 말.

ㅇ

올챙이-고랭이 명 올챙이골

올챙이-골 명 방동사닛과의 여러해살이풀. 줄기 높이 20~70cm. 줄기는 모여 나며 잎이 없고 잎집이 있음. 꽃은 7~10월에 작은 이삭이 모여 피며 열매는 수과(瘦果)임. 우리 나라와 일본, 중국 동북부 등지에 분포함. 올챙이고랭이

올챙이-묵 명 묵의 한 가지. 옥수숫가루로 된 죽을 쑤어 구멍 뚫린 그릇에 부어 밑에 놓인 찬물에 떨어지게 하여 올챙이 모양으로 굳힘.

올챙이-배 명 몸집이 작은 사람의 똥똥하게 내민 배를 놀리어 이르는 말.

올챙이-솔 명 자라풀과의 한해살이 물풀. 줄기 높이 30~70cm. 뿌리줄기는 옆으로 벋고 잎은 어긋맞게 나며 선형(線形)임. 7~10월에 흰 꽃이 핌. 논이나 못에 저절로 자람.

올챙이-자리 명 자라풀과의 한해살이 물풀. 줄기 높이 7~30cm. 잎은 모여 나며 선형(線形)으로 끝이 뾰족하고 가장자리에 잔 톱니가 있음. 8~9월에 흰 꽃이 핌. 논이나 못에 저절로 자람.

올칵 부 적은 양을 갑자기 세게 게울 때 나는 소리, 또는 그 모양을 나타내는 말. ¶차에서 내리자마자 ― 게우다. ☞올깍. 울컥

올칵-거리다(대다) 자타 먹은 것을 자꾸 올칵 게우다. ☞올깍거리다. 울컥거리다

올칵-올칵 부 올칵거리는 소리, 또는 그 모양을 나타내는 말. ¶먹은 것을 ― 토해 내다. ☞올깍올깍. 울컥울컥

올케 명 여자가 같은 항렬의 남자 형제의 아내를 일컫는 말. ☞시누이. 오라범댁

올:-콩 명 여느 콩보다 철 이르게 여무는 콩.

올톡-볼톡 부 -하다 형 물체의 거죽이나 바닥이 고르지 않고 여기저기 모나게 볼가져 있는 모양을 나타내는 말. ¶― 볼가지다. ☞울툭불툭

올통-볼통 부 -하다 형 물체의 거죽이나 바닥이 고르지 않고 여기저기 동근듯 하게 볼통볼통한 모양을 나타내는 말. ¶―한 자갈길. ☞울퉁불퉁

올:-팥 명 여느 팥보다 일찍 여무는 팥.

올:-풀이 명 -하다 타 지난날, 규모가 작은 장수가 상품을 낱자나 낱개로 팔던 일.

올-해 명 지금 지내고 있는 이 해. 금년. 이해 준 올[1]

옭-걸:다[옥―] (―걸고·―거니) 타 옭아서 걸다.

옭다[옥―] 타 ①올가미 따위를 씌워서 단단하게 동여매다. ②단단하게 감아서 잡아매다. ③꾀를 써서 남을 걸려들게 하다. ¶무고한 사람을 한패로 옭아 넣다.

옭-매다[옥―] 타 ①잘 풀리지 않게 고를 내지 않고 매다. ②옭아매다

옭-매듭[옥―] 명 잘 풀리지 않게 고를 내지 않고 맨 매듭. ☞풀매듭

옭-매이다[옥―] 자 옭맴을 당하다. ¶오랏줄에 ―./농사일에 ―.

옭아-내:다 타 ①옭아서 끌어내다. ②남의 것을 약빠르게 끄집어내다. 얽어내다

옭아-매다 타 ①옭아서 단단히 매다. ②꼼짝 못하게 하다. ③없는 죄를 꾸미어 씌우다. 옭매다 ¶무고한 사람을 범인으로 ―.

옭아-지다 자 올가미에 매어지다.

옭히다 자 ①옭음을 당하다. ②여러 가지가 한데 뒤섞이어 갈피를 잡을 수 없게 되다. ¶밀린 일들이 한데 옭혀 정신이 없다. ③애매하게 걸리다.

옮겨-심기[옴―끼] 명 -하다 타 농작물 따위를 옮겨 심는 일. 이식(移植)

옮기다[옴―] 타 ①물건을 본디 있던 자리에서 다른 자리로 가져다 놓다. ¶이삿짐을 ―./가구를 방으로 ―. ②발을 떼어 놓다. ¶한 발 두 발 발걸음을 ―. ③자리나 거처, 소속 따위를 본디 있던 곳에서 다른 곳으로 바꾸다. ¶직장을 ―./호적을 ―. ④시선(視線) 따위를 이제까지의 대상에서 다른 대상에게로 돌리다. ¶마주보던 눈길을 창 밖으로 ―. ⑤어떤 말이나 일 따위를 그대로 전하다. ¶들은 이야기를 그대로 ―./말로 다 옮길 수 없는 일. ⑥어떤 언어로 표현된 내용을 다른 언어로 바꾸어 나타내다. ¶한문 소설을 국문으로 ―./영어로 옮긴 시. ☞번역. 통역 ⑦병 따위를 다른 사람에게 생기게 하다. ¶감기를 ―./무좀을 ―. ⑧어떤 일을 실제로 행하여 나타내다. ¶계획을 실천에 ―. ⑨생각이나 사실 따위를 글이나 다른 형태로 바꾸어 나타내다. ¶생각을 글로 ―./강의 내용을 공책에 ―./풍속을 화면에 옮겨 놓은 영화.

한자 옮길 운(運) 〔辵部 9획〕 ¶운반(運搬)/운송(運送)/운수(運輸)/운임(運賃)
옮길 이(移) 〔禾部 6획〕 ¶이관(移管)/이사(移徙)/이송(移送)/이식(移植)/이적(移籍)

옮긴-이[옴―] 명 번역한 사람. 역자(譯者)

옮:다[옴따] 자 ①어떤 곳에서 다른 곳으로 움직이어 자리를 바꾸다. ¶마른 자리로 옮아 앉다. ②불이 한곳에서 다른 곳으로 댕기다. ¶불이 옆집으로 옮아 붙다. ③병 따위가 한 생체에서 다른 생체로 전해지다. ¶감기가 ―./눈병이 ―. ④행동이나 버릇 따위가 영향을 받다. ¶말버릇이 ―./시앗끼리는 하품도 옮지 않는다. ⑤물이 들다. ¶감물이 ―.

옮아-가다 자 ①본디 있던 곳에서 다른 곳으로 바꾸어 가다. ¶음지에서 양지로 ―. ②시선(視線) 따위가 이제까지의 대상에서 다른 대상에게로 가다. ¶아이들 시선이 창 밖으로 ―. ③불이나 병 따위가 다른 데로 번지다. ¶불이 윗집으로 ―./독감이 아이들에게 ―. ④어떤 일이 다른 단계에 이르다. ¶계획 단계에서 실행 단계로 ―. ⑤행동이나 버릇 따위가 영향을 받아 닮아 가다.

옳 명 일이 잘못된 데 대한 보충이나 갚음. ¶소홀히 한 ―으로 손해를 보다.

옳을 내다 관용 보충이나 갚음이 되도록 일이나 행동을 하다.

옳거니 감 어떤 일을 문득 깨달았을 경우, 또는 어떤 사실이 자기가 생각한 것과 일치했을 경우에 혼자서 하는 말. ¶―, 바로 이것이었구나./―, 그 말 한번 잘했다.

옳다[1] 형 ①도리나 사리에 맞다. ¶자식으로서 옳은 도리가 아니다./아버지 말씀을 따름이 -. ②틀리지 않다. ¶처음에 한 계산이 -./답을 옳게 쓰다.
속담 **옳은 일을 하면 죽어도 옳은 귀신이 된다** : 사람이 마땅히 행실을 바로 하여야 죽더라도 한이 없다는 말.

한자 **옳을 가**(可) 〔口部 2획〕 ¶가부(可否)/불가(不可)
옳을 시(是) 〔日部 5획〕 ¶시비(是非)
옳을 의(義) 〔羊部 7획〕 ¶불의(不義)/의거(義擧)/의기(義氣)/의리(義理)/의용(義勇)/정의(正義)

옳다[2] 감 어떤 기억이나 생각이 퍼뜩 떠오르거나 어떤 일이 자기의 생각과 꼭 들어맞을 때 하는 말. ¶-, 이렇게 하면 되겠구나./-, 네 말이 맞다.
옳다-구나 감 자기의 생각과 꼭 들어맞는 것이 매우 새삼스러움을 나타내는 말. ¶- 하고 따라 나서다.
옳아[올-] 감 어떤 사실을 비로소 깨달았을 경우에 하는 말. ¶-, 어제 전화한 사람이 바로 너였구나.
옳이[올-] 부 옳게 ¶- 여기다. ☞글리
옳지 감 ①어떤 일이 마땅하거나 흡족하게 여겨질 때 하는 말. ¶-, 그렇게 나와야지./-, 정말 잘 해냈다. ②어떤 일이 짐작한 대로일 때 하는 말. ¶-, 내 진작에 그럴 줄 알았다. ③좋은 생각이 갑자기 떠올랐을 때 하는 말. ¶-, 그리로 가 보자.
옴:[1] 명 전염성 피부병의 한 가지. 개선충(疥癬蟲)이 기생하여 생기며, 손가락이나 발가락 사이, 겨드랑이 등 피부가 연한 곳에서 시작하여 온몸으로 퍼지며 몹시 가려움. 개선(疥癬). 개창(疥瘡) ¶-이 오르다.
옴:[2] 명 산모(産母)의 젖꼭지 가장자리에 오톨도톨하게 돋은 것.
옴:[3] 명 '옴쌀'의 준말.
옴:(ohm) 의 전기 저항의 실용 단위. 양 끝에 1볼트의 전위차가 있는 도선에 1암페어의 전류가 흐를 때 생기는 저항. 기호는 Ω
옴:-개구리 명 개구릿과의 양서류. 몸길이 4~6cm. 몸빛은 흑색이고 등에 돌기가 오톨도톨하게 많이 나 있으며 피부에서 독특한 냄새가 남. 주로 평지나 얕은 산지에 살며 우리 나라와 일본 등지에 분포함.
옴나위 명 몸을 겨우 움직일 여유. 〔'못하다', '없다' 따위의 부정적인 말이 뒤따름.〕 ¶-도 못하다./-가 없다.
옴니버스(omnibus) 명 합승 자동차의 뜻으로, 영화나 연극 따위에서 몇 개의 독립된 단편을 모아서 한 편의 작품으로 만든 것. ¶- 드라마/- 영화
옴니-암니 명 이래저래 드는 비용. 이런 비용 저런 비용. ¶-까지 다 쳐서 받아 내다.
부 자질구레한 것까지 따지는 모양을 나타내는 말. ¶- 따지고 들다.
옴:-두꺼비 명 몸이 옴딱지가 붙은 것처럼 흉하다 하여, '두꺼비'를 이르는 말.
옴:-딱지 명 옴이 올라 헐었던 자리에 피나 진물이 말라붙어 생기는 껍질.
속담 **옴딱지 떼고 비상**(砒霜) **칠한다** : 옴을 빨리 낫게 하겠다고 그 위에 독약인 비상을 발라 덧들인다는 뜻으로, 일을 빨리 처리하려고 무리한 방법을 써서 일을 더욱 악화시킴을 비유하여 이르는 말./**옴딱지 떼듯 한다** : 무엇이나 인정 사정없이 내버린다는 말.
옴:-배:롱(-焙籠) 명 지난날, 옴이 오른 몸에 약을 피울 때 쓰던 기구. 채나 댓개비로 배롱처럼 겯고 안팎을 종이로 발라 고개만 내놓고 온몸이 들어앉게 만들었음.
옴:-벌레 명 진드기목 개선충과의 절지동물. 몸길이 0.3~0.4mm. 원반형으로 몸빛은 유백색임. 사람의 피부에 기생하여 옴을 일으킴. 개선충(疥癬蟲)
옴부즈맨=제:도(ombudsman制度) 명 행정부가 시민의 권리를 침해하지 않고 법대로 보장하고 있는지를 국회가 임명한 감찰관이 조사하는 제도. 1809년 스웨덴에서 시작되어 여러 나라가 채택하고 있음.
옴:살 명 한 몸같이 친밀한 사이.
옴실-거리다(대다) 자 자잘한 벌레 따위가 한데 모여 오글거리다. ☞움실거리다
옴실-옴실 부 옴실거리는 모양을 나타내는 말. ¶작은 벌레들이 오글거리다. ☞음실음실
옴:-쌀 명 인절미에 덜 뭉개진 채 섞여 있는 찹쌀알. 준 옴[3]
옴쏙 부-하다 형 가운데가 깊게 쏙 들어가 있는 모양을 나타내는 말. ¶- 들어간 보조개. ☞옴팍. 옴폭. 움쑥
옴쏙-옴쏙 부-하다 형 군데군데 옴쏙한 모양을 나타내는 말. 옴팍옴팍. 옴폭옴폭. 움쑥움쑥
옴씰 부 갑자기 놀라거나 하여 몸을 좀 옴츠리는 모양을 나타내는 말. ☞움씰
옴씰-거리다(대다) 타 갑자기 놀라거나 하여 몸을 자꾸 옴츠리다. ☞움씰거리다
옴씰-옴씰 부 옴씰거리는 모양을 나타내는 말. ¶바스락 소리에도 - 놀라며 두려워하다. ☞움씰움씰
옴:자-떡(옴字-)[-짜-] 명 부처 앞에 공양하는 떡의 한 가지. 흰떡을 네모꼴로 넓적하게 만들어 범문(梵文)의 옴(옴) 자를 새긴 판으로 가운데를 찍은 떡. 옴자병
옴:자-병(옴字餠)[-짜-] 명 옴자떡
옴:-쟁이 명 옴이 오른 이를 놀리어 이르는 말.
옴:-종(-腫) 명 옴이 올라서 생긴 헌데.
옴죽 부 작은 몸을 옴츠렸다 펴는 모양을 나타내는 말. ☞옴쭉. 움죽
옴죽-거리다(대다) 자타 작은 몸을 잇달아 옴츠렸다 폈다 하다. ☞옴쭉거리다. 움죽거리다
옴죽-옴죽 부 옴죽거리는 모양을 나타내는 말. ☞옴쭉옴쭉. 움죽움죽
옴지락-거리다(대다) 자타 작은 몸의 일부가 자꾸 느릿느릿 움직이다, 또는 작은 몸의 일부를 자꾸 느릿느릿 움직이다. ☞움지럭거리다
옴지락-옴지락 부 옴지락거리는 모양을 나타내는 말. ¶움지럭움지럭
옴직-거리다(대다) 자타 작은 몸의 일부가 조금씩 자꾸 움직이다, 또는 작은 몸의 일부를 조금씩 자꾸 움직이다. ☞옴찍거리다. 움직거리다
옴직-옴직 부 옴직거리는 모양을 나타내는 말. ☞옴찍옴찍. 움직움직
옴질-거리다(대다)[1] 자타 ①작은 것이 굼뜨게 자꾸 움직이다. ②결단성이 없이 망설이며 고물거리다. ☞옴찔거리다[2]. 움질거리다[1]
옴질-거리다(대다)[2] 타 잘깃한 물체를 오물오물 씹다. ☞움질거리다[2]
옴질-옴질[1] 부 ①작은 것이 굼뜨게 자꾸 움직이는 모양을 나타내는 말. ②결단성이 없이 망설이며 고물거리는 모양을 나타내는 말. ☞옴찔옴찔[2]. 움질움질[1]
옴질-옴질[2] 부 잘깃한 물체를 오물오물 씹는 모양을 나타내는 말. ☞움질움질[2]
옴짝-달싹 부 주로 '못하다' 따위의 부정적인 말과 함께 쓰이어 ①몸을 조금 움직이는 모양을 나타내는 말. ¶밧줄로 묶여 있어 - 못하다. ②무엇을 하려고 이렇게 저렇게 조금 애써 보는 모양을 나타내는 말. ¶무기가 없어 - 못하고 잡히다. ☞꼼짝달싹
옴쭉 부 작은 몸을 세게 옴츠렸다 펴는 모양을 나타내는 말. ¶- 못하다. ☞옴죽. 움쭉
옴쭉-거리다(대다) 자타 작은 몸을 잇달아 세게 옴츠렸다 폈다 하다. ☞옴죽거리다. 움쭉거리다
옴쭉-달싹 부 몸을 아주 조금 움직이는 모양을 나타내는 말. ☞꼼짝달싹. 움쭉달싹
옴쭉-옴쭉 부 옴쭉거리는 모양을 나타내는 말. ☞옴죽옴죽. 움쭉움쭉
옴찍-거리다(대다) 자타 세게 옴직거리다. ☞옴직거리다. 움찍거리다
옴찍-옴찍 부 옴찍거리는 모양을 나타내는 말. ☞옴직옴직. 움찍움찍
옴찔 부 갑자기 몸을 몹시 옴츠리는 모양을 나타내는 말. ☞움찔
옴찔-거리다(대다)[1] 자타 몸을 옴찔옴찔 옴츠리다. ☞움찔거리다[1]

옴찔-거리다(대다)[2] 자타 작은 것이 몹시 굼뜨게 자꾸 움직이다. ☞옴질거리다[1]. 움찔거리다[2]

옴찔-옴찔[1] 부 갑자기 몸을 자꾸 몹시 옴츠리는 모양을 나타내는 말. ☞움찔움찔[1]

옴찔-옴찔[2] 부 작은 것이 몹시 굼뜨게 자꾸 움직이는 모양을 나타내는 말. ☞옴질옴질[1]. 움찔움찔[2]

옴츠러-들다(-들고·-드니) 자 점점 옴츠러지다. ¶추위에 온몸이 -. ☞움츠러들다

옴츠러-뜨리다(트리다) 타 옴츠러지게 하다. ☞움츠러뜨리다

옴츠러-지다 자 ①옴츠리어서 작아지거나 줄어지다. ¶어깨가 -. ②기가 꺾여 무르춤해지다. ¶풀이 죽어 옴츠러지기 시작하다. ☞움츠러지다

옴츠리다 타 ①몸을 오므리어 작아지게 하다. ¶춥다고 옴츠리고만 있지 말고 운동을 해라. ②내밀었던 몸의 일부를 오므리어 들어가게 하다. ¶자라목처럼 목을 -. 준옴치다 ☞움츠리다

옴치다 타 '옴츠리다'의 준말. ☞움치다

옴켜-잡다 타 손가락을 옥이어 꼭 잡다. ☞움켜잡다. 홈켜잡다

옴켜-잡히다 자 옴켜잡음을 당하다. ☞움켜잡히다

옴켜-쥐:다 타 ①손가락을 옥이어 꼭 쥐다. ¶엄마의 치맛자락을 -. ②사물을 완전히 제 손안에 넣다. ¶막강한 권력을 -. ☞움켜쥐다. 홈켜쥐다

옴큼 의 한 손에 옴켜쥔 분량. ¶소금 한 -. ☞움큼

옴키다 타 ①손가락을 옥이어 힘있게 집다. ②새나 짐승 따위가 발가락으로 꽉 잡다. ¶매가 병아리를 -. ☞움키다. 홈키다

옴-파다 타 속을 오목하게 오비어 파다. ☞움파다. 홈파다

옴파리 명 아가리가 작고 오목한 바리.
옴파리 같다 관용 오목오목하고 탄탄하며 예쁘다.

옴팍 부 -하다 형 가운데가 좀 넓게 폭 들어가 있는 모양을 나타내는 말. ☞옴쏙. 옴폭. 움퍽

옴팍-옴팍 부 -하다 형 군데군데 옴팍한 모양을 나타내는 말. ☞옴쏙옴쏙. 옴폭옴폭. 움퍽움퍽

옴팡-눈 명 옴팍 들어간 눈. ☞움펑눈

옴팡눈-이 명 눈이 옴팍 들어간 사람. ☞움펑눈이

옴-패:다 자 오목하게 파이다. ☞움패다. 홈패다

옴포동-이 명 살이 올라 오목오목하고 포동포동한 아이.
옴포동이 같다 관용 ①작은 몸집에 살이 올라 오목오목하고 포동포동하다. ¶며칠 잘 먹고 쉬더니 옴포동이같이 살이 찌다. ②옷을 두툼하게 입은 모습이 통통하다. ¶솜옷을 입은 모습이 -.

옴폭 부 -하다 형 가운데가 오목하게 폭 들어가 있는 모양을 나타내는 말. ☞옴쏙. 옴팍. 움푹

옴폭-옴폭 부 -하다 형 군데군데 옴폭한 모양을 나타내는 말. ☞옴쏙옴쏙. 옴팍옴팍. 움푹움푹

옴:-피우다 자 옴배롱을 쓰고 약을 피우다.

-옵- 선미 받침 없는 어간에 붙어 겸양(謙讓)의 뜻을 나타내는 어미. 〔가고→가옵고/보지만→보옵지만〕 ☞-으옵-

-옵니까 어미 '-옵니다'의 의문형으로 '-ㅂ니까'를 겸손하게 나타내는 말. ¶무엇이라 변명하옵니까?/무엇으로 소일하시옵니까?/요즈음 바쁘시옵니까?/무슨 말씀이옵니까? ☞-사옵니까. -ㅂ니까. -습니까

-옵니다 어미 '-ㅂ니다'를 겸손하게 나타내는 말. ¶사정을 모르옵니다./형편이 딱하옵니다./저 분이 책임자이옵니다./학생이 아니옵니다. ☞-사옵니다. -ㅂ니다. -습니다. -으옵니다

-옵디까 어미 '-옵니다'의 의문형으로 '-ㅂ디까'를 겸손하게 나타내는 말. ¶어떻다고 하옵디까?/보도와 같이 그러하옵디까?/무엇이옵디까? ☞-ㅂ디까. -사옵디까. -으옵디까

-옵디다 어미 '-ㅂ디다'를 겸손하게 나타내는 말. ¶모두가 그런 말을 하옵디다/농촌은 매우 바쁘옵디다./의젓한 대학생이옵디다. ☞-ㅂ디다. -사옵디다. -으옵디다

옵서:버(observer) 명 참석하여 방청하고 의견을 말할 수는 있으나 의결권이 없는 사람.

옵션(option) 명 ①선택권. 자유 선택. ②표준 장치 외에 수요자의 주문에 따라 선택하여 장치하는 부품이나 장치.

옵티마(optima) 명 거주하거나 작물 재배를 할 때의 최적 조건.

옵티미스트(optimist) 명 낙천가(樂天家). 낙천주의자. 낙관론자 ☞페시미스트

옵티미즘(optimism) 명 낙천주의(樂天主義). 낙관론(樂觀論) ☞페시미즘

옷 명 몸을 보호하거나 가리거나 꾸미거나 하기 위하여, 몸에 걸치거나 꿰거나 하는 물건. 의복. 의상(衣裳)
속담 **옷은 나이로 입는다**: 몸집은 좀 작더라도 나이가 든 사람이 옷을 더 크게 입는다는 말./**옷은 새 옷이 좋고 사람은 옛 사람이 좋다**: 물건은 새것이 좋지만 사람은 오래 사귀어서 잘 아는 사람일수록 정이 두터워 좋다는 말. 〔신정(新情)이 구정(舊情)만 못하다〕/**옷은 시집올 때처럼 음식은 한가위처럼**: 옷은 시집올 때처럼 곱게 차려 입고 싶고, 음식은 한가윗날처럼 좋은 음식을 먹고 싶다는 말./**옷이 날개라**: 못난 사람도 옷을 잘 입으면 잘나 보인다는 뜻으로, 옷차림을 깔끔하게 잘해야 사람이 돋보인다는 말./**옷 입고 가려운 데 긁기**: 가려운 데에 바로 손이 닿지 않게 옷 위로 가려운 데를 긁는다는 뜻으로, 요긴한 데에 꼭 맞추지 못하여 시원치 않음을 이르는 말. 〔신 신고 발바닥 긁기〕 ☞격화파양(隔靴爬痒)

한자 옷 복(服) 〔月部 4획〕 ¶교복(校服)/군복(軍服)/내복(內服)/동복(冬服)/양복(洋服)/예복(禮服)
옷 의(衣) 〔衣部〕 ¶상의(上衣)/우의(雨衣)/의관(衣冠)/의대(衣帶)/의류(衣類)/의복(衣服)

옷-가슴[옫-] 명 옷의 가슴 부분. 준가슴

옷-가지[옫-] 명 몇 가지의 옷. 몇 벌의 옷.

옷-감[옫-] 명 옷을 지을 감. 의차(衣次) ¶-을 끊다./-을 마르다. ☞천

옷-갓[옫-] 명 남자의 웃옷과 갓을 아울러 이르는 말. 유의관(衣冠)

옷갓-하다[옫갇-] 자여 웃옷을 입고 갓을 쓰다. 의관(衣冠)을 갖추다.

옷-거리[옫-] 명 옷을 입은 맵시. ¶-가 좋다.

옷-걸이[옫-] 명 옷을 걸게 만든 기구. 의가(衣架)

옷-고름[옫-] 명 저고리나 두루마기의 옷깃을 여미어 매기 위하여 깃 끝과 그 맞은편 깃에 단 헝겊 끈. 준고름[2] ☞겉옷고름. 안옷고름

옷-기장[옫-] 명 옷의 길이.

옷-깃[옫-] 명 저고리나 윗옷의 목에 둘러대어 앞으로 여미어 주는 부분. 의금(衣襟) 준깃
옷깃(을) 여미다 관용 경건한 마음으로 자세를 바로잡다.

옷깃-차례[옫긷-] 명 저고리를 입을 때 옷깃의 왼쪽이 오른쪽 위로 가게 여미는 데서, 시작한 사람으로부터 오른쪽으로 돌아가는 차례를 이르는 말.

옷-농[옫-] 명 옷을 넣어 두는 농. 의농 ☞책농

옷-단[옫-] 명 옷자락·소매·바짓가랑이 등의 가장자리를 안으로 접어 붙이거나 감치거나 한 부분. 준단

옷-매[옫-] 명 옷을 입은 맵시나 모양새.

옷-매무새[옫-] 명 옷을 입은 맵시. 매무새

옷-매무시[옫-] 명 -하다 자 옷을 입을 때, 매고 여미고 하여 매만지는 일. 매무시

옷-맵시[옫-] 명 ①옷의 맵시. ②옷을 입고 곱게 다듬은 모양새. ¶-가 나다.

옷-밥[옫-] 명 옷과 밥, 또는 먹을 것과 입을 것을 아울러 이르는 말. 유의식(衣食)

옷-벌[옫-] 명 몇 벌의 옷. ¶-이나 장만하다.

옷-보[1][옫-] 명 옷을 매우 좋아하거나 탐내는 사람을 놀리어 일컫는 말.

옷-보[2][옫-] 명 옷을 싸는 보.

옷-본[옫-] 명 옷감 따위를 그대로 마름질하려고 본보기로 오려 만든 종이.

옷-섶[옫-] 명 섶

옷-소매[옫-] 명 소매

옷-솔[옫-] 명 옷의 먼지 따위를 떨어내는 데 쓰는 솔.
옷-안[옫-] 명 옷의 속 또는 안쪽.
옷엣-니 명 잇과의 곤충. 사람의 옷에 기생하여 피를 빨아 먹고 알을 낳음. 머릿니에 상대하여 이르는 말.
옷-의(-衣)[옫-] 명 한자 부수(部首)의 한 가지. '被'·'衫' 등에서 '衤', '裂'·'表' 등에서 '衣'의 이름.
옷-자락[옫-] 명 옷의 아래로 드리운 부분. 준 자락
옷-장(-*欌)[옫-] 명 옷을 넣어 두는 장. 의장(衣欌) ☞이불장. 찬장
옷-좀나방[옫-] 명 좀나방과의 곤충. 편 날개 길이 1.5 cm 안팎. 몸빛은 어두운 갈색이며 앞날개는 황토색이고 날개 가운데에 흑갈색 점이 셋 있음. 애벌레는 옷감이나 모피 따위의 해충임.
옷-주제[옫-] 명 옷을 입은 모양새. ¶ -가 형편없다.
옷-차림[옫-] 명 옷을 차리어 입는 일, 또는 그렇게 입은 모양새. 복장(服裝) ¶ -에 신경을 쓰다.
옷-치레[옫-] 명-하다 자 좋은 옷을 입고 모양을 내는 일.
옷-핀(-pin)[옫-] 명 옷을 여밀 때 꽂는 핀.
옹(癰) 명 화농균(化膿菌)의 전염으로 생기는 혹 같은 종기. 목·등·엉덩이·입술 등에 생김.
옹고(翁姑) 명 시아버지와 시어머니를 아울러 이르는 말.
옹:고집(壅固執) 명 매우 고집이 심함, 또는 그런 사람.
옹:고집-쟁이(壅固執-) 명 옹고집이 있는 사람을 가벼이 여겨 일컫는 말.
옹골-지다 형 속이 꽉 차서 실속이 있다. ¶ 옥수수 알이 옹골지게 여물다.
옹골-차다 형 매우 옹골지다. 준 옹차다
옹관(甕棺) 명 도관(陶棺)
옹구 명 거름 따위를 나르는 데 쓰는 농기구의 한 가지. 나무를 목(目) 자 모양으로 짜고 양쪽 구(口)에 새끼로 위 아가리가 넓고 불이 처지게 엮어 만든 주머니를 달아서 소의 길마 위에 걸쳐 얹게 되어 있음. ☞걸채. 발채
옹구-바지 명 한복을 입을 때, 대님을 맨 바지통이 옹구의 불처럼 축 처지게 입는 바지.
옹구-소매 명 손목에 닿는 부분이 옹구 모양으로 생긴, 목이 넓은 소매.
옹굿-나물 명 국화과의 여러해살이풀. 줄기 높이 30~100 cm. 잎은 가늘고 길며 8~10월에 흰 꽃이 두상(頭狀) 꽃차례로 핌. 빈터나 냇가 근처에서 자라며 어린잎은 먹을 수 있음.
옹그리다 타 춥거나 겁이 나서 몸을 옴츠리다. ☞웅그리다. 옹크리다
옹근 관 옹글게 된 그대로의. 축나거나 모자람이 없이 본디 그대로의. ¶ - 배. /나무랄 데 없는 - 인간.
옹글다(옹글고·옹그니) 형 물건이 깨져 조각이 나거나 축나지 않고 본디대로 있다. ¶ 이삿짐이 옹글게 도착하다.
옹긋-옹긋[-귿-] 부-하다 형 ①높이가 고만고만한 물체들이 고르게 솟아 있거나 볼가져 있는 모양을 나타내는 말. ②키가 고만고만한 사람들이 모여 서 있는 모양을 나타내는 말. ☞웅긋웅긋
옹긋-쫑긋[-귿-] 부-하다 형 ①높이가 고만고만한 물체들이 들쑥날쑥하게 솟아 있거나 볼가져 있는 모양을 나타내는 말. ②키가 작은 사람들이 들쑥날쑥하게 모여 서 있는 모양을 나타내는 말. ☞웅긋쭝긋
옹:기(甕器) 명 질그릇과 오지그릇을 아울러 이르는 말. 옹기그릇
옹:기-가마(甕器-) 명 옹기를 굽는 가마. ☞기왓가마
옹:기-그릇(甕器-) 명 옹기
옹기-옹기 부-하다 형 ①크기가 비슷하게 작은 물체들이 여럿 모여 있는 모양을 나타내는 말. ②키가 고만고만한 사람들이 여럿 모여 있는 모양을 나타내는 말. ¶ 아이들이 - 모여 앉아 놀고 있다. ☞웅기웅기
옹:기-장(甕器匠) 명 옹기장이
옹:기-장수(甕器-) 명 옹기를 파는 사람.
옹:기-장이(甕器-) 명 옹기 만드는 일을 직업으로 삼는 사람. 옹기장(甕器匠) ☞도공(陶工)
옹:기-전(甕器廛) 명 옹기를 파는 가게.
옹:기-점(甕器店) 명 옹기를 팔거나 만드는 곳.
옹기-종기 부-하다 형 ①크기가 작은 물체들이 들쑥날쑥하게 여럿 모여 있는 모양을 나타내는 말. ¶ - 모여 있는 농가들. ②키가 고만고만한 사람들이 들쑥날쑥하게 여럿 모여 있는 모양을 나타내는 말. ¶ 동네 아이들이 - 모여 있다. ☞웅기중기
옹-농 명 아주 작은 농. ☞옷농
옹달- 접두 '작고 오목한'의 뜻을 나타냄. ¶ 옹달샘/옹달솥/옹달시루
옹달-샘 명 작고 오목한 샘.
옹달-솥 명 작고 오목한 솥. 옹솥 ☞가마솥. 중솥
옹달-시루 명 작고 오목한 시루. 옹시루
옹달-우물 명 작고 오목한 우물.
옹당이 명 늪보다 작게 옴폭 패어 물이 괸 곳. ☞웅덩이
옹당이-지다 자 비나 큰물에 땅이 옴폭 패어 옹당이가 되다. ☞웅덩이지다
옹동고라-지다 자 바짝 오그라져 들어가다.
옹:-동이(甕-) 명 옹기로 된 작은 동이.
옹:두(甕頭) 명 처음 익은 술.
옹:두라지 명 작은 옹두리.
옹:두리 명 나무의 가지가 떨어진 자리나 상한 자리에 결이 맺혀 불퉁해진 것. 목류(木瘤)
옹:두리-뼈 명 짐승의 정강이에 불퉁하게 나온 뼈.
옹:립(擁立) 명-하다 타 떠받들어서 임금이나 우두머리의 자리에 모시어 세움. ☞폐위(廢位)
옹망-추니 명 ①작은 물건이 고부라지고 오그라진 모양, 또는 그렇게 생긴 물건. ②옹춘마니
옹-방구리 명 아주 작은 방구리. ¶ -로 물을 긷던 시절.
옹배기 명 '옹자배기'의 준말. ☞자배기
옹:벽(擁壁) 명 가파른 비탈 면이 흙의 압력으로 무너지는 것을 막기 위하여 설치하는 벽.
옹:산(甕算) 명 실현성이 없는 허황한 셈이나 헛수고를 비유하여 이르는 말. 독장수구구. 독장수셈
옹:산화:병(甕算畫餠) 성구 독장수의 셈과 그림의 떡이라는 뜻으로, 헛배만 부르고 실속이 없음을 이르는 말.
옹:색(壅塞) 어기 '옹색(壅塞)하다'의 어기(語基).
옹:색-하다(壅塞-) 형여 ①형편이 넉넉지 못하여 생활이 어렵고 답답하다. ¶ 가뜩이나 옹색한 살림에 군식구까지 늘었다. ②막혀서 통하지 않다. ¶ 옹색한 변명을 늘어놓다. ③매우 비좁다. ¶ 방이 작아 둘이 자기에도 -.
옹-생원(-生員) 명 '성질이 옹졸한 사람'을 놀리어 이르는 말. ☞꽁생원
옹서(翁壻) 명 장인과 사위를 아울러 이르는 말.
옹:성(甕城) 명 성문 밖에 반달 모양이나 네모지게 둘러 쌓은 작은 성. 곱은성
옹송-그리다 타 궁상맞게 몸을 옹그리다. ☞옹송크리다. 웅숭그리다
옹송망송-하다 형여 옹송옹송하다
옹송옹송-하다 형여 생각이 나다가 말다가 하여 정신이 흐리멍텅하다. 옹송망송하다
옹송-크리다 타 궁상맞게 몸을 옹크리다. ☞옹송그리다
옹-솥 명 옹달솥
옹:-솥(甕-) 명 옹기로 만든 솥.
옹스트롬(angstrom) 의 길이의 단위. 1옹스트롬은 1억분의 1cm로, 빛의 파장이나 물질 내 원자간의 거리 등을 나타내는 데 쓰임. 기호는 A 또는 Å
옹:슬(擁膝) 명-하다 자 무릎을 끌어안는다는 뜻으로, 시작(詩作)에 애씀, 또는 그 모양을 이르는 말.
옹-시루 명 옹달시루
옹알-거리다(대다) 자 ①입속말로 불평스레 종알거리다. ②어린아이가 입속말로 분명치 않은 소리를 자꾸 내다. ☞앙알거리다. 웅얼거리다
옹알-옹알 부 옹알거리는 소리, 또는 그 모양을 나타내는 말. ☞앙알앙알. 웅얼웅얼
옹알-이 명-하다 자 젖먹이가 옹알거리는 짓. ¶ 우리 아기가 벌써 -를 하네. ☞놀소리
옹온(翁媼) 명 할아비와 할미를 아울러 이르는 말.

옹용(雍容)어기 '옹용(雍容)하다'의 어기(語基).
옹용-하다(雍容—)형여 마음이 화락하고 조용하다.
옹용-히부 옹용하게
옹:울(壅鬱)어기 '옹울(壅鬱)하다'의 어기(語基).
옹:울-하다(壅鬱—)형여 속이 트이지 않아 답답하다. ¶소견이 옹울한 사람.
옹:위(擁衛)명-하다타 부축하여 호위함.
옹이명 나무의 몸에 박힌 가지의 그루터기.
속담 **옹이에 마디**: ①곤란이 겹쳐 생김을 비유하여 이르는 말. ②일이 계속 꼬이면서 공교롭게 됨을 비유하여 이르는 말.
옹-자배기명 아주 작은 자배기. 준옹배기
옹잘-거리다(대다)자 입속말로 불평의 말을 재깔이다. ☞앙잘거리다. 웅절거리다
옹잘-옹잘부 옹잘거리는 소리, 또는 그 모양을 나타내는 말. ☞앙잘앙잘. 웅절웅절
옹:저(癰疽)명 한방에서, 큰 종기를 통틀어 이르는 말.
옹:절(癰癤)명 한방에서, 급성으로 곪으면서 한가운데에 큰 근이 박히는 종기를 이르는 말.
옹:정(甕井)명 독우물
옹:졸-하다형여 도량이나 소견이 너그럽지 못하고 좁다. ¶옹졸한 생각.
옹종망종-하다형여 몹시 오종종하다.
옹종-하다형여 마음이 좁고 모양이 오종종하다. ¶큰일을 하기에 그는 너무 —.
옹주(翁主)명 임금의 후궁에게서 태어난 딸. ☞공주
옹:-차다형 '옹골차다'의 준말.
옹:체(壅滯)명-하다자 막혀서 자유롭게 움직이지 못함.
옹추(∠雍齒)명 서로 몹시 미워하고 싫어하는 사이, 또는 그런 사람을 이르는 말. 중국 한(漢) 나라의 고조(高祖)가 미워하던 사람의 이름인 '옹치(雍齒)'가 변한 말임.
옹:축(顒祝)명-하다타 크게 축하함.
옹춘마니명 소견이 좁고 성품이 너그럽지 못한 사람을 이르는 말. 옹망추니
옹치(雍齒)명 '옹추'의 원말.
옹크리다타 춥거나 겁이 나서 몸을 잔뜩 옴츠리다. ¶고양이를 본 쥐가 몸을 —. ☞웅그리다
옹:폐(壅蔽)명-하다타 윗사람의 총명을 막아서 가림.
옹:-하다형여 ①너그럽지 못하고 옹졸하다. ②마음이 좁고 꽁하다.
옹:호(擁護)명-하다타 ①소중하게 여겨 잘 돌보아 지킴. ¶인권 — ②편들어 지킴. ¶약자를 —하다.
옻명 ①'옻나무'의 준말. ②옻나무 껍질에서 나오는 진. 약으로 쓰거나 칠감을 만드는 데 쓰임. ③옻나무의 독기. 살에 닿으면 몹시 가렵고 부어 오름. 칠(漆)
옻(을) 타다관용 살갗이 옻의 독기를 잘 받다.
옻(이) 오르다관용 몸에 옻의 독기가 퍼지다.

한자 옻 칠(漆) 〔水部 11획〕 ¶칠기(漆器)/칠독(漆毒)/칠목(漆木)/칠물(漆物)/칠포(漆布)/칠함(漆函)

옻-기장[옫—]명 기장의 한 가지. 껍질은 잿빛이고 열매는 검음.
옻-나무[옫—]명 옻나뭇과의 낙엽 교목. 높이 10m 안팎. 잎은 깃꼴 겹잎으로 어긋맞게 남. 5~6월에 황록색 꽃이 피고, 열매는 9~10월에 핵과(核果)로 익음. 나무 껍질에서 나오는 진을 '옻'이라고 하며 공업용·약용으로 쓰임. 칠목(漆木) 준옻
옻-닭[옫—]명 닭을 옻나무의 껍질과 함께 곤 탕(湯)의 한 가지.
옻-칠[옫—]명-하다자 옻으로 만든 칠감으로 바른 칠, 또는 그런 칠감을 바르는 일.
와[1]명〈어〉한글 자모(字母) 'ㅘ'의 이름.
와:[2]부 ①여럿이 한꺼번에 움직이는 모양, 또는 그 소리를 나타내는 말. ¶— 몰려가다. ②여럿이 한꺼번에 떠들거나 부르짖거나 하는 소리를 나타내는 말. ¶— 탄성을 지르다./옆 교실에서 — 떠드는 소리가 계속 들린다.
와:[3]감 ①'우아'의 준말. ②마소를 멈추게 할 때 하는 말. 우아. 우어. 워[2] ☞이랴. 이로
와[4]준 '오너라'의 반말. ¶일찍 —./내게로 —.
-와조 ①받침 없는 체언에 붙어, 이어지는 체언과 하나가 되게 하여 명사구를 만드는 접속 조사. ¶바다와 산./나비와 꽃./바다와 노인. ②받침 없는 체언에 붙어, 비교되는 대상임을 나타내는 부사격 조사. ¶까치와 까마귀는 다르다. ③받침 없는 체언에 붙어, 맞서거나 더불어 함께 하는 대상임을 나타내는 부사격 조사. ¶친구와 다투다./언니와 상의하다. ☞-과. -하고
와가(瓦家)명 기와집
와각(蝸角)명 ①달팽이의 촉각(觸角). ②'아주 좁은 지경', 또는 '매우 작은 사물'을 비유하여 이르는 말.
와각지쟁(蝸角之爭)성구 달팽이의 촉각 위에서 하는 싸움이라는 뜻으로, 좁은 세상에서의 부질없는 싸움, 또는 사소한 싸움을 비유하여 이르는 말.
와:간-상(臥看床)명 누워서 책을 읽을 때 책을 받칠 수 있게 만든 기구.
와공(瓦工)명 기와를 굽는 일을 직업으로 삼는 사람.
와:-공후(臥箜篌)명 국악기 사부(絲部) 발현 악기의 한 가지. 나무로 만든 배 모양의 공명 통과 굽은 목에 소나 양의 심줄로 줄을 매었음. 고구려 때 사용된 것으로 추정되며 지금은 전해지 않음. ☞수공후(竪箜篌)
와관(瓦棺)명 도관(陶棺)
와구(瓦溝)명 기왓고랑
와:구(臥具)명 잠잘 때에 쓰는 물건을 통틀어 이르는 말. 이부자리나 베개 따위.
와구-토(瓦口土)명 '아귀토'의 원말.
와굴(窩窟)명 나쁜 짓을 하는 무리가 활동의 근거지로 삼고 있는 곳. 소굴(巢窟)
와그르르부 ①많은 양의 액체가 야단스레 한차례 끓어오르는 모양, 또는 그 소리를 나타내는 말. ②많이 쌓였던 단단한 물건들이 갑자기 허물어지는 소리, 또는 그 모양을 나타내는 말. ③많은 사람이 한꺼번에 왁자하게 떠드는 소리, 또는 그 모양을 나타내는 말. ☞오그르르[1]. 와르르. 워그르르
와그작-거리다(대다)자 시끄럽게 복작거리다. ☞워그적거리다
와그작-와그작부 와그작거리는 소리, 또는 그 모양을 나타내는 말. ☞워그적워그적
와글-거리다(대다)자 ①많은 양의 액체가 야단스레 자꾸 끓어오르다. ②많은 사람이 한데 뒤섞여 복작대다. ☞오글거리다. 워글거리다
와글-와글부 와글거리는 소리, 또는 그 모양을 나타내는 말. ¶— 떠들다./강당에 사람들이 — 하다. ☞오글오글[1]. 워글워글
와기(瓦器)명 토기(土器)
와:내(臥內)명 침실(寢室) 안. ▷臥의 속자는 卧
× **와니스**(∠varnish)명 → 바니시
와닥닥부 급히 뛰어나가는 소리, 또는 그 모양을 나타내는 말. ¶골목에서 웬 사람이 — 뛰어나왔다. ☞화닥닥
와당(瓦當)명 기와의 마구리. 막새와 내림새의 끝에 무늬가 있는 부분.
와당탕부 ①목직한 것이 잘 울리는 바닥 따위에 여기저기 부딪치며 떨어질 때, 요란하게 울리어 나는 소리를 나타내는 말. ¶— 액자 떨어지는 소리. ②마룻바닥 따위에서 작은 발을 요란스레 구를 때 울리어 나는 소리를 나타내는 말. ¶— 아이들의 발 구르는 소리. ☞우당탕
와당탕-거리다(대다)자 와당탕 소리를 자꾸 내다. ☞우당탕거리다
와당탕-와당탕부 와당탕거리는 소리를 나타내는 말. ☞우당탕우당탕
와당탕-퉁탕부 와당탕거리며 퉁탕거리는 소리, 또는 그 모양을 나타내는 말. ☞우당탕퉁탕
와도(瓦刀)명 기와를 쪼갤 때 쓰는 칼. 네모 반듯한 쇳조각에 쇠 자루가 달렸음.
와동(渦動)명 유체(流體)에서 볼 수 있는 소용돌이와 같은 운동.

와동-륜(渦動輪)명 유체(流體)가 회전 운동을 할 때에 생기는 소용돌이 모양. 와동환(渦動環)
와동-환(渦動環)명 와동륜(渦動輪)
와드득부 ①작고 단단한 물건을 한 번 깨물 때 나는 소리, 또는 그 모양을 나타내는 말. ②좀 굵은 나뭇가지 따위를 천천히 부러뜨릴 때 나는 소리, 또는 그 모양을 나타내는 말. ☞우드득
와드득-거리다(대다)자타 자꾸 와드득 소리가 나다, 또는 그런 소리를 내다. ☞우드득거리다
와드득-와드득부 와드득거리는 소리, 또는 그 모양을 나타내는 말. ☞우드득우드득
와들-거리다(대다)자 몸을 몹시 심하게 자꾸 떨다.
와들-와들부 와들거리는 모양을 나타내는 말. ¶공포로 ― 떨다./비를 맞고 ― 떨다.
와디(wadi)명 사하라나 아라비아 등의 건조 지역에 있는 간헐(間歇) 하천. 보통 때는 마른 골짜기를 이루고, 비가 내릴 때만 물이 흐름.
와락부 ①갑작스레 잡아당기거나 끌어안거나 달려드는 모양을 나타내는 말. ¶달려가서 ― 안기다. ②갑자기 울음을 터뜨리는 모양을 나타내는 말. ¶― 울음을 터뜨리다. ☞워럭
와락-와락부 ①잇달아 갑작스레 잡아당기거나 끌어안거나 달려드는 모양을 나타내는 말. ②더운 기운이 매우 성하게 일어나는 모양을 나타내는 말. ☞워럭워럭
와려(蝸廬)명 달팽이 껍데기 같은 집이라는 뜻으로 ①작은 집을 비유하여 이르는 말. ②자기 집을 겸손하게 이르는 말. 와실(蝸室). 와옥(蝸屋)
와력(瓦礫)명 '와륵'의 원말.
와:료(臥料)명 일을 하지 않고 받는 급료.
와:룡(臥龍)명 엎드려 있는 용이라는 뜻으로, 초야(草野)에 묻혀 세상에 알려지지 않거나 아직 때를 만나지 못한 큰 인물을 비유하여 이르는 말. ☞봉추(鳳雛)
와:룡-관(臥龍冠)명 조선 시대, 사대부들이 한가히 지낼 때 쓰던 관의 한 가지. 말총으로 만든 것으로, 중국 삼국 시대에 와룡 선생이라 불린 제갈량(諸葛亮)이 쓴 데서 이름이 유래함.
와:룡-촉대(臥龍燭臺)명 와룡촛대
와:룡-촛대(臥龍-臺)명 촛대의 한 가지. 놋쇠나 나무로 만들며, 긴 대 위에 용틀임을 새겼음. 와룡촉대
와류(渦流)명-하다자 소용돌이치면서 흐름, 또는 그렇게 흐르는 물.
와르르부 ①액체가 한꺼번에 야단스레 끓어오르거나 넘치는 모양을 나타내는 말. ②쌓여 있던 것이 한꺼번에 몽땅 무너져 내리는 모양을 나타내는 말. ¶사과 상자가 ― 떨어지다./모든 기대가 ― 무너지다. ③많은 사람이 좁은 통로로 한꺼번에 몰려나오거나 움직이는 모양을 나타내는 말. ¶아이들이 ― 몰려나오다. ☞오르르. 와그르르. 워르르
와륵(∠瓦礫)명 ①깨진 기와 조각, 또는 기와와 자갈. ②쓸모 없는 것을 비유하여 이르는 말.
와문(渦紋)명 소용돌이 모양의 무늬.
와:방(臥房)명 잠자는 방. 침실(寢室)
와:변(臥邊)명 본전과 함께 한목에 갚거나 받는 이자. 누운변 ☞선변
와:병(臥病)명-하다자 병으로 자리에 누움. 병와(病臥)
와부(瓦釜)명 기왓가마
와사-증(喎斜症)[-쯩]명 한방에서, 입과 눈이 한쪽으로 쏠리어 비뚤어지는 병을 이르는 말.
와삭부 마른 가랑잎 따위가 가볍게 스치거나 바스러질 때 나는 소리를 나타내는 말. ☞와싹[1]. 워석
와삭-거리다(대다)자 와삭와삭 소리를 내다. ☞와싹거리다. 워석거리다
와삭-와삭부 마른 가랑잎 따위가 잇달아 가볍게 스치거나 바스러질 때 나는 소리를 나타내는 말. ☞와싹와싹[1]. 워석워석
와:상(臥床)명 침상(寢床)
와상(渦狀)명 소용돌이와 같은 모양, 또는 그런 상태. 와형(渦形) ¶― 성운(星雲)
와:상=마비(臥床痲痹)명 오랫동안 앓아 누워 있는 환자에게 일어나는, 발끝이 마비되는 현상.
와상-문(渦狀紋)명 소용돌이무늬
와서(瓦署)명 조선 시대, 국가에서 쓸 기와와 벽돌을 만드는 일을 맡아 하던 관아.
와석(瓦石)명 기와와 돌을 아울러 이르는 말.
와:석(臥席)명-하다자 병으로 자리에 누움. 와병(臥病)
와:석종신(臥席終身)성구 자리에 누워 일생을 마친다는 뜻으로, 제 명을 다 살고 편안히 죽음을 이르는 말.
와선(渦旋)명-하다자 소용돌이
와설(訛說)명 와언(訛言)
×**와셀린**(∠vaseline)명 →바셀린
와셔(washer)명 수나사를 죌 때 암나사 밑에 끼우는 둥글고 얇은 금속판. 자릿쇠. 좌철(座鐵)
와송(瓦松)명 '바위솔'의 딴이름.
와:송-주(臥松酒)명 누운 소나무에 구멍을 파고 술을 빚어 넣은 후에 뚜껑을 덮어서 열흘쯤 두었다가 꺼낸 술.
와스스부 ①가랑잎 따위가 바람결에 쓸리면서 요란스레 내는 소리, 또는 그 모양을 나타내는 말. ②쌓아 둔 가벼운 물체들이 한꺼번에 무너져 흩어지는 소리를 나타내는 말. ③사개 따위가 한꺼번에 힘없이 물러나는 모양을 나타내는 말. ☞오소소. 우수수
와:식(臥食)명-하다자 하는 일이 없이 생활함. 좌식(坐食)
와:신상담(臥薪嘗膽)성구 고대 중국 오(吳)나라의 왕 부차(夫差)는 섶나무 위에 누워 월(越)나라에 복수할 것을 다짐하였고, 월나라의 왕 구천(句踐)은 쓸개의 쓴맛을 보며 복수할 것을 다짐하였다는 고사에서, 원수를 갚거나 원하는 바를 이루기 위하여 온갖 괴로움을 참고 견딤을 비유하여 이르는 말. 준상담(嘗膽)
와실(蝸室)명 와려(蝸廬)
와싹[1]부 바싹 마른 가랑잎 따위가 가볍게 스치거나 바서질 때 나는 소리를 나타내는 말. ☞와삭. 워썩
와싹[2]부 ①갑자기 크게 느는 모양을 나타내는 말. ¶전력 소비가 ― 늘다. ②갑자기 크게 자라는 모양을 나타내는 말. ¶벼가 ― 자라다. ☞와짝. 우썩
와싹-거리다(대다)자 와싹와싹 소리를 내다. ☞와삭거리다. 워썩거리다
와싹-와싹[1]부 바싹 마른 가랑잎 따위가 잇달아 가볍게 스치거나 바서질 때 나는 소리를 나타내는 말. ☞와삭와삭. 워썩워썩
와싹-와싹[2]부 ①잇달아 갑자기 크게 느는 모양을 나타내는 말. ②잇달아 갑자기 크게 자라는 모양을 나타내는 말. ☞와짝와짝. 우썩우썩
와어(訛語)명 사투리
와언(訛言)명 ①잘못 전해진 말. 와설(訛說) ②사투리
와옥(瓦屋)명 지붕을 기와로 인 집. 기와집
와옥(蝸屋)명 와려(蝸廬)
와요(瓦窯)명 기와를 구워 내는 가마. 기왓가마
와우(蝸牛)명 '달팽이'의 딴이름.
와우-각(蝸牛殼)명 달팽이관
와우각상(蝸牛角上)성구 달팽이의 뿔 위라는 뜻으로, 좁은 세상을 비유하여 이르는 말.
와:유강산(臥遊江山)성구 누워서 강산을 노닌다는 뜻으로, 산수(山水)의 그림을 보면서 즐김을 이르는 말.
와음(訛音)명 잘못 전하여진 글자의 음(音).
와의(瓦衣)명 기왓장 위에 끼는 이끼.
와이(Y·y)명 영어 자모(字母)의 스물다섯째 글자의 이름.
와이드스크린텔레비전(wide screen television)명 가로와 세로의 비율이 16 : 9인 텔레비전. 일반 텔레비전보다 입체감과 현장감을 더 느낄 수 있음.
와이셔츠(∠white shirt)명 양복저고리 바로 밑에 입는 소매 달린 셔츠.
와이어게이지(wire gauge)명 철사의 굵기를 재는 기구.
와이어로:프(wire rope)명 강삭(鋼索)
와이=염:색체(Y染色體)명 성염색체의 하나. 수컷의 몸세포에 외짝으로 들어 있는 염색체 외의 또 하나의 염색

ㅇ

체. 암컷에는 없음. ☞엑스 염색체
와이-축(Y軸)명 세로축
와이퍼(wiper)명 자동차의 유리에 떨어지는 빗방울 따위를 자동적으로 닦아 내는 장치.
와이프아웃(wipe-out)명 영화 등에서, 한 장면이 지워지듯이 한쪽으로 사라지면서 다음 장면이 나타나는 장면 접속 기법. ☞오버랩(overlap)
와인(wine)명 포도주, 또는 과실주.
와인글라스(wineglass)명 포도주 따위를 마실 때 쓰는 술잔.
와인드업(windup)명 야구에서, 투수가 투구의 예비 동작으로 팔을 들어올려 힘을 모으는 일.
와일드카:드(wild card)명 운영 체제에서 여러 파일을 한꺼번에 지정할 때 쓰는 기호. 예를 들자면, '*'는 임의의 의 수의 문자열을 나타내고, '?'는 임의의 한 문자를 나타냄.
와작부 일을 거침없이 몰아치는 모양을 나타내는 말. ☞와짝. 우적
와작-와작[1]부 일을 거침없이 잇달아 몰아치는 모양을 나타내는 말. ☞와짝와짝[1]. 우적우적[1]
와작-와작[2]부 좀 단단하면서 연한 것을 마구 깨물 때 아스러지며 나는 소리, 또는 그 모양을 나타내는 말. ¶참외를 — 깨물어 먹다. ☞와짝와짝[2]. 우적우적[2]
와:잠-미(臥蠶眉)명 잠자는 누에와 같이, 길고 굽은 눈썹을 이르는 말.
와장(瓦匠)명 기와를 굽는 일을 전문으로 하는 사람. ☞개와장(蓋瓦匠). 기와장이. 와공(瓦工)
와장창부 단단한 것이 한꺼번에 몽땅 깨지거나 부서지거나 무너지거나 하는 모양, 또는 그 소리를 나타내는 말. ¶유리창이 — 깨졌다./부엌에서 — 소리가 났다.
와전(瓦全)명-하다자 옥이 못 되고 기와로 온전하게 남는다는 뜻으로, 아무 보람도 없이 구차스럽게 겨우 목숨만 이어 나감을 비유하여 이르는 말. ☞옥쇄(玉碎)
와전(訛傳)명-하다타 그릇되게 전함. 유전(謬傳)
와-전:류(渦電流)명 맴돌이 전류
와중(渦中)명 ①흘러가는 물이 소용돌이치는 가운데. ②사건 따위가 복잡하게 얽히어 벌어지는 가운데. 〔주로 '와중에'의 꼴로 쓰임.〕 ¶전쟁의 —에 뿔뿔이 헤어졌다.
와즙(瓦葺)명-하다타 기와로 지붕을 임.
와지(窪地)명 움푹 패어 웅덩이가 된 땅.
와지끈부 나뭇가지 따위가 부러질 때 나는 소리, 또는 그 모양을 나타내는 말. ¶책상 다리가 — 부러졌다. ☞오지끈
와지끈-거리다(대다)자타 자꾸 와지끈 소리가 나다, 또는 그런 소리를 내다. ☞오지끈거리다
와지끈-뚝딱부 나뭇가지 따위가 부러져 아주 떨어져 나갈 때 나는 소리, 또는 그 모양을 나타내는 말. ☞오지끈뚝딱
와지끈-와지끈부 와지끈거리는 소리, 또는 그 모양을 나타내는 말. ¶삭풍에 나뭇가지들이 — 부러졌다. ☞오지끈오지끈
와짝부 ①갑자기 몰라보게 많이 늘거나 준 모양을 나타내는 말. ②거침없이 나아가는 모양을 나타내는 말. ☞와작. 우쩍
와짝-와짝[1]부 ①몰라보게 잇달아 썩 많이 늘거나 준 모양을 나타내는 말. ②잇달아 거침없이 나아가는 모양을 나타내는 말. ☞와작와작[1]. 우쩍우쩍[1]
와짝-와짝[2]부 좀 단단하면서 연한 것을 잇달아 깨물 때 나는 소리, 또는 그 모양을 나타내는 말. ¶당근을 — 깨물어 먹다. ☞와작와작[2]. 우쩍우쩍[2]
와:창(臥瘡)명 한방에서, 병석에 오래 누워 있어 엉덩이 같은 데에 생긴 부스럼을 이르는 말.
와창(蝸瘡)명 한방에서, 손가락이나 발가락 사이에 뾰루지가 나서 몹시 가렵고 아픈 병을 이르는 말.
와:치(臥治)명 누워서 다스린다는 뜻으로, 힘들이지 않고 나라를 다스림을 비유하여 이르는 말. ¶— 천하(天下)
와칭(訛稱)명 그릇되게 일컫는 칭호.
와탈(訛脫)명-하다자 글자가 그릇 전해짐과 빠져 없어짐.
와:탑(臥榻)명 침상(寢床)
와트(watt)의 ①일률의 단위. 1와트는 1초 동안에 1줄의 일을 할 때의 일률. ②전력(電力)의 단위. 1볼트의 전압으로 1암페어의 전류가 흐를 때의 전력. 기호는 W
와트-계(watt計)명 전력계(電力計)
와트-시(watt時)의 1와트의 일률로 한 시간에 하는 작업의 양. 기호는 Wh
와하하부 거리낌없이 떠들썩하게 웃는 소리, 또는 그 모양을 나타내는 말.
와해(瓦解)명-하다자 틈이나 흐트러짐이 커져서 조직 전체가 무너져 흩어지는 일. ¶당이 —되다.
와형(渦形)명 소용돌이 모양으로 빙빙 도는 형상. 와상(渦狀)
와:환(臥還)명 지난날, 환자(還子) 곡식은 뉘어 두고 해마다 모곡(耗穀)만을 받아들이던 일.
왁다그르르부 작고 단단한 물건이 다른 단단한 물체에 부딪치면서 굴러가는 소리, 또는 그 모양을 나타내는 말. ☞웍더그르르
왁다글-거리다(대다)자 왁다글왁다글 소리가 나다. ☞웍더글거리다
왁다글-닥다글부 왁다글거리며 닥다글거리는 소리, 또는 그 모양을 나타내는 말. ☞웍더글덕더글
왁다글-왁다글부 여러 개의 작고 단단한 물건들이 서로 부딪치면서 잇달아 구를 때 나는 소리, 또는 그 모양을 나타내는 말. ¶— 구슬들이 구르다. ☞웍더글웍더글
왁달-박달부-하다형 행동이 단정하지 못하고 조심성 없이 수선스러운 모양을 나타내는 말.
왁살-스럽다(—스럽고·—스러워)형ㅂ '우악살스럽다'의 준말.
　왁살-스레부 왁살스럽게
왁스(wax)명 납(蠟)
왁시글-거리다(대다)자 여럿이 한데 모여 몹시 와글와글 들끓다. ☞왁실거리다. 욱시글거리다
왁시글-덕시글부 여럿이 한데 어지러이 뒤섞이어 몹시 와글와글 들끓는 모양을 나타내는 말. ☞왁실덕실. 욱시글득시글
왁시글-왁시글부 왁시글거리는 모양을 나타내는 말. ☞왁실왁실. 욱시글욱시글
왁실-거리다(대다)자 좁은 곳에 여럿이 모여 몹시 들끓다. ☞왁시글거리다. 욱실거리다
왁실-덕실부 좁은 곳에 여럿이 한데 뒤섞이어 어지럽게 들끓는 모양을 나타내는 말. ☞왁시글덕시글
왁실-왁실부 왁실거리는 모양을 나타내는 말. ☞왁시글왁시글. 욱실욱실
왁자그르르부-하다형 ①여럿이 한데 모여 웃거나 재깔이어 떠들썩한 모양, 또는 그 소리를 나타내는 말. ②소문이 갑자기 퍼져서 꽤 떠들썩한 모양을 나타내는 말. ☞웍저그르르
왁자지껄부 여럿이 한데 모여 떠들썩하게 웃거나 지껄이는 모양, 또는 그 소리를 나타내는 말. ¶골목 안이 아이들 소리로 — 하다.
왁자-하다형여 ①정신이 어지럽도록 떠들썩하다. ¶시장 안이 —. ②소문이 퍼져서 말들이 많다.
왁작-왁작부 많은 사람이 한데 모여 매우 왁자하게 떠드는 모양을 나타내는 말.
왁:저지명 반찬의 한 가지. 무를 숭덩숭덩 썰어 간장과 물, 깨소금, 파, 고추 따위로 양념을 하여 지짐. 고기나 생선을 얇게 저며 넣기도 함.
왁친(Vakzin 독)명 백신(vaccine)
완각명 맞배지붕이나 팔각지붕의 옆면. ☞박공(牔栱). 합각(合閣)
완강(頑強)어기 '완강(頑強)하다'의 어기(語基).
완강-하다(頑強—)형여 성질이나 태도가 검질기고 의지가 굳세다. ¶완강한 성격.
　완강-히부 완강하게 ¶— 버티다./— 거절하다.
완거(頑拒)명-하다타 완강히 거절함.

완결(刓缺)명 -하다 자 나무·돌·쇠붙이 따위에 새긴 글자가 닳아서 흐려지거나 없어짐.
완결(完決)명 -하다 타 일을 마물러 결정함. ¶ 협의하던 일을 －하다.
완결(完結)명 -하다 타 이어지던 일을 아주 끝을 맺음. ¶ 주말 연속극이 마침내 － 되다./연재 소설이 －되다.
완고(完固)어기 '완고(完固)하다'의 어기(語基).
완고(頑固)어기 '완고(頑固)하다'의 어기(語基).
완고-하다(完固－)형여 완전하고 튼튼하다.
  완고-히 부 완고하게
완고-하다(頑固－)형여 본래의 생각이나 풍습 따위를 지키려는 고집이 매우 세고 변통성이 없다.
  완고-히 부 완고하게
완:곡(婉曲)어기 '완곡(婉曲)하다'의 어기(語基).
완:곡(緩曲)어기 '완곡(緩曲)하다'의 어기(語基).
완:곡-하다(婉曲－)형여 바로 말하지 않고 둘러서 말하여 모나지 않고 부드럽다. ¶ 완곡하게 거절하다.
  완곡-히 부 완곡하게
완:곡-하다(緩曲－)형여 느릿느릿하면서도 간곡하다.
  완곡-히 부 완곡하게
완:골(腕骨)명 손목뼈
완공 명 재래식 한옥에서, 머름의 한가운데나 장지문, 궁창 등에 새김질하는 일.
완공(完工)명 -하다 타 공사를 마침. 준공(竣工) ☞기공(起工). 착공(着工)
완:구(玩具)명 장난감
완:구(緩球)명 야구에서, 투수가 던지는 속도가 느린 공. ☞슬로볼(slow ball). 속구(速球)
완구(完久)어기 '완구(完久)하다'의 어기(語基).
완구지계(完久之計)명 완전하여 영구히 변하지 아니할 계책.
완구-하다(完久－)형여 완전하여 오래 견딜만 하다.
  완구-히 부 완구하게
완국(完局)명 완전하여 결점이 없는 판국.
완:급(緩急)명 급한 일과 급하지 않은 일. ¶ －을 가려서 일을 처리하다.
완:급-열차(緩急列車)[－녈－]명 완급차를 연결한 열차.
완:급-차(緩急車)명 위급할 때 열차를 정지시킬 수 있도록 차장실에 제동기를 장치한 화차나 객차.
완:기(緩期)명 -하다 자 기약한 날짜를 늦춤.
완납(完納)명 -하다 타 공과금 등을 제때에 모두 냄.
완:독(玩讀)명 -하다 타 글의 뜻을 깊이 음미하면서 읽음. ☞미독(味讀)
완:독(緩督)명 -하다 타 독촉을 늦추어 줌.
완:두(豌豆)명 콩과의 두해살이 덩굴풀. 줄기 높이 1m 안팎. 전체에 털이 없음. 잎은 어긋맞게 나고 깃꼴 겹잎이며, 끝의 작은 잎은 덩굴손임. 5월경에 흰빛 또는 자줏빛의 나비 모양의 꽃이 피고 열매는 꼬투리로 맺음.
완:두-콩(豌豆－)명 완두의 열매.
완둔(頑鈍)어기 '완둔(頑鈍)하다'의 어기(語基).
완둔-하다(頑鈍－)형여 완고하고 우둔하다.
완:려(婉麗)어기 '완려(婉麗)하다'의 어기(語基).
완:려-하다(婉麗－)형여 얌전하고 아름답다.
완:력(腕力)명 ①팔의 힘, 또는 주먹의 힘. 여력(膂力) ②육체적으로 남을 억누르는 힘. ¶ －으로 부하들을 휘어잡다. ☞주먹심
완:롱(玩弄)명 -하다 타 장난감이나 놀림감으로 삼음.
완:롱-물(玩弄物)명 ①장난감 ②놀림감
완료(完了)명 -하다 타 완전히 끝을 냄. ¶ 준비 －
완료-상(完了相)명 〈어〉문장에서 동작의 모습을 나타내는 문법적 표현의 한 가지. 동작이 끝났음을 나타내는 표현 형식으로, '-아(-어) 있-'의 꼴로 나타냄. ¶ 솟아 있다./달려 있다. ☞진행상(進行相)
완:류(緩流)명 -하다 자 느리게 흐름, 또는 그렇게 흐르는 물. ☞급류(急流)
완:만(婉娩)어기 '완만(婉娩)하다'의 어기(語基).
완만(頑慢)어기 '완만(頑慢)하다'의 어기(語基).
완:만(緩慢)어기 '완만(緩慢)하다'의 어기(語基).
완:만-하다(婉娩－)형여 태도가 얌전하고 순진하다.
완만-하다(頑慢－)형여 모질고 거만하다.
완:만-하다(緩慢－)형여 ①행동이 느릿느릿하다. ¶ 걸음걸이가 －./공사가 완만하게 진행된다. ②경사가 가파르지 않다. ¶ 완만하게 경사가 진 언덕.
  완만-히 부 완만하게
완매(頑昧)어기 '완매(頑昧)하다'의 어기(語基).
완매-하다(頑昧－)형여 완고하고 우매하다.
완명(頑命)명 죽지 않고 모질게 살아 있는 목숨.
완명(頑冥)어기 '완명(頑冥)하다'의 어기(語基).
완명-하다(頑冥－)형여 완고하고 사리에 어둡다.
완몽(頑蒙)어기 '완몽(頑蒙)하다'의 어기(語基).
완몽-하다(頑蒙－)형여 완미(頑迷)하다
완문(完文)명 조선 시대, 부동산의 증명·허가·명령 등 처분에 관하여 관아에서 발급하던 문서.
완:물(玩物)명 장난감
완미(完美)명 -하다 형 완전하여 흠잡을 데가 없음, 또는 그런 아름다움.
완:미(玩味)명 -하다 타 ①음식을 잘 씹어서 맛봄. ②시문(詩文)의 뜻을 깊이 음미함.
완미(頑迷)어기 '완미(頑迷)하다'의 어기(語基).
완미-하다(頑迷－)형여 완고하고 사리에 어둡다. 완몽(頑蒙)하다
완벽(完璧)명 -하다 형 흠이 없는 구슬이라는 뜻으로, 어떤 사물이 흠잡을 데 없이 완전한 것을 비유하여 이르는 말. ¶ －을 추구하다./－한 작품.
완보(完補)명 -하다 타 완전하게 보충함.
완:보(緩步)명 -하다 자 느리게 걸음, 또는 느리게 걷는 걸음. ☞급보(急步). 질보(疾步)
완본(完本)명 여러 권으로 한 벌을 이루는 책에서, 한 권도 빠진 책이 없이 온전하게 갖추어져 있는 상태, 또는 그런 질책(帙冊). 완질(完帙) ☞낙질(落帙)
완봉(完封)명 -하다 타 〔완전히 봉쇄함의 뜻으로〕 야구에서, 투수가 완투(完投)하여 상대 팀에게 전혀 득점을 주지 않는 일. ☞셧아웃(shutout)
완부(完膚)명 ①상처가 없이 온전한 살갗. ②'흠이 없는 곳'을 비유하여 이르는 말.
완:부(腕部)명 동물이나 곤충 등의 팔이 되는 부분.
완부(頑夫)명 분별없이 욕심만 부리는 사람.
완비(完備)명 -하다 타 빠짐없이 완전히 갖춤. 전비(全備)
완:사(緩斜)명 가파르지 않은 비탈.
완:상(玩賞)명 -하다 타 예술 작품이나 경치 등을 보며 즐김.
완:색(玩索)명 -하다 타 완역(玩繹)
완생(完生)명 바둑에서, 사는 두 집을 갖추어 완전히 살아 있는 상태를 이르는 말. ☞미생(未生)[2]
완선(頑癬)명 피부병의 한 가지. 사상균으로 감염되고, 주로 사타구니나 둔부에 경계가 뚜렷한 둥근 모양의 붉은 반점이 생기며, 가려움이 심함. ☞백선(白癬)
완성(完成)명 -하다 타 완전히 이룸. ☞미완성(未完成)
완:속=물질(緩速物質)[－찔]명 감속재(減速材)
완:속-체(緩速體)명 감속재(減速材)
완수(完遂)명 -하다 타 뜻한 바를 모두 이루거나 해야 할 일을 다함. ¶ 사명을 －하다./책임을 －하다.
완수(頑守)명 -하다 타 굳게 지킴.
완숙(完熟)명 -하다 자타 ①과실이나 곡식 또는 음식물이 완전히 익음, 또는 완전히 익힘. ¶ 농작물이 －하다./달걀을 －하다. ②어떤 일에 아주 능숙해짐. ¶ － 단계에 이른 기술.
완숙-기(完熟期)명 완전히 익는 시기. 무르익는 시기.
완:순(婉順)어기 '완순(婉順)하다'의 어기(語基).
완:순-하다(婉順－)형여 성질이 온화하고 순하다.
완습(頑習)명 검질기고 못된 버릇이나 습관.
완승(完勝)명 -하다 자 경기 내용으로 보아서 일방적으로 이긴 일. ¶ 큰 득점 차로 －하다. ☞완패(完敗). 전승
완신-세(完新世)명 충적세(沖積世)
완악(頑惡)어기 '완악(頑惡)하다'의 어기(語基).

완악-하다(頑惡−)형여 성질이 못되고 고집이 세며 모질다. ☞완(頑)하다
완:애(玩愛)명-하다타 보고 즐기며 아끼고 사랑함.
완:약(婉弱)어기 '완약(婉弱)하다'의 어기(語基).
완:약-하다(婉弱−)형여 성질이 부드럽고 생김새가 아리잠직하다.
완역(完譯)명-하다타 원문(原文)의 전체를 완전히 번역함, 또는 그 번역. ☞초역(抄譯)
완:역(玩繹)명-하다타 글의 깊은 뜻을 생각하여 찾음. 완색
완연(完然)어기 '완연(完然)하다'의 어기(語基).
완:연(宛然)어기 '완연(宛然)하다'의 어기(語基).
완연-하다(完然−)형여 부족함이나 흠이 없이 완전하다.
 완연-히부 완연하게
완:연-하다(宛然−)형여 ①뚜렷하다. 분명하다 ¶가을빛이 −./섭섭해 하는 기색이 −. ②모양이 비슷하다. ¶딸은 커 갈수록 완연한 제 어머니였다.
 완연-히부 완연하게 ¶피로한 기색이 − 드러난다.
완영(完泳)명-하다자 목표 거리를 완전히 헤엄침. ☞완주(完走)
완:완(緩緩)어기 '완완(緩緩)하다'의 어기(語基).
완:완-하다(緩緩−)형여 동작이 느릿느릿하다.
 완완-히부 완완하게
완우(頑愚)어기 '완우(頑愚)하다'의 어기(語基).
완우-하다(頑愚−)형여 완고하고 어리석다.
완:월(玩月)명-하다자 달을 바라보며 즐김.
완:월-사(玩月砂)명 한방에서, 토끼의 똥을 약재로 이르는 말. 눈병·폐로(肺癆)·치루(痔瘻) 등에 쓰임. ☞토분(兎糞)
완:의(浣衣)명-하다자 옷을 빪.
완인(完人)명 ①신분이나 명예에 흠이 없는 사람. ②병이 완전히 나은 사람.
완:자 명 다진 쇠고기나 돼지고기에 달걀과 두부 등을 섞어 양념하여 동글게 빚어 기름에 지진 음식.
완:-자(∠卍字)명 '만자(卍字)'의 변한말.

> ▶ **'卍' 자의 음(音)은 '만'**
> '완'은 중국음이다. 이 글자는 본디 인도의 비슈누 신의 가슴에 있는 선모(旋毛; 가마)를 기원으로 한다.
> 불교에서는 부처의 가슴·손·발·머리털에 나타난 것을 길상(吉祥)의 표상으로 삼게 된 것이다. 우리 나라에서는 불교·절 등의 표지(標識)로 널리 쓰인다.
> 이 글자를 자전(字典)에서 찾을 때는 열 십(十) 부 4획에서 찾는다.

완:자-문(∠卍字門)명 문살을 '卍' 자 모양으로 만든 문.
완:자-문(∠卍字紋)명 '卍' 자 를 이어서 만든 무늬.
완:자-창(∠卍字窓)명 창살을 '卍' 자 모양으로 만든 창문.
완:자-탕(−湯)명 완자를 넣고 끓인 국.
완장(完葬)명-하다타 완폄(完窆)
완:장(阮丈)명 남의 삼촌을 높이어 일컫는 말.
완:장(腕章)명 옷의 팔에 두르는 표장(標章).
완재(完載)명-하다타 신문이나 잡지 따위에 작품 전체를 다 싣는 일. ☞연재(連載). 전재(全載)
완:저(緩疽)명 한방에서, 살갗이 짙은 자줏빛으로 변하면서 짓무르는 병을 이르는 말.
완적(頑敵)명 완강한 적.
완전(完全)명-하다형 모자람이나 흠이 없음. ¶−을 추구하다./−한 승리. ☞불완전(不完全)
 완전-히부 완전하게 ¶살림살이를 − 갖추다.

> 한자 **완전할 완**(完) 〔宀部 4획〕 ¶완료(完了)/완비(完備)/완벽(完璧)/완성(完成)/완숙(完熟)/완치(完治)

완:전(婉轉)어기 '완전(婉轉)하다'의 어기(語基).
완전=경:쟁=시:장(完全競爭市場)명 다수의 거래자가 참여하고 동질의 상품이 거래되며, 거래자가 상품의 가격이나 품질 등에 대한 완전한 정보를 지니고 시장에 자유로이 드나들 수 있는 시장 형태. ☞불완전 경쟁 시장
완전=고용(完全雇傭)명 일할 능력과 의사가 있는 모든 사람이 고용되는 상태. ☞불완전 고용
완전=기체(完全氣體)명 이상 기체(理想氣體)
완전=독점(完全獨占)명 시장에서, 상품의 공급자가 한 사람이어서 경쟁자가 없는 상태.
완전=동:사(完全動詞)명〈어〉완전 자동사(完全自動詞)
완전=명사(完全名詞)명〈어〉자립 명사(自立名詞)
완전-무결(完全無缺)명 완전하여 부족함이 없음.
완전=범:죄(完全犯罪)명 범행의 증거를 전혀 남기지 않고 이루어진 범죄.
완전=변:태(完全變態)명 곤충류가 성장 과정에서 형태가 변화하는 한 형식. 애벌레·번데기·성충의 3단계가 뚜렷이 구분되는 것으로, 나비·파리·벌 따위의 경우가 이에 딸림. ☞불완전 변태(不完全變態)
완전=비:료(完全肥料)명 비료의 주성분인 질소·인산·칼륨의 3요소를 알맞게 섞은 비료.
완전=소:절(完全小節)명 갖춘마디
완전-수(完全數)명 자연수에서, 그 수 이외의 약수의 합이 원래의 수와 같은 수. ☞불완전수(不完全數)
완전=식품(完全食品)명 건강에 필요한 영양소가 고루 들어 있는 단독 식품. 우유 따위.
완전=실업자(完全失業者)명 일을 할 의사와 능력이 있고 현재 구직(求職) 활동을 하고 있으나 취업의 기회를 얻지 못하고 있는 사람.
완전=어음(完全−)명 불완전 어음에 상대하여 보통의 어음을 이르는 말. ☞불완전 어음
완전=연소(完全燃燒)[−년−]명 산소가 충분히 공급되어서 가연물(可燃物)이 완전히 타는 상태. ☞불완전 연소
완전-엽(完全葉)명 잎몸·잎자루·턱잎을 두루 갖춘 잎. 갖춘잎 ☞불완전엽
완전=음정(完全音程)명 두 음이 동시에 울렸을 때 완전히 어울리는 음정. ☞불완전 음정(不完全音程)
완전=자동사(完全自動詞)명〈어〉문장에서 보어(補語)가 없어도 서술 기능이 완전한 자동사. '세월이 흐른다.', '꽃이 핀다.'에서 '흐른다, 핀다' 따위. 완전 동사(完全動詞) ☞불완전 자동사
완전=제곱(完全−)명 어떤 정수나 다항식의 제곱이 되는 정수나 다항식.
완전=주권국(完全主權國)[−꿘−]명 한 나라가 주권을 완전히 행사하고, 다른 나라의 제한이나 간섭을 받지 않는 나라.
완전=타동사(完全他動詞)명〈어〉문장에서 보어(補語)가 없어도 서술 기능이 완전한 타동사. '그는 세상을 모른다.'에서 '모른다' 따위. ☞불완전 타동사
완전=탄:성(完全彈性)명 물체의 외부에서 작용하는 힘을 없애면 본디의 상태로 완전히 되돌아가는 성질.
완:전-하다(婉轉−)형여 예쁘고 맵시가 있다.
완전=형용사(完全形容詞)명〈어〉문장에서 보어(補語)가 없어도 서술 기능이 완전한 형용사. '산이 높다.', '강물이 맑다.'에서 '높다, 맑다' 따위. ☞불완전 형용사
완전-화(完全花)명 꽃받침·꽃부리·암술·수술을 두루 갖춘 꽃. 무궁화꽃·벚꽃 등. 갖춘꽃 ☞불완전화
완정(完定)명-하다타 완전히 결정함.
완정-질(完晶質)명 화성암에서, 전체가 결정질로 이루어져 있으며 유리질이 전혀 들어 있지 않은 조직. 심성암 등에서 볼 수 있음.
완제(完製)명 완전히 만듦, 또는 그 제품.
완제(完濟)명-하다타 ①채무를 완전히 변제함. ②완료(完了)
완제-품(完製品)명 일정한 조건에 맞추어 완전하게 만들어진 물품.
완조(完調)[−쪼]명 호남 지방에서 독특한 가락으로 부르는 시조의 창법. ☞경조(京調). 영조(嶺調)
완존(完存)명-하다자 완전하게 존재함.
완주(完走)명-하다자타 목표 거리를 완전히 달림. ☞완영
완준(完準)명-하다자타 교료(校了)
완증(頑憎)어기 '완증(頑憎)하다'의 어기(語基).
완증-하다(頑憎−)형여 완악하고 밉살스럽다.
완질(完帙)명 완본(完本) ☞낙질(落帙)

완:초(莞草)명 '왕골'의 딴이름.
완:충(緩衝)명-하다타 충돌을 완화시킴.
완:충-국(緩衝國)명 강대국 사이에 자리잡고 있어 그 나라들의 긴장 관계를 완화시키는 구실을 하는 나라.
완:충-기(緩衝器)명 물체가 받는 진동이나 충격을 완화시키는 장치. 스프링, 고무, 유압 장치 등을 이용하여 운동 에너지를 흡수하도록 만든 것. 자동차·기차·항공기·총포 등에 장치함. 완충 장치(緩衝裝置)
완:충-액(緩衝液)명 완충 용액(緩衝溶液)
완:충=용액(緩衝溶液)명 외부에서 어느 정도의 산 또는 염기를 더해도 영향을 받지 않고, 수소 이온 농도를 일정하게 유지하려고 하는 용액. 완충액(緩衝液)
완:충=장치(緩衝裝置)명 완충기(緩衝器)
완:충=지대(緩衝地帶)명 대립하는 국가간의 전쟁이나 무력 충돌을 예방하기 위해서 그 중간 지역에 설치하는 중립 지대.
완치(完治)명-하다타 병을 완전히 고침. 유전치(全治)
완:치(緩治)명-하다타 병이나 죄를 느슨하게 다스림.
완쾌(完快)명-하다자 병이 완전히 나음. 전쾌(全快)
완태(頑怠)어기 '완태(頑怠)하다'의 어기(語基).
완태-하다(頑怠－)형여 성질이 사납고 모질며 행동이 게으르다.
완투(完投)명-하다자 야구에서, 한 투수가 교대하지 않고 한 경기를 끝까지 던지는 일.
완판-본(完板本)명 조선 시대, 전주(全州)에서 간행된 고대 국문 소설의 목판본을 통틀어 이르는 말. ☞경판본(京板本)
완패(完敗)명-하다자 경기 내용으로 보아서 여지없이 짐. ☞완승(完勝). 전패(全敗)
완패(頑悖)어기 '완패(頑悖)하다'의 어기(語基).
완패-하다(頑悖－)형여 성질이 모질며 행동이 도리에 어긋나고 사납다.
완폄(完窆)명-하다타 가매장(假埋葬)하지 않고 정식으로 장사지냄. 완장(完葬) ☞권폄(權窆)
완피(頑皮)명 유들유들하여 순종하지 않는 사람의 별명.
완-하다(刓－)형여《文》도장이나 책판(冊板) 등에 새긴 글자가 닳아서 희미하다.
완-하다(頑－)형여《文》①완고하고 사리에 어둡다. ②성질이 못되고 모질다.
완:-하다(緩－)형여《文》느리다. 더디다
완:-하:제(緩下劑)명 변비를 다스리는 약 중에서 작용이 비교적 순한 것. ☞준하제(峻下劑)
완한(頑漢)명 성질이 못되고 고집이 세며 모진 사람.
완:한(緩限)명-하다자 기한을 늦춤.
완:행(緩行)명 ①-하다자 느리게 감. ②'완행 열차(緩行列車)'의 준말. ☞급행(急行)
완:행=열차(緩行列車)[－널－]명 각 역마다 정거하며 느리게 운행하는 열차. 준완행(緩行). 완행차(緩行車) ☞급행 열차(急行列車)
완:행-차(緩行車)명 '완행 열차(緩行列車)'의 준말.
완:호(玩好)명 ①진귀한 노리갯감. ②-하다타 가지고 놀며 좋아함.
완:화(緩和)명-하다타 긴장한 상태, 또는 제한하거나 금지하였던 상태를 풀어서 느슨하게 함. ¶긴장을 －하다./수입 규제를 －하다./가격 제한을 －하다.
왈가닥명 말이나 행동이 침착하지 못하고 수선스러운 여자를 놀리어 이르는 말.
왈가닥-거리다(대다)자타 자꾸 왈가닥왈가닥 소리가 나다, 또는 그런 소리를 내다. ☞월거덕거리다
왈가닥-달가닥부 왈가닥거리며 달가닥거리는 소리를 나타내는 말. ☞월거덕덜거덕
왈가닥-왈가닥부 여러 개의 작고 단단한 물건들이 가볍게 이리저리 부딪힐 때 나는 소리를 나타내는 말. ¶조롱박이 바람에 － 부딪치다. ☞월거덕월거덕
왈가왈부(曰可曰否)성구 가하다거니 가하지 않다거니 하고 말함을 이르는 말. ☞왈시왈비(曰是曰非)
왈각-거리다(대다)자타 왈각왈각 소리가 나다, 또는 그런 소리를 내다. ☞월걱거리다
왈각-달각부 왈각거리며 달각거리는 소리를 나타내는 말. ☞월걱덜걱
왈각-왈각부 여러 개의 작고 단단한 물건들이 서로 가볍게 자꾸 부딪칠 때 나는 소리를 나타내는 말. ☞월걱월걱
왈강-달강부 여러 개의 작고 단단한 물건들이 서로 가볍게 자꾸 부딪칠 때 울리어 나는 소리를 나타내는 말. ☞월겅덜겅
왈딱부 ①먹은 것을 심하게 다 게워 내는 모양을 나타내는 말. ②적은 양의 액체가 갑자기 끓어올라 그릇 밖으로 넘치는 모양을 나타내는 말. ③물체가 갑자기 뒤집히거나, 걸친 것이 잦혀지는 모양을 나타내는 말. ☞올딱. 월떡
왈랑-거리다(대다)자 ①몹시 설레어 가슴이 자꾸 뛰놀다. ②먹은 것이 삭지 않고 게울 것처럼 속이 매슥거리다. ☞월렁거리다
왈랑-왈랑부 왈랑거리는 모양, 또는 그 상태를 나타내는 말. ☞월렁월렁
왈시왈비(曰是曰非)성구 옳으니 그르니 따져 말함을 이르는 말. 시야비야(是也非也)
왈왈부 물이 빨리 많이 흐르는 모양을 나타내는 말.
왈짜명 왈패
왈츠(waltz)명 4분의 3박자의 춤곡, 또는 그 곡에 맞추어 추는 춤. 남녀가 짝을 지어 원을 그리면서 춤. 원무곡(圓舞曲)
왈카닥부 ①몹시 갑작스레 밀치거나 잡아당기는 모양, 또는 그 소리를 나타내는 말. ¶방문을 － 열다. ②갑작스레 몹시 게우는 모양을 나타내는 말. ☞월커덕
왈카닥-왈카닥부 왈카닥거리는 모양, 또는 그 소리를 나타내는 말. ☞월커덕월커덕
왈칵부 ①먹은 것을 갑자기 다 게워 내는 모양을 나타내는 말. ②갑자기 온통 난리가 나는 모양을 나타내는 말. ¶아이가 없어져 집안이 － 뒤집히다. ③갑자기 세게 밀치거나 잡아당기는 모양을 나타내는 말. ¶－ 떠밀다./－ 끌어당기다./－ 달려들다. ④눈물 따위가 갑자기 쏟아지는 모양을 나타내는 말. ¶－ 눈물이 쏟아지다. ⑤격한 감정 따위가 갑자기 치미는 모양을 나타내는 말. ¶－ 설움이 복받치다./－ 하는 성미. ☞월컥
왈칵-거리다(대다)자타 먹은 것을 잇달아 다 게우다. ☞월컥거리다
왈칵-왈칵부 왈칵거리는 모양을 나타내는 말. ☞월컥월컥
왈패명 말이나 행동이 단정하지 못하고 막된 사람을 속되게 이르는 말. 왈짜
왈형왈제(曰兄曰弟) '서로 형이니 아우니 하고 부름'의 뜻. 호형호제(呼兄呼弟)
왔다-갔다[왇－갇－]부 ①자주 오가는 모양을 나타내는 말. ②정신이 맑았다 흐렸다 하는 모양을 나타내는 말.
왕감 말이나 소의 걸음을 멈추게 하는 말.
왕(王)명 ①임금 ②일정한 분야나 범위 안에서 으뜸인 것을 비유하여 이르는 말. ¶밀림의 －./판매의 －.
왕(王)-접두 ①'큰'의 뜻을 나타냄. ¶왕개미/왕겨 ②'심한'의 뜻을 나타냄. ¶왕가뭄 ③할아버지 뻘 되는 친족 관계에 쓰임. ¶왕대인(王大人)/왕고모(王姑母)
왕가(王家)명 임금의 집안. 왕실(王室). 왕족(王族)
왕가(王駕)명 임금이 타는 수레. 거가(車駕)
왕:가(枉駕)명-하다자 남을 높이어, 그가 찾아옴을 이르는 말. 왕고(枉顧). 왕림(枉臨)
왕-가뢰(王－)명 가룃과의 곤충. 가뢰 중에서 가장 큰 종류로 몸길이 3cm 안팎임. 몸빛은 검은빛이 도는 남색이며 뒝벌의 집에 기생함.
왕-감(王－)명 아주 큰 감.
왕-강충이(王－)명 '멸구'의 딴이름.
왕-개:미(王－)명 개밋과의 곤충. 몸빛은 검고 몸길이는 10～15mm임. 암컷의 배에는 금빛 털이 빽빽이 나 있음. 건조하고 양지바른 땅 속에서 삶. 말개미. 비부(蚍蜉)
왕-거미(王－)명 호랑거밋과의 거미. 몸빛은 황갈색이며 등에 검은 줄무늬가 있음. 처마 밑이나 나뭇가지 사이에

그물을 침. 말거미

왕검(王儉)명 '단군(檀君)'을 이르는 말.

왕-겨(王-)명 벼의 겉겨. 매조밋겨 ☞쌀겨

왕:견(往見)명-하다타 가서 봄.

왕경(王卿)명 왕과 대신(大臣)을 아울러 이르는 말.

왕계(王系)명 왕의 계통. 왕실의 계통.

왕고(王考)명 세상을 떠난 할아버지. 조고(祖考)

왕:고(往古)명 지나간 옛날. 전고(前古)

왕:고(枉顧)명-하다자 남을 높이어, 그가 찾아옴을 이르는 말. 왕가(枉駕). 왕림(枉臨)

왕:고금래(往古今來)성구 고왕금래(古往今來)

왕:고내금(往古來今)성구 예로부터 지금까지의 동안을 이르는 말. 고왕금래(古往今來)

왕-고들빼기(王-)명 국화과의 한해살이풀 또는 두해살이풀. 줄기 높이 80~150cm. 잎은 어긋맞게 나며 가장자리가 깊고 불규칙하게 갈라져 있음. 7~9월에 연노랑 꽃이 꽃대 끝에 핌. 애순은 먹을 수 있음.

왕-고모(王姑母)명 할아버지의 누이. 아버지의 고모. 대고모(大姑母)

왕고-장(王考丈)명 세상을 떠난 남의 할아버지를 높이어 이르는 말.

왕-고집(王固執)명 아주 심한 고집, 또는 그런 고집을 부리는 사람.

왕-골명 방동사닛과의 한해살이풀. 줄기 높이 80~120 cm. 줄기는 세모지고, 잎은 길고 가는 줄 모양임. 8~10월에 갈색의 잔 꽃이 줄기 끝에 총상(總狀) 꽃차례로 핌. 줄기는 돗자리나 세공물의 재료로 쓰임. 논이나 습지에서 재배함. 완초(莞草)

왕골-속[-쏙]명 왕골의 줄기에서 껍질을 벗겨 낸 속살. 말려서 신을 삼거나 끈으로 꼬아서 씀. 준골속

왕골-자리명 왕골 껍질로 만든 자리.

왕공(王公)명 지난날, 왕(王)과 공(公), 또는 신분이 고귀한 사람을 두루 이르던 말.

왕공-대:인(王公大人)명 신분이 고귀한 사람.

왕관(王冠)명 임금이 머리에 쓰는, 왕위를 상징하는 관.

왕국(王國)명 ①국가의 주권이 왕에게 있는 군주제의 나라. 군주국(君主國) ¶고대 -/이집트 - ②사람이나 사물 등이 거리낌없이 세력을 부리거나, 하나의 세력을 이루고 있는 상태나 영역을 비유하여 이르는 말. ¶석유 -/어린이 - ☞제국(帝國)

왕궁(王宮)명 임금이 있는 궁전.

왕권(王權)[-꿘]명 국왕의 권리.

왕권-신수설(王權神授說)[-꿘-]명 절대주의 국가에서, 왕권은 신으로부터 주어진 것으로 왕은 신에 대해서만 책임을 지며, 국민은 왕에게 절대 복종하여야 한다는 정치 이론. 제왕 신권설(帝王神權說)

왕-귀뚜라미(王-)명 귀뚜라밋과의 곤충. 몸길이 2~2.5 cm로 귀뚜라미 가운데 가장 큼. 몸빛은 갈색 또는 흑갈색임.

왕기명 사기로 만든 큰 대접.

왕기(王氣)명 ①왕이 날 조짐, 또는 왕이 될 조짐. ②잘 될 징조.

왕기(가) 뜨이다관용 왕이 날 조짐, 또는 왕이 될 조짐이 보이다.

왕기(王畿)명 고대 중국에서, 왕도(王都) 부근의 땅을 이르던 말.

왕:기(旺氣)명 ①왕성한 기운. ②행복스럽게 될 조짐.

왕기(가) 뜨이다관용 행복스럽게 될 조짐이 보이다.

왕-김의털(王-)명 볏과의 여러해살이풀. 줄기 높이 40~60cm. 줄기는 빽빽하게 나고 끝이 구부러지며, 잎은 선 모양임. 꽃은 8~9월에 원추(圓錐) 꽃차례로 핌. 울릉도 북부의 산지에 자람.

왕-꽃등에(王-)[-꼳-]명 꽃등엣과의 곤충. 몸길이 1.5cm 안팎. 몸빛은 흑색이나 갈색을 띠며, 수컷은 중앙에 갈색의 작은 무늬가 있음. 애벌레는 더러운 물이나 분뇨 등에 삶.

왕녀(王女)명 임금의 딸. ☞공주(公主). 옹주(翁主)

왕:년(往年)명 지난 세월. 지난날. 왕세(往歲) ¶-의 명배우. /나도 -엔 달리기 선수였다.

왕-노린재(王-)명 노린잿과의 곤충. 몸길이 2.2~2.5cm 이고 몸빛은 남색을 띤 녹색으로 금빛 광택이 남. 몸은 납작하고 주둥이는 뾰족하며 몸에서 고약한 냄새가 남.

왕눈-이(王-)명 눈이 큰 사람을 놀리어 이르는 말.

왕-대(王-)명 볏과의 대나무. 높이 20m 안팎. 땅속줄기에서 나온 죽순은 흑갈색 바탕에 자흑색 반점이 있음. 줄기는 녹색에서 황록색으로 되고 가지는 2~3개씩 나옴. 잎은 길고 끝이 뾰족한 모양으로 가지 끝에 2~5장씩 나며, 꽃은 6~7월에 줄기 끝에 핌. 줄기는 건축재나 세공재로 쓰이고, 죽순은 먹을 수 있음. 고죽(苦竹). 근죽(簞竹). 왕죽(王竹). 참대

왕대(王臺)명 꿀벌의 집 가운데서 새 여왕벌이 될 애벌레를 기르기 위하여 일벌이 특별히 크고 민틋하게 만들어 놓은 벌집. ☞소비(巢脾)

왕:대(往代)명 왕석(往昔)

왕-대:부인(王大夫人)명 남의 할머니를 높이어 이르는 말.

왕-대:비(王大妃)명 살아 있는, 전왕(前王)의 비를 일컫는 말. ☞대왕대비(大王大妃)

왕-대:인(王大人)명 남의 할아버지를 높이어 이르는 말.

왕도(王度)명 임금이 지켜야 할 법도(法度). ☞제도(帝道)

왕도(王都)명 왕궁이 있는 도성. 왕성(王城)

왕도(王道)명 ①임금으로서 마땅히 하여야 할 일. ②유가(儒家)에서, 인덕(仁德)에 바탕을 두고 나라를 다스리는 일. ☞패도(霸道)

왕둥-발가락(王-)[-까-]명 굵은 발가락과 같다는 뜻으로, 올이 굵고 성긴 피륙을 이르는 말.

왕등(王燈)명 장사지내러 갈 때 메고 가는 큰 등(燈). 긴 자루 끝에 달린 등 안에 촛불 여덟 개를 켬.

왕-등이(王-)명 큰 피라미의 수컷. 생식 시기가 되면 몸 양편에 붉은 무늬가 나타남.

왕-딱정벌레(王-)명 딱정벌렛과의 곤충. 몸길이 3cm 안팎. 몸빛은 검고 윤이 나며, 갈색을 띤 검은 딱지 날개에는 여덟 개의 세로 줄무늬가 있음.

왕랑반:혼전(王郞返魂傳)명 작자와 연대를 알 수 없는 고대 소설. 불교를 배척하던 주인공이 불법을 믿고 극락왕생한 일을 내용으로 한 불교 소설.

왕:래(往來)명-하다자 가고 오고 함. 통래(通來)

왕려(王旅)명 임금이 거느리는 군대. 왕사(王師)

왕:로(往路)명 가는 길. ☞귀로(歸路)

왕릉(王陵)명 임금의 무덤.

왕:림(枉臨)명-하다자 남을 높이어, 그가 찾아옴을 이르는 말. 내림(來臨). 왕가(枉駕). 왕고(枉顧). 혜고(惠顧) ¶바쁘신데 이렇게 -해 주셔서 고맙습니다.

왕-매미(王-)명 '말매미'의 딴이름.

왕-머루(王-)명 포도과의 낙엽 활엽 덩굴나무. 덩굴 길이 10m 안팎. 잎은 어긋맞게 나며 심장 모양으로 끝이 뾰족하고 가장자리에 잔 톱니가 있음. 5~6월에 황록색 꽃이 피며, 9~10월에 둥근 열매가 포도송이 모양으로 달려 검게 익음. 열매는 먹을 수 있고 약으로도 쓰임.

왕명(王命)명 임금의 명령. 군명(君命). 주명(主命)

왕모(王母)명 편지 글에서, 남에게 자기의 할머니를 높이어 이르는 한문 투의 말. ☞왕부(王父)

왕-모래(王-)명 굵은 모래. 왕사(王砂) ☞잔모래

왕-바람(王-)명 풍력 계급 11급에 해당하는 바람. 풍속은 매초 28.5~32.6m. 넓은 지역에 걸쳐 건축물에 큰 피해가 생김. 해상에는 산더미 같은 파도가 일고 흰 물거품으로 뒤덮이며 물보라로 시계(視界)가 크게 제한됨. 폭풍(暴風) ☞싹쓸바람

왕-바랭이(王-)명 볏과의 한해살이풀. 줄기 높이 30~80cm. 줄기는 무더기로 나며 밑 부분에서 가지가 나옴. 잎은 좁은 선형이며 꽃은 8~9월에 수상(穗狀) 꽃차례로 핌. 사료로 쓰임.

왕-바위(王-)명 큰 바위.

왕-바퀴(王-)명 바큇과의 곤충. 몸길이 2cm 안팎. 몸빛은 갈색이고, 머리는 앞가슴보다 약간 나와 있으며 흑색

임. 더듬이는 몸길이보다 길고, 앞가슴이 수컷은 둥그렇고 암컷은 각이 졌음. 인가(人家)에 서식함.

왕:반(往返)명-하다자 왕복(往復)

왕-반:날개(王半-)명 반날갯과의 곤충. 몸길이 1.3~2.2cm. 몸빛은 광택 있는 흑갈색. 배 부분에는 회백색과 흑갈색의 털이 불규칙한 무늬를 이룸. 동물의 시체 등에 모이며 바닷가에 많이 서식함.

왕-밤(王-)명 알이 굵은 밤.

왕:방(往訪)명-하다타 가서 찾아봄. ☞내방(來訪)

왕-방울(王-)명 큰 방울. ¶눈이 -만 하다.

속담 **왕방울로 솥 가시듯** : 몹시 시끄럽고 요란스럽게 떠들어 댐을 비유하여 이르는 말.

왕배-덕배부 이러니저러니 하고 시비를 가리는 모양을 나타내는 말. ☞옥신각신

왕배야-덕배야감 여기저기서 시달림을 받아 괴로움을 견딜 수 없을 때 부르짖는 말.

왕백(王白)명 지난날, 임금에게 바치던 흰쌀. 어백미

왕-뱀(王-)명 ①큰 뱀. ②보아(boa)

왕-버들(王-)명 버드나뭇과의 낙엽 교목. 높이 20m 안팎. 나무껍질은 회갈색, 잎은 길둥글며 윤이 나고 뒷면은 백색이며 가장자리에 작은 톱니가 있음. 4월경에 꽃이 피고 5월경에 열매가 익음.

왕-버:마재비(王-)명 '왕사마귀'의 딴이름.

왕-벌(王-)명 ①'호박벌'의 딴이름. ②'말벌'의 딴이름.

왕법(王法)[-뻡]명 임금이 제정한 법령.

왕:법(枉法)[-뻡]명-하다자 법을 잘못 해석하거나 적용함.

왕-벚나무(王-)[-번-]명 장미과의 낙엽 교목. 높이 15m 안팎. 잎은 어긋맞게 나며 달걀꼴로 가장자리에 톱니가 있음. 4월경에 연분홍이나 흰빛의 꽃이 잎보다 먼저 핌. 열매는 둥근 핵과(核果)로 6~7월에 검은빛으로 익음. 제주도 한라산 등지에서 자람.

왕-별:꽃(王-)명 석죽과의 여러해살이풀. 높이 50~80cm. 줄기는 단단하고 모가 짐. 잎은 길둥글고 끝이 뾰족하며 마주남. 8~9월에 줄기 끝이나 잎겨드랑이에 흰 꽃이 핌. 우리 나라 북부의 습한 산지에 자람.

왕:복(往復)명-하다자 갔다가 돌아옴. 왕반(往返). 왕환(往還) ¶서울과 인천을 -하다./- 승차권

왕:복=기관(往復機關)명 피스톤을 왕복 운동시켜서 동력을 얻는 기관. 증기 기관이나 내연 기관 따위.

왕:복=운:동(往復運動)명 시계추의 운동과 같은 주기적 운동으로서, 어느 점까지 질점(質點)의 변이가 생겨 한 때 멈췄다가 다시 본디 위치로 돌아오는 운동.

왕봉(王蜂)명 '여왕벌'의 딴이름.

왕부(王父)명 편지 글에서, 남에게 자기의 할아버지를 높이어 이르는 한문 투의 말. ☞왕모(王母)

왕부(王府)명 지난날, '의금부(義禁府)'를 달리 이르던 말.

왕-부모(王父母)명 조부모(祖父母)

왕비(王妃)명 임금의 아내. 비(妃). 왕후(王后)

한자 **왕비 비**(妃)〔女部 3획〕¶계비(繼妃)/귀비(貴妃)/대비(大妃)/비빈(妃嬪)/정비(正妃)

왕사(王事)명 ①임금이 나라를 다스리는 일. ②임금이나 왕실에 관한 일.

왕사(王砂)명 왕모래 ☞세사(細砂)

왕사(王師)명 ①임금이 거느리는 군대. 왕려(王旅) ②임금의 스승.

왕:사(枉死)명-하다자 억울하게 죽음, 또는 비명에 죽음.

왕:사(往事)명 지나간 일.

왕-사마귀(王-)명 사마귓과의 곤충. 몸길이 7~9cm. 몸빛은 녹색 또는 엷은 갈색이고 뒷날개의 밑부분에 자줏빛을 띤 갈색 무늬가 있음. 주로 들판이나 숲의 가장자리 등에서 볼 수 있음. 왕버마재미

왕산(王山)명 큰 산. ¶해산달이 되니 배가 -만 하다.

왕산 같다관용 부피가 불룩하고 크다.

왕:상(往相)명 불교에서, 공덕(功德)을 쌓아서 중생(衆生)에게 베풀어 함께 극락정토에 왕생하기를 원하는 일.

왕새기명 짚신의 한 가지. 총이 없이 돌기총을 띄엄띄엄 여덟 개 세운 짚신.

왕-새우(王-)명 '대하(大蝦)'의 딴이름.

왕:생(往生)명-하다자 불교에서, 이승을 떠나 저승에 다시 태어남을 이르는 말.

왕:생-강(往生講)명 불교에서, 왕생극락을 원하는 사람들이 모여 아미타불을 모시고 수도(修道)하는 법회.

왕:생-극락(往生極樂)명 죽어서 아미타불이 있는 극락세계에 다시 태어남. 극락왕생. 정토왕생

왕:생-안락(往生安樂)명 죽어서 극락세계에 가서 안락한 삶을 누림.

왕:석(往昔)명 옛적. 왕대(往代). 재석(在昔)

왕성(王城)명 ①왕도(王都) ②왕도(王都)의 성.

왕:성(旺盛)어기 '왕성(旺盛)하다'의 어기(語基).

왕:성-하다(旺盛-)형여 한창 성하다. ¶혈기가 -.

왕성-히부 왕성하게

왕세(王稅)명 왕국의 조세(租稅). 곧, 봉건 시대의 국세.

왕:세(往歲)명 지난 세월. 지난날. 왕년(往年)

왕-세:손(王世孫)명 왕세자의 맏아들. 준세손(世孫)

왕-세:자(王世子)명 임금의 자리를 이을 왕자. 준세자

왕세자-빈(王世子嬪)명 왕세자의 정실(正室). 준세자빈

왕-세:제(王世弟)명 임금의 자리를 이을, 임금의 아우. 준세제(世弟)

왕-소금(王-)명 굵은 소금.

왕손(王孫)명 임금의 손자나 후손. ☞왕조(王祖)

왕손=교:부(王孫敎傅)명 조선 시대, 왕손의 교육을 맡았던 종구품 관직, 또는 그 관원.

왕수(王水)명 염산과 질산의 혼합액. 특유한 자극성 냄새가 나는 황색 액체로, 산에 잘 녹지 않는 금이나 백금 등을 용해시키는 데 씀.

왕:시(往時)명 지난 때.

왕:신명 마음이 올곧지 않아 건드리기 어려운 사람.

왕신(王臣)명 임금의 신하.

왕:신(往信)명 보내는 통신이나 편지. ☞반신(返信)

왕실(王室)명 임금의 집안. 왕가(王家)

왕-싱아(王-)명 '왕호장(王虎杖)'의 딴이름.

왕:양(汪洋)어기 '왕양(汪洋)하다'의 어기(語基).

왕:양-하다(汪洋-)형여 ①바다가 넓디넓다. ②미루어 헤아리기 어렵다.

왕언(王言)명 임금의 말씀.

왕-얽이명 굵은 새끼로 친 얽이.

왕업(王業)명 임금이 나라를 다스리는 대업(大業).

왕:연(汪然)어기 '왕연(汪然)하다'의 어기(語基).

왕:연(旺然)어기 '왕연(旺然)하다'의 어기(語基).

왕:연-하다(汪然-)형여 ①눈물이 하염없이 흐르다. ②바다나 호수 따위가 넓고 깊다.

왕연-히부 왕연하게

왕:연-하다(旺然-)형여 ①빛이 매우 아름답다. ②사물이 매우 왕성하다.

왕연-히부 왕연하게

왕:오천축국전(往五天竺國傳)명 신라 선덕왕 26년(727)에 중 혜초(慧超)가 지은 책. 10년 동안 인도의 다섯 나라와 그 이웃 나라들을 순례하고 당(唐)나라에 돌아와서 완성한 여행기임.

왕:왕(往往)부 이따금. 때때로

왕:왕(汪汪)어기 '왕왕(汪汪)하다'의 어기(語基).

왕왕-거리다(대다)자타 귀가 먹먹할 정도로 요란스러운 소리가 나다, 또는 그 소리를 내다.

왕:왕-하다(汪汪-)형여 ①물이 넓고 깊다. ②도량이 넓다. ③눈에 눈물이 가득 괴어 그렁그렁하다.

왕:운(旺運)명 왕성한 운수.

왕월(王月)명 '음력 정월(正月)'을 달리 이르는 말. 양춘

왕위(王位)명 임금의 자리. ☞성조(聖祚)

왕위(王威)명 임금의 위엄.

왕유(王乳)명 꿀벌의 일벌이 여왕벌이 될 애벌레에게 먹이기 위해 분비하는 담황색의 특수한 영양 물질. 로열젤리(royal jelly)

왕윤(王胤)명 임금의 자손.

왕인(王人)명 임금. 군주(君主)
왕:일(往日)명 지난날
왕자(王子)명 임금의 아들.
왕자(王者)명 ①임금 ②왕도(王道)로써 천하를 다스리는 사람. ③어떤 분야에서 특히 뛰어나거나 으뜸가는 사람을 비유하여 이르는 말. ¶모래판의 ―. ☞패자(霸者)
왕:자(往者)명 지난번
왕자-군(王子君)명 조선 시대, 임금의 서자(庶子)에게 내리던 봉작. ☞군(君). 대군(大君)
왕자-대:군(王子大君)명 대군(大君)
왕자-두(王字頭)명 왕자머리
왕자-머리(王字―)명 재래식 한옥에서, 사파수(四把手)를 짤 때에 기둥 밖으로 나가서 서로 엇물려 물러나지 못하게 하는 봇머리. 왕자두(王字頭)
왕자=사부(王子師傅)명 조선 시대, 왕자의 교육을 맡았던 종구품의 관직, 또는 그 관원.
왕자-의(王字衣)명 조선 시대, 대궐 안에 있는 나장(羅將)들이 입던 옷.
왕-잠자리(王―)명 왕잠자릿과의 곤충. 배의 길이가 5.5 cm 안팎인 대형 잠자리. 몸빛은 수컷의 배에는 선명한 남색 부위가 있으나 암컷은 황록색임. 성충은 5~9월에 나타남.
왕장(王丈)명 남을 높이어 그의 할아버지를 이르는 말.
왕정(王廷)명 조정(朝廷)
왕정(王政)명 임금이 다스리는 정치. ¶― 복고(復古)
왕제(王弟)명 임금의 아우.
왕제(王制)명 ①군주 제도. ②임금이 정한 제도.
왕조(王祖)명 임금의 선조. 임금의 조상. ☞왕손(王孫)
왕조(王朝)명 ①왕이 다스리는 나라. ②같은 왕가에 딸리는 통치자의 계열이나 혈통. ¶고려 ―/이집트 ―
왕조-시대(王朝時代)명 임금이 나라를 다스리던 시대.
왕족(王族)명 임금의 집안. 왕가(王家)
왕-존장(王尊丈)명 ①남을 높이어, 그의 할아버지를 이르는 말. 왕장(王丈) ②자기의 할아버지와 비슷한 나이의 어른을 높이어 이르는 말.
왕좌(王座)명 ①임금이 앉는 자리. 옥좌(玉座) ②어떤 분야에서 으뜸가는 자리. ¶바둑계의 ―에 오르다.
왕좌지재(王佐之材)명 임금을 도울만 한 재능, 또는 그런 인재.
왕죽(王竹)명 '왕대'의 딴이름.
왕지명 재래식 한옥에서, 추녀 끝에나 박공의 솟을각 끝에 암키와를 삼각형으로 깎아 맞춘 것.
왕지(王旨)명 ①임금이 내린 분부. ②조선 시대, 사품(四品) 이상의 문무관을 임명할 때에 내리던 사령(辭令). 교지(敎旨)
왕지-기와명 재래식 한옥에서, 추녀 끝이나 박공의 솟을각 끝에 쓰이는 암키와.
왕-지네(王―)명 왕지넷과의 절지동물. 몸길이 8cm 안팎. 몸빛은 머리와 목은 갈색, 등은 어두운 녹색, 배 부분은 엷은 녹갈색임. 육식성이고 턱에 독선(毒腺)이 있음. 대오공(大蜈蚣)
왕지-도리명 재래식 한옥의 모서리 기둥에 얹는 도리.
왕:진(往診)명-하다타 의사가 환자의 집에 가서 진찰하는 일. ☞내진(來診)
왕-질경이(王―)명 질경잇과의 여러해살이풀. 전체에 털이 없고, 잎은 원줄기가 없이 밑동에서 빽빽하게 나는데 타원형으로 잎자루가 길. 5~7월에 흰 꽃이 꽃줄기 끝에 핌. 어린잎은 먹을 수 있고, 잎과 씨는 약으로 쓰임.
왕:참(往參)명-하다자 직접 가서 참여함.
왕창부 '양이나 정도가 엄청나게 많거나 크게'의 뜻으로 쓰는 속된말. ¶돈을 ― 벌었다.
왕:척직심(枉尺直尋)성구 한 자를 굽혀서 여덟 자를 편다는 뜻으로, 조그마한 양보로 큰 이득을 얻거나 작은 어려움을 참아서 큰일을 이룸을 비유하여 이르는 말.
왕-천하(王天下)명-하다자 임금이 되어 천하를 다스리는 일, 또는 그 천하.
왕:청-되다[―뙤―]형 차이가 엄청나다.
왕:청-스럽다(―스럽고·―스러워)형ㅂ 보기에 차이가 엄청난듯 하다.
　왕청-스레부 왕청스럽게
왕초(王―)명 거지나 넝마주이 무리 등의 우두머리를 속되게 이르는 말.
왕치명 재래식 한옥에서, 지붕의 너새 끝에서 추녀 끝까지 비스듬히 물매가 지게 기와를 인 부분.
왕치(王―)명 방아깨비의 큰 암컷.
왕-콩(王―)명 굵은 콩.
왕택(王澤)명 임금의 은택.
왕토(王土)명 임금의 영토.
왕통(王統)명 ①임금의 혈통(血統). ②임금의 자리를 이을 정통(正統).
왕-파(王―)명 굵은 파. ☞실파. 움파
왕-파:리(王―)명 '쉬파리'의 딴이름.
왕패(王牌)명 지난날, 종친이나 공신에게 논밭·산판·노비 등을 주거나 공이 있는 향리(鄕吏)에게 신역(身役)을 면제해 줄 때 내리던 왕의 서면(書面).
왕-호:장(王虎杖)명 여뀟과의 여러해살이풀. 줄기 높이 2~3m. 원줄기는 속이 비어 있고 녹색이지만 햇볕을 쬐면 붉어짐. 잎은 어긋맞게 나며 달걀 모양임. 6~8월에 꽃잎이 없는 흰 꽃이 핌. 산지 숲 속에서 자람. 왕싱아
왕화(王化)명 임금의 교화(敎化).
왕:환(往還)명-하다자 왕복(往復)
왕후(王后)명 임금의 아내. 왕비(王妃)
왕후(王侯)명 제왕(帝王)과 제후(諸侯).
왕후-장:상(王侯將相)명 제왕과 제후, 장수와 재상을 아울러 이르는 말.
　속담 **왕후장상이 씨가 있나**: 출세하는 것은 가계나 혈통에 따라 되는 것이 아니고, 누구든지 노력만 하면 될 수 있다는 말.
왕:흥(旺興)어기 '왕흥(旺興)하다'의 어기(語基).
왕:흥-하다(旺興―)형여 매우 왕성하다. 흥왕하다
왜[1] 명〈어〉한글 자모(字母) 'ㅙ'의 이름.
왜:[2] 부 무슨 까닭으로. 어째서 ¶― 이렇게 늦었느냐?/― 우는지 모르겠다.
왜[3] 감 ①의문을 나타낼 때 쓰는 말. ¶―, 어디 아프냐? ②하려는 말이 잘 생각나지 않거나 어떤 사물을 상대편에게 상기시킬 때 하는 말. ¶―, 거 있잖아./지난번에 가져온 서류 있잖소, ―.
왜(倭)명 '왜국(倭國)'·'왜인(倭人)'의 준말.
왜:가리명 백로과의 새. 몸길이 90cm 안팎. 머리는 백색이고 눈에서 이어진 두 개의 긴 검은 댕기 같은 깃이 특징임. 몸빛은 등이 회색, 배는 백색이고 가슴 옆구리에 회색의 줄무늬가 있음. 여름새로 소택지·논·개울·하천 등지의 물가에 살며, 개구리·물고기·조개 따위를 잡아먹음.
　속담 **왜가리 새 여울목 넘어다보듯**: ①무엇 먹을 것이 없나 하고 넘어다보는 모양을 비유하여 이르는 말. ②남에게 보이지 않게 숨어 가면서 제 이익만을 취하는 모양을 비유하여 이르는 말.
왜각-대각부 속이 비고 단단한 물건이 서로 부딪칠 때 나는 소리, 또는 그 모양을 나타내는 말. ☞왜깍대깍
왜건(wagon)명 ①뒷자리에 짐을 실을 수 있는 승용차. ②요리 따위를 실어 나르는 손수레.
왜검(倭劍)명 십팔기(十八技) 또는 무예 이십사반(武藝二十四般)의 하나. 보졸이 일본도(日本刀)로 하던 무예.
왜경(倭警)명 일제 강점기에 일본 경찰을 이르던 말.
왜곡(歪曲)명-하다타 외곡(歪曲)
왜골명 허우대가 크고, 말과 행실이 얌전하지 아니한 사람을 이르는 말.
왜골-참외명 골이 움푹움푹 들어간 참외.
왜관(倭館)명 조선 시대, 일본 사람들이 와서 무역을 할 수 있도록 설치하였던 관사(館舍). 준관(館)
왜구(倭寇)명 지난날, 우리 나라와 중국의 연안을 노략질하는 일본인 해적을 이르던 말.
왜구(矮軀)명 제 나이에 비하여 키가 작은 몸집.

왜국(倭國)명 지난날, '일본'을 얕잡아 이르던 말.
×**왜긋다** 형 → 빳빳하다
왜깍-대깍 부 속이 비고 단단한 물건이 서로 부딪칠 때 되알지게 나는 소리, 또는 그 모양을 나타내는 말. ☞왜각대각
왜-나막신(倭-)명 게다
왜-난목(倭-木)명 옷의 안감으로 쓰이는 품질이 낮은 무명. 내공목(內拱木)
왜-낫(倭-)명 날이 얇고 날카로우며 자루가 긴 낫.
왜냐-하면 부 왜 그런가 하면. 왜 그러냐 하면.
왜뚤-삐뚤 부-하다 형 ①여러 개가 고르지 않게 이리저리 삐뚤어진 모양을 나타내는 말. ②길이나 선 따위가 이리저리 굽어져 있는 모양을 나타내는 말.
왜란(倭亂)명 ①일본 사람들이 일으킨 난리. ②'임진왜란(壬辰倭亂)'의 준말.
왜력(歪力)명 응력(應力)
왜루(矮陋)어기 '왜루(矮陋)하다'의 어기(語基).
왜루-하다(矮陋-)형여 ①키가 작고 얼굴이 못생기다. ②집 따위가 낮고 누추하다.
왜림(矮林)명 키가 작은 나무들로 이루어진 숲.
왜마(矮馬)명 몸집이 작은 종자의 말. 조랑말
왜-모시(倭-)명 당모시보다 올이 굵은 모시.
왜-몰개(矮-)명 피라미아과의 민물고기. 몸길이는 6cm 안팎이며, 등지느러미가 짧음. 몸빛은 등 쪽이 암갈색, 배 쪽은 은백색임. 하천이나 못에 삶.
왜-무(倭-)명 무의 한 품종. 밑동이 굵고 길며, 살이 무른 개량종 무. 주로 단무지용으로 쓰임. ☞조선무
왜-밀(倭-)명 '왜밀기름'의 준말.
왜-밀기름(倭-)명 향료를 섞어 만든 밀기름. 준 왜밀
왜-바람(倭-)명 이리저리 일정한 방향 없이 마구 부는 바람. 왜풍(倭風)
왜-반:물(倭-)명 남빛에 검은빛이 섞인 물감.
왜배기 명 겉보기에 좋고 질도 괜찮은 물건.
왜선(倭船)명 일본 배.
왜성(矮性)명 생물이 동종(同種)의 표준 크기보다 작게 자라는 성질, 또는 그러한 성질을 가진 품종.
왜성(矮星)명 지름과 광도(光度)가 작은 항성(恒星). ☞거성(巨星)
왜소(矮小)어기 '왜소(矮小)하다'의 어기(語基).
왜소-하다(矮小-)형여 체격이 작고 볼품없다.
왜소-화(矮小化)명-하다 자타 왜소하게 되거나 만듦.
왜-솜:다리(倭-)명 국화과의 여러해살이풀. 줄기 높이 25～50cm. 전체에 솜털이 있으며, 잎은 길둥글고 끝이 뾰족함. 8～9월에 회백색 꽃이 피고, 열매는 수과(瘦果)임. 소백산 이북의 높은 산에서 자람.
왜송(倭松)명 '눈잣나무'의 딴이름.
왜송(矮松)명 가지가 많이 퍼져 다보록한 키 작은 소나무. 다복솔
왜식(倭式)명 일본식
왜식(倭食)명 일본식 요리. 일식(日食)
왜어유해(倭語類解)명 조선 숙종 때 홍순명(洪舜明)이 엮은 일본어 학습서. 천문(天文)·시후(時候) 등 여러 부문의 한자말 3,351개를 싣고, 그 한자 밑 오른쪽에 한글로 우리말 뜻과 독음(讀音)을, 그 왼쪽에 일본 독음을 한글로 표기하고, 그 아래 따로 일본어를 한글로 표기한 체재임. 2권 2책의 목판본.
왜:-여모기 명 조의 한 품종. 줄기는 희고 이삭과 까끄라기가 깊.
왜옥(矮屋)명 낮고 작은 집.
왜-이이(矮-)명-하다 타 짧은 재목을 이어 씀, 또는 그렇게 하는 방법.
왜인(倭人)명 일본 사람.
왜인(矮人)명 난쟁이. 왜자(矮子)
왜인관장(矮人觀場)성구 왜자간희(矮子看戲)
왜자(矮子)명 난쟁이. 왜인(矮人) ☞거인(巨人)
왜자간희(矮子看戲)성구 난쟁이가 연극을 구경한다는 뜻으로, 여러 사람 틈에서 키가 작아 구경은 못하고 남들이 하는 말을 듣고 구경한체 한다는 데서, 주견이 없이 남의 의견에 따라 행동함을 비유하여 이르는 말. 왜인관장(矮人觀場)
왜자기다 자 왁자지껄하게 떠들다.
왜자-하다 형여 소문이 퍼져 자자하다.
왜장(倭將)명 지난날, 일본의 장수(將帥)를 이르던 말.
왜장-녀(-女)명 ①체격이 크고 부끄러움을 타지 않는 여자를 이르는 말. ②산디놀음에서 여자의 탈을 쓰고 춤추는 사람, 또는 그 탈.
왜장-치다 자 누구라고 맞대지 않고 헛되이 큰소리치다.
왜적(倭賊)명 지난날, '왜구(倭寇)'를 이르던 말.
왜적(倭敵)명 지난날, 적으로서의 일본, 또는 일본 사람을 이르던 말.
왜전(矮箭)명 대의 길이가 짧은 화살. 짧은작
왜죽-왜죽 부 두 팔을 회회 내저으며 급히 걸어가는 모양을 나타내는 말. ☞웨죽웨죽
왜쭉-왜쭉 부 걸핏하면 성이 나서 토라지는 모양을 나타내는 말.
왜첨(矮簷·矮檐)명 짧고 낮은 처마. ☞단첨(短檐)
왜축(矮縮)명-하다 자 쪼그라져 줄어듦.
왜-태(-太)명 큰 명태.
왜:퉁-스럽다(-스럽고·-스러워)형ㅂ 엉뚱하게 느껴질 만큼 매우 새삼스럽다.
왜퉁-스레 부 왜퉁스럽게
왜틀-비틀 부 이리저리 비틀거리며 걷는 모양을 나타내는 말. ¶술에 취하여 – 걸어가다.
왜포(倭布)명 광목(廣木)
왜풍(倭風)명 ①왜바람 ②일본의 풍속.
왜형(歪形)명 비뚤어진 모양.
왜화(矮花)명 작은 꽃.
왝 부 ①속이 매스꺼워 헛구역질을 하거나 게우는 소리를 나타내는 말. ②왜가리 따위가 우는 소리를 나타내는 말. ☞웩
왝-왝 부 ①속이 매스꺼워 잇달아 헛구역질을 하거나 게우는 소리를 나타내는 말. ②왜가리 따위가 자꾸 우는 소리를 나타내는 말. ☞웩웩
왝왝-거리다(대다) 자 자꾸 왝왝 소리를 내다. ☞웩웩거리다
왠:지 부 왜 그런지 모르게. 뚜렷한 이유도 없이. ¶오늘은 – 기분이 좋다. 유 어쩐지
왱 부 ①세찬 바람이 전선 등을 스칠 때 나는 소리를 나타내는 말. ②벌 따위가 날아다닐 때 나는 소리를 나타내는 말. ③작은 돌멩이 따위가 공기를 가르면서 날아갈 때 나는 소리를 나타내는 말. ④작은 기계 바퀴 따위가 돌아갈 때 나는 소리를 나타내는 말. ☞윙. 웽
왱강-댕강 부 얇고 작은 여러 개의 쇠붙이 따위가 서로 마구 부딪칠 때 울리어 나는 소리, 또는 그 모양을 나타내는 말. ☞웽겅뎅겅
왱그랑-거리다(대다) 자 왱그랑왱그랑 소리를 내다. ☞웽그렁거리다
왱그랑-댕그랑 부 왱그랑거리고 댕그랑거리는 소리를 나타내는 말. ☞웽그렁뎅그렁
왱그랑-왱그랑 부 쇠붙이 따위가 요리조리 부딪치며 요란스레 울리어 나는 소리를 나타내는 말. ¶교회의 종소리가 – 들려 온다. ☞웽그렁웽그렁
왱댕그랑 부 여러 개의 크고 작은 쇠붙이가 서로 이리저리 부딪칠 때 요란하게 울리어 나는 소리를 나타내는 말.
왱왱[1] 부 맑고 높은 목소리로 막힘 없이 글을 읽거나 외는 소리를 나타내는 말.
왱-왱[2] 부 잇달아 왱 하는 소리를 나타내는 말. ☞윙윙
왱왱-거리다(대다) 자 자꾸 왱왱 소리가 나다. ☞윙윙거리다. 웽웽거리다
외[1] 명〈어〉한글 자모(字母) 'ㅚ'의 이름.
외:[2] 명 '오이'의 준말.
외(*椳)명 재래식 한옥에서, 벽을 치려고 댓가지나 싸리 따위로 가로 세로 엮은 것. 그 위에 이긴 흙을 발라서 벽을 만듦. ¶–를 엮다. ☞누울외. 설외. 중깃

외:(外)의 시간·공간·수량 따위의, 일정한 한계의 밖. ¶관계자 -에 출입 금지./그 -에도 많다. ☞내(內)

외-접두 '오직 하나인'의 뜻을 나타냄. ¶외아들/외기러기/외눈/외나무다리

외:(外)-《접두사처럼 쓰이어》①'바깥'의 뜻을 나타냄. ¶외출혈(外出血)/외면적(外面的) ②'외가(外家)'의 뜻을 나타냄. ¶외할아버지/외삼촌(外三寸) ☞친(親)-

-외(外)《접미사처럼 쓰이어》'이외'의 뜻을 나타냄. ¶예상외(豫想外)/상상외(想像外)

외:가(外家)명 어머니의 친정. 외갓집

외-가닥명 외줄로 된 가닥.

외:가-댁(外家宅)명 남을 높이어, 그의 외가를 이르는 말.

외:가-서(外家書)명 중국에서, 유교의 경서(經書)와 사기(史記) 이외의 모든 서적을 통틀어 이르는 말. 준 외서

외:각(外角)명 ①다각형에서, 한 변의 연장선과 이웃하는 다른 한 변이 이루는 각. ②야구에서, 홈베이스의 중심에서 타자로부터 먼 쪽. 아웃코너 ☞내각(內角)

외:각(外殼)명 겉껍데기 ☞내각(內殼)

외:-각:사(外各司)명 지난날, 궁궐 밖에 있던 모든 관아. ☞내각사(內各司)

외:간(外間)명 ①동기나 친척이 아닌 남. ¶- 남자와 만나다. ②자기 집 밖의 다른 곳. ¶-에서 퍼진 소문.

외:간(外艱)명 아버지의 상사(喪事), 또는 아버지를 여의었을 때의 할아버지의 상사. 외간상(外艱喪). 외우(外憂) ☞내간(內艱)

외:간(外簡)명 남자끼리 주고받는 편지. ☞내간(內簡)

외:간-상(外艱喪)명 외간(外艱)

외-갈래명 오직 한 갈래.

외갈-소:로(-小櫨)명 재래식 한옥에서, 두공(枓栱) 끝에 놓는 접시받침.

외:감(外感)명 한방에서, 고르지 않은 기후 때문에 생기는 감기 따위의 병을 통틀어 이르는 말. ☞내상(內傷)

외:-감:각(外感覺)명 외부 감각(外部感覺)

외:감-내:상(外感內傷)명 한방에서, 감기에 배탈이 겹친 병증을 이르는 말.

외:갓-집(外家-)명 외가(外家)

속담 **외갓집 들어가듯** : 자기 집에 들어가듯 거리낌없이 들어감을 이르는 말.

외:강내:유(外剛內柔)성구 겉으로는 강하게 보이나 속은 부드러움을 이르는 말. 내유외강(內柔外剛) ☞외유내강(外柔內剛)

외:객(外客)명 ①남자 손님. 바깥손님 ☞내객(內客) ②외부에서 온 손.

외:겁(畏怯)명-하다타 두려워하고 겁냄.

외:견(外見)명 겉보기. 외관(外觀)

외-겹명 겹으로 되어 있지 않은 단 한 켜.

외겹-실명 외올실

외:경(外徑)명 관(管)이나 구(球) 따위의 바깥쪽까지 잰 지름. 바깥지름 ☞내경(內徑)

외:경(畏敬)명-하다타 경외(敬畏)

외:계(外界)명 ①어떤 사람이나 사물 등을 둘러싸고 있는 것, 또는 그 바깥 세계. ②철학에서, 자기의 의식으로부터 독립하여 존재하는 것. ③불교에서, 중생의 '마음'에 대하여 '몸'을 이르는 말. ④불교에서, 육계(六界) 가운데 식계(識界)를 제외한 지(地)·수(水)·화(火)·풍(風)·공(空)을 이르는 말. ☞내계(內界)

외:고(外姑)명 편지에서, '장모(丈母)'를 일컫는 말. ☞외구(外舅)

외-고리눈이명 한쪽 눈이 고리눈인 말. ☞고리눈

외-고집(-固執)명 융통성이 없이 외곬으로 부리는 고집, 또는 그런 고집을 부리는 사람.

외곡(歪曲)명-하다타 사실과 다르게 그릇 해석함. 왜곡(歪曲) ¶역사를 -하여 기록하다./-된 보도.

외:-골격(外骨格)명 몸의 바깥쪽을 둘러싸고 몸을 지탱하거나 보호하는 골격. 표피와 그 바로 밑의 결합 조직으로 되어 있음. 곤충이나 연체동물 등에서 볼 수 있음. 겉뼈대 ☞내골격(內骨格)

외-골목명 단 하나 뿐인 골목.

외-곬명 ①한곳으로만 트인 길. ¶- 인생 ②[주로 외곬으로의 꼴로 쓰이어] 단 한 가지 방법이나 길. ¶-으로 생각하다./-으로 파고들다.

외:공(外供)명 옷의 겉감.

외:과(外科)명 의학의 한 분과. 신체 외부의 상처나 내장 기관의 질병 등을 주로 수술로 치료함. ☞내과(內科)

> ▶ '성형 외과'와 '정형 외과'
> ○ '성형 외과'는 인체의 부분적인 손상이나 기형(畸形)의 교정, 미용(美容)을 위한 수술을 전문으로 하는 외과의 한 분야이다.
> ○ '정형 외과'는 인체(人體)의 골격·관절·근육·신경 등 운동기 계통의 형태 이상이나 기능 장애 등을 진료(診療)하는 외과의 한 분야이다.

외:과(外踝)명 발회목 바깥쪽으로 도도록이 불거져 있는 복사뼈. ☞내과(內踝)

외:-과:피(外果皮)명 열매의 가장 바깥쪽에 있는 껍질. ☞내과피. 중과피

외:곽(外郭·外廓)명 ①겹으로 쌓은 성의 바깥 성. 외성(外城) ☞성곽(城郭) ②바깥 테두리. ☞내곽(內郭)

외:곽(外槨)명 관(棺)을 담는 궤. 곽(槨). 외관(外棺) ☞덧널

외:곽=단체(外郭團體)명 관청이나 정당 같은 기관 등의 외부에 있으면서 그것의 보조를 받아 운영되며 그 사업 활동을 돕는 단체.

외:관(外官)명 지난날, 지방에 있는 각 관아의 관원을 이르던 말. ☞경관(京官)

외:관(外棺)명 외곽(外槨)

외:관(外觀)명 겉으로 드러나 보이는 모양새. 겉보기. 외견(外見) ¶-은 그럴듯하다.

외:관-직(外官職)명 지난날, 지방에 있는 각 관아의 관직을 이르던 말. 외임(外任). 외직(外職) ☞경관직(京官職)

외:-광선(外光線)명 옥외(屋外)의 태양 광선.

외:교(外交)명 ①다른 나라와의 교섭이나 교제. ②외부와의 교섭이나 교제.

외:교(外敎)명 불교에서, 불교 이외의 종교를 이르는 말. 외도(外道)[3] ☞내교(內敎)

외:교-가(外交家)명 ①외교를 직업으로 하는 사람. ②외교를 능란하게 하는 사람.

외:교-관(外交官)명 나라를 대표하여 외국에 파견되거나 주재하여 외교 사무를 맡아보는 공무원.

외:교-권(外交權)[-꿘]명 주권 국가로서 제삼국의 간섭을 받지 않고 외교 교섭을 할 수 있는 권리.

외:교=기관(外交機關)명 외교에 관한 사무를 맡은 국가 기관.

외:교-단(外交團)명 한 나라에 주재하는 여러 다른 나라의 외교 사절의 단체.

외:교=문서(外交文書)명 나라 사이의 외교 교섭에 관한 모든 문서. 조약이나 선언, 통첩 등 법률적 효력을 가진 문서를 이름.

외:교=사:절(外交使節)명 한 나라의 대표로서 외국에 파견되어 외교 교섭을 하고 자국민을 보호·감독하며, 주재국의 정세를 관찰하여 본국에 보고하는 공무원. 상주 사절로는 대사(大使), 공사(公使), 대리 공사(代理公使) 등이 있고, 임시 사절로는 특파 전권 대사(特派全權大使) 등이 있음.

외:교-원(外交員)명 은행이나 회사 등에서 교섭이나 권유, 선전, 판매 등을 위하여 고객을 방문하는 일을 주로 하는 사원. 외무원

외:교적=보:호(外交的保護)명 외국에서 자국민이 받은 손해에 대해서, 본국이 그 나라에 외교적 절차에 따라 적절한 구제를 해 주도록 요구하는 일.

외:교=정책(外交政策)명 한 나라가 자국(自國)의 정치 목적이나 국가 이익을 위해 다른 나라에 대하여 취하는 정책.

외:교=특권(外交特權)명 외교 사절이 주재(駐在)하는 나

라에서 누리는 국제법상의 특권. 불가침권이나 치외 법권 따위.

외:교=파우치(外交pouch)명 외교상의 기밀 문서나 자료 따위를 수송하는 데 쓰이는 특수 우편 행낭.

외:구(外寇)명 외부에서 쳐들어오는 적. 외적(外敵)

외:구(外舅)명 편지에서, '장인(丈人)'을 일컫는 말. ☞빙장(聘丈). 악장(岳丈). 외고(外姑)

외:구(畏懼)명-하다타 삼가고 두려워함.

외:구(煨灸)명-하다타 불에 구움.

외:국(外局)명 중앙 행정 기관에 딸려 있으면서 독립적인 업무를 집행하는 기관. 국방부에 딸린 병무청 따위.

외:국(外國)명 다른 나라. 외방(外邦). 타국(他國) ☞내국(內國)

외:국=공채(外國公債)명 정부나 공공 단체 등이 외국의 자본 시장에서 발행하는 공채. ☞내국 공채(內國公債)

외:국=무:역(外國貿易)명 자기 나라와 다른 나라 사이에 이루어지는 수출과 수입. 해외 무역(海外貿易) ☞내국 무역(內國貿易)

외:국-미(外國米)명 외국에서 들여온 쌀. 준외미(外米)

외:국-법(外國法)명 ①외국의 주권에 따라 제정된 법규. ②국제 사법 관계의 준거법으로 쓰이는 외국의 법률. ☞내국법(內國法)

외:국=법인(外國法人)명 외국의 법에 따라 설립된 법인. ☞내국 법인(內國法人)

외:국=사:절(外國使節)명 외국의 정부에서 파견된 그 나라의 대표자. 특명 전권 대사, 특명 전권 공사, 대리 공사, 임시 외교 사절 등.

외:국-산(外國産)명 외국에서 생산된 물품.

외:국-선(外國船)명 다른 나라의 배. 외국에 선적(船籍)을 두고 있는 배.

외:국선=추섭권(外國船追躡權)명 한 나라의 영해 안에서 밀어(密漁) 따위의 위법 행위를 한 외국 선박을 그 나라의 군함이 영해 밖까지 쫓아가서 압류할 수 있는 권리.

외:국-어(外國語)명 다른 나라의 말.

외:국=우편(外國郵便)명 국제간의 조약 또는 약정에 따라 외국으로 부치거나 외국에서 부쳐 오는 우편. 배 편과 항공 편이 있음.

외:국=은행(外國銀行)명 자기 나라에 있는 다른 나라의 은행. 은행법상 외국의 법령에 따라 외국에서 운영하는 은행.

외:국-인(外國人)명 ①다른 나라의 사람. ②외국의 국적을 가진 사람. 국적이 없는 사람도 이에 포함됨. 타국인(他國人) 준외인(外人) ☞내국인(內國人)

외:국인=학교(外國人學校)명 외국인의 자녀를 대상으로 하여 그 본국의 교과 과정에 따른 교육을 실시하는 학교.

외:국=자:본(外國資本)명 외국인이 국내 기업 등에 투자한 자본. 준외자(外資)

외:국-제(外國製)명 외국에서 만든 물품. 준외제(外製) ☞내국제(內國製)

외:국-채(外國債)명 자금을 마련하기 위하여 외국의 자본 시장에서 발행하는 자기 나라의 공채나 사채. 외국 화폐로 표시되고 원금과 이자도 외국 화폐로 치름. 준외채(外債) ☞내국채(內國債)

외:국=판결(外國判決)명 외국 법원의 확정 판결. 민사(民事)에서는 일정한 요건만 갖추면 국내의 판결과 같은 효력을 가짐.

외:국=항:로(外國航路)명 국내에서 외국에 이르는 항로. ☞국내 항로(國內航路). 내국 항로

외:국=화:폐=어음(外國貨幣-)명 어음 금액이 외국 화폐로 표시된 어음.

외:국-환(外國換)명 통화(通貨)를 달리하는 국제간의 채권 채무를 현금으로 하지 않고 환어음으로 결제하는 방식. 국제환(國際換) 준외환(外換) ☞내국환(內國換)

외:국환=관:리법(外國換管理法)[-뻡]명 외국환과 그 대외 거래의 관리에 관한 여러 사항을 규정한 법률. 준외환 관리법(外換管理法)

외:국환=시세(外國換時勢)명 한 나라의 통화와 다른 나라 통화의 교환 비율. 외국환 시장에서 이루어짐. 외환율(外換率). 환율(換率). 환시세(換時勢)

외:국환=시:장(外國換市場)명 외국환이 거래되고 외국환 시세가 이루어지는 시장. 환시장(換市場) 준외환 시장

외:국환=어음(外國換-)명 어음의 발행지와 지급지가 서로 다른 나라로 되어 수출입 거래에 쓰이는 환어음.

외:국환=은행(外國換銀行)명 외국환의 매매, 수출입 신용장의 개설, 대외 환거래 계약의 체결 등 외국환 업무를 다루는 특수 은행. 준외환 은행(外換銀行)

외:국=회:사(外國會社)명 외국의 국적을 가진 회사. 외국의 법률에 따라 설립된 회사.

외:군(外軍)명 다른 나라의 군대.

외:근(外勤)명-하다자 관청이나 회사 등의 직원으로서 외부와 관계되는 일을 하기 위하여 직장 밖에 나가서 하는 근무. ¶ ─ 사원 ☞내근(內勤)

외:-금정(外金井)명 무덤의 구덩이를 팔 때, 그 길이와 넓이를 금정틀에 맞추어 파낸 곳.

외급(嵬岌)명 높이 솟은 산.

외:기(外技)명 잡된 여러 가지 노름. 잡기(雜技)

외:기(外記)명 본문 이외의 기록.

외:기(外氣)명 방 밖의 공기. 외부의 공기. ¶문틈으로 ─가 스며들다.

외:기(畏忌)명-하다타 두려워하고 꺼림. 외탄(畏憚)

외:기-권(外氣圈)[-꿘]명 대기권(大氣圈)의 가장 바깥층. 지표(地表)에서 약 500km 이상의 영역을 이름.

외-기러기명 무리와 떨어져 외톨이가 된 기러기. 고안(孤雁)

외기러기 짝사랑관용 자기에 대해서 아무 생각도 없는 사람에게 혼자서만 사랑하는 마음을 품고 그리워하는 경우를 비유하여 이르는 말.

외-길명 ①오직 한군데로만 난 길. 외통길 ¶논밭 사이로 난 ─. ②오직 한 가지 일에만 전념하는 일. ¶ ─ 인생

외길-목명 여러 갈래의 길에서 외길로 접어들게 된 어귀. ¶ ─으로 접어들다. 준외목

외:-김치명 '오이김치'의 준말.

외:-꼬부랑이명 꼬부라진 모양의 오이.

외:-꼬지명 조의 한 품종. 줄기가 희고 까끄라기가 짧으며 알이 누른데, 6월경에 익음.

외나무-다리명 통나무 하나를 걸쳐놓은 다리. 독목교(獨木橋)

속담 **외나무다리에서 만날 날이 있다** : 남과 원수진 사람은 언젠가는 피하기 어려운 데에서 만나 화를 입게 마련이라는 말. 〔원수는 외나무다리에서 만난다〕

외:-나물명 '오이풀'의 딴이름.

외:난(外難)명 밖으로부터 닥치는 재난.

외-눈명 짝을 이루지 않은 하나의 눈. 단안(單眼)

외눈(의) 부처관용 하나밖에 없는 눈동자라는 뜻으로, 매우 소중한 것을 이르는 말.

외눈-박이명 애꾸눈이

×**외눈-퉁이**명 → 애꾸눈이

외:다[1] 타 '외우다'의 준말. ¶경문을 ─. /글을 외고 있다.

> ▶ **본딧말과 준말을 다 같이 표준어로**
> 본딧말과 준말이 다 같이 널리 쓰이는 말은 두 가지를 다 표준어로 삼는다.
> ○ 본딧말 '외우다' — 외우고/외우며/외우니/외워
> ○ 준말 '외다' — 외고/외며/외니/외어
> ○ 비슷한 예들 ¶노을=놀/막대기=막대/머무르다=머물다/서투르다=서툴다/찌꺼기=찌끼

한자 **욀 송**(誦) 〔言部 7획〕 ¶송경(誦經)/송독(誦讀)/낭송(朗誦)/암송(暗誦)

외:다[2] 형 물건이 좌우가 뒤바뀌어 쓰기에 불편하다.

-외다 어미 '-오이다'의 준말. ¶이것 참 편리하외다. /민족은 영원하외다. /이 사람이 제 아내외다. ☞-으외다

외다리-소반(-小盤)명 단각반(單脚盤) ☞죽절반

외:당(外堂)명 재래식 한옥에서, 안채와 떨어져 있는 사랑

(舍廊), 또는 사랑채를 달리 이르는 말.

외:-당숙(外堂叔)명 '외종숙(外從叔)'을 친근히 이르는 말.

외:-당숙모(外堂叔母)명 '외종숙모(外從叔母)'를 친근하게 이르는 말.

외:-당질(外堂姪)명 외종질(外從姪)

외:-당질녀(外堂姪女)명 외종질녀(外從姪女)

외-대명 나무나 풀의 단 한 대.

외:대(外待)명-하다타 푸대접 ¶ -를 받다.

외-대:다[1] 타 사실과 반대로 일러주다. ¶외대지 말고 사실대로 말해라. /왜 외댔는지 알 수 없다.

외-대:다[2] 타 ①소홀하게 대접하다. ②꺼리며 멀리하다.

외대-머리명 정식 혼례를 하지 않고 머리를 쪽진 여자라는 뜻으로, 지난날 기생이나 매춘부를 이르던 말.

외대-박이[1]명 ①돛대가 하나 뿐인 돛배. ②배추나 무의 한 포기로 한 뭇을 만든 것.

×**외대-박이**[2]명 →애꾸눈이

외대-으아리명 미나리아재빗과의 낙엽 활엽 덩굴풀. 5~6월에 흰 꽃이 피고 열매는 9~10월에 익음. 산기슭 양지에 자람. 뿌리는 약으로 쓰이고 어린잎은 먹을 수 있음.

외:도(外道)[1]명 조선 시대, 경기도(京畿道) 이외의 다른 도(道)를 이르던 말.

외:도(外道)[2]명 ①정도(正道)가 아닌 길, 또는 정도를 어기는 일. ②-하다자 오입(誤入)

외도(를) 하다관용 ①오입을 하다. ②자기가 본디 하는 일이 아닌 다른 잡일에 손을 대다.

외:도(外道)[3]명 불교에서, 불교 이외의 종교를 이르는 말. 외교(外敎) ☞내도(內道)

외-독(-櫝)명 하나의 신주(神主)만 모신 주독(主櫝). ☞합독(合櫝)

외-독자(-獨子)명 외아들

외-돌:다(-돌고·-도니)자 남과 어울리지 않고 외톨이로 행동하다. ¶외돌지 않고 이웃과 잘 어울린다.

외-돌토리명 의지할 데도 없고 매인 데도 없는 홀몸. ¶ - 신세가 되다. 준외톨. 외톨이

외동-덤명 자반고등어 따위의 배에 덤으로 끼워 놓는 한 마리의 새끼 자반.

외동-딸명 '외딸'을 귀엽게 이르는 말. ☞외동아들

외동-아들명 '외아들'을 귀엽게 이르는 말. ☞외동딸

외-동이명 '외아들'을 귀엽게 이르는 말.

외-등(外等)명 지난날, 시문(詩文)을 꼲을 때의 가장 낮은 등급. 차하(次下)의 아래. ☞삼상(三上). 상상(上上). 이상(二上). 차상(次上)

외-등(外燈)명 '옥외등(屋外燈)'의 준말.

외-따님명 남을 높이어, 그의 외딸을 일컫는 말.

외-따로부 홀로 따로. 오직 홀로. ¶ - 살다. /- 있는 집.

외-따롭다(-따롭고·-따로워)형ㅂ 보기에 홀로 떨어져 있는듯 하다. ¶외따로운 곳에서 살다.

외-따로이부 외따롭게

외-딴[1]명 택견 따위 운동에서, 혼자 휩쓸며 판을 치는 일.

외딴[2]관 외따로 있는. ¶ - 건물. /- 마을.

외딴-길명 외진 곳에 나 있는 작은 길.

외딴-섬명 외따로 있는 섬.

외딴-집명 외따로 있는 집. 독립 가옥(獨立家屋) ¶ -에서 홀로 살다.

외딴-치다자 택견 따위 운동에서, 혼자 휩쓸며 판을 치다.

외-딸명 ①아들은 없이 오직 하나 뿐인 딸. ②딸로는 하나 뿐인 딸. 독녀(獨女) ☞외아들

외-떡잎[-닢]명 한 개의 배(胚)에서 나오는 한 장의 떡잎. 단자엽(單子葉) ☞뭇떡잎. 쌍떡잎

외떡잎-식물(-植物)[-닙-]명 속씨식물의 한 강(綱). 밑씨가 한 장의 떡잎을 가진 식물임. 벼나 보리, 백합 따위. 단자엽식물(單子葉植物) ☞쌍떡잎식물

외떡잎-씨앗[-닙-]명 밑씨가 한 장의 떡잎을 가진 씨앗. 단자엽종자(單子葉種子)

외:람(猥濫)어기 '외람(猥濫)하다'의 어기(語基).

외:람-되다(猥濫-)[-뙤-]형 하는 짓이 도리나 분수에 지나친 데가 있다. ¶외람된 생각. /외람되오나….

외람-되이부 외람되게

외:람-스럽다(猥濫-)(-스럽고·-스러워)형ㅂ 보기에 외람한듯 하다. ¶외람스럽기 그지없는 말.

외람-스레부 외람스럽게

외:람-하다(猥濫-)형여 하는 짓이 도리나 분수에 지나치다. 준남하다

외:래(外來)명 ①다른 데서 온 것. ②외국에서 국내에 들어오거나 전하여 온 것. ¶ - 문물/- 식물 ③입원하지 않고 병원에 다니면서 진찰과 치료를 받는 일, 또는 그렇게 하는 사람.

외:래=문화(外來文化)명 외국에서 전하여 온 문화. ☞고유 문화(固有文化)

외:래=사상(外來思想)명 외국에서 전하여 온 사상.

외:래-어(外來語)명 한자어(漢字語) 이외의 말로, 외국어에서 빌려 마치 국어처럼 쓰게 된 단어. 라디오·아파트·라면 따위. 들온말

> ▶ **외래어 표기의 받침 적기**
> 한자(漢字) 음의 받침은 'ㄱ·ㄴ·ㄹ·ㅁ·ㅂ·ㅇ'의 여섯 글자밖에 없다. 서양 쪽에서 들어온 말을 적을 경우에는 'ㅅ'을 더 보태어 일곱 글자를 사용한다. 이를테면 cat은 '캣'으로, market은 '마켓'으로 적는다. '마켙'으로 적어서는 안 된다.

외:래-종(外來種)명 외국에서 들어온 씨앗이나 품종. ☞재래종(在來種)

외:래-품(外來品)명 외국에서 들어온 물품. ☞국산품

외:래=환:자(外來患者)명 병원에서, 진찰이나 치료를 받으러 온 환자를 입원 환자와 구별하여 이르는 말.

외:려부 '오히려'의 준말. ¶잘못한 사람이 - 화를 낸다. /- 잘 된 일이다.

외:력(外力)명 어떤 물체나 재료, 또는 구조 따위에 외부로부터 작용하는 힘. ☞내력(內力)

외:로부 왼쪽으로. 왼쪽으로 향하여. ¶ - 꼰 금줄. ☞오르로

외로 지나 바로 지나관용 이렇게 되든지 저렇게 되든지 마찬가지라는 뜻.

외로움명 외로운 느낌. 쓸쓸한 느낌. ¶ -을 느끼다. /-을 달래다.

외:론(外論)명 외부 사람의 논평.

외롭다(외롭고·외로워)형ㅂ 혼자 있거나 의지할 데가 없어 쓸쓸하다. ¶홀로 되어 외롭게 지내다. /외로운 마음.

외로이부 외롭게 ¶ - 지내다.

한자 **외로울 고**(孤)〔子部 5획〕¶고독(孤獨)/고로(孤老)/고영(孤影)/고운(孤雲)/고적(孤寂)/고주(孤舟)

외:륜(外輪)명 ①바깥쪽의 바퀴. ②바퀴의 바깥쪽에 다는 쇠붙이로 된 덮개.

외:륜-산(外輪山)명 복합 화산(複合火山)의 분화구(噴火口)를 둘러싸고 있는 고리 모양의 산. ☞내륜산

외:륜-선(外輪船)명 외차(外車)를 양쪽 뱃전이나 고물에 달아 항해하는 기선(汽船). 외차선(外車船)

외-마디명 ①양쪽 끝 사이가 밋밋하게 한 결로 된 동강. ②한 음절로 된 소리의 마디. ¶ -로 지르는 소리. /-비명

외마디-설대[-때]명 외마디로 된 담배 설대.

외마디-소리명 높고 날카롭게 지르는 한 마디의 소리.

외-마치명 ①혼자 치는 마치. ②'외마치장단'의 준말.

외마치-장단명 북이나 장구 따위를 칠 때, 소리의 높낮이나 박자를 바꾸지 않고 단조롭게 치는 장단. 준외마치

외:맥(外麥)명 외국산 밀이나 보리.

외-맹이명 광산에서 돌에 구멍을 뚫을 때, 정을 한 손으로 쥐고 때리는 망치질.

외-며느리명 오직 하나 뿐인 며느리.

속담 **외며느리 고운 데 없다** : 외며느리는 다른 며느리와 비교할 수가 없기 때문에 언제나 밉게 보이게 마련이라는 말.

외:면(外面)[1]명 ①겉면 ②겉에 드러나는 모양. ¶ -을 꾸

미다. ☞내면(內面)

외:면(外面)[2] 명 -하다 자타 ①마주 대하기를 꺼려 얼굴을 돌림. ¶면목없어 -하다. ②받아들이지 않고 멀리하거나 문제로 삼지 아니함. ¶그의 간곡한 권유를 -하다.

외:면=묘:사(外面描寫) 명 소설 따위에서, 인물의 행동이나 태도 등 외면에 나타난 상태를 묘사함으로써 그의 성격이나 심리(心理)를 나타내려 하는 방법. ☞내면 묘사(內面描寫)

외:면-수새(外面-) 명 -하다 자타 마음에 없는 말로 그럴듯하게 발라맞추는 일.

외:면-적(外面的) 명 어떤 사물의 겉에 나타난 상태에 관련된 것. ¶-인 변화를 관찰하다.

외:면-치레(外面-) 명 -하다 자 겉만 번드르르하게 꾸미는 짓. 겉치레. 면치레. 외식(外飾) ¶-만 요란할 뿐 실속이 없다.

외:-명:부(外命婦) 명 고려·조선 시대, 공주(公主)·옹주(翁主) 등과 종친(宗親)·문무관(文武官)의 아내로서 남편의 직품(職品)에 따라서 품계를 가졌던 여자를 두루 이르던 말. ☞내명부(內命婦)

외:모(外侮) 명 외부로부터 받는 모욕.

외:모(外貌) 명 겉모습 ¶단정한 -.

속담 **외모는 거울로 보고 마음은 술로 본다** : 술을 마시게 되면, 본심을 털어놓고 이야기한다는 뜻으로 하는 말.

외-목 명 ①'외길목'의 준말. ②'외목장사'의 준말.

외:목(外目) 명 ①재래식 한옥에서, 기둥의 바깥쪽을 이르는 말. ☞바깥목 ②바둑에서, 각 귀 쪽의 제3선과 제5선이 교차하는 점을 이르는 말. ☞소목(小目)

외:목-도리(外目-) 명 재래식 한옥에서, 공포 바깥에 서까래를 얹기 위해 가로 얹는 도리를 이르는 말.

외목-장사 명 혼자만 독차지하여 파는 장사. 준 외목

외목-장수 명 외목장사를 하는 사람.

외-몬다위 명 '단봉낙타(單峰駱駝)'를 흔히 이르는 말.

외:무(外務) 명 ①외교에 관한 사무. ②관청이나 회사 등의 직원으로서 직장 밖에 나가서 업무를 보는 일.

외:무=고등=고:시(外務高等考試) 명 5급 공무원 공개 채용 시험의 하나. 행정 고등 고시, 기술 고등 고시와 함께 공무원 임용 시험령에 따라 실시함.

외:-무릅 명 '오이무릅'의 준말.

외:무-아문(外務衙門) 명 1894년(조선 고종 31)에 신설한 관아. 외교 행정을 총괄함.

외:무-원(外務員) 명 외교원(外交員)

외무주장(外無主張) 성구 집안에 살림을 맡아 할만 한 장성한 남자가 없다는 뜻. ☞내무주장(內無主張)

외-문(-門) 명 외짝으로 된 문.

외:문(外門) 명 바깥문

외:문(外問) 명 -하다 자 초상집에 가서 들어가지 않고 문밖에서 조문하는 일.

외:문(外聞) 명 바깥소문

외-문갑(-文匣) 명 짝을 이루지 않고, 외짝으로 쓰게 만든 문갑.

외:물(外物) 명 ①자기 이외의 사물(事物). 외계의 사물. ②철학에서, 자아(自我)의 작용 밖에 있으며 객관적 세계에 있는 대상을 이르는 말.

외:미(外米) 명 '외국미(外國米)'의 준말.

외-바퀴 명 하나의 바퀴. ¶- 자전거

외:박(外泊) 명 -하다 자 자기의 집이나 늘 지내는 곳이 아닌 곳에서 잠. 외숙(外宿) ¶-을 나가다.

외:반-슬(外反膝) 명 두 다리를 한데 모으고 섰을 때, 무릎 아래 부분이 바깥쪽으로 벋은 모양의 다리. 엑스각(X脚) ☞내반슬(內反膝). 밭장다리

외발-제기 명 한 발로만 차는 제기.

외:방(外方) 명 ①지난날, 서울 이외의 지방을 이르던 말. 외하방(外下方) ② 외지(外地) ③외부. 바깥쪽

외:방(外邦) 명 외국(外國). 타국(他國)

외:방(外房) 명 ①바깥에 있는 방. ②첩(妾)의 방.

외:방-별과(外方別科)[-꽈] 명 조선 시대, 임금의 명령에 따라 지방에서 보이던 과거의 한 가지. 함경도·평안도·강화·제주 등지에서 실시하였으며, 합격자는 현지에서 급제시키거나 전시(殿試)에 응시하게 하였음.

외:방-살이(外方-) 명 -하다 타 지난날, 중앙의 관원이 지방 관아에 파견되어 지내던 일.

외:-밭 명 오이나 참외를 심은 밭.

외:-배엽(外胚葉) 명 발생 초기의 동물의 배(胚) 겉면에 생기는 세포층. 나중에 표피(表皮), 중추 신경계, 감각 기관 등으로 발달할 부분임. ☞내배엽(內胚葉)

외:-배유(外胚乳) 명 배낭(胚囊)의 바깥 부분인 주심 조직(珠心組織)에 양분이 저장되어 만들어진 배젖. ☞내배유(內胚乳)

외:-백호(外白虎) 명 풍수설에서, 주산(主山)에서 남쪽을 향하여 오른쪽으로 벋어 있는 여러 갈래의 산줄기 가운데서 맨 바깥 줄기를 이르는 말. ☞내백호(內白虎)

외벌-노 명 얇고 좁은 종이로 비벼 꼰 노.

외:벌-적(外罰的)[-쩍] 명 자기의 욕구 불만의 원인을 외부의 탓으로 여기어, 남을 비난하거나 외부의 상황 등에 대하여 공격적인 반응을 나타내거나 하는 경향. 타벌적(他罰的) ☞내벌적(內罰的)

외:법(外法)[-뻡] 명 불교에서, 불법(佛法) 이외의 교법을 이르는 말. ☞내법(內法)

외:벽(外壁) 명 바깥쪽의 벽. 바깥벽. 밭벽 ☞내벽(內壁)

외:변(外邊) 명 바깥의 둘레.

외:보(外報) 명 외신(外信)

외:-보도리 명 오이를 썰어 소금에 약간 절인 뒤에 기름에 볶은 반찬.

외:복(畏服·畏伏) 명 -하다 자 두려워서 복종함.

외:봉(外封) 명 겉봉

외:봉-선(外縫線) 명 속씨식물에서, 수꽃술로 변한 잎의 주맥(主脈). ☞내봉선(內縫線)

외:봉-치다(外-) 타 남의 물건을 훔쳐 딴 곳으로 옮겨 놓다. ☞외집(外執)

외:부(外部)[1] 명 ①물체의 바깥 부분. ¶-의 상처./건물 -의 벽. ②어떤 집단이나 조직의 밖. ¶조직의 비밀이 -에 새어 나가다. ☞내부(內部)[1]

외:부(外部)[2] 명 1895년(조선 고종 32)에 '외무아문(外務衙門)'을 고친 이름. ☞내부(內部)[2]

외:부=감:각(外部感覺) 명 외부로부터 자극을 받아 일어나는 감각. 시각(視覺)·청각(聽覺)·미각(味覺)·촉각(觸覺)·후각(嗅覺) 따위. 외감각(外感覺)

외:부=감사(外部監査) 명 공인 회계사 등 외부의 관계자가 각 사업체에 행하는 감사. ☞내부 감사(內部監査)

외:부=기생(外部寄生) 명 기생 생물이 숙주(宿主)의 몸 거죽에 붙어서 살아가는 상태. ☞내부 기생

외:부내:빈(外富內貧) 성구 겉보기에는 부유한듯 하나 실상은 가난함을 이르는 말. ☞외빈내부(外貧內富)

외부=영력(外部營力) 명 외적 영력(外的營力) ☞내부 영력(內部營力)

외:분(外分) 명 -하다 타 수학에서, 하나의 선분(線分)의 연장선 위에 잡은 임의의 점과 선분 끝 지점 사이를 기준으로 선분을 둘로 나누는 일. ☞내분(內分)

외:분-비(外分比) 명 수학에서, 하나의 선분(線分)을 외분하는 비율. ☞내분비(內分比)

외:-분비(外分泌) 명 동물체에서, 외분비샘을 통하여 분비물을 몸 거죽이나 소화관 등으로 내보내는 일. 땀·젖·소화액 따위의 분비를 이름. ☞내분비(內分泌)

외:분비-샘(外分泌-) 명 외분비 작용을 하는 샘. 땀샘·눈물샘·침샘 따위. ☞내분비선

외:분비-선(外分腺) 명 외분비샘

외:분-점(外分點)[-쩜] 명 수학에서, 선분을 외분하는, 선분의 연장선 위의 임의의 점. ☞내분점(內分點)

외:비(外備) 명 외적의 침공을 막기 위한 방비.

외:빈(外賓) 명 외부 또는 외국에서 온 귀한 손.

외:빈내:부(外貧內富) 성구 겉보기에는 가난한듯 하나 실상은 부유함을 이르는 말. ☞외부내빈(外富內貧)

외뿔소-자리 명 별자리의 한 가지. 오리온자리의 동쪽 은하 중에 있으며, 봄철의 초저녁에 남쪽 하늘에 보임.

외:사(外史) 명 ①지난날, 사관(史官)이 아닌 사람이 기록한 역사. ②민간에서 사사로이 기록한, 정사(正史)가 아닌 역사. 야사(野史) ③조선 시대, 지방의 사고(史庫)에 보관된 사서(史書)를 이르던 말.

외:사(外使) 명 ①외국의 사신. ②조선 시대, 지방의 군마(軍馬)를 거느리는 무관을 이르던 말.

외:사(外事) 명 ①바깥일 ②외국이나 외국인과 관계되는 일. ¶ - 경찰/ - 범죄

외:사(畏事) 명 -하다 타 공경하여 섬김.

외:-사면(外斜面) 명 바깥쪽으로 비탈진 면. ☞내사면

외:-사촌(外四寸) 명 외삼촌의 아들이나 딸. 외종(外從). 외종사촌(外從四寸). 표종(表從) ☞친사촌(親四寸)

외:산(外産) 명 외국에서 생산되거나 만든 물건.

외:-삼촌(外三寸) 명 어머니의 오빠나 남동생. 외숙(外叔). 외숙부(外叔父). 표숙(表叔) ☞친삼촌(親三寸)
속담 **외삼촌 물에 빠졌는가** : 남의 작은 실수를 보고 잘 웃는 사람을 두고 이르는 말. 〔선떡 먹고 체하였나〕/**외삼촌 사는 골에 가지도 말랬다** : 외삼촌과 조카 사이는 매우 멀다는 말. /**외삼촌 산소에서 벌초하듯** : 정성을 들이지 않고 건성으로 일함을 이르는 말.

외:삼촌-댁(外三寸宅)[-땍] 명 ①외숙모(外叔母) ②외숙(外叔)의 집.

외:상 명 값은 나중에 치르기로 하고 물건을 사고 파는 일.
속담 **외상이면 소도 잡아먹는다** : 뒷일은 생각지 않고 당장 좋으면 무슨 일이든지 하고 본다는 말.

외-상(-床) 명 한 사람 몫으로 차리는 음식상. 독상(獨床) ☞겸상(兼床)

외:상(外傷) 명 ①몸의 겉에 생긴 상처. ②몸 밖으로부터 입은 상처. 타박상·찰과상 따위.

외:상-관례(-冠禮) 명 외자관례

외:상-말코지 명 무슨 물건을 맞추든지 고치든지 할 때, 물건 값이나 삯을 먼저 치르지 않으면 선뜻 해 주지 않는 경우를 두고 이르는 말.

외:상-없:다[-업-] 형 틀리거나 어김이 조금도 없다.
외상-없이 부 외상없게

외:상-질 명 -하다 자 물건을 번번이 외상으로 사는 일.

외:생(外甥) 명 편지에서, 사위가 장인·장모에게 자기를 가리켜 이르는 한문 투의 말.

외:서(外書) 명 ①외국의 도서. ②'외가서(外家書)'의 준말.

외:서(猥書) 명 남녀간의 색정(色情)에 관한 음란한 일을 흥미거리로 다룬 책.

외:선(外線) 명 ①바깥쪽에 있는 선. ②건물 밖에 배선(配線)된 전선. ¶ -에서 끌어다 옥내 배선 공사를 하다. ③관청이나 회사 등에서 외부에 통하는 전화선. ☞내선(內線)

외:설(猥褻) 명 ① -하다 형 음탕하고 난잡함. ¶ -한 짓. / -한 내용의 책. ②남의 성욕(性慾)을 자극하거나 흥분하게 하고, 성도덕(性道德) 관념을 그르치는 음란한 일.

외:설-물(猥褻物) 명 성욕(性慾)을 자극하거나 남에게 수치심을 불러일으키는 음란한 내용의 글·그림·사진 등을 통틀어 이르는 말.

외:성(外城) 명 겹으로 쌓은 성(城)의 바깥 성. 나성(羅城) ☞내성(內城). 성곽(城郭)

한자 외성 곽(郭) 〔邑部 8획〕 ¶내곽(內郭)/성곽(城郭)

외:세(外勢) 명 ①외부의 형세. ②외국의 세력.

외:-소박(外疏薄) 명 -하다 자타 남편이 아내를 소박하는 일. ☞내소박(內疏薄)

외-손 명 ①한쪽 손. 척수(隻手) ¶ -으로 쉽게 들어올리다. ②한쪽만 가진 손.

외:손(外孫) 명 ①딸이 낳은 아들딸. 사손(獅孫). 저손(杵孫) ②딸의 자손.
속담 **외손의 방죽이라** : 무슨 일이나 예사로이 지나쳐 버리는 경우를 비유하여 이르는 말.

외:-손녀(外孫女) 명 딸이 낳은 딸.

외:손-봉:사(外孫奉祀) 명 조상의 제사를 받들 직계 자손이 없을 경우에 외손이 대신 제사를 받드는 일.

외:-손부(外孫婦) 명 딸의 며느리.

외-손뼉 명 손뼉을 치는 두 손바닥의 어느 한 손바닥.
속담 **외손뼉이 못 울고 외다리로 가지 못한다** : 상대자끼리 서로 응해야지 혼자서는 일이 이루어지지 않음을 이르는 말. /**외손뼉이 소리 날까** : ①상대가 없는 분쟁이 없음을 이르는 말. ②무슨 일이나 혼자서는 잘 이룰 수 없음을 이르는 말. 〔외손뼉이 울랴〕

외:-손자(外孫子) 명 딸이 낳은 아들.
속담 **외손자는 업고 친손자는 걸리면서 업은 놈 발 시리다 빨리 가자** : 흔히 친손자보다 외손자를 더 귀여워함을 이르는 말. /**외손자를 귀여워하느니 절굿공이를 귀여워하지** : 외손자는 잘 보살펴 주어도 자란 다음에는 그 정을 모르기 때문에 귀여워한 보람이 없음을 이르는 말. 〔외손자를 보아 주느니 파밭을 매지/외손자를 안느니 방앗공이를 안지〕

외손-잡이 명 ①손으로 하는 일에 한쪽 손만을 잘 쓰는 사람. ②씨름에서, 힘이 세거나 재간이 좋은 사람이 한 손만으로 상대편을 다루는 일. 한손잡이

외손-지다 형 손으로 다루어야 할 물체가 한쪽 부분에 몰려 있어서, 한 손밖에 쓰지 못하여 불편하다.

외손-질 명 -하다 자 외손만을 쓰는 일.

외:수(外需) 명 자기 나라의 상품에 대한 외국의 수요(需要). ☞내수(內需)

외:수(外數) 명 남을 속이는 수. 속임수. 암수(暗數) ¶ -에 걸리다.

외:수외미(畏首畏尾) 성구 처음도 끝도 다 두려워한다는 뜻으로, 못된 짓을 하고 나서 남이 알게 될 것을 두려워함을 이르는 말.

외:숙(外叔) 명 외삼촌(外三寸)

외:숙(外宿) 명 -하다 자 자기의 집이나 늘 지내는 곳이 아닌 곳에서 잠. 외박(外泊)

외:-숙모(外叔母) 명 외삼촌의 아내. 외삼촌댁

외:-숙부(外叔父) 명 외삼촌(外三寸)

외:-시골(外-) 명 외딴 시골. 외읍(外邑)

외:식(外食) 명 -하다 자 음식점 등에 가서 음식을 사서 먹음, 또는 그 음식. ¶온 가족이 -을 하다.

외:식(外飾) 명 -하다 타 ①겉모양을 꾸밈. ②겉치레

외:식=산:업(外食産業) 명 여러 연쇄점을 거느린 규모가 큰 요식업(料食業). 독자적으로 개발한 식품을 대량 생산하여 쓰는 공통된 식단이므로 어느 연쇄점에서나 같은 품질 같은 맛의 음식을 파는 것이 특징임.

외:신(外臣) 명 ①조선 시대, 임금이 종친(宗親) 이외의 신하를 일컫던 말. ②지난날, 외국에 간 사신이 그 나라의 임금에게 자기를 가리켜 일컫던 말.

외신(外信) 명 외국으로부터 온 통신이나 보도. 외보(外報). 외전(外電)

외:신(外腎) 명 불알 ☞내신(內腎). 신장(腎臟)

외:신(畏愼) 명 -하다 자타 두려워하여 말과 행동을 삼감.

외:실(外室) 명 재래식 한옥에서, '사랑방'을 달리 이르는 말. ☞내실(內室)

외:심(外心)[1] 명 딴마음. 두 마음.

외:심(外心)[2] 명 수학에서, 삼각형의 외접원(外接圓)의 중심을 이르는 말. 내심(內心)[2]

외:-씨 명 '오이씨'의 준말.

외:씨-버선 명 오이씨처럼 볼이 조붓하고 갸름하여, 신으면 맵시가 나는 버선.

외-아들 명 ①딸은 없이 오직 하나 뿐인 아들. ②아들로는 하나 뿐인 아들. 독자(獨子). 외독자(外獨子) ¶딸 여섯을 낳고서야 -을 얻었지. ☞외딸
속담 **외아들이 효자 없다** : ①흔히 외아들은 저만 알고 남을 위할 줄 모른다 하여 이르는 말. ②외아들은 효도를 하느라고 해도 비교가 안 되기 때문에 불만스럽게 여기는 부모가 있다는 말.

외:안(外案) 명 '외안산(外案山)'의 준말.

외:-안:산(外案山) 명 풍수설에서 이르는, 맨 바깥쪽에 있는 안산. 준 외안(外案) ☞내안산(內案山)

외알-박이 명 총알·안경알·콩 등의 알이 하나만 들어 있

는 물건을 두루 이르는 말.
외알-제기 명 ①마소가 한쪽 굽을 질질 끌며 걷는 걸음, 또는 그렇게 걷는 마소. ②-하다 자 말이나 나귀 따위가 못마땅할 때 한 발로 걷어차는 짓.
외:야(外野) 명 ①야구장에서, 일루의 연장선과 삼루의 연장선 안쪽 지역에서 내야를 제외한 지역. ②'외야수(外野手)'의 준말. ③'외야석(外野席)'의 준말. ☞내야(內野)
외:야-석(外野席) 명 야구장에서 외야의 주위에 마련된 관람석. 준 외야 ☞내야석(內野席)
외:야-수(外野手) 명 야구에서, 외야를 수비하는 선수들을 통틀어 이르는 말. 우익수·좌익수·중견수 등. 준 외야 ☞내야수(內野手)
외:양(外洋) 명 육지에서 멀리 떨어진 바다. 외해(外海) ☞내양(內洋)
외:양(外樣) 명 겉모양 ¶ -과는 달리 속이 알차다.
외양(喂養) 명 ①'외양간(喂養間)'의 준말. ②-하다 타 마소를 기르는 일.
외양-간(喂養間)[-깐] 명 마소를 기르는 집. 우사(牛舍) 준 외양
외:어(猥語) 명 외언(猥言)
외-어깨 명 한쪽 어깨.
외:-어물전(外魚物廛) 명 조선 시대, 서울의 서소문(西小門) 밖에 있던 어물전. ☞내어물전. 내외어물전
외어-서다 자 ①길을 비키어 서다. ¶시민들이 외어서서 선수들에게 환호하고 있다. ②다른 쪽으로 방향을 바꾸어 서다.
외어-앉다[-안따] 자 ①자리를 비키어 앉다. ②다른 쪽으로 방향을 바꾸어 앉다. ¶바로 대하기가 부끄러워서 외어앉아 다소곳이 있다.
외:언(猥言) 명 추잡하고 음탕한 말. 외어(猥語)
외-얽이(椳-) 명 -하다 자 흙벽을 치기 위하여 가로세로 외(椳)를 얽는 일, 또는 그 얽는 물건.
외:역(外役) 명 -하다 자 ①밖에 나가서 하는 노동. ②외국으로 군대를 보냄. 외정(外征)
외:역-전(外役田) 명 고려 시대에 지방의 향리(鄕吏)에게 주던 논밭.
외:연(外延) 명 논리학에서, 개념이 적용되는 사물의 집합. 행성(行星)이라는 개념의 외연은 수성·금성·지구·화성·목성·토성 따위임. ☞내포(內包)
외:연(外宴) 명 '외진연(外進宴)'의 준말.
외:연(外緣) 명 ①가장자리나 둘레. ②불교에서, 밖에서 이루어져 업보(業報)가 생기게 하는 인연.
외연(巍然) 어기 '외연(巍然)하다'의 어기(語基).
외:연=기관(外燃機關) 명 기관 본체의 외부에서 연료를 연소시켜 동력을 일으키는 기관. 증기 기관 따위. ☞내연 기관(內燃機關)
외:연-량(外延量)[-냥] 명 길이·면적·용적(容積) 등과 같이 같은 종류로 더할 수 있는 양. ☞내포량(內包量)
외연-하다(巍然-) 형여 ①산 따위가 높고 크다. ②여러 사람 가운데서 빼어나게 뛰어나다.
외연-히 부 외연하게
외:열(外熱) 명 ①외부의 더운 기운. ②한방에서, 몸 거죽의 열기를 이르는 말.
외:염(外焰) 명 겉불꽃
외-올 명 여러 겹이 아닌, 단 하나의 올.
외올-뜨기 명 외올로 뜬 망건이나 탕건.
외올-망건(-網巾) 명 외올로 뜬 망건.
외올-베 명 외올 무명실로 성기게 짠 얇고 부드러운 베. 거즈나 붕대 따위로 쓰임. 난목
외올-실 명 단 한 올로 된 실. 단사(單絲). 외겹실. 홑실
외올-탕:건(-宕巾) 명 외올로 뜬 탕건.
외외(巍巍) 어기 '외외(巍巍)하다'의 어기(語基).
외:-외:가(外外家) 명 어머니의 외가. ☞진외가(陳外家)
외외-하다(巍巍-) 형여 산 따위가 매우 높고 크다.
외욕-질 명 -하다 자 속이 안 좋아 웩웩 소리를 내면서 욕지기하는 짓. 준 웩질
외:용(外用) 명 -하다 타 약을 피부 등에 바르는 일. ¶ - 연고 ☞내복(內服)
외:용(外容) 명 겉으로 드러난 모습. 겉모습
외:용-약(外用藥)[-냑] 명 피부나 점막 등 몸의 겉에 바르는 약. ☞내복약(內服藥)
외우 부 ①외지게 ¶ - 떨어져 있는 무인도. ②멀리 ¶산기슭을 따라 - 이어진 오솔길.
외:우(外憂) 명 ①외국이나 외부로부터 받는 압력이나 공격에 대한 걱정. 외환(外患) ☞내우(內憂) ②아버지의 상사(喪事), 또는 아버지를 여읜 맏아들로서 당한 할아버지의 상사. 외간(外艱)
외:우(畏友) 명 ①존경하는 벗. ②벗에 대한 경칭(敬稱). ¶ - 홍명희 군을 소개하네.
외우다 타 ①글자나 글 등을 보지 않고도 그대로 말할 수 있도록 익혀 두다. ¶고사성어를 -. ②머리 속에 익혀 둔 글 따위를 소리내어 읽다. ¶경문을 -. 준 외다
외:원(外苑·外園) 명 조선 시대, 지방에 있는 왕실(王室) 소유의 동산을 이르던 말. ☞내원(內苑)
외:원(外援) 명 ①바깥으로부터 받는 도움. ②외국의 원조. ¶ -에 기대어 사는 난민.
외:위(外圍) 명 ①바깥의 둘레. ②생물체의 겉 부분.
외:위-선(外圍線) 명 바깥으로 둘린 선.
외:유(外遊) 명 -하다 자 ①외국에 여행함. ②외국에 유학함.
외:유내:강(外柔內剛) 성구 겉으로 보기에는 부드럽고 순한듯 하나 의지는 꿋꿋함을 이르는 말. 내강외유(內剛外柔) ☞외강내유(外剛內柔)
외:-유성(外遊星) 명 외행성(外行星)
외:율(外率) 명 외항(外項)
외:-음부(外陰部) 명 몸 밖으로 드러나 있는 성기. 남성의 음경(陰莖)·음낭(陰囊), 여성의 음순(陰脣)·음핵(陰核)·질전정(膣前庭) 따위.
외:읍(外邑) 명 외딴 시골. 외시골
외:응(外應) 명 -하다 자 ①외부 사람과 몰래 통함. ②외부의 반응.
외:의(外衣) 명 겉옷
외:의(外儀) 명 겉으로 나타내는 위의(威儀).
외:의(外醫) 명 조선 시대, 내의(內醫) 이외의 의관(醫官)을 이르던 말.
외:이(外耳) 명 포유류와 조류의 청각 기관에서, 고막의 바깥 부분. 음파(音波)를 모아 중이(中耳)와 내이(內耳)로 전함. 겉귀 ☞내이(內耳)
외:이(外夷) 명 지난날 중국에서, 나라 밖의 오랑캐라는 뜻으로 외국이나 외국인을 업신여겨 이르던 말.
외:-이도(外耳道) 명 외이의 한 부분. 귓구멍 어귀에서 고막에 이르는 S자 모양의 관(管). 외청도(外聽道)
외:이도-염(外耳道炎) 명 외이도에 생긴 염증.
외:인(外人) 명 ①가족이 아닌 남. ¶출가(出嫁)하면 -이나 다름 없지. ②같은 조직이나 단체에 딸리지 않은 외부 사람. ¶ -과의 접촉을 피하다. ③'외국인(外國人)'의 준말. ¶ - 부대가 주둔하다.
외:인(外因) 명 ①어떤 일에 대하여 외부에서 작용한 원인. ☞내인(內因) ②생체에 질병을 일으키는, 외계(外界)의 원인. ☞심인(心因)
외:인=부대(外人部隊) 명 외국인 지원자로 편성된 용병(傭兵) 부대.
외:임(外任) 명 외관직(外官職)
외:입(外入) 명 -하다 자 오입(誤入)
외-자(-字) 명 한 글자. 단자(單字) ¶두 자로 된 성(姓)에 이름은 -이다.
외:자(外字) 명 외국의 글자.
외:자(外資) 명 '외국 자본(外國資本)'의 준말. ¶ -를 유치하다. ☞내자(內資)
외자-관례(-冠禮) 명 지난날, 혼인하기로 약속한 데도 없이 상투만 틀어 올리는 일을 이르던 말. 외상 관례
× **외-자궁**(外梓宮) 명 → 외재궁(外梓宮)
외자-상투 명 외자관례로 틀어 올린 상투.
외-자식(-子息) 명 하나 뿐인 자식.
외:잡(猥雜) 어기 '외잡(猥雜)하다'의 어기(語基).

외:잡-하다(猥雜-)형여 음탕하고 난잡하다.
외:장(外庄)명 집에서 먼 곳에 있는 자기의 논밭.
외:장(外場)명 도시 밖에서 서는 시장.
외:장(外障)명 한방에서, 눈알 거죽에 백태가 끼어서 잘 보이지 않게 되는 눈병을 이르는 말.
외:재(外在)명-하다자 어떤 사상(事象)의 원인이나 까닭 등이 그 사상의 밖에 있는 것. ☞내재(內在). 초월(超越)
외:-재궁(外梓宮)명 임금이나 왕비의 장사(葬事)에 쓰는 외곽(外槨).
외:재=비:평(外在批評)명 문예 작품을 내면에서 분석, 비평하지 아니하고, 계급 의식이나 역사 의식 등의 사회적 관점에서 하는 비평. ☞내재 비평(內在批評)
외:재-율(外在律)명 외형률(外形律)
외:재-인(外在因)명 철학에서, 사물이 움직이고 변화하는 원인이 그 사물 속에 있지 않고, 외부로부터의 작용에 있다고 보는 일. ☞내재인(內在因)
외:재-적(外在的)명 ①어떤 현상이 바깥에 존재하는 것. ②인식론에서, 경험의 범위 밖에 있는 것. ☞내재적
외:-재종매(外再從妹)명 자기보다 나이가 아래인, 외종숙의 딸.
외:-재종자(外再從姉)명 자기보다 나이가 위인, 외종숙의 딸.
외:-재종제(外再從弟)명 자기보다 나이가 아래인, 외종숙의 아들.
외:-재종형(外再從兄)명 자기보다 나이가 위인, 외종숙의 아들.
외:-저항(外抵抗)명 전지(電池)의 양극을 연결한 도선에서 생기는 저항. ☞내저항(內抵抗)
외:적(外的)[-쩍]명 ①사물의 외부에 관한 것. 외부적 ¶- 요인/-인 압력. ②정신에 상대하여 물질이나 육체에 관한 것. ¶- 욕망을 충족시키다. ☞내적(內的)
외:적(外敵)명 외부로부터 쳐들어오는 적. 외구(外寇)
외:적=생활(外的生活)[-쩍-]명 정신 생활에 대한 물질적인 생활. ☞내적 생활(內的生活)
외:적=연관(外的聯關)[-쩍년-]명 철학에서, 한 사물의 표상(表象)이 다른 사물과 논리적으로 맺고 있는 외적 관계. ☞내적 연관(內的聯關)
외:적=영력(外的營力)[-쩍녕-]명 비·바람·빙하·하천·지하수·해수·생물 등과 같이 지각(地殼)의 외부로부터 작용하여 지형을 변화시키는 힘. 외력(外力). 외부 영력 ☞내적 영력(內的營力)
외:전(外典)명 ①불교에서, 불교의 경전 이외의 책을 이르는 말. ☞내전(內典) ②가톨릭에서, '경외 성서(經外聖書)'를 달리 이르는 말.
외:전(外電)명 외국으로부터 온 통신이나 보도. 외보(外報). 외신(外信)
외:전(外傳)명 정사(正史)에서 빠진 전기(傳記)나 일화(逸話), 또는 그것을 모은 기록.
외:접(外接)명-하다자 수학에서, 어떤 도형이 다른 도형의 바깥쪽에 접해 있는 상태를 이르는 말. ☞내접(內接)
외:접-구(外接球)명 ①수학에서, 구체(球體)의 한 점에서 맞닿는 다른 하나의 구체. ②수학에서, 다면체의 각 정점(頂點)과 맞닿는 구(球).
외:접-다각형(外接多角形)명 원이나 다각형에 외접하는 다각형. ☞내접 다각형(內接多角形)
외:접-원(外接圓)명 수학에서, 원이나 다각형에 외접하는 원. ☞내접원(內接圓)
외:정(外征)명-하다자 전쟁을 하려고 외국으로 군대를 보냄. 외역(外役)
외:정(外政)명 외국에 관한 정치. ☞내정(內政)
외:정(外情)명 외부 또는 외국의 사정. ☞내정(內情)
외:제(外除)명-하다타 조선 시대, 내직(內職)에 있는 관원을 지방 관아의 원으로 보내던 일.
외:제(外製)명 '외국제(外國製)'의 준말.
외:조(外祖)명 '외조부(外祖父)'의 준말.
외:조(外朝)명 지난날, 조정 밖이라는 뜻으로, 대궐 밖을 이르던 말.
외:-조모(外祖母)명 외할머니
외:-조부(外祖父)명 외할아버지 준외조(外祖)
외:족(外族)명 어머니의 친정 쪽의 일가.
외:종(外從)명 외사촌(外四寸)
외:종(外腫)명 한방에서, 피부에 난 종기를 이르는 말. ☞내종(內腫)
외:종=계:수(外從季嫂)명 외종 제수(外從弟嫂)
외:-종매(外從妹)명 자기보다 나이가 아래인, 외삼촌의 딸. ☞외종자(外從姉)
외:종=사:촌(外從四寸)명 외사촌(外四寸)
외:-종숙(外從叔)명 어머니의 사촌 형제. 외당숙
외:-종숙모(外從叔母)명 외종숙의 아내. 외당숙모
외:-종씨(外從氏)명 남을 높이어 그의 외사촌(外四寸)을 일컫는 말.
외:-종자(外從姉)명 자기보다 나이가 위인, 외삼촌의 딸. ☞외종매(外從妹)
외:종=자매(外從姉妹)명 외사촌(外四寸) 자매.
외:-종제(外從弟)명 자기보다 나이가 아래인, 외삼촌의 아들. ☞외종형(外從兄)
외:종=제:수(外從弟嫂)명 외종제의 아내. 외종 계수
외:-종조모(外從祖母)명 외종조부의 아내.
외:-종조부(外從祖父)명 외조부의 형제.
외:-종질(外從姪)명 외사촌의 아들. 외당질(外堂姪)
외:-종질녀(外從姪女)명 외사촌의 딸. 외당질녀
외:-종피(外種皮)명 겉씨껍질
외:-종형(外從兄)명 자기보다 나이가 위인, 외삼촌의 아들. ☞외종제(外從弟)
외:종=형수(外從兄嫂)명 외종형의 아내.
외:종=형제(外從兄弟)명 외사촌의 형제.
외:주(外注)명-하다타 회사 등에서 일의 일부를 외부의 업자에게 주문하여 맡기는 일.
외:주(外周)명 바깥쪽의 둘레, 또는 그 길이. ☞내주
외주물-집[-찝]명 집이 길가에 있어, 마당이 없고 안이 길에서 들여다보이는 집.
외:-주방(外廚房)명 지난날, 궁중에서 임금의 수라상에 차릴 음식을 만들던 방.
외:-주피(外珠皮)명 종자식물의 밑씨를 싸고 있는 두 장의 주피(珠皮) 가운데서 바깥쪽의 것. ☞내주피
외-죽각명 건축에서, 한쪽 모서리만 둥글게 되어 있는 각이 진 목재를 이르는 말.
외-줄명 단 한 줄. 단선(單線)
외-줄기명 ①단 한 줄기. ②가지가 없이 뻗은 줄기.
외줄-질빵명 외질빵
외:중-비(外中比)명 황금비(黃金比)
외:-지명 '오이지'의 준말.
외:지(外地)명 ①자기 고장 밖의 땅. 외방(外方) ¶-에서 이사 온 사람. ②다른 나라. ☞내지(內地)
외:지(外紙)명 외국의 신문.
외:지(外智)명 불교에서 이르는 삼지(三智)의 하나. 바깥으로 물질적 현상계를 관찰하는 지혜. ☞진지(眞智)
외:지(外誌)명 외국의 잡지(雜誌).
외-지다형 외따로 떨어져 있어서 호젓하다. ¶외진 농가.
외:직(外職)명 외관직(外觀職) ☞경관직(京官職). 내직(內職)
외:진(外診)명 신체의 외부에서 하는 진찰. 시진(視診)·타진(打診)·청진(聽診) 따위. ☞내진(內診)
외:-진:연(外進宴)명 조선 시대, 나라에 경사가 있을 때 대궐에서 조정의 신하들에게 베풀던 규모가 큰 잔치. 준외연(外宴) ☞내진연(內進宴)
외:-진찬(外進饌)명 조선 시대, 대궐에서 조정의 신하들에게 베풀던 잔치. ☞내진찬(內進饌)
외-질빵명 한쪽 어깨로만 메는 질빵. 외줄질빵
외:집(外執)명-하다타 남의 물건을 훔쳐서 다른 곳에 감추어 둠. ☞외봉치다
외-짝명 제대로 짝을 이루지 못한, 한 짝만 있는 것. ¶-신/- 여닫이

한자 외짝 척(隻) 〔隹部 2획〕 ¶척수(隻手)/척신(隻身)/척안(隻眼)/척일(隻日)/척창(隻窓)

외짝-열:개[-녈-] 명 본디 두 짝으로 된 문인데, 한쪽 문은 고정하고 다른 한쪽만 여닫게 해 둔 문.
외-쪽 명 ①방향이 서로 맞서 있는 두 쪽 가운데 한쪽. ②오직 한 쪽. ¶- 마늘
외쪽-미:닫이[-다지] 명 한쪽으로 된 미닫이.
외쪽-박이 명 왼쪽 뒷발이 흰 짐승. ¶- 말/- 강아지
외쪽-생각 명 상대편의 속은 모르면서 한쪽에서만 하는 생각.
외쪽-어버이 명 '홀어버이'의 속된말.
외쪽-여:수(-與受)[-녀-] 명-하다 자 저쪽에서 꾸어 쓰지는 못하면서 이쪽에서 꾸어 주기만 하는 일.
외:차(外車) 명 ①외국제의 자동차. ②기선(汽船)의 고물이나 양현(兩舷)에 장치한 물레방아 모양의 추진 기관.
외:차-선(外車船) 명 외차(外車)를 양쪽 뱃전이나 고물에 달아 항해하는 기선(汽船). 외륜선(外輪船)
외-채 명 외챗집
외:채(外債) 명 '외국채(外國債)'의 준말.
외챗-집 명 단 한 채로 된 집. 외채
외:처(外處) 명 제 고장이 아닌 다른 곳. ¶-로 출장을 가다./-에서 새로 부임해 온 사람.
외:척(外戚) 명 ①외가 쪽의 친척. ☞내척(內戚) ②성(姓)이 다른 친척.
외:첨내:소(外諂內疏) 성구 겉으로는 알랑거려 비위를 맞추면서 속으로는 해치려 함을 이르는 말. ☞외친내소(外親內疏)
외:-청:도(外聽道) 명 외이도(外耳道)
외:-청룡(外青龍) 명 풍수지리설에서, 주산(主山)에서 왼쪽으로 벋어 나간 여러 갈래의 산줄기 중 맨 바깥쪽에 있는 줄기를 이르는 말. ☞내청룡(內青龍)
외:초(外哨) 명 건물이나 막사 바깥에서 보초를 서는 병사.
외:촉(外鏃) 명 화살촉에서 더데의 아래 부분을 이르는 말. ☞내촉(內鏃)
외:촌(外村) 명 ①자기가 살고 있지 않는 다른 마을. ②고을 밖에 있는 마을.
외:축(畏縮) 명-하다 자 두려워서 몸을 움츠림.
외:출(外出) 명-하다 자 사람이 자기 집이나 직장 등에서 볼일을 보러 나감. 출타(出他) ¶급한 볼일로 -하다.
외:출-복(外出服) 명 외출할 때 입는 옷. 나들이옷
외:출-증(外出證)[-쯩] 명 군대와 같은 특수한 집단에서, 구성원의 외출을 허가하는 표시로 주는 증명서.
외:-출혈(外出血) 명 몸의 조직이나 혈관이 상하여 피가 몸 밖으로 흘러 나오는 일, 또는 그 피. ☞내출혈(內出血)
외:측(外側) 명 바깥쪽 ☞내측(內側)
외:측(外廁) 명 재래식 한옥에서, 사랑채 바깥마당에 짓는, 남자들이 쓰는 변소. ☞내측(內廁). 안뒷간
외:층(外層) 명 바깥쪽의 켜나 층(層). ☞내층(內層)
외:치(外治)[1] 명 외국을 상대로 하는 정치. 외국과의 교제나 교섭. ☞내치(內治)[1]
외:치(外治)[2] 명-하다 타 외용약(外用藥)이나 수술 등으로 병을 치료하는 일. ☞내치(內治)[2]
외:치(外侈) 명-하다 자 가난한 처지에 분수에 넘치게 사치함.
외:치(外痔) 명 수치질 ☞내치(內痔)
외:치다 자타 ①크게 소리를 지르다. ¶거기에 멈추어 서라고 -. ②의견이나 요구 등을 강력히 주장하다. ¶환경 오염 방지의 시급함을 -.
외:친내:소(外親內疏) 성구 겉으로는 친근한체 하면서 속으로는 멀리함을 이르는 말. ☞외첨내소(外諂內疏)
외:침(畏鍼) 명-하다 자 침 맞기를 두려워함.
외:-캘리퍼스(外callipers) 명 곡면(曲面)이 있는 물체의 바깥지름을 재는 기구.
외-코 명 솔기를 외줄로 댄 가죽신의 코.
외코-신 명 지난날, 가난한 사람들이 신던 가죽신의 한 가지. 코가 좀 짧고 눈을 놓지 않았음.
외:-탁(外-) 명-하다 자 생김새나 성질 따위가 어머니 쪽을 닮음. ☞친탁
외:탄(畏憚) 명-하다 타 두려워하고 꺼림. 외기(畏忌)
외:택(外宅) 명 남을 높이어 그의 외가(外家)를 이르는 말. ☞외가댁(外家宅)
외-톨 명 ①밤송이에 밤이 한 톨만 들어 있거나 마늘통에 마늘이 한 쪽만 들어 있는 알. ②'외돌토리'의 준말.
외톨-마늘 명 한 쪽으로 한 통을 이룬 마늘.
외톨-박이 명 외톨로 된 밤송이나 외쪽으로 된 마늘통을 이르는 말.
외톨-밤 명 한 송이에 한 톨만 들어 있는 밤.
속담 **외톨밤이 벌레가 먹었다** : 오직 하나 뿐인 소중한 물건에 흠집이 생긴 때를 비유하여 이르는 말.
외톨-이 명 '외돌토리'의 준말.

> ▶ '외톨이'는 '외돌토리'에서 변한 '외톨'에 접미사 '-이'가 결합된 구조이다.

외-통(-通) 명 ①오로지 한 곳으로만 트였거나 뚫린 것. ¶-으로 된 통로./-으로 뚫린 동굴. ②장기에서, 상대편이 부른 장군에 궁(宮)이 피할 수 없게 된 판국.
외통-길(-通-)[-낄] 명 오직 한 곳으로만 난 길. 외길
외통-목(-通-) 명 ①여러 갈래의 길이 한군데로 모여 외길로 통하게 된 길목. ②장기에서, 외통장군이 될 요긴한 목.
외통-수(-通手) 명 ①장기에서, 외통장군이 되게 두는 수. ②상대편이 헤어날 길이 없게 만드는 방법. ¶-를 써서 경쟁자를 꼼짝 못하게 만들다.
외통-장군(-通將軍) 명 장기에서, 상대편을 외통으로 몰아 부르는 장군, 또는 그런 장기 수.
외:투(外套) 명 겨울철에 양복 위에 덧입는 방한용 겉옷. 오버코트(overcoat). 코트(coat)
외:투-강(外套腔) 명 연체동물(軟體動物)의 외투막과 몸 사이의 빈 곳.
외:투-막(外套膜) 명 연체동물(軟體動物)의 외피에서 생겨나 몸의 전체 또는 일부를 싸고 있는 막.
외-틀다 타 한쪽으로 또는 왼쪽으로 틀다.
외-틀리다 자 한쪽이나 왼쪽으로 틀리다.
외틀어-지다 자 곧거나 바르지 아니하고 틀어지다. ¶외틀어진 줄기.
외:판(外販) 명-하다 타 회사의 판매 사원이 직접 고객을 방문하여 상품을 파는 일.
외:판-원(外販員) 명 외판 일을 하는 사원. 세일즈맨
외-팔 명 ①한 팔. ②한쪽 뿐인 팔.
외팔-이 명 한쪽 팔만 있는 사람을 이르는 말.
외패-부득(-覇不得) 명 바둑에서, 적당한 팻감을 쓸 자리를 한 군데도 찾지 못함을 이르는 말.
외패-잡이 명 지난날, 가마를 도중에서 한 번도 교대하지 아니하고 메고 가는 일, 또는 그렇게 메고 가는 교군꾼을 이르던 말.
외:편(外便) 명 외가(外家) 쪽의 일가.
외:편(外篇) 명 중국의 고전(古典)에서, 중심 내용인 내편(內篇) 이외의 것을 수록한 부분.
외:포(外圃) 명 조선 시대, 도성(都城) 밖에 있던 왕실 소유의 남새밭.
외:포(畏怖) 명-하다 타 매우 두려워함. ☞공포(恐怖)
외:포-계(外圃契) 명 조선 시대, 외포(外圃)를 경작하여 생산물인 채소를 공물(貢物)로 바치던 계.
외:표(外表) 명 ①겉으로 드러나 있는 풍채나 표정. ②사물의 겉면.
외:풍(外風) 명 ①문틈이나 벽의 틈으로 방 안에 새어 들어오는 찬바람. 웃바람 ¶-을 막기 위해 문풍지를 바르다. ②외국에서 들어온 풍속.
외:피(外皮) 명 ①겉껍질 ②겉가죽 ☞내피(內皮) ③동물 몸의 거죽인 피부. ④식물의 줄기나 뿌리의 겉면 세포층 가운데서 가장 바깥 부분.
외:-하방(外下方) 명 지난날, 서울 이외의 지방을 이르던 말. 외방(外方)

ㅇ

외:학(外學)명 ①불교에서, 불교에 관한 학문 이외의 학문을 이르는 말. ②고려 시대, 사학(私學)을 내학(內學)에 상대하여 이르던 말.
외:한(外寒)명 바깥의 찬 기운.
외:한(畏寒)명-하다자 추위를 두려워함.
외:-할머니(外-)명 어머니의 친정 어머니. 외조모(外祖母) 낮외할미
외:-할미(外-)명 '외할머니'의 낮춤말.
외:-할아버지(外-)명 어머니의 친정 아버지. 외조부(外祖父) 낮외할애비
외:-할애비(外-)명 '외할아버지'의 낮춤말.
외:합(外合)명 천문학에서, 지구에서 보아서 내행성(內行星)인 수성과 금성이 태양의 바로 뒤쪽에 일직선으로 늘어선 현상, 또는 그 시각을 이르는 말. 상합(上合). 순합(順合) ☞내합(內合). 회합(會合)
외:항(外港)명 ①선박이 항구에 들어오기 전에 임시로 머무는 해역. ②항만의 방파제 바깥쪽 해역. ③대도시 가까이에 있어 그 도시의 물자를 싣거나 부리는 항구. ☞내항(內港)
외:항(外項)명 비례식에서, 바깥쪽에 있는 두 항. a:b=c:d에서 a와 d. 외율(外率) ☞내항(內項)
외:항-선(外航船)명 외국 항로에 취항하여 오가는 선박.
외:해(外海)명 ①육지에 둘러싸여 있지 아니한 바다. ☞내해(內海) ②육지에서 멀리 떨어진 바다. 외양(外洋)
외:핵(外核)명 지핵(地核) 중 내핵(內核)의 바깥쪽 부분. 지표로부터 2,900~5,000km 부분. 철을 주성분으로 하는 고온·고압의 액체로 짐작됨.
외:-행성(外行星)명 태양계의 행성 가운데 지구 궤도의 바깥쪽을 공전하는 화성·목성·토성·천왕성·해왕성·명왕성을 이르는 말. 외유성(外遊星) ☞내행성
외:향-성(外向性)[-썽]명 사람의 성격 유형의 한 가지. 외부의 사물에 대한 관심을 잘 나타내고 자극에 대하여 민감하게 반응하며 활동적이고 사교적인 성격, 또는 그런 특성. ☞내향성(內向性)
외:허(外虛)명 태양의 흑점 둘레의 흐릿하게 검은 부분. 반암부(半暗部)
외:허내실(外虛內實)성구 겉은 허술한듯이 보이나 속은 옹골참을 이르는 말.
외:현(外見)명-하다자 외부에 나타남.
외:형(外形)명 겉으로 보이는 모양. 겉모양
외:형(畏兄)명 편지 글 따위에서, 친구 사이인 상대편을 대접하여 이르는 말.
외:형-률(外形律)명 정형 시가(詩歌)에서, 일정한 율격이 겉으로 드러나는 운율. 글자 수에 따른 운율로, 삼사조(三四調)·사사조(四四調)·칠오조(七五調) 따위. 외재율(外在律) ☞내재율(內在律)
외:-형제(外兄弟)명 한 어머니에게서 태어난, 아버지가 다른 형제. ☞이복 형제(異腹兄弟)
외:호(外壕)명 성(城) 둘레에 파놓은 못. 해자(垓子)
외:호(外護)명-하다타 밖에서 보호함.
외:-호흡(外呼吸)명 생물체가 공기 속이나 물 속의 산소를 몸 안으로 들이켜고 이산화탄소를 몸 밖으로 내보내는 작용. 폐호흡, 피부 호흡, 아가미 호흡 따위. ☞내호흡(內呼吸)
외:혼(外婚)명 일정한 지역이나 친족, 또는 같은 계층이나 직업의 범위 밖에서 이루어지는 혼인(婚姻). ☞내혼(內婚). 족외혼(族外婚)
외:화(外貨)명 ①외국의 화폐. ☞내화(內貨) ②외국 상품이나 물품.
외:화(外華)명 화려한 겉치레. ☞내실(內實)
외:화(外畫)명 외국에서 만든 영화.
외:화=가득률(外貨稼得率)명 상품의 수출액에서 원자재 수입액을 뺀 금액을 상품 수출액으로 나눈 비율.
외:화=어음(外貨-)명 외국환 어음 중, 어음 금액이 외국 통화로 표시된 어음.
외:환(外患)명 외국이나 외부로부터 받는 압력이나 공격에 대한 걱정. ☞내환(內患)
외:환(外換)명 '외국환(外國換)'의 준말.
외:환=관:리법(外換管理法)[-뻡]명 '외국환 관리법'의 준말.
외:환=시:장(外換市場)명 '외국환 시장'의 준말. 환시장
외:환-율(外換率)[-뉼]명 환시세(換時勢)
외:환=은행(外換銀行)명 '외국환 은행'의 준말.
외:환-죄(外患罪)[-쬐]명 국가의 대외적 안전을 해치는 죄. 간첩 행위나 이적 행위에 따른 범죄, 외환 유치죄(誘致罪) 따위.
외:황-란(外黃卵)명 복합란(複合卵) ☞내황란
외훈(巍勳)명 뛰어나게 큰 공훈.
왹:-질명-하다자 '외욕질'의 준말.
왼:관 왼쪽의. ¶ - 고개. ☞바른. 오른
왼 고개(를) 젓다관용 부정하거나 반대하는 뜻을 나타내다.
왼 고개(를) 틀다관용 못마땅한 일이 있어 바로 보지 아니하고 외면하다.
왼 눈도 깜짝 아니하다관용 조금도 놀라지 아니하다. 조금도 동요하지 아니하다.

한자 **왼 좌**(左) 〔工部 2획〕 ¶ 좌변(左邊)/좌심방(左心房)/좌우(左右)/좌측(左側)/좌편(左便)

왼-갈고리명 한자 자획(字畫)의 한 가지. '小'·'于' 등에서 '亅'의 이름. ☞오른갈고리. 파임
왼-걸음명 재래식 한옥에서, 쪼구미의 밑동 가랑이를 왼편으로 대각(對角)이 되게 ▟ 모양으로 따내는 방식. ☞오른걸음
왼:-구비명 쏜 화살이 높이 떠서 날아가는 상태 또는 모양. ☞반구비
왼:-나사(-螺絲)명 시계 바늘이 도는 방향과 반대 방향으로 돌리는 나사. ☞오른나사
왼:-낫명 왼손잡이가 쓰도록 날을 둘러 놓은 낫.
왼:-다리명 왼쪽 다리 ☞오른다리
왼:-발명 왼쪽 발. ☞오른발
속담 **왼발 구르고 침 뱉는다**: 무슨 일에, 처음에는 앞장서는듯 하다가 곧 꽁무니를 빼는 짓을 두고 이르는 말.
왼:-뺨명 왼쪽 뺨. ☞오른뺨
왼:-새끼명 왼쪽으로 꼰 새끼. ☞오른새끼
속담 **왼새끼 내던졌다**: 두 번 다시 돌아볼 생각 없이 아주 단념함을 비유하여 이르는 말./**왼새끼를 꼰다**: ①비비틀려 나가는 일이 어떻게 될지 몰라서 애를 태운다는 뜻으로 이르는 말. ②비비 꼬아서 말하거나 비아냥거린다는 뜻으로 이르는 말.
왼:-섶명 저고리의 왼쪽에 댄 섶, 또는 그 저고리. ☞오른섶
왼:-소리명 사람이 죽었다는 소문. 궂은소리
왼:-손명 왼쪽 손. ☞오른손
왼:손-잡이명 왼손을 오른손보다 더 잘 쓰는 사람. 한손잡이
왼:손-좌(-左)명 한자 부수(部首)의 한 가지. '屯' 등에서 '屮'의 이름.
왼:손-좍질명-하다자 음식을 먹을 때 숟가락이나 젓가락을 왼손으로 쥠, 또는 그런 짓.
왼:-쪽명 동쪽을 향하였을 때, 북쪽에 해당하는 방향. 왼편. 좌측(左側). 좌편(左便) ☞오른쪽
왼:-팔명 왼쪽 팔. 좌완(左腕) ☞오른팔
왼:-편(-便)명 왼쪽. 좌편(左便) ☞오른편
왼:-편짝(-便-)명 왼쪽의 편짝. ☞오른편짝
욀:-재주[-째-]명 글 따위를 잘 외는 재주. ☞지닐재주
욀:-총(-聰)명 글 따위를 기억하여 잘 외는 총기. ☞지닐총
욋-가지(椳-)명 외(椳)를 엮는 데 쓰이는 가느다란 댓가지나 싸리.
욍부 ①거센 바람이 가는 전선 등을 스칠 때 나는 소리를 나타내는 말. ②작은 날벌레 따위가 빠르게 날아다닐 때 나는 소리를 나타내는 말. ③작은 돌멩이 따위가 빠르게 공기를 가르면서 날아갈 때 나는 소리를 나타내는 말. ④

기계 바퀴 따위가 빠르게 돌아갈 때 나는 소리를 나타내는 말. ☞왱. 윙

욍-욍 [부] 잇달아 욍 하는 소리를 나타내는 말. ☞왱왱. 윙윙

욍욍-거리다(대다) [자] 욍욍 소리가 나다. ☞왱왱거리다. 윙윙거리다

요[1] [명] 〈어〉한글 자모(字母) 'ㅛ'의 이름.

요[2] [명] 사람이 누울 자리에 바닥에 까는 깔개의 한 가지. ¶솜을 두둑히 두어 만든 ─. ☞이부자리. 이불

요[3] [관] ①말하는 이로부터 매우 가까운 거리에 있음을 나타낼 때 쓰는 말. ¶미리 보아 둔 자리가 바로 ─ 자리야./─ 나무와 저 나무는 같은 종류의 나무다. ②이제로부터 그다지 오래지 않은 지난날이나 앞날을 나타낼 때 쓰는 말. ¶그를 ─ 며칠 전에 만났다./모레 ─ 시간에 다시 만나자. ③말하는 이가 겪고 있는 일이나 처지를 가리킬 때 쓰는 말. ¶─ 일로 고심하고 있네./내가 ─ 꼴로 주저앉을 수는 없지. ④바로 앞에 있는 사물이나 사람을 친근하게, 또는 귀여워하며 이를 때 쓰는 말. ¶아이구, ─ 녀석 귀엽기도 해라. ⑤대상을 얕잡아 이를 때 쓰는 말. ¶겨우 ─ 정도를 가지고 힘겨워하다니.

요(堯) [명] 중국 고대 전설에 나오는 제왕(帝王). 오제(五帝)의 한 사람으로, 뒤를 이은 순(舜)과 함께 후세에서 이상(理想)의 성군(聖君)으로 일컬어짐.

요(窯) [명] 기와나 자기 따위를 굽는 가마.

-요[1] [조] ①반말체의 종결 어미에 붙어, 예사높임말로 바꾸는 보조 조사. ¶나는 알아요./내 말 들려요? ②여러 가지 형식의 말에 두루 붙어, 강조를 겸하여 붙임성을 나타내는 보조 조사. ¶꽃은요 국화꽃이 좋습니다요./저이가요 말을요 더듬습니다요./우리는 내일요 소풍을 갑니다.

-요[2] [어미] ①'이다'의 '이-'에 붙어, 나열하는 경우에 쓰이는 연결 어미. ¶이것은 책이요, 저것은 붓이요, 또 저것은 먹이다./이것은 붓이요, 먹이 아니다./들으면 병이요, 안 들으면 약이다. ②'아니다'의 어간에 붙어, 열거하는 경우에 쓰이는 연결 어미. ¶이 짐승은 오리도 아니요, 물개도 아니요, 오리너구리입니다. ☞-오

> ▶ '-이요'와 '-이오'의 쓰임
> ① 종결형 서술격 조사 '-이오'는 '-이요'로 소리나는 경우라 하더라도 그 원형을 밝혀 '-이오'로 적는다.
> ¶이것은 돌이오. (○)/이것은 돌이요. (×)
> ② 대등하게 열거하는 뜻을 나타내는 연결형 서술격 조사 '-이요'는 '-이요'로 적는다.
> ¶이것은 붓이요, 저것은 먹이요, 또 저것은 종이다.

요가(yoga 범) [명] 인도 요가파에서 하는 수행법의 한 가지. 명상(瞑想)과 특수한 호흡법과 자세로 마음을 조절하고 정신을 통일하여 신비경(神祕境)에 들어 절대자와 합일을 꾀함. 오늘날에는 심신(心身)의 건강법으로도 응용됨.

요각(凹角) [명] 두 직각보다 크고 네 직각보다 작은 각. 곧 180°와 360° 사이의 각을 이름. ☞철각(凸角)

요간(腰間) [명] 허리의 둘레. 허리 언저리.

요감(搖撼) [명]-[하다] [타] 흔들어 움직이게 함.

요강 [명] 방에서 오줌을 누는 데 쓰는 그릇. ☞길요강

요강(要綱) [명] 기본이 되는 중요 사항. ¶사업의 추진 ─.

요강-도둑 [명] 요강을 바짓가랑이에 넣어 가져가는 도둑이라는 뜻으로, 솜이 아래로 처진 솜바지를 입은 사람을 놀리는 말.

요-개 [감] 강아지를 쫓을 때 하는 말.

요:객(繞客) [명] 재래식 혼례에서, 신랑이나 신부를 데리고 가는 사람. 상객(上客). 위요(圍繞)[1]. 후배(後陪)

요-거 [대] '요것'의 준말. ☞이거

요거(搖車) [명] 어린아이를 태워 밀고 다니거나 흔들어 재우는 수레.

요거(饒居) [명]-[하다] [자] 넉넉하게 삶.

요-건 [준] '요것은'의 준말. ¶─ 낟알이 잘다. ☞이건

요건(要件)[─껀] [명] 필요한 조건. ¶대표자로서 ─을 갖추다.

요-걸 [준] '요것을'의 준말. ¶─ 가져가거라. ☞이걸

요걸-로 [준] '요것으로'의 준말. ¶─ 햇빛을 가리자. ☞이걸로

요-것 [대] ①말하는 이가 가지고 있는 물건을 가리키는 말. ¶─은 형이 입학 기념으로 사 준 시계다. ②말하는 이로부터 매우 가까운 거리에 있는 물건을 가리키는 말. ¶─은 식목일에 심은 모과나무이다. ③말하는 이가 지금 이야기하고 있는 사물을 가리키는 말. ¶생활의 안정, ─이 나의 간절한 소망이다. ④'요 사람'을 얕잡아 이르는 말. ¶이번엔 ─의 버릇을 고쳐 놓아야겠어. ⑤'요 아이'를 귀엽게 이르는 말. ¶─이 어쩌면 이리도 영리할까. [준]요거 ☞이것

요것-조것[─걷─] [대] ①요것과 조것. ¶─이 다 무엇이냐? ②〔부사처럼 쓰임〕 가지가지로. 골고루. 두루. 빠짐없이 ¶─ 다 먹고 싶다. ☞이것저것

요-게 [준] '요것이'의 준말. ¶세 마리 가운데서 ─ 가장 똘똘해. ☞이게

요격(邀擊) [명]-[하다] [타] 공격해 오는 적을 도중에서 기다렸다가 맞받아 침. 영격(迎擊) ¶적기를 미사일로 ─하다.

요격(遼隔) [어기] '요격(遼隔)하다'의 어기(語基).

요격=미사일(邀擊missile) [명] 지상(地上)이나 함상(艦上)에서 발사하여 적의 미사일이나 항공기를 요격하는 유도 미사일.

요격-하다(遼隔─) [형][여] 멀리 떨어져 있다.

요결(要訣) [명] ①일을 이루는 데 매우 중요한 방법. ②긴요한 뜻. ¶선도(仙道)의 ─.

요결(要結) [명]-[하다] [자] 맹세함.

요경(凹鏡) [명] 오목거울. 요면경(凹面鏡)

요고(腰鼓) [명] 장구

요고-전(腰鼓田) [명] 논의 중간 부분이 장구처럼 잘록하게 생긴 논배미. 장구배미

요골(腰骨) [명] 허리등뼈

요골(橈骨) [명] 팔뚝 뼈를 이루는 두 개의 뼈 중 바깥쪽에 있는 삼각 기둥 모양의 뼈.

요공(要功) [명]-[하다] [자] 남에게 베푼 공을 스스로 드러내어 자랑함.

요관(尿管) [명] 오줌을 신장에서 방광으로 보내는 관(管). 수뇨관(輸尿管). 오줌관

요광(搖光) [명] 북두칠성의 하나. 자루 쪽의 첫째 별. 2등성. 파군성(破軍星) ☞개양(開陽)

요괴(妖怪) [명] 요사스러운 괴물.

요괴-스럽다(妖怪─)(─스럽고·─스러워) [형][ㅂ] 요사스럽고 괴상한 데가 있다.

요괴-스레 [부] 요괴스럽게

요괴-하다(妖怪─) [형][여] 요사스럽고 괴상하다.

요구(要求) [명]-[하다] [타] ①상대편에게 무엇을 달라고 함. ¶대가를 ─하다. ②상대편에게 어떻게 해 달라고 함. ¶처우 개선을 ─하다./증인으로 나오도록 ─하다.

요구(要具) [명] 필요한 도구.

요구르트(yogurt) [명] 발효유의 한 가지. 우유나 염소 젖에 젖산균을 넣어 발효시켜 응고시킨 식품. 빛깔은 희고 신맛이 남.

요구불=예:금(要求拂預金)[─례─] [명] 예금주(預金主)의 지급 청구가 있을 때 언제든지 바로 지급되는 예금. 당좌 예금, 보통 예금 따위.

요구불=환어음(要求拂換─) [명] 일람불 환어음

요귀(妖鬼) [명] 요사스러운 마귀. 요마(妖魔)

요:금(料金) [명] 무엇을 이용하거나 사용하거나, 또는 남에게 수고를 끼친 값으로 치르는 돈. 전화 요금, 수도 요금, 이발 요금 따위.

요기 [대] ①말하는 이로부터 가까운 곳을 가리키는 말. 요곳. ¶그 짐을 ─에 내려놓아라. ②요 부분. 요 점. ¶진술 내용에서 ─가 사실과 다른 점이다. ③〔부사처럼 쓰임〕 요 곳에. ¶─ 앉아라./─ 두어라. ☞여기

요기(妖氣) [명] 무슨 불길한 일이라도 일어날 것 같은 야릇한 기운. ¶─가 서린 폐가(廢家).

요기(療飢)명-하다자 시장기가 가실 정도로 음식을 조금 먹음.
요기-부리다(妖氣-)자 요사스러운 짓을 하다.
요기-스럽다(妖氣-)(-스럽고-스러워)형ㅂ 요사스럽고 간사하다.
요기-스레부 요기스럽게
요기-조기명 ①요 곳 조 곳. ¶옷이 - 흩어져 있다. ②〔부사처럼 쓰임〕요 곳 조 곳에. ¶걸레로 - 닦다.
요기-차(療飢次)명 ①지난날, 요기나 하라고 하인에게 주던 돈. ②재래식 장례에서, 행상(行喪) 때 상여꾼에게 쉴 참마다 주는 돈. 준요차(療次) ③〔부사처럼 쓰임〕요기를 하려고. ¶- 음식점에 들르다.
요긴(要緊)어기 '요긴(要緊)하다'의 어기(語基).
요긴-목(要緊-)명 요긴한 길목이나 대목.
요긴-하다(要緊-)형여 매우 중요하고 필요하다. 긴요하다 ¶요긴하게 쓰겠습니다.
요긴-히부 요긴하게

한자 **요긴할 요**(要)〔襾部 3획〕¶긴요(緊要)/요건(要件)

요-까짓관 겨우 요 정도밖에 안 되는. ¶- 것을 못 들어 올리다니. 준요깟 ☞이까짓
요-깟관 '요까짓'의 준말. ☞이깟
요나(裊娜)어기 '요나(裊娜)하다'의 어기(語基).
요-나마부 요것이나마. ¶- 멸종하지 않도록 잘 보호해야지. ☞이나마
요나서(Jonah書)명 구약성서의 한 편. 예언자 요나가 하느님의 명령을 거역하여 고래 뱃속에 갇히는 벌을 받고, 회개의 기도를 통하여 구원되는 내용이 적혀 있음.
요나-하다(裊娜-)형여 몸매가 날씬하고 간드러지다.
요날-요때[-료-]부 지금에 이르기까지. ¶- 낡은 습관을 버리지 못하고 지내다. ☞이날이때
요날-조날부 어느 날이라고 분명히 정하지 않고 그저 요 날이나 조 날로. ¶- 미루다. ☞이날저날
요냥부 요 모양대로. 요대로 내처. ¶대책이 없이 언제까지 - 지낼 수는 없지. ☞이냥
요녀(妖女)명 요사스러운 여자. ☞요부(妖婦)
요-년대 ①'요 여자'의 뜻으로, 욕으로 이르는 말. ¶네, -! ②'요 계집아이'의 뜻으로, 귀여워하여 이르는 말. ¶-, 예쁘기도 하지. ☞이년. 요놈
요년(堯年)명 중국의 요 임금이 다스린 해라는 뜻으로, 태평한 세대(世代)를 비유하여 이르는 말.
요-놈대 ①'요 남자'의 뜻으로, 욕으로 이르는 말. ¶-은 아주 고얀 놈이야./네, -! ②'요 사내아이'의 뜻으로, 귀여워하여 이르는 말. ¶-이 나에게는 보물과 같은 존재지./-, 귀엽기도 하지. ③'이것'이라 할 것을 낮잡아 함부로 이르는 말. ¶-과 조놈이 마음에 듭니다. ☞요년. 이놈
요다(饒多)어기 '요다(饒多)하다'의 어기(語基).
요-다각형(凹多角形)명 '오목다각형'의 구용어.
요-다음명 뒤미처 오는 때나 자리. 요번의 다음. 준요담 ☞이다음
요다지부 요렇게까지. 요러한 정도로까지. ¶어쩌면 - 예쁘게 태어났을까. ☞이다지
요다-하다(饒多-)형여 넉넉하게 많다.
요-담명 '요다음'의 준말. ☞이담
요담(要談)명-하다자 중요한 이야기나 의논, 또는 중요한 이야기나 의논을 함. ¶-을 나누다.
요당(僚堂)명 지난날, 자기가 근무하는 관아의 당상관(堂上官)을 이르던 말.
요대(腰帶)명 허리띠
요대(饒貸)명-하다타 너그러이 용서함.
요-대로부 요 모양으로 변함없이. 요와 같이. ☞이대로
요도(尿道)명 오줌을 방광에서 몸 밖으로 내보내는 관. 오줌길. 오줌줄
요도(要圖)명 필요한 부분만을 그린 그림.
요도(腰刀)명 허리에 차는 칼.
요도-성(耀渡星)명 '금성(金星)'을 달리 이르는 말.
요도-염(尿道炎)명 요도에 생기는 염증. 대개 세균의 감염으로 일어남.
요독-증(尿毒症)명 신장의 기능 장애로 배설되어야 할 오줌 성분이 피 속에 남아서 일어나는 중독 증세. 구토나 두통, 의식 장애 등의 증세가 나타남.
요동(搖動) -하다자타 흔들림, 또는 흔듦.
요두전:목(搖頭轉目)성구 머리를 흔들고 눈알을 굴린다는 뜻으로, 행동이 침착하지 못함을 이르는 말.
요-뒤명 요의 방바닥에 닿는 부분에 시치는 무색의 천. 요의
요들(yodel)명 스위스나 오스트리아의 산악 지방 주민들 사이에 불리는 독특한 창법의 노래, 또는 그 창법. 가슴 속에 울려 나는 소리와 가성(假聲)이 급속하게 교체되는 것이 특색임.
요-따위명 요러한 것들. 요러한 부류. ¶-는 한 손으로도 든다. ☞이따위
요-때기명 변변치 못한 요.
요락(搖落)명-하다자타 ①가을에 나뭇잎이 바람에 흔들려 떨어짐. ②흔들어 떨어뜨림.
요란(擾亂·搖亂)명-하다형 ①소리가 크고 시끄러움. ¶발동기 소리가 -하다. ②정도가 지나치고 야단스러움. ¶이상한 옷차림으로 -을 떨다./요리 냄새가 -하다.
요란-히부 요란하게
요란-스럽다(擾亂-)(-스럽고·스러워)형ㅂ ①매우 요란하다. ¶요란스러운 천둥소리. ②요란한 데가 있다. ¶요란스러운 환호성./얼굴 화장이 -.
요란-스레부 요란스럽게
요람(要覽)명 여러 자료에서 중요한 것만 간추려 보기 쉽게 기록한 책. ¶도로 -/관광지 -/학교 -
요람(搖籃)명 ①아기를 눕히거나 앉히어 흔들어서 즐겁게 하거나 잠재우는 데 쓰는 물건. ②사물이 발달한 첫 근원지. ▷搖의 속자는 揺
요람에서 무덤까지관용 태어나서 죽을 때까지. 제2차 세계 대전 후, 영국의 노동당이 사회 보장 제도의 완벽한 실시를 주장하여 제창한 말임.
요람-기(搖籃期)명 ①어린 시절. ☞유년기(幼年期) ②사물 발달의 초기 단계. 요람 시대
요람=시대(搖籃時代)명 요람기(搖籃期)
요람-지(搖籃地)명 ①태어난 고장을 달리 이르는 말. ②사물이 발달하는 초기 단계를 지낸 곳. ¶문명의 -.
요래준 ①'요리하여'의 준말. ②'요러하여'의 준말. ¶- 보여도 힘은 장사야. ☞이래
요래(邀來)명-하다타 사람을 맞이하여 옴.
요래도준 ①'요리하여도'의 준말. ¶- 보고 조래도 보다. ②'요러하여도'의 준말. ¶겉모양은 - 속은 알차다. ☞이래도
요래라-조래라준 '요렇게 하여라 조렇게 하여라'가 줄어든 말. ¶- 간섭이 많다. ☞이래라저래라
요래서준 ①'요리하여서'의 준말. ②'요러하여서'의 준말. ☞이래서
요래-조래부 ①'요리하고 조리하여'가 줄어든 말. ¶- 말을 둘러대다. ②요러조러하여 ¶- 계획에 차질이 생기다. ☞이래저래
요랬다-조랬다[-랟-랟-]준 '요리하였다가 조리하였다가'가 줄어든 말. ¶- 하며 변덕을 부리다. ☞이랬다저랬다
요략(要略)명-하다타 필요한 부분만 추려서 줄임, 또는 줄여 정리한 것.
요량(料量)명-하다타 어떤 일에 대하여 헤아려 생각함, 또는 그 생각.
요러고준 '요러하고'의 준말. ¶왜 -만 있느냐? ☞이러고
요러고-조러고준 '요러하고 조러하고'가 줄어든 말. ¶- 하며 변명의 말을 늘어놓다. ☞이러고저러고
요러나-조러나준 ①'요러하나 조러하나'가 줄어든 말. ②'요리하나 조리하나'가 줄어든 말. ☞이러나저러나
요러니-조러니준 '요러하다느니 조러하다느니'가 줄어

든 말. ¶ - 불평의 말을 하다. ☞이러니저러니
요러다 자 ①'요렇게 하다'가 줄어든 말. ②'요렇게 말하다'가 줄어든 말. ☞이러다
요러요러-하다 형여 요러하고 요러하다. ¶요러요러한 이유로 못 간다. ☞이러이러하다
요러조러-하다 형여 요러하고 조러하다. ¶요러조러한 사정을 얘기하다. ☞이러저러하다
요러쿵-조러쿵 부 요러하다는 둥 조러하다는 둥. ¶ - 트집을 잡아 까다롭게 굴다. ☞이러쿵저러쿵
요러-하다 형여 ①요와 같다. ②요런 모양으로 되어 있다. 준요렇다 ☞이러하다
요럭-조럭 부 ①요와 같이 하는 일도 없이 아름아름 하는 가운데. 어느덧 ②되어가는 대로. ③정한 방법이 없이 요러하게 또는 조러하게. ☞이럭저럭
요런[1] 관 '요러한'의 준말. ¶ - 옷./- 건물. ☞이런[1]
요런[2] 감 가볍게 놀랐을 때 하는 말. ☞이런[2]
요런-대로 부 썩 만족스럽지는 않지만 요러한 대로. ☞이런대로
요렁-조렁 부 요런 모양과 조런 모양으로. ☞이렁저렁
요렇다 (요렇고·요런) 형ㅎ '요러하다'의 준말. ☞이렇다
요렇다-조렇다 준 '요러하다고 조러하다고'가 줄어든 말. ¶ - 말없이 고분고분 따르다. ☞이렇다저렇다
요렇든-조렇든 준 '요러하든 조러하든'이 줄어든 말. ¶ - 일에서 손을 뗄 수가 없다. ☞이렇든저렇든
요렇든지-조렇든지 준 '요러하든지 조러하든지'가 줄어든 말. ¶ - 태도를 분명히 해라. ☞이렇든지저렇든지
요렇듯 부 '요렇듯이'의 준말. ☞이렇듯
요렇듯이 부 '요러하듯이'의 준말. 준요렇듯
요령 (要領) 명 ①사물의 요긴하고 으뜸되는 점, 또는 그 줄거리. ¶ -이 분명하지 않다. ②사물의 요점을 알아서 하는, 재간 있는 처리 방법. ¶ -이 좋다. ③적당히 하는 꾀. ¶ -을 부리다./-을 피우다.
요령 (鐃鈴·搖鈴) 명 ①솔발(鉢鈸) ②불가(佛家)에서, 법요(法要)를 행할 때 흔드는 기구. 솔발보다 작음.
요령부득 (要領不得) 성구 말이나 글의 요점이나 줄거리가 뚜렷하지 않아 요령을 잡을 수가 없음을 이르는 말. 부득요령(不得要領)
요로 (要路) 명 ①중요한 길. 요진(要津) ¶동서 교통의 -. ②중요한 지위. ¶정부의 -에 오르다.
요론 (要論) 명 긴요한 의논.
요리[1] 부 요러하게. 요다지 ¶끝내 - 골탕을 먹이는구나./인형이 -도 앙증맞게 생겼을까. ☞이리[3]
요리[2] 부 요 곳으로. 요 쪽으로. ¶ - 다가앉아라./- 피하고 조리 피하여 달아나다. ☞이리[4]
요리 (要利) 명-하다 자 식리(殖利)
요리 (要理) 명 중요한 이론.
요리 (料理) 명-하다 타 ①여러 가지 재료를 장만하여 음식을 만듦, 또는 그 음식. ☞조리(調理) ②어떤 일을 맡아 잘 처리함. ¶분쟁 상태를 잘 -하여 화해시키다.
요리-사 (料理師) 명 음식을 전문으로 요리하는 사람.
요리-상 (料理床) [-쌍] 명 요리를 차려 놓은 상.
요리-요리 부 요러요러하게 ¶ - 전하라고 당부하다. ☞이리이리
요리-조리 부 ①일정한 방향이 없이 요쪽 조쪽으로 ¶풀숲을 - 헤치며 나아가다. ②요러하고 조러하게. ¶ - 변명을 늘어놓다. ☞이리저리
요리쿵-조리쿵 부 요렇게 하자는 둥 조렇게 하자는 둥. ¶ - 요구가 저마다 다르다. ☞이리쿵저리쿵
요리-하다 자타여 요와 같이 하다. ☞이리하다
요릿-집 (料理-) 명 손의 주문에 따라 요리를 만들어 파는 일을 영업으로 하는 집. 요정(料亭)
요마 (妖魔) 명 요사스러운 마귀. 요귀(妖鬼)
요마마-하다 형여 요만한 정도에 이르다. 요 정도만 하다. ☞이마마하다
요마적 명 이제로부터 아주 가까운 얼마 동안의 지난날. ☞이마적
요만[1] 관 요만한. 요 정도의. ¶ - 일을 힘겹게 여기다니. ☞이만[1]
요만[2] 부 요 정도까지만. ¶오늘은 일을 - 하고 끝내자. ☞이만[2]
요만-것 [-껏] 명 요만한 정도의 것. ☞이만것
요만-조만 명 요만하고 조만한 것. ¶고집이 -이 아니다. ☞이만저만
부-하다 형 요만하고 조만한 정도로. ¶산길이 - 험한게 아니다./감자들이 다 -하다. ☞이만저만
요-만치 부 ①요만한 거리를 두고 떨어져서. ¶ - 떨어져서 그를 지켜보았다. ②요만큼 ☞이만치
명 요만큼 ¶네게는 -도 팔 수 없다. ☞이만치
요-만큼 부 요만한 정도로. 요만치 ¶소금을 -만 넣어라. ☞이만큼
명 요만한 정도. 요만치 ¶ -의 정도 없다. ☞이만큼
요만-하다 형여 요 정도만 하다. ☞이만하다
요맘-때 명 요만한 정도에 이른 때. ¶어제 -쯤 그가 찾아왔었다. ☞이맘때
요망 (妖妄) 명-하다 형 괴이하고 망령됨. ¶ -한 행동.
요망(을) 떨다 관용 요망스러운 짓을 하다.
요망(을) 부리다 관용 일부러 요망스러운 짓을 하다.
요망 (要望) 명-하다 타 어떻게 이루어지기를, 또는 어떻게 해주기를 간절히 바람. ¶시민의 -에 부응하는 시책.
요망 (遙望) 명-하다 타 멀리 바라봄. 먼데를 바라봄.
요망 (瞭望) 명-하다 타 높은 곳에서 적의 동정을 살펴 바라봄.
요망-군 (瞭望軍) [-꾼] 명 지난날, 주로 요망하는 임무를 맡아보는 군사를 이르던 말. 망군(望軍)
요망-스럽다 (妖妄-) (-스럽고·-스러워) 형ㅂ 보기에 요망한 데가 있다. ¶요망스러운 짓을 하다.
요망-스레 부 요망스럽게
요면 (凹面) 명 가운데가 오목하게 들어간 면. ☞철면(凸面)
요면-경 (凹面鏡) 명 오목거울
요명 (要名) 명-하다 자 명예를 구함. 명예를 바람. 요예(要譽)
요모-조모 명 ①요런 면 조런 면. 요쪽 조쪽의 여러 방면. ¶사람됨의 -를 심사하다. ②〔부사처럼 쓰임〕 ¶ - 검토하다. ☞이모저모
요목 (要目) 명 중요한 항목이나 조목.
요무 (要務) 명 중요한 임무. 요긴한 일.
요물 (妖物) 명 ①요망스러운 물건. ②요사스러운 사람을 낮잡아 이르는 말.
요물=계:약 (要物契約) 명 당사자의 합의 뿐만 아니라 목적물의 인도 등의 급부(給付)까지도 효력 발생의 요건으로 삼는 계약. ☞낙성 계약(諾成契約)
요:미 (料米) 명 조선 시대, 하급 관원에게 급료로 주던 쌀.
요미걸련 (搖尾乞憐) 성구 개가 꼬리를 흔들며 알찐거린다는 뜻으로, 간사하여 아첨을 잘함을 비유하여 이르는 말.
요민 (擾民) 명-하다 자 백성을 귀찮게 함.
요민 (饒民) 명 살림이 넉넉한 백성.
요밀 (要密) 어기 '요밀(要密)하다'의 어기(語基).
요밀요밀-하다 (要密要密-) [-료-] 형여 매우 요밀하다.
요밀-하다 (要密-) 형여 자세하고 세밀하여 빈틈이 없다.
요배 (僚輩) 명 같은 일자리에서 일하는 벗. 요우(僚友)
요배 (遙拜) 명-하다 자타 망배(望拜)
요-번 (-番) 명 이제 돌아온 바로 요 차례. ¶ -에는 꼭 합격해야지. ☞이번
요법 (療法) [-뻡] 명 병을 치료하는 방법. 치료법
요변 (妖變) 명 ①-하다 자 요사스럽고 변덕스럽게 행동함, 또는 그런 행동. ②괴이쩍은 변고.
요변(을) 떨다 관용 요변스러운 짓을 하다.
요변(을) 부리다 관용 짐짓 요변스러운 짓을 하다.
요변 (窯變) 명-하다 자 도자기를 구울 때, 불꽃의 성질이나 잿물의 상태 따위로 말미암아 구워 낸 도자기에 예기하지 않았던 빛깔이나 형태의 변화 등이 나타나는 일, 또는 그렇게 된 도자기.
요-변:덕 (妖-) 명 요사스러운 변덕.
요변-스럽다 (妖變-) (-스럽고·-스러워) 형ㅂ 말이나

하는 짓이 요사하고 변덕스럽다.
요변-스레 부 요변스럽게
요변-쟁이(妖變-)명 몹시 요변스러운 사람.
요병(療病)명-하다자 병을 치료함.
요부(妖婦)명 남자를 잘 호리는 요사스러운 여자.
요부(要部)명 가장 중요한 부분.
요부(腰部)명 허리 부분.
요부(饒富)어기 '요부(饒富)하다'의 어기(語基).
요부-하다(饒富-)형여 살림이 넉넉하다. 요실(饒實)하다. 요족하다
요분-질 명-하다자 성교하는 중에 여자가 서로 쾌감을 더하려고 허리를 요리조리 놀리는 짓.
요:사(夭死)명-하다자 젊은 나이에 죽음. 요절(夭折)
요사(妖邪)명-하다형 요망스럽고 간사함.
요사(를) 떨다 관용 몹시 요사스러운 짓을 하다.
요사(를) 부리다 관용 짐짓 요사스러운 짓을 하다. 요사(를) 피우다.
요사(를) 피우다 관용 요사(를) 부리다.

한자 요사할 요(妖)〔女部 4획〕¶요망(妖妄)/요물(妖物)/요부(妖婦)/요사(妖邪)/요염(妖艶)

요사(要事)명 매우 중요한 일. 긴요한 일.
요사(寮舍)명 절에서, 중들이 일상 생활을 하는 집.
요사-꾼(妖邪-)명 몹시 요사스러운 사람.
요사-스럽다(妖邪-)(-스럽고·-스러워)형ㅂ 보기에 요사한 데가 있다.
요사-스레 부 요사스럽게
요-사이 명 ①요전부터 이제까지의 동안. 요즈막. 작금(昨今) ¶-는 그를 통 못 만났다. ②〔부사처럼 쓰임〕 ¶- 수확한 감자. 준 요새 ☞이사이
요산(尿酸)명 유기산의 한 가지. 맛과 냄새가 없는 백색 결정으로, 물에 약간 녹음. 포유류의 피와 오줌에 들어 있는데, 사람의 경우는 오줌에 섞여 배설됨.
요산요수(樂山樂水)성구 산을 좋아하고 물을 좋아한다는 뜻으로, 자연을 좋아함을 이르는 말. ☞인자요산(仁者樂山). 지자요수(智者樂水)
요상(要償)명-하다자 보상을 요구함. ☞구상(求償)
요상(僚相)명 지난날, 정승끼리 상대편을 일컫던 말.
요상-권(要償權)[-꿘]명 보상을 요구할 수 있는 권리. 손해 배상 청구권 따위.
요-새 명 '요사이'의 준말. ☞이새
요새(要塞)명 국방상 중요한 지점에 만들어 놓은 국토의 방비 시설. ☞요해(要害)
× 요색(要塞)명 → 요새(要塞)
요:서(夭逝)명-하다자 요절(夭折)
요서(妖書)명 민심을 어지럽히는 요사한 내용의 책.
요석(尿石)명 오줌 속에 있는 성분이 신장이나 방광 등 오줌의 통로에서 엉기어 생긴 결석(結石).
요선(僚船)명 같은 선단(船團)에 딸린 선박, 또는 같은 임무를 띠고 있는 다른 배.
요설(饒舌)명 수다스레 지껄임, 또는 수다스러운 말. ¶ 거나하면 곧잘 -을 늘어놓는다. ☞농설(弄舌)
요소(尿素)명 동물의 몸 안에서 단백질이 분해할 때 생겨 오줌으로 나오는 질소 화합물. 무색의 기둥 모양의 결정임. 포유류나 거북, 개구리, 상어 등의 오줌에 많음.
요소(要所)명 중요한 곳이나 지점. 요처(要處)
요소(要素)명 ①어떤 사물의 성립이나 효력 따위에 없어서는 안 될 기본이 되는 내용이나 조건. ¶연극의 3-는 희곡·관객·배우이다. ②더 이상 간단하게 분석할 수 없는 것. ¶빛깔의 3-. ③구체적인 법률 행위나 의사 표시에서, 행위한 사람에게 중요한 의의를 가지는 부분.
요소=수지(尿素樹脂)명 요소와 포르말린을 원료로 하여 만든 합성 수지. 가정용 기구의 재료, 도료(塗料), 접착제 등으로 이용됨. 투명 수지(透明樹脂)
요순(堯舜)명 고대 중국의 전설상의 제왕인 요(堯) 임금과 순(舜) 임금을 아울러 이르는 말. 후세에서 성군(聖君)의 표상으로 일컬어짐.
요순-시절(堯舜時節)명 요(堯) 임금과 순(舜) 임금이 다스리던 시절이라는 뜻으로, '태평성대(太平聖代)'를 비유하여 이르는 말.
요술(妖術)명-하다자 사람의 눈을 어리게 하여 이상한 일들을 나타내 보이는 기묘한 재주. 마술(魔術) ☞마법
요술-객(妖術客)명 요술쟁이
요술-쟁이(妖術-)명 요술하는 재주를 가진 사람. 요술객(妖術客)
요식(要式)명 일정한 규정에 따라야 하는 양식. ¶-을 갖추어 관청에 혼인 신고를 하다.
요:식(料食)명 ①지난날, 이속(吏屬)에게 주는 잡급(雜給)을 이르던 말. ②자기의 몫으로 정해진 대로 받는 끼니의 밥. 소식(所食)
요식(腰飾)명 허리에 차는 장식.
요식=계:약(要式契約)명 법률상 일정한 형식을 갖추어야 하는 계약.
요:식-업(料食業)명 일정한 시설을 갖추어 놓고 고객의 주문에 따라 음식을 만들어 파는 영업.
요식=행위(要式行爲)명 유언, 혼인, 협의 이혼, 입양, 어음 발행 등을 성립시키거나 유효하게 하기 위해 일정한 규정에 따라 절차를 거치는 법률 행위. ☞불요식 행위
요신(妖臣)명 요사스러운 신하.
요신(妖神)명 요사스러운 귀신.
요신(要信)명 중요한 편지.
요실(饒實)어기 '요실(饒實)하다'의 어기(語基).
요-실금(尿失禁)명 자기도 모르는 사이에 오줌이 저절로 나오는 상태. 전립선 비대 등이 원인임.
요실-하다(饒實-)형여 살림이 넉넉하다. 요부하다
요악(妖惡)어기 '요악(妖惡)하다'의 어기(語基).
요악-스럽다(妖惡-)(-스럽고·-스러워)형ㅂ 요악한 데가 있다.
요악-스레 부 요악스럽게
요악-하다(妖惡-)형여 요사스럽고 간악하다.
요약(要約)명-하다자타 말이나 글에서 중요한 내용만을 추림, 또는 추려 낸 것. ¶본론의 내용을 -하다.
요약-자(要約者)명 제삼자를 위한 계약에서, 상대편이 제삼자에게 지급할 채무를 지도록 약속하게 하는 계약 당사자. ☞낙약자(諾約者)
요양(療養)명-하다자타 병이나 상처를 치료하며 편안히 쉬어서 건강이 회복되게 함. ¶시골에서 -을 하다.
요양(擾攘)어기 '요양(擾攘)하다'의 어기(語基).
요양=보:상(療養補償)명 재해 보상의 한 가지. 근로자가 근무 중에 부상하거나 병에 걸렸을 경우에 사용자로부터 요양 비용으로 받는 보상.
요양-소(療養所)명 환자가 요양할 수 있게 시설을 갖추어 놓은 곳. 요양원
요양-원(療養院)명 요양소(療養所)
요양-하다(擾攘-)형여 시끄럽고 어수선하다.
요언(妖言)명 요사스러운 말.
요언(要言)명 요점만 추려 정확하게 하는 말.
요업(窯業)명 질흙 등 비금속 원료를 가마 따위에 넣어 고열 처리하여 도자기·벽돌·유리·법랑 등을 만드는 공업. 도업(陶業)
요엘서(Joel書)명 구약성서 중의 한 편. 예언자 요엘의 구술에 따라 기록한 것으로, 메뚜기 떼로 말미암은 재해가 하느님의 심판임을 밝히고 회개를 권장하는 내용임.
요여(腰輿)명 우리 나라의 재래식 장례에서, 장사를 지낸 뒤에 혼백과 신주를 모셔 나르는 작은 가마를 이르는 말. 영여(靈輿)
요:역(了役)명-하다타 역사(役事)를 끝마침. 필역(畢役)
요역(要驛)명 ①지난날의 중요한 역참(驛站). ②철도의 중요한 역. 주요 역.
요역(徭役)명 지난날, 백성에게 일정한 구실 대신에 시키는 노역(勞役)을 이르던 말.
요역-국(要役國)명 국제 지역(地役)으로 권리나 이익을 받는 국가. ☞승역국(承役國)
요역-지(要役地)명 지역권(地役權)으로 편익을 얻는 토지.

☞승역지(承役地)
요연(瞭然·了然)어기 '요연(瞭然)하다'의 어기(語基).
요연-하다(瞭然-)형여 똑똑하고 분명하다. 효연하다
요열(潦熱)명 요염(潦炎)
요염(潦炎)명 장마철의 무더위. 요열(潦熱)
요염(妖艶)어기 '요염(妖艶)하다'의 어기(語基).
요염-하다(妖艶-)형여 사람을 호릴 만큼 아리땁다. ¶요염한 웃음.
요예(要譽)명-하다자 명예를 구함. 명예를 바람. 요명(要名)
요오드(Jod 독)명 할로겐 원소의 하나. 광택이 있는 암자색의 비늘 모양의 결정체. 승화하기 쉽고, 증기는 자줏빛이며 자극적인 냄새가 나는데 유독함. 천연으로는 해초나 해산 동물 속에 있으며, 성질은 염소나 브롬과 비슷함.〔원소 기호 I/원자 번호 53/원자량 126.90〕
요오드=녹말=반:응(Jod綠末反應)명 녹말에 찬 요오드 용액을 작용시켰을 때, 파란 자줏빛을 나타내는 반응.
요오드팅크(∠Jodtinktur 독)명 요오드와 요오드화칼륨을 에틸알코올에 녹인 짙은 갈색 액체. 피부나 상처의 소독, 진통제, 소염제로 쓰임.
요오드-화(Jod化)명-하다자 요오드와 다른 물질이 화합하는 일.
요오드화-물(Jod化物)명 요오드와 그보다 양성인 원소의 화합물을 통틀어 이르는 말.
요오드화-수소(Jod化水素)명 인산을 요오드화칼륨에 작용시켜 만드는 자극성이 있는 무색의 기체. 환원제(還元劑)로 쓰임.
요오드화-아연(Jod化亞鉛)명 무색 또는 담황색의 팔면체 결정. 물에 잘 녹고, 아질산 따위의 시약으로 쓰임.
요오드화-은(Jod化銀)명 황색의 분말 모양의 결정. 빛을 받으면 분해하여 암색(暗色)을 띠게 되므로 사진 제판에 쓰이고, 의료용으로는 진통제로 쓰임.
요오드화-칼륨(Jod化Kalium)명 무색 투명 또는 흰빛의 육면체 결정. 물과 알코올에 잘 녹고 맛이 씀. 이뇨제 등으로 쓰임.
요외(料外)명 생각 밖. 요량 밖.
요:요(夭夭)어기 '요요(夭夭)하다'의 어기(語基).
요요(姚姚)어기 '요요(姚姚)하다'의 어기(語基).
요요(寥寥)어기 '요요(寥寥)하다'의 어기(語基).
요요(遙遙)어기 '요요(遙遙)하다'의 어기(語基).
요요(擾擾)어기 '요요(擾擾)하다'의 어기(語基).
요요무문(寥寥無聞)성구 명예나 명성이 보잘것없어 남에게 알려지지 아니함을 이르는 말.
요요-하다(搖搖-)자타여 자꾸 흔들리다, 또는 자꾸 흔들다.
요:요-하다(夭夭-)형여 ①나이가 젊고 아리땁다. ②물건이 보기에 가냘프고 아름답다.
요요-하다(姚姚-)형여 예쁘고 아리땁다.
요요-하다(寥寥-)형여 매우 고요하고 쓸쓸하다.
요요-하다(遙遙-)형여 매우 멀고도 아득하다.
요요-하다(擾擾-)형여 ①정신이 뒤숭숭하고 어지럽다. ②헝클어져 어수선하다.
요용(要用)명-하다타 요긴하게 씀.
요용-건(要用件)[-껀]명 아주 긴요한 용건, 또는 요긴하게 쓸 물건.
요용-품(要用品)명 요긴하게 쓸 물품.
요우(僚友)명 같은 일자리에서 일하는 벗. 요배(僚輩)
요운(妖雲)명 불길한 징조를 나타내는 야릇한 구름.
요원(要員)명 ①어떤 일을 위해 필요한 인원. ¶수송 -/홍보- ②중요한 직위에 있는 사람.
요원(燎原)명 불타고 있는 벌판.
요원의 불길관용 타오르는 벌판의 불길이라는 뜻으로, 퍼져 나가는 기세가 걷잡을 수 없이 세참을 비유하여 이르는 말. ¶사회 개혁을 위한 국민 운동이 -처럼 퍼져 나가다. 요원지화(燎原之火)
요원(遙遠)어기 '요원(遙遠)하다'의 어기(語基).
요원지화(燎原之火)성구 타오르는 벌판의 불길이라는 뜻으로, 퍼져 나가는 기세가 걷잡을 수 없이 세참을 비유하여 이르는 말.
요원-하다(遙遠-)형여 아득히 멀다. ¶앞날이 -.
요위(腰圍)명 허리통
요:율(料率)명 요금의 정도나 비율.
요의(-衣)명 요의 방바닥에 닿는 부분에 시치는 무색의 천. 요뒤
요의(要義)명 중요한 뜻. ¶불교 경전의 -를 새기다.
요의(僚誼)명 동료 사이의 정의.
요인(妖人)명 요사스러운 사람.
요인(要人)명 중요한 지위에 있는 사람. ¶-을 경호하다.
요인(要因)명 일이 그렇게 된 중요한 원인. ¶성공의 -.
요인=증권(要因證券)[-꿘]명 증권상의 권리가, 증권 발행의 원인이 된 법률 관계의 유효한 존재를 필요로 하는 유가 증권. 선화 증권(船貨證券)이나 창고 증권(倉庫證券) 따위. 유인 증권(有因證券) ☞불요인 증권
요일(曜日)명 '요(曜)'를 붙이어 나타내는, 한 주일의 각 날. 곧 일(日)·월(月)·화(火)·수(水)·목(木)·금(金)·토(土)의 각 날을 이르는 말. ¶어느 -에 만날까?

한자 요일 요(曜)〔日部 14획〕¶칠요일(七曜日)

요임(要任)명 중요한 임무.
요잡(繞匝)명-하다자 불교에서, 부처를 중심으로 그 둘레를 돌아다니는 일. 위요(圍繞)
요적(寥寂)어기 '요적(寥寂)하다'의 어기(語基).
요적-하다(寥寂-)형여 쓸쓸하고 고요하다. 적요하다
요-전(-前)명 요사이의 며칠 전. ¶-에 만난 사람.
요-전번(-前番)명 오래지 않은, 얼마 전 그때. ¶-에 만났던 곳에서 만나자.
요전-상(澆奠床)[-쌍]명 산소 앞에 차려 놓은 제사상.
요:절(夭折)명-하다자 젊은 나이에 죽음. 요사(夭死). 요서(夭逝). 조세(早世) ¶-한 시인의 유작집(遺作集).
요절(要節)명 문장에서, 중요한 대목을 이르는 말.
요절(腰折·腰絕)명-하다자 몹시 우스워서 허리가 꺾어질듯 함.
요절-나다자 ①물건이 깨지거나 해어져 못 쓰게 되다. ¶도자기가 -. ②일이 깨어져서 실패하게 되다. ¶부실 경영으로 사업이 -.
요절-내:다타 요절나게 하다. ¶태풍이 농작물을 -.
요점(要點)[-쩜]명 가장 중요한 점. 골자(骨子). 요체(要諦). 절점(切點). 주점(主點) ¶-을 정리하다.
요:정(了定)명-하다타 ①무엇을 결판내어 끝마침. ②무엇을 결정함.
요정(尿精)명 한방에서, 오줌에 정액이 섞여 나오는 병증을 이르는 말.
요정(妖精)명 ①요사스러운 정령(精靈). ②서양의 신화나 전설에 많이 나오는, 사람의 모습을 한 정령. 님프
요정(料亭)명 요릿집
요정(僚艇)명 같은 임무를 띤 다른 배.
요:정-나다(了定-)자 일이 다 끝이 나다.
요:정-짓:다(了定-)[-진-](-짓고·-지어)타ㅅ 결정을 짓다. 끝을 내다.
요조(凹彫)명 음각(陰刻) ☞철조(凸彫)
요:조(窈窕)어기 '요조(窈窕)하다'의 어기(語基).
요:조-숙녀(窈窕淑女)명 아리땁고 얌전한 여자.
요:조-하다(窈窕-)형여 아리땁고 얌전하다.
요족(饒足)어기 '요족(饒足)하다'의 어기(語基).
요족-하다(饒足-)형여 살림이 넉넉하다. 요부하다
요-즈막명 ①이제까지에 이르는 아주 가까운 지난 때. 요사이 ¶-의 일이다. ②〔부사처럼 쓰임〕¶- 만나는 친구. ☞이즈막
요-즈음명 ①요사이. 근래(近來). 작금(昨今) ¶-의 기온 변화. ②〔부사처럼 쓰임〕¶- 유행하는 모자. 준요즘 ☞이즈음
요-즘명 '요즈음'의 준말. ¶-의 물가. ☞이즘
요:지(了知)명-하다타 깨달아서 앎.
요지(要旨)명 말이나 글의 중요한 뜻. ¶-를 밝히다.
요지(要地)명 중요한 곳. 중요한 지역. ¶군사상의 -.

요지(窯址)명 가마터
요지-경(瑤池鏡)명 상자 앞면에 달린 확대경을 통해 상자 안에 장치한 그림이나 사진 등을 돌리면서 구경하며 즐기는 장난감. ☞만화경(萬華鏡)
속담 **요지경 속이다** : 속 내용이 알쏭달쏭하고 복잡하여 뭐가 뭔지 이해할 수 없음을 비유하여 이르는 말.
요지부동(搖之不動)성구 흔들어도 꿈쩍 하지 아니함을 이르는 말. ¶그는 한번 마음먹으면 -이다.
요지-호(凹地湖)명 수면이 해면(海面)보다 낮은 호수.
요직(要職)명 중요한 직위나 직무. ☞중직(重職)
요진(要津)명 ①중요한 나루. ②요로(要路)
요질(腰絰)명 상복을 입을 때 허리에 띠는 띠. 짚에다 삼을 섞어 동아줄처럼 만듦.
요-쪽 대 '이쪽'보다 좀더 가깝거나 좁은 범위를 가리키는 말. ☞고쪽. 조쪽
요-쯤 명 ①요만한 정도. ¶-이면 되겠니? ②〔부사처럼 쓰임〕 요만한 정도로. ¶- 하고 쉬자. ☞이쯤
요차(療次)명 '요기차(療飢次)'의 준말.
요참(腰斬)명-하다타 지난날, 중죄인의 허리를 베어 죽이던 형벌.
요:채(了債)명-하다자 ①빚을 모두 갚음. ②자기의 의무를 다함.
요처(凹處)명 오목한 곳.
요처(要處)명 중요한 곳이나 지점. 요소(要所)
요-처럼부 요와 같이. ¶- 그려 보아라. ☞이처럼
요천(遙天)명 아득히 먼 하늘.
요철(凹凸)명-하다형 오목함과 볼록함. 철요(凸凹) ¶-이 없는 노면(路面).
요철-렌즈(凹凸lens)명 한쪽 면은 오목하고 다른 한쪽 면은 볼록한 렌즈. 볼록렌즈와 같은 작용을 함.
요청(要請)명-하다타 필요한 일을 어떻게 해 달라고 청함, 또는 그 청. ¶지원을 -하다./그의 -을 거절하다.
요체(要諦)명 ①가장 중요한 점. 요점(要點) ¶성공의 -./경영의 -를 터득하다. ②중요한 깨달음.
요초(料峭)명 봄바람이 살갗에 산산하게 느껴지는 느낌.
요추(腰椎)명 허리등뼈
요-축(饒-)명 살림이 넉넉한 사람들.
요충(要衝)명 '요충지(要衝地)'의 준말. ¶군사적 -.
요충(蟯蟲)명 요충과의 기생충. 몸은 실처럼 희고 가늘며, 암컷은 1cm, 수컷은 3~5mm. 사람의 맹장 등에 기생하는데, 특히 밤에 항문으로 나와 항문 주변에 알을 낳음. 알은 사람의 입을 통해 몸 속으로 들어감.
요충-지(要衝地)명 군사·교통·상업 면에서 매우 중요한 곳. ¶교통의 -./전략적 -. 준요충(要衝)
요치(療治)명-하다타 병이나 상처를 다스려 낫게 함. 치료
요:-컨대(要-)부 중요한 점을 말하자면. 결국은 ¶- 화합(和合)만이 난국 극복의 지름길이다.
요:크(yoke)명 여성복이나 아동복 등을 만들 때, 가슴이나 어깨 등에 장식을 겸해서 대는 천. 직선형·아치형·V자형 등 여러 모양이 있음.
요:크셔-종(Yorkshire種)명 돼지의 한 품종. 영국 요크셔 지방 원산. 몸빛은 흰색이며 둥근 체형임. 소백종·중백종·대백종이 있음.
요:크셔테리어(Yorkshire terrier)명 개의 한 품종. 영국 요크셔 지방 원산의 교배종임. 다리가 짧고 몸통이 길며, 몸빛은 어두운 쇠붙이 광택이 있는 푸른 빛인데 머리·다리·가슴은 누런 갈색임. 애완용임.
요:탁(料度)명-하다타 남의 마음을 미루어 헤아림. 촌탁
요탁(遙度)명-하다타 먼 곳에서 남의 마음을 미루어 헤아림.
요탓-조탓[-탄-]명-하다자 ①요리조리 핑계를 삼음. ¶하는 일마다 -한다. ②〔부사처럼 쓰임〕 ¶- 핑계만 일삼는다. ☞이탓저탓
요-토록부 요러하도록. 요러한 정도로까지. ¶- 힘들 줄은 몰랐다./- 무리를 해서야…. ☞이토록
요통(腰痛)명 허리가 아픈 증세. 허리앓이

요트(yacht)명 스포츠나 유람용으로 쓰이는 가볍고 작은 범선. 발동기 등 추진 기관을 가진 것도 있음.
요트하:버(yacht harbor)명 요트 전용의 항구.
요판(凹版)명 오목판
요패(腰牌)명 조선 시대, 군졸이나 사령, 별배 등이 허리에 차던 나무패.
요폐(尿閉)명 방광에 고인 오줌이 잘 누이지 않는 병. 방광이나 요도(尿道)의 신경 장애와 요도 결석, 전립선의 비대로 요도가 좁아진 경우 등에 일어남.
요-포대기 명 요로도 쓸 수 있게 만든 포대기.
요하(腰下)명 허리춤 ¶대장인을 -에 비껴 차고….
요:-하다(要-)타여 필요로 하다. ¶휴식을 -.
요한계시록(∠Johannes啓示錄)명 신약성서의 마지막 편. 사도 요한이 하느님에게서 계시를 받고 저술했다는 것으로, 세상의 종말과 최후의 심판, 예수의 재림, 천국의 도래, 믿음을 가진 사람들의 승리 등 예언적 내용이 상징적 표현으로 그려져 있음. 계시록. 묵시록
요한복음(∠Johannes福音)명 신약성서의 넷째 편. 사도 요한이 지은 것으로 사복음(四福音) 중의 하나임.
요한서한(∠Johannes書翰)명 신약성서 중, 요한이 쓴 세 편의 편지. 하느님의 사랑과 교회의 윤리에 관하여 적은 내용으로, 요한일서, 요한이서, 요한삼서로 되어 있음.
요:함(夭陷)명-하다자 요절(夭折)
요함(凹陷)명-하다자 오목하게 들어감, 또는 그런 자리.
요함(僚艦)명 같은 작전 임무를 띤 자기 편의 군함.
요항(要項)명 요긴한 사항. 필요한 사항. ¶사원 채용의 -을 광고하다.
요항(要港)명 교통이나 수송, 군사 면에서 중요한 항구. ¶국제 무역의 -.
요:해(了解)명-하다타 사물의 내용이나 뜻을 이해함.
요해(要害)명 ①지형이 험하여 적의 공격을 막기에 유리한 곳. 요해지. 요해처 ¶작전상의 -. ②전략상 중요한 곳에 쌓은 성곽(城郭). ¶천연의 -. ☞요새(要塞)
요해-지(要害地)명 요해(要害)
요해-처(要害處)명 요해(要害)
요행(僥倖·徼幸)명-하다형 좀처럼 이루어질 수 없는 일이 뜻밖에 이루어져 다행함, 또는 그런 다행한 일. ¶노력하지 아니하고 -을 바라다./-으로 된 일.
요행-히부 요행하게 ¶- 일이 잘 풀렸다.
요행-수(僥倖數)[-쑤]명 뜻밖에 누리게 된 좋은 운수. ¶-로 복권에 당첨되다.
요혈(尿血)명 적혈구가 섞여 나오는 오줌. 혈뇨(血尿)
요호(饒戶)명 살림이 넉넉한 집. 부잣집
요화(妖花)명 ①야릇한 느낌을 자아내는 아름다운 꽃. ②야릇한 매력을 지닌 미녀를 비유하여 이르는 말. ¶연예계(演藝界)의 -.
요화(蓼花)명 여뀌의 꽃.
요횟-대(蓼花-)명 여뀌꽃 모양으로 만든 유밀과(油蜜果)의 한 가지.
요희(妖姬)명 요기(妖氣)를 느끼게 하는 야릇한 미녀.
요힘빈(yohimbine)명 꼭두서닛과의 식물인 요힘베의 껍질에 들어 있는 알칼로이드. 최음제(催淫劑)로 쓰임.
욕(辱)명 ①-하다자타 '욕설'의 준말. ¶-을 하다./-을 먹다./-을 퍼붓다./남을 -하다. ②'치욕(恥辱)'의 준말. ¶-을 당하다. ③수고롭거나 고생스러운 일.
욕-가마리(辱-)명 남에게 욕을 먹어 마땅한 사람을 이르는 말. ☞욕감태기
욕-감태기(辱-)명 남에게 노상 욕을 먹는 사람을 이르는 말. ☞욕가마리
욕객(浴客)명 온천이나 대중 목욕탕 같은 데에 목욕을 하려고 온 손.
욕계(欲界)명 불교에서 이르는 삼계(三界)의 하나. 식욕(食慾)·음욕(淫慾)·수면욕(睡眠慾) 등의 본능적인 욕망의 세계.
욕계=삼욕(欲界三慾)[-뇩]명 불교에서 이르는 욕계의 세 가지 욕망. 곧 식욕·음욕·수면욕을 이르는 말.
욕계=육천(欲界六天)명 불교에서, 삼계(三界) 중 욕계

에 딸린 여섯 하늘. 곧 사왕천(四王天)·도리천(忉利天)·야마천(夜摩天)·도솔천(兜率天)·화락천(化樂天)·타화자재천(他化自在天)을 이르는 말. 육욕천(六欲天)

욕교(辱交)명 욕지(辱知)

욕교반:졸(欲巧反拙)성구 기교를 부리고자 하면 도리어 서투르게 된다는 뜻으로, 지나치게 잘 하려 하면 도리어 잘 안 됨을 이르는 말.

욕구(欲求)명-하다타 무엇을 갖고자 하거나 무슨 일을 하고자 하는 간절한 바람. ¶재물에 대한 ―./―를 채우다.

욕구=불만(欲求不滿)명 욕구를 채우지 못함으로써 생겨나는 불쾌한 긴장이나 불안을 이르는 말.

욕기(浴沂)명 공자(孔子)가 제자들에게 취향을 묻자 증석(曾皙)이 기수(沂水)에서 목욕하고 무우(舞雩)에 올라가 시가를 읊조리고 돌아오겠다고 대답한 고사에서, 명리(名利)를 잊고 유유자적함을 비유하여 이르는 말.

욕기(慾氣)명 욕심(慾心)

욕-되다(辱―)형 면목이 없거나 명예롭지 못하다. ¶욕되게 살다./가문을 욕되게 하다.

욕-되이부 욕되게 ¶많은 날들을 ― 지내다.

한자 욕될 욕(辱)〔辰部 3획〕¶봉욕(逢辱)/오욕(汚辱)

욕례(縟禮)명 복잡하고 까다로운 예절. ☞번례(煩禮)

욕망(欲望)명-하다타 무엇을 하거나 가지고 싶어 간절히 바람, 또는 그 마음. ¶명예에 대한 ―./―을 버리다.

욕-먹다(辱―)자 ①남에게서 욕설을 듣다. ¶욕먹을 짓을 하지 마라. ②꾸지람을 듣다. ¶상관에게 ―.

욕-보다(辱―)자 ①어려운 일을 겪거나 수고를 하다. ¶여기까지 오느라 욕봤다. ②매우 부끄러운 일을 당하다. ¶나 때문에 욕보면 어쩌지? ③강간을 당하다.

욕-보이다(辱―)타 ①남을 괴롭히거나 수고롭게 하다. ¶여러 사람을 욕보이는 짓. ②남의 명예를 더럽히다. ¶무고한 사람을 ―. ③여자를 범하다. 강간하다

욕불(浴佛)명 불교에서, 불상에 감차(甘茶)나 향수를 끼얹는 일. 관불(灌佛)

욕불-일(浴佛日)명 욕불을 하는 날이라는 뜻으로, '파일(八日)'을 달리 이르는 말.

욕사무지(欲死無地)성구 죽으려 해도 죽을만 한 땅이 없다는 뜻으로, 매우 분하고 원통함을 이르는 말.

욕사-행(欲邪行)명 불교의 오계(五戒)의 하나. 부부 아닌 사람 사이의 정사(情事), 또는 부부 사이에서도 삼가야 할 성행위. 사음(邪淫)

욕살(褥薩)명 고구려 때, 지방 오부(五部)의 으뜸 관직.

욕생(欲生)명 불교에서, 죽은 다음에 극락 세계에 다시 태어나기를 바라는 마음을 이르는 말.

욕서(溽暑)명 무더위

욕설(辱說)명-하다자 ①남을 저주하는 말. ¶―이 나오다. ②남을 욕하는 말. 남을 모욕하는 말. 악설(惡舌). 욕언(辱言) ¶마구 ―을 퍼붓다. 준 욕

욕속부달(欲速不達)성구 빨리 하려고 서두르면 도리어 일을 이루지 못함을 이르는 말.

욕실(浴室)명 '목욕실(沐浴室)'의 준말.

욕심(慾心)명 무엇을 지나치게 탐내거나 가지고 싶어하는 마음. 욕기(慾氣) ¶보면 가지고 싶은 ―이 생긴다.

욕심(을) 내다관용 욕심을 일으키다. ¶돈을 ―.

욕심(을) 부리다관용 욕심을 드러내다.

욕심(이) 나다관용 욕심이 생기다. ¶욕심 나는 그림.

욕심(이) 사납다관용 지나칠 만큼 욕심이 많다.

욕심이 눈을 가리다관용 욕심이 사물의 판단을 흐리게 한다.

속담 **욕심이 부엉이 같다**: 온갖 것에 욕심을 부린다는 말./**욕심이 사람 죽인다**: ①욕심이 많고 사나우면 어떤 나쁜 짓도 하게 된다는 말. ②지나치게 욕심이 사나우면 제 몸을 망칠 수 있으니 너무 욕심을 부리지 말라는 말. 〔허욕(虛慾)이 패가(敗家)라〕

한자 욕심 욕(慾)〔心部 11획〕¶과욕(過慾)/무욕(無慾)/애욕(愛慾)/욕심(慾心)/탐욕(貪慾)

▶ **'慾' 자와 '欲' 자의 쓰임**

慾의 본자(本字)는 欲이다. 그런데 우리 나라에서는 흔히 '① 하고자 하다. ② 탐내다.' 등의 뜻으로 쓸 때는 欲 자를 쓰고, '욕심'의 뜻으로 쓸 때는 慾 자로 구별해서 쓴다. '하고자 하는 바'는 모두 '마음'으로부터 나온다 하여 慾 자로 관용되었다.

¶욕구(欲求)/욕망(欲望)/욕정(欲情)

¶식욕(食慾)/성욕(性慾)/물욕(物慾)

욕심-꾸러기(慾心―)명 욕심이 많은 사람을 이르는 말. 욕심쟁이

욕심-쟁이(慾心―)명 욕심꾸러기

욕언(辱言)명-하다자 욕설(辱說)

욕우(辱友)명 욕지(辱知)

욕자(欲刺)명 불교에서, 바늘로 몸을 찌르듯 오욕(五慾)이 심신을 괴롭게 함을 이르는 말.

욕장(浴場)명 목욕을 하는 곳.

욕-쟁이(辱―)명 남에게 욕을 잘하는 사람을 낮잡아 이르는 말.

욕정(欲情)명 ①몹시 가지고 싶어하는 마음. ②이성에 대한 육체적 욕망. 정욕 ¶―에 사로잡히다.

욕조(浴槽)명 ①목욕물을 담는 통. 목욕통 ②욕장(浴場)에서 목욕물을 채워 가두는 시설.

욕지(辱知)명 자기와 같은 사람을 알게 된 것이 그 사람에게는 욕이 된다는 뜻으로, 상대편에게 자기를 겸손하게 이르는 말. 욕교(辱交). 욕우(辱友)

욕-지거리(辱―)명-하다자 '욕설(辱說)'의 속된말.

욕-지기명-하다자 속이 메스꺼워 토할듯 한 느낌. 구역(嘔逆). 역기(逆氣). 토기(吐氣)

욕지기가 나다관용 ①속이 메스꺼워 토할듯 한 느낌이 일어나다. ②아니꼬운 생각이 들다. 구역이 나다.

욕지기-질명-하다자 욕지기를 잇달아 하는 짓.

욕-질(辱―)명-하다자 욕설을 퍼붓는 짓.

욕창(褥瘡·蓐瘡)명 오래 병상에서 지낸 사람의 피부나 피하 조직이 바닥에 닿아 눌려서 회사(壞死)한 상태.

욕탕(浴湯)명 '목욕탕(沐浴湯)'의 준말.

욕토미:토(欲吐未吐)성구 말을 할듯 말듯 하면서 아직 하지 아니함을 이르는 말.

욕통(浴桶)명 '목욕통(沐浴桶)'의 준말.

욕파불능(欲罷不能)성구 파하고자 하여도 파할 수가 없음을 이르는 말.

욕해(慾海)명 불교에서, 세속의 애욕(愛慾)이 넓고 깊음을 바다에 비유하여 이르는 말.

욕화(浴化)명-하다자타 높은 덕화(德化)를 입거나 입힘.

욕화(欲火)명 불교에서, 욕정(欲情)이 왕성함을 불에 비유하여 이르는 말.

욜랑-거리다(대다)자 ①잔물결이 가볍게 움직이다. ②물에 뜬 물체가 잔물결에 따라 가볍게 움직이다. 욜랑이다 ☞알랑거리다. 일렁거리다

욜랑-욜랑부 욜랑거리는 모양을 나타내는 말. ☞얄랑얄랑. 일렁일렁

욜랑-이다자 욜랑거리다 ☞얄랑이다. 일렁이다

욥기(Job記)명 구약성서 중의 한 편. 의인(義人) 욥이 아무런 죄 없이 자식과 재산과 건강을 잃고 절망적인 괴로움을 겪으면서도 끝까지 신앙을 지킴으로써 모든 것이 회복되고 하느님의 축복을 받는다는 내용으로 되었음.

욧-속명 요 안에 두는 솜이나 털 등을 이르는 말.

×**욧-의**(―衣)명 → 요의

욧-잇[―닏]명 요의 거죽을 싸서 등 쪽으로 넘어오게 하여 시치는 흰 천.

용:명 한꺼번에 몰아 쓰는 기운.

용을 쓰다관용 ①기운을 한꺼번에 몰아 쓰다. ¶무거운 물체를 밀어내려고 ―./아무리 용을 써도 소용이 없다. ②괴로움을 억지로 참으려고 애를 쓰다. ¶고통을 견디어 내려고 ―.

용(茸)명 '녹용(鹿茸)'의 준말.

용(龍)명 전설에서, 신령하다는 네 가지 짐승의 하나. 몸은 큰 뱀과 비슷하며 온몸이 비늘로 덮여 있고, 머리에는 두 귀와 두 개의 뿔이 있으며 네 발에는 날카로운 발톱이 있음. 대개 깊은 연못에서 사는데 하늘로 올라가 구름을 만들고 비를 내리게 한다고 함. ☞사령(四靈)

용(이) 되다 관용 변변하지 못하던 사람이 훌륭하게 되었다는 뜻으로 빗대어 이르는 말.

속담 **용 가는 데 구름 간다** : 언제나 같이 다니는 둘 사이의 긴밀한 관계를 이르는 말.〔바늘 가는 데 실 간다/범 가는 데 바람 간다/봉(鳳) 가는 데 황(凰)이 간다〕/**용 될 고기는 모이 철부터 안다** : 뒷날 훌륭하게 될 사람은 어릴 적부터 남다른 데가 있다는 말.〔될성부른 나무는 떡잎부터 알아본다/열매 될 꽃은 첫 삼월부터 안다〕/**용의 꼬리보다 닭의 머리가 낫다** : 잘난 사람의 뒤를 좇아 다니는 것보다 작은 단체의 우두머리가 되는 편이 낫다는 말. ☞계구우후(鷄口牛後)/**용이 물을 잃은듯** : 처지가 매우 궁하게 되어 살아가기가 어렵게 되었음을 빗대어 이르는 말./**용이 여의주(如意珠)를 얻고 범이 바람을 탐과 같다** : 무슨 일이나 뜻한 대로 다 이루어져 두려울 것이 없다는 말.

한자 용 룡(龍)〔龍部〕¶용궁(龍宮)/용두(龍頭)/용소(龍沼)/용왕(龍王)/청룡(靑龍) ▷ 竜은 龍의 고자(古字)

-용(用)《접미사처럼 쓰이어》'쓰임'의 뜻을 나타냄. ¶전시용(展示用)/공업용(工業用)/교육용(教育用)/휴대용(携帶用)/비상용(非常用)

용가(龍駕)명 임금이 타는 수레. 대가(大駕). 어가(御駕)

용-가마명 큰 가마솥.

용:간(用奸)명-하다자타 간사한 꾀로 남을 속임.

용:감(勇敢)어기 '용감(勇敢)하다'의 어기(語基).

용:감무쌍(勇敢無雙)성구 용감하기 짝이 없음을 이르는 말. ¶－한 해병./－하게 싸우다.

용:감-스럽다(勇敢－)(－스럽고·－스러워)형ㅂ 보기에 용기가 있고 씩씩하다. ¶용감스러운 모습.

용감-스레부 용감스럽게

용:감-하다(勇敢－)형여 용기가 있어, 위험이나 어려움 따위를 두려워하지 않고 씩씩하다. ¶용감한 병사들./용감한 모습./용감하게 나아가다.

용감-히부 용감하게 ¶－ 싸우다.

용:강(勇剛)어기 '용강(勇剛)하다'의 어기(語基).

용:강-하다(勇剛－)형여 씩씩하고 굳세다.

용:건(用件)[－껀]명 볼일. 용무(用務) ¶무슨 －이지?/찾아온 －부터 말해라.

용:결(勇決)명-하다타 용기 있게 결단을 내림.

용고(龍鼓)명 국악기 혁부(革部) 타악기의 한 가지. 용을 그린 북통 양쪽에 쇠고리를 박아 끈을 끼워 어깨에 메고, 두 손에 쥔 채로 침. 판소리 장단을 맞출 때는 바닥에 놓고 침.

용고뚜리명 담배를 지나치게 많이 피우는 사람을 놀리어 이르는 말. 골초

용골(龍骨)명 ①큰 배 밑바닥 한가운데를, 이물에서 고물로 벋어 선체를 버티는 길고 큰 목재. 배의 등뼈 구실을 함. 선골(船骨) ②고대에 살았던 거대한 동물 뼈의 화석.

용골=돌기(龍骨突起)명 조류(鳥類)의 가슴뼈에 있는 돌기. 가슴 근육의 발달에 따라 가슴뼈가 발달해 생긴 것임.

용골때-질명-하다자 심술을 부려 남의 부아를 돋우는 짓.

용골-자리(龍骨－)명 남쪽 하늘의 별자리의 한 가지. 삼월 하순의 저녁 무렵에 남쪽 지평선상에 일부가 나타남.

용골-차(龍骨車)명 양수기(揚水機)의 한 가지. 물을 높은 곳으로 자아올리는 장치.

용공(容共)명 공산주의나 그 정책을 받아들이는 일. ¶－세력 ☞반공(反共)

용공(庸工)명 재주나 기술이 변변찮은 기술자.

용공(傭工)명 남에게서 품삯을 받고 일하는 사람.

용관(冗官)명 일정한 관직이 없는 관원, 또는 한가한 관직.

용광(容光)명 ①틈새로 들이비치는 빛살. ②얼굴 모습.

용광(龍光)명 임금의 은총을 받는 영광.

용광-로(鎔鑛爐)명 쇠·구리·납 등의 제련(製鍊)에 쓰이는 가마. ☞고로(高爐)

용-교의(龍交椅)명 임금이 앉는, 용의 형상을 새긴 교의.

용:구(用具)명 무엇을 하거나 만드는 데 쓰이는 기구. ¶수채화 －

용:군(用軍)명-하다자 군사를 부려 전쟁을 함. ☞용병(用兵)

용군(庸君)명 못나고 어리석은 임금.

용궁(龍宮)명 설화(說話)에서, 바다 속에 있어 용왕(龍王)이 살고 있다는 상상의 궁전. 유수궁(水宮)

용궁부연록(龍宮赴宴錄)명 조선 초기의 학자 김시습(金時習)이 지은 한문 전기(傳奇) 소설의 하나. '금오신화(金鰲新話)'에 실려 전함. ☞만복사저포기

용:권(用權)[－꿘]명-하다자 권세를 부림.

용:귀(踊貴)명-하다자 등귀(騰貴)

용규(龍葵)명 ①'까마종이'의 딴이름. ②한방에서, 까마종이의 잎과 줄기를 말린 것을 약재로 이르는 말.

용:기(用器)명 어떤 일을 하는 데 쓰는 기구.

용:기(勇氣)명 씩씩하고 굳센 의기. ¶－가 나다./－가 솟다./－를 내다./－ 있는 행동.

용기(容器)명 물건을 담는 그릇. ¶플라스틱 －

용-기병(龍騎兵)명 16～17세기 유럽에서, 갑옷에 총으로 무장한 기마병을 이르던 말.

용:기-화(用器畫)명 제도 기구를 써서 점(點)·선(線)·면(面)의 위치나 모양을 기하학적으로 그리는 그림. ☞자재화(自在畫)

용-꿈(龍－)명 꿈속에서 용을 본 꿈. 용몽(龍夢)

용-날(龍－)명 간지(干支)의 지지(地支)가 진(辰)인 날을, 지지의 동물 이름으로 상징하여 이르는 말. ☞진일(辰日)

용남(傭男)명 고용살이하는 남자. 용부(傭夫)

용납(容納)명-하다타 남의 언행을 너그러운 마음으로 받아들임. ¶도저히 －할 수 없다./－이 되지 않는다.

용녀(傭女)명 고용살이하는 여자. 용부(傭婦)

용녀(龍女)명 설화(說話)에 나오는, 용왕의 딸.

용뇌(龍腦)명 ①'용뇌수'의 준말. ②'용뇌향'의 준말.

용뇌-수(龍腦樹)명 용뇌향과의 상록 교목. 높이 50m 안팎. 잎은 두껍고 길둥근 꼴임. 꽃은 흰빛인데 향기가 있으며, 동글고 날개가 있는 열매가 맺힘. 줄기의 갈라진 틈에서 용뇌향을 얻음. 보르네오, 수마트라 등지에 분포함. 준용뇌(龍腦)

용뇌-향(龍腦香)명 한방에서, 용뇌수에서 채취한 널빤지 모양의 무색 투명한 결정을 약재로 이르는 말. 구강 청량제나 방충제, 방향제 따위에 쓰임. 빙뇌(氷腦). 빙편(氷片). 편뇌(片腦) 준용뇌

용:단(勇斷)명-하다자 용기 있게 결단함, 또는 그러한 결단. ¶－을 내리다.

용:달(用達)명-하다타 상품이나 짐 따위를 목적지에 전문적으로 날라다 주는 일.

용:달-사(用達社)[－싸]명 상품이나 짐 따위를 날라다 주는 일을 전문으로 하는 회사.

용:달-차(用達車)명 삯을 받고 상품이나 짐 따위를 날라다 주는 일을 전문으로 하는 화물 자동차.

용담(龍膽)명 ①용담과의 여러해살이풀. 줄기 높이는 20～60cm임. 끝이 뾰족한 길둥근 잎이 마주 나고, 8～10월에 종 모양의 자줏빛 꽃이 핌. 산지에 절로 자람. 한방에서, 뿌리는 '용담초'라 하여 건위제(健胃劑)로 씀. 초용담(草龍膽) ②'과남풀'의 딴이름.

용:대(容貸)명-하다타 죄나 잘못 등을 용서함.

용-대기(龍大旗)[－때－]명 교룡기(蛟龍旗)

용:덕(勇德)명 윤리 신학에서 이르는, 사추덕(四樞德)의 하나. 어떤 위험을 무릅쓰고서라도 착한 일을 해내는 덕행. ☞절덕(節德)

용:도(用度)명 씀씀이. 드는 비용.

용:도(用途)명 쓰이는 곳. 쓰임새 ¶－가 다양한 목재.

용도(鎔度)명 녹는점. 용점(鎔點)

용:도=지역(用途地域)명 도시 계획에서, 토지 이용에 대

하여 법으로써 주거 지역, 상업 지역, 공업 지역, 녹지(綠地) 지역의 네 가지로 그 용도를 지정한 지역.

용:-돈(用-)[-똔] 명 생활비 외에, 평소의 잡비로 쓰려고 지니는 돈. 용전(用錢)

용:동(聳動) 명 -하다 자타 깜짝 놀람, 또는 깜짝 놀라게 함.

용두(龍頭) 명 ①용의 머리 모양의 장식물. ②용의 머리 모양의 지붕 장식물. 전각(殿閣)의 합각머리의 너새 끝에 얹음. 망새 ③지난날, 과거의 문과(文科) 장원을 달리 이르던 말. ④자지 대가리. 귀두(龜頭)

용-두레 명 지난날, 낮은 곳에 있는 물을 논이나 밭에 퍼 올리는 데 쓰던 농기구.

용두-머리(龍頭-) 명 ①건축물이나 상여, 가마 따위에 다는 용의 머리 모양의 장식물. ②베틀 앞다리의 위 끝에 얹는 나무.

용두사미(龍頭蛇尾) 성구 용의 머리와 뱀의 꼬리라는 뜻으로, 시작은 굉장하나 뒤로 갈수록 흐지부지해짐을 비유하여 이르는 말. ▷ 龍의 고자는 竜

용두-질 명 -하다 자 남자가 손으로 자기의 성기를 자극하여 성적 쾌감을 얻는 짓. ☞수음(手淫)

용두-회(龍頭會) 명 지난날, 문과(文科)에 장원 급제한 사람들의 모임을 이르던 말. 새로 장원한 사람이 선배를 청하여 잔치를 베풀었음.

용-떡(龍-) 명 풍어제(豊漁祭)를 지낼 때 쓰는 떡. 가래떡을 길게 비벼서 큼직한 양푼에다 용의 모양처럼 서리어 담은 떡을 이름.

용-띠(龍-) 명 간지(干支)의 지지(地支)가 용(龍)인 해에 태어나는 일, 또는 그 사람을 지지의 동물 이름으로 상징하여 이르는 말. ☞진생(辰生)

용:략(勇略) 명 용기(勇氣)와 지략(智略).

용:량(用量) 명 써야 할 일정한 분량. 주로 약품의 하루 또는 한 번의 사용 분량을 이름.

용량(容量) 명 ①어떤 그릇에 담길 수 있는 분량. ②일정한 조건에서 어떤 물리량(物理量)을 받아들일 수 있는 양, 또는 끌어낼 수 있는 양. 열용량(熱容量), 전기 용량 등.

용량=분석(容量分析) 명 정량 분석의 한 가지. 농도가 정해진 시약 용액을 시료 용액에 떨어뜨려서 일정한 화학 반응을 일으킬 때까지 쓰인 시약의 양으로 시료의 정량을 측정하는 방법. ☞중량 분석(重量分析)

용:려(用慮) 명 -하다 자타 마음을 씀. 걱정함.

용:력(用力) 명 -하다 자 힘을 냄. 힘을 씀.

용:력(勇力) 명 씩씩한 힘. 용맹스러운 힘.

용렬(庸劣) 어기 '용렬(庸劣)하다'의 어기(語基).

용렬-스럽다(庸劣-)(-스럽고·-스러워) 형ㅂ 매우 용렬하다. 용렬한 데가 있다.

용렬-스레 부 용렬스럽게

용렬-하다(庸劣-) 형여 뛰어나지 못하고 어리석다.

용:례(用例) 명 ①실제로 쓰이고 있는 예. 전부터 써 오는 예. ¶ 단어의 -. ②쓰는 방법의 예. ¶ -를 보이다.

용-룡(龍龍) 명 한자 부수(部首)의 한 가지. '龐'·'龕' 등에서 '龍'의 이름.

용루(龍淚) 명 용의 눈물이라는 뜻으로, 임금의 눈물을 높이어 이르는 말.

용린-갑(龍鱗甲) 명 용의 비늘 모양으로 된 미늘을 달아 만든 갑옷.

용:립(聳立) 명 -하다 자 높이 우뚝 솟음

용마(龍馬) 명 ①중국 복희씨(伏羲氏) 때, 황하에서 팔괘(八卦)를 등에 싣고 나왔다는 준마(駿馬). ②썩 잘 달리는 훌륭한 말을 비유하여 이르는 말. 용총(龍驄)

용-마루 명 지붕 가운데 가장 높은 마루. 옥척(屋脊)

용-마름 명 초가의 용마루나 토담 위에 덮는, 짚으로 길게 틀어 엮은 이엉.

용:말(涌沫) 명 괴어오르는 거품.

용매(溶媒) 명 용질(溶質)을 녹여서 용액을 만드는 액체. 식염수의 경우, 소금은 용질이고 물이 용매임. 용해제

용맥(龍脈) 명 풍수지리설에서, 산의 정기가 흐르는 줄기를 이르는 말. ☞혈(穴)

용:맹(勇猛) 명 -하다 형 용감하고 날램. ¶ -한 국군.

용:맹-스럽다(勇猛-)(-스럽고·-스러워) 형ㅂ 용맹한 데가 있다. ¶ 용맹스러운 장군.

용맹-스레 부 용맹스럽게

용-머리 명 꿀풀과의 여러해살이풀. 줄기 높이는 15~40 cm. 여름에 자줏빛 꽃이 줄기 끝에 핌. 양지쪽 풀밭에 자람. 한방에서 인후염과 두통 등에 약재로 쓰임.

용:명(勇名) 명 용기가 대단하다는 명성. 용맹스럽다는 소문. ¶ -을 떨치다.

용명(溶明) 명 페이드인(FI) ☞용암(溶暗)

용:명(勇明) 어기 '용명(勇明)하다'의 어기(語基).

용:명-하다(勇明-) 형여 용감하고 명민하다.

용모(容貌) 명 사람의 얼굴 모습. 면상(面相). 모용(貌容). 미목(眉目). 안모(顔貌). 형모(形貌)

용몽(龍夢) 명 용꿈

용:무(用武) 명 -하다 자 무력을 씀. ☞용병(用兵)

용:무(用務) 명 볼일. 용건(用件) ¶ -로 그를 만나다.

용문(龍紋) 명 용을 그린 무늬.

용문-석(龍紋席) 명 용의 무늬를 놓아 짠 돗자리.

용미(龍尾) 명 ①용의 꼬리. ②용의 꼬리 모양으로 만든, 무덤의 분상 뒷부분.

용미-봉탕(龍味鳳湯) 명 맛이 썩 좋은 음식을 비유하여 이르는 말.

용반호거(龍盤虎踞) 성구 용이 서리고 범이 걸터앉았다는 뜻으로, 산세(山勢)가 웅장함을 비유하여 이르는 말.

용방(龍榜) 명 ①조선 시대, 과거의 문과(文科)를 달리 이르던 말. ②조선 시대, 문과에 급제한 사람의 이름을 발표하는 방(榜)을 이르던 말.

용-방망이(龍-) 명 지난날, 지방의 사령들이 쓰던, 한 끝에 용 모양을 새긴 형구(刑具).

용:법(用法)[-뻡] 명 사용하는 방법.

용:-벚 명 온몸을 벚나무 껍질로 싼 활.

용:변(用便) 명 -하다 자 똥이나 오줌을 눔. ¶ -을 보다.

용:병(用兵) 명 -하다 자 군사를 부림, 또는 군사를 부리는 방법. ☞용군(用軍). 용무(用武)

용:병(勇兵) 명 용감한 병사. 용사(勇士)

용병(傭兵) 명 고용 계약에 따라 고용된 병사. 고병(雇兵)

용:병-법(用兵法)[-뻡] 명 군사를 지휘하여 부리는 방법. ¶ 현대적인 -.

용:병-술(用兵術) 명 군사를 지휘하여 부리는 기술.

용:병-학(用兵學) 명 군사를 지휘하여 부리는 방법을 연구하는 학문.

용봉(龍鳳) 명 ①용과 봉황을 아울러 이르는 말. ②뛰어난 인물을 비유하여 이르는 말.

용봉=비녀(龍鳳-) 명 용과 봉황을 새긴 큰 비녀.

용봉=장:전(龍鳳帳殿) 명 지난날, 용과 봉황의 형상을 수놓은 장막으로 꾸민 장전(帳殿).

용봉-탕(龍鳳湯) 명 ①국의 한 가지. 닭을 고다가 뼈를 발라 건져 내고 은어와 쌀을 넣어 끓인 국. ②닭고기와 잉어를 한데 넣고 끓인 국.

용:부(勇夫) 명 용감한 남자.

용부(庸夫) 명 변변찮은 사내. 못난 사내.

용부(傭夫) 명 고용살이하는 남자. 용남(傭男)

용부(傭婦) 명 고용살이하는 여자. 용녀(傭女)

용:불용-설(用不用說) 명 생물 개체에서 많이 쓰는 기관(器官)은 여러 세대를 거치는 동안 발전하고, 쓰지 않는 기관은 차차 퇴화하여 그 후천적인 획득 형질(獲得形質)이 유전함으로써 진화의 현상을 나타낸다는 학설. 라마르크가 제창한 생물 진화에 관한 학설임.

용비(冗費) 명 안 써도 될 데에 공연히 쓰는 돈. 군돈

용:비(用費) 명 비용(費用) ¶ -를 줄이다.

용비봉무(龍飛鳳舞) 성구 용이 날고 봉황이 춤춘다는 뜻으로, 아름답고 신령스러운 산세(山勢)를 비유하여 이르는 말.

용비어천가(龍飛御天歌) 명 조선 세종 27년(1445)에 권제(權踶)·정인지(鄭麟趾)·안지(安止) 등이 왕명에 따라 지은 악장(樂章). 조선 건국의 위업과 선대 육조(六祖)의 공덕을 중국 고사(古事)에 비유하여 칭송한 서사

시로, 역사상 최초의 한글 문헌임. 10권 5책 125장.
용빙(傭聘)명-하다타 사람을 쓰려고 맞아들임.
용:사(用私)명-하다자 일 처리에서 사사로운 정을 둠.
용:사(勇士)명 ①용기가 있는 사람. 용자(勇者) ②용감한 병사. 용병(勇兵) ¶역전의 -.
용사(容赦)명-하다타 너그럽게 용서함. ☞사면(赦免)
용사비등(龍蛇飛騰)성구 용이 날아오르는 형세라는 뜻으로, 필세(筆勢)가 살아 움직이는 것처럼 활기참을 비유하여 이르는 말.
용삼(龍蔘)명 경기도 용인에서 생산되는 인삼. 인체 모양을 많이 닮은 것이 특징임. ☞강삼(江蔘)
용상(龍床)명 '용평상(龍平床)'의 준말.
용상(龍象)명 불교에서, 고승(高僧)을 용과 코끼리에 비유하여 이르는 말.
용:상(聳上)명 역도 종목의 한 가지. 역기를 한 동작으로 가슴 위까지 올린 다음 곧 그 반동을 이용하여 머리 위까지 추어올리는 일. ☞인상(引上)
용상(庸常)어기 '용상(庸常)하다'의 어기(語基).
용상-하다(庸常-)형여 대수롭지 아니하다. 예사롭다
용:색(用色)명-하다자 남녀가 육체적으로 관계를 가짐.
용색(容色)명 얼굴 모습과 얼굴빛.
용서(容恕)명-하다타 잘못이나 죄 등에 대하여 벌하지 않고 너그럽게 보아줌. ¶저지른 죄를 -하다.

한자 **용서할 사**(赦) 〔赤部 4획〕 ¶사면(赦免)/사원(赦原)/사죄(赦罪)/특사(特赦)
용서할 서(恕) 〔心部 6획〕 ¶관서(寬恕)/용서(容恕)

용석(鎔石·熔石)명 화산에서 뿜어 나오는 돌, 또는 땅 속에 녹은 상태로 있는 돌. ☞용암(鎔岩)
용선(鎔銑·溶銑)명-하다타 선철(銑鐵)을 녹임, 또는 녹은 그 선철.
용선(傭船)명-하다타 운송을 위하여 삯을 주고 배를 빌림, 또는 빌린 그 배.
용설-란(龍舌蘭)명 용설란과의 상록 여러해살이풀. 칼 모양의 다육엽(多肉葉)은 가장자리에 억센 가시가 있으며 줄기 길이는 1~2m. 약 60년에 한 번, 높이 5~10m의 꽃줄기가 나와 노란 꽃이 피는데, 열매를 맺은 다음 그루가 말라 죽음. 멕시코 원산의 관상 식물임. ☞다육엽
용소(龍沼)명 폭포수가 떨어지는 곳에 있는 깊은 웅덩이. 용추(龍湫)
용속(庸俗)어기 '용속(庸俗)하다'의 어기(語基).
용속-하다(庸俗-)형여 사람됨이 범상하고 속되다.
용-솟음명-하다자 ①물 따위가 세차게 솟아오르거나 끓어오름. ¶물이 -하여 끓다. ②기세나 감정 따위가 세차게 북받침. ¶응원단의 기세가 -하다.
용솟음-치다자 세차게 용솟음하다. ¶물이 용솟음치며 끓다./의욕이 -.
용수명 ①술이나 장 따위를 거르는 데 쓰는 기구. 싸리나 대오리 따위로 둥글고 긴 통처럼 결어 만듦. 추자(篘子) ②지난날, 죄수를 밖으로 데리고 다닐 때 머리에 씌워 얼굴을 가리던 물건.
용수(를) 지르다관용 술이나 간장을 뜨기 위하여 용수를 박다.
속담 **용수에 담은 찰밥도 엎지르겠네**: 복이 없는 사람은 좋은 운수를 만나도 그것을 오래 누리지 못한다는 말.
용:수(用水)명 ①음료수에 상대하여, '허드렛물'을 이르는 말. ¶지하수를 -로 쓰다. ②음료(飮料)·관개(灌漑)·공업·소화(消火) 등으로 쓰는 물, 또는 그런 데 쓰기 위해 저장한 물.
용수(容手)명-하다자 수단을 부림, 또는 그 수단.
용:수(湧水)명 솟아나는 물.
용수(龍鬚)명 ①용의 수염. ②용의 수염이라는 뜻으로, 임금의 수염을 높이어 이르는 말.
용수-뒤명 술이 익은 술독에 용수를 박아 맑은술을 떠낸 뒤에 처진 술. 조하주(糟下酒)
용:수-로(用水路)명 수원(水源)에서 용수를 끌어들이기 위하여 만든 물길.
용수-석(龍鬚席)명 골풀로 친 돗자리.
용수-철(龍鬚鐵)명 강철 등을 나사 모양으로 만들어 그 탄력성을 이용하여 충격이나 진동을 완화하거나 힘을 축적하는 데 쓰는 것을 통틀어 이르는 말. 스프링(spring)
용수철-저울(龍鬚鐵-)명 용수철에 물건을 달아서 용수철이 늘어난 길이를 눈금으로 읽어 무게를 다는 저울.
용숫-바람(龍鬚-)명 '회오리바람'을 달리 이르는 말.
용슬(容膝)명 ①겨우 무릎이나 움직일 정도라는 뜻으로, 방이나 처소가 매우 비좁음을 이르는 말. ②-하다자 용신(容身)
용식(溶蝕)명 빗물이나 지하수로 말미암아 암석(岩石)의 표면이 녹아 침식되는 현상.
용신(容身)명 ①겨우 몸이나 움직일 정도라는 뜻으로, 방이나 처소가 매우 비좁음을 이르는 말. ②-하다자 세상에 겨우 몸을 붙이고 살아감. 용슬(容膝)
용신(龍神)명 용왕(龍王)
용신-경(龍神經)명 용왕경(龍王經)
용신-굿(龍神-)[-꿋]명 무당이 용왕에게 비는 굿.
용신-제(龍神祭)명 유월 유둣날에 용신에게 비를 내려 풍년이 들게 해 달라고 비는 제사. ☞용제(龍祭)
용:심명 남을 미워하고 시기하는 마음.
용심(을) 부리다관용 공연히 남을 미워해 심술을 부리다.
용:심(用心)명-하다자 정성스레 마음을 씀.
용:심-꾸러기명 용심을 잘 부리는 사람. 용심쟁이
용:심-쟁이명 용심꾸러기
용-심지(-心-)명 실이나 종이·헝겊 따위의 오라기를 꼬아 기름이나 밀랍을 먹여 초 대신 불을 켜는 물건.
용:-쓰다자 ①기운을 한꺼번에 몰아 쓰다. ¶무거운 물건을 들어올리려고 -. ②괴로움을 억지로 참으려고 애를 쓰다. ¶상처의 아픔을 참으려고 -.
용아-초(龍牙草)명 한방에서, '짚신나물'을 약재로 이르는 말.
용안(容顔)명 얼굴
용안(龍眼)명 ①무환자나뭇과의 상록 교목. 높이는 13m 안팎임. 껍질은 검붉은 갈색인데, 봄에 흰 빛깔의 향기로운 꽃이 핌. 열매의 살은 용안육(龍眼肉)이라 하여 한약재로 쓰임. ②한방에서, 용안육을 이르는 말.
용안(龍顔)명 임금의 얼굴을 높이어 이르는 말. 성안(聖顔). 옥안(玉顔). 천안(天顔)
용안-육(龍眼肉)[-뉵]명 한방에서, 용안 열매의 살을 약재로 이르는 말. 맛이 달아 날로 먹기도 하는데, 말려서 강장제·진정제로 씀. 용안(龍眼)
용안육-다식(龍眼肉茶食)명 용안육을 절구에 찧어 체에 거른 다음 꿀을 넣고 반죽하여 다식판에 박아낸 음식.
용암(溶暗)명 페이드아웃(FO) ☞용명(溶明)
용암(鎔岩·熔岩)명 화산이 분화할 때 분화구로 뿜어 나온 마그마, 또는 그것이 식고 굳어서 된 바위.
용암-구(鎔岩丘)명 점성(粘性)이 큰 용암이 분화구에 쌓여서 언덕 모양을 이룬 것.
용암-굴(鎔岩窟)명 용암류(鎔岩流)의 표면이 식고 굳은 다음 내부의 용암이 흘러 나감으로써 생긴 공동(空洞). 용암 터널
용암=대지(鎔岩臺地)명 지각(地殼)의 틈이나 여러 분화구로부터 많은 양의 현무암질(玄武岩質)의 용암류(鎔岩流)가 뿜어 나와 평평하게 굳은 대지.
용암-류(鎔岩流)명 분화구에서 뿜어 나온 용암이 땅 위로 흘러내리는 것, 또는 그것이 식어서 굳은 것.
용암-층(鎔岩層)명 용암이 뿜어 나와 이루어진 지층.
용암-탑(鎔岩塔)명 뿜어 나온 용암이 높이 쌓이어 탑 모양을 이룬 것. 벨로니테(Belonite)
용암=터널(鎔岩tunnel)명 용암굴(鎔岩窟)
용액(溶液)명 두 가지 또는 그 이상의 물질이 녹아서 된 균질(均質)의 액체. ☞용매(溶媒). 용질(溶質)
용:약(勇躍)명-하다자 ①용기 있게 떨치고 일어남. ②〔부사처럼 쓰임〕 용기 있게 떨치고 일어나. ¶- 결전(決戰)에 나서다.
용:약(踊躍)명-하다자 기쁘거나 좋아서 뜀.

용양호박(龍攘虎搏)성구 용과 범이 사납게 싸운다는 뜻으로, 두 강자가 격렬히 다툼을 비유하여 이르는 말.

용:어(用語)명 사용하는 말, 특히 어떤 분야에서 주로 많이 쓰는 말. ¶경제 −/어법 −

용:언(用言)명〈어〉단어를 문법상의 기능에 따라 분류한 말의 하나. 문장에서 문장의 주체가 되는 말을 서술하는 단어. 곧 활용이 되는 동사와 형용사를 아울러 이르는 말. '눈이 내린다.', '물이 맑다.'에서 '내린다', '맑다' 따위. 활어(活語) ☞수식언(修飾言). 체언(體言)

> ▶ **'용언(用言)'과 '체언(體言)'**
> 용언과 체언은 활용(活用)의 있고 없음에서 구별된다. 이를테면 '믿음'이란 단어가 용언이냐 체언이냐 하는 구별은 그것이 활용 체계 속에 있느냐의 여부에 달려 있다. 곧 '믿는다, 믿으니, 믿어, 믿음, …'의 변화 속에 있으면 용언이나, 그 범위 밖에 있으면 체언이다. '믿음이, 믿음을, 믿음이다'의 '믿음'은 체언에 딸린다. 어근인 '믿-'의 뜻은 똑같이 '信'의 뜻이다.

용언(庸言)명 평범한 말.

용:여(用餘)명 쓰고 남은 것.

용여(容與)어기 '용여(容與)하다'의 어기(語基).

용여-하다(容與−)형여 ①태도나 마음이 태연하다. ②아무 것에도 매인 데가 없다.

용:역(用役)명 생산과 소비에 필요한 노무(勞務)를 이바지하는 일.

용:역=산:업(用役產業)명 상업이나 운수업, 창고업 등과 같이 노무(勞務)를 이바지하는 산업.

용:역=수출(用役輸出)명 은행·보험·운송 등의 노무를 외국에 제공하거나 노동 인력(人力)을 수출하는 일.

용연-향(龍涎香)명 향유고래의 창자에서 채취하는 송진 같은 향료. 사향과 비슷한 향기가 있음.

용-오름(龍−)명 적란운(積亂雲) 아래에서 일어나는, 지름 수십 미터에서 수백 미터에 이르는 바람의 소용돌이 현상. 그 중심부의 풍속(風速)은 초당 100m를 넘기도 하는데, 바닷물이나 모래 따위를 공중으로 빨아올림.

용왕(龍王)명 ①용궁의 임금. ②불교에서, 용족(龍族)을 거느리는 여덟 왕을 이르는 말. 불법을 수호한다고 함. 용신(龍神)

용왕-경(龍王經)명 용왕에게 비를 내려 달라고 비는 제사 때 읽는 경문. 용신경(龍神經)

용왕-굿(龍王−)[−꿋]명 ①별신굿에서, 무당이 바닷가로 나가 물동이를 타고 방울을 흔들며 공수를 내리고 음식을 조금씩 바다에 던지는 거리를 이르는 말. ②인천을 중심으로 한 서해안 갯마을에서, 정월 보름 전후에 마을의 안녕과 풍어(豐漁)를 비는 도당굿을 이르는 말. ☞용왕제(龍王祭)

용왕-담(龍王潭)명 백두산(白頭山)의 천지(天池)를 달리 이르는 말.

용:왕매진(勇往邁進)성구 거리낌없이 씩씩하게 나아감을 이르는 말.

용왕-먹이기(龍王−)명 '용왕제'를 달리 이르는 말.

용왕-제(龍王祭)명 음력 정월 열나흗날 밤에 선주(船主)가 제주(祭主)가 되어 뱃사공들이 지내는 고사. 용왕먹이기 ☞용왕굿

용:용[−뇽]명감 어린아이들이 양쪽 엄지손가락을 자기의 양볼에 대고 나머지 손가락을 펴서 너울거리며 남을 약올리는 짓, 또는 그럴 때 하는 말.

용용 죽겠지관용 '몹시 약오르지'의 뜻으로, 남을 약올릴 때 하는 말.

용용(溶溶)어기 '용용(溶溶)하다'의 어기(語基).

용용-하다(溶溶−)형여 ①강물의 흐름이 넓고 조용하다. ②마음이 넓고 침착하다.

용우(庸愚)어기 '용우(庸愚)하다'의 어기(語基).

용우-하다(庸愚−)형여 사람이 못나고 어리석다.

용원(冗員)명 쓸데없는 임원이나 직원.

용원(傭員)명 ①임시로 채용한 사람. ②품팔이꾼

용유(溶油)명 유화용(油畫用) 물감을 녹이는 기름.

용융(鎔融·熔融)명-하다자 고체가 열에 녹아 액체 상태로 됨. 융해(融解)

용융-점(鎔融點)[−쩜]명 고체 물질이 녹아서 액체로 되는 온도. 녹는점. 용점(鎔點)

용:의(用意)명 ①어떤 일을 하려 하는 마음, 또는 생각. ¶도울 −가 있다. ②마음의 준비.

용의(容疑)명 범죄의 혐의(嫌疑).

용의(容儀)명 의용(儀容)

용의(庸醫)명 의술이 변변하지 못한 의사.

용의-자(容疑者)명 범죄를 저지른 의심은 가나 확실한 혐의가 발견되지 않은 사람. ¶−로 지목되다. ☞피의자(被疑者)

용:의주도-하다(用意周到−)형여 마음의 준비가 두루 미치어 빈틈이 없다. ¶용의주도한 사업 계획.

용이(容易)어기 '용이(容易)하다'의 어기(語基).

용이-하다(容易−)형여 어렵지 아니하다. 아주 쉽다. ¶기계를 다루는 방법이 −.

용이-히부 용이하게

용:익(用益)명 사용과 수익(收益).

용:익=물권(用益物權)[−꿘]명 민법에서, 일정한 목적을 위해 남의 토지를 사용하고 이익을 얻을 수 있는 권리. 지상권(地上權)이나 지역권(地役權) 따위. ☞담보물권(擔保物權)

용:인(用人)명-하다자 사람을 씀.

용인(容忍)명-하다타 너그러운 마음으로 참음.

용인(容認)명-하다타 너그럽게 받아들여 인정함.

용인(庸人)명 평범한 사람. 범인(凡人)

용인(傭人)명 고용된 사람.

용:자(勇者)명 용기가 있는 사람. 용사(勇士)

용:자(勇姿)명 용감한 모습.

용자(容姿)명 얼굴 모양과 몸맵시. 용태(容態)

용:자-례(用字例)[−짜−]명 글자를 사용하는 보기. ¶훈민정음의 −.

용-자리(龍−)명 별자리의 하나. 8월 상순 저녁에 북쪽 하늘에 보임. 큰곰·작은곰·백조 자리 등에 둘러싸여 있음. 용좌(龍座)

용:자-창(用字窓)[−짜−]명 가로 살 두 개와 세로 살 하나로 '用'자처럼 짠 창.

용잠(龍簪)명 비녀 머리 부분에 용의 머리 모양을 새긴 비녀. 왕비나 세자빈이 예장(禮裝)할 때 다리를 드린 큰 낭자 쪽에 꽂았음. 용차(龍釵)

용잡(冗雜)어기 '용잡(冗雜)하다'의 어기(語基).

용잡-하다(冗雜−)형여 붐비며 어수선하다.

용:장(勇將)명 용맹스러운 장수.

용장(庸將)명 뛰어난 데가 없는 평범한 장수.

용장(龍*欌)명 용 무늬를 새겨 꾸민 장롱.

용장(冗長)어기 '용장(冗長)하다'의 어기(語基).

용:장(勇壯)어기 '용장(勇壯)하다'의 어기(語基).

용장-하다(冗長−)형여 말이나 글이 쓸데없이 길다.

용:장-하다(勇壯−)형여 용기 있고 씩씩하다.

용:재(用材)명 ①연료 이외의 용도로 쓰이는 재목. 건축이나 가구 따위에 쓰이는 재목. ②재료로 쓰이는 물건.

용재(鎔滓)명 광물을 제련(製鍊)할 때 녹은 광석에서 떨어져 나와 뜨는 찌꺼기. 광재(鑛滓)

용재총화(慵齋叢話)명 조선 중기의 문신인 용재(慵齋) 성현(成俔)의 수필집. 시문(詩文)·설화(說話)·역사·문물·풍속 등을 모아 엮은 것으로, '대동야승(大東野乘)'에 실려 전함. 3권 3책.

용저(舂杵)명 절굿공이

용적(容積)명 ①물건을 담을 수 있는 부피. 용기 안을 채우는 분량. ②입체가 공간에서 차지하고 있는 크기.

용적-계(容積計)명 용적을 재는 계량기.

용적-량(容積量)명 담을 수 있는 분량.

용적-률(容積率)명 대지 면적에 대한 건물의 연면적(延面積)의 비율. ☞건폐율(建蔽率)

용:전(用錢)명 용돈

용:전(勇戰)명-하다자 용감하게 싸움. 용투(勇鬪) ¶적은

ㅇ

병력으로 －하다.
용점(鎔點·熔點)[－쩜] 명 녹는점. 용융점(鎔融點)
용접(容接) 명 -하다 타 ①찾아온 손을 맞아서 만나 봄. ②가까이하여 사귐.
용접(鎔接·熔接) 명 -하다 타 두 쇠붙이의 붙일 자리를 높은 열로 녹이어 붙임.
용접-봉(鎔接棒) 명 쇠붙이를 용접할 때, 붙일 자리에 녹여 붙이는 녹는점이 낮은 막대기 모양의 쇠붙이.
용정(舂精) 명 -하다 타 곡식을 찧음.
용정-자(龍亭子) 명 지난날, 나라의 옥책(玉册)이나 금보(金寶) 등 보배를 나를 때 쓰던 가마.
용제(溶劑) 명 석유·유지(油脂) 공업 등에서 물질을 녹이는 데 쓰는 액체. 알코올 따위. ☞용매(溶媒)
용제(龍祭) 명 가물 때, 용왕에게 비가 내리게 해 달라고 비는 제사. ☞기우제(祈雨祭)
용제(鎔劑·熔劑) 명 융제(融劑)
용존=산소(溶存酸素) 명 물 속에 녹아 있는 분자 상태의 산소.
용졸(庸拙) 어기 '용졸(庸拙)하다'의 어기(語基).
용졸-하다(庸拙－) 형여 못나고 졸스럽다.
용좌(龍座) 명 용자리
용주(龍舟) 명 임금이 타는 배.
용지 명 헝겊이나 헌 솜을 나무 막대기에 감고 기름을 묻혀 초 대신 불을 켜는 물건.
용:지(用地) 명 어떤 일에 쓰기 위한 땅. ¶학교 신축 －
용:지(用紙) 명 어떤 일에 쓰는 종이. ¶복사 －
용:지불갈(用之不渴) 성구 아무리 써도 없어지지 아니함을 이르는 말.
용지-연(龍池硯) 명 용의 모양을 새겨 놓은 벼루.
용지-판(－板) 명 흙벽이나 돌담을 기둥면보다 내밀어 쌓을 때, 벽의 끝과 기둥의 사이에 붙이는 널.
용:진(勇進) 명 -하다 자 씩씩하게 나아감.
용질(容質) 명 얼굴 모양과 체질(體質).
용질(溶質) 명 용액에서, 용매(溶媒)에 녹아 있는 물질. 용해질(溶解質)
용집 명 발에 땀이 나서 버선 위로 내밴 소금기 섞인 얼룩.
용차(龍釵) 명 용잠(龍簪)
용:처(用處) 명 쓸 곳. 쓰이는 데. ¶재목을 －에 따라 제재하다.
용:천(湧泉) 명 ①물이 솟아 나오는 샘. ②한방에서 경혈(經穴)의 하나. 발바닥 한가운데의 오목한 부분. 침구 치료의 중요한 혈임. ▷ 湧의 본자는 涌
용:첨(聳瞻) 명 -하다 타 발돋움을 하고 봄.
용:청(聳聽) 명 -하다 타 귀를 기울여 들음.
용총(龍驄) 명 썩 잘 달리는 훌륭한 말을 비유하여 이르는 말. 용마(龍馬)
용총-줄[－쭐] 명 돛을 올리고 내리기 위하여 돛대에 매어 놓은 줄. 마룻줄
용추(龍湫) 명 폭포수가 떨어지는 곳에 있는 깊은 웅덩이. 용소(龍沼)
용:출(湧出) 명 -하다 자 땅 속에서 물 따위가 솟음. 병출(迸出) ¶온천이 －하다.
용:출(聳出) 명 -하다 자 우뚝 솟아남.
용-춤 명 남이 추어주는 바람에 기분이 좋아서 시키는 대로 하는 짓.
용춤(을) 추다 관용 남이 추어주는 바람에 기분이 좋아서 시키는 대로 하다.
용춤(을) 추이다 관용 남을 추어주어서 시키는 대로 하게 하다.
용치 명 '용치놀래기'의 딴이름.
용치-놀래기 명 놀래깃과의 바닷물고기. 몸은 옆으로 편평하며, 길이 25cm 안팎. 수컷은 파란빛, 암컷은 붉은빛을 띰. 우리 나라와 일본, 필리핀 연해 등지에 분포함. 용치
용태(容態) 명 ①얼굴 모양과 몸맵시. 용자(容姿) ②병의 상태. ¶－가 호전(好轉)되다. ☞병태(病態)
용:퇴(勇退) 명 -하다 자 용기 있게 물러남. 선선히 물러남. ¶공직(公職)에서 －하다.
용:투(勇鬪) 명 -하다 자 용감하게 싸움. 용전(勇戰)
용퉁-하다 형여 소견이 좁고 미련하다.
용-트림(龍－) 명 -하다 자 거드름을 부리느라고 짐짓 하는 트림. ¶숭늉 먹고도 －한다.
용-틀임(龍－) 명 ①전각(殿閣) 등에 용의 모양을 그리거나 새긴 장식. 교룡(交龍) ②-하다 자 굵게 비틀렸거나 꼬인 모양을 비유하여 이르는 말. ¶칡덩굴이 －하듯 벋어 올라가다.
용-평상(龍平床) 명 임금이 정무(政務)를 볼 때 앉는 평상. 준 용상(龍床) ☞보탑(寶榻)
용포(龍袍) 명 '곤룡포(袞龍袍)'의 준말.
용:품(用品) 명 무엇에 쓰이거나 필요한 여러 가지 물품. ¶회화 －/사무 －
용품(庸品) 명 ①품질이 낮은 물건. ②낮은 품계(品階).
용:필(用筆) 명 -하다 자 ①운필(運筆) ②사용하는 붓.
용:하(用下) 명 -하다 자타 윗사람이 아랫사람에게 일상의 일에 쓸 돈이나 물품을 줌, 또는 그 돈이나 물품.
용:-하다[1] 형여 ①재주가 남달리 뛰어나다. ¶용한 의원을 만나 고질을 완치하다. ②기특하고 장하다. ¶어린 나이에 어머니의 일을 돕다니 참으로 용하구나.
용-히 부 용하게
용-하다[2] 형여 사람됨이 어리석고 온순하다. ¶사람이 용하여 싫다는 말을 못한다.
용:한(勇悍) 어기 '용한(勇悍)하다'의 어기(語基).
용:한-하다(勇悍－) 형여 날래고 사납다.
용합(溶合) 명 -하다 자타 녹아서 한데 합쳐짐, 또는 녹여서 한데 합침.
용-해(龍－) 명 간지(干支)의 지지(地支)가 진(辰)인 해를, 지지의 동물 이름으로 상징하여 이르는 말. ☞진년(辰年)
용해(溶解) 명 -하다 자타 ①녹거나 녹임. ②기체나 고체가 액체에 녹아서 용액이 되는 현상. ¶소금을 －한 물. ☞융해(融解)
용해(鎔解·熔解) 명 -하다 자타 금속이 열에 녹아 액체 상태로 됨, 또는 그런 상태로 되게 함.
용해-도(溶解度) 명 일정량의 용매 중에 녹을 수 있는 용질(溶質)의 최대의 양.
용해-로(鎔解爐·熔解爐) 명 금속을 가열하여 녹이는 데 쓰는 가마를 통틀어 이르는 말.
용해-열(溶解熱) 명 용질이 용매 속에서 녹을 때 발생하거나 흡수되는 열량.
용해-제(溶解劑) 명 용질(溶質)을 녹여서 용액을 만드는 액체. 용매(溶媒)
용해-질(溶解質) 명 용액에서, 용매에 녹아 있는 물질. 용질(溶質)
용행(庸行) 명 평소의 행실.
용허(容許) 명 -하다 타 허용(許容)
용:현(用賢) 명 -하다 자 어진 사람을 뽑아 씀.
용혈(溶血) 명 적혈구의 막이 파괴되어 그 안의 헤모글로빈이 흘러나오는 현상.
용혈=반:응(溶血反應) 명 적혈구를 항원(抗原)으로 하는 면역 혈청이 그 적혈구를 용해하는 반응.
용혈성=빈혈(溶血性貧血)[－썽－] 명 용혈이 일어나 적혈구의 파괴가 조혈(造血) 능력을 넘어섬으로써 나타나는 빈혈. 황달(黃疸) 또는 지라가 비대해지는 증세 따위가 나타남.
용혈-소(溶血素)[－쏘] 명 적혈구의 막을 파괴하여 헤모글로빈을 유출시키는 물질.
용혐저면흑(龍嫌猪面黑) 원진살(元嗔煞)의 하나. 궁합에서, 용띠는 돼지띠를 꺼림을 이르는 말. ☞사경견폐성(蛇驚犬吠聲)
용:협(勇俠) 어기 '용협(勇俠)하다'의 어기(語基).
용:협-하다(勇俠－) 형여 용기와 의협심이 있다.
용호(龍虎) 명 ①용과 범을 아울러 이르는 말. ②실력이 뛰어난 두 사람, 또는 두 영웅을 비유하여 이르는 말.
용호-군(龍虎軍) 명 고려 시대, 임금을 호위하던 금군(禁

軍). ☞응양군(鷹揚軍)

용호-방(龍虎榜)명 조선 시대, 문과(文科)와 무과(武科)에 급제한 사람을 알리는 방문(榜文)을 이르던 말.

용호상박(龍虎相搏)성구 용과 범이 서로 싸운다는 뜻으로, 힘이 엇비슷한 두 강자(強者)가 승패를 겨룸을 비유하여 이르는 말.

용혹무괴(容或無怪)성구 혹시 그럴지라도 괴이할 것이 없음을 이르는 말.

용화(容華)명 예쁜 얼굴.

용화(鎔化·熔化)명-하다자타 열에 녹아서 모양이 변함, 또는 열로 녹여서 모양을 변하게 함.

용훼(容喙)명-하다자 부리를 들인다는 뜻으로, 옆에서 말참견함을 이르는 말.

우[1] 명〈어〉한글 자모(字母) 'ㅜ'의 이름.

우:[2] 부 ①여럿이 한꺼번에 한데 몰려가거나 몰려오는 모양을 나타내는 말. ¶구경꾼들이 ― 몰려가다. ②바람이 한쪽으로 세차게 몰아치는 상태, 또는 그 소리를 나타내는 말.

우(牛)명 '우수(牛宿)'의 준말.

우:(右)명 오른쪽. 오른편 ¶―로 봐. ☞좌(左)

우:(羽)명 동양 음악의 오음 음계(五音音階)의 다섯째 음. ☞궁상각치우(宮商角徵羽)

우(優)명 ①성적(成績)이나 등급(等級) 따위에서, 우수하거나 우등임을 나타내는 말. ②성적을 수(秀)·우(優)·미(美)·양(良)·가(可)의 다섯 등급으로 평가할 때의 둘째 등급.

-우- 접미 활용하는 말의 어근(語根)에 붙어 '하게 함'의 뜻을 나타냄. ¶깨우다/비우다

우각(牛角)명 소의 뿔. 쇠뿔

우:각(雨脚)명 빗발

우각(隅角)명 ①구석. 모퉁이 ②다면각(多面角)

우각(優角)명 켤레각에서 큰 쪽의 각, 곧 180°보다 큰 각. ☞열각(劣角). 평각(平角)

우각-사(牛角莎)명 무덤의 뒤와 양 옆에 흙을 돋우어 떼를 심은 곳. ☞사성(莎城)

우각-새(牛角顋)명 쇠뿔 속에 든 골.

우:감(偶感)명 문득 떠오르는 생각.

우:개-지륜(羽蓋芝輪)명 ①지난날, 왕후(王侯)가 타던 수레. 덮개를 초록의 새털로 꾸몄음. ②신선(神仙)이 탄다는 수레.

우거(牛車)명 불교에서 이르는 삼거(三車)의 하나. 보살승(菩薩乘)을 비유하여 이르는 말. ☞녹거(鹿車). 양거(羊車)

우:거(寓居)명-하다자 남의 집에서 임시로 몸담아 지냄, 또는 그 집. 교거(僑居). 우접(寓接)

우거지 명 ①무나 배추를 다듬을 때 뜯어낸 잎이나 겉대. ②김장이나 젓갈을 담글 때, 맨 위에 따로 덮는 품질이 낮은 재료.

우거지-김치 명 배추의 우거지로 담근 품질이 낮은 김치.

우거지다 자 초목이 자라 빽빽하게 들어차고 가지나 잎이 많이 퍼지다. ¶소나무가 우거진 산.

우거지-상(―相)명 잔뜩 찌푸린 얼굴 모양을 속되게 이르는 말.

우거지-찌개 명 찌개의 한 가지. 데쳐서 물기를 꼭 짠 우거지에 기름을 치고 채친 파를 한데 담아 물을 부어 끓이다가 된장을 풀어 넣고 한소끔 더 끓인 음식.

우거짓-국 명 우거지로 끓인 국.

우걱-뿔 명 안으로 굽은 뿔. ☞송낙뿔

우걱뿔-이 명 우걱뿔이 난 소.

우걱-우걱 부 마소가 짐을 지고 걸을 때에 나는 소리를 나타내는 말.

우걱-지걱 부 마소나 달구지에 실은 짐 따위가 움직이는 대로 이리저리 쏠리면서 나는 소리를 나타내는 말.

우겨-대:다 자 자꾸 우기다.

우:격(羽檄)명 옛날 중국에서 급한 일을 알리는 글에 새의 깃을 꽂아 보내던 데서, 군사상 급하게 전하는 격문(檄文)을 이르는 말. 우서(羽書)

우격-다짐 명-하다자타 억지로 우겨서 남에게 강요하는 일, 또는 그런 짓.

우격-으로 부 억지로 무리하게. ¶― 될 일이 아니오.

우견(愚見)명 ①어리석은 생각. ②남에게 자기의 의견을 낮추어 이르는 말.

우경(牛耕)명-하다자 소를 부리어 논밭을 갊.

우:경(右傾)명-하다자 사상이 우익(右翼)으로 기울어짐, 또는 그런 경향. ☞좌경(左傾)

우:경(雨景)명 비가 내릴 때의 경치.

우:계(右契)명 둘로 가른 부신(符信)의 오른쪽 짝. ☞좌계(左契)

우계(佑啓)명-하다타 도와서 발달시킴.

우:계(雨季)명 ①한 해 중 비가 가장 많이 내리는 시기. ②열대(熱帶)나 아열대(亞熱帶)에서 비가 많이 내리는 기간. 우기(雨期) ☞건계(乾季)

우계(愚計)명 ①어리석은 계략이나 계획. ②남에게 자기의 계략이나 계획을 낮추어 이르는 말.

우곡(紆曲)어기 '우곡(紆曲)하다'의 어기(語基).

우곡-하다(紆曲―)형여 서로 얽혀 구부러져 있다.

우골(牛骨)명 소의 뼈. 쇠뼈

우골-유(牛骨油)[―류]명 낮은 온도에서, 우골지(牛骨脂)에서 빼낸 기름. 윤활유로 쓰임.

우골-지(牛骨脂)명 소의 뼈에서 뽑아 낸 지방. 비누나 우골유 등을 만드는 데 쓰임.

우공(牛公)명 '소'를 의인화하여 친근하게 이르는 말. ☞견공(犬公)

우공이산(愚公移山)성구 우공이 집을 가로막고 있는 산을 옮기려고 쉬지 않고 파내자 이에 감동한 상제(上帝)가 산을 옮겨 주었다는 고사에서, 무슨 일이라도 끊임없이 노력하면 마침내 이루어짐을 비유한 말.

우구(憂懼)명-하다타 걱정하고 두려워함.

우:구-화(雨久花)명 '물옥잠'의 딴이름.

우국(憂國)명-하다자 나라의 현실이나 장래에 대하여 걱정함. ¶― 충정(衷情)

우국지사(憂國之士)명 나라의 현실이나 장래에 대하여 근심하는 사람.

우국지심(憂國之心)명 나라의 현실이나 장래에 대하여 염려하는 마음.

우:군(友軍)명 자기와 한편인 군대. ☞아군(我軍)

우:궁(右弓)명 오른손으로 시위를 당겨 쏘는 활. ☞좌궁(左弓)

우:궁-깃(右弓―)[―낏]명 새의 왼쪽 날개 깃으로 꾸민 화살의 깃. ☞좌궁깃

우궁-형(優弓形)명 반원보다 큰 활꼴. ☞열궁형(劣弓形)

우귀(于歸)명-하다자 재래식 혼례에서, 혼인한 신부가 처음으로 시집에 들어가는 일을 이르는 말. 우례(于禮)

우:규(右揆)명 지난날, '우의정(右議政)'을 달리 이르던 말. ☞좌규(左揆)

우그러-들다(―들고·―드니)자 우그러져서 작아지거나 우묵하게 되다. ☞오그라들다

우그러-뜨리다(트리다)타 힘을 주어 우그러지게 하다. ☞오그라뜨리다

우그러-지다 자 ①물건의 가장자리가 안쪽으로 욱어 들다. ②물건의 거죽이 쭈그러지다. ☞오그라지다

우그렁-우그렁 부-하다형 여러 군데가 좀 우그러져 있는 모양을 나타내는 말. ☞오그랑오그랑. 우그렁쭈그렁. 쭈그렁쭈그렁

우그렁-이 명 우그렁하게 생긴 물건. ☞오그랑이. 쭈그렁이

우그렁-쪽박 명 우그러진 작은 바가지. ☞오그랑쪽박

우그렁-쭈그렁 부-하다형 여러 군데가 우그렁하고 쭈그렁한 모양을 나타내는 말. ☞오그랑쪼그랑. 우그렁우그렁. 쭈그렁쭈그렁

우그렁-하다 형여 좀 우그러져 있다. ☞오그랑하다

우그르르[1] 부 많은 양의 액체가 급자기 끓어오르는 모양을 나타내는 말. ☞부그르르. 오그르르[1]. 워그르르

우그르르[2] 부-하다형 사람이나 짐승 따위가 한곳에 비좁

ㅇ

게 많이 모여 있는 모양을 나타내는 말. ☞오그르르²
우그리다 타 우그러지게 하다. ☞오그리다
우:근(羽根) 명 새의 살갗에 박힌 깃의 부분.
우글-거리다(대다) 자 ①액체가 넘칠듯이 자꾸 끓어오르다. ②사람이나 짐승 따위가 한곳에 비좁게 많이 모여 번잡스레 움직이다. ☞부글거리다. 오글거리다
우글-부글 부 액체가 우글거리고 부글거리는 소리, 또는 그 모양을 나타내는 말. ☞오글보글
우글-우글¹ 부 우글거리는 모양을 나타내는 말. ☞부글부글. 오글오글¹. 워글워글
우글-우글² 부-하다 형 ①여러 군데가 우그러져 있는 모양을 나타내는 말. ¶ － 구겨진 치마. ②잔주름이 많은 모양을 나타내는 말. ¶ － 주름살이 잡히다. ☞오글오글²
우글-쭈글 부-하다 형 여러 군데가 우그러지고 쭈그러져 있는 모양을 나타내는 말. ¶늙어서 －한 얼굴. ☞오글쪼글
우금 명 시냇물이 급히 흐르는, 가파르고 좁은 산골짜기.
우금(于今) 부 지금까지. 이제까지
우금(牛禁) 명-하다 자 조선 시대, 소 잡는 것을 금지하던 일.
우긋-우긋[－귿－] 부-하다 형 여러 군데가 안쪽으로 좀 욱은듯 하다. ☞오긋오긋
우긋-하다[－귿－] 형여 안쪽으로 좀 욱은듯 하다. ☞오긋하다
우긋-이 부 우긋하게
우:기(右記) 명 세로쓰기로 쓴 글에서, 그 글의 오른쪽에 쓴 글을 가리키는 말. ☞좌기(左記)
우:기(雨氣) 명 비가 내릴듯 한 기운. 우의(雨意)
우:기(雨期) 명 한 해 중 비가 가장 많이 내리는 시기. 우계(雨季) ☞건기(乾期)
우기다 타 자기의 의견이나 주장을 고집스럽게 내세우다. ¶자기의 판단이 옳다고 －./우긴다고 될 일이 아니다.
우김-성(－性)[－썽] 명 자기의 의견이나 주장을 고집스럽게 내세우는 성질.
우꾼-우꾼 부 ①어떤 기운이나 생각 따위가 자꾸 세차게 일어나는 모양을 나타내는 말. ②여러 사람이 함께 불끈불끈 용을 쓰는 모양을 나타내는 말.
우꾼-하다 자여 ①어떤 기운이나 생각 따위가 일시에 세차게 일어나다. ②여러 사람이 함께 불끈 용을 쓰다.
우남(愚男) 명 어리석은 남자. 우부(愚夫)
우낭(牛囊) 명 '우랑'의 원말.
우:내(宇內) 명 온 세계. 천하(天下)
우너리 명 가죽신의 운두.
우녀(牛女) 명 견우성(牽牛星)과 직녀성(織女星)을 아울러 이르는 말.
우:는-살 명 화살 끝과 살촉 사이에 속이 빈 나무때기 깍지를 단 화살. 쏘면 날아갈 때 소리가 남. 명적(鳴鏑). 효시(嚆矢)
우:는-토끼 명 우는토낏과의 포유동물. 몸길이 15cm 안팎, 귀는 1.5~2.5cm로 짧고 동글며 꼬리는 없음. 날카로운 소리를 냄. 건조하고 바위가 많은 고지대에 사는데, 5~9월에 새끼를 낳음. 우리 나라와 일본, 사할린, 중국 동북 지방 등에 분포함. 새앙토끼. 생토끼. 쥐토끼
우:닐다(우닐고·우니니) 자 ①울다 ②울고 다니다.
우:단(羽緞) 명 거죽에 짧고 고운 털이 돋게 짠 비단. 벨벳
우달(疣疸) 명 쥐부스럼
우담(牛膽) 명 소의 쓸개.
우담-화(優曇華∠udumbara 범) 명 ①인도의 전설에서 삼천 년에 한 번씩 꽃이 핀다고 하는 상상의 나무. ②뽕나뭇과의 낙엽 교목. 높이는 3m 안팎. 잎은 길둥글며 길이 15cm 가량임. 작은 꽃이 꽃턱에 싸여 있으며, 열매는 크기가 3cm 정도인데 먹을 수 있음.
우답불파(牛踏不破) 성구 소가 밟아도 깨어지지 않는다는 뜻으로, 사물이 매우 튼튼함을 비유하여 이르는 말.
우:당(友黨) 명 당파는 다르지만 정견이나 정책 등에 공통점이 있어서 우호 관계를 유지하고 있는 정당.
우:당(右黨) 명 '우익 정당'의 준말. ☞좌당(左黨)
우당탕 부 ①묵직한 것이 잘 울리는 바닥 따위에 여기저기 부딪치며 떨어질 때 요란하게 울리어 나는 소리를 나타내는 말. ¶ － 의자가 바닥에 떨어지다. ②마룻바닥 따위에서 발을 요란스레 구를 때 울리어 나는 소리를 나타내는 말. ☞와당탕
우당탕-거리다(대다) 자 우당탕 소리를 자꾸 내다. ¶한 떼의 청년들이 우당탕거리며 집으로 뛰어들어왔다. ☞와당탕거리다
우당탕-우당탕 부 우당탕거리는 소리를 나타내는 말. ☞와당탕와당탕
우당탕-퉁탕 부 우당탕거리며 퉁탕거리는 소리, 또는 그 모양을 나타내는 말. ☞와당탕퉁탕
우대 명 지난날, 서울 성내(城內)의 서북쪽 지역, 곧 인왕산 가까이에 있는 마을들을 이르던 말. ☞아래대
우:대(羽隊) 명 지난날, 화살을 지는 군대를 이르던 말.
우대(優待) 명-하다 타 특별히 잘 대우함, 또는 그러한 대우. ¶경험자를 －하다.
우대-권(優待券)[－꿘] 명 특별히 대우하겠다는 뜻을 나타낸 표.
우:-대:신(右大臣) 명 지난날, '우의정(右議政)'을 달리 이르던 말. ☞좌대신(左大臣)
우댓-사람 명 지난날, 우대에 살던 아전 계급의 사람. ☞아래댓사람
우덜거지 명 허술하나마 위를 가리게 되어 있는 것.
우도(牛刀) 명 소를 잡는 데 쓰는 칼.
우:도(友道) 명 친구를 사귀는 도리.
우:도(右道) 명 조선 시대, 경기도의 북부 지역과 충청도·전라도·경상도·황해도의 서쪽 지역을 각각 이르던 말. ☞좌도(左道)
우도할계(牛刀割鷄) 성구 소를 잡는 칼로 닭을 잡는다는 뜻으로, 작은 일을 하는 데 거창스레 벌이거나 큰 연장을 씀을 비유하여 이르는 말. ☞견문발검(見蚊拔劍)
우동(うどん 일) 명 일본식 가락국수.
우두(牛痘) 명 소의 두창(痘瘡). 이 두창(痘漿)을 사람에게 접종하여 천연두(天然痘)에 대한 면역이 생기게 함. ☞종두(種痘). 천연두
우두(牛頭) 명 소의 머리. 쇠머리
우두덩-거리다(대다) 자 우두덩우두덩 소리를 자꾸 내다. ☞오도당거리다
우두덩-우두덩 부 묵직하고 단단한 물체들이 서로 자꾸 부딪칠 때 요란하게 울리어 나는 소리를 나타내는 말. ¶책상들이 － 부딪히다. ☞오도당오도당
우두둑-거리다(대다) 자타 우두둑우두둑 소리를 자꾸 내다. ☞오도독거리다. 우둑거리다
우두둑-우두둑 부 풀 따위를 많이씩 움키어 뜯을 때, 천천히 뜯기며 나는 소리를 나타내는 말. ¶풀을 － 잡아뜯다. ☞오도독오도독. 우둑우둑
우두망찰-하다 자여 갑작스레 당한 일로 정신이 얼떨떨하여 어찌할 바를 모르다.
×**우두머니** 부 →우두커니
우두-머리 명 ①물건의 꼭대기. ②어떤 집단이나 조직의 가장 윗사람. 통솔하는 사람. 대괴(大魁)
우두커니 부 사람이 한곳에 멀거니 서 있거나 앉아 있는 모양을 나타내는 말. ¶ － 서서 먼산만 바라보다. ☞오도카니
우둑-거리다(대다) 자타 우둑우둑 소리를 자꾸 내다. ☞오독거리다. 우두둑거리다
우둑-우둑 부 많은 풀을 자꾸 움키어 뜯을 때 나는 소리를 나타내는 말. ☞오독오독. 우두둑우두둑
우둔(牛臀) 명 우둔살
우둔(愚鈍) 어기 '우둔(愚鈍)하다'의 어기(語基).
우둔-살(牛臀－) 명 소의 엉덩이 부위의 고기. 구이·조림·육회·포 등에 쓰이고, 기름기가 적고 결이 고우며 부드러움. 우둔 ☞홍두깨
우둔-우둔 부 가슴이 두근거리는 상태를 나타내는 말.
우둔-하다(愚鈍－) 형여 어리석고 무디다.
우둘-우둘 부-하다 형 씹기에 단단하면서 탄력이 있는 느낌을 나타내는 말. ¶－한 낙지 회. ☞오돌오돌

우둘-투둘 부-하다 형 물체의 거죽이나 바닥이 고르지 않게 군데군데 두드러져 있는 모양을 나타내는 말. ¶돌을 치우지 않고 돗자리를 깔았더니 바닥이 -하다. ☞오돌토돌

우둥-부둥 부-하다 형 우둥퉁하고 부둥부둥한 모양을 나타내는 말. ☞오동보동. 우둥푸둥

우둥-우둥 부 여러 사람이 바쁘게 드나들거나 서성거리는 모양을 나타내는 말.

우둥퉁-하다 형여 몸집 따위가 좀 크면서 퉁퉁하다. ☞오동통하다

우둥-푸둥 부-하다 형 우둥퉁하고 푸둥푸둥한 모양을 나타내는 말. ☞오동포동. 우둥부둥

우드(wood) 명 공을 치는 부분이 나무로 된 원거리용 골프채. ☞아이언(iron)

우드득 부 ①크고 단단한 물건을 한 번 깨물 때 나는 소리, 또는 그 모양을 나타내는 말. ②굵은 나뭇가지 따위를 부러뜨릴 때 나는 소리, 또는 그 모양을 나타내는 말. ¶나뭇가지가 - 부러지다. ☞와드득

우드득-거리다(대다) 자타 자꾸 우드득 소리가 나다, 또는 그런 소리를 내다. ¶나뭇가지가 우드득거리며 부러지다./얼음을 우드득거리며 깨물어 먹다. ☞와드득거리다

우드득-우드득 부 우드득거리는 소리, 또는 그 모양을 나타내는 말. ☞와드득와드득

우드타르(wood tar) 명 나무 타르

우드=합금(wood合金) 명 이융 합금(易融合金)의 한 가지. 창연 50%, 납 24%, 주석 14%, 카드뮴 12%의 비율로 이루어짐. 융점은 약 70℃. 퓨즈 따위로 쓰임.

우들-우들 부 몸을 심하게 자꾸 떠는 모양을 나타내는 말. ☞부들부들¹. 오들오들

우듬지 명 나무의 꼭대기 줄기. ¶감나무 -의 까치밥.

우등(優等) 명 성적이나 능력 등이 남보다 특별히 뛰어남, 또는 그런 등급. ¶-으로 진급하다. ☞열등(劣等)

우등-상(優等賞) 명 우등생에게 주는 상.

우등=상장(優等賞狀)[-짱] 명 우등생에게 주는 상장.

우등-생(優等生) 명 학업 성적이 남보다 뛰어나고 품행이 바른 학생. ☞열등생(劣等生)

우뚝 부-하다 형 두드러지게 쑥 솟거나 솟아 있는 모양을 나타내는 말. ¶정상에 - 서다./-한 코. ☞오뚝

우뚝-이 부 우뚝하게 ☞오뚝이

우뚝-우뚝 부-하다 형 군데군데 우뚝한 모양을 나타내는 말. ☞오뚝오뚝

우라늄(uranium) 명 악티늄족 원소의 하나. 천연으로 있는 원소 중 가장 무겁고 철과 비슷한 은백색의 결정성 금속 원소로, 열네 종의 동위 원소가 있는데, 질량수 235는 중성자를 흡수하여 핵분열을 일으킴. 원자로의 연료이며, 라듐의 모체임. 우란(Uran)〔원소 기호 U/원자 번호 92/원자량 238.03〕

우라늄-광(uranium鑛) 명 우라늄이 들어 있는 광석을 통틀어 이르는 말.

우라니나이트(uraninite) 명 이산화우라늄으로 이루어진 광물. 등축정계에 딸리며, 소량의 토륨과 납이 들어 있고 강한 방사능을 지님. 우라늄의 주요한 광석 광물임. 섬우라늄광

우라질 감 일이 뜻대로 되지 않거나 속이 상할 때 혼잣말로 내뱉듯 하는 말, 또는 미운 대상을 욕할 때 하는 말. ☞빌어먹을

우락(牛酪) 명 버터(butter)

우:락(羽樂) 명 전통 성악곡인 가곡의 한 가지. 우조(羽調)에 딸린 낙시조(樂時調)라는 뜻으로, 남창(男唱)과 여창(女唱)으로 두루 불림. ☞계락(界樂)

우락(憂樂) 명 걱정스러운 일과 즐거운 일.

우락부락-하다 형여 생김새가 험상궂고 행동이 거칠다. ¶우락부락한 태도로 대들다.

우란(Uran 독) 명 우라늄(uranium)

우란분(盂蘭盆∠ullambana 범) 명 불교에서, 하안거(夏安居)의 끝날인 음력 칠월 보름에 지내는 행사. 아귀도(餓鬼道)에 떨어져 괴로워하는 망령을 위안하는 행사임. ☞백중날

우랄알타이=어:족(Ural-Altai語族) 명 우랄 어족과 알타이 어족은 같은 계통일 것이라는 가정에서 두 어족을 아울러 이르는 말.

우랄=어:족(Ural語族) 명 스칸디나비아, 중부 유럽, 시베리아에 걸쳐 분포하는 어족. 모음 조화 현상이나 교착어(膠着語)의 성질이 있는 점 등이 알타이 어족과 비슷함. 핀란드어·헝가리어·에스토니아어 등이 이에 딸림.

우람(愚濫) 어기 '우람(愚濫)하다'의 어기(語基).

우람-스럽다(-스럽고·-스러워) 형ㅂ 보기에 우람한 데가 있다. ¶우람스러운 몸매.

우람-스레 부 우람스럽게

우람-지다 형 우람한 데가 있다.

우람-차다 형 매우 우람스럽다.

우람-하다 형여 생긴 모양이 웅장하여 위엄이 있다. ¶우람한 체격.

우람-하다(愚濫-) 형여 어리석고 분에 넘치는 데가 있다.

우랑(∠牛囊) 명 소의 불알. 쇠불알 원 우낭(牛囊)

우:량(雨量) 명 일정한 동안 일정한 곳에 내린 비의 양. 강우량(降雨量)

우량(優良) 명-하다 형 다른 것보다 뛰어나게 좋음. ¶-품종 ☞불량(不良)

우:량-계(雨量計) 명 일정 시간에 비가 내린 양을 재는 계기(計器).

우:량-도(雨量圖) 명 각 지역의 강우량을 선으로 나타낸 지도.

우량-주(優良株) 명 재무 내용이 좋고, 배당률도 높고 안정된 회사의 주식.

우량-품(優良品) 명 좋은 물품.

우러-나다 자 액체에 잠긴 물질에서 빛깔이나 맛 따위의 성분이 빠져 나오다. ¶계피 맛이 -./녹차의 향이 -.

우러-나오다 자 ①생각이나 느낌이 마음에 절로 생겨나다. ¶마음에서 우러나오는 애정. ②눈물이나 목소리 따위가 솟아나듯이 절로 나오다. ¶한없이 우러나오는 슬픔의 눈물./뱃속에서 우러나오는 환호성.

우러러-보다 타 ①위를 쳐다보다. ¶산꼭대기를 -./흰구름을 -. ②훌륭한 사람을 존경하는 마음으로 대하거나 그리다. ¶스승으로서 -.

우러르다(우러르고·우러러) 자 ①얼굴을 위로 쳐들다. ¶하늘을 -. ②존경하는 마음을 지니다. ¶우러러 받들다.

한자 우러를 앙(仰)〔人部 4획〕¶경앙(敬仰)/숭앙(崇仰)/앙망(仰望)/앙모(仰慕)/추앙(推仰)

우러리 명 짚이나 삼 따위로 엮어 만든 물건의 뚜껑.

우럭-우럭 부 ①불기운이 세차게 일어나는 모양을 나타내는 말. ¶화톳불이 - 타오르다. ②술기운이 얼굴에 차차 오르는 상태를 나타내는 말. ③병세가 차차 더해 가는 상태를 나타내는 말. ④화나 심술이 점점 치밀어 오르는 상태를 나타내는 말.

우렁쉥이 명 '멍게'의 딴이름.

우렁-우렁 부 소리가 크게 울리는 상태를 나타내는 말. ¶동굴 속에서는 말소리가 - 들린다.

우렁이 명 우렁잇과의 민물고둥. 껍데기는 원추형의 나선 모양이며, 빛깔은 녹갈색임. 수렁이나 무논 등에 삶. 전라(田螺). 토라(土螺)

속담 **우렁이도 두렁 넘을 꾀가 있다** : 미련하고 못난 사람도 제 요량은 하고 있고, 한 가지 재주는 있다는 말. 〔굼벵이도 떨어지는 재주는 있다〕/**우렁이도 집이 있다** : 우렁이와 같은 미물도 집이 있건만 나에게는 왜 집이 없는가 하고 한탄할 때 하는 말.〔갈매기도 제 집이 있다/까막까치도 집이 있다〕

우렁잇-속 명 ①내용이 복잡하여 헤아리기가 어렵거나 자세히 알 수 없는 일을 비유하여 이르는 말. ②털어놓지 않는 의뭉스런 속마음을 비유하여 이르는 말.

우렁-차다 형 ①소리의 울림이 매우 크고 힘차다. ¶우렁

찬 구령 소리. ②매우 씩씩하고 힘차다.
우레[1] 명 천둥 ¶ -와 같은 박수 소리.
우:레[2] 명 꿩 사냥을 할 때 불어서 소리를 내는 물건. 살구씨나 복숭아 씨에 구멍을 뚫어 만드는데, 그 소리가 마치 장끼가 까투리를 꾀는 소리와 같음.
우레(를) 켜다 관용 우레를 불어서 장끼 소리를 내다.
우레아:제(Urease 독) 명 요소(尿素)를 암모니아와 이산화탄소로 가수 분해하는 효소. 콩과 식물이나 세균류, 버섯류 등에서 볼 수 있음.
우레탄(Urethan 독) 명 ①에틸우레탄을 주성분으로 하는, 빛깔이 없고 냄새도 없는 결정. 실험 동물의 마취나 백혈병 치료 등에 쓰임. ②'우레탄 수지'의 준말.
우레탄=수지(Urethan樹脂) 명 인조 고무의 한 가지. 기름에 녹지 않고 마멸도가 적어 접착제나 방음제로 쓰임. 준 우레탄
우렛-소리 명 천둥소리
우려(憂慮) 명-하다 타 근심하거나 걱정함. ¶둑이 무너질까 -하다./-하던 일이 벌어졌다.
우려-내:다 타 ①남에게 무슨 구실을 대어 으르거나 달래거나 하여 돈 따위를 억지로 얻어 내다. ¶행사 비용을 -. ②무엇을 액체에 담가 빛깔이나 맛 따위의 성분을 우러나게 하다. ¶짠지의 짠맛을 -.
우려-먹다 타 남에게 무슨 구실을 대어 으르거나 달래거나 하여 돈 따위를 억지로 얻어 가지다.
우:력(偶力) 명 물리학에서, 한 물체의 다른 두 점에 작용하는, 크기가 같고 방향이 반대인 평행한 두 힘을 이르는 말. 짝힘
우련-하다 형여 빛깔이나 형체 등이 보일듯 말듯 희미하다. ¶엷은 구름 속에 기암 절벽이 우련하게 드러나 보이다. ☞오련하다
우련-히 부 우련하게
우례(于禮) 명-하다 자 재래식 혼례에서, 혼인한 신부가 처음으로 시집에 들어가는 일을 이르는 말. 우귀(于歸)
우례(優禮) 명-하다 타 예를 두텁게 함.
우로(迂路) 명 둘러서 가는 길. 두름길. 오로(迂路)
우:로(雨露) 명 ①비와 이슬. ②비와 이슬이 땅 위의 모든 것을 적시는 것과 같이, 널리 두루 미치는 큰 은혜를 뜻하는 말. ¶ -를 입다.
우:로-봐(右-) 감 사열식(査閱式) 때, 사열관을 향해 고개를 오른쪽으로 돌려 예의를 표시하라는 구령.
우:로지택(雨露之澤) 명 ①비와 이슬의 덕택이라는 뜻으로, 자연의 혜택을 뜻하는 말. ②비와 이슬처럼, 널리 두루 미치는 큰 은혜를 비유하여 이르는 말.
우론(愚論) 명 ①어리석은 이론. 하찮은 견해. ②자기의 이론이나 견해를 겸손하게 이르는 말.
우:롱(羽弄) 명 전통 성악곡인 가곡의 한 가지. 우조 소용(羽調搔聳) 다음에 불리는 곡. 반엽(半葉)을 우조로만 부르는 것으로, 남창(男唱)에만 있음. ☞농(弄)[2]
우롱(愚弄) 명-하다 타 남을 어리석게 여기어 놀림.
×**우뢰** 명 →우레[1]
우료(郵料) 명 '우편 요금(郵便料金)'의 준말.
우루(愚陋) 어기 '우루(愚陋)하다'의 어기(語基).
우:루-처(雨漏處) 명 빗물이 새는 곳.
우루-하다(愚陋-) 형여 어리석고 고루하다.
우르르 부 ①액체가 급자기 끓어오르거나 넘치는 모양을 나타내는 말. ②많이 쌓여 있던 물건이 급자기 무너지는 모양을 나타내는 말. ③많은 사람이나 짐승 따위가 급자기 한곳으로 몰려오거나 몰려가는 모양을 나타내는 말. ④천둥이 치는 소리를 나타내는 말. ¶ - 쾅쾅 ☞오르르. 워르르
우리[1] 명 짐승을 가두어 두거나 가두어 기르는 곳.

한자 우리 권(圈) 〔口部 8획〕 ¶권뢰(圈牢)/권함(圈檻)

우리[2] 의 기와를 세는 단위. 한 우리는 2천 장임. 준 울[3]
우리[3] 대 ①말하는 이가, 자기와 자기가 딸린 무리를 함께 일컫는 말. ¶ -는 한마음, 한뜻으로 뭉쳤다. ②말하는 이가 스스로 자기가 딸린 무리를 대표하여 일컫는 말. ¶ -를 우롱하지 마시오. ③말하는 이가, 자기와 제삼자를 아울러 일컫는 말. ¶ - 둘은 당신의 약속을 철석같이 믿고 있습니다. ④말하는 자기와 말을 듣고 있는 상대편을 아울러 일컫는 말. ¶ -가 힘을 합하여 어려움을 이겨 나갑시다. ⑤'나의'의 뜻으로 흔히 쓰임. 준 울[4] ¶ - 나라/- 어머니/- 동생
우리-구멍 명 논물이 새어 나가도록 논두렁에 뚫어 놓은 작은 구멍.
우리-네 대 우리의 무리. 우리 여러 사람. 우리들 ¶ - 형편이야 뻔하지.
우리다[1] 자 ①더운 기운이 생기도록 볕이 들다. ②달빛이나 햇빛 따위가 우련하게 비치다.
우리다[2] 타 ①어떤 물건을 액체에 담가 맛이나 빛깔 따위의 성분을 우러나게 하다. ¶소금기를 -./찻잎을 -. ②남에게 무슨 구실을 대어 으르거나 달래어 돈 따위를 억지로 얻다. ¶금품을 -.
우리-들 대 우리 여러 사람. 우리네
우리-말 명 우리 나라의 말. 국어(國語)[1]
우리-판(-板) 명 울거미를 좋은 나무로 짜고 가운데는 널빤지를 낀 문짝.
우:린(羽鱗) 명 깃과 비늘이라는 뜻으로, 새와 물고기를 이르는 말. ☞조어(鳥魚)
우:립(雨笠) 명 갈삿갓
우릿-간(-間) 명 짐승의 우리로 쓰는 칸.
우마(牛馬) 명 소와 말을 아울러 이르는 말. 마소
속담 **우마가 기린 되랴** : 본시 타고난 천품은 숨길 수 없다는 말.
우마양저염역병치료방(牛馬羊猪染疫病治療方) 명 조선 시대, 소·말·양·돼지의 전염병 치료법을 적은 책. 한문(漢文)에 이두(吏讀)로 토를 달고 한글로 풀이한 것으로, 중종 36년(1543)에 펴냄. 1권 1책의 목판본.
우마-차(牛馬車) 명 소나 말이 끄는 수레.
우망(迂妄) 명-하다 형 오망(迂妄)
우매(愚昧) 어기 '우매(愚昧)하다'의 어기(語基).
우매-하다(愚昧-) 형여 어리석고 사리에 어둡다. 우몽(愚蒙)하다
우맹(愚氓) 명 어리석은 백성. 우민(愚民)
우:먼파워(woman+power) 명 여성의 사회적 활동력, 또는 영향력.
우멍거지 명 어른의 자지의 귀두(龜頭)가 포피(包皮)로 덮여 있는 상태, 또는 그런 자지. 포경(包莖)
우멍-하다 형여 바닥이나 면이 약간 우묵하게 들어가 있다. ☞오망하다
우명(佑命) 명 하늘의 도움.
우모(牛毛) 명 소의 털. 쇠털
우:모(羽毛) 명 ①깃과 털을 아울러 이르는 말. ②새의 깃에 붙어 있는 털. 깃털
우:모(羽旄) 명 새의 깃으로 꾸며 기(旗)에 꽂는 물건.
우모(uomo 이) 명 패션에 관심이 많은 30대 기혼 남자. 보통 고학력과 고소득을 바탕으로 높은 구매력을 가지며, 패션 외에 스포츠와 여행에도 관심이 많음.
우목(牛目) 명 ①소의 눈. ②소의 눈알을 삶은 고기.
우목(疣目) 명 무사마귀
우몽(愚蒙) 어기 '우몽(愚蒙)하다'의 어기(語基).
우몽-하다(愚蒙-) 형여 어리석고 사리에 어둡다. 우매(愚昧)하다
우묘(尤妙) 어기 '우묘(尤妙)하다'의 어기(語基).
우묘-하다(尤妙-) 형여 더욱 묘하다. 더욱 신통하다.
우무 명 우뭇가사리를 곤 물을 식혀서 묵처럼 굳힌 것. 한천(寒天)[2]
우묵 부-하다 형 둥그스름하게 쑥 패거나 들어가 있는 모양을 나타내는 말. ¶ - 팬 땅. ☞오목
우묵-이 부 우묵하게 ☞오목이
우묵-우묵 부-하다 형 군데군데 둥그스름하게 쑥 패거나 들어가 있는 모양을 나타내는 말. ☞오목오목
우묵-주묵 부-하다 형 생김새 따위가 큼직큼직하면서 짜임새 없는 모양을 나타내는 말. ☞오목조목

우묵-주발 (—*周鉢) [명] 운두가 좀 욱어 들어 속이 우묵한 주발. ☞오목주발

우:문 (右文) [명]-하다 [자] 학문이나 문학을 숭상함.

우문 (愚問) [명] 어리석은 질문. ¶ —에 현답(賢答). ☞현문(賢問)

우:문좌:무 (右文左武) [성구] 문무(文武)를 숭상함, 또는 문무를 아울러 갖추었음을 뜻하는 말.

우문-현답 (愚問賢答) [명] 어리석은 질문에 현명한 대답.

우물 [명] 땅을 깊이 파서 지하수를 괴게 한 시설. ☞샘

우물(을) 치다 [관용] 우물 안의 더러운 것을 쳐내다.

[속담] **우물 들고 마시겠다** : 성미가 몹시 급하다는 뜻. /**우물 안 개구리** : 보고 들은 것이 적어서 세상 형편을 잘 모르는 사람을 비유하여 이르는 말. ☞정저와(井底蛙)/ **우물에 가 숭늉을 찾는다** : 성미가 너무 급하여 참고 기다리지 못함을 이르는 말. [콩밭에 가서 두부 찾는다/싸전에 가서 밥 달라 한다]/**우물 옆에서 말라 죽겠다** : 우물 옆에서 물을 못 마시고 말라 죽겠다는 말로, 무슨 일에나 융통성이 없고, 답답함을 이르는 말. /**우물을 파도 한 우물을 파라** : 무슨 일이든지 한 가지 일을 끝까지 꾸준히 해야 성공할 수 있다는 말.

[한자] **우물 정** (井) 〔二部 2획〕 ¶ 온정(溫井)/유정(油井)/정화수(井華水)/좌정관천(坐井觀天)

우물 (尤物) [명] ①뛰어나게 좋은 물건. 일물(逸物). 일품(逸品) ②얼굴이 잘생긴 여자를 이르는 말.

우물 (愚物) [명] 아주 어리석은 사람을 얕잡아 이르는 말. 우인(愚人)

우물-가 [—까] [명] 우물의 언저리.

[속담] **우물가에 애 보낸 것 같다** : 익숙하지 못한 사람에게 무슨 일을 시켜 놓고 마음에 몹시 걱정됨을 비유하여 이르는 말.

우물-거리다(대다)[1] [자] 짐승 따위가 한데 모여 느릿느릿 움직이다. ☞오물거리다[1]

우물-거리다(대다)[2] [자타] ①말이나 행동을 시원스레 하지 않고 구물구물 하다. ②입을 다문 채 음식을 느리게 씹다. ☞오물거리다[2]

우물-고누 [명] 고누의 한 가지. '+'의 세 귀를 둥글게 이어 한쪽만 터놓은 판에 서로 말 둘씩을 놓고 먼저 가두면 이기는 놀이. 먼저 두는 사람이 첫수에 가두지는 못함. ☞네밭고누. 호박고누

[속담] **우물고누 첫수** : 한 가지 방법밖에는 달리 변통할 재주가 없음을 이르는 말.

우물-귀:신 (—鬼神) [명] ①민속에서, 우물을 맡아본다는 귀신. ②우물에 빠져 죽은 사람의 넋.

[속담] **우물귀신 잡아넣듯 한다** : 어려운 처지나 걱정에서 벗어나려고 남을 어려운 처지에 빠뜨림을 이르는 말.

우물-길 [—낄] [명] 우물이 있는 곳으로 나 있는 길.

[속담] **우물길에서 반살미 받는다** : 뜻밖에 맛있는 음식을 먹게 되는 기회가 생겼다는 말. [아닌 밤중에 차시루떡/움 안에서 떡 받는다]

우물-둔덕 [명] 우물 둘레에 둔덕 모양으로 만들어 놓은 곳.

우물-마루 [명] 짧은 널을 가로로, 긴 널을 세로로 놓아 '井' 자 모양으로 짠 마루.

우물-물 [명] ①우물에 괸 물. ②우물에서 길어 올린 물. 정수(井水)

우물=반자 [명] 반자의 한 가지. 반자틀을 '井' 자 모양으로 짜서 그 위에 넓은 널을 덮은 반자. ☞소란 반자

우물-우물[1] [부] 짐승 따위가 한데 모여 느릿느릿 움직이는 모양을 나타내는 말. ☞오물오물[1]

우물-우물[2] [부] ①말이나 행동을 시원스레 하지 않고 구물거리는 모양을 나타내는 말. ¶ 선뜻 결정을 내리지 못하고 — 시간을 끌다. /— 눈치만 살피다. ②입을 다문 채 음식을 느리게 씹는 모양, 또는 그와 같이 입을 자꾸 움직이는 모양을 나타내는 말. ☞오물오물[2]

우물-지다 [자] ①뺨에 보조개가 생기다. ②우묵하게 들어가다.

우물-질 [명]-하다 [자] 우물물을 퍼내는 일.

우물-쭈물 [부] 말이나 행동을 시원하게 하지 못하고 우물우물 망설이는 모양을 나타내는 말.

우물-천장 (—*天障) [명] 바둑판처럼 '井' 자 모양으로 꾸민 천장.

우뭇-가사리 [명] 홍조류(紅藻類)에 딸린 바닷말. 줄기 높이 7~9cm. 검붉은 깃 모양의 가지가 많음. 바다 속의 모래나 바위에 붙어 삶. 채취하여 우무의 원료로 씀. 석화채(石花菜) [준] 가사리. 우뭇가시

우뭇-가시 [명] '우뭇가사리'의 준말.

우뭇-국 [명] 우무를 국수처럼 썰어 찬 콩국에 만 음식.

우므러-들다 (—들고 · —드니) [자] 점점 우므러져 들어가다. ☞오므라들다

우므러-뜨리다(트리다) [타] 힘주어 우므러지게 하다. ☞오므라뜨리다

우므러-지다 [자] 물건의 가장자리가 일정한 곳으로 욱어 들거나 우묵하게 되다. ☞오므라지다

우므리다 [타] 우므러지게 하다. ☞오므리다

우미 (愚迷) [어기] '우미(愚迷)하다'의 어기(語基).

우미 (優美) [어기] '우미(優美)하다'의 어기(語基).

×**우미다** [타] →매만지다

우미인-초 (虞美人草) [명] '개양귀비'의 딴이름.

우미-탕 (牛尾湯) [명] 꼬리곰탕

우미-하다 (愚迷—) [형여] 어리석고 미련하다.

우미-하다 (優美—) [형여] 품위 있고 아름답다.

우민 (愚民) [명] 어리석은 백성. 우맹(愚氓)

우민 (憂民) [명]-하다 [자] 백성의 살아가는 일을 걱정함.

우민 (憂悶) [명]-하다 [자] 걱정하고 괴로워함.

우민=정책 (愚民政策) [명] 지배자가 그의 지배 체제를 유지하기 위하여 국민을 정치적으로 무지한 상태에 있게 하려는 정책. ☞삼에스 정책

우바니사토 (∠優婆尼沙土. Upanisad 범) [명] 우파니샤드

우바-새 (∠優婆塞. Upāsaka 범) [명] 불교에서, 출가하지 아니하고 불법(佛法)을 수행하는 남자를 이르는 말. 거사(居士). 신남(信男). 신사(信士). 청신남(淸信男). 청신사(淸信士) ☞우바이

우바-이 (∠優婆夷. Upāsikā 범) [명] 불교에서, 출가하지 아니하고 불법(佛法)을 수행하는 여자를 이르는 말. 신녀(信女). 청신녀(淸信女) ☞우바새

우:박 (雨雹) [명] 적란운(積亂雲)에서 내리는 지름 5mm 이상의 얼음 덩어리. 큰 물방울이 공중에서 갑자기 찬 기운을 만나 얼어서 생김. 누리[2]. 백우(白雨)

우박 (愚樸) [어기] '우박(愚樸)하다'의 어기(語基).

우박-하다 (愚樸—) [형여] 어리석고 순박하다. ¶ 우박한 청년. /우박한 말투.

우:발 (偶發) [명]-하다 [자] 우연히 일어남. ¶ — 사건

우:발-범 (偶發犯) [명] 범죄의 원인이 행위자의 성격에 있지 아니하고, 주로 외부의 사정에 원인이 있는 범죄. 기회범(機會犯) ☞상습범(常習犯)

우:발-적 (偶發的) [—쩍] [명] 어떤 일이 예기치 않게 우연하게 일어나는 것. ¶ —인 사고.

우:발=채:무 (偶發債務) [명] 지금은 채무가 아니나, 앞으로 어떤 조건이 생겼을 때 지게 될 가능성이 있는 채무. 보증 채무(保證債務) 따위.

우방 (牛蒡) [명] '우엉'의 딴이름.

우:방 (友邦) [명] 서로 친근한 관계에 있는 나라.

우:방 (右方) [명] 오른쪽 ☞좌방(左方)

우방-자 (牛蒡子) [명] 한방에서, 우엉의 씨를 약재로 이르는 말. 이뇨제나 해독제 등으로 쓰임.

우:배 (友輩) [명] 친구들

우:-백호 (右白虎) [명] 풍수지리설에서, 서쪽을 상징하는 '백호'가 주산(主山)의 오른쪽에 있다는 뜻으로, 오른쪽으로 벋어 있는 산줄기를 이르는 말. ☞좌청룡(左靑龍)

우범 (虞犯) [명] 성격이나 환경 등으로 말미암아 범죄를 저지를 우려가 있음.

우범=소:년 (虞犯少年) [명] 성격이나 환경 등으로 보아서 장래에 범죄나 비행을 저지를 우려가 있는 소년.

우범-자 (虞犯者) [명] 범죄를 저지를 우려가 있는 사람.

ㅇ

우범=지대(虞犯地帶)명 범죄가 자주 일어나거나 일어날 우려가 있는 지대.
우:변(右邊)명 ①오른편짝 ②오른쪽 가장자리. ③등식이나 부등식에서, 등호 부등호의 오른쪽에 적은 수식(數式). ④조선 시대, '우포도청(右捕盜廳)'을 달리 이르던 말. ☞좌변(左邊)
우보(牛步)명 ①소의 걸음. ②느린 걸음을 비유하여 이르는 말.
우부(愚夫)명 어리석은 남자. 우남(愚男)
우부(愚婦)명 어리석은 여자.
우부룩-하다형여 풀이나 나무 따위가 한곳에 많이 모여 있어 더부룩하다. ☞오보록하다
　우부룩-이부 우부룩하게 ☞오보록이
우:부-방(右阜傍)명 한자 부수(部首)의 한 가지. '고을읍(邑)'이 '邱'·'都' 등에서 방(傍)으로 쓰일 때 '阝'의 이름. ☞좌부변(左阜邊)
우부-우맹(愚夫愚氓)명 어리석은 백성들.
우북-하다형여 풀이나 나무 따위가 한곳에 많이 모여 있어 수북하다. ☞오복하다
　우북-이부 우북하게 ☞오복이
우분(牛糞)명 소의 똥. 쇠똥[2]
우불-구불부-하다형 고르지 않게 구불구불한 모양을 나타내는 말. ¶시내가 ― 흘러가다. ☞오불고불. 우불꾸불
우불규칙=용언(―不規則用言)[―뇽―]명〈어〉우불규칙 활용을 하는 용언. 동사 '푸다'가 있음.
우불규칙=활:용(―不規則活用)명〈어〉동사 '푸다'가 활용할 때 '푸어'나 '풔'로 되지 않고 '퍼'로 되는 활용을 이르는 말.
우불-꾸불부-하다형 고르지 않게 꾸불꾸불한 모양을 나타내는 말. ¶―한 골짜기. ☞오불꼬불. 우불구불
우:비(雨備)명 비를 가리는 여러 가지 기구. 우산·우의·삿갓 따위.

> ▶ 지난날의 우비(雨備)들
> 갈멍덕/갈모/도롱이/삿갓(갈삿갓·대삿갓)/유삼(油衫)/접사리

우비(優比)명 수학에서, 앞의 항(項)의 값이 뒤의 항의 값보다 큰 비(比). ☞열비(劣比)
우비다타 ①구멍이나 틈 따위의 속을 긁어 도려내다. ¶대롱 속을 ―. ②속에 붙은 것을 구멍을 통해 긁어 내다. ¶귀이개로 귀지를 ―. ☞오비다. 후비다
　우비어 넣다관용 좁은 틈이나 구멍을 헤쳐 가면서 무엇을 욱이어 밀어 넣다.
　우비어 파다관용 ①구멍이나 틈을 긁거나 도려내어 깊이 파다. ②일의 속내나 감추어진 사실을 굳이 캐다.
우비적-거리다(대다)타 자꾸 우비다. ☞오비작거리다. 후비적거리다
우비적-우비적부 우비적거리는 모양을 나타내는 말. ☞오비작오비작. 후비적후비적
우:빙(雨氷)명 빙점(氷點) 이하로 냉각한 빗방울이 나무나 물체 등에 닿자마자 얼어서 투명한 얼음막을 이룬 것.
우사(牛舍)명 외양간
우:사(雨師)명 비를 내리게 한다는 신. ☞운사(雲師). 풍백(風伯)
우:산(雨傘·雨繖)명 비가 내릴 때 펴서 머리 위를 가리는 우비(雨備)의 한 가지. 폈다 접었다 할 수 있음.

> 한자 **우산 산**(傘)〔人部 10획〕¶양산(陽傘)/우산(雨傘)/일산(日傘)

우:산-걸음(雨傘―)명 우산을 폈다 접었다 하듯이, 몸을 추썩거리며 걷는 걸음.
우:산-나물(雨傘―)명 국화과의 여러해살이풀. 줄기 높이 50~100cm. 잎이 새로 나올 때 우산같이 퍼지면서 나오는데, 어린잎은 나물로 먹을 수 있음. 깊은 산에 자람. 삿갓나물
우:산-대(雨傘―)[―때]명 우산을 버티는 중간의 대.
우:산-살(雨傘―)[―쌀]명 우산의 지붕을 얽어 받치는 뼈대.
우:산-차비(雨傘差備)명 조선 시대, 우산을 받쳐 드는 일을 맡아 하는 사람을 이르던 말.
우:삼(雨衫)명 종이나 천에 기름을 먹여 비가 내릴 때 덮어쓰게 만든 것.
우:상(右相)명 우의정(右議政) ☞영상(領相). 좌상(左相)
우:상(羽狀)명 새의 깃과 같은 꼴.
우:상(偶像)명 ①나무나 돌 따위로 만든, 사람이나 신의 형상. ②신앙의 대상으로 삼는 잡신(雜神)의 형상. ③마음에 두고 애틋하게 그리워하거나 숭배하는 대상. ¶그의 인기는 대단하여 청소년의 ―처럼 되었다.
우:상-교(偶像敎)명 우상을 숭배하는 종교.
우:상-맥(羽狀脈)명 잎맥의 한 가지. 한 주맥(主脈)의 좌우에 지맥(枝脈)이 벋고 다시 세맥(細脈)으로 갈라져 새의 깃 모양을 이룬 잎맥. 무궁화나무 잎 따위의 잎맥.
우:상=복엽(羽狀複葉)명 작은 잎이 잎줄기의 좌우로 새의 깃 모양으로 가지런히 나는 잎. 아카시아나 고사리의 잎 따위.
우:상=숭배(偶像崇拜)명 신(神)이 아닌 나무나 돌, 또는 조각 등 눈으로 볼 수 있는 것을 신앙의 대상으로 삼아서 믿거나 숭배하는 일.
우:상-적(偶像的)명 우상에 관한 것. 우상과 같은 것.
우상전(虞裳傳)명 조선 영·정조 시대의 학자 박지원(朴趾源)이 지은 한문 소설. 우상이라는 이의 전기(傳記)를 통하여 당시 조정의 인재 등용의 실책을 비판하고 자기 도취에 빠져 궁핍한 생활을 한 양반 학자들을 풍자한 내용으로, '열하일기(熱河日記)'에 실려 전함.
우:상-화(偶像化)명-하다자타 신앙이나 숭배의 대상이 되거나 되게 하는 일. ¶독재자를 ―하다.
우색(憂色)명 근심스러운 기색.
우:생(寓生)명-하다자 남에게 얹혀 삶, 또는 얹혀 사는 사람.
우생(愚生)명 편지 글 등에서, '자기'를 낮추어 이르는 말.
우생(優生)명 좋은 유전 형질(形質)을 지니도록 하는 일.
우생=수술(優生手術)명 유전적으로 나쁜 형질을 가진 경우에, 생식 능력을 없애기 위하여 하는 수술. 대개 수정관(輸精管)이나 수란관(輸卵管)을 묶는 수술을 함.
우생-학(優生學)명 나쁜 형질의 유전을 피하여 좋은 혈통을 유지할 목적으로 배우자(配偶者)의 선택 등에 관하여 유전학적으로 연구하는 학문.
우:서(羽書)명 옛날 중국에서 급한 일을 알리는 글에 새의 깃을 꽂아 보내던 데서, 군사상 급하게 전하는 격문(檄文)을 이르는 말. 우격(羽檄)
우서(郵書)명 우편으로 보내는 편지.
우:선(右旋)명-하다자타 오른쪽으로 돌거나 돌림. ☞좌선(左旋)
우:선(羽扇)명 새의 깃으로 만든 부채.
우선(郵船)명 '우편선(郵便船)'의 준말.
우선(優先)명-하다자 ①다른 것보다 앞섬. ¶보행인(步行人)을 ―하여 보내다. ②다른 일을 제쳐놓고 먼저 함. ¶중상자 구조를 ―하다.
우선(*于先)부 다른 일에 앞서서 먼저. 위선(爲先)[2] ¶―인공 호흡부터 하다.
　속담 **우선 먹기는 곶감이 달다**: 앞일은 생각지 않고 당장 하기 좋은 것부터 하는 경우를 비유하여 이르는 말.
우선-권(優先權)명 남보다 앞서 행사할 수 있는 권리.
우선=순:위(優先順位)명 특별한 대우로, 다른 것에 앞서 매겨진 차례. ¶물자를 ―로 보급하다.
우선-적(優先的)명 다른 것보다 특별히 먼저 하는 것. ¶농어민에게 ―으로 혜택을 주다.
우선-주(優先株)명 보통주보다 이익 배당이나 잔여 재산의 분배 등에서 우선적인 지위를 인정받는 주식.
우선-하다형여 ①앓던 병이 조금 나은듯 하다. ②몰리거나 급박하던 형편이 조금 펴인듯 하다.
우설(牛舌)명 소의 혀를 고기로 이르는 말. 구이·찜·편육 등에 쓰임. 쇠서 ☞양. 처녑
우:설(雨雪)명 비와 눈.
우설(愚說)명 ①하찮은 설(說). ②자기의 설(說)을 겸손

하게 이르는 말.
우설-어(牛舌魚)명 '서대기'의 딴이름.
우성(牛星)명 우수(牛宿)
우:성(雨聲)명 빗소리
우:성(偶成)명-하다자 우연히 이루어짐.
우성(優性)명 대립 형질이 다른 두 품종을 교배할 때, 잡종 제1대에 나타나는 형질. ☞열성(劣性)
우성=인자(優性因子)명 하나의 유전 형질을 결정하는 두 가지 유전 인자 중, 우세하게 나타나는 한쪽 인자.
우세명-하다자 남에게서 놀림이나 비웃음을 받는 일, 또는 그 놀림이나 비웃음. 남우세 ¶ -를 당하다./-를 사다.
우:세(雨勢)명 비가 내리는 상태나 형세.
우세(憂世)명-하다자 세상일을 근심함.
우세(優勢)명-하다형 실력이나 형세 따위가 상대편보다 나음, 또는 그런 상태. ☞열세(劣勢)
우세-스럽다(-스럽고·-스러워)형ㅂ 남에게 비웃음을 받을만 하다. 남우세스럽다
우세-스레부 우세스럽게
우세-승(優勢勝)명 유도에서, 판정승의 하나. 절반·유효·효과를 얻었거나 상대편이 주의·경고 등을 받았을 때, 또는 경기 태도와 기술 등이 상대편보다 낫다고 인정될 때 내리는 판정임.
우셋-거리명 우세를 받을만 한 거리.
우:소(寓所)명 임시로 몸담아 지내는 곳. ☞우거(寓居)
우송(郵送)명-하다타 우편으로 보냄.
우수명 ①일정한 수효 외에 더 받는 물건. ☞덤 ②'우수리'의 준말.
우수(牛宿)명 이십팔수(二十八宿)의 하나. 북쪽의 둘째 별자리. 우성(牛星) 준우(牛)
우수(牛髓)명 소의 뼛속에 있는 골.
우:수(右手)명 오른손 ☞좌수(左手)
우:수(雨水)명 ①빗물 ②이십사 절기(二十四節氣)의 하나. 입춘(立春)과 경칩(驚蟄) 사이의 절기로, 양력 2월 19일께. ☞춘분(春分)
속담 **우수 경칩에 대동강도 풀린다**: 우수와 경칩을 지나면 아무리 추운 날씨도 누그러진다고 하여 이르는 말./ **우수 뒤에 얼음같이**: 슬슬 녹아 없어짐을 이르는 말.
우:수(偶數)명 둘로 나누어 나머지가 없는 수. 2·4·6·8·10 따위. 짝수 ☞기수(奇數). 홀수
우수(憂愁)명 근심과 걱정. ¶ -에 잠긴 표정.
우수(優秀)명-하다형 여럿 가운데 특별히 빼어남. ¶성적이 -한 학생./- 사원
우수(優數)어기 '우수(優數)하다'의 어기(語基).
우:수군=절도사(右水軍節度使)[-또-]명 조선 시대, 전라도와 경상도의 각 우도(右道)에 두었던 정삼품 무관 관직. 준우수사 ☞좌수군 절도사
우:수군=절도영(右水軍節度營)[-또-]명 조선 시대, 우수군 절도사의 군영을 이르던 말. 준우수영
우수리명 ①물건 값을 제하고 남는 액수만큼 도로 내어 주는 돈, 또는 거슬러 받는 돈. 거스름돈. 잔돈 준우수 ②일정한 수효를 다 채우고 남은 수.
우수마:발(牛溲馬勃)성구 쇠오줌과 말의 똥이라는 뜻으로, 값어치 없는 것이나 아무 쓸모 없는 것을 비유하여 이르는 말.
우:-수사(右水使)명 '우수군 절도사'의 준말. ☞좌수사
우수-성(優秀性)[-썽]명 우수한 특성이나 속성. ¶품질의 -을 인정받다.
우수수부 ①가랑잎 따위가 바람결에 한꺼번에 떨어져 흩어지는 소리, 또는 그 모양을 나타내는 말. ¶낙엽이 - 떨어지다. ②물체가 한꺼번에 많이 쏟아지는 모양을 나타내는 말. ③사개 따위가 저절로 물러나는 모양을 나타내는 말. ☞오소소. 와스스
우:-수영(右水營)명 '우수군 절도영'의 준말. ☞좌수영
우수-하다(優數-)형여 다른 것에 비하여 수량이 많다.
우:순풍조(雨順風調)성구 비가 내리고 바람이 부는 것이 때맞고 고름을 이르는 말. ☞오풍십우(五風十雨)
우:숫-물(雨水-)명 우수 때 내리는 많은 비.
우숫물(이) 지다관용 우수 무렵에 많은 비가 내려서 홍수가 나다.
우스개명 남을 웃기려고 짐짓 익살을 부리며 하는 말이나 장난. ¶ -로 한 말인데 정색하고 대들다.
우스갯-소리명 우스개로 하는 말. ¶ -로 웃음을 자아내다.
우스갯-짓명 우스개로 하는 짓.
우스꽝-스럽다(-스럽고·-스러워)형ㅂ 하는 짓이나 모습이 보기에 우습다. ¶젠체하는 짓이 -./네 옷차림이 좀 우스꽝스러워 보인다.
우스꽝-스레부 우스꽝스럽게
우슬(牛膝)명 '쇠무릎'의 딴이름.
우슬(牛蝨)명 '진드기'의 딴이름.
우:습(雨濕)명 비가 내려서 생기는 습기.
우:습다(우습고·우스워)형ㅂ ①웃음이 나올만 하다. ¶우스운 차림새./우스운 이야기. ②하찮다. 같잖다 ¶하는 짓이 -./우스운 사람이로군.
우습게 보다관용 ①남을 업신여기다. 얕보다 ②대수롭지 않게 보다.
우습게 여기다관용 ①하찮게 생각하다. ②대수롭지 않게 생각하다.
속담 **우습게 본 나무에 눈 걸린다**: 대수롭지 않게 여기다가 큰코다친다는 말. [우습게 본 풀에 눈 찔린다]
우승(牛蠅)명 '쇠파리'의 딴이름.
우승(優勝)명 ①-하다형 가장 뛰어남. ②-하다자 경기나 경쟁 등에서 첫째가 됨. ¶국제 경기에서 -하다.
우승-기(優勝旗)명 경기나 경쟁 등에서 우승한 사람이나 단체에게 우승을 표창하는 뜻으로 주는 기.
우승-배(優勝盃)명 경기나 경쟁 등에서 우승한 사람이나 단체에게 우승을 표창하는 뜻으로 주는 상배. 우승컵
우승열패(優勝劣敗)[-녈-]성구 ①나은 자는 이기고 못한 자는 짐을 이르는 말. ②강한 자는 번성하고 약한 자는 소멸함을 이르는 말. ☞적자생존(適者生存)
우승-자(優勝者)명 우승한 사람. 챔피언
우:-승지(右承旨)명 ①고려 시대, 왕명의 출납(出納)을 맡아보던 밀직사(密直司)의 정삼품 관직. ②조선 시대, 중추원(中樞院) 또는 승정원(承政院)의 정삼품 관직.
우승-컵(優勝cup)명 우승배
우시(憂時)명-하다자 시국(時局)을 걱정함.
우-시:장(牛市場)명 소를 사고 파는 시장. 쇠장. 쇠전
우:식(寓食)명-하다자 남의 집에서 잠을 자고 끼니를 먹으면서 지냄. 기식(寄食)
우식(愚息)명 어리석은 자식이라는 뜻으로, 남에게 자기의 아들을 겸손하게 이르는 말.
우식악(憂息樂)명 신라 눌지왕이 지었다는 노래. 고구려와 일본에 볼모로 가 있던 왕의 아우 복호(卜好)와 미사흔(未斯欣)이 박제상(朴堤上)의 외교로 돌아오자, 그 축하 잔치에서 지었다고 함. '삼국사기' 열전(列傳)에 그 기록이 전하나, 가사는 전하지 않음.
우신(牛腎)명 소의 자지를 고기로 이르는 말.
×**우신**(郵信)명 →우서(郵書)
우심(牛心)명 소의 염통.
우:심(寓心)명-하다자 마음을 둠, 또는 그 마음.
우심(憂心)명 걱정하는 마음.
우심(尤甚)어기 '우심(尤甚)하다'의 어기(語基).
우:-심방(右心房)명 조류와 포유류의, 심장의 오른쪽 윗부분에 있는 심방(心房). 온몸에서 돌아오는 정맥혈(靜脈血)을 대정맥(大靜脈)에서 받아 우심실(右心室)로 보내는 구실을 함. ☞우심실. 좌심방(左心房)
우:-심실(右心室)명 조류와 포유류의, 심장의 오른쪽 아래 부분에 있는 심실(心室). 우심방(右心房)에서 정맥혈(靜脈血)을 받아 폐동맥(肺動脈)으로 보내는 구실을 함. ☞우심방. 좌심실(左心室)
우심-하다(尤甚-)형여 더욱 심하다.
우심-혈(牛心血)명 소 염통의 피. 한방에서 강장(強壯)에 쓰임.
우썩부 ①급자기 크게 느는 모양을 나타내는 말. ¶구경꾼이 - 많아지다. ②단번에 훌쩍 자라는 모양을 나타내

ㅇ

는 말. ¶며칠 사이에 새싹이 ― 자랐다. ☞와싹². 우쩍

우썩-우썩 부 ①잇달아 급자기 크게 느는 모양을 나타내는 말. ②잇달아 훌쩍 자라는 모양을 나타내는 말. ☞와싹와싹². 우쩍우쩍¹

우아 감 ①뜻밖에 기쁜 일을 만나 부르짖는 소리. ¶―, 합격이다. 준와³ ②마소를 멈추게 할 때 하는 말. 와³. 우어. 워² ☞이랴. 이로

우아(優雅)어기 '우아(優雅)하다'의 어기(語基).

우아-하다(優雅―)형여 정숙하고 기품이 있다. ¶우아한 몸가짐./우아한 귀부인.

우악(愚惡)어기 '우악(愚惡)하다'의 어기(語基).

우악(優渥)어기 '우악(優渥)하다'의 어기(語基).

우악살-스럽다(愚惡―)(―스럽고·―스러워)형ㅂ 매우 우악스럽다. 준왁살스럽다

우악살-스레 부 우악살스럽게

우악-스럽다(愚惡―)(―스럽고·―스러워)형ㅂ 어리석고 우락부락한 데가 있다. ¶우악스러운 행동.

우악-스레 부 우악스럽게

우악-하다(愚惡―)형여 어리석고 우락부락하다.

우악-하다(優渥―)형여 은혜가 넓고 두텁다.

우:안(右岸)명 강의 상류에서 하류를 향하여 오른쪽의 기슭. ☞좌안(左岸)

우안(愚案)명 어리석은 안(案)이라는 뜻으로, 자기가 낸 안이나 의견을 겸손하게 이르는 말.

우:애(友愛)명-하다자 ①형제 자매 사이에 서로 아끼고 사랑하는 정. ②친구 사이의 정과 사랑.

> ▶ **우애(友愛)·우의(友誼)·우정(友情)**
> '우애'라는 말은 주로 '형제 자매 사이의 도타운 정과 사랑', 또는 '친구 사이의 정과 사랑'을 뜻하고, '우의'라는 말은 '친구 사이의 정분'을, '우정'이라는 말은 '친구 사이의 정'을 뜻하는 유의어(類義語)이다.
> ¶그들 형제의 우애는 남다른 데가 있다./
> 우의가 두터운 동기생들이다./
> 그들의 우정은 오래도록 변함이 없다.

ㅇ

우:애-롭다(友愛―)(―롭고·―로워)형ㅂ 보기에 우애가 도타운듯 하다. ¶우애로운 동기간.

우애-로이 부 우애롭게

우:야(雨夜)명 비가 내리는 밤.

우양(牛羊)명 소와 양을 아울러 이르는 말.

우어 감 마소를 멈추게 할 때 하는 말. 우아. 와³. 워² ☞이랴. 이로

우:어(偶語)명-하다자 두 사람이 마주하여 이야기함.

우:언(寓言)명 교훈이나 사상 등을 어떤 사물에 비유하여 나타낸 말.

우엉 명 국화과의 두해살이풀. 줄기 높이 1m 안팎. 뿌리는 길고 살이 많으며, 잎은 뿌리에서 무더기로 자라고, 7월경에 검은 자줏빛 꽃이 핌. 어린잎과 뿌리는 먹고, 씨는 한방에서 '우방자(牛蒡子)'라 하여 이뇨제(利尿劑) 따위로 쓰임. 우방(牛蒡)

우엉-정:과(―正果)명 정과의 한 가지. 쌀뜨물에 삶은 우엉을 설탕·소금·물엿과 함께 섞어 조린 다음, 꿀을 발라 만든 정과.

우여 감 새 따위를 쫓는 말.

우여-곡절(迂餘曲折)명 복잡하게 뒤얽힌 사정이나 변화. ¶― 끝에 진상을 파악하다.

우역(牛疫)명 소의 전염병. 우질(牛疾)

우역(郵驛)명 역(驛)

우:연(偶然)명-하다형 뜻하지 않게 저절로 일어난 일. 우이(偶爾) ¶―의 일치./―한 만남. ☞필연(必然)

우연-히 부 우연하게 ¶고대 유물이 ― 발견되다.

우:연-론(偶然論)[―논]명 철학에서, 세계의 발생이나 생성은 우연한 것이라는 이론.

우연만-하다 형여 '웬만하다'의 본딧말.

우:연=발생설(偶然發生說)[―쌩―]명 자연 발생설

우:연=변:이(偶然變異)명 돌연변이(突然變異)

우:연-사(右撚絲)명 오른쪽으로 꼰 실. ☞좌연사

우:연-사(偶然死)명 우연한 원인으로 죽는 일. ☞자연사

우:연-성(偶然性)[―썽]명 예기하지 아니한 일이 저절로 일어날 성질. ☞필연성(必然性)

우:열(右列)명 오른쪽의 대열(隊列). ☞좌열(左列)

우열(優劣)명 나음과 못함을 아울러 이르는 말. ¶체력의 ―을 가리다.

우열(愚劣)어기 '우열(愚劣)하다'의 어기(語基).

우열-하다(愚劣―)형여 어리석고 못난 데가 있다.

우:완(右腕)명 오른팔 ☞좌완(左腕)

우완(愚頑)어기 '우완(愚頑)하다'의 어기(語基).

우완-하다(愚頑―)형여 변통성이 없고 고집스럽다.

우:왕좌:왕(右往左往)성구 오른쪽으로 갔다 왼쪽으로 갔다 한다는 뜻으로, 몹시 당황하여 갈팡질팡 함을 이르는 말. 좌왕우왕 ¶길을 잃고 ―하다.

우:요(右繞)명-하다타 불교에서, 부처를 중심으로 하여 오른쪽으로 도는 일.

우-우¹ 부 ①여럿이 잇달아 한꺼번에 한데 몰려가거나 몰려오는 모양을 나타내는 말. ②바람이 한쪽으로 자꾸 세차게 몰아치는 모양, 또는 그 소리를 나타내는 말.

우:-우² 감 시시하거나 야비함을 야유하는 소리를 나타내는 말.

우우(憂虞)명-하다자 근심하고 걱정함.

우우(優遇)명-하다타 아주 후하게 대우함, 또는 그러한 대우. ☞박우(薄遇)

우:운(雨雲)명 비구름

우울(憂鬱)명-하다형 근심이나 슬픔 따위로 기분이나 분위기 따위가 밝지 못하고 답답함. ¶―한 날./―한 분위기.

우울-병(憂鬱病)[―뼝]명 우울증

우울-증(憂鬱症)[―쯩]명 마음이 늘 침울하며 의욕이 떨어지고 절망감 등이 생기는 증세. 우울병

우울-질(憂鬱質)[―찔]명 히포크라테스가 가른 사람의 네 기질(氣質)의 하나. 조그마한 일도 지나치게 생각하여 쓸데없이 애쓰며, 걱정이 많고 우울한 기질. 흑담즙질(黑膽汁質) ☞점액질(粘液質)

우원(迂遠)어기 '우원(迂遠)하다'의 어기(語基).

우원-하다(迂遠―)형여 길이 구불구불하게 굽이져 돌아서 멀다.

우:월(雨月)명 '음력 오월'을 달리 이르는 말. 포월(蒲月)

우월(優越)어기 '우월(優越)하다'의 어기(語基).

우월-감(優越感)명 자기가 남보다 뛰어나다고 느끼는 감정. ¶―이 대단하다. ☞열등감(劣等感)

우월-하다(優越―)형여 남이나 다른 것보다 뛰어나다. ¶우월한 품질./기술이 남보다 ―.

우위(優位)명 남보다 나은 자리나 처지. ¶기능 면에서 ―에 서다. ☞열위(劣位)

우유(牛乳)명 소의 젖. 쇠젖. 타락(駝酪)

우유(迂儒)명 세상 물정에 어두운 선비.

우유(優遊·優游)명-하다자 한가롭게 잘 지냄.

우유(優柔)어기 '우유(優柔)하다'의 어기(語基).

우유도:일(優遊度日)성구 하는 일 없이 한가롭게 세월을 보냄을 이르는 말.

우유부단(優柔不斷)성구 어물어물 하며 맺고 끊는 데가 없음을 이르는 말. ¶―한 성격.

우:유-성(偶有性)[―썽]명 우유적 속성(偶有的屬性)

우유자적(優遊自適)성구 세속의 일을 떠나 한가로이 노닐며 스스로 만족하게 지냄을 이르는 말.

우:유적=속성(偶有的屬性)명 어떤 사물에서, 본질적인 것이 아니라 우연히 지니게 된 것으로 여겨지는 성질. 우유성(偶有性) ☞본질적 속성

우유-죽(牛乳粥)명 무리와 우유로 쑨 죽. 쌀을 물에 담근 뒤 곱게 갈아 체에 밭쳐 끓이다가 반쯤 익었을 때 우유를 부어서 쑴.

우유-체(優柔體)명 문장 표현의 문세(文勢)에 따라 구별한 문체의 한 가지. 표현이 부드럽고 우아하며 온건한 문체. ☞강건체(剛健體)

우유-하다(優柔―)형여 ①마음결이 부드럽다. ②용하여

맺고 끊는 데가 없다. ③부드럽고 차분하다. ¶ 우유한 문체(文體).
우육(牛肉)명 소의 고기. 쇠고기
우육-포(牛肉脯)명 쇠고기를 얇게 저미어서 말린 포.
우:윤(右尹)명 ①고려 시대, 삼사(三司)의 종삼품 관직의 하나. ②조선 시대, 한성부(漢城府)의 종이품 관직의 하나. ☞좌윤(左尹)
우은(優恩)명 ①각별한 은혜. ②임금의 두터운 은혜.
우음(牛飮)명-하다타 소가 물을 마시듯, 술 따위를 많이 마심. ☞경음(鯨飮). 마식(馬食)
우음-마:식(牛飮馬食)명 소나 말처럼 많이 먹고 마심.
우의(牛衣)명 추울 때 소의 등에 덮어 주는 멍석. 덕석
우:의(友誼)명 친구 사이의 정분. ¶ —가 두텁다.
우:의(羽衣)명 설화(說話)에서, 선녀(仙女)가 입는다는, 새의 깃으로 만든 옷.
우:의(羽蟻)명 날개가 달린 개미라는 뜻으로, 교미기의 여왕개미와 수개미를 이르는 말.
우:의(雨衣)명 비옷
우:의(雨意)명 비가 내릴듯 한 기운. 우기(雨氣)
우:의(寓意)명-하다자 어떤 뜻을 바로 나타내지 아니하고 다른 사물에 빗대어 에둘러 나타내는 일, 또는 그런 뜻. ¶ —에 담긴 교훈.
우의(優毅)어기 '우의(優毅)하다'의 어기(語基).
우:의=소:설(寓意小說)명 교훈(教訓) 등을 다른 이야기에 빗대어 에둘러 나타낸 소설.
우:-의정(右議政)명 조선 시대, 의정부(議政府)의 정일품 관직. 우규(右揆). 우상(右相). 우정승(右政丞)
우의-하다(優毅-)형여 마음이 부드러우면서도 굳세다.
우이(牛耳)명 쇠귀
　우이(를) 잡다관용 어떤 일을 주관하게 되거나 단체의 우두머리가 되다.
우:이(偶爾)명-하다형 우연(偶然)
우이독경(牛耳讀經)성구 '쇠귀에 경 읽기'라는 말을 한문식으로 옮긴 구(句)로, 아무리 가르치고 일러주어도 도무지 알아듣지 못한다는 뜻. 우이송경(牛耳誦經)
우이송:경(牛耳誦經)성구 우이독경(牛耳讀經)
우:익(右翼)명 ①오른쪽 날개. ②보수적이고 점진적인 단체, 또는 거기에 딸린 사람. 우파(右派) ③축구나 하키 등에서, 공격의 오른쪽 위치, 또는 그 선수. 라이트윙(right wing) ④야구에서, 외야의 오른쪽 지역. 라이트필드(right field) ⑤'우익수'의 준말. ☞좌익(左翼)
우:익(羽翼)명 ①새의 날개. ②보좌하는 사람.
우:익-수(右翼手)명 야구에서, 외야의 오른쪽 지역을 맡아 지키는 선수. 라이트필더(right fielder) 준 우익(右翼) ☞좌익수
우:익=정당(右翼政黨)명 보수적이거나 국수적인 정당. 준 우당(右黨) ☞좌익 정당
우:인(友人)명 벗[2]
우:인(偶人)명 사람의 형상으로 만든 물건. ☞목우(木偶). 허수아비
우인(愚人)명 어리석은 사람. 우물(愚物)
우:일(偶日)명 우수(偶數)의 날. ☞기일(奇日)
우자(芋子)명 '토란'의 딴이름.
우자(愚者)명 어리석은 사람.
우자-스럽다(愚者-)(-스럽고·-스러워)형ㅂ 보기에 어리석은 데가 있다.
　우자-스레부 우자스럽게
우자일득(愚者一得)[-뜩]성구 비록 어리석은 사람일지라도 때로는 쓸만 한 훌륭한 안(案)을 낼 때도 있다는 말. ☞지자일실(智者一失)
우작(愚作)명 하찮은 작품이라는 뜻으로, 자기의 작품을 겸손하게 이르는 말.
우장(牛漿)명 천연두를 앓는 소의 두창(痘瘡)에서 뽑아낸 물질. 천연두 면역을 위한 종두(種痘)로 씀.
우:장(雨裝)명-하다자 비를 맞지 않게 우비를 차림, 또는 그 옷차림.
　속담 **우장을 입고 제사를 지내도 제 정성이라**: 사람은 저마다 제 소견은 따로 가지고 있다는 뜻으로 이르는 말.
우:장-옷(雨裝-)명 비옷
우적부 거침없이 나아가는 모양을 나타내는 말. ☞와작
우:적(雨滴)명 빗방울
우적가(遇賊歌)명 신라 원성왕 때의 중인 영재(永才)가 지었다는 10구체 향가. 도둑의 무리를 만나 그 자리에서 지어 부른 것으로, 인생의 참뜻과 바른 도리를 노래한 내용임. '삼국유사'에 실려 전함.
우적-우적[1]부 거침없이 자꾸 나아가는 모양을 나타내는 말. ☞와작와작[1]. 우쩍우쩍[1]
우적-우적[2]부 무나 푸성귀 따위를 마구 씹을 때 나는 소리, 또는 그 모양을 나타내는 말. ¶ 깍두기를 — 씹어 먹는 아이. /소가 여물을 — 씹어 먹다. ☞와작와작[2]. 우쩍우쩍[2]
우:점(雨點)명 빗방울이 떨어진 자국.
우점-종(優占種)명 식물 군락(植物群落) 내에서 가장 수가 많거나 넓은 면적을 차지하고 있는 종(種). 그 군락의 특징을 결정짓고 그것을 대표함.
우:접(寓接)명-하다자 우거(寓居)
우-접다자타 ①뛰어나게 되다. ②선배를 이기다.
우:정(友情)명 친구 사이의 정.
우정(郵政)명 우편에 관한 사무.
우:-정승(右政丞)명 '우의정(右議政)'을 달리 이르는 말. ☞좌정승(左政丞)
우정-총:국(郵政總局)명 조선 말기, 체신(遞信) 사무를 맡아보던 관아를 이르는 말.
우:제(雩祭)명 '무우제(舞雩祭)'의 준말.
우제(愚弟)명 ①어리석은 아우라는 뜻으로 편지 글 따위에서, 형으로 대접하는 사람에게 자기를 낮추어 이르는 말. ②자기의 아우를 낮추어 이르는 말. ☞현제(賢弟)
우제(虞祭)명 초우(初虞)·재우(再虞)·삼우(三虞)를 아울러 이르는 말.
우:제-류(偶蹄類)명 포유류의 소목을 흔히 이르는 말. 초식 동물로 네 발가락 중 셋째와 넷째 발가락만 발달하고 나머지는 퇴화했음. 큰 폐와 복잡한 소화 기관을 가지며 등뼈와 근육이 발달함. 멧돼지·하마·낙타·사슴·기린·소 따위. ☞기제류(奇蹄類)
우:조(羽調)명 국악에서, 오음(五音)의 하나인 우성(羽聲)의 곡조. 낙시조(樂時調)와 대조되는, 높고 씩씩하고 맑은 곡조임.
우족(牛足)명 잡아서 각을 뜬 소의 발을 식품으로 이르는 말. 족편이나 탕 등에 쓰임. 쇠족
우:족(右足)명 오른발
우:족(右族)명 ①적자(嫡子)의 계통. ☞좌족(左族) ②명문 집안의 겨레붙이.
우:족(羽族)명 '날짐승'을 통틀어 이르는 말. 우충(羽蟲)
우졸(愚拙)어기 '우졸(愚拙)하다'의 어기(語基).
우졸-하다(愚拙-)형여 어리석고 못나다.
우:주(宇宙)명 ①온 세계를 둘러싸고 있는 공간. ②천문학에서, 모든 천체가 존재하는 공간을 이르는 말. ③철학에서, 질서 있는 통일체로서의 세계를 이르는 말.
우주(虞主)명 지난날, 대궐 안에서 우제(虞祭)를 지낼 때 쓰던 뽕나무로 만든 신주(神主).
우:주=개벽론(宇宙開闢論)명 철학에서, 우주의 기원과 발생을 신화적·종교적·형이상학적 또는 과학적으로 설명한 이론.
우:주=공간(宇宙空間)명 지구의 대기권 밖의 공간.
우:주=공학(宇宙工學)명 인공 위성이나 우주선의 설계·제작·운항 등에 관한 공학 분야.
우:주-관(宇宙觀)명 우주의 기원·본질·변화·발전 등에 대한 견해.
우:주=기지(宇宙基地)명 지구의 대기권 밖에 만들어 놓은 대형의 인공 위성. 사람이 머물면서 우주 로켓의 보급과 수리, 과학 기술 실험, 우주 관측 따위를 함. 우주 스테이션
우:-주다타 장사판에서 이익을 남겨 주다.
우:주=로켓(宇宙rocket)명 우주 개발에 이용되는 로켓.

ㅇ

우:주-론(宇宙論)명 우주의 기원·구조·진화·종말 등에 관한 이론.
우:주-복(宇宙服)명 우주 공간에서 인체를 보호할 수 있도록 특수하게 만든 옷.
우:주=산:업(宇宙産業)명 우주 개발에 필요한 여러 가지 기기를 개발·생산하는 산업.
우:주-선(宇宙船)명 사람이 타고 우주 공간을 비행하게 만든 비행체. ☞인공 위성(人工衛星)
우:주-선(宇宙線)명 우주에서 지구로 끊임없이 날아오는 매우 높은 에너지 입자(粒子)의 흐름을 이르는 말.
우:주=속도(宇宙速度)명 ①지상에서 쏘아 올린 물체를 우주 공간으로 날아가게 하는 데 필요한 속도. 지구의 인공 위성이 되는 속도는 초속 7.9km. 제일 우주 속도 ②물체가 지구의 인력을 벗어나 태양계의 인공 행성이 되는 데 필요한 속도. 지구 인력권의 탈출 속도는 초속 11.2km. 제이 우주 속도 ③물체가 태양계를 벗어나는 데 필요한 속도. 초속 16.7km. 제삼 우주 속도
우:주=스테이션(宇宙station)명 우주 기지(宇宙基地)
우:주-식(宇宙食)명 우주선 안에서 먹을 수 있도록 만든 특수 식품.
우:주=여행(宇宙旅行)명 우주선을 타고 지구 주위를 돌거나 우주를 비행하는 일.
우:주=유영(宇宙游泳)명 우주 비행사가 우주선 밖의 우주 공간에서 행동하는 일.
우:주-인(宇宙人)명 ①우주선을 타고 우주를 비행하는 사람. ②공상 과학 소설 등에서, 지구 이외의 천체(天體)에 존재하는 것으로 가상한 사람과 비슷한 생명체.
우:주=인력(宇宙引力)명 만유 인력(萬有引力)
우:주=중계(宇宙中繼)명 통신 위성을 이용하여 텔레비전 전파 등을 보내는 장거리 중계 방식.
우:주=통신(宇宙通信)명 인공 위성이나 우주선 등에 설치한 무선국을 통한 전파(電波) 통신. 위성 통신
우죽 명 나무나 대의 우듬지를 이루는 가지.
우죽(牛粥)명 쇠죽
우죽-거리다(대다)자 어깨 따위를 들썩이며 바삐 걷다.
우죽-우죽 부 우죽거리는 모양을 나타내는 말.
우줄-거리다(대다)자 사람이 어깨 따위를 율동적으로 들썩거리다. ¶우줄거리며 걷다. ☞오졸거리다
우줄-우줄 부 우줄거리는 모양을 나타내는 말. ☞오졸오졸. 우쭐우쭐
우:중(雨中)명 비가 내리는 가운데. 비가 내릴 때. 빗속 ¶-에도 경기를 계속하다.
우:중(偶中)명-하다자 우연히 들어맞음.
우중충-하다 형여 ①어둡고 침침하다. ¶우중충한 날씨. ②색이 바래어 선명하지 아니하다. ¶색깔이 -.
우지[1] 명 '가마우지'의 준말.
우:지[2] 명 툭하면 잘 우는 아이를 일컫는 말. 사내아이는 '울남', 계집아이는 '울녀'라 함. 울보
우지(牛脂)명 소의 지방을 정제한 것. 비누나 초 등의 원료로 쓰임. 쇠기름
우:지(羽枝)명 깃가지
우지끈 부 굵고 단단한 물체가 부러질 때 나는 소리, 또는 그 모양을 나타내는 말. ¶굵은 나뭇가지가 - 부러지다. ☞오지끈
우지끈-거리다(대다)자타 자꾸 우지끈 소리가 나다, 또는 그런 소리를 내다. ¶밖에서 우지끈거리는 소리가 나다. ☞오지끈거리다
우지끈-뚝딱 부 굵고 단단한 물체가 부러져 아주 끊어질 때 나는 소리, 또는 그 모양을 나타내는 말. ¶나무토막이 - 부러졌다. ☞오지끈뚝딱
우지끈-우지끈 부 우지끈거리는 소리, 또는 그 모양을 나타내는 말. ☞오지끈오지끈
우지직 부 굵직하고 단단한 물체가 천천히 부러질 때 나는 소리, 또는 그 모양을 나타내는 말. ¶버드나무 가지가 - 부러지는 소리. ☞오지직
우지직-거리다(대다)자타 자꾸 우지직 소리가 나다, 또는 그런 소리를 내다. ☞오지직거리다
우지직-우지직 부 우지직거리는 소리, 또는 그 모양을 나타내는 말. ☞오지직오지직
우:직(右職)명 현재보다 높은 직위.
우:직(羽織)명 새의 깃으로 짠 피륙.
우직(愚直)어기 '우직(愚直)하다'의 어기(語基).
우직-스럽다(愚直-)(-스럽고·-스러워)형ㅂ 보기에 어리석고 고지식한 데가 있다.
　우직-스레 부 우직스럽게
우직-하다(愚直-)형여 어리석고 고지식하다. ¶우직한 젊은이./그는 우직해서 거짓말도 할 줄 모른다.
우진마불경(牛瞋馬不耕) 원진살(元瞋煞)의 하나. 궁합에서, 소띠는 말띠를 꺼림을 이르는 말. ☞호증계취단(虎憎鷄嘴短)
우질(牛疾)명 소의 전염병. 우역(牛疫)
우질-부질 부-하다형 성질이나 행동이 곰살궂지 아니하고 뚝뚝함을 나타내는 말. ¶그는 성격이 -하여 가까이 하기가 어렵다.
우집다 자타 남을 업신여기다.
우:징(雨徵)명 비가 내릴 징조.
우짖다[-짇-]자 새가 지저귀다. ¶새들이 우짖는 소리에 귀를 기울이다.
우쩍 부 ①한번에 몹시 자랐거나 늘거나 준 모양을 나타내는 말. ¶하루 만에 콩나물이 - 자랐다./수출량이 - 늘다. ②일을 거침없이 해 나가는 모양을 나타내는 말. ☞와짝. 우적
우쩍-우쩍[1] 부 ①잇달아 몹시 자라거나 늘거나 준 모양을 나타내는 말. ¶온실 안의 화초들이 - 자라고 있다. ②일을 거침없이 잇달아 해 나가는 모양을 나타내는 말. ☞와짝와짝[1]. 우적우적[1]
우쩍-우쩍[2] 부 좀 단단하면서 연한 것을 잇달아 큼직하게 깨물 때 나는 소리, 또는 그 모양을 나타내는 말. ¶무를 - 깨물어 먹다. ☞와짝와짝[2]. 우적우적[2]
우쭐 부 ①어깨 따위를 한 번 크게 들썩이는 모양을 나타내는 말. ¶어깨를 - 흔들다. ②젠체하며 뽐내는 모양을 나타내는 말.
우쭐-거리다(대다)자 ①사람이 어깨 따위를 율동적으로 매우 들썩거리다. ¶어깨를 우쭐거리며 걸어오다. ②의기양양하여 자꾸 뽐내다. ¶공부깨나 했다고 -./제가 제일인양 우쭐거린다. ☞오쭐거리다. 우줄거리다
우쭐-우쭐 부 우쭐거리는 모양을 나타내는 말. ¶- 뽐내다. ☞오쭐오쭐. 우줄우줄
우쭐-하다 자여 제가 잘난듯이 느껴져 뽐내고 싶은 기분이 들다. ¶잠시 우쭐한 생각이 들다.
우차(牛車)명 소가 끄는 수레. 소달구지
우:-찬성(右贊成)명 조선 시대, 의정부의 종일품 문관 관직. ☞좌찬성
우:-참찬(右參贊)명 조선 시대, 의정부의 정이품 문관 관직. ☞좌참찬
우책(愚策)명 어리석은 술책.
우처(愚妻)명 편지 글에서, 남에게 자기의 아내를 낮추어 이르는 말. 형처(荊妻)
우:천(雨天)명 ①비가 내리는 날. ②비가 내리는 날씨. ¶-으로 행사를 뒷날로 미루다.
우:천순:연(雨天順延)성구 이미 정해 놓은 날에 비가 내리면 다음날로 미룬다는 뜻으로 이르는 말.
우:청(雨晴)명 비가 내림과 날이 갬. 청우(晴雨)
우체(郵遞)명 우편(郵便)
우체-통(郵遞筒)명 우편을 이용하여 부칠 엽서나 편지 따위를 거두기 위해 거리의 일정한 곳에 설치해 두는 통.
우:충(羽蟲)명 '날짐승'을 통틀어 이르는 말. 우족(羽族)
우충(愚衷)명 자기의 충정(衷情)을 겸손하게 이르는 말.
우:측(右側)명 오른쪽 ¶- 차선 ☞좌측(左側)
우치(疣痔)명 피가 나오는 치질. 혈치(血痔)
우치(齲齒)명 충치(蟲齒)
우치(愚痴)어기 '우치(愚痴)하다'의 어기(語基).
우치-하다(愚痴-)형여 어리석고 못나다.
우쿨렐레(ukulele)명 넉 줄로 된 현악기의 한 가지. 모양

은 기타와 비슷하나 기타보다 작음. 하와이 원주민이 사용하던 것임. ☞하와이안기타(Hawaiian guitar)

우:택(雨澤)명 비의 은택(恩澤). 패택(沛澤)

우통-하다 형여 재빠르지 못하다.

우툴-두툴 부-하다형 바닥이나 물체의 거죽이 고르지 않게 두드러져 있는 모양을 나타내는 말. ¶노면이 －하다./－한 악어의 가죽. ☞오톨도톨

우:파(右派)명 ①어떤 단체나 정당 등의 내부에서 보수적인 경향을 띤 파. ②우익(右翼) ☞좌파(左派)

우파니샤드(Upanisad 범)명 고대 인도의 철학서. 바라문교의 성전(聖典)인 베다의 마지막 부분으로 범아일여(梵我一如) 사상이 중심을 이룸. 우바니사토

우:편(右便)명 오른쪽. 오른편 ☞좌편(左便)

우:편(羽編)명 전통 성악곡(聲樂曲)인 가곡의 한 가지. '우조 편삭대엽(羽調編數大葉)'의 준말로, 남창(男唱)으로만 불림. ☞편(編)

우편(郵便)명 공중이 의뢰한 편지나 물품을 일정한 절차에 따라 전국 또는 전세계에 전해 주는 제도. 우체(郵遞)

한자 우편 우(郵) 〔邑部 8획〕 ¶우송(郵送)/우정(郵政)/우체국(郵遞局)/우편(郵便)/우표(郵票)

우편-낭(郵便囊)명 ①우체국 사이에 우편물을 담아 주고받는 자루. ②우편 집배원이 우편물을 담아 메고 다니는 주머니.

우편-료(郵便料)[－뇨]명 '우편 요금'의 준말.

우편-물(郵便物)명 우편으로 부치는 편지나 물품을 통틀어 이르는 말.

우편=번호(郵便番號)명 우편물 분류 작업의 능률화를 위해 지역별로 정해 놓은 고유 번호.

우편=사서함(郵便私書函)명 우체국에 설치되어 있는 가입자 전용의 우편물함. 가입자에게 온 우편물을 도착 즉시 정해진 함에 넣어 두면 가입자가 편리한 시간에 가져가는 방식임. 준사서함

우편-선(郵便船)명 우편물의 운송을 맡아 하거나 우편 사무를 다루는 배. 준우선(郵船)

우편=엽서(郵便葉書)[－녑－]명 봉투에 넣지 않고 그대로 부칠 수 있도록 우편료가 지불된 카드 모양의 편지. 간편한 통신을 위하여 만들어진 방식으로, 통상 엽서, 왕복 엽서, 경조 엽서, 그림 엽서, 광고 엽서, 봉함 엽서 등이 있음. 준엽서

우편=요:금(郵便料金)[－뇨－]명 우편물의 발송인이 내는 수수료. 흔히 수수료를 냈다는 표시로 우표를 우편물에 붙임. 준우료(郵料). 우편료

우편=집배원(郵便集配員)명 우편물을 모아들이거나 받을 사람에게 돌라 주는 일을 맡아 하는 우체국 직원. 준집배원

우편-함(郵便函)명 대문이나 벽에 걸어 두어, 집배원이 우편물을 넣고 가도록 만든 작은 상자 따위.

우편-환(郵便換)명 우체국에서 발행하는 환증서로 송금하는 방식. 통상환·소액환·전신환 등이 있음.

우:-포:도청(右捕盜廳)명 조선 시대, 창덕궁(昌德宮)을 중심으로 오른쪽인 서쪽에 두었던 포도청. 우변(右邊) 준우포청(右捕廳) ☞좌포도청

우:-포:청(右捕廳)명 '우포도청(右捕盜廳)'의 준말.

우표(郵票)명 우편물에 붙여, 우편 요금을 낸 증표로 삼는 작은 종이 딱지.

우표-딱지(郵票－)명 '우표'의 속된말.

우표-첩(郵票帖)명 우표를 모아 보관할 수 있도록 책처럼 매어 놓은 것.

우-품(右－)명 택견의 기본 자세의 한 가지. 몸의 중심을 왼발에 두고 오른발을 어깨 너비만큼 앞으로 내디딘 자세.

우피(牛皮)명 쇠가죽

우:필(右弼)명 우필성(右弼星)

우:필-성(右弼星)명 구성(九星)의 아홉째 별. 우필

우-하다(愚－)형여《文》어리석다

우:합(右閤)명 '우의정(右議政)'을 달리 이르는 말.

우:합(偶合)명-하다자 우연히 맞음.

우해(遇害)명-하다자 해(害)를 만남.

우:향-우(右向右)감 서 있는 자리에서 오른쪽으로 90° 돌아서라는 구령. ☞좌향좌

우:현(右舷)명 배의 뒤쪽에서 뱃머리를 향하여 오른쪽 뱃전을 이르는 말. ☞좌현(左舷)

우혈-탕(牛血湯)명 선짓국

우형(愚兄)명 편지에서, 아우 뻘 되는 사람에게 자기를 겸손하게 이르는 말.

우:호(友好)명 서로 사이가 좋음. ¶－ 관계

우호(優弧)명 원둘레를 두 개의 호로 나누었을 때의 큰 쪽의 호. 반원보다 큰 원호(圓弧)임. ☞열호(劣弧)

우:호-적(友好的)명 사이가 좋은 것. ¶－으로 나오다./－인 분위기. ☞적대적(敵對的)

우:호=조약(友好條約)명 나라와 나라 사이에 우의적(友誼的) 관계를 유지하려고 맺는 조약.

우:화(羽化)명-하다자 ①번데기가 변태하여 날개 있는 성충으로 되는 일. ②'우화등선(羽化登仙)'의 준말.

우:화(雨靴)명 비가 내리거나 땅이 질 때 신는 신.

우:화(寓話)명 동식물 따위를 의인화하여 교훈적이고 풍자적인 내용을 담은 이야기.

우:화-등선(羽化登仙)명 도교(道教) 사상에서, 높은 경지의 도(道)를 닦은 사람이 신선이 되어 하늘로 올라감을 이르는 말. 준우화(羽化) ☞등선(登仙)

우:화-법(寓話法)[－뻡]명 풍유법(諷喩法)

우:화=소:설(寓話小說)명 우화의 수법으로 쓴 소설. 대개 교훈적이고 풍자적인 성격을 띰.

우:화-시(寓話詩)명 동식물 따위를 의인화하여 교훈이나 풍자 등을 곁들여 쓴 시.

우:화-집(寓話集)명 우화를 모아 엮은 작품집.

우환(憂患)명 집안에 좋지 않은 일이나 환자가 생겨서 겪는 근심. 환우(患憂) ¶－이 들다.

우환-에 부 그렇게 언짢은 위에 또. ¶－ 도둑까지 맞다.

우환질고(憂患疾苦)성구 환난 때문에 괴로워하고 병 때문에 고통받음을 이르는 말.

우활(迂闊)어기 '우활(迂闊)하다'의 어기(語基).

우활-하다(迂闊－)형여 '오활(迂闊)하다'의 원말.

우황(牛黃)명 소의 쓸개에 병적으로 생겨 뭉친 물질. 한방에서, 중풍(中風)이나 경간(驚癎) 등을 다스리고 강장제로도 쓰임.

우:황(又況)부 하물며

우회(迂廻·迂回)명-하다자 멀리 돌아서 감. ¶도심 지역을 －하여 차를 몰다./－ 공격

우회=도:로(迂廻道路)명 도심(都心)이나 주요 도로의 교통 혼잡을 덜기 위하여 에돌아 가도록 만든 도로. 바이패스(bypass)

우회=생산(迂廻生產)명 기계나 설비 따위의 생산 수단을 먼저 만든 다음에 그것을 이용하여 소비재를 생산하는 방법. 대량 생산이 능률적으로 단기간에 이루어짐.

우:-회전(右廻轉)명-하다재타 차 따위가 오른쪽으로 돎. ¶－ 신호 ☞좌회전

우후(牛後)명 소의 궁둥이라는 뜻으로, 세력이 강한 사람 밑에 붙어 있음을 비유하여 이르는 말.

우:후(雨後)명 비가 내린 뒤.

우후(虞候)명 조선 시대, 각 도(道)의 병영(兵營)과 수영(水營)에 두었던 종삼품·정사품의 무관 관직, 또는 그 관원.

우:후죽순(雨後竹筍)성구 비가 내린 뒤에 여기저기 솟는 죽순이라는 뜻으로, 어떠한 일들이 한꺼번에 많이 일어남을 비유하여 이르는 말. ¶학원이 －처럼 생겨나다.

우후후 감 참던 끝에 터지는 웃음 소리를 나타내는 말.

우휼(優恤)명-하다타 두텁게 은혜를 베풀어 돕는 일.

우흡(優洽)명-하다자 인덕(人德)이 널리 골고루 미침.

욱 부 격한 마음이 불끈 솟는 상태를 나타내는 말. ¶화가 － 치밀다.

욱-기(－氣)명 참을성이 없이 욱하는 성질. ¶－가 나다./－가 대단하다.

욱다[1] 자 기운이 줄어들다.

욱다² 형 물건의 가장자리가 안쪽으로 조금 우그러져 있다. ¶이 나무는 욱어서 쓸모가 없다. ☞옥다
욱-대기다 타 ①윽박질러 위협하다. ②억지를 부려 우기다. ¶그렇게 무작정 욱대긴다고 될 일인가?
욱-둥이 명 욱하는 성질이 있는 사람.
욱리(郁李) 명 '산앵두'의 딴이름.
욱리-인(郁李仁) 명 한방에서, 산앵두의 씨를 약재로 이르는 말. 수종을 다스리는 데나 소독약으로 쓰임.
욱-보(-補) 명 -하다 타 약을 먹어 몸을 우쩍 보하는 일.
욱시글-거리다(대다) 자 여럿이 한데 모여서 우글우글 몹시 들끓다. ¶불량배들이 욱시글거리는 곳. ☞옥시글거리다. 욱실거리다
욱시글-득시글 부 여럿이 한데 뒤섞이어 우글우글 몹시 들끓는 모양을 나타내는 말. ☞욱실득실
욱시글-욱시글 부 욱시글거리는 모양을 나타내는 말. ☞옥시글옥시글. 욱실욱실
욱신-거리다(대다) 자 ①여럿이 뒤섞이어 몹시 북적대다. ②자꾸 쿡쿡 쑤시면서 열이 치오르다. ¶베인 자리가 자꾸 -./어깨가 욱신거리고 저리다. ☞옥신거리다
욱신-욱신 부 욱신거리는 모양이나 상태를 나타내는 말. ¶온몸이 - 쑤신다. ☞옥신옥신
욱실-거리다(대다) 자 여럿이 한데 모여 몹시 들끓다. ¶구더기가 -. ☞왁실거리다. 욱시글거리다
욱실-득실 부 여럿이 한데 뒤섞이어 어지럽게 들끓는 모양을 나타내는 말. ☞왁실덕실. 욱시글득시글
욱실-욱실 부 욱실거리는 모양을 나타내는 말. ☞왁실왁실. 욱시글욱시글
욱여-싸다 타 ①한가운데로 모아들여서 싸다. ②가장자리를 욱여서 속에 있는 것을 싸다.
욱욱(昱昱) 어기 '욱욱(昱昱)하다'의 어기(語基).
욱욱(郁郁) 어기 '욱욱(郁郁)하다'의 어기(語基).
욱욱(煜煜) 어기 '욱욱(煜煜)하다'의 어기(語基).
욱욱청청(郁郁靑靑) 성구 수목 등이 향기가 매우 좋고 푸르게 우거진 모양을 이르는 말.
욱욱-하다(昱昱-) 형여 햇빛이 매우 밝다, 또는 눈부시게 빛나다. ¶욱욱한 태양.
욱욱-하다(郁郁-) 형여 ①문물이 번성하다. ②매우 향기롭다.
욱욱-하다(煜煜-) 형여 빛나다. 반짝이다
욱음-골 명 재목을 욱여 판 골.
욱이다 타 안쪽으로 욱게 하다. ¶봉투 속에 욱여 넣다. ☞옥이다
욱일(旭日) 명 아침에 떠오르는 해.
욱일승천(旭日昇天) 성구 아침 해가 떠오른다는 뜻으로, 왕성한 기세나 세력을 비유하여 이르는 말.
욱적-거리다(대다) 자 많은 사람이 한데 모여 수선스레 들끓다. ¶사람들이 욱적거리는 번화가. ☞옥작거리다
욱적-욱적 부 욱적거리는 모양을 나타내는 말. ¶거리에는 사람들이 - 들끓고 있다. ☞옥작옥작
욱-죄:다 타 욱게 바싹 죄다. ¶가슴을 -. ☞옥죄다
욱-죄이다 자 욱죔을 당하다. ☞옥죄이다
욱-지르다(-지르고·-질러) 타르 욱대겨 기를 꺾다. ¶욱질러서 자백을 받아 내다.
욱-질리다 자 욱지름을 당하다.
욱-하다 형여 갑자기 격해져서 흥분하기 쉽다. ¶욱하는 성격.
운: 명 어떤 일을 여럿이 한창 어울려 하는 바람.
운:(運) 명 '운수(運數)'의 준말.
운:(韻) 명 ①'운자(韻字)'의 준말. ②'운향(韻響)'의 준말.
운을 달다 관용 ①한시(漢詩)에서, 운자(韻字)를 붙이다. ②강조나 긍정의 뜻으로 말을 덧붙이다.
운을 떼다 관용 ①한시(漢詩)에서, 운자(韻字)를 내놓다. ②말의 첫머리를 꺼내다.
운(을) 밟다 관용 ①남이 지은 한시에 화답하다. ②다른 사람이 지은 한시의 운을 따라서 한시를 짓다. ③남의 행동을 따라서 그와 같거나 비슷하게 행동하다.

한자 운 운(韻)〔音部 10획〕¶압운(押韻)/운문(韻文)/운율(韻律)/운자(韻字)/차운(次韻)

운각(雲刻) 명 구름 모양을 새긴 조각(彫刻).
운:각(韻脚) 명 시(詩)나 부(賦)의 글귀 끝에 다는 운자(韻字).
운감(雲監) 명 조선 시대, '관상감(觀象監)'을 달리 이르던 말. 운대(雲臺)
운:감(運感) 명 열이 심한 감기.
운:감(殞感) 명 -하다 타 제사 때, 차려 놓은 음식을 귀신이 와서 맛보는 일.
운객(雲客) 명 구름 속의 사람이라는 뜻으로, 신선이나 은자(隱者)를 이르는 말.
운검(雲劍) 명 지난날, 의장(儀仗)에 쓰이던 큰 검.
운경(雲鏡) 명 운속계(雲速計)
운고(韻考) 명 한자의 사성(四聲)의 운자(韻字)를 분류해 놓은 책. 운책(韻冊)
운공(雲空) 명 재래식 한옥에서, 포살미를 한 집의 첨차(檐遮) 사이에 까는 조그마한 널조각을 이르는 말.
운교(雲橋) 명 구름다리
운:구(運柩) 명 -하다 자 시체를 넣은 관(棺)을 운반하는 일. ¶- 행렬이 이어지다.
운궁(雲宮) 명 재래식 한옥에서, 살미 안쪽에 구름 모양으로 겹쳐진 부분을 이르는 말.
운:궁-법(運弓法)[-뻡] 명 바이올린 따위의 현악기에서 활을 다루는 방법. ☞운지법(運指法)
운권천청(雲捲天晴) 성구 ①구름이 걷히고 하늘이 맑게 갬을 이르는 말. ②병이나 근심 따위가 말끔히 사라짐을 비유하여 이르는 말.
운기(雲氣) 명 ①기상 조건에 따라 구름이 움직이는 모양. ②구름같이 공중으로 떠오르는 기운.
운:기(運氣) 명 ①옮아가며 퍼지는 전염병. ②인간의 운수. ③-하다 자 단전 호흡에서, 몸 안의 기운(氣運)을 뜻대로 움직이는 일.
운:-김 명 여러 사람이 함께 행동할 때 우러나는 기운. ¶-에 용기를 얻어 다시 일어나다.
운니지차(雲泥之差) 성구 구름과 진흙의 차이라는 뜻으로, 차이가 매우 큼을 이르는 말. ☞소양지판(霄壤之判). 천양지판(天壤之判)
운:-달다(-달고·-다니) 자 운김에 이끌리다. ¶여럿이 함께 먹으니 운달아서 식욕이 더 난다.
운당(雲堂) 명 구름집
운대(雲臺) 명 조선 시대, '관상감(觀象監)'을 달리 이르던 말. 운감(雲監)
운:도시래(運到時來) 성구 어떤 일을 하거나 이룰 운수와 시기가 옴을 이르는 말.
운:동(運動) 명 -하다 자 ①몸을 단련하거나 건강을 유지하기 위하여 몸을 움직이는 일. ¶규칙적으로 -을 하다./- 시설 ②일정한 규칙과 방법에 따라 신체의 기량을 겨루는 활동. ¶-을 잘하다./-에 소질이 있다. ③어떤 목적을 달성하기 위하여 적극적·조직적으로 활동하는 일. ¶독립 -/선거 - ④물체가 시간이 지남에 따라 그 위치를 바꾸는 일. ¶천체의 -./등속 -
운:동-가(運動家) 명 ①운동을 좋아하고 잘하는 사람. ②사회적·정치적인 개혁이나 개선을 위하여 적극적으로 활동하는 사람.
운:동=감:각(運動感覺) 명 신체의 동작에 따르는 운동을 인지하는 감각. 시각, 평형 감각, 촉각 등의 모든 공간 인지 감각이 포함됨.
운:동=경:기(運動競技) 명 정해진 규칙에 따라 운동 능력이나 기량 따위를 겨루는 일.
운:동-구(運動具) 명 운동하는 데 쓰는 기구를 통틀어 이르는 말.
운:동=기관(運動器官) 명 동물이 움직일 때 쓰는 기관. 근육·골격·위족(僞足)·섬모(纖毛)·편모(鞭毛) 따위.
운:동-량(運動量) 명 ①운동하는 데 들인 힘의 양. ②운동하는 물체의 질량(質量)과 속도의 곱으로 나타내는 물리량(物理量).

운:동-력(運動力)명 운동하는 힘.
운:동=마비(運動痲痹)명 몸의 운동 기능이 여의치 못하거나 소실되어 몸을 움직이지 못하는 일. 뇌 속의 운동 중추에서 말초의 근육 섬유 사이에 생긴 장애로 말미암아 일어남.
운:동=마찰(運動摩擦)명 물체가 다른 물체의 표면에 닿아서 움직일 때, 그 접촉면에서 받는 저항. ☞정지 마찰(靜止摩擦)
운:동-모(運動帽)명 '운동 모자'의 준말.
운:동=모자(運動帽子)명 운동할 때 쓰는 모자. 준운동모
운:동-복(運動服)명 운동할 때 입는 옷. 체육복
운:동=신경(運動神經)명 골격을 움직이는 근육의 운동을 지배하는 말초 신경. 신경계의 중추에서 일어난 흥분을 말초에 전달하는 원심성 신경임. ¶ -이 발달하다.
운:동=실조증(運動失調症)[-쪼쯩]명 개개의 근육에는 이상이 없으나 여러 근육간의 조화 장애로 말미암아 복잡한 운동을 할 수 없게 되는 병증, 또는 그러한 상태. 말초 신경염, 척수 질환, 뇌질환 등에서 나타남.
운:동=에너지(運動energy)명 물체가 운동할 때 가지게 되는 에너지.
운:동=요법(運動療法)[-뇨뻡]명 운동을 통하여 신체의 질병이나 손상, 그 후유증 따위를 치료하는 방법.
운:동-원(運動員)명 어떤 목적을 위하여 적극적으로 활동하는 사람. ¶선거 -
운:동=잔상(運動殘像)명 어떤 움직이는 대상을 계속 바라보다가 정지된 다른 대상을 보면, 이것이 앞서 본 운동 방향과 반대 방향으로 움직이는 것처럼 보이는 현상.
운:동-장(運動場)명 체육이나 운동 경기 등을 하기 위해 마련한 큰 마당.
운:동=중추(運動中樞)명 고등 척추동물의 대뇌 피질 중에서 골격근의 수축을 지배하는 부분. 곧 근육 운동을 주재(主宰)하는 신경 중추.
운:동-학(運動學)명 물체의 운동에서 나타나는 기하학적 성질을 연구하는 학문.
운:동-화(運動靴)명 운동을 할 때 신는 신.
운:동-회(運動會)명 여러 사람이 모여 운동 경기나 놀이 따위를 하는 행사.
운두명 그릇이나 신 따위의 둘레의 높이. ☞신울
운둔(雲屯)명-하다자 사람들이 구름처럼 떼지어 몰려듦.
운라(雲羅·雲鑼)명 국악기 금부(金部) 타악기의 한 가지. 각기 다른 높이의 소리를 내는 작은 접시 모양의 징 10개를 나무틀에 매달고 나무 망치로 쳐서 소리를 냄. 취타와 당악 등에 쓰임. 조선 말기에 중국에서 들어옴.
운량(雲量)명 구름이 하늘을 덮은 비율. 구름이 전혀 없을 때를 0, 온 하늘을 덮을 때를 10으로 하여 눈대중으로 관측한 값.
운:량(運糧)명-하다자 양식을 나름.
운:로(運路)명 물건을 나르는 길.
운:명(運命)명 ①인간의 의지와는 관계없이 인간에게 주어져, 그 일체를 지배한다고 생각되는 초인간적인 힘. ¶기구한 -을 타고나다./피할 수 없는 -./-에 맡기다. ②앞날의 생사나 존망(存亡)에 관한 처지. ¶조국의 -./이번 일이 나의 -을 좌우하게 될지 모른다. 명운(命運) 준명(命)
운:명(殞命)명-하다자 사람의 목숨이 끊어짐, 곧 '죽음'을 이름. ¶아무 유언도 없이 -하다.
운:명-극(運命劇)명 운명과 맞서 싸우거나 운명의 지배를 받거나 하는 이야기를 제재로 한 희곡이나 연극.
운:명-론(運命論)명 세상에 일어나는 모든 일은 미리 그렇게 되도록 정해진 것이어서 사람의 힘으로는 어찌할 수 없다는 이론. 숙명론(宿命論)
운:명=비극(運命悲劇)명 인간사의 몰락과 파멸의 원인을 운명적인 관점에서 보고 묘사하는 극문학(劇文學).
운:명-신(運命神)명 사람의 운명을 좌우한다는 신.
운:명-적(運命的)명 운명으로 정해진 것. ¶두 사람은 -으로 만났다.
운모(雲母)명 단사 정계(單斜晶系)에 딸린 규산염 광물. 일정하게 결을 따라 쪼개지는 성질이 있으며, 화강암에 많이 들어 있음. 백운모와 흑운모가 있는데, 전기 절연물 따위로 쓰임. 돌비늘
운:모(韻母)명 중국의 음운학(音韻學)에서, 한어(漢語) 자음(字音)의 한 음절의 첫 자음(子音)을 제외한 나머지 부분을 이르는 말. ☞성모(聲母)
운모-고(雲母膏)명 한방에서, 운모를 고아 만든 고약을 이르는 말. 옴이나 독창(毒瘡) 따위에 쓰임.
운모-병(雲母屛)명 운모로 만든 병풍.
운모-석(雲母石)명 운모가 주성분인 암석.
운모-지(雲母紙)명 운모의 가루를 바른 종이.
운모-판(雲母板)명 백운모를 그 결에 따라 쪼개어 만든 판. 현미경에 끼워 넣어 조암 광물의 탄성축의 방향이나 광학 성질을 결정하는 데 쓰임.
운모=편:암(雲母片岩)명 운모나 석영, 장석을 주성분으로 하는 결정 편암. 점토질 암석이 땅 속에서 달라진 온도나 압력 따위의 영향으로 조성과 조직이 바뀐 것임.
운무(雲霧)명 구름과 안개를 아울러 이르는 말.
운무-중(雲霧中)명 구름과 안개 속이라는 뜻으로, 몹시 의심스러운 일을 비유하여 이르는 말.
운문(雲紋)명 구름 모양을 본뜬 무늬. 구름무늬
운:문(韻文)명 ①운자(韻字)를 갖춘 글. 한시(漢詩)나 부(賦) 따위. ②산문에 상대하여 운율이 있는 글을 이르는 말. 율문(律文)
운문=대:단(雲紋大緞)명 구름 모양의 무늬가 있는 대단.
운문-종(雲門宗)명 중국 당나라 말기의 중인 운문(雲門)의 종지(宗旨)를 바탕으로 하여 일어난 종파. ☞선가오종(禪家五宗)
운:문-체(韻文體)명 외형적 운율을 갖춘 문체의 한 가지. 향가나 속요, 가사와 같이 자수율(字數律)을 가진 문체를 이름.
운:반(運搬)명-하다타 짐 따위를 나름. ¶이삿짐을 -하다.

한자 **운반할 반**(搬) [手部 10획] ¶반입(搬入)/반출(搬出)/운반(運搬)

운:반-비(運搬費)명 짐 따위를 옮겨 나르는 데 드는 삯.
운:반-세(運搬稅)[-쎄]명 소비세의 한 가지. 소비물이 거래되기 위하여 운반됐을 때 부과됨.
운:반=작용(運搬作用)명 물이나 빙하, 바람 따위가 흙이나 모래 따위를 다른 곳으로 옮겨 나르는 작용.
운발(雲髮)명 예쁜 여자의 탐스러운 머리 모양을 구름에 비유하여 이르는 말. ☞운환(雲鬟)
운보-문(雲寶紋)명 구름의 모양을 기하학적으로 도안화한 무늬. 주로 곤룡포(袞龍袍)의 바탕 무늬로 쓰였음.
운:봉(運逢)명-하다자 좋은 운수를 만남.
운:부(韻府)명 같은 운의 글자를 모아 놓은 책.
운-불삽(雲黻翣)명 운삽과 불삽을 아울러 이르는 말.
운빈(雲鬢)명 예쁜 여자의 탐스러운 귀밑머리를 구름에 비유하여 이르는 말. ☞운환(雲鬟)
운빈화용(雲鬢花容)성구 머리털이 탐스럽고 얼굴이 아름다운 여자의 모습을 비유하여 이르는 말.
운사(雲師)명 구름을 다스린다는 신(神). ☞우사(雨師). 풍백(風伯)
운:사(韻士)명 운치가 있는 사람. 운인(韻人)
운:사(韻事)명 운치가 있는 일.
운:산(運算)명-하다자타 식이 나타내는 일정한 규칙에 따라 계산하여 필요한 답을 내는 일. 연산(演算)
운산무소(雲散霧消)성구 구름과 안개가 사라지듯 근심이나 의심 따위가 깨끗이 사라짐을 비유하여 이르는 말.
운:산-증(運算症)[-쯩]명 정신병의 한 가지. 강박 관념으로, 늘 눈에 보이는 물건의 수를 세거나 특정한 수만을 생각하거나 또는 특수한 수에 대하여 공포를 느끼는 따위의 증세를 보임.
운삽(雲翣)명 발인(發靷) 때, 영구(靈柩)의 앞뒤에 세우고 가는 부채 모양의 널판. 구름무늬가 그려져 있음.
운:상(運喪)명-하다자 상여를 메고 감.
운상-기품(雲上氣稟)명 세속적인 것을 벗어난 고상한 기

질과 성품.
운색(暈色)명 '훈색(暈色)'의 원말.
운:서(韻書)명 한자를 그 운에 따라서 갈래를 지어 배열한 자전(字典).
운:석(隕石)명 유성(流星)이 대기 가운데서 다 타지 않고 땅 위에 떨어진 것. 별똥돌
운:선(運船)명-하다자 배를 띄워 나아감.
운:성(隕星)명 유성(流星)
운:세(運勢)명 사람이 타고난 좋은 운수와 나쁜 운수.
운소(雲霄)명 ①구름 낀 하늘. ②높은 지위를 비유하여 이르는 말.
운속-계(雲速計)명 구름이 움직이는 속도를 재는 기계. 운경(雲鏡)
운손(雲孫)명 ①잉손(仍孫)의 아들, 곧 팔대째의 자손을 이르는 말. ②대수(代數)가 썩 먼 자손.
운:송(運送)명-하다타 사람이나 짐을 목적지로 실어 보냄. ¶여객 ― 차량/생산품을 화물 열차로 ―하다.
운:송=계:약(運送契約)명 한쪽은 물품의 운송을, 다른 쪽은 이에 대한 운임의 지급을 약속하는 계약.
운:송-료(運送料)명 사람이나 짐을 목적지까지 실어 나르는 데 드는 삯. 운송비(運送費) ☞운임(運賃)

> ▶ **'짐삯'과 '짐값'**
> 　'운송료', '운임(運賃)'을 '짐값'이라고 잘못 말하는 경우가 있다. '짐을 날라다 주는 값으로 치르는 돈'은 '짐삯'이다. 이와 같이 무엇을 이용한 데 대한 갚음으로 치르는 돈을 '삯'이라 한다.
> 　'차비(車費)'를 '찻삯', '선비(船費)'를 '뱃삯'이라 하는 것도 그와 같은 예이다.

ㅇ

운:송=보:험(運送保險)명 운송 중의 사고로 말미암아, 운송되는 화물에 대해 생기는 화주(貨主)의 손해를 보상하기 위한 손해 보험.
운:송-비(運送費)명 운송료(運送料)
운:송-선(運送船)명 사람이나 짐을 실어 나르는 배.
운:송-업(運送業)명 운송료나 수수료를 받고 사람이나 짐을 실어 나르는 영업.
운:송-인(運送人)명 ①운송을 직업으로 하는 사람. ②직접 운송을 하는 사람.
운:송-장(運送狀)[―짱]명 ①운송인이 짐을 받을 사람에게 짐과 함께 보내는 통지서. ②짐을 보내는 사람이 운송인의 청구에 따라 운송 물품 따위에 관한 사항을 적어 주는 증서.
운:송=증권(運送證券)[―꿘]명 운송 계약에 따라 운송하는 짐의 인도(引渡) 청구권이 표시된 유가 증권. 화물 상환증(貨物相換證)과 선화 증권(船貨證券)이 있음.
운수(雲水)명 ①구름과 물. ②'운수승(雲水僧)'의 준말.
운:수(運數)명 이미 정해져 있어 사람의 힘으로는 어쩔 수 없다는 천운(天運)과 기수(氣數). 명분(命分). 성수(星數). 신운(身運). 운기(運氣) 준수(數)². 운(運)
운수(가) 사납다관용 운수가 모질게 나쁘다.
운:수(運輸)명-하다타 사람이나 짐을 실어 나르는 일. 운송이나 운반보다는 규모가 큼.
운:수불길(運數不吉)성구 운수가 좋지 않음을 이르는 말. 운수불행
운:수불행(運數不幸)성구 운수불길(運數不吉)
운:수소:관(運數所關)성구 모든 일이 운수에 달려 있어 사람의 힘으로는 어찌할 수 없다는 말.
운수-승(雲水僧)명 '탁발승(托鉢僧)'을 달리 이르는 말. 준운수(雲水)
운:수-업(運輸業)명 사람이나 짐을 실어 나르는, 비교적 큰 규모의 영업.
운:수=회:사(運輸會社)명 운수업을 하는 회사.
운:신(運身)명-하다자 몸을 움직임. ¶―할 수 없이 아프다.
운심월성(雲心月性)[―썽]성구 구름 같은 마음과 달 같은 성품이라는 뜻으로, 욕심이 없이 맑고 깨끗한 마음을 비유하여 이르는 말.

운애(雲靄)명 구름이나 안개가 끼어 흐릿한 기운.
운:역(運役)명 짐을 나르는 일.
운연(雲煙)명 ①구름과 연기, 또는 구름과 안개. ②글씨나 그림에서 운치가 있는 필적(筆跡)을 이르는 말.
운연과안(雲煙過眼)성구 구름이나 연기가 눈앞을 스쳐 지나가듯이, 한때의 즐거운 일이나 어떤 사물에 마음을 깊이 두지 않음을 이르는 말.
운영(雲影)명 구름의 그림자. 운예(雲翳)
운영(暈影)명 '훈영(暈影)'의 원말.
운:영(運營)명-하다타 어떤 조직이나 기구 따위를 목적에 맞게 통제하고 이끌어 나가는 일. ¶기업을 ―하다.
운:영=체제(運營體制)명 컴퓨터를 효율적으로 운영·조작할 수 있도록 컴퓨터시스템을 제어하고 관리하는 프로그램을 통틀어 이르는 말. 오에스(OS). 오퍼레이팅시스템(operating system)
운예(雲霓)명 구름과 무지개라는 뜻으로, 비가 내릴 징조를 이르는 말.
운예(雲翳)명 운영(雲影)
운:용(運用)명-하다타 돈이나 물건, 제도나 기능 따위를 적절하게 부리어 씀. ¶자금 ―/컴퓨터 ― 시스템/가계(家計)를 잘 ―하다.
운우(雲雨)명 ①구름과 비를 아울러 이르는 말. ②남녀가 육체적으로 관계하는 일을 비유하여 이르는 말.
운우지락(雲雨之樂)명 남녀가 육체적으로 관계하는 즐거움.
운우지정(雲雨之情)명 남녀가 육체적으로 관계하는 정.
운운(云云)명 ①글이나 말을 인용한 끝에, 또는 중도에서 끊어 생략할 때, 이러저러하다고 말함의 뜻으로 쓰이는 말. ②-하다자 이러쿵저러쿵 말함. ¶지나간 일에 대해서는 더 이상 ―하지 않겠다.
운위(暈圍)명 '훈위(暈圍)'의 원말.
운위-하다(云謂―)타여 일러 말하다.
운:율(韻律)명 시문(詩文)의 음악적 형식. 음의 셈여림이나 높낮이, 길고 짧음 또는 같은 소리의 되풀이로 이루어짐.

> ▶ **한자음 '렬'·'률'을 '열'·'율'로 적는 경우**
> 　두음 법칙의 지배를 받지 않는데도 두음 법칙을 적용하듯 적는 경우가 있는데, ① 받침 없는 한자 아래와 ② ㄴ받침 한자 아래 놓일 경우이다.
> 　¶서열(序列)/규율(規律)//운율(韻律)/진열(陳列)

운:의(運意)명-하다자 여러모로 생각하는 일.
운:인(韻人)명 운치가 있는 사람. 운사(韻士)
운:임(運賃)명 사람이 자동차나 열차, 여객선 따위에 탈 때, 또는 짐을 부칠 때 치르는 삯. ☞운송료(運送料). 운송비(運送費)
운:임=동맹(運賃同盟)명 해운 동맹의 한 가지. 운임에 관한 지나친 경쟁을 막기 위해 운임의 비율을 협정하여 일정하게 받기로 하는 해상 운송 업자들의 동맹.
운:임-표(運賃表)명 사람이나 짐의 운임이 거리와 무게에 따라 적힌 표.
운잉(雲仍)명 운손(雲孫)과 잉손(仍孫)이라는 뜻으로, 대수(代數)가 매우 먼 자손을 이르는 말.
운:자(韻字)[―짜]명 한시(漢詩)의 운(韻)으로 다는 글자. 준운(韻)
운작(雲雀)명 '종다리'의 딴이름.
운잔(雲棧)명 높은 산의 벼랑 중턱에 건너질러 놓은 다리. 구름다리
운:재(運材)명-하다자 재목을 나름.
운:적-토(運積土)명 암석의 풍화물이 강물·바닷물·빙하·비바람·화산 등의 작용으로 다른 곳에 운반, 퇴적되어 생긴 토양. 이적토(移積土) ☞원적토(原積土)
운전(雲箋)명 상대편을 높이어 그의 편지를 이르는 말. 방서(芳書). 귀함(貴函). 운한(雲翰)
운:전(運轉)명-하다자 ①기계나 자동차 따위를 다루어 부리는 일. ¶버스를 ―하다. ②어떤 일이나 자금 따위를 움직여 조절하거나 활용하는 일.
운:전=기사(運轉技士)명 운전사(運轉士). 기사(技士)

운:전-대(運轉一)[-때] 명 운전을 하는 손잡이.
운:전-사(運轉士) 명 자동차·열차·선박·기계 따위를 운전하는 사람. 운전 기사
운:전=자:금(運轉資金) 명 기업의 생산 활동에 필요한 원료비나 인건비 따위의 지급에 드는 자금. 회전 자금
운:전=자:본(運轉資本) 명 기업 자본 가운데서 일상적인 기업 운영에 드는 자본.
운제(雲梯) 명 지난날, 성(城)을 공격할 때 쓰던 높은 사닥다리.
운:조(運漕) 명-하다 타 배로 짐을 실어 나름. 조운(漕運)
운:조-술(運操術) 명 배를 다루어 부리는 기술.
운:주(運籌) 명-하다 자 여러모로 계획하고 궁리함.
운지-버섯(雲芝一) 명 구름버섯
운:지-법(運指法)[-뻡] 명 악기를 연주할 때, 손가락을 쓰는 방법. ☞운궁법(運弓法)
운:진(運盡) 명-하다 자 운수가 다함.
운집(雲集) 명-하다 자 사람들이 구름처럼 많이 모임. ¶축구 경기장에 -한 관중.
운집-종(雲集鐘) 명 절에서 사람들을 모으려고 치는 종.
운창(芸窓) 명 '서재(書齋)'를 달리 이르는 말.
운:책(韻冊) 명 한자의 사성(四聲)의 운자(韻字)를 분류해 놓은 책. 운고(韻考)
운:철(隕鐵) 명 철이 주성분인 운석(隕石).
운초(芸草) 명 '궁궁이'의 딴이름.
운층(雲層) 명 구름층
운:치(韻致) 명 고아(高雅)한 격을 갖춘 멋. ☞풍치(風致) ¶- 있는 풍경.
운:통(韻統) 명 운서(韻書)에 있는 각 운자(韻字)의 계통.
운판(雲板) 명 ①절에서, 조석 예불에 올리는 사물(四物)의 하나로 날짐승을 제도하기 위하여 울리는, 구름 모양으로 만든 금속판. ②절에서, 부엌 등에 달아 놓고 끼니 때를 알리려고 치는, 청동이나 쇠로 구름 모양으로 만든 기구.
운편(芸編) 명 지난날, 좀을 막기 위해 책갈피에 말린 운초(芸草) 잎을 끼워 두던 데서, '서책(書冊)'을 멋스럽게 이르는 말.
운:필(運筆) 명-하다 자 글씨를 쓰거나 그림을 그리기 위하여 붓을 놀리는 법. 용필(用筆)
운하(雲霞) 명 구름과 노을을 아울러 이르는 말.
운:하(運河) 명 내륙까지 배가 드나들도록 하거나 농지의 관개·배수·용수를 위하여 인공으로 만든 물길.
운:하(運荷) 명-하다 자 짐을 나름.
운:학(韻學) 명 한자(漢字)의 음운을 연구하는 학문.
운한(雲漢) 명 맑은 날 밤하늘에 흰 띠 모양으로 남북으로 길게 보이는 수많은 항성의 무리. 은하(銀河)
운한(雲翰) 명 상대편을 높이어 그의 편지를 이르는 말. 귀함(貴函). 방서(芳書). 방한(芳翰). 운전(雲箋)
운:항(運航) 명-하다 자 배나 항공기 따위가 정해진 항로를 따라 다니는 일. ¶태풍으로 모든 선박의 -이 중단되다.
운:항-표(運航表) 명 배나 항공기의 운항 조직과 시각 따위가 적힌 표.
운해(雲海) 명 ①매우 높은 곳에서 내려다본, 바다처럼 널리 깔린 구름의 경치를 이르는 말. 구름바다 ②하늘의 구름과 바다가 맞닿은듯이 보이는 아득히 넓은 바다.
운:행(運行) 명-하다 자타 ①운전하여 다님. ¶마을 버스는 5분 간격으로 -된다. ②천체(天體)가 궤도를 따라 운동하는 일.
운:행-표(運行表) 명 운행 조직과 시각 따위가 적힌 표. ¶열차 -
운향(雲向) 명 구름이 움직여 가는 방향.
운향-과(芸香科)[-꽈] 명 쌍떡잎식물 갈래꽃 무리의 한 과. 대부분이 관목과 교목이지만 초본류도 있음.
운:향-사(運餉使) 명 조선 시대, 군량(軍糧)을 나르는 일을 맡아보던 임시 관직, 또는 그 관원.
운형(雲形) 명 ①구름의 모양. ②구름처럼 생긴 모양.
운형-자(雲形一) 명 곡선을 그리는 데 쓰는 자. 곡선자
운혜(雲鞋) 명 지난날, 여자들이 신던 마른신의 한 가지. 앞 코에 구름무늬를 수놓았음.
운환(雲鬟) 명 탐스러운 쪽찐 머리를 구름에 비유하여 이르는 말. ☞운발(雲髮)
운:회(運會) 명 운수와 기회를 아울러 이르는 말.
운:휴(運休) 명-하다 자 교통 기관이 운행을 멈추고 쉼.
울[1] 명 다른 개인이나 패에 대하여 이편의 힘이 될 일가 또는 친척.
　울이 세다 관용 일가 친척이 많고 번성하다.
울[2] 명 ①담 대신에 풀이나 나무 등을 얽어서 집을 둘러 막거나 경계를 가르는 물건. 울타리 ②'신울'의 준말. ③속이 비고 위가 트인 것의 가를 두른 부분.
울[3] 의 '우리[2]'의 준말.
울[4] 대 '우리[3]'의 준말. ¶- 아버지.
울:(wool) 명 ①면양이나 앙고라 따위의 털. 주로 양털을 이름. ②털실로 짠 옷감.
울가망-하다 자여 근심스럽거나 답답하여 기분이 나지 않다.
울거미 명 ①얽어맨 물건의 거죽에 댄 테나 끈. ②짚신이나 미투리의 총을 꿰어 신갱기 친, 기다랗게 두른 끈.
울거미-문골(一門一)[-꼴] 명 방문이나 장지 따위의 가장자리를 두른 테두리.
울걱-거리다(대다) 자타 잇달아 울걱울걱 소리가 나다, 또는 그런 소리를 내다. ☞올각거리다
울걱-울걱 부 입 안에 액체를 많이 머금고 양 볼의 근육을 자꾸 움직일 때 나는 소리, 또는 그 모양을 나타내는 말. ☞올각올각
울겅-거리다(대다) 자 물체가 입 안에서 울겅울겅 미끄러지다. ☞올강거리다
울겅-불겅 부 ①울겅거리며 불겅거리는 모양을 나타내는 말. ¶- 씹다. ②무엇에 싸이거나 든 둥근 물건이 여기저기 심하게 불거져 나오는 모양을 나타내는 말. ¶보자기에 덮인 감자알이 - 불거져 나오다. ☞올강볼강
울겅-울겅 부 질깃하고 우둘우둘한 물체가 잘 씹히지 않고 이리저리 몹시 미끄러지는 모양을 나타내는 말. ☞올강올강
울결(鬱結) 명-하다 자 가슴이 답답하게 막힘.
울:고-불고 부 소리 내어 야단스럽게 울기도 하고 부르짖기도 하는 모양을 나타내는 말. ¶이제 와서 - 해 봐야 쓸데없다.
울골-질 명-하다 자 지긋지긋하게 으르며 덤비는 짓.
×**울궈-먹다** 타 →우려먹다
울근-거리다(대다) 타 물체를 울근울근 씹다. ☞올근거리다
울근-불근[1] 부 ①서로 사이가 틀어져서 어근버근 다투는 모양을 나타내는 말. ¶- 다투다. ②울근거리며 불근거리는 모양을 나타내는 말. ¶문어 다리를 - 씹다. ③무엇에 들었거나 싸인 둥근 물건이 여기저기 불거지는 모양을 나타내는 말. ¶봉지 속의 사과알들이 - 불거져 나오다. ☞올근볼근[1]
울근-불근[2] 부-하다 형 힘살 따위가 고르지 않게 여기저기 조금씩 불거져 있는 모양을 나타내는 말. ¶근육이 - 불거져 나오다. ☞올근볼근[2]
울근-울근 부 질깃하고 우둘우둘한 물체를 우물거리며 씹는 모양을 나타내는 말. ☞올근올근
울금(鬱金) 명 '심황'의 딴이름.
울금-색(鬱金色) 명 익은 귤 껍질의 빛깔. 등색(橙色)
울금-향(鬱金香) 명 '튤립(tulip)'의 딴이름.
울긋-불긋[-귿-] 부-하다 형 여러 가지 불긋한 빛깔들이 야단스레 다른 빛깔들과 섞이어 있는 모양을 나타내는 말. ¶- 수놓인 가을 산./-한 단풍. ☞올긋볼긋
울기(鬱氣) 명 답답한 기분.
울꺽 부 ①먹은 것을 급자기 많이 게우는 소리, 또는 그 모양을 나타내는 말. ②격한 감정이 갑자기 치미는 상태를 나타내는 말. ☞올깍. 울컥
울꺽-거리다(대다) 자타 먹은 것을 자꾸 울꺽 게우다. ☞올깍거리다. 울컥거리다
울꺽-울꺽 부 울꺽거리는 소리, 또는 그 모양을 나타내는

말. ☞올깍올깍. 울컥울컥

울:-남(―男)명 울기를 잘하는 사내아이. ☞우지. 울보

울:-녀(―女)명 울기를 잘하는 계집아이. ☞우지. 울보

×**울녘**명 → 언저리

울:다(울고·우니)자 ①기쁘거나 슬프거나 아프거나 하여 눈물을 흘리다. ¶슬픈 영화를 보며 ―./소리 내어 ―. ②짐승이나 새, 벌레 따위가 일정한 높낮이를 가진 소리를 내다. ¶아침에 눈을 뜨니 어디에선가 새 우는 소리가 들려 왔다. ③물체가 바람을 받아 떨리면서 소리를 내다. ¶밤새 문풍지가 ―./세찬 바람에 전깃줄이 '윙' 하고 ―. ④병적으로 귀에서 어떤 소리가 들리는 느낌이 나다. ¶몸이 약해지면 귀가 울기도 한다. ⑤도배하거나 바느질한 물건의 거죽이 팽팽하지 못하고 우글쭈글해지다. ¶치맛단이 ―./습기가 많아 장판이 운다. ⑥짐짓 어려운체 하다. ¶걸핏하면 찾아와서 우는 소리를 한다. ⑦〔타동사처럼 쓰임〕¶울음을 ―.

속담 **우는 가슴에 말뚝 박듯** : 그렇지 않아도 마음이 아픈데 더욱 큰 상처를 입힌다는 말./**우는 아이 젖 준다** : 무엇이나 자기가 요구해야 한다는 말.〔울지 않는 아이 젖 주랴〕/**울고 싶자 때린다** : 마땅한 구실이 없어 하지 못하다가 때마침 좋은 핑계가 생겼다는 말./**울며 겨자 먹기** : 싫은 일을 마지못해 함을 비유하여 이르는 말.

한자 울 곡(哭)〔口部 7획〕¶곡성(哭聲)/통곡(痛哭)
울 명(鳴)〔鳥部 3획〕¶공명(共鳴)/명고(鳴鼓)/명종(鳴鐘)/명향(鳴響)/이명(耳鳴)
울 읍(泣)〔水部 5획〕¶감읍(感泣)/읍곡(泣哭)/읍소(泣訴)/체읍(涕泣)

울담(鬱痰)[―땀]명 한방에서, 목구멍과 입 안이 마르고 기침이 나는 병.

울-대[1][―때]명 울타리를 둘러칠 때 기둥 삼아 세우는 대.

울:-대[2][―때]명 조류(鳥類)의 발성 기관. 명관(鳴管)

울:대-뼈[―때―]명 성년 남자의 목에 후두의 연골(軟骨)이 조금 솟아나온 부분. 결후(結喉). 후골(喉骨)

울도(鬱陶)[―또]어기 '울도(鬱陶)하다'의 어기(語基).

울도-하다(鬱陶―)[―또―]형여 ①마음이 답답하고 울적하다. ②날씨가 무덥다. ▷鬱의 속자는 欝

울두(熨斗)명 다리미

울뚝부 성미가 급하여 말이나 행동을 우악스럽게 하는 모양을 나타내는 말. ¶그는 ― 하는 성미가 있다.

울뚝-불뚝부 성질이 좀 변덕스럽고 급하여, 말이나 행동을 뚝뚝하고 우악스럽게 하는 모양을 나타내는 말. ¶걸핏하면 ― 하는 성격.

울뚝-울뚝부 잇달아 울뚝 하는 모양을 나타내는 말.

울-띠명 울타리의 안팎에 가로 대고 새끼 따위로 얽어 맨 나무 오리나 대 오리.

울렁-거리다(대다)자 ①가슴이 울렁울렁 뛰놀다. ②물결이 울렁울렁 흔들리다. ③속이 울렁울렁 게울 것 같아지다. 울렁이다 ☞올랑거리다

울렁-울렁부 ①설레어 가슴이 자꾸 두근두근 뛰노는 모양을 나타내는 말. ②물결이 크게 자꾸 흔들리는 모양을 나타내는 말. ③먹은 것이 삭지 않아 속이 메슥메슥하고 게울 것 같은 상태를 나타내는 말. ☞올랑올랑

울렁-이다자 울렁거리다 ☞올랑이다

울렁-출렁부 액체가 울렁거리며 출렁거리는 모양을 나타내는 말. ¶항아리의 물이 ― 흔들리다. /강물이 ― 물결치다. ☞올랑촐랑

울:력명-하다자 여러 사람이 힘을 합하여 어떤 일을 함께 함, 또는 그 힘. ¶마을 사람들이 ―으로 모내기를 끝냈다.

울:력-성당(―成黨)명-하다자타 떼를 지어서 으르고 협박함.

울룩-불룩부-하다형 고르지 않게 불룩불룩한 모양을 나타내는 말. ☞올록볼록

울릉-국화(鬱陵菊花)명 국화과의 여러해살이풀. 줄기 높이 30cm 안팎. 9~10월에 지름 8cm 안팎의 큰 백색 꽃이 가지 끝에 하나씩 핌. 울릉도 특산종으로 관상용으로도 심음.

울릉-대:다타 힘이나 말로써 남을 위협하다.

울리(鬱李)명 산앵두

울리다[1]자 ①종 따위의 소리가 나다, 또는 소리가 나면서 널리 퍼져 나가다. ¶자명종이 ―./메아리가 ―. ②땅이나 건물 등이 외부의 큰 힘이나 소리로 말미암아 떨리다. ¶대포 소리에 땅이 ―.

한자 울릴 향(響)〔音部 13획〕¶교향곡(交響曲)/반향(反響)/음향(音響)/잔향(殘響) ▷속자는 响

울리다[2]타 ①울게 하다. ¶동생을 울리면 못쓴다. ②물체를 치거나 불거나 하여 소리가 나게 하다. ¶풍악을 ―. ③마음에 감동을 일으키다. ¶심금을 ―.

울림명 ①소리가 무엇에 부딪쳐 되울려 오는 현상, 또는 그 소리. ②진동수가 다른 두 음을 동시에 들을 때, 마치 진폭이 주기적으로 변하는 하나의 소리처럼 들리는 일.

울림-소리명〈어〉유성음(有聲音) ☞안울림소리

울:마:크(wool mark)명 국제 양모 사무국이 설정한, 양모 제품의 품질 보증 마크. 일정한 국제 품질 기준에 도달한 제품에 붙임.

울먹-거리다(대다)자 울상이 되어 자꾸 울듯 울듯 하다. 울먹이다 ¶길을 잃고 울먹거리는 아이.

울먹-울먹부 울상이 되어 금방이라도 울듯 울듯 하는 모양을 나타내는 말. ¶― 하면서 말을 잇지 못하다.

울먹-이다자 울먹거리다

울먹-줄먹부-하다형 크기가 그만그만하고 덩어리진 것들이 고르지 않게 늘어서 있는 모양을 나타내는 말. ☞올막졸막

울멍-줄멍부-하다형 크기가 그만그만하고 둥글둥글한 것들이 고르지 않게 늘어서 있는 모양을 나타내는 말. ☞올망졸망

울:며-불:며부 울고불고 하면서. ¶― 사정하다.

울모(鬱冒)명 한방에서, 갑자기 현기증이 나다가 심해지면 잠시 정신을 잃기도 하는 병증.

울묵-줄묵부-하다형 크기가 그만그만하게 큰 덩어리진 것들이 고르지 않게 늘어서 있는 모양을 나타내는 말. ☞올목졸목

울뭉-줄뭉부-하다형 크기가 그만그만하게 큰 둥글둥글한 것들이 고르지 않게 늘어서 있는 모양을 나타내는 말. ☞올몽졸몽

울민(鬱悶)어기 '울민(鬱悶)하다'의 어기(語基).

울민-하다(鬱悶―)형여 마음이 답답하고 괴롭다.

울밀(鬱密)어기 '울밀(鬱密)하다'의 어기(語基).

울밀-하다(鬱密―)형여 수목(樹木)이 우거져 빽빽하다.

울-밑명 울타리 밑.

울-바자명 울타리를 만드는 데 쓰이는 바자, 또는 바자로 만든 울타리.

속담 **울바자가 헐어지니 이웃집 개가 드나든다** : 제게 약점이 있으니까 남이 그것을 알고 업신여긴다는 뜻.

울병(鬱病)[―뼝]명 감정 장애가 주된 증세인 정신병의 한 가지. 우울하고 억제된 상태가 주기적으로 나타나는 병. ☞조병(躁病). 조울병(躁鬱病)

울:-보명 걸핏하면 잘 우는 아이를 일컫는 말. 우지

울-부짖다[―짇―]자 울며 부르짖다.

울분(鬱憤)명-하다형 분한 마음이 가슴에 가득히 쌓여 있음, 또는 그 마음. ¶―을 토하다.

울불(鬱怫)어기 '울불(鬱怫)하다'의 어기(語基).

울불-하다(鬱怫―)형여 격정으로 마음이 답답하다.

울-뽕명 울타리로 심은 뽕나무, 또는 그 나무의 잎.

울:-상(―相)[―쌍]명 울려고 하는 얼굴 모양.

울-섶[―섭]명 울타리를 만드는 데 쓰이는 섶나무.

울-세:다형 일가나 친척이 많다.

울쑥-불쑥부-하다형 고르지 않은 것이 여기저기 쑥쑥 내밀려 있는 모양을 나타내는 말. ☞올쏙볼쏙

울-안명 울타리로 둘러싼 곳의 안쪽.

울어-대:다자 계속해서 울다.

울-어리명 둘러싼 어리. ¶―를 벗어나다.

울연(蔚然)어기 '울연(蔚然)하다'의 어기(語基).
울연-하다(蔚然-)형여 초목이 무성하다.
울연-히부 울연하게
울울(鬱鬱)어기 '울울(鬱鬱)하다'의 어기(語基).
울울창창-하다(鬱鬱蒼蒼-)형여 큰 나무들이 빽빽하게 들어서서 매우 무성하고 푸르다. 창창울울하다
울울-하다(鬱鬱-)형여 ①마음이 답답하다. ②초목이 매우 무성하다.
울음명 우는 일, 또는 우는 소리. ¶ -을 그치지 못하다.
울음-바다[-빠-]명 여러 사람이 한꺼번에 울음을 터뜨리어 온통 울음소리로 뒤덮인 상태를 비유하여 이르는 말. ☞웃음바다
울음-보[-뽀]명 꾹 참고 있던 울음. ¶ -가 터지다. /-를 터뜨리다. ☞웃음보
울음-소리[-쏘-]명 우는 소리.
울음-주머니[-쭈-]명 개구리나 맹꽁이 따위의 수컷의 귀 뒤나 목 밑에 있는, 소리를 내는 기관. 명낭(鳴囊)
울음큰-새명 모양보다 우는 소리가 크다는 뜻으로, 실제보다 명성이 높은 것을 비유하여 이르는 말.
울음-통명 ①곤충이나 새 따위의, 소리내는 기관. 명기(鳴器) ②'울음'을 속되게 이르는 말.
울인(鬱刃)명 독약을 바른 칼.
울적(鬱積)[-쩍]명-하다자 울화가 쌓임.
울적(鬱寂)[-쩍]어기 '울적(鬱寂)하다'의 어기(語基).
울적-하다(鬱寂-)[-쩍-]형여 마음이 답답하고 쓸쓸하다.
울절(鬱折)[-쩔]명 고구려의 14관등 중 셋째 등급. ☞대부사자(大夫使者)
울증(鬱症)[-쯩]명 가슴이 답답한 병증.
울짱명 ①말뚝 따위를 죽 벌여 박아 만든 울타리, 또는 그 말뚝. 목채(木寨). 목책(木柵). 책(柵) ②울타리
울창(鬱蒼)어기 '울창(鬱蒼)하다'의 어기(語基).
울창술-창(鬱鬯-鬯)명 한자 부수(部首)의 한 가지. '鬰'·'鬱' 등에서 '鬯'의 이름.
울창-주(鬱鬯酒)명 튤립을 넣어 빚은 향기로운 술. 제사의 강신(降神)에 쓰임.
울창-하다(鬱蒼-)형여 나무들이 빽빽하게 들어서서 매우 무성하고 푸르다.
울초(鬱草)명 '튤립(tulip)'의 딴이름.
울칩(鬱蟄)명-하다자 마음이 우울하여 집에 틀어박혀 있음.
울컥부 ①많은 양을 급자기 세게 게울 때 나는 소리, 또는 그 모양을 나타내는 말. ②격한 감정이 갑자기 속 깊은 곳에서 치미는 상태를 나타내는 말. ¶ - 분한 마음이 치밀다. /화가 - 치밀다. /- 하는 성미. ☞올깍. 올칵
울컥-거리다(대다)자 자꾸 울컥 하다. ☞올깍거리다. 울꺽거리다
울컥-울컥부 울컥거리는 소리, 또는 그 모양을 나타내는 말. ☞올깍올깍. 올칵올칵
울툭-불툭부-하다형 물체의 거죽이나 바닥이 고르지 않고 여기저기 모나게 불거져 있는 모양을 나타내는 말. ¶ - 거친 돌밭. ☞올톡볼톡
울퉁-불퉁부-하다형 물체의 거죽이나 바닥이 고르지 않고 여기저기 둥근듯 하게 불거져 있는 모양을 나타내는 말. ☞올통볼통
울타리명 담 대신에 풀이나 나무 등을 얽어서 집을 둘러 막거나 경계를 가르는 물건. 번리(藩籬). 울. 울짱. 파리(笆籬)
울타리=조직(-組織)명 동화 조직(同化組織)의 한 가지. 잎의 겉 쪽 표피 밑에 있으며, 가늘고 긴 세포가 세로로 빽빽이 배열되어 있음. 엽록소를 많이 함유해 광합성을 활발히 함. 책상 조직(柵狀組織)
울-하다(鬱-)형여《文》가슴이 답답하다.
울혈(鬱血)명 정맥혈의 흐름이 방해를 받아 혈관의 일부에 혈액의 양이 증가되어 있는 상태. 정맥의 협착(狹窄) 또는 폐색(閉塞)이 원인임.
울화(鬱火)명 속이 답답하여 나는 심화. ¶ -가 치밀다. /-가 터지다.
울화-병(鬱火病)[-뼝]명 한방에서, 울화로 말미암아 생기는 병을 이르는 말. 울화증 준화병(火病) ☞심화병(心火病) ▷ 鬱의 속자는 欝
울화-증(鬱火症)[-쯩]명 울화병(鬱火病)
울화-통(鬱火-)명 '울화'의 힘줌말. 화통
울화통(이) **터지다**관용 몹시 울화가 치밀다.
울흥(蔚興)명-하다자 성하게 일어남.
움:[1]명 ①초목의 뿌리나 가지 등에 새로 돋는 싹. ②파 따위의, 줄기를 벤 자리에서 다시 자라는 줄기.
움을 **지르다**관용 자라기 시작하는 힘이나 세력 따위를 꺾다.
속담 **움도 싹도 없다**: ①사람이나 물건이 감쪽같이 없어져서 간 곳을 모르게 된 경우를 이르는 말. ②장래성이라고는 도무지 없다는 말.
움:[2]명 구덩이를 판 자리 위에 비바람이나 추위를 막기 위하여 덮어씌운 것. 겨울철에 무나 배추 따위를 갈무리하는 데 씀.
움(을) **묻다**관용 움을 만들다.
속담 **움 안에서 떡 받는다**: 자기가 구하지도 않았는데 뜻밖의 좋은 물건을 얻게 됨을 이르는 말.
움:-나무명 싹이 돋기 시작한 어린 나무.
움:-누이명 시집간 누이가 죽고 매부가 다시 장가들었을 때, 그 후실(後室)을 이르는 말.
움:-돋이[-도지]명 풀이나 나무를 베어낸 자리에서 다시 돋아 나온 움.
움:-딸명 시집간 딸이 죽고 사위가 다시 장가들었을 때, 그 후실(後室)을 이르는 말.
움라우트(Umlaut 독)명 게르만어, 특히 독일어에서 모음 a·o·u가 i나 e의 영향으로 음질이 달라지는 현상, 또는 달라진 그 모음. 독일어에서는 ä·ö·ü 등으로 나타냄. 변모음(變母音)
움:-막(-幕)명 움 위에 짚이나 띠 따위로 지붕을 인 것. 토막(土幕) ¶ -에 김장독을 넣어 두다.
움:막-살이(-幕-)명-하다자 움막에서 사는 일.
움:막-집(-幕-)명 움집
움:-버들명 움이 돋아 난 버들.
움:-벼명 가을에 베어낸 벼의 그루에서 다시 움이 터서 자란 벼. 그루벼
움:-불[-뿔]명 움 안에서 피우는 불.
움:-뽕명 봄에 잎을 딴 뽕나무에서 다시 돋아 자란 잎. 여상(女桑)
움실-거리다(대다)자 자잘한 벌레 따위가 한데 모여 우글거리다. ☞옴실거리다
움실-움실부 움실거리는 모양을 나타내는 말.
움쑥부-하다형 가운데가 깊게 쑥 들어가 있는 모양을 나타내는 말. ☞옴쏙. 움퍽. 움푹
움쑥-움쑥부-하다형 여러 군데가 움쑥한 모양을 나타내는 말. ☞옴쏙옴쏙. 움퍽움퍽. 움푹움푹
움:-씨명 뿌린 씨가 잘 싹트지 않을 때, 다시 뿌리는 씨.
움찔부 급자기 놀라거나 하여 몸을 좀 움츠리는 모양을 나타내는 말. ☞옴찔
움찔-거리다(대다)타 급자기 놀라거나 하여 몸을 자꾸 움츠리다. ☞옴찔거리다
움찔-움찔부 움찔거리는 모양을 나타내는 말.
움:-잎[-닢]명 화초나 채소 따위의 움에서 돋아 난 잎.
움죽부 몸을 움츠렸다 펴는 모양을 나타내는 말. ☞옴죽. 움쭉
움죽-거리다(대다)자타 몸을 잇달아 움츠렸다 폈다 하다. ☞옴죽거리다. 움쭉거리다
움죽-움죽부 움죽거리는 모양을 나타내는 말. ☞옴죽옴죽. 움쭉움쭉
움직-거리다(대다)자타 몸의 일부를 조금씩 자꾸 움직이다. ☞옴직거리다. 움찍거리다
움직-도르래명 축(軸)이 고정되어 있지 않고 이동할 수 있는 도르래. 이동 활차(移動滑車) ☞고정 도르래
움직-움직부 움직거리는 모양을 나타내는 말. ☞옴직옴직. 움찍움찍

움직씨 명 〈어〉동사(動詞) ☞그림씨
움직-이다 자타 ①한 자리에 박혀 있지 않고 자리를 옮기다. ¶기차가 움직이기 시작했다./책상을 ―. ②제자리에서 흔들리다. ¶나뭇잎이 바람결에 ―. ③어떤 목적을 가지고 행동하거나 활동하다. ¶남은 물건을 팔기 위해 모두들 열심히 ―. ④일정한 구조나 기구를 가지고 있는 대상이 제 기능과 구실을 하며 작용하다, 또는 그렇게 작용시키다. ¶자금 부족으로 회사가 움직이지 못하고 있다./기계를 움직여 물건을 생산하다. ⑤현상이나 정세 따위가 바뀌어 가다, 또는 바꾸어 가다. ¶상황이 우리 쪽에 유리하게 움직이고 있다./그것은 움직일 수 없는 사실이다. ⑥마음에 동요가 생기거나 무엇을 할 마음이 생기다. ¶그의 눈물에 내 마음이 움직였다./그녀의 마음을 움직이는 데 성공했다.

한자 **움직일 동**(動) 〔力部 9획〕 ¶감동(感動)/동력(動力)/동물(動物)/동작(動作)/변동(變動)/이동(移動)

움질-거리다(대다)[1] 자타 ①좀 큰 것이 굼뜨게 자꾸 움직이다. ②결단성이 없이 망설이며 구물거리다. ☞옴질거리다[1]. 움찔거리다[2]
움질-거리다(대다)[2] 타 질깃한 물체를 우물우물 씹다. ☞옴질거리다[2]
움질-움질[1] 부 ①좀 큰 것이 굼뜨게 자꾸 움직이는 모양을 나타내는 말. ②결단성이 없이 망설이며 구물거리는 모양을 나타내는 말. ☞옴질옴질[1]. 움찔움찔[2]
움질-움질[2] 부 질깃한 물체를 우물우물 씹는 모양을 나타내는 말. ☞옴질옴질[2]. 움찔움찔[3]
움:-집[-찝] 명 움막처럼 지어서 사람이 들어 사는 집. 움막집. 토막(土幕)
움:집-살이[-찝-] 명-하다 자 움집에서 사는 일.
움쭉 부 몸을 세게 움츠렸다 펴는 모양을 나타내는 말. ☞옴쭉. 움죽
움쭉-거리다(대다) 자타 몸을 잇달아 세게 움츠렸다 폈다 하다. ☞옴쭉거리다. 움죽거리다
움쭉-달싹 부 몸을 겨우 움직이는 모양을 나타내는 말. ☞옴쭉달싹
움쭉-움쭉 부 움쭉거리는 모양을 나타내는 말. ☞옴쭉옴쭉. 움죽움죽
움찍-거리다(대다) 자타 세게 움직거리다. ☞옴찍거리다. 움직거리다
움찍-움찍 부 움찍거리는 모양을 나타내는 말. ☞옴찍옴찍. 움직움직
움찔 부 급자기 몸을 몹시 움츠리는 모양을 나타내는 말. ☞옴찔
움찔-거리다(대다)[1] 자타 몸을 움찔움찔 움츠리다. ☞옴찔거리다[1]
움찔-거리다(대다)[2] 자타 좀 큰 것이 매우 굼뜨게 자꾸 움직이다. ☞옴찔거리다[2]. 움질거리다[1]
움찔-움찔[1] 부 급자기 몸을 자꾸 몹시 움츠리는 모양을 나타내는 말. ☞옴찔옴찔[1]
움찔-움찔[2] 부 좀 큰 것이 매우 굼뜨게 자꾸 움직이는 모양을 나타내는 말. ☞옴찔옴찔[2]. 움질움질[1]
움츠러-들다(-들고·--드니) 자 점점 움츠러지다. ¶추워서 몸이 ―. ☞옴츠러들다
움츠러-뜨리다(트리다) 타 움츠러지게 하다. ☞옴츠러뜨리다
움츠러-지다 자 춥거나 두려울 때, 몸이 우그러지면서 작아지다. ☞옴츠러지다
움츠리다 타 몸을 우그려 작게 만들거나, 내밀었던 몸의 일부를 우그려 들여보내다. ¶목을 ―./어깨를 ―. 준 움치다 ☞옴츠리다
움치다 타 '움츠리다'의 준말. ☞옴치다
움칫 부 놀라서 몸을 갑자기 가볍게 한 번 움직이는 모양을 나타내는 말.
움켜-잡다 타 ①손가락을 구부리어 힘있게 잡다. ¶도끼자루를 움켜잡고 장작을 패기 시작했다. ②새나 짐승 따위가 발가락으로 무엇을 힘있게 잡다. ☞옴켜잡다. 홈켜잡다
움켜-쥐다 타 ①손가락을 구부리어 힘있게 쥐다. ¶주먹을 움켜쥐고 출발 신호를 기다렸다. ②새나 짐승 따위가 발가락으로 무엇을 힘있게 쥐다. ¶독수리가 닭을 움켜쥐고 날아올랐다. ③사물을 손 안에 넣고 마음대로 다루다. ¶당권(黨權)을 ―. ☞옴켜쥐다. 훔켜쥐다
움큼 의 물건을 손으로 한줌 움켜쥔 만큼의 분량을 나타내는 말. ¶쌀 한 ―을 쥐다. ☞옴큼
움키다 타 ①손가락을 구부리어 쥐다. ②새나 짐승 따위가 발가락으로 무엇을 쥐다. ☞옴키다
움:-트다(-트고·-터) 자 ①움이 돋아 나오기 시작하다. ¶새싹이 움트는 계절. ②사물이 생기거나 일어나가 시작하다. ¶민주주의가 ―./사랑이 ―.
움:-파 명 ①움 속에서 기른, 누런 빛깔의 파. 동총(冬葱) ②베어낸 자리에서 다시 줄기가 나온 파.
움:-파다 타 속을 우묵하게 우비어 파다. ☞옴파다
움:-파리 명 땅이 우묵하게 들어가서 물이 괸 곳.
움:파-산:적(-散炙) 명 산적(散炙)의 한 가지. 움파와 쇠고기를 같은 길이로 잘라 갖은양념을 하여 대꼬챙이에 번갈아 꿰어 구운 음식.
움:-패:다 자 속으로 우묵하게 파이다. ☞옴패다. 훔패다
움퍽 부-하다 형 가운데가 좀 넓게 푹 들어가 있는 모양을 나타내는 말. ¶운동장 한가운데가 ―하게 꺼져 있다. ☞옴팍. 움쑥. 움푹
움퍽-움퍽 부-하다 형 여러 군데가 움퍽한 모양을 나타내는 말. ☞옴팍옴팍. 움쑥움쑥. 움푹움푹
움펑-눈 명 움퍽 들어간 눈. ☞옴팡눈
움펑눈-이 명 눈이 움퍽 들어간 사람. ☞옴팡눈이
움푹 부-하다 형 가운데가 우묵하게 푹 들어가 있는 모양을 나타내는 말. ☞옴폭. 움쑥. 움퍽
움푹-움푹 부-하다 형 여러 군데가 움푹한 모양을 나타내는 말. ☞옴폭옴폭. 움쑥움쑥. 움퍽움퍽
웁쌀 명 잡곡밥을 지을 때, 위에 조금 얹어 안치는 쌀.
웁쌀(을) 얹다 관용 잡곡밥을 지을 때, 잡곡 위에 쌀을 조금 얹어 안치다.
웃- 접두 ①'위'의 뜻을 나타냄. ¶웃어른/웃옷 ②'더함'의 뜻을 나타냄. ¶웃돈/웃비/웃짐

> ▶ **'웃-'과 '윗-'의 쓰임**
> '위'와 '아래'는 명사로서 대를 이루는 말이다. 이 말이 명사와 어울릴 적에 '윗사람', '아랫사람'처럼 쓰이는데 이때의 'ㅅ'은 사이시옷이다. 그런데 '아래'와 '위'로 상대되는 말이 없는 단어는 '웃-'으로 발음되는 형태를 표준어로 삼는다.
> ¶웃국/웃돈/웃비/웃어른/웃옷

×**웃-간**(-間) 명 → 윗간
웃-거름[욷-] 명-하다 자 농작물이 자라는 도중에 밑거름을 보충하기 위해 주는 거름. 덧거름
웃-국[욷-] 명 간장이나 술 따위를 담가서 익은 뒤에 맨 처음 떠낸 진한 국물.
웃기[욷-] 명 ①떡·포·과실 등을 괸 맨 위에 장식으로 올려 놓는 음식 재료. ②'웃기떡'의 준말.
웃기다[욷-] 타 웃게 하다. ¶그에게는 남을 웃기는 재주가 있다.
웃기-떡[욷-] 명 그릇에 떡을 담거나 괼 때, 위에 장식으로 얹는 떡. 화전·경단·주악·단자 따위가 있음. 준 웃기
웃날-들다(-들고·--드니) 자 날이 개다.
×**웃-녘** 명 → 윗녘
×**웃-눈썹** 명 → 윗눈썹
×**웃-니** 명 → 윗니
웃:다[욷-] 자 ①우습거나 기쁘거나 한 감정을 얼굴 모양 또는 소리로 나타내다. ②깔보고 업신여기거나 조롱하다. ¶남들이 네 행동을 보고 웃는다. ③〖타동사처럼 쓰임〗 ¶억지 웃음을 ―.
웃으며 뺨 치듯 관용 겉으로는 부드럽게 대하면서 실상은 해치려 드는 모양을 이르는 말.

속담 웃는 낯에 침 뱉으랴 : 좋은 낯으로 대하는 사람에게는 모질게 행동하지 못한다는 말.

한자 웃을 소(笑) 〔竹部 4획〕 ¶ 가소(可笑)/냉소(冷笑)/담소(談笑)/실소(失笑)/폭소(爆笑)

×웃-당줄 명 → 윗당줄
×웃-대(-代) 명 → 윗대
웃-더껑이[욷-] 명 걸쭉한 액체 위에 엉겨 붙어 굳은 꺼풀. 더껑이
×웃-덧줄 명 → 윗덧줄
웃-도드리[욷-] 명 밑도드리를 한 옥타브 올려서 변주한 곡. 잔도드리
×웃-도리 명 → 윗도리
웃-돈 명 ①물건을 맞바꿀 때, 값을 따져 셈하고 모자라는 만큼 채워 내는 돈. ②본래 정해진 값에다 얼마만큼 더 보태어 내는 돈. ¶ -을 얹어 주고 입장권을 사다. 가전(加錢). 덧두리
웃-돌:다(-돌고·-도니) 자 어떤 기준이 되는 수량을 넘다. 상회(上廻)하다 ¶ 판매 목표량을 웃도는 실적을 올리다. ☞밑돌다
×웃-동네(-洞-) 명 → 윗동네
×웃-동아리 명 → 윗동아리
×웃-마을 명 → 윗마을
×웃-막이 명 → 윗막이
웃막이-문골(-門-)[-꼴] 명 문짝이나 장지 따위의 위쪽에 가로 끼운 울거미.
×웃-머리 명 → 윗머리
×웃-목 명 → 윗목
웃-물 명 ①액체가 잘 섞이지 않고 위로 떠서 따로 도는 물. 겉물 ②무엇을 삶거나 골 때, 또는 죽 따위를 쑬 때 위에 뜨는 국물.
×웃-바람 명 → 윗바람
×웃-방(-房) 명 → 윗방
×웃-배 명 → 윗배
×웃-벌 명 → 윗벌
×웃-변 명 → 윗변
×웃-볼 명 → 윗볼
웃-비 명 우기(雨氣)는 가시지 않았으나, 한창 내리다가 잠시 그친 비.
　웃비(가) 걷다 관용 한창 내리던 비가 잠시 그치다.
×웃-사람 명 → 윗사람
×웃-사랑 명 → 윗사랑
×웃-세장 명 → 윗세장
웃-소금 명 된장이나 김장 등을 담근 다음, 그 위에 뿌리는 소금.
웃-아귀 명 ①엄지손가락과 집게손가락의 뿌리가 서로 닿은 곳. ②활의 줌통 위.
×웃-알 명 → 윗알
웃어-넘기다 타 대수롭지 않게 여기고 지나쳐 버리다. ¶ 그냥 웃어넘길 일이 아니다.
웃어-대:다 자 자꾸 웃다.
웃-어:른 명 나이·지위·신분·항렬 등이 자기보다 높아서, 윗사람으로 모셔야 할 어른.
웃-옷 명 겉에 입는 옷. 두루마기나 외투 따위. 겉옷. 표의(表衣) ☞윗옷
웃음 명 웃는 일. 웃는 모양이나 짓, 또는 웃는 소리. ¶ -을 참지 못하다.
　웃음(을) 띠다 관용 소리 없이 웃음을 짓다.
　웃음(을) 사다 관용 웃음거리가 되다.
　웃음(을) 팔다 관용 여자가 화류계 생활을 하다.
　속담 웃음 끝에 눈물 : 처음에는 재미나게 잘 지내다가도 나중에는 슬프고 괴로운 일이 생기는 것이 세상사라는 말. /웃음 속에 칼이 있다 : 겉으로는 좋은체 하지만 속으로는 해치려는 마음을 품고 있다는 뜻. ☞소중도(笑中刀)
웃음-가:마리[-까-] 명 남의 웃음거리가 되는 일, 또는 그런 사람.
웃음-거리[-꺼-] 명 남에게 비웃음을 사거나 조롱을 받을 거리. ¶ 한번의 실수로 그는 마을의 -가 되었다.
웃음-기(-氣)[-끼] 명 웃으려는 기색, 또는 채 가시지 않은 웃음의 흔적. ¶ -를 띤 얼굴.
웃음-꽃 명 즐거운 웃음이나 웃음판을 비유하여 이르는 말. ¶ -을 피우다. /-이 만발하다.
웃음-바다[-빠-] 명 '여러 사람이 한꺼번에 웃음을 터뜨리어 온통 웃음소리로 뒤덮인 상태'를 비유하여 이르는 말. ¶ 강당 안은 -가 되었다. /온 방 안이 -를 이루었다. ☞울음바다
웃음-보[-뽀] 명 주로 '터지다'·'터뜨리다'와 함께 쓰이어, 많이 쌓이어 터져 나오려는 웃음을 이르는 말. ¶ -가 터지다. ☞울음보
웃음-소리[-쏘-] 명 웃는 소리. 소성(笑聲) ¶ 사랑방에서 -가 터져 나왔다.
웃음엣-소리 명 웃기느라고 하는 말.
웃음엣-짓 명 웃기느라고 하는 짓.
웃음-짓:다[-짇-](-짓고·-지어) 자ㅅ 얼굴에 웃음을 나타내다. ¶ 그는 나를 보며 빙그레 웃음지었다.
웃음-판 명 여러 사람이 모여 웃는 자리. ¶ 한바탕 -이 벌어지다.
×웃-입술 명 → 윗입술
×웃-잇몸 명 → 윗잇몸
웃-자라다 자 식물의 줄기나 가지가 보통 이상으로 길고 연약하게 자라다. ¶ 웃자란 보리 싹.
웃-자람 명-하다 자 식물의 줄기와 가지가 보통 이상으로 길고 연약하게 자라는 일. 도장(徒長)
×웃-자리 명 → 윗자리
×웃-저고리 명 → 겉저고리
×웃-중방(-中枋) 명 → 윗중방
웃-짐 명 짐 위에 덧싣는 짐.
　웃짐(을) 치다 관용 ①마소에 웃짐을 싣다. ②사물을 덧붙이다.
×웃-집 명 → 윗집
×웃-짝 명 → 위짝
×웃-쪽 명 → 위쪽
×웃-채 명 → 위채
×웃-층 명 → 위층
×웃-치마 명 → 위치마
×웃-턱 명 → 위턱
웃-통 명 ①사람 몸의 허리 위 부분. 윗도리 ¶ -을 드러내다. ②윗도리에 입는 옷. 상의(上衣). 웃옷. 윗도리 ¶ -을 벗다.
×웃-팔 명 → 위팔
웅거(雄據) 명-하다 자 어떤 지역에 자리잡고 굳게 막아 지킴.
웅건(雄健) 어기 '웅건(雄健)하다'의 어기(語基).
웅건-하다(雄健-) 형여 웅대하고 힘차다. ¶ 기상이 -.
웅걸(雄傑) 명 재지(才智)와 용력(勇力)이 뛰어난 호걸.
웅계(雄鷄) 명 수탉
웅그리다 타 춥거나 두려워서 몸을 우그려 작게 하다. ¶ 구석에 웅그리고 앉다. ☞옹그리다. 웅크리다
웅긋-웅긋[-귿-] 부-하다 형 ①높이가 엇비슷한 물체들이 고르게 솟아 있거나 불거져 있는 모양을 나타내는 말. ②키가 엇비슷한 사람들이 모여 서 있는 모양을 나타내는 말. ☞옹긋옹긋
웅긋-쭝긋[-귿-] 부-하다 형 ①높이가 고르지 않은 물체들이 들쑥날쑥하게 솟아 있거나 불거져 있는 모양을 나타내는 말. ②키가 크고 작은 사람들이 들쑥날쑥하게 모여 서 있는 모양을 나타내는 말. ☞옹긋쫑긋
웅기-웅기 부-하다 형 ①크기가 비슷비슷한 물체들이 많이 모여 있는 모양을 나타내는 말. ②키가 비슷비슷한 사람들이 여럿 모여 있는 모양을 나타내는 말. ☞옹기옹기
웅기-중기 부-하다 형 ①크기가 고르지 않은 물체들이 들쑥날쑥하게 많이 모여 있는 모양을 나타내는 말. ②키가 고르지 않은 사람들이 들쑥날쑥하게 여럿 모여 있는 모양을 나타내는 말. ☞옹기종기

웅단(雄斷)명-하다타 과감하게 결단을 내림, 또는 그런 결단. ☞영단(英斷)
웅담(熊膽)명 한방에서, 곰의 담낭(膽囊)을 담즙(膽汁)이 들어 있는 그대로 말린 것을 이르는 말. 안질(眼疾)·열병·등창·이질·타박상 등에 약재로 쓰임.
웅대(雄大)어기 '웅대(雄大)하다'의 어기(語基).
웅대-하다(雄大-)형여 웅장하고 규모가 크다. ¶웅대한 포부를 지니다.
웅덩이명 움푹 패어 물이 괸 곳. ☞옹당이
웅덩이-지다자 비나 큰물로 평지가 움푹 패어 웅덩이처럼 물이 괴게 되다. ☞옹당이지다
웅도(雄途)명 큰 목적을 위해 떠나는, 장한 길.
웅도(雄圖)명 규모가 크고 뛰어난 계획.
웅략(雄略)명 규모가 크고 뛰어난 계략.
웅려(雄麗)어기 '웅려(雄麗)하다'의 어기(語基).
웅려-하다(雄麗-)형여 웅대하고 화려하다.
웅맹탁특(雄猛卓特)성구 매우 사납고 용맹하며, 탁월하고 특출함을 이르는 말.
웅문(雄文)명 재기(才氣)와 박력이 있는 뛰어난 문장.
웅문거:벽(雄文巨擘)성구 웅문(雄文)에 뛰어난 사람을 비유하여 이르는 말.
웅변(雄辯)명-하다자타 ①청중 앞에서 조리 있고 힘차게 말함, 또는 그런 말이나 연설. ②어떠한 사실을 강력하게 뒷받침할 수 있도록 나타냄. ¶오늘 그가 한 행동은 그의 결백함을 —으로 말해 주었다.
웅변-가(雄辯家)명 웅변을 잘하는 사람.
웅변-술(雄辯術)명 웅변의 기술.
웅변-조(雄辯調)[-쪼]명 웅변하는 것과 같은 어조(語調)나 말투.
웅보(雄步)명 씩씩하고 당당한 걸음.
웅봉(雄蜂)명 수벌 ☞자봉(雌蜂)
웅봉(熊蜂)명 '어리호박벌'의 딴이름.
웅비(雄飛)명-하다자 기운차고 씩씩하게 뻗어 나아감. ¶세계로 —하는 우리 기업. ☞자복(雌伏)
웅성(雄性)명 ①수컷 ②생물에서, 수컷의 공통적인 성질. ☞자성(雌性)
웅성-거리다(대다)자 여러 사람이 자꾸 소란스럽게 수군거리다. ¶웅성거리며 서 있는 사람들.
웅성-웅성부 웅성거리는 소리, 또는 그 모양을 나타내는 말. ¶— 하는 소리./— 떠들다.
웅숭-그리다타 춥거나 두려워서 궁상맞게 몸을 웅그리다. ¶부뚜막 옆에 웅숭그리고 앉아 있다. ☞옹송그리다. 웅숭크리다
웅숭-깊다[-깁-]형 ①생각이나 뜻이 매우 넓고도 깊다. ②성격이 되바라지지 않고 깊숙하다. ③겉에 잘 드러나지 않거나 나타나지 않는 성격이 있다.
웅숭-크리다타 춥거나 두려워서 궁상맞게 몸을 웅크리다. ☞옹송크리다. 웅숭그리다
웅시(雄視)명-하다타 위세를 부리며 남을 낮추봄.
웅신-하다형여 ①뭉근하게 더운 기운이 있다. ②불길이 괄지 않고 뭉근하다.
웅심(雄心)명 씩씩하고 장한 마음.
웅심(雄深)어기 '웅심(雄深)하다'의 어기(語基).
웅심-하다(雄深-)형여 글이나 사람의 뜻이 크고 깊다.
웅어명 멸칫과의 바닷물고기. 몸길이는 30cm 안팎. 몸은 옆으로 납작하고 뾰족한 칼 모양이며, 몸빛은 은백색임. 회유성 어류로 4~5월에 서·남해의 강 하류로 올라와 6~7월에 산란함. 위어(葦魚)
웅얼-거리다(대다)자 입속말로 알아듣기 힘들게 자꾸 중얼거리다. ☞엉얼거리다. 옹알거리다
웅얼-웅얼부 웅얼거리는 소리, 또는 그 모양을 나타내는 말. ☞엉얼엉얼. 옹알옹알
웅예(雄蕊)명 수술 ☞자예(雌蕊)
웅용(雄勇)어기 '웅용(雄勇)하다'의 어기(語基).
웅용-하다(雄勇-)형여 뛰어나게 용맹하다.
웅위(雄偉)어기 '웅위(雄偉)하다'의 어기(語基).
웅위-하다(雄偉-)형여 남달리 우람하고 위엄이 있다.
웅읍(雄邑)명 땅이 넓고 주민과 산물이 많은 고을. 큰 고을. 대읍(大邑)
웅자(雄姿)명 웅장한 모습.
웅자(雄雌)명 수컷과 암컷. 암수. 자웅(雌雄)
웅장(熊掌)명 곰의 발바닥, 또는 그것으로 만든 음식. 중국에서 손꼽는 매우 맛이 좋은 여덟 가지 음식 중의 하나로, 추위를 타는 체질에 좋다고 함.
웅장(雄壯)어기 '웅장(雄壯)하다'의 어기(語基).
웅장-하다(雄壯-)형여 으리으리하게 크고 굉장하다. ¶신전의 규모가 매우 —./교향악단의 웅장한 합주.

한자 웅장할 웅(雄) [隹部 4획] ¶웅대(雄大)/웅장(雄壯)/웅지(雄志)/웅혼(雄渾)

웅재(雄才·雄材)명 뛰어난 재능, 또는 그러한 재능을 가진 사람.
웅재-대:략(雄才大略)명 뛰어난 재주와 원대한 지략, 또는 그러한 재능을 가진 사람.
웅절-거리다(대다)자 입속말로 자꾸 불평의 말을 지껄이다. ☞엉절거리다. 옹잘거리다
웅절-웅절부 웅절거리는 소리, 또는 그 모양을 나타내는 말. ☞엉절엉절. 옹잘옹잘
웅주(雄株)명 수포기
웅지(雄志)명 웅대한 뜻. ¶—를 품다. ☞대지(大志)
웅창자화(雄唱雌和)성구 수컷이 노래하면 암컷이 화답한다는 뜻으로, 부부끼리 또는 남남끼리 서로 손을 잘 맞추어 일함을 비유하여 이르는 말. ☞부창부수(夫唱婦隨)
웅천명 마음이 허황된 사람을 이르는 말.
웅크리다타 춥거나 두려워서 몸을 잔뜩 우그려 작게 하다. ¶마루 끝에 웅크리고 있는 고양이. ☞옹크리다. 웅그리다
×**웅큼**의 →움큼
웅편(雄篇)명 뛰어나게 좋은 글이나 작품. ☞걸작(傑作)
웅풍(雄風)명 풍력 계급의 '된바람'의 구용어.
웅피(熊皮)명 곰의 가죽.
웅필(雄筆)명 ①뛰어나게 잘 쓴 글씨. ②글씨를 뛰어나게 잘 쓰는 사람. 유명필(名筆)
웅혼(雄渾)어기 '웅혼(雄渾)하다'의 어기(語基).
웅혼-하다(雄渾-)형여 글이나 글씨 따위가 웅장하고 막힘이 없다.
웅화(雄花)명 수꽃 ☞자화(雌花)
웅황(雄黃)명 석웅황(石雄黃)
워[1]명 한글 자모(字母) 'ㅝ'의 이름.
워:[2]감 부리던 마소를 멈추게 할 때 하는 말. 와[3]. 우아. 우어 ☞이랴. 이로
워-워감 부리던 마소를 멈추게 할 때 거듭 하는 말. 와와
워그르르부 ①많은 양의 액체가 넓은 범위로 야단스레 한 차례 끓어오르는 모양, 또는 그 소리를 나타내는 말. ②높이 쌓였던 단단한 물건들이 급자기 허물어지는 소리, 또는 그 모양을 나타내는 말. ☞와그르르. 우그르르[1]. 워르르
워그적-거리다(대다)자 시끄럽게 북적거리다. ☞와그작거리다
워그적-워그적부 워그적거리는 소리, 또는 그 모양을 나타내는 말. ☞와그작와그작
워글-거리다(대다)자 ①많은 양의 액체가 넓은 범위로 야단스레 자꾸 끓어오르다. ②많은 사람이 한데 뒤섞여 북적대다. ☞와글거리다. 우글거리다
워글-워글부 워글거리는 소리, 또는 그 모양을 나타내는 말. ☞와글와글. 우글우글[1]
워낙부 ①본디부터. 원래가. ¶— 건강한 아이. 준원[2] ②두드러지게 아주. ¶길이 — 험하다.
워낭명 ①마소의 턱 아래에 달아 늘어뜨린 쇠고리. ②마소의 귀에서 턱 밑으로 늘여 단 방울.
워:드(word)명 몇 개의 바이트(byte)가 모인 데이터의 단위. 컴퓨터에서 수행되는 연산(演算)의 기본 단위임.
워:드프로세서(word processor)명 컴퓨터를 이용한 문서 작성용 기계. 문서의 입력·기억·편집·출력의 기

능을 갖추고 있음.
×워라-말 명 →얼룩말
워럭 부 급자기 잡아당기거나 끌어안거나 달려드는 모양을 나타내는 말. ¶ － 끌어안다. ☞와락
워럭-워럭 부 잇달아 급자기 잡아당기거나 끌어안거나 달려드는 모양을 나타내는 말. ☞와락와락
워르르 부 ①많은 양의 액체가 한꺼번에 야단스레 끓어오르거나 넘치는 모양, 또는 그 소리를 나타내는 말. ②쌓여 있던 큰 물체들이 한꺼번에 무너져 내리는 모양, 또는 그 소리를 나타내는 말. ③많은 사람이 한꺼번에 몰려나오거나 움직이는 모양, 또는 그 소리를 나타내는 말. ¶관객들이 － 몰려나오다. ☞와르르. 우르르. 워그르르
워:리 감 개를 부르는 말.
워:밍업(warming-up) 명 ①준비 운동 ②자동차를 운행하기 전에 엔진을 공회전시키는 일.
워석 부 엷고 뻣뻣한 물체가 가볍게 서로 스치거나 부스러질 때 나는 소리를 나타내는 말. ☞와삭. 워썩
워석-거리다(대다) 자 자꾸 워석 소리를 내다. ☞와삭거리다. 워썩거리다
워석-워석 부 워석거리는 소리를 나타내는 말. ☞와삭와삭. 워썩워썩
워썩 부 엷고 매우 뻣뻣한 물체가 세게 서로 스치거나 부서질 때 나는 소리를 나타내는 말. ☞와싹[1]. 워석
워썩-거리다(대다) 자 자꾸 워썩 소리를 내다. ☞와싹거리다. 워석거리다
워썩-워썩 부 워썩거리는 소리를 나타내는 말. ☞와싹와싹[1]. 워석워석
워:어호 감 상여꾼들이 상여를 메고 갈 때, 여럿이 함께 외쳐 부르는 말.
워:크숍(workshop) 명 토의 방식의 한 가지. 참가자들이 특정한 문제나 과제에 관한 새로운 지식이나 연구 방법 등을 서로 교환하며 토의함. ☞세미나
워:크스테이션(workstation) 명 개인용 컴퓨터 정도의 규모에 미니컴퓨터의 성능을 갖춘 고성능 컴퓨터. 처리 속도가 빠르고 그래픽 기능이 뛰어나서 기계나 건물 따위의 설계용으로 발전하였으나, 지금은 일반 사무용으로 널리 활용되고 있음.
워:크아웃(workout) 명 경영 상태가 어려운 기업을 살리기 위해 기업과 금융 기관이 서로 협의하여 진행하는 구조 조정 과정과 결과를 이르는 말.
워:키토:키(walkie-talkie) 명 휴대용의 소형 무선 송수신기. 경비용이나 취재용, 또는 건설 현장 등에서 연락용 등으로 쓰임.
워터폴:로(water polo) 명 수구(水球)
워더그르르 부 단단한 물건이 다른 단단한 물체에 부딪치면서 굴러가는 소리, 또는 그 모양을 나타내는 말. ☞와다그르르
워더글-거리다(대다) 자 워더글워더글 소리가 나다. ☞와다글거리다
워더글-덕더글 부 워더글거리며 덕더글거리는 소리, 또는 그 모양을 나타내는 말. ☞와다글닥다글
워더글-워더글 부 여러 개의 단단한 물건들이 서로 부딪치면서 잇달아 구를 때 나는 소리, 또는 그 모양을 나타내는 말. ☞와다글와다글
워저그르르 부-하다 형 ①여럿이 한데 모여 웃거나 지껄이어 떠들썩한 모양, 또는 그 소리를 나타내는 말. ②소문이 급자기 퍼져서 몹시 떠들썩한 모양을 나타내는 말. ☞와자그르르
원[1] 의 우리 나라의 화폐 단위. 1962년 제2차 화폐 개혁 이후부터 지금까지 쓰이고 있음. ¶오백 －./칠만 －.
원[2] 부 '워낙'의 준말.
원:[3] 감 놀랍거나, 언짢거나, 뜻밖의 일을 당했을 때 하는 말. ¶－, 그럴 수가 있나.
원:(怨) 명 '원한(怨恨)'의 준말.
원:(院) 명 지난날, 공무로 여행하는 관원들을 위해 역과 역 사이에 두었던 숙박 시설.
원(*員) 명 조선 시대 각 고을을 다스리는 부사(府使)·부윤(府尹)·목사(牧使)·군수(郡守)·현감(縣監)·현령(縣令) 등의 관원을 두루 이르던 말. 수령(守令)
원(圓)[1] 명 ①동그라미 ②수학에서, 평면상의 한 정점(定點)에서 같은 거리에 있는 점의 자취, 또는 그 자취에 둘러싸인 평면.
원(園) 명 '원소(園所)'의 준말.
원:(願) 명 소원(所願)
원(圓)[2] 의 지난날, 우리 나라 화폐 단위의 하나. 전(錢)의 100배. 1911년 이후부터 1953년 제1차 화폐 개혁 이전까지 사용되었음.
원(原)-《접두사처럼 쓰이어》'본디', '처음'의 뜻을 나타냄. ¶원이름/원가지/원자재(原資材)/원주민(原住民)/원주소(原住所)/원판결(原判決)
-원(元)《접미사처럼 쓰이어》'근원지(根源地)'의 뜻을 나타냄. ¶제조원(製造元)/판매원(販賣元)
-원(員)《접미사처럼 쓰이어》'구성원이나 일에 참여하는 사람'임을 나타냄. ¶심사원(審査員)/심판원(審判員)/은행원(銀行員)/특파원(特派員)/연구원(硏究員)/종사원(從事員)
-원(院)《접미사처럼 쓰이어》'일을 맡아 하는 기관'의 뜻을 나타냄. ¶감사원(監査院)/학술원(學術院)/연구원(硏究院)/훈련원(訓鍊院)
-원(源)《접미사처럼 쓰이어》'근원(根源)'의 뜻을 나타냄. ¶공급원(供給源)/식수원(食水源)/동력원(動力源)/자금원(資金源)
원:가(怨歌) 명 신라 효성왕 때, 화랑 신충(信忠)이 지었다는 팔구체 향가. 옛정을 저버린 임금을 원망하는 내용임. '삼국유사'에 실려 전함. 원수가(怨樹歌)
원가(原價)[－까] 명 ①물건을 사들일 때의 값. 본값 ②제품이나 용역을 생산하는 데 쓰인 모든 비용. ¶－ 절감
원가=계:산(原價計算)[－까－] 명 제품이나 서비스의 한 단위를 만드는 데 드는 비용을 산출하는 일. 원료비, 인건비, 감가 상각비, 보험료 따위의 총경비를 합해 생산량으로 나눔.
원-가지(原－) 명 나무의 원줄기에 직접 붙어 있는 굵은 가지. 주지(主枝)
원각(圓覺) 명 불교에서, 부처의 원만한 깨달음을 이르는 말.
원각경(圓覺經) 명 '대방광원각수다라요의경(大方廣圓覺修多羅了義經)'을 줄여 이르는 말. 우리 나라에서 예로부터 대승 불교의 근본 경전으로 삼아 왔음.
원각경언:해(圓覺經諺解) 명 조선 세조 11년(1465)에 효령 대군(孝寧大君), 중 신미(信眉), 한계희(韓繼禧) 등이 '원각경(圓覺經)'을 한글로 번역하여 간경도감(刊經都監)에서 펴낸 책. 10권 1책의 목판본.
원각-사(圓覺社) 명 1908년에 설립하였던 우리 나라 최초의 국립 극장.
원간(原刊) 명 중간(重刊)에 상대하여, 맨 처음으로 하는 간행, 또는 그 간행물. 초간(初刊)
원간-본(原刊本) 명 중간본(重刊本)에 상대하여, 맨 처음 간행한 책. 초간본(初刊本) 준 원본(原本)
원:객(遠客) 명 먼 곳에서 온 손.
원:-거:리(遠距離) 명 먼 거리. 장거리(長距離) ☞근거리(近距離)
원:거리=신:호(遠距離信號) 명 배와 배, 또는 배와 육지 사이에 쓰는 국제적인 신호의 하나. 날씨가 흐리거나 거리가 멀어 신호기의 식별이 곤란한 경우에 특히 정하여 쓰는 신호.
원:거리=체감법(遠距離遞減法)[－뻡] 명 운임을 거리에 따라 정할 경우, 거리가 멀수록 단계적으로 할인하여 계산하는 방법.
원거원처(爰居爰處) 성구 이곳 저곳으로 옮겨 다니며 삶을 이르는 말.
원거-인(原居人) 명 그 지방에서 오래 전부터 살던 사람.
원:격(遠隔) 앞말 기한이나 거리가 멀리 떨어져 있음을 뜻하는 말. ¶－ 유도/－ 조정/－ 치료/－ 탐사
원:격=교:육(遠隔敎育) 명 초고속 통신망이나 인공 위성

ㅇ

등을 이용하여 시간과 공간의 제약을 받지 않고 이루어지는 멀티미디어 교육. 컴퓨터의 화면을 통해 선생과 학생이 직접 대화를 나누며 학습을 함.

원:격=의료(遠隔醫療)명 초고속 통신망이나 인공 위성 등을 이용하여 병원에 가지 않고 집에서 컴퓨터시스템으로 진료를 받을 수 있는 서비스.

원:격=제:어(遠隔制御)명 멀리 떨어져 있는 기기(器機)나 장치에 전파 따위의 신호를 보내어 자동 제어하는 일. 로켓의 유도, 생산 공장의 집중 관리 따위에 쓰임. 리모트콘트롤(remote control). 원격 조작(遠隔操作)

원:격=조작(遠隔操作)명 원격 제어

원:격-지(遠隔地)명 멀리 떨어진 곳.

원경(圓徑)명 원의 지름.

원:경(遠景)명 ①멀리 바라보이는 경치. 원광(遠光) ②그림이나 사진 따위에서, 멀리 있는 것으로 그려지거나 찍힌 대상이나 풍경. ☞근경(近景)

원:경(遠境)명 ①멀리 떨어져 있는 국경. ②멀리 떨어져 있는 지역.

원:경-법(遠景法)[-뻡]명 투시 도법(透視圖法)

원:계(援繫)명 어떤 일을 하거나 출세하는 데 의지가 될 수 있는 연줄.

원:계(遠計)명 먼 앞날을 위한 계획.

원고(原告)명 소송을 제기하여 재판을 청구한 사람.

원고(原稿)명 ①인쇄물을 만들기 위하여 애벌로 쓴 글. ¶ - 청탁 ②제판(製版)의 기초가 되는 문서나 그림 따위. ③연설이나 강연 등의 초안.

한자 원고 고(稿)〔禾部 10획〕¶ 원고(原稿)/유고(遺稿)/초고(草稿)/탈고(脫稿) ▷ 稿와 稾는 동자

원고-료(原稿料)명 원고를 쓴 데 대한 보수. 준 고료

원고=용:지(原稿用紙)명 원고를 쓸 때 사용하는, 일정한 규격의 종이. 준 원고지

원고-지(原稿紙)명 '원고 용지(原稿用紙)'의 준말.

원:골(怨骨)명 원한을 품고 죽은 사람.

원공(元功)명 으뜸되는 큰 공.

원공(猿公)명 '원숭이'를 의인화하여 이르는 말.

원-관념(元觀念)명 비유법에서, 나타내고자 하는 실제 내용을 이르는 말. '호수 같은 눈'에서 '눈'은 원관념, '호수'는 보조 관념(補助觀念)임.

원광(原鑛)명 ①주가 되는 광산. ②제련하지 아니한, 채굴한 그대로의 광석. 원석(原石). 조광(粗鑛)

원광(圓光)명 ①둥근 빛. 햇빛이나 달빛 따위. ②불교에서, 부처의 몸에서 내비친다는 빛. ③부처의 몸에서 내비치는 광명(光明)을 상징적으로 나타낸, 불상 배후의 장식. 후광(後光)

원:광(遠光)명 멀리 바라보이는 경치. 원경(遠景)

원:교(遠郊)명 도시에서 멀리 떨어져 있는 마을, 또는 들이나 논밭이 있는 곳. ☞근교(近郊)

원:교근:공(遠交近攻)성구 먼 나라와 친교를 맺고 이웃 나라를 공략함을 이르는 말.

원:교=농업(遠郊農業)명 도시로부터 멀리 떨어진 곳에서, 도시민들에게 공급할 채소·과실·화초 등을 재배하는 농업. ☞근교 농업(近郊農業)

원:구(怨仇)명 원수(怨讎)

원:구(怨咎)명-하다 타 원망하고 꾸짖음. 원우(怨尤)

원:구(怨溝)명 원한으로 말미암아 벌어진 사이.

원구(原口)명 동물의 발생 초기에 생기는 세포의 함입구.

원구(圓球)명 둥근 공 따위의 물체.

원구-류(圓口類)명 척추동물의 한 강(綱). 가장 하등한 척추동물로서 척추가 있지만 일생 동안 척삭(脊索)도 가짐. 뼈는 연골이고 턱뼈가 없는 흡반 같은 둥근 입이 특징임. 먹장어·칠성장어 따위. ☞연골어류(軟骨魚類)

원:국(遠國)명 먼 나라. 원방(遠邦) ☞근국(近國)

원:군(援軍)명 도와 주는 군대. 원사(援師)

원:굴(冤屈)어기 '원굴(冤屈)하다'의 어기(語基).

원:굴-하다(冤屈-)형여 원통하게 죄를 뒤집어써서 억울하다. 원억하다. 원왕하다

원권(原權)[-꿘]명 어떤 권리가 침해됨에 따라 발생하는 원상 회복이나 손해 배상의 청구권에 대하여, 그 침해되기 이전의 본디의 권리. ☞구제권(救濟權)

원:귀(冤鬼)명 원통하게 죽은 사람의 귀신.

원-그래프(圓graph)명 원 전체를 100으로 정하고 각 부분의 백분비를 중심각의 크기나 부채꼴의 넓이로 나타내는 그래프.

원-그:림(原-)명 모사(模寫)나 복제(複製) 따위의 본이 되는 그림. 원도(原圖)

원:근(遠近)명 ①멀고 가까움. ②먼 곳과 가까운 곳, 또는 그곳에 사는 사람. ¶ -의 친척이 다 모였다.

원:근-법(遠近法)[-뻡]명 그림에서, 사물을 실제 눈에 보이는 것과 같은 거리감이 드러나도록 묘사하는 기법. 현실감이나 입체감을 강하게 나타내기 위한 것임. ☞음영 화법(陰影畫法)

원:-근:해(遠近海)명 먼 바다와 가까운 바다.

원금(元金)명 ①빌려 주거나 맡긴 돈에서 이자를 붙이지 아니한, 본디의 액수. ¶ -만 돌려주다. ②밑천으로 든 돈. ¶ -까지 다 날리다. 본전(本錢)

원기(元氣)명 ①본디 타고난 기운. ②심신의 정력. ¶ -가 왕성하다. ③만물(萬物)의 정기.

원기(原器)명 ①측정량의 단위를 규정하는 기준이 되는 물체나 장치. 킬로그램 원기 따위. ②같은 종류의 물건의 표준으로 삼는 그릇.

원-기둥(原-)명 가장 중요한 곳에 버티어 세우는 기둥.

원-기둥(圓-)명 수학에서, 평행사변형이 그 한 변을 축으로 하여 한 바퀴 돌 때 생기는 입체. 원통(圓筒)

원기둥=곡면(圓-曲面)명 수학에서, 직선이 그에 평행하는 한 직선을 축으로 하여 한 바퀴 돌 때 생기는 곡면.

원:납(願納)명-하다 타 스스로 원하여 재물을 바침.

원:납-전(願納錢)명 ①스스로 원하여 바치는 돈. ②1865년(조선 고종 2)에 대원군이 경복궁 중수(重修)를 위하여 백성들로부터 거두어들인 기부금을 이르던 말.

원내(員內)명 정원(定員) 수의 안. ☞원외(員外)

원내(院內)명 ①병원·학원·유치원 등 '원(院)'자가 붙은 각종 기관의 안. ②의원(議院)의 안, 곧 국회의 안. ¶ - 활동 ☞원외(院外)

원내=총:무(院內總務)명 국회 안에서 자기 당의 의원을 통솔하고 당의 사무를 맡아보며 다른 당과 교섭 등을 하는, 정당의 간부. 준 총무(總務)

원:녀(怨女)명 남편이 없음을 한탄하는 여자라는 뜻으로, '홀어미'를 이르는 말. 원부(怨婦)

원년(元年)명 ①임금이 즉위한 해. ②연호(年號)를 정한 첫해. ③나라를 세운 해.

원:념(怨念)명 원한을 품은 생각.

원-노비(元奴婢)명 본디 부모가 부리던 노비.

원-님(*員-)명 지난날, 고을의 원을 높여 일컫던 말.

속담 **원님 덕(德)에 나팔이라(분다)** : 남의 덕으로 분에 넘치는 대접을 받음을 이르는 말./**원님도 보고 환자(還子)도 탄다** : 어떤 일을 동시에 겸하여 꾀함을 이르는 말./**원님에게 물건을 팔아도 에누리가 있다** : 물건을 사고 팔 때는 반드시 에누리가 있게 마련이라는 말.

원-다회(圓多繪)명 단면이 둥근 끈목. 노리개나 매듭술 따위를 만드는 데 씀. 동다회(童多繪) ☞다회(多繪)

원단(元旦)명 정월 초하룻날 아침. 설날 아침. 세단(歲旦). 원신(元辰). 정단(正旦). 정조(正朝)

원단(原緞)명 제품을 만드는 재료가 되는 천. ¶좋은 -.

원-달구(圓-)명 크고 둥근 돌에 줄을 맨 달구. 땅을 다지는 데 쓰임.

원달구-질(圓-)명-하다 자 원달구로 땅을 다지는 일.

원:당(願堂)명 ①지난날, 궁중이나 민가에 마련해 왕실의 명복을 빌던 곳. ②소원을 빌기 위하여 세운 집.

원:대(怨懟)명-하다 타 원망(怨望)

원대(原隊)명 대원(隊員)으로서 본디 딸려 있던 조직이나 무리. ¶탐험대의 -로 복귀하다.

원:대(遠代)명 ①먼 조상의 대(代). ②아득히 먼 옛 시대.

원:대(遠大)어기 '원대(遠大)하다'의 어기(語基).

원:대-하다(遠大-)형여 계획이나 뜻한 바가 먼 장래까지를 내다본 것으로 그 규모가 매우 크다. ¶원대한 포부.
원덕(元德)명 특정한 문화에서, 여러 가지 덕(德)의 바탕이 되는 주요한 덕. 주덕(主德)
원도(原圖)명 원그림
원:도(遠到)명-하다자 높은 관직에 오름.
원:도(遠逃)명-하다자 멀리 달아남.
원:도(遠島)명 육지에서 멀리 떨어져 있는 섬.
원도-지(原圖紙)명 원그림을 그리는 데 쓰는 종이.
원:독(怨毒)명 원망이 쌓이고 쌓여 마음에 맺힌 독기.
원동(原動)명 운동이나 활동을 일으키는 근원.
원:동(遠東)명 유럽을 기준으로 하여, 아시아 대륙의 동쪽 지역. 곧 우리 나라와 중국, 일본, 타이완 등을 이름. 극동(極東) ☞근동(近東). 중동(中東)
원동-기(原動機)명 자연계에 존재하는 에너지원을 역학적 에너지로 바꾸어 필요한 동력을 발생시키는 장치. 열기관, 수력 기관, 전동기 따위.
원동-력(原動力)명 ①어떤 일을 일으키는 근원적인 힘. ¶국민 화합의 -./경제 성장의 -. ②기계적 에너지로 바꾸어 쓸 수 있는 자연적 에너지. 열·풍력·수력 따위.
원두(原豆)명 가공 전의 커피 열매를 흔히 이르는 말.
원두(*園頭)명 밭에 심어 가꾸는 오이·호박·참외·수박 따위를 통틀어 이르는 말.
원두(를) 놓다관용 밭에 오이·호박·참외·수박 따위를 심어 가꾸다.
원두(를) 부치다관용 원두밭을 경작하다.
원두-막(*園頭幕)명 원두를 지키기 위하여 원두밭 한쪽에 높직하게 세워 놓은 간단한 다락집.
원두-밭(*園頭-)명 원두를 심어 가꾸는 밭.
원-둘레(圓-)명 원의 둘레. 곧 평면상의 한 점에서 같은 거리에 있는 점의 자취. 원주(圓周)
원둘레-율(圓-率)명 원의 둘레와 지름의 비. 약 3.1416임. 기호는 π. 원주율(圓周率)
원래(元來·原來)명 ①본디 ¶-의 의도는 그게 아니었다. ②〖부사처럼 쓰임〗¶성질이 - 착하다.
원:래(遠來)명-하다자 먼 곳에서 옴.
원량(原量)명 본디의 분량.
원량(原諒)명-하다타 편지 글에서, '용서(容恕)'의 뜻으로 쓰는 한문 투의 말. 원유(原宥)
원:려(遠慮)명-하다타 먼 앞일을 깊이 헤아려 생각함, 또는 그 생각.
원력(原力)명 본디부터 가지고 있는 힘.
원:령(怨靈)명 원한을 품고 죽은 사람의 혼령.
원:례(援例)명-하다타 전례(前例)를 끌어다 댐.
원로(元老)명 ①나이가 많고 직위나 덕망 등이 높은 공신(功臣). ②어떤 분야에서 오래 일하여 경험과 공로가 많은 늙은 사람. ¶학계의 -.
원:로(遠路)명 멀리 가거나 오거나 하는 길. 먼길. 원정(遠程) ¶-에 고생이 많습니다.
원로=대:신(元老大臣)명 지난날, 나이가 많고 덕망이 높은 관원을 이르던 말.
원로-원(元老院)명 ①고대 로마의 입법·자문 기관. ②일부 공화국에서, 상원(上院)을 달리 이르는 말.
원론(原論)명 근본이 되는 이론. ¶경제학 -
원:뢰(遠雷)명 멀리서 울리는 천둥소리.
원료(原料)명 물건을 만드는 데 바탕이 되는 재료. 원재료(原材料) ☞밑감
원료-비(原料費)명 원료를 사들이는 데 드는 비용.
원:루(冤淚)명 원통하여 흘리는 눈물.
원룸(one-room)명 방 하나로 침실과 부엌을 겸하고 욕실 등이 딸려 있는 주거 공간. 주로 독신자나 신혼 부부 등이 이용함.
원류(源流)명 ①내나 강의 흐름의 근원. ☞본류(本流) ②사물의 근원.
원:류(遠流)명-하다타 원배(遠配)
원:류(願留)명-하다타 지난날, 고을의 백성들이 전임(轉任)되는 관원의 유임(留任)을 상부에 청원하던 일.
원리(元利)명 원금과 이자.
원리(原理)명 ①사물의 기본이 되는 이치나 법칙. ②철학에서, 일체 진리의 기초, 곧 설명 또는 판단의 근거가 되는 진리를 이르는 말.
원리-금(元利金)명 원금과 이자를 합친 돈.
원림(園林)명 ①집터에 딸린 숲. ②공원이나 정원의 숲.
원-마:부(元馬夫)명 지난날, 기구를 갖춘 말의 왼쪽에 달린 긴 고삐를 잡고 끌던 마부. ☞곁마부
원:막치:지(遠莫致之)성구 먼 곳에 있어서 올 수가 없음을 이르는 말.
원만(圓滿)어기 '원만(圓滿)하다'의 어기(語基).
원만-스럽다(圓滿-)(-스럽고·-스러워)형ㅂ 원만한 듯 하다. ¶일의 결과가 -./둘 사이가 -.
원만-스레부 원만스럽게
원만-하다(圓滿-)형여 ①성격이나 행동이 모난 데가 없이 부드럽다. ¶원만한 성격. ②일의 진행이 순조롭다. ¶일이 원만하게 해결되다. ③남과 지내는 사이가 구순하다. ¶이웃 사람들과 원만하게 지내다.
원만-히부 원만하게
원-말(原-)명 ①번역하거나 고치거나 바꾼 말의 본디의 말. 밑말. 원어(原語) ②고유어나 한자어 가운데 음이 변한 말에 상대하여 변하기 전, 본디의 말. '곤란'에 대한 '곤난(困難)' 따위. ☞변한말
원:망(怨望)명-하다타 남을 못마땅하게 여겨 탓하거나 불만을 품고 미워함, 또는 그 마음. 원대(怨懟) ¶-이 가득 담긴 눈으로 바라보다./남을 -하지 아니하다.

한자 원망할 원(怨) 〔心部 5획〕 ¶원독(怨毒)/원망(怨望)/원사(怨辭)/원성(怨聲)/원심(怨心)/원한(怨恨)

원:망(遠望)명-하다타 먼 곳을 바라봄. 멀리 바라봄.
원:망(願望)명-하다타 원하고 바람.
원:망-스럽다(怨望-)(-스럽고·-스러워)형ㅂ 원망하는 마음이 있다. ¶나의 진심을 몰라주는 그가 -.
원망-스레부 원망스럽게
원:매-인(願買人)명 사려고 하는 사람. 원매자(願買者). 작자(作者)
원:매-인(願賣人)명 팔려고 하는 사람. 원매자(願賣者)
원:매-자(願買者)명 원매인(願買人)
원:매-자(願賣者)명 원매인(願賣人)
원맥(原麥)명 밀가루의 원료가 되는, 빻지 않은 밀.
원맨쇼:(one-man show)명 ①한 사람이 무대에 나와 벌이는 쇼. ②독장치는 일을 비유하여 이르는 말.
원면(原綿)명 면사의 원료가 되는, 가공하지 않은 솜.
원명(原名)명 본디의 이름. 원이름
원명(原命)명 본디 타고난 목숨.
원:모(怨慕)명-하다타 원망하면서도 한편으로 사모함.
원모(原毛)명 모직물의 원료가 되는 짐승의 털.
원:모(遠謀)명-하다타 먼 장래를 내다보고 계책을 세움, 또는 그러한 계책.
원목(原木)명 ①가공하지 않은, 베어 낸 그대로의 나무. ☞통나무 ②인공 목재가 아닌, 자연 상태의 목재. ¶-가구
원무(圓舞)명 ①여러 사람이 둥그런 형태를 이루며 추는 춤. ②왈츠나 폴카 등과 같이 남녀가 쌍을 이루어 추는 경쾌한 사교춤. 윤무(輪舞) ③'원무곡'의 준말.
원무-곡(圓舞曲)명 왈츠(waltz) 준원무(圓舞)
원문(原文)명 베끼거나 번역하거나 퇴고(推敲)한 글에 대하여, 그 대상이 된 본디의 글. 본문(本文)
원:문(轅門)명 ①군영(軍營)의 문. 영문(營門) ②'군대'를 달리 이르는 말. 군문(軍門)
원:문(願文)명 불교에서, 시주(施主)가 바라는 바를 적은 글. 발원문(發願文)
원물(元物)명 민법에서, 어떤 수익물(收益物)을 얻을 수 있는 근원이 되는 물건을 이르는 말. 우유에 대하여 젖소, 과일에 대하여 과일 나무 따위.
원미(元味)명 쌀을 굵게 동강나게 타서 쑨 죽. 여름에 꿀과 소주를 타서 차게 하여 먹음. 흰원미

원-밀이(圓-)명 ①재래식 한옥에서, 살밀이의 하나. 문살의 등을 홈이 없이 둥글게 밀어 모양을 내는 일, 또는 그런 문살. ☞골밀이. 배밀이[1] ②원밀이 하는 데 쓰는 대패.
원반(原盤)명 복제(複製)한 음반에 대하여, 본디의 음반.
원반(圓盤)[1]명 ①둥글넓적하게 생긴 물건. ②원반던지기에 쓰는 운동 기구. 나무에 중앙에는 놋쇠로 된 동그란 판을 박고 가에는 금속의 테를 둘러 만든 둥글넓적한 판.
원반(圓盤)[2]명 소반의 면 둘레를 둥글게 다듬어 만든 반. ☞모반. 죽절반(竹節盤)
원반-던지기(圓盤-)명 육상 경기에서 던지기 운동의 한 가지. 지름 2.5m의 원 안에서 일정한 규격의 원반을 한 손으로 던져서 멀리 보내기를 겨룸. 투원반(投圓盤)
원밥-수기명 떡국에 밥을 넣어 끓인 음식.
원:방(遠方)명 먼 지방, 또는 먼 곳. 원지(遠地)
원:방(遠邦)명 먼 나라. 원국(遠國)
원-방패(圓防牌)명 방패의 한 가지. 둥근 널판에, 뒷면은 무명으로 바르고 그 가운데에 손잡이를 달았으며, 앞면은 쇠가죽으로 싸고 그 위에 오색으로 짐승 얼굴과 물결 무늬 등을 그렸음.
원배(元配)명 죽거나 헤어진, 첫 아내. 초배(初配) ☞전배(前配)
원:배(遠配)명-하다타 먼 곳으로 귀양보냄. 원류(遠流). 원찬(遠竄)
원범(原犯)명 정범(正犯)
원법(原法)[-뻡]명 고치기 이전의 본디의 법.
원:별(怨別)명-하다자 이별을 원통히 여김, 또는 그 이별.
원:별(遠別)명-하다자 서로 멀리 헤어짐.
원:병(援兵)명 '구원병(救援兵)'의 준말.
원보(原譜)명 고치거나 바꾸기 전의 본디의 악보.
원본(原本)명 ①등사(謄寫)·초록(抄錄)·번역·개정 등을 하기 전의 본디의 책. 남본(藍本). 저본(底本) ☞역본(譯本) ②등본이나 초본 등의 근본이 되는 문서. ③'원간본(原刊本)'의 준말.
원:부(怨婦)명 남편이 없음을 한탄하는 여자라는 뜻으로, '홀어미'를 이르는 말. 원녀(怨女)
원부(原簿)명 ①고쳐 만들거나 베끼기 전의 본디의 장부. ②부기에서, 가장 근본이 되는 장부. 거래 전부를 기록하며, 전계정(全計定)을 포함한 주요 장부임. 원장(元帳)
원:부가(怨婦歌)명 규원가(閨怨歌)
원:부사(怨夫詞·怨婦辭)명 규원가(閨怨歌)
원분(圓墳)명 고분(古墳) 중에서, 둥근 모양의 무덤.
원:불(願佛)명 사사로이 모셔 놓고 소원을 비는 부처.
원비(元妃)명 임금의 정실(正室).
원비(元肥)명 밑거름 ☞보비(補肥)
원:비(怨誹)명-하다타 원망하여 비방함.
원비지세(猿臂之勢)성구 유리할 때는 진격하고 불리할 때는 퇴각하는, 진퇴와 공수(攻守)가 자유로운 형세를 이르는 말.
원-뿌리(元-)명 식물에서, 주(主)가 되는 본디의 뿌리.
원-뿔(圓-)명 수학에서, 직각 삼각형이 한 직각 변을 축으로 하여 한 바퀴 돌 때 생기는 입체.
원뿔-곡선(圓-曲線)명 수학에서, 원뿔을 그 꼭지점을 지나지 않는 임의의 평면으로 잘랐을 때 생기는 단면의 곡선.
원뿔-꼴(圓-)명 원뿔처럼 생긴 모양.
원뿔-대(圓-臺)명 수학에서, 원뿔을 밑면에 평행하게 잘랐을 때의 아래 부분.
원뿔=도법(圓-圖法)[-뻡]명 지도 투영법의 한 가지. 지구 중심에 시점(視點)을 두고 지구의 한 위도선에 원뿔면을 맞닿게 하여 그 위에 투영되는 지구 표면의 형태를 그리는 방법. 원뿔 투영법
원뿔-면(圓-面)명 수학에서, 원뿔의 밑면을 제외한 측면을 이르는 말.
원뿔=투영법(圓-投影法)[-뻡]명 원뿔 도법
원사(元士)명 군대 계급의 하나. 부사관급(副士官級)으로 준위의 아래, 상사(上士)의 위.
원:사(怨詞)명 신라 가요의 하나. 기생 천관(天官)이 자신과 인연을 끊은 김유신(金庾信)을 원망하여 지어 불렀다는 노래. '동국여지승람(東國輿地勝覽)'에 설화 내용이 실려 있으나, 가사는 전하지 않음.
원:사(怨辭)명 원망하는 말.
원사(原絲)명 직물의 원료가 되는 실. ¶폴리에스테르 -
원:사(冤死)명-하다자 원통하게 죽음.
원:사(援師)명 도와 주는 군대. 원군(援軍)
원:사(遠射)명-하다타 활이나 총 등을 멀리 쏨, 또는 먼 곳에서 쏨.
원사=시대(原史時代)명 고고학상 시대 구분의 하나. 선사 시대와 역사 시대의 중간 시대로, 문헌적 사료가 단편적으로 존재함.
원사이드게임(∠one-sided game)명 한쪽이 일방적으로 이기는 경기. ☞시소게임(seesaw game)
원사-체(原絲體)명 이끼 식물의 홀씨가 발아한 후에 생기는, 실 모양의 배우체.
원삭-동:물(原索動物)명 동물계의 한 문(門). 어릴 때 생긴 척삭이 일생 동안 중추 뼈대를 이루는 동물로, 중추신경은 대롱 모양이고 호흡기는 소화관에서 발생함. 바닷물 위를 떠다니거나 바위 등에 붙거나 모래펄 속에서 생활함. 두삭류(頭索類)인 멍게·미더덕, 미삭류(尾索類)인 창고기 따위가 이에 딸림.
원산(原産)명 어떤 고장에서 본디부터 생산하는 일, 또는 그 물건. ¶프랑스 -의 포도주.
원:산(遠山)명 ①먼 곳에 있는 산. 먼산 ②안경테의 좌우 두 알을 잇는 부분. ③문짝이 걸리도록 문지방 가운데에 좀 도드라지게 박은 물건. ④재래식 화장실에서, 앉으면 앞을 가려 주게 된 물건. ⑤망건 앞에 다는 반달 모양의 장식품. 갓이 뒤로 넘어가지 않도록 하는 구실을 함. 풍잠(風簪) ⑥해금의 공명통 위에 줄을 떠받치고 있는 나무쪽.
원산-물(原産物)명 원산지에서 난 물건.
원산-지(原産地)명 ①원료나 제품 등의 본디 생산지. ¶제품의 - 표시가 의무화되다. ②동식물의 본디 난 땅.
원삼(元蔘)명 현삼(玄蔘)
원삼(圓衫)명 여성 예복의 한 가지. 지난날, 왕비 이하 내·외명부의 예복으로 서민은 혼례 때 입을 수 있었음. 연두색 길에 자주 깃과 색동 소매를 단 것으로, 앞깃이 둥근 데에서 붙은 이름. 옆이 터져 있는 것이 특징임.
원상(原狀)명 본디의 상태. ¶- 복구하다.
원:상(院相)명 조선 시대, 임금이 세상을 떠난 뒤 스무엿새 동안 정무(政務)를 맡아보던 임시 관직, 또는 그 관원. 원로 대신 중에서 임명함.
원상(原象)명 본래의 형상(形象).
원:색(怨色)명 원망하는 얼굴빛.
원색(原色)명 ①모든 색의 바탕이 되는 색. 빨강·노랑·파랑 따위. 기색(基色) ②빛깔이 뚜렷하고 강한 색.
원:색(遠色)명-하다자 여색(女色)을 멀리함.
원색-동:물(原索動物)명 원삭동물(原索動物)
원색-적(原色的)명 ①원색과 같이 강렬한 것. ②말이나 차림새 등이 직접적이고 노골적인 것. ¶-인 비난.
원색-판(原色版)명 인쇄에서, 사진이나 그림을 천연색으로 나타내기 위해 색분해하여 만든 인쇄판, 또는 그런 판으로 찍은 인쇄물. ☞사색판(四色版). 삼색판(三色版)
원생(原生)명 자연 그대로 있어 진보하거나 변화하지 않은 것. 원시(原始)
원:생(院生)명 ①'원(院)'자로 끝나는 이름의 기관에 수용되거나 딸려 있는 사람. ¶유치원 - ②조선 시대에 서원(書院)에 딸려 있는 유생(儒生)을 이르던 말.
원생대(原生代)명 지질 시대의 선캄브리아대를 둘로 나눌 때 그 둘째 시대. 박테리아나 단세포 동물 따위의 화석(化石)이 있음. ☞시생대(始生代)
원생-동:물(原生動物)명 동물적 특성을 지닌 원생생물을 흔히 이르는 말. 편모류·섬모류·위족류·포자류로 분류됨. 아메바·유글레나·짚신벌레 따위. 원충(原蟲) ☞후생동물(後生動物)

원생-림(原生林)명 예부터 사람이 벌목하거나 이용하지 않은 자연 그대로의 산림. 원시림(原始林)
원생-생물(原生生物)명 아메바・유글레나・짚신벌레 등의 원생동물과 김・미역・우뭇가사리 등의 조류(藻類), 점균류를 아울러 이르는 말. ☞균류(菌類)
원생생물-계(原生生物界)명 생물의 다섯 분류 체계의 한 계(界). 대부분 단세포이고, 핵막으로 둘러싸인 핵을 가짐. 다세포인 경우는 조직의 분화가 덜 되어 있음. 원생동물과 조류(藻類), 점균류가 이에 딸림. ☞균계(菌界)
원생-토(原生土)명 암석의 풍화 분해물이 본디의 암석 위에 그대로 퇴적되어 이루어진 흙. 원적토(原積土)
원서(爰書)명 지난날, 죄인이 진술한 범죄 사실을 적는 서류를 이르던 말.
원서(原恕)명-하다타 사정을 딱하게 여겨 용서함.
원서(原書)명 번역하거나 베낀 책에 대하여, 원본이 되는 책. 원전(原典) ☞역서(譯書)
원:서(願書)명 지원하거나 청원하는 내용을 적은 서류.
원석(元夕)명 음력 정월 보름날 밤. 원소(元宵)
원석(原石)명 ①제련하지 아니한, 채굴한 그대로의 광석. 원광(原鑛) ②가공하기 전의 보석.
원선(圓扇)명 둥글부채
원:성(怨聲)명 원망하는 소리. ¶주민들의 －을 듣다.
원성(原性)명 본디의 성질.
원소(元素)명 ①수학에서, 집합을 이루는 낱낱의 요소. ②화학에서, 한 종류의 원자로만 이루어진 물질, 또는 그 물질의 구성 요소. ③철학에서, 만물의 본바탕이 되며 항상 변하지 아니하는 구성 요소.
원소(元宵)명 원석(元夕)
원:소(冤訴)명-하다자 억울함을 호소함.
원소(園所)명 왕세자와 왕세자빈, 왕의 사친(私親)들의 산소. ㊂원(園)
원소=기호(元素記號)명 원소 또는 원자의 종류를 나타내는 기호. 원자 기호(原子記號). 화학 기호(化學記號)
원소-병(元宵餠)명 음력 정월 보름날 밤에 먹는, 떡으로 만든 화채.
원소=분석(元素分析)명 유기 화합물에 들어 있는 원소의 종류와 비율을 알아내기 위하여 하는 분석.
원소=주기율(元素週期律)명 원소를 원자 번호의 차례로 배열하였을 때, 그 물리적・화학적 성질이 주기적으로 변화한다고 하는 법칙. ㊂주기율(週期律)
원손(元孫)명 왕세자의 맏아들.
원:손(遠孫)명 먼 후대의 자손. 말손(末孫). 묘예(苗裔). 원예(遠裔) ☞계손(系孫)
원수(元首)명 ①한 나라의 최고 통치권을 가진 사람. ②국제법에서, 외국에 대하여 나라를 대표하는 자격을 가지는 국가 최고 기관.
원수(元帥)명 ①오성 장군(五星將軍) ②고려 시대, 전쟁 때 군을 통솔하던 장수, 또는 한 지방의 군대를 통솔하던 으뜸 장수. ③대한 제국 때, 원수부(元帥府)를 통솔하던 으뜸 관직.
원수(元數)명 ①근본이 되는 수. ②본디의 수.
원:수(怨讎)명 자기 또는 자기 집안, 자기 나라에 해를 끼쳐 원한이 맺히게 한 대상. 구수(仇讎). 구원(仇怨). 구적(仇敵). 수구(讎仇). 원구(怨仇)
원수(를) 갚다관용 원수에게 해를 입혀 앙갚음을 하다.
속담 **원수는 외나무다리에서 만난다** : 원수는 공교롭게도 피하기 어려운 곳에서 만나게 되는 법이라는 말.
원수(員數)[－쑤]명 사람의 수효.
원:수가(怨樹歌)명 원가(怨歌)
원수-부(元帥府)명 대한 제국 때, 전군(全軍)의 군무를 관장하기 위하여 두었던 관아. 국방과 용병(用兵) 등의 군사(軍事)와 군대의 지휘, 감독 등의 임무를 가졌음.
원:수-지다(怨讎－)자 서로 원수가 되다. ¶나하고 무슨 원수진 일이 있다고 이렇게 괴롭히느냐?
원:수-치:부(怨讎置簿)명 원수진 일을 오래 기억해 둠.
원숙(圓熟)어기 '원숙(圓熟)하다'의 어기(語基).
원숙-하다(圓熟－)형여 ①매우 숙련되거나 무르익어 있다. ¶원숙한 연기./원숙한 솜씨. ②인격이나 지식 따위가 높은 경지에 이르러 있다. ¶원숙한 품성.
원숙-히부 원숙하게
원순=모:음(圓脣母音)명〈어〉발음할 때 입술 모양을 동글게 오므려 소리내는 모음. 곧 'ㅗ・ㅜ'와 같은 음을 이름. ☞평순 모음(平脣母音)
원순모:음화(圓脣母音化)명〈어〉원순 모음이 아닌 모음이 원순 모음으로 바뀌는 현상이나 변화를 이르는 말. '믈→물, 블→불, 플→풀'로 바뀐 것이나, '프린트'가 '푸린트'로 발음되는 따위.
원:숭이명 ①포유류 영장목 중에서 사람을 제외한 동물을 통틀어 이르는 말. 몸은 긴 털로 덮여 있으며, 네 발 모두 물건을 쥘 수 있고 나무에 잘 기어오름. 동물계에서 가장 진화의 정도가 높으며, 고릴라・침팬지・오랑우탄・긴꼬리원숭이・거미원숭이 등 종류가 많음. 미후(獼猴) ②남의 흉내를 잘 내는 사람을 비유하여 이르는 말.
속담 **원숭이도 나무에서 떨어진다** : 매우 숙달되고 잘하는 사람도 실수하는 수가 있다는 말./**원숭이 흉내내듯** : 실력 없이 남의 흉내만 내는 사람을 두고 이르는 말.
원:숭이-날명 간지(干支)의 지지(地支)가 신(申)인 날을, 지지의 동물 이름으로 상징하여 이르는 말. ☞신일
원:숭이-띠명 간지(干支)의 지지(地支)가 신(申)인 해에 태어난 일, 또는 그 사람을 지지의 동물 이름으로 상징하여 이르는 말. ☞신생(申生)
원:숭이-해명 간지(干支)의 지지(地支)가 신(申)인 해를, 지지의 동물 이름으로 상징하여 이르는 말. ☞신년
원스텝(one-step)명 4분의 2박자 음악에 맞추어 추는, 빠르고 경쾌한 사교춤.
원시(元是・原是)명 ①본디. 본시(本是). 원래 ②〔부사처럼 쓰임〕¶그는 － 건강하여 감기 한번 걸린 적이 없다.
원시(原始・元始)명 ①사물이 시작되는 처음. ②자연 그대로 있어 진보하거나 변하지 않은 것. 원생(原生)
원시(原詩)명 번역하거나 개작(改作)한 시(詩)에 상대하여, 본디의 시.
원:시(遠視)명 '원시안'의 준말. 멀리보기 ☞근시(近視)
원:시-경(遠視鏡)명 원시안인 사람이 쓰는, 볼록렌즈로 만든 안경. 돋보기. 원안경(遠眼鏡) ☞근시경
원시=공:동체(原始共同體)명 원시 사회에서 혈연과 지연(地緣)을 중심으로 이루었던 단순한 공동체.
원시-림(原始林)명 예부터 사람이 벌목하거나 이용하지 않은 자연 그대로의 산림. 시원림(始原林). 원생림(原生林). 자연림(自然林). 처녀림(處女林)
원시=민족(原始民族)명 문명이 깨지 못하여 원시 생활을 하고 있는 민족.
원시=사:회(原始社會)명 ①문명 사회 이전의 사회. ②문명 세계에서 멀리 떨어져 있어 원시적인 생활을 하는 미개 민족의 사회.
원시=산:업(原始產業)명 ①원시 시대의 산업. 곧 수렵이나 어로, 초보적인 농업과 목축업 따위. ②직접 자연에서 원재료를 생산, 채취하는 산업. 농업・목축업・어업・임업 등. 일차 산업(一次產業). 제일차 산업
원시=생활(原始生活)명 미개한 원시 시대에 일정한 생업이 없이 나무 열매를 따먹거나 물고기나 짐승 따위를 잡아먹고 살던 생활.
원시=시대(原始時代)명 문명이 아직 발달하지 않았던 미개한 시대. 원인 시대(原人時代)
원:시-안(遠視眼)명 눈에 들어온 평행 광선이 망막 뒤쪽에서 상을 맺어, 멀리 있는 것은 잘 보나 가까이 있는 것은 잘 보지 못하는 눈. ㊂원시(遠視). 원안(遠眼) ☞노안(老眼)
원시=언어(原始言語)명 컴퓨터를 이용한 자동 프로그램 번역 과정에서, 입력으로 주어지는 프로그래밍 언어.
원시=예:술(原始藝術)명 원시 시대에 자연이나 신(神)에 대한 두려움이나 숭배 따위의 심경에서 빚어진 예술.
원시-인(原始人)명 ①원시 시대에 살고 있던 인류. ②미개한 사람. 미개인(未開人)
원시-적(原始的)명 원시 그대로의 상태이거나 또는 그와

같은 것. ¶ -인 방법을 쓰다.

원시=종교(原始宗敎)명 원시 사회의 종교. 자연물이나 자연 현상 등의 마력을 인정하고 그것을 신앙의 대상으로 삼음. 애니미즘이나 토테미즘 따위.

원시=취:득(原始取得)명 법률에서, 어떤 권리를 남의 권리와 상관없이 차지하는 일. 유실물(遺失物)을 습득하였다가 일 년의 시효가 지나 취득하게 되는 일 따위. ☞승계 취득(承繼取得)

원시=프로그램(原始program)명 어셈블리어나 고급 언어 등으로 작성된 프로그램. 작업이 실행되기 전에 기계어나 기계어에 가까운 코드로 번역되어야 함. 소스프로그램(source program) ☞목적 프로그램

원시=함:수(原始函數)[-쑤]명 어떤 함수를 미분하여 구한 함수에 대한 그 본디의 함수. ☞도함수(導函數)

원식(原式)명 본디의 식(式).

원-식구(原食口)명 그 집안의 본디 식구.

원신(元辰)명 ①원단(元旦) ②좋은 때.

원:심(怨心)명 원망하는 마음. ¶ -을 품지 마라.

원심(原審)명 상소심(上訴審)에서, 상소 전에 했던 재판, 또는 그 심리(審理). ¶ -을 파기하다.

원심(圓心)명 원의 중심.

원:심(遠心)명 원운동을 하는 물체가 원의 중심에서 멀어지려고 하는 작용. ☞구심(求心)

원:심-력(遠心力)명 원운동을 하는 물체에 나타나는 관성. 원의 중심에서 멀어지려는 작용을 하며, 구심력(求心力)과 크기는 같고 방향은 반대임.

원:심=분리기(遠心分離機)명 원심력을 이용하여 고체와 액체, 또는 비중이 다른 두 가지 액체를 분리하는 장치.

원:심성=신경(遠心性神經)[-썽-]명 중추(中樞)에서 일어난 흥분을 근육 따위의 말단에까지 전달하는 신경. 운동 신경이나 분비 신경 따위.

원:심=운:동(遠心運動)명 원운동을 하는 물체가 중심으로부터 멀어지려고 하는 운동. ☞구심 운동

원:심=조속기(遠心調速機)명 원심력(遠心力)을 이용하여 회전 속도를 제어하는 장치.

원아(院兒)명 육아원(育兒院)이나 고아원 같은 곳에서 맡아 키우는 아이.

원아(園兒)명 유치원에 다니는 아이.

원악(元惡)명 ①악한 일을 주모(主謀)한 사람. ②매우 악한 사람.

원안(原案)명 회의에 부쳤던 원래의 안(案). ☞본안(本案). 수정안(修正案)

원:안(遠眼)명 '원시안(遠視眼)'의 준말.

원:안-경(遠眼鏡)명 원시경(遠視鏡)

원앙(鴛鴦)명 ①오릿과의 텃새. 몸길이 43cm 안팎. 수컷은 눈 둘레가 하얗고 자갈색 윗가슴에 귤색의 부채형 날개 깃이 있으며, 암컷은 전체적으로 갈색이고 배 부분만 흼. 강가나 호숫가 등에 무리를 지어 살며, 여름에는 깊은 산의 나무 구멍 등에 둥지를 틀고 알을 낳음. 암수가 늘 함께 다니는 새로 알려짐. 우리 나라와 중국, 일본, 타이완 등지에 분포함. 원앙새 ②금실이 매우 좋은 부부를 비유하여 이르는 말.

원앙-금(鴛鴦衾)명 ①원앙을 수놓은 이불. ②부부가 함께 덮는 이불.

원앙-금침(鴛鴦衾枕)명 '원앙금'과 '원앙침'을 아울러 이르는 말.

원앙-문(鴛鴦紋)명 원앙 모양의 무늬. 부부가 화락하게 살기를 바라는 염원으로 신혼 부부의 이불이나 베갯모 따위에 수놓음.

원앙-새(鴛鴦-)명 원앙

원앙-침(鴛鴦枕)명 ①베갯모에 원앙을 수놓은 베개. ②부부가 함께 베는 베개.

원액(元額·原額)명 본디의 액수.

원액(原液)명 묽게 만들거나 가공하지 않은, 원래의 액체.

원야(原野)명 개간하지 않았거나 인가(人家)가 없는 들판.

원:양(遠洋)명 육지에서 멀리 떨어진 바다. 난바다. 원해(遠海) ☞근해(近海). 절해(絶海)

원:양=어선(遠洋漁船)명 원양 어업을 하기에 알맞은 시설을 갖춘 배.

원:양=어업(遠洋漁業)명 근거지로부터 며칠 또는 수십 일 걸리는 먼바다에서 하는 어업. ☞근해 어업(近海漁業). 연안 어업(沿岸漁業)

원:양=항:해(遠洋航海)명 육지에서 멀리 떨어진 바다를 항해하는 일. 준원항(遠航)

원어(原語)명 번역하거나 고치거나 바꾼 말의 본디의 말. 밑말. 원말 ☞역어(譯語)

원억(冤抑)어기 '원억(冤抑)하다'의 어기(語基).

원억-하다(冤抑-)형여 원통하게 죄를 뒤집어써서 억울하다. 원굴하다. 원왕하다

원:언(怨言)명 원망하는 말.

원-여장(圓女墻)[-녀-]명 윗변이 반달 모양인 성가퀴.

원역(員役)명 지난날, 관아에 딸린 구실아치와 삯일을 하는 일꾼을 아울러 이르던 말.

원염(原塩)명 정제(精製)하지 아니한 굵고 거친 소금. 화학 공업의 원료로 쓰임.

원엽-체(原葉體)명 전엽체(前葉體)

원:영(遠泳)명 먼 거리를 헤엄침.

원예(圓翳)명 각막(角膜) 위에 둥근 점이 생겨, 볕에서는 작아지고 그늘에서는 커지며 시력이 약해지는 눈병.

원예(園藝)명 과수(果樹)·채소·화훼 등을 심어 가꾸는 일, 또는 그 기술.

원:예(遠裔)명 먼 후대의 자손. 원손(遠孫)

원예-가(園藝家)명 원예 식물의 재배를 전문으로 하는 사람.

원예=농업(園藝農業)명 원예 식물을 집약적으로 재배하는 농업.

원예-사(園藝師)명 원예 식물의 재배를 직업으로 하는 사람. 동산바치 ☞정원사(庭園師)

원예-술(園藝術)명 원예 식물을 재배하는 방법과 기술.

원예=식물(園藝植物)명 원예로 심어 가꾸는 식물. 과수(果樹)·채소·화훼 따위. 원예 작물

원예=작물(園藝作物)명 원예 식물(園藝植物)

원예-학(園藝學)명 원예의 방법이나 기술, 이론 등을 연구하는 학문.

원:오(怨惡)명-하다타 원망하고 미워함.

원옥(冤獄)명 죄 없이 억울하게 옥에 갇힘.

원왕(冤枉)어기 '원왕(冤枉)하다'의 어기(語基).

원:왕생가(願往生歌)명 신라 문무왕 때 중 광덕(廣德)이 지은 십구체 향가. 서방정토(西方淨土)에 가고자 하는 염원을 읊은 내용임. '삼국유사'에 실려 전함.

원왕-하다(冤枉-)형여 원굴하다. 원억하다

원외(員外)명 정원(定員) 수의 밖. ☞원내(員內)

원외(院外)명 ①병원·학원 등 '원(院)' 자가 붙은 기관의 밖. ②국회의 밖. ☞원내(院內)

원외=운:동(院外運動)명 특정한 법률 제정에 대하여, 어떤 지역의 선거민이 그 지역 출신 의원에게 영향을 미칠 목적으로 벌이는 운동.

원:용(援用)명-하다타 ①자기의 주장이나 학설 등을 세우는 데 도움이 되는 다른 문헌이나 사례, 관례 따위를 끌어다 쓰는 일. ¶다른 학자의 논문을 -하다. ②법률에서, 자기의 이익을 위하여 특정 사실을 들어 주장하는 일.

원:우(怨尤)명-하다타 원망하고 꾸짖음. 원구(怨咎)

원-운:동(圓運動)명 끈에 추를 달아 돌릴 때처럼, 일정한 원을 그리면서 도는 운동.

원원(元元)명 ①근본 또는 근원. ②모든 백성.

원원(源源)어기 '원원(源源)하다'의 어기(語基).

원원-이(元元-)부 본디부터

원원-하다(源源-)형여 근원이 깊어서 끊임이 없다.
원원-히부 원원하게

원월(元月)명 '정월(正月)'을 달리 이르는 말.

원위(原位)명 본디의 지위나 위치.

원유(苑囿)명 대궐 안에 있는 동산.

원유(原由)명 원인(原因)

원유(原油)명 땅 속에서 난 그대로인, 정제하지 않은 석유. 액체 탄화수소를 주성분으로 하고, 소량의 황·산

소·질소 등을 함유함.
원유(原宥)명 -하다타 '용서'의 뜻으로, 편지 글에 쓰는 한문 투의 말. 원량(原諒)
원유(園囿)명 여러 가지 초목을 심거나 새나 짐승을 놓아 기르는 곳.
원:유(遠遊)명 -하다자 먼 곳에 감.
원:유-관(遠遊冠)명 고려 말과 조선 시대, 임금이 조하(朝賀)에 나올 때 강사포(絳紗袍)에 갖추어 쓰던 관.
원유-회(園遊會)명 사교나 축하 등의 목적으로 손들을 청하여, 정원 등 야외에서 음식을 대접하고 즐기는 모임. 가든파티(garden party)
원융(圓融)어기 '원융(圓融)하다'의 어기(語基).
원융무애(圓融無礙)성구 불교에서, 각각의 사물이 그 처지를 유지하면서 완전하게 일체가 되어 방해 받지 않고 융합하는 도리를 이르는 말.
원융-하다(圓融－)형여 ①한데 통하여 아무 구별이 없다. ②원만하여 막힘이 없다. ③[불교에서] 모든 법의 이치가 널리 하나로 융화되어 구별이 없다.
원음(原音)명 ①글자의 본디의 음. 본음(本音) ②음악에서, '다·라·마·바·사·가·나'로 나타내는 음. 건반 악기의 흰 건반에 해당하는 음을 말함. 간음(幹音) ③발음체가 낼 수 있는 소리 가운데 진동수가 가장 적은 소리. 기본음(基本音). 기음(基音) ④재생(再生)한 음(音)에 대한, 본디의 음.
원:음(遠音)명 멀리서 나는 소리.
원의(原意)명 ①본디의 의사. ②본래의 뜻. 원의(原義)
원의(原義)명 본래의 뜻. 원의(原意) ¶내가 말한 －는 그게 아니다. ☞본의(本義)
원의(院議)명 '원(院)' 자가 붙은 의결 기관의 결의(決議).
원:의(願意)명 바라는 생각. ¶대중의 －를 헤아리다.
원-이름(原－)[－니－]명 본디의 이름. 원명(原名)
원인(原人)명 화석 인류 중에서 피테칸트로푸스류(類)를 통틀어 이르는 말. ☞원인(猿人)
원인(原因)명 어떤 일이나 상태, 현상보다 먼저 일어나 그것을 일으키는 근원이 되는 현상. 원유(原由) ¶수출 감소의 －을 분석하다. ☞결과(結果)
원:인(援引)명 -하다타 끌어당김.
원인(猿人)명 가장 원시적이고 오래된 화석 인류를 통틀어 이르는 말. 일반적으로 오스트랄로피테쿠스류(類)를 가리킴. ☞원인(原人)
원:인(遠因)명 먼 원인, 곧 간접적인 원인. ☞근인(近因)
원:인(願人)명 어떤 것을 바라거나 청하는 사람.
원인=시대(原人時代)명 원시 시대(原始時代)
원일(元日)명 ①한 해의 첫날인 정월 초하룻날. ②설날. 설 ☞원단(元旦)
원:일-점(遠日點)[－쩜]명 태양의 둘레를 도는 행성이나 혜성 등이, 궤도에서 태양으로부터 가장 멀리 있게 되는 점. 준 원점(遠點) ☞근일점(近日點)
원임(原任)명 ①본디의 관직. ②전에 그 관직에 있던 관원. 전관(前官) ☞시임(時任)
원:입(願入)명 -하다자 어떤 조직이나 단체 따위에 들어가기를 원함.
원자(元子)명 아직 왕세자로 책봉되지 않은, 임금의 맏아들.
원자(原子)명 화학 원소의 특성을 잃지 않는 범위에서 이를 수 있는, 물질의 기본적인 최소 입자. 한 개의 원자핵과 그것을 에워싼 몇 개의 전자로 이루어짐. ☞아톰
원자-가(原子價)[－까]명 어떤 원소의 원자 한 개와 결합할 수 있는 수소 원자의 수.
원자=기호(原子記號)명 원소 또는 원자의 종류를 나타내는 기호. 원소 기호(元素記號)
원자-단(原子團)명 어떤 화합물의 분자(分子) 안에서 공유 결합을 하고 있는 원자의 일단(一團).
원자-량(原子量)명 어떤 원소의 질량을 기준으로 각 원소의 상대적인 질량을 나타낸 값. 현재는 탄소 12를 기준으로 함.
원자-력(原子力)명 원자핵의 붕괴나 핵반응(核反應) 작용에 따라서 방출되는 에너지. 원자 에너지
원자력=공학(原子力工學)명 핵분열이나 핵융합 등의 원자력을 응용하고 이용하는 것을 목적으로 하는 공학.
원자력=발전(原子力發電)[－쩐]명 핵분열로 생긴 열로 증기 터빈이나 발전기를 돌려서 발전하는 일. 핵발전
원자력=발전소(原子力發電所)[－쩐－]명 원자력으로 발전을 하는 시설. 핵발전소(核發電所)
원자력=잠:수함(原子力潛水艦)명 핵에너지를 동력(動力)으로 이용하는 잠수함. 레이더나 인공 위성에 탐지되지 않으며, 고속을 낼 수 있고 장시간의 잠수가 가능함.
원자-로(原子爐)명 핵분열성 물질의 연쇄 핵분열 반응을 인공적으로 제어하여 열을 발생시키거나 방사성 동위 원소와 플루토늄의 생산 등 여러 목적에 사용할 수 있도록 만든 대형 장치.
원자-론(原子論)명 원자설(原子說)
원자=무:기(原子武器)명 핵무기(核武器)
원자=물리학(原子物理學)명 핵물리학(核物理學)
원자=번호(原子番號)명 주기율표에서 원소의 차례를 나타내는 수. 원자핵 속에 들어 있는 양성자의 수로 나타내는데, 이는 원자의 화학적 성질을 결정함.
원자-병(原子病)[－뼝]명 원자핵이 붕괴될 때 생기는 방사선을 쬠으로써 생기는 병. 백혈구가 비정상적으로 많아짐. ☞방사능증
원자-설(原子說)명 ①철학에서, 모든 물질은 원자와 그 운동으로 이루어졌다는 고대 그리스의 자연관(自然觀). ②물리학에서, 원소(元素)는 각각 일정한 화학적 성질과 질량을 가지는 원자로 이루어지며, 화합물은 이들 원자가 결합한 분자로 이루어진다고 하는 설. 아토미즘(atomism). 원자론(原子論)
원자=스펙트럼(原子spectrum)명 선스펙트럼
원자-시(原子時)명 원자시계로 정한 시간의 체계. 1958년 1월 1일부터 시동한 원자시계가 나타내는 시각. ☞천문시(天文時)
원자-시계(原子時計)명 원자가 복사하거나 흡수하는 전자기 에너지의 주기(週期)가 일정한 것을 이용하여 만든 초정밀 시계. 중력, 온도, 지구의 자전에 영향을 받지 않아 오차는 300년에 1초 이하임.
원자=에너지(原子energy)명 원자력(原子力)
원자-열(原子熱)명 원자 물질 1g의 온도를 1℃ 올리는 데 필요한 열량. 원소의 비열(比熱)에 원자량을 곱하여 구함.
원자-운(原子雲)명 핵무기가 폭발할 때 급격한 상승 기류로 말미암아 생기는 버섯 모양의 인공 구름.
원-자:재(原資材)명 생산의 원료가 되는 자재.
원자-탄(原子彈)명 '원자 폭탄(原子爆彈)'의 준말.
원자=탄:두(原子彈頭)명 로켓탄 따위의 앞 부분에 장착(裝着)된 원자력 폭발물.
원자-포(原子砲)명 원자 탄두를 장착한 포탄을 발사할 수 있는 대포.
원자=폭탄(原子爆彈)명 핵분열로 생기는 에너지를 이용한 폭탄. 우라늄 235, 플루토늄 239가 주원료임. 준 원자탄(原子彈). 원폭(原爆)
원자-핵(原子核)명 원자의 중심부에 있는 작은 입자. 몇 개의 양성자와 중성자가 결합한 것으로, 양(陽)의 전하를 띠고 있음. 양핵(陽核). 핵(核)
원자핵=반:응(原子核反應)명 핵반응(核反應)
원자핵=분열(原子核分裂)명 핵분열 ☞원자핵 융합
원자핵=붕괴(原子核崩壞)명 핵붕괴(核崩壞)
원자핵=연료(原子核燃料)[－녈－]명 핵연료(核燃料)
원자핵=융합(原子核融合)[－늉－]명 핵융합(核融合) ☞원자핵 분열(原子核分裂)
원작(原作)명 번역·각색·개작 등을 하기 전의, 본디의 작품. 원저(原著)
원작-자(原作者)명 원저자(原著者)
원-작전(元作錢)명 조선 후기, 전세(田稅)를 현물 대신에 돈으로 환산하여 받던 작전 제도의 한 가지. 별작전(別作錢)에 상대하여 이르던 말로, 세곡을 운송하기 어려운 내륙 산간 고을에서 시행하였음.

원잠(原蠶)명 원잠종을 받기 위해 계통을 바르게 한 누에.
원잠-아(原蠶蛾)명 '누에나방'의 딴이름.
원잠-종(原蠶種)명 좋은 누에를 만들려고 계통을 바르게 한 누에의 종자.
원장(元帳)[-짱]명 ①부기에서, 가장 근본이 되는 장부. 거래 전부를 기록하며, 전계정(全計定)을 포함한 주요 장부임. 원부(原簿). 원장부(元帳簿). 총계정 원장(總計定元帳) ②조선 시대, 고친 양안(量案)에 상대하여 본디의 양안을 이르던 말.
원장(原狀)[-짱]명 소장(訴狀)을 여러 번 낸 경우, 처음에 내었던 소장.
원장(院長)명 '원(院)'자가 붙은 기관이나 시설의 대표자.
원장(園長)명 '원(園)'자가 붙은 기관이나 시설의 대표자.
원-장부(元帳簿)명 원장(元帳)
원-재료(原材料)명 물건을 만드는 데 바탕이 되는 재료. 원료(原料)
원-재판(原裁判)명 같은 사건에 대하여, 지금 하는 재판 직전에 받은 재판. 항소(抗訴)에서는 제일심의 재판을, 상고(上告)에서는 항소의 재판을 이름.
원저(原著)명 원작(原作)
원-저:자(原著者)명 번역·각색·개작 등을 한 본디 작품의 저자, 또는 작자. 원작자(原作者)
원:적(怨敵)명 원한이 맺힌 적.
원적(原籍)명 ①호적법에서, 입적(入籍)·취적(就籍)·전적(轉籍)·분가(分家)하기 전의 본래의 호적을 이르는 말. ②호적이 있는 곳. 본적(本籍)
원적-지(原籍地)명 ①옮기기 전의 본적지(本籍地). ②본적지(本籍地)
원적-토(原積土)명 암석의 풍화 분해물이 본디의 암석 위에 그대로 퇴적되어 이루어진 흙. 원생토(原生土). 잔적토(殘積土). 정적토(定積土) ☞운적토(運積土)
원전(元田)명 지난날, 양안(量案)을 고칠 때 본디의 양안에 적혀 있는 논밭을 이르던 말.
원전(院田)명 조선 시대, 각 역원(驛院)에 딸려 그 소출로 경비를 쓰게 하던 논밭.
원전(原典)명 ①기준이 되는 본디의 전거(典據). ②번역하거나 베낀 책에 대하여, 원본이 되는 책. 원서(原書)
원전(圓田)명 둥근 모양의 밭.
원전(圓轉)명-하다자 ①둥글게 빙빙 돌거나 구름. ②글의 뜻이 부드럽게 잘 통함. ③거침없이 순조롭게 나아감.
원점(原點)[-쩜]명 ①시작이 되는 출발점, 또는 근본이 되는 본디의 점. ¶수사가 -으로 돌아가다. ☞기점(起點) ②점의 위치를 좌표로 나타낼 때 기준이 되는 점.
원점(圓點)명 ①둥근 점. ②조선 시대, 성균관과 사학(四學)에 딸린 유생(儒生)들의 출석과 결석을 점검하기 위하여, 식당에 들어갈 때 도기(到記)에 찍던 둥근 점.
원:점(遠點)[-쩜]명 ①물리학에서, 눈으로 물체를 똑똑히 볼 수 있는 가장 먼 점을 이르는 말. ②'원일점(遠日點)'의 준말. ③'원지점(遠地點)'의 준말. ☞근점
원:접-사(遠接使)명 조선 시대, 중국의 사신을 멀리까지 나아가 맞아들이던 임시 관직.
원정(原情)명-하다타 지난날, 관아에 억울한 사정을 하소연하던 일, 또는 그 사람이나 그러한 내용을 적은 글.
원정(園丁)명 정원을 가꾸는 일을 직업으로 삼는 사람. 정원사(庭園師)
원:정(遠征)명-하다자 ①먼 곳으로 감. ②먼 곳으로 적을 치러 감. ③먼 곳으로 운동 경기나 탐험, 답사, 등반 따위를 하러 감. ¶해외 - 길에 오르다.
원:정(遠程)명 먼길. 원로(遠路)
원:정-대(遠征隊)명 ①먼 곳으로 적을 치러 가는 군대. ②먼 곳으로 운동 경기나 탐험, 답사, 등반 따위를 하러 가는 단체.
원정-흑의(圓頂黑衣)명 둥근 머리에 검은 옷이라는 뜻으로, '중'을 이르는 말. ▷ 圓의 속자는 円
원제(原題)명 본디의 제목. 원제목
원-제목(原題目)명 원제(原題)
원조(元祖)명 ①한 겨레의 첫 대 조상. ②어떤 일을 가장 먼저 시작한 사람. 비조(鼻祖)
원조(元朝)명 원단(元旦)
원:조(怨鳥)명 원통하게 죽은 사람의 귀신이 변하여 되었다는 새.
원:조(援助)명-하다타 도와 줌. 조원(助援) ¶물자를 - 하다./-를 청하다./-를 받다.
원:조(遠祖)명 고조(高祖) 윗대의 조상.
원조방예(圓鑿方枘)성구 방예원조(方枘圓鑿)
원:족(遠族)명 혈통이 먼 일가. 소족(疎族). 원척(遠戚) ☞근족(近族)
원종(原種)명 ①본디의 성질을 그대로 지닌 품종. ②씨앗을 받기 위해 뿌리는 종자.
원:죄(怨罪)명 원한을 품고 저지른 극악한 죄.
원죄(原罪)명 ①-하다타 죄를 용서하여 형(刑)을 더하지 않음. ②크리스트교에서, 아담과 이브가 금단(禁斷)의 열매를 따먹은 결과로 그 후손인 인류가 태어나면서부터 지니고 있다는 죄. 숙죄(宿罪) ☞본죄(本罪)
원:죄(冤罪)명 억울하게 뒤집어쓴 죄.
원주(原主)명 본디의 임자.
원주(原住)명 ①-하다자 본디부터 살고 있음. ②'원주소(原住所)'의 준말.
원주(原株)명 곁가지에 대한 원줄기.
원주(原註)명 본디의 주석이나 주해.
원주(圓周)명 원의 둘레. 곧 평면상의 한 점에서 같은 거리에 있는 점의 자취. 원둘레
원주(圓柱)명 ①두리기둥 ②'원기둥'의 구용어.
원주-각(圓周角)명 수학에서, 원주 위의 한 점에서 그은 두 개의 현(弦)이 만드는 각.
원주=곡면(圓柱曲面)명 '원기둥 곡면'의 구용어.
원주-민(原住民)명 본디부터 살고 있는 사람들. ☞이주민(移住民)
원-주:소(原住所)명 본디 살던 곳. 준원주(原住) ☞현주소(現住所)
원주-율(圓周率)명 원의 둘레와 지름의 비. 약 3.1416임. 기호는 π. 원둘레율
원주-지(原住地)명 본디 살던 곳, 또는 지난적에 살던 고향 땅. ☞현주지(現住地)
원주=투영법(圓柱投影法)[-뻡]명 원통 도법(圓筒圖法)
원-줄(原-)명 낚싯대 끝에서 목줄까지의 낚싯줄.
원-줄기(元-)명 근본이 되는 줄기. 본간(本幹) ¶-에서 뻗어 난 가지./종교 음악의 -.
원:증회-고(怨憎會苦)명 불교에서 이르는 팔고(八苦)의 하나. 원망하거나 미워하는 사람과 함께 살아야만 하는 고통을 이름.
원지(原紙)명 ①닥나무 껍질을 원료로 하여 만든 두껍고 질긴 종이. 누에씨를 받는 데 씀. ②등사판 따위의 원판(原版)으로 쓰이는, 초를 먹인 종이.
원지(圓池)명 둥근 연못.
원지(園池)명 ①정원과 연못. ②정원 안에 있는 연못.
원:지(遠地)명 먼 지방, 또는 먼 곳. 원방(遠方)
원:지(遠志)[1]명 원대한 뜻.
원:지(遠志)[2]명 원지과의 여러해살이풀. 줄기 높이는 30 cm 안팎. 뿌리는 굵고 길며 잎은 어긋맞게 남. 7~8월에 나비 모양의 자주색 꽃이 가지 끝에 총상(總狀) 꽃차례로 핌. 뿌리는 한방에서 거담제(祛痰劑)·강장제·강정제 등으로 쓰임. 우리 나라 중부 이북의 산지에 자람.
원:지-점(遠地點)[-쩜]명 달이나 인공 위성이 그 궤도상에서 지구로부터 가장 멀리 떨어지는 위치. 준원점(遠點) ☞근지점(近地點)
원-지형(原地形)명 지형(地形) 변화의 출발점이 되는 지형. 수직 조륙 운동(造陸運動)으로 새로운 육지가 만들어졌으나 침식(浸蝕)이 시작되지 않은 상태의 지형임.
원진(元嗔)명 '원진살(元嗔煞)'의 준말.
원진-살(元嗔煞)[-쌀]명 ①부부 사이에 까닭 없이 서로 미워하는 한때의 액운. ②궁합(宮合)에서, 서로 꺼리는 살(煞). 쥐띠는 양띠를, 소띠는 말띠를, 범띠는 닭띠를, 토끼띠는 원숭이띠를, 용띠는 돼지띠를, 뱀띠는 개띠를

서로 꺼리는 따위. [준]원진(元嗔)
원질(原質)[명] 본디의 성질이나 바탕.
원:찬(遠竄)[명]-하다[타] 먼 곳으로 귀양보냄. 원배(遠配)
원-채(元—)[명] 한 집터 안에 있는 여러 채의 집 가운데 중심이 되는 집채. 몸채. 본가(本家). 본채
원:처(遠處)[명] 먼 곳. ☞근처(近處)
원척(元隻·原隻)[명] 지난날, 소송의 피고인을 이르던 말.
원:척(遠戚)[명] 혈통이 먼 일가. 원족(遠族)
원:천(怨天)[명]-하다[자] 하늘을 원망함.
원천(源泉)[명] ①물이 솟아나는 근원. ②사물이 나거나 생기는 근원. ¶활력의 —이 되다.
원천=과세(源泉課稅)[명] 과세 방식의 한 가지. 소득이나 수익에 대한 세금을 소득자에게 종합해서 매기지 않고, 이를 지급하는 쪽에서 그 지급액을 과세 표준으로 하여 개별적으로 매기는 일.
원:천우인(怨天尤人)[성구] 하늘을 원망하고 남을 탓함.
원천=징수(源泉徵收)[명] 소득세 징수 방법의 한 가지. 급여 소득, 배당 소득, 이자 소득 등 특정 소득에 대하여, 이를 지급하는 쪽에서 소정의 소득세액을 공제 징수하여 국고에 납입하는 일.
원체(元體)1[명] 본디의 형체, 또는 근본이 되는 형체.
원체(圓體)[명] 둥근 형체.
원체(元體)2[부] 본디부터. 워낙 ¶산이 — 높아서 오르지 못했다./— 몸이 약한 사람이라 일을 맡길 수가 없다.
원초(原初)[명] 사물 현상이 비롯되는 맨 처음.
원초-적(原初的)[명] 사물 현상이 비롯되는 맨 처음의 것. ¶—인 물음./—인 사고.
원:촌(遠寸)[명] 촌수가 먼 일가. 먼촌 ☞근촌(近寸)
원:촌(遠村)[명] 멀리 있는 마을. ☞근촌(近村)
원추(圓錐)[명] '원뿔'의 구용어.
원추=곡선(圓錐曲線)[명] '원뿔 곡선'의 구용어.
원추-근(圓錐根)[명] 원뿔 모양으로 생긴 뿌리. 무나 당근의 뿌리 따위.
원추=꽃차례(圓錐—)[명] 무한 꽃차례의 한 가지. 꽃차례의 축(軸)이 여러 번 갈라져서 맨 나중의 각 분지(分枝)가 총상(總狀) 꽃차례를 이루어 꽃 전체가 원뿔 모양으로 피는 것. 원추 화서(圓錐花序) ☞유한 꽃차례
원추-대(圓錐臺)[명] '원뿔대'의 구용어.
원추=도법(圓錐圖法)[—뻡][명] '원뿔 도법'의 구용어.
원추리[명] 백합과의 여러해살이풀. 뿌리는 사방으로 퍼지고 잎은 뿌리에서 무더기로 남. 잎 사이에서 나온 꽃줄기는 높이 1m 정도까지 자람. 여름에 꽃줄기 끝에서 종 모양의 등황색 꽃이 핌. 애순은 나물로 먹을 수 있고 뿌리는 한방에서 이뇨제·지혈제·소염제로 쓰임. 녹총(綠葱). 망우초(忘憂草)
원추-면(圓錐面)[명] '원뿔면'의 구용어.
원추=투영법(圓錐投影法)[—뻡][명] '원뿔 투영법'의 구용어.
원추-형(圓錐形)[명] '원뿔꼴'의 구용어.
원추=화서(圓錐花序)[명] 원추(圓錐) 꽃차례
원:출(遠出)[명]-하다[자] 먼 길을 떠남.
원충(原蟲)[명] '원생동물'을 달리 이르는 말. 특히 기생충학에서 많이 쓰이는 말임.
원칙(原則)[명] 여러 사물이나 일반 현상에 두루 적용되는 기본적인 규칙이나 법칙. ¶—에 어긋나는 행동.
원칙-법(原則法)[명] 어떤 사실의 기본적이고 원리적인 사항만을 규정한 법규. ☞예외법(例外法)
원칙-적(原則的)[명] 원칙에 근거를 두는 것. ¶—인 문제./—으로 금지되어 있는 행위.
원:친(遠親)[명] 촌수가 먼 일가.
원칩(one chip)[명] 하나의 칩을 사용하여 컴퓨터 시스템을 구성할 수 있는 집적 회로. 중앙 처리 장치와 컴퓨터에서 사용되는 모든 주변 장치에 대한 제어 장치를 포함하고 있음.
원:칭(遠稱)[명]〈어〉제삼인칭의 한 갈래. 말하는 이나 듣는 이 어느 쪽에서도 멀리 떨어져 있는 것을 가리키는 말. '저, 저것, 저기, 저리'와 같은 말. ☞근칭(近稱)
원:칭=대:명사(遠稱代名詞)[명]〈어〉지시 대명사(指示代名詞)의 하나. 말하는 이나 듣는 이 어느 쪽에서도 멀리 떨어져 있는 사물이나 자리, 방향을 가리키는 대명사. '저것, 저기, 저리' 따위. ☞근칭 대명사(近稱代名詞)
원:-컨대(願—)[부] 바라건대 ¶— 자비로운 판결을 내려 주십시오.
원탁(圓卓)[명] 둥근 탁자(卓子). 라운드테이블(round table)
원탁=회:의(圓卓會議)[명] 둥근 탁자에 둘러앉아서 하는 회의. 위아래 자리의 구분이 없으므로 참가자가 모두 평등한 처지임을 나타낼 때 이용함.
원탄(原炭)[명] 탄층(炭層)에서 캐내어 아직 가공되지 않은 상태의 석탄.
원:탐-리(遠探吏)[명] 지난날, 서울에서 지방으로 보내 오는 관원을 맞기 위하여 그 지방관이 내보내던 아전.
원탑(圓塔)[명] 원기둥 모양으로 쌓아 올린 탑.
원통(冤痛)[어기] '원통(冤痛)하다'의 어기(語基).
원통(圓筒)[명] ①둥근 통. ②원기둥
원통=도법(圓筒圖法)[명] 지도 투영법의 한 가지. 지구 중심에 시점(視點)을 두고, 밖에서 지구의 적도에 접하는 원통 위에 지구를 투영하여 평면에 전개하는 방법. 개전법(開展法). 원주 투영법(圓柱投影法)
원통-하다(冤痛—)[형][여] 분하고 억울하다. ¶원통한 마음./이대로 떠나기에는 너무나도 —.
원통-히[부] 원통하게
원통-형(圓筒形)[명] 원통 모양.
원투:펀치(one-two punch)[명] 권투에서, 좌우의 주먹으로 잇달아 치는 공격법.
원판[명] 본디의 판국.
[부] 원래 ¶— 머리가 좋다./— 느긋한 성미이지.
원판(原版)[명] ①활판 인쇄에서, 연판(鉛版)을 뜨기 전의 활자 조판. ②복제나 번각(飜刻) 등의 바탕이 되는 본디의 판. ③어떤 서적의 간행본 중에서 최초로 인쇄하여 발행한 판.
원판(原板)[명] 사진에서, 밀착하거나 확대할 때 사용하는 음화(陰畫).
원판(圓板)[명] 둥근 널빤지.
원-판결(原判決)[명] 원재판(原裁判)의 판결.
원포(園圃)[명] 과일 나무나 채소 따위를 심어 가꾸는 밭.
원폭(原爆)[명] '원자 폭탄(原子爆彈)'의 준말.
원표(元標)[명] ①근본이 되는 표. ②거리 따위를 잴 때에 기준으로 삼는 표, 또는 그 푯대. ¶도로 —
원-표피(原表皮)[명] 식물의 줄기가 되는 부분의 맨 거죽을 이루는 세포층. 표피로 발달함.
원:-풀이(怨—)[명]-하다[자] 원한을 풀어 없애는 일.
원:-풀이(願—)[명]-하다[자] 소원을 푸는 일. ¶그토록 바라던 사람을 들였으니 이제 —했네그려.
원-품[명] 택견의 기본 자세의 한 가지. 오른발을 오른쪽으로 어깨 너비만큼 벌려 바로 선 자세.
원품(原品)[명] 모조품이나 가공품 등에 대한, 본디의 물품. ☞진품(眞品)
원피(原皮)[명] 아직 가공하지 않은, 동물의 가죽.
원-피:고(原被告)[명] 원고와 피고를 아울러 이르는 말.
원피:스(one-piece)[명] 위아래가 이어져 하나로 된 여성복.
원:-하다(願—)[타][여] 무엇을 이루거나 얻게 되기를 바라거나 청하다. ¶떠나기를 원한다면 보내 주겠다.

[한자] 원할 원(願)〔頁部 10획〕¶기원(祈願)/소원(所願)/숙원(宿願)/애원(哀願)/탄원(歎願)

원:한(怨恨)[명] 원통하고 한(恨)이 되는 생각. ¶뼈에 사무친 —./—을 품다./—이 맺히다. [준]원(怨)
원:항(遠航)[명] '원양 항해(遠洋航海)'의 준말.
원:해(遠海)[명] 육지에서 멀리 떨어진 바다. 난바다. 원양(遠洋) ☞근해(近海)
원:해-어(遠海魚)[명] 뭍에서 먼 바다에 사는 물고기. ☞근해어(近海魚)
원핵-생물(原核生物)[명] 흔히 박테리아라고 부르는 세균(細菌)과 염주말·흔들말 등의 남조류(藍藻類)를 아울

러 이르는 말. ☞원생생물(原生生物)
원핵생물-계(原核生物界)[명] 생물의 다섯 분류 체계의 한 계(界). 핵막(核膜)을 가지고 있지 않은, 세균류(細菌類)와 남조류(藍藻類)가 이에 딸림. 실제 분류에서는 생물적 특성과 무생물적 특성을 모두 지니고 있는 비세포성 생물인 바이러스와 리케차를 포함함. ☞원생생물계(原生生物界)
원:행(遠行)[명]-하다[자] 아주 먼 곳에 감. 탁행(逴行)
원향(原鄕)[명] 한 지방에서 여러 대를 이어 살아오는 향족(鄕族). ☞본토박이
원향-리(原鄕吏)[명] 지난날, 한 고을에서 여러 대를 살면서 관아의 아전 노릇을 하던 사람.
원혈(元血)[명] 근원이 되는 혈통(血統).
원:혐(怨嫌)[명] ①원망과 혐의(嫌疑). ¶이웃의 -을 사다. ②-하다[타] 원망하고 미워함.
원:혐(遠嫌)[명]-하다[타] ①혐의쩍은 일을 멀리함. ②멀리하고 미워함.
원형(元型)[명] 발생의 유사성에 따라서 추상(抽象)된 유형(類型). 주로 생물학이나 심리학 등에서 생명 현상을 유형화할 때 쓰는 말임.
원:형(冤刑)[명] 억울하게 받는 형벌.
원형(原形)[명] ①본디의 모양. 본형(本形) ¶-을 유지하다./-대로 복원하다. ②〈어〉기본형(基本形)
원형(原型)[명] ①쇠를 녹여서 붓거나 조각하여 만드는 물건의, 본이 되는 거푸집 또는 본보기. ②양재 등에서, 제도의 기초가 되는 본.
원형(圓形)[명] 둥근 모양. ¶-으로 만든 경기장.
원형=극장(圓形劇場)[명] ①고대 로마 시대에 관람석을 원형의 계단식으로 만든 옥외 투기장(鬪技場). ②계단으로 된 관람석에 둘러싸인 중앙의 원형 무대, 또는 그러한 상연 형식.
원형-동물(圓形動物)[명] 동물계의 한 문(門). 선충류(線蟲類)나 갈고리촌충류 등이 이에 딸림. 선형동물(線形動物) ☞연체동물
원형이정(元亨利貞)[-니-][명] ①역학(易學)에서 말하는, 천도(天道)의 네 가지 원리. '원(元)'은 봄으로 만물의 시초, '형(亨)'은 여름으로 만물의 자람, '이(利)'는 가을로 만물의 이루어짐, '정(貞)'은 겨울로 만물의 거둠을 뜻하는 말. ②사물의 근본 원리, 또는 도리.
원형-질(原形質)[명] 생물체의 세포를 이루며 생명 활동의 바탕이 되는 물질. 핵과 세포질을 포함함. ☞후형질
원형질-막(原形質膜)[명] 세포질의 가장 바깥쪽을 싸고 있는 매우 얇은 막. 선택적 투과나 대사 물질의 운반에 관계함. 세포막(細胞膜)
원형질-체(原形質體)[명] 식물 세포에서 세포벽을 제거한 것. 식물의 세포를 융합시키는 데 중요하게 쓰이며, 배양 조건에 따라 세포벽을 재생함.
원호(元號)[명] 지난날, 임금의 재위 연대에 붙이던 칭호. 연호(年號)
원호(原戶)[명] 한 집을 단위로 하여 호적에 오른 집.
원:호(援護)[명]-하다[타] 돕고 보살핌. ¶- 대상자/- 사업/배후에서 -하다.
원호(圓弧)[명] 수학에서, 원둘레의 한 부분을 이르는 말. ☞열호(劣弧). 우호(優弧)
원:혼(冤魂)[명] 원통하게 죽은 사람의 넋. ¶-을 달래다.
원-화(-貨)[명] '원'을 단위로 하는 우리 나라의 화폐.
원화(芫花)[명] 한방에서, 팥꽃나무의 꽃봉오리 말린 것을 약재로 이르는 말. 부증(浮症)·창증(脹症)·기침·담(痰) 등에 쓰임.
원화(原畫)[명] 복사하거나 복제한 그림의 바탕이 되는 본디의 그림.
원:화(遠禍)[명]-하다[자] 재앙을 물리침.
원:화소복(遠禍召福)[성구] 재앙을 물리치고 복을 불러들임을 이르는 말.
원환(圓環)[명] 둥근 고리.
원활(圓滑)[어기] '원활(圓滑)하다'의 어기(語基).
원활-하다(圓滑-)[형][여] 막힘이 없이 원만하고 순조롭다. ¶자금의 흐름이 -.
원활-히[부] 원활하게 ¶일이 - 해결되다.
원회(元會)[명] 지난날, 설날 아침에 하던 대궐 안의 조회.
원훈(元勳)[명] ①나라를 위한 가장 큰 훈공. ②지난날, 나라에 큰 훈공이 있어 임금이 믿고 가까이하던 늙은 신하.
원흉(元兇)[명] 악한 무리의 우두머리. 수악(首惡)
월:[명] 문장(文章)
월(月)[1][명] ①'한 달'을 이르는 말. ¶- 평균 소득/생활비가 - 백만 원에 이르다. ②'월요일(月曜日)'의 준말.
월(月)[2][의] 순서가 정해진 달을 세는 단위. ¶3-에는 꽃샘추위가 있다.
월가(越價)[-까][명]-하다[자] ①값을 치름. ②물건 값을 받을 값보다 더 많이 부름. 에누리
월간(月刊)[명] 매월 한 번씩 간행함, 또는 그 간행물. ¶-잡지(雜誌)
월간(月間)[명] 한 달 동안. ¶- 계획서
월간-보(越間-)[-뽀][명] 재래식 한옥에서, 칸과 칸 사이에 없는 대들보.
월간-지(月刊誌)[명] 매월 한 번씩 발행하는 잡지.
월강(越江)[명]-하다[자] 강을 건넘.
월거덕-거리다(대다)[자][타] 자꾸 월거덕월거덕 소리가 나다, 또는 그런 소리를 내다. ¶달구지가 월거덕거리며 앞을 지나간다. ☞왈가닥거리다
월거덕-덜거덕[부] 월거덕거리며 덜거덕거리는 소리를 나타내는 말. ☞왈가닥달가닥
월거덕-월거덕[부] 여러 개의 크고 단단한 물건들이 가볍게 이리저리 부딪칠 때 나는 소리를 나타내는 말. ☞왈가닥왈가닥
월걱-거리다(대다)[자][타] 월걱월걱 소리가 나다, 또는 그런 소리를 내다. ☞왈각거리다
월걱-덜걱[부] 월걱거리며 덜걱거리는 소리를 나타내는 말. ☞왈각달각
월걱-월걱[부] 여러 개의 크고 단단한 물건들이 서로 가볍게 자꾸 부딪칠 때 나는 소리를 나타내는 말. ☞왈각왈각
월건(月建)[명] 그 달의 천간(天干)과 지지(地支).
월경-덜경[부] 여러 개의 크고 단단한 물건들이 서로 가볍게 자꾸 부딪칠 때 울리어 나는 소리를 나타내는 말. ☞왈강달강
월경(月頃)[명] 한 달 가량. 달포 ¶출장 온 지 -이 된다.
월경(月經)[명]-하다[자] 성숙한 여성의 자궁에서 주기적으로 출혈하는 생리 현상. 수정란(受精卵)이 착상(着床)하지 않으면 일어남. 보통 28일 간격을 두고 며칠 동안 계속됨. 경도(經度)[1]. 경수(經水). 달거리. 멘스. 몸엣것. 생리(生理). 월사(月事). 월수(月水). 월후(月候) ☞홍조(紅潮)
월경(越境)[명]-하다[자] 국경(國境) 등의 경계를 넘음. ¶-하여 이웃 나라로 달아나다./-해 온 병사들.
월경-대(月經帶)[명] 여자가 월경이 있을 때, 헝겊 따위로 기저귀처럼 만들어 샅에 차는 것. 개짐 ☞생리대(生理帶)
월경=불순(月經不順)[-쑨][명] 월경의 주기가 일정하지 않거나 출혈량이 고르지 못한 부인병. 부조증(不調症). 월경 이상(月經異常)
월경-수(月經水)[명] 몸엣것
월경=이상(月經異常)[명] 월경 불순(月經不順)
월경-통(月經痛)[명] 월경할 때 아랫배나 자궁 등이 아픈 증세. 생리통(生理痛)
월경=폐:쇄기(月經閉鎖期)[명] 폐경기(閉經期)
월계(月計)[명]-하다[타] 한 달을 단위로 셈함, 또는 그 회계나 통계. ☞일계(日計)
월계(越階)[명]-하다[자] 서열(序列)을 뛰어넘어 승진함.
월계-관(月桂冠)[명] ①고대 그리스에서, 월계수의 가지와 잎사귀로 만들어 경기의 우승자에게 씌우던 관(冠). ②승리한 사람이 차지하는 영예를 비유하여 이르는 말. ¶승리의 -. [준]계관(桂冠)
월계-수(月桂樹)[명] 녹나뭇과의 상록 교목. 나무 높이는 10~20m. 잎은 길둥근 꼴 또는 깃꼴로 딱딱하며 향기가 있음. 봄에 잎겨드랑이에서 담황색의 작은 꽃이 산형(繖

形) 꽃차례로 피고 가을에 오디 모양의 열매가 암자색으로 익음. 잎은 향료로 쓰임. 지중해 연안 원산임.

월계-표(月計表)명 한 달 동안의 회계나 통계를 나타낸 표.

월계-화(月季花)명 장미과의 낙엽 활엽 관목. 줄기에 가시가 많고 잎은 깃꼴 겹잎이며 톱니가 있음. 초여름에 홍색 또는 백황색의 꽃이 피고 가을에 둥근 열매가 붉게 익음. 중국 원산의 관상 식물임. 사계화(四季花)

월고(月雇)명 ①한 달 기한으로 사람을 씀, 또는 그 사람. ②월급으로 품삯을 정하고 사람을 씀, 또는 그 사람.

월과(月課)명 ①다달이 일정하게 하는 일. ②지난날, 지방 관아에서 다달이 정부에 내던 세금.

월광(月光)명 달빛. 월화(月華)

월광-단(月光緞)명 달무늬를 수놓은 비단.

월광-보살(月光菩薩)명 불교에서 이르는, 약사 삼존(藥師三尊)의 하나. 약사여래(藥師如來)의 오른쪽에 자리한 보살로 여래의 밑에 있는 보살 중에서 일광보살(日光菩薩)과 함께 으뜸 지위에 있음.

월구(月球)명 달[1]

월궁(月宮)명 달 속에 있다는 전설상의 궁전.

월궁-항아(月宮姮娥)명 월궁에 산다는 선녀 항아처럼 아름다운 절세의 미인을 이르는 말.

월권(越權)[－꿘]명-하다자 제 권한 밖의 일을 함. ¶그것은 － 행위이다.

월귤(越橘)명 진달랫과의 상록 관목. 높이는 20~30cm. 잎은 어긋맞게 나고, 5~6월에 흰빛 또는 분홍빛 꽃이 가지 윗부분의 잎겨드랑이에 두세 송이씩 총상(總狀) 꽃차례로 핌. 8~9월에 붉은빛의 둥근 열매가 열리는데 맛이 심. 금강산 이북의 고산 지대에서 자람.

월금(月琴)명 현악기의 한 가지. 둥근 공명통에 가늘고 긴 목을 달고 네 줄을 매었음.

월급(月給)명 다달이 받는 급료(給料). 월봉(月俸)

월급-쟁이(月給－)명 월급을 받고 일하는 사람을 낮잡아 이르는 말. ☞봉급쟁이

월내(月內)명 한 달 안, 또는 이 달 안. ¶－에 작업을 끝낼 것이다.

월년(越年)명-하다자 해를 넘김.

월년-생(越年生)명 두해살이. 이년생(二年生)

월년생=식물(越年生植物)명 두해살이풀. 이년생 식물

월년생=초본(越年生草本)명 두해살이풀

월년-성(越年性)[－썽]명 식물의 심은 씨가 가을에 싹이 터서 겨울을 나고 이듬해 봄에 꽃이 피어 열매를 맺는 성질.

월년-초(越年草)명 두해살이풀

월단(月旦)[－딴]명 ①매월의 첫날. ②'월단평'의 준말.

월단-평(月旦評)[－딴－]명 인물에 대한 비평. 준월단

월당(月當)[－땅]명 한 달을 단위로 정한 금액. 월액

월대(月臺)[－때]명 대궐의 전각(殿閣) 앞에 놓인 섬돌.

월대-식(月帶蝕)[－때－]명 월식으로 달이 이지러진 채 지평선 위로 돋거나 지는 일. ☞일대식(日帶蝕)

월도(月刀)[－또]명 ①십팔기 또는 무예 이십사반의 하나. 보졸(步卒)이 언월도(偃月刀)로 하는 검술. ②'언월도'의 준말.

월동(越冬)[－똥]명-하다자 겨울을 남. 겨울나기. 과동(過冬) ¶－ 장비/－ 준비를 하다.

월동-비(越冬費)[－똥－]명 겨울을 나는 데 드는 비용.

월:드와이드웹(World Wide Web)명 인터넷에 있는 문자, 그림, 동화상, 소리 따위의 각종 멀티미디어 정보를 통일된 방법으로 찾아볼 수 있게 하는 광역 정보 서비스. 더블유더블유더블유(WWW). 웹(web)

월:드컵(world cup)명 세계 선수권을 놓고 겨루는 국제적인 스포츠 대회, 또는 그 우승배. 축구·배구·골프·스키 등이 있으며, 1930년부터 4년마다 열리는 축구 대회가 유명함.

월등(越等)[－뜽]부 훨씬 뛰어나게. ¶－ 잘 달린다.

월등-하다(越等－)[－뜽－]형여 수준이나 실력이 다른 것에 비하여 훨씬 낫다. ¶영어 실력이 －./월등한 기술. **월등-히**부 월등하게

월따-말명 털빛이 붉고 갈기가 검은 말.

월떡부 ①많이 먹은 것을 급자기 몽땅 게워 내는 모양을 나타내는 말. ②많은 양의 액체가 급자기 끓어올라 그릇 밖으로 쏟아져 흐르는 모양을 나타내는 말. ③물체가 급자기 뒤집히거나, 걸친 것이 젖혀지는 모양을 나타내는 말. ☞왈딱

월래(月來)명 두어 달 동안. 달포 이래.

월렁-거리다(대다)자 ①몹시 설레어 가슴이 자꾸 뛰놀다. ②먹은 것이 삭지 않고 게울 것처럼 속이 메슥거리다. ☞왈랑거리다

월렁-월렁부 월렁거리는 모양, 또는 그 상태를 나타내는 말. ☞왈랑왈랑

월력(月曆)명 일년 중의 월(月), 일(日), 요일, 이십사절기, 행사일 등을 날짜에 따라 적어 놓은 것. 달력

월령(月令)명 지난날, 농가나 나라의 정례적인 연간 행사를 다달이 구별하여 차례로 적어 두던 기록.

월령(月齡)명 ①삭일(朔日)을 0으로 하여 센 날수. 한 삭망월(朔望月 : 29.5일)을 주기로 하여 달의 차고 이지러짐의 정도를 나타냄. 보름달은 월령 15가 됨. ②태어난 지 1년 미만인 유아가 자란 달수.

월령-가(月令歌)명 한 해 동안의 기후의 변화나 의식(儀式), 농가 행사 등을 음력 정월부터 섣달까지의 차례로 읊은 노래. 농가월령가나 사친가(思親歌), 동동(動動) 따위. 월령체가

월령체-가(月令體歌)명 월령가(月令歌)

월례(月例)명 다달이 정해 놓고 하는 일.

월례-회(月例會)명 다달이 정기적으로 만나는 모임.

월로(月老)명 '월하노인(月下老人)'의 준말.

월로-승(月老繩)명 월하노인이 주머니 속에 지니고 있다가 남녀의 인연을 맺어 준다는 붉은 끈.

월륜(月輪)명 ①둥근 달. ②달의 둘레.

월름(月廩)명 지난날, 월급으로 주던 곡식.

월름-미(月廩米)명 지난날, 월급으로 주던 쌀.

월리(月利)명 한 달을 단위로 계산하는 이율. 달변. 월변(月邊) ☞연리(年利). 월수(月收)

월리(月離)명 ①달의 운동. ②달과 어떤 항성이나 행성과의 각거리. 해상의 경도(經度)를 산출하는 데 쓰임.

월리스-선(Wallace線)명 동물 지리학상의 경계선. 오스트레일리아구와 아시아구를 구획하는 선으로, 발리(Bali) 섬과 롬보크(Lombok) 섬 사이에서, 북쪽으로 셀레베스 섬과 보르네오 섬 사이를 지남.

월말(月末)명 그 달의 끝 무렵. ☞월초(月初)

월면(月面)명 ①달의 표면. ②달처럼 잘생긴 얼굴을 비유하여 이르는 말.

월면-도(月面圖)명 달 표면의 지세를 나타낸 지도.

월면=차량(月面車輛)명 달의 표면을 탐험하는 데 쓰는 차량.

월명(月明)어기 '월명(月明)하다'의 어기(語基).

월명-하다(月明－)형여 달빛이 밝다.

월반(越班)명-하다자 학생의 학습 능력이 뛰어나서, 학년의 차례를 건너뛰어 상급반으로 올라가는 일.

월방(越房)명 건넌방

월번(月番)명 한 달을 단위로 바뀌는 번차례.

월변(月邊)명 한 달을 단위로 계산하는 이율. 달변. 월리(月利) ☞일변(日邊)

월변(越邊)명 건너편

월별(月別)명 한 달을 단위로 나눈 구별.

월병(月餠)명 달 모양으로 둥글게 만든 흰떡. 주로 혼인 잔치 때 씀. 달떡

월보(月報)명 다달이 내는 보고나 보도, 또는 그 인쇄물. ¶통계 － ☞일보(日報)

월복(越伏)명-하다자 보통 열흘 간격으로 드는 중복(中伏)과 말복(末伏) 사이가 스무 날이 되는 일.

월봉(月俸)명 다달이 받는 급료. 월급(月給) ☞연봉(年俸). 일급(日給)

월부(月賦)명 갚거나 치러야 할 돈을 다달이 얼마씩 나누어 내는 일. ¶컴퓨터를 －로 사다. ☞연부(年賦)

월부-금(月賦金)명 다달이 얼마씩 나누어 내는 돈.

ㅇ

월비(月費) 명 다달이 쓰는 비용.
월사(月事)[−싸] 명 월경(月經)
월사-금(月謝金)[−싸−] 명 지난날, 다달이 내는 수업료를 이르던 말.
월삭(月朔)[−싹] 명 그 달의 초하룻날.
월삭(越朔)[−싹] 명-하다 자 해산(解產)할 달을 넘김.
월산(月產)[−싼] 명 한 달 동안 만들어 내는 양.
월-삼도(越三道)[−쌈−] 명-하다 타 지난날, 세 도(道)를 넘는다는 뜻으로, 매우 먼 고장으로 귀양보내는 일을 이르던 말.
월상(月像)[−쌍] 명 달 모양.
월색(月色)[−쌕] 명 달빛
월석(月夕)[−썩] 명 ①달 밝은 밤. ¶화조(花朝) − ②음력 팔월 보름날 밤. 곧 한가윗날 밤.
월석(月石)[−썩] 명 달의 표면에 있는 암석.
월성(越城) 명-하다 자 성을 넘음.
월세(月貰)[−쎄] 명 남의 집이나 방을 빌려 살면서, 다달이 내는 세. 사글세
월-세:계(月世界)[−쎄−] 명 ①달나라 ②달빛이 환하게 비친 온 세상.
월소(月梳)[−쏘] 명 얼레빗
월소(越訴)[−쏘] 명-하다 타 지난날, 하급 관아를 거치지 않고 직접 상급 관아에 소청(訴請)하던 일.
월수(月水)[−쑤] 명 월경(月經)
월수(月收)[−쑤] 명 ①한 달 동안에 벌어들인 수입의 총액, 또는 매월의 수입. ¶− 이백만 원이 보장되는 일자리. ②본전에 이자를 얹어서 다달이 갚아 나가는 빚. ☞월리(月利). 일수(日收)
월수(月數)[−쑤] 명 달의 수. 달수
월수(越數)[−쑤] 명-하다 자타 정하거나 예정한 수를 넘음.
월시진척(越視秦瘠)[−씨−] 성구 월(越)나라가 진(秦)나라 땅의 걸고 메마름을 상관하지 않았듯이, 남의 일이나 환난에 전혀 개의치 않음을 이르는 말.
월식(月蝕)[−씩] 명 지구가 태양과 달 사이에 들었을 때, 지구의 그림자로 말미암아 지구에서 본 달의 일부 또는 전부가 보이지 않는 현상. ☞일식(日蝕)
월액(月額) 명 한 달을 단위로 정한 금액. 월당(月當)
월야(月夜) 명 달밤
월여(月餘) 명 한 달 남짓. 달포
월영(月影) 명 달의 그림자.
월요(月曜) 명 '월요일(月曜日)'의 준말.
월요-일(月曜日) 명 요일(曜日)의 하나. 한 주의 둘째 날로, 일요일의 다음날임. 준 월(月). 월요(月曜) ☞칠요일(七曜日)
월용(月容) 명 달처럼 아름답게 생긴 얼굴.
월운(月暈) 명 '월훈(月暈)'의 원말.
월의-송(越議送) 명 지난날, 그 지방의 관아를 거치지 않고 바로 관찰사에게 제소(提訴)하던 일.
월인석보(月印釋譜) 명 조선 세조 5년(1459)에 중 신미(信眉), 수미(守眉), 설준(雪峻) 등과 유학자(儒學者) 김수온(金守溫) 등 11명이 왕명에 따라 간행한 석가모니의 일대기. '월인천강지곡'의 각 절을 본문으로 삼고, 그에 해당하는 '석보상절(釋譜詳節)'의 대목을 주석(註釋)처럼 엮었음. 오늘날 초간본(初刊本) 14권과 중간본(重刊本) 2권만이 전함.
월인천강지곡(月印千江之曲) 명 조선 세종이 수양대군(首陽大君)이 지은 '석보상절'을 보고 석가모니의 공덕을 칭송하여 지은 노래. 본디 상·중·하의 세 권이었으나, 오늘날 상권 한 책과 중권 낙장(落張)만이 전함.
월일(月日) 명 ①달과 해. ②달과 날짜.
월자(月子)[−짜] 명 지난날, 여자의 머리 숱이 많아 보이도록 덧드리는 딴머리를 이르던 말. 다리[3]
월자(月滋)[−짜] 명 달불이
월장(越牆)[−짱] 명-하다 자 담을 넘음.
월장성구(月章星句)[−짱−] 성구 달빛 같은 문장, 별 같은 구절이라는 뜻으로, 문장이 아름답고 훌륭함을 이름.
월전(月前)[−쩐] 명 달포 전.
월전(月顚)[−쩐] 명 신라 때 가면극의 한 가지. 어깨는 위로 솟고 목은 쑥 들어간 데다 뾰족하게 상투를 튼 모습으로, 노래와 웃음을 섞어 춤을 춘 골계희(滑稽戲)였음.
월정(月定)[−쩡] 명 한 달을 단위로 하여 정해 놓은 것. ¶− 구독료
월조(越俎)[−쪼] 명 제 직분을 넘어 남의 일에 간섭함. ☞월권(越權)
월중(月中)[−쭝] 명 ①그 달 동안. ②달 가운데.
월-직성(月直星) 명 민속에서, 사람의 나이에 따라 그 운수를 맡아본다고 이르는 아홉 직성의 하나. 반흉반길(半凶半吉)의 직성으로 남자는 열일곱 살, 여자는 열여덟 살에 처음 드는데, 9년에 한 번씩 돌아온다고 함. ☞목직성(木直星)
월진승선(越津乘船)[−찐−] 성구 '나루 건너 배 타기'라는 말을 한문식으로 옮긴 구(句)로, 일을 순서대로 하지 않고 이치에 맞지 않게 되는 대로 함을 이르는 말.
월차(月次) 명 ①하늘에서 달의 위치. ②매월 ¶− 휴가
월참(越站) 명-하다 자 지난날, 역참(驛站)에서 쉬지 않고 그냥 지나가던 일.
월척(越尺) 명 낚시에서, 잡은 물고기의 길이가 한 자를 넘는 것, 또는 그런 물고기를 이르는 말. ¶−을 낚다.
월천(越川) 명-하다 자 내를 건넘.
월천-국 명 건더기는 적고 국물만 많아서 맛없는 국.
월천-꾼(越川−) 명 지난날, 사람을 업어서 내를 건네주는 일을 직업으로 삼던 사람.
월초(月初) 명 그 달의 처음 무렵. ☞월말(月末)
월출(月出) 명-하다 자 달이 떠오름.
월커덕 부 ①몹시 급작스레 밀치거나 잡아당기는 모양, 또는 그 소리를 나타내는 말. ②급작스레 몹시 게우는 모양을 나타내는 말. ☞왈카닥
월커덕-월커덕 부 자꾸 월커덕 하는 모양, 또는 그 소리를 나타내는 말. ☞왈카닥왈카닥
월컥 부 ①먹은 것을 급자기 다 게워 내는 모양을 나타내는 말. ②급자기 세게 밀치거나 잡아당기는 모양을 나타내는 말. ¶앞 사람을 − 밀치다./− 문고리를 당겨 열다. ☞왈칵
월컥-거리다(대다) 자타 먹은 것을 잇달아 급자기 다 게우다.
월컥-월컥 부 월컥거리는 모양을 나타내는 말.
월파(月波) 명 달 그림자나 달빛이 비치는 물결.
월패(月牌) 명 달을 그린 패, 또는 달 모양으로 된 패.
월편(越便) 명 건너편
월평(月評) 명 다달이 하는 비평이나 평가.
월표(月表) 명 사항을 다달이 알기 쉽게 적어 놓은 표.
월하노:인(月下老人) 성구 중국 당(唐)나라의 위고(韋固)가 달밤에 장래의 아내를 예언해 준 노인을 만난 데서, 남녀 사이의 인연을 맺어 주는 노인을 이르는 말. 준 월로(月老) ☞적승계족(赤繩繫足)
월하빙인(月下氷人) 성구 중국 진(晉)나라의 삭담(索紞)이 얼음 위에서 얼음 아래의 사람과 이야기했다는 데서, 남녀 사이의 인연을 맺어 주는 사람을 이르는 말. 준 빙인(氷人)
월하-향(月下香) 명 수선화과의 여러해살이풀. 줄기 높이 1m 안팎. 백색의 꽃이 포(苞)의 겨드랑이에서 두 송이씩 피며 향기가 매우 강하여 향수 원료로 쓰임. 멕시코 원산임. 만향옥(晩香玉). 투베로즈(tuberose)
월해(越海) 명-하다 자 바다를 건넘. 흔히 다른 나라로 감을 이르는 말.
월형(月形) 명 초승달이나 반달 모양. 달꼴
월형(刖刑) 명 지난날, 죄인의 발꿈치를 베던 형벌.
월화 명 감의 한 품종. 열매가 작고 껍질이 얇으며 씨가 적고 일찍 익음.
월화(月華) 명 달빛. 월광(月光)
월후(月候) 명 월경(月經)
월훈(月暈) 명 달무리 원 월운(月暈)
월흔(月痕) 명 새벽녘의 거의 스러져 가는 달 그림자.
웜:(worm) 명 프로그램 안에서 스스로 자신을 복제하거나

프로그램과 프로그램 사이 또는 컴퓨터와 컴퓨터 사이를 이동하여 전파시키는 프로그램 조각. 컴퓨터바이러스가 파일과 같은 어떤 대상에 기생하는 데 비해 숙주 없이 스스로 복제되는 것이 특징임. 흔히 웜바이러스라고도 함.

웜:바이러스(worm virus)명 웜(worm)

웨 명 〈어〉한글 자모(字母) 'ㅞ'의 이름.

웨딩드레스(wedding dress)명 서양식 결혼식에서 입는 신부의 예복.

웨딩마:치(wedding march)명 결혼식에서, 신랑·신부가 입장하고 퇴장할 때 연주하는 행진곡. 결혼 행진곡

웨스턴그립(western grip)명 테니스에서, 라켓을 쥐는 방식의 한 가지. 라켓의 면을 지면과 수평이 되게 놓고 위에서 쥐는 방식. ☞이스턴그립(eastern grip)

웨이스트니퍼(waist nipper)명 여자 속옷의 한 가지. 허리를 가늘고 날씬하게 만들기 위하여 입음.

웨이스트볼(waste+ball)명 야구에서, 타자와 겨루기를 꺼릴 때나 도루(盜壘)나 스퀴즈플레이 등을 막기 위하여 투수가 일부러 스트라이크존을 벗어나게 던지는 공.

웨이터(waiter)명 서양식 음식점이나 술집 등에서 손님의 시중을 드는 남자 종업원.

웨이트리스(waitress)명 서양식 음식점이나 술집 등에서 손님의 시중을 드는 여자 종업원.

웨이퍼(wafer)명 밀가루와 달걀, 설탕 등을 섞어서 틀에 넣고 얇은 판 모양으로 살짝 구워 만든 서양 과자. 보통 두 쪽을 맞붙이고 그 사이에 크림 등을 넣음.

웨죽-웨죽 부 두 팔을 휘휘 내저으며 급히 걸어가는 모양을 나타내는 말. ☞왜죽왜죽

웩 부 속이 메스꺼워 급자기 헛구역질을 하거나 게우는 소리를 나타내는 말. ☞왝

웩-웩 부 속이 메스꺼워 자꾸 헛구역질을 하거나 게우는 소리를 나타내는 말. ☞왝왝

웩웩-거리다(대다) 자 자꾸 웩웩 소리를 내다. ☞왝왝거리다

웬: 관 어찌 된, 또는 어떠한. ¶새벽부터 — 소란이냐?/— 낯선 사람이 찾아오다.

웬:-걸 감 '웬 것을'이 줄어든 말로, 어떤 사실이 기대했던 바와 전혀 달랐음을 이야기할 때 하는 말. ¶사람들이 많이 올 줄 알았는데 —, 열 명도 안 모였다네.

웬:-만큼 부 ①어지간히 ¶— 해 두고 그만 잡시다. ②보통 정도는 될 만큼. ¶컴퓨터도 — 다룰 줄 안다.

웬:만-하다 형여 ①어떤 정도가 보통에 가깝거나 조금 더 낫다. 어지간하다 ¶감기가 나아서 몸도 —./웬만하면 그냥 걸어서 가자. ②그저 그만하다. ¶추위가 —./성적도 웬만한 편이다.

웬:-셈 명 어찌 된 셈.

웬:-일[—닐] 명 어찌 된 일, 또는 어떻게 된 일.

웰터-급(welter級)명 권투나 레슬링 따위에서, 선수의 몸무게에 따라 나눈 체급의 하나. 권투의 경우 아마추어는 63.5～67kg이고, 프로는 63.5～66.68kg임. ☞라이트급. 미들급

웹(web)명 월드와이드웹(World Wide Web)

웹사이트(web site)명 인터넷 사용자가 찾는 정보를 언제든지 제공할 수 있도록 웹서버에 저장해 놓은 정보의 집합체. 준사이트(site)

웹서:버(web server)명 인터넷에서 웹서비스를 제공할 수 있는 환경을 만드는 데 사용되는 프로그램.

웽 부 ①거센 바람이 전선 등을 스칠 때 나는 소리를 나타내는 말. ②벌 따위가 몹시 빠르게 날아다닐 때 나는 소리를 나타내는 말. ③돌멩이 따위가 공기를 가르면서 날아갈 때 나는 소리를 나타내는 말. ④기계 바퀴 따위가 돌아갈 때 나는 소리를 나타내는 말. ☞왱. 윙

웽겅-뎅겅 부 엷고 큰 여러 개의 쇠붙이 따위가 서로 마구 부딪칠 때 울리어 나는 소리, 또는 그 모양을 나타내는 말. ☞왱강댕강

웽그렁-거리다(대다) 자 웽그렁웽그렁 소리를 내다. ☞왱그랑거리다

웽그렁-뎅그렁 부 웽그렁거리고 뎅그렁거리는 소리를 나타내는 말. ☞왱그랑댕그랑

웽그렁-웽그렁 부 큰 쇠붙이 따위가 이리저리 부딪치며 요란스레 울리어 나는 소리를 나타내는 말. ☞왱그랑왱그랑

웽-웽 부 잇달아 웽 하는 소리를 나타내는 말. ☞왱왱. 윙윙

웽웽-거리다(대다) 자 자꾸 웽웽 소리가 나다. ☞왱왱거리다. 윙윙거리다

위[1] 명 ①어떤 기준이나 중간 되는 곳보다 높은 위치. ¶허리 —. ②어떤 물체의 겉이나 바깥, 또는 그 면. ¶책상 —에 놓아 두다./종이 —에 쓴 글씨. ③높거나 긴 것의 꼭대기. ¶산 —에서 불빛이 반짝이다./지붕 —로 올라가다. ④지위나 나이, 등급, 정도, 능력 따위가 더 높거나 나은 쪽. ¶그는 나보다 한 수 —다./—에서 시키는 대로 하다. ⑤글 따위에서 앞 또는 앞에 적은 내용. ¶—의 내용은 모두 사실이다. ☞아래 ⑥이미 있는 것에 더하여. ¶네가 행복해질 수만 있다면 그 —에 무얼 더 바라겠니?

한자 위 상(上) 〔一部 2획〕 ¶상공(上空)/상관(上官)/상류(上流)/상부(上部)/상석(上席)/상하(上下)

위[2] 명 〈어〉한글 자모(字母) 'ㅟ'의 이름.

위(危)명 '위수(危宿)'의 준말.

위(位)명 지위(地位).

위(胃)명 ①소화 기관의 일부. 사람의 경우, 식도와 십이지장 사이에 있는 자루 모양의 부분. 삼킨 음식물을 위액을 분비하여 소화함. 밥통. 위부(胃腑) ☞위장(胃腸) ②'위경(胃經)'의 준말. ③'위수(胃宿)'의 준말. ④한방에서 이르는 육부(六腑)의 하나.

위(緯)명 ①베나 천의 씨. ②'위도(緯度)'의 준말. ③'위선(緯線)'의 준말. ☞경(經)

위(位)의 ①등급이나 등수를 나타내는 말. ¶콩쿠르에서 2—로 입상하다. ②신주 또는 위패에 모신 신(神)의 수를 세는 말. ¶수백 —의 영령을 모신 국립 묘지.

위각(違角)명 정상의 상태에서 어긋남.

위각-나다(違角—)자 정상의 상태에서 어긋나다.

위거(委去)명-하다 자타 버리거나 버리고 떠나감.

위거(偉擧)명 ①뛰어난 계획. ②위대한 거사(擧事). ¶삼일 운동(三一運動)은 우리 민족의 —였다.

위격(違格)[—껵] 명-하다 자 ①격식에 어긋남. ②도리에 어긋남.

위-결핵(胃結核)명 위에 생기는 결핵.

위경(危境)명 위태로운 지경. ¶—에 빠지다.

위경(胃經)명 ①위에 붙은 인대(靭帶). 준위(胃) ②한방에서, 위에 딸린 경락(經絡)을 이르는 말.

위경(胃鏡)명 의료 기구의 한 가지. 위 속을 살펴보는 거울. 가스트로스코프(gastroscope)

위경(僞經)명 경외 성서(經外聖書)

위-경련(胃痙攣)명 위궤양이나 담석증, 충수염(蟲垂炎) 등으로 말미암아 위가 오그라지며 심한 통증을 일으키는 병증.

위계(危計)명 위험한 계획이나 위태로운 계책.

위계(位階)명 ①관직의 품계. ②지위의 등급. ¶— 질서를 지키다.

위계(爲計) 편지 등에서, '작정임' 또는 '예정임'의 뜻으로 쓰는 한문 투의 말. ¶3개월 뒤에 귀향 —.

위계(僞計)명-하다 자 거짓 계략을 꾸밈, 또는 그 계략.

위곡(委曲)[1] 명 자세한 사정이나 곡절.

위곡(委曲)[2] 어기 '위곡(委曲)하다'의 어기(語基).

위곡-하다(委曲—)형여 찬찬하고 자세하다. 위상(委詳)하다 ¶위곡하게 타일러 보내다.

위곡-히 부 위곡하게

위골(違骨)명-하다 자 뼈마디가 어그러짐.

위공(偉功)명 위대한 공로. 위열(偉烈). 위적(偉績) ¶청사(靑史)에 빛나는 —.

위과(僞果)명 꽃턱·꽃줄기·꽃받침 등이 씨방과 함께 붙어서 자란 과일. 배나 사과, 무화과 따위. 가과(假果).

부과(副果). 헛열매
위관(胃管)명 위액을 검사하거나 위를 깨끗이 씻을 때 쓰는 가느다란 고무관.
위관(尉官)명 ①군대의 계급에서, 소위·중위·대위를 통틀어 이르는 말. ☞영관(領官) ②조선 말기의 무관 계급인 정위(正尉)·부위(副尉)·참위(參尉)를 통틀어 이르던 말.
위관(偉觀)명 규모가 크고 볼만 한 경관. 장관(壯觀)
위관택인(爲官擇人)성구 어떤 관직에 맞는 인재를 가려 뽑는 일을 이르는 말.
위광(威光)명 위엄스러운 기세. ¶ −을 떨치다.
위괴(違乖)명-하다타 어기고 배반함.
위구(危懼)명-하다자타 염려하고 두려워함.
위구(偉軀)명 커다란 몸집.
위구-스럽다(危懼−)(−스럽고·−스러워)형ㅂ 염려되고 두렵다. ¶무슨 사고가 일어나지 않을까 −.
위구-스레부 위구스럽게
위구-심(危懼心)명 염려하고 두려워하는 마음.
위국(危局)명 위태한 시국이나 급박한 판국.
위국(爲國)명-하다자 나라를 위함.
위국(衛國)명-하다자 나라를 지킴.
위국-충절(爲國忠節)명 나라를 위한 충성스러운 절개.
위권(威權)명 위세와 권력을 아울러 이르는 말.
위권(僞券)[−꿘]명 위조한 문권(文券).
위-궤:양(胃潰瘍)명 위의 점막이 상하여 궤양이 생기는 질환. 위에 통증을 느끼며, 심하면 구토·토혈 등의 증세가 나타나고, 위벽에 구멍이 생길 수도 있음.
위그노(Huguenot 프)명 16~18세기 프랑스의 칼뱅파 신교도(新敎徒)를 통틀어 이르는 말.
위극(危極)명 ①-하다형 매우 위태로움. ②경제 공황의 한 가지. 신용의 남용으로 경제 활동이 마비되어 잇달아 파산자가 생기는 상태.
위극인신(位極人臣)성구 관직으로서 최고의 자리인 재상(宰相)의 지위에 오름을 이르는 말.
위근(胃筋)명 위벽을 이루는 근육.
위근=쇠약증(胃筋衰弱症)명 위근의 수축력이 떨어져서 연동 운동이 약해지는 병증. 과음·과식·자극성 약제의 남용 등으로 말미암아 일어나며, 자각 증세로는 가슴이 따갑고 쓰리거나 구역질, 변비 등이 생김. 위아토니(胃Atonie)
위-근시(僞近視)명 장시간의 독서 등 지나치게 가까이 있는 것을 보는 상태가 계속되었을 때 일어나는 일시적인 근시. 가성 근시(假性近視)
위금(僞金)명 ①황화제이주석으로 된 금빛의 도료(塗料). 금박(金箔) 대용으로 쓰임. ②알루미늄 10%, 구리90%로 된 알루미늄 청동(靑銅).
위급(危急)명-하다형 매우 위태롭고 급박함. ¶ −한 상황.
위기(危機)명 위험한 고비나 때. ¶ −를 넘기다.
위기(位記)명 관원의 품계와 직위에 관한 기록.
위기(委寄)명-하다타 남에게 맡김. 위임(委任)
위기(委棄)명-하다타 버리고 돌보지 아니함.
위기(胃氣)명 위(胃)의 작용.
위기(偉器)명 뛰어난 인재(人材).
위기(圍棋·圍碁)명-하다자 바둑, 또는 바둑을 두는 일.
위기(違期)명-하다자 약속한 기한을 어김. 건기(愆期)
위기(衛氣)명 한방에서, 음식의 양분이 피부와 주리(腠理)를 튼튼하게 하여 몸을 보호하는 기운을 이르는 말.
위기-감(危機感)명 위기 의식
위기=관:리(危機管理)명 살면서 겪게 되는 사회적·경제적·정신적 위기에 알맞게 대처해 나가는 일.
위기=의:식(危機意識)명 위기가 닥쳐오고 있다는 느낌, 또는 위기에 처해 있다는 느낌. 위기감(危機感)
위기일발(危機一髮)성구 위험이 닥친 매우 아슬아슬한 고비를 이르는 말. 위여일발(危如一髮)
위나니미슴(unanimisme 프)명 20세기 초 프랑스에서 일어난 문학 운동의 한 가지. 개인을 초월하여 사회나 시대를 대상으로 하는 문학을 지향함.
위난(危難)명 위급하고 어려운 경우. ¶ −에 처한 나라.
위-남자(偉男子)명 인품이나 용모가 뛰어난 남자. 위장부(偉丈夫)
위내(衛內)명 지난날, 임금의 거둥 때에 위병(衛兵)이 호위하는 수레의 전후좌우를 이르던 말.
위노위비(爲奴爲婢)성구 지난날, 역적(逆賊)의 처자를 종으로 삼는 일을 이르던 말.
위다안소(危多安小)성구 정세(情勢)나 병세가 매우 위급하여 안심하기 어려움을 이르는 말.
위답(位畓)명 '위토답(位土畓)'의 준말.
위대(偉大)어기 '위대(偉大)하다'의 어기(語基).
위대-하다(偉大−)형여 크게 뛰어나고 훌륭하다. 위여(偉如)하다 ¶위대한 업적.
위덕(威德)명 위엄과 덕망을 아울러 이르는 말.
위도(緯度)명 지구 위의 위치를 나타내는 좌표의 하나. 적도(赤道)를 0도로 하고 남극과 북극을 각 90도로 하여 남북으로 평행하게 가로로 나눔. 씨도 준 위(緯) ☞경도[2]
위도=변:화(緯度變化)명 지구의 자전축이 세차(歲差)나 장동(章動)에 따라서 끊임없이 변하기 때문에 위도가 변화하는 현상.
위도-선(緯度線)명 위선(緯線)
위독(危篤)어기 '위독(危篤)하다'의 어기(語基).
위독-하다(危篤−)형여 병이 깊어 목숨이 위태롭다.
위-동맥(胃動脈)명 위에 분포되어 있는 동맥.
위-들다(−들고·−드니)자 연을 날릴 때 남의 연줄을 걸어 얽히게 하다.
위락(萎落)명-하다자 시들어 떨어짐.
위락(慰樂)명 위안과 즐거움. ¶ − 시설
위란(危亂)어기 '위란(危亂)하다'의 어기(語基).
위란-하다(危亂−)형여 나라가 위태롭고 어지럽다.
위람(危濫)명-하다자 위험스럽게 넘침.
위랭(胃冷)명 한방에서, 위(胃)가 냉(冷)한 상태를 이르는 말. 위한(胃寒)
위략(偉略)명 훌륭한 책략(策略).
위력(威力)명 큰 힘. ¶ −을 발휘하다.
위력(偉力)명 위대한 힘. 뛰어난 힘.
×**위력성당**(威力成黨)명 →울력성당
위령(威令)명 위엄이 있는 명령. 위명(威命)
위령(違令)명-하다자 명령을 어김.
위령(慰靈)앞말 죽은 사람의 영혼을 위로함. ¶ −곡/−미사/−제
위령-곡(慰靈曲)명 ①죽은 사람의 영혼을 위로하기 위한 음악. ②가톨릭에서, 위령 미사 때 연주하는 음악. 레퀴엠. 진혼곡(鎭魂曲)
위령=미사(∠慰靈彌撒)명 가톨릭에서, 세상을 떠난 사람을 위하여 드리는 미사. ☞생미사
위령-선(葳靈仙·威靈仙)명 한방에서, 으아리의 뿌리를 약재로 이르는 말. 풍습(風濕)이나 요통, 사지 마비, 타박상 등에 쓰임.
위령-제(慰靈祭)명 죽은 이의 혼령을 위로하는 제사. 진혼제(鎭魂祭)
위례(違例)명-하다자 상례(常例)를 벗어나거나 어김.
위로(慰勞)명-하다타 따뜻한 말이나 행동으로 괴로움이나 슬픔을 달래 줌. ¶슬픔에 잠긴 그녀를 −하다.

한자 **위로할 위**(慰) [心部 11획] ¶안위(安慰)/위로(慰勞)/위문(慰問)/위안(慰安)/자위(自慰)

위로-금(慰勞金)명 위로하는 뜻으로 주는 돈.
위로-연(慰勞宴)명 위로하려고 베푸는 잔치.
위록(位祿)명 지위와 녹봉을 아울러 이르는 말.
위루(危樓)명 매우 높은 누각.
위리(圍籬)명-하다타 지난날, 죄인이 유배되어 거처하는 곳에 가시나무로 울타리를 치던 일.
위리-안치(圍籬安置)명 지난날, 귀양살이하는 죄인이 달아나지 못하도록 가시나무로 울타리를 만들어 그 안에 가두어 두던 일을 이르는 말. ▷圍의 속자는 囲
위립(圍立)명-하다자타 빙 둘러싸고 섬.

위망(位望)명 지위와 명망을 아울러 이르는 말.
위망(威望)명 위세와 명망을 아울러 이르는 말.
위망(僞妄)명 거짓과 망녕. ▷ 僞의 속자는 偽
위명(威名)명 위력을 떨치는 명성.
위명(威命)명 위엄이 있는 명령. 위령(威令)
위명(偉名)명 위대한 명성.
위명(僞名)명 거짓으로 일컫는 이름. ☞실명(實名)
위모(僞冒)명-하다타 거짓된 말과 행동으로 남을 속임.
위모(衛矛)명 '화살나무'의 딴이름.
위목(位目)명 불교에서, 성현이나 혼령의 이름을 쓴 종이를 이르는 말.
위무(威武)명 ①위세와 무력. ②위엄이 있고 씩씩함.
위무(慰撫)명-하다타 위로하고 어루만져 달램.
위문(慰問)명-하다타 불행한 사람이나 병 따위로 괴로워하는 사람을 찾아가서 위로함, 또는 글로 안부를 물음.
위문-단(慰問團)명 위문하기 위하여 조직한 단체.
위문-문(慰問文)명 위문의 뜻을 적은 글.
위-문서(僞文書)명 '위조 문서(僞造文書)'의 준말.
위문-품(慰問品)명 위문의 뜻으로 보내는 물품.
위물(僞物)명 위조한 물품. 가짜 물건. ☞진물(眞物)
위미(萎靡)명-하다자 시들고 느른해짐.
위미부진(萎靡不振)성구 시들고 약해져서 떨치고 일어나지 못함을 이르는 말.
위-미태(位米太)명 조선 시대, 조세로 바치던 쌀과 콩.
위민부모(爲民父母)성구 지난날, 임금은 온 백성의 어버이가 되고, 고을의 원은 고을 백성의 어버이가 됨을 이르던 말.
위반(違反)명-하다타 지켜야 할 바를 어김. 위배(違背) ¶규칙을 -하다. ☞준수(遵守). 엄수(嚴守)
위배(圍排)명-하다타 죽 둘러서 벌여 놓음.
위배(違背)명-하다타 위반(違反)
위범(違犯)명-하다타 법을 어기어 죄를 저지름.
위법(違法)명-하다자 법을 어김. ☞준법(遵法)
위법-성(違法性)명 어떤 행위가 범죄 또는 불법 행위로 인정되는 객관적 요건.
위법성=조각=사:유(違法性阻却事由)명 법률에서, 형식적으로는 범죄 행위의 요건이 갖추어졌더라도 그것을 위법으로 인정하지 않는 일. 정당 방위나 긴급 피난 따위.
위법자폐(爲法自弊)성구 자기가 만든 법을 스스로 어기어 벌을 받는다는 뜻으로, 자기가 한 일로 말미암아 자기가 어려움을 겪는다는 말.
위법=처:분(違法處分)명 법을 어긴 행정 처분. 이로 말미암아 권리가 침해된 경우에는 소원(訴願)이나 소송을 제기할 수 있음.
위법=행위(違法行爲)명 법을 어기는 행위.
위벽(胃壁)명 위(胃)의 안쪽을 이루고 있는 벽. 점막(粘膜)·근막(筋膜)·장액막(腸液膜)으로 이루어져 있으며, 펩신과 염산을 분비함.
위병(胃病)[-뼝]명 위(胃)에 생기는 병을 통틀어 이르는 말. 위장병(胃臟病)
위병(萎病)명 시들병
위병(衛兵)명 ①호위하는 병사. ②경비나 단속을 위하여 일정한 곳에 배치된 병사. ▷ 衛의 속자는 衛
위병-소(衛兵所)명 위병이 임무를 수행하는 곳.
위복(威服)명-하다자타 권위나 위력에 굴복함, 또는 권위나 위력으로 굴복시킴. ☞덕화(德化)
위복(威福)명 위력으로 누르기도 하고, 복록(福祿)을 베풀어 달래기도 하는 일.
위본(僞本)명 위조한 책. 위서(僞書) 유가본(假本) ☞진본(眞本)
위부(委付)명 ①-하다타 맡기거나 부탁함. ②법률에서, 해상 보험의 피보험자가 보험의 목적물이 전손(全損)되었는지 불분명한 경우에 보험금을 지급 받기 위하여 보험자에게 그 목적물을 이전하는 일.
위부(胃腑)명 위(胃)
위부인-자(衛夫人字)[-짜]명 중국 진(晉)나라의 위부인(衛夫人)이 쓴 글자체와 같다고 하여, '갑인자(甲寅字)'를 달리 이르는 말.
위불-없:다(爲不-)[-업-]형 '위불위없다'의 준말.
위불위-간(爲不爲間)부 되든지 안 되든지, 또는 하든지 안 하든지. ¶- 연락해 주세요.
위불위-없:다(爲不爲-)[-업-]형 틀림없다, 또는 의심할 여지가 없다. ¶그것은 위불위없는 사실이다. 준위불없다
위불위-없이부 위불위없게
위비(位卑)어기 '위비(位卑)하다'의 어기(語基).
위비언고(位卑言高)성구 낮은 관직에 있는 사람이 정사(政事)에 관하여 비평함을 이르는 말.
위비-하다(位卑-)형여 관직이 낮다.
위:빙(weaving)명 권투에서, 상체를 구부리고 좌우로 움직여서 상대편의 공격을 피하는 일.
위사(偉辭)명 웅장하고 아름다운 문사(文詞).
위사(僞辭)명 진실하지 아니한 말.
위사(衛士)명 지난날, 대궐이나 능·관아·군영 등을 지키던 장교(將校).
위사(緯絲)명 피륙에서, 가로 방향으로 짜인 실. 씨실 ☞경사(經絲)
위산(胃散)명 위병에 쓰는 가루약.
위산(胃酸)명 위액(胃液) 속에 들어 있는 산성 물질.
위산(違算)명 ①계산이 틀림, 또는 틀린 계산. ②계획이 어긋남.
위산=결핍증(胃酸缺乏症)명 위액의 산도(酸度), 특히 염산량이 줄어들거나 없어진 상태의 병증. 무산증(無酸症)
위산=과:다증(胃酸過多症)[-쯩]명 위산이 너무 많이 분비되어 위벽을 상하게 하는 병증.
위상(位相)명 ①어떤 사물이 다른 사물과의 관계에서 차지하는 자리. ②수학에서, 극한과 연속의 개념이 정의될 수 있도록 집합에 도입되는 수학적 구조. ③물리학에서, 진동이나 파동과 같이 주기적으로 되풀이되는 현상 중에 나타나는 상태나 위치의 변수.
위상(委詳)어기 '위상(委詳)하다'의 어기(語基).
위상=기하학(位相幾何學)명 도형이나 공간의 연속적인 변형에 대하여 불변인 성질, 곧 위상적 성질을 연구하는 기하학의 한 분야.
위상=수:학(位相數學)명 위상 공간의 여러 가지 성질을 연구하는 수학의 한 분야. 위상 기하학, 위상 공간론, 위상 해석학 등을 통틀어 이르는 말.
위상=심리학(位相心理學)명 위상 수학의 개념을 응용하여 심리와 행동을 규제하는 여러 조건을 연구하는 심리학. 토폴로지 심리학
위상-어(位相語)명 특정한 사회나 계층에서 쓰는 말. 궁중어(宮中語), 어린이말 따위.
위상차=현:미경(位相差顯微鏡)명 부분적으로 굴절률이 다른 물체를 현미경으로 볼 때, 투과한 빛에 따라 생긴 위상 차를 상(像)의 명암 차로 바꾸어 그 물체의 구조를 관찰하기 쉽도록 한 현미경. 세포나 세균을 염색하지 않고도 관찰할 수 있음.
위상-하다(委詳-)형여 찬찬하고 자세하다. 위곡하다
위-샘(胃-)명 위액을 분비하는 소화샘. 위선(胃腺)
위생(衛生)명 건강의 유지와 증진을 꾀하고 질병의 예방과 치료에 힘쓰는 일. ¶- 관념이 철저하다.
위생=공학(衛生工學)명 상하수도, 폐기물의 처리와 재생, 토양과 대기의 오염 방지, 식품 위생 등 건강에 영향을 미치는 환경 인자들을 공학적 수단으로 다루는 학문.
위생-림(衛生林)명 공기를 깨끗하게 하기 위하여 도시 근처에 조성하는 숲. ☞보안림(保安林)
위생-병(衛生兵)명 군대의 병과(兵科)의 하나, 또는 그 병과에 딸린 군인. 위생에 관련된 일을 맡아봄.
위생-복(衛生服)명 위생을 위하여 특별히 입는 덧옷. ☞소독의(消毒衣)
위생-적(衛生的)명 위생에 좋거나 알맞은 것. ¶행주는 자주 삶아 쓰는 것이 -이다.
위생-학(衛生學)명 개인이나 공중의 건강 유지와 증진, 질병의 예방 등을 연구하는 의학의 한 분야.

위서(僞書)명 ①가짜 편지. ②위조한 책. 위본(僞本) ③'위조 문서'의 준말.
위:-서다 자 ①혼인 때에 신랑이나 신부를 따라가다. ②지체 높은 사람의 뒤를 따라가다.
위석(委席)명-하다자 몸져 누워서 일어나지 못함.
위선(胃腺)명 위액을 분비하는 소화샘. 위샘
위선(爲先)[1] 명-하다자 위선사(爲先事)
위선(僞善)명-하다자 본심에서가 아니라 겉으로만 착한 체 함, 또는 그런 행동. 유사선(詐善) ☞위악(僞惡)
위선(緯線)명 위도(緯度)를 나타내는 선. 지구상의 위치를 정하기 위해 적도(赤道)와 평행으로 지구 겉면에 그은 가상의 선. 씨금. 씨줄. 위도선(緯度線) ☞경선(經線)
위선(爲先)[2] 부 우선
위선사(爲先事)명 조상을 위하는 일. 위선(爲先)
위선-자(僞善者)명 겉으로만 착한체 하는 사람.
위선-적(僞善的)명 겉으로만 착한체 하는 것. ¶ - 태도
위선지도(爲先之道)명 조상을 받들어 위하는 도리.
위성(危星)명 위수(危宿)
위성(胃星)명 위수(胃宿)
위성(衛星)명 ①행성의 인력에 끌려서 그 행성의 둘레를 도는 별. 지구에 대한 '달'과 같은 것. 달별. 배성(陪星) ②'인공 위성'의 준말. ③주된 것에 딸리어 있음을 나타내는 말. ¶ - 도시
위성-국(衛星國)명 '위성 국가(衛星國家)'의 준말.
위성=국가(衛星國家)명 강대국의 주변에 있어, 정치·경제·군사적으로 그 지배나 영향을 받는 나라. 준위성국
위성=도시(衛星都市)명 대도시 주변에 발달하여 대도시와 밀접한 관계를 맺고, 그 기능의 일부를 분담하고 있는 도시. ☞모도시(母都市)
위성-류(渭城柳)명 위성류과의 낙엽 소교목. 높이는 5m 안팎이며 잎은 바늘 모양이고 잔가지에 촘촘히 남. 일 년에 두 번 연분홍 꽃이 가지 끝에 총상(總狀) 꽃차례로 핌. 어린 가지는 한방에서 홍역·피부병·기관지염 등에 약재로 쓰임. 중국 원산으로, 우리 나라 중부 이남의 인가 부근에서 자람.
위성=방:송(衛星放送)명 지상의 방송국에서 전송한 방송 프로그램을 통신 위성이 변환, 증폭하여 일반 시청자들에게 직접 보내 주는 방식의 방송. 난시청 지역의 해소 등에 쓰임.
위성=중계(衛星中繼)명 통신 위성이나 방송 위성을 이용한, 전파의 중계 방식.
위성=통신(衛星通信)명 통신용의 인공 위성을 중계국으로 이용하는, 원격지 사이의 무선 통신. 우주 통신
위세(威勢)명 위엄이 있는 기세. ¶ -가 당당하다./그 -에 눌려 숨도 못 쉬었다.
위세(委細)어기 '위세(委細)하다'의 어기(語基).
위세-하다(委細-)형여 자상하고 세밀하다. 상세하다
위수(危宿)명 이십팔수(二十八宿)의 하나. 북쪽의 다섯째 별자리. 위성(危星) 준위(危)
위수(位數)명 수(數)의 자리. 일·십·백·천·만 따위.
위수(胃宿)명 이십팔수(二十八宿)의 하나. 서쪽의 셋째 별자리. 위성(胃星) 준위(胃)
위수(衛戍)명 ①일정한 지역의 경비와 질서 유지를 위하여 육군 부대가 한곳에 오래 주둔하는 일. ②지난날, 나라의 변방을 지키던 일, 또는 그런 일에 동원되던 민병(民兵). 수자리
위수-령(衛戍令)명 육군 부대가 일정한 지역에 주둔하면서 그 지역의 경비와 질서 유지, 군기(軍機)의 감시와 군에 딸린 건축물·시설물 등을 보호할 것을 규정한 대통령령(大統領令). 1970년에 제정됨.
위수-병(衛戍兵)명 ①위수 근무를 하는 병사. ②지난날, 수자리를 살던 병정.
위스키(whiskey)명 보리·밀·옥수수 따위를 맥아의 효소로 당화하여 효모를 섞어 발효시킨 다음, 증류하여 만드는 양주.
위시-하다(爲始-)타여 주로 '위시하여'·'위시한'의 꼴로 쓰이어, '비롯하다'의 뜻을 나타내는 말. ¶대통령을 위시하여 삼부 요인들이 한자리에 모였다.
위식(違式)명-하다자 격식에 어긋남.
위신(委身)명-하다자 어떠한 일에 몸을 맡김.
위신(威信)명 위엄과 신의를 아울러 이르는 말.
위신지도(爲臣之道)명 신하로서 지켜야 할 도리.
위-아래 명 ①위와 아래. 상하(上下) ②윗사람과 아랫사람. ¶ -를 몰라보다. 아래위
위아랫물-지다 자 ①한 그릇 안에서 두 가지의 액체가 섞이지 아니하고 겉돌다. ②나이나 계급 등의 차이로 말미암아 배돌다.
위-아토니(胃Atonie)명 위근 쇠약증(胃筋衰弱症)
위악(僞惡)명-하다자 짐짓 악한체 함. ☞위선(僞善)
위안(慰安)명-하다타 위로하여 안심시킴. ¶ -을 주다. /-의 말.
위안-제(慰安祭)명 민속에서, 산소나 신주가 놀람을 위안하기 위하여 지내는 제사.
위안-처(慰安處)명 위안을 받을 수 있는 곳.
위암(危岩)명 깎아지른듯이 절벽을 이룬 높은 바위.
위암(胃癌)명 위 속에 생기는 암종(癌腫).
위압(威壓)명-하다타 위력이나 세력 등으로 남의 마음을 억누름, 또는 그 압력. ¶ -하는듯 한 눈빛.
위압-감(威壓感)명 위압을 받는 느낌.
위앙-종(潙仰宗)명 불교에서, 당나라 위산영우(潙山靈祐)를 개조(開祖)로 하고, 앙산혜적(仰山慧寂)이 대성한 종파를 이르는 말. 송나라 때 후계가 끊어짐. ☞선가 오종(禪家五宗)
위액(胃液)명 위샘에서 분비되는 소화액.
위액=결핍증(胃液缺乏症)명 위액의 분비가 적어지거나 없어지면서 일어나는 병증. 설사, 식욕 부진, 오심(惡心) 등의 증세가 나타나며, 노인에게 많음.
위약(胃弱)명 소화력이 약해지는 병을 두루 이르는 말.
위약(胃藥)명 위병(胃病)에 먹는 약을 통틀어 이르는 말. 소화제나 건위제 따위.
위약(違約)명-하다자 약속이나 계약을 어김. 부약(負約)
위약(僞藥)명 플라세보(placebo)
위약-금(違約金)명 계약 당사자가 계약을 위반했을 때, 그 손해 배상으로 상대 계약자에게 치르는 돈.
위약=처:분(違約處分)명 계약을 어긴 자에 대하여 제재로서 내리는 처분.
위양(委讓)명-하다타 다른 사람에게 넘겨 맡김. ¶세금 납부에 관한 사항을 모두 세무사에게 -하다.
위어(葦魚)명 '웅어'의 딴이름.
위언(違言)명-하다타 ①자기가 한 말을 어김, 또는 어긴 그 말. ②이치에 어긋난 말.
위언(僞言)명 거짓말
위엄(威嚴)명 의젓하고 엄숙한 태도. ¶ -을 보이다.

한자 위엄 위(威) [女部 6획] ¶위광(威光)/위덕(威德)/위세(威勢)/위압(威壓)/위풍(威風)

위엄-스럽다(威嚴-)(-스럽고·-스러워)형ㅂ 의젓하고 엄숙한 태도가 있다.
위엄-스레부 위엄스럽게 ¶ - 쳐다보다.
위엄-차다(威嚴-)형 매우 위엄이 있다.
위업(偉業)명 위대한 사업이나 업적. ¶ -을 달성하다.
위업(爲業)명-하다자타 생업(生業)으로 삼음.
위-없:다[-업-]형 그 위에 더 없다. 가장 좋다.
위-없이부 위없게
위여 감 참새 떼를 쫓을 때 하는 말.
위여(偉如)어기 '위여(偉如)하다'의 어기(語基).
위여일발(危如一髮)성구 위험에 직면한 매우 아슬아슬한 고비를 이르는 말. 위기일발(危機一髮)
위여-하다(偉如-)형여 크게 뛰어나고 훌륭하다. 위대(偉大)하다
위연(威然)어기 '위연(威然)하다'의 어기(語基).
위연(喟然)어기 '위연(喟然)하다'의 어기(語基).
위연-하다(威然-)형여 점잖고 엄숙한 태도가 있다.
위연-히부 위연하게 ¶ - 앉아 있다.

위연-하다(喟然-)형여 한숨 쉬는 모양이 서글프다.
위연-히부 위연하게

위열(偉烈)명 ①위대한 공로. 위공(偉功) ②위대한 공로를 남긴 사람.

위열(慰悅)명-하다타 위안하여 기쁘게 함.

위염(胃炎)명 위 점막에 생기는 염증성 질환을 통틀어 이르는 말. 위카타르

위오(違忤)명-하다타 거슬러 어김.

위옹(胃癰)명 한방에서, 위장에 열기가 모여 생기는 종기를 이르는 말. 구토가 나고 피고름을 토하기도 함.

위요(圍繞)[1]명 재래식 혼례에서, 가족 중에서 신랑이나 신부를 데리고 가는 사람. 상객(上客). 요객(繞客). 후배(後陪). 후행(後行)
위요(로) 가다관용 위요로 따라가다.

위요(圍繞)[2]명-하다타 ①주위를 둘러쌈. ②불교에서, 부처를 중심으로 그 둘레를 돌아다니는 일. 요잡(繞匝)

위요-지(圍繞地)명 ①민법상 다른 토지를 둘러싸고 있는 토지. ②다른 한 나라의 영토에 둘러싸인 영토.

위용(威容)명 위엄을 느끼게 하는 모습. 당당한 모습. ¶ -을 자랑하는 거대한 항공 모함.

위용(偉容)명 뛰어나게 훌륭한 모양이나 모습.

위운(違韻)명 한문의 시부(詩賦)에서, 운자(韻字)가 맞지 않는 일.

위원(委員)명 선거나 임명으로 지명되어, 행정 관청이나 기타 단체의 특정한 사항을 처리·심의하는 일을 위임받은 사람.

위원-단(委員團)명 임무를 띤 위원들로 구성된 단체.

위원-장(委員長)명 위원 중의 으뜸 직위.

위원-회(委員會)명 특정한 사항을 처리하기 위하여 위원들로 구성한 합의제 기관.

위월(違越)명-하다타 위반함. 어김

위유(萎蕤·葳蕤)명 '둥굴레'의 딴이름.

위유(慰諭)명-하다타 위로하고 타이르거나 달램.

위유-사(慰諭使)명 조선 시대, 천재지변이 일어났을 때 백성들을 위로하려고 임금이 파견하던 임시 관직.

위의(威儀)명 ①위엄이 있는 태도나 차림새. ②불교에서 이르는, 규율에 맞는 행동과 태도. ☞행주좌와(行住坐臥)

위의(危疑)어기 '위의(危疑)하다'의 어기(語基).

위의-하다(危疑-)형여 의심이 일어 마음이 불안하다.

위이(委迤·逶迤)어기 '위이(委迤)하다'의 어기(語基).

위이(委蛇)어기 '위이(委蛇)하다'의 어기(語基).

위이-하다(委迤-)형여 구불구불하다. 위이(委蛇)하다

위이-하다(委蛇-)형여 ①의젓하고 침착하다. ②위이(委迤)하다

위인(偉人)명 역사적으로 훌륭한 업적을 이룬 인물.

위인(爲人)명 사람의 됨됨이, 또는 됨됨이로 본 그 사람. ¶못난 -./그런 일을 할 -도 못 된다.

위인(僞印)명 위조한 도장.

위인모충(爲人謀忠)성구 남을 위하여 정성껏 일을 꾀함을 이르는 말.

위인설관(爲人設官)성구 어떤 사람을 위하여 일부러 관직을 마련함을 이르는 말.

위인-전(偉人傳)명 위인의 업적과 일화 등을 사실(史實)에 근거하여 적은 글이나 책.

위임(委任)명-하다타 ①남에게 맡김. 위기(委寄) ②법률에서, 당사자 중 한쪽이 상대편에게 사무 처리를 맡기고, 상대편은 이를 승낙함으로써 이루어지는 계약. ③행정청이 권한과 사무를 다른 행정청에 위탁하는 일.

위임=대:리(委任代理)명 본인과 대리인 사이의 수권(授權) 행위로 말미암아 생기는 대리 관계. 임의 대리

위임=명:령(委任命令)명 법률의 위임 또는 상위 명령의 위임을 받은 사항에 관하여 내리는 법규 명령(法規命令). ☞집행 명령(執行命令)

위임=입법(委任立法)명 법률의 위임에 따라서 입법부 이외의 국가 기관, 특히 행정부가 법규를 제정하는 일.

위임-장(委任狀)명 ①위임한다는 뜻을 적은 문서. ②국제법에서, 영사를 파견하는 나라가 특정한 사람을 영사로 임명한다는 뜻을 적은 문서.

위임=통:치(委任統治)명 일정 지역이나 나라를 한 나라 또는 여러 나라가 국제적 합의에 따라 맡아 하는 통치.

위임=행정(委任行政)명 국가나 지방 자치 단체가 행정 사무를 자기 기관이 아닌 다른 단체나 개인에게 위임하여 집행하는 일.

위자(慰藉)명-하다타 위로하고 도와 줌.

위자-료(慰藉料)명 생명·신체·자유·명예 등을 침해하였을 때, 그 정신적 손해에 대하여 지급하는 배상금.

위자지도(爲子之道)명 자식된 도리.

위작(僞作)명-하다타 다른 사람의 작품을 흉내내어 비슷하게 만듦, 또는 그 작품.

위장(胃腸)명 소화 기관인 위와 장.

위장(胃臟)명 위(胃)

위장(僞裝)명-하다타 거짓으로 꾸밈, 또는 그 꾸밈새. ¶나뭇가지와 풀로 -한 탱크.

위장(慰狀)명 위로하여 문안하는 편지.

위장-망(僞裝網)명 군용 시설이나 장비 등을 덮어 위장하는 데 쓰는 그물. 나뭇가지·풀·헝겊 등을 매닮.

위장-병(胃臟病)[-뼝]명 위(胃)에 생기는 병을 통틀어 이르는 말. 위궤양·위암·위카타르 따위. 위병

위-장:부(偉丈夫)명 인품이나 용모가 뛰어난 남자. 위남자(偉男子)

위장-염(胃腸炎)[-념]명 위(胃)와 장(腸)에 생기는 염증. 위염이나 대장염 따위. 위장 카타르

위장=카타르(胃腸catarrh)명 위장염

위장-패(衛將牌)명 조선 시대, 오위장(五衛將)이 대궐 안을 순찰할 때 가지고 다니던 둥근 나무 패.

위재(偉才)명 위대한 재주, 또는 그런 재주를 가진 사람.

위재:조석(危在朝夕)성구 위험이 당장 눈앞에 닥쳐 오거나 하루를 견디지 못할 만큼 매우 위급함을 이르는 말.

위적(偉績)명 위대한 공적. 위공(偉功)

위적(偉蹟)명 위대한 사적(事蹟).

위전(位田)명 '위토전(位土田)'의 준말.

위정(爲政)명-하다자 정치를 함.

위정-자(爲政者)명 정치를 하는 사람.

위정-척사(衛正斥邪)명 조선 후기, 유교적인 질서를 보존하고 외국 세력 및 외국 문물의 침투를 배척하던 논리, 또는 그 운동을 이르는 말.

위제(僞製)명-하다타 위조(僞造)

위조(僞造)명-하다타 어떤 물건이나 문서 따위의 가짜를 만드는 일. 위제(僞製). 안조(贋造). 안작(贋作) ¶수표를 -하다./공문서를 -하다.

위조=문서(僞造文書)명 가짜로 꾸민 문서. 준위문서(僞文書). 위서(僞書)

위조-죄(僞造罪)[-쬐]명 문서·화폐·인장·유가 증권 따위를 사용할 목적으로 위조한 죄.

위조-지폐(僞造紙幣)명 위조한 지폐.

위족(僞足)명 원생생물이나 백혈구 등의 세포 표면에 형성된 원형질의 돌기. 이동·생식·포식(捕食) 등의 일을 함. 허족(虛足). 헛발

위족-류(僞足類)명 원생생물계의 한 문(門). 위족(僞足)으로 운동하고 종속 영양 생활을 함. 대부분은 물 속이나 흙 속에서 자유 생활을 하지만, 이질 아메바처럼 기생 생활을 하는 것도 있음. 아메바·태양충·유공충 따위. ☞점균류(粘菌類)

위종(衛從)명-하다타 호위하며 따라다님.

위주(爲主)명-하다타 주장(主掌)을 삼음. ¶신용 -의 사회.

위중(危重)어기 '위중(危重)하다'의 어기(語基).

위중-하다(危重-)형여 병세가 매우 중하다.

위증(危症)명 위중한 증세.

위증(僞證)명 ①거짓 증거 ②-하다타 법률 규정에 따라서 선서한 증인이 허위 진술을 하는 일.

위증-죄(僞證罪)명 법률 규정에 따라서 선서한 증인이 허위 진술을 한 죄. ▷僞의 속자는 偽

위지(危地)명 ①위험한 곳. ¶-에서 탈출하다. ②위험한 처지. ¶-에 놓이다.

ㅇ

위지위그(WYSIWYG)명 탁상 출판이나 워드프로세서 작업 등에서 화면의 글·사진·도표 등이 보이는 그대로 출력되는 방식. [what you see is what you get]
위지협지(威之脅之)성구 갖가지 방법으로 위협함을 이르는 말.
위집(蝟集)명-하다자 한꺼번에 떼지어 모여듦.
위-짝명 아래위로 한 벌을 이루는 물건의 윗부분이 되는 짝. ☞아래짝
위-쪽명 위가 되는 곳이나 방향. 상방(上方). 상측(上側) ☞아래쪽
위차(位次)명 지위나 등급의 차례.
위착(違錯)명-하다타 말의 앞뒤가 서로 어긋남.
위-채명 여러 채로 된 한 집의 위쪽에 있는 집채. ☞아래채
위처자(爲妻子) '아내와 자식을 위함'의 뜻.
위-청(-廳)명 지난날, 윗사람이 있는 처소나 관청을 이르던 말. 상청(上廳) ☞아래청
위촉(委囑)명-하다타 남에게 맡겨 부탁함. ¶자문 위원으로 -하다. ☞의촉(依囑)
위축(爲祝)명-하다타 불교에서, 나라를 위하여 기도하는 일을 이르는 말. ▷爲의 속자는 為
위축(萎縮)명-하다자 ①움츠러들거나 쪼그라듦. ¶옷감이 -하다. ②어떤 힘에 눌려서 졸아들고 기를 펴지 못함. ¶여러 사람 앞에 서니 -된다./생산 활동이 -되다.
위축-감(萎縮感)명 어떤 힘에 눌려서 기를 펴지 못하는 느낌.
위축-병(萎縮病)명 오갈병
위-출혈(胃出血)명 위암이나 위궤양 등의 질환이 원인이 되어 위에서 출혈이 일어나는 증세.
위-층(-層)명 이층 이상의 건물에서 위에 있는 층. 상층(上層) ☞아래층
위치(位置)명 ①사물이 차지하고 있는 자리. ②사람이 사회적으로 자리잡고 있는 처지나 구실. ¶그는 농촌에서 지도자의 -에 있는 인물이다.
위치-각(位置覺)명 위치 감각
위치=감:각(位置感覺)명 직접 보지 않고서 자기 몸의 동작이나 신체 각부의 상호적인 위치를 판단하는 감각. 위치각(位置覺)
위-치마명 부챗살처럼 편 갈퀴발을 가로 걸쳐 고정한 두 나무 중 앞초리에 가까운 것. ☞아래치마
위치=에너지(位置energy)명 어떤 특정 위치에 있는 물체가 표준 위치로 돌아갈 때까지 일할 수 있는 에너지.
위치=천문학(位置天文學)명 구면 천문학(球面天文學)
위칙(違勅)명-하다자 칙령을 어김.
위친지도(爲親之道)명 어버이를 섬기는 도리.
위칭(僞稱)명-하다타 거짓으로 일컬음.
위-카메라(胃camera)명 식도를 통해 위 속으로 넣어 원격 제어로 위의 내부를 촬영하는 초소형 사진기. 파이버스코프에 사진기를 달아 직접 눈으로 보면서 촬영함. 가스트로카메라(gastrocamera)
위-카타르(胃catarrh)명 위 점막에 생기는 염증성 질환을 통틀어 이르는 말. 위염(胃炎)
위탁(委託)명-하다타 ①책임을 남에게 맡김. ②법률 행위나 사실 행위의 수행을 다른 사람에게 의뢰하는 일.
위탁=가공=무:역(委託加工貿易)명 가공 무역의 한 가지. 국내의 수출 업자나 제조 업자가 외국의 위탁자로부터 원료를 공급 받아 제품을 만들어 지정된 수취인에게 수출하는 무역 방식.
위탁-금(委託金)명 일정한 계약을 맺고 남에게 위탁하여 두는 돈.
위탁-매매(委託賣買)명 중개 상인이나 증권 업자가 고객의 의뢰를 받아 상품이나 증권을 팔고사는 일.
위탁-모:(委託母)명 아동 복지 시설 등에 수용된 아이를 양부모와 맺어질 때까지 맡아서 보살펴 주는 여자.
위탁=영농=회:사(委託營農會社)명 일손이 모자라는 농가를 대신해 농사를 해 주는 농업 회사. 농촌의 노동력 부족을 해결하고 쌀 생산비를 절감하기 위해, 정부가 1990년에 5명 이상의 농민이 일정 규모의 시설과 장비를 갖추면 세울 수 있도록 법적 근거를 마련하면서 세워지기 시작함.
위탁-자(委託者)명 위탁하는 사람. ☞수탁자(受託者)
위탁=증거금(委託證據金)명 증권 회사가 고객으로부터 매매 주문을 받았을 때, 고객에게 담보로서 납부하게 하는 현금이나 대용 증권. 증거금
위탁=증권(委託證券)[-꿘]명 증권의 발행자 자신이 급부할 의무를 지지 않고 제삼자가 급부의 의무를 지도록 하기 위하여 제삼자 앞으로 급부 위탁을 기재한 증권.
위탁=판매(委託販賣)명 상품이나 증권의 판매를 제삼자에게 수수료를 주고 맡기는 일.
위태(危殆)어기 '위태(危殆)하다'의 어기(語基).
위태-롭다(危殆-)(-롭고·-로워)형ㅂ 보기에 위태하다. ¶벼랑 끝에 위태롭게 매달려 있다.
 위태-로이부 위태롭게
위태위태-하다(危殆危殆-)형여 매우 위태하다.
위태-하다(危殆-)형여 ①형세가 어렵다. ¶나라가 -. ②위험하여 염려스럽다. ¶벽이 곧 쓰러질듯이 -.

한자 **위태할 위**(危)〔卩部 4획〕¶위급(危急)/위기(危機)/위독(危篤)/위중(危重)/위험(危險)
위태할 태(殆)〔歹部 5획〕¶위태(危殆)

위터진입-구(-口)명 한자 부수(部首)의 한 가지. '凶'. '凹' 등에서 '凵'의 이름.
위-턱명 위쪽의 턱. 상악(上顎) ☞아래턱
위턱-구름명 상층운(上層雲)
위토(位土)명 제사나 이에 관련된 일에 드는 비용을 마련하기 위하여 경작하는 논밭. 위토답·위토전 따위.
위토-답(位土畓)명 제사나 이에 관련된 일에 드는 비용을 마련하기 위하여 경작하는 논. 준위답(位畓) ☞위토전
위토-전(位土田)명 제사나 이에 관련된 비용을 마련하기 위하여 경작하는 밭. 준위전(位田) ☞위토답
위-통명 물체의 윗부분의 둘레. ☞아래통
위통(胃痛)명 위가 아픈 증세.
위트(wit)명 기지(機智) ¶-가 넘치다.
위판(位版)명 위패(位牌)
위-팔명 팔의 어깨에서 팔꿈치 사이의 부분. 상박(上膊). 상완(上腕) ☞아래팔
위팔-뼈명 상완골(上腕骨) ☞아래팔뼈
위패(位牌)명 죽은 이의 이름이나 법명(法名)을 적은 나무 패. 목주(木主). 사판(祠版). 신주(神主). 위판(位版) ☞신위(神位)
위패(危悖)어기 '위패(危悖)하다'의 어기(語基).
위패-당(位牌堂)명 위패를 모신 사당(祠堂).
위패-목(位牌木)명 ①위패를 만들 나무. ②아직 글씨를 쓰지 않은 위패.
위패-하다(危悖-)형여 위험하고 패악(悖惡)하다.
위편(韋編)명 책을 맨 가죽끈.
위편삼절(韋編三絶)성구 공자(孔子)가 주역(周易)을 즐겨 읽어 책을 맨 가죽 끈이 세 번이나 끊어졌다는 고사에서, '독서에 힘쓰는 일'을 이르는 말. 삼절(三絶)
위-편짝(-便-)명 위아래로 갈라져 있는 것의 위쪽 부분. ☞아래편짝
위폐(僞幣)명 위조한 화폐. 특히, 위조한 지폐를 이름.
위품(位品)명 관직의 품계(品階).
위풍(威風)명 위엄이 있는 풍채. ¶-이 당당하다.
위필(僞筆)명-하다타 남의 필적을 위조하여 씀, 또는 그러한 필적. 위조한 필적.
위하(威嚇)명-하다타 위협(威脅)
위:-하다(爲-)타여 ①일정한 목적이나 행동을 이루려고 생각하다. ¶합격을 위해서 노력하다. ②무엇을 이롭게 하거나 도우려고 하다. ¶나라를 위한 마음. ③어떤 사람이나 사물을 사랑하거나 소중히 여기다. ¶자식을 위한 부모님의 정성.
속담 **위하는 아이 눈이 먼다** : 무슨 일에나 너무 많은 기대를 걸면 도리어 안 되는 법이라는 말. 〔벼르던 아기 눈

이 먼다]
위-하:수(胃下垂)명 위의 위치가 아래로 처진 상태.
위학(僞學)명 ①정도(正道)에서 벗어난 학문. ②어느 시대에 정통으로 인정되지 않는 학문이나 학파.
위한(胃寒)명 한방에서, 위(胃)가 차가워지는 증세를 이르는 말. 위랭(胃冷)
위한(爲限)명-하다타 기한이나 한도를 정함.
위한(違限)명-하다자타 약속 기한을 어김.
위해(危害)명 사람의 생명을 위협하는 위험이나 해(害).
위해-물(危害物)명 ①위험하고 해로운 물건. ②위해를 끼칠만 한 물건.
위허(胃虛)어기 '위허(胃虛)하다'의 어기(語基).
위허-하다(胃虛-)형여 위가 허약하다.
위헌(違憲)명-하다자 헌법 규정에 위반되는 일.
위헌-성(違憲性)[-썽]명 어떤 법률 행위가 헌법의 조문이나 정신에 위배되는 성질. 비합헌성 ☞합헌성
위험(危險)명-하다형 생명을 잃거나 몸을 다치거나 좋지 않은 일 따위가 일어날 염려가 있음, 또는 그런 상태. ¶목숨이 -하다./과속 운전을 하면 -하다./길이 미끄러워 넘어질 -이 있다./방만한 경영으로 회사가 -하다.
위험-물(危險物)명 ①위험성이 있는 물건. ②소방법에서, 발화성이나 인화성이 강한 물질을 이르는 말.
위험=사상(危險思想)명 국가 사회의 안녕 질서에 위해를 끼칠만 한 사상.
위험-성(危險性)[-썽]명 위험한 성질이나 특성, 또는 위험해질 가능성.
위험=수역(危險水域)명 핵무기 실험이나 해군의 전투 연습 등으로 생길 위험을 예방하기 위하여 설정하는 수역.
위험=수위(危險水位)명 홍수가 날 위험이 있는 수위.
위험-스럽다(危險-)(-스럽고·-스러워)형ㅂ 위험한 데가 있다. ¶위험스러운 장난.
위험-스레부 위험스럽게
위험-시(危險視)명-하다타 위험하게 봄.
위험=신:호(危險信號)명 ①교통 기관 등에서 위험을 경고하기 위해 붉은 기(旗)나 등(燈)으로 하는 신호. ②건강 상태나 어떤 상황이 위험한 상태에 이르렀음을 암시하는 조짐. ☞적신호(赤信號)
위험=인물(危險人物)명 ①위험 사상을 품은 사람. ②믿을 수 없는 사람.
위험=천만(危險千萬)명-하다형 매우 위험함.
위험=표지(危險標識)명 위험을 알리려고 설치한 표지.
위협(威脅)명-하다타 으르고 겁을 줌. 공하(恐嚇). 위하(威嚇). 협위(脅威) ¶힘으로 -하다.
위협-색(威脅色)명 동물이 포식자(捕食者)의 공격으로부터 벗어나는 효과를 내는 몸의 무늬나 색채.
위협-적(威脅的)명 위협이 되는 것.
위호(位號)명 작위(爵位)와 명호(名號).
위화(違和)명 ①조화가 깨짐. ②분위기와 어울리지 않는 상태.
위화-감(違和感)명 잘 어울리지 않는 어색한 느낌.
위-확장(胃擴張)명 위벽 근육의 수축력이 약해져 위가 병적으로 확장된 상태.
위황(危慌)어기 '위황(危慌)하다'의 어기(語基).
위황-병(萎黃病)[-뼝]명 ①청춘기 전후의 여자에게서 볼 수 있는 철 결핍성 빈혈. 피부·점막이 창백해지며 성기 발육 장애나 월경 이상, 손톱의 변화 등의 증세가 나타남. ②식물의 잎이 누렇게 시드는 병. 일조량이나 철분 부족 등으로 일어나며 벼·콩·호밀 등에 발생함.
위황-하다(危慌-)형여 위태롭고 황급하다.
위회(慰懷)명-하다타 괴롭거나 슬픈 마음을 위로함.
위효(偉效)명 대단한 효험. 뛰어난 효과.
위훈(偉勳)명 위대한 공훈.
윈도:(window)명 컴퓨터에서, 화면에 정보를 출력할 수 있도록 할당된 직사각형의 화면 구조.
윈도:쇼핑(window shopping)명 상점이나 백화점에서 진열장이나 진열창 안의 상품들을 사지는 않고 구경만 하면서 돌아다니는 일.
윈드서:핑(windsurfing)명 파도타기와 요트타기를 결합한, 수상(水上) 스포츠의 한 가지.
윈치(winch)명 밧줄이나 쇠사슬을 감았다 풀었다 함으로써 무거운 물건을 위아래로 옮기는 기계. 권양기
윌리윌리(willy-willy)명 오스트레일리아 북부 주변 해상에서 여름부터 가을에 걸쳐 발생하는 열대성 저기압.
윌슨-병(Wilson病)명 유전병의 한 가지. 음식물 섭취 등으로 몸에 들어온 구리가 배출되지 않고 축적하여 생김. 시력 저하, 간경변, 전신 마비 등의 증세를 나타내고 심하면 목숨을 잃기도 함.
윗-간(-間)명 윗방 ☞아랫간
×**윗-국**명 →웃국
×**윗-기**명 →웃기
윗-길명 ①위쪽으로 나 있는 길. ②여럿 가운데서 가장 좋은 품질, 또는 그런 물건. 상길 ☞아랫길
윗-넓이명 물체의 윗면의 넓이. ☞밑넓이
윗-녘명 ①위쪽 ②어느 지방을 중심으로 하여 그 북쪽 지방을 이르는 말. 뒤대
윗-누이명 자기보다 나이가 많은 누이. 곧, 손위 누이.
윗-눈시울명 위쪽의 눈시울. ☞아랫눈시울
윗-눈썹명 윗눈시울에 난 속눈썹. ☞아랫눈썹
윗-니명 윗잇몸에 난 이. 상치(上齒) ☞아랫니

> ▶ **'윗니'와 '아랫니'**
> '위아래'나 '아래위'의 '위'와 '아래'는 짝을 이루는 말이다. '위의'는 '윗'으로 '아래의'는 '아랫'으로 나타난다. 이처럼 짝을 이루는 관계에서는 '윗도리 : 아랫도리, 윗마을 : 아랫마을'처럼 적지만, 짝을 이루지 못하는 '웃어른, 웃돈, 웃옷'은 '웃'으로 적는다.

윗-당줄명 망건당에 꿴 당줄. ☞아랫당줄
윗-대(-代)명 조상의 대(代). 상대(上代). 상세(上世) ¶-로부터 이어온 충효 사상.
윗-덧줄명 악보의 오선(五線) 위쪽에 붙는 덧줄. ☞아랫덧줄
윗-도리명 ①사람 몸의 허리 위 부분. ②'윗도리옷'의 준말. ☞아랫도리
윗도리-옷명 윗도리에 입는 옷. 웃통. 윗마기. 윗옷 준 윗도리 ☞아랫도리옷
×**윗-돈**명 →웃돈
윗-동명 '윗동아리'의 준말.
윗-동네명 윗마을 ☞아랫동네
윗-동아리명 긴 물체의 윗부분. 준 윗동 ☞아랫동아리
윗-마기명 윗도리옷 ☞아랫마기
윗-마을명 위쪽에 있는 마을. 윗동네 ☞아랫마을
윗-막이명 물건의 위쪽 머리를 막는 부분. ☞아랫막이
윗-머리명 윗동아리의 끝 부분. ☞아랫머리
윗-면(-面)명 위쪽의 겉면. 상면(上面) ☞아랫면
윗-목명 온돌방에서, 굴뚝에 가까운 방바닥. ☞아랫목
윗-몸명 사람 몸의 허리 윗부분. 상체(上體) ☞아랫몸
윗-물명 강이나 내에서 위쪽에 흐르는 물. ☞아랫물
속담 **윗물이 맑아야 아랫물이 맑다** : 무슨 일이든지 윗사람의 행실이 깨끗해야 아랫사람도 그 행실이 바르게 된다는 말.[꼭뒤에 부은 물이 발뒤꿈치로 흐른다/부모가 착해야 효자가 난다/위로 진 물이 발등에 진다] ☞상탁하부정(上濁下不淨)
윗-미닫이틀[-다지-]명 장지나 미닫이의 위쪽이 끼이는, 홈이 팬 인방(引枋). ☞아랫미닫이틀
윗-바람명 ①문틈이나 벽의 틈으로 방 안에 새어 들어오는 찬바람. 외풍(外風) ②연을 날릴 때, 서쪽에서 불어오는 바람을 이르는 말. ③하천의 상류 쪽에서 불어오는 바람. ☞아랫바람
윗-방(-房)명 재래식 한옥에서, 방고래가 잇달린 두 방 중 구들목에서 먼 쪽에 있는 방. 윗간 ☞아랫방
윗-배명 가슴의 아래, 배꼽의 위쪽 부분. ☞아랫배
윗-벌명 한 벌로 된 옷 중에서, 윗도리에 입는 옷. ☞아랫벌
윗-변(-邊)명 사다리꼴에서 가로로 평행인 두 변 중 위

쪽의 변. ☞아랫변

윗-볼 명 볼의 윗부분. ☞아랫볼

× **윗-비** 명 → 웃비

윗-사람 명 ①손윗사람 ②자기보다 지위나 계급 따위가 높은 사람. ☞아랫사람

윗-사랑 명 위채에 있는 사랑. ☞아랫사랑

윗-세장 명 지게나 걸채 따위에서, 윗부분에 가로질러 박은 나무. ☞아랫세장

윗-알 명 수판의 가름대 위쪽에 있는 알. ☞아래알

× **윗-어른** 명 → 웃어른

윗-옷 명 윗도리옷. 상의(上衣) ☞아래옷. 웃옷

윗-입술[-닙-] 명 위쪽 입술. 상순(上脣) ☞아랫입술

윗-잇몸[-닌-] 명 위쪽 잇몸. 상치은(上齒齦) ☞아랫잇몸

윗-자리 명 ①윗사람이 앉는 자리. 상좌(上座) ②높은 지위나 순위(順位). 상위(上位) ③십진법에서, 어떤 자리의 앞 자리. 십의 자리에 대한 백의 자리 따위. ☞아랫자리

윗-중방(-中枋) 명 재래식 한옥에서, 기둥과 기둥 사이의 벽 윗부분에 가로지르는 나무. 상인방(上引枋) ☞아랫중방

윗-집 명 바로 위쪽에 이웃하여 있는 집. ☞아랫집

윙 부 ①거센 바람이 굵은 전선 등을 스칠 때 나는 소리를 나타내는 말. ②큰 벌 따위가 빠르게 날아다닐 때 나는 소리를 나타내는 말. ③큰 돌멩이 따위가 빠르게 공기를 가르면서 날아갈 때 나는 소리를 나타내는 말. ④큰 기계 바퀴 따위가 빠르게 돌아갈 때 나는 소리를 나타내는 말. ☞윙. 웽

윙-윙 부 잇달아 윙 하는 소리를 나타내는 말. ☞윙윙. 웽웽

윙윙-거리다(대다) 자 윙윙 소리가 나다. ☞윙윙거리다. 웽웽거리다

윙크(wink) 명-하다 자 한쪽 눈을 깜작여서 하는 눈짓.

유 명 한글 자모(字母) 'ㅠ'의 이름.

유:(有) 명 ①있음. ¶무(無)에서 -를 창조하다. ②철학에서 이르는, 시간과 공간 안에 있는 존재. ③불교에서, 미계(迷界)에 태어나는 원인인 업(業)을 짓는 곳을 이르는 말. 십이 인연의 열째. ☞무(無)

유(酉) 명 ①십이지(十二支)의 열째. 닭을 상징함. ②'유방(酉方)'의 준말. ③'유시(酉時)'의 준말. ☞십이지(十二支). 지지(地支)

한자 **열째 지지 유**(酉) 〔酉部〕 ¶기유(己酉)/신유(辛酉)/유방(酉方)/유시(酉時)

유:(柳) 명 '유수(柳宿)'의 준말.

유:(類) 명 ①'종류'의 준말. ¶그런 -의 책들은 요즘에는 흔히 볼 수 있다. ②생물 분류상의 한 단계. 강(綱)이나 목(目)의 대신 쓰이는 용어. '포유강'을 '포유류', '영장목'을 '영장류'라 하는 따위. ☞과(科)

유:(U·u) 명 영어 자모(字母)의 스물한째 글자의 이름.

유:가(有價)[-까] 명 금전상의 가치가 있는 것. ¶-증권

유가(油價)[-까] 명 석유의 가격.

유가(瑜伽∠yoga 범) 명 불교에서, 주관·객관의 모든 사물이 서로 응하여 융합하는 일을 이르는 말.

유가(遊街) 명-하다 자 지난날, 과거에 급제한 사람이 풍악을 잡히어 거리를 돌며 좌주(座主)·선진(先進)·친척들을 찾아보던 일.

유가(儒家) 명 유교를 신봉하고 연구하는 학자, 또는 그 학파. 유생(儒生)

유:가-물(有價物)[-까-] 명 경제적으로 가치 있는 물건.

유가-서(儒家書) 명 유교(儒敎)에 관한 책.

유-가족(遺家族) 형 죽은 사람의 뒤에 남은 가족. 유족(遺族) ¶군경 -

유:가=증권(有價證券)[-까-꿘] 명 사법상(私法上)의 재산권을 표시한 증권. 어음·수표·주권·채권·상품권 따위.

유:가=증권=대:부(有價證券貸付)[-까-꿘-] 명 유가증권을 담보로 자금을 대부하는 일.

유:가=증권=위조죄(有價證券僞造罪)[-까-꿘-쬐] 명 법률에서, 유가 증권을 위조·변조 또는 허위로 기입하였거나, 그것을 행사·교부·수입함으로써 성립되는 죄.

유:각-목(有角木) 명 헛가게 따위를 지을 때 기둥으로 쓰는, 위 끝이 두 갈래로 벌어져 아귀가 진 나무.

유:각-호(有脚湖) 명 물이 흘러 나가는 하천이 있는 호수. 유구호(有口湖) ☞무구호(無口湖)

유감(遺憾) 명 ①마음에 남아 있는 아쉬운 느낌. ¶-의 뜻을 나타내다. ②뜻대로 되지 아니하여 불만스러운 마음. ¶회담의 결과를 -으로 생각하다.

유:감=반:경(有感半徑) 명 지진이 일어났을 때, 진앙(震央)에서 가장 먼 유감 지점(有感地點)까지의 거리.

유감-스럽다(遺憾-)(-스럽고·-스러워) 형ㅂ 섭섭한 느낌이 있다. 유감인 느낌이 있다. ¶유감스러운 일.
유감-스레 부 유감스럽게

유:감-없:다(遺憾-) 형 아쉽거나 불만스러운 마음이 없다.
유감-없이 부 유감없게 ¶실력을 - 발휘하다.

유:감=지대(有感地帶) 명 지진동(地震動)을 인체가 느낄 수 있는 지역. ☞무감 지대(無感地帶)

유:감=지점(有感地點) 명 지진동(地震動)을 인체가 느낄 수 있는 지점.

유:감=지진(有感地震) 명 지진동(地震動)을 인체가 느낄 정도의 지진. ☞무감 지진(無感地震)

유:개(有蓋) 앞말 덮개나 지붕이 있음을 뜻하는 말. ¶-화차(有蓋貨車) ☞무개(無蓋)

유:-개:념(類概念) 명 논리학에서, 어떤 개념의 외연(外延)이 다른 개념의 외연보다 크고 그것을 포괄할 경우, 앞의 개념을 뒤의 개념에 대하여 이르는 말. 곧 '꽃'에 대한 '식물'의 개념 따위. ☞종개념(種槪念)

유:개-차(有蓋車) 명 유개 화차. 개차(蓋車) ☞무개차

유:개=화:차(有蓋貨車) 명 지붕이 있는 화차(貨車). 유개차 ☞무개 화차

유객(幽客) 명 세상을 멀리하여 한가롭게 지내는 사람.

유객(留客) 명-하다 자 손을 머무르게 함.

유객(遊客) 명 ①유람하는 사람. ②놀고 지내는 사람. ③술이나 잡기로 세월을 보내는 사람.

유객(誘客) 명-하다 자 손을 꾐. ¶- 행위

유:거(柳車) 명 지난날, 왕실이나 민간에서 장사지낼 때 재궁(梓宮)이나 주검을 실어 끌던 버드나무로 만든 큰 수레. 주로 소가 끌었으나, 조선 세종 때 상여로 바뀜.

유거(幽居) 명-하다 자 한적하고 외딴 곳에서 삶, 또는 그런 곳에 있는 집.

유건(儒巾) 명 조선 시대에 유생이 쓰던 두건의 한 가지. 흑색의 베·모시·무명 따위로 만들었음. 민짜건

유격(遊擊) 명-하다 타 미리 공격 목표를 정하지 않고 전열(戰列) 밖에서 그때그때 형편에 따라 적을 공격하는 일.

유격-대(遊擊隊) 명 그때그때 형편에 따라 고도의 변칙적인 전술로, 주로 적의 배후나 측면을 기습하여 교란·파괴하는 소규모의 특수 부대나 비정규군. 게릴라

유격-수(遊擊手) 명 야구에서, 이루와 삼루 사이를 지키는 내야수.

유격-전(遊擊戰) 명 유격대가 벌이는 전투. 게릴라전

유견(謬見) 명 그릇된 견해.

유경(幽境) 명 깊숙하고 그윽한 곳.

유경(留京) 명-하다 자 시골 사람이 서울에 머물러 묵음.

유경(鍮檠) 명 놋쇠나 백통으로 만든 등잔걸이.

유경=촛대(鍮檠-臺) 명 등잔걸이를 겸한 촛대.

유:계(幽界) 명 저승 ☞현계(顯界)

유계(遺戒) 명 죽은 사람이 생전에 남긴 교훈. 유훈(遺訓)

유:고(有故) 명-하다 형 사정이나 사고가 있음. ¶사장의 -로 부사장이 회의를 주재하다. ☞무고(無故)

유고(油袴) 명 지난날, 마부들이 비가 내릴 때 입던, 기름에 결은 바지. 유바지

유고(諭告) 명-하다 타 ①깨달아 알도록 타이름. ②나라에서 시행할 일을 국민에게 알려 줌, 또는 그 알림.

유고(遺孤) 명 부모를 여읜 외로운 아이. 고아(孤兒)

유고(遺稿)명 죽은 사람이 남긴 원고. 유초(遺草)

유곡(幽谷)명 그윽하고 깊은 산골.

유골(遺骨)명 ①죽은 사람의 남겨진 뼈. ②화장(火葬)한 뒤에 남은 뼈. 유해(遺骸)

유:공(有功)명-하다형 공로가 있음. ¶- 훈장 ☞무공

유공(遺功)명 죽은 뒤에도 남아 있는 공적.

유:공-성(有孔性)[-썽]명 물질이 가진 성질의 한 가지. 물질이 그 조직 사이에 무수한 작은 구멍이나 틈을 가지고 있는 성질. 고체와 액체가 기체를 흡수하고, 고체가 액체에 녹는 것은 이 성질 때문임.

유:공-자(有功者)명 공로가 있는 사람. ¶독립 -

유:공-전(有孔錢)명 가운데 구멍이 뚫려 있는 쇠 돈. ☞맹전(盲錢). 무공전(無孔錢)

유:공-충(有孔蟲)명 위족류(僞足類) 유공충과의 원생생물을 통틀어 이르는 말. 석회질이나 규산질의 껍질에 싸여 있는 단핵 또는 다핵 세포질에서 나오는, 가늘고 긴 위족(僞足)으로 먹이를 잡아먹음. 화석이 많아 지질 시대의 지표 화석이나 석유 탐사에 이용됨.

유과(油果)명 한과(韓果)의 한 가지. 찹쌀가루를 청주로 반죽하여 시루에 찐 것을 꽈리가 일도록 찧어서 반대기를 지어 얇게 민 다음, 여러 가지 모양으로 잘라 말렸다가 기름에 띄워 지져 꿀이나 조청을 발라 갖가지 고물을 묻힌 과자. 모양에 따라 강정·산자·박산·빈사과 등이 있고, 묻힌 고물에 따라 매화산자·깨강정 등으로 불림. ☞유밀과(油蜜果)

유과(乳菓)명 우유를 넣어 만든 과자.

유곽(遊廓)명 지난날, 공창 제도(公娼制度)가 있었을 때 창녀가 모여서 매음 행위를 하던 집, 또는 그런 집이 모여 있던 곳.

유:관(有關)명-하다형 관계나 관련이 있음. ☞무관(無關)

유관(留官)명 지난날, 고을 원의 일을 대리로 맡아보던 좌수(座首).

유관(遊觀)명-하다타 돌아다니며 구경함. 유람(遊覽)

유관-속(維管束)명 관다발. 관속(管束)

유관속=식물(維管束植物)명 관다발 식물

유관=식물(有管植物)명 경엽 식물(莖葉植物)

유광(流光)명 ①흐르는 물과 같이 빠른 세월을 비유하여 이르는 말. ②흐르는 물결에 비치는 달빛.

유광-지(有光紙)명 광택지(光澤紙)

유괘(遺挂)명 죽은 사람이 남기고 간 옷 따위.

유괴(誘拐)명-하다타 사람을 속이거나 꾀어 데려감. ¶어린아이를 -하다.

유괴-범(誘拐犯)명 남을 유괴한 죄, 또는 그 범인.

유교(儒敎)명 공자가 시조인 중국의 대표적인 사상. 인(仁)과 예(禮)를 기본 이념으로 삼고 사회 규범과 제도를 중시함. '사서오경(四書五經)'이 경전이며, 하늘·공자·조상에 제사지내는 것을 의식으로 함. 우리 나라와 중국, 일본 등에 큰 영향을 미침. 공교(孔敎). 명교(名敎) ☞유학(儒學)

유교(遺敎)명 ①옛사람이 남긴 교훈. ②임금이나 부모 등이 세상을 떠나면서 남긴 가르침. ☞유명(遺命)

유구(遺構)명 지난날의 토목 건축 구조와 양식을 알 수 있는 실마리가 되는 구조물의 자취.

유:구(類句)명 유사한 구.

유구(悠久)어기 유구(悠久)하다'의 어기(語基).

유구곡(維鳩曲)명 작자와 연대가 분명하지 않은 고려 가요. 비둘기를 노래한 내용으로, 속칭 '비두로기'라 함. 음계(音階)는 평조(平調). '시용향악보(時用鄕樂譜)'에 실려 전함.

유:구무언(有口無言)성구 입은 있으나 말이 없다는 뜻으로, 변명할 말이 없음을 이르는 말.

유:구-촌:충(有鉤寸蟲)명 갈고리촌충 ☞무구촌충

유구-하다(悠久-)형여 아득히 길고 오래다. ¶유구한 역사. /유구한 세월. ☞유원하다

유구-히부 유구하게

유:구-호(有口湖)명 물이 흘러 나가는 하천이 있는 호수. 유각호(有脚湖) ☞무구호(無口湖)

유군(幼君)명 나이 어린 임금. 유주(幼主)

유:권-자(有權者)[-꿘-]명 선거권을 가진 사람.

유:권적=해:석(有權的解釋)[-꿘-]명 국가 기관이 공식으로 내리는 법률 해석. 공권적 해석. 유권 해석

유:권=해:석(有權解釋)[-꿘-]명 유권적 해석

유규(幽閨)명 부녀자가 거처하는 방. 규방(閨房)

유:규(類規)명 같은 종류의 법규.

유근(幼根)명 종자식물의 배(胚)에서 나오는 뿌리. 자라서 원뿌리가 됨. 어린뿌리

유글레나(Euglena)명 편모류(鞭毛類) 유글레나과의 원생생물을 통틀어 이르는 말. 단세포로 몸길이는 0.1mm 이하임. 몸 속에 엽록체가 있어서 광합성을 하며, 한 개의 긴 편모로 운동을 함. 편모 옆쪽에는 빛을 느끼는 안점(眼點)이 있음. 연못이나 웅덩이 등에서 삶. 연두벌레

유금(遊金)명 쓰지 아니하고 놀리는 돈.

유금-류(游禽類)명 무리를 지어 하천·호수·바다 등에 살며, 물 위를 헤엄쳐 다니는 조류(鳥類)를 통틀어 이르는 말. 갈매기·기러기·오리 따위. ☞섭금류. 주금류

유:급(有給)명 급여(給與)가 있음. ¶-으로 일하다. 유 유료 ☞무급(無給)

유급(留級)명-하다자 진급하지 못하고 그대로 남음.

유:급-직(有給職)명 급료가 있는 직임(職任). ☞명예직

유:급=휴가(有給休暇)명 임금을 받으면서 보내는 휴가.

유:기(有期)명 '유기한(有期限)'의 준말. ☞무기(無期)

유:기(柳器)명 고리[2]

유기(遊技)명 오락으로 하는 운동이나 놀이. 당구·탁구·볼링 따위.

유기(遺棄)명-하다타 ①내버리고 돌보지 않음. ¶시체 - ②법률에서, 보호 받아야 할 노인이나 영아, 중환자 등을 보호할 의무가 있는 사람이 방치하거나 내버림으로써 위험에 빠지게 하는 일.

유기(鍮器)명 놋그릇

유:기(有機)앞말 ①생명이 있고 생활 기능을 갖추고 있음을 뜻하는 말. ②유기물의 성질을 가짐을 뜻하는 말. ③생물체와 같이 전체를 이루는 각 부분이 서로 밀접한 관련을 가짐을 뜻하는 말. ☞무기(無機)

유:기=감:각(有機感覺)명 장기 감각(臟器感覺)

유:기=감:정(有機感情)명 심리학에서, 유기 감각에 따라 일어나는 복합적인 감정.

유:기=공채(有期公債)명 일정한 원금의 상환기를 정해 놓은 공채. ☞무기 공채(無期公債). 영구 공채(永久公債)

유:기=광:물(有機鑛物)명 땅 속에 묻힌 유기물이 썩어서 만들어진 광물을 통틀어 이르는 말. 석탄·석유·혹연 따위.

유:기=금:고(有期禁錮)명 유기형(有期刑)의 한 가지. 형기(刑期)가 1개월 이상 15년 이하로 정해진 형벌임. ☞무기 금고

유:기=농업(有機農業)명 유기 비료를 써서 토양의 생태계를 살리고 땅심을 높임으로써 안전하고 질이 좋은 농산물을 생산하는 농업.

유:기-물(有機物)명 생물체를 이루거나, 생물체가 만들어 내는 물질. 탄수화물·지방질·단백질·핵산 따위. ☞무기물(無機物)

유:기=비:료(有機肥料)명 유기질 성분으로 이루어진 비료. 녹비(綠肥)·어분(魚粉)·퇴비(堆肥) 따위. ☞무기 비료(無機肥料)

유:기-산(有機酸)명 화학에서, 산성인 유기 화합물을 통틀어 이르는 말. 포름산·아세트산·부티르산 따위. ☞무기산(無機酸)

유:기-암(有機岩)명 생물의 유해나 분비물 따위가 물밑에 쌓이어 이루어진 암석을 통틀어 이르는 말. 산호 석회암이나 석탄·규조토·구아노 따위. 생물암(生物岩) ☞동물암(動物岩). 식물암(植物岩)

유:기=유리(有機琉璃)명 가볍고 단단하며 가공성이 좋아 유리와 같은 용도로 쓰이는 플라스틱의 한 가지. 항공기·자동차 등의 창이나 방풍·방수 유리로 이용됨.

유기-음(有氣音)명〈어〉거센소리. 격음(激音)

유:기-장(柳器匠)명 고리장이. 유기장이
유:기-장이(柳器-)명 고리장이. 유기장(柳器匠)
유:기-적(有機的)명 유기체처럼 각 부분과 전체가 통일적인 관계 안에서 서로 긴밀히 연관된 것. ¶ - 관계/-인 결합./-으로 움직이다.
유기-죄(遺棄罪)[-쬐]명 보호 받아야 할 노인이나 영아, 중환자 등을 보호할 의무가 있는 사람이 방치하거나 내버림으로써 위험에 빠지게 한 죄.
유:기-질(有機質)명 유기물의 성질, 또는 그 물질. ☞무기질(無機質)
유:기=징역(有期懲役)명 유기형의 한 가지. 형기(刑期)가 정해진 징역. 1개월 이상 15년 이하임. ☞무기 징역
유:기-체(有機體)명 ①유기물로 이루어진, 생활 기능을 가진 조직체, 곧 생물을 이르는 말. ☞무기체(無機體) ②전체를 이루는 각 부분이 일정한 목적 아래 통일·조직되어 부분과 전체, 부분과 부분이 서로 긴밀한 관계를 가지는 조직체.
유:기체-설(有機體說)명 사회학에서, 사회를 생물과 같은 유기체에 비유하고, 그 구성원인 개인은 생물의 기관(器官)과 같다고 보는 학설. 사회 유기체설
유:-기한(有期限)명 정해진 기한이 있음. 준유기(有期) ☞무기한(無期限)
유:기-형(有期刑)명 일정 기간 구금(拘禁)하는 자유형. 유기 징역, 유기 금고, 구류 등이 있음. ☞무기형
유:기=호흡(有氣呼吸)명 생물이 산소를 들이마시고 그 결과 생긴 이산화탄소를 몸 밖으로 내보내는 일. 산소 호흡 ☞무기 호흡
유:기=화학(有機化學)명 유기 화합물을 연구 대상으로 하는 화학의 한 분야. ☞무기 화학
유:기=화:합물(有機化合物)명 탄소를 주성분으로 하는 화합물을 통틀어 이르는 말. ☞무기 화합물
유나(柔懦)어기 '유나(柔懦)하다'의 어기(語基).
유나-하다(柔懦-)형여 나약하고 겁이 많다.
유:난명-하다형 보통과 아주 다름. ¶ -을 부리다./-하게 떠들다.
유난-히부 유난하게 ¶ - 파란 하늘.
유난(을) 떨다관용 유난스런 태도를 보이거나 유난스레 행동하다.
유:난무난(有難無難)성구 있으나 없으나 다 곤란함.
유:난-스럽다(-스럽고·-스러워)형ㅂ 유난한 데가 있다. ¶유난스러운 아이.
유난-스레부 유난스럽게
유남(幼男)명 어린 사내아이. ☞유녀(幼女)
유납명 놋쇠를 만들 때 섞는 아연.
유네스코(UNESCO)명 국제 연합의 전문 기구의 하나. 교육·과학·문화의 보급과 교류를 통하여 국가간의 이해를 깊이 하고, 이로써 세계 평화에 기여함을 목적으로 함. 파리에 본부 사무국이 있음. 국제 연합 교육 과학 문화 기구 [United Nations Educational, Scientific and Cultural Organization]
유녀(幼女)명 어린 계집아이. ☞유남(幼男)
유녀(猶女)명 조카딸 ☞유자(猶子)
유녀(遊女)명 노는계집
유년(幼年)명 어린 때, 또는 어린아이. ☞소년(少年)
유:년(有年)명 ①농사가 잘 된 해. 풍년(豊年) ②여러 해.
유년(酉年)명 간지(干支)의 지지(地支)가 유(酉)인 해. 을유년(乙酉年)·정유년(丁酉年) 따위. ☞닭해. 십이지(十二支). 유생(酉生). 지지(地支). 태세(太歲)
유년(流年)명 '유년 사주(流年四柱)'의 준말.
유년(을) 내다관용 유년 사주를 풀다.
유년(踰年)명-하다타 해를 넘김.
유년-기(幼年期)명 ①나이가 어린 시기. ☞소년기(少年期) ②법률에서, 14세 미만의 어린 시기를 이르는 말. ③지질학에서, 침식 윤회(浸蝕輪廻)의 초기, 곧 원지형(原地形)이 완전히 침식되지 않고 아직 남아 있는 시기를 이르는 말.
유년=사:주(流年四柱)명 일생의 운수를 해에 따라 풀어 놓은 사주. 준유년(流年)
유년=칭원법(踰年稱元法)[-뻡]명 지난날, 왕위 계승에서 왕이 죽은 그 해에는 전왕(前王)의 연호를 그대로 쓰고, 다음 해부터 즉위한 새 왕의 연호를 쓰기 시작하던 법.
유념(留念)명-하다타 어떤 일을 잊거나 소홀히 하지 않도록 마음에 새김. ¶내 말을 -하여라./환절기에는 감기에 -하여야 한다. ☞명심(銘心)
유녕(諛佞)명-하다자 남에게 아부함.
유뇨-증(遺尿症)[-쯩]명 야뇨증(夜尿症)
유:능(有能)명-하다형 ①능력이 있음. ¶ -한 사원. ②재능이 있음. ¶ -한 청년 화가. ☞무능(無能)
유능제강(柔能制剛)성구 부드러운 것이 능히 굳센 것을 이김을 이르는 말.
유니버:시아드(Universiade)명 국제 대학 스포츠 연맹(FISU)이 주최하는 세계 학생 스포츠 대회. 세계 대학생들의 우호와 친선 도모를 목적으로 하며 2년마다 열림.
유니세프(UNICEF)명 국제 연합의 전문 기구의 하나. 발전 도상국 아동을 구호(救護)하고 인류 복지를 향상시키는 것을 목적으로, 1946년에 설립됨. 국제 연합 아동 기금(國際聯合兒童基金) [United Nations International Children's Emergency Fund]
유니섹스(unisex)명 의상이나 헤어스타일 등에서 남녀의 구별이 없는 상태나 경향을 이르는 말.
유니언잭(Union Jack)명 영국의 국기.
유니크-하다(unique-)형여 독특하다 ¶스타일이 -.
유니폼(uniform)명 ①제복(制服) ②운동복(運動服)
유:-다르다(類-)(-다르고·-달라)형르 다른 것에 비하여 두드러지게 다르다. ¶유다르게 아끼다.
유다서(Judah書)명 신약성서 중의 한 편. 교회가 참된 신앙을 지키며 이단에 맞서 싸울 것을 권고한 편지 형식의 글. 유다가 썼다고 전해짐.
유단(油單)명 기름에 결은, 질기고 두꺼운 큰 종이.
유:단-자(有段者)명 검도·유도·태권도·바둑 따위에서 초단(初段) 이상인 사람.
유:-달리(類-)부 유다르게 ¶오늘은 - 피곤하다.
유당(乳糖)명 젖당
유대(紐帶)명 끈과 띠라는 뜻으로, 둘 이상을 연결하거나 결합하는 관계를 이르는 말. ¶ -를 강화하다.
유대(∠Judea 히)명 팔레스타인 남부, 고대 유다 왕국이 있던 지역을 이르는 말. 유태(猶太)
유대-교(∠Judea教)명 모세의 율법을 기초로 발달한, 유대인의 민족 종교. 여호와를 신봉하면서 여호와 하느님의 선민(選民)임을 자처하고 메시아가 올 것을 믿음. 구약성서와 탈무드가 주요 경전임. 유태교(猶太教)
유대-꾼(留待-)명 지난날, 포도청에 딸리어 상여(喪輿)를 메던 인부.
유대-력(∠Judea曆)명 유대 민족의 태음력(太陰曆). 달은 신월(新月)의 날에, 해는 추분(秋分)의 즈음에 시작함. 평년(平年)은 12개월, 윤년(閏年)은 13개월. 서력 기원전 3761년 10월 7일을 창세(創世) 기원으로 함. 유태력(猶太曆)
유:대-목(有袋目)명 포유류의 한 목(目). 원시적인 태생(胎生) 포유동물임. 태반(胎盤)이 불완전하여 발육이 덜 된 채 태어난 새끼를 육아낭(育兒囊)에서 기름. 오스트레일리아와 남·북 아메리카에 서식함. 캥거루·주머니두더지 따위. ☞단공목(單孔目)
유대-주의(∠Judea主義)명 시오니즘(Zionism)
유덕(遺德)명 죽은 사람이 후세에 남긴 덕.
유:덕(有德)어기 '유덕(有德)하다'의 어기(語基).
유:덕-하다(有德-)형여 덕망이 있다. ☞무덕하다
유도(乳道)명 ①젖이 나오는 분비선. ②젖이 나오는 양.
유도(柔道)명 두 사람이 맨손으로 마주하여 상대가 공격하는 힘을 이용하여 메치기·굳히기 등으로 승패를 겨루는 격투기(格鬪技).
유도(誘導)명-하다타 ①꾀어서 이끎. ②자기나 전기가 자기장(磁氣場)·전기장(電氣場) 속에 있는 물체에 미

치는 작용. 감응(感應) ③동물의 발생 과정에서 배(胚)의 일부분이 다른 부분의 분화를 일으키는 작용.

유도(儒道)명 ①유교(儒敎)의 도(道). ②유가(儒家)와 도가(道家).

유도=기전기(誘導起電機)명 정전 유도(靜電誘導)를 이용하여 전기를 집적시키는 실험 장치. 감응 기전기(感應起電機)

유도=기전력(誘導起電力)[-녁] 명 전자 유도에 따라 일어나는 기전력. 감응 기전력(感應起電力)

유도=단위(誘導單位)명 물리학에서, 기본 단위를 토대로 만들어지는 단위. 곧 길이의 단위와 시간의 단위에서 만들어지는 속도의 단위나 가속도의 단위 따위. ☞기본 단위. 절대 단위계

유도=미사일(誘導missile)명 로켓엔진 등을 동력으로 하여, 유도 장치에 따라 목표물에 날아가 폭파하는 병기(兵器). 발사 지점과 목표에 따라 지대공 미사일, 지대지 미사일, 공대공 미사일, 공대지 미사일로 가르며, 도달 거리에 따라 대륙간 탄도 미사일, 중거리 탄도 미사일, 단거리 탄도 미사일로 가름. 미사일. 유도탄

유도=신문(誘導訊問)명 증인 신문자(訊問者)가 자신이 바라는 답변을 암시하면서 하는 신문.

유도=전:류(誘導電流)명 전자기 유도로 생기는 전류. 감응 전류. 감전 전류

유도-체(誘導體)명 어떤 화합물의 일부분이 변화하여 생기는 물질을 원래의 화합물에 상대하여 이르는 말.

유도=코일(誘導coil)명 전류의 단속(斷續)에 따른 전자기 유도를 이용하여 높은 전압을 얻는 장치. 감응 코일

유도-탄(誘導彈)명 유도 미사일

유도=함:수(誘導函數)[-쑤] 명 도함수(導函數)

유:독(有毒)명-하다형 독성(毒性)이 있음. ¶- 성분/- 가스 ☞무독(無毒)

유독(流毒)명-하다자 해독이 널리 퍼짐, 또는 그 해독.

유독(遺毒)명-하다자 해독을 끼침, 또는 남아 있는 해독.

유독(惟獨·唯獨)부 ①오직 홀로. ¶- 그만 반대를 하다. ②유달리 두드러지게. ¶- 눈에 띄다./- 빛나는 별.

유독(幽獨)어기 '유독(幽獨)하다'의 어기(語基).

유:독=가스(有毒gas)명 독성이 있는 가스. 아황산가스, 일산화탄소, 질소 산화물, 염소 따위. ☞독가스

유:독-균(有毒菌)명 독성이 있어 먹으면 중독 증세를 일으키는 균류(菌類). 독버섯 따위.

유:독=식물(有毒植物)명 독성이 있는 식물. 닿거나 먹으면 피부 질환, 복통, 토사, 마취 등의 중독 증세를 일으킴. 옻나무·양귀비·쐐기풀 따위.

유독-하다(幽獨-)형여 쓸쓸하여 외롭다.

유동(油桐)명 대극과의 낙엽 교목. 높이 10m 안팎에 줄기와 가지는 회갈색이고 잎은 어긋맞게 남. 5월경에 흰 꽃이 피며 열매는 10월경에 익음. 씨는 한방에서 식중독·천식 등에 약으로 쓰이며, 기름을 짜기도 함. 중국 원산임. 기름오동나무

유동(流動)명-하다자 ①액체 따위가 흘러 움직임. ②이리저리 옮겨 다님. ¶- 인구/- 자본

유동(遊動)명-하다자 자유로이 움직임.

유동=공채(流動公債)명 모집 금액·이율(利率)·기한 등이 확정되지 않은 단기 공채. ☞확정 공채(確定公債)

유동-물(流動物)명 유동성이 있는 물질. 액체 따위.

유:동-법(類同法)[-뻡] 명 일치법(一致法)

유동=부:채(流動負債)명 외상 대금이나 지급 어음과 같은 기업 본래의 영업 활동에서 생긴 채무와 그 밖의 영업 외 채무 가운데 지급 기한이 1년 이내인 것. ☞고정 부채(固定負債)

유동=비:율(流動比率)명 유동 자산에 대한 유동 부채의 비율. 재무 유동성을 나타내는 경영 지표의 하나임.

유동-성(流動性)[-썽] 명 ①액체처럼 흘러 움직이는 성질. ②이리저리 옮겨 다니거나 변하는 성질. ③기업의 자산 또는 채권을 손실 없이 화폐로 바꾸거나 거두어들일 수 있는 정도.

유동성=딜레마(流動性dilemma)[-썽-] 명 한 나라의 통화를 국제 통화로서 사용할 경우, 국제 유동성을 늘리기 위해서는 통화의 국외적 유출에 따라 그 나라의 국제 수지를 적자로 만들 필요가 있으나, 그 경우에는 국제 통화로서의 신뢰성이 낮아진다는 모순.

유동성=예:금(流動性預金)[-썽녜-] 명 언제든지 찾을 수 있는 예금. 당좌 예금이나 보통 예금 따위.

유동-식(流動食)명 소화하기 쉽게 만든 음식물. 주로 환자가 먹는 우유·미음·죽·수프 따위.

유동=원목(遊動圓木)명 통나무를 쇠줄로 낮게 매달아 놓아, 그 위에 올라타서 앞뒤로 흔들며 놀 수 있도록 만든 놀이 기구.

유동=자:금(流動資金)명 유동 자본에 투입된 자금. ☞고정 자금(固定資金)

유동=자:본(流動資本)명 원료나 보조 재료와 같이 한 번 생산 과정을 거침으로써 그 가치가 모두 생산물로 바뀌는 자본. ☞고정 자본(固定資本)

유동=자:산(流動資產)명 현금, 또는 1년 이내에 현금화할 수 있는 자산. 미수금, 외상 매출금, 재고 상품 따위. ☞고정 자산(固定資產)

유동-적(流動的)명 유동하는 성질을 띤 것. ¶-으로 움직이다./-인 상태.

유동-체(流動體)명 ①유동하는 물체. ②유체(流體)

유두(乳頭)명 ①젖꼭지 ②동물의 피부나 혀 따위에 있는, 젖꼭지 모양의 돌기(突起).

유두(流頭)명 민속에서, '음력 유월 보름날'을 명절로 이르는 말. 동쪽으로 흐르는 물에 머리를 감고, 술과 음식을 장만하여 먹는 풍습이 있음. 유둣날

유두-분면(油頭粉面)명 〔기름 바른 머리와 분바른 얼굴이란 뜻으로〕 여자가 화장하는 일, 또는 화장한 여자.

유둔(油芚)명 기름에 절여 이어 붙인 두꺼운 종이. 지난날, 비옷 대신 썼음.

유둣-날(流頭-)명 유두(流頭)

유둣-물(流頭-)명 유두를 전후하여 많이 내리는 비.

유둣물(이) 지다 관용 유두 무렵에 비가 많이 내려 큰물이 지다.

유들-유들[-류-] 부-하다형 하는 짓이 부끄러운 줄 모르고 뻔뻔스러운 모양을 나타내는 말. ¶- 웃다.

유:디:티:(U.D.T.)명 수중(水中) 장애물을 파괴하거나 제거하는 특수 부대. 수중 파괴반 [underwater demolition team]

유라시아(Eurasia)명 유럽과 아시아를 한 대륙으로 묶어 이르는 말.

유라시안(Eurasian)명 유럽 사람과 아시아 사람 사이에서 태어난 사람.

유락(乳酪)명 우유나 양젖 등을 원료로 하여 만든 식품. 버터(butter) 따위.

유락(流落)명-하다자 살림이 거덜나고 딱한 처지가 되어 고향을 떠나 여기저기 떠돌아다님.

유락(遊樂)명-하다자 놀며 즐김.

유람(遊覽)명-하다타 돌아다니며 구경함. 유관(遊觀)

유랑(流浪)명-하다자타 정처 없이 떠돌아다님. 유랑(遊浪) ¶- 극단 ☞유리표박(流離漂泊)

유랑(遊浪)명-하다자타 유랑(流浪)

유랑=문학(流浪文學)명 방랑 문학(放浪文學)

유랑-민(流浪民)명 일정한 곳에 자리잡아 살지 못하고 떠돌아다니며 살아가는 백성.

유래(由來)명-하다자 사물이 비롯하여 지금에 이른 내력. ¶고목이 여기서 자란 -를 알아보다./민속의 -를 조사하다.

유래-담(由來談)명 사물의 내력에 관한 이야기.

유래지풍(由來之風)명 예로부터 전하여 오는 풍속.

유량(乳量)명 젖의 분량.

유량(流量)명 단위 시간에 흐르는 유체(流體)의 양.

유량(留糧)명 객지에서 먹으려고 마련한 양식.

유:러달러(Eurodollar)명 미국 이외의 은행, 주로 유럽의 은행에 예금된 달러 자금.

유:러본드(Eurobond)명 주로 유럽에서 발행하는, 통화

국 밖에서 발행되는, 통화국 화폐 표시 채권. 유럽에서 달러 표시로 발행되는 채권 따위.
유:러비전(Eurovision)명 구소련권을 제외한 유럽 각국 사이에 운용되고 있는 텔레비전 프로그램의 교환 중계 방송.
유:러코뮤니즘(Eurocommunism)명 서유럽의 공산당, 특히 이탈리아·프랑스·에스파냐 공산당의 자주적 공산주의 노선을 이르는 말.
유:럽(Europe)명 육대주의 하나. 유라시아 대륙 서부와 여러 섬으로 이루어진 지역. 구주(歐洲)
유:럽-살쾡이(Europe-)명 고양잇과의 포유동물. 고양이와 비슷하나 다리가 더 길고 머리도 더 크며 납작함. 꼬리는 30cm 안팎으로, 끝이 뭉툭하고 검은빛의 고리 무늬가 있음. 유라시아의 숲 지대에서 새나 작은 동물을 잡아먹고 삶.
유:럽=연합(Europe聯合)명 1993년, 회원국의 정치적 통합과 집단 방위를 목표로 유럽의 12개국이 결성한 기구.
유:럽-주(Europe洲)명 유럽
유려(流麗)어기 '유려(流麗)하다'의 어기(語基).
유려-하다(流麗-)형여 글이나 말이 유창하고 아름답다. ¶문장이 -.
유려-히부 유려하게
유력(遊歷)명-하다자 여러 곳을 놀며 두루 돌아다님.
유:력(有力)어기 '유력(有力)하다'의 어기(語基).
유:력-시(有力視)명-하다타 유력하다고 여김. ¶그의 당선이 -되다.
유:력-자(有力者)명 유력한 사람. ¶마을의 -./당선 -
유:력-하다(有力-)형여 ①세력이 있다. ¶유력한 팀. ☞무력하다 ②어떤 일을 이룰 가능성이 많다. ¶유력한 당선 후보./사건을 해결할 유력한 단서.
유련(留連)명-하다자 객지에 머묾.
유렵(遊獵)명-하다자 놀러 다니면서 하는 사냥.
유렵-기(遊獵期)명 사냥철
유령(幼齡)명 어린 나이
유령(幽靈)명 ①죽은 사람의 넋. 망혼(亡魂). 유령(遺靈) ②죽은 사람의 넋이 생전의 모습으로 나타난다는 형상. ③이름이나 형식만 있고 실제로는 없는 것. ¶- 단체
유령(遺靈)명 유령(幽靈)
유령=인구(幽靈人口)명 서류상으로만 있고 실제로는 없는 인구.
유령-주(幽靈株)명 ①실제로는 돈을 내지 않았으나, 낸 것처럼 꾸며서 발행한 주식. ②유령 회사의 주식. ③위조한 주식.
유령=회:사(幽靈會社)명 이름 뿐이고 실체는 없는 회사.
유:례(謬例)명 잘못된 사례(事例).
유:례(類例)명 같거나 비슷한 사례. ¶역사상 -가 없다.
유:례-없:다[-업-]형 같거나 비슷한 전례가 없다. ¶유례없는 가뭄. 유례없는 더위.
유례-없이부 유례없게
유로(由路)명 사물이 말미암아 거쳐온 경로.
유로(流路)명 물이 흐르는 길.
유로(流露)명-하다자 감정 등이 저절로 겉으로 드러남. ¶사무친 그리움이 -하다.
유:로(EURO)명 1999년 1월부터 쓰기 시작한, 유럽 단일 통화의 이름.
유:로퓸(europium)명 란탄족 원소의 하나. 천연 산출량은 매우 적은 금속임. 〔원소 기호 Eu/원자 번호 63/원자량 151.96〕
유:록(柳綠)명 봄철의 버들잎과 같은 연한 초록.
유:록화홍(柳綠花紅)성구 버들은 푸르고 꽃은 붉다는 뜻으로, 봄철의 아름다운 경치를 이르는 말.
유:료(有料)명 요금을 치르게 되어 있음. ¶- 도로/- 주차장/- 화장실 ☞무료(無料)
유료=작물(油料作物)명 기름을 짜서 쓸 목적으로 재배하는 작물. 깨·콩·야자·피마자·올리브 따위.
유루(流淚)명-하다자 유체(流涕)
유루(遺漏)명 있어야 할 것이 빠짐. 유 탈루(脫漏) ¶기록에 -가 없도록 챙기다.
유루-증(流淚症)[-쯩]명 눈물이 비정상적으로 많이 나오는 증세.
유류(油類)명 기름의 종류를 통틀어 이르는 말. 석유·휘발유와 참기름·콩기름 따위.
유류(遺留)명-하다타 ①잊어버리고 놓아 둠. ②죽은 뒤에 남겨 둠.
유류-분(遺留分)명 일정한 상속인을 위하여 법률상 반드시 남겨야 할 유산의 일정 부분.
유류=파동(油類波動)명 석유 수출국들이 원유 값을 올리고 원유 생산을 제한하여 일어나는 세계 각국의 경제적 혼란. 석유 파동. 오일쇼크
유류-품(遺留品)명 ①어떤 곳에 잊고 놓아 둔 물품. ②죽은 사람이 생전에 쓰다가 남긴 물품. 유품(遺品)
유륜(乳輪)명 젖꽃판
유리(由吏)명 이방(吏房)에 딸린 아전.
유:리(有理)[1]명 수학에서, 더하기·빼기·곱하기·나누기 이외의 연산을 포함하지 않는 것.
유리(流離)명 '유리표박(流離漂泊)'의 준말.
유리(琉璃)명 모래·석회석·탄산나트륨 등을 고온으로 녹인 다음에 급속히 냉각시켜 만든 투명 또는 반투명의 물체. 초자(硝子). 파리(玻璃)
유리(遊離)명-하다자 ①따로 떨어져 있음. ¶현실과 -된 정책. ②화합물의 원자나 원자단이 분리되는 일, 또는 원자나 원자단이 결합하지 않고 다른 물질 속에 들어 있는 일.
유리(瑠璃)명 ①황금빛의 작은 점이 군데군데 있고, 검푸른 빛이 나는 광물. ②검푸른 빛이 나는 보석.
유:리(有利)어기 '유리(有利)하다'의 어기(語基).
유:리(有理)[2]어기 '유리(有理)하다'의 어기(語基).
유리-개:걸(流離丐乞)명 유리걸식
유리-걸식(流離乞食)[-씩]명 정처 없이 떠돌면서 빌어먹음. 유리개걸
유리=구슬(琉璃-)명 유리로 된 구슬. 유리알
유리=그릇(琉璃-)명 유리로 된 그릇.
유리-론(唯理論)명 합리주의(合理主義)
유리-막(琉璃膜)명 동물의 상피 조직에 어떤 물질이 분비되어 생기거나 바깥쪽 세포가 굳어져서 된 물체. 초자막(硝子膜)
유리-면(琉璃綿)명 솜 같은 유리 섬유의 한 가지. 전기 절연과 단열 효과가 있어 피복재(被覆材) 등으로 쓰임.
유리-목(楡理木)명 '오리나무'의 딴이름.
유리=섬유(琉璃纖維)명 녹인 유리를 늘이거나 고압 공기로 날리거나 하여 가늘게 만든 광물 섬유. 내화(耐火) 직물, 단열재, 절연재 등으로 쓰임. 글라스파이버
유리=세:포(遊離細胞)명 다세포 동물의 세포 중에서 일정한 조직을 이루지 않고 따로따로 행동하는 세포. 생식 세포나 혈구(血球) 따위.
유:리-수(有理數)명 분수로 나타낼 수 있는 수. 정수(整數)와 분수를 아울러 이르는 말. ☞무리수(無理數)
유:리-식(有理式)명 근호(根號) 안에 문자가 포함되어 있지 않은 대수식(代數式). ☞무리식(無理式)
유리-알(琉璃-)명 ①유리로 만든 안경알. ②유리 구슬
유리-잔(琉璃盞)명 유리로 만든 잔.
유리=지방산(遊離脂肪酸)명 지방이 분해되어 생기는 지방산.
유리-질(琉璃質)명 마그마가 지상으로 분출하여 급자기 식어서 굳어진 암석 조직. 화산암에서 볼 수 있음.
유리-창(琉璃窓)명 유리를 끼운 창.
유리-체(琉璃體)명 안구(眼球)의 내부를 채우고 있는, 무색 투명하고 연한 물질. 초자체(硝子體)
유리-판(琉璃板)명 유리로 만든 편평한 판.
유리-표박(流離漂泊)명 고향을 떠나 정처 없이 떠돌아다님. 유리(流離) ☞유랑(流浪)
유:리-하다(有利-)형여 이로움이 있다. 이롭다 ¶유리한 상황./유리한 위치. ☞불리하다
유:리-하다(有理-)형여 이치에 맞는 점이 있다.

유린(蹂躪·蹂躏)명-하다타 ①폭력으로 남의 권리를 누름. ¶인권 —. ②함부로 짓밟음. ¶조국 강산을 —당하다.
유림(儒林)명 유교의 도(道)를 닦는 학자들. 사림(士林)
유마(留馬)명-하다타 지난날, 마소를 징발하여 쓰던 일.
유마(를) 잡다관용 군용(軍用)으로 마소를 징발하다.
유마(騮馬)명 갈기는 검고 배는 흰 말.
유마경(維摩經)명 유마 거사(維摩居士)와 문수보살(文殊菩薩)이 대승(大乘)의 깊은 뜻에 관하여 묻고 답한 내용을 기록한 불경(佛經). 정명경(淨名經)
유막(帷幕)명 기밀한 일을 의논하는 곳. 유악(帷幄)
유:만부동(類萬不同)성구 여러 가지가 많다 하여도 다 똑같지는 않음을 이르는 말.
유말(酉末)명 십이시(十二時)의 유시(酉時)의 끝 무렵. 지금의 오후 일곱 시가 되기 바로 전.
유망(遺忘)명-하다타 잊어버림.
유:망(有望)어기 '유망(有望)하다'의 어기(語基).
유:망-주(有望株)명 ①앞으로 시세가 오를 전망이 있는 주식이나 채권 등의 증권. ②장래성이 있는 사람을 비유하여 이르는 말. ¶마라톤 우승의 —.
유:망-하다(有望—)형여 ①앞으로 잘 될듯 하다. ¶유망한 사업. ②희망이 있다. ¶앞길이 유망한 인재.
유맹(流氓)명 유민(流民)
유:머(humor)명 익살스러운 농담. ☞해학(諧謔)
유:머러스-하다(humorous—)형여 익살스럽다 ¶유머러스한 행동./표정이 —.
유:머레스크(humoresque)명 유머러스하고 변화가 많은 기악곡의 한 가지. ☞해학곡(諧謔曲)
유:머=소:설(humor小說)명 해학 소설(諧謔小說)
유:면(宥免)명-하다타 잘못을 용서하고 풀어 줌.
유명(幽明)명 ①어둠과 밝음. ②이승과 저승.
유명을 달리하다관용 죽어 이 세상에서 다시 만날 수 없게 되다. ¶유명을 달리한 벗.
유명(幽冥)명 ①깊숙하고 어두움. ②저승
유명(遺命)명 임금이나 부모 등이 세상을 떠나면서 남긴 분부. ☞유교(遺敎)
유:명(有名)어기 '유명(有名)하다'의 어기(語基).
유:명=계:약(有名契約)명 전형 계약(典型契約) ☞무명계약(無名契約)
유명-론(唯名論)명 중세 스콜라 철학에서, 개체만이 실재(實在)하고, 보편은 그 개체에서 추상하여 얻은 명목(名目)일 뿐이라는 이론. 명목론 ☞실념론(實念論)
유:명무실(有名無實)성구 이름 뿐이고 실상은 없음을 이르는 말. 명존실무(名存實無) ¶—한 규칙./—한 기관.
유:명-세(有名稅)[—쎄]명 세상에 이름이 난 탓으로 겪게 되는 어려움을 비유하여 이르는 말. ¶—를 치르다.
유:명짜-하다(有名—)형여 '유명하다'를 강조하여 속되게 이르는 말.
유:명-하다(有名—)형여 이름이 널리 알려져 있다. 유저명하다
유메(濡袂)명 눈물에 젖은 옷소매.
유모(乳母)명 어머니 대신 젖을 먹여 길러 주는 여자. 젖어머니
유모(柔毛)명 부드러운 털.
유모-차(乳母車)명 젖먹이를 태워 밀고 다니게 만든, 네 바퀴가 달린 수레. 동차(童車). 유아차(乳兒車)
유모=혈암(油母頁岩)명 석유 혈암(石油頁岩)
유목(幼木)명 어린 나무.
유목(流木)명 ①바다나 강에 떠서 흘러가는 나무. ②산에서 베어 강으로 흘려 보내는 목재.
유목(遊牧)명-하다자 목초나 물이 있는 곳을 찾아 옮아 다니면서 가축을 치는 일.
유목-민(遊牧民)명 유목을 하면서 생활을 하는 민족.
유-목화(油木靴)명 목화에 기름을 결어 만든 진신. 지난날, 관복을 입을 때 신었음.
유몽(幼蒙)명 어린아이
유묘(幼苗)명 어린 모종.
유무(由無)명 지난날, 관원이 갈릴 때, 보관하던 물품의 인계가 끝났음을 나타내기 위하여 녹패(祿牌)에 먹으로 찍던 글자.
유:무(有無)명 있음과 없음. ¶죄의 —.
유:무상통(有無相通)성구 있는 것과 없는 것을 서로 주고받아 융통함을 이르는 말.
유묵(遺墨)명 죽은 사람이 남긴 붓글씨나 그림.
유문(幽門)명 위(胃)의 끝이 십이지장에 이어지는 잘록한 부분. ☞분문(噴門)
유문(留門)명-하다타 조선 시대, 특별한 일이 있어 밤중에 궁궐 문이나 성문을 닫지 않고 열어 두던 일.
유문(遺文)명 죽은 사람이 남긴 글.
유문-암(流紋岩)명 화산암의 한 가지. 반정(斑晶)으로, 석영·칼륨 장석이나 적은 양의 사장석·흑운모 따위가 들어 있음. 석영 조면암(石英粗面岩)
유물(油物)명 기름에 결은 물건.
유물(留物)명 쓸모가 없어 버려 둔 물건.
유물(遺物)명 ①선대의 인류가 후세에 남긴 물건. ¶신라 시대의 —./청동기 시대의 —. ②죽은 사람이 생전에 쓰다가 남긴 물건. 유품(遺品)
유물-관(唯物觀)명 유물론에 근거하여 사물을 바라보는 태도나 견해. ☞유심관(唯心觀)
유물-론(唯物論)명 철학에서, 만유의 궁극적 실재는 물질이며, 정신적·관념적인 모든 현상은 물질에서 비롯된다는 견해나 학설. ☞유심론(唯心論). 관념론
유물=변:증법(唯物辨證法)[—뻡]명 변증법적 유물론
유물=사:관(唯物史觀)[—싸—]명 마르크스주의의 역사관. 역사를 변증법적 유물론의 처지에서 주장한 것. 역사 발전의 원동력은 물질이며, 물질의 생산이 정치·경제·법률·종교·학문 등의 관념을 발달시키는 기초가 된다고 봄. 경제 사관. 사적(史的) 유물론 ☞유심 사관
유미(乳糜)명 소장에 흡수된 지방의 작은 입자 때문에 젖빛을 띠는 림프액.
유:미(柳眉)명 버들잎 같은 눈썹이라는 뜻으로, 미인의 눈썹을 이르는 말.
유미(柔媚)어기 '유미(柔媚)하다'의 어기(語基).
유미-관(乳糜管)명 암죽관
유미-뇨(乳糜尿)명 유미나 지방이 섞여 젖빛을 띠는 오줌.
유미-주의(唯美主義)명 탐미주의(耽美主義)
유미-하다(柔媚—)형여 연약하고 예쁘다.
유민(流民)명 고향을 떠나 이곳 저곳으로 떠돌아다니는 백성. 유맹(流氓)
유민(遊民)명 직업이 없이 놀며 지내는 사람.
유민(遺民)명 망하여 없어진 나라의 백성.
유밀-과(油蜜果)명 한과(韓果)의 한 가지. 밀가루나 쌀가루에 참기름과 꿀을 넣고 반죽하여 기름에 지진 과자. 과줄·다식과·중배끼 등이 있음. 밀과 ☞유과(油果)
유-바지(油—)명 지난날, 마부들이 비가 내릴 때 입던, 기름에 결은 바지. 유고(油袴)
유박(油粕)명 깻묵
유발(乳鉢)명 약을 빻거나 갈아서 가루로 만드는 데 쓰는 그릇. 막자사발 ☞약연(藥碾)
유발(誘發)명-하다자타 다른 것으로 말미암아 어떤 일이 일어남, 또는 일어나게 함. ¶학습 흥미를 —하는 교재.
유발(遺髮)명 죽은 사람의 머리털.
유방(酉方)명 ①팔방(八方)의 하나. 정서방(正西方)을 중심으로 한 45도 범위 안의 방위(方位). ②이십사 방위(二十四方位)의 하나. 정서방을 중심으로 한 15도 범위 안의 방위. 경방(庚方)과 신방(辛方)의 사이. 준유(酉) ☞묘방(卯方)
유방(乳房)명 포유류의 가슴이나 배의 좌우에 있는, 유선(乳腺)을 둘러싼 두두룩한 부분. 암컷은 성숙하거나 임신함에 따라 발달하여 젖을 분비할 때 매우 발달함. 유선 끝에 젖꼭지가 있는데, 사람·말·염소 등은 한 쌍, 소는 두 쌍이 있으며 돼지·개 따위는 여러 쌍이 달렸음. 젖 ☞유즙(乳汁)
유방(遺芳)명 후세에 남긴 빛나는 명예. ☞여방(餘芳)
유방백세(流芳百世)성구 꽃다운 이름이 후세에 길이 전

ㅇ

함을 이르는 말.
유방-암(乳房癌)명 유방에 생기는 암(癌). 유암(乳癌)
유방-염(乳房炎)[-념]명 유방에 생기는 염증.
유배(流杯)명 ①술잔을 물에 띄워 흘려 보냄. ②지난날, 곡수연(曲水宴)에서 물 위에 띄우던 술잔.
유배(流配)명-하다타 죄인을 귀양보냄.
유:배유=종자(有胚乳種子)명 속씨식물에서, 배젖을 가지는 종자. 감·벼·나팔꽃 등이 있음. ☞무배유 종자
유-백색(乳白色)명 젖처럼 불투명한 백색. 젖빛
유벌(流筏)명 산에서 나무를 베어 만들어 강물에 띄워 보내는 뗏목.
유법(遺法)명 ①옛 사람이 남긴 법. ②불교에서, 부처의 가르침을 이르는 말.
유벽(幽僻)어기 '유벽(幽僻)하다'의 어기(語基).
유벽-하다(幽僻-)형여 한적하고 구석지다.
유:별(有別)명-하다형 구별이 있음. 다름이 있음. ¶남녀-
유별(留別)명-하다자 떠나는 사람이 남아 있는 사람에게 작별함. ☞송별(送別)
유:별(類別)명-하다타 종류에 따라 구별함, 또는 그 구별. 종별(種別)
유:별-나다(有別-)형 여느 것과 몹시 다르다. 별나다 ¶유별난 사람./유별나게 아끼는 물건.
유:병(有病)어기 '유병(有病)하다'의 어기(語基).
유:병-률(有病率)명 어떤 시점에 일정한 지역에서 조사한 인구 수에 대한 병자 수의 비율. ☞이환율(罹患率)
유:병-하다(有病-)형여 병이 있다.
유-보(油-)명 기름에 결은 보.
유보(留保)명-하다타 ①무슨 일을 곧 결정하거나 처리하지 않고 뒤로 미룸. 보류(保留) ②법률에서, 권리·의무·주장 등을 뒷날로 미루어 두는 일. ¶소유권을 -하다.
유보(遊步)명 노닒. ☞산보(散步)
유보=약관(留保約款)명 외국법을 적용하여야 할 때에 그 적용을 배척할 수 있는 경우를 규정하는 국제 사법상(私法上)의 예외 규정.
유:복(有服)명 '유복지친(有服之親)'의 준말.
유:복(有福)어기 '유복(有福)하다'의 어기(語基).
유복(裕福)어기 '유복(裕福)하다'의 어기(語基).
유복-녀(遺腹女)명 어머니의 뱃속에 있을 때 아버지를 여의고 태어난 딸. ☞유복자
유복-자(遺腹子)명 어머니의 뱃속에 있을 때 아버지를 여의고 태어난 자식. 유자(遺子) ☞유복녀
유:복지친(有服之親)명 유복친(有服親) 준유복(有服) ☞무복지친(無服之親)
유:복-친(有服親)명 복(服)을 입는 가까운 친척. 유복지친(有服之親) ☞무복친(無服親)
유:복-하다(有福-)형여 복이 있다. ¶유복한 사람.
유복-하다(裕福-)형여 재산이나 수입이 넉넉하여, 살림에 여유가 있다. ¶유복한 가정./유복한 생활.
유봉(乳棒)명 약을 빻거나 가는 데 쓰는, 사기나 유리로 만든 작은 방망이. 막자
유부(幼婦)명 나이가 어린 부녀자.
유부(油腐)명 얇게 썰어 기름에 튀긴 두부. ¶- 국수
유부(猶父)명 삼촌(三寸) ☞유자(猶子)
유:부-간(有夫姦)명 남편이 있는 여자가 딴 남자와 간통하는 일.
유:부-간(有婦姦)명 아내가 있는 남자가 딴 여자와 간통하는 일.
유:부-남(有婦男)명 아내가 있는 남자. 핫아비 ☞유부녀
유:부-녀(有夫女)명 남편이 있는 여자. 핫어미 ☞유부남
유부-유자(猶父猶子)명 삼촌과 조카.
유:-분:수(有分數) '분수가 있음'의 뜻. ¶사람을 업신여겨도 -지./적반하장도 -지.
유:분-전(有分廛)명 조선 시대, 국역(國役)을 분담하는 가게를 이르던 말. ☞무분전(無分廛)

유불(儒佛)명 ①유교와 불교를 아울러 이르는 말. ②유가(儒家)와 불가(佛家)를 아울러 이르는 말.
유불선(儒佛仙)명 유교(儒敎)·불교(佛敎)·선교(仙敎)를 아울러 이르는 말.
유:불여무(有不如無)성구 있으나 없는 것만 같지 못하다는 뜻으로, 있으나마나 함을 이르는 말.
유비(油肥)명 동물성 기름으로 만든 거름.
유:비(類比)명 ①-하다타 맞대어 비교함. ②-하다타 유추(類推) ③철학에서, 서로 다른 사물 상호간에 대응적으로 존재하는 유사성이나 동일성.
유:비무환(有備無患)성구 준비가 있으면 근심할 일이 없음을 이르는 말.
유:비=추리(類比推理)명 논리학에서, 두 개의 사물이 몇몇 성질이나 관계를 공통으로 가지는 것을 근거로 다른 사물도 그러할 것이라고 추리하는 일. 준유추(類推)
유빈(蕤賓)명 십이율(十二律)의 일곱째 음. ☞육려(六呂). 육률(六律)
유빙(流冰)명 성엣장
유:사(有司)명 ①어떠한 단체의 사무를 맡아보는 직무. ②교회의 제반 사무를 맡아보는 직무.
유사(流砂)명 바람이나 유수(流水) 등으로 말미암아 흘러내리는 모래.
유사(遊絲)명 아지랑이
유사(瘐死)명-하다자 감옥에 갇혀서 고생하다가 죽음.
유사(遺事)명 ①예로부터 전하여 내려오는 사적(事蹟). ②죽은 사람이 생전에 남긴 사적.
유사(諛辭)명 아첨하는 말.
유:사(類似)명-하다형 서로 비슷함. ¶- 뇌염
유:사(有史)앞말 역사 기록이 남아 있음을 뜻하는 말. ¶- 시대(有史時代)/- 이래(有史以來)
유:사(有事)어기 '유사(有事)하다'의 어기(語基).
유:사=분열(有絲分裂)명 세포 분열의 한 형태. 핵이 분열할 때 염색체와 방추사가 형성되는 분열 방식으로, 전기·중기·후기·말기의 과정을 거침. 진핵 생물에서 가장 보편적으로 볼 수 있으며, 체세포 분열과 감수 분열이 있음. 간접 분열(間接分裂) ☞무사 분열(無絲分裂)
유:사=상표(類似商標)명 남이 이미 등록해서 사용하고 있는 상표, 또는 거래 통념상 비슷하여 혼동·오인될 우려가 있는 상표.
유:사=상호(類似商號)명 기존의 특정한 상호와 비슷하여 일반 사람들에게 같은 것으로 혼동을 줄 수 있는 상호.
유:사-시(有事時)명 급박하거나 비상한 일이 있을 때. 유사지추(有事之秋) ¶-에 대비하다.
유:사=종교(類似宗敎)명 공인되지 않은 종교.
유:사지추(有事之秋)성구 급박하거나 비상한 일이 있을 때를 이르는 말. 유사시(有事時)
유:사-품(類似品)명 어떤 물건과 유사한 물품.
유:사-하다(有事-)형여 큰일이나 사변(事變)이 있다.
유산(油酸)명 올레산
유산(乳酸)명 젖산
유산(流産)명-하다자타 ①태아(胎兒)가 달이 차기 전에 죽어서 나옴. 낙태(落胎) ②계획한 일이 이루어지지 못하게 됨을 비유하여 이르는 말. ¶축구 대회 개최가 -되다.
유산(遊山)명-하다자 산으로 놀러 다님.
유산(遺産)명 ①죽은 사람이 남겨 놓은 재산. ¶아버지의 -을 상속받다. ②선대(先代)에서 후대(後代)로 전해 오는 것. ¶찬란한 문화 -.
유:산(有産)앞말 재산이 많음을 뜻하는 말. ¶- 계급(有産階級)/-자(有産者) ☞무산(無産)
유산가(遊山歌)명 십이잡가(十二雜歌)의 하나. 봄철에 산천에서 펼쳐지는 아름다운 경치를 풍류적으로 묘사한 내용임.
유산-객(遊山客)명 산으로 놀러 다니는 사람.
유:산=계급(有産階級)명 자본가나 지주(地主) 따위 재산이 많은 계급. ☞무산(無産) 계급
유산-균(乳酸菌)명 젖산균
유:산소=운:동(有酸素運動)명 몸의 산소 섭취량을 늘림

으로써 심장과 폐의 기능을 높이어 건강을 증진시키는 운동법. 조깅, 에어로빅, 줄넘기 따위.

유산=음:료(乳酸飮料)[명] 우유나 탈지유를 젖산 발효하여 만든 음료. 젖산 음료

유:산-자(有産者)[명] 재산이 많은 사람. 유산 계급에 딸린 사람. ☞무산자(無産者)

유산-지(硫酸紙)[명] 황산지(黃酸紙)

유산-탄(榴散彈)[명] 많은 수의 작은 탄알을 큰 탄환 속에 넣어 만든 포탄. 큰 탄환이 폭발할 때 작은 탄알이 튀어 나옴.

유살(誘殺)[명]-하다[타] 꾀어내어 죽임.

유삼(油衫)[명] 비나 눈이 내릴 때 옷 위에 덧입는 비옷. 천이나 종이에 기름을 먹여 만듦. 유의(油衣)

유:상(有償)[명] 받은 이익에 대하여 값을 치름. ¶ 묘목을 −으로 공급하다. ☞무상(無償)

유상(油狀)[명] 기름과 같은 상태.

유상(遺像)[명] 죽은 사람의 초상(肖像).

유:상=계:약(有償契約)[명] 당사자끼리 서로 대가(代價)를 주고받기로 약속하는 계약. 고용이나 매매 따위.

유상-곡수(流觴曲水)[명] 곡수에 술잔을 띄워 보낸다는 뜻으로, '곡수연(曲水宴)'을 달리 이르는 말. 곡수유상(曲水流觴)

유:상=대부(有償貸付)[명] 대가를 받고 돈을 꾸어 주거나 물건을 빌려 주는 일. ☞무상 대부

유:상=몰수(有償沒收)[명] 사물의 소유주에게 대가를 주고 몰수하는 일.

유:상-무상(有象無象)[명] ①이 세상에 있는 모든 물체. ② '어중이떠중이'를 이르는 말.

유:상=증자(有償增資)[명] 신주(新株) 발행으로 새로운 자금을 조달하여 기업의 자본금을 늘리는, 실질적인 증자. ☞무상 증자(無償增資)

유:상=행위(有償行爲)[명] 당사자끼리 서로 대가를 치르는 법률 행위. 매매·교환·고용 따위. ☞무상 행위

유:색(有色)[명] 빛깔이 있음. ☞무색(無色)

유색-완:용(愉色婉容)[명] 즐겁고 부드러운 얼굴빛.

유:색-인(有色人)[명] 유색 인종에 딸린 사람.

유:색=인종(有色人種)[명] 유색 피부를 가진 인종이라는 뜻으로, 백색 인종에 상대하여 그 외의 모든 인종을 통틀어 이르는 말.

유:색-체(有色體)[명] 엽록체 이외의 색소를 지니고 있는 식물 세포체. 뿌리·꽃잎·과실 따위에 들어 있으며, 광합성을 하지 않음. 당근·고추 따위에서 볼 수 있음.

유생(幼生)[명] 변태 동물의 어린 것. 태어나거나 부화한 후 성체(成體)가 되기 전까지의 발생 단계. 성체와 구조가 다르며, 자유로이 움직임. 곤충에서는 애벌레라고 하며, 개구리의 경우 올챙이를 이름. ☞성체(成體)

유생(酉生)[명] 간지(干支)의 지지(地支)가 유(酉)인 해에 태어난 일, 또는 그 해에 태어난 사람. 기유생(己酉生)·신유생(申酉生) 따위. ☞닭띠. 유년(酉年)

유생(儒生)[명] 유도(儒道)를 닦는 선비. 유가(儒家). 유자(儒子). 유학생(儒學生)

유생=기관(幼生器官)[명] 변태 동물의, 유생일 때만 있고 성체가 되면 퇴화하거나 없어지는 기관. 올챙이의 아가미나 꼬리 따위. 일시적 기관

유생=생식(幼生生殖)[명] 유생의 시기에 생식 세포가 성숙하여 체내에 새 개체가 생기는 현상.

유서(由緖)[명] 전하여 오는 까닭과 내력. ¶ − 깊은 고장.

유:서(宥恕)[명]-하다[타] 너그럽게 용서함.

유:서(柳絮)[명] 버들개지

유서(遺書)[명] 유언을 적은 글.

유서(諭書)[명] 지난날, 관찰사·절도사·방어사 등이 부임할 때 내리던 임금의 명령서.

유서(遺緖)[명] 유업(遺業)

유:서(類書)[명] ①같은 종류의 책. ②지난날, 중국에서 경사자집(經史子集)의 여러 책들을 내용이나 항목별로 분류·편찬한 책을 통틀어 이르던 말. 오늘날의 백과사전과 비슷함.

유서-통(諭書筒)[명] 유서(諭書)를 넣는 통.

유-석영(乳石英)[명] 젖빛을 띤 석영.

유:선(有線)[명] 통신 따위에서, 전선(電線)을 사용한 것을 이르는 말. ¶ − 전화/− 방송 ☞무선(無線)

유선(乳腺)[명] 젖샘

유선(油腺)[명] 물새 따위의 꽁지 위쪽에 있는, 기름을 분비하는 선. 여기서 나오는 기름을 깃에 발라 물이 살갗에 묻지 않게 함.

유선(流線)[명] 운동하는 유체(流體)의 각 점의 접선 방향이 유체의 운동 방향과 일치하도록 그은 가상적인 곡선.

유선(遊船)[명] 놀잇배

유선-도(流線圖)[명] 사람이나 물자, 교통 기관의 이동 경로와 방향, 거리 등을 도표화한 통계 지도.

유:선=방:송(有線放送)[명] 일정 지역을 대상으로 전선(電線)을 송신 수단으로 사용하는 방송.

유선-염(乳腺炎)[−념][명] 유선(乳腺)에 생기는 염증. 유방이 부어 오르고 붉어지면서 단단해지고 아픔. 유선이나 유두 근처의 상처로 화농균이 침입하여 일어남. ☞유종(乳腫). 젖몸살

유:선=전:신(有線電信)[명] 전선을 사용하여 전신 부호를 보내는 통신 방식. ☞무선 전신

유:선=전:화(有線電話)[명] 가입자와 교환국 사이를 유선 선로로 연결한 전화. ☞무선 전화

유:선=텔레비전(有線television)[명] 안테나를 사용하지 않고 동축 케이블이나 광케이블을 통하여 영상을 방영하는 텔레비전. 케이블티브이(cable TV)

유:선=통신(有線通信)[명] 전송로에 전선을 사용하는 방식의 통신. ☞무선 통신

유선-형(流線型)[명] 물이나 공기 같은 유체(流體)의 저항을 가장 적게 받기 위하여 앞 부분이 둥글고 뒤로 갈수록 얇거나 가늘게 생긴 물체의 형태. 물고기의 몸, 비행기의 몸체와 날개 따위에서 볼 수 있음.

유설(流說)[명] 유언(流言)

×**유설**(縲絏)[명] →누설(縲絏)

유:설(謬說)[명] 이치에 어긋난 말이나 학설.

유성(油性)[명] 기름의 성질, 또는 기름과 같은 성질. ¶ − 페인트 ☞수성(水性)

유:성(柳星)[명] 유수(柳宿)

유성(流星)[명] 지구의 대기권 안으로 들어온 고체 입자가 빛을 내는 현상. 대부분 대기 중에서 소멸함. 땅에 떨어진 것을 운석(隕石)이라 함. 별똥. 별똥별. 성화(星火). 운성(隕星)

유성(遊星)[명] 행성(行星)

유:성(有性)[앞말] 암수의 성(性)의 구별이 있음을 뜻하는 말. ¶ − 생식(有性生殖)/− 세대(有性世代)/− 포자(有性胞子) ☞무성(無性)

유성-군(流星群)[명] 태양의 둘레를 공전하는 유성의 무리. ☞유성우(流星雨)

유성-기(留聲機)[명] 축음기(蓄音機)

유:성=생식(有性生殖)[명] 암수의 생식 세포가 결합하여 새로운 개체를 만드는 생식 방법. ☞무성 생식

유:성=세:대(有性世代)[명] 세대 교번(世代交番)을 하는 생물 중에서 유성 생식을 하는 세대. ☞무성 세대

유:성=영화(有聲映畫)[−녕−][명] 무성 영화(無聲映畫) 이후에 나온 영화로, 영상(映像)과 함께 소리가 나오는 영화. 발성 영화(發聲映畫). 사운드필름. 토키(talkie)

유성-우(流星雨)[명] 지구와 유성군(流星群)이 만날 때 한꺼번에 많은 유성을 볼 수 있는 현상.

유:성-음(有聲音)[명]〈어〉소리 낼 때 목청을 떨어 울리어 내는 소리. 한글의 모음과 자음 가운데서 비음(鼻音) 'ㅁ·ㄴ·ㅇ', 유음(流音) 'ㄹ'이 이에 딸림. 울림소리. 탁음(濁音) ☞무성음(無聲音)

유성-진(流星塵)[명] ①지구의 대기권으로 들어와서 빛을 내면서 유성이 되는 작은 고형 물질. ②유성 물질이 빛을 낸 뒤 녹아서 땅에 떨어진 것.

유:세(有勢)[명] ①-하다[형] 세력이 많음. ¶ −한 집안. ②-하다[자] 자랑 삼아 재물이나 힘을 뽐냄. ¶ −가 대단하다.

ㅇ

유세(를) 떨다 관용 남보다 권세나 재력 등이 많음을 내세워 뽐내다.
유세(를) 부리다 관용 남보다 권세나 재력 등이 많음을 믿고 세도를 부리다.
유세(遊說) 명 -하다 자타 정치인 등이 자기 또는 자기 정당의 주의나 주장을 선전하며 돌아다님.
유세(誘說) 명 -하다 타 솔깃한 말로 꾐.
유:세-통(有勢—) 명 유세를 부리는 서슬. ¶그의 —에 사람들이 모두 겉을 떠났다.
유소(流蘇) 명 끈목으로 매듭을 맺고 그 끝에 술을 드리운 것. 국악기나 가마 따위에 장식용으로 닮.
유소(儒疏) 명 지난날, 유생(儒生)들이 연명(連名)하여 올리던 상소.
유:소(類燒) 명 -하다 자 이웃집에서 난 불이 옮겨 붙음.
유소(幼少) 어기 '유소(幼少)하다'의 어기(語基).
유-소:년(幼少年) 명 유년과 소년을 아울러 이르는 말.
유소-성(留巢性) [—썽] 명 새끼 때 발육이 늦어 둥지에서 어미새의 보호를 오래 받아야 하는 성질. 비둘기나 제비, 부엉이 따위에서 볼 수 있음. ☞이소성(離巢性)
유소-시(幼少時) 명 어릴 때.
유소-하다(幼少—) 형여 나이가 어리다. 유충하다
유속(流俗) 명 ①예로부터 전해 오는 풍속. ②세상에 널리 퍼져 있는 풍속. 유풍(流風)
유속(流速) 명 유체의 속도. 유체가 단위 시간에 흘러간 거리로 나타냄.
유속(遺俗) 명 지금까지 남아 있는 옛날 풍속. 유습(遺習). 유풍(遺風)
유손(猶孫) 명 형제의 손자나 손녀.
유송(油松) 명 '잣나무'의 딴이름.
유송진-류(油松津類) [—뉴] 명 소나무나 잣나무 따위의 진을 휘발유에 섞어 만든 기름.
유:수(有數)[1] 명 -하다 형 손꼽힐 만큼 뛰어나거나 훌륭함. ¶—한 회사.
유수(幽囚) 명 -하다 타 사람을 잡아 가둠.
유수(柳宿) 명 이십팔수(二十八宿)의 하나. 남쪽의 셋째 별자리. 유성(柳星) 준 유(柳)
유수(幽愁) 명 마음속 깊은 근심.
유수(流水) 명 흐르는 물. ¶세월은 —와 같다.
유수(留守) 명 조선 시대, 서울 이외의 군사적으로 중요한 지방을 맡아 다스리던 정이품의 관직.
유수(遊手) 명 정한 직업이 없이 놀면서 지냄, 또는 그런 사람.
유수(有數)[2] 어기 '유수(有數)하다'의 어기(語基).
유수(幽邃) 어기 '유수(幽邃)하다'의 어기(語基).
유수도식(遊手徒食) 성구 하는 일 없이 놀고 먹음을 이르는 말. ☞무위도식(無爲徒食)
유수=정책(誘水政策) 명 경제가 그 자체의 힘으로 경기를 회복하기 어려운 경우, 정부가 공공 자금 투자 등의 형태로 재정 지출을 늘려 경기 회복을 꾀하는 일.
유수-지(遊水池) 명 홍수가 날 때 물을 한동안 가두어서 하천의 수량을 조절하는 저수지.
유수-하다(有數—) 형여 정해진 운수가 있다. ¶흥망이 —.
유수-하다(幽邃—) 형여 그윽하고 깊숙하다.
유수-히 부 유수하게
유숙(留宿) 명 -하다 자 남의 집에서 묵음.
유순(柔順) 어기 '유순(柔順)하다'의 어기(語基).
유순-하다(柔順—) 형여 성질이 부드럽고 순하다. ¶유순한 말씨. /유순하게 따르다.
유순-히 부 유순하게
유스타키오-관(Eustachio管) 명 척추동물의 가운뎃귀에 있는, 고실(鼓室)에서 인두(咽頭)로 연결된 관(管). 평상시에는 닫혀 있으나, 음식을 삼키거나 하품할 때에는 열리어 귀 안의 기압을 조절함. 이관(耳管)
유:스호스텔(youth hostel) 명 청소년의 건전한 여행 활동을 장려하기 위한 비영리적인 숙박 시설.

유습(遺習) 명 유속(遺俗)
유습(謬習) 명 그릇된 습관이나 못된 버릇.
유시(幼時) 명 어릴 때.
유시(酉時) 명 ①십이시(十二時)의 열째 시(時). 지금의 오후 다섯 시부터 일곱 시까지의 동안. ②하루를 스물넷으로 가른, 열아홉째 시. 지금의 오후 다섯 시 삼십 분부터 여섯 시 삼십 분까지의 동안. 준 유(酉) ☞술시(戌時). 신시(辛時)
유시(流矢) 명 ①목표물을 못 맞히고 빗나간 화살. ②누가 쏘았는지 모르게 날아온 화살. 비시(飛矢). 유전(流箭)
유시(諭示) 명 -하다 타 지난날, 상급 관아에서 하급 관아에 지시나 문서를 보내던 일, 또는 그 지시나 문서.
유:시무종(有始無終) 성구 시작은 있되 끝은 없다는 뜻으로, 시작한 일을 끝맺지 못함을 이르는 말.
유:시유:종(有始有終) 성구 시작이 있고 끝도 있다는 뜻으로, 시작한 일을 끝까지 마침을 이르는 말.
유:식(有識) 명 -하다 형 아는 것이 많음. ¶—을 드러내다. /—한척 하다. ☞무식(無識)
유식(侑食) 명 제례에서, 신에게 많이 흠향(歆饗)하기를 권하는 절차. 종헌(終獻)이 끝나고 첨작(添酌)한 다음, 숟가락을 젯메 가운데 꽂고 젓가락을 손잡이가 서쪽이 되게 시접에 걸쳐놓은 다음 제관들이 문밖에 나와 한동안 기다리는 일. ☞합문(闔門)
유식(唯識) 명 불교에서, 삼라만상(森羅萬象)은 식(識) 밖에 존재하는 것이 아니라 오직 식이라는 말.
유식(遊食) 명 -하다 자 하는 일 없이 놀고 먹음.
유식-자(遊食者) 명 하는 일 없이 놀고 먹는 사람.
유식-종(唯識宗) 명 법상종(法相宗)
유식지민(遊食之民) 명 하는 일 없이 놀고 먹는 백성.
유:신(有信) 명 -하다 형 믿음성이 있음.
유신(維新) 명 -하다 타 낡은 제도나 체제를 고쳐 새롭게 함.
유신(諛臣) 명 육사(六邪)의 하나. 아첨하는 신하.
유신(遺臣) 명 ①지난날, 왕조(王朝)가 망한 뒤에 남아 있는 신하를 이르던 말. ②지난날, 선왕(先王)을 모시던 신하를 이르던 말.
유신(儒臣) 명 ①지난날, '문신(文臣)'을 달리 이르던 말. ②조선 시대, 홍문관(弘文館)의 관원을 이르던 말.
유:신-론(有神論) [—논] 명 신의 존재를 인정하는, 종교·철학상의 견해나 학설. 이슬람교와 크리스트교의 경우가 대표적임. ☞무신론(無神論)
유실(幽室) 명 조용하고 그윽한 곳에 있는 방.
유실(流失) 명 -하다 타 물에 떠내려가서 없어짐. ¶홍수로 —된 도로.
유실(遺失) 명 -하다 타 ①가지고 있던 것을 잃어버림. ②법률에서, 동산(動産)의 소유자가 그 점유(占有)를 잃어버림.
유:실-난봉(有實難捧) 명 채무자에게 재물이 있어도 빚을 받기가 어려움을 이르는 말.
유:실-무실(有實無實) 명 실상이 있음과 없음. ☞유형무형(有形無形)
유실-물(遺失物) 명 ①잃어버린 물건. ②법률에서, 점유권자의 지배 상태에서 벗어난 것으로 도둑맞은 물건 이외의 물건을 이르는 말.
유:실-수(有實樹) [—쑤] 명 과실이 열리는 나무. 감나무·대추나무·밤나무 따위.
유심(留心) 명 -하다 타 유의(留意)
유심(唯心) 명 ①불교에서, 우주의 모든 사물과 현상은 마음의 변화로 생기는 것이라는 말. ②철학에서, 마음이나 정신적인 것이 만물의 근원이며 실재하는 것의 중심이라는 생각을 이르는 말.
유:심(有心) 어기 '유심(有心)하다'의 어기(語基).
유심(幽深) 어기 '유심(幽深)하다'의 어기(語基).
유심-관(唯心觀) 명 유심론에 근거하여 사물을 바라보는 태도나 견해. ☞유물관(唯物觀)
유심-론(唯心論) 명 철학에서, 만물의 참된 실재(實在)는 정신적인 것이며, 물질적인 것은 그 현상이라는 이론. ☞유물론(唯物論)
유심=사:관(唯心史觀) 명 역사 발전의 원동력을 인간의 이

성이나 도덕 의식, 이념 등의 정신 작용에서 찾으려는 역사관. ☞유물 사관(唯物史觀)

유심-연기(唯心緣起)[-년-] 명 불교에서, 만법(萬法)은 한마음으로 나타내는 것이라고 설명하는 연기론.

유심-정토(唯心淨土) 명 불교에서, 정토는 마음 밖에 실재하는 것이 아니라 마음속에 있음을 이르는 말.

유:심-하다(有心-) 형여 ①속뜻이 있다. ②주의(注意)가 깊다.

유심-히 부 유심하게 ¶ - 살펴보다.

유심-하다(幽深-) 형여 깊숙하고 그윽하다.

유아(幼兒) 명 어린아이. 흔히 예닐곱 살까지의 아이를 이름. ☞유아(幼兒)

유아(幼芽) 명 씨눈의 한 부분으로서, 자라서 싹이 되는 부분. 어린눈

유아(乳兒) 명 젖먹이 ☞유아(幼兒)

유아(遺兒) 명 ①어버이를 여의어 고아가 된 아이. ②어버이로부터 버림받은 아이. 기아(棄兒)

유아(幽雅) 어기 '유아(幽雅)하다'의 어기(語基).

유아-기(幼兒期) 명 유아기(乳兒期) 후부터 예닐곱 살까지의 시기. 자기 중심적이고, 자아 의식이 싹트는 것이 특징임. ☞아동기(兒童期)

유아-기(乳兒期) 명 모유나 우유로 양육되는, 생후 약 1년간의 젖먹이 시기.

유아독존(唯我獨尊) 성구 ①'천상천하유아독존(天上天下唯我獨尊)'의 준말. ②세상에서 자기만이 특별히 빼어나다고 잘난체 함을 이르는 말.

유아-등(誘蛾燈) 명 해충의 피해를 막으려고 논밭이나 과수원 등에 설치하는 등불. 해충이 날아와 등 밑에 있는 물 그릇에 빠져 죽게 만들었음.

유아-론(唯我論) 명 실재하는 것은 오직 나 자신, 곧 자아뿐이라고 주장하는 이론.

유:아:르엘(URL) 명 인터넷에서 파일, 뉴스 그룹 따위와 같은 각종 정보의 주소를 정확하고 편리하게 표시하기 위해 사용하는 주소. [uniform resource locator]

유아=세:례(幼兒洗禮) 명 크리스트교에서, 아기에게 베푸는 세례. 영아 세례(嬰兒洗禮)

유아지탄(由我之歎) 성구 나로 말미암아 남이 해를 입게 된 일을 탄식함을 이르는 말.

유아-차(乳兒車) 명 유모차(乳母車)

유아-하다(幽雅-) 형여 그윽하고 우아하다.

유악(帷幄) 명 ①유막(帷幕) ②모신(謀臣)

유안(留案) 명-하다 타 처리할 일을 미루어 둠.

유안(硫安) 명 황산암모늄

유암(乳癌) 명 유방암(乳房癌)

유암(幽暗) 어기 '유암(幽暗)하다'의 어기(語基).

유암-하다(幽暗-) 형여 그윽하고 어둠침침하다.

유압(油壓) 명 ①기름의 압력. ②기름의 압력으로 피스톤 따위의 동력 기계를 움직임. ¶ - 전동기

유압-식(油壓式) 명 유압을 이용하여 기계를 작동하거나 제어하는 방식.

유액(乳液) 명 ①식물에 상처를 내면 분비되는 젖 같은 액체. 씀바귀나 뽕나무 등에서 볼 수 있음. ②기초 화장품의 한 가지. 배니싱크림과 화장수의 중간형임. 수분을 공급하고 얇은 지방막으로 피부를 덮어 보호함.

유액(誘掖) 명-하다 타 이끌어서 도와줌.

유야(幽夜) 명 그윽하고 쓸쓸하게 느껴지는 밤.

유야-랑(遊冶郞) 명 지난날, 주색(酒色)에 빠진 사람을 이르던 말.

유:야무야(有耶無耶) 성구 '있는듯 없는듯'의 뜻으로, 일이 어떠한지 분명하지 않음, 또는 일을 흐지부지 함을 이르는 말. ¶마무리를 - 해 넘기다.

유약(釉藥·泑藥) 명 잿물[2]

유:약(類藥) 명 ①비슷한 약방문으로 지은 약제. ②약효가 비슷한 약.

유약(幼弱) 어기 '유약(幼弱)하다'의 어기(語基).

유약(柔弱) 어기 '유약(柔弱)하다'의 어기(語基).

유:약무(有若無) '있어도 없는 것과 다름이 없음'의 뜻. ¶ -한 물건.

유약-하다(幼弱-) 형여 어리고 약하다. ¶유약한 아이.

유약-하다(柔弱-) 형여 부드럽고 약하다. ¶성품이 -.

유양(乳養) 명-하다 타 젖을 먹여 기름.

유양(悠揚) 어기 '유양(悠揚)하다'의 어기(語基).

유양-하다(悠揚-) 형여 태도가 듬직하고 느긋하다. ¶그는 매사를 유양한 태도로 대한다.

유어(游魚) 명 물 속에서 노는 고기.

유:어(類語) 명 뜻이 비슷한 말. 유의어(類義語)

유언(幽言) 명 ①그윽하고 깊은 뜻의 말. ②귀신이나 도깨비 따위의 말.

유언(流言) 명 세상에 떠도는 말. 부설(浮說). 부언(浮言). 유설(流說)

유언(諛言) 명 아첨하는 말.

유언(遺言) 명-하다 타 ①죽음에 이르러 말을 남김, 또는 그 말. 유음(遺音) ②법률에서, 자기가 죽은 뒤 법률상의 효력을 발생시킬 목적으로 일정한 방식에 따라 하는 단독 의사 표시.

유언-비어(流言蜚語) 명 근거 없이 떠도는 소문. 뜬소문. 부언낭설(浮言浪說). 부언유설(浮言流說). 헛소문 ¶ -를 퍼뜨리다. ☞도청도설(道聽塗說)

유언=신:탁(遺言信託) 명 유언장 작성에서부터 보관, 사후 집행에 이르기까지 모든 업무를 대행하는 금융 상품. 만 18세 이상이면 누구나 가입할 수 있으며 민법에서 효력을 인정하는 방식으로 작성함.

유언-장(遺言狀)[-짱] 명 유언을 적은 문서.

유언=집행자(遺言執行者) 명 법률에서, 유언의 내용을 실현하기 위하여 필요한 행위를 할 수 있는 직무나 권한을 가진 사람.

유얼(遺孼) 명 ①지난날, 아버지가 죽은 뒤에 남은 서얼(庶孼)을 이르던 말. ②뒤에 남은 나쁜 사물.

유업(乳業) 명 우유나 유제품 따위를 생산하거나 판매하는 사업.

유업(遺業) 명 선대(先代)로부터 이어져 온 사업. 유서(遺緖) ¶아버지의 -을 물려받다.

유:에이치에프(UHF) 명 극초단파(極超短波) [ultrahigh frequency]

유:에프오(UFO) 명 미확인 비행 물체(未確認飛行物體) [unidentified flying object]

유:엔(UN) 명 국제 연합(國際聯合) [United Nations]

유:엔-군(UN軍) 명 국제 연합군(國際聯合軍)

유:엔=총회(UN總會) 명 국제 연합 총회(國際聯合總會)

유여(遺與) 명-하다 타 남겨 줌.

유:여(有餘) 어기 '유여(有餘)하다'의 어기(語基).

-유여(有餘) 《접미사처럼 쓰이어》 '남짓', '나머지'의 뜻을 나타냄. ¶삼 년-의 세월.

유:여-열반(有餘涅槃) 명 불교에서, 수행(修行)을 통해 모든 번뇌를 끊었으나 과거의 업보로 말미암아 육신은 멸하지 못한 경지를 이르는 말. ☞무여열반(無餘涅槃)

유:여-하다(有餘-) 형여 여유가 있다.

유역(流域) 명 강물이 흐르는 언저리 지역.

유연(由緣) 명 인연(因緣)

유연(油煙) 명 기름이나 관솔 따위를 불완전 연소시킬 때 생기는 그을음. 먹을 만드는 데 쓰임.

유연(遊宴) 명 놀이로 베푼 잔치.

유연(鍮硯) 명 먹물을 담는 놋쇠 그릇.

유:연(類緣) 명 생물체 상호간에 성질이나 형질(形質)이 비슷하여 그 사이에 연고(緣故)가 있는 것.

유연(柔軟) 어기 '유연(柔軟)하다'의 어기(語基).

유연(悠然) 어기 '유연(悠然)하다'의 어기(語基).

유연-성(柔軟性)[-썽] 명 ①부드럽고 연한 성질, 또는 그 정도. ¶ - 있는 재질. ②고집스럽지 아니하고 융통성 있는 성질. ¶ - 있게 대처하다.

유연=체조(柔軟體操) 명 몸을 부드럽게 하기 위하여 팔다리·허리·목 등의 관절을 움직여 주는 맨손 체조.

유:연-탄(有煙炭) 명 탈 때에 불꽃이 일고 연기가 나는 석탄. 갈탄이나 역청탄 따위. ☞무연탄(無煙炭)

ㅇ

유연-하다(柔軟-)[형여] ①부드럽고 연하다. ¶유연한 몸놀림. ②고집스럽지 않고 융통성 있다. ¶유연한 태도.
유연-히[부] 유연하게
유연-하다(悠然-)[형여] 여유가 있고 태연하다. ¶당황하지 않고 유연하게 행동하다.
유연-히[부] 유연하게
유열(愉悅)[명] 마음에서 기뻐하고 즐기는 일.
유:엽-도(柳葉桃)[명] '협죽도(夾竹桃)'의 딴이름.
유:엽-전(柳葉箭)[명] 살촉이 버들잎 모양으로 생긴 화살.
유영(游泳)[명][-하다][자] 헤엄치며 놂.
유영(遺影)[명] 죽은 사람의 사진이나 초상화.
유영=동:물(游泳動物)[명] 물 속에서 헤엄쳐 다니는 동물을 통틀어 이르는 말.
유예(猶豫)[명][-하다][자타] ①망설이며 결정을 미룸. ②시간이나 날짜를 미룸. ¶- 기간
유:요(柳腰)[명] 버들가지처럼 가는 허리라는 뜻으로, 여자의 가는 허리를 비유하여 이르는 말.
유:요(有要)[어기] '유요(有要)하다'의 어기(語基).
유:요-하다(有要-)[형여] 요긴한 데가 있다.
유:용(有用)[명][-하다][형] 쓸모가 있음. ¶- 식물/-하게 쓰다.
유용(流用)[명][-하다][타] ①남의 것이나 다른 데 쓰려던 것을 돌려서 쓰는 일. ¶공금을 -하다. ②예산 등을 정해진 용도가 아닌 다른 곳에 쓰는 일. ☞전용(轉用)
유:용=가격(有用價格)[-까-][명] 수요의 많고 적음에 따라 정하는 가격. ☞교환 가격(交換價格)
유:용=식물(有用植物)[명] 인간 생활에 이롭게 쓰이는 식물을 통틀어 이르는 말.
유용-종(乳用種)[명] 젖을 짜서 이용하려고 기르는 가축의 품종.
유우(乳牛)[명] 젖소
유운경:룡(游雲驚龍)[성구] 흘러가는 구름과 놀란 용이라는 뜻으로, 생동감 있게 잘 쓴 글씨를 비유하여 이르는 말.
유원(幽園)[명] 깊고 아늑한 동산.
유원(悠遠)[어기] '유원(悠遠)하다'의 어기(語基).
유원-지(遊園地)[명] 즐겁게 놀 수 있도록 여러 가지 놀이기구나 구경거리 등을 갖추어 놓은 시설.
유원-하다(悠遠-)[형여] 아득히 멀다. ¶유원한 태고./유원한 미래. ☞유구하다
유원-히[부] 유원하게
유월(∠六月)[명] 한 해의 여섯째 달. ☞미월(未月)
유월(酉月)[명] '음력 팔월'을 달리 이르는 말. 월건(月建)의 지지(地支)가 계유(癸酉)·신유(辛酉)처럼 유(酉)인 데서 이름. ☞일진(日辰). 태세(太歲)
유월(流月)[명] 유두(流頭)가 있는 달이라는 뜻으로, '음력 유월'을 달리 이르는 말. ☞임종(林鐘)
유월(逾越)[명][-하다][타] 한도를 넘음. ☞초과(超過)
유월(榴月)[명] 석류꽃이 피는 달이라는 뜻으로, '음력 오월'을 달리 이르는 말.
유월(踰月·逾月)[명][-하다][자] 달을 넘김. 그믐을 지남.
유월-도(∠六月桃)[-또][명] 음력 유월에 익는 복숭아. 크고 털이 많으며, 빛이 검붉음. 털복숭아
유월-절(逾越節)[-쩔][명] 유대교의 3대 축일의 하나. 고대 이스라엘 민족의 이집트 탈출을 기념하는 날임.
유:위(有爲)[1][명] 불교에서, 인연으로 말미암아 일어나는 모든 현상을 이르는 말.
유:위(有爲)[2][어기] '유위(有爲)하다'의 어기(語基).
유:위전:변(有爲轉變)[성구] 불교에서, 인연에 따라 이루어지는 모든 것이 생멸(生滅) 변화함을 이르는 말.
유:위-하다(有爲-)[형여] 능력이 있어 쓸모가 있다.
유유(幽幽)[어기] '유유(幽幽)하다'의 어기(語基).
유유(悠悠)[어기] '유유(悠悠)하다'의 어기(語基).
유유낙낙(唯唯諾諾)[성구] 명령하는 대로 공손히 따름을 이르는 말.
유유도일(悠悠度日)[성구] 하는 일 없이 한가로이 세월을 보냄을 이르는 말.
유유범범(悠悠泛泛)[성구] 일을 하는 태도가 착실하지 아니하고 느리고 데면데면함을 이르는 말.
유:유상종(類類相從)[성구] 같은 부류끼리 서로 오가며 사귐을 이르는 말.

> ▶ '유유상종' — **같은 음절이 겹친 말**
> 한 단어나 성구(成句) 안에서 같은 음절이 겹쳐 나는 말은 같은 글자로 적는다.
> ¶연련불망(戀戀不忘) → 연연불망
> 유류상종(類類相從) → 유유상종
> 누루이(屢屢-) → 누누이

유-유아(乳幼兒)[명] 유아(乳兒)와 유아(幼兒)를 아울러 이르는 말. 곧 학교에 들어가기 전의 어린아이를 통틀어 이르는 말.
유유자적(悠悠自適)[성구] 속세를 떠나 아무 것에도 매이지 않고 한가롭게 삶을 이르는 말.
유유-창천(悠悠蒼天)[명] 끝없이 멀고 파란 하늘.
유유-하다(幽幽-)[형여] ①깊고 그윽하다. ②매우 어둡다.
유유-하다(悠悠-)[형여] ①여유가 있고 태연하다. ¶유유한 마음. ②아득히 멀거나 오래다. ¶유유한 세월. ③매우 느긋하고 한가하다. ¶유유한 휴가 생활.
유유-히[부] 유유하게 ¶- 포위망을 빠져 나가다.
유은(遺恩)[명] 세상을 떠난 이가 끼친 은혜.
유음(兪音)[명] 신하가 아뢴 말에 대한 임금의 하답.
유음(流音)[명]〈어〉발음 방법에 따른 한글 자음의 한 갈래. 혀끝을 입천장 가까이 닿게 하고 그 사이나 양쪽 옆으로 숨을 내어 보내며 내는 소리. 울림소리인 'ㄹ' 음이 이에 딸림.
유음(溜飮)[명] 한방에서, 먹은 음식물이 소화가 되지 않아 위에서 신물이 올라오는 증세를 이르는 말.
유음(遺音)[명] ①남긴 소문. ②유언(遺言)
유의(油衣)[명] 비나 눈이 내릴 때 옷 위에 덧입는 비옷. 천이나 종이를 기름에 결여 만듦. 유삼(油衫)
유의(留意)[명][-하다][자타] 마음에 둠. 유심(留心) ¶- 사항/건강 관리에 -하다.
유의(遺衣)[명] 영좌(靈座) 옆에 두는, 죽은 이의 옷.
유의(襦衣)[명] 조선 시대, 남자들이 겨울에 입던 저고리. 임금이나 문무 관원들이 입었음.
유:의(有意)[어기] '유의(有意)하다'의 어기(語基).
유:의막수(有意莫遂)[성구] 뜻은 있으되 마음대로 되지 않음을 이르는 말. 유의미수(有意未遂)
유:의미수(有意未遂)[성구] 유의막수(有意莫遂)
유:의-범(有意犯)[명] 고의범(故意犯)
유:의-어(類義語)[명] 뜻이 비슷한 말. 유어(類語)
유의유식(遊衣遊食)[성구] 하는 일이 없이 놀면서 입고 먹음을 이르는 말.
유:의-하다(有意-)[형여] ①마음이 있거나 뜻이 있다. ②의미가 있다.
유익(遊弋)[명][-하다][자] 사냥을 하면서 즐김.
유:익(有益)[어기] '유익(有益)하다'의 어기(語基).
유:익-비(有益費)[명] 물건의 가치를 높이는 데 드는 비용. 건물에 이중창을 다는 데 드는 비용 따위.
유:익-탄(有翼彈)[명] 탄도(彈道)를 따라 안정적으로 날아가도록 꼬리에 날개를 단 탄환. 박격포 따위에 쓰임.
유:익-하다(有益-)[형여] 이익이 있다. 이롭다 ¶아이들 교육에 -./유익한 책. ☞무익하다
유인(幽人)[명] 속세를 피하여 조용히 숨어 사는 사람.
유인(流人)[명] 귀양살이하는 사람.
유인(遊人)[명] ①놀러 다니는 사람. ②하는 일 없이 노는 사람.
유인(誘引)[명][-하다][타] 남을 꾀어냄. ¶적을 -하다.
유인(誘因)[명] 어떤 일이나 현상을 일으키는 원인.
유인(孺人)[1][명] 관직이 없는 사람의 죽은 아내를 그의 명정(銘旌)이나 신주(神主)에서 높이어 이르는 말.
유인(孺人)[2][명] 조선 시대, 외명부 품계의 하나. 정구품과 종구품 문무관의 아내에게 내린 봉작. ☞신인(愼人)
유:인(有人)[앞말] 사람이 타고 있음을 뜻하는 말. ¶- 우주선 ☞무인(無人)
유인(柔韌)[어기] '유인(柔韌)하다'의 어기(語基).

유인-물(油印物)명 등사판으로 찍은 인쇄물.
유:인-원(類人猿)명 성성잇과의 동물을 통틀어 이르는 말. 사람과 가장 비슷한 영장류(靈長類)로, 성성이·침팬지·고릴라·긴팔원숭이 등이 포함됨. 꼬리가 없고 뒷다리로만 걸으며 앞발로 물건을 쥘 수 있음.
유:인=증권(有因證券)[-꿘]명 요인 증권(要因證券)
유인-하다(柔靭-)형여 부드러우면서 질기다.
유일(酉日)명 간지(干支)의 지지(地支)가 유(酉)인 날. 계유(癸酉)·정유(丁酉) 등. ☞닭날. 월건(月建). 일진(日辰). 태세(太歲)
유일(柔日)명 천간(天干)이 을(乙)·정(丁)·기(己)·신(辛)·계(癸)인 날. 쌍일(雙日) ☞강일(剛日)
유일(唯一)명-하다형 오직 하나 뿐임. ¶-한 수단.
유일무이(唯一無二)성구 둘도 아니고 오직 하나 뿐임을 이르는 말. ¶그가 -의 친구다.
유일-신(唯一神)[-씬]명 단 하나 뿐인 신.
유일신-교(唯一神教)[-씬-]명 일신교(一神教)
유임(留任)명-하다자 맡아 하던 일에서 물러나거나 다른 일로 옮기지 않고, 이제까지의 일자리에 그대로 머무름. ☞전임(轉任). 퇴임(退任)
유입(流入)명-하다자 흘러 들어옴.
유:입(誘入)명-하다타 꾀어 들임.
유자(幼者)명 어린아이
유:자(柚子)명 유자나무의 열매.
유자(帷子)명 아래로 늘어뜨리는 휘장.
유자(猶子)명 ①조카 ②편지 글에서, 나이 많은 삼촌에 대하여 조카가 '자기'를 이르는 한문 투의 말. ☞유부
유자(遊資)명 '유휴 자본(遊休資本)'의 준말.
유자(遺子)명 유복자(遺腹子)
유자(儒者)명 유생(儒生)
유자(孺子)명 나이 어린 사내.
유:자(類字)명 모양이 서로 비슷한 글자. 己·已·巳, 烏·鳥, 戊·戍·戌 따위.
유:-자격(有資格)명 자격이 있음. ☞무자격(無資格)
유자-곡(U字谷)[-짜-]명 빙하의 침식(浸蝕)으로 말미암아 고산 지대 등에 생겨난, 'U'자 모양의 계곡.
유자-기(油榨器)명 기름틀
유:자-나무(柚子-)명 운향과의 상록 관목. 높이는 4m 안팎. 잎은 길둥글며 초여름에 작고 흰 꽃이 핌. 둥근 열매는 노랗게 익는데, 신맛이 강하고 향기가 있어 차(茶)나 요리에 씀. 중국 원산임.
유-자녀(遺子女)명 어버이의 어느 한쪽 또는 모두가 세상을 떠나고 남은 아들딸.
유자-망(流刺網)명 흘림걸그물 ☞자망(刺網)
유:자-차(柚子茶)명 유자 껍질과 속을 따로 설탕에 재운 다음, 속만 물에 넣어 끓인 것에 가늘게 채 썬 껍질과 유자청을 넣고 잣을 띄워 마시는 차.
유:자-청(柚子淸)명 유자를 꿀에 재어 항아리에 꼭 눌러 담고 한두 달 동안 두면 고이는 맑은 즙.
유:자-화채(柚子花菜)명 화채의 한 가지. 얇게 저며 채친 유자 껍질과 채 썬 배에 유자 즙을 넣고, 꿀물이나 설탕물을 부은 다음 석류알과 잣을 띄워 먹는 화채.
유작(遺作)명 세상을 떠난 예술가의 발표되지 않은 작품.
유장(乳漿)명 젖에서 지방과 단백질을 빼고 남은 성분.
유장(油醬)명 기름과 장.
유장(儒狀)명 지난날, 유생들이 내던 진정서.
유장(儒將)명 선비의 풍모를 지닌 장수.
유장(悠長)어기 '유장(悠長)하다'의 어기(語基).
유장-하다(悠長-)형여 ①길고 오래다. ②침착하고 성미가 느리다.
 유장-히부 유장하게
유재(留在)명-하다자 머물러 있음.
유재(留財)명 모아 둔 재물.
유재(遺在)명-하다자 남아 있음.
유재(遺財)명 세상을 떠난 사람이 남긴 재물.
유저(遺著)명 작가의 발표되지 않은 저서. 유편(遺編)
유적(流賊)명 떼를 지어 떠돌며 노략질하는 도둑.
유적(遺跡·遺蹟)명 역사적 사실의 자취로 남아 있는 것. 건축물이나 패총, 고분·집터·싸움터 따위.
유적(遺籍)명 옛 사람이 남긴 서적.
유적(幽寂)어기 '유적(幽寂)하다'의 어기(語基).
유적-도(遺跡島)명 오랜 옛날에 대륙의 대부분이 바다 속으로 가라앉은 뒤 그 일부가 남아서 된 섬.
유적-하다(幽寂-)형여 깊숙하고 고요하다.
유전(油田)명 석유 광상(鑛床)이 있는 지역.
유전(流傳)명-하다자타 세상에 널리 퍼져 전해지거나 널리 퍼뜨려 전함.
유전(流箭)명 유시(流矢)
유전(流轉)명-하다자 ①이리저리 떠돌아다님. ②끊임없이 변화함. ③불교에서, 생사(生死)와 인과(因果)가 되풀이됨을 이르는 말. ☞환멸(還滅)
유전(遺傳)명-하다자 ①끼쳐 내려옴. ②생물의 형질(形質)이 어버이로부터 자손에게 전해지는 현상.
유전(謬傳)명-하다타 그릇되게 전함. 와전(訛傳)
유전=공학(遺傳工學)명 생물의 유전자를 의도적으로 변화시키는 기술에 관한 학문. 인간에게 필요한 산물을 만들거나 유전병을 치료하는 등에 이용됨. 유전자 공학
유전-물(油煎物)명 기름에 지진 음식.
유-전병(油煎餠)명 곡물 가루를 반죽하여 기름에 지진 떡을 통틀어 이르는 말.
유전-병(遺傳病)[-뼝]명 어버이로부터 자손에게 전해지는 신체적·정신적인 이상을 통틀어 이르는 말. 혈우병(血友病), 적록 색맹 따위. ☞문질(門疾)
유전-성(遺傳性)[-썽]명 유전되는 성질.
유전=인자(遺傳因子)명 유전자(遺傳子)
유전-자(遺傳子)명 생물 특유의 형질을 결정하며, 그 형질을 자손에게 전하는 인자. 염색체 안에 일정한 순서로 배열되어 있음. 유전 인자(遺傳因子)
유전자=공학(遺傳子工學)명 유전 공학(遺傳工學)
유전자=돌연=변:이(遺傳子突然變異)명 유전자를 이루는 디엔에이(DNA)의 구조적인 변화로 말미암아 생기는 돌연 변이. ☞염색체 돌연 변이(染色體突然變異)
유전자=지도(遺傳子地圖)명 염색체에 있는 유전자들의 상대적인 위치를 나타낸 것. 곧 어떤 염색체의 어느 위치에 어떤 유전자가 있는지를 표시한 것임.
유전자-형(遺傳子型)명 생물체 개체의 형질을 결정짓는 유전자의 결합 양식을 기호로 나타낸 것. 인자형(因子型) ☞표현형(表現型)
유전-체(誘電體)명 전기장(電氣場) 안에서 전류를 잘 흐르지 않게 하는 물체. 운모·파라핀 따위. 전매질(電媒質)
유전-학(遺傳學)명 생물의 형질이 자손에게 나타나는 원인이나 과정 등을 밝히는 생물학의 한 분야. 유전자의 이동 방식이나 변화성, 소재, 물질적 기초, 외계와의 관계 따위를 연구함.
유절쾌절(愉絶快絶)성구 더할 나위 없이 유쾌함을 이르는 말.
유점(油點)명 ①오래된 종이나 피륙 등에 생기는 누릇누릇한 점. ②물레나물과 같은 식물의 잎에서 볼 수 있는, 반투명의 작은 점.
유:정(有情)[1]명 불교에서, 감정을 지닌 모든 생물을 이름.
유정(酉正)명 십이시(十二時)의 유시(酉時)의 중간. 지금의 오후 여섯 시. ☞술정(戌正)
유정(油井)명 원유를 채취하려고 판 갱정(坑井).
유정(遺精)명 성행위(性行爲)를 하지 않는데도 저절로 정액(精液)이 나오는 일. 누정(漏精) ☞몽설(夢泄)
유:정(有情)[2]어기 '유정(有情)하다'의 어기(語基).
유:정=명사(有情名詞)명〈어〉의미론상으로 구별한 명사의 한 갈래. 감정이나 감각을 지닌 사람이나 동물을 이르는 명사. 사람·군인·소 따위. ☞무정 명사(無情名詞)

> ▶ **유정 명사의 부사격 조사**
> 유정 명사에는 부사격 조사 '-에게', '-한테'를 쓴다. 그리고 무정 명사에는 '-에'를 쓴다.
> ¶나라에 충성하고, 부모에게 효도하자

유정지공(惟正之貢)명 지난날, 해마다 관례(慣例)로 궁중이나 고관에게 바치는 공물을 이르던 말.
유:정-하다(有情-)형여 인정이나 애정이 있다. ☞매정하다. 무정하다
유제(油劑)명 기름 형태이거나 기름기가 들어 있는 약제.
유제(乳劑)명 간유·피마자유 따위 물에 녹지 않는 물질에 아라비아고무·난황(卵黃)·연유(煉乳) 등의 매개물을 넣어 물을 타고 짓개어서 만든 젖빛의 액체. 감광 유제, 간유 유제, 석유 유제 따위.
유제(遺制)명 예로부터 전해 오는 제도.
유:제(類題)명 ①비슷하거나 같은 종류의 문제. ②비슷한 제목이나 표제.
유:제-류(有蹄類)명 포유류 중에서 발끝에 각질(角質)의 발굽이 있는 동물을 흔히 이르는 말. 대체로 몸이 크고 어금니가 발달하였으며 초식성임. 소·말·코끼리·코뿔소·사슴 따위. ☞우제류(偶蹄類)
유-제품(乳製品)명 우유 등을 가공하여 제품화한 식품. 버터·치즈·분유 따위.
유조(油槽)명 석유나 가솔린 따위를 저장하는 원통 모양의 아주 큰 통.
유조(留鳥)명 텃새 ☞후조(候鳥)
유조(溜槽)명 빗물을 받는 통.
유조(遺詔)명 임금의 유언(遺言). ☞고명(顧命)
유:조(有助)어기 '유조(有助)하다'의 어기(語基).
유조-선(油槽船)명 기름 따위 액체를 실어 나르기 위하여 선체(船體)를 커다란 유조로 만든 배. 탱커(tanker)
유조-지(留潮地)명 수문(水門)으로 조수(潮水)가 밀려 들어왔다 빠져 나가는 개펄.
유조-차(油槽車)명 유조를 갖추어 석유 따위 액체 화물을 실어 나르는 차.
유:조-하다(有助-)형여 도움이 있다.
유족(遺族)명 세상을 떠난 사람의, 살아 남아 있는 가족. 유가족(遺家族)
유:족(有足)어기 '유족(有足)하다'의 어기(語基).
유족(裕足)어기 '유족(裕足)하다'의 어기(語基).
유:족-하다(有足-)형여 쓰기에 넉넉하다. ¶자료는 ―.
유족-히부 유족하게
유족-하다(裕足-)형여 살림이 넉넉하다. ¶형편이 ―.
유족-히부 유족하게
유:종(有終)명-하다형 시작한 일에 끝맺음이 있음. ¶―의 미(美). ☞유종지미(有終之美)
유종(乳腫)명 젖이 곪는 종기. 젖멍울
유종(儒宗)명 유자(儒者)들이 숭앙하는 큰 학자.
유-종신(流終身)명-하다자 지난날, 죽을 때까지 하는 귀양살이를 이르던 말.
유:종지미(有終之美)성구 한번 시작한 일을 끝까지 잘 하여 결과가 좋음을 이르는 말.
유좌(酉坐)명 묏자리나 집터 등의 유방(酉方)을 등진 좌향(坐向). 곧 서쪽을 등진 자리.
유좌-묘향(酉坐卯向)명 묏자리나 집터 등의 유방(酉方)을 등지고 묘방(卯方)을 향한 좌향(坐向). 곧 서쪽에서 동쪽으로 향한 자리.
유:죄(有罪)명 ①-하다형 죄가 있음. ②법원의 판결에 따라 범죄 사실이 인정되는 일. ☞무죄(無罪)
유죄(宥罪)명-하다타 죄를 너그러이 용서함.
유죄(流罪)명 유형(流刑)에 해당하는 죄.
유주(幼主)명 ①나이 어린 임금. 유군 ②나이 어린 주인.
유주(遺珠)명 잃어버린 진주라는 뜻으로, 세상에 알려지지 않은 훌륭한 인재, 또는 사람들에게 알려지지 않은 뛰어난 시문(詩文)을 비유하여 이르는 말.
유주-골저(流注骨疽)[―쩌]명 한방에서, 담음(痰飮)이 몸 안의 여기저기로 옮겨 다니면서 골막(骨膜)이나 골수(骨髓)에 염증을 일으키는 병을 이르는 말.
유주-담(流注痰)명 한방에서, 몸의 군데군데가 욱신거리고, 때에 따라 아픈 부위가 부어 오르는 병을 이르는 말.
유:주무량(有酒無量)성구 술은 있되 양(量)은 없다는 뜻으로, 한없이 마실 정도로 주량이 큼을 이르는 말.
유:주-물(有主物)명 임자가 있는 물건.
유즈넷(usenet)명 인터넷에 접속된 서버들에 올려져 있는 여러 주제에 대한 글을 정리하여 모아 놓은 것.
유즙(乳汁)명 산모나 분만한 포유류 암컷의 유선에서 분비되는 유백색 액체. 지방·백질·유당·무기물 등이 들어 있음. 젖 ☞유방(乳房)
유증(遺贈)명-하다타 유언으로 재산 등을 무상(無償)으로 물려주는 일.
유지(油脂)명 동물이나 식물에서 채취한 기름. 식품·도료·의약품 등의 원료로 쓰임.
유지(油紙)명 기름을 먹인 종이. 기름종이
유지(乳脂)명 유지방(乳脂肪)
유지(宥旨)명 죄인을 특별히 사면하는 왕명.
유지(維持)명-하다타 어떤 상태를 그대로 이어감. ¶건강을 ―하기 위한 운동./평화를 ―하다.

한자 유지할 유(維)〔糸部 8획〕¶유지(維持)

유지(遺旨)명 죽은 사람이 생전에 품었던 생각.
유지(遺志)명 죽은 사람이 생전에 이루지 못하고 남긴 뜻. ¶―를 받들다.
유지(遺址)명 옛 건축물 등의 자취가 남아 있는 터.
유지(諭旨)명 임금이 신하에게 내리는 글.
유:지(有志)어기 '유지(有志)하다'의 어기(語基).
유:지-가(有志家)명 유지자(有志者)
유지=공업(油脂工業)명 유지를 채취한 다음, 정제하거나 가공하여 여러 가지 제품을 만드는 공업.
유지=매:미(油脂-)명 매밋과의 곤충. 몸길이 3~4cm 안팎. 몸빛은 대체로 흑색인데, 날개는 불투명하고 어두운 갈색이며, 앞날개에는 구름 모양의 짙고 엷은 무늬가 있음. 우리 나라와 일본 등지에 분포함. 기름매미
유-지방(乳脂肪)명 젖, 특히 우유에 들어 있는 지방. 유지(乳脂)
유지-비(維持費)명 무엇을 지니거나 지탱하는 데 드는 비용. ¶차량 ―/건물 ―
유지=사료(維持飼料)명 가축의 생명 유지에 필요한 만큼의 영양분만을 지닌 사료. ☞생산 사료(生産飼料)
유지의(襦紙衣)명 솜 대신에 종이를 두어 지은 옷. 조선 시대에 서북 지방의 국경을 지키는 군사가 입었음. 지의(紙衣)
유:지-자(有志者)명 좋은 일에 뜻을 둔 사람. 유지가
유지=작물(油脂作物)명 유지를 채취하려고 심는 식물. 깨·콩·피마자·아주까리 따위.
유:지-질(類脂質)명 성질이 지방과 비슷한 물질을 통틀어 이르는 말. 리포이드(lipoid)
유:지-하다(有志-)형여 좋은 일에 뜻이나 관심이 있다.
유:직(有職)명 직업을 가지고 있음. ☞무직(無職)
유진(留陣)명-하다자타 행군하던 군대가 도중에 어떤 곳에서 머무르는 일.
유:진무퇴(有進無退)성구 오직 나아갈 뿐 물러섬이 없음을 이르는 말.
유질(乳質)명 ①젖의 품질. ②젖과 같은 성질.
유질(流質)명-하다자 채무자가 기한 안에 빚을 갚지 않을 경우, 채권자가 질물(質物)의 소유권을 취득하거나 질물을 팔아 생긴 돈으로 우선 변제에 충당하는 일.
유:질(類質)명 비슷한 성질.
유:질-동상(類質同像)명 화학 성분은 다르나 일부 공통된 성분이 있어 서로 같은 결정형을 가지는 광물질. 방해석과 마그네사이트와의 관계 따위.
유징(油徵)명 땅 속에 석유가 매장되어 있음을 나타내는 징후.
유착(癒着)명-하다자 ①서로 떨어져 있어야 할 피부나 막(膜) 등이 들러붙는 일. 대개, 염증의 치료가 잘못되어 생김. ②서로 다른 두 사물이 아주 밀접하게 결합하는 일. ¶정치와 경제가 ―하다.
유:착-스럽다(―스럽고·―스러워)형ㅂ 보기에 유착한 데가 있다.
유착-스레부 유착스럽게

유:착-하다 형여 몹시 투박하고 크다.
유찬(流竄) 명 -하다 타 멀리 귀양을 보냄.
유찰(流札) 명 -하다 자 입찰한 결과 낙찰이 결정되지 않고 무효가 됨.
유창 명 소의 곱창을 식품으로 이르는 말. ☞대창
유창(流暢) 어기 '유창(流暢)하다'의 어기(語基).
유창-하다(流暢-) 형여 하는 말이 거침없고 매끄럽다.
 유창-히 부 유창하게
유채(油彩) 명 유화(油畫)
유채(油菜) 명 겨잣과의 두해살이풀. 줄기 높이는 1m 안팎이며, 봄에 노란 꽃이 줄기 끝에 핌. 아래쪽 줄기의 잎은 잎자루가 길고 갈라지며, 위쪽 줄기 잎은 줄기를 감싸며 갈라지지 않음. 열매는 원통형으로, 익으면 갈라져 종자가 떨어짐. 종자에서 기름을 뽑음. 평지
유:채-색(有彩色) 명 빨강·노랑·파랑 따위 색상(色相)을 가진 빛깔. ☞무채색(無彩色)
유척(鍮尺) 명 조선 시대에 쓰이던, 한 자 한 치 길이의 놋쇠로 만든 자. 주로 지방 수령이나 암행어사가 검시(檢屍)에 썼음.
유:척-동:물(有脊動物) 명 척추동물(脊椎動物)
유천(幽天) 명 구천(九天)의 하나. 서북쪽 하늘.
유-천우(柳天牛) 명 '버드나무하늘소'의 딴이름.
유철(柔鐵·鑐鐵) 명 시우쇠
유철(鍮鐵) 명 놋쇠
유:체(有體) 명 형체가 있는 것. ☞무체(無體)
유체(流涕) 명 -하다 자 눈물을 흘림, 또는 그 눈물. 유루(流淚)
유체(流體) 명 기체와 액체를 아울러 이르는 말. 유동체(流動體). 동체(動體)
유체(遺體) 명 ①부모가 남겨 준 몸이라는 뜻으로, 자기 몸을 이르는 말. ②송장
유체(濡滯) 명 -하다 자 막히고 걸림.
유:체-물(有體物) 명 법률에서, 인간 이외에 공간의 일부를 차지하고 형체가 있는 물건을 이르는 말. ☞무체물(無體物)
유체-스럽다(-스럽고·-스러워) 형ㅂ 젠체하고, 온화한 태도가 없다.
 유체-스레 부 유체스럽게
유체=역학(流體力學) 명 유체가 정지하거나 움직일 때의 상태, 또는 유체가 그 안에 있는 물체에 미치는 힘 등을 연구하는 물리학의 한 분야.
유:체=자:산(有體資産) 명 유체물인 자산.
유초(酉初) 명 십이시(十二時)의 유시(酉時)의 처음. 지금의 오후 다섯 시가 막 지난 무렵.
유초(遺草) 명 죽은 사람이 남긴 원고. 유고(遺稿)
유촉(遺囑) 명 -하다 타 자기가 죽은 뒤의 일을 부탁함, 또는 그 부탁.
유:추(類推) 명 ①같은 종류나 유사한 사실에 기초하여 다른 사물을 미루어 헤아리는 일. 유비(類比) ②'유비 추리(類比推理)'의 준말. ③법률에서, 어떤 사항에 대한 법의 명문이 없는 경우에 이와 유사한 사항에 대하여 규정한 법의 규정을 적용하여 법률적인 판단을 하는 일. ④어떤 단어나 어법(語法)이, 그와 비슷한 다른 단어나 문법 형식을 본으로 하여 만들어지는 과정의 일. '서르', '바ᄅᆞ'가 '함부로', '저절로' 따위의 '-로'에 유추하여 '서로', '바로'로 되는 따위. 아날로지(analogy)
유:축=농업(有畜農業) 명 가축 사육과 농작물 재배를 결합한 농업 경영 형태. 가축의 배설물을 거름으로 사용하고, 농산물의 부산물이나 폐기물을 사료로 이용하는 따위.
유출(流出) 명 -하다 자타 ①액체가 밖으로 흘러 나오거나 흘러 나감. ¶유조선에서 원유가 -되다. ②물건이나 돈 따위가 밖으로 나감, 또는 물건이나 돈 따위를 밖으로 빼돌림. ¶시험 문제가 -되다./외화가 불법으로 -되다.
유출(溜出) 명 -하다 자 증류할 때, 어떤 성분이 액체 상태로 나오는 일.
유출(誘出) 명 -하다 타 꾀어냄.
유충(幼蟲) 명 애벌레. 자충(仔蟲) ☞성충(成蟲)
유충(幼沖) 어기 '유충(幼沖)하다'의 어기(語基).
유충-하다(幼沖-) 형여 나이가 어리다. 유소하다
유취(乳臭) 명 젖에서 나는 냄새. 젖내
유취(幽趣) 명 그윽한 풍치.
유:취(類聚) 명 -하다 타 같은 종류의 것끼리 갈래 지어 모음. 휘집(彙集)
유취만년(遺臭萬年) 성구 더러운 이름을 후세에 오래도록 남김을 이르는 말.
유층(油層) 명 석유가 괴어 있는 지층.
유치(由致) 명 불교에서, 부처나 보살을 청하면서 그 까닭을 먼저 알리는 일.
유치(乳齒) 명 젖니 ☞영구치
유치(留置) 명 -하다 타 ①물건을 맡아 둠. ②법률이 정하는 바에 따라 구속하거나, 또는 재판의 진행 및 그 결과의 집행을 위하여 사람을 일정한 곳에 가두어 두는 일.
유치(誘致) 명 -하다 타 이끌어 들임. ¶투자 -/국제 축구 대회를 서울에 -하다.
유치(幼稚·幼穉) 어기 '유치(幼稚)하다'의 어기(語基).
유치-권(留置權) [-꿘] 명 법률에서, 남의 물건이나 유가 증권을 갖고 있는 사람이 그 물건이나 유가 증권으로 생긴 채권의 변제를 받을 때까지 그 물건이나 유가 증권을 유치할 수 있는 권리.
유치-원(幼稚園) 명 초등 학교에 들어가기 전의 어린아이를 대상으로 하는 교육 기관.
유치원-생(幼稚園生) 명 유치원에 다니는 어린아이.
유치-장(留置場) 명 피의자나 경범죄 행위자 등을 한동안 가두어 두는 곳. 경찰서 안에 있음. ☞교도소(矯導所)
유치-하다(幼稚-) 형여 생각이나 행동 따위가 어리고 수준이 낮다. ¶생각이 -./유치한 행동.
유칙(遺勅) 명 세상을 떠난 임금이 생전에 남긴 명령.
유-칠(油-) 명 들기름으로 만든 칠감.
유칩역구(幽縶歷久) [-녁-] 성구 오랫동안 감옥에 갇혀 있음을 이르는 말.
유쾌(愉快) 어기 '유쾌(愉快)하다'의 어기(語基).
유쾌-하다(愉快-) 형여 마음이 즐겁고 상쾌하다.
 유쾌-히 부 유쾌하게
유타(遊惰) 어기 '유타(遊惰)하다'의 어기(語基).
유타-하다(遊惰-) 형여 놀기만 하고 게으르다.
유탁-액(乳濁液) 명 에멀션(emulsion) ☞현탁액
유:탄(柳炭) 명 버드나무를 태워 만든 숯. 그림의 윤곽을 그리는 데 쓰임.
유탄(流彈) 명 목표물을 맞추지 못하고 빗나간 탄환.
유탄(榴彈) 명 포탄의 한 가지. 목표물에 맞았을 때 작약(炸藥)이 터지면서 파편들이 사방으로 튀게 만든 포탄.
유탄-포(榴彈砲) 명 곡사포의 한 가지. 유탄(榴彈)을 완만한 곡선을 그리는 탄도(彈道)로 쏘아서 목표물을 포격하는 대포.
유탈(遺脫) 명 -하다 자 있어야 할 것이 빠짐.
유탕(遊蕩) 명 -하다 자 ①만판 놂. ②음탕하게 놀아남.
유태(猶太 ∠Judea 히) 명 유대(Judea)
유태-교(猶太敎) 명 유대교
유태-력(猶太曆) 명 유대력
유택(幽宅) 명 '무덤'을 달리 이르는 말.
유택(遺澤) 명 세상을 떠난 이가 생전에 끼친 은혜.
유:턴(U-turn) 명 자동차 따위가 U자 모양으로 돌아 방향을 바꾸는 일.
유토(油土) 명 -하다 자 황산·산화아연·밀랍 등을 올리브유로 개어서 만든 인공 점토. 잘 굳지 않으며, 조각품이나 주물(鑄物) 등의 원형을 만드는 데 쓰임.
유:토피아(Utopia) 명 이상향(理想鄕)
유통(乳筩) 명 소나 돼지 따위의 젖통이의 고기.
유통(流通) 명 -하다 자타 ①공기 등이 흘러 드나듦. ¶공기의 -이 좋다. ②상품이 생산자로부터 최종 소비자에게 이르는 과정에서 이루어지는 활동. ¶- 경로/- 산업 ③화폐 등이 사회에서 두루 쓰이는 일. ¶자본의 -.
유통(儒通) 명 지난날, 유생(儒生) 사이에 통지하던 글.

유통=경제(流通經濟)명 생산물이 상품화하여 시장을 중심으로 소비와 생산이 이루어지는 경제. ☞자연 경제

유통=기구(流通機構)명 상품이 생산자로부터 소비자에게 넘어가기까지 거치는 수송이나 판매 따위의 구조.

유통-망(流通網)명 상품이 생산자로부터 소비자에게로 이동하는 경로의 체계.

유통-세(流通稅)[-쎄]명 상품이나 재산을 사고파는 데 대하여 부과되는 조세. 물품세·인지세·등록세 따위.

유통=자:본(流通資本)명 자본의 순환에서, 유통 과정에 있는 자본. 화폐 자본과 상품 자본을 이르는 말. ☞생산 자본(生産資本)

유통=증권(流通證券)[-꿘]명 법률상 배서(背書)나 교부에 따라 자유로이 그 권리를 양도할 수 있는 증권.

유통=혁명(流通革命)명 대량 생산과 대량 소비가 이루어짐에 따라 상품의 유통 구조나 거래 방식, 기업의 상태가 새롭게 바뀌는 것. 생산자의 직매(直賣), 대형 할인점의 증가 등으로 유통 단계가 짧아지는 경향이 있음.

유:틸리티프로그램(utility program)명 컴퓨터의 사용자가 컴퓨터를 쉽고 편리하게 사용할 수 있도록 제공되는 프로그램.

유파(流派)명 예술이나 학문 따위의 중심이 되는 계통에서 독자적인 경향이나 수법을 가지고 갈려 나온 파(派).

유편(遺編)명 유저(遺著)

유폐(幽閉)명-하다타 가두어 두고 나오지 못하게 함. ¶외진 곳에 -하다./- 생활을 하다.

유폐(流弊)명 ①사회에 널리 유행하는 나쁜 풍속. ②'말류지폐(末流之弊)'의 준말.

유폐(遺弊)명 예로부터 내려오는 폐단(弊端).

유포(油布)명 ①기름에 결은 무명. ②기름걸레 ☞방수포(防水布). 오일스킨

유포(流布)명-하다자타 소문이나 물건 따위가 널리 퍼지는 일, 또는 널리 퍼뜨리는 일. ¶유언비어를 -하다.

유:포니(euphony)명〈어〉활음조(滑音調)

유:표(有表)명-하다형 여럿 가운데서 특별히 두드러지는 특징이 있음. ¶- 나게 눈에 띈다.
 유표-히부 유표하게

유표(遺表)명 신하가 죽을 때 임금에게 올리는 글.

유품(遺品)명 죽은 사람이 생전에 쓰다가 남긴 물품. 유류품(遺留品). 유물(遺物)

유풍(流風)명 ①세상에 널리 퍼져 있는 풍속. ②예로부터 전해 오는 풍속. 유속(流俗)

유풍(遺風)명 ①유속(遺俗) ②선인(先人)이 남긴 가르침. 선인이 남긴 기풍.

유풍(飂風)명 팔풍(八風)의 하나. '서풍(西風)'을 달리 이르는 말.

유풍-여속(遺風餘俗)[-녀-]명 예로부터 전하여 오늘에 이른 풍속. ☞유래지풍(由來之風)

유피(柔皮)명 부드럽고 연한 가죽.

유피(鞣皮)명 무두질한 가죽. ☞숙피(熟皮)

유:피:유:(UPU)명 만국 우편 연합(萬國郵便聯合) [Universal Postal Union]

유피-제(鞣皮劑)명 가죽을 무두질할 때 쓰는 약.

유:피-화(有被花)명 꽃받침과 꽃잎을 갖춘 꽃. 이피화와 등피화의 두 가지가 있으며, 속씨식물이 이에 딸림. ☞무피화(無被花)

유-하다(留-)자여 머물러서 묵다. ¶친척 집에서 -.

유:-하다(有-)형여《文》있다 ¶댁에 평안이 유하시오.

유-하다(柔-)형여 ①성질이나 태도 따위가 순하다. ¶성격이 -./유한 말씨. ②마음이 태평하다. ¶그런 유한 소리 하지 마라. ③거칠지 않고 부드럽다. ¶유한 살결. ☞강(剛)하다

유하-주(流霞酒)명 ①멥쌀과 쌀누룩·밀가루·물로 빚은 술. 음력 정월이나 이월 중에 만들기 시작하여 단오 후에 마심. ②신선이 마신다는 좋은 술.

유학(幼學)명 ①고려·조선 시대, 관직에 오르지 아니한 유생(儒生)을 이르던 말. ②나이 '열 살'을 이르던 말. 〔예기(禮記) 곡례상(曲禮上)의 '인생십년왈 유학(人生十年曰幼學)'에서 나온 말임.〕

유학(幽壑)명 깊은 골짜기.

유학(留學)명-하다자 외국에 머물며 학문이나 기술 따위를 공부함. ¶독일 -/자비 -

유학(遊學)명-하다자 고향을 떠나 타향에서 공부함.

유학(儒學)명 공자의 사상을 바탕으로 하고 사서 오경(四書五經)을 경전으로 삼는 정치·도덕에 관한 학문. 중국 사상의 중심을 이룸. 공맹학(孔孟學) ☞성학(聖學). 유교(儒敎)

유학-생(留學生)명 외국에 머물며 학문이나 기술 따위를 공부하는 학생.

유학-생(遊學生)명 타향에 가서 공부하는 학생.

유학-생(儒學生)명 유생(儒生)

유학-자(儒學者)명 유학(儒學)을 깊이 연구한 사람.

유한(由限)명 말미의 기한.

유:한(有限)명-하다형 한도나 한계가 있음. ¶사람의 수명은 -하다. ☞무한(無限)

유:한(有閑)명-하다형 ①겨를이 있음. 한가함. ②재물이 많아 생활이 여유 있고 한가로움.

유한(油汗·柔汗)명 진땀

유한(流汗)명 흐르는 땀.

유한(遺恨)명 ①생전에 풀지 못하여 남은 한(恨). ¶이제 죽어도 -이 없다. ②풀리지 않은 한(恨). 잔한(殘恨)

유한(踰限)명-하다자 기한을 넘김.

유한(幽閑)어기 '유한(幽閑)하다'의 어기(語基).

유:한=계급(有閑階級)명 사회의 생산적 활동에는 관계하지 않고 자기가 가진 재산으로 소비만 하는 계급. 유한층

유:한=급수(有限級數)명 항(項)의 수가 한정된 급수. ☞무한 급수

유:한=꽃차례(有限-)[-꼳-]명 꽃차례의 한 가지. 꽃이 꽃줄기의 끝에서 아래쪽으로 차례차례 피어 가는 꽃차례. 기산(岐繖) 꽃차례, 선상(扇狀) 꽃차례, 권산(卷繖) 꽃차례, 호산(互繖) 꽃차례 등이 있음. 유한 화서(有限花序) ☞무한 꽃차례

유:한=소:수(有限小數)명 수학에서, 소수점 아래 0이 아닌 숫자가 한정된 소수. ☞무한 소수

유:한=수:열(有限小數)명 수학에서, 항(項)의 수가 한정된 수열. ☞무한 수열

유한정정(幽閑靜貞)성구 여자의 마음씨가 얌전하고 몸가짐이 조촐함을 이르는 말.

유:한=직선(有限直線)명 선분(線分) ☞무한 직선

유:한=집합(有限集合)명 원소(元素)의 개수가 한정된 집합. ☞무한 집합

유:한=책임(有限責任)명 채무자가 자기 재산의 일부나 일정한 금액을 채무의 담보로 삼는 형식의 책임. ☞무한 책임

유:한=책임=사:원(有限責任社員)명 회사 채무에 대하여, 자신의 출자액(出資額)을 한도로 하여 회사 채권자에게 직접 연대 책임을 지는 사원. ☞무한 책임 사원

유:한=책임=회:사(有限責任會社)명 유한 회사

유:한-층(有閑層)명 유한 계급

유한-하다(幽閑-)형여 ①여자의 됨됨이가 얌전하고 정숙하다. ②고요하고 그윽하다. ¶유한한 풍치(風致).

유:한=화서(有限花序)명 유한(有限) 꽃차례 ☞무한 화서

유:한=회:사(有限會社)명 유한 책임 사원들로 이루어지는 회사. 출자자는 2명에서 50명까지이며 사원 전원이 유한 책임을 짐. 유한 책임 회사

유합(癒合)명-하다자 피부나 근육 따위의 상처가 나아서 아물어 붙음.

유:합(類合)명 조선 성종 때, 서거정(徐居正)이 지었다는 한자(漢字) 교본. 각 글자마다 음(音)과 훈(訓)을 달아 놓아 고어(古語) 연구에 귀중한 책임.

유:해(有害)명-하다형 해가 있음. ¶- 가스/- 식품/담배는 인체에 -하다. ☞무해(無害)

유해(遺骸)명 ①죽은 사람의 남겨진 뼈. ②화장(火葬)한 뒤에 남은 뼈. 유골(遺骨) ¶-를 안치하다.

유:해무익(有害無益)성구 해롭기만 하고 이로움은 없음

을 이르는 말. ㊌백해무익(百害無益)

유행(流行)명-하다자 ①어떤 양식이나 현상 따위가 한동안 널리 퍼짐, 또는 그런 경향. ¶ㅡ을 따르다./ㅡ하는 머리 모양. ②전염병이 널리 퍼짐. ¶눈병이 ㅡ하다.

유행(遊行)명-하다자 ①유람하기 위하여 여러 곳을 돌아다님. ②행각(行脚)

유행-가(流行歌)명 어느 한 시기에 많은 사람에게 널리 불리는 노래라는 뜻으로, '대중 가요'를 달리 이르는 말.

유행-병(流行病)[ㅡ뼝]명 한동안 보통 병보다 두드러지게 많이 발생하는 병. 시역(時疫). 돌림병. 질역(疾疫). 윤질(輪疾)

유행-성(流行性)[ㅡ썽]명 한동안 널리 퍼지는 성질이나 특성. ¶ㅡ 질환

유행성=간:염(流行性肝炎)[ㅡ썽ㅡ]명 입을 통하여 바이러스에 감염되어 일어나는 급성 간염. 잠복기 뒤에 식욕 부진이나 발열, 황달, 간 비대, 복통 따위가 일어남.

유행성=감:기(流行性感氣)[ㅡ썽ㅡ]명 고열이 매우 심하게 나는, 전염성이 강한 감기. 독감(毒感). 돌림감기. 인플루엔자(influenza)

유행성=뇌염(流行性腦炎)[ㅡ썽ㅡ]명 바이러스에 감염되어 일어나는 뇌염. 고열과 의식 장애, 마비 따위의 증세가 따름.

유행성=이하선염(流行性耳下線炎)[ㅡ썽ㅡ념]명 멈프스바이러스에 감염되어 일어나는 이하선염의 염증. 2~3주일의 잠복기를 거쳐 귀 밑의 이하선염이 부어오르고 열이 남. 어린아이들이 많이 걸림. 볼거리. 탑시종(塔顋腫). 항아리손님

유행성=출혈열(流行性出血熱)[ㅡ썽ㅡ렬]명 고열과 단백뇨, 출혈 반점 따위를 보이는 바이러스성 법정 전염병. 주로 쥐 따위 감염된 동물의 소변에 접촉되거나 오염된 물이나 음식으로 감염됨.

유행-어(流行語)명 어느 기간 동안 많은 사람 사이에서 즐겨 쓰이다가 곧 사라지는 단어나 구절. 대개 해학성이나 풍자성을 띰.

유향(乳香)명 한방에서, 유향나무에서 채취한 나무진을 약재로 이르는 말. 진통제·진경제(鎭痙劑) 등으로 쓰임.

유향(留鄕)명 지난날, 고을 수령(守令)의 자리가 비었을 때 수령의 직무를 대리하던 그 고을의 좌수(座首)를 이르던 말.

유향(遺香)명 ①향기로운 물건이 없어진 뒤에까지 남아 있는 향기. 여향(餘香) ②죽은 사람이 끼친 미덕을 비유하여 이르는 말.

유향(儒鄕)명 ①지난날, 유생(儒生)과 유향소의 품관(品官)을 아울러 이르던 말. ②선비가 많이 사는 고을.

유향-나무(乳香ㅡ)명 감람과의 교목. 높이 4~5m. 나무껍질은 윤이 나고 길둥근 잎은 어긋나며 둔한 톱니가 가장자리에 있음. 꽃은 담황색임. 소말리아와 아라비아 남부에 분포함.

유향-소(留鄕所)명 고려·조선 시대, 향리를 감찰하고 풍속을 바로잡으며 수령을 보좌하는 따위의 일을 맡던 지방 자치 기관. 향소(鄕所). 향청(鄕廳)

유현(儒賢)명 유학(儒學)에 정통하고 언행이 바른 사람.

유현(遺賢)명 등용되지 못하고 초야(草野)에 묻혀 있는 훌륭한 인재.

유현(幽玄)어기 '유현(幽玄)하다'의 어기(語基).

유현-하다(幽玄ㅡ)형여 이치가 알기 어려울 만큼 심오하다. ¶유현한 가락이 들려 오다.

유혈(流血)명 피가 흐름, 또는 흐르는 피. ¶ㅡ이 낭자하다./ㅡ 사태

유혈-극(流血劇)명 피를 볼 정도로 심한 싸움판.

유협(遊俠)명 호탕하고 의협심이 강한 사람. 협객(俠客)

유협(誘脅)명-하다타 달래기도 하고 으르대기도 함.

유:형(有形)명-하다형 형체가 있음. ¶ㅡ의 자산. ☞무형(無形)

유형(流刑)명 지난날, 오형(五刑)의 하나. 죄인을 멀리 외딴 곳이나 섬 등으로 보내어 그곳에서 지내게 하던 형벌. ☞사형(死刑). 유배(流配)

유:형(類型)명 공통의 요소나 특징이 있는 것끼리 묶은 사물의 부류, 또는 그 부류가 가지는 일반적인 형태. ¶몇 개의 ㅡ으로 분류하다./등장 인물의 ㅡ이 다양하다.

유형-객(流刑客)명 유형 생활을 하는 사람.

유:형=고정=자:산(有形固定資産)명 고정 자산 가운데 물체의 형태가 있는 것. 토지·기계·건물·선박 따위. ☞무형 고정 자산

유형-동:물(紐形動物)명 동물 분류학상의 한 문(門). 몸은 좌우 대칭이며 납작하거나 둥글고 깊. 몸 거죽에는 섬모가 있음. 주로 모래 속, 바위 틈, 해조 사이에서 삶.

유:형무적(有形無跡)성구 혐의는 있으나 증거가 없음.

유:형-무형(有形無形)명 ①형체가 있는 것과 형체가 없는 것. ¶ㅡ의 자산./ㅡ으로 도움을 받다. ②형체가 있는지 없는지 뚜렷하지 않음.

유:형=문화재(有形文化財)명 건축물·회화·조각·공예품·고문서 따위 유형의 문화적 소산 가운데서 역사적·예술적 또는 고고학적 가치가 높은 것. 국보나 보물·사적 따위 국가 지정 문화재와 지방 문화재가 있음. ☞무형 문화재

유:형-물(有形物)명 형체가 있는 물건. ☞무형물

유형-수(流刑囚)명 유형에 처해진 죄수.

유:형-인(有形人)명 무형인(無形人)인 법인(法人)에 상대하여 '자연인(自然人)'을 달리 이르는 말.

유:형=자:본(有形資本)명 유형 재산으로 이루어진 자본. 화폐·토지·건축물·기계 따위를 이름. ☞무형 자본

유:형=재산(有形財産)명 화폐나 동산, 부동산 따위와 같이 구체적인 형태가 있는 재산. ☞무형 재산

유:형-적(有形的)명 형체가 있는 것. ¶ㅡ인 자산.

유:형-적(類型的)명 일정한 유형을 이루거나 일정한 유형에 딸리는 것. ¶전통 가락의 ㅡ 특성./ㅡ인 분류.

유-형제(乳兄弟)명 유모의 젖을 먹고 자라는 아이와 그 유모의 자식을, 형제 같은 관계라는 뜻으로 이르는 말.

유형-지(流刑地)명 유형(流刑)을 사는 곳.

유:형-체(有形體)명 형체가 있는 물체.

유:형-학(類型學)명 하나하나의 존재나 현상 사이의 유사점을 뽑아 내어, 그것들의 본질을 이해하려고 하는 학문의 방법. 특히 심리학이나 문화 인류학, 언어학, 생물학, 철학 따위에서 볼 수 있음.

유혜(油鞋)명 진신

유혜(鍮鞋)명 놋쇠로 만든 신. 지난날 높은 신분에서 비가 내릴 때 비신으로 신었음.

유-호:덕(攸好德)명 오복(五福)의 하나. 덕을 좋아하여 즐겨 덕을 행하려 하는 일.

유혹(誘惑)명-하다타 남을 꾀어 마음을 혹하게 하거나 나쁜 길로 이끎. ¶ㅡ에 빠지다./ㅡ을 물리치다.

유혹-적(誘惑的)명 유혹하거나 유혹하는 것과 같은 것. ¶ㅡ인 눈빛.

유혼(幽魂)명 죽은 사람의 넋. ¶ㅡ을 달래다.

유혼(幽昏)어기 '유혼(幽昏)하다'의 어기(語基).

유혼-일(遊魂日)명 생기법(生氣法)에 따라 택한, 해롭지 않은 날의 하나.

유혼-하다(幽昏ㅡ)형여 그윽하고 어둡다.

유화(乳化)명 서로 잘 섞이지 않는 두 가지 액체에 계면활성제를 넣고 섞어, 한쪽의 액체를 다른 쪽의 액체 중에 분산시켜 젖빛의 액체로 만드는 일.

유화(油畫)명 서양 회화의 한 가지. 기름으로 갠 물감으로 나무나 캔버스에 그리는 그림. 유채(油彩)

유화(宥和)명-하다자 너그럽게 용서하고 사이 좋게 지냄. ¶ㅡ 정책을 쓰다.

유화(流火)명 '유성(流星)'을 달리 이르는 말.

유:화(柳花)명 버드나무의 꽃.

유화(硫化)명-하다자 황화(黃化)

유화(榴花)명 석류꽃

유화(柔和)어기 '유화(柔和)하다'의 어기(語基).

유화=정책(宥和政策)명 국제 정치에서, 상대국의 적극적이고 강경한 요구에 대하여 양보나 타협을 함으로써 평화를 유지하려는 외교 정책.

유화-하다(柔和－)형여 부드럽고 온화하다. ¶ 유화한 웃음./유화하고 인자한 성품.
유환(宥還)명 -하다자 귀양갔던 죄인이 용서를 받고 돌아옴.
유황(硫黃)명 황(黃)[2]

한자 유황 류(硫)〔石部 7획〕 ¶ 유안(硫安)/유황(硫黃)

유황-불(硫黃－)[－뿔]명 황이 탈 때 생기는 파란 빛깔의 불.
유황-천(硫黃泉)명 황이 들어 있는 광천(鑛泉). 피부병이나 신경통 따위의 치료에 이용됨.
유황-화(硫黃華)명 거친 황을 증류·기화하여 만든 가루 모양의 황. 연고나 흑색 화약, 농약의 원료로 쓰임.
유회(油灰)명 기름과 재와 솜을 섞어서 만든 물질. 목재에 칠을 하기 전에 구멍을 메우는 데 쓰임.
유회(幽懷)명 마음속 깊이 품은 회포.
유회(流會)명 -하다자 회의가 어떤 사정으로 이루어지지 않거나 중도에 그만두게 됨. ¶ 총회가 성원 미달로 －되다. ☞성회(成會)
유회(遊回)명 -하다타 이리저리 떠돌아다님.
유회(儒會)명 유생들의 모임.
유회-색(黝灰色)명 잿빛을 띤 검푸른 색.
유:효(有效)명 ①-하다형 효과나 효력이 있음. ¶ 그 계약은 아직도 －하다./시간을 －하게 이용하다./－ 기간 ☞무효(無效) ②유도 경기의 판정 용어의 하나. 공격 기술이 부분적으로 성공했을 때 또는 누르기 선언 뒤 20초 이상 25초 미만일 때 선언됨.
유:효=사거리(有效射距離)명 유효 사정 ☞최대 사거리
유:효=사정(有效射程)명 사격에서, 쏜 탄환이 살상과 파괴 따위의 효과를 나타낼 수 있는 거리를 이르는 말. 유효 사거리(有效射距離)
유:효=수요(有效需要)명 실제로 구매력이 있는 수요, 곧 금전적 지출이 따르는 수요를 이르는 말. ☞잠재 수요
유:효=숫:자(有效數字)명 ①0을 제외한 1에서 9까지의 숫자. ②근사값을 구할 때 반올림 따위로 처리되지 않는 자리에 있는 숫자.
유훈(遺訓)명 죽은 사람이 생전에 남긴 교훈. 유계(遺戒)
유휴(遊休)명 쓸 수 있는 설비나 기계 따위를 쓰지 않고 놀리거나 묵힘. ¶ － 시설/－ 인력
유휴=자:본(遊休資本)명 생산에 활용되지 않고 묵히고 있는 자본. ㊍유자(遊資)
유휴-지(遊休地)명 쓰지 않고 묵히고 있는 땅.
유흔(遺痕)명 남은 흔적.
유흥(遊興)명 -하다자 흥겹게 놂. 특히 술을 마시거나 노래·춤 따위를 즐김. ¶ －을 즐기다.
유흥-비(遊興費)명 유흥에 드는 비용.
유흥-업(遊興業)명 유흥 시설을 갖추고 유흥에 관계되는 일을 하는 영업.
유흥-장(遊興場)명 유흥 시설을 갖추어 놓은 곳.
유희(遊戲)명 -하다자 즐겁게 놂, 또는 즐겁게 노는 일. 놀이
유희-요(遊戲謠)명 유희를 하면서 여러 사람이 부르는 노래. 강강술래나 다리밟기, 줄다리기 따위를 하면서 부름. ☞노동요(勞動謠). 의식요(儀式謠)
육(肉)명 '육신(肉身)'의 준말, 또는 '육체(肉體)'의 준말. ¶ 영(靈)과 －. ☞영(靈)
육(六)수 수의 한자말 이름의 하나. 오(五)에 일(一)을 더한 수. ☞여섯
관 단위를 나타내는 말 앞에 쓰이어 ①수량이 여섯임을 나타냄. ②차례가 여섯째임을, 또는 횟수가 여섯 번째임을 나타냄.
육-가야(六伽倻)명 삼한(三韓) 때, 낙동강 하류 유역에 있던 여섯 가야. 금관가야(金官伽倻)·아라가야(阿羅伽倻)·고령가야(古寧伽倻)·소가야(小伽倻)·대가야(大伽倻)·성산가야(星山伽倻)를 이름.
육각(六角)[1]명 국악에서, 태평소·피리·나발이 각기 한 쌍씩인 악기 편성을 이르는 말.
육각(을) 잡히다 관용 육각을 갖추어 윗사람 앞에서 음악을 연주하다.
육각(六角)[2]명 육모
육각-정(六角亭)명 육모정
육각-형(六角形)명 여섯 선분으로 에워싸인 평면 도형.
육감(六感)명 여섯째 감각이라는 뜻으로, 오감(五感)으로는 알 수 없는 일을 직감적으로 알아내는 마음의 작용을 이르는 말. 제육감(第六感) ¶ －이 좋지 않다.
육감(肉感)명 육체에서 풍기는 성적인 느낌.
육감-적(肉感的)명 성욕을 자극하는 것. ¶ －인 몸매.
육갑(六甲)명 ①'육십갑자(六十甲子)'의 준말. ②-하다자 남의 언동을 얕잡아 이르는 말.
육갑(을) 떨다 관용 격에 맞지 않는 짓을 한다는 뜻으로, 남의 행동을 얕잡아 이르는 말.
육갑을 짚다 관용 ①사람의 나이로써 태어난 해의 육십갑자를 알아보다. ②사람의 생연월일시(生年月日時)로써 길흉화복을 간단히 헤아리다.
육-개장(肉－)명 양지머리나 사태 등을 무르게 삶아 알맞게 찢어 고춧가루·파·마늘·간장·기름·후춧가루 따위로 양념하여 국물에 넣고 얼큰하게 끓인 국.
육경(六卿)명 육조(六曹)의 판서.
육경(六經)명 중국의 여섯 가지 경서. 곧 역경(易經)·시경(詩經)·서경(書經)·춘추(春秋)·주례(周禮)·예기(禮記)를 이르는 말.
육경(六境)명 불교에서, 육식(六識)으로 깨달아 아는 여섯 경계. 곧 색경(色境)·성경(聲境)·향경(香境)·미경(味境)·촉경(觸境)·법경(法境)을 이름.
육계(六界)명 ①육도(六道) ②육대(六大)
육계(肉界)명 육신의 세계, 곧 육체 또는 그 작용이 미치는 범위를 이르는 말. ☞영계(靈界)
육계(肉桂)명 한방에서, 계수나무의 두꺼운 껍질을 약재로 이르는 말. 건위제와 강장제로 쓰임. 판계(板桂)
육계(肉鷄)명 고기닭
육계(肉髻)명 부처의 정수리에 상투 모양으로 솟은 혹.
육계-도(陸繫島)명 사주(砂洲)로 뭍과 이어져 있는 섬.
육계-주(肉桂酒)명 계수나무의 두꺼운 껍질을 소주에 넣고 설탕을 타서 발효시킨 술. 계피주(桂皮酒)
육고(肉庫)명 지난날, 각 관아에 딸려 있던 푸주.
육고-자(肉庫子)명 지난날, 육고(肉庫)에 딸려 관아에 육류를 바치던 관노(官奴). 육지기
육공(六工)명 여섯 부류의 공인(工人). 곧 토공(土工)·금공(金工)·석공(石工)·목공(木工)·수공(獸工)·초공(草工)을 이르는 말.
육과(肉果)명 즙과 살이 많은 과실. 포도나 귤 따위. ☞장과(漿果)
육-관음(六觀音)명 육도(六道)의 중생을 교화한다는 여섯 관세음보살. 곧 성관음(聖觀音)·천수관음(千手觀音)·마두관음(馬頭觀音)·십일면관음(十一面觀音)·준지관음(准胝觀音)·여의륜관음(如意輪觀音)을 이름.
육괴(肉塊)명 고깃덩어리
육교(肉交)명 -하다자 남녀가 육체적으로 관계를 가지는 일. 성교(性交)
육교(陸橋)명 ①도로나 철로 위 등을 사람들이 안전하게 건널 수 있도록 공중으로 가로질러 설치한 다리. ②골짜기를 건널 수 있도록 매달거나 걸쳐 놓은 다리. 가도교(架道橋) ☞구름다리
육구(肉灸)명 뜸[2]
육군(陸軍)명 보병·전차 등을 이용하여 육상에서 하는 작전을 임무로 삼는 군대. ☞공군(空軍). 해군(海軍)
육군=대학(陸軍大學)명 육군 장교를 대상으로 하는, 육군의 고급 군사 학교.
육군=본부(陸軍本部)명 육군의 최고 통수 기관. ㊍육본
육군=사:관=학교(陸軍士官學校)명 육군의 초급 장교를 양성하는 정규 군사 학교. ㊍육사(陸士)
육근(六根)명 불교에서, 육식(六識)이 육경(六境)을 인식하는 여섯 가지 기관. 곧 안근(眼根)·이근(耳根)·비근(鼻根)·설근(舌根)·신근(身根)·의근(意根)을 이름.

육기(六氣)명 중국 철학에서 이르는 천지간의 여섯 가지 기운. 곧 음(陰)·양(陽)·풍(風)·우(雨)·회(晦)·명(明)을 이름.
육기(肉氣)명 ①몸에 살이 붙은 정도. 살기[2] ¶ -가 좋다. ②육미(肉味)
육년-근(六年根)명 6년간 자란 성숙한 인삼을 이르는 말. ☞사년근

> ▶ **인삼(人蔘)의 잎**
> 인삼의 잎은, 긴 잎의 수가 2년생은 둘, 3년생은 셋으로 늘어나서 6년생은 여섯에 이른다. 그런데 7년 이상 자라도 긴 잎의 수는 여섯 이상으로 늘어나지 않는다. 6년간 자라면 완전히 성숙한다.

육니(忸怩)어기 '육니(忸怩)하다'의 어기(語基).
육니-하다(忸怩-)형여 부끄럽고 창피하다.
육달-월(肉-月)명 한자 부수(部首)의 한 가지. '肝'·'育' 등에서 '月'의 이름. '肉'의 변형임. ☞고기육. 달월
육담(肉談)명 남녀의 육체와 관련된 상스러운 말이나 이야기. ☞육두문자
육대(六大)명 불교에서 이르는, 만상(萬象)을 만드는 여섯 가지의 근본 실체(實體). 곧 지(地)·수(水)·화(火)·풍(風)·공(空)·식(識)을 이름. 육계(六界)
육-대:주(六大洲)명 지구상의 여섯 개의 대륙. 곧 아시아·아프리카·유럽·오세아니아·남아메리카·북아메리카를 통틀어 이름.
육덕(六德)[1]명 ①사람이 지켜야 할 여섯 가지 덕(德). 곧 지(知)·인(仁)·성(聖)·의(義)·충(忠)·화(和)를 이름. ②병가(兵家)에서 지켜야 할 여섯 가지 덕. 곧 예(禮)·인(仁)·신(信)·의(義)·용(勇)·지(智)를 이름.
육덕(肉德)명 몸에 살이 붙은 상태. ¶ -이 좋다.
육덕(六德)[2]수 소수(小數) 단위의 하나. 찰나(刹那)의 10분의 1, 허공(虛空)의 열 곱절.
육도(六道)명 불교에서, 중생이 죽어 생전에 한 행위에 따라 가게 된다는 여섯 세계. 곧 '지옥도·아귀도·축생도·아수라도·인간도·천상도'를 이름. 육계(六界)
육도(六韜)명 중국 주(周)나라의 태공망(太公望)이 지었다는 병서(兵書). 문도(文韜)·무도(武韜)·용도(龍韜)·호도(虎韜)·표도(豹韜)·견도(犬韜)의 여섯 권으로 이루어짐.
육도(陸島)명 '대륙도(大陸島)'의 준말.
육도(陸稻)명 밭에 심는 벼. 밭벼
육도=삼략(六韜三略)명 ①'육도(六韜)'와 '삼략(三略)'을 아울러 이르는 말. ②병법의 비법(祕法).
육도풍월(肉跳風月)성구 고기가 뛰는 것을 '어도(魚跳)'라고 써야 하는데 '육도(肉跳)'라고 잘못 쓴 데서 생긴 말로, 글자를 잘못 써서 알아보기 어려운 한시를 이르는 말.
육돈(肉豚)명 고기돼지
육-두구(肉荳蔲)명 육두구과의 상록 활엽 교목. 높이는 20m 안팎이며, 꽃은 황백색이고 꽃잎이 없음. 잎은 길둥글며 가장자리가 밋밋하고 두꺼움. 씨는 '육두구'라 하여 건위제·강장제로 쓰이고, 향미료로도 쓰임.
육두-문자(肉頭文字)[-짜]명 ①육담(肉談)으로 하는 말. ②상스러운 말.
육량(肉量)명 고기를 먹는 양. ¶ -이 대단하다.
육량(陸梁)명-하다자 제멋대로 날뜀.
육려(六呂)명 십이율(十二律)의 음성(陰聲)인 대려(大呂)·협종(夾鐘)·중려(仲呂)·임종(林鐘)·남려(南呂)·응종(應鐘)의 여섯 음을 통틀어 이르는 말. 음려(陰呂) ☞육률(六律)
육력(戮力)명-하다자 서로 힘을 모음.
육련-성(六連星)명 '묘수(昴宿)'를 달리 이르는 말.
육례(六禮)명 ①유교에서 이르는, 인륜(人倫)의 여섯 가지 중요한 예의. 곧 관례(冠禮)·혼례(婚禮)·상례(喪禮)·제례(祭禮)·향례(鄕禮; 鄕飮酒禮·鄕射禮)·상견례(相見禮)를 이름. ②우리 나라 재래식 혼례의 여섯 가지 예법. 곧 납채(納采)·문명(問名)·납길(納吉)·납징(納徵)·청기(請期)·친영(親迎)을 이름.
육로(陸路)명 뭍 위로 다니는 길. 한로(旱路)
육룡(六龍)명 ①지난날, 임금의 어가(御駕)를 이르던 말. 육마(六馬) ②조선 태조(太祖)의 고조인 목조(穆祖)로부터 익조(翼祖)·도조(度祖)·환조(桓祖)·태조(太祖)·태종(太宗)을 높이어 이르는 말.
육류(肉瘤)명 육혹
육류(肉類)명 먹을 수 있는 짐승의 고기를 두루 이르는 말. 육미붙이
육륜(肉輪)명 아래위의 눈꺼풀.
육률(六律)명 십이율(十二律)의 양성(陽聲)인 태주(太簇)·고선(姑洗)·황종(黃鐘)·유빈(蕤賓)·이칙(夷則)·무역(無射)의 여섯 음을 통틀어 이르는 말. 양률(陽律) 준율(律) ☞육려(六呂)
육림(育林)명-하다자 인공으로 나무를 심거나 하여 숲을 가꾸는 일.
육림-업(育林業)명 나무를 심고 가꾸어 목재를 생산하는 사업.
육마(六馬)명 육룡(六龍)
육면-체(六面體)명 여섯 개의 평면에 둘러싸인 입체.
육-모(六-)명 ①여섯 모. ②여섯 개의 직선에 싸인 평면. 육각(六角)[2]
속담 **육모 얼레에 연줄 감듯**: 무엇을 둘둘 잘 감는다는 말.
육모-방망이(六-)명 육모가 지게 만든 방망이. 지난날, 포졸들이 가지고 다녔음.
육모-정(六-亭)명 여섯 개의 기둥을 세워 지붕이 육모가 지게 지은 정자. 육각정(六角亭) ☞팔모정
육모-지다(六-)형 여섯 개의 모가 나 있다.
속담 **육모진 모래를 팔모지게 밟았다**: 같은 길을 발이 닳도록 수없이 다녔다는 말.
육목(六目)명 타짜꾼이 쓰려고 일부러 맞추어 만든, 예순 장으로 된 투전목.
육묘(育苗)명-하다자 묘목이나 모를 기르는 일, 또는 그 묘목이나 모.
육물(六物)명 중이 평소에 지니고 다니는 여섯 가지 제구. 곧 복의(複衣)·상의(上衣)·내의(內衣)·녹수낭(漉水囊)·바리때·좌구(座具)를 이름.
육미(六味)명 여섯 가지의 맛. 곧 쓴맛·신맛·단맛·매운맛·짠맛·싱거운 맛을 이름.
육미(肉味)명 ①짐승의 고기로 만든 음식. 육기(肉氣) ②고기의 맛.
육미-붙이(肉味-)[-부치]명 고기붙이. 육류(肉類). 육속(肉屬) 준육붙이
육미-탕(六味湯)명 한방의 보약의 한 가지. 숙지황·산약·산수유·백복령·목단피·택사 등으로 지음.
육미-환(六味丸)명 한방에서, 육미탕을 가루로 만들어 꿀에 반죽한 환약.
육-바라밀(∠六波羅蜜)명 불교에서, 보살이 열반에 이르는 여섯 가지 방편. 곧 보시(布施)·지계(持戒)·인욕(忍辱)·정진(精進)·선정(禪定)·지혜(智慧)를 이름.
육박(肉薄)명-하다자 ①어느 수준에 바싹 다가감. ¶ 지원자가 십만 명에 -하다. ②몸으로 밀어붙이며 가까이 쳐들어감. ¶ 적진에 -하다.
육박-나무(六駁-)명 녹나뭇과의 상록 활엽 교목. 높이 15m 안팎. 길둥근 잎은 어긋맞게 나고, 뒷면에 털이 있으며, 윤이 남. 여름에 노란 꽃이 잎겨드랑이에 산형(繖形) 꽃차례로 피고, 다음해 여름에 동근 열매가 붉게 익음. 우리 나라와 일본, 타이완 등지에 분포함.
육-반:구(陸半球)명 수륙 분포에 따라 지구를 둘로 가를 때, 육지가 차지하는 면적이 최대가 되도록 구분된 반구(半球). ☞수반구(水半球)
육발-이(六-)명 발가락이 여섯인 사람.
육방(六房)명 조선 시대, 승정원과 각 지방 관아에 두었던 이방(吏房)·호방(戶房)·예방(禮房)·병방(兵房)·형방(刑房)·공방(工房)을 통틀어 이르는 말.
육방=관속(六房官屬)명 조선 시대, 지방 관아의 육방에 딸렸던 구실아치.

육-방망이(六一)명 방망이 여섯 개를 가로 꿰어 열두 사람이 메게 한 상여(喪輿). ☞팔방망이
육방=승지(六房承旨)명 조선 시대, 승정원의 육방에 딸렸던 승지.
육방=정계(六方晶系)명 결정계(結晶系)의 한 가지. 한 평면 위에서 서로 60°로 교차하는 같은 길이의 3개의 수평축과, 이들과 직교하면서 길이가 다른 수직축을 가진 결정의 형태. 녹주석이나 방해석 따위가 이에 딸림.
육백(六白)명 음양설에서 이르는 구성(九星)의 하나. 별은 금성(金星), 방위(方位)는 북서쪽임.
육-백(六百)명 일백의 여섯 배.
육법(六法)명 ①여섯 가지의 기본이 되는 법률. 곧 헌법(憲法), 민법(民法), 상법(商法), 형법(刑法), 민사 소송법(民事訴訟法), 형사 소송법(刑事訴訟法)을 이름. ②화육법(畫六法)
육법-전서(六法全書)명 육법과 그것에 딸린 법규 등을 모아 엮은 책.
육보(肉補)명-하다자 고기붙이를 먹어서 몸에 영양을 보충하는 일.
육본(陸本)명 '육군 본부(陸軍本部)'의 준말.
육봉(肉峰)명 낙타의 등에 불거진 큰 혹. 단봉(單峰)과 쌍봉(雙峰)이 있는데, 그 안에 지방이 들어 있음.
육봉(陸封)명 바다 속에, 또는 바닷물과 민물 사이를 회유(回游)하면서 생활하던 동물이 지형이나 환경의 변화에 따라 호소(湖沼) 등에 격리되어 민물고기로서 세대를 되풀이하는 일. 연어나 송어 같은 소하어(遡河魚)에 육봉형이 잘 생김. 산천어는 송어의 육봉형.
육부(六部)명 '상서 육부(尙書六部)'의 준말.
육부(六腑)명 한방에서, 대장·소장·위·쓸개·방광·삼초(三焦)의 여섯 기관(器官)을 통틀어 이르는 말.
육분-의(六分儀)명 두 곳 사이의 각도를 재는 기계. 태양이나 별의 고도, 산의 고도, 두 곳 사이의 수평각을 재는 데 쓰임.
육붕(陸棚)명 대륙붕(大陸棚)
육-붙이(肉一)[-부치]명 '육미붙이'의 준말.
육사(六司)명 고려 시대, 국무를 맡아보던 여섯 관아. 곧 전리사(典理司)·판도사(版圖司)·군부사(軍簿司)·전법사(典法司)·예의사(禮儀司)·전공사(典工司)를 이름.
육사(六邪)명 나라에 해로운 여섯 유형의 신하. 곧 구신(具臣)·유신(諛臣)·간신(奸臣)·참신(讒臣)·적신(賊臣)·망국신(亡國臣)을 이름. ☞육정(六正)
육사(陸士)명 '육군 사관 학교(陸軍士官學校)'의 준말.
육-사단(六紗緞)명 생사(生紗)와 누인 명주실을 섞어 짠 옷감.
육삭-둥이(∠六朔童一)명 밴 지 여섯 달 만에 낳은 아이.
육산(陸産)명 '육산물(陸産物)'의 준말. ☞수산(水産)
육산-물(陸産物)명 육지에서 나는 물건. 준육산(陸産) ☞수산물(水産物)
육산포림(肉山脯林)성구 고기가 산을 이루고 포(脯)가 숲을 이룬다는 뜻으로, 몹시 사치스러운 잔치를 비유하여 이르는 말. ☞주지육림(酒池肉林)
육상(陸上)명 ①뭍 위. ¶ - 교통 ☞수상(水上) ②'육상 경기'의 준말. ¶ - 선수
육상=경:기(陸上競技)명 달리기·뛰어오르기·던지기의 세 가지 기본 동작을 중심으로 하여 땅 위에서 하는 운동 경기를 통틀어 이르는 말. 필드 경기, 트랙 경기, 혼성 경기 따위로 나뉨. 준육상 ☞수상 경기(水上競技)
육색(六色)명 절에서 큰 법사(法事)가 있을 때에 음식을 나누어 맡아 만드는 소임.
육색(肉色)명 ①살빛 ②살빛과 같이 불그스름한 빛.
육생(六牲)명 제사에 희생으로 쓰는 여섯 가지 동물. 곧 말·소·양·닭·개·돼지를 이름.
육서(六書)명 ①한자 자형(字形)의 구성과 활용을 설명하는 여섯 가지 분류. 곧 상형(象形)·지사(指事)·회의(會意)·형성(形聲)·전주(轉注)·가차(假借)를 이르는 말. ②육체(六體)

> ▶ **육서**(六書 ; 한자 구성의 여섯 가지)
> ① 상형(象形) — 日·月·山·川·口
> ② 지사(指事) — 一·上·下·中·本
> ③ 회의(會意) — 明(日+月)·林(木+木)
> ④ 형성(形聲) — 銅(金 : 뜻+同 : 음)
> ⑤ 전주(轉注) — 惡(악 : 나쁘다/오 : 미워하다)
> ⑥ 가차(假借) — 考(세상을 떠난 아버지 → 생각하다/來(보리의 뜻 → 오다)

육서(陸棲)명 뭍에서 사는 일. ☞수서(水棲)
육서=동:물(陸棲動物)명 뭍에 사는 동물. 뭍살이동물 ☞수서 동물(水棲動物)
육선(肉饍)명 육찬(肉饌)
육-섣:달(六一)명 음력 '유월'과 '섣달'.
속담 **육섣달은 앉은 방석도 안 돌려 놓는다** : 음력 유월과 섣달에는 이사나 혼인 등 무슨 행사든지 하지 않음이 좋다는 말.
육성(肉聲)명 기계를 통하지 않은, 사람이 직접 내는 목소리. ¶노래를 -으로 듣다.
육성(育成)명-하다타 길러서 자라게 함.
육성-층(陸成層)명 육지 위에 퇴적한 지층이나 암석을 통틀어 이르는 말.
육소(戮笑)명 비웃음
육속(肉屬)명 고기붙이. 육미붙이
육속(陸續)명-하다자 끊이지 않고 잇닮.
육손-이(六一)명 손가락이 여섯인 사람을 이르는 말.
육송(陸松)명 '소나무'의 딴이름.
육수(肉水)명 고기 따위를 푹 고아 만든 국물.
육수(陸水)명 지구상에 있는, 바닷물 이외의 물. 하천수·지하수·눈·얼음 등이 포함됨.
육수=꽃차례(肉穗一)[-꼳-]명 무한(無限) 꽃차례의 한 가지. 꽃대 둘레에 꽃자루가 없는 여러 잔 꽃이 피는 것. 옥수수 꽃 따위. 육수 화서(肉穗花序) ☞총상(總狀) 꽃차례. 수상(穗狀) 꽃차례
육수-학(陸水學)명 하천(河川)·호소(湖沼) 등의 육수를 연구하는 과학. ☞수문학(水文學)
육수=화서(肉穗花序)명 육수(肉穗) 꽃차례 ☞무한 화서(無限花序)
육순(六旬)명 ①예순 날. ②나이 '예순 살'을 이르는 말.
육시(戮屍)명-하다자 지난날, 죽은 사람의 목을 베던 일, 또는 그 형벌.
육시-랄(戮屍一)감 ①'육시를 할'이 줄어든 말로, 욕으로 하는 말. ②[관형사처럼 쓰임] ¶ - 놈.
육식(六識)명 불교에서, 육근(六根)을 인식 기관으로 삼고 육경(六境)을 대상으로 하는 여섯 가지 인식의 작용. 곧 안식(眼識)·이식(耳識)·비식(鼻識)·설식(舌識)·신식(身識)·의식(意識)을 이름.
육식(肉食)명-하다자 ①사람이 짐승의 고기를 식품으로 먹는 일. ¶ -을 주로 하다. ☞채식(菜食) ②동물이 다른 동물을 먹이로 삼는 일. ¶ - 동물 ☞초식(草食)
육식-가(肉食家)명 육식을 즐기는 사람. ☞채식가
육식=동:물(肉食動物)명 동물성의 먹이를 먹고 사는 동물. 식육류(食肉類)·맹금류(猛禽類)가 이에 딸림. ☞잡식 동물. 초식 동물
육식-성(肉食性)명 육식하는 성질. ☞잡식성(雜食性). 초식성(草食性)
육식-수(肉食獸)명 다른 짐승을 먹이로 삼는 짐승을 통틀어 이르는 말. 범·승냥이·고양이 따위.
육식-조(肉食鳥)명 다른 새나 물고기, 짐승을 먹이로 삼는 새를 통틀어 이르는 말. 독수리·갈매기·개똥지빠귀 따위.
육식-충(肉食蟲)명 다른 벌레를 잡아먹는 벌레를 통틀어 이르는 말. 물방개·잠자리·사마귀·거미 따위.
육신(六神)명 민속에서, 오방(五方)을 지킨다는 여섯 신. 곧 청룡(靑龍)·백호(白虎)·주작(朱雀)·현무(玄武)·구진(句陳)·등사(螣蛇)로 각각 동·서·남·북·중앙을 지킴.

육신(肉身)명 살아 있는 사람의 몸. 육체(肉體) 준 육(肉)
육신승천(肉身昇天)성구 백일승천(白日昇天)
육십(六十·六拾)수 수의 한자말 이름의 하나. 십(十)의 여섯 곱절. ☞예순
관 〔단위를 나타내는 말 앞에 쓰이어〕 ①수량이 예순임을 나타냄. ②차례가 예순째임을, 또는 횟수가 예순 번째임을 나타냄.
육십-갑자(六十甲子)명 민속에서, 십간(十干)과 십이지(十二支)를 순차로 배합하여 예순 가지로 늘어놓은 순서. '갑자(甲子)'에서 시작하여 '계해(癸亥)'로 끝남. 준 육갑(六甲)

▶ 육십갑자
갑자/을축/병인/정묘/무진/기사/경오/신미/임신/계유
갑술/을해/병자/정축/무인/기묘/경진/신사/임오/계미
갑신/을유/병술/정해/무자/기축/경인/신묘/임진/계사
갑오/을미/병신/정유/무술/기해/경자/신축/임인/계묘
갑진/을사/병오/정미/무신/기유/경술/신해/임자/계축
갑인/을묘/병진/정사/무오/기미/경신/신유/임술/계해

육십사-괘(六十四卦)명 주역에서, 팔괘(八卦)를 두 괘씩 이리저리 겹쳐 얻은 예순네 개의 괘.
육십진-법(六十進法)[-뻡]명 수학에서, 60을 한 단위로 자릿수를 셈하는 기수법(記數法). 고대 바빌로니아 때 비롯된 것으로, 지금도 시간이나 각도의 단위 등에 쓰임.
육아(肉芽)명 ①외상(外傷)이나 염증 등이 있는 부분이 아무는 과정에서 생기는 붉고 부드러운 결합 조직. 육아 조직(肉芽組織) ②변태한 곁눈의 한 가지. 잎겨드랑이에 생기는 다육(多肉)의 동근 눈. 땅에 떨어지면 뿌리를 내려 새 개체를 이룸. 주아(珠芽)
육아(育兒)명-하다자 어린아이를 기름. ¶ - 일기
육아-낭(育兒囊)명 캥거루나 코알라 따위 암컷의 아랫배에 있는, 새끼를 넣어 기르는 주머니.
육아-원(育兒院)명 보호자가 없는 아이들을 거두어 기르는 시설. ☞고아원(孤兒院)
육아=조직(肉芽組織)명 육아(肉芽)
육안(肉眼)명 ①안경이나 현미경 등을 쓰지 않고 볼 때의 눈. 나안(裸眼). 맨눈 ②불교에서 이르는 오안(五眼)의 하나. 범부(凡夫)의 눈. ③눈으로 보는 표면적인 안식(眼識). ☞심안(心眼)
육안-성(肉眼星)명 육안(肉眼)으로 볼 수 있는 별. 흔히 육등성(六等星) 이상을 이름.
육양(育養)명-하다타 양육(養育)
육양(陸揚)명-하다타 배에 실린 짐을 육지에 부림. 양륙(揚陸)
육-연:풍(陸軟風)명 육풍(陸風)
육영(肉癭)명 육혹
육영(育英)명-하다자 인재를 가르쳐 기르는 일. 곧 '교육'을 달리 이르는 말.
육영(育嬰)명-하다자 어린아이를 기르고 가르침.
육영=사:업(育英事業)명 육영 단체를 세워 베푸는 교육·장학 사업.
육영=재단(育英財團)명 육영 사업을 목적으로 설립한 재단.
육예(六藝)명 고대 중국의 여섯 가지 교과(教科). 곧 예(禮)·악(樂)·사(射)·어(御)·서(書)·수(數)를 이름.
육욕(肉慾)명 육체 관계를 가지고 싶어하는 욕망. ☞성욕(性慾). 정욕(情慾). 육정(肉情)
육욕(戮辱)명 매우 큰 치욕.
육-욕천(六欲天)명 불교에서 이르는 욕계(欲界)에 딸린 여섯 하늘. 곧 사왕천(四王天)·야마천(夜摩天)·도리천(忉利天)·도솔천(兜率天)·화락천(化樂天)·타화자재천(他化自在天)을 이름. 육천(六天)
육용(肉用)명-하다타 식육(食肉)으로 쓰는 것.
육용-종(肉用種)명 고기를 이용할 목적으로 기르는 가축이나 가금(家禽)의 품종. ☞난용종(卵用種)
육우(肉牛)명 고기소
육운(陸運)명 육상에서 이루어지는 여객이나 화물의 운송. ☞공운(空運). 수운(水運). 해운(海運)
육-원덕(六元德)명 여섯 가지의 덕(德). 곧 진실(眞實)·겸손(謙遜)·용기(勇氣)·충신(忠信)·정의(正義)·인도(人道)를 이름.
×**육월**(六月)명 →유월(六月)
육위(六衛)명 고려 시대, 중앙군의 조직 체계. 곧 좌우위(左右衛)·신호위(神虎衛)·흥위위(興威衛)·금오위(金吾衛)·천우위(千牛衛)·감문위(監門衛)를 이름.
육의-전(六矣廛)명 육주비전(六注比廛)
육자(肉刺)명 한방에서, '티눈'을 이르는 말.
육자=명호(六字名號)명 여섯 자로 된 미타(彌陀)의 명호(名號). 곧 '나무아미타불(南無阿彌陀佛)'을 이름.
육자배기(六字-)명 남도 잡가(南道雜歌)의 한 가지. 본디 농요(農謠)의 한 갈래였음. 예스러운 사설로 시작하는데 진양조장단 또는 세마치장단에 맞추어 불림.
육자=염:불(六字念佛)명 '나무아미타불(南無阿彌陀佛)' 여섯 글자만을 외면서 하는 염불.
육장(六場)명 지난날, 한 달에 여섯 번씩 열리던 장.
부 한 번도 빠지지 않고 늘. ¶볼 때마다 - 졸고 있다. ☞줄곧
육장(肉醬)명 쇠고기를 잘게 썰어 간장으로 조린 반찬.
육재-일(六齋日)명 불교에서, 매월 음력 8·14·15·23·29·30일을 이르는 말. 이 날은 몸을 조심하고 마음을 깨끗이 하며 계율에 충실해야 한다고 함.
육적(六賊)명 육진(六塵)
육적(肉炙)명 제사나 잔치에 쓰는 고기 산적.
육적(肉積)명 한방에서, 육식을 지나치게 하여 뱃속에 혹 같은 것이 뭉쳐 있는 병증을 이르는 말.
육전(肉錢)명 어떤 일을 하다가 밑졌을 때, 본디의 그 밑천이 되었던 돈. 살돈
육전(陸戰)명 지상전(地上戰)
육-젓(六-)명 음력 유월에 잡힌 새우로 담근 젓. ☞오사리젓. 오젓. 추젓
육정(六正)명 나라에 이로운 여섯 유형의 신하. 곧 성신(聖臣)·양신(良臣)·충신(忠臣)·지신(智臣)·정신(貞臣)·직신(直臣)을 이름. ☞육사(六邪)
육정(六情)명 사람의 여섯 가지 성정(性情). 곧 희(喜)·노(怒)·애(哀)·낙(樂)·애(愛)·오(惡)를 이름.
육정(六停)명 신라 시대, 각 지방에 두었던 여섯 군영(軍營), 또는 그 군대.
육정(肉情)명 육체 관계를 가지고 싶어하는 욕심.
육조(六曹)명 고려·조선 시대, 나라일을 분담하던 중앙의 여섯 행정 관아. 곧 이조·호조·예조·병조·형조·공조를 이름.
육조(六朝)명 중국에서, 후한(後漢)이 멸망하고 수(隋)나라가 통일하기까지 지금의 난징(南京)에 도읍을 두었던 오(吳)·동진(東晉)·송(宋)·제(齊)·양(梁)·진(陳)의 여섯 왕조.
육조법보단경언:해(六祖法寶壇經諺解)명 중국 당나라 혜능(慧能)의 어록집인 '육조법보단경'을 한글로 번역한 책. 조선 연산군 2년(1496)에 인수 대비(仁粹大妃)의 명에 따라 펴냄. 3권 3책.
육조=판서(六曹判書)명 육조의 각 판서. 육경(六卿) 준 육판서(六判書)
육족(六足)명 발이 여섯이라는 뜻으로, 지난날 말과 마부를 아울러서 얕잡아 이르던 말.
육종(肉腫)명 상피 조직 이외의 조직에서 생기는, 증식이 빠른 악성 종양. ☞양성(良性). 지방종(脂肪腫)
육종(育種)명-하다타 농작물이나 가축의 좋은 품종을 육성하거나 품종을 개량하는 일.
육종-력(六種力)명 불교에서 이르는, 여섯 가지의 힘. 곧 어린아이의 울음, 여자의 성냄, 임금의 교만, 나한(羅漢)의 정진(精進), 부처의 자비, 비구(比丘)의 참음을 이름.
육-주비전(六注比廛)명 조선 시대, 서울 종로에 있던 여섯 가지 가게. 곧 선전(縇廛)·면포전(綿布廛)·지전(紙廛)·면주전(綿紬廛)·저포전(紵布廛)·내외어물전(內外魚物廛)을 이름. 육의전(六矣廛)

육중(肉重)[어기] '육중(肉重)하다'의 어기(語基).
육중-주(六重奏)[명] 여섯 가지의 독주(獨奏) 악기가 한데 어울려 연주하는 실내악. 현악 육중주, 피아노와 현의 육중주, 관악 육중주, 관현악 육중주 등이 있음. ☞섹스텟(sextet)
육중-창(六重唱)[명] 여섯 사람이 서로 다른 성부를 맡아서 한데 어울려 노래를 부르는 일, 또는 그 노래. ☞섹스텟(sextet)
육중-하다(肉重-)[형][여] 생김새나 덩치 따위가 투박하고 무겁다. ¶육중한 몸집의 사내.
육즙(肉汁)[명] 쇠고기를 다져 중탕하여 짠 국물.
육지(陸地)[명] 지구 위의 땅의 부분을 바다에 상대하여 이르는 말.
육-지기(肉-)[명] 육고자(肉庫子)
육-지니(育-)[명] '수지니' 중에서 길들인 지 한 해 되는 보라매를 이르는 말. 초지니
육지-면(陸地棉)[명] 목화의 한 품종. 꽃은 백색 또는 담황색이며, 열매는 삭과로 크며 위를 향해 달림. 세계적으로 가장 보편적인 품종으로 세계 면 생산의 60%를 차지함. 주로 미국 남부의 목화 지대에서 재배됨. ☞재래면(在來棉)
육지행선(陸地行船)[성구] 뭍에서 배를 저으려 한다는 뜻으로, 되지도 않을 일을 억지로 하고자 함을 이르는 말.
육진(六塵)[명] 불교에서 이르는, 인간의 마음을 흐리게 하는 여섯 가지. 곧 색(色)·성(聲)·향(香)·미(味)·촉(觸)·법(法)을 이름. 육적(六賊)
육진(六鎭)[명] 조선 세종 때, 함경 북도 북변(北邊)에 두었던 여섯 진(鎭). 곧 경원(慶源)·경흥(慶興)·부령(富寧)·온성(穩城)·종성(鍾城)·회령(會寧)을 이름.
육진=장포(六鎭長布)[명] 지난날, 함경 북도 육진에서 나던, 필(疋)의 길이가 정한 척수(尺數)보다 긴 삼베.
육질(肉質)[명] ①살 같은 성질. ¶-의 나무. ②고기의 품질. ¶-이 좋다.
육징(肉癥)[명] 자꾸 고기가 먹고 싶은 생각이 나는 병증. ☞소증(素症)
육찬(肉饌)[명] 고기로 만든 반찬. 육선(肉膳)
육척(六戚)[명] ①육친(六親) ②모든 혈족.
육천(六天)[명] 육욕천(六欲天)
육체(六體)[명] ①지난날, 과거 때 시험 보던, 시(詩)·부(賦)·표(表)·책(策)·의(義)·의(疑) 여섯 가지를 통틀어 이르던 말. ②중국 한나라 때의 한자의 여섯 가지 서체(書體). 곧 대전(大篆)·소전(小篆)·예서(隸書)·팔분(八分)·초서(草書)·행서(行書)를 이름. 육서(六書)
육체(肉滯)[명] 한방에서, 고기를 먹고 생긴 체증을 이르는 말. ☞주체(酒滯)
육체(肉體)[명] 살아 있는 사람의 몸.〔정신에 상대하여 이름.〕 육신(肉身) ¶건강한 -에 건전한 정신이 깃들인다. [준]육(肉) ☞신체(身體)
육체=관계(肉體關係)[명] 남녀 사이의 성적(性的)인 교접(交接)을 이르는 말. ¶-를 맺다./-를 가지다.
육체=노동(肉體勞動)[명] 육체를 움직여서 하는 노동. 근육 노동(筋肉勞動) ☞정신 노동(精神勞動)
육체-미(肉體美)[명] 균형 잡힌 몸매의 아름다움.
육체-적(肉體的)[명] 육체에 관련되는 것. ¶-인 고통. ☞정신적(精神的)
육초(肉-)[명] 쇠기름으로 만든 초. 육촉(肉燭)
육촉(肉燭)[명] 육초
육촌(六寸)[명] 사촌의 아들딸, 곧 재종(再從)간의 촌수. ¶- 오빠
육추(育雛)[명]-하다[자] 알에서 깨어난 새끼를 기르는 일, 또는 그 새끼. 주로 병아리를 이름.
육축(六畜)[명] 집에서 기르는 대표적인 여섯 가지 가축. 곧 소·말·돼지·양·닭·개를 이름.
육친(六親)[명] 가장 가까운 여섯 친족(親族)이라는 뜻으로, 부(父)·모(母)·형(兄)·제(弟)·처(妻)·자(子)를 이르는 말. 육척(六戚)
육친(肉親)[명] 부모나 자식, 형제와 같이 매우 가까운 혈연 관계에 있는 사람을 이르는 말.
육칠(六七)[수] ①육이나 칠. 예닐곱 ②〔관형사처럼 쓰임〕 ¶- 명의 남자./- 평 될직한 사무실.
육침(肉針)[명] ①해면 따위 일부 생물의 몸에 가시처럼 돋아 있는 뼈. ②한방에서, 지압 치료를 할 때의 '손가락'을 이르는 말.
육탄(肉彈)[명] '적진 속으로 뛰어드는 사람의 몸'을 탄환이나 폭탄에 비유하여 이르는 말.
육탄-전(肉彈戰)[명] 적과 맞붙어 몸으로 싸우는 전투. ☞백병전(白兵戰)
육탈(肉脫)[명]-하다[자] ①몸이 여위어 살이 빠짐. ②매장한 시체의 살이 썩어 뼈만 남음, 또는 그 상태.
육탈골립(肉脫骨立)[성구] 몸이 몹시 여위어 뼈만 남도록 마름을 이르는 말.
육탕(肉湯)[명] 고기를 넣고 끓인 국. 고깃국
육태(陸駄·陸馱)[명] 뭍에서 마소로 실어 나르는 짐.
육태-질(陸駄-)[명]-하다[타] 뭍에서 짐을 마소로 실어 나르는 일. ☞육태
육통-터:지다(六通-)[자] 일이 거의 다 되려다가 틀어지다.〔강경과(講經科)에서 칠서(七書) 가운데 여섯 가지만 외우고 한 가지는 못 외어 여섯 가지를 외운 보람이 없어졌다는 데서 유래함.〕
×**육-파라밀**(六波羅蜜)[명] → 육바라밀
육-판서(六判書)[명] '육조 판서(六曹判書)'의 준말.
육판-화(六瓣花)[명] 꽃잎이 여섯 장인 꽃. 참나리 따위. 여섯잎꽃
육포(肉包)[명] 고기쌈
육포(肉脯)[명] 쇠고기나 돼지고기 따위의 고기를 얇게 저며 말린 포. 약포(藥脯)나 장포(醬脯) 따위.
육표(陸標)[명] 항로 표지의 한 가지. 육지에 설치되며 알아보기 쉽게 채색되어 있음. 랜드마크(land mark)
육풍(陸風)[명] 밤 기온의 차이로 말미암아 뭍에서 바다로 부는 바람. 뭍바람. 육연풍(陸軟風) ☞해풍(海風)
육필(肉筆)[명] 직접 손으로 쓴 글씨. 친필(親筆) ¶- 원고
육하=원칙(六何原則)[명] 보도(報道) 기사 등의 문장을 쓸 때, 지켜야 하는 기본적인 원칙. 곧 '누가'·'언제'·'어디서'·'무엇을'·'어떻게'·'왜'의 여섯 가지를 이름.
육합(六合)[명] 하늘과 땅, 동·서·남·북을 통틀어 이르는 말.
육항=단자(六行單子)[명] 지난날, 생원·진사·문무과의 급제자가 임금에게 감사의 뜻으로 바치던 여섯 줄로 쓴 글.
육해공-군(陸海空軍)[명] 육군·해군·공군을 아울러 이르는 말. ☞삼군(三軍)
육행(肉杏)[명] '살구'의 딴이름.
×**육행=단자**(六行單子)[명] → 육항단자
육-허기(肉虛飢)[명] 육욕(肉慾)에 굶주렸다는 뜻으로, 색(色)을 몹시 탐함을 비유하여 이르는 말.
육혈(衄血)[명] 한방에서, '코피'를 이르는 말.
육혈-포(六穴砲)[명] 총알을 재는 구멍이 여섯인 권총.
육형(肉刑)[명] 지난날, 죄인의 몸에 과하던 형벌. 몸에 먹물을 들이는 자자(刺字), 코를 베는 의형(劓刑), 발뒤꿈치를 베는 비형(剕刑), 불알을 썩이는 궁형(宮刑), 팔다리 또는 손목을 자르는 단수(斷手) 따위를 이름.
육-혹(肉-)[명] 살로만 된 혹. 육류(肉瘤). 육영(肉癭)
육화(六花)[명] '눈〔雪〕'을 여섯잎꽃에 비유하여 이르는 말.
육회(肉膾)[명] 쇠고기 따위의 연한 살코기를 물기를 없게 하여 결의 방향과 반대로 곱게 채 썰고 배도 채 썰어 함께 양념하여 주무른 것을 담고 그 위에 잣가루를 뿌린 음식.
육효(六爻)[명] 주역(周易)의 육십사괘(六十四卦)를 구성하는 여섯 개의 효(爻).
육후(肉厚)[어기] '육후(肉厚)하다'의 어기(語基).
육후-하다(肉厚-)[형][여] 살이 두툼하다.
윤:(潤)[명] 윤기(潤氣)
윤을 내다[관용] 물건에 윤기가 흐르게 하다.
윤이 나다[관용] 물건에 윤기가 흐르다. ¶윤이 나는 그릇.

[한자] 윤 윤(潤)〔水部 12획〕 ¶윤색(潤色)/윤활(潤滑)

윤:(閏)-《접두사처럼 쓰이어》'윤달'의 뜻을 나타냄. ¶윤사월/윤동짓달

윤:가(允可)명 -하다타 윤허(允許)

윤간(輪姦)명 -하다타 여러 남자가 한 여자를 돌아가면서 강간하는 짓.

윤감(輪感)명 돌림감기

윤곽(輪廓·輪郭)명 ①테두리 ¶자동차의 ―을 그리다. ②대강의 겉모습. ¶그녀의 얼굴은 인형처럼 ―이 뚜렷했다. ③일의 대체적인 줄거리. ¶도시 개발 계획의 ―이 드러났다.

윤관(輪關)명 지난날, 상관이 하관에게 내려 돌려보게 하던 공문(公文).

윤기(倫紀)명 윤리와 기강(紀綱)을 아울러 이르는 말.

윤:기(潤氣)[―끼] 명 물체의 겉에 나타나는, 기름을 바른 듯이 반질반질한 기운. 윤(潤) ¶―가 흐르는 햅쌀 밥.

윤:-날(閏―)명 태양력에서, 윤년에 드는 날. 곧 2월 29일을 이름. 윤일(閏日)

윤납(輪納)명 -하다타 여럿이 차례로 돌아가며 바치는 일.

윤:년(閏年)명 ①태양력에서, 윤일이 든 해. 4년마다 2월이 29일이 되어 한 해가 366일로 됨. 단, 100으로 나누어지는 1900년 등은 제외됨. ②태음력에서, 윤달이 든 해. 2년 또는 3년마다 한 해가 13개월이 됨.

윤노리-나무 명 장미과의 낙엽 관목. 잔가지에 흰털이 있고, 잎은 길둥글며 어긋맞게 나는데 가장자리에 잔 톱니가 있음. 봄에 흰 꽃이 가지 끝에 모여 피고, 9월경에 길둥근 열매가 붉게 익음. 우리 나라 각지 산 중턱에서 자라며, 뿌리는 한방에서 이질이나 설사에 약재로 쓰임.

윤:-달(閏―)명 ①태양력에서, 윤일이 든 달. 평년보다 하루가 더 많은 2월을 이름. ②태음력에서, 윤년에 드는 달. 평년보다 한 달이 더 들어갈 때의 그 달. 윤월(閏月). 윤삭(閏朔)

속담 **윤달 든 회양목인가** : 회양목은 윤달에 키가 한 치씩 준다는 전설에서, 키가 작은 사람이나 일의 진행이 더딤을 이르는 말.

한자 윤달 윤(閏) 〔門部 4획〕 ¶윤년(閏年)/윤월(閏月)/윤일(閏日)

윤대(輪臺)명 물레[2]

윤대(輪對)명 -하다타 조선 시대, 임금이 신하들을 돌림 차례에 따라 만나서 국사(國事)에 관한 의견을 듣던 일.

윤도(輪圖)명 풍수가나 지관이 묏자리나 집터를 정할 때 쓰던 기구. 한가운데에 나침반이 있고 그것을 중심으로 바깥쪽으로 여러 층의 원이 그려져 있으며, 이 원들과 바퀴살 모양의 직선들이 교차하는 지점마다 방위 표시의 한자(漢字)가 쓰여 있음.

윤독(輪讀)명 -하다타 글이나 책 따위를 여러 사람이 돌려 가며 읽음.

윤:-똑똑이 명 혼자 똑똑한체 하는 사람. ☞겉똑똑이

윤락(淪落)명 -하다자 ①집안이 몰락하여 타향으로 떠돌아다님. ②타락한 여성이 몸을 파는 일.

윤락-가(淪落街)명 매음(賣淫)하는 여성들이 모여 있는 곳. ☞사창가(私娼街)

윤리(倫理)명 ①사람이 마땅히 지켜야 할 도리와 규범. ☞인륜(人倫) ②'윤리학(倫理學)'의 준말.

윤리-관(倫理觀)명 윤리에 관한 생각이나 태도.

윤리=신학(倫理神學)명 크리스트교 신학의 한 분과. 교의(敎義)와 윤리의 관계를 연구함.

윤리-적(倫理的)명 ①윤리에 관한 것. ②윤리에 바탕을 둔 것. ¶―인 규범.

윤리-학(倫理學)명 사회 안에서 인간과 인간 사이의 관계를 규정하는 규범·원리·규칙에 관하여 연구하는 학문을 통틀어 이르는 말. 준윤리 ☞도덕 철학(道德哲學)

윤몰(淪沒)명 -하다자 ①물에 빠져 들어감. ②죄에 빠짐.

윤무(輪舞)명 원무(圓舞)

윤:문(潤文)명 -하다자 글을 바르고 아름답게 다듬는 일.

윤번(輪番)명 -하다타 교대로 번듦, 또는 그 번드는 교대.

윤번-제(輪番制)명 교대로 번드는 일의 방식이나 제도.

윤벌(輪伐)명 -하다타 삼림의 일부를 해마다 벌채하는 일.

윤:삭(閏朔)명 윤달

윤상(倫常)명 인륜의 떳떳하고 변할 수 없는 도리.

윤상(輪狀)명 바퀴 모양.

윤:색(潤色)명 -하다타 ①색칠을 하고 윤을 냄. ②시문(詩文) 따위의 초고에 손을 대어 다듬는 일.

윤생(輪生)명 -하다자 잎차례의 한 가지. 줄기 한 마디에 석 장 이상의 잎이 수레바퀴 모양으로 나는 일. 돌려나기

윤서(倫序)명 차례. 순서

윤선(輪船)명 '화륜선(火輪船)'의 준말.

윤시(輪示)명 -하다타 돌려 가며 차례로 보임. ☞회람(回覽)

윤:옥(胤玉·允玉)명 남을 높이어 그의 아들을 이르는 말.

윤:월(閏月)명 윤달

윤월(輪月)명 둥근 달.

윤:월(潤月)명 달불이

윤:위(閏位)명 정통이 아닌 임금의 자리.

윤:유(允兪)명 -하다타 윤허(允許)

윤음(綸音)명 임금의 말씀. 윤지(綸旨)

윤음-언:해(綸音諺解)명 한문으로 된 윤음을 백성들에게 널리 알리기 위하여 한글로 번역하여 펴낸 책. 대부분 조선 영·정조 때의 것임.

윤:일(閏日)명 태양력에서, 윤년에 드는 날. 곧 2월 29일을 이름. 윤날

윤작(輪作)명 -하다타 한 경작지에 여러 가지 작물을 일정한 연한마다 순서에 따라 바꾸어 심는 일. 양분을 조절하고 병충해를 덜 받는 효과가 있음. 돌려짓기 ☞연작(連作)[1]

윤전(輪轉)명 -하다자타 ①바퀴가 돌거나 바퀴처럼 돎. ②윤회(輪廻)

윤전-기(輪轉機)명 '윤전 인쇄기'의 준말.

윤전=인쇄기(輪轉印刷機)명 인쇄 기계의 한 가지. 원통 모양의 판과 이와 맞닿아 회전하는 원통 사이에 둥글게 감은 인쇄 용지를 끼워서 인쇄함. 인쇄 능률이 높아 신문이나 잡지 등의 대량 인쇄에 쓰임. 준윤전기(輪轉機)

윤:준(允準)명 -하다타 윤허(允許)

윤증(輪症)명 돌림병

윤지(綸旨)명 윤음(綸音)

윤:집(閏集)명 원본(原本)에서 빠진 글을 따로 편집한 문집(文集).

윤차(輪次)명 돌아가는 차례.

윤창(輪唱)명 두 성부(聲部) 이상을 지닌 악곡에서 같은 선율을 일정한 간격을 두고 따라 부르는 노래. 노래가 끝난 성부는 처음으로 돌아가서 되풀이하여 노래함. 돌림노래

윤척(輪尺)명 통나무 따위의 지름을 재는 기구. ☞캘리퍼스(callipers)

윤첩(輪牒)명 지난날, 여러 사람이 돌려 가며 보도록 쓴 편지를 이르던 말. ☞돌림편지

윤:초(閏秒)명 한 해마다 표준시를 조정할 때 넣거나 빼는 1초. 지구의 자전 속도의 불규칙한 변화에 따라 표준시와 실제 시각 사이에 생기는 오차를 줄이기 위한 방법임.

윤축(輪軸)명 굴대를 바퀴 중심에 꿰어 고정하여 굴대와 바퀴를 동시에 돌릴 수 있게 한 장치. 바퀴에 밧줄을 걸어 작은 힘으로 무거운 물체를 끌어올리는 데 쓰임.

윤:택(潤澤)어기 '윤택(潤澤)하다'의 어기(語基).

윤:택-하다(潤澤―)형여 ①아름답게 빛나며 번지르르하다. ¶윤택한 가구가 방을 환하게 한다. ②살림살이가 넉넉하고 여유가 있다. ¶살림이 윤택해지다.

윤:-포(―布)명 무당이 쓰는 발이 굵고 거친 베.

윤:필(潤筆)명 -하다자 ①〔붓을 적신다는 뜻으로〕 글씨를 쓰거나 그림을 그림. ②'윤필료'의 준말.

윤:필-료(潤筆料)명 남에게 시문(詩文)이나 서화를 받으려고 청할 때 사례로 주는 돈. 준윤필(潤筆)

윤:하(允下)명 -하다타 임금이 윤허(允許)를 내림.

윤:허(允許)명 -하다타 임금이 허락함. 윤가(允可). 윤유(允兪). 윤준(允準) ☞불윤(不允)

윤형(輪刑)[명] ①지난날, 죄인을 각 고을로 끌고 다니며 욕보이던 형벌. ②지난날, 죄인을 수레바퀴로 깔아 죽이던 형벌. ☞육형(肉刑)

윤형(輪形)[명] 바퀴 모양.

윤형-동:물(輪形動物)[명] 동물계의 한 문(門). 몸은 매우 작아 몸길이 2mm 안팎이고, 몸의 앞쪽에 있는 섬모 다발을 수레바퀴가 도는 것처럼 움직여 전진하거나 플랑크톤을 모아서 먹음. 주로 민물에서 살고 세계에 1,500여 종이 있음. ☞절지동물(節肢動物)

윤화(輪禍)[명] 자동차나 기차 따위 육상 교통 기관의 사고로 말미암은 재앙.

윤:활(潤滑)[어기] '윤활(潤滑)하다'의 어기(語基).

윤:활-유(潤滑油)[-류][명] 기계 따위의 마찰 면에 생기는 열을 분산하고 마찰을 줄이기 위하여 치는 기름. 감마유(減摩油)

윤:활-제(潤滑劑)[-쩨][명] 서로 맞닿아 미끄러지는 두 면 사이의 마찰을 줄이는 작용을 하는 물질. 윤활유·활석·그리스 따위. 감마제(減摩劑)

윤:활-하다(潤滑-)[형여] 물기나 기름기가 있어 빽빽하지 않고 매끄럽다.

윤회(輪廻)[명][-하다][자] ①불교에서, 인간이나 동물·초목 등 생명이 있는 것은 죽은 뒤에도 영혼은 남아 다른 몸에 옮아 태어나고 죽기를 되풀이한다고 하는 사상. ②상태의 변화가 어떤 단계를 좇아 되풀이되는 일. 지표면(地表面)이 풍화(風化)와 침식(浸蝕)으로 그 모습이 바뀌어 가는 따위.

율(律)[명] ①'음률(音律)'의 준말. ②'육률(六律)'의 준말. ③'계율(戒律)'의 준말. ④율시(律詩) ⑤불교에서 이르는 삼문(三門)의 하나. 신앙 생활의 계율을 이름. ☞교(敎). 선(禪)

율(率)[명] '비율(比率)'의 준말.

율객(律客)[명] ①음률(音律)에 밝은 사람. ②율시(律詩)를 잘 짓는 사람.

율격(律格)[-껵][명] 한시(漢詩) 구성법의 한 가지. 곧 평측(平仄)·압운(押韻)·대구(對句)를 두루 이르는 말.

율과(律科)[명] 조선 시대, 형률(刑律)에 능통한 사람을 뽑던 잡과(雜科)의 한 가지.

율관(律官)[명] 조선 시대, 율과(律科)에 급제하여 임명된 관원을 이르던 말.

율기(律己)[명][-하다][자] ①자기 자신을 잘 다스림. 율신(律身) ②안색을 엄정히 함.

율당(栗糖)[-땅][명] 밤엿

율동(律動)[-똥][명] ①일정한 규칙에 따라 이루어지는 움직임의 흐름. ②리듬(rhythm) ③'율동 체조(律動體操)'의 준말.

율동=체조(律動體操)[-똥-][명] 음악의 가락에 맞추어 하는 체조. [준]율동(律動)

율려(律呂)[명] ①육률(六律)과 육려(六呂)를 아울러 이르는 말. ②음악이나 음성의 가락.

율렬(慄烈)[어기] '율렬(慄烈)하다'의 어기(語基).

율렬-하다(慄烈-)[형여] 호되게 춥다.

율령(律令)[명] 형률(刑律)과 법령(法令).

율례(律例)[명] 형률의 적용에 관한 범례.

율리우스-력(Julius曆)[명] 태양력의 한 가지. 율리우스 카이사르가 이집트의 역법을 규범으로 제정한 역법.

율모기[명] 뱀과의 동물. 몸길이 1m 안팎. 몸빛은 감람녹색 또는 어두운 잿빛으로 큼직큼직한 검정 얼룩점이나 붉은 얼룩점이 있으며, 독이 없음. 우리 나라와 일본 각처에서 볼 수 있음.

율목(栗木)[명] '밤나무'의 딴이름.

율무[명] 볏과의 한해살이풀. 줄기 높이 1~1.5m. 잎은 가늘고 길며 어긋맞게 남. 여름에 꽃이 피고 길둥근 열매는 밥이나 죽, 차(茶)를 만들어 먹거나 한방에서 배농(排膿)이나 소염제·이뇨제 등의 약재로 쓰임. 중국 원산임. 의이(薏苡)

율무-밥[명] 율무쌀로 지은 밥, 또는 멥쌀과 율무쌀을 섞어서 지은 밥.

율무-쌀[명] 율무 열매의 껍질을 벗긴 알맹이.

율문(律文)[명] ①형률(刑律)의 조문(條文). ②운문(韻文)

율방(栗房)[명] 밤송이

율법(律法)[-뻡][명] ①신(神)이 사제나 예언자 등을 통해서 내린 종교나 윤리 생활의 규범을 이르는 말. ②불교에서, '계율'을 달리 이르는 말. 법계(法戒)

율부(律賦)[명] 일정한 율격이 있는 부(賦).

율사(律士)[-싸][명] '법률가'를 흔히 이르는 말.

율사(律師)[-싸][명] ①불교에서, 계율을 잘 아는 중을 이르는 말. ②불교 승직(僧職)의 한 가지. 중의 잘못을 검찰하는 중.

율시(律詩)[-씨][명] 여덟 구(句)로 이루어진 한시(漢詩)의 한 체(體). 한 구의 글자 수에 따라 오언(五言) 율시와 칠언(七言) 율시로 나뉨. 율(律) ☞절구(絕句)

율신(律身)[-씬][명][-하다][자] 율기(律己)

율원(律院)[명] 불교에서, 계율을 학습하는 도량. ☞강원(講院). 선원(禪院). 총림(叢林)

율원(栗園)[명] 밤나무 동산.

율의(律衣)[명] 계율을 지키는 중이 입는 잿빛 법의(法衣).

율장(律藏)[-짱][명] 불교에서 이르는 삼장(三藏)의 하나. 석가모니가 말한, 일상 생활에서 지켜야 할 규칙을 적은 책. ☞경장(經藏). 논장(論藏)

율절(律絕)[-쩔][명] 율시(律詩)와 절구(絕句).

율조(律調)[-쪼][명] '선율(旋律)'을 흔히 이르는 말.

율종(律宗)[-쫑][명] '계율종(戒律宗)'의 준말.

율학(律學)[명] 형률에 관한 학문.

율학-청(律學廳)[명] 조선 시대, 형조(刑曹)에 딸리어 형률(刑律)과 형구(刑具)에 관한 일을 맡아보던 관아.

융(絨)[명] 감의 거죽이 부풋하고 부드러운 피륙의 한 가지.

융기(隆起)[명][-하다][자] ①어느 한 부분이 도드라져 오름. ②땅이 해면에 대하여 상대적으로 높아지는 현상.

융기-도(隆起島)[명] 지각의 변동으로, 해저(海底)의 한 부분이 물 위로 솟아 이루어진 섬.

융기=산호초(隆起珊瑚礁)[명] 지반의 융기나 해수면의 저하로 말미암아 해수면 위에 드러난 산호초.

융기=해:안(隆起海岸)[명] 지각의 변동으로 말미암아 지반이 융기하여 생긴 해안.

융단(絨緞)[명] 첨모직(添毛織)으로 짠 두꺼운 모직물. 마루에 깔거나 벽에 겂. 양탄자

융단=폭격(絨緞爆擊)[명] 말려 있는 융단을 깔듯이, 여러 대의 폭격기가 차례차례로 일정한 지역에 집중적으로 폭탄을 퍼붓는 일.

융동(隆冬)[명] 몹시 추운 겨울. 엄동(嚴冬)

융모(絨毛)[명] 융털

융모=상:피종(絨毛上皮腫)[명] 융모 상피 세포의 이상 증식으로 자궁 내막, 난관, 난소 등에 생기는 종양.

융병(癃病)[명] 늙어서 몸이 수척해지는 병.

융복(戎服)[명] 조선 시대, 국난이 있을 때나 거둥을 수행할 때, 관원들이 입던 의복. 철릭 위에 폭이 넓고 술이 달린 띠를 두르고, 주립(朱笠)을 쓰고 목화(木靴)를 신었음. 융의(戎衣)

융비(隆鼻)[명] 우뚝한 코. 융준(隆準)

융비-술(隆鼻術)[명] 코를 높이거나 코의 모양을 다듬는 성형 외과 수술.

융성(隆盛)[명][-하다][자] 매우 기운차게 일어남. 융창(隆昌)

융숭(隆崇)[어기] '융숭(隆崇)하다'의 어기(語基).

융숭-하다(隆崇-)[형여] 대하는 태도가 매우 극진하고 정중하다. ¶융숭한 대접을 받다.

융숭-히[부] 융숭하게

융안-악(隆安樂)[명] 조선 시대, 종묘(宗廟) 제향(祭享)과 조회(朝會)에서 임금이 댓돌을 오르내리고 대궐 문을 들고 날 때 연주하던 아악(雅樂).

융액(融液)[명] 녹아 액체가 됨, 또는 그 액체.

융융(融融)[어기] '융융(融融)하다'의 어기(語基).

융융-하다(融融-)[형여] 화평한 기운이 있다.

융은(隆恩)[명] ①윗사람의 은혜. ②임금의 은혜.

융의(戎衣)[명] 융복(戎服)

융이(戎夷)명 오랑캐라는 뜻으로, 옛날 중국에서 서쪽과 동쪽의 이민족을 얕잡아 이르던 말.
융자(融資)명-하다타 자금을 융통하는 일, 또는 융통한 자금. ¶은행 –
융적(戎狄)명 오랑캐라는 뜻으로, 옛날 중국에서 서쪽과 북쪽 지방의 이민족(異民族)을 얕잡아 이르던 말.
융절(隆準)명 우뚝한 코. 융비(隆鼻)
융점(戎點)명 지난날, 각 영문(營門)의 군사를 조련(操練)하던 일.
융점(融點)[–쩜]명 녹는점 본융해점(融解點)
융제(融劑)명 화학 분석이나 야금(冶金)·요업(窯業) 등에서 융해되기 어려운 물질을 녹기 쉽게 하려고 넣는 물질. 용제(鎔劑)
×**융준**(隆準)명 →융절(隆準)
융창(隆昌)명-하다자 융성(隆盛)
융체(隆替)명 성쇠(盛衰)
융-털(絨–)명 ①척추동물의 소장(小腸) 점막에 촘촘하게 나 있는 유두(乳頭) 모양의 돌기. ②꽃잎이나 잎의 거죽에 있는 잔털. 융모(絨毛)
융통(融通)명-하다타 필요한 물건이나 돈을 돌려 씀. 통융(通融) ¶사업 자금을 –하다.
융통-물(融通物)명 ①융통되는 물건. ②사법(私法)에서, 거래하는 대상이 될 수 있는 물건. ☞불융통물
융통-성(融通性)[–썽]명 때나 경우에 따라 부드럽게 대처할 줄 아는 성질이나 태도. ¶–이 없다.
융통=어음(融通–)명 실제의 상거래는 없이, 단순히 일시적으로 자금을 융통하기 위해 발행되는 어음.
융합(融合)명-하다자 ①둘 또는 그 이상의 조직이나 성분이 녹아서 하나로 됨. ¶핵의 분열과 –. ②둘 또는 그 이상의 것이 어울려 하나로 됨. ¶동·서 문화가 –되다.
융해(融解)명-하다자 ①녹아서 풀어짐. ②고체가 열에 녹아 액체 상태로 되는 일. 용융(鎔融) ☞용해(鎔解). 응고(凝固)
융해-열(融解熱)명 고체를 완전히 액체로 융해하는 데 필요한 열량. 녹는열 ☞응고열
융해-점(融解點)[–쩜]명 고체가 녹아서 액체로 되기 시작하는 온도. 녹는점 준융점(融點)
융화(融化)명-하다자 녹아서 아주 다른 물질로 변함.
융화(融和)명-하다자 서로 어울려 화합함.
융회(融會)명-하다타 저절로 자세히 알게 됨.
융흥(隆興)명-하다자 형세가 기운차게 일어남.
융희(隆熙)명 대한 제국의 마지막 연호(年號). 1907년부터 1910년까지 쓰였음. ☞광무(光武)
윷:명 ①둥글고 곧은 나무 도막 두 개를 반으로 쪼개어 네 개의 가락으로 만든 놀잇감. ¶–을 놀다. ②윷판의 넷째 말밭 이름. 곧 '모'와 '걸'의 사이임. ③윷놀이에서, 네 개의 윷가락을 던져서 윷가락 네 개가 모두 잦혀진 경우의 이름. 말은 네 말밭을 나아갈 수 있고, 새김이라 하여 한 번 더 던질 수 있음. ☞새김[3]. 윷밭
　윷(을) 놀다관용 편을 가르고 윷을 던져 승패를 겨루다.
윷:-가락[윤–]명 윷짝
윷:-놀이[윤–]명-하다자 편을 갈라 번갈아 윷을 던져 그 잦혀진 모양에 따라 말을 윷판에 놓아 빨리 돌아 나오는 것으로 승패를 겨루는 민속놀이. 윷이 잦혀지는 모양에 따라 도·개·걸·윷·모의 다섯 등급을 둠. 척사(擲柶). 척사희(擲柶戲)
윷:놀이-채찍[윤–]명 지난날, 대궐을 지키는 병정이 가지던 채찍.
윷:-등[윤–]명 윷가락의 둥글게 볼록한 쪽.
윷:-말[윤–]명 윷판에 놓아 돌고 있는 위치를 나타내는, 나뭇조각이나 돌 따위의 물건. 편마다 모양이나 색깔을 달리하여 각각 4개씩 가짐.
윷:-밭[윤–]명 ①윷을 놀 때, 말을 쓰는 자리. ②윷판의 넷째 말밭.
윷:-배[윤–]명 윷가락의 평평한 쪽.
윷:-점(–占)[윤–]명 민속에서, 섣달 그믐날 밤이나 설날에 윷으로 그 해 농사의 잘 되고 못 됨이나 저마다의 운수를 알아보는 점.
윷:-짝[윤–]명 윷의 낱개. 윷가락
　윷짝(을) 가르듯관용 윷짝의 등과 배가 분명하듯이, 판단이 분명함을 이르는 말.
윷:-판[윤–]명 ①윷을 놀고 있는 자리. ②윷놀이에서, 윷밭을 그린 판. 곧 윷의 말판.
으명〈어〉한글 자모(字母) 'ㅡ'의 이름.
으그러-뜨리다(트리다)타 으그러지게 하다. ☞으끄러뜨리다
으그러-지다자 물건의 거죽이 찌그러지다. ¶냄비가 –./으그러진 상자. ☞으끄러지다
으그르르부 먹은 음식이나 마신 물 따위가 목구멍으로 끓어오르는 소리를 나타내는 말.
으깨다타 덩이진 것을 누르거나 하여 부스러뜨리다. ¶삶은 감자를 –./으깬 두부.
으끄러-뜨리다(트리다)타 힘있게 으깨다. ☞으그러뜨리다
으끄러-지다자 덩이진 것이 눌리거나 문질리어서 부스러지다. ☞으그러지다. 뭉그러지다. 으츠러지다
으끄-지르다(–지르고·–질러)타르 버릴 작정으로 물건을 으깨다. ¶빈 맥주 캔을 으끄질러 버리다.
-으나[1]어미 받침 있는 어간이나 '-았(었)-'·'-겠-'에 붙어 ①대립되는 관계에 있음을 나타내는 연결 어미. ¶산은 높으나, 산세는 험하지 않다. ②선택의 관계에 있음을 나타내는 연결 어미. ¶많으나 적으나 상관없다. ☞-나[1]
-으나[2]어미 받침 있는 형용사 어간에 붙어 거듭하여 힘주는 말을 만들 경우에 쓰이는 어미. ¶높으나 높은 산. ☞-나[3]
-으나마어미 받침 있는 어간이나 '-았(었)-'·'-겠-'에 붙어, 넉넉지 못한 조건임을 나타내는 연결 어미. ¶적으나마 이 돈이라도 받아 두구려. ☞-나마
-으냐어미 받침 있는 형용사 어간에 붙어 '해라' 할 자리에 물음을 나타내는 종결 어미. ¶그 여자가 그렇게나 좋으냐? ☞-냐
-으냐고어미 ①'-으냐 하고'가 줄어든 복합 어미. ¶교정이 넓으냐고 묻다. ②되묻는 뜻을 나타내는 어미. ¶산이 얼마나 높으냐고? ☞-냐고
-으냐는어미 '-으냐 하는'이 줄어든 복합 어미. ¶고치는 것이 낫지 않으냐는 말이 나오다. ☞-냐는
-으냔어미 복합 어미 '-으냐는'이 줄어든 말. ¶왜 이렇게 많으냔 말이다. ☞-냔
-으냘어미 '-으냐 할'이 줄어든 말. ¶이 방이 뭐가 좁으냘 수도 있겠군. ☞-냘
으늑-하다형여 둘레가 푹 둘러싸여 조용하고 편안한 느낌이 있다. ☞아늑하다
　으늑-히부 으늑하게 ☞아늑히
-으니[1]어미 받침 있는 형용사 어간에 붙어, '하게' 할 자리에 사실을 있는 그대로 나타내는 종결 어미. ¶그럴 수밖에 없으니. ☞-니[1]
-으니[2]어미 받침 있는 어간이나 '-았(었)-'·'-겠-'에 붙어, '-기 때문에'의 뜻으로 어떤 일의 앞선 조건이 되는 것을 보이는 연결 어미. ¶나만 빼놓고 먹으니 맛있더냐? ☞-니[3]
-으니[3]어미 받침 있는 형용사 어간에 붙어, 대등하게 벌여 놓는 어미. ¶손님이 많으니 적으니 자꾸 투덜거린다. ☞-니[4]
-으니라어미 받침 있는 형용사 어간에 붙어 '해라' 할 자리에 쓰이어, 경험을 바탕으로 사실을 알리는 종결 어미. ¶부모의 은혜는 하늘과 같으니라./가을 하늘은 높으니라./세상은 넓고, 할 일은 많으니라. ☞-니라
으드득부 ①크고 단단한 물건을 한 번 힘껏 깨물어 부스러뜨리는 소리를 나타내는 말. ¶얼음을 – 깨물어 먹다. ②이를 한 번 여무지게 가는 소리를 나타내는 말. ☞아드득
으드득-거리다(대다)자타 자꾸 으드득 소리가 나다, 또는 그런 소리를 내다. ☞아드득거리다

ㅇ

으드득-으드득 부 으드득거리는 소리를 나타내는 말. ¶ — 이를 갈다. ☞아드득아드득

으드등-거리다(대다) 자 으드등으드등 다투다. ☞아드등거리다

으드등-으드등 부 서로 고집스레 부득부득 우기며 심하게 다투는 모양을 나타내는 말. ☞아드등아드등

으등그러-지다 자 ①버썩 말라서 비틀어지다. ②날씨가 점점 찌푸려지다. ☞아등그러지다

으뜸 명 ①등급이나 차례 따위에서 첫째. ☞버금 ¶ —으로 뽑히다./—상 ②가장 근본이 되는 일. ¶효의 —은 부모를 봉양하는 일이다.

한자 **으뜸 원**(元) 〔儿部 2획〕 ¶원공(元功)/원기(元氣)/원수(元數)/원자(元子)/원조(元祖)
으뜸 패(覇) 〔雨部 13획〕 ¶제패(制覇)/패권(覇權)/패왕(覇王)/패자(覇者) ▷ 속자는 霸

으뜸-가다 자 잘하거나 중요한 차례로 보아, 으뜸이 되다. 제일가다. 첫째가다 ¶공장에서 으뜸가는 기술자./으뜸가는 직위.

으뜸=삼화음(—三和音) 명 으뜸음과 딸림음, 버금딸림음을 밑음으로 하는 삼화음. 화음 중에서 가장 중요한 구실을 함. 주요 삼화음(主要三和音)

으뜸-음(—音) 명 음계의 첫째 음. 조(調)의 중심이 되는 음으로, 장음계에서는 도(do), 단음계에서는 라(la)임. 주음(主音) ☞딸림음. 버금딸림음

-으라 어미 받침 있는 어간에 붙어, '시킴'을 나타내는 어미. ¶그곳에 머물고 있으라. ☞-아라[1]. -어라[1]

-으라고 어미 받침 있는 동사 어간에 붙어 ①명령의 내용을 알리는 뜻을 나타냄. ¶내게 죽을 먹으라고 하다. ②되묻는 뜻을 나타냄. ¶여기에 앉으라고? ☞-라고[1]

-으란 어미 '-으라 하는'이 줄어든 말. ¶어서 내 손을 잡으란 말이야. ☞-란

-으란다 어미 '-으라 한다'가 줄어든 말. 간접적인 전달의 뜻을 나타내는 종결 어미. ¶모두 받으란다. ☞-란다

-으랄 어미 명령형 '-으라'와 어울린 '-으라 할'·'-으라고 할'이 줄어든 말. ¶그에게만 내놓으랄 수야 없지. ☞-랄

-으람 어미 ①명령형 '-으라'에 '하면'이 어울려 된 말. ¶믿으람 믿지요. ②받침 있는 어간에 붙어, '-라는 말인가'의 뜻으로 가벼운 의문·핀잔·느낌 등의 뜻을 나타냄. ¶이런 상황에 어떻게 앉아 있으람. ☞-람

-으랍니까 어미 '-으라 합니까'가 줄어든 말. 명령형 '-으라'와 어울린 말로 의문의 뜻을 나타냄. ¶앉으랍니까 서랍니까? ☞-랍니까

-으랍니다 어미 '-으라 합니다'가 줄어든 말. 명령형 '-으라'와 어울린 말로 어떠한 사실을 일러줌을 나타냄. ¶그를 믿으랍니다. ☞-랍니다

-으랍디까 어미 '-으라 합디까'가 줄어든 말. 명령 받은 바를 사실로 확인하여 묻는 어미. ¶과꽃을 심으랍디까? ☞-랍디까

-으랍디다 어미 '-으라 합디다'가 줄어든 말. 받침 있는 동사 어간에 붙어, 시킴을 간접적으로 전달하는 어미. ¶기다리고 있으랍디다. ☞-랍디다

-으래 어미 '-으라 해'가 줄어든 반말 투의 말. 받침 있는 동사 어간에 붙어, '시킴'을 전달하는 어미. ¶단것 그만 먹으래. ☞-래

-으래서 어미 '-으라 해서'가 줄어든 말. 받침 있는 동사 어간에 붙어 '어찌하라는 그 말 때문에'의 뜻을 나타냄. ¶맘껏 먹으래서 먹은 것 뿐이다. ☞-래서

-으래서야 어미 '-으라 해서야'가 줄어든 말. 명령형 '-으라'와 어울린 말로 그렇게 할 일이 아님을 나타냄. ¶차가운 바닥에 앉으래서야 쓰나? ☞-래서야

-으래야 어미 '-으라 해야'가 줄어든 말. 명령형 '-으라'와 어울린 말로 어찌할 수 없음을 나타냄. ¶먹으래야 먹지. ☞-래야

-으랴 어미 ①받침 있는 어간이나 '-았(었)-'·'-겠-'에 붙어, 반문하는 뜻을 나타냄. ¶자식을 잃고서 어찌 슬프지 않았으랴? ②받침 있는 동사 어간에 붙어, 상대편의 의향을 묻는 뜻을 나타냄. ¶이 편지, 소리 내어 읽으랴? ③받침 있는 동사 어간에 붙어, 하나하나 들어서 말할 때 쓰임. ¶이 말 들으랴 저 말 들으랴 도무지 정신이 없다. ☞-랴

-으러 어미 받침 있는 동사의 어간에 붙어, 행동의 목적을 나타내는 부사형 어미. ¶점심을 먹으러 가다. ☞-러

> ▶ **'-으러'와 '-으려'의 쓰임 자리**
> '-으러'는 '행동하는 목적'을 나타내며, '-으려'는 '의도(意圖)'나 '의향(意向)'을 나타낸다. '-으러'는 '-기 위하여', '-ㄹ(을) 목적으로'의 뜻으로, '-으려'는 '-ㄹ(을) 의향으로'의 뜻으로 쓰인다.
> ¶공부하러 학교에 간다./너를 만나러 왔다./공부하려 한다./친구를 만나려 한다.

으레 부 ①두말할 것 없이. 마땅히. 의당(宜當) ¶웃어른에게는 — 인사해야지. ②전이나 다름없이 또. ¶이맘때면 — 김장을 한다.

-으려 어미 ①받침 있는 동사의 어간에 붙어, 행동하려는 생각·의도를 나타냄. ¶고기를 잡으려 하네. ②그리 될 경향으로 나아감을 나타냄. ¶비가 곧 멎으려 한다. ☞-으려고

-으려거든 어미 '-으려 하거든'이 줄어든 말. ¶믿으려거든 의심하지 마라. ☞-려거든

-으려고 어미 ①받침 있는 동사 어간에 붙어, '-하기 위하여'의 뜻으로 쓰이는 부사형 어미. ¶가족을 찾으려고 무척 애를 쓰다. ②하고자 하는 뜻을 나타냄. ¶뜰에 나무를 심으려고 한다. ☞-려고

-으려기에 어미 '-으려 하기에'가 줄어든 말. ¶종이를 찢으려기에 빼앗아 두었다. ☞-려기에

-으려나 어미 '-으려 하나'가 줄어든 말. 받침 있는 동사·형용사의 어간에 붙어, 추측적인 의문을 나타내는 종결 어미. ¶고기를 잡으려나?/물이 맑으려나? ☞-려나

-으려네 어미 '-으려 하네'가 줄어든 말. '하게' 할 자리에 자기의 의향을 밝히는 종결 어미. ¶뜰에 꽃을 심으려네./틈이 나면 친구를 찾으려네. ☞-려네

-으려느냐 어미 '-으려 하느냐'가 줄어든 말. 종결 어미 '하련다'의 의문형. ¶무엇을 찾으려느냐? 준 -으련 ☞-려느냐

-으려는 어미 '-으려 하는'이 줄어든 말. ¶남의 것을 공으로 얻으려는 생각은 버려라. ☞-려는

-으려는가 어미 '-으려 하는가'가 줄어든 말. ¶누구의 말을 믿으려는가? ☞-려는가

-으려는고 어미 '-으려 하는고'가 줄어든 말. ¶무엇을 얻으려는고? ☞-려는고

-으려는데 어미 '-으려 하는데'가 줄어든 말. ¶농사를 지으려는데 일손이 모자란다. ☞-려는데

-으려는지 어미 '-으려 하는지'가 줄어든 말. ¶무엇으로 갚으려는지 알 수 없구나. ☞-려는지

-으려니 어미 ①'-으려 하니'가 줄어든 말로 의도하는 바를 근거로 하는 연결 어미. ¶있으려니 답답하고 떠나려니 섭섭하다. ②속마음으로 추측함을 나타내는 연결 어미. ¶찾아오는 이가 있으려니 기다리다. ☞-려니

-으려니와 어미 ①받침 있는 동사·형용사의 어간에 붙어, '그리하거니와'의 뜻으로 기정 사실로 인정하여 맞세우는 연결 어미. ¶재주도 있으려니와 노력도 많이 한다./물도 맑으려니와 공기도 좋다. ②지정하여 사실로 인정하는 연결 어미. ¶아무 탈도 없으려니와 전망도 밝다. ☞-려니와

-으려다 어미 '-으려 하다'가 줄어든 말. ¶쥐를 잡으려다 독을 깨다. ☞-려다

-으려다가 어미 '-으려 하다가'가 줄어든 말. ¶산토끼를 잡으려다가 집토끼마저 놓치다. ☞-려다가

-으려던가 어미 '-으려 하던가'가 줄어든 말. 제삼자의 하려 하던 행위를 사실로 확인하여 물어 보는 종결 어미. ¶그가 당신을 잡으려던가? ☞-려던가

-으려도 어미 '-으려 해도'가 줄어든 말. ¶참으려도 참을 수 없는 노여움. ☞-려도

-으려면 어미 '-으려 하면'이 줄어든 말. ¶참으려면 참을 수 있다. ☞-려면

-으려면야 어미 '-으려면'의 힘줌말. ¶잊으려면야 잊을 수 있지. ☞-려면야

-으려무나 어미 받침 있는 동사의 어간에 붙어, '해라' 할 자리에 권유하거나 요구하는 뜻을 나타내는 종결 어미. ¶소설을 읽으려무나./피곤하면 발을 씻으려무나. 준 -으렴 ☞-려무나. -렴

-으려서는 어미 '-으려 해서는'이 줄어든 말. ¶남을 너무 믿으려서는 안 돼. ☞-려서는

-으려오 어미 '-으려 하오'가 줄어든 말. 판단 형식 또는 의문 형식의 표현으로 쓰임. ¶나는 사실로 믿으려오./당신도 그 말을 믿으려오? ☞-려오

-으련 어미 '-으려느냐'의 준말. ¶밥을 먹으련?

-으련다 어미 '-으려 한다'가 줄어든 말. 장차 할 의사임을 나타내는 종결 어미. ¶고국 땅을 밟으련다. ☞-련다

-으련마는 어미 ①받침 있는 어간에 붙어, 장차 있을 사실을 추측으로 내세우는 연결 어미. ¶본 사람은 없으련마는, 하늘이야 아시겠지./세월이 가면 잊으련마는, 지금이야 어찌 잊으리까. ②장차 있을 사실을 추측으로 하여 기대하는 뜻을 나타내는 종결 어미. ¶잘만 있으면 좋으련마는. 준 -으련만 ☞-련마는

-으련만 어미 '-으련마는'의 준말. ¶추석이 내일이면 좋으련만. ☞-련만

-으렴 어미 '-으려무나'의 준말. ¶그만 먹으렴. ☞-렴

-으렵니까 어미 '-으려 합니까'가 줄어든 말. 행동할 의향을 확인하는 의문형 어미. ¶무슨 상을 받으렵니까?/뜻을 꺾으렵니까? ☞-렵니까

-으렵니다 어미 '-으려 합니다'가 줄어든 말. ¶은혜를 갚으렵니다./그를 믿으렵니다. ☞-렵니다

-으렷다 어미 ①받침 있는 어간에 붙어, 일이 일어날 수 있는 확실성이나 가능성을 나타내는 종결 어미. ¶말이 많으면 쓸 말이 적으렷다. ②당연히 해야 할 일임을 일깨우는 종결 어미. ¶잠자코 있으렷다. ☞-렷다

×**으례** 부 →으레

-으로 조 받침 있는 체언에 붙어 쓰이는 부사격 조사. ①변하여 이루어지는 대상을 나타냄. ¶물이 얼음으로 변하다. ②도구나 수단을 나타냄. ¶가랑잎으로 눈 가리기. ③재료를 나타냄. ¶콩으로 메주를 쑤다. ④방향을 나타냄. ¶앞으로 나가다./부산으로 떠나다. ⑤지정하는 장소를 나타냄. ¶내일 이곳으로 오시오./살 곳을 춘천으로 정하다. ⑥원인이나 동기를 나타냄. ¶병으로 앓다./인권 존중으로 민주주의가 꽃피다. ⑦자격을 나타냄. ¶국무 위원으로 참석하다./학생으로 해야 할 공부. ⑧기준이나 근거를 나타냄. ¶음력으로 정월 초하루./눈대중으로 여섯 자는 된다. ⑨형식이나 형태를 나타냄. ¶재래식으로 혼례를 올리다./어음으로 대금을 받다. ⑩차례를 나타냄. ¶마지막으로 온 손님./처음으로 만난 사람. ⑪'-적'에 붙어 부사적으로 쓰임. ¶그를 적극적으로 지지한다. ☞-로

-으로서 조 'ㄹ' 받침을 제외한 받침 있는 체언에 붙어, 신분이나 지위, 자격을 나타내는 부사격 조사. ①'…가 되어서'의 뜻을 나타냄. ¶대통령으로서 마땅히 해야 할 일. ②'…의 처지에서'의 뜻을 나타냄. ¶형으로서 이르는 말. ③'…의 자격으로'의 뜻을 나타냄. ¶회원으로서 참석하다. ④'…로 인정하고'의 뜻을 나타냄. ¶스승으로서 대하다. ☞-로서

> ▶ **'-으로서'와 '-으로써'의 뜻 구별**
> '사람으로서 그럴 수는 없다', '닭으로써 꿩을 대신했다'에서 보는 것처럼 '-으로서'는 '처지나 자격(資格)'을 나타내는 말인 데 대하여 '-으로써'는 '도구(道具)나 수단(手段)'을 나타내는 말이다.

-으로써 조 '-으로'에 '써(以)'가 붙어서 된 말로 'ㄹ' 받침을 제외한 받침 있는 체언에 붙어 재료·수단·방법을 나타내는 부사격 조사. ¶현금으로써 지급하다./죽음으로써 나라를 지키자. ☞-로써

으르다[1](으르고·을러) 타르 물에 불린 쌀 따위를 으깨다.

으르다[2](으르고·을러) 타르 상대편이 두려워하게 말로써 위협하다. ¶으르고 달래다.

> 한자 으를 협(脅) 〔肉部 6획〕 ¶위협(威脅)/협박(脅迫)/협종(脅從)/협탈(脅奪) ▷ 脅과 脇은 동자

> ▶ **'脅' 자와 '脇' 자의 쓰임**
> 두 글자는 본디 동자(同字)이지만, 관례에 따라 구별하여 쓰고 있다.
> ○ '脅' 자는 위협(威脅)·협륵(脅勒)·협박(脅迫) 등과 같이 '으르다'의 뜻으로 쓰인다.
> ○ '脇' 자는 협시(脇侍)·협통(脇痛)과 같이 '곁', '갈빗대', '옆구리'의 뜻으로 쓰인다.

으르-대:다 타 자꾸 으르다.

으르렁 부 짐승이 몹시 성나서 크게 울부짖는 소리, 또는 그 모양을 나타내는 말. ☞아르렁

으르렁-거리다(대다) 자타 ①짐승이 몹시 성나서 크게 울부짖다. ②서로 사이가 좋지 않아 걸핏하면 다투거나 으르대다. ¶만나기만 하면 서로 ―. ☞아르렁거리다

으르렁-으르렁 부 자꾸 으르렁거리는 소리, 또는 그 모양을 나타내는 말. ☞아르렁아르렁

으르르 부 몸이 좀 으스스 떨리는 모양을 나타내는 말. ☞아르르. 으스스

으름 명 으름덩굴의 열매.

으름-덩굴 명 으름덩굴과의 낙엽 덩굴나무. 산이나 들에 절로 자라며 길이 5m 안팎. 잎은 손바닥 모양의 겹잎으로 4~5월에 자줏빛 꽃이 핌. 길둥근 열매는 가을에 자갈색으로 익어 벌어지는데 먹을 수 있음. 뿌리와 가지는 한방에서 약재로 쓰임. 목통(木通)

으름짱 명 말이나 행동으로 남을 을러메는 일.

으름짱(을) 놓다 관용 말이나 행동으로 단단히 을러메다. ¶아무 말 못하게 ―.

-으리 어미 ①'-으리다'의 준말. ¶내일이면 늦으리. ②'-으리요'의 준말. ¶깊은 은혜를 어찌 잊으리? ☞-리

-으리까 어미 ①받침 있는 어간에 붙어, 상대편의 의향을 묻는 종결 어미. ¶제가 갚으리까? ②반문하는 뜻을 나타내는 종결 어미. ¶무슨 불평이 있으리까./어찌 두려움이 없으리까. ☞-리까

-으리니 어미 '-을 것이니'의 뜻으로 쓰이는, 예스러운 말투의 연결 어미. ¶이곳은 우리가 맡으리니 저곳을 경계하라. ☞-리니

-으리다 어미 받침 있는 동사의 어간에 붙어, '-겠다'의 뜻으로 말하는 이의 의지를 나타내는 예스러운 종결 어미. ¶그 일은 내가 맡으리다./원수를 갚으리다. 준 -으리 ☞-리다

-으리라 어미 받침 있는 어간에 붙어, '-을 것이다'의 뜻으로 추측이나 의지를 나타내는 종결 어미. ¶큰 고기를 잡으리라./하늘이 곧 맑으리라. ☞-리라

-으리로다 어미 받침 있는 어간에 붙어 '-을 것이로다'의 뜻으로 쓰이는 예스러운 표현의 종결 어미. ¶나를 좇으리로다./모든 사람이 믿으리로다. ☞-리로다

-으리만큼 어미 '-을 이만큼'에서 온 말로, '-을 것만큼'의 뜻으로 쓰이는 부사형 어미. ¶받으리만큼 받았다./익으리만큼 익었다. ☞-리만큼

-으리요 어미 받침 있는 어간에 붙어, 스스로에게 묻거나 하소연하는 종결 어미. ¶누가 그 말을 믿으리요?/만났으면 얼마나 좋았으리요. 준 -으리 ☞-리요

으리으리-하다 형여 모양이나 규모가 기가 질리도록 어마어마하고 굉장하다. ¶으리으리한 박물관.

-으마 어미 받침 있는 동사의 어간에 붙어, '해라' 할 자리에 동의·약속·허락의 뜻을 나타내는 종결 어미. ¶짐은 내가 맡으마./이 은혜는 꼭 갚으마. ☞-마

-으마고 어미 '-으마 하고'가 줄어든 말. ¶참으마고 말하고서 이내 화를 내다.

-으매 어미 받침 없는 어간에 붙어, 원인·이유·근거 등을 나타내는 예스러운 연결 어미. '-기 때문에'의 뜻과

비슷하게 쓰임. ¶물이 맑으매 고기가 모이지 않는다./길이 있으매 따라가는 것이다. ☞-매

-으며 어미 ①'ㄹ' 이외의 받침 있는 어간이나 '-았(었)-', '-겠-'에 붙어, 대등하게 벌리어 이어 가는 연결 어미. ¶울며 웃으며 길을 따라 걷다. ②'-으면서'의 준말. ¶신문을 읽으며 밥 먹지 마라. ☞-며

-으면 어미 'ㄹ' 이외의 받침 있는 어간이나 '-았(었)-', '-겠-'에 붙어, 경우·조건을 나타내는 연결 어미. ①인과적 조건을 나타냄. ¶밥을 먹으면 배가 부르다./물이 맑으면 고기가 모이지 않는다. ②필연적 조건을 나타냄. ¶나이를 먹으면 늙는다. ③상황·조건을 나타냄. ¶말이 많으면 쓸 말이 적다./눈 감으면 코 베어 먹을 인심. ④불확실한 조건을 나타냄. ¶가마가 많으면 모든 것이 헤프다. ⑤충동적 조건을 나타냄. ¶받으면 주고 싶은 마음이 생긴다. ⑥과거 시제를 동반하여 '바람'을 나타냄. ¶꿈에서나마 보았으면 좋겠다. ⑦반복으로 강조의 뜻을 나타냄. ¶죽으면 죽었지 못 가겠다./만났으면 만났지, 무슨 상관이람. ☞-면

-으면서 어미 'ㄹ' 이외의 받침 있는 어간이나 '-았(었)-', '-겠-'에 붙어, 동작이나 상태가 동시에 어울림을 나타내는 연결 어미. ¶상장을 받으면서 기뻐하다./속마음은 같으면서 반대하다. ☞-면서

-으면은 어미 '-으면'의 힘줌말. ☞-면은

-으므로 어미 'ㄹ' 이외의 받침 있는 어간에 붙어, 원인·이유를 나타내는 예스러운 연결 어미. ¶반대 의견이 많으므로 없었던 일로 하겠다./모든 과정을 이수하였으므로 증서를 수여함. ☞-므로

으밀-아밀 부 남모르게 비밀스럽게 이야기하는 모양을 나타내는 말. ¶남의 눈치를 살피며 – 속삭이다.

-으사이다 어미 받침 있는 동사 어간에 붙어, 청유의 뜻을 나타내는 예스러운 종결 어미. ¶나무 그늘에 앉으사이다. ☞-사이다

-으세요 어미 '-으셔요'가 변한 말. ¶새해 복 많이 받으세요. ☞-세요

-으셔요 어미 '-으시'에 '-어요'가 어울려 줄어든 말. ①'해요' 할 자리에 쓰이어, 권유·요청·허용을 나타내는 종결 어미. ¶그만 읽으셔요./어서 받으셔요. ②말끝의 가락을 높임으로써 물음의 종결 어미로도 쓰임. ¶얼마를 받으셔요? ☞-으세요. -셔요. -세요

-으소서 어미 받침 있는 동사의 어간에 붙어, 소망을 나타내는 극존칭의 종결 어미. ¶신의 섭리를 믿으소서./자신을 얻으소서. ☞-소서

으스-대:다 자 으쓱거리며 뽐내다. ¶공부 좀 잘한다고 –./돈푼깨나 벌었다고 으스대지 마시오.

으스러-뜨리다(트리다) 타 으스러지게 하다. ☞아스러뜨리다

으스러-지다 자 ①단단한 것이 꽤 센 힘에 짓눌려 부서지다. ¶사고로 뼈가 –./으스러지게 손을 잡다. ②무언가에 부딪쳐 살갗이 터지거나 벗어지다. ¶엉덩이 살이 으스러지게 때리다. ☞아스러지다

으스름-달[-딸] 명 으슴푸레한 빛이 비치는 달. 담월

으스름-달밤[-빰] 명 달빛이 으슴푸레하게 비치는 밤.

으스름-하다 형여 좀 으슴푸레하다. ¶달빛이 으스름하게 비치다.

으스름-히 부 으스름하게

으스스 부-하다 형 차고 싫은 기운이 돌면서 몸에 소름이 돋게 매우 추운 느낌을 나타내는 말. ¶– 춥다./–한 기운이 돌다. ☞아스스. 오스스. 으르르

으슥-하다 형여 ①깊숙하고 외지다. ¶으슥한 골목. ②으스스하도록 조용하고 어둡다. ¶으슥한 밤거리.

으슬-으슬 부-하다 형 몸에 자꾸 소름이 돋게 매우 추운 느낌을 나타내는 말. ¶몸이 – 떨리다./–하게 추운 날씨. ☞아슬아슬. 오슬오슬

으슴푸레-하다 형여 달빛이나 불빛이 침침하고 흐릿하다. ¶으슴푸레한 불빛./으슴푸레하게 눈에 띄다.

-으시- 선미 받침 있는 어간에 붙어, 존경의 뜻을 나타내는 어미. ¶받으면→받으시면/읽으니→읽으시니/높으나→높으시나

×으시-대다 자 →으스대다

으썩 부 단단하고 싱싱한 과실이나 채소 따위를 힘껏 물어 베는 모양, 또는 그 소리를 나타내는 말.

으쓱[1] 부 ①어깨를 갑자기 한 번 들먹이는 모양을 나타내는 말. ②기세가 올라 좀 우쭐하는 모양을 나타내는 말.

으쓱[2] 부-하다 형 무섭거나 추워서 몸이 움츠러지게 급자기 으스스한 느낌을 나타내는 말. ☞아쓱

으쓱-거리다(대다) 자타 ①어깨를 자꾸 들먹이다. ②기세가 올라 좀 우쭐거리다.

으쓱-으쓱 부 으쓱거리는 모양을 나타내는 말.

으아 감 ①젖먹이가 우는 소리를 나타내는 말. ②놀라거나 기쁘거나 하여 스스로 외치는 소리를 나타내는 말.

으아리 명 미나리아재빗과의 낙엽 덩굴 나무. 줄기 길이 2 m 안팎. 잎은 깃꼴 겹잎이고 잎자루는 구부러져 덩굴손 같음. 6~7월에 흰 꽃이 줄기 끝이나 잎겨드랑이에 원추 꽃차례로 피며 열매는 삭과(蒴果)임. 어린잎은 먹을 수 있고, 뿌리는 한방에서 약재로 쓰임.

으악 감 ①몹시 놀라서 스스로 지르는 소리를 나타내는 말. ¶–, 귀신이다! ②남을 놀라게 하려고 갑자기 크게 지르는 소리를 나타내는 말.

으앙 감 젖먹이가 우는 소리를 나타내는 말.

으앙-으앙 감 젖먹이가 자꾸 우는 소리를 나타내는 말.

-으오 어미 받침 있는 어간에 붙어, '하오' 할 자리에 쓰이는 사실 전달이나 의문 표현의 종결 어미. ¶다섯 시엔 신문을 읽으오./냇물이 얼마나 깊으오? ☞-오. -소

-으오니까 어미 받침 있는 형용사 어간에 붙어, '-으옵니까'의 뜻으로 쓰이는 예스러운 종결 어미. ¶가을 하늘이 얼마나 높으오니까? ☞-오니까

-으오리까 어미 '-으리까'를 겸손하게 표현하는 예스러운 말. '-겠습니까'의 뜻으로 쓰임. ¶그 뜻을 어찌 막으오리까?/은혜를 어떻게 갚으오리까? ☞-오리까. -리까

-으오리다 어미 '-으리다'를 겸손하게 나타내는 말. '-겠습니다'의 뜻으로 쓰임. ¶제가 빚을 갚으오리다./책임은 제가 맡으오리다. ☞-오리다. -으리다

-으오리이까 어미 '-으오리이다'의 의문형으로 '-으오리까'보다 정중한 표현의 말. ¶누구를 믿으오리이까?/허물을 어떻게 씻으오리이까? ☞-오리이까

-으오리이다 어미 '-으오리다'를 정중하게 나타내는 말. ¶그 은혜를 꼭 갚으오리이다. ☞-오리이다

-으오이다 어미 '-으옵니다'보다 예스러운 표현의 말. ¶그분은 정이 많으오이다. 준-으외다 ☞-오이다

-으옵- 선미 받침 있는 어간이나 '-았(었)-', '-겠-'에 붙어 겸양의 뜻을 나타내는 어미. ¶받고→받으옵고 ☞-옵-

-으옵니까 어미 '-으옵니다'의 의문형으로 '-습니까'를 겸손하게 나타내는 말. ¶이 일에 경험이 많으옵니까? ☞-옵니까

-으옵니다 어미 '-습니다'를 겸손하게 나타내는 말. ¶어느덧 날이 밝으옵니다. ☞-옵니다

-으옵디까 어미 '-으옵니다'의 의문형으로 '-습디까'를 겸손하게 나타내는 말. ¶그가 당신 말을 믿으옵디까? ☞-옵디까

-으옵디다 어미 '-습디다'를 겸손하게 나타내는 말. ¶불평만 늘어놓고 있으옵디다. ☞-옵디다

-으외다 어미 '-으오이다'의 준말. ¶삶이란 무엇인지 고민하고 있으외다. ☞-외다

으응 감 ①'해라', '하게' 할 자리에서 반문하거나 긍정하는 말. ¶–, 뭐라고?/–, 그래 잘했다. ②마음에 차지 않거나 짜증이 날 때 내는 말. ¶–, 이제 겨우 이것밖에 못했어?

-으이 어미 '하게' 할 자리에 쓰이는 예스러운 사실 전달의 종결 어미. ¶가을 하늘이 꽤 높으이./집이 퍽 넓으이.

으지적 부 단단한 물체가 깨물리어 으스러질 때 나는 소리, 또는 그 모양을 나타내는 말. ☞아지작

으지적-거리다(대다) 자타 자꾸 으지적 소리가 나다, 또는 그런 소리를 내다. ☞아지작거리다

으지적-으지적 부 자꾸 으지적 하는 소리, 또는 그 모양

을 나타내는 말. ☞아지작아지작
으지직 부 단단한 물체가 으스러지거나 찌그러질 때 나는 소리, 또는 그 모양을 나타내는 말. ☞아지직
으지직-거리다(대다) 자타 자꾸 으지직 소리가 나다, 또는 그런 소리를 내다. ☞아지직거리다
으지직-으지직 부 자꾸 으지직 하는 소리, 또는 그 모양을 나타내는 말. ☞아지직아지직
으쩍 부 단단하고 존득한 엿 따위를 힘껏 물어 꺾는 소리를 나타내는 말. ¶호박엿을 ― 깨물다.
으츠러-뜨리다(트리다) 타 으츠러지게 하다.
으츠러-지다 자 연한 것이 다른 물체에 눌리거나 문질리어 부스러지다. ¶배추가 ―. ☞으끄러지다
으흐흐 부 음험하게 웃는 소리를 나타내는 말.
윽-물다(―물고·―무니) 타 고통스럽거나 분하거나 결심을 굳힐 때 아래위의 이를 매우 힘 있게 물다. ¶이를 윽물고 참다. ☞악물다
윽-물리다 자 윽묾을 당하다. ☞악물리다
윽-박다 타 을러대어 기를 못 펴게 하다.
윽박-지르다(―지르고·―질러) 타르 매우 윽박아 기를 꺾다. ¶아이를 너무 윽박지르지 마라.
윽박-질 명 -하다 타 윽박는 짓.
은(銀) 명 ①구리족 금속 원소의 하나. 청백색의 광택을 가진 귀금속으로 전성(展性)과 연성(延性)이 큼. 가공하기 쉽고 기계적 성질이 좋아서 공업용과 화폐·장식품·공예품 등에 쓰임. 백은(白銀)〔원소 기호 Ag/원자 번호 47/원자량 107.87〕 ②은메달

한자 은 은(銀) 〔金部 6획〕 ¶순은(純銀)/은광(銀鑛)/은박(銀箔)/은반(銀盤)/은장도(銀粧刀)/은전(銀錢)

-은[1] 조 받침 있는 말에 두루 붙어, 다른 것과 구별하여 내어 보이는 구실을 하는 보조 조사. ¶산은 높고 물은 깊다./인생은 짧고 예술은 길다./낮 말은 새가 듣고 밤 말은 쥐가 듣는다./말은 할 탓이다./과일 망신은 모과가 다 시킨다./그 일을 잘은 모른다. ☞-는
-은[2] 어미 받침 있는 어간에 붙는 관형사형 어미. ①동사 어간에 붙어, 과거 사실로 규정함. ¶먹은 밥./읽은 책. ②형용사 어간에 붙어, 현재 사실로 규정함. ¶밝은 달./검은 구름. ☞-ㄴ[1]
-은가 어미 받침 있는 형용사 어간에 붙어, '하게' 할 자리에 쓰이는 물음의 종결 어미. ¶강이 맑은가?/물이 깊은가? ☞-ㄴ가
은-가락지(銀―) 명 은으로 만든 가락지. 은지환(銀指環). 은환(銀環)
은-가루(銀―)[―까―] 명 ①은이 부스러진 가루. 은분(銀粉) ②은 빛깔의 재료로 만든 가루.
은갈-마(銀褐馬) 명 서라말
-은감 어미 '-은가 뭐'가 줄어든 말. 받침 있는 형용사 어간에 붙어, 반박하거나 뒤집는 뜻을 나타냄. ¶눈이 밝은감./재주가 많은감. ☞-ㄴ감
은감불원(殷鑑不遠) 성구 은(殷)나라가 교훈으로 삼아야 할 것은 멀리 있는 것이 아니라 바로 전대(前代)인 하(夏)나라 걸왕(桀王)의 학정(虐政)이라는 뜻으로, 다른 사람의 실패를 자신의 거울로 삼음을 이르는 말.
은갑(銀甲) 명 ①비파 따위를 탈 때에 손가락에 끼는 물건. ②은으로 꾸민 갑옷.
은갱(銀坑) 명 은을 캐내는 광산의 구덩이. 은혈(銀穴)
은거(隱居) 명 -하다 자 세상을 피하여 숨어 삶. 고도(高蹈)
-은걸 어미 '-은 것을'이 줄어들어 뜻이 바뀐 말. ①받침 있는 동사 어간에 붙어, 지난 사실을 감탄적으로 나타내거나 상대에게 일깨워 전달하는 반말 투의 종결 어미. ¶나는 벌써 잊은걸./사실은 그렇지 않은걸. ②받침 있는 형용사 어간에 붙어, 현재의 사실을 감탄적으로 나타내거나 상대에게 일깨워 전달하는 반말 투의 종결 어미. ¶산이 꽤 높은걸./방이 좀 비좁은걸. ☞-ㄴ걸
은격(隱格)[―껵] 명 관상에서, 겉으로 나타나지 않는 상격(相格)을 이르는 말.
은-결(銀―)[―껼] 명 은물결
은결(隱結) 명 조선 시대, 조세를 물지 않기 위하여 토지대장에서 불법으로 누락시킨 논밭, 또는 그 논밭에서 받는 조세. ☞은토(隱土)
은고(恩顧) 명 -하다 타 은혜를 베풀어 돌봄.
-은고 어미 받침 있는 형용사 어간에 붙어, '하게' 할 자리에 점잖게 묻거나 일깨우는 말투의 종결 어미. ¶해는 왜 붉은고./까마귀는 어째서 검은고. ☞-ㄴ고
은공(恩功) 명 은혜와 공로를 아울러 이르는 말.
은관=문화=훈장(銀冠文化勳章) 명 문화 훈장의 둘째 등급. ☞금관 문화 훈장
은광(恩光) 명 ①하늘이 내리는 비와 이슬의 혜택. ②웃어른이나 임금의 은혜.
은광(銀鑛) 명 ①은을 캐내는 광산. 은산(銀山). 은점(銀店) ②은이 섞여 있는 광석.
은괴(銀塊) 명 은 덩어리.
은구(銀鉤) 명 ①은으로 만든, 발이나 휘장을 거는 갈고랑이. ②거침없이 아름답게 흘려 쓴 글씨를 비유하여 이르는 말. 주로 초서(草書)의 경우에 쓰임.
은구(隱溝) 명 땅 속에 만든 수채. ▷ 隱의 속자는 隠
은-구기(銀―) 명 은으로 만든 구기.
은구-어(銀口魚) 명 '은어(銀魚)'의 딴이름.
은-군자(隱君子) 명 ①부귀와 공명을 따르려 하지 않고 세상을 피하여 숨어 사는 사람. ②'국화(菊花)'의 딴이름. ③'은근짜'의 곁말.
은근(慇懃) 어기 '은근(慇懃)하다'의 어기(語基).
은근짜 명 ①몰래 몸을 파는 여자를 이르는 말. ②의뭉스러운 사람을 이르는 말.
은근-하다(慇懃―) 형여 ①속으로 생각하는 정도가 깊다. ¶은근한 정./은근한 사랑. ②행동이 드러나지 아니하고 가만하다. ¶은근한 유혹./은근한 눈짓. ③드러나거나 두드러지지 아니하고 열고 부드럽다. ¶은근한 빛깔./은근한 멋./은근한 향기.
은근-히 부 은근하게 ¶― 화가 나다./― 좋아하다.
은기(銀器) 명 은으로 만든 그릇. 은기명
은-기명(銀器皿) 명 은기(銀器)
은-난초(銀蘭草) 명 난초과의 여러해살이풀. 나지막한 산의 그늘에서 자라며, 줄기 높이는 20~30cm임. 길둥근 잎은 어긋맞게 나고, 5~6월에 작고 흰 꽃이 줄기 끝에 이삭처럼 핌. ☞금난초(金蘭草)
은니(銀泥) 명 은가루를 아교에 갠 것. 글씨를 쓰거나 그림을 그리는 데 쓰임.
은닉(隱匿) 명 -하다 타 남의 물건이나 범인 등을 감춤.
은닉=행위(隱匿行爲) 명 상대편과 짜고 어떤 일을 숨기거나 다른 일로 꾸미는 일. 증여를 매매로 꾸미는 일 따위.
은대(銀帶) 명 지난날, 품대(品帶)의 한 가지. 정삼품에서 종사품에 이르는 관원이 띠던, 은으로 꾸민 띠.
은덕(恩德) 명 ①은혜와 덕택을 아울러 이르는 말. ②불교에서 이르는 삼덕(三德)의 하나. 부처가 중생을 구하여 해탈하게 하는 덕. ☞단덕(斷德). 지덕(智德)
은덕(隱德) 명 남모르게 베푸는 덕행.
-은데 어미 받침 있는 형용사 어간에 붙어, 사실로 인정하여 풀이하는 연결 어미. ¶머리는 좋은데 노력이 부족하다./물은 맑은데 깊지가 않다. ☞-ㄴ데
은도(銀濤) 명 은물결
은-도:금(銀鍍金) 명 -하다 타 구리나 주석 따위 금속의 겉면에 은의 얇은 막을 입히는 일. ¶―한 술잔. ☞금도금
은-돈(銀―) 명 은을 주성분으로 하여 만든 돈. 은자(銀子). 은전(銀錢). 은화(銀貨)
은-동거리(銀―) 명 은으로 만든 동거리. ☞은목감이
은-동곳(銀―) 명 은으로 만든 동곳.
은-두구리(銀―) 명 은으로 만든 약두구리.
은두=꽃차례(隱頭―)[―꼳―] 명 유한 꽃차례에 딸린 특수한 꽃차례. 꽃대와 꽃턱이 살지고, 꽃턱이 항아리처럼 생기어 그 안에 꽃이 피어 겉으로는 꽃이 보이지 않음. 무화과가 대표적임. 은두 화서 ☞배상 꽃차례
은두=화서(隱頭花序) 명 은두 꽃차례 ☞유한 화서
은둔(隱遁) 명 -하다 자 세상에 나서지 않고 숨어 삶. ¶―

생활/암자에 −하다. ☞둔피(遁避)

-은들 어미 ①받침 있는 동사 어간에 붙어, '-다 할지라도'의 뜻으로 쓰임. ¶내가 받은들 얼마를 받았겠나? ②받침 있는 형용사 어간에 붙어, '-다 할지라도'의 뜻으로 쓰임. ¶돌이 굳은들 쇠만 하랴. ☞-ㄴ들

-은듯 어미 ①받침 있는 어간에 붙어, '그리하거나 그러하는 것으로 추리됨'을 나타냄. ¶그때 일을 잊은듯./그리 마음 먹은듯./마음은 젊은듯./밝은 밝은듯./그는 나를 잊은듯 하다./그의 기분이 좋은듯 싶다. ②-은듯이

-은듯이 어미 받침 있는 어간에 붙어, '그리하거나 그러하는 것같이'의 뜻을 나타냄. -은듯 ¶그 소설을 읽은듯이 줄거리를 거침없이 늘어놓는다./동전이 많은듯이 제 주머니를 쩔렁댄다.

은-딱지(銀-)명 은으로 만든 몸시계의 껍데기.

은-딴 명 지난날, 딴꾼의 우두머리를 이르던 말.

은랍(銀鑞)명 은이 들어 있는 납땜용 합금. 강도와 내열성이 있어야 하는 부품이나 전도성이 높아야 하는 전기 부품 등의 접합에 쓰임. ☞금랍(金鑞)

은령(銀嶺)명 눈이 하얗게 덮인 산이나 재를 아름답게 이르는 말.

은로(銀露)명 달빛에 하얗게 빛나는 이슬을 아름답게 이르는 말.

은록(恩祿)명 지난날, 임금이 주던 녹봉(祿俸).

은루(隱漏)명-하다 타 조선 시대, 논밭이나 노비를 숨기고 대장(臺帳)에 올리지 않던 일.

은류(隱流)명-하다 자 보이지 않게 속으로 흐름.

은린(銀鱗)명 ①은빛으로 빛나는 비늘. ②'물고기'를 비유하여 이르는 말.

은린옥척(銀鱗玉尺)성구 비늘이 은빛으로 빛나는, 아름답고 큰 물고기를 이르는 말.

은막(銀幕)명 ①'영사막'을 달리 이르는 말. ②'영화계'를 비유하여 이르는 말. ¶−의 스타.

은-맥(銀脈)명 은의 광맥. 은줄[1]

은-메달(銀medal)명 은으로 만들거나 은으로 도금한 메달. 올림픽 경기 등에서 2위를 한 사람에게 줌. 은(銀) ☞금메달. 동메달

은명(恩命)명 은혜로운 명령이라는 뜻으로, 지난날에 관직을 내리거나 죄를 사하는 임금의 명령을 이르던 말.

은모(隱謀)명-하다 타 몰래 못된 일을 꾀함, 또는 그러한 계책.

은-목감이(銀-)명 은으로 목을 꾸민 물부리 따위의 물건을 통틀어 이르는 말.

은-몰:(∠銀mogol)명 ①은실로 꼬아서 만든 끈, 또는 은으로 도금한 가느다란 줄. ②은실을 씨로, 견사(絹絲)를 날로 하여 짠 직물. ☞금몰

은문(恩門)명 고려 시대, 과거에 급제한 사람이 '시관(試官)'을 높이어 이르던 말. 좌주(座主)

은-물(銀-)명 높은 열에 녹아 액체 상태로 된 은.

은-물결(銀-)[-껼]명 달빛을 받아 은빛으로 반짝이는 물결. 은결. 은도(銀濤). 은파(銀波)

은미(隱微)어기 '은미(隱微)하다'의 어기(語基).

은미-하다(隱微-)형여 겉으로 잘 드러나지 않거나 작아서 알기 어렵다.

은밀(隱密)어기 '은밀(隱密)하다'의 어기(語基).

은밀-하다(隱密-)형여 드러나지 아니하여 가뭇없다. ¶은밀한 만남./은밀하게 계획하다.

은밀-히 부 은밀하게 ¶− 부탁하다.

-은바 어미 ①받침 있는 동사 어간에 붙어, 지난 사실을 내용이나 근거로 하여 뒤의 말을 펴 나갈 경우에 쓰임. ¶내가 들은바 그것은 사실이 아니다. ②받침 있는 형용사 어간에 붙어, 현재의 사실을 내용이나 근거로 하여 말을 펴 나갈 경우에 쓰임. ¶꽃은 아름다운바, 사랑하며 잘 가꾸어야 한다. ☞-ㄴ바

은박(銀箔)명 은을 종이처럼 얇게 늘이어 만든 것. 은박지 ☞금박(金箔). 박(箔). 알루미늄박

은박-지(銀箔紙)명 ①은박(銀箔) ②'알루미늄박'을 흔히 이르는 말.

은반(銀盤)명 ①은으로 만든 쟁반. ¶−에 옥구슬 구르는 소리. ②맑은 날 밤의 둥근 달을 비유하여 이르는 말. ③새하얗고 깨끗한 얼음판을 비유하여 이르는 말. 주로 빙상 경기장이나 아이스쇼의 무대를 가리킴. ¶−의 요정.

은-반상(銀飯床)명 은으로 만든 반상기.

은반위구(恩反爲仇)성구 은혜를 베푼 것이 도리어 원수가 됨을 이르는 말.

은-반지(銀-)명 은으로 만든 반지.

은발(銀髮)명 ①은백색의 머리털. ②'백발'을 아름답게 이르는 말. ¶−의 노신사.

은방(銀房)[-빵]명 금은(金銀) 세공 장식품 따위를 파는 가게.

은방울-꽃(銀-)명 백합과의 여러해살이풀. 길둥근 잎이 뿌리에서 두세 개 나고, 잎의 밑동에서 꽃줄기가 나옴. 5~6월에 종 모양의 작고 흰 꽃이 피고, 9월경에 열매가 붉게 익음. 관상용으로 재배하며, 어린잎은 먹을 수 있음. 한방에서 이뇨제나 강심제로 쓰임. 우리 나라 곳곳의 산기슭에 자람.

은배(銀杯)명 은잔(銀盞)

은백-색(銀白色)명 은빛이 도는 백색.

은-백양(銀白楊)명 버드나뭇과의 낙엽 교목. 높이는 20 m, 지름은 50cm 안팎. 나무 껍질이 회백색임. 잎은 어긋맞게 나고 길둥글며 가장자리가 3~5갈래로 갈라져 있음. 잎 뒷면에 은백색 털이 빽빽히 나 있음. 꽃은 4월경에 피고 열매는 5월경에 익음.

은벽(隱僻)어기 '은벽(隱僻)하다'의 어기(語基).

은벽-하다(隱僻-)형여 궁벽하여 사람의 왕래가 드물다. ¶은벽한 곳에서 칩거하다.

은병(銀甁)명 ①은으로 만든 병. ②고려 시대에 쓰던 화폐의 한 가지. 은 한 근(斤)으로 나라의 지형을 본떠서 병 모양으로 만들었고, 그 가치는 일정하지 않아 쌀 열 섬에서 쉰 섬 사이를 오르내렸다고 함.

은복(隱伏)명-하다 자 ①숨어 엎드림. ②몰래 숨음. ③감추거나 속임.

은본위-제(銀本位制)명 은본위 제도 ☞금본위제. 지폐본위제

은본위=제도(銀本位制度)명 은(銀)을 표준으로 하여 그 일정량의 가치와 화폐의 단위 가치를 관련시키는 화폐 제도. 은본위제 ☞금본위 제도(金本位制度). 지폐 본위 제도

은-봉(銀-)[-뽕]명 공예품 따위에 은을 장식으로 새겨 넣은 것.

은봉(隱鋒)명 서법(書法)의 한 가지. 해서(楷書)를 쓸 때, 자획(字畫)이 날카롭고 모나지 않게 부드러운 형태로 쓰는 법.

은봉-채(銀鳳釵)명 꼭지가 봉황의 머리 모양인 은비녀.

은부(殷富)어기 '은부(殷富)하다'의 어기(語基).

은부-하다(殷富-)형여 풍성하고 넉넉하다.

은분(銀粉)명 은가루 ☞금분(金粉)

은-붙이(銀-)[-부치]명 은으로 만든 물건을 통틀어 이르는 말. ☞금붙이

은비(隱庇)명-하다 타 숨기어 보호함.

은-비녀(銀-)명 은으로 만든 비녀. 은잠(銀簪). 은채(銀釵) ☞금비녀. 옥비녀

은-빛(銀-)[-삧]명 은의 빛깔, 또는 은처럼 번쩍이는 회백색. 은색(銀色) ☞구릿빛. 금빛

은사(銀沙)명 은빛을 띤 흰 모래.

은사(恩師)명 ①자기를 가르쳐 은혜를 베푼 스승. ②불교에서, 자기를 출가시켜 길러 준 중을 이르는 말.

은사(恩赦)명-하다 타 지난날, 나라에 경사가 있을 때, 죄인을 풀어 주던 일. ☞사면(赦免)

은사(銀絲)명 은실 ☞금사(金絲)

은사(恩賜)명-하다 타 지난날, 임금이 신하나 백성에게 금품을 내려 주던 일.

은사(隱士)명 지난날, 관직에 오르지 않고 숨어 살던 선비.

은사(隱私)명 감추어 숨기는 사사로운 일.

은사(隱事)명 숨기고 남에게 드러내지 않는 일.

은산(銀山)명 은광(銀鑛) ☞금산(金山)
은산덕해(恩山德海)성구 산 같은 은혜와 바다 같은 덕이라는 뜻으로, 그지없이 크고 너른 은덕을 비유하여 이르는 말.
은-살대(隱-)[-때]명 두 널빤지 따위를 맞붙이는 데 쓰는, 가늘고 납작한 나무쪽. 두 널빤지의 맞붙일 부분의 가운데에 은장홈을 내어 거기에 이것을 끼워 맞춤.
은상(恩賞)명-하다타 임금이 상을 내리는 일, 또는 그 상.
은상(銀賞)명 상의 등급을 금·은·동의 차례로 나누었을 때의 이등상. ☞금상(金賞). 동상(銅賞)
은-상어(銀-)명 은상엇과의 바닷물고기. 몸길이 1m 안팎이며, 몸빛은 은백색임. 몸이 꼬리 쪽으로 갈수록 가늘어지며, 머리가 크고 끝이 무딤. 두 개의 등지느러미가 있는데, 첫째 등지느러미 앞에는 날카로운 가시가 있음. 먹을 수 있으며, 간유(肝油)는 윤활유를 만드는 데 쓰임. 깊은 바다에 삶.
은색(銀色)명 은빛 ☞금색(金色)
은생대(隱生代)명 선캄브리아대. 시원대(始原代)
은서(隱棲·隱栖)명-하다자 세상을 피해 숨어 삶.
은설(銀屑)명 한방에서, 은의 부스러기를 약재로 이르는 말. 해열(解熱)과 해독(解毒)에 쓰임.
은-섭옥(銀鑷玉)명 섭옥잠처럼 만든 은비녀.
은성(殷盛)어기 '은성(殷盛)하다'의 어기(語基).
-은성어미 받침 있는 어간에 붙어, '-은 것 같다'의 뜻으로 헤아림을 나타냄. ¶허락을 받은성 싶다./말이 많은성 싶다. ☞-ㄴ성. -을성
은성-하다(殷盛-)형여 번화하고 성하다.
은-세:계(銀世界)명 눈이 내려 온통 은백색으로 덮인 천지를 이르는 말.
은-세:공(銀細工)명 은붙이를 재료로 하는 세공.
은솔(恩率)명 백제의 16관등 중 셋째 등급. ☞덕솔(德率)
은-수복(銀壽福)명 그릇이나 수저 따위에 은으로 새긴 '壽福'이라는 글자 장식.
은-수저(銀-)명 은으로 만든 숟가락과 젓가락.
은-시계(銀時計)명 은딱지로 된 몸시계.
은신(隱身)명-하다자 몸을 숨김. 유피신(避身)
은-실(銀-)명 ①은박을 입힌 실. ②은종이를 실처럼 가늘게 오린 것. ③은빛이 나는 실. 은사(銀絲) ☞금실
은애(恩愛)명 ①은혜와 사랑을 아울러 이르는 말. ②불교에서, 부모와 자식 사이나 동기 사이, 부부 사이에 애틋하게 사랑하는 정을 이르는 말. ③불교에서, 사제간의 은혜와 사랑을 이르는 말.
-은양어미 받침 있는 어간에 붙어, '그리하거나 그러한 것처럼'의 뜻을 나타내는 어미. ¶낮아도 높은양 생각하라./적어도 많은양 여겨라./안 먹어도 먹은양 했다./힘들어도 괜찮은양 하는 그가 안쓰럽다. ☞-ㄴ양. -는양
은-양지꽃(銀陽地-)명 장미과의 여러해살이풀. 줄기 높이는 10~20cm. 잎은 길둥글고 세 쪽으로 깊게 갈라져 있으며 가장자리에 톱니가 있음. 여름과 가을 사이에 잎겨드랑이에서 꽃줄기가 나오고, 그 끝에 노랗고 작은 다섯잎꽃이 핌. 함경 북도 고산지에 자람.
은어(銀魚)명 바다빙어과의 물고기. 몸길이 20~30cm. 몸은 가늘고 길며, 몸빛은 등 쪽은 회갈색, 배 쪽은 은백색이며 지느러미는 거의 투명함. 봄에 바다에서 맑은 하천으로 올라오며, 가을 번식기에는 수컷의 머리와 등에 검은빛, 배에 주황빛의 세로 줄이 생김. 비린내가 나지 않고 맛이 담백하여 주로 회나 튀김 따위로 쓰임. 우리 나라와 일본, 타이완, 중국 등지에 분포함. 은구어(銀口魚)
은어(隱語)명 특수한 집단이나 계층에서, 본뜻을 숨기어 남이 모르게 자기네끼리만 쓰는 말. 변말 ☞곁말
은어-받이(銀魚-)[-바지]명 음력 시월 보름께, 함경도 앞바다로 은어 떼를 좇아 몰려드는 몸집이 큰 명태 떼, 또는 그 때에 잡힌 명태.
은연(隱然)어기 '은연(隱然)하다'의 어기(語基).
은연-중(隱然中)부 깨닫지 못하는 사이. ¶- 속마음을 드러내다./- 의도를 내비치다.
은연-하다(隱然-)형여 겉으로 드러나지 아니하고 은근한 데가 있다.
　은연-히부 은연하게
은영(恩榮)명 임금의 은총을 받은 영광.
은영(隱映)명-하다자 은은하게 비침.
은-오절(隱五節)명 화살대 다섯 마디 가운데 상사에 가려진 끝마디.
은-옥색(銀玉色)명 엷은 옥색.
은-옥색(隱玉色)명 은은하게 엷은 옥색.
은우(恩遇)명-하다타 은혜로써 대우함, 또는 그런 대우.
은우(隱憂)명 남모르게 하는 근심.
은원(恩怨)명 은혜와 원한을 아울러 이르는 말.
은위(恩威)명 은혜와 위엄을 아울러 이르는 말.
은유(隱喩)명 '은유법'의 준말.
은유-법(隱喩法)[-뻡]명 수사법(修辭法)의 한 가지. '…와 같다'는 표현법을 쓰지 않고, '갑은 을이다.'와 같은 형식으로 그것의 특징을 직접 다른 것으로 나타내는 표현 방법. '사람은 생각하는 갈대이다.', '세상은 요지경이다.'와 같은 표현법임. 준은유(隱喩) ☞비유법(譬喩法). 직유법(直喩法)
은율=탈:춤(殷栗-)명 황해도 은율 지방에 전해 내려오는 가면극. 중요 무형 문화재 제61호로, 전체 여섯 마당으로 짜임. 가면은 모두 종이로 만들어 씀.
은은(殷殷)어기 '은은(殷殷)하다'의 어기(語基).
은은(隱隱)어기 '은은(隱隱)하다'의 어기(語基).
은은-하다(殷殷-)형여 멀리서 들려 오는 소리가 크고 요란하다. ¶은은한 우레 소리.
　은은-히부 은은하게
은은-하다(隱隱-)형여 ①빛이나 빛깔 따위가 뚜렷하지 아니하고 아슴푸레하다. ¶은은하게 비치는 달빛./은은한 빛깔. ②멀리서 들려 오는 소리가 들릴듯 말듯 그윽하다. ¶은은한 선율./은은하게 들리는 종소리. ③향기 따위가 옅고 그윽하다. ¶은은한 풀꽃 향기.
　은은-히부 은은하게 ¶- 들려 오는 풍경 소리.
은의(恩義)명 은혜와 도리, 또는 인정과 도리.
은인(恩人)명 은혜를 베풀어 준 사람. ¶생명의 -.
은인(隱人)명 속세를 떠나 초야에 묻혀 숨어 사는 사람. 은자(隱者)
은인(隱忍)명-하다자 괴로움을 참고 견디어 드러내지 않음.
은인자중(隱忍自重)성구 마음속으로 참고 견디며 몸가짐을 신중히 함을 이르는 말.
은일(隱逸)명 ①-하다자 세상을 등지고 숨어 삶, 또는 그러한 사람. 일은(逸隱) ②지난날, 은거하는 학자로서 임금이 특별히 관직을 내린 사람을 이르던 말.
은입사(銀入絲)명 조금(彫金) 기술의 한 가지. 금속 그릇 등의 겉면을 정으로 쪼아 나타낸 선(線) 그림에 은을 박아 넣어 꾸미는 일, 또는 그렇게 꾸민 것. ☞금입사
은자(銀子)명 은돈. 은화(銀貨)
은자(銀字)명 ①은가루로 쓴 글씨. ②은빛이 나는 글자.
은자(隱者)명 은인(隱人)
은잔(銀盞)명 은으로 만든 잔. 은배(銀杯)
은잠(銀簪)명 은비녀. 은채(銀釵)
은장(隱-)명 ①두 널빤지 따위를 마주 이을 때, 두 맞붙는 면에 같은 모양의 홈을 파고, 거기에 걸어 끼우는 조각. ②나비장
은장(銀匠)명 은장이
은-장도(銀粧刀)명 ①지난날, 남녀가 장식용(裝飾用) 또는 호신용(護身用)으로 몸에 지니던, 칼자루와 칼집을 은으로 꾸민 작은 칼. ②의장의 한 가지. 나무로 만들고 칼집에 여러 가지 무늬를 아로새겼으며 몸에 은칠을 하고 끈을 달았음.
은-장색(銀匠色)명 은장이
은-장이(銀-)명 지난날, 은으로 여러 가지 그릇 따위를 만드는 장인(匠人)을 이르던 말. 은장(銀匠). 은장색
은장-홈(隱-)명 두 널빤지 따위를 마주 이을 때, 맞붙는 면에 은살대가 끼이도록 파낸 홈.
은재(隱才)명 숨은 재주, 또는 그런 재주가 있는 사람.
은-저울(銀-)명 금이나 은 따위를 다는 데 쓰는 작은 저

울. 은칭(銀秤). 은형(銀衡)
은적(隱迹)명 -하다자 종적을 감춤.
은전(恩典)명 나라에서 내리는 은혜로운 조처.
은전(殷奠)명 넉넉한 제물(祭物).
은전(銀錢)명 은돈. 은화(銀貨)
은점(銀店)명 은광(銀鑛)
은정(恩情)명 은혜로운 마음.
은정(隱釘)[-쩡]명 은혈못
은제(銀製)명 은으로 만듦, 또는 그 물건. 은제품(銀製品) ¶ -의 수저.
은제-마(銀蹄馬)명 네 굽이 흰 말. 사족발이
은-제:품(銀製品)명 은제(銀製)
은조-사(銀造紗·銀條紗)명 중국에서 나던 사(紗)의 한 가지. 여름 옷감으로 쓰였음.
은족-반(隱足盤)명 다리가 없고 밑이 평평한 둥근 소반.
은졸(隱卒)명-하다자 지난날, 공신(功臣)이 죽었을 때 임금이 애도(哀悼)의 뜻을 표하던 일.
은졸지전(隱卒之典)명 지난날, 임금이 시호(諡號)를 내리거나 하여 공신에게 은졸의 특전을 베풀던 일.
은종(隱腫)명 속으로 곪는 종기(腫氣).
은-종이(銀-)명 ①은가루나 은박(銀箔)을 입힌 종이. ②은빛의 금속을 종이처럼 얇게 편 것. 은지(銀紙)
은주(銀朱·銀硃)명 수은(水銀)을 구워서 만든 붉은빛의 안료(顔料). 주로 주묵(朱墨)이나 약재로 쓰임.
은-죽절(銀竹節)명 은으로 가는 대마디 모양으로 만들어 여자의 쪽에 꽂는 장식품.
은-줄(銀-)[1] [-쭐]명 은의 광맥. 은맥(銀脈)
은-줄(銀-)[2]명 은으로 만든 줄.
은중경언:해(恩重經諺解)명 '불설대보부모은중경(佛說大報父母恩重經)'을 한글로 번역한 책. 조선 명종 8년(1553) 때 것과 현종 때 판본이 전함. 부모은중경언해
은중-부(恩重符)명 민속에서, 액(厄)을 물리친다고 하여 안방 문 안쪽 위에 붙이는 부적(符籍).
-은즉 어미 받침 있는 어간이나 '-았(었)-'에 붙어, 근거·원인·이유 따위로 됨을 나타내는 연결 어미. ¶ 하나를 들은즉 열을 안다./산이 높은즉 골이 깊다. ☞-ㄴ즉
-은즉슨 어미 '-은즉'의 힘줌말. ¶ 말이 많은즉슨 쓸 말이 적다. ☞-ㄴ즉슨
은지(銀紙)명 은종이
-은지 어미 받침 있는 형용사 어간에 붙어, 어떠한가 불확실함을 나타냄. ¶ 산이 높은지 낮은지 알아보라. ☞-ㄴ지. -는지
-은지고 어미 받침 있는 형용사 어간에 붙어, 감탄스런 느낌을 나타내는 예스러운 종결 어미. ¶ 산이 퍽 높은지고. ☞-ㄴ지고. -는지고
-은지라 어미 ①받침 있는 동사 어간에 붙어, 이미 굳어진 사실임을 나타내는 연결 어미. ¶ 돈을 이미 받은지라 계약은 유효하다. ②받침 있는 형용사 어간에 붙어, 그러함을 나타내는 예스러운 연결 어미. ¶ 사람들이 많은지라 그대로 돌아왔다. ☞-ㄴ지라
은-지환(銀指環)명 은가락지
은직(銀織)명 비단 바탕에 은실로 무늬를 짠 직물.
은진(癮疹)명 한방에서, '두드러기'를 이르는 말.
은진(殷賑)어기 '은진(殷賑)하다'의 어기(語基).
은진-하다(殷賑-)형여 흥성흥성하다
은짬명 은밀한 대목.
은채(銀釵)명 은비녀. 은잠(銀簪)
-은척 어미 -은체
은-천도(銀天桃)명 은으로 복숭아 모양을 만들어, 흔히 아이들 옷에 다는 단추.
-은체 어미 받침 있는 어간에 붙어, '사실과 달리 취하는 핑계나 거짓 태도'를 나타냄. -은척 ¶ 들은체도 안 한다./읽은체 하다./그의 말을 못 알아들은체 하다.
은-초(銀-)명 ①백랍(白蠟)으로 된 초. ②곱게 비치는 촛불. 은촉(銀燭)
은초(銀硝)명 질산칼륨. 초석(硝石)
은촉(銀燭)명 은초
은촉(隱鏃)명 두 널빤지를 마주 이을 때, 은촉홈에 끼이도록 길게 엔 돌기(突起). 단면이 '凸'자 모양과 같음.
은촉-붙임(隱鏃-)[-부침]명 은촉을 은촉홈에 끼워서 두 널빤지를 마주 잇는 일.
은촉-홈(隱鏃-)명 은촉이 끼이도록 맞붙는 한쪽 널빤지에 가늘고 길게 개탕처럼 낸 홈.
은총(恩寵)명 신(神)이나 임금으로부터 받는 은혜. ¶ 하느님의 -.
은-총이(銀-)명 불알이 흰 말.
은침(銀鍼)명 은으로 만든 침.
은칭(銀秤)명 은저울
은택(恩澤)명 은혜와 덕택. ¶ 자연의 -./-을 입다.
은-테(銀-)명 은으로 두른 테.
은토(銀兎)명 ①달에 있다는 전설의 토끼. ②'달'을 달리 이르는 말. ③흰 토끼를 이르는 말.
은토(隱土)명 조선 시대, 조세를 물지 않기 위하여 토지 대장에서 불법으로 누락시킨 논밭. ☞은결(隱結)
은퇴(隱退)명-하다자 일자리나 사회적 활동에서 물러남, 또는 물러나서 한가로이 지냄. 퇴은(退隱) ¶ 현역에서 -하다. ☞인퇴(引退)
은파(銀波)명 은물결
은폐(隱蔽)명-하다타 일의 진상 따위를 알면서 숨김. ¶ 증거를 -하다./사실을 -하다.
은피(隱避)명-하다타 범인이나 달아난 사람의 발견이나 체포를 방해하는 일. 도주 자금을 대주거나 변장하게 하는 따위.
은하(銀河)명 맑은 날 밤하늘에 흰 띠 모양으로 남북으로 길게 보이는 수많은 항성의 무리. 성하(星河). 은한(銀漢). 천하(天河). 천한(天漢) ☞은하수(銀河水)
은하-계(銀河系)명 태양계를 포함하는 수많은 항성을 주체로 하는 천체(天體)의 집단.
은하-수(銀河水)명 '은하(銀河)'를 강물에 비유하여 이르는 말. 하한(河漢)
은하=작교(銀河鵲橋)명 오작교(烏鵲橋)
은한(銀漢)명 은하(銀河)
은합(銀盒)명 은으로 된 합.
은행(銀行)명 ①예금을 맡는 일을 비롯하여 자금의 대출, 송금과 환금, 어음 할인, 환거래 따위를 업무로 하는 금융 기관. 보통 은행과 특수 은행의 구별이 있음. ②수요가 많은 것이나 갑자기 필요하게 되는 것 따위를 확보하여 보관해 두고, 그것을 공급하는 단체나 조직. ¶ 혈액 -/정자(精子) -
은행(銀杏)명 은행나무의 열매. 백과(白果)
은행-가(銀行家)명 은행을 경영하는 사람.
은행=공:황(銀行恐慌)명 경제 위기로 말미암아 예금 인출 소동이 벌어져, 지급 정지나 은행의 파산이 속출하는 상태.
은행-권(銀行券)[-꿘]명 중앙 은행이 발행하는 지폐. 오늘날의 대표적인 현금 통화이며, 모든 거래에서 제한 없이 통용됨. 우리 나라에서는 한국 은행이 발행하고 있음. 은행 지폐(銀行紙幣)
은행-나무(銀杏-)명 은행나뭇과의 낙엽 교목. 높이는 30m 안팎이나 60m에 이르는 것도 있음. 잎은 부채꼴이고 끝이 두 갈래이며 가을에 누렇게 단풍이 들고 암수딴그루임. 봄에 녹황색의 꽃이 피어 가루받이를 하고, 가을에 정받이가 이루어짐. 열매는 둥글고 노랗게 익는데, 속의 씨는 먹기도 하고 약으로도 쓰임. 가로수나 관상수로 심고, 우리 나라 각지에서 재배되고 있음. 공손수(公孫樹)

속담 **은행나무 격(格)이다** : 암수딴그루인 은행나무처럼, 서로 사랑하면서도 가까이하지 못하고 있는 남녀의 처지를 비유하여 이르는 말.

은행-법(銀行法)[-뻡]명 보통 은행의 설립과 경영, 국가의 감독권 등에 대하여 규정한 법률.
은행=부:기(銀行簿記)명 은행 업무에서 쓰이고 있는 복식 부기의 한 가지. 현금식 분개법, 전표 제도의 채용 외에 시산표를 매일 작성하는 등의 특징이 있음.

은행=수표(銀行手票)[명] 은행의 예금자가 자기 예금으로부터 일정 금액의 지급을 그 은행에 위탁하기 위한 유가 증권(有價證券).
은행=어음(銀行-)[명] 은행이 발행하거나 지급을 인수하거나 한 어음. ☞개인 어음
은행-원(銀行員)[명] 은행의 업무를 맡아보는 직원. [준] 행원(行員)
은행잎-썰:기[-닙-][명] 십자썰기
은행-장(銀行長)[명] 보통 은행의 최고 책임자.
은행=준:비금(銀行準備金)[명] 지급 준비금(支給準備金)
은행=지폐(銀行紙幣)[명] 은행권(銀行券)
은행=할인(銀行割引)[명] 은행이 하는 어음의 할인.
은허(殷墟)[명] 중국 하남성(河南省) 안양현(安陽縣)에 있는 은(殷)나라 중기 이후의 도읍의 유적. 땅 속에서 궁전터, 크고 작은 무덤, 수혈식 집터 등이 발견되었고, 글자가 새겨진 정교한 청동기, 옥기 등이 출토되었음.
은허=문자(殷墟文字)[-짜][명] 은허에서 발굴된, 거북의 등딱지나 짐승의 뼈에 새겨진 상형 문자(象形文字). 갑골 문자(甲骨文字)
은현(隱現·隱顯)[명]-하다[자] 숨었다 나타났다 하거나 안 보였다 보였다 하는 일. ¶나무들 사이로 -하는 산줄기.
은현=잉크(隱現ink)[명] 종이에 썼을 때는 안 보이나, 가열하거나 화학 약품으로 처리하면 써 놓은 것이 파랗게 나타나게 되는 잉크. 흔히 염화코발트의 수용액을 씀.
은혈(銀穴)[명] 은갱(銀坑)
은혈(隱穴)[명] ①겉에서 잘 보이지 않는 숨은 구멍. ②비밀스레 서로 통하는 길.
은혈-못(隱穴-)[명] 대가리가 없이 양끝이 뾰족한 못. 나무쪽을 맞붙이거나 할 때 쓰이며, 겉으로 드러나지 않음. 은정(隱釘)
은혈=장색(隱穴匠色)[명] 은혈 장식을 업으로 하는 사람.
은혈=장식(隱穴裝飾)[명] 못대가리나 못 박은 자리 따위가 드러나지 않게 하는 장식.
은형(銀衡)[명] 은저울
은혜(恩惠)[명] ①받거나 베풀거나 하는 고마운 혜택. ¶부모의 -./-를 베풀다./-를 입다. ②크리스트교에서, 사람에 대한 하느님의 사랑을 이르는 말.
[속담] **은혜를 원수로 갚는다**: 고마운 은혜에 보답해야 할 자리에 도리어 해를 끼친다는 말.

[한자] **은혜 은**(恩) 〔心部 6획〕 ¶보은(報恩)/은공(恩功)/은덕(恩德)/은사(恩師)/은인(恩人)
은혜 혜(惠) 〔心部 8획〕 ¶수혜(受惠)/시혜(施惠)/은혜(恩惠)/인혜(仁惠)/혜택(惠澤)

은혜-롭다(恩惠-)(-롭고·-로워)[형][ㅂ] 베풀어 주는 은혜가 매우 고맙다.
은혜-로이[부] 은혜롭게
은혼-식(銀婚式)[명] 결혼 기념식의 한 가지. 서양 풍속으로, 결혼 25주년을 맞아 부부가 은으로 된 선물을 주고받으며 기념함. ☞금혼식(金婚式). 진주혼식
은화(恩化)[명]-하다[자] 은혜를 베풀어 사람을 교화(敎化)하는 일, 또는 그 교화.
은화(銀貨)[명] 은을 주성분으로 하여 만든 돈. 은돈. 은자(銀子). 은전(銀錢)
은화-식물(隱花植物)[명] 포자식물(胞子植物) ☞현화식물(顯花植物)
은환(銀環)[명] ①은으로 만든 고리. ②은가락지
은-회색(銀灰色)[명] 은빛이 나는 회색.
은휘(隱諱)[명]-하다[타] 꺼리어 숨김.
은휼(恩恤)[명]-하다[타] 사랑으로 남을 도움.
을(乙)[명] ①십간(十干)의 둘째. ②십간의 차례로 등급을 매길 때의 둘째. ③둘 이상의 사람이나 사물이 있을 때, 그 하나의 이름 대신 쓰이는 말. ¶갑에서 -까지의 거리./갑은 -과 함께 공동 책임을 지기로 함. ④'을방(乙方)'의 준말. ⑤'을시(乙時)'의 준말.

[한자] **둘째 천간 을**(乙) 〔乙部〕 ¶을방(乙方)/을사(乙巳)/을시(乙時)/을축(乙丑)

-을[1][조] ①받침 있는 체언에 붙어, 행위의 대상임을 나타내는 목적격 조사. ¶밥을 먹는다. ②주는 행위의 대상에 붙어, '-에게'의 뜻으로 쓰이는 부사격 조사. ¶이것은 동생을 주랴? ③목적어처럼 쓰이는 부사어에 붙어, '처소, 동안, 정도' 따위의 뜻을 나타내는 조사. ¶집을 떠나다./여행을 가다./하늘을 날다./여덟 시간을 자다./백 원을 쓰다. ④서술어와 같은 계열의 목적어에 붙어, 그 말이 행위의 목적임을 나타내는 조사. ¶꿈을 꾸다./잠을 자다./걸음을 걷다./춤을 추다. ☞-를
-을[2][어미] 받침 있는 어간이나 '-았(었)-'에 붙어 ①일반적 사실을 나타내거나 미래를 나타내는 관형사형 어미. ¶밝을 때 떠나자. ②보조적 말과 어울려 관용으로 쓰임. ¶옷 갈아입을 데가 마땅찮다. ③한자의 뜻을 규정하는 데 쓰임. ¶信: 믿을 신 ☞-ㄹ
-을거나[-꺼-][어미] 받침 있는 동사 어간이나 '-았(었)-', '-겠-'에 붙어, 스스로 확정하지 못한 뜻을 감탄조로 나타내는 물음의 종결 어미. ¶며칠 뒤면 쉰다는 것으로 낙을 삼을거나. ☞-ㄹ거나
-을걸[-껄][어미] ①'-을 것을'이 줄어든 말. '하게' 할 자리에 쓰이어 추측을 나타내는 반말 투의 종결 어미. ¶그는 나를 믿었을걸. ②받침 있는 동사 어간이나 '-았(었)-'에 붙어, '그리 하지 못한 것'을 아쉬워함을 나타냄. ¶시집이나 읽을걸. ☞-ㄹ걸
-을게[-께][어미] 받침 있는 동사 어간에 붙어, '하게' 할 자리에 응낙을 나타내는 종결 어미. ¶준비물 중 텐트는 내가 맡을게. ☞-ㄹ게
을과(乙科)[명] 조선 시대, 전시(殿試)를 보여 성적에 따라 구분하던 세 등급의 둘째 등급. ☞갑과. 병과
을근-거리다(대다)[자] 을근을근 하다.
을근-을근[부] 미워하거나 해치려는 마음에서 은근히 자꾸 으르는 모양을 나타내는 말.
-을까[어미] 받침 있는 어간이나 '-았(었)-'에 붙어 ①'하게' 할 자리에 쓰이는 의문의 종결 어미. ¶언제 출발했을까? ②불확실한 사실을 나타냄. ¶더 머무는 게 좋을까 보다. ☞-ㄹ까
-을꼬[어미] 받침 있는 어간이나 '-았(었)-'에 붙어 ①'-을까'보다 부드러운 표현으로 일깨움의 뜻을 지닌 의문형 어미. ¶하늘이 왜 높을꼬? ②스스로에게 묻거나 상대편에게 상의하는 조로 묻는 종결 어미. ¶어느 친구의 말을 들을꼬? ☞-ㄹ꼬
-을는지[어미] 받침 있는 어간이나 '-았(었)-'에 붙어, '하게' 할 자리에 '그러함과 그러하지 아니함'을 묻는 뜻으로 쓰임. ¶애써 어려운 책을 읽을는지? ☞-ㄹ는지
-을듯[-뜻][어미] ①받침 있는 어간에 붙어, '그리하거나 그러할 것으로 추리됨'을 나타냄. ¶곧 잊을듯./값이 높을듯./곧 찾을듯 하다./내가 얕을듯 하다./늦게서야 저녁을 먹을듯 싶다. ②-을듯이
-을듯이[-뜻-][어미] 받침 있는 어간에 붙어, '그리하거나 그러할 것 같이'의 뜻을 나타냄. -을듯 ¶손잡을듯이 하다가 헤어졌다. ☞-ㄹ듯이
-을라[어미] 받침 있는 어간이나 '-았(었)-'에 붙어, 일이 그렇게 되지 않을까 염려하는 뜻으로 쓰이는 종결 어미. ¶서두르렴, 늦을라. ☞-ㄹ라
-을라고[어미] 받침 있는 어간이나 '-았(었)-'에 붙어, '당찮다'는 생각에서 되묻는 종결 어미. ¶여태 남아 있을라고. ☞-ㄹ라고
-을라-치면[어미] 받침 있는 어간에 붙어, 여러 번 경험한 사실을 조건으로 내세운 연결 어미. ¶이 그림을 보고 있을라치면 어느새 미소가 떠오른다. ☞-ㄹ라치면
-을락-말락[어미] 받침 있는 동사 어간이나 '-았(었)-'에 붙어, '거의 되려다가 말고 함'을 나타냄. ¶물이 차서 무릎에 닿을락말락 한다. ☞-ㄹ락말락
을람(乙覽)[명] '을야지람(乙夜之覽)'의 준말.
-을래[어미] 받침 있는 동사 어간에 붙어, '해라' 할 자리에서 말하는 이의 의향을 나타내거나 상대편의 의향을 묻는 종결 어미. ¶나는 이만 먹을래./너는 어느 책을 읽

을래? ☞-ㄹ래

-을러니 어미 받침 있는 어간이나 '-았(었)-'에 붙어, '-겠더니', '-겠던데'와 비슷한 뜻으로 쓰이는 연결 어미. ¶아침만 해도 질려서 못 먹을러니, 저녁이 되니 먹고 싶다. ☞-ㄹ러니

을:러-대:다 타 을러메다

-을러라 어미 받침 있는 어간이나 '-았(었)-'에 붙어, '-겠더라'와 비슷한 뜻으로 쓰이는 종결 어미. ¶곧 상처가 아물어 새살이 돋을러라. ☞-ㄹ러라

을:러-메:다 타 우격다짐으로 으르다. 을러대다

을:러-방망이 명 -하다 타 때리려고 으르는 짓.

-을런가 어미 '-을 것인가'의 뜻으로 쓰이는 의문형 어미. ¶무엇이 같을런가? ☞-ㄹ런가

-을런고 어미 '-을런가'를 예스럽게 또는 정중하게 나타내는 말. '-을 것인고'의 뜻으로 쓰임. ¶언제쯤 찾을런고./얼마나 좋을런고. ☞-ㄹ런고

-을레 어미 받침 있는 어간에 붙어 '하게' 할 자리에 쓰이어, '-겠데'의 뜻으로 추측이나 가능성을 나타냄. ¶벼가 곧 익을레./오래잖아 해가 돋을레./대추가 곧 붉을레. ☞-ㄹ레

-을레라 어미 받침 있는 어간이나 '-았(었)-'에 붙어, '-겠더라'의 뜻으로 추측이나 가능성을 나타냄. ¶아무래도 못 참을레라./아무도 못 막을레라./그건 좀 많을레라. ☞-ㄹ레라

-을만 어미 받침 있는 어간에 붙어 '그리할 만큼의 값어치·속내·근거·이유 등이 있음'을 나타냄. ¶웃을만 하여 웃었다./믿을만 한 소식통./읽을만 한 책. ☞-ㄹ만

-을망정 어미 받침 있는 어간이나 '-았(었)-'에 붙어, 확정된 조건으로 내세우는 연결 어미. ¶욕을 먹을망정 사과는 할 수 없다./돈이 없을망정 뜻이야 굽힐쏘냐? ☞-ㄹ망정

을모 명 책상 귀같이 생긴 세모진 모.

을묘(乙卯) 명 육십갑자의 쉰두째. ☞병진(丙辰)

을묘-년(乙卯年) 명 육십갑자로 해를 이를 때, 을묘(乙卯)가 되는 해. 곧 천간(天干)이 을(乙)이고 지지(地支)가 묘(卯)인 해. ☞병진년(丙辰年). 묘년(卯年)

을미(乙未) 명 육십갑자의 서른두째. ☞병신(丙申)

을미-년(乙未年) 명 육십갑자로 해를 이를 때, 을미(乙未)가 되는 해. 곧 천간(天干)이 을(乙)이고 지지(地支)가 미(未)인 해. ☞병신년(丙申年). 미년(未年)

을밋-을밋[-믿-] 부 ①분명하지 않게 기한을 밀어가는 모양을 나타내는 말. ¶갚는다 갚는다 하면서 ─ 연기만 하네. ②자기의 허물이나 책임을 우물우물 넘기려고 하는 모양을 나타내는 말.

-을밖에[-빢-] 어미 '-을 수밖에'의 뜻으로 쓰임. ¶죄를 지으면 벌을 받을밖에 도리가 없지 않느냐?/미운 짓만 하니 싫을밖에. ☞-ㄹ밖에

을방(乙方) 명 이십사 방위(二十四方位)의 하나. 정동(正東)으로부터 남쪽으로 15도 되는 방위를 중심으로 한 15도 범위 안의 방위. 묘방(卯方)과 진방(辰方)의 사이. 준 을(乙) ☞신방(辛方)

을번(乙番) 명 두 편이 번갈아 일할 때, 갑번(甲番) 다음의 차례가 되는 편.

을부(乙部) 명 사부(史部)

-을법[-뻡] 어미 받침 있는 어간에 붙어, '그리하거나 그러할 가능성 또는 근거가 있음'을 인정하는 뜻을 나타냄. ¶칭찬을 받을법 하지./있을법 한 이야기. ☞-ㄹ법

-을뻔 어미 받침 있는 어간에 붙어, '그리 되려다가 만 상태였음'을 나타냄. ¶돌에 맞을뻔 했다./그곳에 처져 있을뻔 했다. ☞-ㄹ뻔

-을뿐더러 어미 '-을 뿐만 아니라 또한'의 뜻으로 쓰이는 연결 어미. ¶너를 믿을뿐더러 더없이 사랑한다./금력이 있을뿐더러 권력도 있다. ☞-ㄹ뿐더러

을사(乙巳)[-싸] 명 육십갑자의 마흔두째. ☞병오(丙午)

을사-년(乙巳年)[-싸-] 명 육십갑자로 해를 이를 때, 을사(乙巳)가 되는 해. 곧 천간(天干)이 을(乙)이고 지지(地支)가 사(巳)인 해. ☞병오년(丙午年). 사년(巳年)

-을성[-썽] 어미 받침 있는 어간에 붙어 '-을 것 같다'의 뜻으로 주관적인 헤아림을 나타냄. ¶밥은 먹을성 싶다./물이 얕을성 싶으냐? ☞-ㄹ성. -은성

-을세라[-쎄-] 어미 그리하거나 그리 될까 염려함을 나타내는 어미. ¶시간에 늦을세라 서둘렀다. ☞-ㄹ세라

-을수록[-쑤-] 어미 받침 있는 어간이나 '-았(었)-'에 붙어, 비례로 더해가거나 덜해감을 나타내는 부사성 어미. ¶벼는 익을수록 고개를 숙인다./돈이 많을수록 겸손해야 한다. ☞-ㄹ수록

을시(乙時) 명 하루를 스물 넷으로 가른, 여덟째 시(時). 지금의 오전 여섯 시 삼십 분부터 일곱 시 삼십 분까지의 동안. 준 을(乙) ☞진시(辰時)

-을쏘냐 어미 '-을 것이냐'와 같은 뜻으로 강한 반문을 나타내는 데 쓰이는 예스러운 말투의 어미. ¶어찌 내 조국을 잊을쏘냐?/어느 산이 금강산보다 아름다울쏘냐? ☞-ㄹ쏘냐

을씨년-스럽다(─스럽고·─스러워) 형ㅂ ①보기에 매우 쓸쓸하다. ¶날씨가 ─. ②보기에 살림이 매우 가난하다. ¶을씨년스럽게 널려 있는 부엌 살림.

을씨년-스레 부 을씨년스럽게

을야(乙夜) 명 지난날, 하루의 밤 시간을 다섯으로 등분한 둘째 시간. 지금의 오후 아홉 시부터 오후 열한 시까지의 동안. 이경(二更) ☞오야(五夜). 병야(丙夜)

을야지람(乙夜之覽) 성구 지난날, 임금은 낮에는 나라 일로 바쁘기 때문에 을야, 곧 밤 열 시경이 되어서야 독서를 하였다는 데서, 임금의 독서(讀書)를 이르는 말. 준 을람(乙覽)

-을양으로 어미 받침 있는 어간에 붙어 '그리하거나 그럴 요량이나 생각으로'의 뜻을 나타내는 어미. ¶널 찾을양으로 동네를 헤매고 다녔다. ☞-ㄹ양으로

-을양이면 어미 받침 있는 어간에 붙어 '그리하거나 그럴 요량이나 생각이면'의 뜻으로 조건을 나타내는 어미. ¶책을 읽을양이면 밝은 데서 보려무나. ☞-ㄹ양이면

을유(乙酉) 명 육십갑자의 스물두째. ☞병술(丙戌)

을유-년(乙酉年) 명 육십갑자로 해를 이를 때, 을유(乙酉)가 되는 해. 곧 천간(天干)이 을(乙)이고 지지(地支)가 유(酉)인 해. ☞병술년(丙戌年). 유년(酉年)

-을작시면[-짝-] 어미 '-는 쪽으로 의지할 것 같으면'의 뜻으로 쓰이는 예스러운 말. ¶김군의 말소리를 들을작시면 박군 생각이 난다. ☞-ㄹ작시면

을종(乙種)[-쫑] 명 차례나 등급을 갑종·을종·병종 등으로 매길 때, 그 둘째. ¶─ 합격

을종=근로=소:득(乙種勤勞所得)[-쫑-] 명 급여 가운데 원천 징수를 하지 않는 근로 소득. 우리 나라 안에 있는 외국 기관이나 국외에 있는 외국인·외국 법인으로부터 받는 급여 따위. ☞갑종 근로 소득

을종=근로=소:득세(乙種勤勞所得稅)[-쫑-] 명 을종 근로 소득에 대한 세금.

을좌(乙坐)[-쫘] 명 묏자리나 집터 등이 을방(乙方)을 등진 좌향(坐向).

을좌-신향(乙坐辛向)[-쫘-] 명 묏자리나 집터 등이 을방(乙方)을 등지고 신방(辛方)을 향한 좌향(坐向).

-을지[-찌] 어미 ①받침 있는 어간이나 '-았(었)-'에 붙어, 추측적인 의문을 나타내는 연결 어미. ¶믿을지 안 믿을지 두고 보자./물이 깊을지 얕을지 건너 봐야 안다. ②'반말' 할 자리에 쓰이는 의문의 종결 어미. ¶그가 고향을 찾을지?/고생이 얼마나 많을지? ☞-ㄹ지

-을지나[-찌-] 어미 받침 있는 어간이나 '-았(었)-'에 붙어, '의당 -을 것이나'의 뜻으로 쓰이는 예스러운 연결 어미. ¶말을 아낄지나 할 말은 해야 한다./고생은 많을지나 좋은 경험이 될 것이다. ☞-ㄹ지나

-을지니[-찌-] 어미 받침 있는 어간이나 '-았(었)-'에 붙어, '응당 -을 것이니'의 뜻으로 쓰이는 예스러운 연결 어미. ¶구하면 얻을지니 열심히 노력하라./내일이면 늦을지니 오늘 일은 오늘 하세. ☞-ㄹ지니

-을지니라[-찌-] 어미 받침 있는 어간이나 '-았(었)-'에 붙어, '당연히 그리하여야 할 것이니라'의 뜻으로 쓰

이는 예스러운 종결 어미. ¶바른 길을 좇을지니라./스스로 갈 길을 찾을지니라. ☞-ㄹ지니라

-을지라[-찌-] 어미 받침 있는 어간이나 '-았(었)-'에 붙어, '당연히 -ㄹ터인 것이라'의 뜻으로 쓰이는 예스러운 어미. ¶일한 보람을 찾았을지라, 염려할 것이 없다./가진 것이 없을지라, 크게 걱정할 것이 없다. ☞-ㄹ지라

-을지라도[-찌-] 어미 받침 있는 어간이나 '-았(었)-'에 붙어, 불확실한 사실을 가정으로 하거나 조건으로 하는 연결 어미. ¶욕을 먹을지라도 할 일은 해야 한다./재주가 없을지라도 노력을 하면 이룰 수 있다. ☞-ㄹ지라도

-을지어다[-찌-] 어미 받침 있는 동사 어간이나 '-았(었)-'에 붙어, '마땅히 그리하여야 한다'의 뜻으로 쓰이는 예스러운 종결 어미. ¶은혜는 꼭 갚을지어다./책임을 반드시 물을지어다. ☞-ㄹ지어다

-을지언정[-찌-] 어미 받침 있는 어간이나 '-았(었)-'에 붙어, '가정이나 조건으로 받아들임'을 나타내는 연결 어미. ¶죽을지언정 명예를 더럽힐 수는 없다./아무리 높을지언정 하늘만큼 높으랴. ☞-ㄹ지언정

-을진대[-찐-] 어미 받침 있는 어간이나 '-았(었)-'에 붙어, '인정하는 조건'으로 내세우는 연결 어미. ¶벗을 못 믿을진대 어찌 친구라 하겠느냐?/꿈이 있을진대 무엇을 못 이루리. ☞-ㄹ진대

-을진댄[-찐-] 어미 '-을진대'의 힘줌말. ¶잊을진댄 하루라도 일찍 잊어라.

-을진저[-찐-] 어미 받침 있는 어간이나 '-았(었)-'에 붙어, '마땅히 그러하거나 그리해야 할 것이라'는 뜻을 나타내는 예스러운 감탄의 종결 어미. ¶믿을진저, 신의 섭리를./우리 역사에 길이 남을진저. ☞-ㄹ진저

을축(乙丑) 명 육십갑자의 둘째. ☞병인(丙寅)

을축갑자(乙丑甲子) 성구 '갑자을축'이 바른 차례인데 거꾸로 된 데서, 무슨 일이 제대로 되지 아니하고 뒤죽박죽임을 이르는 말.

을축-년(乙丑年) 명 육십갑자로 해를 이를 때, 을축(乙丑)이 되는 해. 곧 천간(天干)이 을(乙)이고 지지(地支)가 축(丑)인 해. ☞병인년(丙寅年). 축년(丑年)

을해(乙亥) 명 육십갑자의 열두째. ☞병자(丙子)

을해-년(乙亥年) 명 육십갑자로 해를 이를 때, 을해(乙亥)가 되는 해. 곧 천간(天干)이 을(乙)이고 지지(地支)가 해(亥)인 해. ☞병자년(丙子年). 해년(亥年)

을해-자(乙亥字) 명 조선 세조 원년(1455) 을해년(乙亥年)에 주조한 동활자(銅活字). 강희안(姜希顔)의 글씨체를 자본(字本)으로 하였음.

읊다[읍-] 타 ①가락을 붙여 시를 읽거나 외다. ¶자작시를 -. ②시가(詩歌)를 짓다. ¶망향(望鄕)의 정(情)을 읊은 작품.

한자 읊을 영(詠) 〔言部 5획〕 ¶송영(誦詠)/음영(吟詠)
읊을 음(吟) 〔口部 4획〕 ¶음송(吟誦)/음시(吟詩)

읊조리다[읍-] 타 시의 뜻을 음미하면서 낮은 목소리로 읊다.

음 감 그렇다는 뜻으로 고개를 끄덕이듯 입을 다물고 내는 말. ¶-, 하고 말고./-, 그래. 네 말이 옳다.

음(音) 명 ①소리 ¶높은 -. ②말을 하려고 내는 소리. 목소리 ¶'어'와 '으'의 -을 정확히 구별하다. ③글자를 읽을 때 내는 소리. ④한자(漢字)를 읽을 때 내는 소리. 자음(字音) ☞새김[2]. 훈(訓)

음(陰) 명 ①역학(易學)에서, 양(陽)에 대하여 수동적·소극적인 것을 이르는 말. 하늘에 대한 땅, 해에 대한 달, 남자에 대한 여자 따위. ②한방에서, 사람의 체질이나 약의 성질 등의 찬 성질, 소극적인 성질을 이르는 말. ③'음극(陰極)'의 준말. ④'음수(陰數)'를 나타내는 말. ⑤사물의 겉으로 드러나 보이지 않는 데. ¶-으로 양으로 많은 도움을 받다.

-음[1] 접미 받침 있는 어간 뒤에 놓여 어미에 갈음하며 명사가 되게 함. ¶얼음/웃음/울음/물음 ☞-ㅁ[1]

-음[2] 어미 ①받침 있는 어간이나 '-았(었)-', '-겠-'에 붙어, 명사형이 되게 하는 어미. ¶얻음이 있으면 잃음이 있다./밝음과 어두움이 함께 있다. ②간략하게 나타내는 서술의 종결 어미. ¶아무도 그 말을 믿지 않음./가을 하늘이 매우 높음. ☞-ㅁ[2]

음가(音價)[-까] 명 〈어〉낱낱의 글자가 지니고 있는 제몫의 소리. 소리값

음각(陰角) 명 삼각법에서, 각을 낀 두 직선 중의 한 직선이 시계 바늘 방향으로 돌아서 만들어 내는 각. ☞양각(陽角)

음각(陰刻) 명 -하다 타 글자나 그림 따위를 옴폭 패게 새기는 일, 또는 그렇게 새긴 글자나 그림. 요조(凹彫) ¶-으로 비문(碑文)을 새긴 비석. ☞양각(陽刻)

음간(陰乾) 명 -하다 타 '음건(陰乾)'의 원말.

음감(音感) 명 음에 대한 감각. 곧 음의 높낮이나 음색(音色) 따위를 분간하는 능력. ¶-이 예민하다.

음감=교:육(音感敎育) 명 음정·리듬·화음(和音) 따위에 대한 감각을 기르는 교육.

음강-증(陰強症)[-쯩] 명 설단증(舌短症)

음객(吟客) 명 '시인(詩人)'을 달리 이르는 말.

음건(陰乾) 명 -하다 타 그늘에서 말림. 그늘말림 원음간(陰乾) ☞양건(陽乾)

음경(陰莖) 명 남성의 외부 생식기. 불두덩 아래 있는 대롱 모양의 성기(性器)인데, 해면체(海綿體)로 이루어져 가운데에 오줌과 정액(精液)의 통로인 요도(尿道)가 있음. 해면체가 충혈되면 부피가 커지고 단단해짐. 남근(男根). 양경(陽莖). 옥경(玉莖). 옥근(玉根). 자지 ☞음문(陰門)

음계(音階) 명 음악에 쓰이는 하나하나의 음을 높이의 차례로 일정하게 늘어놓은 것. 전음계(全音階), 반음계(半音階), 오음 음계(五音音階), 십이음 음계(十二音音階) 등이 있음.

음계(陰界) 명 귀신의 세계. ☞양계(陽界)

음계(陰計) 명 -하다 타 음모(陰謀)

음공(陰功) 명 ①드러나지 않게 뒤에서 돕는 공. ②남이 모르는 숨은 공덕. ¶많은 -을 쌓다.

음관(蔭官) 명 남행(南行)[2]. 음직(蔭職)

음교-맥(陰蹻脈) 명 기경 팔맥의 하나. 양교맥과 짝을 이루어 근육과 눈동자의 운동을 주관함.

음구(音溝) 명 ①영화 필름의 가장자리에 있는, 소리가 녹음된 홈 부분. 사운드트랙 ②레코드판의, 소리가 녹음된 홈 부분.

음극(陰極) 명 한 쌍의 전극(電極) 중 전위(電位)가 낮은 쪽의 전극. 곧 마이너스의 극(極). 음전극(陰電極). 캐소드(cathode) 준음(陰) ☞양극(陽極)

음극-관(陰極管) 명 음극선관

음극-선(陰極線) 명 방전관(放電管) 안에서 방전을 했을 때, 음극에서 양극으로 흐르는 고속도의 전자의 흐름.

음극선-관(陰極線管) 명 음극선을 방출하는 데 쓰는 진공관. 가이슬러관이나 브라운관 따위. 음극관

음기(陰記) 명 비갈(碑碣)의 뒷면에 새긴 글.

음기(陰氣) 명 ①만물이 생성하는 근원이 되는 두 기(氣)의 하나. 음(陰)의 기운. ②한방에서, 몸 안의 음(陰)의 기운을 이르는 말. ¶-를 보(補)하는 약. ③음침한 분위기. 음산한 기운. ¶-가 도는 집. ☞양기(陽氣)

음-나무 명 '엄나무'의 딴이름.

음낭(陰囊) 명 불알을 싸고 있는 주머니 모양의 살. 불

음-넓이(音-) 명 음역(音域)

음녀(淫女) 명 음탕한 여자. 음부(淫婦)

음-높이(音-) 명 음의 높낮이. 피치(pitch)

음달(陰-) 명 '응달'의 원말.

음담(淫談) 명 음탕한 이야기.

음담-패:설(淫談悖說) 명 음탕하고 상스러운 이야기.

음덕(陰德) 명 드러나지 않게 하는 덕행(德行). 음덕(蔭德) ☞양덕(陽德)

음덕(蔭德) 명 ①조상의 덕. ②음덕(陰德). 비음(庇陰)

음덕양보(陰德陽報)[-냥-] 성구 음덕을 쌓은 사람은 반

드시 그 보답이 있음을 이르는 말.

음도(陰道)명 ①군신(君臣)·부자(父子)·부부(夫婦)에서 음에 해당하는, 신하(臣下)·자식·아내된 사람의 도리. ②달의 궤도. ③산의 북쪽으로 난 응달길. ☞양도(陽道)

음도(蔭塗)명 음로(蔭路)

음독(音讀)명-하다타 ①한자를 음으로 읽음. ☞훈독(訓讀) ②소리 내어 글을 읽음. ☞묵독(默讀)

음독(陰毒)[1]명 한방에서, 병독이 몸 속에 모여 피부가 검푸르게 되고 심하면 짓무르는 병을 이르는 말.

음:독(飮毒)명-하다자 독약을 먹음. 복독(服毒) ¶ - 자살(自殺)을 기도하다.

음독(陰毒)[2]어기 '음독(陰毒)하다'의 어기(語基).

음독-하다(陰毒-)형여 성질이 음험하고 독하다.

음락(淫樂)명 음탕한 즐거움. 색욕(色慾)에 따른 쾌락.

음:락(飮樂)명-하다자 술을 마시며 즐김.

음란(淫亂)어기 '음란(淫亂)하다'의 어기(語基).

음란-하다(淫亂-)형여 음탕하고 난잡하다.

한자 **음란할 음**(淫) 〔水部 8획〕 ¶음담(淫談)/음란(淫亂)/음욕(淫慾)/음탕(淫蕩)/음행(淫行)

음랭(陰冷)어기 '음랭(陰冷)하다'의 어기(語基).

음랭-하다(陰冷-)형여 음산하고 차다.

음량(音量)명 소리의 크기. 볼륨 ☞성량(聲量)

음량(陰涼)어기 '음량(陰涼)하다'의 어기(語基).

음량-하다(陰涼-)형여 그늘져서 시원하다.

음려(陰呂)명 육려(六呂) ☞양률(陽律)

음력(陰曆)명 ①'태음력(太陰曆)'의 준말. ②'태음 태양력(太陰太陽曆)'의 준말. ☞양력(陽曆)

▶ **음력 각 달의 딴이름**

○ 正月－맹춘(孟春)	○ 七月－맹추(孟秋)
○ 二月－중춘(仲春)	○ 八月－중추(仲秋)
○ 三月－계춘(季春)	○ 九月－계추(季秋)
○ 四月－맹하(孟夏)	○ 十月－맹동(孟冬)
○ 五月－중하(仲夏)	○ 十一月－중동(仲冬)
○ 六月－계하(季夏)	○ 十二月－계동(季冬)

음롱(音聾)명 청각(聽覺)은 정상이나 악음(樂音)의 이해나 식별을 하지 못하는 상태, 또는 그런 사람.

음:료(飮料)명 차·주스·사이다·물 등과 같은, 마시는 기호 식품. 마실 것. ¶청량 -

음:료-수(飮料水)명 사람이 그대로 마실 수 있는 물. 먹는 물. 음수(飮水). 음용수(飮用水) ☞식수(食水)

음률(音律)명 ①음악의 가락. 성률(聲律) 준 율(律) ②국악(國樂)의 오음(五音)과 육률(六律).

음림(陰林)명 산의 북쪽 기슭의 수풀.

음림(霪霖·淫霖)명 장맛비. 음우(霪雨)

음매부 소나 송아지가 우는 소리를 나타내는 말.

음명(音名)명 음이름

음모(陰毛)명 거웃[1]

음모(陰謀)명-하다타 몰래 못된 일을 꾸밈, 또는 그러한 꾀. 음계(陰計) ¶-를 계획하다./-에 가담하다.

음문(陰文)명 도장이나 비석, 종(鐘) 따위에 음각된 글자. ☞양문(陽文)

음문(陰門)명 여성의 외부 생식기. 불두덩 아래에 좌우로 갈라져 있는 음순(陰脣) 부분을 이름. 보지. 소문(小門). 옥문(玉門). 음호(陰戶). 하문(下門) ☞음경(陰莖)

음물(淫物)명 음탕한 사람을 낮잡아 이르는 말.

음미(吟味)명-하다타 ①속뜻을 깊이 새겨 가며 감상하거나 생각해 봄. ¶시(詩)를 -하다./-할만 한 이야기. ②독특한 맛이나 향을 즐기면서 음식을 맛봄. ¶주인이 자랑하면서 권하는 차를 -하다.

음미(淫靡)어기 '음미(淫靡)하다'의 어기(語基).

음미-하다(淫靡-)형여 남녀 관계나 풍속 따위가 음란하고 난잡하다.

음반(音盤)명 음악 따위를 녹음한 둥글고 얇은 판. 에보나이트나 염화비닐수지 따위로 만듦. 레코드. 디스크

음방(淫放)어기 '음방(淫放)하다'의 어기(語基).

음방-하다(淫放-)형여 음란하고 방탕(放蕩)하다.

음보(音譜)명 악보(樂譜)

음보(蔭補)명-하다자 지난날, 나라에 공을 세운 조상의 덕으로 그 자손이 관직에 오르던 일.

음:복(飮福)명-하다타 제사를 지낸 뒤, 제상(祭床)에 차렸던 음식을 먹는 일. ☞복주(福酒)

음부(陰府)명 저승

음부(陰阜)명 불두덩

음부(陰部)명 남녀의 생식기에서, 몸의 표면에 드러나 있는 부분. 국부(局部). 치부(恥部)

음부(淫婦)명 음탕한 여자. 음녀(淫女)

음부=기:호(音部記號)명 음자리표

음분(淫奔)어기 '음분(淫奔)하다'의 어기(語基).

음분-하다(淫奔-)형여 성 관계가 난잡하다. 〔주로 여자에 대하여 이름.〕

음-빛깔(音-)[-빋-]명 음색(音色)

음사(陰私)명 숨기고 있는 개인의 비밀.

음사(陰事)명 ①숨기는 일. 비밀스러운 일. ②남녀가 잠자리하는 일.

음사(淫事)명 음란한 일. 주로 남녀간의 성행위(性行爲)를 이름.

음사(淫祠)명 사신(邪神)을 모시는 사당(祠堂).

음사(淫辭)명 음탕스러운 말.

음산(陰散)어기 '음산(陰散)하다'의 어기(語基).

음산-하다(陰散-)형여 ①날이 흐리고 으스스하다. ¶음산한 날씨. ②분위기가 을씨년스럽고 썰렁하다. ¶사람도 없는 음산한 절간.

음상(音相)명 모음이나 자음을 바꿈으로써, 낱말의 기본적인 뜻은 지니고 있으면서 어감(語感)이 달라지는 음의 양상. '구물구물'과 '꾸물꾸물', '곰실곰실'과 '굼실굼실', '동글다'와 '둥글다', '가짓말'과 '거짓말' 따위.

음색(音色)명 그 음이 가지는 느낌. 소리의 느낌. 음빛깔 ¶플루트의 독특한 -.

음서(淫書)명 음탕한 내용의 책.

음:서(飮暑)명-하다자 더위를 먹음. 복서(伏暑)

음성(吟聲)명 시가(詩歌)를 읊조리는 소리.

음성(音聲)명 사람의 발음 기관을 통하여 나오는 소리. 말소리. 목소리. 성음(聲音) ¶맑고 고운 -.

음성(陰性)명 ①음(陰)의 성질. 어두운 성질. 소극적인 성질. ②병을 진단하기 위하여 생화학적 또는 세균학적인 검사를 했을 때 특정한 반응을 나타내지 않거나 일정한 기준 이하의 반응을 나타내는 성질. ☞양성(陽性)

음성(陰聲)명 국악(國樂)에서 이르는, 음(陰)에 딸린 소리. 곧 십이율(十二律) 가운데서 육려(六呂)의 소리. ☞양성(陽聲)

음성(淫聲)명 ①음탕한 목소리. ②음란한 음악.

음성=기관(音聲器官)명 발음 기관(發音器官)

음성=기:호(音聲記號)명 말의 발음을 적는 데 쓰이는 기호. 발음 기호(發音記號)

음성=다중=방:송(音聲多重放送)명 텔레비전 방송에서, 동시에 두 가지 음성을 수신할 수 있는 방송. 스테레오 방송이나 2개 국어 방송 따위. ☞문자 다중 방송

음성=모:음(陰性母音)명 <어>훈민정음에서 구별한 한글 모음의 한 갈래. 'ㅓ·ㅕ·ㅜ·ㅠ' 계열의 모음을 이른 말. ☞양성 모음(陽性母音). 중성 모음(中性母音)

▶ **음성 모음으로 바뀐 표준어**

지난날, 양성 모음으로 쓰이던 말 가운데서 음성 모음으로 바뀌어 굳어진 단어들을 표준어로 삼았다.
¶깡총깡총 → 깡충깡충/막동이 → 막둥이/
쌍동이 → 쌍둥이/보통이 → 보퉁이/
뻗장다리 → 뻗정다리/오똑이 → 오뚝이

음성=반:응(陰性反應)명 병을 진단하기 위하여 생화학적 또는 세균학적인 검사를 했을 때 병원균에 감염된 반응을 나타내지 않거나 일정한 기준 이하의 반응을 나타내는 말. ☞양성 반응

음성=상징(音聲象徵)명 낱말의 음절이 지니는 음의 성질이나 높낮이, 세고 여림 등에 따라 다른 어감이나 뜻을 나타내는 일. 양성 모음이 작고 밝은 느낌을 주고, 음성 모음이 크고 어두운 느낌을 주는 따위.
음성=언어(音聲言語)명 음성으로 나타내는 말. ☞문자 언어(文字言語)
음성=원소(陰性元素)명 화학 결합 때, 전자를 끌어당기는 경향이 강한, 곧 음성 성분으로 되기 쉬운 원소. ☞양성 원소(陽性元素)
음성=응답=시스템(音聲應答system)명 컴퓨터가 사람의 목소리로 응답하는 시스템. 에이아르에스(ARS)
음성=장마(陰性-)명 오랫동안 계속되는 장마. ☞양성 장마
음성-학(音聲學)명 언어학(言語學)의 한 부문. 언어음(言語音)의 발음 기관, 발음 운동, 음성의 특성 등을 연구하는 학문. 성음학(聲音學) ☞음운론(音韻論)
음세(音勢)명 소리의 세고 여림.
-음세 어미 받침 있는 동사 어간에 붙어, '하게' 할 자리에 약속함을 나타내는 종결 어미. ¶은혜를 꼭 갚음세./머지 않아 다시 찾음세. ☞-ㅁ세
음소(音素)명〈어〉구체적인 말소리의 가장 작은 분별의 단위. '공'과 '콩', '나'와 '너'에서 'ㄱ'과 'ㅋ', 'ㅏ'와 'ㅓ'는 각각 다른 음소임. 음운(音韻) ☞단음(單音)
음소=문자(音素文字)[-짜]명 하나의 기호로 하나의 음소를 나타내는 표음 문자(表音文字). 한글이나 로마자 따위. 낱소리글자 ☞단음 문자(單音文字). 음절 문자
음속(音速)명 음파(音波)의 속도. 공기 속에서는 0°C에서 매초 331.5m, 온도가 1°C 오를 때마다 0.6m가 늚.
음송(吟誦)명-하다타 시가(詩歌)를 소리내어 읊음.
음수(陰數)명 0보다 작은 수. 마이너스의 수. ☞양수
음수(陰樹)명 응달에서도 잘 자라는 나무. 비자나무·전나무·떡갈나무 따위. ☞양수(陽樹)
음:수(飮水)명 음료수
음수-율(音數律)명 시가(詩歌)에서, 음절의 수를 일정하게 배치함으로써 이루어지는 운율. 4·3조, 4·4조, 7·5조 따위.
음순(陰脣)명 여성의 외부 생식기의 일부. 질(膣)과 요도를 둘러싸고 있는 피부의 주름. 곧 음문(陰門)의 시울.
음슬(陰蝨)명 '사면발이'의 딴이름.
음습(淫習)명 음탕한 버릇. 음란한 습속.
음습(陰濕)어기 '음습(陰濕)하다'의 어기(語基).
음습-하다(陰濕-)형여 그늘지고 축축하다.
음시(吟詩)명-하다자 시를 읊음.
음:식(飮食)명 먹고 마시는 것. 음식물
속담 **음식 같잖은 개떡수제비에 입천장 덴다** : 하찮게 알고 대했다가 뜻밖의 해를 입었을 때 이르는 말./**음식 싫은 건 개나 주지 사람 싫은 건 할 수 있나** : 싫은 음식은 안 먹을 수도 있지만, 가족된 사람은 싫더라도 서로 화목해지도록 노력해야 한다는 말./**음식은 갈수록 줄고 말은 갈수록 는다** : 음식은 먹을수록 주나, 말은 번져 갈수록 건잡을 수 없이 보태어진다는 말.
음:식-물(飮食物)명 먹고 마시는 것. 음식
음:식-상(飮食床)명 음식을 차린 상.
음:식-점(飮食店)명 조리한 음식물을 그 자리에서 먹거나 마실 수 있게 파는 가게.
음식-창(陰蝕瘡)명 하감(下疳)
음신(音信)명 소식이나 편지.
음실(陰室)명 ①햇빛이 잘 들지 않는 음침한 방. ②북쪽으로 난 방.
음심(淫心)명 음탕한 마음.
음악(音樂)명 사람의 사상이나 감정을 소리로 나타내는 예술. 소리의 강약(強弱)·장단(長短)·고저(高低)·음색(音色)·화음(和音) 등을 일정한 방법으로 구성하여 사람의 목소리나 악기로써 표현하여 듣는 이에게 전하는 예술. ☞시간 예술
음악(淫樂)명 음탕한 음악.
음악-가(音樂家)명 음악을 전문으로 하는 사람. 작곡가, 지휘자, 성악가, 기악(器樂) 연주자 따위.
음악-계(音樂界)명 음악인들의 사회. ¶-의 새로운 별.
음악-당(音樂堂)명 음악의 연주회장으로 만든 건물. 콘서트홀(concert hall)
음악-대(音樂隊)명 음악을 연주하는 단체. 특히 야외에서 관악기나 타악기로 연주하는 악단을 이름.
음악=상자(音樂箱子)명 오르골(orgel)
음악=영화(音樂映畫)[-녕-]명 음악을 주된 내용으로 하여 만든 영화.
음악-인(音樂人)명 ①음악과 관련된 일을 하는 사람. ②음악을 좋아하는 사람.
음악-적(音樂的)명 음악과 같거나 음악에 관계되는 것. ¶-인 재능./-인 분위기.
음악-제(音樂祭)명 일정 기간에 집중적으로 음악 연주나 오페라 따위의 상연이 이루어지는 음악 행사.
음악-회(音樂會)명 음악을 연주하여 많은 사람들에게 들려 주는 모임.
음애(陰崖)명 햇빛이 잘 들지 않는 벼랑.
음액(陰液)명 정액(精液)
음약(陰約)명-하다타 몰래 약속함, 또는 그 약속.
음약(淫藥)명 성욕이 일어나게 하는 약. 미약(媚藥)
음:약(飮藥)명-하다자타 탕약이나 물약 따위를 마심. ☞복약(服藥)
음양(陰痒)명 한방에서, 여자의 음부(陰部)가 가려운 병을 이르는 말.
음양(陰陽)명 ①역학(易學)에서 이르는, 우주 만물을 형성하고 지배하는, 두 상반된 성질의 것. '하늘과 땅', '낮과 밤', '해와 달', '삶과 죽음', '남자와 여자', '선과 악' 등 서로 대립하면서 의존하는 관계에 있는 음(陰)과 양(陽)의 두 기(氣)를 이름. ☞태극(太極) ②전기(電氣)나 자기(磁氣)의 음극과 양극.
음양-가(陰陽家)명 ①중국 고대의 제자백가(諸子百家)의 하나. 천문(天文)·역수(曆數)의 학술을 바탕으로, 음양설(陰陽說)에 따라서 세계의 구조나 인간의 존재를 설명하려고 한 사람. ②음양 오행설에 따라서 길흉화복을 점치는 사람.

음-양각(陰陽刻)명 음각(陰刻)과 양각(陽刻).
음양-객(陰陽客)명 음양가 노릇을 하는 사람.
음양-과(陰陽科)명 조선 시대의 잡과(雜科)의 한 가지. 천문학·지리학·명과학(命課學)에 밝은 사람을 뽑았음.
음양-곽(淫羊藿)명 한방에서, 삼지구엽초(三枝九葉草)의 잎을 약재로 이르는 말. 음위(陰痿) 따위에 쓰임.
음양-도(陰陽道)명 음양 오행설에 바탕을 두고 인간의 길흉화복을 점치는 방술(方術).
음-양력(陰陽曆)명 ①음력과 양력. ②'태음 태양력(太陰太陽曆)'을 달리 이르는 말.
음양-립(陰陽笠)명 갓의 한 가지. 양태는 모시나 명주로 싸고, 모자는 말총으로 만듦. 조선 시대에 육품 이상 당하(堂下) 삼품의 관원이 썼음.
음양-설(陰陽說)명 음과 양의 두 기(氣)가 서로 쇠해지거나 성해지고 조화하여 자연계의 질서가 유지되듯, 인간의 모든 활동은 음양의 변화에 순응함으로써 잘 풀려 나간다는 생각. ☞오행설(五行說)
음양-소(陰陽梳)명 빗살이 한쪽은 성기고 한쪽은 촘촘한 빗. ☞월소(月梳)
음양-수(陰陽水)명 한방에서, '생숙탕(生熟湯)'을 음양이 섞인 물이라 하여 이르는 말.
음양=쌍보(陰陽雙補)명 한방에서, 몸의 음기와 양기를 함께 돋우어 줌을 이르는 말.
음양=오:행설(陰陽五行說)명 중국 전국 시대에 성립한 음양설과 오행설이 한(漢)나라 때 합쳐진 것. 오행의 목(木)·화(火)는 양(陽), 금(金)·수(水)는 음(陰), 토(土)는 그 중간이라 하여, 이들의 변화에 따라서 만상(萬象)을 설명하는 사상.
-음에도 어미 명사형 어미 '-음'에 '-에도'가 붙어서 된 말. 주로 '불구하고'를 동반하여 '어떤 상태인데도 영향 받지 않고'의 뜻으로 쓰임. ¶밝음에도 불구하고 불을 켰다

-음에랴 어미 받침 있는 어간에 붙어, 당연한 결과의 이유가 됨을 나타내는 반문의 종결 어미. ¶거칠 게 무엇이랴, 희망이 있음에랴.
음역(音域) 명 ①어떤 두 소리의 높낮이의 범위. ②목소리나 악기가 낼 수 있는 최고음과 최저음의 사이. 음넓이 ¶ -이 넓다. ☞성역(聲域)
음역(陰易) 명 한방에서, 심한 열병(熱病)이 고비를 넘겨 음증(陰證)으로 바뀌는 상태를 이르는 말.
음염(淫艶) 어기 '음염(淫艶)하다'의 어기(語基).
음염-하다(淫艶-) 형여 음탕하고 요염하다.
음엽(陰葉) 명 식물의 잎 중에서 햇빛이 잘 쬐지 않는 곳에서 자란 잎. 양엽(陽葉)에 비하여 크지만 두께가 얇음.
음영(吟詠·吟咏) 명 -하다 타 시부(詩賦) 따위를 읊조림.
음영(陰影) 명 ①그림자 ②빛이 가리어져 어두워진 상태, 또는 그 자리. 그늘 ¶ -이 잘 나타난 사진. /-을 살려 입체감을 내다. ③빛깔·소리·감정 따위의 미묘한 변화. ¶ -이 풍부한 문장.
음영=화:법(陰影畫法) [-뻡] 명 그림에서, 그리는 물체에 음영을 넣어 입체감을 나타내는 기법. ☞원근법(遠近法)
음예(陰翳) 어기 '음예(陰翳)하다'의 어기(語基).
음예(淫穢) 어기 '음예(淫穢)하다'의 어기(語基).
음예-하다(陰翳-) 형여 날씨가 흐리거나 그늘이 져 어둠침침하다.
음예-하다(淫穢-) 형여 음란하고 지저분하다.
음욕(淫慾) 명 성적인 욕망. 색욕(色慾)
음용(音容) 명 목소리와 모습.
음:용(飮用) 명 -하다 타 마시는 데 씀. ¶냇물을 그대로 - 할 수 있다.
음:용-수(飮用水) 명 음료수(飮料水)
음우(陰佑) 명 -하다 타 드러나지 않게 도움. 음조(陰助)
음우(陰雨) 명 음산하게 내리는 비.
음우(霪雨·淫雨) 명 장맛비
음운(音韻) 명 ①한자의 성모(聲母)와 운모(韻母). ②〈어〉구체적인 말소리의 가장 작은 분별의 단위. '공'과 '콩', '나'와 '너'에서 'ㄱ'과 'ㅋ', 'ㅏ'와 'ㅓ'는 각각 다른 음운임. 음소(音素)

> ▶ **성모**(聲母)**와 운모**(韻母)
> ① **성모** — 중국의 음운학(音韻學)에서, 한 음절(音節)의 첫자음을 이르는 말.
> ② **운모** — 중국의 음운학에서, 한 음절의 첫자음을 제외한 나머지 부분을 이르는 말.

음운(陰雲) 명 짙게 낀 어두운 비구름.
음운=도:치(音韻倒置) 명 〈어〉말소리의 앞뒤 자리가 뒤바뀌는 현상. '간혹 : 혹간', '호상간 : 상호간' 따위.
음운=동화(音韻同化) 명 〈어〉단어를 이루고 있는 소리와 소리를 이어 발음할 때, 어떤 소리가 다른 소리의 영향을 받아서 그와 같은 소리나 닮은 소리로 바뀌는 현상. 모음 조화(母音調和), 순음화(脣音化), 자음접변(子音接變), 구개음화(口蓋音化) 등이 이에 딸림.
음운-론(音韻論) [-논] 명 언어학의 한 부문. 언어음(言語音)의 구조와 체계를 연구하는 학문. ☞음성학(音聲學)
음운=첨가(音韻添加) 명 〈어〉두 말이 어울려 한 말을 이룬 단어를 발음할 때 어떤 소리가 더하여 나는 현상. 밤이슬[밤니슬], 앞일[압닐], 물약[물략] 따위.
음울(陰鬱) 어기 '음울(陰鬱)하다'의 어기(語基).
음울-하다(陰鬱-) 형여 음침하고 우울하다. ¶음울한 성격. /음울한 분위기. /날씨가 -.
　음울-히 부 음울하게
음월(陰月) 명 '음력 사월'을 달리 이르는 말. 여월(余月). 조하(肇夏). 초하(初夏)
음위(陰痿) 명 남성이 신체적 또는 정신적인 원인으로 말미암아 음경이 발기(勃起)가 되지 않아 성교(性交)를 할 수 없게 되는 상태. 임포텐츠(Impotenz)
음위-율(音位律) 명 운문(韻文)에서, 같은 음이나 비슷한 음을 시행(詩行)의 일정한 곳에 규칙적으로 배치함으로써 운율을 나타내는 일. 두운(頭韻)·각운(脚韻) 따위.
음유-맥(陰維脈) 명 기경 팔맥(奇經八脈)의 하나. 몸에 있는 음(陰)의 경락을 이어 주는 작용을 함.
음유=시인(吟遊詩人) 명 중세 유럽에서, 각지를 여행하면서 자작시(自作詩)를 음송(吟誦)하던 서정 시인.
음-으로(陰-) 부 남이 모르게. 드러나지 않게. ¶ - 양으로 도와주다. ☞양으로
음음(陰陰) 어기 '음음(陰陰)하다'의 어기(語基).
음음-하다(陰陰-) 형여 ①어둑하고 쓸쓸하다. ¶음음한 겨울 풍경. ②으스스하다 ¶동굴 속의 음음한 분위기.
음:읍(飮泣) 명 -하다 자 흐느껴 욺.
음의(音義) 명 한자(漢字)의 음과 뜻. 음훈(音訓)
음-이름(音-) [-니-] 명 일정한 진동수를 가진 음(音)에 주어진 음악상의 고유한 이름. 우리 나라의 '다·라·마·바·사·가·나', 영미(英美)의 'C·D·E·F·G·A·B' 따위. 음명(音名)
음-이온(陰ion) 명 음전기를 띤 이온. ☞양이온
음일(淫佚) 명 -하다 자 ①지나치게 유흥에 빠짐. ②거리낌없이 음탕하게 놂.
음자(陰子) 명 남몰래 숨기어 둔 자식.
음자(陰字) 명 음각한 활자로 인쇄하여 획이 희게 나타난 글자.
음자리-표(音-標) 명 악보의 첫머리에 적어 음역(音域)을 나타내는 기호. 높은음자리표·낮은음자리표 따위. 음부 기호(音部記號)
음전(音栓) 명 오르간 따위에서 음색(音色)이나 음역(音域)을 바꾸는 일종의 스위치. 스톱(stop)
음전(陰電) 명 '음전기(陰電氣)'의 준말.
음-전:극(陰電極) 명 음극(陰極) ☞양전극(陽電極)
음-전:기(陰電氣) 명 에보나이트 막대를 털로 문질렀을 때 에보나이트 막대에 생기는 전기, 또는 그와 같은 성질의 전기. ㊟음전(陰電) ☞양전기(陽電氣)
음:전-이 명 음전한 여자 아이를 별명으로 이르는 말.
음-전:자(陰電子) 명 음전기를 띤 전자. 양전자에 상대하여 이르며, 보통 '전자'라 하면 음전자를 가리킴.
음-전:하(陰電荷) 명 음전기의 전하. 음하전(陰荷電) ☞양전하(陽電荷)
음:전-하다 형여 의젓하고 얌전하다. ¶음전한 처녀.
　음전-히 부 음전하게
음절(音節) 명 〈어〉말소리의 단위. 원칙적으로 '자음+모음+자음'으로 짜여지며 한 덩이의 소리로 의식되는 자연스러운 음(音)임. '어머니'는 세 음절, '언니'는 두 음절, '나'는 한 음절의 말임.

> ▶ **'음절**(音節)**'의 공식**
> 음절은 사람의 입에서 내는 소리의 덩이이다. 우리말의 음절은 첫소리+가운뎃소리+끝소리로 이루어진다. 첫소리와 끝소리는 자음(子音)이고 가운뎃소리는 모음(母音)이다. 이들은 서로 어울려야만 소리를 이루게 마련이다. 우리말의 '값'은 [갑]으로만 발음되지만 영어의 caps는 [kæps]로 모음 없이도 발음된다. 우리말로 적자면 '캡스'로 적을 수밖에 없다.

음절=문자(音節文字) [-짜] 명 음절 단위의 글자. 한자(漢字)나 일본의 가나 글자가 이에 딸림. ☞단음 문자(單音文字). 음소 문자(音素文字)
음정(音程) 명 두 음 사이의 높낮이의 차. ¶피아노의 -이 정확하지 않다.
음조(音調) 명 ①음의 높낮이. ②시가(詩歌)의 어조(語調). ③음악의 가락. ④말의 억양.
음조(陰助) 명 -하다 타 음우(陰佑)
음종(淫縱) 명 -하다 자 색정(色情)에 빠져 마구 놀아남.
음종(陰腫) 명 한방에서, 여자의 외음부(外陰部)가 붓고 아픈 병을 이르는 말.
음종(陰縱) 명 한방에서, 음경(陰莖)에 열이 나고, 발기한 상태가 지속되는 병을 이르는 말.
음:주(飮酒) 명 -하다 자 술을 마심.
음중(陰中) 명 ①'가을'을 달리 이르는 말. ☞양중(陽中)

②-하다 타 몰래 남을 중상(中傷)함.
음증(陰症)[-쯩] 명 음침한 성격. ☞양증(陽症)
음증(陰證)[-쯩] 명 ①한방에서, 병세가 몸 속에 뭉치어 있으면서 겉으로 내솟지 않는 상태를 이르는 말. ②'상한음증(傷寒陰證)'의 준말. ☞양증(陽證). 이증(裏證)
음증-상한(陰證傷寒)[-쯩-] 명 상한음증(傷寒陰證)
음증-외:감(陰證外感)[-쯩-] 명 한방에서, 내부적 원인에서 생기는 만성 허증(慢性虛證)을 이르는 말. ☞양증외감(陽證外感)
음지(陰地)명 햇볕이 들지 않아 그늘진 곳. 응달 ☞양지 속담 **음지가 양지 되고 양지가 음지 된다**: 운이 나쁜 사람도 좋은 운을 만날 수 있고, 운 좋은 사람도 어렵게 되는 수가 있다는 말. /**음지의 개 팔자**: 남에게는 시시하게 보여도 본인에게는 더없이 행복한 처지임을 이르는 말.
음지=식물(陰地植物)명 응달에서 잘 자라는 식물. 양치류(羊齒類)·선태류(蘚苔類)나 가문비나무 따위. 응달식물 ☞양지 식물(陽地植物)
음지-쪽(陰地-)명 그늘진 쪽. ☞양지쪽
음직(蔭職)명 고려·조선 시대, 공신(功臣)과 현직 당상관의 자제가 과거를 치르지 않고 관직을 받던 일, 또는 그렇게 임명된 관원. 남행(南行)[2]. 음관(蔭官)
-음직 어미 받침 있는 어간에 붙어, '그럴만 한 값어치나 특성 또는 근거가 있음'을 나타냄. ¶충분히 있음직 한 일이다./자유로운 분위기니 그런 옷도 입음직 하군.
음질(音質)명 음이나 목소리의 성질. 흔히 라디오·텔레비전이나 녹음 재생 장치 따위의 음의 좋고 나쁨을 이름. ¶-이 좋은 라디오./-이 깨끗하다.
음질(陰疾)명 임질(淋疾)
음-집(陰-)[-찝] 명 짐승의 질(膣).
음차(音叉)명 발음체의 진동수를 재는 기구. 'U'자 모양으로 만든 강철 막대를 나무 상자 위에 세운 것으로, 음향 측정이나 악기의 조율 등에 쓰임. 소리굽쇠
음창(陰瘡)명 한방에서, 여성의 음부(陰部)에 나는 부스럼을 이르는 말.
음청(陰晴)명 날씨의 흐림과 갬.
음-촉매(陰觸媒)명 화학 반응에서, 반응의 속도를 감소시키는 촉매. ☞양촉매(陽觸媒)
음축(陰縮)명 한방에서, 음경(陰莖)이 차고 바짝 줄어드는 병을 이르는 말.
음충(陰蟲)명 ①빈대 따위와 같이 밤에 활동하는 벌레. ②음습한 곳에 사는 벌레.
음충-맞다[-맏-] 형 성질이 매우 음충하다.
음충-스럽다(-스럽고·-스러워)형ㅂ 보기에 음충한 데가 있다.
음충-스레 부 음충스럽게
음충-하다 형여 성질이 엉큼하고 심술궂다.
음측(陰測)명-하다 타 남몰래 넌지시 헤아림.
음치(音痴)명 음(音)에 대한 감각이 둔하여 음악을 이해하는 능력이 모자라거나, 정확한 음정으로 노래를 부르지 못하는 상태, 또는 그런 사람.
음침(陰沈)어기 '음침(陰沈)하다'의 어기(語基).
음침-하다(陰沈-)형여 ①성질이 밝지 못하고 의뭉스럽다. ②어둑하고 침침하다. ¶날씨가 -./음침한 방 안.
음탐(淫貪)명-하다 자 음란한 것을 좋아함.
음탕(淫蕩)어기 '음탕(淫蕩)하다'의 어기(語基).
음탕-하다(淫蕩-)형여 음란하고 방탕하다.
음택(陰宅)명 음양가(陰陽家)에서, 사람이 사는 집에 상대하여 '무덤'을 이르는 말. ☞양택(陽宅)
음특(陰慝)어기 '음특(陰慝)하다'의 어기(語基).
음특-하다(陰慝-)형여 음흉하고 간사하다.
음파(音波)명 공기 따위의 매질(媒質)이 발음체의 진동에 따라서 일으키는 주기적인 파동(波動). 소리의 결.
음파=탐지기(音波探知機)명 초음파를 발신하여 그 반사파로 바다 속 물체나 해저 상황을 탐지하는 장치. 음향측심이나 잠수함 탐색 등에 쓰임. 소나(sonar)
음편(音便)명〈어〉활음조(滑音調). 유포니(euphony)
음표(音標)명 악보에서, 낱낱의 음의 높이와 길이를 나타내는 기호. 길이에 따라 온음표·2분음표·4분음표 등이 있음. 노트. 소리표
음표=문자(音標文字)[-짜] 명 ①음성 표기의 글자. 국제 음성 기호(國際音聲記號, IPA)가 그 대표적인 것임. ②'표음 문자(表音文字)'를 달리 이르는 말.
음풍(淫風)명 음란한 풍습이나 풍조.
음풍(陰風)명 ①음랭(陰冷)한 바람. 음산한 바람. ②겨울철에 북쪽에서 불어오는 찬바람. 삭풍(朔風)
음풍농:월(吟風弄月)성구 맑은 바람을 읊고 밝은 달을 즐긴다는 뜻으로, 아름다운 자연의 경치를 읊고 즐김을 이르는 말. 음풍영월(吟風咏月) ☞풍월(風月)
음풍영:월(吟風咏月)[-녕-] 성구 음풍농월(吟風弄月)
음-하다(淫-)형여《文》음욕(淫慾)이 많다.
음-하다(陰-)형여《文》①날씨가 흐리다. ②마음이 엉큼하다. ¶그 사람 좀 음한 데가 있지.
음:하만:복(飮河滿腹)성구 강물을 욕심껏 마신다 해도 그 양은 기껏해야 배를 채울 정도를 넘지 못한다는 뜻으로, 누구나 제 분수에 넘지 않게 조심하기를 경계하는 말.
음-하전(陰荷電)명 음전하(陰電荷)
음학(淫虐)어기 '음학(淫虐)하다'의 어기(語基).
음학-하다(淫虐-)형여 행실이 음탕하고 사납다.
음해(陰害)명-하다 타 음흉한 방법으로 남을 넌지시 해침. ¶상대 후보자를 -하다.
음핵(陰核)명 여성의 외음부(外陰部)에 있는 감씨 모양의 작은 돌기(突起). 공알. 클리토리스(clitoris)
음행(淫行)명 음란한 행위.
음향(音響)명 소리가 울림, 또는 울리는 그 소리.
음향=관:제(音響管制)명 차량의 경적 등 시끄러운 소리를 내지 못하게 하는 일.
음향=신:호(音響信號)명 기적(汽笛)·사이렌·종 따위의 소리를 울려서 하는 신호. ☞가시 신호(可視信號)
음향=측심(音響測深)명 초음파를 해저로 발신하여, 그것이 반사되어 되돌아올 때까지의 시간을 재어 바다의 깊이를 측정하는 방법.
음향-학(音響學)명 음파나 초음파의 발생·전파·검출 등의 이론과 응용을 연구하는 물리학의 한 부문.
음향=효:과(音響效果)명 ①연극·영화·방송 등에서, 의음(擬音)이나 녹음한 소리를 이용하여 실제와 같은 분위기를 자아내거나 정취를 더하는 효과. ②극장이나 음악당 같은 데서 연주 따위를 할 때 악음(樂音)이나 대사의 울림의 좋고 나쁜 정도를 이르는 말.
음허(陰虛)[1] 명 한방에서, 날마다 오후가 되면 열이 나고 으슬으슬 추워지는 증세를 이르는 말.
음허(陰虛)[2] 어기 '음허(陰虛)하다'의 어기(語基).
음허-천(陰虛喘)명 한방에서, 음기(陰氣)가 허(虛)해서 일어나는 기침을 이르는 말. 조열(潮熱)·식은땀·객담(喀痰) 등이 있고, 기침이 심함.
음허-하다(陰虛-)형여 음기(陰氣)가 허(虛)하다.
음험(陰險)어기 '음험(陰險)하다'의 어기(語基).
음험-하다(陰險-)형여 겉으로는 그렇지 않은듯 꾸미면서 속으로는 음충하다. ¶음험한 술책을 쓰다.
음혈(音穴)명 피리 같은 악기의 몸통에 뚫어 놓은 구멍.
음호(陰戶)명 '음문(陰門)'을 달리 이르는 말. 보지
음화(陰火)명 어두운 밤에 묘지나 축축한 땅 따위에서 인(燐)의 작용으로 일어나는 파르스름한 불빛. 도깨비불
음화(陰畫)명 실물과 명암이 반대로 되어 있는 화상(畫像). 컬러 사진의 음화에서는 색상이 실물의 보색(補色)으로 되어 있음. 보통의 사진인 경우, 이를 인화지나 필름에 인화하여 양화(陽畫)를 만듦. ☞양화(陽畫)
음황(陰黃)명 한방에서, 양기(陽氣)가 줄고 음기(陰氣)가 성해서 일어나는 병을 이르는 말. 살빛이 누래지고, 몸이 느른하며 으슬으슬 오한(惡寒)이 일어남.
음황(淫荒)어기 '음황(淫荒)하다'의 어기(語基).
음황-하다(淫荒-)형여 주색(酒色)에 빠져 행동이 거칠고 몸과 마음이 온전치 못하다.
음훈(音訓)명 한자(漢字)의 음과 뜻. 음의(音義)
음휼(陰譎)어기 '음휼(陰譎)하다'의 어기(語基).

ㅇ

음흉-하다(陰譎-)형여 음흉하고 간사하다.
음흉(陰凶)어기 '음흉(陰凶)하다'의 어기(語基).
음흉-스럽다(陰凶-)(-스럽고·-스러워)형ㅂ 보기에 음흉한 데가 있다.
  음흉-스레부 음흉스럽게
음흉-주머니(陰凶-)[-쭈-]명 음흉한 사람을 놀리어 이르는 말.
음흉-하다(陰凶-)형여 엉큼하고 흉악하다.
읍(邑)명 ①지방 행정 구역의 하나. 인구 2~5만의 작은 도시. 군(郡)에 딸림. ②'읍내(邑內)'의 준말.
  속담 **읍에서 매맞고 장거리에서 눈흘긴다**: 엉뚱한 곳에서 화풀이한다는 말.〔종로에서 뺨 맞고 한강에 가 눈흘긴다〕
읍(揖)명-하다자 우리 나라 전래 예법의 한 가지. 절을 해야 할 대상에게 절을 할 수 없는 사정일 때, 간략히 공경의 뜻을 나타내는 예법. 공수(拱手)하여 선 자세에서 허리를 깊이 굽혔다가 몸을 일으키면서 공수한 손은 가슴 앞에 두는 일. ☞읍례(揖禮)
읍각-부동(邑各不同)명 ①풍속 따위가 고을마다 같지 아니함. ②사람마다 생각이 같지 아니함.
읍간(泣諫)명-하다타 울면서 간함.
읍곡(泣哭)명-하다자 소리를 내어 욺.
읍내(邑內)명 ①읍(邑)의 구역 안. ②고을 안. 준읍
×**-읍니까**어미 →-습니까
×**-읍니다**어미 →-습니다
×**-읍디까**어미 →-습디까
×**-읍디다**어미 →-습디다
읍례(揖禮)명-하다자 읍으로 하는 예, 또는 그 예법. ☞상읍례(上揖禮). 중읍례(中揖禮). 하읍례(下揖禮)
읍리(邑吏)명 지난날, 군아(郡衙)에 딸려 있던 아전.
읍민(邑民)명 읍내에 사는 사람.
읍소(泣訴)명-하다타 울면서 간절히 하소연함. ¶관대한 처분을 -하다.
읍속(邑俗)명 읍의 풍속.
-읍시다어미 받침 있는 동사 어간에 붙어, '하오' 할 자리에 쓰여, 함께 행동하기를 권하는 종결 어미. ¶이웃을 믿읍시다./길을 찾읍시다.
읍안(泣顔)명 우는 얼굴.
읍양(揖讓)명-하다자 ①예를 다하여 사양함. ②공수(拱手)하여 겸손한 태도를 가짐.
읍양지풍(揖讓之風)명 읍양의 예(禮)를 잘 지키는 풍습.
읍울(悒鬱)어기 '읍울(悒鬱)하다'의 어기(語基).
읍울-하다(悒鬱-)형여 근심스럽고 답답하다.
읍읍(悒悒)어기 '읍읍(悒悒)하다'의 어기(語基).
읍읍-하다(悒悒-)형여 마음이 언짢고 답답하다.
읍장(邑長)명 읍의 행정 사무를 맡아 처리하는 책임자.
읍지(邑誌)명 읍의 역사·지리·풍속 등을 기록한 책.
읍징(邑徵)명-하다타 지난날, 고을의 아전이 공금을 축냈을 때, 그 돈을 아전의 친척에게 물리고, 그래도 모자랄 때, 그 부족분을 읍민(邑民)에게 물리던 일.
읍참마:속(泣斬馬謖)성구 중국 삼국 시대, 촉한(蜀漢)의 장군 마속이 군령을 어겨 크게 패하자, 제갈 양(諸葛亮)이 울면서 그의 목을 쳤다는 고사(故事)에서 유래한 말로, 큰일을 이루기 위해서는 비록 아끼는 사람이라 하더라도 엄하게 다스려야 함을 이르는 말.
읍청(泣請)명-하다타 울면서 간절히 부탁함.
읍체(泣涕)명-하다자 눈물을 흘리며 슬피 욺. 체읍(涕泣)
읍혈(泣血)명-하다자 어버이의 상사를 당하여, 몹시 슬피 욺.
읍호(邑豪)명 ①고을의 부호(富豪). ②고을에서 가장 유력한 사람.
응감 벗이나 손아랫사람에게 대답을 하거나 대답을 구하는 말. ¶-, 알겠네./그래도 가겠니, -?
응가[1]명 어린이말로, 똥 또는 똥을 누는 일. ¶아가 - 했어.
응가[2]감 아기에게 똥을 누일 때 하는 말, 또는 아기가 똥이 마려울 때 하는 말.

응:감(應感)명-하다자 마음이 무엇에 응하여 움직임.
응견(鷹犬)명 ①사냥하는 데 쓰는, 길들인 매와 개. ②사냥할 때 부리는 개. 주구(走狗)
응:결(凝結)명-하다자 ①엉기어 뭉침. ②기체가 냉각되거나 압축되어 액체로 바뀌는 현상. 응축(凝縮) ③콜로이드 입자가 모여서 큰 입자가 되어 침전하는 현상.
응:결-기(凝結器)명 응축기(凝縮器)
응:결-체(凝結體)명 한데 엉긴 덩이.
응:고(凝固)명-하다자 ①엉기어 굳어짐. ¶피가 -하다. ②액체나 기체가 고체로 변하는 현상. ☞융해(融解)
응:고-열(凝固熱)명 액체나 기체가 응고할 때 외부로 방출하는 열량. ☞융해열
응:고-점(凝固點)[-쩜]명 액체나 기체가 일정한 압력 아래서 응고할 때 생기는 온도.
응:괴(凝塊)명 엉겨 굳은 덩어리.
응:구첩대(應口輒對)성구 묻는 대로 거침없이 대답함을 이르는 말.
응그리다타 ①얼굴을 찌푸리다. ②손으로 움키다.
응:급(應急)명 급한 대로 우선 손을 씀. ¶- 환자
응:급=수단(應急手段)명 급한 대로 우선 베푸는 수단.
응:급=조처(應急措處)명-하다타 급한 대로 우선 베푸는 간단한 조처, 또는 그런 조처를 베푸는 일.
응:급=처:치(應急處置)명-하다타 응급 치료(應急治療)
응:급=치료(應急治療)명-하다타 위급한 환자나 부상자에게 우선 베푸는 간단한 치료. 응급 처치(應急處置)
응:낙(應諾)명-하다자타 남의 부탁이나 요구 따위를 들어줌. ¶선선히 -하다.
응:납(應納)명 지난날, 나라에 마땅히 바쳐야 할 물건을 이르던 말.
응:능-주의(應能主義)명 과세(課稅)의 기준을 납세자의 부담 능력에 두어야 한다는 주의. ☞응익주의(應益主義)
응달명 햇빛이 들지 않아 그늘진 곳. 음지(陰地) 원음달 ☞양달
  응달(이) 지다관용 그늘이 져 있다. ¶응달이 진 산비탈.
  속담 **응달에도 햇빛 드는 날이 있다**: 일이 어려운 처지에 놓여 있더라도 꾹 참고 견디어 나가면 좋은 성과를 거둔다는 말.
응달=식물(-植物)명 음지 식물(陰地植物)
응:답(應答)명-하다자 물음이나 부름에 대답함, 또는 그 대답. ¶질의와 -./베이스캠프, -하라.
응:당(應當)부 마땅히. 당연히 ¶- 지켜야 할 약속.
응:당-하다(應當-)형여 마땅하다. 당연하다 ¶응당한 대우./응당한 요구.
  응당-히부 응당하게
응:대(應待)명-하다타 응접(應接)
응:대(應對)명-하다자 상대가 되어 물음에 답하거나 이야기를 나눔. ¶고객에게 재치 있게 -하다.
응등그러-지다자 ①물체가 마르거나 굳어지면서 조금 뒤틀리다. ¶나무 기둥이 -. ②춥거나 겁이 나서 몸이 움츠러지다. ☞앙당그러지다
응등-그리다타 춥거나 겁이 나서 몸을 움츠러뜨리다. ¶몸을 응등그리고 걷다. ☞앙당그리다
응:력(應力)명 물체가 외부로부터 힘을 받았을 때, 그에 따라 물체 내부에 나타나는 저항력(抵抗力). 내력(內力). 왜력(歪力)
응:모(應募)명-하다자 모집하는 데 따르거나 신청함. ¶사원 모집에 -하다./문예 작품 공모에 -하다.
응:물-상형(應物象形)명 동양화의 화육법(畫六法)의 하나. 대상의 사실적인 형상을 파악하여 표현하는 기법. ☞수류부채(隨類賦彩)
응:법=사미(應法沙彌)명 불교에서 이르는 삼사미(三沙彌)의 하나. 열네 살부터 열아홉 살까지의 사미.
응:변(應變)명-하다자 '임기응변(臨機應變)'의 준말.
응:보(應報)명 불교에서, 선악(善惡)의 행위에 따라 받는다는 길흉화복(吉凶禍福)을 이르는 말.
응:보형-론(應報刑論)명 법률에서, 형벌의 본질은 범죄에 대한 갚음이라는 이론. ☞교육형론(敎育刑論)
응:분(應分)명 제 분수나 능력에 맞는 것. ¶-의 대우.

응:사(應射)명-하다자 상대편의 사격에 맞서 총을 쏨. 맞총질
응:석 명-하다자 어린아이가 어른의 사랑을 믿고 어리광을 부리며 버릇없이 행동하는 짓, 또는 그 말이나 행동.
응석(을) 받다관용 응석을 받아 주다.
응석을 부리다관용 응석하는 말이나 행동을 하다.
응:석-꾸러기 명 응석을 잘 부리는 아이.
응:석-둥이 명 응석을 부리며 자란 아이. 응석받이
응:석-받이[-바지] 명 ①응석을 받아 주는 일, 또는 그러한 사람. ¶할머니가 손자의 -를 하시다. ②응석둥이
응:석-부리다자 응석하는 말이나 행동을 하다.
응:성-충(應聲蟲)명 사람의 목구멍 속에 있으면서 말하는 것을 흉내 내는 벌레라는 뜻으로, 일정한 주견이 없이 남이 하는 대로 따라 하는 사람을 이르는 말.
응:소(應召)명-하다자 소집에 따라 모임.
응:소(應訴)명-하다자 법률에서, 원고의 소송에 대한 방어 행위로서 피고가 소송을 일으키는 일. 대송(對訟)
응:수(應手)명-하다자 바둑이나 장기 따위에서, 상대편이 둔 수에 대하여 수를 두는 일, 또는 그 수.
응:수(應酬)명-하다자 의견이나 주장 따위를 주고받음, 또는 상대편의 말을 되받음. ¶찬성파와 반대파의 격렬한 -가 계속되다./야유에 대하여 지지 않고 -하다.
응:수(應需)명-하다자 수요나 요구에 따름.
응:시(凝視)명-하다타 눈길을 모아 자세히 바라봄. ¶어둠 속을 -하다. ☞주시(注視)
응:시(應試)명-하다자 시험을 치름. ¶자격 시험에 -하다.
응:신(應身)명 불교에서 이르는 삼신(三身)의 하나. 중생(衆生)을 구하기 위해 중생에 맞추어 여러 가지 모습으로 나타나는 부처. 응신불(應身佛) ☞법신(法身). 보신(報身). 현신(現身)
응:신-불(應身佛)명 응신(應身) ▷ 應의 속자는 応
응아-응아 부 응애응애
응애-응애 부 젖먹이가 우는 소리를 나타내는 말. 응아응아 ¶아이가 - 하며 보챈다.
응양-군(鷹揚軍)명 고려 시대, 궁궐을 지키던 금군(禁軍). ☞용호군(龍虎軍)
응어리 명 ①근육이나 피하 조직(皮下組織) 따위의 일부가 뭉쳐져 덩어리진 부분. ②과실의 씨가 박혀 있는 부분. ③마음속에 풀리지 않고 맺혀 있는 감정을 비유하여 이르는 말. ¶감정의 -를 풀다.
응어리-지다자 ①무엇이 한데 뭉쳐 덩어리가 생기다. ¶우유가 상해서 -. ②어떤 감정이 마음속에 맺혀 잊지 못하게 되다. ¶응어리진 울분을 터뜨리다.
응얼-거리다(대다)자타 ①글이나 노래를 입속말로 자꾸 읽거나 읊조리다. ¶시를 -. ②남이 알아듣지 못할 말을 입 속에서 자꾸 지껄이다. ¶응얼거리지 말고 분명하게 말해야지. ③불평 따위를 입속말로 중얼거리다.
응얼-응얼 부 응얼거리는 모양을 나타내는 말.
응:역(應役)명-하다자 군역(軍役)이나 부역(賦役) 등의 공역(公役)을 치름.
응:연(凝然)어기 '응연(凝然)하다'의 어기(語基).
응:연(應然)어기 '응연(應然)하다'의 어기(語基).
응:연-하다(凝然-)형여 행동거지가 가볍지 않고 침착하다. ¶마치 돌부처인양 응연하기만 하다.
응연-히부 응연하게
응:연-하다(應然-)형여 마땅하다. 당연하다
응연-히부 응연하게
응:용(應用)명-하다타 원리나 지식을 실제로 일에 활용함. ¶배운 것을 생활에 -하다./지레를 -하여 만든 기계.
응:용=경제학(應用經濟學)명 경제 이론이 실제 생활에 적용되는 현상을 연구하고 분석하는 학문. ☞이론 경제학(理論經濟學)
응:용=과학(應用科學)명 공학(工學)·농학(農學)·의학(醫學) 등과 같이, 실생활에 응용을 주된 목적으로 하는 과학. ☞이론 과학(理論科學)
응:용=문:제(應用問題)명 이미 학습해서 얻은 지식을 응용하여 풀도록 만든 문제.
응:용=물리학(應用物理學)명 물리학의 응용을 목적으로 삼는 학문. 방사선이나 플라스마, 계측이나 제어 등의 분야를 이름. ☞이론 물리학
응:용=미:술(應用美術)명 예술인 미술을 일상 생활에 응용한 것. 공예 미술, 장식 미술, 디자인 따위를 이름.
응:용=수:학(應用數學)명 수학 이론을 공업, 자연 과학, 사회 과학 따위에 이용하는 것을 연구하는 학문.
응:용=심리학(應用心理學)명 실제 생활의 심리학, 특히 실험 심리학의 연구 방법과 성과를 활용하는 학문. 교육 심리학, 산업 심리학, 임상 심리학 따위.
응:용=역학(應用力學)[-녁-] 명 역학의 일반 원리를 기술 분야에 응용하려는 학문.
응:용=인류학(應用人類學)명 인류학의 연구 성과를 실제 사회 문제의 해결에 응용하는 학문.
응:용=화:학(應用化學)명 산업이나 생활에 직접 도움이 될 화학 기술의 응용을 연구하는 학문. 공업 화학, 농예 화학(農藝化學) 등을 이름.
응:원(應援)명-하다타 ①남이 하는 일에 편을 들어 돕는 일. ¶선거 운동을 -하다. ②운동 경기 등에서, 성원이나 박수를 보내어 선수의 사기를 북돋는 일. ¶목이 쉬도록 -하다.
응:원-가(應援歌)명 운동 경기 등에서, 선수의 사기를 북돋기 위하여 부르는 노래.
응:원-단(應援團)명 운동 경기 등에서, 선수를 응원하는 단체.
응응 부 어린아이가 우는 소리를 나타내는 말.
응이 명 죽의 한 가지. 갈분(葛粉)이나 율무, 녹두 등을 곱게 갈아 고운 체로 쳐서 물에 풀어 갈쭉하게 끓인 음식. 꿀을 타서 먹음.
응:익-주의(應益主義)명 과세(課稅)의 기준을 납세자가 국가나 지방 공공 단체로부터 받는 이익에 따라 정해야 한다는 주의. ☞응능주의(應能主義)
응:장성:식(凝粧盛飾)성구 정성껏 얼굴을 다듬고 옷을 아름답게 차려 입음을 이르는 말.
응:전(應戰)명-하다자 적(敵)의 공격에 맞서서 싸움. ¶적의 공습에 미사일을 쏘아 -하다.
응:접(應接)명-하다타 손을 접대함. 응대(應待) ¶방문객을 -하다.
응:접무가(應接無暇)성구 응접불가(應接不暇)
응:접불가(應接不暇)성구 미처 응접할 겨를이 없을 만큼 일이 매우 바쁨을 이르는 말. 응접무가
응:접-실(應接室)명 손을 접대하는 방. 접빈실(接賓室)
응:제(應製)명 ①지난날, 임금의 명에 따라 임시로 치르던 과거. ☞경과(慶科) ②지난날, 임금의 명에 따라 시문(詩文)을 짓던 일.
응:종(應從)명-하다타 응하여 그대로 따름.
응:종(應鐘)명 십이율(十二律)의 열두째 음. ☞육려(六呂)
응:진(應眞)명 '아라한(阿羅漢)'을 달리 이르는 말.
응:집(凝集)명-하다자 ①흩어져 있던 것이 모여 하나의 덩어리를 이룸. ¶여러 사람의 힘이 하나로 -되다. ②원자·분자·이온 따위가 모이는 현상.
응:집-력(凝集力)명 ①응집하는 힘. 하나로 합치는 힘. ¶-이 강한 국민. ②원자·분자·이온 사이에 작용하는 인력(引力).
응:집=반:응(凝集反應)명 항원 항체 반응(抗原抗體反應)의 한 가지. 적혈구나 세균 등의 응집원이, 그것에 대응하는 응집소로 말미암아 덩어리 모양의 응집을 일으키는 현상. 혈액형 판정 등에 응용됨.
응:집-소(凝集素)명 항원에 응집 반응을 일으키는 항체.
응:집-원(凝集原)명 응집 반응을 일으키는 항원.
응:징(膺懲)명-하다타 ①잘못을 뉘우치도록 징계함. ¶침략자를 -하다. ②적국(敵國)을 쳐서 정복함.
응:착(凝着)명-하다자 종류가 다른 두 물질이 맞닿을 때 서로 달라붙는 현상. 고체가 액체에 젖는 일 따위.
응:찰(應札)명-하다자 입찰에 참가함.
응:천순:인(應天順人)성구 하늘의 뜻에 순응하고 백성의 뜻에 따름을 이르는 말.

ㅇ

응:체(凝滯)명 -하다자 걸리고 막히어 나아가지 못함.
응:체(凝體)명 엉기어 굳은 물체.
응:축(凝縮)명 -하다자 ①엉기어 줄어듦. ②응결(凝結)
응:축-기(凝縮器)명 기체를 냉각·압축하여 액화(液化)하는 장치. 응결기(凝結器)
응:축-열(凝縮熱)[-녈]명 기체가 응축하여 액체로 될 때 방출하는 열.
응:-하다(應-)자여 ①상대편의 작용에 대하여 그것에 따르는 행동을 하다. ¶소집에 -./도전에 -./초대에 -. ②대답하다. 응답하다. ¶질문에 -. ③사물의 변화에 맞추어 따르다. ¶소비자들의 요구에 -./수요에 -.

한자 응할 응(應) 〔心部 13획〕 ¶대응(對應)/반응(反應)/상응(相應)/응답(應答)/응모(應募) ▷속자는 応

응:혈(凝血)명 -하다자 피가 엉김, 또는 엉긴 피.
응혈이 지다 관용 마음에 쓰라린 고통이 생기다. ¶조국 분단으로 응혈이 진 가슴.
응:화(應化)명 -하다자 ①불교에서, 부처나 보살이 중생을 구하려고 여러 가지 모습으로 나타나 교화(敎化)함을 이르는 말. ②적응(適應)
응:화(應和)명 -하다자 서로 화답함.
응:회-암(凝灰岩)명 화산재가 굳어서 된 암석. 무르기는 하나 가공이 쉬워 건축·토목용 석재(石材)로 쓰임.
의 명〈어〉한글 자모(字母) 'ㅢ'의 이름.
의:(義)명 ①오상(五常)의 하나. 사람으로서 마땅히 지켜야 할 바른 도리. ②말의 뜻. 한자(漢字)의 뜻. ③혈연이 아닌 사람과 맺은, 혈연과 같은 관계. ¶-로 맺은 형제. ④지난날, 과거 문제의 한 가지. 경서(經書)의 뜻을 풀이하게 하는 글.
의(疑)명 지난날, 과거 문제의 한 가지. 경서 가운데서 의심스런 부분의 뜻을 설명하게 하는 글
의:(誼)명 '정의(情誼)'의 준말. ¶-가 두텁다.
속담 **의가 좋으면 세 어이딸이 도토리 한 알을 먹어도 시장 멈춤은 한다**: 서로 정답게 지내는 사람끼리는 어떤 어려움도 이겨 나갈 수 있다는 말./**의가 좋으면 천하도 반분(半分)한다**: 사이가 좋으면 아무리 귀중한 것이라도 서로 나누어 가질 수 있다는 말.
-의 조 체언에 붙어, 그것이 뒤따르는 체언을 꾸미게 만드는 관형격 조사. ①소유를 나타냄. ¶나의 재산. ②소속을 나타냄. ¶한국의 독도. ③소재를 나타냄. ¶서울의 탑골 공원. ④성질, 상태를 나타냄. ¶불후의 명작. ⑤주체를 나타냄. ¶김만중의 구운몽./아버지의 말씀. ⑥관계를 나타냄. ¶나의 언니. ⑦생산지를 나타냄. ¶나주의 배. ⑧일어난 곳을 나타냄. ¶황산벌의 싸움. ⑨비유의 뜻을 나타냄. ¶역발산(力拔山)의 힘. ⑩대상을 나타냄. ¶약의 남용./물건의 값. ⑪수량이나 순서를 나타냄. ¶대량의 물품./차선의 길.
의가(衣架)명 옷걸이
의가(醫家)명 '의술가(醫術家)'의 준말.
의가-반낭(衣架飯囊)명 옷걸이와 밥주머니라는 뜻으로, 아무 소용이 없는 사람을 이르는 말.
의가사=제대(依家事除隊)명 가정의 사정으로 말미암은 제대.
의가-서(醫家書)명 의서(醫書)
의:각(義脚)명 의족(義足)
의거(依據)명 -하다자 근거로 함. 바탕으로 함. 의빙(依憑) ¶법에 -하여 처벌하다.
의:거(義擧)명 나라나 민족, 또는 여러 사람을 위하여 개인적인 이해를 생각하지 않고 일으키는 의로운 행동.
의건(議件)[-껀]명 의논할 안건(案件).
의건모-하다자여 살아 나갈 방도를 꾸미다.
의-걸이(衣-)명 '의걸이장'의 준말.
의걸이-장(衣-*欌)명 위는 옷을 걸게 되어 있고, 아래는 반닫이로 되어 옷을 개어 넣게 된 장. 준의걸이
의:견(意見)명 어떤 문제에 대한 생각. ¶-이 엇갈리다./반대 -/모두의 -이 일치하다.
의-견사(擬絹絲)명 인조 견사(人造絹絲)
의:견-서(意見書)명 어떤 의견을 적은 글, 또는 그 문서.
의결(議決)명 -하다타 합의하여 결정함. ¶새해 예산안을 -하다.
의결-권(議決權)[-꿘]명 ①회의에 참석하여 의결에 참가할 수 있는 권리. ②의결 기관이 어떤 사항을 의결할 수 있는 권리. 결의권
의결=기관(議決機關)명 국회나 지방 의회, 주주 총회 등과 같은 공공 기관이나 법인의 의사를 결정하는 합의제 기관. 결의 기관 ☞의사 기관(意思機關)
의:경(義警)명 '의무 경찰(義務警察)'의 준말.
의고(擬古)명 -하다타 ①옛 풍습이나 양식을 흉내 냄. ②고체(古體)를 본떠서 시문(詩文)을 지음.
의고-주의(擬古主義)명 예술의 표현에서, 과거 어느 시대의 형식을 본뜨려는 회고적인 주의. ☞고전주의(古典主義). 상고주의(尙古主義)
의고-체(擬古體)명 옛 형식을 본뜬 문체.
의고-풍(擬古風)명 고전적인 양식을 따르려는 경향.
의-과(醫科)[-꽈]명 고려·조선 시대, 의관(醫官)을 뽑기 위하여 치르던 잡과(雜科)의 한 가지.
의관(衣冠)명 ①옷과 갓을 아울러 이르는 말. ¶-을 갖추다. ②-하다자 옷과 갓을 갖추어 차림. ¶-하고 나서다.
의관(醫官)명 지난날, 의술(醫術) 일을 보던 관원.
의관-객(衣冠客)명 의관지인(衣冠之人)
의관-문물(衣冠文物)명 그 나라 사람들의 예절과 문물.
의관지인(衣冠之人)명 의관을 제대로 차린 사람.
의구(疑懼)명 -하다타 의심하고 두려워함. ¶그의 앞날을 -하다.
의구(依舊)어기 '의구(依舊)하다'의 어기(語基).
의구-심(疑懼心)명 의심하고 두려워하는 마음. ¶-을 가지다.
의구-하다(依舊-)형여 옛날과 같다. 옛날 그대로이며 변한 것이 없다. ¶산천은 -.
의:군(義軍)명 의병(義兵), 또는 의병으로 조직된 군대. 의려(義旅)
의궤(儀軌)명 ①규칙. 법칙 ②지난날, 나라에 오례(五禮)가 있을 때마다 후세에 참고가 되도록 그 일의 모든 과정을 자세히 적어 놓은 책. ③밀교에서, 부처·보살·제천(諸天) 등을 염송하고 공양하는 방법이나 규칙, 또는 그것을 적은 책.
의귀(依歸)명 -하다자 귀의(歸依)
의:근(意根)명 불교에서 이르는 육근(六根)의 하나. 인식 작용의 바탕이 되는 기관을 이르는 말.
의금(衣衾)명 옷과 이부자리를 아울러 이르는 말.
의금(衣襟)명 옷깃
의:금-부(義禁府)명 조선 시대, 왕명을 받들어 죄인을 추국(推鞫)하는 사무를 맡아보던 관아. 준금부(禁府)
의:금-사(義禁司)명 1894년(조선 고종 31)에 의금부를 고친 이름.
의:기(意氣)명 무엇을 해내려고 하는 적극적인 마음. ¶장한 -. ☞기개(氣概)
의:기(義氣)명 정의를 굳게 지키려는 기개.
의:기(義旗)명 의병의 군기(軍旗).
의기(疑忌)명 -하다타 의심하고 꺼림.
의:기상투(意氣相投)성구 의기투합(意氣投合)
의:기소침(意氣銷沈)성구 의욕이 없어지거나 용기를 잃음을 이르는 말. ☞의기충천
의:기양양(意氣揚揚)성구 일이 뜻대로 되어 아주 자랑스러워하는 빛이 얼굴에 가득함을 이르는 말. ☞의기소침
의:기충천(意氣衝天)성구 의기가 하늘을 찌를듯이 크게 치솟음을 이르는 말. ☞의기양양
의:기투합(意氣投合)성구 서로의 마음이 딱 맞음을 이르는 말. 의기상투(意氣相投)
의:-남매(義男妹)명 남남이 의리로써 맺은 남매, 또는 그런 관계. ☞의형제(義兄弟)
의낭(衣囊)명 호주머니
의:녀(義女)명 의붓딸 ☞의자(義子)
의녀(醫女)명 조선 시대, 내의원(內醫院)이나 혜민서(惠

民署)에 딸리어 심부름하던 여자. 지방에서 뽑아 올린 기생들에게 간단한 의술을 가르쳐서 그 일을 맡게 하였음.
의념(疑念)명 의심스러운 생각.
의논(議^論)명-하다자 서로 의견을 주고받음.

한자 의논할 의(議) 〔言部 13획〕 ¶ 의제(議題)/토의(討議)

의-농(衣―)명 옷을 넣어 두는 농. 옷농 ☞책농
의단(疑端)명 의심을 하게 되는 실마리. ¶ 그 한마디가 ―이 되어 사이가 벌어졌다.
의:담(義膽)명 의로운 마음. ☞의협심(義俠心)
의당(宜當)[1]부 마땅히. 으레. 의당히 ¶ ― 네가 해야 할 일이다. ☞의당당(宜當當)
의당(宜當)[2]어기 '의당(宜當)하다'의 어기(語基).
의당당(宜當當)부 '의당(宜當)[1]'의 힘줌말.
의당당-하다(宜當當―)형여 '의당하다'의 힘줌말.
의당-사(宜當事)명 ①마땅한 일. 당연한 일. ②지난날, 관아의 명령문 끝에 '꼭 이대로 실행할 것'이란 뜻으로 덧붙이던 말.
의당-하다(宜當―)형여 마땅히 그렇다. 마땅하다 ¶ 네가 직접 가는 것이 ―. ☞의당당하다
　의당-히부 의당하게. 마땅히. 으레. 의당(宜當)
의대(衣帶)명 옷과 띠를 아울러 이르는 말.
의대(衣襨)명 ①임금의 옷. ②무당이 굿할 때 입는 옷.
의:덕(義德)명 윤리 신학에서 이르는 사추덕(四樞德)의 하나. 생명·자유·명예 등 인간의 권리를 지키고 정의(正義)를 이루는 덕행. ☞용덕(勇德)
의덕(懿德·宜德)명 아름다운 덕행.
의:도(義徒)명 의로운 일을 위하여 행동을 일으키는 사람들. 의중(義衆)
의:도(意圖)명-하다타 무슨 일을 하려고 생각함, 또는 그 생각. ¶ 기업의 합병을 ―하다./상대방의 ―를 간파하다.
의:도-적(意圖的)명 미리 정해 놓은 계획에 따르는 것. 계획적(計畫的) ¶ 다분히 ―으로 한 말이다.
의량(衣糧)명 옷과 양식을 아울러 이르는 말.
의:려(義旅)명 의군(義軍)
의려(疑慮)명-하다타 의심스러워 걱정함.
의려지망(倚閭之望)성구 의려지정(倚閭之情)
의려지정(倚閭之情)성구 자식이 돌아오기를 애타게 기다리는 어머니의 마음을 이르는 말. 의려지망(倚閭之望). 의문이망(倚門而望) ☞의려(倚閭)
의론(議論)명-하다타 ①어떤 문제를 해결하려고 서로 논의함. ②'의논'의 원말.
의:-롭다(義―)(―롭고·―로워)형ㅂ ①의기(義氣)가 있다. ②의리(義理)가 있다. ③의분(義憤)이 있다.
　의로-이부 의롭게
의뢰(依賴)명-하다타 남에게 의지하거나 부탁함. ¶ 사건을 ―하다./은행에 송금을 ―하다.

한자 의뢰할 뢰(賴) 〔貝部 9획〕 ¶ 신뢰(信賴)/의뢰(依賴)

의뢰-서(依賴書)명 부탁의 말을 적은 글.
의뢰-심(依賴心)명 남에게 의지하는 마음.
의뢰-인(依賴人)명 남에게 무슨 일을 의뢰한 사람.
의료(衣料)명 옷감이나 입을 거리를 통틀어 이르는 말.
의료(醫療)명 의술과 의약으로 병이나 다친 데를 치료하는 일. ¶ ― 봉사
의료-계(醫療界)명 의료와 관련된 일을 하는 사람들의 사회. ¶ ―에 몸담고 있다.
의료=과:오(醫療過誤)명 의사의 잘못된 진단이나 치료로 환자에게 상해나 사망 등의 사고를 일으키는 일.
의료-기(醫療器)명 병을 진찰·치료하는 데 쓰는 기구.
의료=보:험(醫療保險)명 사회 보험의 한 가지. 질병 또는 부상의 치료나 의료비의 보장을 목적으로 하는 보험.
의료-비(醫療費)명 질병의 예방이나 치료에 드는 비용.
의류(衣類)명 옷 따위를 통틀어 이르는 말.
의:리(義理)명 ①사람으로서 지켜야 할 바른 도리. ¶ ―를 지키다. ②서로 사귀는 도리. ¶ 그 친구는 ―가 있다.
의마지재(倚馬之才)성구 말에 잠깐 기대어 있는 동안에 만언(萬言)의 글을 지었다는 진(晉)나라 원호(袁虎)의 고사에서, 글을 빨리 잘 짓는 재주를 이르는 말.
의막(依幕)명 임시로 거처하게 된 곳.
의만(擬娩)명 아내가 출산할 때에 남편이 함께 금기 사항을 지키거나 진통과 분만의 시늉을 하는 풍습. 중남미(中南美)·오세아니아 등지에서 볼 수 있음.
의:망(意望)명 바라는 마음. 소망(所望)
의망(擬望)명-하다타 조선 시대, 삼망(三望)의 후보자로 추천하던 일. ☞비삼망(備三望). 비의(備擬)
의:매(義妹)명 ①의로 맺은 누이동생. ②아버지나 어머니가 다른 누이동생. ☞의자(義姉)
의명=통첩(依命通牒)명 행정 보조 기관이 기관장의 명에 따라 하급 관청에 내리는 훈령(訓令).
의:모(義母)명 ①의붓어머니 ②수양어머니 ③의로 맺은 어머니. ☞생모(生母). 의부(義父)
의:무(義務)명 ①마땅히 해야 할 직분. ②법률상의 구속, 곧 법률로 규정하여 강제하는 행위. ☞권리(權利)
의무(醫務)명 ①의료에 관한 업무. ②의사로서 하는 일.
의:무-감(義務感)명 의무를 느끼고 지키려는 마음.
의:무=경:찰(義務警察)명 병역 의무 기간에 군에 복무하는 대신 업무 보조를 하는 경찰. 준의경(義警)
의:무=교:육(義務敎育)명 국민의 의무로서 학령(學齡)에 이른 아동이 의무적으로 받아야 하는 보통 교육.
의무-병(醫務兵)명 군대 병과(兵科)의 하나, 또는 그 병과에 딸린 군인. 군대에서 의무에 관한 일을 맡아봄.
의:무-비(義務費)명 국가 또는 공공 단체의 지출이 법률상의 의무로 되어 있는 경비. 공채(公債)의 상환비나 손해 배상금 따위.
의문(疑問)명 ①의심하여 물음. ¶ ―을 제기하다. ②의심스러운 일. ¶ ―이 생기다./그의 말의 진실성이 ―이다.
　의문(이) 나다관용 의문이 생기다. ¶ 사실인지 ―.
의문(儀文)명 의례적인 문장.
의문-문(疑問文)명〈어〉의문 부사나 물음의 종결 어미를 갖춘 문장. '너는 언제 돌아오니?' 따위.
의문=부:호(疑問符號)명 물음표
의문이망(倚門而望)성구 의려지정(倚閭之情)
의문-형(疑問形)명〈어〉용언의 활용형의 한 형태. 의문의 뜻을 나타냄. '가느냐·가는가·가오·갑니까' 따위. ☞의문문(疑問文)
의문형=어미(疑問形語尾)명〈어〉의문의 뜻을 나타내는 종결 어미. '가느냐, 가는가, 가오?, 갑니까'에서 '-느냐, -는가, -오, -ㅂ니까' 따위.
의뭉명-하다형 겉으로는 어리석은 것 같으나 속은 엉큼함. ¶ ―을 떨다.
　속담 **의뭉한 두꺼비 옛말 한다** : 의뭉한 사람이 남의 말이나 옛말을 끌어다가 제 속의 말을 한다는 말.
의뭉-스럽다(―스럽고·―스러워)형ㅂ 의뭉한 데가 있다. ¶ 의뭉스러운 눈초리로 바라보다.
　의뭉-스레부 의뭉스럽게
의:미(意味)명-하다타 ①말이나 기호 등이 나타내는 내용, 또는 뜻. ¶ 단어의 ―를 이해하다./도로 표지의 ―를 알아보다. ②표정이나 몸짓 등으로 나타내는 내용, 또는 뜻. ¶ 무언가 ― 있는 눈빛으로 바라본다./그의 표정에서 저항의 ―를 읽을 수 있었다. ③보람. 값어치 ¶ 자연 관찰 활동은 매우 ― 있는 일이었다. ④까닭 ¶ 그가 버럭 화를 낸 ―를 알 수가 없다.
의:미-론(意味論)명 언어학의 한 부문. 언어가 지니고 있는 의미의 구조나 변천 따위를 연구하는 학문.
의:미-소(意味素)명〈어〉실사(實辭)에 해당하는 형태소를 이름. '가시는 걸음걸음'에서 '가-'나 '걸-'이 이에 해당함. 실질 형태소(實質形態素)
의:미심장-하다(意味深長―)형여 어떤 표현이나 행동 등이 나타내는 뜻이 매우 깊다.
의:민(義民)명 의로운 백성.
의발(衣鉢)명 ①불교에서, 가사(袈裟)와 바리때를 아울러 이르는 말. ②불교에서, 스승이 제자에게 물려주는 가사와 바리때라는 뜻으로, 스승으로부터 전하여 받은

ㅇ

불법(佛法)을 이르는 말.
의범(儀範)명 예의 범절의 본보기가 될만 한 몸가짐이나 차림새.
의법(依法)앞말 법에 따름을 뜻하는 말. ¶ ― 처리
의:병(義兵)명 나라가 외적의 침입 따위로 위급할 때, 스스로 일어나 나라를 위해 싸우는 군사.
의병(疑兵)명 적을 속이려고 군사가 많은 것처럼 거짓으로 꾸미는 일, 또는 그 군사.
의:병-장(義兵將)명 의병의 장수.
의병=제대(依病除隊)명 병으로 말미암은 제대.
의복(衣服)명 옷 ☞의류(衣類). 의상(衣裳)
의:복(義服)명 복제(服制)와 관계가 없는 사람이 혼인으로 말미암아 입게 되는 복. 여자가 남편, 시아버지에 대한 참최(斬衰) 3년을 입는 따위.
의-복-풍(醫卜風)명 의술(醫術)과 복술(卜術)과 풍수(風水)를 아울러 이르는 말.
의봉(蟻封)명 개밋둑
의:부(義父)명 ①의붓아버지 ②수양아버지 ③의로 맺은 아버지. ☞생부(生父). 의모(義母)
의:부(義婦)명 의로운 여자.
의부(蟻附)명-하다자 개미떼처럼 달라붙거나 모여듦.
의부-증(疑夫症)[―쯩] 명 남편의 처신을 공연히 의심하는 변태적 성격이나 정신 질환 상태를 이르는 말. ☞의처증(疑妻症)
의:분(義憤)명 정의감에서 우러나오는 분노. ¶ ―을 느끼다.
의:분(義奮)명 정의를 위하여 분발함.
의:분-심(義憤心)명 의분을 일으키는 마음.
의:불합(意不合) '뜻이 맞지 아니함'의 뜻.
의:붓-딸명 개가하여 온 아내가 데리고 온 딸. 가봉녀(加捧女). 의녀(義女) ☞의붓자식
의:붓-아들명 개가하여 온 아내가 데리고 온 아들. 가봉자(加捧子). 의자(義子) ☞의붓자식
의:붓-아버지명 어머니가 개가하여 얻은 남편. 계부(繼父). 의부(義父) ☞의붓어머니
의붓-아비명 의붓아버지를 낮추어 일컫는 말.
속담 **의붓아비 제삿날 물리듯** : 마음에 없는 일을 차일피일 뒤로 미룬다는 말.
의:붓-어머니명 아버지가 재취(再娶)하여 맞은 아내. 계모(繼母). 의모(義母) ☞의붓아버지
의:붓-어미명 의붓어머니를 낮추어 일컫는 말. ¶ ― 눈치보듯 한다.
의:붓-자식(―子息)명 개가하여 온 아내가 데리고 온 자식. 덤받이 ☞의붓딸. 의붓아들
속담 **의붓자식 다루듯** : 냉대하거나 차별 대우를 함을 비유하여 이르는 말./**의붓자식 옷 해 준 셈** : 해 주어도 보람 없고 보답 받지 못할 일을 남을 위하여 한다는 말.
의빈(儀賓)명 조선 시대, 임금의 사위인 '부마 도위(駙馬都尉)'를 이르던 말.
의빈-부(儀賓府)명 조선 시대, 부마(駙馬)에 관한 일을 맡아보던 관아.
의빙(依憑)명-하다자 의거(依據)
의:사(義士)명 ①의리와 정의를 지키는 사람. 의인(義人) ②나라와 겨레를 위하여 의로운 일을 하다가 죽은 사람. ☞열사(烈士)
의:사(義死)명-하다자 의로운 일을 위하여 죽음.
의:사(意思)명 ①무슨 일을 하려 하는 생각이나 마음. ¶ 그의 ―를 알아본다./실행하려는 ―가 분명하다. ☞의지(意志). 의향(意向) ②법률에서, 일정한 법률 효과를 발생시키려는 생각. ☞의사 표시(意思表示)
의:사(縊死)명-하다자 '액사(縊死)'의 원말.
의사(擬死)명 동물이 갑작스런 자극이나 적의 공격을 받았을 때, 반사적으로 죽은체 하며 움직이지 않는 일. 곤충류·조류·포유류 등에서 볼 수 있음.
의사(醫事)명 의학이나 의료에 관한 일.
의사(醫師)명 일정한 자격을 가지고, 의술과 약으로 병을 고치는 일을 직업으로 삼는 사람.
의사(議事)명-하다자 회의에서 어떤 안건을 토의함, 또는 그 토의. ¶ ― 일정
의사(擬似)[1] 앞말 주로 병명 앞에 쓰이어, 병증이 아주 비슷하나 실제는 그 병이 아닌 상태임을 뜻하는 말. ¶ ― 뇌염/― 콜레라
의사(擬似)[2] 어기 '의사(擬似)하다'의 어기(語基).
의사간(疑似間) '반쯤은 믿고 반쯤은 의심하는 정도'의 뜻. 의신간(疑信間)
의:사=기관(意思機關)명 공공 단체의 의사를 의결하고 결정하는 기관. ☞의결 기관(議決機關)
의:사=능력(意思能力)명 법률에서, 자기 행위의 의미나 결과를 합리적으로 판단할 수 있는 정신적 능력.
의사-당(議事堂)명 의원들이 모여 회의를 하는 건물.
의사-록(議事錄)명 국회 또는 그 밖의 회의체의 회의 경과와 내용, 결과 등을 기록한 문서. ☞회의록(會議錄)
의사=방해(議事妨害)명 의회에서 합법적인 방법과 수단을 써서 고의로 의사 진행을 방해하는 일.
의사-봉(議事棒)명 의결 기관의 의장이 회의의 개회나 폐회, 안건의 상정·가결·부결 등을 선언할 때 탁자를 두드리는 나무 망치 모양의 기구.
의사=일정(議事日程)[―쩡] 명 그 날에 심의할 사항을 미리 정해 놓은 차례.
의사=정:족수(議事定足數)명 의사 진행에 필요한 최소의 출석 인원 수.
의:사-주의(意思主義)명 법률에서, 의사 표시의 효과를 생각하는 경우에 그 사람의 진의(眞意)를 존중하고 의사에 합치되지 않는 표시는 무효라고 하는 주의. ☞표시주의(表示主義)
의사-증(擬似症)[―쯩] 명 진성(眞性)의 전염병과 비슷한 병증(病症).
의사=콜레라(擬似cholera)명 콜레라균은 검출되지 않지만 증세가 콜레라와 비슷한 병.
의:사=표시(意思表示)명 ①의사를 나타내는 일. ②법률에서, 일정한 법률 효과를 내려고 의사를 외부에 나타내는 일. 계약이나 유언 따위.
의사-하다(擬似―)형여 실제와 비슷하다.
의산(蟻酸)명 개미나 벌 따위의 독선(毒腺) 속에 있는 지방산의 한 가지. 무색의 자극적인 냄새가 나는 산성 액체로, 피부에 닿으면 몹시 아프고 물집이 생김. 유기 약품의 합성 원료나 가죽의 무두질에 쓰임. 포름산
의살(縊殺)명-하다타 '액살(縊殺)'의 원말.
의상(衣裳)명 ①여자가 겉에 입는 위아래 옷. 저고리와 치마. ②옷 ¶화려한 ―.
의:상(意想)명 생각
의상-실(衣裳室)명 ①옷을 간수하고 갈아입고 하는 방. ②'양장점'을 달리 이르는 말.
의생(醫生)명 지난날, 한방으로 병을 치료하는 일을 직업으로 삼는 사람을 이르던 말.
의서(醫書)명 의학에 관한 책. 의가서(醫家書)
의석(議席)명 ①회의하는 자리. ②회의장에서 의원이 앉는 자리. ¶ ―을 채우다.
의성(擬聲)명 사물의 소리를 흉내 내는 일. 소리시늉 ☞의음(擬音). 의태(擬態)
의성-법(擬聲法)[―뻡] 명 수사법(修辭法)의 한 가지. 사물의 소리를 시늉하여 나타내는 표현 방법. '시냇물이 졸졸 흐른다', '발동기가 윙윙 돌아간다'와 같은 표현법임. 성유법(聲喩法) ☞의태법(擬態法)
의성=부:사(擬聲副詞)명 〈어〉의미상으로 가른 부사의 한 갈래. 짐승의 소리나 음향을 사람의 말소리로 흉내 내어 나타낸 부사. '우당탕, 와르르' 따위. ☞의태 부사
의성-어(擬聲語)명 〈어〉짐승의 소리나 음향을 사람의 말소리로 흉내 내어 나타낸 말. '땡땡, 짹짹, 멍멍' 따위. ☞의태어(擬態語)
의세(倚勢)명-하다자 세력을 믿음, 또는 떠세함.
의:소(義疏)명-하다타 문장이나 문자의 뜻을 풀이함, 또는 경서의 뜻을 풀이함.
의송(議送)명 조선 시대, 백성이 고을 원(員)에게 제소했다가 패소(敗訴)하고 다시 관찰사에게 하던 상소(上訴).

의수(依數)명-하다타 일정한 수대로 함, 또는 정한 수에 따름. 준수(準數)
의:수(義手)명 손이나 팔이 없는 사람이 대신 쓸 수 있도록 인공으로 만들어 붙이는 손이나 팔. 나무·고무·금속 따위로 만듦. ☞의족(義足). 의지(義肢)
의술(醫術)명 의학에 관한 기술. 병을 치료하는 기술. 도규(刀圭). 도규술(刀圭術) ☞인술(仁術)
의술-가(醫術家)명 의술이 뛰어난 사람. 준의가(醫家)
의시(依施)명-하다타 조선 시대, 청원(請願)에 따라 임금이 허가하던 일. 준허(準許)
의시(疑視)명-하다타 의심스러운 눈으로 봄.
의시(議謚)명-하다자 조선 시대, 죽은 사람의 생전의 공덕을 따져서 시호(諡號)를 의논하여 결정하던 일.
의식(衣食)명 의복과 음식을 아울러 이르는 말. ¶ -이 족해야 예절을 안다. 유옷밥
의:식(意識)명 ①깨어 있을 때, 생각하고 느끼는 정신의 작용이나 상태. ¶ -이 있다./-을 잃다./-을 되찾다. ②어떤 현상이나 문제 등에 대한 감정·견해·사상 따위를 이르는 말. ¶ 엘리트 -/죄 -을 느끼다. ③철학이나 심리학에서, 개체가 현실에서 체험하는 모든 정신 작용과 그 내용을 포함하는 일체의 경험 또는 현상. ④불교에서 이르는 육식(六識) 또는 팔식(八識)의 하나. 대상을 총괄해서 판단하고 분별하는 마음의 작용. ⑤-하다타 어떤 일이나 대상 등을 깨달아 알거나 마음에 둠. ¶ 남의 시선을 -하다./그의 존재를 -하게 되다.
의식(儀式)명 예식의 일정한 격식, 또는 일정한 격식을 갖춘 예식. 의전(儀典) ¶ -을 거행하다. 준식(式)

한자 의식 전(典) 〔八部 6획〕 ¶ 성전(盛典)/식전(式典)/의전(儀典)/제전(祭典)/축전(祝典)

의:식=구조(意識構造)명 의식의 계통, 또는 그 짜임새. ¶ 젊은이들의 -.
의:식=불명(意識不明)명 의식을 잃은 상태. ¶ 교통 사고로 -이 되다.
의:식=수준(意識水準)명 어떤 사물이나 현상 등을 인식하고 판단하는 능력의 정도. ¶ -이 높다.
의:식=심리학(意識心理學)명 의식을 주된 연구 대상으로 하는 심리학.
의식-요(儀式謠)명 의식을 치르면서 부르는 노래. 성주풀이 따위. ☞노동요(勞動謠). 유희요(遊戲謠)
의:식=일반(意識一般)명 칸트 철학에서, 모든 경험에 앞서서 그러한 경험을 가능케 하는 인식의 궁극적 근거로서의 자기 의식. 선험적 통각(先驗的統覺). 순수 통각(純粹統覺)
의:식=장애(意識障礙)명 대상을 판단하고 분별하는 심적 작용에 장애가 있는 상태. 혼몽(昏懜)·혼수(昏睡)·기면(嗜眠)·섬망(譫妄) 등의 증세가 있음.
의:식-적(意識的)명 사리를 알면서 일부러 하는 것. ¶ -으로 모른체 하다./-인 행동. ☞무의식적(無意識的)
의식주(衣食住)명 인간 생활의 세 가지 요소인 옷과 음식과 집을 이르는 말. ¶ -를 해결하다.
의식지향(衣食之鄕)명 사람들의 살림살이가 넉넉한 지방을 이르는 말.
의신간(疑信間) '반쯤은 믿고 반쯤은 의심하는 정도'의 뜻. 의사간(疑似間) ☞반신반의(半信半疑)
의:심(義心)명 의로운 마음.
의심(疑心)명-하다타 확실히 알 수 없어서 믿지 못함, 또는 그러한 마음. ¶ -을 품다./-이 나다./눈을 -하다.
 의심(을) 사다 관용 의심을 받게 되다.
 의심(이) 가다 관용 의심하는 마음이 생기다. ¶ 마지막으로 나간 사람에게 의심이 간다.

한자 의심할 의(疑) 〔疋部 9획〕 ¶ 의문(疑問)/의심(疑心)/의아(疑訝)/의혹(疑惑)/질의(質疑)/혐의(嫌疑)

의심-꾸러기(疑心-)명 의심이 많은 사람을 얕잡아 이르는 말.
의심-스럽다(疑心-)(-스럽고·-스러워)형ㅂ 의심할 만 한 데가 있다. 의심쩍다 ¶ 저의(底意)가 -./의심스러운 행동.
 의심-스레부 의심스럽게
의심암:귀(疑心暗鬼)성구 의심하는 마음이 있으면 갖가지 망상이 솟아나 있지도 않은 귀신이 나온다는 뜻으로, 선입견으로 판단을 그르침을 이르는 말.
의심-증(疑心症)[-쯩]명 자꾸 의심하는 마음, 또는 그러한 버릇.
의심-쩍다(疑心-)형 의심스럽다 ¶ 의심쩍은 행동.
의아(疑訝)어기 '의아(疑訝)하다'의 어기(語基).
의아-심(疑訝心)명 의아하게 여기는 마음.
의아-스럽다(疑訝-)(-스럽고·-스러워)형ㅂ 의아한 데가 있다. ¶ 의아스러운 표정./그 점이 아직도 -.
 의아-스레부 의아스럽게
의아-하다(疑訝-)형여 의심스럽고 이상하다. ¶ 의아한 눈으로 바라보다./의아하게 생각하다.
 의아-히부 의아하게 ¶ - 여기다.
의:안(義眼)명 인공으로 만들어 박는 눈알. 유리나 플라스틱 따위로 만들며, 시력은 없음.
의안(疑案)명 의심스러운 안건.
의안(議案)명 회의에서 토의하는 안건. ¶ -을 처리하다.
의약(依約)명-하다자 약조한 대로 함.
의약(醫藥)명 ①의료에 쓰는 약. ②의술(醫術)과 약.
의약=복서(醫藥卜筮)명 의술과 점술.
의약=분업(醫藥分業)명 의사와 약사의 업무를 분리하여, 의사는 진단과 처방만 하고 약사는 의사의 처방전에 따라 약제의 조제만 하게 하는 제도.
의약-품(醫藥品)명 의료에 쓰이는 약품. 약(藥). 약품(藥品)
의양(衣樣)명 옷의 치수.
의양-단자(衣樣單子)명 신랑이나 신부가 입을 옷의 치수를 적은 쪽지. ☞사주단자(四柱單子)
의-양피지(擬羊皮紙)명 양피지와 비슷하게 만든 종이.
의:업(意業)명 불교에서 이르는 삼업(三業)의 하나. 생각하고 분별하는 마음의 작용을 이름. ☞구업(口業)
의업(醫業)명 의술과 의약으로 아픈 데를 치료하는 직업.
의:역(意譯)명-하다타 원문의 단어나 구절에 얽매이지 않고 전체의 뜻을 살려서 번역함, 또는 그러한 번역. ☞직역(直譯)
의:연(義捐)명-하다타 자선이나 공익 등을 위하여 돈이나 물품을 냄. 기연(棄捐)
의연(依然)어기 '의연(依然)하다'의 어기(語基).
의연(毅然)어기 '의연(毅然)하다'의 어기(語基).
의:연-금(義捐金)명 자선이나 공익을 위하여 내는 돈. ¶ 수재 - 준연금(捐金)
의연-하다(依然-)형여 전과 다름없다.
 의연-히부 의연하게
의연-하다(毅然-)형여 의지가 굳고 엄격하다. ¶ 의연한 태도를 잃지 않다.
 의연-히부 의연하게 ¶ 어려운 환경을 - 견디어 내다.
의:열(義烈)어기 '의열(義烈)하다'의 어기(語基).
의:열-하다(義烈-)형여 정의를 지키려는 마음이 굳고 열렬하다.
의옥(疑獄)명 지난날, 의혹이 많아서 판명하기 어려운 범죄 사건을 이르던 말.
의:외(意外)명 뜻밖. 생각 밖. ¶ -의 사고.
의:외-로(意外-)부 뜻밖에 ¶ - 빨리 끝났다.
의:외-롭다(意外-)(-롭고·-로워)형ㅂ 뜻밖이라고 생각되는 느낌이 있다. ¶ 이번 인사 이동은 무척 -.
 의외-로이부 의외롭게
의:욕(意欲·意慾)명 ①무엇을 하고자 하는 욕망. ¶ -을 갖고 시작하다. ②철학에서, 목표를 향하여 의지가 적극적·능동적으로 움직이는 일.
의:욕-적(意欲的)명 무엇을 하고자 하는 욕망이 넘쳐 있는 것. ¶ -으로 시작하다./-인 자세.
의:용(義勇)명 ①충의(忠義)와 용기를 아울러 이르는 말. ②정의감에서 일어나는 용기.

ㅇ

의용(儀容)명 몸을 가지는 태도, 또는 예절을 차린 모습. 용의(容儀). 의표(儀表). 의형(儀形)

의:용-군(義勇軍)명 전쟁 등이 일어나 나라가 위급할 때, 국민이 스스로 나서서 조직한 군대, 또는 그 군사.

의:용-병(義勇兵)명 전쟁 등이 일어나 나라가 위급할 때, 자원해서 입대한 병사.

의운(疑雲)명 의심스러운 일을 구름에 비유하여 이르는 말. ¶ —이 일다.

의원(醫員)명 지난날, 의사와 의생(醫生)을 이르던 말.

한자 의원 의(醫) 〔酉部 11획〕 ¶ 의료(醫療)/의사(醫師)/의술(醫術)/의업(醫業)/의학(醫學) ▷ 속자는 医

의원(醫院)명 병자나 다친 사람을 진찰하고 치료하는 시설. 병원보다 규모가 작음. ☞병원(病院)

의원(議員)명 국회나 지방 의회 등의 구성원으로서 의결권을 가진 사람.

의원(議院)명 ①합의제 기관이 의사를 펴는 곳. ②양원제 의회의 상원과 하원을 아울러 이르는 말.

의원=내:각제(議院內閣制)명 의회의 신임을 받은 내각이 정부를 구성하고, 존속할 수 있는 제도. 의회의 정부에 대한 불신임권과 정부의 의회 해산권이 상호 견제 수단이 되어 의회와 정부가 대등한 지위에 있는 정부 형태를 말함. 내각 책임제 ☞대통령제

의원=면:직(依願免職)명 본인이 바라는 대로 그 자리에서 물러나게 하는 일.

의원=입법(議員立法)명 국회 의원의 발안(發案)에 따른 입법. 정부의 발안에 따른 입법에 상대해 이르는 말임.

의위(儀衛)명 의식을 장엄하게 보이기 위하여 참렬시키는 호위병.

의위(依違)어기 '의위(依違)하다'의 어기(語基).

의위-하다(依違—)형여 ①가부(可否)를 결정할 수 없다. ②말이나 행동이 분명하지 않다.

의:유당일기(意幽堂日記)명 조선 순조 때 의유당 김씨가 한글로 지은 문집. 남편이 함흥 판관(判官)으로 부임할 때 같이 가서 보고 들은 일 등을 적은 문집으로, 기행(紀行)·전기(傳記)·번역 등으로 이루어짐. 원명은 '의유당관북유람일기(意幽堂關北遊覽日記)'. ☞동명일기(東溟日記)

의:육(意育)명 의지의 발달을 목적으로 하는 교육.

의윤(依允)명-하다타 지난날, 임금이 상주(上奏)를 결재하여 허락하던 일.

의율(擬律)명-하다타 법원이 판결에서 법규를 구체적인 사건에 적용하는 일. 조율(照律)

의음(擬音)명 어떤 소리를 실제와 비슷하게 인공으로 만들어 낸 소리. 연극·영화·방송 등에 효과음(效果音)으로 쓰임.

의:의(意義)명 ①어떤 말이 나타내는 내용이나 뜻. ¶ 문단의 —. ②어떤 사물이 지닌 가치나 중요성. ¶ 출전하는 데 —가 있다./— 있는 삶.

의의(疑義)명 글의 뜻 가운데 의심이 나는 곳, 또는 이해하기 어려운 뜻.

의의(依依)어기 '의의(依依)하다'의 어기(語基).

의의(猗猗)어기 '의의(猗猗)하다'의 어기(語基).

의의-하다(依依—)형여 ①풀이 싱싱하게 무성하다. ②헤어지기가 서운하다. ③기억이 어렴풋하다.

의의-하다(猗猗—)형여 ①아름답고 성하다. ②바람 소리가 부드럽다.

의이(薏苡)명 '율무'의 딴이름.

의이(疑異)어기 '의이(疑異)하다'의 어기(語基).

의이-하다(疑異—)형여 의심스럽고 괴이하다.

의인(宜人)명 조선 시대, 외명부(外命婦)의 한 품계. 정육품과 종육품 문무관의 아내, 또는 정육품 종친(宗親)의 아내에게 주던 봉작(封爵).

의:인(義人)명 의리와 정의를 지키는 사람. 의사(義士)

의인(擬人)명-하다타 ①동식물이나 사물 등 사람이 아닌 것을 사람인 것처럼 나타내는 일. ②자연인(自然人)이 아닌 것에 법률상 인격을 붙이는 일, 또는 그 인격. ☞법인(法人)

의인-관(擬人觀)명 사람이 아닌 존재에 사람의 형상과 특성을 부여하여 사람과 유사한 것으로 설명하려 하는 경향. 신화나 종교 등에서 볼 수 있음.

의인-법(擬人法)[—뻡]명 수사법(修辭法)의 한 가지. 사람이 아닌 대상을 사람인 것처럼 나타내는 표현 방법. '바람이 내 귀에 속삭인다.', '양심이 말한다.', '하늘이 웃음 잃이다.'와 같은 표현법임. 활유법(活喩法)

의자(倚子)명 앉을 때 몸을 뒤로 기대도록 만든 기구.

의자(椅子)명 걸터앉도록 만든 기구. 보통 등받이가 있음. 걸상. 교의(交椅) ☞안석(案席)

의:자(義子)명 의붓아들 ☞의녀(義女)

의:자(義姉)명 ①의로 맺은 누나. ②아버지나 어머니가 다른 누나. ☞의매(義妹)

의작(擬作)명-하다타 본떠서 만듦, 또는 그렇게 만든 작품.

의잠(蟻蠶)명 '개미누에'의 딴이름.

의장(衣裝)명 옷을 차려 입은 모양새.

의장(衣*欌)명 옷을 넣어 두는 장. 옷장 ☞의걸이장

의장(倚仗)명-하다타 의지하고 믿음.

의:장(意匠)명 물품의 모양과 빛깔, 조화(調和) 따위를 위한 장식적인 고안(考案). 미장(美匠) ¶ 새로운 —.

의장(儀仗)명 지난날, 의식에 쓰이던 장식적인 무기나 일산(日傘), 기(旗) 따위.

의장(擬裝)명-하다타 비슷하게 꾸밈, 또는 그 차림새.

의장(艤裝)명-하다자타 선박이 항해할 수 있는 모든 장치와 설비를 갖추는 일, 또는 그 장비(裝備).

의장(議長)명 ①회의를 주재하는 사람. ②의원(議員)을 통솔하고 의회를 대표하는 사람.

의:장-가(意匠家)명 ①의장(意匠)을 잘하는 사람. ②의장을 직업으로 하는 사람.

의:장-권(意匠權)[—꿘]명 공업 소유권의 하나. 의장을 등록한 사람이 그 의장의 제작·사용·판매에 대하여 가지는 독점적·배타적 권리.

의장-기(儀仗旗)명 의전 행사에 쓰는 기(旗).

의장-단(議長團)명 의장과 부의장을 아울러 이르는 말. ¶ —을 선출하다.

의장-대(儀仗隊)명 국가적인 행사나 내외 귀빈이 방문했을 때, 의전 행사를 베풀기 위하여 특별히 편성된 부대.

의:장=등록(意匠登錄)명 의장을 특허청의 의장 원부(原簿)에 기재함으로써 의장권을 확보하는 일.

의장-병(儀仗兵)명 의장대의 구성원인 병사.

의:장-지(意匠紙)명 직물의 짜임새를 알기 쉽게 그리는 모눈종이.

의:적(義賊)명 의롭지 못한 재물을 훔쳐다가 가난한 사람들에게 나누어 주는 의로운 도둑.

의전(儀典)명 의식(儀式)

의:절(義絶)명-하다자 ①맺었던 의(義)를 끊음. ②친척이나 친구 사이에 감정이 상하여 정을 끊음. ¶ 오랜 친구와 —하다. ③아내가 죽은 뒤의 처족(妻族)과의 관계를 이르는 말.

의절(儀節)명 예의와 범절. 예절(禮節)

의점(疑點)[—쩜]명 의심 나는 점.

의젓잖다[—전—]형 '의젓하지 않다'가 줄어든 말. ¶ 의젓잖은 태도. ☞야젓잖다

의젓잖이부 의젓잖게

의젓-하다[—전—]형여 말과 행동이 점잖고 무게가 있다. ¶ 중학생이 되더니 제법 의젓해졌다. ☞버젓하다. 야젓하다. 어엿하다

의젓-이부 의젓하게 ¶ 채신 없이 굴지 말고 — 행동해라.

의정(議定)명-하다타 의논하여 결정함.

의정(議政)[1]명 ①'의회 정치'의 준말. ②정사(政事)를 논의하는 일, 또는 논의하여 나라를 다스리는 일.

의정(議政)[2]명 ①조선 시대, 의정부의 영의정·좌의정·우의정을 통틀어 이르던 말. 삼정승(三政丞) ②대한 제국 때, 의정부의 으뜸 관직.

의정-부(議政府)명 조선 시대, 모든 관리를 통솔하고 정무를 총괄하던 최고의 행정 기관. ㊟정부(政府)

의정-서(議定書)명 ①국가간에 논의하여 결정한 사항을 기록한 문서. ②외교 교섭이나 국제 회의의 의사록에 관계국의 대표가 서명한 문서.
의정-안(議定案)명 회의에서 의논하여 결정할 사항의 초안(草案), 또는 그 안건.
의정=헌:법(議定憲法)[-뻡] 명 협정 헌법(協定憲法)
의제(衣制)명 의복에 관한 제도.
의:제(義弟)명 ①의리로 맺은 아우. ②아버지나 어머니가 다른 아우. ☞의형(義兄)
의제(擬制)명 법률에서, 어떠한 사실을 다른 사실에 비유하여 본질은 다르나 같은 것으로 인정하는 일. 실종 선고를 받은 사람을 사망이라고 간주하는 따위.
의제(擬製)명-하다타 어떤 물건을 본떠서 만듦, 또는 그렇게 만든 것. 모조(模造)
의제(議題)명 의논할 문제. ¶-로 채택하다.
의제=자:본(擬制資本)명 현실적 가치는 가지지 않으나 장래의 수익을 낳게 하는 원천으로서의 자본. 주식(株式)이나 공사채(公社債) 따위. 가장 자본(假裝資本)
의:족(義足)명 발이나 다리가 없는 사람이 대신 쓸 수 있도록 인공으로 만들어 붙이는 발이나 다리. 나무·고무·금속 따위로 만듦. 의각(義脚)
의존(依存)명-하다자 남의 힘이나 도움에 의지함. ¶식량의 태반을 외국에 -하다.
의존=명사(依存名詞)명〈어〉문장에서 관형어와 어울려서만 쓰일 수 있는 명사. '것, 바, 줄, 수, 데' 따위. 불완전 명사 ☞자립 명사(自立名詞)

▶ **의존 명사**
홀로 문장 머리에 쓰이지 못하고, 그 앞에 있는 관형어(관형사, 용언의 관형사형 등)의 꾸밈을 받아 쓰인다.
¶내가 좋아하는 것은 그의 마음씨이다. 〔것〕
네가 뜻하는 바를 이루기 바란다. 〔바〕
¶수〔방법〕/ 이〔사람〕/ 리〔도리〕/ 데〔곳〕/ 적〔때〕/ 탓〔원인〕

▶ **두음 법칙이 적용되지 않는 의존 명사**
'두 냥(兩), 몇 년, 여기서 몇 리(里)냐?, 그럴 리(理)가 없다'와 같은 경우에는 발음에 따라 두음 법칙과 관계없이 본디의 소리대로 적는다. '年度'의 경우 자립 명사로 쓰일 경우에는 '연도가 바뀐다'처럼 쓰이나, 숫자 아래 쓰일 때는 '2000년도'처럼 쓰게 된다.

의존-심(依存心)명 남에게 의존하는 마음.
의존=형태소(依存形態素)명〈어〉자립적이지 못하고 다른 말에 기대어서만 쓰이는 형태소. '신을 신고'에서 '-을', '-고' 따위. ☞자립 형태소(自立形態素)
의:-좋:다(誼-)형 정의(情誼)가 두텁다. 사이가 좋다. ¶의좋은 부부./서로 의좋게 지내다.
의주(儀註)명 지난날, 나라의 전례(典禮) 절차를 적은 책.
의주-감(蟻走感)명 피부 속이나 피부 위를 개미가 기어다니는 것 같은 느낌이 있는 이상 지각(異常知覺).
의준(依準)명-하다타 ①청원(請願)을 들어줌. ②일정한 기준에 근거함.
의준(依遵)명-하다타 전례(前例)를 따라서 시행함.
의:중(意中)명 마음속. 속생각 ¶-을 떠보다./-을 헤아리다./-을 밝히다.
의:중(義衆)명 의로운 일을 위하여 행동을 일으키는 사람들. 의도(義徒)
의:중-인(意中人)명 '의중지인(意中之人)'의 준말.
의:중지인(意中之人)명 ①마음속에 새겨져 잊을 수 없는 사람. ②마음속으로 정한 사람. 준 의중인(意中人)
의증(疑症)[-쯩] 명 의심이 많은 성질, 또는 그런 증세.
의지 명 관(棺) 대신으로 시체를 담는 데 쓰는 기구.
의지(依支)명-하다타 ①다른 것에 몸을 기댐, 또는 기댈 대상. ¶지팡이에 -하여 서 있다. ②무엇에 마음을 붙여 도움을 받음, 또는 그런 대상. ¶서로 -하며 살다.

한자 의지할 의(依) 〔人部 6획〕 ¶귀의(歸依)/의거(依據)/의뢰(依賴)/의존(依存)/의타(依他)

의:지(意志)명 ①어떤 일을 하고 싶다거나, 하고 싶지 않다고 하는 뚜렷한 생각. ¶그 일에 참여할 -가 있다./분명한 -를 밝히다. ②어떤 목적이나 계획 등에 따라 그 일을 이루려 하는 적극적인 정신의 작용. ¶강한 -를 보이다./-가 박약하다. ③철학에서, 윤리적 가치 판단을 내리는 주체와 객체. ☞의사(意思). 의향(意向)
의:지(義肢)명 의수(義手)와 의족(義足)을 이르는 말.
의지(懿旨)명 조선 시대, 왕비·왕세자·왕세손의 명령을 이르던 말.
의지가지-없:다[-업-] 형 의지할만 한 데가 전혀 없다. ¶의지가지없는 신세.
의지가지-없이 부 의지가지없게 ¶부모를 여의고 - 지내다./- 떠돌아다니다.
의지-간(依支間)[-깐] 명 원 집채의 처마에 잇대어 지은 칸살. ☞달개. 툇간
의:지-력(意志力)명 어떤 목적이나 계획 등에 따라 그 일을 이루려고 하는 적극적인 정신의 힘.
의질(疑疾)명 전염할 염려가 있는 병.
의집(蟻集)명-하다자 개미떼처럼 많이 모임.
의차(衣次)명 옷감
의:창(義倉)명 고려 시대, 곡식을 저장하여 두었다가 흉년이나 비상시에 가난한 백성들에게 꾸어 주던 기관.
의처-증(疑妻症)[-쯩] 명 아내의 행실을 공연히 의심하는 변태적 성격이나 정신 질환 상태를 이르는 말. ☞의부증(疑夫症)
의척(懿戚)명 의친(懿親)
의:초 명 ①형제 또는 자매 사이의 우애. ¶-가 두텁다. ②부부간의 정의(情誼).
의:초-롭다(-롭고·-로워) 형ㅂ 화목하고 우애가 있다.
의초-로이 부 의초롭게
의촉(依囑)명-하다타 어떤 일을 남에게 맡기어 부탁함. ☞위촉(委囑)
의:총(義塚)명 ①불교에서, 연고자가 없이 죽은 사람의 시신을 거두어 다른 사람이 만들어 준 무덤을 이르는 말. ②의로운 사람의 무덤. ☞칠백 -
의총(疑塚)명 지난날, 남이 파낼 염려가 있는 무덤을 보호하기 위하여 그와 똑같이 만들어 놓았던 여러 개의 무덤.
의총(蟻塚)명 개밋둑
의:충(意衷)명 마음속 깊이 품은 참된 뜻.
의:취(意趣)명 의지와 취향(趣向). 지취(志趣)
의:치(義齒)명 이가 빠진 자리에 인공으로 만들어 박는 이. 가치(假齒) ☞틀니
의치(醫治)명-하다타 의술로 치료함.
의친(懿親)명 정의(情誼)가 두터운 친척. 의척(懿戚)
의타(依他)명-하다자 남에게 의지함. ☞자주(自主)
의타-심(依他心)명 남에게 의지하려는 마음. ☞배타심
의탁(依託)명-하다타 몸이나 마음을 의지하여 맡김. ¶여생을 -할 자식이 없다.
의:태(意態)명 마음의 상태. 심경(心境)
의태(疑殆)명-하다타 의심하고 두려워함.
의태(擬態)명 ①사물의 모양이나 움직임을 흉내내는 일. 짓시늉 ☞의성(擬聲) ②자기를 보호하거나 경계하기 위하여, 동물이 모양이나 빛깔을 주위 물체나 다른 동물과 비슷하게 하는 일, 또는 그렇게 되어 있는 상태.
의태-법(擬態法)[-뻡] 명 수사법(修辭法)의 한 가지. 사물의 모양이나 동작을 시늉하여 나타내는 표현 방법. '아장아장 걸어오다.', '샐쭉 토라지다.'와 같은 표현법임. 시자법(示姿法) ☞의성법(擬聲法)
의태=부:사(擬態副詞)명〈어〉의미상으로 가른 부사의 한 갈래. 사물의 모양이나 짓을 사람의 말소리로 흉내내어 나타낸 부사. '울긋불긋, 올망졸망' 따위. ☞의성 부사(擬聲副詞)
의태-어(擬態語)명〈어〉사물의 모양이나 짓을 사람의 말소리로 흉내내어 나타낸 말. '반들반들, 성큼성큼, 주렁주렁' 따위. ☞의성어(擬聲語)
의:표(意表)명 남이 전혀 예상하고 있지 않던 일. 생각 밖

이나 예상 밖. ¶ －를 찌르는 질문. 의외(意外)
의표(儀表)명 ①몸을 가지는 태도, 또는 예절을 차린 모습. 의용(儀容) ②본받을만 한 모범.
의피(擬皮)명 인조 피혁(人造皮革)
의-하다(依－)자여 ①어떤 것에 바탕을 두거나 근거로 삼다. ¶교칙에 의하여 처벌하다./국민에 의한 정치. ②어떤 것으로 말미암다. ¶과로에 의한 병./무지에 의하여 저질러진 범죄.
의학(醫學)명 자연 과학의 한 부문. 인체의 구조와 기능, 질병의 원인과 그 치료법, 예방법 등을 연구하는 학문. ☞사회 의학. 임상 의학
의학-자(醫學者)명 의학을 전문으로 연구하는 사람.
의:합(意合)어기 '의합(意合)하다'의 어기(語基).
의:합-하다(意合－)형여 ①서로 뜻이 맞다. ¶의합한 사람들이 만든 모임. ②의가 좋다. ¶의합한 형제들.
의항(衣桁)명 횃대
의:해(義解)명 글의 뜻 풀이.
의:행(義行)명 의로운 행동.
의행(懿行)명 아름다운 행실.
의향(衣香)명 ①옷에서 향기가 나게 하거나 좀이 생기지 않게 하기 위하여, 옷장이나 옷 갈피에 넣어 두는 향. ②옷에서 나는 향내.
의:향(意向)명 하려는 생각. ¶상대편의 －을 묻다. ☞의사(意思). 의지(意志)
의혁(擬革)명 인조 피혁(人造皮革)
의혁-지(擬革紙)명 종이를 가공하여 가죽 비슷하게 만든 것. 책가위 등에 쓰임.
의현(疑眩)어기 '의현(疑眩)하다'의 어기(語基).
의현-하다(疑眩－)형여 의심하여 마음이 어지럽다.
의:혈(義血)명 정의를 위하여 싸우다 흘린 피.
의혈(蟻穴)명 개미굴
의:협(義俠)명 선량하고 약한 사람을 돕기 위해 불의의 강자(強者)에 맞서는 일, 또는 그 사람. ¶－ 소설
의:협-심(義俠心)명 자기를 희생하여서라도 힘없고 착한 사람을 도우려는 마음. ¶－이 강하다. ☞의담(義膽)
의:형(義兄)명 ①의리로 맺은 형. ②아버지나 어머니가 다른 형. ☞의제(義弟)
의형(儀形)명 의용(儀容)
의형(劓刑)명 고대 중국 오형(五刑)의 하나. 죄인의 코를 베던 형벌.
의형의제(宜兄宜弟)성구 형제 사이에 의가 좋음을 이르는 말.
의:-형제(義兄弟)명 남남이 의리로써 맺은 형제, 또는 그런 관계. ☞의남매(義男妹)
의혹(疑惑)명-하다자타 의심하여 수상하게 여김, 또는 그런 생각. ¶－이 생기다./－이 풀리다./－을 품다.
의혼(議婚)명-하다자 혼사(婚事)를 의논함.
의-화:학(醫化學)명 생화학의 한 분야. 인체를 구성하는 물질이나 생리 현상 등을 화학적으로 연구하는 학문.
의회(議會)명 ①국민이 선출한 의원으로 구성되는, 국민의 의사를 대변하고 입법을 담당하는 합의 기관. 국회·시의회·도의회 따위. ②'국회'를 달리 이르는 말.
의회=정치(議會政治)명 국가의 정책 결정이나 법률의 제정을 의회에서 다수결의 원칙에 따라 행하는 정치 방식. 준의정(議政)[1] ☞정당 정치(政黨政治)
의회-제(議會制)명 의회를 가지는 정치 체제.
의회-주의(議會主義)명 의회가 국가 정책의 결정권을 가지는 정치 제도, 또는 그런 정치를 지향하는 사상.
의희(依俙·依稀)어기 '의희(依俙)하다'의 어기(語基).
의희-하다(依俙－)형여 ①매우 비슷하다. ☞흡사하다 ②어렴풋하다
읫님명 '심마니'를 대접하여 이르는 말.
읫만명 '어른'의 심마니 말.
이[1]명〈어〉한글 자모(字母) 'ㅣ'의 이름.
이[2]명 ①척추동물의 입 안에 아래위로 줄지어 나 있는 희고 단단한 기관(器官). 주로 음식물 등을 씹거나 부수는 데 쓰임. 치(齒) ☞치아(齒牙) ②톱이나 톱니바퀴 따위에서 뾰족뾰족하게 내민 부분. ☞나삿니. 톱니 ③물건의 서로 맞물리거나 맞붙는 부분. ¶암나사와 수나사의 －. ☞이에짬. 짬[1]
이(가) 갈리다관용 몹시 분하여 독한 마음이 생기다. ¶누명 쓴 일을 생각하면 자다가도 이가 갈린다.
이(가) 맞다관용 빈틈이 없이 꼭 맞다. ¶뚜껑의 －.
이(가) 빠지다관용 ①그릇의 전이나 연장의 날 따위의 한 부분이 떨어져 없어지다. ¶이가 빠진 사기대접./이가 빠진 톱. ②갖추어진 것 중의 일부가 없어져서 온전하지 못하다. ¶이가 빠진 문학 전집.
이(를) 갈다관용 몹시 분하여 독한 마음을 가지고 벼르다. ¶이를 갈며 복수의 기회를 노리다.
이를 악물다관용 어렵고 힘든 일을 이겨내려고 애를 쓰다. ¶이를 악물고 공부하다.
속담 **이가 없으면 잇몸으로 살지** : 없으면 없는 대로 견디어 나갈 수 있다는 말./**이가 자식보다 낫다** : 이가 있기 때문에 먹고 살아갈 수 있다고 하여 이르는 말./**이 아픈 날 콩밥 한다** : 불행한 일이 있을 때 감당하기 어려운 곤경이 거듭된다는 말. 〔이 앓는 놈 빰 치기〕/**이에서 신물이 난다** : 두 번 다시 대하기 싫을 정도로 지긋지긋하다는 말.

한자 이 치(齒)〔齒部〕¶치과(齒科)/치근(齒根)/치석(齒石)/치아(齒牙)/치약(齒藥)/치통(齒痛) ▷ 속자는 歯

▶ '이'를 '니'로 적는 경우
'송곳+이'나 '덧+이'처럼 이루어진 말에서 '송곳니', '덧니'로 적는 것은 발음에 따른 것이다. 그대로 적으면 송곳이[송고시], 덧이[더시]가 되기 때문이다.

이[3]명 잇목(目)의 곤충을 통틀어 이르는 말. 몸길이 0.5~6mm이고 날개가 없음. 몸빛은 엷은 황색이나 갈색임. 사람이나 가축 등에 기생하는 흡혈 곤충으로, 발진티푸스나 재귀열 등을 옮기기도 함.
속담 **이가 칼을 쓰겠다** : 옷감의 승새가 몹시 성글다는 말.
이[4]의 관형사형이나 지시 관형사의 뒤에 붙어, '사람'을 나타냄. ¶저기 있는 －가 좀 보자고 하더라.
이[5]대 ①'이이'의 준말. ¶－가 바로 미담(美談)의 주인공이다. ②'이것'의 준말. ¶－대로만 하면 틀림없다. ③바로 전에 말한 바 있거나 알려진 사물을 가리키는 말. ¶폭우가 쏟아졌고, －로 말미암아 도로가 끊겼다.
이[6]관 ①말하는 이에게 가까이 있는 사람이나 사물을 가리킬 때 쓰는 말. ¶－ 책./－ 사람./－ 건물. ②말하는 때로부터 가까운 때를 가리킬 때 쓰는 말. ¶－ 시간 이후. ③바로 전에 말한 바 있거나 알려진 사물을 가리킬 때 쓰는 말. ¶－ 사실이 알려지면 큰일난다. ☞요[3]
속담 **이 굿에는 춤추기 어렵다** : 한 가지 일에 여러 사람이 상관하여 어떻게 해야 할지 모를 경우에 이르는 말. 〔그 장단 춤추기 어렵다〕/**이 덕(德) 저 덕이 다 하늘 덕** : 사람이 살아가는 모든 것 가운데 하늘이 주는 은혜가 가장 큼을 이르는 말./**이 떡 먹고 말 말아라** : 비밀이 드러날까 두려워하여 먼저 그 이익을 나누어 주면서 발설하지 못하게 이르는 말./**이 우물에 똥을 누어도 다시 그 물을 먹는다** : 이후 다시는 관계없을듯이 심하게 냉대하지만 얼마 아니 가서 또 다시 청할 일이 생긴다는 말./**이 장 떡이 큰가 저 장 떡이 큰가** : 이편에 이익이 많을지 저편에 이익이 많을지 바라보며 망설이고만 있음을 이르는 말.

한자 이 사(斯)〔斤部 8획〕¶사계(斯界)
이 차(此)〔止部 2획〕¶여차(如此)/차후(此後)

이(伊)명 '이태리(伊太利)'의 준말.
이:(利)명 ①이득이나 이익. ¶－가 박하다./－를 보자고 한 일은 아니다./－가 될지 해(害)가 될지? ②변리(邊利) ¶－가 안 붙은 돈.
이:(里)명 지방 행정 구역의 하나. 몇 개의 마을로 이루어지며, 면(面)에 딸림. ☞방곡(坊曲)
이:(理)명 성리학(性理學)에서, 만물의 근원이나 본질을

이르는 말. ¶ ―와 기(氣).

이(頤)명 '이괘(頤卦)'의 준말.

이:(履)명 '이괘(履卦)'의 준말.

이(離)명 ①'이괘(離卦)'의 준말. ②'이방(離方)'의 준말.

이:(二·貳)수 수의 한자말 이름의 하나. 일(一)에 일(一)을 더한 수. ¶삼(三)에 ―를 더해라. ☞둘
관 단위를 나타내는 말 앞에 쓰이어 ①수량이 둘임을 나타냄. ¶― 톤. ②차례가 둘째임을, 또는 횟수가 두 번째임을 나타냄. ☞두[1] ▷貳의 고자는 弍

이:(E·e)명 ①영어 자모(字母)의 다섯째 글자의 이름. ②서양 음악의 장음계(長音階) 셋째(단음계의 다섯째)의 미국·영국 음계 이름. 우리 나라 음계 이름 '마'에 해당함. ☞미(mi)

-이[1] 조 ①받침 있는 체언에 붙어, 주어가 되게 하는 주격 조사. ¶꽃이 핀다./얼굴이 아름답다. ②주어를 서술하는 체언에 붙어, 보어가 되게 하는 보격 조사. ¶사슴은 말이 아니다./물이 얼음이 된다. ☞-가

-이[2] 접미 ①'어떤 모습의 사람이나 물건'의 뜻을 나타냄. ¶곰배팔이/애꾸눈이/딸깍발이/깜박이/빨강이 ②당소리로 발음이 끝나는 사람 이름에 덧붙어 그 이름과 같이 쓰임. ¶갑돌이/갑순이

-이[3] 접미 ①동사나 형용사의 어미에 갈음하여 명사가 되게 함. ¶먹이/달맞이/높이/길이 ②형용사의 어미에 갈음하여 부사가 되게 함. ¶높이/길이 ③'…하다' 꼴의 일부 형용사의 '-하다'에 갈음하여 부사가 되게 함. ¶깨끗이/따뜻이 ☞-히 ④부사에 덧붙어 새로운 부사를 만듦. ¶더욱이/일찍이 ⑤거듭되는 명사 아래 붙어 부사가 되게 함. ¶집집이/앞앞이/모모이

-이- 접미 ①활용하는 말의 어근(語根)에 붙어 '하게 함'의 뜻을 나타냄. ¶먹이다/높이다 ②활용하는 말의 어근에 붙어 '함을 당함'의 뜻을 나타냄. ¶낚이다/꺾이다 ☞-기-. -리-. -히-

-이[4] 어미 받침 없는 어간에 붙어, '하게' 할 자리에 사실대로 말하는 서술의 종결 어미. ¶나는 그만 가이./일이 잘 되나 보이./좀 바쁘이./내 의견은 좀 다르이.

이가(俚歌)명 항간(巷間)에서 널리 불리는 속된 노래. ☞속요(俗謠)

이가(離歌)명 이별의 노래.

이:각(耳殼)명 귓바퀴

이각(離却)명-하다 자타 학질 따위의 병이 떨어짐, 또는 그 병을 떨어지게 함.

이각(離角)명 천구(天球) 위에서, 한 천체(天體)나 한 정점(定點)으로부터 다른 천체까지 잰 각거리(角距離).

이간(離間)명-하다 타 둘 사이에 하리놀아 그 둘 사이가 버성기게 만드는 일. 반간(反間)
이간(을) 붙이다 관용 이간하여 둘 사이를 버성기게 만들다. ¶친구 사이에 ―.

이간-질(離間―)명-하다 자타 둘 사이를 갈라 놓는 짓.

이감(移監)명-하다 타 한 교도소에서 다른 교도소로 수감자를 옮기는 일.

이:강(以降)명 이후(以後)

이:강-웅예(二強雄蕊)명 네 개의 수술 가운데서 두 개는 길고 두 개는 짧은 수술. 꿀풀과의 꽃에서 볼 수 있음. ☞사강웅예(四強雄蕊)

이:객(異客)명 타향에 와 있는 손. 여행 중인 나그네.

이-거 대 '이것'의 준말. ¶― 야단났구나. ☞요거

이거(移去)명-하다 자 옮겨 감.

이거(移居)명-하다 자 이주(移住)

이거(離居)명-하다 자 서로 떨어져 삶.

이-건 준 '이것은'의 준말. ¶― 제대로 되었다. ☞요건

이-걸 준 '이것을'의 준말. ¶― 써 보게. ☞요걸

이걸-로 준 '이것으로'의 준말. ¶― 대신하다. ☞요걸로

이:검(利劍)명 날이 날카로워 매우 잘 드는 검.

이-것 대 ①말하는 이가 가지고 있는 물건을 가리키는 말. 이 물건. ¶―은 내가 가장 아끼는 반지다. ②말하는 이로부터 가까운 거리에 있는 물건을 가리키는 말. ¶―이 요즘 잘 팔리는 냉장고입니다./저것보다 ―이 낫겠다. ③말하는 이가 바로 전에 이야기하였거나 이미 알려진 사물을 가리키는 말. ¶내가 살아 있다는 것, ―만으로 나는 행복하다. ④'이 사람'을 얕잡아 이르는 말. ¶―이 누구에게 반말이야? ⑤'이 아이'를 귀엽게 이르는 말. ¶―이 오늘따라 더 재롱을 피우는구나. 준이[5]. 이거 ☞요것

이것-저것[-걷-]대 ①이것과 저것. ¶―이 다 무용지물이 되었다. ②〔부사처럼 쓰임〕 가지가지로. 골고루. 두루. 빠짐없이 ¶― 다 살펴보고 선택해라./― 처리하느라고 좀 늦었다. ☞요것조것

이-게 준 '이것이'의 준말. ¶― 무슨 뜻인지 모르겠다. ☞요게

이:견(異見)명 남과 다른 견해. ¶새 개혁안에 ―이 많다.

이:결(已決)명-하다 타 이미 결정함. 기결(既決)

이:겹-실(二―)명 두 올을 겹으로 꼰 실. 쌍올실. 이합사(二合絲) ☞삼겹실

이:경(二更)명 지난날, 하루의 밤 시간을 다섯으로 등분한 둘째 시간. 지금의 오후 아홉 시부터 오후 열한 시까지의 동안. 을야(乙夜) ☞오경(五更). 삼경(三更)

이:경(耳鏡)명 귓구멍 안에 넣어 고막 등을 살피는 데 쓰는 의료 기구를 통틀어 이르는 말. 크기와 모양에 따라 여러 종류가 있음.

이:경(異境)명 타향(他鄕)

이경(離京)명-하다 자 서울을 떠남. ☞귀경(歸京)

이계(異系)명 계통이 서로 다른 것, 또는 그 다른 계통.

이:계=교배(異系交配)명 종류는 같으나 계통이 서로 다른 품종을 교배시키는 일. ☞동계 교배(同系交配)

이고(離苦)명 불교에서, 번뇌(煩惱)나 괴로움에서 벗어나 편안해지는 일을 이르는 말.

이-고들빼기 명 국화과의 한해살이풀 또는 두해살이풀. 줄기 높이는 30~70cm. 줄기는 자줏빛이고 가지가 퍼짐. 잎은 어긋맞게 나며 길둥근 모양이고 가장자리에 톱니가 있음. 7~10월에 노란 꽃이 핌. 우리 나라 각처의 산과 들에서 자람.

이:곡(理曲)어기 '이곡(理曲)하다'의 어기(語基).

이:곡-하다(理曲―)형여 이굴(理屈)하다

이-골[1] 명 치수(齒髓)

이:골[2] 명 매우 익숙해져서 몸에 푹 밴 버릇.
이골(이) 나다 관용 어떤 일에 매우 익숙해져서 몸에 푹 배다. ¶못 박는 일에 이골이 났다.

이-곳 대 ①말하는 이로부터 매우 가까운 곳을 가리키는 말. 당처(當處) ¶―에 살고 있다./네가 ―으로 와라. ②이 지방. ¶―은 겨울에 유난히 춥다.

이:공(理工)대 이학(理學)과 공학(工學). ¶― 대학

이:과(理科)[-꽈]명 화학·물리학·생리학·지질학·동식물학 등, 자연 과학을 연구하는 학과. ☞문과(文科)

이:과지사(已過之事)명 이왕지사(已往之事)

이:관(耳管)명 유스타키오관

이관(移管)명-하다 타 옮기어 관리함. ¶업무를 신설 기관에 ―하다.

이-괘(頤卦)명 육십사괘(六十四卦)의 하나. 간괘(艮卦) 아래 진괘(震卦)가 놓인 괘로 산과 우레를 상징함. 준이(頤) ☞대과괘(大過卦)

이:-괘(履卦)명 육십사괘(六十四卦)의 하나. 건괘(乾卦) 아래 태괘(兌卦)가 놓인 괘로 하늘 아래의 못을 상징함. 준이(履) ☞태괘(泰卦)

이-괘(離卦)명 ①팔괘(八卦)의 하나. 상형은 ☲, 불을 상징함. ②육십사괘(六十四卦)의 하나. 이괘(離卦) 아래 이괘가 놓인 괘로 밝음이 거듭됨을 상징함. 준이(離) ☞진괘(震卦)

이:교(異教)명 자기가 믿는 종교 외의 종교. ☞외교(外教)

이:교(理教)명 불교에서, 본체(本體)와 현상(現象)이 다른 것이 아니고 차별 그대로가 평등이라는 가르침을 이르는 말. ☞사교(事教)

이:교(利巧)어기 '이교(利巧)하다'의 어기(語基).

이:교-도(異教徒)명 자기가 믿는 종교 외의 종교를 믿는 사람. ¶―를 박해하다.

이:교-하다(利巧—)형여 ①간사하고 교활하다. ②약고 눈치가 빠르다.
이:구(耳垢)명 귀지
이:구(已久)어기 '이구(已久)하다'의 어기(語基).
이:구동성(異口同聲)성구 입은 달라도 나오는 소리는 같다는 뜻으로, 여러 사람의 말이 똑같음을 이르는 말. 여출일구(如出一口). 이구동음 ¶ —으로 칭찬하다.
이:구동음(異口同音)성구 이구동성(異口同聲)
이:구-하다(已久—)형여 이미 오래다.
이국(夷國)명 오랑캐 나라.
이:국(理國)명-하다자 나라를 다스림. 치국(治國)
이:국(異國)명 풍속이나 풍물 등이 다른 나라.
이:국=정조(異國情調)명 ①자기 나라에서 느낄 수 없는 다른 나라의 풍물과 정서. ②문학 등에서, 이국의 풍물이나 정취를 그려 예술적 효과를 높이는 일.
이:국편민(利國便民)성구 나라를 이롭게 하고, 국민을 편안하게 함을 이르는 말.
이:군(二軍)명 운동 경기 따위에서, 일군(一軍)의 결원을 보충하려는 목적에서 예비적으로 구성하여 운영하는 팀. ¶ 프로 야구 —
이:굴(理屈)어기 '이굴(理屈)하다'의 어기(語基).
이:굴-하다(理屈—)형여 이치에 닿지 않고 그르다. 이곡(理曲)하다
이궁(离宮)명 지난날, '세자궁(世子宮)'이나 '태자궁(太子宮)'을 달리 이르던 말.
이궁(離宮)명 임금이 거둥할 때에 묵던 별궁(別宮). 행궁(行宮)
이:권(利權)[—꿘]명 이익을 얻게 되는 권리. ¶ — 다툼
이:극구당(履屐俱當)성구 마른날에는 짚신으로 쓰이고 진날에는 나막신으로 쓰인다는 뜻으로, 온갖 재주를 다 갖추고 있어 무슨 일이든지 당하면 다 할 수 있음을 이르는 말.
이:극=진공관(二極眞空管)명 음극과 양극을 하나의 진공 용기 안에 넣고 봉한 전자관(電子管). 교류를 직류로 바꾸는 정류기나 검파기로 쓰임. 다이오드(diode)
이:근(耳根)명 ①귀뿌리 ②불교에서 이르는 육근(六根)의 하나. 청각(聽覺)을 맡은 기관인 '귀'를 이르는 말.
이글-거리다(대다)자 이글이글 타다. ¶ 숯불이 이글거리며 타다./분노로 이글거리는 눈.
이글루(igloo)명 에스키모 사람들의 집. 벽돌 모양으로 잘라낸 단단한 얼음과 눈덩이를 쌓아올려 반구형(半球形)으로 지음.
이글-이글[—리—]부 ①뜨거운 기운을 내쏘며 세차게 타는 모양을 나타내는 말. ¶ 석탄 불이 — 타는 난로. ②정열 따위가 강하게 나타나는 모양을 나타내는 말. ¶ — 타는듯 한 눈빛./청춘의, — 타는 가슴.
이금(弛禁)명-하다자 금령(禁令)을 늦춤.
이:금(利金)명 ①이익을 본 돈. ②변리의 돈.
이금(泥金)명 금가루를 아교에 갠 것. 그림이나 글씨 등에 쓰임. 금니(金泥)
이:금이후(而今以後) '지금으로부터 뒤'의 뜻. 자금이후(自今以後)
이:급(裏急)명 '이급후중(裏急後重)'의 준말.
이:급-후:중(裏急後重)명 한방에서, 뒤가 잦고 무직하며 뒤를 본 뒤에는 항문(肛門) 가장자리나 아랫배가 아픈 증세를 이르는 말. 준이급(裏急)
이:기(二氣)명 음(陰)과 양(陽), 또는 그 기운.
이:기(利己)명 자기의 이익만 차리는 일. ☞이타(利他)
이:기(利器)명 ①날카로운 날이 있는 연장, 또는 예리한 무기. ②쓰기에 편리한 기계나 기구. ¶ 문명의 —. ③쓸모 있는 재능.
이:기(理氣)명 ①성리학에서, 만물의 근원인 이(理)와 그 현상인 기(氣)를 아울러 이르는 말. ②민속에서, 별자리의 모양과 방향을 보고 길흉을 점치는 일.
이기다[1] 타 ①힘이나 재주 따위를 겨루어 상대편을 누르거나 앞지르다. ¶ 싸워서 —./축구 경기에서 —./이긴 선수. ☞지다[3] ②어려움이나 괴로움 따위를 참고 견디다. ¶ 가난을 —./병마를 —./태풍을 —./더위를 —. ③감정이나 욕망 따위를 억누르거나 물리치다. ¶ 설움을 —./분에 못 이겨 씩씩대다./돈의 유혹을 —. ④몸을 가누거나 바로하다. ¶ 제 몸을 못 이겨 쓰러지다.

> 한자 **이길 극**(克) 〔儿部 5획〕 ¶ 극기(克己)/극복(克服)
> **이길 승**(勝) 〔力部 10획〕 ¶ 승리(勝利)/승자(勝者)/승전(勝戰)/승패(勝敗)/연승(連勝)/우승(優勝)

이기다[2] 타 ①흙이나 곡물 가루 따위에 물을 붓고 뒤섞어 반죽하다. ¶ 밀가루를 —./흙을 —. ☞개다[2]. 치대다[1] ②칼로 잘게 썰어서 짓찧다. ¶ 쇠고기를 이겨서 갖은양념을 하다./마늘을 —. ☞다지다[2] ③빨래 따위를 물에 적시어 이리저리 뒤치며 두드리다. ¶ 이불 홑청을 —.
이:기-설(理氣說)명 성리학(性理學)의 기본 원리. 우주는 이(理)와 기(氣) 두 요소로 이루어져 있으며, 이와 기의 결합에 따라 만물이 생성된다고 하는 이론.
이:기-심(利己心)명 남이나 전체의 일은 생각하지 않고, 자기의 이익만을 차리는 마음. ☞공공심(公共心)
이:기-작(二期作)명 같은 땅에서 한 해에 같은 작물을 두 차례 지어 거두는 일. ☞이모작(二毛作)
이:기-적(利己的)명 자기의 이익만 차리는 것. ¶ —인 사람./— 발상(發想)
이:기-주의(利己主義)명 다른 사람의 일은 생각하지 않고 자신의 이익만을 추구하는 태도, 또는 그런 사고방식. 자기주의(自己主義). 자애주의(自愛主義). 주아주의(主我主義) ☞이타주의(利他主義)
이기죽-거리다(대다)자 짓궂게 이죽거리다. ☞야기죽거리다. 이죽거리다.
이기죽-이기죽부 짓궂게 이죽거리는 모양을 나타내는 말. ☞야기죽야기죽. 이죽이죽
이:기-증(異嗜症)[—쯩]명 이식증(異食症)
이-까지로부 겨우 이만한 정도로. ¶ — 하려면 그만둬라.
이-까짓관 겨우 이 정도밖에 안 되는. ¶ — 것도 못해서 쩔쩔매느냐? 준이깟 ☞요까짓
이깔-나무명 '잎갈나무'의 딴이름.
이-깟관 '이까짓'의 준말. ☞요깟
이끌다(이끌고·이끄니)타 ①앞서서 끌어 따라오게 하다. ¶ 동생을 이끌고 앞산에 올랐다./학생들을 이끌고 수학여행을 가다. ②어떤 방향으로 나아가게 하거나 어떤 상태에 이르게 하다. ¶ 스승은 제자를 올바른 길로 이끈다./그는 모두가 원하는 방향으로 회의를 이끌었다. ③마음이나 시선 따위를 쏠리게 하다. ¶ 그는 사람의 마음을 이끄는 매력이 있다.

> 한자 **이끌 계**(啓) 〔口部 8획〕 ¶ 계도(啓導)/계발(啓發)

이끌리다자 이끎을 당하다. ¶ 그의 청순함에 —.
이끎-음(—音)[—끔—]명 음악에서, 선율을 안정된 음으로 이끄는 음. 으뜸음의 반음 아래의 음으로, 보통 장음계와 단음계의 제7음을 가리킴. 도음(導音)
이:-끗(利—)명 이익을 얻는 실마리. 이익이 될만 한 점. ¶ — 없는 장사를 누가 할까?
이끼[1] 명 습한 땅이나 고목, 바위 등에서 자라는 선태식물(蘚苔植物)을 흔히 이르는 말. 매태(莓苔). 선태(蘚苔). 태선(苔蘚)
이끼[2] 감 몹시 놀라서 급히 물러설 때 하는 말. ¶ —, 뱀이냐. ☞이키
이끼-고사리명 양치식물(羊齒植物) 고사릿과의 여러해살이풀. 잎은 깃꼴로 가늘게 갈라져 있고 뿌리와 줄기는 단단하며, 모여 남. 홀씨주머니가 잎 뒤의 작은 잎맥 끝에 달려 있음. 우리 나라 남부 지역에 분포함.
이끼나감 '이끼[2]'의 힘줌말.
-이나조 받침 있는 말에 붙어, 선택적인 뜻을 나타내는 보조 조사. ①가림을 나타냄. ¶ 굿이나 보고 떡이나 먹지./제 발등의 불이나 끄지. ②정도를 나타냄. ¶ 밤이 두 말이나 되었다./그 일을 하는데 이틀이나 걸렸다. ☞-나
이-나마부 이것마저. 이것이나마 ¶ — 없었더라면 큰일

날뻔 했다. ☞요나마

이날-이때 부 지금에 이르기까지. ¶ - 탈 없이 지냈다. ☞요날요때

이날-저날 부 어느 날이라고 분명히 정하지 않고 그저 이 날이나 저 날로. ¶할 일을 쌓아 놓고 - 미루고 있다. ☞요날조날

이:남(以南) 명 기준으로 삼은 곳으로부터 그 남쪽. ¶한강 - ☞이북(以北)

이남-박 명 안쪽에 여러 줄의 골이 나 있는 함지박의 한 가지. 쌀 따위의 곡물을 씻거나 일 때에 씀.

이내[1] 명 해질녘에 멀리 보이는 파르스름하고 흐릿한 기운. 남기(嵐氣)

이-내[2] 관 '나의'를 강조하여 이르는 말. ¶ - 심정을 그 누가 알아주랴.

이내[3] 부 ①그때 바로. 지체 없이 곧. ¶종이 울리자 - 시험이 시작되었다. ②그때의 형편대로 계속. 내처 ¶서울로 이사간 후 - 연락이 끊겼다.

이:내(以內) 명 ①일정한 범위의 안. ¶국경선 -. ②시간·거리·수량·순위(順位) 등에서, 어떤 기준을 포함하여 그것보다 작은 범위. ¶한 달 -./삼 위 -에 들다. ☞이외(以外)

이내-몸 명 '나의 몸'을 강조하여 이르는 말. ¶나라를 위해 -을 아끼지 않겠다.

이냥 명 이 모양대로. 이대로 줄곧. ¶불편하지만 당분간 - 지내기로 했다. ☞요냥

이냥-저냥 부 되어가는 대로. 적당히. 그냥저냥 ¶ - 밥은 먹고 삽니다./- 넘어 갈 수도 있는 문제다.

이너(inner) 명 축구에서, 제일선의 다섯 사람 가운데 센터포워드와 양쪽 윙의 중간에 서는 공격수.

이-네 대 이 사람들. ¶ -가 모두 그것을 보았소.

이녁 대 '하오' 할 자리에서 상대편을 낮추어 일컫는 말. ¶ -에게 섭섭했던 점이 한두 가지가 아니오. ☞당신

이-년 대 '이 여자'의 뜻으로, 욕으로 이르는 말. ☞요년. 이놈

이:년-생(二年生) 명 두해살이. 월년생(越年生) ☞다년생(多年生)

이:년생=식물(二年生植物) 명 두해살이풀. 월년생 식물(越年生植物). ☞다년생 식물(多年生植物)

이:년생=초본(二年生草本) 명 두해살이풀

이:년-초(二年草) 명 두해살이풀

이:념(理念) 명 ①이상적으로 여기는 생각이나 견해. ¶민주주의의 -./건국 - ②철학에서, 이성(理性)의 판단으로 얻어진 최고의 개념. 이데아(idea)

이녕(泥濘) 명 진창

이노리-나무 명 장미과의 낙엽 소교목. 높이 5m 안팎. 잎은 어긋맞게 나며 손바닥 모양으로 갈라져 있고, 가장자리에 톱니가 있음. 5~6월에 흰 꽃이 피고, 9~10월에 동근 열매가 붉게 익음. 관상용으로 심으며, 우리 나라 북부의 깊은 산 중턱에서 자람.

이노베이션(innovation) 명 기술 혁신(技術革新)

이-놈 대 ①'이 남자'의 뜻으로, 욕으로 이르는 말. ¶ -이 여기가 어디라고 행패를 부리느냐? ②'이것'이라 할 것을 낮잡아 이르는 말. ¶ -을 먹어라. ☞요놈. 이년

이농(離農) 명 -하다 자 농사일을 버리고 농촌을 떠남. ☞귀농(歸農)

이뇌(貽惱) 명 -하다 자 남에게 괴로움을 끼침.

이:뇨(利尿) 명 -하다 자 오줌을 잘 나오게 함. ¶차(茶)는 - 효과가 있다.

이:뇨-제(利尿劑) 명 오줌을 잘 나오게 하는 약제.

이누이트(Inuit) 명 〔'인간(人間)'이라는 뜻〕 그린란드·캐나다·알래스카·시베리아 동쪽 끝 등 주로 북극해 연안에 사는 민족. 형질은 동양인과 비슷하며, 어린아이의 엉덩이에는 몽고반(蒙古斑)이 있음. ☞에스키모

이눌린(inulin) 명 다당류의 한 가지. 백색의 둥근 결정으로 물에 잘 녹는 편임. 주로 국화과 식물의 땅속줄기, 달리아나 우엉의 뿌리 등에 많이 들어 있음.

이:능(異能) 명 뛰어난 재능. 남다른 능력.

이니셜(initial) 명 영문자(英文字) 등 유럽의 글자에서, 글의 첫머리나 고유 명사의 첫 글자에 쓰는 대문자. 머리글자

이닝(inning) 명 야구에서, 양 팀이 공격과 수비를 한 번씩 끝내는 동안, 곧 한 회(回)를 이르는 말.

이다[1] 타 ①물건을 머리 위에 얹다. ¶보따리를 이고 가다. ②무엇이 사람의 머리나 물체의 위쪽에 있음을 비유하여 이르는 말. ¶흰 눈을 무겁게 이고 서 있는 소나무.
속담 **이고 지고 가도 제 복 없으면 못 산다** : 여자가 출가할 때 혼수 따위를 많이 해 가지고 간다 하여 반드시 잘 사는 것은 아님을 이르는 말.

한자 일 대(戴) 〔戈部 14획〕 ¶대관(戴冠)/대천(戴天)

이:다[2] 타 기와나 이엉, 볏짚 따위로 지붕 위를 덮다. ¶청기와로 지붕을 인 한옥.

-이다[1] 조 ①체언에 붙어, 무엇이라 단정하는 뜻을 나타내는 종결형 서술격 조사. 서술의 기능을 지니고 있기 때문에 형용사의 어미처럼 활용함. 그러나 앞선 명사와 어울려 활용어가 되지 않는 것이 특성임. 다만 명사로 하여금 서술어의 자격을 지니게 유도할 뿐임. 받침 없는 말 뒤에서는 '이-'가 생략되기도 함. ¶그이가 모범생이다./쌀은 양식(糧食)이다./학생이 다섯이다. ☞-다[3] ②부사나 부사어에 붙어 쓰이는 서술격 조사. ¶문제의 발단은 벌써부터이다./편지를 못한 것은 주소를 몰라서이다.

> ▶ **'-이다'와 '-다'의 쓰임**
> '어근은 뿌리이고 접사는 가지이다.', '어근은 뿌리고 접사는 가지다.', '어근은 뿌리임. 그리고 접사는 가지임.' 위의 예에서 보다시피 입말〔口語〕에서 '-이다'의 준 형태로 '-다'를 많이 쓰나 본디 모습은 '-이다'이다. '이-'를 줄임으로써 동사 '뿌리다, 가지다'와의 혼동의 염려도 있으므로 분명한 표현을 위하여 글에서는 온전한 형태인 '-이다'를 쓰는 일이 바람직하다.

-이다[2] 접미 '-거리다'와 같은 뜻을 나타냄. ¶출렁이다/헐떡이다/깜박이다

이-다음 명 뒤에 곧 이어 오는 때나 자리. 이번의 다음. ¶ -에 또 보자./- 차례야. 준 이담 ☞요다음

이다지 부 이러한 정도로까지. 이렇게까지 ¶ - 야박하게 굴 것이 무어냐? ☞요다지

이:단(異端) 명 ①자기가 믿는 종교나 종파(宗派)의 교리에 어긋나거나 정통으로 인정되지 않는 교의(教義)나 교파(教派), 또는 그것을 믿거나 주장하는 사람. ②정통 학파에 벗어나는 이론이나 학설, 또는 그것을 따르거나 주장하는 사람.

이:단-시(異端視) 명 -하다 타 어떤 사상·학설·종교·교의(教義) 등을 이단으로 봄.

이:단-자(異端者) 명 ①이단(異端)으로 보는 사상이나 학설, 종교 따위를 믿거나 주장하는 사람. ②전통이나 권위, 상식 등에서 벗어나 무리로부터 고립해 있는 사람.

이:-단:조(E短調) [-쪼] 명 마단조

이-담 명 '이다음'의 준말. ☞요담

이:당(耳璫) 명 귓불에 다는 장신구. 귀고리

이당(飴餹·飴餳) 명 엿[1]

이당(離黨) 명 -하다 자 딸려 있던 정당이나 당파에서 떠남.

이:당-류(二糖類) 명 가수 분해로 말미암아 한 분자에서 두 분자의 단당류(單糖類)가 생기는 당류. 복당류(複糖類)

이-대 명 벼과에 딸린 대나무의 한 가지. 높이 2~4m로, 중앙 윗부분에서 5~6개의 가지가 나옴. 잎은 어긋맞게 나고, 좁고 기름하며 끝이 뾰족함. 5~7월에 원추(圓錐) 꽃차례로 꽃이 피고, 10월경에 이삭이 익음. 열매와 죽순은 먹을 수 있고, 줄기는 바구니나 조리 따위를 만드는 데 쓰임. 우리 나라 중부 이남과 일본에 분포함.

이-대로 부 이 모양으로 변함없이. 이것과 똑같이. ¶ -만 되면 좋겠다. ☞요대로

이데아(idea 그) 명 〔원래 보이는 것, 모양, 모습 등의 뜻으로〕 철학에서, 이념(理念)을 이르는 말.

이데올로기 (Ideologie 독)명 개인이나 집단의 사상, 행동, 생활 방식 등을 좌우하는 관념이나 신조의 체계. 역사적·사회적 입장을 반영한 사상 경향. 관념 형태
이:도 (吏道)명 ①관리의 도리. ②이두(吏讀)
이:도 (利刀)명 잘 드는 칼. 날카로운 칼.
이:도 (異道)명 ①서로 다른 길. ②서로 다른 방법. ③주장이 다른 학설.
이:동 (以東)명 기준으로 삼은 곳으로부터 그 동쪽. ¶태백산맥 ― 지역. ☞이서(以西)
이:동 (異同)명 ①서로 다른 것, 또는 서로 다른 점. ②다른 것과 같은 것. 동이(同異)
이동 (移動)명-하다자타 옮아 움직임, 또는 옮기어 자리를 바꿈. ¶철새가 ―하다.
이동=경작 (移動耕作)명 산이나 들에 불을 질러서 태운 뒤, 그 땅을 일구어 작물을 재배하다가 지력(地力)이 떨어지면 다른 곳으로 옮겨 가는 경작법.
이동=경:찰 (移動警察)명 기차나 선박 등을 타고 다니면서 그 안에서 일어나는 범죄 사고를 단속하는 경찰.
이동=대:사 (移動大使)명 순회 대사(巡廻大使)
이동=도서관 (移動圖書館)명 순회 도서관(巡廻圖書館)
이동=무:대 (移動舞臺)명 무대 양쪽에 이동하기 쉽게 바퀴 따위를 장치한 다른 무대를 준비해 두어, 쉽게 장면을 바꿀 수 있게 만든 무대 장치.
이동=방:송 (移動放送)명 라디오나 텔레비전의 중계에서, 송신 장비를 갖춘 중계차로 취재 장소를 옮겨 다니며 직접 방송하는 일.
이동=병:원 (移動病院)명 의료 장비를 갖추고 옮겨 다니면서 환자를 치료하는 야전 병원.
이동성=고기압 (移動性高氣壓)[―썽―]명 중심권이 일정한 위치에 머물러 있지 않고 이동하는 고기압. 비교적 규모가 작은 고기압으로, 등압선의 모양은 타원형에 가까움. 봄과 가을에 많이 발생하며, 서쪽에서 동쪽으로 시속 40～50km로 움직임.
이동-식 (移動式)명 한곳에 고정되어 있지 않고 움직일 수 있게 된 방식, 또는 그런 방식으로 만든 장치. ☞고정식(固定式)
이동=연:극 (移動演劇)[―년―]명 소규모로 편성된 극단이 간편한 장비를 가지고 여러 곳을 옮겨 다니며 공연하는 연극.
이동=촬영 (移動撮影)명 피사체(被寫體)의 움직임에 따라 카메라의 촬영 각도나 카메라의 위치를 이동하면서 촬영하는 일. ☞팬(pan)
이동=취:락 (移動聚落)명 생활하기에 편리한 곳을 찾아 자주 이동하는 취락. 유목민이나 화전민의 취락 따위.
이:동-치마 (二―)명 치마연의 한 가지. 연의 허릿살 아래 부분을 세로로 이등분하여 두 가지 색을 칠한 연. ☞사동치마. 삼동치마
이동=통신 (移動通信)명 이동체 상호간(相互間) 또는 이동체와 고정된 지점 사이를 연결하는 통신 체계.
이동=활차 (移動滑車)명 움직도르래
이:두 (吏讀·吏頭)명 지난날, 한자(漢字)의 음과 뜻을 빌려서 우리말을 적던 방식, 또는 그 문자. 한자를 빌려 우리말을 적는 방법과 한자를 우리말 순서대로 배열하고 이에 토를 다는 방법이 있었음. 이도(吏道). 이서(吏書). 이찰(吏札). 이토(吏吐). 이투(吏套) ☞향찰(鄕札)
이두 (螭頭)명 ①이수(螭首) ②이무기돌
이:두=문학 (吏讀文學)명 이두로 쓰인 고전 문학. 향가(鄕歌)가 대표적임.
이:두-박근 (二頭膊筋)명 위팔의 안쪽에 있는 커다란 근육. 팔을 굽히거나 뒤로 돌리는 작용을 함. 상완 이두근
이:두=정치 (二頭政治)명 양두 정치(兩頭政治)
이:두편람 (吏讀便覽)명 조선 시대, 관아에서 쓰던 이두를 모아 엮은 책. 글자 수에 따라 분류하고 읽는 법을 한글로 적었음. 사본(寫本) 1책.
이:둔 (利鈍)명 ①날카로움과 무딤을 아울러 이르는 말. ②영리함과 우둔함을 아울러 이르는 말. 예둔(銳鈍)
이드 (id)명 정신 분석학에서, 무의식의 영역에 있는 본능적 에너지의 원천을 이르는 말. 자아·초자아와 함께 정신을 구성하는 하나의 요소, 또는 한 영역임.
이드거니 부 시간이 좀 걸려서 분량이 넉넉하게. ¶모내기하려면 비가 ― 내려야 하는데….
이드르르 부-하다형 부드럽고 윤이 번드르르한 모양을 나타내는 말. ¶윤기가 ― 흐르는 말갈기. ☞야드르르. 이드를. 이들이들
이드를 부-하다형 좀 이드르르한 모양을 나타내는 말. ☞야드를. 이드르르. 이들이들
이:득 (利得)명 이익을 얻음, 또는 그 이익. ¶―을 보다./―이 나다. ☞득(得)². 손실(損失)
이들-이들 부-하다형 윤기가 있고 부들부들한 모양을 나타내는 말. ☞야들야들. 이드르르. 이드를
이듬 명-하다타 논이나 밭을 두 번째 갈거나 매는 일. ¶― 매기 ☞만도리. 만물
이듬- 접두 '다음'의 뜻을 나타냄. ¶이듬달/이듬해
이듬-달 [―딸]명 그 달의 바로 다음 달. 익월(翌月)
이듬-해 명 그 해의 바로 다음 해. 익년(翌年) ¶대학을 졸업한 ― 미국으로 갔다.
이듭 명 말이나 소, 개 따위의 두 살을 이르는 말. 두습 ☞사릅. 세습. 하릅
이:등 (二等)명 둘째 등급. ¶―으로 합격하다.
이:등 (異等)명-하다형 남달리 재능이 뛰어남, 또는 그런 사람.
이:-등:변 (二等邊)명 두 변의 길이가 같음, 또는 그 변.
이:등변=삼각형 (二等邊三角形)명 두 변의 길이가 같은 삼각형. 등각 삼각형(等脚三角形)
이:등-병 (二等兵)명 군대 계급의 하나. 병(兵) 계급으로 일등병의 아래. 군인의 가장 아래 계급임. 준이병(二兵)
이:-등:분 (二等分)명-하다타 둘로 똑같게 나눔. ¶선분을 ―하다./사과를 ―하다.
이:등분-선 (二等分線)명 각이나 선분을 두 부분으로 똑같이 나누는 선.
이:디:피:에스 (EDPS)명 전자적 데이터 처리 시스템 [electronic data processing system]
이따 부 '이따가'의 준말.
이따가 부 조금 지난 뒤에. ¶― 갈게. 준이따
이따금 부 얼마큼씩 동안을 두고. 가끔. 때때로. 왕왕(往往) ¶― 들리는 소리.
이-따위 명 이러한 것들. 이러한 부류. ¶―는 눈에 차지도 않는다. ☞요따위. 저따위
이-때 명 ①바로 지금의 때, 또는 바로 앞에서 이야기한 때. ¶기회는 ―다./내가 독일어 공부를 시작한 것은 ―부터다. ②〔부사처럼 쓰임〕 바로 지금, 또는 바로 앞에서 이야기한 때에. ¶바로 ―, 불이 켜졌다.
이때-껏 부 지금에 이르기까지. 이제까지 ¶― 참고 기다린 보람이 있구나.
이-똥 명 닦지 아니한 이의 표면에 낀 곱 같은 버캐.
-이라 조 받침 있는 체언에 붙어, 그것이 무엇임을 규정하여 나타내는 종결형 서술격 조사. ¶청춘은 인생의 봄이라./공자는 성인이라.
-이라도 조 받침 있는 체언에 붙어, 굳이 차별 짓지 않음의 뜻을 나타내는 보조 조사. ¶훌쩍 여행이라도 떠나고 싶다. ☞-라도¹
-이라서 조 받침 있는 체언에 붙어, 행동의 주체를 내세워 강조하는 격조사. ¶어떤 사람이라서 그리 어마어마한 일을 벌였을꼬? ☞-라서
이:락 (二樂)명 군자삼락(君子三樂) 가운데 둘째의 즐거움. 곧 하늘과 사람에게 부끄러움이 없는 일을 이르는 말. ☞삼락(三樂)
이:락 (利落)명 ①'이락 가격'의 준말. ②'이자락(利子落)'의 준말.
이:락=가격 (利落價格)명 이자(利子)가 지급된 뒤의 채권으로 가치가 낮아진 때의 가격. 준이락(利落)
-이란 준 '-이라 하는 것은'이 줄어든 말. ¶민족이란 무엇인가?/말이란 아 해 다르고 어 해 다르다. ☞-란
이:란격석 (以卵擊石)성구 이란투석(以卵投石)

이:란성=쌍생아(二卵性雙生兒)[-썽-][명] 두 개의 난자가 두 개의 정자와 각각 수정하여 태어난 쌍생아. 동성(同性)일 경우도 있고 이성(異性)일 경우도 있으며, 닮은 정도가 일란성 쌍생아보다 덜함.

이:란투석(以卵投石)[성구] 달걀로 돌을 친다는 뜻으로, 약한 것으로 강한 것을 당해 내려는 무모한 어리석음을 비유하여 이르는 말. 이란격석(以卵擊石)

이랑[명] 갈아 놓은 밭의 한 두둑과 한 고랑을 아울러 이르는 말. ☞밭이랑

-이랑[조] ①받침 있는 체언에 붙어, 열거하여 포함되어 있음을 나타내는 보조 조사. ¶감이랑 밤이랑 많이 먹었다. ②받침 있는 체언에 붙어, '-과'·'-하고'의 뜻으로 쓰이는 조사. ¶나는 그 사람이랑 상관이 없다./그는 동생이랑 산에 갔다. ☞-랑

이랑=재:배(-栽培)[명] 이랑을 만들어 곡식을 가꾸는 일, 또는 그 방식.

이래[준] ①'이리하여'의 준말. ¶- 가지고 그건 끝장이 났다. ②'이러하여'의 준말. ¶- 뵈도 최고 학부 학생이다. ☞요래

이:래(以來)[명] 지나간 어느 때로부터 지금까지. ¶유사(有史) -/창설 -/앓고 난 -로 술은 안 마신다.

이래(移來)[명]-하다[자] 옮겨 옴.

이래(邇來)[명] 가까운 요마적.

이래도[준] ①'이리하여도'의 준말. ¶- 안 되고 저래도 안 된다. ②'이러하여도'의 준말. ¶얼굴은 - 마음씨는 곱다. ☞요래도

이래라-저래라[준] '이렇게 하여라 저렇게 하여라'가 줄어든 말. ¶- 참견할 필요가 없다. ☞요래라조래라

이래서[준] ①'이리하여서'의 준말. ¶학생이 - 쓰나. ②'이러하여서'의 준말. ¶사정이 - 어찌할 도리가 없소. ☞요래서

이래-저래[부] ①'이리하고 저리하여'가 줄어든 말. ¶- 힘만 들었다. ②이러저러하여. ¶- 먹을만 한 반찬이 없다. ☞요래조래

이랬다-저랬다[-랟-랟-][준] '이리하였다가 저리하였다가'가 줄어든 말. ¶- 변덕이 죽 끓듯 한다. ☞요랬다조랬다

이랴[감] 마소를 몰거나 끌어당길 때 하는 말. 이러

이러[감] 이랴

이러고[준] '이러하고'의 준말. ¶- 있을 때가 아니다.

이러고-저러고[준] '이러하고 저러하고'가 줄어든 말. ¶- 말이 많다. ☞요러고조러고

이러구러[부] ①우연히 이러하게 되어. ¶- 여기 눌러앉게 되었다. ②시간이 이럭저럭 흐르는 모양을 나타내는 말. ¶- 삼 년이 지났다.

이러나[준] ①'이리하나'의 준말. ¶나한테 왜 -? ②'이러하나'의 준말. ¶몸집은 - 힘이 세다.

이러나-저러나[준] ①'이러하나 저러하나'가 줄어든 말. ¶- 내 집이 가장 편하다. ②'이리하나 저리하나'가 줄어든 말. ¶- 오늘 끝내기는 글렀다. ☞요러나조러나

이러니-저러니[준] '이러하다느니 저러하다느니'가 줄어든 말. ¶정치가 - 말도 많다. ☞요러니조러니

이러다[자] ①'이렇게 하다'의 준말. ¶-가 통근 버스 놓치겠다./이러면 어떨까? ②'이렇게 말하다'가 줄어든 말. ¶놀자고 이러는데 어떻게 하지? ☞요러다

이러루-하다[형여] 대개 이러한 정도로 비슷하다. ¶이러루한 가운데 눈에 띄는 물건이 있었다.

이러이러-하다[형여] 이러하고 이러하다. ¶이러이러한 까닭으로. ☞요리요러하다

이러저러-하다[형여] 이러하고 저러하다. ¶사실은 -. ☞요러조러하다

이러쿵-저러쿵[부] 이러하다는 둥 저러하다는 둥. ¶- 말이 많다. ☞요러쿵조러쿵

이러-하다[형여] ①이와 같다. ¶책 내용은 -. ②이런 모양으로 되어 있다. ¶이러한 꽃을 통꽃이라 한다. [준]이렇다 ☞요러하다

이러한-즉[부] 이러하니까 [준]이런즉

이럭-저럭[부] ①하는 일도 없이 어름어름 하는 가운데. ¶- 시간이 꽤 지났다. ②되어가는 대로. ¶- 살고 있다. ③정한 방법이 없이 이러하게 또는 저러하게. ¶- 마감 날짜까지는 끝낼 수 있었다. ☞요럭조럭

이런[1][관] '이러한'의 준말. ¶- 일이 또 있을까. ☞요런[1]

이런[2][감] 뜻밖의 일이 벌어져 가볍게 놀랐을 때 하는 말. ¶-, 약속을 깜박 했네. ☞요런[2]

이런-대로[부] 썩 만족스럽지는 않지만 이러한 대로. ¶- 그냥 살래. ☞요런대로

이런-즉[부] '이러한즉'의 준말. ¶-, 어떻게 생각하니?

이럼[준] '이러면'의 준말. ¶- 못써.

이렁성-저렁성[부] 이런 모양인듯 저런 모양인듯.

이렁-저렁[부] 이런 모양과 저런 모양으로. ¶- 세월을 보내다. ☞그렁저렁. 요렁조렁

이렇다(이렇고·이런)[형ㅎ] '이러하다'의 준말. ¶- 할 변화는 없다. ☞요렇다

이렇다-저렇다[준] '이러하다고 저러하다고'가 줄어든 말. ¶- 말을 마라. ☞요렇다조렇다

이렇든-저렇든[준] '이러하든 저러하든'이 줄어든 말. ¶- 내게는 관계없는 일이다. ☞요렇든조렇든

이렇든지-저렇든지[준] '이러하든지 저러하든지'가 줄어든 말. ☞요렇든지조렇든지

이렇듯[부] '이렇듯이'의 준말. ☞요렇듯

이렇듯이[부] '이러하듯이'의 준말. ¶- 사태가 심상치 않다. [준]이렇듯 ☞요렇듯이

이레[명] ①일곱 날. ¶-나 걸려 일을 마쳤다. ②'이렛날'의 준말.

이렛-날[명] ①한 달의 일곱째 날. ¶내달 -이 내 생일이다. [본]초이렛날 [준]이레 ②이레째의 날. ¶만난 지 -에는 영화를 보기로 했다.

이렛-동풍(-東風)[명] 이레 동안이나 부는 높새바람.

이려[감] 마소를 몰 때 왼편으로 돌아가라고 부리는 말.

이력[명] 많이 겪어서 터득한 슬기. ¶마름질에는 -이 나다.

이:력(二力)[명] 조선 시대, 역(力)의 둘째 등급. 50근(斤) 무게의 물건을 양손에 하나씩 들고 130보(步)를 걸을 수 있는 힘을 이르던 말. ☞삼력(三力). 일력(一力)

이:력(耳力)[명] 청력(聽力)

이:력(履歷)[명] ①이제까지 겪어 온 일이나 지위, 학업 등의 내력. 경력(經歷) ¶-이 화려하다. ②불교에서, 정해진 대로 경전 과목을 배우는 일.

이:력-서(履歷書)[명] 이력을 적은 문서.

이:령(二齡)[명] 누에가 첫잠을 자고 난 뒤로부터 두잠을 잘 때까지의 동안. ☞두잠. 이령잠

이령수[명]-하다[자] 신(神)에게 비손할 때 말로 고하는 일.

이:령-잠(二齡蠶)[명] 첫잠을 자고 난 뒤로부터 두잠을 잘 때까지의 누에. ☞두잠. 이령

이:례(異例)[명] 보통의 예를 벗어나는 일, 또는 그런 예. ¶-의 출제(出題). ☞상례(常例)

이:례-적(異例的)[명] 보통의 예를 벗어나는 것. ¶-인 대우를 하다./이번 조치는 매우 -이다.

이로[감] 마소를 몰 때 앞으로 가게 하거나 오른편으로 돌아가라고 부리는 말.

이:로(理路)[명] 이야기나 문장 따위의 조리(條理). ¶-가 정연하다.

이로너라[감] '이리 오너라'가 줄어든 말. 지난날 양반이 남의 집을 찾아갔을 때, 대문 밖에서 그 집 하인을 부르던 말.

이:로동귀(異路同歸)[성구] 가는 길은 다르나 다다르는 곳은 같다는 뜻으로, 방법은 다르나 결과는 같음을 이르는 말.

이록(移錄)[명]-하다[타] 옮겨 적음, 또는 옮겨 적은 기록.

이:론(理論)[명] ①사물이나 현상을 논리적인 연관에 따라서 일정하게 고찰(考察)하고 설명하는 보편적인 지식의 체계. ¶체계적인 -. ②실천에 대하여 관념적인 논리, 또는 그것을 바탕으로 한 지식. ¶-과 실천. ③특정한 견해나 학설. ¶상대성 -

이:론(異論)[명] 남과 다른 의견이나 주장. 이의(異議) ¶-

의 여지가 없다.

이:론-가(理論家) 명 ①이론에 밝은 사람. ②실천하지 않고 이론만 내세우는 사람. ☞실천가(實踐家)

이:론=경제학(理論經濟學) 명 경제 현상과 경제 조직에 적용되는 공통성, 또는 상대적인 법칙성을 이론적으로 연구하는 경제학. ☞응용 경제학(應用經濟學)

이:론=과학(理論科學) 명 실제적인 응용 방면보다 순수한 지식의 원리를 중시하여 연구하는 과학. ☞응용 과학

이:론=물리학(理論物理學) 명 이론적 연구를 주로 하는 물리학의 한 분야. 실험 결과나 경험적인 법칙을 토대로 이론적 체계를 세우는 것을 목적으로 함. ☞응용 물리학(應用物理學)

이:론-적(理論的) 명 이론에 바탕을 둔 것. ¶ －인 뒷받침이 없다./－으로 완벽하다. ☞실천적(實踐的)

이:론=철학(理論哲學) 명 이론적인 문제를 탐구의 대상으로 하는 철학의 한 분야. 논리학·존재론·인식론 따위. ☞실천 철학(實踐哲學)

이:론-화(理論化) 명 -하다 타 법칙을 찾고 체계를 세워 이론으로 되게 함. ¶환경 문제를 －하다.

이:론=화학(理論化學) 명 화학에서 다루는 문제를 이론적으로 해석하는 화학의 한 분야. 양자역학·열역학 등 물리학의 이론에 따라서 화학을 체계화한 것. ☞응용 화학(應用化學)

이롭 명 말이나 소, 개 등의 일곱 살을 이르는 말. ☞여듭

이:-롭다(利－) (－롭고·－로워) 형ㅂ 유리하다. 이익이 있다. ¶상관 않는 게 네게 －./인삼은 몸에 －.

한자 **이로울 리**(利) 〔刀部 5획〕 ¶공리(公利)/불리(不利)/유리(有利)/이용(利用)/이익(利益)
이로울 익(益) 〔皿部 5획〕 ¶무익(無益)/유익(有益)/익우(益友)/익조(益鳥)/익충(益蟲)/홍익(弘益)

이:롱(耳聾) 명 말은 할 수 있으나 귀가 먹어 소리를 듣지 못함, 또는 그런 사람.

이:롱-증(耳聾症) [－쯩] 명 한방에서, 말은 할 수 있으나 귀가 먹어 소리를 듣지 못하는 증세를 이르는 말.

이룡(驪龍) 명 몸 빛깔이 검다는 용. 여룡(驪龍). 흑룡(黑龍)

이루 부 아무리 하여도 다. 있는 것을 모두. 도저히 〔주로 '없다' 따위의 부정적인 말이 뒤따름.〕 ¶ － 다 말할 수 없이 고맙다./돈이 너무 많아서 － 셀 수도 없다.

이:루(二壘) 명 야구에서, 일루와 삼루 사이에 있는 누(壘).

이:루(耳漏) 명 귓구멍에서 고름이 나오는 병.

이루다 타 ①뜻하거나 바라던 것을 얻다. ¶뜻을 －./꿈을 －./소망을 －./이루지 못한 사랑. ②일의 끝을 맺다. ¶하던 일을 다 이루어 놓고 쉬다. ③부분적인 성분이나 물질이 모여 다른 하나를 만들다. ¶다이아몬드를 이루고 있는 물질./문장을 이루는 주성분은 주어·서술어·목적어·보어다. ④어떤 상태나 결과가 되게 하다. ¶인산인해를 －./두 사람이 만나 한 가정을 －./서예 부문에서 일가를 －./잠을 이루지 못하다.

한자 **이룰 성**(成) 〔戈部 3획〕 ¶달성(達成)/대성(大成)/만성(晩成)/성과(成果)/완성(完成)
이룰 수(遂) 〔辵部 9획〕 ¶미수(未遂)/성수(成遂)/수행(遂行)/완수(完遂)

이:루-수(二壘手) 명 야구에서, 이루를 맡아 지키는 선수.

이루어-지다 자 ①뜻하거나 바라던 대로 되다. ¶소망이 －./꿈이 －. ②부분적인 성분이나 물질이 모여 다른 하나가 만들어지다. ¶4악장으로 이루어진 교향곡./돌로 이루어진 성곽. ③어떤 상태나 결과가 되다. ¶복지 사회가 －./혼담이 －./소원이 －.

이:루-타(二壘打) 명 야구에서, 타자가 이루까지 갈 수 있게 친 안타.

이룩-되다 자 ①큰일이나 뜻하던 일 등이 이루어지다. ②건물이나 구조물 따위가 새로 세워지다.

이룩-하다 타여 ①큰일이나 뜻하던 일 등을 이루다. ¶민족의 화합을 －./문화적 업적을 －. ②건물이나 구조물 따위를 새로 세우다. ¶신라 사람들이 이룩해 놓은 불국사.

이:류(二流) 명 정도나 수준이 일류(一流)보다 못한 등급이나 부류. ¶ － 호텔/－ 상품 ☞삼류(三流)

이류(泥流) 명 화산의 폭발이나 산사태 등으로 산허리에서 흘러내리는 진흙이 섞인 물, 또는 그러한 물의 흐름.

이:류(異流) 명 함께 섞일 수 없는 다른 무리.

이:류(異類) 명 ①다른 종류. ②다른 종족(種族).

이류(移流) 명 대기(大氣)가 지표면 등에 수평으로 흐르는 현상, 또는 그 흐름.

이:류=개:념(異類概念) 명 괴리 개념(乖離概念)

이류=안:개(移流－) 명 수증기를 많이 머금은 따뜻한 공기가 차가운 해면이나 지표면을 이동할 때 생기는 안개.

이륙(離陸) 명 -하다 자 비행기 따위가 육지를 떠나 날아오름. ☞착륙(着陸)

이:륜(耳輪) 명 귓바퀴

이륜(彝倫) 명 사람으로서 마땅히 지켜야 할 떳떳한 도리. 인륜(人倫) ▷ 彝의 속자는 彛

이:륜-차(二輪車) 명 바퀴가 둘 달린 차. 오토바이나 원동기 장치를 단 자전거 따위.

이:륜행실도(二倫行實圖) 명 조선 중종 때, 조신(曺伸)이 왕명에 따라 엮은 책. 어른과 아이, 친구 사이의 도리에 관한 일을 그림으로 그리고 한글과 한문으로 설명한 내용임. 1권 1책.

이르다[1] (이르니·이르러) 자러 ①어떤 곳에 가 닿다. ¶기차가 종착역에 －./산의 중턱에 －. ②시간이 지나 어떤 때가 되다. ¶자정에 이르러서야 일이 끝났다. ③어떤 상태나 정도에 다다르다. ¶인생의 절정에 －./수십만 평에 －./기술이 세계 수준에 이른다. ④어느 정도나 범위에 미치다. ¶그 만화는 아이에서 어른에 이르기까지 모두 즐겨 본다. ☞다다르다. 닿다. 미치다

한자 **이를 도**(到) 〔刀部 6획〕 ¶당도(當到)/도달(到達)/도래(到來)/도착(到着)
이를 치(致) 〔至部 4획〕 ¶극치(極致)/치사(致死)

이르다[2] (이르고·일러) 타르 ①무엇을 남에게 알리기 위하여 말하다. ¶모두 곧 모이라고 일러라./속담에 이르기를 '티끌 모아 태산'이라고 했다. ②무엇이라고 말하다. ¶저것은 고인돌이라 이른다./형제 자매를 달리 동기라 이른다. ③알아듣거나 깨닫도록 타일러 말하다. ¶알아듣게 －. ④남의 잘못 따위를 윗사람에게 말하여 알게 하다. ¶형이 한 일을 아버지께 －.

이를 데 없다 관용 더 말할 나위가 없다.

한자 **이를 위**(謂) 〔言部 9획〕 ¶가위(可謂)/소위(所謂)

이르다[3] (이르고·일러) 형르 ①시간적으로 앞서 있다. ¶출근이 －./추위가 예년보다 －. ②어떤 일을 하거나 어떤 일이 이루어지는 데 알맞은 때가 아직 안 된 상태이다. ¶결혼하기에는 이른 나이다./꽃이 피기에는 －. ③어떤 때가 처음 시작되는 상태에 있다. ¶이른 아침./이른 봄. 준 일다 ☞늦다. 빠르다

속담 **이른 새끼가 살 안 찐다** : 일찍 깬 새끼가 살이 안 찌고 잘 자라지 못한다는 뜻으로 ①조숙한 사람이 도리어 훌륭하게 되지 못함을 이르는 말. ②일이 처음에 너무 쉽게 잘 되면 도리어 나중이 좋지 않음을 이르는 말.

한자 **이를 조**(早) 〔日部 2획〕 ¶조기(早期)/조도(早到)/조동(早冬)/조만(早晩)/조조(早朝)

이르집다 타 ①여러 겹으로 된 물건을 켜켜이 뜯어내다. ②지난 일을 들추어내거나 없는 일을 만들어 말썽을 일으키다.

이른-모 명 철 이르게 내는 모. ☞늦모. 마냥모

이른-바 부 세상에서 말하는. 흔히 말하는. 소위(所謂) ¶ － 다도해(多島海)라고 부르는 바다.

이른-봄 명 초봄. 첫봄

이를-지(－至) [－찌] 명 한자 부수(部首)의 한 가지. '致'·'臺' 등에서 '至'의 이름.

이를-테면 부 '이를터이면'의 준말로, 가령 말하자면. ¶정말 그렇다는 게 아니라, － 그렇다는 말이다.

이름 명 ①사람마다 다른 사람과 구별하여 부르는 고유한 일컬음. 성(姓) 다음에 붙이거나 성과 아울러 이름. ¶아기의 −을 짓다./당신의 −을 써 주세요. ☞성명(姓名). 성함(姓銜). 존함(尊銜). 함자(銜字) ②다른 것과 구별하기 위하여 사물이나 현상 따위에 붙여 이르는 말. ¶저 동물의 −은 범이다./태풍의 −./물고기의 −. ③세상에 널리 퍼진 소문이나 평판. ¶경관이 뛰어나기로 −이 높다./− 난 고승(高僧). ④사람이나 단체 등이 세상으로부터 받은 높은 평가나 가치, 또는 그에 따르는 영광. ¶학교의 −을 빛내다./가문의 −을 더럽히다. ⑤어떤 일을 하는 자격. ¶회장의 −으로 공고하다./학급 대표라는 −으로 참석하다. ⑥겉으로 내세우는 이유나 구실. ¶자선 사업이라는 − 아래 기업 홍보를 하다. ☞미명(美名) ⑦사람이나 사물의 특징이 두드러져, 널리 불리는 일컬음. ¶하도 아는 것이 많아서 만물 박사라는 −이 붙었다.

이름(을) 남기다 관용 공적을 세워 후세에까지 이름이 전해지게 하다. ¶사람은 죽어서 이름을 남긴다.

이름(을) 팔다 관용 ①이름이나 명성 따위가 널리 알려지도록 하다. ☞매명(賣名) ②이름이나 명성을 이용하다. ¶면접 시험에서 스승의 −.

이름(이) 나다 관용 이름이 세상에 널리 알려지다. ¶물이 좋기로 이름이 난 고장.

이름(이) 높다 관용 이름이 세상에 널리 알려져 있거나 소문이 자자하다. ¶유 교수의 강의는 명쾌하기로 −.

이름(이) 있다 관용 이름이 널리 알려져 있다. ¶노벨상은 세계적으로 이름 있는 상이다.

속담 **이름이 고와야 듣기도 좋다** : 이왕이면 사물의 이름도 좋아야 한다는 말./**이름 좋은 하눌타리** : 보기에는 그럴듯하나 실속이 없음을 비유하여 이르는 말.

한자 이름 명(名) 〔口部 3획〕 ¶가명(假名)/별명(別名)/본명(本名)/성명(姓名)/지명(地名)
이름 호(號) 〔虍部 7획〕 ¶국호(國號) ▷ 속자는 号

이름-씨 명 〈어〉명사(名詞) ☞대이름씨

이름-자(−字)[−짜] 명 이름을 나타내는 글자. ¶겨우 제 −나 쓰는 정도이다.

이름-표(−標) 명 자기의 이름을 적어 옷 따위에 다는 표. 명찰(名札)

이리[1] 명 갯과의 육식 동물. 생김새는 개와 비슷하나 주둥이가 길고 입아귀가 넓게 째어져 있음. 털빛은 갈색이나 잿빛 갈색임. 무리를 지어 다니며, 성질이 사나워 사람이나 가축을 해치기도 함.

속담 **이리 떼 틀고 앉았던 수세미 자리 같다** : 어수선한 자리를 비유하여 이르는 말./**이리 앞의 양** : 무서워서 쩔쩔매는 모양을 비유하여 이르는 말.

이리[2] 명 물고기 수컷의 뱃속에 있는 흰 정소(精巢) 덩어리. 백자(白子)[2]. 어백(魚白)

이리[3] 부 이러하게. 이다지 ¶− 힘든 일은 처음이다./고향이 − 그리울 줄은 몰랐다. ☞요리[1]

이리[4] 부 이곳으로. 이쪽으로 ¶사람을 − 가라 저리 가라 한다./− 가져와라. ☞요리[2]

이리 뒤적 저리 뒤적 관용 물건을 이리저리 뒤적이는 모양을 나타내는 말. ¶− 고르기만 하다.

이리 뒤척 저리 뒤척 관용 몸을 이쪽 저쪽으로 뒤척거리는 모양을 나타내는 말. ¶− 잠을 못 이루다.

이리 오너라 관용 지난날, 양반이 남의 집을 찾아갔을 때, 대문 밖에서 그 집 하인을 부르던 말.

이:리(二利) 명 불교에서, 자기의 이로움과 남의 이로움, 곧 자리(自利)와 이타(利他)를 이르는 말.

이리(泥犁 ∠Niraya 범) 명 불교에서, '지옥(地獄)'을 이르는 말.

이리듐(iridium) 명 백금족 원소의 하나. 은백색 금속으로 연성(延性)이 적어 잘 부서짐. 산이나 알칼리 등에 잘 녹지 않음. 백금과 합금하여 만년필의 촉, 전기 장치, 치과 재료 등에 씀. 〔원소 기호 Ir/원자 번호 77/원자량 192.22〕

이리-온 감 '이리 오너라'가 줄어든 말로, 아이들에게 다정하게 부르는 말. ¶아가 −.

이리위 감 지난날, 선배들이 과거에 급제한 사람을 축하하는 뜻으로 앞으로 나오랬다 뒤로 물러가랬다 할 때, 앞으로 나오라고 불리는 쪽의 하인들이 외치던 말. ¶신래 −, 신은 −, 쩍쩍. ☞삼진삼퇴(三進三退). 신래(新來). 신은(新恩). 저리위

이리-이리 부 이러이러하게 ¶남은 재산을 − 처분하였다. ☞요리요리

이리-저리 부 ①일정한 방향이 없이, 이쪽 저쪽으로. ¶의지가지없이 − 떠돌아다니다./− 찾아 헤매다. ②이러하고 저러하게. ¶− 둘러대다. ☞요리조리

이리쿵-저리쿵 부 이렇게 하자는 둥 저렇게 하자는 둥. ¶− 말도 많다. ☞요리쿵조리쿵

이리-탕(−湯) 명 물고기의 이리로 전(煎)을 부쳐서 넣어 끓인 맑은장국. 백자탕(白子湯)

이리-하다 자타여 이와 같이 하다. ¶이리하여 두 사람은 집으로 돌아왔다. 준이러다 ☞요리하다

이립(而立) 명 나이 '서른 살'을 이르는 말. 〔논어 위정편의 '삼십이립(三十而立)'에서 나온 말임.〕

이마 명 ①눈썹의 위로부터 머리털이 난 아래까지의 부분. ¶−가 넓다. ②'이맛돌'의 준말.

속담 **이마에 내 천(川) 자를 그리다** : 얼굴을 찌푸린다는 말./**이마에 부은 물이 발뒤꿈치로 흐른다** : 윗사람이 한 일은 다 아랫사람이 본뜬다는 말. 〔꼭뒤에 부은 물이 발뒤꿈치로 흐른다/정수리에 부은 물이 발뒤꿈치까지 흐른다/윗물이 맑아야 아랫물이 맑다〕

이마마-하다 형여 이만한 정도에 이르다. 이 정도만 하다. ¶약이 좋아 −. ☞요마마하다

이마-받이[1] [−바지] 명 -하다 자타 이마로 부딪는 짓.

이마-받이[2] [−바지] 명 장이나 문갑 등 가구의 윗면 앞쪽과 좌우 귀에 대는 쇠 장식.

이마-빼기 명 '이마'를 속되게 이르는 말.

이마-적 명 이제로부터 가까운 얼마 동안의 지난날. 간경(間頃). 간자(間者)[2] ☞요마적

이만[1] 관 이만한. 이 정도의. ¶− 일로 뭘 그래? ☞요만[1]

이만[2] 부 이 정도까지만. ¶오늘은 − 합시다. ☞요만[2]

이만-것[−껏] 명 이만한 정도의 것. ☞요만것

이만-저만 명 이만하고 저만한 것. ¶관심이 −이 아니다. ☞요만조만

부 -하다 형 이만하고 저만한 정도로. 어지간히 ¶소식을 듣고 − 놀라지 않았다.

이-만치 부 ①이만한 거리를 두고 떨어져서. ¶− 떨어져 앉아라. ②이만큼 ☞요만치

명 이만큼 ☞요만치

이-만큼 부 이만한 정도로. 이만치 ¶내 것이 − 더 크다./− 살게 된 것도 절약한 덕분이다. ☞요만큼

명 이만한 정도. 이만치 ¶−이 네 몫이다. ☞요만큼

이만-하다 형여 이 정도만 하다. ¶상처가 이만하기 다행이다. ☞요만하다

이맘-때 명 이만한 정도에 이른 때. ¶어제 −/매년 −쯤 꽃이 핀다. ☞요맘때

이맛-돌 명 아궁이의 윗부분 앞쪽에 가로 걸쳐 놓은 돌. 준이마

이맛-살 명 이마의 살갗. ☞눈살

이맛살(을) 찌푸리다 관용 고통스럽거나 못마땅하거나 하여 이마를 찡그리어 주름살이 지게 하다.

이맛-전 명 이마의 넓은 부분.

이:망(二望) 명 조선 시대, 임금에게 관원을 천거할 때 삼망(三望)의 관례에 따르지 않고 후보자 두 사람을 추천하던 일. ☞단망(單望)

이매(移買) 명 -하다 타 제 땅을 팔아서 남의 땅을 사는 일.

이매(魑魅) 명 산이나 숲의 이상한 기운으로 생긴다는, 사람의 얼굴에 몸은 짐승인 도깨비. 사람을 홀려 해친다고 함.

이매-망량(魑魅魍魎) 명 온갖 도깨비와 귀신.

이:맥(耳麥) 명 '귀리'의 딴이름.

이:메일(E-mail) 명 컴퓨터 단말기 이용자끼리 컴퓨터 통

신망을 이용하여 문자 정보나 데이터 따위를 주고받는 수단, 또는 그 문자 정보나 데이터. 전자 메일. 전자 우편(電子郵便) [electronic mail]

이:면(裏面)명 ①사물의 안쪽 면, 또는 겉으로 드러나지 않은 부분. ¶ -을 샅샅이 살피다. ②뒤쪽 면. ¶ 수표 -에 연락처를 적다. ③겉으로 드러나지 않는 사실이나 사정. ¶ 사건의 -을 파헤치다. ☞표면(表面)

이:면-각(二面角)명 두 평면이 만나서 이루는 각. 면각

이:면-사(裏面史)명 어떤 사건이나 일의 겉으로 드러나지 않은 역사, 또는 그 사실의 기록.

이:명(耳鳴)명 실제로는 소리가 나지 않는데도 잇달아 어떤 소리가 나는 것처럼 느끼는 증세. 귀울음

이:명(異名)명 본이름 외에 달리 부르는 이름. 다른 이름. ☞별명(別名)

이:명-법(二名法)[-뻡]명 생물의 종의 학명을 적는 방법의 하나. 국제 명명의 규약에 따라 라틴어로 속명(屬名)〔대문자로 시작되는 이탤릭체〕과 종명(種名)〔이탤릭체 소문자〕을 나타냄. ☞삼명법(三名法)

이:명-주(耳明酒)명 귀밝이술

이:명-증(耳鳴症)[-쯩]명 한방에서, 귀 안에서 잇달아 어떤 소리가 나는 것처럼 느끼는 증세를 이르는 말.

이:모(二毛)명 ①반백(半白)의 머리. ②'이모지년(二毛之年)'의 준말.

이모(姨母)명 어머니의 자매. ☞고모(姑母)

이:모(異母)명 아버지는 같으나 낳은 어머니가 다름. 이복(異腹) ☞이부(異父)

이모(移摸·移模)명-하다타 남의 글씨나 그림을 본떠 쓰거나 그리는 일.

이모-부(姨母夫)명 이모의 남편. ☞고모부(姑母夫)

이:모-작(二毛作)명 같은 땅에서 한 해에 두 차례 다른 작물을 심어 거두는 일. 그루갈이. 양그루 ☞다모작(多毛作). 이기작(二期作). 일모작(一毛作)

이모-저모명 ①이런 면 저런 면. 이쪽 저쪽의 여러 방면. ¶ -를 따져 보고 결정해라. ②〔부사처럼 쓰임〕 ¶ - 뜯어보다. ☞요모조모

이:모-제(異母弟)명 배다른 아우.

이:모지년(二毛之年)명 센 머리털이 나기 시작하는 나이라는 뜻으로, '서른두 살'을 달리 이르는 말. 준이모

이:모취인(以貌取人)성구 사람의 생김새만 보고 골라 씀을 이르는 말.

이모티콘(emoticon)명 '감정(感情 ; emotion)'과 '아이콘(icon)'의 합성어로, 컴퓨터 통신에서 자신의 감정을 나타내기 위하여 사용하는 기호. 웃는 얼굴은 ^0^, 우는 얼굴은 ㅠ.ㅠ 따위로 나타냄.

이:모-형(異母兄)명 배다른 형.

이:모=형제(異母兄弟)명 아버지는 같으나 낳은 어머니가 다른 형제. 이복 형제(異腹兄弟)

이:목(耳目)명 귀와 눈이라는 뜻으로, 사람들의 주목(注目)이나 관심을 이르는 말. ¶ 남의 -을 꺼리다./-을 끌만 한 행동./-이 두렵다.

이목(梨木)명 '배나무'의 딴이름.

이목(移牧)명 가축을 여름에는 산야에 놓아 기르고, 겨울에는 가두어 기르는 일. ☞방목(放牧). 유목(遊牧)

이:목구비(耳目口鼻)명 ①귀·눈·입·코를 아울러 이르는 말. ②귀·눈·입·코를 중심으로 본 얼굴의 생김새를 이르는 말. ¶ -가 반듯하다./수려한 -.

이무(移貿)명-하다자 조선 시대, 지방 관원이 값이 오른 자기 고을의 환곡(還穀)을 팔아 값이 내린 다른 고을의 곡식을 사서 채우는 방법으로 남긴 이익을 가로채던 일.

이:무기명 ①거대한 뱀을 흔히 이르는 말. 대망(大蟒). 염사(蚺蛇) ②전설에서, 용이 되려다 못 되고 물 속에 산다는 여러 해 묵은 큰 구렁이.

이:무기=기둥돌[-똘]명 기둥머리에 이무기가 서리고 있는 모양을 새긴 돌기둥. 이주석(螭柱石)

이:무기-돌명 성문 같은 데의 난간에 끼워 빗물 등이 흘러내리게 하는, 이무기 대가리 모양의 돌로 된 홈. 이두(螭頭)

이:문(吏文)명 지난날, 중국과 주고받는 외교 문서나 관용(官用) 공문서에 쓰던 한문 문체.

이:문(耳門)명 귓구멍의 밖으로 열린 쪽. 귓문

이:문(利文)명 ①이윤으로 남은 돈. 이전(利錢) ¶ -을 남기고 팔다. ②이자(利子)

이:문(里門)명 동네 어귀에 세운 문. 여문(閭門)

이:문(異聞)명 이상한 소문. 별난 소문.

이문(移文)명 지난날, 관아와 관아 사이에 공사(公事)에 관계되는 일을 조회하기 위하여 공문을 보내던 일, 또는 그 문건(文件).

이:문목견(耳聞目見)성구 귀로 듣고 눈으로 본다는 뜻으로, 실지로 듣고 봄을 이르는 말.

이물명 배의 머리 쪽. 뱃머리. 선두(船頭). 선수(船首) ¶ -의 닻을 내리다. ☞고물[1]

이:물(異物)명 ①기이한 물건. ②음험하여 속을 헤아리기 어려운 사람. ③몸 속에 들어가거나 속에서 생기거나 한 것으로, 몸의 조직과 이질적인 것. 삼킨 단추나 결석(結石) 따위. ¶ 눈에 -이 들어가다. ④죽어 없어진 사람.

이:물-감(異物感)명 몸 속에 이물이 들어 있는듯 한 느낌.

이물-대[-때]명 두대박이 배의 이물 쪽에 있는 돛대. ☞고물대

이:물-스럽다(異物-)(-스럽고·-스러워)형ㅂ 성질이 음험하여 속을 헤아리기 어렵다. ¶ 이물스럽게 굴다.

이물-스레부 이물스럽게

이:-물질(異物質)[-찔]명 제대로 된 것이 아닌 다른 물질. ¶ 곡식에서 -을 골라내다.

이:미부 벌써. 이왕에. 기위(旣爲) ¶ 다른 사람들은 -다 끝냈다./- 저질러진 일이다.

속담 **이미 씌워 놓은 망건(網巾)이라** : 이미 되어 있는 대로 내버려두고 다시 변경하지 않으려고 핑계 삼아 이르는 말.

한자 **이미 기**(旣) 〔旡部 7획〕 ¶ 기결(旣決)/기득권(旣得權)/기왕(旣往)/기정(旣定) ▷ 속자는 既
이미 이(已) 〔已部〕 ¶ 이연지사(已然之事)/이왕(已往)

이:미(異味)명 이상한 맛. 색다른 맛. ☞별미

이:미-증(異味症)[-쯩]명 이식증(異食症)

이미지(image)명 ①어떤 사물이나 사람에게서 받는 인상(印象). ②심상(心象)

이미지즘(imagism)명 1910년대에 영국과 미국 등지에서 낭만주의에 대한 반동으로 일어난 시(詩) 운동. 새로운 운율과 이미지의 창조, 일상어의 사용과 제재의 자유로운 선택 등을 목표로 하였음.

이미테이션(imitation)명 ①모조품(模造品) ②모방

이:민(吏民)명 조선 시대, 지방의 아전(衙前)과 백성을 아울러 이르던 말.

이:민(里民)명 동리 사람.

이민(移民)명-하다자 다른 나라로 옮아 가서 사는 일, 또는 그 사람. ¶ 호주로 -을 가다.

이:민위천(以民爲天)성구 백성을 하늘같이 위한다는 뜻으로, 백성을 소중히 여김을 이르는 말.

이:-민족(異民族)명 다른 민족.

이바지명-하다타 음식 같은 것을 정성들여 보내는 일, 또는 그 음식.

이바지-하다자타여 ①도움이 되게 힘쓰다. ¶ 지역 사회 발전에 -./학교의 발전에 이바지한 공로. ②물건을 갖추어 바라지하다.

한자 **이바지할 공**(供) 〔人部 6획〕 ¶ 공급(供給)/공물(供物)/공양(供養)/공헌(供獻)/제공(提供)

이반(離叛·離反)명-하다자 서로 사이가 벌어져 돌아섬. ¶ 민심(民心)이 -하다.

이:발(理髮)명-하다자 머리털을 깎아 다듬는 일.

이:발-관(理髮館)명 이발소(理髮所)

이:발-기(理髮器)명 머리털을 깎아 다듬는 기계.

이:발-사(理髮師)[-싸]명 남의 머리털을 깎아 다듬는 일을 직업으로 삼는 사람.

이:발-소(理髮所)[-쏘] 명 남의 머리털을 깎아 다듬는 일을 영업으로 하는 집. 이발관(理髮館)
이:발-업(理髮業)명 남의 머리털을 깎아 다듬는 영업.
이:발지시(已發之矢)[-찌-] 성구 이미 쏜 화살이라는 뜻으로, 이미 시작한 일이라 그만둘 수 없는 처지를 비유하여 이르는 말.
이:-밥 명 입쌀로 지은 밥.
이:방(吏房)명 ①조선 시대, 승정원(承政院)과 각 지방 관아에 두었던 육방(六房)의 하나. 관제(官制)나 법규(法規), 인사(人事) 등에 관한 사무를 맡아보았음. ②'이방 아전(吏房衙前)'의 준말.
이:방(異方)명 풍속이나 습관 따위가 다른 지방.
이:방(異邦)명 다른 나라. 타국(他國)
이:방(∠豫防)명 질병이나 재액을 미리 막기 위하여 하는 미신적 행위.
이방(離方)명 팔방(八方)의 하나. 정남(正南)을 중심으로 한 45도 범위 안의 방위. 준이(離)
이:방-성(異方性)[-썽] 명 물질의 물리적 성질이 방향에 따라 다른 것. 탄성(彈性)이나 굴절률 등이 방향에 따라 다른 따위. ☞등방성(等方性)
이:방=아전(吏房衙前)명 조선 시대, 지방 관아에 딸려 이방의 일을 맡아보던 아전. 준이방(吏房)
이:방-인(異邦人)명 ①다른 나라 사람. ②지난날, 유대 사람이 선민(選民) 의식에서, 그들 이외의 다른 민족을 얕잡아 이르던 말.
이:방-체(異方體)명 이방성(異方性)을 가진 물체. ☞등방체(等方體)
이:배(吏輩)명 지난날, 관아에 딸린 구실아치를 통틀어 이르던 말. 이속(吏屬)
이배(移配) 명-하다타 지난날, 귀양살이하는 곳을 다른 곳으로 옮기던 일.
이:배-체(二倍體)명 배우자의 염색체 수가 기본 수의 두 배인 세포, 또는 개체.
이:배-치(吏輩-)명 지난날, 남자들이 신던 가죽신의 한 가지. 울이 깊고 코가 짧으며 투박하게 생겼음. 아전들이 많이 신었던 데서 이름이 유래함.
이-번(-番)명 이제 돌아온 바로 이 차례. 금반. 금번 ¶-에는 꼭 우승하자. ☞요번
이벌찬(伊伐飡)명 신라 때, 17관등의 첫째 등급. 각간(角干). 간벌찬(干伐飡). 서불한(舒弗邯)
이:법(理法)[-뻡] 명 ①원리(原理)와 법칙(法則). ¶자연의 -에 순응하다. ②도리(道理)와 예법(禮法).
이:벽(耳甓)명 귀퉁이를 쌓는 데 쓰이는 세모꼴의 벽돌. 귀벽돌
이:변(異變)명 괴이한 변고. 정상이 아니거나 보통과는 다른 변화. ¶기상(氣象)에 -이 일어나다.
이별(離別)명-하다자타 서로 헤어짐. 별리(別離) ¶전학하는 친구와 -하다./부부가 -하여 남남이 되다. ☞몌별(袂別)
이별-가(離別歌)명 이별에 관한 노래.
이별-주(離別酒)[-쭈] 명 이별을 아쉬워하며 마시는 술. 별주(別酒)
이:병(二兵)명 '이등병(二等兵)'의 준말.
이병(罹病)명-하다자 병에 걸림. 이환(罹患)
이보(移步)명-하다자 걸음을 옮김.
이:-보다(利-)자 이익을 얻다. ¶주식 투자로 크게 -.
이:복(利福)명 이익과 행복을 아울러 이르는 말.
이:복(異腹)명 아버지는 같으나 낳은 어머니가 다름. 별복(別腹) ☞동복(同腹). 이부(異父)
이:복=형제(異腹兄弟)명 아버지는 같으나 낳은 어머니가 다른 형제. 이모 형제(異母兄弟) ☞줄무더기 형제
이:본(異本)명 ①진기한 책. 진본(珍本) ②원본(原本)과 전체 내용은 같으나, 글자나 내용, 판각(板刻) 따위가 조금 다른 책.
이:부(吏部)명 고려 시대, 육부(六部)의 하나. 문선(文選)과 훈봉(勳封) 등의 일을 맡아보던 관아임.
이:부(異父)명 한 어머니에게서 태어났으나 아버지가 서로 다름. ☞이복(異腹)
이부-자리 명 이불과 요. 금구(衾具). 금욕(衾褥)
이부자리(를) 보다 관용 이부자리를 펴고 잠잘 준비를 하다.
이:부-작(二部作)명 예술 작품 따위에서, 두 부분으로 이루어져 있으나 주제가 서로 관련되어 전체적으로 통일된 작품을 이르는 말. ☞삼부작(三部作)
이:부-지(耳部-)명 궁중에서 '귀지'를 이르던 말.
이부지(를) 아뢰다 관용 지난날, 궁중에서, '귀지를 우비어 드리다'의 뜻으로 이르던 말.
이:부=합창(二部合唱)명 여러 사람이 두 성부(聲部)로 갈리어 서로 화성(和聲)을 이루면서 각각 다른 가락으로 노래하는 합창. ☞이중창(二重唱)
이:부=형식(二部形式)명 두도막 형식
이:부=형제(異父兄弟)명 한 어머니에게서 태어났으나 아버지가 서로 다른 형제.
이:북(以北)명 ①기준으로 삼은 곳으로부터 그 북쪽. ②휴전선으로부터 그 북쪽이라는 뜻으로, '북한(北韓)'을 이르는 말. ☞이동(以東)
이-분 대 '이 사람'을 높이어 이르는 말.
이:분(二分)명 ①-하다타 둘로 나눔. ②춘분(春分)과 추분(秋分). ☞이지(二至) ③반각(半角)
이:-분모(異分母)명 둘 이상의 분수에서 분모가 서로 다른 것. ☞동분모(同分母)
이:분=쉼:표(二分-標)명 악보에서, 온쉼표의 절반 길이의 쉼표를 이르는 말. 기호는 ▬
이:분=음표(二分音標)명 악보에서, 온음표의 절반 길이의 음표를 이르는 말. 기호는 𝅗𝅥
이:-분자(異分子)명 어떤 집단을 이루는 구성원 중에서 많은 사람들과 성질이나 사상, 의견 등을 달리하는 사람.
이불 명 사람이 눕거나 잘 때에 몸을 덮는 덮개의 한 가지. 겹이불·핫이불·홑이불 등이 있음. 포단(蒲團) ☞요[2]
속담 **이불 속에서 활개 친다** : 남이 보지 않는 곳에서만 큰소리치고 잘난체 함을 비유하여 이르는 말.
이불(泥佛)명 진흙으로 빚어 만든 불상(佛像).
이불-깃[-낏] 명 ①이불의 위쪽에 덧대는 천. 준깃[3] ②덮을 때 사람의 얼굴 쪽에 오는 이불의 윗부분.
이불-보[-뽀] 명 이불과 요를 싸는 큰 보자기.
이:-불성(理佛性)[-썽] 명 불교에서 이르는 이불성(二佛性)의 하나. 중생이 본래 가지고 있는 불성을 이름. ☞행불성(行佛性)
이불-잇[-릿] 명 이불의 거죽을 싸서 시치는 천. ☞베갯잇. 욧잇
이불-장(-*欌)[-짱] 명 이부자리나 베개 따위를 넣어 두는 장.
이불-줄[-쭐] 명 비탈이 거의 없이 이불이 깔려 있는 것처럼 가로 박힌 광맥(鑛脈)을 이르는 말.
이:브(Eve)명 구약성서에 나오는 인류 최초의 여성. 아담의 아내. 하와
이:브닝드레스(evening dress)명 여성의 야회복.
이:비(吏批)명 조선 시대, 이조(吏曹)에서 임금에게 주청(奏請)하여 윤허(允許)를 받는 일을 맡아보던 관직, 또는 그 일에 관한 문건.
이:비(理非)명 옳음과 그른 것. 시비(是非)
이:비인후-과(耳鼻咽喉科)[-꽈] 명 귀·코·목구멍·기관·식도의 질병을 예방하고 치료하는 의학의 한 분과.
이:-빛(二-)명 단청(丹靑)을 칠할 때, 채색의 중간 정도. 초빛보다 진하고 삼빛보다 엷음.
이빨 명 '이[2]'의 낮은말.

> ▶ '이빨'과 '이'
> '이빨'은 '이'의 속된말로, 짐승의 이를 이를 때 쓰는 말이다. 그리고 '톱니'의 '이'도 '이빨'이라 한다. ¶톱의 이빨이 빠졌다.

×**이쁘다** 형 →예쁘다
이쁘-둥이 명 ①귀엽게 생긴 어린아이. ②'어린아이'를 귀엽게 이르는 말.
이:사(異士)명 여럿 가운데서 뛰어난 사람.

이:사(異事)명 별다른 일. 이상한 일.
이:사(理事)명 법인(法人)의 사무를 처리하며 이를 대표하여 권리를 행사하는 기관, 또는 그런 사람의 직명(職名).
이사(移徙)명-하다자 살던 집을 떠나 다른 집으로 옮기는 일. ☞이전(移轉)
속담 이사할 때 강아지 따라다니듯 : 어디를 가든지 늘 따라다니며 귀찮게 군다는 말.
이:사-관(理事官)명 행정직 2급 공무원의 직급. 관리관의 아래, 부이사관의 위임.
이:사-국(理事國)명 국제 기관의 이사회의 일원인 나라.
이사금(尼師今·尼斯今)명 신라 초기, 임금을 이르던 말. 3대 유리왕(儒理王) 때부터 18대 실성왕(實聖王) 때까지 쓰였음. 차차웅(次次雄)
이:-사:분기(二四分期)명 일 년을 네 기(期)로 나눈 그 둘째 기간, 곧 4·5·6월의 석 달 동안. ☞삼사분기
이사야서(Isaiah書)명 구약성서의 한 편. 심판과 구원에 관한 예언서로, 이사야가 썼다고 함.
이:사위한(以死爲限)성구 무슨 일을 죽기를 각오하고 함을 이르는 말.
이-사이 명 ①얼마 전부터 이제까지의 동안. ¶ -는 통 연락이 없다. 간자(間者)² ②〔부사처럼 쓰임〕 ¶ - 건강이 좋지 않았다. 준이새 ☞요사이
이사틴(Isatin 독)명 인디고(indigo)를 질산으로 산화하면 생기는 황적색의 결정.
이:사-회(理事會)명 ①이사 전원으로 이루어지는 법률상의 회의체로서, 업무 진행에 관한 사항을 결정하는 기관. ②국제 기구에서, 이사국들로 이루어지는 기관.
이삭 명 ①꽃대 둘레에 꽃자루가 없거나 매우 짧은 꽃이 촘촘히 붙어서 피고 열매가 익는 부분. 벼나 보리 따위에 생김. ②곡식이나 채소 따위의 농사지은 것을 거둔 뒤에 땅에 흘리어 처진 지스러기.
이삭(이) 패다 관용 이삭이 생겨 나오다.
이삭-귀개 명 통발과의 여러해살이 식충 식물. 줄기 높이는 10~30cm. 뿌리줄기는 실 모양으로 땅 속으로 벋고, 뿌리에 작은 벌레잡이 주머니가 달려 있음. 잎은 주걱 모양으로 뿌리줄기에서 나옴. 8~9월에 엷은 분홍빛 꽃이 피며, 열매는 삭과(蒴果)임.
이삭=꽃차례[-꼳-]명 수상 꽃차례
이:삭대엽(二數大葉)명 전통 성악곡인 가곡의 한 가지. 초삭 대엽 다음의 곡으로 가장 느리게 노래하는 곡. 남창(男唱)과 여창(女唱)에 각각 한 곡씩 있음. 이수대엽(二數大葉) ☞삼삭대엽(三數大葉)
이삭-물수세미[-쑤-]명 개미탑과의 여러해살이 수초. 잎은 넉 장씩 돌려 나며 깊게 갈라진 깃 모양으로, 괸 물에 나는 것은 녹갈색, 흐르는 물에 나는 것은 밝은 녹색임. 6~10월에 엷은 갈색의 꽃이 총상(總狀) 꽃차례로 피는데, 수꽃은 위쪽에, 암꽃은 아래쪽에 핌. 연못이나 논 고랑 등에서 자람.
이삭-여뀌명 여뀟과의 여러해살이풀. 줄기 높이는 50~80cm. 온몸에 거친 털이 있고 마디가 굵음. 잎은 어긋맞게 나며 길둥근 꼴임. 7~8월에 붉은 꽃이 줄기 끝에 수상(穗狀) 꽃차례로 핌. 산이나 들에서 자람.
이삭-줍기명 이삭을 줍는 일.
이삭-피명 볏과의 한해살이풀. 줄기 높이는 30~70cm. 줄기는 곧게 서고 밑동은 땅을 기며 밑에서 가지를 냄. 잎은 선 모양이고 끝이 뾰족함. 6~8월에 가늘고 긴 이삭이 나오며 빛은 가무스름함. 논에서 자람.
이산(離山)명 외따로 떨어져 있는 산.
이산(離散)명-하다자 헤어져 흩어짐. ¶ - 가족 ☞결합
이:산=염기(二酸塩基)[-념-]명 한 분자 속에 두 개의 수산기(水酸基)가 들어 있는 염기.
이:산화(二酸化)앞말 화학에서, 산소 두 원자와 결합한 화합물을 뜻하는 말. ¶ -납/-망간/-탄소
이:산화-규소(二酸化硅素)명 규소의 산화물(酸化物). 천연으로는 석영·수정·규사 등에서 결정 또는 비결정으로 산출됨. 내열 유리나 광학 장치 등의 재료로 쓰이며, 비결정성인 것은 흡습성이 있어 건조제로 쓰임.
이:산화-망간(二酸化Mangan)명 망간 산화물의 한 가지. 잿빛 또는 회흑색 가루로, 천연으로는 연망간광으로 산출됨. 염료나 칠감 따위로 쓰임. 과산화망간
이:산화-수소(二酸化水素)명 과산화수소(過酸化水素)
이:산화-질소(二酸化窒素)[-쏘]명 질소 산화물의 한 가지. 붉은 갈색의 기체로, 산화제 등으로 쓰임.
이:산화-탄:소(二酸化炭素)명 탄소와 산소의 화합물. 탄소가 완전 연소하거나, 생물이 호흡하거나 발효할 때 생기는 기체. 빛깔과 냄새가 없으며, 공기보다 1.5배 무거움. 대기 속에 약 0.03% 들어 있어 식물의 동화 작용에 쓰임. 석회석에 묽은 염산을 섞어 만들며, 청량 음료나 탄산나트륨 따위를 만드는 데 쓰임. 탄산 무수물(炭酸無水物) ☞탄산가스
이:산화-황(二酸化黃)명 황과 산소의 화합물. 황을 공기 가운데서 태울 때 생기는 기체. 빛깔이 없고 자극적인 냄새가 나며 독이 있음. 황산을 만드는 원료로서 중요하며, 표백제·환원제·냉각제 등으로 쓰임. 아황산가스
이:삼(二三)수 ①이(二)나 삼(三). 둘이나 셋. ②〔관형사처럼 쓰임〕 ¶ - 명./- 분(分).
이삿-짐(移徙-)명 이사할 때 옮기는 짐. ¶ -을 싸다.
이:상(二上)명 지난날, 시문(詩文)을 꼲는 등급의 한 가지. 열두 등급 중의 넷째 등급으로, 상하(上下)의 아래, 이중(二中)의 위임. ☞삼상(三上). 상상(上上). 외등(外等). 차상(次上)
이:상(以上)명 ①수량이나 정도 따위를 나타내는 말 다음에 쓰이어, 그것을 포함하여 더 많거나 그 위임을 나타내는 말. ¶18세 -만 볼 수 있는 영화./연(年) 평균 기온 20°C -./백 명 -이 모이다. ②어떤 것보다 정도가 더하거나 더 낫거나 함을 나타내는 말. ¶노력한 것 -으로 얻기는 힘들다./기대 -의 결과. ③글이나 이야기 따위에서 이제까지 적거나 말한 내용. ¶ -의 글에서 공통점을 찾아라./-으로 오늘 강의를 끝내겠다. ☞이하(以下) ④글이나 이야기 따위의 끝에 써서, 앞에 적은 것이나 이제까지 이야기한 것으로써 내용이 끝났음을 나타냄. ¶ -으로 조회를 마친다. ⑤〔의존 명사로도 쓰임〕 관형사형 어미 '-ㄴ(-은)'이나 '-는' 다음에 쓰이어, '이미 그렇게 된(한) 바에는'의 뜻을 나타냄. ¶한번 시작한 - 끝까지 해보자./그만두기로 마음먹은 - 미련을 두지 않겠다./저도 사람인 - 그럴 수는 없다.
이:상(異狀)명 보통과는 다른 상태. 평소와는 다른 상태. ¶시스템에 -이 생긴 것 같다./별 -이 없이 건강하다. ☞이상(異常)
이:상(異相)명 ①보통 사람과는 다른 인상(人相). ②불교에서 이르는 사상(四相)의 하나. 사물이 변하여 달라짐을 이르는 말.
이:상(異常)명-하다형 ①정상적인 상태와 다름. ¶기계가 -하다./-한 옷차림./-한 현상(現像). ②평상시나 보통과는 다름. ¶오늘은 그의 태도가 왠지 -하다. ③의심스럽거나 의문스러움. ¶ -한 전화가 계속 걸려 온다.
이:상(異象)명 ①이상한 모양. ②특수한 현상.
이:상(理想)명 ①현실에는 있지 않은, 생각할 수 있는 최고·최선의 상태. 흠잡을 데 없는 완전한 상태. ¶ -을 추구하다. ②이루고자 하는 최상·최선의 목표. ¶높은 -./-을 실현하다.
이:상(貳相·二相)명 조선 시대, 의정부(議政府)의 찬성(贊成)을 달리 이르던 말. ▷貳는 二의 갖은자
이:상=건조(異常乾燥)명 맑은 날씨가 오래 계속되어 공기가 지나치게 건조해진 상태.
이상곡(履霜曲)명 작자와 연대가 분명하지 않은 고려 가요의 하나. 조선 성종(成宗) 때, 가사가 음란하다 하여 배척되기도 했음. '대악후보(大樂後譜)'와 '악장가사(樂章歌詞)'에 실려 전함.
이:상=광선(異常光線)명 복굴절(複屈折)로 두 개로 갈린 광선 가운데서 굴절의 법칙을 따르지 않는 쪽의 광선. ☞정상 광선(正常光線)
이:상=기체(理想氣體)명 분자 사이의 상호 작용이 전혀 없고, 그 상태를 나타내는 온도와 압력, 부피 사이에 보

일-사를의 법칙이 완전히 적용될 수 있다고 가정한 기체. 완전 기체(完全氣體)

이:상-론(理想論)명 이성(理性)으로 상상할 수 있는 최선의 상태를 주장하는 논설.

이:상-스럽다(異常-) (-스럽고·-스러워)형ㅂ 이상한 데가 있다.

이상-스레부 이상스럽게

이:상=심리학(異常心理學)명 정상인의 이상한 심리 상태나 정신 이상자의 병적 심리 상태를 연구하는 심리학의 한 분과. 범죄자나 문제아의 정신 병리학적인 연구, 성적(性的) 이상 행동의 심리 따위를 다룸. 변태 심리학(變態心理學)

이:상-아(異常兒)명 몸이나 마음에 이상이 있는 아이. ☞정상아(正常兒). 특수아(特殊兒)

이:상야릇-하다(異常-)[-냐른-]형여 이상하고 야릇하다. ¶이상야릇한 냄새가 난다.

이상야릇-이부 이상야릇하게 ¶말을 - 한다.

이:상-적(理想的)명 사물의 상태가 이상에 맞는 것. ¶-인 교육./-인 미래상(未來像).

이:상-주의(理想主義)명 이상을 세워서 이루려 하는 데 인생의 의의를 두는 태도. ☞현실주의(現實主義). 관념론(觀念論)

이:상=체질(異常體質)명 특이 체질(特異體質)

이:상-향(理想鄕)명 이상적인 세계로 그리며 추구하는, 완전하고 평화로운 사회. 유토피아(Utopia) ☞도원경(桃源境). 무릉 도원(武陵桃源)

이:상-화(理想化)명-하다자타 현실을 이상에 비추어 생각하거나 이상의 상태로 바꾸어 생각하는 일. ¶그는 작품 속에서 여인을 -했다.

이-새명 '이사이'의 준말. ☞요새

이:색(二色)명 두 가지 빛깔.

이:색(異色)명 ①다른 빛깔. ②색다른 것, 또는 그런 사람. ¶- 전시회가 열리다. 동색(同色)

이:색-적(異色的)명 보통과는 색다른 것. ¶작품이 -이다./-으로 꾸민 차림새.

이:색-지다(二色-)자 ①똑같아야 할 빛깔이나 모양이 서로 딴판이다. ②어떤 물건의 빛깔이나 모양이 서로 잘 어울리지 아니하다.

이:색-판(二色版)명 두 가지 빛깔로 찍은 인쇄물, 또는 그렇게 찍는 인쇄판.

이-생(-生)명 이 세상에 살아 있는 동안. ☞이승

이:생(利生)명 불교에서, 부처나 보살이 중생을 제도(濟度)함을 이르는 말.

이:생규장전(李生窺墻傳)명 조선 초기의 학자 김시습(金時習)이 지은 한문 단편 소설. 이생과 최랑의 사랑을 그린 전기(傳奇) 소설임. '금오신화(金鰲新話)'에 실려 전함. ☞취유부벽정기(醉遊浮碧亭記)

이생=웅예(離生雄蕊)명 각 꽃술이 서로 떨어져 있는 수술. 이강(二強) 웅예와 사강(四強) 웅예가 있음.

이생-지(泥生地)명 흔히 냇가에 있는, 모래 섞인 개흙 땅.

이:서(以西)명 기준으로 삼은 곳으로부터 그 서쪽. ¶대관령 - 지방. ☞이남(以南)

이:서(吏胥)명 아전(衙前)

이:서(吏書)명 이두(吏讀)

이:서(異書)명 흔하지 않은 책. 색다르고 귀한 책.

×이서(裏書)명 →배서(背書)

이:석(耳石)명 평형석(平衡石)

이선(離船)명-하다자 승무원 등이 배에서 내림. ☞하선(下船)

이선악곡(離船樂曲)명 배따라기

이:선-주(二仙酒)명 소주에 용안육(龍眼肉)·계피·꿀 따위를 넣어 만든 술.

이설(移設)명-하다타 다른 곳으로 옮겨 설치함.

이:설(異說)명 ①통용되는 설과는 다른 주장이나 견해. ②내용이 괴상하고 헛된 저술. ☞정설(定說). 통설(通說)

이:성(二姓)명 ①혼인을 맺을 양가. ②성이 다른, 두 왕조의 임금. ③두 남편.

이:성(二星)명 견우성(牽牛星)과 직녀성(織女星).

이:성(異性)명 ①성질이 다름, 또는 다른 성질. ②성(性)이 암수로 다른 것, 또는 다른 성. ③남성 쪽에서 여성을, 여성 쪽에서 남성을 이르는 말. ☞동성(同性)

이:성(異姓)명 다른 성. 타성(他姓) ☞동성(同姓)

이:성(理性)명 ①사물의 도리(道理)를 아는 능력. 도리에 따라 판단하고 행동할 수 있는 능력. ¶잠시 -을 잃었다./-에 따라 행동하다. ②철학에서, 인간의 최고 인식 능력을 이르는 말. 곧 오성(悟性)에 상대하여, 실재를 직관적으로 파악하는 능력. ☞감성(感性)

이:성-론(理性論)명 인식(認識)은 이성적(理性的)인 사유(思惟)로부터 생긴다는 이론. ☞경험론(經驗論)

이:성-적(理性的)명 이성에 따른 것. ¶-으로 행동하다. ☞감성적(感性的)

이:성-주의(理性主義)명 합리주의(合理主義)

이:성지합(二姓之合)명 성(姓)이 다른 두 사람이 합한다는 뜻으로, '혼인(婚姻)'을 이르는 말.

이:성질-체(異性質體)명 분자식이 같아도 구조가 다르기 때문에 물리적 성질이나 화학적 성질이 다른 화합물을 이르는 말. 이성체

이:성-체(異性體)명 이성질체(異性質體)

이:성-친(異姓親)명 성(姓)이 다른 가까운 친척.

이:세(二世)명 ①이대(二代) ②세습적으로 이어지는 둘째 대. ¶교황 요한바오로 - ③뒤를 이을 아이라는 뜻으로, '자식'을 이르는 말. ¶- 교육을 생각하다. ④이민의 이대(二代)째 세대(世代). ¶교포 - ⑤불교에서, 현세(現世)와 내세(來世)를 아울러 이르는 말.

이:세(理勢)명 ①사리(事理)와 형세. ②자연의 운수.

이:세=국민(二世國民)명 다음 세대의 국민이라는 뜻으로, 어린이 또는 어린이 세대를 이르는 말.

이:소(貽笑)명-하다자 남에게서 비웃음을 당함.

이:-소:골(耳小骨)명 청소골(聽小骨)

이:소능장(以少凌長)성구 젊은 사람이 어른을 업신여김을 이르는 말.

이소-성(離巢性)[-썽]명 새가 부화하여 비교적 빠른 시일에 둥지를 떠나 독립된 생활을 하는 성질. 기러기·오리·도요새·물떼새 따위에서 볼 수 있음.

이소옥탄(isooctane)명 포화 탄화수소의 한 가지. 옥탄의 이성질체로 물에 녹지 않으며, 빛깔이 없는 액체임. 휘발유의 내폭성(耐爆性)을 재는 표준 연료로 쓰임.

이소프렌(isoprene)명 불포화 탄화수소의 한 가지. 생고무를 열분해할 때 생기는 투명한 액체로, 약한 자극성 냄새가 있음. 인조 고무의 원료임.

이속(夷俗)명 오랑캐의 풍속.

이:속(吏屬)명 이배(吏輩)

이:속(異俗)명 ①다른 풍속. ②색다른 풍습. 이풍(異風) ☞정속(正俗)

이:속(離俗)명-하다자 속세(俗世)를 떠남.

이:손(耳孫)명 잉손(仍孫)

이송(移送)명-하다타 ①옮겨 보냄. ¶화물을 -하다. ②결정 또는 판결에 따라 법원이 진행 중인 소송 사건의 처리를 다른 법원으로 옮기는 일.

이:수(耳垂)명 귓불

이:수(利水)명-하다자 ①하천의 물을 농업 용수 따위로 이용하는 일. ②물이 잘 흐르게 함. ¶- 공사

이:수(里數)명 거리를 리(里)의 단위로 나타낸 수.

이수(李樹)명 '자두나무'의 딴이름.

이수(泥水)명 흙탕물

이수(移囚)명-하다타 죄수를 다른 교도소로 옮김.

이:수(履修)명-하다타 규정에 따라 학과를 차례로 공부하여 모든 과정을 마침. ¶전과정을 -하다.

이수(螭首)명 비(碑)의 머리나 인장(印章), 궁전의 섬돌, 종정(鐘鼎) 따위에 뿔 없는 용이 서린 모양을 새긴 형상. 이두(螭頭)

이수(離水)명-하다자 수상 비행기가 날아서 수면 위로 떠오름. ☞이륙(離陸). 착수(着水)

이수(離愁)명 이별의 슬픔.

이:수대엽(二數大葉)명 이삭대엽(二數大葉) ☞초수대엽
이:수-도(利水道)명 한방에서, 약제를 써서 오줌이 잘 나오게 함을 이르는 말. ☞이뇨(利尿)
이:수-변(二水邊)명 한자 부수(部首)의 한 가지. '冬'·'冰' 등에서 '冫'의 이름.
이:수-성(異數性)[-썽] 명 ①염색체의 수가 정상보다 조금 늘거나 주는 일. ②같은 식물에서 꽃이나 잎의 수가 일정하지 않은 일. 연꽃의 꽃잎이나 꽃받침 따위.
이:수=활주(離水滑走)[-쭈] 명 수상 비행기가 수면 위로 날아오르기 위하여 밑바닥을 수면에 대고 미끄러져 달리는 일.
이:숙(梨熟)명 배숙
이:순(耳順)명 나이 '예순 살'을 이르는 말. 예순 살이 되면 생각이 원만해져 모든 것이 곧 이해가 된다는 뜻임. 〔논어 위정편의 '육십이이순(六十而耳順)'에서 나온 말임.〕 하수(下壽)
이:술(異術)명 요술(妖術)이나 마술(魔術) 따위의 이상한 술법.
이슈(issue)명 논점(論點) 또는 논쟁 거리.
이스라엘-잉:어(Israel-)명 '향어(香魚)'의 딴 이름.
이:스턴그립(eastern grip)명 테니스에서, 라켓을 쥐는 방식의 한 가지. 라켓의 면을 지면과 수직이 되게 놓고 악수하듯이 쥐는 방식. ☞웨스턴그립(western grip)
이:스트(yeast)명 효모균(酵母菌)
이슥-하다 형여 밤이 매우 깊다. ¶밤이 이슥하도록 도란도란 정답게 이야기하는 소리.
이슬 명 ①기온이 내려갈 때, 공기 중의 수증기가 물체의 겉면에 엉겨 생기는 물방울. ☞영액(靈液) ②'눈물'을 비유하여 이르는 말. ¶두 눈에 -이 맺히다. ③덧없는 것을 비유하여 이르는 말. ¶- 같은 인생. ④여자의 음부(陰部)에서 월경 전이나 해산 전에 나오는 누르스름한 액체.
　이슬로 사라지다 관용 덧없이 사라지다. ¶전장에서 -.
이슬-기(-氣)[-끼] 명 이슬 기운.
이슬-떨이 명 ①이슬받이 ②이슬을 떠는 막대기.
이슬람-교(Islam敎)명 세계 3대 종교의 하나. 7세기 초 마호메트가 창시함. 알라를 유일신(唯一神)으로 믿으며, 코란을 경전으로 삼음. 마호메트교. 모하메드교. 회교(回敎). 회회교(回回敎)
이슬람-력(Islam曆)명 이슬람교 국가에서 쓰는 태음력. 1년은 354일 또는 355일로 태양력보다 열흘 이상 짧음. 마호메트가 메카로부터 메디나로 옮겨간 해인 서기 622년 7월 16일을 기원 원년 1월 1일로 하여 서기 636년에 제정됨. 마호메트력. 회교력(回敎曆)
이슬-마루 명 배 위에 지은 뜸집의 대들보.
이슬-받이[-바지] 명 ①이슬이 맺힐 무렵. ②양쪽 길섶의 풀에 이슬이 맺힌 작은 길. ③이슬이 맺힌 풀숲을 걸을 때, 이슬에 젖지 않도록 아랫도리에 두르는 도롱이. ④이슬이 맺힌 풀숲을 걸을 때, 맨 앞에 서서 가는 사람. 이슬떨이
이슬-방울[-빵-] 명 동글게 맺힌 이슬. 노주(露珠)
이슬-비 명 빗방울이 이슬처럼 가늘게 내리는 비. 는개보다 굵고 가랑비보다 가늚. ☞보슬비
이슬-아침 명 이슬이 마르지 않은 이른 아침.
이슬-점(-點)[-쩜] 명 대기 중의 수증기가 식어서 이슬이 맺히기 시작할 때의 온도. 노점(露點) ☞서릿점
이슬점=습도계(-點濕度計)[-쩜-] 명 이슬점을 재어 습도를 헤아리는 계기. 노점 습도계(露點濕度計)
이:습(吏習)명 아전(衙前)의 풍습.
이승 명 이 세상. 지금 살고 있는 세상. 양계(陽界). 차생(此生) ¶-을 떠나다. ☞이생. 저승
이:승(二乘)명 불교에서, 대승(大乘)과 소승(小乘), 성문승(聲聞乘)과 연각승(緣覺乘), 성문승과 보살승(菩薩乘)을 각각 아울러 이르는 말.
이승(尼僧)명 비구니(比丘尼)
이:승량석(以升量石)성구 되로써 섬곡식을 헤아린다는 뜻으로, 어리석은 사람이 현명한 사람의 마음을 헤아리기 어려움을 비유하여 이르는 말.
이승-잠 명 이 세상에서 자는 잠이라는 뜻으로, 병중에 정신을 차리지 못하고 계속해서 자는 잠을 이르는 말.
이시(移施)명-하다타 지난날, 양자(養子)로 간 사람의 관직이 높아져 그 생가(生家)의 아버지와 할아버지에게 품계와 관직을 내리던 일.
이:식(耳食)명 듣기만 하여 그 맛을 판단한다는 뜻으로, 살펴보지도 않고 남의 말을 그대로 곧이들음을 이르는 말.
이:식(利息)명 이자(利子)
이:식(利殖)명-하다자 이자가 이자를 낳아서, 재물이 늘어감.
이식(移植)명-하다타 ①농작물 따위를 옮겨 심는 일. 옮겨심기 유이종(移種) ②의학에서, 생체의 조직이나 장기(臟器)를 떼어 다른 부위 또는 다른 생체로 옮겨 붙이는 일. ¶신장 -
이:식위천(以食爲天)성구 사람이 살아가는 데 먹는 것을 가장 중요하게 여김을 이르는 말.
이:식-증(異食症)명 음식물 이외의 이상한 것을 즐겨 먹는 증세. 어린아이가 흙을 먹는 따위. 정도가 심한 것은 정신적 장애가 있을 때 나타남. 이기증(異嗜症). 이미증(異味症)
이:신-론(理神論)[-논] 명 18세기 계몽주의 시대의 대표적인 크리스트교 사상. 크리스트교의 신앙 내용을 이성이 인식할 수 있는 진리에 한정한 합리주의적인 종교관임. 세계의 창조자인 신(神)은 세상 일에 관여하거나 계시를 보이지 않는다고 봄. 자연신교(自然神敎). 자연신론(自然神論) ☞유신론(有神論)
이신양:성(頤神養性)[-냥-] 성구 정신을 가다듬어 품성을 수양함을 이르는 말. 준이양(頤養)
이:실고:지(以實告之)성구 이실직고(以實直告)
이:실직고(以實直告)성구 사실 그대로 알림을 이르는 말. 이실고지(以實告之)
이:심(二心)명 ①두 가지 마음. 이심(異心) ②배반하는 마음. ¶-을 품다. ③변하기 쉬운 마음.
이:심(二審)명 '제이심(第二審)'의 준말.
이:심(異心)명 ①딴마음 ②이심(二心)
이심(移審)명-하다타 상소에 따라 소송 사건을 원심 법원에서 상소 법원으로 옮겨 심리하는 일, 또는 그 심리.
이심(離心)명 마음을 달리 함, 또는 배반하려 하는 마음.
이:심(已甚)어기 '이심(已甚)하다'의 어기(語基).
이:심-스럽다(已甚-)(-스럽고·-스러워)형ㅂ 지나치게 심한 데가 있다.
　이심-스레 부 이심스럽게
이:심전심(以心傳心)성구 ①선종(禪宗)에서, 불법의 깊은 뜻을 말이나 문자를 빌리지 않고 스승의 마음에서 제자의 마음으로 전함을 이르는 말. ☞불립문자(不立文字) ②말 없는 가운데서 마음과 마음이 서로 통함을 이르는 말. ☞심심상인(心心相印)
이:심-하다(已甚-)형여 지나치게 심하다.
이:십(二十·貳拾)수 수의 한자말 이름의 하나. 십(十)의 갑절. ☞스물
관 단위를 나타내는 말 앞에 쓰이어 ①수량이 스물임을 나타냄. ②차례가 스물째임을, 또는 횟수가 스무 번째임을 나타냄.
이:십사-금(二十四金)명 순금(純金) ☞십사금(十四金). 십팔금(十八金)
이:십사-기(二十四技)명 무예 이십사반(武藝二十四般)
이:십사-기(二十四氣)명 이십사 절기(二十四節氣)
이:십사반=무:예(二十四般武藝)명 무예 이십사반(武藝二十四般)
이:십사=방위(二十四方位)명 스물넷으로 가른 방위. 곧 자(子)·계(癸)·축(丑)·간(艮)·인(寅)·갑(甲)·묘(卯)·을(乙)·진(辰)·손(巽)·사(巳)·병(丙)·오(午)·정(丁)·미(未)·곤(坤)·신(申)·경(庚)·유(酉)·신(辛)·술(戌)·건(乾)·해(亥)·임(壬)의 방위를 이름.
이:십사번=화신풍(二十四番花信風)명 이십사 절기 가운데서, 소한(小寒)에서 곡우(穀雨)까지의 사이에 부는

바람. 닷새마다 새로운 바람이 불며, 그에 따라 꽃이 차례로 핀다 함. (준)화신풍(花信風)

이:십사-시(二十四時)[명] 하루를 스물넷으로 갈라 이십사 방위의 이름을 붙여 이르는 시간.

시	1	2	3	4	5	6	7	8	9	10	11	12
오전	계(癸)	축(丑)	간(艮)	인(寅)	갑(甲)	묘(卯)	을(乙)	진(辰)	손(巽)	사(巳)	병(丙)	오(午)
오후	정(丁)	미(未)	곤(坤)	신(申)	경(庚)	유(酉)	신(辛)	술(戌)	건(乾)	해(亥)	임(壬)	자(子)

이:십사=시간제(二十四時間制)[명] 하루를 오전과 오후로 가르지 않고 0시로부터 24시까지로 이어 세는 시간 표시법. 오후 한 시가 13시로 되는 따위.

이:십사-절(二十四節)[명] '이십사 절기'의 준말.

이:십사=절기(二十四節氣)[명] 태음 태양력에서, 태양의 황도(黃道) 상의 위치에 따라 일 년을 스물넷으로 가른 계절의 구분. 열두 절기와 열두 중기(中氣)로 이루어짐. 이십사기. 이십사 절후. 절기 (준)이십사절

계 절	절 기	음 력	양 력
봄	입춘(立春)	정월	2월 4·5일
	우수(雨水)		2월 19·20일
	경칩(驚蟄)	이월	3월 5·6일
	춘분(春分)		3월 21·22일
	청명(淸明)	삼월	4월 5·6일
	곡우(穀雨)		4월 20·21일
여름	입하(立夏)	사월	5월 6·7일
	소만(小滿)		5월 21·22일
	망종(芒種)	오월	6월 6·7일
	하지(夏至)		6월 21·22일
	소서(小暑)	유월	7월 7·8일
	대서(大暑)		7월 23·24일
가을	입추(立秋)	칠월	8월 8·9일
	처서(處暑)		8월 23·24일
	백로(白露)	팔월	9월 8·9일
	추분(秋分)		9월 23·24일
	한로(寒露)	구월	10월 8·9일
	상강(霜降)		10월 23·24일
겨울	입동(立冬)	시월	11월 7·8일
	소설(小雪)		11월 22·23일
	대설(大雪)	동지	12월 7·8일
	동지(冬至)		12월 22·23일
	소한(小寒)	섣달	1월 6·7일
	대한(大寒)		1월 20·21일

이:십사=절후(二十四節候)[명] 이십사 절기

이:십오=보살(二十五菩薩)[명] 불교에서, 아미타불을 염(念)하여 극락 왕생을 바라는 사람을 보호하도록 부처가 보냈다는 스물다섯 보살을 이르는 말.

이:십오-유(二十五有)[명] 불교에서, 윤회의 생사계를 스물다섯 가지로 이른 말. 욕계(欲界)에 열넷, 색계(色界)에 일곱, 무색계(無色界)에 넷이 있다고 함.

이:십팔-수(二十八宿)[명] 고대 중국에서, 달이나 해의 위치를 나타내기 위하여 황도(黃道) 부근에서 천구(天球)를 스물여덟으로 구분하여 각각을 하나의 별자리로 삼은 것을 이르는 말. 곧 동쪽의 각수(角宿)·항수(亢宿)·저수(氐宿)·방수(房宿)·심수(心宿)·미수(尾宿)·기수(箕宿), 서쪽의 규수(奎宿)·누수(婁宿)·위수(胃宿)·묘수(昴宿)·필수(畢宿)·자수(觜宿)·삼수(參宿), 남쪽의 정수(井宿)·귀수(鬼宿)·유수(柳宿)·성수(星宿)·장수(張宿)·익수(翼宿)·진수(軫宿), 북쪽의 두수(斗宿)·우수(牛宿)·여수(女宿)·허수(虛宿)·위수(危宿)·실수(室宿)·벽수(壁宿)의 스물여덟 별자리.

이-쑤시개[명] 잇새에 낀 것을 파내는 데 쓰는 물건. 나뭇개비 따위로 끝을 뾰족하게 만듦.

이아치다[타] ①자연의 힘이 미치어 손실이나 손해를 입히다. ②방해가 되다, 또는 훼방을 놓다. (준)이치다

이악-스럽다(-스럽고·-스러워)[형ㅂ] 이악한 데가 있다. ¶이악스럽게 살면서 모은 재산.

이악-스레[부] 이악스럽게

이악-하다[형여] 잇속을 차리는 데 지나치게 악착같다. ¶이악한 고리 대금업자.

이:안(吏案)[명] 지난날, 군아(郡衙)에 갖추어 두던 아전의 명부(名簿).

이안(移安)[명]-하다[타] 신주(神主)나 영정(影幀) 따위를 다른 곳으로 옮기어 모심.

이-알[명] 이밥의 낱알.

[속담] **이알이 곤두서다** : 가난하던 사람이 먹고 사는 걱정이 없게 되자 반지빠르게 구는 것을 아니꼽게 여겨 이르는 말.

이-앓이[-알-][명] 이나 잇몸 등에 탈이 나서 아픈 증세. 치통(齒痛)

이암(泥岩)[명] 진흙이 쌓여 굳어서 된 암석.

이앙(移秧)[명]-하다[자] 모내기

이앙-기(移秧機)[명] 모를 내는 데 쓰는 기계.

이애저애-하다[자여] 남을 '이 애' '저 애' 하면서 얕잡아 부르거나 함부로 대하다.

이:액(吏額)[명] 이속(吏屬)의 정원(定員).

-이야[조] 받침 있는 체언에 붙어, 강세를 나타내는 보조 조사. ¶말이야 청산유수지./남이야 낮잠을 자든 말든. ☞-야

이야기[명]-하다[자타] ①일정한 줄거리를 가지고 말하는 일, 또는 그 말. ¶어머니의 살아온 -./수업 과정을 -하다. ②서로 말을 주고받는 일, 또는 그 말. ¶-를 나누다./다정하게 -하다. ③어떤 사물이나 사람에 관하여 논하거나 평하여 이르는 일, 또는 그 소문이나 평판. ¶아직도 그 가수 -를 모르고 있다니./누구나 다 그 책 -를 하더라./서로에 대해서 좋게 -하다. ④실제로 있었던 일이나, 또는 있지 않은 일을 사실처럼 재미 있게 꾸며서 늘어놓는 일, 또는 그 말. ¶마을 우물에 얽힌 -./도깨비에 관해 -해 주마. ⑤생각이나 느낌 따위를 말로 전하는 일, 또는 그 말. ¶속에 담아두었던 -를 하다./네 생각을 -해 보아라./결정 사항에 대해 돌아가며 -하다. ⑥어떤 문제에 대해 이런저런 말을 하는 일, 또는 그 말. ¶조기 교육에 관한 -를 나누다. ⑦사정하거나 부탁하는 일, 또는 그 말. ¶어떤 -를 해도 들어주지 않는다./힘들게 -를 해서 구한 물건이다./아무한테나 -해서 될 일이 아니다. 구담(口談) (준)얘기

이야기-꾼[명] 이야기를 재미 있게 잘하는 사람.

이야기-책(-冊)[명] 옛날이야기를 적은 책.

이야기-판[명] 여러 사람이 모여 한창 이야기를 하는 판.

이야깃-거리[명] 이야기가 될만 한 자료. 말거리. 화제(話題) (준)얘깃거리

이야깃-주머니[명] 재미있는 이야깃거리를 많이 가지고 있는 사람을 비유하여 이르는 말.

이야-말로[부] '이것이야말로'의 준말. 〔앞의 사실을 강조할 때 쓰임.〕 ¶네가 잠을 안 자고 있다니, - 해가 서쪽에서 뜰 일이다.

-이야말로[조] 받침 있는 체언에 붙어, 그 체언이 가리키는 대상을 특별히 돋보이게 강조하는 보조 조사. ¶사람이야말로 만물의 영장이다. ☞-야말로

이약(餌藥)[명] 몸을 건강하게 하기 위하여 먹는 약.

이:양(耳痒)[명] 이양증(耳痒症)

이:양(異壤)[명] 제 고향이 아닌 다른 고장. 타향(他鄕)

이양(移讓)[명]-하다[타] 남에게 넘겨줌. ¶권리를 -하다./정권을 -하다.

이양(頤養)[명] '이신양성(頤神養性)'의 준말.

이:양-선(異樣船)[명] 지난날, 모양이 이상한 배라는 뜻으로, 다른 나라의 배를 이르던 말.

이:양-증(耳痒症)[-쯩][명] 한방에서, 귓속이 가려운 증세를 이르는 말. 신경성과 염증성이 있음. 이양(耳痒)

이어[부] 계속하여. 잇대어 ¶시상식이 끝나고 - 축하 공연이 있었다./곧 - 뉴스가 방송되었다.

이:어(耳語)명 귀엣말. 귓속말
이어(俚語)명 이언(俚言)
이어(移御)명-하다자 임금이 거처를 옮김.
이어-갈이 명-하다타 이어짓기
이어-달리기 명 육상 경기의 한 가지. 보통 네 사람이 한 편이 되어 일정한 거리를 나누어 맡아 차례로 배턴을 주고받으며 달리는 경기. 계주 경기(繼走競技)
이어마:크(earmark)명 ①놓아 기르는 가축의 임자를 밝히기 위하여, 그 가축의 귀에 다는 표지. ②자금 따위를 특정한 일에 쓰기 위하여 모아 놓는 일, 또는 그 자금.
이어-받다 타 선대(先代)나 선임자(先任者)가 해 오던 일 또는 그 정신 따위를 물려받다. 계승하다 ¶ 가업을 ㅡ./조상에게서 이어받은 재산.
이어-서 부 부사 '이어'에 조사 '-서'를 덧붙인 말로, '계속해서'의 뜻. ¶ 벨이 울리고 ㅡ 강의가 시작되었다./ㅡ 졸업생 대표의 답사가 있겠습니다.
이:어인(異於人) '보통 사람과 다름'의 뜻.
이:어중(異於衆) '뭇사람 중에서 뛰어남'의 뜻.
이어-지다 자 ①따로 있거나 끊어진 것이 서로 잇대어지다. ¶ 두 섬은 다리로 이어진다. ②끊어지지 않고 계속되다. ¶ 핏줄이 ㅡ.

한자 이어질 속(續) 〔糸部 15획〕 ¶ 계속(繼續)/속개(續開)/속보(續報)/속행(續行)/연속(連續) ▷ 속자는 続

이어-짓기[ㅡ짇ㅡ] 명-하다타 한 땅에 같은 작물을 해마다 심는 일. 연작(連作)[1]. 이어갈이 ☞돌려짓기
이어폰:(earphone)명 전기 신호를 음향 신호로 변환하는 소형 장치. 귀에 꽂아 라디오, 오디오, 동시 통역 따위를 듣는 데 쓰임.
이언(俚言)명 항간(巷間)에 퍼져 흔히 쓰이는 속된말. 상말. 이어(俚語)
이언(俚諺)명 속담
이:엄(耳掩)명 지난날, 관복을 입을 때 사모(紗帽) 밑에 쓰던, 털가죽으로 만든 방한구.
이엄-이엄[ㅡ니ㅡ] 부 끊이지 않고 계속해서 이어 가는 모양을 나타내는 말.
이엉 명 초가집의 지붕 따위를 이기 위하여 볏짚이나 새 따위로 엮은 물건. 개초(蓋草). 새[1] 준 영[1]
이엉-꼬챙이 명 지붕을 일 때, 이엉 마름을 꿰어 올리는 데 쓰는 기구.
이-에 부 이러해서 곧. 그래서 ¶ 공이 많았으므로 ㅡ 상장을 수여함.

한자 이에 내(乃) 〔丿部 1획〕 ¶ 내지(乃至)

이-에서 부 이보다. 이것에 비하여. ¶ ㅡ 더 좋은 일이 있겠느냐?
이에-짬 명 두 물건을 맞붙여 이은 짬.
이:여(爾汝)명 너나들이 ¶ ㅡ의 교분(交分).
이:여(爾餘)명 그 나머지. 기여(其餘)
-이여 조 받침 있는 체언에 붙어, 정중한 뜻을 나타내는 호격 조사. ¶ 청년이여! 도전하라. ☞-여
이여차 감 '이영차'의 준말.
이:역(吏役)명 이속(吏屬)의 맡은 일.
이:역(異域)명 ①다른 나라의 땅. ¶ ㅡ 만리로 떠나다. ②제 고장에서 멀리 떨어져 있는 다른 지역. 수역(殊域)
이-역시(ㅡ亦是)부 이것도 역시. 이것도 또한. ¶ ㅡ 어려운 문제이다./ㅡ 마찬가지이다.
이연(移延)명-하다타 시일을 차례로 미루어 나감.
이:연(異緣)명 불교에서, 남녀의 인연을 불가사의한 인연이라는 뜻으로 이르는 말.
이연(怡然)어기 '이연(怡然)하다'의 어기(語基).
이연=계:정(移延計定)명 한 기(期)의 손익 계산에서, 차기(次期)로 이월해야 하는 자산이나 부채를 위하여 설정하는 계정.
이연=부:채(移延負債)명 이미 수익으로 기장(記帳)된 것 중에서, 당해 기간의 수익으로 하지 않고 차기 이후의 수익으로 하기 위하여 이연된 부분.
이:연지사(已然之事)명 이미 그렇게 된 일. ☞이왕지사(已往之事)
이연-하다(怡然ㅡ)형여 기쁘고 즐겁다. 이이하다
이연-히 부 이연하게
이열(怡悅)어기 '이열(怡悅)하다'의 어기(語基).
이:열치열(以熱治熱)성구 열은 열로써 다스린다는 뜻으로, 힘에는 힘으로 또는 강한 것에는 강한 것으로 상대함을 이르는 말.
이열-하다(怡悅ㅡ)형여 즐겁고 기쁘다. 이유하다
이:염기-산(二塩基酸)명 한 분자 속에 금속 원자와 바꿀 수 있는 수소 원자 두 개를 가진 산. 황산·탄산·수산 따위.
이:영보:래(以影補來)성구 'ㆆ 자로써 ㄹ 소리를 기워 바로잡는다'는 뜻으로 쓰인 말로, '동국정운(東國正韻)'에서 한자음 표기를 규정한 말. '日[잃], 戌[숧]'과 같은 표기를 이른 말임.
이영차 감 여러 사람이 한목에 힘을 모아서 쓸 때 지르는 소리를 나타내는 말. 준 여차[2]. 영차. 이여차
이오니아-식(Ionia式)명 고대 그리스의 건축 양식의 하나. 이오니아 지방에서 발달한 양식으로, 경쾌함과 우아함을 특징으로 함. ☞도리스식. 코린트식
이온(ion)명 음(陰) 또는 양(陽)의 전기를 띠는 원자나 원자단.
이온=결합(ion結合)명 양이온과 음이온이 정전기의 인력(引力)으로 이루어진 화학 결합.
이온-층(ion層)명 전리층(電離層)
이온-화(ion化)명-하다자 전해질(電解質)이 용액 속에서 양이온이나 음이온으로 해리(解離)되는 일. 전기 해리(電氣解離). 전리(電離)
이온화=경향(ion化傾向)명 금속 원자가 전자를 방출하여 양이온이 되려고 하는 경향.
이온화-도(ion化度)명 이온화하기 전 물질의 전량(全量)에 대한 이온화한 물질의 양의 비(比). 전리도(電離度)
이온화=상자(ion化箱子)명 방사선이 기체 안에서 일으킨 이온화 작용을 이용하여 방사선의 강도나 에너지 등을 전기적으로 검출하거나 측정하는 장치. 전리 상자(電離箱子)
이온화=에너지(ion化energy)명 가장 안정된 상태에 있는 원자나 분자에서 한 개의 전자를 완전히 떼어 내는 데 필요한 에너지.
이:와전와(以訛傳訛)성구 거짓말에 거짓말이 섞여 거짓이 자꾸 전하여 감을 이르는 말.
이완(弛緩)명-하다자 풀어짐, 또는 느즈러짐. ¶ 근육의 ㅡ./긴장감이 ㅡ되다./ㅡ된 기강. ☞긴장(緊張). 수축(收縮)
이:왕(已往)명 지나간 날의 어느 때. 이전(以前) ¶ ㅡ의 모습은 찾아볼 수 없다.
부 이왕에 ¶ ㅡ 시작한 일이니 최선을 다하자.
이:왕-에(已往ㅡ)부 이미 그렇게 된 바에. 기왕(旣往). 기왕에. 이왕(已往) ¶ ㅡ 들렀으니, 잠시 쉬어 가게나.
이:왕-이면(已往ㅡ)부 이미 그렇게 된 바에는. 기왕이면 ¶ ㅡ 열심히 해 보자.
이:왕지사(已往之事)명 이미 지나간 일. 기왕지사(旣往之事). 이과지사(已過之事) ¶ ㅡ를 논하여 무엇하리.
이:외(以外)명 일정한 범위의 밖. ¶ 저 사람 ㅡ에 적임자가 없다. ☞이내(以內)
이:욕(利慾)명 이익을 탐하는 욕심. ¶ ㅡ에 눈이 멀다.
이:용(利用)명-하다타 ①물건을 필요에 따라 이롭게 쓰거나 쓸모 있게 씀. ¶ 빗물을 받아 두었다가 허드렛물로 ㅡ하다. ②사람이나 어떤 대상을 제 이익을 위한 방편으로 삼음. ¶ 남의 약점을 ㅡ하지 마라.
이용(移用)명-하다타 세출 예산에 정한 각 부서(部署)나 국(局) 또는 그 각 항목의 경비를 필요에 따라 다른 부·국이나 다른 항목의 경비로 돌려쓰는 일.
이:용(理容)명 이발과 미용. 흔히, 남자의 조발(調髮)이나 면도 등을 이름. ¶ ㅡ원
이:용-도(利用度)명 이용하는 빈도 수. ¶ ㅡ가 높은 시설.

이:용후:생(利用厚生)[성구] 기물(器物)의 사용을 편리하게 하고 재물을 풍부히 하여 생활의 편의와 이익을 꾀함을 이르는 말.
이우(犂牛·犁牛)[명] 얼룩소
이우(移寓)[명]-하다[자] 남의 집으로 거처를 옮겨 한동안 신세를 지며 지냄.
이우(貽憂)[명]-하다[자] 남에게 근심과 걱정을 끼침.
이우다[타] 머리 위에 이게 하다. ¶머리에 짐을 -.
이운(移運)[명]-하다[타] ①자리를 옮김. ②불교에서, 불상이나 보살상을 옮겨 모시는 일.
이울다(이울고·이우니)[자] ①꽃이나 잎이 시들다. ¶보리가 -. ②점점 쇠약해지다. ¶가운(家運)이 -.
이웃[명] ①가까운 곳. 인근(隣近). 인비(隣比) ¶동생이 -에 산다. ②가까이 있는 집, 또는 거기에 사는 사람. ¶-에 놀러 가다./-과 가까이 지내다. ③일정한 나라나 지역에 잇닿아 있는 곳. ¶- 나라/- 마을 사람
[속담] **이웃 사촌** : 서로 이웃하여 가까이하다 보면 사촌보다도 더 가까운 정분으로 지내게 된다는 말.

[한자] 이웃 린(隣) 〔阜部 12획〕 ¶근린(近隣)/인가(隣家)/인국(隣國)/인근(隣近)/인접(隣接)
▷ 隣의 정자는 鄰이지만 속자인 隣자를 관용함.

이웃-집[-욷-][명] 이웃하여 있는 집. 인가(隣家) ☞인비(隣比)
[속담] **이웃집 개도 부르면 온다** : 불러도 못 들은체 하는 사람을 핀잔주는 말./**이웃집 며느리 흉도 많다** : 늘 가까이 있고 잘 아는 사이일수록 상대편의 결점이 눈에 띈다는 말./**이웃집 무당 영(靈)하지 않다** : 가까운 데 것은 신통치 않게 생각된다는 말.
이웃-하다[-욷-][자여] 서로 이웃이 되는 곳에 자리하다. ¶이웃한 두 나라./이웃한 골목에 사는 젊은이.
이:원(二元)[명] ①두 가지의 요소. ②방정식에서, 미지수가 둘 있는 일. ¶- 일차 방정식 ③철학에서, 사물이 두 개의 근본 원리로 이루어져 있다고 생각할 때 그 두 원리를 이르는 말. ④근거가 되는 두 곳. ¶- 방송
이:원(利源)[명] 이익이 생기는 근원.
이:원-교(二元敎)[명] 세상이 열릴 때부터 선한 신과 악한 신이 서로 대등하게 대립한다고 하는 종교. 조로아스터교와 마니교 따위.
이:원-권(以遠權)[-꿘][명] 두 나라의 항공 협정에 따라 상대국 내의 지점에서 다시 제삼국으로 연장하여 운항할 수 있는 권리.
이:원-론(二元論)[-논][명] ①일반적으로, 어떤 문제에 대하여 두 개의 서로 독립된 근본 원리를 인정하는 견해. ②철학에서, 세계는 두 개의 서로 독립된 근본 원리와 요소로 이루어진 것이라고 보는 견해. ☞일원론(一元論)
이:원-제(二院制)[명] '이원 제도'의 준말. 양원제(兩院制)
이:원=제:도(二院制度)[명] 양원(兩院)으로 조직된 의회 제도. 양원 제도(兩院制度) [준]이원제(二院制)
이:월(二月)[명] 한 해의 둘째 달. ☞묘월(卯月). 중양(仲陽). 중춘(仲春)
이월(移越)[명]-하다[자타] ①부기에서, 계산의 결과를 다음 쪽으로 넘기는 일. ②한 회계 연도의 순손익금이나 잔금을 다음 기로 넘기는 일.
이월-금(移越金)[명] 결산 결과에 따라 준비금·배당금·상여금 등의 손익금 처분을 하고 다음 기로 넘긴 잔액.
이:유(理由)[명] ①어떤 일의 까닭. 사유(事由). 연고(緣故). 연유(緣由). 정유(情由) ¶-를 달다./-나 알아보자. ②철학에서, 존재가 성립하는 기초나 진리의 조건을 이르는 말. 좁은 의미로는 결론에 대한 전제 또는 결과에 대한 원인을 이름. ☞귀결(歸結)
이유(離乳)[명]-하다[자타] 젖먹이가 자라서 젖을 먹지 않게 됨, 또는 젖먹이에게 젖을 뗌. ☞수유(授乳)
이유(怡愉)[어기] '이유(怡愉)하다'의 어기(語基).
이유-기(離乳期)[명] 젖먹이에게서 젖을 떼는 시기. 대개 생후 6~7개월에 시작함.
이유-식(離乳食)[명] 이유기의 아기에게 먹이는, 젖 이외의 음식.
이:유-율(理由律)[명] 충족 이유율(充足理由律)
이:유-표(理由標)[명] 수식(數式)이나 인쇄 등에서 '왜냐하면'의 뜻으로 쓰이는 ∵의 이름. 거꿀삼발점. 까닭표 ☞귀결부(歸結符)
이유-하다(怡愉-)[형여] 즐겁고 기쁘다. 이열하다
이:윤(利潤)[명] ①장사하여 남은 돈. ②기업의 총수익에서 모든 비용을 뺀 나머지 수익. 이익 ¶-을 추구하다.
이:윤-율(利潤率)[-뉼][명] 투자한 자본의 총액에 대한 이윤의 비율.
이:율(利率)[명] 원금에 대한 이자의 비율. 단위 기간에 따라 연리(年利)·월리(月利)·일변(日邊) 따위로 가름.
이:율=배:반(二律背反)[명] 서로 대립하고 모순되는 두 개의 명제(命題)가 동등한 타당성을 가지고 주장되는 일.
이:융=합금(易融合金)[명] 납·주석·카드뮴 등과 같이 녹는점이 낮은 금속을 알맞은 비율로 섞어 만든 합금. 녹는점이 더 낮아지며 땜납이나 퓨즈 따위에 쓰임. 가융 합금(可融合金)
이윽고[부] 얼마쯤 있다가. 한참 만에. ¶- 동이 트다.
이음-매[명] 이은 자리.
이음-줄[-쭐][명] 악보에서, 매끄럽게 연주하라는 뜻으로 높이가 다른 두 개 이상의 음표의 위나 아래에 긋는 호선(弧線). 슬러(slur). 연결선(連結線)
이음-표(-標)[명] 문장 부호의 한 갈래. 줄표(—), 붙임표(-), 물결표(~)를 통틀어 이르는 말. 연결부(連結符) ☞드러냄표
이응[명]〈어〉한글 자모(字母) 'ㅇ'의 이름.
이:의(二儀)[명] ①양(陽)과 음(陰), 또는 남(男)과 여(女). ②하늘과 땅. 양의(兩儀)
이:의(異意)[명] ①다른 의견. ¶-가 없다. ☞동의(同意) ②모반(謀反)하려는 마음.
이:의(異義)[명] 다른 뜻. ☞동의(同義)
이:의(異議)[명]-하다[자타] ①남과 의견이나 주장을 달리함, 또는 그 의견이나 주장. 이론(異論) ¶-가 있으신 분은 손을 들어 주십시오. ☞동의(同議) ②남의 어떤 행위가 법률상의 효과를 가지지 못하도록 반대하거나 그 것에 따르지 않겠다는 뜻을 나타내는 일. ¶변호사를 통하여 -를 제기하다.
이:의(肄儀)[명]-하다[자] 습의(習儀)
이:의=신청(異議申請)[명] 법률에서, 정해진 절차에 따라 이의를 주장하여 재심사나 구제를 신청하는 일.
이-이[대] ①이 사람. ¶-가 누구시지?/-가 왜 이래? [준]이[5] ②여자가 가까이 있는 자기의 남편을 이르는 말.
이이(怡怡)[어기] '이이(怡怡)하다'의 어기(語基).
이:이제:이(以夷制夷)[성구] 오랑캐로 오랑캐를 제어한다는 뜻으로, 한 세력을 이용하여 다른 세력을 제어함을 이르는 말.
이이-하다(怡怡-)[형여] 기쁘고 즐겁다. 이연하다
이:익(利益)[명] ①물질적으로나 정신적으로 이롭고 도움이 되는 일. ¶국가의 -을 우선하다. ②기업에서, '이윤(利潤)'을 달리 이르는 말. ¶-이 줄다. ☞손해(損害)
이:-익공(二翼工)[명] 촛가지가 둘로 된 익공.
이:익-금(利益金)[명] 이익을 본 돈.
이:익=대:표(利益代表)[명] 어떤 단체의 권익을 보장하기 위하여 그 단체에 선거권을 주어 의회에서 그 이익을 대표하게 하는 사람.
이:익=배:당(利益配當)[명] 은행이나 회사 등에서, 기말(期末) 결산(決算)의 순이익을 주주에게 분배하는 일.
이:익=분배=제:도(利益分配制度)[명] 자본가가 노동자에게 정액 임금 외에 기업상의 이익 분배에 참여시키는 노동 제도.
이:익=사:회(利益社會)[명] 이익을 얻으려는 목적으로 모여 이룬 사회. 각종 영업 조합, 노동 조합, 영리 회사 따위. 게젤샤프트 ☞공동 사회(共同社會)
이:익=준:비금(利益準備金)[명] 결산기마다 순이익의 일부를 떼어 적립하는 법정 준비금.
이:인(異人)[명] ①재주가 신통하고 뛰어난 사람. ②다른 사

람. ¶동명(同名) -
이:인-삼각(二人三脚)명 두 사람이 옆으로 나란히 서서 맞닿는 쪽의 발목을 함께 묶고 달리는 경기.
이:-인칭(二人稱)명〈어〉제이인칭(第二人稱)
이:일(異日)명 ①앞으로 올 어떤 날. ②다른 날. 타일(他日)
이:일경:백(以一警百)성구 한 사람을 징계하여 여러 사람의 경계가 되게 함을 이르는 말.
이:일-학(二日瘧)명 이틀거리
이임(移任)명-하다자 다른 직무를 맡거나 임지(任地)로 옮김. 전임(轉任)
이임(離任)명-하다자 이제까지 맡아보던 일자리를 떠남. ¶-사(辭) ☞취임(就任)
이입(移入)명-하다타 ①옮겨 들임. ¶감정 - ②한 나라 안의 어떤 지역에서 다른 지역으로 화물을 옮겨 들임. ☞이출(移出)
이자 명 췌장(膵臟)
이-자(-者)대 '이 사람'을 얕잡아 이르는 말.
이:자(利子)명 빚돈에 덧붙여 얼마 동안에 얼마씩의 비율로 무는 돈. 길미. 변리(邊利). 이(利). 이문(利文). 이식(利息) ¶-를 물다.
이자-관(-管)명 췌관(膵管)
이:자-락(利子落)명 공채나 유가 증권의 이자 또는 이익 배당의 지급을 마친 것. 준이락(利落)
이자-머리 명 새창에 붙은 쇠고기의 한 부분. 열구자탕(悅口子湯)을 만드는 데 쓰임.
이자-액(-液)명 췌장액(膵臟液)
이:자-택일(二者擇一)명 둘 가운데서 하나를 고름. 양자택일(兩者擇一)
이:자=환급제(利子還給制)명 이자를 받았다가 일정 기간이 지나면 되돌려 주는 제도. 수출 금융 제도를 합리적으로 운영하기 위한 것임.

이작(移作)명-하다타 논밭의 소작인(小作人)을 갊.
이:작(裏作)명 벼를 베고 난 논에 보리나 채소 따위를 심는 일. 뒷갈이
이장(弛張)명-하다자 느즈러짐과 팽팽히 켕김.
이:장(里長)명 지방 행정 구역의 하나인 이(里)의 사무를 맡아보는 사람.
이장(移葬)명-하다타 무덤을 옮김. 개장(改葬) ¶묘를 선산으로 -하다.
이장-열(弛張熱)[-녈]명 하루에 체온이 1°C 이상 오르내리고, 최저 체온이 37°C 이상인 열형(熱型). 장결핵·신우염·패혈증 등에서 볼 수 있음.
이:-장조(E長調)[-쪼]명 마장조
이:재(吏才)명 관리로서 백성을 다스리는 재능.
이:재(異才)명 남다른 재주.
이:재(理財)명-하다자 재물을 유리하게 활용함. ¶-에 밝다./-에 어두운 사람.
이재(罹災)명-하다자 재해를 입음.
이재-민(罹災民)명 재해를 입은 사람. 준재민(災民)
이:재발신(以財發身)[-씬]성구 재물의 힘으로 출세함을 이르는 말.
이:재-법(理財法)[-뻡]명 재산을 늘리는 방법.
이재-지(罹災地)명 재해를 입은 곳.
이:재-학(理財學)명 경제학(經濟學). 재정학(財政學)
이적(夷狄)명 오랑캐
이:적(利敵)명-하다자 적을 이롭게 함. ¶- 행위
이:적(異蹟)명 ①기이한 행적. ②신의 힘으로 이루어지는 불가사의한 일. ☞기적(奇蹟)
이적(移籍)명-하다자 ①혼인이나 입양 등의 이유로 호적을 다른 곳으로 옮김. ②운동 선수가 소속을 옮김. ¶-한 선수.
이적(離籍)명-하다타 호적에서 떼어 냄. 구제도(舊制度)에서, 호주가 가족에 대하여 가족 신분을 박탈하는 법률 행위였음.
이:적-죄(利敵罪)명 적을 이롭게 하는 말이나 행동을 함으로써 성립되는 죄.
이적-토(移積土)명 운적토(運積土)
이:적=행위(利敵行爲)명 적을 이롭게 하는 말이나 행동.
이:전(以前)명 ①지나간 날의 어느 때. 이왕(已往) ¶-에 살던 곳./-부터 있었던 일이다. ②기준이 되는 어떤 때를 포함하여 그 전. ¶삼국 시대 -/마흔 -에 이루어 놓은 일. ☞이후(以後)
이:전(吏典)명 ①조선 시대, 육전(六典)의 하나. 군무 외의 일반 관제와 관규(官規), 이조(吏曹)의 소관 사무를 규정한 법전. ②조선 시대, 이속(吏屬)을 통틀어 이르던 말.
이:전(利錢)명 이윤으로 남은 돈. 이문(利文)
이전(移轉)명-하다타 ①주소 따위를 다른 데로 옮김. ¶사옥을 교외로 -하다. ②권리 따위를 넘겨주거나 넘겨받음. ¶소유권을 -하다.
이전(離箭)명-하다자 화살을 시위에 메기어 힘껏 잡아당겼다가 손을 시위에서 뗌.
이전=등기(移轉登記)명 부동산의 매매·증여·상속 등의 사실에 따라 생기는 권리의 이전에 관한 등기.
이전=소:득(移轉所得)명 근로에 대한 대가로 받는 보수가 아닌 연금·보조금·보험금 등의 가계(家計) 소득.
이전=지급(移轉支給)명 재화나 용역의 급부(給付)와는 관계없이 이루어지는 지급. 연금·증여·보조금 따위.
이전투구(泥田鬪狗)성구 〔진창에서 싸우는 개라는 뜻으로〕 ①강인한 성격을 비유하여 이르는 말. ☞암하고불(岩下古佛) ②볼썽사납게 서로 헐뜯거나 다툼을 비유하여 이르는 말.
이:점(利點)[-쩜]명 이로운 점.
이접(移接)명-하다자 ①거처를 잠시 옮겨 자리를 잡음. ②글을 배울 때 동접(同接)을 옮김. ③자기가 딸려 있던 사정(射亭)에서 다른 사정으로 옮겨 감.
이:정(里程)명 어떤 곳에서 다른 곳까지 이르는 길의 이수(里數). 도리(道里) ¶서울에서 수원까지의 -.
이정(移定)명-하다타 옮겨 정함.
이:정(釐正·理正)명-하다타 글이나 문서 따위를 정리하여 바로잡음.
이:정-표(里程表)명 여러 곳의 이정을 적은 일람표. 도리표(道里表)
이:정-표(里程標)명 ①도로 등의 길가에 어느 곳까지의 거리나 방향을 적어 세운 푯말이나 표석. 거리표(距離標). 도정표(道程標) ②앞으로 나아가는 데에 일정한 지표가 되는 것을 비유하여 이르는 말. ¶-로 삼다.
이제 명 바로 이때. 지금 ¶-는 헤어져야 할 시간이다./-부터 가시밭길이다.
부 바로 지금. 바로 이때에. 지금에 이르러. ¶- 날이 새면 서울을 떠난다./- 막 끝낸 참이다.

한자 이제 금(今)〔人部 2획〕¶고금(古今)/금고(今古)/금석(今昔)/방금(方今)
이제 현(現)〔玉部 7획〕¶현재(現在)/현황(現況)

이:제(裏題)명 책의 속표지에 적힌 세목.
이:-제공(二提栱)명 재래식 한옥에서, 주삼포(柱三包) 집의 기둥에 덧붙이는 쇠서받침. ☞초제공(初提栱)
이제-껏 부 지금에 이르기까지. 이제까지 ¶- 뭐 하고 있었니?/- 본 적이 없다.
이제나-저제나 부 언제일지 알 수 없을 때나, 어떤 일을 몹시 기다릴 때 쓰는 말. ¶- 소식이 오기를 애타게 기다리다. ☞하마하마
이제-야 부 이제 겨우. 지금에 이르러서야 비로소. ¶-마음이 놓인다./- 좀 살 것 같다.
이젝션시:트(ejection seat)명 긴급 탈출용 의자. 비행기가 긴급 상황일 때, 탑승원이 좌석에 앉은 채 자동으로 기체 밖으로 튀어나오면서 낙하산이 펴지게 되어 있음.
이젤(easel)명 화가(畫架)
이:조(吏曹)명 고려·조선 시대, 육조(六曹)의 하나. 문관의 선임(選任)과 훈봉(勳封) 등의 일을 맡아보았음.
이조(移調)명-하다자 조옮김
이:조어:필언:간집(李朝御筆諺簡集)명 조선 시대, 선조, 효종, 현종, 숙종, 인선 왕후, 명성 왕후, 인현 왕후의 친필(親筆) 한글 서간집(書簡集). 42편을 영인(影印)하

여 주해(註解)한 것임.

이:조=판서(吏曹判書)[명] 조선 시대, 이조의 으뜸 관직. 품계는 정이품임. (준)이판(吏判)

이:족(異族)[명] ①다른 민족. ☞동족(同族) ②성(姓)이 다른 겨레붙이.

이:졸(吏卒)[명] 지난날, 하급 관원을 이르던 말. 아전(衙前)

이종(姨從)[명] '이종 사촌'의 준말.

이종(移種)[명]-하다[타] 모종을 옮겨 심음. (유)이식(移植)

이:종(異種)[명] ①다른 종류. ☞동종(同種) ②변한 종자.

이:종=교배(異種交配)[명] 서로 종(種)이 다른 생물을 교배하는 일. 수나귀와 암말의 교배 따위.

이종-매(姨從妹)[명] 자기보다 나이가 어린, 이모의 딸.

이:종=사:촌(姨從四寸)[명] 이모의 아들딸. (준)이종

이종-자(姨從姉)[명] 자기보다 나이가 많은, 이모의 딸.

이종=자매(姨從姉妹)[명] 이종 사촌간인 여자 형제.

이종-제(姨從弟)[명] 자기보다 나이가 어린, 이모의 아들.

이종-형(姨從兄)[명] 자기보다 나이가 많은, 이모의 아들.

이종=형제(姨從兄弟)[명] 이종 사촌간인 남자 형제.

이:죄(二罪)[명] 지난날, 사형 다음가는 죄인 '유형(流刑)'을 이르던 말.

이죄(弛罪)[명]-하다[자] 지은 죄를 용서함.

이죄(罹罪)[명]-하다[자] 죄에 걸려 듦.

이:주(二走)[명] 조선 시대 무관의 취재(取才)에서, 달음질의 세 등급 가운데서 둘째 등급을 이르던 말. ☞삼주(三走)

이주(移住)[명]-하다[자] 다른 곳 또는 다른 나라로 옮아가서 삶. 이거(移居) ¶해외로 -하다.

이주-민(移住民)[명] 다른 고장이나 다른 나라에 옮겨 가서 사는 사람. ☞원주민

이주-석(螭柱石)[명] 기둥 머리에 이무기가 서려 있는 모양을 새긴 돌기둥. 이무기기둥돌

이:주-화(異株花)[명] 수꽃과 암꽃이 서로 다른 나무에 피는 꽃. 은행나무·삼나무 등의 꽃.

이-죽(-粥)[명] 입쌀로 쑨 죽.

이죽-거리다(대다)[자] 밉살스레 지껄이며 빈정거리다. ☞야죽거리다. 이기죽거리다

> ▶ '이죽거리다'와 '이기죽거리다'
> 표준어 규정에서 준말과 본딧말이 다 같이 널리 쓰이면서 준말의 효용이 뚜렷이 인정되는 것은, 두 가지를 다 표준어로 삼았다.
> ¶이죽거리다=이기죽거리다/외다=외우다
> 석새베=석새삼베/서툴다=서투르다
> 머물다=머무르다/막대=막대기

이죽-이죽[부] 이죽거리는 모양을 나타내는 말. ☞야죽야죽. 이기죽이기죽

이:중(二中)[명] ①지난날, 시문(詩文)을 꼲는 등급의 하나. 열두 등급 중의 다섯째 등급으로, 이상(二上)의 아래, 이하(二下)의 위임. ☞상중(上中). 삼중(三中). 차중(次中) ② 활쏘기에서, 화살 다섯 대를 쏘아 두 대를 맞힌 경우를 이르는 말. ☞삼중(三中)

이:중(二重)[명] ①두 겹. ¶-으로 된 유리창. ②두 번 거듭되거나 둘이 겹침. ¶-으로 돈이 들었다.

이:중(二衆)[명] ①비구와 비구니를 아울러 이르는 말. ②불교에서, 출가하여 도를 닦는 도중(道衆)과 속세에 살면서 법에 귀의한 속중(俗衆)을 아울러 이르는 말.

이:중=가격(二重價格)[-까-][명] 물가 통제 정책에 따라, 동일 상품에 대해 두 가지 이상의 공정 가격을 매기는 일, 또는 그 가격. 쌀의 생산자 가격과 소비자 가격, 상품의 수출 가격과 국내 가격 따위.

이:중=결합(二重結合)[명] 분자 내 원자간의 화학 결합에서, 두 개의 원자가 두 개의 전자쌍으로 이루어지는 공유 결합.

이:중=경제(二重經濟)[명] 사기업의 자유로운 경제 활동을 기본적으로 인정하면서도 정부가 대규모의 정부 사업이나 국영 기업 등을 통하여 경제 활동에 적극적으로 참여하는 경제.

이:중-계(里中契)[명] 동리 사람들이 모여 만든 계.

이:중-고(二重苦)[명] 한꺼번에 겹치거나 거듭되는 고생. ¶-를 겪다.

이:중=곡가제(二重穀價制)[명] 정부가 생산자로부터 곡물을 비싸게 사들여서 소비자에게 싸게 팔고 그 차액은 정부가 부담하는 가격 제도. 물가 안정과 농민을 위한 정책임.

이:중=과:세(二重過歲)[명] 양력과 음력으로 설을 두 번 다 쇠는 일.

이:중=과세(二重課稅)[명] 동일한 과세 대상에 대하여 동일한 성격의 조세를 거듭 물리는 일. 중복 과세

이:중=국적(二重國籍)[명] 한 사람이 동시에 둘 이상의 국적을 가지는 일. 중국적(重國籍)

이:중=노출(二重露出)[명] 한 건판(乾板)이나 필름에 각각 다른 두 피사체를 이중으로 촬영하는 일. 이중 촬영

이:중-례(二中禮)[명] 사정(射亭)에 새로 들어온 사원(射員)이 이중을 하였을 때 스승과 여러 사원에게 술잔치를 베풀던 일. ☞삼중례(三中禮)

이:중=매:매(二重賣買)[명] 동일한 목적물을 이중으로 사고 파는 일.

이:중=모:음(二重母音)[명]〈어〉모음의 한 갈래. 반모음(半母音)과 단모음(單母音)이 결합된 모음. '야·여·요·유·와·워·의'에서 'ㅑ·ㅕ·ㅛ·ㅠ·ㅘ·ㅝ·ㅢ'와 같은 모음을 이름. 복모음(複母音). 중모음(重母音)

이:중=밀착(二重密着)[명] 사진·영화 제작에서, 따로 촬영한 두 장의 건판 또는 필름을 같은 인화지에 밀착하여 이중 노출의 효과를 얻는 일.

이:중=방:송(二重放送)[명] 한 방송국에서 주파수가 다른 전파로 동시에 두 가지 방송을 하는 일, 또는 그 방송.

이:중=번역(二重飜譯)[명] 한 번 번역한 글을 원문으로 삼아 다시 다른 나라 말로 번역하는 일. (준)중역(重譯)

이:중-상(二重像)[명] ①한 물체가 둘로 나타나 보이는 망막의 영상. ②두 개로 겹쳐 보이는 텔레비전 화상.

이:중=생활(二重生活)[명] ①한 사람이 전혀 다른 성질의 두 가지 생활을 하는 일. ②한 가족의 구성원이 어떤 사정으로 서로 다른 곳에서 생활하는 일. ③본처와 살면서 다른 여자와도 살림을 차려 사는 일.

이:중-성(二重星)[명] 서로 가까이 있어서 육안으로는 하나처럼 보이나, 망원경으로 보면 두 개인 별.

이:중=성:격(二重性格)[-껵][명] 서로 다른 양면성(兩面性)을 지닌 성격.

이:중=수소(二重水素)[명] 수소의 동위 원소 중에서, 질량수가 2인 중수소. ☞삼중 수소

이:중=압류(二重押留)[명] 한 채권자를 위하여 이미 압류한 채무자의 재산이나 권리를 다른 채권자를 위하여 다시 압류하는 일.

이:중=외:교(二重外交)[명] 내각 이외의 독립 권한을 가진 특수 기관이 외무 당국과 병립하여 하는 외교. 자국(自國)의 이익을 추구하려는 외교 정책임.

이:중=의:식(二重意識)[명] 동시에 두 가지로 작용하는 의식. 글을 쓰면서 남과 이야기하는 경우 따위.

이:중=인격(二重人格)[-껵][명] ①한 사람이 전혀 다른 두 가지 성격을 지니고 있어 때때로 다른 사람처럼 행동하는 일, 또는 그런 성격. ②인격 장애로 말미암은 이상 심리의 한 가지. 기억 상실 등으로 전혀 다른 인격으로서 행동하는 일 따위.

이:중=저:당(二重抵當)[명] 이미 저당권을 설정한 부동산에 대하여 다시 저당을 설정하는 일.

이-중절(離中絕)[명] 팔괘(八卦) 중, 이괘(離卦)는 가운데 막대만 끊어졌다는 뜻으로 ☲의 모양을 이르는 말. ☞감중련(坎中連)

이:중-주(二重奏)[명] 독주 악기 둘로 실내악을 연주하는 일, 또는 그 연주. ☞삼중주(三重奏)

이:중-창(二重唱)[명] 성부(聲部)가 다른 두 사람이 노래하는 일, 또는 그 노래. 듀엣(duet) ☞이부 합창

이:중-창(二重窓)[명] 겹으로 만든 창. 방한(防寒)·방음(防音) 등의 효과가 있음.

이:중=촬영(二重撮影)[명] 이중 노출(二重露出)

이:중=회로(二重回路)명 한 회로로 송·수신을 동시에 할 수 있는 통신로(通信路).
이-즈막명 ①이제까지에 이르는 가까운 지난날. ¶ -에는 그를 통 만날 수가 없다. ②《부사처럼 쓰임》 ¶ - 얼굴이 달덩이처럼 피네. ☞요즈막
이-즈음명 ①이 사이. ¶ -에 독감이 유행이다. ②《부사처럼 쓰임》 ¶ - 어떻게 지내나? 준이즘 ☞요즈음
이-즘명 '이즈음'의 준말. ☞요즘
이즘(ism)명 주의(主義) 또는 학설.
이증(貤贈)명-하다타 지난날, 종이품 이상의 관원의 세상을 떠난 아버지·할아버지·증조 할아버지에게 관직을 주던 일. 추증(追贈)
이:증(裏證)명 한방에서, 몸 안의 장기(臟器) 등에 생긴 병을 이르는 말. ☞표증(表證)[1]. 열증(熱證)
이:지(二至)명 하지(夏至)와 동지(冬至)를 아울러 이르는 말. ☞이분(二分)
이:지(異志)명 두 가지 마음, 또는 배반하려 하는 마음.
이:지(理智)명 ①감정이나 본능에 치우치지 않고 사물을 분별·이해하는 슬기. ②불교에서, 진여(眞如)의 이치를 깨닫는 지혜를 이르는 말.
이지기사(頤指氣使)성구 턱으로 가리켜 시키고 기색(氣色)이나 몸짓으로 부린다는 뜻으로, 남을 마음대로 부림을 이르는 말.
이:지다자 닭이나 돼지 따위가 날로 살이 찌다.
이지러-지다자 ①물체의 한쪽 귀퉁이가 떨어져 없어지다. ¶이지러진 그릇. ②달 따위가 한쪽이 차지 않다. ¶이지러진 조각달.
이지렁명 능청맞고 천연스러운 태도. ☞야지랑
이지렁(을) 떨다관용 이지렁스러운 짓을 자꾸 하다.
이지렁(을) 부리다관용 짐짓 이지렁을 떨다.
이지렁(을) 피우다관용 이지렁스러운 태도를 나타내다.
이지렁-스럽다(-스럽고·-스러워)형ㅂ 능청맞고 천연스럽다. ☞야지랑스럽다
이지렁-스레부 이지렁스럽게
이직(移職)명-하다자 직장이나 직업을 옮김. 전직(轉職). 천직(遷職)
이직(離職)명-하다자 직업을 잃거나 직장을 떠남.
이:직(理直)어기 '이직(理直)하다'의 어기(語基).
이:-직각(二直角)명 두 개의 직각을 합한 각, 곧 180°.
이:직-하다(理直-)형여 이치가 곧고 바르다.
이:진(二陣)명 ①둘째 진(陣)이나 집단. ②경기 단체 따위에서, 보결·후보 선수나 후보 팀. ¶ - 선수
이:진-법(二進法)[-뻡]명 기수법(記數法)의 한 가지. 0과 1의 2개의 숫자를 써서 둘씩 모일 때마다 한 자리씩 올려서 나타냄. ☞십진법. 오진법
이:진-수(二進數)명 이진법으로 나타낸 수. ☞십진수. 오진수
이질(姨姪)명 ①자기의 자매(姊妹)의 아들딸. ②아내의 자매의 아들딸.
이:질(異質)명 성질이 다름, 또는 그 성질. ☞동질(同質)
이:질(痢疾)명 유행성 또는 급성의 법정 전염병의 한 가지. 뒤가 잦고 설사에 곱과 피가 섞여 나옴. 하리(下痢) ☞백리(白痢). 적리(赤痢)
이:질-감(異質感)명 성질이 다르고 차이가 나는 느낌. ¶ 문화적 -을 느끼다.
이질-녀(姨姪女)명 ①자기의 자매(姊妹)의 딸. ②아내의 자매의 딸.
이질-부(姨姪婦)명 이질의 아내.
이질-서(姨姪壻)명 이질녀의 남편.
이:질-아메:바(痢疾amoeba)명 아메바성 이질의 병원체인 원생생물.
이:질-풀(痢疾-)명 쥐손이풀과의 여러해살이풀. 줄기 높이 50~100cm. 줄기는 가늘고 길며, 잎은 손바닥 모양으로 갈라져 있고 검은 무늬가 있음. 8~9월에 분홍색·홍자색·백색 등의 꽃이 핌. 산이나 들의 그늘지고 습한 곳에 자람. 한방에서, 이질·설사의 약재로 쓰임.
이징-가미명 질그릇의 깨어진 조각.
이-쩍명 오래되어 굳어 붙은 이똥.
이-쪽[1]명 이의 부스러진 조각.
이-쪽[2]대 ①말하는 이에게 가까운 쪽. ¶ -으로 오십시오. ②말하는 이나 그 무리. ¶ -의 의견서를 제출하다. ③말하는 이와 가까이 있는 사람이나 무리. ¶ -은 내 약혼녀야. 이편 ☞그쪽. 요쪽. 저쪽
이쪽-저쪽명 이쪽과 저쪽을 아울러 이르는 말.
이-쯤명 ①이만한 정도. ¶ -에서 그만두지. ②《부사처럼 쓰임》 ¶ - 해 두고 철수하자. ☞요쯤
이:차(二次)명 ①두 번째. ¶ - 시험 ②어떤 사물이나 현상이 본래의 것에 대하여 부수적인 관계에 있는 것. 부차(副次) ③수학에서, 다항식·방정식·대수곡선(代數曲線) 등의 차수가 2인 것. ¶ - 부등식 ④'이차회'의 준말. ¶ -로 갑시다.
이:차=곡면(二次曲面)명 해석 기하학에서, 삼원 이차 방정식에 따라 나타나는 곡면을 통틀어 이르는 말. 구면(球面)·타원면·뿔면·쌍곡면·타원 포물면 따위.
이:차=곡선(二次曲線)명 해석 기하학에서, 이차 방정식에 따라 나타나는 곡선을 통틀어 이르는 말. 원·타원·포물선·쌍곡선 따위.
이:차=방정식(二次方程式)명 미지수의 최고 차수가 2차인 방정식.
이:차=산:업(二次産業)명 일차 산업 부문에서 생산한 원재료를 정제(精製)·가공하는 산업. 건설업·광업·제조업 따위. 제이차 산업 ☞삼차 산업
이:차-색(二次色)명 서로 다른 두 원색(原色)이 섞여 이루어진 색. ☞삼차색
이:차=에너지(二次energy)명 일차 에너지를 가공 또는 변형하여 이용하기 편리하게 만든 에너지. 전력·도시가스·코크스 따위. ☞일차 에너지
이:차=전:류(二次電流)명 이차 회로나 이차 코일 속에 유도되어 흐르는 전류.
이:차=전:지(二次電池)명 축전지(蓄電池)
이:차=조직(二次組織)명 식물에서, 일차 조직이 만들어진 뒤에 분열 조직의 일부가 남거나 새로 생긴 분열 조직. 관다발·형성층·코르크 조직 따위. ☞일차 조직
이:차=코일(二次coil)명 유도 코일이나 변압기에서 전압을 받는 쪽의 코일. ☞일차 코일
이:차-회(二次會)명 연회나 회의 따위가 끝난 뒤, 그 참가자들이 다시 다른 곳에서 가지는 모임. 준이차
이-착륙(離着陸)명-하다자 이륙과 착륙
이찬(伊飡)명 신라 때, 17관등의 둘째 등급. 이척찬(伊尺飡) ☞잡찬(迊飡)
이:찰(吏札)명 이두(吏讀)
×이-찹쌀명 → 찹쌀
이-창포(泥菖蒲)명 창포의 한 가지. 뿌리가 굵고 살지고 희며, 마디가 성김. 못이나 늪 같은 데에 자람. 백창포
이:채(吏債)명 조선 시대, 백성이 그 지방의 아전에게 진 빚을 이르던 말.
이:채(異彩)명 ①특별히 눈에 띌 정도로 별다른 광채나 색채. ②남다르게 특별함. ¶ -를 띤 작품.
이:채-롭다(異彩-)(-롭고·-로워)형ㅂ 색다른 데가 있다. ¶외국인이 가야금을 연주하는 모습이 -.
이-처럼부 이와 같이. ¶ - 기쁜 일이 또 있겠는가. ☞요처럼
이척찬(伊尺飡)명 이찬(伊飡)
이:천(二天)[1]명-하다자 지난날, 과거나 백일장에서 한시(漢詩) 따위를 지을 때 둘째로 글을 지어 바치던 일.
이:천(二天)[2]명 ①불교에서, 범천(梵天)과 제석천(帝釋天)을 아울러 이르는 말. ②불교에서, 다문천(多聞天)과 지국천(持國天)을 아울러 이르는 말.
이:천(履踐)명-하다타 실제로 행함.
이:천식천(以天食天)성구 천도교에서, 우주 전체를 한울로 보아 사람이 동식물을 먹는 것을 이르는 말. 한울이 한울 자체를 키우기 위한 자율적인 행동으로 봄.
이:첨-판(二尖瓣)명 심장의 좌심방과 좌심실 사이에 있는 판막. 피가 거꾸로 흐르는 것을 막음. 승모판(僧帽瓣)

이첩(移牒)명-하다타 받은 공문이나 통첩을 다른 곳으로 다시 알림, 또는 그 공문이나 통첩.
이:첩기(二疊紀)명 페름기
이:첩-지(二疊紙·二貼紙)명 종이의 한 가지. 삼첩지보다 조금 얇음.
이체(移替)명-하다타 돈 따위를 옮기거나 서로 바꿈. ¶ 할부금을 계좌에 자동 -로 납입하다.
이:체(異體)명 ①체재나 모양이 보통과 다른 것. ②다른 몸. ☞동체 ③변체(變體)
이:체-동심(異體同心)명 몸은 서로 다르나 마음은 한가지임.
이:체-동종(異體同種)명 모양은 다르나 근본이 같음.
이:체=웅예(二體雄蕊)명 합생 웅예(合生雄蕊)의 한 가지. 여러 개의 수술이 두 개의 덩어리로 뭉쳐 갈라져 있는 수술. 양체 웅예
이:초(二草)명 담배 잎을 한 번 거둔 뒤, 다시 돋아난 잎을 따서 말린 잎담배.
이:초(異草)명 기이한 화초나 풀.
이-촉명 잇몸에 박힌 이의 뿌리 부분. 치근(齒根) ☞이틀[2]. 잇집
이추(泥鰍·泥鰌)명 '미꾸라지'의 딴이름.
이축(移築)명-하다타 건물 따위를 다른 곳으로 옮겨 짓거나 세움.
이:출(利出)명 본전을 빼고 남은 이익.
이출(移出)명-하다타 ①다른 곳으로 옮겨 냄. ②한 나라 안의 한 지역에서 다른 지역으로 화물을 옮겨 냄. ☞이입(移入)
이-출입(移出入)명-하다타 이출(移出)과 이입(移入).
이-춤명 몸이 가려워도 긁지 못할 때에 몸을 일기죽거리며 어깨를 으쓱거리는 짓. ¶ -을 추다.
이취(泥醉)명-하다자 술에 몹시 취함.
이:취(異臭)명 이상한 냄새.
이-취임(離就任)명 이임(離任)과 취임(就任).
이측(離側)명-하다자 부모의 곁을 떠남.
이:층(二層)명 ①단층 위에 한 층 더 올려 지은 층. ¶ - 양옥(洋屋) ②여러 층으로 된 건물에서, 아래로부터 둘째 층. ¶ 아파트의 -에 산다.
이층(離層)명 떨켜
이:층-밥(二層-)[-빱]명 진밥과 된밥을 함께 지은 밥. 쌀을 안칠 때 두 층이 지도록 함. 여러 연령층이 함께 사는 가정에서 노인을 위한 밥짓기 방법임.
이-치(-齒)명 한자 부수(部首)의 한 가지. '齟'·'齧' 등에서 '齒'의 이름.
이:치(吏治)명 수령(守令)의 치적(治績).
이:치(理致)명 사물의 정당한 도리나 취지. ¶ -에 맞다. / -에 어긋나다. /당연한 -.
이치다타 '이아치다'의 준말.
이:치-성(異齒性)[-썽]명 한 개체가 위치에 따라 다른 모양의 이를 가지는 성질. 포유류에 앞니·송곳니·어금니 등이 있는 것 따위. ☞동치성(同齒性)
이칙(夷則)명 십이율(十二律)의 아홉째 음. ☞육려(六呂). 육률(六律)
이:-칠일(二七日)명 두이레 ☞삼칠일(三七日). 초칠일(初七日)
이:칭(異稱)명 달리 부르는 이름.
이카오(ICAO)명 국제 민간 항공 기구 [International Civil Aviation Organization]
이커서니감 힘을 써서 무거운 물건을 번쩍 들어올릴 때 하는 말. ☞아카사니
이코노마이저(economizer)명 보일러의 연료 절약을 위한 급수 가열 장치의 한 가지. 연도(煙道)에 수관(水管)을 붙여 배기(排氣)의 남은 열로 급수를 가열하게 되어 있음.
이콘(Ikon 독)명 그리스 정교(正教)에서 벽화나 모자이크, 목판화 등으로 나타낸 성모·성자·성인 등의 초상. 아이콘(icon)
이퀄(equal)명 수학에서, 등호(等號)로 쓰는 부호 '='의 이름.
이:큐:(EQ)명 ①교육 지수(教育指數)[Educational Quotient] ②감성 지수(感性指數)[Emotional Quotient]
이키감 어떤 뜻밖의 일을 보고 몹시 놀랐을 때에 하는 말. ¶ -, 이게 뭐야! ☞이끼
이키나감 '이키'의 힘줌말.
이:타(耳朶)명 귓불[1]
이:타(利他)명 ①자기를 희생하여 남을 이롭게 함. ☞이기(利己) ②불교에서, 자기가 얻은 공덕과 이익을 베풀어 중생을 구제하는 일. 타애(他愛)
이타(弛惰)어기 '이타(弛惰)하다'의 어기(語基).
이:타-설(利他說)명 이타주의(利他主義). 애타설(愛他說)
이:타-주의(利他主義)명 자기를 희생해서라도 다른 사람의 행복이나 이익을 행위의 목적으로 삼는 태도, 또는 그런 사고 방식. 애타주의(愛他主義). 이타설 ☞이기주의(利己主義)
이타-하다(弛惰-)형여 마음이 느슨하여 게으르다.
이탄(泥炭)명 토탄(土炭)
이탈(離脫)명-하다자타 어떤 범위나 대열 따위에서 벗어남. 탈리(脫離) ¶ 궤도에서 -하다. /대오(隊伍)를 -하다.
이탓-저탓[-탇-]명-하다자 ①이리저리 핑계를 삼음. ¶ 약속을 어기고 -을 늘어놓다. ②〔부사처럼 쓰임〕 ¶ - 변명을 늘어놓다. ☞요탓조탓
이태명 두 해. 양년(兩年) ¶ - 전에 그를 본 것이 마지막이었다.
이태리(伊太利)명 '이탈리아'의 한자 표기. 준이(伊)
이탤릭(italic)명 서양 활자체의 한 가지. 약간 오른쪽으로 기울어진 모양이며, 강조할 어구(語句)나 외국어·학명 등을 나타내는 데 쓰임.
이테르븀(ytterbium 라)명 란탄족 원소의 하나. 가돌리나이트·제노타임 등의 광석에 들어 있으며, 순수한 산화물로 얻어짐.〔원소 기호 Yb/원자 번호 70/원자량 173.04〕
이:토(吏吐)명 이두(吏讀)
이토(泥土)명 질퍽질퍽하게 된 흙. 진흙
이-토록부 이러하도록, 또는 이와 같이. ¶ 일이 - 힘들 줄은 몰랐네. ☞요토록
이토-질(泥土-)명-하다자 진흙으로 벽을 치는 일.
이:통(耳痛)명 귓병
이:투(吏套)명 이두(吏讀)
이트륨(yttrium 라)명 금속 원소의 하나. 가돌리나이트·모나자이트·제노타임 등의 광석에 들어 있음. 은백색 금속이며 공기 중에서 표면이 쉽게 산화되고 47°C에서 인화함.〔원자 기호 Y/원자 번호 39/원자량 88.91〕
이튿-날명 ①한 달의 둘째 날. 본초이튿날 준이틀 ②다음날 ¶ 그 -도 연락이 오지 않았다. ③이틀째의 날. ¶ 행사 -은 조별로 토론회를 열었다.
이틀[1]명 ①두 날. 양일(兩日) ¶ 감기로 -을 앓았다. ② '이튿날'의 준말.
이-틀[2]명 이가 박혀 있는 아래위의 턱뼈.
이틀-거리명 한방에서, 이틀씩 걸러 앓으며 좀처럼 낫지 않는 학질을 이르는 말. 노학(老瘧). 당고금. 당학(唐瘧). 이일학(二日瘧). 해학(痎瘧)
이-틈명 이와 이의 틈.
이:파(異派)명 다른 유파(流派).
이파리명 잎사귀
이:판(吏判)명 '이조 판서(吏曹判書)'의 준말.
이:판(理判)명 불교에서, 속세를 떠나 불도를 닦는 데 전념하는 일.
이판-사판명 ①막다른 데에 이르러, 더는 어찌할 수 없게 된 지경. ¶ -으로 대들다. ②〔부사처럼 쓰임〕 ¶ - 한번 해보자.
이판-암(泥板岩)명 수성암의 한 가지. 점토가 엉겨 붙어서 된 암석. 얇은 층으로 이루어져 있음. 세일(shale). 혈암(頁岩)
이판-화(離瓣花)명 꽃잎이 하나하나 따로 떨어져 있는

꽃, 매화·벚꽃·패랭이꽃 따위. 갈래꽃 ☞합판화(合瓣花)
이판-화관(離瓣花冠)명 꽃잎이 하나하나 따로 떨어져 있는 꽃의 꽃부리. 갈래꽃부리 ☞합판화관(合瓣花冠)
이판-화악(離瓣花萼)명 꽃잎이 하나하나 따로 떨어져 있는 꽃의 꽃받침. 갈래꽃받침 ☞합판화악(合瓣花萼)
이:팔-월(二八月)명 2월에 눈비가 내리는 정도에 따라 그 해 8월에 비가 많이 내리거나 적게 내린다고 하여 2월과 8월이 맞섬을 이르는 말.
이:팔-청춘(二八靑春)명 나이가 열여섯 살 가량 된 젊은이, 또는 그 무렵의 젊은 시절.
이:팝-나무명 물푸레나뭇과의 낙엽 활엽 교목. 높이는 20m 안팎임. 잎은 길둥근 꼴로 마주 나며, 봄에 흰 꽃이 피고 열매는 가을에 검게 익음. 정원수나 풍치목(風致木)으로 심음.
이:-팥명 팥의 한 종류. 알이 조금 납작하고 길며, 빛이 검붉고 품질이 낮음.
이-편대 이쪽²
이:폐(貽弊)명-하다자 남에게 폐를 끼침.
이:포이포(以暴易暴)성구 포악한 사람을 다스리기 위하여 난폭한 수단을 쓴다는 뜻으로, 주나라 무왕이 은나라의 주왕을 친 일을 두고 이르는 말.
이:-풀명 입쌀가루로 쑨 풀.
이:품(二品)명 지난날, 관직의 둘째 품계를 이르던 말. 정이품과 종이품이 있음.
이:품(異品)명 진귀한 물품. 진품(珍品)
이:품(異稟)명 남달리 뛰어난 성품(性稟).
이:풍(異風)명 ①이상스러운 기풍. ②이속(異俗)
이풍역속(移風易俗)성구 풍속을 고쳐 더욱 좋게 바꿈을 이르는 말.
이:피-반(EP盤)명 지름이 170mm인 음반. 1분에 45회 회전함. 도넛판 [EP: extended play]
이:피-화(異被花)명 화피(花被)가 꽃받침과 꽃잎으로 뚜렷이 분화하여, 꽃받침이 초록색이고 꽃잎이 초록색 이외의 여러 가지 빛깔인 유피화(有被花). 진달래꽃·벚꽃 따위. ☞등피화(等被花)
이:필(吏筆)명 지난날, 아전들이 쓰던 글씨체. 일정한 서체에 따르지 않고 겉으로 보기에만 곱고 미끈함.
이:필(異筆)명 필적이 다름, 또는 한 사람의 필적이 아님.
이필(이) 지다관용 한곳에 쓴 글씨가 서로 다르다.
이:하(二下)명 지난날, 시문(詩文)을 끊는 등급의 하나. 열두 등급 중의 여섯째 등급으로, 이중(二中)의 아래, 삼상(三上)의 위. ☞삼하(三下). 상하(上下). 차하(次下)
이:하(以下)명 ①수량이나 정도 따위를 나타내는 말 다음에 쓰이어, 그것을 포함하여 그 아래의 범위임을 나타내는 말. ¶30세 −만 응모할 수 있습니다./3년 −의 징역에 처함. ☞미만(未滿) ②어떤 것보다 정도가 덜하거나 아래임을 나타내는 말. ¶응모한 작품들이 모두 수준 −였다./기대 −의 결과에 실망하다. ③글이나 이야기 따위에서, 다음에 적거나 말할 내용. ¶− 생략 ④여러 대상을 열거할 때, '그 대상을 비롯하여', 또는 '그 외에'의 뜻으로 쓰는 말. ¶사장님 − 임직원 여러분의 성원에 감사드립니다. ☞이상(以上)
이:하부정:관(李下不整冠)성구 자두나무 밑에서 관을 고쳐 쓰지 말라는 뜻으로, 남에게 의심받을만 한 일을 하지 말라는 말. ☞과전불납리(瓜田不納履)
이:하-선(耳下腺)명 구강(口腔) 안에 있는 세 개의 침샘 가운데 가장 큰 침샘. 분비되는 침은 점액이 없어 물과 비슷하고, 단백질과 효소가 많음. 귀밑샘
이:하선-염(耳下腺炎)[-념]명 이하선에 생기는 염증. 동통(疼痛)·두통·구역질·발열 등의 증세를 보임.
이:학(耳學)명 귀동냥으로 알게 된 학문.
이:학(異學)명 이단(異端)의 학문.
이:학(理學)명 ①천문·물리·화학·지질·동식물 등의 자연 과학을 통틀어 이르는 말. ②성리학(性理學) ③원리를 연구하는 학문이라는 뜻으로, 철학을 이르는 말.
이:학=병기(理學兵器)명 근대 과학 병기. 음파·전기·전자파·광선 따위를 응용한 병기.
이합(離合)명-하다자 헤어짐과 모임.
이:합-사(二合絲)명 이겹실
이합집산(離合集散)성구 헤어졌다 모였다 함을 이르는 말. ¶−하는 정객들.
이항(移項)명-하다타 ①항목(項目)을 옮김. ②수학에서, 등식·부등식의 한 변에 있는 항을 그 부호를 바꾸어 다른 변으로 옮기는 일.
이:항=방정식(二項方程式)명 항(項)의 수가 두 개인 방정식. ▷二의 갖은자는 貳. 고자는 弍
이:항-식(二項式)명 두 항으로 된 다항식.
이:항=정:리(二項定理)명 이항식의 n제곱 $(a+b)^n$을 전개하는 방법을 보이는 공식.
이-해명 올해 ¶−도 저물어 간다.
이:해(利害)명 이익과 손해. 득실(得失)
이해(泥海)명 진창이 된 길바닥. 진창길
이:해(理解)명-하다자타 ①사리를 분별하여 앎. ¶문학에 대한 −가 깊다. ②말이나 글의 뜻을 깨달아 앎. ¶이 구절은 −가 안 된다. ③양해(諒解) ¶내 처지를 −해 주게.
이:해(貽害)명-하다자 남에게 해를 끼침.
이:해-간(利害間)부 이가 되거나 해가 되거나 간에.
이:해=관계(利害關係)명 서로 이익과 손해가 미치는 사이의 관계.
이:해=관계인(利害關係人)명 법률에서, 어떤 사실의 유무(有無), 또는 어떤 행위나 공공 기관의 처분 등으로 말미암아 자기의 권리나 이익에 영향을 받는 사람을 이르는 말.
이:해-관두(利害關頭)명 이익과 손해의 관계가 결정되는 고비.
이:해-득실(利害得失)명 이로움과 해로움·얻음과 잃음.
이:해-력(理解力)명 사리를 분별하여 아는 힘. ¶학생의 −을 알아보는 문제.
이:해-불계(利害不計)명 이해를 따지지 아니함.
이:해-상반(利害相反)명 이해 관계가 서로 어긋남.
이:해-상반(利害相半)명 얼마쯤 이롭기도 하고 얼마쯤 해롭기도 함을 이르는 말.
이:해-설(利害說)명 이해 관계에 대한 관심이 사회 현상의 원동력이라고 주장하는 사회 학설.
이:해-타:산(利害打算)명 이익과 손해를 이모저모 따져 헤아리는 일.
이핵(離核)명 과실의 살과 떨어져 있는 씨.
이행(易行)명 불교에서, 누구나 쉽게 할 수 있는 수행을 이르는 말. ☞난행(難行)
이행(移行)명-하다자 다른 상태로 옮아 감, 또는 변해 감. ¶불교 사회에서 유교 사회로의 −.
이:행(履行)명-하다타 ①실제로 함. ¶약속을 −하다. ②법적 의무의 실행, 또는 채무 소멸의 변제를 이르는 말.
이:행-도(易行道)명 불교에서, 아미타불의 발원(發願)하는 힘, 곧 타력(他力)으로 쉽게 깨달음에 이르는 방법을 이르는 말. ☞난행도(難行道)
이:행=불능(履行不能)명 법률에서, 채권 성립 때에 가능했던 급부(給付)가 그 후에 불능이 되는 일. 급부 불능
이:행정=기관(二行程機關)명 내연 기관에서, 피스톤의 한 번의 왕복으로 한 순환 과정을 끝내는 기관. 오토바이 같은 소형 기관에 쓰임.
이:향(吏鄕)명 조선 시대, 아전(衙前)과 향임(鄕任)을 아울러 이르던 말.
이:향(異香)명 ①좋은 향기. ②야릇한 향기.
이:향(異鄕)명 낯선 고장. 타향(他鄕)
이향(離鄕)명-하다자 고향을 떠남. ☞귀향(歸鄕)
이:허(裏許)명 속내평
이:현령비현령(耳懸鈴鼻懸鈴)성구 '귀에 걸면 귀걸이 코에 걸면 코걸이'라는 말을 한문식으로 옮긴 구(句)로, 어떤 사실이 이렇게도 저렇게도 해석된다는 뜻.
이:형(異形)명 ①이상하게 생긴 모양. ②보통과 다른 모양. ☞동형(同形)

이:형-관(異形管) 명 굽어지거나 갈라지는 곳을 이을 때 쓰는 관. Y자관·T자관 따위.

이:형=배:우자(異形配偶者) 명 유성 생식을 하는 생물의 두 배우자의 모양과 크기가 서로 다른 것. ☞동형 배우자

이:형=분열(異形分裂) 명 염색체 수가 반으로 줄어드는 세포 분열. 생식 세포인 정자나 난자가 형성될 때에 일어남. 감수 분열(減數分裂)

이:형-질(異形質) 명 생물 세포에서 특수한 기능을 하는, 원형질에서 변화한 세포 내용물.

이혜(泥鞋) 명 지난날, 진날이나 진땅에서 신던 신. 진신

이혼(離婚) 명 -하다 자 부부가 살다가 서로의 합의나 재판상의 청구에 따라 법률적인 혼인 관계를 끊고 헤어지는 일.

이:화(李花) 명 ①자두나무의 꽃. ②대한 제국 때, 관리들이 쓰던 휘장(徽章).

이:화(異化) 명 ①'이화 작용(異化作用)'의 준말. ②심리학에서, 두 가지 감각을 시간적·공간적으로 가까이 배치했을 때, 그 둘의 질적·양적 차이가 한층 더 커지는 일을 이르는 말.

이:화(梨花) 명 배나무의 꽃. 배꽃

이화(罹禍) 명 -하다 자 재앙을 당함.

이:화-명나방(二化螟-) 명 명나방과의 곤충. 편날개 길이 2~3cm. 앞 날개는 누른빛을 띤 잿빛 바탕에 흑갈색 비늘이 섞여 있고 바깥쪽 가장자리를 따라 7개의 작은 흑점이 줄지어 있으며, 뒷날개는 보통 흰빛임. 일 년에 두 번 발생하는데, '이화명충'이라 하는 애벌레는 벼 등의 잎집 속에 들어가 이삭이 나오지 못하게 하거나 줄기를 말라 죽게 하는 해충임. 우리 나라와 일본, 중국, 필리핀 등지에 분포함. 마디충나방. 명아(螟蛾). 명충나방. 이화명아

이:화-명아(二化螟蛾) 명 이화명나방

이:화-명충(二化螟蟲) 명 이화명나방의 애벌레. 마디충

이-화:산(泥火山) 명 땅 속에서 끓는 물과 수증기, 천연가스가 솟아 나올 때 함께 나온 진흙이 쌓여 생긴 작은 산. 분기(噴氣) 지역이나 유전(油田) 지역에서 흔히 볼 수 있음.

이:화-성(二化性)[-썽] 명 곤충이 한 해에 두 세대(世代) 되풀이하여 나타나는 성질. ☞화성(化性)

이:화=수정(異花受精) 명 식물이 같은 나무의 다른 꽃이나 다른 나무의 꽃에서 꽃가루를 받아 수정하는 일.

이:화=작용(異化作用) 명 생물의 물질 대사 중에서, 체내의 복잡한 화합물을 좀더 간단한 물질로 분해하는 작용. 준 이화(異化) ☞동화 작용(同化作用)

이:화-주(梨花酒) 명 배꽃을 넣어 빚은 술. 백운향

이:-화학(理化學) 명 물리학과 화학.

이:환(耳環) 명 귀고리

이환(罹患) 명 -하다 자 병에 걸림. 이병(罹病)

이환-율(罹患率)[-뉼] 명 일정한 기간의 평균 인구에 대한 질병 발생 건수의 비율. ☞유병률(有病率)

이:황화-탄:소(二黃化炭素) 명 탄소와 황의 화합물인 무색 액체. 특이한 악취가 나며 인화성이 강하고 독성이 있음. 지방·수지·고무 따위의 용제(溶劑)나 살충제, 또는 인조견 제조의 원료로 쓰임.

이:회(里會) 명 마을에 관한 일을 의논하는 모임.

이회(泥灰) 명 물에 이긴 석회. 장사지낼 때, 광중(壙中)이 굳도록 흙을 메우기 전에 넣음.

이:회(理會) 명 -하다 타 사리를 깨달아 앎.

이회-암(泥灰岩) 명 퇴적암의 한 종류. 석회분이 풍부한 이암(泥岩)이며, 탄산염을 35~65% 함유함. 벽돌 제조용 등으로 쓰임.

이회-질(泥灰-) 명 -하다 자 석회를 이기어 벽을 바르는 일.

이:효상효(以孝傷孝) 성구 어버이의 죽음을 너무 슬퍼하여 병이 나거나 죽음을 이르는 말.

이:후(以後) 명 ①이제로부터 뒤. 이다음 ¶ -로는 이런 일이 없도록 하겠습니다. 이강(以降) ☞이전(以前) ②기준이 되는 일정한 때를 포함하여 그 뒤. ¶ 건국 -

이:후(爾後) 명 그 뒤. 그 후.

이:흑(二黑) 명 음양설에서 이르는 구성(九星)의 하나. 별은 토성(土星), 방위는 남서쪽임.

이히히 감 익살스럽게 웃거나 바보스럽게 웃는 웃음소리를 나타내는 말.

익(益) 명 '익괘(益卦)'의 준말.

익(翼) 명 '익수(翼宿)'의 준말.

익곡(溺谷) 명 지반의 침강(沈降)이나 해면의 상승으로 육지에 바닷물이 밀려들어와 생긴 골짜기.

익공(翼工) 명 첨차(檐遮) 위에 소로(小櫨)와 함께 꾸밈새로 얹는 나무. 기둥 위에 새의 날개처럼 뻗어 나옴.

익공-집(翼工-)[-찝] 명 기둥 위에 익공을 얹어 지은 집.

익과(翼果) 명 시과(翅果)

익-괘(益卦) 명 육십사괘(六十四卦)의 하나. 손괘(巽卦) 아래 진괘(震卦)가 놓인 괘로 바람과 우레를 상징함. 준 익(益) ☞쾌괘(夬卦)

익년(匿年) 명 -하다 자 나이를 속임.

익년(翌年) 명 그 해의 다음에 오는 해. 이듬해

익다[1] 자 ①열매나 씨가 여물다. ¶ 벼가 누렇게 -. ②날것이 뜨거운 기운을 받아서 그 맛과 성질이 달라지다. ¶ 고기가 잘 -. ③빚거나 담근 음식물이 맛들다. ¶ 김치가 알맞게 -. ④볕이나 불을 오래 쬐거나 뜨거운 물에 담그거나 하여 살갗이 빨갛게 되다. ¶ 여름철 뙤약볕에 살이 발갛게 -.

속담 **익은 밥 먹고 선소리한다**: 사리에 맞지 않는 말을 하는 사람을 핀잔하여 이르는 말.

한자 익을 숙(熟) 〔火部 11획〕 ¶ 반숙(半熟)/성숙(成熟)/숙성(熟成)/완숙(完熟)

익다[2] 형 ①여러 번 겪거나 치러서 서투르지 않다. ¶ 일이 손에 -. ②여러 번 보거나 들어서 낯설지 않다. ¶ 낯이 -./귀에 익은 목소리.

익대(翊戴·翼戴) 명 -하다 타 정성스럽고 존경하는 마음으로 추대함.

익더귀 명 새매의 암컷. 토골(土鶻) ☞난추니

익랑(翼廊) 명 대문 좌우쪽에 잇대어 지은 행랑.

익면(翼面) 명 날개의 표면.

익명(匿名) 명 -하다 자 본이름을 숨김. ¶ -의 편지.

익명-서(匿名書) 명 본이름을 숨기고 쓴 글.

익모-초(益母草) 명 ①꿀풀과의 두해살이풀. 줄기 높이는 1m 안팎으로 네모지고, 잎은 마주 나며 잎자루가 길. 여름에 연한 홍자색 꽃이 핌. 우리 나라와 중국, 일본 등지에 분포함. 암눈비앗. 야천마(野天麻) ②한방에서, 익모초의 잎과 줄기를 약재로 이르는 말. 산후 조리, 부인병, 지혈, 강장제 등에 쓰임.

익몰(溺沒) 명 -하다 자 물에 빠져 가라앉음.

익-반죽 명 -하다 타 곡식 가루에 끓는 물을 쳐 가며 하는 반죽. ☞날반죽

익벽(翼壁) 명 교대(橋臺)의 양쪽 둑의 흙이 무너지지 않도록 교대에 붙여 놓은 벽체(壁體).

익사(溺死) 명 -하다 자 물에 빠져 죽음. 수사(水死)

익살 명 남을 웃기기 위하여 일부러 하는 우스운 말이나 행동. 골계(滑稽)

익살-꾸러기 명 익살꾼

익살-꾼 명 익살을 잘 부리는 사람. 익살꾸러기. 익살쟁이

익살-떨:다(-떨고·-떠니) 자 자꾸 익살스러운 말이나 행동을 하다.

익살-맞다[-만-] 형 익살을 부리는 태도가 있다.

익살-부리다 자 남을 웃기려고 짐짓 익살스러운 말이나 행동을 하다.

익살-스럽다(-스럽고·-스러워) 형ㅂ 보기에 재미 있고 우스운 데가 있다. ¶ 그는 익살스러운 행동으로 좌중을 즐겁게 했다.

익살-스레 부 익살스럽게

익살-쟁이 명 익살꾼

익석(翌夕) 명 이튿날 저녁.

익선-관(翼善冠·翼蟬冠) 명 조선 시대, 임금이 평상복 차림으로 정무(政務)를 볼 때 쓰던 관. 꼭대기에 턱이 져

앞은 낮고 뒤는 높으며, 검은빛의 사(紗) 또는 나(羅)로 둘렀음. 뒤에 두 개의 뿔이 날개처럼 달려 있어 붙은 이름임.

익성(翼星)명 익수(翼宿)

익수(-手)명 어떤 일에 익숙한 사람. ☞생무지. 생수(生手)

익수(翼宿)명 이십팔수(二十八宿)의 하나. 남쪽의 여섯째 별자리. 익성(翼星) 준익(翼)

익숙-하다형여 ①어떤 일을 여러 번 해 보아서 몸에 밴 상태에 있다. ¶익숙한 솜씨로 기계를 다루다. ②어떤 일을 여러 번 보거나 들어서 잘 아는 상태에 있다. ¶이 길은 자주 다니던 길이라 -.

익숙-히 부 익숙하게

한자 익숙할 관(慣) 〔心部 11획〕 ¶관습(慣習)/관용(慣用)/관행(慣行)

익스팬더(expander)명 손잡이에 굵은 고무 끈이나 용수철 등을 몇 가닥 나란히 매어 놓은 운동 기구. 양팔, 또는 팔과 다리로 잡아당기며 근육을 단련하는 데 씀.

익실(翼室)명 재래식 한옥에서, 본채의 대청 좌우 양편에 딸려 있는 방.

익심(益甚)어기 '익심(益甚)하다'의 어기(語基).

익심-하다(益甚-)형여 점점 더 심하다.

익애(溺愛)명-하다타 지나치게 사랑함. ¶딸을 -하다.

익야(翌夜)명 이튿날 밤.

익우(益友)명 사귀어서 이로운 벗. ☞손우(損友). 악우(惡友)

익월(翌月)명 이듬달

익은-누에명 다 자라서 실을 토하여 고치를 짓는 누에. 숙잠(熟蠶)

익은-말명 숙어(熟語)

익은-소리명 속음(俗音)

익은-이명 삶아 익힌 쇠고기. 수육

익음(溺音)명 사람의 마음을 어지럽게 만드는 음악.

익일(翌日)명 다음날

익자(益者)명 남을 이롭게 돕는 사람.

익자삼요(益者三樂)성구 사람이 좋아하여 유익한 것 세 가지. 곧 예악(禮樂)을 알맞게 지키는 일, 남의 착함을 들어 말하는 일, 어진 벗이 많음을 좋아하는 일을 이름. ☞손자삼요(損者三樂)

익자삼우(益者三友)성구 사귀어서 이로운 세 유형의 벗. 곧 정직한 벗, 신의가 있는 벗, 아는 것이 많은 벗을 이름. ☞손자삼우(損者三友)

익재난고(益齋亂藁)명 고려 공민왕 때의 학자 익재 이제현(李齊賢)의 유고(遺稿)를 모아 엮은 시문집. 10권 4책의 목판본.

익재소:악부(益齋小樂府)명 고려 말 익재 이제현(李齊賢)이 한문으로 번역한 시가집(詩歌集). 고려 가요의 한역시(漢譯詩) 11수가 실려 있음.

익조(益鳥)명 사람에게 직접·간접으로 유익한 새. 제비·딱따구리 따위. ☞해조(害鳥)

익조(翌朝)명 이튿날 아침.

익직(溺職)명-하다자 맡은 직무를 감당하지 못함.

익충(益蟲)명 인간 생활에 직접·간접으로 이로운 벌레. 누에·꿀벌·잠자리 따위. ☞해충(害蟲)

익효(翌曉)명 이튿날 새벽.

익히부 익숙하게 ¶- 아는 사이다./그 이야기는 - 들어 알고 있다.

익히다[1] 타 ①날것에 뜨거운 기운을 주어 익게 하다. ¶감자를 -. ②빚거나 담근 음식물이 제 맛이 들도록 하다. ¶따뜻한 방에서 술을 -.

익히다[2] 타 익숙해지게 하다. ¶기술을 -.

한자 익힐 련(練) 〔糸部 9획〕 ¶숙련(熟練)/연습(練習)
익힐 습(習) 〔羽部 5획〕 ¶습자(習字)/학습(學習)
익힐 연(演) 〔水部 11획〕 ¶연무(演武)/연습(演習)

인명 여러 번 되풀이하여 몸에 밴 습관.

인이 박이다관용 자꾸 되풀이하여 버릇처럼 아주 몸에 배다. ¶인이 박인 담배.

인(人)명 ①사람 ¶-의 장막을 치다. ②〔의존 명사로도 쓰임〕 사람 수를 세는 단위. ¶이십 -이 모이다.

인[1](仁)명 오상(五常)의 하나. 남을 사랑하고 어질게 행동하는 일. 유교의 근본 개념임. ☞의(義)

인[2](仁)명 ①생물의 세포핵 속에 들어 있는 구형(球形) 또는 막대 모양의 소체(小體). 주성분은 단백질과 리보핵산임. ②한방에서, 식물의 씨에서 껍질을 벗겨 낸 알맹이, 곧 배(胚)와 배젖을 아울러 이르는 말.

인(印)명 ①도장(圖章). 인장(印章) ②불교에서, 손가락을 고부려 만드는 여러 가지 모양. 부처나 보살의 깨달음이나 서원(誓願)을 상징적으로 나타내는 것임. 인계(印契)

인(因)명 ①사물의 원인. ②불교에서, 어떤 결과를 일으키는 직접적인 원인을 이르는 말. ☞과(果)

인(寅)명 ①십이지(十二支)의 셋째. 범을 상징함. ②'인방(寅方)'의 준말. ③'인시(寅時)'의 준말. ☞묘(卯). 지지(地支)

한자 셋째 지지 인(寅) 〔宀部 8획〕 ¶갑인(甲寅)/병인(丙寅)/인방(寅方)/인시(寅時)

인(燐)명 질소족 원소의 하나. 동물의 뼈나 이의 구성 성분임. 어두운 곳에서 빛을 내며 독성이 있고 공기 중에서 발화하기 쉬움. 백린·황린·자린·흑린 등이 있으며, 성냥이나 인청동의 제조, 인을 함유하는 농약의 합성 등에 쓰임. 〔원소 기호 P/원자 번호 15/원자량 30.97〕

인(in)명 ①인사이드(inside) ②골프에서, 규정된 18홀 중에서 후반의 9홀을 이르는 말. ☞아웃(out)

-인(人)《접미사처럼 쓰이어》 ①'사람'임을 나타냄. ¶한국인(韓國人)/현대인(現代人) ②'그 분야에서 일하는 사람'임을 나타냄. ¶경제인(經濟人)/연예인(演藝人)/언론인(言論人) ☞-물(物)

인가(人家)명 사람이 사는 집. 인호(人戶)

인가(姻家)명 인척(姻戚)의 집.

인가(認可)명-하다타 ①어떤 일을 인정하여 허락함. 인허(認許) ②어떠한 일을 법적으로 옳다고 인정하여, 그 시행을 행정적으로 허락하는 일. ☞허가(許可)

인가(隣家)명 이웃집

인-가난(人-)명 일을 하는 데, 실제로 쓸만 한 사람이 없어 어려움을 겪는 일. ☞인감질(人疳疾). 인물가난

인가목-조팝나무명 장미과의 낙엽 관목. 높이 1m 안팎. 잎은 어긋맞게 나고 가장자리에 톱니가 있음. 5~6월에 흰 꽃이 산방(繖房)·산형(繖形) 꽃차례로 핌. 관상용으로 심으며, 지팡이 재료로 쓰임. ☞민둥인가목

인가-증(認可證)[-쯩]명 인가한 사실을 적은 증명서.

인각(印刻)명-하다타 나무·돌·쇠붙이 등에 그림이나 글자를 새기는 일.

인간(人間)명 ①사람 ¶-은 만물의 영장이다. ②사람의 됨됨이. ¶먼저 -이 되어라. ③사람이 사는 세상. ¶-에 내려온 선녀 같구나. ④마음에 달갑지 않거나 마땅치 않은 사람을 얕잡아 이르는 말. ¶저 -의 말은 곧이듣지 말게.

인간(印刊)명-하다타 인쇄하여 펴냄. ¶수필집을 -하다.

인간(印簡)명 지난날, 지방 관원이 섣달 그믐께 봉물(封物)과 함께 보내는 편지를 이르던 말.

인간-계(人間界)명 ①사람이 사는 세계. 하계(下界) ②불교에서 이르는, 십계(十界)의 하나. 중생(衆生)의 세계. 준인계(人界) ☞천상계(天上界)

인간-고(人間苦)명 사람이 세상을 살아가면서 겪는 고통과 번뇌.

인간=공학(人間工學)명 인간이 다루는 기계나 설비 따위를 인간에게 알맞게 설계·제작하기 위하여 연구하는 학문. 인간과 관련된 해부학·심리학·생리학 따위의 여러 학문 분야를 공학에 접목한 학문임.

인간=관계(人間關係)명 사람과 사람 사이, 또는 사회 집단이나 조직 안에서 발생하는 개인적·정서적 관계. ¶-

가 좋다.
인간-답다(人間—)(—답고·—다워)[형][ㅂ] 언행·품성·감정 따위가 인간의 도리에 벗어남이 없다. 사람답다 ¶인간답게 사는 일이 무엇보다 중요하다.
인간=대:사(人間大事)[명] 인륜 대사(人倫大事)
인간-도(人間道)[명] 불교에서 이르는 육도(六道)의 하나. 인간 세계를 이름.
인간-독(人間dock)[명] 건강 상태를 종합적으로 정밀하게 검사하고 성인병을 조기에 발견하기 위해 단기간 입원하여 하는 건강 진단, 또는 그 시설.
인간=문화재(人間文化財)[명] 중요 무형 문화재 보유자를 흔히 이르는 말.
인간-미(人間味)[명] 사람에게서 느껴지는 따뜻하고 정겨운 느낌. ¶—가 부족하다.
인간-사(人間事)[명] 사람이 살면서 겪는 여러 가지 일.
인간-상(人間像)[명] 어떤 사람의 생김새·성격·행동·사상 등 모든 것을 포함한 그 사람 전체의 모습이나 상태. ¶누구나 이상적으로 생각하는 —.
인간=생태학(人間生態學)[명] 인간과 지역 사회의 공생 관계를 전제로 하여 인간 집단과 그 환경의 관계를 연구하는 사회학의 한 부문.
인간-성(人間性)[—썽][명] ①사람의 본성(本性). ¶—이 나쁘다. ②사람다운 품성.
인간=세:계(人間世界)[명] 중생계(衆生界)
인간=소외(人間疎外)[명] 고도로 발달한 기계 문명과 거대한 산업 사회에서, 문명의 이기(利器)로 말미암아 인간성이 상실되고 인간이 주체로서 가진 지위를 잃어버려 인간다운 삶을 누리지 못하게 된 상태.
인간-애(人間愛)[명] 인간에 대한 사랑. ¶—가 넘치다.
인간-적(人間的)[명] 사람다운 성질이 있는 것. ¶— 양심
인간=중심주의(人間中心主義)[명] 철학에서, 인간이 우주의 중심이며 궁극의 목적이라고 보는 세계관.
인간-학(人間學)[명] 인간성의 본질이나 우주 안의 인간의 지위 등을 연구하는 학문. ☞인류학(人類學)
인감(印鑑)[명] ①본인의 도장임을 증명할 수 있도록 미리 관공서의 대장에 등록해 둔 특정한 도장의 인발. ②'인감 도장(印鑑圖章)'의 준말.
인감=대장(印鑑臺帳)[명] 신고된 인감에 대한 사항을 기록하고 그 인발을 찍어 보관하는 대장.
인감=도장(印鑑圖章)[명] 인감으로 등록이 되어 있는 도장. 실인(實印) [준]인감(印鑑)
인감=신고(印鑑申告)[명] 관공서에 특정한 인발을 인감으로 등록하는 일.
인감=증명(印鑑證明)[명] ①증명을 신청해 온 인발이 관공서에 등록되어 있는 인발과 같다는 사실을 관공서의 책임자가 증명하는 일. ②'인감 증명서'의 준말.
인감=증명서(印鑑證明書)[명] 증명을 신청해 온 인발이 관공서에 등록되어 있는 인발과 같음을 증명하는 서류. [준]인감 증명(印鑑證明)
인-감질(人疳疾)[명] 꼭 필요한 때에 쓸만 한 사람이 없어서 몹시 애가 타는 일. ☞인가난
인갑(印匣)[명] 도장을 넣어 두는 갑.
인갑(鱗甲)[명] ①비늘과 껍데기. ②거북 따위의 몸을 싸고 있는 비늘 모양의 딱딱한 껍데기.
인개(鱗介)[명] 물고기류와 조개류를 아울러 이르는 말. 개린(介鱗)
인개-도(鱗介圖)[명] 물 속에 사는 동물들을 그린 그림.
인:거(引據)[명]-하다[타] 인용하여 근거로 삼음, 또는 그 근거.
인:거(引鋸)[명]-하다[자] 큰톱을 두 사람이 마주잡고 번갈아 밀고 당기면서 톱질함.
인:거-장(引鋸匠)[명] 지난날, 큰톱으로 재목 켜는 일을 직업으로 삼던 사람. 큰톱장이
인건(人件)[—껀][명] 인사(人事)에 관한 일.
인건-비(人件費)[—껀—][명] 경비 중에서, 사람을 쓰는 데 드는 비용. ☞물건비
인걸(人傑)[명] 매우 뛰어난 인재. ☞준걸(俊傑)
인:검(印劍)[명] 지난날, 임금이 병마(兵馬)를 통솔하는 장수에게 주던 검. 명령을 어기는 자는 보고하지 않고도 죽일 수 있는 권한을 주었음.
인격(人格)[—껵][명] ①그 사람 고유의 인간성. ¶상대편의 —을 존중하다. ②심리학에서, 개인이 지닌 한결같은 행동 경향이나 심리적 특성을 이르는 말. ☞성격(性格) ③윤리학에서, 자율적 행위의 주체로서 자유 의지를 가진 개인을 이르는 말. ④법률에서, 권리와 의무의 주체가 되는 자격.
인격-권(人格權)[—껵—][명] 권리의 주체와 분리할 수 없는 인격적 권리. 곧 생명·신체·자유·명예 따위에 관한 권리. ☞초상권(肖像權)
인격=분열(人格分裂)[—껵—][명] 의식의 연락이나 정신의 통일성을 잃고, 정상 상태에서는 나타나지 않던 전혀 다른 성격과 기억을 가진 인격을 나타내는 증세. ☞인격 통일(人格統一)
인격-신(人格神)[—껵—][명] 인간적인 용모와 의식, 감정을 가지고 행동한다고 여겨지는 신. 신을 의인화한 것으로, 고대 그리스·로마의 신화에 나오는 신들과 크리스트교·이슬람교에서 말하는 신이 이에 딸림.
인격-자(人格者)[—껵—][명] 훌륭한 인격을 갖춘 사람.
인격-적(人格的)[—껵—][명] 인격에 바탕을 두는 것. 인격에 관계되는 것. ¶우리는 —인 대우를 원한다.
인격-주의(人格主義)[—껵—][명] 인격에 절대적인 가치를 부여하여, 다른 모든 가치의 척도로 삼는 사상.
인격-체(人格體)[—껵—][명] 인격을 가진 존재. ¶어린이도 하나의 —로 존중 받아야 한다.
인격=통:일(人格統一)[—껵—][명] 지속적인 의식의 통일로, 과거와 현재에 한결같이 자기를 잃지 않는 상태. ☞인격 분열(人格分裂)
인격-화(人格化)[—껵—][명]-하다[자타] 사람이 아닌 사물을 인간적인 활동을 하는 주체로 보는 일. ¶만화에서는 동물을 흔히 —한다.
인견(人絹)[명] '인조견(人造絹)'의 준말.
인:견(引見)[명]-하다[타] 지위나 신분이 높은 사람이 아랫사람을 불러 만나 봄. ☞접견(接見)
인견-사(人絹絲)[명] '인조 견사(人造絹絲)'의 준말.
인경(∠人定)[명] ①'인정(人定)'의 변한말. ②인정(人定)을 알릴 때 치던 종에서 연유하여 큰 종을 뜻하는 말.
인경(人境)[명] 사람이 살고 있는 고장.
인경(隣境)[명] 이웃하여 있는 땅의 경계.
인경(鱗莖)[명] 비늘줄기
인계(人界)[명] '인간계(人間界)'의 준말. ☞천계(天界)
인:계(引繼)[명]-하다[타] 어떤 일이나 물건을 남에게 넘겨줌, 또는 남으로부터 이어받음. ¶후임자에게 사무를 —하다. /가업을 —하다.
인계(印契)[명] 인(印)
인고(忍苦)[명]-하다[자] 괴로움을 참고 견딤. ¶—의 세월.
인곡(隣曲)[명] 이웃 동네. 인동(隣洞). 인리(隣里)
인곤마핍(人困馬乏)[성구] 먼 길을 오느라 사람과 말이 모두 지쳐 피곤함을 이르는 말.
인골(人骨)[명] 사람의 뼈.
인골:(in-goal)[명] 럭비 경기장에서, 양쪽 골라인 밖의 직사각형 지역을 이르는 말.
인공(人工)[명] ①자연적으로 이루어지는 것을 사람의 힘으로 바꾸어 놓는 일. ¶— 부화 /— 수정 [유]인위(人爲) ②자연물과 똑같거나 전혀 새로운 것을, 사람의 힘으로 만들어 내는 일. ¶— 관절/— 폭포 ☞천연(天然)
인공=가루받이(人工—)[—바지][명] 인공 수분
인공=감미료(人工甘味料)[명] 천연 감미료인 당류(糖類)에 상대하여, 화학 합성으로 제조한 감미료를 이르는 말. 사카린 따위.
인공=강:설(人工降雪)[명] 인공적으로 눈이 내리게 하는 일, 또는 그 눈.
인공=강:우(人工降雨)[명] 인공적으로 비가 내리게 하는 일, 또는 그 비. [과냉각(過冷却) 상태의 구름 속에 드라이아이스·요오드화은·물 등을 뿌려서 비를 내리게 함.]
인공=결정(人工結晶)[—쩡][명] 인공적으로 천연 광물과

화학 성분이 같게 만든 결정.
인공=공물(人工公物)명 공공(公共)의 이익과 편의를 위하여 인공적으로 만든 공물(公物). 도로·항만·운하·공원 따위. ☞자연 공물(自然公物)
인공=교배(人工交配)명 재배 식물이나 가축의 품종 개량 등을 위하여 인공적으로 수분이나 수정이 되게 하는 일.
인공=기흉=요법(人工氣胸療法)[-뇨뻡]명 결핵 치료법의 한 가지. 흉벽(胸壁)과 폐 사이에 기체를 넣어 결핵으로 손상된 폐를 수축시킴으로써 치료를 촉진하는 방법임.
인공=단위=생식(人工單爲生殖)명 수정되지 아니한 난자에 물리적·화학적 자극을 주어서 정자(精子) 없이 개체 발생을 유도하는 일.
인공=돌연=변:이(人工突然變異)명 생물체의 염색체나 유전자에 물리적·화학적 자극을 주어 인공적으로 일으키는 돌연 변이.
인공=두뇌(人工頭腦)명 사람의 대뇌 활동을 본떠 만든 기계. 컴퓨터나 전자 계산기 따위.
인공-림(人工林)명 씨를 뿌리거나 식수(植樹) 등의 인공적인 방법으로 가꾸어 이룬 숲. ☞천연림(天然林)
인공-미(人工美)명 사람의 힘으로 이루어진 아름다움. ☞예술미(藝術美)
인공=방:사능(人工放射能)명 자연 상태에서 방사능을 가지지 못하는 여러 동위 원소의 원자핵에 엑스선·중성자·감마선 등으로 충격을 주어 만드는 방사능.
인공=방:사성=원소(人工放射性元素)명 안정된 원자핵에 높은 에너지를 가진 양성자·중성자·감마선 등을 인공적으로 충돌시켜서 핵변환을 일으킴으로써 방사능을 갖게 된 원소.
인공=번식법(人工繁殖法)명 식물을 인공적으로 번식하는 방법. 꺾꽂이·휘묻이·접붙이기 따위.
인공=부화(人工孵化)명 날짐승·물고기·누에 등의 알을 인공적으로 깨는 일. ☞모계 부화(母鷄孵化)
인공=색소(人工色素)명 물질을 공업적으로 합성하여 만들어 낸 색소. ☞천연 색소(天然色素)
인공=소생법(人工蘇生法)[-뻡]명 ①가사(假死) 상태로 낳은 아이를 살아나게 하는 방법. ②산소 호흡기 등으로 인공 호흡을 하여 소생시키는 방법.
인공=수분(人工受粉)명 식물의 품종을 개량하거나 열매를 맺게 하기 위하여, 인공적으로 수꽃 꽃가루를 암꽃술 머리에 묻혀 수분이 되게 하는 일. 인공 가루받이
인공=수정(人工受精)명 인공적으로 정자와 난자를 만나게 하여 수정이 되게 하는 일. 가축·어류 등의 품종 개량과 증식, 사람의 경우 불임증 등에 시행함.
인공=심폐(人工心肺)명 심장 수술을 하는 동안 심장과 폐를 대신하여 혈액 순환과 산소 공급을 할 수 있게 만든 장치.
인공-어(人工語)명 ①세계어(世界語) ②기계어(機械語)
인공=영양(人工營養)[-녕-]명 ①음식을 입으로 먹을 수 없을 때, 피하·정맥·직장(直腸) 등에 생리적 식염수·포도당액·유화 지방액 등을 넣어 주는 일, 또는 그 영양분. ②모유(母乳) 대신 우유나 암죽 등으로 유아에게 영양을 주는 일, 또는 그 영양분. ☞자연 영양(自然營養)
인공=온천(人工溫泉)명 온천처럼 인공적으로 만들어 병 치료에 이용하는 시설. 염류천·탄산천 따위.
인공=위성(人工衛星)명 지구 따위의 행성 둘레를 돌도록 로켓을 이용하여 쏘아 올린 인공의 장치. 목적과 용도에 따라 통신 위성, 기상 위성, 군사 위성 따위가 있음. 준위성(衛星)
인공=유산(人工流産)명 인공 임신 중절(人工妊娠中絶)
인공=임:신=중절(人工妊娠中絶)명 태아가 모체 밖에서 생명을 유지할 수 없는 시기에, 태아와 그 부속물을 인공적으로 모체 밖으로 나오게 하는 일. 인공 유산
인공-적(人工的)명 사람의 힘으로 만드는 것. ¶-인 호수.
인공=지능(人工知能)명 학습·추론·판단 등과 같은 인간의 지능과 유사한 기능을 대행할 수 있는 컴퓨터 시스템, 또는 그러한 기술. 에이아이(AI)
인공=진주(人工眞珠)명 진주조개 속에 조개 껍데기로 만든 둥근 핵(核)을 넣고 일정 기간 양식하여 만든 진주. 양식 진주(養殖眞珠)
인공=태양=광선=요법(人工太陽光線療法)[-뇨뻡]명 인공적으로 햇살 비슷한 광선을 내는 인공 태양등을 만들어 병을 치료하는 방법.
인공=태양등(人工太陽燈)명 태양 광선에 가까운 빛, 곧 조명용 빛보다 자줏빛과 푸른 빛, 자외선이 많은 빛을 내도록 만든 등. 식물 재배나 병 치료에 쓰임.
인공-항(人工港)명 자연 조건이 좋지 못한 해안에 인공으로 방파제나 부두 등을 만들고 바다 바닥을 파서 배가 드나들 수 있게 만든 항구.
인공=호흡(人工呼吸)명 가사(假死) 상태에 있거나 호흡 곤란에 빠진 사람에게 입으로 공기를 불어넣거나 하여 인공적으로 호흡을 하게 하는 일.
인과(仁果)명 꽃턱이 발달하여 과육부(果肉部)를 이룬 과실을 통틀어 이르는 말. 사과·배 따위.
인과(因果)명 ①원인과 결과. ②불교에서, 선악의 업으로 말미암아 그에 응당한 과보를 받음을 이르는 말.
인과=관계(因果關係)명 사물의 생성과 변화에서, 원인과 결과의 관계를 이르는 말. 두 가지 일에서 한 현상은 다른 현상의 원인이고, 다른 한 현상은 그 결과가 되는 관계를 말함.
인과=법칙(因果法則)명 인과율(因果律)
인과-설(因果說)명 원인과 결과는 필연적으로 연관되어 있다고 하는 주장이나 견해.
인과-율(因果律)명 모든 사물에는 반드시 그것을 발생시키는 원인이 있고, 원인이 없이는 아무런 결과도 일어나지 않는다는 법칙. 인과 법칙(因果法則)
인과-응:보(因果應報)명 불교에서, 과거 또는 전생의 선악의 인연에 따라서 뒷날 길흉화복이 생기게 됨을 이르는 말. 준과보(果報)
인:과자책(引過自責)성구 자기의 잘못을 뉘우치고 스스로 꾸짖음을 이르는 말.
인광(燐光)명 ①백린(白燐)을 공기 중에 방치할 때 저절로 내는 푸른 빛. ②어떤 물질에 자외선 등의 빛을 비추다가 멈췄을 때, 한동안 그 물질에서 빛이 나오는 현상, 또는 그러한 빛.
인광(燐鑛)명 인회석(燐灰石)이 많이 들어 있는 광물을 통틀어 이르는 말.
인광-체(燐光體)명 인광을 내는 물질. 특히 알칼리 토금속의 황화물에 약간의 중금속을 혼합한 물질을 이름.
인교(人巧)명 사람의 정교한 솜씨.
인교(隣交)명 이웃 또는 이웃 나라와 하는 교제.
인-교대(印交代)명-하다자 지난날, 관원이 갈릴 때에 후임자에게 관인(官印)을 넘겨주는 일을 이르던 말.
인구(人口)명 ①한 나라 또는 일정한 지역 안에 살고 있는 사람의 수. 인총(人總) ¶-가 늘다. ②어떤 한정된 범위에서 파악되는 사람의 수. ¶농업 -/전철로 출퇴근하는 -./진학 -가 줄다. ③세상 사람들의 입. ¶-에 회자(膾炙)되다.
인구=과:잉(人口過剩)명 일정 지역의 생산력을 초과하여 인구가 늘어난 상태.
인구=동:태(人口動態)명 일정 시점으로부터 어느 시점까지의 인구 변동 상태. 출생·사망·전입·전출 등이 그 주요 요인이 됨. ☞인구 정태(人口靜態)
인구=밀도(人口密度)[-또]명 어떤 지역의 단위 면적당 인구 수. 보통 1km² 안의 인구 수로 나타냄. ¶-가 높다./-가 낮다.
인구=센서스(人口census)명 인구 조사(人口調査)
인구=요인(人口要因)명 인구의 변동을 일으키는 요인. 출생·사망·이주 따위.
인구전파(因口傳播)성구 말이 여러 입을 거쳐 퍼짐을 이르는 말.
인구=정:태(人口靜態)명 계속 변화하는 인구를 일정한 시점에서 정지시켜 놓고 고찰한 인구 상태. 주간 인구, 야간 인구, 출생지 인구 따위. ☞인구 동태(人口動態)

인구=조사(人口調査)명 일정한 시기에 전국적으로 동시에 인구의 실태를 알아보는 조사. 인구 센서스

인구준:행(因舊遵行)성구 전례(前例)대로 좇아 함을 이르는 말.

인구=지수(人口指數)명 해마다 또는 달마다의 인구 변동 추세를 일정 시점을 100으로 하여 비교하는 수.

인구=최:적=밀도(人口最適密度)[-또]명 문화 생활을 유지하기에 가장 알맞은 인구 밀도. 그 이상 인구가 증가하면 문화 생활을 유지할 수 없는 한계적 밀도임.

인국(隣國)명 이웃 나라. 인방(隣邦)

인군(人君)명 임금

인군(仁君)명 어진 임금.

인군(隣郡)명 이웃 고을.

인권(人權)[-꿘]명 사람이라면 누구나 마땅히 누려야 할, 생명·자유·평등 등에 관한 기본적인 권리. ¶-유린/-을 존중하다.

인:권(引勸)명-하다자 불교에서, 남에게 시주(施主)하기를 권하는 일.

인권=선언(人權宣言)[-꿘-]명 1789년 8월 26일 프랑스의 국민 의회의 결의로 발표된 인간의 자유와 평등 등 인권에 관한 선언.

인궤(印櫃)[-꿰]명 인뒤웅이

인귀(人鬼)명 ①사람과 귀신. ②몹시 잔인하고 추악한 사람을 이르는 말.

인귀상반(人鬼相半)성구 몸이 몹시 쇠약하여 뼈가 앙상하게 드러난 모습을 비유하여 이르는 말.

인근(隣近)명 이웃 또는 근처. ¶- 마을

인근-동(隣近洞)명 이웃 동네. 인동(隣洞)

인-금(人-)[-끔]명 사람의 가치. 사람다운 됨됨이.

인금(印金)명 피륙의 바탕에 여러 가지 모양으로 금박을 찍어 넣은 것.

인기(人氣)[-끼]명 어떤 사람이나 사물에 대해서 쏠리는 사람들의 관심이나 호감. ¶- 연예인/그는 학교에서 -가 대단하다.

인기(人器)명 사람의 됨됨이. 사람의 그릇.

인기(刃器)명 도끼나 칼 따위와 같이 날이 있는 기구, 또는 그런 무기.

인:기(引氣)명 흡수하는 힘.

인기(忍飢)명-하다자 배고픔을 참음.

인기(認旗)명 지난날, 장수가 부하를 지휘하는 데 쓰던 기.

인기-인(人氣人)[-끼-]명 대중에게 인기가 많은 사람.

인-기척(人-)[-끼-]명 사람이 있음을 짐작할 수 있는 기미, 또는 그러한 소리. 인적기(人跡氣) ¶문 밖에서 -이 났다.

인-꼭지(印-)명 도장의 등 쪽에 손잡이로 된 부분.

인-끈(印-)명 ①인꼭지에 꿴 끈. ②조선 시대, 병권(兵權)을 가진 관원이 발병부(發兵符) 주머니를 매어 몸에 차던, 사슴 가죽으로 만든 끈. ☞인수(印綬)

인낙(認諾)명-하다타 ①인정하여 승낙함. ②민사 소송에서, 피고가 권리 관계에 관한 원고(原告)의 주장을 긍정하는 진술. ▷ 認과 認은 동자

인-날(人-)명 '음력 정월 초이렛날'을 이르는 말. 인일(人日)

인-내(人-)명 ①사람 몸에서 나는 냄새. ②짐승이나 벌레 따위가 맡게 되는 사람의 냄새.

인내(忍耐)명-하다자타 괴로움이나 어려움 따위를 참고 견딤. ¶오랫동안 -한 끝에 뜻을 이루다.

인내-력(忍耐力)명 참고 견디는 힘. 견딜심 ¶너는 -이 부족해.

인내-성(忍耐性)[-썽]명 참고 견디는 성질. 견딜성

인내-심(忍耐心)명 참고 견디는 마음. ¶-이 강하다.

인내천(人乃天)명 천도교의 기본 사상으로, 사람이 곧 하늘이라는 말.

인년(寅年)명 간지(干支)의 지지(地支)가 인(寅)인 해. 갑인년(甲寅年)·병인년(丙寅年) 따위. ☞범해. 십이지(十二支). 지지(地支). 태세(太歲)

인-누에명 허물을 갓 벗은 누에. 기잠(起蠶)

인당(印堂)명 관상에서, 양쪽 눈썹 사이를 이르는 말.

인대(靭帶)명 ①척추동물의 뼈 사이와 관절 주위에 있는, 띠 모양의 결합 조직. 관절의 보강과 운동을 제한하는 작용을 함. ②연체동물 부족류의 두 조가비를 잇는 탄력성이 있는 섬유 조직. 조가비를 벌리는 작용을 함.

인-대명사(人代名詞)명〈어〉인칭 대명사(人稱代名詞)

인덕(人德)[-떡]명 사람을 잘 사귀고, 사귄 사람들에게 도움을 많이 받는 복. 인복(人福) ¶-이 많다.

인덕(仁德)명 어진 덕.

인덕턴스(inductance)명 회로를 흐르는 전류가 변화하였을 때, 회로 내에 생기는 역기전력(逆起電力)과 전류의 변화량과의 비.

인덱스(index)명 색인(索引)

인도(人道)[1]명 사람이 안전하게 걸어다닐 수 있도록 차도(車道)와 구분하여 따로 마련한 길. 보도(步道) ¶-에서 장사를 벌이다.

인도(人道)[2]명 사람이 마땅히 지켜야 할 도리.

인:도(引渡)명-하다타 사람·물건·권리 따위를 남에게 넘겨줌. ¶물품을 -하다. ☞인수(引受)

인:도(引導)명-하다타 ①앞장서서 이끎. ¶회원들을 회의장으로 -하다. ②불교에서, 장례 때 죽은 사람의 넋을 정토(淨土)로 이끌기 위하여 중이 관 앞에서 경문을 외는 일.

한자 인도할 도(導) 〔寸部 13획〕 ¶도선(導船)/도수(導水)/도영(導迎)/도입(導入)/인도(引導)

인도게르만=어:족(Indo-German語族)명 인도에서 유럽 지역까지 퍼져 있는 대어족(大語族). 영어·독일어·프랑스어·이탈리아어·러시아어·에스파냐어 등 현재 유럽의 대부분의 언어가 이에 딸림. 인도유럽 어족

인도-고(人道苦)명 불교에서 이르는 오고(五苦)의 하나. 인간으로 태어나서 받는 고통을 이름.

인도-고무나무(印度-)명 뽕나뭇과의 상록 교목. 높이 30m 이상으로, 잎은 길둥글고 두꺼우며 짙은 녹색에 광택이 남. 인도 원산으로, 여름에 꽃이 피고, 무화과와 비슷한 황록색 열매를 맺음.

인도-공:작(印度孔雀)명 꿩과의 새. 인도 원산으로, 날개 길이 50cm 안팎이며, 수컷은 머리와 목이 광택 있는 푸른 색이고 등은 청동색임. 긴 꽁지를 부채 모양으로 펴기도 하는데, 이때 화려하고 아름다운 무늬가 나타남. 암컷은 몸 전체가 회갈색임.

인도-교(人道橋)명 열차가 다니는 철교에 상대하여, 사람이나 자동차 따위가 건너 다니도록 만든 다리.

인도-교(印度敎)명 '힌두교'를 달리 이르는 말.

인도-남(印度藍)명 인디고(indigo)

인도-양(印度洋)명 오대양의 하나. 아시아, 오스트레일리아, 아프리카 대륙과 남극 대륙에 이르는 대양. ☞남극해(南極海)

인도유럽=어:족(Indo-Europe語族)명 인도게르만 어족

인도-적(人道的)명 사람이 지켜야 할 도리나 도덕에 바탕을 둔 것. ¶-인 관점에서 사태를 논의하다.

인도-주의(人道主義)명 인간성을 중히 여기며, 인간애를 바탕으로 인종·민족·국적의 차별 없이 모든 인류의 공존과 복지 향상을 꾀하려는 주의. 휴머니즘

인:도=증권(引渡證券)[-꿘]명 증권상의 정당한 권리자가 증권을 내어 주면 물건 자체를 건네지 않더라도 증권에 기재된 물품 자체를 인도한 것과 같은 효력을 발생하는 물권적 유가 증권.

인도-지(印度紙)명 인디아페이퍼

인도-코끼리(印度-)명 코끼릿과의 짐승. 어깨 높이는 수컷이 3m, 암컷이 2.4m 안팎. 떼지어 사는데, 밤에 숲에서 나와 나뭇잎이나 열매를 따먹음. 성질이 온순하여 짐을 나르는 데 부리기도 함. 수명은 50~80년임. 인도·스리랑카·미얀마·수마트라 등지에 분포함.

인동(忍冬)명 ①인동덩굴 ②한방에서, 인동덩굴의 줄기와 잎을 그늘에서 말린 것을 약재로 이르는 말. 한열·이뇨·해열 따위에 쓰임.

인동(隣洞)명 이웃 동네. 인곡(隣曲). 인리(隣里)

인동-덩굴(忍冬-)명 인동과의 반상록 덩굴성 관목. 잎은 길둥근꼴로 마주 나고 초여름에 향기로운 꽃이 피는데 흰빛에서 노란빛으로 변함. 열매는 가을에 검은빛으로 익음. 줄기와 잎은 한방에서 약재로 쓰임. 우리 나라와 일본, 중국 등지에 분포함. 겨우살이덩굴. 수양등(水楊藤). 인동(忍冬)

인두명 ①바느질을 할 때, 불에 달구어 옷감의 구김살을 눌러 펴는 기구. ☞다리미 ②납땜을 할 때, 불에 달구어 납을 찍어 바르는 기구.

인:두(引頭)명 법회(法會) 때 여러 중의 선도가 되는 중.

인두(咽頭)명 구강(口腔)과 식도 및 비강(鼻腔)과 후두(喉頭) 사이에 있는 깔때기 모양의 근육성 기관.

인-두겁(人-)명 사람의 탈이나 껍데기.

인두겁(을) 쓰다관용 겉으로만 사람의 모양을 하고 있다는 뜻으로, 행실이나 바탕이 사람답지 못한 사람을 욕으로 이르는 말.

인두-세(人頭稅)명 원시적인 조세 형태의 한 가지. 각 개인의 납세 능력의 차를 고려하지 않고 사람마다 일률적으로 매기는 세금.

인두-염(咽頭炎)명 인두의 점막이 염증으로 붓고 허는 병.

인두-질명-하다타 인두로 옷감의 구김살을 눌러 펴거나 꺾은 솔기를 누르는 일.

인두-판(-板)명 인두질할 때 받쳐 쓰는 기구. 긴 직사각형의 널조각 위에 솜을 두고 헝겊으로 싸서 만듦.

인-둘리다(人-)자 북적대는 사람들의 기운에 휩쓸리어 어지러워지다.

인-뒤웅이(印-)명 도장을 넣어 두는 궤. 인궤(印櫃). 인합(印盒) 준인뚱이

인듐(indium)명 금속 원소의 하나. 섬아연광에 들어 있는 은백색의 금속으로, 상온에서 안정된 고체 금속 중에서 가장 연하기 때문에 어떤 형태로도 가공하기 쉬움. 가열하면 파란 불꽃을 내며 탐. 반도체 재료로 중요하며 전자 공업에서 널리 사용됨. 〔원소 기호 In/원자 번호 49/원자량 114.82〕

인:등(引燈)명-하다자 부처 앞에 등불을 켜는 일.

인:등=시:주(引燈施主)명 인등할 기름을 절에 시주하는 일, 또는 그 사람.

인디고(indigo)명 마디풀과 식물인 쪽 따위에 들어 있는 남빛의 색소 성분. 암적색(暗赤色) 가루로 금속 광택이 남. 양람(洋藍). 인도남(印度藍). 청람(靑藍)

인디아페이퍼(India paper)명 얇고도 불투명하며 질긴 서양 종이. 성경이나 사전 등에 많이 쓰임. 인도지(印度紙). 인디언지

인디언(Indian)명 ①인도 사람 ②아메리카인디언

인디언-지(indian紙)명 인디아페이퍼

인-뚱이(印-)명 '인뒤웅이'의 준말.

인력(人力)명 ①사람의 힘. ¶그것은 -으로 되는 일이 아니다. ②사람이 가진 노동력. ¶- 수출/-이 모자라다. ③사회의 각 분야에서 필요한 전문적인 지식이나 기술 따위를 가진 자원으로서 사람을 이르는 말. ¶- 개발

인:력(引力)명 공간적으로 떨어져 있는 두 물체가 서로 끌어당기는 힘. ☞척력(斥力)

인력-거(人力車)명 사람을 태우고 사람이 끄는 수레. 두 개의 큰 바퀴가 달렸음. 수거(手車)

인력거-꾼(人力車-)명 인력거를 끄는 일을 직업으로 하는 사람.

인:력-권(引力圈)명 인력이 미치는 범위.

인력-난(人力難)명 인력이 부족하여 겪는 어려움. ¶-이 해소되다./-을 겪다.

인례(人禮)명 종묘(宗廟) 등에 제사를 지내는 예법.

인:례(引例)명-하다자 해당되는 예를 끌어다 보임, 또는 그 예.

인류(人類)명 ①'사람'을 다른 동물과 구별하여 이르는 말. ¶-의 발상지. ②세계의 모든 사람. ¶-의 평화.

인류=공:영(人類共榮)명 온 인류가 다 함께 번영함.

인류-애(人類愛)명 인류에 대한 사랑.

인류-학(人類學)명 사람의 생물학적 특성을 사회적 존재로서 지닌 특성과 관련지어 연구하는 학문.

인륜(人倫)명 ①사람이 마땅히 지켜야 할 떳떳한 도리. 이륜(彛倫) ¶-을 저버린 행동. ②사람과 사람 사이에 자연적으로 생겨난 질서.

> 한자 **인륜 륜**(倫) 〔人部 8획〕 ¶불륜(不倫)/오륜(五倫)/윤리(倫理)/인륜(人倫)/천륜(天倫)

인륜=대:사(人倫大事)명 사람의 일생 중 겪는 중대한 일, 곧 출생·혼인·장례 따위. 인간 대사(人間大事)

인리(隣里)명 이웃 동네. 인곡(隣曲). 인동(隣洞)

인린-하다(燐燐-)자여 도깨비불이나 반딧불 따위가 번쩍거리다.

인마-궁(人馬宮)명 황도 십이궁(黃道十二宮)의 아홉째 궁. 본디 십이 성좌(十二星座)의 궁수(弓手) 자리에 대응되었으나 세차(歲差) 때문에 지금은 서쪽의 전갈자리로 옮아가 있음. ☞마갈궁(磨羯宮). 십이 성좌

인-마일(人mile)의 마일로 계산하는 나라에서 인킬로에 해당하는 계산 단위.

인말(姻末)명 편지에서, 이질(姨姪)·처질(妻姪)에게 자기를 이를 때 쓰는 한문 투의 말. 인하(姻下)

인말(寅末)명 십이시(十二時)의 인시(寅時)의 끝 무렵. 지금의 오전 다섯 시가 되기 바로 전.

인망(人望)명 세상 사람이 우러러 칭찬하고 따르는 덕망. ¶그 고장에서 -이 높다.

인맥(人脈)명 학문이나 출신·경향 등에 따라서 한 갈래로 얽힌 인간 관계. ¶-을 형성하다.

인면(人面)명 사람의 얼굴.

인면(印面)명 글자를 새긴 도장의 면.

인면수심(人面獸心)성구 사람의 얼굴을 하고 있으나 마음은 짐승과 다름이 없다는 뜻으로, 사람의 도리를 지키지 못하고 배은망덕하거나 흉악 음탕한 사람을 비유하여 이르는 말.

인면-창(人面瘡)명 무릎이나 손목 따위에, 사람의 얼굴과 비슷한 모양으로 생기는 부스럼.

인멸(湮滅·堙滅)명-하다자타 흔적을 모두 없앰, 또는 흔적이 모두 없어짐. 인몰(湮沒) ¶증거를 -하다.

인명(人名)명 사람의 이름. ¶- 사전

인명(人命)명 사람의 목숨. ¶-은 재천(在天)이다.

인명-록(人名錄)명 여러 사람의 이름을 적어 놓은 문서나 책. ☞방명록(芳名錄)

인명-부(人名簿)명 사람의 이름·주소 따위를 적은 장부.

인명재:천(人命在天)성구 사람이 살고 죽음은 하늘의 뜻에 있음을 이르는 말.

인모(人毛)명 사람의 머리털.

인모(鱗毛)명 식물의 줄기나 잎의 겉면을 덮어서 보호하는 털의 한 가지. 많은 세포로 되어 있으며, 방패 모양이나 비늘 모양을 이룸.

인모난측(人謀難測)성구 사람 마음의 간사함은 헤아리기 어려움을 이르는 말.

인모-망건(人毛網巾)명 사람의 머리털로 앞을 뜬 망건.

인모-앞(人毛-)명 사람의 머리털로 뜬 망건의 앞.

인목(人目)명 남이 보는 눈.

인목(人牧)명 백성을 기르고 다스리는 사람이라는 뜻으로, '임금'을 이르는 말. ☞목자(牧者)

인몰(湮沒)명-하다자타 인멸(湮滅)

인문(人文)명 ①인류의 문화. ②인물(人物)과 문물. ③인륜(人倫)의 질서.

인문(仁聞)명 어질다고 소문난 명성.

인문(印文)명 인발

인문-계(人文系)명 언어·문학·철학·사회학 등의 학문 계통. ☞자연계(自然系)

인문=과학명 인류의 역사와 문화를 연구하는 학문. 정치·경제·사회·역사·철학·문학 등이 이에 딸림. ☞사회 과학(社會科學)

인문-주의(人文主義)명 중세의 신(神)중심주의에 대한 반동으로 르네상스기에 일어난 인간 중심의 사상. 인본

주의(人本主義). 휴머니즘

인문=지리학(人文地理學)명 계통 지리학의 한 분야. 지구상의 인류의 분포, 인문 현상과 자연 환경과의 관계 등을 다룸. ☞자연 지리학(自然地理學)

인문=토기(印紋土器)명 막대로 누르거나 두들겨서 무늬를 넣어 만든 선사 시대의 토기. 기하학적 무늬가 많으며, 주로 중국 동남부의 연해 지방에서 많이 발견됨.

인물(人物)명 ①어떤 구실을 하는 사람. ¶두 인물의 삶을 다룬 영화. ②뛰어난 사람. 인재(人材) ¶우리 고장에서 —이 났구나. ③사람의 생김새. ¶—이 훤하게 잘생겼다. ④사람의 됨됨이. ¶그는 풍채도 좋고 —도 똑똑하다.

인물-가난(人物—)명 뛰어난 인재가 드문 일. ☞인가난

인물-도(人物圖)명 인물화(人物畵)

인물-주의(人物主義)명 문벌이나 학력·재산 따위보다 그 사람의 능력과 됨됨이를 중요하게 여기는 생각.

인물-차지(人物次知)명 지난날, 인사(人事) 사무를 맡아보는 사람을 이르던 말.

인물-추심(人物推尋)명 ①도망한 사람을 찾음을 이르는 말. ②지난날, 딴 고을로 도망가서 사는 노비나 그 자손을 그의 상전 또는 자손이 찾음을 이르던 말.

인물-평(人物評)명 사람의 성품이나 능력 등을 비판하고 평가하는 일.

인물-화(人物畵)명 사람을 주제로 그린 그림. 인물도

인민(人民)명 한 나라나 사회를 이루고 있는 사람들. 민인(民人) ¶—의 해방. ☞국민(國民)

인민=재판(人民裁判)명 일정한 자격을 갖춘 법관에게 재판을 맡기지 않고, 인민을 배심으로 하여 재판·처결하는 공산주의 국가의 재판 방식.

인바(invar)명 철 63.5%에 니켈 36.5%를 섞은 합금. 선팽창률이 철의 10분의 1 정도이므로 자[尺] 등에 쓰임.

인-발(印—)명 찍어 놓은 도장의 흔적. 인문(印文). 인영(印影). 인형(印形)

인:방(引枋)명 벽을 치거나 문골을 내기 위하여 기둥 사이에 가로 건너지른 나무. 문짝의 위아래 틀과 나란히 놓음. ☞상인방. 하인방

인방(寅方)명 이십사 방위의 하나. 북동(北東)으로부터 동쪽으로 15도 되는 방위를 중심으로 한 15도 범위 안의 방위. 간방(艮方)과 갑방(甲方)의 사이. 준인(寅) ☞신방(申方)

인방(隣邦)명 이웃 나라. 인국(隣國)

인:배(引陪)명 지난날, 정삼품 이상의 관원의 앞길을 인도하던 관노.

인버네스(inverness)명 목 둘레가 꼭 맞는 케이프가 달린, 소매 없는 남자용 외투.

인법(人法)명 국제 사법상(司法上) 관할 구역이 달라서 법규의 적용 문제가 일어났을 때, 사람에 부수(附隨)되어 어느 곳에서나 적용되는 법. ☞물법(物法)

인-법당(因法堂)명 작은 절에서 법당을 따로 짓지 않고 중들이 거처하는 방에 불상을 모신 곳.

인변(人變)명 인아(人痾)

인:병(引兵)명-하다자 군대를 뒤로 물림.

인병치:사(因病致死)성구 병으로 죽음을 이르는 말.

인보(印譜)명 여러 가지 인발을 모아 놓은 책.

인보이스(invoice)명 매매 또는 위탁 판매 상품을 발송할 때, 받을 사람에게 보내는 상품의 명세서. 송장(送狀)

인-보험(人保險)명 사람의 생명이나 신체에 생기는 손해에 대하여 보험금을 지급할 것을 약속하는 보험. ☞물보험(物保險)

인복(人福)[—뽁]명 인덕(人德) ¶—이 많다.

인본(印本)명 인쇄한 책.

인본=교:육(人本教育)명 인간의 가치와 개성을 중시하고, 자유로운 규율 아래 개인의 독창성 계발을 목적으로 하는 교육.

인본-주의(人本主義)명 인문주의(人文主義)

인봉(因封)명 인산(因山)

인봉(印封)명-하다타 ①단단히 봉한 물건에 도장을 찍음. ②공무가 끝난 뒤에 관인을 봉해 둠.

인봉-가수(印封枷囚)명 지난날, 중죄인의 목에 칼을 씌우고, 그 위에 관인을 찍은 종이를 붙이던 일.

인부(人夫)명 품삯을 받고 단순 육체 노동을 하는 사람. 막벌이꾼. 인정(人丁)

인부(人負)명 사람의 등에 지우는 짐.

인-부심(人—)명-하다자 아이 낳은 집에서 인부정(人不淨)을 막는다는 뜻으로, 2년마다 수수떡을 만들어 앞뒷문에 놓고 지나가는 사람에게 나누어 먹이던 일.

인-부정(人不淨)명 꺼려야 할 사람을 피하거나 금하지 않음으로써 생기는 부정.

인부정(을) 타다관용 부정한 사람을 가리지 아니하여 탈이 나다.

인분(人糞)명 사람의 똥. ¶— 비료

인분(鱗粉)명 나방·나비를 비롯한 여러 곤충의 날개나 몸 표면을 덮고 있는 비늘 모양의 가루.

인-분뇨(人糞尿)명 사람의 똥과 오줌.

인비(人肥)명 '인조 비료(人造肥料)'의 준말.

인비(人祕)명 '인사 비밀'의 준말.

인비(隣比)명 이웃

인비(燐肥)명 '인산 비료(燐酸肥料)'의 준말.

인-비늘(人—)명 사람의 피부 표면에서 생겨 떨어지는 하얀 부스러기.

인비목석(人非木石)성구 사람은 나무나 돌이 아니라는 뜻으로, 누구나 사리를 분별하는 힘과 감정이 있음을 이르는 말.

인사(人士)명 어떤 분야에서 활동적인 구실을 하거나 사회적으로 뚜렷한 지위가 있는 사람. ¶저명 —들을 초청하여 강연회를 열다.

인사(人事)[1]명-하다자 ①안부를 묻거나 공경하는 예를 보이는 일. ¶길에서 만난 이웃집 여자에게 —를 했다./—를 드리고 떠나야겠다. ②알지 못하던 사람끼리 서로 이름을 주고받으며 자기를 소개하는 일. ¶처음 만나 —를 나누었다. ③감사하거나 축하하거나, 그 밖에 격식을 차려야 할 일 등에 예의로서 어떤 말이나 표시를 하는 일. ¶축하 —를 하다./곧 찾아뵙고 —를 드리겠습니다./—가 너무 늦었습니다.

인사(人事)[2]명 ①사람의 일, 또는 사람으로서 해야 할 일. ¶—를 다하고 천명(天命)을 기다린다. ②기관이나 단체 등의 조직에서, 구성원의 임용·평가·해임 등과 관계되는 행정적인 일. ¶— 고과/— 이동 ③세상의 일.

인사(人師)명 덕행이 뛰어나서 남의 스승이 될만 한 사람.

인사=관:리(人事管理)명 기관이나 단체 등의 조직에서, 구성원의 잠재 능력을 최대한으로 발휘하게 하여 그들 스스로가 최대한의 성과를 거둘 수 있게 하려는, 경영상의 체계적인 관리 활동.

인사-권(人事權)명 기관이나 단체 등의 조직에서, 구성원에 대한 채용·승진·상벌·이동·해임 등의 인사 문제를 다루는 권한.

인사-란(人事欄)명 신문이나 잡지 등에서, 개인이나 단체의 동정(動靜)에 관한 기사를 싣는 난. 소식란(消息欄)

인사-말(人事—)명 인사로 하는 말.

인사불성(人事不省)[—썽]성구 ①정신을 잃어 의식이 없음을 이르는 말. ②사람으로서 지켜야 할 예절을 차릴 줄 모름을 이르는 말. 불성인사(不省人事)

인사=비:밀(人事祕密)명 개인의 신분이나 능력 등의 사항에 관한 비밀. 준인비(人祕)

인사-성(人事性)명 예의바르게 인사를 차리는 성질이나 품성. ¶—이 밝다./—이 없다.

인사유명(人死留名)성구 사람은 죽어서 이름을 남긴다는 뜻으로, 사람의 삶이 헛되지 않으면 그 이름이 길이 남음을 이르는 말. ☞호사유피(虎死留皮)

인사=이:동(人事異動)명 기관이나 단체 등의 조직 안에서, 노동력의 효율적인 운용을 꾀하기 위하여 직원이나 사원들의 지위나 근무 부서를 바꾸는 일. ¶대폭적인 —이 있을 예정이다.

인사이드(inside)명 테니스나 탁구 등에서, 공이 일정한

경계선 안으로 떨어지는 일. 인(in) ☞아웃사이드
인사이드킥(inside kick)명 축구에서, 발의 안쪽으로 공을 차는 일. ☞아웃사이드킥(outside kick)
인사-조(人事調)명 인사치레로 형식만 갖추어 하는 인사나 대접. ¶—로 하는 말.
인사-치레(人事—)명 성의나 공경심이 없이 겉으로만 차리는 인사. ¶—로 하는 말.
인산(因山)명 지난날, 태상황(太上皇)과 그의 비(妃), 임금과 그의 비, 황태자 부부, 황태손 부부의 장례를 이르던 말. 국장(國葬). 예장(禮葬). 인봉(因封)
인산(燐酸)명 오산화인이 물과 작용하여 생기는 산을 통틀어 이르던 말.
인산-나트륨(燐酸natrium)명 인산을 탄산나트륨 수용액에 포화시켜서 만드는, 색이 없고 투명한 기둥 모양의 결정. 인산소다
인산=비:료(燐酸肥料)명 인산을 많이 함유한 비료. 과인산석회·인산암모늄 등. 준 인비(燐肥)
인산-석회(燐酸石灰)명 인산칼슘
인산-소:다(燐酸soda)명 인산나트륨
인산-암모늄(燐酸ammonium)명 인산에 암모니아를 넣어 만드는 무색 결정. 물에 잘 녹으며 질소·인의 비료로 쓰임. 준 인안(燐安)
인산인해(人山人海)성구 헤아릴 수 없이 많은 사람이 모인 상태를 비유하여 이르는 말. ¶상춘객이 —를 이루다. ☞인해(人海)
인산-칼슘(燐酸calcium)명 인산의 수소 원자를 칼슘 원자와 치환한 화합물. 천연으로는 인회석(燐灰石)의 주성분으로서 산출되고, 동물의 뼈나 이의 주성분임. 도자기의 유약·에나멜·치약·의약품 등에 쓰임. 인산석회
인삼(人蔘)명 ①두릅나뭇과의 여러해살이풀. 줄기 높이는 60cm 안팎. 줄기는 해마다 한 대가 곧게 자라고, 그 끝에 3~4장의 잎이 돌려 남. 봄에 연두색의 꽃이 피고, 동근 열매가 빨갛게 익음. 뿌리는 희고 살이 많은 편이며 가지를 많이 치는데 4~6년 만에 수확함. 예로부터 약료 작물로 재배해 온 식물임. 우리 나라의 인삼을, 인삼이라 불리는 다른 약초와 구별하여 '고려 인삼(高麗人蔘)'이라 함. 삼아(三椏) ☞산삼(山蔘) ②한방에서 인삼의 뿌리를 약재로 이르는 말. 성질이 온(溫)하여, 강장(強壯)·건위(健胃)·진정약으로 쓰임. 준 삼(蔘)

한자 **인삼 삼**(蔘) 〔艸部 11획〕 ¶곡삼(曲蔘)/삼계탕(蔘鷄湯)/삼농(蔘農)/삼독(蔘毒)/삼상(蔘商)/삼용(蔘茸)/삼정(蔘精)/삼포(蔘圃)/인삼(人蔘)/직삼(直蔘)

▶ '인삼'의 여러 가지 이름
① 재배 여부에 따른 이름
포삼(圃蔘)/산삼(山蔘)/산양(山養)·산양삼(山養蔘)·경삼(驚蔘)/장뇌(長腦)/묘장뇌(苗長腦)
② 생산지에 따른 이름
강삼(江蔘)/경삼(慶蔘)/관동삼(關東蔘)/금삼(錦蔘)/북삼(北蔘)/송삼(松蔘)/영삼(嶺蔘)/용삼(龍蔘)

인삼-정:과(人蔘正果)명 인삼을 엇비슷하게 썰어서 꿀에 버무리어 약한 불로 조린 정과.
인삼-주(人蔘酒)명 ①찹쌀·누룩·물·인삼으로 빚은 술. 삼로주(蔘露酒) ②소주에 수삼을 넣어 우린 술.
인삼-차(人蔘茶)명 ①인삼·대추·황률에 물을 부어서 오래 달인 다음, 꿀을 넣고 실백을 띄워 마시는 차. ②미삼(尾蔘)을 가루 내어 더운물에 타거나 우리어 마시는 차.
인상(人相)명 사람의 얼굴 생김새. ¶—이 좋다.
인상(을) 쓰다 관용 좋지 않은 표정을 짓다.
인상(刃傷)명 칼날 따위에 다침, 또는 그 상처.
인:상(引上)명-하다타 ①물건 값이나 요금·봉급 따위를 올림. ¶공공 요금을 —하다. ☞인하(引下) ②역도 종목의 한 가지. 역기를 두 손으로 잡고 한 동작으로 머리 위까지 들어올리는 경기임. ☞용상(聳上)
인상(印象)명 어떤 대상을 보거나 듣거나 했을 때, 마음이나 기억에 새겨져 뒤에까지 남는 작용이나 자취. ¶좋은 —을 남기다./상냥한 —을 주다.
인상(이) 깊다 관용 어떤 느낌이 마음속에 뚜렷하게 남다. 인상(이) 짙다.
인상(이) 짙다 관용 ①꼭 그럴 것 같은 기분이 들다. ②인상(이) 깊다.
인상(鱗狀)명 비늘 모양.
인상=비:평(印象批評)명 예술 작품에 대하여 객관적 기준에 따르지 아니하고 비평가 자신의 주관적 인상에 바탕을 두고 논하는 일, 또는 그런 태도.
인상-적(印象的)명 뚜렷한 인상을 주는 것. ¶그의 당당한 태도가 퍽 —이었다./—인 장면.
인상-주의(印象主義)명 19세기 후반에 프랑스의 파리를 중심으로 일어난 미술 운동의 한 갈래. 자연을 하나의 색채 현상으로 보고, 빛의 변화에 따라 시시각각 달라 보이는 자연을 그 순간적 양상 그대로 묘사함. 뒤에 음악·문학 등의 분야에도 크게 영향을 끼쳤음. ☞사실주의(寫實主義)
인상-파(印象派)명 인상주의를 따르는 예술가의 한 파(派). ¶모네는 —의 대표적인 화가이다.
인상-폭(引上幅)명 물건 값이나 요금, 봉급 따위가 오르는 정도, 또는 범위. ¶유가(油價)의 —이 크다.
인상-화(印象畫)명 인상주의적인 화풍의 그림.
인새(印璽)명 임금의 도장. 옥새(玉璽)
인:색(吝嗇)어기 '인색(吝嗇)하다'의 어기(語基).
인:색-하다(吝嗇—)형여 ①재물을 지나치게 아끼는 태도가 있다. ¶남에게 베푸는 일에 인색한 사람. ②어떤 일을 하는 데 대하여 매우 박하다. ¶남을 칭찬하는 일에 인색하지 마라.
인색-히부 인색하게 ¶너무 — 굴지 마라.
속담 **인색한 부자가 손 쓰는 가난뱅이보다 낫다** : 가난한 사람은 아무리 마음씨가 곱고 인정이 많다 하더라도 남을 도와 주기가 어려우나, 부자는 인색하다 하더라도 남는 것이 있어 없는 사람이 도움을 받을 수 있다는 말.
인생(人生)명 ①사람이 태어나 이 세상을 살아가는 일, 또는 그 동안. ¶보람찬 —./—은 짧고 예술은 길다. ②목숨을 가진 사람의 존재. ¶—이 불쌍하다.
인생(寅生)명 간지(干支)의 지지(地支)가 인(寅)인 해에 태어난 일, 또는 그 해에 태어난 사람. 병인생(丙寅生)·임인생(壬寅生) 등. ☞범띠. 인년(寅年)
인생-관(人生觀)명 인생의 의미·가치·목적 등에 관해 가지고 있는 전체적인 사고 방식.
인생무상(人生無常)성구 인생이 덧없음을 이르는 말.
인생삼락(人生三樂)성구 군자삼락(君子三樂)
인생=철학(人生哲學)명 인생이란 무엇인가, 또는 인생을 어떻게 살아갈 것인가를 생각하고 체계화한 철학.
인생-파(人生派)명 창작의 과제를 인간, 특히 그 생명에 두고 그것을 표현하려는 문학의 한 파(派).
인석(人石)명 돌로 만든 사람의 상(像). 왕릉 따위의 둘레에 세워진 무석인(武石人)과 문석인(文石人) 따위. 석인(石人)
인석(茵席)명 왕골이나 부들로 친 돗자리.
인석-장이(茵席—)명 왕골이나 부들로 여러 가지 무늬를 놓아 돗자리를 치는 장인(匠人).
인선(人選)명-하다타 여러 사람 가운데서 어떤 일에 적당한 사람을 가려 뽑음. ¶각료(閣僚)를 —하는 중이다.
인선(仁善)어기 '인선(仁善)하다'의 어기(語基).
인선-하다(仁善—)형여 어질고 착하다.
인성(人性)명 사람의 성품. ¶—이 착한 사람.
인성(人聲)명 사람의 목소리.
인:성(引性)[—썽]명 끌어당기는 성질.
인성(靭性)[—썽]명 물리학에서, 재료가 지니는 점성(粘性)의 세기. 곧 외력(外力)을 받아도 파괴되기 어려운 성질을 이름.
인성만성부-하다형 ①많은 사람들이 모여 복작거리는 모양을 나타내는 말. ②정신이 어지럽고 흐릿한 상태를 나타내는 말. ¶만원 버스에 시달려 머리가 —하다.
인세(人稅)[—쎄]명 사람을 대상으로 하여 매기는 조세.

소득세·상속세 따위. 대인세(對人稅) ☞물세(物稅)

인세(印稅)[-쎄] 명 저작물의 출판과 발매(發賣)를 조건으로, 발행자가 저작자 또는 저작권자에게 지급하는 저작권 사용료. ☞로열티(royalty)

인:솔(引率) 명 -하다 타 여러 사람을 이끌고 감. ¶학생들을 -하여 소풍을 가다.

인쇄(印刷) 명 -하다 타 문자·그림·사진 등을 종이나 천 따위의 겉면에 찍어서 여러 벌의 복제물을 만드는 일. ¶달력을 -하다./옷감에 무늬를 -하다.

한자 **인쇄할 쇄**(刷) 〔刀部 6획〕 ¶인쇄(印刷)

인쇄-공(印刷工) 명 인쇄 일을 전문으로 하는 직공.

인쇄-기(印刷機) 명 인쇄를 하는 기계.

인쇄-물(印刷物) 명 인쇄로 박아 낸 물건을 통틀어 이르는 말. 신문·책·광고물 따위.

인쇄-소(印刷所) 명 인쇄 설비를 갖추고 인쇄 일을 전문으로 맡아 하는 곳.

인쇄-술(印刷術) 명 인쇄에 관한 여러 가지 기술.

인쇄-업(印刷業) 명 인쇄를 전문으로 하는 사업.

인쇄-인(印刷人) 명 인쇄한 사람, 또는 간행물의 인쇄 책임자. 박은이

인쇄-체(印刷體) 명 인쇄에 쓰이는 글자의 모양. 명조체·고딕체·이탤릭체 따위. ☞필기체(筆記體)

인쇄-판(印刷版) 명 인쇄하는 판. 재료에 따라서는 목판(木版)·석판(石版)·아연판·동판(銅版) 등이 있고, 양식에 따라서는 평판(平版)·요판(凹版)·철판(凸版) 등이 있음. 박음판 준 인판(印版)

인수(人數)[-쑤] 명 사람의 수효.

인수(仁壽) 명 인덕이 있고 수명이 긴 일.

인:수(引受) 명 -하다 타 ①물건이나 권리를 넘겨받음. ¶정권을 -하다. ☞인도(引渡) ②환어음의 지급인이 어음 금액의 지급 의무를 진다는 뜻을 그 어음에 기재하는 일. ¶어음을 -하다.

인:수(引首) 명 서화(書畫)의 오른쪽 윗부분의 여백. 제자(題字)를 쓰거나 인수인(引首印)을 찍는 곳임.

인수(印綬) 명 조선 시대, 관원의 신분이나 관직의 등급을 나타내는 관인(官印)을 몸에 차기 위해 매단 끈을 이르던 말. ☞인끈

인수(因數) 명 수학에서, 주어진 정수(整數) 또는 정식(整式)을 몇 개의 정수나 정식의 곱의 형태로 나타낼 때, 이들을 본래의 정수나 정식에 상대하여 이르는 말. 30을 2×3×5로 나타낼 때 2, 3, 5는 30의 인수임. 승자(乘子). 인자(因子)

인:수-로(引水路) 명 물을 끌어대는 도랑.

인:수=매:출(引受賣出) 명 금융 기관이나 거래소가 주식이나 사채(社債) 등의 유가 증권을 발행 회사 또는 매출인으로부터 일괄 매입한 후, 자기 부담으로 매출 행위를 하는 일.

인수=모집(引受募集) 명 증권 발행에서 하는 간접 모집의 한 형태. 증권 회사가 발행 회사를 대신하여 모집 행위를 하되, 마감 후 응모액이 모집액에 미달될 경우에는 그 잔액을 자기 부담으로 인수할 의무를 지는 일.

인수=분해(因數分解) 명 주어진 정수(整數)나 정식(整式)을 몇 개의 가장 간단한 인수의 곱의 꼴로 바꾸어 나타내는 일.

인:수=설립(引受設立) 명 단순 설립(單純設立)

인:수-인(引受人) 명 ①어떤 사물이나 권리를 넘겨받는 사람. ②환어음을 넘겨받아, 지급할 채무를 지는 사람.

인:수-인(引首印) 명 서화(書畫)의 오른쪽 윗부분에 찍는 도장. 대부분 긴 직사각형이나 타원형으로 되어 있음. ☞낙관(落款)

인숙(姻叔) 명 '고모부(姑母夫)'를 달리 일컫는 말.

인순(因循) 명 -하다 자 ①내키지 않아 머뭇거림. ②낡은 인습을 버리지 못함.

인순고식(因循姑息) 성구 낡은 인습을 버리지 못하고 눈앞의 편안함만 취함을 이르는 말.

인술(仁術) 명 ①어진 덕을 베푸는 방도. ②사람을 살리는 어진 기술이라는 뜻으로, '의술(醫術)'을 이르는 말. ¶-을 펼치다./낙도에 베푼 -.

인숭무레기 명 어리석어 사리를 분간하지 못하는 사람을 낮추어 이르는 말.

인슐린(insulin) 명 이자에서 분비되는 호르몬의 한 가지. 체내에서 혈당을 낮추어 주어 당뇨병 치료에 쓰임.

인스턴트=식품(instant食品) 명 간단히 조리할 수 있고, 저장이나 휴대가 편리한 가공 식품. 즉석 식품

인스텝킥(instep kick) 명 축구 경기에서, 공을 발등으로 차는 일.

인습(因習) 명 이전부터 전해 내려와 굳어진 관습. ¶-에 얽매이다./-에 젖다.

인습(因襲) 명 -하다 타 예전의 풍습·습관·예절 따위를 그대로 좇아서 따름.

인습=도:덕(因襲道德) 명 ①예로부터 지켜 내려와 굳어진 도덕. ②현재의 생활에 맞지 않는 형식적인 옛 도덕.

인습-주의(因襲主義) 명 인습에 얽매여 새로운 사회 도덕을 따르지 않는 경향이나 주의.

인시(人時) 명 백성의 때라는 뜻으로, 봄갈이·김매기·가을걷이 등을 하는 바쁜 농사철을 이르는 말. 민시(民時)

인시(因時) 명 -하다 자 시세(時勢)를 좇음, 또는 때를 따름.

인시(寅時) 명 ①십이시(十二時)의 셋째 시. 지금의 오전 세 시부터 다섯 시까지의 동안. ②하루를 스물넷으로 가른, 다섯째 시. 지금의 오전 세 시 삼십 분부터 네 시 삼십 분까지의 동안. 준 인(寅) ☞갑시(甲時). 묘시(卯時)

인시-류(鱗翅類) 명 곤충 분류의 한 목(目). 나비류와 나방류를 통틀어 이르는 말. 두 쌍의 날개가 있고 분과 같은 작은 비늘 가루로 덮여 있음. 나비류와 일부 나방을 빼고는 밤에 활동함.

인시제:의(因時制宜) 성구 시대의 변화에 따라 그때에 맞게 함을 이르는 말.

인식(認識) 명 -하다 타 사물을 분별하고 판단하여 아는 일, 또는 그 작용. ¶환경 오염에 대한 -이 부족하다.

인식=능력(認識能力) 명 사물을 인식할 수 있는 정신적 능력. ☞감정 능력

인식-론(認識論) 명 인식 또는 지식의 기원·구조·본질·타당성·한계 등을 연구하는 철학.

인식-색(認識色) 명 같은 종류의 동물들이 서로를 인식하는 데 도움이 되는 몸의 빛깔이나 무늬. 원숭이의 붉은 궁둥이나 사슴꼬리의 흰 무늬, 또는 번식기에 나타나는 혼인색(婚姻色) 따위.

인식-표(認識票) 명 군인의 이름·군번·혈액형 따위가 새겨져 있는 표. 쇠줄이나 끈으로 목에 걸도록 된 타원형의 작은 금속판으로, 다치거나 죽었을 때 그 신분을 알 수 있도록 한 것임.

인신(人臣) 명 신하(臣下)

인신(人身) 명 ①사람의 몸. ②개인의 신상(身上) 또는 신분(身分).

인신(印信) 명 도장·관인(官印) 등을 통틀어 이르는 말.

인신-공:격(人身攻擊) 명 남의 신상에 관한 일을 들어 비난함.

인신-권(人身權)[-꿘] 명 인격권(人格權)과 신분권(身分權)을 아울러 이르는 말.

인신=매:매(人身賣買) 명 사람을 물건처럼 사고 파는 일.

인심(人心) 명 ①사람의 마음. ¶-이 좋다. ②남의 처지를 헤아리고 도와 주는 마음. ¶-이 후하다. ③백성의 마음. ¶-이 동요되다./-이 흉흉하다.

인심(을) 사다 관용 남에게서 좋은 사람이라는 평을 듣다. 인심(을) 얻다.

인심(을) 쓰다 관용 인정을 베풀다. 후하게 남을 대하다.

인심(을) 얻다 관용 인심(을) 사다.

인심(을) 잃다 관용 사람들에게 좋지 못한 사람이라는 평을 듣다.

인심(이) 사납다 관용 인정이 없고 매우 야박하다.

인심(仁心) 명 어진 마음.

인심=세:태(人心世態) 명 세태 인정(世態人情)

인심여면(人心如面) 성구 사람마다 마음이 다 다른 것은

얼굴 모양이 저마다 다른 것과 같음을 이르는 말.
인아(人我)명 ①다른 사람과 나. ②불교에서, 사람의 몸에 늘 변하지 않는 본체(本體), 곧 아(我)가 있다는 미혹된 생각을 이르는 말.
인아(人痾)명 사람의 몸에서 일어나는 이상한 현상. 죽었던 사람이 다시 살아나거나, 남녀의 성(性)이 뒤바뀌거나, 사람의 몸이 변하여 이상한 형상으로 되는 일 따위. 인변(人變)
인아(鱗芽)명 비늘눈
인안(燐安)명 ①'인산암모늄'의 준말. ②화성 비료의 한 가지. 인산에 암모니아를 넣어 만드는데, 질소분 20%, 인산분 50%를 함유함. 황산암모늄과 과인산석회를 함께 시비(施肥)한 것과 같은 효과가 있음.
인애(仁愛)명-하다자 어질고 너그러운 마음으로 남을 사랑함, 또는 그런 마음.
인:양(引揚)명-하다타 끌어올림. ¶침몰선을 ―하다.
인어(人魚)명 상반신은 사람의 몸이고 하반신은 물고기와 같다는 상상의 동물.
인어(人語)명 ①사람의 말. ②사람의 말소리.
인어대방(隣語大方)명 조선 시대, 사역원(司譯院)에서 펴낸 일본어 학습서. 일본 문장을 먼저 적고 한글로 풀이한 체재임. 10권 5책.
인언(人言)명 ①남의 말. ②세상 사람들의 말이나 소문.
인-업(人―)명 사람으로서 가진 업, 또는 사람으로 태어날 업.
인업(因業)명 불교에서, 업(業)이 만물을 내는 원인이 됨을 이르는 말.
인연(人煙)명 인가(人家)에서 불을 때어 나는 연기라는 뜻으로, 사람이 사는 기척, 또는 사람이 사는 집을 이르는 말. 연화(煙火)
인연(因緣)명 ①사람들 사이에 서로 맺어지는 관계. ¶부부의 ―을 맺다./사제간의 ―을 끊다. ②사물들 사이에 서로 맺어지는 관계. ¶출세와 ―이 멀다./나와 이 마을은 ―이 깊다. ③불교에서, 어떤 결과를 낳게 하는 직접적인 원인인 인(因)과 간접적인 원인인 연(緣)을 아울러 이르는 말. 유연(由緣)

한자 인연 연(緣)〔糸部 9획〕¶연고(緣故)/연기(緣起)/연분(緣分)/연생(緣生)/인연(因緣)

인열폐:식(因噎廢食)성구 목이 메어 밥먹기를 그만둔다는 뜻으로, 실패한 일에 겁을 먹고 다시는 그 일에 손대지 않음을 비유하여 이르는 말.
인엽(鱗葉)명 비늘잎
인영(人影)명 사람의 그림자 또는 자취.
인영(印影)명 찍어 놓은 도장의 흔적. 인문(印文). 인발. 인형(印形)
인영-맥(人迎脈)명 ①후두(喉頭) 곁에 있는 경락(經絡)의 맥. ②왼쪽 손목에 있는 경락의 맥.
인왕(仁王)명 '금강신(金剛神)'을 달리 이르는 말.
인왕-문(仁王門)명 절에서, 인왕의 상(像)을 좌우에 세워 놓은 문. ☞사천왕문(四天王門)
인요(人妖)명 떳떳한 도리에서 벗어난 요상한 행동을 하는 사람. 곧 여자가 남자로, 남자가 여자로 행세하는 사람을 이르는 말.
인요물괴(人妖物怪)성구 요사스럽고 간악(奸惡)한 사람을 이르는 말.
인욕(人慾)명 사람이 지닌 욕심.
인욕(忍辱)명 ①욕되는 일을 참음. ②인욕바라밀
인욕-바라밀(∠忍辱波羅蜜)명 불교에서, 온갖 모욕과 번뇌를 참고 원한을 일으키지 않는 수행을 이르는 말. 인욕(忍辱)
인용(引用)명-하다타 남의 말이나 글 가운데서 필요한 부분만을 끌어다 씀. ¶'성경'에서 ―한 글./'논어'에서 ―하여 말하다.
인용(認容)명-하다타 인정하여 받아들임.
인용-구(引用句)[―꾸]명 다른 글 가운데서 필요한 부분만을 끌어다 쓴 구절(句節).
인용-례(引用例)명 남의 글이나 다른 문헌 등에서 필요한 부분을 골라 뽑아 쓴 예(例).
인용-문(引用文)명 남의 말이나 글을 직접 또는 간접으로 인용한 문장.
인용-법(引用法)[―뻡]명 수사법(修辭法)의 한 가지. 자기의 말을 확증하기 위하여 권위 있는 사람의 말이나 고사(故事)·속담·어록(語錄) 등을 끌어 쓰는 표현 방법. "국력을 길러야 하네. '힘의 정의'라는 말을 그대는 못 들었는가?", "'하늘은 스스로 돕는 이를 돕는다.'고 했다."와 같은 표현법임.
인용-부(引用符)명 따옴표
인용-서(引用書)명 인용하여 쓴 글의 구절이나 예가 원래 실린 책.
인용-어(引用語)명 남의 말이나 글에서 한 부분을 끌어다 쓴 말. 따옴말
인용-절(引用節)명〈어〉문장의 한 부분으로 인용된 문장을 이름. 그대로 옮긴 것을 '직접 인용절', 말하는 이의 처지에서 옮긴 것을 '간접 인용절'이라 이름. "옛사람들이 '하늘이 무너져도 솟아날 구멍이 있다.'고 하였다.", "김 군은 '나는 무관하다.'고 하였다."고 하는 따위.
인우(隣友)명 이웃에 사는 벗.
인원(人員)명 단체를 이루고 있는 사람의 수. ¶부족한 ―을 보충하다.

한자 인원 원(員)〔口部 7획〕¶감원(減員)/결원(缺員)/원외(員外)/정원(定員)/충원(充員)

인월(寅月)명 '음력 정월'을 달리 이르는 말. 월건(月建)의 지지(地支)가 병인(丙寅)·경인(庚寅)처럼 인(寅)인 데서 이름. ☞일진(日辰). 태세(太歲)
인위(人爲)명 사람의 힘으로 이루어지는 일. 유인공(人工) ☞자연(自然). 천연(天然). 천위(天爲)
인위=도태(人爲淘汰)명 인위 선택 ☞자연 도태
인위-법(人爲法)[―뻡]명 인정법(人定法)
인위=분류(人爲分類)명 생물의 본질적인 성질에 따르지 않고, 인간의 편의나 특수한 목적을 위하여 임의로 하는 분류. ☞자연 분류
인위=사:회(人爲社會)명 자연 발생적인 사회가 아닌, 인간의 의지나 목적에 따라 이룩된 사회. 이익 단체나 문화 단체 따위. ☞자연 사회
인위=선:택(人爲選擇)명 작물이나 가축의 유전형 중 인간에게 유용한 것만을 선택하여 일정 방향으로 변화시키는 일. 인위 도태 ☞자연 선택
인위-적(人爲的)명 사람이 일부러 만드는 것. ¶―으로 조성한 숲.
인위적=경계(人爲的境界)명 경계의 구분에 표적이 될만한 자연물이 없을 때, 사람이 만들어 목표로 삼아 놓은 경계. ☞자연적 경계
인유(人乳)명 사람의 젖.
인유(引喩)명-하다타 다른 예를 끌어다 비유함.
인육(人肉)명 사람의 고기.
인육-시:장(人肉市場)명 사람의 육체를 사고 파는 곳이라는 뜻으로, '매음굴'을 비유하여 이르는 말.
인은(仁恩)명 어진 사랑으로 베푼 은혜.
인음-증(引飮症)[―쯩]명 술을 좋아하여 한번 마시기 시작하면 자꾸 마시고 싶어하는 버릇.
인읍(隣邑)명 가까운 고을, 또는 인근의 읍.
인의(人意)명 사람의 뜻.
인의(人義)명 사람으로서 마땅히 해야 할 도리.
인의(仁義)명 어짊과 의로움을 아울러 이르는 말.
인의(引義)명-하다자 의리에 따라서 처신이나 일을 함.
인의(隣誼)명 이웃끼리 서로 나누는 정의(情誼).
인의예지(仁義禮智)명 유교에서, 사람으로서 마땅히 갖추어야 할 네 가지 덕인 어짊〔仁〕과 의로움〔義〕과 예의〔禮〕와 지혜〔智〕를 이르는 말. ☞사단(四端)
인의예지신(仁義禮智信)명 유교에서, 사람으로서 마땅히 지켜야 할 다섯 가지 도리인 어짊과 의로움과 예의와 지혜와 믿음을 이르는 말. ☞오상(五常)

인인(仁人)명 인자(仁者)
인인(認印)명 그리 중요하지 않은 일에 쓰는 막도장. 보통 성자(姓字)나 이름자만 새김.
인인(隣人)명 이웃 사람.
인인성사(因人成事)성구 다른 사람의 힘으로 일을 이룸을 이르는 말.
인일(人日)명 인날
인일(寅日)명 간지(干支)의 지지(地支)가 인(寅)인 날. 갑인(甲寅)·무인(戊寅) 등. ☞범날. 월건(月建). 일진(日辰). 태세(太歲)
인임(∠仍任)명-하다타 지난날, 갈릴 기한이 된 관원을 그대로 두던 일.
인입(引入)명-하다타 안으로 끌어들임.
인자(人子)명 ①사람의 아들. ②크리스트교에서, '사람의 아들'이라는 뜻으로, 예수가 스스로를 일컫는 말.
인자(因子)명 ①어떤 사물의 원인을 이루는 낱낱의 요소. ②생명 현상에서 어떤 작용의 원인이 되는 요소. 환경 인자, 유전 인자 따위. ③인수(因數)
인자(印字)[-짜]명-하다자 타자기나 수신기 등의 기계로 글자를 찍는 일, 또는 그 글자.
인자(仁者)명 마음이 어진 사람. 인인(仁人)
인자(仁慈)어기 '인자(仁慈)하다'의 어기(語基).
인자-기(印字機)[-짜-]명 타자기·전신기·텔레타이프의 수신 장치, 컴퓨터의 프린터 등과 같이 문자나 부호를 찍어 내는 기기.
인자무적(仁者無敵)성구 어진 사람은 모든 사람을 사랑하기 때문에 적대하는 사람이 없음을 이르는 말.
인자-스럽다(仁慈-)(-스럽고·-스러워)형ㅂ 인자한 데가 있다.
인자-스레부 인자스럽게
인자요산(仁者樂山)성구 어진 사람은 몸가짐이 진중하고, 천명(天命)을 좇아 욕심에 움직이지 않는 고요한 마음이 흡사 산과 같아 자연히 산을 좋아한다는 말. ☞지자요수(智者樂水)
인자-하다(仁慈-)형여 마음이 어질고 자애롭다. ¶인자하신 어머니의 손길.
인자-형(因子型)명 유전자형(遺傳子型)
인작(人作)명 천연물과 비슷하게 인공으로 만드는 일, 또는 그런 물건. 인조(人造) ☞천작(天作)
인작(人爵)명 지난날, 사람이 만들어 정한 작위(爵位)라는 뜻으로, 공경대부(公卿大夫)의 관직을 이르던 말.
인장(印章)명 도장(圖章)
인장(印藏)명-하다타 문서 따위를 인쇄하여 잘 보관함.
인장묘발(寅葬卯發)성구 인시(寅時)에 장사지내고 묘시(卯時)에 발복(發福)한다는 뜻으로, 묏자리를 잘 써서 장사지낸 뒤에 곧 운이 트고 복을 받음을 이르는 말.
인장=위조죄(印章僞造罪)[-쬐]명 행사할 목적으로 남의 도장·기호·서명을 위조함으로써 성립하는 죄.
인재(人才)명 인재(人材)
인재(人材)명 학식과 재능이 뛰어난 사람. 인물(人物). 인재(人才) ¶-를 등용하다.
인재(人災)명 사람의 잘못으로 일어나는 재난. ¶이번 화재는 -였다. ☞천재(天災)
인재(印材)명 도장을 만드는 재료.
인-재:행(因再行)명-하다자 지난날, 교통이 불편한 곳에서 신랑이 재행을 할 때, 처가 근처의 집에서 하룻밤을 묵고 다시 처가로 가던 일.
인적(人跡·人迹)명 사람의 발자취, 또는 사람의 왕래. ¶-이 드문 두메산골./-이 끊기다.
인적(人的)[-쩍]명 사람에 관한 것. ¶- 사항 ☞물적(物的). 심적(心的)
인적-기(人跡氣)명 사람이 있음을 짐작할 수 있는 기미, 또는 그러한 소리. 인기척
인적=담보(人的擔保)[-쩍-]명 채무자가 채무를 변제하지 않을 경우에, 제삼자의 재산으로써 채무의 변제를 확보하는 일. 보증 채무, 연대 채무 따위. ☞물적 담보
인적=자:원(人的資源)[-쩍-]명 사람의 노동력을 다른 물자와 마찬가지로 생산 자원의 하나로 보아 이르는 말.
인적=증거(人的證據)[-쩍-]명 증인이나 감정인(鑑定人), 당사자인 본인 등의 진술을 토대로 하는 증거. 준인증(人證) ☞물적 증거
인적=회:사(人的會社)[-쩍-]명 사원들이 같이 출자(出資)하고 경영에 참여하며 책임도 함께 지는 회사. 합명 회사, 합자 회사 따위. ☞물적 회사
인전(印篆)명 도장에 새긴 전자(篆字).
인절미명 찹쌀을 불려 시루에 쪄서 안반에 놓고 떡메로 친 다음, 넓적하고 길쭉하게 만들어 고물을 묻히고 네모지게 썬 떡. 분자(粉餈)
인:접(引接)명-하다타 ①들어오게 하여 면접함. ②지난날, 임금이 의정(議政)을 불러들일 때 시신(侍臣)으로 하여금 맞게 하던 일. ③불교에서, 아미타불이 염불 수행자를 맞아서 극락 정토로 인도하는 일.
인접(隣接)명-하다자 이웃하여 있음. ¶- 국가/우리 집은 공원에 -해 있다.
인접=수역(隣接水域)명 접속 수역(接續水域)
인정(人丁)명 인부(人夫)
인정(人定)명 조선 시대, 큰 도시에서 종을 쳐서 사람들이 밤에 다니는 일을 금지하던 제도. 밤 열 시경에 종을 스물여덟 번 치면 성문을 닫아 외부와의 통행을 막고, 성내의 사람들도 나다니지 못하게 했음. 변인경 ☞파루
인정(人情)명 ①사람이 본디 가지고 있는 감정이나 심정. ¶사람이라면 누구나 행복하기를 바라는 것이 -이다. ②남을 생각하고 도와 주는 따뜻한 마음씨. ¶- 많은 아저씨./- 사정 없다. ③세상 사람의 마음. ¶-이 각박해졌다. ④지난날, 관원들에게 은근히 주던 선물이나 뇌물.
인정(을) 쓰다관용 ①남을 생각하고 도와 주는 따뜻한 마음을 베풀다. ②뇌물을 주다.
속담 **인정도 품앗이라**: 남이 나를 생각해야 나도 그를 생각하게 된다는 말./**인정은 바리로 싣고 진상**(進上)**은 꼬치로 꿴다**: ①자기의 이해와 직접 관계 있는 일에 더 마음을 쓰게 됨을 이르는 말. ②실제적인 영향력 때문에 하급 관원들이 높은 관원보다 더 권세가 큼을 이르는 말.
인정(仁政)명 어진 정사(政事). ¶-을 베푼 임금.
인정(寅正)명 십이시(十二時)의 인시(寅時)의 한가운데. 지금의 오전 네 시 정각을 말함.
인정(認定)명-하다타 ①확실히 그렇다고 여김. ¶-을 받다./패배를 -하다. ②국가의 행정 기관이 어떤 일을 판단하여 결정하는 일. ¶- 과세
인정-간(人情間)명 서로 정답게 지내거나, 인간의 정으로 맺어진 사이. 〔주로 '…에'의 꼴로 쓰임.〕 ¶-에 차마 거절할 수가 없다.
인정=과세(認定課稅)명 납세 의무자로부터 과세 표준의 신고가 없거나 그 신고가 부당하다고 생각되었을 때, 정부가 조사한 과세 표준에 따라서 조세를 부과하는 제도.
인정-머리(人情-)명 '인정(人情)'을 속되게 이르는 말. ¶-라고는 눈곱만큼도 없다.
인정-미(人情味)명 인정이 담긴 따뜻한 느낌. ¶-가 없다./-가 넘치다. ☞정미(情味)
인정-법(人定法)[-뻡]명 인위(人爲)로 제정한 법. 인위법(人爲法) ☞자연법(自然法)
인정=사:망(認定死亡)명 수재나 화재 등으로 사망한 것이 확실한듯 하나 사체(死體)를 발견할 수 없을 때, 조사 관서(官署)가 이를 사망으로 인정하여 처리하는 일.
인정-스럽다(人情-)(-스럽고·-스러워)형ㅂ 보기에 인정이 있다. ¶인정스럽게 대해 주다.
인정-스레부 인정스럽게
인정=신:문(人定訊問)명-하다타 형사 재판의 법정에서, 재판관이 피고인에게 이름·나이·본적·주소 따위를 물어 본인인지를 확인하는 일.
인제명 지금 이때. 이제. 지금 ¶-부터가 중요하다. 부 ①지금에 이르러. ¶- 얘기하면 어떻게 하니? ②지금부터 ¶- 곧 출발하겠다.
인제(姻弟)명 편지에서, 매부가 처남에게 '자기'를 이르는 한문 투의 말. ☞인형(姻兄)

인조(人造)명 ①천연물과 비슷하게 인공으로 만듦, 또는 그런 물건. 인작(人作) ¶ – 섬유/– 가죽 ☞천연(天然) ②'인조견'의 준말.
인조-견(人造絹)명 인조 견사를 가지고 비단처럼 짠 피륙. 준 인견. 인조 ☞본견(本絹)
인조=견사(人造絹絲)명 목화나 펄프 따위의 섬유소를 화학적으로 합성하여 천연 견사와 비슷하게 만든 실. 실켓. 의견사(擬絹絲) 준인견사
인조=고기(人造–)명 콩이나 밀 등에서 식물성 단백질을 뽑아 내어 섬유상으로 가공한 고기 모양의 식품.
인조=고무(人造–)명 합성 고무
인조-금(人造金)명 아연·구리·알루미늄·산화마그네슘·주석 등을 합성한, 광택이 있는 금속.
인조=물감(人造–)[–깜]명 합성 물감
인조-미(人造米)명 쌀 이외의 곡류 가루와 녹말을 원료로 반죽하여 쌀알 모양으로 만든 것. 쌀의 대용품임.
인조반(因早飯)명 지난날, 주막에서 묵은 나그네가 날이 밝자마자 먹는 새벽밥을 이르던 말.
인조=버터(人造butter)명 마가린
인조=비:료(人造肥料)명 화학 비료 준인비(人肥)
인조-빙(人造氷)명 천연 얼음에 상대하여, 인공적으로 만든 얼음을 이르는 말. ☞천연빙(天然氷)
인조-석(人造石)명 모르타르에 각종 돌가루나 돌 조각 등을 섞어 굳혀서 자연석과 비슷하게 만든 돌. 모조석 ☞자연석. 천연석
인조=석유(人造石油)명 합성 석유
인조=섬유(人造纖維)명 화학 섬유 ☞천연 섬유
인조=염:료(人造染料)명 인조 물감
인조=인간(人造人間)명 로봇(robot)
인조=진주(人造眞珠)명 유리 구슬에 진주빛 도료를 입혀 천연 진주처럼 만든 물건. 모조 진주
인조=피혁(人造皮革)명 무명·삼베·인조견 등에 고무나 합성 수지 따위를 입혀서 만든 가죽의 대용품. 구두나 슬리퍼·책 표지 등에 쓰임. 의피(擬皮). 의혁(擬革)
인족(姻族)명 인척(姻戚)
인종(人種)[1]명 지구상의 인류를 골격, 피부 색, 모발 등의 형질적 특징에 따라 구별한 종류. 황인종·백인종·흑인종 따위.
인종(人種)[2]명 산삼의 씨앗을 사람이 채취하여 환경 조건이 좋은 곳에 심어 기른 산삼을 이르는 말. 산양삼(山養蔘)이 이에 해당함. ☞천종(天種)
인종(忍從)명-하다자타 묵묵히 참고 따름. ¶ –의 미덕.
인:좌(引座)명 불교에서, 도사(導師)를 설법하는 자리로 인도하는 일.
인좌(寅坐)명 묏자리나 집터 등의 인방(寅方)을 등진 좌향(坐向).
인좌-신향(寅坐申向)명 묏자리나 집터 등의 인방(寅方)을 등지고 신방(申方)을 바라보는 좌향(坐向).
인주(人主)명 지난날, '임금'을 달리 일컫던 말.
인주(印朱)명 도장을 찍을 때 쓰는 붉은 빛깔의 물질.
인주-점(隣住點)[–쩜]명 지구의 같은 반구(半球)에서, 경도 180도를 달리하는 점.
인준(認准)명-하다타 법률에 규정된 공무원의 임명, 또는 행정부에서 행한 행위에 대하여 국회가 승인하는 일. ¶국무총리 임명을 –하다.
인-줄(人–)[–쭐]명 사람이 함부로 드나들지 못하도록 대문이나 길 어귀에 건너질러 매는 줄. 금줄
인중(人中)명 코의 밑과 윗입술 사이에 수직으로 골이 진 부분. ¶ –이 길다.
인:-중방(引中枋)명 인방(引枋)과 중방(中枋).
인중-백(人中白)명 한방에서, '오줌버캐'를 약재로 이르는 말.
인중승:천(人衆勝天)성구 사람의 수가 많으면 하늘도 이길 수 있다는 말로, 많은 사람이 뜻을 합하면 못할 일이 없음을 이르는 말.
인중지말(人中之末)성구 여러 사람 중에서 가장 못난 사람을 이르는 말.
인-쥐(人–)명 곡식이나 음식물을 남몰래 조금씩 훔치는 사람을 쥐에 비유하여 이르는 말.
인증(人證)명 '인적 증거'의 준말. ☞물증(物證)
인:증(引證)명-하다타 글 따위를 인용하여 증거로 삼음. ¶옛 문헌의 문장을 –하여 논문의 신뢰도를 높이다.
인증(認證)명-하다타 어떠한 행위 또는 문서가 정당한 절차로 이루어졌음을 공적 기관이 인정하여 증명하는 일.
인지(人指)명 사람을 가리키는 손가락이라는 뜻으로, '검지'를 달리 이르는 말.
인지(人智)명 사람의 지식이나 슬기.
인지(人質)명 '인질(人質)'의 원말.
인지(印紙)명 세입금(歲入金)의 징수 수단으로서 정부가 발행하는, 일정한 금액을 표시한 증표(證票). 수수료·세금 등을 납부한 사실을 증명하기 위하여 서류 따위에 붙임. 수입 인지가 그 대표적인 것임.
인지(認知)명-하다타 ①어떠한 사실을 이성이나 감각을 통하여 분명히 앎. ¶신호를 –하다. ②법률상의 혼인 관계가 아닌 남녀 사이에서 태어난 아이를, 그 생부나 생모가 자기의 자식이라고 인정하는 일. 그렇게 함으로써 법률상의 친자(親子) 관계가 성립됨.
인지상정(人之常情)성구 사람이라면 누구나 가질 수 있는 보통의 마음이나 생각을 이르는 말. ¶헤어진 혈육을 그리워하는 것은 – 아닌가.
인지-세(印紙稅)[–쎄]명 ①인지를 붙여서 소인(消印)하는 방법으로 납부하는 모든 조세. ②재산권의 변동을 증명하는 증서나 장부, 또는 재산권을 추인·승인하는 증서 등을 대상으로 하여 그 작성자에게 부과하는 세.
인지위덕(忍之爲德)성구 참는 것이 덕이 됨을 이르는 말.
인지-의(印地儀)명 조선 시대, 각도와 축척의 원리를 이용하여 토지의 거리와 높낮이를 측량하던 기구.
인-지질(燐脂質)명 분자 내에 인산을 가지고 있는 복합지질. 생체막의 주된 성분으로 매우 중요하며, 동물의 뇌와 간에 많이 함유되어 있어서 신경 전달이나 효소계의 조절 작용에 중요한 구실을 함.
인:진(引進)명-하다타 인재(人材)를 찾아내거나 추천하여 쓰게 함.
인진(茵蔯)명 ①'사철쑥'의 딴이름. ②한방에서, 사철쑥의 어린잎을 약재로 이르는 말. 황달·습열(濕熱)을 다스리거나 이뇨(利尿)에 쓰임.
인질(人質)명 ①약속의 담보로 상대편에게 잡혀 두는 물건. ②요구하는 바를 이루려는 협박 수단으로 잡아 두는 상대편의 사람. ¶가족을 –로 삼아 금품을 요구하다. ③지난날, 나라 사이의 약속의 보증으로 상대편에게 맡기거나 넘겨준 사람을 이르던 말. ¶왕자를 –로 잡아 두다. 볼모 원인지(人質)
인질(姻姪)명 고모부(姑母夫)에 대하여, '자기'를 이르는 말. 고질(姑姪). 부질(婦姪)
인질-극(人質劇)명 완력이나 무력으로 무고한 사람을 붙잡아 놓고 자기의 목적을 이루려고 벌이는 소동.
인차(人車)명 탄광이나 광산에서 사람을 실어 나르는 데 쓰이는 특수한 광차(鑛車).
인찰-지(印札紙)[–찌]명 미농지에 괘선을 박은 종이. ☞괘지(罫紙)
인창(刃創)명 칼날에 다친 흉.
인:책(引責)명-하다자 잘못된 일의 책임을 스스로 짐.
인:책=사직(引責辭職)명 잘못된 일의 책임을 지고 자리에서 물러나는 일.
인척(人尺)명 사람의 키를 재는 자.
인척(印尺)명 지난날, 세금을 받았다는 증거로 관아에서 발행해 주던 영수증.
인척(姻戚)명 혼인 관계를 통하여 맺어진 친척. 혈족의 배우자, 혈족의 배우자의 혈족, 배우자의 혈족의 배우자 따위. 내친(內親). 인족(姻族). 혼척(婚戚)
인-청동(燐靑銅)명 청동에 약간의 인(燐)을 섞은 합금. 청동에 비하여 주조가 용이하고 내식성·내마멸성도 큼. 베어링·용수철 등을 만드는 데 쓰임.
인체(人體)명 사람의 몸.

인체=모델(人體model)명 화가나 조각가의 모델이 되는 사람.
인초(寅初)명 십이시(十二時)의 인시(寅時)의 처음. 지금의 오전 세 시가 막 지난 무렵.
인촌(隣村)명 이웃 마을.
인총(人總)명 ①인구의 총수. ②인구(人口)
인축(人畜)명 사람과 가축을 아울러 이르는 말. ¶ -에 해로운 농약.
인출-장(印出匠)명 ①조선 시대, 교서관(校書館)에서 책을 박아내던 공장(工匠). ②조선 시대, 사섬시(司贍寺)에서 저화(楮貨)를 박아내던 공장(工匠).
인충(鱗蟲)명 몸에 비늘이 있는 동물을 통틀어 이르는 말. 뱀·물고기 따위.
인치(引致)명-하다타 체포 영장이나 구인장(拘引狀)에 따라 용의자나 피고인을 강제로 일정한 곳에 데려가는 일.
인치(inch)의 야드파운드법에 따른 길이의 단위. 1피트의 12분의 1로, 약 2.54cm임.
인-치다(印-)자 도장을 찍다.
인친(姻親)명 사돈
인침(湮沈)명-하다자타 인멸(湮滅)
인칭(人稱)명〈어〉말하는 이, 듣는 이, 그 밖의 사람으로 분류하여 제일인칭, 제이인칭, 제삼인칭으로 구별한 것. 인칭에 따른 동사의 변화가 우리말에는 없음.
인칭=대:명사(人稱代名詞)명〈어〉대명사의 한 갈래. 사람을 가리키는 대명사로서, '나, 너, 그, 누구' 따위. 인대명사 ☞지시 대명사
인커:브(incurve)명 야구에서, 투수가 던진 공이 홈베이스 가까이에서 타자 쪽으로 휘는 일, 또는 그 공. ☞아웃커브(outcurve)
인코:너(in+corner)명 야구에서, 홈베이스의 중앙부와 타자 사이의 공간. 내각(內角) ☞아웃코너
인코넬(Inconel)명 니켈을 주성분으로 하여 크롬, 철, 티탄 등을 넣어 만든 합금. 내열성이 강하고 유기물이나 염류 용액에 대해서도 부식되지 않아 제트 엔진의 재료나 진공관의 필라멘트 등에 쓰임.
인코:스(in+course)명 ①야구에서, 인코너를 지나가는 투수가 던진 공의 길. ②육상 경기나 스피드스케이트 경기 등에서, 트랙의 중앙에서 안쪽의 주로(走路). ☞아웃코스
인큐베이터(incubator)명 보육기(保育器)
인클라인(incline)명 경사진 곳에 레일을 깔고 동력을 이용하여 배나 화물 따위를 운반하는 장치.
인-킬로(人kilo)의 교통 기관에서, 여객 수송의 양을 정밀하게 표시할 때 쓰는 계산 단위. 1인킬로는 한 사람의 여객을 1km 수송하였음을 나타냄.
인터내셔널리즘(internationalism)명 국제주의
인터넷(internet)명 전세계의 컴퓨터 네트워크를 서로 접속하여, 전체로서 하나의 네트워크의 기능을 하도록 만든 네트워크의 집합체.
인터넷=방:송(internet放送)명 통신과 방송을 결합하여 인터넷을 통하여 프로그램을 내보내는 방송 서비스.
인터넷=정보=제공자(internet情報提供者)명 일반 사용자나 기업체, 기관, 단체 등이 인터넷에 연결된 전용 회선을 통하여 전자 우편, 뉴스그룹, 정보 검색 등 다양한 서비스를 이용할 수 있게 해 주는 전문 업자. 아이에스피(ISP)
인터넷보털사이트(internet vortal site)명 특정 분야의 정보를 전문적으로 제공하는 사이트. 특정 업소에서 일하거나 특정 분야에 관심을 가진 사람끼리 정보를 주고받는 서비스임. 준보털사이트(vortal site)
인터넷포:털사이트(internet portal site)명 인터넷 사용자가 원하는 정보를 찾으려 할 때 처음으로 들어가는 사이트. 대표적인 예로는 정보 검색 사이트가 있음. 준 포털사이트(portal site)
인터넷허브사이트(internet hub site)명 독립된 여러 사이트를 하나로 통합한 사이트. 여기에 연결된 개별 사이트의 정보와 서비스를 하나의 아이디(ID)로 자유로이 이용할 수 있음. 준허브사이트(hub site)
인터뷰:(interview)명-하다자 회견이나 면접. 특히 신문·방송·잡지 기자가 취재를 위하여 특정인과 가지는 회견. ¶ -에 응하다./- 기사/현장에서 목격자와 -하다.
인터셉트(intercept)명-하다타 농구·축구·럭비 등의 경기에서, 상대편이 패스한 공을 중간에서 가로채는 일.
인터체인지(interchange)명 도로가 교차하는 부분을 입체적으로 만들어 놓은 곳. 직진하거나 좌우로 회전하는 자동차들이 원활하게 진행되도록 진입로와 연결되어 있음. 아이시(IC)
인터컷(intercut)명 운동 경기의 실황 방송 따위에서, 관람석의 정경이나 관객의 감상 따위를 짧게 끼워 넣는 일.
인터페론(interferon)명 바이러스에 감염된 동물의 세포에서 생성되는 당단백질. 바이러스의 증식을 방해하는 물질로 바이러스성 질환이나 암을 치료하는 데 쓰임.
인터페이스(interface)명 서로 다른 장치나 시스템, 소프트웨어 따위가 연결되도록 접속하는 경계, 또는 접속하는 데 필요한 하드웨어, 소프트웨어, 조건, 규약 등을 통틀어 이르는 말.
인터폰(interphone)명 건물 등에서 구내 연락용으로 쓰이는 통화 장치.
인터폴(Interpol)명 국제 형사 경찰 기구 [International Criminal Police Organization]
인터프리터(interpreter)명 베이식(BASIC) 등의 언어로 작성된 원시 프로그램을 번역하여 실행하게 하는 프로그램. ☞어셈블러(assembler). 컴파일러(compiler)
인터피어(interfere)명 운동 경기 중에, 상대편 경기자를 고의로 방해하는 일.
인턴(intern)명 수련의(修鍊醫)가 1년간 임상 실습을 받는 과정, 또는 그런 사람. ☞레지던트. 수련의
인턴=사원제(intern社員制)명 대학 졸업 예정자 가운데 일정한 인원을 사원 후보로 뽑아 현장 실습을 하게 한 다음, 업무에 적합한 사람을 정식 사원으로 채용하는 제도.
인테르(∠interline lead)명 활자 조판에서, 행간이나 자간(字間)을 알맞게 띄우기 위하여 행과 행 사이 또는 글자와 글자 사이에 끼워 넣는 것. 납·구리·나무 따위로 만듦. ☞공목(空木)
인테르메초(intermezzo 이)명 ①간주곡(間奏曲) ②연극의 막간에 상연하는 짧은 극. 막간극(幕間劇)
인테리어(interior)명 실내 장식 ¶ - 디자인
인텔리(∠intelligentsia 러)명 '인텔리겐치아'의 준말.
인텔리겐치아(intelligentsia 러)명 지적 노동을 하는 계급. 지식 계급. 지식층 준인텔리 ☞프롤레타리아
인텔리전트빌딩(intelligent building)명 자동 제어 장치, 근거리 통신망, 사무 자동화 시스템 등 최첨단 전자 시설과 공용의 정보 통신 시설을 완비한 임대용 사무실 빌딩.
인텔샛(Intelsat)명 통신 위성을 쏘아 올려 공동으로 이용하는 국제적인 조직. [International Telecommunication Satellite Organization]
인퇴(引退)명-하다자 맡았던 직무를 그만두고 물러남.
인트라넷(intranet)명 인터넷 기술을 이용하여 기업 등의 조직 내에서 정보를 교환하거나 공동 작업을 하기 위한 정보 시스템.
인파(人波)명 많이 모인 사람들의 움직임을 물결에 비유하여 이르는 말. ¶거리의 -./-를 헤치고 나아가다.
인파이팅(infighting)명 권투에서, 상대편의 손이나 팔 안쪽으로 파고들어 싸우는 일. ☞아웃복싱
인판(印版)명 '인쇄판(印刷版)'의 준말.
인편(人便)명 오고 가는 사람 편. ¶ -에 물건을 보내다.
인편(鱗片)명 비늘 조각. 비늘 모양의 조각.
인품(人品)명 사람의 인격과 품위. ¶원만한 -.
인풋(input)명 컴퓨터에 정보를 넣는 일. 입력(入力) ☞아웃풋(output)
인프라(∠infrastructure)명 하부 구조의 뜻으로, 도로나 항만, 발전소, 통신 시설 따위의 산업 기반과 학교나 병원 따위의 생활 기반을 이르는 말.

ㅇ

인플레(∠inflation)명 '인플레이션'의 준말.
인플레이션(inflation)명 통화량이 늘어남으로써 화폐 가치가 떨어지고 물가가 지속적으로 올라가는 경제 현상. 통화 팽창(通貨膨脹) 준인플레 ☞디플레이션
인플루엔자(influenza)명 유행성 감기
인피(人皮)명 사람의 가죽.
인피(靭皮)명 나무의 겉껍질 바로 안쪽에 있는 연한 부분.
인피-부(靭皮部)명 체관부
인피=섬유(靭皮纖維)명 ①식물의 체관부, 또는 피층(皮層)의 섬유. ②아마·삼 등의 진피(眞皮)에서 채취한 섬유. 천연 섬유 중에서 가장 질기며, 흡수성과 내수성이 뛰어남.
인피=식물(靭皮植物)명 줄기나 잎의 인피 섬유가 잘 발달하여 실·베·종이 등의 원료로 쓰이는 식물. 아마·삼 따위.
인필:드플라이(infield fly)명 야구에서, 노아웃 또는 원아웃에 주자(走者)가 일루·이루에 있거나 만루일 때, 타자가 친 공이 내야수가 쉽게 잡을 수 있도록 뜬 공. 심판이 이를 선언하면 타자는 자동적으로 아웃됨. ☞내야플라이
인하(引下)명-하다타 물건의 값이나 요금·임금 등을 내림. ¶가격 -/세율을 -하다. ☞인상(引上)
인하(咽下)명 인말(咽末)
인-하다(因-)자여 말미암다 ¶부주의로 인한 사고./오해로 인하여 사이가 나빠지다.

한자 인할 인(因) [口部 3획] ¶인과(因果)/인연(因緣)

인-하다(吝-)형여《文》좀 인색하다.
인합(印盒)명 인뒤웅이
인항(引航)명-하다타 ①배가 다른 배나 뗏목 따위를 끌고 항행(航行)하는 일. 예항(曳航) ②글라이더를 이륙시킬 때, 자동차나 비행기 등으로 끌어서 날아오르게 하는 일.
인해(人海)명 수많은 사람이 모인 상태를 바다에 비유하여 이르는 말. ¶-를 이루다. ☞인파(人波)
인해=전:술(人海戰術)명 ①많은 병력으로 밀어붙이는 전술. ☞화해 전술(火海戰術) ②어떤 일을 하는 데 많은 사람을 연이어 투입하는 수법을 비유하여 이르는 말. ¶-을 쓰다./-로 밀어붙이다.
인행(印行)명-하다타 간행(刊行)
인행-기(印行機)명 글자를 가로쓰기의 행(行) 단위로 연속 인쇄하는 장치. ☞라인프린터
인허(認許)명-하다타 인가(認可)
인현왕후전(仁顯王后傳)명 조선 시대의 전기(傳記) 소설. 숙종이 인현왕후를 폐위시키고 장희빈을 맞아들인 과정을 그린 내용. 정조 때 한 궁녀가 지은 것으로 추정됨.
인혐(引嫌)명-하다자 자기의 잘못에 대해 책임을 짐.
인형(人形)명 ①사람의 형상. ②사람이나 동물의 모습을 본떠 만든 장난감이나 장식품. ③자기 의지대로 행동하지 못하고 남의 뜻대로 움직이는 사람을 비유하여 이르는 말. ☞꼭두각시
인형(仁兄)명 편지에서, 친구 사이에 서로 상대편을 대접하여 이르는 한문 투의 말. ☞아형(雅兄)
인형(印形)명 인발
인형(姻兄)명 편지에서, '자형(姊兄)'을 이르는 한문 투의 말. ☞인제(姻弟)
인형-극(人形劇)명 사람 대신 인형을 사용해서 하는 연극. 인형을 손에 끼어 놀리거나 끈에 매어 조종함.
인혜(仁惠)어기 '인혜(仁惠)하다'의 어기(語基).
인혜-하다(仁惠-)형여 어질고 은혜롭다.
인호(人戶)명 사람이 사는 집. 인가(人家)
인호(隣好)명 이웃끼리 사이 좋게 지냄.
인홀불견(因忽不見)성구 언뜻 보이다가 갑자기 사라져 보이지 않음을 이르는 말.
인화(人和)명-하다자 여러 사람이 서로 화합함.
인화(引火)명-하다자 불이 옮아 붙음. ¶-되기 쉬운 물질.
인화(印花)명 도자기를 만들 때에 도장 따위의 도구로 눌러 찍어 무늬를 만드는 기법, 또는 그 무늬. 고화(鼓花)
인화(印畫)명-하다타 필름이나 건판의 상(像)을 감광지(感光紙) 위에 비추어 화상이 나타나도록 하는 일. ¶필름을 -하다.
인화(燐火)명 어두운 밤에 묘지나 축축한 땅 등에서 인(燐)의 작용으로 일어나는 파르스름한 불빛. 도깨비불
인화-물(引火物)명 인화성이 있는 물질.
인화-점(引火點)[-쩜]명 물질이 가연성(可燃性) 증기를 발생하여 인화할 수 있는 최저 온도.
인화-지(印畫紙)명 사진을 인화하는 데 쓰는 감광성(感光性)의 종이.
인황(人皇)명 중국 고대 전설상의 황제(皇帝). 삼황(三皇)의 한 사람. ☞천황(天皇)
인황-병(人黃病)[-뼝]명 담석증(膽石症)
인회-석(燐灰石)명 인산칼슘을 주성분으로 하는 광물. 육방 정계의 기둥 또는 판자 모양의 결정으로 유리 같은 광택이 있음. 인(燐)의 주요 광석으로 각종 암석에 들어 있으며 인산질 비료의 원료로 쓰임.
인회-토(燐灰土)명 인산칼슘에 불순물이 섞인 흙. 척추동물의 뼈나 배설물 따위가 퇴적된 것으로, 과인산석회 등 비료의 원료로 쓰임.
인후(咽喉)명 목구멍
인후(仁厚)어기 '인후(仁厚)하다'의 어기(語基).
인후-강(咽喉腔)명 목구멍의 후두개 연골에서 성문(聲門)까지 이르는 기도(氣道).
인후-병(咽喉病)[-뼝]명 목구멍에 생기는 병을 통틀어 이르는 말. 후증(喉症)
인후-염(咽喉炎)명 인후 카타르
인후지지(咽喉之地)명 목구멍과 같은 곳이라는 뜻으로, 매우 중요한 길목을 이르는 말.
인후-창(咽喉瘡)명 목구멍이 헐어서 짓무르는 병을 통틀어 이르는 말.
인후=카타르(咽喉catarrh)명 인후의 점막(粘膜)에 생기는 염증. 인후염(咽喉炎)
인후-통(咽喉痛)명 목구멍이 아픈 병증.
인후-하다(仁厚-)형여 어질고 후덕(厚德)하다. ¶성품이 인후한 부인.
인휼(仁恤)명-하다타 어진 마음으로, 어려운 처지에 있는 사람을 구제함.
인희지광(人稀地廣)성구 지광인희(地廣人稀)
일:명 ①무엇을 만들거나 무슨 일을 이루기 위하여 몸이나 마음을 쓰는 활동. ¶머리를 써서 하는 -./하루의 -을 시작하다./-이 산더미처럼 쌓이다./-에 파묻혀 살다. ②생활이나 벌이를 위해서 하는 활동. ¶도자기를 만드는 -을 하다./장래성이 있는 -. ③어떤 마음에서 한 사실. ¶이웃을 돕는 -./착한 -을 하다./저지른 -을 뉘우치다. ④절로 일어나거나 사람으로 말미암아 일어난 어떤 현상이나 사태. ¶갑작스레 일어난 -./예상치 못한 -로 몸을 다치다./난처한 -을 겪다. ⑤볼일 ¶급한 -이 있어서 나가다./- 때문에 분주히 쏘다니다. ⑥사물의 상태나 겪어 온 내용이나 사정. ¶지난 -을 뒤돌아보다./그 끔찍했던 -들을 털어놓다. ⑦어떤 계획 아래 해 나가는 행사나 의식(儀式). ¶국제 대회라는 큰 -을 치르다. ⑧꾸미고 있거나 꾀하는 내용. ¶-을 꾸미다./그가 무슨 -을 저지를지 예상할 수 없다. ⑨앞의 말이 나타내는 바와 관련이 있는 것이나 상태. ¶무의식 중에 한 -./혼날 -을 생각하니 잠이 오지 않는다. ⑩어떤 대상과 관련이 있는 것. ¶농사짓는 -이라면 잘 알지./집안 -에 매여 지내다. ⑪'겪거나 본 적'의 뜻을 나타내는 말. ¶금강산에 가 본 -이 있다./그와 함께 지내본 -이 있다. ⑫'-ㄹ(을)' 다음에 '일이다' 등의 꼴로 쓰이어, 그렇게 하는 것이 가장 슬기로운 사실임을 뜻하는 말. ¶구경도 좋지만, 먼저 점심부터 먹고 볼 -이다./우선 사람을 구해 놓고 볼 -이다. ⑬역학(力學)에서, 물체가 어떤 힘의 작용으로 이동했을 때 이동 방향의 힘의 성분(成分)과 이동 거리의 적(積)으로 나타낼 수 있는 양(量)을 이르는 말.

속담 **일 다 하고 죽은 무덤 없다** : 일을 하려고 보면 끝이 없다는 말. /**일에는 베돌이, 먹을 땐 감돌이** : 일을 할 때는 살살 피하다가도 먹을 것이 있으면 조금이라도 더 먹으려고 살금살금 끼여드는 사람을 이르는 말. /**일은 송곳으로 매운 재 긁어내듯 하고 먹기는 도짓소 먹듯 한다** : 일은 제대로 해내지 못하면서 먹기는 유달리 많이 먹는다는 말. /**일이 되면 입도 되다** : 일이 많으면 그만큼 먹을 것도 많이 생기게 된다는 말. /**일 잘하는 아들 낳지 말고 말 잘하는 아들 낳아라** : 사람이 말을 잘하면 처세하기에 퍽 유리하다는 뜻으로 하는 말.

한자 일 무(務) 〔力部 9획〕 ¶공무(公務)/근무(勤務)/노무(勞務)/업무(業務)/임무(任務)
일 사(事) 〔亅部 7획〕 ¶사건(事件)/사고(事故)/사례(事例)/사무(事務)/사항(事項)
일 업(業) 〔木部 9획〕 ¶기업(企業)/동업(同業)/실업(失業)/업적(業績)/업종(業種)/작업(作業)/취업(就業)

일(日)¹ 명 ①'하루'를 이르는 말. ¶ - 평균 소비량. ②'일요일(日曜日)'의 준말.
일(日)² 의 날짜를 세는 단위. ¶5 - 동안 교육을 받다.
일(一·壹) 수 수의 한자말 이름의 하나. 자연수의 처음 수. ¶ - 더하기 이(二)는 삼(三)이다. ☞하나²
관 단위를 나타내는 말 앞에 쓰이어 ①수량이 하나임을 나타냄. ¶ - 리터. /- 킬로미터. ②차례가 첫째임을, 또는 횟수가 첫 번째임을 나타냄. ¶아파트 - 동에 살다. /- 회.
일- 접두 '일찍'의 뜻을 나타냄. ¶일되다/일깨다
일가(一家) 명 ①한 가족. 한집안 ¶-가 모여 살다. ②동성동본의 겨레붙이. ③학문·예술·기술 등의 분야에서, 뛰어난 능력을 보여 독자적인 경지나 체계를 이룬 상태. ¶생물학 분야에서 -를 이루다.

> ▶ 일가(一家)
> 삼종(三從)이 넘는 일가는 굳이 촌수(寸數)를 따지지 않는다. 조부(祖父)의 항렬에 해당하면 '대부(大父)'라 하고, 아버지의 항렬인 사람이면 '족숙(族叔)', 형제 항렬인 사람은 '족형(族兄)', '족제(族弟)'라 한다.
> 항렬이 분명하지 않은 경우에는 '종씨(宗氏)' 또는 '존장(尊長)'이라 한다.

일가-견(一家見) 명 어떤 일에 대하여 가지는 일정한 체계의 전문적이고 독자적인 견해. 일가언(一家言) ¶나도 그 분야라면 -이 있다.
일가-문중(一家門中) 명 멀고 가까운 모든 일가. ¶-이 다 모인 자리.
일가-붙이(一家-) [-부치] 명 일가가 되는 겨레붙이. 족류(族類) ¶ - 하나 없는 신세.
일가-언(一家言) 명 일가견(一家見)
일가=원소(一價元素) [-까-] 명 원자가 하나인 원소. 나트륨·염소·칼륨 따위. 모나드(monad)
일가월증(日加月增) [-쯩] 성구 날이 가고 달이 갈수록 더해 가고 늘어남을 이르는 말. ☞일증월가(日增月加)
일가-친척(一家親戚) 명 일가와 외척·인척(姻戚)의 모든 겨레붙이.
일가=함:수(一價函數) [-까-쑤] 명 하나의 독립 변수의 값에 대하여 종속 변수의 값이 하나 뿐인 함수. ☞다가함수(多價函數)
일각(一角) 명 한 귀퉁이, 또는 한 부분. ¶사회의 -. /빙산의 -에 불과하다.
일각(一刻) 명 ①매우 짧은 동안. ¶-을 다투다. /-도 지체할 수 없다. /최후의 -까지 싸우다. ②하루를 십이시로 가른 한 시(時)의 첫째 각. 한 시의 8분의 1인 15분임. ☞각(刻)⁴
속담 **일각이 삼추(三秋) 같다** : 기다리는 마음이 매우 간절하여, 아주 짧은 시간도 삼 년의 세월같이 길게 느껴진다는 말.
일각(日角) 명 관상에서, 이마 한가운데의 뼈가 해처럼 둥글게 도드라져 있는 상(相)을 이르는 말. 귀인(貴人)의 상이라 함.
일각(日脚) 명 사방으로 뻗친 햇살. 햇발
일각-돌고래(一角-) 명 돌고랫과의 포유동물. 몸길이 5m 안팎에 이빨 하나가 2m 가량 뿔처럼 앞으로 뻗어 있음. 북극해에 삶.
일각-문(一角門) 명 문의 한 가지. 기둥을 두 개만 세우고 문짝을 단 문. 간단한 출입문으로 사용하거나 궁궐, 양반 집 등에서 협문(夾門)으로 사용하였음.
일각천금(一刻千金) 성구 일각이 천금의 값어치가 있을 만큼 매우 귀중함의 뜻으로, 좋은 계절, 또는 즐거웠던 시기가 지나감을 아쉽게 여기며 이르는 말.
일간(日刊) 명 날마다 간행한다는 뜻으로, 흔히 '일간 신문'을 줄여 이르는 말.
일간(日間)¹ 명 하루 동안. ¶ - 소비량
일간(日間)² 부 가까운 며칠 안에. ¶ - 찾아뵙겠습니다. /- 만나자.
일간-두옥(一間斗屋) 명 한 칸 안팎의 작은 오막살이집을 이르는 말. ☞일간초옥(一間草屋)
일간=신문(日刊新聞) 명 날마다 인쇄하여 펴내는 신문. 일간지(日刊紙). 일보(日報) 준 일간(日刊)
일간-지(日刊紙) 명 일간 신문
일간-초옥(一間草屋) 명 한 칸 안팎의 작은 초가집. ☞일간두옥(一間斗屋)
일갈(一喝) 명 -하다 타 한 번 큰 소리로 꾸짖음. ¶대대장의 -. /스승의 -에 모두들 움츠러들다.
일:-감[-깜] 명 일거리 ¶-이 밀리다.
일개(一介) 명 ①하나 ②한 사람. ③〔관형사처럼 쓰임〕 한낱. 하찮은 ¶ - 필부(匹夫)의 만용. /- 사병에서 지휘관으로 승진하다.
일개(一個·一箇) 명 한 개.
일:-개:미 명 집을 짓고 먹이를 모으고 저장하는 일 따위를 맡아 하는 개미. 날개가 없고 생식 기능이 없음.
일-개인(一個人) 명 국가나 사회·단체 등에 상대하여 한 사람의 인간을 이르는 말. 한 개인.
일거(逸居) 명 -하다 자 별로 하는 일이 없이 한가로이 지냄.
일:-거리[-꺼-] 명 일할 거리. 일감 ¶-를 찾다. /-가 잔뜩 쌓여 있다.
일거수일투족(一擧手一投足) 성구 손을 한 번 드는 일과 발을 한 번 옮겨 놓는 일이라는 뜻으로, 크고 작은 동작 하나하나를 이르는 말. ¶적의 -을 감시하다.
일거양:득(一擧兩得) 성구 한 가지 일로써 동시에 두 가지 이익을 얻음을 이르는 말. ☞일석이조(一石二鳥). 일전쌍조(一箭雙鵰)
일거-에(一擧-) 부 한번에 곧바로. ¶ - 열세를 만회하다. /- 해치우다.
일거월저(日居月諸) [-쩌] 성구 쉬지 않고 가는 세월을 이르는 말. 준 거저(居諸)
일거-일동(一擧一動) [-똥] 명 하나하나의 몸놀림이나 행동. ¶-을 주시하다.
일거일래(一去一來) 성구 갔다 왔다 함을 이르는 말.
일건(一件) [-껀] 명 한 가지, 또는 한 가지 일. ¶-은 마무리가 되었다.
일건=기록(一件記錄) [-껀-] 명 그 일에 관계되는 모든 기록. 일건 서류
일건=서류(一件書類) [-껀-] 명 그 일에 관계되는 모든 서류. 일건 기록
일격(一擊) 명 한 번 세게 치는 일, 또는 한 번의 공격. ¶-에 넘어뜨리다.
일견(一見) 명 -하다 타 ①한 번 봄, 또는 언뜻 봄. ¶-하여 그 사람인 줄 알았다. ②〔부사처럼 쓰임〕 언뜻 보기에. ¶ - 회사원 같은 옷차림.
일계(一計) 명 한 가지 꾀. ¶-를 꾸미다.
일계(日計) 명 ①하루를 단위로 한 계산. ②날수대로 하는 계산. ☞월계(月計)
일계-표(日計表) 명 날마다의 계산을 알아보기 쉽게 나타낸 표. ☞월계표(月計表)

일고(一考)[명]-하다[타] 한 번 생각해 봄. ¶ ―해 볼만 하다./―의 가치도 없는 일이다.

일고(一顧)[명]-하다[타] 한 번 생각해 보거나 돌이켜 봄. ¶―의 가치도 없다.

일:-고동[―꼬―][명] 일의 잘 되고 못 됨이 결정되는 중요한 고비.

일고삼장(日高三丈)[성구] 아침 해가 이미 높다랗게 떠올랐음을 이르는 말. 일고삼척(日高三尺) ☞일출삼간

일고삼척(日高三尺)[성구] 일고삼장(日高三丈)

일고-여덟[수] ①일곱이나 여덟. ②〔관형사처럼 쓰임〕 ¶― 달쯤 되는 젖먹이. [준]일여덟

일곱[수] ①수의 고유어 이름의 하나. 여섯에 하나를 더한 수. ②물건 따위를 셀 때의 일곱 개. ¶친구 ― 명과 등산을 갔다. ☞칠(七)

[관] 단위를 나타내는 말 앞에 쓰이어 ①수량이 여섯에 하나를 더한 수임을 나타냄. ②차례가 여섯째의 다음임을, 또는 횟수가 여섯 번째의 다음임을 나타냄.

[한자] 일곱 칠(七) 〔一部 1획〕 ¶칠색(七色)/칠석(七夕)/칠성(七星)/칠언(七言)/칠월(七月)/칠정(七情)

일곱목-한카래[명] 한 사람의 장부잡이와 여섯 사람의 줄잡이가 하는 가래질. ☞세손목한카래. 열목카래

일곱-무날[명] 조수(潮水)의 간만(干滿)의 차가 같은, 음력 초하루와 열엿새를 아울러 이르는 말. ☞무날

일곱-성:사(―聖事)[명] 가톨릭에서, 세례 성사, 견진 성사, 성체 성사, 고해 성사, 병자 성사, 성품 성사, 혼인 성사를 통틀어 이르는 말. ☞성사(聖事)

일곱-이레[―니―][명] 아이가 태어난 지 일곱 번째 되는 이레의 끝날. 곧 태어난 지 49일째 되는 날. 칠칠(七七)

일곱-째[수] 여섯째의 다음 차례. ¶― 아이.

일공(一空)[명] 아무 것도 없이 텅 빈 상태.

일공(日工)[명] ①날품을 파는 일, 또는 그런 사람. ②하루의 품삯.

일공-쟁이(日工―)[명] 날삯을 받고 일하는 사람을 가벼이 여기어 이르는 말. 날품팔이꾼

일과(日課)[명] 정해 놓고 날마다 하는 일. ¶퇴근 길에 꽃집에 들르는 것이 ―처럼 되었다.

일과-력(日課曆)[명] ①일기와 일과를 함께 쓸 수 있게 만든 일력. ②조선 시대, 매일 해와 달이 뜨고 지는 시각과 이십사 절기, 일식(日蝕), 월식(月蝕)의 시각 등을 날짜별로 적어 만든 책력을 이르던 말.

일과-성(一過性)[―썽][명] 어떤 증세나 현상이 일시적으로 나타났다가 사라지는 성질. ¶불우 이웃 돕기가 ― 행사로 끝나서는 안 된다.

일과-표(日課表)[명] 그날그날 해야 할 일을 적어 놓은 표. ¶―를 작성하다.

일곽(一郭·一廓)[명] 하나의 담으로 둘러 막은 지역, 또는 그 주변의 한 구획. ¶언덕에서 바라본 마을 ―의 풍경.

일관(一貫)[명]-하다[자] ①'일이관지(一以貫之)'의 준말. ②태도나 방법 등에서 처음과 끝이 한결같도록 함. ¶처음 결정한 방법대로 ―하다./―된 정책.

일관(日官)[명] 추길관(諏吉官)

일관=메이커(一貫 maker)[명] 원료의 생산에서 완제품까지 이르는 모든 공정을 자체 안에서 하는 기업체. ☞단독 메이커

일관-성(一貫性)[―썽][명] 한결같은 성질.

일관=작업(一貫作業)[명] 어떤 일의 모든 과정을 한곳에서 연속적으로 하는 작업.

일괄(一括)[명]-하다[타] 낱낱의 것들을 하나로 뭉뚱그림. ¶― 교체/각 장(章)의 내용을 ―해서 요약하다.

일괄=처리(一括處理)[명] 컴퓨터에서, 입력 데이터를 일정량 또는 일정 기간 모아 두었다가 한꺼번에 처리하는 방법. 배치프로세싱(batch processing)

일광(一匡)[명]-하다[타] 어지러운 천하를 다스려 바로잡음.

일광(日光)[명] 햇빛

일광=반:사경(日光反射鏡)[명] 헬리오스탯(heliostat)

일광-보살(日光菩薩)[명] 불교에서, 약사삼존(藥師三尊)의 한 보살. 약사여래불의 왼쪽에 서 있는 협사(脇士)임.

일광=소독(日光消毒)[명] 물건을 햇빛에 쬐어서 하는 소독. 햇빛 속의 자외선의 살균 작용을 이용함.

일광=요법(日光療法)[―뇨뻡][명] 햇빛 속의 자외선을 이용한 치료법. 결핵성 질환, 구루병, 만성 관절염 등에 효과가 있음.

일광-욕(日光浴)[―뇩][명] 병의 치료나 건강을 위하여 온몸을 햇빛에 쬐는 일.

일광=절약=시간(日光節約時間)[명] 서머타임(summer time)

일-교차(日較差)[명] 하루 동안의 기온·기압·습도 따위의 가장 높은 값과 가장 낮은 값의 차이.

일구(一口)[명] ①단 한 사람. ②여러 사람의 똑같은 말. ③한 입. ④한 마디의 말.

일구(日寇)[명] 우리 나라를 침략한 '일본'을 도둑으로 이르는 말. ¶―, 차토(此土)에서 육량(陸梁)함이 오래라.

일구난설(一口難說)[성구] 한마디로 다 설명하기 어려움을 이르는 말.

일구다[타] ①논이나 밭을 만들려고, 땅을 파서 흙을 뒤집어 갈다. ¶언덕 비탈에 밭을 ―. ②두더지 따위가 땅 속을 쑤시거나 파고들어 흙이 솟게 하다.

일구양설(一口兩舌)[성구] 일구이언(一口二言)

일구월심(日久月深)[―씸][성구] 날이 오래되고 달이 깊어간다는 뜻으로, 세월이 흘러 오래 될수록 자꾸 더하여짐을 이르는 말.

일구이언(一口二言)[성구] 한 입으로 두 말을 한다는 뜻으로, 말을 이랬다저랬다 함을 이르는 말. 일구양설

일국(一國)[명] ①한 나라. ¶―의 통치자. ②온 나라. ¶―이 들끓다. ▷―의 갖은자는 壹

일국(一掬)[명] 한 움큼.

일군(一軍)[명] ①한 군대. ②온 군대. ¶―의 사령관. ③운동 경기 따위에서, 정규 선수로 이루어진 팀을 이르는 말. ☞이군(二軍)

일군(一群)[명] 한 무리, 또는 한 떼.

일규(一揆)[명] ①같은 경우나 경로. ②한결같은 법칙.

일그러-뜨리다(트리다)[타] 물체나 얼굴 등을, 한쪽이 좀 틀어져 비뚤어지거나 씰그러지게 하다. ¶못마땅한지 얼굴을 ―.

일그러-지다[자] 물체나 얼굴 등의 한쪽이 좀 틀어져 비뚤어지거나 씰그러지다. ¶고통으로 얼굴이 ―.

일근(日勤)[명]-하다[자] ①날마다 근무함. ②낮에 근무함. ☞야근(夜勤)

일금(一金)[명] 돈의 액수를 쓸 때, 그 액수 앞에 '전부의 돈'이라는 뜻으로 쓰는 말. ¶― 오만 원.

일금(一禁)[명]-하다[타] 모조리 금지함.

일급(一級)[명] ①한 계급. ②등급의 첫째. ¶― 정교사 자격증 ③어떤 분야에서 최고의 수준에 이른 것을 뜻하는 말. ¶― 타자수/― 요리사 ④바둑이나 유도 등에서, 초단 바로 아래의 급수. ¶바둑이 아마추어 ―이다.

일급(日給)[명] 그날그날 셈하여 받는 급료. 하루의 품삯. 날삯. 일봉(日俸) ☞주급(週給). 월급(月給)

일급-제(日給制)[명] 급료를 하루 단위로 셈하여 주는 제도. ¶― 고용원 ☞월급제(月給制)

일긋-거리다(대다)[―귿―][자] 물건의 사개가 물러나서 이리저리 일그러지게 움직이다. ☞얄긋거리다

일긋-일긋[―귿―][부] 일긋거리는 모양을 나타내는 말. ☞얄긋얄긋

일긋-하다[―귿―][형여] 한쪽으로 일그러진듯 하다. ☞얄긋하다

일기(一己)[명] 제 한 몸.

일기(一技)[명] 한 가지 기술이나 재주. ¶일인(一人) ―

일기(一期)[명] ①일생(一生) ¶65세를 ―로 세상을 떠났다. ②어떠한 시기를 몇으로 나눈 그 하나, 또는 그 첫째 기간. ¶육사 ―생

일기(一朞)[명] 한 돌. 일주년(一週年)

일기(日記)[명] ①그날그날 겪은 일이나 감상 등을 적은 개인의 기록. ¶―를 꼬박꼬박 쓰다. ②'일기장'의 준말. ③폐위된 임금의 재위 기간의 치세(治世)를 적은 기록.

¶ 광해군 ─ ☞실록(實錄)
일기(日氣)명 날씨. 천기(天氣). 기상(氣象) ¶ ─가 고르지 못하다.
일기가:성(一氣呵成)성구 ①어떤 일을 단숨에 해냄을 이르는 말. ②문장을 단숨에 지어냄을 이르는 말.
일기=개:황(日氣槪況)명 한 지방을 중심으로 하여 그 부근 전반에 걸친 기상의 대체적인 상황.
일기당천(一騎當千)성구 한 사람의 기병(騎兵)이 천 명의 적을 당해 낸다는 뜻으로, 무예나 능력이 매우 뛰어남을 비유하여 이르는 말. 일인당천(一人當千)
일기-도(日氣圖)명 일정한 시각에 어떤 지방의 기온·기압·풍향·풍속 등을 측정하여 그 기상 상태를 백지도에 숫자와 기호 등으로 나타낸 그림.
일기=문학(日記文學)명 ①일기의 형식으로 표현된 문학. ☞기록 문학(記錄文學). 서한 문학(書翰文學) ②일기로서 문학적인 가치가 높은 기록.
일기=예:보(日氣豫報)명 일기의 변화를 예측하여 미리 알리는 일.
일기-장(日記帳)[─짱] 명 ①그날그날 겪은 일이나 감상 등을 적는 책. 준 일기(日記) ②날마다 발생하는 거래 내역을 순서대로 기록하는 장부.
일기죽-거리다(대다)자 ①느리게 일긋거리다. ②허리를 이리저리 느리게 흔들다. ☞얄기죽거리다. 일쭉거리다
일기죽-얄기죽부 일기죽거리고 얄기죽거리는 모양을 나타내는 말. ☞일쭉얄쭉
일기죽-일기죽부 일기죽거리는 모양을 나타내는 말. ☞얄기죽얄기죽. 일쭉일쭉
일기지욕(一己之慾)성구 제 한 몸의 욕심을 이르는 말.
일기-체(日記體)명 일기 형식으로 된 문체.
일기-초(日記抄)명 일기에서, 중요한 곳만 가려서 뽑아 놓은 것.
일길신량(日吉辰良)성구 날짜가 길하고 때가 좋음을 이르는 말.
일길찬(一吉飡)명 신라 때, 17관등의 일곱째 등급.
일-깨다[1] 자 잠을 일찍 깨다.
일-깨다[2] 타 '일깨우다²'의 준말.
일-깨우다[1] 타 자는 사람을 여느 때보다 일찍 깨우다.
일-깨우다[2] 타 일러주어 깨닫게 하다. ¶ 언니가 내 실수를 일깨워 주었다. 준 일깨다²
일:껏부 애써서. 모처럼 ¶ ─ 만들어 놓은 것이 부서졌다.
일:-꾼명 ①품삯을 받고 일을 하는 사람. ¶ 다섯 명의 ─이 더 필요하다. ②일의 계획이나 처리에 능한 사람. ¶ 그는 우리 회사에 없어서는 안 될 ─이다. ③어떤 일을 맡아 하는 사람. ¶ 청소년들은 장차 이 나라를 이끌어 갈 ─이다.
일:-끝명 일의 실마리. ¶ ─이 풀려야 될 텐데.
일낙(一諾)명-하다 타 한 번 승낙함.
일낙천금(一諾千金)성구 ①한 번 승낙한 말은 천금보다 귀중하다는 뜻으로, 약속을 소중히 여기라는 말. ②천금같이 확실한 승낙을 이르는 말.
일난풍화(日暖風和)성구 날씨가 따뜻하고 바람이 부드러움을 이르는 말.
일-남중(日南中)명 태양이 자오선(子午線)에 이르는 일. 이 때가 진태양시(眞太陽時)의 정오에 해당함.
일-남지(日南至)명 동지 때 해가 남회귀선에 이르는 데서, '동짓날'을 이르는 말.
일:-내:다타 일을 저지르다. ¶ 보아하니 일낼 사람이로군.
일년-감(一年─)명 '토마토'의 딴이름.
일년-생(一年生)명 초본(草本)인 식물이 한 해 동안에 싹이 트고 자라서 열매를 맺고 죽는 것을 이르는 말. 한해살이 ☞이년생(二年生)
일년생=식물(一年生植物)명 한 해 동안에 싹트고 자라서 꽃을 피우며 열매를 맺고 시들어 죽는 식물. 벼·호박·나팔꽃 따위. 당년초(當年草). 일년생 초본. 일년초. 한해살이풀 ☞이년생 식물(二年生植物)
일년생=초본(一年生草本)명 일년생 식물(一年生植物)
일년-주(一年酒)명 담근 지 한 해가 된 술.
일년-초(一年草)명 일년생 식물(一年生植物)
일념(一念)명 ①한결같은 마음, 또는 한 가지 생각. ¶ 성공하겠다는 ─으로 온갖 고난을 극복하다. ②불교에서, 온 마음을 모아 염불하는 일.
일념불생(一念不生)[─쌩] 성구 불교에서, 모든 생각을 초월한 깨달음의 경지를 이르는 말.
일념삼천(一念三千)성구 사람의 생각 가운데 삼천(三千)의 법계(法界)가 갖추어져 있다는 뜻으로, 사람의 마음이 곧 우주임을 뜻하는 말.
일념왕생(一念往生)성구 불교에서, 한결같은 마음으로 아미타불을 믿고 염불을 하면 극락에 갈 수 있음을 이르는 말.
일념창명(一念唱名)성구 일념칭명(一念稱名)
일념칭명(一念稱名)성구 불교에서, 한결같은 마음으로 아미타불을 믿고 나무아미타불을 외는 일을 이르는 말. 일념창명(一念唱名)
일념통천(一念通天)성구 한결같은 마음으로 열심히 노력하면 하늘도 감동하여 무슨 일이든지 이루어질 수 있음을 이르는 말.
일능(一能)명 한 가지의 재능.
일:다[1](일고·이니)자 ①어떤 현상이 생겨나거나 생겨서 움직이다. ¶ 바람이 ─./먼지가 ─./파도가 ─. ②약하거나 대단하지 않던 기세가 성하게 되다. ¶ 불길이 ─./살림이 ─. ③겉으로 부풀거나 위로 솟거나 하다. ¶ 거품이 ─./보풀이 ─./거스러미가 ─. ④어떤 심리 작용이 치밀어 생기다. ¶ 조바심이 ─./희망이 ─.
일:다[2](일고·이니)타 ①불순물이 섞여 있는 곡식이나 광물 따위를 그릇에 담아 물을 붓고 이리저리 흔들어서 쓸 것과 못 쓸 것을 가려내다. ¶ 조리로 쌀을 ─. ②불순물이 섞인 곡식 따위를 키나 체에 넣고 흔들거나 까불러서 쓸 것과 못 쓸 것을 가려내다. ¶ 키로 벼를 ─.
×**일다**[3] 타 → 일구다
일:다[4][─따] 형 '이르다³'의 준말.
일단(一團)[─딴] 명 ①한 뭉치. 한 덩어리. ¶ ─의 먹구름. ②한 무리, 또는 하나의 집단. ¶ ─의 불량배.
일단(一端)[─딴] 명 ①한 끝. ②사물의 한 부분. ¶ 사치 생활의 ─을 엿보다. ☞편린(片鱗)
일단(一旦)[─딴] 부 ①우선 한번. ¶ ─ 결정한 대로 따르다. ②잠깐 ¶ ─ 정지 ③가령 ¶ ─ 유사시에는.
일-단락(一段落)[─딴─] 명 일정한 정도나 단계에서 일이 마무리되는 일. ¶ 사건이 ─되다./일을 ─ 짓고 고향으로 내려가다.
일당(一黨)[─땅] 명 ①목적과 행동을 같이하는 무리. ¶ 도둑의 ─. ②하나의 정당이나 당파. ¶ ─ 독재 체제
일당(日當)[─땅] 명 하루 동안 일한 대가로 주는 삯.
일당백(一當百)[─땅─] 성구 한 사람이 백 사람을 당해 낸다는 뜻으로, 매우 용감하거나 능력이 뛰어남을 비유하여 이르는 말.
일대(一代)[─때] 명 ①사람의 한평생. ¶ 일생 ─의 실수를 저지르다. ②어느 한 시대. 그 시대. 일세(一世) ¶ ─의 영웅. ③천자(天子)나 군주(君主)가 왕위에 있는 동안. ④집안의 최초의 대(代).
일대(一帶)[─때] 명 일정한 지역의 전부. 일원(一圓) ¶ 동해안 ─/이 ─에 수도물 공급이 중단되다.
일대(一隊)[─때] 명 많은 사람이나 짐승의 한 떼.
일대(一對)[─때] 명 한 쌍.
일대(一大)[─때] 관 명사 앞에 쓰이어, '하나의 큰', '굉장한'의 뜻을 나타내는 말. ¶ ─ 위기가 닥치다./─ 장관을 이루다.
일대-기(一代記)[─때─] 명 어느 한 사람의 일생 동안의 일을 적은 기록. ¶ 김구 선생의 ─.
일대-사(一大事)[─때─] 명 중대한 일, 또는 아주 큰 일. ¶ 국가의 ─.
일대-식(日帶蝕)[─때─] 명 일식(日蝕)으로 해가 이지러진 채 지평선 위로 돋거나 지는 일. ☞월대식(月帶蝕)
일대-일(一對一)[─때─] 명 한 사람이 한 사람을 상대하

는 일, 또는 양쪽이 같은 비율, 같은 권리로 상대하는 일. ¶ㅡ의 결투./ㅡ로 담판을 짓다.
일대=잡종(一代雜種)[ㅡ때ㅡ] 명 서로 다른 계통의 순종 사이의 교배로 생긴 최초의 품종. 앞의 대(代)보다 우량한 성질이 나타남.
일-더위[ㅡ떠ㅡ] 명 첫여름부터 일찍 드는 더위. ☞늦더위
일도양단(一刀兩斷)[ㅡ또ㅡ] 성구 한 칼로 쳐서 두 도막을 낸다는 뜻으로, 무슨 일을 머뭇거림이 없이 과감히 처리함을 이르는 말.
일독(一讀)[ㅡ똑] 명-하다 타 한 번 읽음. ¶ㅡ을 권하다.
일동(一同)[ㅡ똥] 명 어떤 집단이나 단체 등을 이루고 있는 사람 모두. ¶임직원 ㅡ이 성금을 모았다.
일동일정(一動一靜)[ㅡ똥ㅡ쩡] 성구 하나하나의 모든 행동이나 상황을 이르는 말. ¶ㅡ을 놓치지 않다.
일동장:유가(日東壯遊歌)[ㅡ똥ㅡ] 명 조선 영조 때, 김인겸(金仁謙)이 지은 장편 기행 가사. 1763년(영조 39)부터 이듬해까지 통신사의 서기관으로 일본에 다녀오면서 그곳의 문물과 풍속 따위를 읊은 내용임. 모두 4책.
일-되다[ㅡ뙤ㅡ] 자 ①곡식이나 열매 따위가 제철보다 일찍 익다. ②나이에 비하여 일찍 철이 들다. 올되다[1] ☞늦되다
일득일실(一得一失)[ㅡ뜩ㅡ씰] 성구 한 가지 이득이 있으면 한 가지 손해나는 일이 있음을 이르는 말. ☞일리일해(一利一害)
일등(一等)[ㅡ뜽] 명 순위나 등급 따위에서 첫째, 또는 첫째 등급. ¶ㅡ 신랑감/ㅡ 상을 타다./빨리 달리기에서 ㅡ을 차지하였다.
일등-병(一等兵)[ㅡ뜽ㅡ] 명 군대 계급의 하나. 병(兵) 계급으로 상등병의 아래, 이등병의 위. 준 일병(一兵)
일등-성(一等星)[ㅡ뜽ㅡ] 명 별의 밝기의 6등급 중에서 가장 밝은 1등급의 별. 시리우스·견우성·직녀성 따위.
일등-품(一等品)[ㅡ뜽ㅡ] 명 품질이 가장 좋은 물품이나 상품. ¶ㅡ 쌀
일-떠나다[1] 자 일찍이 길을 떠나다.
일-떠나다[2] 자 기운차게 일어나다.
일떠-서다 자 기운차게 벌떡 일어서다.
일떠-세우다 타 일떠서게 하다.
일락(一樂) 명 ①한 가지의 낙(樂). ②군자삼락(君子三樂) 가운데 첫째의 즐거움. 곧 부모가 살아 계시고 형제가 무고한 일을 이르는 말. ☞이락(二樂)
일락(逸樂) 명-하다 자 편안히 놀며 즐김.
일락서산(日落西山) 성구 해가 서산에 짐을 이르는 말.
일란성=쌍생아(一卵性雙生兒)[ㅡ썽ㅡ] 명 한 개의 수정란이 발생 도중에 두 개의 개체로 나뉘어 독립적으로 발육한 쌍생아. 유전자가 같기 때문에 동성(同性)이며, 성격·체형 등도 거의 같음. ☞이란성 쌍생아
일람(一覽) 명 ①-하다 타 한 번 보는 일, 또는 죽 한 번 훑어보는 일. ¶목차를 ㅡ하다. ②모든 내용을 한눈에 훑어볼 수 있도록 간단히 적은 책이나 표. ¶관광지 ㅡ
일람불=환어음(一覽拂換ㅡ) 명 채무자에게 제시되면 곧바로 지급해야 하는 어음. 요구불 환어음
일람첩기(一覽輒記) 성구 한 번 보면 잊지 않는다는 뜻으로, 기억력이 매우 좋음을 이르는 말.
일람=출급=어음(一覽出給ㅡ) 명 어음을 가진 이가 지급인(支給人)에게 어음을 제시하면 곧 현금을 지급해야 하는 어음.
일람-표(一覽表) 명 여러 가지 내용을 한눈에 죽 훑어보아 알아보기 쉽게 꾸며 놓은 표.
일랍(一臘) 명 ①절에서, 법랍이 가장 많은 중을 이르는 말. ②'첫이레'를 달리 이르는 말. ③'일법랍(一法臘)'의 준말.
일래(日來) 명 지난 며칠 동안. 날사이
일러-두기 명 책의 첫머리에 그 책의 내용이나 사용법 등에 관하여 설명해 놓은 글. 범례(凡例). 예언(例言)
일러-두다 타 특별히 부탁하거나 지시하여 두다. ¶가게를 잘 보라고 ㅡ.
일러-바치다 타 남의 잘못 따위를 관계가 있는 윗사람에게 알리다. ¶친구의 잘못을 선생님께 ㅡ.
일러스트(illust) 명 '일러스트레이션(illustration)'의 준말.
일러스트레이션(illustration) 명 시각적으로 어떤 내용을 전달하거나 의미를 암시하기 위하여 사용되는 삽화·사진·도안 등을 통틀어 이르는 말. 준 일러스트(illust)
일러-주다 타 ①모르고 있던 일이나 사실을 알려 주다. ¶약국의 위치를 ㅡ. ②어떤 일이나 사실을 가르쳐 깨닫게 하다. ¶선생님께서는 우리에게 사람된 도리를 일러 주신다.
일렁-거리다(대다) 자 ①물결이 좀 느리게 움직이다. ②물체가 물결에 따라 이리저리 움직이다. 일렁이다 ¶배가 파도에 ㅡ. ☞얄랑거리다
일렁-얄랑[ㅡ냘ㅡ] 부 일렁거리고 얄랑거리는 모양을 나타내는 말.
일렁-이다 자 일렁거리다 ☞얄랑이다
일렁-일렁 부 일렁거리는 모양을 나타내는 말.
일렉트로그래프(electrograph) 명 여러 개의 전등으로 어떤 글자나 선을 구성하고 그것을 차례로 이동하여 하나의 뜻을 나타내는 장치. 전광 뉴스 따위.
일렉트론메탈(electron metal) 명 경합금(硬合金)의 한 가지. 알루미늄 경합금보다 가볍고 강하나 내식성(耐蝕性)이 약함. 항공기·자동차 등에 쓰임.
일력(一力) 명 조선 시대, 역(力)의 첫째 등급. 50근(斤) 무게의 물건을 양손에 하나씩 들고 160보(步)를 걸을 수 있는 힘을 이르던 말. ☞삼력(三力). 이력(二力)
일력(日力) 명 ①그 날의 해가 있는 동안. 해가 떠서 해가 질 때까지의 동안. ②하루 종일의 일. ③날마다의 일.
일력(日曆) 명 날마다 한 장씩 떼거나 젖히어 가며 그 날의 날짜와 요일 따위를 보게 만든 것.
일련(一連) 명 〔주로 '일련의' 꼴로 쓰이어〕 일정한 관계를 가지고 하나로 이어지는 것. 일련(一聯) ¶ㅡ의 작업 공정./ㅡ의 사태에 대한 책임을 지다.
일련(一聯) 명 ①일련(一連) ②한시(漢詩)에서, 율시(律詩)의 한 짝을 이루는 글귀를 이르는 말.
일련=번호(一連番號) 명 일률적으로 이어 매긴 번호. 준 연번(連番)
일련탁생(一蓮托生) 성구 ①불교에서, 죽은 뒤에도 극락정토의 같은 연대(蓮臺)에 함께 태어나는 일을 이르는 말. ☞탁생(托生) ②좋건 나쁘건 간에 서로 행동과 운명을 같이하는 일을 비유하여 이르는 말.
일렬(一列) 명 ①한 줄. ¶ㅡ로 서다./ㅡ 종대(縱隊) ②첫째 줄. ¶ㅡ에는 키가 작은 사람이 서다.
일령(一齡) 명 누에가 처음 알에서 깨어난 때로부터 첫번째 잠을 잘 때까지의 동안. ☞애기잠
일령-잠(一齡蠶) 명 일령 때의 누에.
일례(一例) 명 하나의 예(例). ¶ㅡ를 들다./ㅡ로 다음과 같은 작품이 있다.
일로 준 '이리로'의 준말. ☞글로
일로(一路) 명 ①한 방향으로 곧장 뻗어 나가는 길. ¶발전 ㅡ에 있다. ②〔부사처럼 쓰임〕 한 방향으로 곧장. ¶ㅡ 그가 사는 곳으로 향했다.
일로매:진(一路邁進) 성구 한 길로 곧장 기운차게 나아감을 이르는 말. ¶학업에 ㅡ하다.
일록(日錄) 명-하다 타 날마다의 일을 기록하는 일, 또는 그 기록.
일루(一縷) 명 한 오리의 실이라는 뜻으로, 몹시 약하여 간신히 유지되는 상태를 비유하여 이르는 말. ¶ㅡ의 희망도 보이지 않았다.
일루(一壘) 명 야구에서, 주자가 본루를 떠나 맨 처음 밟는 누(壘). ¶안타로 ㅡ를 밟다. ☞이루(二壘)
일루:미네이션(illumination) 명 전구나 네온관을 이용한 조명 장식. 전식(電飾)
일루-수(一壘手) 명 야구에서, 일루를 맡아 지키는 선수.
일루-타(一壘打) 명 야구에서, 타자가 일루까지 갈 수 있게 친 안타.
일류(一流) 명 정도나 수준이 가장 높은 등급이나 부류. ¶ㅡ 음식점/ㅡ가 되다. ☞삼류(三流). 이류(二流)

일류-제(溢流堤)명 저수지의 수량(水量)을 조절하기 위하여 물이 찼을 때 저절로 넘쳐흐르게 만든 둑.
일륜(日輪)명 불교에서, '태양'을 이르는 말.
일륜-명월(一輪明月)명 보름날의 둥글고 밝은 달.
일륜-차(一輪車)명 바퀴가 하나 달린 수레.
일률(一率)명 물리학에서, 단위 시간에 이루어지는 일의 양을 이르는 말. 단위는 와트나 마력을 씀. 공률
일률(一律)명 ①한결같은 것. ②지난날, 사형에 해당되는 죄를 이르던 말. 일죄(一罪)
일률-적(一律的)[-쩍]명 일을 처리하는 방법이나 사물의 상태 따위가 한결같은 것. ¶-으로 값을 올리다.
일리(一利)명 한 가지의 이로움.
일리(一理)명 ①어떤 면에서 타당성이 있는 이치. ¶네 말에도 -가 있다. ②같은 이치.
일리미네이터(eliminator)명 교류의 전원에서 변압하고 정류한 직류를 수신기의 회로에 보내는 장치. 라디오 수신기 따위에 있음.
일리일해(一利一害)성구 한 가지 이로운 일이 있으면 한 가지 해로운 일이 있음을 이르는 말. ☞일득일실
일립만:배(一粒萬倍)성구 한 알의 곡식도 심으면 만 알이 된다는 뜻으로, 적은 것도 쌓이면 많게 됨을 이르는 말.
일막-극(一幕劇)명 한 막으로 이루어진 연극. 단막극(單幕劇) ☞장막극(長幕劇)
일말(一抹)명 한 번 칠하거나 바르는 정도라는 뜻으로, '조금', '약간'의 뜻을 나타냄. 〔주로 '일말의'의 꼴로 쓰임.〕 ¶-의 미련도 없다.
일망(一望)명-하다타 한눈에 바라봄. 일모(一眸) ¶산세를 -하다.
일망무애(一望無涯)성구 일망무제(一望無際)
일망무제(一望無際)성구 아득히 멀고 넓어서 끝이 없음을 이르는 말. 일망무애(一望無涯)
일망지하(一望之下)성구 한눈에 바라볼 수 있는 시야의 아래를 이르는 말. ¶-의 여러 봉우리들.
일망타:진(一網打盡)성구 한 번 그물을 쳐서 물고기를 다 잡는다는 뜻으로, 어떤 무리를 한꺼번에 모조리 잡음을 이르는 말. ¶소매치기를 -하다. 준 망타(網打)
일매-지다형 모조리 다 고르고 가지런하다. ¶잇바디가 -./벼가 일매지게 자란 황금 들녘.
일맥(一脈)명 한 줄기, 또는 같은 줄기.
일맥상통(一脈相通)성구 성질이나 생각 등이 어떤 면에서 한 가지로 서로 통함을 이르는 말.
일면(一面)명 ①물체의 한 면. ②사물의 한쪽 면. ¶그에게도 순진한 -이 있다. ③주변 일대. ④〔부사처럼 쓰임〕 한편, 또는 다른 측면으로는. ¶고맙기는 했지만 - 미안한 마음도 없지 않았다.
일-면:식(一面識)명 한 번 만난 적이 있어 얼굴을 알고 있는 일. ¶-도 없는 사람. ☞면식(面識)
일면여구(一面如舊)[-녀-]성구 처음으로 만났으나 곧 오래 사귄 것처럼 친밀하게 됨을 이르는 말.
일면지분(一面之分)성구 한 번 만나 낯을 익힌 정도의 친분을 이르는 말.
일명(一名)명 본이름 외에 달리 부르는 이름.
일명(一命)명 한 목숨. ¶소중한 -을 구조하다.
일명(逸名)명 서자(庶子)와 그 자손. 서얼(庶孼)
일명경인(一鳴驚人)성구 평소에 울지 않던 새가 한 번 울어 사람을 놀라게 한다는 뜻으로, 한 마디로 뭇사람을 놀라게 함을 이르는 말.
일모(一眸)명-하다타 한눈에 바라봄. 일망(一望)
일모(日暮)명-하다자 날이 저묾, 또는 그 무렵.
일모도궁(日暮途窮)성구 날은 저물고 갈 길은 막혔다는 뜻으로, 늙고 쇠약하여 앞날이 얼마 남지 않음을 비유하여 이르는 말. ☞일모도원(日暮途遠)
일모도원(日暮途遠)성구 날은 저물고 갈 길은 멀다는 뜻으로, 해야 할 일은 많은데 형편이 좋지 못하거나 시간이 별로 없음을 비유하여 이르는 말. ☞일모도궁(日暮途窮)
일모-작(一毛作)명 같은 땅에서 한 해에 한 차례만 작물을 심어 거두는 일. 단일 경작(單一耕作). 한그루 ☞다모작(多毛作). 이모작(二毛作)
일목십행(一目十行)성구 한눈에 글 열 줄을 읽는다는 뜻으로, 독서 능력이 매우 뛰어남을 이르는 말.
일목요연(一目瞭然)성구 한 번 보고도 환히 알 수 있을 만큼 분명함을 이르는 말.
일몰(日沒)명-하다자 해가 짐, 또는 그 무렵. 해넘이. 일입(日入) ¶- 전에 숙소에 도착하다. ☞일출(日出)
일무(佾舞)명 조선 시대, 문묘(文廟)와 종묘(宗廟)의 제례(祭禮) 때 여러 줄로 벌여 서서 추던 춤. 팔일무·육일무·사일무·이일무 등이 있음.
일무가:관(一無可觀)성구 볼만 한 것이 하나도 없음을 이르는 말.
일무가:론(一無可論)성구 의논할만 한 것이 하나도 없음을 이르는 말.
일무가:취(一無可取)성구 취할만 한 것이 하나도 없음을 이르는 말.
일무소식(一無消息)성구 소식이 전혀 없음을 이르는 말.
일무실착(一無失錯)성구 일무차착(一無差錯)
일무차착(一無差錯)성구 일을 처리함에 하나도 잘못이 없음을 이르는 말. 일무실착(一無失錯)
일문(一門)명 ①한 가족이나 한집안. ¶정씨 -에 경사가 겹쳤군. ②불교에서, 같은 종파의 사람들을 이르는 말. ③예술이나 학문 따위를 같은 스승 아래에서 공부한 동문(同門).
일문(日文)명 일본 글.
일문(逸文)명 ①썩 잘 지은 글. 명문(名文) ②세상에 알려지지 않은 글. ③세상에 일부만 알려져 있을 뿐 전문(全文)이 전해지지 아니하는 글.
일문(逸聞)명 세상에 잘 알려지지 않은 소문이나 이야기.
일문-일답(一問一答)[-땁]명 한 가지 물음에 대하여 한 가지씩 대답함.
일물(逸物)명 뛰어나게 좋은 물건. 우물(尤物)
일미(一味)명 ①매우 좋은 맛. ②불교에서, 바닷물이 하나같이 짠맛을 지녔다는 뜻으로, 세상의 모든 형상이나 이치가 모두 평등함을 비유하여 이르는 말.
일미-선(一味禪)명 불교에서, 참선하여 부처의 참뜻을 깨닫게 되는 경지를 이르는 말.
일민(逸民)명 학문과 덕행이 있으면서도 세상을 멀리하여 조용히 지내는 사람.
일박(一泊)명-하다자 하룻밤을 묵음. ¶산장에서 -하다.
일반(一半)명 절반(折半)
일반(一般)명 ①특별히 정해진 어떤 일부가 아니라 전체에 두루 해당되는 것. ¶- 상식 ②마찬가지의 상태. ¶이러나저러나 돈이 들기는 -이다. ③특별히 정해진 사람이 아닌, 보통 사람들. ¶- 대중

한자 일반 반(般) 〔舟部 4획〕 ¶일반(一般)/전반(全般)

일반=감:각(一般感覺)명 장기 감각(臟器感覺)
일반=개:념(一般概念)명 많은 대상의 그 어느 것에나, 뜻을 바꾸지 않아도 적용되는 개념. 급개념(急概念). 보통 개념. 보편 개념 ☞단독 개념
일반=경:쟁=계:약(一般競爭契約)명 경쟁 계약을 할 때 일반에게 널리 알려서 경쟁에 불특정 다수인이 참가할 수 있게 하는 방법. 입찰이나 경매 따위. ☞지명 경쟁 계약(指名競爭契約)
일반=교:서(一般教書)명 미국 대통령이 연두(年頭)에 의회에 보내는 교서. 내정(內政)과 외교의 현황을 설명하고 정책에 관한 구체적인 입법을 요청함. 연두 교서
일반=국도(一般國道)명 도로의 한 가지. 고속 국도와 함께 국가 기간 도로망을 이루는 도로로서, 그 노선은 대통령령으로 정함. ☞고속 국도
일반=담보(一般擔保)명 채무자의 재산 가운데서 특별 담보의 목적이 되어 있는 것과, 압류가 금지되어 있는 것을 뺀 나머지 재산으로 하는 담보.
일반=명:령(一般命令)명 군대에서, 부대원 모두에게 적용되는 군사 명령. ☞특별 명령(特別命令)

일반-법(一般法)[-뻡] 명 특정의 사람·사물·행위·지역 따위에 제한이 없이 널리 적용되는 법률. 헌법·민법·형법 따위. 보통법 ☞특례법. 특별법

일반=사:면(一般赦免) 명 사면의 하나. 형(刑)의 선고 효과를 모두 소멸시키거나, 형의 선고를 받지 아니한 자에 대한 공소권을 소멸시킴. 대사(大赦) ☞특별 사면

일반=상대성=이:론(一般相對性理論)[-썽-] 명 등속(等速) 운동에만 국한했던 상대성 이론을 임의의 운동에까지 확장하여 적용한 이론. ☞특수 상대성 이론

일반-석(一般席) 명 귀빈석이나 특별석 등에 상대하여, 일반인이 앉는 자리. 보통석(普通席) ☞특별석

일반-세(一般稅)[-쎄] 명 국가의 일반 경비에 쓸 목적으로 거두는 세금. 지세(地稅)·소득세·주세(酒稅) 따위. ☞특별세(特別稅)

일반-수(一般數) 명 수식(數式)에서, 특정 수치를 가지지 않고 문자로 나타내어 어떤 값으로도 대신할 수 있는 수. 2a+3a=5a에서 a와 같은 것.

일반=심리학(一般心理學) 명 누구에게나 공통되는 현상을 대상으로 하는 심리학의 한 분야. 보통 심리학

일반=은행(一般銀行) 명 은행법에 따라 세워진 영리 금융 기관. 일반의 예금을 주된 자금원으로 하여 금융 사업을 함. 보통 은행(普通銀行) ☞특수 은행(特殊銀行)

일반-인(一般人) 명 ①특별한 신분이나 지위를 가지지 않은 보통 사람. ¶ -을 위한 교양 강좌. ②어떠한 일에 특별한 관계가 없는 사람. ¶ -의 출입을 금지하다.

일반-적(一般的) 명 특정한 분야에 한정되지 않고 전체에 두루 걸치는 것. ¶ -인 생각.

일반지덕(一飯之德) 성구 한술 밥을 베푸는 정도의 덕이라는 뜻으로, 아주 작은 은덕(恩德)을 이르는 말.

일반지보(一飯之報) 성구 한 번 밥을 얻어먹은 데 대한 보답이라는 뜻으로, 작은 은혜에 대한 보답을 이르는 말.

일반직=공무원(一般職公務員) 명 경력직 공무원 분류의 하나. 행정 일반과 연구·기술 따위의 업무를 담당함. 행정직·공안직·기술직·연구직·지도직 공무원이 이에 딸림. ☞특정직 공무원

일반=참모(一般參謀) 명 사단급 이상의 부대에서, 부대의 전반적인 운영에 관하여 지휘관을 보좌하고, 특별 참모의 활동을 협조하고 통제하는 참모 장교.

일반-항(一般項) 명 여러 개의 항으로 된 식(式)이나 수열, 급수 등에서 구체적인 항이 아닌 임의의 항. 공통항(共通項). 공항(公項)

일반-화(一般化) 명 -하다 자타 일반적인 것으로 됨, 또는 그렇게 되도록 함.

일반=회:계(一般會計) 명 국가나 지방 자치 단체의 일반적인 세입과 세출을 경리하는 회계. ☞특별 회계

일발(一發) 명 활이나 총포 따위를 한 번 쏘는 일, 또는 총알이나 탄환 한 알. ¶ -의 총성이 들렸다.

일발불백(一髮不白) 성구 노인의 머리털이 하나도 세지 않은 상태를 이르는 말.

일방(一方) 명 ①한쪽. 한편 ②[부사처럼 쓰임] 한편 ¶그의 말을 들으며 - 부지런히 음식을 먹었다.

일방-보(一方步) 명 사방 한 걸음의 넓이.

일방-적(一方的) 명 어느 한쪽으로만 치우치는 것. ¶우리 팀의 -인 승리였다./-으로 통보하다.

일방=통행(一方通行) 명 ①사람이나 차량을 도로의 한쪽 방향으로만 가게 하는 일. ¶여기서부터는 - 구간입니다. ②어떤 의사나 주장 따위가 일방적으로만 전해지거나 이루어지는 일을 비유하여 이르는 말.

일방=행위(一方行爲) 명 당사자 한쪽만의 의사 표시에 따라 성립되는 법률 행위. 추인(追認)이나 유언, 기부 따위. 단독 행위(單獨行爲)

일배(一杯) 명 한 잔.

일배-주(一杯酒) 명 한 잔의 술.

일백(一白) 명 음양설(陰陽說)에서 이르는 구성(九星)의 하나. 별은 수성(水星), 방위(方位)는 북쪽임.

일:-벌 명 사회 생활을 하는 벌 무리에서, 집짓기, 애벌레 기르기, 청소하기, 꽃가루와 꿀 모으기 등 온갖 일을 맡아 하는 벌. 암벌이지만 산란(産卵) 능력이 없고, 방어용 침을 지니고 있음. 수명은 꿀벌의 경우 꽃철에 35일 가량임. ☞수벌. 여왕벌

일벌백계(一罰百戒) 성구 한 사람을 벌주어 백 사람을 경계한다는 뜻으로, 여러 사람에게 경각심을 불러일으키게 하기 위하여 무거운 벌로 다스림을 이르는 말.

일벌-일습(一-一襲)[-씁] 명 옷 한 벌을 강조하여 이르는 말. ¶ -으로 겨울을 지내다.

일-법랍(一法臘) 명 불교에서, 중이 득도(得道)한 뒤의 한 해를 이르는 말. 준 일랍(一臘)

일변(一邊) 명 ①한편 ②[부사처럼 쓰임] 한편으로 ¶그의 방문이 놀랍기도 하고 - 반갑기도 하다.

일변(一變) 명 -하다 자 아주 싹 달라짐. ¶그를 보더니 그녀의 태도가 -했다.

일변(日邊) 명 하루를 단위로 계산하는 이율. 날변 ☞연변(年邊). 월변(月邊). 일수(日收)

일변-도(一邊倒) 명 한쪽으로만 치우치거나 쏠리는 것. ¶성장 -의 경제 정책.

일-변:화(日變化) 명 어느 지점에서 하루 동안의 기온·습도·기압 등의 변화.

일별(一別) 명 -하다 자 한 번 헤어짐. ¶그와 -한 뒤로 다시는 그를 보지 못했다.

일별(一瞥) 명 -하다 타 한 번 흘낏 봄. ¶명단을 -하다.

일병(一兵) 명 '일등병(一等兵)'의 준말.

일보(一步) 명 ①한 걸음. ¶ - 후퇴 ②어떤 일의 첫걸음이나 시작. ¶사업가로서 -를 내딛다.

일보(日報) 명 ①날마다 하는 보고. ¶저녁마다 -를 작성하다. ☞연보(年報) ②날마다 나오는 신문. 일간 신문(日刊新聞)

일:-보다 자 ①일을 처리하다. ¶내 걱정은 말고 어서 가서 일보게. ②남의 일을 돌보아 주다. ¶초상집에서 일보아 주며 밤을 새웠다. ③'똥을 누다', '오줌을 누다'를 에둘러 이르는 말.

일보불양(一步不讓) 성구 남에게 조금도 양보하지 않음을 이르는 말.

일:-복(-福)[-뽁] 명 해야 할 일이 많음을 복(福)에 비유하여 이르는 말.

일복이 많다 관용 늘 할 일이 많이 생기다.

일복이 터지다 관용 할 일이 잔뜩 생기다.

일본=뇌염(日本腦炎) 명 바이러스의 감염으로 일어나는 유행성 뇌염의 한 가지. 법정 전염병으로 치명률과 감염률이 높고, 7~10월에 모기를 매개로 전염됨.

일봉(日俸) 명 날삯. 일급(日給)

일부(一部) 명 전체 중의 한 부분. 일부분(一部分)

일부(日賦) 명 갚거나 치러야 할 돈을 날마다 얼마씩 나누어 내는 일, 또는 그 돈. ☞연부(年賦). 월부(月賦)

일부-금(日賦金) 명 날마다 얼마씩 나누어 갚는 돈.

일부-다처(一夫多妻) 명 한 남편에게 동시에 둘 이상의 아내가 있는 혼인 형태. ☞일처다부(一妻多夫)

일부러 부 ①마음먹고 일삼아서. ¶ - 오실 것까지는 없습니다. ②알면서도 짐짓. ¶ - 모른척 하다.

일부=변:경선(日附變更線) 명 날짜 변경선

일-부분(一部分) 명 전체 중의 한 부분. 일부(一部) ¶몸의 -. ☞대부분(大部分)

일부-인(日附印) 명 날짜도장

일부-일부(一夫一婦) 명 일부일처(一夫一妻)

일부-일처(一夫一妻) 명 한 남편에게 한 아내만 있는 혼인 형태. 일부일부(一夫一婦)

일부종사(一夫從事) 성구 한 남편만을 섬김을 이르는 말.

일부종신(一夫終身) 성구 한 남편만 섬기어 남편이 죽은 뒤에도 개가하지 아니하고 일생을 마침을 이르는 말.

일부=주권국(一部主權國)[-꿘-] 명 주권을 완전히 행사하지 못하고, 국제법상 그 일부가 제한되어 있는 나라. 반독립국(半獨立國). 반주권국(半主權國). 불완전 주권국(不完全主權國)

일부-토(一抔土) 명 한 줌의 흙이라는 뜻으로, '무덤'을 이르는 말.

일부=판결(一部判決)명 같은 소송 절차 중에 청구가 여럿 있을 때, 그 일부에 대해서만 내리는 종국 판결(終局判決). ☞전부 판결(全部判決)
일분자-층(一分子層)명 단분자층(單分子層)
일불(一佛)명 불교에서, '아미타여래'를 달리 이르는 말.
일불-국토(一佛國土)명 일불세계(一佛世界)
일불-세:계(一佛世界)명 불교에서, 한 부처의 교화가 미치는 세계를 이르는 말. 일불국토(一佛國土)
일불-승(一佛乘)[-씅]명 불교에서, 모든 중생이 부처가 되는 교법을 이르는 말.
일불살육통(一不殺六通)[-륙-]성구 지난날, 강경생(講經生)이 칠서(七書) 가운데서 육서(六書)에 합격하고도 일서(一書)에 합격하지 못하여 낙제한 데서 온 말로, 하나의 잘못으로 모든 것이 다 그릇됨을 이르는 말.
일비(日費)명 날마다 쓰는 돈.
일비일희(一悲一喜)성구 슬픈 일과 기쁜 일이 번갈아 일어남을 이르는 말. 일희일비(一喜一悲)
일비지력(一臂之力)성구 한 팔의 힘이라는 뜻으로, 아주 조그마한 힘을 이르는 말.
일빈일소(一嚬一笑)[-쏘]성구 찡그렸다 웃었다 한다는 뜻으로, 사람의 감정이나 표정의 변화를 이르는 말.
일사(一事)[-싸]명 한 가지 일, 또는 한 사건.
일사(日射)[-싸]명 ①햇빛이 내리쬐는 일. ②지표면에 닿은 태양의 복사 에너지.
일사(逸士)[-싸]명 지난날, 속세를 벗어나 숨어 사는 선비를 이르던 말.
일사(逸史)[-싸]명 정사(正史)에서 빠져 전하지 않는 사실을 기록한 역사.
일사(逸事)[-싸]명 세상에 알려지지 않은 일.
일사-병(日射病)[-싸뼝]명 한여름의 뙤약볕 등 강한 햇볕을 오래 쬠으로써 일어나는 병. 심한 두통과 현기증이 나며, 심하면 경련을 일으키고 졸도함. 갈병(暍病)
일사=부재리(一事不再理)[-싸-]명 한번 판결이 내리고 확정된 사건은 다시 소송하여 심리하지 않는다는 형사 소송법상의 원칙.
일사=부재의(一事不再議)[-싸-]명 의회에서 한번 부결된 안건은 같은 회기 중에 다시 제출할 수 없다는 원칙.
일-사:분기(一四分期)[-싸-]명 일 년을 네 기(期)로 나눈 그 첫째 기간. 곧 1·2·3월의 석 달 동안. ☞이사분기(二四分期)
일사불란(一絲不亂)[-싸-]성구 질서나 체계가 바로잡혀 흐트러지거나 어지러운 데가 없음을 이르는 말.
일사천리(一瀉千里)[-싸-]성구 〔강물이 거침없이 흘러 천리를 간다는 뜻으로〕 ①어떤 일이 거침없이 시원시원하게 진행됨을 이르는 말. ¶-로 회의를 진행하다. ②말이나 글이 기운차고 거침이 없음을 이르는 말. ¶-로 써 내려가다./-로 열변을 토하다.
일삭(一朔)[-싹]명 한 달.
일산(日産)[-싼]명 하루의 생산량.
일산(日傘)[-싼]명 ①한데서 햇볕을 가리기 위해 세우는 큰 양산(陽傘). ②고려·조선 시대, 의장(儀仗)으로 쓰던 햇볕 가리개. 자루가 긴 양산(陽傘)으로, 임금의 거둥 때나 왕족 또는 높은 관원이 행차할 때 사용하였으며 신분에 따라 색과 모양을 달리하였음. ☞개(蓋)
일산(日算)[-싼]명 그날 그날의 계산.
일산=염기(一酸鹽基)[-싼념-]명 산(酸)의 수소 원자 하나와 작용하여 물을 만드는 수산기 하나를 가진 염기. 수산화나트륨이나 수산화칼륨 따위.
일산화-연(一酸化鉛)[-싼-]명 납을 공기 중에서 가열하여 만든 황색의 가루. 납유리·유약(釉藥)·축전지 등을 만드는 데 쓰임.
일산화-이:질소(一酸化二窒素)[-싼-쏘]명 아산화질소
일산화-질소(一酸化窒素)[-싼-쏘]명 질소 원자 하나와 산소 원자 하나로 이루어진 무색·무취의 기체. 유기물의 연소 과정에서 생기며 산소와 접촉하면 바로 이산화질소가 됨. 질산의 원료로 쓰임.
일산화-탄:소(一酸化炭素)[-싼-]명 탄소 원자 하나와 산소 원자 하나로 이루어진 무색·무취의 유독한 기체. 탄소 또는 그 화합물이 불완전 연소하여 생기며, 공기 중에서 불을 붙이면 파란 불꽃을 내며 탐. 도시 가스의 주성분이며 연료·환원제 등으로 쓰임.
일:-삼:다 타 ①해야 할 일로 여겨서 하다. ¶밤이면 일삼아 새끼를 꼬았다. ②주로 부정적인 행동을 계속해서 하거나 자주 하다. ¶거짓말을 -.
일상(日常)[-쌍]명 ①날마다 또는 평상시. ¶-에 쓰는 말씨. ②〔부사처럼 쓰임〕 늘. 날마다 ¶- 하는 일./- 쓰는 도구.
일상=생활(日常生活)[-쌍-]명 날마다 지내는 생활.
일상=용:어(日常用語)[-쌍뇽-]명 날마다의 생활에서 보통으로 쓰는 말.
일상-적(日常的)[-쌍-]명 늘 있는 예사로운 것. ¶-인 일에서 행복을 느끼다.
일색(一色)[1] [-쌕]명 ①한 가지의 빛깔. ¶분홍 -으로 차려 입다. ②어떠한 한 가지로만 이루어진 상황이나 모양. ¶마을은 온통 아파트 -이었다.
일색(一色)[2] [-쌕]명 뛰어나게 아름다운 미인. 절색(絕色) ¶천하 -들만 모였구나.
속담 **일색 소박은 있어도 박색 소박은 없다** : 아름다운 여자는 잘난체 하다가 흔히 소박을 당하는 일이 있어도 못생긴 여자는 소박을 당하는 일이 없다는 말로, 사람됨이 얼굴에 매인 것은 아니라는 말.
일생(一生)[-쌩]명 태어나서 죽을 때까지 살아온 동안. 생평(生平). 일기(一期). 일평생(一平生). 한평생 ¶그는 빈민 구제 운동에 -을 바쳤다.
일생-토록(一生-)[-쌩-]부 한평생이 다하도록. 평생토록 ¶그는 - 농아 교육에 몸바쳤다.
일서(逸書)[-써]명 세상에 알려지지 않은 책, 또는 없어져서 전하지 않는 책.

일석(一夕)[-썩]명 하루 저녁.
일석(日夕)[-썩]명 저녁 ¶- 점호
일석이:조(一石二鳥)[-썩-]성구 돌 하나를 던져 두 마리 새를 잡는다는 뜻으로, 한 가지 일로써 동시에 두 가지 이익을 얻음을 이르는 말. ☞일거양득(一擧兩得). 일전쌍조(一箭雙鵰)
일선(一線)[-썬]명 '제일선(第一線)'의 준말. ¶-에서 싸우다./-에서 물러나다./- 교사
일설(一說)[-썰]명 ①어떠한 한 의견, 또는 한 학설. ¶-에는 그 섬이 화산 폭발로 생겨난 것이라고 한다. ②다른 의견. 다른 설. ¶-에 따르면, 그것은 그의 작품이 아니라고 한다.
일성(一聲)[-썽]명 한 마디의 말. ¶조국 땅을 밟은 그의 -은 나라의 독립이었다.
일성일쇠(一盛一衰)[-썽-쐬]성구 성하는 때도 있고 쇠하는 때도 있음을 이르는 말. 일영일락(一榮一落)
일세(一世)[-쎄]명 ①사람의 한평생. ②일대(一代) ③세습적으로 이어지는 첫째의 대. ¶엘리자베스 - ④이민의 첫째 세대(世代). ¶하와이 이민 -
일세구천(一歲九遷)[-쎄-]성구 일 년 동안에 아홉 번이나 관직이 올랐다는 뜻으로, 임금의 총애를 두텁게 받고 있음을 이르는 말. ☞일월구천(一月九遷)
일-세:기(一世紀)[-쎄-]명 '백 년 동안'을 이르는 말.
일세-일대(一世一代)[-쎄-때]명 한 세상 한 대(代) 동안이라는 뜻으로, 한평생을 이르는 말.
일세지웅(一世之雄)[-쎄-]명 그 시대에 맞설만 한 사람이 없을 정도로 뛰어난 사람.
일:-소[-쏘]명 주로 일을 시키려고 기르는 소. ☞젖소
일소(一笑)[-쏘]명-하다 자타 ①한 번 웃음. ②어떤 일을 무시하거나 대수롭지 않게 여겨 웃어넘김. ¶그는 떠도는 소문을 -하였다.
일소에 부치다 관용 대수롭지 않게 여기며 웃어넘기다. ¶그는 자기에 대한 악평을 일소에 부쳤다.
일소(一掃)[-쏘]명-하다 타 모조리 없애 버림. ¶과소비 풍조를 -하다./부정 부패를 -하다.
일소(馹召)[-쏘]명-하다 타 지난날, 지방 관원에게 역마

를 주어 불러 올리던 일.
일:-속[-쏙] 명 일의 속내나 실속. ¶-이 훤하다.
일:-손[-쏜] 명 ①일하고 있는 손. ¶-을 멈추다./-을 돕다. ②일하는 사람. ¶-이 모자라다. ③일하는 솜씨. ¶-이 느리다./-이 재다.
일손(을) 놓다 관용 하던 일을 그만두다.
일손(을) 떼다 관용 하던 일을 그만두거나 마치다.
일손(을) 쉬다 관용 하던 일을 잠시 멈추고 쉬다.
일손(이) 잡히다 관용 일할 의욕이 생기다.
일:-솜씨 명 일하는 솜씨, 또는 일을 해 놓은 솜씨. ¶-가 뛰어나다.
일수(一手)[-쑤] 명 바둑이나 장기에서, 한 수나 한 번 둔 수. ¶- 불퇴
일수(日守)[-쑤] 명 조선 시대, 지방 관아에 딸리어 천한 일을 하던 하인.
일수(日收)[-쑤] 명 ①하루의 수입. ¶- 이만 원으로 근근이 살아가다. ②본전에 이자를 더한 것을 일정한 날짜로 나누어 날마다 얼마씩 거두어들이는 일, 또는 그렇게 갚는 빚. ¶-를 얻다./-를 내어 장사를 시작하다. ☞월수(月收). 일변(日邊)
일수(日數)[-쑤] 명 ①날의 수. ¶작업 - ②민속에서, 그 날의 운수를 이르는 말. 날성수 ¶-가 나쁘다.
일수-놀이(日收-)[-쑤-] 명 돈을 꾸어 주고 일수로 받는 일.
일수백확(一樹百穫)[-쑤-] 성구 나무 한 그루를 심으면 백 가지의 수확이 있다는 뜻으로, 인재(人才) 한 사람을 길러 내는 일이 사회에 큰 이익이 됨을 이르는 말.
일숙(一宿)[-쑥] 명-하다 자 하룻밤을 묵음.
일숙일반(一宿一飯)[-쑥-] 성구 하룻밤을 묵으면서 한 끼 끼니를 대접 받는다는 뜻으로, 조그마한 은덕을 입음을 비유하여 이르는 말.
일-숙직(日宿直)[-쑥-] 명 일직(日直)과 숙직(宿直)을 아울러 이르는 말.
일순(一巡)[-쑨] 명하자타 한 바퀴 돎.
일순(一瞬)[-쑨] 명 ①'일순간(一瞬間)'의 준말. ②〔부사처럼 쓰임〕 아주 짧은 시간 동안에. ¶그의 발언으로 장내에는 - 정적이 흘렀다.
일순-간(一瞬間)[-쑨-] 명 ①눈 한 번 깜박 할 사이라는 뜻으로, 매우 짧은 시간 동안을 이르는 말. ¶-에 일어난 일. 삽시간(霎時間) 준 일순(一瞬) ②〔부사처럼 쓰임〕 ¶- 당혹감을 감출 수 없었다./- 멈춰 섰다.
일순=식물(一巡植物)[-쑨-] 명 한 세대에 한 번 꽃이 피어 열매를 맺고 말라 죽는 식물. 한해살이풀 등.
일순천리(一瞬千里)[-쑨-] 성구 넓게 펼쳐진 경치를 한눈에 바라봄을 이르는 말.
일습(一襲)[-씁] 명 옷이나 그릇, 기구 등의 한 벌. ¶겨울 옷 -을 마련하다.
일승-법(一乘法)[-씅뻡] 명 불교에서, 모든 중생을 구제하고 깨닫게 하는 부처의 가르침을 이르는 말.
일승-일패(一勝一敗)[-씅-] 명 한 번 이기고 한 번 짐.
속담 **일승일패는 병가상사**(兵家常事) : 전쟁에서 이기고 지는 일은 보통 있을 수 있는 일이라는 뜻으로, 일에는 실수나 실패가 있을 수 있다는 말.
일시(一時)[-씨] 명 ①짧은 한 시기나 동안. 한때 ¶-도 마음을 놓지 못하다. ②〔주로 '일시에'의 꼴로 쓰이어〕 일제히 같은 때. ¶-에 무너지다./전국적으로 -에 시행되었다. ③〔부사처럼 쓰임〕 ¶- 귀국하다.
일시(日時)[-씨] 명 날과 때, 또는 날짜와 시간. ¶공연 -가 변경되었다.
일시-급(一時給)[-씨-] 명 치러야 할 돈을 한꺼번에 다 치르는 일. ☞분할급(分割給)
일시동인(一視同仁)[-씨-] 성구 모든 사람을 차별 없이 똑같이 사랑함을 이르는 말.
일시=변:이(一時變異)[-씨-] 명 환경의 변화에 따라서 생기는 생물체의 일시적인 변이. 유전성이 없음.
일시-불(一時拂) 명 일시급(一時給) ☞할부(割賦)
일시-생사(一時生死)[-씨-] 명 같이 살다가 함께 죽음.
일시-성(一時星)[-씨-] 명 희미한 상태에서 갑자기 환하게 빛나다가 서서히 다시 원래의 밝기로 돌아가는 별. 신성(新星)
일시=자석(一時磁石)[-씨-] 명 일시적으로 자성(磁性)을 띠는 자석. 전자석 등. ☞영구 자석(永久磁石)
일시-적(一時的)[-씨-] 명 한때만의 것. ¶-인 경향. ☞영구적(永久的)
일시적=기관(一時的器官)[-씨-] 명 유생 기관(幼生器官)
일시=차:입금(一時借入金)[-씨-] 명 국가 또는 지방 자치 단체가 회계 연도 안에서 일시적인 현금 부족을 메우기 위해 차입하는 돈.
일식(一式)[-씩] 명 그릇이나 가구 등의 한 벌.
일식(日食)[-씩] 명 일본식 요리. 왜식(倭食)
일식(日蝕)[-씩] 명 달이 태양과 지구 사이에 들었을 때, 태양의 일부 또는 전부를 가림으로써 지구의 일부 지역에서 태양의 전부 또는 일부를 볼 수 없게 되는 현상. 개기 일식(皆旣日蝕), 금환 일식(金環日蝕), 부분 일식 등이 있음. ☞월식(月蝕)
일-식경(一食頃)[-씩-] 명 한끼의 밥을 먹을만 한 동안이라는 뜻으로, 그리 오래지 않은 짧은 동안을 이르는 말. 한식경
일신(一身)[-씬] 명 ①자기 한 몸. ¶-의 편안함만을 생각하다. ②온몸 ¶-을 바쳐 충성하다.
일신(一新)[-씬] 명-하다 자타 아주 새로워짐, 또는 새롭게 함. ¶수업 분위기를 -하다.
일신(日新)[-씬] 명-하다 자 날로 새로워짐.
일신-교(一神敎)[-씬-] 명 한 신(神)만을 신앙의 대상으로 인정하고 믿는 종교. 크리스트교·유대교·이슬람교 등. 유일신교(唯一神敎) ☞다신교(多神敎)
일신-상(一身上)[-씬-] 명 자기 한 몸에만 관계되는 일. ¶-의 이유로 직장을 그만두다.
일신-양:역(一身兩役)[-씬냥-] 명 한 몸으로 두 가지 일을 동시에 맡음. ☞일인이역
일실(一室)[-씰] 명 ①한 방. ②한집에서 사는 가족.
일실(逸失)[-씰] 명-하다 타 잃어버리거나 놓침.
일심(一心)[-씸] 명 ①한마음 ②한쪽에만 마음을 쓰거나 집중함, 또는 그 마음. ¶-으로 불공을 드리다.
일심(一審)[-씸] 명 '제일심(第一審)'의 준말.
일심(日甚)[-씸] 어기 '일심(日甚)하다'의 어기(語基).
일심동체(一心同體)[-씸-] 성구 여러 사람이 한마음 한 몸처럼 단결하여 뜻이나 행동을 같이함을 이르는 말.
일심만:능(一心萬能)[-씸-] 성구 무슨 일이든지 한마음으로 하면 못할 것이 없음을 이르는 말.
일심불란(一心不亂)[-씸-] 성구 마음을 흐트러뜨리지 않고 오로지 한 가지 일에만 마음씀을 이르는 말.
일심전력(一心專力)[-씸-] 성구 오로지 한군데에만 마음을 쏟아 온 힘을 기울임을 이르는 말.
일심-하다(日甚-) 형여 날로 심하다.
일쑤 명 가끔 습관처럼 잘하는 짓. ¶지각하기 -다.
부 흔히. 곧잘 ¶- 울기를 잘한다.
일악(一惡) 명 몹시 악한 사람.
일안(一安) 어기 '일안(一安)하다'의 어기(語基).
일안=리플렉스카메라(一眼 reflex camera) 명 한 개의 렌즈가 초점 조절용과 촬영용을 겸하고 있는 카메라.
일안-하다(一安-) 형여 한결같이 편안하다.
일야(一夜) 명 하룻밤
일야(日夜) 명 밤과 낮. 밤낮
일약(一躍) 부 〔지위·등급 등이〕 대번에 뛰어올라. ¶- 명사가 되었다.
일양(一樣) 명 한결같은 모양.
부 한결같이 ¶십 년이 지났어도 - 그 모습이다.
일-양:일(一兩日)[-량-] 명 하루나 이틀.
일어(日語) 명 '일본어(日本語)'의 준말.
일어-나다 자 ①누워 있다가 앉거나, 앉아 있다가 서다. ¶그가 들어서자 모두 자리에서 일어났다. ②잠자리에서 깨어 나오다. ¶내일은 일찍 일어나야 한다. ③일이나 사건, 변화 따위가 생기다. ¶도난 사건이 -./임진왜란

이 일어난 해는 1592년이다./국제 정세에 변화가 -. ④병이나 증세가 생기다. ¶갑자기 복통이 일어났다. ⑤어떤 감정이나 마음이 생기다. ¶질투가 -./이야기를 들으니 은근히 짜증이 일어났다. ⑥어떤 일에 몸과 마음을 모아 나서다. ¶온 병사들이 분연히 떨치고 일어났다. ⑦단체나 집안 따위가 한창 번창하게 되다. ¶가세(家勢)가 -. ⑧겉으로 부풀어오르거나 위로 솟아오르다. ¶방에 습기가 차서 벽지가 -. ⑨불이 붙기 시작하다, 또는 화재가 발생하다. ¶불꽃이 -./산불이 -. ⑩완쾌되다 ¶어서 병석에서 일어나셔야 할 텐데.

[한자] **일어날 기**(起)〔走部 3획〕¶기동(起動)/기립(起立)/기상(起床)/기침(起枕)/기침(起寢)
일어날 발(發)〔癶部 7획〕¶발생(發生) ▷속자는 発

일어-서다 [자] ①앉았다가 몸을 일으켜 서다. ¶의자에서 -. ②좋지 않은 상태로 기울었다가 다시 좋은 상태로 돌아오다. ¶역경을 딛고 -./쓰러져 가던 회사가 사원들의 노력으로 다시 일어섰다. ③어떤 행동을 일으키다. ¶나라가 위태롭자 백성들이 분연히 일어섰다.

일어탁수(一魚濁水)[성구] 한 마리의 고기가 물을 흐린다는 뜻으로, 한 사람의 잘못으로 여러 사람이 그 피해를 입게 됨을 비유하여 이르는 말.

일언(一言)[명] ①한마디의 말. ②간단한 말.

일언-거사(一言居士)[명] 말참견하기를 좋아하여, 무슨 일이든지 한마디씩 참견하지 않으면 마음이 놓이지 아니하는 사람을 이르는 말.

일언-반:구(一言半句)[명] 한마디의 말과 반 구절이라는 뜻으로, 아주 짧은 말. 일언반사(一言半辭) ¶-도 없이 떠나 버렸다. ☞편언척구(片言隻句)

일언-반:사(一言半辭)[명] 일언반구(一言半句)

일언이:폐:지(一言以蔽之)[성구] 구구한 말은 다 줄이고 한마디의 말로써 그 뜻을 다함을 이르는 말. ¶-하고, 형제끼리는 우애 있게 지내야 한다.

일언-일행(一言一行)[명] 하나하나의 말과 행동.

일언지하-에(一言之下-)[부] 한마디로 딱 잘라서. ¶-거절하다.

일:-없:다[-업-][형] ①필요하지 않다. ¶말은 고맙네만 일없네. ②괜찮다 ¶나는 일없으니 염려하지 마오.
일-없이[부] 괜히 ¶- 들락날락 하다./남의 일에 - 끼어들다.

일-여덟[수] '일고여덟'의 준말.

일역(日域)[명] ①해가 뜨는 곳이라는 뜻으로, 지난날 중국에서 '우리 나라'를 이르던 말. ②햇빛이 비치는 곳이라는 뜻으로, '온 세상'을 이르는 말.

일역(日譯)[명]-하다[타] 일본어로 번역함, 또는 일본어로 번역된 것. ¶한국 현대시를 -하다. ☞영역(英譯)

일염기-산(一塩基酸)[명] 염기도(塩基度)가 1인 산. 염산·질산 따위.

일엽-주(一葉舟)[명] '일엽편주(一葉片舟)'의 준말.

일엽지추(一葉知秋)[성구] 나뭇잎 하나가 떨어지는 것을 보고 가을이 옴을 안다는 뜻으로, 사소한 조짐을 보고 닥쳐올 일을 헤아려 앎을 이르는 말.

일엽-편주(一葉片舟)[명] 한 척의 조각배. [준]일엽주(一葉舟)

일영(日影)[명] ①햇빛이 비쳐서 생기는 그림자. ②지난날, 햇빛이 비쳐서 생기는 그림자로 시간을 헤아리던 기구.

일영일락(一榮一落)[성구] 일성일쇠(一盛一衰)

일요(日曜)[명] '일요일(日曜日)'의 준말. ¶- 신문

일요-일(日曜日)[명] 요일(曜日)의 하나. 한 주의 첫째 날임. [준]일(日)[1]. 일요(日曜) ☞칠요일(七曜日)

일용(日用)[명] ①-하다[타] 날마다 씀. ¶-할 물품. ②그날그날의 씀씀이.

일용(日傭)[명] ①날품 ②날품팔이

일용-상행(日用常行)[명] 날마다 하는 행동.

일용-품(日用品)[명] 날마다 쓰는 물건.

일우(一隅)[명] 한 구석. 한 모퉁이.

일우명지(一牛鳴地)[성구] 소 한 마리의 우는 소리가 들릴 만 한 곳이라는 뜻으로, 그리 멀지 않은 곳을 이르는 말.

일운(日暈)[명] '일훈(日暈)'의 원말.

일-울:다(-울고·-우니)[자] 제철이나 제때보다 일찍 울다. ¶닭아 울지 마라, 일우노라 자랑 마라.

일원(一元)[명] ①사물이나 현상의 근원이 오직 하나인 것. ☞다원(多元) ②대수 방정식(代數方程式)에서, 미지수가 하나인 것. ¶- 이차 방정식

일원(一員)[명] 어떤 사회나 단체를 이루는 구성원 중의 한 사람. ¶구조대의 -으로 활동하다.

일원(一圓)[명] 일정한 지역의 전부. 일대(一帶) ¶강원도 -에 호우 주의보가 내려졌다.

일원-론(一元論)[-논][명] 철학에서, 우주의 본체는 오직 하나라고 하는 견해나 학설. 단원론(單元論) ☞이원론(二元論). 다원론(多元論)

일원=묘:사(一元描寫)[명] 소설 작법의 한 형식. 사건이나 인물의 심리를 한 사람의 시점(視點)을 통하여 묘사하는 일. ☞다원 묘사(多元描寫)

일원-제(一院制)[명] '일원 제도'의 준말.

일원=제:도(一院制度)[명] 단원 제도(單院制度) [준]일원제

일원-화(一元化)[명]-하다[자타] 하나의 체계로 됨, 또는 그렇게 만듦. ¶조직을 -하다.

일월(一月)[명] 한 해의 첫째 달. 정월(正月)

일월(日月)[명] ①해와 달을 아울러 이르는 말. ②날과 달의 뜻으로, '세월'을 달리 이르는 말.

일월-광(日月光)[명] ①해와 달의 빛. ②불교에서, 가사(袈裟)의 등뒤에 붙이는 수(繡)를 이르는 말.

일월구천(一月九遷)[성구] 한 달 동안에 아홉 번이나 관직이 올랐다는 뜻으로, 임금의 총애를 두텁게 받고 있음을 이르는 말. ☞일세구천(一歲九遷)

일월-권(日月圈)[-꿘][명] 음력 사월 초파일에 세우는 등대 꼭대기의 장식. 해와 달의 모양으로 둥근 틀을 만들고 거기에 흰 등과 파란 등을 촘촘하게 매닮.

일월-성신(日月星辰)[명] 해와 달과 별.

일-월식(日月蝕)[-씩][명] 일식과 월식.

일위(一位)[명] 첫째의 지위, 또는 그 자리.

일으키다 [타] ①일어나게 하다, 또는 일어서게 하다. ¶날 좀 일으켜 다오./그녀는 침대에서 겨우 몸을 일으켰다. ②어떠한 일을 벌이다. ¶폭동을 -./전쟁을 -./소송을 -. ③전쟁 따위를 하기 위해 병사 등을 불러모으다. ¶의병을 -./군대를 -. ④병(病) 또는 병의 증세가 나타나다. ¶암을 일으키는 확실한 원인은 아직 발견되지 않았다./발작을 -. ⑤어떤 현상이나 감정이 생겨나게 하다. ¶먼지를 -./물의를 -./착각을 -./전기를 -. ⑥번성하게 하다. ¶사업을 -./집안을 -.

일은(逸隱)[명]-하다[자] 세상을 등지고 숨어 삶, 또는 그러한 사람. 은일(隱逸)

일음-증(溢飮症)[-쯩][명] 한방에서, 몸 속의 수분이 땀이나 오줌으로 배설되지 못하여 생기는 병증.

일읍(一邑)[명] ①한 고을. ②온 고을.

일의대수(一衣帶水)[성구] 한 가닥의 띠와 같은 좁은 냇물이나 강물, 또는 그것을 사이에 두고 이웃해 있음을 이르는 말. ¶-의 이웃 고장.

일의전심(一意專心)[성구] 한 가지 일에만 온 마음을 기울임을 이르는 말.

일이(一二)[-리][수] ①일이나 이. 한둘 ②〔관형사처럼 쓰임〕한두 ¶- 명이 더 필요하다.

일이:관:지(一以貫之)[성구] 하나의 이치로써 모든 일을 꿰뚫음을 이르는 말. [준]일관(一貫)

일익(一翼)[명] 한쪽 부분, 또는 한 가지의 구실. ¶지역 발전에 -을 담당하다.

일익(日益)[명] 나날이 더욱. 날이 갈수록 더욱.

일인(一人)[명] 한 사람. ¶- 독재

일인(日人)[명] 일본 사람.

일인당천(一人當千)[성구] 일기당천(一騎當千)

일인-이:역(一人二役)[명] 한 사람이 두 사람의 구실을 맡아 함. ☞일신양역(一身兩役)

일인-일기(一人一技)[명] 사람마다 한 가지씩 기술을 가짐.

일인-자(一人者)[명] '제일인자(第一人者)'의 준말.

ㅇ

일-인칭(一人稱)[명]〈어〉제일인칭(第一人稱) ☞이인칭
일인칭=소:설(一人稱小說)[명] 작품의 주인공인 '나'가 자신의 일을 남에게 직접 말하는 형식으로 된 소설. ☞삼인칭 소설(三人稱小說)
일인칭=희곡(一人稱戲曲)[명] 배우 한 사람이 독백 형식으로 연기하도록 된 희곡. ☞모노드라마
일인=회:사(一人會社)[명] 회사 주식(株式) 또는 몫의 전부를 한 사람이 가지고 있는 회사.
일일(一日)[명] ①하루 ②그 달의 첫째 날.
일일(日日)[명] 매일. 날마다 ¶ ― 연속극
일일=생활권(一日生活圈)[-꿘][명] 하루에 볼일을 끝내고 되돌아올 수 있는 거리 안의 지역, 또는 그 범위.
일일여삼추(一日如三秋)[-려-][성구] 하루가 삼 년 같다는 뜻으로, 몹시 애태우며 기다림을 비유하여 이르는 말.
일:일-이[-릴-][부] 일마다 모두. ¶ ― 실패하다.
일일-이(一一-)[-릴-][부] 하나하나. 낱낱이 ¶ ― 검사하다./― 손으로 만들다.
일일-조(一日潮)[-쪼][명] 주기가 하루인 천체의 기조력(起潮力)에 따라 일어나는 밀물과 썰물. ☞반일조(半日潮). 장주기조(長週期潮)
일일-주(一日酒)[-쭈][명] 가정에서 빚는 술의 한 가지. 초복(初伏) 뒤에 찹쌀로 죽을 쑤어 누룩 가루를 섞어서 항아리에 담고 대나무 가지로 휘저어 거품이 일면 항아리 부리를 덮어 따뜻한 곳에 둠. 아침에 빚으면 저녁에 술이 됨.
일일지장(一日之長)[-찌-][명] 하루 먼저 태어났다는 뜻으로 ①나이가 조금 위임을 이름. ②재능이 조금 나은 선배임을 이름.
일일-학(一日瘧)[명] 날마다 일정한 시각에 앓는 학질. 일학(日瘧)
일일-화(日日花)[명] 날마다 피는 꽃.
일임(一任)[명][-하다][타] 모두 맡김. 도맡김 ¶그 문제는 부장에게 ―하시오.
일입(日入)[명][-하다][자] 해넘이. 일몰(日沒) ☞일출(日出)
일자(一字)[-짜][명] ①한 글자. ②짧은 글. ③한일 자 모양.
일자(日子)[-짜][명] 날짜[1] ¶발행 ―
일자(日者)[-짜][명] 천문을 보아 길흉을 예측하고 점을 치는 사람.
일:-자리[-짜-][명] 직업이나 직장. ¶ ―를 구하다.
일자-매기(一字-)[-짜-][명][-하다][타] 서까래 끝을 '一' 자 모양으로 가지런하게 자르는 일. ☞방구매기
일자-무식(一字無識)[-짜-][명] 글자 한 자도 모를 정도로 무식함. ☞목불식정(目不識丁). 전무식(全無識). 판무식(判無識)
일자-양의(一字兩義)[-짜-][명] 글자 하나에 두 가지의 뜻이 있음.
일자-좀나비(一字-)[-짜-][명] 팔랑나빗과의 나비. 몸길이 2cm, 편 날개 길이 3.5cm 안팎. 몸빛은 다갈색이고 날개는 흑갈색이며 앞날개에 8개, 뒷날개에 4개의 흰 반점이 '一' 자 모양으로 있음. 애벌레인 가위좀은 벼의 해충임.
일자천금(一字千金)[-짜-][성구] 글자 하나에 천금의 값어치가 있다는 뜻으로, 아주 훌륭한 글씨나 문장을 비유하여 이르는 말.
일자-총(一字銃)[-짜-][명] 한 방에 바로 맞힐 수 있는 좋은 총.
일자-포:수(一字砲手)[-짜-][명] 한 방에 바로 맞힐 수 있는 명포수.
일작(日昨)[-짝][명] 며칠 전. 일전(日前)
일-잠[-짬][명] 저녁에 일찍이 드는 잠.
일잣-집(一字-)[-짯-][명] 재래식 한옥에서, 용마루가 '一' 자 모양으로 된 집.
일장(一場)[-짱][명] 한바탕 ¶ ―의 연설을 하다./―의 훈시./―의 풍파.
일-장검(一長劍)[-짱-][명] 한 자루의 길고 큰 칼.
일장-기(日章旗)[-짱-][명] 일본의 국기.
일장월취(日將月就)[-짱-][성구] 일취월장(日就月將)
일장일단(一長一短)[-짱-딴][성구] 장점도 있고 단점도 있음을 이르는 말.
일장일이(一張一弛)[-짱-][성구] 활시위를 죄었다 늦추었다 하는 것처럼, 사람이나 물건을 적당히 부리고 적당히 쉬게 함을 이르는 말.
일장춘몽(一場春夢)[-짱-][성구] 한바탕의 봄꿈이라는 뜻으로, 헛된 영화(榮華)나 덧없는 일을 비유하여 이르는 말.
일재(逸才)[-째][명] 보통보다 뛰어난 재주, 또는 그런 재주를 가진 사람.
일:-재간(-才幹)[-째-][명] 무슨 일을 해 나가는 솜씨.
일적(一滴)[-쩍][명] 물이나 기름 따위의 한 방울.
일전(一戰)[-쩐][명][-하다][자] 한바탕 싸움. ¶ ―을 벌이다./―할 준비가 되어 있다.
일전(一轉)[-쩐][명][-하다][자] ①한 번 돎. ②아주 변함, 또는 온통 달라짐. ¶심기(心機) ―
일전(日前)[-쩐][명] 며칠 전. 일작(日昨) ¶ ―에는 실례가 많았습니다.
일전쌍조(一箭雙鵰)[-쩐-][성구] 화살 하나로 수리 두 마리를 떨어뜨린다는 뜻으로, 한 가지 일로써 동시에 두 가지 이익을 얻음을 이르는 말. ☞일거양득(一擧兩得). 일석이조(一石二鳥)
일절(一切)[-쩔][부]〔부인하거나 금지할 때 쓰이어〕'아주'·'도무지'·'절대로'의 뜻을 나타내는 말. ¶흡연은 ― 하지 마십시오./십 년째 ― 소식이 없다. ☞일체(一切)
일점-혈육(一點血肉)[-쩜-][명]〔주로 손아래 직계에 쓰이어〕'유일한 혈육'을 이르는 말.
일점-홍(一點紅)[-쩜-][명] 홍일점(紅一點)
일정(日程)[-쩡][명] ①어떤 기간에 할 일, 또는 그 분량이나 차례. ¶공연 ―이 잡히다./경기 ―을 알려 주십시오. ②하루에 가야 할 노정(路程). ¶내일 ―은 대구까지이다. ③의회(議會) 등에서, 그날그날 심의할 의사(議事)나 그 차례. ¶의사 ―
일정(一定)[-쩡][어기] '일정(一定)하다'의 어기(語基).
일정-량(一定量)[-쩡-][명] 정해진 분량. ¶ ―의 시료.
일정-표(日程表)[-쩡-][명] 일정을 적어 놓은 표. ¶ ―를 작성하다.
일정-하다(一定-)[-쩡-][형여] ①정해져 있어 바뀌거나 달라지지 않고 한결같다. ¶수입이 ―./일정한 간격으로 늘어서 있다. ②어떤 기준에 따라 모양이나 범위 등이 정해져 있다. ¶일정한 길이로 잘라 내다.
일제(日帝)[-쩨][명] 일본 제국(日本帝國) 또는 일본 제국주의가 줄어든 말.
일제(日製)[-쩨][명] 일본에서 만든 물품.
일제(一齊)[-쩨][앞말] 여럿이 한꺼번에 함을 뜻하는 말. ¶ ― 점검/― 단속
일제-강:점기(日帝強占期)[-쩨-][명] 우리 나라가 1910년에 일본에 강제로 국권을 빼앗긴 이후 1945년 광복할 때까지의 기간.
일제=사격(一齊射擊)[-쩨-][명] 여러 사람이 한꺼번에 총이나 대포, 활 따위를 쏘는 일.
일제-히(一齊-)[-쩨-][부] 여럿이 한꺼번에. ¶ ― 환호성을 지르다./― 일어서다.
일조(一助)[-쪼][명][-하다][자] 조금의 도움이 됨, 또는 그 도움. ¶학교 발전에 ―하다.
일조(一朝)[-쪼][명] ①'일조일석(一朝一夕)'의 준말. ②만일의 경우. ③하루 아침, 또는 어느 날 아침.
일조(日照)[-쪼][명] 햇볕이 내리쬠. ¶ ― 시간
일조-권(日照權)[-쪼꿘][명] 이웃한 집이나 건물이 자기의 집을 가리지 못하도록 하여 햇볕을 받아 쬘 수 있도록 법률상 보호되어 있는 권리.
일조-량(日照量)[-쪼-][명] 일정한 물체의 표면이나 땅의 표면에 비치는 태양 광선의 양.
일조=부등(日潮不等)[-쪼-][명] 같은 날의 두 번의 만조나 간조의 높이가 서로 같지 않은 현상.
일조-시(日照時)[-쪼-][명] 일조 시간
일조=시간(日照時間)[-쪼-][명] 태양 광선이 구름이나

안개 등에 가리지 않고 실제로 지상을 비추는 시간. 일조시(日照時)

일조-율(日照率)[-쪼-] 명 가조 시간(可照時間)에 대한 일조 시간의 비율. ☞가조율(可照率)

일조일석(一朝一夕)[-쪼-썩] 성구 하루 아침이나 하루 저녁이라는 뜻으로, 짧은 시일을 이르는 말. ¶영어 실력은 -에 좋아질 수 없다. 준 일조(一朝)

일족(一族)[-쪽] 명 한 겨레붙이. ¶-을 멸하다.

일족(을) 물리다 관용 지난날, '일가붙이에게 족징(族徵)을 내게 하다'의 뜻으로 쓰이던 말.

일종(一種)[-쫑] 명 ①한 종류, 또는 한 가지. ¶뱀은 파충류의 -이다./심벌즈는 타악기의 -이다. ②어떤 종류. ¶그것도 -의 자만심이다.

일죄(一罪)[-쬐] 명 지난날, 사형에 해당되는 죄를 이르던 말. 일률(一律)

일주(一走)[-쭈] 명 조선 시대에 무관의 취재(取才)에서, 달음질의 세 등급 가운데 첫째 등급을 이르던 말. ☞삼주(三走). 이주(二走)

일주(一周)[-쭈] 명-하다 타 한 바퀴를 돎. ¶세계 -

일주(一週)[-쭈] 명 '일주일(一週日)'의 준말.

일주(逸走)[-쭈] 명-하다 자 벗어나 다른 곳으로 달아남.

일주-권(日周圈)[-쭈꿘] 명 하늘의 적도의 극을 중심으로 하고 천체의 극거리를 반지름으로 하는 천구 위의 작은 원.

일-주기(一週忌)[-쭈-] 명 사람이 죽은 지 한 돌이 되는 날. ☞소상(小祥)

일-주년(一週年)[-쭈-] 명 한 돌. 일기(一朞)

일주-문(一柱門)[-쭈-] 명 문의 한 형식. 두 개 또는 네 개의 기둥을 옆으로 나란히 세워 만든 문. 흔히 절의 입구에서 볼 수 있으며, 문짝이 없는 것이 특징임.

일주=운:동(日周運動)[-쭈-] 명 지구의 자전으로 말미암아 해와 달, 항성들이 지구 주위를 하루에 한 번씩 도는 것처럼 보이는 현상. 매일 운동(每日運動)

일-주일(一週日)[-쭈-] 명 이레 동안. 준 일주(一週)

일중(一中)[-쭝] 명 활쏘기에서, 화살 다섯 대를 쏘아 한 대를 맞힌 경우를 이르는 말. ☞이중(二中)

일중(日中)[-쭝] 명 ①정오 때. ②'일중식'의 준말.

일중-례(一中禮)[-쭝-] 명 사정(射亭)에 새로 들어온 사원(射員)이 일중을 하였을 때 스승과 여러 사원에게 술잔치를 베풀던 일. ☞이중례(二中禮)

일중-식(日中食)[-쭝-] 명 가난하여 아침과 저녁은 굶고 낮에 한 끼만 먹는 일. 준 일중(日中)

일증월가(日增月加)[-쯩-] 성구 나날이 다달이 자꾸 늘어감을 이르는 말. ☞일가월증(日加月增)

일지(日誌)[-찌] 명 그날그날의 직무에 관한 일을 적은 기록, 또는 그 책.

일지(逸志)[-찌] 명 ①훌륭한 뜻. ②세속을 벗어난 고결한 뜻.

일지반:해(一知半解)[-찌-] 성구 하나쯤 알고 반쯤 깨닫는다는 뜻으로, 아는 것이 매우 적음을 이르는 말.

일지-필(一枝筆)[-찌-] 명 한 자루의 붓.

일직(日直)[-찍] 명 ①직장 등에서 그날그날의 당번을 정하여 지키는 일, 또는 그 사람. ②직장 등에서 낮이나 공휴일에 당번을 정해서 지키는 일, 또는 그 사람. ☞숙직(宿直)

일직=사령(日直司令)[-찍-] 명 군대에서, 지휘관의 명령을 받아 지휘관이 퇴근한 뒤부터 다음날 출근할 때까지 업무를 맡아보는 장교.

일-직선(一直線)[-찍-] 명 한 방향으로 쭉 곧은 선. ¶-으로 뻗어 있는 길.

일-직성(日直星)[-찍-] 명 민속에서, 사람의 나이에 따라 그 운수를 맡아본다고 이르는 아홉 직성의 하나. 반흉 반길(半凶半吉)의 직성으로 남자는 열네 살, 여자는 열다섯 살에 처음 드는데, 9년에 한 번씩 돌아온다고 함. ☞화직성(火直星)

일진(一陣)[-찐] 명 ①한 대오의 군사로 친 진. ②첫째 진이나 집단. ¶- 선수들로 구성된 팀. ☞이진(二陣) ③주로 바람이나 구름 따위가 '한바탕 이는', '한 떼로 몰린'의 뜻을 나타내는 말. ¶-의 눈보라./-의 파도.

일진(日辰)[-찐] 명 날의 육십갑자(六十甲子). 갑자일(甲子日)·을축일(乙丑日) 등. ¶-이 좋다./-이 사납다. ☞월건(月建). 태세(太歲)

일진(日進)[-찐] 명-하다 자 날로 나아짐. ☞일퇴(日退)

일진-광풍(一陣狂風)[-찐-] 명 한바탕 부는 사납고 거센 바람.

일진월보(日進月步)[-찐-] 성구 날로 달로 끊임없이 진보하고 발전함을 이르는 말. ☞일취월장(日就月將)

일진일퇴(一進一退)[-찐-] 성구 한 번 나아갔다 한 번 물러섰다 함을 이르는 말. ¶-를 거듭하다.

일진-청풍(一陣淸風)[-찐-] 명 한바탕 부는 시원한 바람. ☞일진광풍

일진-흑운(一陣黑雲)[-찐-] 명 한바탕 이는 먹구름.

일쩝다(일쩝고·일쩌워) 형ㅂ 거추장스러워 귀찮거나 불편하다.

일쭉-거리다(대다) 자 허리를 이리저리 빠르게 흔들다. ☞얄쭉거리다. 일기죽거리다

일쭉-얄쭉 부 허리를 일쭉거리고 얄쭉거리는 모양을 나타내는 말. ☞일기죽얄기죽

일쭉-일쭉 부 일쭉거리는 모양을 나타내는 말. ☞얄쭉얄쭉. 일기죽일기죽

일찌감치 부 꽤 일찍이, 또는 좀더 일찍이. 일찌거니 ¶그의 의도를 - 간파했다./- 포기해라. ☞느지감치

일찌거니 부 일찌감치 ☞느지거니

× **일찌기** 부 →일찍이

일찍 부 '일찍이'의 준말.

한자 **일찍 증**(曾) 〔日部 8획〕 ¶미증유(未曾有)

일찍이 부 ①이르게, 또는 늦지 않게. ¶- 시작하다./- 출발하다. 준 일찍 ②이전에, 또는 이전까지. ¶- 없었던 일이다.

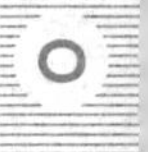

▶ '일찍이'와 '일찌기'
부사에 '-이'가 붙어서 뜻을 더하는 경우에는 그 부사의 본디 표기를 밝혀 적는다.
¶일찍+이 → 일찍이/오뚝+이 → 오뚝이
더욱+이 → 더욱이/곰곰+이 → 곰곰이

일차(一次) 명 ①한 차례. 한 번 ②첫 번째. ¶- 면접 ③대수식에서, 어떤 변수에 관하여 제곱 또는 그 이상의 항을 포함하지 않는 것. ¶- 방정식 ④〔부사처럼 쓰임〕 ¶- 검토해 보시오.

일차=방정식(一次方程式) 명 미지수의 최고 차수(次數)가 일차인 방정식.

일차=산:업(一次産業) 명 자연에서 직접 원재료를 생산·채취하는 산업. 농업·목축업·어업·임업 등. 원시 산업(原始産業). 제일차 산업 ☞이차 산업

일차=산:품(一次産品) 명 가공되기 전에 원료 형태로 거래되는 생산물. 곡식·생선·목재·석탄 따위.

일차=에너지(一次energy) 명 자연에서 직접 얻는 에너지. 석탄, 석유, 천연 가스, 원자력, 수력 따위. ☞이차 에너지

일차-적(一次的) 명 첫 번째의 것, 또는 우선적인 것. ¶-인 책임은 내게 있다.

일차=전:류(一次電流) 명 일차 코일에 흐르는 전류.

일차=전:지(一次電池) 명 일단 방전된 뒤에는 다시 충전하여 쓸 수 없는 전지. ☞이차 전지. 축전지

일차=제:품(一次製品) 명 자연에서 얻은 광물이나 식물 등의 원료를 가공하여 최초로 만들어 낸 제품. 목화에서 만든 면사(綿絲)나 철광석에서 만든 철 등.

일차=조직(一次組織) 명 식물의 줄기나 뿌리의 생장점 근처에 생기는, 각종 조직으로 생장, 발달할 최초의 조직. ☞이차 조직(二次組織)

일차=코일(一次coil) 명 전자기적으로 결합된 두 개의 코일 중에서 전류를 통한 코일. 변압기 등에서는 전원에 연결하는 쪽의 코일임. ☞이차 코일

일착(一着)명-하다자 ①맨 먼저 도착함. ②첫 번째로 시작함.
일처-다부(一妻多夫)명 한 아내에게 둘 이상의 남편이 있는 혼인 형태. ☞일부일처. 일부다처
일척-안(一隻眼)명 사물을 간파하는 비범한 식견.
일천(一天)명 지난날, 과거를 볼 때에 맨 먼저 글을 지어 바치던 일, 또는 그러한 글장. ☞이천(二天)
일천(日淺)어기 '일천(日淺)하다'의 어기(語基).
일천-하다(日淺-)형여 시작한 지 얼마 되지 않다. ¶역사가 -./경험이 -.
일철(一轍)명 한 수레바퀴의 자국이라는 뜻으로, 먼저의 경우와 똑같은 길을 밟음을 이르는 말. ☞전철(前轍)
일체(一切)명 ①온갖 것. 모든 것. ¶-의 경비./책임의 -. ②〔관형사처럼 쓰임〕 온갖. 모든 ¶- 대중
일체(一體)명 한 몸. 한 덩어리. ¶모두 -가 되어 일하다.
일체-경(一切經)명 대장경(大藏經)
일체-유:정(一切有情)명 일체중생
일체종-지(一切種智)명 불교에서 이르는 삼지(三智)의 하나. 만법(萬法)을 낱낱이 아는 부처의 지혜를 이름. ☞도종지(道種智). 일체지(一切智)
일체-중:생(一切衆生)명 불교에서, 이 세상에 살아 있는 모든 생물을 이르는 말. 특히 사람을 이름. 일체유정
일체-지(一切智)명 불교에서 이르는 삼지(三智)의 하나. 만법(萬法)을 개괄적으로 아는 지혜를 이름. ☞도종지(道種智). 일체종지(一切種智)
일촉즉발(一觸卽發)성구 조금 건드리기만 하여도 곧 폭발할 것처럼 몹시 위급한 상태를 이르는 말.
일촌(一村)명 한 마을, 또는 온 동네.
일촌간장(一寸肝腸)성구 한 토막의 간과 창자라는 뜻으로, 애달프거나 애가 탈 때의 마음을 비유하여 이르는 말. ¶-이 다 녹는다.
일촌광음(一寸光陰)성구 매우 짧은 시간을 이르는 말.
일총(一聰)명-하다형 썩 뛰어나게 총명함, 또는 그러한 사람.
일총(一寵)명 한 몸에 독차지하여 받는 사랑.
일축(一蹴)명-하다타 단번에 거절하거나 물리침. ¶기자들의 요청을 -해 버리다.
일출(日出)명-하다자 해가 돋음, 또는 그 무렵. 해돋이 ☞일몰(日沒). 일입(日入)
일출(逸出)명 ①-하다자 피하여 빠져 나옴. ②-하다형 보통보다 뛰어남.
일출(溢出)명-하다자 물 따위가 넘쳐흐름.
일출삼간(日出三竿)성구 해가 장대 세 길 정도의 높이로 떠올랐다는 뜻으로, 날이 이미 환하게 밝았음을 비유하여 이르는 말. ☞일고삼장(日高三丈)
일취월장(日就月將)[-짱]성구 날로 달로 더욱 자라거나 발전함을 이르는 말. 일장월취 ☞일진월보
일취지몽(一炊之夢)성구 한단지몽(邯鄲之夢)
일층(一層)부 한층 ¶성공을 위해서는 - 더 노력해야 한다.
일치(一致)명-하다자 서로 어긋나지 않고 꼭 맞음. ¶두 사람의 생각이 -하다./진술이 -하지 않다.
일치-단결(一致團結)명 여럿이 한 덩어리가 되어 굳게 뭉침.
일치-법(一致法)[-뻡]명 어떤 현상이 일어나는 사례를 둘 이상 관찰하여, 각 사례에 일치하는 요소가 있을 때 그 요소를 원인 또는 결과로 판단하는 방법. 유동법
일치-점(一致點)[-쩜]명 둘 이상의 것이 서로 일치하는 점. 합치점(合致點)
일침(一針·一鍼)명 '침 한 대'라는 뜻으로, '따끔한 충고'를 비유하여 이르는 말.
일침(을) 놓다관용 따끔한 충고나 경고를 하다.
일컫다(일컫고·일컬어)타ㄷ ①무엇이라고 이름지어 부르거나 가리켜 말하다. ¶그는 스스로를 국보라 일컫는다./서화담, 황진이, 박연 폭포를 송도 삼절(松都三絶)이라 일컬었다. ②기리어 말하다. ¶그의 덕행을 일컬어 송덕비를 세웠다.

한자 일컬을 칭(稱)〔禾部 9획〕¶칭덕(稱德)/칭송(稱頌)/칭찬(稱讚)/칭탄(稱歎)/칭호(稱號) ▷속자는 称

일탄(逸彈)명 빗나간 총알.
일탈(逸脫)명-하다자타 어떤 조직이나 사상·규범 등에서 벗어남. ¶청소년들의 - 행위.
일:-터명 ①일을 하는 곳. 작업장 ②직장(職場)
일:-토시명 일할 때에 손목에서 팔꿈치까지 끼는, 토시처럼 생긴 물건. 커프스커버(cuffscover)
일퇴(日退)명-하다자 날로 뒤떨어지거나 못하여짐. ¶-를 거듭하다. ☞일진(日進)
일파(一派)명 ①강물의 한 갈래. ②학예나 종교 등의, 본디 계통에서 갈라져 나온 한 분파. ③주의나 주장 또는 목적을 같이하는 한 동아리.
일:-판명 일이 벌어진 판.
일패도지(一敗塗地)성구 여지없이 패하여 다시 일어날 수가 없게 됨을 이르는 말.
일편(一片)명 한 조각.
일편(一便)명 한편
일편단심(一片丹心)성구 한 조각의 붉은 마음이라는 뜻으로, 변함이 없는 참된 충정이나 정성을 이르는 말.
일-평생(一平生)명 태어나서 죽을 때까지 살아온 동안. 일생(一生). 한평생 ¶어머니는 -을 자식 잘되기만 바라셨다.
일폭십한(一曝十寒)성구 십한일폭(十寒一曝)
일:-품명 일하는 데 드는 품. ¶-이 많이 든다.
일품(一品)명 ①첫째가는 품질, 또는 그런 물품. ¶어머니가 지어 주신 저고리는 그 맵시가 -이었지. ②옛 관직의 첫째 품계. 정일품과 종일품이 있음.
일품(逸品)명 뛰어나게 좋은 물건. 우물(尤物). 절품(絶品) ☞신품(神品)
일품=요리(一品料理)[-뇨-]명 ①한 가지마다 값을 매겨 놓고 고객의 주문에 따라 내는 요리. ②가장 맛이 좋은 요리. ③주식(主食)과 반찬을 한 그릇에 담아 한끼의 음식으로 만든 요리. 비빔밥·덮밥·카레라이스 따위.
일필(一筆)명 ①붓에 먹을 다시 먹이지 아니하고 단번에 내쳐 쓰는 일. ②같은 필적(筆跡). ③논밭이나 임야 등의 한 필지(筆地).
일필난기(一筆難記)성구 내용이 길거나 복잡하여 간단히 적기가 어려움을 이르는 말.
일필휘지(一筆揮之)성구 글씨를 단숨에 힘차고 시원하게 죽 써 나감을 이르는 말.
일하(一瑕)명 한 가지 흠. 작은 허물이나 결점.
일:-하다자여 일을 하다.

한자 일할 로(勞)〔力部 10획〕¶근로(勤勞)/노동(勞動)/노력(勞力)/노무(勞務)/노임(勞賃) ▷속자는 労

일학(日瘧)명 '일일학(一日瘧)'의 준말.
일한(日限)명 일정한 날의 기한. 특히, 계약 등으로 지정해 놓은 날.
일합(一合)명 ①한 차례 교전(交戰)함. ②검도 등에서 서로 검을 한 번 맞부딪치는 일. ¶-에서 상대의 실력을 헤아리다.
일행(一行)명 길을 함께 가는 사람, 또는 함께 가는 사람 모두. ¶-이 몇 명이나 됩니까?
일행(日行)명 하루에 걷는 걸음.
일허일실(一虛一實)[-씰]성구 없는가 하면 있고 있는가 하면 없는 등 변화가 무쌍하여 본체를 알기 어려움을 이르는 말. 일허일영(一虛一盈)
일허일영(一虛一盈)성구 일허일실(一虛一實)
일현-금(一絃琴·一弦琴)명 현악기의 한 가지. 길이가 석 자 여섯 치 가량 되는 나무에 한 가닥의 줄을 맴.
일혈(溢血)명 몸의 조직 사이에서 일어나는 내출혈.
일호(一毫)명 한 올의 가는 털이라는 뜻으로, 아주 작은 정도를 비유하여 이르는 말.
일호반:점(一毫半點)성구 한 올의 가는 털이나 작은 점의 반이라는 뜻으로, '일호(一毫)'를 강조하여 이르는 말.
일호백낙(一呼百諾)성구 한 사람이 소리내어 외치면 여

러 사람이 그에 호응함을 이르는 말.
일화(逸話)명 세상 사람들에게 별로 알려지지 않은 이야기. ¶여행 중에 있었던 ―를 소개하다.
일화-성(一化性)[―썽]명 곤충이 한 해에 한 세대(世代)를 마치는 성질. ☞화성(化性)
일확천금(一攫千金)성구 힘들이지 않고 한 번에 많은 재물을 얻음을 이르는 말.
일환(一環)명 전체로서 서로 밀접한 관계가 있는 사물 중의 한 부분. ¶사회 복지 정책의 ―인 국민 연금 제도.
일회-성(一回性)[―썽]명 오직 한 번만 일어나는 성질. ¶불우 이웃 돕기가 ― 행사로 끝나서는 안 된다.
일회-용(一回用)명 한 번 쓰고 버리는 것, 또는 그러한 쓸모의 물건. ¶― 반창고/이 그릇들은 ―이다.
일후(一吼)명-하다자 크게 한 번 울부짖음.
일후(日後)명 ①뒷날 ¶그것은 ―의 일이다. ②〔부사처럼 쓰임〕 ¶― 다시 만나 이야기합시다. ☞나중. 차후
일훈(日暈)명 햇무리 원일운(日暈)
일흔수 ①수의 고유어 이름의 하나. 열의 일곱 곱절. ②물건 따위를 셀 때의 일흔 개. ☞칠십(七十)
관 단위를 나타내는 말 앞에 쓰이어 ①수량이 열의 일곱 곱절임을 나타냄. ②차례가 예순아홉째의 다음임을, 또는 횟수가 예순아홉 번째의 다음임을 나타냄.
일희일비(一喜一悲)성구 ①기쁜 일과 슬픈 일이 번갈아 일어남을 이르는 말. ②한편으로는 기쁘고 한편으로는 슬픔을 이르는 말. 일비일희
읽기명 국어나 외국어 학습의 한 부분. 글을 바르게 읽고 내용을 정확하게 이해하는 일. ☞듣기. 말하기. 쓰기
읽다타 ①글이나 악보 따위를 눈으로 보면서 그 내용이나 뜻을 알게 되다. ¶동화책을 ―./악보를 ―. ②글이나 기호 등을 보면서 그 음을 목소리로 나타내다. ¶영어 책을 소리내어 ―. ③표정이나 태도를 보고 뜻을 헤아려 알다. ¶그의 표정에서 비장한 각오를 읽을 수 있었다. ④바둑이나 장기 등에서, 자기의 수(手)를 생각하거나 상대편의 수를 헤아리다. ¶다음 수를 ―.

한자 읽을 독(讀) 〔言部 15획〕 ¶독경(讀經)/독서(讀書)/독음(讀音)/독자(讀者)/독해(讀解) ▷속자는 読

읽히다[1] 자 읽음을 당하다. ¶요즘은 수필이 많이 읽힌다.
읽히다[2] 타 읽게 하다. ¶좋은 책을 골라 ―.
잃다타 ①가지고 있던 물건을 흘리거나 놓쳐서 자기도 모르는 사이에 가지지 않게 되다. ¶가방을 ―./도서관에서 안경을 ―. ②의식이나 감정·감각 등, 자기에게 본디 있던 것이 사라지거나 없어지다. ¶제정신을 ―./넋을 ―./희망을 ―./목숨을 ―./입맛을 ―. ③지니거나 누리고 있던 것을 빼앗기거나 차지하지 못하는 상태가 되다. ¶자유를 잃은 사람들./자격을 ―./직장을 ―./지난날의 명성을 ―. ④주위의 가까운 사람이 죽는 일을 겪다. ¶전쟁 중에 부모 형제를 잃었다./그녀는 비행기 사고로 남편을 잃었다. ⑤헤어지거나 관계가 끊어지다. ¶사소한 오해로 친구를 잃었다./그는 애인을 잃고 방황하고 있다. ⑥가야 할 길이나 방향을 못 찾다. ¶길을 ―./산 속에서 방향을 잃고 헤매다. ⑦균형이나 초점 따위를 유지하지 못하다. ¶평균대에서 균형을 잃고 떨어졌다./초점을 잃은 눈. ⑧몸의 일부분이 떨어져 나가거나 전혀 제 기능을 발휘하지 못하다. ¶시력을 ―./전쟁터에서 한쪽 다리를 잃었다. ⑨노름이나 내기 따위에 져서 돈이나 물건을 내주다. ¶노름에서 돈을 ―.

한자 잃을 상(喪) 〔口部 9획〕 ¶상성(喪性)/상심(喪心)
잃을 실(失) 〔大部 2획〕 ¶실격(失格)/실권(失權)/실망(失望)/실명(失明)/실성(失性)

임[1] 명 머리에 인 물건, 또는 머리에 일만 한 정도의 짐.
임[2] 명 사모의 대상이 되는 사람. ¶―을 그리는 마음.
속담 **임도 보고 뽕도 딴다**: 한꺼번에 두 가지의 좋은 결과를 얻을 수 있는 일을 한다는 말. 〔꿩 먹고 알 먹는다〕
임(壬)명 ①십간(十干)의 아홉째. ②'임방(壬方)'의 준말. ③'임시(壬時)'의 준말.

한자 **아홉째 천간 임**(壬) 〔士部 1획〕 ¶임방(壬方)/임술(壬戌)/임시(壬時)/임진(壬辰)

임(臨)명 '임괘(臨卦)'의 준말.
임간(林間)명 수풀 사이, 또는 숲 속.
임간=학교(林間學校)명 여름철에 아이들의 건강 증진이나 자연 학습 등을 위하여 숲 속에 설치하는 임시 교육 시설. ☞임해 학교(臨海學校)
임갈굴정(臨渴掘井)[―쩡]성구 목이 말라야 우물을 판다는 뜻으로, 평소에 아무 준비 없이 있다가 일을 당하고서야 허둥지둥 서두름을 이르는 말.
임검(臨檢)명-하다타 현장에 나가서 검사하는 일.
임경업전(林慶業傳)명 작자와 연대가 분명하지 않은 고대 소설의 한 가지. 조선 인조 때의 장군 임경업(林慶業)의 무공과 생애를 전기체로 그린 군담 소설(軍談小說). '임장군전'이라고도 함.
임계(臨界)명 ①땅과 땅이 갈리는 어름. 경계(境界) ②핵분열에서, 발생하는 중성자수와 흡수·누설되는 중성자수가 평형을 이루어 연쇄 반응이 지속되는 상태.
임계-각(臨界角)명 굴절률이 큰 물질에서 작은 물질로 빛이 입사(入射)할 때, 그보다 더 큰 각도에서는 전반사(全反射)가 일어나게 되는 입사각의 값. 한계각
임계-량(臨界量)명 임계 질량(臨界質量)
임계=상태(臨界狀態)명 어떤 물질 또는 현상의 성질에 변화가 생기거나 그 성질을 지속할 수 있는 경계가 되는 상태. 곧 임계 온도나 임계 압력하에 있는 물질의 상태.
임계=압력(臨界壓力)명 일정한 온도에서 기체를 액화하는 데 필요한 최소의 압력.
임계=온도(臨界溫度)명 일정한 압력에서 기체를 액화하는 데 필요한 최고 온도.
임계=질량(臨界質量)명 핵분열 물질이 연쇄 반응을 일으킬 수 있는 최소의 질량. 임계량(臨界量)
임:관(任官)명-하다자 ①관직에 임명됨. ②사관 후보생이나 사관 생도가 장교로 임명됨. 서관(敍官) ¶교육을 마치고 소위로 ―되다.
임관(林冠)명 수림의 위층의 모양. 수령(樹齡)에 따라 층이 생기며 수관(樹冠)에 따라 모양이 달라짐.
임-괘(臨卦)명 육십사괘(六十四卦)의 하나. 곤괘(坤卦) 아래 태괘(兌卦)가 놓인 괘로 기쁨과 유순의 덕을 상징함. 준임(臨) ☞관괘(觀卦)
임:국(任國)명 대사·공사·영사 등의 외교 사절로 임명되어 부임하는 나라.
임균(淋菌·痳菌)명 임질을 일으키는 병원균. 환자의 백혈구 속에 있으며 요도(尿道)로 고름이 되어 흘러나옴.
임:금명 군주 국가에서 나라를 다스리는 원수(元首). 군왕(君王). 군주(君主). 나랏님. 왕(王). 주군(主君). 주상(主上) 높대전 마마. 상감(上監). 상감 마마 ☞국부(國父). 국왕(國王). 국주(國主). 군부(君父)

한자 **임금 군**(君) 〔口部 4획〕 ¶군국(君國)/군림(君臨)/군명(君命)/군신(君臣)/군주(君主)
임금 왕(王) 〔玉部〕 ¶왕국(王國)/왕명(王命)/왕비(王妃)/왕위(王位)/왕좌(王座)
임금 제(帝) 〔巾部 6획〕 ¶제국(帝國)/제업(帝業)/제왕(帝王)/제위(帝位)/제정(帝政)
임금 황(皇) 〔白部 4획〕 ¶황성(皇城)/황실(皇室)/황제(皇帝)/황태자(皇太子)/황후(皇后)

임금(林檎)명 능금
임:금(賃金)명 노동의 대가로서 받는 보수. 노비(勞費). 노임(勞賃) ☞삯. 삯돈
임:금=격차(賃金格差)명 남녀별·연령별·직종별·산업별·지역별 또는 숙련 정도 등에 따라 달리 지급되는 임금의 차이.
임:금=기금설(賃金基金說)명 임금 결정 이론의 한 가지. 일정한 사회에서 임금으로 지급되는 기금은 일정하며, 노동자 개인이 받는 임금은 이 기금의 총액을 노동자의

수로 나눈 액수와 같으므로, 임금을 인상하려면 노동자의 수를 제한할 수밖에 없다는 이론. 노임 기금설

임:금=지수(賃金指數)명 시간이나 장소에 따른 임금 수준의 변동을 나타내기 위한 지수.

임금=철칙(賃金鐵則)명 임금은 노동자와 그 가족이 생존하기 위하여 필요한 최저의 비용 수준에서 결정되어야 한다는 이론을 이르는 말. 노임 철칙(勞賃鐵則)

임:금=학설(賃金學說)명 임금의 수준과 변동을 결정하는 요인을 해명하려는 이론. 노임 학설(勞賃學說)

임:금=형태(賃金形態)명 임금을 지급하는 형태. 크게 나누어 고정급과 능률급이 있음.

임:기(任期)명 어떤 임무를 맡아보는 일정한 기간. ¶ -가 끝나다./-를 마치다.

임기(臨機)명-하다자 어떤 기회나 고비에 이름.

임기응:변(臨機應變)성구 그때그때의 형편에 따라 일을 알맞게 처리함을 이르는 말. 수기응변(隨機應變). 수시응변(隨時應變) 준응변(應變)

임농(臨農)명-하다자 농사지을 때가 됨.

임농탈경(臨農奪耕)성구 농사지을 때에 이르러 소작인(小作人)을 바꾼다는 뜻으로, 이미 다 준비된 것을 빼앗는 일을 비유하여 이르는 말.

임:대(賃貸)명-하다타 삯돈을 받고 자기 물건을 남에게 빌려 줌. ☞임차(賃借)

임:대=가격(賃貸價格)[-까-]명 임대인이 임대물의 공과(公課)·유지·수리에 필요한 경비를 부담하는 조건으로 임대물을 빌려 주고 받는 값.

임:대-료(賃貸料)명 빌려 주고 받는 삯돈. ☞임차료

임:대-물(賃貸物)명 임대차의 목적이 되는 물건을 임대인 쪽에서 이르는 말. ☞임차물(賃借物)

임:대-인(賃貸人)명 임대차 계약에 따라 임대료를 받고 타인에게 물건을 빌려 주는 사람. ☞임차인(賃借人)

임:대=주:택(賃貸住宅)명 ①소유자가 거주자와 임대차 계약을 맺고 일정한 세(貰)의 지급을 조건으로 빌려 주는 주택. ②주택난 해소 정책의 하나로, 서민이 유리한 조건으로 임대나 분양을 받도록 국가나 지방 자치 단체가 주관하여 짓는 주택. ☞국민 주택(國民住宅)

임:대-지(賃貸地)명 임대차의 목적이 되는 토지.

임:-대:차(賃貸借)명 법률에서, 당사자의 한쪽이 상대편에게 어떤 물건이나 부동산, 권리 등을 사용하게 하고 이에 대하여 상대편은 일정한 금액을 지급할 것을 내용으로 하는 계약.

임:대책중(任大責重)성구 임무가 크고 책임이 무거움을 이르는 말.

임독(淋毒·痳毒)명 임질의 독.

임:란(壬亂)명 '임진왜란(壬辰倭亂)'의 준말.

임리(淋漓)어기 '임리(淋漓)하다'의 어기(語基).

임리-하다(淋漓-)형여 피·땀·물 따위가 흥건하게 흐르거나 뚝뚝 떨어지는 모양을 하고 있다.

임립(林立)명-하다자 숲의 나무들처럼 죽 늘어섬. ¶안테나가 -해 있다. ☞삼립(森立)

임마누엘(Immanuel 히)명 하느님이 우리와 함께 계시다는 뜻으로, 구약성서에 예언된 내림(來臨)할 사람을 이르는 말. 신약성서에서는 그 예언된 사람이 예수 그리스도라고 함.

임:만(任滿)명-하다자 임기가 다 참.

임:맥(任脈)명 기경 팔맥(奇經八脈)의 하나. 회음에서 시작하여 몸의 앞 면으로 나와 배와 가슴의 한가운데를 거쳐서 아랫잇몸에 이르는 경락임. ☞독맥(督脈)

임:면(任免)명-하다타 어떤 직무를 맡기거나 그만두게 함.

임:면-권(任免權)[-꿘]명 직무를 맡기거나 그만두게 할 수 있는 권한. ☞임명권(任命權)

임:명(任命)명-하다타 어떤 직무를 맡김. ¶부사장으로 -하다. 준명(命)

임:명-권(任命權)[-꿘]명 구성원의 임명, 휴직, 면직 또는 징계 따위를 할 수 있는 권한. ☞임면권(任免權)

임:명-장(任命狀)[-짱]명 임명한다는 사실을 밝힌 서류나 문서.

임목(林木)명 숲을 이루고 있는 나무.

임:무(任務)명 맡은 일. ¶ -를 충실히 수행하다.

임박(臨迫)명-하다자 때가 가까이 닥쳐옴. ¶출국 날짜가 -했다./죽음에 -하다.

임-반:달(-半-)명 연의 한 가지. 머리에 색종이를 반달 모양으로 오려 붙임.

임:방(壬方)명 이십사 방위의 하나. 정북(正北)으로부터 서쪽으로 15도 되는 방위를 중심으로 한 15도 범위 안의 방위. 해방(亥方)과 자방(子方)의 사이. 준임(壬) ☞병방(丙方)

임:방(任房)명 지난날, 보부상들이 모여 놀던 곳.

임:병-양:란(壬丙兩亂)명 임진왜란과 병자호란을 아울러 이르는 말.

임:부(妊婦·姙婦)명 임신한 여성. 임신부(妊娠婦). 잉모(孕母). 잉부(孕婦). 태모(胎母)

임사(淋絲·痳絲)명 만성 임균성 요도염 환자의 오줌 속에 떠 있는 흰 실 모양의 물질.

임사(臨死)명-하다자 임종(臨終)

임사-본(臨寫本)명 원본을 옆에 놓고 베낀 모사본. ☞영사본(影寫本)

임삭(臨朔)명-하다자 아이를 밴 여자가 아이를 낳을 달을 맞음, 또는 그 달. 당삭(當朔). 임월(臨月)

임산(林山)명 숲이 우거진 산.

임산(林産)명 임산물(林産物)

임산(臨産)명-하다자 아이를 낳을 때가 됨.

임산-물(林産物)명 산림에서 나는 물품. 임산(林産)

임:-산부(妊産婦)명 임부(妊婦)와 산부(産婦).

임산=자:원(林産資源)명 산림에서 생산되는 자원. 목재나 연료 따위.

임상(林相)명 산림이 이루어져 있는 모습.

임상(臨床)명-하다자 병상에 임한다는 뜻으로, 실제로 환자와 접촉하면서 병을 치료하고 의학을 연구하는 일. ¶ - 실습/- 효과

임상=강:의(臨床講義)명 환자의 병상 곁에서 직접 그 병의 진단과 치료 방법 등을 강의하는 일.

임상=신:문(臨床訊問)명 병상에 있는 피의자나 증인을 그 자리에서 신문하는 일.

임상=의학(臨床醫學)명 환자와 직접 접촉하면서 병을 치료하고 연구하는 의학의 한 부문.

임석(臨席)명-하다자 어떤 자리나 모임에 참가함.

임:석-간(衽席間)명 부부가 잠자리를 같이하는 때.

임성(稔性)명 식물이 정받이하여 열매를 맺을 수 있는 성질을 가진 것.

임:소(任所)명 지난날, 지방 관원이 머물며 근무하던 곳.

임:술(壬戌)명 육십갑자의 쉰아홉째. ☞계해(癸亥)

임:술-년(壬戌年)명 육십갑자로 해를 이를 때, 임술(壬戌)이 되는 해. 곧 천간(天干)이 임(壬)이고 지지(地支)가 술(戌)인 해. ☞계해년(癸亥年). 술년(戌年)

임습(霖濕)명 장마 때의 습기.

임:시(壬時)명 하루를 스물넷으로 가른, 스물넷째 시(時). 지금의 오후 열 시 삼십 분부터 열한 시 삼십 분까지의 동안. 준임(壬) ☞자시(子時)

임시(臨時)명 ①본래 정해져 있는 것이 아닌 필요에 따라 일시적으로 정한 것. ¶ - 열차/- 기구 ☞정기(定期) ②항구적이 아닌 일시적인 동안. ¶ -로 마련한 거처. ③일정한 때에 다다름, 또는 그 무렵. ¶내가 도착할 -에 버스 정류장에 나와 있어라.

임시=국회(臨時國會)명 필요에 따라서 임시로 여는 국회. ☞정기 국회(定期國會)

임시=기:호(臨時記號)명 임시표(臨時標)

임시낭:패(臨時狼狽)성구 미리 정했던 일이 그 무렵에 가서 틀어짐을 이르는 말.

임시변:통(臨時變通)성구 갑자기 생긴 일을 우선 임시로 둘러맞춰서 처리함을 이르는 말. 임시처변(臨時處變)

임시-비(臨時費)명 불규칙적으로 발생하여 임시로 지출되는 경비. ☞경상비(經常費)

임시=소집(臨時召集)명 병역법에 따른 병역 대상자 소집

의 한 가지. 전시나 사변, 또는 이에 준하는 사태에서 작전 수요를 충족하기 위하여 임시로 소집하는 일.

임시=정부(臨時政府)[명] 국내적으로나 국제적으로 적법한 절차가 없어서 그 정당성을 인정 받지 못한 사실상의 정부. 가정부(假政府) [준]임정(臨政)

임시졸판(臨時猝辦)[성구] 졸지에 당한 일을 급하게 처리함을 이르는 말.

임시-직(臨時職)[명] 일정 기간만 맡는 직위나 직책.

임시처:변(臨時處變)[성구] 임시변통(臨時變通)

임시=총:회(臨時總會)[명] 일정한 시기 이외에 필요에 따라 임시로 여는 총회.

임시-표(臨時標)[명] 악곡의 도중에 본디의 음을 일시적으로 변화시키기 위하여 적어 넣는 기호. 올림표·내림표·제자리표 따위. 변화표(變化標). 임시 기호(臨時記號)

임시-회(臨時會)[명] 어떤 단체에서 토의 안건이 있을 때 임시로 여는 모임. ☞정기회(定期會)

임:신(壬申)[명] 육십갑자의 아홉째. ☞계유(癸酉)

임:신(妊娠·姙娠)[명]-하다[자타] 아이를 뱀. 수태(受胎). 잉태(孕胎). 회임(懷妊). 회태(懷胎)

[한자] **아이 밸 임**(妊)〔女部 4획〕¶임부(妊婦)/임신(妊娠)/피임(避妊)/회임(懷妊) ▷妊과 姙은 동자
아이 밸 태(胎)〔肉部 5획〕¶태교(胎敎)/태기(胎氣)/태동(胎動)/태몽(胎夢)/태아(胎兒)

임:신-년(壬申年)[명] 육십갑자로 해를 이를 때, 임신(壬申)이 되는 해. 곧 천간(天干)이 임(壬)이고 지지(地支)가 신(申)인 해. ☞계유년(癸酉年). 신년(申年)

임:신-부(妊娠婦)[명] 임신한 여자. 임부(妊婦). 잉모(孕母). 잉부(孕婦). 태모(胎母)

임심조서(林深鳥棲)[성구] 숲이 우거져야 새가 깃들인다는 뜻으로, 사람이 인의(仁義)를 쌓아야 모든 일이 자신에게 순조로워짐을 비유하여 이르는 말.

임야(林野)[명] 산림과 벌판을 아울러 이르는 말.

임업(林業)[명] 경제적인 이득을 목적으로 삼림을 경영하는 사업. 목재를 생산하는 산업.

임연수-어(林延壽魚)[명] 쥐노래밋과의 바닷물고기. 몸길이는 45cm 안팎이며 쥐노래미와 비슷하게 생겼음. 몸빛은 노란 바탕에 다섯 줄의 검은 세로띠가 있고, 꼬리지느러미는 두 갈래로 깊게 갈라짐. 동해와 오호츠크 해 등에 분포함.

임:오(壬午)[명] 육십갑자의 열아홉째. ☞계미(癸未)

임:오-년(壬午年)[명] 육십갑자로 해를 이를 때, 임오(壬午)가 되는 해. 곧 천간(天干)이 임(壬)이고 지지(地支)가 오(午)인 해. ☞계미년(癸未年). 오년(午年)

임:용(任用)[명]-하다[타] 사람을 뽑아 씀. ¶공무원 ― 시험/국문과 교수로 ―되다.

임우(霖雨)[명] '장마'를 달리 이르는 말.

임:원(任員)[명] 어떤 단체의 일을 맡아보는 사람.

임월(臨月)[명]-하다[자] 아이를 밴 여자가 아이 낳을 달을 맞음, 또는 그 달. 당삭(當朔). 임삭(臨朔)

임:의(任意)[명] 특별히 정해진 바 없이 마음대로 하는 일. ¶그 물건을 ―로 처분해도 좋다./―의 한 점에서 그은 직선. [유]수의(隨意)

임:의=경:매(任意競賣)[명] 목적물의 소유자가 집행관에게 신청하여 하는 경매. ☞강제 경매

임:의=공채(任意公債)[명] 응모자가 자신의 의사에 따라 정부와 맺은 자유 계약으로 응모하는 공채.

임:의=관:할(任意管轄)[명] 민사 소송에서, 당사자간의 합의나 공평성의 요구 등에 따라 변경할 수 있는 재판의 관할. ☞전속 관할

임:의=규정(任意規定)[명] 법률 행위 당사자가 거부하지 않는 경우에만 적용되는 규정. ☞강행 규정

임:의=대:리(任意代理)[명] 본인과 대리인 사이의 수권(授權) 행위로 말미암아 생기는 대리 관계. 위임 대리(委任代理) ☞법정 대리

임:의=대:리인(任意代理人)[명] 본인의 의사에 따라 선정된 대리인. ☞법정 대리인

임:의=동행(任意同行)[명] 수사 기관이 피의자나 참고인 등을 본인의 동의를 얻어 검찰청이나 경찰서에 데리고 가는 일.

임:의-롭다(任意―)(―롭고·―로워)[형][ㅂ] ①얽매이거나 제한이 없이 자유롭다. ¶어떤 것이든 임의롭게 고를 수 있다. ②서로 친해서 체면을 차릴 필요가 없다. ¶옆집 석이네와는 임의롭게 지낸다.
임의-로이[부] 임의롭게

임:의=법규(任意法規)[명] 법률 행위 당사자의 의사에 따라 그 적용을 배제할 수 있는 법규. ☞강행 법규

임:의=보:험(任意保險)[명] 당사자의 자유로운 의사에 따라 가입하는 보험. ☞강제 보험

임:의=소각(任意消却)[명] 주주와 회사가 맺은 임의 계약에 따라서 회사가 주식을 취득하여 그 효력을 없애는 일. ☞강제 소각

임:의=수사(任意搜査)[명] 수사를 받는 사람의 동의나 승낙을 얻어서 하는 수사. ☞강제 수사

임:의=조정(任意調停)[명] 노동 쟁의가 있을 때, 노사 관계에 있는 당사자 쌍방의 요청에 따라서 개입하는 조정. ☞강제 조정

임:의=준:비금(任意準備金)[명] 정관(定款)의 규정이나 주주 총회의 결의에 따라, 회사가 이익 가운데서 기업 내부에 임의로 적립하는 준비금. ☞법정 준비금

임:의=추출법(任意抽出法)[―뻡][명] 기본 집단에서 통계를 위한 표본을 뽑을 때, 일정한 기준이 없이 되는 대로 뽑는 방법. 랜덤샘플링. 무작위 추출법

임:의=출두(任意出頭)[―뚜][명] 범죄 용의자가 강제 처분에 따르지 아니하고 임의로 수사 기관에 나오는 일.

임:인(壬人)[명] 아첨을 잘하고 간사한 사람.

임:인(壬寅)[명] 육십갑자의 서른아홉째. ☞계묘(癸卯)

임:인-년(壬寅年)[명] 육십갑자로 해를 이를 때, 임인(壬寅)이 되는 해. 곧 천간(天干)이 임(壬)이고 지지(地支)가 인(寅)인 해. ☞계묘년(癸卯年). 인년(寅年)

임:자[1][명] 물건을 차지하고 있는 사람. 주인 ¶― 없는 물건.
임자(를) 만나다[관용] ①제 주인을 만나 구실을 제대로 다할 수 있게 되다. ②단수가 높거나 한결 뛰어난 상대를 만나 고생을 하게 되다. ¶대적할 상대가 없더니, 이제 임자를 만났구나.
[속담] **임자 없는 용마**(龍馬) : 주인을 잃어 힘을 쓸 수 없게 된 용마라는 뜻으로, 쓸모 없고 보람없게 된 처지를 비유하여 이르는 말.

임:자[2][대] ①친한 사람끼리 '자네'라는 뜻으로 서로를 대접하여 부르는 말. ¶― 먼저 들어가 있게. ②나이가 지긋한 부부 사이에서 남편이 아내를 가리켜 일컫는 말. ¶내가 아프니 ―가 고생이 많구려.

임:자(壬子)[명] 육십갑자의 마흔아홉째. ☞계축(癸丑)

임:자(荏子)[명] '들깨'의 딴이름.

임:자-년(壬子年)[명] 육십갑자로 해를 이를 때, 임자(壬子)가 되는 해. 곧 천간(天干)이 임(壬)이고 지지(地支)가 자(子)인 해. ☞계축년(癸丑年). 자년(子年)

임:자지전(壬子之典)[명] 나라에 공로를 세운 신하의 자손에게 관직을 내리는 은전(恩典).

임장(林葬)[명] 시체를 들이나 숲 속에 두어 새나 짐승의 먹이가 되게 하는 장사법(葬事法). 야장(野葬) ☞사장(四葬). 오장(五葬)

임장(臨場)[명]-하다[자] 어떤 현장에 나옴.

임전(臨戰)[명]-하다[자] 전쟁터에 나감.

임전무퇴(臨戰無退)[성구] 세속오계(世俗五戒)의 하나. 전장에 나아가서는 물러나지 않아야 한다는 계율.

임정(林政)[명] 임업(林業)에 관한 행정(行政).

임정(臨政)[명] '임시 정부(臨時政府)'의 준말.

임제-종(臨濟宗)[명] 불교에서, 당나라 때 임제(臨濟)의 종지(宗旨)를 바탕으로 일어난 종파. ☞선가 오종(禪家五宗)

임종(林鐘)[명] ①숲이 우거지는 달이라는 뜻으로, '음력 유월'을 달리 이르는 말. ☞장하(長夏) ②십이율(十二律)

의 넷째 음. ☞육려(六呂). 육률(六律)
임종(臨終)명-하다자 ①죽음에 다다름, 또는 그 때. 사기(死期). 임사(臨死) ¶ -을 지키다. ②아버지나 어머니가 운명할 때 그 곁에서 모시는 일. 종신(終身)
임:좌(壬坐)명 묏자리나 집터 등이 임방(壬方)을 등진 좌향(坐向).
임:좌-병:향(壬坐丙向)명 묏자리나 집터 등이 임방(壬方)을 등지고 병방(丙方)을 향한 좌향(坐向).
임:중도원(任重道遠)성구 등에 진 물건은 무겁고 갈 길은 멀다는 뜻으로, 맡은 바 책임은 무거운데 실천할 길은 어렵고 아득함을 이르는 말.
임:지(任地)명 부임하는 곳. 부임지(赴任地) ¶ -로 가다.
임지(林地)명 수목(樹木)이 많이 자라고 있는 땅.
임지(臨地)명 그곳에 실제로 가는 일. ¶ - 조사
임:직(任職)명-하다타 직무를 맡김.
임:진(壬辰)명 육십갑자의 스물아홉째. ☞계사(癸巳)
임진(臨陣)명-하다자 전쟁터에 나섬.
임:진-년(壬辰年)명 육십갑자로 해를 이를 때, 임진(壬辰)이 되는 해. 곧 천간(天干)이 임(壬)이고 지지(地支)가 진(辰)인 해. ☞계사년(癸巳年). 진년(辰年)
임:진록(壬辰錄)명 조선 시대, 작자와 연대가 분명하지 않은 고대 소설의 하나. 임진왜란을 소재로 한 군담 소설로, 역사적인 사실에 영웅적 과장을 섞은 작품임.
임진역장(臨陣易將)[-녁-]성구 싸움에 임해서 장수를 바꾼다는 뜻으로, 실제로 일을 할 때에 이르러서 그 일에 익숙한 사람을 버리고 서투른 사람으로 바꿔 씀을 이르는 말.
임-질명-하다자 물건을 머리 위에 이는 짓.
임질(淋疾·痳疾)명 임균(淋菌)의 감염으로 일어나는 성병. 주로 성교로 말미암아 전염되며 오줌을 눌 때 요도가 가렵고 따가우며 고름이 나옴. 음질(陰疾)
임:차(賃借)명-하다타 삯을 주고 남의 물건을 빌림. ☞임대(賃貸)
임:차-권(賃借權)[-꿘]명 임대차 계약에 따라 임차인이 임차물을 사용·수익할 수 있는 권리.
임:차-료(賃借料)명 물건을 빌린 삯으로 내는 돈. ☞임대료(賃貸料)
임:차-물(賃借物)명 임대차의 목적이 되는 물건을 임차인 쪽에서 이르는 말. ☞임대물(賃貸物)
임:차-인(賃借人)명 임대차 계약에 따라 임차료를 주고 물건을 빌려 쓰는 사람. ☞임대인(賃貸人)
임:천(任天)명-하다타 하늘에 맡김.
임천(林泉)명 숲 속에 있는 샘이라는 뜻으로, 은사(隱士)가 사는 곳을 이르는 말.
임첩(臨帖)명 서첩(書帖)의 글씨나 화첩(畫帖)의 그림을 본떠서 쓰거나 그리는 일.
임:치(任置)명-하다타 ①남에게 돈이나 물건을 맡겨 둠. ②금전, 유가 증권, 물건 등을 위탁 받은 사람이 상대편과 보관하기로 계약을 함, 또는 그런 계약.
임파(淋巴)명 림프(lymph)
임파-구(淋巴球)명 림프구
임파-선(淋巴腺)명 림프절
임팩트론:(impact loan)명 용도에 규제를 받지 않는 외화 차입금.
임:편(任便)명-하다자 편리할 대로 함.
임포텐츠(Impotenz 독)명 음위(陰痿)
임피던스(impedance)명 전기 회로에 교류가 흐를 때의 전류에 대한 전압의 비(比).
임:-하다(任-)타여 어떠한 직무나 임무를 맡게 하다. ¶ 영업 부장에 -.
임-하다(臨-)자여 ①어떤 대상을 정면으로 가까이 대하다. ¶호수에 임한 별장. ②어떤 일이 일어날 즈음에 이르다. ¶죽음에 임하여 가족에게 당부의 말을 남기다./나라의 경제가 위기에 -. ③그 자리에 나아가다, 또는 참석하다. ¶체육 대회에 임한 선수들을 격려하다. ④어떠한 태도로 남을 대하다. ¶판관은 판결에 엄정하게 임해야 한다. ⑤크리스트교에서, 신(神) 또는 신의 뜻이나 사랑이 사람에게 이르다. ¶성령이 내게 -.

한자 **임할 림**(臨)〔臣部 11획〕왕림(枉臨)/임박(臨迫)/임시(臨時)/임전(臨戰)/임종(臨終)

임학(林學)명 임업에 관한 이론과 그 운영 방법을 연구하는 학문. 삼림학(森林學)
임항(臨港)앞말 항구 가까이에 있음을 뜻하는 말. ¶ - 공업 지대
임항-선(臨港線)명 항구에 닿은 배의 짐을 곧바로 열차에 싣기 위해 항구의 부두까지 연장한 철도 선로.
임해(臨海)앞말 바다 가까이에 있음을 뜻하는 말. ¶ - 공업 단지/- 학교
임해=학교(臨海學校)명 여름철에 아이들의 건강 증진이나 자연 학습 등을 위하여 해안 부근에 설치하는 임시 교육 시설. ☞임간 학교(林間學校)
임행(臨幸)명-하다자 임금이 그곳에 거둥함.
임:현사:능(任賢使能)성구 유능한 인재를 적절히 가려 뽑아 씀을 이르는 말.
임화(臨畫)명 본보기로 삼은 그림을 그대로 본떠서 그리는 일, 또는 본떠서 그린 그림. 등글기
입 명 ①입술에서 목구멍에 이르는 부분. 음식물을 물거나 씹을 수 있는 신체 기관임. ¶ - 안을 소금물로 헹구어 내다./김치를 -에 넣고 씹다. ②사람의 두 입술 부분. ¶ -이 부르트다./-을 오므리다. ③말을 하는 신체 기관. ¶ -이 가볍다./-이 걸다./-에 오르내리다. ④음식을 먹는 사람을 비유하여 이르는 말. ¶ -이 여럿이다./-이 하나 늘다. ⑤〔의존 명사로도 쓰임〕음식을 먹을 때 한 번 베어 먹는 만큼의 양을 나타내는 단위. ¶사과를 한 - 베어 물다.
입만 살다관용 말만 그럴듯하게 잘하다.
입만 아프다관용 거듭 말해 주어도 소용이 없다.
입 밖에 내다관용 감추어야 할 말이나 사실을 드러내어 말하다. 발설하다
입에 달고 다니다관용 ①어떤 말을 버릇처럼 되풀이하거나 자주 쓰다. ¶아프다는 말을 -. ②무엇을 쉴 새 없이 먹다. ¶먹을 것을 -.
입에 담다관용 말로 하다. ¶입에 담지 못할 소리.
입에 맞다관용 음식물이 자기의 입맛이나 식성에 맞다.
입에 발린 소리관용 마음에도 없는 것을 남이 듣기 좋으라고 하는 말.
입에 오르내리다관용 사람들 사이에 이야깃거리가 되다. ¶마을 사람들의 -.
입에 올리다관용 이야깃거리로 삼다. ¶차마 입에 올리기조차 부끄러운 이야기.
입에 침이 마르다관용 남을 아주 좋게 말하다. ¶입에 침이 마르도록 칭찬을 하다.
입에 풀칠을 하다관용 겨우 밥이나 굶지 않을 정도로 가난하게 살아가다.
입에서 신물이 난다관용 아주 지긋지긋하다는 말.
입에서 젖내 난다관용 하는 말이나 행동이 유치하다.
입을 놀리다관용 함부로 말하다. ¶아무데서나 입을 놀리다가는 큰일난다.
입을 다물다관용 말을 하지 아니하다. ¶굳게 -./다른 사람이 들어오자 갑자기 -.
입(을) 떼다관용 말을 하기 시작하다. ¶한참 만에 -.
입(을) 막다관용 말이 나지 않도록 하다.
입을 맞추다관용 입맞추다
입을 모으다관용 여러 사람이 모두 같은 의견으로 말하다. ¶입을 모아 반대하다.
입(을) 씻다관용 이익 따위를 혼자 가로채고서 모르는체하다.
입을 열다관용 어떤 사실에 대하여 말하거나 털어놓다. ¶오랜 침묵 끝에 입을 열었다.
입이 가볍다관용 말수가 많고 아무에게나 경솔하게 이것저것 지껄이다.
입이 걸다관용 말을 거리낌없이 함부로 하다.
입이 궁금하다관용 무엇을 먹고 싶은 생각이 일어나다.

입이 근질근질하다 관용 무엇을 말하고 싶어서 참을 수가 없다.
입이 달다 관용 입맛이 당기어 음식이 맛이 있다.
입이 무겁다 관용 말수가 적거나 말을 하는 데에 신중하다. ¶그 친구는 입이 무거워 믿을 수 있다.
입이 벌어지다 관용 ①몹시 놀라다. ¶그 큰 공사 규모에 입이 벌어졌다. ②흡족해서 저절로 입에서 웃음이 나오다. ¶그녀는 남편의 승진 소식에 절로 입이 벌어졌다.
입이 싸다 관용 입이 가볍다.
입이 쓰다 관용 ①입맛이 당기지 아니하여 음식 맛이 없다. ②못마땅하여 기분이 언짢다.
입이 열리다 관용 말을 하게 되다.
입이 짧다 관용 음식을 적게 먹거나 가려먹는 버릇이 있다. ¶입이 짧아 먹는 것이 시원찮다.
입이 천근 같다 관용 입이 매우 무겁다.
속담 **입만 가지면 서울 이(李) 서방 집도 찾아간다** : 말만 잘하면 아무리 힘든 일이라도 능히 할 수 있다는 말./**입에 거미줄 친다** : 가난하여 오랫동안 먹지 못하고 굶는다는 말./**입에 맞는 떡** : 자기 마음에 꼭 드는 사물을 가리키는 말./**입에 문 혀도 깨문다** : 사람인 이상 누구라도 실수할 수 있다는 말./**입에 쓴 약이 병에는 좋다** : 먹기 싫은 쓴 약이 몸에는 이로운 것처럼, 제게 이로운 충고나 교훈은 듣기 싫으나 자신의 수양을 위해서는 달게 받아들여야 한다는 말./**입은 비뚤어져도 말은 바로 해라** : 아무리 좋지 못한 상황에 놓여 있다 하더라도 말은 정직하게 해야 한다는 말.〔입은 비뚤어져도 주라(朱螺)는 바로 불어라〕/**입이 도끼날 같다** : 입바른 말을 날카롭게 하는 모양을 이르는 말./**입이 여럿이면 금(金)도 녹인다** : 많은 사람이 뜻을 합치면 무엇이든 할 수 있다는 말./**입이 열둘이라도 말 못 한다** : 변명할 여지가 없다는 말.

한자 입 구(口)〔口部〕 ¶구강(口腔)/구두(口頭)/구령(口令)/구비(口碑)/구연(口演)/구전(口傳)

입-가 명 입의 가장자리. 입 언저리. 구변(口邊) ¶－에 미소를 머금다.
입-가심 명 -하다 자 입 안을 개운하게 가시어 내는 일. ¶밥을 먹은 뒤 수정과로 －을 하다.
입각(入閣) 명 -하다 자 내각 조직의 한 사람이 됨. 입대(入臺) ¶이번에 －한 인사들의 명단이 신문에 실렸다.
입각(立脚) 명 -하다 자 어떤 사실이나 주장 따위에 근거를 둠, 또는 그 처지에 섬. ¶민주주의 원칙에 －해서 판단을 내린 것이다.
입-간판(立看板) 명 세워 놓은 간판.
입감(入監) 명 -하다 자 감방에 갇힘. 입옥(入獄) ☞출감(出監)
입감(入鑑) 명 -하다 타 어른에게 보여 드림.
입갱(入坑) 명 -하다 자 갱도 안으로 들어감.
입거(入渠) 명 -하다 타 배를 선거(船渠)에 넣음.
입건(立件) 명 -하다 타 법률에서, 혐의 사실을 인정하여 사건을 성립시키는 일. ¶특수 절도 혐의로 －하다.
입격(入格) 명 -하다 자 지난날, 시험에 합격하던 일.
입경(入京) 명 -하다 자 서울에 들어옴. ☞퇴경(退京)
입계(入啓) 명 -하다 타 지난날, 신하가 임금에게 상주(上奏)하는 글을 올리던 일.
입고(入庫) 명 -하다 타 물품을 창고에 넣음. 고입 ☞출고
입곡(入哭) 명 -하다 자 우제(虞祭)·졸곡(卒哭)·소상(小祥)·대상(大祥) 등의 제사를 지내기 전에 먼저 신주 앞에서 소리내어 우는 일.
입공(入貢) 명 -하다 자 지난날, 조공(朝貢)을 바치던 일.
입관(入官) 명 -하다 자 관리(官吏)가 됨.
입관(入棺) 명 -하다 타 시체를 관 속에 넣음.
입관(入館) 명 -하다 자 도서관·박물관·미술관 등에 들어감.
입관(入關) 명 -하다 자 관문(關門)으로 들어감.
입교(入校) 명 -하다 자 입학(入學)
입교(入敎) 명 -하다 자 ①종교를 믿기 시작함. ②크리스트교에서, 세례를 받고 정식으로 신자가 됨.
입-구(-口) 명 한자 부수(部首)의 한 가지. '叩'·'叫' 등에서 '口'의 이름.
입구(入口) 명 들어가는 어귀나 문. ¶건물 －에서 그와 마주쳤다. ☞출구(出口)
입구(入寇) 명 -하다 자 도적이나 적군이 쳐들어옴.
입국(入國) 명 -하다 자 자기 나라 안으로 들어오거나 다른 나라 안으로 들어감. ¶－ 절차를 밟다. ☞출국(出國)
입국(立國) 명 〔주로 '~ 입국'의 꼴로 쓰이어〕 국력을 길러 나라를 번영되게 하는 일. ¶관광 －/공업 －
입국=사증(入國査證) 명 외국인의 입국을 허가하여 그의 여권에 표시하는 증명. 사증(査證). 비자(visa)
입궁(入宮) 명 -하다 자 ①궁궐 안으로 들어감. ②장기에서, 말이 상대편의 궁밭에 들어감. ③지난날, 궁궐에 들어가 궁녀가 되던 일.
입궐(入闕) 명 -하다 자 대궐에 들어감. 예궐(詣闕). 참내(參內) ☞퇴궐(退闕)
입-귀틀 명 재래식 한옥에서, 대청 한가운데에 있는 동귀틀의 좌우 양쪽에 끼우는 나무.
입금(入金) 명 -하다 자타 ①예금·송금을 위해서나 빚을 갚기 위해서 은행 등의 금융 기관에 돈을 넣음. ¶온라인으로 십만 원을 －하다. ②개인·회사·가게 따위에 돈을 보내거나 부침. ¶수금한 돈을 회사에 －하다. ☞출금(出金)
입-길 명 남에 대해서 이러쿵저러쿵 말하는 입의 놀림을 이르는 말.
입길에 오르내리다 관용 남에게 이러쿵저러쿵 하는 말을 듣다.
입-김 명 ①입에서 나오는 더운 김이나 날숨의 기운. ②어떤 일에 대한 영향력을 비유하여 이르는 말.
입김(을) 넣다 관용 어떤 일에 영향력이나 압력을 넌지시 뻗치다.
입김(이) 세다 관용 어떤 일에 미치는 영향력이나 압력이 세다.
입김(이) 어리다 관용 소중히 여기는 정이 담겨져 있다. ¶어머니의 입김이 어린 재봉틀.
입낙(立諾) 명 -하다 타 그 자리에서 곧 승낙함.
입납(入納) 명 '삼가 편지를 드림'의 뜻으로 편지의 겉봉에 쓰는 한문 투의 말.
입-내[1] 명 소리나 말로 하는 흉내. ¶－를 내다.
입-내[2] 명 입에서 나는 좋지 않은 냄새. 구취(口臭)
입내(入內) 명 -하다 자 ①안으로 들어옴. ②지난날, 대궐 안으로 들어가던 일.
입내-쟁이 명 소리나 말로 흉내를 잘 내는 사람. ☞흉내쟁이
입-노릇 명 음식 먹는 일을 속되게 이르는 말. 입정
입-놀리다 타 ①입을 움직여 말하다. ②거리낌없이 함부로 지껄이다. ¶입놀리면 그냥 안 둘 테다.
입다 타 ①옷을 몸에 꿰거나 두르다. ¶바지를 －. ②손해·피해·상처 등을 당하다. ¶장마로 수해를 －./전쟁터에서 총상(銃傷)을 －./마음에 큰 상처를 －. ③도움이나 은혜 등을 받다. ¶선생님께 은혜를 －. ④어떤 일을 치르거나 당하다. ¶상(喪)을 －.

한자 입을 피(被)〔衣部 5획〕 ¶피고(被告)/피동(被動)/피습(被襲)/피조물(被造物)/피해(被害)

입-다물다(－다물고·－다무니) 자 말을 하지 아니하다.
입-다짐 명 -하다 타 말로써 확실히 약속하여 다짐하는 일, 또는 그 다짐.
입단(入團) 명 -하다 자 어떤 단체에 가입함.
입-담 명 말하는 솜씨나 힘. 구담(口談) ¶－이 좋다.
입담(立談) 명 ①-하다 자 서서 이야기함, 또는 서서 하는 이야기. ②짧은 시간.
입담-간(立談間) 부 잠깐 말하는 사이. 잠시 동안.
입당(入黨) 명 -하다 자 어떤 정당에 가입함. ☞탈당(脫黨)
입대(入隊) 명 -하다 자 군대에 들어가 군인이 됨. 입영(入營) ☞제대(除隊)
입대(入臺) 명 -하다 자 입각(入閣)

입대(入對)명 -하다자 조선 시대, 신하가 임금 앞에 나아가 자문(諮問)에 응하던 일.

입-덧명 임신 초기에 구역이 나며 입맛이 떨어지고 몸이 쇠약해지는 증세. 오조증(惡阻症)

입덧(이) 나다관용 입덧의 증세가 생기다.

입도(入道)명 -하다자 ①도교(道敎)를 믿거나 도를 닦는 길에 들어섬. ②절에 들어가 중이 되거나 불도(佛道)를 닦는 길에 들어섬.

입동(立冬)명 이십사 절기(二十四節氣)의 하나. 상강(霜降)과 소설(小雪) 사이로, 양력 11월 8일께. 이 무렵부터 겨울이 시작된다고 함. ☞대설(大雪). 입하(立夏)

입-되:다형 ①맛있는 음식만을 탐하는 버릇이 있다. ②가리는 음식이 많다.

입때부 지금까지. 여태 ¶ — 너를 기다렸다.

입때-껏부 '입때'를 힘주어 이르는 말. 여태껏 ¶ — 한 일이 겨우 이거냐?

입-뜨다(—뜨고·—떠)형 ①말수가 적다. ②입이 무겁다.

입락(入落)명 합격과 낙제를 아울러 이르는 말.

입력(入力)명 ①원동기나 발전기 등의 기계나 장치를 정상적으로 움직이려고 동력이나 신호를 보내는 일. ② -하다타 컴퓨터에서, 문자나 숫자 등의 정보를 기억하게 하는 일. 인풋(input) ☞출력(出力)

입력=장치(入力裝置)명 컴퓨터에 자료를 입력할 때 사용하는 장치를 통틀어 이르는 말. 키보드·마우스·조이스틱·라이트펜 따위. ☞출력 장치(出力裝置)

입론(立論)명 -하다자 이론을 세움, 또는 그 이론.

입-막음명 -하다자 불리하거나 비밀스런 일을 말하지 못하도록 하는 일.

입-말명 구어(口語) ☞글말

입-맛명 ①음식을 먹을 때 입에서 느끼는 자극이나 감각. 구미(口味) ¶감기에 걸려 —을 잃다. ②무엇을 즐기거나 좋아하는 마음을 비유하여 이르는 말.

입맛대로 하다관용 저 좋을 대로 하다.

입맛(을) 다시다관용 ①음식을 먹고 싶어하다. ②일이 뜻대로 되지 않아 난처해 하거나 못마땅해 하다. ③무엇을 가지고 싶어하거나 하고 싶어하다.

입맛(을) 돋구나관용 입맛이 나게 하다.

입맛(이) 당기다관용 ①먹고 싶은 생각이 들다. ②어떤 일에 흥미가 일거나 욕심이 생기다.

입맛(이) 돌다관용 입맛이 생기다.

입맛(이) 떨어지다관용 ①식욕을 잃다. ②어떤 일에 흥미를 잃거나 흥이 나지 않다.

입맛(이) 쓰다관용 ①몹시 입맛이 없다. ②일이 뜻대로 잘 되지 않아 기분이 좋지 않다.

입-맞추다[—만—]자 ①상대편의 입술이나 뺨·이마·손등 또는 어떤 물건에 입술을 갖다 대다. ¶잠든 아이의 이마에 입맞추고 방을 나왔다. ②둘 이상의 사람이 어떤 사실에 대하여 같은 말을 하기로 미리 짜다.

입-맞춤[—만—]명 -하다자 상대편의 입술이나 뺨·이마·손등 또는 어떤 물건에 입술을 갖다 대는 일.

입-매[1]명 입의 생김새. 입모습

입매[2]명 -하다자타 ①음식을 조금 먹어 시장기를 면함. ②눈가림으로 아무렇게나 함, 또는 그런 일.

입맷-상(—床)명 잔치 때, 큰상을 드리기 전에 간단히 차려 대접하는 음식상.

입면(立面)명 정면이나 측면에서 수평으로 본 면.

입면-도(立面圖)명 투영 도법(投影圖法)에 따라서 그린, 입면에 투영된 그림. 수직 투영도 ☞평면도

입멸(入滅)명 -하다자 불교에서, 중의 죽음을 이르는 말. 귀적(歸寂). 입적(入寂)

입명(立命)명 -하다자 천명(天命)을 좇아 마음의 평안을 얻음. ¶안심(安心)—

입모(笠帽)명 갓 위에 덮어쓰는, 기름종이로 만든 우비. 접었다 폈다 할 수 있음. 갈모

입모-근(立毛筋)명 모근(毛根)에 붙어 있는 민무늬근. 기온의 변화나 어떤 느낌에 따라 수축하여 털을 꼿꼿이 서게 함.

입-모습명 입의 생김새. 입매[1]

입-모으다(—모으고·—모아)자 여러 사람이 같은 의견으로 말하다.

입목(立木)명 땅에 뿌리를 박고 자라는 수목(樹木).

입묘(入廟)명 -하다타 대상(大祥)을 치른 뒤에 신주를 사당에 모심.

입문(入門)명 -하다자 ①어떤 것을 배우는 길로 처음 들어감, 또는 그 과정. ②지난날, 과거보는 유생이 과장(科場)에 들어가던 일.

입문(入聞)명 -하다자 윗사람 귀에 들어감.

입문-관(入門官)명 지난날, 입문소(入門所)에서 과거에 응시한 사람들의 부정을 감시하던 관원.

입문-서(入門書)명 처음 배우는 사람을 위하여 알기 쉽게 쓴 해설서나 소개서. ¶골프 —/철학 —

입문-소(入門所)명 지난날, 과장(科場)에서 응시자의 출입을 감시하던 곳.

입-바르다(—바르고·—발라)형르 바른말을 하는 데에 거침이 없다. ¶입바른 소리를 잘하다.

입방(立方)명 '세제곱'의 구용어.

입방(笠房)명 갓을 만들어 파는 집. 갓방

입-방아명 하찮은 일을 이야깃거리로 삼아 쓸데없이 지껄여 대는 일.

입방아(를) 찧다관용 하찮은 일을 이야깃거리로 삼아 자꾸 쓸데없이 지껄여 대다.

입방-체(立方體)명 정육면체(正六面體)

입배(入排)명 -하다타 조선 시대 궁중에서, 여러 가지를 배설(排設)하던 일.

입-버릇명 입에 밴 말버릇. 구벽(口癖). 구습(口習). 입정 ¶고향 이야기를 —처럼 하다.

입법(立法)명 -하다자 법률을 제정함. ☞사법(司法). 행정(行政)

입법-권(立法權)명 삼권(三權)의 하나. 법률을 제정할 수 있는 권능. ☞사법권(司法權). 행정권(行政權)

입법=기관(立法機關)명 법률을 제정하는 국가 기관.

입법-부(立法府)명 삼권 분립에 따라 법률을 제정하는 '국회'를 이르는 말. ☞사법부(司法府). 행정부(行政府)

입법-화(立法化)명 -하다자타 법률이 됨, 또는 법률이 되게 함.

입-병(—病)명 입에 생기는 병을 통틀어 이르는 말.

입본(立本)명 -하다자타 ①어떤 일을 하는 데 밑천을 세움. ②조선 시대, 고을 원이 봄에 쌀 값을 싸게 쳐서 백성에게 돈을 빌려 주고 가을에 쌀로 받아 이익을 보던 일.

입비(入費)명 어떠한 일에 드는 돈. ☞부비(浮費)

입비(立碑)명 -하다자 비석을 세움.

입-비뚤이명 입이 비뚤어진 사람을 이르는 말.

입-빠르다(—빠르고·—빨라)형르 입이 가볍다.

입사(入仕)명 -하다자 관원이 되어 관직에 나아감.

입사(入舍)명 -하다자 기숙사 따위에 들어감.

입사(入社)명 -하다자 ①회사 등에 취직이 되어 들어감. ¶— 원서를 내다. ☞퇴사(退社) ②조선 시대, 기사(耆社)에 들어감을 이르던 말.

입사(入射)[1]명 -하다자 지난날, 활쏘기를 배우려고 사원(射員)으로 들어감을 이르던 말.

입사(入射)[2]명 -하다자 소리나 빛 따위의 파동이 어떤 매질(媒質) 속을 지나 다른 매질의 경계면에 이르는 일. 투사(投射)

입사(入絲)명 -하다자 놋그릇이나 쇠그릇 등에 은사(銀絲)를 장식으로 박음. ¶'福' 자를 —한 주발.

입사(立嗣)명 -하다타 ①상속인을 정함. ②양자를 들임.

입사-각(入射角)명 소리나 빛 따위의 파동이 어떤 매질(媒質) 속을 지나 다른 매질의 경계면에 이르렀을 때, 이 경계면의 법선(法線)과 이루는 각. 투사각(投射角) ☞반사각(反射角)

입사=광선(入射光線)명 한 매질 속을 지나서 다른 매질의 경계면에 들어오는 광선. 투사 광선(投射光線). 투사선(投射線) ☞반사 광선(反射光線)

입사-점(入射點)[—쩜]명 입사 광선이 제2매질의 경계

면과 만나는 점. 투사점(投射點)

입산(入山)명-하다자 ①산에 들어감. ¶ - 금지 ☞하산(下山) ②출가하여 중이 됨. ☞출산(出山)

입상(入賞)명-하다자 상을 타게 되는 등수 안에 듦. ¶청소년 백일장에서 -하다.

입상(立像)명 서 있는 모양으로 만든 형상.

입상(粒狀)명 알갱이나 낟알 모양.

입상-반(粒狀斑)명 멀리서 본 태양의 광구면(光球面) 위에 무수히 나타나는 쌀알 모양의 잔무늬.

입새명 골목이나 문 따위의 들어가는 어귀. 초입(初入)

입석(立石)명 ①노정(路程)의 표지로 세운 돌. ②선돌 ③-하다자 비석 따위를 세움.

입석(立席)명 극장이나 탈것 등에서, 서서 구경하거나 타고 가는 자리. ☞좌석(座席)

입선(入船)명-하다자 배가 항구에 들어옴. 입항(入港)

입선(入選)명-하다자 응모하거나 출품한 작품 따위가 뽑는 범위 안에 듦. ¶사진 공모전에 -하다. ☞낙선(落選), 당선(當選)

입선(入禪)명-하다자 불교에서, 참선하러 선방(禪房)에 들어감을 이르는 말. ☞방선(放禪)

입성명 '옷'의 속된말. ¶ -이 초라하다.

입성(入城)명-하다자 ①성안으로 들어감. ☞출성(出城) ②싸움에서 이겨 적군이 있던 곳을 점령함. ¶로마에 -하다.

입성(入聲)명 ①사성(四聲)의 하나. 짧고 빨리 닫는 소리. ②15세기 국어의 사성의 하나. 훈민정음 등에서 받침이 'ㄱ·ㅂ·ㄹ·ㅅ·ㄷ' 등인 것은 방점에 관계없이 모두 입성임. ☞평성(平聲), 방점(傍點)

입-성수(-星數)명 말소리를 듣고 그 사람의 앞일을 점치는 일.

입소(入所)명-하다자 훈련이나 연구 등을 위하여 훈련소나 연구소 등에 들어감.

입속-말명 입 속으로 중얼거리는 말. ¶ -로 우물거리다.

입송(入送)명-하다타 밖에서 안으로 들여보냄.

입수(入手)명-하다자타 손안에 들어옴, 또는 손안에 넣음. ¶자료를 -하다.

입술명 입 둘레의, 얇은 살갗으로 덮인 보드랍고 도도록한 살. 구문(口吻), 구순(口脣)

입술을 깨물다 관용 고통이나 분을 참을 때, 또는 무엇인가를 굳게 결심할 때 입술을 이로 꼭 물다.

속담 **입술에 침이나 바르지**: 거짓말을 천연스럽게 잘하는 일을 빈정대어 이르는 말. / **입술이 없으면 이가 시리다**: 서로 밀접한 관계에 있어서 하나가 망하면 다른 하나도 그 영향을 받는다는 말. ☞순망치한(脣亡齒寒)

한자 입술 순(脣) 〔肉部 7획〕 ¶구순(口脣)/순설(脣舌)/순치음(脣齒音)/양순음(兩脣音)

입술-꽃부리[-꼳-]명 순형 화관(脣形花冠)

입술-소리명〈어〉자음의 한 갈래. 두 입술 사이에서 나는 소리로 'ㅁ·ㅂ·ㅃ·ㅍ'을 이름. 순음(脣音). 양순음(兩脣音) ☞잇몸소리

입시(入侍)명-하다자 대궐에 들어가 임금을 뵘.

입시(入試)명 '입학 시험(入學試驗)'의 준말.

입식(立式)명 서서 행동하도록 된 방식, 또는 그런 구조. ¶ - 부엌 ☞좌식(坐式)

입식(笠飾)명 갓을 꾸미기 위해 다는 장식품. 옥로(玉鷺)나 호수(虎鬚) 따위.

입신(入神)명 ①-하다자 지혜나 기술이 신묘한 경지에 다다름. ②바둑에서, 신의 경지에 이른다는 뜻으로 9단(段)을 이르는 말.

입신(立身)명-하다자 사회적으로 기반을 닦고 출세함.

입신양명(立身揚名)[-냥-]성구 출세하여 이름을 세상에 들날림을 이르는 말.

입실(入室)명-하다자 ①방에 들어감. ¶연수생들이 모두 -하자 강의가 시작되었다. ☞퇴실(退室) ②선종(禪宗)에서, 제자가 스승의 방에 들어가 불도(佛道)를 묻는 일.

입실론(upsilon)명 물질 구성의 가장 기본적인 것으로 여겨지는 소립자. 기호는 γ

입-심명 기운차게 쉼 없이 말하는 힘. ¶ -이 좋다. 원입힘

입심(立心)명-하다자 마음을 단단히 먹음.

입:-쌀명 잡곡에 상대하여 '멥쌀'을 이르는 말. 도미(稻米) 준쌀

입-씨름명-하다자 ①어떤 일을 이루려고 말로 애를 쓰는 일. ②말다툼

입-씻이명-하다자 비밀스러운 일을 남에게 말하지 않도록 주는 금품.

입-아귀명 입의 양쪽 구석. 구각(口角)

입안(立案)명 ①-하다타 실행에 앞서서 안(案)을 세움. ②지난날, 관아에서 어떠한 사실을 인증한 서면을 이르던 말.

입약(立約)명-하다타 약속함.

입양(入養)명-하다자타 어버이와 자식간이 아닌 사람 사이에, 친어버이와 친자식의 관계와 같은 법률 관계를 맺는 일. ¶돌 지난 아기를 -하다.

입어(入御)명-하다자 임금이 편전(便殿)에 듦.

입어(入漁)명-하다자 공동 어업권이나 특정한 구획 어업권에 딸린 어장 따위에서 어업을 하는 일.

입어-권(入漁權)[-꿘]명 어업권자와 맺은 계약에 따라서 공동 어업권이나 특정한 구획 어업권에 딸린 어장 따위에서 어업을 할 수 있는 권리.

입언(立言)명-하다자 ①후세에 교훈이 될만 한 훌륭한 말을 함, 또는 그 말. ②의견을 발표함.

입영(入營)명-하다자 군대에 들어가 군인이 됨. 입대(入隊)

입영(笠纓)명 갓에 달린 끈. 갓끈

입옥(入獄)명-하다자타 감옥에 갇힘. 입감(入監) ☞출옥

입-요기(-療飢)[-뇨-]명-하다자 입매나 할 정도로 간단히 음식을 먹음.

입욕(入浴)명-하다자 목욕하러 목욕탕에 들어감. 입탕

입원(入院)명-하다자 치료나 요양을 위하여 일정 기간 병원에 들어가 있음. ☞퇴원(退院)

입이(立異)명-하다자 다른 의견을 내세움.

입자(粒子)명 물질을 이루는 미세한 낱낱의 알. 알갱이[1]

입자(笠子)명 갓[1]

입장(入丈)명-하다자 장가듦.

입장(入場)명-하다자 경기장이나 식장 따위의 장내에 들어감. ☞퇴장(退場)

입장(入葬)명-하다타 장례를 치름.

× **입장**(立場)명 →처지(處地)

입장-권(入場券)[-꿘]명 입장을 허락하는 표.

입-장단명 음악을 듣거나 춤출 때 입속말로 맞추는 장단.

입장-료(入場料)명 입장할 때 치르는 돈.

입장-세(入場稅)명 간접 소비세의 한 가지. 각종 관람장에 입장할 때나 오락 시설을 이용할 때 부과함.

입재(入齋)명-하다자 ①제사 전날에 재계(齋戒)하는 일. ②불교에서, 재(齋)를 시작함을 이르는 말.

입적(入寂)명-하다자 불교에서, 중의 죽음을 이르는 말. 귀적(歸寂). 입멸(入滅)

입적(入籍)명-하다자타 ①호적에 오르거나 올림. ¶양녀로 -하다. ②어떤 자리에 적(籍)을 올림.

입전(入電)명-하다자 전보·전신·전화 등이 들어옴, 또는 그 전보·전신·전화. ☞타전(打電)

입절(入節)명-하다자 한평생 절개를 굽히지 않음.

입정명 입노릇. 입버릇

입정(을) 놀리다 관용 ①쉴 새 없이 군것질을 하다. ②입버릇 사납게 말하다.

입정(이) 사납다 관용 ①입버릇이 점잖지 못하다. ②음식을 탐하는 버릇이 있다.

입정(入廷)명-하다자 재판에서, 관계자가 법정에 들어가는 일. ☞출정(出廷). 퇴정(退廷)

입정(入定)명 ①-하다자 불교에서, 선정(禪定)에 듦을 이르는 말. ☞출정(出定) ②불교에서, 출가한 사람의 죽음을 이르는 말.

입정-미(入鼎米)명 아주먹이

입제(入題) 명 지난날, 과거(科擧)에서 시(詩)의 첫째 구(句)와 부(賦)의 넷째 구를 이르던 말.

입조(入朝) 명 -하다 자 ①지난날, 관원이 조회(朝會)에 들어가던 일. ②지난날, 외국 사신이 조정(朝廷)에 참렬(參列)하던 일.

입조(立朝) 명 -하다 자 관직에 오름.

입주(入住) 명 -하다 자 개간하거나 수복한 땅 또는 새로 지은 집 등에 들어가서 삶. ¶새 아파트에 ―하다.

입주(立柱) 명 -하다 자 집을 짓기 위하여 기둥을 세움.

입증(立證) 명 -하다 타 증거를 들어 사실을 증명함, 또는 그 증거. 거증(擧證) ¶결백을 ―하다.

입증=책임(立證責任) 명 소송에서, 자기에게 유리한 사실을 주장하기 위하여 법원을 설득할만 한 증거를 제출해야 하는 책임. 거증 책임(擧證責任)

입지(立地) 명 ①인간이 경제 활동을 위해 선택하는 곳. ②식물이 생장하는 곳의 환경.

입지(立志) 명 -하다 자 뜻을 세움.

입지-전(立志傳) 명 온갖 고난을 잘 참고 노력하여 자기가 세운 뜻을 이룬 사람의 전기.

입지=조건(立地條件) [-껀] 명 농업·공업·상업 등 산업 활동을 하는 데 필요한 자연 환경 조건.

입직(入直) 명 -하다 자 번(番)을 듦. 숙직을 함.

입진(入津) 명 -하다 자 배가 나루에 들어옴.

입-질 명 -하다 자 낚시 미끼를 물고기가 건드리는 짓.

입-짓 명 -하다 자 어떤 뜻을 전하기 위하여 입을 움직이는 일.

입찬-말 명 -하다 자 입찬소리

입찬-소리 명 -하다 자 자기의 지위나 능력 등을 믿고 지나치게 장담함, 또는 그 말. 입찬말

속담 **입찬소리는 무덤 앞에 가서 하라** : 현재의 처지만 믿고 함부로 장담하거나 자랑하지 말라는 말.

입찰(入札) 명 -하다 타 상품의 매매나 공사의 도급 계약(都給契約) 등을 체결할 때, 다수의 희망자들로부터 각자의 낙찰 희망 가격을 써 내게 하는 일.

입찰=공고(入札公告) 명 입찰의 대상물·날짜·곳·방법 등의 내용을 신문 따위에 발표하여 알리는 일.

입참(入參) 명 -하다 자 지난날, 궁중의 경축 예식이나 제례(祭禮)에 참가하던 일.

입창(立唱) 명 선소리

입-천장(-*天障) 명 입 안의 천장을 이루고 있는 부분. 구개(口蓋)

입천장-소리(-*天障-) 명 〈어〉구개음(口蓋音)

입첨(笠檐) 명 갓양태

입체(立替) 명 -하다 타 나중에 돌려 받기로 하고 남의 빚을 대신 갚아 줌.

입체(立體) 명 공간적 부피를 가지는 물체, 또는 그 물체가 차지하는 공간 부분.

입체-각(立體角) 명 공간의 한 점을 끝 점으로 하는 사선이 그 점을 중심으로 회전해 처음의 위치로 되돌아왔을 때 그려진 도형을 반지름이 1인 구면으로 잘라 생긴 넓이.

입체-감(立體感) 명 위치·넓이·길이·두께 등을 가진 물체를 보는 것과 같은 느낌, 또는 그런 물체에서 받는 느낌. ¶―을 살리다./명암으로 ―을 나타내다.

입체-경(立體鏡) 명 두 장의 사진이나 그림 따위를 사용하여 어떤 상(像)을 실물과 같이 입체적으로 보이게 하는 장치. 실체경(實體鏡)

입체=교차(立體交叉) 명 도로나 철도 등이 동일 평면상에서 교차하는 것이 아니라 아래위로 높이를 달리해서 교차하는 일, 또는 그런 방식.

입체=교차로(立體交叉路) 명 도로나 철도 등의 교차점을 입체 교차 형식으로 교차하게 만든 도로.

입체=기하학(立體幾何學) 명 공간적인 부피를 가지는 도형을 대상으로 하는 기하학. 공간 기하학(空間幾何學)

입체=낭:독(立體朗讀) 명 소설 따위를 낭독할 때, 등장 인물에 따라 각기 다르게 읽고 효과나 음악 등도 곁들여, 듣는 사람으로 하여금 현실감을 느끼게 하는 낭독.

입체=농업(立體農業) 명 논밭을 위주로 하는 농사에 축산이나 농산물 가공 등을 결합하여 종합적으로 하는 농업.

입체=도형(立體圖形) 명 점·선·면을 기본으로 하여 공간에서 부피를 가지는 도형. 공간 도형(空間圖形)

입체-미(立體美) 명 조각·공예·건축 따위의 입체 형상에 나타난 아름다움.

입체=방:송(立體放送) 명 주파수가 다른 둘 이상의 방송 회로를 사용하여 현장감 있는 소리를 내보내는 방송.

입체=사진(立體寫眞) 명 같은 대상을 시차(視差)를 달리하여 두 장의 사진으로 찍어 입체경으로 들여다볼 때 입체적으로 보이는 것.

입체=영화(立體映畫) 명 화면이 입체적으로 보이게 만든 영화. 시차(視差)를 달리하는 두 화상(畫像)을 합쳐서 입체감을 내는 스테레오스코프 방식과 시각(視角)에 가까운 화상을 볼 때 생기는 착각을 이용하는 시네라마 방식이 있음. 삼차원 영화(三次元映畫)

입체=음향(立體音響) 명 두 개 이상의 스피커를 사용하여 원음(原音)의 음색 뿐만 아니라 방향이나 거리감까지 재생한 음향.

입체-적(立體的) 명 ①입체감을 주는 것. ¶―인 도안. ②하나의 사물을 여러 관점에서 파악하는 것. ¶현대 사회의 한 단면을 ―으로 조명한 영화.

입체-전(立體戰) 명 육·해·공군의 합동 작전으로 이루어지는 전쟁.

입체-주의(立體主義) 명 입체파(立體派)

입체-파(立體派) 명 20세기 초에 프랑스에서 일어난 회화의 한 유파. 대상을 기본적인 구성 요소로 분해하고 그것을 기하학적 형태로 종합하여 표현하려고 했음. 입체주의(立體主義). 큐비즘(cubism)

입체=화:법(立體畫法) [-뻡] 명 여러 종류의 입체 도형을 평면상에 정밀하게 나타내는 기법. 투시 도법이나 투영 도법 따위.

입초(入超) 명 '수입 초과(輸入超過)'의 준말. ☞출초(出超)

입초(立哨) 명 -하다 자 한곳에서 자리를 뜨지 않고 보초(步哨)를 섬, 또는 그 병사. 부동초(不動哨) ☞동초(動哨)

입추(立秋) 명 이십사 절기(二十四節氣)의 하나. 대서(大暑)와 처서(處暑) 사이의 절기로, 양력 8월 8일께. 이 무렵부터 가을이 시작된다고 함. ☞백로(白露)

입추(立錐) 명 송곳을 꽂음.

입추의 여지가 없다 관용 송곳을 꽂을만 한 틈도 없다는 뜻으로, 사람이나 물건이 꽉 들어차 있음을 이르는 말.

입추지지(立錐之地) 성구 송곳 하나를 꽂을만 한 땅이라는 뜻으로, 매우 좁아 조금도 여유가 없음을 이르는 말.

입춘(立春) 명 이십사 절기(二十四節氣)의 하나. 대한(大寒)과 우수(雨水) 사이의 절기로, 양력 2월 4일께. 이 무렵부터 봄이 시작된다고 함. ☞경칩(驚蟄)

입춘대:길(立春大吉) 성구 입춘을 맞이하여 크게 길(吉)하기를 기원한다는 뜻의 말. 입춘 때 문지방이나 대문, 기둥 등에 써 붙이는 입춘방의 한 가지.

입춘-방(立春榜) 명 입춘 때, 대문·기둥·문지방 등에 써 붙이는 글귀. 입춘서(立春書)

입춘-서(立春書) 명 입춘방(立春榜)

입출(入出) 명 수입(收入)과 지출(支出)을 아울러 이르는 말. ¶― 명세

입-출금(入出金) 명 들어오는 돈과 나가는 돈. ¶―이 자유로운 예금.

입출력=장치(入出力裝置) 명 컴퓨터 등에서, 입력 장치와 출력 장치를 아울러 이르는 말.

입-춤 명 지난날, 기생들이 평복 차림으로 둘이 마주 서서 추던 춤.

입-치다꺼리 명 -하다 자 '먹는 일을 뒷바라지하는 일'을 속되게 이르는 말. ¶―하는 데도 힘이 든다.

입탕(入湯) 명 -하다 자 목욕하러 목욕탕에 들어감. 입욕

입평(立坪) 의 흙이나 모래 따위의 용적을 세는 단위. 한 입평은 여섯 자(약 1.8m) 세제곱의 용량임.

입표(立標) 명 ①-하다 자 나무·돌·기(旗) 따위로 표를 세움, 또는 그 표. ②항로 표지의 한 가지. 암초나 여울 등

이 있음을 알리는 경계 표지.

입품(入品)[명]-하다[자] 물품을 들여옴, 또는 그 물품. ¶ － 목록을 작성하다.

입품(入稟)[명]-하다[타] 임금에게 아룀.

입하(入荷)[명]-하다[자] 가게나 시장 등에 상품이 들어옴. ¶신제품 － ☞출하(出荷)

입하(立夏)[명] 이십사 절기(二十四節氣)의 하나. 곡우(穀雨)와 소만(小滿) 사이의 절기로, 양력 5월 6일께. 이 무렵부터 여름이 시작된다고 함. ☞망종(芒種). 입동

입학(入學)[명]-하다[자] 공부하기 위하여 학교에 들어가 학생이 됨. 입교(入校) ¶대학에 －하다. ☞졸업

입학-금(入學金)[명] 입학할 때 내는 돈.

입학=시험(入學試驗)[명] 입학할 자격을 얻기 위하여 치르는 시험. [준]입시(入試)

입학-식(入學式)[명] 소정의 과정을 배울 수 있는 학생이 되었음을 기념하는 의식(儀式). ☞졸업식(卒業式)

입항(入港)[명]-하다[자] 배가 항구에 들어옴. 입선(入船) ☞출항(出港)

입향순속(入鄕循俗)[성구] 다른 지방에 가서는 그 지방의 풍속을 따름을 이르는 말.

입헌(立憲)[명] ①-하다[자] 헌법을 제정함. ②〖관형사처럼 쓰임〗헌법에 따른. ¶ － 군주국/－ 정치

입헌-국(立憲國)[명] 입헌 정치를 하는 나라.

입헌=군주국(立憲君主國)[명] 입헌 군주제의 나라.

입헌=군주제(立憲君主制)[명] 군주의 권력이 헌법에 따라 일정한 제약을 받는 정치 체제.

입헌=정체(立憲政體)[명] 국민의 자유와 권리를 보장하기 위한 권력 분립주의와 법치주의, 그리고 국민의 참정 제도를 내용으로 하는 헌법에 따라 통치권을 행사하는 정치 체제. ☞전제 정체(專制政體)

입헌=정치(立憲政治)[명] 국민이 제정한 헌법에 따라 하는 정치. [준]헌정(憲政) ☞공화 정치(共和政治). 전제 정치(專制政治)

입헌-주의(立憲主義)[명] 통치와 모든 정치 행위 또는 공동체 생활이 헌법에 따라 이루어져야 한다는 주의. ☞전제주의(專制主義)

입-화:면(立畫面)[명] 투영 도법에서, 평화면(平畫面)에 수직으로 정면에 세워진 화면. ☞측화면(側畫面)

입회(入會)[명]-하다[자] 어떤 모임에 들어가 회원이 됨. ☞탈회(脫會). 퇴회(退會)

입회(立會)[명]-하다[자] ①참관(參觀) ②참여(參與) ③증권 거래소 따위에서, 거래하는 사람이나 그 대리인이 일정한 시간에 모여 거래를 하는 일. ☞증참(證參)

입후(入后)[명]-하다[자타] 왕후나 황후를 맞아들임, 또는 왕후나 황후로 들어감.

입후(立后)[명]-하다[타] 왕후 또는 황후로 봉하여 세움.

입후(立後)[명]-하다[타] 후계자를 세움.

입-후보(立候補)[명]-하다[자] 선거에서, 후보자로 나섬. ¶시의원에 －하다.

입히다[1] [타] 거죽에 무엇을 한 꺼풀 바르거나 덮어씌우다. ¶도자기에 잿물을 －./튀김옷을 －.

입히다[2] [타] ①옷을 몸에 걸치거나 두르게 하다. ¶옷을 만들어 －. ②화나 손해 따위를 당하게 하다. ¶권위에 손상을 －./큰 손해를 －.

입-힘 [명] '입심'의 원말.

잇[1] [명] 이부자리나 베개 등의 거죽에 시치는 피륙. ¶이불의 －을 빨아 시치다.

잇[2] [명] 잇꽃의 꽃부리에서 얻는 붉은빛의 물감.

잇-꽃[읻－][명] 국화과의 두해살이풀. 줄기 높이 1m 안팎. 잎은 넓은 버들 잎 모양이고 가장자리에 가시처럼 뾰족한 톱니가 있으며, 어긋맞게 남. 7~8월에 붉은빛을 띤 누런 꽃이 줄기 끝과 가지 끝에 한 송이씩 피고 9월경에 광택이 나는 흰 열매가 익음. 씨는 기름을 짜고, 꽃은 통경(通經)·어혈(瘀血)·지혈(止血)·부인병 등에 약재로 쓰며, 꽃물로는 붉은빛 물감을 만듦. 우리 나라와 인도, 이집트, 오스트레일리아 등지에서 재배함. 홍람화(紅藍花). 홍화(紅花)

잇:다[읻－](잇고·이어)[타ㅅ] ①두 끝을 맞대어 붙이다. ¶짧은 끈을 －./실을 이어 쓰다. ②두 곳을 연결하여 통하게 하다. ¶서울과 대구를 잇는 고속 도로. ③줄이나 대열을 연결하여 짓다. ¶많은 차량들이 꼬리를 －. ④무엇을 끊이지 않게 하다. ¶말을 잇지 못하다./끼니를 이어 가기도 어려운 형편이다. ⑤무엇을 계승하다. ¶아버지의 사업을 －.

[한자] 이을 계(繼)〔糸部 14획〕¶계속(繼續)/계주(繼走)
이을 락(絡)〔糸部 6획〕¶맥락(脈絡)/연락(連絡)
이을 련(連)〔辵部 7획〕¶연결(連結)/연재(連載)
이을 소(紹)〔糸部 5획〕¶소개(紹介)/소절(紹絕)
이을 승(承)〔手部 4획〕¶계승(繼承)/승사(承嗣)
이을 접(接)〔手部 8획〕¶접속(接續)/접합(接合)

잇:단-음표(－音標)[읻－][명] 어떤 음표를 본래의 박자에 따르지 않고 길거나 짧게 연주하는 음표. 연음부(連音符)

잇:-달다[읻－](－달고·－다니)[자타] ①어떤 일이나 사건 따위가 끊이지 않고 이어지다. 연달다 ¶큰 사건이 잇달아 터지다./우리 팀이 잇달아 승리를 거두다. ②어떤 것을 다른 것에 이어서 달다. ¶줄에 연등을 －.

잇:-닿다[읻－][자] 뒤에 이어 닿다. ¶산과 산이 잇닿은 곳./저수지의 둑에 잇닿아 있는 길.

잇:-대:다[읻－][타] 서로 잇닿게 하다. ¶헛간에 잇대어 담장을 쌓다.

잇:-따르다[읻－](－따르고·－따라)[자] 뒤를 이어 따르다. ¶비난이 －./자동차가 잇따라 지나간다.

잇-몸[명] 이의 뿌리를 싸고 있는 연한 살. 치경(齒莖). 치은(齒齦)

잇몸-소리[명]〈어〉자음의 한 갈래. 혀끝과 윗잇몸 사이에서 나는 소리. 'ㄷ·ㄸ·ㅌ·ㅅ·ㅆ·ㄴ·ㄹ' 음을 이름. 치조음(齒槽音)

잇-바디[명] 이가 죽 박힌 줄의 생김새. 치열(齒列)

잇-살[1] [명] 잇몸의 틈.

× **잇-살**[2] [명] →잇몸

× **잇-샅**[명] →잇새

잇-새[명] 이와 이의 사이. ¶－가 뜨다.

잇-속[명] 이 중심부의 연한 부분. 신경과 핏줄이 분포되어 있음.

잇:-속(利－)[명] 이익이 되는 실속. ¶제 －만 차리다.

× **잇-솔**[명] →칫솔

잇-자국[명] 이로 문 자국.

잇:-줄(利－)[명] 이익을 얻을 수 있는 길. ¶－을 놓치다.

잇-집[명] 이의 뿌리가 박혀 있는 아래위 턱뼈의 구멍. 치조(齒槽)

잇:-짚[명] 메벼의 짚.

있다[읻－][형] ①사물이 존재하는 상태이다. ¶세상에 있는 모든 물질./영혼이 있다고 믿는다. ②사람이나 물건이 어떤 자리를 차지한 상태이다. ¶창 앞에 책상이 －./길 건너에 있는 우체통./경기장에 있는 관중들. ③어디에 머물러 지내는 상태이다. ¶부산에 있는 친구./병상에 누워 있는 아우./세상에 있는 동안 착하게 살아야지. ④어떠한 지위에 있는 상태이다. ¶그는 회장으로 －./팀장으로 있는 회사. ⑤자기의 것으로 지니는 상태이다. ¶그에게는 많은 재산이 －./나에게도 투표권이 －./딸이 다섯이나 －. ⑥무슨 생각이나 감각 따위를 가진 상태이다. ¶큰 소원 두 가지가 －./상처에 통증이 －. ⑦무슨 일이 생긴 상태이다. ¶몸에 이상이 －./화재가 －. ⑧뜻한 대로 되는 상태이다. ¶성실히 일하면 해낼 수 －./훈련만 하면 암벽도 오를 수 －. ⑨마음이나 몸에 갖춘 상태이다. ¶교양이 있는 몸가짐./용기 있는 행동./그림 그리기에 재능이 －. ⑩어떤 처지에 놓인 상태이다. ¶어려운 처지에 －./고통 속에 있는 환자들. ⑪무슨 일이 일어나거나 베풀어질 상태이다. ¶내일 합격자 발표가 －./경기가 있는 날에는 긴장하게 된다./어떠한 난관이 있더라도 이겨 내야 한다. ☞없다

[자] ①어느 곳에 머무르다. ¶네가 있는 곳이 어디냐./여

기서 함께 있자./그곳에 그대로 있거라. ②어떤 상태로 지내다. ¶조용하게 있어야 한다./움직이지 말고 가만히 있거라./이 상태로 있는 게 편하다. ③어떤 일터 등에 다니다. ¶시청에 있는 친구./그는 이 공장에 오래 있었다. ④얼마 동안이 지나다. ¶조금 있으면 해가 돋을 게다./조금 있으니 파도가 세차게 일었다.

조동 본용언(本用言) 다음에 쓰이어, 앞의 말이 뜻하는 행동이나 상태가 이어짐을 나타냄. ¶오래도록 그 자리에 앉아 -./먼 수평선을 바라보며 서 -./꽃이 피어 -./눈을 감고 -./친구를 기다리고 -./물을 마시고 -./책을 읽고 -.

한자 **있을 유**(有) 〔月部 2획〕 ¶유능(有能)/유료(有料)/유명(有名)/유선(有線)/유용(有用)
있을 재(在) 〔土部 3획〕 ¶재외(在外)/재임(在任)/재적(在籍)/재중(在中)/재직(在職)/재학(在學)
있을 존(存) 〔子部 3획〕 ¶생존(生存)/존립(存立)/존망(存亡)/존속(存續)/존재(存在)

잉걸 명 '불잉걸'의 준말.

잉걸-불 명 ①이글이글 핀 숯불. 불잉걸 ¶벌겋게 -이 타오르다. ②다 타지 아니한 장작불.

잉곳(ingot) 명 금속 또는 합금을 녹인 다음 일정한 주형(鑄型)에 부어 굳힌 것.

잉글리시호른(English horn) 명 목관 악기의 한 가지. 오보에보다 5도 낮은 음을 내며 대편성의 관현악에 쓰임.

잉꼬(いんこ 일) 명 앵무샛과의 새. 꽁지가 길며 깃털의 빛깔은 적색·청색·녹색·황색 등으로 매우 선명하고 화려함. 암수의 사이가 좋으며 농조(籠鳥)로 많이 기름.

잉:모(孕母) 명 잉부(孕婦)

잉박-선(仍朴船) 명 너비가 넓은 배. 너벅선

잉:부(孕婦) 명 임신한 여성. 임부(妊婦). 임신부(妊娠婦). 잉모(孕母). 태모(胎母)

잉:손(仍孫) 명 곤손(昆孫)의 아들, 곧 칠대 손을 이르는 말. 이손(耳孫)

잉:수(剩數) [-쑤] 명 남은 수. 잉액(剩額)

잉아 명 베틀의 날실을 한 칸씩 걸러서 끌어올리도록 맨 굵은 실. 종사(綜絲)

잉앗-대 명 베틀에서, 위로는 눈썹줄에 매고 아래로는 잉아를 걸어 놓은 나무.

잉:액(剩額) 명 잉수(剩數)

잉:어 명 잉엇과의 민물고기. 몸길이는 일정하지 않으나 큰 것은 1m 가량 되는 것도 있으며, 몸은 방추형에 약간 납작함. 몸빛은 자라는 곳에 따라 다르나 우리 나라에서 자라는 것은 대개 등이 검푸르고 배는 누르스름함. 잡식성으로 입가에 두 쌍의 수염이 있으며 강이나 연못 따위에 삶. ☞비단잉어

속담 **잉엇국 먹고 용트림한다** : 작은 일을 큰일인체 하고 남에게 거짓 태도를 보이거나 행동을 한다는 말.

잉:어-등(-燈) 명 사월 파일에 등대에 다는 잉어 모양의 등(燈). 종이나 얇은 서양사(西洋絲)로 만듦.

잉:여(剩餘) 명 쓰고 난 나머지. ¶- 농산물

잉:여=가치(剩餘價値) 명 경제학에서, 노동자가 생산한 생산물의 가치와 노동자에게 지급되는 임금과의 차액.

잉:여-금(剩餘金) 명 기업의 자산 가운데 법정 자본금을 넘는 금액. 이익 잉여금과 자본 잉여금으로 나뉨.

잉:여=생산물(剩餘生產物) 명 노동자가 자기의 생존에 필요한 생산물 이상으로 생산한 생산물.

잉:용(仍用) 명 -하다 타 이전의 물건을 그대로 씀.

잉잉 부 ①어린아이가 잇달아 우는 소리를 나타내는 말. ②날벌레 따위가 잇달아 날아가는 소리를 나타내는 말. ③거센 바람이 가늘고 팽팽한 전선이나 철사 따위에 잇달아 부딛치는 소리를 나타내는 말.

잉잉-거리다(대다) 자 ①어린아이가 잇달아 울다. ②자꾸 잉잉 소리가 나다.

잉:조(剩條) [-쪼] 명 쓰고 남은 부분.

잉:존(仍存) 명 -하다 타 그전 물건을 그대로 둠.

잉크(ink) 명 글씨를 쓰거나 인쇄할 때 쓰는, 빛깔이 있는 액체.

잉:태(孕胎) 명 -하다 자타 아이를 뱀. 수태(受胎). 임신(妊娠). 회임(懷妊). 태잉(胎孕). 회태(懷胎) ¶아이를 -하다.

잊다 [읻-] 타 ①과거에 알았던 것을 기억하지 못하다. ¶노래의 가사를 -./친구의 연락처를 -./읽은 지가 오래되어 그 책의 제목도 잊었다. ②어떠한 일을 순간 기억하지 못하다. ¶중요한 약속을 -./집에 전화하는 걸 깜빡 잊고 있었다. ③품었던 생각이나 느낌을 떨어내 끊어버리다. ¶걱정을 -./고향 생각을 -./쌓인 감정은 다 잊고 잘 지내자. ④마음에 새겨 두어야 할 것을 저버리고 소홀히 하다. ¶학생의 본분을 -./은혜를 잊어선 안 된다. ⑤다른 일에 정신을 쏟아, 어떤 일에 대하여 생각지 못하거나 느끼지 못하다. ¶아기의 재롱에 하루의 피로를 -./일에 몰두하느라 더위도 잊었다.

한자 **잊을 망**(忘) 〔心部 3획〕 ¶건망(健忘)/망각(忘却)/망년회(忘年會)/망덕(忘德)/비망록(備忘錄)

잊어-버리다 타 아주 잊다, 또는 죄다 잊다. ¶약속을 -./그 일은 벌써 잊어버렸는걸.

×**잊혀지다** 자 →잊히다

잊히다 자 생각이 나지 않게 되다. ¶지금도 잊히지 않는 일들./차마 꿈엔들 잊힐리야.

잎[1] 명 식물의 영양 기관의 한 가지. 호흡과 광합성 작용을 하며 잎몸·잎자루·턱잎 등으로 이루어짐.

한자 **잎 엽**(葉) 〔艸部 9획〕 ¶고엽(枯葉)/낙엽(落葉)/연엽(蓮葉)/엽맥(葉脈)/엽상(葉狀)/엽액(葉腋)

잎[2] 의 명주실의 한 바람을 이르는 말.

잎-가 [입-] 명 잎의 가장자리. 엽연(葉緣)

잎갈-나무 [입-] 명 소나뭇과의 낙엽 교목. 높이 30~35 m, 지름 1m 안팎. 나무껍질은 어두운 잿빛 갈색이고 잎은 바늘 모양으로 가늘고 끝이 뾰족함. 암수한그루로 4~5월에 누런 갈색 꽃이 핌. 열매는 구과(毬果)이며 9~10월에 붉은 갈색으로 익음. 우리 나라 중부 이북에 분포하며 건축재나 침목(枕木) 등의 재료로 쓰임. 이깔나무. 적목(赤木)

잎-겨드랑이 [입-] 명 잎이 식물의 가지나 줄기에 붙은 부분. 엽액(葉腋)

잎-꼭지 [입-] 명 잎자루

잎-나무 [입-] 명 잎이 붙어 있는 땔나무.

잎-노랑이 [입-] 명 엽황소(葉黃素)

잎-눈 [입-] 명 자라서 줄기나 잎이 될 식물의 눈. 엽아(葉芽) ☞꽃눈

잎-담:배 [입-] 명 썰지 않고 잎사귀를 그대로 말린 담배. 엽연초(葉煙草). 엽초(葉草) ☞살담배

잎-덩굴손 [입-] 명 잎이 변하여 된 덩굴손.

잎마름-병(-病) [입-뼝] 명 벼 따위에 생기는 병의 한 가지. 잎에 황백색 반점이 생기거나 황백색 얼룩무늬가 줄지어 생긴 후 그 부분이 흑갈색으로 변하여 잎이 마르는 병. 엽고병(葉枯病)

잎-맥(-脈) [입-] 명 잎몸 안에 평행선이나 그물 모양으로 분포되어 있는 관다발. 잎살을 버티어 주고 수분과 양분의 통로가 됨. 엽맥(葉脈)

잎-몸 [입-] 명 잎의 몸을 이루는 넓은 부분. 엽신(葉身). 엽편(葉片)

잎-바늘 [입-] 명 잎 또는 그 일부가 변하여 바늘처럼 된 것. 선인장의 가시 따위. 엽침(葉針)

잎-사귀 [입-] 명 낱낱의 잎. 이파리

잎사귀-머리 [입-] 명 소의 처녑에 붙은 넓고 얇은 고기. 흔히 저냐를 부치는 데 쓰임.

잎-살 [입-] 명 잎에서 앞뒤의 겉가죽과 잎맥을 뺀 나머지 부분. 많은 엽록체를 품은 부드럽고 연한 세포 조직임. 엽육(葉肉)

×**잎새** 명 →잎사귀

잎-샘 [입-] 명 -하다 자 이른봄 잎이 나올 무렵에 날씨가 갑자기 추워지는 일, 또는 그 추위. ☞꽃샘

잎-성냥[입-] 명 성냥의 한 가지. 얇은 소나무 개비의 한 끝을 삼각형으로 만들어 그 끝에 유황을 묻힌 것으로, 불에 대어 불을 일으킴.
잎-숟가락[입-] 명 얇고 거칠게 만든 숟가락. ☞간자숟가락
잎잎-이[입닢-] 부 잎마다 ¶ - 곱게 물들다.
잎-자루[입-] 명 잎몸을 줄기나 가지에 붙어 있게 하는 꼭지 부분. 잎몸을 햇빛 방향으로 돌리는 작용을 하는데, 식물에 따라서 없는 것도 있음. 엽병(葉柄). 잎꼭지
잎-줄기[입-] 명 ①잎의 줄기. 엽축(葉軸) ②식물 줄기의 한 변태. 모양이 잎처럼 생기고 엽록소가 있어 광합성 작용을 하는 줄기. 선인장 등에서 볼 수 있음. 엽상경(葉狀莖)
잎-집[입-] 명 잎자루가 칼집 모양으로 되어 줄기를 싸고 있는 부분. 볏과·미나릿과·방동사닛과 등의 식물에서 볼 수 있음. 엽초(葉鞘)
잎-차례[입-] 명 잎이 줄기나 가지에 붙어 있는 모양. 어긋나기·돌려나기·마주나기 따위가 있음. 엽서(葉序)
잎-채소(-菜蔬)[입-] 명 잎사귀를 먹는 채소. 엽채(葉菜)
×**잎-초**(-草) 명 → 잎담배
잎-파랑이[입-] 명 엽록소(葉綠素)
잎-파랑치[입-] 명 엽록체(葉綠體)
잎-혀[입-] 명 잎집의 끝이 줄기에 닿은 부분에 붙어 있는 작고 얇은 조각. 볏과 식물에서 볼 수 있으며, 줄기와 잎집 사이에 불순물이 들어가는 것을 막음. 엽설(葉舌)

ㅇ

ㅈ 훈민정음 자모 **ㅈ** 훈몽자회 자모 ㅈ

자[1] 명 길이를 재는 데 쓰는 기구. 푼(分)이나 치, 센티미터(cm)·밀리미터(mm) 따위의 눈금이 표시되어 있으며, 접자·삼각자·곱자·줄자 등이 있음. 척도(尺度)

자[2] 의 척관법의 길이 단위의 하나. 1자는 1치의 열 곱절로 약 30.3cm임. 척(尺)

속담 **자에도 모자랄 적이 있고 치에도 넉넉할 적이 있다** : ①경우에 따라 많아도 모자랄 수가 있고 적어도 남을 수가 있다는 말. ②일에 따라서 잘난 사람도 못하는 수가 있고 어리석은 사람도 잘하는 수가 있다는 말.

한자 **자 척**(尺)〔尸部 1획〕 ¶곡척(曲尺)/척도(尺度)

자[3] 감 ①말이나 행동을 하기 전에 남의 주의를 끌기 위해 하는 말. ¶—, 봐라. 얼마나 예쁘냐? ②남에게 어떤 행동을 재촉하거나 스스로 마음을 북돋울 때 하는 말. ¶—, 그만 갑시다./—, 이제 슬슬 시작해 볼까. ③안타깝거나 의아한 일을 당했을 때 혼자서 하는 말. ¶—, 이 일을 어쩐다?

자(子)[1] 명 ①아들 ②민법에서, 적출자(嫡出子)·서자(庶子)·양자(養子) 등을 통틀어 이르는 말. ③'공자(孔子)'를 높이어 일컫는 말. ④'자작(子爵)'의 준말.

자(子)[2] 명 ①십이지(十二支)의 첫째. 쥐를 상징함. ②'자방(子方)'의 준말. ③'자시(子時)'의 준말.

한자 **첫째 지지 자**(子)〔子部〕 ¶갑자(甲子)/병자(丙子)/자방(子方)/자시(子時)

자(字)[1] 명 지난날, 장가든 뒤에 본이름 대신 지어 부르던 이름. ¶허균의 —는 단보(端甫)이다. ☞호(號)

자(字)[2] 명 ①글자 ¶이 —가 무슨 —냐? ②〖의존 명사로도 쓰임〗 ¶한 — 한 — 공들여 쓰다./200 — 원고지.

자(姉) 명 손위의 누이. 누나. 언니 ☞매(妹)

자:(紫) 명 '자색(紫色)'의 준말.

자(觜) 명 '자수(觜宿)'의 준말.

자(者) 의 사람을 낮잡아 이르는 말. ¶저 —가 범인이다.

자(秭) 수 수의 단위. 해(垓)의 만 곱절. 양(穰)의 1만분의 1.

자(自) 공간이나 시간을 나타내는 말 앞에 쓰이어, '부터'·'에서'의 뜻. ¶— 서울 지(至) 부산./— 3월 3일 지(至) 3월 8일. ☞지(至)

-자(者)《접미사처럼 쓰이어》'그러한 일을 하는 사람' 또는 '그러한 사람'의 뜻을 나타냄. ¶근로자(勤勞者)/생산자(生產者)/소비자(消費者)/지도자(指導者)/가입자(加入者)/부상자(負傷者)

-자 어미 ①동사의 어간에 붙어, '해라' 할 자리에 함께 하기를 권하거나 청하는 종결 어미. ¶나비야 청산 가자./여기서 기다리자./조국을 지키자. ②'하자마자'의 뜻으로 쓰이는 연결 어미. ¶까마귀 날자 배 떨어진다./망건 쓰자 파장된다. ③원인이나 동기를 나타내는 연결 어미. ¶바둑에 지자 허탈하게 웃었다./돈 떨어지자 입맛 난다. ④동사 어간에 붙어, 하고자 하는 뜻을 나타내는 연결 어미. ¶버리자 했더니, 또 이런 쓸모가 있군.

자가(自家) 명 ①자기의 집. 자택(自宅) ☞타가(他家) ②자기 자신. ¶— 운전/— 진단

자가=감:염(自家感染) 명 자기 몸에 제 스스로 병을 옮기는 일. 손에 묻은 병원균이 눈으로 들어가서 병을 일으키는 일 따위.

자가=광:고(自家廣告) 명 자기의 가치를 제 스스로 선전하는 일. 자가 선전(自家宣傳). 자기 광고(自己廣告)

자가당착(自家撞着) 성구 자기 스스로 맞부딪친다는 뜻으로, 자기가 한 말이나 행동의 앞뒤가 맞지 않음을 이르는 말. ☞자기 모순(自己矛盾)

자가=발전(自家發電)[—쩐] 명 전력의 소비자가 자가용으로 쓰기 위하여 마련한 발전 시설.

자가=보:존(自家保存) 명 자기 보존(自己保存)

자가=보:험(自家保險) 명 기업가 등이 불의의 손해에 대비하여 일정한 금액을 스스로 적립해 두는 일.

자가사리 명 동자갯과의 민물고기. 몸길이 6~10cm. 몸은 옆으로 납작하고 길쭉하며 입 주위에 네 쌍의 수염이 있음. 몸빛은 등 쪽이 짙은 적갈색이고 배 쪽은 옅은 갈색임. 우리 나라 고유종으로 맑은 냇물의 돌 밑에서 삶. 탁어(魠魚). 황협어(黃頰魚)

속담 **자가사리가 용을 건드린다** : 제힘에 겨운 것을 생각지 않고 함부로 강한 상대를 건드림을 이르는 말./**자가사리 끓듯 한다** : 사람들이 많이 모여 질서 없이 복작거림을 이르는 말.

자가=선전(自家宣傳) 명 자가 광고(自家廣告)

자가=소비(自家消費) 명 자기가 생산하여 자기가 소비하는 일.

자가=수분(自家受粉) 명 수술의 꽃가루가 같은 그루에 있는 꽃의 암술머리에 붙는 일. 특히 양성화(兩性花)에서 수분이 일어나는 경우는 자화 수분(自花受粉)이라고 함. 자가 수정 ☞타가 수분(他家受粉)

자가=수정(自家受精) 명 ①자가 수분 ②암수한몸인 동물에서, 난자(卵子)가 같은 몸 안에 있는 정자(精子)와 수정하는 일. 멍게·조충(絛蟲) 따위에서 볼 수 있음. ☞타가 수정

자가-용(自家用) 명 ①개인이 소유하여, 개인 또는 개인의 가정에서 전용하는 일, 또는 그 물건. ¶— 비행기/— 발전기 ②'자가용차'의 준말.

자가용-차(自家用車) 명 개인이 자기의 생활에서 전용으로 하는 자동차. 준 자가용(自家用) ☞영업용차

자가=운:전(自家運轉) 명 자기 차를 손수 운전하는 일.

자가=중독(自家中毒) 명 ①몸 안에서 생긴 유독한 물질로 말미암은 중독 현상. ②특별한 원인이 없이 어린아이가 갑자기 활기를 잃고 식욕 부진에 두통을 일으키다가 마침내 구토를 하는 병.

자가품 명 과로로 손목·발목·손아귀 등의 이음매가 시큰시큰 아프거나 저린 증세.

자각(自覺) 명 -하다 타 ①자기의 처지나 본분 등을 스스로 깨달음. ¶자신의 처지를 —하다. ②스스로 느낌. ¶— 증세 ③불교에서 이르는 삼각(三覺)의 하나. 미망(迷妄)에서 벗어나 스스로 진리를 깨닫는 일. ☞각타(覺他)

자각=증:세(自覺症勢) 명 환자 스스로 느끼는 병증. 발열·현기증·출혈·설사 따위.

자간(子癎) 명 한방에서, 임산부가 해산 직전이나 산후기에 갑자기 경련·발작하며 혼수 상태에 빠지는 병증을 이르는 말.

자간(字間) 명 글자와 글자의 사이. ¶—이 좁다. ☞행간

자갈 명 자잘한 돌멩이.

자갈-길[—낄] 명 자갈이 깔린 길.

자갈-밭 명 ①자갈이 많은 밭. ②자갈이 많은 땅. 석전

자:-갈색(紫褐色)[—쌕] 명 검누르면서 붉은빛을 조금 띤 빛깔. 자주고동색(紫朱古銅色)

자갈치 명 등가시칫과의 바닷물고기. 몸은 길고 옆으로 납작하며, 꼬리 쪽은 가늘고 길. 몸빛은 연한 갈색이며

배지느러미가 없음. 우리 나라의 동해와 오호츠크해에 분포함.

자강(自強·自彊) 명 -하다 자 스스로 힘써 자신을 강하게 함.

자강불식(自強不息)[-씩] 성구 스스로 힘쓰며 쉬지 않음을 이르는 일.

자개 명 금조개 조가비를 얇게 썬 조각. 갖가지 모양으로 오려서 옻칠을 한 바탕에 붙이거나 박아 자개그릇·자개장농 따위를 꾸미는 데 쓰임.

자개-그릇 명 자개를 박아서 만든 나무 그릇.

자개-농 명 '자개장농'의 준말.

자개미 명 아랫배와 허벅다리 사이의, 불두덩 양쪽의 오목한 곳.

자개-상(-床) 명 자개를 박아서 꾸미고 옻칠을 한 상.

자개-소반(-小盤) 명 자개를 박아서 꾸미고 옻칠을 한 소반.

자개-장(-*欌) 명 '자개장농'의 준말.

자개-장:농(-*欌-) 명 자개를 박아서 꾸미고 옻칠을 한 장농. 준 자개농. 자개장

자개-함(-函) 명 자개를 박아서 꾸미고 옻칠을 한 함.

자:객(刺客) 명 사람을 몰래 찔러 죽이는 사람.

자:객간인(刺客奸人) 성구 남을 몰래 찔러 죽이는 자와 남을 이간질하는 자라는 뜻으로, 마음씨가 매우 모질고 악한 사람을 비유하여 이르는 말.

자갸(∠自家) 대 '자기(自己)'를 예스럽게 조금 높이어 이르는 말.

자거(恣擧) 명 -하다 타 불교를 공부하는 동안에 느낀 바를 들어서 말하는 일.

자겁(自怯) 명 -하다 자 제풀에 겁을 냄.

자:-게(紫-) 명 자겟과의 게. 등딱지 길이는 4cm, 폭은 5cm 안팎. 몸빛은 연붉은 자줏빛이며, 몸 전체에 크고 작은 돌기가 나 있음. 집게발이 억세고 큼. 깊이 20~200m의 바다 밑 진흙이나 모래땅에 삶.

자격(字格)[-껵] 명 글자를 쓰는 법칙. 특히 한자(漢字)를 쓰는 법칙을 이름.

자격(資格) 명 ①일정한 신분이나 지위를 가지는 데 필요한 조건. ¶의사의 -./응시 - ②어떤 일을 하는 데 필요한 권리나 능력. ¶그를 비난할 -이 없다. ③어떤 조직 안에서 가지고 있는 일정한 신분이나 지위. ¶학생회장 -으로 참석하다.

자격-루(自擊漏) 명 물시계의 한 가지. 1434년(세종 16)에 장영실(蔣英實) 등이 왕명을 받아 만든 것으로, 물이 듣는 것을 이용하여 스스로 소리를 내어 시간을 알리도록 되어 있음.

자격=상실(資格喪失) 명 사형이나 무기 징역 또는 무기 금고의 판결을 받은 사람에게 일정한 자격을 갖지 못하도록 법률로 정한 명예형(名譽刑)의 한 가지.

자격=시험(資格試驗) 명 일정한 업무를 수행할 수 있는 자격이 있는지를 검정하는 시험.

자격=임:용(資格任用) 명 임용자가 일정한 자격이나 규정을 심사하여 임용하는 일, 또는 그 제도. ☞자유 임용

자격-자(資格者) 명 일정한 자격을 갖춘 사람.

자격=정지(資格停止) 명 수형자(受刑者)에게 당연히 또는 특별한 선고로써 일정한 자격의 전부나 일부를 일정 기간 법률로 정지하는 명예형(名譽刑)의 한 가지.

자격-증(資格證) 명 일정한 자격을 인정하는 증명서.

자격지심(自激之心) 명 자기의 처지나 자기가 한 일에 대하여 스스로 마땅치 않게 여기는 마음.

자견(自牽) 명 '자견마(自牽馬)'의 준말.

자견(煮繭) 명 실을 켜기 위하여 고치를 삶는 일.

자-견마(自牽馬) 명 '자경마'의 원말. 준 자견(自牽)

자결(自決) 명 -하다 자 ①스스로 목숨을 끊음. 자살(自殺) ②자기의 문제를 스스로 결정하고 해결함.

자결-권(自決權)[-꿘] 명 자기의 문제를 자기 스스로 결정하고 해결할 수 있는 권리.

자결-주의(自決主義) 명 남의 힘을 빌리지 않고 자기의 문제를 스스로의 힘으로 결정하고 해결하려는 주의.

자겸(自謙) 명 -하다 자 스스로 마음을 겸손히 가짐.

자경(自剄) 명 -하다 자 자문(自刎)

자경(自敬) 명 철학에서, 자기 인격의 절대적 가치와 존엄을 스스로 깨닫아 아는 일을 이르는 말. 자존(自尊)

자경(自警) 명 -하다 자 스스로 경계하여 조심함.

자-경마(∠自牽馬) 명 말 탄 사람이 스스로 고삐를 잡고 말을 모는 일. 원 자견마

자경마(를) 들다 관용 말 탄 사람이 스스로 고삐를 잡고 말을 몰다.

자계(自戒) 명 -하다 자 스스로 자신을 경계함.

자:계(刺薊) 명 소계(小薊)

자:계(磁界) 명 자기장(磁氣場)

자고(自顧) 명 -하다 자 스스로 자신을 돌아봄.

자:고(瓷鼓) 명 도자기로 된 장구.

자고(慈姑) 명 '소귀나물'의 딴이름.

자고(鷓鴣) 명 자고류의 새를 통틀어 이르는 말. 메추리보다 좀 크나 꽁지는 짧음. 몸빛은 갈색 바탕에 검은 반점이 있음. 산이나 들에서 나뭇잎·곤충 따위를 먹고 삶. 우리 나라와 중국, 유럽 동부 등지에 분포함.

-자고 어미 ①'-자 하고'가 줄어든 말. ¶아이들이 놀러 가자고 조른다. ②되묻는 뜻을 나타냄. ¶함께 가자고?

자고-로(自古-) 부 '자고이래로'의 준말. ¶- 인심 좋기로 이름난 고장.

자고-이:래(自古以來) 명 예로부터 이제까지. ¶-의 유풍(遺風). 준 고래(古來)

자고이:래-로(自古以來-) 부 예로부터 내려오면서. 준 고래로. 자고로. 자래로

자고자대(自高自大) 성구 스스로를 높이며 잘난체 함을 이르는 말.

자곡(自曲) 명 -하다 자 허물 있는 사람이 스스로 고깝게 여김.

자곡지심(自曲之心) 명 허물이 있는 사람이 스스로 고깝게 여기는 마음.

자공(自供) 명 -하다 타 경찰관 등의 신문에 대하여, 용의자가 자기의 범죄 사실 등을 스스로 말함, 또는 그 내용.

자과(自科) 명 자기가 저지른 죄과.

자과(自過) 명 자기의 잘못. 자기의 허물.

자과(自誇) 명 -하다 자 스스로 자랑함.

자과부지(自過不知) 성구 자기의 잘못을 자기가 알지 못함을 이르는 말.

자과-심(自誇心) 명 스스로 자랑하는 마음.

자괴(自愧) 명 -하다 자 스스로 부끄러워함.

자괴(自壞) 명 -하다 자 저절로 무너짐.

자괴지심(自愧之心) 명 스스로 부끄러워하는 마음.

자구(字句)[-꾸] 명 문자와 어구. ¶-를 수정하다.

자구(自求) 명 -하다 타 스스로 구함.

자구(自灸) 명 '미나리아재비'의 딴이름.

자구(自救) 명 -하다 자 스스로를 구원함.

자:구(磁區) 명 강자성체(強磁性體)의 내부에서 일정한 방향의 자기(磁氣)를 가지고 있는 작은 영역.

자:구(藉口) 명 -하다 자 구실을 지어 핑계함, 또는 핑계가 될만 한 구실.

자구-권(自救權)[-꿘] 명 법률에서, 자구 행위를 할 수 있는 권리를 이르는 말.

자:구지단(藉口之端) 명 핑계 삼을만 한 거리. 핑곗거리

자구-책(自救策) 명 스스로를 구하기 위한 방책.

자구=행위(自救行爲) 명 형법에서, 자기 또는 타인의 권리 침해를 구제하는 데 국가 권력의 도움을 얻기 어려운 경우, 자기 스스로 적합한 구제 방법을 쓰는 일. ☞자력 구제(自力救濟). 자조(自助)

자국[1] 명 ①어떤 물체에 다른 물체가 닿거나 하여 생긴 자리. ¶눈물 -/바퀴 - ②상처나 부스럼 따위가 아문 뒤에 남은 흉터. ¶수술 -/마마 - ☞흔적(痕迹)

자국(을) 밟다 관용 남이 남긴 발자국을 따라 뒤쫓다.

자국(이) 나다 관용 자국이 생기다.

자국[2] 명 ①어떤 물건이 생산되거나 모여들거나 하는 고장. ②어떤 일이나 사건이 시작된 곳. ③붙박이로 있어야 할 자리.

자국(自國) 명 자기의 나라.

ㅈ

자국-눈 명 겨우 발자국이나 날 정도로 조금 내려 쌓인 눈. 박설(薄雪)

자국-물 명 ①발자국에 고인 물. ②겨우 발목에나 닿을 정도로 적은 물.

자국-민(自國民) 명 자기 나라의 국민.

자국민=대:우(自國民待遇) 명 재판, 과세, 계약, 재산권 등에 대하여, 국가가 외국 국민을 자기 나라 국민과 차별하지 않고 동등하게 대우하는 일. 내국민 대우

자국-인(自國人) 명 자기 나라의 사람.

자굴(自屈) 명-하다 자 스스로 굽힘.

자굴지심(自屈之心)[-찌-] 명 스스로 굽히는 마음.

자궁(子宮) 명 여성 생식기의 한 부분. 수정란이 착상하여 자라는 곳으로 편평한 가지 모양임. 골반의 가운데, 곧 방광과 직장(直腸) 사이에 있음. 아기집. 자호(子壺). 포궁(胞宮)

자궁-강(子宮腔) 명 자궁 안에 있는 빈 곳.

자궁=내:막염(子宮內膜炎)[-념] 명 임균·결핵균 등의 세균에 감염되어 생기는 자궁 내막의 염증. 대하증·하복통·발열 등의 증세가 나타남.

자궁-병(子宮病)[-뼝] 명 자궁에 생기는 병을 통틀어 이르는 말.

자궁-암(子宮癌) 명 자궁에 생기는 암. 자궁 경부(頸部)에 생기는 자궁경암과 자궁 체부(體部)에 생기는 자궁체암으로 나뉨.

자궁-염(子宮炎)[-념] 명 자궁의 안벽에 생기는 염증.

자궁외=임:신(子宮外妊娠) 명 수정란이 자궁강(子宮腔)이 아닌 난관·난소·복막 등에 착상하여 자라는 임신.

자궁-탈(子宮脫) 명 자궁이 제자리보다 아래로 내려앉아 그 일부가 질(膣) 밖으로 나와 있는 상태, 또는 그러한 병. 탈음증(脫陰症)

자궁=후:굴(子宮後屈) 명 자궁의 몸체가 경부(頸部)에서 뒤로 굽어 있는 상태.

자궤(自潰) 명-하다 자 저절로 뭉그러짐.

자귀[1] 명 나무를 찍어서 깎는 데 쓰는 연장의 한 가지. 길쭉한 나무토막 한쪽 끝에 가로로 된 쇠 날을 박고, 다른 한쪽 중간에 구멍을 내어 자루를 박아 씀. 크기에 따라 소자귀·중자귀·대자귀가 있음. ☞까뀌

ㅈ

자귀[2] 명 짐승의 발자국.

자귀(를) 짚다 관용 짐승을 잡으려고 발자국을 따라가다.

자귀[3] 명 개나 돼지 따위에 생기는 병의 한 가지. 흔히 너무 많이 먹어서 생기는데, 배가 붓고 발목이 굽으며 잘 일어서지 못함.

자귀(가) 나다 관용 개나 돼지 따위가 너무 많이 먹어서 자귀가 생기다.

자귀-나무 명 콩과의 낙엽 교목. 높이 3~5m. 잎은 깃꼴 겹잎이며 밤에는 오므라듦. 6~7월에 수술이 긴 붉은 꽃이 가지 끝이나 잎겨드랑이에 모여 핌. 열매는 9~10월에 익는데 편평한 꼬투리로 길이 10cm 안팎이며 5, 6개의 종자가 들어 있음. 나무껍질은 한방에서 신경 쇠약 등에 약재로 쓰임. 우리 나라의 황해도 이남과 일본, 이란에서 남아시아에 걸쳐 분포함. 합환목(合歡木)

자귀-벌 명 산판에서 벌목한 원목을 자귀로 다듬은 것. ☞도끼벌

자귀-질 명-하다 자 자귀로 나무를 깎는 일.

자귀-풀 명 콩과의 한해살이풀. 줄기 높이는 50~100cm. 잎은 깃꼴 겹잎으로 어긋맞게 남. 여름에 연한 노란색 꽃이 피고 열매는 꼬투리로 맺힘. 밭둑이나 습지에 나며 잎은 차 대용으로 쓰임. 우리 나라와 아시아의 온대·열대 등지에 분포함.

자귓-밥 명 자귀질할 때 깎여 나오는 나무 부스러기. ☞비목(飛木)

자규(子規) 명 '두견이'의 딴이름.

자그락-거리다(대다) 자 하찮은 일로 서로 못마땅하게 여기어 자꾸 옥신각신 다투다. ☞지그럭거리다. 짜그락거리다

자그락-자그락 부 자그락거리는 모양을 나타내는 말. ☞지그럭지그럭. 짜그락짜그락

자그르르 부 적은 양의 물이나 기름 따위가 갑자기 끓으면서 졸아드는 소리를 나타내는 말. ☞지그르르. 짜그르르

자그마치 부 ①자그마하게. 적게 ¶밥 좀 - 먹어라. ②짐작했던 것보다 훨씬 많을 때 반어적(反語的)으로 쓰는 말. ¶그 동안 모은 돈이 - 1억 원이다.

자그마-하다 형여 보기에 좀 작은듯 하다. ¶자그마한 몸집. 준자그맣다 ☞조그마하다

자그맣다(자그맣고·자그만) 형ㅎ '자그마하다'의 준말.

자그시 부 ①어떤 대상에 가볍게 또는 살며시 힘을 주는 모양을 나타내는 말. ¶눈자위를 - 누르다. ②복받치는 감정 따위를 참을성 있게 견디는 모양을 나타내는 말. ¶돌아가고 싶은 마음을 - 누르다. ☞지그시

자:극(刺戟) 명-하다 타 ①감각 기관에 작용하여 어떤 반응을 일으킴, 또는 그러한 작용. ¶위에 -을 주는 음식. ②정신적으로 흥분시키거나 충동하게 함, 또는 그러한 작용. ¶학기말 시험 성적에 -을 받다./호기심을 -하다./감정을 -하는 발언.

자:극(磁極) 명 ①자석의 자기력(磁氣力)이 가장 센 양끝 부분. ②지구 자기장의 극이 되는 지점, 곧 자북극과 자남극.

자:극-물(刺戟物) 명 자극을 주는 물질이나 사물.

자:극=비:료(刺戟肥料) 명 적은 양으로 농작물의 생리적 기능을 자극함으로써 토양 양분 흡수의 효율을 높이어 발육을 좋게 하는 비료. 망간·구리·철·붕소의 화합물 따위. 보조 비료(補助肥料)

자:극-성(刺戟性) 명 감각이나 신경 따위를 자극하는 성질. ¶-이 있는 음식을 피하다.

자:극-역(刺戟閾)[-녁] 명 심리학에서, 어떤 감각을 일으키는 데 필요한 가장 적은 자극량(刺戟量)을 이르는 말. ☞역(閾)

자:극=운:동(刺戟運動) 명 식물 세포가 외부의 자극에 대한 반응으로 일으키는 일련의 운동.

자:극-적(刺戟的) 명 신경이나 감각 등을 자극하는 것, 또는 자극이 될만 한 것. ¶-인 옷차림.

자:극-제(刺戟劑) 명 ①생체에 작용하여 어떤 반응을 일으키는 약제. ②사람의 마음이나 기분에 작용하여 어떤 행동을 일으키는 요소. ¶선배의 충고가 -가 되다.

자:근(紫根) 명 자초근(紫草根)

자근-거리다(대다) 자타 ①잇달아 가볍게 누르거나 두드리다. ②남을 은근히 귀찮게 하거나 자꾸 졸라대다. ③가볍게 자꾸 깨물거나 씹다. ¶껌을 자근거리며 씹다. ☞지근거리다. 짜근거리다. 차근거리다

자근덕-거리다(대다) 자 끈덕지게 자근자근 괴롭히다. ☞지근덕거리다. 짜근덕거리다. 차근덕거리다

자근덕-자근덕 부 자근덕거리는 모양을 나타내는 말. ☞지근덕지근덕. 짜근덕짜근덕

자근-자근 부 자근거리는 모양을 나타내는 말. ¶- 귀찮게 굴다./입술을 - 깨물다. ☞지근지근. 짜근짜근

자글-자글[1] 부 ①액체가 갈쭉하게 잦아들며 끓는 소리, 또는 그 모양을 나타내는 말. ¶찌개 국물이 - 끓다. ②어린아이의 몸에 열이 몹시 오르는 모양을 나타내는 말. ¶이마가 - 끓다. ③화가 나서 속이 타거나 걱정스러워 마음이 죄는 모양을 나타내는 말. ¶속이 - 타다./속을 - 끓이다. ☞지글지글. 짜글짜글[1]

자글-자글[2] 부-하다 형 잔주름이 옆으로 퍼지듯이 많이 져 있는 모양을 나타내는 말. ¶입가에 주름이 - 잡히다./눈가에 주름이 -하다. ☞짜글짜글[2]

자:금(資金) 명 ①자본이 되는 돈. ¶-이 달리다. ②일정한 일을 하는 데 필요한 큰돈. ¶선거 -

자금-거리다(대다) 자 음식에 섞인 잔모래 따위가 가볍게 자꾸 씹히다. ☞지금거리다. 짜금거리다

자:금-난(資金難) 명 자금이 부족하여 겪는 어려움. ¶-을 겪다./-을 해소하다.

자:금=동:결(資金凍結) 명 ①금융 기관이 자금의 소유자에게 자금의 인출이나 대체 등 그 처분과 이동을 제한하거나 금지하는 금융적인 제재 조처. ②대부(貸付)한 자금이 회수되지 않는 일.

자:금-우(紫金牛)명 자금우과의 상록 소관목. 높이 15~20cm. 잎은 길둥근 꼴이고 가장자리에 잔 톱니가 있음. 여름에 흰 꽃이 피며 가을에 동근 열매가 붉게 익음. 한방에서 진해·거담·관절염 등의 치료에 약재로 쓰임. 우리 나라 남부와 일본, 타이완, 중국 등지에 분포하며 관상용으로도 재배함.

자금이후(自今以後) '지금으로부터 뒤'의 뜻. 이금이후(而今以後)

자금-자금 부 자금거리는 모양을 나타내는 말. ¶첫술부터 모래가 ─ 씹히다. ☞지금지금. 자끔자끔

자:금=통:제(資金統制)명 정부나 중앙 은행이 금융 시장의 수입과 지급을 자연적인 추세에 맡겨 두지 않고 일정한 목표에 따라서 조정하는 일. 자금의 원활한 수급과 통화 가치의 안정을 위하여 실시하는 정책임.

자:금=포지션(資金position)명 금융 기관에서 대출이나 투자 등으로 생기는 자금의 과부족 상태를 이르는 말.

자급(自給)명-하다타 자기에게 필요한 것을 자기 힘으로 마련하여 씀.

자급=비:료(自給肥料)명 농가에서 자체로 만들어 쓰는 거름. 두엄·쇠두엄·인분뇨·재 따위.

자급-자족(自給自足)명 자기에게 필요한 것을 자기가 생산하여 충당함. ¶먹을 것을 ─하다.

자긋-자긋[─귿─]부 ①자그시 자꾸 누르거나 당기거나 밀거나 하는 모양을 나타내는 말. ②싫거나 괴로운 것을 가까스로 참고 견디는 모양을 나타내는 말. ☞지긋지긋

자긋자긋-하다[─귿─귿─]형여 ①진저리치도록 싫고 괴롭다. ¶자긋자긋하게 쫓아다니다. ②몸에 소름이 끼치도록 잔인하다. ¶자긋자긋한 광경. ☞지긋지긋하다

자긍(自矜)명-하다자 자기의 재능이나 일의 성과 등에 대하여 스스로 자랑스러워함.

자긍-심(自矜心)명 자기의 재능이나 일의 성과 등에 대하여 스스로 자랑스러워하는 마음.

자기(自己)[1]명 어떤 행위나 작용의 주체로서 자신을 이르는 말. ¶─ 자랑/─ 고향/─ 위주로 생각하다./─에게 유리한 증언.

한자 **자기 기**(己) 〔己部〕 ¶극기(克己)/이기(利己)

자기(自記)명-하다타 ①스스로 기록함. ②기계가 자동적으로 부호나 문자 따위를 기록하는 일.

자기(自起)명-하다자 ①남의 도움을 받지 않고 제 힘으로 일어남. ②저절로 일어남.

자기(自期)명-하다자 스스로 마음속으로 기약함.

자기(自棄)명-하다자 스스로 자기를 버리고 돌아보지 않음.

자기(自欺)명-하다자 스스로 자기를 속임.

자:기(瓷器·磁器)명 도자기의 한 가지. 백토(白土) 따위를 여러 모양으로 빚어 1,300~1,500°C의 높은 온도의 가마에서 구워 만듦. 겉면이 매끄럽고 단단하며 두드리면 맑은 쇳소리가 남. ☞도기(陶器)·석기(炻器)·토기(土器)

자:기(磁氣)명 쇠붙이를 끌어당기는 등 자석의 특유한 물리적 성질.

자기(自己)[2]대 문장 등에서, 앞에 언급한 사람을 도로 가리켜 이르는 말. ¶그는 ─ 아버지를 존경한다.

자기=감:응(自己感應)명 자체 유도(自體誘導)

자:기=감:응(磁氣感應)명 자기 유도(磁氣誘導)

자기=개:념(自己概念)명 자기가 어떠한 인간인가에 대해서 품고 있는 생각.

자기=고도계(自記高度計)명 자동적으로 고도를 기록하는 항공용 계기.

자기=관찰(自己觀察)명 자기의 정신 상태나 움직임을 스스로 관찰하는 일. 내관(內觀)

자기=광:고(自己廣告)명 자가 광고(自家廣告)

자:기=기록(磁氣記錄)명 전자기(電磁氣)를 응용하여 정보를 기록하는 일.

자:기=기뢰(磁氣機雷)명 함선이 가까이 다가오면 자기의 유도 작용에 따라 자동적으로 폭발하도록 된 기뢰.

자기=기만(自己欺瞞)명 스스로 자기 마음을 속이는 일. 자기의 신조나 양심에 어긋난다는 것을 의식하면서도 실행하는 경우를 이름.

자기=기압계(自記氣壓計)명 기압이 시간마다 변화하는 것을 자동적으로 기록하는 장치.

자:기=나침반(磁氣羅針盤)명 지구의 자기(磁氣)를 이용하여 자침(磁針)으로 방위를 알 수 있도록 만든 기구. 자기 나침의. 자기 컴퍼스

자:기=나침의(磁氣羅針儀)명 자기 나침반(磁氣羅針盤)

자:기=녹음(磁氣錄音)명 자기 기록의 한 가지. 강자성체(強磁性體)의 자화 현상(磁化現象)을 이용하여 음(音)을 자기 테이프나 자기 디스크 따위에 기록하는 일.

자:기-도(磁氣圖)명 지구 표면에 지구 자기(地球磁氣) 요소가 분포된 상태를 나타낸 지도.

자:기=디스크(磁氣disk)명 금속이나 플라스틱으로 만든 원반에 자성(磁性) 물질을 입힌 컴퓨터 기억 매체.

자:기-량(磁氣量)명 자석 또는 자화(磁化)한 자성체(磁性體)에 나타나는 자극(磁極)의 세기를 나타내는 양.

자:기-력(磁氣力)명 같은 극끼리는 서로 밀치고 다른 극끼리는 서로 끌어당기는 자극(磁極) 사이에 작용하는 힘. 자력(磁力)

자:기력-선(磁氣力線)명 자기장에서, 자기력이 작용하는 방향을 나타내는 선. 자력선(磁力線)

자:기력선-속(磁氣力線束)명 자기장의 어느 수직 단면을 지나는 자기력선의 양. 자속(磁束)

자기-류(自己流)명 자기의 주관대로 하는 방식. 자기만의 독특한 방식. ¶─의 평가.

자기=만족(自己滿足)명 자기 자신이나 자기의 행위에 스스로 만족하는 일.

자기=면:역(自己免疫)명 어떠한 원인으로 자기 몸의 구성 성분에 대하여 일어나는 면역 반응.

자:기=모:멘트(磁氣moment)명 자성(磁性)의 크기를 나타내는 양의 한 가지. 자기장에서 자극의 세기와 양극과 음극 간의 거리의 곱임.

자기=모순(自己矛盾)명 자기의 논리와 행위, 실천 등에서 앞뒤가 맞지 않고 서로 대립하는 일. ☞자가당착

자기=변:호(自己辯護)명 자기 자신에게 이롭도록 주장하며 자기의 처지를 좋게 하려고 변명하거나 해명하는 일.

자기=보:존(自己保存)명 생물이 본능적으로 자기의 생명을 보존, 발전시키려고 하는 일. 자가 보존(自家保存)

자기=본위(自己本位)명 자기의 이해 관계를 기준으로 하여 생각하고 행동하는 일.

자:기=부상=열차(磁氣浮上列車)[─녈─]명 자기(磁氣)의 힘으로 차체가 궤도 위를 뜬 채로 달리는 열차. 소음과 진동이 적고 고속으로 달릴 수 있어 초고속 열차로 개발되고 있음.

자기=부:정(自己否定)명 이제까지의 자기 자신을 부정하는 일. 변증법에서는 다음의 새로운 자기 발전을 위하여 필연적으로 거쳐야 할 단계로 삼음.

자기=분석(自己分析)명 자기의 행위와 결과, 심리 상태 등을 스스로 분석하는 일.

자기=분해(自己分解)명 자기 소화(自己消化)

자기=비:판(自己批判)명 자기의 생각과 행동, 또는 그 결과에 대하여 스스로 비판하는 일. 자아 비판(自我批判)

자기=생산(自己生產)명 자기에게 필요한 물건을 제 스스로 만드는 일. ☞시장 생산(市場生產)

자기=소개(自己紹介)명 처음 만나는 사람에게 자기의 이름·경력·직업·취미 따위를 말이나 글로 알리는 일.

자기=소화(自己消化)명 생물체가 자기의 체내에 지니고 있는 효소로 몸의 성분을 분해하는 일. 동물이 죽었을 때, 단백질 등의 구성 물질이 분해되는 일 따위. 자기 분해(自己分解)

자기=습도계(自記濕度計)명 시간이 지남에 따라 변화하는 습도를 자동적으로 기록하는 장치.

자기=실현(自己實現)명 자아 실현(自我實現)

자기=암:시(自己暗示)명 자기 스스로에게 일정한 관념을 되풀이하여 암시함으로써 그러한 관념이 마음에 새겨지

ㅈ

게 하는 심리 작용.
자기앞=수표(自己-手票)[-압-]명 은행이 자기를 지급인으로 정하여 발행하는 수표. 보증 수표(保證手票)
자기앞=어음(自己-)[-압-]명 발행인이 자기를 지급인으로 정하여 발행하는 어음.
자기-애(自己愛)명 자기 자신을 사랑의 대상으로 삼아 그것에 도취하는 일. 나르시시즘 ☞대상애(對象愛)
자기=온도계(自記溫度計)명 시간이 지남에 따라 변화하는 온도를 자동적으로 기록하는 장치.
자기=우:량계(自記雨量計)명 강우량을 자동적으로 기록하는 장치.
자기=유도(自己誘導)명 자체 유도(自體誘導)
자:기=유도(磁氣誘導)명 자기장에 놓여 있는 물체가 자성(磁性)을 띠는 현상. 자기 감응(磁氣感應)
자기=의식(自己意識)명 외계(外界)나 남과 구별되는 자아(自我)로서 자기를 의식하는 일. 자의식(自意識)
자기=일사계(自記日射計)[-싸-]명 일사량(日射量)의 시간적 변화를 자동으로 기록하는 장치.
자기=자:본(自己資本)명 기업의 자본 가운데서 주주 등 출자자가 지분(持分)을 가지는 자본. ☞타인 자본
자:기=자오선(磁氣子午線)명 지구 자기장의 수평 자기력(水平磁氣力)의 방향을 나타내는 곡선.
자:기-장(磁氣場)명 자석의 주위나 전류가 지나는 도선(導線) 주위에 생기는, 자기력이 미치는 공간. 자계(磁界). 자장(磁場)
자기=장치(自記裝置)명 시간에 따라 변화하는 현상을 자동으로 기록하는 장치를 통틀어 이르는 말.
자:기=저:항(磁氣抵抗)명 자기 회로에서 자기력선속(磁氣力線束)에 대한 저항력. 자기 회로의 길이에 비례하고 단면적과 투자율(透磁率)에 반비례함.
자:기=적도(磁氣赤道)명 지구상에서 지구 자기의 복각(伏角), 곧 자침(磁針)의 방향과 수평면이 이루는 각이 0인 점을 연결한 선. 지리학상의 적도와 일치하지는 않음.
자기=점유(自己占有)명 직접 점유 ☞대리 점유
자기-주의(自己主義)명 이기주의(利己主義)
자:기=증폭기(磁氣增幅器)명 강자성체(強磁性體)의 자기 포화 현상을 이용하여 전류를 증폭하는 장치.
자기=진:단(自己診斷)명 자기 평가(自己評價)
자:기=카:드(磁氣card)명 겉면의 일부 또는 전체에 자성체(磁性體)를 입힌 정보 기록용 카드. 신용 카드나 현금 인출 카드 따위.
자:기=컴퍼스(磁氣compass)명 자기 나침반
자:기=코어(磁氣core)명 주기억 장치에서 기억 소자로 쓰이는 도넛 모양의 자성(磁性) 물질.
자:기=탐광(磁氣探鑛)명 물리 탐광법의 한 가지. 지구 자기의 국지적 변화를 측정하여 광상(鑛床)을 탐지하거나 지질 구조를 분석하는 방법. 자기 탐사
자:기=탐사(磁氣探査)명 자기 탐광(磁氣探鑛)
자:기=탐지기(磁氣探知機)명 자기(磁氣)를 이용하여, 주로 물 속의 잠수함을 찾아내는 장치.
자:기=테이프(磁氣tape)명 플라스틱테이프의 표면에 자성(磁性) 물질을 입힌 기억 매체. 녹음이나 녹화, 컴퓨터의 기억 매체로 쓰임. ㊟테이프
자기=평:가(自己評價)[-까]명 자기의 정신이나 행동, 개성 따위를 남과 비교하여 평가하는 일. 자기 진단
자:기=폭풍(磁氣暴風)명 전지구에 걸쳐 자기장에 일어나는 급격한 큰 변동. 대개 통신 장애를 일으키며, 태양의 흑점 수의 변화와 깊은 관계가 있음.
자기=항:체(自己抗體)명 자기 자신의 몸의 구성 성분과 반응을 일으키는 항체.
자기=현:시(自己顯示)명 자기의 존재를 유난히 남에게 드러내는 일.
자기=혐오(自己嫌惡)명 자기 자신을 싫어하는 일.
자기=확보(自己確保)명 바위 산을 오를 때, 하켄이나 나무, 바위 등으로 자기 자신을 안전하게 확보하는 일.

자:기=회로(磁氣回路)명 자기력선속(磁氣力線束)이 흐르도록 만든 닫힌 회로. ㊟자로(磁路)
자깝-스럽다(-스럽고·-스러워)형ㅂ 어린것이 너무 어른스럽게 행동하여 깜찍하다.
자깝-스레부 자깝스럽게
자-꺾음명 물매를 잡을 때, 한 자의 수평 길이에 대하여 수직으로 꺾어 올리는 높이를 치수로 나타내는 일.
×**자꾸**명 →지퍼(zipper)
자꾸부 ①여러 번 되풀이하여. ¶- 물어 보다./- 실수를 하다. ②점점 더. ¶체중이 - 늘다.
-자꾸나어미 주로 동사의 어간에 붙어, '-자'보다 친근하게 나타내는 청유의 종결 어미. ¶그만 가자꾸나./나 좀 보자꾸나./여기 있자꾸나./조용하자꾸나.
자꾸-만부 '자꾸'를 강조하여 이르는 말.
자끈부 가늘고 단단한 물건이 갑자기 세게 부러지는 소리, 또는 그 모양을 나타내는 말. ¶회초리가 - 부러지다./나무젓가락을 - 부러뜨리다. ☞지끈
자끈-거리다(대다)[1]자 자꾸 자끈 소리를 내다. ☞지끈거리다[1]
자끈-거리다(대다)[2]자 머리 따위가 자끈자끈 쑤시다. ☞지끈거리다[2]
자끈-둥부 가늘고 단단한 물건이 갑자기 세게 부러져 도막이 나는 모양을 나타내는 말. ☞지끈둥
자끈-자끈[1]부 자꾸 자끈 하는 소리, 또는 그 모양을 나타내는 말. ¶마른 나뭇가지를 - 부러뜨리다. ☞지끈지끈[1]
자끈-자끈[2]부 머리 따위가 콕콕 쑤시듯이 아픈 모양을 나타내는 말. ¶열이 나고 머리가 - 쑤신다. ☞지끈지끈[2]
자끔-거리다(대다)자 음식에 섞인 잔모래 따위가 세게 자꾸 씹히다. ☞자금거리다. 지끔거리다
자끔-자끔부 자끔거리는 모양을 나타내는 말. ☞자금자금. 지끔지끔
자나-깨:나부 언제나 늘. ¶- 자식 자랑이다.

> ▶ 자나-깨나
> '자나깨나'는 두 단어가 어울려서 이루어진 복합부사(複合副詞)이다. 이 단어와 비슷한 뜻을 가진 복합부사로 '앉으나서나', '지나새나'도 있다.
> 이와 구성이 비슷한 단어로는, '오나가나', '가나오나'도 있다.

자-나방명 나비목 자나방과의 곤충을 통틀어 이르는 말. 날개가 크고 몸이 날씬하지만 힘차게 날지 못하고 내려앉을 때 날개를 수평으로 놓는 것이 특징임. 전세계에 약 12,000종이 분포함.
자:-난초(紫蘭草)명 꿀풀과의 여러해살이풀. 줄기 높이는 50cm 안팎. 산지에 자라는데, 잎은 마주나며 넓은 길둥근 꼴로 잎자루가 있음. 6월경에 짙은 자줏빛 꽃이 피며 8월경에 둥근 열매가 달림.
자:-남극(磁南極)명 지구 자기의 축(軸)이 지구 표면과 만나는 남쪽 점, 곧 자침이 가리키는 남쪽 끝. 남자극(南磁極) ☞자북극(磁北極)
자낭(子囊)명 포자낭(胞子囊)
자낭균-류(子囊菌類)[-뉴]명 균계 진균류의 한 아문(亞門). 술·된장 등 발효 식품의 제조에 이용되는 효모(酵母)와 누룩곰팡이, 항생제인 페니실린의 원료가 되는 푸른곰팡이, 동충하초(冬蟲夏草) 따위가 이에 딸림. ☞담자균류(擔子菌類)
자낭-체(子囊體)명 자실체(子實體)
자내-거둥(∠自內擧動)명-하다자 지난날, 임금이 대궐 안에서 거둥하던 일.
자네대 연배(年輩)거나 손아래인 사람을 친근하게 직접 가리켜 일컫는 말. ¶-니까 하는 말일세.
자녀(子女)명 아들과 딸. 아들딸
자:녀-안(恣女案)명 고려·조선 시대, 양반 집 여자로서 품행이 나쁘거나 세 번 이상 개가(改嫁)한 사람의 소행(所行)을 적어 두던 관아의 문서.
자년(子年)명 간지(干支)의 지지(地支)가 자(子)인 해. 갑자년(甲子年)·병자년(丙子年) 따위. ☞십이지(十二

支). 자생(子生). 쥐해. 지지(地支). 태세(太歲)

자-놀이(字-)명-하다자 한시(漢詩)를 지을 때, 형식과 내용에 맞추어 글자를 놓는 일.

자농(自農)명 '자작농(自作農)'의 준말.

-자느니 어미 동사 어간에 붙어, 이리하자 저리하자 열거함을 나타내는 연결 어미. ¶가자느니 더 있자느니 의견이 각각이다.

자늑-자늑 부-하다형 움직임이 부드럽고 조용하고 가벼운 모양을 나타내는 말.

자:니(紫泥)명 잿물을 입히지 않은 도자기의 검붉은 빛.

-자니 어미 '-고자 하니'가 줄어든 말. '의도'를 나타내는 연결 어미. ¶옛 친구를 찾자니 길이 없구나./가자니 태산이요, 돌아서자니 숭산이라.

자닝-스럽다(-스럽고·-스러워) 형ㅂ 자닝한 데가 있다. **자닝-스레** 부 자닝스럽게

자닝-하다 형여 모습이나 처지 따위가 딱하고 애처로워 차마 볼 수 없다.

자다 자 ①한동안 눈을 감고 의식 없는 상태에 들어가 몸과 마음을 쉬다. ¶하루 종일 -./늦잠을 -. ②바람이나 물결 따위가 잠잠해지다. ¶바람이 -./파도가 -. ☞가라앉다 ③기계 따위가 멈추다. ¶시계가 -. ④화투 딱지 따위가 떼어놓은 몫의 맨 밑에 깔리다. ⑤'성 관계를 가지다'를 에둘러 이르는 말. ⑥무엇에 눌려서 납작한 상태가 되다. ¶솜이 자도록 눌러 놓다./머리칼이 자니까 모자를 쓰지 말거라. ⑦〔타동사처럼 쓰임〕¶개구리가 겨울잠을 -./누에가 석 잠을 -.

속담 **자는 범 코침 주기** : 공연히 건드려 화를 부름을 이르는 말./**자다가 벼락을 맞는다** : 뜻하지 않은 큰 변을 당함을 이르는 말./**자다가 봉창 두드린다** : 얼토당토않은 딴 말을 함을 이르는 말./**자다가 얻은 병** : 뜻밖에 당한 재앙을 이르는 말.

한자 **잘 면**(眠)〔目部 5획〕¶수면(睡眠)/안면(安眠)
잘 수(睡)〔目部 8획〕¶가수(假睡)/오수(午睡)
잘 침(寢)〔宀部 11획〕¶침구(寢具)/침석(寢席)/침소(寢所)/침식(寢食)/침실(寢室)

자단(自斷)명-하다자타 스스로 끊는다는 뜻으로, 스스로 결단을 내림을 이르는 말.

자:단(紫檀)명 콩과의 낙엽 교목. 높이 10m 안팎. 잎은 깃꼴 겹잎으로, 잔잎은 둥글며 꽃은 노랑나비 모양임. 인도 남부 원산으로 재목은 화류(樺榴)라고 하며 건축이나 가구 따위의 재료로 쓰임.

자:단-향(紫檀香)명 자단을 잘게 깎아 만든 향. 불에 피우기도 하고 약으로 쓰기도 함.

자담(自擔)명-하다타 책임이나 부담을 스스로 짐. 자당(自當) ¶비용을 -하다.

자답(自答)명-하다자 자신의 물음에 대하여 스스로 대답함, 또는 그러한 대답.

자당(自當)명-하다타 자담(自擔)

자당(自黨)명 자기의 당파(黨派).

자당(慈堂)명 남의 어머니를 높이어 일컫는 말. 모당(母堂). 모주(母主) ☞대부인. 훤당(萱堂)

자당(蔗糖)명 수크로오스(sucrose) 준 당(糖)

자대(自大)명-하다자 스스로를 크게 여기어 잘난체 함.

자도(子道)명 아들로서 지켜야 할 도리.

자도(紫桃)명 '자두'의 원말.

자독(自瀆)명 스스로 자신을 더럽힌다는 뜻으로, '수음(手淫)'을 달리 이르는 말.

자돈(仔豚)명 새끼 돼지.

자동(自動)명 기계 따위가 일정한 장치에 따라 저절로 움직이는 일. ☞수동(手動)

자:동(刺桐)명 '엄나무'의 딴이름.

자:동(紫銅)명 적동(赤銅)

자동=경운기(自動耕耘機)명 원동기를 장치하여 논밭을 갈거나 김을 매는 데 쓰는 농업 기계. 동력 경운기

자동-계단(自動階段)명 에스컬레이터(escalator)

자동=권:총(自動拳銃)명 한 번 쏘고 나면 총알이 자동으로 장전되어 잇달아 쏠 수 있는 권총.

자동=기록기(自動記錄器)명 여러 가지 계기(計器)로 잰 습도·온도·주파수·전압·전력 따위의 값을 용지나 테이프 따위에 자동으로 기록하는 장치.

자동=기술법(自動記述法)[-뻡]명 초현실주의의 시나 회화 따위에서 쓰이는 기법의 한 가지. 무의식의 세계에서 솟구쳐 오르는 이미지를 의식이나 의도 없이 그대로 옮기는 기법임.

자동=대:패(自動-)명 동력을 써서 자동으로 나무를 깎는 대패.

자동-률(自動律)명 동일률(同一律)

자동=면:역(自動免疫)명 어떤 병을 앓거나 백신을 접종하거나 하여 항원(抗原)이 침입했을 때 생체 스스로 항체를 만들어 이루어지는 면역. 능동 면역(能動免疫) ☞수동 면역(受動免疫)

자동-문(自動門)명 사람의 드나듦에 따라 자동으로 열리고 닫히는 문.

자동=번역(自動飜譯)명 기계 번역(機械飜譯)

자동사(自動詞)명〈어〉동사의 한 갈래. 동작 주체의 동작이나 작용이 스스로에게만 미치는 동사. '비가 내린다.', '물이 얼음이 된다.'에서 '내린다'나 '된다'와 같은 동사. ☞타동사(他動詞)

자동=선반(自動旋盤)명 금속 소재를 깎거나 자르거나 하는 공구(工具)가 자동으로 움직여서 작업이 단계적으로 이루어지는 선반.

자동=소:총(自動小銃)명 한 번 쏘고 나면 총알이 자동으로 장전되어 잇달아 쏠 수 있는 소총.

자동-식(自動式)명 어떤 작동이나 작업이 사람의 힘을 빌리지 않고 자동으로 이루어지는 방식. ¶- 문/- 계단 ☞수동식(手動式)

자동식=전:화(自動式電話)명 전화 번호를 누르면 자동식 전화 교환기를 통해 자동으로 상대편과 통화할 수 있는 전화. 자동 전화(自動電話)

자동=신호(自動信號)명 빛깔이나 소리, 광선 따위의 일정한 부호를 자동으로 나타내는 신호. 교통 신호 따위.

자동=악기(自動樂器)명 자동 피아노나 오르골 등과 같이 자동으로 악곡이 재현되므로 연주자가 필요 없는 악기.

자동=연결기(自動連結器)[-년-]명 철도용 차량의 양 끝에 붙어서 차량과 차량을 자동으로 이어 주는 장치.

자동=열차=제:어=장치(自動列車制御裝置)[-녈-]명 열차의 운행 속도나 정지를 자동적으로 관리하는 장치. 에이티시(ATC)

자동=인형(自動人形)명 ①기계 장치를 하여 자동으로 움직이게 만든 인형. ②자기의 의지는 없이 기계적으로 움직이는 사람을 비유하여 이르는 말.

자동=저울(自動-)명 저울판에 물건을 올려 놓으면 자동으로 무게를 눈금이나 숫자로 나타내는 저울.

자동-적(自動的)명 ①다른 힘을 빌리지 않고 저절로 움직이는 것. ¶문이 -으로 열리다. ②당연한 결과로서 저절로 이루어지는 것. ¶이 문제만 풀면 다음 문제는 -으로 해결된다.

자동=전:화(自動電話)명 자동식 전화(自動式電話)

자동=접지기(自動摺紙機)명 제책에서, 종이나 인쇄물 따위를 자동으로 접는 기계.

자동=제:어(自動制御)명 기계나 설비에서, 온도나 전류, 회전 속도 따위를 목표 값과 일치하도록 자동으로 제어하는 일.

자동=직기(自動織機)명 동력을 써서 자동으로 옷감 따위를 짜는 직기.

자동-차(自動車)명 엔진의 힘으로 바퀴를 굴려 달리게 만든 탈것.

자동차=보:험(自動車保險)명 자동차의 사고나 도난으로 말미암은 손해, 또는 운전 과실로 남에게 입힌 손해 등을 보상하는 보험.

자동차-세(自動車稅)[-쎄]명 지방세의 하나. 자동차를 가진 사람에게 부과하며, 승용차·승합 자동차·화물 자동차·특수 자동차·삼륜 자동차 따위로 나누어 일정한

ㅈ

표준 세율에 따라 과세함.

자동=판매기(自動販賣機)명 어떤 상품을 속에 넣어 두고 그에 알맞은 값의 동전이나 지폐를 투입구에 넣으면 그 상품이 저절로 나오게 만든 기계. 준 자판기(自販機)

자동=피아노(自動piano)명 연주자 없이 자동으로 연주되는 피아노. 공기의 힘으로 지렛대를 움직여 소리가 나게 함. 오토피아노(autopiano)

자동-화(自動化)명-하다 자타 스스로 움직이게 됨, 또는 그렇게 되게 함.

자동=화:기(自動火器)명 자동 소총이나 기관총 등, 자동으로 장전되고 발사되는 총포를 통틀어 이르는 말.

자두(∠紫桃)명 자두나무의 열매. 복숭아와 비슷하나 조금 작고 누른빛을 띤 자줏빛으로 익으며 좀 신맛이 남. 가경자(嘉慶子). 자리(紫李)

> ▶ '자두'와 '오얏'
> 표준어를 심사하여 정할 때, 이전에는 쓰였으나 오늘날 쓰이지 않게 된 단어는 고어로 처리하고, 오늘날 널리 쓰이는 단어를 표준어로 삼았다.
> ¶ 자두(○) : 오얏(×)
> 오동나무(○) : 머귀나무(×) 따위.
> 다만, 한자 '李' 자의 새김〔訓〕은 예외로 '오얏'이라 쓰고 있다.

자두-나무(∠紫桃-)명 장미과의 낙엽 교목. 과실 나무의 한 가지로 높이는 10m 안팎. 잎은 끝이 뾰족한 긴 달걀 모양이며 가장자리에 잔 톱니가 있음. 4월경에 잎보다 먼저 흰 꽃이 피고 7월경에 둥근 열매가 누른빛을 띤 자줏빛으로 익음. 이수(李樹)

자:두연기(煮豆燃萁)성구 콩을 삶는 데 콩깍지를 태운다는 뜻으로, 형제끼리 다툼을 비유하여 이르는 말.

자두지미(自頭至尾)성구 처음부터 끝까지의 동안이나 과정을 이르는 말. 자초지종(自初至終)

자드락명 나지막한 산기슭의 비탈진 땅.

자드락-거리다(대다)자 남에게 깐작깐작 자꾸 귀찮게 굴다. ☞지드럭거리다. 짜드락거리다

자드락-길명 자드락에 난 좁은 길.

자드락-자드락부 자드락거리는 모양을 나타내는 말. ☞지드럭지드럭. 짜드락짜드락

자득(自得)명-하다 자타 ①스스로 깨달아 얻음. ②스스로 흡족하게 여김.

자득지묘(自得之妙)명 스스로 깨달아 얻은 묘리(妙理)나 묘법(妙法).

자:등(紫藤)명 보랏빛 꽃이 피는 등나무.

자디-잘다형 매우 잘다. ☞굵디굵다

자라명 자랏과의 동물. 몸길이 30cm 안팎. 거북과 비슷하나 등딱지에 각질의 비늘판이 없으며, 중앙선 부분만 단단하고 그 밖의 부분은 작은 돌기가 있는 연한 피부로 싸여 있음. 주둥이는 뾰족하고 네 다리는 짧으며 발가락 사이에 물갈퀴가 있음. 밑바닥이 개흙으로 되어 있는 하천이나 연못에 삶. 아시아 동부와 남부, 뉴기니, 아프리카 동부, 북아메리카 등지에 분포함.

속담 **자라 보고 놀란 가슴 소댕 보고 놀란다** : 무엇에 한 번 놀란 다음에는 비슷한 것만 보아도 겁을 낸다는 말.

자라-구이명 껍데기를 벗겨 낸 자라를 기름종이로 싸서 짚불에 구운 음식.

자라-나다자 ①길이가 늘어나다. ¶콩나물이 쑥쑥 -. ②사람이 어린 시절을 보내며 커 나가다. ¶순박한 청년으로 -. ③정도가 커지거나 늘어나다. ¶꿈이 -.

자라-눈명 젖먹이의 엉덩이 좌우 양쪽에 오목하게 들어간 부분.

자라다[1]자 ①길이가 늘다. ¶나무가 -./손톱이 -./아이들이 무럭무럭 -. ②사람이 어린 시절을 보내면서 크다. ¶고향에서 함께 자란 친구. ③정도가 커지거나 늘다. ¶의심이 점점 자라 건잡을 수 없이 되다.

자라다[2]자 ①일정한 지점을 향하여 뻗었을 때 그에 미치거나 닿다. ¶선반이 높아 손이 자라지 않는다. ②힘이나 능력이 일정한 수준에 미치다. ¶힘 자라는 데까지 돕다. 형 일정한 수량이나 정도에 미치기에 모자람이 없이 넉넉하다. ¶한 달 생활비로 자라는 돈. ☞모자라다

자라-목명 ①자라의 목. ②유달리 짧고 밭은 목.

자라목(이) 되다관용 기가 죽어서 움츠러듦을 비유하여 이르는 말.

속담 **자라목 오므라들듯** : 목을 움츠림을 형용하는 말.

자라-배명 복학(腹瘧)

자라-병(-甁)명 자라 모양의 병.

자라-자:지명 ①양기(陽氣)가 일지 아니하여 자라목처럼 움츠러든 자지. ②보통 때에는 작아도 발기하면 매우 커지는 자지.

자라-줌치명 조선 시대, 왕비나 공주가 차던 귀주머니의 한 가지. 여러 가지 무늬를 수놓아 만든 향낭(香囊)에 긴 술을 달아 옷 빛깔에 어울리게 찼음.

자라-탕(-湯)명 통으로 삶은 자라를 뜯어서 온갖 양념을 하여 다시 끓인 국. 별탕(鼈湯)

자라-풀명 자라풀과의 여러해살이풀. 연못에서 자라며 줄기는 옆으로 벋고 마디에서 수염뿌리가 남. 잎은 둥글거나 콩팥 모양이고 잎 뒤에 공기주머니가 있어 물 위에 뜸. 꽃은 8~9월에 피는데 바탕은 희고 가운데는 노란 빛임. 동아시아의 온대에서 아열대에 걸쳐 분포함.

자락명 ①옷이나 피륙 따위의 아래로 드리운 부분. ¶두루마기 -이 밟히다. ②'옷자락'의 준말. ③'산자락'의 준말. ¶북한산 -에 별장을 짓다.

자:락(恣樂)명-하다 자 마음대로 즐김.

자락-자락부 갈수록 더 거리낌없이 행동하는 모양을 나타내는 말. ¶보자 보자 하니까 - 더해지는구나.

자:란(紫蘭)명 난초과의 여러해살이풀. 넓고 긴 잎은 나란히맥이며, 줄기 높이는 30~50cm임. 5~6월에 3~7개의 붉은 보랏빛 꽃이 총상(總狀) 꽃차례로 핌. 땅속줄기는 한방에서 '백급(白笈)'이라 하여 지혈제나 피부염 치료제 등으로 쓰임. 대암풀

자란-벌레명 성충(成蟲)

자란-자란부-하다 형 ①그릇 따위에 가득 찬 액체가 가장자리에 찰듯 말듯 한 모양을 나타내는 말. ¶물병에 물을 - 채우다. ②물체의 한끝이 다른 물체에 닿을듯 말듯 한 모양을 나타내는 말. ¶허리께에 - 닿는 긴 머리. ☞지런지런. 차란차란

자람-가지명 과실 나무에서, 꽃은 피지 않고 자라기만 하는 가지. 발육지(發育枝) ☞열매가지

자랑[1]명-하다 타 자기 또는 자기와 관계되는 것을 남에게 드러내어 뽐냄, 또는 그렇게 뽐낼 수 있는 거리. ¶돈이 많은 것을 -하다./-으로 삼다.

속담 **자랑 끝에 불붙는다** : 자랑이 지나치면 그 끝에 무슨 말썽이 생긴다는 말.

한자 **자랑할 과**(誇)〔言部 6획〕¶과대(誇大)/과시(誇示)/과장(誇張)/과칭(誇稱)

자랑[2]부 얇은 쇠붙이 따위가 한 번 가볍게 맞부딪칠 때 울리어 나는 소리를 나타내는 말. ☞저렁. 짜랑. 차랑

자랑-거리[-꺼-]명 자랑할만 한 거리.

자랑-거리다(대다)자타 자꾸 자랑 소리가 나다, 또는 그런 소리를 내다. ☞저렁거리다. 짜랑거리다. 차랑거리다

자랑-스럽다(-스럽고·-스러워)형ㅂ 자랑으로 여길만하다. ¶자랑스러운 모교./나는 아들이 -.

자랑-스레부 자랑스럽게

자랑-자랑부 자랑거리는 소리를 나타내는 말. ☞저렁저렁. 짜랑짜랑[1]. 차랑차랑[1]

자래명 ①물고기의 쌍으로 된 알주머니. ②〔의존 명사로도 쓰임〕물고기의 쌍으로 된 알주머니를 세는 단위.

자래-로(自來-)부 '자고이래(自古以來)로'의 준말.

자량(自量)명-하다 타 스스로 헤아림.

자:량(資糧)명 ①양식, 또는 자재와 양식. ②여행에 쓰이는 비용과 양식.

자력(自力)명 ①스스로의 힘. ¶-으로 유학을 가다. ②불교에서, 스스로 불도(佛道)를 닦아 깨달음을 얻으려고 하는 일. ☞타력(他力)

자:력(資力)[명] 어떤 사업을 시작하거나 할 때, 자금을 낼 수 있는 능력. ¶가게를 경영할만 한 ―이 없다.
자:력(磁力)[명] 자기력(磁氣力)
자력갱:생(自力更生)[성구] 남에게 기대지 아니하고 스스로의 힘으로 어려움에서 벗어나 살아감을 이르는 말.
자:력-계(磁力計)[명] 자장(磁場)의 세기와 방향을 측정하는 기계. 한 개 또는 여러 개의 영구 자석이 한 개의 수직 축의 둘레를 회전하게 된 장치.
자력-교(自力教)[명] 불교에서, 자기의 수행 노력으로 번뇌를 끊고 부처의 깨달음을 얻으려는 종파. 자력종(自力宗) ☞타력교(他力教)
자력=구:제(自力救濟)[명] 민법에서, 법률상의 절차에 따르지 않고 스스로의 힘으로 권리 내용을 실현하는 일. ☞자구 행위(自救行爲). 자조(自助)
자:력-선(磁力線)[명] 자기력선(磁氣力線)
자:력=선:광(磁力選鑛)[명] 광물의 자성(磁性)의 차이를 이용하여 두 가지 이상의 광물을 분리하거나 쓸모 있는 광물을 골라내는 방법.
자력-염:불(自力念佛)[―념―][명] 불교에서, 스스로의 노력으로 공덕을 쌓아 성불하려고 꾸준히 외는 염불을 이르는 말.
자력-종(自力宗)[명] 자력교(自力教) ☞타력종(他力宗)
자력-회향(自力回向)[명] 불교에서, 자기가 닦아 얻은 선행의 공덕을 남에게 베풀어서 과보(果報)를 얻으려고 하는 일을 이르는 말.
자:로(磁路)[명] '자기 회로(磁氣回路)'의 준말.
자:뢰(資賴)[명]-하다[타] 밑천으로 삼음.
자료(自了)[명]-하다[타] 자기의 힘으로 일을 끝마침.
자:료(資料)[명] 어떤 이치를 이끌어 내거나 밝히는 데 바탕이 되는 재료. ¶학습 ―/증거 ―/―를 분석하다.
자루[1][명] ①물건을 담을 수 있게 헝겊 따위로 크고 길게 만든 주머니. ¶곡식을 ―에 담아 나르다. ②〔의존 명사로도 쓰임〕 ¶쌀 두 ―.
자루[2][명] ①날이 있는 연장에 달린 기름한 손잡이. 칼자루, 도끼 자루, 호미 자루 따위. ②〔의존 명사로도 쓰임〕 ㉠기름한 손잡이가 달린 기구를 세는 단위. ¶칼 두 ―./낫 한 ―. ㉡가늘고 긴 막대 모양의 것을 세는 단위. ¶연필 한 ―./붓 두 ―. ㉢총을 세는 단위. ¶소총 세 ―. ☞정(挺)
자루-걸레[명] 긴 막대의 자루 끝에 걸레를 단 청소 용구.
자루-바가지[명] 자루가 달린 나무 바가지.
자:류-마(紫騮馬)[명] 밤색 털이 난 말.
자르는-톱니[명] 목재를 섬유 방향과 직각이 되도록 자르기에 알맞게 되어 있는 톱니. ☞켜는톱니
자르다[1](자르고·잘라)[타르] ①날붙이 따위로 물체를 베어 도막을 내다. ¶무를 단칼에 ―. ☞썰다[1] ②전체에서 한 부분을 떼거나 끊어 내다. ¶나무의 곁가지를 잘라 주다./도마뱀이 꼬리를 ―./전후 사정을 똑 자르고 얘기하다. ③어떤 직책 등을 내놓고 물러가게 하다. ¶직원을 ―. ④분명하게 말하다. ¶딱 잘라 말하다. ⑤남이 하는 말을 도중에 가로막아 하던 말이 끊어지게 하다. ¶상대편의 말허리를 ―.
자르다[2](자르고·잘라)[타르] 끊어질 정도로 단단히 죄다. ¶벨트를 잘라 매다.
자르랑[부] 얇은 쇳조각 따위가 한 번 가볍게 맞부딪칠 때 울리어 나는 소리를 나타내는 말. ☞저르렁. 짜르랑. 차르랑
자르랑-거리다(대다)[자타] 자꾸 자르랑 소리가 나다, 또는 그런 소리를 내다. ☞저르렁거리다. 짜르랑거리다. 차르랑거리다
자르랑-자르랑[부] 자르랑거리는 소리를 나타내는 말. ☞저르렁저르렁. 짜르랑짜르랑. 차르랑차르랑
자르르[부]-하다[형] ①뼈마디 따위가 좀 자릿한 느낌을 나타내는 말. ¶팔다리가 ― 저리다. ②물체의 거죽에 기름기나 윤기가 많이 돌아서 반지르르한 모양을 나타내는 말. ¶얼굴에 윤기가 ― 흐르다./쌀밥에 기름기가 ― 돌다. ☞지르르. 짜르르
자리[1][명] ①사람이나 물체가 차지했거나 차지할 일정한 넓이의 곳. ¶―가 넓다./몸을 누일 ―./집이 들어설 ―. ②사람이 앉도록 마련하거나 정해 둔 곳. ¶참석자들이 모두 ―에 앉다./귀빈이 앉을 ―. ③어떤 물체가 있었던 곳. ¶지난날의 궁궐 ―. ④어떤 일을 하기에 알맞은 터 또는 곳. ¶물고기가 잘 낚이는 ―./전망이 좋은 ―. ⑤따로 정한 곳. ¶약속한 시간에 약속한 ―에 가다./―를 옮기다. ⑥이전에 무슨 일이 있었던 자국이나 자취. ¶고양이에게 할퀸 ―./수술을 한 ―./큰물이 진 ―./집이 불탄 ―. ⑦사회나 어떤 조직에서 사람이나 물건이 차지하는 직위나 위치. ¶과장 ―/젊은 나이에 중요한 ―에서 일하고 있다./수출품 중에서 중요한 ―를 차지하는 상품이다. ⑧무슨 일에 알맞은 대상. ¶며느리 감으로 그만한 ―가 쉽지 않다./거래하기에 괜찮은 ―이다. ⑨무엇을 하기에 알맞은 때. ¶여러 사람이 모인 ―에서 공개하다./지난 일을 돌이켜보는 뜻 깊은 ―가 되다. ⑩십진법의 단위. ¶열 ― 수./소수점 아래 둘째 ―. ⑪'별자리'의 준말. ¶큰곰―/물병―
자리(가) 나다[관용] ①자취나 자국이 남다. ¶불에 데어 ―./상처가 아문 뒤에도 ―. ②일자리가 비거나 생기다. ¶회사에 ―.
자리가 잡히다[관용] ①생활이 안정되다. ¶자리가 잡히는 대로 소식을 전하지. ②하는 일에 익숙해지다. ③뿌리내리게 되다. ☞자리잡히다
자리를 같이하다[관용] ①옆 자리에 함께 앉다. ¶남녀가 ―. ②어떤 모임에 함께 참석하다. ¶선후배가 ―.
자리(를) 뜨다[관용] 있던 자리를 떠나다. ¶그가 자리를 뜬 사이에 손이 찾아왔다.
자리를 잡다[관용] ①어떤 자리를 차지하다. ②살 데나 일할 데를 정하여 그곳에서 지내다. ③뿌리내리다 ④어떤 사상이나 감정 등이 마음속에 박이다. ☞자리잡다
자리를 피하다[관용] 짐짓 있던 자리에서 떠나 다른 데로 가다. ¶함께 있기가 거북하여 ―.

[한자] **자리 석**(席)〔巾部 7획〕¶객석(客席)/좌석(座席)
자리 위(位)〔人部 5획〕¶고위(高位)/순위(順位)/우위(優位)/위계(位階)/위치(位置)
자리 좌(座)〔广部 7획〕¶상좌(上座)/좌중(座中)

자리[2][명] ①앉거나 눕거나 할 때 바닥에 까는 풀이나 대나무 따위로 만든 깔개. 돗자리·부들자리·삿자리·왕골자리 따위. ②사람이 눕거나 잠잘 때 바닥에 까는 요. ¶―를 깔다./―를 개키다. ③'잠자리'의 준말. ¶―를 보다./―에 들다.
자리를 걷다[관용] ①이부자리를 개키다. ②병이 나아서 깔고 덮고 하던 이부자리를 치우다. ¶여러 날을 앓다가 겨우 자리를 걷고 일어나다.
자리(를) 보다[관용] 이부자리를 깔고 펴다. ¶자리를 보고 쓰러지듯이 누워 잠이 들다.
자리를 털고 일어나다[관용] ①머뭇거림이 없이 하던 일을 그만두고 떠나다. ¶내기에 지자 그대로 ―. ②앓던 병이 깨끗이 나아서 병석을 벗어나다. ¶중병이 기적같이 나아서 ―.
자리에 눕다[관용] ①병이 들어 누워서 앓다. ¶자리에 누운 지 벌써 두 달째이다. ②심한 충격 등으로 몸져눕다.
자리에 들다[관용] 잠을 자려고 잠자리에 눕다.
자리(子痢)[명] 한방에서, 태중(胎中)인 부인이 앓는 이질(痢疾)을 이르는 말.
자리(自利)[명] ①자신의 이익. ②불교에서, 스스로의 수행(修行)으로 공덕을 쌓거나 이익을 얻는 일.
자:리(紫李)[명] 자두
자리-갈이[명]-하다[자] 누에의 똥을 치고 누엣자리를 새로 바꾸어 주는 일.
자리개[명] 무엇을 옭아매거나 묶는 데 쓰는 굵은 줄.
자리개미[명]-하다[타] 조선 시대, 포도청에서 죄인의 목을 졸라 죽이던 일.
자리개-질[명]-하다[자] 자리개로 곡식 단을 동여 타작하는 일. [준] 잘개질

자리-걷이[-거지] 명 -하다 자 관(棺)이 나간 뒤에 집가시는 일의 한 가지. 관이 놓였던 자리에 음식을 차려 놓고 죽은 이의 명복을 비는 일.

자리공 명 자리공과의 여러해살이풀. 줄기 높이는 1m 안팎이며 뿌리는 길고 살이 많음. 잎은 길둥글고 어긋맞게 남. 5~6월에 작고 흰 꽃이 피며 여름에 독이 있는 붉은 자줏빛의 열매를 맺음. 산의 그늘진 땅에 자라는데, 뿌리는 한방에서 '상륙(商陸)'이라 하여 신장염 치료제나 이뇨제로 쓰임.

자리-끼 명 밤중에 자다가 마시려고 머리맡에 떠놓는 물.

자리다 형 신경이 마비된듯 몸을 놀리기 거북하고 몸에 전류가 흐르는듯 하다. ☞저리다

자리-다툼 명 -하다 자 좋은 지위나 자리를 차지하려고 서로 다투는 일.

자리-돔 명 ①자리돔과의 흑줄돔·줄자돔·노랑자리돔·연무자리돔 따위를 통틀어 이르는 말. ②자리돔과의 바닷물고기. 몸길이 14cm 안팎. 몸은 타원형이고 몸빛은 검은 갈색임. 꼬리지느러미 양옆에 흑갈색 세로띠가 있고 가슴지느러미가 붙은 부분에 한 개의 선명한 검은 점이 있음. 우리 나라와 일본의 연해에 분포하며 특히 제주도 근해에서 많이 잡힘.

자리-바꿈 명 -하다 자 ①자리를 바꾸는 일. ②음(音)의 위아래 관계를 바꾸어 놓는 일. 음정·선율·화음의 자리바꿈이 있음. 전회(轉回)

자리-보전(-保全) 명 -하다 자 병이 들어 자리를 깔고 몸져누워서 지내는 일.

자리-옷 명 잠옷 ☞자릿저고리

자리-자리 부 -하다 형 자꾸 자린 느낌을 나타내는 말. ¶팔베개를 하고 잤더니 팔이 - 저리다. ☞저리저리

자리-잡다 자 ①어떤 자리를 차지하다. ¶한강 북쪽에 자리잡은 명문교. ②살 데나 일할 데를 정하여 그곳에서 지내다. ¶겨우 지금 다니는 공장에 자리잡게 되었지. ③뿌리내리다 ¶질서가 -. ④어떤 사상이나 감정 등이 마음속에 박이다. ¶민주주의 사상이 -.

자리-잡히다 자 ①생활이 안정되다. ②하는 일에 익숙해지다. ③뿌리내리게 되다.

자리-틀 명 자리를 짜는 틀.

자리-품 명 '고지자리품'의 준말.

자리-하다 자여 어떠한 곳에 자리를 차지하고 있다. ¶한반도 최남단에 -.

자린-고비 명 매우 인색한 사람을 이르는 말. ☞구두쇠. 수전노(守錢奴)

자림(子淋) 명 한방에서, 태중(胎中)인 부인이 오줌을 자주 누는 병증을 이르는 말.

자립(自立) 명 -하다 자 남에게 기대거나 딸리지 아니하고 스스로의 힘으로 해 나감. ¶경제적으로 -하다.

자립=명사(自立名詞) 명 〈어〉다른 말의 도움 없이 쓰는 명사. '땅·하늘' 따위. 완전 명사(完全名詞) ☞의존 명사(依存名詞)

자립-성(自立性) 명 남에게 의지하지 아니하고 스스로의 힘으로 해 나가는 성질. ¶-이 강한 소년.

자립-적(自立的) 명 남에게 의지하지 아니하고 스스로의 힘으로 서는 것.

자립=형태소(自立形態素) 명 〈어〉홀로 쓰일 수 있는 뜻을 지닌 형태소. '꽃이 피었다.'에서 '꽃' 따위. ☞의존 형태소(依存形態素)

자릿-그물 명 일정한 곳에 쳐 놓고 물고기 떼가 지나가다 걸리게 한 그물. 정치망(定置網)

자릿-내[-린-] 명 빨지 않고 오래 둔 빨랫감 따위에서 나는 쉰 냄새. ☞지린내

자릿-상(-床) 명 이부자리를 쌓아 두는 상(床). 옷장같이 생겼는데 문짝은 없으며 서랍만 달려 있음.

자릿-세(-貰) 명 자리를 빌려 쓰는 대가로 내는 셋돈.

자릿-쇠 명 와셔(washer). 좌철(座鐵)

자릿-수(-數) 명 십진법에 따라 자리를 나타내는 수. ¶세 -마다 반점을 찍다.

자릿-자릿[-릳-] 부 -하다 형 ①몸의 일부분이 놀리기가 거북하면서 알알하고 자린듯 한 느낌을 나타내는 말. ¶오래 무릎을 꿇고 앉았더니 다리가 - 저리다. ②살갗이 자지러지게 간질간질한 느낌을 나타내는 말. ¶-한 느낌. ☞저릿저릿. 짜릿짜릿

자릿-장(-*欌) 명 이부자리와 베개 따위를 넣어 두는 장. 금침장

자릿-저고리 명 잠잘 때에 입는 저고리. ☞자리옷

자릿-점(-點) 명 ①수판에서, 수의 자리를 나타내는 점. ②수의 자릿수를 나타내는 반점.

자릿-조반(-早飯) 명 이른 아침에 아침 끼니를 먹기 전에 조금 먹는 죽이나 미음 따위 음식. 조반(早飯)

자릿-하다[-릳-] 형여 ①몸의 일부분이 놀리기가 거북하면서 알알하고 자린듯 하다. ②살갗에 자지러지게 간질간질한 느낌이 있다. ☞저릿하다. 짜릿하다

자마구 명 벼나 보리 따위의 꽃가루.

자:-마노(紫瑪瑙) 명 보석의 한 가지. 자줏빛을 띤 마노.

-자마자 어미 동사의 어간에 붙어, 잇달아 일어남을 나타내는 연결 어미. ¶기차가 도착하자마자 출발했다./눈이 내리자마자 녹아 버렸다.

자막(字幕) 명 영화·텔레비전 등에서, 제목·배역명·해설·대사 따위의 글자를 비춘 화면, 또는 그 글자.

자-막대기 명 자로 쓰는 막대기. 잣대

자막집중(子莫執中) 성구 중국 전국 시대의 자막(子莫)이란 사람이 중용(中庸)만을 지켰다는 고사에서, 융통성이 없음을 이르는 말.

자만(自滿) 명 -하다 자 스스로 만족하게 여김.

자만(自慢) 명 -하다 자 스스로 자랑하며 뽐냄.

자-만두(子饅頭) 명 큰 만두 속에 들어 있는 작은 만두.

자만-심(自慢心) 명 스스로 자랑하며 뽐내는 마음.

자말(子末) 명 십이시(十二時)의 자시(子時)의 끝 무렵. 지금의 오전 한 시가 되기 바로 전.

자:망(刺網) 명 걸그물 ☞부자망(浮刺網). 유자망(流刺網). 저자망(底刺網)

자-맞춤(字-)[-맏-] 명 -하다 자 ①책 속에서 나란히 있는 같은 글자를 찾아내어 그 수효에 따라 이기고 짐을 가르는 놀이. ②자모듬

자매(自媒) 명 자천(自薦)

자매(姉妹) 명 ①여자끼리의 동기(同氣), 곧 언니와 여동생. 여형제(女兄弟) ②같은 계통에 딸리거나 서로 친밀한 관계에 있는 것. 자매 기관, 자매 학교 따위.

자매=결연(姉妹結緣) 명 ①자매의 관계를 맺는 일. ②어떤 지역이나 단체 또는 집단이 다른 지역이나 단체 또는 집단과 친선이나 상호 교류를 목적으로 밀접한 관계를 맺는 일.

자매-교(姉妹校) 명 친선이나 연구·교류 등의 목적으로 특별히 가까운 관계에 있는 두 학교.

자매=기관(姉妹機關) 명 같은 계통이면서 서로 유기적인 관계에 있는 기관.

자매=도시(姉妹都市) 명 친선과 문화 교류를 목적으로 특별한 관계를 맺은 다른 나라의 도시.

자매-선(姉妹船) 명 구조와 모양이 비슷한 같은 계통의 두 선박을 이르는 말.

자매-어(姉妹語) 명 같은 조어(祖語)에서 갈라진 언어끼리의 관계를 비유하여 이르는 말.

자매=역연혼(姉妹逆緣婚) 명 혼인 형태의 한 가지. 홀아비가 죽은 아내의 언니나 여동생과 재혼하는 일.

자매-편(姉妹篇) 명 소설·희곡·영화 따위에서, 서로 관련되거나 공통성 있게 만들어진 두 작품을 이르는 말.

자매-함(姉妹艦) 명 구조와 모양이 비슷한 같은 계통의 두 군함을 이르는 말.

자맥(自脈) 명 -하다 자 스스로 자신의 맥을 짚어 진찰하는 일.

자맥-질 명 -하다 자 '무자맥질'의 준말. ¶깊은 물 속으로 -해 들어가다.

자-머리 명 피륙 따위를 자로 잴 때 자의 길이보다 좀 넉넉하게 잡은 부분. ¶-를 넉넉히 두고 자르다.

자멸(自滅) 명 -하다 자 ①저절로 멸망함. ②자기가 한 일로 말미암아 자기 자신에게 나쁜 결과를 가져옴. ¶-을

초래하다. /거듭된 실책으로 －하고 말다.

자멸(自蔑)명-하다자 스스로 자기를 멸시함.

자멸-책(自滅策)명 잘 하려고 궁리한 일이 도리어 잘못되어 자기가 큰 해를 입게 된 경우를 두고 이르는 말.

자:명(藉名)명-하다타 이름을 빙자함.

자명(自明)어기 '자명(自明)하다'의 어기(語基).

자명-고(自鳴鼓)명 한사군(漢四郡)의 하나인 낙랑(樂浪)에 있었다는 전설상의 북. 외적이 침입하면 저절로 울렸다고 함.

자명-금(自鳴琴)명 자명악(自鳴樂). 오르골(orgel)

자명-소(自明疏)명 지난날, 자신의 결백을 스스로 밝히는 상소(上疏)를 이르던 말.

자명-악(自鳴樂)명 태엽을 이용하여 저절로 소리가 나게 만든 악기. 오르골(orgel). 자명금(自鳴琴)

자명-종(自鳴鐘)명 미리 맞추어 놓은 시각이 되면 저절로 울려서 시간을 알려 주는 시계.

자명-하다(自明－)형여 밝히거나 설명하지 않아도 알 만큼 분명하다. ¶자명한 이치.

자모(子母)명 아들과 어머니. 모자(母子)

자모(字母)명〈어〉말소리를 나타내는 최소 단위의 글자. 한글에서 기본으로 삼은 자모의 수는 자음(子音) 열넉 자와 모음(母音) 열 자로 모두 스물넉 자임. 낱자

> ▶ '자모(字母)'의 차례와 이름
> ① 기본 자모의 자음(14자)
> ㄱ[기역] ㄴ[니은] ㄷ[디귿] ㄹ[리을] ㅁ[미음]
> ㅂ[비읍] ㅅ[시옷] ㅇ[이응] ㅈ[지읒] ㅊ[치읓]
> ㅋ[키읔] ㅌ[티읕] ㅍ[피읖] ㅎ[히읗]
> ② 기본 자모의 모음(10자)
> ㅏ[아] ㅑ[야] ㅓ[어] ㅕ[여] ㅗ[오] ㅛ[요]
> ㅜ[우] ㅠ[유] ㅡ[으] ㅣ[이]
> ③ 복합 자모의 자음(5자)
> ㄲ[쌍기역] ㄸ[쌍디귿] ㅃ[쌍비읍] ㅆ[쌍시옷]
> ㅉ[쌍지읒]
> ④ 복합 자모의 모음(11자)
> ㅐ[애] ㅒ[얘] ㅔ[에] ㅖ[예] ㅘ[와] ㅙ[왜]
> ㅚ[외] ㅝ[워] ㅞ[웨] ㅟ[위] ㅢ[의]

자모(自侮)명-하다자 스스로 자기를 업신여김.

자모(姉母)명 손위 누이와 어머니. 모자(母姉)

자모(姿貌)명 얼굴 모양. 얼굴 모습.

자모(慈母)명 ①자식에 대한 사랑이 깊은 어머니. ②팔모(八母)의 하나. 죽은 어머니 대신 자기를 길러 준 서모(庶母)를 대접하여 이르는 말.

자-모듬(字－)명 지난날, 아이들이 한시(漢詩) 짓기를 익히기 위하여 한자를 되는 대로 모아서 말을 만드는 일을 이르던 말. 자맞춤

자모변(字母辨)명 조선 영·정조 때의 학자 이재(頤齋) 황윤석(黃胤錫)의 문집인 '이재유고(頤齋遺稿)'에 수록되어 있는 국문 연구론. 한글의 자모나 성질, 우리말의 어원 등을 몽고어·범어·여진어 등과 비교하여 밝힘.

자모-순(字母順)명 자모의 배열 순서. 한글의 ㄱㄴㄷ 순, 또는 알파벳의 abc 순 따위.

자모-전(子母錢)명 원금과 거기에 붙은 이자를 아울러 이르는 말.

자목(字牧)명-하다타 지난날, 고을의 수령(守令)이 백성을 사랑으로 다스리는 일을 이르던 말.

자:-목련(紫木蓮)명 목련과의 낙엽 활엽 교목. 높이 4m 안팎으로, 잎은 길둥글고 어긋맞게 남. 3~4월에 짙은 자줏빛 꽃이 잎보다 먼저 피고, 열매는 가을에 갈색으로 익음. 중국 원산으로 관상용 식물임.

자목지임(字牧之任)명 지난날, '자목하는 소임'이라는 뜻으로, '수령(守令)'을 달리 이르던 말.

자못부 생각보다 매우. 어지간히 꽤. ¶재주가 － 뛰어나다. /결과가 － 궁금하다. /－ 놀라는 기색이다.

자:묵(刺墨)명 ①자청(刺靑) ②묵형(墨刑)

자문(自刎)명-하다자 스스로 칼로 목을 찔러 죽음. 자경(自剄)

자문(自問)명-하다타 자신에게 스스로 물음. ¶자기 자신에 대하여 －해 보다.

자:문(刺文)명 자청(刺靑)

자:문(諮問)명-하다타 어떤 사람이나 기업체, 정부 등이 어려운 일이나 문제를 잘 처리하고자 그 방면의 학식과 경험이 풍부한 전문가에게, 또는 전문가들로 이루어진 기관이나 기구에 의견을 묻는 일. ¶－에 응하다.

자:문-감(紫門監)명 조선 시대, 선공감(繕工監)에 딸리어 시어소(時御所)의 각 건물들을 보수하고 차비문(差備門) 안의 각종 기물 제작과 내빙고(內氷庫)의 공상(供上) 등의 일을 맡아보던 곳.

자:문=기관(諮問機關)명 어떤 조직체에서 집행 기관의 자문에 대해 답신하는 일을 맡아보는 기관.

자문자답(自問自答)성구 스스로 묻고 스스로 대답함을 이르는 말. ☞자창자화(自唱自和)

자문-죽(自紋竹)명 아롱진 무늬가 있는 대나무의 한 가지. 중국 원산으로 담뱃대를 만드는 데 흔히 쓰임.

자물-단추명 직사각형이나 타원형으로 된 암단추의 구멍에 작은 수단추를 끼우게 되어 있는 단추. 금·은·옥 따위로 만듦.

자물-쇠[－쐬]명 여닫는 물건에 채워서 열지 못하게 잠그는 쇠. 쇄금(鎖金). 쇄약(鎖鑰). 자물통 준쇠

자물쇠-청[－쐬－]명 자물쇠 속으로 들어가는 쇠꼬챙이 좌우에 붙어 있는 얇은 쇳조각. 탄력성이 있어서 잠긴 때에는 벌어져 있고 열쇠를 넣으면 오므라져 열리게 됨.

자물-통(－筒)명 자물쇠

자:미(紫薇)명 '배롱나무'의 딴이름.

자미(滋味)명 자양분이 많고 좋은 맛, 또는 그러한 음식.

자미-승(粢米僧)명 ①섣달 대목이나 정월 보름에 아이들의 복을 빌어 주면서 쌀을 얻으러 다니는 중. 자미중 ②동냥중

자미-중(粢米－)명 자미승

자바라(∠啫哱囉)명 제금

자바라-수(∠啫哱囉手)명 지난날, 군대에서 제금을 치는 취타수(吹打手)를 이르던 말. 바라수

자-바리명 농엇과의 바닷물고기. 몸길이 60cm 안팎. 몸빛은 다갈색이며 여섯 줄의 흑갈색 가로띠가 있음. 우리나라와 일본, 중국, 인도 등지의 연안에 분포함.

자바=원인(Java原人)명 1891년에 자바 섬에서 발견된 화석 인류. 원인(原人)으로 분류되는 것으로, 다리 뼈는 곧추 서서 걷기에 알맞게 생겼고 뇌 용량은 유인원(類人猿)과 현대인의 중간 정도임.

자박[1]명 사금광(砂金鑛)에서 캐낸 큰 생금 덩어리.

자박[2]부 발을 가볍게 한 번 내딛는 소리를 나타내는 말. ☞저벅

자박(自縛)명-하다자 ①스스로 자기를 옭아 묶음. ②자신이 한 말이나 행동이 스스로를 옭아 옴짝달싹 못하게 되는 일을 이르는 말.

자박-거리다(대다)자 자꾸 자박 소리를 내다. ¶자박거리며 걸어오다. ☞저벅거리다

자박-자박부 자박거리는 소리를 나타내는 말. ¶밖에서 － 발소리가 들려오다. ☞저벅저벅

자:반(*佐飯)명 ①생선을 소금에 절인 반찬감, 또는 그것을 굽거나 쪄서 만든 반찬. 고등어자반·갈치자반 따위. ②해산물이나 나물 종류에 간장이나 찹쌀풀을 발라서 말린 것을 불에 굽거나 기름에 튀긴 반찬. 김자반·도라지자반·참죽자반 따위. ③짭짤하게 무치거나 조린 반찬. 콩자반 따위. ④건어물이나 나물 등 마른 재료를 양념에 재워 볶거나 지진 반찬류를 통틀어 이르는 말. 가루자반·멸치자반 따위.

> ▶ 자반고등어
> 소금에 절인 고등어 두 마리를 한 단위로 말할 때, 자반고등어 '한 손'이라 한다. 큰 것에 작은 새끼 자반한 마리를 아우른 것을 '외동덤'이라 하고, 같은 크기의 것 두 마리를 아우른 것을 '서방덤'이라 한다.

자:반(紫斑)명 내출혈로 말미암아 피부 조직 속에 나타난 자줏빛 멍.

자:반(紫瘢)명 상처가 아문 뒤에도 한동안 남아 있는 자줏

ㅈ

빛 흔적.
자:반-갈치(*佐飯-)명 갈치자반
자:반-고등어(*佐飯-)명 고등어자반
자:반-뒤집기 명 씨름의 혼합 기술의 한 가지. 상대편이 등 샅바를 잡고 위에서 등을 누를 때에 상대편의 두 다리를 잡고 순간적으로 몸을 뒤집어 젖히는 공격 재간. ☞잡채기
자:반-뒤집기(*佐飯-)명-하다자 고통을 못 이겨 몸을 마구 엎치락뒤치락 하는 짓.
자:반-병(紫斑病)[-뼝]명 피부 조직이나 점막 아래의 출혈로 말미암아 자줏빛 작은 반점이 나타나는 병.
자:반-비웃(*佐飯-)명 비웃자반
자:반-연어(*佐飯鰱魚)명 연어자반
자:반-준:치(*佐飯-)명 준치자반
자:발머리-없:다[-업-]형 '자발없다'의 속된말.
자발머리-없이부 자발머리없게
자발-성(自發性)[-썽]명 남의 지시나 영향 등이 없어도 스스로 나서서 하는 성질. ¶-을 지닌 아이.
자:발-없:다[-업-]형 성질이나 하는 짓이 가볍고 참을성이 없다. ¶자발없는 짓.
자발-없이부 자발없게 ¶- 굴다.
자발-적(自發的)[-쩍]명 남의 지시나 영향 등에 따르지 않고 스스로 나서서 행동하는 것. ¶-으로 나서다./-인 참여가 필요하다. ☞강제적
자발적=실업(自發的失業)[-쩍-]명 근로자가 지금의 임금으로는 일하고 싶지 않다고 하여 스스로 일자리를 물러남으로써 발생하는 실업.
자밤의 양념이나 나물 따위를 엄지·검지·장지의 세 손가락 끝으로 집을만 한 분량을 나타내는 말. ¶콩나물 한 -./소금 한 -.
자밤-자밤부 양념이나 나물 따위를 한 자밤씩 한 자밤씩 자꾸 집는 모양을 나타내는 말. ¶김자반을 그릇마다 - 집어 놓다.
자방(子方)명 ①팔방(八方)의 하나. 정북방(正北方)을 중심으로 한 45도 범위 안의 방위. ②이십사 방위의 하나. 정북방을 중심으로 한 15도 범위 안의 방위. 임방(壬方)과 계방(癸方)의 사이. 준자(子)² ☞오방(午方)
자방(子房)명 씨방
자방(恣放)어기 '자방(恣放)하다'의 어기(語基).
자방-충(蚨蚄蟲)명 '며루'의 딴이름.
자방-하다(恣放-)형여 방자(放恣)하다
자배기명 질그릇의 한 가지. 둥글넓적하고 아가리가 넓게 벌어졌으며 소래기보다 운두가 약간 높음.
자백(自白)명-하다타 자신의 죄나 허물을 스스로 털어놓음, 또는 그러한 고백. ¶-을 받아 내다./범행을 -하다.
자벌(自伐)명-하다타 자기의 공로를 드러내어 자랑함.
자-벌레명 자나방의 애벌레. 몸은 가늘고 긴 원통형이며 가슴에 세 쌍, 배에 한 쌍의 발이 있음. 꼬리를 머리 쪽으로 오그렸다가 다시 펴면서 앞으로 기어감. 풀이나 나뭇잎을 갉아먹고 사는 해충임.
자벌-적(自罰的)[-쩍]명 내벌적(內罰的)
자법(子法)[-뻡]명 다른 나라의 법률을 받아들이거나 본떠서 만든 법률. ☞모법(母法)
자벽(自辟)명-하다타 조선 시대, 관원 등용 방법의 한 가지. 각 관아의 장이 자기의 뜻대로 아래 관원을 추천하여 관직을 받게 하던 일.
자벽-과(自辟窠)명 자벽으로 시킨 관직.
자변(自辨)명-하다타 스스로 비용을 부담함. 자판(自辦)
자별(自別)어기 '자별(自別)하다'의 어기(語基).
자별-하다(自別-)형여 ①본디부터 서로 다르다. ¶남녀가 -. ②가까이 사귀는 정이 남다르다. ¶자별한 친구 사이.
자복(子福)명 자식복(子息福)
자복(自服)명-하다타 ①저지른 일을 자백하고 복종함. ②친고죄(親告罪)에서, 범인이 고소권을 가진 피해자에게 자기의 범죄 사실을 고백하는 일.
자복(雌伏)명-하다자 ①새의 암컷이 수컷에 복종한다는 뜻으로, 남에게 굴복함을 비유하여 이르는 말. ②가만히 숨어서 지냄. ☞웅비(雄飛)
자:본(資本)명 ①사업이나 장사를 하는 데 필요한 밑천. ②토지·노동과 함께 생산의 기본 요소의 하나. 공장·기계 따위와 같은 생산 설비나 재고품 등을 이름.
자:본-가(資本家)명 자본을 대고 노동자를 고용하여 기업을 경영하는 사람, 또는 자본을 대고 이자를 받는 사람.
자:본가=계급(資本家階級)명 자본주의 사회에서, 생산 수단을 소유하고 노동자를 고용하여 이윤을 얻는 계급. 자본 계급. 부르주아지 ☞노동자 계급
자:본=거:래(資本去來)명 ①기업의 자본금이나 자본 잉여금을 증감하는 거래. ②국제간의 거래에서, 자본의 투입·대차나 유가 증권의 매매 등으로 한 거래.
자:본=계급(資本階級)명 자본가 계급(資本家階級)
자:본=계:수(資本係數)명 생산 설비나 원자재 등 투입한 자본의 생산량에 대한 비율.
자:본=계:정(資本計定)명 자본 거래를 계상하는 계정 과목. 자본금, 자본 잉여금 또는 결손금 등의 과목으로 분리함.
자:본=과세(資本課說)명 수익을 낳는 자본이나 재산에 대하여 부과하는 세금.
자:본=구성(資本構成)명 기업의 자기 자본과 타인 자본의 구성 비율.
자:본-금(資本金)명 영리를 목적으로 사업에 투자한 돈.
자:본=도피(資本逃避)명 정치적·경제적 이유 따위로 자국의 화폐 가치가 떨어질 우려가 있는 경우, 자국의 화폐 자금을 안정성이 높은 외화 자금으로 옮겨 놓는 일.
자:본=수출(資本輸出)명 한 나라의 자본을 다른 나라의 생산 활동에 투자하는 일. 외국의 채권이나 증권에 대한 투자, 차관 또는 외국에서의 공장 건설, 합작 회사의 설립 등의 방법으로 이루어짐.
자:본=시:장(資本市場)명 기업의 창설이나 확장, 개량 따위를 위하여 비교적 장시간에 걸쳐 자금의 신용 거래가 이루어지는 시장. 금융 기관이나 증권 거래소 따위. 장기 금융 시장(長期金融市長) ☞단기 금융 시장
자:본=예:산(資本豫算)[-녜-]명 기업의 장기간에 걸친 장래의 자본 지출 활동에 대한 예산. 주로 설비 자산에 대한 자본 지출이나 투자에 관한 것이 중심을 이룸.
자:본=이:자세(資本利子稅)[-쎄]명 소득세의 한 가지. 자본의 투자로 생기는 이자에 대하여 그 자본의 소유자에게 부과하는 세금.
자:본-재(資本財)명 부(富)를 생산하기 위하여 사용, 소비되는 토지 이외의 재화. 생산 기계, 건물, 원자재 따위. ☞생산재. 소비재
자:본적=제:국주의(資本的帝國主義)명 자기 나라의 자본 세력을 다른 나라에까지 뻗치어 그 나라를 경제적으로 굴복시키려는 경제 침략주의.
자:본-주(資本主)명 영리를 목적으로 자본을 대는 사람.
자:본-주의(資本主義)명 생산 수단을 자본으로서 소유한 자본가 계급이, 노동자 계급으로부터 노동력을 사서 이윤 추구를 위한 생산 활동을 해 나가는 경제 체제, 또는 그 바탕 위에 이루어진 사회 제도. ☞사회주의
자:본=준:비금(資本準備金)명 주식 회사나 유한 회사가 법률에 따라서 적립해야 할 준비금.
자:본=축적(資本蓄積)명 기업 이윤의 일부를 자본에 더하여 생산 규모를 늘리는 일.
자-볼기명 자막대기로 때리는 볼기.
속담 **자볼기 맞겠다**: 여자들의 바느질 도구인 자막대기로 볼기를 맞겠다는 뜻으로, 남편이 잘못한 일이 있어 아내에게 나무람을 듣겠다는 말을 놀리어 이르는 말.
자봉(自奉)명-하다자 스스로 자기 몸을 보양(保養)함.
자봉(雌蜂)명 벌의 암컷. 암벌 ☞웅봉(雄蜂)
×**자봉-침**(自縫針)명 →재봉틀
×**자봉-틀**(自縫-)명 →재봉틀
자부(子部)명 중국의 고전을 경(經)·사(史)·자(子)·집(集)의 네 부로 분류한 것 중 '자'에 딸리는 부류. 유가(儒家)·병가(兵家)·법가(法家)·도가(道家)·석가(釋

家)·기예(技藝)·술수(術數) 등의 서적과 소설 등이 이에 딸림. 병부(丙部)

자부(子婦)명 며느리

자부(自負)명-하다타 어떤 일에 대한 자기의 가치나 능력 따위에 자신을 가지고 스스로 자랑으로 생각함. 자시(自恃) ¶ 최고의 요리사로 ―하다./열심히 일해 왔다고 ―한다. 유자신(自信)

자부(姊夫)명 자형(姊兄)

자부(慈父)명 ①자식에 대한 사랑이 깊은 아버지. ②아버지를 존경하고 사랑하는 뜻으로 이르는 말. ☞엄부(嚴父). 자모(慈母)

자부락-거리다(대다)자타 실없이 짓궂은 장난으로 남을 자꾸 괴롭히다. ☞지부럭거리다

자부락-자부락부 자부락거리는 모양을 나타내는 말. ☞지부럭지부럭

자부-심(自負心)명 어떤 일에 대한 자기의 가치나 능력 따위에 자신을 가지고 스스로 자랑으로 생각하는 마음. ¶ ―을 가지다./―을 느끼다./―이 강하다.

자부지명 쟁기의 손잡이.

자:북(磁北)명 나침반이 가리키는 북쪽 방향. ☞도북(圖北). 진북(眞北)

자:-북극(磁北極)명 지자기(地磁氣)의 축(軸)이 지구 표면과 만나는 북쪽 점, 곧 자침이 가리키는 북쪽 끝. 북자극 ☞자남극(磁南極)

자분(自噴)명-하다자 유층(油層)이나 지하수 층에서 높은 압력을 받으며 있던 가스나 석유, 온천·지하수 따위가 저절로 뿜어 나오는 현상.

자분-거리다(대다)자타 ①실없이 짓궂은 말이나 행동으로 남을 자꾸 귀찮게 하다. ②음식에 섞인 잔 흙모래 따위가 가치작거리게 자꾸 씹히다. ☞지분거리다

자분-자분[1]부 자분거리는 모양을 나타내는 말. ☞지분지분

자분-자분[2]부-하다형 성질이 찬찬하고 부드러운 모양을 나타내는 말. ☞저분저분. 차분차분

자분-정(自噴井)명 지하수가 지표면 또는 그 이상으로 솟아 나오는 우물. ☞분유정(噴油井)

×**자분치**명 →살쩍

자불(自不)명 지난날, 과거(科擧)의 강서과(講書科)에 응시한 사람이 시관(試官)의 물음에 대답을 못한 때에, 자기 이름 위에 불합격의 표시인 '불(不)' 자를 써 달라고 스스로 시관에게 청하는 일을 이르던 말.

자:불(瓷佛)명 도자기로 된 불상.

자비[1]명 가마·초헌(軺軒)·승교(乘轎)·남여(籃輿) 따위의 탈것을 통틀어 이르는 말.

자비[2]명 '차비(差備)'의 변한말.

자비(自備)명-하다타 스스로 준비함.

자비(自卑)명-하다자 ①스스로 자신을 낮춤. ②낮은 곳에서부터 시작함.

자비(自費)명 자신이 부담하는 비용. 사비(私費)

자비(煮沸)명-하다자타 펄펄 끓음, 또는 펄펄 끓임.

자비(慈悲)명 ①사랑하고 불쌍히 여기는 일. ②부처와 보살이 중생에게 복을 주고 괴로움을 덜어 주는 일.

자비-량(自備糧)명-하다자 길을 떠나거나 할 때, 자기가 먹을 양식을 스스로 갖추어 가지고 감, 또는 그 양식.

자비-롭다(慈悲―)(―롭고·―로워)형ㅂ 사랑하고 불쌍히 여기는 마음이 깊다.

자비-로이부 자비롭게

자비-문(―門)명 '차비문(差備門)'의 변한말.

자비=소독(煮沸消毒)명 물체를 펄펄 끓는 물 속에 넣어 살균하는 일.

자비-심(自卑心)명 스스로 자신을 남보다 못하다고 여기는 마음.

자비-심(慈悲心)명 사랑하고 불쌍히 여기는 마음.

자비-옷(慈悲―)명 '가사(袈裟)'를 달리 이르는 말.

자비-인욕(慈悲忍辱)명 ①불교에서, 중이 반드시 지켜야 할 도리인 중생을 사랑하고 가엾이 여기며 욕됨을 참음을 이르는 말. ②불교에서, 보살이 중생을 구제하기 위한 자비심으로 고난을 참고 견딤을 이르는 말.

자비=출판(自費出版)명 저자(著者)가 자기의 돈을 들여 책을 펴내는 일.

자빗-간(―間)명 가마 따위의 탈것을 넣어 두는 곳.

자빠-뜨리다(트리다)타 자빠지게 하다.

자빠-지다자 ①뒤로 넘어지다. ¶ 눈길에 균형을 잃고 ―. ②서 있던 물체가 쓰러지다. ¶ 강풍에 가로수가 ―. ③함께 하던 일에서 손을 떼고 물러나다. ¶ 어려운 고비에서 못 하겠다고 자빠져 버리다. ④'눕다'를 속되게 이르는 말. ¶ 대낮부터 자빠져 자다.

속담 **자빠져도 코가 깨진다** : 일이 되지 않으려면 그럴 수 없는 일에서까지 엉뚱하게 탈이 생긴다는 말.

자빡명 결정적인 거절. 납백(納白)

자빡-계(―契)명 곗돈을 타는 즉시에 탈퇴하도록 된 산통계(算筒契)의 한 가지.

자빡-대:다자 딱 잘라 거절하다.

자빡-맞다[―맏―]자 아주 거절을 당하다.

자빡-뿔명 끝이 뒤틀리고 뒤로 잦혀진 쇠뿔.

자-뼈명 팔꿈치에서 손목에 이르는 두 뼈 가운데 안쪽에 있는 뼈. 척골(尺骨)

자뿌룩-하다형여 조금 어긋나다.

자사(子史)명 중국 고전을 사부(四部)로 분류한 것 중 자부(子部)와 사부(史部)를 아울러 이르는 말.

자사(子舍)명 '자제(子弟)'를 달리 이르는 말.

자:사(刺絲)명 강장동물인 해파리나 산호 따위의 자세포에 있는, 돌돌 말리고 속이 빈 실 모양의 기관. 외부로부터 자극이 오면 재빨리 튀어 나가 먹이를 쏘아 잡거나 몸을 보호함. ☞자세포(刺細胞). 자포(刺胞)

자사(恣肆)명-하다자 자기 멋대로 함.

자사-받기명-하다자 윷을 던져 손등으로 받고 다시 치던져 잡는 놀이.

자:산(資産)명 ①토지·건물·금전 따위의 재산. ②기업의 경영 활동에 쓰이는 재산. 자재(資財)

자:산-가(資産家)명 자산을 많이 가지고 있는 사람.

자:산=계:정(資産計定)명 부기에서, 자산의 증감을 기록하기 위한 계정 과목. ☞부채 계정

자:산=동:결(資產凍結)명 국가가 자산의 처분이나 이동을 제한하거나 금지하는 조치.

자:산=재:평가(資產再評價)[―까]명 기업 자산이 물가 상승 등의 요인으로 장부 가격과 시가(時價)에 크게 차이가 생긴 때, 자산을 시가로 재평가하여 장부 가격을 현실화하는 일. 준재평가

자:산-주(資產株)명 자산으로서 장기간 가지고 있을만 한 안정적이고 장래성 있는 주식.

자:산=평:가(資產評價)[―까]명 일정 시점에서 자산의 화폐 가치를 산정하는 일.

자살(自殺)명-하다자 스스로 자기의 목숨을 끊음. 자결(自決). 자진(自盡). 자해(自害) ☞타살(他殺)

자:살(刺殺)명-하다타 척살(刺殺)

자살=관여죄(自殺關與罪)[―쬐]명 남에게 자살을 교사(教唆)하거나 방조(幇助)함으로써 성립하는 죄.

자살=교:사죄(自殺教唆罪)[―쬐]명 자살의 의사가 없는 사람에게 협박·유혹 따위의 방법으로 자살을 결의(決意)하게 함으로써 성립하는 죄.

자살=방조죄(自殺幇助罪)[―쬐]명 자살의 의사가 있는 사람에게 그 자살 행위가 용이하도록 유형·무형의 편의를 제공함으로써 성립하는 죄.

자상(自傷)명-하다자 일부러 자기의 몸에 상처를 입힘, 또는 그 상처.

자:상(刺傷)명 칼 따위의 날카로운 기물에 찔린 상처.

자상(仔詳)어기 '자상(仔詳)하다'의 어기(語基).

자상달하(自上達下)성구 위로부터 아래에까지 미침을 이르는 말. ☞자하달상(自下達上)

자상-하다(仔詳―)형여 성질이 세심하고 정답다. ¶ 자상한 아버지./자상하게 일러주다.

자상-히부 자상하게

자상=행위(自傷行爲)명 스스로 자기의 몸에 상처를 입히

ㅈ

는 행위.

자새 명 실·새끼 따위를 감거나 꼬는 데 쓰는 작은 얼레.

자새-질 명-하다 자 새끼를 꼬거나 줄을 드리기 위하여 자새를 돌리는 짓.

자색(自色) 명 어떤 광물이 가진 자체 고유의 빛깔.

자색(姿色) 명 여자의 아리따운 몸맵시와 고운 얼굴.

자:색(紫色) 명 자줏빛 준 자(紫)

자:색(赭色) 명 검붉은 흙과 같은 빛깔.

자:색-금(紫色金) 명 금 78%와 알루미늄 22%의 비율로 만든 합금.

자생(子生) 명 간지(干支)의 지지(地支)가 자(子)인 해에 태어난 일, 또는 그 해에 태어난 사람. 갑자생(甲子生)이나 병자생(丙子生) 등. ☞자년(子年)

자생(自生) 명-하다 자 ①식물이 어떤 지역에 저절로 나서 자람. ¶들에 －하는 식물. ②저절로 생겨남. ¶－ 단체

자생-력(自生力) 명 스스로 살아 나가는 힘.

자생=식물(自生植物) 명 저절로 나서 자라는 식물. ☞재배 식물

자생-적(自生的) 명 저절로 나서 자라나는 것, 또는 저절로 생기는 것.

자생-지(自生地) 명 어떤 식물이 저절로 나서 자라는 땅. ¶난초의 －.

자서(字書) 명 자전(字典)

자서(自序) 명-하다 자 지은이가 스스로 머리말을 씀, 또는 그 머리말. ☞대서(代序)

자서(自書) 명-하다 타 자필(自筆)

자서(自敍) 명-하다 자 자기에 관한 일을 자기가 서술함.

자서(自署) 명-하다 자 자기의 이름을 손수 문서에 적음, 또는 그 서명(署名). 수서(手署)

자서-전(自敍傳) 명 자기가 쓴 자기의 전기(傳記). 준 자전(自傳)

자서제:질(子壻弟姪) 명 아들과 사위와 아우와 조카를 아울러 이르는 말.

자:석(紫石) 명 ①'자석영(紫石英)'의 준말. ②'자석연(紫石硯)'의 준말.

자:석(磁石) 명 ①쇠붙이를 끌어당길 정도로 자력(磁力)을 지닌 물체. 지남석. 지남철 ☞영구 자석. 전자석(電磁石) ②자성(磁性)을 가진 천연의 광석. 자철광 따위.

> 한자 **자석 자**(磁) 〔石部 9획〕 ¶자력(磁力)/자석(磁石)/자성(磁性)/자장(磁場)/자침(磁針)

자:석(赭石) 명 ①붉은 빛깔의 돌. ②'대자석'의 준말.

자:석-강(磁石鋼) 명 자성(磁性)을 지니게 만든 특수강. 확성기·발전기 등의 재료인 영구 자석으로 쓰임.

자:석-광(磁石鑛) 명 '자철광(磁鐵鑛)'을 흔히 이르는 말.

자:석식=전:화기(磁石式電話機) 명 전지와 수동 발전기를 갖춘 전화기. 전화기의 핸들로 발전기를 돌려 신호를 송출함. 비상용·공사용·철도용 전화 등으로 쓰임.

자:석-연(紫石硯) 명 자줏빛 돌로 만든 벼루. 준 자석

자:-석영(紫石英) 명 자수정(紫水晶) 준 자석(紫石)

자선(自選) 명-하다 자 ①선거 따위에서, 자기가 자기를 뽑음. ②자기 작품을 자기가 골라 뽑음. ¶－ 작품집

자선(慈善) 명 어려운 처지에 있는 사람을 물질적으로 도와 주는 일. ☞적선(積善) ¶－ 사업/－ 바자회

자선-가(慈善家) 명 자선을 베푸는 사람.

자선-냄비(慈善－) 명 구세군(救世軍)이 세밑마다 가난한 사람들을 돕기 위한 성금을 받는 쇠로 된 그릇.

자선=단체(慈善團體) 명 자선 사업을 하는 단체. 적십자사·고아원·양로원 따위.

자선=병:원(慈善病院) 명 공공 단체 등에서 자선을 목적으로 설립한 병원.

자선=사:업(慈善事業) 명 고아·병자·노약자·빈민 등을 돕기 위한 사회 공공적인 구제 사업.

자선=행위(慈善行爲) 명 어려운 처지에 있는 사람을 도와 주는 일.

자선-회(慈善會) 명 ①자선 사업의 자금을 마련하기 위하여 어떤 흥행(興行)을 하거나 물품을 판매하거나 하는 모임. ②'자선 단체'를 흔히 이르는 말.

자설(自說) 명 자기의 의견이나 학설.

자성(自性) 명 '자성본불(自性本佛)'의 준말.

자성(自省) 명-하다 타 자기가 한 일에 대하여 스스로 되돌아보고 반성함. ¶잘못된 운전 습관을 －하다./이웃에 무관심한 세태에 대해 －의 움직임이 일다.

자성(觜星) 명 자수(觜宿)

자성(雌性) 명 ①암컷 ②생물에서, 암컷의 공통적인 성질. ☞웅성(雄性)

자:성(資性) 명 천성(天性)

자성(慈聖) 명 임금의 어머니를 높이어 일컫는 말. 자전(慈殿)

자:성(磁性) 명 자기장(磁氣場) 속에 놓였을 때 쇠붙이 따위를 끌어당기거나 밀어내거나 하는, 어떤 종류의 물질이 나타내는 자기적인 성질. ¶－을 띠다.

자성-본불(自性本佛) 명 불교에서, 본디부터 지니고 있는 불성(佛性)을 이르는 말. 준 자성(自性)

자성일가(自成一家) 성구 스스로의 노력으로 어떤 학문이나 기예에 통달하여 대가(大家)가 됨을 이르는 말.

자:성-체(磁性體) 명 자기장 속에 놓였을 때 자화(磁化)하는 물질. 자화의 방향이나 세기에 따라 상자성체(常磁性體)·반자성체(反磁性體)·강자성체(強磁性體)로 나뉨.

자세(姿勢) 명 ①무엇을 할 때 몸이 이루는 모양. ¶바른 －./물건을 드는 －. ②사물을 대하는 마음가짐이나 태도. ¶일에 적극적인 －로 임하다.

자:세(藉勢) 명-하다 자 권력이나 세력을 믿고 세도를 부림.

자세(仔細) 어기 '자세(仔細)하다'의 어기(語基).

자:-세:포(刺細胞) 명 해파리·산호·히드라 따위 강장동물에 있는 자포(刺胞)를 만들어 내는 세포. 바늘 세포 ☞자사(刺絲)

자세-하다(仔細－) 형여 속속들이 아주 구체적이고 분명하다. ¶자세한 설명.

자세-히 부 자세하게 ¶－ 검토하다.

> 한자 **자세할 상**(詳) 〔言部 6획〕 ¶상고(詳考)/상론(詳論)/상보(詳報)/상세(詳細)/상술(詳述)/자상(仔詳)
> **자세할 정**(精) 〔米部 8획〕 ¶정밀(精密)/정해(精解)

자소(自訴) 명-하다 자 자수(自首)

자:소(紫蘇) 명 소엽(蘇葉)

자소-로(自少－) 부 '자소이래로'의 준말.

자소이래-로(自少以來－) 부 어렸을 적부터 이제까지. 준 자소로

자:속(磁束) 명 자기력선속(磁氣力線束)

자손(子孫) 명 ①아들과 손자를 아울러 이르는 말. ②한 핏줄을 이어받아 태어난 사람들. ¶－이 번성하다. ③후손(後孫) 준 손(孫)

자손-계(子孫計) 명 자손의 앞날을 위하여 꾀하는 일.

자손-만:대(子孫萬代) 명 자손이 끝없이 이어 내려오면서 거듭되는 여러 대(代). 대대손손(代代孫孫). 자자손손(子子孫孫)

자수(子嗽) 명 한방에서, 임신 중에 기침을 하는 증세를 이르는 말.

자수(自守) 명-하다 타 ①말이나 행동 따위를 스스로 삼가 범절을 지킴. ②스스로의 힘으로 지킴.

자수(自首) 명-하다 자 죄를 지은 사람이 스스로 수사 기관에 자기의 범죄 사실을 신고하는 일. 자소(自訴). 자현(自現)

자수(自修) 명-하다 자타 남에게 배우지 않고 스스로 학문이나 기술 따위를 익힘. ☞독학(獨學)

자수(字數)[－쑤] 명 글자의 수효.

자:수(刺繡) 명 헝겊이나 가죽 따위에 실·끈·리본 등을 바늘 같은 것으로 떠서 놓는 일, 또는 그 그림이나 글자. 수(繡). 수자(繡刺)

자:수(紫綬) 명 조선 시대, 정삼품 이상의 당상관이 차던 호패를 달 때 쓰던 자줏빛 술.

자수(觜宿) 명 이십팔수(二十八宿)의 하나. 서쪽의 여섯째 별자리. 자성(觜星) 준 자(觜)

자수(髭鬚)명 콧수염과 턱수염을 아울러 이르는 말.
자수-로(自手-)부 제 손으로. 혼자의 힘으로. ¶ - 사업을 일으키다./- 지은 집.
자-수립(自樹立)명-하다타 스스로의 힘으로 사업의 기초나 공을 세움.
자:수-사(刺繡絲)명 생사 4~10가닥을 겹쳐서 섬유가 부풀어 엉키지 않을 정도로 느리게 꼰 실. 수예품이나 옷의 장식 따위에 쓰임.
자수삭발(自手削髮)성구 자기 손으로 자기 머리털을 깎는다는 뜻으로, 스스로의 힘으로 어려운 일을 처리해 나감을 이르는 말.
속담 **자수삭발은 못 한다** : 자기가 자기 머리는 못 깎는다는 뜻으로, 자기 스스로는 할 수 없는 일을 이르는 말. 〔중이 제 머리 못 깎는다〕
자수성가(自手成家)성구 물려받은 재산이 없이 스스로의 힘으로 어엿한 한 살림을 이룸을 이르는 말.
자:-수정(紫水晶)명 자줏빛의 수정. 자석영(紫石英)
자숙(自肅)명-하다자 스스로 행동이나 태도를 삼감.
자숙자계(自肅自戒)성구 스스로 자신의 언행을 삼가고 경계함을 이르는 말.
자:순(諮詢)명-하다타 ①윗사람이 아랫사람에게 의견을 물음. ②하순(下詢)
×**자스민**(jasmine)명 →재스민
자슬(慈膝)명 자애로운 무릎이라는 뜻으로, 부모의 슬하(膝下)를 이르는 말.
자습(自習)명-하다자타 가르치는 이 없이 혼자의 힘으로 공부하여 익힘.
자습-서(自習書)명 남의 가르침 없이 스스로 배워 익힐 수 있도록 만든 책. ¶영어 -
자승(自乘)명-하다타 '제곱'의 구용어.
자승(自勝)명-하다자 ①자기가 남보다 낫다고 여김. ②스스로 욕망을 억누름.
자승-근(自乘根)명 '제곱근'의 구용어.
자승-멱(自乘冪)명 '제곱멱'의 구용어.
자승-비(自乘比)명 '제곱비'의 구용어.
자승-수(自乘數)명 '제곱수'의 구용어.
자승자박(自繩自縛)성구 자기가 꼰 새끼로 자기 몸을 묶는다는 뜻으로, 자기가 한 말이나 행동에 자기가 옭혀 들어가 어려운 처지에 놓이게 됨을 이르는 말.
자승지벽(自勝之癖)명 자기가 남보다 나은 줄로 여기는 버릇.
자시(子時)명 ①십이시(十二時)의 첫째 시(時). 지금의 오후 열한 시부터 오전 한 시까지의 동안. ②하루를 스물넷으로 가른, 첫째 시(時). 지금의 오후 열한 시 삼십 분부터 오전 열두 시 삼십 분까지의 동안. 준자(子)² ☞계시(癸時). 축시(丑時)
자시(自恃)명-하다타 자부(自負)
자시(自是)명-하다자 제 생각이나 주장만을 옳다고 여김.
자:시다타 '먹다²'의 존경어. 높잡수다²

> ▶ **자시다・잡수다・잡수시다・잡숫다**
> ○ '자시다'는 '먹다'의 존경어.
> ○ '잡수다'는 '자시다'의 존경어.
> ○ '잡수시다'는 '잡수다'의 존경어.
> ○ '잡숫다'는 '잡수시다'의 준말.

자시지벽(自是之癖)명 제 생각이나 주장만 옳다고 고집하는 버릇.
자-시:하(慈侍下)명 자애로운 어머니의 시하(侍下)라는 뜻으로, 홀어머니를 모시고 사는 처지를 이르는 말. ☞엄시하(嚴侍下). 편모시하(偏母侍下)
자식(子息)명 ①아들과 딸, 또는 아들이나 딸. ¶-이 많다./-을 두다. ②'놈'보다 심한 어감(語感)으로 남자를 욕하여 일컫는 말. ¶나쁜 -./망할 -. ☞새끼 ③어린 아이를 귀엽게 일컫는 말. ¶-, 기특하기도 하지.
자식을 보다관용 자식을 낳다.
속담 **자식 겉 낳지 속은 못 낳는다** : ①아무리 자기가 낳은 자식이라도 그 마음속까지는 알 수 없다는 말. ②자식이 좋지 못한 생각을 품어도 그것이 부모의 책임은 아니라는 말./**자식도 품안에 들 때 내 자식이지** : 자식이 어릴 때나 부모에게 흡족한 감을 주지, 자라면 부모의 뜻을 거스르기도 하고 도리에 어긋나는 일을 하기도 한다는 말./**자식 둔 골은 범도 돌아본다** : 범과 같은 짐승조차도 새끼 둔 곳을 걱정하는데, 사람이야 더 말할 나위가 없다는 말./**자식은 내 자식이 커 보이고 벼는 남의 벼가 커 보인다** : 자식은 내 자식이 잘나 보이나 물건은 남의 것이 더 좋아 보인다는 말.
자식-복(子息福)명 ①자식을 많이 두는 복. ②자식을 두어서 누리는 복. 자복(子福)
자식-새끼(子息-)명 '자식'의 속된말.
자신(自身)명 ①자기(自己), 또는 자기의 몸. ¶-이 노력하기 나름이다./-을 돌보다. ②다른 사람이 아닌, 앞에서 말한 사람을 다시 가리켜 이르는 말. ¶그 -도 잘못을 뉘우치고 있다./나 -을 믿고 최선을 다한다.
자신(自信)명-하다타 어떠한 일을 잘할 수 있다거나 어떠한 일이 잘 되리라고 믿음, 또는 그런 마음. ¶- 있는 과목./수영에는 -이 없다./일의 성공을 -하다. 유자부(自負). 자시(自恃)
자신(自新)명-하다자 스스로 잘못을 고쳐 새로워짐.
자신-감(自信感)명 자신이 있다는 느낌. ¶-이 생기다./-을 잃다.
자신만만-하다(自信滿滿-)형여 아주 자신이 있다. ¶자신만만한 대답./그의 표정은 자신만만했다.
자신만만-히부 자신만만하게
자:신지책(資身之策)명 자기 한 몸의 생활을 꾸려 나갈 계책.
자실(自失)명-하다자 자신도 모르게 얼이 빠진듯이 멍해짐.
자실-체(子實體)명 균류에서, 포자(胞子)를 만들기 위해 균사(菌絲)가 모여서 덩이진 것. 자낭체 ☞버섯
자심(滋甚)어기 '자심(滋甚)하다'의 어기(語基).
자심-하다(滋甚-)형여 점점 더 심하다. ¶불평이 -.
자심-히부 자심하게
자씨(姉氏)명 남을 높이어 그의 손위 누이를 이르는 말. ☞매씨(妹氏)
자씨(慈氏)명 '자씨보살(慈氏菩薩)'의 준말.
자씨-보살(慈氏菩薩)명 '미륵보살(彌勒菩薩)'을 달리 이르는 말. 준자씨(慈氏)
자씨-존(慈氏尊)명 미륵보살(彌勒菩薩)
자아(自我)명 ①철학에서, 의식이나 행위를 다스리는 주체로서 '나'를 이르는 말. ☞객아(客我). 비아(非我). 타아(他我) ②심리학에서, 자기 자신에 대한 의식이나 관념을 이르는 말. 에고(ego)
자아-내:다타 ①기계로 물 따위를 높은 데로 흘러나오게 하다. ¶양수기로 물을 -. ②물레 따위로 실을 뽑아 내다. ③어떤 감정이나 기분 따위를 느끼게 하거나 웃음이나 눈물 따위를 나오게 하다. ¶흥미를 -./슬픔을 -. 웃음을 -.
자아=비:판(自我批判)명 자기 비판(自己批判)
자아=실현(自我實現)명 자기의 잠재적인 자질이나 능력을 최대한으로 계발하여 발휘하는 일. 자기 실현
자아-올리다타 기계의 힘으로 물이나 석유 따위를 빨아 올리다.
자아=의:식(自我意識)명 자의식(自意識)
자안(字眼)명 한시(漢詩)나 한문(漢文) 가운데 가장 중요한 뜻을 가진 글자.
자안(慈眼)명 불교에서, 중생을 자비롭게 바라보는 불보살(佛菩薩)의 눈을 이르는 말.
자안(慈顔)명 자애로운 얼굴.
자애(自愛)명-하다자 자기의 몸을 스스로 아낌. ☞자중(自重)
자애(慈愛)명 아랫사람에 대한 깊은 사랑.
자애-롭다(慈愛-)(-롭고・-로워)형ㅂ 아랫사람에 대한 사랑이 깊다.
자애-로이부 자애롭게
자애-주의(自愛主義)명 이기주의(利己主義)

자애지정(慈愛之情)명 자애로운 마음.
자액(自縊)명-하다자 스스로 목을 매어 죽음.
자야(子夜)명 자시(子時) 무렵의 한밤중.
자약명 '작약(芍藥)'의 변한말.
자약(自若)어기 '자약(自若)하다'의 어기(語基).
자약-하다(自若－)형여 뜻밖의 큰일을 당하고도 놀라지 아니하고 침착하다.
자약-히부 자약하게
자양(滋養)명 몸의 영양을 좋게 하는 일, 또는 그런 성분이나 음식.
자양=관:장(滋養灌腸)명 입으로 음식을 먹을 수 없을 때, 자양액을 항문으로 넣어 대장 벽에서 흡수시키는 일.
자양-당(滋養糖)명 엿당과 덱스트린을 주성분으로 하는 영양제. 회백색의 가루로 단맛이 있으며, 젖먹이의 설사를 낫게 하는 데 쓰임.
자양-물(滋養物)명 자양분이 많은 음식물. 자양품
자양-분(滋養分)명 몸의 영양을 좋게 하는 성분. ☞양분
자양-액(滋養液)명 자양분이 많이 들어 있는 액체.
자양-제(滋養劑)명 소화와 흡수가 잘 되도록 만든 영양제. 소화기 계통의 환자나 어린아이의 영양에 쓰임. ☞강장제(強壯劑)
자양-품(滋養品)명 자양물(滋養物)
자:양-화(紫陽花)명 '수국(水菊)'의 딴이름.
자언(自言)명-하다타 자기 말을 자기가 함.
자업자득(自業自得)성구 자기가 저지른 일의 결과를 자기 자신이 받음을 이르는 말. 자업자박
자업자박(自業自縛)성구 자업자득(自業自得)
자-에(玆－)부 이에. 여기에 ¶오등(吾等)은 － 아(我) 조선의 독립국임과 조선인의 자주민임을 선언하노라.
자여(自餘)명-하다자 넉넉하여 저절로 남음.
자연(自然)명 ①저절로 일어나거나 이루어진 모든 것, 또는 그 현상. ¶－ 발생/－의 법칙./－ 그대로의 모습. ②저절로 생겨난 산·바다·강·식물·동물 등의 존재. ¶－의 혜택./아름다운 －. ☞인공(人工) ③철학에서 사람이나 사물 본디의 성질을 이르는 말.
부 자연히 ¶아침에 운동을 하면 － 밥맛이 좋아진다.
자:연(瓷硯)명 자기(瓷器)로 만든 벼루. 도연(陶硯)
자:연(紫煙)명 ①보랏빛 연기. ②담배 연기.
자연=가스(自然gas)명 천연 가스
자연=경관(自然景觀)명 사람의 손이 가지 아니한 자연 그대로의 경치. ☞문화 경관(文化景觀)
자연=경제(自然經濟)명 교환 수단으로서 화폐를 쓰지 않고 물물 교환으로 이루어지는 경제. 실물 경제(實物經濟) ☞화폐 경제(貨幣經濟)
자연-계(自然系)명 수학·물리학·화학·생물학·지구 과학 등의 학문 계통. ☞인문계(人文系)
자연-계(自然界)명 ①인간을 포함한 천지 만물이 존재하는 범위. ②천체·산천초목(山川草木)·동물 등 인간 사회를 둘러싼 자연의 세계.
자연=공물(自然公物)명 자연 상태로 공공(公共)의 목적에 이용되는 것. 하천·호수·해변 따위. ☞인공 공물(人工公物)
자연=과학(自然科學)명 자연계에서 일어나는 현상을 연구하는 학문. 과학·수학·물리학·화학·생물학·지구 과학 등이 이에 딸림. 넓게는 자연 현상을 실생활에 응용하고자 하는 농학·공학·의학 등을 포함하기도 함. 준과학(科學) ☞인문 과학(人文科學)
자연-관(自然觀)명 자연에 대한 관념이나 견해.
자연=관찰(自然觀察)명 자연의 현상이나 변화를 살펴보는 일.
자연-광(自然光)명 ①태양 등의 천연 빛. ②진동(振動)의 분포가 한쪽으로 쏠리지 않고 어느 방향이나 한결같은 빛. ☞편광(偏光)
자연-교(自然敎)명 자연 종교(自然宗敎)
자연-권(自然權)[－꿘]명 인간이 태어나면서부터 지니고 있는 권리. 천부 인권(天賦人權)
자연-금(自然金)명 천연으로 나는 금. 보통 은이나 구리 따위가 섞여 있음. 산금(山金)이나 사금(砂金) 따위.
자연=도태(自然淘汰)명 자연 선택(自然選擇) ☞인위 도태(人爲淘汰)
자연-동(自然銅)명 천연으로 나는 구리. 보통 구릿빛을 띰. 소량의 은이나 철, 비소(砒素), 비스무트 등이 들어 있기도 함.
자연-력(自然力)[－녁]명 ①자연의 힘. ②경제학에서, 생산 요소의 한 가지. 곧 인간의 노동력을 돕는 수력(水力)·풍력(風力)·광력(光力) 따위를 이름.
자연=로그(自然log)명 흔히 e로 나타내는 특정한 수를 밑으로 하는 로그. 보통 e를 생략하여 쓰며 이론적 연구에 사용함. ☞상용 로그
자연-림(自然林)[－님]명 ①원시림(原始林) ②저절로 이루어진 수풀. 천연림(天然林) ☞인공림(人工林)
자연=면:역(自然免疫)명 사람이나 동물이 어떤 병원체에 대하여 가지는 선천적인 저항력. 선천성 면역
자연-목(自然木)명 산과 들에 저절로 나서 자라는 나무.
자연=묘:사(自然描寫)명 문학 작품 등에서 그 배경이나 대상이 되는 자연을 있는 그대로 그려 내는 일.
자연-물(自然物)명 ①자연계에 저절로 생긴 물질이나 물체. ②생산이나 인공 가공의 재료로 쓰는 물질.
자연-미(自然美)명 꾸미지 아니한 자연 그대로의 아름다움. 천연미(天然美) ☞인공미(人工美)
자연=발생설(自然發生說)[－쌩－]명 생물이 무생물로부터 생겨날 수 있다는 학설. 우연 발생설(偶然發生說)
자연=발화(自然發火)명 황린(黃燐)이나 인화 수소(燐化水素) 등 산화하기 쉬운 유기물이 공기 중의 산소와 결합하여 열을 내며 발화점에 이르러 타기 시작하는 일. 자연 연소(自然燃燒)
자연-범(自然犯)명 법규에 따르지 않고도 그 행위 자체가 도덕적·사회적 규범에 어긋나는 범죄. 살인·강도·방화(放火) 따위. 형사범(刑事犯) ☞법정범(法定犯)
자연-법(自然法)[－뻡]명 실정법(實定法)에 상대하여, 시대와 공간을 초월한, 인류 보편의 법률을 이르는 말. ☞인정법(人定法)
자연=법칙(自然法則)명 자연계의 모든 사물이나 현상에 성립하는 보편적이고 필연적인 법칙. 자연율(自然律)
자연=보:호(自然保護)명 인류의 생활 환경인 자연을 훼손하지 않고 더 좋은 환경으로 가꾸고 지키는 일.
자연=분류(自然分類)명 생물을 생물 상호간의 유연(類緣) 관계에 따라 계통을 삼은 분류. ☞인위 분류
자연-사(自然史)명 인류가 나타나기 이전의 자연의 발전이나 인간 이외의 자연계의 발전과 변화의 역사.
자연-사(自然死)명-하다자 노쇠하여 자연히 죽는 일. ☞우연사(偶然死)
자연=사:회(自然社會)명 개인의 의지나 목적과는 관계없이 혈연(血緣)이나 지연(地緣)에 따라 이루어지는 사회. ☞인위 사회(人爲社會)
자연-색(自然色)명 물체가 가지고 있는 자연 그대로의 빛깔. 천연색(天然色)
자연-생(自然生)명 식물을 심지 않아도 저절로 나는 일, 또는 그런 것. ¶－ 약초
자연-석(自然石)명 가공하지 않은 자연 그대로의 돌. 천연석(天然石)
자연=선:택(自然選擇)명 같은 종류의 생물 개체 사이에 일어나는 생존 경쟁에서 환경에 적응한 것은 살아 남고 그렇지 못한 것은 저절로 사라지는 일. 자연 도태
자연-성(自然性)[－썽]명 자연 그대로의 성질.
자연-수(自然數)명 양(陽)의 정수(整數)를 통틀어 이르는 말. 곧 1, 2, 3 따위.
자연=수은(自然水銀)명 천연으로 나는 수은. 상온(常溫)에서는 액체 상태이며, 소량의 금과 은이 들어 있음.
자연=숭배(自然崇拜)명 특정한 자연 현상이나 자연물을 신성하게 여기어 숭배하는 일. 해·달·물·불·땅·바위 따위를 그 대상으로 함. 천연 숭배(天然崇拜)
자연-스럽다(自然－)(－스럽고·－스러워)형ㅂ 꾸밈이나 거짓이 없어 어색하지 않다. ¶자연스러운 표정.

자연-스레 부 자연스럽게
자연-식(自然食) 명 인공 색소나 방부제 등의 식품 첨가물을 넣지 않은 자연 그대로의 식품.
자연-신(自然神) 명 자연 현상이나 자연물을 숭배하여 신격화(神格化)한 것.
자연신-교(自然神教) 명 이신론(理神論)
자연신-론(自然神論)[-논] 명 이신론(理神論)
자연=신학(自然神學) 명 신의 존재나 그 진리의 근거를 초자연적인 계시나 기적에서 구하지 않고, 인간의 이성(理性)이 인식할 수 있는 자연적인 것에서 구하는 신학(神學)의 한 부문. 이신론(理神論)이 그 전형(典型)임.
자연=신화(自然神話) 명 자연 현상이나 자연물이 이루어진 기원이나 상태, 활동 등을 종교적·문학적으로 설명한 신화.
자연=연소(自然燃燒)[-년-] 명 자연 발화(自然發火)
자연=영양(自然營養)[-녕-] 명 아기에게 모유(母乳)로 영양을 주는 일, 또는 모유의 영양. ☞인공 영양
자연-율(自然律)[-뉼] 명 자연 법칙(自然法則)
자연-은(自然銀) 명 천연으로 나는 은. 금이나 수은 등의 불순물이 들어 있으며, 공기 중에서 잿빛이나 검은빛으로 바뀌기 쉬움.
자연-인(自然人) 명 ①사회나 문화 따위에 속박 되지 않은 자연 그대로의 인간. ②법률에서, 권리나 의무의 주체로서 평등하게 그 능력과 자격을 인정받는 개인을 이르는 말. 유형인(有形人) ☞법인(法人)
자연=인류학(自然人類學) 명 형질 인류학(形質人類學)
자연-적(自然的) 명 자연 그대로의 것. ¶ -인 변화.
자연적=경계(自然的境界) 명 산맥·해양·하천·사막·산림 따위의 자연물로 말미암아 이루어진 경계. ☞인위적 경계(人爲的境界)
자연=종교(自然宗教) 명 ①자연 발생적인 원시 종교를 통틀어 이르는 말. 자연교(自然教) ②신의 은총에 바탕을 두는 계시 종교에 상대하여, 인간 본래의 이성(理性)에 바탕을 두는 종교.
자연-주의(自然主義) 명 ①철학에서, 정신 현상을 포함한 모든 현상을 자연의 산물로 생각하여 자연 과학의 방법으로 설명하려는 주의. ②윤리학에서, 인간의 자연적인 본능·욕망·소질 등의 요소를 바탕으로 하여 도덕을 설명하려는 태도. ③문학에서, 인간의 삶과 현실을 관찰하고 분석하여 있는 그대로 묘사하려는 주의. 내추럴리즘(naturalism) ☞사실주의(寫實主義) ④교육에서, 어린이의 천성을 자연 그대로 발달시키고자 하는 주의.
자연=증가율(自然增加率) 명 인구 동태 통계의 한 가지. 출생률에서 사망률을 뺀 값을 이름.
자연=증수(自然增收) 명 세율의 인상이나 세제(稅制)의 개혁 없이 경기 상승 등에 따라 저절로 조세 수입이 느는 일.
자연-지(自然智) 명 불교에서, 남의 가르침을 받지 않고 저절로 생겨나는 부처의 지혜를 이르는 말.
자연=지리학(自然地理學) 명 지구 표면에 일어나는 자연 현상의 분포와 그 상호 관계 등을 고찰하는 학문. 지형학·기후학·생물 지리학 등. ☞인문 지리학(人文地理學)
자연=채:무(自然債務) 명 꼭 갚을 책임이나 의무가 없는 채무. 곧 빌린 이가 갚지 않아도 빌려 준 이가 소송을 청구하지 못하는 채무임.
자연-철(自然鐵) 명 천연으로 나는 철. 소량의 니켈·구리·탄소 등이 들어 있음.
자연-철학(自然哲學) 명 자연의 본질을 종합적·통일적으로 해석하고 설명하는 철학.
자연-현:상(自然現象) 명 인간의 의지와 상관없이 자연계의 법칙에 따라서 일어나는 여러 가지 현상.
자연=혈족(自然血族)[-쪽] 명 어버이와 자식처럼 실제로 혈연 관계가 있는 혈족. ☞법정 혈족
자연-황(自然黃) 명 천연으로 나는 황. 누런빛의 덩어리·알갱이·가루 모양임. 회분(灰分)이나 셀렌, 비소(砒素) 등이 들어 있음. 화약이나 성냥, 여러 가지 약제, 고무 따위를 만드는 데 이용됨.
자연-히(自然-) 부 저절로. 자연(自然) ¶공기가 - 정화되다./상처가 - 아물다.

자:염(煮塩) 명 -하다 자 바닷물을 졸여 소금을 만드는 일.
자엽(子葉) 명 떡잎
자영(自營) 명 -하다 타 개인이 스스로의 힘으로 사업을 경영하는 일. ¶피자 가게를 -하다.
자:-영산(紫映山) 명 '영산자(映山紫)'의 딴이름.
자예(雌蕊) 명 암술 ☞웅예(雄蕊)
자오(慈烏) 명 '까마귀'의 딴이름. 자조(慈鳥)
자오록-하다 형여 매우 자옥한 느낌이 있다. ¶골짜기에 자오록하게 낀 안개. ☞자우룩하다
자오록-이 부 자오록하게
자오-면(子午面) 명 자오선을 포함하는 평면. 적도면(赤道面)과 수직으로 만남.
자오-선(子午線) 명 ①천구상(天球上)에서 지평(地平)의 남북점과 천정(天頂), 하늘 양극을 모두 지나며 큰 원을 이루는 선. ②경선(經線)
자오선=고도(子午線高度) 명 천체가 자오선을 지나갈 때 지평면에서 천체까지의 각거리.
자오선=관측(子午線觀測) 명 천체가 자오선을 지나가는 시각과 그 고도를 관측하는 일.
자오선=통과(子午線通過) 명 항성이나 그 밖의 천체가 일주 운동(日周運動)에 따라 자오선을 지나가는 일, 또는 지나가는 그 순간. 이때 천체의 고도는 최대가 됨.
자오-의(子午儀) 명 천체가 자오선을 통과하는 시각과 천체의 위치를 관측하는 기계.
자오-환(子午環) 명 자오선 고도를 측정하여 그 천체의 적위(赤緯)와 적경(赤經)을 정밀하게 측정하는 커다란 자오의(子午儀).
자옥-금(-金) 명 같은 광맥이면서 금의 함유량이 고르지 못한 사금 광맥의 상태.
자옥-하다 형여 연기나 안개, 김 따위가 짙게 끼어 있다. ¶방 안에 담배 연기가 -. ☞자욱하다
자옥-이 부 자옥하게 ☞자욱이
자:완(紫菀) 명 ①'개미취'의 딴이름. ②한방에서, 개미취의 뿌리를 약재로 이르는 말. 기침·가래·천식·폐렴 등에 쓰임.
자:외-선(紫外線) 명 파장이 가시 광선보다 짧고 엑스선보다 긴 전자기파. 태양광 스펙트럼에서 보랏빛의 바깥쪽에 나타남. 살균 소독, 곰팡이의 검출, 보석이나 고문서의 감정 등에 이용됨. 화학선(化學線) ☞적외선(赤外線)
자:외선=사진(紫外線寫眞) 명 자외선용 건판에 자외선을 비추어서 찍는 촬영법, 또는 그렇게 찍은 사진. 고문서나 위조 문서의 감정, 지문 감별 등에 이용됨.
자:외선=요법(紫外線療法)[-뇨뻡] 명 태양등(太陽燈) 따위의 자외선을 이용하는 질병 치료법. 구루병, 외과적 결핵, 허약 체질의 개선 등에 효과가 있음.
자용(自用) 명 -하다 타 자기가 씀, 또는 그 씀씀이.
자용(姿容) 명 얼굴의 생김새나 모습.
자우(慈雨·滋雨) 명 ①식물이 자라기에 알맞게 내리는 비. ②오래도록 가물다가 요긴한 때 내리는 비. 택우(澤雨) ☞감우(甘雨). 단비
자우룩-하다 형여 매우 자욱한 느낌이 있다. ¶앞산에 안개가 -. ☞자오록하다
자우룩-이 부 자우룩하게 ☞자오록이
자욱-포:수(-砲手) 명 짐승의 발자국을 잘 찾는 포수.
자욱-하다 형여 연기나 안개, 김 따위가 매우 짙게 끼어 있다. ¶안개가 자욱한 거리. ☞자옥하다
자욱-이 부 자욱하게 ☞자옥이
자운(字韻) 명 한자의 운(韻).
자:운(紫雲) 명 자줏빛 구름이라는 뜻으로, 상서로운 구름을 이르는 말.
자:-운영(紫雲英) 명 콩과의 두해살이풀. 줄기 높이 10~25cm. 줄기는 지면을 따라 벋다가 곧게 서며, 4~5월에 붉은빛을 띤 보랏빛 꽃이 피고 꼬투리는 검게 익음. 어린 잎과 줄기는 사료로 쓰며, 밭에 심었다가 갈아엎어 녹비로도 씀. 중국 원산으로 우리 나라 남부에서 재배함.

ㅈ

자웅(雌雄)명 ①암컷과 수컷. 암수. 웅자(雄雌) ②'승패'나 '우열'을 비유하여 이르는 말.
자웅을 가리다 관용 자웅을 겨루다.
자웅을 겨루다 관용 이기고 짐, 또는 낫고 못함을 가리다. 자웅을 가리다.
자웅-눈(雌雄-)명 한쪽은 크고 한쪽은 작은 눈. 자웅목(雌雄目) ☞짝눈
자웅눈-이(雌雄-)명 자웅눈을 가진 사람. 자웅목
자웅=도태(雌雄淘汰)명 자웅 선택(雌雄選擇)
자웅=동주(雌雄同株)명 암꽃과 수꽃이 한 그루에 피는 일, 또는 그 식물. 호박·오이·소나무 등이 이에 딸림. 암수한그루 ☞자웅이주(雌雄異株)
자웅=동체(雌雄同體)명 동물에서, 한 개체 안에 암수의 생식기를 모두 가진 상태, 또는 그 동물. 지렁이·달팽이 등이 이에 딸림. 암수한몸 ☞자웅 이체(雌雄異體)
자웅=동형(雌雄同形)명 같은 종류의 생물로서, 암컷과 수컷의 형태가 서로 같은 상태. ☞자웅 이형
자웅=동화(雌雄同花)명 양성화(兩性花) ☞자웅 이화
자웅-목(雌雄目)명 ①자웅눈 ②자웅눈이
자웅=선:택(雌雄選擇)명 동물계에서, 제이차 성징(性徵)이 발달한 개체가 배우자로 선택될 기회가 많기 때문에 그 형질(形質)이 더욱 발달한다는 학설. 자웅 도태
자웅-성(雌雄聲)명 거센 소리와 앳된 소리가 섞여 나오는 목소리.
자웅=이:색(雌雄異色)명 조류나 곤충 따위에서, 암컷과 수컷의 몸빛이 서로 다른 상태.
자웅=이:주(雌雄異株)명 암꽃과 수꽃이 각각 다른 그루에 피는 일, 또는 그 식물. 은행나무·소철·시금치 등이 이에 딸림. 암수딴그루 ☞자웅 동주(雌雄同株)
자웅=이:체(雌雄異體)명 동물에서, 난소가 있는 암컷과 정소가 있는 수컷이 분명히 구별되어 있는 상태, 또는 그 동물. 척추동물·절지동물 등이 이에 딸림. 암수딴몸 ☞자웅 동체(雌雄同體)
자웅=이:형(雌雄異形)명 같은 종류의 생물로서, 암컷과 수컷의 형태가 서로 다른 상태. ☞자웅 동형
자웅=이:화(雌雄異花)명 단성화(單性花) ☞자웅 동화
자원(字源)명 글자의 기원(起源). 특히 한자(漢字)의 구성 원리를 이름. '山'이 산 모양을 본뜨고, '明'이 '日'과 '月'로 이루어졌다는 따위.
자원(自願)명-하다 자타 어떤 일을 스스로 하고자 나섬. ¶－ 입대/－ 봉사자/－하여 구호 활동에 나서다.
자:원(資源)명 ①어떤 목적에 쓰이는 물자나 인재. ¶인적(人的) －/물적(物的) － ②인간 생활에 도움이 되는 자연계의 일부. ¶해양 －/광물 －/－을 개발하다.
자:원=민족주의(資源民族主義)명 천연 자원은 그 보유국(保有國)에 딸리며, 자원 보유국의 발전과 복지를 위하여 사용되어야 한다는 주장과 그에 따른 행동.
자:-원앙(紫鴛鴦)명 '비오리'의 딴이름.
자:원=위성(資源衛星)명 적외선 카메라 따위를 사용하여 자원 탐사, 농작물의 작황(作況), 대기와 해양의 오염도 등을 관측하는 인공 위성.
자월(子月)명 '음력 십일월'을 달리 이르는 말. 월건(月建)의 지지(地支)가 병자(丙子)·무자(戊子)처럼 자(子)인 데서 이름. ☞일진(日辰)·태세(太歲)
자위[1]명 ①무거운 물건이 놓여 있던 자리. ②뱃속의 아이가 놀기 전까지 차지하고 있는 자리. ③밤톨이 완전히 익기 전까지 밤송이 안에 붙어 있는 자리. ④운동 경기에서, 선수가 지켜야 할 자리.
자위(가) 돌다 관용 먹은 것이 삭기 시작하다.
자위(를) 뜨다 관용 ①무거운 물건이 있던 자리에서 조금 옮겨지다. ②뱃속의 아이가 놀기 시작하다. ③밤톨이 익어서 밤송이와 떨어져 틈이 생기다. ④운동 경기에서, 선수가 자기 자리에서 벗어나 빈틈이 생기다.
자위[2]명 눈알이나 새알 따위에서 빛깔에 따라 구분되는 부분을 이르는 말. ¶달걀의 노른 －./눈의 검은 －.
자위(自慰)명-하다 자 ①자신을 스스로 위로함. ¶어쩔 수 없는 일이었다고 －하다. ②수음(手淫)
자위(自衛)명-하다 자타 폭력이나 침략 등으로부터 자기의 힘으로 자신을 지킴.
자위(慈闈)명 자친(慈親)
자위-권(自衛權)[－꿘]명 국제법상, 외국의 침해에 대해서 자기 나라와 국민을 보호하기 위하여 실력 행사를 할 수 있는 국가의 기본 권리.
자위-대(自衛隊)명 외국의 침해에 대해서 자기 나라와 국민을 보호하기 위하여 조직한 단체.
자위-책(自衛策)명 스스로 방위하기 위한 방책.
자유(自由)명 남에게 얽매이거나 지배받지 않고 제 하고 싶은 대로 행동함, 또는 그 상태. ¶－ 수호/언론의 －./집회의 －./－가 아니면 죽음을 달라.
자유=가격(自由價格)[－까－]명 외부의 간섭을 받지 않고 시장에서 자유 경쟁에 따라 결정되고 변동하는 가격.
자유-겨루기(自由-)명 태권도에서, 동작의 제한을 받지 않고 실제 경기를 치르듯이 겨루면서 공격 기술과 방어 기술을 단련하는 일. 자유 대련 ☞맞춰겨루기
자유=결혼(自由結婚)명 결혼 당사자가 부모의 동의 없이 자유롭게 하는 결혼. 자유 혼인(自由婚姻)
자유=경:쟁(自由競爭)명 ①아무런 규제나 간섭을 받지 않고 상대와 자유로이 겨루는 일. ②경제학에서, 국가의 간섭이나 제약을 받지 않고 자유로운 상태에서 수요와 공급이 이루어지는 시장 경쟁.
자유=경제(自由經濟)명 ①국가의 간섭이나 통제를 받지 않고 기업이나 개인이 자유롭게 하는 경제 활동. ☞계획 경제. 통제 경제 ②자유주의 경제
자유=교:육(自由敎育)명 ①정치·종교·직업 등과 관계없이 사람으로서 갖추어야 할 자질과 교양을 높일 목적으로 이루어지는 교육. ②피교육자의 자질과 개성을 고려하여 자발적인 활동에 중점을 두고 이루어지는 교육.
자유-권(自由權)[－꿘]명 개인의 자유가 국가 권력의 간섭이나 침해를 받지 않을 권리. 신앙·학문·사상·언론·집회·결사(結社)·직업 선택·거주 이전의 자유 따위. ☞기본적 인권(基本的人權)
자유=기구(自由氣球)명 지상에 붙잡아 매지 않고 바람의 흐름에 따라 날아다니게 한 대형 기구.
자유=기업(自由企業)명 개인의 자유 의사대로 경영하는 기업.
자유=낙하(自由落下)명 물체가 중력(重力)만을 받고 떨어지는 일.
자유=노동(自由勞動)명 ①자기의 의사에 따라 선택해서 하는 노동. ☞강제 노동(強制勞動) ②일정한 직장을 갖지 않고 그날 그날 품팔이로 하는 노동.
자유=노동자(自由勞動者)명 자유 노동을 주로 하는 사람. 날품팔이
자유=대:련(自由對鍊)명 자유겨루기
자유-도(自由度)명 ①역학계(力學系)에서, 질점(質點)의 위치, 또는 강체(剛體)의 위치나 방향 등을 결정하는 데 필요한 좌표의 수. ②온도·압력·농도 등의 열역학적인 상태를 결정하는 변수 중 그 물질계의 성분 상태를 바꾸지 않고 임의의 값을 가질 수 있는 변수의 개수.
자유=도시(自由都市)명 ①중세의 독일에서, 봉건 제후의 지배에서 벗어나 황제의 통치를 받던 도시. 쾰른·마인츠 등. ②중세 후기의 유럽에서, 국왕이나 봉건 제후로부터 자치권을 인정받은 도시. 피렌체·베네치아 등. 자유시(自由市)
자유-롭다(自由-)(－롭고·－로워)형ㅂ 억눌리거나 얽매이거나 하지 않고 자기가 하고 싶은 대로 할 수 있다. ¶자유로운 나라./자유로운 몸./자유롭게 다니다.
자유-로이부 자유롭게 ¶－ 말하다.
자유=무:역(自由貿易)명 국가가 아무런 간섭이나 보호를 하지 않고 개인의 자유에 맡기는 무역. ☞보호 무역
자유=무:역항(自由貿易港)명 자유항(自由港)
자유-민(自由民)명 ①정당한 행위에 대하여 자기의 권리를 자유로이 행사할 수 있는 국민. 자유인 ②고대 그리스·로마에서 노예가 아닌 사람을 이르던 말. ☞노예(奴隸)

자유=민권론(自由民權論)[-꿘논] 명 국민은 저마다 원하는 정치나 사회에 참여할 수 있는 권리를 가지고 있다는 정치 사상.
자유=방:임(自由放任)명 각 사람의 자유에 맡겨 간섭하지 아니함.
자유=방:임주의(自由放任主義)명 국가가 개인의 경제 활동을 최대한 자유롭게 보장하고 간섭하지 말아야 한다는 경제 사상.
자유=사상가(自由思想家)명 권위나 교의 등에 얽매이지 않고 자기의 양심에 따라 자유로이 생각하는 사상가.
자유=선박(自由船舶)명 전시(戰時)에, 국제법에 따라 교전국에서 포획하거나 몰수할 수 없는 중립국의 선박.
자유=세:계(自由世界)명 ①자유로운 세계, 또는 자유로운 사회. ②제이차 세계 대전 후, 자본주의 국가가 공산 진영에 대하여 자기 진영에 딸린 나라를 이르는 말.
자유-스럽다(自由-) (-스럽고·-스러워)형ㅂ 자유로운 느낌이 있다. ¶자유스러운 분위기.
자유-스레부 자유스럽게
자유-시(自由市)명 자유 도시(自由都市)
자유-시(自由詩)명 운율이나 형식 등에 얽매이지 않고 자유로운 내용이나 형식으로 지은 시. ☞정형시(定型詩)
자유=심증주의(自由心證主義)명 법원이 판결의 기초가 되는 사실을 인정하는 일에서, 법률상의 간섭을 하지 않고 법관의 자유로운 판단과 확신에 맡기는 원칙. ☞법정 증거주의(法定證據主義)
자유=어업(自由漁業)명 관청의 허가 없이 자유로이 고기잡이를 하는 일.
자유-업(自由業)명 고용 관계를 맺지 않고 전문 지식이나 특별한 기술을 가지고 독자적으로 활동하여 돈을 버는 직업. 개업의·변호사·예술가·여행가 등의 직업. 자유 직업(自由職業)
자유=연상(自由聯想)명 주어진 말이나 낱말에서 떠오르는 것을 자유로이 연상해 나가는 일.
자유=연:애(自由戀愛)명 전통이나 관례에 얽매이지 않고 남녀 당사자의 뜻에 따라 자유롭게 하는 연애.
자유=의:사(自由意思)명 남의 속박이나 강요를 받지 않고 자유롭게 나타내는 의사.
자유=의:지(自由意志)명 ①윤리학에서, 남으로부터 제약이나 구속을 받지 않고 스스로 목적을 세우고 실행할 수 있는 의지를 이르는 말. ②심리학에서, 두 가지 이상의 동기(動機)에 대한 선택과 결정을 자기 스스로 자유로이 할 수 있다는 의지를 이르는 말. ③철학에서, 유심론(唯心論)에 근거를 두어, 우주는 정신의 소산이므로 정신이 목적을 가지고 스스로 생각하고 결정하는 의지를 이르는 말.
자유=의:지론(自由意志論)명 비결정론(非決定論)
자유=이민(自由移民)명 개인의 자유 의사에 따라 다른 나라로 이주하는 일, 또는 그 사람.
자유-인(自由人)명 자유민(自由民)
자유=임:용(自由任用)명 공무원이나 공공 단체의 구성원을 임용할 때, 임용권자가 특별한 자격이나 요건을 따지지 않고 자유롭게 임용하는 일, 또는 그 제도. 별정직 공무원의 임용. ☞자격 임용(資格任用)
자유-자재(自由自在)명 거침없이 마음대로 할 수 있음. ¶외국어를 -로 구사하는 사람.
자유-재(自由財)명 태양·바닷물·공기 따위와 같이 사용 가치는 있으나 그 양이 무한정이어서 사고 팔 수 없는 재화. 자유 재화(自由財貨) ☞경제재(經濟財)
자유=재량(自由裁量)명 ①자기가 옳다고 믿는 대로 일을 처리하거나 결정하는 일. ¶-으로 사람을 들이다. ②행정 기관이 법이 인정하는 범위 안에서 자유롭게 판단하거나 실행하는 일.
자유=재화(自由財貨)명 자유재(自由財)
자유=전:기(自由電氣)명 절연된 도체(導體)에 있는 전기. 다른 물체를 만나면 전기의 작용을 일으킴.
자유=전:자(自由電子)명 진공 속이나 금속 내부를 자유로이 움직이며 전기나 열을 전도(傳導)하는 전자.
자유=접가제(自由接架制)명 개가제(開架制)
자유-주의(自由主義)명 개인의 권리나 자유를 기본으로 하여, 사회의 모든 영역에서 개인의 자유로운 활동을 중히 여기는 사상이나 경향.
자유주의=경제(自由主義經濟)명 18세기 후반에서 19세기 중엽에 걸쳐 발달한 중상주의(重商主義)와 자유 무역을 배경으로 한 세계 시장 체제. 자유 경제
자유지정(自有之情)명 인(仁)·의(義)·예(禮)·지(智)에 바탕을 둔, 사람이 태어나면서부터 지니고 있는 정(情)을 이르는 말. ☞사단(四端)
자유=직업(自由職業)명 자유업(自由業)
자유=진:동(自由振動)명 외부의 힘을 받지 않고 복원력만으로 일어나는 진동. 고유 진동 ☞강제 진동
자유=토:론(自由討論)명 자유 토의
자유=토:의(自由討議)명 국회에서, 정부에 대한 질문이나 정당 정책의 비판 등 국정(國政)에 관하여 자유로이 토의하는 일. 자유 토론
자유=통상(自由通商)명 교역 당사국들이 통상 장벽을 없애고 자유로이 통상을 하는 일.
자유-투(自由投)명 농구·핸드볼·수구(水球) 따위에서, 상대편이 반칙을 하였을 때 누구의 방해도 받지 않고 정해진 곳에서 자유로이 공을 던져서 골(goal)에 넣는 일. 프리스로(free throw)
자유-항(自由港)명 그곳을 통과하는 외국 화물에 대해 자국의 관세법을 적용하지 않고, 외국 선박의 자유로운 출입을 허용하는 항구. 자유 무역항
자유항-구(自由港區)명 자유항의 한 형태. 항구의 전부 또는 일부를 관세 구역에서 제외하여 화물의 수출입·보관·가공을 자유롭게 한 구역.
자유=항:로(自由航路)명 정부의 규제 없이 법규의 범위 안에서 선주(船主)가 자유로이 골라서 배선(配船)할 수 있는 항로.
자유=항:행(自由航行)명 국제적으로 개방된 공해(公海)나 하천을 자유로이 항행하는 일.
자유=행동(自由行動)명 집단에 딸린 개인이 남의 명령이나 통제를 받지 아니하고 하는 자유로운 행동.
자유-형(自由刑)명 징역·금고·구류와 같이 신체의 자유를 속박하는 형벌. 체형(體刑)
자유-형(自由型)명 ①레슬링 종목의 한 가지. 몸의 어느 부분이든 자유롭게 이용하여 공격하거나 방어할 수 있는 경기 방식. ☞그레코로만형 ②수영 경기 종목의 한 가지. 수영법의 형(型)에 제한을 두지 않는 경기 방식. 흔히 크롤(crawl)을 이름.
자유=혼인(自由婚姻)명 자유 결혼
자유-화(自由化)명-하다자타 자유롭게 하거나 자유롭게 됨. ¶해외 여행의 -./외국환 거래의 -.
자유-화(自由畫)명 어린아이들이 표현하고 싶은 대로 자유로이 그린 그림, 또는 어린아이들이 자기의 실감(實感)을 솔직하게 표현한 그림. ☞임화(臨畫)
자유=화:물(自由貨物)명 전시(戰時)에, 교전국(交戰國)이 포획하거나 몰수할 수 없는 중립국 선박의 화물. ☞전시 금제품(戰時禁製品)
자유=환:시세(自由換時勢)명 시장에서 자유로이 거래되는 환시세(換時勢).
자육(孳育)명-하다타 동물이 새끼를 낳아서 기름.
자육(慈育)명-하다타 사랑을 쏟아 기름.
자율(自律)명 ①스스로가 세운 규율에 따라서 자신의 행동을 절제하는 일. ②칸트의 윤리관에서, 어떤 권위나 욕망에 구애됨이 없이 스스로 세운 도덕률에 따르는 일. ☞타율(他律)
자율-권(自律權)[-꿘]명 국가 기관의 독자성을 존중하여 일정한 범위 안에서 그 기관이 스스로 규칙을 제정할 수 있는 권한.
자율=신경(自律神經)명 의지와는 관계없이 신체 내부의 기관이나 조직의 활동을 지배하는 신경. 교감 신경과 부교감 신경이 있음. 식물성 신경
자율-적(自律的)[-쩍]명 스스로의 의지로 자기의 행동

을 절제하는 것.
자은-종(慈恩宗)명 '법상종(法相宗)'을 달리 이르는 말.
자음(子音)명〈어〉말소리의 한 갈래. 날숨이 목구멍에서 입 안을 거쳐 나오는 동안, 막히거나 장애를 받으며 내는 소리. 음절을 이룰 때 첫소리나 받침으로 쓰이는데, 한글에는 단자음(單子音)인 'ㄱ·ㄴ·ㄷ·ㄹ·ㅁ·ㅂ·ㅅ·ㅇ·ㅈ·ㅎ'과 된소리인 'ㄲ·ㄸ·ㅃ·ㅆ·ㅉ', 복자음(複子音)인 'ㅊ·ㅋ·ㅌ·ㅍ'과 'ㄳ·ㄵ·ㄶ·ㄺ·ㄻ·ㄼ·ㄽ·ㄾ·ㄿ·ㅀ·ㅄ'이 있음. 닿소리 ☞모음(母音)
자음(字音)명 ①글자를 읽을 때 내는 소리, 또는 그것을 적은 것. ②한자의 음(音).
자음-강:화탕(滋陰降火湯)명 한방에서, 음허화동(陰虛火動)·도한(盜汗)·담증(痰症) 등에 쓰이는 탕약.
자음=동화(子音同化)명〈어〉음절 끝 자음이 뒤따르는 자음과 이어질 때, 어떤 자음이 다른 자음의 영향을 받아 본디 음가가 바뀌는 현상. '문란[물란]·종로[종노]·독립[동닙]'과 같은 소리의 바뀜을 이름. 자음 접변 ☞순행 동화(順行同化). 역행 동화(逆行同化)
자음=색인(字音索引)명 자전(字典)에서, 한자(漢字)의 음(音)에 따라 찾아볼 수 있도록 가나다 순으로 배열해 놓은 찾아보기의 한 가지. ☞총획 색인(總畫索引)
자음=접변(子音接變)명〈어〉자음 동화(子音同化)
자:응-장(紫鷹章)명 대한 제국 때의 무공 훈장의 한 가지. 일등부터 팔등까지 있었음.
자의(字義)명 표의 문자(表意文字)에서, 글자가 나타내는 뜻. 한자의 뜻 따위.
자의(自意)명 자기의 생각이나 의견. ¶ -로 회사를 그만두다. ☞타의(他意)
자의(恣意)명 제멋대로 하는 생각. 방자한 생각.
자:의(紫衣)명 ①자줏빛 옷. ②임금의 옷.
자:의(赭衣)명 ①붉은 옷. ②지난날, 죄수가 입던 붉은 옷, 또는 그 옷을 입은 죄수.
자:의(諮議)명 자문하여 의논하는 일.
자의-성(恣意性)[-썽]명 언어 기호의 형식과 내용이 필연적이지 않은 성질.
자-의:식(自意識)명 외계의 의식에 대립하여, 자아(自我)가 자기를 자기 동일적인 주체로서 의식하는 일. 자아 의식(自我意識) ¶ -이 강하다.
자이로스코:프(gyroscope)명 무게중심이 한가운데 있는 원반 모양의 고속 회전체의 회전축이 일정한 방향을 유지할 수 있도록 받쳐 놓은 장치. 서로 직교(直交)하는 지점(支點)으로 받친 세 겹의 금속 테의 가장 안쪽의 테로 회전체의 축(軸)을 받친 구조임. 자이로컴퍼스 등에 쓰임. 회전의(回轉儀)
자이로스태빌라이저(gyrostabilizer)명 자이로스코프를 응용하여 선박이나 항공기 따위가 옆으로 흔들리지 않도록 하는 장치.
자이로컴퍼스(gyrocompass)명 나침반의 한 가지. 자이로스코프의 원리를 이용한 것으로, 자기(磁氣)와 관계없이 항상 진북(眞北)을 가리키도록 한 장치임.
자이로파일럿(gyropilot)명 자이로스코프를 응용하여, 선박이나 항공기 따위에서 키잡이나 조종사를 대신하여 자동적으로 진로를 유지하는 장치.
자이로호라이즌(gyrohorizon)명 자이로스코프의 원리를 응용하여, 선박이나 항공기 따위에서 동요 상태나 기울기를 알기 위해 쓰이는 장치.
자익(自益)명 자기의 이익.
자익-권(自益權)명 사원권(社員權)의 한 가지. 각종 단체의 시설 이용권, 회사의 이익 배당 청구권 등과 같이 사원 개인을 위하여 부여된 권리. ☞공익권(共益權)
자익=신:탁(自益信託)명 신탁 재산에서 생기는 이익이 위탁자에게 돌아가는 신탁. ☞타익 신탁
자인(自刃)명-하다자 칼로 자기의 목숨을 끊음.
자인(自認)명-하다타 스스로 인정함.
자:인(瓷印)명 흙으로 빚어 새긴 다음 구워서 만든 도장.
자인-소(自引疏)명 지난날, 자신의 허물을 스스로 밝히던 상소. 자핵소(自劾疏) ☞자명소(自明疏)
자일(子日)명 간지(干支)의 지지(地支)가 자(子)인 날. 갑자(甲子)·병자(丙子) 등. ☞쥐날. 월건(月建). 일진(日辰). 태세(太歲)
자일(Seil 독)명 등산용의 밧줄. ☞로프(rope)
자일(恣逸)어기 '자일(恣逸)하다'의 어기(語基).
자일-하다(恣逸-)형여 방자하다
자임(自任)명-하다타 ①어떤 일을 스스로 자기의 임무로 여김. ②자기의 능력 따위에 대하여 자신하거나 자부함. ¶국내 최고 작가임을 -하다.
자자(字字)명 한 글자 한 글자.
자자(自恣)명 ①제멋대로 함. ②불교에서, 하안거(夏安居)를 마칠 때에 수행을 같이 한 중들이 자기의 잘못을 고백하여 참회하는 일을 이르는 말.
자:자(刺字)명 ①묵형(墨刑) ②자청(刺靑)
자:자(紫瓷)명 ①발해(渤海)에서 만든 자줏빛 사기그릇. ②중국 명(明)나라 때 만든 자줏빛 사기그릇.
자자(孜孜)어기 '자자(孜孜)하다'의 어기(語基).
자:자(藉藉)어기 '자자(藉藉)하다'의 어기(語基).
자자-손손(子子孫孫)명 대(代)를 이어 내려오는 여러 자손을 이르는 말. 대대손손(代代孫孫). 세세손손(世世孫孫). 자손만대(子孫萬代)
자자-이(字字-)부 한 글자 한 글자마다. 글자마다 ¶어머니의 사랑이 - 어린 편지.
자자-일(自恣日)명 불교에서, 하안거(夏安居)를 마치는 날, 곧 '음력 칠월 보름날'을 이르는 말. ☞해제(解除)
자자주옥(字字珠玉)성구 글자마다 주옥과 같다는 뜻으로, 한 자 한 자 모두 잘 쓴 글씨를 칭찬하여 이르는 말.
자자-하다(孜孜-)형여 꾸준하고 부지런하다.
  자자-히부 자자하게 ¶ - 농사일을 하다.
자:자-하다(藉藉-)형여 소문이나 칭찬 따위가 뭇사람의 입에 오르내리어 떠들썩하다. ¶칭찬이 -.
  자자-히부 자자하게 ¶소문이 - 돌다.
자작(子爵)명 오등작(五等爵)의 넷째 작위. 백작의 아래, 남작의 위. 준자(子)[1]
자작(自作)명-하다타 ①손수 만들거나 지음, 또는 그 물건. 자제(自製) ②자기의 땅에서 손수 농사를 지음. 가작(家作) ☞소작(小作)
자작(自酌)명-하다자 '자작자음(自酌自飮)'의 준말. ☞대작(對酌)
자작-거리다(대다)자 한 발 한 발 짧게 내디디며 위태위태하게 걷다. ☞저적거리다
자작-곡(自作曲)명 자기가 지은 악곡. ¶ -을 부르다./-을 연주하다.
자작-극(自作劇)명 남을 속이거나 해치려고 자기가 직접 꾸민 일.
자작-나무명 자작나뭇과의 낙엽 활엽 교목. 북부 지방의 깊은 산 양지에 자람. 높이는 20m 안팎. 나무껍질은 희며 옆으로 얇게 벗겨지고, 봄에 이삭 모양의 꽃이 핌. 목재는 가구를 만드는 데 쓰이고 껍질은 한방에서 약재로 쓰임. 백단(白椴). 백화(白樺)
자작-농(自作農)명 자기 땅에 자기가 직접 짓는 농사, 또는 그러한 농민. 준자농(自農) ☞소작농
자작-시(自作詩)명 자기가 지은 시. ¶ -를 낭송하다.
자작일촌(自作一村)성구 한집안끼리 또는 뜻이 같은 사람끼리 모여 한 마을을 이룸을 이르는 말.
자작-자급(自作自給)명 ①필요한 것을 자기가 직접 생산하거나 만들어 씀. ②자기 나라에서 나는 물건으로 살아감. ☞자급자족(自給自足)
자작-자연(自作自演)명 자기가 지은 희곡 따위를 직접 연출하거나 거기에 출연함.
자작-자음(自酌自飮)명 손수 술을 따라서 마심. 준자작(自酌)
자작-자작[1]부 자작거리는 모양을 나타내는 말. ¶아기가 - 걸음을 내딛다. ☞저적저적
자작자작[2]부-하다형 액체가 조금씩 잦아들어 재료가 잠길듯 말듯 한 모양을 나타내는 말. ¶냄비에 물을 -하게 붓다./국물이 -해질 때까지 졸이다. ☞지적지적

자작-자필(自作自筆)명 자기가 글을 지어 자기가 씀. 작지서지(作之書之)
자작-자활(自作自活)명 필요한 물건을 자체에서 만들어 스스로의 힘으로 살아 나감.
자작-지(自作地)명 자기가 직접 농사를 짓는 자기 소유의 땅. ☞소작지(小作地)
자작지얼(自作之孼)명 자기가 저지른 일로 말미암아 스스로 입는 재앙.
자작=지주(自作地主)명 자작농인 지주.
자잘-하다형여 ①여럿이 다 잘다. ¶참외가 다 ―. ②매우 잘다. ¶자잘한 일.
자:장(煮醬)명 장조림
자:장(磁場)명 자기장(磁氣場)
자장-가(―歌)명 아기를 재우기 위하여 부르는 노래.
자장격지(自將擊之)성구 ①스스로 군사를 거느리고 나아가 싸움을 이르는 말. ②어떤 일을 남에게 시키지 않고 직접 함을 이르는 말.
자장-면(∠酢醬麵)명 중국식 국수 요리의 한 가지. 고기와 채소를 잘게 썰어 넣고 볶은 중국 된장을 국수에 얹어 비벼 먹는 음식.
자장-자장감 아기를 재울 때 조용히 노래부르듯 하는 말.
자장-타:령(―*打令)명 아기를 재울 때에 부르는 타령조의 자장가.
자재(自在)명-하다형 ①절로 있음. ②얽매거나 가로막는 것이 없이 자유로움.
자재(自裁)명-하다자 자살(自殺)
자:재(資材)명 무엇을 만드는 데 쓰이는 재료.
자:재(資財)명 ①자산(資産) ②자본이 되는 재산.
자:재=관리(資材管理)명 생산에 필요한 자재의 구매와 보관 등을 통제하고 관리하는 일.
자:재-난(資材難)명 자재를 구하지 못하여 겪는 어려움.
자재=스패너(自在spanner)명 멍키스패너
자재-천(自在天)명 '대자재천(大自在天)'의 준말.
자재-화(自在畫)명 자·컴퍼스·분도기 등의 기구를 쓰지 않고 연필이나 붓만을 가지고 그리는 그림. 사생화(寫生畫)나 상상화(想像畫) 따위. ☞용기화(用器畫)
자저(自著)명 자기가 지은 저서.
자저(赼趄)명-하다타 머뭇거리며 망설임.
자적(自適)명-하다자 무엇에 속박됨이 없이 마음이 내키는 대로 즐김. ¶자연 속에서 ―하다.
자전(字典)명 한자(漢字)를 모아 부수(部首)와 획수를 순서로 배열하고 그 한 자 한 자의 음(音)·뜻·자원(字源) 등을 적은 책. 옥편(玉篇). 자서(字書). 자휘(字彙)
자전(自全)명-하다자 스스로 편하고 온전하게 함.
자전(自傳)명 '자서전(自敍傳)'의 준말.
자전(自轉)명-하다자 ①저절로 돎. ②천체가 그 내부의 무게중심을 축으로 하여 스스로 도는 운동. ☞공전(公轉)
자:전(紫電)명 ①자줏빛을 띤 전광(電光). ②날카로운 눈빛을 비유하여 이르는 말. ③매우 다급한 상황을 비유하여 이르는 말.
자전(慈殿)명 자성(慈聖)
자전(自全)어기 '자전(自全)하다'의 어기(語基).
자전-거(自轉車)명 사람이 올라타고 발로 페달을 밟아 바퀴를 돌리면서 나아가게 만든 탈것. 자전차
자전거=경:기(自轉車競技)명 경기용 자전거를 타고서 속도를 겨루는 경기를 통틀어 이르는 말. 경륜(競輪)
자전거-포(自轉車鋪)명 자전거를 팔거나 고치는 가게.
자:전-관(磁電管)명 마그네트론(magnetron)
자전=소:설(自傳小說)명 지은이의 전생애, 또는 일정 기간의 체험을 소재로 쓴 소설.
자전-으로(自前―)부 이전으로부터
자전=주기(自轉週期)명 천체(天體)가 한 바퀴 자전하는 데 걸리는 시간. ☞공전 주기
자전지계(自全之計)명 자신의 안전을 도모하는 계책.
자전-차(自轉車)명 자전거
자전-하다(自全―)형여 스스로 편하고 온전하다.
자절(自切·自截)명 동물이 위기에 처하여 몸의 일부를 스스로 끊고 피함으로써 생명을 유지하려는 일. 촌충·지렁이·문어·오징어·불가사리·게·새우·도마뱀 따위에서 볼 수 있음. 자할(自割)
자정(子正)명 십이시(十二時)의 자시(子時)의 중간. 지금의 밤 열두 시. 오야(午夜) ☞오정(午正)
자정(自淨)명-하다자 오염된 땅이나 물 따위가 물리학적·화학적·생물학적 작용으로 스스로 깨끗해지는 일.
자-정간(字井間)명 여러 줄로 쓴 글자 사이의 가로줄과 세로줄이 이루는 가지런한 정간.
자정-수(子正水)명 민속에서, 자정에 길은 물을 이르는 말. 이 물을 날마다 마시면 건강에 좋다고 함.
자정=작용(自淨作用)명 오염된 땅이나 물 따위가 침전, 산화 작용, 유기물의 분해 등으로 스스로 깨끗해지는 작용.
자:-정향(紫丁香)명 '라일락(lilac)'의 딴이름.
자제(子弟)명 ①남을 높이어 그의 아들을 일컫는 말. 자사(子舍) ②남을 높이어 그 집안의 젊은이를 일컫는 말.
자제(自制)명-하다타 욕망이나 감정 따위를 스스로 눌러 참음. ¶―를 못하고 덤비다./감정을 ―하다.
자제(自製)명-하다타 손수 만들거나 지음, 또는 그 물건. 자작(自作)
자제(姊弟)명 누이와 동생을 아울러 이르는 말.
자제-력(自制力)명 자기의 욕망이나 감정 따위를 스스로 눌러 참는 힘. ¶―을 잃다.
자제-심(自制心)명 자기의 욕망이나 감정 따위를 스스로 눌러 참는 마음. ¶―이 강하다.
자조(自助)명 ①스스로 자기를 도움. ②국제법에서, 국가가 자기 힘으로 자기의 권리를 확보하는 일. ☞자구 행위(自救行爲). 자력 구제(自力救濟)
자조(自照)명-하다자 자기 자신을 스스로 살펴봄.
자조(自嘲)명-하다자 스스로 자신을 비웃음.
자조(慈鳥)명 새끼가 어미에게 먹이를 물어다 주는 어진 새라는 뜻으로, '까마귀'를 달리 이르는 말. 자오(慈烏)
자조=문학(自照文學)명 일기나 수필처럼 스스로를 살펴보고 뉘우치는 정신에서 이루어지는 문학.
자조-적(自嘲的)명 스스로를 비웃는 것. ¶―인 웃음./―인 태도.
자족(自足)명-하다자 ①스스로 만족해 함. ¶현재 생활에 ―하다. ②필요한 것을 스스로 충족함.
자족-감(自足感)명 스스로 만족하는 느낌.
자족=경제(自足經濟)명 자기가 필요한 만큼 생산하고 소비하여 가족 이외의 교환 관계가 생기지 않는 경제. 경제 발전의 가장 초기 단계임. ☞교환 경제
자존(自存)명 ①자신의 존재. ②-하다자 남에게 기대지 않고 자기의 힘으로 생존함. ¶―의 의지.
자존(自尊)명-하다자 ①스스로를 높이거나 잘났다고 여김. ②자신의 존엄을 지키고 높임. 자경(自敬)
자존-심(自尊心)명 자기의 인격을 존엄하게 여기고 지키려는 마음. ¶―이 강하다./―을 지키다.
자존자대(自尊自大)성구 스스로를 높고 크게 여김을 이르는 말.
자존자만(自尊自慢)성구 스스로를 높이어 잘난체 하며 뽐냄을 이르는 말.
자종(自從)명-하다자 스스로 따름.
자좌(子坐)명 묏자리나 집터 등이 자방(子方)을 등진 좌향(坐向).
자좌-오:향(子坐午向)명 묏자리나 집터 등이 자방(子方)을 등지고 오방(午方)을 향한 좌향(坐向).
자주부 동안이 짧게 여러 번. 잦게 ¶영화를 ― 보다./― 마주치는 사람.

한자 자주 빈(頻) 〔頁部 7획〕 ¶빈도(頻度)/빈맥(頻脈)/빈발(頻發)/빈번(頻繁)/빈출(頻出)
자주 삭(數) 〔攴部 11획〕 ¶빈삭(頻數)/삭뇨증(數尿症)/삭대엽(數大葉)/삭삭(數數) ▷ 속자는 数

자주(自主)명 남의 도움이나 간섭을 받지 아니하고 자기의 일을 스스로 처리함.

ㅈ

자주(自註)명-하다자 자기가 쓴 글에 자기가 직접 주석을 닮, 또는 그 주석. ☞역주(譯註)

자:주(紫朱)명 우리 나라의 기본색 이름의 하나. 짙은 남빛에 붉은빛을 띤 빛깔, 또는 그런 빛깔의 물감. 자주색. 자줏빛 ☞갈색(褐色)

한자 **자줏빛 자**(紫) 〔糸部 5획〕 ¶자색(紫色)/자수정(紫水晶)/자연(紫煙)/자주(紫朱)/자주(紫紬)

자:주(紫珠)명 '작살나무'의 딴이름.

자:주(紫紬)명 자줏빛 나는 명주(明紬).

자주(慈主)명 지난날, '어머니'를 편지에서 이르던 말.

자:주-고동색(紫朱古銅色)명 자갈색(紫褐色)

자주-권(自主權)[-꿘]명 ①남의 보호나 간섭을 받지 않고 자기의 문제를 스스로 결정하고 처리할 수 있는 권리. ②나라나 민족이 다른 나라나 민족의 간섭을 받지 않고 자기 나라의 문제를 독자적으로 규정하고 처리할 수 있는 권리.

자:주-꼴뚜기(紫朱-)명 살빛이 검붉은 사람을 놀리어 이르는 말.

자:주-달개비(紫朱-)명 닭의장풀과의 여러해살이풀. 줄기 높이는 50cm 안팎으로 줄기가 무더기로 나고, 5월경에 자줏빛 꽃이 핌. 닭의장풀과 비슷하나 꽃 빛깔이 더 짙음. 흔히 식물학 실험 재료로 쓰임. 북미 원산의 관상용 식물임.

자주=독립(自主獨立)명 자주권을 행사할 수 있는 기초 위에서 이루어지는 완전한 독립.

자주=독왕(自主獨往)명 남의 주의나 주장에 구애 받지 아니하고, 자기의 주의나 주장대로 행동함.

자주-민(自主民)명 자주권을 가진 국가의 국민. ¶오등(吾等)은 자(玆)에 아(我) 조선의 독립국임과 조선인의 -임을 선언하노라.

자:주-색(紫朱色)명 짙은 남빛에 붉은빛을 띤 색. 자주. 자줏빛

자주-성(自主性)[-썽]명 자주적인 성질.

자:주-쓴풀(紫朱-)명 용담과의 두해살이풀. 산지의 양지 쪽에서 자라며 줄기 높이는 15~30cm. 잎은 가늘고 길며 끝이 뾰족하고 마주 남. 9~10월에 파란 자줏빛 꽃이 취산(聚繖) 꽃차례로 핌. 한방에서, 뿌리와 줄기 말린 것은 '당약(當藥)'이라 하여 건위제 등으로 쓰임.

자-주장(自主張)명-하다자 자기의 주장대로 함, 또는 그러한 주장.

자주-적(自主的)명 자기의 일을 스스로 판단하여 처리하는 것.

자주=점유(自主占有)명 소유의 의사를 가지고 하는 점유. ☞타주 점유(他主占有)

자주=정신(自主精神)명 자주적으로 일을 처리하려는 정신. ☞의타심(依他心)

자:주-종덩굴(紫朱鐘-)명 미나리아재빗과의 낙엽 덩굴식물. 고산 지대에 자람. 잎은 마주 나는데 끝이 뾰족하고 가장자리에 뾰족한 톱니가 있음. 5~6월에 잎겨드랑이에서 나온 긴 꽃대 끝에 한 개의 자줏빛 꽃이 밑을 향하여 핌. 우리 나라와 중국, 시베리아, 일본 등지에 분포함.

자주-포(自走砲)명 전투 차량에 고정되어 사격이 용이하고 기동성이 있는 야포(野砲).

자:죽(紫竹)명 볏과의 대나무. 줄기 높이 3m, 지름 2cm 안팎임. 잎은 좁고 길며 뒷면은 흰빛이 돎. 늦은 봄에서 여름에 걸쳐 작은 꽃이 무더기로 핌. 늦가을에 돋는 죽순은 먹을 수 있음. 일본 원산으로 관상용으로 재배함. 설죽(雪竹). 한죽(寒竹)

자줏-빛(紫朱-)명 짙은 남빛에 붉은빛을 띤 빛. 자색(紫色). 자주(紫朱). 자주색(紫朱色)

자중(自重)[1]명 물건 그 자체의 무게. 짐을 싣지 않은 트럭 따위의 무게를 이름.

자중(自重)[2]명-하다타 ①말이나 몸가짐을 스스로 삼가고 조심함. ②자기의 몸을 스스로 소중히 여김. ¶- 자애(自愛)

자중-심(自重心)명 자중하는 마음.

자중지란(自中之亂)명 한패 안에서 일어나는 싸움질.

자증(自證)명-하다자타 ①스스로 자기를 증명함. ②불교에서, 스스로 깨달아 아는 일을 이르는 말.

자:지명 남성의 외부 생식기. 남경(男莖). 남근(男根). 양경(陽莖). 음경(陰莖) ☞보지. 잠지. 좆

자지(子枝)명 나무가 가지를 치듯이, 많이 늘어나서 퍼진 자손을 이르는 말.

자지(紫地)명 자줏빛

자지(紫芝)명 '지치'의 딴이름.

자지(慈旨)명 임금의 어머니의 전교(傳教).

자지러-지다[1]자 ①몹시 놀라거나 하여 몸이 주춤하면서 옴츠러지다. ¶자지러지게 놀라다. ②생물이 탈이 생겨서 잘 자라지 못하다. ③웃음소리나 울음소리 또는 치는 장단 따위가 자리자리하도록 빠르고 잦아지다. ¶여자의 자지러지는 웃음소리./아이의 울음소리가 -./농악의 꽹과리 소리가 -. ☞지지러지다

자지러-지다[2]형 그림·조각·풍악(風樂)·수(繡) 등이 정교하고 미묘하다. ¶자지러진 조각 작품.

자지레-하다형여 '자질구레하다'의 준말.

자지리부 '지지리'를 좀더 작은 어감(語感)으로 이르는 말. ¶- 내리는 비./- 못생기다.

자:지-복명 참복과의 바닷물고기. 몸길이 70cm 안팎. 등은 암갈색이고 배는 희며, 등과 배 쪽에 잔가시가 많이 나 있음. 등지느러미 아래쪽에 큰 검은 점이 있음. 우리 나라와 일본, 타이완, 중국 등지의 연해에 분포함.

자진(自進)명-하다자 남이 시키기 전에 스스로 나서서 함. ¶- 출두/- 신고

자진(自盡)명-하다자 ①식음을 끊거나 병들어도 약을 먹지 아니하여 스스로 목숨을 끊음. ②기운 따위가 저절로 다하거나 잦아듦. ③온갖 정성을 다함. ④자살(自殺)

자진모리-장단명 국악의 민속악 장단의 한 가지. 중중모리장단보다 조금 빠르고 8분의 12박자임. 산조와 판소리 '춘향가' 중 어사출도, '적벽가' 중 적벽대전 등에 쓰임. ☞자진타령장단

자진타령-장단명 국악의 민속악 장단의 한 가지. 보통 빠르기의 장단으로 8분의 12박자임. 민요 '군밤타령', '경복궁타령' 등에 쓰임. ☞엇중모리장단

자-질명-하다자 자로 물체의 길이를 재는 일.

자질(子姪)명 아들과 조카를 아울러 이르는 말.

자질(資質)명 타고난 성품이나 소질. ¶정치가로서 -이 엿보인다./사원들의 -을 향상시키다.

자질구레-하다형여 모두가 다 고만고만하게 잘고 시시하다. 준자지레하다

자질-자질부-하다형 마르거나 잦아들어 바닥이 보일 정도로 물이 적은 모양을 나타내는 말. ¶찌개 국물이 - 잦아들다./논바닥이 - 말라 가다.

자차(咨嗟)명-하다자 애석히 여기어 탄식함.

자차분-하다형여 성미가 잘고 차분하다.
자차분-히부 자차분하게

자찬(自撰)명-하다타 손수 편찬함.

자찬(自讚)명-하다타 자기가 한 일을 스스로 칭찬함. ☞자화자찬(自畫自讚)

자:창(刺創)명 바늘·송곳·못·칼·창 등 날카로운 것에 찔린 상처. 자상(刺傷). 창상(創傷)

자창자화(自唱自和)성구 ①자기가 노래를 부르고 자기가 화답(和答)함을 이르는 말. ②남을 위해 자기가 마련한 것을 자기가 이용함을 비유하여 이르는 말.

자채명 '자채벼'의 준말.

자채-논명 '자채볏논'의 준말.

자채-벼명 밥맛이 좋아 상등 쌀로 치던 올벼의 한 가지. 빛이 누르고 까끄라기가 있으며 재배하기에 알맞은 논이 따로 있음. 준자채

자채볏-논명 자채벼를 심는 논, 또는 자채벼를 심을 수 있을 만큼 좋은 논. 준자채논

자책(自責)명-하다자 자기의 잘못 등에 대하여 책임을 느끼고 스스로를 꾸짖음.

ㅈ

자책=관념(自責觀念)명 자기가 나쁜 짓을 하였다는 망상적(妄想的) 관념.

자책-점(自責點)명 야구에서, 사구(死球)나 안타 등 투수의 잘못으로 상대 팀이 얻은 점수.

자처(自處)명-하다자타 ①자기 자신을 어떠한 사람으로 여기고 스스로 그렇게 처신함. ¶예술가로 -하다. ②자살(自殺) ③자기가 할 일을 스스로 처리함.

자처-울:다자 닭이 새벽을 맞아 재우쳐 울다.

자천(自薦)명-하다자 자기가 자기를 추천함. 자매(自媒) ☞타천(他薦)

자:천(恣擅)명-하다자 방자하게 제멋대로 함.

자천배:타(自賤拜他)성구 자기 것을 천시하고 남의 것을 숭상함을 이르는 말.

자철(子鐵)명 작은 쇠라는 뜻으로, 신바닥에 박는 징을 통틀어 이르는 말.

자:철(磁鐵)명 '자철석(磁鐵石)'의 준말.

자:철-광(磁鐵鑛)명 '자철석'의 구용어.

자:철-석(磁鐵石)명 산화철의 한 가지. 덩어리나 알갱이, 결정 등을 이루며 자성(磁性)이 강함. 검은빛으로 금속 광택이 나며, 제철의 주요 원료임. 준자철(磁鐵)

자청(自請)명-하다타 어떤 일을 하기를 스스로 청함. ¶위험한 일을 -하다.

자:청(刺青)명 글자로 문신하는 일, 또는 그 글자. 자묵(刺墨). 자문(刺文). 자자(刺字) ☞문신(文身)

자체(字體)명 ①점이나 획으로 이루어진 글자의 모양. 자형(字形) ②기본 자형(字形)을 바탕으로 한 글자의 여러 가지 체재(體裁). 한자의 해서(楷書)·행서(行書)·초서(草書)나 로마자의 이탤릭체 따위. 서체(書體)

자체(自體)명 ①그 자신(自身). ¶다리가 -의 무게를 지탱하지 못하다. ②어떠한 사물을 두고 이를 때, '바로 그것'의 뜻으로 쓰이는 말. ¶건물의 골격 -는 매우 튼튼하다.

자체=감:응(自體感應)명 자체 유도(自體誘導)

자체=유도(自體誘導)명 회로를 흐르는 전류가 변화할 때, 그 회로 자체에 전류의 변화를 방해하는 방향으로 기전력(起電力)이 일어나는 현상. 자기 감응(自己感應). 자기 유도. 자체 감응 ☞상호 유도(相互誘導)

자초(子初)명 십이시(十二時)의 자시(子時)의 처음. 지금의 오후 열한 시가 막 지난 무렵.

자초(自初)명 ①어떤 일이 비롯된 처음. ②주로 '자초로'·'자초에'의 꼴로 부사처럼 쓰이어, '처음부터'의 뜻을 나타냄. ¶-에 일을 시작한 것이 잘못이었다.

자초(自招)명-하다타 어떤 결과를 자기 스스로 불러들임. ¶파멸을 -하다./화(禍)를 -하다.

자:초(紫草)명 ①'지치'의 딴이름. ②자초근

자:초-근(紫草根)명 한방에서, 지치의 뿌리를 약재로 이르는 말. 염증을 억제하고 열을 내리며 몸의 저항력을 높이어 종기·화상·홍역·간염 등에 약으로 쓰임. 자근(紫根). 자초(紫草)

자:초-용(紫草茸)명 한방에서, 지치의 싹을 약재로 이르는 말.

자초지종(自初至終)성구 처음부터 끝까지의 동안이나 과정을 이르는 말. 자두지미(自頭至尾). 종두지미(從頭至尾) ¶일의 -을 설명하다.

자:총(紫葱)명 자총이

자:총-이(紫葱-)명 파의 한 가지. 겉껍질은 자줏빛을 띤 누런빛이고, 속껍질은 자줏빛이며 속은 흼. 씨를 뿌려 심은 보통 파보다 매움. 흔히 김장용으로 쓰임. 자총

자최(齊衰)명 '재최(齊衰)'의 원말.

자축(自祝)명-하다타 자기에게 일어난 경사스러운 일을 스스로 축하함. ¶창업을 -하다.

자축-거리다(대다)자 다리에 힘이 없어 좀 잘록거리다. ☞저축거리다

자축-연(自祝宴)명 자기에게 일어난 경사스러운 일을 기뻐하여 스스로 베푸는 잔치.

자축-자축부 자축거리는 모양을 나타내는 말.

자춤-거리다(대다)자 다리에 힘이 없어 좀 잘름거리다. ☞저춤거리다

자춤발-이명 자춤거리며 걷는 사람.

자춤-자춤부 자춤거리는 모양을 나타내는 말.

자충(仔蟲)명 애벌레. 유충(幼蟲)

자충(自充)명-하다자 바둑에서, 자기 돌을 자기의 수를 줄이는 곳에 두는 일.

자:충(刺衝)명-하다타 찌름.

자충-수(自充手)명 바둑에서, 자충이 되는 수.

자취명 ①남긴 흔적, 또는 남아 있는 흔적. ¶그이가 있었던 -를 발견하다. ②간 방향. 행방(行方) ¶-가 묘연하다. ③수학에서, 일정한 조건을 만족시키면서 움직이는 점이나 선이 그리는 도형.

자취를 감추다관용 ①남이 모르게 어디로 가거나 몸을 숨기다. ¶범인이 -. 꼬리(를) 감추다. ②어떤 사물이나 현상 등이 흔적 없이 없어지다. ¶소문이 -.

한자 자취 적(跡) 〔足部 6획〕 ¶궤적(軌跡)/족적(足跡)
자취 적(蹟) 〔足部 11획〕 ¶고적(古蹟)/사적(史蹟)

자취(自炊)명-하다자 손수 끼니를 지어 먹음. ¶객지에서 -를 하며 직장에 다닌다.

자취기화(自取其禍)성구 자기의 잘못으로 화를 불러들이게 되었음을 이르는 말.

자치(自治)명-하다자타 ①스스로 다스린다는 뜻으로, 자기의 일을 스스로 결정하고 처리함. ②일정한 영토 안에 사는 민족이나 주민들이, 자체의 입법·사법·행정 기구를 가지고 중앙 정부가 허용하는 범위 안에서 정치·경제·문화의 제반 문제를 스스로 처리해 나가는 일. ③지방 자치 단체 등이, 그 범위 안의 행정이나 사무를 공선(公選)된 사람들이 자주적으로 처리하는 일. 본자치 행정(自治行政) ☞ 관치(官治)

자치-국(自治國)명 연방국(聯邦國)에 딸려 있으면서 자치권을 가진 나라.

자치-권(自治權)[-꿘]명 지방 자치 단체가 그 구역 안에서 가지는 지배권.

자-치기명 어린이들의 놀이의 한 가지. 짤막한 나무토막을 다른 긴 막대기로 쳐서 그것이 나간 거리의 멀고 가까움을 재어 이기고 짐을 겨루는 놀이.

자치=단체(自治團體)명 국가로부터 특정 행정을 위임 받아 법률의 범위 안에서 지배권을 가지는 기관. 지방 자치 단체는 그 전형(典型)임.

자치-대(自治隊)명 정치상의 공백기나 혼란기에 지역의 공안 질서를 유지하기 위하여 조직하는 민간 치안대.

자치-동갑(-*同甲)명 한 살 차이의 또래. 어깨동갑

자치-령(自治領)명 한 국가의 영토이면서 광범위한 자치권이 부여된 지역.

자치=식민지(自治植民地)명 자치권이 부여된 식민지.

자치-적(自治的)명 자신과 관련된 일을 스스로 알아서 처리하는 것. ¶지역의 일을 -으로 처리하다.

자치-제(自治制)명 자치 제도

자치=제:도(自治制度)명 ①자치 행정을 실시하는 제도. 자치제 ②지방 자치 제도(地方自治制度)

자치=행정(自治行政)명 ①국민 또는 주민 스스로 행정 사무를 처리하거나, 선출한 행정 기관이 처리하게 하는 일. ②'자치(自治)'의 본딧말. ☞관치 행정(官治行政)

자치-회(自治會)명 ①학생들이 학교 생활을 자주적으로 해 나가기 위해서 만든 조직. ②지역 내 주민들의 지역 생활 향상을 위하여 만든 자치적인 조직.

자친(慈親)명 남에게 자기의 어머니를 일컫는 말. 가모(家母) ☞엄친(嚴親)

자침(自沈)명-하다타 타고 있는 배를 스스로 가라앉힘.

자:침(瓷枕)명 자기(瓷器)로 만든 베개. 도침(陶枕)

자:침(磁針)명 수평으로 자유로이 회전할 수 있도록 가운데를 괴어 놓은 작은 바늘 모양의 자석. 자기장의 방향이나 세기, 방위를 알아보는 데 쓰임. 나침(羅針). 지남철(指南鐵). 지남침(指南針)

자칫부 어쩌다 조금이라도 잘못하거나 잘못되면. ¶- 실수하는 날에는 큰일이다./- 잘못하면 위험에 빠진다.

자칫-거리다(대다)[-칟-] 자 위태위태하게 발을 내디디며 좀 천천히 걷다. ☞지칫거리다
자칫-자칫[-칟-] 부 자칫거리는 모양을 나타내는 말. ¶아기가 – 걷다. ☞지칫지칫
자칫-하면[-칟-] 부 '자칫 잘못하면'이 줄어든 말. ¶– 사고가 날 위험이 있다.
자칭(自稱) 명 -하다 타 스스로 자신을 무엇이라고 내세워 일컬음. ¶친구라고 –하다./– 예술가
자:칭(藉稱) 명 -하다 타 자탁(藉託)
자칭-군자(自稱君子) 명 자칭천자
자칭-천자(自稱天子) 명 스스로 자신을 천자라고 부른다는 뜻으로, 스스로 자기가 제일이라고 하는 사람을 비웃어 이르는 말. 자칭군자(自稱君子)
× **자켓**(jacket) 명 → 재킷(jacket)
자타(自他) 명 ①자기와 남을 아울러 이르는 말. ¶–가 공인하는 세계적인 선수. ②불교에서, 자력(自力)과 타력(他力)을 아울러 이르는 말.
자타공:인(自他共認) 성구 자기나 남이 다 같이 인정함을 이르는 말. ¶–의 물리학 대가.
자-타:작(自*打作) 명 -하다 자타 자기의 논밭에서 손수 농사를 지어 거둠.
자:탁(藉託·藉托) 명 -하다 타 다른 일을 구실 삼아 핑계를 댐. 자칭(藉稱)
자탄(自歎·自嘆) 명 -하다 자타 스스로 탄식함, 또는 그 탄식. ¶자기의 신세를 –하다.
자탄(咨歎) 명 -하다 자타 아끼고 가엾게 여겨 탄식함, 또는 그런 탄식.
자:탑(瓷塔) 명 자기(瓷器)로 만든 탑. ☞전탑(塼塔)
자:태(姿態) 명 몸 모양새와 모습. ¶–가 곱다.
자택(自宅) 명 자기의 집. ☞자가(自家)
자:토(瓷土) 명 도토(陶土)
자:토(赭土) 명 석간주(石間硃)
자통(自通) 명 -하다 자타 남의 가르침을 받지 않고 스스로 사리를 깨치게 됨.
자:통(刺痛) 명 찌르는듯 한 아픔.
자퇴(自退) 명 -하다 자타 스스로 물러남. ¶학교를 –하다.
자투리 명 ①자로 끊어서 팔다가 남은 조각 천. ②피륙 따위를 마르다가 한 자가 되지 못하게 남은 것. 말합 ③어떤 용도로 쓰고 조금 남은 나머지. ¶– 시간/– 땅
자파(自派) 명 자기 쪽의 파(派)나 갈래. ¶– 세력을 확장하다./– 후보를 지원하다.
자파(自罷) 명 -하다 타 무슨 일을 저절로 그만두게 됨.
자판(字板) 명 타자기·워드프로세서·컴퓨터 등에서, 손가락으로 두드려 문자를 찍거나 입력하는 장치.
자판(自判) 명 -하다 자타 ①저절로 밝혀짐. ②상급 법원에서, 원심(原審)을 파기하고 독자적으로 새로운 판결을 내리는 일. ☞파기 자판(破棄自判)
자판(自辦) 명 -하다 타 ①자기의 일을 스스로 처리함. ②비용을 스스로 부담함. 자변(自辨)
자판-기(自販機) 명 '자동 판매기(自動販賣機)'의 준말.
자:패(紫貝) 명 복족류의 조개. 길이 8cm 안팎으로 등 쪽은 자색(紫色)임. 사기질의 두꺼운 껍데기는 양쪽이 톱니 꼴을 이루어 안쪽으로 오므라져 있으며 겉면은 반드러움. 옛날에는 순산(順産)·다산(多産)·풍요의 상징물로 몸에 지녔으며 화폐로도 쓰였음. 일본 남부와 타이완 등지의 난류 해역에 분포함. 문패(文貝)
자편(子鞭) 명 도리깻열
자편(自便) 명 ①자기 한 몸의 편리. ②자기편
자폐(自斃) 명 -하다 자 스스로 목숨을 끊음. 자살(自殺)
자폐-성(自閉性)[-썽] 명 내폐성(內閉性)
자폐-아(自閉兒) 명 자폐증이 있는 아이.
자폐-증(自閉症)[-쯩] 명 ①정신 장애의 한 가지. 남과 관계를 끊고, 주위에 무관심해지며, 자기의 내면 세계에 틀어박히는 상태. ②유유아기(乳幼兒期)에 일어나는 정신 장애. 대인 관계에 무관심하며, 언어 장애, 같은 동작의 되풀이 등을 나타냄.
자포(自暴) 명 -하다 자 '자포자기(自暴自棄)'의 준말.
자:포(刺胞) 명 강장동물의 자세포 안에서 만들어지는 세포 기관. 외부로부터 자극이 오면 자사(刺絲)를 튀어나가게 하여 적을 찌르고 독액을 주입함.
자포자기(自暴自棄) 성구 절망 상태에 빠져서 자기 자신을 버리고 돌보지 아니함을 이르는 말. 준 자포(自暴). 포기(暴棄)
자폭(自爆) 명 -하다 자 ①자기가 타고 있는 함선이나 항공기 따위를 적에게 넘겨주지 않기 위하여 스스로 폭파해 죽음. ②자기가 지닌 폭발물을 스스로 폭발시켜 죽음.
자표(字票) 명 화살에 표시한 숫자.
자-풀이 명 -하다 타 ①피륙 한 필 값을 자수로 풀어 한 자에 값이 얼마씩인가를 셈하여 보는 일. ②피륙을 몇 자씩 끊어서 파는 일. ③구조물 등의 높이나 너비를 자로 재어 알아보는 일.
자:품(資稟·姿稟) 명 사람의 타고난 성품이나 됨됨이. ¶–이 유순하다./–이 뛰어나다.
자필(自筆) 명 -하다 타 자기 손으로 손수 글씨를 씀, 또는 그 글씨. 수필(手筆). 자서(自書) ☞대필(代筆)
자:하(紫蝦) 명 '곤쟁이'의 딴이름.
자:하(紫霞) 명 ①보랏빛 노을. ②전설에서, 신선의 궁전에 비치는 노을이라는 뜻으로, 선궁(仙宮)을 이르는 말.
자:-하거(紫河車) 명 한방에서, 사람의 태반(胎盤)을 약재로 이르는 말.
자하거행(自下擧行) 성구 윗사람을 거치지 않고 전례(前例)에 따라 스스로 처리함을 이르는 말.
자:-하다(資–) 자여 《文》①도움이 되다. ¶참고에 –. ②비용을 대다.
자하달상(自下達上)[-쌍] 성구 아래로부터 위에까지 미침을 이르는 말. ☞자상달하(自上達下)
자:하문(紫霞門) 명 '창의문(彰義門)'을 달리 이르는 말. ☞동소문(東小門)
자학(子瘧) 명 한방에서, 임신 중인 여성이 앓는 학질을 이르는 말.
자학(自虐) 명 -하다 자 스스로 자기를 학대함.
자학(自學) 명 ①-하다 타 남의 도움을 받지 않고 자기 혼자의 힘으로 배움. ②교사의 가르침을 위주로 하지 않고, 스스로 배워 익히게 하는 학습법.
자학(字學) 명 한자의 근본 원리와 음(音)·뜻 따위를 연구하는 학문.
자학-자습(自學自習) 명 남의 가르침을 받지 않고 스스로 배우고 익힘.
자한(自汗) 명 한방에서, 병적으로 땀을 많이 흘리는 증세를 이르는 말.
자할(自割) 명 자절(自切)
자해(自害) 명 ①-하다 타 스스로 자기 몸을 해침. ¶– 행위 ②-하다 타 자살(自殺)
자해(自解) 명 -하다 타 스스로 생각하여 풂.
자해(字解) 명 한자의 뜻 풀이.
자핵-소(自劾疏) 명 자인소(自引疏)
자행(字行) 명 쓰거나 박은 글씨의 줄.
자:행(恣行) 명 -하다 타 방자하게 행동함, 또는 그 행동. ¶무력 도발을 –하다.
자행자지(自行自止) 성구 스스로 행동하고 스스로 그친다는 뜻으로, 제 마음대로 했다 말았다 함을 이르는 말.
자행화타(自行化他) 성구 불교에서, 자기가 먼저 불도를 닦고, 그 법으로 다른 이를 교화함을 이르는 말.
자허(自許) 명 -하다 자타 ①자기 힘으로 능히 해 낼 수 있는 일이라고 여김. ②스스로 자기의 장점을 인정함.
자:헌-대:부(資憲大夫) 명 조선 시대, 정이품 문관에게 내린 품계의 하나. 서른 등급 중 여섯째 등급임. ☞가정대부(嘉靖大夫)
자현(自現) 명 -하다 자 자수(自首)
자형(自形) 명 광석에 들어 있는 광물이 자체의 고유한 결정 모양을 나타낸 것. ☞사형(似形)
자형(字形) 명 글자의 모양. 자체(字體)
자형(字型) 명 납으로 활자를 만드는 원형(原型).
자형(姊兄) 명 손위 누이의 남편. 매형(妹兄). 자부(姊夫)

☞매제(妹弟)

자형(慈兄)명 '자애로운 형'이라는 뜻으로, 편지에서 상대편을 높이어 이르는 한문 투의 말.
자혜(慈惠)명 자애롭게 베푸는 은혜.
자혜-롭다(慈惠-)(-롭고·-로워)형ㅂ 자애롭고 은혜롭다. ¶자혜로운 도움의 손길.
자혜-로이부 자혜롭게
자호(子壺)명 자궁(子宮)
자호(自號)명-하다자 스스로 자기의 별호(別號)를 지어 부름, 또는 그러한 호.
자호(字號)명 ①활자의 크기를 나타내는 호수(號數). ②토지 번호나 한서(漢書) 등의 차례를 천자문(千字文)의 글자 차례대로 매긴 호수(號數).
자:홍-색(紫紅色)명 자줏빛이 나는 붉은 색.
자화(自火)명 자기 집에 난 불.
자화(自畫)명 자기가 그린 그림.
자화(雌花)명 암꽃 ☞웅화(雄花)
자:화(磁化)명-하다자 자기장(磁氣場) 안의 물체가 자성(磁性)을 띠는 일. 대자(帶磁). 여자(勵磁)
자화-상(自畫像)명 자기가 그린 자기의 초상화.
자화=수분(自花受粉)명 양성화(兩性花)에서 수술의 꽃가루가 자기 꽃의 암술머리에 붙는 일. 자화 수정. 제꽃가루받이. 제꽃정받이 ☞타화 수분(他花受粉)
자화=수정(自花受精)명 자화 수분 ☞타화 수정
자화자찬(自畫自讚)성구 자기가 그린 그림을 스스로 칭찬한다는 뜻으로, 자기가 한 일을 스스로 자랑함을 이르는 말. ☞자찬(自讚)
자:화-채(刺花菜)명 화채의 한 가지. 밀가루를 소금물에 반죽하여 얇게 민 뒤에 네모지게 썰어 말렸다가 끓는 물에 데쳐 내어 꿀을 탄 오미잣국에 띄운 음료.
자:화-채(紫花菜)명 사람이 먹을 수 있는 꽃과 잎을 따서 끓는 물에 데친 뒤에 소금과 기름에 무친 나물.
자활(自活)명-하다자 자기 힘으로 스스로 살아감.
자황(雌黃)명 ①유황과 비소의 화합물인 결정체. 광택이 있고, 부스러지기 쉬우며 가루는 고운 누른빛임. 한방에서 옴이나 악창 따위의 외과용 약재로 쓰이거나 채료(彩料)로 쓰임. ②고대 중국에서 잘못된 글자를 이것으로 지운 데서, 시문을 첨삭(添削)하는 일 또는 변론의 잘잘못을 가리는 일을 이르는 말.
자:황-색(赭黃色)명 주황(朱黃)
자회(自晦)명-하다타 자기의 재능을 숨기어 드러내지 않음.
자회(慈誨)명 자애로운 가르침.
자-회:사(子會社)명 다른 회사와 자본적 관계를 맺어 그 회사의 지배를 받는 회사. ☞모회사(母會社)
자획(字畫)명 글자의 획. 필획(筆畫)
자획(自劃)명-하다타 스스로 획을 긋는다는 뜻으로, 하던 일을 스스로 단념함을 이름.
자훈(字訓)명 ①한자(漢字)의 우리말 새김. ②한자와 그 새김을 아울러 이르는 말.
자훈(慈訓)명 모훈(母訓)
자휘(字彙)명 ①한자를 종류별로 모아 글자의 뜻과 용법 등을 풀이한 책. ②'자전(字典)'을 달리 이르는 말.
자휼(慈恤)명-하다타 사랑하고 가엾게 여김.
자:흑-색(紫黑色)명 자줏빛을 띤 검은빛. ☞흑자색
자흔(疵痕)명 흠이 난 자리. ☞흉터
작:부 글자의 획을 한 번 긋거나 종이 같은 것을 한 번 찢는 소리를 나타내는 말. ☞직[3]
작(作)명 ①'작품'·'저작'·'저술' 등의 뜻을 나타내는 말. ¶이 그림은 누구의 -입니까? ②〔의존 명사로도 쓰임〕 ¶현진건 - '빈처(貧妻)'.
작(勺)의 ①척관법의 넓이 단위의 하나. 1작은 1평(坪)의 100분의 1, 1홉의 10분의 1. 약 330cm²임. ②척관법의 부피 단위의 하나. 1작은 1승(升)의 100분의 1, 1홉의 10분의 1. 약 18mL임.
작(昨)관 〔날짜 앞에 쓰이어〕 어제 ¶- 5일./- 16일.
-작(作)《접미사처럼 쓰이어》'작황(作況)' 또는 '농사'의 뜻을 나타냄. ¶평년작/이모작
작가(作家)명 시·소설·그림·조각·사진 등 예술품을 창작하는 사람.
작가(作歌)명-하다자 노래를 지음.
작가-론(作家論)명 작가의 창작 활동과 작품 따위를 작가의 세계관과 사회학적·역사적 환경 등의 연관 속에서 분석하고, 문학사적 지위와 작품의 의의 등을 평가하는 문학 평론의 한 형태.
작가-적(作家的)명 작가로서 가지는 것. ¶- 양심
작간(作奸)명-하다자 간사한 짓을 함, 또는 그러한 짓.
작객(作客)명-하다자 자기 집을 떠나 객지나 남의 집에 묵으면서 손 노릇을 함.
작견(柞繭)명 '산누에고치'의 딴이름.
작고(作故)명-하다자 '고인(故人)이 됨'이란 뜻으로, 죽은 사람을 높이어 그의 '죽음'을 이르는 말. ¶나의 스승은 -하신 지가 오래되었다.
작곡(作曲)명-하다타 음악의 곡조를 지음, 또는 그 곡조.
작곡-가(作曲家)명 작곡을 전문으로 하는 사람.
작곡-법(作曲法)명 선율법(旋律法)·화성법(和聲法)·대위법(對位法)·관현악법 등의 기초 지식을 토대로 하여 악곡을 창작하는 기법.
작곡-자(作曲者)명 작곡한 사람. ☞작사자
작과(作窠)명-하다타 다른 사람을 채용하기 위하여 그 자리에 있는 사람을 갈아 냄.
작관(作貫)명-하다타 지난날, 엽전을 열 냥씩 꿰어 한 뭉치를 만들던 일. 작쾌
작광(作壙)명-하다자 시체를 묻을 구덩이를 팜.
작교(酌交)명-하다자 술잔에 술을 따라 서로 권함.
작구(雀口)명 참새의 부리라는 뜻으로, 도자기 밑바닥에 달린 발을 비유하여 이르는 말.
작국(作局)명 골상학이나 풍수학에서, 길흉화복을 알아보기 위해 보는 골상이나 묏자리 따위의 모양새.
작근(作斤)명-하다타 ①물건의 무게를 한 근씩 되게 만듦. ②작편(作片)
작금(昨今)명 ①어제와 오늘을 아울러 이르는 말. ②요즈음. 요사이
작금-양년(昨今兩年)[-냥-]명 지난해와 올해의 두 해.
작금-양일(昨今兩日)[-냥-]명 어제와 오늘의 이틀. ¶-에 벌어진 축제.

작년(昨年)명 지난해. 거년(去年). 전년(前年)
작년-도(昨年度)명 지난 연도. 과년도(過年度)
작농(作農)명-하다자 농사를 지음.
작:다형 ①길이·부피·넓이 등이 평균이나 기준에 모자라다. ¶몸집은 작지만 다부지다./나이에 비해 키가 -./작은 연못./작은 집. ②규모나 정도가 기준에 못 미치는 상태이다. ¶작은 기업체./작은 실책./피해가 예상보다 -./밤낮의 기온 차가 -./작은 문제일수록 신중히 다루자. ③도량이나 마음이 넓지 못하다. ¶막중한 직무를 감당하기에는 인물이 -. ④제대로 다 자라지 않아서 어리다. ¶작은 나무./작은 아이들. ⑤수(數)나 양(量)이 상대적으로 적다. ¶1은 2보다 -. ⑥돈의 액수나 단위가 낮다. ¶작은 액수의 보조금. ⑦소리가 약하다. ¶작은 소리로 귀띔을 하다./음량이 -. ⑧알맞은 치수에 모자라다. ¶신이 -./옷이 -. ⑨〔'작은'의 꼴로 친족을 뜻하는 말 앞에 쓰이어〕 '맏이 아래의 차례'임을 나타냄. ¶작은며느리/작은형 ☞크다
속담 **작게 먹고 가는 똥 누지**: 욕심을 부리지 않고 분수를 지키는 것이 좋으며, 그것이 편하기도 하다는 말.〔몽글게 먹고 가늘게 싼다〕/**작아도 콩 싸라기 커도 콩 싸라기**: 차이가 나지 않을 때 이르는 말./**작은 것부터 큰 것 이룬다**: 아무리 큰 일도 시작은 작은 것이었다는 말.〔천리 길도 한 걸음부터〕/**작은 고추가 더 맵다**: 몸집이 작은 사람이 큰 사람보다 일을 단단하게 잘할 때 이르는 말.〔작아도 고추알/작아도 후추알이라〕/**작은 도끼도 연달아 치면 큰 나무를 눕힌다**: 대수롭지 않고 조그만 것이라도 공들여 계속하면 큰일을 이룰 수 있다는 말./**작은 일이 끝 못 맺는다**: 일이 작다고 시시하게 여기면 힘써 하지 않게 되어 흐지부지된다는 말./**작은 절에 고양**

이가 두 마리라 : 매우 궁하고 없는 곳에 여럿이 모여 있어 누구 하나도 마음껏 먹거나 가지지 못한다는 말.

한자 작을 미(微) 〔彳部 10획〕 ¶ 미동(微動)/미물(微物) 작을 소(小) 〔小部〕 ¶ 소국(小國)/소농(小農)/소도(小島)/소량(小量)/소인(小人)

작:다랗다 (작다랗고·작다란) 형ㅎ 매우 작다. ¶ 작다란 몸집. ☞커다랗다
작-다리 명 키가 작달막한 사람을 놀리어 이르는 말. ☞ 키다리
작달막-하다 형여 키가 자그마하다.
작달-비 명 굵고 거세게 내리는 비.
작답(作畓) 명 -하다 자 땅을 일구어 논을 만듦. 기답(起畓)
작당(作黨) 명 -하다 자 나쁜 목적으로 패거리를 지음. ¶ 너희들이 나를 망하게 하려고 —을 했구나. ☞작배(作輩)
작대(作隊) 명 -하다 자 대오(隊伍)를 지음.
작대기 명 ①긴 막대기. ②시험 답안지 따위의 틀린 곳이나 잘못된 부분에 내리긋는 금.
작대기-바늘 명 굵고 긴 바늘.
작도(作圖) 명 -하다 자타 ①지도나 설계도 따위를 그림. ②주어진 조건을 만족시키는 도형을 그림.
작도(斫刀) 명 '작두'의 원말.
작도-법(作圖法) [-뻡] 명 작도하는 여러 가지 법칙이나 방법. 준 도법(圖法)
작동(作動) 명 -하다 자타 기계가 제 기능대로 움직임, 또는 움직이게 함. ¶ 기계가 —하다./냉각 장치를 —하다.
작동(昨冬) 명 지난겨울. 거동(去冬)
작두(作頭) 명 -하다 자 여러 사람의 우두머리가 됨.
작두(∠斫刀) 명 짚·풀·약재 따위를 써는 연장. 부질(鈇鑕) ¶ —로 콩깍지를 썰다. 원 작도(斫刀)
작두(鵲豆) 명 '까치콩'의 딴이름.
작두-바탕(∠斫刀-) 명 작두의 밑바탕인 기름하고 두툼한 나무토막.
작두-질(∠斫刀-) 명 -하다 자 작두로 짚·풀·콩깍지·약재 따위를 써는 일.
작두-콩(∠斫刀-) 명 콩과의 한해살이풀. 잎은 잎자루가 길고 작은 잎 세 개로 이루어짐. 작은 잎은 길둥근 꼴로 끝이 뾰족하고 가장자리가 물결 모양임. 여름에 붉거나 흰 꽃이 잎겨드랑이에서 자란 긴 꽃줄기에 총상 꽃차례로 핌. 꼬투리는 20~30cm이고 그 안에 작두 모양의 희거나 붉은 콩이 들어 있음. 열대 아시아 원산이며 먹을 수 있는 재배 식물임. 도두(刀豆)
작두-향(雀頭香) 명 '향부자(香附子)'의 딴이름.
작디-작다 형 몹시 작다. ☞크디크다
작란(作亂) 명 -하다 자 난리를 일으킴.
작란(雀卵) 명 '참새의 알'을 한방에서 약재로 이르는 말. 양기(陽氣)를 돕는 데나 여자의 대하증에 쓰임.
작란-반(雀卵斑) 명 참새 알의 얼룩무늬라는 뜻으로, '주근깨'를 이르는 말. 작반(雀斑)
작량(作兩) 명 -하다 타 엽전 백 푼으로 한 꿰미를 지음.
작량(酌量) 명 -하다 타 어떠하리라고 짐작하여 헤아림.
작량=감:경(酌量減輕) 명 범죄의 정상에 참작할만 한 사유가 있을 때에 법관의 작량으로 형벌을 줄여 가볍게 하는 일. 정상 작량(情狀酌量). 정상 참작(情狀參酌)
작려(作侶) 명 -하다 자타 작반(作伴)
작렬(炸裂) 명 -하다 자 폭발물이 터져서 산산이 흩어짐.
작례(作例) 명 시문 따위를 짓는 데 본보기로 삼는 예문.
작록(爵祿) 명 작위(爵位)와 봉록(俸祿).
작료(作僚) 명 -하다 자 동료가 됨.
작린(作隣) 명 -하다 자 이웃하여 삶.
작만(昨晩) 명 어제 저녁. 작석(昨夕)
작말(作末) 명 -하다 타 찧거나 갈거나 하여 가루로 만듦.
작맥(雀麥) 명 '귀리'의 딴이름.
작명(作名) 명 -하다 자 이름을 지음.
작명-가(作名家) 명 사람이나 사물의 이름을 짓는 일을 전문으로 하는 사람.
작목(雀目) 명 '참새의 눈'이라는 뜻으로, '밤눈이 어두운 눈'을 이르는 말.
작몽(昨夢) 명 간밤의 꿈.
작문(作文) 명 ①-하다 자 글을 지음, 또는 그 글. 글짓기. 행문(行文) ②'작자문(作者文)'의 준말.
작문(作門) 명 지난날, 파수병을 두어 함부로 드나들지 못하게 경계하던 군영(軍營)의 문.
작문(을) 잡다 관용 삼문(三門)이 있는 관아에서 귀빈이 올 때, 삼문 중 가운데 문을 열어서 맞다.
작문-법(作文法) [-뻡] 명 글을 짓는 법.
작물(作物) 명 '농작물'의 준말.
작물=한:계(作物限界) 명 작물의 재배가 가능한 지리적, 기후적 조건의 한계.
작미(作米) 명 -하다 타 벼를 찧어서 쌀로 만듦.
작박구리 명 소 따위의 위로 뻗은 뿔.
작반(作伴) 명 -하다 자타 길동무로 삼음. 작려(作侶)
작반(雀斑) 명 주근깨. 작란반(雀卵斑)
작발(炸發) 명 -하다 자 화약이 폭발함.
작배(作配) 명 -하다 타 부부로 짝을 지음.
작배(作輩) 명 -하다 자 무리를 지음. ☞작당(作黨)
작벌(斫伐) 명 -하다 타 도끼 따위로 나무를 찍어 넘김. 참벌
작법(作法) 명 ①글을 짓는 법. ¶ 시 — ②-하다 자 지켜야 할 규범이나 규칙 등을 만들어 정함.
작법자폐(作法自斃) 성구 자기가 만든 법에 자기가 해를 입음을 이르는 말.
작벼리 명 물가의 지질지질하고 모래와 돌들이 섞인 곳. ☞서덜
작변(作變) 명 -하다 자 변란(變亂)을 일으킴.
작별(作別) 명 -하다 자타 인사를 나누고 헤어짐. ¶ 다시 만날 기약도 없이 —하다.
작병(作病) 명 거짓 꾸미는 병. 꾀병. 가병(假病)
작보(昨報) 명 신문 따위에서, 어제의 보도를 이르는 말.
작봉(作封) 명 -하다 타 한 봉지씩 따로따로 만듦.
작부(作付) 명 농작물을 심는 일.
작부(酌婦) 명 술집에서 손을 접대하며 술을 따라 주는 여자. ☞주모(酒母)
작비금시(昨非今是) 성구 전에는 그르다고 여겨지던 것이 이제는 옳게 여겨짐을 이르는 말.
작사(作事) 명 -하다 자 일거리를 만듦.
작사(作查) 명 -하다 자 서로 사돈 관계를 맺음.
작사(作詞) 명 -하다 자 노래의 가사를 지음.
작사도:방(作舍道傍) 성구 길가에 집을 짓자니 오가는 사람의 의견이 구구하여 얼른 결정을 내리지 못한다는 뜻으로, 무슨 일에 의견이 많아 결론을 내리지 못하는 경우를 비유하여 이르는 말.
속담 **작사도방에 삼 년 불성**(三年不成)**이라** : 여러 사람의 의견을 다 듣다 보니 삼 년 걸려도 이루지 못했다는 뜻으로, 남의 의견만 듣다가 결국 일을 마무르지 못하는 경우를 이르는 말.
작사리 명 한끝을 엇결어 동여맨 작대기. 무엇을 받치거나 거는 데 쓰임. 준 작살
작사-자(作詞者) 명 노래 가사를 지은 사람. ☞작곡자
작살 명 ①물고기를 잡는 기구의 한 가지. 작대기 끝에 뾰족한 쇠가 박힌 것으로, 물고기 따위를 찔러 잡음. 어차(魚杈) ②'작사리'의 준말.
작살-나무 명 마편초과의 낙엽 관목. 높이 2~3m. 잎은 마주 나는데, 길둥글고 끝이 뾰족하며 톱니가 있음. 여름에 자줏빛의 잔 꽃이 피며, 10월경에 잘고 둥근 열매가 자줏빛으로 익음. 산기슭이나 해안에 절로 자람. 목재가 희고 단단하여 도구 따위를 만드는 데 쓰이고, 잎은 한방에서 지혈제·해열제의 약재로 쓰임. 자주(紫珠)
작색(作色) 명 -하다 자 언짢은 빛을 얼굴에 드러냄.
작석(作石) 명 -하다 타 곡식을 섬에 담아 한 섬씩으로 만듦.
작석(昨夕) 명 어제 저녁. 작만(昨晩)
작설(綽楔) 명 지난날, 충신·효자·열녀 등을 표창하기 위해 그의 집 앞이나 마을 앞에 세우던 붉은 문. 정문(旌門)
작설지전(綽楔之典) 명 지난날, 충신·열녀·효자 등을 표창하기 위하여 나라에서 정문(旌門)을 세워 주는 특전을

이르던 말.

작설-차(雀舌茶) 명 차나무의 어리고 작은 새싹을 덖어 멍석에다 여러 차례 문질러 말린 녹차. 덖기 전의 찻잎 모양이나 크기가 참새 혀를 닮았다 하여 이름지어짐.

작성(作成) 명 -하다 타 원고·서류·계획 따위를 만듦. ¶ 보고서를 -하다. /공문 - 방법

작성-법(作成法)[-뻡] 명 작성하는 방법.

작성-자(作成者) 명 작성한 사람.

작소(昨宵) 명 어젯밤

작소(繳銷) 명 -하다 타 한 말이나 한 일의 흔적을 없앰.

작송(繳送) 명 -하다 자 문서나 물건을 돌려보냄. 작환(繳還)

작수불입(勺水不入) 성구 한 모금의 물도 마시지 못한다는 뜻으로, 음식을 먹지 못함을 이르는 말.

작수성례(酌水成禮) 성구 물만 떠 놓고 혼례를 치른다는 뜻으로, 가난한 집안의 혼례를 이르는 말.

작시(作詩) 명 -하다 자 시를 지음. 시작(詩作)

작시-법(作詩法)[-뻡] 명 시를 짓는 방법.

작신-거리다(대다) 자타 ①검질기게 남을 자분거리다. ②자그시 힘을 주어 자꾸 누르다. ☞직신거리다

작신-작신 부 작신거리는 모양을 나타내는 말.

작심(作心) 명 -하다 자 마음을 단단히 먹음, 또는 그 마음. ¶금연하기로 -하다.

작심삼일(作心三日) 성구 품은 마음이 사흘을 가지 못한다는 뜻으로, 결심이 굳지 못함을 이르는 말. ¶금연 계획이 -로 끝나다.

작야(昨夜) 명 어젯밤

작약(芍藥) 명 미나리아재빗과의 백작약·적작약 등을 통틀어 이르는 말. 관상용으로 심고, 한방에서 뿌리를 말려 약재로 씀. 변 자약

작약(炸藥) 명 포탄·어뢰·지뢰·수류탄 등의 안에 장전하여 그것을 터뜨리는 데 쓰는 화약.

작약(雀躍) 명 -하다 자 팔짝팔짝 뛰면서 기뻐함.

작약(綽約) 어기 '작약(綽約)하다'의 어기(語基).

작약-하다(綽約-) 형여 몸이 호리호리하고 아리땁다.

작약-화(芍藥花) 명 작약의 꽃. 함박꽃

작업(作業) 명 -하다 자 목적과 계획을 가지고 일을 함, 또는 그 일.

작업=가:설(作業假說) 명 연구나 실험 과정에서, 잠정적으로 유효하게 판단되어 세운 가설. 작용 가설

작업=검:사(作業檢査) 명 미로 찾기, 조각 맞추기, 그림 그리기 등 도구를 써서 하는 작업을 통하여 기억력, 주의력, 학습 능력, 상상 능력을 측정하는 검사. 언어적 지식이 필요하지 않음.

작업=곡선(作業曲線) 명 일정한 작업 시간 안에서 그 시간의 경과에 따른 작업 성적의 변화를 나타낸 곡선.

작업-기(作業機) 명 원동기로부터 동력을 공급 받아 작업을 하는 기계를 통틀어 이르는 말.

작업-대(作業臺) 명 작업하기에 편리하도록 만든 대.

작업-등(作業燈) 명 야간 작업이나 어두운 곳에서 일할 때, 주위를 밝게 하기 위하여 켜는 등.

작업-량(作業量) 명 단위 시간에 하는 작업의 양.

작업-반(作業班) 명 어떤 일을 효과적으로 하기 위하여 짠 최소 단위의 노동 조직.

작업-복(作業服) 명 작업할 때에 입는 옷.

작업=분석(作業分析) 명 일의 능률을 가장 합리적으로 높일 수 있는 방법과 조건을 알아내기 위하여 작업 시간이나 공정 등을 분석하고 연구하는 일.

작업-장(作業場) 명 작업을 하는 곳. 일터

작연(灼然) 어기 '작연(灼然)하다'의 어기(語基).

작연(綽然) 어기 '작연(綽然)하다'의 어기(語基).

작연-하다(灼然-) 형여 ①빛이 환하다. ②명백하다

작연-히 부 작연하게

작연-하다(綽然-) 형여 침착하고 여유가 있다. ☞유연(悠然)하다

작연-히 부 작연하게

작열(灼熱)[-녈] 명 -하다 자 ①불 따위에 새빨갛게 닮. ②태양이 이글이글 타오름. ¶-하는 태양.

작요(作擾) 명 -하다 자 소요를 일으킴. 유 기뇨(起鬧)

작용(作用) 명 -하다 자 ①다른 것에 힘이나 영향을 미침, 또는 그 현상이나 움직임. ¶교역을 촉진하는 -. /식물의 생육을 촉진하는 -. ②생물체에서 살아가기 위해 일어나는 여러 가지 현상. ¶혈액 순환 -/소화 - ③두 물체 사이에서 어느 한쪽이 다른 쪽에 미친 힘. ☞반작용

작용=가:설(作用假說) 명 작업 가설(作業假說)

작용-권(作用圈)[-꿘] 명 물리적 작용이 미치는 범위.

작용-력(作用力) 명 작용하는 힘.

작용-선(作用線) 명 작용점을 통하여 어떤 힘이 물체에 작용할 때, 그 힘의 방향으로 그은 직선.

작용=심리학(作用心理學) 명 의식 내용보다 의식 작용을 주로 연구하는 심리학.

작용-점(作用點)[-쩜] 명 힘이 물체에 작용하는 점.

작월(昨月) 명 지난달. 객월(客月). 거월(去月)

작위(作爲) 명 ①짐짓 꾸며 내는 행동. ¶-의 흔적이 역력하다. ②법률에서, 의식적으로 한 적극적인 행위나 거동을 이르는 말. ☞부작위(不作爲)

작위(爵位) 명 ①작호(爵號)의 위계(位階). ②오등작(五等爵)의 계급.

작위-령(作爲令) 명 특정한 행위를 명령하는 행정 처분.

작위-범(作爲犯) 명 해서는 안 될 일에 대하여 적극적인 행위를 함으로써 이루어지는 범죄. 형법에서 규정하는 대부분의 범죄가 이에 딸림. ☞부작위범(不作爲犯)

작위=의무(作爲義務) 명 일정한 행위를 하지 않으면 안 되는 의무. 적극 의무 ☞부작위 의무

작위=채:무(作爲債務) 명 채무자의 적극적 행위를 목적으로 하는 채무. ☞부작위 채무(不作爲債務)

작위=체험(作爲體驗) 명 정신 분열 증세의 한 가지. 자기 스스로 하는 생각이나 행위를 모두 남에게 조종 받아 하는 것으로 느끼는 이상 체험.

작육(雀肉) 명 한방에서, 겨울에 잡은 참새의 고기를 약재로 이르는 말. 보양제·강장제로 씀.

작은개-자리 명 북쪽 하늘 별자리의 하나. 하늘의 적도상에 있으며, 오리온자리에서 가까움.

작은-계집 명 본처(本妻)에 상대하여 '첩(妾)'을 낮추어 이르는 말.

작은-골 명 소뇌(小腦)

작은곰-자리 명 북쪽 하늘 별자리의 하나. 북극 가까이에 있으며 북극성을 수성(首星)으로 하고, 7월 중순에 자오선을 통과함. 소웅좌(小熊座)

작은-꾸리 명 소의 앞다리 안쪽의 살을 고기로 이르는 말. ☞큰꾸리

작은-놈 명 남 앞에서, 자기의 '작은아이'를 겸손하게 이르는 말. ☞큰놈

작은-누나 명 맏누나가 아닌 누나를 친근하게 이르는 말. ☞큰누나

작은-누이 명 맏누이가 아닌 누이. ☞큰누이

작은-달 명 한 달의 날수가 적은 달. 곧 양력으로 31일이 못 되는 달이나 음력으로 30일이 못 되는 달을 이름. ☞큰달

작은-댁(-宅) 명 '작은집'을 높이어 이르는 말.

작은-동서 명 맏동서 이외의 동서. ☞큰동서

작은-따님 명 남을 높이어, 그의 맏딸이 아닌 딸을 일컫는 말. ☞큰따님

작은-따옴표(-標) 명 문장 부호의 한 가지. 가로쓰기 글에서, 인용한 말 가운데 다시 인용한 말을 넣거나 마음속의 말을 나타낼 때 쓰이는 부호로 ' ' 표를 이름. ¶"어제 라디오에서 '가을은 독서의 계절입니다.'라고 나오더라." ☞낫표. 큰따옴표

작은-딸 명 맏딸이 아닌 딸. ☞큰딸

작은-떼새 명 '꼬마물떼새'의 딴이름.

작은-마누라 명 본마누라에 상대하여 '첩(妾)'을 이르는 말. 소실(小室) ☞큰마누라

작은-마마 명 어린아이에게 흔히 걸리는 전염병의 한 가지. 바이러스에 감염되어 생기며, 열이 나고 온몸에 붉은 꽃이 돋았다가 곧 물집이 생김. 한 번 걸리면 평생 면

염이 됨. 소두(小痘). 수두(水痘). 수포창(水疱瘡)

작은-말 명 〈어〉'작고, 가볍고, 밝고, 날카로운 느낌'을 느끼게 하는 계열의 말. 양성 모음으로 나타냄. '생글생글, 소곤소곤, 달랑달랑' 따위. ☞큰말

작은-매부(-妹夫) 명 작은누이의 남편. ☞큰매부

작은-며느리 명 작은아들의 아내. ☞큰며느리

속담 **작은며느리 보고 나서 큰며느리 무던한 줄 안다** : 뒤에 온 사람을 겪어 보아야 먼저 와 있는 사람의 좋은 점을 알게 된다는 말.

작은모-쌓기 명 벽돌의 작은 모가 겉으로 나오도록 쌓는 일.

작은-물떼새 명 '꼬마물떼새'의 딴이름.

작은-바늘 명 시계의 시침(時針)을 달리 이르는 말. 단침(短針) ☞큰바늘

작은-방(-房) 명 좁고 작은 방을 '큰방'에 상대하여 이르는 말.

작은-북 명 타악기의 한 가지. 목에 걸거나 대(臺) 위에 가로로 놓고, 두 개의 가는 막대기로 쳐서 소리를 냄. ☞사이드드럼

작은-사랑 명 재래식 한옥에서, 주인의 아들이나 손자가 쓰는 사랑방을 큰사랑에 상대하여 이르는 말.

작은-사위 명 작은딸의 남편. ☞큰사위

작은-사폭 명 재래식 한복에서, 남자 바지의 오른쪽 마루폭에 잇대어 붙이는 작은 헝겊. ☞큰사폭

작은-설 명 '설'에 상대하여, '섣달 그믐'을 이르는 말. ☞까치설날

작은-손녀(-孫女) 명 맏손녀가 아닌 손녀. ☞큰손녀

작은-손자(-孫子) 명 맏손자가 아닌 손자. ☞큰손자

작은-시누(-媤-) 명 '작은시누이'의 준말. ☞큰시누

작은-시누이(-媤-) 명 맏시누이가 아닌 시누이. 준 작은시누 ☞큰시누이

작은-아기 명 '막내딸'이나 '막내며느리'를 정답게 이르는 말. ☞큰아기

작은-아기씨 명 ①지난날, 지체가 낮은 사람이 지체 높은 집안의 시집가기 전의 작은딸을 일컫던 말. ②올케가 손아래 작은시누이를 대접하여 일컫는 말. ☞아기씨. 큰아기씨

ㅈ

작은-아들 명 맏아들이 아닌 아들.

작은-아버지 명 아버지의 아우. 숙부(叔父) ☞큰아버지

작은-아씨 명 ①지난날, 시집간 작은딸이나 작은며느리를 하인들이 일컫던 말. ②시집가지 않은 손아래 시누이를 이르는 말. ☞아씨. 큰아씨

작은-아이 명 작은아들이나 작은딸, 작은손자나 작은손녀를 다정하게 이르는 말. 준 작은애 ☞작은놈. 큰아이

작은-악절(-樂節) 명 음악에서, 두 개의 동기(動機), 곧 네 마디로 이루어지는 짧은 악절. 소악절(小樂節). 악구(樂句) ☞큰악절

작은-애 명 '작은아이'의 준말. ☞큰애

작은-어머니 명 ①작은아버지의 아내. 숙모(叔母) ②친어머니와 구별하여 '서모(庶母)'를 이르는 말. ☞큰어머니

작은-어미 명 '작은어머니'를 낮추어 이르는 말.

작은-언니 명 맏언니가 아닌 언니. ☞큰언니

작은-오빠 명 맏오빠가 아닌 오빠. ☞큰오빠

작은-조카 명 맏조카가 아닌 조카. ☞큰조카

작은-집 명 ①따로 살림하는 아우나 작은아버지의 집. ②작은마누라 또는 작은마누라의 집. 별방(別房). 별실(別室). 소실. 부실(副室) ☞큰집 ③'변소'의 곁말.

작은-창자 명 소장(小腸) ☞큰창자

작은-처남(-妻男) 명 맏처남이 아닌 처남. ☞큰처남

작은-칼 명 지난날, 중죄인의 목에 씌우던 길이 1m 가량의 형틀. ☞칼². 큰칼

작은-할머니 명 작은할아버지의 아내. ☞큰할머니

작은-할아버지 명 할아버지의 아우. ☞큰할아버지

작은-형(-兄) 명 맏형이 아닌 형. ☞큰형

작은-형수(-兄嫂) 명 작은형의 아내. ☞큰형수

작:을-소(-小)[-쏘] 명 한자 부수(部首)의 한 가지. '少'·'尖'·'尙' 등에서 '小'의 이름.

작:을-요(-幺) 명 한자 부수(部首)의 한 가지. '幻'·'幽'·'幾' 등에서 '幺'의 이름.

작의(作意) 명 작가가 작품을 창작한 의도.

작인(作人)¹ 명 '소작인(小作人)'의 준말.

작인(作人)² 명 사람의 됨됨이.

작일(昨日) 명 어제 ☞내일. 명일(明日)

작자(杓子) 명 '구기'를 달리 이르는 말.

작자(作者) 명 ①소작인(小作人) ②지은이 ¶ - 미상의 고대 소설. ③물건을 사려는 사람. 원매인(願買人) ¶집을 살 -가 나서다. ④남을 업신여기어 이르는 말. ¶어떤 -가 그런 소릴 하더냐?

작자-문(作者文) 명 기교를 부려서 짓는 산문. 준 작문

작작¹ 부 너무 지나치지 않을 정도로 어지간히. ¶쓸데없는 소리 좀 - 해라./술 좀 - 썩여라.

작:-작² 부 ①줄을 가볍게 자꾸 긋는 모양, 또는 그 소리를 나타내는 말. ②얇고 연한 물건을 살짝 자꾸 찢는 소리, 또는 그 모양을 나타내는 말. ③작은 발로 신발 따위를 가볍게 끌며 걷는 소리, 또는 그 모양을 나타내는 말. ☞직직². 짝짝²

작작(灼灼) 어기 '작작(灼灼)하다'의 어기(語基).

작작(綽綽) 어기 '작작(綽綽)하다'의 어기(語基).

작작유여-하다(綽綽有餘-) 형여 태도가 침착하고 느긋하다. 여유작작하다

작작-하다(灼灼-) 형여 활짝 핀 꽃의 모양이 화려하고 눈부시다.

작작-히 부 작작하게

작작-하다(綽綽-) 형여 빠듯하지 않고 넉넉하다.

작작-히 부 작작하게

작잠(柞蠶) 명 '산누에'의 딴이름. ☞가잠(家蠶)

작잠-견(柞蠶繭) 명 산누에고치

작잠-사(柞蠶絲) 명 산누에고치에서 뽑은 실.

작잠-아(柞蠶蛾) 명 산누에나방

작재(作宰) 명-하다 자 고을의 원이 되는 일.

작전(作戰) 명-하다 자 ①일정 기간에 목적을 달성하기 위하여 구체적으로 이루어지는 군사적 행동을 통틀어 이르는 말. ¶군경 합동 -/섬멸 -/유인 - ②어떤 일을 이루는 데 필요한 조처나 방법. ¶선수들에게 - 지시를 내리다./멧돼지를 생포할 -을 짜다.

작전(作錢) 명-하다 자타 ①물건을 팔아서 돈을 마련함. ②조선 시대, 전세(田稅)를 곡식이나 면포 대신에 돈으로 내게 하던 일.

작전=계:획(作戰計畫) 명 작전 목적을 이루기 위하여 짜는 계획.

작전=명:령(作戰命令) 명 작전 행동을 규정하여 지시하는 명령.

작전-지(作戰地) 명 작전의 대상이 되는 지역.

작전=참모(作戰參謀) 명 부대에서 작전에 관한 사항을 맡아보는 참모.

작전=타임(作戰time) 명 배구나 농구 등의 운동 경기에서, 감독이나 주장이 자기 팀의 선수에게 작전을 지시하기 위하여 심판에게 요구하는 경기 중단의 시간.

작전=행동(作戰行動) 명 작전 명령에 따라 교전국(交戰國) 상호간에 벌어지는 실제의 전투 행위.

작정(酌定) 명-하다 자타 일의 사정을 잘 헤아려 결정함, 또는 그런 결정. ¶문화재를 기증하기로 -하다.

작조(昨朝) 명 어제 아침. ☞금조(今朝). 명조(明朝)

작죄(作罪) 명-하다 자 죄를 지음.

작주(昨週) 명 지난 주. 거주(去週) ☞내주(來週)

작주(酌酒) 명-하다 자 술을 잔에 따름.

작중=인물(作中人物) 명 작품 속에 나오는 인물. ☞등장인물(登場人物)

작증(作證) 명-하다 타 증거로 삼음.

작지(昨紙) 명 어제 날짜의 신문.

작지서지(作之書之) 성구 자기가 글을 지어 자기가 씀을 이르는 말. 자작자필(自作自筆)

작-차다 자 ①가득히 차다. ②기한이 다 되거나 한도에 다

다르다.
작처(酌處)명-하다타 죄의 무겁고 가벼움을 헤아려 처리함.
작척(作隻)명-하다자 서로 척을 지음, 곧 서로 원수가 됨.
작첩(作妾)명-하다자 첩을 얻음.
작추(昨秋)명 지난가을. 객추(客秋) ☞내추(來秋)
작축(作軸)명-하다타 종이를 한 축씩 묶음.
작춘(昨春)명 지난봄. 객춘(客春) ☞내춘(來春)
작취미성(昨醉未醒)성구 어제 마신 술이 아직 깨지 않음을 이르는 말.
작-쾌(作一)명-하다타 ①작관(作貫) ②북어를 스무 마리씩 꿰어서 한 쾌로 만듦.
작태(作態)명 ①짐짓 짓는 표정이나 하는 태도. ②하는 짓거리. ¶서로 비방만을 일삼는 −.
작파(作破)명-하다타 어떤 계획이나 하던 일을 그만둠.
작파(斫破)명-하다타 찍어서 쪼갬.
작패(作牌)명-하다자 골패 노름에서, 몇 짝씩 모아 한 패를 지음. 조패(造牌)
작편(作片)명-하다타 인삼을 굵은 것과 잔 것으로 따로 갈라서 한 근씩 묶음. 작근(作斤)
작폐(作弊)명-하다자 폐단을 일으킴. ¶소작인에 대한 마름의 −가 자심했다.
작표(雀瓢)명 새박
작품(作品)명 ①만든 물건. ②그림·조각·소설·시 등 예술적으로 만든 것. ¶미술 −/문학 −/희곡 −
작품(爵品)명 직품(職品)
작품-론(作品論)명 개별적인 예술 작품을 여러 각도에서 분석하고 그 특징과 가치 등을 비평한 평론.
작품-성(作品性)[−썽]명 작품에 나타난 예술적 가치. ¶−이 있는 영화.
작품-집(作品集)명 예술 작품을 모아 엮은 책.
작풍(作風)명 예술 작품에 나타난 작가의 독특한 예술적 수법이나 특징.
작하(昨夏)명 지난여름. 객하(客夏). 거하(去夏)
작-하다(作一)타여《文》말이나 몸짓을 부자연스럽게 꾸며서 하다.
작헌-례(酌獻禮)[−네]명 지난날, 임금이 종묘·문묘·영전(影殿)·왕릉 등에 참배하고 잔을 올리던 예식.
작혐(作嫌)명-하다자 서로 싫어하는 사이가 됨.
작호(綽號)명 남들이 별명처럼 지어서 불러 주는 이름.
작호(爵號)명 작위(爵位)의 칭호. 공작(公爵)·후작(侯爵)·백작(伯爵)·자작(子爵)·남작(男爵) 따위.
작화(作畫)명-하다자 그림을 그림.
작환(作丸)명-하다타 환약(丸藥)을 만듦.
작환(繳還)명-하다타 ①작송(繳送) ②보낸 문서나 물건 따위를 도로 찾아옴.
작황(作況)명 농작물이 잘 되고 못 된 상황. ¶−이 좋다./−이 나쁘다.
작황=지수(作況指數)명 그 해의 벼 따위의 작황을 평년에 비교하여 나타낸 지수.
작효(昨曉)명 어제 새벽.
작흥(作興)명-하다타 정신이나 기운을 떨쳐 일으킴.
작희(作戲)명-하다자타 남의 일에 헤살을 놓음.
작히부 주로 의문문이나 감탄문에 쓰이어, '얼마나, 여북, 오죽' 따위의 뜻을 나타내는 말.
작히-나부 '작히'를 강조하여 이르는 말. ¶시험에 붙는다면 − 좋으랴.
잔(盞)명 ①술이나 차, 물 따위 마실 것을 따라 마시는 데 쓰는 그릇. ¶−이 크다./−을 닦다. ②술 따위의 마실 것을 나타내는 말과 함께 쓰이어, '약간의 양'을 나타내는 말. ¶술 −이나 마시게 생겼다. ③〖의존 명사로도 쓰임〗 마실 것의 분량을 그것이 담긴 그릇 수로 세는 단위. ¶한 − 술에 취하다.
　잔을 기울이다관용 술잔에 따라 놓은 술을 마시다. 술잔을 기울이다.
　잔(을) 비우다관용 술잔에 따라 놓은 술을 모두 마시다.
　잔(을) 올리다관용 제사 따위를 지낼 때에 잔에 술을 부어 올리다.
　속담 **잔 잡은 팔이 밖으로 펴지 못한다** : 술잔을 잡은 팔은 안으로 구부려 마시게 된다는 뜻으로, 자기에게 조금이라도 친분이 있거나 이로운 쪽으로 마음이 가게 됨을 빗대어 이르는 말. 〔잔 잡은 팔이 안으로 굽는다/팔이 들이굽지 내굽나〕

한자 **잔 배**(杯)〔木部 4획〕¶거배(擧杯)/건배(乾杯)/금배(金杯)/순배(巡杯)/옥배(玉杯) ▷속자는 盃

잔-접두 '잘다'의 활용형에서 온 것으로, 대수롭지 않은, 하찮은'의 뜻을 나타냄. ¶잔말/잔소리
잔-가락명 노래나 춤의 짧고 급한, 또는 잦고 빠른 가락.
잔-가랑니명 서캐에서 갓 깬 자디잔 새끼 이.
잔-가시명 물고기의 몸이나 식물의 줄기에 있는 아주 작고 가는 가시.
잔-가지명 자디잔 나뭇가지.
잔간(殘簡)명 흩어지거나 떨어져서 일부만 남은 책이나 문서(文書). ☞단간(斷簡) ▷殘의 속자는 残
잔-걱정명 하찮은 일에 대한 걱정.
잔-걸음명 ①가까운 데를 자주 왔다갔다 하는 걸음. ¶네게 −을 시켜 미안하다. ②걸음의 폭을 좁게 떼면서 재게 걷는 걸음. ¶−으로 바삐 걸어가다.
　잔걸음(을) 치다관용 가까운 곳을 자주 걸어서 왔다갔다 하다. ¶하루에도 몇 번씩 약국까지 −.
잔-결명 가늘게 나타난 곧은결.
잔결(殘缺)명-하다자 ①빠지거나 모자람. ②이지러져 온전하지 못함, 또는 그러한 물건.
잔경(殘更)명 오경(五更)의 끝 무렵을 이르는 경위.
잔-경위(−涇渭)명 아주 하찮은 일에도 옳고 그름을 분명히 따지는 일.
잔고(殘高)명 수입과 지출 등을 셈하여 남은 금액. ☞잔금(殘金). 잔액(殘額)
잔-고기명 작은 물고기. 소어(小魚)
　속담 **잔고기 가시 세다** : 몸집은 작아도 속이 야무지고 대가 센 사람을 비유하여 이르는 말.
잔골(孱骨)명 약골(弱骨)
잔공(殘孔)명 발파하고 나서도 남아 있는 남폿구멍.
잔광(殘光)명 ①해가 질 무렵의 약한 햇빛. ②방전관(放電管) 안의 물질이 전류가 끊어진 뒤에도 잠시 동안 더 내는 빛.
잔교(棧橋)명 ①배가 와 닿을 수 있게 물가에 다리 모양으로 만들어 놓은 시설. ②계곡을 건너질러 벼랑과 벼랑을 연결하는 다리. ▷棧의 속자는 栈
잔-구멍명 ①작게 뚫린 구멍. ②'좁은 소견'을 비유하여 이르는 말. ☞관견(管見)
잔국(殘菊)명 ①늦가을까지 피어 있는 국화. ②시든 국화.
잔-글씨명 잘고 가늘게 쓴 글씨. 세자(細字) ☞큰글씨
잔-금명 잘고 가늘게 나 있는 금. ¶−이 가다./−을 긋다.
잔금(殘金)명 ①치르고 남은 돈. 여전(餘錢). 잔전(殘錢) ②갚아야 할 돈 가운데서 아직 갚지 않은 돈. ☞잔고(殘高). 잔액(殘額)
잔기(殘期)명 남은 기간.
잔-기침명 작은 소리로 자주 하는 기침. ¶밤새 −을 하다. ☞큰기침
잔-꾀명 약은 꾀. 얕은 꾀. ¶−를 부리다./−에 넘어가다.
×**잔나비**명 →원숭이
잔년(殘年)명 남은 생명. 남은 인생. 여생(餘生)
잔-누비명 사이를 좁게 누벼 박은 누비.
잔누비-질명-하다자타 잘게 누비는 일.
잔-눈치명 남의 말이나 행동에서 자질구레한 기미를 알아채는 눈치.
잔다리-밟:다[−밥−]자 낮은 지위부터 한 직급씩 차례로 올라가다.
잔당(殘黨)명 패하거나 망한 데서 살아 남은 무리. 여당(餘黨). 여류(餘類). 잔도(殘徒)
잔대명 ①초롱꽃과의 가는잎잔대·층층잔대·섬잔대·흰잔대 따위를 통틀어 이르는 말. ②초롱꽃과의 여러해살이풀. 줄기 높이 50~100cm. 잎은 3~5개가 돌려나며,

ㅈ

가을에 종 모양의 보랏빛 꽃이 핌. 굵고 잔털이 있는 뿌리는 한방에서 거담제(祛痰劑)로 쓰고, 어린잎은 먹을 수 있음. 우리 나라 각지의 산지에서 자람.

잔대(盞臺)[-때] 명 잔을 받치는 그릇. 탁반(托盤)

잔도(殘徒) 명 잔당(殘黨)

잔도(殘盜) 명 잡히지 않고 남은 도둑.

잔도(棧道) 명 지세(地勢)가 험한 벼랑이나 깊은 골짜기 따위에 선반처럼 만들어 놓은 길.

잔-도드리 명 웃도드리

잔독(殘毒) 어기 '잔독(殘毒)하다'의 어기(語基).

잔독-하다(殘毒-) 형여 잔인하고 악독하다.

잔독-히 부 잔독하게

잔-돈 명 ①단위가 작은 돈. ¶천 원짜리를 -으로 바꾸다. ②거스름돈 ¶물건을 사고 -을 받다. ③'잔돈푼'의 준말. ¶- 벌자고 이 고생이냐.

잔돈-푼 명 얼마 되지 않는 몇 푼의 돈. 준 잔돈

잔-돌 명 자디잔 돌. 세석(細石)

잔돌-밭 명 ①잔돌이 많이 섞여 있는 밭. ②잔돌이 많이 깔린 곳.

잔동(殘冬) 명 겨울의 끝 무렵. 늦겨울. 만동(晩冬)

잔두지련(棧豆之戀) 성구 얼마 되지 않는 콩에 미련을 두어 말이 마구간을 떠나지 못한다는 뜻으로, 사소한 이익에 집착함을 이르는 말.

잔드근-하다 형여 좀 잔득하다. ☞진드근하다

잔드근-히 부 잔드근하게 ☞잔득이. 진드근히

잔득-거리다(대다) 자 잔득잔득하게 자꾸 달라붙다. ☞진득거리다. 짠득거리다

잔득-잔득 부-하다 형 물체가 좀 녹진녹진하고 깐작깐작한 모양을 나타내는 말. ☞진득진득. 짠득짠득

잔득-하다 형여 ①물체가 녹진하고 차지다. ②성미나 태도가 제법 묵직하고 녹진하다. ☞진득하다

잔득-이 부 잔득하게 ☞잔드근히. 진득이

잔등(殘燈) 명 ①심지가 다 타서 꺼질듯 한 등불. ②깊은 밤의 희미한 등불.

잔등-이 명 '등'의 낮은말.

잔디 명 볏과의 여러해살이풀. 줄기가 땅바닥에 붙어 옆으로 길게 벋고, 마디마다 가는 뿌리가 내림. 좁고 긴 잎은 줄기의 마디에서 위로 벋으며, 5월경에 이삭 모양의 꽃이 핌. 지면(地面)을 빽빽하게 덮기 때문에 흔히 조경(造景)에 쓰이며, 품종이 다양함. 사초(莎草). 초모(草茅) ☞떼²

잔디-밭 명 ①지면에 온통 잔디가 나 있는 곳. ②잔디를 가꾸어 꾸민 마당.

속담 **잔디밭에서 바늘 찾기** : ①무엇을 찾거나 고르기가 매우 힘든 경우를 비유하여 이르는 말. ②애써 한 일이 헛수고로 돌아감을 비유하여 이르는 말. 〔잔솔밭에서 바늘 찾기/감자 밭에서 바늘을 찾는다〕

잔디-찰방(-察訪) 명 무덤의 잔디를 지킨다는 뜻으로, 죽어서 땅에 묻힘을 완곡하게 이르는 말.

잔뜩 부 ①가득 차도록 한껏. ¶밥을 - 먹다./주머니에 구슬을 - 집어넣다. ②아주 몹시. ¶- 화가 나다./- 찌푸린 하늘.

잔량(殘量) 명 남은 분량. 나머지

잔루(殘淚) 명 눈물 자국. ▷殘의속자는 残

잔루(殘壘) 명 ①남아 있는 보루(堡壘). ②야구에서, 공격 팀과 수비 팀이 교체할 때 주자가 누(壘)에 남아 있는 일, 또는 그 누.

잔류(殘留) 명-하다 자 ①남아서 머무름. ¶- 부대 ②뒤에 처져서 남아 있음. ¶과실의 - 농약 성분. 유 잔존(殘存)

잔류=감:각(殘留感覺) 명 자극이 사라진 뒤에도 잠시 동안 그대로 남아 있는 감각. 잔존 감각(殘存感覺)

잔류=자:기(殘留磁氣) 명 강자성체(強磁性體)를 자기장 속에서 자화(磁化)한 후, 자기장을 제거한 뒤에도 그대로 남아 있는 자기(磁氣).

잔-말 명 쓸데없이 자질구레하게 늘어놓는 말. 세설(細說) ¶웬 -이 그리 많으냐./- 말고 있어. ☞잔소리

잔말-쟁이 명 잔말을 잘하는 버릇이 있는 사람.

잔망(殘亡) 명-하다 자 잔멸(殘滅)

잔망(孱妄) 어기 '잔망(孱妄)하다'의 어기(語基).

잔망-스럽다(孱妄-)(-스럽고·-스러워) 형ㅂ 잔망한 데가 있다.

잔망-스레 부 잔망스럽게

잔망-이(孱妄-) 명 잔망스러운 사람을 놀리어 이르는 말.

잔망-하다(孱妄-) 형여 나이에 비하여 하는 짓이 맹랑하다.

잔매(殘梅) 명 ①철 늦게 피는 매화. ②다른 꽃이 진 뒤에까지 피어 있는 매화.

잔맹(殘氓) 명 잔민(殘民)

잔멸(殘滅) 명-하다 자 쇠잔하여 다 없어짐. 잔망(殘亡). 잔폐(殘廢)

잔명(殘命) 명 ①얼마 남지 않은 쇠잔한 목숨. ②죽을 때까지의 남은 목숨. ¶-을 부지하다. 잔생(殘生)

잔-모래 명 가는모래

잔-못 명 작은 못.

잔무(殘務) 명 처리하다가 남은 일거리. ¶-를 처리하다.

잔-무늬 명 자잘한 무늬. 세문(細紋)

잔물(殘物) 명 팔거나 쓰다가 남은 물건.

잔-물결[-껼] 명 잘게 이는 물결. 소파(小波)

잔물-잔물 부-하다 형 눈가나 살가죽이 조금 짓무르고 진물이 괴어 있는 모양을 나타내는 말. ☞진물진물

잔민(殘民) 명 피폐한 백성. 잔맹(殘氓)

잔밉다(잔밉고·잔미워) 형ㅂ 몹시 얄밉다.

잔밉고 얄밉다 관용 더할 수 없이 얄밉다.

잔-바느질 명-하다 자 자질구레한 일감의 바느질.

잔-바늘 명 가는 바늘. 세침(細針)

속담 **잔바늘로 쑤시듯 한다** : 무엇이 잘게 몸을 들쑤심을 이르는 말.

잔반(殘班) 명 가세(家勢)가 쇠잔한 양반.

잔반(殘飯) 명 ①먹고 남은 밥. ②대궁

잔반갱:중(盞飯羹中) 제상(祭床)에 제물을 차리는 격식의 하나. 술잔은 메(밥)와 갱(국) 사이에 차림을 이르는 말. ☞좌반우갱(左飯右羹)

잔-발 명 무나 인삼 따위 식물의 굵은 뿌리에 덧붙은 잘고 가는 뿌리.

잔-방:귀 명 작게 자주 뀌는 방귀.

잔배(殘杯) 명 마시다가 잔에 남긴 술, 또는 술이 남아 있는 술잔.

잔배냉:적(殘杯冷炙) 성구 마시다가 남은 술과 식은 적(炙)이라는 뜻으로, 변변하지 못한 주안상을 이르는 말. 잔배냉효(殘杯冷肴)

잔배냉:효(殘杯冷肴) 성구 잔배냉적(殘杯冷炙)

잔-별 명 작은 별.

잔-병(-病) 명 자주 앓는 자질구레한 병.

속담 **잔병에 효자 없다** : 부모가 잔병이 많아 늘 앓고 있으면, 자식도 지쳐서 한결같이 잘하기가 힘들다는 말. 〔긴 병에 효자 없다/삼년 구병(救病)에 불효 난다〕

잔병(殘兵) 명 싸움에 지고 살아 남은 군사. 패잔병(敗殘兵)

잔병-꾸러기(-病-) 명 잔병을 자주 앓는 사람.

잔병-치레(-病-) 명-하다 자 잔병을 자주 앓는 일.

잔본(殘本) 명 ①팔다가 남은 책. ②여러 권으로 된 책 중에서 많은 부분이 없어지고 남아 있는 부분. ☞낙질

잔-부끄럼 명 하찮은 일에도 잘 부끄러워하는 일.

잔-불 명 꿩 따위 작은 짐승을 잡는 데 쓰는, 잔 탄알을 잰 탄환. 산탄(霰彈) ☞큰불

잔불-놓이[-노-] 명-하다 자 잔불질로 하는 사냥.

잔불-질 명-하다 자 잔불을 놓는 일.

잔비(殘匪) 명 소탕되고 남은 비적(匪賊).

잔비(殘碑) 명 오랜 세월 전해 내려오며 남아 있는 비석.

잔-뼈 명 ①아직 다 자라지 않은 뼈. ②자디잔 뼈. ¶닭의 -에 붙은 살을 발라 먹다.

잔뼈가 굵어지다 관용 어릴 때부터 어떤 일을 하면서 자라다. ¶부둣가에서 잔뼈가 굵은 사람.

잔-뿌리 명 굵은 뿌리에 돋아난 자잘한 뿌리. 세근(細根)

잔사(殘寺) 명 지은 지 오래되어 낡은 절.

잔사(殘渣)명 남은 찌꺼기. 잔재(殘滓)
잔-사설(-辭說)명 쓸데없이 늘어놓는 하찮은 말.
잔살(殘殺)명-하다타 잔인하게 죽임.
잔상(殘像)명 눈앞에 보이던 대상물이 사라진 뒤에도 잠깐 동안 그대로 시각(視覺)에 남아 있는 상(像).
잔생(殘生)명 잔명(殘命)
잔생이부 ①지긋지긋하게 말을 듣지 않는 모양을 나타내는 말. ¶ - 심부름 안 하는 아이는 처음 본다. ②애걸복걸하는 모양을 나타내는 말. ¶ 가지 말라고 - 붙든다.
속담 **잔생이 보배라** : 못난체 하거나 모르는체 하는 일이 자기에게 더 이로움을 이르는 말.
×**잔생이**부 →지지리
잔서(殘暑)명 늦여름의 남은 더위. 여염(餘炎). 잔염(殘炎)
잔-석기(-石器)명 구석기 시대 말기와 중석기 시대에 쓰였던 길이 2~3cm의 작은 석기. 나무나 뼈에 꽂아 작살이나 활촉 따위를 썼음. 세석기(細石器)
잔선(殘蟬)명 늦가을까지 살아 남아서 우는 매미.
잔설(殘雪)명 이른봄까지 녹지 않고 남아 있는 눈. ¶ 골짜기에 -이 희끗희끗하다.
잔성(殘星)명 새벽녘까지 남아 있는 별.
잔-셈명 자질구레한 셈.
잔-소리명-하다자 듣기 싫게 늘어놓는 잔말. ¶ 이래라저래라 -가 많다.
잔소리-꾼명 잔소리를 많이 하는 사람.
잔-속명 ①자세한 속내. ¶ -을 모르다./-을 털어놓다. ②자잘하게 썩이는 속. ¶ -을 썩이다.
잔-손명 '잔손질'의 준말.
잔손이 가다관용 잔손질이 많이 들다.
잔-손금[-끔]명 손바닥의 잔금.
잔손-불림명 잔손질이 드는 일.
잔손-질명-하다자타 여러 번 가는 자질구레한 손질. 준잔손
잔-솔명 어린 소나무. 치송(稚松)
잔솔-밭명 잔솔이 많이 자라는 곳.
잔솔밭에서 바늘 찾기속담 잔디밭에서 바늘 찾기
잔솔-잎[-립]명 어린 소나무의 잎.
잔솔-포기명 어린 소나무의 포기.
잔-술(盞-)[-쑬]명 ①한 잔의 술. 배주(杯酒) ②낱잔으로 파는 술.
잔술-집(盞-)[-쑬찝]명 술을 낱잔으로 파는 집.
잔-시중명 자질구레한 시중.
잔심(殘心)명 검도에서, 상대편을 타격한 뒤에도 기세(氣勢)를 늦추지 않고 그 뒤의 변화에 대비하는 마음가짐을 이르는 말. 존심(存心)²
잔-심:부름명-하다자 자질구레한 심부름.
잔심부름-꾼명 잔심부름을 하는 사람.
잔악(殘惡)어기 '잔악(殘惡)하다'의 어기(語基).
잔악-성(殘惡性)명 잔악한 성질.
잔악-하다(殘惡-)형여 잔인하고 악독하다.
잔악-히부 잔악하게
잔암(殘庵)명 지은 지 오래되어 낡은 암자.
잔액(殘額)명 나머지 금액. ¶ 통장의 -.
잔야(殘夜)명 새벽녘 ☞미명(未明)
잔약(孱弱)어기 '잔약(孱弱)하다'의 어기(語基).
잔-약과(-藥果)[-냑-]명 자잘하게 만든 약과.
잔약-하다(孱弱-)형여 몸이 매우 약하다. ¶ 잔약한 몸./잔약한 노인.
잔양(殘陽)명 저녁 무렵의 저무는 해. 석양(夕陽)
잔양-판(殘陽-)명 해가 질 무렵의 약한 볕이 비치는 때. 석양판
잔업(殘業)명 정해진 노동 시간보다 더 하는 작업.
잔여(殘餘)명 남아 있는 것. 나머지 ¶ - 기간
잔연(殘煙)명 거의 사라지고 남은 연기.
잔열(殘熱)명 ①아직 다 식지 않고 남아 있는 열, 또는 그 열기(熱氣). ②심한 더위 뒤의 남은 열기. 여열(餘熱)
잔열(孱劣)어기 '잔열(孱劣)하다'의 어기(語基).
잔열-하다(孱劣-)형여 잔약하고 용렬하다.
잔염(殘炎)명 잔서(殘暑)
잔영(殘影)명 ①뒤에 남은 흔적. ¶ 옛 궁궐의 -./옛 도읍지의 -. ②기억 속에 남은 지난날의 모습.
잔-영산(-靈山)[-녕-]명 영산회상(靈山會相)의 셋째 곡조. 세 곡조 가운데 가장 빠른 곡으로, 네 장(章)으로 구성되어 있음. 세영산(細靈山) ☞상영산. 중영산
잔-용(-用)[-뇽]명 자질구레한 일에 쓰는 비용. ☞잡비(雜費)
잔원(潺湲)어기 '잔원(潺湲)하다'의 어기(語基).
잔원-하다(潺湲-)형여 물의 흐름이 잔잔하고 조용하다.
잔월(殘月)명 날이 샐 무렵의 희미한 달. 새벽달
잔읍(殘邑)명 피폐한 고을. 박읍(薄邑)
잔인(殘忍)어기 '잔인(殘忍)하다'의 어기(語基).
잔인-성(殘忍性)[-썽]명 잔인한 성질.
잔인-하다(殘忍-)형여 인정이 없고 몹시 모질다.
잔인해:물(殘人害物)성구 사람에게 무자비한 짓을 하고 물건을 해침을 이르는 말. 준잔해(殘害)
잔-일[-닐]명 잔손이 많이 가는 자질구레한 일. ¶ 방학 동안 부모님의 -을 돕다. ☞큰일¹
잔일(殘日)명 저녁 무렵의 저무는 해. 석양(夕陽)
잔-입[-닙]명 아침에 일어나서 아직 아무 것도 먹지 않은 입. 마른입 ☞맨입
잔-잎[-닢]명 소엽(小葉)
잔-자갈명 자잘한 자갈.
잔자누룩-하다형여 시끄럽거나 어수선하던 것이 잦아들어 잔잔하다. ¶ 태풍이 휩쓸고 간 뒤 잔자누룩한 평온이 깃들이다.
잔:작-하다형여 나이보다 늦되고 용렬하다.
잔잔(孱孱)어기 '잔잔(孱孱)하다'의 어기(語基).
잔-잔누비명 줄과 줄 사이를 썩 잘게 누빈 누비.
잔잔-하다형여 ①바람이나 물결 따위가 가라앉아 조용하다. ¶ 바람이 -./잔잔한 바다. ②병세가 더하지 않고 그만하다. ③표정이나 마음의 상태 따위가 조용하고 은은하다. ¶ 잔잔한 미소./잔잔한 가슴에 파문이 일다.
잔잔-히부 잔잔하게 ¶ 물결이 - 가라앉다.
잔잔-하다(孱孱-)형여 기질이 잔약하다.
잔재(殘在)명-하다자 남아 있음.
잔재(殘滓)명 남은 찌꺼기. 잔사(殘渣) ¶ 낡은 관습의 -를 씻어 내다.
잔-재미명 아기자기한 재미. ¶ -가 없는 사람.
잔-재비명 ①자질구레한 일을 잘하는 손재주. ②큰일이 벌어진 판에서 잔손이 많이 가는 일.
잔-재주명 ①얕은 재주. ¶ -를 부리다. ②자잘한 일을 잘 해내는 재주.
잔적(殘賊)명 죽거나 사로잡히지 않고 살아 남은 도둑.
잔적(殘敵)명 죽거나 사로잡히지 않고 살아 남은 적병.
잔적-토(殘積土)명 원적토(原積土)
×**잔-전**(-錢)명 →잔돈
잔전(殘錢)명 잔금(殘金)
잔-절편명 잘게 만든 절편.
잔-정(-情)명 세세한 데까지 보살피거나 걱정해 주는 자상하고 따뜻한 정. ¶ -이 많다.
잔정(殘政)명 잔악한 정치.
잔조(殘租)명 기한 안에 다 거두지 못하고 남은 조세.
잔조(殘照)명 저녁노을
잔족(殘族)명 살아 남은 겨레붙이.
잔존(殘存)명-하다자 없어지지 아니하고 남아 있음. ¶ - 세력 유잔류(殘留)
잔존=감:각(殘存感覺)명 잔류 감각(殘留感覺)
잔졸(孱拙)어기 '잔졸(孱拙)하다'의 어기(語基).
잔졸-하다(孱拙-)형여 몹시 약하고 옹졸하다.
잔주명 술에 취하여 늘어놓는 잔말. ¶ -가 심하다. ☞주정(酒酊)
잔-주(-註)명 큰 주석(註釋) 아래 더 자세히 단 주석. 세주(細註)
잔-주름명 잘게 잡힌 주름. ¶ 곱던 얼굴에 -이 잡히다.
잔-주름살[-쌀]명 잘게 잡힌 주름살.
잔-주접명 ①어릴 때 자주 앓는 잔병. ¶ -으로 제대로

ㅈ

자라지 못하다. ②헌데나 옴.
잔-줄 명 잘게 잡히거나 그은 줄.
잔지러-뜨리다(트리다) 타 몹시 자지러뜨리다. ☞진지러뜨리다
잔지러-지다 자 몹시 자지러지다. ☞진지러지다
잔-질(盞—)명 -하다 자 잔에 술을 따르는 짓.
잔질다(잔질고·잔지니)형 마음이 굳세지 못하고 약하다.
잔질지인(殘疾之人)[—찌—] 명 병치레를 많이 하여 쇠약해진 사람.
잔-짐승 명 작은 짐승.
잔-채 명 잘게 썬 채.
잔채(殘菜)명 먹고 남은 반찬.
잔채-질 명 -하다 자타 지난날, 포교(捕校)가 죄인을 신문할 때에 회초리 따위로 마구 때리는 매질을 이르던 말.
잔챙이 명 여럿 가운데서 가장 작고 품이 낮은 사람이나 물건. ¶좋은 것은 다 팔리고 —만 남았다.
잔천(殘喘)명 ①아주 끊어지지 않고 겨우 붙어 있는 숨. ②얼마 남지 않은 쇠잔한 목숨. 잔명(殘命)
잔초(殘礎)명 집채가 사라진 집터에 남아 있는 주춧돌.
잔촉(殘燭)명 거의 다 타서 꺼질듯 한 촛불.
잔추(殘秋)명 늦가을. 만추(晩秋)
잔춘(殘春)명 늦봄. 만춘(晩春)
잔치 명 -하다 자 경사가 있을 때, 음식을 차려 놓고 여러 사람을 청하여 즐기는 일. ¶생일 —/—를 벌이다.
속담 **잔치엔 먹으러 가고, 장사(葬事)엔 보러 간다**: 혼인 잔치에는 구경도 하고 축하도 해야 하나 실상 먹는 데만 기를 쓰고, 장사지내는 데는 위로하고 일을 도와야 하지만 울고 법석이는 것을 구경만 한다 하여, 세상의 야박한 인심을 이르는 말.

한자 **잔치 연**(宴) 〔宀部 7획〕 ¶설연(設宴)/수연(壽宴)/연회(宴會)/피로연(披露宴)/향연(饗宴)

잔칫-날 명 잔치하는 날.
잔칫-상(—床)명 잔치 때에 차리는 음식상.
잔칫-집 명 잔치를 베푸는 집.
속담 **잔칫집에는 같이 가지 못하겠다**: 경사스러운 자리에 가서도 남의 결점을 들추는 사람을 두고 이르는 말.
잔-칼질 명 칼로 아주 잘게 썰거나 이기는 일.
잔-털 명 보드랍고 짧은 털.
잔판(棧板)명 질그릇 몸을 얹어 나르는 데 쓰는 널빤지.
잔판-머리 명 어떤 일의 끝판이 날 무렵.
잔패(殘敗)명 -하다 자 힘이 다하여 패함.
잔편(殘片)명 남은 조각.
잔편(殘編)명 대부분이 흩어져 없어진 책의 남아 있는 부분. ☞낙질(落帙)
잔폐(殘廢)명 -하다 자 잔멸(殘滅)
잔포(殘暴)어기 '잔포(殘暴)하다'의 어기(語基).
잔포-하다(殘暴—)형여 잔인하고 포악하다. 잔학하다
잔-풀 명 어린 풀. 자디잔 풀.
잔풀-나기 명 잔풀이 돋는 봄철.
잔풀-내기 명 하찮은 공로나 출세를 자랑하며 거들먹거리는 사람을 놀리어 이르는 말.
잔풀-호사(—豪奢)명 분에 넘치게 옷치장을 하는 일.
잔품(殘品)명 팔거나 쓰다가 남은 물품.
잔풍(殘風)명 잔잔한 바람.
잔풍-하다(殘風—)형여 바람이 잔잔하다. ¶포근하고 잔풍한 날씨.
잔하(殘夏)명 늦여름. 만하(晩夏)
잔학(殘虐)어기 '잔학(殘虐)하다'의 어기(語基).
잔학-성(殘虐性)명 잔학한 성질.
잔학-하다(殘虐—)형여 잔인하고 포악하다. 잔포하다 ¶잔학한 고문./잔학한 행위.
잔한(殘恨)명 유한(遺恨)
잔한(殘寒)명 겨울이 지난 뒤의 늦추위. 여한(餘寒)
잔해(殘害)명 -하다 자 '잔인해물(殘人害物)'의 준말.
잔해(殘骸)명 ①전쟁터나 재해를 입은 곳 등에 그대로 남아 있는 시체. ②본디의 모양을 찾아볼 수 없을 만큼 부서진 채 남아 있는 물체. ¶추락한 항공기의 —.
잔향(殘鄕)명 발전하지 못하고 기울어 가는 시골.
잔향(殘響)명 발음체의 진동이 그친 뒤에도 다른 물체에서 반사가 되풀이되어 계속 소리가 들리는 현상.
잔-허리 명 허리 좌우의 잘록한 부분. 가는허리. 세요(細腰) ☞개미허리
잔혈(孱孑)어기 '잔혈(孱孑)하다'의 어기(語基).
잔혈-하다(孱孑—)형여 쇠약하고 의지가지없이 외롭다.
잔혹(殘酷)어기 '잔혹(殘酷)하다'의 어기(語基).
잔혹-하다(殘酷—)형여 끔찍하리만큼 무자비하고 모질다. ¶잔혹한 보복 행위.
잔화(殘火)명 ①타다 남은 불. ②꺼져 가는 불.
잔화(殘花)명 ①거의 다 지고 남은 꽃. ②이울어 가는 꽃.
잔회(殘懷)명 마음에 남은 못다 푼 회포.
잔-회:계(—會計)명 -하다 타 자질구레한 회계.
잔효(殘肴)명 먹다 남은 안주.
잔훼(殘毁)명 -하다 타 깨뜨리어 헐어 버림.
잔흔(殘痕)명 남은 흔적.
잘-갈:다(—갈고·—가니)타 잘고 곱게 갈다. ¶콩을 —.
잘-갈리다 자 잘고 곱게 갈리다. ¶잘갈린 미숫가루.
잘-널:다(—널고·—너니)타 음식물 따위를 이로 깨물어 잘게 만들다.
잘-다듬다[—따] 타 잘고 곱게 다듬다.
잘다랗다(잘다랗고·잘다란)형ㅎ 매우 잘다. ¶잘다란 낱알./잘다랗게 쓴 글씨. 준 잘닿다
잘-달다(—달고·—다니)형 하는 짓이 잘고 다랍다. ¶남자가 너무 —./잘달게 굴다. ☞가세(苛細)하다
잘닿다(잘닿고·잘단)형ㅎ '잘다랗다'의 준말.
잘-젊:다[—점따] 형 나이에 비하여 젊어 보이다.
잘-주름 명 옷 따위에 잡는 잘다란 주름. ¶—을 잡다.
잘-타다 타 맷돌로 콩·팥·녹두 따위를 잘다랗게 타다.
잘:[1] 명 검은담비의 털가죽. 산달피(山獺皮). 초웅피(貂熊皮) ☞백초피(白貂皮)
잘:[2] 부 ①익숙하게. 솜씨 좋게. ¶붓글씨를 — 쓰다./기계를 — 다루다. ②정성을 들여. 공들여 ¶이를 고루 — 닦다./— 쌓은 돌탑. ③보기에 좋게. ¶— 갖추어 입은 옷차림./— 어울리는 내외. ④훌륭하게 ¶자식을 — 키우다./— 설계된 건물. ⑤자세하게 ¶사정을 — 모르다./— 듣고 말하다. ⑥만족스럽게. 넉넉하게 ¶대접을 — 받다./— 차린 음식상./농사가 — 되다. ⑦알맞게 ¶마침 — 왔다. ⑧탈없이 ¶덕분에 — 지내다./조심해서 — 다녀오너라. ⑨버릇처럼 걸핏하면. ¶대수롭지 않은 일에도 눈물을 — 흘린다./— 우는 아이. ⑩또렷이 ¶물체가 — 보이다./음악 소리가 — 들리다. ⑪쉽게 ¶분쟁이 — 수습되다./어려운 문제를 — 풀다./주황색이 눈에 — 뜨이다. ⑫각별히 ¶— 부탁합니다. ⑬수량을 어림해서 이를 때 '넉넉하게', '실히'의 뜻으로 쓰이는 말. ¶한 말은 — 될 것 같구먼.
속담 **잘 되면 제 탓, 못 되면 남의 탓**: 무슨 일이 잘 되면 자기의 공으로 돌리고 잘못되면 남의 탓으로 돌려 원망한다는 말.〔잘 되면 제 탓, 못 되면 조상 탓〕/**잘 되면 충신(忠臣)이요 못 되면 역적(逆賊)이라**: 세상일이란 결국에는 이긴 사람만 유리하게 되게 마련이라는 말./**잘 자랄 나무는 떡잎부터 알아본다**: 앞으로 훌륭하게 될 사람은 어려서부터 남다른 점이 있다는 말.〔될성부른 나무는 떡잎부터 알아본다/열매 될 꽃은 첫 삼월부터 안다〕/**잘 헤는 놈 빠져 죽고 잘 오르는 놈 떨어져 죽는다**: 사람은 흔히 능숙하게 하는 일에서 실수하기 쉽고, 그로 말미암아 목숨을 잃게도 된다는 말.〔나무에 잘 오르는 놈이 떨어지고 헤엄 잘 치는 놈이 빠져 죽는다〕
잘가닥 부 엇걸리게 만든 작은 두 쇠붙이가 가볍게 엇걸리거나 풀릴 때 나는 소리를 나타내는 말. ¶— 하고 자물쇠가 잠기다. ☞잘까닥. 절거덕. 짤가닥. 찰가닥
잘가닥-거리다(대다) 자타 자꾸 잘가닥 소리가 나다, 또는 그런 소리를 내다. ☞잘까닥거리다. 절거덕거리다. 짤가닥거리다. 찰가닥거리다
잘가닥-잘가닥 부 잘가닥거리는 소리를 나타내는 말.

☞잘까닥잘까닥. 절거덕절거덕. 찰가닥찰가닥

잘가당 [부] 작은 쇠붙이 따위가 다른 단단한 물체와 가볍게 부딪칠 때 울리어 나는 소리를 나타내는 말. ☞잘까당. 절거덩. 짤가당. 찰가당

잘가당-거리다(대다) [자타] 자꾸 잘가당 소리가 나다, 또는 그런 소리를 내다. ☞잘까당거리다. 절거덩거리다. 짤가당거리다. 찰가당거리다

잘가당-잘가당 [부] 잘가당거리는 소리를 나타내는 말. ☞잘까당잘까당. 절거덩절거덩. 찰가당찰가당

잘각 [부] 엇걸리게 만든 작은 두 쇠붙이의 고리가 가볍게 잠기거나 열리면서 나는 소리를 나타내는 말. ¶ – 하고 방문이 잠기다. ☞잘깍. 절걱. 짤각. 찰각

잘각-거리다(대다) [자타] 자꾸 잘각 소리가 나다, 또는 그런 소리를 내다. ☞잘깍거리다. 찰각거리다

잘각-잘각 [부] 잘각거리는 소리를 나타내는 말. ☞잘깍잘깍. 절걱절걱. 짤각짤각. 찰각찰각

잘강-거리다(대다) [타] 잘강잘강 씹다. ☞질겅거리다

잘강-잘강 [부] 잘깃한 것을 입에 넣고 잇달아 잘게 씹는 모양을 나타내는 말. ¶ 껌을 – 씹다. ☞질겅질겅

잘개-질 [명] [-하다][자] '자리개질'의 준말.

잘겁-하다 [자여] 자지러질듯이 깜짝 놀라다. ¶ 옆구리를 쿡 지르니 잘겁하며 돌아본다. ☞질겁하다

잘그락 [부] 얇고 동근 쇠붙이가 단단한 물체에 가볍게 부딪칠 때 나는 소리를 나타내는 말. ☞절그럭. 짤그락

잘그락-거리다(대다) [자타] 자꾸 잘그락 소리가 나다, 또는 그런 소리를 내다. ¶ 호주머니 속의 동전이 –. ☞절그럭거리다. 짤그락거리다

잘그락-잘그락 [부] 잘그락거리는 소리를 나타내는 말. ☞절그럭절그럭. 짤그락짤그락

잘그랑 [부] 얇고 동근 쇠붙이가 조금 단단한 물체에 가볍게 부딪칠 때 울리어 나는 소리를 나타내는 말. ☞절그렁. 짤그랑. 찰그랑

잘그랑-거리다(대다) [자타] 자꾸 잘그랑 소리가 나다, 또는 그런 소리를 내다. ¶ 처마 끝의 풍경이 –. ☞절그렁거리다. 짤그랑거리다. 찰그랑거리다

잘그랑-잘그랑 [부] 잘그랑거리는 소리를 나타내는 말. ☞절그렁절그렁. 짤그랑짤그랑. 찰그랑찰그랑

잘근-거리다(대다) [타] 잘근잘근 씹다. ☞질근거리다

잘근-잘근 [부] 잘깃한 것을 잇달아 가볍게 씹는 모양을 나타내는 말. ¶ 옷고름을 – 씹다./입술을 – 깨물다. ☞질근질근

잘금 [부] 적은 양의 액체가 잠시 쏟아지는 모양을 나타내는 말. ☞질금. 짤끔

잘금-거리다(대다) [타] ①오줌을 잘금잘금 누다. ②눈물이나 콧물을 잘금잘금 흘리다. ¶ 눈물을 잘금거리며 고개를 숙이다. ☞질금거리다. 짤끔거리다

잘금-잘금 [부] 적은 양의 액체가 조금씩 쏟아지는 모양을 나타내는 말. ¶ – 눈물을 흘리다. ☞질금질금

잘깃-잘깃 [-긴-] [부] [-하다][형] 매우 잘깃한 느낌을 나타내는 말. ¶ 고기가 –해서 먹기 힘들다. ☞질깃질깃

잘깃-하다 [-긴-] [형여] 씹는 감촉이 조금 질긴듯 하다. ☞질깃하다. 짤깃하다

잘까닥 [부] 엇걸리게 만든 작은 두 쇠붙이가 엇걸리거나 풀릴 때 나는 소리를 나타내는 말. ¶ – 수갑을 채우다. ☞잘가닥. 절꺼덕. 짤까닥. 찰까닥

잘까닥-거리다(대다) [자타] 자꾸 잘까닥 소리가 나다, 또는 그런 소리를 내다. ☞잘가닥거리다. 절꺼덕거리다. 짤까닥거리다. 찰까닥거리다

잘까닥-잘까닥 [부] 잘까닥거리는 소리를 나타내는 말. ☞잘가닥잘가닥. 절꺼덕절꺼덕. 짤까닥짤까닥

잘까당 [부] 작은 쇠붙이 따위가 다른 단단한 물체와 세게 부딪칠 때 울리어 나는 소리를 나타내는 말. ☞잘가당. 절꺼덩. 짤까당. 찰까당

잘까당-거리다(대다) [자타] 자꾸 잘까당 소리가 나다, 또는 그런 소리를 내다. ☞잘가당거리다. 절꺼덩거리다. 짤까당거리다. 찰까당거리다

잘까당-잘까당 [부] 잘까당거리는 소리를 나타내는 말. ☞잘가당잘가당. 절꺼덩절꺼덩. 짤까당짤까당

잘깍 [부] 엇걸리게 만든 작은 두 쇠붙이의 고리가 잠기거나 열리면서 야물게 나는 소리를 나타내는 말. ☞잘각. 절꺽. 짤깍. 찰깍

잘깍-거리다(대다) [자타] 자꾸 잘깍 소리가 나다, 또는 그런 소리를 내다. ☞잘각거리다. 절꺽거리다. 짤깍거리다. 찰깍거리다

잘깍-잘깍 [부] 잘깍거리는 소리를 나타내는 말. ☞잘각잘각. 절꺽절꺽. 짤깍짤깍. 찰깍찰깍

잘끈 [부] 단단히 동이거나 잘라매는 모양을 나타내는 말. ¶ 허리띠를 – 동여매다. ☞질끈

잘-나다 [형] ①사람됨이 똑똑하고 뛰어난 데가 있다. ¶ 사람이 잘나 보이다./잘난 사람./잘난체 하다. ②모습이 잘생기다. ¶ 얼굴이 –. ☞못나다 ③〔빈정대는 뜻으로 쓰이어〕 변변치 못하거나 대수롭지 아니하다. ¶ 고작 보낸다는 것이 그 잘난 그림이야?/그 잘난 것 구경이나 해 보자.

잘다(잘고·자니) [형] ①크기가 작다. ¶ 낱알이 잔 방울 토마토. ☞크다 ②크기가 작고 가늘다. ¶ 글씨가 매우 잘다. ☞굵다 ③성질이 좀스럽다. ¶ 허우대와는 달리 사람이 너무 –.

잘:-두루마기 [명] 검은담비의 털로 안을 대어 지은 두루마기. ☞잘배자. 잘토시

잘똑-거리다(대다) [자타] 다리를 잘똑잘똑 절다. ☞절뚝거리다. 짤똑거리다

잘똑-잘똑[1] [부] 몸을 한쪽으로 갸우뚱거리며 저는 모양을 나타내는 말. ¶ – 절면서 밖으로 걸어 나가다. ☞절뚝절뚝. 짤똑짤똑[1]

잘똑-잘똑[2] [부] [-하다][형] 군데군데가 잘똑한 모양을 나타내는 말. ☞질뚝질뚝. 짤똑짤똑[2]

잘똑-하다 [형여] 갈쭉한 물체의 한 부분이 옴폭 들어가 매우 잘록하다. ¶ 허리가 –. ☞질뚝하다. 짤똑하다

잘뚜마기 [명] 긴 물건의 한 부분이 잘록하게 들어간 부분.

잘라-매다 [타] 끈 따위로 단단히 졸라 동여매다. ¶ 팔뚝을 잘라매어 출혈을 막다. ☞졸라매다

잘라-먹다 [타] ①갚아야 할 것을 갚지 아니하다. 떼어먹다 ¶ 꾸어 준 돈을 –. ②남에게 건네주어야 할 것을 가로채어 가지다. ¶ 중간에서 공금을 –.

잘랑 [부] 얇은 쇠붙이나 작은 방울 따위가 흔들릴 때 울리어 나는 소리를 나타내는 말. ☞절렁. 짤랑. 찰랑

잘랑-거리다(대다) [자타] 자꾸 잘랑 소리가 나다, 또는 그런 소리를 내다. 잘랑이다 ☞절렁거리다. 짤랑거리다. 찰랑거리다[1]

잘랑-이다 [자타] 잘랑거리다 ¶ 잘랑이는 방울 소리. ☞절렁이다. 짤랑이다. 찰랑이다[1]

잘랑-잘랑 [부] 잘랑거리는 소리를 나타내는 말. ☞절렁절렁. 짤랑짤랑. 찰랑찰랑[1]

잘래-잘래 [부] 고개를 가볍게 젓는 모양을 나타내는 말. ¶ – 고개를 흔들다. ☞살래살래. 절레절레. 짤래짤래

잘량 [명] '개잘량'의 준말.

잘록-거리다(대다) [자타] 잘록잘록 절다. ¶ 교통 사고로 다리를 –. ☞절룩거리다. 짤록거리다

잘록-잘록[1] [부] 약간 잘름잘름 저는 모양을 나타내는 말. ☞절룩절룩. 짤록짤록[1]

잘록-잘록[2] [부] [-하다][형] 군데군데 잘록한 모양을 나타내는 말. ☞줄룩줄룩. 질룩질룩. 짤록짤록[2]

잘록-하다 [형여] ①갈쭉한 물체의 한 부분이 홀쭉하게 들어가 가늘다. ¶ 잘록한 허리. ②길고 두두룩한 물체의 한 부분이 오목하게 꺼져 있다. ¶ 잘록한 안장코. ☞줄룩하다. 질룩하다. 짤록하다

잘름-거리다(대다)[1] [자타] 다리를 잘름잘름 절다. ☞절름거리다. 짤름거리다[1]

잘름-거리다(대다)[2] [자타] 그릇에 가득 찬 액체가 흔들려 조금씩 자꾸 넘치다, 또는 그리 되게 하다. ☞질름거리다. 짤름거리다[2]

잘름발-이 [명] 잘름거리며 걷는 사람. ☞절름발이

잘름-잘름[1] [부] 다리를 가볍게 조금씩 저는 모양을 나타내

ㅈ

는 말. ☞절름절름. 짤름짤름[1]

잘름-잘름[2] 부 ①그릇에 가득 찬 액체가 흔들려 조금씩 넘치는 모양을 나타내는 말. ②동안이 잦게 여러 번에 걸쳐 조금씩 주는 모양을 나타내는 말. ☞질름질름. 짤름짤름[2]

잘리다 자타 ①자름을 당하다. ¶수족이 ―./꼬리가 잘린 강아지. ②자기에게 돌아와야 할 것이 남에게 가로채이다. ¶수익금의 일부를 ―.

잘-먹다 자 식생활에서 모자란 것이 없다.

잘못[1] 명 옳게 하지 못한 일. 제대로 되지 못한 일. ¶―을 저지르다./―을 뉘우치다./―을 용서하다.

한자 잘못 류(謬)〔言部 11획〕¶오류(誤謬)
잘못 오(誤)〔言部 7획〕¶오기(誤記)/오독(誤讀)/오발(誤發)/오보(誤報)/오산(誤算)/오해(誤解)

잘못[2] 부 ①그릇되게. 틀리게 ¶내 뜻을 ― 이해하다./답을 ― 대다./아이를 ― 가르치다. ②깊이 생각함이 없이 함부로. ¶기계를 ― 다루어서 고장이 나다./― 서두르다가는 실패하게 된다.

잘못-되다[―몯―] 자 ①어떤 일이 잘못 이루어지거나 나쁜 결과로 되다. ¶손을 댄 사업이 ―./잘못된 생활 방식. ②나쁜 길로 빠지다. ¶한번 잘못되면 평생 고생한다./친구를 잘못 사귀면 잘못되기 쉽다. ③뜻밖의 사고나 병 등으로 불행하게 되거나 죽다. ¶헤엄치다가 ―./작전 중 잘못된 것으로 알고 있다.

잘못-하다[―몯―] 자타여 ①일의 처리를 제대로 하지 못하다. 그릇되게 하다. ¶대답을 ―./판단을 ―. ②옳지 않고 도리에 어긋난 일을 하다. ¶누가 잘못했는지 따져 보자./내가 잘못하였으니 용서하게.

잘바닥 부 얕은 물이나 조금 진 땅을 치거나 밟을 때 나는 소리를 나타내는 말. ☞절버덕. 찰바닥

잘바닥-거리다(대다) 자타 자꾸 잘바닥 소리가 나다, 또는 그런 소리를 내다. ¶진창에서 잘바닥거리며 놀다. ☞절버덕거리다. 찰바닥거리다

잘바닥-잘바닥 부 잘바닥거리는 소리를 나타내는 말. ☞절버덕절버덕. 찰바닥찰바닥

ㅈ

잘바당 부 작고 목직한 물체가 얕은 물에 떨어질 때 울리어 나는 소리를 나타내는 말. ☞절버덩. 찰바당

잘바당-거리다(대다) 자타 자꾸 잘바당 소리가 나다, 또는 그런 소리를 내다. ☞절버덩거리다

잘바당-잘바당 부 잘바당거리는 소리를 나타내는 말. ☞절버덩절버덩. 찰바당찰바당

잘박 부 얕은 물이나 조금 진 땅을 가볍게 치거나 밟을 때 나는 소리를 나타내는 말. ☞절벅. 찰박

잘박-거리다(대다) 자타 자꾸 잘박 소리가 나다, 또는 그런 소리를 내다. ☞절벅거리다. 찰박거리다

잘박-잘박 부 잘박거리는 소리를 나타내는 말. ☞절벅절벅. 찰박찰박

잘방 부 작고 목직한 물체가 좀 깊은 물에 떨어질 때 울리어 나는 소리를 나타내는 말. ☞절벙. 찰방

잘방-거리다(대다) 자타 자꾸 잘방 소리가 나다, 또는 그런 소리를 내다. ☞절벙거리다. 찰방거리다

잘방-게 명 민물에 사는 작은 게의 한 가지.

잘방-잘방 부 잘방거리는 소리를 나타내는 말. ☞절벙절벙. 찰방찰방

잘:-배자(―褙子) 명 검은담비의 털로 안을 대어 지은 배자. ☞잘두루마기. 잘토시

잘-살:다 자 넉넉하게 살아가다. ¶잘살아 보려고 애쓰다./잘사는 나라. ☞못살다

속담 **잘살아도 내 팔자요, 못살아도 내 팔자** : 사람은 누구나 저마다 타고난 팔자에 따라서 잘살기도 하고 못살기도 한다는 말.

잘-생기다 형 생김새가 훤하고 반듯하다. ¶잘생긴 청년./얼굴이 잘생겼다. ☞못생기다

잘싸닥 부 ①천천히 밀려온 물결이 단단한 물체에 가볍게 부딪쳤다 물러가는 소리, 또는 그 모양을 나타내는 말. ¶― 뱃전에 부딪치는 물결. ②살집이 좋은 볼기 등을 손바닥으로 가볍게 칠 때 나는 소리, 또는 그 모양을 나타내는 말. ¶― 손바닥으로 볼기를 치다. ③차진 물체를 손바닥 따위로 치거나 메어칠 때 나는 소리를 나타내는 말. ¶떡메로 안반의 떡을 ― 치다. ☞절써덕. 찰싸닥

잘싸닥-거리다(대다) 자타 자꾸 잘싸닥 소리가 나다, 또는 그런 소리를 내다. ☞절써덕거리다

잘싸닥-잘싸닥 부 잘싸닥거리는 소리를 나타내는 말. ☞절써덕절써덕. 찰싸닥찰싸닥

잘싹 부 ①잔물결이 단단한 물체에 가볍게 부딪치는 소리, 또는 그 모양을 나타내는 말. ¶뱃전에 ― 부딪치는 물결. ②볼기 등을 손바닥으로 살짝 칠 때 나는 소리, 또는 그 모양을 나타내는 말. ¶손바닥으로 ― 뺨을 치다. ③차진 물체를 손바닥 따위로 살짝 칠 때 나는 소리를 나타내는 말. ☞절썩. 찰싹

잘싹-거리다(대다) 자타 자꾸 잘싹 소리가 나다, 또는 그런 소리를 내다. ☞절썩거리다. 찰싹거리다

잘싹-잘싹 부 잘싹거리는 소리를 나타내는 말. ☞절썩절썩. 찰싹찰싹

잘쏙-거리다(대다) 자타 다리를 좀 잘똑잘똑 절다. ☞절쑥거리다. 짤쏙거리다

잘쏙-잘쏙[1] 부 좀 잘똑잘똑 저는 모양을 나타내는 말. ¶― 다리를 절다. ☞절쑥절쑥. 짤쏙짤쏙[1]

잘쏙-잘쏙[2] 부-하다 형 여러 군데가 다 잘쏙한 모양을 나타내는 말. ☞질쑥질쑥. 짤쏙짤쏙[2]

잘쏙-하다 형여 갈쭉한 물체의 한 부분이 옴쏙 들어가 매우 잘록하다. ¶허리가 ―. ☞질쑥하다. 짤쏙하다

잘쏙-이 부 잘쏙하게 ☞질쑥이. 짤쏙이

잘-입다 자 ①생활이 넉넉하여 좋은 옷을 아쉬움 없이 입다. ②옷을 안목 있게 잘 차려 입다.

잘잘[1] 부 ①액체가 높은 온도로 끓는 모양을 나타내는 말. ¶물이 ― 끓다. ②구들이나 몸 따위가 꽤 뜨거워진 모양을 나타내는 말. ¶방이 ― 끓다./몸이 ― 끓다. ③드리워진 것이 바닥에 가볍게 끌리는 모양을 나타내는 말. ¶치맛자락이 땅에 ― 끌리다. ④신발이나 다리를 바닥에 가볍게 끄는 모양을 나타내는 말. ¶신발을 ― 끌고 다니다. ⑤액체가 계속 흐르는 모양을 나타내는 말. ¶바위 틈에서 맑은 물이 ― 흐르다. ⑥기름기나 윤기가 매우 반지르르하게 흐르는 모양을 나타내는 말. ¶기름이 ― 흐르는 햅쌀밥. ☞절절. 짤짤[1]

잘잘[2] 부 채신없이 이리저리 쏘다니는 모양을 나타내는 말. ☞짤짤[2]

잘잘-거리다(대다) 자 채신없이 이리저리 쏘다니다. ¶온 마을을 잘잘거리며 쏘다니다. ☞짤짤거리다

잘-잘못 명 잘하는 일과 잘못하는 일. 옳고 그른 일. 시비(是非) ¶―을 따지다./―을 가리다. ☞조백(皁白). 흑백(黑白)

잘잘못-간에(―間―)[―몯―] 부 잘하였거나 잘못하였거나 따질 것 없이. ¶누구의 ― 그만 화해하게.

잘착-거리다(대다) 자 자꾸 잘착한 느낌이 나다. 잘착이다 ¶비가 와서 잘착거리는 논두렁 길. ☞질척거리다

잘착-이다 자 잘착거리다 ☞질척이다

잘착-잘착 부-하다 형 매우 잘착한 느낌을 나타내는 말. ☞질척질척

잘착-하다 형여 묽은 진흙이나 반죽 따위가 차지게 질다. ☞질척하다

잘카닥 부 엇걸리게 만든 작은 두 쇠붙이가 엇걸리거나 풀릴 때 거칠게 나는 소리를 나타내는 말. ☞잘가닥. 절커덕. 짤카닥. 찰카닥

잘카닥-거리다(대다)[1] 자타 자꾸 잘카닥 소리가 나다, 또는 그런 소리를 내다. ¶자꾸 방문을 ―. ☞잘가닥거리다. 절커덕거리다. 짤카닥거리다. 찰카닥거리다

잘카닥-거리다(대다)[2] 자 자꾸 잘카닥한 느낌이 나다. ☞질커덕거리다

잘카닥-잘카닥[1] 부 잘카닥거리는 소리를 나타내는 말. ☞잘가닥잘가닥. 절커덕절커덕. 짤카닥짤카닥

잘카닥-잘카닥[2] 부-하다 형 매우 잘카닥한 느낌을 나타내는 말. ☞질커덕질커덕

잘카닥-하다 형여 매우 잘칵하다. ☞질커덕하다
잘카당 부 작은 쇠붙이 따위가 다른 단단한 물체와 부딪칠 때 거칠게 울리어 나는 소리를 나타내는 말. ☞잘가당. 절커덩. 짤카당. 찰카당
잘카당-거리다(대다) 자타 자꾸 잘카당 소리가 나다. 또는 그런 소리를 내다. ☞잘가당거리다. 절커덩거리다. 짤카당거리다. 찰카당거리다
잘카당-잘카당 부 잘카당거리는 소리를 나타내는 말. ☞잘가당잘가당. 절커덩절커덩. 짤카당짤카당. 찰카당찰카당
잘칵 부 엇걸리게 만든 작은 두 쇠붙이의 고리가 잠기거나 열리면서 거칠게 나는 소리를 나타내는 말. ☞잘각. 절컥. 짤칵. 찰칵
잘칵-거리다(대다)[1] 자타 자꾸 잘칵 소리가 나다. 또는 그런 소리를 내다. ☞잘각거리다. 절컥거리다. 짤칵거리다. 찰칵거리다
잘칵-거리다(대다)[2] 자 자꾸 잘칵한 느낌이 나다. ☞질컥거리다
잘칵-잘칵[1] 부 잘칵거리는 소리를 나타내는 말. ☞잘각잘각. 절컥절컥. 짤칵짤칵. 찰칵찰칵
잘칵-잘칵[2] 부-하다 형 매우 잘칵한 느낌을 나타내는 말. ☞질컥질컥
잘칵-하다 형여 묽은 진흙이나 반죽 따위가 손에 들어붙을 정도로 몹시 질다. ☞질컥하다
잘코사니 감 얄미운 사람이 불행을 당하거나 실패하는 것을 고소하게 여길 때 하는 말. ¶아이구 —야! 그러기에 내가 조심하라고 했지.
잘크라-지다 자 잘쏙하게 들어가다. ☞질크러지다
잘:-토시 명 검은담비의 털로 안을 대어 지은 토시.
잘파닥 부 얕은 물이나 매우 진 땅을 세게 치거나 밟을 때 나는 소리를 나타내는 말.
잘파닥-거리다(대다) 자타 자꾸 잘파닥 소리가 나다. 또는 그런 소리를 내다. ☞잘바닥거리다
잘파닥-잘파닥 부 잘파닥거리는 소리를 나타내는 말. ☞잘바닥잘바닥
잘팍 부 얕은 물이나 매우 진 땅을 가볍게 치거나 밟을 때 나는 소리를 나타내는 말.
잘팍-거리다(대다) 자타 자꾸 잘팍 소리가 나다. 또는 그런 소리를 내다. ☞잘박거리다. 찰박거리다
잘팍-잘팍 부 잘팍거리는 소리를 나타내는 말. ☞잘박잘박. 찰박찰박
잘-하다 타여 ①익숙하게 하다. 능란하게 하다. ¶수학을 —./농구를 —./특히 잘하는 과목. ②바르고 착하게 하다. ¶처신을 —./누가 잘했는지 모르겠다. ③훌륭하게 하다. ¶가정 교육을 —./살림살이를 —. ④탈없이 만족하게 하다. ¶금강산 관광 여행을 —. ⑤버릇으로 자주 하다. ¶토라지기를 —./잠꼬대를 —.
잘-해야 부 고작해야. 기껏해야. 넉넉잡아야 ¶— 본전이다./빠른 걸음으로 가면 — 이틀 걸릴 것이다.
잠 명 ①자는 상태. 심신(心身)의 활동이 일시적으로 차차 저하하여 마침내 눈이 감기고 의식이 없어지는 생리적인 상태. 수면(睡眠) ¶—을 자다./—이 들다. ②누에가 허물을 벗기 전에 뽕을 먹지 않고 쉬는 상태. ¶누에가 첫 —을 자다. ③부푼 물건이 눌리어 착 가라앉은 상태. ¶요의 솜이 —을 자다. ④지혜 등이 깨어나지 못한 상태. ¶미개한 종족이 오랜 —에서 깨어나다.
잠에 떨어지다 관용 곤하게 잠자는 상태에 들다.
잠에 취하다 관용 곤한 잠기운으로 정신이 흐린 상태에 빠져 있다.
잠을 이루다 관용 잠을 자다.
잠을 설치다 관용 잠을 제대로 자지 못하다.
잠(이) 깨다 관용 ①잠에서 깨어나다. ②무지에서 깨어나 정신을 차리다.
잠이 달아나다 관용 잠이 드는 상태로 되어가다가 맑은 정신으로 되돌아오다.
잠이 들다 관용 ①자는 상태로 되다. ②잠을 자듯이 조용한 상태로 되다. ¶삼라만상이 잠이 든 밤. ③불던 바람이나 일렁이던 파도 등이 가라앉아 조용해지다. ¶세차게 불던 바람도 잠이 들었다.
속담 **잠을 자야 꿈을 꾸지** : 어떤 결과를 얻으려면 먼저 그에 필요한 조건을 갖추어야 한다는 말.
잠(箴) 명 행실을 가르치고 경계하는 말들을 적은 한문(漢文)의 한 문체(文體).
잠(簪) 명 ①비녀 ②비녀장
잠가(蠶架) 명 누에채반을 얹는 시렁.
잠간(箴諫) 명-하다 자 훈계하여 간함.
잠거(潛居) 명-하다 자 남몰래 숨어서 지냄.
잠견(暫見) 명-하다 타 잠깐 봄.
잠견(蠶繭) 명 고치 ▷ 蠶의 속자는 蚕
잠-결[-껼] 명 주로 '잠결에'의 꼴로 쓰이어, '어렴풋이 잠이 들었거나 잠에서 깨어나려 하는 결'을 이르는 말. ¶—에 한 소리./—에 들은 이야기.
속담 **잠결에 남의 다리 긁는다** : ①자기를 위해 한 일이 엉뚱하게도 남을 위한 일이 되어 버렸다는 말. ②얼떨결에 남의 일을 자기의 일로 잘못 알고 함을 이르는 말.
잠경(箴警) 명-하다 타 훈계하여 경계함.
잠계(箴戒) 명-하다 타 깨우쳐 훈계함.
잠구(蠶具) 명 누에를 치는 데 쓰이는 기구.
잠군(潛軍) 명 ①숨어 있는 군사. ②몰래 쳐들어오는 군사.
잠-귀[-뀌] 명 잠결에 소리를 들을 수 있는 감각.
잠귀가 밝다 관용 잠결에 소리를 듣는 감각이 예민하다.
잠귀가 어둡다 관용 잠결에 소리를 듣는 감각이 둔하다.
잠귀가 질기다 관용 잠귀가 어두워서 여간해서 깨지 아니하다.
잠규(箴規) 명 잘못을 바로잡게 하는 경계.
잠그다[1] (잠그고·잠가) 타 여닫는 물건을 함부로 열 수 없도록 자물쇠 따위로 걸거나 채우거나 하다. ¶대문을 —./자물쇠를 —./수도꼭지를 —. ☞열다

한자 **잠글 쇄**(鎖)〔金部 10획〕¶봉쇄(封鎖)/쇄국(鎖國)/쇄문(鎖門)/폐쇄(閉鎖) ▷ 속자는 鎖

잠그다[2] (잠그고·잠가) 타 ①물체를 액체 속에 넣다. ¶물 속에 몸을 —./여울에 발을 —. ☞담그다 ②좋은 결과를 바라고 어떤 일에 밑천을 들이다. ¶부동산에 많은 돈을 잠가 두다.
잠-기(-氣)[-끼] 명 잠이 오는 기색, 또는 잠에서 덜 깬 기색. ¶아직 —가 가시지 않다.
잠기다[1] 자 열리지 않게 잠가지다. ¶잠긴 문을 열다.
잠기다[2] 자 ①물 속에 가라앉다. 물 속에 든 상태로 되다. ¶배가 바닷물에 —./홍수로 논밭이 물에 —. ②자금 따위가 활용될 수 없게 되다. ¶증권에 많은 돈이 잠겨 있다. ③한 가지 생각에 골똘하게 되다. ¶사색에 —. ④어떤 분위기나 상황에 휩싸이다. ¶칠흑 같은 어둠 속에 —./마을이 고요에 —.

한자 **잠길 잠**(潛)〔水部 12획〕¶잠망경(潛望鏡)/잠수(潛水)/잠재(潛在)/잠행(潛行) ▷ 속자는 潜
잠길 침(沈)〔水部 4획〕¶침몰(沈沒)/침수(沈水)/침잠(沈潛)/침적(沈積)/침하(沈下) ▷ 속자는 沉

잠기다[3] 자 목이 쉬어 소리가 제대로 나오지 아니하다. ¶목이 —./잠긴 목소리.
잠깐 명 매우 짧은 동안. 잠시 ¶—을 참지 못하다./—의 휴식./젊음도 —이다.
부 매우 짧은 동안. 잠시 ¶안을 — 들여다보다./— 기다려라./— 눈을 붙이기로 하자.

한자 **잠깐 경**(頃)〔頁部 2획〕¶경각(頃刻)
잠깐 잠(暫)〔日部 11획〕¶잠별(暫別)/잠시(暫時)

잠-꼬대 명-하다 자 ①잠을 자면서 무의식 중에 하는 헛소리. 섬어(譫語) ②사리에 밝지 않은 엉뚱한 말을 이르는 말. ¶세상 물정 모르고 —를 하고 있군./— 같은 소리.
잠-꾸러기 명 유난히 잠을 많이 자는 사람. 잠보
잠녀(潛女) 명 바다에 잠수하여 해산물을 채취하는 일을 직업으로 삼는 여자. 해녀(海女)

ㅈ

잠농(蠶農)명 ①누에농사 ②누에농사를 하는 사람, 또는 그 농가.
잠-누에 명 허물을 벗느라고 먹지도 움직이지도 않고 가만히 있는 누에.
잠닉(潛匿)명-하다자 어디 있는지 남이 모르도록 숨음.
잠-동무[-똥-] 명-하다자 동무 삼아 함께 잠, 또는 함께 자는 그 사람.
잠두(蠶豆)명 콩과의 여러해살이풀. 줄기는 네모지고 속이 비었으며 높이는 40~60cm임. 봄에 흰 바탕에 자흑색 반점이 있는 나비 모양의 꽃이 핌. 열매인 콩은 먹고 깍지는 사료로 씀.
잠두(蠶頭)명 ①누에의 머리. ②누에의 머리처럼 생긴 산봉우리를 이르는 말. 누에머리
잠두마:제(蠶頭馬蹄)성구 한자(漢字)의 필법(筆法)의 한 가지. 가로 긋는 획의 왼쪽 시작 부분은 말굽 모양으로 하고, 오른쪽 끝 부분은 누에의 머리 모양으로 마무르는 필법.
잠-들다 자 ①잠을 자게 되다. ¶일찍 -./아기가 울다가 잠들었다. ②사물이 움직이지 않게 되다. ¶바람마저 잠든 들판. ③'죽다', '묻히다'를 에둘러 이르는 말. ¶편안히 -./여기에 그의 넋이 -.
잠란(蠶卵)명 누에의 알.
잠란-지(蠶卵紙)명 누에가 알을 슬어 놓은 종이. 누에 알을 붙여 놓은 종이.
잠령(蠶齡)명 누에가 잠을 잔 횟수로 헤아려서 나타내는, '누에의 나이'를 이르는 말.
잠룡(潛龍)명 승천(昇天)할 때를 기다리며 물 속에 잠겨 있는 용이라는 뜻으로, 얼마 동안 왕위에 오르지 않고 이를 피하고 있는 사람, 또는 기회를 얻지 못한 영웅을 비유하여 이르는 말. ☞잠저(潛邸)
잠루(岑樓)명 높고 뾰족한 누각.
잠:류(暫留)명-하다자 잠시 머묾.
잠망-경(潛望鏡)명 바다 속을 항행하는 잠수함이나 참호 등에서 목표물을 살펴보는 데 쓰는 반사 망원경.
잠매(潛寐)명-하다자 영면(永眠)
잠매(潛賣)명-하다타 매매가 금지된 물건을 몰래 팖. 암매
잠매(蠶莓·蠶苺)명 '뱀딸기'의 딴이름.
잠몰(潛沒)명-하다자 ①물 속에 잠김. ②잠수함이 재빨리 잠항(潛航)하는 일.
잠바 명 '점퍼(jumper)'의 변한말.
잠박(蠶箔)명 누에를 치는 데 쓰는, 싸리나 대오리 등으로 결은 채반. 누에채반
잠방 부 목직하고 덩이가 진 물체가 물 위에 가볍게 떨어질 때 나는 소리를 나타내는 말. ¶작은 돌멩이가 물에 - 떨어지다. ☞점벙. 참방
잠방-거리다(대다)자 자꾸 잠방 소리를 내다. 잠방이다 ¶아이들이 잠방거리며 물 속으로 뛰어들다. ☞점벙거리다. 참방거리다
잠방이 명 가랑이가 무릎까지 내려오게 지은, 남자의 짧은 홑바지.
속담 잠방이에 대님 치듯 한다 : 군색한 일을 당하여 몹시 켕김을 비유하여 이르는 말.
잠방-이다 자 잠방거리다 ☞점벙이다. 참방이다
잠방-잠방 부 잠방거리는 소리를 나타내는 말. ☞점벙점벙. 참방참방
잠-버릇[-뻐-] 명 잘 때에 나타나는 버릇.
잠:별(暫別)명-하다자타 잠깐 동안 헤어지는 일.
잠병(蠶病)명 누에에 생기는 병을 통틀어 이르는 말.
잠-보[-뽀] 명 잠꾸러기
잠복(潛伏)명-하다자 ①들키지 않게 몰래 숨음. ②몸 속으로 침입한 병원체가 아직 병을 일으키지 않고 있는 상태.
잠복=감:염(潛伏感染)명 병원체가 몸 속에 침입하여 증식하기 시작했는데도 이를 알 수 있는 징후가 나타나지 않는 상태. 불현성 감염(不顯性感染)
잠복=근:무(潛伏勤務)명 수사관이 범인을 잡거나 군인이 적의 침투를 방어하기 위해 어떤 곳에 숨어서 지키는 일.
잠복-기(潛伏期)명 병원체가 몸 속에 들어와 발병하기까지의 기간.
잠복-아(潛伏芽)명 식물 줄기의 껍질 밑에 생겨 드러나지 않는 눈. 보통 때는 자라지 않다가 근처의 가지나 줄기가 잘리면 자라기 시작함. 잠아(潛芽)
잠복=유전(潛伏遺傳)명 조상에게 있던 열성의 유전 형질이 한 대 또는 여러 대를 걸러서 자손에게 나타나는 현상. 격세 유전(隔世遺傳)
잠복=초소(潛伏哨所)명 침투하는 적군을 막기 위해 잠복하여 경계하는 초소.
잠:봉(暫逢)명-하다자타 잠시 서로 만남.
잠부(蠶婦)명 누에를 치는 부녀자.
잠분(蠶糞)명 누에똥
잠:불-마(暫佛馬)명 빰에 흰 줄이 있고, 눈에 누른빛을 띤 말. ☞거할마(巨割馬)
잠뿍 부 담뿍하게 잔뜩. ¶짐차에 짐을 - 싣다.
잠사(潛思)명-하다자 마음을 가라앉히어 생각에 잠김.
잠사(蠶事)명 누에를 치는 일.
잠사(蠶砂)명 한방에서, 누에의 똥을 약재로 이르는 말. 중풍, 관절염 따위에 쓰임. 마명간(馬鳴肝)
잠사(蠶絲)명 누에고치에서 켠 실.
잠사-업(蠶絲業)명 누에를 쳐서 고치를 생산하는 산업과 그 고치로 생사(生絲)를 생산하는 산업을 통틀어 이르는 말.
잠사-총(潛射銃)명 참호나 은폐물에 몸을 숨기어 목표물을 쏠 수 있도록 잠망경 따위를 장치한 총.
잠삼(潛蔘)명 지난날, 관아의 허가 없이 몰래 홍삼을 만들어 팔던 일, 또는 그런 홍삼.
잠상(潛商)명 법령으로 금한 물건을 몰래 사고 파는 일, 또는 그런 장수.
잠상(潛像)명 감광한 필름이나 인화지에 생겨 있는, 눈에 보이지 않는 화상. 현상 처리를 하면 화상이 눈에 보임.
잠상(蠶桑)명 누에와 뽕을 아울러 이르는 말.
잠섭(潛涉)명-하다타 몰래 물을 건넘.
잠성(潛性)명 열성(劣性)
잠세(潛勢)명 '잠세력(潛勢力)'의 준말.
잠-세력(潛勢力)명 겉으로 드러나지 않는 세력. 숨은 세력. 준잠세(潛勢)
잠수(潛水)명-하다자 물 속에 들어가 완전히 잠김. 다이빙(diving) ¶- 훈련
잠수-관(潛水冠)명 잠수부가 물 속에서 일할 때 머리를 보호하고 공기도 공급하기 위해 쓰는 둥근 기구. 앞면과 좌우 양쪽에 유리가 붙었고, 뒤쪽은 송기관과 배기관에 이어졌음.
잠수-교(潛水橋)명 보통 때에는 물 위에 드러나 있어 통행이 가능하나, 홍수 따위로 수위가 올라가면 물에 잠기는 다리. 흔히 다층교(多層橋)의 맨 아래에 놓임.
잠수-군(潛水軍)명 지난날, 수영(水營)에 딸려 수중 공사를 하는 군졸(軍卒)을 이르던 말.
잠수=모:함(潛水母艦)명 잠수 함대의 기함(旗艦)으로, 함대의 지휘와 보급의 임무를 수행하는 군함. 준모함
잠수-병(潛水病)[-뼝] 명 공기 중과 수중의 기압 차로 말미암아 잠수부나 잠함(潛函) 안에서 일하는 사람들에게 흔히 나타나는 신체적 장애를 통틀어 이르는 말. 케이슨병
잠수-복(潛水服)명 잠수할 때 입는 특수한 옷.
잠수-부(潛水夫)명 잠수하여 작업을 하는 사람.
잠수=어로(潛水漁撈)명 잠수질로 수산물을 잡거나 채취하는 일. ▷潛의 속자는 潜
잠수=어업(潛水漁業)명 잠수질로 수산물을 잡거나 채취하는 어업.
잠수=영:법(潛水泳法)[-뻡] 명 몸을 물 속에 잠근 채 헤엄치는 법. 준잠영(潛泳)
잠수-정(潛水艇)명 ①소형의 잠수함. 잠항정(潛航艇) ②해양이나 해저의 조사·관측 등을 위해 깊은 바다 밑으로 잠수할 수 있게 만든 배.
잠수-질(潛水-)명 사람이 바다 속 등에 잠기어 무자맥질하며 다니는 일. ¶해녀가 -을 하여 전복을 채취하다.
잠수-함(潛水艦)명 어뢰나 미사일, 함포 등을 장비하여

물 속이나 물 위를 다닐 수 있는 군함을 통틀어 이르는 말. ㊥잠함(潛艦) ☞잠수정(潛水艇)

잠:시(暫時)명 매우 짧은 동안. 오래지 않은 동안. 잠깐. 편시(片時) ¶ -를 못 참다. /고통은 - 뿐이다.
부 매우 짧은 동안에. 잠깐 ¶ - 한눈을 팔다.

잠식(蠶食)명-하다타 누에가 뽕잎을 먹듯이, 남의 영역을 조금씩 침략해 들어감. ▷蠶의 속자는 蚕

잠신(潛身)명-하다자 몸을 숨기고 나타나지 아니함.

잠신(蠶神)명 인간에게 처음으로 누에 치는 법을 가르쳤다는 신. 서릉씨(西陵氏). 선잠(先蠶)

잠실(蠶室)명 누에를 치는 방.

잠심(潛心)명-하다자타 마음을 가라앉히어 깊이 생각함.

잠아(潛芽)명 잠복아(潛伏芽)

잠아(蠶蛾)명 '누에나방'의 딴이름.

잠양(潛陽)명 한방에서, 과음(過淫)이나 금욕(禁慾)으로 말미암아 성욕이 떨어지고 양기가 동하지 않는 상태를 이르는 말.

잠언(箴言)명 ①사람이 살아가는 데 교훈이 되고 경계(警戒)가 되는 짧은 말. ②구약성서의 한 편. 솔로몬과 현자들의 지혜로운 말들을 모아 엮은 것임.

잠업(蠶業)명 '양잠업(養蠶業)'의 준말.

잠열(潛熱)명 ①겉으로 나타나지 아니하고 속에 있는 열. ②물질의 상태가 변화할 때 흡수되거나 방출되는 열. 기화열·응고열·융해열·승화열 따위.

잠영(潛泳)명-하다자 '잠수 영법(潛水泳法)'의 준말.

잠영(潛影)명-하다자 그림자를 감춘다는 뜻으로, 얼씬도 아니함을 이르는 말.

잠영(簪纓)명 ①지난날, 관원의 갓에 꽂던 잠(簪)과 갓끈. ②지난날, 높은 관원을 비유하여 이르던 말.

잠영-세족(簪纓世族)명 대대로 높은 관직을 지낸 겨레붙이.

잠-옷명 잠잘 때 입는 옷. 자리옷. 침의(寢衣)

잠유(蘸釉)명-하다타 도자기의 몸을 잿물에 담가 잿물을 올리는 일. 찬유(贊釉)

잠입(潛入)명-하다자 ①물 속에 잠기어 들어감. ②몰래 숨어 들어감. ¶적지(敵地)에 -하다.

잠입-자(潛入者)명 몰래 숨어 들어온 사람.

잠-자다자 ①잠이 들어서 자다. ②이용되지 않는 상태로 있다. ¶땅 속에서 잠자고 있는 지하 자원. ③한동안 활동을 그만둔 상태에 있다. ¶초목도 잠자는 한겨울. ④부풀어오른 물건이 눌리어 가라앉거나 자리가 잡히다. ¶솜 방석이 -.

> 한자 잠잘 숙(宿) 〔宀部 8획〕 ¶기숙(寄宿)/숙박(宿泊)/숙사(宿舍)/숙소(宿所)/숙식(宿食)

잠-자리[1] [-짜-] 명 ①잠을 자는 자리. ¶편안한 -. ㊥자리[2] ②-하다자 남녀가 한 이부자리에서 함께 자는 일을 에둘러 이르는 말.
잠자리(를) 보다 관용 이부자리를 깔아서 잘 수 있게 준비를 하다.

잠자리[2] 명 잠자리목의 곤충을 통틀어 이르는 말. 머리에는 큰 겹눈이 한 쌍 있고, 짧은 촉각과 날카롭고 큰 턱을 가졌음. 가슴에는 세 쌍의 다리와 두 쌍의 긴 날개가 있음. 날개는 얇고 투명하며 그물 모양의 맥이 있음. 배는 가늘고 길며 열 개의 마디로 되어 있음. 불완전 변태를 하며 벌레를 잡아먹음. 청낭자(青娘子). 청령(蜻蛉)
잠자리 날개 같다 관용 천 따위가 속이 비칠듯이 매우 얇고 고움을 이르는 말.

잠자리-무:사(-武砂)명 홍예문과 홍예문을 잇대어 쌓은 뒤, 벌어진 사이에 처음으로 놓는 돌. 윗면과 앞뒷면은 평평하고, 양 옆은 비스듬히 다듬어 아래 끝이 뾰족하게 된 역삼각형 모양임. 청정무사(蜻蜓武砂)

잠자리-비행기(-飛行機)명 '헬리콥터(helicopter)'를 속되게 이르는 말.

잠자리-채명 잠자리나 나비 따위의 곤충을 잡기 위해 긴 막대 끝에 그물 주머니를 단 채. ☞포충망(捕蟲網)

잠자리-피명 볏과의 여러해살이풀. 줄기 높이 40~80cm이고 까끄라기는 좀 긴 편임. 5~6월에 꽃이 원추(圓錐) 꽃차례로 핌. 산이나 들에 흔히 자람.

잠자코부 아무 말 없이. ¶그는 내 말을 - 듣고 있었다.

잠작(蠶作)명 누에농사

잠:잖다형 ①몸가짐이 단정하고 얌전하다. ②품격이 속되지 않고 깔끔하다. ☞점잖다

잠잠-하다형여 ①아무 소리나 움직임이 없이 조용하다. ¶파도가 -. ②아무 말이 없이 가만히 있다. ¶시끄럽게 떠들던 학생들이 갑자기 잠잠해졌다.
잠잠-히부 잠잠하게

> 한자 잠잠할 묵(默) 〔黑部 4획〕 ¶묵묵(默默)/묵언(默言)/묵연(默然)/침묵(沈默) ▷默과 黙은 동자

잠재(潛在)명-하다자 겉으로 나타나지 않고 속에 있거나 숨어 있음. ¶-해 있는 능력. ☞현재(顯在)

잠재=구매력(潛在購買力)명 어떤 상품에 대하여, 가지고 싶은 욕망은 있으나 살 능력이 없는 상태.

잠재-력(潛在力)명 숨어 있는 힘. 지니고 있는 능력.

잠재-부(潛在符)명 안드러냄표 ☞현재부(顯在符)

잠재=성장력(潛在成長力)명 한 나라 경제의 자본이나 노동 따위의 생산 자원을 모두 활용했을 때 이룰 수 있는 국민 총생산의 신장률.

잠재=수요(潛在需要)명 상품의 값이 너무 비싸거나 상품에 대한 정보가 부족하거나 하여 아직 시장에 나타나지 않는 수요. ☞유효 수요(有效需要)

잠재=실업(潛在失業)명 ①통계상으로 나타나 있지 않은 실업. ②자기가 바라는 직업에 취업하지 못하고 노동 조건이 나쁘거나 불안정한 직장에서 일을 하고 있는 상태.

잠-재우다타 ①잠을 자게 하다. ¶아기를 -. ②부풀어오른 물건을 눌러서 가라앉히거나 자리가 잡히게 하다. ¶솜을 둔 방석을 -. ③기세를 눌러 잠잠하게 만들다. ¶뜬소문을 -.

잠재=유전(潛在遺傳)명 부모의 유전질이 바로 자식에게 나타나지 않고 잠재하다가 손자 때부터 나타나는 유전. 우성 유전자와 결합한 열성 유전자로 유전됨.

잠재=의:식(潛在意識)명 자각(自覺)됨이 없이 행동이나 생각에 영향을 미치는 의식. 부의식(副意識) 유무의식

잠재-적(潛在的)명 겉으로 드러나지 않는 상태로 있는 것. ¶-인 역량. /-인 세력.

잠재=통화(潛在通貨)명 중앙 은행에 맡겨진 정부와 시중 은행의 당좌 예금. 유통되고 있지 않으나 언제라도 출금되어 통화가 될 수 있음.

잠저(潛邸)명 용이 승천하기 전에 잠기어 있던 못에 비유하여, 임금이 왕위에 오르기 전에 살던 집이나 그 시절을 이르는 말. ☞잠룡(潛龍)

잠저(蠶蛆)명 '누에구더기'의 딴이름.

잠적(潛跡)명-하다자 '잠종비적(潛蹤祕跡)'의 준말.

잠적(潛寂)어기 '잠적(潛寂)하다'의 어기(語基).

잠적-하다(潛寂-)형여 고요하고 쓸쓸하다.

잠:정=예:산(暫定豫算)명 회계 연도 개시까지 예산안의 통과가 불가능할 때, 연도 개시 후 일정 기간의 집행을 위해 편성하는 잠정적 예산. 가예산(假豫算)

잠:정-적(暫定的)명 우선 임시로 정한 것. ¶-인 조처.

잠:정=조약(暫定條約)명 정식 조약을 체결하기 전에 임시로 체결하는, 영구성이 없는 조약. 가조약(假條約)

잠족(蠶簇)명 섶[3]

잠종(蠶種)명 누에씨

잠종비:적(潛蹤祕跡)성구 종적을 아주 감춤을 이르는 말. ㊥잠적(潛跡)

×**잠-주정**(-酒酊)명-하다자 →잠투정

잠지명 어린아이의 자지를 귀엽게 이르는 말.

잠:차(暫借)명-하다타 잠시 동안 빌리거나 빌려 줌.

잠채(潛採)명-하다타 광물을 몰래 채굴하거나 채취함.

잠채-꾼(潛採-)명 광물을 몰래 채굴하거나 채취하는 사람.

잠청(潛聽)명-하다타 ①주의 깊게 조용히 들음. ②몰래 속내를 엿들음.

잠통(潛通)명-하다자타 ①몰래 간통함. ②몰래 내통함.

×**잠-투세**명-하다자 →잠투정

ㅈ

잠-투정 명 -하다 자 어린아이가 잠들기 전이나 선잠이 깨었을 때 짜증을 부리거나 칭얼거리는 일.
잠포록-하다 형여 날이 흐리고 바람이 없다.
잠포록-이 부 잠포록하게
잠한(涔旱) 명 큰물과 가물을 아울러 이르는 말.
잠함(潛函) 명 토목 건축의 기초 공사 때, 지하수가 흘러드는 것을 압축 공기로 막으면서, 그 속에서 작업할 수 있도록 철근 콘크리트로 만든 함(函). 케이슨(caisson)
잠함(潛艦) 명 '잠수함(潛水艦)'의 준말.
잠항(潛航) 명 -하다 자 ①잠수함 따위가 물 속을 항행함. ②몰래 배에 숨어서 바다를 건넘.
잠항-정(潛航艇) 명 소형의 잠수함. 잠수정(潛水艇)
잠행(潛行) 명 -하다 자타 ①물 속으로 잠기어서 나아감. ②숨어서 남몰래 오고 감. 비밀리에 다님. 밀행(密行). 암행(暗行)
잠행=운:동(潛行運動) 명 비합법적으로 숨어서 하는 사회 운동이나 정치 운동. 지하 운동(地下運動)
잠향(蠶蠁) 명 '누에파리'의 딴이름.
잠:허(暫許) 명 -하다 타 잠시 허락함.
잠혈(潛血) 명 소화 기관 등에서 일어나는 매우 적은 양의 출혈. 생화학적 검사로써 알아낼 수 있음.
잠형(潛形) 명 -하다 자 형적을 감추어 드러내지 아니함.
잠홀(簪笏) 명 지난날, 관원이 관(冠)에 꽂던 잠(簪)과 손에 쥐던 홀(笏)을 아울러 이르는 말.
잠화(簪花) 명 지난날, 경사스런 모임이 있을 때에 남자가 머리에 꽂던 조화(造花).
잡(雜)-《접두사처럼 쓰이어》①'순수한 것이 아닌 여러 가지'의 뜻을 나타냄. ¶잡상인(雜商人)/잡수입(雜收入) ②'난잡한'의 뜻을 나타냄. ¶잡것/잡놈 ☞잡되다
잡가(雜家) 명 고대 중국의 제자 백가(諸子百家)의 하나. 유가(儒家)·묵가(墨家)·명가(名家)·법가(法家) 등 제가(諸家)의 설(說)을 종합·참작한 학설, 또는 그 학파를 이르던 말.
잡가(雜歌) 명 ①속된 노래. 잡소리 ②정악(正樂) 이외의 노래. 속요(俗謠) ③조선 말기에 서민층에서 지어 부르던 가사 형태의 노래. 경기 잡가, 서도 잡가, 남도 잡가 따위. ▷ 雜의 속자는 雑
잡감(雜感) 명 온갖 감상. 종잡을 수 없는 감상.
잡객(雜客) 명 대수롭지 않은 손.
잡거(雜居) 명 -하다 자 ①한 집에 여러 가족이 삶. ¶한 건물에 다섯 가구가 -하다. ②한 방에 몇 사람이 함께 지냄. ¶난민(難民)이 한 방에서 - 생활을 하다. ③한 지역에 여러 나라 사람이 섞여서 삶. 혼거(混居) ¶밀입국자들이 잡거하는 지역. ④여러 가지 것이 한데 뒤섞여 있음. ¶주변의 여러 민족 문화가 -하는 교통의 요충지. 잡처(雜處) ☞독거(獨居)
잡거=구금(雜居拘禁) 명 여러 죄수를 한 감방에 가두는 일.
잡거-제(雜居制) 명 여러 사람의 죄수를 한 감방에 가두는 제도. ☞독방제(獨房制)
잡건(雜件) 명 대수롭지 않은 여러 가지의 일.
잡-것(雜-) 명 ①여러 가지가 섞인 것. ②잡스러운 사람을 욕으로 일컫는 말. ☞잡류(雜類)
잡-계정(雜計定) 명 항목에 해당하지 않거나 독립된 과목을 설정할 만큼 크지 못한 거래를 처리하는 계정.
잡고(雜考·雜攷) 명 계통이 서 있지 않은 여러 가지 사항을 고찰하거나 고증함, 또는 그 고찰이나 고증.
잡곡(雜穀) 명 멥쌀과 찹쌀 이외의 곡식을 통틀어 이르는 말. 보리·밀·콩·수수·조·옥수수 따위.
잡곡-반(雜穀飯) 명 잡곡밥
잡곡-밥(雜穀-) 명 ①잡곡으로 지은 밥. ②입쌀에 잡곡을 섞어서 지은 밥. 잡곡반(雜穀飯)
잡곡-주(雜穀酒) 명 잡곡으로 빚은 술.
잡과(雜果) 명 떡이나 다식을 만들 때 재료와 함께 버무려 섞는, 대추·밤·곶감·잣·호두 따위 여러 가지 과일.
잡과(雜科) 명 고려·조선 시대, 과거 제도의 한 가지. 일종의 기술관 시험으로서, 역과(譯科)·의과(醫科)·음양과(陰陽科)·율과(律科) 따위를 통틀어 이르던 말.
잡교(雜交) 명 -하다 자타 유전적으로 다른 계통이나 품종 사이에 이루어지는 교배(交配). 교잡(交雜)
잡구(雜具) 명 여러 가지 기구.
잡귀(雜鬼) 명 잡스러운 온갖 귀신. 객귀(客鬼). 객신(客神). 잡신(雜神)
잡균(雜菌) 명 ①여러 가지 세균 등의 미생물. ②순수 배양을 할 때, 목적으로 삼는 미생물 이외에 섞여 들어간 다른 여러 균.
잡급(雜給) 명 일정한 급료 이외에 더 받는 돈.
잡기(雜技) 명 ①투전이나 골패 따위의 잡된 여러 가지 노름. 외기(外技) ¶-에 빠져 살림이 거덜나다. ②여러 가지 자질구레한 기예(技藝).
잡기(雜記) 명 여러 가지 자질구레한 일들을 적은 기록. 잡록(雜錄). 잡필(雜筆)
잡기(雜器) 명 ①여러 가지 기명(器皿). ②신령에게 물건을 바칠 때 쓰는, 작은 나무 접시.
잡기-꾼(雜技-) 명 잡된 노름을 좋아하거나 잘하는 사람. ☞노름꾼
잡기-장(雜記帳) 명 이것저것 여러 가지 일을 격식이 없이 적어 놓은 공책, 또는 그런 데 쓰도록 만든 공책.
잡기-판(雜技-) 명 잡스러운 여러 가지 노름을 하는 자리. ☞노름판
잡-꽃(雜-) 명 여러 가지 꽃. 잡화(雜花)
잡-나무(雜-) 명 별로 쓸모가 없는 여러 가지 나무. 잡목
잡-년(雜-) 명 행실이 부정한 여자를 욕으로 이르는 말.
잡념(雜念) 명 여러 가지 쓸데없는 생각. ¶-이 많다. ☞객려(客慮)
잡-놈(雜-) 명 행실이 나쁜 남자를 욕으로 이르는 말. 잡한(雜漢)
잡-누르미(雜-) 명 누르미의 한 가지. 도라지·숙주나물·미나리·쇠고기·돼지고기·해삼·전복 따위를 잘게 썬 것에, 목이버섯·황화채(黃花菜) 따위를 넣고 갖은양념을 하여 걸쭉한 밀가루 반죽에 부친 음식.
잡다[1] 타 ①손으로 움켜쥐다. 손으로 거머쥐다. ¶아들의 손을 잡고 건널목을 건너가다./목덜미를 -. ②달아나거나 숨어 있는 사람을 붙잡다. ¶범인을 -. ③떠나려는 사람을 떠나지 말도록 말리다. ¶떠나려는 손을 굳이 -. ④동물을 사로잡다. ¶잠자리를 -./투망으로 물고기를 -./여러 사람이 산토끼를 몰아서 -. ⑤가축 따위를 고기로 쓰기 위해서 죽이다. ¶돼지를 -./닭을 잡아 고다. ⑥'손으로 다루어서 무슨 일을 하다'의 뜻으로, 잡는 물건이 상징하는 일을 함을 나타냄. ¶운전대를 -./조종간을 -./노를 -./붓을 -. ⑦어떤 사물을 제 것으로 가지다, 또는 차지하다. ¶일을 실행하기에 가장 좋은 기회를 -./행운을 -./대권(大權)을 -. ⑧노름이나 놀이에서 어떤 끗수의 패를 가지게 되다. ¶장땡을 -. ⑨담보나 저당으로 맡아 두다. ¶가옥을 담보로 -. ⑩시간·날짜·곳·방위 등을 가려서 정하다. ¶혼인 날짜를 -./여행 일정을 -./이사할 날을 -./집터를 -./묏자리의 좌향을 -. ⑪남의 약점이나 흠, 비밀, 증거 등을 알아내거나 들추어내다. ¶남의 약점을 잡아 괴롭히다./과실의 증거를 잡아 책임을 추궁하다./단서를 -. ⑫전파나 신호를 찾아내어 받다. ¶전파 신호를 -. ⑬논 따위에 물을 끌어들여 가두다. ¶논에 물을 -. ⑭얻거나 마련하다. ¶일자리를 -. ⑮탈것에 타려고 세우다. ¶택시를 -. ⑯글의 뜻을 파악하다. ¶요점을 잡아 외우다. ⑰병을 다스리다. ¶삼눈을 -.
속담 **잡은 꿩 놓아 주고 나는 꿩 잡자 한다** : 공연히 어리석은 짓을 하여 헛수고하며 애를 쓰는 경우를 두고 비웃어 이르는 말.

한자 잡을 구(拘) 〔手部 5획〕 ¶구금(拘禁)/구인(拘引)
잡을 집(執) 〔土部 8획〕 ¶집권(執權)/집필(執筆)
잡을 체(逮) 〔辵部 8획〕 ¶체포(逮捕)
잡을 포(捕) 〔手部 7획〕 ¶포경(捕鯨)/포획(捕獲)

잡다[2] 타 ①어림으로 헤아리다. ¶예산을 잡아 보다./사과 한 상자의 양을 한 접으로 -. ②셈의 기준을 대중하

여 정하다. ¶한 사람에 열 개 꼴로 잡아서 셈하다. /이사 비용을 낮게 —. ③물의 양을 대중하다. ¶국물을 넉넉히 잡아 끓이다. /물을 알맞게 잡아 고다. ④박자나 음정 등을 일정하게 고르다. ¶음정을 제대로 —.

잡다[3] 타 ①남을 헐뜯어 어려운 처지에 빠뜨리다. ¶생사람을 잡겠다. ②기세나 마음, 바람기 따위를 누그러뜨리거나 가라앉히다. ¶맹렬한 불길을 —. /마음을 잡아 다시 일에 전념하다. /바람기를 —.

잡다[4] 타 ①주름이 지게 하다. 주름살이 서게 하다. ¶치마의 주름을 —. ②어떤 얼거리나 틀을 만들다. ¶초(草)를 —. ③어떤 상태를 이루다. ¶몸의 균형을 —. /규칙적인 생활의 틀을 —.

잡다[5] 타 '잡치다'의 준말. ¶다된 일을 잡아 놓았군.

잡다(雜多) 어기 '잡다(雜多)하다'의 어기(語基).

잡다-하다(雜多—) 형여 여러 가지가 어수선하게 많다. ¶기계의 잡다한 부속품.

잡담(雜談) 명 -하다 자 여러 가지 이야기를 서로 부담 없이 주고받음, 또는 그 이야기. ¶한가로이 —을 하며 지내다.

잡답(雜沓) 어기 '잡답(雜沓)하다'의 어기(語基).

잡답-하다(雜沓—) 형여 많은 사람이 몰리어 혼잡하다. ¶잡다한 시장 거리.

잡도리 명 -하다 타 일이 잘못되지 않도록 단단히 조심하여 다룸. ¶공사 중 사고가 없도록 단단히 —하다.

잡동사니(雜—) 명 한데 뒤섞인 별로 소용이 없는 물건. ☞잡살뱅이

잡-되다(雜—) 형 ①여러 가지가 뒤섞여 순수하지 아니하다. ②조촐하지 못하고 막되어 천격스럽다.

잡렴(雜斂) 명 '잡추렴(雜出斂)'의 준말.

잡령(雜令) 명 여러 가지 금령(禁令).

잡록(雜錄) 명 여러 가지 자질구레한 일들을 적은 기록. 잡기(雜記). 잡필(雜筆)

잡류(雜流) 명 정파(正派) 이외의 온갖 유파.

잡류(雜類) 명 잡된 부류의 사람들. 잡것들 ☞잡배(雜輩)

잡림(雜林) 명 두 가지 이상의 나무들이 뒤섞여 있는 숲. ☞혼효림(混淆林)

잡-말(雜—) 명 -하다 자 잡스러운 말.

잡-맛(雜—) 명 제맛이 아닌, 다른 맛이 섞인 군맛. 잡미

잡-매다 타 '잡아매다'의 준말.

잡목(雜木) 명 별로 쓸모가 없는 여러 가지 나무. 잡나무

잡무(雜務) 명 갖가지 자질구레한 일.

잡문(雜文) 명 일정한 격식이나 체계가 없이 쓴 짧은 글.

잡문(雜問) 명 온갖 질문.

잡물(雜物) 명 ①온갖 하찮은 물건. ②어떤 물질 속에 섞여 있는, 필요 없거나 해로운 물질. ☞불순물(不純物)

잡미(雜味) 명 제맛이 아닌, 다른 맛이 섞인 군맛. 잡맛

잡박(雜駁) 어기 '잡박(雜駁)하다'의 어기(語基).

잡박-하다(雜駁—) 형여 여러 가지가 마구 뒤섞여 있어 질서가 없다.

잡방(雜方) 명 의서(醫書)에는 없는, 민간에 전해 오는 약방문(藥方文).

잡배(雜輩) 명 잡된 무리. ☞잡류(雜類)

잡범(雜犯) 명 확신범 이외의 여러 가지 범죄, 또는 그 범죄를 저지른 사람.

잡병(雜病) 명 ①여러 가지 병. ②한방에서, 외감(外感)·상한(傷寒) 이외의 온갖 병을 이르는 말.

잡보(雜報) 명 자질구레한 보도(報道).

잡부(雜夫) 명 잡일을 하는 인부. 잡역부(雜役夫)

잡-부금(雜賦金) 명 여러 가지 부과금(賦課金).

잡분(雜粉) 명 밀가루 이외의 여러 가지 잡곡의 가루.

잡비(雜肥) 명 두엄이나 소토(燒土) 등과 같이 여러 가지 잡것이 섞여 있는 거름.

잡비(雜費) 명 기본 비용 이외에 쓰이는 여러 가지 비용. 잡용(雜用) ☞잔용

잡사(雜史) 명 민간에 전해 오는 여러 가지 야사(野史).

잡사(雜事) 명 온갖 자질구레한 일.

잡살-뱅이 명 별로 값어치가 없는 여러 가지 자질구레한 물건. ☞허섭쓰레기

잡살-전(—廛) 명 여러 가지 씨앗, 특히 채소의 씨앗을 파는 가게.

잡상(雜像) 명 전각(殿閣)이나 문루(門樓) 등의 추녀마루에 장식으로 얹어 놓은 여러 가지 토우(土偶).

잡상-스럽다(雜常—) (—스럽고·—스러워) 형ㅂ ①난잡하고 음탕하다. ②말이나 하는 짓이 잡되고 상스럽다.

잡상-스레 부 잡상스럽게

잡-상인(雜商人) 명 자질구레한 상품을 가지고 다니면서 파는 장수.

잡색(雜色) 명 ①여러 가지 빛깔이 뒤섞인 빛깔. ②온갖 사람이 뒤섞인 것을 비유하여 이르는 말.

잡색-꾼(雜色—) 명 지난날, 큰일을 치를 때에 여러 가지 잡일을 맡아 하는 일꾼을 이르던 말.

잡서(雜書) 명 ①대수롭지 않은 책. ②여러 가지 사실을 되는 대로 모아 엮은 책. ③도서 분류법에 따른 어느 부문에도 해당되지 않는 책. ④한학에서, 경사자집(經史子集) 이외의 책을 이르는 말.

잡석(雜石) 명 별로 쓸모가 없는 돌. 막돌

잡설(雜說) 명 ①온갖 설(說). ②여러 가지 의견.

잡세(雜稅) 명 ①기본적인 세금 이외의 여러 가지 세금. ②'잡종세(雜種稅)'의 준말.

잡소(雜訴) 명 대수롭지 않은 여러 소송(訴訟).

잡-소득(雜所得) 명 소득세법에 정해진 여러 가지 소득 중 어느 것에도 해당되지 않는 소득.

잡-소리(雜—) 명 ①'잡말'을 속되게 이르는 말. ②잡된 노래. 잡가(雜歌) ③잡음(雜音)

잡-손(雜—) 명 '잡손질'의 준말.

잡-손질(雜—) 명 -하다 자타 ①쓸데없이 하는 손질. ②자질구레한 손질. 준 잡손

잡-송골(雜松鶻) 명 참매가 아닌 매를 길들인 송골매. ☞옥송골(玉松鶻)

잡수(雜修) 명 염불 이외의 여러 가지 수행.

잡수다[1] 자 '먹다'[1]의 존경어. ¶귀가 잡수어 글로 써서 의사 소통을 한다.

잡수다[2] 타 '자시다'의 존경어. ¶진지를 —. 높 잡수시다

잡-수수료(雜手數料) 명 여러 가지 자질구레한 수수료.

잡수시다 타 '잡수다[2]'의 존경어. 준 잡숫다

잡-수입(雜收入) 명 주되는 수입 이외의 여러 가지 수입. ☞부수입

잡순(帀旬·匝旬) 명 열흘 동안. 순간(旬間)

잡술(雜術) 명 남을 속이는 요사한 술법.

잡숫다[—숟—] 타 '잡수시다'의 준말.

잡-스럽다(雜—) (—스럽고·—스러워) 형ㅂ 난잡하고 상스럽다. ¶잡스러운 몸짓.

잡-스레 부 잡스럽게 ¶— 행동하다.

잡시방약(雜施方藥) 성구 병을 다스리려고 여러 가지 약을 시험하여 써 봄을 이르는 말.

잡식(雜食) 명 -하다 자타 ①여러 가지 음식을 가리지 않고 마구 먹음, 또는 그 음식. ②동물성 먹이나 식물성 먹이를 두루 먹음. ¶개는 —하는 동물이다. ☞육식(肉食)

잡식(雜植) 명 -하다 타 모를, 줄을 지어 심지 아니하고 되는 대로 마구 심음.

잡-식구(雜食口) 명 원식구가 아니면서 함께 지내고 있는 식구. 객식구. 군식구

잡식=동:물(雜食動物) 명 동물성 먹이와 식물성 먹이를 두루 먹는 동물. 개·닭·쥐·고양이·오소리 따위. ☞육식 동물. 초식 동물

잡식-성(雜食性) 명 잡식하는 성질. ☞육식성(肉食性). 초식성(草食性)

잡신(雜神) 명 잡스러운 온갖 귀신. 잡귀(雜鬼)

잡심(雜心) 명 온갖 잡된 마음.

잡아-가다 타 ①사람을 붙들어 데려가다. ②짐승을 사로잡거나 죽이어 가져가다.

잡아-내다 타 ①결점이나 틀린 점을 찾아서 들추어 가려내다. ¶틀린 글자를 —. ②숨어 있거나 속에 있는 것을 찾아내거나 밖으로 나오게 하다. ¶빽소니차를 —.

ㅈ

잡아-넣다 타 ①붙잡아 가두다. ¶피의자를 유치장에 ―. ②억지로 속에 들어가게 하다. ¶개를 개집에 ―.

잡아-늘이다 타 잡아당기어 길게 하다. ¶고무줄을 ―.

잡아-당기다 타 잡아서 자기 쪽으로 끌다. ¶문고리를 ―.

잡아-대기 명 택견에서, 손질의 한 가지. 원품으로 서서, 공격해 오는 상대편의 발목을 배꼽 높이에서 잡는 방어 기술.

잡아-들다 자 ①어떤 시기나 철, 때, 나이에 가까워져 가는 상태가 되다. ¶봄철로 ―./혼기(婚期)에 ―. ②어떤 길이나 곳에 들어서게 되다. ¶마을 어귀로 ―./골목길에 ―. ☞접어들다

잡아-들이다 타 ①잡아 오거나 가두다. ¶범인을 ―. ②밖에 있는 것을 붙잡아서 안으로 들여놓다. ¶닭들을 닭장에 ―.

잡아-떼다 타 ①붙어 있는 것을 잡아당겨 떨어지게 하다. ¶상표를 ―. ②알고 있는 일을 모른다고 능청스레 말하다. ¶목격자가 있는데도 모른다고 ―. ③한 짓을 하지 않았다고 우겨 말하다. ¶증거가 있는데도 한 적이 없다고 딱 ―.

잡아-뜯다 타 단단히 달라붙은 것을 힘들여 뜯어 내다. ¶덕지덕지 붙은 벽보를 ―.

잡아-매다 타 ①따로 있는 것을 한데 매다. ¶양쪽 끈을 한데 ―. ②달아나지 못하도록 한곳에 묶어 두다. ¶고삐를 나무에 ―. 준 잡매다

잡아-먹다 타 ①어떤 동물을 잡아서 그 고기를 먹다. ¶닭을 ―. ②남을 어려운 처지에 빠뜨리다. ¶그 두 사람은 서로 못 잡아먹어 안달이다. ③시간·노력·비용 따위를 헛되이 쓰다. ¶시간만 잡아먹고 성과는 없다./별로 해 놓은 일도 없이 경비만 ―. ④자리를 차지하다. ¶좁은 공간을 냉장고가 다 ―.

잡아-채다 타 잡아서 재빠르게 당기다. ¶옷자락을 ―.

잡아-타다 타 자동차 따위 탈것을 세워서 타다. ¶택시를 잡아타고 바삐 떠나다.

ㅈ

잡악(雜樂) 명 아악(雅樂) 이외의 여러 가지 속악(俗樂).

잡언-고:시(雜言古詩) 명 한 수의 시 속에 삼언(三言)·사언(四言)·오언(五言)·칠언(七言) 따위의 구(句)를 섞어 쓴 한시(漢詩).

잡언-체(雜言體) 명 구(句)의 글자 수에 제한이 없는 한시(漢詩)의 체(體).

잡업(雜業) 명 갖가지 자질구레한 일이나 직업.

잡역(雜役) 명 ①조선 시대, 백성이 의무로 치르는 요역(徭役) 이외에 나라에서 시키던 온갖 노동 일. ②온갖 자질구레한 일. 잡일 ☞허드렛일

잡역-꾼(雜役―) 명 잡일을 하는 일꾼. 막일꾼 유 상일꾼

잡역-부(雜役夫) 명 잡일을 하는 인부. 잡부(雜夫)

잡역-부(雜役婦) 명 잡일을 하는 여자.

잡역-선(雜役船) 명 잡일에 쓰이는 배.

잡연(雜緣) 명 불도(佛道)의 수행을 방해하는 온갖 연(緣). 사견(邪見)·유혹 따위.

잡예(雜藝) 명 갖가지 잡스러운 기예(技藝).

잡용(雜用) 명 ①생활하는 데 드는 자질구레한 씀씀이. ②잡비(雜費)

잡은-것 명 광석을 캐내는 데 쓰이는 갖가지 연장을 통틀어 이르는 말.

잡을-도조(―賭租)[―또―] 명 지난날, 지주가 소작인이 있는 자리에서 벼의 수확 예상량을 헤아린 다음에 정하던 도조. 간평도조(看坪賭租). 집조(執租)

잡을-손[―쏜] 명 일을 다잡아 해내는 솜씨.

잡을손(이) 뜨다 관용 일을 다잡아 잘 해내지 못하고, 한다고 해도 굼뜨다.

잡음(雜音) 명 ①시끄러운 소리. ②라디오나 텔레비전·전화 등에서 본디 소리에 섞여 나오는, 듣는 데 방해가 되는 소리. ③대화 중간에 끼어드는, 방해가 되는 말을 비유하여 이르는 말. ¶제발 ―을 섞지 말게. ④어떤 일에 대한 엉뚱한 소문. ¶―으로 명예가 손상되다. 잡소리

잡이 의 어미 '-ㄴ·-ㄹ' 뒤에 쓰이어, 무엇을 할만 한 사람 또는 대상자를 이르는 말. ¶그 사람은 사업을 경영할 ―가 못 된다.

-잡이《접미사처럼 쓰이어》'잡다'의 전성형으로 '잡는 사물이나 사람'의 뜻을 나타냄. ¶마구잡이/왼손잡이/북잡이/고기잡이/길잡이/바람잡이

잡인(雜人) 명 그 자리나 그 일에 관계가 없는 사람. ¶―의 출입을 금하다.

잡-일(雜―)[―닐] 명 온갖 자질구레한 일. 잡역(雜役) ☞막일

잡잡가(雜雜歌) 명 십이잡가(十二雜歌) 가운데, 달거리·십장가(十杖歌)·방물가(房物歌)·출인가(出引歌)의 네 잡가. ☞경기 잡가(京畿雜歌). 팔잡가(八雜歌)

잡장(雜杖) 명 벽을 칠 때, 외(椳)로 쓰는 잡목 가지.

잡저(雜著) 명 체계 없이, 여러 가지 일을 적어 엮은 책.

잡전(雜廛) 명 ①여러 가지 자질구레한 물건을 파는 가게. ②여러 가지 가게.

잡전(雜錢) 명 여러 가지 잔돈.

잡-젓(雜―) 명 여러 가지 생선으로 담근 젓.

잡제(雜題) 명 여러 가지 종류의 문제.

잡종(雜種) 명 ①여러 가지가 섞인 잡다한 종류. ②품종(品種)이나 계통 등이 다른 암수의 교배로 생긴, 유전적으로 순수하지 못한 개체. ③튀기 ☞순종(純種)

잡종=강세(雜種強勢) 명 잡종 제1대가 몸의 크기·번식력·내성(耐性) 등의 조건에서 어버이보다 뛰어난 현상.

잡종=경:기(雜種競技) 명 정식의 육상 경기 이외의 여러 가지 경기. 줄다리기·이인삼각 따위.

잡종=보:험(雜種保險) 명 손해 보험 가운데서, 해상 화재 보험을 제외한 다른 보험을 통틀어 이르는 말. 운송 보험, 자동차 보험, 신용 보험, 도난 보험 따위.

잡종-세(雜種稅)[―쎄] 명 상공업 이외의 영업이나 물품에 부과하는 여러 가지 세금. 차량세(車輛稅), 시장세(市場稅), 선박세(船舶稅) 따위. 준 잡세(雜稅)

잡종=형성법(雜種形成法)[―뻡] 명 품종이 다른 식물을 인공으로 가루받이하여 우수한 개체로 고정시키는 품종 개량법.

잡-좆 명 쟁깃술의 중간쯤에 밑을 향해 박혀 있는 나무 손잡이. 쟁기를 들거나 뒤로 물릴 때에 잡아 처듦.

잡-죄다 타 ①다잡아서 죄어치거나 독촉하다. ¶너무 잡죄어서 기를 펴지 못한다. ②엄하게 잡도리하다. ¶애들을 너무 잡죄지 마시오.

잡증(雜症) 명 주되는 병 외에 함께 나타나는 여러 증세.

잡지(雜誌) 명 여러 필자와 기자가 쓴 작품이나 기사 등으로 엮은, 책으로 된 정기 간행물. 주간(週刊)·순간(旬刊)·월간(月刊)·계간(季刊) 등이 있음. 휘보(彙報) ☞무크(mook)

잡지-사(雜誌社) 명 잡지를 펴내는 출판사.

잡직(雜職) 명 조선 시대, 문무관(文武官)의 정직(正職) 이외의 여러 가지 관직을 통틀어 이르던 말.

잡차래 명 쇠고기의 내장 따위를 삶아 낸 잡살뱅이의 고기. 준 잡찰

잡착(雜錯) 어기 '잡착(雜錯)하다'의 어기(語基).

잡착-하다(雜錯―) 형 여 착잡하다

잡찬(迊湌) 명 신라의 17관등 중 셋째 등급. 소판(蘇判) ☞파진찬(波珍湌)

잡찬(雜纂) 명 잡다한 기록이나 문장을 모으는 일, 또는 모아 엮은 책.

잡찰 명 '잡차래'의 준말.

잡채(雜菜) 명 여러 가지 나물에 쇠고기나 돼지고기를 잘게 썰어 넣고 양념하여 볶은 음식. 당면을 주된 재료로 쓰기도 함.

잡채기 명 씨름의 혼합기술의 한 가지. 힘껏 샅바를 당기어 오른쪽 허리를 상대편의 허리 또는 몸에 붙이는 동시에 상대편의 허리를 꺾는듯 젖혀 넘어뜨리는 공격 재간. ☞연장걸이

잡처(雜處) 명 -하다 자 잡거(雜居)

잡철(雜鐵) 명 갖가지 쇠붙이.

잡초(雜抄) 명 -하다 타 여러 가지 잡다한 자료를 추려 뽑아

적음, 또는 그런 자료로 엮은 책.

잡초(雜草)명 ①잡풀 ②생명력이나 생활력이 강하고 끈질긴 것을 비유하여 이르는 말. ¶ - 같은 억센 생활력으로 가난을 이겨내다.

잡총(雜聰)명 자잘하고 시시한 일들을 잘 기억하는 총기.

잡-추렴(雜出斂)명 정상적이 아닌 갖가지 추렴. 준 잡렴(雜斂)

잡축(雜畜)명 말과 소 이외의 여러 가지 가축.

잡치다 타 ①일을 잘못하여 그르치다. ②물건을 못 쓰게 만들다. ③기분을 상하다. ¶소풍을 가는 날에 비가 내려 기분을 -. 준 잡다[5]

잡칙(雜則)명 여러 가지 자질구레한 규칙.

잡탈(雜^頉)명 여러 가지 자질구레한 사고.

잡탕(雜湯)명 ①쇠고기·해삼·전복·채소·무 등을 삶아 썰어 넣고 갖은양념과 고명을 하여 끓인 국이나 볶은 음식. ②난잡한 모양이나 사물, 또는 난잡한 행동을 하는 사람을 이르는 말.

잡탕-패(雜湯-)명 난잡한 행동을 하는 사람들의 무리.

잡-티(雜-)명 여러 가지 자질구레한 티나 흠.

잡-풀(雜-)명 ①저절로 나서 자라는 여러 가지 대수롭지 않은 풀. ②논이나 밭, 뜰, 정원 등에 심어 가꾸는 식물 이외의 풀. 잡초(雜草) ☞김

잡품(雜品)명 여러 가지 자질구레한 물품.

잡필(雜筆)명 잡기(雜記)

잡학(雜學)명 ①여러 방면에 걸친, 체계가 서지 않은 학문이나 지식. ②학문과는 관계가 없는 온갖 지식.

잡한(雜漢)명 잡놈

잡행(雜行)명 ①잡스러운 행실. ②중이 계율을 범하는 행위. ☞정행(正行)

잡혀-가다 자 붙들리어 가다. ¶도둑이 -./적군에게 포로로 -.

잡혼(雜婚)명 사회 진화론자들이 미루어 생각한 가설(假說)로서, 원시 사회에서 남녀가 특별히 어느 상대자를 정하지 아니하고 성생활(性生活)을 했을 것으로 보는, 혼인의 원초적 형태. 난혼(亂婚)

잡화(雜花)명 여러 가지 꽃. 잡꽃

잡화(雜貨)명 일상 생활에 필요한 여러 가지 상품.

잡화-상(雜貨商)명 일상 생활에 필요한 여러 가지 상품을 파는 장사, 또는 그 장수나 가게.

잡화-전(雜貨廛)명 잡화를 파는 가게.

잡화-점(雜貨店)명 잡화를 파는 상점.

잡회(雜膾)명 소의 양·콩팥·간·살코기 등 여러 부위의 고기를 잘게 썰어 만든 육회.

잡희(雜戲)명 여러 가지 잡스러운 장난.

잡히다[1] 자 ①잡음을 당하다. ¶달아나다 발목이 -./떠나려다 잡히어 며칠을 더 묵다. ②달아나거나 숨어 있는 사람이 붙잡히다. ¶범인이 -. ③동물이 사로잡히다. ¶물고기가 많이 -./덫에 너구리가 -. ④가축 따위가 고기로 쓰이기 위해 죽임을 당하다. ⑤담보나 저당으로 맡겨지다. ¶빚으로 말미암아 집이 담보로 -. ⑥시간·날짜·곳·방위 등이 정해지다. ¶혼인 날짜가 -./여행 일정이 -. ⑦약점이나 흠, 비밀, 단서 등이 드러나 알려지게 되다. ¶경쟁자에게 약점이 -./사건의 실마리가 -. ⑧전파나 신호를 알아내게 되다. ¶전파가 -. ⑨논 따위에 물이 많이 갇히다. ¶논에 물이 -. ⑩얻거나 마련하게 되다. ¶일자리가 -. ⑪글의 뜻이 파악되다. ⑫고쳐지다. ¶삼눈이 -.

잡히다[2] 자 고른 상태로 되다. ¶음정이 제대로 -.

잡히다[3] 자 기세나 마음이 누그러지거나 가라앉다. ¶맹렬하던 불길이 -./들뜬 마음이 -.

잡히다[4] 자 ①주름이 지다. 주름살이 서다. ¶치마에 주름이 -./쌍꺼풀이 -. ②어떤 꼴로 틀이 정해지다. ¶글의 줄거리가 -. ③어떤 상태가 이루어지다. ¶균형이 -./중심이 -.

잡히다[5] 자 ①얼음이 얼기 시작하다. ¶살얼음이 -. ②꽃망울이 생기다. ¶꽃망울이 -. ③고름이나 물집 따위가 생기다. ¶고름이 -./손바닥에 물집이 -.

잡히다[6] 타 ①쥐게 하다. ¶그에게 딸의 손을 잡히어 학교에 보냈다. ②담보나 저당으로 맡기다. ¶집을 잡히어 빚을 얻다.

잡히다[7] 타 남에게 잡음을 당하다. ¶낯선 사람에게 손목을 -.

잡힐-손[-쏜]명 무슨 일이든 쓸모가 있는 재간. ¶-이 있는 사람.

잣:명 잣나무의 열매. 백자(柏子). 송자(松子). 해송자

잣:-가루[잗-]명 잣의 가루. 음식이나 떡의 고명으로 쓰임. 백자말(柏子末)

잣:-기름[잗-]명 잣을 짠 기름. 먹기도 하고 약으로도 씀. 해송자유(海松子油)

잣:-나무[잗-]명 소나뭇과의 상록 교목. 높이는 30m 안팎. 바늘 모양의 잎은 한 눈에서 다섯 잎씩 남. 꽃은 5월경에 피고, 가을에 잣송이가 익음. 씨는 '잣'이라 하여 먹거나 약으로 쓰고, 나무는 건축재나 가구재·판재(板材) 등으로 쓰임. 과송(果松). 백목(柏木). 백자목(柏子木). 송자송(松子松). 오립송(五粒松). 오엽송(五葉松). 유송(油松). 해송(海松)

잣-눈[1]명 길이를 재는 자에 새겨진 길이 표시의 눈금.
 속담 **잣눈도 모르고 조복(朝服)을 마른다**: 기본적이거나 기초적인 것도 모르고 가장 어려운 일을 하고자 함을 빗대어 이르는 말.

잣-눈[2]명 한 자 가량 될 만큼 쌓인 눈. 척설(尺雪) ☞길눈

잣:다[잗-](잣고·자아)타ㅅ ①물레 따위로 실을 뽑다. ¶물레로 실을 -. ②무자위 따위로 물을 낮은 데서 높은 데로 빨아올리다. ¶양수기로 물을 자아 올리다.

×**잣-다듬다** 타 →잗다듬다

잣다리[잗-]명 까라기 없는 올벼의 한 가지.

잣:-단자(-團子·-團餈)[잗-]명 잣가루를 묻힌 단자.

잣-대명 자막대기 ¶-로 길이를 재다.

잣:-박산(-薄饊)[잗-]명 ①산자(饊子)에 실백잣을 으깨어 묻힌 유밀과. ②실백잣을 꿀이나 엿에 버무려 틀에 담아 반대기를 지어서 굳혀 만든 과줄.

잣:-불[잗-]명 일 년 신수(身數)를 보는 아이들의 놀이. 음력 정월 열나흗날 저녁에, 깐 잣 열두 개를 각각 바늘 끝에 꿰어 그 해 열두 달에 별러 불을 붙여 놓고, 불이 밝은 달은 신수가 좋고, 밝지 않은 달은 나쁘다고 함.

잣:-새[잗-]명 '솔잣새'의 딴이름.

잣:-송이[잗-]명 잣나무의 열매 송이.

잣:-송진(-松津)[잗-]명 잣나무에서 나오는 진.

잣:-엿[잗녇]명 실백잣을 섞어서 만든 엿.

잣:-죽(-粥)[잗-]명 실백잣과 쌀로 쑨 죽. 실백잣을 갈아 밭치고, 쌀을 물에 불려 갈아 밭친 것을 섞어서 쑴. 해송자죽(海松子粥)

잣:-즙(-汁)[잗-]명 실백잣을 짜서 낸 즙.

잣:-집게[잗-]명 잣을 까는 데 쓰이는 작은 집게.

잣:-징[잗-]명 대가리가 잣처럼 동글동글하고 못이 하나 달린 작은 징.

장[1]명 화투 놀이에서, '열 끗'을 이르는 말.

장[2]명 암게의 딱지 안에 있는 생식소(生殖巢) 따위의 누르스름한 내용물. 게장. 해황(蟹黃)

장[3]명 ①날마다 또는 정해진 날에 물건을 팔고 사고 하는 일정한 곳. ¶-이 서는 날./-이 서는 곳. ②'시장(市場)'의 준말. ¶-에 다녀오다./-이 붐비다. ☞오일장
 장(을) 보다 관용 장에서 물건을 사거나 팔다.
 장(이) 서다 관용 상품을 팔고 사고 할 사람들이 모여들어서 장이 이루어지다. ¶닷새에 한 번씩 -.

장[4] 의 무덤을 세는 단위. ¶두 -의 뫼.

장(匠)명 '장인(匠人)'의 준말.

장(杖)명 ①'구장(毬杖)'의 준말. ②'구장(鳩杖)'의 준말. ③〔의존 명사로도 쓰임〕 지난날, 곤장·태장·형장 등으로 치는 대수를 세던 말. ¶곤장 스무 -.

장(長)[1]명 길이 ¶-이 여덟 자, 폭이 두 자.

장:(長)[2]명 단체나 부서의 으뜸 직책, 또는 그 직책을 맡은 사람. ¶위원회의 -인 위원장.

장(章)명 ①문장이나 시가(詩歌) 등에서 내용 구성을 크

게 구분짓는 단위. ¶첫째 ―. ②예산 편성상의 구분의 하나. 관(款)의 위. ③〔의존 명사로도 쓰임〕 ¶시조는 세 ―으로 구성되어 있다./제1편 제2―.

장(帳)[1] 명 장막·휘장·방장 등 어떤 자리를 가리거나 막기 위해 치는 천.

장(帳)[2] 명 지난날, 동학(東學)에서 두었던 교구(敎區)의 한 단위. 접(接)의 아래임.

장(張) 명 '장수(張宿)'의 준말.

장:(將)[1] 명 장수(將帥) ▷ 將의 속자는 将

장:(將)[2] 명 ①장기에서, '초(楚)'나 '한(漢)' 자가 새겨진 말을 이르는 말. 궁밭에서 한 발씩 움직일 수 있음. ②'장군(將軍)[2]'의 준말. ¶―이야./― 받으시오.

장(을) 받다 관용 장군(을) 받다.

장(을) 부르다 관용 장군(을) 부르다.

장(場)[1] 명 ①연극이나 영화 등의 한 장면. 연극 무대에서 한 막(幕) 중 무대 정경(情景)의 변화 없이 한 장면으로 구분한 부분. ②〔의존 명사로도 쓰임〕 ¶3막 5―.

장(場)[2] 명 ①물리학에서, 물질 또는 물체 사이에 작용하는 힘이 전달되는 공간을 이르는 말. 중력장(重力場)·자기장(磁氣場) 따위. ②심리학에서, 행동이나 반응 상태에 영향을 주며 관계하는 환경이나 조건을 이르는 말.

장(腸) 명 소화 기관의 하나. 위장에 이어져 뱃속을 구불구불 지나 항문에 이르는 기관. 소장(小腸)과 대장(大腸)으로 이루어지는데, 음식물의 소화·흡수·배설을 함. 창자 ☞십이지장. 공장. 회장. 맹장. 결장. 직장

장:(醬) 명 ①'간장'의 준말. ②간장·된장·고추장을 통틀어 이르는 말. ¶―을 담그다./―을 뜨다.

속담 **장 내고, 소금 낸다** : 제 뜻대로 주관함을 이르는 말.〔감 내고, 배 낸다〕/**장 단 집에는 가도 말 단 집에는 가지 마라** : 말만 듣기 좋게 하고 친절한체 하는 사람은 조심해야 한다는 말./**장 없는 놈이 국 즐긴다** : 실속없는 사람이 분에 넘치는 사치를 좋아한다는 말.

장:(*欌) 명 물건을 넣어 두는 데 쓰는 기구. 칸살을 지르고 문을 단 것으로, 쓰임새에 따라 옷장·이불장·의걸이장·삼층장·찬장·책장 등 여러 가지가 있음.

장(臟) 명 심장(心臟)·간장(肝臟)·폐장(肺臟)·신장(腎臟)·비장(脾臟)의 오장(五臟)을 이르는 말.

장(丈) 의 척관법의 길이 단위의 하나. 1장은 1척(尺)의 열곱절로 약 3m임.

장(張) 의 종이나 유리처럼 얇고 넓적한 물건을 세는 단위. ¶종이 한 ―./판유리 두 ―./합판 한 ―.

장(長)-(접두사처럼 쓰이어) ①'맏'의 뜻을 나타냄. ¶장조카/장손녀(長孫女) ②'먼', '긴'의 뜻을 나타냄. ¶장거리(長距離)/장시간(長時間) ☞단(短)-

-장(丈)(접미사처럼 쓰이어) '어른'의 뜻을 나타냄. ¶노인장(老人丈)/주인장(主人丈)

-장(狀)(접미사처럼 쓰이어) '글'의 뜻을 나타냄. ¶임명장(任命狀)/감사장(感謝狀)/초청장(招請狀)

-장(場)(접미사처럼 쓰이어) '곳'의 뜻을 나타냄. ¶운동장(運動場)/공사장(工事場)/공판장(共販場)

-장(帳)(접미사처럼 쓰이어) '글을 적도록 만든 책'의 뜻을 나타냄. ¶일기장(日記帳)/학습장(學習帳)

-장(葬)(접미사처럼 쓰이어) '장례(葬禮)'의 뜻을 나타냄. ¶사회장(社會葬)/가족장(家族葬)/국민장(國民葬)/오일장(五日葬)

장:가 명 남자가 여자를 아내로서 맞아들이는 일.

장가(長歌) 명 우리 나라의 옛 시가(詩歌) 형식의 한 가지. 단가(短歌)인 시조(時調)에 상대하여 길이가 제한 없이 긴 형식의 시가를 이르는 말. 가사(歌辭)·잡가(雜歌) 따위.

장:가(葬歌) 명 남의 죽음을 애도하는 뜻으로 부르는 노래.

장:가-가다 자 장가들다 ☞시집가다

장:가-들다 자 남자가 여자를 아내로서 맞아들이다. 장가가다

장:가-들이다 타 장가들게 하다. 장가보내다

장:가-보내다 타 장가들이다

장:가-처(―妻) 명 정식으로 혼례를 치르고 맞은 아내. 적처(嫡妻). 정배(正配). 정적(正嫡)

장각(長角) 명 ①긴 뿔. ②'장각과'의 준말.

장각(長脚) 명 긴 다리.

장각(獐角) 명 한방에서, '노루의 굳은 뿔'을 약재로 이르는 말. 임질이나 부인병·요통 등에 쓰임.

장각-과(長角果) 명 열과(裂果)의 한 가지. 길쭉한 꼬투리로 된 열매로, 한 칸인 씨방이 나중에 격막(隔膜)이 생겨 두 쪽으로 벌어짐. 무·배추·냉이 따위의 열매가 이에 딸림. 준 장각

장:간(醬―) 명 장으로 간을 한 음식의 짜고 싱거운 정도. ¶국의 ―이 알맞다.

장간(長竿) 명 장대

장간(獐肝) 명 한방에서, '노루의 간'을 약재로 이르는 말.

장간(檣竿) 명 돛대

장:-간(醬間)[―깐] 명 장독간

장-간:막(腸間膜) 명 복막(腹膜)의 한 부분. 한 끝은 창자에 붙어 있고, 다른 한 끝은 척추의 앞을 지나 복막과 이어진 엷은 막으로, 장으로 가는 신경과 혈관, 림프관이 퍼져 있음.

장-간죽(長簡竹) 명 가는 대나무로 만든 긴 담배 설대.

장감(長感) 명 한방에서, 감기가 오래되어 생기는 병을 이르는 말. 기침과 오한이 심하여 폐렴이 되기 쉬움.

장-감고(―監考) 명 지난날, 관아에서 파견되어 장을 다니면서 물건의 값을 조사하던 사람.

장:갑 명 손을 보호하거나 추위를 막거나, 또는 차림으로 손에 끼는 물건. 천이나 가죽 따위로 만듦.

장갑(裝甲) 명 -하다 타 ①갑옷을 입고 투구를 갖추는 일. ②적의 탄환으로부터 방어하기 위하여 선체(船體)나 차체(車體) 등을 강철판으로 둘러쌈, 또는 그 강철판.

장갑=부대(裝甲部隊) 명 무장한 장갑 차량 등으로 편성된 부대를 이전에 이르던 말. ☞기갑 부대(機甲部隊)

장갑=열차(裝甲列車)[―녈―] 명 장갑하여 화포(火砲) 등으로 무장한 철도 차량. ▷ 裝의 속자는 装

장갑=자동차(裝甲自動車) 명 장갑차(裝甲車)

장갑-차(裝甲車) 명 차체를 방어용 강철판으로 둘러싸고 무장한 군용차. 장갑 자동차 ☞전차(戰車)

장갑=차량(裝甲車輛) 명 전차나 장갑차 따위의 차륜식(車輪式) 차량이나 무한 궤도(無限軌道) 차량으로서 장갑한 전투용 특수 차량을 통틀어 이르는 말.

장갑-판(裝甲板) 명 장갑하는 데 쓰는 강철판.

장갑-함(裝甲艦) 명 강철판으로 장갑한 군함. 갑철함

장강(長江) 명 ①긴 강. ②중국에서 '양쯔 강〔揚子江〕'을 달리 이르는 말.

장강(長杠) 명 길고 굵은 멜대. 장강목(長杠木)

장강대:필(長杠大筆) 성구 긴 장대와 큰 붓이라는 뜻으로, 길고 글의 기세가 힘있는 문장을 비유하여 이르는 말.

장강-목(長杠木) 명 장강(長杠)

장강-틀(長杠―) 명 둘 이상의 길고 굵은 멜대를 맞추거나 얽어맨 틀. 흔히, 상여 같은 것을 나르는 데 씀.

장갱이 명 장갱잇과의 바닷물고기. 몸길이는 60cm 안팎, 몸빛은 연한 갈색 바탕에 그물 모양의 짙은 갈색 무늬가 있고, 배 쪽은 연한 노란색임. 눈은 작고, 입은 큼. 동해와 오호츠크해 등에 분포함.

장:거(壯擧) 명 장하고 큰 계획이나 일. 성거(盛擧) ¶경비행기로 세계를 일주한 ―.

장-거리[1][―꺼―] 명 장이 서는 거리.

속담 **장거리 수염 난 건 모두 네 할아비냐** : 비슷하게 생긴 것은 덮어놓고 제 것이라고 하는 사람을 놀리어 이르는 말.

장-거리[2] [―꺼―] 명 장에 가서 팔아 돈을 마련할 물건, 또는 장에 가서 사 올 물건.

장-거:리(長距離) 명 ①먼 거리. 원거리(遠距離) ②'장거리 달리기'의 준말. ☞단거리(短距離)

장거리=경:주(長距離競走) 명 장거리 달리기 ☞단거리 경주(短距離競走)

장거리=달리기(長距離―) 명 육상 경기에서 5,000m, 10,000m 달리기와 마라톤 경주를 이르는 말. 장거리 경

주 [준]장거리 ☞단거리 달리기

장거리=전:화(長距離電話)[명] 일반 가입 구역 밖인 특정의 먼 구역과 통화하는 전화.

장거리-포(長距離砲)[명] 먼 곳을 포격할 수 있도록 만든, 포신(砲身)이 긴 대포. 사격 거리에 따라 장약(裝藥)을 조절함.

장:건(壯健)[어기] '장건(壯健)하다'의 어기(語基).

장:-건건이(醬-)[명] 장을 재료로 만든 반찬을 통틀어 이르는 말.

장:건-하다(壯健-)[형][여] 뼈대가 튼튼하고 씩씩하며 건강하다. ▷壯의 속자는 壮

장검(長劍)[명] 지난날, 무기로 쓰던 긴 칼. [유]장도(長刀) ☞단검(短劍)

장-결핵(腸結核)[명] 장(腸)의 점막에 생기는 결핵. 폐나 후두 등에 있던 결핵균이 점액이나 담 등과 함께 장으로 들어가 발병함.

장경(長徑)[명] '긴지름'의 구용어. ☞단경(短徑)

장경(粧鏡)[명] 경대(鏡臺)

장경(漿莖)[명] 식물 줄기의 한 형태. 육질(肉質)이며 살이 많고 저수(貯水) 조직이 있는 줄기. 선인장 따위.

장경(藏經)[명] '대장경(大藏經)'의 준말.

장경-성(長庚星)[명] 개밥바라기. 태백성(太白星)

장경오훼(長頸烏喙)[성구] 목이 길고 입이 뾰족한 인상. 참을성이 있지만 잔인하고 욕심이 많으며 의심이 강하여 안락을 누리기 어렵다고 함.

장경-판(藏經板)[명] 석가모니가 일생 동안 일깨운 가르침을 새겨 놓은 경판.

장계(長計)[명] '장구지계(長久之計)'의 준말.

장:계(狀啓)[명] 지난날, 왕의 명을 받아 지방에 파견된 관원이 글로 써서 하던 보고.

장:계취:계(將計就計)[성구] 상대편의 계략을 미리 알아차리고 그것을 역이용하는 계략을 이르는 말.

장고(長考)[명][-하다][타] 오랫동안 깊이 생각함. ¶그는 ― 끝에 묘수(妙手)를 두었다.

장-고래(長-)[명] 길이로 길게 켠 방고래.

장곡(長谷)[명] 깊고 긴 산골짜기.

장:골(壯骨)[명] 기운이 좋게 생긴 큰 골격, 또는 그런 골격의 사람. ¶피아노를 두 ―이 가볍게 들어 옮기다.

장골(長骨)[명] 팔뼈나 다리뼈처럼 길고 굵은 뼈. 긴뼈 ☞단골(短骨)

장:골(掌骨)[명] 손바닥뼈

장골(腸骨)[명] 엉치뼈의 두 끝인 궁둥이뼈의 뒤쪽 위에 있는 크고 편평한 뼈.

장공(長空)[명] 높고 먼 공중.

장공속죄(將功贖罪)[성구] 죄를 지은 사람이 공을 세움으로써 속죄함을 이르는 말.

장과(漿果)[명] 액과(液果)의 한 가지. 겉껍질은 얇고, 살에는 즙이 많으며, 속에는 씨가 들어 있는 과실을 통틀어 이르는 말. 감·포도·토마토 따위.

장-과지(長果枝)[명] 과실 나무에서, 열매를 맺는 길이 30~60cm의 가지를 이르는 말. ☞단과지(短果枝)

장곽(長藿)[명] 길이가 길고 넓은 마른미역.

장:관(壯觀)[명] ①규모가 크고 볼만 한 경관. 대관(大觀). 위관(偉觀) ¶동해에서 해돋이의 ―을 보다. ②꼴사납거나 망측한 경우를 두고 비꼬아 이르는 말. ¶빌붙어 아첨하는 꼴이란 참으로 ―이군.

장:관(長官)[명] 국무(國務)를 맡아보는 행정 각부의 으뜸 관직(官職).

장:관(將官)[명] ①군대의 계급에서, 준장·소장·중장·대장을 통틀어 이르는 말. 장성(將星)[1] ☞영관(領官) ②조선 말기의 무관 계급인 대장(大將)·부장(副將)·참장(參將)을 통틀어 이르던 말. ③조선 시대에, 군대를 거느리고 지휘하는 장수를 이르던 말.

장:관(掌管)[명][-하다][타] 관장(管掌)

장관(腸管)[명] ①섭취한 음식물을 소화하고 영양을 흡수하는 관. 소화관(消化管) ②창자

장관이:대(張冠李戴)[성구] 장가(張哥)의 관을 이가(李哥)가 쓴다는 뜻으로, 이름과 실상이 일치하지 아니함을 비유하여 이르는 말.

장광(長廣)[명] ①길이와 넓이. ②길이와 너비.

장광-도(長廣刀)[명] 칼날이 길고 너비가 넓은 큰 칼.

장광-설(長廣舌)[명] ①줄기차게 잘하는 말재주. ②쓸데없이 길게 늘어놓는 말.

장광-창(長廣窓)[명] 창고 등에서 채광(採光)이나 환기를 위해 도리 밑에 가로로 길게 낸 창.

장:교(將校)[명] ①우리 나라 군인의 신분 구분의 하나. 육군·해군·공군의 위관(尉官)·영관(領官)·장관(將官)에 딸린 군인을 이르는 말. ☞사병(士兵) ②조선 시대, 각 군영과 지방 관아의 군무를 맡아보는 하급 무관(武官)을 통틀어 이르던 말. 병교(兵校)

장구[명] 국악기 혁부(革部) 타악기의 한 가지. 두 개의 둥근 오동나무 통을 조롱목으로 잇고, 통의 양쪽 마구리에 가죽으로 메운 쇠테를 대고, 테의 갈고리쇠에 숫바를 걸어 켕기게 얽어 만든 것임. 북편은 쇠가죽으로, 채편은 말가죽으로 메움. 왼쪽은 손으로, 오른쪽은 채로 침. 요고(腰鼓)

[속담] **장구를 쳐야 춤을 추지**: 어떤 일이든지 곁에서 거들어 주는 이가 있어야 잘할 수 있다는 말. /**장구 치는 사람 따로 있고 고개 까닥이는 사람 따로 있나**: 어떤 일을 서로 미루고 하지 않을 때 이르는 말.

장구(長句)[-꾸][명] 글자 수가 많은 글귀. 주로 한시(漢詩)에서 오언(五言)에 대하여 칠언을 이름. ☞단구(短句)

장구(長軀)[명] 장신(長身) ¶6척 ―. ☞단구(短軀)

장구(長驅)[명][-하다][자] ①말을 타고 먼 길을 달려감. ②멀리까지 적을 뒤쫓아감.

장구(章句)[명] 글의 장(章)과 구(句).

장:구(葬具)[명] 장례 때 쓰는 여러 가지 도구. 장기(葬器)

장구(裝具)[명] ①몸을 매만지고 꾸미는 데 쓰는 기구. ②어떤 활동을 위해 몸에 지니거나 갖추는 온갖 도구. ¶등산용 ―/바다 낚시질에 쓰이는 ―./무장 ― ③몸의 기능 장애가 있는 부위에 두르거나 신거나 하는 온갖 보조 기구. ¶고관절(股關節) ―

장구(長久)[어기] '장구(長久)하다'의 어기(語基).

장구-매듭[명] 전통 매듭의 한 가지. 이 끝은 저쪽 줄에 한 번 얽어서 매고, 저 끝은 이쪽 줄에 한 번 얽어서 맨 뒤에 잡아당기면 맞닿게 되어서 줄을 늘였다 줄였다 할 수 있도록 지은 매듭임. ☞도리매듭

장구-머리[명] 이마와 뒤통수가 두드러지게 나온 머리, 또는 그런 머리를 가진 사람. ☞짱구

장구-머리초[명] 도리·평방(平枋)·창방(昌枋) 등 긴 부재(部材)에 그리는 단청(丹靑)의 한 가지. 같은 머리초 두 그림을 길이로 대칭되게 이어서 모양이 장구같이 되게 그린 단청. ☞연화머리초

장구-무사(-武砂)[명] 홍예문(虹霓門)의 홍예의 위에 덧얹는 돌. 한 면을 홍예의 호형(弧形)에 맞추어 둥그스름하게 다듬어 얹음.

장구-배미[명] 논의 중간 부분이 장구처럼 잘록하게 생긴 논배미. 요고전(腰鼓田)

장구-벌레[명] 모기의 애벌레. 몸길이 4~7mm. 몸빛은 갈색 또는 검은색. 여름에 물 속에서 부화하여 번데기가 되었다가 다시 변태하여 모기가 됨. 적충(赤蟲)

장구-애비[명] 장구애빗과의 곤충. 몸길이 3cm 안팎에 몸빛은 흑갈색이며 배 끝에 한 쌍의 긴 호흡기가 있음. 논이나 늪에서 삶.

장구-잡이[명] 농악이나 풍악에서 장구를 맡아 치는 사람.

장구지계(長久之計)[명] 일이 오래 계속되도록 꾀하는 계책. 장구지책(長久之策) [준]장계(長計)

장구지책(長久之策)[명] 장구지계(長久之計)

장구-채[1][명] 장구를 치는 채.

장구-채[2][명] 석죽과의 두해살이풀. 잎은 끝이 뾰족한 길둥근 꼴로 마주 나고, 7월경에 흰 꽃이 핌. 줄기는 무더기로 나며, 높이는 30~80cm. 산이나 들에 절로 자라는데, 씨는 한방에서 지혈·진통 등에 약재로 쓰이고, 어린잎과 줄기는 먹을 수 있음. 전금화(翦金花)

장구-통 명 장구의 몸통.
장구통-배 명 장구통처럼 몹시 부른 배.
장구-하다(長久-)형여 매우 길고 오래다.
장구-히 부 장구하게
장:-국(醬-)[-꾹] 명 ①'맑은장국'의 준말. ②토장국이 아닌 국물을 통틀어 이르는 말. ③열구자나 전골 등의 국물로 쓰는, 간장을 탄 물.
장:국-냉:면(醬-冷麵)[-꾹-] 명 국수의 한 가지. 삶아 건져 찬물에 헹군 메밀국수를, 차게 한 육수에 만 음식. 편육, 채 썰어 볶은 표고, 살코기 완자 등을 웃기로 얹고, 삶은 달걀을 둥글게 썰어 얹음.
장:국-밥(醬-)[-꾹-] 명 쇠고기 장국에 밥을 만 국밥. 소의 사태와 양지머리 등을 곤 뒤에 파와 다진 마늘을 넣고 간장으로 간을 하여 끓인 장국에 밥을 말고 산적, 알반대기 등을 고명으로 얹음. 온반(溫飯). 탕반(湯飯)
장:국-죽(醬-粥)[-꾹-] 명 쇠고기를 다지고 표고·느타리 따위를 채 썰어 양념하여 맑은장국을 끓이다가, 물에 불린 쌀을 넣고 쑨 죽.
장군 명 ①물이나 술, 간장 따위를 담아서 옮길 때 쓰는 오지나 나무로 만든 그릇. 중두리를 뉘어 놓은 모양인데, 배에 좁은 아가리가 있음. ②'오줌장군'의 준말.
장군(將軍)[1] 명 ①준장(准將)에서 대장까지의 '장관(將官)'을 흔히 이르는 말. ②신라 때, 임금을 호위하는 군대인 시위부(侍衛府)의 으뜸 관직을 이르던 말. ③고려 시대, 무관의 정사품 관직을 이르던 말. 대장군의 아래, 중랑장(中郎將)의 위. ④조선 초기, 무관의 종사품 관직을 이르던 말.
장군(將軍)[2] 명 장기를 둘 때, 상대편의 궁(宮)을 잡으려고 두는 수. 준 장(將)[2]
감 장기에서, 상대편의 궁(宮)을 잡으려고 말을 놓으면서 하는 말. ¶ -, 장군을 받아라.
장군 멍군 관용 두 사람의 다툼에서 옳고 그름을 가리기 어렵거나 승패를 가리기 어려움을 비유하여 이르는 말.
장군(을) 받다 관용 부르는 장을 피하는 수를 두다. 장(을) 받다.
장군(을) 부르다 관용 상대편의 궁(宮)을 잡으려고 하는 수를 두다, 또는 그렇게 둘 때 '장군' 하고 말하다. 장(을) 부르다.

장군-목(將軍木) 명 궁궐의 문이나 성문 등을 닫고 잠글 때 빗장으로 가로지르는, 굵고 긴 나무.
장군-부(-缶) 명 한자 부수(部首)의 한 가지. '缸'·'罌' 등에서 '缶'의 이름.
장군-석(將軍石) 명 무덤 앞에 세우는 '무석인(武石人)'을 흔히 이르는 말.
장군-전(將軍箭) 명 순 쇠붙이로 만든 화살. 쇠뇌로 쏘도록 되어 있음.
장군-풀 명 마디풀과의 여러해살이풀. 고산 지대에 자라며, 줄기는 속이 비어 있고 2m 안팎으로 자람. 잎은 손바닥 모양이며, 7~8월에 누런빛을 띤 흰 꽃이 핌. 뿌리는 한방에서 대황(大黃)이라 하여 약재로 쓰임.
장:-굴젓(醬-) 명 굴을 소금에 절였다가 국물만 따라 내어 끓여 식힌 다음, 절였던 굴에 부어서 담근 젓. 장석화해(醬石花醢)
장궁(長弓) 명 앞을 뿔로 만든 각궁(角弓). ☞후궁(帿弓)
장:권(獎勸) 명-하다 타 장려하여 권함. 권장(勸奬)
장궤(長櫃) 명 기다랗고 큼직한 궤짝.
장:귀 명 투전에서, 열 끗짜리 한 장과 아홉 끗짜리 한 장으로 된 가보를 이르는 말.
장:귀-천(將鬼薦) 명 조선 시대, 무과(武科) 출신의 사람으로 장차 대장이 될만 한 사람을 관직에 천거하던 일, 또는 천거된 그 사람을 이르던 말.
장-귀틀(長-) 명 우물마루를 놓을 때, 마루 중간에 길게 놓아 좌우에 동귀틀을 받는 귀틀.
장그랍다(장그랍고·장그라워) 형ㅂ 좀 징그러운 느낌이 있다. ☞쟁그랍다. 징그럽다
장글장글-하다 형여 매우 장그랍다. ☞쟁글쟁글하다. 징글징글하다
장-금[-끔] 명 시장에서 상품이 거래되는 시세. 장시세
장:기(壯妓) 명 한창 나이의 기생.
장:기(壯氣) 명 젊고 왕성한 원기.
장:기(杖朞) 명 상례(喪禮)에서, 일 년 동안 재최(齊衰)를 입고 상장(喪杖)을 짚는 일을 이르는 말.
장기(長技)[-끼] 명 가장 익숙하게 잘하는 재주. ¶ -를 자랑하다. ☞특기(特技)
장기(長期) 명 오랜 기간. 장기간(長期間) ¶국토 개발 - 계획 ☞단기(短期)
장:기(將棋·將碁) 명 ①전쟁의 형식을 본뜬 놀이의 한 가지. 두 사람이 장기판을 가운데 두고 마주앉아, 청(靑)·홍(紅)으로 구별된 각각 열여섯 짝의 말을 가지고, 판의 정해진 자리에 벌여 놓은 다음 번갈아 두어서 승패를 겨루는 놀이. ②'장기짝'의 준말.
장:기(將器) 명 장수가 될만 한 기량(器量), 또는 그러한 기량을 지닌 사람.
장:기(帳記)[-끼] 명 물건 등을 팔고 산 일에 관해 물건의 이름과 값 따위를 일일이 적은 기록.
장:기(葬器) 명 장례 때 쓰는 여러 가지 도구. 장구(葬具)
장:기(瘴氣) 명 열병(熱病)을 일으킨다는, 습기가 많은 땅의 독기(毒氣). 장독(瘴毒)
장기(臟器) 명 고등 동물의 흉강(胸腔)과 복강(腹腔), 곧 뱃속에 있는 기관.
장-기간(長期間) 명 오랜 기간. 장기(長期) ¶이 제품은 - 상온에서 보관할 수 있다. ☞단기간(短期間)
장기=감:각(臟器感覺) 명 체내의 여러 기관의 활동이나 상태에 따라 일어나는 막연한 감각을 통틀어 이르는 말. 시장기·한기(寒氣)·피로(疲勞)·쾌(快)·불쾌(不快)·구토(嘔吐) 따위의 감각. 내장 감각(內臟感覺). 유기 감각(有機感覺). 일반 감각(一般感覺)
장기=거:래(長期去來) 명 '장기 청산 거래'의 준말. ☞단기 거래(短期去來)
장기=금융(長期金融)[-늉] 명 장기간에 걸쳐 갚기로 하고 꾸어 쓰는 자금. ☞단기 금융(短期金融)
장기=금융=시장(長期金融市場)[-늉-] 명 자본 시장
장:기=기생충(臟器寄生蟲) 명 동물의 장기에 기생하는 벌레.
장기=신:용(長期信用) 명 부동산을 담보로 하여 오래 지속하는 금융상의 신용.
장기=신:탁(長期信託) 명 일반적으로 5년 이상의 신탁을 이르는 말. ☞단기 신탁(短期信託)
장기=어음(長期-) 명 발행일로부터 3개월 이후에 현금이 지급되는 어음. ☞단기 어음
장기=예:보(長期豫報) 명 한 달, 또는 한 계절을 단위로 하는, 장기간의 기상 개황이나 계절의 특성 등을 알리는 예보. ☞단기 예보(短期豫報)
장기=요법(臟器療法)[-뻡] 명 장기에서 추출한 물질을 이용하여 장기의 기능 장애나 질병을 고치는 치료법.
장기=이식(臟器移植) 명 질병이나 외상(外傷)으로 손상된 장기나 조직의 기능을 되살리기 위하여, 수술로써 다른 개체로부터 같은 장기나 조직을 이식하는 일. 신장 이식, 심장 이식, 골수 이식 따위.
장기=자:금(長期資金) 명 회수하기까지 보통 1년 이상의 기간이 필요한 자금. ☞단기 자금(短期資金)
장기-적(長期的) 명 오랜 기간에 걸치는 것. ¶ -인 안목으로 기획된 사업.
장기-전(長期戰) 명 ①오랜 기간에 걸친 전쟁. ②어떤 문제가 해결되기까지 많은 시간이 걸리는 때를 이르는 말. ¶국경 분쟁이 차차 -의 양상을 띠기 시작했다.
장기=제:제(臟器製劑) 명 동물의 췌장·부신(副腎)·갑상선 따위의 장기를 원료로 하여 만든 약제.
장:기-짝(將棋-) 명 장기를 두는 데 쓰는 말. 장(將)은 초(楚)·한(漢)으로 각 한 짝, 차(車)·포(包)·마(馬)·상(象)·사(士)는 각각 두 짝, 졸(卒)·병(兵)은 각각 다섯 짝으로, 청색·홍색 각 열여섯 짝씩으로 모두 서른두 짝임. 준 장기(將棋)
속담 **장기짝 맞듯 한다** : 양편의 장기짝이 꼭 맞듯이, 영락없이 꼭 들어맞는 경우를 비유하여 이르는 말.

장기-채(長期債)명 오랜 기간에 걸쳐 갚기로 하고 얻은 부채(負債). ☞단기채(短期債)

장기=청산=거:래(長期淸算去來)명 증권 거래소에서 하는 거래 방법의 한 가지. 매매 약정을 한 뒤 물건과 대금을 주고받는 기간이 장기인 거래 방법. 준장기 거래 ☞단기 청산 거래(短期淸算去來)

장:기-튀김(將棋-)명 어떤 한 군데에서 생긴 일의 영향이 차차 다른 데로 미침을 이르는 말.

장:기-판(將棋-)명 장기를 두고 있는 자리, 또는 그 판. ¶남의 -에서 훈수를 하다.

장:기-판(將棋板)명 장기짝을 벌여 놓고 두는 나무판. 가로 열 줄, 세로 아홉 줄로 말판을 그리고 궁밭을 따로 그린 것임.

장기-화(長期化)명-하다자타 ①어떤 일이 빨리 해결되지 아니하고 오래 끌게 됨. ¶수사(搜査)가 -하다. ②어떤 일을 빨리 결말 짓지 아니하고 오래 끌게 함. ¶정쟁(政爭)을 -하다.

장:-김치(醬-)명 배추와 무를 썰어서 장물에 절였다가 파·마늘·생강 따위로 양념을 하고 대추채·석이채·실백 등의 고명을 넣은 다음, 간장과 소금으로 간을 하여 담근 김치. 장저(醬菹)

장:-깍두기(醬-)명 간장으로 간을 하여 담근 깍두기.

장-꾼명 장에서 물건을 팔고 사고 하는 사람들.
속담 **장꾼은 하나인데 풍각쟁이는 열둘이라** : 물건을 사려는 사람은 적고 풍각쟁이만 많다는 말로, 정작 많아야 할 사람이 적은 경우를 비유하여 이르는 말.

장끼명 꿩의 수컷. 수꿩 ☞까투리

장끼-전(-傳)명 작자·연대 미상의 고대 소설. 꿩을 의인화(擬人化)한 동물 우화 소설(寓話小說).

장-나무(長-)명 큰 물체를 버티거나 받치거나 하는 데 쓰는 굵고 긴 나무. 목간(木竿). 장목(長木)
속담 **장나무에 낫 걸기** : 맞설만 한 힘도 없는 주제에 대드는 경우를 비유하여 이르는 말.

장난명-하다자 ①아이들의 놀음놀이. ②실없이 하는 짓. ¶-으로 한 말을 곧이듣다. ③짓궂게 놀리는 짓.

장난-감[-깜]명 아이들이 놀이에서 가지고 노는 물건. 완구(玩具). 완물(玩物)

장난-기(-氣)[-끼]명 장난하려는 마음.

장난-꾸러기명 장난이 심한 아이.

장난-꾼명 ①장난이 심한 사람. ②장난치기를 좋아하는 사람.

장난-조(-調)[-쪼]명 장난 삼아 하는 태도나 말투. ¶-로 한 말에 벌컥 화를 내다.

장난-질명-하다자 장난으로 하는 짓.

장난-치다자 장난을 하다.

장-날명 장이 서는 날.

장:남(長男)명 맏아들. 큰아들 ☞장녀. 차남(次男)

> ▶ '장남(長男)'의 '장(長)' 자의 발음
> ① '길다', '좋다'는 뜻의 단어는 짧게 발음한다.
> ¶장단(長短)/장수(長壽)/장시(長詩)/장점(長點)/장제(長堤)/장조(長調)/장척(長尺)
> ② '어른', '높다'는 뜻의 단어는 길게 발음한다.
> ¶장:관(長官)/장:남(長男)/장:녀(長女)/장:로(長老)/장:상(長上)

장:남-하다자여 ①다 자라서 어른이 되다. ¶어린 아들이 장남하기를 고대하다. ②〔형용사처럼 쓰임〕 다 자라서 어른스럽다. ¶그에게는 장남한 아들이 둘이나 있다.

장:내(帳內)명 ①조선 시대, 서울 오부(五部)의 관할 구역 안을 이르던 말. ☞장외(帳外) ②지난날, 토지 대장에 경작지로 등록되어 있는 땅을 이르던 말.

장내(場內)명 ①어떠한 곳의 안. 회장(會場)의 안. ☞장외(場外) ②과거를 보는 과장(科場)의 안. 장중(場中)

장:내(掌內)명 자기가 맡아보는 일의 범위 안.

장내(墻內)명 담장의 안. ☞장외(墻外)

장-내기명 장에 내다가 팔려고 만든 물건.

장내=기생충(腸內寄生蟲)명 장 안에 기생하는 벌레. 회충·요충·촌충·십이지장충 따위.

장내기-옷명 장에 내다가 팔려고 만든 옷.

장내=세:균(腸內細菌)명 동물의 장관(腸管)에서 사는 각종 세균. 연쇄상 구균(連鎖狀球菌)·대장균 따위.

장:녀(長女)명 맏딸. 큰딸 ☞장남(長男). 차녀(次女)

장:년(壯年)명 사람의 일생 중에서 한창 활동할 나이, 또는 그런 나이의 사람. 보통 서른 살에서 마흔 살 안팎을 이름. 장령(壯齡) ☞노년(老年)

장년(長年)명 ①나이가 많은 사람. 늙은이 ②긴 세월.

장:년-기(壯年期)명 장년의 시기.

장:년기=지형(壯年期地形)명 지형의 윤회에서, 유년기에 이어 나타나는 지형. 침식 작용이 활발하여 평탄한 지면은 거의 사라지고, 깊은 골짜기와 험하고 가파른 봉우리들이 솟은 지형을 이름.

장년=섭동(長年攝動)명 섭동(攝動) 때, 행성·소행성 등의 궤도의 위치 변화가 시간에 비례하여 조금씩 증가하는 현상.

장:-농(*欌-)명 ①장과 농을 아울러 이르는 말. ②자그마하게 만든 장. 농장

장뇌(長腦)명 인삼의 씨앗을 산중에 뿌려 기른 산삼. 장로(長蘆) ☞포삼(圃蔘)

장뇌(樟腦)명 휘발성과 방향(芳香)이 있는 무색 반투명의 결정체. 녹나무의 줄기나 뿌리를 수증기 증류하여 만듦. 방충(防蟲)·방취제(防臭劑)나 무연 화약 제조의 원료 등으로 쓰임.

장뇌-유(樟腦油)명 장뇌를 증류·분리하고 남은 황갈색 기름. 의약품이나 향료 등을 제조하는 데 쓰임.

장니(障泥)명 말다래

장닉(藏匿)명-하다타 남의 눈에 뜨이지 않도록 감춤.

장:님명 '소경'의 존경어.
속담 **장님 손 보듯 한다** : 도무지 친절한 데가 없음을 이르는 말./**장님에게 눈으로 가리키고 벙어리에게 속삭인다** : 하는 일마다 실수만 함을 비유하여 이르는 말./**장님 은빛 보기** : 보기에는 자세히 보는 것 같지만 실은 아무것도 보지 못하는 경우를 비유하여 이르는 말./**장님이 넘어지면 지팡이 나쁘다 한다** : 자기의 잘못으로 일이 그릇된 것을 가지고 남을 탓하지만 그것은 쓸데없는 짓이라는 말./**장님 코끼리 말하듯 한다** : ①일부분만 알면서 그것이 전체인 것처럼 여겨 말함을 이르는 말. ②어리석은 사람이 격에 어울리지 않게 큰일을 이야기할 때 비웃는 투로 이르는 말.

장:님-도가(-都家)명 여러 사람이 모여서 떠들어대는 곳을 비유하여 이르는 말.

장:님-술래명 수건 따위로 눈을 가린 술래가 손뼉을 쳐서 위치를 알리는 사람들을 쫓아다니며 잡는 놀이.

장:님-총(-銃)명 표적을 겨누지 않은 채 마구 쏘아 대는 총, 또는 그러한 총질.

장다리명 무나 배추 따위의 꽃줄기.

장다리-꽃명 장다리에서 피는 꽃.

장다리-무명 씨를 받으려고 장다리꽃이 피도록 가꾼 무.

장단명 노래의 곡조나 춤사위 등의 빠르고 느림, 또는 그 빠르고 느림을 나타내는 박자.
장단(을) 맞추다관용 상대편의 비위를 거스르지 않으려고 기분에 맞추어 말하거나 행동하다.
장단(이) 맞다관용 함께 일을 하는 데에 서로가 뜻이 잘 맞다. ¶동서간에 -.

장단(長短)[1]명 ①긴 것과 짧은 것. 단장(短長) ②길이

장단(長短)[2]명 장점과 단점. 장단점(長短點)

장-단:점(長短點)명 장점과 단점. 장단(長短)

장-담(長-)명 기다란 담.

장:담(壯談)명-하다자타 ①자신 있게 말함, 또는 그 말. 장언(壯言) ¶확신을 가지고 -하다. ②희떱게 큰소리침, 또는 그 말. ¶술기운으로 -하다.

장:담(壯膽)명 대단한 담력.

장-대(長-)[-때]명 긴 작대기. 긴 대. 장간(長竿)
속담 **장대로 하늘 재기** : 되지도 않을 일을 부질없이 함을 비유하여 이르는 말.

장:대(杖臺)명 지난날, 장형(杖刑)을 집행할 때 죄인을 엎드리게 하여 팔다리를 잡아매던 틀. 장판(杖板)
장대(長臺)명 '장대석(長臺石)'의 준말.
장:대(狀袋)명 서장(書狀)을 넣는 봉투.
장:대(將臺)명 지난날, 군사를 지휘하는 장수가 올라서서 지휘하던, 돌로 높이 쌓은 대(臺). 성(城)·보(堡)·둔(屯)·수(戍) 등의 동편과 서편에 두었음.
장:대(掌大)명 손바닥만 한 크기라는 뜻으로, 매우 작은 물건이나 비좁은 곳을 비유하여 이르는 말.
장:대(壯大)어기 '장대(壯大)하다'의 어기(語基).
장대(長大)어기 '장대(長大)하다'의 어기(語基).
장대(張大)어기 '장대(張大)하다'의 어기(語基).
장:-대구(醬大口)명 간장에 절였다가 쪼개어 벌려서 말린 대구.
장대-높이뛰기(長-)[-때-]명 육상 경기에서, 도약 경기의 한 가지. 긴 장대를 들고 일정한 거리를 도움닫기하여, 장대를 짚고 뛰어 가로대를 넘어서 그 높이를 겨룸. ☞높이뛰기. 멀리뛰기
장대-비(長-)[-때-]명 빗줄기가 굵고 세차게 쏟아지는 비. ☞폭우(暴雨)
장대-석(長臺石)명 섬돌·축대·디딤돌 따위로 쓰는, 길게 다듬어 만든 돌. 준장대(長臺)
장대-질(長-)[-때-]명-하다자 ①장대를 손으로 다루는 일. ②장대를 써서 하는 일. ¶ -로 대추를 털다.
장-대:패(長-)명 대팻집이 길고 바닥이 평평한 대패. 목재의 면을 반듯하게 고르는 데 씀. ☞배등근대패
장:대-하다(壯大-)형여 ①기운이 세고 씩씩하다. ②체격이 크고 튼튼하다. ¶기골이 장대한 청년.
장대-히부 장대하게
장대-하다(長大-)형여 여느 것보다 길고 크다.
장대-히부 장대하게
장대-하다(張大-)형여 ①규모 따위가 넓고 크다. ②일이 크게 벌어져 거창하다.
장:덕(將德)명 백제의 16관등 중 일곱 째 등급. ☞시덕
장:도(壯途)명 중대한 사명이나 뜻을 품고 나서는 길. ¶ 선수들이 국위 선양을 위하여 -에 오르다.
ㅈ
장:도(壯圖)명 규모가 크고 훌륭한 계획이나 포부. ¶ -를 품다. /-를 펼칠 때가 오다. ▷ 壯의 속자는 壮
장도(長刀)명 긴 칼. 유장검(長劍) ☞단도(短刀)
장도(長途)명 ①먼 길. ②긴 여행.
장도(粧刀)명 몸에 지니는, 칼집이 있는 작은 칼. 장식을 한 칼인데, 지난날에는 생활 용구로 쓰기도 하고, 몸을 보호하기 위해서 또는 치레로 지니고 다녔음. 장도칼
장:도리명 못을 박거나 빼는 데 쓰는 연장.
장-도막[-또-]명 ①어느 장날과 다음 장날 사이의 동안. ②〖의존 명사로도 쓰임〗 어느 장날과 다음 장날 사이의 동안을 세는 말. ¶두 - 만에야 만나다.
장-도지[-또-]명 시장판의 돈놀이 이자. 장변
장도-칼(粧刀-)명 장도(粧刀)
장:-독(醬-)[-똑]명 장을 담그거나 담아 두는 독. 장옹
속담 **장독보다 장맛이 좋다** : 겉모양은 보잘것없으나 내용은 매우 좋다는 말. 〔뚝배기보다 장맛이 좋다〕
장:독(杖毒)명 곤장 따위로 몹시 맞아 생긴 독(毒).
장:독(瘴毒)명 열병(熱病)을 일으킨다는, 습기가 많은 땅의 독기(毒氣). 장기(瘴氣)
장:독-간(醬-間)[-똑-]명 장독을 놓아 두는 곳. 장간
장:-독교(帳獨轎)명 가마의 한 가지. 앞쪽은 들창 같은 문으로 되어 있고, 양 옆은 창, 뒤쪽은 전체가 벽이며 뚜껑은 지붕처럼 둥긋하며 바닥은 살을 대었는데, 전체가 붙박이로 되어 있음. ☞장보교(帳步轎)
장:독-대(醬-臺)[-똑-]명 장독을 놓아 두려고 마당 한쪽에 땅바닥보다 좀 높게 만든 곳.
장:독-소래(醬-)[-똑-]명 '장독소래기'의 준말.
장:독-소래기(醬-)[-똑-]명 오지나 질흙으로 만든 장독 뚜껑. 준장독소래
장독-증(臟毒症)[-똑-]명 한방에서, 뒤를 보고 난 뒤에 항문에서 피가 나오는 병을 이르는 말.
장-돌다(-돌고·도니)자 속이 비어 홀쭉하게 자리가 나게 들어가다.
장-돌림[-똘-]명 이 고장 저 고장으로 장날마다 다니면서 물건을 파는 장수.
장-돌뱅이[-똘-]명 '장돌림'을 속되게 이르는 말.
장동(章動)명 태양이나 달이 지구에 미치는 인력(引力)의 변화 때문에 자전축(自轉軸)이 주기적으로 아주 작게 흔들리는 현상. 고대 중국에서 19년간을 한 장(章)으로 이른 데서 생긴 말임.
장-되[-뙤]명 지난날, 장에서 쓰던 공인된 되. 시승(市升). 화인(火印)
장:두(杖頭)명 지팡이의 손잡이 부분.
장두(長頭)명 사람의 머리 모양의 하나. 머리를 위에서 볼 때, 길이에 대한 폭의 비(比)가 0.759 이하인 머리형을 이름. 아프리카·오스트레일리아 등지에 분포하는 종족이 이에 딸림. ☞단두(短頭). 중두(中頭)[1]
장:두(狀頭)명 연명(連名)으로 내는 소장(訴狀)의 첫머리에 이름을 적은 사람.
장두(裝頭)명 책판 같은 널조각이 들뜨지 않도록 두 끝에 덧대는 나무오리. ▷ 裝의 속자는 装
장두(檣頭)명 돛대의 꼭대기.
장두상련(腸肚相連)성구 창자가 서로 잇닿아 있다는 뜻으로, 어떤 사람들끼리 서로 뜻이 잘 맞음을 비유하여 이르는 말. ▷ 腸의 속자는 膓
장:두-서다(狀頭-)자 연명한 소장에 장두가 되다.
장두은미(藏頭隱尾)성구 머리를 감추고 꼬리를 숨긴다는 뜻으로, 일의 시작에서부터 끝까지의 경위를 똑똑히 밝히지 아니함을 비유하여 이르는 말.
장:두-전(杖頭錢)명 지난날, 여행할 때 술값으로 지니고 다니는 약간의 돈을 이르던 말.
장등(長燈)명-하다자 ①밤새도록 등불을 켜 둠, 또는 그렇게 켜 놓은 등불. ②부처 앞에 불을 켜 두는 일.
장등(張燈)명-하다자 등불을 켜 둠.
장등(檣燈)명 배의 돛대 꼭대기에 다는 흰빛의 항해등. 헤드라이트(headlight)
장등=시:주(長燈施主)명 부처 앞에 켜 놓는 불에 쓸 기름을 시주하는 일.
장:딴지명 종아리 뒤쪽의 살이 불룩한 부분. 비장(腓腸). 어복(魚腹)
장-딸기명 장미과의 반덩굴성 낙엽 관목. 높이는 20~60 cm. 잎은 깃털 모양이고, 가지에 털이 있음. 4~6월에 흰 꽃이 가지 끝에 피고, 7~8월에 붉게 익는 열매는 먹을 수 있음. 우리 나라 남부 지방과 일본 등지에 분포함.
장:-땡명 ①화투나 골패 따위의 노름에서, 열 끗이 둘 겹치는 끗수를 이르는 말. ☞땡[1] ②'제일'·'최고' 또는 '상책(上策)'의 뜻을 비유하여 이르는 말.
장:-떡(醬-)명 ①고추장이나 된장을 푼 물에 밀가루를 풀고 미나리와 다른 나물을 넣어서 번철에 부친 떡. ②찹쌀가루에 다진 쇠고기, 된장, 파, 마늘, 후춧가루 등을 넣어 고루 섞어 반죽하여 반대기를 지어 쪄서 말린 떡. 먹을 때는 얇게 썰어 참기름을 발라 구워 먹음.
장랑(長廊)명 줄행랑
장래(將來)명 ①앞으로 닥쳐올 날. 앞날 ¶ -의 희망을 말하다. /나라의 -를 염려하다. ☞미래. 뒷날 ②앞날의 전망이나 앞길. 전도(前途) ¶ -가 기대되는 인재.
장래-성(將來性)[-썽]명 앞으로 성공하거나 발전할 가능성. ¶ -이 있는 사업. /-이 있는 젊은이.
장:략(將略)명 장수로서 가진 지략(智略).
장:려(獎勵)명-하다타 어떤 일을 힘써 하도록 권함. ¶약용 식물 재배를 -하다.

한자 **장려할 장**(奬)〔犬部 11획〕¶권장(勸奬)/장려(奬勵)/장학(奬學) ▷ 속자는 奨

장:려(瘴癘)명 한방에서, 습하고 더운 풍토(風土)로 말미암아 생기는 열병이나 피부병을 이르는 말.
장:려(壯麗)어기 '장려(壯麗)하다'의 어기(語基).
장:려-금(獎勵金)명 어떤 일을 장려하려고 나라나 단체가

보조해 주는 돈.

장:려-상(奬勵賞)[명] 무슨 일을 장려하려고 주는 상.

장:려-하다(壯麗－)[형여] 규모가 크고 매우 아름답다. ¶ 장려한 궁전.

장:력(壯力)[명] 씩씩하고 굳센 힘.

장력(張力)[명] 물체 안의 임의의 면을 경계로, 양쪽 부분이 수직으로 서로 끌어당기는 힘.

장:력-세:다(壯力－)[형] 무서움을 타지 않을 정도로 마음이 굳세다.

장:렬(葬列)[명] 장송(葬送)하는 행렬.

장:렬(壯烈)[어기] '장렬(壯烈)하다'의 어기(語基).

장:렬-하다(壯烈－)[형여] 의기가 씩씩하고 맹렬하다.
　장렬-히[부] 장렬하게 ¶ － 산화(散華)하다.

장:령(壯齡)[명] 장년(壯年)

장:령(長齡)[명] 많은 나이. 고령(高齡)

장:령(將令)[명] 장수의 명령.

장:령(將領)[명] 장수(將帥)

장:례(葬禮)[명] 장사를 지내는 일. 빈례(殯禮). 장의(葬儀)

장:례-식(葬禮式)[명] 장사를 지내는 의식. [준] 장식(葬式)

장:례-원(掌隷院)[명] 조선 시대, 형조에 딸리어 노비에 관한 부적(簿籍)과 소송 관계 일을 맡아보던 관아.

장:례-원(掌禮院)[명] 조선 말기, 궁내부에 딸리어 궁중 의식, 조회 의례(朝會儀禮)와 제사 등에 관한 일을 맡아보던 관아.

장:로(長老)[명] ①나이가 지긋하고 덕이 높은 사람을 높이어 이르는 말. ②불교에서, 지혜와 덕이 높고 법랍(法臘)이 많은 중을 높이어 이르는 말. ③개신교 교회에서, 신도 가운데 덕행이 높고 모든 신도의 모범이 되는 연장자(年長者)를 이르는 말.

장로(長蘆)[명] '장뇌(長腦)'의 딴이름.

장로(長路)[명] 매우 먼 길. 장정(長程)

장:로-교(長老敎)[명] 개신교의 한 교파. 칼뱅의 신학(神學)과 신앙 고백을 중심으로 세움. 교회의 운영을 장로들의 합의제로 하는 것이 특징이며, 우리 나라에는 1884년부터 퍼졌음.

장루(檣樓)[명] 군함의 돛대 중간에 만들어 놓은 망대.

장:류(杖流)[명] ①장형(杖刑)과 유배(流配)를 아울러 이르는 말. ②고려·조선 시대에 죄인의 볼기를 곤장으로 때린 뒤에 귀양보내던 형벌. 장배(杖配)

장류-수(長流水)[명] ①늘 흘러가는 물. 천리수(千里水) ②육십갑자의 임진(壬辰)과 계사(癸巳)에 붙이는 납음(納音). ☞사중금(沙中金)

장:륙(丈六)[명] '장륙불(丈六佛)'의 준말.

장:륙-불(丈六佛)[명] 높이가 일 장 육 척이 되는 불상(佛像). [준] 장륙(丈六)

장률(長律)[명] ①긴 음률. ②한시(漢詩)의 배율(排律)이나 칠언율(七言律).

장르(genre 프)[명] 예술, 특히 문예 작품의 형태에 따른 분류(分類), 또는 그 종류를 이르는 말. 시(詩)·산문(散文)·희곡(戲曲) 따위.

장:리(長吏)[명] 지난날, '수령(守令)'을 달리 이르던 말.

장:리(長利)[명] ①지난날, 주로 농가에서, 봄에 꾸어 준 돈이나 곡식에 대하여 가을에 그 절반을 이자로 쳐 받는 변리를 이르던 말. ②물건의 길이나 양에서 본디의 것보다 절반이 더한 것을 이르는 말.

장:리(掌理)[명]-하다[타] 일을 맡아서 처리함.

장:리(掌裏)[명] ①손바닥 안. ②어떤 일을 자기의 뜻대로 다룰 수 있는 범위 안, 또는 그 안에 있는 상태. 장중(掌中)

장리(墻籬)[명] 담과 울타리.

장:리-벼(長利－)[명] 장리로 꾸어 주는 벼, 또는 장리로 갚기로 하고 꾸는 벼.

장:리-빚(長利－)[명] 장리로 꾼 빚.

장:리-쌀(長利－)[명] 장리로 꾸어 주는 쌀, 또는 장리로 갚기로 하고 꾸는 쌀.

장림(長林)[명] 길게 뻗쳐 있는 숲.

장림(長霖)[명] 오래 계속되는 장마.

장림-심처(長林深處)[명] 길게 뻗쳐 있는 숲의 깊숙한 곳.

장:립(將立)[명]-하다[타] 개신교에서, 안수 목사가 선정된 신자에게 장로의 교직을 맡아보게 하는 일.

장립대:령(長立待令)[성구] 오래 서서 분부를 기다린다는 뜻으로, 권세 있는 이의 집에 날마다 드나들며 이권을 바라는 사람을 조롱하여 이르는 말.

장마[명] 여러 날 계속 비가 내리는 현상, 또는 그런 날씨. 임우(霖雨) ☞가을장마. 추림(秋霖)
　장마(가) 들다[관용] 장마가 시작되다.
　장마(가) 지다[관용] 여러 날 계속 비가 내리다.
　[속담] **장마 도깨비 여울 건너가는 소리를 한다** : 누구를 원망하되 입 속으로만 중얼거려서 말소리가 또렷하지 않음을 이르는 말. /**장마 뒤에 외 자라듯** : 무럭무럭 자라는 상태를 보고 이르는 말. 〔장마에 외 굵듯〕

장-마당[명] 장터

장-마루(長－)[명] 긴 널빤지를 쪽매하여 깐 마루.

장마=전선(－前線)[명] 여름철에, 우리 나라 남쪽에 머물러 장마가 지게 하는 정체 전선(停滯前線)의 한 가지.

장마-철[명] 장마가 지는 계절.

장:막(帳幕)[명] ①사람이 들어가 볕이나 비를 피할 수 있도록 한 데에 둘러치는 막. 위는 차일을 치고 옆은 휘장을 둘러 막음. ②무엇을 가리려고 둘러치는 막.

[한자] **장막 막**(幕) 〔巾部 11획〕 ¶ 막사(幕舍)/천막(天幕)
　장막 장(帳) 〔巾部 8획〕 ¶ 장막(帳幕)/장중(帳中)

장:막(漿膜)[명] ①척추동물의 배(胚)를 둘러싸고 있는 맨 바깥쪽 막(膜). ②척추동물의 체강(體腔)의 안쪽을 싸고 있는 흉막·복막 따위의 얇은 막(膜).

장막-극(長幕劇)[명] 2막 이상으로 이루어진 연극. ☞단막극(單幕劇)

장만[명]-하다[타] ①필요한 것을 갖추어 놓음. ¶ 잔치 음식을 －하다. ②만들거나 사거나 함. ¶ 살림집을 －하다.

장만(腸滿)[명] 뱃속에 액체나 가스가 차서 배가 부어 오른 상태. 복막염·간경변증 등으로 말미암아 일어남.

장맛-비[명] 장마 때 내리는 비. 음림(霪霖). 음우(霪雨)

장망(長望)[명] 조선 시대, 관원을 뽑을 때에 여러 후보자를 추천하던 일, 또는 그 여러 후보자. ☞삼망(三望). 수망(首望)

장:-맞이[명]-하다[타] 길목에 지켜 서서 사람을 기다리는 일.

장-매(長－)[명] 길쭉한 물건을 세로 동이는 매끼. ☞동매

장면(長眠)[명]-하다[자] 길이 잠든다는 뜻으로, 죽음을 에둘러 이르는 말. ☞영면(永眠)

장면(場面)[명] ①어떤 곳에서 벌어진 광경, 또는 바뀌어 가는 상황의 어느 광경. ¶ 다투는 －. ②연극이나 영화 등의 한 정경(情景). ¶ 이별의 －.

장면=전:환(場面轉換)[명] 연극이나 영화 등에서 어떤 한 정경(情景)에서 다른 정경으로 바뀌는 일.

장명(長命)[명] ①긴 수명(壽命). ②-하다[형] 목숨이 긺. ☞장수(長壽). 단명(短命)

장명-등(長明燈)[명] ①처마끝이나 마당의 기둥에 달아 두고 밤새도록 켜 두는 등. ②무덤 앞에 세우는, 돌로 만든 등. 지난날에는 일품 이상의 관직을 지낸 이의 무덤에 세웠음. 석등(石燈). 석등롱(石燈籠)

장명-채(長命菜)[명] '쇠비름'의 딴이름.

장:모(丈母)[명] 아내의 친어머니. 빙모(聘母). 악모(岳母) ☞장인(丈人)

장모(長毛)[명] 긴 털. ☞단모(短毛)

장모(獐毛)[명] 노루의 털.

장목[명] ①꿩의 꽁지깃. ②지난날, 꿩의 꽁지깃을 묶어 깃대 끝에 꽂던 꾸밈새.

장목(長木)[명] 큰 물체를 버티거나 받치거나 하는 데 쓰는 굵고 긴 나무. 장나무

장목(張目)[명]-하다[자] 눈을 부릅뜸.

장목(樟木)[명] '녹나무'의 딴이름.

장목-계(長木契)[명] 지난날, 목재를 관아에 공물(貢物)로 바치던 계.

장목-비[명] ①꿩의 꽁지깃으로 만든 비. ②장목수수의 이삭으로 매어 만든 비.

장목-수수 명 수수의 한 품종. 이삭의 줄기가 길며 알이 잘고 껍질이 두꺼움.
장목-어(樟木魚) 명 '귀상어'의 딴이름.
장목-전(長木廛) 명 지난날, 장목을 비롯한 여러 가지 목재를 팔던 가게.
장:묵-죽(醬-粥) 명 죽의 한 가지. 쇠고기를 다지고 표고버섯을 채치어 넣고 양념하여 장국을 끓이다가 쌀을 넣고 다시 끓임.
장-문(-門) 명 활짝 열어 놓은 문.
장:문(杖問) 명-하다 타 지난날, 곤장을 치며 신문하던 일.
장문(長文) 명 ①긴 글. ☞단문(短文) ②줄글
장:문(狀聞) 명-하다 타 조선 시대에 임금의 명령으로 지방에 파견된 관원이나 관찰사가 임금에게 서면(書面)으로 보고하여 아뢰던 일, 또는 그 보고.
장:문(將門) 명 장수의 가문(家門).
장:문(掌紋) 명 손바닥의 손금 무늬. ☞지문(指紋)
장문(藏門) 명 바둑에서, 한 수로 상대편 돌이 달아날 길을 막아 버리는 수법.
장:문(*欌門) 명 장(欌)에 달린 문.
장:-물(醬-) 명 ①간장을 담그려고 소금을 탄 물. ②간장을 탄 물.
장물(長物) 명 ①긴 물건. ②쓸모가 없는 물건.
장물(贓物) 명 도둑질한 남의 물건. 장품(贓品)
장물-아비(贓物-) 명 장물을 맡아서 매매를 주선해 주는 일을 하는 사람을 흔히 이르는 말.
장물-죄(贓物罪)[-쬐] 명 장물을 맡아 두거나 사거나 운반하거나 매매를 주선하거나 한 죄. 준 장죄(贓罪)
장미(薔薇) 명 ①장미과의 낙엽 관목. 가지에는 가시가 있고, 잎은 깃꼴 겹잎임. 관상용으로 개량되어 꽃은 모양이 다양하며 향기가 짙고, 빛깔은 빨강·분홍·노랑 등 여러 가지임. 꽃이 피는 시기에 따라 한 철 피는 것, 두 철 피는 것, 네 철 피는 것 등 여러 품종이 있음. ②장미꽃
장:미(壯美) 어기 '장미(壯美)하다'의 어기(語基).
장미-계(長尾鷄) 명 닭의 한 품종. 일본에서 개량한 품종으로 관상용으로 기름. 수컷의 꽁지는 계속 자라 8m를 넘는 것도 있음. 긴꼬리닭
장미-꽃(薔薇-) 명 장미의 꽃. 장미. 장미화(薔薇花)
장미-꽃부리(薔薇-)[-꼳-] 명 동글납작한 꽃잎이 모여서 술잔 비슷한 모양으로 된 이판화관(離瓣花冠)의 한 가지. 장미상 화관(薔薇狀花冠)
장미상=화관(薔薇狀花冠) 명 장미꽃부리
장미-색(薔薇色) 명 ①장밋빛 ②담홍색(淡紅色)
장미=석영(薔薇石英) 명 장밋빛을 띤 석영. 공기 가운데 오래 두면 파란빛이 됨. 장식 구슬로 쓰임.
장미-수(薔薇水) 명 장미꽃을 수증기로 증류(蒸溜)하거나 장미유(薔薇油)를 물에 녹이거나 하여 만드는 투명한 액체. 향료나 화장품의 원료, 또는 약품의 냄새나 맛을 조절하는 데 쓰임.
장미-술(薔薇-) 명 장미꽃의 즙을 내어서 담근 술. 장미주(薔薇酒)
장미-유(薔薇油) 명 장미꽃을 증류하여 만드는 휘발성 향유. ☞장미수(薔薇水)
장미-주(薔薇酒) 명 장미술
장미-진(薔薇疹) 명 ①모세 혈관의 충혈로 말미암아 생기는 장밋빛의 작은 홍반(紅斑). 장티푸스·발진티푸스 등에 나타남. ②발진티푸스
장:미-하다(壯美-) 형여 장대(壯大)하고 아름답다.
장미-화(薔薇花) 명 장미꽃
장:민(狀民) 명 지난날, 관가에 소장(訴狀)을 낸 백성을 이르던 말.
장밋 명 마상이의 한쪽 뱃전에서 노처럼 젓게 만든 나무 도구. 방향을 잡는 데 쓰임.
장밋-빛(薔薇-) 명 ①장미꽃의 대표적 빛깔인 담홍색. 장미색 ②낙관적이고 희망적이거나 또는 그런 상태를 비유하는 말. ¶ - 인생
장-바구니[-빠-] 명 장을 볼 때 들고 다니는 바구니.
장-바닥[-빠-] 명 ①시장의 땅바닥. ②장이 선 곳.
속담 **장바닥의 조약돌 닳듯** : 성미가 뺀들뺀들 하고 되바라진 사람을 두고 이르는 말.
장-반:경(長半徑) 명 긴반지름 ☞단반경(短半徑)
장-반자(長-) 명 반자틀을 짜지 않고 긴 널을 그대로 죽 죽 대서 만든 반자.
장:발(杖鉢) 명 석장(錫杖)과 바리때, 또는 그것을 가지고 다니는 탁발승(托鉢僧)을 이르는 말.
장발(長髮) 명 길게 기른 머리털. ☞단발(短髮)
장:-발(*欌-)[-빨] 명 장농 밑에 괴는 물건.
속담 **장발에 치인 빈대 같다** : 생긴 모양이 몹시 납작하여 볼품이 없음을 비유하여 이르는 말.
장발-승(長髮僧)[-쑹] 명 머리를 길게 기른 중.
장발-족(長髮族) 명 머리털을 길게 기른 남자를 흔히 이르는 말.
장방(長房) 명 ①너비보다 길이가 긴, 큰 방. ②조선 시대에, 각 관아에서 서리(書吏)들이 쓰던 방.
장방-체(長方體) 명 직육면체
장방-형(長方形) 명 직사각형
장:배(杖配) 명 ①장형(杖刑)과 유배(流配)를 아울러 이르는 말. ②고려·조선 시대, 죄인의 볼기를 곤장으로 때린 뒤에 귀양보내던 형벌. 장류(杖流)
장-배자(長褙子) 명 길이가 긴 배자.
장-백대(長白帶) 명 가톨릭에서, 사제가 장백의를 입고 매는 띠.
장-백의(長白衣) 명 가톨릭에서, 사제가 의식 때 입는 길고 흰 두루마기 모양의 겉옷. ☞소백의(小白衣)
장:벌(杖罰) 명-하다 타 매로 때리는 벌.
장법(章法)[-뻡] 명 ①문물 제도와 법도(法度). ②문장을 구성하는 방법.
장:법(葬法)[-뻡] 명 시신(屍身)을 장사지내는 방법. 토장(土葬)·풍장(風葬)·화장(火葬) 따위.
장법(贓法)[-뻡] 명 장물(贓物)에 관한 법규.
장-벽(-壁) 명 광맥과 맞닿은 모암(母岩)의 면(面).
장벽(長壁) 명 긴 벽.
장벽(腸壁) 명 ①장관(腸管)의 벽을 이루고 있는 조직. 안쪽부터 점막, 점막 아래 조직, 근육층, 장막(漿膜)으로 이루어져 소화와 흡수에 중요한 작용을 함. ②환형동물의 소화관의 벽. 창자벽
장벽(腸癖) 명 한방에서, 똥에 피가 섞여 나오는 병을 이르는 말.
장벽(障壁) 명 ①가리어 막은 벽. ②방해가 되는 사물이나 감정 등을 비유하여 이르는 말. ¶불신의 -을 없애다.
장벽(墻壁) 명 담장과 벽을 아울러 이르는 말.
장벽무의(墻壁無依) 성구 붙여서 의지할 곳이 없음을 이르는 말.
장-변(-邊)[-뻔] 명 시장판에서 하는 돈놀이의 이자. 한 장도막, 곧 닷새 동안에 얼마로 셈함. 시변(市邊). 장도지. 장변리
장변(長邊) 명 누운변
장-변리(-邊利)[-뻔-] 명 장변
장병(長兵) 명 적과 거리를 두고 싸울 때 쓰는 활이나 총포 따위 병기. ☞단병(短兵)
장병(長病) 명 오래 앓는 병. 긴병. 장질(長疾)
장:병(將兵) 명 ①장졸(將卒) ②장교와 사병, 또는 장수와 병졸을 아울러 이르는 말.
장병-엽(長柄葉) 명 잎자루가 긴 잎. 미루나무·수양버들·제비꽃 따위의 잎.
장-보(長-)[-뽀] 명 재래식 한옥에서, 칸 반 이상 되는 큰 방의 중간에 기둥을 세우지 않고 길게 얹게 된 보.
장보(章甫) 명 ①지난날, 유생(儒生)들이 쓰던 관의 한 가지. 장보관(章甫冠) ②'유생(儒生)'을 달리 이르는 말.
장보-관(章甫冠) 명 장보(章甫)
장:-보:교(帳步轎) 명 가마의 한 가지. 네 기둥을 세우고 사면을 휘장으로 둘러쳤으며 지붕 같은 둥근 뚜껑이 있음. 해체했다가 다시 꾸미기가 쉬움. ☞장독교(帳獨轎)
장-보기 명 장에 가서 물건을 팔거나 사는 일.
장-보:석(長步席) 명 귀한 손이나 신랑 신부를 맞을 때,

마당에 깔아 그 위로 걸어 들어오게 하는 긴 돗자리. 행보석(行步席)

장복(長服)명-하다타 같은 약이나 음식 따위를 오래 두고 늘 먹는 일. ¶보약을 －하다.

장본(張本)명 ①일이 그릇되게 된 근원. 일이 빚어지게 된 원인. ¶일마다 트집을 잡고 방해한 것이 그릇되게 된 －이다. ②'장본인(張本人)'의 준말.

장본(藏本)명-하다자 장서(藏書)

장본-인(張本人)명 나쁜 일을 저지르거나 물의를 일으킨 바로 그 사람. ¶이 사람이 사고를 낸 －이다. ㊟장본

> ▶ '**장본인**'과 '**주인공**(主人公)'
> '장본인'이란 말은 좋지 않은 일과 관련되어 쓰이는 데 대해서 '주인공'이란 말은 소설이나 연극 등의 중심 인물, 또는 무슨 일에서 중심이 되거나 앞장서서 이끄는 사람이라는 뜻으로, 그 쓰임이 뚜렷이 다르다.
> '말썽을 일으킨 주인공'이라 하지 않고 '말썽을 일으킨 장본인'이라 표현해야 한다.

장:봉(將蜂)명 여왕벌 ▷將의 속자는 将

장봉(藏鋒)명 붓글씨를 쓸 때의 운필법(運筆法)의 한 가지. 기필(起筆) 때 붓끝을 진행 반대 방향으로 들어가도록 하여 붓끝이 접혀 감추어지도록 쓰는 법을 이름. ☞노봉(露鋒)

장부[1]명 재래식 한옥에서, 널문짝의 한쪽 끝의 아래위로 상투같이 내밀어 문둔테의 구멍에 끼우게 된 것. 문장부

장부[2]명 '장부꾼'의 준말.

장:부(丈夫)명 ①다 자란 건장한 남자. ②'대장부(大丈夫)'의 준말.

장:부(壯夫)명 장년(壯年)의 남자.

장부(帳簿)명-하다타 돈이나 물건의 출납을 적어 두는 일, 또는 그 책. ☞부책(簿冊)

장부(臟腑)명 오장(五臟)과 육부(六腑)를 아울러 이르는 말. 부장(腑臟)

장부=가격(帳簿價格)[－까－]명 장부에 적혀 있는 자산이나 부채, 또는 자본의 가격.

장부-꾼명 가래질을 할 때, 가랫장부를 잡는 사람. ㊟장부[2] ☞줄꾼

장부-쇠명 장부에 씌운 쇠.

장부-촉(－鏃)명 장부의 끝.

장붓-구멍명 장부촉을 끼우는 구멍.

장비(裝備)명-하다타 ①필요한 장치나 기기(機器) 등을 갖추어 차림, 또는 그 장치나 기기. ¶－를 점검하다. ②전투·탐험·등산 등에 필요한 기구를 갖추어 지님, 또는 그 기구. ¶최신 －로 무장한 군인./바다 낚시 －.

장:비(葬費)명 장사를 치르는 데 드는 비용. 장수(葬需)

장비군령(張飛軍令)성구 중국 촉한(蜀漢)의 장수 장비(張飛)의 성미가 몹시 급했다는 데서, '갑자기 내리는 명령' 또는 '느닷없이 다급하게 서두름'을 이르는 말.

장비-목(長鼻目)명 포유류의 한 목(目). 육지의 동물 가운데서 가장 큰 몸과 긴 코를 가진 동물로서 살갗은 두껍고 털은 거의 없음. 아시아 코끼리, 아프리카 코끼리 따위. ☞말목

장:-비지(醬－)명 장을 걸러 내고 남은 찌끼.

장빙(藏氷)명-하다자 얼음을 빙고(氷庫)에 저장함, 또는 그렇게 저장한 얼음.

장-뼘(長－)명 엄지손가락과 가운뎃손가락을 다 벌린 길이. ☞집게뼘

장사명-하다자 물건을 사고 파는 일. ☞장수

속담 **장사 웃덮기**: 장사꾼이 손을 끌기 위하여 눈에 보이는 데에만 좋은 것을 놓듯이, 겉으로만 허울 좋게 꾸밈을 이르는 말.

> 한자 **장사 상**(商) 〔口部 8획〕 ¶상도(商道)/상법(商法)/상술(商術)/상업(商業)/상인(商人)

장:사(壯士)명 ①기개와 체질이 굳센 사람. ②역사(力士)

속담 **장사 나면 용마(龍馬) 나고, 문장(文章) 나면 명필(名筆) 난다**: 무슨 일이나 잘 되면 좋은 기회가 저절로 생긴다는 말.

장:사(杖死)명-하다자 지난날, 장형(杖刑)을 당하여 죽는 일을 이르던 말. 장폐(杖斃) ☞장살(杖殺)

장사(長蛇)명 크고 긴 뱀. ☞대사(大蛇)

장:사(將士)명 장졸(將卒)

장:사(葬事)명-하다타 장법(葬法)에 따라 시신(屍身)을 처리하는 일.

장사-꾼명 ①장사 수단이 좋은 사람. ②장사치

×**장사-아치**명 →장사치

장:사-지내다(葬事－)타 장례를 치르다.

> 한자 **장사지낼 장**(葬) 〔艸部 9획〕 ¶장례(葬禮)/장사(葬事)/장송(葬送)/장의(葬儀)

장사-진(長蛇陣)명 ①여러 사람이 줄을 지어 길게 늘어서 있는 모양을 비유하여 이르는 말. ②옛 병법(兵法)에서, 진(陣)을 구성하던 법의 한 가지. 군사가 한 줄로 길게 늘어서서 뱀의 머리가 꼬리를, 꼬리가 머리를, 또 머리와 꼬리가 가운데를 각각 구원하도록 각 대(隊)가 긴밀히 연락하며 나아가는 진형(陣形)을 이름.

장사-치명 '장사하는 사람'을 가벼이 여겨 일컫는 말. 상고배(商賈輩). 상로배(商路輩). 장사꾼

장사-판명 ①장사를 하는 범위나 자리. ¶－에서 잔뼈가 굵어지다. ②장삿길 ¶젊은 나이에 －에 나서다.

장:산(壯山)명 웅장하고 큰 산.

장:-산:적(醬散炙)명 다진 소고기에 갖은양념을 하고 얇게 반대기를 지어 구운 뒤에 반듯반듯하게 썰어 진간장에 담가 두거나 조린 반찬. 약산적(藥散炙)

장-살(長－)명 세로로 세워서 짜는 문살. 장전(長箭) ☞동살

장:살(杖殺)명-하다타 지난날, 곤장으로 몹시 쳐서 죽이던 일, 또는 그 형벌. ☞장사(杖死)

장살(戕殺)명-하다타 무찔러서 죽임.

장삼(長衫)명 ①중이 입는 옷의 한 가지. 검은 베로 짓는데 길이가 길고 품과 소매가 넓음. ②조선 시대, 부녀자가 입던 예복의 한 가지. 비빈(妃嬪)이나 양반층 부녀들이 입었는데 옷감은 계층에 따라 달랐음.

장삼-띠(長衫－)명 장삼 위에 띠는 헝겊 띠.

장삼이:사(張三李四)성구 ①장씨의 셋째 아들과 이씨의 넷째 아들이라는 뜻으로, 평범한 보통 사람을 이르는 말. ☞갑남을녀(甲男乙女). 필부필부(匹夫匹婦) ②불교에서, 사람에게 성리(性理)가 있음은 아나, 그 모양이나 이름을 지어 말할 수 없음을 비유하여 이르는 말.

장삼-춤(長衫－)명 장삼을 입고 긴 소매를 휘저으며 추는 민속 춤.

장삿-길명 장사를 하려고 나선 길. 상로(商路). 장사판 ¶관계(官界)를 떠나서 －에 나서다.

장삿-속명 이익을 꾀하는, 장사하는 속내. ¶－으로 제품 선전에 열을 올리다.

장:상(杖傷)명 곤장에 맞아 생긴 상처.

장:상(長上)명 지위가 높은 이나 나이가 많은 웃어른.

장상(長殤)명 상상(上殤)

장:상(將相)명 장수(將帥)와 재상(宰相).

장:상(掌上)명 손바닥 위.

장:상(掌狀)명 손가락을 다 편 손바닥 모양. 손꼴

장:상-맥(掌狀脈)명 잎맥의 한 가지. 식물의 잎에 몇 가닥의 굵은 잎맥이 손가락을 편 손바닥 모양으로 갈라져 있는 것. 단풍나무·팔손이나무의 잎 따위의 잎맥이 이에 딸림. 손꼴맥

장:상=복엽(掌狀複葉)명 한 개의 잎자루에 여러 개의 작은 잎이 손바닥 모양으로 붙은 겹잎. 오갈피나무·으름덩굴 따위의 잎이 이에 딸림. 손꼴겹잎

장:상-엽(掌狀葉)명 손바닥 모양으로 갈라진 잎. 단풍잎 따위.

장:상지재(將相之材)명 장수나 재상이 될만 한 인재.

장색(匠色)명 간단한 도구를 이용하여 손으로 물건을 만드는 일을 전문으로 하는 사람. 장인(匠人)

장생(長生)명 ①-하다자 오래도록 삶. ②바둑에서, 어떤

ㅈ

말을 잡으려 할 때 살고 있는 모양이 되풀이되어 한쪽이 양보하지 않는 한, 무승부로 규정된 말의 모양을 이르는 말. ③천도교에서, 육신(肉身)의 장수(長壽), 영혼의 불멸, 사업의 유전(遺傳)을 아울러 이르는 말.

장생불사(長生不死)[-싸] 성구 오래도록 살며 죽지 않음을 이르는 말.

장생-전(長生殿) 명 ①조선 초기, 개국 공신의 화상(畫像)을 모셔 두던 곳. ②조선 시대, 왕족의 관재(棺材)인 동원 비기(東園祕器)를 보관하던 곳, 또는 그 마을.

장서(長書) 명 ①사연이 긴 편지. ②내용을 길게 쓴 글.

장서(長逝) 명 -하다 자 아주 가서 돌아오지 않는다는 뜻으로, '죽음'을 에둘러 이르는 말. 사거(死去). 영서(永逝) ¶친구의 -를 애도하다.

장서(藏書) 명 -하다 자 책을 간직하여 둠, 또는 간직하여 둔 책. 장본(藏本)

장서-가(藏書家) 명 책을 많이 간직하고 있는 사람.

장서-판(藏書版) 명 책을 오래 간직할 수 있도록 좋은 종이에 인쇄하여 장정(裝幀)을 아름답고 튼튼하게 한 책.

장서-표(藏書票) 명 자기의 장서임을 나타내기 위하여 책의 표지나 면지에 붙이는 쪽지.

장:석(丈席) 명 ① 학문을 강론하는 자리. ②학문과 덕망이 높은 사람.

장석(長石) 명 ①길게 다듬은 돌. ②규산염 광물의 한 가지. 칼륨·나트륨·칼슘·바륨 및 규산이 주성분임. 질그릇·사기·유리·성냥·비료의 원료로 쓰임. 질돌

장석(長席) 명 짚을 노끈으로 엮어 길게 만든 자리.

장석(張石) 명 둑이나 기슭, 비탈 등을 보호하기 위하여 큰 돌을 덮어 까는 일, 또는 깔아 놓은 그 돌.

장석(腸石) 명 대장(大腸) 안의 내용물이 돌처럼 굳어진 것, 또는 충수 안에 생긴 결석(結石). 분석(糞石)

장석(裝錫) 명 재래식 목재 가구나 건조물에 붙이는, 쇠붙이로 된 부재(部材). 부재 본디의 기능을 하면서 장식의 구실도 하는 것으로, 경첩·들쇠·고리·귀장석·광두정 등이 있음.

장석-친구(長席*親舊) 명 지난날, 날마다 마을 어귀의 길가에 모여 있다가 막벌이 일을 얻어 하는 일꾼을 이르던 곁말. 병문친구

장:-석화해(醬石花醢) 명 장굴젓

장선(長線) 명 마루 밑에 일정한 간격으로 가로놓아 마루청을 받치는 나무.

장선(裝船) 명 -하다 자타 배에 짐을 실음.

장선(腸腺) 명 소장(小腸)이나 대장(大腸)에 흩어져 있는, 장액을 분비하는 선(腺) 세포. 창자샘

장선(腸線) 명 양·돼지 따위의 장(腸)으로 만든 실 또는 끈. 의료용의 봉합사, 현악기의 줄이나 라켓의 그물 따위로 쓰임. 현선(絃線)

장:설(丈雪) 명 한 길이나 될 만큼 썩 많이 쌓인 눈. 길눈[2] ☞척설(尺雪)

장:설(壯雪) 명 많이 내리는 눈. 대설(大雪)

장설(長舌) 명 ①긴 혀. ②수다스레 늘어놓는 말.

장:설(帳設) 명 -하다 자타 많은 손을 치를 때, 음식을 만들고 상을 차려 냄, 또는 차려 내는 음식.

장:설-간(帳設間) 명 많은 손을 치를 때, 음식을 만들고 상을 차리는 곳. ☞숙설간(熟設間)

장설간이 비었다 관용 '배고프다'를 곁말로 이르는 말.

장:성(長成) 명 -하다 자 아이가 자라 어른이 됨. ¶-한 자제들의 효성이 지극하다.

장성(長星) 명 혜성(彗星)

장성(長城) 명 ①길게 둘러쌓은 성(城). ②'만리장성(萬里長城)'을 달리 이르는 말.

장성(張星) 명 장수(張宿)

장:성(將星)[1] 명 '장관(將官)'을 달리 이르는 말.

장:성(將星)[2] 명 ①민속에서, 어떤 사람에게든지 각각 그에게 인연이 맺어져 있다는 별. ②하괴성(河魁星)

장:성(壯盛) 어기 '장성(壯盛)하다'의 어기(語基).

×**장성-세다** 형 →장력세다

장:성-하다(壯盛-) 형여 건장하고 원기가 왕성하다.

장-세(-稅)[-쎄] 명 시장에서, 상인들로부터 시장 사용료로 받아들이는 세금.

장소(長所) 명 여러 일 중에서 가장 잘하는 것. 장처(長處)

장소(長嘯) 명 -하다 자 ①휘파람을 길게 붊, 또는 그 휘파람. ②소리를 길게 뽑아 시가(詩歌)를 읊조림.

장소(場所) 명 ①곳 ②자리. 처소(處所)

장:속(杖贖) 명 지난날, 장형(杖刑)을 면하기 위하여 바치던 속전(贖錢).

장속(裝束) 명 -하다 타 옷을 차려 입음, 또는 그 차림새.

장:손(長孫) 명 '장손자(長孫子)'의 준말.

장:-손녀(長孫女) 명 맏손녀

장:-손자(長孫子) 명 맏손자 준 장손(長孫)

장송(長松) 명 ①높이 자란 소나무. ②너비 25cm, 두께 4cm, 길이 250cm 안팎의 널. ☞박송(薄松)

장:송(葬送) 명 -하다 타 시신을 장지로 보냄.

장:송-곡(葬送曲) 명 ①장례 때 연주하는 음악. ②장송 행진곡

장:송=행진곡(葬送行進曲) 명 장례 행렬이 나아갈 때 연주하는 장중하고 느린 행진곡. 장송곡

장수 명 장사하는 사람. 고인(賈人). 상고(商賈). 상인(商人) ¶생선 -/신발 -

장:수(杖囚) 명 -하다 타 '장지수지(杖之囚之)'의 준말.

장:수(杖首) 명 조선 시대, 죄인에게 곤장을 치는 일을 맡아 하던 아전.

장수(長袖) 명 긴 옷소매.

장수(長壽) 명 -하다 자 오래 삶. 노수(老壽). 대수(大壽). 수(壽). 수고(壽考). 영수(永壽). 하수(遐壽)

장수(張宿) 명 이십팔수(二十八宿)의 하나. 남쪽의 다섯째 별자리. 장성(張星) 준 장(張)

장수(張數)[-쑤] 명 종이·유리·널빤지 등과 같이 얇고 넓적한 물건의 수효. ¶-를 세다.

장:수(將帥) 명 군사를 거느리고 지휘하는 우두머리. 장(將)[1]. 장령(將領)

> 한자 **장수 수**(帥) 〔巾部 6획〕 ¶원수(元帥)/장수(將帥)
> **장수 장**(將) 〔寸部 8획〕 ¶명장(名將)/장교(將校)/장군(將軍)/장성(將星)/패장(敗將)

장:수(葬需) 명 장비(葬費)

장수(漿水) 명 좁쌀을 흠씬 끓여 만든 미음의 웃물.

장수(樟樹) 명 '녹나무'의 딴이름.

장수(藏守) 명 -하다 타 잘 간직하여 지킴.

장:수-거북(將帥-) 명 장수거북과의 거북. 몸길이 2m 안팎으로 거북류 중에서 가장 큼. 몸빛은 잿빛을 띤 갈색이고 세로로 난 일곱 줄의 두드러진 선이 있음. 주로 아열대 해역에 분포함.

장-수로(長水路) 명 수영 경기장에서, 수로가 50m 이상인 것. ☞단수로(短水路)

장:수-말벌(將帥-) 명 말벌과의 벌. 몸길이는 수컷이 4cm, 암컷이 3cm 안팎임. 머리는 누른 적갈색, 가슴은 흑갈색에 적갈색의 무늬가 있음. 배의 마디 뒤쪽에는 황갈색의 띠무늬가 있으며, 더듬이와 날개도 갈색을 띰.

장:수-벌(將帥-) 명 여왕벌

장수선:무(長袖善舞) 성구 소매가 길면 춤추기가 좋다는 뜻으로, 재물이 넉넉하면 성공하기도 쉬움을 이르는 말.

장:수-잠자리(將帥-) 명 장수잠자릿과의 잠자리. 몸길이 10cm 안팎으로 이마와 가슴은 금빛을 띤 녹색, 배는 검은빛이고 마디마디 누른 띠가 있으며, 앞가슴에도 누른 두 줄이 있음. 날개는 투명하며, 겹눈은 크고 녹갈색임.

장:수장-변(將帥將邊) 명 한자 부수(部首)의 한 가지. '牀'·'牂'·'牆' 등에서 '爿'의 이름. 조각널장

장:수-풍뎅이(將帥-) 명 풍뎅잇과의 곤충. 몸길이는 3.5~5.5cm임. 수컷의 머리에는 투구를 쓴 것처럼 돌기가 있음. 투구벌레. 투구풍뎅이

장:수-하늘소(將帥-)[-쏘] 명 하늘솟과의 곤충. 몸길이는 수컷이 7~11cm, 암컷은 6~9cm로 보통 하늘소보다 훨씬 큼. 산림을 해치는 해충이지만, 천연 기념물로 지정하여 보호하고 있음.

장승 명 ①사람의 얼굴 형상을 새기어 세운 목상(木像)이나 석상(石像). 재래 민간 신앙에서 방위(方位)의 수호(守護)나 절 경내의 청정(淸淨)을 지키는 뜻에서 절 어귀에 세우기도 하고, 도표(道標)나 고장의 경계 표지(標識)로 삼기도 하였음. ☞벅수 ②'멋없이 키가 큰 사람'이나 '멍청하게 서 있는 사람'을 비유하여 이르는 말. ¶키가 ― 같다.

장시(長詩) 명 긴 형식의 시. ☞단시(短詩)

장-시간(長時間) 명 오랜 시간. 긴 시간. ¶줄을 지어 ―서 있었다. ☞단시간(短時間)

장-시세(―時勢)[―씨―] 명 시장에서 상품이 거래되는 시세. 장금

장-시일(長時日) 명 오랜 시일. 오랜 날수. ☞단시일

장-시조(長時調) 명 사설 시조(辭說時調)

장식(長息) 명 길게 내쉬는 한숨. ☞장탄식(長歎息)

장식(粧飾) 명 -하다 타 옷차림이나 겉모양을 꾸밈, 또는 그 꾸민 모양새.

장식(裝飾) 명 -하다 타 아름답게 꾸밈, 또는 그 꾸밈새나 꾸미개. ¶도배를 하고 방 안을 새롭게 ―하다.

장:식(葬式) 명 '장례식(葬禮式)'의 준말.

장식-깃(裝飾―) 명 새의 깃이나 깃털 가운데서 꾸미개와 같이 아름답거나 기묘하게 변한 것을 이름. 보통 번식기의 수컷에 나타남.

장식=도안(裝飾圖案) 명 실용품의 장식을 목적으로 하는 도안.

장식-물(裝飾物) 명 장식품(裝飾品)

장식=미:술(裝飾美術) 명 건축물이나 기구 따위의 장식을 목적으로 하는 응용 미술. 주금(鑄金)·상감(象嵌)·염색 따위.

장식-음(裝飾音) 명 음악에서, 선율 등에 흥취를 더하기 위하여 꾸밈으로 덧붙이는 음. 꾸밈음

장식-장(裝飾*欌) 명 미술품이나 기념품 등을 장식 삼아 넣거나 얹어 두는 장.

장식-지(裝飾紙) 명 제본·포장 따위에 쓰이는 장식용의 가공지(加工紙).

장식-품(裝飾品) 명 장식에 쓰이는 물건. 장식물(裝飾物)

장식-화(裝飾畫) 명 그릇·가구 따위에 장식으로 도안화하여 그린 응용 미술의 한 가지.

장신(長身) 명 키가 큰 몸, 또는 그런 몸을 가진 사람. 장구(長軀) ¶―의 외국 선수. ☞단신(短身)

장:신(將臣) 명 조선 시대, 도성을 지키는 각 군영의 장수를 이르던 말. 대장(大將)

장신-구(裝身具) 명 몸치장을 하는 데 쓰는 물건들. 목걸이·반지·귀고리·팔찌 따위.

장:실(丈室) 명 ①절에서 주지가 거처하는 방. ☞방장(方丈) ②천도교의 최고 기관, 곧 교령(敎領)의 방.

장:심(壯心) 명 마음에 품은 훌륭한 뜻. 장지(壯志)

장:심(掌心) 명 손바닥이나 발바닥의 한복판.

장-써:레(長―) 명 논바닥의 두둑진 곳을 길이로 써는 일.

장아찌 명 밑반찬의 한 가지. 무·오이·도라지·더덕 등을 된장·간장·고추장 등에 담가 삭힌 반찬. 장지(醬漬)

장:악(掌握) 명 -하다 타 손아귀로 잡아쥔다는 뜻으로, 모든 것을 자기의 지배 아래 둠을 이르는 말. ¶정권을 ―하다./실권(實權)을 ―하다.

장:악-원(掌樂院) 명 조선 시대, 궁중에서 연주하는 음악이나 무용 등에 관한 일을 맡아보던 관아.

장안(長安) 명 지난날, '서울'을 수도(首都)라는 뜻으로 이르던 말. ¶소문이 온 ―에 퍼졌다./―의 화제.

장안-장외(帳―帳外) 명 지난날, 서울의 성안과 성밖을 흔히 이르던 말.

장안-편사(長安便射) 명 조선 시대, 서울에서 구역별로 편을 갈라 활쏘기를 겨루던 일.

장암(腸癌) 명 장(腸)에 생기는 암을 이르는 말. 대장암이나 직장암 따위.

장애 명 지난날, 광산에서 갱구의 물을 퍼 올리는 데 쓰던 기구. 두레박 줄을 감는 장치를 풀었다 감았다 하며 물을 퍼 올렸음.

장애(障礙) 명 ①무슨 일을 하는 데 거치적거리어 방해가 되는 일, 또는 그러한 것. ¶개혁에 ―가 되는 요소를 없애다. ②신체상의 기능이 제대로 구실을 하지 않는 상태. ¶머리를 다쳐서 언어 ―를 일으키다./과음으로 위장에 ―가 일어나다.

장애=경:주(障礙競走) 명 ①장애물달리기 ②장애물 경마

장애-물(障礙物) 명 장애가 되는 사물.

장애물=경:마(障礙物競馬) 명 마술(馬術) 경기나 경마(競馬)에서, 돌담·벽돌벽·가로대 등의 장애물을 설치해 둔 경마장에서 하는 경주. 장애 경주(障礙競走)

장애물=경:주(障礙物競走) 명 장애물달리기

장애물-달리기(障礙物―) 명 장애물을 뛰어넘어 달리는 육상 경기. 남자 3,000m 종목으로 스물여덟 개의 허들과 일곱 개의 물구덩이를 뛰어넘게 되어 있음. 장애 경주(障礙競走). 장애물 경주(障礙物競走)

장애=미:수(障礙未遂) 명 범죄의 실행에 착수하였으나, 뜻밖의 장애로 범죄의 실행을 완수하지 못한 경우를 이르는 말.

장애-인(障礙人) 명 신체의 일부에 장애가 있거나 정신적으로 결함이 있어서 일상 생활이나 사회 생활에 제약을 받는 사람. ☞불구자(不具者)

장액(腸液) 명 창자의 점막에서 분비되는 소화액. 창자액

장액(獐腋) 명 노루의 앞다리 겨드랑이에 난 보드라운 털. 끝이 빨아서 붓을 매는 데 쓰임.

장액(漿液) 명 동식물의, 점성 물질이 섞이지 않은 투명한 분비물. 위액(胃液)이나 장액(腸液) 등의 소화액, 장막(漿膜)에서 나오는 분비액 등. ☞점액(粘液)

장액-막(漿液膜) 명 척추동물의 체강(體腔)의 안쪽을 싸고 있는 얇은 막. 복막(腹膜)이나 늑막(肋膜) 따위.

장액-필(獐腋筆) 명 노루의 겨드랑이 털로 맨 붓.

장야(長夜) 명 ①가을이나 겨울의 긴 밤. 긴긴밤 ☞단야(短夜) ②온밤

장약(裝藥) 명 -하다 자 총포의 약실(藥室)에 폭약을 잼, 또는 그 폭약. ▷裝의 속자는 装

장:양(將養) 명 -하다 타 양육(養育)

장:어(壯語) 명 -하다 자타 장언(壯言) ▷壯의 속자는 壮

장어(長魚) 명 '뱀장어'의 준말.

장어(章魚) 명 '낙지'의 딴이름.

장어-덮밥(長魚―)[―덥―] 명 밥그릇에 담은 더운 밥 위에 양념을 발라 구운 뱀장어를 얹고 양념 국물을 조금 부은 음식.

장:어-영(壯禦營) 명 조선 고종 때, 금위영(禁衛營)·어영청(御營廳)·총융청(摠戎廳)을 통합하여 두었던 군영(軍營).

장:언(壯言) 명 -하다 자타 자신 있게 말함, 또는 그 말. 장담(壯談). 장어(壯語) ¶술기운으로 ―을 서슴지 아니하다.

장엄(莊嚴) 어기 '장엄(莊嚴)하다'의 어기(語基).

장엄-미사(莊嚴missa) 명 가톨릭에서, 신부가 부제와 차부제를 거느리고 합창을 곁들여 거행하는 성대한 미사.

장엄-성(莊嚴性)[―썽] 명 장엄한 성질.

장엄-하다(莊嚴―) 형 여 엄숙하고 위엄이 있다. ¶장엄한 백두산의 영봉./장엄한 장례식 분위기.

장:여(丈餘) 명 한 길 남짓. 열 자 남짓.

장여(∠長欐) 명 재래식 한옥에서, 도리를 받치는 모가 진 긴 나무를 이르는 말.

장:역(瘴疫) 명 한방에서, 장기(瘴氣)로 말미암아 생기는 유행성 열병을 이르는 말.

장연(長椽) 명 재래식 한옥에서, 오량 이상으로 지은 집의 도리에 걸친 맨 끝의 긴 서까래를 이르는 말. 들연

장:열(壯熱)[―녈] 명 병으로 말미암아 일어나는 매우 높은 신열(身熱).

장염(腸炎)[―념] 명 장의 점막(粘膜)에 생기는 급성 또는 만성의 염증. 장카타르

장염-균(腸炎菌)[―념―] 명 식중독을 일으키는 병원균의 한 가지. 가축이나 야생 동물에 옮아 퍼짐. 게르트너균 ☞살모넬라균

ㅈ

장염=비브리오(腸炎vibrio)[-념-] 명 식중독의 원인이 되는 병원균의 한 가지. 여름철에 생선이나 조개류에 붙어 있다가 사람에게 감염됨.

장-염전증(腸捻轉症)[-념-쯩] 명 장의 일부가 세게 꼬이어 장폐색증(腸閉塞症)과 혈행(血行) 장애를 일으키는 증세.

장-영창(長映窓) 명 재래식 한옥에서, 건축물 안에 햇빛이 잘 들도록 하기 위하여 방과 마루 사이에 길게 낸 미닫이. 준 장창(長窓)

장옥(墻屋) 명 담[1]

장옷 명 조선 시대, 부녀자가 나들이할 때 머리에 쓰던 얼굴 가리개. 두루마기와 비슷한 형태이나 깃과 고름은 자주색으로 만들었음. 여름에는 사(紗), 겨울에는 견(絹)으로 만든 것을 썼음. 장의(長衣)

장옷-짜리[-옫-] 명 지난날, 장옷을 쓰고 다니는 여자를 얕잡아 이르던 말.

장:옹(醬甕) 명 장독

장:외(帳外) 명 조선 시대, 서울 오부(五部)의 관할 구역 바깥을 이르던 말. ☞장내(帳內)

장외(場外) 명 ①어떠한 곳이나 회장(會場)의 바깥. ¶ ─에 있는 구경꾼. ☞장내(場內) ②과장(科場)의 바깥. ☞장중(場中)

장외(墻外) 명 담장의 바깥. ☞장내(墻內)

장외=거:래(場外去來) 명 증권 거래소 밖에서 이루어지는 증권의 거래.

장외=시:장(場外市場) 명 장외 거래가 이루어질 때 형성되는 시장.

장용(獐茸) 명 한방에서, 돋아서 아직 굳지 않은 노루의 어린 뿔을 약재로 이르는 말. 보약으로 씀. ☞녹용(鹿茸)

장용-제(腸溶劑) 명 산성인 위액에는 녹지 않고, 알칼리성인 장액 속에서 녹게 만든 약제.

장-용지(長─) 명 벽 밖에 담을 붙여 쌓을 때, 흙이 무너지지 않도록 담의 마구리에 대는 긴 널.

장우단:탄(長吁短歎) 성구 긴 한숨과 짧은 탄식이라는 뜻으로, 근심하고 한탄해 마지 않음을 이르는 말.

장-운:동(腸運動) 명 장의 소화 작용으로 일어나는 십이지장·소장·대장의 운동.

장:원(壯元·狀元) 명-하다 자 ①지난날, 과거에서 갑과(甲科)에 첫째로 뽑히는 일, 또는 그 사람을 이르던 말. ②서당이나 백일장 또는 놀이 등에서, 가장 우수한 성적으로 뽑히는 일, 또는 뽑힌 그 사람을 이르는 말. 도장원(都壯元)

장원(莊園) 명 중세 유럽의 국왕이나 귀족, 교회 등이 가졌던 넓은 토지. 봉건적 영주권(領主權)의 성격을 띰.

장원(墻垣) 명 담[1]

장원(長遠) 어기 '장원(長遠)하다'의 어기(語基).

장:원=급제(壯元及第) 명 지난날, 과거에서 갑과(甲科)에 첫째로 뽑히는 일을 이르던 말. 대괴(大魁)

장:원-랑(壯元郞)[-낭] 명 지난날, 과거의 갑과(甲科)에 첫째로 급제한 사람을 이르던 말. 괴방(魁榜)

장:원-례(壯元禮)[-녜] 명-하다 자 지난날, 서당(書堂)에서 글공부에 장원한 사람이 한턱내던 일.

장:원-서(掌苑署) 명 조선 시대, 궁중의 원유(苑囿)·과채(果菜)·화초(花草)에 관한 일을 맡아보던 관아.

장원지계(長遠之計) 명 먼 장래를 위한 계책.

장원-하다(長遠─) 형여 아득히 멀다.
  장원-히 부 장원하게

장:월(壯月) 명 '음력 팔월'을 달리 이르는 말. ☞계월(桂月). 청추(淸秋)

장:유(長幼) 명 어른과 어린아이, 또는 나이가 많은 사람과 나이가 어린 사람.

장:유(醬油) 명 ①간장과 먹는 기름. ②일본의 독특한 조미료의 한 가지. 메주콩과 밀로 만든 누룩에다 소금물을 부어 발효시켜 짠 액체. ③간장

장:유유:서(長幼有序) 성구 오륜(五倫)의 하나. 어른과 어린아이, 또는 연장자와 연소자 사이에는 지켜야 할 차례가 있음을 이르는 말.

장:-유지(壯油紙) 명 들기름에 결은 장지(壯紙).

장:육(醬肉) 명 장조림

장으리 명 줄기가 푸르고 열매는 흰 기장.

장음(長吟) 명-하다 자 시가(詩歌) 따위를 길게 소리 내어 읊음.

장음(長音) 명 길게 늘이어 발음하는 소리. ☞긴소리. 단음(短音)

장-음계(長音階) 명 서양 음계에서, 셋째와 넷째, 일곱째와 여덟째 음 사이는 반음, 그 밖의 음은 온음으로 이루어진 음계. ☞단음계(短音階)

장음-부(長音符) 명 ①긴소리표 ②음악에서, 길게 늘이어 발음하는 소리를 나타내는 부호를 이르는 말.

장-음정(長音程) 명 '다[C]' 음을 기준으로 하여 2도·3도·6도·7도 되는 음정, 또는 그와 같은 음정을 이르는 말. ☞완전 음정(完全音程)

장음-화(長音化) 명-하다 자타 장음으로 됨, 또는 장음으로 되게 함.

장의(長衣) 명 장옷

장:의(葬儀) 명 장례(葬禮)

장:의-사(葬儀社) 명 장례에 필요한 물건을 팔거나, 남의 장사지내는 일을 맡아 돕는 영업집.

장:의-장(葬儀場) 명 장례를 치르는 곳. 장장(葬場)

장:의=행렬(葬儀行列) 명 장지(葬地)로 가는 상여와 뒤따르는 사람들의 행렬.

-장이 접미 '기능자(技能者)'임을 나타냄. ¶유기장이/대장장이 ☞-쟁이

장:인(丈人) 명 아내의 친정 아버지. 빙부(聘父). 악부(岳父) 높 빙장(聘丈) ☞장모(丈母)

> ▶ **장인·장모에 대한 호칭**
> 아내의 아버지에 대한 간접적인 호칭은 '장인, 빙부(聘父), 빙장(聘丈), 악부(岳父), 악장(岳丈)' 등의 말이 있고, 아내의 어머니에 대한 간접적인 호칭은 '장모, 빙모(聘母), 악모(岳母)' 등이 있다. 그런데 본인을 대하여 직접 부를 때에는 '장인 어른', '장모님'이라 한다.

장인(匠人) 명 간단한 도구를 이용하여 손으로 물건을 만드는 일을 전문으로 하는 사람. 장색(匠色) 준 장(匠)

> 한자 장인 공(工) [工部] ¶기능공(技能工)/인쇄공(印刷工)/전기공(電氣工)/직공(職工)

장인-공(匠人工) 명 한자 부수(部首)의 한 가지. '巧'·'差' 등에서 '工'의 이름.

장:일(葬日) 명 장사를 지내는 날.

장일=식물(長日植物) 명 밤의 길이가 짧아지고 일조 시간이 길어야 꽃이 피는 식물. ☞단일 식물(短日植物)

장:임(將任) 명 장수의 직임(職任).

장-잎[-닢] 명 벼·보리·밀 따위의 볏과 식물에서 이삭이 패기에 앞서 나오는 마지막 잎.

장:자(壯者) 명 장년(壯年)에 이른 사람.

장:자(長子) 명 맏아들

장:자(長姊) 명 맏누이

장:자(長者) 명 ①나이나 지위, 항렬 따위가 자기보다 위인 사람. 어른 ②덕망이 있고 노숙한 사람. ③큰 부자를 달리 이르는 말. ☞거부(巨富)

장:자=상속(長子相續) 명 맏아들이 단독으로 상속하는 상속 형태의 한 가지.

장-자:석(場磁石) 명 계자(界磁)

장:자-풍(長者風) 명 덕망이 있고 노숙한 사람의 의젓한 겉모습.

장작 명 통나무를 잘라서 쪼갠 땔나무.

장작-개비 명 장작의 낱개비.

장작-모시 명 올이 굵고 성기게 짠 모시. ☞세모시

장작-바리 명 수레나 마소의 등에 잔뜩 실은 장작 짐.

장작-불 명 장작으로 피운 불.

장작-윷[-늗] 명 굵은 나무를 길게 잘라서 만든 윷.

장:잠(壯蠶) 명 석 잠을 잔 누에.

장:장(葬場) 명 장례를 치르는 곳. 장의장(葬儀場)

장장(長長)관 기나긴 ¶ - 30년이 걸린 대역사(大役事). / - 100km의 거리를 걸어서 여행하다.

장:-장이(*欌-)명 장농 따위를 만드는 일을 직업으로 삼는 사람.

장장-이(張張-)부 하나하나의 장마다. ¶ - 그리움의 정이 담긴 편지.

장장-추야(長長秋夜)명 기나긴 가을밤.

장장-춘일(長長春日)명 기나긴 봄날.

장장-하:일(長長夏日)명 기나긴 여름날.

장:재(將材)명 장수가 될만 한 훌륭한 인재.

장:재(掌財)명 지난날, 금전의 출납을 맡아보는 사람을 이르던 말.

장재(裝載)명-하다타 짐을 꾸려서 배나 차에 실음.

장:재(醬滓)명 간장을 떠 내고 남은 찌끼, 곧 된장.

장:저(醬菹)명 장김치

장:적(長嫡)명 정실(正室)에게서 태어난 맏아들.

장:적(帳籍)명 조선 시대, 호적(戶籍)을 이르던 말. 장책

장:적(掌跡)명 손바닥 자국.

장전(長田)명 지난날, 나라에서 지방의 관장(館長)이나 역장(驛長)에게 나누어 주던 논밭.

장전(長箭)명 ①전쟁 때 쓰는 긴 화살. ②세로로 세워서 짜는 문살. 장살

장전(莊田)명 지난날, 중국에서 황실(皇室)의 사유지(私有地)를 이르던 말.

장전(章典)명 ①한 나라의 제도와 문물. ②법칙이나 규칙을 적은 글. 전장(典章)

장:전(帳前)명 ①지난날, 임금이 자리해 있는 장막의 앞을 이르던 말. ②장수(將帥)의 앞.

장:전(帳殿)명 지난날, 임금이 앉도록 임시로 꾸며 놓은 자리를 이르던 말.

장전(裝塡)명-하다타 ①속에 무엇을 채워 넣음. ¶약실(藥室)에 화약을 -하다. ②총포에 탄환을 잼. ¶대포에 포탄을 -하다.

장:전(葬前)명 장사를 지내기 전. ☞장후(葬後)

장전(贓錢)명 옳지 못한 짓을 하여 가지게 된 돈.

장:전(*欌廛)명 장농 따위를 파는 가게.

장절(章節)명 장(章)과 절(節)을 아울러 이르는 말.

장:절(壯絕)어기 '장절(壯絕)하다'의 어기(語基).

장-절초(長切草)명 품질이 썩 좋은 살담배.

장:절-하다(壯絕-)형여 매우 용감하고 세차다. ¶마지막 순간까지 장절하게 싸웠다.

장점(長點)[-쩜]명 나은 점. 긍정적인 점. 미점(美點). 장처(長處) ¶남의 -을 칭찬하다. ☞결점(缺點). 단점(短點)

장점(粧點)명-하다타 ①좋은 집터를 가려서 집을 지음. ②살아 있는 동안에 미리 좋은 묘터를 가려서 광중을 마련해 둠.

장-점막(腸粘膜)명 장벽(腸壁)을 이루고 있는 점막.

장:정(壯丁)명 ①성년(成年)에 이른, 기운이 한창인 남자. ②징병(徵兵) 적령의 남자. 정남(丁男)

한자 **장정 정**(丁) [一部 1획] ¶장정(壯丁)/정남(丁男)

장정(長汀)명 길게 뻗치어 있는 바닷가.

장정(長征)명-하다자 ①멀리 감. ②멀리 정벌(征伐)하러 감.

장정(長程)명 매우 먼 길. 장로(長路)

장정(章程)명 여러 조목(條目)으로 갈라 정한 규정.

장정(裝幀)명 제책(製冊)에서, 표지나 속표지, 책가위 등 책의 겉 모양새를 갖추고 꾸미는 일, 또는 그 꾸밈새. ☞장황(裝潢)

장정-곡포(長汀曲浦)명 해안선이 길게 구부러진 갯벌.

장제(長堤)명 긴 둑. 긴 방죽.

장:제(葬制)명 장사를 지내는 법도.

장:제(葬祭)명 장례(葬禮)와 제례(祭禮)를 아울러 이르는 말.

장제(漿劑)명 아라비아고무, 셀렙근, 녹말 등 점액질의 물질을 물에 풀어 끈적끈적하게 만든 약액(藥液).

장:조(丈祖)명 처조부(妻祖父)

장조(長調)[-쪼]명 장음계로 된 곡조. ☞단조(短調)

장:-조림(醬-)명 간장에 쇠고기를 썰어 넣어 조린 반찬. 자장(煮醬). 장육(醬肉)

장:-조모(丈祖母)명 처조모(妻祖母)

장:-조부(丈祖父)명 처조부(妻祖父)

장:-조카(長-)명 맏형의 맏아들. 장질(長姪)

장족(長足)명 ①긴 다리. ②빠른 걸음이라는 뜻으로, 진보나 발전 등이 매우 빠름을 비유하여 이르는 말. ¶짧은 동안에 -의 발전을 이룩하다.

장족(獐足)명 과녁에 꽂힌 화살을 뽑는 데 쓰는, 노루발처럼 생긴 연장. 노루발¹

장족-마치(獐足-)명 과녁에 꽂힌 화살을 뽑을 때 장족을 두드리는 마치.

장:-족편(醬足-)명 간장을 쳐서 조려 굳힌 족편. 족장아찌

장족-한량(獐足閑良)명 장족으로 과녁에 꽂힌 화살을 뽑는 일을 맡아 하는 사람.

장:졸(將卒)명 장수와 병졸을 아울러 이르는 말. 장병(將兵). 장사(將士)

장졸(藏拙)명-하다자 자기의 단점을 가리어 감춤.

장:죄(杖罪)[-쬐]명 장형(杖刑)을 받을 죄.

장죄(贓罪)[-쬐]명 ①지난날, 관리가 뇌물을 받은 죄를 이르던 말. ②'장물죄(贓物罪)'의 준말.

장죄-피명 피의 한 가지. 까끄라기가 길고 씨가 흼.

장주기-조(長週期潮)명 보름 이상의 주기를 가지는 천체의 기조력(起潮力)에 따라 일어나는 조석수(潮汐水). ☞반일조(半日潮)

장-주릅[-쭈-]명 지난날, 장터에서 흥정을 붙이는 일을 직업으로 삼는 사람을 이르던 말. 시쾌(市儈)

장주지몽(莊周之夢)성구 옛날, 중국의 장주(莊周)가 나비가 된 꿈을 꾸고 깨어나서, 자기가 꿈속에서 나비로 된 것인지 나비가 꿈속에서 자기로 된 것인지 분간이 가지 않게 되었다는 고사(故事)에서, 자기와 자연물과의 구별이 안 되는 '물아일체(物我一體)의 경지'를 비유하여 이르는 말. 호접지몽(胡蝶之夢)

장:죽(杖竹)명 지팡이로 쓰는 대.

장죽(長竹)명 긴 담뱃대.

장준(長蹲)명 큰 뱐주리감.

장-줄명 줄모를 심을 때 세로로 길게 대는 못줄.

장:중(帳中)명 장막의 안.

장중(場中)명 ①지난날, 과장(科場)의 안을 이르던 말. ②장내(場內) ☞장외(場外)

장:중(掌中)명 ①손바닥의 안. ②어떤 일을 자기의 뜻대로 다룰 수 있는 범위 안, 또는 그 안에 있는 일. 수중(手中). 장리(掌裏) ¶실권을 -에 넣다.

장:중(藏中)명 광의 안.

장중(莊重)어기 '장중(莊重)하다'의 어기(語基).

장중득실(場中得失)성구 과거를 보는 과장(科場)에서는 공부를 잘하는 사람이 낙방할 수도 있고 공부를 못하는 사람이 급제할 수도 있듯이, 무슨 일이나 생각대로 잘 이루어지는 것이 아님을 이르는 말.

장:중-물(掌中物)명 자기의 손 안에 든 물건.

장:중보:옥(掌中寶玉)성구 손 안에 든 보배로운 옥이라는 뜻으로, 가장 사랑스럽고 소중한 것을 이르는 말.

장중-하다(莊重-)형여 장엄하고 무게가 있다. ¶장중한 분위기. /장중한 의식(儀式). ☞경쾌하다

장중-히부 장중하게

장:지(壯志)명 마음에 품은 훌륭한 뜻. 장심(壯心)

장:지(壯紙)명 닥을 원료로 하여 만든 한지(韓紙)의 한 가지. 종이의 질이 두껍고 질김. 지난날 과거(科擧)에서 시지(試紙)로 쓰였음.

장지(長指)명 가운뎃손가락. 중지(中指)

장:지(葬地)명 시체를 장사지내 묻을 땅. 매장지

장:지(醬漬)명 장아찌

장지(∠障子)명 ①재래식 한옥의 방과 방 또는 방과 마루 사이에 있는, 운두가 높고 문지방이 낮은, 미닫이와 비슷한 문. ②'장지문'의 준말.

ㅈ

장지-두꺼비집(∠障子－)명 장지를 열 때, 문짝이 옆으로 들어가게 된 집.
장지-문(∠障子門)명 지게문에 장지를 덧들인 문. 준장지 ☞덧문
장지-뱀명 장지뱀과의 파충류. 몸길이 15~20cm. 꼬리가 몸길이의 3분의 2를 차지하고 짧은 네 개의 다리가 있어 도마뱀과 닮았음. 등은 붉은빛이 도는 회갈색, 배는 분홍빛이 도는 흰빛임. 긴 사각형 비늘이 덮여 있음. 우리 나라의 특산종임.
장:지수지(杖之囚之)성구 지난날, 죄를 다스릴 때 곤장을 때린 다음 옥에 가둠을 이르던 말. 준장수(杖囚)
장지-틀(∠障子－)명 장지를 끼우는 틀, 곧 장지문이 들락날락 하도록 만든 틀.
장진-성(將進性)[－썽]명 장취성(將就性)
장진주사(將進酒辭)명 조선 선조 때 정철(鄭澈)이 지은, 사설 시조 형식의 권주가(勸酒歌). '송강가사(松江歌辭)'에 실려 전함.
장질(長疾)명 오래 앓는 병. 긴병. 장병(長病)
장:질(長姪)명 맏형의 맏아들. 장조카
장-질부사(腸窒扶斯)명 장티푸스
장-짐[－찜]명 장에서 팔 물건이나 산 물건을 꾸린 짐.
장:-짠지(醬－)명 김치의 한 가지. 데친 오이와 배추를 간장에 절여 갖은양념을 넣고, 진간장을 부어 익힌 반찬.
장:-쪽박(醬－)명 '간장쪽박'의 준말.
장차(將次)부 ①앞으로 ¶－ 교사가 되고 싶다. ☞방장(方將) ②〔명사처럼 쓰임〕 ¶그것은 －의 문제다.
장-차다(長－)형 ①곧고도 길다. ¶장찬 가지. ②거리가 멀다. ¶하루의 일정으로는 장찬 거리다. ③동안이 길다. ¶장찬 세월.
장착(裝着)명-하다타 부품이나 장비 따위를 어떤 것에 붙이거나 몸에 차거나 함. ¶대검을 －한 소총./공대지 미사일을 －한 전투기.
장찬(粧撰)명-하다타 무슨 일을 사실인양 거짓으로 꾸며 댐.
장찰(長札)명 사연이 많은 긴 편지.
장-창(長－)명 짚신이나 미투리 바닥에 덧대는 가죽 창.
장:창(杖瘡)명 곤장을 맞은 자리에 생긴 헌데.
장창(長窓)명 '장영창(長映窓)'의 준말.
장창(長槍)명 ①자루가 긴 창. ☞단창(短槍) ②십팔기(十八技) 또는 무예 이십사반의 하나. 보졸이 긴 창을 가지고 하는 무예임.
장-채(長－)명 목도나 가마채 따위의 긴 채.
장책(長策)명 매우 좋은 계책. ☞양책(良策)
장책(帳冊)명 ①장적(帳籍) ②지난날, 거래하는 상대에 따라 분류하여 거래 내용을 적던 장부.
장책(粧冊)명-하다자타 책을 꾸미어 맴. ☞제책(製冊)
장:처(杖處)명 곤장을 맞은 자리.
장처(長處)명 ①장점(長點) ②여러 일 중에서 가장 잘하는 것. 장소(長所) ☞단처(短處)
장:척(丈尺)명 열 자 길이가 되는, 장대로 만든 자.
장척(長尺)명 정척(定尺) 마흔 자가 넘게 짠 무명이나 베 따위의 길이.
장천(長天)명 멀고 넓은 하늘. ¶구만 리 －.
장-천:공(腸穿孔)명 장벽(腸壁)에 구멍이 생기는 일. 궤양(潰瘍)이나 악성 종양 등으로 말미암아 일어남.
장첩(粧帖·粧貼)명 책처럼 꾸며 만든 서화집(書畫集).
장:청(狀請)명-하다타 임금에게 글을 올려 아뢰는 일.
장-청판(長廳板)명 마룻바닥에 깔린 긴 널빤지.
장체(長體)명 글자 모양을 세로로 홀쭉하게 변형시킨 서체. ☞사체(斜體). 평체(平體)
장-체계(－遞計)명 지난날, 장에서 비싼 변리로 돈을 꾸어 주고, 장날마다 원금의 일부와 변리를 함께 받아들이던 일. 준체계(遞計)
장초(章草)명 한자(漢字) 서체(書體)의 한 가지. 예서(隸書)에서 초서(草書)로 변해 가는 과정의 성격을 띤 서체. 초서(草書)의 별체(別體)라고도 이름.
장:초-군(壯抄軍)명 조선 시대, 훈련도감(訓鍊都監)에 딸렸던 군대의 하나.
장-초석(長礎石)명 누각이나 정각 등의 긴 주춧돌.
장촉(長鏃)명 긴 살촉.
장총(長銃)명 단총(短銃)에 상대하여, '소총(小銃)'을 달리 이르는 말.
장축(長軸)명 긴지름 ☞단축(短軸)
장-출혈(腸出血)명 장티푸스나 장결핵, 장궤양 등으로 장점막에 상처가 생기어 피가 나오는 일.
장취(長醉)명-하다자 늘 술에 취해 있음.
장취불성(長醉不醒)[－썽]성구 늘 술에 취해 있어서 취기에서 깨지 아니함을 이르는 말.
장취-성(將就性)[－썽]명 앞으로 나아갈만 한 가능성. 장진성(將進性) ▷將의 속자는 将
장-치명 지난날, 장날마다 변리를 갚게 되어 있는 변돈을 이르던 말. ☞날치[2]
장치(腸痔)명 한방에서, 치핵(痔核)이 생긴 치질, 또는 항문의 괄약근이 밖으로 늘어져 나온 치질을 이르는 말.
장치(裝置)명-하다타 어떤 목적을 위하여, 기계나 기구 등을 일정한 자리에 두는 일, 또는 그 기계나 설비. ¶환풍기를 －하다./냉방을 위한 －.
장치(藏置)명-하다타 물건 따위를 간직하여 둠.
장치=공업(裝置工業)명 장치 산업 ▷裝의 속자는 装
장:-치기명-하다자 공치기 경기의 한 가지. 두 편으로 갈린 사람들이 저마다 공채로 장치기공을 쳐서 서로 상대편의 한정한 금 밖으로 먼저 내보내기를 겨루는 민속 경기. 공치기
장:치기-공명 장치기할 때 쓰는, 나무로 만든 공.
장-치다[1]자 말이 누워서 등을 바닥에 대고 비비다.
장:-치다[2]자 장치기를 하다.
장-치다(場－)자 '독장치다'의 준말.
장치=산:업(裝置產業)명 생산 공정이 큰 규모의 생산 설비로 이루어지는 산업. 철강업, 석유 화학 공업 따위. 장치 공업(裝置工業)
장침(長枕)명 모로 기대어 앉아 팔꿈치를 괴는 데 쓰는 베개 모양의 물건. 가로가 길며 네모짐. ☞사방침(四方枕)
장침(長針)명 ①긴 바늘. ②분침(分針). 큰바늘 ☞단침(短針)
장-카타르(腸catarrh)명 장염(腸炎)
장:쾌(駔儈)명 지난날, 장판의 거간꾼인 '중도위'를 달리 이르던 말.
장:쾌(壯快)어기 '장쾌(壯快)하다'의 어기(語基).
장:쾌-하다(壯快－)형여 기력이 좋아 기분이 상쾌하다. 장쾌-히부 장쾌하게
장타(長打)명 야구에서, 이루타 이상의 안타(安打)를 이르는 말. ☞단타(單打). 단타(短打)
장-타:령(－*打令)명 동냥하러 다니는 사람이 하던 타령조의 소리.
장타령-꾼(－*打令－)명 장타령을 하며 동냥하러 다니는 거지.
장탄(長歎·長嘆)명-하다자 '장탄식(長歎息)'의 준말.
장탄(裝彈)명-하다자 총포(銃砲)에 탄환을 잼.
장-탄:식(長歎息)명-하다자 긴 한숨을 내쉬며 크게 탄식함, 또는 그런 탄식. 장태식(長太息) 준장탄(長歎)
장태(漿胎)명 물에 풀어 잡물을 없애고 앙금을 가라앉힌, 도자기를 만드는 데 쓰는 흙.
장:태(醬太)명 장을 담그는 데 쓰는 콩. ☞메주콩
장-태식(長太息)명-하다자 장탄식(長歎息)
장태평(長太平)어기 '장태평(長太平)하다'의 어기(語基).
장태평-하다(長太平－)형여 아무 걱정 없이 늘 태평하다.
장:택(葬擇)명-하다자 장사지낼 날짜를 가려서 정함.
장-터명 장이 서는 넓은 곳. 장마당. 장판
장토(庄土)명 개인이 가지고 있는 논밭. 전장(田庄)
장:통(醬桶)명 간장을 담는 나무통.
장-티푸스(腸typhus)명 법정 전염병의 한 가지. 물이나 음식물에 섞여 장으로 들어간 티푸스균으로 말미암아 일어나는 급성 전염병. 1~3주간의 잠복기를 거쳐서 발병하여 높은 신열이 계속되고 몸이 쇠약해지며 장출혈 등

의 증세가 나타남. 장질부사(腸窒扶斯)
장파(長波)명 파장 1~10km, 주파수 30~300kHz의 전파. 주로 항공 통신에 쓰임. ☞단파(短波)
장:파(長派)명 맏파
장:파(狀罷)명-하다타 조선 시대, 죄를 지은 원(員)을 감사(監司)가 임금에게 장계(狀啓)를 올려 파직시키던 일.
장-파장(長波長)명 장파(長波)의 파장. 라디오 방송이나 무선 통신 등에 씀. ☞단파장(短波長)
장판[1]명 ①새벽질한 위에 기름 먹인 종이를 바른 방바닥. ②'장판지'의 준말.
장-판[2]명 ①장터 ②많은 사람이 모여들어 북적대는 곳을 비유하여 이르는 말. ☞난장판
장:판(杖板)명 지난날, 장형(杖刑)을 집행할 때 죄인을 엎드리게 하여 팔다리를 잡아매던 틀. 장대(杖臺)
장판(藏板·藏版)명 보관하여 둔 책판(冊板).
장판-돌[-똘]명 광산에서, 선광(選鑛)할 때 광석을 놓고 두드려 깨뜨리는 받침돌.
장판-머리명 소의 양에 붙어 있는 넓적한 고기. 주로 국거리로 씀.
장판-방(-房)명 바닥을 장판지로 바른 방.
속담 **장판방에서 자빠진다**: 안전한 조건 아래에서도 실패할 수 있다는 뜻으로, 방심을 경계하는 말.
장판-지(-紙)명 방바닥을 바르는 데 쓰는, 기름을 먹인 두꺼운 종이. 준장판[1]
장:패(將牌)명 지난날, 군관(軍官)이나 비장(裨將)이 허리에 차고 다니던 나무 패.
장:편(杖-)명 쇠테에 쇠가죽을 메워 장구의 오른편 마구리에 댄 부분.
장편(長篇)명 ①시가(詩歌)나 소설·영화 따위에서, 내용이 긴 작품. ②'장편 소설(長篇小說)'의 준말. ☞단편
장:편(掌篇)명 ①매우 짧은 문학 작품. ②'장편 소설(掌篇小說)'의 준말.
장편=소:설(長篇小說)명 구상이 크고 줄거리가 복잡하게 전개되는 긴 소설. 준장편(長篇) ☞단편 소설
장:편=소:설(掌篇小說)명 콩트 준장편(掌篇)
장:폐(杖斃)명-하다자 지난날, 장형(杖刑)을 당하여 죽는 일을 이르던 말. 장사(杖死)
장-폐:색증(腸閉塞症)명 장관(腸管)의 일부가 막혀 장 안의 내용물이 통하지 않게 되는 병증. 장에 경련이 일어나거나 장이 뒤틀리거나 하여 일어남.
장포명 '창포(菖蒲)'의 딴이름.
장포(場圃)명 집 가까이에 있는 남새밭.
장포(漿疱)명 한방에서, 살이 부르터 진물이 괴어 생긴 부스럼을 이르는 말.
장:포(醬脯)명 쇠고기를 결 따라 엷게 저며, 간장·참기름·후추·생강·깨소금 등으로 양념하여 주물러서 채반에 놓고 구득구득 말린 다음 다시 몇 차례 양념장을 발라 말리기를 거듭하여 만드는 포.
장폭(長瀑)명 높은 데서 떨어지는 긴 폭포.
장품(贓品)명 도둑질한 남의 물건. 장물(贓物)
장풍(腸風)명 한방에서, 똥을 눌 때 피가 나오는 결핵성 치질을 이르는 말. ▷腸의 속자는 膓
장피(獐皮)명 노루의 가죽.
장피-살명 창포의 줄기처럼 중간을 약간 불룩하게 만든 문살. ☞완자문
장:하(杖下)명 지난날, 장형(杖刑)을 집행하는 자리를 이르던 말.
장하(長夏)명 ①해가 긴 여름날. ②'음력 유월'을 달리 이르는 말.
장:하(帳下)명 ①장막 아래. ②막하(幕下)
장하(裝荷)명-하다타 전화 회선에서, 통신 전류가 줄어드는 것을 막기 위하여 회선에 일정한 간격으로 코일을 직렬로 끼워 넣는 일.
장:-하다(壯-)형여 ①하는 일이 대단하고 훌륭하다. ¶장한 결단을 내리다. ②매우 가륵하다. ¶정성이 -.
장-히부 장하게 ¶어린이의 선행을 - 여기다.

한자 **장할 장**(壯) 〔士部 4획〕 ¶장도(壯途)/장지(壯志)

장-하다(長-)형여《文》어떤 일에 매우 능하다.
장하-주(章下註)명 책에서, 장(章) 끝에 몰아서 단 주석.
장:학(奬學)명-하다자 공부나 학문, 학술 연구 등을 장려함.
장:학(瘴瘧)명 한방에서, 축축하고 더운 땅에서 생기는 독기(毒氣)로 말미암아 앓게 되는 학질을 이르는 말.
장:학-관(奬學官)명 교육의 기획·조사·연구·지도·감독에 관한 사무를 맡아보는 교육 공무원.
장:학-금(奬學金)명 ①학문이나 학술 연구를 장려하기 위하여 연구자에게 주는 돈. ②장학 제도에 따라 학비를 마련하기 어려운 학생이나 우수한 학생에게 학비 보조금으로 주거나 꾸어 주는 돈. ▷奬의 속자는 奨
장:학-사(奬學士)명 장학관의 아래 직급으로, 교육 내용의 지도와 교사의 감독에 관한 일을 맡은 교육 공무원.
장:학-생(奬學生)명 장학금을 받는 학생.
장:한(壯漢)명 허우대가 크고 힘이 센 남자.
장한(長旱)명 오래 계속되는 가뭄. ☞대한(大旱)
장한(長恨)명 오래도록 잊을 수 없는 원한.
장함(長銜)명 조선 시대, 위계(位階)·관직(官職)·성명(姓名)·수결(手決) 등을 갖춘 명함을 이르던 말.
장:항(醬缸)명 간장을 담은 항아리.
장해(戕害)명-하다타 참혹하게 상처를 내어 해침, 또는 살해함.
장해(障害)명-하다타 무슨 일을 하는 데 거치적거리어 방해가 됨, 또는 그러한 형편.
장해-물(障害物)명 장해가 되는 사물.
장혈(獐血)명 노루의 피. 한방에서 보혈제로 씀.
장:혈(葬穴)명 시체를 묻는 구덩이.
장-협착(腸狹窄)명 장관(腸管)이 좁아져서 먹은 음식물이 내려가기 어렵게 된 상태. 대장암(大腸癌)·장결핵(腸結核)·장유착(腸癒着) 등으로 말미암아 일어남.
장:형(杖刑)명 지난날, 오형(五刑)의 하나. 큰 곤장으로 볼기를 치던 형벌. 곤형(棍刑) ☞도형(徒刑). 태형(笞刑)
장:형(長兄)명 맏형. 큰형
장:형부모(長兄父母)성구 맏형의 자리와 하는 일은 부모와 같다는 뜻으로 이르는 말.
장화(長靴)명 목이 무릎 밑까지 올라오도록 만든 가죽신이나 고무로 된 신. 비가 내릴 때나 말을 탈 때 등에 신음. ☞단화(短靴)
장화(裝畫)명 책의 장정(裝幀)을 위한 그림.
장-화반(長花盤)명 헛간이나 법당(法堂) 따위에 두공을 겸하여 초제공(初提栱)과 서로 마주 걸리게 짠 긴 화반.
장화홍련전(薔花紅蓮傳)명 작자와 연대가 분명하지 않은 조선 시대 고대 소설의 하나. 계모 허 씨 아래서 괴롭고 고달픈 삶을 살다가 원통한 죽음을 당한 장화와 홍련 자매가 원혼이 되어 복수하는 내용임.
장활(長闊)어기 '장활(長闊)하다'의 어기(語基).
장활-하다(長闊-)형여 아득히 멀고 넓다.
장활-히부 장활하게
장황(裝潢·粧潢)명-하다타 책이나 서화집(書畫集) 등을 보기 좋게 꾸며 만듦. 표장(表裝) ☞장정(裝幀)
장황(張皇)어기 '장황(張皇)하다'의 어기(語基).
장황-하다(張皇-)형여 번거롭고 지루하다.
장황-히부 장황하게 ¶변명의 말을 - 늘어놓다.
장:회(壯懷)명 큰 포부.
장회=소:설(章回小說)명 긴 이야기를 여러 회(回)나 장(章)으로 나누어 서술한 통속적인 중국 장편 소설을 통틀어 이르는 말. 삼국지연의(三國志演義)나 서유기(西遊記) 따위.
장:후(葬後)명 장사를 지낸 뒤. ☞장전(葬前)
장흔(粧痕)명 화장한 흔적.
장-흥정명 장터에서 물건을 사거나 팔 때 하는 흥정.
잦감[잗-]명 밀물이 다 빠져서 잦아진 상태.
잦다[1][잗-]자 ①액체 따위가 차차 졸아들어 적어지다. ¶찌개 국물이 -. ②흔들리던 기운 따위가 가라앉아 조용해지다. ¶해가 지자 바람이 잦았다./설레는 마음이

좀처럼 잦지 아니하다.
잦다[2] [잗-] 자 ①뒤로 갸울어지다. ②《형용사처럼 쓰임》 뒤로 좀 갸울다. ☞젖다[2]
잦다[3] [잗-] 형 거듭되는 동안이 짧다. ¶딸꾹질이 -./하품이 -./잦은 외출.
잦-뜨리다(트리다)[잗-] 타 힘을 들여서 뒤로 잦게 하다. ☞젖뜨리다
잦바듬-하다[잗-] 형여 ①뒤로 자빠질듯이 배스듬하다. ¶밀짚모자를 잦바듬하게 쓰다. ②약간 탐탁하게 여기지 않는듯 하다. ¶맞선을 본, 남자가 좀 잦바듬한 기색이다. ③덤비는 기색이 없고, 물러날듯 하다. ¶별로 아쉽지 않은듯 잦바듬한 눈치다. ☞젖버듬하다
잦바듬-히 부 잦바듬하게
잦아-들다(-들고·-드니) 자 ①액체 따위가 차츰 졸아들어 적어져 가다. ¶오랜 가물로 저수지의 물이 잦아들어 바닥을 드러내다. ②흔들리던 기운 따위가 가라앉으며 조용해져 가다. ¶차차 바람도 자고 파도도 -.
잦아-지다[1] 자 차차 잦아들어 없어지게 되다. ¶잔설(殘雪)이 봄볕에 -.
잦아-지다[2] 자 어떤 일이 짧은 동안에 자주 있게 되다. ¶하품이 잦아지더니 어느새 잠이 들었다.
잦은-가락 명 국악에서, 빠르고 잦게 넘어가는 가락.
잦은-걸음 명 발걸음을 자주 떼어 걷는 걸음.
잦은-마치 명 무엇을 자주 작게 두드리거나 치는 동작.
잦은-방:귀 명 잇달아 뀌는 방귀.
잦추[잗-] 부 잦추는 동작으로. ¶발걸음을 - 놀려 횡단보도를 건너다.
잦추다[잗-] 타 잇달아 재촉하다. ¶봄을 잦추는 봄비가 내리다.
잦추르다[잗-](잦추르고·잦출러) 타르 잇달아 재촉하여 몰아치다.
잦혀-지다 자 ①물체가 뒤로 잦바듬하게 되다. ②안쪽이 겉으로 약간 드러나게 되다. ☞젖혀지다
잦히다[1] 타 밥을 지을 때 한 번 끓은 뒤에 불을 줄였다가 다시 조금 가열하여 밥물이 잦아지게 하다.
잦히다[2] 타 ①뒤로 잦게 하다. ¶윗몸을 -. ②물건의 밑쪽이 위쪽이 되게 뒤집다. ¶냄비 뚜껑을 -. ③물건의 안쪽 면이 겉으로 드러나게 열다. ¶문을 -. ☞젖히다
재[1] 명 물질이 불에 다 탄 뒤에 남는 것.

한자 **재 회**(灰)〔火部 2획〕¶회분(灰分)/회색(灰色)/회신(灰燼)/회진(灰塵)

재[2] 명 길이 나 있는 높은 산의 고개. 영(嶺)
속담 **재는 넘을수록 험하고 내는 건널수록 깊다** : 어떤 일이 갈수록 더 어려워짐을 비유하여 이르는 말.
재[3] 명 장기판의 앞쪽 맨 끝 줄.
재:(在) 명 돈이나 물건 따위를 쓰고 남은 나머지.
재(災) 명 ①'재액(災厄)'의 준말. ②'재상(災傷)'의 준말.
재(財) 명 ①'재산(財産)'의 준말. ②'재물(財物)'의 준말. ③'재화(財貨)'의 준말.
재(齋)[1] 명 ①부처에게 공양(供養)하는 일. ②죽은 이를 위하여 천도(薦度)하는 일. ¶-를 올리다. ③'재계(齋戒)'의 준말. ▷齋의 속자는 斎
재(齋)[2] 명 ①초상계에서, 잿돈을 타게 되는 일. ②잿돈
재가 나다 관용 잿돈을 치를 상사(喪事)가 생기다.
재(를) 타다 관용 잿돈을 받다.
재(載)[1] 의 해, 곧 연수(年數)를 셀 때 쓰는 말. ¶재위(在位) 칠십 -.
재(載)[2] 수 수의 단위. 정(正)의 만 곱절. 극(極)의 1만분의 1. ☞극(極)[2]. 정(正)
재:(再)-《접두사처럼 쓰이어》'다시', '거듭', '재차(再次)'의 뜻을 나타냄. ¶재심사(再審査)/재교섭(再交涉)/재군비(再軍備)/재입찰(再入札)/재임명(再任命)/재정비(再整備)/재작년(再昨年)
-재(材)《접미사처럼 쓰이어》'물자(物資)'나 '감[材料]'의 뜻을 나타냄. ¶건축재(建築材)/동량재(棟樑材)
-재(財)《접미사처럼 쓰이어》'재산(財産)'이나 '재물(財物)'의 뜻을 나타냄. ¶문화재(文化財)/소비재(消費財)
재:가(在家) 명 -하다 자 ①집에 있음. ②출가하지 아니하고 자기의 집에서 중처럼 불도를 닦음. 재속(在俗) ③지난날, 육주비전(六注比廛)에서 파는 물건을 자기 집에서 팔던 일, 또는 그러한 집. ④불교에서, 사회에서 살아가는 일반 사람을 이르는 말. ☞출가(出家)
재:가(再嫁) 명 -하다 자 결혼했던 여자가, 남편이 죽거나 남편과 이혼하거나 하여 다른 남자와 다시 결혼함. 개가(改嫁) ☞재혼(再婚)
재가(裁可) 명 -하다 타 ①판단하여 허가함. ②지난날, 임금이 헤아려 허락하는 일을 이르던 말. ☞윤허(允許)
재가(齋家) 명 ①재(齋)를 올리는 사람의 집. ②초상난 집을 무당이나 중이 이르는 말. ③초상 계원 중에서 초상난 집을 이르는 말.
재:가-계(在家戒) 명 불교에서 이르는 삼계(三戒)의 하나. 속세(俗世)에서 사는 사람이 지켜야 할 계. ☞도속공수계(道俗共守戒). 출가계(出家戒)
재:가무일(在家無日) 성구 바쁘게 돌아다니느라고 집에 붙어 있는 날이 없음을 이르는 말.
재:가-승(在家僧) 명 ①속가(俗家)에서 불법을 닦는 중. ②지난날, 함경도 변경 지역에 살던 여진족(女眞族)의 중. 아내를 두고 속인처럼 살았음.
재각(才覺) 명 무슨 일에나 재바른 궁리로 잘 대응하는 능력. ¶남다른 -이 있는 사람.
재각(齋閣) 명 무덤이나 사당의 옆에 제사를 지내려고 지은 집. 재궁(齋宮). 재실(齋室)
재간(才幹) 명 일을 수완 좋게 잘해 내는 지혜나 능력. ¶어려운 국면을 - 있게 수습하다. ☞말재간. 손재간
재:간(再刊) 명 -하다 타 ①다시 간행함. ②두 번째 간행함.
재간-꾼(才幹-) 명 재간이 많은 사람.
재갈 명 말의 고삐를 매기 위하여 말의 입에 가로 물리는 쇠로 된 물건. 마함(馬銜)
재갈(을) 먹이다 관용 재갈(을) 물리다.
재갈(을) 물리다 관용 ①말의 입에 재갈을 채우다. 재갈(을) 먹이다. ②입을 놀리지 못하게 하다.
재:감(再感) 명 -하다 자 '재감염(再感染)'의 준말.
재:감(在監) 명 감옥에 갇혀 있음.
재감(災減) 명 -하다 타 재해(災害)를 입은 논밭에 매기는 세금을 감면함.
재감(裁減) 명 -하다 타 헤아려서 가볍게 덜어 줌.
재:-감:염(再感染) 명 -하다 자 한 번 걸렸던 병에 다시 걸림. 준 재감(再感)
재:감-자(在監者) 명 재소자(在所者)
재강 명 술을 거르고 남은 찌꺼기. 술찌끼. 모주(母酒). 조박(糟粕). 주조(酒糟)
재-강아지 명 ①잿빛 털의 강아지. ②온몸에 재를 묻힌 채 다니는 강아지.
속담 **재강아지 눈감은듯 하다** : 무슨 일이나 사물이 요행히도 발각되지 않고 감쪽같이 지나가 버림을 비유하여 이르는 말. [검정 고양이 눈감은듯]
재강-장(-醬) 명 재강으로 담근 간장.
재강-죽(-粥) 명 죽의 한 가지. 재강에 멥쌀을 불려서 넣고 쌀이 풀리도록 쑨 죽. 꿀이나 설탕을 타서 먹음.
재:개(再改) 명 -하다 타 한 번 고친 것을 다시 고침.
재:개(再開) 명 -하다 타 한동안 쉬고 있었거나 중단되었던 것을 다시 열거나 시작함. ¶회담을 -하다.
재:-개발(再開發) 명 ①-하다 타 이미 있는 것을 더 낫게 다시 개발함. ②도시 재개발법에 근거해 주거 환경이 낙후된 지역에 도로나 상하수도 따위의 기반 시설을 새로 정비하고 주택을 신축함으로써, 주거 환경과 도시 경관을 재정비하는 사업.
재:-개:의(再改議) 명 -하다 자 회의에서, 개의(改議)에 대하여 다시 개의하는 일, 또는 그 개의.
재:거(再擧) 명 -하다 타 한 번 실패한 일을 다시 일으킴, 또는 그 거사(擧事).
재:건(再建) 명 -하다 타 ①불타 없어지거나 부서진 건물 등을 다시 지음. ¶산사태로 부서진 집을 -하다. ②세력

이 쇠퇴하거나 활동이 활발하지 않은 단체나 기업체 등을 다시 일으켜 세움. ¶정당을 -하다.

재:-건:축(再建築)명-하다타 ①건축물을 허물고 다시 지음. ②주택 건설 촉진법에 따라 건물 소유주들이 조합을 구성해 노후 주택을 헐고 새로 짓는 일.

재:-검사(再檢查)명-하다타 한 번 검사한 것을 다시 검사함, 또는 그 검사.

재:-검토(再檢討)명-하다타 한 번 검토한 것을 다시 검토함, 또는 그 검토.

재격(才格)명 ①재주와 품격. ②뛰어난 재능.

재결(災結)명 조선 시대에 재해(災害)를 입은 논밭, 또는 그 논밭의 결수(結數)를 이르던 말.

재결(裁決)명-하다타 ①옳고 그름을 가리어 결정함. 재단(裁斷) ②행정 기관이 소원(訴願)의 제기나 행정 소송에 대하여 판정을 내림, 또는 그 판정.

재결(齋潔)명-하다자 근신하여 몸을 깨끗이 함.

재결=신청(裁決申請)명 행정상의 법률적 분쟁이 일어났을 때, 제삼자인 행정 기관에 그 판정을 청구하는 일.

재:-결정(再結晶)[-쩡]명 결정을 녹이어 그 용액을 다시 결정시키는 일. 결정 속의 불순물을 없앨 수 있어서 물질의 정제(精製)에 쓰임.

재결=처:분(裁決處分)명 오로지 법규에 정한 형식만 좇아서 내리는 행정 처분. 조세 징수 따위.

재:-결합(再結合)명-하다자타 ①다시 결합함, 또는 그 결합. ②전리(電離)로 말미암아 분리된 음이온과 양이온 또는 전자와 양이온이 다시 결합하여 중성 분자나 원자를 만드는 일.

재겸(災歉)명 재해(災害)로 곡식이 잘 여물지 못함.

재:경(在京)명-하다자 서울에 있음. ¶- 향우회

재:경(再耕)명-하다타 두벌갈이

재경(財經)명 재정(財政)과 경제(經濟).

재:-경매(再競賣)명-하다타 경매에서, 경락(競落)이 결정된 뒤 경락인이 경락 대금을 지급하지 않을 경우에 다시 경매하는 일, 또는 그 경매.

재:계(再啓)명-하다타 편지를 쓸 때, 사연을 다 쓰고 나서 덧붙이는 말을 적어야 할 경우 '다시 말함'의 뜻으로 그 글의 첫머리에 적는 말. 추계(追啓). 추신(追伸)

재계(財界)명 실업가나 금융업자들이 구성하고 있는 사회. ☞경제계(經濟界)

재계(齋戒)명-하다자 몸과 마음을 깨끗이 하고 음식을 가리며, 말과 행동을 삼가고 부정을 멀리하는 일. 준재(齋)[1]

재:고(再考)명-하다타 다시 한 번 생각함. ¶-를 촉구하다. /-할 여지가 없다.

재:고(在庫)명 ①상품이 창고 등에 있는 상태, 또는 그 상품. ②기업이 생산 과정에서 가지고 있는, 원재료(原材料)·반제품(半製品)·제품 등을 이르는 말. ③'재고품(在庫品)'의 준말. ¶-를 정리하다.

재고(齋鼓)명 선사(禪寺)에서, 끼니때를 알릴 때 치는 북.

재:고=투자(在庫投資)명 일정 기간 안의 원재료·반제품(半製品)·제품의 재고량 변화를 이르는 말.

재:고-품(在庫品)명 재고 상태에 있는 상품. 준재고

재곤두-치다자 세게 곤두박질하여 떨어지다.

재골(才骨)명 재주 있게 생긴 골상(骨相), 또는 그러한 골상인 사람.

재:관(在官)명 관직에 있음.

재:교(在校)명 ①학교 안에 있음. ②학생이나 생도로서 학교에 적을 두고 있음.

재:교(再校)명-하다타 초교(初校) 다음에 두 번째로 보는 교정, 또는 그 교정지(校正紙). 재준(再準)

재:-교부(再交付)명-하다타 한 번 교부한 서류나 증명서 따위를 다시 교부함.

재:-교섭(再交涉)명-하다자타 교섭하여 일이 뜻대로 되지 아니하였을 경우에 다시 교섭함, 또는 그 교섭.

재:-교육(再教育)명-하다타 이미 일정한 과정의 교육을 받은 사람에게 필요에 따라서 다시 교육함, 또는 그 교육.

재-구새명 광산에서, 황화물(黃化物)이 산화할 때 생기는 재와 같은 가루를 이르는 말.

재:-구성(再構成)명-하다타 이미 구성된 것을 체제를 바꾸어 다시 구성함, 또는 그 구성. ¶조직을 -하다.

재국(才局)명 재량(才量)

재국(材局)명 사람의 됨됨이와 지닌 재능. 재기(材器)

재:-군비(再軍備)명-하다자 군비를 없앴던 나라가 다시 군비를 갖춤. ☞재무장(再武裝)

재궁(梓宮)명 임금의 관(棺). 원자궁(梓宮)

재궁(齋宮)명 ①무덤이나 사당 옆에 제사를 지내려고 지어 놓은 집. 재각(齋閣). 재실(齋室) ②무덤을 지키고, 죽은 이의 명복을 빌기 위하여 무덤 옆에 세운 절.

재:귀(再歸)명-하다자 다시 돌아옴.

재:귀-열(再歸熱)명 급성 전염병의 한 가지. 병원체는 스피로헤타의 한 가지인데, 이·벼룩·진드기가 병을 옮김. 높은 신열과 두통·구토·황달·설사 등으로 5~7일 간 앓다가 5~7일 간 회복된 다음에 다시 되풀이하여 앓음. 회귀열(回歸熱)

재:-귀화(再歸化)명-하다자 혼인·귀화·이탈 등의 이유로 국적을 잃었던 사람이 자기의 희망에 따라 다시 그 국적을 회복하는 일. ☞국적 회복(國籍回復)

재:근(在勤)명-하다자 어느 직장에서 근무하고 있음. ☞재직(在職)

재기(才氣)명 재치 있고, 사물에 대한 이해와 판단이 빠른 재능. ¶-가 넘치는 젊은이.

재기(才器)명 재주와 기량(器量)을 아울러 이르는 말.

재:기(再起)명-하다자 질병이나 실패 등으로, 나쁜 상태에 빠져 있다가 다시 활동을 시작함. ¶절망적인 상태에서 -를 꾀하다. /-의 기회를 엿보다.

재:기(再記)명-하다타 다시 기록함.

재기(材器)명 재국(材局)

재기(齋期)명 재계(齋戒)하는 기간.

재:기불능(再起不能)성구 다시 일어날 힘이 없음을 이르는 말. 갱기불능(更起不能)

재:-기소(再起訴)명-하다타 형사 소송법에서, 공소(公訴)를 취소한 뒤에 그 범죄 사실에 대한 다른 중요한 증거를 발견하였을 때, 다시 공소를 제기하는 일. 준재소

재깍[1]부 ①작고 단단한 물체가 가볍게 부러지거나 맞부딪칠 때 야무지게 나는 소리를 나타내는 말. ②시계 따위의 톱니바퀴가 돌아갈 때 나는 소리를 나타내는 말. ☞제꺽[1]. 째깍[1]

재깍[2]부 일을 재빨리 해치우는 모양을 나타내는 말. ¶설거지를 - 해치우다. ☞제꺽[2]. 째깍[2]

재깍-거리다(대다)자 자꾸 재깍 소리가 나다. ☞제꺽거리다. 째깍거리다

재깍-재깍[1]부 재깍거리는 소리를 나타내는 말. ☞제꺽제꺽[1]. 째깍째깍[1]

재깍-재깍[2]부 잇달아 일을 재빨리 해치우는 모양을 나타내는 말. ¶- 상황을 보고하다. ☞제꺽제꺽[2]

재깔-거리다(대다)자 나직한 목소리로 명랑하게 자꾸 이야기하다. 재깔이다 ☞지껄거리다

재깔-이다자 재깔거리다 ☞지껄이다

재깔-재깔부 재깔거리는 소리, 또는 그 모양을 나타내는 말. ¶여학생들이 - 떠들다. ☞지껄지껄

재:-나다(在-)자 팔거나 쓰고 남은 나머지가 생기다. ¶재난 상품을 헐값으로 팔다.

재-나다(齋-)자 초상계에서, 쟀돈을 치러야 할 상사(喪事)가 나다.

재난(災難)명 뜻밖에 일어난 불행한 일로 겪게 되는 괴로움. 화해(禍害) ☞재변(災變)

재:-내년(再來年)명 내명년(來明年)

재-넘이명 산에서 내리 부는 바람. 산바람

재녀(才女)명 재주가 뛰어난 여자. 유재원(才媛)

재년(災年)명 ①재앙이 많이 일어나는 해. ②흉년(凶年)

재능(才能)명 일을 잘 해내는 타고난 능력. 재력(才力) ¶예술적인 -. /-이 뛰어나다. 준능(能)

재:다[1]자 잘난척 하며 뽐내다.

재:다[2]타 ①어떤 기준을 근거로 하여, 사물의 길이·크기·무게·정도 따위를 알아보다. ¶자로 길이를 -. /체온

계로 열을 ―. ②여러모로 따지어 헤아리다. ¶앞뒤를 재어 보고 손을 대다./너무 재다가 기회를 놓치다.
재:다[3] 타 ①총이나 대포의 약실(藥室)에 탄환을 끼워 넣다. ¶총알을 ―. ②포탄의 약협(藥莢)에 화약을 넣다.
재:다[4] 타 '쟁이다'의 준말. ¶쇠고기를 얇게 저미어 양념하여 ―.
재:다[5] 형 ①몸놀림이 재빠르고 날쌔다. ¶발걸음이 ―. ②물건의, 온도에 대한 감응성이 매우 예민하다. ¶열에 잰 냄비. ③입이 싸다. 입이 가볍다. ¶입이 잰 아이.
재단(財團) 명 ①일정한 목적을 위하여 결합된 재산의 집합체. ☞사단(社團) ②'재단 법인(財團法人)'의 준말.
재단(裁斷) 명 -하다 타 ①마름질 ②재결(裁決)
재단-기(裁斷機) 명 종이·천·철판 따위를 마름질하는 기계. 단재기(斷裁機)
재단-법(裁斷法) [―뻡] 명 마름질하는 방법.
재단=법인(財團法人) 명 일정한 목적을 위하여 내놓은 재산의 운용을 위하여, 그 재산을 바탕으로 하여 설립된 법인. 준 재단(財團) ☞사단 법인(社團法人)
재단-사(裁斷師) 명 마름질을 전문으로 하는 사람.
재단=저:당(財團抵當) 명 공업·광업(鑛業) 등의 기업에서, 기업 경영을 위한 토지·건물·기계·기구 등과 공업 소유권 등을 일괄하여 하나의 재단으로 삼아 그것에 저당권을 설정하는 제도.
재단=채:권(財團債權) [―꿘] 명 파산(破産)한 재단으로부터 파산 절차에 따르지 아니하고 파산 채권자에 우선하여 변제(辨濟)를 받을 수 있는 청구권(請求權).
재담(才談) 명 -하다 자 재치 있게 하는, 재미 있는 말.
재담-꾼(才談―) 명 재담을 잘하는 사람.
재당(齋堂) 명 선사(禪寺)에서, 식당을 이르는 말.
재:-당고모(再堂姑母) 명 '재종고모(再從姑母)'를 친근하게 이르는 말.
재:-당선(再當選) 명 -하다 자 다시 당선됨. ☞재선(再選)
재:-당숙(再堂叔) 명 '재종숙'을 친근하게 이르는 말.
재:-당숙모(再堂叔母) 명 '재종숙모'를 친근하게 이르는 말.
재:-당질(再堂姪) 명 '재종질'을 친근하게 이르는 말.
재:-당질녀(再堂姪女) 명 '재종질녀'를 친근하게 이르는 말.
재:-당질부(再堂姪婦) 명 '재종질부'를 친근하게 이르는 말.
재:-당질서(再堂姪壻) [―써] 명 '재종질서'를 친근하게 이르는 말.
재덕(才德) 명 재지(才智)와 덕행(德行).
재덕-겸비(才德兼備) 명 재주와 덕을 두루 다 갖춤.
재:도(再度) 명 재차(再次)
부 또다시. 다시금 ¶― 당부하다.
재-도감(齋都監) 명 재를 올리는 의식을 감독하는 중.
재:독(再讀) 명 -하다 타 한 번 읽은 것을 다시 읽음.
재:-돌입(再突入) 명 지구의 대기권 밖으로 쏘아 올린 우주선(宇宙船)이나 인공 위성(人工衛星)이 지구로 되돌아오기 위해 다시금 지구의 대기권으로 들어오는 일.
재동(才童) 명 재주가 있는 아이.
재-두루미 명 두루밋과의 겨울 철새. 몸길이 130cm 안팎. 목과 날개는 희고 그 밖의 부분은 짙은 잿빛을 띠며, 눈 둘레는 붉은 살이 드러나 있고 다리도 붉은빛임. 잡식성으로 무리를 이루어 삶. 천연 기념물 제203호임.
재-등에 명 등엣과의 곤충. 몸빛은 검고, 등에는 다섯 가닥의 잿빛 세로줄이 있으며, 마디마디 잿빛의 세모꼴 무늬가 있음. 우리 나라와 일본 등지에 삶.
재-떨이 명 담뱃재를 떨어 놓는 그릇.
재랄 명 -하다 자 '지랄'을 작은 어감(語感)으로 이르는 말.
재:래(在來) 명 이전부터 이제까지 있었던 것이나 해 오던 일. ¶― 방식(方式)/― 관습(慣習)
재:래(再來) 명 -하다 자 ①두 번째 옴, 또는 다시 한 번 옴. ☞재림(再臨) ②전에 있던 것과 같은 일이나 상태가 다시 일어남.
재래(齎來) 명 -하다 타 어떤 결과를 가져옴. ☞초래(招來)
재:래-면(在來棉) 명 예로부터 재배하여 오는 면화. ☞육지면(陸地棉)
재:래-식(在來式) 명 재래의 방식 또는 법식.
재:래-종(在來種) 명 동식물의 품종 가운데서, 어떤 지방의 풍토에 알맞아서 오랜 세월에 걸쳐 다른 품종과 교배되지 않고 재배·사육(飼育)되는 품종. 근대에 와서 육종(育種)이 시작되기 전에 그 고장에서 길러지고 보존되어 온 품종을 이름. 본종(本種) ☞토종(土種). 개량종(改良種). 외래종(外來種)
재략(才略) 명 ①매우 슬기로운 책략. ②재주와 꾀.
재량(才量) 명 재주와 도량. 재국(才局)
재량(裁量) 명 -하다 타 스스로 판단하여 처리함. 재작(裁酌). 재탁(裁度) ¶실무자의 ―에 맡기다.
재:량(載量) 명 적재량
재량(齎糧) 명 -하다 자 양식을 가지고 감.
재량-권(裁量權) [―꿘] 명 자유 재량으로 결정하여 처리할 수 있는 권한.
재량=변:호(裁量辯護) 명 법원에서 재량권에 따라 선임한 변호인의 변호. 곧 임의적인 국선(國選) 변호를 이름.
재량=처:분(裁量處分) 명 행정 관청의 재량권에 딸리는 범위 안에서 하는 행정 처분. ☞기속 처분(羈束處分)
재력(才力) 명 일을 잘 해내는 타고난 능력. 재능(才能)
재력(財力) 명 ①큰 재산이 있음으로써 생기는, 사람이나 사물을 다룰 수 있는 힘. ☞금력(金力). 부력(富力) ②비용을 부담할 수 있는 능력. ☞자력(資力)
재:련(再鍊) 명 -하다 타 ①쇠붙이를 두 번째 불림. ②목재나 석재를 두 번째 다듬음.
재:련-질(再鍊―) 명 -하다 타 애벌로 깎은 목재의 면을 다시 곱게 깎는 일. 재벌질
재령(材齡) 명 콘크리트로 시공한 뒤 완전히 굳을 때까지 걸리는 날수.
재:록(再錄) 명 -하다 타 ①이미 발표된 글이나 기사(記事) 등을 다른 책 등에 다시 실음. ②이미 녹음(錄音)하거나 녹화(錄畫)한 것을 다시 고쳐 녹음하거나 녹화함.
재:록(載錄) 명 -하다 타 책이나 기록 따위에 올려서 실음. ¶의사록에 ―하다./창간호에 ―하다.
재록-신(財祿神) 명 사람의 재물을 맡아본다는 신. 준 재신(財神)
재:론(再論) 명 -하다 타 다시 의논하거나 거론함.
재롱(才弄) 명 어른이 보기에 예쁘고 사랑스레 느껴지는, 어린아이의 천진스런 말이나 귀여운 짓.
재롱(을) 피우다 관용 짐짓 재롱을 부리다.
재롱-둥이(才弄―) 명 재롱을 부리는 어린아이를 귀엽게 이르는 말.
재롱-떨다(才弄―) 자 재롱부리다
재롱-받이(才弄―) [―바지] 명 재롱을 받아 주는 일. ¶손자의 ―를 낙으로 삼다.
재롱-부리다(才弄―) 자 재롱스러운 짓을 하다. 재롱떨다
재롱-스럽다(才弄―) (―스럽고·―스러워) 형 ㅂ 어린아이의 말과 짓이 사랑스럽고 귀여운 데가 있다.
재롱-스레 부 재롱스럽게
재료(材料) 명 ①물건을 만들 때, 그 감이 되는 것. ¶건축 ―/요리의 ―. ②연구나 조사 등을 위해 다루는 것. ¶연구 ― ③예술 작품 등의 제재(題材). ¶소설의 ―. ④어떤 판단 등을 내리는 데 바탕이 되는 것. ¶부정을 밝힐 ―./반론 ―를 준비하다.
재료-비(材料費) 명 제품 생산에 필요한 재료를 구입하는 데 드는 비용.
재료=역학(材料力學) 명 기계나 건조물(建造物)에 사용하는 재료의 역학적인 성질을 연구하는 학문.
재:류(在留) 명 -하다 자 ①어느 곳에 한동안 머물러 지냄. ②외국에서 한동안 머물러 지냄. ¶한국에 ―하는 외국인. ☞체류(滯留)
재:류-민(在留民) 명 거류민(居留民)
재리[1] 명 눈이나 얼음에 미끄러지지 않도록 나막신의 굽에 박는 뾰족한 징.
재:리[2] 명 ①지난날, 포도청에서 포교의 심부름을 하는 나이 어린 딴꾼을 이르던 말. ②몹시 인색한 사람을 욕으로 이르는 말.
재리(財利) 명 재물과 이익. ¶―에 밝다./―를 밝히다.

재:림(再臨)명-하다자 ①두 번째 그 자리에 참석함. ②크리스트교에서, 부활하여 승천(昇天)한 예수가 최후의 심판 때 이 세상에 다시 나타날 일을 이르는 말.
재망(才望)명 재능과 명망(名望). 재명(才名)
재명(才名)명 ①재망(才望) ②재주로 소문난 이름.
재:-명년(再明年)명 내명년(來明年)
재:-명일(再明日)명 모레
재목(材木)명 ①건축물이나 가구 등을 만드는 데 재료로 쓰는 나무. ☞목재 ②앞으로 큰일을 할만 한 인재를 비유하여 이르는 말. ¶장차 나라의 기둥이 될 -.

한자 재목 재(材)〔木部 3획〕¶목재(木材)/재목(材木)/재적(材積)/재질(材質)

재:목(宰木)명 무덤 가에 심은 나무. 구목(丘木). 묘목(墓木)
재목-상(材木商)명 재목을 사고 파는 장사, 또는 그 장수나 가게. 준목상(木商)
재무(財務)명 재정에 관한 사무.
재무-관(財務官)명 ①대한 제국 때, 재무서(財務署) 등의 주임(奏任) 관직을 이르던 말. ②중앙 관서에서, 재무에 관한 사무를 맡아보는 공무원.
재무-비(財務費)명 징세나 국유 재산의 관리 등, 재무에 관한 활동이나 운영상의 경비. 경영비·출납비·징세비 따위.
재무-서(財務署)명 대한 제국 때, 탁지부(度支部)에 딸렸던 관아. 세무와 지방 재무에 관한 일을 맡아보았음.
재:-무장(再武裝)명-하다자 ①무장을 해제당했던 나라가 다시 군비를 갖춤. ☞재군비(再軍備) ②흐트러지거나 문란해진 윤리·정신 따위의 가치관을 다시 세움. ¶도덕 - 운동. ③전투기·전함·전차 등에 탄약·폭탄·무기 따위를 보충하는 일.
재무=제표(財務諸表)명 기업이 기업 활동의 성적과 재정 상태 등을 이해 관계자에게 보고할 목적으로 작성하는 여러 가지 계산 서류. 대차 대조표, 손익 계산서 따위.
재-무진동(-銅)명 잿빛의 가루로 된 무진동.
재무=행정(財務行政)명 국가나 그 밖의 행정 주체가 임무를 수행하는 데 필요한 재화의 조달·관리·사용 등에 관한 행정.
재문(才門)명 대대로 재주 있는 사람이 많이 나오는 가문.
재:문(在文)명 셈을 하고 남은 돈. 재전(在錢)
재묻은-떡명 무당이 굿을 할 때 쓰고 난 떡.
재:물(在物)명 지금 있는 물건. ¶- 조사
재물(財物)명 ①돈과 값진 물건. ②형법(刑法)에서, 절도·강도·사기·공갈·횡령·장물 등 죄의 객체가 되는 것. 재화(財貨) 준재(財)

한자 재물 자(資)〔貝部 6획〕¶자본(資本)/자산(資産)
재물 재(財)〔貝部 3획〕¶재력(財力)/재산(財産)/재원(財源)/축재(蓄財)/횡재(橫財)
재물 화(貨)〔貝部 4획〕¶보화(寶貨)/재화(財貨)

재물보(才物譜)명 조선 정조 때, 이성지(李成之)가 엮은 어휘집. 전편을 천보(天譜)·지보(地譜)·인보(人譜)·물보(物譜)로 크게 분류하여 만물의 이름, 문물 제도, 지리 등에 대해서 설명하고 간간이 한글로 풀이하기도 했음. 8권 8책의 사본.
재물-욕(才物慾)명 재물을 탐내는 욕심. 재욕(財慾)
재미명 ①마음이 절로 끌리며 즐겁고 유쾌하게 여겨지는 느낌이나 기분. ¶- 있는 이야기./- 있는 놀이./만화에 -를 붙이다. ②하는 일이 마음에 맞고 잘 되어 감으로써 보람이 느껴지는 즐거움. ¶애완견 기르기에 -를 붙이다./요즈음, 사업의 -가 어떤가?
재미(가) 없다관용 ①보람이나 성과가 좋지 아니하다. ¶올해 채소 농사는 -. ②'그냥 두지 않겠다', '무사하지 않을 것이다' 등의 뜻으로, 상대편을 으르며 하는 말.
재미(가) 적다관용 ①재미 있는 편이 못 되다. ②뒷일이 좋지 않을듯 하여 꺼림하다. ③'무사하지 않을 것이다'의 뜻으로, 상대편을 으르며 하는 말. ¶고집을 부리면 재미가 적을 거야. ☞재미(가) 없다.
재미(를) 보다관용 ①어떤 보람이나 성과에 대해 재미를 느끼다. ¶포도의 신품종 재배로 -. ②무슨 일로 즐거움을 맛보다.
재미(를) 붙이다관용 재미를 알게 되다. ¶바둑에 -.
재미(齋米)명 중에게 보시(布施)로 주는 쌀.
재미-나다자 마음이 끌리며 즐겁고 유쾌한 느낌이 일다. ¶재미나는 놀이.
속담 재미나는 골에 범 난다: 한번 재미를 본 데 맛을 들여서 나쁜 짓을 계속하다 보면 마침내는 변을 당하게 마련이라는 말.
재미-스럽다(-스럽고·-스러워)형ㅂ 재미가 있어 보이다. ¶아이가 장난치며 노는 게 -.
재미-스레부 재미스럽게
재미-중(齋米-)명 동냥타러 다니는 중. 동냥중
재민(災民)명 '이재민(罹災民)'의 준말.
재:-바닥명 ①끊긴 광맥의 아래쪽에 다시 나타난 큰 광맥. ②잿빛을 띤 사금광(砂金鑛)의 바닥.
재:바닥-줄명 재바닥으로 있는 광맥.
재:바닥-짚다[-집-]자 재바닥줄을 따라 파 들어가다.
재-바르다(-바르고·-발라)형르 재치가 있고 날렵하다. ☞재빠르다
재:발(再發)명-하다자 ①같은 일이 다시 일어남. ¶전쟁이 -하다. ②나았던 병이 도짐. ¶무좀이 -하다.
재:-발견(再發見)명-하다타 그때까지 알지 못하던 것을 새로이 깨달아 알아냄. ¶한옥의 아름다움을 -하다.
재방-변(才傍邊)명 한자 부수(部首)의 한 가지. '投'·'把' 등에서 '扌'의 이름. ☞손수
재:-방송(再放送)명-하다타 라디오와 텔레비전으로 한 번 방송했던 내용을 다시 방송함.
재-방어(-魴魚)명 고등엇과의 바닷물고기. 몸길이 2m 안팎. 깊은 바다에서 사는데 생김새는 삼치와 비슷하나 얼룩무늬가 뚜렷하지 않고, 혀 위에 이가 있음.
재:-방영(再放映)명-하다타 텔레비전으로 한 번 방송했던 내용을 다시 방송함. ¶명작 영화를 -하다.
재:배(再拜)명-하다자 ①두 번 절함, 또는 그 절. ☞단배(單拜). 사배(四拜) ②'두 번 절하며 올립니다'의 뜻으로, 손윗사람에게 보내는 편지 끝 자기의 이름 다음에 흔히 쓰는 한문 투의 말.
재:배(栽培)명-하다타 식물을 심어서 가꿈.
재:-배당(再配當)명-하다타 회사가 특별한 이익을 얻었을 때, 보통 배당 이외의 배당을 하는 일, 또는 그 배당.
재:배-법(栽培法)[-뻡]명 식물을 심어서 가꾸는 방법.
재:배=식물(栽培植物)명 본디 야생 식물이던 것을 인간 생활에 좀더 쉽게 이용할 수 있도록 개량하여 만들어 낸 식물. 농작물, 약용 식물, 관상 식물 따위. ☞자생 식물(自生植物)
재:-배:치(再配置)명-하다타 다시 배치함.
재백(財帛)명 재화(財貨)와 포백(布帛).
재:번(再燔)명-하다타 한 번 구워 낸 도자기를 두 번째 구움.
재벌(財閥)명 ①재계에서 많은 자본과 큰 세력을 가진 독점적인 기업 집단. ②콘체른(konzern)
재:벌-질(再-)명-하다타 ①한 번 한 일을 다시 한 번 더 하는 일. ②재련질
재:범(再犯)명-하다타 한 번 죄를 지어 형벌을 받은 사람이 다시 죄를 저지름, 또는 그 사람. ☞누범(累犯). 초범(初犯)
재:벽(再壁)명-하다자 초벽을 바르고 마른 뒤에 다시 벽지나 벽토를 바름.
재변(才辯)명 재치 있게 잘하는 말.
재변(災變)명 자연계에 일어나는 이변. 지진·태풍 등.
재:보(再報)명-하다타 두 번째 알림.
재보(財寶)명 ①재산이나 보물. ②재산이 되는 값이 비싼 물건.
재-보:시(∠財布施)명 중이나 가난한 사람에게 재물을 주는 일.
재-보:시(∠齋布施)명 재주(齋主)가 재(齋)를 치른 뒤에

절에다 사례로 내는 돈.

재:-보:험(再保險)명 보험자가 위험을 분산하기 위하여, 보험 계약에 따라 맡은 책임의 일부나 전부를 다른 보험자에게 다시 맡기는 보험.

재:복(再覆)명-하다타 조선 시대, 죽을 죄에 해당하는 죄인을 두 번째로 심리하던 일, 또는 그 심리. ☞삼복(三覆). 초복(初覆)

재:봉(再逢)명-하다자타 오랫동안 헤어졌던 사람을 다시 만남. 재회(再會)

재봉(裁縫)명-하다자타 옷감을 말라서 바느질하는 일.

재봉-기(裁縫機)명 재봉틀

재봉-사(裁縫師)명 옷감을 마르고 바느질하는 일을 전문으로 하는 사람.

재봉-사(裁縫絲)명 재봉실

재봉-수(裁縫繡)명 재봉틀로 놓은 수.

재봉-실(裁縫-)명 재봉하는 데 쓰는 실. 재봉사

재:-봉춘(再逢春)명 ①음력으로 한 해에 입춘(立春)이 두 번 드는 일. ②불우한 처지에 빠졌던 사람이 다시 기운을 차리어 활기를 되찾음을 비유하여 이르는 말.

재봉-틀(裁縫-)명 피륙이나 가죽 따위를 바느질하는 기계. 미싱. 재봉기(裁縫機) 준틀

재부족(才不足) '재주가 모자람'의 뜻.

재:-분배(再分配)명-하다타 한 번 분배한 것을 다시 분배함, 또는 그 분배. ¶소득의 ─.

재:-분할(再分割)명-하다타 한 번 분할한 것을 다시 분할함.

재블린(javelin)명 ①육상 경기의 창던지기 경기에서 쓰는 창(槍). ②창던지기

재-빠르다(─빠르고·─빨라)형르 몸놀림이나 눈치 등이 재고 빠르다. ¶재빠른 동작. ☞굼뜨다

재-빨리부 재빠르게 ¶낌새를 ─ 알아채다.

재-빼기명 재〔嶺〕의 꼭대기. ¶단숨에 ─를 넘다.

재사(才士)명 재주가 있는 남자. ☞재녀(才女). 재원(才媛)

재사(才思)명 재치 있는 생각.

재:사(在社)명-하다자 ①회사 안에 있음. ②그 회사에 근무하고 있음. ☞재직(在職)

재:사(再思)명-하다타 거듭 생각해 봄, 또는 그 생각.

재사-스럽다(才思─)(─스럽고·─스러워)형ㅂ 재치 있는 생각이 있어 보이다.

재사-스레부 재사스럽게

재:삭(再削)명 되깎이

재산(財産)명 ①개인이나 단체 등이 가지고 있는, 금전적인 가치가 있는 모든 것. 토지·건물·보석·유가 증권·돈 따위. ¶국유 ─/부모에게서 물려받은 ─. ☞자산(資産) ②어떤 일을 위해서 가치 있는 것을 비유하여 이르는 말. ¶건강이 그의 ─이다./그는 신용을 ─으로 하여 기업을 다시 일으켰다. 준재(財)

재산-가(財産家)명 재산이 많은 사람. 부자(富者)

재산=계:정(財産計定)명 부기에서, 자산과 부채에 관한 계정.

재산=관리인(財産管理人)명 파산자나 채무자, 또는 상속인이 없는 사람의 재산 등을 관리하는 사람. 관재인(管財人)

재산-권(財産權)[─꿘]명 재산적인 가치가 있는 모든 권리. 채권·물권·지적 소유권 따위. ☞신분권(身分權)

재산=목록(財産目錄)명 ①기업이 일정한 시기에 자산과 부채에 대해서 개별적으로 값을 매겨서 적어 놓은 명세서. ②금전상의 가치가 있는, 개인의 모든 재산의 목록.

재산-법(財産法)[─뻡]명 사법(私法) 관계 중 경제 생활 관계를 규정한 법률을 통틀어 이르는 말. 민법의 물권법·채권법·상법 따위. ☞신분법(身分法)

재산=보:험(財産保險)명 물보험(物保險)

재산=분여(財産分與)명 민법에서, 상속 재산에 대한 상속권을 주장하는 이가 없을 때, 가정 법원이 피상속인과 생계를 같이하던 사람이나 피상속인을 요양(療養) 간호하던 사람 등에게 상속 재산의 일부 또는 전부를 나누어 주는 일을 이르는 말.

재산=상속(財産相續)명 재산상의 지위 상속. 적극 재산은 물론 소극 재산도 포함됨. ☞신분 상속(身分相續)

재산-세(財産稅)[─쎄]명 건축물·선박·항공기를 소유하고 있는 사람에게 부과하는 지방세.

재산=소:득(財産所得)명 가지고 있는 금전·토지·건물·유가 증권 등의 자산을 운용함으로써 생기는 소득. 이자 소득, 배당 소득, 임대 소득 따위.

재산=압류(財産押留)명 ①채권자가 국가의 공권력을 빌려 채무자의 재산을 압류하는 강제 집행의 한 가지. ②납세 의무를 다하지 않은 사람에게 국가나 지방 자치 단체가 그 사람의 재산을 압류하는 강제 징수의 한 가지.

재산=제:도(財産制度)명 개인의 재산 보호를 위하여 국가에서 규정한, 재산의 소유 및 처분에 관한 제도.

재산=출자(財産出資)[─짜]명 회사나 조합 등의 공동 사업을 하기 위한 자본으로서, 금전이나 그 밖의 재산을 출연(出捐)하는 일.

재산-형(財産刑)명 재산의 박탈을 내용으로 하는 형벌. 벌금·과료·몰수 따위. ☞체형(體刑)

재살(災煞)명 삼살방(三煞方)의 하나. 모질고 독한 음기(陰氣)가 낀 방위(方位). 태세의 지지(地支)가 인(寅)·오(午)·술(戌)인 해에는 자방(子方)에, 신(申)·자(子)·진(辰)인 해에는 오방(午方)에, 사(巳)·유(酉)·축(丑)인 해에는 묘방(卯方)에, 해(亥)·묘(卯)·미(未)인 해에는 유방(酉方)에 있다 함.

재살(宰殺)명-하다타 가축을 잡음. 도살(屠殺)

재:삼(再三)부 두세 번. 거듭 ¶─ 다짐하다.

재:삼재:사(再三再四)부 거듭거듭. 여러 번 되풀이하여. ¶─ 당부하다.

재:상(在喪)명 어버이의 상중(喪中)에 있음.

재상(災祥)명 재앙과 상서로운 일.

재상(災傷)명 지진·태풍·홍수 등 자연 현상으로 말미암아 농작물이 입는 피해. 준재(災)

재:상(宰相)명 ①지난날, 임금을 보필하며 모든 관원을 지휘·감독하는 자리에 있는 이품 이상의 관원을 통틀어 이르던 말. 경상(卿相). 경재(卿宰). 재신(宰臣). 상공(相公) ②수상(首相)

한자 재상 재(宰) 〔宀部 7획〕 ¶재상(宰相)/재열(宰列)

재:상-가(宰相家)명 재상의 집.

재상분명(財上分明)성구 돈과 관련된 일에서 흐리터분하지 않고 셈이 밝음을 이르는 말.

재색(才色)명 여자의 뛰어난 재주와 아름다운 얼굴 모습. ¶─을 아울러 갖춘 신부를 맞이하다.

재색(財色)명 재물에 대한 욕심과 이성에 대한 성적인 욕망을 아울러 이르는 말. 화색(貨色) ☞오욕(五慾)

재:생(再生)명-하다자타 ①쇠퇴하거나 죽어 가던 것이 다시 살아남. 소생(蘇生) ¶오염되었던 강이 ─하다./말라 죽어 가던 작물이 ─하다./기울어 가던 기업을 ─시키다. ②생체(生體)의 한 부분이 상하거나 없어진 경우, 그 부분이 다시 생겨 자라남, 또는 그런 현상. ¶도마뱀의 잘려 나간 꼬리가 ─하다./간장(肝臟)의 손상된 부분이 ─되다. ③마음을 바로잡아 다시 올바른 생활을 시작함. 갱생(更生) ¶죄를 뉘우치고 ─의 길을 걷다. ④다시 이 세상에 태어남. ☞환생(還生) ⑤쓸 수 없게 된 것을 다시 쓸 수 있게 만듦. ¶─ 휴지/─ 고무/고철을 ─하여 쓰다. ⑥녹음한 소리나 녹화한 화상을 다시 듣거나 봄. ¶녹화한 장면을 ─하다. ⑦심리학에서, 지난날 학습하거나 경험한 일을 다시 의식에 떠올리는 일. 재현(再現) ¶기억을 ─하다.

재생(齋生)명 조선 시대, 성균관(成均館)이나 사학(四學) 또는 향교(鄕校)에서 기숙하며 공부하는 유생(儒生)을 이르던 말. 거재생(居齋生). 거재유생(居齋儒生). 재유(齋儒)

재:생=고무(再生─)명 헌 고무 제품을 가루로 만든 다음, 알칼리나 기름과 섞어 가열하여 다시 만들어 낸 고무. 갱생 고무

재생명(哉生明)명 달의 밝은 부분이 처음 생긴다는 뜻으

로, '음력 초사흗날'을 달리 이르는 말.

재:생-모(再生毛)명 털을 원료로 한 헌 제품을 풀어 다듬어서 다시 원모(原毛)처럼 만든 털. 유반모(反毛)

재생백(哉生魄)명 달의 검은 부분이 처음 생긴다는 뜻으로, '음력 열엿샛날'을 달리 이르는 말.

재:생=불량성=빈혈(再生不良性貧血)[-썽-]명 골수의 조혈(造血) 기능 장애로 말미암아 적혈구·백혈구·혈소판이 많이 줄어든 중증의 빈혈.

재:-생산(再生産)명-하다타 상품의 생산·유통·소비의 과정이 끊임없이 되풀이되는 일, 또는 그 과정. 확대 재생산, 축소 재생산, 단순 재생산이 있음.

재:생=섬유(再生纖維)명 화학 섬유의 한 가지. 천연의 셀룰로오스로 이루어진 목재·면·삼 등을 화학적 처리로 녹여서 만든 섬유. 레이온·아세테이트 따위.

재:생-성(再生性)[-썽]명 ①어떤 물질의 다시 살려 쓸 수 있는 성질. ②생물체의 잘렸거나 손상된 조직이 되살아나는 성질.

재:생=에너지(再生energy)명 태양열·풍력·조력(潮力)·지열 따위의 자연 에너지처럼 써서 없애도 다시 공급되는 에너지.

재:생-지(再生紙)명 헌 종이를 가공하여 다시 만든 종이.

재:생지은(再生之恩)명 죽게 된 목숨을 다시 살려 준 은혜.

재:생지인(再生之人)명 죽을 고비를 겪고 되살아난 사람.

재:생-품(再生品)명 재생한 물품.

재:석(在昔)명 옛적. 왕석(往昔)

재:석(在席)명-하다자 ①직장 등에서 자기의 자리에 있음. ②회의에서, 표결할 때 현재 자리에 있는 인원. ¶- 회원 전원이 찬성하다.

재:석=인원(在席人員)명 현재 자리에 있는 인원.

재:선(再選)명-하다자타 ①다시 선출됨. ¶회장에 -되다. ②선거에서, 지난번에 뽑은 사람을 다시 선출함. ③'재선거(再選擧)'의 준말. ☞재당선(再當選)

재:-선:거(再選擧)명-하다타 한 번 실행한 선거를 다시 하는 일, 또는 다시 하는 그 선거. 선거의 일부나 전부가 무효 판결을 받았을 때, 또는 선거 결과 당선인이 없을 경우 등에 함. 준재선(再選)

재:설(再說)명-하다타 이미 한 이야기를 다시 말함, 또는 되풀이하여 설명함.

재성(裁成)명-하다타 감을 말라서 옷 따위를 만듦.

재:성-장(再成醬)명 간장을 떠내고 남은 된장에 다시 물을 부어 우린 장. 내림장

재:세(在世)명-하다자 세상에 살아 있음, 또는 세상에 살아 있는 동안.

재:소(再訴)명-하다타 ①한 번 철회했거나 기각된 소송을 다시 제기함. ②'재기소(再起訴)'의 준말.

재소(齋所)명 ①재계(齋戒)를 하는 곳. ②불교에서, 밥을 먹는 곳을 이르는 말. 재장(齋場)

재:소난면(在所難免)성구 어떤 일에서 벗어나기가 어려움을 이르는 말.

재:소-자(在所者)명 ①소(所) 자가 붙는 기관이나 건물에 있는 사람. ②교도소에 갇혀 있는 사람. 재감자(在監者)

재:속(在俗)명 ①출가하지 아니하고 자기의 집에서 중처럼 불도를 닦는 일. ②불교에서, 사회에서 살아가는 일반 사람을 이르는 말. 재가(在家) ☞출가(出家)

재:송(再送)명-하다타 다시 보냄. ¶안내장을 -하다.

재:송(載送)명-하다타 차나 배 따위에 물건을 실어 보냄.

재:수(在囚)명 감옥에 갇혀 있음.

재:수(再修)명-하다타 한 번 배웠던 과정을 다시 공부함.

재수(財數)명 ①재물이 생길 운수. ②좋은 일이 생길 운수. ¶오늘은 -가 좋다./-가 없는 날.

속담 **재수가 불 일듯 한다**: 재수가 썩 좋아서 일이 뜻대로 잘 되어간다는 말./**재수가 옴 붙었다**: 재수가 지독하게 없다는 말./**재수 없는 포수는 곰을 잡아도 웅담이 없다**: 운수가 나쁜 사람은 무슨 일을 해도 모두 잘 안 된다는 뜻으로 하는 말.

재수=발원(財數發願)명 재수가 있기를 부처에게 비는 일.

재수=불공(財數佛供)명 재수 발원으로 올리는 불공.

재:수-생(再修生)명 한 번 배웠던 과정을 다시 공부하는 학생.

재:-수술(再手術)명-하다타 한 번 수술한 부위를 다시 수술함, 또는 그 수술.

재:-수습(再收拾)명-하다타 다시 수습함.

재:-수입(再輸入)명-하다타 가공(加工)이나 수선을 위하여 수출했던 물건을 다시 수입함. ☞역수입(逆輸入). 재수출(再輸出)

재:-수출(再輸出)명-하다타 가공(加工)이나 수선을 위하여 수입했던 물건을 다시 수출함. ☞역수출(逆輸出). 재수입(再輸入)

재:숙(再宿)명-하다자 이틀 밤을 묵음. 신숙(信宿)

재:순(再巡)명 ①두 번째 도는 차례. ②활쏘기를 할 때의 두 번째 돌림. 재회(再回) ☞삼순(三巡)

재스민(jasmine)명 ①물푸레나뭇과 재스민속의 덩굴나무와 관목을 통틀어 이르는 말. 200여 종이 있는데, 아열대나 열대 지방에 많음. 특유한 향내가 나는 노란 꽃 또는 하얀 꽃이 핌. ②재스민의 꽃에서 뽑아 낸 향유(香油).

재승덕(才勝德) '재주는 있으나 덕이 적음'의 뜻.

재승덕박(才勝德薄)성구 재주는 있으나 덕이 적음을 이르는 말.

재시(財施)명 불교에서 이르는 삼시(三施)의 하나. 재산과 입을 것과 먹을 것을 베푸는 일을 이르는 말. ☞무외시(無畏施). 법시(法施)

재:-시공(再施工)명-하다타 다시 시공함.

재:-시험(再試驗)명-하다타 시험을 다시 치름, 또는 다시 치르는 그 시험.

재식(才識)명 재주와 식견(識見)을 아울러 이르는 말.

재식(栽植)명-하다타 식물(植物)을 심어서 가꿈.

재식(齋式)명 재(齋)를 올리는 의식.

재식=농업(栽植農業)명 열대 또는 아열대 지방에서, 외국인이 자본과 기술을 제공하고, 원주민의 값싼 노동력으로 경영하는 대규모 농업 형태. 플랜테이션

재신(財神)명 '재록신(財祿神)'의 준말.

재:신(宰臣)명 재상(宰相)

재:-신문(再訊問)명 반대 신문이 끝난 다음에 증인을 신청한 당사자가 하는 신문.

재:실(再室)명 ①후처(後妻) ②헌 집을 헐어 낸 재목으로 지은 집.

재실(齋室)명 ①무덤이나 사당 옆에 제사를 지내려고 지은 집. 재각(齋閣) ②능(陵)이나 종묘(宗廟) 등에 제사 지내려고 지은 집. 재전(齋殿) ③지난날, 문묘(文廟)에서 유생들이 공부하는 집을 이르던 말.

재:심(再審)명-하다타 ①'재심사(再審査)'의 준말. ②확정된 판결에 대하여, 그 판결에 결함이 있다는 이유로 당사자나 청구권자가 다시 심리할 것을 요구하는 일, 또는 그 절차. ③삼심(三審) 제도에서, '제이심(第二審)'을 이르는 말. ☞초심(初審)

재:-심사(再審査)명-하다타 한 번 심사한 것을 다시 심사함. 준재심(再審)

재앙(災殃)명 사람이나 생물을 불행에 빠뜨리는 자연계의 이변이나 사고.

한자 재앙 앙(殃) 〔歹部 5획〕 ¶앙화(殃禍)/재앙(災殃)
재앙 액(厄) 〔厂部 2획〕 ¶액신(厄神)/액운(厄運)
재앙 재(災) 〔火部 3획〕 ¶수재(水災)/재난(災難)/재화(災禍)/천재(天災)/화재(火災)
재앙 화(禍) 〔示部 9획〕 ¶윤화(輪禍)/화근(禍根)

재액(災厄)명 재앙으로 겪게 되는 불행한 일. 준재(災) ☞재난(災難)

재:야(在野)명 ①공직에 나아가지 아니하고 민간에 있음. ¶-의 전문 인력을 정부의 요직에 기용하다. ②정치 활동에 나서지 아니하고 보통 사람으로 지냄. ¶- 중진을 당의 조직책으로 맞아들이다.

재:양(載陽)[1]명 명주나 모시 따위를 빨아 풀을 먹여서 반반하게 손질하여 말리거나 다리는 일. 준쟁

재양을 치다관용 재양치다

재:양(栽陽)[2] 명 -하다 자 절기가 비로소 따뜻해짐.
재:양-치다(載陽—) 타 명주나 모시 따위를 빨아 풀을 먹여서 재양틀이나 재양판에 펴 붙여 말리다. ㊅쟁치다
재:양-틀(載陽—) 명 재양치는 데 쓰는 틀. 가는 나무오리를 직사각형으로 결은 것으로, 풀을 먹인 명주나 모시 따위를 거기에 대어 켕기게 꿰어서 볕 바른 데 두고 말림. ㊅쟁틀
재:양-판(載陽板) 명 재양치는 데 쓰는 직사각형의 널빤지. 풀을 먹인 명주나 모시 따위를 펴 붙여서 볕바른 데 두고 말림.
재억(裁抑) 명 -하다 타 제재(制裁)하여 억누름.
재:언(再言) 명 -하다 자타 한 번 말한 일을 다시 말함.
재역(災疫) 명 자연계에 일어나는 이변과 악성 전염병.
재:연(再演) 명 -하다 타 ①한 번 상연했던 것을 다시 상연함. ②같은 극의 같은 역으로 다시 출연함. ¶그의 만년의 —은 대단한 인기였다./범인은 범행을 순순히 —했다.
재:연(再燃) 명 -하다 자 ①꺼졌던 불이 다시 타기 시작함. ②한동안 잠잠하던 일이 다시 문제가 되어 일어남. ¶분쟁이 —되다./주도권 다툼이 —되다.
재:염(再塩) 명 천일염을 물에 풀어서 다시 고아 만든 소금. 재제염(再製塩)
재:영(在營) 명 -하다 자 군인으로서 병영에서 복무함.
재예(才藝) 명 재능과 기예를 아울러 이르는 말.
재-올리다(齋—) 자 죽은 이의 넋을 극락으로 인도하기 위하여 불공하다.
재완(才腕) 명 재능 있는 수완(手腕).
재:외(在外) 앞말 ①외국에서 살고 있거나 머물러 있음을 뜻하는 말. ¶— 교포 ②외국에 있음을 뜻하는 말. ¶— 공관(公館)/— 자산(資産)
재:외=공관(在外公館) 명 외무부의 해외 파견 기관인 대사관·공사관·영사관 등을 통틀어 이르는 말.
재:외=자:산(在外資産) 명 정부나 법인, 또는 개인이 외국에서 가지고 있는 자산.
재:외=정:화(在外正貨) 명 정부나 중앙 은행이 국제 대차를 결제하기 위하여 외국의 중앙 은행에 맡겨 둔 정화.
재욕(財慾) 명 재물을 탐내는 욕심. 재물욕(財物慾)
재용(才容) 명 재주와 용모를 아울러 이르는 말.
재우 부 매우 재게. ¶손을 — 놀리다./발걸음을 — 떼다.
재:우(再虞) 명 장사지낸 뒤에 두 번째 지내는 제사. 우제(虞祭) ☞삼우(三虞)
재우다[1] 타 잠이 들게 하다. ¶아기를 —.
재우다[2] 타 거름을 잘 썩도록 손질하다.
재우다[3] 타 저미어 양념한 고기에 양념 맛이 배어들고 연해지도록 한동안 두다. ¶쇠갈비를 양념하여 —.
재-우리 명 나뭇재를 모아 두는 우리.
재우-치다 타 서둘러서 몰아치거나 재촉하다. ¶걸음을 —./일손을 —.
재운(財運) 명 재물을 모을 운수.
재원(才媛) 명 교양이 높고 재주가 있는 젊은 여자. ㊌재녀(才女) ☞재자(才子)
재원(財源) 명 ①어떤 사업에 필요한 자금(資金). ¶—을 확보하다. ②자금이 나오는 곳. 자금을 대는 곳.
재:위(在位) 명 ①-하다 자 임금의 자리에 있음. ②임금의 자리에 있는 동안. 어극(御極)
재:유(再由) 명 -하다 자 지난날, 관원이 말미를 두 번째 연기해 주기를 청하던 일.
재유(齋儒) 명 '거재유생(居齋儒生)'의 준말.
재:-음미(再吟味) 명 -하다 타 다시 음미함. ¶작품을 —하다.
재:의(再議) 명 -하다 타 ①두 번째 의논함, 또는 그 의논. ②의결한 사항을 다시 심의함.
재이(災異) 명 지진·태풍·해일·홍수 등 자연계에서 일어나는 재해와 이변.
재인(才人) 명 ①재주가 있는 사람. ②지난날, 재주를 넘거나 악기로 풍악을 치는 광대를 이르던 말.
재:인(再認) 명 -하다 타 ①한 번 인정한 것을 다시 인정함. ②'재인식(再認識)'의 준말.
재:-인식(再認識) 명 -하다 타 ①새로이 그것의 값어치를 인식함. ¶예사로이 보았던 것을 —하게 되다. ②새로이 고쳐 인식함. ¶사태가 심상치 아니함을 —하게 되다. ㊅재인(再認)
재일(齋日) 명 ①자기의 집에서 불법을 닦는 불자가 일정한 날에 몸과 마음을 깨끗이 하여 팔계(八戒)를 지키는 날. ②가톨릭에서, 단식재와 금육재를 지키는 날을 이르는 말.
재:-일차(再一次) 명 다시 또 한 번.
재:임(在任) 명 -하다 자 직무나 임지에 있음, 또는 그 동안.
재:임(再任) 명 -하다 자 이전과 같은 직무에 다시 임명됨. ¶회장에 —되다.
재:-입찰(再入札) 명 -하다 타 다시 입찰함, 또는 그 입찰.
재자(才子) 명 재주가 있는 젊은 남자. ☞재사(才士). 재원(才媛)
재자(齋者) 명 재(齋)를 올리러 온 사람.
재자-가인(才子佳人) 명 재주가 있는 젊은 남자와 아름다운 여자. 가인재자(佳人才子)
재자-거리다(대다) 자 자꾸 지저귀다. ☞지저거리다
재자-재자 부 자꾸 지저귀는 소리, 또는 그 모양을 나타내는 말. ☞지저지저
재:작(再昨) 명 '재작일(再昨日)'의 준말.
재작(裁作) 명 -하다 타 감을 말라서 옷 따위를 지음.
재작(裁酌) 명 -하다 타 스스로 판단하여 처리함. 재량(裁量). 재탁(裁度)
재:-작년(再昨年) 명 지난해의 전해. 그러께. 지지난해
재:-작일(再昨日) 명 어제의 전날. 그저께 ㊅재작(再昨)
재잘-거리다(대다) 자 ①가는 목소리로 자꾸 재깔거리다. ②참새 따위가 자꾸 지저귀다. ☞지절거리다
재잘-재잘 부 재잘거리는 소리, 또는 그 모양을 나타내는 말. ☞지절지절
재장(齋場) 명 ①재계(齋戒)를 하는 곳. ②불교에서, 밥을 먹는 곳을 이르는 말. 재소(齋所)
재:-장구치다(再—) 타 두 번째 서로 마주쳐 만나다.
재장-바르다(—바르고·—발라) 형르 무슨 일을 시작하기에 앞서 좋지 못한 일이 생기어 마음에 꺼림하다.
재재-거리다(대다) 자 수다스레 재잘거리다.
재재-재재 부 수다스레 재잘거리는 모양을 나타내는 말.
재재-하다 형여 재잘거리어 수선스럽다.
재:적(在籍) 명 -하다 자 ①학적·호적·병적 등의 적(籍)에 올라 있음. ¶이 학교에 —하는 학생. ②어떤 단체에 딸린 사람으로서 적을 두고 있음. ¶— 회원 전원이 찬성하다.
재적(材積) 명 목재나 석재의 부피.
재:적(載積) 명 -하다 타 실어서 쌓음. ¶원목을 —한 차.
재:적-생(在籍生) 명 학교에 적(籍)을 두고 있는 학생.
재:적-수(在籍數) 명 적을 두고 있는 사람의 수효.
재:전(在錢) 명 지난날, 셈을 하고 남은 돈을 이르던 말. 재문(在文)
재:전(再煎) 명 -하다 타 ①한 번 고고 난 찌끼를 다시 곰. ②재탕(再湯)
재전(齋殿) 명 재실(齋室)
재전(齋錢) 명 잿돈
재:-전과(再煎果) 명 과줄을 부수어 꿀과 기름에 반죽한 다음, 기름에 지지고 꿀에 담가 낸 과줄.
재:정(在廷) 명 ①지난날, 조정(朝廷)에서 일을 하는 것을 이르던 말. 재조(在朝) ②지금 법정에 나와 있음.
재:정(再訂) 명 -하다 타 책을 재판(再版)할 때, 초판의 잘못된 부분을 고치는 일.
재정(財政) 명 ①국가나 지방 자치 단체가 행정이나 정책을 수행하는 데 필요한 자금을 마련하여 관리하고 이용하는 경제 활동. ②개인·가정·단체 등의 경제 상태.
재정(裁定) 명 -하다 타 일의 옳고 그름을 따져서 결정함.
재정-가(財政家) 명 재정 사무의 처리에 밝은 사람.
재정=관세(財政關稅) 명 재정 수입을 목적으로 하여 부과하는 관세.
재정-권(財政權) [—꿘] 명 재정상의 수입을 올리기 위하여 행사하는 국가 권력.

재정-난(財政難)명 재정의 부족으로 말미암아 겪게 되는 어려움.
재정-범(財政犯)명 행정범의 한 가지. 재정법상의 의무에 위반하는 범죄나 그 범인.
재정-법(財政法)[-뻡]명 국가나 지방 자치 단체의 재정에 관한 법을 통틀어 이르는 말.
재정=보:증(財政保證)명 재산을 다루는 국가 공무원이나 회사원이 그 사무를 집행하다가 고의 또는 과실로 말미암아 재산에 손해를 끼쳤을 때, 그것을 신속히 보상하기 위한 조처로서의 보증.
재정=보:증인(財政保證人)명 재정 보증을 하는 사람.
재:-정비(再整備)명-하다타 다시 정비함.
재정=신청(裁定申請)명 고소 또는 고발한 사건에 대하여 검사가 결정한 불기소 처분에 불복할 경우, 고소인 또는 고발인이 정해진 기일 안에 고등 법원에 그 옳고 그름을 묻는 일.
재정=융자(財政融資)명 국가 재정으로 융자해 주는 일.
재정=인플레이션(財政inflation)명 재정 지출의 급팽창이나 재정 수입의 부족을 메우기 위해 지폐의 발행을 늘리거나 적자 공채를 발행함으로써 생기는 물가의 앙등.
재정=자:금(財政資金)명 국가 재정의 수입과 재정 지출로서, 국고(國庫)에서 다루는 모든 자금.
재정=재산(財政財産)명 재정 수입을 위하여 국가가 소유·관리하는 재산. 수익재(收益財)
재정-적(財政的)명 재정상으로 하는 것, 또는 재정에 관한 것. ¶-인 지원./-인 문제.
재:정=증인(在廷證人)명 미리 증인으로 호출되거나 소환된 것이 아니고, 우연히 또는 당사자와 동행하여 법정에 와 있는 사람 가운데서 정한 증인.
재정=투융자(財政投融資)명 국가가 하는 재정 자금의 투자와 융자를 통틀어 이르는 말.
재정=투자(財政投資)명 정부가 조세 수입 및 전매 사업 따위로 생긴 이익금을 공익 사업이나 공공 사업에 투자하는 일.
재정-학(財政學)명 국가 또는 지방 자치 단체의 재정에 대한 이론 및 정책을 연구하는 학문. 이재학(理財學)
재:제(再製)명-하다타 제품으로 만들어졌던 물건이나 못쓰게 된 물건을 가공하여 다른 제품으로 다시 만듦, 또는 다시 만들어진 그 물건. ¶헌 신문지로 -한 재생지./풀솜으로 -한 생사.
재:제-염(再製塩)명 천일염을 물에 풀어서 다시 고아 만든 소금. 재염(再塩)
재:제-주(再製酒)명 양조주나 증류주에 향료나 감미료, 색소 따위를 섞어서 빚은 술. 과실주·배갈 따위. 혼성주
재:조(再祚)명-하다자 왕위에서 물러났던 임금이 다시 왕위에 오름. 중조(重祚)
재:조(再造)명-하다타 다시 만듦.
재:조(在朝)명 재정(在廷)
재:-조사(再調査)명-하다타 다시 조사함.
재:-조정(再調整)명-하다타 다시 조정함.
재:조지은(再造之恩)명 거의 망하게 된 것을 구해 준 은혜.
재:-조직(再組織)명-하다타 다시 조직함.
재:종(再從)명 ①육촌이 되는 혈족. ②'재종 형제(再從兄弟)'의 준말.
재종(材種)명 재료나 자재의 종류.
재:종-간(再從間)명 육촌 형제 자매의 사이.
재:종=계수(再從季嫂)명 재종 제수(再從弟嫂)
재:종=고모(再從姑母)명 아버지의 육촌 누이. 재당 고모
재:종=고모부(再從姑母夫)명 재종 고모의 남편
재:종=대고모(再從大姑母)명 조부의 사촌 누이.
재:종=동서(再從-)명 남편의 재종 형제의 아내. 육촌 동서
재:종-매(再從妹)명 육촌 누이동생.
재:종=매부(再從妹夫)명 육촌 누이동생의 남편.
재:종-손(再從孫)명 ①종형제의 손자. ②남편의 종형제의 손자.
재:종=손녀(再從孫女)명 ①종형제의 손녀. ②남편의 종형제의 손녀.
재:종=손부(再從孫婦)명 재종손의 아내.
재:종=손서(再從孫壻)명 재종 손녀의 남편.
재:종-수(再從嫂)명 육촌 형제의 아내.
재:종-숙(再從叔)명 아버지의 육촌 형제. 재당숙
재:종=숙모(再從叔母)명 재종숙의 아내. 재당숙모
재:종=시누이(再從媤-)명 남편의 재종 자매.
재:종=시동생(再從媤*同生)명 남편의 재종제.
재:종=시숙(再從媤叔)명 남편의 재종형.
재:종-씨(再從氏)명 ①남에게 상대하여 자기의 '재종형'을 일컫는 말. ②남의 '재종 형제'를 높이어 일컫는 말.
재:종-자(再從姉)명 육촌 손윗누이. 육촌 언니.
재:종=자매(再從姉妹)명 육촌 자매.
재:종-제(再從弟)명 육촌 아우.
재:종=제수(再從弟嫂)명 재종제의 아내. 재종 계수
재:종-조(再從祖)명 재종 조부(再從祖父)
재:종=조모(再從祖母)명 재종 조부의 아내.
재:종=조부(再從祖父)명 조부의 종형제. 재종조
재:종-질(再從姪)명 ①육촌 형제의 아들. ②남편의 육촌 형제의 아들. 재당질(再堂姪)
재:종=질녀(再從姪女)명 ①육촌 형제의 딸. ②남편의 육촌 형제의 딸. 재당질녀(再堂姪女)
재:종=질부(再從姪婦)명 재종질의 아내. 재당 질부
재:종=질서(再從姪壻)[-써]명 재종 질녀의 남편. 재당 질서
재:종-형(再從兄)명 육촌 형.
재:종=형수(再從兄嫂)명 재종형의 아내.
재:종=형제(再從兄弟)명 육촌 형제. 준재종(再從)
재주명 ①무엇을 잘할 수 있는 타고난 슬기와 능력. ¶그림을 그리는 -가 뛰어나다. ②교묘한 솜씨나 기술.
속담 **재주(를) 넘다**관용 몸을 날려 머리를 아래로, 다리를 위로 하여 돌리면서 뛰어넘다.
재주(를) 부리다관용 ①묘한 기술을 몸놀림 등으로 나타내다. ¶침팬지가 -. ②속임수나 부정한 술책을 쓰다. ¶재주를 부려서 많은 재산을 모으다.

한자 **재주 기**(技)〔手部 4획〕¶기교(技巧)/기술(技術)
재주 술(術)〔行部 5획〕¶마술(魔術)/무술(武術)
재주 예(藝)〔艸部 15획〕¶예능(藝能)/예술(藝術)
재주 재(才)〔手部〕¶재기(才氣)/재능(才能)

재:주(在住)명-하다자 어떤 곳에서 머물러 삶.
재주(財主)명 재산이나 재물의 임자.
재주(齋主)명 재(齋)를 올리는 그 사람.
재:주=갑인자(再鑄甲寅字)명 1573년(조선 선조 6)에, 세종 때 만든 갑인자를 다시 부어 만든 동활자(銅活字). 활자는 남아 있지 않으나, '허난설헌집(許蘭雪軒集)' 등의 인쇄본이 전해짐. 계유자(癸酉字)
재주-껏부 있는 재주를 다하여. ¶네 - 해 보아라.
재주-꾼명 재주가 뛰어난 사람.
재:준(才俊)명 재주가 뛰어난 사람.
재:준(再準)명-하다타 재교(再校)
재:중(在中)명 '속에 들어 있음'의 뜻으로, 편지 봉투 겉에 쓰는 한문 투의 말. ¶이력서 -
재즈(jazz)명 19세기 말에 미국에서 생겨난 경쾌하고 활기가 넘치는 리듬의 대중 음악. 흑인 민속 음악과 유럽 음악이 융합되어 이루어진 것임.
재지(才智)명 재주와 슬기.
재지(災地)명 재해(災害)가 일어난 곳.
재:-지니(再-)명 '수지니' 중에서 길들인 지 두 해 되는 보라매를 이르는 말. ☞삼지니
재:직(在職)명-하다자 어떤 직무를 맡아 일함. ¶이 회사에 -한 지 20년이 된다. ☞재근(在勤). 재사(在社)
재:진(再診)명 두 번째 이후의 진찰. ☞초진(初診)
재질(才質)명 재주와 기질.
재질(材質)명 ①목재의 성질. ¶가벼운 -의 나무로 만든 상자. ②재료의 성질. ¶-이 치밀하다.
재:차(再次)명 두 번. 양도(兩度). 재도(再度) ¶-로 시

도하다./－의 부탁.
부 되처. 또다시 ¶－ 만나서 의논하다. ☞거듭
재-차비(齋差備)명 재(齋)를 올리는 절차.
재:창(再唱)명-하다자타 다시 노래부름. ¶응원가를 －하다.
재채기 명-하다자 코 안의 점막이 자극을 받아 코나 입으로부터 공기가 발작적으로 터져 나오는 일, 또는 그러한 현상. ☞기침
재:천(在天)명 ①하늘에 있음. 이 세상을 떠나 저 세상에 가 있음. ¶－의 영령(英靈). ②하늘에 달려 있음. ¶인명(人命)은 －이라.
재:-천:명(再闡明)명-하다타 다시 드러내어 밝힘.
재첩 명 재첩과의 민물조개. 조가비 지름은 2.5cm 안팎이고, 빛깔은 황갈색 또는 칠흑색을 띰. 난생(卵生)으로 먹을 수 있음. 가막조개
재:청(再請)명-하다타 ①다시 청함. ②회의에서, 다른 사람의 동의(動議)에 찬성하는 뜻으로 거듭 청하는 일.
재촉 명-하다타 ①하는 일을 빨리 끝내도록 죄침. ¶일꾼들을 －하다. ②받을 것을 어서 달라고 조름. ¶빚 －에 시달리다. ③일을 빨리 하기 위하여 서둚. ¶발걸음을 －하다. 최촉(催促)

한자 **재촉할 촉**(促)〔人部 7획〕¶독촉(督促)/촉구(促求)/촉성(促成)/촉진(促進)
재촉할 최(催)〔人部 11획〕¶최고(催告)/최촉(催促)

재촌=지주(在村地主)명 농지가 있는 곳에 거주하는 지주. ☞부재 지주(不在地主)
재최(齊衰)명 지난날, 오복(五服)의 하나. 재최친(齊衰親)의 상사(喪事)에 입던 복제(服制). 부모상에 삼 년, 조부모상에 일 년, 증조부모상에 다섯 달, 고조부모상에 석 달, 처상(妻喪)에 일 년 동안 입었음.
재최-부장기(齊衰不杖朞)명 상장(喪杖)을 짚지 않고 일 년 동안 입는 재최. 조부모상에 입음.
재최-장기(齊衰杖朞)명 상장(喪杖)을 짚고 일 년 동안 입는 재최. 처상(妻喪)에 남편이 입음.
재최-친(齊衰親)명 지난날, 상(喪)을 당하면 재최의 복(服)을 입던 친족.
재:축(再築)명-하다타 무너진 건축물 따위를 다시 세움.
재:-출발(再出發)명-하다자 어떤 일을 처음부터 다시 시작함.
재:취(再吹)명-하다타 지난날, 군대를 출동시킬 때 두 번째로 나발을 불던 일.
재:취(再娶)명-하다타 아내를 여의고 다시 장가듦, 또는 다시 맞아들인 그 아내. 계취(繼娶). 후취(後娶)
재치(才致)명 일의 형편에 맞추어, 눈치 빠르고 날렵하게 따르는 재주. ¶－ 있게 대답하다.
재:침(再侵)명-하다타 다시 침범함.
재킷(jacket)명 ①양복 웃옷의 한 가지. 기장이 짧고, 보통 앞이 터져 있음. ②음반(音盤)이나 책 등의 거죽을 싸는 물건. 종이나 비닐 따위로 만듦.
재탁(裁度)명-하다타 재량(裁量)
재:탄(滓炭)명 잘게 부스러진 숯.
재:-탈환(再奪還)명-하다타 빼앗았다가 빼앗긴 것을 도로 빼앗음. ¶고지를 －하다.
재:탕(再湯)명-하다타 ①한 번 달여 낸 약재 등을 다시 달이는 일, 또는 다시 달인 탕약. 재전(再煎) ②한 번 썼던 수단이나 방편 따위를 다시 쓰는 것을 비유하여 이르는 말. ¶오늘 강의는 지난 주 강의의 －이다.
재:택=근:무(在宅勤務)명 회사에 출근하지 않고 자기 집에서 회사의 업무를 맡아보는 일. ☞소호(SOHO)
재-테크(財tech)명 기업의 영업 외 활동으로서, 자금을 조달하고 그것의 운용을 효율화하기 위하여 고도(高度)의 기술적 수단이나 방법을 쓰는 일. '재무 테크놀로지(財務technology)'가 줄어든 말.
재:통(再痛)명-하다자 나았던 병이 재발하여 다시 앓음.
재:-통일(再統一)명-하다타 하나로 되었다가 갈라진 것을 다시 통일함.
재:-투자(再投資)명 단순 재생산을 하기 위하여 투하되는 자본. 자본의 소모 부분을 보충하기 위한 것임.
재-티 명 불에 탄 재의 티끌.
재-판(－板)명 사랑방에 깔아 놓는 두꺼운 유지(油紙)나 널빤지로 만든 물건. 그 위에 화로·재떨이·타구·담배통 따위를 벌여 놓음.
재:판(再版)명-하다타 ①한 번 낸 인쇄물을 두 번째 박아 내는 일, 또는 그 인쇄물. ☞중판(重版). 초판(初版) ②과거의 어떤 일이 다시 되풀이되는 것을 비유하여 이르는 말. ¶지난번 사고의 －이다.
재판(裁判)명-하다타 ①옳고 그름을 헤아려 판단함. ②소송 사건에 대하여 법률에 따라 국가 기관인 법원 또는 법관이 내리는 공권적(公權的) 판단.
재판-관(裁判官)명 ①헌법 재판소의 구성원을 이르는 말. ②'법관(法官)'을 일반적으로 이르는 말.
재판=관할(裁判管轄)명 법률에서, 여러 법원 사이의 재판권을 분장(分掌)시키는 규정을 이르는 말. 곧 한 법원이 다른 법원과의 관계에서 정한 직무의 범위를 이름.
재판-권(裁判權)[－꿘]명 법원이 사건 또는 사람에 대하여 행사할 수 있는 권한.
재판-서(裁判書)명 재판의 내용을 적은 문서.
재판-소(裁判所)명 ①헌법 재판소 ②'법원'의 구용어.
재판-장(裁判長)명 합의제 법원에서 합의체를 대표하는 법관.
재판-적(裁判籍)명 민사 소송에서, 소송 당사자의 견지에서 본 재판 관할을 이르는 말.
재판-정(裁判廷)명 법정(法廷)
재판=청구권(裁判請求權)[－꿘]명 헌법에 규정된 국민의 권리의 하나. 법률에 따른 재판을 청구할 수 있는 권리.
재:편(再編)명-하다타 '재편성(再編成)'의 준말.
재:-편성(再編成)명-하다타 다시 편성함, 또는 그 편성. ¶방송 프로그램을 －하다. 준재편(再編)
재:-평:가(再評價)[－까]명 ①-하다타 다시 평가함, 또는 그 평가. ¶사후(死後)에 －되다. ②'자산 재평가(資産再評價)'의 준말.
재품(才品·才稟)명 재주와 품격.
재필(才筆)명 ①시문(詩文)을 짓는 뛰어난 재능, 또는 그런 재능을 가진 사람. ②뛰어난 문장.
재:하-자(在下者)명 어른을 섬기는 처지에 있는 사람.
재학(才學)명 재주와 학식.
재:학(在學)명-하다자 학교에 적을 두고 공부함. ¶－ 중에 군대에 입대하다.
재:학-생(在學生)명 학교에 적을 두고 공부하는 학생.
재:할(宰割)명-하다자 일을 책임지고 맡아서 처리함.
재:-할인(再割引)명-하다타 은행 등 금융 기관이 운영 자금이 부족할 때 자기 은행에서 할인한 어음을 중앙 은행이나 다른 금융 기관에 의뢰하여 다시 할인을 받아 자금을 조달하는 일.
재:-항:고(再抗告)명-하다자 항고 법원의 결정과 고등 법원 및 항소 법원의 결정이나 명령이 헌법·법률·명령·규칙 등에 위반된다는 이유로 하는 항고.
재:-항:변(再抗辯)명-하다자 피고의 항변에 대하여 원고가 다시 그 이유가 타당하지 않음을 주장하는 항변.
재해(災害)명 재앙으로 말미암은 피해.
재해=보:상(災害補償)명 근로자가 업무로 말미암아 재해를 입었을 때 근로 기준법에 따라 이루어지는 보상.
재해-자(災害者)명 재해를 입은 사람.
재해-지(災害地)명 재해를 입은 곳.
재:행(再行)명-하다자 재래식 혼례에서, 혼인한 뒤에 신랑이 처음으로 처가(妻家)에 가는 일. ☞초행(醮行)
재:향(在鄕)명-하다자 고향에 있음.
재:향=군인(在鄕軍人)명 현역(現役)에서 물러나 고향에 돌아와 있으면서 비상시에 소집되어 국방의 임무를 맡는 예비역인 군인. 준향군(鄕軍)
재허(裁許)명-하다타 재결(裁決)하여 허가함.
재:현(再現)명-하다자타 ①다시 나타남, 또는 다시 나타냄. ¶100년 전의 서울 거리가 －되다./사고 당시의 상

황을 －하다. ②재생(再生)

재:혼(再婚)[명]-하다[자] 다시 혼인함, 또는 그 혼인. ☞재가(再嫁). 초혼(初婚)

재화(才華)[명] 빛나는 재주.

재화(災禍)[명] 재앙과 화난(禍難).

재화(財貨)[명] ①재물(財物) ②사람의 욕망을 만족시키는 물질. [준]재(財)

재:화(載貨)[명]-하다[자] 차나 선박 따위에 화물을 싣는 일, 또는 그 화물.

재:화=흘수선(載貨吃水線)[－쑤－][명] 선박에 짐을 최대 한으로 실었을 때의 흘수선.

재:-확인(再確認)[명]-하다[타] 다시 확인함.

재환(災患)[명] 재앙과 우환(憂患).

재:활(再活)[명]-하다[자] 심신의 장애를 극복하고 생활이나 활동을 다시 시작함.

재:-활용(再活用)[명]-하다[타] 다 쓰거나, 안 쓰거나, 못 쓰게 된 물건을 다시 쓰거나 다른 데 씀.

재:활=의학(再活醫學)[명] 장애자에게 정상적인 사회 생활을 할 수 있도록 치료나 훈련 등을 통하여 심신 장애의 기능을 최대한 회복시켜 주는 의학의 한 분야. 리허빌리테이션(rehabilitation)

재:회(再回)[명] 재순(再巡)

재:회(再會)[명]-하다[자] 오랫동안 헤어져 있던 사람과 다시 만남. ¶동생과 10년 만에 －하다./－를 약속하다.

재회(齋會)[명]-하다[자] ①중들이 모여 경을 읽고 불공하여 죽은 사람을 제도(濟度)하는 일. ②불교에서, 신도들이 모여 중을 공양하는 일. ③조선 시대, 재임(齋任)들이 일을 의논하기 위하여 모이던 일, 또는 그 모임.

재:흥(再興)[명]-하다[자타] 한 번 흥하였다가 쇠한 것이 다시 일어남, 또는 일어나게 함. ☞부흥(復興)

잭(jack)[명] ①무거운 것을 밑에서 받쳐 들어올리는 기구. 기중기의 한 가지로, 기어·나사·유압(油壓) 등을 이용함. ②플러그를 꽂아 전기를 접속시키는 장치.

잭나이프(jackknife)[명] 접었다 폈다 할 수 있게 만든 주머니칼.

잰지[명] '국자가리비'의 딴이름.

잴잴[부] 작은 구멍이나 틈으로 액체나 잔 알갱이 따위가 조금씩 계속 흘러내리는 모양을 나타내는 말. ¶바위 틈으로 샘물이 － 흐르다./침을 － 흘리는 아이. ☞질질

잼(jam)[명] 과일에 설탕을 넣고 졸여 만든 저장 식품.

잼버리(jamboree)[명] 보이스카우트의 대회. 흔히 캠핑·작업·경기 등을 함.

잽(jab)[명] 권투에서, 팔을 수평으로 뻗으면서 가볍게 상대편을 치는 공격법.

잽-싸다[형] 매우 재고도 날쌔다. ¶잽싸게 낚아채다.

잿-간(－間)[명] 거름으로 쓸 재를 모아 두는 헛간.

잿-길[명] 재에 나 있는 길. 재를 오르내리는 길.

잿-날(齋－)[명] 불교에서, 염불(念佛)·설법(說法) 등을 하며 정진하는 날.

잿-더미[명] ①재가 쌓인 무더기. ②불에 타서 재만 남은 자리. ¶화재로 －가 되다.

잿-독[명] 잿물을 내릴 재를 모아 두는 독.

잿-돈(齋－)[명] 지난날, 초상계(初喪契)에서 재가 난 때에 상비(喪費)로 보내던 돈. 재(齋)[2]. 재전(齋錢)

잿-모[명] 재로 거름을 한 못자리에 심는 모.

잿-물[1][명] ①재를 우려낸 물. 알칼리성으로 세정(洗淨) 작용이 있어 빨래에 쓰임. ②'양잿물'의 준말.

잿물(을) 내리다[관용] 시루에 재를 안치고 물을 부어 잿물이 흘러 내리게 하다.

잿-물[2][명] 도자기의 몸에 덧씌우는 약. 도자기에 기체나 액체가 스며들지 못하게 하고 표면에 윤이 나게 함. 유약(釉藥) ¶－을 입혀 구운 오지그릇.

잿물-시루[명] 잿물을 내리는 데에 쓰는 시루.

잿-박[명] 거름으로 쓸 재를 담는 그릇.

잿-밥(齋－)[명] 불공을 드릴 때 부처 앞에 올리는 밥.

잿-방어(－魴魚)[명] 전갱잇과의 바닷물고기. 몸길이는 150cm 안팎이며 모양은 방추형으로 통통함. 몸빛은 등 쪽이 자색을 띤 청색이고 배 쪽은 연한 빛깔임. 머리 앞쪽에서 뒤쪽에 걸쳐 진한 빛깔의 '八'자 모양의 무늬가 있음. 우리 나라와 일본, 타이완 근해에 분포함.

잿-밭[명] 장기판의, 앞으로 맨 끝줄의 말밭.

잿-불[명] 재 속에 남아 있는 불.

잿-빛[명] 재와 같은 빛깔. 회색(灰色)

쟁:[명] '재양(載陽)[1]'의 준말.

쟁(箏)[명] 국악기 사부(絲部) 현악기의 한 가지. 열석 줄로 이루어졌고, 공명관(共鳴管)은 오동나무로 되어 있음.

쟁강[부] 얇은 쇠붙이 따위가 단단한 물체에 가볍게 부딪치거나 부러질 때 나는 소리를 나타내는 말. ☞쟁정

쟁강-거리다(대다)[자타] 자꾸 쟁강 소리가 나다, 또는 그런 소리를 내다. ☞쟁정거리다. 쨍강거리다

쟁강-쟁강[부] 쟁강거리는 소리를 나타내는 말. ☞쟁정쟁정. 쨍강쨍강

쟁개비[명] 무쇠나 양은으로 만든 작은 냄비.

쟁공(爭功)[명]-하다[자] 공로를 두고 서로 다툼.

쟁괴(爭魁)[명]-하다[자] 서로 두목이 되려고 다툼.

쟁권(爭權)[－꿘][명]-하다[자] 권리나 권세를 두고 다툼.

쟁그랍다(쟁그랍고·쟁그라워)[형][ㅂ] 하는 짓이 징그러울 정도로 깜찍하다. ☞장그랍다. 징그럽다

쟁그랑[부] 얇고 동근 쇠붙이 따위가 단단한 물체에 떨어져 울릴 때 나는 소리를 나타내는 말. ☞쟁그렁. 쨍그랑

쟁그랑-거리다(대다)[자타] 자꾸 쟁그랑 소리가 나다, 또는 그런 소리를 내다. ☞쟁그렁거리다. 쨍그랑거리다

쟁그랑-쟁그랑[부] 쟁그랑거리는 소리를 나타내는 말. ☞쟁그렁쟁그렁. 쨍그랑쨍그랑

쟁글쟁글-하다[형][여] 매우 쟁그랍다. ☞장글장글하다. 징글징글하다

쟁기[명] 농기구의 한 가지. 마소에 끌려 논밭을 가는 데 쓰임. 쟁깃술·성에·한마루의 세 부분을 삼각형으로 맞춘 것으로, 술바닥에 보습을 꽂아 땅을 갈게 되어 있음. ☞겨리. 호리. 극젱이

쟁기-날[명] 쟁기의 날. 보습

쟁기-뢰(－耒)[명] 한자 부수(部首)의 한 가지. '耕'·'耙' 등에서 '耒'의 이름.

쟁기-질[명]-하다[자] 쟁기로 논밭을 가는 일.

[속담] **쟁기질 못하는 놈이 소 탓한다**: 무엇을 잘할 줄 모르는 사람일수록 핑계가 많음을 이르는 말.

쟁깃-밥[명] 쟁기질할 때, 쟁기날에 깎이어 나오는 흙.

쟁깃-술[명] 쟁기의 몸 아래로 비스듬히 벋어 나간 나무. 그 끝에 보습을 맞추는 넓적하고 삐죽한 바닥이 있음. [준]술[2] ☞술바닥

쟁단(爭端)[명] 싸움이 벌어지는 실마리.

쟁두(爭頭)[명]-하다[자] ①무슨 일을 할 때 서로 먼저 하기를 다툼. ②내기에서 끗수가 같을 때 다른 방법을 써서 이기고 짐을 겨루는 일.

쟁론(爭論)[명]-하다[자] 서로 다투어 토론함, 또는 그 토론. ¶－을 벌이다.

쟁반(錚盤)[명] 운두가 낮고 바닥이 판판한 그릇. 흔히, 음식 그릇 따위를 받쳐 드는 데 쓰임.

쟁변(爭辯)[명]-하다[자] 자기의 옳음을 주장하고 상대편의 잘못을 지적하여 논박함.

쟁선(爭先)[명]-하다[자] 서로 앞서기를 다툼.

쟁소(爭訴)[명]-하다[자] 쟁송(爭訟)

쟁송(爭訟)[명]-하다[자] 송사(訟事)로 서로 다툼. 쟁소

쟁신(諍臣·爭臣)[명] 임금의 잘못에 대하여 직언으로 간(諫)하는 신하.

쟁심(爭心)[명] 남과 다투거나 겨루려고 하는 마음.

쟁영(崢嶸)[어기] '쟁영(崢嶸)하다'의 어기(語基).

쟁영-하다(崢嶸－)[형][여] 산이 높고 가파르다.

쟁우(諍友·爭友)[명] 벗의 잘못에 대하여 바른말로 충고하는 벗. ☞쟁자(諍子)

쟁의(爭議)[명] ①-하다[자] 서로 자기의 의견을 주장하여 다툼. ②'노동 쟁의(勞動爭議)'의 준말.

쟁의-권(爭議權)[－꿘][명] 근로자가 사용자에 대하여, 근로 조건 등에 관한 주장을 관철하기 위하여 동맹 파업

ㅈ

이나 태업 등의 행위를 할 수 있는 권리.

쟁의=행위(爭議行爲)명 노동 관계의 당사자가 자기 주장을 관철하기 위하여 업무의 정상적 운영을 저해하는 행위. 동맹 파업, 태업, 직장 폐쇄 따위.

-쟁이 접미 일이나 짓을 하는 사람을 낮잡아 이름. ¶고집쟁이/멋쟁이/무식쟁이/욕심쟁이/점쟁이 ☞-장이

쟁이다 타 물건을 차곡차곡 포개어 놓다. ¶찬합에 육포를 쟁여 담다. 준 재다[4]

쟁자(諍子·爭子)명 어버이의 잘못에 대하여 바른말로 간(諫)하는 아들. ☞쟁우(諍友)

쟁장(錚匠)명 조선 시대, 군기시(軍器寺)에 딸리어 징이나 꽹과리 만드는 일을 맡아보던 사람.

쟁쟁(琤琤)어기 '쟁쟁(琤琤)하다'의 어기(語基).

쟁쟁(錚錚)어기 '쟁쟁(錚錚)하다'의 어기(語基).

쟁쟁-하다(琤琤—)형여 ①옥 따위의 울리는 소리가 매우 맑고 또렷하다. ②전에 들었던 소리가 잊히지 않고 귀에 울리는듯 하다. ¶그녀의 노랫소리가 아직도 귀에 —.

쟁쟁-히 부 쟁쟁하게

쟁쟁-하다(錚錚—)형여 ①쇠붙이 따위가 맞부딪쳐 나는 소리가 맑고 울림이 좋다. ②여럿 가운데서 두드러지게 뛰어나고 이름이 널리 알려져 있다. ¶각계의 쟁쟁한 명사들이 모인 자리.

쟁쟁-히 부 쟁쟁하게

쟁점(爭點)[—쩜]명 쟁송(爭訟)이나 논쟁(論爭) 따위의 중심이 되는 점. ¶주요한 —으로 떠오르다.

쟁:첩 명 나물·조림·구이·마른반찬 따위 반찬을 담아 상에 놓는 그릇. 운두가 낮고 오긋하며 뚜껑이 딸려 있음. ☞반상기(飯床器)

쟁취(爭取)명-하다타 싸워서 빼앗아 가짐. 겨루어 이겨서 얻음. ¶주권을 —하다./선수권을 —하다.

쟁:-치다 타 '재양치다'의 준말.

쟁탈(爭奪)명-하다타 빼앗으려고 서로 다툼.

쟁탈-전(爭奪戰)명 빼앗으려고 서로 다투는 싸움.

쟁투(爭鬪)명-하다자 서로 다투면서 싸움.

쟁:퉁이 명 ①가난에 쪼들리거나 하여, 마음이 옹졸하고 비꼬인 사람을 얕잡아 이르는 말. ②잘난체 하고 거만을 떠는 사람을 같잖게 여겨 이르는 말.

쟁:-틀 명 '재양틀'의 준말.

쟁패(爭霸)명-하다타 ①패권(霸權)을 다툼. ②우승을 다툼.

쟤: 준 '저 아이'가 줄어든 말. ¶—를 좀 봐라. ☞걔. 얘

쟨: 준 '저 아이는'이 줄어든 말. ¶— 어때?

쟬: 준 '저 아이를'이 줄어든 말. ¶— 따라가라.

저[1] 명 대롱을 가로로 하여 부는 피리를 통틀어 이르는 말. 적(笛). 횡적(橫笛)

저[2] 대 ①'나'의 겸양어. 조사 '-가'가 붙을 경우에는 '제'가 됨. ¶—는 학생입니다./전 싫어요./절 따라 하세요./제가 하겠습니다. ②'자기(自己)'의 낮춤말. 조사 '-가'가 붙을 경우에는 '제'가 됨. ¶—도 싫은 일을 누구에게 맡기겠나?/제가 뭐라고 잘난체를 꽤 한다. ☞제[1]

속담 **저 먹자니 싫고 남 주자니 아깝다**: 자기는 싫지만 남에게 주기도 아깝다는 뜻으로, 몹시 인색하고 욕심 많은 마음씨를 이르는 말.

저[3] 대 '저것'의 준말. ¶—를 어쩌나.

저[4] 관 말하는 이와 듣는 이 모두가 볼 수 있을 만큼 가까운 곳에 있는 사람이나 사물을 가리킬 때 쓰는 말. ¶—사람을 좀 보게나./— 바다 건너에 있는 나라. ☞조[2]

속담 **저 건너 빈터에서 잘살던 자랑 하면 무슨 소용 있나**: 과거에 잘살던 이야기를 아무리 해도 소용이 없음을 비웃는 말.

> ▶ **관형사+의존 명사**
> 관형사 '이·그·저'에 의존 명사 '분·이·쪽·편'을 붙여 한 단어로 만든 말들.
> ① 인칭 대명사로 ¶이분/그분/저분/이이/그이/저이
> ② 방향을 가리키는 명사로 ¶이쪽/그쪽/저쪽
> ③ 편짝을 가리키는 명사로 ¶이편/저편

한자 저 피(彼)〔彳部 5획〕¶지피지기(知彼知己)/피안(彼岸)/피차(彼此)

저:[5] 감 ①생각이 얼른 나지 않아, 기억을 더듬거나 할 때 하는 군말. ¶—, 우리가 처음 만난 게 언제지? ②말을 꺼내기가 거북하여, 망설일 때 하는 군말. ¶—, 부탁 좀 드려도 될까요?

저(氐)명 '저수(氐宿)'의 준말.

저(箸·筯)명 젓가락

저(著)의 '저술(著述)'·'저작(著作)'의 뜻. ¶지석영(池錫永) —로 된 자전석요(字典釋要).

저:(低)-《접두사처럼 쓰이어》'낮은'의 뜻을 나타냄. ¶저금리(低金利)/저기압(低氣壓)/저물가(低物價)/저임금(低賃金) ☞고(高)-

저:가(低價)[—까]명 시세보다 헐한 값. 싼값. 염가(廉價) ☞고가(高價)

저:간(這間)명 그 동안. 그 당시. 요즈음 ¶그를 통해 —의 사정을 알게 되었다.

저간(猪肝)명 한방에서, '돼지의 간'을 약재로 이르는 말. 어린아이의 경간(驚癎)이나 어른의 각기(脚氣)·대하증(帶下症) 따위에 쓰임. ▷ 猪의 본자는 豬

저:감(低減)명-하다타 낮추어 줄임.

저-거 대 '저것'의 준말. ☞조거

저-거시기 감 말을 하다가 생각이 잘 나지 않을 때 내는 군소리. ¶—, 어디 산다고 했지?

저-건 준 '저것은'의 준말. ¶— 또 뭐지? ☞조건

저-걸 준 '저것을'의 준말. ¶내가 — 가질게. ☞조걸

저걸-로 준 '저것으로'의 준말. ¶이걸로 해 보고 나서 —하자. ☞조걸로

저-것 대 ①말하는 이와 듣는 이 모두가 볼 수 있을 만큼 떨어져 있는 물건을 가리킬 때 쓰는 말. ¶—도 팔 물건입니까? ②아직 말하지 않았거나, 알려져 있지 않은 사물을 가리키는 말. ¶그것 — 다 귀찮다. ③'저 사람'을 얕잡아 이르는 말. ④'저 아이'를 귀엽게 이르는 말. ¶—을 가여워서 어떡하나? 준 저[3]. 저거 ☞조것

저-게 준 '저것이'의 준말. ¶— 웬 날벼락이냐? ☞조게

저:격(狙擊)명-하다타 어떤 대상을 노리어 잘 겨누고 쏨. ¶—병/—수

저고리 명 ①재래식 한복에서, 윗도리에 입는 겉옷의 한 가지. 길·소매·섶·깃·동정·고름 등으로 되어 있음. ☞겹저고리. 핫저고리 ②'양복저고리'의 준말.

저고릿-바람 명 제대로 갖추어 입지 않고 나선 차림새. ☞치맛바람

저:곡(貯穀)명-하다타 곡식을 쌓아 둠, 또는 그 곡식.

저-곳 대 저기

저:공(低空)명 땅에 가까운 공중. ¶—으로 비행하다. ☞고공(高空)

저:공=비행(低空飛行)명 비행기가 땅 가까이 아주 낮게 떠서 나는 일. ☞고공 비행(高空飛行)

저광-수리 명 수릿과의 겨울 철새. 몸길이 60～70cm, 몸빛은 등이 엷은 갈색이고 꼬리에는 길고 뚜렷한 줄무늬가 있음. 개활지나 논 등에 살며, 우리 나라와 중국 동북부, 인도 북부 등지에 분포함. 큰말똥가리

저광이 명 올벼의 한 가지. 까끄라기가 짧고 빛깔이 검누른 품종으로, 이른봄에 심음.

저구지교(杵臼之交)성구 절굿공이와 절구통의 사귐이란 뜻으로, 귀천(貴賤)을 가리지 않고 사귀는 일을 비유하여 이르는 말.

저군(儲君)명 ①왕세자(王世子) ②황태자(皇太子)

저궁(儲宮)명 ①왕세자(王世子) ②황태자(皇太子)

저:극(低極)명 기온이나 그 밖의 기상 요소가 장기간에 걸쳐 나타낸 최저치(最低值). ☞고극(高極)

저근백피(樗根白皮)명 한방에서, '가죽나무의 뿌리 껍질'을 약재로 이르는 말. 이질이나 대하 따위에 쓰임.

저글(juggle)명 ①야구에서, 공을 꼭 잡지 못하여 글러브 안에서 튀기는 일. ②핸드볼에서, 공중의 공에 두 번 잇달아 손이 닿는 반칙.

저:금(貯金)명-하다타 ①돈을 모아 둠, 또는 그 돈. ②돈

을 금융 기관 등에 맡기어 저축함. 또는 그 돈.
저:-금리(低金利)명 저리(低利). 혈변(歇邊)
저:금리=정책(低金利政策)명 정부 또는 중앙 은행이 주로 금융을 완화하고, 유통 화폐량과 대부 신용량을 늘리려고 금리를 실제 금리보다 낮추는 정책.
저:금-통(貯金筒)명 돈을 넣어 모아 둘 수 있게 만든 통.
저:금=통장(貯金通帳)명 '예금 통장'을 흔히 이르는 말.
저:급(低級)명-하다형 ①가치·등급·품질 따위의 수준이 낮음, 또는 그런 수준. ¶회화 실력은 —이다./— 상품 ②내용이나 성질 따위가 깊이나 품위가 없이 천박함. ¶—한 문화./책의 내용이 —하다. ☞고급(高級)
저:급=개:념(低級概念)명 논리학에서, 다른 개념보다 적은 외연(外延)을 가진 개념. 하위 개념(下位概念) ☞고급 개념
저:급=언어(低級言語)명 컴퓨터의 프로그래밍 언어 가운데서 컴퓨터 사용자 쪽에서보다 컴퓨터 쪽에서 사용이 편리한 언어. 기계어, 어셈블리어 따위. ☞고급 언어
저:급=화:약(低級火藥)명 폭발력이 약한 화약.
저기대 ①말하는 사람이나 듣는 사람으로부터 멀리 떨어져 있는 곳을 가리키는 말. 저곳 ¶—가 우리 집이다./—에 학교를 세울 계획이다. ②〔부사처럼 쓰임〕 저곳에. ¶— 피어 있는 꽃이 무슨 꽃이지? 준제 ☞거기. 여기. 조기²
저기(沮氣)명-하다자 두려워서 기운이 움츠러듦. 축기(縮氣)
저:-기압(低氣壓)명 ①어떤 지역의 기압이 주위보다 낮은 것. ☞고기압(高氣壓) ②분위기가 가라앉아 있거나 기분이 좋지 않은 상태를 비유하여 이르는 말. ¶저녁 내내 아버지께선 —이시다.
저-까지로부 겨우 저만 한 정도로. ¶— 겁낼 사람이 아니다. ☞조까지로
저-까짓관 겨우 저만 한 정도의. ¶— 것을 못 들어? 준 저깟 ☞조까짓
저-깟관 '저까짓'의 준말. ☞조깟
저-나마부 저것마저. 저것이나마. ¶— 없으면 큰일이다. ☞조나마
저:냐명 고기·생선·채소 따위를 얇게 저미거나 다져서 소금과 후추로 간을 하고 밀가루를 묻히고 달걀을 풀어 씌워 기름에 지진 음식. 전(煎). 전유어(煎油魚). 전유화(煎油花)
저냥부 저 모양대로. 저대로 줄곧. ¶— 내버려두어선 큰 일나겠다. ☞조냥
저:널리스트(journalist)명 저널리즘과 관련된 일을 하는 사람. 신문·방송의 편집자·기자·통신원 등.
저:널리즘(journalism)명 신문·방송 등에서 시사 문제를 보도·해설·비평을 하는 활동, 또는 그 사업.
저-네대 저 사람들. ¶—들도 우리 게 사람들이다.
저녁명 ①해가 질 무렵부터 밤이 되기까지의 사이. ¶—에 돌아오다. ②'저녁밥'의 준말. ¶—을 짓다.
저녁(을) 하다관용 저녁 끼니를 짓다.
속담 **저녁 굶은 시어미 상(相)** : 못마땅하여 얼굴을 잔뜩 찌푸리고 있는 모양을 이르는 말./**저녁 먹을 것은 없어도 도둑 맞을 것은 있다** : 아무리 가난하여도 도둑은 맞는다는 말.

한자 **저녁 석(夕)** 〔夕部〕 ¶석간(夕刊)/석경(夕景)/석반(夕飯)/석양(夕陽)/석조(夕潮)/조석(朝夕)

저녁-거리명 저녁밥을 지을 거리.
저녁-곁두리[-곁-]명 점심밥과 저녁밥 사이에 곁두리로 먹는 음식.
저녁-나절명 해가 지기 전의 한동안. 석양(夕陽) ☞아침나절
저녁-내부 저녁 내내. 저녁 동안 줄곧. ¶— 비가 내리다. ☞아침내
저녁-노을명 해질녘에 서쪽 하늘이 벌겋게 물들어 보이는 현상. 저녁에 끼는 노을. 만하(晩霞). 석하(夕霞). 잔조(殘照) 준저녁놀 ☞아침노을
저녁-놀명 '저녁노을'의 준말. ☞아침놀
저녁-때명 ①저녁 무렵. 석경(夕景) ②저녁밥을 먹는 때. ¶늦어도 —까지는 들어와라. ☞아침때
저녁-뜸명 해안 지방에서, 바닷바람이 뭍바람으로 바뀌는 저녁 무렵에 한때 바람이 자는 현상. ☞아침뜸
저녁-매미명 '쓰르라미'의 딴이름.
저녁-밥명 저녁 끼니로 먹는 밥. 석반(夕飯) 준저녁
저녁-상:식(-上食)명 상가(喪家)에서, 저녁때마다 궤연 앞에 차려 올리는 음식. 석상식(夕上食) ☞아침상식
저녁-석(-夕)명 한자 부수(部首)의 한 가지. '外'·'夜' 등에서 '夕'의 이름.
저녁-쌀명 저녁밥을 지을 쌀. ☞아침쌀
저:능(低能)명-하다형 지능이 보통 수준보다 낮음.
저:능-아(低能兒)명 지능이 보통 수준보다 낮은 아이.
저다지부 저러한 정도로까지. 저렇게까지. 저리도 ¶어쩌면 —도 미련할까? ☞조다지
저:달(抵達)명-하다자 목적한 곳에 다다름.
저담(猪膽)명 한방에서, 돼지 쓸개를 약재로 이르는 말. 번갈(煩渴)·안질 등에 쓰임.
저:당(抵當)명-하다타 동산(動産)이나 부동산을 채무의 담보로 잡거나 잡히는 일. ¶집을 — 잡히다.
저:당-권(抵當權)[-꿘]명 담보 물권의 한 가지. 채권자가 채무의 담보로 제공된 목적물에 대하여 다른 채권자에 우선하여 변제받을 수 있는 권리.
저:당권=설정(抵當權設定)[-꿘-쩡]명 저당권에 관해서 법적 절차를 밟는 일. 당사자 사이의 합의와 등기에 따라서 성립함.
저:당-물(抵當物)명 저당 잡거나 저당 잡힌 물건.
저:당=채:권(抵當債券)[-꿘]명 원금과 이자의 청구권이 저당권이 붙은 채권으로 보증되는 유가 증권.
저:대(著大)어기 '저대(著大)하다'의 어기(語基).
저-대로부 저 모양으로 변함없이. 저것과 같이. ¶— 놔두어라. ☞조대로
저:대-하다(著大-)형여 두드러지게 크다.
저:도(低度)명 낮은 정도. ☞고도(高度)
저돌(猪突·豬突)명-하다자 멧돼지처럼 앞뒤를 헤아리지 않고 마구 내닫거나 덤빔. 시돌(豕突)
저돌-적(猪突的)[-쩍]명 앞뒤를 헤아리지 않고 마구 내닫거나 덤비는 것. ¶—으로 공격하다.
저돌희용(猪突豨勇)성구 앞뒤를 헤아리지 않고 함부로 날뜀을 이르는 말.
저:두평신(低頭平身)성구 사죄하느라고 머리를 숙이고 몸을 낮춤을 이르는 말. 평신저두
저:등(著騰)명-하다자 물가 등이 많이 오름. ☞저락(著落)
저-따위명 ①저러한 물건. ¶—를 무엇에다 쓰겠나? ②'저러한 인간'이란 뜻으로 남을 얕잡아 이르는 말. ¶—를 믿고 함께 일을 했으니. ☞이따위
저라감 마소를 몰 때 왼편으로 가게 부리는 말. 쩌쩌 ☞무로. 어디여
저:락(低落)명-하다자 값이 떨어짐. ☞고등(高騰)
저:락(著落)명-하다자 물가 등이 많이 떨어짐. ☞저등(著騰)
저래준 ①'저리하여'의 준말. ¶일을 — 가지고 되겠냐? ②'저러하여'의 준말. ¶— 보여도 속은 알차다. ☞조래
저래도준 ①'저리하여도'의 준말. ②'저러하여도'의 준말. ☞조래도
저래서준 ①'저리하여서'의 준말. ②'저러하여서'의 준말. ☞조래서
저러고준 '저러하고'의 준말. ☞조러고
저러다자 ①'저렇게 하다'가 줄어든 말. ¶— 다칠까 걱정이다. ②'저렇게 말하다'가 줄어든 말. ¶싫다고 저러는데 어떻게 할까? ☞조러다
저러루-하다형여 대개 저러한 정도로 비슷하다. ¶다른 것들도 모두 —. ☞조러루하다
저러저러-하다형여 저러하고 저러하다. ☞조러조러하다
저러-하다형여 ①저와 같다. ¶요즘 젊은이들이 다 저러하진 않다. ②저 모양으로 되어 있다. 준저렇다 ☞조러하다

ㅈ

저런[1] 관 '저러한'의 준말. ¶ ― 사람이 있어야 분위기가 산다. ☞조런[1]
저런[2] 감 뜻밖의 일을 보거나 듣거나 하여 크게 놀랐을 때 하는 말. ¶ ―, 어린것이 가엾어서 어쩌나. ☞조런[2]
저럼 준 '저러면'의 준말. ¶ ― 안 되지.
저렁 부 크고 얇은 쇠붙이 따위가 한 번 거볍게 맞부딪칠 때 울리어 나는 소리를 나타내는 말. ☞자랑[2]. 쩌렁. 처렁
저렁-거리다(대다) 자타 자꾸 저렁 소리가 나다, 또는 그런 소리를 내다. ☞자랑거리다. 쩌렁거리다. 처렁거리다
저렁-저렁 부 저렁거리는 소리를 나타내는 말. ☞자랑자랑. 쩌렁쩌렁[1]. 처렁처렁
저렇다(저렇고·저런) 형ㅎ '저러하다'의 준말. ☞조렇다
저렇듯 부 '저렇듯이'의 준말. ☞조렇듯
저렇듯이 부 '저러하듯이'의 준말. 준 저렇듯 ☞조렇듯이
저:력(底力) 명 속에 간직되어 있다가, 필요한 순간에 발휘되어 끝까지 버티는 힘. ¶ ―을 발휘하다./― 있는 선수.
저력지재(樗櫟之材) 성구 가죽나무와 상수리나무의 재목이라는 뜻으로, 아무 쓸모가 없는 무능한 사람을 비유하여 이르는 말.
저:렴(低廉) 어기 '저렴(低廉)하다'의 어기(語基).
저:렴-하다(低廉―) 형여 값이 싸다. ¶ 가격이 ―.
저렴-히 부 저렴하게
저:뢰(抵賴) 명 -하다 타 신문하는 말에 아니라고 변명하면서 사실을 승인하지 아니함.
저:류(底流) 명 ①바다나 강의 바닥 쪽의 흐름. ②사물의 표면에는 드러나지 않고 그 밑바탕에서 움직이고 있는 형세. ¶ 학계(學界)의 ―.
저르렁 부 크고 얇은 쇳조각 따위가 한 번 거볍게 맞부딪칠 때 울리어 나는 소리를 나타내는 말. ☞자르랑. 쩌르렁. 처르렁
저르렁-거리다(대다) 자타 자꾸 저르렁 소리가 나다, 또는 그런 소리를 내다. ☞자르랑거리다. 쩌르렁거리다. 처르렁거리다
저르렁-저르렁 부 저르렁거리는 소리를 나타내는 말. ☞자르랑자르랑. 쩌르렁쩌르렁. 처르렁처르렁
저름-나다 자 말이나 소가 다리를 절게 되다.
저리[1] 부 저러하게. 저다지 ¶ 어쩌면 ― 좋아할까?/― 빨리 달릴 수 있을까? ☞조리[1]
저리[2] 부 저곳으로. 저쪽으로 ¶ ― 치워 놓았다./― 가서 기다려라. ☞조리[2]
저:리(低利) 명 헐한 변리. 싼 이자. 경변(輕邊). 저금리(低金利). 저변(底邊). 헐변(歇邊) ☞고리(高利)
저:리(楮李) 명 '갈매나무'의 딴이름.
저리다 형 ①신경이 마비된 것처럼 몸을 놀리기 거북하고 전류가 흐르는듯 한 느낌이 있다. ¶ 팔이 ―. ②마음에 켕기거나 거리끼는 느낌이 있다. ¶ 한 짓이 있어 은근히 속이 ―./도둑이 제 발 ―. ☞자리다

한자 저릴 마(痲) 〔疒部 8획〕 ¶ 마비(痲痹)/마약(痲藥)/마취(痲醉) ▷ 痳(임질 림)은 다른 글자임.

저리위 감 지난날, 선배들이 과거에 새로 급제한 사람을 축하하는 뜻으로 앞으로 나오랬다 물러가랬다 하며 골릴 때, 저쪽으로 뒷걸음 쳐서 가라고 불리는 쪽의 하인들이 외치던 말. ¶ 신래 ―! ☞삼진삼퇴(三進三退). 신래(新來). 신은(新恩). 이리위
저리-저리 부 -하다 형 자꾸 저린 느낌을 나타내는 말. ¶ 붕대로 친친 처맨 손이 ― 저려 오다. ☞자리자리
저:리=차:환(低利借還) 명 빌린 돈의 변리를 이왕의 변리보다 싸게 무는 일. 형식상으로 이왕의 빚은 갚고 다시 꾸는 것과 같이 꾸밈.
저:리-채(低利債) 명 이자가 싼 빚. ☞고리채(高利債)
저리-하다 자타여 저와 같이 하다. ☞조리하다
저:립(佇立) 명 -하다 자 우두커니 서 있음, 또는 잠시 멈추어 섬.
저릿-저릿[―릳―] 부 -하다 형 ①몸의 일부분이 놀리기가 거북하면서 얼얼하고 저린듯 한 느낌을 나타내는 말. ¶ 혈액 순환이 안 되어 팔이 ― 저린다. ②살갗이 자지러지게 근질근질한 느낌을 나타내는 말. ☞자릿자릿. 쩌릿쩌릿
저릿-하다[―릳―] 형여 ①몸의 일부분이 놀리기가 거북하면서 얼얼하고 저린듯 하다. ②살갗에 자지러지게 근질근질한 느낌이 있다. ☞자릿하다. 쩌릿하다
저:마(苧麻·紵麻) 명 '모시풀'의 딴이름.
저:마-사(苧麻絲) 명 모시풀 껍질의 섬유에서 뽑은 실. 모시실 ☞마사(麻絲)
저:마-포(苧麻布) 명 모시실로 짠 피륙. 모시. 저포(苧布)
저만저만-하다 형여 ①저만한 정도로 그칠 보통 일이다. ¶ 저만저만한 정도가 아닐세. ②사실이나 내용이 저렇고 저렇다. ¶ 형편이 저만저만하여…. ☞조만조만하다
저-만치 부 ①저만한 거리를 두고 떨어져서. ¶ ― 떨어져 걷다. ②저만큼 ☞조만치
저-만큼 부 저만한 정도로. 저만치 ¶ ― 크면 알맞다. ☞조만큼
저만-하다 형여 저 정도만 하다. ¶ 내 동생도 키가 ―./저만한 일꾼도 드물다. ☞조만하다
저맘-때 명 저만한 정도에 이른 때. ¶ ―면 대부분 오줌을 가린다. ☞조맘때
저:망(貯望) 명 명망(名望)을 얻을 수 있도록 힘씀. 양망(養望)
저:면(底面) 명 밑면
저:명(著名) 어기 '저명(著名)하다'의 어기(語基).
저:명(著明) 어기 '저명(著明)하다'의 어기(語基).
저:명-하다(著名―) 형여 세상에 널리 알려져 이름이 높다. 유 유명하다
저:명-하다(著明―) 형여 눈에 띄게 뚜렷하다.
저모(猪毛) 명 돼지의 털. 솔 따위를 만드는 데 쓰임. 돈모
저모-립(猪毛笠) 명 거죽을 돼지의 털로 싸발라서 만든 갓. 조선 시대에 당상관(堂上官)이 썼음. ☞갓싸개. 죽사립(竹絲笠)
속담 **저모립 쓰고 물구나무를 서도 제멋이다** : 제가 좋아서 하는 일을 남이 시비할 것이 아니라는 말.
저:-모음(低母音) 명 〈어〉발음할 때 입을 벌리는 각도에 따라 구별한 모음의 한 갈래. 발음할 때, 입을 크게 벌려서 혀의 위치가 가장 낮은 상태에서 소리내는 모음. 'ㅐ·ㅏ' 모음. ☞고모음(高母音). 중모음(中母音)
저모-필(猪毛筆) 명 돼지의 털로 맨 큰 붓.
저목(樗木) 명 '가죽나무'의 딴이름.
저묵(楮墨) 명 ①종이와 먹. 지묵(紙墨) ②시와 문장.
저:문(著聞) 어기 '저문(著聞)하다'의 어기(語基).
저:문-하다(著聞―) 형여 세상에 알려져 소문이 자자하다.
저:-물가(低物價)[―까] 명 싼 물가.
저:물가=정책(低物價政策)[―까―] 명 정부가 금융의 긴축 따위로 국내 물가를 내리거나 낮게 유지하려는 정책.
저물다(저물고·저무니) 자 ①해가 져서 어두워지다. ¶ 날이 ―. ☞기울다. 새다[2] ②한 해가 지나게 되다. ¶ 한 해가 저물어 가는 12월. ③젊은 시절을 지나 늙어 가다. ¶ 우리의 인생도 저물어 간다.

한자 저물 모(暮) 〔日部 11획〕 ¶ 모경(暮景)/모연(暮煙)/모춘(暮春)/세모(歲暮)/일모(日暮)

저물-도록 부 늦게까지
저뭇-하다[―묻―] 형여 날이 저물어 어스레하다. ¶ 날이 저뭇해서야 목적지에 닿았다.
저:미(低眉) 명 ①아래로 활처럼 굽은 긴 눈썹. ②-하다 자 눈을 내리뜸.
저:미(低迷) 어기 '저미(低迷)하다'의 어기(語基).
저미다 타 여러 개의 조각으로 얇게 베어 내다. ¶ 고기를 저며 양념하다./가슴을 저미는듯 한 슬픔.
저:미-하다(低迷―) 형여 ①희미하여 분간하기 어렵다. ②〔동사처럼 쓰임〕 낮게 떠돌다. ¶ 암운(暗雲)이 ―.
저미-혈(猪尾血) 명 한방에서, 돼지 꼬리에서 받은 피를 약재로 이르는 말. 두창(痘瘡) 따위에 쓰임.
저:-백피(楮白皮) 명 닥나무의 속껍질. 종이 원료로 쓰임.
저-버리다 타 ①마땅히 지켜야 할 것을 어기다. ¶ 사람으

로서의 도리를 ―./의리를 저버린 행동. ②마음에 새겨 두어야 할 것을 잊다. ¶은혜를 ―./약속을 ―./사랑을 ―. ③믿거나 바라는 것에 어긋나게 하거나 거절하다. ¶가족의 기대를 ―./호의를 저버린 태도. ④관계를 끊거나 떠나거나 배반하다. ¶자식을 저버릴 부모는 없다./조국을 저버린 매국노.

저벅 부 발을 크게 한 번 내딛는 소리를 나타내는 말. ☞자박²

저벅-거리다(대다) 자 자꾸 저벅 소리를 내다. ¶저벅거리며 걷다. ☞자박거리다

저벅-저벅 부 저벅거리는 소리를 나타내는 말.

저:번(這番) 명 지난번. 거번(去番) ¶―에도 보았다.

저:변(低邊) 명 경변(輕邊). 저리(低利). 헐변(歇邊)

저:변(底邊) 명 ①사회나 어떤 조직 등의 밑바탕이 되는 계층을 비유하여 이르는 말. ¶대중 문화의 ―을 확대하다. ②'밑변'의 구용어.

저:본(底本) 명 ①문서나 저술(著述)의 초고(草稿). ②원본(原本)

저:부(低部) 명 낮은 부분.

저:부(底部) 명 바닥이 되는 부분.

저:분 대 '저 사람'을 높이어 일컫는 말. ¶―은 누구십니까?

저분자=화합물(低分子化合物) 명 적은 수의 분자가 결합한 화합물. ☞고분자 화합물

저분-저분 부-하다 형 성질이 조용하고 부드러운 모양을 나타내는 말. ☞자분자분²

저사(紵紗) 명 지난날, 중국에서 나던 사붙이의 한 가지. 사모(紗帽)를 싸서 만드는 데에 쓰였음.

저사(儲嗣) 명 '왕세자(王世子)'를 달리 이르는 말.

저산(樗散) 명 아무짝에도 쓸모가 없다는 뜻으로, '자신'을 겸손하게 이르는 한문 투의 말.

저상(沮喪) 명-하다 자 기운을 잃고 기가 꺾임.

저색(沮色) 명 꺼리는 얼굴빛. 마음이 내키지 않는 모양.

저:생=동:물(底生動物) 명 저서 동물(底棲動物)

저:생=식물(底生植物) 명 저서 식물(底棲植物)

저:생전(楮生傳) 명 고려 말의 문인 이첨(李詹)이 지은 가전체(假傳體) 소설. 종이를 의인화하여, 당시 부패한 정치인들의 해이한 사도(士道)를 풍자한 내용임. '동문선(東文選)'에 실려 전함.

저:서(著書) 명-하다 타 책을 지음, 또는 그 책. ¶훌륭한 ―를 많이 남기다.

저:서=동:물(底棲動物) 명 바다·호소(湖沼)·강 따위의 물밑바닥에 사는 동물을 통틀어 이르는 말. 말미잘·새우·넙치·불가사리·갯지렁이 따위. 저생 동물

저:서=식물(底棲植物) 명 바다·호소(湖沼)·강 따위의 물밑바닥에 사는 식물을 통틀어 이르는 말. 가래·거머리말 따위. 저생 식물

저:서-어(底棲魚) 명 물 밑바닥에 사는 물고기.

저:선(底線) 명 밑줄

저성(氐星) 명 저수(氐宿)

저:성(低聲) 명 낮은 소리. ☞고성(高聲)

저:-소득(低所得) 명 낮은 소득. 벌이가 적은 것. ¶― 계층을 위한 정책. ☞고소득(高所得)

저:속(低俗) 어기 '저속(低俗)하다'의 어기(語基).

저:속(低速) 명 '저속도'의 준말. ¶― 주행(走行)/― 투하(投下) ☞고속(高速)

저:-속도(低速度) 명 느린 속도. ¶― 주행(走行)/― 투하(投下) 준 저속(低速) ☞고속도

저:속-하다(低俗―) 형여 인품이나 언행·학문·취미 따위가, 정도가 낮고 품위가 없다. ¶저속한 말을 하다./취미가 ―./저속한 내용의 소설. ☞고상하다

저손(杵孫) 명 외손(外孫)

저수(氐宿) 명 이십팔수(二十八宿)의 하나. 동쪽의 셋째 별자리. 저성(氐星) 준 저(氐)

저:수(貯水) 명-하다 자 물을 가두어 모아 둠, 또는 그 물. ☞배수(排水)

저수(瀦水) 명 둑으로 막아 놓은 물.

저:수=공사(低水工事) 명 강물이 최저 수량일 때에도 배가 다닐 수 있도록, 일정한 너비와 깊이를 유지하게 하는 하천 공사.

저:수-량(貯水量) 명 저수지 따위에 모아 둔 물의 양.

저:-수로(低水路) 명 하천 부지에서, 가물 때에도 물이 흐르는 낮은 부분.

저:수-반(貯水盤) 명 분수기 따위에서, 뿜어낸 물을 모아 두기 위하여 만들어 놓은 장치.

저수=식물(貯水植物) 명 다육 식물(多肉植物)

저:수-위(低水位) 명 강이나 냇물이 가장 낮아질 때의 수면의 높이.

저:수-조(貯水槽) 명 산업용이나 상수도용·소화용(消火用) 따위에 쓰려고 물을 담아 두는 큰 통.

저:수=조직(貯水組織) 명 식물의 조직 가운데 물을 저장하는 조직. 용설란의 잎, 선인장의 줄기 등에 있음. ☞저장 조직

저:수-지(貯水池) 명 상수도, 관개(灌漑), 수력 발전 따위에 쓸 물을 모아 두려고 산간 계곡에 둑을 쌓거나 하여 인공으로 만든 못.

저:술(著述) 명-하다 타 책을 씀, 또는 그 책. 저작(著作). 찬술 ☞저(著)

저:술-가(著述家) 명 저술을 전문으로 하는 사람. 저작가

저:술-업(著述業) 명 저술과 관계되는 직업.

저:습(低濕) 어기 '저습(低濕)하다'의 어기(語基).

저:습-하다(低濕―) 형여 땅이 낮고 축축하다.

저승 명 사람이 죽은 뒤에 그 혼령이 가서 산다고 하는 세상. 구천(九泉). 명계(冥界). 명부(冥府). 시왕청(十王廳). 유계(幽界). 유명(幽冥). 타계(他界). 황천(黃泉) ☞이승

저승-길[-낄] 명 저승으로 가는 길. ¶―을 떠나다.
속담 **저승길과 변소 길은 대(代)로 못 간다** : 어떤 일을 누가 대신해 줄 수 없을 때 이르는 말./**저승길이 구만 리(九萬里)** : 아직 살날이 창창히 남아 있음을 이르는 말./**저승길이 대문 밖이다** : 죽는 일이 먼 것 같으나 실상은 아주 가까울 수도 있음을 비유하여 이르는 말.

저승-꽃 명 '검버섯'을 달리 이르는 말.

저승-말 명 저승의 차사(差使)가 타고 다닌다는 말. 죽은 사람을 꼬리에 달아 저승으로 잡아간다고 함.

저승-빚[-삧] 명 저승에서 이승으로 올 때에 지고 온다는 빚.

저:시(貯柴) 명-하다 자 땔나무를 모아서 쌓아 둠.

저실(楮實) 명 한방에서, 닥나무의 열매를 약재로 이르는 말. 부증(浮症)이나 안질(眼疾) 따위에 쓰임.

저심-혈(猪心血) 명 한방에서, 돼지 심장의 피를 약재로 이르는 말. 경간(驚癎)이나 간질(癎疾) 따위에 쓰임.

저:압(低壓) 명 ①기체나 액체 따위의 낮은 압력. ②낮은 전압(電壓). ☞고압(高壓) ③저기압(低氣壓)

저:압=경제(低壓經濟) 명 공급이 수요보다 많아 생산 과잉 상태에 있는 경제.

저:압-계(低壓計) 명 낮은 기압을 재는 장치. ☞진공계(眞空計)

저:압-대(低壓帶) 명 주위보다 기압이 낮은, 띠 모양으로 퍼져 있는 영역. 적도 부근에서 볼 수 있음. ☞기압골

저:압-선(低壓線) 명 배전선(配電線)에서, 전압을 낮추어 수요자에게 보내는 전선. ☞고압선

저:압=터:빈(低壓turbine) 명 대기압과 비슷한 기압의 증기로 동력을 발생하는 터빈.

저:앙(低昂) 명-하다 자타 낮아졌다 높아졌다 함, 또는 낮추었다 높였다 함.

저:액(低額) 명 적은 금액. ☞고액(高額)

저양(羝羊) 명 양의 수컷.

저어(齟齬) 명-하다 자 이가 맞지 아니하다는 뜻으로, 의견이나 일 따위가 서로 맞지 않고 어긋나거나 모순됨. ¶서로 의견이 ―하다./계획과 현실이 ―하다.

저어-새 명 저어샛과의 겨울 철새. 몸길이 74cm 안팎. 몸빛은 온 몸이 백색이고, 뒷머리에 황갈색의 긴 댕기와 같은 장식깃이 있으며, 목 아래 부분에는 황갈색의 목테가 있음. 잡식성으로 해안의 얕은 곳이나 간척지, 소택지,

ㅈ

갈대밭 등에서 삶. 천연 기념물 제205호임.
저어-하다 타여 염려하거나 두려워하다. ¶남의 이목을 -./혹시 그가 떠날까 저어하고 있다.
저억(沮抑)명-하다타 억지로 누름. ☞억지(抑止)
저:역(著譯)명-하다타 저술하고 번역하는 일.
저:열(低熱)명 온도가 낮은 열. ☞고열(高熱)
저:열(低劣)어기 '저열(低劣)하다'의 어기(語基).
저:열하다(低劣-)형여 질이나 정도, 품성 등이 낮고 보잘것없다. ¶저열한 인간.
저열-히부 저열하게 ¶- 행동하다.
저:예-망(底曳網)명 쓰레그물
저:온(低溫)명 낮은 온도. ¶- 살균 처리 ☞고온(高溫)
저:온=공업(低溫工業)명 기체(氣體)를 냉각, 액화하여 제품을 만드는 공업. 공기에서 산소를 분리하는 따위.
저:온=마취(低溫痲醉)명 저체온 마취
저:온=살균(低溫殺菌)명 식품류를 60~70°C의 저온으로 가열하여 살균하는 방법. 비타민이나 단백질 등 고온에서 변화하거나 분해되는 물질이 들어 있는 우유나 혈청 따위를 살균할 때에 쓰임.
저용(猪勇·豬勇)명 멧돼지처럼 앞뒤를 헤아리지 않고 함부로 덤비는 용기. ¶-을 부리다.
저울명 물건의 무게를 다는 데 쓰는 기구를 통틀어 이르는 말. 권형(權衡)
저울-눈명 저울의 눈금.
저울-대[-때]명 저울의 몸이 되는 부분. 가늘고 긴 막대에 눈금이 새겨져 있음.

한자 **저울대 형**(衡)〔行部 10획〕¶형기(衡器)/형평(衡平)

저울-질명-하다타 ①저울로 물건의 무게를 다는 일. ☞되질. 마질 ②남을 떠보거나 속내를 헤아려 봄. ¶서로 상대편을 -하다. ③서로 비교하여 이해득실을 따져 봄. ¶저금을 할까 주식을 살까 -해 보다.
저울-추(-錘)명 저울로 물건의 무게를 달 때, 저울대 한쪽에 걸거나 저울판에 올려 놓는 일정한 무게를 지닌 물건. 칭추(秤錘) 준추(錘) ☞분동(分銅)
저울-판(-板)명 저울에서, 무게를 달 때 물건을 올려 놓는 판. 칭판(秤板)
저:원(低原)명 지형이 낮은 벌판. ☞고원(高原)
저:위(低位)명 ①낮은 위치. ②낮은 지위. ☞고위(高位)
저:-위도(低緯度)명 낮은 위도, 곧 적도(赤道)에 가까운 위도. 적도에서 남북 회귀선에 이르는 위도. ¶- 지방/- 해역
저육(猪肉·豬肉)명 '제육'의 원말. ▷猪의 본자는 豬
저:율(低率)명 ①어떤 표준보다 낮은 비율. ②싼 이율. ¶-의 이자. ☞고율(高率)
×**저으기**부 →적이
저:음(低音)명 낮은 소리. ☞고음(高音)
저:음부=기호(低音部記號)명 낮은음자리표
저:의(底意)명 속에 품고 있는 뜻. ¶갑자기 태도를 바꾸게 된 -가 궁금하다./-를 드러내다./-를 알 수 없다.
저의(紵衣)명 모시로 지은 옷.
저-이대 ①저 사람. ¶-를 아는가?/-는 늘 늦게 오는군. ②여자가 조금 떨어져 있는 곳에 보이는 자기의 남편을 일컫는 말.
저:익=비행기(低翼飛行機)명 동체(胴體)의 중심보다 아래에 주 날개가 달려 있는 단엽(單葉) 비행기.
저:인-망(底引網)명 쓰레그물
저:인망=어선(底引網漁船)명 쓰레그물로 물고기를 잡는 배. 트롤선
저:인망=어업(底引網漁業)명 쓰레그물로 물고기를 잡는 어업. 주로 가자미나 명태 따위를 잡음. 트롤 어업
저:일-계(低日季)명 동지(冬至)를 중심으로 한 그 앞뒤의 기간. ☞고일계(高日季)
저:-임금(低賃金)명 낮은 임금.
저자명 ①'시장(市場)'을 예스럽게 이르는 말. ②시장에서 물건을 파는 가게. ③큰 길거리에서 아침 저녁으로 반찬거리를 사고 팔기 위해 서는 장.
저자(가) 서다관용 저자에서 물건을 사고 파는 일이 시작되다.
저자(를) 보다관용 저자에서 물건을 사고 팔다.

한자 **저자 시**(市)〔巾部 2획〕¶성시(成市)/성시(盛市)/시가(市價)/시장(市場)/시판(市販)

저:자(著者)명 '저작자(著作者)'의 준말.
저:-자망(底刺網)명 걸그물의 한 가지. 바다 바닥에 고정시켜 쳐서, 고기가 걸리거나 얽히게 하여 잡는 방식의 그물. ☞자망(刺網)
저자-상어명 '전자리상어'의 딴이름.
저:-자세(低姿勢)명 자기 주장을 내세우지 못하고 상대편의 비위를 맞추며 굽실거리는 태도. ¶- 외교에서 벗어나다. ☞고자세(高姿勢)
저작(咀嚼)명-하다타 음식물 따위를 씹음.
저:작(著作)명 ①-하다타 책 따위를 씀, 또는 그 책. 저술(著述) ②조선 시대, 교서관(校書館)·승문원(承文院)·홍문관(弘文館)의 정팔품 관직, 또는 그 관원.
저:작-가(著作家)명 저술가(著述家)
저:작-권(著作權)명 학문적이거나 예술적인 저작물에 대해 저작자가 가지는 배타적·독점적 권리. 곧 저작자가 자기 저작물의 번역·복제·공연·방송·전시·배포 등을 독점적으로 할 수 있는 권리. 카피라이트(copyright) ☞무체 재산권. 지적 소유권
저:작권-법(著作權法)[-뻡]명 저작자의 권리를 보호하고 저작물의 이용을 공정하게 하기 위하여 제정된 법률.
저:작권-자(著作權者)명 저작권법에 따라 저작권을 인정받아 그 권리를 행사할 수 있는 사람.
저:작권=침해(著作權侵害)명 저작권자의 허락 없이 저작물의 내용을 이용하여 저작권을 침해하는 행위.
저작-근(咀嚼筋)명 안면(顔面)에 있는, 음식물 따위를 씹는 작용을 하는 근육.
저작-기(咀嚼器)명 음식물 따위를 씹는 작용을 하는 기관. 포유류의 이 따위.
저:작-물(著作物)명 저작자가 저술한 물건. 문학·학술·예술 등에 딸린 창작물로, 소설·시·논문·각본·음악·영상·컴퓨터프로그램 따위를 이름.
저:작=인접권(著作隣接權)명 실연자(實演者), 음반 제작자, 방송 사업자에게 인정하는 녹음과 복제 등에 관한 권리를 통틀어 이르는 말. 저작권에 준(準)함.
저:작-자(著作者)명 저작물을 작성한 사람. 지은이 준작자(作者). 저자(著者)
저잣-거리명 가게가 죽 늘어서 있는 거리.
저:장(低張)명 어떤 용액의 삼투압(滲透壓)이 다른 용액의 삼투압에 비하여 낮은 것. ¶- 용액(溶液) ☞고장(高張). 등장(等張)
저:장(貯藏)명-하다타 ①물건을 갈무리해 둠. ¶식량을 -하다. ②컴퓨터의 데이터나 프로그램을 기억 장치에 기억시키는 일. 세이브(save)
저:장-근(貯藏根)명 양분을 많이 저장한 식물의 뿌리. 고구마·달리아·무·우엉 따위의 뿌리. 저장뿌리
저:장=녹말(貯藏-)명 식물의 뿌리·땅속줄기·배젖 따위에 저장되어 있는 녹말. 저장 전분(貯藏澱粉)
저:장-량(貯藏量)명 ①저장되어 있는 물건의 양. ②저장할 수 있는 용량.
저:장=물질(貯藏物質)[-찔]명 생물의 몸 안에 저장되어 있는 영양 물질.
저:장-뿌리(貯藏-)명 저장근(貯藏根)
저:장-성(貯藏性)[-썽]명 오래 저장해 두어도 상하지 않는 성질. ¶맛도 있고 -도 좋은 편이다.
저:-장애(低障礙)명 '저장애물 경주(低障礙物競走)'의 준말. ☞고장애
저:장애물=경:주(低障礙物競走)명 육상 경기 종목의 한 가지. 200m 경주로 사이에 놓인 열 개의 허들을 뛰어넘으면서 달리는 경기. 허들의 높이는 62cm임. 준저장애 ☞고장애물 경주
저:장-액(低張液)명 혈액이나 원형질보다 삼투압이 낮은

용액. 저장 용액 ☞고장액. 등장액
저:장-엽(貯藏葉)[-녑]명 양분이나 수분 따위를 많이 저장하여 두꺼워진 잎. 양파나 백합 따위의 비늘잎이 이에 딸림. 저장잎
저:장=용액(低張溶液)[-농-]명 저장액
저:장-잎(貯藏-)[-닢]명 저장엽(貯藏葉)
저:장=전:분(貯藏澱粉)명 저장 녹말 ☞동화 전분(同化澱粉)
저:장=조직(貯藏組織)명 식물체 안에서 특정 물질이 특히 많이 저장되어 있는 조직. ☞저수 조직(貯水組織)
저:적(抵敵)명-하다자타 대적(對敵)
저적-거리다(대다)자 한 발 한 발 천천히 내디디며 위태위태하게 걷다. ☞자작거리다
저:적-에부 지난번에 ¶ - 만났던 사람.
저적-저적부 저적거리는 모양을 나타내는 말. ¶ - 비탈길을 걸어 내려오다. ☞자작자작[1]
저전(楮田)명 닥나무를 심은 밭.
저전(楮錢)명 제사나 장례 때에 죽은 이의 명복을 빌며 태우는, 종이로 만든 돈.
저-절로부 다른 힘을 빌지 않고 제 스스로. 자연적으로 ¶ 문이 - 닫히다./성공은 - 이루어지지 않는다. 준 절로
저:조(低調)명 ①낮은 가락. ②-하다형 기분이나 움직임이 가라앉아 좋지 않음. ¶ -로 가라앉은 분위기./기분이 -하다. ③-하다형 성적이나 능률이 낮음. ¶ 실적이 -하다./-한 기록.
저:조(低潮)명 썰물로 해면의 높이가 가장 낮아진 상태, 곧 간조(干潮)가 된 상태. ☞고조(高潮)
저:조-선(低潮線)명 간조선(干潮線) ☞고조선(高潮線)
저:주(紵紬·苧紬)명 모시와 명주실을 섞어서 짠 비단.
저:주(詛呪)명-하다타 남이 못 되거나, 재앙이나 불행을 당하도록 빌고 바람. 주저(呪詛) ¶ -를 받다./남을 -하다.
저:주-스럽다(詛呪-)(-스럽고·-스러워)형ㅂ 저주를 하여 마땅하다. ¶ 모든 것이 저주스럽기만 하다./저주스러운 휴전선.
　저주-스레부 저주스럽게 ¶ - 바라보다.
저주-지(楮注紙)명 조선 시대, 닥나무의 껍질을 원료로 하여 만든 종이. 승지(承旨)가 임금 앞에서 왕명을 받아 적는 주지(注紙), 또는 저화(楮貨)로 쓰였음.
저:-주파(低周波)명 비교적 낮은 주파수, 또는 낮은 주파수의 전파나 전류. ☞고주파(高周波)
저:지(低地)명 지대가 낮은 땅. ☞고지(高地)
저지(沮止)명-하다타 막아서 못하게 함. ¶ -를 당하다./적의 공격을 -하다.
저:지(底止)명-하다자 갈 데까지 가서 멈춤.
저:지(judge)명 운동 경기의 심판.
×**저-지난**관 →지지난
저:-지대(低地帶)명 낮은 지대. ☞고지대(高地帶)
저지레명-하다타 죄나 잘못을 저지르는 짓. 일을 저질러 말썽이나 문제가 되게 하는 짓. ¶ 한창 -를 할 때이다./-를 치다./-가 심하다.
저지르다(저지르고·저질러)타르 죄나 잘못 따위를 만들어 일으키다. ¶ 잘못을 -./사고를 -./일을 저질러 놓고 꽁무니를 빼다.
저지-선(沮止線)명 그 이상 범하지 못하게 막는 경계선. ¶ 마지막 -이 무너지다.
저지페이퍼(judge paper)명 권투 따위에서, 심판이 경기 득점을 채점하여 적어 넣는 용지.
저:질(低質)명 ①품질이 좋지 않음. ¶ -의 상품. ②품격이 낮음. ¶ -의 우스갯소리.
저질개명 베틀에 딸린 부속품의 한 가지. 베를 짤 때, 날실이 말라서 끊어지지 않도록 막대 끝에 헝겊 조각을 매어 물 그릇에 적셔 날실 양편 끝을 적시게 하는 기구.
저-쪽대 ①말하는 이와 듣는 이로부터 먼 쪽. ¶ 우리 -으로 가자./-에 보이는 산. ②말하는 이와 듣는 이로부터 멀리 있는 사람이나 무리. ¶ -도 우리 편이다. ③어떤 것을 사이에 둔 반대쪽. ¶ 벽 -은 부엌이다. ④지난 한때. ¶ 십 년도 더 된 -의 이야기. 저편 ☞그쪽. 이쪽[2]. 조쪽
저:창(低唱)명-하다자 낮은 소리로 노래를 부름.
저:체온=마취(低體溫痲醉)명 체온을 인위적으로 25~30°C로 낮추어서 하는 마취법. 저체온이 되면 산소의 소비가 줄어들어 불필요한 생체의 반응을 억제할 수 있기 때문에 주로 뇌수술, 심장 수술 등 큰 수술에 이용함. 저온 마취. 저체온법
저:체온-법(低體溫法)[-뻡]명 저체온 마취
저:촉(抵觸)명-하다자 ①서로 부딪침, 또는 서로 모순됨. ②법률이나 규칙 등에 위반되거나 거슬림. ¶ 법에 -되는 행위.
저:축(貯蓄)명 ①-하다타 돈 따위의 재물을 아끼어 모아 둠, 또는 그 모은 재물. ¶ 집을 사기 위해서 -하다./-한 돈. ②소득 중에서 소비로 지출되지 않는 부분.
저축-거리다(대다)자 다리에 힘이 없어 좀 절룩거리다. ¶ 다리를 저축거리며 걷다. ☞자축거리다
저:축-률(貯蓄率)명 소득에 대한 저축의 비율.
저:축=성:향(貯蓄性向)명 소득의 일부를 저축하려는 경향. 가처분 소득(可處分所得)에 대한 저축의 비율로 나타냄. ☞소비 성향. 저축률
저:축=예:금(貯蓄預金)[-네-]명 개인이 저축과 이식(利殖)을 목적으로 하는 예금.
저축-저축부 저축거리는 모양을 나타내는 말.
저춤-거리다(대다)자 다리에 힘이 없어 좀 절름거리다. ☞자춤거리다
저춤-저춤부 저춤거리는 모양을 나타내는 말.
저:취(低吹)명-하다타 국악에서, 저음(低音)을 내기 위하여 여린 입김으로 관악기를 연주함, 또는 그런 연주법. ☞역취(力吹). 평취(平吹)
저:층(底層)명 ①밑의 층, 또는 밑바닥의 층. ¶ -에서 고층으로 자리를 옮기다. ②사회의 밑바닥을 이루는 계층. ¶ 사회의 -.
저:층=습원(低層濕原)명 호수나 늪, 또는 하천의 물가, 지하 수위가 얕은 곳에 발달하는 평탄한 초원. 주로 갈대·줄 따위가 자람. ☞고층 습원(高層濕原)
저:치(貯置)명-하다타 저축하거나 저장하여 둠.
저퀴명 민속에서, 사람에게 씌워 몹시 앓게 한다는 귀신. ¶ -가 들다.
저큼명-하다자 잘못을 고치고 다시 잘못하지 않도록 조심함, 또는 그렇게 하는 버릇. ¶ -하면 또다시 이런 실수는 하지 않을 것이다.
저:탄(貯炭)명-하다자 석탄이나 숯을 저장함.
저:탄-량(貯炭量)[-냥]명 석탄이나 숯의 저장되어 있는 분량.
저:탄-장(貯炭場)명 석탄이나 숯을 저장하는 곳.
저:택(邸宅)명 규모가 아주 큰 주택. 제관(第館)
저택(瀦宅)명-하다타 조선 시대, 대역죄(大逆罪)를 지은 사람의 집을 헐고 그 자리에 못을 만들던 형벌.
저:토(底土)명 밑바닥의 흙.
저-토록부 저러하도록. 저러한 정도로까지. ¶ - 좋아하는데 진작 사 줄걸./- 못마땅해 하다니.
저통(箸筒)명 수저를 꽂아 두는 통.
저:판(底板)명 밑널
저-편대 저쪽
저폐(楮幣)명 저화(楮貨)
저:포(苧布·紵布)명 모시실로 짠 피륙. 모시. 저마포
저:포-전(苧布廛)명 조선 시대, 육주비전(六注比廛)의 하나. 모시를 전문으로 팔았음. ☞모시전
저:하(低下)명-하다자 ①높던 것이 낮아짐. ¶ 압력 - ②사기나 수준, 정도 따위가 떨어져 낮아짐. ¶ 교육의 질적 -./사기가 -되다./능률이 -하다. ☞향상(向上)
저:하(邸下)명 조선 시대, '왕세자'를 높이어 일컫던 말.
저:함(低陷)어기 '저함(低陷)하다'의 어기(語基).
저:함-하다(低陷-)형여 ①바닥이 가라앉아 낮고 우묵하다. ②호흡이나 맥박 따위가 약하다.
저:항(抵抗)명 ①-하다자 권력이나 권위 따위의 힘에 굽히

거나 따르지 않고 거슬러 버팀. ¶완강한 -./적의 -을 받다./독재 정권에 -하다. ②유체(流體) 속을 운동하는 물체의 운동 방향과 반대 방향으로 작용하는 힘. ¶공기의 -. ③전기 저항(電氣抵抗)

저:항-감(抵抗感)명 마음에 마뜩지 아니하여 받아들여지지 않는 느낌. ¶-을 느끼다./별 - 없이 받아들이다.

저:항-계(抵抗計)명 전기 저항을 측정하는 계기.

저:항-권(抵抗權)[-꿘]명 국민의 기본권을 침해하는 국가 권력에 대하여 저항할 수 있는 국민의 권리.

저:항-기(抵抗器)명 전기 회로에 연결하여, 필요한 전기 저항을 얻기 위한 기구나 부품.

저:-항라(紵亢羅)명 모시 항라

저:항-력(抵抗力)명 ①저항하는 힘. 특히 질병이나 병원균 따위를 견디어 내는 힘. ¶병에 대한 -./-을 기르다. ②운동체의 운동을 방해하는 힘.

저:항-률(抵抗率)명 비저항(比抵抗)

저:항=문학(抵抗文學)명 제2차 세계 대전 중, 프랑스의 나치스에 대한 저항 운동을 기반으로 하여 생긴 문학. 압제나 외국 지배에 대항하여 싸우는 문학이라는 뜻. 레지스탕스 문학

저:항-선(抵抗線)명 ①적의 공격을 막아 버티는 방어선(防禦線). ¶적의 -을 뚫다. ②전기 에너지를 열에너지로 바꾸거나 전류를 작게 하기 위하여 쓰는 쇠줄.

저해(沮害)명-하다타 막아서 못하게 해침. ¶- 요소/살아가는 데 -가 되다./경제 발전을 -하다.

저혈(猪血)명 돼지의 피.

저:-혈압(低血壓)명 혈압이 정상보다 낮은 현상, 또는 그러한 혈압. ☞고혈압(高血壓)

저화(楮貨)명 고려 말과 조선 초기에 나라에서 만들어 썼던 지폐. 닥나무의 껍질로 만들었음. 저폐(楮幣)

저:회(低徊)명-하다자 머리를 숙이고 생각에 잠겨 서성거림. ¶홀로 연못가를 -하다.

저희 대 ①'우리'의 겸양어. ¶청소는 -가 합니다./-를 믿으십시오. ②'자기들', '저 사람들'의 낮춤말. ¶좋은 일은 -끼리만 한다./-들이 알아서 하겠지.

저희(沮戱)명-하다타 남을 귀찮게 굴어 방해함.

적[1]명 ①나무나 돌 따위의 결을 따라 일어나는 조각. ②굴의 껍데기를 따낸 뒤에도 굴에 붙어 있는 껍데기의 조각.

적[2]의 ①용언의 어미 '-ㄹ' 다음에 쓰이어, 어떤 상태에 있거나 어떤 일을 할 때임을 나타냄. ¶어렸을 - 고향 친구./아플 -에 옆에 있어 주다./집에서 쉴 -엔 책을 읽는다. ②용언의 어미 '-ㄴ' 다음에 쓰이어, 어떤 일을 한 경험을 나타냄. ¶언젠가 만난 -이 있다./늦은 -이 거의 없다. ③그때. 그 당시. ¶중학교 - 일.

적(赤)명 '적색(赤色)'의 준말.

적(炙)명 고기나 생선, 채소 따위를 양념하여 꼬챙이에 꿰어서 굽거나 지진 음식. 육적·어적·산적·섭산적 따위. ☞구이

적(荻)명 '물억새'의 딴이름.

적(笛)명 ①저[1] ②국악기 죽부(竹部) 관악기의 한 가지. 길이는 두 자 안팎이며, 지공(指孔)이 앞에 다섯, 뒤에 하나 있음.

적(敵)명 ①서로 싸우거나 해치려 하는 상대편. ¶대치하고 있는 -./-과 싸우다./-을 무찌르다. ②경기 등에서 서로 겨루는 상대편. ¶-의 공격을 막다. ③어떤 것에 해를 끼치는 요소를 에둘러 이르는 말. ¶인류의 -인 마약.

적(積)명 '적취(積聚)'의 준말.

적(篴)명 국악기 죽부(竹部) 관악기의 한 가지. 퉁소보다 조금 길며, 지공(指孔)은 앞에 다섯, 뒤에 하나가 있고, 아래 끝 양 옆에 허공(虛孔)이 하나씩 뚫려 있음. 종묘 제례악(宗廟祭禮樂)에 쓰임.

적(籍)명 호적·병적·학적 따위의 공적인 문서에 소속 관계를 등록하여 놓은 근거, 또는 그 등록된 소속 관계. ¶대학에 -을 두다. ☞이적(移籍). 이적(離籍)

적(嫡)-《접두사처럼 쓰이어》'적출(嫡出)'의 뜻을 나타냄. ¶적장자(嫡長子)/적장손(嫡長孫)

-적(的)접미 '관계에 있거나 성질을 지닌 그러한 것'의 뜻을 나타냄. ¶원시적(原始的)/문학적(文學的)/과학적(科學的)/국제적(國際的)

> ▶ '-적(的)'이 붙는 말들
> ○ 조사가 붙어서 명사로 쓰인다.
> ¶설명이 구체적(具體的)이다./구체적인 기획.
> ○ 체언 앞에서 관형사처럼 쓰인다.
> ¶추상적(抽象的) 표현./구체적 사실.
> ○ 용언(用言) 앞에서 부사처럼 쓰인다.
> ¶비교적 단단하다.

적가(嫡家)명 서가(庶家)에 상대하여 적파(嫡派)의 집을 이르는 말.

적각(赤脚)명 ①맨다리 ②다목다리

적각-마(赤脚馬)명 정강말

적간(摘奸)명-하다타 부정이 있는지 없는지를 캐어 살핌.

적-갈색(赤褐色)[-쌕]명 붉은빛을 띤 갈색. 고동색(古銅色). 구릿빛

적강(謫降)명-하다자 ①지난날, 관원이 외직(外職)으로 좌천되어 감을 이르던 말. ②신선이 죄를 지어 그 벌로 인간 세계로 내려옴.

적개(敵愾)명 적에 대한 의분(義憤).

적개-심(敵愾心)명 상대에게 저항하고자 하는 마음, 또는 적에 대하여 분노하는 마음. ¶-을 품다./-에 불타다.

적객(謫客)명 귀양살이를 함.

적거(謫居)명-하다자 귀양살이를 하고 있는 일.

적격(適格)명-하다형 어떤 격식이나 자격에 알맞음, 또는 그 격식이나 자격. ¶가업을 잇는 데는 맏이가 -이다./업무에 -한 사람. ☞결격(缺格)

적격-자(適格者)명 어떤 일에 알맞은 자격을 갖춘 사람. ¶인솔자로는 김 선생이 -다.

적견(的見)명-하다타 아주 적확하게 봄.

적경(赤經)명 천구상의 천체의 위치를 나타내는 적도 좌표에서의 경도. 춘분점을 기준하여 동쪽으로 0°에서 360°, 또는 0시에서 24시의 범위에서 측정함. ☞적위

적경(敵境)명 적국의 국경. ¶-을 넘다./- 지대

적경(積慶)명 거듭 생기는 경사스러운 일.

적곡(積穀)명-하다자 곡식을 쌓아 둠, 또는 그 곡식.

적공(積功)명-하다자 ①공을 쌓음. ②많은 공을 들임.

적과(摘果)명-하다자타 과실을 솎아 냄.

적과-기(炙果器)명 적틀

적과-자(賊科者)명 지난날, 과장(科場)에서 남의 시권(試券)을 훔쳐서 그 이름을 지우고 자기 이름을 써 넣는 사람을 이르던 말.

적광(寂光)명 불교에서, 적정(寂靜)의 진리가 발하는 지혜의 빛, 또는 적정의 경지(境地)와 지혜의 빛.

적광-토(寂光土)명 '상적광토(常寂光土)'의 준말.

적괴(賊魁)명 도적의 우두머리. 적수(賊首)

적괴(敵魁)명 적의 우두머리.

×**적교**(吊橋)명 →조교(弔橋)

적구(積久)명-하다자 아주 오래 걸림.

적구(適口)어기 '적구(適口)하다'의 어기(語基).

적구지병(適口之餠)성구 입에 맞는 떡이라는 뜻으로, 마음에 드는 사물을 비유하여 이르는 말.

적구-하다(適口-)형여 음식의 맛이 입맛이나 식성에 알맞다.

적국(敵國)명 전쟁의 상대가 되어 싸우고 있는 나라.

적군(賊軍)명 도둑이나 역적의 군대, 또는 그 군사.

적군(敵軍)명 ①적국의 군대, 또는 그 군사. ②경기 등에서 서로 겨루는 상대편, 또는 상대편의 선수를 이르는 말. ☞아군(我軍). 우군(友軍)

적군(敵群)명 적의 무리.

적굴(賊窟)명 도둑의 소굴. 적소(賊巢). 적혈(賊穴)

적굴(敵窟)명 적의 소굴.

적권-운(積卷雲)명 '고적운(高積雲)'의 딴이름.

적귀(適歸)명-하다자 따르고 의지함.

적극(積極)앞말 어떤 사물에 대하여 활동적으로 나서고,

긍정적이며 능동적인 태도나 성향을 보임의 뜻. ¶ — 명제/— 방공/—주의
부 적극적으로 ¶ — 참여하다.
적극=개:념(積極槪念)명 적극적 개념 ☞소극 개념
적극=명사(積極名辭)명 어떠한 성질이나 상태의 존재를 긍정적으로 나타내는 명사. ☞소극 명사
적극=명:제(積極命題)명 논리학에서, 긍정 판단을 나타내는 명제. 긍정 명제(肯定命題)
적극=방공(積極防空)명 적의 비행체를 조기에 발견하거나, 그 비행체가 공격 목표에 도달하기 전에 격추시킴으로써 적의 공중 공격을 적극적으로 저지하거나 방해하는 일. ☞소극 방공
적극=방어(積極防禦)명 대단위 작전의 일부로서, 선택적으로 수행하는 방어. 중요한 지역에 결정적인 병력을 투입하거나 특정 지역에 적의 침투를 막기 위하여 실시함. ☞소극 방어
적극-성(積極性)명 적극적인 성질.
적극=의:무(積極義務)명 일정한 행위를 하지 않으면 안 되는 의무. 작위 의무(作爲義務) ☞소극 의무
적극=재산(積極財產)명 어느 특정인에게 딸린 재산권의 총체(總體). ☞소극 재산
적극=재정(積極財政)명 정부가 적극적으로 지출을 늘리고 경제의 확대를 꾀하려는 재정 정책. ☞긴축 재정
적극-적(積極的)명 어떤 사물에 대하여 활동적으로 나서고, 긍정적이며 능동적인 자세를 가지는 것. ¶그 사람은 매사에 —이다./—인 태도. ☞소극적
적극적=개:념(積極的槪念)명 어떤 성질의 존재를 긍정적으로 나타내는 개념. 긍정적 개념(肯定的槪念). 적극 개념 ☞소극적 개념
적극적=명:령(積極的命令)명 어떤 일을 긍정적·능동적으로 하라는 명령. ☞소극적 명령
적극적=의:지(積極的意志)명 자기의 목적을 이루어 내려는 의지. ☞소극적 의지
적극적=판단(積極的判斷)명 긍정 판단 ☞소극적 판단
적극-주의(積極主義)명 일을 적극적으로 하려는 주의. ☞소극주의
적극-책(積極策)명 적극적인 대책. ☞소극책
적극-화(積極化)명-하다자타 적극적인 것으로 됨, 또는 그렇게 되도록 함.
적근-채(赤根菜)명 '시금치'의 딴이름.
적금(赤金)명 ①붉은빛을 띤 금의 합금. ②'구리'를 달리 이르는 말.
적금(積金)명 ①돈을 모아 둠, 또는 그 돈. ②일정한 기간에 일정한 금액을 내고, 정해진 기한이 차면 계약 금액을 받는 저금.
적기(赤旗)명 붉은빛의 기. 주로 위험의 신호로 쓰임.
적기(炙器)명 적틀
적기(摘記)명-하다타 요점만 뽑아 적음, 또는 그 기록. 적록(摘錄) ☞적바림
적기(適期)명 알맞은 시기.
적기(敵機)명 적의 비행기.
적기(積氣)명 적취(積聚)
적-꼬치(炙—)명 적(炙)을 꿰는 꼬챙이. 대나 싸리로 만듦. 준적꽂
적-꽂(炙—)명 '적꼬치'의 준말.
적나라(赤裸裸)어기 '적나라(赤裸裸)하다'의 어기(語基).
적나라-하다(赤裸裸—)형여 발가벗은 알몸 상태라는 뜻으로, 있는 그대로를 드러내어 아무 숨김이 없다. ¶적나라한 묘사./사생활을 적나라하게 고백하다.
적난(賊難)명 도둑이 들어 일어난 재난.
적남(嫡男)명 서자에 상대하여, 정실이 낳은 아들. 적자
적녀(嫡女)명 서녀에 상대하여, 정실이 낳은 딸.
적년(積年)명 여러 해.
적년신고(積年辛苦)성구 여러 해를 두고 겪는 쓰라린 고생을 이르는 말.
적념(寂念)명 불교에서, 마음에 번뇌가 없고 몸에 괴로움이 없는 편안한 상태의 생각.
적다[1]타 어떤 사실이나 내용을 글로 쓰다. ☞쓰다[3]

한자 적을 기(記)〔言部 3획〕¶기록(記錄)/기명(記名)/기사(記事)/기술(記述)/기입(記入)
적을 록(錄)〔金部 8획〕¶녹음(錄音)/녹화(錄畫)
적을 서(署)〔网部 9획〕¶서명(署名)/서압(署押)
적을 지(誌)〔言部 7획〕¶지문(誌文)/지석(誌石)

적:다[2]형 ①수효나 분량이 일정한 기준에 모자라다. ¶나이가 —./말수가 —./당분이 —. ②정도가 일정한 수준보다 덜하다. ¶경험이 —./힘이 적게 들다. ☞많다

한자 적을 과(寡)〔宀部 11획〕¶과묵(寡默)/과소(寡少)
적을 소(少)〔小部 1획〕¶과소(過少)/소량(少量)/소수(少數)/소액(少額)/희소(稀少)

적다(摘茶)명-하다자 차(茶)나무의 싹을 땀.
적다마(赤多馬)명 절따말
적담(赤痰)명 피가 섞여 붉은빛을 띤 가래.
적당(的當)명-하다자 꼭 들어맞음.
적당(賊黨)명 도적의 무리. 적도(賊徒)
적당(敵黨)명 적의 도당(徒黨).
적당(適當)어기 '적당(適當)하다'의 어기(語基).
적당-주의(適當主義)명 일을 임시로 둘러맞추거나 대강대강 처리하려는 태도나 생각.
적당-하다(適當—)형여 ①어떤 조건이나 정도에 지나치거나 모자라거나 하지 않다. 알맞다 ¶적당한 혼처가 나서다./집이 두 식구 살기에 —. ②임시로 둘러맞추거나 대강대강 처리하는 요령이 있다.〔주로 '적당하게', '적당히'의 꼴로 쓰임.〕¶적당하게 둘러대고 나왔다.
적당-히부 적당하게 ¶운동을 — 하다.
적대(赤帶)명 적도(赤道)
적대(炙臺)명 적틀
적대(敵對)명-하다자타 서로 적으로 여겨 맞서 버팀. ¶서로 —하는 관계.
적대-감(敵對感)명 상대를 적으로 여겨 맞서 겨루려는 마음. ¶—을 드러내다./—을 불러일으키다.
적대-국(敵對國)명 서로 적대하는 나라.
적-대:모(赤玳瑁)명 윤이 나고 검붉은 대모갑.
적대-성(敵對性)[—썽]명 적대되는 성질.
적대-시(敵對視)명-하다타 적으로 여김. 준적시(敵視)
적대-심(敵對心)명 상대를 적으로 대하는 마음.
적대-자(敵對者)명 적대하는 관계에 있는 사람.
적대-적(敵對的)명 적대하거나 적대되는 것. ¶두 기업의 관계가 —이다. ☞우호적(友好的)
적-대:하(赤帶下)명 여성의 내부 생식기에서 분비되어 질(膣) 밖으로 흘러나오는 붉은 빛깔을 띤 분비물. ☞냉(冷). 대하(帶下). 백대하(白帶下)
적대=행위(敵對行爲)명 상대를 적으로 삼아 위협하거나 해치는 행위.
적덕(積德)명-하다자 선행을 하여 덕을 쌓음, 또는 쌓은 덕행.
적덕누:선(積德累善)성구 덕을 쌓고 어진 일을 많이 함을 이르는 말.
적도(赤道)명 ①지구의 자전축에 대하여 직각으로 지구의 중심을 지나는 평면과 지표와의 교선. 위도의 0°가 되는 선임. ②구면 천문학에서, 지구의 적도면을 천구(天球)에까지 연장했을 때 생기는 가상의 원. 적대(赤帶)
적도(賊徒)명 적당(賊黨)
적도(賊盜)명 도둑
적도(適度)명 알맞은 정도. ☞극도(極度)
적도=기단(赤道氣團)명 적도 지방에서 발생하는 고온 다습한 기단.
적도-류(赤道流)명 적도 해류(赤道海流)
적도=무풍대(赤道無風帶)명 적도 저압대(赤道低壓帶)
적도=반:경(赤道半徑)명 적도 반지름
적도=반:류(赤道反流)명 남북의 적도 해류 사이를, 그것과 반대 방향인 서에서 동으로 흐르는 해류.
적도=반:지름(赤道半—)명 지구의 중심에서 적도면까지

의 평균 거리. 약 6,378km임. 적도 반경(赤道半徑)

적도-의(赤道儀)명 천체 망원경의 장치 방식의 한 가지. 망원경의 가대(架臺)가 적도 좌표에 따라 적경(赤經)과 적위(赤緯)의 두 방향으로 회전할 수 있도록 되어 있어, 천체를 그 일주 운동을 따르며 관측할 수 있음.

적도=저:압대(赤道低壓帶)명 적도 부근에서 바람이 거의 없는 지대. 북동 무역풍과 남동 무역풍 사이에 끼어 동서로 뻗어 있음. 적도 무풍대

적도=전선(赤道前線)명 북동 무역풍과 남동 무역풍의 두 열대 기단이 적도 부근에서 만나 형성하는 불연속선.

적도-제(赤道祭)명 선박이 적도를 지날 때, 선박 안에서 지내는 제사.

적도=좌:표(赤道座標)명 천구상(天球上)의 천체의 위치를 나타내는 데 쓰는 좌표. 적도와 춘분점을 기준면으로 하는 구면(球面)임. ☞적경(赤經). 적위(赤緯)

적도=직하(赤道直下)명 적도의 선(線)에 해당하는 지역. 일 년 내내 태양의 직사 광선을 받아 지구 위에서 가장 더움.

적도=해:류(赤道海流)명 동에서 서로 흐르는, 적도 부근의 해류. 무역풍으로 말미암아 생겨남. 적도류(赤道流)

적독(摘讀)명-하다타 띄엄띄엄 가려서 읽음. ☞정독(精讀)

적돈-수(積噸數)명 선박에 적재할 수 있는 화물의 톤수.

적동(赤銅)명 구리에 3~4%의 금, 약 1%의 은을 섞은, 짙은 자주색의 구리 합금. 자동(紫銅). 적석(赤錫). 홍동(紅銅)

적동-광(赤銅鑛)명 구리의 산화물로 이루어진 광물. 등축 정계(等軸晶系)에 딸린 것으로, 빛은 검붉고 광택이 있음. 구리를 제련하는 좋은 원료로 쓰임.

적동-색(赤銅色)명 검붉은 빛깔.

적동-설(赤銅屑)명 한방에서, 구리의 가루를 약재로 이르는 말. 암내 나는 데나 눈병 따위에 쓰임.

적동-전(赤銅錢)명 검붉은 빛깔의 동전(銅錢). 적동화

적동-화(赤銅貨)명 적동전

적두(赤豆)명 껍질 빛이 검붉은 팥. 붉은팥

적두(賊豆)명 쇠팥

적두-반(赤豆飯)명 팥밥

적두-병(赤豆餠)명 팥떡

적두-함(赤豆餡)명 팥소

적란운(積亂雲)명 상승 기류로 말미암아 수직으로 솟은 구름의 한 가지. 뭉게뭉게 솟구쳐 오르면서 구름 윗부분은 아래로 흐르듯 흩어져 내리는 비구름으로, 천둥과 번개가 치며, 때로는 우박이 내리기도 함. 소나기구름. 쌘비구름 ☞적운(積雲)

적람(積藍)명 쪽빛에 가까운 도자기의 빛깔.

적량(適量)명 알맞은 분량.

적량(積量)명 선박 따위에 물건을 쌓아 실은 분량 또는 중량. 적재량

적력(的歷)어기 '적력(的歷)하다'의 어기(語基).

적력-하다(的歷-)형여 또렷하여 분명하다.

적령(適齡)명 어떤 표준이나 규정, 조건에 알맞은 나이. ¶초등 학교 입학 -/징병 -/결혼 - ☞학령(學齡)

적령-기(適齡期)명 어떤 표준이나 규정, 조건에 알맞은 나이에 이른 때. ¶결혼 -

적령-자(適齡者)명 어떤 표준이나 규정, 조건에 알맞은 나이의 사람.

적례(適例)명 알맞은 예. 적절한 보기.

적로(滴露)명 방울이 맺혀 떨어지는 이슬.

적로마(駒盧馬)명 이마에 흰 점이 있는 말. 별박이

적로성질(積勞成疾)성구 피로가 쌓여 병이 됨을 이름.

적록(摘錄)명-하다타 요점만 뽑아 적음, 또는 그 기록. 적기(摘記) ☞적바림

적록=색맹(赤綠色盲)명 부분 색맹의 한 가지. 적색과 녹색을 구별할 수 없음. 적색맹과 녹색맹으로 나뉨. 홍록색맹(紅綠色盲) ☞청황 색맹(靑黃色盲)

적료(赤蓼)명 여뀌의 한 가지. 줄기는 붉은빛을 띠고, 잎은 좁고 작으며 두꺼움.

적료(寂寥)어기 '적료(寂寥)하다'의 어기(語基).

적료-하다(寂寥-)형여 고요하고 쓸쓸하다.

적루(敵壘)명 적군의 보루.

적루(積累)명-하다자타 포개어져 쌓임, 또는 포개어 쌓음. 누적(累積)

적류(嫡流)명 ①적가(嫡家)의 계통. ②정통(正統)의 유파(流派). ☞서류(庶流)

적률(賊律)명 도둑을 처벌하는 법률.

적리(赤痢)명 급성의 소화기 전염병의 한 가지. 음식물을 통해 입으로 전염하는 병으로, 아랫배가 아프고 자주 뒤를 보고 싶으며 곱이 섞인 피똥을 눔. 세균성 적리, 아메바성 적리, 역리(疫痢)를 이름. 혈리(血痢) ☞백리(白痢). 이질(痢疾)

적리(積痢)명 음식에 체하여 생기는 이질.

적리-균(赤痢菌)명 적리의 병원균. 진성 세균류에 딸리며 간균(桿菌)임.

적리=아메:바(赤痢amoeba)명 아메바 적리의 병원체인 원생생물. 20~30μm 크기의 단세포 생물로서, 위족(僞足)을 내어 활발하게 움직이며 적혈구를 먹음.

적린(赤燐)명 인(燐)의 동소체(同素體)의 한 가지. 적갈색의 분말로, 황린(黃燐)을 진공 상태에서 가열하여 만듦. 물에 녹지 않고 독이 없으며 마찰하면 공기 중에서 발화함. 성냥 등을 만드는 데 쓰임. ☞황린(黃燐)

적립(赤立)명-하다형 적빈(赤貧)

적립(積立)명-하다타 모아서 쌓아 둠. ¶- 기금

적립-금(積立金)명 ①적립하여 두는 돈. ②회사 등에서 특정 목적을 위하여 유보하여 두는 이익금의 일부분. ☞준비금(準備金)

적막(寂寞)명-하다형 ①고요하고 쓸쓸함. ¶산중의 -을 깨뜨리는 소리./-한 겨울 들판. ②의지할 데 없이 외로움. ¶말년을 -하게 보내다.

적막강산(寂寞江山)성구 고요하고 쓸쓸한 강산이라는 뜻으로, '매우 쓸쓸한 풍경' 또는 '매우 외롭거나 허전한 심정'을 비유하여 이르는 말.

적면(赤面)명-하다자 부끄럽거나 성이 나거나 하여 얼굴이 붉어짐, 또는 그러한 얼굴.

적면=공:포증(赤面恐怖症)[-쯩]명 남의 앞에 나서면 얼굴이 붉어져, 나서기를 꺼리는 강박성 신경증.

적멸(寂滅)명 불교에서, 진리를 깨달아 모든 번뇌의 속박에서 벗어나고, 불생불멸의 법을 체득한 경지를 이르는 말. 열반(涅槃)

적멸-궁(寂滅宮)명 불상(佛像)을 모시지 않고 법당만 있는 불전(佛殿).

적모(嫡母)명 서자(庶子)가 '아버지의 정실(正室)'을 이르는 말. 큰어머니 ☞서모(庶母)

적목(赤木)명 '잎갈나무'의 딴이름.

적몰(籍沒)명-하다타 지난날, 죄인의 재산을 몰수하고 가족까지도 처벌하던 일.

적묵(寂默)어기 '적묵(寂默)하다'의 어기(語基).

적묵-하다(寂默-)형여 고요히 명상에 잠겨 말이 없다.

적미(赤米)명 보통 쌀에 섞여 있는, 빛깔이 붉고 품질이 낮은 쌀. 앵미

적-바르다(-바르고·-발라)형르 겨우 모자라지 않을 정도로 자라다.

적-바림명-하다타 뒤에 참고하기 위하여 간단히 적어 두는 일, 또는 그런 기록. ☞적기(摘記). 적발

적반하장(賊反荷杖)성구 도둑이 도리어 매를 든다는 뜻으로, 잘못한 사람이 도리어 아무 잘못도 없는 사람에게 트집을 잡거나 함을 비유하여 이르는 말.

적발명 적바림하여 놓은 글발.

적발(摘發)명-하다타 숨겨져 있거나 드러나지 않은 것을 들추어냄. ¶무면허 운전자를 -하다.

적배(賊輩)명 도둑의 무리.

적법(適法)명-하다형 법규나 법률에 맞음. 합법(合法) ¶-한 절차를 밟다. ☞위법(違法)

적법-성(適法性)명 행위 따위가 법규나 법률에 어긋나지 않은 성질. 합법성(合法性) ¶- 여부를 가리다.

적벽가(赤壁歌)명 ①십이 잡가(十二雜歌)의 하나. 중국

양쯔 강 적벽의 싸움에서 크게 패한 위나라의 왕 조조(曹操)가 촉나라의 장수 관우(關羽)에게 구차하게 목숨을 비는 장면을 묘사한 내용임. ②판소리 열두 마당 중의 하나. 중국의 '삼국지연의(三國志演義)' 가운데 적벽의 싸움을 소재로 한 내용임.

적병(賊兵)명 도둑이나 역적의 병졸.

적병(敵兵)명 적의 병사.

적병(積病)명 적취(積聚)

적보(的報)명 적확한 통보.

적부(的否)명 꼭 그러함과 그러하지 아니함.

적부(適否)명 알맞음과 알맞지 아니함.

적-부루마(赤-馬)명 붉은빛과 흰빛의 털이 섞여 있는 말. 홍사마(紅紗馬)

적부=심사(適否審査)명 구속 적부 심사(拘束適否審査)

적-부적(適否適)명 적합한 것과 적합하지 않은 것.

적분(積分)명 ①수학에서, 어떤 함수의 원시 함수를 구하는 일. ②'적분학(積分學)'의 준말. ☞미분(微分)

적분(積忿)명 오랫동안 쌓여 온 분한 마음.

적분=방정식(積分方程式)명 미지 함수(未知函數)의 적분을 포함하는 함수 방정식.

적분-학(積分學)명 정적분(定積分)이나 부정 적분(不定積分)의 이론과 그 응용을 연구하는 해석학(解釋學)의 기초 분야. 준 적분 ☞미분학(微分學)

적불선(積不善)[-썬] '착하지 못한 일, 곧 나쁜 일을 많이 함'의 뜻.

적비(賊匪)명 떼를 지어 돌아다니며 재물을 약탈하는 도둑. 비적(匪賊)

적-비:취(赤翡翠)명 '호반새'의 딴이름.

적빈(赤貧)명-하다형 아무 것도 가진 것이 없을 정도로 몹시 가난함. 적립(赤立) ☞철빈(鐵貧)

적빈무의(赤貧無依)성구 몹시 가난한 데다가 의지할 곳조차 없음을 이르는 말.

적빈여세(赤貧如洗)성구 가난하기가 마치 물로 씻은듯하여, 아무 것도 가진 것이 없음을 비유하여 이르는 말.

적사(嫡嗣)명 정실(正室) 소생으로, 대를 잇는 아들.

적산(敵產)명 ①적국이나 적국인의 재산. ②'귀속 재산(歸屬財產)'을 달리 이르는 말. ¶- 가옥(家屋)

적산(積算)명-하다타 계속 쌓여 증가하는 수량을 차례로 더하여 셈함. ☞누계(累計)

적산-법(積算法)[-뻡]명 공사에 실제로 드는 비용을 정확하게 산출하는 방법. 수량의 결정, 단가의 기입, 간접비의 가산 등 세 부분으로 되어 있음.

적산=온도(積算溫度)명 작물의 생육에 필요한 열량을 나타내기 위하여 일정한 생육 기간의 일평균 기온을 더한 것.

적산=전:력계(積算電力計)명 일정 기간에 사용한 전력의 총계를 재는 계기. 전기 미터 ☞전기 계량기

적삼명 재래식 한복에서, 윗도리에 입는 홑옷. 모양은 저고리와 같음. 단삼(單衫) ☞속적삼

속담 **적삼 벗고 은가락지 낀다** : 격에 맞지 아니한 짓을 한다는 말.

적상(積想)명 오랫동안 쌓이고 쌓인 생각.

적상(積傷)명-하다자 어떠한 일로 오래 마음을 썩임.

적새명 ①재래식 한옥에서, 지붕 용마루에 암키와를 차곡차곡 포개 쌓아서 높인 것. ②초가 지붕 위의 마루에 이엉을 물매지게 틀어 덮은 것.

적색(赤色)명 신선한 핏빛과 같은 색. 붉은빛. 빨간빛. 빨간색. 빨강 준 적(赤)

적색=공:포(赤色恐怖)명 적색 테러

적색=리트머스(赤色litmus)명 리트머스의 수용액에 약간의 염산을 섞은 것. 붉은빛을 띠며 알칼리와 만나면 푸르게 변함.

적-색맹(赤色盲)명 적록 색맹의 하나. 적색과 그 보색(補色)인 청록색이 무색으로 보임. ☞녹색맹(綠色盲)

적색=테러(赤色terror)명 공산주의자들의 폭력 행위. 적색 공포. 적색 폭력 ☞백색 테러

적색=폭력(赤色暴力)명 적색 테러

적서(赤黍)명 기장의 한 가지. 이삭이 붉고 알맹이는 누르며 차진 기운이 있음.

적서(摘書)명-하다타 남의 글을 따다 씀.

적서(嫡庶)명 ①적자(嫡子)와 서자(庶子). ②적파(嫡派)와 서파(庶派).

적석(赤錫)명 적동(赤銅)

적석-총(積石塚)명 돌무지무덤

적선(賊船)명 해적의 배.

적선(敵船)명 적의 배, 또는 적국의 배.

적선(積善)명-하다자 남을 위하여 좋은 일을 많이 함. ☞자선(慈善)

적선(謫仙)명 선계(仙界)에서 죄를 지어 인간계(人間界)로 쫓겨 내려왔다는 선인(仙人).

적설(赤雪)명 눈 위에 붉은빛의 조류(藻類)가 번식하여 눈이 붉게 보이는 것. 한대나 고산 지대의, 일 년 내내 눈이 녹지 않고 남아 있는 곳에서 볼 수 있음.

적설(積雪)명 땅 위에 내려 쌓인 눈.

적성(赤誠)명 진정에서 우러나는 참된 정성. 단성(丹誠)

적성(笛聲)명 ①피리 소리. ②기적(汽笛) 소리.

적성(適性)명 어떤 일에 알맞은 성질이나 능력. ¶-에 맞는 직업./-에 따라 전공을 선택하다.

적성(敵性)명 국제법상, 교전국이 공격이나 파괴 등 가해행위를 함을 허용하는, 적으로 간주해도 좋은 성질. 교전 상대국에게 이익을 주는 행위나 물건 등이 이에 딸림.

적성(積誠)명-하다자 오랫동안 정성을 들임.

적성=검:사(適性檢査)명 직업이나 진학, 예술 등 특정한 일에 대한 개인의 적성 유무나 정도를 측정하는 검사.

적성-병(赤星病)[-뻥]명 붉은별무늬병

적세(賊勢)명 도둑이나 역적의 세력이나 형세.

적세(敵勢)명 적이나 적국의 세력이나 형세.

적소(賊巢)명 도둑의 소굴. 적굴(賊窟). 적혈(賊穴)

적소(適所)명 알맞은 자리. ¶-에 배치하다.

적소(謫所)명 죄인이 귀양살이를 하는 곳. 배소(配所)

적-소:두(赤小豆)명 ①껍질 빛깔이 검붉은 팥. 붉은팥 ②한방에서, 덩굴팥의 종자를 약재로 이르는 말. 간경화·각기 등에 쓰임.

적소성대(積小成大)성구 작은 것도 쌓이면 큰 것을 이룸을 이르는 말. ☞적수성연(積水成淵)

적손(嫡孫)명 서손(庶孫)에 상대하여, 적자(嫡子)의 정실(正室)이 낳은 아들을 이르는 말. ☞서손(庶孫)

적손-승조(嫡孫承祖)명 적손이 직접 할아버지의 가독(家督)을 계승함.

적송(赤松)명 '소나무'를 백송(白松)이나 흑송(黑松)에 상대하여 이르는 말.

적송(積送)명-하다타 물품을 실어서 보냄.

적송-품(積送品)명 실어서 보내는 물품.

적-쇠(炙-)명 석쇠

적쇳-가락(炙-)명 굵고 긴 철사로 만든 부젓가락. 화로나 풍로에 걸쳐 놓고, 적(炙) 따위를 굽거나 그릇을 올려놓고 음식을 데우거나 하는 데 쓰임.

적수(赤手)명 아무 것도 가지지 않은 손. 맨손

적수(笛手)명 지난날, 군중(軍中)의 세악(細樂) 연주에서, 대금(大笒)을 불던 군사.

적수(賊首)명 도적의 우두머리. 적괴(賊魁)

적수(滴水)명 방울이 져 떨어지는 물방울.

적수(敵手)명 ①재주나 힘이 서로 비슷비슷한 상대. 대수(對手). 맞적수 ¶-가 없을 만큼 뛰어난 선수. ②적의 손길. ¶-가 미치지 않는 범위.

적수(敵讎)명 원수(怨讎)

적수공권(赤手空拳)성구 맨손과 맨주먹이라는 뜻으로, 아무 것도 가진 것이 없음을 이르는 말. 도수공권

적수단신(赤手單身)성구 맨손과 홑몸이라는 뜻으로, 가진 것도 없고 의지할 곳도 없는 외로운 처지를 이르는 말.

적수성가(赤手成家)성구 맨손으로 한 집을 이룬다는 뜻으로, 매우 가난한 사람이 맨손으로 노력하여 어엿한 살림을 이룩함을 이르는 말.

적수성연(積水成淵)성구 물방울이 모여 큰 못을 이룬다는 뜻으로, 작은 것도 모이면 크게 됨을 비유하여 이르

는 말. ☞적소성대(積小成大)
적습(賊習)명 물건을 훔치는 버릇. 도벽(盜癖)
적습(敵襲)명 적의 습격.
적습(積習)명 오래 두고 몸에 배어 굳어진 버릇.
적승계:족(赤繩繫足)성구 중국 당(唐)나라의 위고(韋固)가 지닌 붉은 끈으로 남녀의 발목을 묶으면 혼인이 이루어진다고 한 고사(故事)에서, 혼인을 정함을 이르는 말. ☞월하노인(月下老人)
적시(摘示)명-하다타 지적하여 보임.
적시(適時)명 알맞은 때. 마침맞은 때. ¶ - 안타(安打)/-에 구조대가 도착하다.
적시(敵視)명-하다타 '적대시(敵對視)'의 준말.
적시다타 ①물 따위의 액체에 젖게 하다. ¶소나기가 대지를 흠뻑 -. ②정조를 빼앗아 몸을 더럽히다.

한자 적실 침(浸) 〔水部 7획〕 ¶침수(浸水)/침윤(浸潤)

적시재상(赤屍在床)성구 몹시 가난하여 죽은 사람을 장사지내지 못함을 이르는 말.
적시-타(適時打)명 야구에서, 누상(壘上)의 주자(走者)를 진루시키거나 득점하게 하는 안타.
적신(赤身)명 벌거벗은 몸. 알몸
적신(賊臣)명 육사(六邪)의 하나. 반역하는 신하.
적-신:호(赤信號)명 ①교통 신호에서, '정지'를 나타내는 신호. 붉은 깃발이나 등(燈) 따위를 이용함. ②앞일이 위험하거나 곤란하게 되리라는 경고를 비유하여 이르는 말. ☞위험 신호. 청신호(靑信號)
적실(嫡室)명 첩에 상대하여, 정식으로 혼인하여 맞은 아내를 이르는 말. 정실(正室)
적실(的實)어기 '적실(的實)하다'의 어기(語基).
적실(適實)어기 '적실(適實)하다'의 어기(語基).
적실인심(積失人心)성구 인심을 많이 잃음을 이르는 말.
적실-하다(的實-)형여 틀림없이 확실하다.
적실-히부 적실하게
적실-하다(適實-)형여 실제에 꼭 알맞다.
적실-히부 적실하게
적심명 재목을 물에 띄워서 내려보내는 일.
적심(赤心)명 거짓 없이 참된 마음. 단심(丹心)
적심(賊心)명 ①도둑질하려는 마음. ②반역을 꾀하는 마음. 역심(逆心)
적심(摘心)명-하다자타 성장이나 결실을 조절하기 위하여, 과수 따위에서 꼭지눈을 잘라 내는 일. 순지르기
적심-돌(積心-)[-똘]명 벽을 쌓을 때, 안쪽에 심을 박아 쌓는 돌. 적심석(積心石)
적심-석(積心石)명 적심돌
적심-쌓기(積心-)명 벽의 안쪽을 돌로 튼튼히 쌓는 일.
적-십자(赤十字)명 ①흰 바탕에 붉은빛으로 십자형(十字形)을 나타낸 표지. 적십자사의 표장(標章)임. ②'적십자사'의 준말.
적십자-사(赤十字社)명 전시(戰時)에 상병자(傷病者)를 구호할 목적으로 설립한 국제적 민간 조직 기구. 평시에는 보건·위생·구호 활동을 함. 준적십자(赤十字)
적쌍룡=단선(赤雙龍團扇)명 의장(儀仗)의 한 가지. 둥근 부채에 붉은 쌍룡이 그려져 있고, 긴 자루가 달림.
적아(摘芽)명-하다자타 농작물에서 불필요한 새싹이나 연한 싹을 따 버리는 일. ☞전아(剪芽)
적악(積惡)명-하다자 악한 짓을 많이 함.
적앙(積殃)명-하다자 재앙이 거듭됨, 또는 그 재앙.
적약(適藥)명 어떤 병을 낫게 하는 데 알맞은 약.
적약(敵藥)명 ①배합의 정도에 따라 독이 되는 약. ②함께 먹으면 독이 되는 약.
적양(赤楊)명 '오리나무'의 딴이름.
적어도부 ①줄잡아 어림하여도. 적게 잡아도. ¶이 일을 끝내려면 - 열흘은 걸리겠다. ②마음에 부족하나마 그런대로. 하다못해 ¶다는 아니더라도 - 반은 부담할 줄 알았다./학생이라면 - 공중 도덕은 지킬 줄 알아야지. ☞최소한(最小限)
적업(適業)명 어떤 사람의 재능이나 성격 따위에 알맞은 직업. ☞적직(適職)
적여구산(積如丘山)성구 무엇이 산더미처럼 많이 쌓여 있음을 이르는 말.
적역(適役)명 ①영화나 연극 따위에서, 어떤 역에 알맞은 사람, 또는 어떤 사람에게 알맞은 역. ¶이 도령 역에는 그가 -이다./그녀는 공주가 -이다./오랫만에 -을 맡았다. ②적임자(適任者) ¶그 일에는 그가 -이다.
적역(適譯)명 적절한 번역이나 통역.
적연(的然)어기 '적연(的然)하다'의 어기(語基).
적연(寂然)어기 '적연(寂然)하다'의 어기(語基).
적연(適然)어기 '적연(適然)하다'의 어기(語基).
적연무문(寂然無聞)성구 고요하고 쓸쓸하여 아무 소리도 들리지 않음을 이르는 말.
적연부동(寂然不動)성구 아주 고요하여 움직이지 아니함을 이르는 말.
적연-하다(的然-)형여 틀림없이 그러하다.
적연-히부 적연하게
적연-하다(寂然-)형여 고요하고 쓸쓸하다.
적연-히부 적연하게
적연-하다(適然-)형여 마침 우연하다.
적연-히부 적연하게
적열(積熱)명 한방에서, 열이 계속 나서 뺨이 벌게지고 목이 마르며 입 안이 헐고 가슴이 답답하며, 변비가 생기다가 몸에 부스럼이 나는 병증을 이르는 말.
적영(敵影)명 ①적의 그림자. ②적의 모습.
적영(敵營)명 적군의 진영(陣營).
적외-선(赤外線)명 파장이 가시 광선보다 길고 극초단파보다 짧은 전자기파. 태양 스펙트럼에서 가시 광선의 붉은빛 바깥쪽에 나타남. 눈으로는 볼 수 없고, 가시 광선이나 자외선보다 열 작용이 강함. 암열선(暗熱線). 열선
적외선=사진(赤外線寫眞)명 적외선에 감광(感光)하는 필름과 적외선만을 투과시키는 필터를 사용하여 찍는 사진. 감식(鑑識)이나 원거리 촬영, 야간 촬영, 천체의 관측 따위에 이용됨.
적외선=요법(赤外線療法)[-뇨뻡]명 광선 요법의 한 가지. 환부(患部)에 적외선을 쬐어 혈액 순환을 좋게 하거나 진통 작용 따위를 하게 함. 신경통, 류머티즘, 신경마비 등의 치료에 이용됨.
적외선=필름(赤外線film)명 적외선에 감광하는 필름.
적요(摘要)명 요점을 따서 적음, 또는 그렇게 적은 요점.
적요(寂寥)어기 '적요(寂寥)하다'의 어기(語基).
적요-란(摘要欄)명 요점을 따서 적으려고 마련한 난.
적요-하다(寂寥-)형여 쓸쓸하고 고요하다. 요적하다
적용(適用)명-하다타 알맞게 맞추어 씀. ¶법률을 -하다./인상된 세율이 -되다.
적우(積雨)명 오랫동안 계속하여 내리는 비. 장마
적우(積憂)명 오랫동안 쌓인 근심.
적우침주(積羽沈舟)성구 깃털처럼 가벼운 것이라도 많이 실으면 배를 가라앉힌다는 뜻으로, 작은 힘이라도 모이면 큰 힘이 됨을 비유하여 이르는 말.
적운(積雲)명 상승 기류로 말미암아 수직으로 솟은 구름의 한 가지. 구름 덩이가 뭉게뭉게 솟아오른 모양인데, 구름 아래 부분은 거의 수평임. 맑은 날 낮에 지평선에 흔히 생김. 뭉게구름. 쎈구름 ☞적란운(積亂雲)
적울(積鬱)명-하다자 ①답답한 마음이 오래 쌓여 풀리지 않음. ②겹겹이 쌓이고 쌓임.
적원(積怨)명 오랫동안 쌓이고 쌓인 원망.
적위(赤緯)명 적도 좌표에서 천구(天球) 위의 천체의 위치를 나타내는 위도. 적도를 기준으로 북극을 +90°, 남극을 -90°로 하여 측정함. ☞적경(赤經)
적위(積威)명 선대(先代)로부터 쌓아 내려온 위세.
적위-권(赤緯圈)[-꿘]명 ①적위 등권 ②적위를 나타내려고 적도의(赤道儀)에 표시한 눈금.
적위=등:권(赤緯等圈)[-꿘]명 천구(天球) 위에서 적위가 같은 곳을 이은 선. 곧 천구 위의 적도에 평행하는 작은 원. 적위권(赤緯圈)
×**적은-집**명 →작은집

적응(適應)명-하다자 ①어떤 상황이나 환경, 조건 등에 알맞게 맞추어 따름. ¶직장 생활에 -하다. ②생물의 형태나 습성이 그 생활하고 있는 환경에서 생존하고 번식할 수 있게 변화함, 또는 그러한 과정. 응화(應化)

적응-력(適應力)명 적응하는 능력. ¶-이 뛰어나다.

적응-성(適應性)[-썽]명 생물이 주위 환경과 그 변화에 적응하는 능력이나 성질.

적응-증(適應症)[-쯩]명 특정의 약제나 수술 등의 치료법이 적용되어 효과를 나타내는 질환이나 증세.

적응=형질(適應形質)명 생물이 생명을 유지하려고 환경의 변화에 순응하는 형질.

적의(翟衣)명 지난날, 왕비가 입던 예복의 한 가지. 짙은 청색 바탕에 꿩을 수놓고, 깃·도련·소매 끝에는 붉은 빛으로 선을 둘렀음.

적의(敵意)명 ①상대를 적으로 여겨 맞서 겨루거나 해치려는 마음. ¶-를 드러내다./-에 찬 표정. ②증오하는 마음. ¶-를 품다.

적의(適宜)어기 '적의(適宜)하다'의 어기(語基).

적의(適意)어기 '적의(適意)하다'의 어기(語基).

적의-하다(適宜-)형여 무엇을 하기에 알맞고 마땅하다.

적의-하다(適意-)형여 뜻에 들어맞거나 마음에 맞다. 중의(中意)하다

적:이부 얼마간. 다소. 조금 ¶- 놀라다./잘 있다는 소식을 듣고 - 안심하였다.

적:이-나부 ①다소라도. 비록 조금일지라도. ¶- 도움이 된다면 좋겠다. ②'적이'를 강조하거나 감탄하는 뜻으로 이르는 말. ¶입선이라도 하면 - 좋을까?

적:이나-하면부 다소라도 형편이 좀 나으면. 웬만하면 ¶- 나라도 도울게.

적일(積日)명 여러 날. 누일(累日) ☞연일(連日)

적임(適任)명 ①어떤 임무를 맡기에 알맞음, 또는 그 임무. ②'적임자'의 준말. ¶이런 일에는 그가 -이다.

적임-자(適任者)명 임무를 맡기에 알맞은 사람. 적역(適役) 준 적임(適任)

적자(赤子)명 '갓난아이'를 달리 이르는 말.

적자(赤字)명 지출이 수입보다 많은 일, 또는 그 결손. ¶-가 나다./-를 내다. ☞흑자(黑字)

적자(炙子)명 '번철(燔鐵)'을 달리 이르는 말.

적자(賊子)명 ①어버이를 해치는 불효한 자식. ¶난신(亂臣)- ②반역하는 사람.

적자(嫡子)명 정실(正室)에게서 태어난 아들. 적남(嫡男) ☞서자(庶子)

적자(適者)명 ①어떤 일에 알맞은 사람. ②환경에 적응하는 것 또는 생물.

적자=공채(赤字公債)명 국가가 일반 회계 예산의 세입(歲入) 부족을 메우기 위하여 발행하는 공채. 세입 보전 공채(歲入補塡公債)

적자생존(適者生存)성구 생존 경쟁의 결과로 환경에 적응하는 것만이 살아 남고, 그렇지 못한 것은 멸망하는 일을 이르는 말. ☞우승열패(優勝劣敗)

적자=예:산(赤字豫算)명 예산을 편성할 때, 적자 공채를 발행하여 그 부족분을 메우고 균형을 잡는 예산. ☞균형 예산(均衡豫算). 초균형 예산(超均衡豫算)

적자=융자(赤字融資)명 금융 기관이 기업체의 적자를 메우도록 자금을 융통해 주는 일.

적-작약(赤芍藥)명 미나리아재빗과의 여러해살이풀. 줄기 높이 50~90cm. 뿌리는 굵고 방추형인데 자르면 붉은빛을 띰. 뿌리에서 나온 잎은 작은 깃꼴 겹잎이며, 윗부분의 잎은 길둥근 꼴로 가장자리가 밋밋함. 잎자루와 잎맥은 붉은빛을 띰. 5~6월에 흰빛 또는 붉은빛의 큰 꽃이 원줄기 끝에 핌. 뿌리는 한방에서 약재로 쓰임.

적:잖다형 '적지 않다'가 줄어든 말. ¶적잖은 손실.
적잖이부 적잖게 ¶여행 비용이 - 들었다.

적장(賊將)명 도적의 장수.

적장(嫡長)명 적파(嫡派)의 맏아들과 맏손자.

적장(敵將)명 적군의 장수.

적-장:자(嫡長子)명 정실(正室)이 낳은 맏아들.

적재(摘載)명-하다타 요점만을 따서 기록하여 실음.

적재(適材)명 어떤 일에 알맞은 인재.

적재(積財)명-하다자 재물을 쌓아 모음, 또는 그 재물.

적재(積載)명-하다타 차나 선박 따위에 물건을 쌓아서 실음.

적재-량(積載量)명 ①선박 따위에 물건을 쌓아 실은 분량 또는 중량. 재량(載量). 적량(積量) ②적재 정량

적재적소(適材適所)성구 알맞은 인재에게 알맞은 자리나 임무를 맡김을 이르는 말. ¶-에 배치하다.

적재=정:량(積載定量)명 차나 선박 따위에 적재할 수 있는 정량. 적재량(積載量) ¶-을 초과하다.

적재-함(積載函)명 화물 자동차나 수레 따위에 짐을 실을 수 있도록 만들어 놓은 칸.

적저(積貯·積儲)명-하다타 쌓아 모음.

적적(寂寂)어기 '적적(寂寂)하다'의 어기(語基).

적적-하다(寂寂-)형여 괴괴하고 쓸쓸하다. 외롭고 쓸쓸하다. ¶적적하던 참인데 마침 잘 왔다.
적적-히부 적적하게 ¶- 지내다.

적전(耤田)명 지난날, 임금이 직접 사람을 두어 경작하던 밭. ☞동적전. 서적전

적절(適切)어기 '적절(適切)하다'의 어기(語基).

적절-하다(適切-)형여 꼭 알맞다. ¶적절한 대우.
적절-히부 적절하게 ¶상황에 따라 - 처신해라.

적-점토(赤粘土)명 바다 밑바닥에 있는 적갈색의 점토. 산화철이 들어 있음.

적정(寂靜)[1]명 불교에서, 마음에 번뇌가 없고 몸에 괴로움이 없는 편안한 상태를 이르는 말.

적정(賊情)명 도둑의 내부 사정이나 형편.

적정(滴定)명 용량 분석에 사용되는 조작의 한 가지. 시료(試料) 용액에 농도를 아는 시약(試藥) 용액을 뷰렛에 넣어 방울 지게 떨어뜨려 반응할 때까지 떨어뜨린 양으로 시료 용액의 농도를 측정함. ☞정량 분석(定量分析)

적정(敵情)명 적의 실정이나 형편.

적정(寂靜)[2]어기 '적정(寂靜)하다'의 어기(語基).

적정(適正)어기 '적정(適正)하다'의 어기(語基).

적정-가(適正價)[-까]명 적정 가격

적정=가격(適正價格)[-까-]명 원가(原價)를 적정하게 계산하여 정한 값. 적정가(適正價)

적정-하다(寂靜-)형여 쓸쓸하고 고요하다.

적정-하다(適正-)형여 알맞고 올바르다. ¶적정한 세금을 매기다.
적정-히부 적정하게

적제(赤帝)명 민속에서 이르는 오방신장(五方神將)의 하나. 여름을 맡은 남쪽의 신(神)을 이름. ☞백제(白帝)

적제(嫡弟)명 서자(庶子)가 자기 아버지의 정실(正室)에서 난 아우를 이르는 말. ☞적형(嫡兄)

적제(滴劑)명 아주 적은 양으로도 효과가 있기 때문에, 조제할 때의 용량을 방울 수로 나타내는 약액(藥液).

적조(赤潮)명 플랑크톤의 이상 증식으로 바닷물이 붉게 보이는 현상.

적조(積阻)명-하다자 오랫동안 서로 소식이 막힘. 격조(隔阻) ¶그 동안 -했소.

적중(的中)명-하다자 ①화살이나 총알 따위가 목표에 꼭 들어맞음. ¶화살이 과녁에 -하다. ②예측 따위가 틀리지 않고 꼭 맞음. ¶내 예상이 -했다.

적중(積重)명-하다자 겹겹이 쌓임. 쌓여서 겹침.

적중(謫中)명 적소(謫所)에서 귀양살이하는 동안.

적중(適中)어기 '적중(適中)하다'의 어기(語基).

적중-률(的中率)명 ①화살이나 총알 따위가 목표물에 들어맞는 비율. ②예측 따위가 틀리지 않고 맞는 비율. ¶-이 높다.

적중-하다(適中-)형여 지나침이나 모자람이 없이 꼭 알맞다.

적증(的證)명 분명하고 확실한 증거.

적지(赤地)명 흉년이 들어 거둘 농작물이 없게 된 땅. 적토(赤土)

적지(的知)명-하다타 적확하게 앎.

적지(賊地)명 도둑의 무리가 차지한 땅, 또는 그 세력 아

ㅈ

래 있는 지역.
적지(敵地)명 적이 차지한 땅, 또는 그 세력 아래 있는 지역. ¶ －에 침투하다.
적지(適地)명 무엇을 하기에 알맞은 땅. ¶ 경치가 아름다워 별장을 짓기에 －이다.
적직(適職)명 어떤 사람의 재능이나 성격 따위에 알맞은 직업이나 직임. ☞적업(適業)
적진(敵陣)명 적의 진영.
적채(積債)명 오랫동안 쌓인 빚.
적처(嫡妻)명 정식으로 혼례를 치르고 맞은 아내. 장가처. 정배(正配). 정적(正嫡)
적철(炙鐵)명 '석쇠'를 달리 이르는 말.
적철-석(赤鐵石)[－썩]명 산화철로 이루어진 광물의 한 가지. 육방 정계(六方晶系)에 딸리며, 결정은 금속 광택이 남. 조흔색(條痕色)은 적갈색이며 제철에 중요한 철광석임.
적첩(嫡妾)명 처첩(妻妾)
적첩(積疊)명-하다자 첩첩이 쌓임.
적체(赤體)명 응혈(凝血)이 차 있어서 빨갛게 된, 배란(排卵) 뒤의 여포(濾胞). 이것이 황체(黃體)가 됨.
적체(積滯)명-하다자 쌓여서 잘 통하지 아니하고 막힘. ¶ 실업자의 － 현상./재고품이 －되다.
적출(赤朮)명 '창출(蒼朮)'의 딴이름.
적출(摘出)명-하다타 ①속에 든 것을 밖으로 끄집어냄. ②감추어진 것을 들추어냄.
적출(嫡出)명 정실(正室)에게서 태어난 아들이나 딸. ☞서출(庶出)
적출-자(嫡出子)명 법률에서, 혼인 관계에 있는 남녀 사이에서 출생한 자식을 이르는 말.
적출-항(積出港)명 화물을 선박으로 실어 내는 항구.
적충(赤蟲)명 '장구벌레'의 딴이름.
적취(積聚)명 ①-하다자 쌓여서 모임. ②한방에서, 오랜 체증으로 말미암아 뱃속에 덩어리가 생기는 병증을 이르는 말. 적기(積氣). 적병(積病) 준적(積)
적치(敵治)명 적의 통치. 적이 점령하여 다스리는 정치.
적치(積置)명-하다타 쌓아 둠.

적침(敵侵)명 적의 침입.
적탄(敵彈)명 적군이 쏜 탄알.
적토(赤土)명 ①석간주(石間硃) ②붉은 빛깔의 흙이나 땅. ③적지(赤地)
적통(嫡統)명 적파(嫡派)의 계통.
적-틀(炙－)명 제사 때 쓰는 그릇의 한 가지. 적(炙)을 담는 긴 네모꼴의 그릇으로 굽이 달려 있음. 적과기(炙果器). 적기(炙器). 적대(炙臺)
적파(嫡派)명 적자(嫡子)의 자손의 계통. ☞서파(庶派)
적판(滴板)명 실험 기구의 한 가지. 사기로 만든 판 위에 여러 개의 오목한 부분을 만들어 시료(試料)의 용액을 넣게 되어 있음. 점적판(點滴板)
적패(積敗)명-하다자 기운이 몹시 지침.
적평(適評)명 적절한 평.
적폐(積弊)명 오랫동안 쌓여 온 폐단.
적-포도주(赤葡萄酒)명 붉은빛의 포도주. 빛깔이 짙은 종류의 포도를 껍질째 터뜨려 발효시켜 만듦. ☞백포도주
적하(滴下)명-하다자타 액체가 방울이 져서 떨어짐, 또는 액체를 방울이 지게 떨어뜨림.
적하(積荷)명 적화(積貨)
적한(賊漢)명 모진 도둑.
적함(敵艦)명 적군의 군함(軍艦).
적합(適合)어기 '적합(適合)하다'의 어기(語基).
적합-하다(適合－)형여 꼭 알맞다. ¶ 기후가 벼농사에 －./경기하기에 적합한 운동장이다.
적해(賊害)명 도둑에게 입은 해.
적-행낭(赤行囊)명 우체국에서, 등기 우편 따위의 중요한 우편물을 담아 나르는 데에 쓰는 붉은 주머니.
적혈(赤血)명 붉은 피.
적혈(賊穴)명 도둑의 소굴. 적굴(賊窟). 적소(賊巢)
적혈(積血)명 어혈(瘀血)
적-혈구(赤血球)명 혈액 속에 있는 혈구의 한 가지. 헤모글로빈이 들어 있어 붉게 보임. 붉은피톨 ☞백혈구
적형(嫡兄)명 서자(庶子)가 자기 아버지의 정실(正室)에서 난 형을 일컫는 말. ☞적제(嫡弟)
적화(赤化)명-하다자타 ①붉게 되거나 되게 함. ②공산주의에 물들거나 물들게 함.
적화(積貨)명-하다타 차나 선박 따위에 화물을 실음, 또는 그 화물. 적하(積荷)
적확(的確)어기 '적확(的確)하다'의 어기(語基).
적확-하다(的確－)형여 틀림이 없다.
　적확-히부 적확하게 ¶ － 표현하다.
적환(賊患)명 도둑으로 말미암은 근심.
적환(敵丸)명 적이 쏜 탄환.
적황(赤黃)명 '적황색'의 준말.
적황(敵況)명 적의 움직임이나 상황.
적황-색(赤黃色)명 붉은빛을 띤 누른빛. 준적황
적회(積懷)명 오랫동안 만나지 못하여 쌓인 회포.
적효(適效)명 알맞은 효과.
적흉(赤凶)명 매우 심한 흉년.
적히다자 적음을 당하다. ¶ 칠판에 이름이 －./계약서에 적힌 내용.
전:[1]명 물건의 위쪽이나 중턱 따위의 가장자리에 나부죽한 부분. ¶ 항아리의 －./화로의 －. ☞귓전. 뱃전. 솥전
전:[2]명 갈퀴와 손으로 한 번에 껴안을 정도의 땔나무의 양. 의 갈퀴와 손으로 한 번에 껴안을 정도의 땔나무를 세는 단위. ¶ 솔가리 스무 －.
전(田)명 '밭'의 뜻으로 문서 따위에 쓰는 한문 투의 말.
전(前)명 ①지나간 어느 때를 막연하게 이르는 말. ¶ －에 왔던 곳./－보다 많이 좋아졌다. ②기준이 되는 어떤 때를 나타내는 일부 명사나 명사형 어미 '-기' 다음에 쓰이어, 그보다 앞서는 때를 이르는 말. ¶ 일주일 －/돌 －에 걷다./대답하기 －에 한 번 더 생각해라. ☞후(後) ③편지나 공문 따위에서 상대편의 이름이나 호칭 다음에 쓰이어, '-께'의 뜻을 나타내는 말. ¶ 어머님 － 상서(上書)/선생님 － ☞앞
전:(奠)명 장사지내기 전에 영전(靈前)에 간단히 주과(酒果)를 차려 놓는 예식.
전(煎)명 고기·생선·채소 따위를 얇게 저미거나 다져서 소금과 후추로 간을 하고 밀가루를 묻히고 달걀을 풀어 씌워서 기름에 지진 음식을 통틀어 이르는 말. 저냐
전:(廛)명 '가게'를 달리 이르는 말. ¶ －을 벌이다.
전:(篆)명 '전자(篆字)'의 준말.
전(甎·塼)명 옛날 건축 재료의 한 가지. 찰흙으로 빚어 말리거나 구운 벽돌. 모양이 다양하며 겉에 무늬를 넣기도 하였음.
전:(氈)명 피륙의 한 가지. 짐승의 털로 무늬 없이 톡톡하게 짠 것으로, 깔개나 모자 따위에 쓰임.
전:(轉)명 '전구(轉句)'의 준말. ▷ 轉의 속자는 転
전(錢)의 ①지난날, 우리 나라 화폐 단위의 한 가지. 원(圓)의 100분의 1. 1911년 이후부터 1953년 제1차 화폐 개혁 전까지 사용되었음. ②지난날, 엽전 열 푼을 이르던 말. ▷ 錢의 속자는 銭
전(前)《관형사처럼 쓰이어》'이전의'의 뜻을 나타냄. ¶ －대통령/－ 회장
전(全)-《접두사처럼 쓰이어》'전체', '온'의 뜻을 나타냄. ¶ 전가족(全家族)/전국민(全國民)/전인류(全人類) ☞범(汎)-
-전(展)《접미사처럼 쓰이어》'전시회(展示會)'의 뜻을 나타냄. ¶ 개인전(個人展)/서화전(書畫展)
-전(傳)《접미사처럼 쓰이어》'전기(傳記)'의 뜻을 나타냄. ¶ 입지전(立志傳)/이순신전(李舜臣傳)/유충렬전(劉忠烈傳) ☞-기(記). -록(錄)
-전(戰)《접미사처럼 쓰이어》'싸움〔戰爭·競技〕'의 뜻을 나타냄. ¶ 전면전(全面戰)/국지전(局地戰)/결승전(決勝戰)/성명전(聲明戰)/단체전(團體戰)/개인전(個人戰)
전가(田家)명 농부의 집. 전사(田舍) ☞농가(農家)
전가(全家)명 온 집안. 거가(擧家). 합문(闔門)

전가(傳家)명-하다타 ①자손에게 가업(家業)을 물려줌. ②대대로 그 집안에 전하여 내려옴.

전:가(轉嫁)명-하다타 자기의 허물이나 책임 등을 남에게 덮어씌움. ¶서로 책임을 —하기에 급급하다.

전각(全角)명 조판(組版)에서, 활자의 나비와 같은 크기나 공간. ☞반각(半角)

전각(前脚)명 네발짐승의 앞쪽에 있는 두 다리. ☞후각(後脚)

전:각(殿閣)명 ①임금이 거처하는 궁전. ②궁전과 누각.

한자 **전각 전**(殿) 〔殳部 9획〕 ¶전당(殿堂)/전우(殿宇)

전:각(篆刻)명 나무나 돌·쇠붙이·옥 따위에 도장(圖章)을 새기는 일, 또는 그 글자.

전:각-가(篆刻家)명 전각을 전문으로 하는 사람.

전:간(癲癎)명 의식 장애나 경련 따위가 일어나는 발작성 질환. 간질(癎疾). 지랄병

전간-전(傳簡錢)명 지난날, 사람을 시켜서 편지를 전할 때 삯으로 주던 돈.

전갈 명-하다타 사람을 시켜서 안부를 묻거나 말을 전함, 또는 그 안부나 말.

전갈(全蠍)명 절지동물 거미류 전갈목에 딸리는 동물을 통틀어 이르는 말. 몸길이 3.5~20cm. 몸은 짧은 두흉부와 긴 배로 이루어지며, 꼬리 끝에 갈고리 모양의 독침이 있음. 뒤쪽 배 부분을 등 쪽으로 젖혀 거미나 곤충 등을 찔러 죽여서 먹음. 난태생이고 야행성이며, 돌이나 낙엽 밑 등에서 삶.

전:갈(錢渴)명-하다자 돈이 잘 돌지 아니함.

전갈-자리(全蠍—)명 십이 성좌(十二星座)의 하나. 여름에 남쪽 하늘에 보이는, 'S'자 모양으로 늘어선 별자리인데, 7월 상순 오후 여덟 시 무렵에 자오선(子午線)을 통과함. 전갈좌

전갈-좌(全蠍座)명 전갈자리

전감(前鑑)명 ①지난 일을 거울삼아 자신을 경계하는 일. ②이전의 사람이 남긴 본받을만 한 일.

전감소연(前鑑昭然)성구 거울을 보는 것과 같이 앞의 일이 밝고 뚜렷함을 이르는 말.

전-강풍(全強風)명 '노대바람'의 구용어. ☞폭풍(暴風)

전개(悛改)명-하다자 잘못을 뉘우치고 마음을 바르게 가짐. 개전(改悛)

전:개(展開)명-하다자타 ①눈앞에 넓게 드러남. ¶시원스럽게 —되는 차창 밖의 풍경. ②어떤 일을 벌임. ¶맞수끼리의 경기가 —되다./시민 운동을 —하다. ③어떤 내용을 점차 넓거나 깊이 있게 드러내거나 진행해 나감. ¶이야기의 —가 흥미진진하다./논리를 —하다. ④수학에서 ㉠단항식과 다항식, 다항식과 다항식의 곱을 다항식으로 나타내는 일. ㉡함수를 급수(級數)의 꼴로 나타내는 일. ㉢입체의 표면을 한 평면 위에 펼치는 일. ⑤작곡(作曲)에서, 제시된 주제를 분석하여 여러 형태로 변화, 발전시키는 일. ⑥한데 모여 있는 부대를 흩어서 전투 대형으로 벌리는 일.

전:개-도(展開圖)명 입체의 표면을 한 평면 위에 펼쳐 놓은 모양을 나타낸 도형.

전:개-부(展開部)명 악곡(樂曲)에서, 제시된 주제를 분석하여 여러 형태로 변화, 발전시키는 부분.

전:개-식(展開式)명 수학에서, 단항식과 다항식, 다항식과 다항식의 곱을 전개하여 얻은 식. 단항식의 합으로만 이루어진 다항식임.

전객(佃客)명 지난날, 소작료를 내고 남의 땅을 빌려서 농사를 짓는 사람을 이르던 말. 소작인(小作人)

전갱이 명 전갱잇과의 바닷물고기. 몸길이 40cm 안팎이며, 몸은 방추형임. 몸빛은 등 쪽은 어두운 녹색이고 배 쪽은 은백색이며 방패비늘은 황색임. 근해의 깊은 곳에 살다가 4~7월의 산란기가 되면 얕은 곳으로 옴. 매가리

전:거(典據)명 말이나 문장 따위의 근거로 삼는 문헌상의 출처. ☞출전(出典)

전거(奠居)명-하다자 머물러 살만 한 곳을 정함. 전접(奠接)

전:거(轉居)명-하다자 사는 곳을 다른 데로 옮김. 전주(轉住)

전:-거리 명 전으로 쌓아 둔 나무, 또는 한 전씩 묶어서 단을 지은 잎나무.

전건(前件)[—껀]명 ①가언적 판단(假言的判斷)에서, 그 조건이나 이유를 나타내는 부분. ②전기(前記)의 조항. 앞에서 말한 사건이나 물건.

전:건(電鍵)명 전신기에서, 신호를 보내기 위하여 회로를 개폐하는 장치.

전:격(電擊)명 ①번개와 같이 갑작스럽게 들이침. ②강한 전류가 몸에 닿았을 때 받는 충격. ¶— 요법

전:격-적(電擊的)명 번개와 같이 갑작스럽게 들이치는 것. ¶—인 조처.

전결(田結)명 지난날, 논밭에 대하여 물리던 세금.

전결(專決)명-하다타 결정권자가 혼자 책임지고 결정함. ¶부장의 — 사항. ☞전단(專斷)

전:결(纏結)명-하다타 얽어매거나 매어 묶음.

전경(全景)명 모든 풍경. ¶마을 —이 한눈에 들어오다.

전:경(典經)명 ①조선 시대, 경연청(經筵廳)에서 서책에 관한 일을 맡아보던 정구품 관직, 또는 그 관원. ②경전

전경(前景)명 앞쪽에 보이는 경치. ¶—이 좋은 집.

전:경(戰警)명 서울 특별시장과 광역시장, 도지사, 해양경찰대장에게 딸려, 대간첩 작전과 경비 임무 따위를 수행하는 경찰.

전:경-의(轉鏡儀)명 트랜싯(transit)

전계(傳戒)명-하다타 불교의 계법(戒法)을 전함.

전:계(電界)명 전기장(電氣場)

전:고(典故)명 ①전례(典例)와 고사(故事). ②전거(典據)가 되는 옛일. 고실(故實)

전고(前古)명 지나간 옛날. 왕고(往古)

전:고(詮考)명-하다타 서로 의논하여 상세히 검토함.

전고(傳告)명-하다타 전하여 알림.

전고(銓考)명-하다타 사람을 골라 뽑을 때, 여러모로 따져 보고 고름.

전:고(戰鼓)명 지난날, 전투할 때에 신호로 치던 북.

전고미:문(前古未聞)성구 전에는 들어 보지 못한 일, 곧 처음 듣는 일을 이르는 말. 유전대미문(前代未聞)

전고미:증유(前古未曾有)성구 옛날에는 없던 일, 곧 처음 있는 일을 이르는 말.

전:곡 명 집터의 경계선.

전곡(田穀)명 밭에 심어서 거두는 곡식. 밭곡식

전곡(全曲)명 악곡의 전체.

전:곡(錢穀)명 돈과 곡식을 아울러 이르는 말. 금곡(金穀). 전량(錢糧)

전:골 명 요리상에서 끓여 먹는 국물 요리의 한 가지. 썬 쇠고기, 채소·생굴·조개 등을 전골 냄비에 색을 맞추어 담고, 육수에 간장 간을 하면서 끓여 익혀 먹음. 종류에는 신선로, 쇠고기 전골, 생선 전골, 낙지 전골, 생굴 전골, 두부 전골, 각색 전골 등이 있음.

전골(全骨)명 '전신골(全身骨)'의 준말.

전:골-틀 명 전골을 끓이는 데 쓰는 그릇.

전공(全功)명 결점 없는 공로나 공적.

전공(前功)명 ①지난날에 세운 공로나 공적. ②이전의 사람이 세운 공로나 공적.

전공(專攻)명 ①-하다타 한 분야를 깊이 연구함, 또는 그 분야. ¶국어학을 —하다. ②'전공 과목(專攻科目)'의 준말. ¶—이 철학이다.

전:공(電工)명 ①'전기공(電氣工)'의 준말. ②'전기 공업(電氣工業)'의 준말.

전:공(戰功)명 전쟁에서 세운 공로. 전훈(戰勳)

전공가:석(前功可惜)성구 애써 한 일이 헛일이 되었거나 중도에 그만두게 되었을 때에 들인 힘이 아깝다는 뜻으로 이르는 말.

전공=과목(專攻科目)명 전공하는 분야의 학과목. 준전공(專攻) ☞교양 과목(教養科目)

전:공-비(戰功碑)명 전쟁에서 세운 공로를 기리어 세우는 비석. ☞전공탑(戰功塔)

전공-의(專攻醫)명 수련(修鍊) 병원이나 수련 기관에서 전문의(專門醫) 자격을 얻기 위하여 수련을 받는 인턴과

ㅈ

레지던트. 수련의(修鍊醫)

전:공-탑(戰功塔)명 전쟁에서 세운 공로를 기리어 세우는 탑. ☞전공비(戰功碑)

전:-공후(鈿箜篌)명 고대 동양의 현악기. 옻칠을 하고 자개로 장식한 공후.

전과(全科)[-꽈]명 ①학교에서 규정한 모든 교과나 학과. ②모든 과목을 한데 엮은 학습 참고서.

전과(全課)명 ①모든 과. ②그 과의 전부.

전과(前科)[-꽈]명 전에 형벌의 선고를 받아 그 재판이 확정된 사실. ¶- 3범

전과(前過)명 전에 저지른 허물. ☞전죄(前罪)

전과(專科)[-꽈]명 전문으로 연구하는 학과.

전:과(煎果)명 정과(正果)

전:과(戰果)[-꽈]명 전투나 경기 따위에서 거둔 성과.

전:과(轉科)[-꽈]명-하다자 학과나 병과(兵科) 등을 옮김.

전과-자(前科者)[-꽈-]명 전에 형벌의 선고를 받아 그 재판이 확정되었던 사람.

전관(前官)명 전에 그 관직에 있던 관원. 원임(原任)

전관(專管)명-하다타 ①그 일만을 전적으로 책임지고 맡아서 관리함. ②전체가 그 관할에 딸림.

전관(銓官)명 조선 시대, 이조(吏曹)의 당상관(堂上官)과 병조(兵曹)의 판서(判書)를 이르던 말.

전:관(錢貫)명 한 관(貫) 가량 되는 엽전.

전:관(轉官)명-하다자 다른 관직으로 옮김.

전관=거류지(專管居留地)명 외국의 영토 안에서 자기 나라의 행정권을 행사할 수 있는 지역. ☞공동 거류지(共同居留地)

전관=수역(專管水域)명 '어업 전관 수역'의 준말.

전관=예우(前官禮遇)[-녜-]명 장관급 이상의 관직을 지냈던 사람에게 관직에서 물러난 후에도 재임 당시와 같이 예우하는 일.

전:광(電光)명 ①번갯불 ②전기등의 불빛. ¶- 게시판/- 뉴스

전:광(癲狂)명 ①한방에서, 정신 이상으로 실없이 웃는 병을 이르는 말. ②정신 이상으로 미치는 일.

전:광=게:시판(電光揭示板)명 '전광판'의 본딧말.

전:광=뉴:스(電光news)명 평면에 일정하게 배열한 수많은 전구의 일부 또는 전부를 껐다 켰다 하여 나타낸 문자나 그림으로 뉴스를 전하는 장치, 또는 그 뉴스.

전:광석화(電光石火)성구 번갯불이나 부싯돌의 불이 번쩍이는 것처럼 매우 짧은 시간, 또는 매우 빠른 몸놀림을 비유하여 이르는 말.

전:광-판(電光板)명 평면에 일정하게 배열한 수많은 전구의 일부 또는 전부를 껐다 켰다 하여 문자나 그림을 나타내는 장치. 본전광 게시판(電光揭示板)

전괴(全壞)명-하다자타 완전히 부서짐, 또는 완전히 부숨. ☞전파(全破)

전교(全校)명 한 학교의 전체. ¶- 회장

전교(傳敎)[1]명-하다자 지난날, 임금이 명령을 내리던 일, 또는 그 명령을 이르던 말. 하교(下敎)

전교(傳敎)[2]명-하다자 ①종교를 널리 전함. ②불교에서, 제자에게 교리를 전하는 일. ☞전도(傳道)

전:교(錢驕)명 돈이 많은 사람의 교만.

전:교(轉交)명-하다타 ①서류 따위를 다른 사람의 손을 거쳐서 넘겨줌. ②'다른 사람의 손을 거쳐서 받게 함'의 뜻으로, 편지의 겉봉에 쓰는 한문 투의 말.

전:교(轉校)명-하다자 전학(轉學)

전교-생(全校生)명 한 학교의 전체 학생.

전:교-회(傳敎會)명 가톨릭에서, 전교(傳敎)를 목적으로 하는 단체. ▷傳의 속자는 伝

전구(全軀)명 몸의 전체. 온몸. 전신(全身)

전구(前矩)명 옛날 사람이 남겨 놓은 모범. 전규(前規)

전구(前驅)명 ①말을 타고 행렬의 맨 앞에서 인도하는 일, 또는 그 사람. ②행렬의 맨 앞에 가는 사람.

전:구(電球)명 전기의 힘으로 빛을 내는 기구. 진공 또는 질소나 아르곤가스를 채워 밀봉한 유리로 만든 구(球) 안에 저항선인 필라멘트를 넣고 전류를 통과해 가열하여 빛을 냄. 전등알 ☞백열 전구(白熱電球)

전:구(轉句)[-꾸]명 한시(漢詩) 절구(絶句)의 셋째 구(句). 이 구에서 시상(詩想)에 변화를 줌. 준전(轉) ☞기승전결(起承轉結) ▷轉의 속자는 転

전구=증세(前驅症勢)명 전염병의 잠복기 또는 뇌출혈이나 전간(癲癇) 따위의 병이 일어나기 직전에 나타나는 증세를 이르는 말.

전-국(全-)명 간장이나 술, 국 따위에 군물을 타지 아니한 국물. 진국 ☞꽃국. 웃국. 전내기

전국(全局)명 전체의 국면. 전체의 판국.

전국(全國)명 한 나라의 전체. 온 나라. ¶-에 심어진 무궁화./-을 여행하다. ☞거국(擧國)

전:국(戰局)명 전쟁이 되어가는 형편. ¶-이 호전(好轉)되다./불리한 -.

전:국(戰國)명 ①전쟁을 하고 있는 나라. ②전쟁으로 어지러운 세상. ▷戰의 속자는 戦

전-국민(全國民)명 한 나라의 국민 전체. 온 국민. 모든 국민. ¶-의 지지를 받다.

전국-적(全國的)명 규모나 범위 따위가 나라 전체에 관계되는 것. ¶-인 대회를 열다./-으로 확산되다.

전군(全軍)명 한 나라 군대의 전체. 삼군(三軍). 총군(總軍) ¶총사령관이 -을 지휘하다.

전군(全郡)명 한 군(郡)의 전체.

전군(前軍)명 앞장서는 군대. ☞후군(後軍)

전:군(殿軍)명 행군할 때 대열의 맨 뒤에 서는 군대.

전권(全卷)명 ①여러 권으로 된 책의 모든 권. ②한 권의 전부. ¶-을 다 읽다.

전권(全權)[-꿘]명 ①맡겨진 일을 처리할 수 있는 일체의 권한. ¶-을 맡기다. ②완전한 권리. ③'전권 위원(全權委員)'의 준말.

전:권(典券)명-하다자 땅문서나 집문서 따위의 문권(文券)을 전당으로 잡힘.

전권(專權)[-꿘]명-하다자 권력을 독차지하여 제멋대로 함, 또는 그 권력. ¶-을 휘두르다. ☞전횡(專橫)

전권=공사(全權公使)[-꿘-]명 '특명 전권 공사(特命全權公使)'의 준말.

전권=대:사(全權大使)[-꿘-]명 '특명 전권 대사(特命全權大使)'의 준말.

전권=위원(全權委員)[-꿘-]명 국가로부터 외교 교섭이나 국제 조약의 체결에 관한 일체의 권한을 위임 받고 파견되는 외교 사절. 준전권(全權)

전권=위임장(全權委任狀)[-꿘-짱]명 전권 위원이 국가 원수(元首)로부터 위임 받은 공문서.

전규(前規)명 옛날 사람이 남겨 놓은 모범. 전구(前矩)

전:극(電極)명 전지나 진공관 등에서, 전기장을 만들거나 전류를 흐르게 하기 위하여 설치한 도체나 반도체. 보통 전위가 높은 쪽을 양극, 낮은 쪽을 음극이라고 함.

전:극=전:위(電極電位)명 단극 전위(單極電位)

전:근(轉筋)명 쥐가 나서 근육이 뒤틀리고 오그라지는 일.

전:근(轉勤)명-하다자 근무하던 직장을 옮김.

전:근=곽란(轉筋癨亂)명 한방에서, 곽란이 심하여 근육이 뒤틀리는 병을 이르는 말.

전근대-적(前近代的)명 현대적이 못 되고, 근대 이전 시대의 특징을 지니고 있는 것, 또는 봉건적이고 폐쇄적인 것. ¶-인 발상.

전금(前金)명 ①대차 관계에서, 계산 당시 그 이전에 이미 치른 금액. ②선금(先金)

전금-화(翦金花)명 '장구채[2]'의 딴이름.

전:긍(戰兢)명-하다자 '전전긍긍(戰戰兢兢)'의 준말.

전기(全期)명 ①모든 기간. ②그 기간의 전체.

전기(全機)명 전대(戰隊) 등을 편성한 전체의 비행기.

전기(前記)명-하다타 앞에 기록함, 또는 그 기록. ¶-한 내용을 참고하시오. ☞후기(後記)

전기(前期)명 ①어떤 기간을 몇 개로 나눈 첫 기간. ¶-모집/- 리그 ②어떤 기간의 바로 앞의 기간이나 시기. ¶- 이월금 ☞후기(後期)

전기(傳奇)명 고대 소설의 한 형식. 기이한 사건을 다룬

공상적이고 환상적인 소설. 김시습(金時習)의 '금오신화(金鰲新話)' 따위. 전기 소설(傳奇小說)
전기(傳記)명 개인의 일생 사적(事蹟)을 적은 기록.
전기(傳騎)명 전령(傳令)의 임무를 맡은 기병(騎兵).
전:기(電氣)명 물질 안에 있는 전자의 이동으로 생기는 에너지의 한 형태. 양전기와 음전기가 있음.
전:기(電機)명 전기의 힘으로 움직이는 기계.
전:기(戰記)명 전쟁에 관한 기록. ☞전사(戰史)
전:기(戰機)명 ①전쟁이 일어날 기운. 병기(兵機) ②군사상의 기밀. 군기(軍機) ②전투에서 유리한 시기.
전:기(轉記)명-하다타 한 장부(帳簿)에서 다른 장부로 기재 사항을 옮기어 적음, 또는 옮기어 적은 기록.
전:기(轉機)명 이제까지의 방침이나 경향, 사태 등에서 다른 것으로 바뀌는 계기. ¶일대 ―를 마련하다.
전:기-가오리(電氣―)명 전기가오릿과의 바닷물고기. 몸길이 40cm 안팎. 몸은 둥글넓적함. 몸빛은 검붉은 갈색에 검은 무늬가 군데군데 있음. 가슴지느러미와 머리 사이에 음과 양 한 쌍의 발전 기관(發電器官)이 있어 전기를 냄. 우리 나라와 일본, 필리핀, 중국 등지의 연해에 분포함. 시끈가오리
전:기=감:수율(電氣感受率)명 전기장(電氣場)의 작용으로 물질이 분극(分極)을 일으키는 정도를 나타내는 양.
전:기=감:응(電氣感應)명 정전기 유도(靜電氣誘導)
전:기-계(電氣計)명 전위계(電位計)
전:기=계:기(電氣計器)명 전기에 관한 여러 가지 양을 측정하는 계기를 통틀어 이르는 말. 전류계·전력계·전압계 따위.
전:기=계:량기(電氣計量器)명 '적산 전력계(積算電力計)'를 흔히 이르는 말.
전:기-공(電氣工)명 발전, 변전, 전기 장치, 가설, 수리 등 전기와 관계 있는 일을 하는 사람. 준전공(電工)
전:기=공업(電氣工業)명 전기를 원동력으로 하는 공업. 준전공(電工)
전:기=공학(電氣工學)명 공학의 한 분야. 전기에 관한 모든 현상과 그 응용 기술을 연구함.
전:기=기관(電氣器官)명 발전 기관(發電器官)
전:기=기관차(電氣機關車)명 전동기의 작용으로 움직이는 기관차.
전:기=기구(電氣器具)명 전기를 열원이나 동력원 따위로 이용하는 기구. 전등, 전기 다리미, 텔레비전, 전기 세탁기 따위. 전기 제품(電氣製品)
전:기=기타:(電氣guitar)명 전기 악기의 한 가지. 증폭기가 달려 있어, 음의 증폭을 다양하게 변화시키거나 음색(音色)을 조정할 수 있음.
전:기=난:로(電氣煖爐)명 전기의 힘으로 가열되어 열을 내뿜는 난로. 전기 스토브
전:기=냄비(電氣―)명 전기의 힘으로 가열되는 냄비.
전:기=냉:장고(電氣冷藏庫)명 전기의 힘으로 냉동기를 작동해 내부 온도를 저온으로 유지하는 장치.
전:기=다리미(電氣―)명 전기의 힘으로 가열해 사용하는 다리미.
전:기=당량(電氣當量)명 '전기 화학 당량'의 준말.
전:기=도:금(電氣鍍金)명 전기 분해의 원리를 이용하여 금속의 표면에 다른 금속의 막을 얇게 입히는 일. 준전도(電鍍)
전:기=동:력계(電氣動力計)명 발전기를 돌려서 그 고정자(固定子)의 반동력(反動力)을 계측함으로써 원동기 따위의 동력을 측정하는 장치.
전:기=드릴(電氣drill)명 소형 전동기로 앞 끝에 있는 송곳을 돌려서 구멍을 뚫는 데 쓰는 공구.
전:기-등(電氣燈)명 전등(電燈)
전:기-량(電氣量)명 전하(電荷)의 양. 준전량(電量)
전:기량-계(電氣量計)명 도선(導線)을 통과한 전하(電荷)의 총량을 재는 계기. 볼타미터. 전량계(電量計)
전:기-력(電氣力)명 물체에 발생된 전기 사이에 작용하는 힘. 전기장의 세기와 전하량에 비례함.
전:기력-선(電氣力線)명 전기장에서, 전하(電荷)가 받고 있는 힘의 방향으로 움직여 갈 때 그 자취를 그린 가상의 곡선. 전기장의 세기와 방향을 나타냄.
전:기-로(電氣爐)명 전열을 이용한 노(爐). 아크로 따위가 있으며, 금속 정제에 널리 쓰임. 준전로(電爐)
전:기-료(電氣料)명 전기를 사용한 값으로 내는 돈. 전기 요금(電氣料金)
전:기-메:기(電氣―)명 전기메깃과의 민물고기. 몸길이 20cm 안팎이며, 메기와 비슷하게 생김. 몸빛은 다갈색임. 발전 기관이 있어 최대 전압 400~450V의 고압 전류를 일으킴. 아프리카 열대 하천에 분포함.
전:기=메스(電氣mes)명 외과 기구의 한 가지. 고주파 전류를 써서 생체 조직이나 장기를 잘라 내고 환부 조직을 응고하는 데에 쓰임.
전:기=면:도기(電氣面刀器)명 전기의 힘으로 면도날 등을 움직여 수염 따위를 깎을 수 있게 만든 기구.
전기=문학(傳記文學)명 개인의 일생 사적(事蹟)을 소재로 한 문학.
전:기=미:터(電氣meter)명 적산 전력계(積算電力計)
전:기=밥솥(電氣―)명 전열을 이용하여 밥을 짓는 솥.
전:기=방석(電氣*方席)명 전열 장치를 하여 만든 방석.
전:기=부란기(電氣孵卵器)명 자동으로 온도가 조절되는, 전열을 이용하여 알을 부화하는 장치.
전:기=부화(電氣孵化)명 전기 부란기를 이용하여 누에의 알이나 달걀 따위를 인공적으로 부화하는 일.
전:기-분(電氣盆)명 전기 쟁반(電氣錚盤)
전:기=분석(電氣分析)명 전기 화학적 반응을 이용한 분석 방법. 전기 분해 따위.
전:기=분해(電氣分解)명 전해질의 수용액이나 용융체에 전류를 통하여 양극과 음극에 그 성분을 분리해 내는 일. 준전해(電解)
전:기=불꽃(電氣―)명 스파크(spark)
전:기=사:업(電氣事業)명 발전과 전력 공급, 전기 철도 경영의 세 가지 사업을 통틀어 이르는 말. 특히 전력 공급 사업만을 가리키기도 함.
전:기-삽(電氣―)명 전기의 동력으로 움직이게 만든 삽. 규모가 큰 노천 채굴이나 토목 공사 따위에 쓰임.
전-기생(全寄生)명 기생 식물 가운데서 숙주로부터 모든 영양분을 흡수하여 생활하는 기생 형태. 사물 기생(死物寄生)과 활물 기생(活物寄生)이 있음. ☞반기생(半寄生)
전기생=식물(全寄生植物)명 전기생으로 살아가는 식물. 새삼·실새삼 따위.
전:기-석(電氣石)명 육방 정계(六方晶系)의 규산염 광물. 붕소와 철, 마그네슘, 알루미늄 따위가 주성분임. 마찰하거나 가열하면 전기가 일어남. 광택이나 빛깔, 투명성 따위가 다양하며, 아름다운 것은 보석으로 쓰임.
전:기-선(電氣線)명 전선(電線)
전:기=세:탁기(電氣洗濯機)명 전기의 동력으로 움직이어 자동으로 빨래를 하는 기계.
전:기=소:량(電氣素量)명 전기량의 최소 단위. 전자가 지니는 전기량의 절대값임.
전기=소:설(傳奇小說)명 전기(傳奇)
전기=소:설(傳記小說)명 어떤 특정 인물의 전기(傳記)를 소설 형식으로 쓴 작품. ☞대하 소설(大河小說)
전기-수(傳奇叟)명 지난날, 소설을 소리 내어 읽어 주는 일을 직업으로 삼던 사람.
전:기=스탠드(電氣stand)명 책상이나 탁자 등에 놓고 쓰는 전기 조명 기구. 스탠드(stand)
전:기=스토:브(電氣stove)명 전기 난로(電氣煖爐)
전:기=악기(電氣樂器)명 전기를 이용하여 음을 내는 악기. 전기 회로에서 일으킨 전기 진동을 기계적 진동으로 바꿈으로써 음을 만듦. 전기 기타나 전기 오르간 따위.
전:기=야:금(電氣冶金)명 연료나 환원제 대신 전기를 써서 금속을 제련하는 방법.
전:기-어(電氣魚)명 몸에 발전 기관이 있어 강한 전기를 내는 물고기를 통틀어 이르는 말. 전기가오리·전기메기 따위.
전:기=에너지(電氣energy)명 전하(電荷)나 전류·전자

파 따위가 가지는 에너지.
전:기=오르간(電氣organ)[명] 전기 악기의 한 가지. 리드의 진동을 전기적으로 증폭하여 소리를 내는 오르간.
전:기=온돌(電氣*溫突)[명] 전열 장치를 한 온돌.
전:기-요(電氣-)[명] 전열선을 넣어 만든 요.
전:기=요:금(電氣料金)[명] 전기료(電氣料)
전:기=요법(電氣療法)[-뻡][명] 전기 치료(電氣治療)
전:기-욕(電氣浴)[명] 물리 치료의 한 방법. 약한 전류가 흐르는 따뜻한 물에 환자의 몸을 담그게 함.
전:기=용:량(電氣容量)[명] 도체(導體)나 축전기의 전위(電位)를 단위량까지 높이는 데 필요한 전기량. 단위는 패럿(farad)임.
전:기=용접(電氣鎔接)[명] 전열을 이용하여 금속을 녹여 붙이거나 잇는 일. 아크 용접 따위.
전:기=의자(電氣椅子)[명] 고압 전류가 통하게 만든 의자. 사형 집행 따위에 쓰임.
전:기=이:중극(電氣二重極)[명] 전기량이 같은 양과 음의 두 전하(電荷)가 매우 가까이 있는 현상.
전:기=인두(電氣-)[명] 전열을 이용한 인두. 납땜 등에 씀.
전:기-자(電機子)[명] 전동기나 발전기에서, 회전 부분 전체를 이르는 말. 아마추어(armature)
전:기=자:석(電氣磁石)[명] 전자석(電磁石)
전:기-장(電氣場)[명] 전기를 띤 물체 주위에 전기 작용이 미치는 공간. 전계(電界). 전장(電場)
전:기=쟁반(電氣錚盤)[명] 정전 유도(靜電誘導)를 이용하여 전기를 모으는 장치. 전기분(電氣盆)
전:기=저:항(電氣抵抗)[명] 전류가 흐르기 어려운 정도를 나타내는 수치. 단위는 옴(Ω). 저항(抵抗)
전:기=전도(電氣傳導)[명] 도체 안에 전기장이 있을 때, 전하(電荷)가 움직여 전류가 흐르는 현상.
전:기=전도도(電氣傳導度)[명] 전기 전도율 [준] 전도도
전:기=전도율(電氣傳導率)[명] 도체를 흐르는 전류의 크기를 나타내는 상수(常數). 전기 전도도(電氣傳導度) [준] 전도율(傳導率)
전:기=점화(電氣點火)[명] 내연 기관 따위에서 전기 방전의 불꽃을 이용하여 가스를 폭발시키는 일.
전:기=제:품(電氣製品)[명] 전기 기구(電氣器具)
전:기-종(電氣鐘)[명] 전류를 이용하여 소리를 내는 장치. 초인종이나 전화기 등에 쓰임. 전령(電鈴). 전종(電鐘)
전:기=주:조(電氣鑄造)[명] 전주(電鑄)
전:기=진:동(電氣振動)[명] 전류가 회로 속을 빠른 속도로 왕복하는 진동. 진동의 주파수가 높으면 전자파를 일으킴. ☞진동 전류(振動電流)
전:기=진:동기(電氣振動器)[명] 전기 진동을 일으키는 장치.
전:기=진:자(電氣振子)[명] 어떤 물체가 전기를 띠고 있는지를 실험하는 데 쓰이는 흔들이.
전:기=착암기(電氣鑿岩機)[명] 전기를 동력으로 하여 바위에 구멍을 뚫는 데 쓰는 기계.
전:기=철도(電氣鐵道)[-또][명] 전기를 동력으로 이용하는 철도. [준] 전철(電鐵)
전:기=청소기(電氣淸掃機)[명] 진공 청소기(眞空淸掃機)
전:기=축음기(電氣蓄音機)[명] 전동기로 음반을 돌리며, 음반에 녹음한 진동을 진동 전류로 바꾸고, 이것을 증폭하여 원음을 재생하는 기기. [준] 전축(電蓄)
전:기=치료(電氣治療)[명] 물리 치료의 한 방법. 전류를 직접 인체에 흐르게 함으로써 신경이나 근육 따위를 자극하여 치료 효과를 높이는 요법. 전기 요법(電氣療法)
전:기=탐광(電氣探鑛)[명] 물리 탐광의 한 가지. 땅 속을 흐르는 전류의 방향이나 세기 따위를 측정하여 지질 구조를 알아내거나 광상(鑛床)을 찾아내는 일.
전:기=통신(電氣通信)[명] 전기 또는 전자기적 방식으로 부호나 음향, 영상 따위의 정보를 주고받는 일.
전:기-파(電氣波)[명] 전파(電波)
전:기-풍(電氣風)[명] 첨단 방전(尖端放電)이 일어날 때, 근처의 공기는 밀려나고 다른 공기가 밀려 들어오는 현상이 거듭됨으로써 일어나는 바람.
전:기=풍로(電氣風爐)[명] 전열을 이용하는 풍로.
전:기-학(電氣學)[명] 전기의 물리적 현상과 그 이론을 연구하는 학문.
전:기=해:리(電氣解離)[명] 이온화
전:기=현:상(電氣現象)[명] 전기에 관한 여러 가지 현상을 통틀어 이르는 말. 전자, 전자기 유도, 전파 따위.
전:기=화:학(電氣化學)[명] 화학의 한 분야. 전기 현상을 일으키는 화학 변화를 연구하는 학문. 전기 분해나 전지(電池) 따위를 다룸.
전:기=화:학=당량(電氣化學當量)[명] 전기 분해 때, 1쿨롬(C)의 전기량이 전극을 통과함에 따라 전극에서 분리되는 원자, 또는 원자단의 질량. [준] 전기 당량(電氣當量)
전:기=회로(電氣回路)[명] 도체(導體)로 만든 전류의 통로. [준] 전로(電路). 회로(回路)
전:기=히:터(電氣heater)[명] 전열을 이용한 가열기(加熱器), 또는 그런 난방 장치.
전:깃-불(電氣-)[명] 전등의 불. 전등불
전:깃-줄(電氣-)[명] 전선(電線)
전:-나귀[명] 다리를 저는 나귀.
전:-나무[명] 소나뭇과의 상록 교목. 높이 40m 안팎. 나무껍질은 잿빛을 띤 흑갈색이며, 잎은 바늘 모양임. 4월경에 꽃이 피고, 10월경에 솔방울 같은 원통 모양의 열매를 맺음. 높은 산에서 자라며, 나무는 건축재나 가구재 따위로 쓰임. 종목(樅木)
전-날(前-)[명] ①어떤 날의 바로 앞의 날. ¶개학 -/시험 - ②지나간 어느 날. 이전의 시기. 선일(先日). 전일(前日) ¶-의 약속을 지키다./아무도 -의 그를 기억하지 못했다.
전-남편(前男便)[명] 여의거나 이혼한 그전 남편. 전부(前夫) ☞본남편. 전서방
전납(全納)[명][-하다][타] 공과금 등을 모두 냄.
전납(前納)[명][-하다][타] 기한이 되기 전에 미리 냄. 선납(先納). 예납(豫納)
전:내(殿內)[명] ①궁전이나 전각 따위의 안. ②민속에서, 신위를 모시고 길흉을 점치는 사람, 또는 그 신위를 이르는 말.
전-내기(全-)[명] 물을 조금도 타지 않은 술. ☞전국
전:-내기(廛-)[명] 가게에 내다 팔려고 날림으로 만든 물건. ☞전맞춤
전:냥(錢兩)[명] 많지 않은 돈. 돈냥. 돈잎. 돈푼. 쇳냥
전년(前年)[명] ①지난해. 안해. 작년(昨年) ②지나간 해. ☞후년(後年)
전념(專念)[명][-하다][자] 오로지 한 가지 일에만 마음을 씀. ¶학업에 -하다. ☞몰두(沒頭)
전능(全能)[명][-하다][형] 어떤 일이든지 못하는 일이 없이 모두 능함. ¶-한 신.
전:다(煎茶)[명] 엽차(葉茶)를 다관에 담고 끓인 물을 부어 우리는 일, 또는 우린 그 차. 팽다(烹茶)
전다라(旃茶羅∠caṇḍāla 범)[명] 전타라(旃陀羅)
전단(全段)[명] ①모든 단. ②한 단의 전부.
전단(前段)[명] 앞의 단(段).
전단(前端)[명] 앞의 끄트머리.
전단(栴檀)[명] 단향목(檀香木)
전단(專斷)[명][-하다][타] 자기 마음대로 결단하고 실행함. ☞전결(專決)
전:단(剪斷)[명][-하다][타] 잘라 끊음.
전단(傳單)[명] 선전이나 광고를 위하여, 널리 나누어 주거나 내붙이거나 하는 종이.
전:단(戰端)[명] 전쟁이 일어나는 실마리. 병단(兵端)
전:단(戰團)[명] 해군 편성 단위의 한 가지. 둘 또는 그 이상의 구축함과 소형 함정의 전대(戰隊)로써 구성되는 부대. 기함(旗艦)이나 모함(母艦)으로 지정된 함정도 이에 딸림.
전-달(前-)[-딸][명] ①어떤 달의 바로 앞의 달. ②지난달 ¶-보다 실적이 올랐다.
전달(傳達)[명][-하다][타] 전하여 이르게 함. ¶지시 사항을 -하다./양로원에 위문품을 -하다.
전담(全擔)[명][-하다][타] 모두 다 맡음. 전당(全當) ¶책임

을 －하다. /학교에서 비용을 －하다. ☞분담(分擔)
전담(專擔)명-하다타 혼자서 맡음. 전당(專當) ¶홍보 업무를 －하다.
전답(田畓)명 논과 밭. 논밭
전당(全當)명-하다타 전담(全擔)
전당(全黨)명 한 정당의 전체.
전:당(典當)명-하다타 물품이나 유가 증권을 담보로 하여 돈을 꾸어 쓰거나 꾸어 주는 일.
전당(을) 잡다관용 물품이나 유가 증권을 담보로 맡아 두고 돈을 꾸어 주다.
전당(을) 잡히다관용 물품이나 유가 증권을 담보로 맡기고 돈을 꾸어 쓰다.
속담 **전당 잡은 촛대** : 전당으로 잡아서 쓰지도 않고 그대로 세워 둔 촛대 같다는 뜻으로, 한 옆에 덤덤히 앉아 있기만 하는 사람을 비유하여 이르는 말.
전당(專當)명-하다타 전담(專擔)
전:당(殿堂)명 ①신불(神佛)을 모셔 놓은 집. 전우(殿宇) ②큰 규모로 잘 지은 집. 당우(堂宇) ③어떤 분야에서 중심이 되는 기관이나 시설. ¶학문의 －. /문화 예술의 －.
전당=대:회(全黨大會)명 정당(政黨)이 여는 전국적인 대의원 대회.
전:당-질(典當－)명-하다자 전당 잡히는 일을 좋지 않게 이르는 말.
전:당-포(典當鋪)명 물품이나 유가 증권을 담보로 잡고 돈을 꾸어 주는 일을 하는 점포. 준전포(典鋪)
전:당-품(典當品)명 전당 잡거나 전당 잡히는 물품.
전대(前代)명 지나간 시대. 전세(前世) ☞후대(後代)
전:대(戰帶)명 조선 시대, 군복에 띠던 띠. 장교 이상은 남빛의 명주로, 군졸은 무명으로 했음. 전대띠 ☞전복
전:대(戰隊)명 ①해군의 편성 단위의 한 가지. 군함 두 척 이상 또는 군함과 구축 함대, 잠수 함대로 편성된 부대. ②전함 또는 순양함으로 편성된 함대. 흔히 네 척으로 편성됨. ▷ 戰의 속자는 戦
전:대(轉貸)명-하다타 ①꾸어 온 것을 다시 남에게 꾸어 줌. ②남을 거쳐서 꾸어 줌. ☞전차(轉借)
전:대(纏帶)명 허리에 두르거나 어깨에 메게 된 긴 자루. 중간을 막고 양끝을 터, 돈이나 물건을 넣게 되어 있음. 견대(肩帶)
전:대-띠(戰帶－)명 전대(戰帶)
전대미:문(前代未聞)성구 이제까지 들어 본 적이 없다는 뜻으로, 매우 놀랍거나 새로운 일을 이르는 말. ¶－의 사건. 유전고미문(前古未聞). 희대미문(稀代未聞)
전:-대야명 전이 있는 대야.
전:대-작(轉貸作)명-하다타 지난날, 소작인이 소작 부치던 땅을 다시 딴 사람에게 빌려 주어 농사짓게 하던 일.
전대지재(專對之才)성구 상대편의 물음에 독자적인 판단으로 대답할 수 있는 인재라는 뜻으로, 외국에 사신으로 보낼만 한 인재를 이르는 말.
전:-대:차(轉貸借)명 임대차 계약에서, 삯을 주고 물건을 빌려 쓰는 사람이 빌린 물건을 다시 빌려 주는 일.
전도(全島)명 한 섬의 전체. 온 섬.
전도(全道)명 한 도의 전체.
전도(全圖)명 전체를 그린 그림이나 지도. ¶대한 민국 －
전도(前途)명 ①앞으로 나아갈 길. 앞길 ②장래(將來) ¶－가 양양하다.
×**전도**(前渡)명-하다타 →선급(先給)
전도(前導)명-하다타 앞길을 인도함.
전:도(剪刀)명 가위[1]
전:도(奠都)명-하다자 나라의 서울을 정함.
전도(傳道)명-하다자타 ①도리(道理)를 세상에 널리 알림. ②크리스트교에서, 교리를 널리 전하여 믿지 않는 사람에게 신앙을 가지도록 이끄는 일. ☞선교(宣敎). 전교(傳敎)[2]. 포교(布敎)
전도(傳導)명-하다자 열이나 전기가 물체의 한 부분에서 다른 부분으로 옮아감, 또는 그 현상.
전:도(電鍍)명 '전기 도금(電氣鍍金)'의 준말.
전:도(戰圖)명 ①전쟁이 벌어지고 있는 범위. ②전장(戰場)의 지도.
전:도(顚倒)명-하다자타 ①엎어져서 넘어짐, 또는 엎어 넘어뜨림. ②순서나 위치, 자리가 뒤바뀜, 또는 뒤바꿈. ¶본말(本末)이 －되다.
전:-도가(廛都家)[－또－]명 지난날, 같은 장사를 하는 사람들끼리 정해 놓고 모이던 집.
×**전도-금**(前渡金)명 →선급금(先給金)
전도-도(傳導度)명 ①'전기 전도도(電氣傳導度)'의 준말. ②'열전도도(熱傳導度)'의 준말.
전도=방:전(傳導放電)명 서로 반대되는 전기를 띤 두 도체를 도선으로 이었을 때, 음양 전기가 도선 위에서 중화되는 현상. ▷ 傳의 속자는 伝
전도-사(傳道師)명 개신교에서, 일정한 교회나 단체에 딸리어 전도의 임무를 맡은 교직자.
전도서(傳道書)명 구약성서 중의 한 편. 하느님 없는 삶의 무상함을 깨우쳐, 하느님의 섭리에 따를 것을 가르치는 내용임.
전:도-열(顚倒熱)명 정상 체온과는 반대로, 아침에는 오르고 저녁에는 내리는 열.
전도요원(前途遙遠)성구 앞으로 갈 길이 아득히 멀다는 뜻으로, 목적한 바에 이르기에는 아직도 멂을 이르는 말.
전도-율(傳導率)명 ①'전기 전도율(電氣傳導率)'의 준말. ②'열전도율(熱傳導率)'의 준말.
전도=전:류(傳導電流)명 도체(導體) 속의 자유 전하(電荷)의 움직임에 따른 전류. ☞대류 전류(對流電流)
전도=전:자(傳導電子)명 금속이나 반도체 안에서 전위차(電位差)에 따라 움직이며, 전기 전도를 일으키는 자유 전자.
전:도=주리(剪刀－)명 가새주리
전동(全洞)명 온 동네. 동네 전체.
전동(傳動)명 기계 장치에서, 동력을 기계의 다른 부분이나 다른 기계에 전하는 일.
전:동(電動)명 전기를 동력원(動力源)으로 씀. ☞수동(手動). 자동(自動)
전:동(∠箭筒)명 화살을 넣는 통. 전채(箭鞁) 원전통(箭筒)
전:동(轉動)명-하다자타 구르거나 굴려 움직임.
전:동(顫動)명-하다자타 떨거나 떨리어서 움직임.
전:동-기(電動機)명 전기 에너지를 기계적 동력으로 바꾸는 기계. 회전자(回轉子)의 코일에 흐르는 전류와 고정자(固定子)의 자기장에 따라 돌도록 되어 있음. ☞교류 전동기(交流電動機). 직류 전동기(直流電動機)
전:동-력(電動力)명 전류를 일으키는 원동력. 기전력(起電力)
전:동=발전기(電動發電機)[－쩐－]명 전동기로 발전기를 돌리는 장치. 교류를 직류로 바꾸거나 함.
전:동-음(顫動音)명 혀나 입술 따위의 떨림에 따라 나는 자음(子音).
전:동-자(電動子)명 전동기 가운데서 돌아가는 부분. ☞전기자(電機子)
전동=장치(傳動裝置)명 원동기에서 운동이나 동력을 작업기에 전달하는 장치. 기어 전동 장치나 마찰 전동 장치 따위가 있음.
전:동=주머니(∠箭筒－)[－쭈－]명 활의 부속품을 넣는 주머니.
전:동-차(電動車)명 가공선(架空線)으로부터 전원을 공급 받아 궤도 위를 달리는 차(車).
전두(前頭)명 ①지금부터 다가올 앞날. 내두(來頭) ②머리의 앞쪽. ☞후두(後頭)
전두-골(前頭骨)명 앞머리뼈
전두-근(前頭筋)명 머리의 앞쪽에 있는 근육. 눈썹을 올리거나 이마에 가로 주름을 짓는 작용을 함.
전:-두리명 둥근 그릇의 아가리에 둘려 있는 전의 둘레, 또는 둥근 뚜껑 따위의 둘레의 가장자리. 주변(周邊)
전득(傳得)명-하다타 상속 또는 유증(遺贈)으로 재산 따위를 얻음.
전:득(轉得)명-하다타 다른 사람의 손을 거쳐서 얻음.

ㅈ

전등(前燈)[명] 전조등(前照燈)
전등(傳燈)[명][-하다][자] 불교에서, 법맥(法脈)을 등불에 비유하여 이를 이어 가는 일을 이르는 말.
전:등(電燈)[명] 전기의 힘으로 빛을 내도록 만든 등. 백열전기등이나 형광등 따위. 전기등(電氣燈)
전:등-갓(電燈-)[명] 빛을 반사시켜 조도(照度)를 높이기 위하여 전등 위에 씌우는 물건.
전:등-불(電燈-)[-뿔][명] 전등의 불. 전깃불
전:등-선(電燈線)[명] 배전선(配電線) 가운데 전등이나 냉장고, 세탁기 따위의 소형 전동기에 전기를 보내는 전선. ☞동력선(動力線)
전:등-알(電燈-)[명] 전구(電球)
전라(田螺)[명] '우렁이'의 딴이름.
전라(全裸)[명] 아무 것도 입지 아니한 벌거벗은 몸. 알몸 ☞반라(半裸)
전:락(轉落)[명][-하다][자] ①이리저리 굴러서 떨어짐. ②나쁜 상태나 처지에 빠짐. ¶실업자로 -하다.
전:란(戰亂)[명] 전쟁으로 말미암은 난리. ¶-으로 가족과 헤어지다.
전:람(展覽)[명][-하다][타] ①펼쳐 봄. ②작품이나 물품 따위를 한군데 벌여 놓고 여러 사람에게 보임. ☞전시(展示)
전:람(電纜)[명] 케이블(cable)
전:람-회(展覽會)[명] 작품이나 물품 따위를 벌여 놓고 여러 사람에게 구경시키는 행사. ¶미술 -/사진 - ☞전시회(展示會)
전래(傳來)[명][-하다][자] ①이전부터 전하여 내려옴. ¶-동화 ②외국에서 전하여 들어옴. ¶서구 문물의 -.
전래지물(傳來之物)[명] 예로부터 전하여 내려오는 물건.
전래지풍(傳來之風)[명] 예로부터 전하여 내려오는 풍습.
전략(前略)[명][-하다][자타] ①글을 쓸 때, 앞 부분을 줄이는 일. ☞중략(中略). 후략(後略) ②편지에서, 인사말을 줄이고 바로 할 말을 적는다는 뜻으로 쓰는 한문 투의 말. ☞제번(除煩)
전:략(戰略)[명] ①전쟁의 목적을 이루기 위한, 전쟁 전반에 대한 준비·계획·조직·수행 등의 방책. ②목적을 이루기 위한 전반적, 또는 근본적인 방책. ¶선거 -/판매 -/우승 - ☞전술(戰術)
전:략-가(戰略家)[명] 전략을 세우는 데 능한 사람.
전:략=공군(戰略空軍)[명] 주로 적의 정치·경제·군사의 중심지를 전략 폭격하는 임무를 띤 공군 부대. ☞전술공군(戰術空軍)
전:략=단위(戰略單位)[명] 얼마 동안 독립적으로 작전을 수행할 수 있는 각 군(軍) 편성의 최소 단위. 육군에서는 사단(師團), 해군에서는 함대(艦隊)가 해당됨. ☞전술 단위(戰術單位)
전:략=무:기(戰略武器)[명] 전쟁을 하는 데 반드시 필요한 기반이 되는 군사 기지나 산업 시설 등을 공격하는 무기. 핵탄두를 장비한 미사일이나 폭탄 따위.
전:략=물자(戰略物資)[-짜][명] 전쟁을 하는 데 중요한 식량이나 석유, 주요 금속 따위의 물자.
전:략=산:업(戰略產業)[명] 다른 산업에 파급 효과가 커서, 그 성쇠(盛衰)가 경제 발전 전반에 큰 영향을 미치는 산업으로서 국가가 정책적으로 지원하는 산업. 석유 화학 공업, 철강 공업, 자동차 공업, 전자 공업 따위.
전:략=요지(戰略要地)[-뇨-][명] 전략적으로 매우 중요한 지역. 국가 행정 중심지, 산업 기지, 군사 기지, 비행장 따위.
전:략-적(戰略的)[명] 전략에 관한 것, 또는 전략에 따른 것. ¶- 후퇴
전:략=지도(戰略地圖)[명] 병력의 이동이나 집결, 보급 따위의 군사 작전에 쓰이는 중축척 지도(中縮尺地圖).
전:략=폭격(戰略爆擊)[명] 적의 전쟁 수행 능력을 없애기 위한 전략적 폭격. 주로 적의 정치·경제·군사의 중심지 파괴가 목적임. ☞전술 폭격(戰術爆擊)
전:략=핵무기(戰略核武器)[명] 적국의 대도시나 공업 중심지, 주요 군사 시설 따위를 파괴하기 위한 핵무기. 대륙간 탄도 미사일 따위. ☞전술 핵무기(戰術核武器)
전량(全量)[명] 전체의 분량.
전:량(電量)[명] '전기량(電氣量)'의 준말.
전:량(錢糧)[명] 돈과 곡식. 금곡(金穀). 전곡(錢穀)
전:량-계(電量計)[명] 전기량계(電氣量計)
전:려(典麗)[어기] '전려(典麗)하다'의 어기(語基).
전:려-하다(典麗-)[형][여] 바르고 아름답다.
전력(全力)[명] 모든 힘. ¶-을 기울이다. ☞사력(死力). 최선(最善)
전력(前歷)[명] 과거의 경력. 지금까지의 경력. ¶-을 숨기다./-이 화려하다.
전력(專力)[명][-하다][자] 오로지 한 일에만 온 힘을 씀. ¶공부에 -하다.
전:력(電力)[명] 전류가 단위 시간에 하는 일, 또는 단위 시간에 공급되는 전기 에너지의 양. 단위는 와트(W). ☞전압(電壓)
전:력(戰力)[명] ①전쟁을 치를 수 있는 능력. ¶-이 노출되다. ②운동 따위의 경기를 치를 수 있는 능력. ¶-을 보강하다./상대 팀의 -이 우세하다.
전:력(戰歷)[명] 전쟁에 참가한 경력.
전:력-계(電力計)[명] 전등이나 동력 등에 쓰이는 전력을 재는 계기. 와트계 ☞적산 전력계(積算電力計)
전:력-화(電力化)[명][-하다][자타] 시설이나 장치 따위에 전력을 이용하거나 이용하게 함.
전련(前聯)[명] 한시(漢詩)에서, 율시(律詩)의 제 3,4의 두 구. 함련(頷聯) ☞후련(後聯)
전련(顚連)[어기] '전련(顚連)하다'의 어기(語基).
전련-하다(顚連-)[형][여] 몹시 가난하여 어찌할 수가 없다.
전렵(畋獵)[명][-하다][자타] 사냥
전령(傳令)[명][-하다][타] ①명령을 전함, 또는 명령을 전하는 사람. ②전하여 보내는 훈령이나 고시(告示). 전명(傳命) ③전령병(傳令兵)
전:령(電令)[명] 전보로 하는 명령. 전명(電命)
전:령(電鈴)[명] 전기종(電氣鐘). 전종(電鐘)
전령-병(傳令兵)[명] 명령이나 문서 전달의 임무를 띤 병사. 전령(傳令) ▷傳의 속자는 伝
전령-사(傳令使)[명] 전령의 임무를 띤 사람.
전령-패(傳令牌)[명] 조선 시대, 좌우 포도대장이 명령을 전달할 때 쓰던 패. 긴 네모꼴로 한 면에는 '傳令'이라는 글자가, 다른 한 면에는 직명(職名)이 쓰여 있었음.
전:례(典例)[명] 규범으로 삼아 따를만 한 선례(先例).
전:례(典禮)[명] ①왕실 또는 나라의 의식(儀式). ②일정한 의식. ③조선 시대, '경국대전(經國大典)'과 '가례(家禮)'를 아울러 이르던 말. ④가톨릭에서, 모든 신도가 단체로 하느님과 성인(聖人), 복자(福者)에게 하는 공식적인 예배를 이르는 말.
전례(前例)[명] 전에 있던 같은 종류의 사례. 선례(先例) ¶-를 따르다./- 없는 파격적 인사. [준]예(例)
전:례(篆隸)[명] 전서(篆書)와 예서(隸書).
전로(前路)[명] 앞길
전:로(電路)[명] '전기 회로(電氣回路)'의 준말.
전:로(電爐)[명] '전기로(電氣爐)'의 준말.
전:로(戰虜)[명] 전쟁으로 말미암아 생긴 포로.
전:로(錢路)[명] 돈이 융통되는 길. 돈길
전:로(轉爐)[명] 용광로의 한 가지. 철이나 구리 등의 제련에 쓰이며, 돌리거나 뒤집을 수 있음. ☞평로(平爐)
전롱(全聾)[명] 소리를 전혀 듣지 못하는 사람, 또는 그런 상태. ☞농자(聾者)
전루(傳漏)[명][-하다][자] 지난날, 경점 군사(更點軍士)들이 북을 쳐서 경(更)을 알리던 일. ☞점(點)
전루-고(傳漏鼓)[명] 지난날, 시각을 알리기 위하여 치던 북. 전루북
전루-군(傳漏軍)[명] 조선 시대, 북과 징을 쳐서 경점(更點)을 알리던 군사. 경점 군사(更點軍士)
전루-북(傳漏-)[명] 전루고(傳漏鼓)
[속담] **전루북에 춤춘다**: 시각을 알리는 북 소리에 흥겨워 춤을 춘다는 뜻으로, 어리석은 사람이 까닭도 모르고 기뻐함을 이르는 말.

전:류(電流)명 전하(電荷)가 움직이는 현상. 도체 안의 전위가 높은 곳에서 낮은 곳으로 흐르며, 양전기가 흐르는 방향을 그 방향으로 함.
전:류(轉流)명-하다자 조류(潮流), 곧 밀물과 썰물의 흐름이 그 방향을 바꾸는 일. ▷ 轉의 속자는 転
전:류-계(電流計)명 전류의 세기를 재는 계기. 암미터(ammeter). 암페어계
전:류=전:환기(電流轉換器)명 정류자(整流子)
전륜(前輪)명 자동차나 자전거 따위의 앞바퀴. ¶ − 구동(驅動) ☞후륜(後輪)
전:륜-화(轉輪花)명 '만수국(萬壽菊)'의 딴이름.
× **전률**(戰慄)명-하다자 → 전율(戰慄)
전리(田里)명 고향 마을. 향리(鄕吏)
전:리(電離)명 이온화
전:리-도(電離度)명 이온화도
전:리=상자(電離箱子)명 이온화 상자
전:리-층(電離層)명 대기권의 한 부분. 지상에서 70~500km 되는 층으로 자유 전자와 이온이 많이 모여 있음. 이 층에서 전파를 반사하기 때문에 장거리 무선 전신을 할 수 있음. 이온층
전:리-품(戰利品)명 전쟁 중에 적에게서 빼앗은 물품. 국제법상 전쟁에서 적에게서 압수 또는 억류하여 소유권 취득의 효과가 인정된 물품.
전:립(戰笠)명 조선 시대, 군뢰(軍牢)가 쓰던 벙거지. ☞전립(氈笠) ▷ 戰의 속자는 戦
전립(氈笠)명 조선 시대에 '전립(戰笠)'을 달리 이르던 말. 짐승의 털로 만든 데서 붙은 이름임.
전:립-골(氈笠骨)명 벙거짓골
전립-선(前立腺)명 남성 생식기의 일부. 방광(膀胱) 아래, 요도(尿道)의 뒤쪽을 둘러싸고 있는 선(腺). 크기는 밤톨만 하며, 정자의 운동을 활발하게 하는 젖빛의 액체를 분비함. 섭호선(攝護腺)
전:립-투(氈笠套)명 벙거짓골
전:마(電碼)명 전신 부호와 그 글자를 대조해 놓은 표.
전:마(戰馬)명 ①전쟁에 쓰는 말. ②바둑에서, 서로 싸우는 말을 이르는 말.
전:-마찰(轉摩擦)명 '회전마찰(廻轉摩擦)'의 준말.
전막(全幕)명 한 연극을 이루는 모든 막.
전:만(錢萬)명 만(萬)으로 헤아릴 만큼의 돈. 돈만
전:말(顚末)명 처음부터 끝까지 진행되어 온 일의 경위. ¶사건의 −을 파악하다.
전:말-서(顚末書)[−써]명 시말서(始末書)
전:망(展望)명-하다자타 ①멀리 바라봄, 또는 그 바라보이는 경치. ¶−이 좋다./−을 가리다. ②앞날을 내다봄, 또는 그 내다보이는 앞날. ¶올해의 성장률이 목표를 넘을 것으로 −한다./출판계의 −.
전:망(戰亡)명-하다자 전사(戰死)
전:망-대(展望臺)명 멀리 바라보기 위하여 만들어 놓은 높은 대.
전:망-성(展望性)[−썽]명 앞으로 잘 되거나 좋아질 수 있는 성질. ¶−이 있는 직업.
전:망-차(展望車)명 달리는 열차 안에서 바깥 경치를 바라볼 수 있도록 창을 크게 하는 등 특별히 만든 객차.
전:-맞춤(廛−)[−맏−]명 상인이 공장에 직접 맞추어, 날림치보다 좀 낫게 만든 물건. ☞전내기
전매(專賣)명-하다타 ①어떤 물품을 독점하여 팖. ②국가가 특별한 목적으로 특정 종류의 물품을 독점하여 생산하고 파는 일.
전:매(轉賣)명-하다타 산 물건을 다시 다른 사람에게 팖.
전매(全昧)어기 '전매(全昧)하다'의 어기(語基).
전매-권(專賣權)[−꿘]명 어떠한 물품을 독점하여 팔 수 있는 권리.
전매=수입(專賣收入)명 국가나 지방 자치 단체가 전매하여 얻은 수입.
전:매-질(電媒質)명 유전체(誘電體)
전매-품(專賣品)명 전매권을 가지고 독점하여 파는 물품.
전매-하다(全昧−)형여 아주 어리석다.
전면(全面)명 ①모든 면. ¶ − 수리 ②신문이나 책 따위의 한 면 전체. ¶ − 광고/화폭의 −을 꽉 채운 정물.
전면(前面)명 ①앞쪽의 면. 앞면 ☞후면(後面) ②불교에서, 절의 큰방의 정면(正面)을 이르는 말. 지위가 높고 나이가 많은 중이 앉는 자리임.
전:면(纏綿)명-하다자 ①엉키어 휘감김. ②남녀 사이의 애정이 깊어 헤어지려 하지 않음.
전면=강:화(全面講和)명 동맹국이 공동으로 상대국과 맺는 강화. ☞다수 강화(多數講和). 단독 강화(單獨講和)
전면-적(全面的)명 전면에 걸치는 것. 어떤 범위 전체에 걸치는 것. ¶−인 개조가 필요하다.
전면-전(全面戰)명 '전면 전쟁(全面戰爭)'의 준말.
전면=전:쟁(全面戰爭)명 전쟁 지역에 제한이 없고 공격 목표를 한정하지 않는 전쟁. 전략 핵무기를 쓰는 세계적 규모의 전쟁을 이르기도 함. 준전면전 ☞국지 전쟁(局地戰爭). 제한 전쟁(制限戰爭)
전멸(全滅)명-하다자 죽거나 망하거나 패하거나 하여 모조리 없어짐. ¶−을 시키다.
전:멸(電滅)명-하다자 번갯불이 사라지듯이 순식간에 망함.
전명(傳命)명-하다타 전령(傳令)
전:명(電命)명 전보로 하는 명령. 전령(電令)
전모(全貌)명 어떤 사물의 전체 모습. 전용(全容) ¶사건의 −를 파악하다.
전모(前母)명 전어머니 ☞후모(後母)
전:모(旃毛)명 모직물의 털.
전:모(剪毛)명-하다자 가축의 털을 깎음. 털깎기
전:모(氈帽)명 조선 시대, 부녀자가 외출할 때 쓰던 쓰개의 한 가지. 우산처럼 펼쳐진 테두리에 살을 대고 한지를 바른 뒤에 들기름에 결어 만들었음. 지삿갓
전목(全木)명 두꺼운 널빤지.
전:몰(戰歿)명-하다자 전쟁터에서 적과 싸우다가 죽음. 전사(戰死) ¶ − 군경/− 장병
전묘(田畝)명 밭이랑
전:묘(展墓)명-하다자 조상의 산소를 살펴봄. 성묘(省墓)
전무(專務)명 ①-하다자 전문적으로 맡아봄, 또는 그 사람. ②'전무 이사(專務理事)'의 준말.
전무(全無)어기 '전무(全無)하다'의 어기(語基).
전-무식(全無識)명-하다형 아주 무식함, 또는 그런 사람. 판무식(判無識) ☞일자무식(一字無識)
전무=이:사(專務理事)명 사장을 보좌하여 회사의 업무를 관장(管掌)하는 이사. 준전무(專務)
전무-하다(全無−)형여 전혀 없다. ¶경험이 −.
전무후:무(前無後無)성구 전에도 없었고 앞으로도 없을 것임을 이르는 말. 공전절후(空前絕後) ¶−한 기록을 세우다.
전문(全文)명 글의 전체. ¶−을 그대로 싣다.
전문(前文)명 ①앞에 쓴 글. ②법률에서, 법령의 조항 앞에 적힌 글을 이르는 말. 그 법령의 제정 목적이나 기본 원칙을 선언하는 것임. ¶헌법 −
전문(前門)명 집의 앞쪽으로 난 문. 앞문 ☞후문(後門)
전문(專門)명-하다타 어떤 한 분야나 일만을 오로지 연구하거나 맡아서 함, 또는 그 분야나 일. ¶자동차 부품을 −으로 취급한다./부동산에 관한 − 지식.
전:문(電文)명 전보의 글귀.
전문(傳聞)명-하다타 전하여 들음.
전:문(箋文)명 조선 시대, 나라에 길한 일이나 흉한 일이 있을 때에 임금이나 왕후 등에게 써 바치던 사륙체(四六體)의 글.
전:문(廛門)명 가게의 문.
전:문(錢文)명 돈
전:문(轉聞)명-하다타 다른 사람을 거쳐서 들음.
전문-가(專門家)명 어떤 한 분야나 일을 전문으로 하는 사람, 또는 그 분야나 일에 관하여 고도의 지식이나 기술을 가진 사람. ¶지문 감식의 −.
전문=교:육(專門教育)명 전문 지식이나 기술을 가르치는 교육.
전문-어(專門語)명 전문 용어 ☞학술어

ㅈ

전문=용:어(專門用語)[-농-]명 학술·예술·종교 따위의 특정한 분야에서만 주로 쓰는 말. 전문어(專門語)

> ▶ 전문 용어의 띄어쓰기
> 전문 용어는 단어별로 띄어 씀을 원칙으로 하되, 붙여 쓸 수 있다.〔한글 맞춤법 제5장 제4절〕
> ¶만성 골수성 백혈병/만성골수성백혈병
> 만국 음성 기호/만국음성기호

전문=위원(專門委員)명 국회·위원회·심의회 따위에서 전문 사항의 조사와 연구를 맡는 위원. 위원회의 구성원이 아니므로 의결권을 가지지 않음.

전문-의(專門醫)명 의사 국가 고시에 합격하여 의사 면허를 취득한 사람으로서, 인턴과 레지던트 과정을 이수하고 자격 인정 시험에 합격한 사람.

전문-적(專門的)명 전문으로 하거나 전문에 딸리는 것. ¶-인 지식. ☞일반적(一般的)

전문-점(專門店)명 특정 종류의 상품만을 파는 소매점.

전문=지식(專門知識)명 전문 분야에 대한 지식, 또는 어떤 한 분야에 대한 깊은 지식.

전문-직(專門職)명 전문 지식이나 기술이 필요한 직업.

전문직=공무원(專門職公務員)명 특수 경력직 공무원의 하나. 국가와 채용 계약에 따라 일정한 기간 연구 또는 기술 업무를 하는 과학자나 기술자, 특수 분야의 전문가임.

전문=학교(專門學校)명 지난날, 전문적인 지식이나 기술을 가르치던 학교.

전문-화(專門化)명-하다자타 전문적으로 됨, 또는 전문적으로 되게 함. ¶조직의 각 부문이 -하다.

전:물(奠物)명 부처나 신에게 올리는 음식.

전:물(澱物)명 앙금

전:미(展眉)명-하다자 찌푸린 눈살을 편다는 뜻으로, 근심거리가 사라져 마음을 놓음.

전미(全美)어기 '전미(全美)하다'의 어기(語基).

전:미개오(轉迷開悟)성구 불교에서, 번뇌에서 벗어나 열반(涅槃)에 이름을 이르는 말.

전미련-하다(全-)형여 아주 미련하다.

전미-하다(全美-)형여 조금도 흠잡을 데 없이 온전하고 아름답다.

전민(田民)명 지난날, '농민'을 이르던 말.

전:민(煎悶)명-하다타 애태우며 몹시 민망하게 여김.

전박(前膊)명 아래팔

전박-골(前膊骨)명 전완골(前腕骨) ☞상박골(上膊骨)

전박-근(前膊筋)명 전완근(前腕筋) ☞상박근(上膊筋)

전반(全般)명 어떤 일이나 분야 등에 관계되는 모든 것. ¶업무 -에 관해 논의하다./사회 -에 걸친 문제.

전반(前半)명 둘로 가른 것의 앞쪽 절반. ☞후반(後半)

전:반(∠翦板)명 종이 따위를 도련하거나 할 때, 가지런히 자를 수 있도록 대는 좁고 긴 나뭇조각.

전반-기(前半期)명 어떤 기간을 둘로 가른 것의 앞 기간. ☞후반기(後半期)

전반-부(前半部)명 둘로 가른 것의 앞 절반 부분. ¶소설의 -만 읽고 말았다. ☞후반부(後半部)

전-반:사(全反射)명 빛이 굴절률이 큰 매질(媒質)에서 작은 매질로 입사(入射)할 때, 입사각이 임계각보다 크면 그 경계면에서 빛이 모두 반사하는 현상. 온반사

전반사=프리즘(全反射prism)명 전반사를 이용하여 빛의 방향을 바꾸는 데 쓰는 프리즘. 직각 프리즘 따위.

전-반:생(前半生)명 사람의 한평생에서 앞의 절반. ☞후반생(後半生)

전반-적(全般的)명 전반에 걸친 것. ¶상황이 -으로 좋아졌다./-인 현상.

전반-전(前半戰)명 운동 경기에서, 전체 시간을 둘로 가른 앞 절반의 경기를 이르는 말. ☞후반전(後半戰)

전방(前方)명 ①앞쪽. 앞쪽에 있는 곳. ¶-을 살피다. ②적과 바로 마주하고 있는 지역, 또는 그 쪽. ¶-부대에 배치되다. ☞후방(後方)

전방(專房)명-하다자 지난날, 방을 독점한다는 뜻으로, 첩이 총애를 독차지함을 이르던 말. ☞전총(專寵)

전방(傳方)명 법도나 기술, 비방 따위가 전해지는 방법.

전방(傳榜)명-하다타 지난날, 과거에 급제한 사람이나 처음으로 관원에 임명된 사람이 있을 때, 또는 수령(守令)의 임명이 있을 때, 그 관직과 이름을 적어 방군(榜軍)을 시켜서 본인에게 알리던 일.

전:방(廛房)[-빵]명 물건을 파는 가게. 전포(廛鋪)

전:-방석(氈*方席)명 전(氈)으로 만든 방석.

전방위=외:교(全方位外交)명 이념에 관계없이 모든 나라와 외교 관계를 유지하는 외교.

전방지총(專房之寵)명 여러 처첩 가운데 어느 한 첩에게 특별히 쏟는 총애.

전배(前杯)명 전작(前酌)

전배(前胚)명 식물 씨눈의 발생 초기 단계.

전배(前配)명 죽거나 헤어진 전 아내. ☞원배(元配). 초배(初配). 후배(後配)

전배(前排)명 임금이 거둥할 때 연(輦)의 앞에 늘어서는 궁속(宮屬).

전배(前陪)명 조선 시대, 관원이 다닐 때 앞에서 길잡이를 하던 하인.

전배(前輩)명 학문·덕행·경험·나이 따위가 자기보다 앞서거나 높은 사람. 선배(先輩)

전:배(展拜)명-하다자 종묘(宗廟)·능침(陵寢)·문묘(文廟) 등에 참배함. 전알(展謁)

전:배(餞杯)명 떠나는 이를 위하여 베푸는 술잔치에서 석별의 정을 나누며 마시는 술, 또는 그 술잔. 전음(餞飮)

전:백(錢百)[-빽]명 백(百)으로 헤아릴만 한 돈. 돈백

전번(前番)명 지난번

전:범(典範)명 ①본보기가 될만 한 모범. ②규칙이나 법.

전:범(戰犯)명 ①'전쟁 범죄(戰爭犯罪)'의 준말. ②'전쟁범죄자(戰爭犯罪者)'의 준말.

전:범-자(戰犯者)명 '전쟁 범죄자(戰爭犯罪者)'의 준말.

전:법(典法)명 ①표준으로 지켜야 할 규칙이나 법칙. ②모범이나 본보기.

전법(傳法)명-하다자 불교에서, 후계자에게 교법(敎法)을 전함을 이르는 말.

전:법(戰法)[-뻡]명 전투나 경기 등에서 싸우는 방법.

전법=관정(傳法灌頂)명 밀교(密敎)를 수행한 뛰어난 수행자에게 아사리의 직위를 허락하기 위해서 베푸는 관정.

전:-법륜(轉法輪)명 불교에서, 부처가 정도(正道)를 열어서 설법함을 이르는 말.

전벽(全壁)명 창문이나 문을 내지 않은 벽.

전벽(磚壁)명 벽돌로 쌓은 벽.

전:벽(錢癖)명 돈을 모으기만 하고 아끼어 쓰지 아니하는 성벽(性癖). ▷ 錢의 속자는 銭

전:변(轉變)명-하다자 세월과 더불어 바뀌어 달라짐. 변천

전:별(餞別)명-하다타 이사를 하거나 일자리를 옮기거나 하여 떠나는 이에게 음식을 대접하여 작별함.

전:별-연(餞別宴)명 작별을 아쉬워하며 베푸는 잔치. 전연(餞宴) ☞송별연(送別宴)

전:별-주(餞別酒)[-쭈]명 작별을 아쉬워하며 나누는 술.

전병(前兵)명 행군할 때, 대열에 앞서가며 경계 임무를 맡는 부대, 또는 그러한 병사.

전:병(煎餠)명 부꾸미

전:병-코(煎餠-)명 몹시 넓적하게 생긴 코, 또는 그런 코를 가진 사람을 놀리어 이르는 말. ☞개발코. 들창코. 말코[2]. 매부리코. 벽장코. 사지코. 합실코. 활등코

전:보(電報)명-하다자 전신(電信)으로 소식이나 정보를 보냄, 또는 그 소식이나 정보. ¶-를 치다.

전:보(塡補)명-하다타 모자라는 것을 메워서 채움. 보전(補塡) ¶- 배상(賠償)

전:보(戰報)명 경기나 전쟁의 경과나 결과를 알리는 보도.

전:보(轉報)명-하다타 남에게 부탁하여 소식을 알림, 또는 그 소식.

전:보(轉補)명-하다타 이제까지와 같은 직급의 다른 관직으로 임명함. ¶- 발령

전:보-료(電報料)명 전보를 치는 삯으로 내는 요금. 전보요금. 전신료(電信料)

전:보=요:금(電報料金)명 전보료(電報料)
전:보=탁송(電報託送)명 전화 가입자가 전화를 이용하여 전보를 치는 일. 탁송 전보(託送電報)
전:보-환(電報換)명 전신환(電信換)
전복(全鰒)명 전복과의 조개. 조가비는 길이 10~20cm 임. 겉면은 짙은 갈색이며 구멍이 줄지어 있고, 안쪽은 매끈하고 진주 빛깔의 광택이 있음. 살은 먹을 수 있고, 껍데기는 한방에서 약재로 쓰이거나 세공(細工)의 재료로 쓰임. 복(鰒) ☞석결명(石決明)
전:복(戰服)명 조선 시대, 군복의 한 가지. 홑옷으로 소매·무·섶이 없으며, 양 옆의 아래 부분과 등솔기의 허리 아래가 트여 있음. 동달이 위에 입으며 그 위에는 전대(戰帶)를 띰. 답호와 비슷하나 어깨 너비와 진동 선이 좁음. ☞쾌자(快子)
전복(顚覆)명-하다 자타 ①배나 차량 따위가 뒤집힘, 또는 이를 뒤집음. ¶유람선이 -하다./열차를 -하다. ②체제나 정권 따위가 뒤집힘, 또는 뒤집음. ¶현 체제를 -하려는 음모.
전복-갑(全鰒甲)명 전복의 조가비. 금조개
전복-죽(全鰒粥)명 생복(生鰒)을 얇게 썰어 참기름에 볶다가 쌀을 넣고 다시 볶은 다음에 물을 붓고 쑨 죽.
전복-탕(全鰒湯)명 생복(生鰒)으로 끓인 맑은장국.
전복-포(全鰒脯)명 전복을 긴 오리로 썰어 말린 포. ☞어포(魚脯)
전:봇-대(電報-)명 ①전선이나 전화선 등을 늘여 매기 위하여 세운 기둥. 전선주(電線柱). 전신주(電信柱). 전주(電柱) ②키가 큰 사람을 놀리어 이르는 말.
전봉(前鋒)명 선봉(先鋒)
전:봉(轉蓬)명 뿌리째 뽑히어 여기저기 굴러다니는 쑥이라는 뜻으로, 고향을 떠나 이리저리 떠돌아다니는 처지를 비유하여 이르는 말.
전부(全部)명 모두 ¶인생의 -를 걸었다.
부 모두. 모조리 ¶가족이 - 모였다.
전부(前夫)명 전남편
전부(前部)명 앞의 부분. ☞후부(後部)
전부(前婦)명 전처(前妻)
전부지공(田夫之功)성구 개와 토끼가 쫓고 쫓기다 둘 다 지쳐 죽자 지나가던 농부가 그것들을 잡았다는 고사에서, 힘들이지 아니하고 이득을 보는 일을 비유하여 이르는 말. ☞어부지리(漁夫之利)
전부=판결(全部判決)명 동일한 소송 절차에 여러 개의 청구가 있는 경우, 그 전부를 동시에 완결하는 종국 판결. ☞일부 판결
전:분(澱粉)명 녹말(綠末)
전:분-당(澱粉糖)명 녹말당(綠末糖)
전:분=당화소(澱粉糖化素)명 녹말 효소(綠末酵素)
전:분-립(澱粉粒)명 녹말립
전:분=종자(澱粉種子)명 녹말 종자(綠末種子)
전:분-질(澱粉質)명 녹말질
전:분=효소(澱粉酵素)명 녹말 효소(綠末酵素)
전불(前佛)명 불교에서, 미륵불(彌勒佛)을 후불(後佛)이라고 하는 데에 상대하여 '석가모니'를 이르는 말.
전비(全備)명-하다 타 빠짐없이 두루 갖춤. 완비(完備)
전비(前妣)명 남에게, 세상을 떠난 자기의 어머니를 이르는 말. 선비(先妣)
전비(前非)명 이전에 저지른 잘못.
전:비(戰費)명 전쟁에 드는 비용.
전:비(戰備)명 전쟁이나 전투를 할 준비, 또는 그 장비.
전비=중:량(全備重量)명 규정 탑재물을 모두 탑재한 항공기의 전체 중량.
전사(田舍)명 농부의 집. 전가(田家)
전사(前史)명 ①어떤 중요한 역사적 사실과 관련된, 그 이전의 역사. ¶세계 대전의 -. ②선사(先史)
전사(前事)명 전에 있던 일, 또는 이미 지나간 일. ☞후사(後事)
전사(專使)명 특사(特使)
전사(傳寫)명-하다 타 서로 전하며 베끼어 씀.
전:사(電寫)명 '전송 사진(電送寫眞)'의 준말.
전:사(戰士)명 ①전장(戰場)에서 싸우는 군사. ②제일선에서 활약하는 사람. ¶산업 -
전:사(戰史)명 전쟁의 역사. ☞전기(戰記)
전:사(戰死)명-하다 자 전쟁터에서 적과 싸우다가 죽음. 전망(戰亡). 전몰(戰歿)
전:사(戰事)명 전쟁에 관한 일.
전:사(轉寫)명-하다 타 ①글이나 그림 따위를 옮기어 베끼거나 촬영하거나 복사함. ②전사지(轉寫紙)에 그린 잉크 화상(畫像)을 평판 판재면(版材面)에 옮기는 일.
전-사내(前-)명 '전남편'을 속되게 이르는 말.
전사-옹(田舍翁)명 고루한 시골 늙은이.
전:사-자(戰死者)명 전쟁터에서 죽은 사람.
전:사-지(轉寫紙)명 ①전사 석판에 쓰이는 얇은 가공지(加工紙). ②도기(陶器)나 양철에 인쇄할 때에 쓰이는 인쇄 화지(畫紙).
전삭(前朔)명 지난달
전산(全山)명 ①모든 산. ②한 산의 전체.
전산(前山)명 앞산
전:산(電算)명 '전자 계산(電子計算)'의 준말. ¶모든 업무를 -으로 처리하다.
전:산-기(電算機)명 '전자 계산기(電子計算機)'의 준말.
전:산-망(電算網)명 컴퓨터네트워크
전:산-화(電算化)명-하다 자타 컴퓨터로 처리하는 상태가 됨, 또는 그렇게 되게 함.
전:상(典常)명 항상 지켜야 할 도리.
전:상(殿上)명 궁전이나 전각(殿閣)의 위.
전:상(戰狀)명 전투가 벌어지는 상황. 전황(戰況)
전:상(戰傷)명-하다 자 전쟁터에서 몸에 상처를 입음, 또는 그 상처.
전:상-병(戰傷兵)명 전쟁터에서 부상한 병사.
전상-의(田相衣)명 천을 조각조각 이어 붙여 지은 모양이 밭이랑 같다는 뜻에서, '가사(袈裟)'를 달리 이르는 말. 전의(田衣)
전:상-자(戰傷者)명 전쟁터에서 부상한 사람.
전색(栓塞)명 색전(塞栓)
전:색(塡塞)명-하다 자타 메어서 막힘, 또는 메워서 막음.
전-색맹(全色盲)명 빛깔을 식별하는 감각이 전혀 없는 색맹. 명암만을 구별함. ☞부분 색맹
전:색-제(展色劑)명 안료를 바르는 면에 고루 퍼지게 하고 잘 마르게 하는 데 쓰는 물질. 건성유·수지·융제 따위. ☞착색제(着色劑)
전생(全生)명 온 생애. ¶교육에 -을 바치다.
전생(前生)명 전세(前世)
전-생애(全生涯)명 한 생애의 전체.
전서(田鼠)명 '두더지'의 딴이름.
전서(全書)명 어떤 종류나 부문의 것을 전부 모아서 엮은 책. ¶육법(六法) -/의학 - ☞전집(全集)
전서(前書)명 이전에 보낸 편지. 전신(前信)
전서(前緖)명 선인(先人)이 남겨 놓은 사업. ☞선업(先業). 유업(遺業)
전서(傳書)명-하다 자 편지를 전함.
전:서(銓敍)명-하다 타 지난날, 여러모로 재능을 시험하여 우열에 따라 관직을 맡김을 이르던 말.
전:서(篆書)명 ①전자(篆字) ②전자(篆字)로 쓴 글씨.
전:서(戰書)명 전쟁을 시작한다고 알리는 문서.
전:서(轉書)명-하다 자 배서(背書)
전서-구(傳書鳩)명 편지 따위를 전하는 데 쓰기 위하여 길들인 비둘기.
전-서방(前-)명 '전남편'을 속되게 이르는 말.
전석(全石)명 ①곡식 따위의 마되 수효가 꽉 차서 모자람이 없는 온 섬. ②지난날, 곡식 스무 말을 되는 데 쓰던 그릇. 대곡 ☞소곡. 평석(平石)
의 지난날, 곡식 스무 말 되는 분량을 나타내던 단위. 대곡
전:석(轉石)명 암반에서 떨어져 굴러 내려오거나 흐르는 물에 떠내려온 돌. 모가 없고 둥글둥글함.
전선(全線)명 모든 선로(線路).

ㅈ

전선(前線)명 ①적군과 바로 마주하고 있는 맨 앞 지대, 또는 그곳에 배치된 부대들을 가로로 이어 형성한 선. ☞전방(前方). 전선(戰線) ②직접 나서거나 맨 앞에서 활동하는 일, 또는 그러한 위치. ¶생활 —에 뛰어들다./직업 —에 나서다. ③성질이 다른 두 기단(氣團)의 경계 면이 지표와 만나는 선. ¶온난 —/한랭 —

전선(傳宣)명-하다타 임금의 명령을 전하여 선포함.

전:선(電線)명 전류가 통하도록 만든 금속선. 전기선(電氣線). 전깃줄. 전신선(電信線). 전신줄

전:선(銓選)명-하다타 사람을 여러모로 시험하여 골라 뽑음.

전:선(戰船)명 ①전쟁에 사용하는 배. 군선(軍船). 병선(兵船) ②조선 시대, 군선의 한 가지. 판옥선(板屋船)의 구조를 기본으로 하여 대형화한 전투함으로, 주력(主力)이었던 군용선 가운데 규모가 가장 큼. ☞거북선. 방선(防船). 사후선(伺候船)

전:선(戰線)명 ①전투가 벌어지고 있는 지역, 또는 그곳에 배치되어 교전 중인 부대들이 형성하는 선. ¶서부 — ②치열한 경쟁이 벌어지는 곳.

전:선(轉旋)명-하다자타 굴러서 빙빙 돌아감, 또는 굴려서 빙빙 돌림.

×**전선-대**(電線—)명 → 전봇대

전선=안개(電線—)명 온난 전선이 통과할 때 차가운 대기(大氣)로 내리는 비가 증발하면서 생기는 안개. ☞복사 안개. 이류 안개

전:선-주(電線柱)명 전봇대

전설(前說)명 ①이전 사람이 남겨 놓은 말. ②먼젓번의 논설. ③이전에 한 말. 전언(前言)

전설(傳說)명 ①설화(說話)의 한 가지. 어떤 민족이나 지방에서 사람들 사이에 전해 내려오는 이야기. 역사와 관련이 있고 뒷받침할만 한 기념물이나 증거물이 있음. ☞민담. 신화 ②전언(傳言)

전설=모:음(前舌母音)명 〈어〉입천장의 중간 부위 기준으로 하여 혀가 그 앞자리에 있을 때에 발음되는 모음. 'ㅣ·ㅔ·ㅐ·ㅟ·ㅚ'가 이에 해당함. ☞후설 모음

전설-적(傳說的)명 전설에 있거나 전설로 전할만 한 것. ¶—인 사건./그 선배는 학교의 —인 인물이다.

전설-화(傳說化)명-하다자타 전설적인 것이 됨, 또는 그렇게 되게 함.

전성(全盛)명-하다형 기운이나 세력 따위가 한창 성함. ¶— 시대/불교가 —하던 시기.

전:성(展性)명 두드리거나 세게 누르면 얇게 펴지는 금속의 성질. 금·은·구리에 뚜렷이 나타남. 가전성(可展性) ☞연성(延性)

전:성(轉成)명 ①-하다자 성질 따위가 바뀌어 다른 것이 됨. ②'품사 전성(品詞轉成)'의 준말.

전:성(顫聲)명 떨리어 나오는 소리.

전성-관(傳聲管)명 항공기·선박·철도 등 소음이 심한 곳에서, 각각 떨어져 있는 방의 승무원끼리 연락할 수 있게 소리를 전하는 관.

전성-기(全盛期)명 기운이나 세력 따위가 한창 성한 시기. ¶—를 누리다./—가 지나다. 유최성기(最盛期)

전성=시대(全盛時代)명 기운이나 세력 따위가 한창 성한 시대. ¶불교의 —.

전:성=어:미(轉成語尾)명 〈어〉품사를 바꾸게 하는 어미. '얼음, 달리기, 높이, 조용히'에서 '-음, -기, -이, -히' 따위. 접미사 성질을 지님. ☞활용 어미(活用語尾)

전세(田稅)명 조선 시대, 논밭에 매기던 조세. 전조(田租)

전세(前世)명 ①전대(前代) ②불교에서 이르는 삼세(三世)의 하나. 이 세상에 태어나기 전의 세상. 과거세(過去世). 전생(前生)

전세(專貰)명-하다타 약속하여 일정한 기간 그 사람에게만 빌려 주는 일. 대절(貸切) ¶— 버스

전세(傳世)명-하다자타 대를 이어서 전함.

전세(傳貰)명 부동산 임대차의 한 형태. 부동산 소유자에게 일정 금액을 맡기고 그 이자로 부동산을 빌려 쓰는 일. 부동산을 내놓으면 그 돈을 돌려받게 됨. ¶이층을 — 놓다./아래채에 —를 들다.

전:세(戰勢)명 싸움의 형세. ¶—가 뒤바뀌다./불리한 —.

전-세:계(全世界)명 온 세계.

전세-권(傳貰權)[—꿘]명 전세금을 지급하고 타인의 부동산을 점유하여 사용하거나 수익(收益)하는 것을 내용으로 하는 물권.

전세-금(傳貰金)명 전세를 얻을 때 부동산 소유자에게 맡기는 돈. 전셋돈 ▷傳의 속자는 伝

전-세:기(前世紀)명 ①지나간 세기. ②지금 세기의 바로 앞의 세기.

전세-방(傳世房)[—빵]명 전세로 빌려 주거나 빌려 쓰는 방.

전-세:월(前歲月)명 지나간 세월.

전셋-돈(傳貰—)명 전세금(傳貰金)

전셋-집(傳貰—)명 전세로 빌려 주거나 빌려 쓰는 집.

> ▶ **'전셋집'과 '전세방'**
> 이 두 단어는 '전세(傳貰)+집', '전세(傳貰)+방(房)'으로 이루어져 있다. 그런데 '전셋집'에는 사이시옷이 들어가고 '전세방'에는 사이시옷이 없다.
> 왜냐하면, 사이시옷은 한자어와 한자어 사이에는 쓰지 않기 때문이다. 한자어인데도 사이시옷을 붙이는 단어는 여섯 단어 뿐이다.
> 곧 '곳간(庫間), 셋방(貰房), 숫자(數字), 찻간(車間), 툇간(退間), 횟수(回數)'가 그것이다.

전소(全燒)명-하다자 불이 나서 건물 따위가 모조리 불탐. ☞반소(半燒)

전속(全速)명 '전속력(全速力)'의 준말.

전속(專屬)명-하다자 어느 한 회사나 단체에만 딸리어, 다른 데와는 관계를 맺지 아니함. ¶— 계약/— 모델

전속(轉屬)명-하다자 소속을 다른 데로 바꿈. ¶— 명령 ☞전근(轉勤). 전보(轉補)

전속=관할(專屬管轄)명 민사 소송에서, 공익적 요구에 따라 특정 법원에게만 재판권을 행사하게 하는 관할. ☞임의 관할(任意管轄)

전-속력(全速力)명 낼 수 있는 가장 빠른 속력. ¶—으로 달리다./—을 내다. 준전속(全速)

전속=부:관(專屬副官)명 장관급에 딸리어 개인 참모의 구실을 하는 장교. 준부관(副官)

전손(全損)명-하다자 ①모두 손실함, 또는 그 손해. ②해상 보험의 목적물인 선박이나 화물을 모두 잃거나, 원상으로 복구할 수 없게 됨. ☞분손(分損)

전송(傳送)명-하다타 전하여 보냄.

전:송(電送)명-하다타 사진 따위의 상(像)을 전류나 전파를 이용하여 다른 곳에 보냄. ¶서류와 사진을 —하다.

전송(傳誦)명-하다타 여러 사람의 입에서 입으로 전하여 외움, 또는 외우면서 전함.

전:송(餞送)명-하다타 전별(餞別)하여 보냄, 또는 배웅하여 보냄. ¶공항까지 —을 나오다.

전:송(轉送)명-하다타 ①보내 온 물건을 다시 다른 곳으로 보냄. ②편지나 물건 따위를 사람을 시켜 보냄.

전:송=사진(電送寫眞)명 전송된 사진. 전기적 신호로 전송된 사진이나 서화(書畫)가 필름이나 인화지에 기록된 것. 준전사(電寫)

전:송=신문(電送新聞)명 팩시밀리 신문

전수(田叟)명 시골 노인.

전수(全數)명 전체의 수량. 진수(盡數) ☞반수(半數) 부 모두. 온통 ¶계획이 — 무산되다.

전수(專修)명-하다타 어떤 분야의 지식이나 기술 따위를 전문적으로 배워 익힘. ¶— 학교

전수(傳受)명-하다타 기술이나 지식 따위를 전하여 받음. ¶양조 비법을 —하다.

전수(傳授)명-하다타 기술이나 지식 따위를 전하여 줌. ¶가문의 법도를 며느리에게 —하다.

전수=가:결(全數可決)명-하다타 회의에서 구성원 모두가 찬성하여 가결함, 또는 그런 가결. ☞다수결(多數決)

전수-금(前受金)명 선수금(先手金)

전수=조사(全數調查)명 통계에서, 대상이 되는 집단의

단위를 모두 조사하는 방법. ☞표본 조사

전-술(全-)명 전내기의 술. ☞송이술. 전국

전술(前述)명 -하다 자타 앞에서 이미 서술함. ¶-한 내용을 요약하시오. ☞후술(後述)

전:술(戰術)명 ①작전 또는 전투를 계획한 대로 해내기 위한 방법이나 기술. ¶인해(人海) -에 말려들다. ②목적을 이루기 위한 수단이나 방법. ¶유인 -/득표 -/대인 방어 - ☞전략(戰略)

전:술-가(戰術家)명 전술을 세우는 일에 능한 사람.

전:술=공군(戰術空軍)명 지상군이나 해상군의 작전을 지원하기 위하여 작전 지역 내의 항공전을 주요 임무로 하는 공군 부대. ☞전략 공군

전:술=단위(戰術單位)명 독립적으로 전투 임무를 수행할 수 있는 부대 편성의 최소 단위. 육군의 보병 대대나 포병 대대, 해군의 전대(戰隊)나 구축 함대 따위. ☞전략 단위(戰略單位)

전:술-적(戰術的)[-쩍]명 전술에 관한 것, 또는 전술에 따르는 것. ¶-인 지원.

전:술=폭격(戰術爆擊)명 직접 전투에 참가하여 우군(友軍)을 엄호하는 폭격. ☞전략 폭격

전:술-학(戰術學)명 전술에 관한 군사학.

전:술=핵무기(戰術核武器)명 국지전에서 쓰는 비교적 폭발력이 작은 핵무기. 지대공 미사일, 공대공 미사일 따위. ☞전략 핵무기(戰略核武器)

전습(前習)명 이전에 가졌던 습관.

전습(傳習)명 -하다 타 가르침을 받아 익힘.

전습(傳襲)명 -하다 타 전하여 내려오는 대로 물려받아 따름.

전승(全勝)명 -하다 자 모든 경기에서 이김. ¶리그전에서 -하다. ☞완승(完勝). 전패(全敗)

전승(傳承)명 -하다 타 예로부터 전해지는 제도·풍속·구비(口碑) 등을 이어나감.

전:승(戰勝)명 -하다 자 싸움에서 이김. 승전(勝戰). 전첩(戰捷) ☞전패(戰敗)

전:승-국(戰勝國)명 전쟁에서 이긴 나라.

전시(全市)명 시(市)의 전체.

전:시(展示)명 -하다 타 ①책이나 편지 따위를 펴서 봄, 또는 펴서 보임. ②물품이나 작품 따위를 한군데 벌여 놓고 여러 사람에게 보임. ¶갖가지 민속학 자료를 -해 놓다. ☞전람(展覽)

전:시(展翅)명 -하다 자 표본을 만들기 위하여 곤충의 날개·다리·촉각 따위를 펴서 고정함.

전:시(殿試)명 고려·조선 시대, 임금이 친히 보이던 과거(科擧)의 마지막 시험. 복시(覆試)에 합격한 사람에게 보이어 성적에 따라 등급을 정하였음. ☞초시(初試). 회시(會試)

전:시(戰時)명 전쟁을 하고 있는 때. ¶- 체제/휴전 상태는 -에 준한다. ☞평시(平時)

전:시=경제(戰時經濟)명 전쟁을 효과적으로 치르기 위한 경제 정책. 곧 소비 절약과 생산 증가 등을 꾀하는 계획적·통제적 경제.

전:시=공법(戰時公法)[-뻡]명 전시 국제법

전:시=공채(戰時公債)명 국가가 전쟁이 나면 군사비로 쓰려고 모집하는 공채.

전시-과(田柴科)명 고려 시대, 관원이나 공신(功臣) 등에게 등급에 따라 토지와 임야를 나누어 주던 제도.

전:시=국제=공법(戰時國際公法)[-뻡]명 전시 국제법

전:시=국제법(戰時國際法)[-뻡]명 전시에 적용되는 국제법. 교전국 사이의 관계를 정하는 교전 법규와, 교전국과 중립국 사이의 관계를 정하는 중립 법규가 있음. 전시 공법. 전시 국제 공법 ☞평시 국제법

전:시=금:제품(戰時禁制品)명 전시에 적국에 수송·공급되는 것을 다른 교전국이 금지할 수 있는 물품. 무기·탄약·식량 따위. ☞자유 화물(自由貨物)

전:시=복구(戰時復仇)명 한 교전국이 전시 법규에 위반되는 행위를 하였을 때, 다른 교전국이 이에 대응하여 전시 법규에 위반되는 행위를 하는 일. 이러한 행위는 위법이 되지 아니함.

전:시=봉쇄(戰時封鎖)명 교전(交戰) 중에 해군력으로 적국의 항구나 연안의 교통을 차단하는 일.

전:시=비상권(戰時非常權)[-꿘]명 교전국이 필요에 따라 점령지의 재산을 강제로 사용·처분할 수 있는 권리.

전:시-세(戰時稅)명 전시에 전쟁 경비를 조달하기 위하여 부과하는 특별세.

전-시절(前時節)명 지난 시절.

전:시=징발(戰時徵發)명 전시에 군대의 필요에 따라 민간으로부터 물자를 징발하는 일. ☞평시 징발

전:시=체제(戰時體制)명 나라의 정치·경제·사회 등의 모든 조직이나 기구를 전시에 맞도록 편성하는 체제.

전:시-판(展翅板)명 곤충 표본 제작 용구의 한 가지. 곤충의 날개·다리·촉각 따위를 펴서 고정할 수 있게 만든 판. ☞전시(展翅)

전:시=편제(戰時編制)명 국방(國防) 방침에 따라 전시에 맞도록 편성한 육·해·공군의 편제. ☞평시 편제

전:시-품(展示品)명 전시하는 물품.

전:시-회(展示會)명 특정 물품이나 작품 따위를 벌여 놓고 여러 사람에게 보이는 모임. ¶꽃꽂이 -/도서 - ☞전람회(展覽會)

전:시=효:과(展示效果)명 ①소비 지출을 자신의 소득 수준에 맞추지 않고, 주위의 높은 소비 경향을 모방하여 소비가 늘어나는 사회적·심리적 효과. ②정치 지도자가 대내외적으로 업적을 과시하기 위하여 실질 효과가 크지 않은 상징적인 사업을 함으로써 얻고자 하는 효과.

전:식(電飾)명 전구나 네온관을 이용한 조명 장식. 일루미네이션(illumination)

전신(全身)명 온몸. 전구(全軀) ☞반신(半身)

전신(前身)명 ①불교에서, 전세(前世)의 몸을 이르는 말. ②어떤 물체나 단체 따위의 바뀌기 이전의 본체(本體). ¶한글 학회의 -은 조선어 연구회이다. ☞후신

전신(前信)명 이전에 보낸 편지. 전서(前書)

전신(傳信)명 -하다 자 소식이나 편지 따위를 전함.

전:신(電信)명 문자·기호·그림 따위를 전파나 전류를 이용하여 전기 부호로 바꾸어 보내는 통신.

전:신(轉身)명 -하다 자 ①다른 곳으로 몸을 옮김. ②직업·신분·사상이나 생활 방침 따위를 다른 것으로 바꿈.

전신-골(全身骨)명 염소·노루·소 따위에서 살을 발라내고 난 온몸의 뼈. 준 전골(全骨)

전:신-기(電信機)명 전류나 전파를 이용하여, 부호나 사진 따위를 보내고 받는 통신 기계 장치.

전:신-료(電信料)[-뇨]명 ①전보료(電報料) ②전신을 이용한 각종 통신을 사용한 값으로 치르는 요금을 통틀어 이르는 말.

전신=마취(全身痲醉)명 약제를 주입하여 일시적으로 의식과 온몸의 감각 기능을 멈추게 하는 일. 주로 대수술을 할 때에 실시함. ☞국부 마취(局部痲醉)

전:신-망(電信網)명 전신 시설이 분포된 체계.

전:신=부:호(電信符號)명 전신에서 쓰는 부호. 점이나 선을 조합하여 자모(字母)·숫자·기호 따위를 나타냄. ☞모스 부호

전신=불수(全身不隨)[-쑤]명 병이나 사고로 말미암아 온몸이 마비되어 제대로 움직일 수 없는 상태, 또는 그런 사람. ¶뇌출혈로 -가 되다. ☞반신 불수

전신-상(全身像)명 사람의 몸 전체를 나타낸 그림이나 사진, 또는 조각 따위를 통틀어 이르는 말. ☞반신상(半身像). 흉상(胸像)

전:신-선(電信線)명 전선(電線)

전신=운:동(全身運動)명 온몸 운동

전신=인자기(全身印字機)명 통신문을 모스 부호 등으로 바꾸어 전송(電送)하면 수신기에서 자동으로 문자로 바꾸어 기록되는 기기. 텔레타이프라이터. 텔레프린터

전:신-주(電信柱)명 전봇대

전:신-줄(電信-)[-쭐]명 전선(電線)

전:신-환(電信換)명 우편환의 한 가지. 발송인의 송금(送金) 청구에 따라 발행 우체국이 전신으로 지불 우체국에 통지하면, 지불 우체국에서 현금이나 전신환 증서를 받

을 사람에게 보내 주는 방식. 전보환(電報換) ☞소액환(小額換). 통상환(通常換)

전실(前室)명 남을 높이어, 그의 '전처(前妻)'를 이르는 말.

전실=자식(前室子息)[-짜-]명 전처가 낳은 자식.

전심(全心)명 온 마음.

전심(前審)명 이전에 있던 심리(審理).

전심(專心)명-하다자 마음을 오로지 한 가지 일에만 씀. ¶학교 수업에만 -하다.

전심(傳心)명-하다자 마음에서 마음으로 뜻을 전함. ☞이심전심(以心傳心)

전심치:지(專心致志)성구 오로지 한 가지 일에만 온 마음을 써서 뜻한 바를 이룸을 이르는 말.

전아(全我)명 철학에서, 자아(自我)의 전체를 이르는 말.

전:아(剪芽)명-하다자 나무나 풀이 고르게 자라도록 그 싹을 자름. ☞적아(摘芽)

전:아(典雅)어기 '전아(典雅)하다'의 어기(語基).

전:아-하다(典雅-)형여 바르고 우아하여 품위가 있다.

전:악(典樂)명 조선 시대, 장악원(掌樂院)에 딸려 있던 정육품 잡직(雜職)의 하나. 궁중의 음악을 맡아보았음.

전악(前惡)명 ①이전에 저지른 죄. ②불교에서 이르는, 전생(前生)의 죄업(罪業).

전안(前案)명 이전의 고안(考案)이나 안건(案件).

전:안(奠雁)명-하다자 재래식 혼례에서, 신랑이 신부의 집에 기러기를 가지고 가서 상 위에 놓고 절하는 예. 산 기러기 대신 목기러기를 씀. ☞목안(木雁)

전:안-상(奠雁床)[-쌍]명 재래식 혼례에서, 전안을 할 때 기러기를 올려 놓는 작은 상. ☞초례상(醮禮床)

전:안-청(奠雁廳)명 재래식 혼례에서, 전안을 하기 위하여 차려 놓은 자리. ☞초례청(醮禮廳)

전:알(展謁)명-하다자 종묘(宗廟)·능침(陵寢)·문묘(文廟) 등에 참배함. 전배(展拜)

전:압(電壓)명 전기장(電氣場)이나 도체 안에 있는 두 점 사이의 전기적인 위치 에너지의 차(差). 단위는 볼트. 기호는 V. 전위차(電位差) ☞전력(電力)

전:압-계(電壓計)명 전압을 재는 계기. 볼트미터

전-압력(全壓力)명 전체 압력(全體壓力)

전:압-선(電壓線)명 배전 간선(配電幹線)에서 발전소나 배전소까지 끌어 온 가는 전선.

전애(專愛)명-하다타 여럿 가운데 어느 하나만을 오로지 사랑함. ☞편애(偏愛)

전액(全額)명 액수(額數)의 전부. ☞총액(總額)

전:액(篆額)명 비석 등에 전자(篆字)로 쓴 제자(題字).

전야(田野)명 논밭과 들을 아울러 이르는 말.

전야(前夜)명 ①지난밤 ②어떤 특별한 날의 전날 밤. ¶성탄절 - ③큰 사건이 일어나기 바로 전. ¶폭풍 -

전야-제(前夜祭)명 어떤 행사의 전날 밤에 벌이는 축제.

전약(前約)명 먼저 한 약속. 선약(先約)

전:약(煎藥)명 ①지난날, 동지(冬至)에 절식(節食)으로 먹던 음식의 한 가지. 쇠가죽을 푹 고아 한약재와 꿀 등을 넣고 끓여서 묵처럼 굳혀 만든 것. ☞족편 ②한방에서, 달여 놓은 약을 이르는 말.

전어(佃漁)명 사냥과 고기잡이를 아울러 이르는 말.

전어(前語)명 전언(前言)

전어(傳語)명-하다타 말을 전함, 또는 전한 그 말.

전:어(錢魚)명 청어과의 바닷물고기. 몸길이 25cm 안팎이고, 몸은 옆으로 납작함. 몸빛은 등이 금속성 광택이 있는 검푸른 빛이고 배는 은백색임. 등쪽과 옆구리에 갈색의 반점이 있고, 아가미 뒤에 큰 검은 점 하나가 있음. 우리 나라와 일본, 중국 등지의 연안에 분포함.

전-어머니(前-)명 후취(後娶)의 자식이 그 아버지의 전취(前娶)를 이르는 말. 전모(前母)

전언(前言)명 ①이전에 한 말. 전설(前說) ②옛사람이 남긴 말. 전어(前語)

전언(傳言)명-하다타 말을 전함, 또는 전한 그 말. 전설(傳說). 탁언(託言) ¶-을 받고 바로 떠났다. ☞전갈(傳喝)

전언-판(傳言板)명 약속한 사람을 만나지 못하였을 때 간단히 전할 말을 써 두는 판. 유메모판

전업(田業)명 ①농사짓는 일. 농사일 ②논밭. 전지(田地)

전업(前業)명 ①불교에서, 전생(前生)에 지은 선악의 업(業)을 이르는 말. ②이전의 사업이나 직업.

전업(專業)명 전문으로 하는 직업이나 사업. ¶- 농가/- 주부 ☞본업(本業). 부업(副業)

전:업(電業)명 전기에 관계되는 사업. 곧 발전(發電)·송전(送電)·배전(配電) 따위.

전:업(轉業)명-하다자 직업을 바꿈. ¶사업가로 -하다.

전역(全域)명 어떤 지역의 전체. ¶시내 -/섬 -

전역(全譯)명-하다타 원문 전부를 번역함, 또는 그 번역. ☞완역(完譯). 초역(抄譯)

전:역(戰域)명 전투가 벌어지고 있는 지역.

전:역(轉役)명-하다자 군대에서 현재까지 복무하던 역종(役種)에서 다른 역종으로 편입함. ¶예비역으로 -하다.

전연(全緣)명 잎의 가장자리가 밋밋하게 생긴 것. 감나무의 잎 따위. ☞거치연(鋸齒緣)

전연(前緣)명 ①전생(前生)에서 맺은 인연. 전인(前因) ②비행기 주익(主翼)의 앞쪽 부분.

전:연(展延)명-하다자타 얇게 폄, 또는 얇게 펴짐.

전:연(餞宴)명 작별을 아쉬워하며 베푸는 잔치. 전별연(餞別宴)

전연(全然)부 도무지. 아주. 전혀 ¶- 소식이 없다.

전열(全裂)명 잎·꽃받침·꽃잎 따위의 가장자리가 그 밑부분까지 깊게 갈라진 것.

전열(前列)[-녈]명 앞에 늘어선 줄. ☞후열(後列)

전:열(電熱)명 전류가 전열선 따위에 흐를 때 생기는 열.

전:열(戰列)명 전쟁에 참가하는 부대의 대열. ¶-을 정비하다./-을 이탈하다.

전:열-기(電熱器)명 니크롬선 따위에 전류를 통하여 생기는 열을 이용하는 기구. 전기 밥솥, 전기 다리미 따위.

전:열-선(電熱線)[-썬]명 전류를 통하여 전열을 발생시키는 도선.

전염(傳染)명-하다자 ①남에게 병이 옮음. ②좋지 않은 사상이나 행동·버릇 따위에 물듦. ☞감염(感染)

전염-병(傳染病)[-뼝]명 세균이나 바이러스 따위의 병원체가 다른 생물체로 옮아 가며 계속 퍼지는 병을 통틀어 이르는 말. 콜레라·장티푸스·성홍열 따위. 준염병(染病) ☞돌림병. 유행병(流行病)

한자 **전염병 역**(疫)〔疒部 4획〕¶방역(防疫)/역병(疫病)/역신(疫神)/역질(疫疾)/홍역(紅疫)

전염-성(傳染性)명 전염하는 성질. ¶- 간염/- 눈병

전엽-체(前葉體)명 양치식물의 포자(胞子)가 발아하여 생긴 배우체. 원엽체(原葉體). 편평체(扁平體)

전:옥서(典獄署)명 ①고려 시대, 형옥(刑獄)에 관한 일을 맡아보던 관아. ②조선 시대, 구금된 죄수의 행형(行刑)에 관한 일을 맡아보던 관아.

전와(塼瓦)명 벽돌과 기와를 아울러 이르는 말.

전:와(轉訛)명-하다자 말의 본디 뜻이 그릇되게 옮겨짐.

전:와-어(轉訛語)명 전와된 말.

전완(前腕)명 아래팔 ☞상완(上腕)

전완-골(前腕骨)명 아래팔을 이루는 두 개의 뼈. 안쪽의 것을 척골(尺骨), 바깥쪽의 것을 요골(橈骨)이라고 이름. 아래팔뼈. 전박골(前膊骨). 하박골(下膊骨) ☞상완골(上腕骨)

전완-근(前腕筋)명 팔꿈치와 손목 사이에 있는 근육을 통틀어 이르는 말. 전박근(前膊筋). 하박근(下膊筋) ☞상완근(上腕筋)

전왕(前王)명 지금 임금의 바로 앞 대의 임금.

전-외:가(前外家)명 후취(後娶)의 자식이 전어머니의 친정을 이르는 말.

전:-요(氈-)[-뇨]명 전으로 만든 요.

전:요(纏繞)명-하다자 덩굴 따위가 감기어 붙음. 전착(纏着)

전용(全用)명-하다타 모두 다 씀.

전용(全容)명 어떤 사물의 전체 모습. 전모(全貌)

전용(悛容)명-하다자 위엄 있게 얼굴빛을 고침.

전용(專用)명-하다타 ①자기 혼자서만 씀. ¶각자 -으로 쓰는 컴퓨터가 있다./대통령 - 비행기 ②오로지 그것만을 씀. ¶가스 - 난로/만년필을 -하는 작가. ③특정한 대상이나 부문·용도 따위에만 씀. ¶사원 - 식당/방문객 - 주차장 ☞겸용(兼用). 공용(共用)

전:용(轉用)명-하다타 본래의 목적대로 쓰지 아니하고 다른 데에 돌려서 씀. ¶농지를 택지로 -하다./예산을 -하다. ☞유용(流用)

전용-기(專用機)명 특정한 사람이 전용하는 비행기. ¶대통령 -

전용-선(專用船)명 특정한 화물만을 실어 나르도록 만든 배. 유조선(油槽船) 따위.

전용-선(專用線)명 ①열차가 이용하는 철도 따위에서 단독으로 쓸 수 있는 선. ②어떤 기관이나 특정한 사람끼리만 통화할 수 있는 전화.

전용=실시권(專用實施權)[-씨꿘]명 다른 사람의 특허 발명을 독점적·배타적으로 실시할 수 있는 권리. 특허권자가 기간·장소·내용 등을 제한하여 허락함.

전용-어(專用語)명 일정한 계층이나 부문에서만 쓰는 말. ¶10대들만의 -.

전용=어장(專用漁場)명 수면 전용의 허가를 받은 어장.

전용=차로(專用車路)명 특별히 허가한 차량만 다닐 수 있는 도로. 고속 국도나 시내 도로의 버스 전용 차로 따위.

전용=철도(專用鐵道)[-또]명 국가 이외의 특정인이 전용하기 위하여 부설한 철도.

전용=회선(專用回線)명 특정 회사나 신문사 따위에서, 전기 통신 사업자로부터 빌려 전용하는 전신 전화 회로.

전:우(殿宇)명 신불(神佛)을 모시어 놓은 집. 전당(殿堂)

전:우(戰友)명 전장에서 생사(生死)를 함께한 동료 군인.

전우치전(田禹治傳)명 조선 시대 고대 소설의 하나. 중종 때의 실재 인물이었다는 전우치를 주인공으로 함. 전우치가 도술을 배워, 탐관오리들을 괴롭히고 백성들의 억울함을 풀어 주는 내용임. 작자와 연대는 알 수 없음.

전욱(顓頊)명 중국 고대 전설상의 제왕(帝王). 오제(五帝)의 한 사람으로, 황제(黃帝)의 손자라 전함.

전:운(戰雲)명 전쟁이 일어날듯 한 험악한 형세를 이르는 말. ¶-이 감돌다.

전원(田園)명 ①논밭과 동산을 아울러 이르는 말. ②시골이나 교외(郊外). ¶- 생활/- 주택/- 풍경

전원(全員)명 전체 구성원, 또는 구성원 전체. ¶-이 참석하다.

전원(全院)명 한 원(院)의 전체.

전:원(電源)명 ①전력을 공급하는 원천. 발전기·축전지 따위. ②전기 에너지를 얻는 원천. 발전 시설 따위.

전:원=개발(電源開發)명 전원을 얻기 위한 발전에 필요한 댐·발전소 따위의 시설을 건설하거나 개량하는 일.

전원=도시(田園都市)명 전원의 정취와 도시 생활의 편리함을 함께 누릴 수 있도록 건설한 도시.

전원=문학(田園文學)명 전원의 정경(情景)이나 전원 생활 등을 소재로 하는 문학.

전원=생활(田園生活)명 도시를 떠나 전원에서 하는 생활.

전원-시(田園詩)명 전원의 정경이나 전원 생활 등을 소재로 하는 시. ☞목가(牧歌)

전원=시인(田園詩人)명 전원시를 주로 쓰는 시인.

전월(前月)명 지난달

전위(全委)명-하다타 모든 것을 맡김.

전위(前衛)명 ①진지 따위의 앞쪽을 지킴, 또는 그 사람. ②'전위대(前衛隊)'의 준말. ③테니스나 배구 따위에서, 자기 진영 앞쪽의 자리, 또는 그 자리에 있는 선수. ☞후위(後衛) ④예술 운동에서, 선구적이고 실험적으로 창작하는 사람이나 집단. ¶- 예술/- 음악 ☞아방가르드(avant-garde)

전위(專委)명-하다타 오로지 한 가지 일만을 맡거나 맡김, 또는 그 사람. 전임(專任)

전위(傳位)명-하다타 임금의 자리를 후계자에게 물려줌.

전:위(電位)명 기준점으로부터 전기장 안의 어떤 점까지 단위 전하를 옮기는 데 필요한 일의 양. ☞전압(電壓)

전:위(轉位)명-하다자 ①위치가 바뀜. ②결정(結晶) 속의 원자 배열이 부분적으로 흐트러져 온전한 부분과 그렇지 않은 부분 사이에 경계를 나타내는 일. ③유기 화합물의 한 분자 안에서 두 개의 원자, 또는 원자단이 서로 그 자리를 바꾸는 일. ④정신 분석학에서, 어떤 대상에게 향해 있던 감정이 다른 대상에게로 돌려지는 일을 이르는 말.

전:위-계(電位計)명 정전기력(靜電氣力)를 이용하여 전위 또는 전위차를 재는 계기. 전기계(電氣計)

전위-극(前衛劇)명 시대를 앞선 새로운 표현 형식을 시도하는 연극.

전위-대(前衛隊)명 본대(本隊)에 앞서서 경계, 수색, 장애물 제거 등의 임무를 수행하며 나아가는 부대. ☞후위대(後衛隊)

전위=영화(前衛映畫)명 새로운 표현 형식으로 만든 실험적인 영화. 영화의 문학적인 요소를 거부하고 영화 본래의 시각적 표현 형식을 추구함.

전위=예:술(前衛藝術)명 이제까지의 관념이나 형식을 부정하고 혁신적인 표현을 지향하는 예술을 통틀어 이르는 말. ☞아방가르드(avant-garde)

전:위-차(電位差)명 전압(電壓)

전위-파(前衛派)명 아방가르드(avant-garde)

전유(全癒)명-하다자 병이 다 나음. 완쾌(完快). 전쾌(全快)

전유(專有)명-하다타 혼자서 차지하여 가짐. ☞공유(共有)

전:유(煎油)명-하다자타 지짐질

전유(傳諭)명-하다타 지난날, 임금의 유지(諭旨)를 정승이나 유현(儒賢) 등에게 전하던 일.

전유-물(專有物)명 혼자서 차지하여 가지는 물건. ¶특권층의 -. ☞공유물(共有物)

전:유-어(煎油魚)명 저냐

전:유-화(煎油花)명 저냐

전:율(戰慄)명-하다자 심한 두려움 등으로 몸이 떨림. ¶-을 느끼다. ☞전전율률(戰戰慄慄)

전음(全音)명 온음

전:음(餞飮)명 전배(餞杯)

전음(顫音)명 트릴(trill)

전-음계(全音階)명 온음계

전음-기(傳音器)명 소리를 멀리 전하는 데 쓰는 기계. 메가폰·확성기 따위.

전-음부(全音符)명 온음표

전음=음계(全音音階)명 온음 음계

전-음정(全音程)명 온음정

전의(田衣)명 전상의(田相衣)

전:의(典衣)[1]명 조선 시대, 내명부(內命婦)의 정칠품 관직. 의복과 수식(首飾)에 관한 일을 맡아보았음.

전:의(典衣)[2]명-하다타 옷을 전당 잡힘, 또는 그 옷.

전:의(典醫)명 대한 제국 때, 왕의 질병과 황실의 의무(醫務)를 맡아보던 의관의 관직.

전의(前誼)명 이전부터 사귀어 온 정의(情誼).

전의(前議)명 앞서 한 의논.

전의(專意)명-하다자 오로지 한 곳에만 뜻을 기울임.

전의(傳衣)명-하다자 ①선종(禪宗)에서, 교법(敎法)을 전수한 뜻으로 가사(袈裟)를 받음, 또는 그 가사. ②불교에서, 교법을 전함.

전:의(詮議)명 ①서로 논의하여 일의 옳고 그름을 명백히 밝히는 일. ②죄를 저지른 사람이나 범죄 사실을 조사하여 밝히는 일.

전:의(戰意)명 싸우고자 하는 의지. ¶-를 불태우다.

전:의(氈衣)명 전으로 만든 옷.

전:의(轉義)명-하다자 본래의 뜻에서 다른 뜻으로 바뀜, 또는 그 바뀐 뜻.

전:의-감(典醫監)명 조선 시대, 궁중의 의약(醫藥)에 관한 일을 맡아보던 관아.

전-의:식(前意識)명 정신 분석학에서, 의식의 영역 밖에 있으나 비교적 쉽게 의식이나 기억에 나타날 수 있는 잠재 의식을 이르는 말. 의식과 무의식 사이에 위치함.

전:이(轉移)명-하다타 ①자리를 옮김. ②종양 세포나 병원

체가 다른 장기(臟器) 조직으로 옮아가 증식하는 일. ¶ 위암이 간까지 ―되었다. ③물질이 어떤 상태에서 다른 상태로 변화하는 일. ④어떤 학습이 그 후의 다른 학습에 효과를 미치는 일.

전:이-모사(轉移模寫)명 동양화의 화육법(畫六法)의 하나. 선인(先人)의 그림을 본떠 그리면서 그 기법을 체득하는 일. ☞기운생동(氣韻生動)

전인(全人)명 지식·감정·의지가 잘 조화된 사람.

전인(前人)명 이전의 사람. ☞선인(先人)

전인(前因)명 전생(前生)에서 맺은 인연. 전연(前緣)

전인=교:육(全人教育)명 지식과 기능 교육에만 치우침이 없이 감성(感性)과 덕성(德性)도 중시하여 조화 있는 인격 형성을 목적으로 삼는 교육.

전인미:답(前人未踏)성구 ①이제까지 아무도 가 보지 못함을 이르는 말. ②이제까지 아무도 해 보지 못함을 이르는 말.

전일(全一)명 완전 통일을 이루는 모양.

전일(全日)명 ①하루 종일. ②모든 날.

전일(前日)명 전날 ☞후일(後日)

전일(專一)명-하다자 마음과 힘을 모아 오직 한 곳에만 씀.

전일-제(全日制)[-쩨]명 평일에 매일 수업을 하는 것을 원칙으로 하는 교육 제도. ¶ ― 수업 ☞정시제(定時制)

전:일회천(轉日回天)성구 해를 굴리고 하늘을 돌린다는 뜻으로, '임금의 마음을 바꾸게 함'을 비유하여 이르는 말.

전임(前任)명 ①어떤 직무나 직책 따위를 이전에 맡았던 일. ¶ ― 회장 ②'전임자'의 준말. ☞후임(後任)

전임(專任)명-하다타 오로지 한 가지 일만을 맡거나 맡김, 또는 그 사람. 전위(專委)

전:임(轉任)명-하다자 다른 직무를 맡거나 임지(任地)를 옮김. 이임(移任). 천임(遷任)

전임=강:사(專任講師)명 한 학교에 전임으로 있는 강사. ☞시간 강사

전임-자(前任者)명 그 직무나 직책을 이전에 맡았던 사람. 준전임 ☞후임자(後任者)

전:입(轉入)명-하다자 ①다른 거주지에서 주소를 옮기어 들어옴. ¶ ― 신고 ☞전출(轉出) ②다른 학교에서 학적을 옮기어 들어옴.

전자(前者)명 ①지난번 ¶ ―에 한 약속. ②둘을 들어 말한 가운데서 앞의 것이나 사람. ¶ ―를 택하다. ☞후자(後者)

전:자(電子)명 물질의 구성 요소로서 아주 작은 소립자. 음전하를 가지며, 일정한 규칙에 따라 원자핵의 주위에 분포함. 원자의 전자 수는 원자 번호와 일치함.

전:자(電磁)명 '전자기(電磁氣)'의 준말.

전:자(篆字)명 한자의 옛 서체(書體)의 한 가지. 대전(大篆)과 소전(小篆)이 있음. 고전(古篆). 전서(篆書) 준전(篆)

전자(專恣)어기 '전자(專恣)하다'의 어기(語基).

전:자=감:응(電磁感應)명 전자기 유도(電磁氣誘導)

전:자-계(電磁界)명 전자기장(電磁氣場)

전:자=계:산(電子計算)명 전자 회로를 이용하여 대량의 정보를 고속·자동으로 계산하거나 처리하는 일. 준전산(電算)

전:자=계:산기(電子計算機)명 ①컴퓨터 ②전자 회로를 이용하여 계산 문제를 자동적으로 처리하는 기계. 준전산기

전:자=공학(電子工學)명 전자의 운동 현상과 그 응용 기술을 연구하는 학문, 또는 그것을 이용하는 기술.

전:자-관(電子管)명 진공 또는 저압 가스 속에서 일어나는 전자나 이온의 운동을 이용한 장치. 진공관·방전관·수신관 따위.

전:-자기(電磁氣)명 ①전류로 말미암아 일어나는 자기. ②전기와 자기를 아울러 이르는 말. 준전자

전:자기=단위(電磁氣單位)명 전자기의 양을 나타내는 단위의 한 가지. CGS 단위계의 자극(磁極)의 세기를 나타내는 단위임. 기호는 emu ☞정전기 단위(靜電氣單位)

전:자기=유도(電磁氣誘導)명 회로를 관통하는 자력선이 변화하면, 그 회로에 전류를 흐르게 하려는 기전력이 생기는 현상. 전자 유도. 전자 감응 ☞유도 기전력(誘導起電力). 유도 전류

전:자기-장(電磁氣場)명 전기장과 자기장이 서로 연관되어 함께 나타날 때 그 양쪽을 아울러 이르는 말. 전자계. 전자장

전:자기-파(電磁氣波)명 전기장과 자기장 사이에 일어나는 변화가 파동으로서 공간에 퍼져 나가는 것. 전자파

전:자-뇌(電子腦)명 '전자 두뇌'의 준말.

전-자동(全自動)명 모든 것이 저절로 움직이는 일. ☞반자동(半自動)

전:자=두뇌(電子頭腦)명 ①사람의 뇌와 비슷한 기능을 하도록 만든 전자 장치. 컴퓨터의 연산 장치 따위. ②컴퓨터를 뇌에 비유하여 이르는 말. 준전자뇌

전:자=레인지(電子range)명 조리 기구의 한 가지. 마이크로파의 성질을 이용하여 식품을 가열하거나 익힘.

전:자=렌즈(電子lens)명 전자 빔을 전기장이나 자기장으로 굴절·수렴시켜 상(像)을 맺게 하는 장치.

전:자-력(電磁力)명 전류와 자기장 사이에 작용하는 힘.

전:자-론(電子論)명 전자의 성질과 물질 안에 있는 전자의 운동을 연구하는 이론 체계.

전자리-상어명 전자리상엇과의 바닷물고기. 몸길이 2.5 m 안팎. 상어와 가오리의 중간 모습이나 가오리에 가까움. 몸빛은 어두운 갈색이며, 검은 점이 불규칙하게 퍼져 있음. 비교적 얕은 바다의 밑바닥에 살며 새끼를 낳음. 우리 나라 전 해역과 동중국해 등에 분포함. 저자상어

전:자-메일(電子mail)명 이메일. 전자 우편

전:자=볼트(電子volt)명 에너지 단위의 한 가지. 전위차 1볼트의 두 점 사이를 움직인 한 개의 전자가 얻는 에너지. 기호는 eV

전:자=빔(電磁beam)명 전자총에서 나오는, 속도가 거의 일정한 전자의 연속적 흐름. 전자선(電子線)

전:자=사진(電子寫眞)명 셀렌(Selen)이나 산화아연 따위의 반도체가 광선을 받을 때 전기 저항이 작아지는 성질과 정전기의 흡착 현상을 이용하여 화상(畫像)을 얻는 사진 방식. 도면이나 서류 따위의 복사에 쓰임.

전:자=상거래(電子商去來)명 인터넷이나 컴퓨터 통신을 통하여 물건을 사고 파는 일.

전:-자석(電磁石)명 연철심(軟鐵心)의 둘레에 절연된 코일을 감은 것. 여기에 전류를 통하면 연철이 자기 유도에 따라 자기화(磁氣化)됨. 전기 자석 ☞자석

전:자-선(電子線)명 전자 빔

전:자=수첩(電子手帖)명 수치 연산을 비롯하여 전화 번호, 주소, 스케줄, 메모 등의 문자 정보를 입력할 수 있게 만들어진, 수첩 크기의 휴대용 컴퓨터.

전:자=시계(電子時計)명 전자의 움직임을 이용한 시계를 통틀어 이르는 말. 전자 장치와 수정 발진자(水晶發振子)와 액정으로 된 숫자 표시 장치로 이루어짐.

전:자-쌍(電子雙)명 공유 결합을 형성하고 있는 한 쌍의 전자.

전:자=오르간(電子organ)명 전기 진동을 음파로 바꾸어, 여러 가지 높이와 음색으로 갖가지 악기의 효과를 내도록 만든 건반 악기. 해먼드오르간

전:자=우편(電子郵便)명 ①발신자의 서면을 전기 신호로 바꾸어 전신 회선으로 보내고 수신 우체국에서는 이 전기 신호를 다시 서면으로 바꾸어 수취인에게 배달하는 일. ②컴퓨터 단말기 이용자끼리 컴퓨터 통신망을 이용하여 문자 정보나 데이터 따위를 주고받는 수단, 또는 그 문자 정보나 데이터. 이메일(E-mail). 전자 메일

전:자=유도(電磁誘導)명 전자기 유도(電磁氣誘導)

전:자=음악(電子音樂)명 전자 음향 장치로 만들어진 음을 소재로 작곡·연주되는 음악.

전:자-자(電子jar)명 전열(電熱)로 보온하는 밥통.

전:자-장(電磁場)명 전자기장(電磁氣場)

전:자=장치(電子裝置)명 전자관·트랜지스터·반도체 등을 응용한 장치를 통틀어 이르는 말.

ㅈ

전자적=데이터=처리=시스템(電子的data處理system) 명 과학, 기술, 경영, 사무 관리 등에 관한 데이터를 처리하는 컴퓨터 시스템. 이디피에스(EDPS)
전자-창(田字窓)[-짜-] 명 창살을 가로와 세로 한 대씩 대어 '田'자 모양으로 짠 창(窓).
전:자-총(電子銃) 명 전자의 흐름을 가늘게 광선 모양으로 죄어서 방출하는 장치.
전:자=출판(電子出版) 명 종이에 인쇄하는 대신 문자와 영상을 시디롬(CD-ROM) 따위로 출판하는 일.
전:자-파(電子波) 명 전자(電子)를 입자로서가 아닌 물질 파로서 이르는 말.
전:자-파(電磁波) 명 전자기파(電磁氣波)
전자-하다(專恣-) 형여 제 마음대로만 하여 방자한 데가 있다.
전:자=항:법(電子航法)[-뻡] 명 항공기나 선박이 안전하게 항행하기 위하여 전자 기술을 이용하는 항법. 계기(計器), 레이더, 로란(loran) 따위를 이용한 항법과 인공 위성의 전파를 이용한 위성 항법 따위가 있음.
전:자=현:미경(電子顯微鏡) 명 전자 빔과 전자 렌즈를 사용하여 물체를 확대시켜 관찰하는 장치. ☞광학 현미경
전작(田作) 명 ①밭농사 ②밭곡식
전작(全作) 명 모든 작품.
전작(前作)[1] 명 ①이전의 작품. ②이전 사람의 작품.
전작(前作)[2] 명 앞그루 ☞후작(後作)[2]
전작(前酌) 명 지금의 술자리 이전에 술을 마신 일, 또는 마신 그 술. 전배(前杯) ¶-이 있어 난 안 마시겠네.
전:작-례(奠酌禮) 명 왕이나 왕비가 되지 못하고 죽은 조상이나 왕자・왕녀를 임금이 몸소 제사지내는 일.
전작-지(田作地) 명 밭농사를 짓는 땅.
전잠(田蠶) 명 밭농사와 누에치기.
전장(田庄・田莊) 명 개인이 가지고 있는 논밭. 장토(庄土)
전장(全長) 명 전체의 길이. ¶- 15m.
전장(全張) 명 온장 ¶-을 반으로 잘라서 쓰다.
전:장(典章) 명 ①한 나라의 제도와 문물. ②법칙이나 규칙을 적은 글. 장전
전:장(典掌) 명-하다 타 일을 맡아 처리・관리함.
전장(前章) 명 여러 장(章)으로 가른 글이나 책에서 지금 다루고 있는 장의 앞의 장.
전장(前場) 명 증권 거래소에서 오전에 이루어지는 거래. ☞후장(後場)
전장(前裝) 명-하다 타 총구나 포구(砲口)로 탄약을 잼. ☞전장총. 후장(後裝)
전장(前檣) 명 뱃머리 쪽에 있는 돛대.
전장(傳掌) 명-하다 자타 전임자가 후임자에게 맡아보던 일이나 물건을 넘겨줌.
전:장(電場) 명 전기장(電氣場)
전:장(戰場) 명 전쟁터
전장-총(前裝銃) 명 탄약을 총구로 재는 구식 소총.
전장-포(前裝砲) 명 탄약을 포구(砲口)로 재는 화포.
전재(全載) 명-하다 타 잡지 등 출판물에 글을 연재하지 않고 한 번에 모든 내용을 실음.
전:재(剪裁) 명-하다 타 천이나 종이 따위를 마름질함.
전:재(戰災) 명 전쟁 중에 입은 재해(災害).
전:재(錢財) 명 재물로서 가지고 있는 현금.
전:재(轉載) 명-하다 타 이미 발표된 글을 다른 출판물 등에 옮기어 실음. ¶-를 금하다./무단으로 -하다.
전:재-민(戰災民) 명 전쟁 중에 재난을 당한 사람.
전:쟁(戰爭) 명-하다 자 ①둘 이상의 국가가 서로 무기나 병력 등 무력을 써서 싸움. 군려(軍旅). 금혁(金革). 병혁(兵革) ¶걸프 -/베트남 - ②자국(自國)의 이익을 목적으로 하는 국가와 국가의 경쟁을 비유하여 이르는 말. ¶무역 -/석유 -/식량 - ③극심한 경쟁이나 혼란 상태를 비유하여 이르는 말. ¶교통 -/입시 -/집안 정리를 하느라 한바탕 -을 치렀다. 전화(戰火)
전:쟁=고아(戰爭孤兒) 명 전쟁 중에 부모를 잃거나 부모와 헤어진 아이.
전:쟁-놀이(戰爭-) 명 아이들 놀이의 한 가지. 편을 갈라 군사 훈련이나 전투 과정을 본떠서 하는 놀이. 병정놀이
전:쟁=문학(戰爭文學) 명 전쟁을 소재로 한 문학.
전:쟁=범:죄(戰爭犯罪) 명 ①국제 조약으로 정한 전투 법규를 어기는 죄. ②국제법에 따른 조약・협정・서약에 위배되는 전쟁, 또는 침략 전쟁을 계획하고 일으키는 죄. ③전쟁 전 또는 전쟁 중에 일반인에 대하여 살해, 노예화, 강제 이동, 그 밖의 비인도적인 행위 및 정치・종교・인종에 따른 박해 행위를 하는 죄. 준 전범
전:쟁=범:죄자(戰爭犯罪者) 명 전쟁 범죄를 저지른 사람. ¶-임을 반성하는 일본인. 준 전범. 전범자
전:쟁-터(戰爭-) 명 싸움이 벌어진 곳. 싸움터. 전장(戰場). 전지(戰地)
전:-저당(轉抵當) 명 저당권자가 저당권을 자기 빚의 담보로 하는 일.
전적(田籍) 명 양안(量案)
전적(全的)[-쩍] 명 다른 여지 없이 모두 그러한 것. ¶-인 신뢰를 보내다./-으로 책임을 지다.
전:적(典籍)[1] 명 ①책(冊) ②문화적 가치가 높은 옛 책.
전:적(典籍)[2] 명 조선 시대, 성균관(成均館)의 학생을 지도하는 일을 맡아보던 정육품 관직.
전적(前績) 명 이전에 이룬 공적(公績)이나 업적.
전:적(戰蹟・戰迹) 명 전쟁의 자취.
전:적(戰績) 명 경기에서 맞붙어 싸워 얻은 성적이나 실적. ¶8승 3패의 -.
전:적(轉籍) 명-하다 자 호적・학적・병적 등의 등록 사항을 다른 데로 옮김.
전:적-비(戰蹟碑) 명 격렬한 전투가 벌어졌던 곳에 그 사실을 기념하기 위하여 세운 비.
전:적-지(戰跡地) 명 전쟁의 자취가 남아 있는 곳. ¶행주 대첩의 -인 행주 산성.
전:전(戰前) 명 전쟁이 일어나기 전. ☞전후(戰後)
전:전(輾轉) 명-하다 자 누인 몸을 이리저리 뒤척임.
전:전(轉傳) 명-하다 자 여러 손을 거쳐 전해짐.
전:전(轉戰) 명-하다 자 이리저리 자리를 옮겨 가면서 싸움.
전:전(轉轉) 명-하다 자 여기저기로 옮겨 다님. ¶여러 직장을 -하다.
전전(前前) 명 ①전번의 그 전번. ¶- 주/- 달/- 화요일. ②아주 오래 전. ¶-에 있었던 일.
전:전걸식(轉轉乞食)[-씩] 성구 여기저기로 떠돌며 빌어먹음을 이르는 말.
전:전긍긍(戰戰兢兢) 성구 몹시 두려워 벌벌 떨며 조심함을 이르는 말. 준 전긍(戰兢)
전전-날(前前-) 명 ①어떤 날의 이틀 전. ¶그를 만나기로 한 -. ②그저께 ¶- 일을 기억하다.
전전-년(前前年) 명 그러께. 지난해
전전-달(前前-)[-딸] 명 지지난달
전:전반측(輾轉反側) 성구 전전불매(輾轉不寐)
전전-번(前前番)[-뻔] 명 지지난번
전:전불매(輾轉不寐) 성구 걱정 따위로 잠을 이루지 못하고 누워서 이리저리 뒤척임을 이르는 말. 전전반측
전전-월(前前月) 명 지지난달
전:전율률(戰戰慄慄) 성구 몹시 심한 두려움 따위로 몸이 덜덜 떨리는 상태를 이르는 말. ☞전율(戰慄)
전:전-파(戰前派) 명 아방게르 ☞전후파(戰後派)
전:절(剪截) 명-하다 타 가위로 잘라 버림.
전절(轉節) 명 도래마디
전점(專占) 명-하다 타 자기 혼자서 차지함.
전:접(奠接) 명-하다 자 전거(奠居)
전정(前定) 명 전생(前生)에 이미 정하여진 것.
전정(前庭) 명 앞뜰
전정(前情) 명 옛정
전정(前程) 명 앞으로 나아갈 길. 앞길
속담 **전정이 구만 리 같다** : 나이가 젊어서 앞으로 어떤 일이라도 해낼 수 있는 세월이 충분히 있다는 말. 〔앞날이 구만리 같다〕
전:정(剪定) 명-하다 타 가지치기
전정(專政) 명 '전제 정치(專制政治)'의 준말.

ㅈ

전:정(殿庭)명 궁전의 뜰.
전:정(錢政)명 지난날, 재정(財政)에 관한 여러 가지 일을 이르던 말.
전:정=가위(剪定-)명 전정할 때 쓰는 가위. 전지 가위
전제(田制)명 논밭에 관한 제도.
전제(前提)명-하다타 ①무슨 일이 이루어지게 하기 위하여 앞서 세우는 조건. ¶결혼을 -로 한 만남. ②논증에서, 그것으로부터 출발하여 결론을 얻을 수 있는 명제. ☞대전제(大前提). 소전제(小前提)
전제(專制)명-하다타 ①혼자의 생각대로 모든 일을 처리함. ②국가의 권력을 개인이 쥐고, 그 개인의 뜻에 따라 정치를 함. ☞공화(共和)
전:제(剪除)명-하다타 잘라서 없앰.
전제(筌蹄)명 고기를 잡는 통발과 토끼를 잡는 올가미라는 뜻으로, 목적을 이루기 위한 방편을 이르는 말.
전제-국(專制國)명 전제 정치를 하는 나라. ☞공화국(共和國). 민주국(民主國). 입헌국(立憲國)
전제=군주(專制君主)명 전제 정치를 하는 군주.
전제-적(前提的)명 어떤 일의 전제가 되는 것. ¶-인 조건.
전제-적(專制的)명 혼자의 생각대로 모든 일을 처리하는 방식인 것. ☞민주적(民主的)
전제=정체(專制政體)명 전제 정치의 체제. ☞입헌 정체
전제=정치(專制政治)명 국가의 권력이 한 개인이나 특정 계급 등에 집중되어, 그 또는 그들만의 의사대로 정치가 행해지는 일. ㊟전정(專政) ☞공화 정치. 민주 정치
전제=조건(前提條件)[-껀]명 어떤 일을 하기 위하여 앞서 내세우는 조건.
전제-주의(專制主義)명 국가 주권이 국민의 의사와 상관없이 한 지배자에 따라서 운용되는 제도, 또는 그런 제도를 주장하는 사상. ☞군주주의(君主主義). 민주주의(民主主義). 입헌주의(立憲主義)
전조(田租)명 논밭에 매기는 조세. 전세(田稅)
전조(前兆)명 무슨 일이 일어나기에 앞서 나타나 보이는 조짐. ¶화산 폭발의 -. ☞징조(徵兆)
전조(前條)명 앞의 조항이나 조문(條文).
전조(前朝)명 전대(前代)의 왕조. 선조(先朝)
전:조(電槽)명 ①축전지를 싸고 있는 갑. ②전해조
전:조(轉照)명-하다타 회람(回覽)
전:조(轉漕)명-하다타 조운(漕運)
전:조(轉調)명-하다타 조바꿈 ▷轉의 속자는 転
전조-등(前照燈)명 기차나 자동차 등의 앞 부분에 달아 앞길을 비추는 등. 전등(前燈). 헤드라이트(headlight)
전족(前足)명 앞발
전:족(塡足)명-하다타 모자라는 것을 충분히 채움.
전:족(纏足)명 지난날, 중국에서 여자의 발을 자라지 못하게 하려고 어릴 때 발을 헝겊으로 싸 감던 풍습, 또는 그렇게 한 발.
전존(傳存)명-하다자 전하여져 현존함.
전종(前蹤)명 옛사람의 발자취.
전종(專從)명-하다자 오로지 한 가지 일에만 종사함.
전:종(電鐘)명 전기종(電氣鐘). 전령(電鈴)
전:좌(殿座)명-하다자 조선 시대, 임금이 정사를 보거나 조하(朝賀)를 받으려고 정전(正殿)에 나와 앉던 일, 또는 그 자리.
전죄(前罪)명 이전에 지은 죄. ☞전과(前過)
전주(田主)명 논밭의 임자.
전:주(典主)명 전당(典當)을 잡은 사람.
전주(前主)명 ①전대의 군주(君主). ②전의 주인. 선주(先主)
전주(前奏)명 성악이나 독주곡 등에서, 곡이 시작될 때 도입부로서 연주되는 부분. ☞서주(序奏)
전주(前週)[-쭈]명 지난 주.
전주(專主)명-하다타 혼자서 일을 주관함.
전:주(電柱)명 전봇대
전:주(電鑄)명 전기 분해를 이용한 전기 도금 방법으로 원형(原型)을 복제하는 주조법. 전기 주조(電氣鑄造)
전:주(箋註·箋注)명 본문의 뜻을 설명한 주석(註釋).
전:주(篆籒)명 대전(大篆)
전:주(錢主)명 ①밑천을 대는 사람. ②빚을 준 사람.
전:주(轉住)명-하다자 사는 곳을 다른 데로 옮김. 전거(轉居)
전:주(轉注)명 한자(漢字)의 구성을 설명하는 여섯 가지 분류의 하나. 어떤 한자를 본뜻과 비슷한 다른 뜻으로 쓰는 방법. 이 경우는 한자의 음(音)이 바뀌는 경우가 많은데, 음악을 뜻하는 '樂(악)'자를 즐긴다는 뜻의 '樂(락)'으로 쓰는 따위. ☞가차(假借). 육서(六書)
전주-곡(前奏曲)명 ①모음곡이나 오페라 등에서, 본격적인 곡의 시작에 앞서 연주되는 기악곡. ②독립된 자유로운 형식으로 이루어진 소규모의 기악곡. 프렐류드(prelude) ③어떤 사건이나 일의 시작을 비유하여 이르는 말. ¶봄을 알리는 -./대참화의 -. ☞서곡(序曲)
전주르다(전주르고·전줄러)자르 동작을 진행하다가 다음 동작에 힘을 더하기 위하여 한 번 쉬다.
전:죽(箭竹)명 화살대
전중(傳重)명-하다타 적자(嫡子)가 없어졌거나 죽었을 때, 적손(嫡孫)에게 조상의 제사를 지내는 중임(重任)을 전하는 일. ☞승중(承重)
전:중(典重)어기 '전중(典重)하다'의 어기(語基).
전중-이명 '징역꾼'을 속되게 이르는 말.
전:중-파(戰中派)명 제이차 세계 대전 때 청년 시절을 보낸 세대를 이르는 말. ☞전전파(戰前派). 전후파
전:중-하다(典重-)형여 말과 행동이 법도에 맞고 점잖다.
전중-히부 전중하게 ¶- 행동하다.
전지명 ①어린아이에게 억지로 약을 먹일 때, 입을 벌리게 하기 위해 물리던, 끝이 두 갈래 진 막대기. ¶-를 물리다. ②'전짓다리'의 준말. ③'전짓대'의 준말.
전지(田地)명 논밭. 전업(田業)
전지(全知)명 신불이 그 능력으로 모든 것을 다 아는 일.
전지(全紙)명 본디 규격대로인 온장의 종이.
전지(全智)명 모든 것에 통달한 지혜.
전지(前志)명 ①전에 품었던 뜻. ②이전의 기록.
전지(前肢)명 앞다리
전:지(剪枝)명-하다타 가지치기 ☞정지(整枝)
전지(傳旨)명-하다자 지난날, 상벌에 관한 임금의 뜻을 담당 관아나 관원에게 전하던 일. ¶임금의 -를 받들다.
전:지(電池)명 화학적 또는 물리적 반응으로 전기 에너지를 발생시키는 직류 전원. ☞이차 전지(二次電池). 일차 전지(一次電池)
전:지(戰地)명 싸움터. 전쟁터
전:지(轉地)명-하다자 무슨 일로 얼마 동안 거처를 옮김. ¶- 요양/- 훈련을 떠나다.
전:지=가위(剪枝-)명 전정 가위
전지=분유(全脂粉乳)명 지방을 뽑지 않은 자연 상태의 우유를 말려 만든 가루 우유. ☞탈지 분유(脫脂粉乳)
전:지=요양(轉地療養)명 살던 곳을 떠나 기후가 좋고 공기가 맑은 고장으로 가서 병을 다스리는 일.
전지자손(傳之子孫)성구 자손에게 물려줌을 이르는 말.
전지전능(全知全能)성구 모든 것을 두루 다 알고, 모든 일을 다 할 수 있음을 이르는 말.
전지전지(傳之傳之) '전하고 전하여'의 뜻. ¶- 물려온 가보(家寶).
전직(前職)명 이전에 가졌던 직업이나 직함. 전함(前銜) ¶- 변호사 ☞현직(現職)
전:직(轉職)명-하다자 직장이나 직업을 바꿈. 이직(移職). 천직(遷職)
전진(前進)명-하다자 앞으로 나아감. ☞후진(後進). 후퇴(後退)
전진(前震)명 대지진에 앞서 일어나는 작은 지진.
전:진(戰陣)명 ①전투를 하기 위해 치는 진. ②싸움터
전:진(戰塵)명 싸움터에서 일어나는 흙먼지라는 뜻으로, 전쟁의 북새통을 이르는 말. 병진(兵塵). 연진(煙塵). 풍진(風塵)
전:진(轉進)명-하다자 ①방향을 바꾸어 나아감. ②군대가 주둔하던 곳에서 다른 곳으로 옮김.

전질(全帙)명 한 질(帙)로 된 책의 전부. ☞낙질(落帙)
전:질(典質)명-하다타 물건을 전당 잡힘.
전:질(癲疾)명 간질(癎疾)
전집(全集)명 ①한 사람의 저작물을 한데 모아서 한 질로 출판한 책. ②같은 시대, 같은 종류 등의 기준으로 저작물을 한데 모아서 한 질로 출판한 책.
전:집(典執)명-하다타 물건을 전당 잡히거나 전당 잡음.
전집(前集)명 전에 가리어 모은 시집이나 문집(文集). ☞후집(後集)
전집(專執)명-하다타 어떤 일을 오로지 혼자서 주장(主掌)하여 잡음.
전짓-다리명 삼이나 모시를 삼을 때 쓰는 제구. 가장귀진 두 개의 나뭇가지를 각각 토막나무에 박아 벌려 세운 것. 준전지
전짓-대명 감을 따는 데 쓰는 막대. 장대 끝을 두 갈래 지게 만들거나, 가장귀진 나뭇가지를 사용함. 준전지
전-짬(全-)명 군것이 섞이지 않은, 순수하고 진한 것.
전차(前次)명 지난번. 전번(前番). 전회(前回)
전차(前借)명-하다타 받기로 한 돈을 미리 앞당겨 받아 씀. ¶월급에서 10만 원을 -하다.
전:차(煎茶)명 ①녹차의 한 가지. 찻잎의 새순으로 만든 차. ②찻잎을 다관에 담고 끓인 물을 부어 우려낸 차.
전:차(電車)명 공중에 가설한 전선에서 전력을 공급 받아 지상에 설치된 궤도 위를 다니는 차.
전:차(塡差)명-하다타 지난날, 비어 있는 관위(官位)에 관원을 임명하여 채우던 일.
전:차(戰車)명 ①전투용 차량의 한 가지. 특수한 강철판(鋼鐵板)으로 차량 전체를 둘러싸고 화포(火砲)와 자동화기(火器)를 장착하여 무한 궤도로 달리는 차량. 탱크(tank) ☞장갑차 ②병거(兵車)
전:차(磚茶)명 차나무의 줄기 또는 홍차나 녹차의 부스러기 등을 쪄서 틀에 넣어 눌러 굳힌 차. 달일 때는 눌러 굳힌 것을 깎아서 씀.
전:차(轉借)명-하다타 남이 빌려 온 것을 다시 빌림. ☞전대(轉貸)
전차-금(前借金)명 뒷날에 받을 돈을 미리 당겨 쓰는 돈.
전차후:옹(前遮後擁)성구 많은 사람이 앞뒤에서 보호하며 따름을 이르는 말.
전:착(電着)명 전기 분해하여 석출(析出)된 물질이 전극의 표면에 들러붙는 일. ¶- 도장(塗裝)
전:착(顚錯)명-하다타 앞뒤의 차례를 바꾸거나 뒤섞음. ¶-된 것을 바로잡다.
전:착(纏着)명-하다자 덩굴 따위가 감기어 붙음. 전요(纏繞)
전:착-제(展着劑)명 농약을 작물이나 해충에 잘 들러붙게 하려고 섞어 쓰는 보조제.
전참(前站)명 다음에 머무를 역참(驛站).
전:창(箭窓)명 살창
전채(前菜)명 오르되브르(hors-d'oeuvre)
전채(前債)명 앞서 진 빚. 선채(先債)
전:채(箭靫)명 전동(箭筒)
전:채(戰債)명 전비(戰費)를 마련하려고 발행하는 국채.
전처(前妻)명 재취하여 맞은 아내에 상대하여, 이혼하거나 사별(死別)한 아내를 이르는 말. 전부(前婦). 전취(前娶) ¶- 소생(所生) ☞후처(後妻)
전천(專擅)명-하다타 전행(專行)
전:천(錢千)명 돈천
전천=사진기(全天寫眞機)명 어안(魚眼) 렌즈나 구면경(球面鏡)을 써서, 하늘 전체의 구름 상태 등을 한 번에 찍을 수 있는 기상 관측용 사진기.
전천후(全天候)앞말 어떠한 기상 조건에서도 사용 또는 활동할 수 있음을 뜻하는 말. ¶- 항공기
전천후-기(全天候機)명 밤이나 시계(視界)가 흐린 때에도 활동할 수 있도록 레이더 등의 장치를 갖춘 항공기.
전천후=농업(全天候農業)명 수리 시설이 잘 되어 있어서, 가뭄이나 홍수 등의 기상 조건 아래서도 크게 지장을 받지 않는 농업.
전철(前哲)명 옛 철인(哲人). 선철(先哲)
전철(前轍)명 앞서 지나간 수레바퀴의 자국이라는 뜻으로, 이전 사람이 잘못하거나 실패한 일의 흔적이나 경험을 이르는 말. ¶-을 되풀이하다.
전철을 밟다관용 앞서 간 사람의 잘못이나 실패를 되풀이하다. ¶그와 같은 전철을 밟아서는 안 된다.
전:철(煎鐵)명 번철(燔鐵)
전:철(電鐵)명 '전기 철도(電氣鐵道)'의 준말.
전:철-기(轉轍機)명 철도에서, 차량이나 열차를 다른 선로로 옮기기 위하여 선로가 갈리는 곳에 설치한 기계 장치. 포인트(point)
전첨후:고(前瞻後顧)성구 앞을 쳐다보고 뒤를 돌아본다는 뜻으로, 어떤 일을 당하여 용기를 내어 결단하지 못하고 앞뒤를 재면서 어물어물 함을 이르는 말. 첨전고후(瞻前顧後)
전:첩(戰捷)명-하다자 전쟁에서 이김. 승전(勝戰). 전승(戰勝)
전청(全淸)명 훈민정음(訓民正音)의 초성(初聲) 체계에서, 'ㄱ·ㄷ·ㅂ·ㅅ·ㅈ·ㆆ'에 공통되는 음성적 특질을 이른 말. ☞불청불탁(不淸不濁)
전:청(轉請)명-하다타 다른 사람을 사이에 넣어서 간접적으로 부탁함. 전탁(轉託)
전체(全體)명 사람이나 사물의 전부, 또는 사물의 모든 부분. ¶나라 -가 축제 분위기다./섬 -가 물에 잠기다.
전체(傳遞)명-하다타 차례로 여러 곳을 거쳐서 전하여 보냄.
전:체(轉遞)명-하다타 여러 사람의 손을 거쳐 전하여 보냄, 또는 그런 인편(人便). 전편(轉便)
전체-송:장(傳遞-)명 ①지난날, 고을에서 고을로 차례차례 넘기어 제 고향으로 돌려보내 주는 객사한 송장을 이르던 말. ②달갑지 않은 일을 억지로 남에게 떠넘김을 비유하여 이르는 말.
전체-수(全體需)명 ①통째로 삶거나 구워서 익힌 음식. ②닭·꿩·물고기 따위를 통째로 양념하여 구운 적(炙). 전체숙(全體熟)
전체-숙(全體熟)명 전체수(全體需)
전체=압력(全體壓力)명 물리에서, 혼합 기체의 각 성분 기체의 부분 압력을 합한 압력을 이르는 말. 전압력(全壓力) ☞부분 압력(部分壓力)
전체-적(全體的)명 전체에 관계되는 것. ¶학생들의 건강이 -으로 양호하다. ☞부분적(部分的)
전체-주의(全體主義)명 개인의 모든 활동은 국가나 민족 전체의 존립과 발전을 위해서 실현되어야 한다는 이념 아래, 국민의 자유를 억압하고 통제하는 사상이나 체제. 파시즘 따위. ☞개인주의(個人主義)
전체주의=국가(全體主義國家)명 전체주의를 통치 원리로 삼는 국가.
전초(全草)명 잎·줄기·뿌리 등을 가진, 온 포기의 풀.
전초(前哨)명 군대가 주둔할 때, 적을 경계하기 위하여 그 전방에 배치하는 부대나 초소(哨所).
전초-전(前哨戰)명 ①전초에서 하는 소규모 전투. ②본격적인 전쟁을 시작하기 전에 하는 소규모 전투.
전:촉(箭鏃)명 화살촉
전촌(全村)명 온 마을.
전총(專寵)명-하다자 각별한 사랑을 독차지함. ☞전방(專房)
전:추(顚墜)명-하다자 굴러 떨어짐.
전:추라(翦秋羅)명 석죽과의 여러해살이풀. 줄기 높이 60 cm 안팎. 잎은 마주 나며 끝이 뾰족함. 7~8월에 짙은 붉은빛의 다섯잎꽃이 핌. 중국 원산으로 산과 들에 자라며, 관상용으로도 심음.
전:축(電蓄)명 '전기 축음기(電氣蓄音機)'의 준말.
전:춘(餞春)명-하다자 봄을 보냄.
전:춘-날(餞春-)명 봄을 보내는 날이라는 뜻으로, '음력 삼월 그믐날'을 이르는 말.
전:춘-놀이(餞春-)명 가는 봄을 아쉬워하며 음력 삼월 그믐께 경치 좋은 곳으로 나가 하루를 즐기는 일.
전:춘-시(餞春詩)명 봄을 보내는 아쉬움을 읊은 시.

ㅈ

전:출(轉出)명-하다자 ①다른 곳으로 거주지를 옮기어 감. ¶ - 신고 ☞전입(轉入) ②같은 계열사 안의 다른 근무지로 옮기어 감. ¶지사(支社)로 -한 직원./- 명령을 받다.
전:충(塡充)명-하다타 빈 곳을 채워서 메움.
전취(前娶)명 전처(前妻)
전:취(戰取)명-하다타 싸워서 차지하거나 얻어냄.
전치(全治)명-하다타 상처나 질병을 완전히 고침. ¶ - 2주의 부상. ☞완치(完治)
전치(前齒)명 앞니
전:치(轉置)명-하다타 다른 곳으로 옮겨 놓음.
전:칙(典則)명 법칙(法則)
전칭(全稱)명 논리학에서, 주사(主辭)가 가리키는 전체 범위에 걸쳐 긍정하거나 부정하는 말. '모든 생물은 죽는다.'에서 '모든' 따위. ☞특칭(特稱)
전칭=긍:정=명:제(全稱肯定命題)명 전칭 긍정 판단을 명제로 나타낸 것. ☞전칭 부정 명제(全稱否定命題)
전칭=긍:정=판단(全稱肯定判斷)명 주사(主辭)의 모든 범위에 걸쳐서 긍정하는 판단. ☞전칭 부정 판단
전칭=명:제(全稱命題)명 전칭 판단을 명제로 나타낸 것.
전칭=부:정=명:제(全稱否定命題)명 전칭 부정 판단을 명제로 나타낸 것. ☞전칭 긍정 명제(全稱肯定命題)
전칭=부:정=판단(全稱否定判斷)명 주사(主辭)의 모든 범위에 걸쳐서 부정하는 판단. ☞전칭 긍정 판단
전칭=판단(全稱判斷)명 주사(主辭)의 모든 범위에 걸쳐서 긍정하거나 부정하는 판단.
전쾌(全快)명-하다자 완쾌(完快)
전타라(旃陀羅∠caṇḍāla 범)명 인도의 카스트 제도에서, 사성(四姓) 밖의 최하층 계급. 수렵이나 도살(屠殺) 등을 생업으로 삼음. 전다라(旃茶羅)
전탁(全託)명-하다타 남에게 모두 부탁하거나 맡김.
전탁(全濁)명 훈민정음(訓民正音)의 초성(初聲) 체계에서, 'ㄲ·ㄸ·ㅃ·ㅆ·ㅉ·ㆅ'에 공통되는 음성적 특질을 이른 말. ☞전청(全清)
전탁(專託)명-하다타 오로지 남에게만 부탁함.
전:탁(轉託)명-하다타 전청(轉請)
전탑(塼塔)명 벽돌로 쌓은 탑. ☞석탑(石塔)
전택(田宅)명 논밭과 집을 아울러 이르는 말.
전토(田土)명 논밭. 전답(田畓)
전토(全土)명 ①국토의 전체. ②지역의 전체.
전통(全統)부 온통
전통(傳統)명 어떤 집단이나 공동체에서, 예로부터 이어져 내려오는 사상·관습·문화 따위의 양식, 또는 그것의 핵심을 이루는 얼. ¶-을 이어받다.
전:통(箋筒)명 지난날, 전문(箋文)을 넣어 두던 봉투.
전:통(箭筒)명 '전동'의 원말.
전통-미(傳統美)명 예로부터 이어져 내려오는 아름다움. ¶한복의 -./기와에서 -를 느끼다.
전통-적(傳統的)명 전통이 되는 것. ¶-인 가락.
전통-주의(傳統主義)명 전통을 존중하고 지키려는 보수적인 경향.
전퇴(前*退)명 재래식 한옥에서, 집채의 앞쪽에 딴 기둥을 세워 붙여 지은 칸살. 곧 마루를 이루고 있는 부분. ☞뒷간. 후퇴
전:투(戰鬪)명-하다자 병력(兵力)으로써 적과 맞서 싸움. ¶- 부대/-에서 이기다.
전:투-기(戰鬪旗)명 군함에서 전투가 시작됨을 알리는 신호로 올리는 기(旗).
전:투-기(戰鬪機)명 대공(對空)·대지(對地) 무기를 장착하여, 적기(敵機)를 공격하고 지상(地上) 공격을 수행하는 군용 비행기.
전:투-력(戰鬪力)명 전투를 해낼 수 있는 힘.
전:투-모(戰鬪帽)명 군인이 평시(平時)에 쓰는 근무모를 흔히 이르는 말.
전:투=병과(戰鬪兵科)[-꽈]명 육군에서, 실제 전투에 투입되는 병과로, 보병·포병·기갑·공병·통신 병과를 통틀어 이르는 말.
전:투=부대(戰鬪部隊)명 전투를 주임무로 하는 부대.
전:투-선(戰鬪線)명 전시(戰時)에, 전투 부대가 배치된 최전선의 지점을 연결한 가상선(假想線).
전:투-원(戰鬪員)명 ①전투에 참가하는 사람. ②교전국의 병력에 딸리어 직접 전투에 참가하는 사람. ☞비전투원(非戰鬪員)
전:투=폭격기(戰鬪爆擊機)명 공중전과 지상 폭격을 겸하도록 만들어진 군용 비행기. ㊛전폭기(戰爆機)
전파(全破)명-하다자타 전부 파괴됨, 또는 전부 파괴함. ¶폭발 사고로 가옥이 -되었다. ☞전괴(全壞)
전:파(電波)명 전자기파 중에서 적외선 이상의 파장을 가진 것. 장파·중파·단파·초단파 등이 있음. 전기파
전파(傳播)명-하다자타 ①널리 전하여 퍼짐, 또는 퍼뜨림. 전포(傳布). 파전(播傳) ②파동(波動)이 매질(媒質) 속을 퍼져 가는 일.
전:파=고도계(電波高度計)명 비행 중인 항공기에서 바로 밑의 지표면을 향하여 전파를 발사하고 그 반사파가 되돌아올 때까지 걸린 시간을 잼으로써 항공기와 지표면의 거리, 곧 고도(高度)를 측정하는 장치.
전파-론(傳播論)명 문화의 기원이나 전달에 관한 연구에서 역사적 접촉에 따른 전파(傳播)의 구실을 강조하는 이론. 전파설(傳播說)
전:파=망:원경(電波望遠鏡)명 천체로부터 복사(輻射)되는 전파를 관측하기 위한 장치를 통틀어 이르는 말.
전:파=병기(電波兵器)명 전파를 군사 목적으로 응용한 기기(器機)를 통틀어 이르는 말. 통신 병기, 암시(暗視) 망원경, 레이더 따위.
전파-설(傳播說)명 전파론(傳播論)
전파=수신기(全波受信機)명 장파(長波)·중파(中波)·단파·초단파 등의 모든 방송을 들을 수 있는 라디오 수신기.
전:파=탐지기(電波探知機)명 레이더(radar)
전:파=항:법(電波航法)[-뻡]명 전파를 이용하여 선박이나 항공기 등의 위치와 항로를 측정하는 방법. 무선 항법
전판(全-)명 ①남김없는 전체. ¶동네 -이 깨끗해지다. ②〔부사처럼 쓰임〕¶- 쓸데없는 물건들 뿐이다.
전패(全敗)명-하다자 모든 경기에서 짐. ¶리그전에서 -하다. ☞완패(完敗). 전승(全勝)
전:패(殿牌)명 지난날, 각 고을의 객사(客舍)에 '殿' 자를 새겨 놓은 나무 패를 이르던 말. 임금을 상징하는 패로서, 원단(元旦), 동지(冬至), 임금의 탄일(誕日) 등의 하례(賀禮) 때 관원들이 이곳에 배례(拜禮)를 하였음.
전:패(戰敗)명-하다자 패전(敗戰) ☞전승(戰勝)
전:패(顚沛)명-하다자 엎어지고 자빠짐.
전:패위공(轉敗爲功)성구 실패가 변하여 도리어 성공이 됨, 또는 실패를 거울 삼아 다음의 성공으로 이끎을 이르는 말. ☞전화위복(轉禍爲福)
전편(全篇)명 책이나 영화 따위의 한 편의 전체.
전편(前篇)명 두 편으로 된 책이나 영화 따위의 앞의 편. ☞후편(後篇)
전편(專便)명 어떤 일을 특별히 부탁하여 보내는 인편.
전:편(轉便)명-하다타 전체(轉遞)
전:평(錢評)명 돈으로 따지는 셈평.
전폐(全廢)명-하다타 ①아주 그만둠. ¶식음(食飮)을 -하다. ②모두 폐지하거나 폐기함. ¶핵무기를 -하다.
전폐(前弊)명 이전부터 내려오는 폐단.
전:폐(奠幣)명-하다자 지난날, 나라의 제사 때 폐백(幣帛)을 신위 앞에 드리던 일, 또는 그 일을 맡아 하던 사람.
전:폐(殿陛)명 정전(正殿)이나 편전(便殿) 따위의 섬돌.
전:폐(錢幣)명 '돈'을 달리 이르는 말. 전화(錢貨)
전:폐(錢弊)명 지난날, 화폐 제도가 확립되지 않은 데서 생기는 여러 가지 폐단을 이르던 말.
전포(田圃)명 남새밭
전:포(典鋪)명 '전당포(典當鋪)'의 준말.
전포(傳布)명-하다자타 전파(傳播)
전:포(廛鋪)명 전방(廛房)
전:포(戰袍)명 지난날, 장수(將帥)가 군복으로 입는 긴

웃옷을 이르던 말.

전폭(全幅)명 ①온 너비. 온폭 ¶피륙의 ─. ②일정한 범위의 전체.

전폭(前幅)명 앞의 폭.

전:폭-기(戰爆機)명 '전투 폭격기(戰鬪爆擊機)'의 준말.

전폭-적(全幅的)명 있는 대로의 모든 것. ¶─인 신임을 받다./제안을 ─으로 수용하다.

전표(傳票)명 은행이나 회사·상점 등에서, 금전 출납이나 거래 내용 따위를 간단히 적어 그 책임 소재를 밝히는 종이 쪽지. ¶출금 ─/─를 끊다.

전:표(錢票)명 가지고 오는 사람에게 적혀 있는 액수대로의 돈을 주도록 되어 있는 쪽지. 예전에 공사장 등에서 일용 근로자들에게 현금 대신 지급했음.

전:풍(癜風)명 어루러기

전:하(殿下)명 지난날, 왕이나 왕비 등 왕족을 높이어 일컫던 말.

전:하(電荷)명 물체가 띠고 있는 전기, 또는 그 전기의 양. 모든 전기 현상의 근원이 됨. ☞양전하. 음전하

전-하다(傳─)타여 ①말이나 글로써 알리다. ¶전화로 소식을 ─. ②무엇을 남을 대신하여 건네다. ¶편지를 ─./선물을 ─. ③어떤 것을 이어받아서 뒷사람에게 일러주다. ¶문화 유산을 후세에 ─. ④〔자동사처럼 쓰임〕 앞 세대에서 다음 세대로 이어지다. ¶예로부터 전해 오는 이야기.

한자 전할 전(傳) 〔人部 11획〕 ¶구전(口傳)/전갈(傳喝)/전래(傳來)/전설(傳說)/전승(傳承) ▷속자는 伝

전:학(轉學)명-하다자 다니던 학교에서 다른 학교로 옮겨가서 배움. 전교(轉校) ¶서울로 ─을 가다.

전:한(展限)명-하다타 기한을 물림. 관한(寬限)

전할(全割)명 알 전체가 세포로 분할되는 난할(卵割). 개구리나 성게의 알 따위에서 일어남. ☞부분할(部分割)

전할-란(全割卵)명 전할을 하는 알.

전함(前銜)명 전직(前職)

전:함(戰艦)명 ①전쟁에 쓰이는 배를 통틀어 이르는 말. ☞군함(軍艦) ②군함의 한 가지. 뛰어난 공격력과 방어력을 갖추어 해군력의 주력이 됨.

전:-함지명 전이 달린 함지박. 위쪽 가장자리가 넓적하게 생겼음.

전항(前項)명 ①앞에 적혀 있는 사항이나 항목. ②수학에서, 둘 이상의 항 가운데 앞의 항을 이르는 말. ☞후항

전-해(前─)명 ①지난해 ②어떤 해의 바로 그 앞의 해.

전:해(電解)명 '전기 분해(電氣分解)'의 준말.

전:해-물(電解物)명 전해질

전:해-액(電解液)명 전기 분해를 할 때, 전해조(電解槽)에 넣는 전해질 용액(電解質溶液).

전:해-조(電解槽)명 전기 분해를 할 때, 전극과 전해액을 넣는 장치. 전조(電槽)

전:해-질(電解質)명 물 따위의 용매(溶媒)에 용해되어 전기 전도를 일으키는 물질. 산·알칼리·염류 따위. 전해물 ☞비전해질(非電解質)

전:해질=용액(電解質溶液)명 전해질이 용해되어 양이온과 음이온으로 이온화한 용액. 이온이 이동함으로써 전류가 흐름. 준 전해액(電解液)

전행(專行)명-하다타 제멋대로 결단을 내려 행동함. 전천(專擅). 천행(擅行)

전향(傳香)명-하다자 지난날, 제향(祭享)에 쓸 향을 헌관(獻官)에게 전하는 일을 이르던 말.

전:향(轉向)명-하다자 ①이제까지의 방향이나 방침 등을 바꾸어 다른 데로 향함. ¶증권사 직원에서 소설가로 ─하다. ②정치적·사상적 신념이나 경향 따위를 바꿈. 특히 사회주의자나 공산주의자가 그 신념이나 경향 따위를 버림을 이름. ¶공산주의에서 민주주의로 ─하다.

전:향-력(轉向力)명 북반구에서 던진 물체는 오른쪽으로 휘어져 날아가고 남반구에서 던진 물체는 왼쪽으로 휘어져 날아가게 하는, 가상의 힘. 지구의 자전(自轉)에 따라 생김. 코리올리 힘

전향=문학(轉向文學)명 작가의 신념이나 사상의 전향이 나타나 보이는 문학.

전혀(全─)부 조금도. 도무지. 전연 〔주로 부정하는 말과 함께 쓰임.〕 ¶─ 모르는 일./─ 만난 적이 없다.

전혀(專─)부 오로지 ¶일의 성공 여부는 ─ 네게 달렸다.

전현(前賢)명 옛 현인(賢人). 선철(先哲). 선현(先賢)

전혐(前嫌)명 이전에 받던 혐의.

전형(全形)명 ①전체의 모양. ②완전한 형체.

전:형(典型)명 같은 부류나 같은 종류의 사물 가운데서, 그 본질적 특성이 가장 잘 나타나 본보기로 삼을만 한 것. ¶현모양처의 ─./신소설의 ─.

전:형(銓衡)명-하다타 인물의 됨됨이나 재능을 검토하여 적격자를 뽑음. 선고(選考) ¶─ 기준

전:형(箭形)명 잎 모양의 한 가지. 화살촉 모양으로 끝이 뾰족하고, 잎몸과 잎자루가 붙은 부분은 날카롭게 갈라져 있음.

전:형=계약(典型契約)명 법률에 따라 명칭이나 내용이 규정되어 있는 계약. 유명 계약(有名契約) ☞비전형 계약(非典型契約)

전:형-적(典型的)명 전형이 될만 한 것. ¶─인 한국 여인상./─인 농촌 풍경.

전호(前胡)명 ①미나릿과의 여러해살이풀. 줄기 높이는 1 m 안팎. 잎은 잎자루가 길며 깃꼴로 갈라져 있음. 5~6월에 자잘한 흰 꽃이 꽃대 끝에 무리 지어 핌. 열매는 푸른 빛이 도는 검은빛으로 익으며 광택이 남. 산지의 축축한 땅에서 자라는데, 어린잎은 먹을 수 있고 뿌리는 약으로 쓰임. 우리 나라와 일본, 시베리아, 유럽 등지에 분포함. ②한방에서, '바디나물의 뿌리'를 약재로 이르는 말. 외감(外感)에서 오는 두통·해소·담 등에 쓰임.

전호(前號)명 신문이나 잡지 따위의 앞의 번호 또는 호수(號數). ¶─부터 연재하기 시작한 소설.

전:호(電弧)명 아크 방전 ☞호광(弧光)

전:화(電火)명 번갯불

전:화(電化)명-하다자타 전력을 써서 생활에 필요한 열·빛·동력 등을 얻을 수 있도록 함. ¶도서 지역의 ─ 사업.

전:화(電話)명 ①-하다자 전화기로 말을 주고받음. ¶─를 걸다./─를 받다. ②'전화기(電話機)'의 준말.

전:화(戰火)명 ①전쟁으로 말미암아 일어난 화재. 병화(兵火) ②전쟁(戰爭)

전:화(戰禍)명 전쟁으로 말미암아 입은 재화. 병화(兵禍)

전:화(錢貨)명 '돈'을 달리 이르는 말. 전폐(錢幣)

전:화(轉化)명-하다자타 질적(質的)으로 바뀌어서 달리 됨, 또는 바꾸어 다르게 함.

전:화=교환(電話交換)명 전화 사용자의 전화선을 통화하고자 하는 상대편의 전화선에 연결하는 일.

전:화-국(電話局)명 전화를 가설하거나 교환하고 중계하는 따위의 일을 맡아보는 기관.

전:화-기(電話機)명 말소리를 전파나 전류로 바꾸어 먼 곳으로 보내고, 이것을 다시 말소리로 환원시켜 멀리 떨어져 있는 사람들끼리 서로 이야기할 수 있게 만든 기계. 준 전화(電話)

전:화-당(轉化糖)명 수크로오스를 산(酸) 또는 전화 효소(轉化酵素)로 가수 분해하여 얻은, 포도당과 과당의 등량(等量) 혼합물. 수크로오스보다 소화 흡수가 잘 되기 때문에 과자나 식품을 만드는 데 쓰임.

전:화=번호(電話番號)명 가입된 전화마다 매겨져 있는 고유의 번호.

전:화=번호부(電話番號簿)명 전화 가입자의 전화 번호와 주소 따위를 실어 놓은 책.

전:화-선(電話線)명 유선 전화기에 전류를 보내어 통화가 되게 하는 전선.

전:화-세(電話稅)[─쎄]명 전화 가입자에게 전화 사용료에 대하여 일정 금액을 매기는 조세.

전:화위복(轉禍爲福)성구 재앙이 바뀌어 도리어 복(福)이 됨을 이르는 말. ☞전패위공(轉敗爲功)

전:화=회선(電話回線)명 전화의 신호를 보내기 위하여 설치한 선로.

ㅈ

전:환(轉換) 명 -하다 자타 다른 방향이나 상태로 바뀜, 또는 그렇게 바꿈. ¶기분 –/사태가 진정 국면으로 –되다.
전:환-기(轉換期) 명 다른 방향이나 상태로 바뀌는 시기.
전:환-기(轉換器) 명 전기 회로나 자기 회로 따위를 여닫거나 전류의 방향을 바꾸는 장치.
전:환-로(轉換爐)[-노] 명 원자로의 한 가지. 핵연료를 전환하는 방식으로 한쪽에서 에너지를 생산하고 다른 한쪽에서 생산한 핵연료로 새로운 핵물질을 생산함.
전:환=사:채(轉換社債) 명 일정 기간이 지난 후에 소유자의 청구에 따라 주식으로 바꿀 수 있는 사채.
전:환-점(轉換點)[-쩜] 명 전환하는 계기가 되는 고비.
전:환=주식(轉換株式) 명 회사의 전환 청구에 따라서 다른 종류의 주식으로 전환할 수 있는 권리가 인정된 주식.
전:황(戰況) 명 전투가 벌어지는 상황. 전상(戰狀)
전:황(錢荒) 명 화폐가 잘 유통되지 않아 귀해지는 일.
전회(前回) 명 ①지난번 ¶–의 실점을 만회하다. ②바로 앞 회. ¶– 졸업생/– 대회의 우승자.
전:회(轉回) 명 -하다 자타 ①회전(回轉) ②자리바꿈
전횡(專橫) 명 -하다 자 권세를 독차지하여 제멋대로 함.
전후(前後) 명 ①앞과 뒤. 앞뒤 ¶– 좌우/–를 살피다. ②먼저와 나중. ¶– 사정을 이야기하다. ③〔나이나 연대 등을 나타내는 말과 함께 쓰이어〕 안팎 ¶마흔 –의 여자./1920년대 –의 문단 상황. ④-하다 자 두 가지 이상의 일이 거의 동안을 두지 않고 이어짐. ¶두 선수가 –하여 결승점에 이르다. ⑤-하다 타 어떤 때, 또는 어떤 일이 일어날 즈음. ¶오후 3시를 –하여 찾아오다./퇴근 시간을 –하여 전화를 걸다.
전:후(戰後) 명 전쟁이 끝난 뒤. ¶– 세대 ☞전전(戰前)
전후-곡절(前後曲折) 명 어떤 일의 앞뒤에 얽힌 복잡한 사정. 전후사연
전-후방(前後方) 명 전방과 후방을 아울러 이르는 말.
전-후부(前後部) 명 앞 부분과 뒷 부분.
전후-사:연(前後事緣) 명 전후곡절(前後曲折)
전후-좌:우(前後左右) 명 앞쪽과 뒤쪽과 왼쪽과 오른쪽, 곧 사방(四方)을 이르는 말.
전-후퇴(前後*退) 명 재래식 한옥(韓屋)에서, 집채의 앞뒤로 드린 물림. ☞전퇴. 후퇴
전:후-파(戰後派) 명 아프레게르 ☞전전파(戰前派)
전:훈(電訓) 명 전보로 내리는 훈령.
전:훈(戰勳) 명 전쟁에서 세운 공훈. 전공(戰功)
전휴(全休) 명 -하다 타 온 하루를 쉼.
전-휴부(全休符) 명 온쉼표
절[1] 명 중이 불상(佛像)을 모셔 놓고 불교 의식을 치르거나 불도(佛道)를 닦는 집. 사원(寺院). 사찰(寺刹)
속담 **절 모르고 시주(施主)하기** : ①애써 한 일을 알아주는 사람이 없어 보람없게 되었을 경우를 이르는 말. ②영문도 모르고 돈이나 물건을 각출함을 이르는 말.〔비단옷 입고 밤길 가기/동무 몰래 양식 내기/어둔 밤에 눈 끔적이기〕/**절에 가면 중 노릇하고 싶다** : ①줏대 없이 남이 하는 일을 보고 덮어놓고 따르려 함을 이르는 말. ②남의 일을 보면 그것이 좋아 보여 하고 싶어지는 것이 사람의 마음이라는 말.〔절에 가면 중 이야기 하고, 촌에 가면 속인(俗人) 이야기〕/**절에 가 젓국을 찾는다** : 어떤 물건을 있지도 않은 곳에 가서 찾을 때 이르는 말.〔과붓집에 가서 바깥 양반 찾기/물방앗간에서 고추장 찾는다/중의 나라에 가서 상투 찾는다〕/**절에 간 색시** : ①남이 시키는 대로만 따라 하는 사람을 두고 이르는 말. ②아무리 싫어도 남이 시키는 대로 따라 하지 않을 수 없는 처지에 있는 사람을 두고 이르는 말./**절이 망하려니까 새우젓 장수가 들어온다** : 운수가 그릇되려면 뜻밖의 일이 생긴다는 말.〔집안이 결딴나면 생쥐가 춤을 춘다/집안이 망하려면 맏며느리가 수염이 난다/집안이 망하려면 제석 항아리에 대평수가 들어간다〕

한자 **절 사**(寺)〔寸部 3획〕¶사원(寺院)/사탑(寺塔)
절 찰(刹)〔刀部 6획〕¶명찰(名刹)/사찰(寺刹)

절[2] 명 -하다 자 사람이 상대편에게 공경의 뜻을 나타내기 위하여 머리를 숙이거나 몸을 굽히는 예(禮). ☞고두(叩頭). 반절. 선절. 앉은절. 큰절. 평절
속담 **절도 할 데다 해야 아들도 낳고 딸도 낳는다** : 무슨 일이든지 방법을 알고 하지 않으면 헛수고만 하게 된다는 말.〔불도 켤 데 켜야 아들도 낳고 딸도 낳는다〕/**절이 쉻다** : 절하는 때가 지났다는 뜻으로, 어찌어찌 하다가 인사를 못하고는 다시 인사하기가 쉽지 않아 거북한 채로 지낼 경우를 이르는 말./**절하고 뺨 맞는 일 없다** : 누구한테나 공손하게 대하면 봉변당하지 않는다는 말.〔존대하고 뺨 맞지 않는다〕

한자 **절/절할 배**(拜)〔手部 5획〕¶배례(拜禮)/세배(歲拜)/재배(再拜)/참배(參拜) ▷ 속자는 拝

절(節)[1] 명 〈어〉주어(主語)와 서술어(敍述語)의 짜임으로, 문장의 한 성분으로 쓰이는 언어 단위. '꽃이 피는 봄이 왔어요.'에서 '꽃이 피는'은 관형어절임. 마디 ☞구(句)
절(節)[2] 명 '절괘(節卦)'의 준말.
-절(節)《접미사처럼 쓰이어》'국경일(國慶日)'이나 '명절(名節)'의 뜻을 나타냄. ¶개천절(開天節)/광복절(光復節)/중추절(仲秋節) ▷ 節의 속자는 節
절가(折價)[-까] 명 -하다 타 ①값을 결정함, 또는 결정한 값. 결가(決價) ②어떤 물건 대신으로 다른 물건을 받을 때 그 값을 헤아려 받을 물건의 수량을 정함. ③물건의 값을 깎음. 가절(價折)
절가(絕家) 명 -하다 자 집안의 대(代)를 이을 자손이 끊어짐, 또는 그러한 집. 절호(絕戶)
절가(絕佳) 어기 '절가(絕佳)하다'의 어기(語基).
절가-하다(絕佳–) 형여 뛰어나게 아름답다.
절각(折角) 명 -하다 자 ①뿔이 부러짐. ②두건의 모서리를 접음. ③거만한 사람의 기(氣)를 꺾어서 누름, 또는 그러한 말솜씨를 비유하여 이르는 말.
절각(折脚) 명 -하다 자 다리가 부러짐.
절각(截脚) 명 -하다 자 다리를 자름.
절간(–間)[–깐] 명 '절[1]'을 속되게 이르는 말.
절감(切感) 명 -하다 타 절실히 느낌, 또는 통절히 깨달아 느낌. ¶환경 보호의 중요성을 –하다.
절감(節減) 명 -하다 타 아껴서 줄임. ¶경비를 –하다.
절개(切開) 명 -하다 타 치료를 위해 칼이나 가위 따위로 몸의 일부를 갈라서 엶. ¶– 수술/환부(患部)를 –하다.
절개(節槪) 명 지조나 신의를 굳게 지키어 나가는 품성. ¶–를 지키다./–를 굽히지 않다.
절거덕 부 엇걸리게 만든 두 쇠붙이가 거볍게 엇갈리거나 풀릴 때 나는 소리를 나타내는 말. ¶철문을 – 열다. ☞잘가닥. 절꺼덕. 쩔거덕. 철거덕
절거덕-거리다(대다) 자타 자꾸 절거덕 소리가 나다, 또는 그런 소리를 내다. ☞잘가닥거리다. 절꺼덕거리다. 쩔거덕거리다. 철거덕거리다
절거덕-절거덕 부 절거덕거리는 소리를 나타내는 말. ☞잘가닥잘가닥. 쩔거덕쩔거덕
절거덩 부 쇠붙이 따위가 다른 단단한 물체와 거볍게 부딪칠 때 울리어 나는 소리를 나타내는 말. ☞잘가당. 절꺼덩. 쩔거덩. 철거덩
절거덩-거리다(대다) 자타 자꾸 절거덩 소리가 나다, 또는 그런 소리를 내다. ☞잘가당거리다. 절꺼덩거리다
절거덩-절거덩 부 절거덩거리는 소리를 나타내는 말. ☞잘가당잘가당. 절꺼덩절꺼덩
절걱 부 엇걸리게 만든 두 쇠붙이의 고리가 거볍게 잠기거나 열리면서 나는 소리를 나타내는 말. ☞잘각. 절꺽
절걱-거리다(대다) 자타 자꾸 절걱 소리가 나다, 또는 그런 소리를 내다. ☞잘각거리다. 절꺽거리다
절걱-절걱 부 절걱거리는 소리를 나타내는 말. ☞잘각잘각. 절꺽절꺽
절검(節儉) 명 -하다 타 절약하여 검소하게 함.
절경(絕景) 명 비길 데 없이 아름다운 경치. ¶금강산의 –. ☞가경(佳景). 승경(勝景)
절경(絕境) 명 ①중앙에서 멀리 떨어져 있는 지역. 절역

(絶域) ②학문·기술 등의 절묘한 경지.
절계(節季)명 ①계절의 끝. ②'섣달'을 달리 이르는 말. ☞해초월(海初月)
절고(節鼓)명 국악기 혁부(革部) 타악기의 한 가지. 붉은 칠을 한 궤 위에 북을 올려 놓고 고정시킨 것으로, 종묘 제례악과 문묘 제례악에 쓰임. ▷節의 속자는 節
절곡(絶穀)명-하다자 단식(斷食)
절골(折骨)명-하다자 뼈가 부러짐. 골절(骨折)
절골지통(折骨之痛)명 뼈가 부러지는 아픔이라는 뜻으로, 매우 견디기 어려운 고통을 이르는 말.
절-괘(節卦)명 육십사괘(六十四卦)의 하나. 감괘(坎卦) 아래 태괘(兌卦)가 놓인 괘로 물 가운데 못이 있음을 상징함. 준절(節)[2] ☞중부괘(中孚卦)
절교(絶交)명-하다자 교제를 끊음. 단교(斷交). 조면(阻面)
절교(絶巧)어기 '절교(絶巧)하다'의 어기(語基).
절교-하다(絶巧-)형여 더할 수 없이 공교하다. ¶절교한 솜씨.
절구명 곡식을 찧거나 빻는 데 쓰는 기구. 통나무나 돌 따위를 우묵하게 파서 만듦. 도구(搗臼)
절구(絶句)명 기(起)·승(承)·전(轉)·결(結)의 네 구(句)로 이루어지는 한시(漢詩)의 한 체(體). 한 구가 다섯 자인 것을 오언(五言) 절구, 일곱 자인 것을 칠언(七言) 절구라 함. ☞율시(律詩)
절구-구(-臼)명 한자 부수(部首)의 한 가지. '與'·'舅' 등에서 '臼'의 이름.
×**절구다**타 →절이다
절구-질명-하다자 곡식을 절구에 넣고 찧거나 빻는 일.
절구-통명 절구를 절굿공이에 상대하여 이르는 말.
절국대명 현삼과의 반기생(半寄生) 한해살이풀. 줄기 높이는 60cm 안팎이고 7~8월에 이삭 모양의 노란 꽃이 핌. 산이나 들의 양지바른 곳에 절로 자람. 한방에서 산후 복통이나 종기 등에 약재로 쓰임. 우리 나라와 일본, 중국 등지에 분포함. 귀유마(鬼油麻)
절굿-공이명 절구에 곡식을 넣고 찧거나 빻는 데 쓰는, 나무나 쇠 따위로 만든 공이. 용저(舂杵)
절굿대명 국화과의 여러해살이풀. 줄기 높이는 1m 안팎이고 전체에 흰 털이 촘촘히 나 있음. 7~8월에 보라색 꽃이 핌. 산이나 들의 양지바른 곳에 절로 자람. 뿌리는 한방에서 근육통·종기 등에 약재로 쓰임. 개수리취
×**절귀**(絶句)명 →절구(絶句)
절규(絶叫)명-하다자타 있는 힘을 다하여 큰 소리로 부르짖음, 또는 그러한 소리. ¶살려 달라고 -하다.
절그럭부 얇고 둥근 쇠붙이가 단단한 물체에 거볍게 부딪칠 때 나는 소리를 나타내는 말. ☞잘그락. 쩔그럭
절그럭-거리다(대다)자타 자꾸 절그럭 소리가 나다, 또는 그런 소리를 내다. ☞잘그락거리다. 쩔그럭거리다
절그럭-절그럭부 절그럭거리는 소리를 나타내는 말. ☞잘그락잘그락. 쩔그럭쩔그럭
절그렁부 얇고 둥근 쇠붙이가 조금 단단한 물체에 거볍게 부딪칠 때 울리어 나는 소리를 나타내는 말. ☞잘그랑. 쩔그렁
절그렁-거리다(대다)자타 자꾸 절그렁 소리가 나다, 또는 그런 소리를 내다. ☞잘그랑거리다. 쩔그렁거리다
절그렁-절그렁부 절그렁거리는 소리를 나타내는 말. ☞잘그랑잘그랑. 쩔그렁쩔그렁
절근(切近)어기 '절근(切近)하다'의 어기(語基).
절근-하다(切近-)형여 아주 가깝다.
절금(切禁)명-하다타 엄금(嚴禁)
절급(切急)어기 '절급(切急)하다'의 어기(語基).
절급-하다(切急-)형여 몹시 급하다.
절기(絶忌)명-하다타 몹시 꺼림.
절기(絶技)명 아주 뛰어난 기예(技藝).
절기(絶奇)어기 '절기(絶奇)하다'의 어기(語基).
절기(節氣)명 ①이십사 절기. 절후(節候) ②이십사 절기 중에서 양력으로 매월 상순에 드는 입춘(立春)·경칩(驚蟄)·청명(淸明)·입하(立夏)·망종(芒種)·소서(小暑)·입추(立秋)·백로(白露)·한로(寒露)·입동(立冬)·대설(大雪)·소한(小寒)을 이름. ☞중기(中氣)

한자 절기 후(候) 〔人部 8획〕 ¶기후(氣候)/후조(候鳥)

절기-하다(絶奇-)형여 매우 기묘하거나 신기하다.
절긴(切緊)어기 '절긴(切緊)하다'의 어기(語基).
절긴-하다(切緊-)형여 아주 절실하다. 긴절하다
절꺼덕부 엇걸리게 만든 두 쇠붙이가 엇걸리거나 풀릴 때 나는 소리를 나타내는 말. ☞잘까닥. 쩔꺼덕
절꺼덕-거리다(대다)자타 자꾸 절꺼덕 소리가 나다, 또는 그런 소리를 내다. ☞잘까닥거리다. 쩔꺼덕거리다
절꺼덕-절꺼덕부 절꺼덕거리는 소리를 나타내는 말. ☞잘까닥잘까닥. 쩔꺼덕쩔꺼덕
절꺼덩부 쇠붙이 따위가 다른 단단한 물체와 세게 부딪칠 때 울리어 나는 소리를 나타내는 말. ☞잘까당. 절거덩. 쩔꺼덩. 철꺼덩
절꺼덩-거리다(대다)자타 자꾸 절꺼덩 소리가 나다, 또는 그런 소리를 내다. ☞잘까당거리다. 절거덩거리다. 쩔꺼덩거리다. 철꺼덩거리다
절꺼덩-절꺼덩부 절꺼덩거리는 소리를 나타내는 말. ☞잘까당잘까당. 절거덩절거덩. 쩔꺼덩쩔꺼덩
절꺽부 엇걸리게 만든 두 쇠붙이의 고리가 잠기거나 열리면서 여물게 나는 소리를 나타내는 말. ☞잘깍. 절걱. 쩔꺽. 철꺽
절꺽-거리다(대다)자타 자꾸 절꺽 소리가 나다, 또는 그런 소리를 내다. ☞잘깍거리다. 절걱거리다. 쩔꺽거리다. 철꺽거리다
절꺽-절꺽부 절꺽거리는 소리를 나타내는 말. ☞잘깍잘깍. 절걱절걱. 쩔꺽쩔꺽. 철꺽철꺽
절념(絶念)명-하다타 단념(斷念)
절:다[1](절고·저니)자 ①푸성귀나 생선 따위에 소금기가 배어들어 숨이 죽다. ¶배추가 살짝 -. ②냄새·땀·기름 따위가 흠뻑 배어들다. ¶담배 냄새에 절어 있는 방./온몸이 땀에 -./기름에 전 작업복.
절:다[2](절고·저니)자타 한쪽 다리가 짧거나 아프거나 하여 우뚱거리며 걷다. ¶다리를 -.
절단(切斷·截斷)[-딴]명-하다타 자름. 단절(斷切) ¶원목을 여러 도막으로 -하다.
절단(絶斷)[-딴]명-하다타 단절(斷絶)
절단-기(切斷機)[-딴-]명 물체를 절단하는 기계.
절단-면(切斷面)[-딴-]명 물체의 잘린 면. 단면(斷面)
절담(絶談)[-땀]명 썩 잘된 말.
절당(切當)[-땅]어기 '절당(切當)하다'의 어기(語基).
절당-하다(切當-)형여 사리에 꼭 들어맞다.
절대(絶代)[-때]명 ①아득히 먼 옛 세대. ②당대에 견줄 만 한 것이 없을 만큼 썩 빼어남. ¶-의 명필. ☞절세
절대(絶對)[1][-때]명 '절대자(絶對者)'의 준말.
절대(絶對)[2][-때]부 무슨 일이 있더라도. 절대로 ¶-지켜야 할 규칙./- 안 돼.
절대(絶對)[3][-때]앞말 ①맞서거나 견줄만 한 것이 없음을 뜻하는 말. ¶- 진리 ②무엇에도 얽매이거나 하지 않고 그 자체로서 존재함을 뜻하는 말. ¶- 권력
절대(絶大)[-때]어기 '절대(絶大)하다'의 어기(語基).
절대=가격(絶對價格)[-때-]명 물건의 교환 가치를 화폐 단위로 나타낸 값. ☞상대 가격(相對價格)
절대-값(絶對-)[-때깞]명 실수(實數)에서, 양(陽) 또는 음(陰)의 부호를 떼어 버린 값. a의 절대값은 |a|로 나타냄.
절대=개:념(絶對槪念)[-때-]명 그 자체만으로 뜻이 분명하고 독립적인 개념. 바다·코끼리·책상 따위. ☞상대 개념(相對槪念)
절대=군주제(絶對君主制)[-때-]명 군주가 국가 통치의 모든 권력을 장악하고 전제 지배를 강행하는 정치 체제. 절대 왕정(絶對王政)
절대-권(絶對權)[-때꿘]명 ①절대적인 권리 또는 권력. ¶-을 휘두르다. ②사권(私權)의 한 가지. 널리 일반인에 대하여 효력 있는 권리. 물권이나 인격권 따위. 대세권(對世權) ☞상대권(相對權)

ㅈ

절대=농지(絶對農地)[-때-] 명 농토의 감소를 막기 위하여 딴 목적으로 사용할 수 없게 한 농지.
절대=다수(絶對多數)[-때-] 명 전체 중에서 차지하는 비율이 압도적으로 많은 수.
절대=단위계(絶對單位系)[-때-] 명 길이·질량·시간의 세 기본 단위와 그것에서 유도되는 유도 단위의 계열.
절대=등:급(絶對等級)[-때-] 명 별의 밝기를 나타내는 기준이 되는 등급. 모든 별이 일정한 거리, 곧 10파섹에 있다고 가정하고, 그때의 밝기를 등급으로 나타낸 것임. ☞실시 등급(實視等級)
절대-량(絶對量)[-때-] 명 ①꼭 필요한 양. ¶-을 확보하다./구호품의 -. ②더하거나 덜거나 하지 않은, 본디의 양. ¶산출된 -.
절대-로(絶對-)[-때-] 부 무슨 일이 있더라도. 절대[2] ¶- 하지 마라.
절대-성(絶對性)[-때썽] 명 절대적인 성질.
절대=습도(絶對濕度)[-때-] 명 $1m^3$의 공기 속에 들어 있는 수증기의 양을 g 단위로 나타낸 것. ☞상대 습도
절대=압력(絶對壓力)[-때-] 명 진공 상태를 기준으로 하여 잰 압력.
절대=영도(絶對零度)[-때-] 명 절대 온도의 기준 온도. 곧 열역학에서 생각할 수 있는 최저 온도인 영하 273.16℃를 이름.
절대=오:차(絶對誤差)[-때-] 명 측정값과 참값의 차, 곧 오차의 절대값. ☞상대 오차
절대=온도(絶對溫度)[-때-] 명 영하 273.16℃를 0도로 하여 섭씨 눈금으로 나타낸 온도. 기호는 K
절대=왕정(絶對王政) 명 절대 군주제(絶對君主制)
절대=음감(絶對音感)[-때-] 명 다른 음과 비교 없이, 어떤 음만을 듣고 그 음의 높이를 분간하는 능력. ☞상대 음감(相對音感)
절대=음악(絶對音樂)[-때-] 명 순수하게 음의 예술성만을 나타내기 위하여 작곡된 음악. ☞표제 음악
절대=의:무(絶對義務)[-때-] 명 권리가 뒤따르지 않는 의무. 납세·병역의 의무 따위. ☞상대 의무(相對義務)
절대=임야(絶對林野)[-때-] 명 영구히 산지(山地)로 보호하기로 행정 관서에서 지정한 임야. 기울기가 15° 이상이고, 나무가 30% 이상 들어서 있는 임야가 이에 해당함.
절대-자(絶對者)[-때-] 명 아무 것에도 제약을 받거나 의존하지 않으면서 스스로 존재하는 유일한 존재. 준 절대(絶對)[1]
절대-적(絶對的)[-때-] 명 다른 어떤 것과도 견줄 수 없는 상태나 존재인 것. ¶-인 권한./-으로 유리한 상황. ☞상대적(相對的)
절대적=빈곤(絶對的貧困)[-때-] 명 인간이 살아가는 데 필요한 최소 한도의 물자도 부족한, 극도의 빈곤. ☞상대적 빈곤. 주관적 빈곤
× **절대절명**(絶對絶命) 성구 → 절체절명(絶體絶命)
절대-주의(絶對主義)[-때-] 명 ①철학에서, 절대자 또는 절대적인 진리나 가치 따위를 인정하는 주의를 이르는 말. ☞상대주의(相對主義) ②군주(君主)가 절대적인 권력을 잡고 국민을 지배하는 정치 형태.
절대-치(絶對値)[-때-] 명 '절대값'의 구용어.
절대=평:가(絶對評價) 명 개인의 학업 성과를 어떤 절대적인 기준, 곧 교육 목표의 달성 정도에 비추어서 평가하는 방법. ☞상대 평가(相對評價)
절대-하다(絶大-)[-때-] 형여 더할 나위 없이 크다.
절덕(節德)[-떡] 명 윤리 철학에서 이르는, 사추덕(四樞德)의 하나. 욕망과 호기심 등을 조절하고 쾌락을 절제(節制)하는 덕행. ☞지덕(智德)
절도(絶島)[-또] 명 '절해고도(絶海孤島)'의 준말.
절도(絶倒)[-또] 명-하다 자 ①기절하여 넘어짐. ②'포복절도(抱腹絶倒)'의 준말.
절도(節度)[-또] 명 정도에 알맞은 태도나 행동. ¶맨손 체조의 - 있는 몸놀림./- 있는 생활.
절도(窃盜·竊盜)[-또] 명 남의 물건을 몰래 훔치는 짓, 또는 그 사람. ¶-를 하다가 잡히다. ☞강도(強盜)
절도-범(窃盜犯)[-또-] 명 ①절도죄(窃盜罪) ②절도죄를 저지른 사람. ▷窃의 본자는 竊
절도-사(節度使)[-또-] 명 ①'병마 절도사(兵馬節度使)'의 준말. ②'수군 절도사(水軍節度使)'의 준말.
절도-죄(窃盜罪)[-또쬐] 명 남의 물건을 몰래 훔침으로써 성립되는 죄. 절도범(窃盜犯)
절두(截頭)[-뚜] 명-하다 타 머리 부분을 자름.
절등(絶等)[-뜽] 어기 '절등(絶等)하다'의 어기(語基).
절등-하다(絶等-) 형여 아주 두드러지게 뛰어나다. 절륜(絶倫)하다
절따 명 '절따말'의 준말.
절따마(-馬) 명 절따말 ☞가라마. 백다마
절따말 명 털빛이 붉은 말. 적다마(赤多馬). 절따마 준 절따 ☞가라말
절뚝-거리다(대다) 자타 다리를 절뚝절뚝 절다. ☞잘똑거리다. 쩔뚝거리다
절뚝발-이 명 절뚝거리며 걷는 사람. 건각(蹇脚). 절름발이 준 뚝발이. 절뚝이
절뚝-이 명 '절뚝발이'의 준말.
절뚝-절뚝 부 몸을 한쪽으로 기우뚱거리며 저는 모양을 나타내는 말. ☞잘똑잘똑[1]. 쩔뚝쩔뚝
절락(絶落) 명-하다 자 끊어져서 떨어짐.
절략(節略) 명-하다 타 ①절감하고 생략함. ②요점을 추려 냄.
절량(絶糧) 명 양식이 떨어짐.
절량=농가(絶糧農家) 명 양식이 떨어진 농가.
절렁 부 크고 얇은 쇠붙이나 큰 방울 따위가 흔들릴 때 울리어 나는 소리를 나타내는 말. ☞잘랑. 쩔렁. 철렁[1]
절렁-거리다(대다) 자타 자꾸 절렁 소리가 나다, 또는 그런 소리를 내다. 절렁이다 ☞잘랑거리다. 쩔렁거리다. 철렁거리다[1]
절렁-이다 자타 절렁거리다 ☞잘랑이다. 철렁이다[1]
절렁-절렁 부 절렁거리는 소리를 나타내는 말. ☞잘랑잘랑. 쩔렁쩔렁. 철렁철렁[1]
절레-절레 부 고개를 크게 젓는 모양을 나타내는 말. 준 절절[1] ☞설레설레. 잘래잘래. 쩔레쩔레
절련(絶戀) 명-하다 자 연애 관계를 끊음.
절로[1] 부 '저절로'의 준말. ¶- 고개가 숙여진다.
절로[2] 준 '저리로'의 준말. ¶- 가 봐라. ☞일로
절록(節錄) 명-하다 타 알맞게 줄여 기록함, 또는 그 기록.
절룩-거리다(대다) 자타 다리를 절룩절룩 절다. ☞잘록거리다. 쩔룩거리다
절룩-절룩 부 약간 절름절름 저는 모양을 나타내는 말. ☞잘록잘록[1]. 쩔룩쩔룩
절류(折柳) 명 지난날, 중국에서 버들가지를 꺾어 주며 다시 만나기를 기약했다는 데서, 사람을 배웅하며 이별함을 이르는 말.
절륜(絶倫) 어기 '절륜(絶倫)하다'의 어기(語基).
절륜-하다(絶倫-) 형여 아주 두드러지게 뛰어나다. 절등하다 ¶정력이 -.
절름-거리다(대다) 자타 다리를 절름절름 절다. ☞잘름거리다[1]. 쩔름거리다
절름발-이 명 절름거리며 걷는 사람. 건각(蹇脚). 절뚝발이 ☞잘름발이
절름발이-왕(-尢) 명 한자 부수(部首)의 한 가지. '尤'·'就' 등에서 '尢'의 이름.
절름-절름 부 다리를 가볍게 저는 모양을 나타내는 말. ☞잘름잘름[1]. 쩔름쩔름
절리(節理) 명 암석에 외부의 힘이 작용하여 생기는 규칙적인 금. 단층과 달리 금을 경계로 양쪽의 전이(轉移)는 일어나지 않음. 주상 절리(柱狀節理), 판상 절리(板狀節理) 따위. ☞석리(石理)·층리(層理)
절마(切磨) 명 '절차탁마(切磋琢磨)'의 준말.
절망(切望) 명-하다 타 간절히 바람.
절망(絶望) 명-하다 자 더는 바라볼 것이 없게 되어 희망을 끊어 버림, 또는 그러한 상태. ¶-에 빠지다.

절망-감 (絶望感) 명 모든 희망이 끊어진 느낌. ¶ −에 휩싸이다.

절망-적 (絶望的) 명 모든 희망이나 기대가 끊어질 만큼 좋지 않은 상태에 있는 것. ¶ 환자의 용태는 −이다. ☞ 희망적(希望的)

절맥 (切脈) 명 -하다 타 한방에서, 환자의 맥을 짚어 보아 진찰하는 일. 진맥(診脈)

절맥 (絶脈) 명 -하다 타 ①맥박이 끊어짐, 곧 죽음을 이르는 말. ②산의 혈(穴)과 맥(脈)이 끊어짐을 이름.

절-메주 명 조선 시대, 궁중에 공물로 바치려고 훈조계(燻造契)에서 만들던 메주. 봄에 검은콩으로 메주를 쑤어 집메주의 네 배 정도의 크기로 만든 다음, 억새 따위를 메주 사이사이에 깔고 단시일에 까맣게 띄웠음.

절멸 (絶滅) 명 -하다 자타 아주 없어지거나 아주 없앰. ¶ 공룡이 −하다.

절명 (絶命) 명 -하다 자 목숨이 끊어짐. 절식(絶息)

절목 (節目) 명 작게 가른 조목(條目). ☞ 항목(項目)

절묘 (絶妙) 어기 '절묘(絶妙)하다'의 어기(語基).

절묘-하다 (絶妙−) 형여 더할 수 없이 묘하다. ¶ 절묘한 투구 솜씨. /절묘한 경치.

절무 (絶無) 어기 '절무(絶無)하다'의 어기(語基).

절무-하다 (絶無−) 형여 아주 없다. 개무(皆無)하다

절문 (切問) 명 -하다 타 간절히 물음, 또는 그러한 질문.

절문 (節文) 명 예절에 관한 규정.

절물 (節物) 명 계절에 따라 나는 산물.

절미 (折米) 명 싸라기

절미 (節米) 명 -하다 자 쌀의 소비를 줄임.

절미 (絶美) 어기 '절미(絶美)하다'의 어기(語基).

절미 (絶微) 어기 '절미(絶微)하다'의 어기(語基).

절미-하다 (絶美−) 형여 더할 수 없이 아름답다.

절미-하다 (絶微−) 형여 더할 수 없이 미묘하다.

절박 (節拍) 명 -하다 자타 ①아악(雅樂)에서, 악곡의 곡절(曲節)마다 박자를 쳐서 마디를 짓는 일. ②끝을 막음.

절박 (切迫) 어기 '절박(切迫)하다'의 어기(語基).

절박-감 (切迫感) 명 절박한 느낌.

절박-하다 (切迫−) 형여 어떤 일이나 사정이 더할 수 없이 다급하다. ¶ 절박한 형편. /사정이 −.

절박-흥정 (切迫−) 명 몹시 융통성이 없는 흥정.

절반 (折半) 명 ①-하다 타 전체를 반으로 가름, 또는 전체를 둘로 가른 그 하나. 일반(一半) ¶ 사과를 −으로 쪼개다. /밥을 −이나 남기다. /이익을 −씩 나누어 가지다. ②유도에서, 판정 용어의 하나. 메치기의 효과가 한판에 가깝다고 인정되거나 누르기가 선언된 후 25초 이상 지났을 때 얻게 됨. ☞ 한판

절버덕 부 좀 얕은 물이나 진땅을 세게 치거나 밟을 때 나는 소리를 나타내는 말. ☞ 잘바닥. 철버덕

절버덕-거리다(대다) 자타 자꾸 절버덕 소리가 나다, 또는 그런 소리를 내다. ☞ 잘바닥거리다. 철버덕거리다

절버덕-절버덕 부 절버덕거리는 소리를 나타내는 말. ☞ 잘바닥잘바닥. 철버덕철버덕

절버덩 부 묵직한 물체가 얕은 물에 떨어질 때 울리어 나는 소리를 나타내는 말. ☞ 잘바당. 철버덩

절버덩-거리다(대다) 자타 자꾸 절버덩 소리가 나다, 또는 그런 소리를 내다. ☞ 잘바당거리다. 철버덩거리다

절버덩-절버덩 부 절버덩거리는 소리를 나타내는 말. ☞ 잘바당잘바당. 철버덩철버덩

절벅 부 좀 얕은 물이나 진땅을 가볍게 치거나 밟을 때 나는 소리를 나타내는 말. ☞ 잘박. 철벅

절벅-거리다(대다) 자타 자꾸 절벅 소리가 나다, 또는 그런 소리를 내다. ☞ 잘박거리다. 철벅거리다

절벅-절벅 부 절벅거리는 소리를 나타내는 말. ☞ 잘박잘박. 철벅철벅

절벙 부 묵직한 물체가 깊은 물에 떨어질 때 울리어 나는 소리를 나타내는 말. ☞ 잘방. 철벙

절벙-거리다(대다) 자타 자꾸 절벙 소리가 나다, 또는 그런 소리를 내다. ☞ 잘방거리다. 철벙거리다

절벙-절벙 부 절벙거리는 소리를 나타내는 말. ☞ 잘방잘방. 철벙철벙

절벽 (絶壁) 명 ①바위가 깎아지른듯이 솟아 있는 낭떠러지. ☞ 벼랑. 안벽(岸壁) ②아주 귀가 먹었거나 사리에 어두운 사람을 비유하여 이르는 말. ¶ 귀가 아주 −이다. /아무리 설명을 해도 −이구나.

절병 (切餠) 명 절편

절병-통 (節甁桶) 명 궁전이나 정자 등의 지붕마루 가운데에 세우는, 기와로 된 탑 모양의 장식.

절봉 (絶峰) 명 아주 험준한 산봉우리.

절부 (切膚) 명 -하다 자 살갗을 에는듯이 사무침.

절부 (節婦) 명 절개가 굳은 부인.

절분 (節分) 명 철이 갈리는 때. 곧 입춘·입하·입추·입동의 전날.

절분 (切忿) 어기 '절분(切忿)하다'의 어기(語基).

절분-하다 (切忿−) 형여 몹시 원통하고 분하다.

절사 (絶嗣) [−싸] 명 -하다 자 대를 이을 자손이 끊어짐. 절손(絶孫). 절후(絶後) ☞ 무사(無嗣)

절사 (節士) [−싸] 명 절개가 굳은 선비.

절사 (節死) [−싸] 명 -하다 자 절개를 지키어 죽음.

절사 (節祀) [−싸] 명 절기나 명절을 따라 지내는 제사.

절삭 (切削) [−싹] 명 -하다 타 쇠붙이 따위를 끊거나 깎음.

절상 (切上) [−쌍] 명 -하다 타 통화의 대외 가치를 높임. ¶ 달러의 평가(平價) −. ☞ 절하(切下)

절상 (折傷) [−쌍] 명 -하다 자 뼈가 부러져 상함.

절새 (絶塞) [−쌔] 명 멀리 떨어져 있는 국경의 요새.

절색 (絶色) [−쌕] 명 견줄 데 없이 빼어나게 아름다운 여자. 일색(一色) ¶ 천하의 −.

절서 (節序) [−써] 명 절기(節氣)의 차례.

절선 (切線) [−썬] 명 접선(接線)[1]

절선 (折線) [−썬] 명 '꺾은선'의 구용어.

절선 (節扇) [−썬] 명 지난날, 단오절을 맞아 부채 산지에서 서울로 선사하는 부채를 이르던 말. 지방 관아에서 먼저 왕실에 진상하고, 서울의 관리들에게도 선사했음.

절선=그래프 (折線graph) [−썬−] 명 '꺾은선 그래프'의 구용어.

절세 (絶世) [−쎄] 명 세상에 다시 없을 만큼 썩 빼어남. ¶ −의 미인. ☞ 절대(絶代)

절세 (節稅) [−쎄] 명 -하다 자 소득 공제나 비과세 제도 등을 활용하여 세금 부담을 줄임, 또는 그렇게 줄인 세금.

절세-가인 (絶世佳人) [−쎄−] 명 이 세상에서 비길 사람이 없을 만큼 빼어나게 아름다운 여자. 절세미인

절세-미인 (絶世美人) [−쎄−] 명 절세가인(絶世佳人)

절소 (絶所) [−쏘] 명 썩 험준한 곳.

절소 (絶笑) [−쏘] 명 -하다 자 자지러지게 웃음, 또는 그렇게 웃는 웃음.

절속 (絶俗)[1] [−쏙] 명 -하다 자 세상 일에 관계하지 않음.

절속 (絶俗)[2] [−쏙] 어기 '절속(絶俗)하다'의 어기(語基).

절속-하다 (絶俗−) [−쏙−] 형여 보통 사람보다 뛰어나다.

절손 (絶孫) [−쏜] 명 -하다 자 절사(絶嗣)

절수 (折收) [−쑤] 명 -하다 타 돈 따위를 여러 차례로 나누어서 거둠.

절수 (節水) [−쑤] 명 -하다 타 물을 아껴 씀.

절수 (絶秀) [−쑤] 어기 '절수(絶秀)하다'의 어기(語基).

절수-하다 (絶秀−) [−쑤−] 형여 썩 빼어나다.

절승 (絶勝) [−씅] 명 아주 빼어나게 아름다운 경치.

절식 (絶食) [−씩] 명 -하다 자 단식(斷食)

절식 (絶息) [−씩] 명 -하다 자 숨이 끊어짐. 절명(絶命)

절식 (節食)[1] [−씩] 명 -하다 자 건강이나 미용 또는 식량 절약 등을 위하여 음식의 양을 알맞게 줄여서 먹음. ☞ 금식(禁食). 단식(斷食)

절식 (節食)[2] [−씩] 명 절기(節氣)에 맞추어 만들어 먹는 음식을 통틀어 이르는 말. 명절이나 속절(俗節)에 그 날의 뜻을 새기기 위한 전통 음식을 이름. 설날의 떡국, 정월 대보름의 부럼과 오곡밥, 추석의 송편, 동지의 팥죽 따위가 있음. ☞ 시식(時食)

절식=요법 (絶食療法) [−씽뇨뻡] 명 단식 요법

절실 (切實) [−씰] 어기 '절실(切實)하다'의 어기(語基).

ㅈ

절실-하다(切實-)[-씰-] 형여 ①실제에 꼭 알맞다. ¶절실한 표현. ②매우 긴요하고 절박하다. ¶절실한 문제.
 절실-히 부 절실하게 ¶국가 지도력이 - 요망된다.
절심(絕心)[-씸] 명-하다 자타 폭약에 연결된 도화선이 타 들어가다가 끊어짐, 또는 도화선을 끊음.
절써덕 부 ①천천히 밀려온 큰 물결이 단단한 물체에 가볍게 부딪쳤다 물러가는 소리, 또는 그 모양을 나타내는 말. ¶파도가 - 바위에 부딪치다. ②살집이 좋은 볼기 등을 큰 손바닥으로 칠 때 나는 소리, 또는 그 모양을 나타내는 말. ③큼직하고 차진 물체를 손바닥 따위로 치거나 메어칠 때 나는 소리를 나타내는 말. ☞잘싸닥
절써덕-거리다(대다) 자타 자꾸 절써덕 소리가 나다, 또는 그런 소리를 내다. ☞잘싸닥거리다. 철써덕거리다
절써덕-절써덕 부 절써덕거리는 소리를 나타내는 말. ☞잘싸닥잘싸닥. 철써덕철써덕
절썩 부 ①큰 물결이 단단한 물체에 거볍게 부딪치는 소리, 또는 그 모양을 나타내는 말. ¶파도가 - 바위에 부딪치다. ②볼기 등을 큰 손바닥으로 슬쩍 칠 때 나는 소리, 또는 그 모양을 나타내는 말. ③큼직하고 차진 물체를 손바닥 따위로 칠 때 나는 소리를 나타내는 말. ☞잘싹. 철썩
절썩-거리다(대다) 자타 자꾸 절썩 소리가 나다, 또는 그런 소리를 내다. ☞잘싹거리다. 철썩거리다
절썩-절썩 부 절썩거리는 소리를 나타내는 말. ☞잘싹잘싹. 철썩철썩
절쑥-거리다(대다) 자타 다리를 좀 절뚝절뚝 절다. ☞잘쏙거리다. 쩔쑥거리다
절쑥-절쑥 부 좀 절뚝절뚝 저는 모양을 나타내는 말. ☞잘쏙잘쏙[1]. 쩔쑥쩔쑥
절애(絕崖) 명 단애(斷崖)
절약(節約) 명-하다 타 아끼어 씀. ¶물을 -하다.
절억(節抑) 명-하다 타 참고 억제함.
절언(切言) 명 간절한 말.
절엄(切嚴) 어기 '절엄(切嚴)하다'의 어기(語基).
절엄-하다(切嚴-) 형여 매우 엄하다. 지엄하다
절역(絕域) 명 ①멀리 떨어져 있는 지역. 절경(絕境) ☞절지(絕地) ②멀리 떨어져 있는 외국.
절연(絕緣) 명 ①인연이나 관계를 아주 끊음. ②도체(導體) 사이에 전기나 열이 통하지 못하게 함.
절연(節煙) 명-하다 자 담배를 피우는 양을 줄임.
절연(截然) 어기 '절연(截然)하다'의 어기(語基).
절연=도료(絕緣塗料) 명 코일이나 전선 등의 표면에 바르고 건조시켜, 도체를 절연하는 데 쓰는 도료.
절연-물(絕緣物) 명 절연체(絕緣體)
절연-선(絕緣線) 명 절연체로 거죽을 싸서 전류가 새어 나가지 않도록 만든 전선. 피복선(被覆線)
절연-성(絕緣性)[-썽] 명 전기가 통하지 않는 성질.
절연-유(絕緣油)[-뉴] 명 변압기·차단기·축전기·케이블 등의 전기 절연에 쓰이는 기름.
절연-장(絕緣狀)[-짱] 명 인연이나 관계를 끊겠다는 내용의 글, 또는 그러한 편지.
절연=재료(絕緣材料) 명 전기나 열의 도체 사이를 절연하는 데 쓰는 재료. 유리·고무·종이·실리콘 따위.
절연-지(絕緣紙) 명 절연체로 쓰는 종이.
절연-체(絕緣體) 명 열이나 전기가 잘 통하지 않는 물체. 부도체(不導體). 불량 도체(不良導體). 절연물(絕緣物)
절연-하다(截然-) 형여 구별이나 한계가 칼로 자른듯이 분명하다.
 절연-히 부 절연하게
절염(絕艷) 어기 '절염(絕艷)하다'의 어기(語基).
절염-하다(絕艷-) 형여 비길 데 없이 아름답다.
절영(絕影) 명-하다 자 그림자조차 끊어짐의 뜻으로, 아주 발길을 끊음을 비유하여 이르는 말.
절요(折腰) 명-하다 자 허리를 꺾어 절한다는 뜻으로, 몸을 굽혀 남을 섬김을 이르는 말.
절요(切要) 어기 '절요(切要)하다'의 어기(語基).
절요-하다(切要-) 형여 절실히 필요하다.
절욕(節慾) 명-하다 자 ①욕심을 억누름. ②색욕(色慾)을 절제함. ☞금욕(禁慾)
절용(切茸) 명 썬 녹용(鹿茸).
절용(節用) 명-하다 타 아끼어 씀. ☞남용(濫用)
절원(切願) 명-하다 타 간절히 바람.
절원(絕遠) 어기 '절원(絕遠)하다'의 어기(語基).
절원-하다(絕遠-) 형여 동떨어지게 멀다. 격원하다
절육(切肉) 명 얄팍얄팍하게 썰어서 양념하여 익힌 고기.
절음 명 말이나 소 따위 가축이 다리를 저는 병.
 절음(이) 나다 관용 가축이 다리를 저는 병에 걸리다.
절음(絕飮) 명-하다 자 술을 끊음.
절음(節飮) 명-하다 자 절주(節酒)
절음=법칙(絕音法則) 명 〈어〉발음 현상의 한 가지. 받침 있는 말에 첫소리가 모음인 말이 이어질 때, 그 받침 소리가 말음 법칙(末音法則)의 지배를 받아 대표음으로 발음되는 규칙. '옷안[옫안], 낮없다[낟업다]'와 같은 발음의 규칙. 본디의 말을 유지하기 위한 말음 현상임. ☞연음 법칙(連音法則)
절의(節義) 명 절개와 의리.
절이(絕異) 어기 '절이(絕異)하다'의 어기(語基).
-절이《접미사처럼 쓰이어》'절이거나 담근 것'의 뜻을 나타냄. ¶겉절이/소금절이
절이다 타 푸성귀나 생선 따위에 소금·식초 등이 배어들게 하여 숨을 죽이다. ¶고등어를 소금에 -./식초에 절인 오이. ☞절다[1]
절이-하다(絕異-) 형여 매우 빼어나다.
절인(絕人) 명-하다 형 남보다 훨씬 뛰어남, 또는 그런 사람.
절인지력(絕人之力) 명 남보다 훨씬 뛰어난 힘.
절인지용(絕人之勇) 명 남보다 훨씬 뛰어난 용맹.
절일(節日) 명 ①명절 또는 국경일. ②민속에서, 단오(端午)·유두(流頭) 등 한 철의 명절을 이르는 말. ③지난날, 임금의 생일을 이르던 말.
절임 명 과일이나 채소 따위를 소금·장·설탕·식초 따위에 절이는 일, 또는 그렇게 한 음식. ¶고추 -/레몬 -/오이 -
절임-법(-法)[-뻡] 명 식품 저장법의 한 가지. 식품에 소금이나 설탕, 식초 따위를 넣어 삼투압 등을 조절함으로써 부패균의 발육을 억제하는 방법임.
절장보:단(絕長補短)[-짱-] 성구 〔긴 것을 잘라 짧은 것을 기운다는 뜻으로〕 ①많은 것을 덜어서 적은 것을 채움을 비유하여 이르는 말. ②장점으로 부족한 점이나 단점을 보완함을 비유하여 이르는 말.
절재(絕才)[-째] 명 썩 뛰어난 재주, 또는 그런 재주를 가진 사람.
절적(絕跡)[-쩍] 명-하다 자 발길을 끊는다는 뜻으로, 서로 오고 가지 않음을 이르는 말. 절족(絕足)
절전(節電)[-쩐] 명-하다 자 전기를 아껴 씀.
절절[1] 부 ①'절레절레'의 준말. ②물건을 손에 들고 거볍게 흔드는 모양을 나타내는 말. ¶상추를 - 흔들어 씻다.
절절[2] 부 ①많은 양의 액체가 높은 온도로 끓는 모양을 나타내는 말. ¶가마솥의 물이 - 끓는다. ②구들이나 몸 따위가 뜨거워진 모양을 나타내는 말. ¶방이 - 끓는다./이마가 - 끓는다. ☞잘잘[1]. 쩔쩔
절절(切切) 어기 '절절(切切)하다'의 어기(語基).
절절-이(節節-) 부 말이나 글의 한 마디 한 마디마다. ¶- 애틋한 정이 담긴 사연.
절절-하다(切切-) 형여 몹시 간절하다.
 절절-히 부 절절하게 ¶- 바라다.
절점(切點)[-쩜] 명 ①요점(要點) ②접점(接點)
절접(切椄)[-쩝] 명 식물의 접붙이기의 한 방법. 접가지의 아래 부분을 쐐기 모양으로 빗깎은 다음, 대목(臺木)의 부름켜가 드러나도록 깎은 자리에 맞대어 접붙이는 법. 깎기접 ☞아접(芽椄)
절정(切釘)[-쩡] 명 대가리를 자른 쇠못.
절정(絕頂)[-쩡] 명 ①산의 맨 꼭대기. ②사물의 진행이나 발전 과정이 최고에 이른 상태. 정점(頂點) ¶인기

―의 가수. /관객의 흥분이 ―에 달하다. ☞최고조(最高潮) ③예술 작품에서, 사건의 발전이나 갈등이 최고조에 이른 단계.

절제(切除)[―쩨] 명 -하다 타 잘라 냄. ¶종양 ― 수술/위장의 일부를 ―하다.

절제(節制)[―쩨] 명 -하다 타 일정한 정도를 넘지 않도록 알맞게 조절함. ¶표현의 ―. /욕망을 ―하다.

절제-사(節制使)[―쩨―] 명 고려·조선 시대의 무관 관직. 고려 시대에는 1389년(공양왕 1)에 원수(元帥)를 개칭한 것으로 외직(外職)으로 나갈 때에는 각 주(州)와 부(府)의 장관직을 겸하게 하였음. 조선 시대에는 병마 절제사와 수군 절제사를 구별하여 정삼품으로 임명하고 각 지방의 거진(巨鎭)을 맡아 다스리게 하였음.

절제-술(切除術)[―쩨―] 명 몸의 기관(器官)이나 조직의 일부를 잘라 내는 수술.

절조(絶調)[―쪼] 명 뛰어나게 훌륭한 곡조.

절조(節操)[―쪼] 명 절의를 굳게 지키어 변하지 않음.

절족(絶足)[―쪽] 명 -하다 자 절적(絶跡)

절종(絶種)[―쫑] 명 -하다 자 어떤 생물의 대(代)가 끊기어 종자가 아주 없어짐. 유 멸종(滅種)

절주(節奏)[―쭈] 명 리듬(rhythm)

절주(節酒)[―쭈] 명 -하다 자 술을 절제하여 알맞게 마심. 절음(節飮) ☞단주(斷酒)

절주-배(節酒杯)[―쭈―] 명 계영배(戒盈杯)

절중(節中)[―쭝] 어기 '절중(節中)하다'의 어기(語基).

절중-하다(節中―)[―쭝―] 형여 일의 이치나 형편에 꼭 맞다.

절지(折枝)[―찌] 명 ①-하다 자 나뭇가지를 꺾음, 또는 그 가지. ②동양화에서, 화폭에 그린 꽃가지나 나뭇가지.

절지(絶地)[―찌] 명 멀리 떨어져 있는 땅. ☞절역(絶域)

절지-동물(節肢動物)[―찌―] 명 동물계의 한 문(門). 종(種)의 수가 가장 많은 문으로, 몸은 좌우 대칭이고 여러 개의 체절로 이루어져 있으며, 마디 있는 다리를 가짐. 대개 머리·가슴·배의 세 부분으로 나뉘며, 키틴질이나 석회질로 된 외골격으로 덮여 있음. 갑각류·곤충류 따위가 이에 딸림. 마디발동물 ☞척추동물(脊椎動物)

절직(切直)[―찍] 어기 '절직(切直)하다'의 어기(語基).

절직-하다(切直―)[―찍―] 형여 매우 정직하다.

절진(切診) 명 한방의 진찰 방법의 한 가지. 의사가 손이나 손가락으로 환자의 몸을 만져 보아서 진찰하는 방법. 맥진(脈診)과 촉진(觸診)이 있음. ☞사진(四診)

절질-상(折跌傷)[―찔쌍] 명 다리가 부러지거나 접질려서 다침, 또는 그 상처.

절차(節次) 명 어떤 일을 해 나가는 데 거쳐야 하는 차례나 단계. ¶입국 ―/―가 복잡하다. /―를 밟다.

절차-법(節次法)[―뻡] 명 실체법(實體法)의 실현 절차를 규정한 법. 민사 소송법, 형사 소송법, 호적법, 부동산 등기법 따위. 조법(助法). 형식법(形式法)

절차탁마(切磋琢磨) 성구 뼈와 상아는 칼로 다듬고 줄로 쓸며, 옥과 돌은 망치로 쪼고 사석(砂石)으로 간다는 뜻으로, 학문이나 덕을 닦음에 힘써 마지않음을 비유하여 이르는 말. 준 절마(切磨)

절찬(絶讚) 명 -하다 타 더할 수 없이 칭찬함, 또는 그런 칭찬. ¶―을 받다. /― 속에 막을 내리다.

절찬-리(絶讚裡) 명 〔주로 '절찬리에'의 꼴로 쓰이어〕 절찬을 받는 가운데. ¶―에 막을 내리다.

절창(絶唱) 명 ①더할 수 없이 잘 부르는 노래, 또는 그렇게 부르는 사람. ☞명창(名唱) ②뛰어나게 잘 지은 시문(詩文)을 비유하여 이르는 말.

절책(切責) 명 -하다 타 몹시 꾸짖음. 심책(深責)

절처봉생(絶處逢生) 성구 아주 막다른 판에 살 길이 생김을 이르는 말.

절척(切戚) 명 성(姓)과 본(本)이 같지 않은 가까운 친척.

절척(折尺) 명 접자

절척(絶尺) 명 -하다 타 피륙을 몇 자씩으로 끊음.

절청(竊聽) 명 -하다 타 몰래 엿들음.

절체절명(絶體絶命) 성구 피할 길이 없이 된 상태나 절박한 처지를 이르는 말. ¶―의 곤경에 빠지다.

절초(切草) 명 '살담배'를 달리 이르는 말.

절초(折草) 명 -하다 자타 거름이나 땔감으로 쓰려고 풀이나 잎나무를 벰.

절축(截軸) 명 원뿔의 초점을 통과하는 축.

절충(折衷) 명 -하다 타 서로 다른 생각이나 주장 따위의 어느 한쪽에 치우치지 아니하고 양쪽의 좋은 점을 골라 뽑아 알맞게 조화시킴. ¶양쪽의 주장을 ―하다.

절충(折衝) 명 -하다 자타 〔쳐들어오는 적의 창 끝을 꺾는다는 뜻으로〕 이해(利害)가 서로 다른 상대편과 문제를 해결하려고 흥정함, 또는 그 흥정. ¶외교적 ―을 거듭하다.

절충-설(折衷說) 명 둘 이상의 서로 대립되는 학설을 취사(取捨)하여 절충한 학설.

절충-장군(折衝將軍) 명 조선 시대, 정삼품 당상관 무관에게 내린 품계의 하나. 스물두 등급 중 첫째 등급임. ☞어모장군(禦侮將軍)

절충-주의(折衷主義) 명 서로 다른 철학이나 사상 체계 가운데서 진리라고 생각되는 것을 결합하여 새로운 체계를 만들어 내려는 주의.

절취(竊取) 명 -하다 타 훔치어 가짐. 투취(偸取)

절-치 명 거칠게 삼은 미투리.

절치(切齒) 명 -하다 자 분하여 이를 갊.

절치부심(切齒腐心) 성구 몹시 분하여 이를 갈며 속을 썩임을 이르는 말.

절친(切親) 어기 '절친(切親)하다'의 어기(語基).

절친-하다(切親―) 형여 아주 친하다. ¶절친한 사이.
 절친-히 부 절친하게

절커덕 부 엇걸리게 만든 두 쇠붙이가 엇걸리거나 풀릴 때 거칠게 나는 소리를 나타내는 말. ☞잘카닥. 절거덕. 쩔커덕. 철커덕

절커덕-거리다(대다) 자타 자꾸 절커덕 소리가 나다, 또는 그런 소리를 내다. ☞잘카닥거리다[1]. 절거덕거리다. 쩔커덕거리다. 철커덕거리다

절커덕-절커덕 부 절커덕거리는 소리를 나타내는 말. ☞잘카닥잘카닥[1]. 절거덕절거덕. 쩔커덕쩔커덕

절커덩 부 쇠붙이 따위가 다른 단단한 물체와 부딪칠 때 울리어 나는 소리를 나타내는 말. ☞잘카당. 절거덩. 쩔커덩. 철커덩

절커덩-거리다(대다) 자타 자꾸 절커덩 소리가 나다, 또는 그런 소리를 내다. ☞잘카당거리다. 절거덩거리다. 쩔커덩거리다. 철커덩거리다

절커덩-절커덩 부 절커덩거리는 소리를 나타내는 말. ☞잘카당잘카당. 절거덩절거덩. 쩔커덩쩔커덩.

절컥 부 엇걸리게 만든 두 쇠붙이의 고리가 잠기거나 열리면서 거칠게 나는 소리를 나타내는 말. ☞잘칵. 절걱. 쩔컥. 철컥

절컥-거리다(대다) 자타 자꾸 절컥 소리가 나다, 또는 그런 소리를 내다. ☞잘칵거리다[1]. 절걱거리다. 쩔컥거리다. 철컥거리다

절컥-절컥 부 절컥거리는 소리를 나타내는 말. ☞잘칵잘칵[1]. 절걱절걱. 쩔컥쩔컥. 철컥철컥

절-터 명 절을 세울 터, 또는 절이 있던 터. 사기(寺基). 사지(寺址) ¶―를 고르다.

절토(切土) 명 -하다 자 평지나 경사면을 만들기 위하여 흙을 깎아 냄. 흙깎기

절통(切痛) 어기 '절통(切痛)하다'의 어기(語基).

절통-하다(切痛―) 형여 뼈에 사무치게 원통하다.
 절통-히 부 절통하게

절특(絶特) 어기 '절특(絶特)하다'의 어기(語基).

절특-하다(絶特―) 형여 아주 특별하다.

절판(絶版) 명 -하다 자타 ①출판된 책이 다 팔려서 떨어짐. ¶시집이 ―되어 다시 찍다. ②이전에 출판했던 책을 다시 발행하지 않음. ¶그 책은 ―된 지 오래다.

절퍼덕 명 ①얕은 물이나 매우 진 땅을 아주 세게 치거나 밟을 때 나는 소리를 나타내는 말. ☞절버덕. 철버덕 ②

바닥에 아무렇게나 주저앉는 모양, 또는 그 소리를 나타내는 말. ☞철퍼덕

절퍼덕-거리다(대다) 자타 자꾸 절퍼덕 소리가 나다, 또는 그런 소리를 내다. ☞절버덕거리다

절퍼덕-절퍼덕 부 절퍼덕거리는 소리를 나타내는 말.

절퍽 부 얕은 물이나 매우 진 땅을 치거나 밟을 때 나는 소리를 나타내는 말.

절퍽-거리다(대다) 자타 자꾸 절퍽 소리가 나다, 또는 그런 소리를 내다. ☞절벅. 철벅

절퍽-절퍽 부 절퍽거리는 소리를 나타내는 말.

절편 명 멥쌀가루를 시루에 찐 것을 안반에 놓고 떡메로 쳐서 가래로 만든 다음, 떡살로 찍어 썰어서 참기름을 바른 떡. 절병(切餠)

절편(截片) 명 함수의 그래프가 가로축이나 세로축과 만나는 교점의 좌표를 이르는 말.

절편-판(-板) 명 절편 무늬를 박는 나무판.

절품(切品) 명-하다 자 물건이 다 팔리어 떨어짐.

절품(絶品) 명 뛰어나게 좋은 물건. 일품(逸品)

절피 명 활시위에 오늬를 먹이도록 실을 감은 부분.

절필(絶筆) 명 ①-하다 자 붓을 놓고 다시는 글을 쓰지 않음. ②죽기 전에 마지막으로 쓴 글씨나 글.

절핍(絶乏) 명-하다 자 물건이 다 써서 없어짐. 물건이 바닥이 남. 핍절(乏絶)

절핍(切逼) 어기 '절핍(切逼)하다'의 어기(語基).

절핍-하다(切逼-) 형여 ①정한 때가 바싹 닥쳐서 다급하다. ②매우 궁핍하다.

절하(切下) 명-하다 타 통화(通貨)의 대외 가치를 낮춤. ¶엔화의 평가 -. ☞절상(切上)

절-하다(絶-)[1] 자타여 《文》①끊어지다 ¶경술년 8월 29일, 500년 사직이 이 날에 절하니…. ②목숨을 끊다. ¶인(刃)에 절하였거나, 약(藥)에 운(殞)하였거나.

절-하다(絶-)[2] 형여 《文》매우 뛰어나다.

절학(絶學) 명-하다 자 ①학문을 그만둠. ②학문이 중도에서 끊기어 후세에 전하여지지 아니함, 또는 그 학문.

절한(絶汗) 명 사람이 죽게 된 때에 이마에 나는 식은땀.

절한(節限) 명-하다 타 알맞게 제한함.

절해(絶海) 명 육지에서 아주 멀리 떨어진 바다. ☞난바다. 원양(遠洋). 원해(遠海)

절해-고도(絶海孤島) 명 육지에서 아주 멀리 떨어진 외딴섬. 준 절도(絶島)

절행(節行) 명 절의를 지키는 행실.

절험(絶險) 어기 '절험(絶險)하다'의 어기(語基).

절험-하다(絶險-) 형여 몹시 험하다.

절협(絶峽) 명 아주 깊고 험한 두메.

절호(絶戶) 명-하다 자 절가(絶家)

절호(絶好) 명-하다 형 시기나 기회 따위가 더없이 좋음. ¶-의 기회./-의 시기.

절화(折花) 명-하다 자 꽃을 가지째 꺾음, 또는 그 꽃.

절화(絶火) 명 아궁이의 불을 끊는다는 뜻으로, 몹시 가난하여 밥을 짓지 못함을 이르는 말.

절효(節孝) 명 ①절조(節操)와 효행(孝行). ②젊어서 과부가 된 여자가 재가하지 않고 시부모를 잘 모시는 일.

절효-정문(節孝旌門) 명 지난날, 충신·효자·열녀 등을 기리어 세운 정문.

절후(絶後) 명 ①죽은 뒤. 사후(死後) ②-하다 자 대를 이을 후손이 끊어짐. 절사(絶嗣) ③-하다 형 비교할만 한 것이 이후로는 다시 없음. ¶공전(空前)-의 작품.

절후(節候) 명 절기(節氣). 시후(時候)

젊:다[점따] 형 ①나이가 적고 혈기가 한창 왕성하다. ¶젊은 사람./젊은 나이. ②나이에 비하여 모습이나 태도, 행동 따위에 활기가 있다. ¶마음만은 -./젊게 살다./젊어 보이다. ☞늙다

젊디-젊다[점띠점따] 형 매우 젊다.

젊은-것 명 '젊은이'를 낮추어 이르는 말. ¶-이 말버릇이 고약하구나!

젊은-이 명 나이가 젊은 사람. ¶-다운 패기. ☞늙은이

점(占) 명 팔괘(八卦)·육효(六爻)·오행(五行) 따위의 방법을 써서 길흉화복이나 앞날의 운수를 내다보는 일. ¶-을 치다./-을 보다.

한자 점 복(卜) 〔卜部〕 ¶복술(卜術)/복일(卜日)/복점(卜占)/복채(卜債)

점:(店) 명 토기나 철기(鐵器) 따위를 만드는 곳.

점:(漸) 명 '점괘(漸卦)'의 준말.

점(點)[1] 명 ①표시로 나타내는 작은 표. ¶어려운 한자 옆에 -을 찍어 두다./로켓이 작은 -처럼 보이더니 이윽고 시야에서 사라졌다. ②문장 부호인 '온점'을 흔히 이르는 말. ¶문장 끝에는 마침의 표시로 -을 찍는다. ③수학에서, 위치의 개념을 나타내는 것으로 길이·넓이·두께는 없고 위치만 있는 것. ¶두 직선이 교차하는 -. ④소수점을 이르는 말. '3.14'를 '삼점일사'로 읽는 따위. ⑤음악에서, 음표나 쉼표의 오른쪽에 덧찍어서 그것의 절반 길이를 더함을 나타내는 표. ☞점음표(點音標) ⑥살갗에 박히어 있는, 검거나 불그레한 것. ¶얼굴에 -이 많다. ⑦용언의 관형사형 다음에 쓰이어, 특별히 가리켜 이르는 부분. ¶사람이 동물과 다른 -을 말해 보아라./이 대목이 특히 중요한 -이지.

점(을) 찍다 관용 여럿 가운데서 하나를 마음에 두다. ¶그는 내가 점찍은 남자다./이미 점을 찍어 둔 물건.

점(點)[2] 명 ①한자 부수(部首)의 한 가지. '丸'·'丹'·'主' 등에서 '丶'의 이름. ②한자 자획(字畫)의 한 가지. '犬'·'叉'·'心' 등에서 '丶'의 이름. ☞삐침

점(點)[3] 의 ①어떤 일의 성과나 성적에 대한 평가, 또는 그것을 수치로 나타낸 것. ¶국어 100 -. ②옷이나 그림 따위 물품의 가짓수를 세는 말. ¶그림 두 -을 출품하다./수재민에게 의류 오십 -을 보내다. ③지난날, 시각을 나타내던 말. ¶괘종시계가 열 -을 쳤다. ④바둑에서, 바둑판의 눈이나 바둑돌의 수(數)를 세는 말. ¶먼저 석 - 놓고 시작해라. ⑤잘라 내거나 뜯어 낸 고기의 살점을 세는 말. ¶고기 두 -을 먹고 젓가락을 놓다. ⑥아주 적은 양을 나타내는 말. ¶구름 한 - 없는 날씨./바람 한 - 불지 않는다./한 - 부끄러움 없이 살다. ⑦떨어지는 물방울 따위를 세는 말. ¶한 - 두 - 물방울이 떨어지다. ⑧국악에서, 장구의 합장단·북편·채편을 치는 횟수를 세는 말.

한자 점 점(點) 〔黑部 5획〕 ¶점묘(點描)/점선(點線)/점수(點數)/점자(點字) ▷ 속자는 点

-점(店) 《접미사처럼 쓰이어》'가게'의 뜻을 나타냄. ¶백화점(百貨店)/양복점(洋服店)/음식점(飮食店)/양화점(洋靴店)

점:가(漸加) 명-하다 자타 점점 더하여 감. ☞점감(漸減). 점증(漸增)

점:감(漸減) 명-하다 자타 점점 덜하여지거나 줄어듦. ☞점가(漸加). 점증(漸增)

점거(占居) 명-하다 타 ①어떤 곳을 차지하고 삶. ②물건 따위를 차지하여 자기 것으로 삼음. 점유(占有)

점거(占據) 명-하다 타 ①어떤 곳을 차지하여 자리를 잡음. ¶회의실을 -하여 농성하다. ②점령(占領)

점검(點檢) 명-하다 타 낱낱이 검사함, 또는 그 검사. 검점(檢點) ¶가스 -/기계를 -하다.

한자 점검할 열(閱) 〔門部 7획〕 ¶간열(簡閱)/검열(檢閱)

점결-성(粘結性)[-썽] 명 석탄이 탈 때, 석탄 입자가 녹아서 생긴 유동체가 다시 뭉쳐 덩어리가 되는 성질.

점결-탄(粘結炭) 명 점결성이 있는 석탄.

점경(點景) 명 ①풍경화에서, 사람이나 짐승 등을 그려 넣어 정취를 더하는 일. ②조경(造景)에서, 정원에 바위·석등(石燈) 따위를 곳곳에 놓아 경치를 꾸미는 일.

점계(點計) 명-하다 타 일일이 살펴서 헤아림.

점:고(漸高) 명-하다 자 점점 높아짐. ¶파도가 -하다.

점고(點考) 명-하다 타 명부(名簿)에 일일이 점을 찍어 가며 사람의 수를 셈. ☞점명(點名)

점괘(占卦)[-꽤] 명 점을 쳐서 나온 괘. 준 괘

점:-괘(漸卦)명 육십사괘(六十四卦)의 하나. 손괘(巽卦) 아래 간괘(艮卦)가 놓인 괘로 산 위에 나무가 있음을 상징함. 준점(漸) ☞귀매괘(歸妹卦). 정괘(鼎卦)
점괘-효(占卦爻)[-꽤-]명 한자 부수의 한 가지. '爼'·'爾' 등에서 '爻'의 이름.
점괴(苫塊)명 거적자리와 흙덩이 베개라는 뜻으로, 상제(喪制)가 거처하는 곳을 비유하여 이르는 말.
점:교(漸敎)명 불교에서, 쉬운 것에서 시작하여 차차 깊은 깨달음으로 나아가게 하는 가르침. ☞돈교(頓敎)
점귀-부(點鬼簿)명 죽은 사람의 이름을 적는 장부. ☞과거장(過去帳)
점균-류(粘菌類)[-뉴]명 원생생물계의 한 문(門). 세포막과 세포벽이 없는 변형체를 만드는 것으로, 운동성이 있으며 포자로 번식함. 먼지곰팡이 따위. 변형균. 변형균류 ☞편모류(鞭毛類)
점-그래프(點graph)명 통계 도표의 한 가지. 점의 개수로 양의 크고 작음을 나타냄. 점도표(點圖表)
점:근(漸近)명-하다자 점점 가까워짐. ☞접근(接近)
점:근-선(漸近線)명 한없이 계속되는 곡선에서, 동점(動點)이 곡선을 따라 원점에서 멀어질 때, 그 점에서 한 정직선(定直線)까지의 거리가 0에 가까워질 때의 정직선.
점:급(漸及)명-하다자 점점 미침.
점나도-나물(點-)명 석죽과의 두해살이풀. 밭이나 들에 흔히 자람. 줄기 높이 5~25cm이며, 잎은 마주 나는데 양끝이 좁고 잔털이 있음. 5~7월에 흰 다섯잎꽃이 피고 열매는 원통형임. 어린순은 나물로 먹을 수 있음.
점-내기(點-)명-하다자 바둑에서, 이기고 짐에 따라 한 점씩 접어주는 내기.
점다(點茶)명 말차(抹茶)를 차사발에 담고 끓인 물을 부어 차선(茶筅)으로 휘저어 거품을 일으키는 일. ☞전다(煎茶)
점-다랑어(點-)명 고등엇과의 바닷물고기. 가다랑어와 비슷하며, 몸길이는 1m 안팎임. 등 쪽에 감파란 띠가 비스듬히 그어져 있으며, 가슴지느러미 아래에 1~7개의 검은 점이 있음. 우리 나라와 일본, 타이완, 하와이 등지의 연해에 분포함.
점단(占斷)명-하다타 점을 쳐서 판단함.
점-대(占-)[-때]명 점치는 데 쓰는 대오리. 첨자(籤子)
점-대:칭(點對稱)명 두 도형 사이의 한 점을 중심으로 한 도형을 180° 회전하였을 때 다른 도형과 겹치는 상태에 있는 것. ☞면대칭(面對稱). 선대칭(線對稱)
점도(粘度)명 점성도(粘性度)
점도-계(粘度計)명 점성도를 재는 계기.
점-도:미(點-)명 '달고기'의 딴이름. 준점돔
점-도표(點圖表)명 점그래프
점-돈(占-)[-똔]명 점을 치는 도구로 쓰는 돈.
점-돔(點-)명 '점도미'의 준말.
점두(點頭)명-하다자 동의한다는 뜻이나 옳다는 뜻으로, 고개를 끄덕이는 일.
점-둥이(點-)명 ①점박이 ②몸의 여기저기에 점 모양으로 털이 나 있는 개.
점득(占得)명-하다타 차지하여 얻음.
점:등(漸騰)명-하다자 값이 점점 오름. ☞점락(漸落)
점등(點燈)명-하다자 등에 불을 켬. ☞소등(消燈)
점등-관(點燈管)명 형광등 따위의 음극을 예열하여 자동적으로 불이 켜지게 하는 방전관(放電管). 글로스타터
점:락(漸落)명-하다자 값이 점점 떨어짐. ☞점등(漸騰)
점력(粘力)명 끈끈하고 차진 힘이나 기운.
점령(占領)명-하다자타 ①일정한 자리를 혼자서 차지함. 점거(占據) ②다른 나라의 영토를 무력으로 빼앗아 자기 나라의 지배 아래 둠. ¶요충지를 -하다.
점령-군(占領軍)명 일정한 지역을 점령한 군대.
점령-지(占領地)명 점령한 지역.
점:막(店幕)명 음식을 팔고 나그네를 묵게 하는 일을 영업으로 하는 집. 유주막(酒幕)
점막(粘膜)명 소화관, 기도(氣道), 생식 기관 등의 내벽을 덮은, 부드러운 상피 조직. 표면은 점액이 분비되어 끈끈하고 미끄러움. 점액막(粘液膜)
점막-암(粘膜癌)명 점막층에 생기는 암종(癌腫).
점:멸(漸滅)명-하다자 점점 멸망하여 감.
점멸(點滅)명-하다자타 등불을 켰다 껐다 함, 또는 등불이 켜졌다 꺼졌다 함.
점멸-기(點滅器)명 광고탑 따위에 쓰는, 전등을 켰다 껐다 하는 기구.
점멸-등(點滅燈)명 자동차 따위에서 일정한 동안을 두고 켜졌다 꺼졌다 하는 등(燈). 깜박등
점명(點名)명-하다타 명부(名簿)에 일일이 점을 찍어 가며 이름을 부름. ☞점고(點考)
점모(粘毛)명 식물의 잎이나 꽃받침 따위에 있는 점액(粘液)을 분비하는 털.
점몽(占夢)명-하다자 꿈의 길흉을 점침. 유해몽(解夢)
점묘(點描)명-하다타 ①선을 쓰지 않고 점으로 그림을 그림, 또는 그 기법. ②인물이나 사물의 특징적인 점을 잡아 간결하게 묘사함.
점묘-주의(點描主義)명 신인상주의(新印象主義)
점묘-파(點描派)명 신인상파(新印象派)
점문(占文)명 점괘에 나타난 길흉화복의 내용을 적은 글.
점미(粘米·黏米)명 찹쌀
점-박이(點-)명 얼굴이나 몸에 큰 점이 있는 사람이나 짐승을 이르는 말. 점둥이
점:방(店房)[-빵]명 ①가게 ②가겟방
점벙부 묵직하고 덩이진 물체가 물 위에 가볍게 떨어질 때 나는 소리를 나타내는 말. ¶아이가 - 물에 들어가다. ☞잠방. 첨벙
점벙-거리다(대다)자 자꾸 점벙 소리를 내다. 점벙이다 ☞잠방거리다. 첨벙거리다
점벙-이다자 점벙거리다 ☞잠방이다. 첨벙이다
점벙-점벙부 점벙거리는 소리를 나타내는 말. ☞잠방잠방. 첨벙첨벙
점병(粘餠·黏餠)명 찹쌀 또는 찹쌀가루로 만든 떡을 통틀어 이르는 말. ☞전병(煎餠). 찰떡
점보(jumbo)명 ①'거대하다'의 뜻으로, 착암기를 여러 개 장치하고 터널이나 갱도를 파들어가는 대형 차. ②'점보제트기'의 준말.
점보제트기(jumbo jet機)명 초대형 제트 여객기를 흔히 이르는 말. 준점보(jumbo)
점복(占卜)[1]명 길흉을 점치는 일. 복점(卜占)
점-복(占卜)[2]명 한자 부수(部首)의 한 가지. '卞'·'占'·'卦' 등에서 '卜'의 이름.
점-불정(點佛睛)[-쩡]명 점안(點眼) ☞점정(點睛)
점-뿌림(點-)명 파종법의 한 가지. 씨앗을 일정한 간격을 두고 한 곳에 한 개 또는 여러 개씩 뿌리는 일. 점파(點播) ☞줄뿌림. 흩어뿌리기
점사(占辭)명 점괘를 풀이한 말.
점-상(占床)[-쌍]명 점치는 제구를 올려 놓는 상.
점상(點狀)명 점과 같은 모양.
점서(占書)명 점술에 관한 것들이 적혀 있는 책.
점서(占筮)명 길흉을 점치는 일. 괘서(卦筮). 복서(卜筮)
점석(苫席)명 상제(喪制)가 깔고 앉는 거적자리.
점선(點線)명 점으로써 이루어진 선. ☞실선(實線)
점성(占星)명 별의 위치나 빛깔 등을 보고 인간 생활의 길흉화복을 점치는 일.
점성(粘性)[-썽]명 ①차지고 끈끈한 성질. ☞찰기 ②유체가 흐를 때에 내부의 저항으로 마찰이 일어나는 성질.
점성-가(占星家)명 별을 보고 점을 치는 사람. 성학가
점성-술(占星術)명 별의 위치나 빛깔 등을 보고 인간 생활의 길흉화복을 점치는 술법.
점수(點水)명-하다자 물을 한 방울 한 방울 떨어뜨림.
점수(點授)명-하다타 점지
점수(點數)[-쑤]명 ①점의 수효. ②성적을 나타내는 숫자. ¶-가 오르다./높은 -를 따다. ③끗수 ④물건의 수.
점술(占術)명 점을 치는 술법.
점:시(覘視)명-하다타 엿봄. 규시(窺視)
점-시:력(點視力)명 미세한 점의 있고 없음을 가려낼 수

ㅈ

있는 눈의 능력. ☞선시력(線視力)

점:신세(漸新世)명 올리고세

점:심(*點心)명 ①낮에 끼니로 먹는 음식. 중반(中飯). 중식(中食) ¶ -을 먹다./-을 차리다. ☞아침. 저녁 ②선종(禪宗)에서, 배고플 때에 조금 먹는 음식을 이르는 말. ③무당이 갓난아이의 명(命)이 길고 그 어머니의 젖이 잘 나오도록 떡과 과일 따위를 차려 놓고 삼신(三神)에게 비는 일.

점심(을) 바치다관용 무당이 갓난아이의 명(命)이 길고 그 어머니의 젖이 잘 나오라고 떡과 과일 따위를 차려 놓고 삼신에게 빌다.

점심(을) 하다관용 ①점심 끼니를 짓다. ②점심 끼니를 먹다.

점:심-나절(*點心-)명 점심때를 앞뒤로 한 무렵. ☞아침나절. 저녁나절

점:심-때(*點心-)명 점심을 먹을 무렵. ¶ -에 만납시다. ☞아침때. 저녁때

점:심-밥(*點心-)[-빱]명 낮에 끼니로 먹는 밥. 주식(晝食) ☞아침밥. 저녁밥

점:심-참(*點心-)명 일을 하다가 점심과 저녁 사이에 잠시 쉬는 동안, 또는 그때에 먹는 음식. ¶ -에 잠시 눈을 붙이다./-으로 막걸리 한 사발과 국수를 먹었지. ☞낮참. 새참. 아침참. 중화참

점안(點眼)명-하다자 ①눈에 안약을 떨어뜨리어 넣음. ②새로 만든 불상이나 불화(佛畫)에 눈동자를 그려 넣는 일. 개안(開眼). 점불정(點佛睛)

점안-수(點眼水)명 눈에 한 방울씩 떨어뜨리게 되어 있는 약물.

점액(粘液)명 ①끈끈한 성질이 있는 액체. ②생물체 안의 점액선 등에서 분비되는 끈끈한 액체. ☞장액(漿液)

점액-막(粘液膜)명 점막(粘膜)

점액-선(粘液腺)명 생물체의 점막에서 점액을 분비하는 외분비선(外分泌腺).

점액=수종(粘液水腫)명 갑상선의 기능이 떨어짐으로 말미암아, 기력이 쇠하고 얼굴과 목·손등·다리 등이 딴딴하게 부어 오르는 질병.

점액-질(粘液質)명 히포크라테스가 가른 사람의 네 기질(氣質)의 하나. 냉정하고 감정의 동요와 변화가 적으며 활발하지 않으나, 의지가 강하고 끈기가 있음. ☞다혈질(多血質). 담즙질(膽汁質)

점약(點藥)명-하다자 눈에 약물을 넣음, 또는 그 약. ☞점안(點眼)

점-양태(點-)명 양탯과의 바닷물고기. 몸길이 25cm 안팎. 머리에 골질(骨質) 돌기와 톱니 모양의 가시가 있으며 작고 검은 점이 흩어져 있음. 몸빛은 등 쪽이 엷은 갈색이고, 배 쪽은 누른빛을 띤 백색임. 몸은 가늘고 길며, 흐릿한 검은 띠가 등 옆 쪽에 있음.

점-양토(粘壤土)명 양토에 점토가 섞인 토질.

점역(點譯)명-하다타 말이나 보통의 글자를 점자(點字)로 바꾸어 나타냄.

점:염(漸染)명-하다자 차차 물듦.

점염(點染)명-하다자 조금씩 물들거나 더럽혀짐.

점엽(點葉)명 동양화에서, 나뭇잎을 그릴 때 윤곽선을 그리지 않고 붓으로 점 또는 점 비슷하게 찍어 표현하는 화법. ☞점태(點苔)

점:오(漸悟)명-하다타 불교에서, 수행 단계를 밟으면서 점점 깊이 깨달음을 이르는 말. ☞돈오(頓悟)

점용(占用)명-하다타 차지하여 씀.

점:원(店員)명 상점에서 근무하는 사람.

점유(占有)명-하다타 ①물건 따위를 차지하여 자기의 것으로 삼음. 점거(占居) ¶국유지를 불법으로 -하다. ②민법에서, 물건에 대한 사실상의 지배를 이르는 말.

점:유(漸癒)명-하다자 병이나 상처 따위가 점점 나아짐.

점유-권(占有權)[-꿘]명 물권(物權)의 한 가지. 점유 사실을 법률 요건으로 하여 발생하는 물권.

점유=기관(占有機關)명 점유 보조자(占有補助者)

점유-물(占有物)명 점유하고 있는 물건.

점유=보:조자(占有補助者)명 점유자의 지시에 따라 그의 수족(手足)이 되어 물건을 가지고 있는 자. 점유 기관

점윤(霑潤)명-하다자 ①비나 이슬에 젖음. ②'은택(恩澤)'을 비유하여 이르는 말.

점-음표(點音標)명 민음표의 오른쪽에 점이 덧붙어 찍혀 있는 것으로, 본디 소리 길이의 1.5배의 길이를 가지는 음표. 부점음표(附點音標)

점:이(漸移)명-하다자 차츰차츰 옮아감.

점:이-성(漸移性)[-썽]명 차츰차츰 옮아가는 성질.

점:이=지대(漸移地帶)명 서로 다른 지리적 특성을 가진 두 지역 사이에서 중간적인 현상을 나타내는 지대.

점:입가경(漸入佳境)성구 자연의 경치가 갈수록 아름답게 펼쳐지거나, 어떤 일이나 이야기의 내용이 갈수록 흥미를 더해 감을 이르는 말.

점자(點子)명 지난날, 군악(軍樂)에서 쓰던 악기의 한 가지. '田' 자 모양의 정간(井間)이 있고, 자루가 달린 틀에 두께가 서로 다른 소라(小鑼) 네 개를 달아 왼손에 쥐고 오른손으로 북채를 들고 침.

점자(點字)[-짜]명 시각 장애인이 손가락으로 더듬어 읽을 수 있게 고안된 부호 글자. 크고 작은 여섯 개의 점을 일정한 방식으로 맞추어 문자나 부호를 나타냄.

점:잔명 말이나 몸가짐을 품위 있고 의젓하게 하는 태도.

점잔(을) 부리다관용 짐짓 점잖은 태도를 나타내다.

점잔(을) 빼다관용 짐짓 점잖은체 하다.

점잔(을) 피우다관용 점잖은체 하다.

점:잖다형 ①몸가짐이 가볍거나 막되지 아니하고 의젓하다. ¶점잖은 사람./점잖게 말하다. ②사물의 내용이 속되지 아니하고 품격이 있다. ¶점잖은 자리./점잖은 빛깔의 넥타이./점잖게 차려 입다. ☞잠잖다

점잖이부 점잖게

속담 **점잖은 개가 부뚜막에 오른다**: 점잖은체 하던 사람이 엉뚱한 짓을 하는 경우를 비유하여 이르는 말.

점재(點在)명-하다자 점점이 흩어져 있음. ¶섬들이 - 한 한려수도.

점-쟁이(占-)명 점치는 일을 직업으로 하는 사람. 복사(卜師). 복인(卜人). 복자(卜者). 주역 선생(周易先生)

점적(點滴)명 ①-하다타 물이나 약액을 한 방울씩 떨어뜨림. ¶안약을 -하다. ②점적 주사(點滴注射)

점적=주:사(點滴注射)명 정맥 주사의 한 가지. 혈액이나 약액을 정맥에 한 방울씩 주입하는 주사. 점적(點滴)

점적-판(點滴板)명 적판(滴板)

점전(苫前)명 〔거적자리 앞이라는 뜻으로〕 지난날, 부모의 상중(喪中)에 있는 사람에게 보내는 편지에서 그의 성명 아래에 쓰던 한문 투의 말.

점:점(漸漸)부 차차. 차츰차츰. 점차(漸次) ¶목적지가 - 가까워진다./건강이 - 회복되다.

한자 **점점 점**(漸) 〔水部 11획〕 ¶점근(漸近)/점염(漸染)/점이(漸移)/점진(漸進)/점차(漸次)

점점-이(點點-)부 ①점을 찍은듯이 여기저기 흩어져 있는 모양. ¶ - 떠 있는 고기잡이배들. ②방울방울 떨어지는 모양. ¶빗방울이 - 떨어지다.

점정(點睛)명-하다자 ①사람이나 짐승을 그리면서 맨 마지막에 눈동자를 그려 넣음. ☞점안(點眼) ②'화룡점정(畫龍點睛)'의 준말.

점조(占兆)명 점괘(占卦)에 나타난 좋고 나쁜 조짐.

점조-제(粘稠劑)명 액체에 점력(粘力)을 주기 위하여 쓰는 물질.

점:주(店主)명 가게의 주인.

점-주(點丶)명 한자 부수(部首)의 한 가지. '丹'·'丸' 등에서 '丶'의 이름.

점:증(漸增)명-하다자 점점 늘어남. ¶실직자가 -하다. ☞점가(漸加). 점감(漸減)

점:지명-하다타 신불(神佛)이 사람에게 자식을 잉태하도록 점찍어 주는 일. 점수(點授) ¶아들을 -하다.

점직-스럽다(-스럽고·-스러워)형ㅂ 좀 점직한 데가 있다. ¶점직스러워 말을 꺼내지 못하다.

점직-스레 부 점직스럽게
점직-하다 형여 마음에 좀 부끄럽거나 쑥스러운 느낌이 있다. ¶남 앞에 나서기가 -. 준 점하다
점:진(漸進) 명 -하다 자 ①차차 나아감. ☞급진(急進) ②차츰차츰 진보함.
점:진-적(漸進的) 명 차차 나아가는 것. ¶-인 개혁. ☞급진적(急進的)
점:진-주의(漸進主義) 명 차례를 밟아 차츰차츰 목적을 이루어 가려 하는 주의. ☞급진주의(急進主義)
점질(粘質) 명 끈끈하고 차진 성질, 또는 그러한 물질.
점차(苫次) 명 ①부모의 상중(喪中)에 있는 사람이 거처하는 곳. ②'점석(苫席)'의 낮춤말.
점차(點差) 명 점수의 차이.
점:차(漸次) 부 점점. 차츰차츰 ¶실력이 - 향상되다./용태가 - 나아지다.
점:차-로(漸次-) 부 '점차(漸次)'의 힘줌말.
점착(粘着) 명 -하다 자타 끈기 있게 달라붙음. ☞접착(接着)
점착-력(粘着力) 명 끈기 있게 달라붙는 힘.
점착-제(粘着劑) 명 물건을 붙이는 데 쓰는 물질. 우표나 라벨 등의 뒷면에 발라 쓰는 것으로, 다시 떼어 낼 수 있음.
점철(點綴) 명 -하다 자타 여기저기 흩어진 것들이 하나하나 엮이어 이어짐, 또는 그것들을 하나하나 엮어 이음. ¶도전과 좌절로 -된 생애.
점체(粘體) 명 고체와 액체의 중간 상태에 있는 끈끈한 물질. 꿀·물엿 따위.
점:층-법(漸層法)[-뻡] 명 수사법(修辭法)의 한 가지. 어구(語句)를 나열하여 점점 강도를 세게 하는 표현 방법. '이 몸이 죽고 죽어 일백 번 고쳐 죽어, 백골이 진토되어 넋이라도 있고 없고….'와 같은 표현법임. ☞강조법(強調法)
점-치다(占-) 타 앞날의 운수나 길흉 따위를 알아보려고 점괘를 내어 보다. ¶길흉화복을 -./앞날을 점쳐 보다.

한자 **점칠 점**(占) 〔卜部 3획〕 ¶점괘(占卦)/점문(占文)/점복(占卜)/점성(占星)/점술(占術)

점탈(占奪) 명 -하다 타 남의 것을 빼앗아 차지함. ¶남의 토지를 -하다.
점태(點苔) 명 동양화에서, 바위 등에 낀 이끼를 나타내려고 찍는 점. ☞점엽(點葉)
점토(粘土) 명 암석 등이 풍화하여 생긴, 입자가 미세한 흙. 젖으면 찰기를 띰. ¶- 공예 ☞찰흙
점토-기(粘土器) 명 점토로 만든 질그릇.
점토-암(粘土岩) 명 퇴적암의 한 가지. 점토가 쌓여 굳어진 암석.
점토-질(粘土質) 명 점토가 많이 섞인 토질.
점:퇴(漸退) 명 -하다 자 ①점점 뒤로 물러섬. ②점점 쇠퇴하여 감.
점파(點播) 명 -하다 타 점뿌림 ☞산파(散播). 조파(條播)
점:-판(店-) 명 금·은·동 따위의 광구(鑛區)를 통틀어 이르는 말.
점판-암(粘板岩) 명 퇴적암의 한 가지. 점토가 굳어져서 된 것으로, 얇게 잘 갈라지며 기와나 석반(石盤) 등을 만드는 데 쓰임.
점퍼(jumper) 명 품이 넉넉하고 활동적인 웃옷. 놀이복·운동복·작업복 등으로 이용됨.
점퍼스커:트(jumper+skirt) 명 블라우스 위에 입는, 소매 없는 웃옷과 스커트가 한데 붙은 옷.
점편(占便) 명 -하다 타 편리한 방법을 골라서 가림.
점:포(店舖·店鋪) 명 가겟집 ¶- 임대/-를 차리다.
점폭-약(點爆藥) 명 폭약을 터뜨리는 데 쓰는 약제.
점풍(占風) 명 점술과 풍수를 아울러 이르는 말.
점풍-기(占風旗) 명 바람이 부는 방향을 알려고 배의 돛대 머리에 다는 기.
점프(jump) 명 ①-하다 자 뛰어오름. ☞뜀질. 도약(跳躍) ②육상 경기나 스키 경기의 도약 종목. ③-하다 자 영화에서, 필름 편집의 잘못 따위로 일부 장면이 없어지거나 어긋나는 일.
점프볼:(jump ball) 명 농구에서, 경기 개시나 더블파울, 또는 자유투가 끝난 뒤 헬드볼(held ball)을 하거나 공의 소속이 확실하지 않을 때, 양 팀의 두 선수가 마주 서서 심판이 위로 던진 공을 점프하여 서로 빼앗는 일.
점:-하다 형여 '점직하다'의 준말.
점-하다(占-) 타여 어떤 자리나 지역을 차지하다. ¶우위를 -./유리한 고지를 -.
점호(點呼) 명 -하다 타 한 사람 한 사람 이름을 불러서 인원의 이상 유무를 알아봄. ¶각개 -/-를 받다./- 시간
점호-채(粘糊菜) 명 '진득찰'의 딴이름.
점화(點火) 명 -하다 자 ①불을 켜거나 붙임. 착화(着火) ¶성화에 -하다./장명등이 -되다. ☞소화(消火) ②내연 기관에서, 실린더 안의 연료를 폭발시키기 위한 조작.
점화-구(點火口) 명 가스등 따위의 불을 댕기는 구멍.
×**점화미소**(拈華微笑) 성구 → 염화미소(拈華微笑)
점화-약(點火藥) 명 폭파약 등의 점화에 쓰이는, 가벼운 충격이나 마찰에도 폭발하는 화약. 기폭제(起爆劑)
점화=장치(點火裝置) 명 ①총포나 폭탄 등의 폭약을 터뜨리는 장치. 발화 장치 ②내연 기관에서, 압축된 가스를 폭발시키기 위하여 전기 불꽃을 일으키는 장치.
점화-전(點火栓) 명 점화 플러그
점화=플러그(點火plug) 명 내연 기관에서, 실린더 안의 기체 연료에 전류를 흘려서 불꽃 방전을 일으키는 점화용 부분품. 발화전(發火栓). 점화전 준 플러그
점획(點畫) 명 글자의 점과 획.
점후(占候) 명 -하다 타 구름의 모양·빛·움직임 따위를 보고 길흉을 점침, 또는 그런 점.
접 명 ①마늘·배추·무·과일 따위의 백 개를 이르는 말. ¶과일을 -으로 사다. ②약간 수의 접을 이르는 말. ¶시골에서 마늘 -이나 얻어 오다.
의 채소·과일 따위의 백 개를 세는 단위. ¶오이 두 -.
접(接) 명 ①지난날, 글방 학생이나 유생(儒生)들이 모여 이룬 동아리. ②보부상의 무리. ③조선 시대, 동학(東學)의 교단(敎團) 조직 이름. 뒤에 포(包)로 바뀌었음.
접(椄) 명 -하다 타 나무의 품종 개량이나 번식을 위해 한 나무에 품종이 좋은 다른 나무의 가지나 눈을 붙이는 일. 접목(椄木) ¶-을 붙이다.
접-가지(椄-) 명 식물을 접붙일 때, 접본(椄本)에 붙이는 가지. 접수(椄穗). 접지(椄枝) ☞가지접. 접눈
접각(接角) 명 수학에서, 평면상의 두 개의 각이 꼭지점과 한 변을 공유할 때, 그 한쪽 각을 다른 쪽 각에 상대하여 이르는 말.
접강(鰈疆) 명 접역(鰈域)
접객(接客) 명 -하다 자 손을 접대함. 접빈(接賓)
접객-부(接客婦) 명 접대부(接待婦)
접객-업(接客業) 명 다방·음식점·목욕탕·미장원 따위와 같이, 일정 요금을 받고 손을 접대하는 영업.
접거(接居) 명 -하다 자 남의 집에 잠시 머물러 삶.
접견(接見) 명 -하다 타 ①신분이 높은 사람이 공식적으로 손을 맞아 만나는 일. ¶대통령이 외국 사절을 -하다. ☞인견(引見) ②구속된 피의자나 수형자(受刑者)가 변호사 등 외부 사람을 만나는 일.
접경(接境) 명 -하다 자 두 지역의 경계가 맞닿음, 또는 그 맞닿은 경계. 연경(連境). 접계(接界) ¶강을 사이에 두고 -하다.
접계(接界) 명 -하다 자 접경(接境)
접골(接骨) 명 -하다 타 어긋나거나 부러진 뼈를 이어 바로 맞춤. 정골(整骨)
접골-사(接骨師) 명 외과 수술을 하지 않고 주로 부목(副木)이나 깁스 따위의 방법으로 골절(骨折)·탈구(脫臼) 등을 치료하는 사람.
접구(接口) 명 -하다 타 ①음식을 아주 조금 먹음. ②음식을 먹는체 함. 근구(近口). 접순(接脣)
접군(接軍) 명 접솔(接率)
접근(接近) 명 -하다 자 가까이 다가가거나 다가옴. ¶-을 막다./의도적인 -./위험 수위에 -하다. ☞점근(漸近)

ㅈ

접-낫 명 낫의 한 가지. 낫 끝이 옥은 작은 낫. 옥낫

접-눈(椄-) 명 식물을 접붙일 때, 둘레의 물관부째 도려내어 접본에 붙이는 눈. 접아(椄芽) ☞눈접. 접가지

접다 타 ①너비가 있는 물건을 꺾어서 겹치게 하다, 또는 그렇게 하여 어떤 모양을 만들다. ¶신문을 ―./색종이로 비행기를 ―./편지를 접어서 봉투에 넣다. ②펴진 것을 본디 모양대로 되게 겹치다. ¶우산을 ―./잠자리가 날개를 ―. ③다루던 문제나 내세우던 의견 따위를 미루어 두다. ¶이 문제는 일단 접어 두자. ④상대편 수준에 맞추어 자기의 수준을 얼마쯤 낮추다. ¶한 수 접고 들어가다.

접대(接待) 명 -하다 타 손을 맞아 치름. ¶극진한 ―를 받다./손님을 정중히 ―하다. ☞대접(待接)

접대(接對) 명 -하다 타 찾아온 이를 맞이하여 대함.

접대(椄臺) 명 대목(臺木). 접본(椄本)

접대-부(接待婦) 명 술집 따위에서 손을 접대하는 여자. 접객부(接客婦)

접대-비(接待費) 명 손을 접대하는 데 드는 비용.

접도(椄刀) 명 식물을 접붙일 때, 대목(臺木)을 째거나 접눈을 도려내는 데 쓰는 칼.

접도(摺刀) 명 접칼

접도=구역(接道區域) 명 도로의 보호, 미관(美觀)의 보존, 위험 방지, 도로 확장용 공간 확보 등을 위하여 법으로 지정한 구역.

접동-새 명 '소쩍새'의 딴이름.

접두-사(接頭辭) 명 〈어〉단어의 머리에 덧붙는 단어 구성 요소의 하나. 홀로 쓰일 수 없음. '핫바지, 짓밟다'에서 '핫-, 짓-'과 같은 요소. ☞접미사(接尾辭)

> ▶ **접두사처럼 쓰이는 한자**(漢字)
> '접두사처럼 쓰이는 한자'라는 말뜻은 그 한자가 의존 형태소인 접두사가 아니라는 말이다. 한자는 뜻글자〔표의 문자(表意文字)〕이므로 글자마다 뜻을 지니고 있어서 고유어의 접사와는 다르다. 다만, 그 글자가 접두사 자리에 놓이어 마치 접두사 구실을 하는 것처럼 구성된 상태를 두고 이르는 말이다.
> 아래 용례의 '乾-/老-/大-/複-/重-/半-/空-/逆-' 등이 그것이다.
> ¶건-포도(乾葡萄)/노-부모(老父母)/대-규모(大規模)/복-모음(複母音)/중-노동(重勞動)/반-나체(半裸體)/공-염불(空念佛)/역-이용(逆利用)

접등(*摺燈) 명 등의 한 가지. 둥글게 구부려 붙인 대오리를 뼈대로 하여 주름을 잡고, 종이를 발라 위아래로 접었다 폈다 할 수 있게 되어 있음.

접:-때 명 며칠 전 그때. ¶―처럼 또 말도 없이 갈거야? 부 며칠 전에. ¶― 빌린 책./― 뵌 분이 맞지요?

접린(接隣) 명 -하다 자 서로 가까이 닿음, 또는 그러한 이웃.

접목(接目) 명 -하다 자 잠을 자려고 눈을 감음.

접목(椄木) 명 -하다 타 접붙이기

접문(接吻) 명 -하다 자 입맞춤

접미-사(接尾辭) 명 〈어〉단어의 끝 또는 용언의 어근에 덧붙거나, 용언의 활용 어미 자리에 대신 자리잡는 단어 구성 요소의 하나. 홀로 쓰일 수 없음. '손질, 먹히다, 달리기'에서 '-질, -히-, -기'와 같은 요소. ☞접두사(接頭辭)

접-바둑 명 바둑에서, 수(手)가 낮은 사람이 미리 화점(花點)에 두 점 이상을 놓고 두는 바둑. ☞맞바둑

접본(椄本) 명 식물을 접붙일 때 바탕으로 삼는 나무. 대목(臺木). 접대(椄臺) ☞접가지. 접수(椄穗)

접-붙이기(椄-)[-부치-] 명 -하다 타 식물의 품종을 개량하거나 번식하기 위해 식물의 가지나 눈을 잘라내어 뿌리가 있는 다른 식물에 맞붙이는 일. 가지접·눈접·순접(筍椄) 따위가 있음. 접목(椄木)

접-붙이다(椄-)[-부치-] 타 나무의 가지나 눈을 잘라서 뿌리가 있는 다른 나무의 줄기나 가지에 옮겨 붙이다.

접빈(接賓) 명 -하다 자 접객(接客)

> ▶ **접붙이기의 여러 가지**
> 접붙이기를 할 때, 붙이는 가지를 접가지 또는 접순, 접붙일 눈을 접눈이라 한다.
> 접붙이는 방법에 따라 가지접·눈접·순접으로 구별되고, 가지접에는 깎기접·쪼개접·혀접 등의 방법이 있다.

접빈-실(接賓室) 명 응접실

접사(接邪) 명 -하다 자 못된 귀신이 붙었다는 뜻으로, 시름시름 앓는 병에 걸림을 이르는 말.

접사(接寫) 명 -하다 타 피사체에 카메라 렌즈를 가까이 대고 찍음.

접사(接辭) 명 〈어〉접두사(接頭辭)와 접미사(接尾辭)를 아울러 이르는 말. 어떤 단어에 기대어 새로운 말을 파생시키기 때문에 파생 접사(派生接辭)라 이르기도 함. ☞어근(語根)

접사리 명 지난날, 모내기 등을 할 때 걸치던 비옷의 한 가지. 띠나 밀짚 따위를 엮은 것으로, 머리에 덮어쓰면 무릎까지 내려옴.

접서-법(接敍法)[-뻡] 명 수사법(修辭法)의 한 가지. 문맥을 잇는 말법을 쓰는 표현 방법. '날씨는 덥고 선풍기도 없으니, 이 여름을 어떻게 나지?'와 같은 표현 방법임. ☞단서법(單敍法)

접석(接席) 명 -하다 자 자리를 가까이 붙이어 앉음.

접선(接線)[1] 명 곡선 또는 곡면의 한 점과 닿는 직선. 절선(切線). 촉선(觸線) ☞할선(割線)

접선(接線)[2] 명 -하다 자 연락을 하여 만남. ¶―이 이루어지다.

접선(摺扇) 명 쥘부채

접소(接所) 명 조선 시대, 동학(東學) 교단(敎團) 조직의 각 지역 본부. ☞접주(接主). 포(包)

접속(接續) 명 -하다 타 ①맞대어 이음. ②전기 회로에서, 전원이나 스위치 등을 연결함. ③컴퓨터 통신 등이 연결되는 일.

접속-곡(接續曲) 명 음악에서, 여러 곡의 대표적인 부분들을 이어서 한 곡으로 엮은 곡. 메들리

접속-범(接續犯) 명 시간적 또는 공간적으로 매우 가까운 상황에서 같은 종류의 범죄를 여러 번 저지르는 일, 또는 그 범인.

접속=부:사(接續副詞) 명 〈어〉문맥(文脈)에서 앞 문장의 뜻을 받아 뒤 문장에 이어 주는 부사. '봄이 왔다. 그러나 꽃은 피지 않았다'에서 '그러나'와 같은 기능을 하는 말.

접속=수역(接續水域) 명 영해(領海)에 이어진 일정한 범위의 공해(公海)에서 연안국(沿岸國)이 관세와 재정, 출입국 관리, 보건 등에 관한 권익의 침해를 막기 위하여 통제하는 수역. 인접 수역

접속=조:사(接續助詞) 명 〈어〉조사의 한 갈래. 체언과 체언을 동등한 관계로 잇는 조사. '산과 들', '너와 나'에서 '-과·-와' 따위.

접솔(接率) 명 지난날, 과거를 보는 사람과 그에 딸린 무리를 이르던 말. 접군(接軍)

접수(接收) 명 -하다 타 ①받아서 거둠. ②권력을 내세워 국민의 소유물을 강제로 넘겨받음. ¶계엄군이 신문사를 ―하다.

접수(接受) 명 -하다 타 신청이나 신고, 의견 따위를 말로나 문서로 받음. ¶원서 ―/소비자 의견을 ―하다.

접수(椄穗) 명 접가지. 접지(椄枝) ☞접본(椄本)

접수-국(接受國) 명 국가간 외교에서 외교 사절이나 영사 등을 받아들이는 쪽의 나라.

접수-증(接受證)[-쯩] 명 접수했음을 증명하는 표.

접수-처(接受處) 명 접수 업무를 맡아보는 곳.

접순(椄筍·椄笋) 명 식물을 접붙일 때 접본(椄本)에 붙이는 새로 돋은 가지. ☞접가지

접순(接脣) 명 접구(接口)

접슬(接膝) 명 -하다 자 바싹 무릎을 맞대고 앉음.

접시 명 운두가 낮고 짝 바라진 납작한 그릇. 주로 과일이나 반찬 따위를 담는 데 쓰임.

속담 **접시 밥도 담을 탓이다** : 그릇의 크기에 상관없이 담는 사람의 마음에 따라 많이 담을 수도 있고 적게 담을 수도 있다는 뜻으로, 나쁜 조건에서도 솜씨나 마음가짐에 따라 좋은 성과를 이룰 수 있다는 말. /**접시 물에 빠져 죽지** : 처지가 매우 궁박하여 어찔 줄을 모르고 답답해 함을 이르는 말. [거미줄에 목을 맨다]

접시-꽃 명 아욱과의 두해살이풀. 줄기 높이는 2m 안팎. 잎은 손바닥 모양이며 가장자리가 다섯에서 일곱 갈래로 갈라져 있음. 6월경에 붉은빛·흰빛·자줏빛 등의 접시 모양의 크고 납작한 꽃이 잎겨드랑이에서부터 위로 올라가면서 차례로 핌. 열매는 삭과(蒴果)임. 관상용으로 심으며, 꽃·뿌리·씨는 한방에서 배변 이상이나 토혈(吐血) 등에 약재로 쓰임. 규화(葵花). 촉규(蜀葵)

접시-받침 명 두공·장여·첨차·한대·제공·화반 따위를 받치는 데 쓰는, 네모진 짧은 나무쪽. 소로(小櫨). 소루(小累) ☞대접받침

접시-저울 명 저울대의 양끝에 접시가 달린 저울. 흔히 화학 실험 등에 쓰임. 접시천칭

접시-천칭(—天秤) 명 접시저울

접신(接神) 명 -하다 자 민속에서, 신령이 사람의 몸에 내리어 지피는 일을 이르는 말. ☞부마(付魔)

접심(接心) 명 -하다 자 마음이 바깥 세계의 사물을 접하여 느낌, 또는 그 마음.

접아(椄芽) 명 접눈 ☞아접(芽椄). 접지(椄枝)

접안-경(接眼鏡) 명 접안 렌즈 ☞대물경(對物鏡)

접안=렌즈(接眼lens) 명 망원경·쌍안경·현미경 등에서, 눈을 대고 보는 쪽의 렌즈를 이르는 말. 대안 렌즈. 접안경(接眼鏡) ☞대물 렌즈

접어(接語) 명 -하다 자 말을 서로 주고받음.

접어(鰈魚) 명 '가자미'의 딴이름.

접어-들다(—들고·—드니) 자 ①어느 시기에 들어서다. ¶신학기로 —. /가을로 —. /나이가 오십 줄로 —. /이야기가 막바지로 —. ②어느 지점으로 들어서다. ¶지름길로 —. ☞잡아들다

접어-주다 타 ①자기만 못한 사람을 너그러이 생각하여 주다. ②바둑이나 장기 등에서, 수가 낮은 사람에게 조건을 유리하게 해 주다. ¶석 점 접어주고 바둑을 두다.

접역(鰈域) 명 지난날, 가자미가 많이 나는 지역이라는 뜻으로, 중국에서 우리 나라를 이르던 말. 접강(鰈疆). 접허(鰈墟)

접영(蝶泳) 명 수영법의 한 가지. 두 팔을 등뒤에서 앞으로 돌려 뻗쳐 배 아래로 물을 끌어당기는 동시에 두 다리로 물을 차며 나아감. 버터플라이 ☞배영(背泳)

접-요[—뇨] 명 짐승의 털을 두어서 만든 병풍처럼 접었다 폈다 할 수 있는 요. 먼 길을 가는 데 씀.

접-의자(摺椅子) 명 접었다 폈다 할 수 있게 만든 의자.

접이(接耳) 명 -하다 자 남의 귀에 입을 가까이 대고 소곤거림. 귀엣말을 함.

접-자 명 접었다 폈다 할 수 있게 만든 자. 절척(折尺). 접척(摺尺)

접잠(蝶簪) 명 나비잠

접장(接長) 명 ①조선 시대, 서당(書堂)에서 나이나 학력이 가장 높은 사람을 뽑아 선생을 돕도록 한 사람을 이르던 말. ②조선 시대, 보상(褓商) 조직을 대표하던 사람. ☞반수(班首)

접장(接狀) 명 -하다 자 서류를 접수함.

접적(接敵) 명 -하다 자 ①적과 맞부딪침. ②적진에 가까이 다가감.

접전(接戰) 명 -하다 자 ①서로 맞붙어 싸움. ¶—이 시작되다. ②역량이 서로 엇비슷하여 좀처럼 승패가 나지 않는 싸움. ¶팽팽한 —이 예상된다.

접점(接點) 명 ①수학에서, 곡선 또는 곡면에 직선 등이 닿는 점. ②전기 회로에서, 접촉하여 전류가 통하는 부분이나 부품. 절점(切點)

접족(接足) 명 -하다 자 디디고 들어가려고 발을 들여놓음.

접종(接種) 명 -하다 타 병을 예방·치료·진단하기 위하여 병원균이나 항체 따위를 사람이나 동물의 몸 속에 넣는 일. ¶D.P.T. —/간염 예방 —

접종(接踵) 명 -하다 자 ①발꿈치를 잇댄다는 뜻으로, 사람들이 잇달아 오고 감을 이르는 말. ②일이 잇달아 일어남. 종접(踵接)

접주(接主) 명 ①과거를 보는 유생(儒生)의 단체를 조직한 사람. ②동학(東學)의 교구(敎區) 조직인 접(接)의 책임자. ☞접소(接所). 포주(包主)

접지(接地) 명 감전(感電)을 막기 위하여 전기 기기를 도선(導線)으로 땅에 잇는 일, 또는 그 장치. 어스(earth)

접지(椄枝) 명 접가지. 접수(椄穗) ☞접순(椄筍). 접아(椄芽). 지접(枝椄)

접지(摺紙) 명 -하다 자 ①종이를 접음, 또는 그 접은 종이. ②제책(製冊)을 하기 위해 인쇄된 종이를 일정한 차례대로 접는 일.

접지-기(摺紙機) 명 접지하는 기계.

접지-선(接地線) 명 전기 기기와 땅을 잇는 도선. 어스선

접질리다 자 손이나 발의 관절에 갑자기 무리한 힘이 미치어 관절이나 힘줄, 인대 등이 상하다. ¶발목이 —. ☞겹질리다. 삐다

접착(接着) 명 -하다 자타 물건과 물건이 달라붙거나 달라붙게 함.

접착-제(接着劑) 명 금속이나 유리·가죽 따위를 붙일 때 쓰는 물질. 합성 수지나 합성 고무 제제, 갖풀 따위가 있음. ☞접착제(接着劑)

접책(摺冊) 명 ①종이를 앞뒤로 여러 겹 접어서 책처럼 꾸민 것. ②장첩(粧帖)으로 꾸민 책. ☞서첩(書帖)

접처(摺處) 명 접은 곳, 또는 접힌 곳.

접척(摺尺) 명 접자

접철(摺綴) 명 -하다 타 접어서 한데 맴.

접첩-접첩 부 여러 겹으로 접은 모양을 나타내는 말.

접첩(摺帖) 명 통으로 잇달린 것을 주름을 잡듯이 접어서 만든 서화첩(書畫帖).

접촉(接觸) 명 -하다 자 ①물체와 물체가 맞닿음. ¶— 사고/위험물에 —하다. ②사람이나 단체 등과 관련을 가지거나 만남. ¶외부와 —하다.

접촉=감:염(接觸感染) 명 환자나 보균자, 또는 병원균이 있는 의복이나 물품 등에 피부나 점막이 닿아 감염되는 일. 접촉 전염

접촉=광:물(接觸鑛物) 명 암석이 접촉 변성 작용을 받아, 본디의 암석 속에 있던 광물이 재결정되면서 생긴 새로운 광물.

접촉=렌즈(接觸lens) 명 콘택트렌즈

접촉=변:성암(接觸變成岩) 명 접촉 변성 작용으로 말미암아 성질이나 조직이 변한 암석.

접촉=변:성=작용(接觸變成作用) 명 지각의 일부를 뚫고 올라온 마그마의 열로 그 주위에 있는 암석의 성질이나 조직이 변하는 작용.

접촉=저:항(接觸抵抗) 명 두 도체(導體)의 접촉 면에 전류가 흐를 때, 그 접촉 면에 생기는 전기 저항.

접촉=전:기(接觸電氣) 명 서로 다른 종류의 금속을 접촉시켰을 때, 각각의 금속이 대전(帶電)하는 현상, 또는 그 전기.

접촉=전염(接觸傳染) 명 접촉 감염

접촉-제(接觸劑) 명 ①접촉 반응의 촉매로 쓰이는 물질. ②살충제의 한 가지. 해충의 몸에 닿으면 신경이 마비되거나 숨구멍이 막혀 해충이 죽게 됨.

접침(摺枕) 명 ①직사각형의 헝겊에 짐승의 털을 두툼하게 두고 누비어, 여러 겹으로 포개 베도록 만든 베개. ②다리를 접었다 폈다 할 수 있게 만든 목침.

접-침:상(摺寢牀) 명 접었다 폈다 할 수 있게 만든 침상.

접-칼 명 날을 자루 속에 접어 넣었다 뺐다 할 수 있게 만든 칼. 접도(摺刀)

접-톱 명 날을 자루 속에 접어 넣었다 뺐다 할 수 있게 만든 톱.

접-평면(接平面) 명 곡면상의 한 점에 그은 접선을 모두 포함하는 평면.

접피-술(接皮術) 명 상처나 흉터 부위에 피부를 이식하는

외과 수술.

접-하다(接—)자타여 ①이웃하거나 맞닿다. ¶이웃집에 접한 가옥. ②어떤 것에 대하여 알게 되다. ¶서양 문물을 —./새로운 사실을 —./브라질 작가의 작품을 —. ③대하거나 만나다. ¶외부 사람을 접할 기회가 많다. ④소식 따위를 듣게 되다. ¶사고 소식을 —. ⑤수학에서, 선 또는 면이 다른 곡선 또는 곡면과 오직 하나의 점에서 만나다.

접합(接合)명-하다자타 ①한데 맞붙음, 또는 한데 이어 맞붙임. ¶— 수술/용접으로 —하다. ②유성 생식에서, 동형(同形)인 암수의 생식 세포가 맞붙는 현상.

접합-자(接合子)명 자성(雌性) 배우자와 웅성(雄性) 배우자의 접합으로 생긴 세포.

접합-제(接合劑)명 물체와 물체를 붙이는 데 쓰는 물질을 통틀어 이르는 말. ☞점착제(粘着劑). 접착제

접허(蝶墟)명 접역(蝶域)

접형=화관(蝶形花冠)명 화관의 한 가지. 다섯 장의 꽃잎으로 이루어지고 좌우 상칭인, 나비와 비슷한 모양임. 콩과 식물에서 볼 수 있음. 나비꽃부리

접히다[1] 자 접음을 당하다. ¶꼬깃꼬깃 접힌 편지.

접히다[2] 타 접게 하다. ¶아이에게 색종이를 —.

젓 명 우리 나라 재래 발효 식품의 한 가지. 생선의 살·알·창자나 조개·새우·게 등을 소금으로 절이어 삭힌 것. 그냥 또는 양념하여 반찬으로 먹거나, 음식을 조미하는 데 씀. 곤쟁이젓·명란젓·새우젓·굴젓 따위.

젓-가락 명 나무나 쇠붙이 따위로 가늘고 길게 만들어 음식이나 그 밖의 물건을 집는 데 쓰는 한 쌍의 막대기. 저(箸) ¶—으로 나물을 집어먹다./—질이 서투르다. 준 젓갈[2]

속담 **젓가락으로 김칫국 집어먹을 놈** : 어리석고 용렬하여 어처구니없는 짓을 하는 사람을 보고 이르는 말.

> ▶ '젓가락'과 '숟가락'
> '젓가락'은 '저'와 '가락'이 결합하면서 사이시옷이 덧붙은 말이고, '숟가락'은 '밥 한 술', '술질'이라 하는 '술'과 '가락'이 결합하면서 '술'의 'ㄹ'이 'ㄷ'으로 바뀐 말이다.

ㅈ

젓가락-나물 명 미나리아재빗과의 두해살이풀. 줄기 높이는 40~80cm이고 속이 빔. 전체에 거친 털이 있고, 잎은 3장의 작은 겹잎인데 작은 잎은 다시 2~3갈래로 갈라져 있음. 여름에 노란 꽃이 취산 꽃차례로 핌. 열매는 길둥근 꼴의 수과(瘦果)임.

젓-갈[1][전—] 명 젓으로 담근 음식. ¶밥맛이 없을 때는 곰삭은 —이 입에 당긴다.

속담 **젓갈 가게에 중이라** : 자기와 아무 상관이 없는 것을 쓸데없이 보고 있음을 이르는 말.

젓-갈[2] 명 '젓가락'의 준말.

젓갈-붙이[전—부치] 명 갖가지 젓갈을 통틀어 이르는 말.

젓갖[전—] 명 매의 두 발을 각각 잡아매는 가는 가죽 끈.

젓-국[전—] 명 젓갈이 삭아서 생긴 국물. 김치를 담그거나 음식의 간을 맞출 때 쓰임.

젓국-수란(—水卵)[전—] 명 젓국을 탄 물에 쇠고기와 파를 썰어 넣고 끓이다가, 달걀을 깨뜨려 넣어 반쯤 익힌 반찬.

젓국-지[전—] 명 조기젓국을 넣고 담근 섞박지.

젓국-찌개[전—] 명 새우젓 등의 젓국으로 간을 맞추어 끓인 찌개.

젓:다[전—](젓고·저어)타ㅅ ①액체나 가루를 식히거나 섞거나 또는 눋지 않게 하려고 막대기 등으로 휘휘 두르다. ¶잣죽을 주걱으로 저어 가며 끓이다. ②이리저리 흔들거나 휘두르다. ¶팔을 휘휘 저으며 바삐 걸어가다. ③싫거나 아니라는 뜻으로 머리나 손 따위를 가로 흔들다. ¶고개를 —./손을 —. ④배를 움직이려고 노를 이리저리 두르다. ¶노를 —.

젓-대 명 ①저(笛) ②대금(大笒) ③저의 대.

젓-조기[전—] 명 젓을 담그려고 씨알이 작은 것으로 골라 놓은 조기.

정:[1] 명 돌에 구멍을 뚫거나 쪼거나 다듬는 데 쓰이는, 쇠로 된 연장.

정:[2] 부 꼭 그래야 할 만큼 정말로. ¶— 그렇게 걱정되면 직접 가 보렴./— 하기 싫으면 그만두어라.

정(丁)명 ①십간(十干)의 넷째. ②십간의 차례로 등급을 매길 때의 넷째. ③'정방(丁方)'의 준말. ④'정시(丁時)'의 준말.

> 한자 **넷째 천간 정**(丁) [一部 1획] ¶정미(丁未)/정방(丁方)/정시(丁時)/정해(丁亥)

정(井)명 ①'정수(井宿)'의 준말. ②'정괘(井卦)'의 준말.

정:(正)[1] 명 ①옳고 바른 것, 또는 옳고 바름. ☞사(邪) ②헤겔 변증법에서 이르는, 세 단계 발전의 첫 단계. 정립(定立) ☞반(反). 정반합(正反合)

정(疔)명 한방에서, 뼈마디 부위가 부르트고 속에 물이 드는 부스럼을 이르는 말. 불에 덴 것처럼 몹시 아픔. 정저(疔疽). 정종(疔腫)

정:(定)명 불교에서, 마음을 한곳에 머물게 하여 흐트러지지 않게 하는 일을 이르는 말.

정(停)명 신라 때, 서울과 지방의 중요한 곳에 두었던 군영(軍營).

정(情)명 ①무엇을 보거나 듣거나 느끼어 일어나는 마음의 움직임. 감정(感情) ¶감사의 —. ②남에게 대하여 가지는 친근한 마음. ¶—이 가다./—이 떨어지다. ③남을 염려하여 헤아리는 마음. 인정(人情) ¶연민의 —. ④남녀간의 애정, 또는 욕정(欲情). ¶—을 주고받다./—을 통하다.

정을 쏟다 관용 온 마음을 다하여 사랑하다. ¶남의 자식이지만 있는 대로 정을 쏟아 키웠다.

정을 통하다 관용 부부가 아닌 남녀가 육체 관계를 가지다. ¶정을 통한 사실이 발각되다.

정이 들다 관용 정이 생기거나 깊어지다. ¶정이 든 이웃이 이사가 버리다./정이 들자 이별이다.

정이 떨어지다 관용 싫어지다 ¶하는 양을 보고 —.

속담 **정 각각 흉 각각** : 어떤 사람에게 품은 정과 그 사람의 결점은 별개의 것이니 결점이 있다고 하여 정이 사라지지 않고 정들었다고 흉이 없어지지 않는다는 말./**정들었다고 정말 마라** : 남에게 자기의 속마음을 경솔하게 털어놓는다면 나중에 무슨 좋지 않은 일이 생길지도 모른다는 말.

> 한자 **정 정**(情) [心部 8획] ¶다정(多情)/애정(愛情)/연정(戀情)/인정(人情) ▷ 情과 情은 동자

정(旌)명 깃대 끝에 오색 깃털의 장식을 드리운 기(旗).

정(鉦)명 징[1]

정:(鼎)명 '정괘(鼎卦)'의 준말.

정(精)명 ①'정기(精氣)'의 준말. ②'정령(精靈)'의 준말. ③'정수(精髓)'의 준말. ④'정액(精液)'의 준말.

정(町)의 ①척관법의 길이 단위의 하나. 1정은 360자 또는 60칸으로 약 109m임. ②척관법의 넓이 단위의 하나. 1정은 1단(段)의 열 곱절로 300평, 약 9,917m^2임.

정(挺·梃)의 총(銃)·노(櫓)·괭이·삽·먹 따위를 세는 단위. ¶소총 두 —. ☞자루[2]

정:(正)[2] 수 수의 단위. 간(澗)의 만 곱절. 재(載)의 1만분의 1.

정(正)-접두 ①'정식', '정규', '정상'의 뜻을 나타냄. ¶정교사(正教師)/정회원(正會員)/정사원(正社員) ②'완전'의 뜻을 나타냄. ¶정반대(正反對)/정삼각형(正三角形) ③지난날, 직품(職品)에서 '윗자리'의 뜻을 나타냈음. ¶정이품(正二品) ☞역(逆)-. 반(反)-. 준(準)-. 부(副)-. 종(從)-

-정(整)접미 금액(金額) 아래 붙어 '덧붙임이 없음'의 뜻을 나타냄. ¶돈 일 만원정.

-정(亭)《접미사처럼 쓰이어》'정자(亭子)'의 뜻을 나타냄. ¶노인정(老人亭)/팔각정(八角亭)

-정(艇)《접미사처럼 쓰이어》'작은 배'의 뜻을 나타냄. ¶경비정(警備艇)/소해정(掃海艇)/어뢰정(魚雷艇)

-정(錠)《접미사처럼 쓰이어》'둥글고 납작한 알약'의 뜻을 나타냄. ¶ 당의정(糖衣錠)/비타민정
정가[1] 명 -하다 자타 남의 지난 허물이나 흠을 초들어 흉봄.
정가[2] 명 명아줏과의 한해살이풀. 줄기 높이는 1m 안팎이며, 길둥근 잎은 어긋맞게 나는데 다섯 갈래로 갈라져 있음. 8~9월에 가지 끝에 연분홍색 꽃이 이삭 모양으로 핌. 한방에서 온 포기를 약재로 씀. 형개(荊芥)
정:가(正價)[-까] 명 에누리없는 값. ¶ -로 판매하다.
정:가(定價)[-까] 명 상품의 값을 정함, 또는 정한 그 값. ¶ 상품에 - 표시를 하다.
정가(情歌) 명 남녀간의 애정을 읊은 노래.
정:-가교(正駕轎) 명 지난날, 임금이 거둥할 때에 타던 가교. ☞공가교(空駕轎)
정:-가극(正歌劇) 명 오페라세리아(opera seria)
정:가-표(定價票)[-까-] 명 물건 값을 써 붙인 표. ¶ -를 달다. ☞가격표
정:각(正角) 명 양각(陽角)
정:각(正刻) 명 틀림없는 바로 그 시각. ¶ - 6시에 떠나다./12시 -에 만나자.
정:각(正覺) 명 부처의 깨달음, 또는 참된 깨달음. 등각(等覺). 등정각(等正覺)
정:각(定刻) 명 정해진 시각. ¶ 기차가 -에 도착했다.
정각(亭閣) 명 정자(亭子)
정각(頂角) 명 '꼭지각'의 구용어.
정:-각기둥(正角-) 명 밑면이 정다각형이고, 옆면들이 서로 합동인 직사각형으로 된 각기둥. 정주체(正柱體)
정:각=도법(正角圖法)[-뻡] 명 지도 투영법의 한 가지. 지구 위의 각의 크기가 지도 위에 바르게 재현되도록 고안된 방법. 정확한 방향이 요구되는 항해도(航海圖)에 많이 이용됨. 등각 도법(等角圖法)
정:-각뿔(正角-) 명 밑면이 정다각형이고, 옆면이 모두 이등변삼각형인 각뿔.
정:-각주(正角柱) 명 '정각기둥'의 구용어.
정:-각추(正角錐) 명 '정각뿔'의 구용어.
정간(井間) 명 가로세로 평행선을 여러 개 그어 나타나는, '井(정)' 자 모양의 각각의 칸살. 사란(絲欄)
  정간(을) 치다 관용 정간을 그리다.
정:간(正間) 명 집의 중앙에 있는 칸.
정:간(正諫) 명 -하다 타 윗사람에게 바른말로 간함.
정간(停刊) 명 -하다 타 신문이나 잡지 등 정기 간행물의 간행을 감독 관청의 명령으로 한때 중지함. ¶ - 처분을 내리다.
정간(楨幹) 명 담을 쌓을 때 양쪽에 세우는 나무라는 뜻으로, 사물을 지탱하거나 사물의 기본이 되는 중요한 것.
정간보(井間譜) 명 조선 시대에 세종이 창안한 악보. '井(정)' 자 모양으로 칸을 질러 놓고, 그 정간(井間) 속에 율명(律名)을 적어 넣은 것임. 정간으로 음의 길이를, 율명의 위치로 음의 높이를 나타내었음.
정간-자(釘竿子) 명 물레의 가락.
정간-지(井間紙) 명 붓글씨를 쓸 때 간격을 고르게 하기 위하여 종이 밑에 받치는, 정간을 친 종이. 영지(影紙)
정갈-스럽다(-스럽고·-스러워) 형ㅂ 정갈한 데가 있다. ¶ 정갈스럽게 차려 낸 음식상.
  정갈-스레 부 정갈스럽게
정갈-하다 형여 아주 깨끗하고 깔끔하다. ¶ 방을 정갈하게 치우다./정갈한 옷차림.
  정갈-히 부 정갈하게
정감(情感) 명 사람의 마음에 와 닿는 따뜻한 느낌. ¶ - 어린 목소리.
정갑(精甲) 명 ①견고하고 훌륭한 갑옷. ②날쌔고 용맹한 군사. 정병(精兵)
정강(政綱) 명 정부나 정당이 내세우는 정치 강령(綱領).
정강(精鋼) 명 정련한 강철. ▷ 精과 精은 동자
정강-마루 명 정강이뼈에서, 날이 선듯이 마루가 진 곳.
정강-말 명 아무 것도 타지 않고 제 발로 걸어가는 일을 말탄 것에 비유하여 이르는 말. 적각마(赤脚馬)
  정강말(을) 타다 관용 아무 것도 타지 않고 제 발로 걷다.
정강이 명 아랫다리 앞쪽의 뼈가 있는 부분.
  속담 **정강이가 맏아들보다 낫다** : 실한 다리가 있기 때문에 여기저기 다니면서 구경도 하고 맛있는 음식도 먹을 수 있다는 뜻으로, 다리의 중요함을 비유하여 이르는 말. 〔발이 효도 자식보다 낫다/이가 자식보다 낫다〕
정강이-뼈 명 하퇴골(下腿骨)의 하나. 종아리의 안쪽에 있는 굵고 긴 뼈. 경골(脛骨) ☞넓적다리뼈
정객(政客) 명 정계(政界)에서 활동하는 사람.
정객(偵客) 명 정탐꾼
정거(停車) 명 -하다 자타 가던 차가 멈춤, 또는 가는 차를 멈추게 함. 정차(停車)
정거(停擧) 명 -하다 타 조선 시대, 유생(儒生)에게 일정 기간 과거에 응시할 자격을 정지하던 벌.
정:거(靜居) 명 -하다 자 세상일에서 떠나 한가로이 지냄.
정:거=도법(正距圖法)[-뻡] 명 지도 투영법의 한 가지. 지구 위의 모든 경선(經線) 또는 위선(緯線)에서의 길이를 지도의 축척(縮尺)대로 정확하게 줄여서 나타내는 방법. 등거리 도법(等距離圖法)
정거-장(停車場) 명 열차를 세워서 탈 사람이나 내릴 사람이 타고 내리게 하고, 짐을 싣고 부리는 일정한 곳. 역(驛) ☞정류장(停留場)
정걸(挺傑) 명 -하다 형 남달리 뛰어남, 또는 그런 사람.
정:격(正格)[-껵] 명 ①정해진 규칙이나 격식에 꼭 맞음, 또는 바른 규칙이나 격식. ☞변격(變格) ②한시의 율시(律詩)나 절구(絶句)에서, 오언(五言)에서는 첫 구의 둘째 자가 측자(仄字)로 시작되고, 칠언(七言)에서는 첫구의 둘째 자가 평자(平字)로 시작되는 것. ☞편격(偏格)
정:격(定格)[-껵] 명 발전기·변압기·전동기·진공관 따위의 전기 기기에 대하여 제조자(製造者)가 규정한 사용 조건. ¶ - 전압/- 부하(負荷)/- 출력
정격(政格)[-껵] 명 관원의 임명이나 면직에 관한 격식.
정:견(正見) 명 불교에서 이르는 팔정도(八正道)의 하나. 올바르게 진실을 보고 판단하는 일을 이름.
정:견(定見) 명 일정한 주견(主見).
정견(政見) 명 정치에 관한 견해. ¶ -을 발표하다.
정결(貞潔) 명 -하다 형 정조(貞操)가 곧고 행실이 깨끗함. ¶ 품행이 -하다./-이 몸에 밴 사람.
  정결-히 부 정결하게
정결(淨潔) 명 -하다 형 매우 맑고 깨끗함. ¶ -한 몸과 마음.
  정결-히 부 정결하게 ¶ - 씻다.
정결(精潔) 어기 '정결(精潔)하다'의 어기(語基).
정결-스럽다(精潔-)(-스럽고·-스러워) 형ㅂ 순수하고 깨끗한 느낌이 있다.
  정결-스레 부 정결스럽게
정결-하다(精潔-) 형여 맑고 깨끗하다. 건정하다 ¶ 정결한 모습의 소녀./유리창은 티끌 하나 없이 정결하였다.
  정결-히 부 정결하게
정-겹다(情-)(-겹고·-겨워) 형ㅂ 몹시 다정하다.
  정-겨이 부 정겹게
정:경(正逕) 명 올바른 길. 정도(正道)
정:경(正經) 명 ①마땅히 해야 할 바른 도리. ②바른 경서(經書)라는 뜻으로, 시경(詩經)·서경(書經)·역경(易經) 등을 이르는 말. ③크리스트교의 공식적인 경전. 흔히 신약성서와 구약성서를 이름. ☞위경(僞經)
정경(政經) 명 정치와 경제. ¶ - 분리/- 유착(癒着)
정경(情景) 명 ①사람의 마음에 무언가를 느끼게 하는 광경. ¶ 눈물겨운 -. ②정감을 불러일으키는 자연의 경치. ¶ 고향의 -.
정:경-대:원(正經大原) 명 옳고 바른 길과 큰 원칙.
정경-부인(貞敬夫人) 명 조선 시대, 외명부(外命婦) 품계의 하나. 정일품·종일품 문무관의 아내에게 내린 봉작. ☞봉보부인(奉保夫人)
정:계(正系) 명 정통(正統)
정:계(定界) 명 -하다 타 일정한 경계나 한계를 정함, 또는 그 한계나 경계.
정계(政界) 명 '정치계(政治界)'의 준말. ¶ -에 발을 들이

다./ー에서 은퇴하다.
정계(淨戒)명 부처가 정한, 청정한 계법(戒法). 오계(五戒)·십계(十戒) 따위. ▷淨의 속자는 浄
정계(淨界)명 ①깨끗한 곳이라는 뜻으로, 신불(神佛)을 모시는 곳을 이르는 말. ②정토(淨土)
정계(晶系)명 '결정계(結晶系)'의 준말.
정계(精系)명 불알에서 복벽(腹壁)으로 이어져 있는 새끼손가락만 한 크기의 줄. 편평한 원기둥 모양으로, 수정관·림프선·신경·동맥·정맥 따위가 들어 있음.
정:계-항(定繫港)명 선박을 머무르게 하는 일정한 항구.
정고(艇庫)명 보트를 넣어 두는 창고.
정:곡(正鵠)명 ①과녁의 한가운데가 되는 점. ②사물의 핵심이 되는 문제나 사항을 비유하여 이르는 말. ¶ー을 맞춘 예리한 답변.
정곡을 찌르다관용 사물의 핵심이 되는 문제나 사항을 날카롭게 집어 말하다. ¶정곡을 찌르는 말.
정곡(情曲)명 간절하고 곡진한 정. 심곡(心曲)
정:골(整骨)명-하다자 접골(接骨)
정:공(正攻)명-하다타 ①'정면 공격(正面攻擊)'의 준말. ②계략을 쓰지 않고 정정당당히 하는 공격.
정공-식물(挺空植物)명 지상 식물(地上植物)
정:과(正果)명 생강·연근·인삼·모과·밤 따위를 꿀이나 설탕물에 조리어 만든 과자. 전과(煎果)
정:과정(鄭瓜亭)명 고려 의종 때, 정서(鄭敍)가 지은 고려 가요. 유배지인 동래(東萊)에서 임금을 그리는 절절한 심정을 산 접동새에 비유하여 읊은 내용임. ☞정과정곡(鄭瓜亭曲)
정:과정곡(鄭瓜亭曲)명 '정과정'을 삼진작(三眞勺) 곡조에 얹은 노래. '악학궤범(樂學軌範)'에 실려 전함. 진작(眞勺)
정:관(正官)명 어떤 부서에서 가장 높은 지위의 관리.
정:관(定款)명 회사나 법인의 목적이나 조직, 업무 집행 등에 관한 규정, 또는 그것을 적은 문서.
정관(精管)명 수정관(輸精管)
정관(靜觀)명-하다타 ①가만히 지켜봄. ¶사태의 추이를 ー하다. ②철학에서, 사물의 본질을 마음의 눈으로 꿰뚫어 보는 일을 이르는 말.
정광(頂光)명 부처나 보살의 머리 위에서 비치는 원광(圓光). ☞후광(後光)
정광(精鑛)명 광석 속의 불순물을 제거하여 품질을 높인 광물. ☞선광(選鑛)
정-괘(井卦)명 육십사괘(六十四卦)의 하나. 감괘(坎卦) 아래 손괘(巽卦)가 놓인 괘로 나무 위에 물이 있음을 상징함. 준정(井) ☞혁괘(革卦)
정:-괘(鼎卦)명 육십사괘(六十四卦)의 하나. 이괘(離卦) 아래 손괘(巽卦)가 놓인 괘로 나무 위에 불이 있음을 상징함. 준정(鼎) ☞점괘(漸卦)
정:교(正校)명 조선 말기, 신식 군제(軍制)에 따라 누었던 하사관(下士官) 계급의 하나. 참위(參尉)의 아래, 부교(副校)의 위임.
정:교(正教)명 ①사교(邪教)가 아닌 바른 종교. ②그리스 정교회
정교(政教)명 ①정치와 종교. ¶ー 분리 ②정치와 교육.
정교(情交)명-하다자 ①친밀하게 사귐, 또는 그런 교제. ②남녀간의 친밀한 사귐, 또는 육체 관계.
정교(精巧)어기 '정교(精巧)하다'의 어기(語基).
정교-롭다(精巧-)(-로워)형ㅂ 정교한 데가 있다.
정교-로이부 정교롭게
정:-교사(正教師)명 정교사 자격증을 가지고 교사로 일하는 사람. ☞준교사(準教師)
정:교-점(正交點)[-쩜]명 승교점(昇交點)
정교-하다(精巧-)형여 솜씨나 재간 따위가 정밀하고 교묘하다. ¶정교한 작업./정교한 손놀림.
정교-히부 정교하게
정:-교:회(正教會)명 그리스 정교회
정구(庭球)명 '테니스'를 달리 이르는 말.
정구(停柩)명-하다자 행상(行喪) 때 상여가 길에 머무는 일.
정구(精究)명-하다타 파고들어 꼼꼼히 연구함.
정구-장(庭球場)명 테니스장
정:-구품(正九品)명 고려·조선 시대, 열여덟 등급으로 가른 문무관 품계의 열일곱째 등급. ☞종구품(從九品)
정국(政局)명 정치의 국면, 또는 정계의 형편. ¶ー이 혼란하다./ー을 안정시키다.
정국(庭鞫)명 지난날, 왕명에 따라 사헌부나 의금부에서 죄인을 신문하던 일.
정국(靖國)명-하다자 나라를 평안하게 다스림.
정:군(正軍)명 정병(正兵)
정:궁(正宮)명 후궁에 상대하여 임금의 정실(正室), 곧 왕비나 황후를 이르는 말.
정:권(正權)명 정당한 권리. ¶此(차)로써 자손만대에 誥(고)하야 민족 자존의 ー을 영유(永有)케 하노라.
정권(呈券)명 과거의 답안을 시관(試官)에게 내는 일.
정권(政權)[-꿘]명 한 나라의 통치 기관을 움직이는 실질적인 정치 권력. 정병(政柄) ¶ー 교체
정:궤(正軌)명 정규(正規)
정:규(正規)명 정식으로 규정된 것, 또는 정상적인 규격이나 규정에 따르는 것. 정궤(正軌) ¶ー 대학/ー 과정
정:규(定規)명 일정한 규약 또는 규칙.
정:규-군(正規軍)명 한 나라의 정부에 딸리어 정식 훈련을 받고 조직된 상비군(常備軍). ☞비정규군
정:극(正劇)명 가면극·창극·인형극·무용극 따위에 상대하여 보통의 연극을 이르는 말.
정극(靜劇)명 희곡의 한 양식. 간단한 줄거리로 동작이나 대사를 줄이고, 심리의 갈등 따위를 말 없는 상태에서 암시하려 하는 연극.
정:근(定根)명 ①불교에서 이르는 오근(五根)의 하나. 일체의 공덕을 만든다는 뜻으로, 선정(禪定)을 이름. ②배(胚)의 어린뿌리가 자라서 된 뿌리. ☞부정근
정근(精勤)명-하다자 일이나 학업에 부지런히 힘씀.
정근(情近)어기 '정근(情近)하다'의 어기(語基).
정근-하다(情近-)형여 정분이 썩 가깝다.
정글(jungle)명 열대의 밀림, 또는 그 지대.
정글짐(jungle gym)명 놀이 시설의 한 가지. 둥근 막대나 철봉 등을 가로세로 짜 맞추어서 어린아이들이 오르거나 건너면서 놀 수 있도록 만든 것.
정:금(正金)명 ①지폐에 상대하여, 금화·은화 등의 정화(正貨)를 이르는 말. ②순금(純金) ☞순은(純銀)
정:금(整襟)명-하다자 옷깃을 여미어 옷매무시를 바로 함.
정금-나무명 진달랫과의 낙엽 활엽 관목. 높이는 2~3m. 잎은 길둥글고 털이 있으며, 6~7월에 연한 적갈색의 꽃이 피고 9~10월에 동근 열매가 흑갈색으로 익는데, 먹을 수 있음. 산에서 자람.
정금미:옥(精金美玉)성구 정교하게 다듬은 금붙이와 아름다운 구슬이라는 뜻으로, 인품이나 문장이 아름답고 깨끗함을 비유하여 이르는 말. 정금양옥(精金良玉)
정금양옥(精金良玉)성구 정금미옥(精金美玉)
정:기(正氣)명 ①천지에 널리 존재한다고 여겨지는, 만물의 근원이 되는 기운. ②바른 기풍(氣風). ¶민족 ー를 되살리다. ③한방에서, 생명의 원기(元氣)란 뜻으로, 병에 대한 저항력을 이름.
정:기(定期)명 기간이나 기한이 일정하게 정하여져 있는 것, 또는 그 기간이나 기한. ¶ー 예금/ー 간행물/ー 총회 ☞부정기(不定期)
정기(旌旗)명 정(旌)과 기(旗)를 아울러 이르는 말.
정기(精記)명-하다타 자세하고 꼼꼼히 적음, 또는 그 기록.
정기(精氣)명 ①천지 만물을 생성하는 근원인, 영묘하고 거룩한 기운. ¶설악산의 ー를 받다. ②심신 활동의 근원이 되는 힘. ¶ー가 허(虛)하다. 준정(精)
정:기=간행물(定期刊行物)명 일정한 간격을 두고 연속적으로 펴내는 책·신문·잡지 등의 출판물.
정:기=거:래(定期去來)명 거래소에서, 주고받는 날짜를 정해 두고 매매 계약을 하는 거래 방법. 그 기일 안에 환매 및 전매로 매매 거래를 상쇄할 수 있음. 정기 매매
정:기=검:진(定期檢診)명 질병의 조기 발견과 그에 따른

치료를 목적으로, 정기적으로 건강 상태를 검사하는 일.

정:기=국회(定期國會)명 국회법에 따라 정기적으로 열리는 국회. 통상 의회 ☞임시 국회(臨時國會)

정:기-권(定期券)[-꿘]명 '정기 승차권'의 준말.

정:기-급(定期給)명-하다타 ①일정한 기한 안에, 또는 일정한 기한마다 하는 지급. ②어음 지급인이 일정한 기일, 또는 발행 날짜로부터 일정한 기일이 지난 뒤에 지급하는 일.

정:기=대:부(定期貸付)명 은행 따위에서 일정한 기한을 정하여 돈을 꾸어 주는 일.

정:기=매:매(定期賣買)명 정기 거래(定期去來)

정:기-물(定期物)명 정기 거래에서 매매의 목적이 되는 물건.

정:기=상환(定期償還)명 정해진 기한에 공채나 사채 따위를 상환하는 일.

정:기-선(定期船)명 일정한 항로를 정기적으로 운항하는 배. ☞부정기선(不定期船)

정:기=승차권(定期乘車券)[-꿘]명 일정한 기간에 일정한 구간을 다니는 데 쓰이는 기차나 전철 따위의 할인 승차권. 준정기권

정:기=예:금(定期預金)명 은행이나 우체국 등에 일정 금액을 일정한 기한을 정하여 그 안에는 찾지 않겠다는 약속으로 맡기는 예금.

정:기-적(定期的)명 어떤 일을 일정한 시기나 기간을 정하여 하는 것. ¶-인 모임을 갖다./-으로 행사하다.

정:기=적금(定期積金)명 은행이나 우체국 등에, 정해진 기간 동안 매월 일정 금액을 적립해 나가는 예금.

정:기=총:회(定期總會)명 정기적으로 여는 총회.

정:기-편(定期便)명 일정한 장소 사이에 정기적으로 이루어지는 연락이나 수송, 또는 그 교통 기관. ☞부정기편

정:기-풍(定期風)명 계절풍이나 해륙풍같이 일정한 시기에 방향이 바뀌는 바람.

정:기-형(定期刑)명 자유형(自由刑)의 기간을 확정하여 선고하는 형. ☞부정기형(不定期刑)

정:기-회(定期會)명 정기적으로 여는 모임. ☞임시회

정:기=휴업(定期休業)명 정기적으로 영업을 쉬는 일.

정긴(精緊)어기 '정긴(精緊)하다'의 어기(語基).

정긴-하다(精緊-)형여 정묘하고 긴요하다. 정요하다

정-나미(情-)명 사람이나 사물에 대한 애착의 정.

정나미(가) 떨어지다관용 다시 보거나 친하게 지낼 마음이 싹 없어지다.

정난(靖難)명-하다타 나라의 위기나 난리를 평정함. 정란(靖亂) ¶- 공신(功臣)

정남(丁男)명 장정(壯丁) ☞정녀(丁女)

정:남(正南)명 '정남방(正南方)'의 준말.

정남(貞男)명 동정(童貞)인 남자. 동정남(童貞男) ☞숫총각. 정녀(貞女)

정:-남방(正南方)명 똑바른 남쪽, 또는 그 방향. 준정남

정납(呈納)명-하다타 물건을 바침. 정상(呈上). 정송(呈送)

정납(停納)명-하다타 상납(上納)을 그만둠.

정낭(精囊)명 남성 생식기의 한 부분. 수정관에 이어지는, 가늘고 긴 주머니 모양의 한 쌍의 기관. 정자의 운동을 촉진하는 점액을 분비함.

정내(廷內)명 법정의 안. ☞정외(廷外)

정녀(丁女)명 한창때의 여자. ☞정남(丁男)

정녀(貞女)명 ①동정(童貞)인 여자. 동정녀(童貞女) ☞숫처녀. 정남(貞男) ②정부(貞婦)

정년(丁年)명 장정의 나이, 곧 남자 나이 20세.

정년(停年)명 관청이나 회사 등에서, 일정한 나이에 이르면 퇴직하도록 정해진 바로 그 나이. ¶- 퇴직

정년-제(停年制)명 일정한 나이에 이르면 퇴직하도록 되어 있는 제도.

정:념(正念)명 불교에서 이르는 팔정도(八正道)의 하나. 사념을 떨쳐 버리고 진리를 구하는 마음을 언제나 지니는 일.

정념(情念)명 감정의 자극을 받아 일어나는 상념(想念).

정녕(丁寧·叮嚀)부 ①정말로 틀림없이. ¶- 그 말이 사실이냐? ②그렇게 꼭. 기어이 ¶- 가려느냐?

정녕-코(丁寧-)부 '정녕'을 힘주어 이르는 말.

정농(精農)명 부지런한 농부. ☞타농(惰農)

정:-다각형(正多角形)명 변의 길이와 내각의 크기가 모두 같은 다각형.

정:-다면체(正多面體)명 모든 면이 똑같은 정다각형이고, 모든 입체각이 다 같은 다면체.

정-다시다(精-)자 어떤 일에 욕을 톡톡히 당하여 다시는 안 할 만큼 정신을 차리게 되다. ¶이제 투전에는 정다셨네.

정:단(正旦)명 정월 초하룻날 아침. 원단(元旦)

정단(呈單)명-하다자 관청에 단자(單子)를 올리는 일.

정:-단:층(正斷層)명 단층의 한 가지. 기울어진 단층면의 상반(上盤)이 하반(下盤)보다 상대적으로 아래로 내려간 상태의 단층. ☞역단층(逆斷層)

정담(政談)명-하다자 정치에 관한 이야기.

정담(情談)명 ①정답게 하는 이야기. ¶-을 나누다. ②진정에서 우러나오는 말. ③남녀간에 주고받는 사랑의 말. 정화(情話)

정:담(鼎談)명 세 사람이 앉아서 이야기를 나누는 일, 또는 이야기. ¶세 나라의 외상이 -을 하다.

정:답(正答)명 옳은 답. 맞는 답. ☞오답(誤答)

정-답다(情-)(-답고·-다워)형ㅂ ①사이가 썩 가깝고 정이 도탑다. ¶정다운 친구. ②태도나 행동 따위가 따스하고 정이 담긴듯 하다. ¶정다운 말 한마디./정다운 미소./정답게 맞아 주다.

정-다이부 정답게 ¶- 의논하다.

정:당(正堂)명 ①몸채의 대청. 안당 ②정전(正殿)

정당(政堂)명 지난날, 지방의 관아를 이르던 말.

정당(政黨)명 정치상의 이념이나 이상을 같이하는 사람들이, 정권을 잡아 그 이념이나 이상을 실현하기 위하여 모인 단체. 준당(黨)

정당(精糖)명 조당(粗糖)을 순수한 설탕으로 정제하는 일, 또는 그렇게 정제한 설탕.

정:당(正當)어기 '정당(正當)하다'의 어기(語基).

정당(停當)어기 '정당(停當)하다'의 어기(語基).

정당(精當)어기 '정당(精當)하다'의 어기(語基).

정당=내:각(政黨內閣)명 의회(議會), 특히 하원에 많은 의석을 차지한 정당 위주로 조직되는 내각. 의원 내각제를 전제로 하여 성립됨.

정:당=방어(正當防禦)명 정당 방위

정:당=방위(正當防衛)명 자기 또는 타인의 법익(法益)에 대한 현재의 급박하고 부당한 침해를 막기 위하여 어쩔 수 없이 하게 된 행위. 정당 방어

정당-원(政黨員)명 당원(黨員)

정당=정치(政黨政治)명 둘 이상의 정당 가운데서 가장 많은 의석을 가진 정당이 내각을 조직하여 이루어지는 정치. ☞의회 정치(議會政治)

정:당-하다(正當-)형여 이치에 맞고 마땅하다. ¶정당한 요구./정당한 방법으로 일을 처리하다.

정당-히부 정당하게

정당-하다(停當-)형여 일이 사리에 맞다.

정당-히부 정당하게

정당-하다(精當-)형여 정확하고 이치에 맞다.

정당-히부 정당하게

정:당=행위(正當行爲)명 위법성이 없어 죄가 되지 않는 행위. 법령에 따른 행위, 업무로 말미암은 행위, 사회 상규(常規)에 위배되지 아니하는 행위 따위.

정:당-화(正當化)명-하다자타 정당한 것으로 됨, 또는 정당한 것으로 되게 함. ¶자기 주장을 -하다.

정:대(正大)어기 '정대(正大)하다'의 어기(語基).

정:대-하다(正大-)형여 바르고 사사로움이 없다.

정덕(貞德)명 여자의 정숙한 덕.

정:도(正度)명-하다자 ①바른 법도. ②법도를 바로잡음.

정:도(正道)명 ①올바른 길. 정경(正逕). 정로(正路) ②바른 도리. ¶-에서 벗어나다. ☞사도(邪道)

정도(征途)명 ①여행길 ②정벌하러 가는 길. 정로(征路)

정도(政道)명 정치의 방침.
정:도(定都)명-하다자 나라의 수도(首都)를 새로 정함. 건도(建都) ☞정정(定鼎)
정:도(定道)명 저절로 정해진, 변하지 않는 도리.
정:도(定賭)명 풍작이나 흉작에 관계없이 해마다 일정하게 물도록 정한 도조(賭租). 정조(定租)
정도(程度)명 ①어떤 일이나 사물의 수준. ¶피해의 -./소득 -가 높다. ②알맞은 한계나 선. ¶참는 데도 어느 -가 있다./-껏 먹어라./네 말은 -가 지나치다. ③대략 그와 같은 수준이나 단계. ¶고등 학생 -의 나이./160cm -의 키./몸이 움츠러들 -로 추운 날씨.
정도(精到)명-하다자 아주 정묘한 경지에까지 이름.
정도(精度)명 '정밀도(精密度)'의 준말.
정도(情到)어기 '정도(情到)하다'의 어기(語基).
정도-하다(情到-)형여 애정이 깊다.
정독(精讀)명-하다타 글을 뜻을 새겨 가며 꼼꼼히 읽음. 유세독(細讀) ☞남독(濫讀). 미독(味讀). 숙독(熟讀)
정돈(停頓)명-하다자 막히어 순조롭게 나아가지 못함.
정:돈(整頓)명-하다타 가지런히 바로잡음. ¶정리 -/신발장을 -하다.
정:동(正東)명 '정동방(正東方)'의 준말.
정동(情動)명 기쁨·노여움·두려움·슬픔 등과 같은 일시적이고 급격한 감정의 움직임.
정동(精銅)명 조동(粗銅)을 정련하여 만든 구리.
정:-동방(正東方)명 똑바른 동쪽, 또는 그 방향. 준정동
정동방곡(靖東方曲)명 조선의 개국 공신(開國功臣)인 정도전(鄭道傳)이 지은 악장. 이성계의 무공(武功)을 칭송한 내용으로, '악학궤범'·'악장가사'에 실려 전함.
정-들다(情-)(-들고·-드니)자 정이 생기거나, 생긴 정이 깊어지다. ¶정든 사람들과 헤어지다./정든 학교를 떠나다.
정들자 이별 관용 만나서 정이 들만 할 때 헤어지게 됨을 이르는 말.
정-떨어지다(情-)자 정이 없어지다.
정란(靖亂)명-하다타 정난(靖難)
정:랑(正郞)명 조선 시대, 육조(六曹)의 정오품 관직.
정랑(情郞)명 남편 외에 정을 통하고 지내는 남자.
정략(政略)명 ①정치상의 책략. ②목적한 바를 이루기 위한 방책.
정략-가(政略家)명 정략에 뛰어나게 능한 사람.
정략=결혼(政略結婚)명 정략혼(政略婚)
정략-적(政略的)명 정치상의 책략에 기초하는 것. ¶-으로 이용하다.
정략-혼(政略婚)명 주혼자(主婚者)가 자기의 정치적·경제적 이익을 위하여, 당사자의 뜻과는 상관없이 억지로 시키는 혼인. 정략 결혼
정:량(正兩)명 큰활
정:량(定量)명 ①일정한 분량. ②화학 물질의 양적 관계를 알아내는 일.
정량(精良)어기 '정량(精良)하다'의 어기(語基).
정:량-궁(正兩弓)명 큰활
정:량-대(正兩-)[-때]명 큰활에 메어 쏘는, 살촉이 쇠로 된 큰 화살. ☞정량궁(正兩弓)
정:량=분석(定量分析)명 화학 분석의 한 가지. 물질을 이루고 있는 각 성분의 질량이나 물리량 등을 구하여 그 양적 관계를 알아내는 방법으로, 중량 분석과 용량 분석의 두 가지가 있음. ☞정성 분석(定性分析)
정량-하다(精良-)형여 매우 정교하고 훌륭하다.
정려(旌閭)명-하다타 지난날, 충신·효자·열녀 등을 기리어, 그들이 사는 고을에 정문(旌門)을 세워 표창하던 일.
정려(精慮)명-하다자타 곰곰이 생각함. 숙려(熟慮)
정려(精勵)명-하다자 힘써 부지런히 일함.
정려(靜慮)명-하다타 고요히 생각함.
정:력(定力)명 불교에서 이르는 오력(五力)의 하나. 선정(禪定)의 힘, 곧 마음을 흐트러뜨리지 않고 한곳에만 쏟는 힘. ☞진력(進力)
정력(精力)명 ①정신이나 육체의 원기(元氣), 또는 활동력. ¶신품종 개발에 온 -을 기울이다./헛되이 -을 소모하다. ②성적(性的)인 활력. ¶-이 절륜하다.
정력-가(精力家)명 정력이 왕성한 사람.
정력-적(精力的)명 정력이 넘치는 것. 지치는 일이 없이 활동하는 것. ¶-으로 일하다.
정력-제(精力劑)명 정력을 돋우는 약.
정:련(正輦)명 지난날, 임금이 거둥할 때 타던 연(輦)을 부련(副輦)에 상대하여 이르는 말. ☞부련(副輦)
정련(精練)명-하다타 ①잘 연습함. ②천연 섬유에 들어 있는 불순물을 없애고 표백이나 염색을 완전하게 하기 위한 준비 공정.
정련(精鍊)명-하다타 ①잘 단련함. ②광석 속에 들어 있는 금속을 뽑아 내기 위하여 불순물을 제거하는 일. ¶철광석을 -하다.
정:련-배(正輦陪)명 임금이 타는 정련을 메는 사람.
정련-제(精練劑)명 천연 섬유를 정련하는 데 쓰는 약제. 비누·소다·석회 따위.
정렬(貞烈)명-하다형 여자의 행실이 바르고 지조가 굳음.
정:렬(整列)명-하다자 ①가지런히 줄지어 늘어섬. ¶횡대로 -하다. ②컴퓨터에서, 입력되는 데이터를 우선 필요한 순서로 분류하여 두는 일.
정렬-부인(貞烈夫人)명 ①지조가 굳고 행실이 바른 부인. ②조선 시대, 정렬한 부인에게 내리던 칭호.
정:령(正領)명 1894년(조선 고종 31), 신식 군제(軍制)에 따라 두었던 무관 관직의 하나. 1907년 군대 해산령에 따라 폐지됨. 참장(參將)의 아래, 부령(副領)의 위임.
정령(政令)명 정책과 법령을 아울러 이르는 말.
정령(精靈)명 ①죽은 사람의 넋. 정백(精魄). 정혼(精魂) ②원시 종교에서, 산천·초목·바위 따위에 깃들여 있다고 믿던 혼령. ¶나무의 -. ③만물의 근원이 된다고 하는 신령스러운 기운. 준정(精)
정령=숭배(精靈崇拜)명 원시 종교의 한 형태. 초목이나 바위 따위를, 정령이 깃들여 있다고 믿어 숭배하는 일.
정:례(正禮)명-하다자 합례(合禮)
정:례(定例)명 정해져 있는 규칙이나 관례. ¶- 회의
정례(頂禮)명-하다자 이마가 땅에 닿을 정도로 허리를 굽혀 절함, 또는 그렇게 하는 절.
정례(情禮)명 정리(情理)와 예의를 아울러 이르는 말.
정례-심(頂禮心)명 이마가 땅에 닿을 정도로 절할 만큼 경건한 마음.
정:로(正路)명 올바른 길. 정도(正道)
정로(征路)명 정도(征途)
정:론(正論)명 이치에 맞는, 바른 의견이나 주장.
정론(廷論)명 조정(朝廷)에서 이루어지는 공론.
정:론(定論)명 올바르다고 인정되어 정해진 이론. 유정설(定說)
정론(政論)명 정치에 관한 의견이나 논의.
정:류(定流)명 정상류(定常流)
정류(停留)명-하다자 차(車) 따위가 멈추어 머무름.
정류(精溜)명-하다타 액체를 증류하여 불순물을 없앰.
정:류(整流)명-하다타 ①물이나 공기 등 유체(流體)의 흐름을 고르게 하는 일. ②교류 전류를 직류 전류로 바꾸는 일.
정류(檉柳)명 '능수버들'의 딴이름.
정:류-관(整流管)명 정류하는 데 쓰는 전자관(電子管). 방전관(放電管)과 진공관(眞空管)이 있음.
정류-기(精溜器)명 높은 순도의 증류물을 얻는 데 쓰는 장치.
정:류-기(整流器)명 교류 전류를 직류 전류로 바꾸는 장치. 수은 정류기나 진공관 정류기 등이 있음.
정:류-자(整流子)명 직류 발전기나 직류 전동기 따위의 회전자(回轉子)의 한 부분. 브러시와 조합하여 교류 전류를 직류 전류로 바꾸는 작용을 함. 전류 전환기
정류-장(停留場)명 버스 등이, 사람이 타고 내리도록 잠시 머무는 일정한 곳. ☞정거장(停車場)
정:률(定律)명 ①정해진 규칙이나 법칙. ②자연 과학에서, 어떤 조건 아래서 반드시 어떤 현상이 일어나는 경

우의 법칙.
정:률(定率)명 일정한 비율.
정:률-세(定率稅)[-쎄]명 과세 물건, 과세율, 과세 표준 등을 정하여 매기는 조세.
정:리(正理)명 올바른 도리.
정리(廷吏)명 법원에서, 법정 안의 각종 사무와 소송 서류의 송달 등을 맡아 하는 직원.
정:리(定理)명 공리(公理)나 정의(定義)를 바탕으로 하여 이미 진리임이 증명된 명제. ¶피타고라스의 -.
정리(情理)명 인정과 도리.
정:리(整理)명-하다타 ①흐트러져 있는 것을 가지런히 함. ¶책꽂이의 책을 -하다. ②쓸 것만 남기고 쓸모 없는 것을 없애거나 버림. ¶헌 옷가지를 -하다./관리 인원을 -하다. ③은행과의 거래 명세를 통장에 기록함. ¶통장 -
정:리=운:동(整理運動)명 주된 운동을 한 뒤에 몸을 푸는 가벼운 운동. ☞준비 운동(準備運動)
정:리-자(整理字)명 1796년(조선 정조 20), 정리 의궤(整理儀軌) 등을 박아 내려고 생생자(生生字)를 본으로 하여 만든 구리 활자.
정:리-지(整理地)명 경지 정리를 하였거나 해야 할 땅.
정:리=해:고제(整理解雇制)명 경영 악화, 구조 조정, 사업 부문 폐지, 기업 인수 합병 따위 긴박한 일이 있을 때, 사용자가 근로자를 해고할 수 있도록 한 제도.
정:립(定立)명 ①어떤 긍정적 판단이나 명제(命題)를 세우는 일, 또는 그런 판단이나 명제. ②헤겔 변증법(辨證法)에서 이르는, 세 단계 발전의 첫 단계. 정(正). 테제 ☞반정립(反定立). 정반합(正反合)
정립(挺立)명 ①-하다자 우뚝 솟음. ②-하다형 남달리 뛰어남.
정립(鼎立)명-하다자 솥발 모양으로 셋이 벌여 섬. ¶삼국(三國)이 -해 있던 시대.
정마(征馬)명 ①여행 길에 타는 말. ②전쟁터로 나가는 말. ☞전마(戰馬)
정마(停馬)명-하다자 가는 말을 멈춰 세움.
정:-말(正-)명 실제와 같은 말. 참말 ¶지금 한 말이 -이냐? ☞거짓말
부 정말로 ¶- 가야만 해?
정말(丁抹)명 '덴마크'의 한자 표기.
정:말-로(正-)부 ①진실로. 참으로 ¶- 떠나려느냐?/나는 - 모르는 일이다. ②비길 데 없이 아주. 몹시 ¶이 수학 문제는 - 쉽다./아이가 - 귀엽게 생겼구나. 정말
정:망(定望)명-하다타 어떤 사람을 마음에 두고 관직에 추천함.
정망(停望)명-하다타 죄지은 사람을 관직에서 물러나게 함.
정맥(精麥)명-하다자 보리를 찧어 껍질을 벗김, 또는 껍질을 벗긴 보리쌀. ☞도정(搗精). 정미(精米)
정:맥(靜脈)명 폐나 몸의 말초 모세 혈관으로부터 심장으로 피를 돌려 보내는 혈관. 곳곳에 피의 역류를 막는 판막이 있음. ☞동맥(動脈)
정:맥(整脈)명 박동이 정상적이며 규칙적으로 뛰는 맥박. ☞부정맥(不整脈)
정:맥=노장(靜脈怒張)명 정맥류(靜脈瘤)
정:맥-류(靜脈瘤)명 혈액 순환의 장애로 말미암아 정맥의 일부가 부풀어오른 것. 정맥 노장
정:맥=산:업(靜脈產業)명 산업 폐기물을 처리·가공하여 원료나 제품으로 만드는 산업.
정:맥=주:사(靜脈注射)명 약액(藥液)을 정맥에 주입하는 주사. ☞동맥 주사
정:맥-혈(靜脈血)명 정맥과 폐동맥 속을 흐르는 피. 몸의 각 조직에서 생긴 이산화탄소와 노폐물을 받아 심장으로 돌아가고, 가스 교환을 위해 폐로 들어가는 피. 검붉은 빛을 띰.
정:면(正面)명 ①물체의 앞면. ¶건물 -/자동차 - ☞후면(後面) ②마주보이는 쪽의 면. ¶-으로 보이는 교사(校舍). ☞측면(側面) ③바로 마주 대하는 일. ¶-으로 맞서다./- 대결
정:면=공:격(正面攻擊)명 ①적을 정면으로 공격함. 준 정공(正攻) ②상대편을 맞대고 비난함.
정:면-도(正面圖)명 입면도(立面圖)의 하나. 물체를 정면에서 수평으로 보고 그린 그림. ☞측면도(側面圖)
정:면=충돌(正面衝突)명 ①두 물체가 정면으로 맞부딪침. ②양편의 의견이나 감정 따위가 맞부딪쳐 서로 다툼.
정:명(正命)명 팔정도(八正道)의 하나. 생각이나 언행으로 악업(惡業)을 저지르지 않고 불법(佛法)을 따라 바르게 사는 일을 이름.
정:명(定命)명 ①태어날 때부터 정해진 운명. 숙명(宿命) ②전세(前世)의 인연에 따라 정해진 목숨.
정명(旌銘)명 명정(銘旌)
정:명(正明)어기 '정명(正明)하다'의 어기(語基).
정명(精明)어기 '정명(精明)하다'의 어기(語基).
정명-경(淨名經)명 유마경(維摩經)
정명-하다(正明-)형여 정대하고 공명하다.
정명-하다(精明-)형여 매우 깨끗하고 밝다.
정:모(正帽)명 정복에 갖추어 쓰는 모자. ☞근무모
정모=세:포(精母細胞)명 후생동물의 정소(精巢)에 있는 생식 세포의 한 가지. 정원 세포에서 만들어져 감수 분열을 두 번 한 뒤 네 개의 정세포로 됨.
정목(政目)명 조선 시대, 관원의 임명과 해임을 기록한 서류를 이르던 말.
정목(貞木)명 '상록수(常綠樹)'의 딴이름. [절개가 곧은 나무라는 뜻으로 이름.]
정묘(丁卯)명 육십갑자의 넷째. ☞무진(戊辰)
정묘(精妙)어기 '정묘(精妙)하다'의 어기(語基).
정묘-년(丁卯年)명 육십갑자(六十甲子)로 해를 이를 때, 정묘(丁卯)가 되는 해. 곧 천간(天干)이 정(丁)이고 지지(地支)가 묘(卯)인 해. ☞묘년(卯年). 무진년(戊辰年)
정묘-하다(精妙-)형여 정교하고 절묘하다.
정묘-히부 정묘하게
정무(政務)명 정치나 국가 행정에 관한 사무.
정무(停務)명-하다자 사무 보던 것을 멈추고 잠시 쉼.
정무직=공무원(政務職公務員)명 특수 경력직 공무원의 하나. 선거로 선출되는 지방 자치 단체의 의원과 국회 의원, 국회의 임명 승인이 필요한 국무 총리, 각부 장·차관, 감사원장 등이 이에 딸림. ☞별정직 공무원
정묵(靜默)어기 '정묵(靜默)하다'의 어기(語基).
정묵-하다(靜默-)형여 아무 말이 없이 조용하다.
정묵-히부 정묵하게
정:문(正文)명 부록이나 주석 등에 상대하여 책이나 문서의 본문을 이르는 말.
정:문(正門)명 ①건물의 앞쪽으로 나 있는 문. 본문(本門) ☞후문(後門) ②궁궐이나 관아의 삼문(三門) 가운데 중앙에 있는 큰문. ☞동협문. 서협문
정문(旌門)명 충신·효자·열녀 등을 드러내어 기리기 위하여 그의 집 앞이나 마을 앞에 세우던 붉은 문. 작설(綽楔). 홍문(紅門)
정문(頂門)명 ①정수리 ②숫구멍
정문금추(頂門金椎)성구 정수리를 쇠망치로 친다는 뜻으로, 정신을 바짝 차리도록 깨우침을 이르는 말.
정문일침(頂門一鍼)성구 정수리에 침을 놓는다는 뜻으로, 정곡을 찌르는 따끔한 충고나 비판을 비유하여 이르는 말. 정상일침(頂上一鍼)
정물(靜物)명 ①정지한 채 스스로 움직이지 못하는 물체. ②'정물화'의 준말.
정물-화(靜物畫)명 꽃이나 과일, 그릇 따위의 정물을 소재로 한 그림. 준 정물(靜物)
정미(丁未)명 육십갑자의 마흔넷째. ☞무신(戊申)
정미(情味)명 인간다운 따뜻한 정. ☞인정미(人情味)
정미(精米)명 ①'정백미(精白米)'의 준말. ②-하다자 벼를 찧어 쌀을 만듦. ☞도정(搗精). 정맥(精麥)
정미(精美)어기 '정미(精美)하다'의 어기(語基).
정미(精微)어기 '정미(精微)하다'의 어기(語基).
정미-년(丁未年)명 육십갑자로 해를 이를 때, 정미(丁未)가 되는 해. 곧 천간(天干)이 정(丁)이고 지지(地

ㅈ

支)가 미(未)인 해. ☞무신년(戊申年). 미년(未年)
정미-소(精米所)명 방앗간
정미-하다(精美-)형여 정교하고 아름답다.
정미-하다(精微-)형여 정밀하고 자세하다.
정민(精敏)어기 '정민(精敏)하다'의 어기(語基).
정민-하다(精敏-)형여 사리에 밝고 민첩하다.
정밀(精密)어기 '정밀(精密)하다'의 어기(語基).
정밀(靜謐)명-하다형 고요하고 편안함.
정밀=과학(精密科學)명 수학이나 물리학 등과 같이 양적 관계를 정밀하게 측정하여 얻은 지식을 체계화한 과학을 통틀어 이르는 말.
정밀=기계(精密機械)명 정밀한 부속품들로 이루어져 있으며, 오차의 범위가 극히 작은 기계.
정밀-도(精密度)[-또]명 측정의 정밀함을 나타내는 정도. 준정도(精度)
정밀-하다(精密-)형여 매우 정확하고 치밀하다. ¶정밀한 시계./정밀한 작업.
정밀-히부 정밀하게 ¶- 검사하다.
정박(碇泊·渟泊)명-하다자 배가 닻을 내리고 머무름. ¶부두에 -하다. ☞하묘(下錨)
정박-등(碇泊燈)명 밤에 정박하고 있는 배의 갑판 위에 높이 켜 놓는 등불.
정박-아(精薄兒)명 지능 발달이 뒤진 아이.
정:-반:대(正反對)명 완전히 반대되는 일.
정:-반:사(正反射)명 거울과 같은 고른 면에 투사된 광선이 반사 법칙에 따라 일정한 방향으로 반사되는 현상.
정:-반:응(正反應)명 가역 반응에서, 화학 변화가 본디의 물질에서 생성된 물질 쪽으로 진행하는 반응. ☞역반응(逆反應)
정:반합(正反合)명 헤겔의 변증법에서 이르는, 논리 전개의 세 단계. 정립(定立)·반정립(反定立)·종합(綜合)을 아울러 이르는 말.
정-받이(精-)[-바지]명 암수의 생식 세포가 하나로 합쳐지는 일. 종자식물에서는 암술의 씨방 안에 수술의 꽃가루가 들어가서 이루어짐. 수정(受精)
정방(丁方)명 이십사 방위의 하나. 정남(正南)으로부터 서쪽으로 15도 되는 방위를 중심으로 한 15도 범위 안의 방위. 오방(午方)과 미방(未方)의 사이. 준정(丁) ☞계방(癸方)
정:방(正房)명 몸채
정방(淨房)명 깨끗한 방이라는 뜻으로, '변소'를 에둘러 이르는 말. 뒷간
정방(精紡)명 방적에서, 알맞은 굵기의 질기고 탄력 있는 실을 켜 내려고 실을 잡아당기면서 비틀어 꼬는 공정.
정:방=정계(正方晶系)명 결정계의 한 가지. 서로 직각을 이루며 만나는 세 결정축 가운데, 옆으로 뻗은 두 축은 길이가 같고, 아래위로 뻗은 한 축은 길이가 다른 것.
정:방-형(正方形)명 정사각형(正四角形)
정:배(正配)명 장가처. 적처(嫡妻). 정적(正嫡)
정:배(正褙)명-하다타 초배를 한 뒤에 정작으로 도배함, 또는 그 도배.
정:배(定配)명-하다타 귀양지를 정하여 귀양 보냄. 찬배(竄配)
정백(精白)명 아주 깨끗한 흰빛.
정백(精魄)명 죽은 사람의 넋. 정령(精靈)
정백(淨白)어기 '정백(淨白)하다'의 어기(語基).
정백-미(精白米)명 깨끗이 쓿은 쌀. 아주먹이. 입정미(入鼎米) 준정미(精米)
정백-하다(淨白-)형여 깨끗하고 희다.
정벌(征伐)명-하다타 적이나 반역의 무리를 무력으로 침. 정토(征討)

한자 정벌할 토(討)〔言部 3획〕¶정토(征討)/토벌(討伐)/토적(討賊)/토평(討平)

정:범(正犯)명 범죄 행위를 실행한 사람. 단독 정범과 공동 정범, 직접 정범과 간접 정범으로 분류함. 원범(原犯). 주범(主犯) ☞공범(共犯). 종범(從犯)
정:법(正法)[-뻡]명 ①바른 법칙, 또는 바른 법. ②불교에서 이르는 삼시(三時)의 하나. 석가모니가 입멸한 후 오백 년 또는 일천 년 동안의, 정법이 이루어지는 시기. 정법시(正法時) ☞말법(末法). 상법(像法) ③불교에서, 바른 교법(教法)이라는 뜻으로 부처의 가르침을 이르는 말. 불법(佛法) ④정형(正刑)
정법(政法)[-뻡]명 ①정치와 법률. ②정치와 법도.
정:법(定法)[-뻡]명 정해진 법칙.
정:법-시(正法時)[-뻡-]명 정법(正法)
정벽-처(靜僻處)명 고요하고 궁벽한 곳.
정변(政變)명 혁명, 쿠데타, 음모, 암살 등 비합법적 수단으로 말미암은 정권의 변동.
정:병(正兵)명 조선 시대, 국가의 규정에 따라 군역(軍役)에 복무하던 장정(壯丁), 또는 그 장정들로 조직된 군대. 정군(正軍)
정:병(廷兵)명 군사 법원에서 재판관이 명하는 사무를 집행하는 헌병 하사관이나 병(兵). ☞정리(廷吏)
정병(政柄)명 정권(政權)
정병(精兵)명 잘 훈련된 날쌔고 용맹한 군사. 정갑(精甲). 정졸(精卒)
정보(情報)명 ①사물의 내용이나 형편에 관한 소식이나 자료. ¶-를 교환하다./-가 새다. ②군사나 국가 안보 등의 분야에서 어떤 방면의 정황, 또는 그에 관한 지식이나 보고. ¶군사 -의 수집.
정보(町步)의 척관법의 넓이 단위의 하나. 땅의 넓이를 셀 때, 정(町) 단위로 끝나고 우수리가 없을 경우에 씀. 1 정보는 3,000평임. ☞단보(段步)
정보=검:색(情報檢索)명 컴퓨터 시스템을 이용하여, 데이터베이스 등의 형태로 저장되어 있는 대량의 정보 가운데서 필요한 정보를 선택하여 빠르게 찾아내는 일.
정보=과학(情報科學)명 정보의 생성·전달·처리·축적·이용에 관한 원리를 연구하는 학문.
정보=기관(情報機關)명 정보 활동을 맡는 국가 기관.
정보=기:술(情報技術)명 정보화 시스템을 구축하는 데 필요한 유형·무형의 모든 기술. 곧 업무용 데이터, 화상 대화, 사진, 동영상, 멀티미디어 등에 관한 정보를 개발·저장·교환하는 모든 형태의 기술을 이름.
정보-망(情報網)명 정보를 효과적으로 모으기 위하여 그물처럼 사방으로 펴 놓은 조직.
정보=산:업(情報産業)명 정보의 수집과 가공, 정보 시스템 개발 등을 다루는 산업을 통틀어 이르는 말.
정보-원(情報員)명 정보를 알아내는 일을 하는 사람.
정보-원(情報原)명 정보의 근원.
정보=은행(情報銀行)명 데이터뱅크(data bank)
정보-통(情報通)명 어떤 방면의 정보에 정통한 사람.
정보화=사:회(情報化社會)명 정보가 중요한 자원이 되고 정보의 처리와 가공에 따른 가치의 생산을 중심으로 경제가 발전하여 가는 사회.
정:복(正服)명 ①의식 때 입는 정식의 옷. ②제복(制服)
정복(征服)명-하다타 ①다른 나라나 민족 등을 무력으로 쳐서 복종시킴. ②어려움을 이겨내고 목표에 다다름. ¶정상을 -하다. ③자연의 내용이나 법칙 등을 밝히어, 뜻한 대로 이용함. ¶우주 -의 꿈.
정복(淨福)명 ①아주 조촐한 행복. ②불교에서, 불교를 믿음으로써 얻는 행복을 이르는 말.
정:복(整復)명-하다타 골절이나 탈구 등을 본디 상태로 바로잡음.
정복-욕(征服慾)[-뇩]명 정복하고자 하는 욕망.
정:본(正本)명 ①책이나 문서의 '원본(原本)'을 부본(副本)에 상대하여 이르는 말. ②법률에 규정이 있는 경우에, 권한이 있는 자가 원본에 따라서 작성한 문서. 원본과 똑같은 효력을 가짐.
정:본(定本)명 이본(異本)이 여럿인 고전 중에서 비교하고 검토하여 잘못을 바로잡은, 표준으로 삼는 책.
정봉(停捧)명-하다타 지난날, 조세나 환곡 등의 납부를 중지함을 이르던 말.
정봉(精捧)명-하다타 지난날, 세곡(稅穀)을 정확하게 받아

들임을 이르던 말.
정:부(正否)명 바른 것과 그른 것. ¶ -를 가리다.
정:부(正負)명 양음(陽陰)
정:부(正副)명 으뜸 자리와 버금 자리를 아울러 이르는 말. ¶ - 책임자
정부(征夫)명 ①멀리 싸움터로 나가는 군사. ②먼 길을 가는 남자.
정부(政府)명 ①국가의 통치권을 행사하는 입법부·사법부·행정부를 아울러 이르는 말. ②입법부와 사법부에 상대하여 국가의 정책을 집행하는 행정부를 이르는 말. ③'의정부(議政府)'의 준말.
정부(貞婦)명 정조(貞操)가 곧은 여자. 정녀(貞女)
정부(情夫)명 유부녀가 몰래 정을 통하고 있는 남자.
정부(情婦)명 유부남이 몰래 정을 통하고 있는 여자.
정부-군(政府軍)명 정부에 딸린 군대. ☞관군(官軍). 반군(叛軍)
정부=기:업(政府企業)명 정부가 출자하여 운영과 경영상의 책임을 지는 기업.
정부-미(政府米)명 정부가 사들여 가지고 있는 쌀. 쌀값을 조절하거나 군수용(軍需用)·구호용으로 쓰기 위함임. 정부 보유미
정부=보:유미(政府保有米)명 정부미(政府米)
정부-안(政府案)명 정부가 작성하여 국회에 내는 의안.
정부=예:금(政府預金)명 중앙 은행에 맡겨 둔 무이자의 국고금(國庫金).
정부=위원(政府委員)명 국회의 본회의나 위원회에 출석하여 국정 처리 상황을 보고하거나 의견을 진술하고 질문에 응답하는 공무원.
정-부인(貞夫人)명 조선 시대, 외명부(外命婦) 품계의 하나. 정이품·종이품 문무관의 아내에게 내린 봉작. ☞현주(縣主)
정부=자:금(政府資金)명 ①자금의 출자와 융자에 관하여 정부가 그 운용을 규제하는 자금. ②자금의 수급이 정부의 창구를 통하여 이루어지는 자금.
정:북(正北)명 '정북방'의 준말.
정:-북방(正北方)명 꼭 바른 북쪽, 또는 그 방향. ㊀정북(正北)
정:-북향(正北向)명 정북방(正北方)을 향한 쪽.
정분(情分)명 사귀어 도타워진 정, 또는 정이 도타워진 정도. ¶ -이 도탑다. /-이 나다.
정:비(正比)명 비(比)를 반비(反比)에 상대하여 이르는 말. ☞반비(反比). 역비(逆比)
정:비(正妃)명 왕의 정실인 왕비를 후궁(後宮)에 상대하여 이르는 말.
정비(情費)명 지난날, 조세를 바칠 때 아전에게 남몰래 따로 건네던 잡비.
정비(鼎沸)명 솥 안의 물이 끓듯이, 여러 사람이 왁자하게 떠들어댐을 비유하여 이르는 말.
정:비(整備)명-하다타 ①뒤섞이거나 흩어진 것을 가다듬어 바로 갖춤. ¶대열을 -하다. ②기계나 설비 따위를 손질하여 제대로 움직이게 수리함. ¶차량을 -하다.
정:비-공(整備工)명 자동차나 비행기 따위를 정비하는 기능공.
정:-비례(正比例)명-하다자 두 양이 같은 비율로 늘거나 주는 일. 비례 ☞반비례(反比例). 역비례(逆比例)
정:-비례(定比例)명 일정한 비례.
정:비-사(整備士)명 자동차·비행기 따위의 엔진이나 부속 기계 등을 정비하는 기능사.
정사(丁巳)명 육십갑자의 쉰넷째. ☞무오(戊午)
정:사(正史)명 ①정확한 사실을 기록한 역사. ②나라에서 편찬한 역사. ☞야사(野史)
정:사(正邪)명 바른 일과 그릇된 일.
정:사(正使)명 조선 시대, 외국으로 파견하는 사신의 우두머리. 상사(上使) ☞부사(副使). 삼사(三使)
정:사(正射)명-하다타 ①활 따위를 정면에서 쏨. ②수학에서, 수직으로 투영(投影)하는 일.
정:사(正寫)명-하다타 정서(正書)
정사(呈辭)명-하다타 지난날, 관원이 관직을 그만두거나 말미를 얻고자 할 때 그 원서(願書)를 관아에 내던 일.
정사(政事)명 ①정치에 관한 일. 행정에 관한 일. ¶ -를 돌보다. ②지난날, 관원의 임면(任免)·출척(黜陟)에 관한 일을 이르던 말.

한자 정사 정(政) 〔攴部 4획〕 ¶정견(政見)/정국(政局)/정권(政權)/정당(政黨)/정무(政務)

정사(情史)명 남녀의 애정에 관한 기록이나 소설.
정사(情死)명-하다자 사랑하는 남녀가 사랑을 이루지 못하고 함께 목숨을 끊는 일.
정사(情私)명 친족 사이의 사사로운 정.
정사(情事)명 ①남녀 사이의 사랑에 관한 일. ②부부가 아닌 남녀 사이의 성관계.
정사(情思)명 남녀가 서로 사랑하여 그리는 마음.
정사(淨寫)명-하다타 정서(淨書)
정사(精舍)명 ①학문을 가르치는 곳. ②정신을 수양하는 곳. ③중이 불도(佛道)를 닦는 곳이라는 뜻으로, '절'을 달리 이르는 말.
정사(精査)명-하다타 꼼꼼히 살피거나 조사함.
정:사(靜思)명-하다타 조용히 생각함.
정:-사각형(正四角形)명 네 내각의 크기가 같고 네 변의 길이가 같은 사각형. 바른네모꼴. 정방형(正方形). 평방형(平方形) ☞정오각형. 직사각형
정사-년(丁巳年)명 육십갑자로 해를 이를 때, 정사(丁巳)가 되는 해. 곧 천간(天干)이 정(丁)이고 지지(地支)가 사(巳)인 해. ☞무오년(戊午年). 사년(巳年)
정:사=도법(正射圖法)[-뻡]명 지도 투영법의 한 가지. 지구 위의 한 점에 평면을 접하게 하고, 이 접점을 지나는 지름의 무한 거리를 시점(視點)으로 하여 지구의를 평면에 투영하는 방법. 직사 도법(直射圖法)
정:-사면체(正四面體)명 네 면이 정삼각형인 사면체.
정:사-영(正射影)명 한 점으로부터 한 직선이나 한 평면 위로 내려그은 수선(垂線)의 발. 정투영(正投影)
정:-사원(正社員)명 일정한 자격을 갖춘 정식으로 발령받은 사원.
정:사유(正思惟)명 팔정도(八正道)의 하나. 사제(四諦)의 이치를 추구·고찰하여 바르게 사유하는 일.
정:-사품(正四品)명 고려·조선 시대, 열여덟 등급으로 가른 문무관 품계의 일곱째 등급. ☞종사품(從四品)
정:삭(正朔)명 정월(正月)의 삭일(朔日), 곧 음력 일월 일일. 정월 초하루
정:삭(定朔)명 신월(新月)이 초하루가 되도록 큰 달과 작은 달을 안배한 역법(曆法). ☞평삭(平朔)
정삭(精索)명 부고환에서 정낭으로 정자를 이끄는 끈 모양의 통로.
정:산(正産)명-하다타 태아를 정상적으로 해산함, 또는 그러한 해산. ☞역산(逆産)
정:산(定算)명 미리 정한 계산.
정산(精算)명-하다타 자세하고 꼼꼼하게 계산함, 또는 그 계산. ¶연말 -
정산-표(精算表)명 손익 계산서가 작성될 때까지의 계산 과정을 하나의 표로 나타낸 것.
정:-삼각형(正三角形)명 세 내각의 크기가 같고 세 변의 길이가 같은 삼각형. 등각 삼각형. 등변 삼각형. 바른세모꼴 ☞정사각형
정:-삼품(正三品)명 고려·조선 시대, 열여덟 등급으로 가른 문무관 품계의 다섯째 등급. ☞종삼품(從三品)
정:상(正常)명 ①이상이나 탈이 없는 제대로인 상태. ¶정신이 -으로 돌아오다. /혈압이 -이다. ②보통 때와 다르지 아니하고 예사로운 상태. ¶ - 근무/- 수업/- 운행 ☞비정상(非正常). 이상(異狀)
정상(呈上)명 정납(呈納)
정:상(定常)명 일정하여 늘 한결같음.
정상(頂上)명 ①산의 맨 꼭대기. ¶백두산 -에 오르다. ②지위나 등급이 최고인 상태. ¶골프계의 -을 차지하다. ③국가의 최고 통치권자. ¶ - 회담

정상(情狀)명 ①실제의 사정과 형편. ②가련한 상태. ☞정형(情形). 정황 ③법률에서, 범죄의 구체적인 책임의 경중에 영향을 미치는 일체의 사정. ¶－을 참작하다.
정상(情想)명 감정과 생각.
정상(晶相)명 동일 물질의 결정에서, 결정면의 조직이 다름에 따라 나타나는 겉모양.
정상(精詳)어기 '정상(精詳)하다'의 어기(語基).
정:상=가격(正常價格)[－까－]명 수요와 공급이 오랫동안 자연스런 균형을 이룰 때 형성되는 안정적이고 표준적인 가격. ☞시장 가격
정:상=광선(正常光線)명 복굴절하여 두 개로 갈린 광선 중에서 굴절의 법칙이 성립하는 쪽의 광선. ☞이상 광선(異常光線)
정:상-류(定常流)명 방향·속도·압력 따위가 시간이 지나도 변하지 않는, 유체의 흐름. 정류(定流)
정상-배(政商輩)명 정치 권력과 한통속이 되어 사사로운 이익을 꾀하는 무리.
정:상=상태(定常狀態)명 어떤 물리적 체계를 결정하는 변수가 시간이 지나도 변하지 않는 경우, 그 변수에 관한 체계를 이르는 말.
정:상-아(正常兒)명 몸과 마음에 아무런 이상이 없는 아이. ☞이상아(異常兒)
정상일침(頂上一鍼)성구 정문일침(頂門一鍼)
정상=작량(情狀酌量)명 범죄의 정상에 참작할만 한 사유가 있을 때에 법관의 작량으로 형벌을 줄여 가볍게 하는 일. 정상 참작(情狀參酌). 작량 감경(酌量減輕)
정:상-적(正常的)명 상태가 정상인 것. ¶－인 근무 생활./기계가 －으로 움직이다.
정:상=전:류(定常電流)명 방향이나 세기가 시간이 지나도 변하지 않는 전류. ☞맥류(脈流)
정상=참작(情狀參酌)명 정상 작량(情狀酌量)
정:상-파(定常波)명 파형이 매질(媒質)을 통하여 더 나아가지 못하고 일정한 곳에 머물러 진동하는 파동. 서로 반대 방향으로 진행하는 두 파동에 간섭(干涉)이 일어나는 경우에 생김. ☞진행파(進行波)
정상-하다(精詳－)형여 빈틈이 없고 자세하다.
정:상-화(正常化)명-하다자타 정상적인 상태가 됨, 또는 정상적인 상태로 되게 함. ¶외교 관계를 －하다.
정상=회:담(頂上會談)명 두 나라 이상의 최고 통치권자가 모여 하는 회담.
정:색(正色)[1]명 다른 빛깔과 섞이지 않은 순수한 다섯 가지 기본 빛깔. 곧 청(靑)·황(黃)·적(赤)·백(白)·흑(黑)을 이름. ☞간색(間色)
정:색(正色)[2]명-하다자 평소의 얼굴빛을 거두고 엄숙한 표정을 지음, 또는 그런 표정. ¶－을 하고 말하다.
정색(呈色)명-하다자 빛깔을 나타냄.
정:색=건판(整色乾板)명 보통의 건판보다 초록에 강한 감광성을 보이는 사진 건판.
정색=반:응(呈色反應)명 어떤 성분이나 화합물이 일정한 조건에서 특정한 시약(試藥)에 대하여 발색 또는 변색하는 현상. 정성 분석에 이용됨. 발색 반응(發色反應)
정생(頂生)명-하다자 꽃 따위가 줄기 끝에 핌.
정:서(正西)명 '정서방(正西方)'의 준말.
정:서(正書)명-하다타 ①해서(楷書) ②글씨를 흘려 쓰지 않고 또박또박 씀. ③초를 잡았던 글을 정식으로 베껴 씀. 정사(正寫)
정서(情緖)명 어떤 일을 겪었을 때 일어나는 온갖 미묘한 감정, 또는 그러한 감정을 일으키는 분위기. ¶이국 －/－의 황폐화.
정서(淨書)명-하다타 ①글씨를 깨끗이 씀. ②초를 잡았던 글을 깨끗이 옮겨 씀. 정사(淨寫). 청서(淸書)
정서(精書)명 정신을 가다듬어 글씨를 씀.
정:-서방(正西方)명 똑바른 서쪽, 또는 그 방향. 준정서
정서=장애(情緖障礙)명 정서적 표현의 부족이나 왜곡, 정서 불안정 등 어린이의 정서 면에 문제가 있는 일.
정서-적(情緖的)명 정서를 자아내는 것. ¶－으로 문제가 있다./－인 안정.
정:석(定石)명 ①바둑에서, 초반에 귀의 접전에서 양쪽 모두 최선의 응수로 인정되어 온 일정한 수순. ¶－으로 두다. ②어떤 일을 처리할 때, 이미 정해진 일정한 방식을 비유하여 이르는 말. ¶일을 －대로 해결하다.
정:석(定席)명 일정하게 정해진 자리. ¶－에 앉다.
정석(鼎席)명 조선 시대, 영의정·좌의정·우의정의 삼정승(三政丞)의 자리를 이르던 말.
정:석가(鄭石歌)명 작자와 연대가 알려지지 않은 고려 가요의 하나. 임금의 만수무강을 빌고 남녀간의 끝없는 애정을 읊은 내용으로, 모두 6연으로 이루어져 있음. '악장가사(樂章歌詞)'에 전문(全文)이, '시용향악보(時用鄕樂譜)'에 제1연이 실려 전함.
정선(汀線)명 바닷물과 육지가 맞닿은 선.
정:선(定先)명 바둑에서, 한쪽이 수가 낮아 늘 검은 돌을 가지고 먼저 두는 일. ☞호선(互先)
정선(停船)명-하다자타 항행 중인 배가 멈춤, 또는 배를 멈추게 함. ¶급유를 위해 －하다.
정선(精選)명-하다타 정밀하게 골라 뽑음. 정택(精擇) ¶전시할 작품을 －하다.
정:선(正善)어기 '정선(正善)하다'의 어기(語基).
정:-선율(定旋律)명 음악의 대위법에서, 대위 선율을 붙이는 데 바탕이 되는 선율.
정:선-하다(正善－)형여 마음이 바르고 착하다.
정:설(定說)명 일반적으로 옳다고 인정되는 설. 유정론
정성(井星)명 정수(井宿)
정:성(正聲)명 ①음률에 맞는 바른 음악 소리. ②음탕하지 아니한 음률.
정:성(定性)명-하다타 물질의 성분이 무엇인가를 밝히어 정하는 일.
정:성(定星)명 붙박이별. 항성(恒星)
정:성(定省)명 '혼정신성(昏定晨省)'의 준말.
정성(政聲)명 바른 정치로 소문난 명성.
정성(情性)명 타고난 성질과 마음씨. 성정(性情)
정성(精誠)명 무슨 일을 하는 데, 성의를 다하려 하는 참된 마음. ¶－을 쏟다./－을 기울이다./－을 다하다.

> 한자 정성 성(誠)〔言部 7획〕¶성금(誠金)/성미(誠米)/성실(誠實)/성심(誠心)/성의(誠意)

정:성(鄭聲)명 ①중국 정(鄭)나라의 음악이 음탕했다는 데서, 음란한 음악을 이르는 말. ②한방에서, 병적으로 넋 나간듯이 지껄여 분명히 알아들을 수 없는 말소리를 이르는 말.
정성-껏(精誠－)부 정성을 다하여. ¶－ 보살피다.
정:성=분석(定性分析)명 화학 분석의 한 가지. 조사하려는 물질이 어떠한 성분으로 이루어졌는지를 알아내려고 하는 것으로, 건식 분석법이나 습식 분석법을 이용함. ☞정량 분석(定量分析)
정성-스럽다(精誠－)(－스럽고·－스러워)형ㅂ 보기에 정성 어린 데가 있다. ¶손님을 정성스럽게 대접하다.
정성-스레부 정성스럽게 ¶음식을 － 장만하다.
정세(政勢)명 정치상의 형세.
정세(情勢)명 일이 되어가는 사정이나 형세. ¶국제 －의 변화에 주목하다./－를 파악하다.
정세(精細)어기 '정세(精細)하다'의 어기(語基).
정-세포(精細胞)명 정소(精巢) 중의 정원 세포가 변화한 정모 세포가 감수 분열한 네 개의 세포. 각각 정자가 됨. ☞난세포(卵細胞) ▷ 精과 精은 동자
정세-하다(精細－)형여 정밀하고 자세하다.
정소(呈訴)명-하다자타 지난날, 소장이나 청원서 등을 관아에 내던 일. 정장(呈狀)
정:소(定所)명 정해져 있는 곳.
정소(精巢)명 수컷의 생식소. 정자를 만드는 곳으로, 척추동물에는 복강 등 쪽 좌우에 한 쌍이 있음. 포유동물에서는 고환이라고도 함. 정집 ☞난소(卵巢)
정소(情疏)어기 '정소(情疏)하다'의 어기(語基).
정소-하다(情疏－)형여 정분(情分)이 버성기다.
정:속(正俗)명 올바른 풍속. ☞이속(異俗)

정:속(定屬)명-하다타 지난날, 죄인을 노비로 삼던 일.
정:속언:해(正俗諺解)명 조선 중종(中宗) 13년(1518)에 김안국(金安國)이 중국의 왕일암(王逸庵)이 지은 '정속편(正俗篇)'을 이두(吏讀)로 토를 달고 한글로 번역하여 간행한 책. 1책.
정송(呈送)명-하다타 정납(呈納)
정송(停訟)명-하다자 송사(訟事)를 그만둠.
정:송오:죽(正松五竹) 소나무는 음력 정월에, 대나무는 음력 오월에 옮겨 심어야 잘 산다고 일러 오는 말.
정쇄(精灑)어기 '정쇄(精灑)하다'의 어기(語基).
정쇄-하다(精灑-)형여 아주 맑고 깨끗하다.
정수(井水)명 우물물
정수(井宿)명 이십팔수(二十八宿)의 하나. 남쪽의 첫째 별자리. 정성(井星) 준정(井)
정:수(正手)명 바둑·장기 따위에서, 속임수나 꼼수가 아닌 정당한 수.
정:수(正數)명 '양수(陽數)'의 구용어.
정:수(定數)명 ①일정하게 정해진 수효. ¶참석자가 ―에 이르다. ②자기의 의지로 바꿀 수 없는, 본디 정해진 운명. 상수(常數) ③'상수(常數)'의 구용어.
정수(淨水)명 ①깨끗한 물. ②정화한 물. ③-하다타 물을 정화함. ¶― 시설 ▷淨의 속자는 浄
정수(渟水)명 괴어 있는 물.
정수(艇首)명 초계정·수뢰정·요트 따위 작은 배의 이물.
정수(精水)명 정액(精液)
정수(精修)명-하다자 깊이 파고들어 학문을 닦음.
정수(精粹)명 ①잡것이 조금도 섞이지 아니한, 가장 순수한 것. ¶보석의 ―인 다이아몬드. ②-하다형 청렴하여 사욕(私慾)이 없음.
정수(精髓)명 ①뼛속에 있는 골수. 준정(精) ②사물의 중심이나 본질을 이루는 가장 뛰어난 것을 비유하여 이르는 말. ¶민족 문화의 ―. ☞진수(眞髓)
정수(靜水)명 일렁이지 않고 잠잠한 물.
정수(靜修)명-하다자 고요한 마음으로 학덕을 닦음.
정:수(整數)명 자연수와 자연수에 대응하는 음수 및 0을 통틀어 이르는 말. ☞가수(假數). 분수(分數)²
정수리(頂-)명 머리 위의 숫구멍이 있는 자리. 뇌천(腦天). 신문(囟門). 정문(頂門) ☞백회혈(百會穴)

한자 정수리 정(頂) 〔頁部 2획〕 ¶정문(頂門)

정:수=비:례(定數比例)명 '상수 비례'의 구용어.
정수=식물(挺水植物)명 수생 식물(水生植物)의 한 가지. 물밑 땅에 뿌리를 내리고, 잎이나 줄기 일부가 물 위에 나와 있는 식물. 연(蓮)·갈대 따위. 추수 식물(抽水植物) ☞부수 식물(浮水植物). 침수 식물(沈水植物)
정수-압(靜水壓)명 괴어 있는 물 속에 작용하는 압력.
정수-장(淨水場)명 수원(水源)에서 끌어들인 물을 정화하여 마실 물로서 안전한 수질이 되도록 처리하는 시설. 침전지·여과지·정수지 등으로 이루어짐.
정수-지(淨水池)명 상수도 설비에서, 여과지에서 거른 정수를 잠시 모아 두는 못.
정숙(貞淑)어기 '정숙(貞淑)하다'의 어기(語基).
정숙(情熟)어기 '정숙(情熟)하다'의 어기(語基).
정숙(精熟)어기 '정숙(精熟)하다'의 어기(語基).
정숙(靜淑)어기 '정숙(靜淑)하다'의 어기(語基).
정숙(靜肅)어기 '정숙(靜肅)하다'의 어기(語基).
정:숙(整肅)어기 '정숙(整肅)하다'의 어기(語基).
정숙-하다(貞淑-)형여 여자가 몸가짐이 조촐하고 어질다. ¶정숙한 부인.
정숙-히부 정숙하게
정숙-하다(情熟-)형여 정분(情分)이 두터워 친숙하다. ¶정숙한 친구 사이.
정숙-히부 정숙하게 ¶― 지내다.
정숙-하다(精熟-)형여 어떤 일에 정통하고 능숙하다.
정숙-히부 정숙하게
정숙-하다(靜淑-)형여 여자의 성품과 몸가짐이 조용하고 얌전하다. ¶정숙한 몸가짐. ▷靜의 속자는 静
정숙-히부 정숙하게

한자 정숙할 숙(淑) 〔水部 8획〕 ¶숙녀(淑女)/숙덕(淑德)/숙청(淑淸)/정숙(靜淑)/현숙(賢淑)

정숙-하다(靜肅-)형여 ①조용하고 엄숙하다. ¶정숙한 분위기. ②〔동사처럼 쓰임〕 조용하고 엄숙하게 하다. ¶도서관 내에서는 정숙하십시오.
정숙-히부 정숙하게
정:숙-하다(整肅-)형여 몸가짐이 단정하고 엄숙하다.
정숙-히부 정숙하게 ¶― 행동하다.
정:순(正巡)명 활쏘기에서, 정식으로 쏘는 순(巡).
정순(呈旬)명 조선 시대, 낭관(郎官)이 사임을 원할 때에 열흘에 한 번씩 세 차례 잇달아 원서를 내던 일.
정순(貞順)어기 '정순(貞順)하다'의 어기(語基).
정순-하다(貞順-)형여 몸가짐이 정숙하고 마음씨가 온순하다.
정술(政術)명 정치에서 하는 술책. 유정략(政略)
정승(政丞)명 조선 시대, 영의정·좌의정·우의정을 통틀어 이르던 말. 대신(大臣) ☞의정(議政)²
속담 **정승 날 때 강아지 난다** : 존비귀천(尊卑貴賤)이 크게 다르지 않음을 이르는 말./**정승 판서 사귀지 말고 제 입이나 잘 닦아라** : 도움을 받으려고 권세 있는 사람을 사귀려 애쓰지 말고 제 할 일이나 착실히 하라는 말.
정시(丁時)명 하루를 스물넷으로 가른 열넷째 시(時). 지금의 오후 열두 시 반부터 한 시 삼십 분까지의 동안. 준정(丁) ☞미시(未時)
정:시(正視)명-하다타 ①똑바로 바라봄. ¶상대편의 얼굴을 ―하다. ☞직시(直視) ②'정시안(正視眼)'의 준말.
정시(呈示)명-하다타 내어 보임.
정:시(定時)명 ①정해진 시각. ¶열차가 ―에 출발하다. ②일정한 시기.
정시(庭試)명 조선 시대, 나라에 경사가 있을 때에 대궐 안에서 실시하던 과거. ☞경과(慶科)
정:시-안(正視眼)명 정상적인 시력을 가진 눈. 준정시
정시자전(丁侍者傳)명 고려 말의 중 석식영암(釋息影庵)이 지은 가전체 작품. 지팡이를 의인화하여, 도(道)를 지킬 것을 훈계한 내용임. '동문선(東文選)'에 실려 전함.
정:시-제(定時制)명 어떤 일을 정한 시간에만 하는 방식. ¶― 수업 ☞전일제(全日制)
정시=증권(呈示證券)[-꿘]명 '제시 증권'의 구용어.
정:식(正式)명 규정대로의 올바른 격식. ¶― 사원/― 명칭/―으로 인사하다. ☞약식(略式)
정:식(正食)명 불교에서 중에게 허락된 음식. 쌀밥·보리밥·콩밥·보릿가루·떡 따위.
정:식(定式)명 일정한 방식이나 의식(儀式).
정:식(定食)명 ①식당 등에서 한 상에 몇 가지 요리를 정해 놓고 차려 내는 음식. ②식당이나 여관 등에서 때를 정하여 놓고 먹는 끼니 음식. ☞정찬(正餐)
정:식(定植)명 모판에서 기른 모종을 논밭에 내어 제대로 심는 일. 아주심기 ☞가식(假植)
정:식(淨食)명 불교에서, 푸성귀로 만든 반찬만으로 먹는 음식을 이르는 말.
정:식(整式)명 '다항식(多項式)'의 구용어.
정:식=간:격(正式間隔)명 제식 훈련에서, 왼팔을 어깨 높이로 곧게 올렸을 때 가운뎃손가락 끝이 왼쪽 사람의 오른쪽 어깨에 닿을 정도의 간격. ☞양팔 간격
정:식=재판(正式裁判)명 약식 명령 또는 즉결 심판에 불복해 통상의 소송 절차에 따라서 법원에 청구하는 재판.
정:식=조약(正式條約)명 두 국가가 정식 절차를 밟아서 체결한 조약. 조약의 목적, 원수의 칭호, 전권 위원의 관직·훈위(勳位)·성명 등을 적은 뒤에 비준(批准)을 거쳐 이루어짐.
정:신(正信)명 불교에서, 참되고 올바른 신심(信心)을 이르는 말.
정:신(廷臣)명 조정의 관직에 있는 신하. 조신(朝臣)
정신(貞臣)명 육정(六正)의 하나. 지조가 곧고 바른 신하.
정신(挺身)명-하다자 어떤 일에 앞장서서 나아감.

ㅈ

정:신(鼎臣)명 '삼정승(三政丞)'을 달리 이르는 말.
정신(艇身)명 ①보트의 전체 길이. ②[의존 명사로도 쓰임] ¶반 – 차로 이기다. ☞정차(艇差)
정신(精神)명 ①뇌의 활동으로 일어나는 사고의 작용이나 영역. ¶ – 문화/– 세계 ☞물질(物質) ②사물을 느끼고 판단하는 능력, 또는 그러한 작용. ¶ –을 차리고 일을 수습해야 한다./–을 집중해서 문제를 풀다. ③사물의 근본적인 의의나 사상. ¶화랑도 –/민주주의 – ④사물에 대한 마음의 자세나 태도. ¶희생 –/봉사 –
정신(을) 잃다 관용 의식을 잃다. ¶순간적으로 정신을 잃고 쓰러졌다.
정신(을) 차리다 관용 ①흐릿한 정신을 또렷하게 하다. ¶정신 차리게 세수를 하다. ②잘못을 뉘우치고 정신을 다잡다. ¶말썽만 피우더니 이제 정신을 차렸구나.
정신(이) 나다 관용 사리를 분간할 정신이 생기다. ¶이제 좀 정신이 나냐?
정신(이) 들다 관용 ①잃었던 의식이 돌아오다. ②어떤 자극이나 깨우침을 받아 바른 정신을 가지게 되거나 긴장하게 되다. ¶돈을 다 잃고 나서야 정신이 들었다.
정신(이) 사납다 관용 제정신을 차릴 수 없다. ¶무뇌가 너무 어수선해서 정신이 사나워 못 보겠다.
정신(이) 팔리다 관용 제 할 일을 잊을 정도로 다른 것에 관심을 두다. ¶노는 데 정신이 팔려 숙제를 못 했다.
속담 **정신 없는 늙은이 죽은 딸네 집에 간다** : 딴생각을 하고 다니다가 정신을 차리지 못하고 엉뚱한 곳에 잘못 갔을 때 이르는 말./**정신은 문둥 아비라** : 정신이 흐리멍덩하여 못난 짓을 하는 사람을 두고 이르는 말./**정신은 빼어서 꽁무니에 차고 있다** : 매사에 덤벙대어 실수가 잦은 사람을 두고 이르는 말./**정신은 처가(妻家)에 간다 하고 외가(外家)에를 가겠다** : 건망증이 심한 사람을 두고 놀리어 이르는 말./**정신은 침 뱉고 뒤지 하겠다** : 정신이 없어 앞뒤가 맞지 않는 엉뚱한 행동을 하는 경우에 놀리어 이르는 말.
정신=감:응(精神感應)명 말이나 표정·몸짓 등의 보통 감각 수단을 이용하지 아니하고 바로 자기의 의지나 감정을 상대편에게 전하거나 상대편이 그것을 느끼어 알게 되는 일, 또는 그런 능력을 이르는 말. 사념 전달(思念傳達). 텔레파시
정신=감정(精神鑑定)명 재판에서, 특정인의 정신 상태를 정신 의학적인 면에서 판단하는 일을 이르는 말.
정신=검:사(精神檢査)명 주의력·판단력·기억력·추리력 등의 정신 능력과 지능의 발달 정도를 검사하는 일.
정신-계(精神界)명 정신이 작용하는 세계. ☞물질계
정신-골(精神骨)명 영리하고 총기 있게 생긴 골상.
정신=골자(精神骨子)[–짜]명 일의 가장 중요한 부분.
정신=공학(精神工學)명 심리학의 방법과 성과를 실제 생활에 응용하기 위한 학문 분야.
정신-과(精神科)[–꽈]명 정신 질환을 전문으로 연구하고 치료하는 임상 의학의 한 분과.
정신=과학(精神科學)명 사람의 정신 작용, 또는 그로부터 발생하는 여러 문화 현상을 이론적으로 연구하는 학문을 통틀어 이르는 말. 철학·논리학·심리학·신학·역사학·정치학 따위. ☞자연 과학
정신=교:육(精神敎育)명 정신을 훈련하는 교육. 특히 의지의 단련이나 도덕적 의식의 계발과 함양을 목적으로 하는 교육.
정신=노동(精神勞動)명 주로 두뇌를 써서 하는 노동. ☞육체 노동
정신-력(精神力)[–녁]명 정신의 힘. ¶–이 강하다.
정신-맹(精神盲)명 사물을 볼 수도 있고 사고 능력도 있지만, 본 것을 파악하거나 인식하지 못하는 증세.
정신-면(精神面)명 정신적인 측면.
정신=문명(精神文明)명 사람의 정신적인 활동을 바탕으로 하여 이루어진 문명. ☞물질 문명
정신=문화(精神文化)명 사람의 정신 활동으로 이룬 문화를 통틀어 이르는 말. ☞물질 문화
정신=박약(精神薄弱)명 정신 지체
정신-병(精神病)[–뼝]명 정신에 장애나 이상이 생긴 병적 상태. 사질(邪疾)
정신=병리학(精神病理學)명 정신 의학의 한 분야. 정신 장애인이 일으키는 임상적 정신 증세 또는 정신 현상을 관찰하거나 분석하여 과학적으로 해명하는 것을 목적으로 함.
정신=병:원(精神病院)[–뼝–]명 정신병 환자를 수용하여 치료하는 병원. 뇌병원(腦病院)
정신병-학(精神病學)[–뼝–]명 정신병의 증세·원인·경과 등을 과학적으로 연구하여 그 예방과 치료에 응용하는 학문.
정신=분석(精神分析)명 꿈이나 공상, 연상(聯想) 따위를 분석하여 사람의 무의식 세계를 밝혀 내려 하는 일. 정신병의 치료나 사회 현상의 연구 등에 응용됨.
정신=분열증(精神分裂症)[–쯩]명 정신병의 한 가지. 정상적인 논리 과정을 따르지 못하거나, 사고·감정·행동 따위가 분열되며, 자기 세계 속에 파묻혀 외부와 접촉을 꺼리는 자폐적 증세를 나타냄. 조발성 치매(早發性痴呆) 준분열증
정신=생활(精神生活)명 ①정신적인 측면의 생활. ②물질적인 면보다도 정신적인 면을 중요시하는 생활.
정신=안정제(精神安靜劑)명 정신 신경의 흥분을 가라앉히는 약제.
정신=연령(精神年齡)[–년–]명 지능의 발달 정도를 나이로 나타낸 것. 지능 연령 ☞생활 연령
정신=요법(精神療法)[–뇨뻡]명 심리적인 장애나 부조화, 부적응 등을 치료하는 방법을 통틀어 이르는 말. 주로 심리적 기법을 이용한 것을 가리킴. 심리 요법 ☞약물 요법
정신=위생(精神衛生)명 위생학의 한 분야. 가정이나 학교, 사회 전반에 걸쳐서 정신 건강을 유지하고 향상시키며 신경증이나 정신병의 예방책 등을 연구함.
정신=의학(精神醫學)명 정신병, 신경증, 성격 이상 등의 정신 장애를 연구·치료·예방하는 의학의 한 부문.
정신=이:상(精神異狀)명 정신 계통에 이상이 생겨 비정상적인 행위를 하는 상태.
정신=장애(精神障礙)명 사물을 판별하거나 의사를 결정할 능력이 불완전한 상태.
정신-적(精神的)명 정신에 관계되는 것. ¶–인 고통이 더 크다./–으로 돕다. ☞물질적. 육체적
정신-주의(精神主義)명 물질적인 것보다 정신적인 것을 더 중요하게 여기는 주의. ☞물질주의
정신=지체(精神遲滯)명 유전적 원인, 또는 후천적 질병이나 뇌의 장애로 말미암아 청년기 전에 정신 발달이 저지되거나 지체된 상태. 정신 박약
정신=착란(精神錯亂)명 급성의 중독이나 전염병 등으로 말미암아 정신에 장애를 일으켜, 지각·기억·주의·사고 따위의 지적 능력을 일시적으로 잃어버리는 상태.
정:실(正室)명 ①첩(妾)에 상대하여, 정식으로 혼인하여 맞은 아내를 이르는 말. 본실(本室). 본처(本妻). 적실(嫡室). 정처(正妻). 큰마누라 ☞소실(小室) ②여러 채로 된 집 구조에서, '몸채'를 이르는 말.
정실(情實)명 사사로운 이해나 인정에 이끌리어 공정하게 처리하지 못하는 사정이나 관계. ¶– 인사(人事)/–에 끌리어 편중하다.
정:실(正實)어기 '정실(正實)하다'의 어기(語基).
정:실-하다(正實–)형여 바르고 참되다.
정실-히부 정실하게
정:심(正心)명 마음을 바르게 가다듬는 일, 또는 그 마음.
정:심(靜審)명-하다타 조용히 살핌.
정:심-공부(正心工夫)명 마음을 바르게 가다듬어 배워 익히는 데 힘씀.
정:-씨(正–)명 논밭의 면적에 비례하여 에누리없이 꼭 맞게 뿌려지는 곡식의 씨. ¶– 서너 말은 들겠다.
정:아(正衙)명 정전(正殿)
정:아(定芽)명 식물에서, 일정한 자리에 나는 싹. 꼭지눈이나 곁눈 따위. 제눈 ☞부정아(不定芽)

정아(頂芽)명 꼭지눈 ☞액아(腋芽). 측아(側芽)
정:악(正樂)명 속되지 아니한 정통 음악. ☞속악(俗樂)
정:안(定案)명 결정된 안건.
×정안-수(井一水)명 → 정화수(井華水)
정:압(定壓)명 일정한 압력. ☞상압(常壓)
정:압(靜壓)명 '정압력'의 준말.
정:-압력(靜壓力)명 유체(流體)의 흐름에 수직으로 작용하는 압력. 준정압(靜壓) ☞동압력(動壓力)
정:압=비:열(定壓比熱)명 압력이 일정할 때, 물질 1g의 온도를 1℃ 높이는 데 필요한 열량. ☞정적 비열
정:압=열량계(定壓熱量計)[-녈-]명 압력이 일정한 상태에서 열량을 재는 기구.
정애(情愛)명 정겹고 따뜻한 사랑. 육친간의 사랑이나 부부간의 사랑 따위.
정:액(定額)명 일정한 액수.
정액(精液)명 ①동물의 남성 생식기에서 만드는, 정자가 섞여 있는 액체. 음액(陰液) 준정(精) ②순수한 진액(津液). 정수(精水)
정:액=보:험(定額保險)명 보험 사고가 일어났을 때 지급되는 보험금의 액수가 보험 계약 때 이미 확정되어 있는 보험. 생명 보험 따위. ☞부정액 보험
정:액-세(定額稅)명 납세자나 그 밖의 사정에 관계없이 징수하는, 금액이 일정한 조세.
정:액=소:작(定額小作)명 지난날, 작황(作況)에 관계없이 해마다 정해진 소작료를 내는 소작을 이르던 말.
정야(丁夜)명 지난날, 하루의 밤 시간을 다섯으로 등분한 넷째 시간. 지금의 오전 한 시부터 세 시까지의 동안. 사경(四更) ☞무야(戊夜). 오경(五更). 오야(五夜)
정:야(靜夜)명 고요한 밤.
정:약(定約)명-하다타 약속이나 계약을 정함, 또는 그 약속이나 계약.
정약(情弱)어기 '정약(情弱)하다'의 어기(語基).
정약-하다(情弱一)형여 인정에 약하다.
정:양(正陽)명 ①한낮 ②'음력 정월'을 달리 이르는 말.
정:양(靜養)명-하다자 몸과 마음을 안정하고 휴양함. ¶공기 좋은 시골에서 -하다.
정:양-원(靜養院)명 정양이 필요한 사람들을 위하여 세운 시설. ▷靜의 속자는 静
정:어(正語)명 불교에서 이르는 팔정도(八正道)의 하나. 도리에 어긋나는 말을 삼가는 일을 이름.
정어리명 청어과의 바닷물고기. 몸길이 25cm 안팎. 몸빛은 등이 검푸르고, 배와 옆구리는 은백색이고, 가슴지느러미 아래에 검은 점이 가로로 나란히 있음.
정어리-고래명 긴수염고랫과의 포유동물. 몸길이 17m 안팎. 등은 검푸르고 배는 희끄무레하며, 등지느러미는 낫 모양임. 멸치 따위의 작은 물고기를 잡아먹음. 동해에서 삶.
정:언(正言)명 조선 시대, 사간원(司諫院)의 정육품 관직.
정:언(定言)명-하다자 논리학에서, 어떤 명제를 '만약'·'혹은' 따위의 조건을 붙이지 않고 단정하여 말하는 일, 또는 그 말.
정:언-적(定言的)명 논리학에서, 어떤 명제를 무조건적으로 단정하는 것. 단언적(斷言的) ☞선언적(選言的)
정:언적=명:제(定言的命題)명 논리학에서, 아무런 제약이나 조건이 없이 주어에 관하여 술어를 긍정 또는 부정하는 형식의 명제. 'S는 P이다', 'S는 P가 아니다'고 하는 형식을 취함. 단언적 명제. 정언적 판단 ☞선언적 명제
정:언적=삼단=논법(定言的三段論法)[-뻡]명 논리학에서 삼단 논법의 한 가지. 대전제와 소전제의 두 전제로부터 하나의 결론을 이끌어 내는 것. '인간은 죽는다.'〔대전제〕, '소크라테스는 인간이다.'〔소전제〕, '따라서 소크라테스는 죽는다.' 따위. ☞선언적 삼단 논법
정:언적=판단(定言的判斷)명 정언적 명제. 단언적 판단
정:업(正業)명 ①정당하고 바른 직업이나 생업. ☞추업(醜業) ②불교에서 이르는 팔정도(八正道)의 하나. 모든 행동을 정견(正見)이나 정사유(正思惟)에 따라서 하는 일을 이름.
정:업(定業)명 ①일정한 직업이나 업무. ②불교에서, 전생(前生)에 지은 업에 따라 현세(現世)에서 받게 되는 과보(果報)를 이르는 말.
정업(停業)명-하다타 생업(生業)을 쉬거나 그만둠.
정업(淨業)명 ①불교에서, 맑고 깨끗한 행업(行業)을 이르는 말. ②불교에서, 입으로 '나무아미타불'을 외는 일. 곧 '염불'을 이르는 말.
정역(程驛)명 노정(路程)과 역참(驛站)을 아울러 이르는 말.
정-역학(靜力學)[-녁-]명 물체에 미치는 힘의 평형을 다루는 역학의 한 부문. ☞동역학(動力學)
정연(井然)어기 '정연(井然)하다'의 어기(語基).
정연(亭然)어기 '정연(亭然)하다'의 어기(語基).
정연(精姸)어기 '정연(精姸)하다'의 어기(語基).
정:연(整然)어기 '정연(整然)하다'의 어기(語基).
정연-하다(井然一)형여 짜임새가 있고 조리가 있다.
정연-히부 정연하게
정연-하다(亭然一)형여 솟은 모양이 우뚝하다.
정연-히부 정연하게
정연-하다(精姸一)형여 정묘하고 곱다.
정연-히부 정연하게
정:연-하다(整然一)형여 흐트러진 데가 없이 가지런하다. ¶질서가 -.
정연-히부 정연하게
정열(情熱)[-녈]명 어떤 일에 대하여 세차게 일어나는 적극적인 감정. ¶연극에 -을 쏟다.
정열-적(情熱的)[-녈쩍]명 정열이 강한 것. ¶-으로 노래하다.
정:염(井塩)[-념]명 염분(塩分)이 녹아 있는 지하수에서 채취한 소금.
정:염(正塩)[-념]명 염 중에서 산(酸)의 수소와 염기의 수산기가 과부족 없이 반응하여 생긴 염. 염화나트륨이나 인산나트륨 등.
정염(情炎)[-념]명 불같이 타오르는 욕정. 정화(情火)
정영(呈營)명-하다타 조선 시대, 각 도의 관찰사에게 직접 소장(訴狀)을 내던 일.
정:예(淨穢)명 깨끗함과 더러움을 아울러 이르는 말.
정예(精銳)명-하다형 ①매우 날쌔고 용맹스러움, 또는 그러한 군사. ¶- 부대 ②위력이 세고 날카로움, 또는 그러한 힘. ¶-한 선수단.
정:오(正午)명 낮 열두 시. 상오(晌午). 오정(午正). 정오(亭午) ☞자정(子正)
정:오(正誤)명-하다타 잘못을 바로잡음.
정:오(亭午)명 정오(正午)
정:오-표(正誤表)명 출판물 따위에서, 잘못된 글자나 부분을 바로잡아 적은 일람표.
정:-오품(正五品)명 고려·조선 시대, 열여덟 등급으로 가른 문무관 품계의 아홉째 등급. ☞종오품(從五品)
정옥-사(錠玉沙)명 옥이나 돌을 갈고 깎는 데에 쓰는 모래. 적갈색이고 매우 단단함.
정:온(定溫)명 일정한 온도.
정:온(靜穩)[1]명 풍력 계급의 '고요'의 구용어.
정:온(靜穩)[2]어기 '정온(靜穩)하다'의 어기(語基).
정:온-기(定溫器)명 온도 조절기 등을 사용하여 내부의 온도를 일정하게 유지하도록 한 장치. 항온기(恒溫器)
정:온=동:물(定溫動物)명 외계의 온도 변화에 관계없이 체온을 늘 따뜻한 상태로 유지하는 동물. 조류(鳥類)나 포유류 따위. 더운피 동물. 등온 동물. 상온 동물. 온혈 동물. 항온 동물 ☞변온 동물
정:온-하다(靜穩一)형여 고요하고 평온하다.
정완(貞婉)어기 '정완(貞婉)하다'의 어기(語基).
정완-하다(貞婉一)형여 절조가 곧고 유순하다.
정외(廷外)명 법정의 밖. ☞정내(廷內)
정외(情外)명 인정에 벗어나는 일.
정외지언(情外之言)명 인정에 벗어나는 말.
정요(精要)어기 '정요(精要)하다'의 어기(語基).
정요-하다(精要一)형여 정묘(精妙)하고 긴요(緊要)하

ㅈ

다. 정긴하다

정욕(情欲)명 ①마음에 일어나는 여러 가지 욕망. ②불교에서 이르는 사욕(四欲)의 하나. 물건을 탐하고 집착하는 마음을 이름.

정욕(情慾)명 이성(異性)에 대한 육체적인 욕망. ☞색욕(色慾). 색정(色情). 성욕(性慾). 욕정(慾情). 육욕(肉慾)

정:용(整容)명-하다자 자세를 바로잡음.

정:용-법(整容法)[-뻡]명 체조의 준비 운동으로 자세를 바로잡는 법. 두 팔을 벌리고 손바닥을 펴서 앞뒤와 위아래로 원을 그리며, 발뒤축을 들었다 놓았다 함.

정:용=비:열(定容比熱)명 정적 비열(定積比熱)

정용-체(晶溶體)명 두 가지 이상의 결정물이 섞여 녹아서 다시 결정된 물체.

정우(丁憂)명-하다자 부모의 상사(喪事)를 당함.

정우(政友)명 ①정치계의 벗. ②정견(政見)이 같은 사람. ☞정적(政敵)

정:원(正員)명 어떤 조직이나 단체 등에서, 정식 인원으로서 자격을 가지고 있는 사람.

정:원(定員)명 일정한 규정에 따라 수를 정해 놓은 인원. ¶- 초과/모집 -을 대폭 늘리다.

정원(政院)명 '승정원(承政院)'의 준말.

정원(庭園)명 집 안에 만들어 놓은 뜰이나 꽃밭.

정원(淨院)명 깨끗한 집이라는 뜻으로, '절'을 달리 이르는 말. ▷ 淨의 속자는 浄

정원(情願)명-하다타 진정으로 바람.

정원-사(庭園師)명 정원을 가꾸는 일을 직업으로 하는 사람. 원정(園丁) ☞원예사(園藝師)

정원=세:포(精原細胞)명 후생동물의 정자가 형성되는 초기 단계의 세포. 정소(精巢)에서 유사 분열을 되풀이하여 정모 세포(精母細胞)로 되고, 이것이 다시 감수 분열하여 정세포(精細胞)로 됨.

정월(正月)명 음력(陰曆)으로 한 해의 첫째 달. ¶- 초하룻날/- 보름날을 대보름날이라 한다.

정:위(正位)명 올바른 자리, 또는 정당한 위치.

정:위(正尉)명 조선 말기에 신식 군제(軍制)에 따라 두었던 무관 계급의 하나. 참령(參領)의 아래, 부위(副尉)의 위임.

ㅈ

정:위(正僞)명 바른 것과 거짓된 것을 아울러 이르는 말.

정:위(定位)명-하다타 ①어떤 사물이 놓일 자리를 정함, 또는 그 자리. ②생물체가 귀소성(歸巢性)이나 주성(走性) 따위의 방향성을 가진 체위를 정하는 일, 또는 그 위치나 자세.

정:위-점(定位點)[-쩜]명 '자릿점'의 구용어.

정유(丁酉)명 육십갑자의 서른넷째. ☞무술(戊戌)

정유(情由)명 사유(事由)

정유(精油)명 일부 식물의 꽃·잎·열매 등에서 뽑아 낼 수 있는, 향기를 지닌 휘발성 기름. 향료의 원료로 쓰임. 장뇌유·박하유 따위. 방향유(芳香油)

정유-년(丁酉年)명 육십갑자로 해를 이를 때, 정유(丁酉)가 되는 해. 곧 천간(天干)이 정(丁)이고, 지지(地支)가 유(酉)인 해. ☞무술년(戊戌年). 유년(酉年)

정육(精肉)명 살코기

정:-육면체(正六面體)[-뉵-]명 여섯 개의 면이 모두 정사각형인 육면체. 입방체(立方體) ☞정팔면체. 직육면체

정육-점(精肉店)명 고기붙이를 파는 가게. ☞푸주

정:-육품(正六品)[-뉵-]명 고려·조선 시대, 열여덟 등급으로 가른 문무관(文武官) 품계의 열한째 등급. ☞종육품(從六品)

정:윤(正胤)명 고려 초기, 태자(太子)를 달리 이르던 말.

정:-윤(正閏)명 ①평년과 윤년을 아울러 이르는 말. ②정통의 임금인 정위(正位)와 정통이 아닌 임금인 윤위(閏位)를 아울러 이르는 말.

정은(丁銀)명 품질이 낮은 은(銀). 칠성은(七成銀)

정:은(正銀)명 순은(純銀) ☞순금(純金)

정:음(正音)명 ①글자의 바른 소리. 제소리' ②'훈민정음(訓民正音)'의 준말.

정음(淨音)명 깨끗하고 맑은 소리.

정:읍사(井邑詞)명 가사가 전하는 유일한 백제 가요. 한글로 쓰여 전하는 노래로는 가장 오래된 것으로, 행상 나간 남편의 밤길을 염려하는 내용임. '악학궤범(樂學軌範)'에 실려 전함.

정:의(正意)명 바른 마음, 또는 올바른 생각.

정:의(正義)명 ①기본 원칙에 맞는 옳고 바른 도리. ¶-를 위하여 싸우다. ☞불의(不義) ②법전 따위의 바른 뜻, 또는 바른 해석.

정의(廷議)명 조정의 의논. 조의(朝議)

정의(征衣)명 ①여행할 때의 몸차림. 여장(旅裝) ②지난날, 군인이 전장에 나갈 때 입던 옷.

정:의(定義)명-하다타 어떤 개념의 내용이나 말의 뜻을 분명하게 한정하는 일, 또는 그 뜻이나 내용. 뜻매김 ¶-를 내리다./용어를 -하다.

정의(情意)명 감정과 의지, 또는 마음과 뜻.

정의(情義)명 인정과 의리.

정의(情誼)명 사귀어 두터워진 정. ¶이웃간의 -./-가 깊다. 준의(誼) ▷ 情과 情은 동자

정의(精義)명 자세한 뜻.

정:의-감(正義感)명 옳고 바른 도리를 지향하는 마음. ¶젊은이의 -./-에 불타다.

정:-의관(整衣冠)명-하다자 의관을 단정하게 함.

정의-상통(情意相通)명 마음과 뜻이 서로 통함.

정의-투합(情意投合)명 마음과 뜻이 서로 잘 맞음.

정-이월(正二月)명 정월과 이월을 아울러 이르는 말.

정:-이품(正二品)명 고려·조선 시대, 열여덟 등급으로 가른 문무관 품계의 셋째 등급. ☞종이품(從二品)

정:인(正人)명 마음이 바른 사람.

정인(淨人)명 속인(俗人)으로 절에 살면서 중의 시중을 드는 사람.

정인(情人)명 ①이성(異性)으로서 그리며 사랑하는 사람. 연인(戀人) ②정을 통하며 지내는 사람. ☞애인

정:일(定日)명-하다타 날짜를 정함, 또는 그 정한 날짜.

정일(精一)어기 '정일(精一)하다'의 어기(語基).

정:일-시:장(定日市場)명 날짜를 정하여 놓고 정기적으로 서는 장. ☞오일장(五日場)

정:일=출급=어음(定日出給-)명 확정된 날짜가 만기(滿期)로서 적혀 있는 어음.

정:-일품(正一品)명 고려·조선 시대, 열여덟 등급으로 가른 문무관 품계의 첫째 등급. ☞종일품(從一品)

정일-하다(精一-)형여 마음이 자상하고 한결같다.

정:임(正任)명 실직(實職). 정직(正職)

정:임(定賃)명 일정하게 정하여진 임금.

정자(丁字)[-짜]명 '정자형(丁字形)'의 준말.

정:자(正字)명 ①글씨에서 자체(字體)를 바르게 또박또박 쓴 글자. ¶-로 쓰다. ②한자에서, 속자(俗字)나 약자(略字)가 아닌 정식 글자를 이르는 말. ☞본자(本字)

> ▶ **한자의 정자**(正字)·**속자**(俗字)·**약자**(略字)
> 한자의 속자는 정자는 아니면서 정자와 더불어 통용되는 글자를 말한다. 약자는 정자의 획수를 줄인 글자이다. '隱'은 정자, '隠'은 속자이며, '號'는 정자, '号'는 약자이다. '㑹'와 같은 글자는 '會'의 속자이면서 획수로 보면 약자일 수도 있다. 어느 글자나 일상 생활에서 쓸 수 있는 글자이다.

정자(亭子)명 전망이 좋은 곳에, 경치를 즐기며 편히 쉴 수 있게 다락집처럼 지어 놓은 집. 대개 벽이 없이 기둥과 지붕만 있게 지음. 사정(舍亭). 정각(亭閣)

한자 **정자 정**(亭) 〔亠部 7획〕 ¶정각(亭閣)/정자(亭子)

정자(晶子)명 유리질(琉璃質)의 화성암에 들어 있는 아주 작은 결정의 알갱이.

정자(精子)명 생물 수컷의 생식 세포. 난자와 결합하여 새로운 개체를 형성함. 정충(精蟲)

정자-각(丁字閣)[-짜-]명 능원(陵園)의 묘(墓) 앞 아래쪽에 '丁' 자 모양으로 지어 놓은 집. 이곳에서 제사를

지냄. 침전(寢殿)
정자-관(程子冠)명 지난날, 선비들이 집에서 평상시에 쓰던 관. 말총으로 짜거나 떠서 만들었는데 위는 터지고 세 봉우리가 지게 두 층 또는 세 층으로 만들었음.
정자-나무(亭子-)명 동네 어귀 등에 있는 큰 나무. 그 그늘 아래서 사람들이 모여 놀거나 쉼.
정자-로(丁字路)[-짜-]명 'T' 자 모양으로 난 길.
정자-모(亭子-)명 산골 논에 듬성듬성 심은 모.
정:자-법(正字法)[-뻡]명 맞춤법
정자-보(丁字-)[-짜-]명 'T' 자 모양으로 짠 보.
정:자살=교창(井字-交窓)[-짜-]명 문살을 '井' 자 모양으로 짠 교창.
정:자살-문(井字-門)[-짜-]명 문살을 '井' 자 모양으로 짠 문.
정자-자(丁字-)[-짜-]명 제도기(製圖器)의 한 가지. 수평선이나 수직선을 긋는 데 쓰는 'T' 자 모양으로 된 자. 정자 정규(丁字定規). 티자 ☞미레자
정자=전:법(丁字戰法)[-짜-뻡]명 해군에서, 함대의 대열을 'T' 자 모양으로 벌여 싸우는 전법.
정자=정:규(丁字定規)[-짜-]명 정자자. 티자
정자-집(丁字-)[-짜-]명 종마루가 'T' 자 모양으로 생긴 집.
정자-형(丁字形)[-짜-]명 'T' 자처럼 생긴 모양. 준 정자(丁字)
정자형-약(丁字形葯)[-짜-냑]명 수술대의 꼭대기에 붙어 'T' 자 모양을 이룬 꽃밥. 참나무나 중다리의 꽃밥 따위. ☞각생약(脚生葯)
정:작 명 ①사실이거나 진짜인 것. ¶전투는 이제부터가 -이다./-으로 내가 알고 싶은 게 그 일이다. ②[부사처럼 쓰임] 실지로 ¶- 관심을 끈 것은 이 사건이다./- 할 말은 하지도 못한 채 돌아왔다./- 죄의식을 느껴야 할 사람은 나다. ☞막상. 정말로
정:장(正章)명 정식의 훈장이나 휘장. ☞약장(略章)
정:장(正裝)명 정식으로 정해져 있는 복장. ¶-을 차려 입다./- 차림으로 나서다. ☞약장(略裝)
정장(呈狀)명-하다자타 정소(呈訴)
정:-장석(正長石)명 단사 정계(單斜晶系)에 딸린 규산염 광물. 나트륨과 칼륨 등을 함유하며 화성암이나 변성암 등에 들어 있음. 도자기나 유리의 원료로 쓰임.
정:장-제(整腸劑)명 장의 기능을 좋게 하는 약.
정재(呈才)명 ①조선 시대, 궁중의 잔치 때 벌이던 노래와 춤. ②'궁중 무용'을 달리 이르는 말.
정재(淨財)명 깨끗한 재물이라는 뜻으로, 신불(神佛)을 섬기거나 자선(慈善)할 때 쓰는 재물을 이르는 말.
정재(淨齋)명 '정재소(淨齋所)'의 준말.
정재-소(淨齋所)명 절에서 밥을 짓는 곳. 준 정재(淨齋)
정쟁(政爭)명 정치 문제로 다투는 일. 정전(政戰) ¶-에 휘말리다./-이 끊이질 않는다.
정쟁(挺爭)명-하다자 앞장서서 다툼.
정저(疔疽)명 정(疔)
정저와(井底蛙)성구 우물 안 개구리라는 뜻으로, 보고 들은 것이 적어서 세상 형편을 모르는 사람을 비유하여 이르는 말. 정중와(井中蛙) ☞좌정관천(坐井觀天)
정:적(正嫡)명 ①적처(嫡妻). 정배(正配) ②본처에게서 태어난 아들. ☞적자(嫡子) ③종가(宗家)
정:적(正籍)명 바른 호적(戶籍).
정:적(定積)명 ①일정한 넓이나 부피. ②두 개 이상의 수나 식을 곱하여 얻은 일정한 값.
정적(政敵)명 정치적인 의견이 달라 서로 대립되는 처지에 있는 사람. ¶-을 제거하다.
정적(靜寂)명-하다형 고요하고 괴괴함. ¶-에 잠기다./-이 흐르다./-이 감돌다./-을 깨뜨리다.
정적(靜的)[-쩍]명 움직임이 없는 것, 또는 조용한 것. ¶-인 분위기를 자아내다. ☞동적(動的)
정:적=도법(正積圖法)[-뻡]명 지도 투영법의 한 가지. 지도에서 각 부분의 넓이가 어디에서나 같은 비율이 되도록 그리는 방법. 등적 도법
정:적=비:열(定積比熱)명 부피를 같게 유지한 채 온도를 높일 때의 비열. 정용 비열 ☞정압 비열
정적=위험(靜的危險)[-쩍-]명 화재나 좌초 따위의 갑작스러운 사고로 손해를 보게 되는 위험. ☞동적 위험
정:적-토(定積土)명 원적토(原積土)
정전(丁田)명 신라 때, 나라에서 15세 이상의 장정들에게 나누어 주어 부치게 하던 토지.
정전(丁錢)명 ①조선 시대, 장정(壯丁)이 군역(軍役) 대신에 바치던 돈. ②조선 시대, 중이 군역을 면제 받는 도첩(度牒)을 받을 때 관아에 군포 대신 바치던 돈.
정:전(正田)명 조선 시대, 조세율을 정하기 위하여 분류한 토지 가운데 놀리지 않고 해마다 농사를 짓던 논밭. ☞속전(續田)
정:전(正殿)명 임금이 공식적인 국가 행사나 의식을 베푸는 곳. 법전(法殿). 정당(正堂). 정아(正衙) ☞편전(便殿)
정전(征戰)명-하다타 출정(出征)하여 싸움.
정전(政戰)명 정쟁(政爭)
정전(挺戰)명-하다자 스스로 앞장서서 싸움.
정전(停電)명-하다자 전기가 일시적으로 끊어짐. ¶-소동/-에 대비하다.
정전(停戰)명-하다자 교전(交戰) 중인 두 편이 합의에 따라 한때 어떤 지역 또는 전역에 걸쳐 전투 행위를 그치는 일. ¶- 회담 ☞휴전(休戰)
정전=감:응(靜電感應)명 정전기 유도
정:-전:기(正電氣)명 '양전기(陽電氣)'의 구용어.
정-전:기(靜電氣)명 마찰 전기(摩擦電氣)와 같이 대전체에 거의 머물러 있는 전기. ☞동전기(動電氣)
정전기=유도(靜電氣誘導)명 양전기나 음전기를 띤 도체(導體)를 전기를 띠지 않은 다른 도체에 접근시키면 가까운 표면에 반대되는 대전(帶電)이 일어나는 현상. 전기 감응. 정전 감응. 정전 유도
정전=렌즈(靜電lens)명 전기장(電氣場)을 이용한 전자 렌즈의 하나.
정전=유도(靜電誘導)명 정전기 유도
정:절(正切)명 '탄젠트'의 구용어. ☞여절(餘切)
정절(貞節)명 여자의 곧은 절개. ¶-을 지키다.
정절(情節)명 궂은 일을 당한 딱한 정황(情況).
정:점(定點)[-쩜]명 미리 정해 놓은 일정한 점.
정점(頂點)[-쩜]명 ①'꼭지점'의 구용어. ②맨 꼭대기가 되는 곳. ¶산의 -./가장을 -으로 하는 가족 제도. ③사물의 진행이나 발전 과정이 최고에 이른 상태. 절정(絕頂) ¶인기의 -에 있다./-에 다다르다.
정:접(正接)명 '탄젠트(tangent)'의 구용어.
정:정(正定)명 불교에서 이르는 팔정도(八正道)의 하나. 번뇌로 말미암은 어지러운 생각을 떨어버리고 마음을 안정하는 일. ☞정사유(正思惟). 팔성도(八聖道)
정정(征頂)명-하다자 정상을 정복함.
정:정(定鼎)명-하다자 새로 나라를 세워 도읍을 정함.
정정(訂正)명-하다타 말이나 글, 글자 등의 틀린 곳을 고쳐서 바로잡음. ¶문장의 오류를 -하다.
정정(訂定)명-하다타 잘잘못을 의논하여 결정함.
정정(政情)명 정계(政界)의 정황. ¶-이 불안정하다.
정정(井井)어기 '정정(井井)하다'의 어기(語基).
정정(亭亭)어기 '정정(亭亭)하다'의 어기(語基).
정정(貞靜)어기 '정정(貞靜)하다'의 어기(語基).
정정(淨淨)어기 '정정(淨淨)하다'의 어기(語基).
정:정당당-하다(正正堂堂-)형여 부끄러운 점이 없이 바르고 떳떳하다. ¶정정당당한 태도.
정정당당-히부 정정당당하게
정:정방방-하다(正正方方-)형여 바르고 규모가 있어서 조금도 어지럽지 않다.
정정방방-히부 정정방방하게
정:정백백-하다(正正白白-)형여 바르고 의젓하면서도 마음이 깨끗하다.
정정백백-히부 정정백백하게
정:-정:업(正定業)명 불교에서, 아미타불의 명호(名號)

ㅈ

인 '나무아미타불'을 부르는 일.

정:-정진(正精進)명 불교에서 이르는 팔정도(八正道)의 하나. 온 마음을 기울여 악이 생겨나지 못하게 하고, 선(善)이 생겨나게 하는 일을 이름.

정정-하다(井井－)형여 ①질서나 조리가 정연(井然)하다. ②왕래가 빈번하다.

정정-히부 정정하게

정정-하다(亭亭－)형여 ①나무 따위가 우뚝 솟아 있다. ¶정정한 소나무. ②노인이 기력이 좋고 건강하다. ¶젊은이 못지않게 －./여전히 정정한 노인.

정정-히부 정정하게

정정-하다(貞靜－)형여 여자의 행실이 곧고 깨끗하며 성질이 얌전하다.

정정-히부 정정하게

정정-하다(淨淨－)형여 매우 맑고 깨끗하다.

정제(井祭)명 우물에 지내는 제사.

정제(庭除)명 섬돌 아래.

정제(情弟)명 다정한 벗 사이에 편지에서 '자기'의 뜻으로 쓰는 한문 투의 말. ☞정형(情兄)

정제(精製)명-하다타 ①정성을 들여 잘 만듦. ¶재료를 잘 골라 －한 제품. ②물질에 섞인 불순물을 없애어 그 물질을 더 순수하게 만듦. ¶석유를 －하다./－된 소금.

정:제(整除)명 '나누어떨어짐'의 구용어.

정:제(整齊)명-하다타 바로잡아 가지런히 함. ¶의관을 －하다.

정제(錠劑)명 가루약 따위를 둥글납작하게 굳혀 만든 약제. ☞분제(粉劑). 알약

정제-면(精製綿)명 탈지면(脫脂綿)

정제-품(精製品)명 정제한 물품. 정품(精品)

정:제-화(整齊花)명 꽃받침이나 꽃잎의 모양과 크기가 각각 똑같이 생긴 꽃. 복숭아꽃이나 벚꽃 따위.

정:제=화관(整齊花冠)명 각 꽃잎의 모양과 크기가 똑같고 방사상으로 규칙 있게 배열된 꽃부리. 매화나 벚꽃 따위.

정:조(正租)명 벼

정:조(正條)명 ①분명하게 정해져 있는 조문(條文). ②간격이 바르고 쭉 곧은 줄.

정:조(正朝)명 정월 초하룻날의 아침. 원단(元旦)

정:조(正調)명 바른 곡조.

정:조(定租)명 정도(定賭)

정조(貞操)명 ①여성의 곧은 절개. ②성적(性的) 순결을 지키는 일. ¶－ 관념/－를 지키다.

정조(情調)명 ①그것에서 풍기는 독특한 멋이나 분위기. ¶이국적인 －. ②어떤 사물을 대할 때 감각에 따라 일어나는 여러 가지 감정.

정조(情操)명 아름다운 것이나 훌륭한 것 등을 대하였을 때 감동하는, 정감이 넉넉한 마음. ¶미적(美的) －.

정조-대(貞操帶)명 여성의 정조를 지키기 위해 자물쇠로 채웠던 쇠로 만든 기구. 중세 유럽에서 쓰였다 함.

정:조=문:안(正朝問安)명 지난날, 정월 초하룻날 조신(朝臣)들이 임금에게, 또는 손아랫사람이 손윗사람에게 문안을 드리던 일.

정-조시(停朝市)명-하다자 지난날, 국상(國喪)이 있거나 나라에 특별한 재변(災變)이 일어났을 때, 나라에서는 조회(朝會)를 하지 않고 각 관아는 일을 보지 않으며, 시장은 문을 닫고 장사를 쉬던 일.

정:조-식(正條植)명 줄모 ☞편조식

정조=의:무(貞操義務)명 부부가 저마다 정조를 지켜야 할 의무. 어겼을 경우 이혼의 원인이 됨.

정족(晶簇)명 암석이나 광맥 따위의 공동(空洞) 안면에 결정(結晶)이 빽빽하게 돋아 있는 것.

정:족(鼎足)명 솥발

정:족-수(定足數)명 합의제 기관에서 의사를 진행하고 의결하는 데 필요한 최소한의 구성원의 출석 수. ¶의결 －/－ 미달로 폐회되다.

정:족지세(鼎足之勢)명 솥발처럼 세 세력이 맞선 형세.

정졸(精卒)명 정병(精兵)

정:종(正宗)명 불교에서, 개조(開祖)의 정통을 이은 종파(宗派)를 이르는 말.

정종(疔腫)명 정(疔)

정좌(丁坐)명 뫼자리나 집터 등이 정방(丁方)을 등진 좌향(坐向).

정:좌(正坐)명-하다자 몸가짐을 바르게 하고 앉음. ☞단좌

정:좌(鼎坐)명-하다자 솥발 모양으로 세 사람이 벌려 앉음.

정좌(靜坐)명-하다자 마음을 가라앉히고 조용히 앉음. ¶눈을 감고 －하다.

정좌-계:향(丁坐癸向)명 뫼자리나 집터 등이 정방(丁方)을 등지고 계방(癸方)을 향한 좌향.

정죄(淨罪)명-하다자 ①죄를 깨끗이 씻음. ②가톨릭에서, 이 세상에서 충분히 죄의 보속(補贖)을 하지 않은 사람이 죽은 뒤에 연옥에서 불로써 죄를 씻는 일.

정죄(情罪)명 사정과 죄상(罪狀).

정주(汀洲)명 내·강·못·호수·바다 등에서, 물이 얕아 바닥의 흙이나 모래가 드러나 보이는 곳.

정:주(正株)명 거래할 때 실제로 주고받는 주식의 현물(現物). 실주(實株) ☞공주(空株)

정:주(定住)명-하다자 일정한 곳에 자리를 잡고 삶. ¶한곳에 －하다./오랫동안 －해 온 곳.

정:주(鼎廚)명 '정주간(鼎廚間)'의 준말.

정:주-간(鼎廚間)[－깐]명 우리 나라 북쪽 지방의 재래식 한옥 구조에서, 부엌과 안방 사이에 벽이 없이 한데 잇달린 곳. 준정주(鼎廚)

정:주-체(正柱體)명 정각기둥

정주-학(程朱學)명 중국 송나라 때의 정호(程顥), 정이(程頤)와 주희(朱熹)의 학설이라는 뜻으로 '성리학'을 달리 이르는 말.

정:준(鼎樽)명 솥처럼 생긴 술 항아리.

정:중(正中)명 한가운데

정:중(鄭重)어기 '정중(鄭重)하다'의 어기(語基).

정중관천(井中觀天)성구 좌정관천(坐井觀天)

정중-수(井中水)명 육십갑자의 갑신(甲申)과 을유(乙酉)에 붙이는 납음(納音). ☞옥상토(屋上土)

정중와(井中蛙)성구 정저와(井底蛙)

정:중-하다(鄭重－)형여 태도나 말씨가 점잖고 묵직하다. ¶정중한 말씨./정중한 태도./정중하게 맞이하다.

정중-히부 정중하게 ¶－ 묻다./－모시다.

정:지(正至)명 정월 초하루와 동지(冬至).

정지(貞志)명 바르고 곧은 뜻.

정지(停止)명-하다자타 ①움직이고 있던 물체가 움직임을 멈춤. ¶운행 －/차가 －하다./운항을 －하다. ②어떤 일이나 작용을 중도에 그만두거나 더 이상 이루어지지 않게 함. ¶영업 －/지급 －/집행을 －하다.

정지(淨地)명 깨끗한 땅이라는 뜻으로, 절이 있는 곳을 이르는 말. ☞정계(淨界). 정토(淨土)

정지(情地)명 딱한 사정에 있는 처지. ¶그의 －가 가엾다.

정지(靜止)명-하다자 조용히 멈춤, 또는 그 상태.

정:지(整地)명-하다타 ①건물 등을 지으려고 땅을 고르고 다짐. ¶－가 잘 되다./－ 작업 ②농작물의 씨를 뿌리거나 심으려고 땅을 갈아 고름.

정:지(整枝)명-하다타 과수(果樹)나 정원수 등의 가지를 잘라 가지런히 다듬는 일. ☞전정(剪定). 전지(剪枝)

정지-각(靜止角)명 평면 위에서 물체를 끌어당길 때, 면의 마찰과 면의 압력의 합력(合力)과 압력의 방향이 이루는 각 중에서 가장 큰 각.

정지=공권(停止公權)[－꿘]명 부가형(附加刑)의 한 가지. 일정 기간 공권을 행사하지 못하도록 하는 일.

정지=궤:도=위성(靜止軌道衛星)명 적도 상공 약 3만 5800km에서 지구의 자전 속도와 같은 시속 1만 1000km로 돌므로 정지해 있는 것처럼 보이는 위성.

정지=마찰(靜止摩擦)명 어떤 면 위에서 물체를 움직이려고 할 때, 그 힘과 반대 방향으로 작용하여 운동을 방해하는 저항력. ☞운동 마찰

정지=신:호(停止信號)명 열차·자동차·통행인 따위의 정지를 지시하는 신호.

정지=인구(靜止人口)명 늘지도 줄지도 않는 인구. 해마

다 남녀별 출생률과 사망률이 일정하므로 인구 증가율이 0이 되어, 인구 구조가 일정한 것으로 가정하였을 때의 인구.
정지=조건(停止條件)[-껀] 명 법률 행위의 효력 발생에 대하여 조건이 되는 사항. 조건이 성취될 때까지 법률 행위의 효력이 정지되어 있다가 조건이 이루어지면 비로소 효력이 발생함. ☞해제 조건(解除條件)
정지-핵(靜止核) 명 세포 분열을 하지 않는 보통 때의 핵.
정:직(正直) 명 -하다 형 마음에 거짓이 없이 바르고 곧음. ¶그는 성실하고 -하다./-한 사람./-하게 살아오다.
정직-히 부 정직하게 ¶- 말해서…./- 고백하다.
정:직(正職) 명 실직(實職)
정:직(定職) 명 일정한 직업.
정직(停職) 명 -하다 자 공무원에 대한 징계 처분의 한 가지. 공무원의 신분은 그대로 두되, 일정 기간 직무를 하지 못하게 하고 보수의 3분의 2를 감하는 일.
정:-직선(定直線) 명 임의로 주어진 직선, 또는 정해진 직선. ☞정점(定點)
정:진(正眞)[1] 명 '석가모니'를 달리 이르는 말.
정진(征塵) 명 병마(兵馬)가 달려가면서 일으키는 먼지.
정진(挺進) 명 -하다 자 여럿 가운데서 앞서 나아감.
정진(精進) 명 -하다 자 ①어떤 한 가지 일에 정신을 집중하여 힘씀. ¶공부에 -하다. ②몸을 깨끗이 하고 마음을 가다듬음. ③불교에서, 재계(齋戒)하고 소식(素食)하면서 마음을 오로지 불법 수행에 쏟는 일.
정진(靜振) 명 바다나 호수 따위 표면에 일어나는, 정상파(定常波)에 따른 주기적인 진동 현상.
정:진(正眞)[2] 어기 '정진(正眞)하다'의 어기(語基).
정진-대(挺進隊) 명 특별한 임무를 띠고 본대와 멀리 떨어져서 전진하거나, 적의 후방에서 본대의 작전을 유리하게 이끌기 위해 각종 작전을 꾀하는 특수 부대.
정:진-하다(正眞-) 형여 바르고 참되다.
정질(晶質) 명 고체일 때는 결정질이며, 용액 중에서는 교질(膠質)로 되지 않는 물질. 무기염류·자당(蔗糖) 따위.
정-집(精-)[-찝] 명 정소(精巢) ☞알집
정:짜(正-) 명 위조(僞造)가 아닌 진짜.
정차(停車) 명 -하다 자타 정거(停車)
정차(艇差) 명 보트레이스에서, 보트의 길이를 기준으로 한 두 보트 간의 거리. ☞정신(艇身)
정:착(定着) 명 -하다 자타 ①일정한 곳에 자리잡아 머무름. ¶고향에 -하다. ②새로운 제도·문화·사상 등이 당연한 것으로서 사회에 널리 받아들여져 자리를 잡음. ¶외래 문화가 -하다. ③사진에서, 현상한 필름이나 인화지가 다시 감광하지 않도록 약품으로 처리하는 일.
정:착-물(定着物) 명 법률에서, 토지에 딸려 있고 그 상태로 계속 사용되는 것이 사회 통념상 인정되는 물건을 이르는 말. 토지에 딸린 건물·나무, 토지에 설치한 기계 등이 이에 해당함.
정:착-액(定着液) 명 현상한 필름이나 인화지의 상(像)을 고정하는 데 쓰이는 액체.
정:찬(正餐) 명 서양 요리에서 정식(定食)의 식단에 따라 차리는 음식, 또는 그러한 식사. 대개 오르되브르로 시작되어 수프·생선 요리·고기 요리·샐러드·디저트·커피 등의 차례로 나옴.
정:찰(正札) 명 정가표(定價表)
정:찰(正察) 명 -하다 타 똑바로 살핌.
정찰(情札) 명 따뜻한 정이 담긴 편지.
정찰(淨刹) 명 ①정토(淨土) ②'절'을 달리 이르는 말.
정찰(偵察) 명 -하다 타 적의 동정(動靜) 등을 몰래 살피어 알아냄. ¶- 비행/적의 동태를 -하다.
정찰(精察) 명 -하다 타 자세히 살핌.
정찰-기(偵察機) 명 적군의 여러 가지 상황이나 정보, 자료 등을 몰래 살피어 알아내는 임무를 띤 군용기.
정채(精彩) 명 ①정묘하게 빛나는 색채나 광채. ②활발하고 생기가 넘치는 기상.
정책(政策) 명 ①정부나 정당 등의 정치에 관한 방침이나 방책. ¶외교 - ②목적을 이루기 위한 방침이나 수단. ¶영업 -
정책-적(政策的) 명 정책에 관한 것. ¶-인 배려.
정:처(正妻) 명 정실(正室)
정:처(定處) 명 정한 곳. 일정한 곳. ¶- 없이 떠돌다.
정:철(正鐵) 명 ①시우쇠 ②불순물이 섞이지 않은 무진동.
정철(精鐵) 명 잘 불려서 단련한 시우쇠.
정첩(偵諜) 명 적군이나 적국의 형편을 정탐하는 사람.
정청(政廳) 명 ①정무(政務)를 보는 관청. ②조선 시대, 전관(銓官)이 궁중에서 관원의 임면(任免)과 출척(黜陟)에 관한 사무를 보던 곳.
정청(庭請) 명 -하다 타 조선 시대, 세자(世子)나 의정(議政)이 백관(百官)을 거느리고 대궐 뜰에 나아가 중대 사건을 계품(啓稟)하고 하교(下敎)를 기다리던 일.
정:청(靜聽) 명 -하다 타 조용히 들음.
정:체(正體)[1] 명 사물의 본 모양, 또는 겉으로 드러나지 않는 본 모습.
정:체(正體)[2] 명 사진 식자나 컴퓨터 서체에서 기준으로 삼는 서체. 보통은 정사각형의 서체를 이름. ☞사체(斜體). 장체(長體). 평체(平體)
정체(政體) 명 ①국가의 정치 형태나 통치 형태. 군주제·민주제·공화제 따위. ②통치권의 행사 방법에 따른 정치 형태. 입헌 정체와 전제 정체가 있음. ☞국체(國體)
정체(停滯) 명 -하다 자 사물의 상태가 더 나아가지 못하고 한군데 머물러 막힘. ¶도로의 통행이 - 상태이다.
정체=전선(停滯前線) 명 거의 이동하지 않고 일정한 곳에 머물고 있는, 차갑고 따뜻한 두 기단(氣團)의 전선.
정초(正初) 명 정월의 초승.
정:초(正草) 명 ①-하다 타 정서(正書)로 글의 초(草)를 잡음, 또는 그 글. ②지난날, 과거(科擧)에서 쓰던 종이. 명지(名紙). 시지(試紙)
정:초(定草) 명 완성된 글의 초(草).
정:초(定礎) 명 -하다 자 주춧돌을 놓음.
정:-초점(正焦點)[-쩜] 명 평행으로 들어온 빛이 반사한 뒤에 축 위의 한곳에 모이는 점.
정추(精麤) 명 정밀한 것과 거친 것.
정축(丁丑) 명 육십갑자의 열넷째. ☞무인(戊寅)
정축(頂祝) 명 -하다 자타 이마를 땅에 대고 빎.
정축-년(丁丑年) 명 육십갑자로 해를 이를 때, 정축(丁丑)이 되는 해. 곧 천간(天干)이 정(丁)이고 지지(地支)가 축(丑)인 해. ☞무인년(戊寅年). 축년(丑年)
정출(挺出) 명 ①-하다 자 두드러지게 쑥 비어져 나옴. ②-하다 형 남보다 특별히 뛰어남.
정출(晶出) 명 -하다 타 액체에 용해되어 있는 용질을 결정으로 분리하거나 석출(析出)함.
정출다문(政出多門) 성구 문외한(門外漢)이면서 정치에 대하여 아는체 하는 사람이 많음을 이르는 말.
정충(精忠) 명 순수하고 한결같은 충성.
정충(精蟲) 명 정자(精子)
정충(貞忠) 어기 '정충(貞忠)하다'의 어기(語基).
정충-증(怔忡症)[-쯩] 명 한방에서, 까닭 없이 가슴이 울렁거리며 불안해지는 증세를 이르는 말.
정충-하다(貞忠-) 형여 절개가 곧고 충성스럽다.
정취(情趣) 명 정감(情感)을 불러일으키는 흥치(興致). 정치(情致) ¶가을 -가 물씬 나는 고궁.
정측(精測) 명 -하다 타 정밀하게 측량함.
정:치 명 알을 배지 않은 뱅어.
정:치(定置) 명 -하다 타 물건 따위를 일정한 곳에 놓음.
정치(政治) 명 -하다 자 통치자나 위정자가 국민들의 이해관계의 대립을 조정하고 국가의 정책과 목적을 실현하는 일, 또는 정당을 기반으로 하여 국가의 권력을 획득하고 유지하며 행사하기 위하여 벌이는 여러 가지 활동.
정치(情致) 명 정취(情趣)
정치(情痴) 명 색정(色情)에 빠져 이성을 잃어버림, 또는 그런 사람. ▷情과 情은 동자
정치(精緻) 어기 '정치(精緻)하다'의 어기(語基).
정치-가(政治家) 명 정치하는 것을 직업으로 삼는 사람. 국회 의원 등.

ㅈ

정치=결사(政治結社)[-싸][명] 정치 권력의 획득과 유지, 정치에 관한 주장이나 요구 등의 실현을 목적으로 결성된 집단. 정치 단체(政治團體)
정치-계(政治界)[명] 정치에 관계되는 분야. 정치 사회(政治社會) [준] 정계(政界)
정치=교:육(政治教育)[명] 일반 대중이 정치에 관한 올바른 교양과 판단력을 가질 수 있도록 정치적 지식을 베푸는 교육.
정치=권력(政治權力)[명] 정치적 기능을 수행하기 위한 조직적인 권력으로서 공권력을 이르는 말.
정치=단체(政治團體)[명] 정치 결사(政治結社)
정치-력(政治力)[명] 정치적으로 문제를 해결할 수 있는 수완이나 역량.
정:치-망(定置網)[명] '자릿그물'을 달리 이르는 말.
정치-면(政治面)[명] ①정치적인 방면(方面). ¶ -에는 별 관심이 없다. ②신문 따위에서, 국내외의 정치에 관한 기사를 싣는 면. ¶ - 톱기사로 실리다.
정치=문학(政治文學)[명] 정치상의 사상이나 사건 또는 정치의 이면(裏面)을 제재로 한 문학.
정치-범(政治犯)[명] 국가 권력이나 정치 질서를 어지럽히는 범죄, 또는 그 범인. 내란죄(內亂罪) 따위. 국사범
정치-부(政治部)[명] 신문사나 방송국 등에서 정치에 관한 기사를 다루는 부서.
정치-사(政治史)[명] 정치적 사실(史實)과 정치 권력의 발전 과정을 연구 대상으로 하는 학문.
정치=사:회(政治社會)[명] ①정치계 ②치자(治者)와 피치자(被治者)의 사이에 권력의 관계가 있는 사회.
정치=소:설(政治小說)[명] 정치적인 사건이나 인물을 다룬 소설, 또는 정치적인 선전이나 정치 사상의 보급을 목적으로 쓴 소설.
정:치=어업(定置漁業)[명] 어구(漁具)를 일정한 동안 한곳에 설치해 놓고 하는 어업.
정치=운:동(政治運動)[명] 정치 권력의 쟁취나 정치 상황의 변혁, 또는 특정한 정책을 실현하기 위하여 벌이는 정치 활동.
정치=의:식(政治意識)[명] 일반 정치에 대하여, 또는 특정의 정치 문제에 대하여 사람들이 품고 있는 사고 방식이나 관심.
정치=자:금(政治資金)[명] 정치 활동에 필요한 자금.
정치-적(政治的)[명] 정치에 관계되거나 정치의 특성을 가지는 것. ¶ -으로 중립을 지키다.
정치적=무관심(政治的無關心)[명] 정치에 대하여 알려고도 참여하려고도 하지 않는 태도나 경향.
정치=차:관(政治借款)[명] 정치 또는 그에 관련되는 일에 쓸 목적으로 들여오는 차관.
정치=철학(政治哲學)[명] 정치의 본질·이념·가치, 정치학의 방법론 등을 연구하는 학문.
정치=투쟁(政治鬪爭)[명] ①정치적 수단에 따른 투쟁. ②정치적 요구나 주장을 관철하기 위한 투쟁.
정치-하다(精緻-)[형][여] 정교(精巧)하고 치밀하다.
정치-학(政治學)[명] 정치 현상을 연구 대상으로 하는 사회과학의 한 분야.
정치=헌:금(政治獻金)[명] 개인이나 회사, 단체 등이 정당이나 정치가에게 정치 활동을 돕기 위하여 자금을 제공하는 일, 또는 그 돈.
정치=혁명(政治革命)[명] 기성 정치 제도의 근본적인 변혁을 가져오는 혁명.
정:칙(正則)[명] ①올바른 규칙이나 법칙. ②규칙이나 법칙에 맞는 일. ☞변칙(變則)
정:칙(定則)[명] 일정한 규칙이나 법칙.
정친(情親)[어기] '정친(情親)하다'의 어기(語基).
정친-하다(情親-)[형][여] 정이 매우 도탑다.
정:-칠월(正七月)[명] 음력 정월의 적설량은 칠월의 강우량에 비례한다고 하여, 정월과 칠월을 맞세워 이르는 말.
정:-칠품(正七品)[명] 고려·조선 시대, 열여덟 등급으로 가른 문무관 품계의 열셋째 등급. ☞종칠품(從七品)

[ㅈ]

정:침(正寢)[명] ①제사를 지내는 몸채의 방. ②사람이 거처하는 곳이 아니라, 주로 일을 보는 몸채의 방.
정크(junk)[명] 중국의 연해나 하천에서 승객이나 화물을 실어 나르는 데 쓰이는 돛단배.
정크메일(junk mail)[명] 스팸메일(spam mail)
정:탈(定奪)[명] 임금의 재결(裁決).
정탈-목[명] 활의 꼭뒤 다음부터 고자잎 전까지의 부분.
정탐(偵探)[명]-하다[타] 드러나지 않은 사실을 몰래 살펴 알아냄. ☞탐정(探偵)
정탐-객(偵探客)[명] 정탐꾼
정탐-꾼(偵探-)[명] 정탐하는 사람. 정객(偵客). 정탐객
정태(情態)[명] ①아첨하는 사람의 심보와 태도. ②어떤 일의 사정과 상태.
정:태(靜態)[명] 움직이지 않고 가만히 있거나 변화가 없는 상태. ☞동태(動態)
정:태=경제(靜態經濟)[명] 경제의 여러 요소 사이에 조화를 이루며 변화가 없는 정적인 경제 상태. ☞동태 경제
정:태=통:계(靜態統計)[명] 일정 시점에서 모집단의 상태를 나타내는 통계. ☞동태 통계
정택(精擇)[명]-하다[타] 정선(精選)
정토(征討)[명]-하다[타] 정벌(征伐)
정토(淨土)[명] 깨끗한 세상이라는 뜻으로, 불교에서 부처가 산다는, 번뇌의 속박을 벗어난 곳을 이르는 말. 정계(淨界). 정찰(淨刹) ¶서방 -/극락- ☞예토(穢土)
정토-교(淨土教)[명] 불교에서, 아미타불의 서원(誓願)을 믿고 한결같이 염불을 외면 극락정토에 태어났다가 다시 사바 세계로 와서 중생을 교화 구제하게 된다고 일깨우는 가르침. ☞정토종(淨土宗)
정토=만다라(淨土曼陀羅)[명] 극락을 그린 만다라. 극락만다라(極樂曼陀羅)
정토-발원(淨土發願)[명] 죽어서 극락왕생하기를 원하여 비는 일.
정토=변:상(淨土變相)[명] 정토의 여러 불보살과 누각(樓閣), 수풀 따위를 그린 그림.
정토-왕:생(淨土往生)[명] 불교에서, 죽어서 아미타불이 있는 극락세계에서 다시 태어나는 일을 이르는 말. 극락왕생(極樂往生). 왕생극락(往生極樂)
정토-종(淨土宗)[명] 무량수경(無量壽經)·아미타경(阿彌陀經) 등을 근본 경전으로 하며, 정토교(淨土教)의 실현을 이상으로 삼는, 불교의 한 종파(宗派).
정토-회향(淨土回向)[명] ①불교에서, 자기가 지은 선근(善根)과 공덕(功德)을 중생에게 베풀어서 함께 정토에서 왕생(往生)하는 일을 이르는 말. ②불교에서, 젊었을 때에는 다른 일을 하다가 늙어서는 정토에 태어나기를 바라며 염불하는 일을 이르는 말.
정통(井筒)[명] 기초 공사에 쓰려고 철근 콘크리트 또는 철판을 속이 비게 둥글거나 타원형으로 만든 물건.
정:통(正統)[명] ①바른 계통. 정계(正系) ②정실(正室)이 낳은 장자(長子). ③사물의 중심이나 핵심이 되는 부분. ¶과녁을 -으로 맞히다./그의 충고가 -을 찔렀다.
정통(精通)[명]-하다[자] 어떤 사물에 대하여 깊고 자세히 앎. ¶ -한 소식통./야생화에 -한 학자.
정:통-적(正統的)[명] 정통에 속하는 것. ¶ -인 학파.
정:통-파(正統派)[명] 어떤 학설이나 교의(教義)를 가장 올바르게 이어받은 파.
정:통=학파(正統學派)[명] ①어떤 학파에서 학설을 가장 올바르게 이어받은 한 파. ②애덤 스미스를 비조(鼻祖)로 하고 맬서스, 리카도, 밀 등이 완성한 경제학파. 자유 경쟁을 전제로 한 학설을 주장하였으며, 후대의 경제학에 큰 영향을 끼쳤음. 고전 경제학파
정퇴(停退)[명]-하다[타] 기한을 뒤로 물림.
정-투영(正投影)[명] 정사영(正射影)
정파(政派)[명] 정치적인 이해 관계에 따라 갈라진 파벌이나 무리.
정-파리(淨玻璃)[명] 투명하고 맑은 유리나 수정 따위.
정:판(整版)[명]-하다[자] 조판이 잘못된 곳을 교정 지시에 따라 고치는 일.
정:-팔각형(正八角形)[명] 각 내각의 크기와 각 변의 길이

가 모두 같은 팔각형. ☞정삼각형(正三角形)

정:-팔면체(正八面體) 명 여덟 개의 면이 모두 합동인 정삼각형으로 이루어진 다면체. ☞정육면체(正六面體)

정:-팔품(正八品) 명 고려·조선 시대, 열여덟 등급으로 가른 문무관 품계의 열다섯째 등급. ☞종팔품(從八品)

정패(征覇) 명 -하다 타 정복하여 패권을 잡음.

정:평(正平) 명 -하다 타 되질이나 저울질을 똑바르게 함.

정:평(正評) 명 올바른 평론이나 비평.

정:평(定評) 명 모든 사람이 다 같이 인정하는 평판. ¶ -이 나다./-이 있는 작품.

정폐(停廢) 명 -하다 타 하던 일을 중도에 그만둠.

정폐(情弊) 명 사사로운 정(情)이나 관계에 이끌려 일어나는 폐단.

정:포(正布) 명 품질이 좋은 베.

정표(情表) 명 -하다 타 정(情)을 나타내 보이려고 물품을 줌, 또는 그 물품. ¶ -로 드리니까 받으세요.

정표(旌表) 명 -하다 타 어진 행실을 칭송하고 세상에 드러내어 널리 알림.

정품(精品) 명 정제(精製)한 물품. 정제품(精製品)

정:풍(整風) 명 -하다 자 어지러운 기풍(氣風)이나 작풍(作風) 등을 바로잡음. ¶ - 운동

정피(丁皮) 명 한방에서, 정향나무의 껍질을 약재로 이르는 말. 치통약·건위제로 쓰임.

정필(停筆) 명 -하다 자 ①글씨를 쓰다가 붓을 멈춤. ②글을 쓰다가 남의 잘 된 글에 눌려서 글쓰기를 그만둠.

정:-하다(定-) 타 여 ①여럿 가운데서 가려서 잡다. ¶ 며느릿감을 -./혼인 날짜를 -./만날 곳을 -. ②마땅히 따라야 할 것으로 마련하다. ¶ 친목회의 규약을 -./나라 사이의 경계선을 -. ③마음먹다. 태도 등을 분명히 하다. ¶ 이곳을 떠나기로 마음을 정했다.

> 한자 정할 정(定) 〔宀部 5획〕 ¶ 정가(定價)/정각(定刻)/정기(定期)/정량(定量)/정액(定額)

정-하다(淨-) 형 여 맑고 깨끗하다. ¶ 옷을 정하게 입다.
정-히 부 정하게 ¶ 몸을 - 하고 제사를 올리다.

정-하다(精-) 형 여 《文》거칠지 않고 아주 곱다.
정-히 부 정하게

정:-하중(靜荷重) 명 구조물이 받는 하중 가운데 시간적으로 변하지 않는 하중. ☞동하중(動荷重)

정:학(正學) 명 올바른 학문. ☞곡학(曲學)

정학(停學) 명 -하다 타 교칙(校則)을 어긴 학생을 일정 기간 등교하지 못하게 하는 일. ¶ - 처분

정:한(定限) 명 일정한 기한이나 한도.

정한(情恨) 명 정과 한을 아울러 이르는 말.

정한(精悍) 어기 '정한(精悍)하다'의 어기(語基).

정:한(靜閑) 어기 '정한(靜閑)하다'의 어기(語基).

정:한=이:자(定限利子) 명 최고 이율을 법률로 정한 이자.

정한-하다(精悍-) 형 여 얼굴 모습이나 행동 등에 용감하고 날쌘 기질이 나타나 있다.

정:한-하다(靜閑-) 형 여 조용하고 한가하다. 한정하다

정:할(正割) 명 '시컨트(secant)'의 구용어.

정:합(整合) 명 -하다 자 ①가지런히 들어맞음. ②두 개 이상의 지층이 연속적으로 퇴적하여 서로 가지런히 겹쳐진 상태. ☞부정합(不整合) ③전기 회로에서, 서로 임피던스를 맞추어 효과를 최대로 하는 일.

정합-국(政合國) 명 대내 관계에서는 각각 독립하고 있는 여러 나라가 대외 관계에서만 합동하여 하나의 국가를 이루는 나라. ☞물합국(物合國)

정해(丁亥) 명 육십갑자의 스물넷째. ☞무자(戊子)

정:해(正解) 명 -하다 자 바르게 풀이함, 또는 그 풀이. ¶ 수학 문제의 -. ☞오해(誤解)

정해(精解) 명 -하다 타 자세하게 풀이함, 또는 그 풀이. 상해(詳解) ☞약해(略解) ▷精과 精은 동자

정해-년(丁亥年) 명 육십갑자로 해를 이를 때, 정해(丁亥)가 되는 해. 곧 천간(天干)이 정(丁)이고 지지(地支)가 해(亥)인 해. ☞무자년(戊子年). 해년(亥年)

정핵(精核) 명 수컷의 생식 세포의 핵. 동물에서는 정자의 핵을 이르고, 속씨식물에서는 꽃가루관 속의 생식핵이 분열하여 생기는 두 개의 핵을 이름. ☞난핵(卵核)

정핵(精覈) 명 -하다 타 자세히 조사하여 철저히 밝힘.

정:행(正行) 명 ①올바른 행실. ②불교를 믿는 사람이 닦는 바른 행업(行業). ☞잡행(雜行)

정행(淨行) 명 불교에서, 청정한 수행을 이르는 말.

정향(丁香) 명 한방에서, 정향나무의 말린 꽃봉오리를 약재로 이르는 말. 심복통 따위에 쓰임. 계설향(鷄舌香)

정향-나무(丁香-) 명 ①물푸레나뭇과의 낙엽 교목. 높이 10m 안팎이고 잎은 길둥긂. 5월경에 적자색 또는 연한 보라색 꽃이 피며 열매는 삭과(蒴果)로 9월경에 익음. 우리 나라 특산종으로, 향기가 있으며 관상용으로 심음. ②마삭나뭇과의 상록 교목. 높이는 4~7m이며 잎은 마주 나고 길둥근 꼴임. 연한 자주빛 네잎꽃이 가지 끝에 피고 핵과(核果)를 맺음. 꽃봉오리는 약재와 정향유의 원료로 쓰임. 동남 아시아 원산으로 아프리카에서 많이 재배됨. ☞정향(丁香)

정:향=반:사(正向反射) 명 동물체가 이상 체위(體位)에서 정상 체위로 되돌아오는 반사.

정향-유(丁香油) 명 정향나무의 꽃봉오리와 열매에서 채취한 기름.

정:향=진:화설(定向進化說) 명 생물은 일정한 방향성을 가지고 진화한다는 학설.

정:헌-대:부(正憲大夫) 명 조선 시대, 정이품 문관에게 내린 품계의 하나. 서른 등급 중 다섯째 등급임. ☞자헌대부(資憲大夫)

정:현(正弦) 명 '사인(sine)'의 구용어.

정:현-파(正弦波) 명 '사인파'의 구용어.

정혈(精血) 명 생생한 피.

정:형(正刑) 명 죄인을 사형에 처하는 형벌. 정법(正法)

정:형(定形) 명 일정한 형태. ☞부정형(不定形)

정:형(定型) 명 일정한 형식이나 유형. ¶ 시조의 -.

정형(情兄) 명 다정한 벗 사이에서 '상대편'의 뜻으로, 편지에 쓰는 한문 투의 말. ☞정제(情弟)

정형(情形) 명 사물의 사정이나 형편. ¶ -을 살피다. ☞정상(情狀). 정황(情況)

정형(晶形) 명 결정이 나타내는 겉모양. 결정형(結晶形)

정:형(整形) 명 -하다 타 모양을 가지런히 함, 또는 형체를 바로잡음.

정:형=수술(整形手術) 명 선천적 또는 후천적인 기형을 바로잡고 운동 기능 장애를 정상 상태로 회복시키려고 하는 외과 수술.

정:형-시(定型詩) 명 일정한 형식에 맞추어 지은 시. ☞부정형시(不定型詩). 자유시(自由詩)

정:형=외:과(整形外科)[-꽈] 명 뼈·관절·근육 등 운동 기관의 기능 장애와 선천적·후천적 기형을 연구·예방·치료하는 의학의 한 분과.

정혜(淨慧) 명 불교에서, 깨끗하여 더러움이 없는 지혜를 이르는 말.

정호(情好) 명 서로 정의(情誼)가 좋은 사이.

정:혼(定婚) 명 -하다 자 혼인을 하기로 정함. ¶ -한 사이.

정혼(精魂) 명 죽은 사람의 넋. 정령(精靈)

정:화(正貨) 명 금화(金貨)나 은화(銀貨)처럼 그 표시하는 가격과 같은 가치가 있는 화폐.

정화(政化) 명 -하다 타 정치로써 백성을 가르쳐 이끎.

정화(政禍) 명 정치상의 싸움으로 입는 화(禍).

정화(淨火) 명 신성한 불.

정화(淨化) 명 -하다 타 ①해로운 것이나 더러운 것을 없애고 깨끗하게 함. ¶ 식수를 -하다./하천을 -하다. ②폐단을 없애어 올바른 상태로 바꾸어 놓음. ¶ 사회를 -하다./정계를 -하다. ③카타르시스

정화(情火) 명 불같이 타오르는 욕정(慾情). 정염(情炎)

정화(情話) 명 ①정답게 하는 이야기. ②남녀간에 주고받는 사랑의 말. 정담(情談)

정화(精華·菁華) 명 ①다른 것이 조금도 섞이지 않은 깨끗하고 순수한 부분. ②정수(精髓)가 될만 한 뛰어난 부분. ¶ 한국 미술의 -.

ㅈ

정화-수(井華水)명 이른 새벽에 길은 우물물. 정성을 드려 기원할 때나 약을 다릴 때 쓰임. ¶ －를 떠놓고 빌다.
정화-조(淨化槽)명 수세식 변소의 분뇨(糞尿)를 하수도로 내보내기 전에 가두어서 정화하는 통.
정:화=준:비(正貨準備)명 중앙 은행이 발행한 은행권을 정화로 태환(兌換)할 수 있도록 금은화나 지금은(地金銀)을 적립해 두는 일. ☞보증 준비(保證準備)
정:화=현:송점(正貨現送點)[－쩜]명 금수송점(金輸送點)
정:확(正確)명-하다형 바르고 확실함. ¶ 판단이 －하다./발음이 －하다.
　정확-히부 정확하게 ¶ 계산을 － 하다.
정:확(鼎鑊)명 ①발 있는 솥과 발 없는 솥. ②예전에 중국에서, 죄인을 넣어 삶아 죽이던 큰 솥.
정확(精確)명-하다형 자세하고 확실함.
　정확-히부 정확하게
정:확-성(正確性)명 정확한 성질이나 정도.
정:-활차(定滑車)명 '고정 도르래'의 구용어. ☞동활차
정황(政況)명 정치계의 상황.
정황(情況)명 일의 사정이나 상황. ¶ － 판단 ☞정상(情狀). 정형(情形)
정회(停會)명-하다자 ①회의를 일시 중지함. ②국회의 개회 중에 한때 그 활동을 멈추는 일. ¶ －에 들어가다.
정회(情懷)명 마음속에 품고 있는 정과 회포.
정훈(政訓)명 군대의 병과(兵科)의 하나. 군인을 대상으로 한 교육이나 군사 선전, 대외 보도 등을 맡아봄.
정훈(庭訓)명 가정의 가르침. ☞가훈(家訓)
정:휴-일(定休日)명 정기적으로 쉬는 날.
정희(呈戲)명 대체로 정재(呈才)와 비슷하나, 그보다 극적(劇的) 요소가 많이 들어 있는 노래와 춤.
정:-히(正－)부 ①틀림없이 ¶ － 영수(領收)함. ②정말로. 진정으로 ¶ 너의 뜻이 － 그렇다면 막지 않겠다.
젖 명 ①분만한 여자나 포유류의 암컷의 유선에서 분비되는 유백색의 액체. 지방·단백질·유당·무기물 등이 들어 있으며, 이것을 먹여 아기나 새끼를 기름. 유즙(乳汁) ¶ －이 묽다./소의 －으로 치즈를 만들다. ②포유류의 가슴이나 배의 좌우에 있는, 유선(乳腺)을 둘러싼 두두룩한 부분. 암컷은 성숙하거나 임신함에 따라 발달하며 젖을 분비할 때 매우 발달함. 유선 끝에 젖꼭지가 있는데, 사람·말·염소 등은 한 쌍, 소는 두 쌍이 있음. 유방(乳房) ¶ －이 붇다./산모(産母)의 －을 먹고 자란 아기. ③식물의 잎이나 줄기의 상처에서 나오는 흰 빛깔의 끈끈한 액체.
　젖(을) 떼다관용 아이나 짐승의 새끼에게 젖을 빨지 못하게 하여 젖으로 기르기를 그치다.
　젖(이) 떨어지다관용 젖먹이가 자라서 젖을 먹지 않게 되다.
　속담 **젖 떨어진 강아지 같다**: 몹시 보챈다는 말./**젖 먹던 힘이 다 든다**: 일이 몹시 힘들다는 말.

한자 젖 유(乳)〔乙部 7획〕¶ 모유(母乳)/우유(牛乳)/유두(乳頭)/유방(乳房)/유선(乳腺)/유액(乳液)

젖-가슴[젇－]명 젖 언저리의 가슴.
젖-감질(－疳疾)[젇－]명 한방에서, 젖이 부족하여 생기는 젖먹이의 병을 이르는 말.
젖-꼭지[젇－]명 ①젖의 한가운데에 도드라지게 내민 부분. 유두(乳頭) ②어린아이가 젖병에 담긴 우유 따위를 빨아먹을 수 있도록 앞쪽을 동글게 만든 물건.
젖-꽃판[젇꼳－]명 젖꼭지 둘레의 가무스름하고 동그란 부분. 유륜(乳輪)
젖-내[젇－]명 젖에서 나는 냄새. 유취(乳臭)
　젖내(가) 나다관용 ①나이가 아직 어림을 비유하여 이르는 말. ¶ 젖내 나는 애송이. ②하는 말이나 행동이 유치함을 얕잡아 이르는 말. ¶ 젖내 나는 짓. ☞비린내가 나다. 젖비린내(가) 나다.
젖-니[젇－]명 젖먹이 때 나서 아직 갈지 않은 이. 배냇니. 유치(乳齒)

젖다[1][젇－]자 ①액체가 배어들어 축축하게 되다. ¶ 옷이 비에 －./셔츠가 땀에 －. ②어떤 마음의 상태에 깊이 잠기다. ¶ 애수에 젖은 눈빛. ③어떤 영향을 받아 몸에 배다. ¶ 인습에 젖은 사람. ④귀에 배도록 아주 익숙해지다. ¶ 귀에 젖은 목소리.

한자 젖을 습(濕)〔水部 14획〕¶ 습기(濕氣)/습도(濕度)/습윤(濕潤)/음습(陰濕)

젖다[2][젇－]자 ①뒤로 기울어지다. ②〔형용사처럼 쓰임〕뒤로 좀 기울다. ¶ 등받이가 뒤로 젖은 흔들의자. ☞잦다[2]
젖-당(－糖)[젇－]명 젖 속에 들어 있는 이당류의 하나. 락토오스(lactose). 유당(乳糖)
젖-동생(－*同生)[젇－]명 자기의 유모가 낳은 아들이나 딸.
젖-떼기[젇－]명 ①젖을 뗄 때가 된 아이나 짐승의 새끼. ②젖을 떼는 일이나 방법.
젖-뜨리다(트리다)[젇－]타 힘을 들여서 뒤로 젖히다. ¶ 기지개를 켜며 상체를 뒤로 －. ☞잦뜨리다
젖-마(－媽)[젇－]명 지난날, 임금의 유모를 이르던 말.
젖-먹이[젇－]명 젖을 먹는 어린아이. 영아(嬰兒). 유아(乳兒)
젖-멍울[젇－]명 유선염(乳腺炎)으로 말미암아 생기는 멍울. 유종(乳腫) ¶ －이 서다.
젖-몸살[젇－]명 수유기(授乳期)의 산모에게 흔히 일어나는 젖의 탈. ☞유선염(乳腺炎)
젖-무덤[젇－]명 '유방(乳房)'을 달리 이르는 말.
젖-배[젇－]명 젖을 먹는 아이의 배.
　젖배(를) 곯다관용 젖먹이가 젖을 배불리 먹지 못하다.
젖버듬-하다[젇－]형여 ①뒤로 자빠질듯이 비스듬하다. ②꽤 탐탁하게 여기지 않는듯 하다. ☞잦바듬하다
　젖버듬-히부 젖버듬하게
젖-버섯[젇－]명 젖버섯과의 버섯. 갓은 지름 3.5~10 cm이며, 처음에는 평반구형이나 차차 오목 편평형이 됨. 상처가 나면 백색 유액이 분비되고 갈색으로 변함. 여름과 가을에 활엽수림의 땅 위에 자람. 먹을 수 있으며, 북반구에 널리 분포함.
젖-병(－甁)[젇－]명 ①젖이 모자라는 산모가 삼신(三神)에게 젖이 많이 나오게 해 달라고 빌 때, 정화수를 담아 놓는 목이 긴 흰 사기병. ②젖먹이에게 모유 대신에 먹일 우유 따위를 담는, 젖꼭지가 달린 병.
젖-부들기[젇－]명 짐승의 젖가슴의 살. ☞유통(乳筩)
젖-비린내[젇－]명 ①젖에서 나는 비릿한 냄새. ②생각이나 하는 짓이 철없음을 비유하는 말.
　젖비린내(가) 나다관용 생각이나 하는 짓이 철없어 보이다. ☞비린내가 나다. 젖내(가) 나다.
젖-빌다[젇－](－빌고·－비니)자 젖이 모자라는 산모가 삼신(三神)에게 젖이 잘 나오게 해 달라고 빌다.
젖-빛[젇－]명 젖같이 불투명한 흰빛. 유백색(乳白色)
젖빛=유리(－琉璃)[젇빋뉴－]명 광택도 없고 투명하지도 않은 뿌연 빛깔의 유리.
젖-산(－酸)[젇－]명 발효된 젖에서 생기는 산. 젖당이나 포도당을 젖산균으로 발효시켜 만듦. 유산(乳酸)
젖산-균(－酸菌)[젇－]명 당류를 분해하여 젖산을 만드는 세균을 통틀어 이르는 말. 유산균(乳酸菌)
젖산=음:료(－酸飮料)[젇－]명 유산 음료(乳酸飮料)
젖-살[젇－]명 젖을 먹고 오른 살. ¶ －이 빠지다.
젖-샘[젇－]명 유방(乳房) 속에 있는, 젖을 분비하는 샘. 유선(乳腺). 젖줄
젖-소[젇－]명 젖을 짜서 이용하려고 기르는 소. 유우(乳牛) ☞고기소[2]. 일소
젖-송이[젇－]명 젖 안에 멍울멍울 엉긴 부분.
젖-양(－羊)[젇냥]명 젖을 짜서 이용하려고 기르는 양.
젖-어머니[젇－]명 어머니 대신 젖을 먹여 기르는 여자. 유모(乳母)
젖-어멈[젇－]명 '젖어머니'를 낮추어 이르는 말.
젖-어미[젇－]명 '젖어머니'를 낮추어 이르는 말.
젖을-개[－깨]명 길쌈할 때, 베실이 마르면 물을 적시어

축이는, 끝에 헝겊을 단 나무토막.
젖-줄[전-] 명 ①젖샘 ②어떤 필요한 것을 가져다 주는 중요한 수단을 비유하여 이르는 말. ¶서울의 -인 한강.
젖-털[전-] 명 남자의 젖꽃판 둘레에 난 털.
젖-통[전-] 명 젖퉁이
젖-퉁이[전-] 명 젖, 곧 유방(乳房)을 속되게 이르는 말.
젖혀-지다 자 ①물체가 뒤로 젖버듬하게 되다. ②안쪽이 겉으로 드러나게 되다. ☞잦혀지다
젖히다 타 ①뒤로 젖게 하다. ¶고개를 -. ②물건의 밑쪽이 위로 올라오게 뒤집다. ¶돌을 젖혀 보다. ③물건의 안쪽 면이 겉으로 드러나게 하다. ¶외투 자락을 젖히고 앉다. ☞잦히다[2]
제[1] 대 ①'나'의 겸양어인 '저'가 조사 '-가' 앞에서 변한 말. ¶-가 잘못했습니다. ②'자기(自己)'를 뜻하는, '저'가 조사 '-가' 앞에서 변한 말. ¶-가 뭘 안다고 큰소리야! ☞저[2]
속담 **제가 기른 개에게 발꿈치 물린다** : 은혜를 베풀어 준 사람에게서 도리어 해(害)를 입게 됨을 이르는 말./**제가 춤추고 싶어서 동서를 권한다** : 자기가 나서고 싶으나 먼저 나서기가 거북하여 남부터 먼저 권하는 경우를 이르는 말./**제(가) 눈 똥에 주저앉는다** : 남을 해치려고 한 일에 도리어 자기가 걸려들어 해(害)를 보게 됨을 이르는 말.
제[2] 대 '저기'의 준말. ¶봄 처녀 - 오시네.
제[3] 준 ①'나의'를 뜻하는, '저의'의 준말. ¶- 가족입니다. ②'자기(自己)의'를 뜻하는, '저의'의 준말.
속담 **제 꾀에 (제가) 넘어간다** : 남을 속이려다가 도리어 자기가 속는다는 말./**제 논에 물 대기** : 자기에게만 유익하도록 일을 함을 이르는 말./**제 눈에 안경이다** : 보잘것없는 물건이라도 제 마음에 들면 좋게 보인다는 말./**제 도끼에 제 발등 찍힌다** : 자기가 한 일이 도리어 자기에게 해(害)가 됨을 이르는 말.〔제 발등을 제가 찍는다〕/**제 딴죽에 제가 넘어졌다** : 자기가 한 일을 자기가 그르쳐 놓았다는 말./**제 똥 구린 줄 모른다** : 자기의 허물을 깨닫지 못함을 이르는 말./**제 발등에 오줌 누기** : 자기가 한 짓이 자기를 모욕하는 결과가 됨을 이르는 말./**제 발등의 불을 먼저 끄랬다** : 남의 일을 간섭하기 전에 자기의 급한 일부터 먼저 살피라는 말./**제 밥 덜어 줄 샌님은 물 건너부터 안다** : 인정 있고 점잖은 사람은 멀리서 보기만 하여도 알 수 있을 만큼 어딘가 다른 데가 있다는 말./**제 방귀에 놀란다** : 자기가 무의식 중에 한 일에 대하여 도리어 자기가 놀람을 이르는 말./**제 버릇 개 줄까** : 한번 든 나쁜 버릇은 쉽게 고치기가 어렵다는 말./**제 사랑 제가 끼고 있다** : 제가 하기에 따라서 사랑을 받을 수도 있고 미움을 받을 수도 있다는 말./**제 앞에 안 떨어지는 불은 뜨거운 줄 모른다** : 실제로 겪지 않고는 아무리 어렵고 괴로운 일도 알지 못한다는 말./**제 얼굴 더러운 줄 모르고 거울만 나무란다** : 자기 잘못은 모르고 남만 탓함을 이르는 말./**제 흉 열 가지 가진 놈이 남의 흉 한 가지를 본다** : 많은 결점을 가진 사람이 남의 작은 결점을 들어 나쁘게 말함을 이르는 말.〔똥 묻은 개가 겨 묻은 개 나무란다〕
제[4] 준 '적에'의 준말. ¶해질 - 왔다.
제:(弟) 명 ①아우. 동생. 남동생 ②〔대명사처럼 쓰임〕나이가 서로 비슷한 벗 사이에 쓰는 편지에서, '아우'의 뜻으로, 자기를 낮추어 일컫는 말. ☞형(兄)
제(除) 명 ①'제거(除去)'의 준말. ②'제법(除法)'의 준말. ☞승(乘)[1]
제:(祭) 명 '제사(祭祀)'의 준말. ¶-를 지내다.
제(題) 명 '제목(題目)'의 준말.
제(劑) 의 탕약(湯藥) 스무 첩, 또는 그만한 분량으로 지은 환약 따위를 단위로 이르는 말. ¶보약 한 -.
제(諸) 관 일부 한자어 앞에 쓰이어, '모든' 또는 '여러'의 뜻을 나타내는 말. ¶- 단체./- 문제.
제(第)-《접두사처럼 쓰이어》수(數)를 나타내는 말 앞에 놓여 '차례'의 뜻을 나타냄. ¶제일(第一)/제이(第二)
-제(制)《접미사처럼 쓰이어》'제도(制度)', '체제(體制)'의 뜻을 나타냄. ¶자치제(自治制)/정년제(停年制)/회원제(會員制)/대통령 중심제(大統領中心制)
-제(祭)《접미사처럼 쓰이어》'제사(祭祀)', '축제(祝祭)'의 뜻을 나타냄. ¶기우제(祈雨祭)/위령제(慰靈祭)/연극제(演劇祭)/음악제(音樂祭)
-제(製)《접미사처럼 쓰이어》'만듦', '제조(製造)'의 뜻을 나타냄. ¶한국제(韓國製)/중국제(中國製)/강철제(鋼鐵製)
-제(劑)《접미사처럼 쓰이어》'약(藥)'의 뜻을 나타냄. ¶소화제(消化劑)/안정제(安靜劑)/진통제(鎭痛劑)
제가(齊家) 명-하다 자 집안을 바로 다스림.
제가(諸家) 명 ①문중(門中)의 여러 집안. 높 제택(諸宅) ②여러 대가(大家). ③'제자백가(諸子百家)'의 준말.
제-가끔 부 제각기 ¶음식은 - 마련해 오기로 하자.
제각(除角) 명-하다 자 소나 염소 따위의 뿔을 없앰.
제각(除却) 명-하다 타 제거(除去)
제:각(祭閣) 명 무덤 근처에 지어 놓은 제청(祭廳).
제각(題刻) 명-하다 타 글자나 사물의 형상을 새김.
제-각각(-各各) 부 여럿이 다 각각. ¶- 흩어지다.
제-각기(-各其) 부 여럿이 다 저마다. 각각. 제가끔 ¶성격이 - 다르다.
제갈-채(諸葛菜) 명 '순무'의 딴이름.
제감(除減) 명-하다 타 수효를 덜어서 줄임.
제:강(製鋼) 명-하다 자 시우쇠를 불려서 강철을 만듦, 또는 그 강철. ¶- 산업
제거(除去) 명-하다 타 없애 버림. 제각(除却) ¶불순물 -/악취를 -하다./방해자를 -하다. 준 제(除)
제겨-내:다 타 ①돈치기를 할 때, 지정한 돈을 영낙없이 맞혀 내다. ②나뭇가지 따위를 베어 내다.
제겨-디디다 타 발끝이나 뒤꿈치만으로 땅을 디디다.
제겨-잇다[-읻-](-잇고·-이어) 타ㅅ 두 끈의 끝을 서로 어긋매껴 대고 한 끝씩 꼬부리어 옭아 매어 잇다.
제겨-차기 명 택견에서, 발질의 한 가지. 발등으로 상대편의 사타구니나 가슴, 턱, 얼굴 등을 정면으로 치올려 차는 공격 기술.
제겨-차다 타 발등으로 치올려 차다.
제-격(-格) 명 ①그 가진 바의 정도에 알맞은 격식. ②제 분수에 알맞은 격식. ¶생선회에는 백포도주가 -이다.
제계(梯階) 명 사닥다리
제:고(制誥) 명 임금이 내리는 사령(辭令).
제고(提高) 명-하다 타 쳐들어 높임. ¶생산성을 -하다.
제-고물 명 반자를 들이지 아니하고 서까래 따위에 흙을 발라 만든 천장.
제-고장 명 본고장 준 제곳
제:곡(帝嚳) 명 중국 고대 전설상의 제왕(帝王). 오제(五帝)의 한 사람으로, 황제(黃帝)의 증손자라 전함.
제곡(啼哭) 명-하다 자 큰 소리로 욺.
제-골 명 감이나 모양새가 제격으로 된 물건.
제곱 명-하다 타 같은 수를 두 번 곱함, 또는 그렇게 하여 얻은 수.
제곱-근(-根) 명 어떤 수 a를 제곱하여 x가 되었을 때, a를 x에 대하여 이르는 말. 2는 4의 제곱근임.
제곱근-표(-根表) 명 각 정수의 제곱근을 나타낸 표.
제곱근-풀이(-根-) 명-하다 타 제곱근을 계산하여 답을 구하는 일.
제곱-멱(-冪) 명 몇 제곱인가를 보이는 수. 5의 제곱멱은 '5^2'과 같이 적는 따위.
제곱-비(-比) 명 어떤 비의 앞 항과 뒤 항을 각각 제곱한 비.〔$a^2 : b^2$은 $a : b$의 제곱비임.〕
제곱-수(-數) 명 어떤 수를 제곱하여 얻은 수. 4는 2의 제곱수임.
제:공(祭供) 명-하다 자 제사에 이바지함, 또는 그 물건.
제공(提供) 명 베풀거나 갖다 주어 이바지함. ¶숙식 무료 -/정보를 -하다.
제공(提栱) 명 재래식 한옥에서, 첨차(檐遮)와 직각이 되게 짜 올린 두공의 부재(部材)를 이르는 말. ☞초제공(初提栱). 이제공(二提栱)

제공(諸公)대 '여러분'의 뜻으로, 글에서 쓰는 한문 투의 말. 제위(諸位). 첨위(僉位) ☞제현(諸賢)

제:공-권(制空權)[-꿘] 명 공군력으로 일정 지역의 공중을 지배하는 장악력. ☞제해권(制海權)

제-곶 명 '제고장'의 준말.

제:과(製菓)명-하다자 과자나 빵을 만듦.

제:과-업(製菓業)명 과자나 빵을 만드는 업종.

제:과-점(製菓店)명 과자나 빵을 만들어 파는 가게.

제:관(祭官)명 ①지난날, 제사를 맡아보던 관원. 향관(享官) ②제사에 참례하는 사람.

제:관(祭冠)명 제사 때 제관이 쓰는 관.

제:관(第館)명 규모가 아주 큰 집. 저택(邸宅)

제:관(製罐)명 양철통이나 보일러 따위를 만드는 일.

제:구(制球)명 야구에서, 투수가 공을 마음먹은 대로 조절하여 던지는 일. ¶-가 잘 안 되다.

제:구(祭具)명 제사에 쓰는 여러 가지 기구.

제:구(製具)명 물건을 만드는 데 쓰는 도구.

제구(諸具)명 여러 가지의 기구.

제:구-력(制球力)명 야구에서, 투수가 공을 마음먹은 대로 조절하여 던지는 능력. ¶-이 뛰어나다.

제구멍-박이 명 김을 맬 때에 흙덩이를 떠서 그 자리를 다시 덮는 일.

제-구실 명 ①제가 마땅히 해야 할 일. ¶-을 못하다. ②어린아이들이 으레 치러야 할 홍역이나 역질 따위.

제:구=예:술(第九藝術)명 제팔 예술인 무성 영화 이후에 생긴 새로운 예술이라는 뜻으로, 발성 영화를 이르는 말.

제-국 명 ①다른 재료를 섞어 넣지 않고 순수한 제 재료만으로 조리한 국. ②거짓이나 잡것이 섞이지 아니한, 제격으로 된 일을 비유하여 이르는 말.

제:국(帝國)명 황제의 칭호를 가진 통치자가 다스리는 나라. ☞공화국(共和國). 왕국(王國)

제국(諸國)명 여러 나라. 제방(諸邦)

제:국-주의(帝國主義)명 우월한 군사력과 경제력으로 다른 나라나 민족을 정복하여 자기 나라의 영토와 권력을 넓히려는 주의.

제군(諸君)대 '여러분'의 뜻으로, '여러 아랫사람'을 조금 높이어 이르는 한문 투의 말. 제자(諸子) ¶학생 -

제군(諸郡)명 여러 고을. 제읍(諸邑)

제:궁(帝弓)명 무지개. 천궁(天弓)

제:권(帝權)[-꿘] 명 제왕(帝王)의 권한.

제:궐(帝闕)명 황제의 궁궐. 황궁(皇宮)

제궤의혈(堤潰蟻穴)성구 개미구멍으로 말미암아 마침내 둑이 무너진다는 뜻으로, 소홀히 한 작은 일이 큰 화(禍)를 불러옴을 이르는 말.

제:규(制規)명 만들어 놓은 규칙.

제균(除菌)명-하다자 해로운 세균을 없앰.

제균(齊均)어기 '제균(齊均)하다'의 어기(語基).

제균-하다(齊均-)형여 정돈되어 가지런하다.

제금 명 국악기 금부(金部) 타악기의 한 가지. 접시 모양으로 만든 한 쌍의 놋쇠 판을 마주 쳐서 소리를 냄. 대취타(大吹打)·무악(巫樂) 등에 편성되고, 무구(巫具)로도 쓰임. 바라. 자바라

제금(提琴)명 ①바이올린(violin) ②중국 명나라와 청나라 때의 현악기의 한 가지. 야자나무 열매를 파서 울림통을 만들고, 두 줄을 매어 말총 활로 켜서 소리를 냄.

제급(除給)명-하다타 돈이나 물건 따위의 일부를 떼고 줌.

제급(題給)명-하다타 제사(題辭)를 매기어 내줌.

제기[1] 명 발로 차는 어린이의 장난감의 한 가지. 동전만 한 동근 쇠붙이 따위를 종이나 헝겊으로 싸고 남은 부분은 먼지떨이의 술처럼 잘라서 만듦. ¶-를 차다.

제:기[2] 감 '제기랄'의 준말.

제기(除棄)명-하다타 제쳐 놓음, 또는 빼어 버림.

제:기(祭器)명 제사 때 쓰는 그릇. 예기(禮器)

제기(提起)명-하다타 ①의논할 문제나 의견 따위를 내어놓음. ¶이의(異議)를 -하다. ②드러내어 문제를 일으킴. ¶소송을 -하다.

제:기(製器)명-하다자 기구나 그릇을 만듦.

제기다[1] 자 '알제기다'의 준말.

제기다[2] 자 ①있던 자리에서 살짝 빠져 달아나다. ②발끝으로 다니다.

제기다[3] 자 소장(訴狀)이나 원서에 제사(題辭)를 쓰다.

제기다[4] 타 ①팔꿈치나 발꿈치 따위로 지르다. ②자귀 따위의 연장으로 가볍게 톡톡 깎다. ③물이나 국물 따위를 조금씩 부어 떨어뜨리다. ④돈치기에서, 여러 개의 돈이 다 붙어 놓였을 때 그 중에서 맞히라고 지정하여 준 돈을 목대를 던져 꼭 맞히다.

제:기랄 감 마음에 흡족하지 못한 때에 불평스럽게 욕으로 내뱉는 말. 준제기[2]

제:기=접시(祭器-)명 제기로 쓰는, 굽이 높은 접시.

제-긴 명 윷놀이에서, 모 한 사리를 하면 상대편의 말을 잡을 수 있는 거리. ☞긴

제깃-물 명 간장을 담근 뒤, 뜨기 전에 장물이 줄어드는 대로 채우는 소금물.

제-까짓 관 겨우 저 따위 정도의. ¶배웠으면 - 게 얼마나 배웠다고 아는척이야.

제꺽[1] 부 ①단단한 물체가 가볍게 부러지거나 맞부딪칠 때 여무지게 나는 소리를 나타내는 말. ¶작대기가 - 부러지다. ②시계 따위의 큰 톱니바퀴가 돌아갈 때 나는 소리를 나타내는 말. ☞재깍[1]. 쩨꺽[1]

제꺽[2] 부 일을 빨리 바로 해치우는 모양을 나타내는 말. ¶잡동사니를 - 치우다. ☞재깍[2]. 쩨꺽[2]

제꺽-거리다(대다)자 자꾸 제꺽 소리가 나다. ☞재깍거리다. 쩨꺽거리다

제꺽-제꺽[1] 부 제꺽거리는 소리를 나타내는 말. ☞재깍재깍[1]. 쩨꺽쩨꺽[1]

제꺽-제꺽[2] 부 잇달아 일을 빨리 바로 해치우는 모양을 나타내는 말. ☞재깍재깍[2]. 쩨꺽쩨꺽[2]

제꽃-가루받이[-꼳-바지] 명 자화 수분(自花受粉)

제꽃-정받이(-精-)[-꼳-바지] 명 자화 수정(自花受精)

제-날[1] 명 짚신이나 미투리 따위를 삼을 때 본재료와 같은 재료로 댄 날.

제-날[2] 명 '제날짜'의 준말.

제-날짜 명 미리 정하여 둔 날짜, 또는 기한이 찬 날짜. ¶-를 넘기다./-에 꼭 갚겠습니다. 준제날[2]

제낭(臍囊)명 알에서 막 깬 어린 물고기의 배에 달린 주머니. 혼자서 먹이를 찾아 먹을 수 있을 때까지 그 속에 들어 있는 난황(卵黃)을 섭취하며 자람.

제내-지(堤內地)명 둑 안쪽에 있는 땅.

제-눈 명 정아(定芽) ☞막눈. 엇눈

제:다(製茶)명-하다자 찻잎을 가공하여 차를 만듦.

제:단(祭壇)명 ①제사를 지내는 단. ②제대(祭臺)

제-달 명 미리 정하여 둔 달, 또는 기한이 찬 달.

제:답(祭畓)명 제위답(祭位畓)

제:당(祭堂)명 제사를 지내는 당집.

제:당(製糖)명-하다자 설탕을 만듦.

제:당-업(製糖業)명 설탕을 만드는 일을 전문으로 하는 사업, 또는 그 직업. 준당업(糖業)

제대(除隊)명-하다자 현역 군인이 규정된 연한이 차거나 그 밖의 일로 복무가 해제되는 일. ☞입대(入隊)

제대(梯隊)명 군대·군함·비행기 등의 대형을 사다리꼴로 편성한 대.

제:대(祭臺)명 가톨릭에서, 미사를 드리는 단(壇)을 이르는 말. 제단(祭壇)

제대(臍帶)명 탯줄

제-대로 부 ①제 격식이나 규격대로. ¶정성을 들여 - 만들다. ②마음먹은 대로. ¶몸을 - 가누지 못하다./이 일만 - 된다면 크게 한몫 잡을 텐데. ③알맞은 정도로. ¶간밤에는 시끄러워서 잠을 - 못 잤다.

제대로-근(-筋)명 불수의근(不隨意筋) ☞맘대로근

제:도(制度)명 ①사회 생활에 필요한 일정한 방식이나 기준 따위를 정해 놓은 체계. ¶결혼 -/교육 - ②국가나 사회 구조의 체계와 형태. ¶의회 -

제:도(帝都)명 황제가 다스리는 나라의 서울. 황성

제:도(帝道)명 인의(仁義)에 따라 공명정대하게 나라를

다스리는 제왕의 정도(正道). ☞왕도(王道)
제:도(製陶)명-하다자 질그릇을 만듦.
제:도(製圖)명-하다자타 도면이나 도안을 그려서 만듦. 드로잉(drawing)
제도(諸島)명 어떤 해역(海域) 안에 흩어져 있는 많은 섬을 통틀어 이르는 말. 군도(群島) ¶솔로몬 —
제도(諸道)명 ①행정 구역의 모든 도(道), 또는 여러 도. ②모든 길, 또는 여러 길.
제:도(濟度)명-하다타 불교에서, 보살이 중생을 고해(苦海)에서 건지어 극락으로 이끌어 주는 일.
제:도-공(製圖工)명 제도를 전문으로 하는 기술자. 도공
제:도-기(製圖器)명 제도하는 데 쓰는 기구.
제:도-이:생(濟度利生)명 불교에서, 중생을 제도하여 이롭게 함을 이르는 말.
제:도적=문화(制度的文化)명 법률·제도·관습 따위와 같이, 인간의 행동 면이나 사회 생활을 구체적으로 규정하고 있는 문화.
제:도-중생(濟度衆生)명 불교에서, 번뇌(煩惱)로부터 중생을 구함을 이르는 말.
제:도-판(製圖板)명 제도할 때, 제도할 종이 밑에 받치는 널빤지.
제:도-화(制度化)명-하다자타 하나의 제도로 됨, 또는 제도가 되게 함.
제:독(制毒)명-하다자타 미리 해독(害毒)을 막음.
제독(을) 주다관용 상대의 기운을 꺾어 감히 딴마음을 품지 못하게 하다.
제독(除毒)명-하다자 독을 없앰.
제:독(祭犢)[-똑]명 제사에 제물로 쓰는 송아지.
제독(提督)명 함대(艦隊)의 총사령관.
제독-검(提督劍)명 십팔기(十八技) 또는 무예 이십사반(武藝二十四般)의 하나. 보졸(步卒)이 요도(腰刀)로 하던 검술.
제독관(提督官)명 조선 시대, 지방 유생들의 교육을 맡아 보던 관직, 또는 그 관원.
제:동(制動)명 기계 따위의 운동을 멈추게 함.
제동(을) 걸다관용 일의 진행이나 사물의 활동을 방해하거나 멈추게 하다.
제:동-기(制動機)명 기계의 운동을 멈추거나 늦추는 장치. 브레이크(brake)
제-동:맥(臍動脈)명 탯줄을 통하여 태아와 태반(胎盤)을 잇는 핏줄.
제:동=복사(制動輻射)명 전하(電荷)를 띤 입자가 강한 전기장으로 말미암아 가속도를 받았을 때 전자기파를 방출하는 일, 또는 그 전자기파.
제:동-자(制動子)명 제동기에서, 바퀴를 눌러서 멈추는 물체. 금속이나 나무 따위로 만듦.
제등(提燈)명 ①손에 들고 다닐 수 있게 자루가 달린 등. ②등불을 들고 부처에게 축원하는 일. ¶— 행렬
제등(齊等)어기 '제등(齊等)하다'의 어기(語基).
제등=명:법(諸等命法)[-뻡]명 단명수(單名數)를 제등수(諸等數)로 바꾸는 셈법. 90분을 1시간 30분으로 하는 따위. 준명법(命法) ☞제등 통법(諸等通法)
제등-수(諸等數)[-쑤]명 하나의 수치를 몇 개의 단위를 함께 써서 나타내는 명수. 1시간 50분 30초 따위. 복명수(複名數) ☞단명수(單名數)
제등=통법(諸等通法)[-뻡]명 제등수(諸等數)를 단명수(單名數)로 바꾸는 셈법. 1시간 30분을 90분으로 하는 따위. 준통법(通法) ☞제등 명법(諸等命法)
제등-하다(齊等—)형여 여러 개가 같다.
제-때명 ①어떤 일이 있는 그때. ¶—에 일을 하자. ②정한 그 시각. ¶—에 출근하다. ③알맞은 때.
제라늄(geranium)명 쥐손이풀과의 여러해살이풀. 줄기 높이는 30~50cm. 줄기와 잎에 털이 빽빽이 나 있음. 6~8월에 빨강·분홍·하양 등의 다섯잎꽃이 잎겨드랑이에서 피고 둥글납작한 열매를 맺음. 남아프리카 원산인데 관상용으로 재배됨. 양아욱
제:랑(弟郞)명 제부(弟夫)
제:력(帝力)명 제왕(帝王)의 은택, 또는 제왕의 힘.
제:련(製鍊)명-하다타 광석을 용광로에 녹여서 함유 금속을 뽑아 정제하는 일.
제:련-소(製鍊所)명 광석을 용광로에 녹여서 함유 금속을 뽑아 정제하는 곳.
제:렴(∠製塩)명 '제염(製塩)'의 변한말.
제:령(制令)명 ①제도와 법령. ②법제에서 정해진 명령.
제:례(制禮)명-하다자 예법을 만들어 정함.
제례(除例)명-하다자 갖추어야 할 식례(式例)를 생략함.
제례(除禮)명-하다자 예로써 갖추어야 할 인사말을 생략하고 바로 할 말만 적는다는 뜻으로, 편지 첫머리에 쓰이는 한문 투의 말. ☞제번(除煩)
제:례(祭禮)명 제사를 지내는 예법이나 예절.

▶'제례'의 주요 절차〔기제(忌祭)〕
① 강신(降神) ② 참신(參神) ③ 진찬(進饌)
④ 초헌(初獻) ⑤ 독축(讀祝) ⑥ 아헌(亞獻)
⑦ 종헌(終獻) ⑧ 유식(侑食) ⑨ 합문(闔門)
⑩ 계문(啓門) ⑪ 사신(辭神)

제례(諸禮)명 모든 예의 범절.
제:례-악(祭禮樂)명 천신(天神)·지신(地神)·인신(人神)의 제향(祭享) 때 연주하는 음악. 종묘 제례악과 문묘 제례악이 전함. 제악(祭樂)
제로(zero)명 ①수학에서, 양수(陽數)도 아니고 음수(陰數)도 아닌 수, 또는 수량이 전혀 없음을 수량이 있는 경우에 상대하여 이르는 말. ②전혀 없음을 이르는 말.
제로게임(zero game)명 한 점도 얻지 못하고 진 경기. ☞영패(零敗)
제로섬(zero-sum)명 총화(總和)가 제로라는 뜻으로, 어느 한 편에 이익이 있으면 반드시 다른 한 편에 손실이 생기게 되는 데서, 곧 합계하면 제로로 되는 상태.
제로섬=사회(zero-sum社會)명 경제 성장이 멎어, 자원이나 부(富)의 총량이 일정하게 되어 이익을 본 자가 있으면 그만큼 불이익을 입는 자가 생긴다는 사회.
제록스(Xerox)명 전자 사진 방식을 이용한 복사기(複寫機). 상표명임.
제론(提論)명-하다타 의견이나 의안을 냄, 또는 그 의견이나 의안. 제의(提議)
제:마(製麻)명-하다자 삼을 다루어 삼실을 만드는 일, 또는 삼실로 삼베를 짜는 일.
제:마(濟馬)명 제주도에서 나는 말.
제막(除幕)명-하다자 막을 걷어 냄.
제막-식(除幕式)명 동상이나 기념비 등을 완성한 뒤에 그것을 공개하면서 베푸는 축하 의식. 동상이나 기념비에 흰 보를 씌웠다가 연고가 있는 사람이 걷어 냄.
제만사(除萬事) 제백사(除百事)
제:망매가(祭亡妹歌)명 신라 경덕왕 때에 월명사(月明師)가 지은 십구체 향가(鄕歌). 그의 죽은 누이를 위해 재(齋)를 올리며 지어 불렀다고 함. '삼국유사(三國遺事)'에 실려 전함.
제:매(弟妹)명 남동생과 여동생을 아울러 이르는 말.
제-멋명 자기 나름으로 느끼고 생각하는 멋. ¶—에 산다./—에 겨워 하는 말.
제멋-대로[-먿-]부 제 마음대로. 제가 하고 싶은 대로. ¶— 돌아다니다.
제면(除免)명-하다타 책임이나 의무 따위를 지우지 아니함. 면제(免除)
제:면(製綿)명-하다자 목화를 다루어 솜을 만듦.
제:면(製麵)명-하다자 국수를 만듦.
제:면-기(製麵機)명 국수를 뽑는 기계. 국수틀
제-명(—命)명 타고난 목숨. ¶—에 못 죽다.
제:명(帝命)명 제왕의 명령.
제명(除名)명-하다타 구성원 명부에서 이름을 뺌, 곧 구성원 자격을 빼앗음. 할명(割名)
제명(題名)명 책이나 시문 따위의 표제나 제목의 이름.
제명(題銘)명 책의 첫머리에 쓰는 제사(題詞)와 그릇 따위에 새기는 명(銘).

ㅈ

제명-록(題名錄)[명] 지난날, 과거에 급제한 사람의 이름을 적어 두던 책.

제:명-첩(祭名帖)[명] 지난날, 제향(祭享)에 제관으로 뽑힌 사람의 관직과 성명을 적어 두던 책.

제:모(制帽)[명] 학교나 관청 등에서, 규정에 따라 쓰도록 정한 모자.

제모(諸母)[명] 제부(諸父)의 아내.

제목(題目)[명] 작품이나 책 등에서, 그 내용을 보이거나 대표하기 위하여 붙이는 이름. ¶책의 -. [준]제(題)

[한자] 제목 제(題) 〔頁部 9획〕 ¶시제(詩題)/제명(題名)/제자(題字)/주제(主題)/화제(畫題)

제:문(祭文)[명] 죽은 사람을 조상하는 글.

제-물[명] ①음식을 익힐 때 처음부터 부어 둔 물. ②그 자체에서 우러난 물. ③다른 것이 섞이지 않은 순수한 것.

제:물(祭物)[명] ①제사에 쓰는 여러 가지 음식. 제수(祭羞) ☞제수(祭需) ②'희생물'을 비유하여 이르는 말.

[속담] **제물에 배를 잃어버렸다** : 이것저것 바삐 돌아가는 서슬에 정작 긴요한 것을 빠뜨렸다는 말.

제물-국수[명] 국수를 삶아 그 국물을 갈지 않고 제물대로 먹는 국수.

제물-낚시[-낙-][명] 깃털로 모기나 파리 모양으로 만든 낚싯바늘.

제물-땜[명][-하다][자] ①깨진 쇠붙이 그릇을 그 그릇에서 떨어져 나온 조각을 대고 녹여 붙이는 땜. ②뚫어진 물건에 같은 종류의 물건을 대어 깁는 일. ③어떤 일을 하는 김에 다른 일까지 함께 마무리하는 일.

제물-로[부] 그 자체가 스스로. ¶문이 - 닫히다.

제물-묵[명] 물에 불린 녹두를 갈아서 전대에 담아 짜낸 물로 쑨 묵. ☞녹두묵

제물-물부리[-뿌-][명] 지궐련 한끝에 제물로 붙여 만든 물부리.

제물-밀국수[명] 국수를 삶아 그 국물을 갈지 않고 제물대로 먹는 칼국수.

제물-에[부] 제 혼자 스스로의 바람에. ¶- 지치다.

제물-장(-*欌)[명] 방·마루·부엌 따위의 벽에 붙여 짜 놓아서 옮길 수 없는 장. 붙박이장

제민(齊民)[명] 일반 백성.

제:민(濟民)[명][-하다][자] 도탄에 빠진 백성을 구제함.

제밑-동생(-*同生)[-믿-][명] 자기와 성별(性別)이 같은 바로 아래의 동생.

제-바닥[명] ①물건 자체의 본바닥. ②본디 살고 있는 고장. ¶살기는 역시 -이 편하다.

제-바람[명] 주로 '제바람에'의 꼴로 쓰이어, 제 스스로의 행동에서 생긴 영향을 이르는 말. ¶-에 놀라다.

제:박(制縛)[명][-하다][타] 제재를 주어 자유를 속박함.

제반(除飯)[명][-하다][자] 끼니때마다 밥 먹기 전에 밥을 한 술갈씩 떠내어 곡신(穀神)에게 감사의 뜻을 나타내는 일.

제반(諸般)[명] 여러 가지 모든 것. 각반(各般). 만반(萬般) ¶- 준비를 갖추었다.

제:반-미(祭飯米)[명] 젯메쌀

제반-사(諸般事)[명] 여러 가지 일. 모든 일. ¶-에 신중을 기하다. [준]제사(諸事)

제:발[부] ①간절히 바라건대. ¶- 내 말을 들어라. ②'제발이다'의 꼴로 쓰이어, 몹시 간절하거나 꺼림을 나타내는 말. ¶이젠 외상은 -일세.

제발 덕분(에)[관용] 간절히 은혜나 도움을 바라건대. ¶- 효도 한번 받았으면 좋겠구나.

제발(題跋)[명] 제사(題辭)와 발문(跋文).

제방(堤防)[명] 큰물이 넘쳐 흐르지 못하게 하거나 물을 저장하려고 가장자리를 막아 쌓은 언덕. 둑[2]. 물둑. 방강(防江). 축답(築畓) ¶-을 쌓다.

제방(諸邦)[명] 제국(諸國)

제배(儕輩)[명] 나이나 신분이 서로 같거나 비슷한 사람. 동배(同輩)

제배부채[명] 껍질과 알맹이가 희고 알이 조금 굵은 팥.

제백사(除百事) '한 가지 일에만 온 힘을 기울이기 위하여 다른 일은 다 제쳐놓음'의 뜻. 제만사(除萬事) ¶-하고 이 일부터 끝냅시다.

제번(除番)[명][-하다][자] 번드는 차례를 벗어나 그만둠.

제번(除煩)[명][-하다][자] 번거로운 인사말을 생략하고 바로 할 말만 적는다는 뜻으로, 편지 첫머리에 쓰는 한문 투의 말. ☞제례(除禮)

제벌(除伐)[명][-하다][타] 육림(育林) 과정에서, 쓸모 없는 나무를 베어 내는 일. ☞간벌(間伐)

제법[부] ①어지간한 정도로. ¶날이 - 쌀쌀하다./이제는 - 어른 티가 나는구나. ②〔명사처럼 쓰임〕 어지간한 정도. ¶말솜씨가 -이다.

제법(除法)[-뻡][명] 나눗셈법 [준]제(除) ☞가법(加法)

제:법(製法)[-뻡][명] '제조법'의 준말.

제법(諸法)[명] ①여러 가지 모든 법. ②불교에서, 이 세상에 존재하는 온갖 사물과 모든 현상을 이르는 말. 만법(萬法). 제유(諸有)

제법-실상(諸法實相)[-쌍][명] 불교에서, 이 세상의 모든 사물이 진실한 모습으로 있음을 이르는 말.

제벽(題壁)[명][-하다][타] 시문(詩文)을 지어 벽에 씀.

제:병(祭屛)[명] 제사를 지낼 때에 치는 병풍.

제:병(祭餠)[명] 가톨릭에서, 성체 성사에 쓰는 둥근 빵.

제병연명(除病延命)[성구] 병을 물리쳐서 목숨을 이어 감을 이르는 말.

제보(提報)[명][-하다][자타] 정보를 제공함. ¶용의자를 목격했다는 시민의 -가 들어왔다.

제:복(制服)[명] 학교·관청·회사 등에서, 규정에 따라 입도록 정한 옷. 유니폼(uniform). 정복(正服)

제복(除服)[명][-하다][자] 복 입는 기한이 지나서 상복을 벗는 일. 탈복(脫服)

제:복(祭服)[명] ①제향(祭享) 때에 입는 예복. ②'최복(衰服)'이라고 해야 할 경우에 잘못 쓰는 말.

제복-살[명] 소의 갈비에 붙은 고기.

제:본(製本)[명] 제책(製冊) ☞장책(粧冊)

제:부(弟夫)[명] 여동생의 남편. 제랑(弟郎) ☞형부(兄夫)

제부(諸父)[명] 아버지와 같은 항렬의 당내친(堂內親).

제:분(製粉)[명][-하다][자타] 곡식 따위를 빻아서 가루를 만듦.

제-붙이[-부치][명] '제살붙이'의 준말.

제비[1][명] 여럿 가운데 어느 하나를 골라잡게 하여 승패나 차례 등을 가리는 방법, 또는 그때 쓰는 종이나 나무쪽 따위의 물건. ¶-를 뽑다. ☞추첨(抽籤)

제:비[2][명] 제빗과의 여름 철새. 몸길이는 17cm 안팎이며 등은 윤기가 있는 검은빛이고 배는 흰빛임. 꽁지는 가위 모양으로 갈라져 있고, 날개가 발달하여 빨리 낢. 인가 근처에서 벌레 따위를 잡아먹으며 삶.

[속담] **제비는 작아도 강남을 간다** : 모양은 비록 작아도 제 할 일은 다 한다는 말.〔제비는 작아도 알만 낳는다〕

[한자] 제비 연(燕) 〔火部 12획〕 ¶연와(燕窩)/연작(燕雀)

제:비가(-歌)[명] 십이 잡가(十二雜歌)의 하나. 남도 잡가(南道雜歌)인 '새타령'과 판소리 '흥부가'의 '제비 후리러 나가는 대목' 따위에서 빌려 온 내용으로 꾸민 것임.

제:비-갈매기[명] 갈매깃과의 나그네새. 몸길이 36cm 안팎. 부리는 가늘고 꽁지는 날카롭게 갈라졌음. 몸빛은 대가리와 목 뒤는 검고, 가슴은 희며 등은 푸른빛을 띤 잿빛임. 시베리아에서 번식하며 우리 나라를 지나쳐 남하하여 월동함.

제:비-꽃[명] 제비꽃과의 여러해살이풀. 줄기 높이는 12cm 안팎. 잎은 뿌리에서 무더기로 나며 잎자루가 길. 4~5월에 잎 사이에서 가는 줄기가 나와 자줏빛 꽃이 핌. 산과 들에 절로 자라며, 전세계에 널리 분포함. 바이올렛(violet). 오랑캐꽃

제:비-꿀[명] 단향과의 여러해살이풀. 다른 풀 뿌리에 붙어 반기생(半寄生)함. 줄기 높이는 10~30cm. 좁고 긴 잎은 어긋맞게 남. 여름에 잎겨드랑이에서 엷은 녹색 꽃이 피고 동글동글한 열매가 달림. 한방에서 '하고초(夏枯草)'라고 하여 약재로 쓰임.

제:비-나비[명] 호랑나빗과의 나비. 앞날개의 길이는 4~8

cm. 몸빛은 검은데, 날개 앞쪽은 금빛이 도는 남빛이며, 뒷날개 바깥쪽에 수컷은 푸른빛, 암컷은 붉은빛의 반달무늬가 줄지어 있음. 봄·여름 두 차례 나타남.

제:비-난초(-蘭草)명 난초과의 여러해살이풀. 줄기 높이는 20~50cm. 뿌리는 방추형과 굵은 수염꼴이며, 근생엽은 달걀꼴 또는 길둥근 꼴임. 6~7월에 줄기 끝에 흰 꽃이 수상(穗狀) 꽃차례로 핌.

제:비-부리명 좁고 긴 물건의 오라기 한끝의 좌우 귀를 접어 제비의 부리처럼 가운데만 뾰족하게 만든 모양.

제비부리-댕기명 지난날, 미혼 남녀가 땋아 늘인 머리에 드리던 댕기. 처녀는 빨강, 총각은 검정 천으로 드렸음. ☞말뚝댕기

제:비-붓꽃[-붇-]명 붓꽃과의 여러해살이풀. 줄기 높이는 50~70cm. 잎은 칼 모양임. 5~6월에 짙은 자줏빛이나 흰빛 꽃이 줄기 끝에 핌. 습지에서 자라며, 우리 나라의 지리산과 일본, 시베리아 동부 등지에 분포함.

제:비-쑥명 국화과의 여러해살이풀. 줄기 높이는 30~90cm이며, 7~9월에 연노랑 꽃이 두상(頭狀) 꽃차례로 핌. 양지에서 자라며 어린잎은 먹을 수 있음. 온 포기를 한방에서 '모호(牡蒿)'라 하여 약재로 씀. 초호(草蒿)

제:비-옥잠화(-玉簪花)명 백합과의 여러해살이풀. 줄기 높이는 30cm 안팎. 잎은 길둥글고 밑동에서 모여 남. 6~7월에 잎 사이에서 꽃줄기가 돋아 그 끝에 흰 꽃이 총상(總狀) 꽃차례로 핌. 높은 산의 그늘에서 자라는데, 금강산·묘향산·백두산 등지에 분포함. 나도옥잠화

제:비-초리명 뒤통수나 앞이마의 한가운데에 아래로 뾰족하게 내민 머리털.

제:비-추리명 소의 안심에 붙은 고기. 주로 구워 먹음.

제:비-턱명 밑이 두툼하고 너부죽하게 생긴 턱, 또는 그런 턱을 가진 사람을 놀리어 이르는 말.

제:빈(濟貧)명-하다자 가난한 사람을 구제함.

제:빙(製氷)명-하다자 물을 얼리어 얼음을 만듦.

제:사(娣姒)명 손아래 동서와 손위 동서.

제:사(祭祀)명 신령이나 죽은 사람의 넋에게 음식을 바치고 정성을 나타내는 의식. 향사(享祀) ¶-를 지내다. 준제(祭) 높제향(祭享)

속담 **제사 덕에 이밥이라** : 무슨 일을 빙자하여 거기서 이득을 얻는다는 말.

한자 제사 사(祀) 〔示部 3획〕 ¶봉사(奉祀)/제사(祭祀)
제사 제(祭) 〔示部 6획〕 ¶제기(祭器)/제단(祭壇)/제당(祭堂)/제문(祭文)/제수(祭需)

제:사(製絲)명-하다자타 고치나 솜 따위로 실을 만듦.

제사(諸事)명 '제반사(諸般事)'의 준말.

제사(題詞)명 책의 첫머리 또는 화폭(畫幅)의 윗부분에 표제(標題) 삼아 적는 시(詩)나 글. 제언(題言)

제사(題辭)명 지난날, 백성이 낸 소장(訴狀)이나 원서(願書)에 쓰던 관부의 판결이나 지령(指令). 제지(題旨)

제:사=계급(第四階級)명 ①자본주의 사회에서, 생산 수단을 가지고 있지 않아 노동한 삯으로 생활하는 계급을 이르는 말. 무산 계급(無產階級) ②언론계에서 일하는 사람, 특히 신문 기자를 이르는 말.

제:사기(第四紀)명 지질 시대의 구분의 하나. 신생대의 후반으로, 약 250만 년 전부터 현재까지의 시기. 홍적세와 충적세로 가름. 빙하가 발달했으며 인류가 나타났음. ☞제삼기(第三紀)

제:사기-계(第四紀系)명 제사기층

제:사기-층(第四紀層)명 제사기에 형성된 지층, 곧 홍적층과 충적층을 이르는 말. 제사기계

제-사날로부 남이 시키지 않은, 제 생각으로. ¶- 한 일이다.

제:사=매체(第四媒體)명 신문이나 잡지 따위의 대중 매체를 통한 광고가 아닌, 판매 촉진을 위한 인쇄물 또는 문헌류. 연차 보고서, 소책자, 카탈로그, 상품이나 서비스 설명표 따위.

제:사-상(祭祀床)[-쌍]명 제사 때에 제물을 벌여 놓은 상. 준제상(祭床)

제:사=세:계(第四世界)명 발전 도상국 중에서 석유 따위의 자원도 갖지 못하고 식량의 자급도 어려운 후발 도상국을 이르는 말. ☞제삼 세계(第三世界)

제:사-위(第四胃)명 주름위 ☞제일위

제사의=불(第四-)명 핵융합 반응으로 말미암아 생기는 원자력 에너지를 이르는 말. ☞제삼의 불

제:사-장(祭司長)명 유대교에서, 성전(聖殿)의 의식과 전례 등을 맡아보는 사람을 이르는 말.

제:사차=산:업(第四次產業)명 넓은 뜻의 제삼차 산업을 세분한 것 중의 하나. 교육·의료·정보 등 지식 집약적인 산업을 이름. ☞제오차 산업(第五次產業)

제:산(製產)명-하다타 물건을 만들어 냄.

제:산-제(制酸劑)명 위액의 분비를 억제하거나 위산을 중화하여 그 작용을 줄이어 위산의 자극을 누그러뜨리는 약제. 위산 과다증, 위·십이지장 궤양 등에 쓰임.

제:살(制煞)명-하다자 살풀이를 하여 미리 재액(災厄)을 막음.

제-살붙이[-부치]명 자기와 혈통이 같은 가까운 겨레붙이. 준제붙이

제-살이명-하다자 남에게 의지하지 않고 제힘으로 살아감, 또는 그러한 살림.

제살이(를) 가다관용 시부모가 없는 집으로 시집가다.

제:삼=계급(第三階級)명 유럽의 봉건 사회의 일반 평민 계급을 이르는 말. 피지배 계급으로 시민 혁명의 주역이 되었음. ☞제일 계급(第一階級)

제:삼-국(第三國)명 당사국이 아닌 다른 나라. ¶-으로 망명할 뜻을 밝히다.

제:삼=권리자(第三權利者)명 채권자에 상대하여 채권을 가지는 제삼자, 곧 채권자의 채권자를 이르는 말.

제:삼기(第三紀)명 지질 시대 구분의 하나. 신생대의 전반으로, 약 6,500만 년 전부터 170만 년 전까지의 시기. 포유류와 속씨식물이 번성했으며 알프스·히말리야 등의 큰 산맥이 이루어졌음. ☞백악기(白堊紀)

제:삼기-계(第三紀系)명 제삼기층

제:삼기-층(第三紀層)명 제삼기에 형성된 지층. 석유·석탄·석회 등의 광물이 많이 묻혀 있음. 제삼기계

제:삼-당(第三黨)명 의회의 의석 수에서 셋째를 차지하는 정당. 두 큰 정당 사이에서 두 정당의 세력이 맞설 때 의회의 결정을 좌우할 수 있음.

제:삼=세:계(第三世界)명 제이차 세계 대전 후, 아시아·아프리카·라틴아메리카의 발전 도상국을 통틀어 이르는 말. ☞제사 세계(第四世界)

제:삼=세:력(第三勢力)명 ①대립하는 두 세력 이외의 중간 세력. ②국제적인 냉전 체제에서 동서양 진영의 어느 쪽에도 딸리지 않는 나라들.

제:삼-심(第三審)명 법률의 삼심 제도에서, 제이심에 대한 상급 법원의 심리 재판, 또는 그 법원을 이르는 말. 일반적으로 상고심과 재항고심이 이에 딸림. ☞제일심

제:삼=우:주=속도(第三宇宙速度)명 물체가 태양계를 벗어나는 데 필요한 속도. 초속 16.7km. ☞제일 우주 속도

제:삼-위(第三胃)명 겹주름위 ☞제사위(第四胃)

제삼의=물결(第三-)명 가까운 미래에 일어날, 고도로 발달된 과학 기술에 힘입은 큰 변혁의 물결을 이르는 말. 미국의 문명 평론가 토플러가 지은 책 이름에서 온 말임.

제:삼의=불(第三-)명 핵분열 반응으로 말미암아 생기는 원자력 에너지를 이르는 말. ☞제사의 불

제:삼=의학(第三醫學)명 치료 의학과 예방 의학 다음에 등장한 새로운 의학이라는 뜻으로, 전쟁이나 산업 재해 따위로 말미암아 신체 장애를 입은 환자를 육체적·정신적·경제적으로 재활시켜 사회에 복귀시키려는 의학을 이르는 말.

제:삼-인칭(第三人稱)명〈어〉나와 너를 제외한 그 밖의 것을 가리키어 일컫는 말. '그녀가 그것을 가져갔다.'에서 '그녀, 그것'이 제삼인칭임. 삼인칭 ☞제일인칭

제:삼-자(第三者)명 대화자나 당사자 이외의 사람. 삼자(三者) ¶-는 나서지 마라.

제:삼종=전염병(第三種傳染病)[-뼝] 명 법정 전염병의 하나. 결핵·나병·성병 따위. ☞제일종 전염병

제:삼차=산:업(第三次產業) 명 제일차 산업과 제이차 산업을 제외한, 상업·금융업·운수업·통신업·관광업 등의 서비스업을 이르는 말. 삼차 산업 ☞제사차 산업

제:삼차=산:업=혁명(第三次產業革命) 명 증기와 전력에 이어, 원자력 에너지를 평화적인 목적에 이용함으로써 획기적인 전환을 이루는 산업 혁명을 이르는 말.

제:삼=채:무자(第三債務者) 명 어떤 채무자에 대하여 다시 채무를 지는 제삼자, 곧 채무자의 채무자를 이르는 말. ☞제삼 권리자(第三權利者)

제:삿-날(祭祀-) 명 제사를 지내는 날. 기일(忌日). 제일(祭日) 준 젯날

제:삿-밥(祭祀-) 명 ①제사 때 제상에 차리는 밥. 메[1] ②제사를 지낸 뒤에 먹는 밥. 준 젯밥

제상(除喪) 명 -하다 자 상기(喪期)를 마치거나, 복상(服喪)을 도중에서 그만두어 상을 벗는 일. ☞해상(解喪)

제:상(祭床)[-쌍] 명 '제사상(祭祀床)'의 준말.

제상(梯狀) 명 사다리 모양. 사다리꼴

제:생(濟生) 명 -하다 자 ①생명을 구제함. ②불교에서, 중생을 구제함을 이르는 말. ▷ 濟의 속자는 済

제서(題書) 명 제자(題字)

제서(臍緖) 명 탯줄

제:석(帝釋) 명 ①'제석천(帝釋天)'의 준말. ②'제석신(帝釋神)'의 준말.

제석(除夕) 명 섣달 그믐날 밤. 세제(歲除). 제야(除夜)

제:석(祭席) 명 제사를 지낼 때에 까는 돗자리.

제:석-거리(帝釋-) 명 제석풀이 때 무당이 부르는 노래.

제:석-신(帝釋神) 명 무당이 섬기는 신의 한 가지. 가신제(家神祭)의 대상이며, 집안 사람들의 화복(禍福)이나 수명, 먹을 것, 입을 것에 관한 일을 맡아본다고 함. 준 제석(帝釋)

제:석-천(帝釋天) 명 도리천(忉利天)의 임금. 불법(佛法)과 불법에 귀의한 사람을 보호한다고 함. 천제(天帝) 준 제석(帝釋)

제:석-풀이(帝釋-) 명 -하다 자 무당이 제석신을 섬기어 하는 굿, 또는 그 굿을 함.

제설(除雪) 명 -하다 자 쌓인 눈을 치움. 소설(掃雪)

제설(諸說) 명 여러 사람이 주장하는 말이나 학설.

제설-기(除雪機) 명 쌓인 눈을 치우는 기계.

제설-차(除雪車) 명 쌓인 눈을 치우는 차량.

제:성(帝城) 명 황성(皇城)

제:세(濟世) 명 -하다 자 세상 사람들의 어려움을 구제함.

제:세안민(濟世安民) 성구 세상 사람들의 어려움을 구제하고, 백성을 편안하게 함을 이르는 말.

제:세-재(濟世才) 명 '제세지재(濟世之才)'의 준말.

제:세-주(濟世主) 명 세상 사람들의 어려움을 구제하는 거룩한 사람.

제:세지재(濟世之才) 명 세상 사람들의 어려움을 구제할 만 한 재주, 또는 그런 재주를 가진 사람. 준 제세재

제소(提訴) 명 -하다 타 소송(訴訟)을 제기함. ¶법원에 -하다. ☞수소(受訴)

제-소리[1] 명 글자의 바른 소리. 정음(正音)

제-소리[2] 명 -하다 자 본심으로 말함, 또는 그러한 말. ¶이제 -가 나오는구나.

제:수(祭羞) 명 제사에 쓰는 조리된 음식. 제물(祭物) ☞제수(祭需)

> ▶ **제수를 차리는 법을 알기 쉽게 나타낸 말**
> 건좌습우(乾左濕右)/동두서미(東頭西尾)
> 면서병동(麵西餠東)/숙서생동(熟西生東)
> 어동육서(魚東肉西)/좌반우갱(左飯右羹)
> 좌포우혜(左脯右醯)/홍동백서(紅東白西)

제:수(弟嫂) 명 아우의 아내를 이르는 말. 계수(季嫂)

제수(除授) 명 -하다 타 천거(薦擧)를 받지 않고 임금이 직접 관직을 맡김.

제수(除數)[-쑤] 명 나눗셈에서, 어떤 수를 나누는 수. 8÷2=4에서 2 따위. ☞승수(乘數). 피제수(被除數)

제:수(祭需) 명 제사를 지내는 데 쓰이는 비용과 물품. ☞제수(祭羞)

제:수-답(祭需畓) 명 제위답(祭位畓)

제:수-전(祭需錢) 명 제사에 쓰이는 여러 가지 물건이나 재료를 장만하는 데 드는 돈.

제:술(製述) 명 -하다 타 시나 글을 지음. 제작(製作)

제:술-과(製述科) 명 고려·조선 시대, 문관(文官) 등용 시험의 하나. 고려에서는 시(詩)·부(賦)·송(頌)·책(策)을 짓게 했고, 조선에서는 부(賦) 한 편과 고시(古詩)·명(銘)·잠(箴) 중에서 한 편을 짓게 하였음. ☞명경과(明經科). 진사과(進士科)

제스처(gesture) 명 ①말의 전달 효과를 높이기 위하여 하는 몸짓·손짓·표정 따위. ②남에게 보이기 위하여 거짓으로 꾸미는 태도.

제습(除濕) 명 -하다 자 습기를 없앰.

제:승(制勝) 명 ①-하다 자타 눌러서 이김. ②지난날, 세자(世子)가 섭정(攝政)할 때에 군무(軍務)의 문서에 찍던 나무 도장.

제:승(濟勝) 명 -하다 자 명승지를 두루 돌아다님.

제시(提示) 명 -하다 타 ①말이나 글로 의견 따위를 내놓음. ¶대안을 마련하여 -하다. ②물품 등을 내어 보임. ¶증거물을 -하다.

제시(題詩) 명 -하다 자 정해진 제목에 따라서 시를 짓는 일, 또는 그러한 시.

제-시간(-時間) 명 정해 놓은 시간. ¶-에 출발하다.

제시=증권(提示證券)[-꿘] 명 증권을 가진 사람이 증권상의 권리를 주장하려면 의무 이행자에게 그 증권을 내어 보여야 하는 증권.

제:식(制式) 명 ①정해진 양식. ②군대에서 대열 훈련을 할 때에 쓰도록 규정된 모든 격식과 방식.

제:식-복(祭式服) 명 관혼상제(冠婚喪祭)에, 또는 공식적인 의식에 입는 복장. 예복·상복 따위.

제:식=훈:련(制式訓鍊) 명 군인에게 절도와 규율을 익히게 할 목적으로, 갖가지 제식 동작을 숙달시키는 훈련.

제신-기(除燼器) 명 공장 등의 굴뚝 꼭대기에 달아 그을음 따위가 날아 흩어지는 것을 막는, 쇠 그물로 된 장치.

제:실(帝室) 명 황제의 집안. 황실(皇室)

제:씨(弟氏) 명 남을 높이어 그의 아우를 이르는 말. 계씨(季氏)

제씨(諸氏) 명 글에서, 여러 사람의 이름이나 직명(職名) 다음에 적어, '여러분'의 뜻으로 공경의 뜻을 나타내는 말. ¶대의원 -의 고견(高見)을 듣고자 합니다.

제-아무리 부 남의 능력 등을 얕잡아 보아서 '아무리'를 강조하여 이르는 말.〔부정의 말이 뒤따름.〕 ¶- 애를 써도 불가능한 일이다./- 빨리 달린다 해도 나를 따라잡지는 못할 것이다.

제:악(祭樂) 명 제례악(祭禮樂)

제악(諸惡) 명 모든 악. 온갖 악한 행동.

제안(提案) 명 -하다 타 의안(議案)이나 의견(意見) 따위를 내놓음, 또는 그 의안이나 의견. ¶새로운 해결책을 -하다.

제안-권(提案權)[-꿘] 명 국회에 법률안이나 예산안을 낼 수 있는 권리.

제안-자(提案者) 명 제안을 하는 기관이나 사람.

제안=제:도(提案制度) 명 근로자에게 업무에 관한 창의적인 의견이나 고안 따위를 내놓게 하고, 좋은 의견은 받아들여 조직의 운영과 업무의 개선에 활용하는 제도.

제:압(制壓) 명 -하다 타 세력이나 기세 등을 억누름. ¶반대파를 -하다.

제애(際涯) 명 끝이 닿는 곳. 맨 가.

제액(題額) 명 -하다 자 액자에 그림을 그리거나 글씨를 씀.

제야(除夜) 명 제석(除夕) ¶-의 종소리.

제:약(制約) 명 -하다 타 어떤 조건이나 한계를 두어서 자유로운 활동이나 일을 제한함, 또는 그 조건이나 한계. ¶시간 -을 받다.

제:약(製藥) 명 -하다 자 약을 만듦, 또는 만들어진 약.

ㅈ

제:약-성(制約性)명 제약하는 성질이나 특성.

제:약적=판단(制約的判斷)명 논리학에서, 가언적 판단(假言的判斷)과 선언적 판단(選言的判斷)을 통틀어 이르는 말.

제:어(制御)명-하다타 ①억눌러서 따르게 함. ②기계나 설비 따위가 목적에 알맞게 움직이도록 조절함.

한자 제어할 제(制)〔刀部 6획〕¶억제(抑制)/제구(制球)/제압(制壓)/제어(制御)/통제(統制)

제:어-봉(制御棒)명 핵분열로 말미암은 연쇄 반응을 조절하기 위하여 원자로에 넣었다 뺐다 하는 막대기.

제:어=장치(制御裝置)명 컴퓨터에서, 주어진 명령을 해독하고 그것을 실행하기 위하여 필요한 정보의 흐름을 제어하는 장치.

제언(提言)명-하다자 의견을 내놓음, 또는 내놓은 의견.

제언(堤堰)명 발전(發電)·수도(水道)·관개(灌漑) 등의 목적으로, 강물이나 바닷물을 막아 돌이나 콘크리트로 쌓아 올린 큰 둑. 댐(dam). 언제(堰堤)

제언(諸彦)명 제현(諸賢)

제언(題言)명 제사(題詞)

제언-사(堤堰司)명 조선 시대, 각 도의 수리 시설과 제언을 관리하는 일을 맡아보던 관아.

제:업(帝業)명 제왕의 일, 곧 나라를 다스리는 일.

제역(除役)명-하다자 ①병역(兵役)의 전부 또는 일부를 면제함. ②조선 시대, 특별한 사정이 있는 사람에게 신역(身役)을 면제하던 일. 면역(免役)

제:염(製塩)명-하다자 소금을 만듦. 변제렴

제염(臍炎)명 갓난아이의 배꼽과 그 언저리에 생기는 염증. 탯줄을 자른 뒤 사흘쯤 되어서 생기기 쉬움.

제영(題詠)명-하다타 정해진 제목에 따라 시를 지어 읊음, 또는 그 시.

제:오-열(第五列)명 '오열(五列)'의 본딧말.

제:오차=산:업(第五次産業)명 제삼차 산업을 세분한 것의 하나. 오락·취미·패션 등의 산업을 이름. ☞제일차 산업

제완(提腕)명 붓글씨를 쓸 때 팔을 두는 법의 한 가지. 오른팔을 책상 위에 가볍게 올려 놓고 글씨를 쓰는 법을 이름. ☞현완직필(懸腕直筆)

제-왈(-曰)부 제랍시고 장담으로.

제:왕(帝王)명 ①황제나 국왕을 통틀어 이르는 말. ②어떤 부문에서 패권이나 권위를 가진 사람이나 대상을 비유하여 이르는 말. ¶백수(百獸)의 -인 사자./골프의 -.

제왕(諸王)명 여러 임금.

제:왕=신권설(帝王神權說)[-꿘-]명 왕권 신수설(王權神授說) 준신권설(神權說)

제:왕운기(帝王韻紀)명 고려 충렬왕 13년(1287), 이승휴(李承休)가 지은 역사책. 우리 나라와 중국의 역대 사적을 칠언시와 오언시로 읊은 내용임. 2권 1책.

제:왕=절개=수술(帝王切開手術)명 산모의 배와 자궁을 갈라 인공으로 태아를 꺼내는 수술.

제외(除外)명-하다타 어떤 범위 밖에 두어 한데 헤아리지 아니함, 또는 따로 떼어 냄. ¶이번 일에서는 그를 -하기로 했다.

제외-례(除外例)명 예외 규정.

제요(提要)명-하다자 요령만을 추려서 제시함.

제:욕(制慾)명-하다자 욕심을 억제함.

제:욕-주의(制慾主義)명 금욕주의(禁慾主義)

제:용-감(濟用監)명 조선 시대, 직물과 인삼의 진상(進上), 임금이 사여(賜與)하는 의복과 사라능단(沙羅綾緞), 직물의 염색과 직조 등에 관한 일을 맡아보던 관아.

제우(悌友)명 형제간이나 어른과 아이 사이의 두터운 정.

제우(際遇)명-하다자 제회(際會)

제우(諸友)명 여러 벗.

제:우-교(濟愚教)명 '천도교(天道教)'를 달리 이르는 말.

제우스(Zeus 그)명 그리스 신화에 나오는, 신(神)들 중에서 가장 높은 신. ☞주피터(Jupiter)

제웅명 ①짚으로 만든 인형. 민속에서, 제웅직성이 든 사람의 액막이나, 앓는 사람을 고치려고 산영장을 지내는 데 쓰임. 초우인(草偶人) ②분수를 모르는 어리석은 사람을 놀리어 이르는 말.

제웅(除雄)명-하다자 식물의 제꽃가루받이를 막으려고 꽃봉오리 때 수술의 꽃밥을 없애는 일.

제웅-직성(-直星)명 민속에서, 사람의 나이에 따라 그 운수를 맡아본다고 이르는 아홉 직성의 하나. 흉한 직성으로 남자는 열 살, 여자는 열한 살에 처음 드는데, 9년에 한 번씩 돌아온다고 함. 나후직성(羅睺直星) ☞토직성(土直星)

제웅-치기명 민속에서, 음력 정월 열나흗날 밤에 아이들이 집집마다 돌아다니며 제웅 속에 넣어 둔 돈푼을 얻으려고 제웅을 거두는 일.

제원(諸元)명 기계나 무기 따위의 크기·무게·성능 등을 수치로 나타낸 것. ¶M16 소총의 -.

제원(諸員)명 여러 인원.

제월(除月)명 '섣달'을 달리 이르는 말.

제:월(霽月)명 비가 갠 날의 밝은 달.

제:월광풍(霽月光風)성구 비가 갠 뒤의 시원한 바람과 밝은 달이라는 뜻으로, 마음에 근심과 집착이 없이 밝고 시원스런 인품을 비유하여 이르는 말. 광풍제월

제:위(帝位)명 제왕의 자리. ☞성조(聖祚)

제:위(帝威)명 제왕의 위엄.

제:위(祭位)명 제사를 받는 신위(神位).

제위(諸位)대 '여러분'의 뜻으로, 글에서 쓰는 한문 투의 말. 열위(列位). 제공(諸公). 첨위(僉位) ☞제현

제:위-답(祭位畓)명 추수한 곡식을 제사 비용으로 쓰려고 마련한 논. 제답(祭畓). 제수답(祭需畓)

제:위-전(祭位田)명 추수한 곡식을 제사 비용으로 쓰려고 마련한 밭. 제전(祭田)

제:유(製油)명-하다자 기름을 짜서 만듦.

제유(諸有)명 제법(諸法)

제유(諸儒)명 여러 선비.

제유-법(提喩法)[-뻡]명 수사법(修辭法)의 한 가지. 일부로 전체를, 또는 전체로 일부를 나타내는 표현 방법. '빵으로만 살 수는 없다.', '우리는 백의 민족이다.'와 같은 표현법임. ☞대유법(代喩法). 환유법(換喩法)

제육(∠猪肉)명 식용하는 돼지의 고기. 원저육(猪肉)

제:육-감(第六感)명 여섯째 감각이라는 뜻으로, 오감(五感)으로는 알 수 없는 일을 직감적으로 알아내는 마음의 작용을 이르는 말. 육감(六感)

제육-구이(∠猪肉-)명 돼지고기를 얄팍하게 저며 잔칼질을 한 다음, 갖은양념으로 버무려 구운 음식.

제육-무침(∠猪肉-)명 비계 없는 돼지고기를 삶아 잘게 썰어 새우젓국, 채 친 마늘, 고춧가루 따위로 양념하여 무친 음식.

제육-방자고기(∠猪肉-)명 얇게 저민 돼지고기를 소금을 뿌려 구운 음식.

제육-볶음(∠猪肉-)명 돼지고기를 갖은양념을 하여 재웠다가 볶은 음식.

제:육=의:식(第六意識)명 불교에서, 육식(六識) 가운데 여섯째 인식인 '의식(意識)'을 이르는 말.

제육-편육(∠猪肉片肉)명 돼지고기를 삶아 눌렀다가 식혀서 썬 음식.

제:윤(帝胤)명 제왕의 혈통.

제읍(啼泣)명-하다자 소리를 높여 우는 일, 또는 그런 울음.

제읍(諸邑)명 여러 고을. 제군(諸郡)

제:의(祭衣)명 ①가톨릭에서, 성직자가 미사·행렬 등 모든 의식(儀式) 때 입는 예복을 통틀어 이르는 말. ②가톨릭에서, 미사 때에 사제가 장백의 위에 입는 옷.

제:의(祭儀)명 제사의 의식.

제의(提議)명-하다타 의견이나 의안을 냄, 또는 그 의견이나 의안. 제론(提論) ¶협상을 -하다.

제의(題意)명 ①제목의 뜻. ②문제의 뜻.

제:이(J·j)명 영어 자모(字母)의 열째 글자의 이름.

제:이=계급(第二階級)명 유럽 봉건 사회의 둘째 계급이었던 귀족과 성직자의 계급. ☞제삼 계급

제:이=성:질(第二性質)명 로크의 인식론에서, 물체의 성질을 둘로 구분한 것 가운데 하나. 물체를 대하는 사람의 주관적 감각에 따라서 규정되는 물체의 빛깔·소리·맛 등의 성질. ☞제일 성질(第一性質)
제:이-심(第二審)명 소송에서, 제일심(第一審)의 판결에 대한 불복 신청이 있을 때에 하는 제이차 심리. ㊟이심(二審) ☞제삼심(第三審)
제:이=예:비금(第二豫備金)명 예산 항목에 들어 있지 않은, 뜻밖의 사건에 충당하기 위한 예비비.
제:이=우:주=속도(第二宇宙速度)명 지상에서 쏘아 올린 물체가 지구의 인력을 벗어나 태양계의 인공 행성이 되는 데 필요한 속도. 지구 인력권의 탈출 속도로 초속 11.2km. ☞제삼 우주 속도(第三宇宙速度)
제:이-위(第二胃)명 '벌집위'를 달리 이르는 말.
제:이-의(第二義)명 철학에서, 근본이 되는 첫째 의의가 아닌 둘째의 의의를 이르는 말. ☞제일의(第一義)
제:이의적=생활(第二義的生活)명 철학에서, 인습에 얽매여 자각이 없는 생활을 이르는 말. ☞제일의적 생활
제:이=인산암모늄(第二燐酸ammonium)명 인산의 수소 원자 두 개와 암모늄이 치환된 염(塩). 무색 결정으로 비료 등으로 쓰임.
제:이-인칭(第二人稱)명〈어〉내가 상대하여 말하는 편의 사람을 가리키어 일컫는 말. '너', '너희' 따위. 이인칭(二人稱) ☞제삼인칭(第三人稱)
제:이종=전염병(第二種傳染病)[-뼝]명 법정 전염병의 하나. 백일해, 홍역, 유행성 이하선염, 일본 뇌염, 성홍열, 말라리아, 유행성 출혈열, 파상풍 따위. ☞제삼종 전염병(第三種傳染病)
제:이=주제(第二主題)명 소나타 형식의 두 개의 중심 주제 중에서 나중에 제시되는 주제. 제일 주제와 대비됨.
제:이차=산:업(第二次産業)명 제일차 산업 부문에서 생산한 원재료를 정제(精製)·가공하는 산업. 건설업·광업·제조업 등. 이차 산업 ☞제삼차 산업
제:이차=산업=혁명(第二次産業革命)명 20세기 초 전력을 이용하여 획기적 전환을 이룬 산업 혁명을 이르는 말. ☞제삼차 산업 혁명(第三次産業革命)
제:이차=성:징(第二次性徵)명 동물의 수컷과 암컷을 구별할 수 있는 특징 가운데서, 생식기가 아닌 부위에 나타나는 특징. 성호르몬이 분비됨에 따라 나타남. ☞제일차 성징(第一次性徵)
제인(諸人)명 모든 사람, 또는 여러 사람.
제일(除日)명 섣달 그믐날.
제:일(祭日)명 제삿날
제:일(第一)[1]수 첫째[1]
제:일(第一)[2]부 여럿 가운데 가장. ¶사과를 ― 좋아하다. /― 먼저 도착하다.
제일(齊一)어기 '제일(齊一)하다'의 어기(語基).
제:일-가다(第一―)자 으뜸가다. 첫째가다 ¶하늘 아래 제일가는 솜씨.
제:일=강산(第一江山)명 경치가 좋기로 첫째갈만 한 곳.
제:일=계급(第一階級)명 유럽 봉건 사회의 첫째 계급이었던 왕과 제후의 계급. ☞제이 계급(第二階級)
제:일-류(第一流)명 제일가는 등급.
제:일-보(第一步)명 맨 처음 내딛는 발걸음. 첫걸음
제:일-선(第一線)[-썬]명 ①일을 실행하는 데에서 맨 앞장. ¶―에서 일하다. /―에서 물러나다. ②적과 맞서는 맨 앞의 전선(戰線). 최전선(最前線) ¶―에서 지휘하다. ㊟일선(一線)
제:일=성:질(第一性質)명 로크의 인식론에서, 물체의 성질을 둘로 구분한 것 가운데 하나. 물체 그 자체가 가지고 있는 객관적인 성질로 물체의 연장(延長)·형(形)·운동·정지·수(數) 등의 성질. ☞제이 성질
제:일-심(第一審)[-씸]명 소송에서, 제일차로 받는 심리. 초심(初審) ㊟일심(一審) ☞제이심(第二審)
제:일=우:주=속도(第一宇宙速度)명 지상에서 쏘아 올린 물체를 우주 공간으로 날아가게 하는 데 필요한 속도. 지구의 인공 위성이 되는 속도로 초속 7.9km.
제:일=원리(第一原理)명 철학에서, 현상의 이면에 있는 초인식적인 근본 원리를 이르는 말.
제:일-위(第一位)명 첫째가는 자리. ¶수영 대회에서 ―를 차지하다.
제:일-위(第一胃)명 '혹위'를 달리 이르는 말.
제:일-의(第一義)명 ①철학에서, 근본이 되는 첫째 의의를 이르는 말. ☞제이의(第二義) ②불교에서, 더할 수 없이 깊고 묘한 진리를 이르는 말.
제:일=의:무(第一義務)명 법률에 따라서 그 이행을 요구하는 첫째 의무. 납세 의무, 부채 변상 의무 등.
제:일의적=생활(第一義的生活)명 철학에서, 개성을 존중하여 본연의 사명에 충실한 생활을 이르는 말. ☞제이의적 생활(第二義的生活)
제:일=인상(第一印象)명 사람이나 사물에서 첫눈에 느껴지는 인상. 첫인상
제:일인-자(第一人者)명 어느 방면에서 더 이상 견줄 사람이 없을 만큼 뛰어난, 제일가는 사람. ¶연극계의 ―가 되다. ㊟일인자(一人者)
제:일-인칭(第一人稱)명〈어〉나와 나를 포함한 편의 사람을 가리키어 일컫는 말. '나', '우리' 따위. 일인칭(一人稱) ☞제이인칭(第二人稱)
제:일종=전염병(第一種傳染病)[-쫑-뼝]명 법정 전염병의 하나. 콜레라, 페스트, 발진티푸스, 장티푸스, 파라티푸스, 디프테리아, 세균성 이질, 황열(黃熱) 따위. ☞제이종 전염병(第二種傳染病)
제:일-주의(第一主義)명 어떤 일에서든지 첫째가 되고자 하는 주의.
제:일=주제(第一主題)명 소나타 형식의 두 개의 중심 주제 중에서 악장 첫머리에 제시되는 주제. 악상(樂想)의 중심임.
제:일차=산:업(第一次産業)명 직접 자연에서 원재료를 생산·채취하는 산업. 농업·목축업·어업·임업 등. 원시 산업(原始産業). 일차 산업 ☞제이차 산업
제:일차=성:징(第一次性徵)명 동물의 수컷과 암컷을 구별할 수 있는 특징 가운데서, 생식이나 생식기 등에 나타나는 형태상의 차이. ☞제이차 성징
제일-하다(齊一―)형여 고르게 가지런하다.
제일-히부 제일하게
제:자(弟子)명 스승에게 가르침을 받고 있거나 받은 사람.
제:자(祭資)명 제사를 지내는 데에 드는 비용.
제자(諸子)명 ①아들 또는 아들과 항렬이 같은 사람을 통틀어 이르는 말. ②중국 춘추 전국 시대에 나타났던 여러 사상가. 공자·맹자·노자·장자·묵자·손자 등.
제자(題字)명 책의 머리나 족자, 빗돌 따위에 쓴 글자. 제서(題書)
제자루-칼명 자루를 따로 박지 않고 제물로 손잡이까지 되게 만든 칼.
제-자리명 ①본디 있던 자리. ¶물건을 ―에 갖다 놓다. ②마땅히 있어야 할 자리. ¶오래 방황하다 ―를 찾다.
제자리-걸음명 ①제자리에 서서, 걷는 것처럼 다리를 움직이는 일. ☞뜀걸음 ②일의 진행이나 상태가 나아가거나 나아지지 않고 제자리에 그대로 머물러 있는 일, 또는 그런 상태. 답보(踏步) ¶성적이 ―을 하다.
제자리-높이뛰기명 육상 경기의 한 가지. 도움닫기 없이 가로대를 뛰어넘어, 그 높이로 차례를 정하는 기록 경기임.
제자리-멀리뛰기명 육상 경기의 한 가지. 도움닫기 없이 구름판 위에 두 발을 놓고 서서 멀리 뛰어, 그 거리로 차례를 정하는 기록 경기임.
제자리-표(―標)명 악보에서, 올림표로 높이거나 내림표로 낮춘 음을 본디의 음으로 되돌아가게 하는 표. ♮로 나타냄. 본위 기호(本位記號)
제자-백가(諸子百家)명 중국의 춘추 전국 시대에 나타났던 여러 사상가와 그 학파를 통틀어 이르는 말. 유가(儒家)·도가(道家)·묵가(墨家)·법가(法家)·병가(兵家) 등. ㊟제가(諸家) ☞제자(諸子)
제:작(製作)명-하다타 ①일정한 재료를 가지고 물건이나

작품 등을 만듦. ¶기계 −/음반 −/− 기술/영화를 −하다. ②시나 글을 지음. 제술(製述)

제:작-비(製作費) 명 제작하는 데 드는 비용.

제:작-품(製作品) 명 제작한 물품이나 작품.

제잠(鯷岑) 명 지난날, 중국에서 우리 나라를 이르던 말.

제잡담(除雜談) '여러 말을 하지 않음'의 뜻.

제:장(祭場) 명 제사를 지내는 곳. 제터

제장(諸將) 명 ①여러 장수. ②민속에서, 싸움터에 나갔다가 죽은 남자의 신령을 이르는 말.

제:재(制裁) 명 ①도덕·규칙·관습 등의 위반을 제한하거나 금지하는 일. ¶아무런 −도 받지 않다. ②법규를 어겼을 때에 불이익을 주거나 처벌하는 일. ¶법적인 − 조처를 취하다.

제:재(製材) 명 -하다 자타 베어 낸 나무를 켜서 재목을 만듦.

제재(題材) 명 예술 작품이나 학술 연구 등의 주제가 되는 재료. ☞소재(素材)

제적(除籍) 명 -하다 타 호적이나 학적, 당적(黨籍) 등에서 이름을 지워 버림. ☞삭적(削籍)

제전(除田) 명 지난날, 면세 받던 토지. 사전(寺田) 따위.

제전(梯田) 명 비탈에 사닥다리처럼 층층이 일구어 만든 논밭. ☞다랑논

제:전(祭田) 명 제위전(祭位田)

제:전(祭典) 명 ①제사를 지내는 의식. ②성대하게 열리는 예술·문화·체육 등에 관한 행사.

제:전(祭奠) 명 ①의식을 갖춘 제사와 갖추지 않은 제사를 통틀어 이르는 말. ②서도 잡가(西道雜歌)의 한 가지. 제물(祭物)을 차리는 예법, 제물의 이름들, 초헌·아헌·종헌의 절차, 인생의 무상함 따위를 노래한 내용임.

제:전-악(祭典樂) 명 제전에서 연주하는 음악.

제:절(制節) 명 -하다 타 옷감이나 재목 따위를 잘 말라서 쓰기에 알맞게 함.

제절(除節) 명 계절(階節)

제:절(祭節) 명 제사를 지내는 절차.

제절(諸節) 명 편지글에서, 상대편을 높이어 그 집안 식구들의 일상 생활의 활동을 이르는 문어 투의 말. ¶−이 균안(均安)하신지요.

제:정(制定) 명 -하다 타 제도나 규정 등을 만들어 정함. ¶새로운 법률을 −하다.

제:정(帝政) 명 ①황제가 다스리는 정치, 또는 그런 정치 형태. ¶− 러시아 ②제국주의의 정치.

제:정(祭政) 명 제사와 정치를 아울러 이르는 말.

제정(提呈) 명 -하다 타 물건을 바치거나 드림.

제:정-법(制定法)[−뻡] 명 일정한 형식과 절차에 따라 만들어 문서로 나타낸 법률. 부령(部令)이나 조례(條例) 따위.

제-정신(−精神) 명 본디 그대로의 온전한 정신. 본정신(本精神) ¶너 지금 −으로 하는 소리니?

제:정-일치(祭政一致) 명 제사와 정치가 일치한다는 사상, 또는 그러한 정치 형태. 종교적 행사의 주재자와 정치의 주권자가 일치함. 고대 사회에서 흔히 볼 수 있음.

제제(提題) 명 논증하여 그 참과 거짓을 확정해야 할 명제.

제:제(製劑) 명 -하다 타 치료 목적에 알맞게 약품을 섞어 합하거나 가공하여 일정한 형태로 만듦, 또는 그 제품.

제:제다사(濟濟多士) 성구 다사제제(多士濟濟)

제:제창창(濟濟蹌蹌) 성구 몸가짐이 위엄이 있고 위풍당당함을 이르는 말.

제조(提調) 명 조선 시대, 품계가 종일품·정이품·종이품인 관원으로서, 기술 계통, 잡직 계통의 관아의 업무를 겸직한 관리 이름. ☞부제조(副提調).

제:조(製造) 명 -하다 타 원료를 가공하여 제품을 만듦.

제:조=계:정(製造計定) 명 제조 원가를 총괄하는 계정.

제:조-법(製造法)[−뻡] 명 제품을 만드는 방법. 준 제법

제-조사(除朝辭) 명 지난날, 지방관이 빨리 부임할 수 있도록 임금에 대한 숙배(肅拜)를 특별히 면해 주던 일.

제조-상궁(提調尙宮) 명 조선 시대, 내전(內殿)의 어명을 받아 내전의 살림살이를 도맡아 관리하던 상궁. 상궁 가운데서 지위가 가장 높았음. 큰방상궁

제:조-업(製造業) 명 원료를 가공하여 제품을 만드는 사업. ☞서비스업

제:조=원가(製造原價)[−까] 명 어떤 제품을 만드는 데 든 재화와 용역을 화폐 가치로 셈한 합계액.

제족(諸族) 명 한집안의 여러 겨레붙이.

제종(諸宗) 명 한 겨레붙이의 본종(本宗)과 지파(支派)를 통틀어 이르는 말.

제종(臍腫) 명 한방에서, 어린아이의 배꼽에 부스럼이 나는 병을 이르는 말. 제창(臍瘡)

제:좌(帝座) 명 ①황제의 옥좌. ②중국에서, 천제(天帝)의 자리라고 정해 놓은 별자리를 이르는 말.

제좌(諸座) 명 ①여러 계좌(計座). ②부기에서, 분개(分介)할 때 한 거래의 대차(貸借) 어느 한쪽의 계정 과목이 둘 이상에 걸쳐 있는 것. 차변의 상품에 대하여 대변은 현금과 당좌 예금이 되는 경우 따위.

제:주(帝主) 명 신으로 모시는 제왕의 신주(神主).

제:주(祭主) 명 제사를 주재하는 사람.

제:주(祭酒) 명 제사에 쓰는 술.

제주(題主) 명 -하다 자 신주(神主)에 글자를 씀.

제:주=자재(濟州子弟) 명 조선 시대, 하급 무관으로 쓰려고 해마다 제주도에서 뽑아 올리던 사람.

제:주-잔(祭酒盞)[−짠] 명 제주를 담는 잔.

제주-전(題主奠) 명 장사를 지낸 뒤에 산소에서 혼령을 신주(神主)에 옮길 때 지내는 제사.

제:중(濟衆) 명 -하다 자 모든 사람을 구제함.

제:중신편(濟衆新編) 명 조선 정조 23년(1799)에 강명길(康命吉)이 왕명에 따라 지은 의서(醫書). 제1～7권에는 질병의 증세와 약방문을 적고, 제8권에는 약물의 이름과 효능을 한글로 적었음. 8권 5책의 목판본.

제:지(制止) 명 -하다 타 말려서 못하게 함. ¶−를 받다./출입을 −하다.

제:지(製紙) 명 -하다 자 종이를 만듦. ¶− 공업

제지(蹄紙) 명 국지

제지(題旨) 명 제사(題辭)

제:-지내다(祭−) 자 제물을 차려 신위(神位)에 바치다.

제직-회(諸職會) 명 장로교 등에서, 교회의 여러 직책을 맡은 사람들이 교회의 업무에 대하여 의논하는 모임.

제진(除塵) 명 -하다 자 공기 중에 떠도는 먼지를 걷어 없앰.

제진(梯陣) 명 군대·군함·항공기 따위를 사다리꼴로 편성한 진형(陣形).

제진(齊進) 명 -하다 자 여럿이 한꺼번에 나아감.

제-집 명 자기의 집. ¶외국을 − 드나들듯 한다.

제-짝 명 한 쌍이나 벌을 이루는 그 짝. ¶−을 만나다.

제:차(第次) 명 차례[1]

제:찬(制撰) 명 -하다 타 지난날, 임금의 말씀이나 명령의 내용을 신하가 대신 짓던 일. 대찬(代撰)

제:찬(祭粲) 명 젯메

제창 부 애쓰지 않고 저절로 알맞게. ¶안 그래도 찾아가려 했는데, 네가 와서 − 잘 되었다.

제창(提唱) 명 -하다 타 어떤 학설이나 의견을 맨 처음 내세워 주장함.

제창(齊唱) 명 -하다 타 ①여럿이 다 같이 소리를 내어 외침. ¶구호를 −하다. ②같은 가락을 여러 사람이 함께 노래함. ¶애국가를 −하다. ☞독창(獨唱). 중창(重唱). 합창(合唱) ▷ 齊의 속자는 斉

제창(臍瘡) 명 제종(臍腫)

제채(薺菜) 명 '냉이'의 딴이름.

제:책(製冊) 명 -하다 타 인쇄물 등을 실이나 풀 따위로 매고 표지를 붙여 책으로 만드는 일. 제본(製本)

제척(除斥) 명 -하다 타 ①물리쳐 없앰. ②법률에서, 재판을 공정하게 하기 위하여 사건의 당사자나 그 사건과 특수한 관계에 있는 법관 또는 법원 직원을 그 사건의 직무 집행에서 배제하는 일.

제:천(祭天) 명 -하다 자 하늘에 제사를 지냄.

제천(諸天) 명 불교에서, 모든 하늘을 통틀어 이르는 말. 마음을 수양하는 경계에 따라 여덟 하늘로 가름.

제:천(霽天) 명 맑게 갠 하늘.

ㅈ

제:천=의:식(祭天儀式)명 하늘을 숭배하여 하늘에 제사를 지내는 원시 종교 의식.
제-철 명 ①그 철. ¶ -에 어울리는 옷차림. ②한창인 철. ¶ 국화는 9월이 -이지. /수박은 한여름이 -이다. 당절(當節). 당철 준 철[1]
제:철(製鐵)명 -하다 자 철광석을 녹여 철을 뽑아 냄. ¶ -공업
제철(蹄鐵)명 말굽에 대어 붙이는 쇳조각. 편자
제:철-소(製鐵所)[-쏘]명 철광석을 녹여 철을 뽑아 내는 일을 하는 곳.
제:청(祭廳)명 ①장사를 지낼 때 제사를 지낼 수 있도록 무덤 옆에 마련한 곳. ②제사를 지내는 대청.
제청(提請)명 -하다 타 어떤 안건을 제안하여 요청함. ¶ 헌법 재판소는 법원의 -에 따라 법률의 위헌 여부를 심사한다. /국무 총리의 임명 동의안을 국회에 -하다.
제쳐-놓다 타 ①거치적거리지 않게 따로 치워 놓다. ¶ 보던 신문을 -. ②어떤 대상이나 범위에서 빼놓다. ¶ 그 아이만 제쳐놓고 우리끼리 갈 수는 없잖아. ③어떤 일을 뒤에 하려고 미루어 놓다. ¶ 숙제를 제쳐놓고 놀다.
제초(除草)명 -하다 자 잡초를 뽑아 없앰.
제초-기(除草器)명 잡초를 뽑아 없애는 기계.
제초-약(除草藥)명 제초제
제초-제(除草劑)명 잡초를 없애려고 뿌리는 약제. 살초제(殺草劑). 제초약
제:축-문(祭祝文)명 제사를 지낼 때, 신명(神明)에게 고하는 글. 축문(祝文)
제출(除出)명 -하다 타 덜어냄.
제출(提出)명 -하다 타 의견이나 문안(文案), 서류 따위를 냄. ¶ 보고서를 -하다. /입학 원서를 -하다.
제:출(製出)명 -하다 타 만들어냄.
제출물-로 부 제 생각대로.
제출물-에 부 제 바람에.
제충(除蟲)명 -하다 자 해로운 벌레를 없앰. ☞구충(驅蟲)
제충-국(除蟲菊)명 국화과의 여러해살이풀. 줄기 높이는 30~60cm. 5~6월에 흰빛 또는 빨간빛의 두상화(頭狀花)가 핌. 꽃은 살충제로 쓰임.
제충국-분(除蟲菊粉)명 제충국의 꽃을 말리어 만든 가루. 살충제로 쓰임.
제취(除臭)명 -하다 자 냄새를 없앰.
제치다 타 ①거치적거리지 않게 따로 치우다. ②앞선 사람이나 대상을 따라잡아 앞으로 나아가다. ¶ 선두를 -.
제키다 자 살갗이 스쳐서 조금 벗겨지다.
제:탄(製炭)명 -하다 자 ①연탄을 만듦. ②숯을 구워 만듦.
제태(除汰)명 지난날, 관직이나 직무를 그만두게 하던 일.
제:태(祭駄)명 제수(祭需)를 실은 짐바리.
제:택(第宅)명 살림집과 정자(亭子)를 통틀어 이르는 말.
제택(諸宅)명 '제가(諸家)'의 높임말.
제:-터(祭-)명 제사를 지내는 터. 제장(祭場)
제-턱 명 조금도 변함이 없는 그대로의 정도나 분량.
제:토-제(制吐劑)명 구역질이나 구토를 멈추게 하는 약.
제:통(帝統)명 제왕의 계통.
제:-퇴:선(祭退膳)명 제사를 다 지내고 제상(祭床)에서 물린 음식. 준 퇴선(退膳)
제트(jet)명 증기나 액체 따위가 좁은 구멍에서 잇달아 뿜어 나오는 상태.
제트(Z·z)명 영어 자모(字母)의 스물여섯째 글자의 이름.
제트-기(Z旗)명 만국 선박 신호기 가운데 로마자 제트(Z)에 해당하는 기. 승패를 결정하는 중대한 전투에서 힘껏 싸우도록 독려하는 뜻으로 내걺. 두 줄의 대각선으로 네 부분으로 갈리며, 황·청·적·흑의 네 빛깔로 되어 있음.
제트-기(jet機)명 제트엔진을 추진 장치로 하는 비행기. 분사 추진식 비행기(噴射推進式飛行機)
제트=기류(jet氣流)명 대류권의 상부나 성층권의 하부에서 좁은 영역에 거의 수평으로 흐르는 강한 기류. 최대 풍속이 100m/s를 넘는 일도 있음.
제트엔진(jet engine)명 기관 안에서 연소시킨 고온의 가스를 노즐을 통하여 뿜어낼 때의 반동으로 추진력을 일으키는 장치.
제트=연료(jet燃料)명 항공기용 제트엔진에 쓰는 연료. 인화점 52°C의 특급 등유를 씀.
제-판 명 거리낌없이 제멋대로 거드럭거리는 판. ¶ -인 양 휘젓고 다닌다.
제:판(製版)명 -하다 자 ①인쇄판을 만듦. ②조판(組版)
제판(題判)명 지난날, 관부(官府)에서 백성이 올린 소장(訴狀)에 쓰던 판결.
제:팔=예:술(第八藝術)[-례-]명 여러 가지 예술 가운데서 여덟째 번으로 나타났다는 뜻에서 영화, 특히 무성 영화를 이르는 말. ☞제구 예술
제:패(制覇)명 -하다 타 ①패권(霸權)을 잡음. ②경기 따위에서 우승함. ¶ 마라톤을 -하다.
제평(齊平)어기 '제평(齊平)하다'의 어기(語基).
제평-하다(齊平-)형여 가지런하고 평평하다.
제폐(除弊)명 -하다 자 폐단이 될만 한 일을 없앰.
제폭(除暴)명 -하다 자 폭력을 없앰.
제표(除標)명 나눗셈표 ☞승표(乘標)
제풀-로 부 저 혼자 저절로. ¶ - 화가 풀리다.
제풀-에 부 제 행동으로 일어난 영향에. ¶ - 놀라다. /- 지쳐 그만두다.
제:품(製品)명 -하다 타 원료를 가지고 물건을 만듦, 또는 만든 그 물건. ¶ 좋은 -을 만들다.
제품(題品)명 어떤 사물의 가치나 낫고 못함 등을 문예적으로 평가하는 일. 품제(品題)
제하(除下)명 -하다 타 아랫사람에게 물건을 나누어 줌.
제하(除荷)명 -하다 타 배가 조난했을 때, 배를 가볍게 하려고 싣고 있는 짐을 바다에 버리는 일, 또는 버리는 그 짐. 투하(投荷)
제하(題下)명 제목 아래.
제하(臍下)명 배꼽 밑.
제:-하다(際-)자여《文》당하다. 즈음하다 ¶ 광복절에 제하여 담화문을 발표하다.
제-하다(除-)타여 ①덜어내거나 빼다. ¶ 밥값을 -. /그를 제하고는 모두 결혼했다. /끼니때를 제하고는 일만 한다. ②나누다 ③없애다
제:-하다(製-)타여《文》한약을 짓기 위하여 건재(乾材)를 썰고 갈고 빻고 하다.
제학(提學)명 ①고려 시대, 밀직사(密直司)·예문 춘추관(藝文春秋館)·예문관(藝文館)·보문각(寶文閣)·우문관(右文館)·진현관(進賢館) 등의 정삼품 관직. ②조선 시대, 집현전(集賢殿)·홍문관(弘文館)·예문관(藝文館) 등의 종이품 관직, 또는 규장각(奎章閣)의 종일품이나 종이품 관직.
제:한(制限)명 -하다 타 사물에 일정한 한계를 둠, 또는 그 한계. ¶ 속도 -/응시 자격에 -을 두다. /차량의 통행을 -하다.
제:한(際限)명 끝. 한계
제:한=구역(制限區域)명 ①국가 안보 등을 위하여 지정된 육지나 수역(水域)의 상공에, 항공기의 비행이 금지되거나 제한되는 구역. ②선박의 투묘(投錨), 저인망(底引網) 어로, 낚시 등이 금지된 수역. ③농구에서, 공을 가지고 공격하는 선수가 상대편 바스켓 근처에서 3초 이상 머물 수 없게 된 구역을 이르는 말.
제:한=선:거(制限選擧)명 재산, 납세액, 성별, 종교, 교육의 정도 등에 따라 선거권을 제한하는 제도. ☞보통 선거(普通選擧)
제:한=전:쟁(制限戰爭)명 목적이나 수단, 지역, 무기 따위에 일정한 제한을 두고 벌이는 전쟁. 한정 전쟁(限定戰爭) ☞전면 전쟁(全面戰爭)
제:한-제(制汗劑)명 땀이 덜 나오게 하는 약제. 아트로핀이나 장뇌산(樟腦酸) 따위. 지한제(止汗劑)
제함(擠陷)명 -하다 타 나쁜 마음으로 남을 못된 데로 밀어 넣어 해침.
제항(梯航)명 사닥다리로 산에 오르고 배로 바다를 건넌다는 뜻으로, 산을 넘고 바다를 건너 먼 길을 떠남을 이

르는 말.

제해(除害)명-하다자 해로운 것을 없앰.

제:해-권(制海權)[-꿘]명 해군력으로 일정한 해역(海域)을 지배하여 군사·통상·항해 등을 확보하는 권력. 해상권(海上權)

제행(諸行)명 ①불교에서, 인연으로 말미암아 이루어지는 모든 사물이나 현상을 이르는 말. ②불교에서, 깨달음에 이르기 위한 모든 선행(善行)을 이르는 말. ③정토종(淨土宗)에서, 염불 외의 모든 수행을 이르는 말.

제행무상(諸行無常)성구 불교에서, 우주의 모든 사물이나 현상은 늘 돌고 바뀌어 잠시도 한 모양으로 머무르지 않음을 이르는 말.

제:향(帝鄕)명 ①황성(皇城) ②제왕(帝王)이 태어난 곳. ②하느님이 있다는 곳.

제:향(祭享)명 ①나라에서 지내는 제사. ②'제사(祭祀)'의 높임말.

제:헌(制憲)명-하다자 헌법을 제정함.

제:헌-절(制憲節)명 헌법이 제정·공포된 일을 기념하는 국경일. 7월 17일임.

제:혁(製革)명-하다자 날가죽을 다루어 제품을 만들 수 있는 가죽으로 만듦.

제현(諸賢)명 여러 점잖은 이들. 제언(諸彦) ☞제위(諸位)

제:형(弟兄)명 아우와 형을 아울러 이르는 말.

제형(梯形)명 '사다리꼴'의 구용어.

제형(諸兄)[1]명 한 집안의 여러 형들.

제형(諸兄)[2]명 고구려의 14관등 중 열한째 등급. ☞과절(過節)

제형(諸兄)[3]대 말하는 이와 대등한 관계에 있는 사람들 사이에서, '여러분'을 높이어 일컫는 말.

제형(蹄形)명 말굽처럼 생긴 모양.

제형=자:석(蹄形磁石)명 말굽 자석

제:호(帝號)명 제왕(帝王)의 칭호.

제호(除號)명 나눗셈표 ☞승호(乘號)

제호(醍醐)명 우유에 갈분(葛粉)을 타서 미음같이 쑨 죽.

제호(題號)명 신문이나 잡지, 책 따위의 제목.

제호(鵜鶘)명 '사다새'의 딴이름.

제호-탕(醍醐湯)명 우리 나라의 전래 청량 음료의 한 가지. 오매육(烏梅肉)·초과(草果)·사인(砂仁)·백단향(白檀香) 등을 가루로 만들어 꿀에 재었다가 끓여 식힌 다음, 냉수에 타서 마심.

제:화(製靴)명-하다자 구두 따위의 신을 만듦.

제:화(濟化)명-하다타 가르치고 이끌어 잘하게 함.

제:회(際會)명-하다자 어떤 중대한 사건이나 시기에 우연히 만나게 됨. 제우(際遇)

제후(諸侯)명 봉건 시대, 군주로부터 받은 일정한 영토를 가지고 그 영내의 백성을 다스리던 사람. 공후(公侯)

한자 제후 후(侯) 〔人部 7획〕 ¶왕후(王侯)/제후(諸侯)

제후-국(諸侯國)명 제후가 다스리는 나라.

제휴(提携)명-하다자 공동의 목적을 위하여 서로 도움. ¶두 회사가 -하여 신제품을 개발하다.

제-힘명 자기의 힘. ¶학비를 -으로 마련하다.

젠더(gender)명 '성(性)'을 이르는 말. 1995년 베이징 세계 여성 대회에서 '섹스(sex)' 대신 쓰기로 결정함.

젠:장감 ①'젠장맞을'의 준말. ②'젠장칠'의 준말.

젠:장-맞을감 '제기, 난장(亂杖)을 맞을 것'이라는 뜻으로, 마땅찮아서 혼자 내뱉듯이 욕으로 하는 말. ¶이런 -, 도대체 뭘 어쩌겠다는 거야. 준젠장

젠:장-칠감 '제기, 난장(亂杖)을 칠 것'이라는 뜻으로, 마땅찮아서 혼자 내뱉듯이 욕으로 하는 말. ¶-, 오늘 하루도 공쳤군. 준젠장

젠체-하다자여 잘난체 하다. ¶아무 때나 젠체하는 꼴이 정말 우습군.

젤라틴(gelatin)명 동물의 가죽·힘줄·연골 등을 이루는 천연 단백질인 콜라겐을 뜨거운 물에 넣어 만드는 유도 단백질의 한 가지. 실온에서는 겔(Gel) 상태가 됨. 식품 원료, 약용 캡슐, 지혈제 등으로 쓰임.

젤라틴페이퍼(gelatin paper)명 젤라틴을 정제(精製)하여 알맞은 색소를 넣어 만든 종이. 무대 조명에 쓰임.

젤리(jelly)명 어육류나 과실의 교질분(膠質分)을 뽑아낸 맑은 즙, 또는 그 즙을 젤라틴으로 굳힌 반고체 상태의 과자.

젯:-날(祭-)명 '제삿날'의 준말.

×**젯-돗**(祭-)명 →제석(祭席)

젯:-메(祭-)명 제사 때 올리는 밥. 제찬(祭粲)

젯:메-쌀(祭-)명 젯메를 지을 쌀. 제반미(祭飯米)

젯:-밥(祭-)명 '제삿밥'의 준말.

젱겅부 얇은 쇠붙이 따위가 단단한 물체에 부딪칠 때 좀 둔하게 울리는 소리를 나타내는 말. ☞쟁강. 쩽겅

젱겅-거리다(대다)자타 자꾸 젱겅 소리가 나다, 또는 그런 소리를 내다. ☞쟁강거리다. 쩽겅거리다

젱겅-젱겅부 젱겅거리는 소리를 나타내는 말. ☞쟁강쟁강. 쩽겅쩽겅

젱그렁부 얇고 둥근 쇠붙이 따위가 단단한 물체에 떨어져 울릴 때 나는 소리를 나타내는 말. ☞쟁그랑. 쩽그렁

젱그렁-거리다(대다)자타 자꾸 젱그렁 소리가 나다, 또는 그런 소리를 내다. ☞쟁그랑거리다. 쩽그렁거리다

젱그렁-젱그렁부 젱그렁거리는 소리를 나타내는 말. ☞쟁그랑쟁그랑. 쩽그렁쩽그렁

조[1]명 볏과의 한해살이풀. 밭에 심는 작물의 한 가지. 줄기 높이는 1～1.5m임. 잎은 좁고 길며 가장자리에 톱니가 있음. 가을에 줄기 끝에 큰 이삭이 나와 잔 꽃이 모여 피고 작고 동그란 열매가 달림. 오곡(五穀)의 하나로 밥을 짓기도 하고, 떡·과자·술 따위의 원료로도 씀.

한자 조 속(粟) 〔米部 6획〕 ¶속미(粟米)

조[2]관 말하는 이와 듣는 이 모두가 볼 수 있는 데 있는 사람이나 사물을 작고 귀엽게 가리킬 때 쓰는 말. ¶- 꼬마./- 녀석이 네 아들이란 말이지. ☞저[4]

조(召)명 한방에서, 약방문이나 약봉지에 '대추'라는 뜻으로 쓰는 말. ☞간삼조이(干三召二)

조(租)명 지난날, 전세(田稅)로 경작지의 수확물의 일정량을 나라에 바치던 일.

조(粗)명 ①조선 시대, 과거 시험이나 서당에서 성적을 매기던 등급의 하나. 순(純)·통(通)·약(略)·조(粗)·불(不)의 다섯 등급 가운데서 넷째 등급, 또는 통(通)·약(略)·조(粗)·불(不)의 네 등급 가운데서 셋째 등급. ②조통(粗通)을 달리 이르던 말.

조(組)명 ①일정한 목적을 위하여 조직한, 적은 사람들의 집단. ¶-를 짜다./너와 같은 -가 되었다. ②〔의존 명사로도 쓰임〕 두 개 이상의 물건이 한 벌을 이룰 때, 그 한 벌을 세는 단위. ¶열 개가 한 -를 이룬 공구 세트.

조:(詔)명 '조서(詔書)'의 준말.

조(調)[1]명 ①'곡조(曲調)'의 준말. ②품격을 높고 깨끗하게 가지려는 행동.

조(調)[2]명 지난날, 각지의 특산물을 나라에 바치던 공부(貢賦)의 한 가지.

조(操)명 깨끗이 가지는 몸과 굳게 잡은 마음.

조(를) 빼다관용 짐짓 몸가짐을 조촐하게 하다.

조(條)[1]의 '조목(條目)'이나 '조항(條項)'의 뜻을 나타내는 말. ¶헌법 제1-.

조(條)[2]의 일부 명사 뒤에 쓰이어, '명목'이나 '조건'의 뜻을 나타내는 말. ¶사례비 -로 건넨 돈.

조(調)[3]의 '말투'나 '태도'의 뜻을 나타내는 말. ¶조롱하는 -로 얘기하다./믿지 못하겠다는 -로 쳐다보다.

조(兆)수 수의 단위. 억(億)의 만 곱절. 경(京)의 1만분의 1.

-조(朝)《접미사처럼 쓰이어》'왕조(王朝)'의 뜻을 나타냄. ¶고려조(高麗朝)/세종조(世宗朝)

-조(調)《접미사처럼 쓰이어》①'가락', '곡조(曲調)'의 뜻을 나타냄. ¶민요조(民謠調)/칠오조(七五調) ②'말투'나 '태도'의 뜻을 나타냄. ¶농담조(弄談調)/시비조(是非調)/놀림조/복고조(復古調)

조:가(弔歌)명 사람의 죽음을 슬퍼하는 노래.

조가(朝家)명 지난날, 임금이 나라의 정치를 신하들과 의

ㅈ

논하거나 집행하던 곳. 조당(朝堂). 조정(朝廷)
조가비 명 조개의 껍데기. 패각(貝殼). 패갑(貝甲). 합각(蛤殼)
조각 명 어떤 물건에서 따로 떼어 내거나 떨어져 나온 작은 부분. ¶빵 -/유리 -에 베다.

한자 조각 편(片) 〔片部〕 ¶파편(破片)/편운(片雲)

조각(組閣) 명 -하다 자 내각(內閣)을 조직함.
조각(彫刻·雕刻) 명 -하다 타 조형 미술의 한 가지. 나무·돌·쇠붙이 따위에 글씨·그림·형상 등을 새기거나 깎아서 입체적으로 만드는 일, 또는 그렇게 새기거나 깎은 것.
조각-가(彫刻家) 명 조각을 전문으로 하는 예술가.
조각-구름 명 여러 개의 조각으로 흩어져 있는 구름. 단운(斷雲). 편운(片雲)
조각-기(彫刻機) 명 문자나 도안 따위를 새기는 기계.
조각-나다 자 ①깨지거나 떨어져 여러 조각이 되다. ¶유리 접시가 -. ②뜻이 맞지 않아 서로 갈라지다. ¶친목회가 -.
조각널-장(-爿) 명 한자 부수(部首)의 한 가지. '牀'·'牂'·'牆' 등에서 '爿'의 이름. 장수장변(將帥將邊)
조각-달 명 음력 초닷새 무렵과 스무닷새 무렵에 뜨는, 반달보다 더 이지러진 달. 편월(片月)
조각-도(彫刻刀) 명 조각하는 데 쓰는 칼. 새김칼
조각-배 명 작은 배. 편주(片舟)
조각-보 명 여러 조각의 헝겊을 대어서 만든 보자기.
조각-사(彫刻師) 명 ①조각을 전문으로 하는 사람. 조각장이 ②각수(刻手)
조각=석판(彫刻石版) 명 석판에 질산 고무를 바르고, 마른 뒤에 본그림을 놓고 테두리를 새긴 선에 아마인유를 배어들게 한 제판(製版).
조각=요판(彫刻凹版)[-뇨-] 명 조각도나 조각기로 인쇄판에 직접 조각하여 만드는 오목판. 지도나 유가 증권 따위의 인쇄에 쓰임.
조각자-나무(皂角刺-) 명 콩과의 낙엽 활엽 교목. 가시가 많으며, 6월경에 녹황색의 꽃이 피고 열매는 10월경에 익음. 열매와 가시는 약재, 재목은 가구재로 쓰임.
조각-장이(彫刻-) 명 조각사(彫刻師)
조각-조각 명 여러 조각. ¶깨어진 -이 다 제 각각이다. 부 여러 조각으로 깨어지거나 갈라진 모양을 나타내는 말. ¶- 깨지다.
조각-편(-片) 명 한자 부수(部首)의 한 가지. '版'·'牌' 등에서 '片'의 이름.
조각-품(彫刻品) 명 조각한 물품.
조간(刁姦) 명 -하다 타 여자를 꾀어내어 간음함.
조:간(釣竿) 명 낚싯대
조간(朝刊) 명 '조간 신문(朝刊新聞)'의 준말. ☞석간
조간(遭艱) 명 -하다 자 부모의 상사(喪事)를 당함. 당고(當故). 조고(遭故)
조간=신문(朝刊新聞) 명 아침에 발행되는 일간 신문. 조간지 준 조간(朝刊) ☞석간 신문(夕刊新聞)
조간-지(朝刊紙) 명 조간 신문(朝刊新聞) ☞석간지
조갈(燥渴) 명 목이 타는듯이 마름. ¶-이 나다.
조갈-소(藻褐素)[-쏘] 명 갈조소(褐藻素)
조갈-증(燥渴症)[-쯩] 명 한방에서, 목이 타는듯이 마르는 증세를 이르는 말. ☞구갈증(口渴症)
조감(鳥瞰) 명 -하다 타 새가 공중에서 내려다보듯이 높은 곳에서 널리 아래를 내려다봄. 부감(俯瞰)
조:감(照鑑) 명 -하다 타 ①비추어 분명하게 살펴봄. ②신불(神佛)이 밝게 보살핌.
조감(藻鑑) 명 사람의 겉만 보고도 그 됨됨이나 인격을 알아보는 식견(識見).
조감-도(鳥瞰圖) 명 높은 곳에서 내려다본 상태를 그린 그림. 부감도(俯瞰圖)
조갑(爪甲) 명 손톱과 발톱. 지갑(指甲)
조강(條鋼) 명 강재(鋼材)의 한 분류. 궤철(軌鐵)·봉강(棒鋼)·형강(形鋼) 등을 통틀어 이르는 말.
조강(粗鋼) 명 압연이나 단조(鍛造) 따위의 가공이 되지 않은, 제강로(製鋼爐)에서 제조된 그대로의 강철.
조강(朝講) 명 -하다 자 ①지난날, 이른 아침에 강관(講官)이 임금에게 글을 강론하던 일. ②불교에서, 아침에 중들이 모여 앉아 불경을 해석하고 문답하는 일.
조강(糟糠) 명 ①지게미와 쌀겨. ②가난한 사람이 먹는 변변하지 못한 음식을 비유하여 이르는 말.
조강(燥強) 어기 '조강(燥強)하다'의 어기(語基).
조강지처(糟糠之妻) 성구 지게미와 쌀겨로 끼니를 이을 때의 아내라는 뜻으로, 가난할 때 고생을 함께 하며 살아온 본처(本妻)를 이르는 말.
조강-하다(燥強-) 형여 땅바닥에 축축한 기운이 없어 보송보송하다.
조개 명 판새류에 딸린 연체동물을 통틀어 이르는 말. 민물이나 바닷물에 살며 단단한 껍데기로 몸을 싸고 있는데, 속살은 연하여 먹을 수 있음.

한자 조개 패(貝) 〔貝部〕 ¶패각(貝殼)/패류(貝類)/패주(敗柱)/패총(貝塚)/패화(貝貨)

조개-관자(-貫子) 명 쌍각류의 조가비의 안쪽에 있는, 조가비를 닫는 구실을 하는 근육. 보통 앞뒤로 한 쌍이 있음. 패주(貝柱). 폐각근(閉殼筋)
조개-구름 명 '권적운(卷積雲)'의 딴이름.
조개-더미 명 선사 시대 사람들이 먹고 버린 조가비가 쌓여 이루어진 유적. 바닷가나 호반 가까이에 널리 분포함. 토기·석기·뼈 따위의 유물이 있어 고고학상 귀중한 연구 자료가 됨. 조개무지. 패총(貝塚)
조개모:변(朝改暮變) 성구 아침 저녁으로 뜯어고친다는 뜻으로, 무슨 일을 이랬다저랬다 자주 바꾸거나 고침을 이르는 말. 조변석개(朝變夕改). 조석변개(朝夕變改)
조개-무지 명 조개더미
조개-밥 명 멥쌀에 조갯살을 넣고 간장을 쳐서 지은 밥. 합반(蛤飯)
조개-볼 명 조가비처럼 가운데가 도도록하게 생긴 두 볼.
조개-젓 명 잔 조갯살을 소금에 절여 삭힌 젓.
조개-치레 명 조개치렛과의 게. 등딱지는 사람 얼굴과 비슷하게 생겼는데, 길이와 폭이 각각 2cm 안팎이고 진흙빛을 띤 것이 많음. 이마에는 두 개의 둔한 돌기가 있고, 조가비 따위를 등에 업고 진흙 속에 숨는 습성이 있음.
조개-탄(-炭) 명 조가비 모양으로 만든 연탄.
조개-탕(-湯) 명 모시조개 따위를 삶아서 국물째 먹는 국. 조갯국
조개-패(-貝) 명 한자 부수(部首)의 한 가지. '財'·'責'·'貨' 등에서 '貝'의 이름.
조개-풀 명 볏과의 한해살이풀. 줄기 높이는 20~50cm이고, 8~9월에 줄기 끝에서 녹색을 띤 자색 꽃이 핌. 들이나 논둑에 절로 자라며, 줄기와 잎은 노란색 염료로 쓰임.
조:객(弔客) 명 조상(弔喪)하러 온 사람. 문상객(問喪客). 조문객(弔問客). 조상객(弔喪客)
조:객-록(弔客錄) 명 조상(弔喪)하러 온 사람들의 이름을 적어 두는 책.
조갯-국 명 조개탕
조갯-살 명 ①조개의 살. ②조개의 살을 말린 것.
조갯속-게 명 ①'속살이게'의 딴이름. ②몸이 연약하고 힘이 없어 일을 감당하지 못하게 생긴 사람을 이르는 말.
조-거 대 '조것'의 준말. ¶- 주세요. ☞저거
조거(漕渠) 명 짐을 싣거나 부리기 위하여 배를 들여 댈 수 있도록 깊게 파서 만든 개울. 조구(漕溝)
조-건 준 '조것은'의 준말. ¶- 네가 가져라. ☞저건
조건(條件)[-껀] 명 ①어떤 일을 이루기 위하여 갖추어야 할 상태나 요소. ¶자연 -/필수 - ②어떤 일을 자기 뜻에 맞게 하기 위하여 내어 놓는 요구나 견해. ¶제한 -/-을 달다./-을 제시하다. ③법률 행위의 효력 발생이나 소멸을 앞으로 일어날 불확실한 사실의 성사 여부에 따라 제한하는 일.
조건=반:사(條件反射)[-껀-] 명 동물이 그 환경에 적응하려고 후천적으로 가지게 된 반사. 개에게 밥을 줄 때

마다 방울을 울리면, 나중에는 방울만 울려도 개가 침을 흘리게 되는 것과 같은 현상을 이름. ☞무조건 반사
조건-부(條件附)[-껀-] 명 어떤 일에 일정한 조건이나 제한을 붙임, 또는 그 일. ¶-로 허락하다.
조건=자:극(條件刺戟)[-껀-] 명 조건 반사를 일으키게 하는 자극.
조-걸 준 '조것을'의 준말. ¶- 네가 만들었니? ☞저걸
조걸-로 준 '조것으로'의 준말. ¶- 가지고 가거라. ☞저걸로
조:걸위악(助桀爲惡) 성구 조걸위학(助桀爲虐)
조:걸위학(助桀爲虐) 성구 중국 고대 하(夏)나라의 폭군 걸(桀)을 부추겨 더 포학하게 한다는 뜻으로, 못된 사람을 부추겨 악한 짓을 더 하게 함을 이르는 말. 조걸위악
조-것 대 ①말하는 이와 듣는 이 모두가 볼 수 있는 데 있는 물건을 작고 귀엽게 이르는 말. ¶조기 - 좀 봐. ②'조 사람'을 얕잡아 이르는 말. ¶-이 여기가 어디라고 함부로 입을 놀려. ③'조 아이'를 귀엽게 이르는 말. ¶-이 이제 제법 숙녀 티가 나네.
조-게 준 '조것이'의 준말. ¶- 뭘 안다고. ☞저게
조격(阻隔) 명-하다 자 막혀서 서로 통하지 못함.
조:경(造景) 명-하다 타 경치를 아름답게 꾸밈.
조경(調經) 명-하다 자 월경(月經)을 고르게 함.
조경(潮境) 명 성질이 서로 다른 해류가 맞닿은 경계.
조:계(早計) 명 때가 되기도 전에 지레 세운 계획이나 셈.
조계(租界) 명 19세기 후반에 중국의 개항 도시에 있던 외국인 거주지. 외국의 행정권과 경찰권이 행사되었음.
조계-종(曹溪宗) 명 우리 나라 불교 종파의 하나. 신라 시대에 도의국사(道義國師)의 가지산문(迦智山門)에서 비롯되어 고려 시대에 보조국사(普照國師)를 거쳐 보우국사(普愚國師)에 이르러 종파의 이름이 붙음. 우리 나라 최대의 불교 종단임.
조고(祖考) 명 세상을 떠난 할아버지. 왕고(王考)
조고(祖姑) 명 조부모(祖父母)의 자매.
조고(凋枯) 명-하다 자 나무나 풀 따위가 시들어 마름.
조:고(照考) 명-하다 타 대조하여 깊이 생각함.
조고(潮高) 명 밀물과 썰물에 따른 바닷물의 높이.
조고(遭故) 명-하다 자 부모의 상사(喪事)를 당함. 당고(當故). 조간(遭艱)
조고(操觚) 명 종이가 없던 옛날에 글을 쓰려고 나무 패를 잡는다는 뜻으로, 문필을 직업으로 삼음을 이르는 말.
조고-계(操觚界) 명 문필가들의 사회.
조:고여생(早孤餘生) 성구 어려서 어버이를 여의고 자란 사람을 이르는 말.
조:곡(弔哭) 명-하다 자타 조문 가서 애도의 뜻으로 욺, 또는 그 울음.
조곡(組曲) 명 모음곡
조곡(朝哭) 명-하다 자 상제가 소상(小祥)까지 아침마다 궤연(几筵) 앞에서 곡하는 일. ☞석곡(夕哭)
조:골=세:포(造骨細胞) 명 골질(骨質)을 분비하여 뼈를 만드는 세포.
조공(彫工) 명 조각을 직업으로 삼는 사람.
조공(朝貢) 명-하다 자타 지난날, 속국(屬國)이 종주국에게 때마다 예물을 바치던 일, 또는 그 예물.
조:공(照空) 명-하다 자 하늘을 비춤.
조:공-등(照空燈) 명 적기(敵機)가 밤에 기습하는 일을 경계하기 위하여 공중을 비추는 등. ☞탐조등
조:과(早課) 명 가톨릭에서 이르는 '아침 기도'의 구용어.
조:과(造果·造菓) 명 실과(實果)에 상대하여 유밀과(油蜜果)나 과자 따위를 이르는 말.
조:곽(早藿) 명 제철보다 일찍 따서 말린 미역.
조관(條款) 명 벌여 놓은 조목(條目).
조관(朝官) 명 조신(朝臣)
조관(朝冠) 명 지난날, 관원이 조복(朝服)할 때 쓰던 관.
조:관(照管) 명-하다 타 맡아서 보관함.
조광(粗鑛) 명 제련하지 아니한, 채굴한 그대로의 광석. 원광(原鑛). 원석(原石)
조광(躁狂) 명-하다 자 미쳐 날뜀.
조광-권(租鑛權)[-꿘] 명 남의 광구(鑛區)에서 광물을 캐어 가질 수 있는 권리.
조:교(弔橋) 명 현수교(懸垂橋)
조:교(助敎) 명 ①대학에서, 교수의 지시를 받아 연구와 사무를 돕는 직위, 또는 그 사람. ②군대에서 군사 교육이나 훈련을 할 때, 교관(敎官)을 도와 교재 관리, 시범 훈련, 피교육자 인솔 따위를 맡아 하는 사병.
조:교(照校) 명-하다 타 대조하여 검토함.
조:-교:수(助敎授) 명 대학 교수 직위의 하나. 부교수(副敎授)의 아래.
조:구(釣鉤) 명 낚시
조구(漕溝) 명 조거(漕渠)
조:구-등(釣鉤藤) 명 꼭두서닛과의 목질(木質) 덩굴풀. 잎겨드랑이마다 낚시 비슷한 두 개의 가시가 있어 다른 물건에 붙어 감기며, 여름에 황갈색을 띤 깔때기 모양의 작은 꽃이 핌. 가시는 응달에 말리어 약재로 씀. 준조등(鉤藤)
조:구조=운:동(造構造運動) 명 산지의 주요 구조를 형성하는, 큰 규모의 지각(地殼) 변형 작용.
조국(祖國) 명 ①조상 때부터 대대로 살아온 나라. 자기가 태어난 나라. 부모국(父母國) ②민족이나 국토의 일부가 떨어져 다른 나라에 합쳐졌을 때, 그 본디의 나라.
조:국(肇國) 명-하다 자 나라를 세움. 건국(建國)
조국-애(祖國愛) 명 조국에 대한 사랑.
×**조군**(-軍) 명 → 교군(轎軍)
조군(漕軍) 명 조선 시대, 조운배를 부리는 사람을 이르던 말. 수부(水夫). 조졸(漕卒)
조:궁-장(造弓匠) 명 조궁장이
조:궁-장이(造弓-) 명 활 만드는 일을 직업으로 삼는 사람. 궁사(弓師). 궁인(弓人). 궁장이. 조궁장(造弓匠)
조:귀(早歸) 명-하다 자 일찍 돌아가거나 돌아옴.
조규(條規) 명 조문(條文)으로 정하여 놓은 규정.
조균(朝菌) 명 아침에 생겼다가 저녁에 스러지는 버섯이라는 뜻으로, 덧없이 짧은 목숨을 비유하여 이르는 말. ☞조로(朝露)
조균-류(藻菌類)[-뉴] 명 균계의 한 문(門). 격막(膈膜)이 없는 실 모양의 균사(菌絲)로 된 균류임. 세포벽이 셀룰로오스와 키틴질로 되어 있음. 물곰팡이·털곰팡이 따위. ☞진균류(眞菌類)
조그마-하다 형여 조금 작거나 적다. ¶조그마한 마을./키가 -. 준조그맣다 ☞자그마하다. 조끄마하다. 쪼끄마하다
조그만큼 부 아주 적은 정도로.
조그맣다(조그맣고·조그만) 형ㅎ '조그마하다'의 준말. ¶조그만 선물. ☞자그맣다. 조끄맣다
조근(朝槿) 명 무궁화(無窮花)
조근(朝覲) 명-하다 자 지난날, 신하가 조정에 나아가 임금을 뵙던 일. 조현(朝見)
조금 명 ①적은 정도나 분량. ¶-의 거리낌도 없었다. ②짧은 동안. ¶-도 기다릴 수 없다.
부 ①정도나 분량이 적게. ¶음식이 - 남았다./거리가 - 멀다./화가 - 났다. ②시간적으로 짧게. ¶- 있다가 보자./- 더 기다려라. 준좀[2] ☞조끔. 쪼금. 쪼끔

한자 **조금 촌**(寸) 〔寸部〕 ¶촌각(寸刻)/촌극(寸劇)/촌음(寸陰)/촌토(寸土)/촌평(寸評)

조금(彫金) 명-하다 자 끌로 금속에 그림·글씨·무늬 따위를 새김.
조:금(造金) 명 인공으로 만든 금.
조금(∠潮減) 명 간조와 만조 때의 해수면의 높이 차가 가장 적을 때, 또는 그때의 밀물과 썰물. 대개 음력 7, 8일과 22, 23일에 일어남. 소조(小潮) ☞한사리
조금-씩 부 ①여러 군데에 많지 않게. ¶그릇마다 - 나누어 담다. ②많지 않게 여러 번 잇따라. ¶- 먹다./진도를 - 나가다.
조금-조금 부 ①여럿이 다 조그마한 모양이나 상태를 나타내는 말. ¶접시에 과일을 - 담다. ②잇따라 조금씩

ㅈ

하는 모양을 나타내는 말. ¶물을 – 마시다. ☞조끔조끔. 조금조금. 쪼끔쪼끔
조금-치(∠潮減–)명-하다자 조금 무렵에 날씨가 궂어지는 현상.
조:급(早急)어기 '조급(早急)하다'의 어기(語基).
조급(躁急)어기 '조급(躁急)하다'의 어기(語基).
조급-성(躁急性)명 조급해하는 성질.
조급-증(躁急症)명 조급하게 서두르는 버릇이나 마음. ¶–을 내다.
조:급-하다(早急–)형여 서둘러야 할 만큼 몹시 급하다.
 조급-히부 조급하게 ¶– 떠나다.
조급-하다(躁急–)형여 성격이 참을성 없이 매우 급하다. 급조하다 ¶조급하면 일을 그르치기 쉽다.
 조급-히부 조급하게 ¶너무 – 굴지 마시오.
조기[1]명 참조기·수조기·보구치 따위를 통틀어 이르는 말. ☞석수어(石首魚). 석어(石魚)
조기[2]대 ①조 곳. ¶–가 뭐 하는 곳이냐?. ②〔부사처럼 쓰임〕 조 곳에. ¶– 두고 가거라. ☞저기
조:기(弔旗)명 조의(弔意)를 나타내기 위하여 게양하는 국기. 기를 깃봉에서 기폭만큼 내려 달거나 깃봉과 기 사이에 가늘고 긴 검은 천을 드리기도 함. ☞반기(半旗)
조:기(早起)명-하다자 아침 일찍 일어남. ¶– 축구
조:기(早期)명 이른 시기. 이른 때. ¶– 교육/암을 –에 발견하다.
조기(彫技)명 조각하는 기술.
조:기(造機)명 기관(機關)이나 기계 따위를 만드는 일.
조:기(釣磯)명 낚시터
조:기-장(造器匠)명 지난날, 도자기 따위의 형태만을 만들던 사람.
조:기=재:배(早期栽培)명 농작물을 보통의 재배 시기보다 한두 달 일찍 심어서 거두어들이는 일.
조기-젓명 조기로 담근 젓.
조기-찌개명 찌개의 한 가지. 채 썬 쇠고기에 다진 파·마늘, 생강즙, 고추장을 넣고 무친 다음 속뜨물을 붓고 펄펄 끓이다가 토막친 조기와 미나리, 쑥갓을 넣어 잠시 더 끓인 찌개.

조깃-국명 맑은장국에 조기와 미나리를 넣고 끓인 국.
조깅(jogging)명-하다자 건강을 위하여 자기 몸에 알맞은 속도로 천천히 달리는 일, 또는 그런 운동. ¶매일 아침 30분씩 –하다.
조-까지로부 겨우 조만한 정도로. ¶– 뭐가 아프다고 엄살이야. ☞저까지로
조-까짓관 겨우 조만한 정도의. ¶– 것으로 무얼 할 수가 있겠어. ㊟조깟 ☞저까짓
조-깜부기명 깜부기가 된 조의 이삭.
조-깟관 '조까짓'의 준말. ☞저깟
조끄마-하다형여 조끔 작거나 적다. 쪼그마하다 ㊟조끄맣다 ☞조그마하다. 쪼끄마하다
조끄맣다(조끄맣고·조끄만)형ㅎ '조끄마하다'의 준말. 쪼그맣다 ¶조끄만 아이. ☞조그맣다. 쪼끄맣다
조끔부 ①정도나 분량이 꽤 적게. ¶– 비탈진 길. ②시간적으로 제법 짧게. ¶– 있다가 연락 드리죠.
 명 ①꽤 적은 정도나 분량. ¶돈이 –밖에 없다./–이라도 가지고 가세요. ②제법 짧은 시간. ¶–만 기다려라. 쪼금 ☞조금. 쪼끔
조끔-조끔부 ①여럿이 다 조끄마한 모양이나 상태를 나타내는 말. ②잇따라 조끔씩 하는 모양을 나타내는 말. ¶술을 – 마시다. 쪼금쪼금 ☞조금조금. 쪼끔쪼끔
조끼(∠jaque 포)명 저고리나 적삼, 와이셔츠 등의 위에 덧입는, 소매가 없는 옷. 동의(胴衣)
조끼(∠jug)명 주로 맥주를 담아 마시는 데 쓰는 손잡이가 달린 큰 잔.
조끼-적삼명 조끼와 비슷한 모양에 소매가 달린 등거리.
조-나마부 조것마저. 조것이나마 ¶– 잃어 버리지 않아 다행이다. ☞저나마
조난(遭難)명-하다자 항해나 등산 등을 하는 도중에 재난을 만남. ¶–을 당하다./– 선박을 구조하다.
조난-선(遭難船)명 항해 중에 조난을 당한 배.
조난=신:호(遭難信號)명 조난을 당한 선박 등이 구조를 요청하는 신호.
조난-자(遭難者)명 항해나 등산 등을 하는 도중에 조난을 당한 사람.
조난=통신(遭難通信)명 조난을 당하였을 때나 조난을 당한 선박을 발견하였을 때에 구조를 요청하는 통신.
조냥부 조 모양대로. 조대로 줄곧. ¶– 내버려두어라./– 앉아 있다. ☞저냥
조:년(早年)명 젊은 나이.
조:닐부 '조닐로'의 준말.
조:닐-로부 남에게 사정할 때에 '제발 빈다'는 뜻으로 쓰는 말. ¶– 일찍 자거라. ㊟조닐
조:다타 울퉁불퉁한 것을 정 따위로 쪼아 고르게 다듬다.
조-다지부 조러한 정도로까지. 조렇게까지. 조리도. ¶어쩜 – 기특할까. ☞저다지
조:단(早旦)명 이른 아침. 조조(早朝). 조천(早天)
조:달[1](早達)명-하다자 젊은 나이로 높은 지위에 오름.
조:달[2](早達)어기 '조달(早達)하다'의 어기(語基).
조달(調達)명-하다자타 ①필요한 자금이나 물자 따위를 대어 줌. ¶현지 –/학비를 –하다. ②고르게 어울려 서로 통함.
조:달-하다(早達–)형여 나이에 비하여 올되다.
조당(阻擋·阻攩)명-하다타 나아가거나 다가오는 것을 막아 가림.
조당(粗糖)명 정제하지 않은 설탕. 막설탕 ☞정당(精糖)
조당(朝堂)명 지난날, 임금이 나라의 정치를 신하들과 의논하거나 집행하던 곳. 조가(朝家). 조정(朝廷)
조-당수명 ①더운 조밥을 냉수를 담은 항아리에 넣어 일주일 가량 두었다가 맛이 시어지면 먹는 음식. 여름에 갈증을 달래 줌. ②좁쌀을 물에 불려서 갈아 술을 쳐서 미음처럼 묽게 쑨 음식.
×**조-당죽**명 →조당수
조:대명 대나 진흙으로 만든 담배통이 달린 담뱃대.
조대(措大)명 지난날, 청렴 결백한 선비를 이르던 말.
조대(粗大)어기 '조대(粗大)하다'의 어기(語基).
조:대(釣臺)명 낚시터
조-대로부 ①조 모양으로 변함없이. ¶숲이 – 푸르면 좋겠다. ②조것과 같이. ¶– 따라 해 보아라./– 그리면 된다. ☞저대로
조대-하다(粗大–)형여 거칠고 크다.
조:도(弔悼)명-하다자 상주(喪主)를 위로하고 죽은 이를 생각하며 슬퍼함.
조:도(早到)명-하다자 일찍 다다름.
조:도(早稻)명 여느 벼보다 일찍 익는 벼. 올벼
조도(鳥道)명 새가 아니면 다니기 힘들 정도로 험한 산 속의 좁은 길을 이르는 말.
조:도(照度)명 일정한 면(面)이 일정한 시간에 받는 빛의 양. 단위는 럭스(lx). 비침도. 조명도(照明度)
조도(調度)명 ①-하다타 사물을 정도에 알맞게 처리함. ②정도에 알맞게 살아가는 꾀.
조:도-계(照度計)명 일정한 면(面)이 일정한 시간에 받는 빛의 양을 재는 계기. 조명계(照明計)
조독(爪毒)명 한방에서, 손톱으로 긁힌 자리에 균이 들어가 생긴 염증을 이르는 말. ¶–을 들이다./–이 들다.
조:동(早冬)명 이른 겨울. ☞만동(晩冬)
조:동(早動)명-하다자 남보다 일찍 움직임.
조동(粗銅)명 구리의 원광(原鑛)을 녹여서 만든, 아직 정제하지 않은 구리.
조동(肇冬)명 ①초겨울 ②'음력 시월'을 달리 이르는 말. 초동(初冬) ☞조춘(肇春)
조동(躁動)명-하다자 떠들썩하게 돌아다님.
조동모:서(朝東暮西)성구 아침에는 동쪽, 저녁에는 서쪽이라는 뜻으로, 일정한 거처가 없이 이리저리 옮겨 다니는 생활을 이르는 말.
조:-동:사(助動詞)명 〈어〉보조 동사(補助動詞)
조동아리명 '주둥아리'를 좀더 작은 어감(語感)으로 이르

는 말. ¶ －를 놀리다. ㊣조동이 ☞주둥아리

조동율서(棗東栗西)[－뉼써] 제사상에 제물을 차릴 때, 대추는 동쪽에 밤은 서쪽에 차림을 이르는 말.

조동이 명 '조동아리'의 준말. ☞주둥이

조동이(가) 싸다 관용 '입이 싸다'를 속되게 이르는 말.

조동－종(曹洞宗) 명 불교에서, 중국의 혜능(慧能)이 조계(曹溪)에서 법(法)을 전하여 양개(良价)가 동산(洞山)에서 이를 넓힌 종파를 이르는 말. ☞선가 오종(禪家五宗)

조두(俎豆) 명 ①제사 때 쓰는 각종 제기(祭器)를 통틀어 이르는 말. ②제사를 지내는 일.

조득모:실(朝得暮失) 성구 아침에 얻어 저녁에 잃는다는 뜻으로, 얻은 지 얼마 되지 않아 잃어 버림을 이르는 말.

조:등(釣藤) 명 '조구등(釣鉤藤)'의 준말.

조:등(照謄) 명 －하다 타 글을 하나하나 맞추어 보면서 베껴 씀.

조라 명 '조라술'의 준말.

조라(鳥羅) 명 새를 잡는 데 쓰는 그물. 새그물. 조망(鳥網)

조라기 명 삼 껍질의 부스러진 오라기.

조라－떨:다(－떨고·－떠니) 자 일을 망치게 방정을 떨다.

조라－술 명 산신제나 용왕제 등을 지낼 때 쓰는 술. 빚어서 제단 옆에 묻어 두었다가 내어 씀. ㊣조라

조락(凋落) 명 －하다 자 ①초목의 잎 따위가 시들어 떨어짐. ¶ －의 계절. ②세력 따위가 차차 쇠하여 보잘것없이 됨. 조령(凋零) ¶ －의 길을 밟다. ☞영락(零落)

조락－노 명 조라기로 꼬아 만든 노.

조락－신 명 조라기로 삼은 신.

조란(鳥卵) 명 새의 알. 새알

조란(棗卵) 명 세실과(細實果)의 한 가지. 대추를 쪄서 씨를 빼고 체에 걸러 꿀을 넣고 반죽하여, 삶은 밤을 으깨어 꿀로 버무려 만든 소를 넣고 대추 모양으로 빚어 잣가루를 묻힌 음식.

조:람(照覽) 명 －하다 타 ①똑똑히 자세하게 살펴봄. ②불교에서, 신불(神佛)이 굽어살핌을 이르는 말.

조람－소(藻藍素) 명 남조류(藍藻類)의 엽록체에 들어 있는 청람색의 색소 단백(蛋白).

조랑(潮浪) 명 조수(潮水)의 물결.

조랑－마:차(－馬車) 명 조랑말이 끄는 마차.

조랑－말 명 몸집이 작은 종자의 말. 왜마(矮馬)

조랑－망아지 명 조랑말의 새끼.

조랑－조랑 부 －하다 형 ①작은 열매 따위가 많이 매달려 있는 모양을 나타내는 말. ¶ － 열린 산딸기. ②한 사람에게 작은 아이들이 많이 딸려 있는 모양을 나타내는 말. ¶아이들이 － 딸린 홀아비. ☞조롱조롱. 주렁주렁

조래 준 ①'조리하여'의 준말. ¶ － 봐야 헛일일걸. ②'조러하여'의 준말. ¶몸집은 － 보여도 야무지다. ☞저래

조래도 준 ①'조리하여도'의 준말. ¶ － 일이 잘 마무리될까? ②'조러하여도'의 준말. ¶보기는 － 쓸만 하지. ☞저래도

조래서 준 ①'조리하여서'의 준말. ¶ －야 어찌 해낼 수 있겠느냐? ②'조러하여서'의 준말. ¶ － 재가 싫다는 거다. ☞저래서

조략(粗略) 어기 '조략(粗略)하다'의 어기(語基).

조략－하다(粗略－) 형여 거칠고 간략하여 보잘것없다.

조:량(照諒·照亮) 명 －하다 타 사정이나 형편 따위를 살펴서 환히 앎. ¶자주 찾아뵙지 못한 점 －해 주십시오.

조러고 준 '조러하고'의 준말. ¶아마 － 나서 단념할 거다./－도 더 버틸 수 있을까? ☞저러고

조러다 자 ①'조렇게 하다'가 줄어든 말. ¶ － 나무에서 떨어지지./학생이 조러면 안 되지. ②'조렇게 말하다'가 줄어든 말. ☞저러다

조러루－하다 형여 대개 조러한 정도로 비슷하다. ¶진열된 물건이 다 －. ☞저러루하다

조러조러－하다 형여 조러하고 조러하다. ¶조러조러한 놈들밖에 모이지 않았구나. ☞저러저러하다

조러－하다 형여 ①조와 같다. ¶조러한 것쯤은 아무 것도 아니지. ②조 모양으로 되어 있다. ¶조러한 옷을 입고 싶다. ㊣조렇다 ☞저러하다

조런[1] 관 '조러한'의 준말. ¶너도 － 말 들을 적이 있니?

☞저런[1]

조런[2] 감 뜻밖의 일을 보거나 듣거나 하여 놀랐을 때 하는 말. ¶ －, 조걸 어쩌나. ☞저런[2]

조렇다(조렇고·조런) 형ㅎ '조러하다'의 준말. ¶재 성격이 －./순서가 조러면 안 되지. ☞저렇다

조렇듯 부 '조렇듯이'의 준말. ☞저렇듯

조렇듯이 부 '조러하듯이'의 준말. ㊣조렇듯 ☞저렇듯이

조:력(助力) 명 －하다 타 힘써서 도움, 또는 그 돕는 힘. ¶ －을 구하다./－을 받다./일을 잘 해낼 수 있도록 －하다.

조력(潮力) 명 밀물과 썰물의 수위 차로 생기는 힘.

조력=발전(潮力發電)[－쩐] 명 조력을 이용하여 전기(電氣)를 일으키는 일.

조련(調練) 명 －하다 타 ①병사를 훈련함. 연병(練兵) ¶군사들을 －하다. ②동물을 길들여 재주를 부리게 훈련함. ¶군용견을 －하다.

조:련(操練) 명 －하다 타 ①못되게 굴어 남을 괴롭힘. ¶ －을 당하다. ②전투를 치를 수 있도록 평시에 군사를 훈련함. 교련(敎練)

조련－사(調練師) 명 동물에게 곡예 따위의 재주를 훈련시키는 사람.

조:련－질(操練－) 명 －하다 타 못되게 굴어 남을 괴롭히는 짓.

조령(祖靈) 명 조상의 영혼.

조령(凋零) 명 －하다 자 조락(凋落)

조령(條令) 명 조례(條例)

조령(朝令) 명 조정(朝廷)에서 내리는 명령.

조령모:개(朝令暮改) 성구 아침에 내린 명령을 저녁에 다시 고친다는 뜻으로, 법령이나 명령이 자주 뒤바뀌어 갈피를 잡기 어려움을 이르는 말.

조:례(弔禮) 명 남의 상사(喪事)에 조상(弔喪)하는 예절.

조례(皁隸) 명 지난날, 관아에서 부리던 하인.

조례(條例) 명 ①조목조목 적어 놓은 규칙이나 법령. ②지방 자치 단체가 법령의 범위 안에서 그 지방 의회의 의결에 따라서 제정하는 법규. 조령(條令)

조례(朝禮) 명 －하다 자 학교 등에서 그 날의 일과를 시작하기 전에 교사와 학생이 모여서 하는 아침 모임. 조회(朝會) ☞종례(終禮)

조:례(照例) 명 －하다 타 일을 처리할 때 전례(前例)를 참고함.

조:로(早老) 명 －하다 자 나이에 비하여 빨리 늙음.

조로(朝露) 명 ①아침 이슬. ②인생의 덧없음을 비유하여 이르는 말. ☞조균(朝菌)

조:로(jorro 포) 명 물뿌리개

조로아스터－교(Zoroaster敎) 명 고대 페르시아의 예언자 조로아스터가 창시한, 불을 신성시하던 종교. '아베스타'를 경전으로 하며 우주를 선과 악의 두 원리로 설명함. 배화교(拜火敎) ☞현교(祆敎)

조로인생(朝露人生) 성구 아침 이슬처럼 덧없는 인생을 비유하여 이르는 말. ☞초로인생(草露人生)

조록 부 ①가는 물줄기가 빠르게 잠깐 흐르다 멎는 소리, 또는 그 모양을 나타내는 말. ¶물통에 물을 － 따르다. ②가는 대롱으로 적은 양의 물 따위를 가볍게 빨아들이는 소리를 나타내는 말. ☞주룩. 쪼록

조록－나무 명 조록나뭇과의 상록 활엽 교목. 높이 20m 안팎. 잎은 어긋맞게 나고 두꺼우며 길둥글고 가장자리가 밋밋함. 4～5월에 연분홍 꽃이 총상(總狀) 꽃차례로 피고 열매는 10월경에 삭과(蒴果)로 익음. 재목은 단단하여 건축재·가구재 따위로 쓰이며 관상용으로도 심음.

조록－싸리 명 콩과의 낙엽 활엽 관목. 높이 2～3m. 잎은 어긋맞게 나고 길둥글며 뒷면에 긴 털이 있고 가장자리가 밋밋함. 여름에 나비 모양의 붉은 자줏빛 꽃이 총상(總狀) 꽃차례로 피고 열매는 가을에 익음. 나무껍질은 섬유재로, 잎은 사료용으로, 줄기는 공예품 재료로 쓰임. 잎과 가지는 한방에서 해열제와 이뇨제로 쓰임. 우리 나라 특산종으로 산기슭에서 자람.

조록－조록 부 ①가는 물줄기가 빠르게 잠깐씩 흐르다 멎

다 하는 소리, 또는 그 모양을 나타내는 말. ②가는 빗줄기가 계속 내리는 소리, 또는 그 모양을 나타내는 말. ¶비가 – 오다. ☞주룩주룩. 쪼록쪼록

조롱 명 지난날, 어린아이들이 액막이로 주머니 끈이나 옷끈에 차던 물건. 나무로 밤톨 크기의 호리병 모양을 만들어 붉은 물을 들이고 그 허리에 끈을 매어 끝에 엽전을 달았음. ☞서캐조롱

조롱(鳥籠) 명 새를 가두어 기르는 장. 새장

조롱 안(속)의 새 관용 자유를 속박 당한 몸을 비유하여 이르는 말.

조롱(嘲弄) 명 -하다 타 깔보거나 비웃으며 놀림. ¶–을 받다./– 섞인 말투./남을 –하다.

조롱-노린재 명 조롱노린잿과의 곤충. 몸길이 1.5cm 안팎. 몸빛은 갈색 또는 적갈색임. 국화 따위에 붙어 삶.

조롱-동:자(–童子) 명 재래식 한옥에서, 돌기둥 사이에 세우는 조롱박 모양의 동자기둥.

조롱-목 명 ①조롱박처럼 생긴 물건의 잘록한 부분. ②조롱박 모양을 이루고 있는 길목.

조롱-박 명 ①호리병박 ②호리병박으로 만든 바가지.

조롱박-벌 명 구멍벌과의 벌. 몸길이 2.5~3cm. 몸빛은 검고 암컷의 몸에는 회백색의 짧은 털이 나 있음. 땅 속 깊이 집을 짓고 애벌레를 기르며 약한 곤충을 잡아 애벌레의 먹이로 삼음.

조롱-벌 명 애호리병벌

조롱-복(–福) 명 아주 짧게 타고난 복력(福力).

조롱이 명 수릿과의 새. 몸길이는 25~30cm이며 암컷이 수컷보다 훨씬 큼. 텃새로 보통 단독 생활을 하며 작은 새나 곤충 따위를 잡아먹음. 우리 나라와 일본, 중국 등 동북 아시아에 분포함. 천연기념물임.

조롱-조롱 부 -하다 형 ①작은 것들이 많이 매달려 있는 모양을 나타내는 말. ¶줄기에 – 달린 꽃송이들. ②한 사람에게 작은 아이들이 꽤 많이 딸려 있는 모양을 나타내는 말. ¶–한 자식들. ☞조랑조랑

조:루(弔樓) 명 지난날, 군진(軍陣)에서 임시로 설치하던 누(樓). ▷弔의 속자는 吊

조:루(早漏) 명 -하다 자 성교할 때 비정상적으로 너무 빠르게 사정(射精)함, 또는 그런 병.

조류(鳥類) 명 척추동물의 한 강(綱). 파충류에서 진화한 것으로 앞다리는 날개로, 입은 각질의 부리로 변화됨. 온몸이 깃털로 덮인 정온 동물로 난생(卵生)임.

조류(潮流) 명 ①밀물과 썰물이 반복되어 일어나는 바닷물의 흐름. ②세상 흐름의 경향이나 동향. ¶시대의 –에 따르다.

조류(藻類) 명 원생생물계의 갈조류·규조류·녹조류·홍조류 따위를 통틀어 이르는 말. 엽록소로 탄소 동화 작용을 하며, 홀씨로 번식함. 김이나 미역 따위의 다세포 고등 조류와 클로렐라나 돌말 따위의 단세포 하등 조류가 이에 딸림. ☞말[4]

조류=신:호(潮流信號) 명 배가 많이 다니고 조류가 심한 해협(海峽)의 입구에 표시하여 조류의 방향이나 속도 따위를 알리는 신호.

조:륙=운:동(造陸運動) 명 지구상의 어떤 지역의 지반이 넓은 범위에 걸쳐 서서히 융기하거나 침강하는 따위의 지각 변동. ☞조산 운동(造山運動)

조르개 명 물건을 졸라매는 데 쓰는 가는 줄. 조리개

조르기 명 유도(柔道)에서, 굳히기의 한 가지. 상대편의 목을 맨손이나 다리 또는 도복의 깃 등을 이용하여 조르는 기술.

조르다[1](조르고·졸라) 타 르 동이거나 감은 것을 단단히 죄다. ¶허리띠를 –./신발 끈을 졸라 묶다.

조르다[2](조르고·졸라) 타 르 무엇을 차지고 끈덕지게 자꾸 요구하다. ¶책을 사 달라고 –./돈을 달라고 –.

조르르 부 ①적은 양의 액체가 가볍게 흘러내리는 소리, 또는 그 모양을 나타내는 말. ¶하수구로 물을 – 흘려보내다. ②작은 물체가 배스듬한 곳을 가볍게 미끄러져 내리는 모양을 나타내는 말. ¶가방이 계단의 난간에서 – 미끄러지다. ③작은 것들을 한 줄로 고르게 벌여 놓은 모양을 나타내는 말. ¶인형들이 책상 위에 – 놓여 있다. ④작은 발을 재게 놀리며 따라다니는 모양을 나타내는 말. ¶외출하는 누나를 – 따라나서다. ☞주르르. 쪼르르

조르르-조르르 부 자꾸 조르르 하는 소리, 또는 그 모양을 나타내는 말.

조르륵 부 ①적은 양의 액체가 빠르게 잠깐 흐르다 멎는 소리, 또는 그 모양을 나타내는 말. ¶비옷에서 빗방울이 – 떨어지다. ②작은 물체가 배스듬한 곳을 빠르게 잠깐 미끄러지다 멈추는 모양을 나타내는 말. ☞주르륵. 쪼르륵

조르륵-거리다(대다) 자 타 자꾸 조르륵 하다.

조르륵-조르륵 부 조르륵거리는 소리, 또는 그 모양을 나타내는 말. ¶처마끝에서 – 떨어지는 빗방울 소리. ☞주르륵주르륵. 쪼르륵쪼르륵

조:름 명 ①물고기의 아가미 안에 있는 빗살 모양의, 숨을 쉬는 기관. 새소엽(鰓小葉) ②소의 염통에 붙은 고기.

조름-나물 명 조름나물과의 여러해살이풀. 잎은 길둥글거나 넓적하며 잎자루가 없고 가장자리에 둔한 톱니가 있거나 밋밋함. 7~8월에 뿌리 사이에서 높이 30~50cm의 꽃줄기가 나와 흰빛 또는 엷은 자줏빛 꽃이 총상(總狀) 꽃차례로 핌. 잎은 한방에서 건위제나 구충제로 쓰임. 우리 나라 북부와 북유럽의 한대 지역의 연못이나 늪에서 자람. 수채(睡菜)

조리[1] 부 조러하게 ¶어쩌면 – 얄미울까./왜 – 싸우지./–도 생각이 없을까. ☞저리[1]. 조다지

조리[2] 부 조 곳으로. 조 쪽으로. ¶– 비켜서라./–로 가면 약수터가 나온다. ☞저리[2]

조:리(笊籬) 명 쌀을 이는 데 쓰는 기구. 가는 대오리나 싸리 따위를 결어서 국자 모양으로 만듦.

속담 **조리에 옻칠한다**: ①쓸데없는 일에 괜히 마음을 쓰고 재물을 써 없앰을 이르는 말. ②격에 맞지 않게 꾸며서 도리어 흉하게 됨을 이르는 말.〔가게 기둥에 편자/거적문에 돌쩌귀/개 발에 주석 편자〕/**조리 장수 매끼 돈을 내어서라도**: 별짓을 해서라도 돈을 마련하여 꼭 해야겠다는 뜻으로 이르는 말.

조리(條理) 명 어떤 일이나 행동, 말, 글 등에서 앞뒤가 들어맞고 체계가 서는 갈피. ¶말을 – 있게 하다./말에 –가 없다.

조리(調理) 명 -하다 타 ①건강이 회복되도록 몸을 보살피고 병을 다스림. 조섭(調攝). 조양(調養). 조치(調治) ¶산후 –/몸 –를 잘하다./누워서 –하다. ②여러 가지 재료를 알맞게 맞추어 음식을 만듦. ¶– 기구/좀 칼칼하게 –하다. ☞요리(料理)

조리개 명 ①사진기에서, 렌즈를 통과하는 빛의 양을 조절하는 장치. ②조르개

조리다 명 고기나 생선, 채소 따위를 양념하여 국물이 졸아들게 바짝 끓이다. ¶고등어를 –.

조리-대(調理臺) 명 음식을 조리하려고 주방 따위에 마련한 탁자.

조리-돌리다 타 죄지은 사람을 벌하려고 길로 끌고 돌아다니며 망신을 당하게 하다.

조리복-소니 명 본래 크고 좋던 물건이 깎이거나 차차 졸아들어 볼품없이 된 것. ¶물에 빤 바지가 –가 되다.

조:리-자지(笊籬–) 명 오줌을 자주 누는 자지.

조:리-질(笊籬–) 명 -하다 타 ①조리로 쌀 따위를 이는 짓. ②조리로 쌀 따위를 일 때처럼 몹시 일렁거림을 비유하여 이르는 말. ¶배가 –을 치다.

조리차-하다 타 여 알뜰하게 아껴서 쓰다.

조리-치기 명 아주 연한 쇠고기를 가늘게 썰어 양념을 넣고 바싹 볶다가 다시 썬 파와 깨소금·후춧가루 따위를 쳐서 익힌 반찬.

조리-치다 자 졸음이 올 때에 잠깐 졸고 깨다.

조리-하다 자 타 여 조와 같이 하다. ¶조리하면 웃음거리가 될 텐데. ☞저리하다

조림 명 고기나 생선, 채소 따위를 조려서 만든 음식.

조:림(造林) 명 -하다 자 산이나 들에 나무를 심거나 씨를

뿌려 인위적으로 숲을 만듦. ¶ㅡ 사업
조림(稠林)명 나무가 빽빽하게 들어선 숲.
조:림(照臨)명-하다타 ①해나 달이 위에서 내리비침. ②신불(神佛)이 세상을 굽어살핌. ③상대편을 높이어, 그가 찾아옴을 이르는 말. 광림(光臨) ④임금이 백성을 다스림을 비유하여 이르는 말.
조:림-학(造林學)명 산림을 조성·갱신·육성하는 방법과 기술 등에 관하여 연구하는 임업학의 한 분야.
조립(組立)명-하다타 여러 부분품을 하나의 구조물로 짜 맞춤, 또는 그 짜 맞춘 것. ¶자동차 ㅡ 공장
조립=건:축(組立建築)명 건축물의 뼈대가 되는 일정한 규격의 자재를 공장에서 대량으로 생산하여 이를 현장에서 짜 맞추는 건축 방식.
조립-식(組立式)명 여러 부분품을 하나의 구조물로 짜 맞추어 꾸미는 방식. ¶ㅡ 주택/ㅡ 장난감
조:릿-대(笊籬ㅡ)명 볏과의 여러해살이풀. 줄기 높이는 1~2m. 잎은 가늘고 길둥근 꼴임. 줄기는 조리를 만드는 데, 잎은 한방에서 열기를 다스리는 데 쓰임.
조릿-조릿[ㅡ릳ㅡ]부-하다형 마음이 죄는듯 몹시 걱정스럽고 초조한 모양을 나타내는 말. ¶ㅡ 마음을 졸이다.
조마(調馬)명-하다자 말을 타고 다루어서 길들임.
조:마-경(照魔鏡)명 ①마귀의 본성까지도 비추어 낸다는 신통한 거울. 조요경(照妖鏡) ②사회나 인간의 숨겨진 본체를 들추어내는 것.
조마-사(調馬師)명 말을 타고 다루어서 길들이는 일을 직업으로 하는 사람.
조마-조마부-하다형 닥쳐올 일에 대하여 마음이 불안하고 초조한 모양을 나타내는 말. ¶마음이 ㅡ 죄어들다./사실이 드러날까 봐 ㅡ하다.
조막명 주먹보다 작은 물건의 덩이를 형용하여 이르는 말. ¶ㅡ만 한 참외.
조막-손명 손가락이 없거나 오그라져 펴지 못하는 손.
조막손-이명 조막손을 가진 사람.
속담 **조막손이 달걀 도둑질한다** : 자기의 능력 이상의 일을 하려고 함을 두고 이르는 말./**조막손이 달걀 만지듯** : 무슨 일을 제대로 이루지도 못하면서 오랫동안 이리저리 궁리만 하고 있는 경우를 빈정대어 이르는 말.
조:만(早晩)명 이름과 늦음.
조:만-간(早晩間)부 ①이르든지 늦든지 간에. ¶ㅡ 잘잘못이 세상에 알려질 것이다. ②머지않아. ¶ㅡ 약의 효험이 나타날 것이다.
조만조만-하다형여 일의 상태나 정도 등이 보통이 아니다. ☞저만저만하다
조-만치부 조만큼 ☞저만치
조-만큼부 조만한 정도로. 조만치 ☞저만큼
조만-하다형여 ①크기나 정도 등이 조러한 정도만 하다. ¶조만한 바위 덩어리. ②정도가 비슷하다. ¶키가 ㅡ. ☞저만하다
조맘-때명 꼭 조만큼 된 때. ¶강아지는 ㅡ 젖을 떼어 기를 수 있다. ☞저맘때
조:망(眺望)명-하다타 멀리 널리 바라봄, 또는 바라다보이는 경치. 관망(觀望) ¶ㅡ이 좋은 자리에 지은 전망대./산정에서 시가지를 ㅡ하다.
조망(鳥網)명 '새그물'을 달리 이르는 말.
조망(巢網)명 '반두'를 달리 이르는 말.
조매(嘲罵)명-하다타 업신여기어 비웃으며 욕함.
조매-화(鳥媒花)명 벌새 따위 새에 묻혀 온 꽃가루로 가루받이하는 꽃. ☞충매화(蟲媒花). 풍매화(風媒花)
조:면(阻面)명-하다자 ①오랫동안 서로 만나 보지 못함. ②교제를 끊음. 절교(絶交)
조면(粗面)명 거친 면.
조면(繰綿)명-하다자 목화의 씨를 앗아 솜을 만듦, 또는 그렇게 만든 솜.
조면-기(繰綿機)명 목화의 씨를 앗고 솜을 타는 기계.
조면-암(粗面岩)명 마그마가 지표로 뿜어 나와 이루어진 화산암의 한 가지. 주로, 알칼리 장석(長石)으로 이루어졌고 잿빛이나 검은빛 또는 흰빛을 띰.
조:명(助命)명-하다타 목숨을 구해 줌.
조:명(釣名)명-하다자 거짓 꾸미어 명예를 얻으려 애씀.
조명(朝命)명 조정(朝廷)의 명령.
조:명(詔命)명 조서(詔書)
조:명(照明)명-하다타 ①빛을 비추어 밝게 함, 또는 밝게 하는 그 빛. 특히 인공적인 빛으로 밝게 하는 일을 이름. ¶교실의 ㅡ이 어둡다. ②무대 효과나 촬영 효과를 높이기 위하여 인공적인 빛을 비춤, 또는 그 빛. ¶ㅡ 효과
조:명-계(照明計)명 조도계(照度計)
조:명-도(照明度)명 조도(照度)
조:명-등(照明燈)명 조명하는 데 쓰는 촉수가 높은 전등.
조명시:리(朝名市利)성구 명예는 조정에서 다투고, 이익은 저자에서 구하라는 뜻으로, 무슨 일이나 그 일을 하기에 알맞은 곳에서 하라는 말.
조:명-탄(照明彈)명 야간의 전투나 수색 등에서 조명이나 신호에 쓰이는 탄환. 총으로 쏘면 공중에서 터져 센 빛으로 주위를 밝힘.
조모(祖母)명 아버지의 어머니. 할머니
조모(粗毛)명 동물의 몸에 난 털 중에서 거칠고 뻣뻣한 털.
조모(朝暮)명 아침과 저녁때. 아침과 저녁. 조석(朝夕)
조목(條目)명 정해 놓은 법률이나 규정 따위의, 낱낱의 조항이나 항목. ¶법률의 ㅡ. ☞절목(節目). 항목(項目)

한자 **조목 조**(條) 〔木部 7획〕 ¶조규(條規)/조례(條例)/조목(條目)/조문(條文)/조항(條項)
조목 항(項) 〔頁部 3획〕 ¶별항(別項)/항목(項目)

조목(棗木)명 '대추나무'의 딴이름.
조목-조목(條目條目)부 ①조목마다. 한 조목 한 조목씩. ¶ㅡ 따지다. ②〖명사처럼 쓰임〗 ¶ㅡ을 훵하게 외다.
조몰락-거리다(대다)타 조몰락조몰락 주무르다. ¶고사리 손으로 반죽을 ㅡ. ☞주물럭거리다
조몰락-조몰락부 작은 손놀림으로 연한 물건을 가볍게 자꾸 주무르는 모양을 나타내는 말. ☞주물럭주물럭
조묘(祖廟)명 선조의 사당.
조묘(粗描)명-하다타 대충 묘사함, 또는 그러한 묘사.
조무(朝霧)명 아침에 끼는 안개.
조무래기명 ①자질구레한 물건. ②고만고만한 또래의 어린아이들을 이르는 말.
조-묵명 좁쌀가루로 쑨 묵.
조:문(弔文)명 죽은 사람의 생전의 공덕을 기리고 명복을 비는 글.
조:문(弔問)명-하다타 유족(遺族)을 찾아가서, 세상을 떠난 이에 대해 함께 슬퍼하면서 위로의 말을 함. 문상(問喪). 조상(弔喪) ¶ㅡ을 가다.
조문(條文)명 규정 따위를 조목조목 벌여 적은 글.
조:문(照門)명 '가늠구멍'을 달리 이르는 말.
조:문-객(弔問客)명 조문하러 온 사람. 문상객(問喪客). 조객(弔客)
조물(彫物)명 조각한 물건.
조:물(造物)명 ①조물주(造物主)가 만든 물건. ②'조물주(造物主)'의 준말.
조물-사(彫物師)[ㅡ싸]명 물건을 조각하는 사람.
조:물-주(造物主)[ㅡ쭈]명 우주의 모든 것을 만들어 내고 다스린다는 신. 조화(造化). 조화신(造化神). 조화옹(造化翁). 조화주(造化主) 준조물(造物)
조:미(助味)명-하다타 음식의 맛을 좋게 함.
조:미(造米)명-하다자 벼를 매통에 갈아서 매조미쌀을 만드는 일. 매갈이. 매조미
조미(調味)명-하다타 음식의 맛을 냄.
조:미(糙米)명 매조미쌀
조미-료(調味料)명 ①조리할 때 음식의 맛을 내기 위하여 쓰는 재료. 소금·간장·된장·고추장·식초 따위. ☞양념. 향신료 ②화학 조미료(化學調味料)
조:미-상(造米商)명 매갈이를 영업으로 하는 사람, 또는 그 영업.
조-미음(ㅡ米飮)명 좁쌀에 물을 넉넉히 붓고 쑤어 체에

밭아서 소금으로 간을 맞춘 미음. 속미음. 좁쌀미음
조민(兆民)명 모든 백성. 조서(兆庶)
조민(躁悶)어기 '조민(躁悶)하다'의 어기(語基).
조민-하다(躁悶—)형여 마음이 조급하여 가슴이 답답하다.
조밀(稠密)어기 '조밀(稠密)하다'의 어기(語基).
조밀-하다(稠密—)형여 촘촘하고 빽빽하다. ¶인구가 —./ 주택이 조밀한 지역.
조:-밀화(造蜜花)명 인공으로 만든 밀화.
조-바꿈(調—)명 악곡의 진행 도중에 다른 조로 바꾸는 일. 모듈레이션(modulation). 변조(變調). 전조(轉調)
조-바심[1] 명-하다자 조의 이삭을 떨어서 낟알을 거두는 일. ☞마당질. 바심[1]
조바심[2] 명-하다자 조마조마하여 마음을 졸임, 또는 그렇게 졸이는 마음.
조바심(을) 치다 관용 몹시 조바심하다.
조바위 명 조선 시대 말기에 부녀자들이 쓰던 방한용 쓰개의 한 가지. 머리에 맞게 만들되 이마와 귀를 가리고, 윗부분은 터져 있으며, 뒤는 낭자머리가 드러나게 둥글게 만들었음. ☞남바위
조박(糟粕)명 ①재강 ②학문이나 서화·음악 등에서, 이미 옛 사람이 다 밝혀서 새로움이 없는 것을 비유하여 이르는 말.
조:반(早飯)명 이른 아침에 아침 끼니를 먹기 전에 조금 먹는 죽이나 미음 따위 음식. 자릿조반
조반(朝班)명 지난날, 조정에서 조회 때 백관(百官)이 벌여 서던 차례. 조열(朝列)
조반(朝飯)명 아침밥 ☞석반(夕飯)
조:반-기(早飯器)[—끼]명 놋쇠로 만든 재래 식기의 한 가지. 반병두리처럼 생기고 뚜껑이 있음.
조반-병(條斑病)[—뼝]명 식물의 잎이나 잎자루에 세로로 누런 색 또는 갈색의 긴 병반(病斑)이 생기는 병.
조반-상(朝飯床)[—쌍]명 아침밥을 차려 놓은 상. 아침상
조반석죽(朝飯夕粥)성구 아침에는 밥을 먹고 저녁에는 죽을 먹는다는 뜻으로, 가난한 생활을 이르는 말.
조:발(早發)명-하다자 ①이른 아침에 떠남. 조행(早行) ②어떤 꽃이 다른 꽃보다 일찍 핌. ③기차나 기선 따위가 정해진 시각보다 일찍 떠남.
조발(調髮)명-하다자 ①머리를 땋음. ②머리를 깎아 다듬음.
조발모:지(朝發暮至)성구 조발석지(朝發夕至)
조발석지(朝發夕至)성구 아침에 길을 떠나 저녁에 다다름을 이르는 말. 조발모지(朝發暮至)
조:발성=치매(早發性痴呆)[—썽—]명 정신 분열증
조-밥 명 좁쌀로만 밥을 짓거나 입쌀에 좁쌀을 많이 두어서 지은 밥. 속반(粟飯)
속담 **조밥에도 큰 덩이 작은 덩이가 있다**: 어디에나 크고 작은 것의 구별이 있다는 말.
조방(粗紡)명 방적 공정의 첫 단계로서, 원료인 솜을 늘여 켜서 굵은 실 모양으로 만드는 일. ☞정방(精紡)
조방(朝房)명 조선 시대, 조정의 신하들이 조회(朝會) 시간을 기다리며 머물러 있던 방.
조방(粗放)어기 '조방(粗放)하다'의 어기(語基).
조방-가새 명 '조뱅이'의 딴이름.
조방=농업(粗放農業)명 자본이나 노동력을 많이 들이지 아니하고 자연력에 맡기어 짓는 농업. ☞집약 농업
조방-하다(粗放—)형여 거칠고 소홀하다.
조:백(早白)명-하다자 마흔 살 안팎에 머리털이 셈.
조백(皁白)명 ①검은 것과 흰 것. 흑백(黑白) ②'잘잘못'을 비유하여 이르는 말.
조뱅-이 명 국화과의 두해살이풀. 줄기 높이 30~50cm. 잎은 깃꼴이고 어긋맞게 나며, 여름에 홍자색 꽃이 가지 끝에 하나씩 핌. 들에 절로 자라는데 관상용으로 심기도 함. 줄기와 뿌리는 약재로 쓰고, 잎은 먹을 수 있음. 조방가새
조:법(助法)[—뻡]명 절차법(節次法) ☞주법(主法)
조:변(早變)명-하다자 ①일찍 변함. ②빨리 바뀜.

조변석개(朝變夕改)성구 아침 저녁으로 자주 고친다는 뜻으로, 무슨 일을 이랬다저랬다 자주 바꾸거나 고침을 이르는 말. 조개모변(朝改暮變). 조석변개(朝夕變改)
조:병(造兵)명-하다자 병기(兵器)를 만듦.
조병(調病)명-하다자 병을 다스림.
조병(躁病)명 감정 장애가 주된 증세인 정신병의 한 가지. 상쾌하고 흥분된 상태가 주기적으로 나타나는 병. ☞울병(鬱病). 조울병(躁鬱病)
조:병-창(造兵廠)명 병기창(兵器廠)
조복(粗服)명 거칠고 값싼 옷.
조복(朝服)명 조선 시대, 관원이 조하(朝賀)나 의식 때 입던 예복. 붉은빛의 비단으로 지었음.
조:복(照覆)명-하다타 조회(照會)에 대하여 답함, 또는 그 회답.
조복(調伏)명-하다타 ①불교에서, 몸과 마음을 가다듬어 악행(惡行)을 막는 일. ②부처의 힘으로 원수나 악마 따위를 굴복시킴. 항복(降伏)
조복(調服)명-하다타 어떤 약에 다른 약을 타서 먹음.
조봉(遭逢)명-하다자타 우연히 만나거나 맞닥뜨림. 조우
조:부(弔賻)명 조문(弔問)과 부의(賻儀).
조부(祖父)명 아버지의 아버지. 할아버지
조:부(釣父)명 낚시질하는 노인. 조수(釣叟)
조부(調府)명 신라 때, 공부(貢賦)에 관한 일을 맡아보던 관아.
조-부모(祖父母)명 아버지의 부모. 할아버지와 할머니. 왕부모(王父母)
조분(鳥糞)명 새의 똥.
조분-석(鳥糞石)명 바닷새의 똥이 바닷가의 바위 따위에 쌓여 굳어진 것. 인산 비료(燐酸肥料)로 쓰임. 구아노
조:불(造佛)명-하다자 불상을 만듦.
조불려석(朝不慮夕)성구 형세가 절박하여 아침에 저녁 일을 헤아리지 못한다는 뜻으로, 당장을 걱정할 뿐 앞일을 생각할 겨를이 없음을 이르는 말. 조불모석
조불모석(朝不謀夕)성구 조불려석(朝不慮夕)
조불식석불식(朝不食夕不食)[—씩—씩] 몹시 가난하여 끼니를 늘 거르는 형편임을 이르는 말.
조붓-하다[—붇—]형여 조금 좁은듯 하다. ¶조붓한 방.
조붓-이 부 조붓하게
조비(祖妣)명 세상을 떠난 할머니.
조-빼:다(操—)자 난잡하게 행동하지 아니하고 짐짓 조출한 태도를 보이다.
조뼛 부 ①물체의 끝이 배쭉 솟거나 솟아 있는 모양을 나타내는 말. ②두렵거나 하여 머리카락이 좀 꼿꼿이 일어서는듯 한 느낌을 나타내는 말. ☞주뼛. 쪼뼛
조뼛-거리다(대다)[—뼏—]자 어색하거나 부끄러워서 좀 머뭇머뭇 하다. ☞주뼛거리다. 쪼뼛거리다
조뼛-조뼛[1][—뼏—]부 ①군데군데 조뼛한 모양을 나타내는 말. ②자꾸 조뼛 하는 느낌을 나타내는 말. ☞주뼛주뼛[1]. 쪼뼛쪼뼛[1]
조뼛-조뼛[2][—뼏—]부 조뼛거리는 모양을 나타내는 말. ☞주뼛주뼛[2]. 쪼뼛쪼뼛[2]
조뼛조뼛-하다[—뼏—뼏—]형여 물체의 끝이 배쭉배쭉 솟아 있다. ☞주뼛주뼛하다. 쪼뼛쪼뼛하다
조뼛-하다[—뼏—]형여 물체의 끝이 배쭉 솟아 있다. ☞주뼛하다. 쪼뼛하다
조:사(弔詞·弔辭)명 세상을 떠난 사람에 대한 추모와 애도의 뜻을 나타내는 글이나 말. ☞도사(悼詞)
조:사(早死)명-하다자 요절(夭折)
조:사(助詞)명〈어〉품사(品詞)의 하나. 독립적으로는 쓰이지 않고, 주로 체언에 붙어서 그 체언이 문장에서 차지하는 관계를 나타내는 구실을 함. '사람은 이성(理性)을 지닌 동물이다.'에서 '-은, -을, -이다' 따위. 토씨 ☞관계언(關係言). 명사(名詞)
조:사(助辭)명 '어조사(語助辭)'의 준말.
조사(祖師)명 ①어떤 학파를 처음 세운 사람. ②불교에서, 한 종파를 세운 사람을 높이어 이르는 말.
조사(曹司)명 조선 시대, 관직에 임명된 지 오래지 아니하여 경험이 적은 사람을 이르던 말.

▶ 조사는 의존 형태소
우리말의 조사는 접미사 범주에 포함시키기 어려운 것이어서 하나의 단어로 다루고 있다. 그러나 형식 형태소이며 의존 형태소이므로, 자립 형태소인 체언에 붙여 쓴다. 조사가 둘 이상 겹치거나 어미 뒤에 붙는 경우에도 붙여 쓴다.
¶ 집에서처럼/학교에서만이라도/여기서부터입니다/어디까지입니까/나가면서까지도/들어가기는커녕/옵니다그려/"알았다"라고

조사(措辭)[명] 말을 늘어놓는다는 뜻에서, 시가(詩歌)나 문장을 지을 때 말을 다루어 쓰는 법과 어구를 배치하는 법을 이르는 말.
조:사(釣師)[명] 낚시꾼
조:사(釣絲)[명] 낚싯줄
조사(朝士)[명] 조정에서 관원으로 지내는 신하. 조신(朝臣)
조사(朝仕)[명]-하다[자] 지난날, 관원이 아침마다 상관을 찾아가서 만나보던 일.
조:사(照査)[명]-하다[타] 대조하여 조사함.
조:사(照射)[명]-하다[자타] ①햇빛 따위가 내리쬠. ②병을 치료하려고 적외선이나 방사선을 쬠.
조사(調査)[명]-하다[타] 어떤 사실을 뚜렷하게 밝히기 위하여 알아보거나 살펴봄. ¶ 지질 -/강의 수질을 -하다.

[한자] **조사할 사**(査) 〔木部 5획〕 ¶ 사문(査問)/사찰(査察)

조사(繰絲)[명]-하다[자타] 삶은 고치에서 실을 켜서 생사(生絲)를 만듦.
조사-단(調査團)[명] 어떤 사실을 조사하기 위하여 구성한 단체.
조사-당(祖師堂)[명] 불교 종파의 조사(祖師)나 절을 처음 세운 이를 기리기 위하여 영정(影幀)을 모신 집.
조-사료(粗飼料)[명] 거친 섬유가 많고 양분이 적은 사료. 목초(牧草)·들풀·짚 따위.
조:산(早產)[명]-하다[타] 아기를 해산(解產) 예정일보다 일찍 낳게 된 일. 임신 29주에서 38주 사이의 해산을 이름. ☞만산(晩產)
조:산(助產)[명]-하다[타] 해산(解產)을 도움.
조산(祖山)[명] 풍수설에서, 혈(穴)에서 가장 멀리 있는 용(龍)의 봉우리를 이르는 말. 뫼자리로 명당이라 함.
조:산(造山)[명] 인공으로 쌓아 만든 산. 정원이나 공원 등에 만듦. ☞석가산(石假山)
조:산-대(造山帶)[명] 조산 운동이 일어나고 있거나 일어났던 지대.
조:산-사(助產師)[명] 임부(妊婦)의 정상적인 해산을 돕고, 산모(產母)와 갓난아기에 대한 보건 지도를 하는 여성 의료인.
조:산-아(早產兒)[명] 임신한 지 29주에서 38주 사이에 태어난 아기. 조생아(早生兒) ☞성숙아(成熟兒)
조:산=운:동(造山運動)[명] 지구상의 어떤 지역에 큰 산맥이나 단층이 생기는 지각 변동.
조:-산호(造珊瑚)[명] 인공으로 만든 산호.
조:삼(造蔘)[명]-하다[자] 수삼(水蔘)을 다듬어 말려 백삼(白蔘)을 만들거나 쪄서 말려 홍삼을 만드는 일.

▶ 가공 여부에 따른 인삼의 이름
건삼(乾蔘)/곡삼(曲蔘)/미삼(尾蔘)/백삼(白蔘)/생삼(生蔘)/수삼(水蔘)/직삼(直蔘)/홍삼(紅蔘)

조삼모:사(朝三暮四)[성구] ①눈앞에 보이는 차이만 알고 결과가 같은 것을 모름을 비유하여 이르는 말. ②간사한 꾀로 남을 속이고 농락함을 비유하여 이르는 말. 장자(莊子)의 '제물론(齊物論)'에서, 원숭이를 기르는 사람이 원숭이에게 상수리를 주되 아침에 세 개, 저녁에 네 개씩을 주겠다고 하니 원숭이들이 성을 내므로, 말을 바꾸어 아침에 네 개, 저녁에 세 개를 준다고 하니 좋아하더라는 이야기에서 생긴 말.
조삽(燥澁)[어기] '조삽(燥澁)하다'의 어기(語基).
조삽-하다(燥澁-)[형여] 말라서 파슬파슬하다.
조:상(弔喪)[명]-하다[타] 유족을 찾아가서, 세상을 떠난 이에 대해 함께 슬퍼하면서 위로의 말을 함. 문상(問喪). 조문(弔問)
[속담] **조상(弔喪)에는 정신이 없고 팥죽에만 정신이 간다**: 정작 정성을 들여야 할 일에는 마음을 두지 아니하고 다른 일에만 정신을 쓴다는 말.

[한자] **조상할 조**(弔) 〔弓部 1획〕 ¶ 조객(弔客)/조문(弔問)/조상(弔喪)/조의(弔意) ▷ 속자는 吊

조상(爪傷)[명] 손톱이나 발톱에 긁혀서 생긴 생채기.
조상(兆祥)[명] 상서로운 일이 있을 조짐.
조:상(早霜)[명] 여느해보다 이르게 내리는 서리. 올서리
조상(祖上)[명] ①한 갈래 혈통의, 할아버지 이상의 대대의 어른. 선조(先祖). 조선(祖先) ¶ - 대대로 이어 온 가풍(家風). ②자기 세대 이전의 모든 세대. ¶ - 대대로 지켜 온 이 땅. ☞선인(先人)
[속담] **조상 덕에 이밥을 먹는다**: 제사를 지내는 날에는 이밥을 먹기 때문에 이르는 말. 〔제사 덕에 이밥이라〕/**조상 신주 모시듯**: 몹시 위하고 받든다는 뜻의 말.
조상(凋傷)[명]-하다[자] 식물의 잎이 시들어 상함.
조상(彫像)[명] 돌·나무·금속 따위에 조각한 형상.
조:상-객(弔喪客)[명] 문상객(問喪客). 조객(弔客)
조상-굿(祖上-)[-꾿][명] 조상을 위하여 벌이는 굿.
조:상-기(造像記)[명] 동상이나 석상 따위를 만든 인연이나 내력을 적은 기록.
조:상-꾼(弔喪-)[명] 조상하는 사람.
조상-대감(祖上*大監)[명] 조상신(祖上神)
조:상부모(早喪父母)[성구] 조실부모(早失父母)
조상-상(祖上床)[-쌍][명] 굿을 할 때 조상을 위해 제물을 차려 놓는 상.
조상=숭배(祖上崇拜)[명] 사령 숭배(死靈崇拜)의 한 가지. 가족이나 부족, 또는 민족의 조상의 사령(死靈)을 숭배하는 풍속. 조선 숭배(祖先崇拜)
조상-신(祖上神)[명] 가신제(家神祭)의 대상의 하나. 사대조(四代祖) 이상이 되는 조상의 신으로 자손을 보호한다고 함. 조상대감
조상육(俎上肉)[-뉵][성구] '도마에 오른 고기'라는 말을 한문식으로 옮긴 구(句)로, 운명이 상대편의 마음먹기에 달려 있는 처지, 또는 어찌할 수 없는 막다른 지경을 비유하여 이르는 말. 궤상육(机上肉)
조상-청배(祖上請陪)[명] 굿을 할 때 굿하는 집의 조상이나 친척 중에서 죽은 이의 혼령을 청하여 오는 일. 무당은 그 혼령이 시킨다는 말을 받아 옮김.
조상-치레(祖上-)[명]-하다[자] ①조상을 자랑하고 위함. ②제를 지내는 등의 조상에 대한 여러 가지 치다꺼리.
조새[명] 굴조개를 따는 데 쓰는, 쇠로 만든 기구.
조색(皁色)[명] 곱지 않은 검은 빛깔.
조색(調色)[명]-하다[자] 그림 물감이나 인쇄 잉크 따위를 섞어서 나타내고자 하는 색을 만들어 내는 일.
조:색=기구(阻塞氣球)[명] 방공 기구(防空氣球)
조색-족두리(皁色-)[명] 족두리의 한 가지. 복인(服人)이 쓰는, 겉을 흰 헝겊으로 바르고 검은빛을 칠한 족두리.
조색-판(調色板)[명] 팔레트(palette)
조생모:몰(朝生暮沒)[성구] 아침에 태어나서 저녁에 죽는다는 뜻으로, 지극히 짧은 목숨을 이르는 말. 조생모사
조생모:사(朝生暮死)[성구] 조생모몰(朝生暮沒)
조:생-아(早生兒)[명] 조산아(早產兒)
조:생-종(早生種)[명] 같은 작물 가운데서 특별히 일찍 자라고 여무는 품종. ㊀조종(早種) ☞만생종(晩生種)
조:서(弔書)[명] 조문(弔問)의 뜻을 적은 글.
조서(兆庶)[명] 모든 백성. 조민(兆民)
조:서(早逝)[명]-하다[자] 젊은 나이에 죽음. 요절(夭折)
조:서(詔書)[명] 지난날, 임금의 선지(宣旨)를 일반에게 널리 알릴 목적으로 적던 문서. 단서(丹書). 조명(詔命). 조칙(詔勅) ㊀조(詔)
조서(調書)[명] 조사한 사실을 적은 문서.
조석(朝夕)[명] ①아침과 저녁. 단모(旦暮). 단석(旦夕). 조

ㅈ

모(朝暮) ¶ －으로 문안을 드리다. ②'조석반(朝夕飯)'의 준말.

조석(潮汐) 명 '조석수(潮汐水)'의 준말.

조-석간(朝夕刊) 명 조간과 석간.

조석-곡(朝夕哭) 명 재래식 상례에서, 상제가 소상(小祥)까지 아침 저녁으로 궤연(几筵) 앞에서 하는 곡. ☞석곡(夕哭). 조곡(朝哭)

조-석반(朝夕飯) 명 아침밥과 저녁밥. 준 조석(朝夕)

조석변:개(朝夕變改) 성구 조변석개(朝變夕改)

조석=상:식(朝夕上食) 명 아침 상식과 저녁 상식.

조석-수(潮汐水) 명 ①밀물과 썰물. ☞조수(潮水) ②조수(潮水)와 석수(汐水). 준 조석(潮汐)

조석=예불(朝夕禮佛) [－녜－] 명 절 등에서 아침 저녁으로 부처에게 절하는 일.

조-석전(朝夕奠) 명 재래식 상례에서, 장례 전에 날마다 아침 저녁으로 영전에 음식상을 차려 놓는 일.

조선(祖先) 명 조상(祖上)

조선(鳥仙) 명 새 중의 신선이란 뜻으로, '학(鶴)'을 달리 이르는 말.

조:선(造船) 명 -하다 타 배를 만듦.

조:선(釣船) 명 낚싯배

조선(朝鮮) 명 ①상고(上古) 때부터 써 오던 우리 나라의 국호(國號). 단군 조선, 위만 조선, 근세 조선 따위. ②이성계(李成桂)가 고려(高麗) 왕조를 쓰러뜨리고 세운 나라. [1392~1910]

조선(漕船) 명 물건을 실어 나르는 배.

조선관역어(朝鮮館譯語) 명 중국 명나라 때 중국 사람이 우리말을 배우기 위해 엮은 중국어와 국어의 대역(對譯) 어휘집. 천문·지리·시령(時令) 등 19개 부문에 걸친 596개 단어가 모두 한자로 표기되어 있음.

조선-교(祖先教) 명 조상의 신령 숭배를 교지(教旨)로 삼는 종교.

조선=기와(朝鮮－) 명 재래식 기와. 암키와와 수키와의 구별이 있고 기왓골이 깊은 것이 특징임.

조선-낫(朝鮮－) 명 재래식 낫. 날이 두껍고 슴베와 그 윗부분이 비교적 길. ☞왜낫

조:선-대(造船臺) 명 바다나 강가 육지에 선체를 건조하기 위해 만들어 놓은 구조물. 유 선대(船臺)

조선-말(朝鮮－) 명 '한국말'을 달리 이르는 말.

조선-무(朝鮮－) 명 무의 한 품종. 뿌리의 윗부분보다 아래 부분이 굵은 우리 나라의 재래종 무. 주로 김장용으로 쓰임. ☞왜무

조선문전(朝鮮文典) 명 1897~1902년에 유길준(兪吉濬)이 지은 국어 문법서. 서(序)·문전대의(文典大意)·언어론(言語論)·문장론(文章論)·부론(附論)으로 이루어져 있는데, 1909년에 책 이름을 '대한문전(大韓文典)'으로 고쳐 내었음.

조:선-소(造船所) 명 선박의 건조·개조·수리 등을 하는 곳. 선창(船廠)

조선=숭배(祖先崇拜) 명 조상 숭배(祖上崇拜)

조선-어(朝鮮語) 명 '한국어'를 달리 이르는 말.

조선어문경위(朝鮮語文經緯) 명 1923년에 권덕규(權悳奎)가 지어 펴낸 국어 연구서. '제1과 말과 글'에서 '제60과 글의 가로 쓰는 편리'에 이르는 내용으로, 교과서의 형식으로 구성되었음.

조:선-업(造船業) 명 선박의 설계·건조·개조·수리 등을 하는 산업.

조선-옷(朝鮮－) 명 '한복(韓服)'을 달리 이르는 말.

조선-종이(朝鮮－) [－쫑－] 명 '한지(韓紙)'를 달리 이르는 말.

조선-집(朝鮮－) [－찝] 명 '한옥(韓屋)'을 달리 이르는 말.

조선-통보(朝鮮通寶) 명 조선 세종 때와 인조 때에 쇠로 주조하여 유통시켰던 엽전(葉錢).

조섭(調攝) 명 -하다 타 조리(調理) ¶수술 후에는 －을 잘 해야 한다.

조:성(早成) 명 -하다 자 ①어린 나이에 비하여 육체나 정신의 발육이 올됨. 조숙(早熟) ②일을 빨리 해냄.

조:성(助成) 명 -하다 타 사업이나 연구 따위를 도와서 완성할 수 있게 함.

조성(組成) 명 -하다 타 ①몇 가지 요소나 성분으로 한 가지의 물건을 만들어 냄. ②화학에서, 화합물을 구성하는 원소의 질량 또는 원자 수의 비율.

조성(鳥聲) 명 새가 지저귀는 소리. 새소리

조:성(造成) 명 -하다 타 ①토지 등을 이용할 수 있도록 품을 들여 만들어 냄. ¶택지를 －하다. ②정황이나 분위기 따위를 그렇게 되도록 이끎. ¶명랑한 분위기를 －하다.

조:성(照星) 명 가늠쇠

조성(調性) 명 음악에서, 각 음계의 으뜸음과 그 화음에 따라 결정되는 곡조의 성질.

조성(調聲) 명 -하다 자 말소리를 낼 때 그 소리의 높낮이와 장단을 고름.

조성=모:음(調聲母音) 명 〈어〉매개 모음(媒介母音)

조성=사:회(組成社會) 명 일정한 목적을 이루기 위하여 인위적으로 조직된 사회 집단. 국가나 정당, 교회 따위.

조:성-품(助成品) 명 생산물의 원료가 아니지만 생산물을 만드는 데 도움이 되는 것. 비료나 약품 따위.

조:세(早世) 명 -하다 자 젊은 나이에 죽음. 요절(夭折)

조:세(助勢) 명 -하다 자 힘을 보태어 도움. ☞조력(助力)

조세(租稅) 명 국가나 지방 자치 단체가 필요한 경비를 마련하려고 법률에 따라 국민으로부터 강제로 거두어들이는 돈. 공세(貢稅). 공조(公租) 준 세(稅)

한자 조세 조(租) [禾部 5획] ¶도조(賭租)/조세(租稅)

조:세(肇歲) 명 한 해의 첫머리. 연초(年初)

조세(潮勢) 명 조수의 힘.

조세-범(租稅犯) 명 조세법을 어긴 범죄, 또는 그러한 범죄를 저지른 사람.

조세-법(租稅法) [－뻡] 명 세법(稅法)

조세=법률주의(租稅法律主義) 명 조세를 부과하거나 징수하는 일은 반드시 법률에 따라야 한다는 주의.

조세=부:담률(租稅負擔率) 명 국민 총생산이나 국민 소득에 대한 조세 총액의 비율. 우리 나라에서는 국민 총생산에 대한 비율을 택하고 있음.

조세-안(租稅案) 명 조선 시대, 조세를 매기어 적던 장부.

조세=전:가(租稅轉嫁) 명 조세의 부담이 상품의 유통 과정에서 이루어지는 가격 관계 등을 통하여 다른 사람에게 넘겨지는 일.

조세=주체(租稅主體) 명 조세의 의무를 가진 자연인이나 법인(法人).

조세=체납=처:분(租稅滯納處分) 명 체납 처분

조세=특면(租稅特免) 명 특별히 규정된 경우에만 특정인에게 납세 의무를 면제하는 행정 처분.

조세=협정(租稅協定) 명 한 가지 물건에 대한 이중 과세를 피하고 탈세를 막으려고 체결하는 국제 협정.

조소(彫塑) 명 ①나무·돌·금속 등에 무늬나 입체적인 형상을 새기거나, 찰흙이나 석고 등으로 소상(塑像)을 만드는 일. ②-하다 자 조각의 원형이 되는 소상을 만듦.

조소(嘲笑) 명 -하다 타 비웃음 ¶남에게서 －를 당하다./－하는 눈길로 바라보다.

조속(粗俗) 명 천박하고 촌스러운 풍속.

조속(操束) 명 -하다 타 단단히 잡도리함.

조:속(早速) 어기 '조속(早速)하다'의 어기(語基).

조속-기(調速機) 명 기관의 회전 수를 측정하여 연료의 공급을 조절하고, 회전 수를 일정하게 유지하는 장치.

조속-조속 부 기운 없이 꼬박꼬박 조는 모양을 나타내는 말. ¶병이라도 났는지 병아리가 － 졸고 있다.

조:속-하다(早速－) 형여 ①매우 이르다. ¶조속한 시일 안에 민원을 해결하겠다. ②매우 빠르다. ¶조속하게 분쟁을 해결하다.

조속-히 부 조속하게

조손(祖孫) 명 할아버지와 손자, 또는 할머니와 손자.

조손-간(祖孫間) 명 할아버지와 손자와의 관계, 또는 할머니와 손자와의 관계.

조:쇠(早衰) 명 -하다 자 나이에 비하여 일찍 노쇠함.

조:수(助手)명 무슨 일을 주관하는 사람의 일을 돕는 사람. ¶건축 기사의 ─.
조수(鳥獸)명 날짐승과 길짐승. 금수(禽獸)
조:수(釣叟)명 낚시질하는 노인. 조부(釣父)
조:수(照數)명-하다타 수효를 맞추어 봄.
조수(漕手)명 ①배에서 노를 젓는 사람. ②조정 경기 등에서 노를 젓는 일을 맡은 사람. ☞타수(舵手)
조수(潮水)명 ①바닷물, 또는 해와 달의 인력에 따라 주기적으로 해안으로 밀려왔다 다시 난바다로 밀려나가는 바닷물. ②아침에 밀려왔다가 나가는 바닷물. 해조(海潮) ☞석수(汐水). 조석수(潮汐水)

한자 조수 조(潮)〔水部 12획〕¶조력(潮力)/조류(潮流)/조수(潮水)/조위(潮位)/조차(潮差)

조수(操守)명-하다자 지조를 굽히지 않고 굳게 지킴.
조수불급(措手不及)성구 일이 매우 급하여 미처 손을 쓸 겨를이 없음을 이르는 말.
조-수입(粗收入)명 경비를 빼지 않은 수입. 조수입에서 경비를 뺀 것이 소득임.
조수족(措手足)성구 손발을 겨우 놀린다는 뜻으로, 생활이 겨우 살아갈만 함을 비유하여 이르는 말.
조:숙(早熟)명-하다자 ①나이에 비하여 육체나 정신의 발육이 올됨. 조성(早成) ¶그는 조숙하여 소년 시절부터 집안일을 꾸려 왔다. ②곡식이나 과일 따위가 일찍 익는 일. ☞만숙(晩熟)
조:숙=재:배(早熟栽培)명 채소 재배법의 한 가지. 온상(溫床)에서 모종을 길러서 한데 본밭에 옮겨 심어 일반 재배보다 빨리 수확하는 방식. ☞촉성 재배(促成栽培)
조술(祖述)명-하다타 선인(先人)의 학설을 이어받아 서술함.
조습(調習)명-하다타 훈련함. 길들임
조습(燥濕)명 마른 것과 젖은 것.
조:승(弔繩)명 한쪽 끝을 높은 데 잡아매어 드리워 놓고, 손으로 잡고 오르내리는 운동을 하는 줄.
조:승(釣繩)명 ①물건을 거는 데 쓰는 작은 갈고리를 단 줄. ②물고기를 낚기 위해 낚싯바늘을 달아서 강이나 바다에 길게 쳐 놓은 줄.
조:시(弔詩)명 죽은 사람에 대한 애도의 뜻을 나타낸 시.
조:시(肇始)명-하다자타 ①무엇이 비롯됨. ②무엇을 비롯함.
조:식(早食)명-하다타 아침 끼니를 여느 때보다 일찍 먹음.
조식(粗食)명-하다자 검소한 음식, 또는 그러한 음식을 먹음. ☞악식(惡食)
조식(朝食)명 아침밥
조신(祖神)명 신으로 모시는 선조(先祖).
조신(朝臣)명 조정에서 관원으로 지내는 신하. 정신(廷臣). 조관(朝官). 조사(朝士)
조신(操身)명-하다자 몸가짐을 조심함. ¶혼인을 앞두고 ─하는 태도가 역력하다.
조신(竈神)명 민간에서, 부엌을 맡아 다스린다는 신을 이르는 말. 조왕(竈王)
조:실부모(早失父母)성구 어린 나이에 부모를 여읜 처지임을 이르는 말. 조상부모(早喪父母)
조:심 명-하다자타 잘못이나 실수 따위가 없도록 마음을 쓰거나 삼감. ¶어른 앞에서 몸가짐을 ─하다./전기 기기를 ─하여 다루다.
조:심-성(─性)[─썽]명 무슨 일에나 조심하는 성질, 또는 그런 태도. ¶─ 없이 서두르다.
조:심성-스럽다(─性─)[─썽─](─스럽고·─스러워)형ㅂ 조심성이 있다. ¶조심성스러운 태도.
조심성-스레부 조심성스럽게 ¶─ 접시를 닦다.
조:심-스럽다(─스럽고·─스러워)형ㅂ 보기에 조심하는 태도가 있다. ¶무슨 일에나 조심스럽게 행동하다.
조심-스레부 조심스럽게
조:심-조:심부 썩 조심스럽게 행동하는 모양을 나타내는 말. ¶외나무다리를 ─ 건너가다.
조:쌀-스럽다(─스럽고·─스러워)형ㅂ 보기에 조쌀한 데가 있다.
조쌀-스레부 조쌀스럽게
조:쌀-하다형여 늙었지만 얼굴이 곱고 깨끗하다. ¶조쌀하신 모습의 할머니.
조아(爪牙)명 ①짐승의 발톱과 이라는 뜻으로, 남을 해치거나 불행에 빠뜨리는 악인의 책략을 비유하여 이르는 말. ②주인의 손발이 되어 일하는 사람을 이르는 말.
조아리다타 존경의 뜻을 나타내거나 애원하느라고 이마가 바닥에 닿을 정도로 자꾸 머리를 수그렸다 들었다 하다. ¶머리를 조아리며 황송해 하다.
조아-팔다타 물건을 한꺼번에 다 팔지 아니하고 여러 번에 걸쳐 조금씩 팔다.
조악(粗惡)어기 '조악(粗惡)하다'의 어기(語基).
조악-하다(粗惡─)형여 품질이 거칠고 나쁘다. 추악(麤惡)하다 ¶조악한 제품은 경쟁력이 없다.
조안(粗安)어기 '조안(粗安)하다'의 어기(語基).
조안-하다(粗安─)형여 별 탈이 없이 편안하다.〔편지에서 윗사람에게 자기의 안부를 겸손하게 이르는 말.〕
조:암=광:물(造岩鑛物)명 암석을 구성하는 광물. 석영·장석·운모·각섬석·감람석 따위.
조:앙(早秧)명-하다타 볏모를 일찍이 냄, 또는 일찍 낸 볏모. 조이(早移)
조:애(助哀)명-하다타 남이 슬피 울 때 곁에서 함께 섧게 욺.
조:애(阻礙)명-하다타 무슨 일이나 행동을 하지 못하게 가로막음. ¶성장을 ─하는 요인.
조애(朝靄)명 아침에 끼는 아지랑이.
조:애(阻隘)어기 '조애(阻隘)하다'의 어기(語基).
조:애-하다(阻隘─)형여 길이 험하고 좁다.
조야(朝野)명 ①조정(朝廷)과 민간(民間). ②정부와 민간. ¶자연 환경 보전을 위해 ─가 함께 노력하다.
조야(粗野)어기 '조야(粗野)하다'의 어기(語基).
조야-하다(粗野─)형여 말이나 행동이 거칠고 천하다.
조약(條約)명 국가간, 또는 국가와 국제 기관 사이에 문서로써 이루어지는 법적인 합의. 협약(協約)·협정(協定)·의정서(議政書)·선언(宣言) 등의 말을 쓰기도 함.
조약(調藥)명-하다타 여러 가지 약제를 섞어서 약을 지음. ☞조제(調劑)

조약-돌명 잘고 동글동글한 돌. 석력(石礫)
조약-밭명 조약돌이 많은 밭. 조약돌이 많이 깔린 땅.
조:양(早穰)명 올벼
조:양(助陽)명-하다자 남자의 정력(精力)을 돋움.
조양(朝陽)명 ①아침의 해, 또는 아침의 햇볕. ☞조일(朝日) ②아침의 햇볕이 가장 먼저 비친다 하여, 산의 동쪽을 이르는 말. ③새벽에 동하는 남자의 양기.
조양(調養)명-하다타 조리(調理)
조어(助語)명 어조사(語助辭)
조어(祖語)명 같은 계통에 딸린 몇 가지 언어의 근원이 되는 언어. 독일어·프랑스어·이탈리아어에 대한 라틴어 따위. 모어(母語)
조어(鳥魚)명 새와 물고기. ☞우린(羽鱗)
조어(鳥語)명 ①새가 지저귀는 소리. ②새의 말. ③알아들을 수 없는 이민족의 말을 낮잡아 이르는 말. 격설
조:어(釣魚)명-하다자 낚시로 물고기를 낚음. 낚시질
조:어(造語)명-하다자 ①새 말을 만듦, 또는 새로 만든 말. ②이미 있는 말을 어울러 새로운 뜻의 말을 만듦.
조어(藻魚)명 바닷말이 많은 곳에서 사는 어류(魚類).
조언(粗言)명 거친 말. 예의에 벗어난 말.
조:언(助言)명-하다자 도움이 될만 한 의견이나 말을 해 줌, 또는 그 말. 도움말 ¶사업 경영에 대해 ─을 구하다.
조:언(造言)명 근거 없이 꾸며 낸 말. 지어 낸 말.
조업(祖業)명 조상 때부터 내려오는 가업(家業).
조:업(肇業)명-하다자 어떤 일을 처음으로 시작함.
조:업(操業)명-하다자 ①기계 따위를 움직여 작업함. ②공장이 생산 활동을 함. ¶─ 시간을 연장하다.
조:업=단:축(操業短縮)명 생산 과잉으로 말미암은 가격의 하락이나 이윤의 감소를 막으려고 생산 설비의 가동 시간 등을 줄이어 생산을 제한하는 일. ☞생산 제한

조:업-도(操業度)명 일정한 기간의 생산 설비 이용의 정도.
조역(兆域)명 무덤이 있는 지역. ☞묘지(墓地)
조:역(助役)명 ①도와서 거드는 일. ②'조역꾼'의 준말.
조:역-꾼(助役-)명 일을 거드는 사람. 준조역
조역-문(兆域門)명 능(陵)의 경내(境內)에 세운 문.
조:연(助演)명-하다자 연극이나 영화 따위에서, 주연 배우 다음으로 중요한 배역을 맡아 연기함, 또는 그 사람.
조열(朝列)명 지난날, 조정(朝廷)에서 백관(百官)이 벌여 서던 차례. 조반(朝班)
조열(潮熱)명 날마다 일정한 시간에 일어나는 신열(身熱).
조열(燥熱)어기 '조열(燥熱)하다'의 어기(語基).
조열-하다(燥熱-)형여 ①공기가 건조하고 덥다. ②마음이 답답하고 몸에 열이 나서 덥다.
조:영(造營)명-하다타 궁궐이나 절 등 큰 건물을 지음, 또는 그 건물. ¶경복궁을 -하다.
조:영(照影)명 ①비치는 그림자. ②그림이나 사진으로 된 초상(肖像).
조:영-제(造影劑)명 엑스선 촬영 때, 보통 상태로는 관찰할 수 없는 장기(臟器)나 조직을 또렷이 나타내려고 쓰는 약품. 황산바륨 따위.
조:예(造詣)명 학문·예술·기술 등에 대한 넓고 깊은 지식이나 이해. ¶금석 문자에 -가 깊다.
조-옮김(調-)[-옴-]명-하다자 연주상의 형편에 따라, 악곡의 형식은 그대로 따르면서 원곡보다 높거나 낮은 음역으로 바꾸는 일. 이조(移調)
조왕(竈王)명 민간에서, 부엌을 맡아 다스린다는 신을 이르는 말. 조신(竈神)
조왕-굿(竈王-)[-굳]명 민간에서, 부엌을 맡아 다스린다는 신에게 치성을 드리는 굿.
조왕-단(竈王壇)명 절에서, 조왕을 모셔 두는 단. 절의 부엌 뒷벽에 만듦.
조:요(照耀)명-하다자 밝게 비치어 빛남.
조:요-경(照妖鏡)명 마귀의 본성까지도 비추어 낸다는 신통한 거울. 조마경(照魔鏡)
조욕(潮浴)명 해수욕
조용-조용부-하다형 썩 조용한 모양을 나타내는 말. ¶둘이서 - 속삭이다.
조용조용-히부 매우 조용하게. ¶관객들은 - 착석했다.
조용-품(粗用品)명 막잡이로 쓰는 품질이 낮은 물건.
조용-하다형여 ①아무 소리도 나지 아니하고 잠잠하다. ¶풀벌레 소리만 들리는 조용한 밤. ②말이나 행동 등이 수선스럽지 아니하고 차분하고 얌전하다. ¶조용한 음성으로 이야기하다. ③환경이 소란스럽지 아니하고 잠잠하고 평온하다. ¶조용한 산골 마을. ④무슨 일이나 말썽이 없이 평온하다. ¶하루도 조용한 날이 없다.
조용-히부 조용하게 ¶인생의 의미를 - 사색하다.

> ▶ 부사의 끝 음절의 '-이, -히'
> ① '-이'로만 소리나는 단어는 '-이'로 적는다.
> ¶깨끗이/느긋이/반듯이/의젓이
> ② '-히'로만 소리나는 단어는 '-히'로 적는다.
> ¶급히/속히/특히/정확히
> ③ '-이'로도 소리나고 '-히'로도 소리나는 단어는 '-히'로 적는다.
> ¶조용히/가만히/쓸쓸히/분명히

조우(遭遇)명-하다자 우연히 만나거나 맞닥뜨림. 조봉(遭逢)
조우-전(遭遇戰)명 앞으로 나아가던 군대가 우연히 적을 만남으로써 벌어지는 전투.
조운(漕運)명-하다타 배로 짐을 실어 나름. 운조(運漕). 전조(轉漕) ☞참운(站運)
조운-배(漕運-)명 물건을 실어 나르는 배. 조운선
조운-선(漕運船)명 조운배
조운-창(漕運倉)명 조창(漕倉)
조울-병(躁鬱病)[-뼝]명 감정 장애가 주된 증세인 정신병의 한 가지. 상쾌하고 흥분된 상태와 우울하고 무기력한 상태가 주기적으로 번갈아 나타남. ☞울병(鬱病). 조병(躁病)
조:웅전(趙雄傳)명 작자와 연대를 알 수 없는 군담(軍談)소설의 하나. 중국 송나라를 배경으로 함. 국문 필사본으로 1책.
조:원(助援)명-하다타 도와 줌. 원조(援助)
조:원(造園)명-하다자 정원·공원·유원지 따위를 만듦.
조:위(弔慰)명-하다타 죽은 이를 조상하고 유족을 위문함.
조위(凋萎)명-하다자 풀이나 나무가 물기가 모자라서 시듦.
조:위(造位)명 신라 때, 17관등의 끝 등급. ☞이벌찬
조위(潮位)명 일정한 기준면에서 잰 해면(海面)의 높이. 밀물이나 썰물에 따라 변함.
조위(調胃)명-하다자 위병(胃病)을 다스림.
조:위-금(弔慰金)명 조위의 뜻으로 유족에게 보내는 돈.
조육(鳥肉)명 새의 고기.
조율(棗栗)명 대추와 밤을 아울러 이르는 말.
조:율(照律)명-하다타 법원이 판결에서 법규를 구체적인 사건에 적용하는 일. 의율(擬律)
조율(調律)명-하다타 악기의 음을 일정한 기준 음에 맞도록 고름. 조음(調音)
조율-미음(棗栗米飮)명 대추·밤·찹쌀 따위를 함께 푹 끓여 만든 미음.
조율-사(調律師)[-싸]명 악기의 조율을 전문으로 하는 사람. ¶피아노 -
조:은(造銀)명 인공으로 만든 은.
조은(朝恩)명 조정으로부터 입은 은혜. 임금의 은혜.
조:음(助淫)명-하다자 음욕(淫慾)을 돋움.
조음(潮音)명 해조음(海潮音)
조음(調音)명 ①-하다자 말소리를 내기 위하여, 성대(聲帶)의 위쪽에 있는 발음 기관에서 날숨을 막거나 마찰시키거나 떨리게 하거나 하여 소리를 고르는 일. 분절(分節) ②-하다타 악기의 음을 일정한 기준 음에 맞도록 고름. 조율(調律)
조음(噪音)명 진동이 불규칙하고 높이나 가락이 분명하지 않은 음(音). ☞악음(樂音)
조음=기관(調音器官)명 성대(聲帶) 이외의 조음에 관계되는 여러 음성 기관. 입술·이·잇몸·입천장·혀·인두(咽頭) 따위.
조음-소(調音素)명〈어〉매개 모음(媒介母音)
조음-점(調音點)[-쩜]명〈어〉첫소리나 끝소리 발음에 관련된 것으로 조음체가 접근하여 닿는 자리. 곧 윗입술, 윗잇몸, 입천장 따위와 같이 스스로 움직이지 못하는 조음 기관을 이름.
조음-체(調音體)명〈어〉발음하는 과정에서 능동적으로 움직이는 조음 기관으로 혀, 아랫입술 따위를 이르는 말.
조:응(照應)명-하다자 두 가지가 서로 관련되어 대응함.
조응(調應)명 눈이 어둡거나 밝은 데에서 차차 길들게 되는 기능.
조:의(弔意)명 남의 죽음을 슬퍼하는 마음. ¶삼가 -를 표하다. ☞축의(祝意)
조의(粗衣)명 허름한 옷. 검소한 옷.
조의(朝衣)명 지난날, 관원이 입던 제복. 공복(公服)
조의(朝儀)명 조정(朝廷)의 의식.
조의(朝議)명 조정(朝廷)의 의논. 정의(廷議)
조의-두대:형(皁衣頭大兄)명 고구려의 14관등 중 다섯째 등급. 법 개정, 병사 징발, 관작(官爵) 수여 따위의 일을 맡아봄. ☞대사자(大使者)
조의-조식(粗衣粗食)명 ①허름한 옷과 변변찮은 음식. ②잘입고 잘먹지 못하는 형편을 뜻함. 악의악식(惡衣惡食) ☞호의호식(好衣好食)
조:이(早移)명-하다타 볏모를 일찍이 냄, 또는 일찍 낸 볏모. 조앙(早秧)
조:이(釣餌)명 낚싯밥
조이(∠雕鏤)명 금·은·동 따위의 금속으로 만든 물건에 무늬를 새기는 일.
조이개명 장구의 부속품의 하나. 가죽으로 깔때기 모양으로 만들어 장구의 좌우 마구리를 얽은 줄을 두 가닥씩 끼워, 한쪽으로 밀면 줄이 켕기고 다른 한쪽으로 밀면 줄

이 늘어지게 되어 장구의 소리를 조절함. ☞조임줄
조이다 타 죄다[1]
조이스틱(joy stick)명 막대기 모양의 손잡이와 조정 버튼이 달린 입력 장치. 컴퓨터 오락이나 그래픽 입력 등에 쓰임.
조익(鳥翼)명 새의 날개.
조인(鳥人)명 비행술이 뛰어난 비행사나 스키의 점프 경기 선수를 하늘을 나는 새에 비유하여 이르는 말.
조:인(釣人)명 낚시꾼
조인(稠人)명 많은 사람. 뭇사람
조인(調印)명-하다자 조약이나 협정 등의 내용이 확정되었을 때, 관계 당사국의 대표자가 공문서에 서명하는 일. ¶평화 조약에 -하다.
조인트(joint)명 ①기계나 기재 따위의 이음매, 또는 그 부품. ②합동(合同)이나 연합(聯合). ¶- 콘서트
조인트리사이틀(joint recital)명 두 사람 이상의 독주자나 독창자가 공동으로 개최하는 연주회나 독창회. ☞리사이틀(recital)
조일(朝日)명 아침의 해. ☞조양(朝陽)
조임줄[-쭐]명 장구의 양쪽 마구리를 마주 걸어 죄어 맨 줄. 무명실을 꼬아서 붉게 물들여 만듦. ☞조이개
조자리[1]명 작고 너저분한 물건들이 어지럽게 매달렸거나 한데 묶인 것. ☞주저리
조자리[2]명 대문의 윗장부.
조:작(造作)명-하다타 무슨 일을 지어내거나 꾸미어 만듦. ¶-한 사건./-된 음모(陰謀).
조:작(操作)명-하다타 ①기계나 장치 따위를 다루어 움직이게 함. ¶-하기 쉬운 기계. ②자기에게 유리하도록 손을 씀. ¶주가(株價)를 -하다.
조작-거리다(대다)자 조작조작 걷다. ☞주적거리다
조작-조작부 짧은 다리로 귀엽게 아장아장 걷는 모양을 나타내는 말. ☞주적주적
조잔(凋殘)명-하다자 ①풀이나 나무 따위가 말라서 시듦. ②기운이나 형세 따위가 지치거나 약해짐.
조잔-거리다(대다)타 조잔조잔 먹다. ☞주전거리다
조잔-부리명 '주전부리'를 좀더 작은 어감(語感)으로 이르는 말. ☞주전부리
조잔-조잔부 입을 오물오물 놀리며 때없이 군음식을 먹는 모양을 나타내는 말. ☞주전주전
조잘-거리다(대다)자 ①나직한 목소리로 좀 수다스레 종알거리다. ☞주절거리다 ②참새 따위가 쉴새없이 자꾸 지저귀다.
조잘-조잘부 조잘거리는 소리, 또는 그 모양을 나타내는 말. ☞주절주절
조잡명 사람이나 생물이 탈이 나거나 하여 제대로 잘 자라지 못하는 일. ☞주접
조잡(이) 들다관용 ①잔병이 잦아 잘 자라지 못하고 배리배리 시들다. ②살림살이가 어려워지다. ③옷차림이나 겉모양이 추레해지다.
조잡(粗雜)어기 '조잡(粗雜)하다'의 어기(語基).
조잡(稠雜)어기 '조잡(稠雜)하다'의 어기(語基).
조잡-스럽다(-스럽고·-스러워)형ㅂ 음식을 다랍고 얌치없게 탐하는 태도가 있다. ☞주접스럽다
조잡-스레부 조잡스럽게
조잡-하다(粗雜-)형여 거칠고 엉성하다. ¶조잡하게 만든 상품.
조잡-하다(稠雜-)형여 빽빽하고 복잡하다.
조:장(弔狀)명 조상(弔喪)의 뜻을 적은 편지.
조:장(助長)명-하다타 ①좋지 않은 쪽으로 나아가도록 작용함. ¶과장 광고가 과소비를 -하다. ②능력 등이 더 발전하도록 도움. ¶어린이의 창의력을 -하는 장난감.
조장(組長)명 조(組)로 짠 조직체를 이끄는 사람.
조장(條章)명 ①조목조목 갈라서 쓴 문장. ②조(條)와 장(章)으로 갈라서 쓴 여러 조목의 글.
조장(鳥葬)명 사람의 시체를 들이나 산에 내다 놓아, 새들이 쪼아먹게 하는 장사법(葬事法).
조장(彫牆)명 죽담이나 벽돌담의 면을 고르게 하여 무늬나 그림을 그려 넣은 담. 화초담
조:재(造材)명-하다타 벌채한 나무를 쓰기에 알맞은 길이로 잘라서 재목으로 만듦.
조적(鳥跡)명 ①새의 발자국. ②중국 고대의 황제(黃帝) 때, 창힐(蒼頡)이 새의 발자국을 보고 글자를 만들었다는 고사에서, '한자(漢字)'를 달리 이르는 말.
조:전(弔電)명 조상(弔喪)의 뜻을 전하려고 보내는 전보. ¶-을 치다. ☞축전(祝電)
조전(祖奠)명 발인(發靷)하기에 앞서 영결(永訣)을 고하는 제사.
조전(祖餞)명-하다타 먼 길을 가는 사람을 전송함.
조:전(造錢)명 저승에 가서 빚을 갚는 데 쓰게 한다고 관(棺)에 넣어 주는, 종이로 만든 가짜 돈. 지전(紙錢)
조전(朝典)명 조정의 제도와 의식.
조전(朝奠)명 장사지내기 전에, 이른 아침마다 영전(靈前)에 드리는 제사.
조절(調節)명-하다타 사물의 상태를 알맞게 맞추거나 균형이 잘 잡히도록 함. ¶온도를 -하다./음량(音量)을 -하다./속도를 -하다.
조절-란(調節卵)명 동물의 개체(個體) 발생의 난할(卵割) 초기에, 할구(割球)의 배치를 바꾸어 놓거나 분리하거나 세포질의 일부를 잘라내거나 해도 완전한 배(胚)로 되는 알. 성게·불가사리 따위의 알.
조점(兆占)명-하다자 점을 침, 또는 그 점괘.
조정(措定)명-하다타 ①추론(推論)의 도움을 빌리지 아니하고 어떤 명제(命題)를 주장하는 일. ②추론의 전제(前提)로서 놓인, 아직 증명되지 아니한 명제, 또는 어떤 논점(論點)에 대해 반론(反論)을 예상하여 반론 전에 주장하게 될 의견이나 학설.
조:정(釣艇)명 낚싯배
조정(朝廷)명 지난날, 임금이 나라의 정치를 신하들과 의논하거나 집행하던 곳. 조가(朝家). 조당(朝堂)

한자 조정 정(廷) [廴部 4획] ¶궁정(宮廷)/조정(朝廷)

조정(漕艇)명 ①-하다자 보트 따위 배를 저음. ②'조정 경기(漕艇競技)'의 준말.
조정(調定)명-하다타 조사하여 확정함.
조정(調停)명-하다타 ①다툼이 벌어진 양편 사이에 들어 화해시킴. ②분쟁 당사자 사이에 법원 등 제삼자가 들어서 양편의 양보와 합의로써 분쟁을 해결하도록 이끄는 일. 가사 조정(家事調停) 따위. ③노동 쟁의가 당사자 사이에 해결되기 어렵게 되었을 때, 조정 위원회가 조정안을 작성하여 수락하도록 권고하는 일. ☞중재(仲裁)
조정(調整)명-하다타 고르지 못한 것이나 과부족이 있는 것 따위를 알맞게 조절하여 정상이 되게 함. ¶물가를 -하다./여러 의견을 -하다.
조정=강:제(調停強制)명 강제 조정
조정=경:기(漕艇競技)명 보트를 저어서 목적지에 빨리 도착하는 것으로 승패를 겨루는 수상 경기의 한 가지. 경조(競漕). 보트레이스 준 조정(漕艇)
조정-법(調停法)[-뻡]명 각종 분쟁을 조정하려고 만든 법률을 통틀어 이르는 말.
조정-지(調整池)명 수력 발전소나 정수장(淨水場)에서 수량을 조절하기 위하여 만들어 놓은 저수지.
조:제(弔祭)명 죽은 사람의 영혼을 위로하는 뜻으로 지내는 제사.
조:제(助劑)명 처방에서, 주약(主藥)의 작용을 돕거나 부작용을 없애기 위하여 쓰는 약제. 보제(補劑)
조제(粗製)명-하다타 물건을 조잡하게 만듦, 또는 조잡한 만듦새. 조조(粗造)
조제(調製)명-하다타 주문에 따라 물건을 만듦.
조제(調劑)명-하다자타 의사의 처방전(處方箋)에 따라 여러 가지 약재를 섞어서 약을 지음. ¶감기약을 -하다. ☞조약(調藥)
조제-실(調劑室)명 약사가 약을 조제하는 방.
조제-약(調劑藥)명 약사가 조제한 약.
조제-품(粗製品)명 조잡하게 만든 제품. 막치

조:조(早朝) 명 이른 아침. 숙야(夙夜). 조단. 조천

조조(粗造) 명 -하다 타 조제(粗製)

조:조(肇造) 명 -하다 타 처음으로 만듦.

조조(躁躁) 어기 '조조(躁躁)하다'의 어기(語基).

조조-이(條條-) 부 조목조목. 조목조목이

조조-하다(躁躁-) 형여 성질이 매우 조급하다.
 조조-히 부 조조하게

조족지혈(鳥足之血) 성구 '새 발의 피'라는 말을 한문식으로 옮긴 구(句)로, 하찮은 일이나 아주 적은 분량을 비유하여 이르는 말.

조:졸(早卒) 명 -하다 자 요절(夭折)

조졸(漕卒) 명 조선 시대, 조운선(漕運船)을 부리는 사람을 이르던 말. 수부(水夫). 조군(漕軍)

조:종(弔鐘) 명 ①죽은 이를 애도하는 뜻으로 치는 종. ②어떤 일의 종말을 알리는 사건이나 현상을 비유하여 이르는 말. ¶독재 정치의 —이 울리다.

조:종(早種) 명 ①'조생종(早生種)'의 준말. ②올벼

조종(祖宗) 명 ①시조(始祖) 임금과 중흥(中興)의 선대 임금. ②역대(歷代)의 임금.

조종(朝宗) 명 ①봄·여름에 천자를 알현(謁見)한다는 뜻에서, 고대 중국에서 제후(諸侯)가 천자(天子)를 알현하는 일을 이르던 말. ②여러 강물이 모두 바다로 흘러듦을 비유하여 이르는 말.

조종(操縱) 명 -하다 타 ①항공기나 큰 기계를 마음대로 다루어 움직임. ¶항공기 — 기술을 배우다. ②사람을 자기의 뜻대로 부림. ¶배후에서 —하다.

조종-간(操縱桿) 명 항공기의 보조익(補助翼)이나 승강타(昇降舵)를 다루는 막대 또는 핸들 모양의 손잡이.

조종=기업(祖宗基業) 명 조종이 이어온 왕업(王業). 조종 세업(祖宗世業)

조종-사(操縱士) 명 항공기를 조종하는 사람. 항공사

조종-석(操縱席) 명 항공기에서 조종사가 앉는 자리.

조종=세:업(祖宗世業) 명 조종 기업(祖宗基業)

조좌(朝座) 명 지난날, 임금이 정사(政事)를 듣고 신하의 알현을 받는 자리, 또는 관원들이 조정에 모일 때의 정해진 자리를 이르던 말.

조:주(助走) 명 -하다 자 도움닫기

조:주(助奏) 명 반주가 딸린 독창곡 등에서 반주 악기 외에 다른 악기로 보조하여 연주하는 일. 오블리가토

조주(粗酒) 명 ①맛이 좋지 않은 술. ②남에게 대접하는 술을 겸손하게 이르는 말. 박주(薄酒)

조:주(造主) 명 -하다 자 신주(神主)를 만듦.

조:주(造酒) 명 -하다 자 술을 빚음.

조:주(造珠) 명 인공으로 만든 구슬.

조주(朝酒) 명 아침에 마시는 술. 묘주(卯酒). 아침술

조-죽(-粥) 명 죽의 한 가지. 쇠고기를 다져 맑은장국을 끓이다가 불린 쌀과 좁쌀을 넣고 쑨 죽.

조:준(照準) 명 -하다 타 ①탄알이 표적에 명중하도록 총이나 포 따위를 겨냥함. ②마주 대조하여 봄, 또는 그 표준.

조:준-기(照準器) 명 총포(銃砲)의 탄알이 표적에 명중하도록 겨냥하는 장치.

조:준=망:원경(照準望遠鏡) 명 총포 따위에 장치된, 조준에 쓰이는 망원경.

조:준-선(照準線) 명 조준의 표준이 되는 선으로, 사수(射手)의 눈에서 가늠구멍의 한가운데와 가늠쇠 위를 지나 조준점에 이르는 직선.

조증(燥症)〔-쯩〕 명 한방에서, 마음이 답답하여 편치 않은 증세를 이르는 말.

조증(躁症)〔-쯩〕 명 조급하게 행동하는 성질이나 버릇.

조지다 타 ①짜임새가 느슨하지 않게 사개를 단단히 맞추어 박다. ②단단히 잡도리하다. ¶말이 밖으로 새지 않도록 —. ③호되게 때리다. ¶대들지 못하게 —.

조:지-서(造紙署) 명 조선 시대, 종이 뜨는 일을 맡아보던 관아.

조직(組織) 명 ①-하다 타 어떤 목적을 이루기 위하여 여러 사람과 요소들이 모여 일이나 기능을 나누어 맡아 하면서 하나로 통합된 집단을 이룸, 또는 그 집단. ¶—의 구성원. ②생물체를 이루고 있는 단위의 하나로, 동일한 기능과 구조를 가진 세포의 집단. 결합 조직, 신경 조직 따위. ③암석을 이루고 있는 내부 구조. ☞석리(石理) ④직물(織物)을 날실과 씨실로 짜는 일, 또는 그 짜임. ¶—이 촘촘한 옷감.

조직-계(組織系) 명 식물에서, 서로 유기적 관계에 있는 여러 조직의 모임.

조직=노동자(組織勞動者) 명 노동 조합에 가입한 노동자.

조직-망(組織網) 명 그물처럼 유기적(有機的)으로 널리 펴 놓은 조직. ¶전국에 영업 —을 구축하다.

조직=배:양(組織培養) 명 생물체의 조직이나 세포를 떼어 내어 인공적으로 배양액(培養液)에서 증식시키는 일.

조직-법(組織法) 명 인간 행위의 바탕이나 수단이 되는 조직에 관하여 정한 법.

조직-적(組織的) 명 공통의 목적을 위하여 전체가 일정한 질서나 체계로써 통일되어 있는 것. ¶—인 구호 활동./—으로 저항하다.

조직-책(組織責) 명 ①조직에 관한 일을 책임지고 맡은 사람. ¶지구당 — ②하나의 단위 조직의 책임자.

조직-체(組織體) 명 조직적으로 구성된 체제나 단체.

조직-학(組織學) 명 생물의 조직의 구성·발생·분화·기능 따위를 연구하는 생물학의 한 분과(分科).

조진(凋盡) 명 -하다 자 시들어 없어짐.

조짐 의 사방 여섯 자 부피로 쌓은 장작 더미를 세는 말. 평(坪) ¶장작 한 —.

조짐(兆朕) 명 어떤 일이 일어날 기미. 늧. 징조(徵兆) ¶일이 잘 풀려 나갈 —이 보이다.

> 한자 조짐 조(兆)〔儿部 4획〕¶길조(吉兆)/서조(瑞兆)/조짐(兆朕)/징조(徵兆)/흉조(凶兆)
> 조짐 징(徵)〔彳部 12획〕¶징서(徵瑞)/징후(徵候)

조짐-머리 명 여자의 머리털을 소라딱지 모양과 비슷하게 틀어 만든 머리.

조-짚 명 조나 피 따위의, 낟알을 떨어낸 짚.

조:짜(造-) 명 진짜처럼 만든 가짜 물건.

조-쪽 대 '저쪽'보다 좀더 가깝거나 좁은 범위를 가리키는 말. ☞고쪽. 요쪽

조차(租借) 명 -하다 타 조약(條約)에 따라 어떤 나라가 다른 나라의 영토의 일부를 일정 기간 빌리어 통치하는 일.

조차(粗茶) 명 ①맛이 좋지 아니한 차. ②남에게 대접하는 차를 겸손하게 이르는 말.

조:차(造次) 명 '조차간(造次間)'의 준말.

조차(潮差) 명 밀물 때와 썰물 때의 바닷물의 수면 높이의 차. ¶—가 크다.

조:차(操車) 명 -하다 자 ①차량을 다룸. ②열차 등의 차량의 편성이나 운행 순서, 배치 등을 조정하는 일.

-조차 조 체언에 붙어, '게다가', '-마저', '-까지'의 뜻을 나타내는 보조 조사. ¶본관(本貫)조차 모르다니?/인사말조차 없었다./추운 날씨에 바람조차 불었다.

조:차-간(造次間) 명 ①아주 짧은 시간. 잠시 동안. ②아주 급작스러운 사이. 창졸간(倉卒間) 준 조차(造次)

조:차-장(操車場) 명 철도에서 객차와 화차를 조절하는 등 열차를 편성·정비하는 곳.

조차-지(租借地) 명 어느 나라가 다른 나라로부터 일정 기간 빌린 땅.

조:착(早着) 명 -하다 자 예정된 시각 전에 도착함. ☞연착

조찬(粗餐) 명 ①검소한 음식. ②남에게 대접하는 음식을 겸손하게 이르는 말.

조찬(朝餐) 명 손을 청하여 잘 차려서 대접하는 아침 끼니. ☞만찬(晩餐)

조찬-회(朝餐會) 명 손을 청하여 아침 끼니를 겸하여 베푸는 모임. ☞만찬회(晩餐會)

조:찰(照察) 명 -하다 타 사물의 본질이나 옳고 그름 따위를 똑똑히 꿰뚫어봄.

조:참(早參) 명 -하다 자 제 시각 전에 참석함. ☞지참(遲參)

조참(朝參) 명 -하다 자 조선 시대, 매월 네 번씩 백관이 정전(政殿)에 나와 임금에게 문안을 하고 정사를 아뢰던 일.

조창(漕倉)명 고려·조선 시대, 조운(漕運)할 곡식을 쌓아 두던 곳집. 조운창(漕運倉)

조처(措處)명-하다타 어떤 문제나 사태를 해결하기 위하여 대책을 강구함, 또는 그 대책. 조치(措置) ¶응급 −

한자 **조처할 조**(措) 〔手部 8획〕 ¶조처(措處)

조:척(照尺)명 가늠자

조:천(早天)명 ①이른 아침. 조조(早朝) ②새벽 하늘.

조철(條鐵)명 가늘고 길게 생긴 철재(鐵材).

조철(銚鐵)명 분합(分閤)이나 겉창을 들어올려서 거는, 보꾹에 매달린 긴 갈고리. 들쇠

조첩(稠疊)어기 '조첩(稠疊)하다'의 어기(語基).

조첩-하다(稠疊−)형여 겹겹이 겹쳐 있다.

조:청(造淸)명 묽게 고아 꿀처럼 만든 엿. 물엿

조체모:개(朝遞暮改)성구 아침에 바꾸고 저녁에 간다는 뜻으로, 관원을 갈아내고 갈아들임이 잦음을 이르는 말.

조:촉(弔燭)명 장례(葬禮) 등에서 켜는 초.

조:촉(照燭)명 조선 시대, 정재(呈才) 때 음악 진행의 신호로 켜던 초. 촛불을 높이 들면 연주를 시작하고, 내리면 연주를 그쳤음.

조촐-하다형여 ①외모가 말쑥하고 맵시가 있다. ¶조촐한 차림새. ②사물이 아담하고 깨끗하다. ¶조촐한 살림집. ③성품이나 행실 따위가 깔끔하고 얌전하다. ¶조촐한 성품. 준조하다

조촐-히부 조촐하게

조촘-거리다(대다)자 좀 망설이며 머뭇거리다. ¶− 막차를 놓치다. ☞주춤거리다

조촘-병(−病)[−뼝]명 어떤 일을 하는 데 망설이거나 벼르기만 하고 시원스레 해내지 못하는 버릇. ☞주춤병

조촘-조촘부 좀 망설이며 머뭇거리는 모양을 나타내는 말. ¶말을 걸지 못하고 − 서 있다. ☞주춤주춤

조:총(弔銃)명 군인이나 경찰관 등의 장례식에서, 조의(弔意)를 나타내기 위하여 소총으로 일제히 공포(空砲)를 쏘는 일. ☞예총(禮銃). 조포(弔砲)

조총(鳥銃)명 ①새총 ②'화승총(火繩銃)'을 이전에 이르던 말.

조추부 얼마 뒤에. 나중에 ¶− 또 올게.

조:추(早秋)명 이른 가을. ☞만추(晩秋)

조:추(肇秋)명 ①초가을 ②'음력 칠월'을 달리 이르는 말. 난월(蘭月). 맹추(孟秋). 초추(初秋)

조:춘(早春)명 이른 봄. ☞만춘(晩春)

조:춘(肇春)명 ①초봄 ②'음력 정월'을 달리 이르는 말. 맹춘(孟春). 초춘(初春)

조:출(早出)명-하다자 ①아침 일찍이 나감. ②정한 시각보다 일찍이 나감.

조출(繰出)명-하다타 고치를 삶아 실을 켜냄.

조출모:귀(朝出暮歸)성구 아침에 나갔다가 저녁에 돌아온다는 뜻으로, 집에 있을 동안이 거의 없음을 이르는 말, 또는 사물이 쉴 새 없이 늘 바뀌어 감을 비유하여 이르는 말.

조충(條蟲)명 '촌충(寸蟲)'의 딴이름.

조충-서(鳥蟲書)명 한자 팔체서(八體書)의 하나. 새와 벌레의 모양을 본뜬 글씨체로 흔히 기치(旗幟)나 부신(符信) 등에 쓰임. 충서(蟲書)

조충소:기(彫蟲小技)성구 벌레를 새기는 하찮은 솜씨라는 뜻으로, 남의 글에서 토막글을 따다가 글귀만 꾸미려 하는 변변찮은 글재주를 이르는 말.

조충전각(彫蟲篆刻)성구 벌레를 새기고 전자(篆字)를 새기듯이, 글을 지을 때 글귀를 꾸미는 데만 치우침을 이르는 말.

조취(臊臭)명 누린내

조취모:산(朝聚暮散)성구 아침에 모였다가 저녁에 흩어진다는 뜻으로, 모이고 헤어짐의 덧없음을 이르는 말.

조치명 ①조선 시대, 궁중에서 '찌개'를 이르던 말. ②조칫보에 담아 차린 음식. ③'조칫보'의 준말.

조치(措置)명-하다타 조처(措處) ¶긴급 −

조치(調治)명-하다타 건강이 회복되도록 몸을 보살피고 병을 다스림. 조리(調理)

조치개명 어떤 것에 마땅히 딸려 있어야 할 물건. 밥에 대한 반찬 따위.

조:칙(詔勅)명 조서(詔書)

조:침(釣針)명 낚시 ☞낚싯바늘

조침(朝寢)명 아침잠

조:침문(弔針文)명 조선 순조 때, 유씨(兪氏) 부인이 지은 수필. 부러뜨린 바늘에 대한 지은이의 슬픈 심회를 제문(祭文) 형식으로 쓴 내용임.

조침-젓명 여러 가지 물고기를 섞어 담근 젓.

조칫-보명 조치를 담는 데 쓰는 그릇. 김치 보시기보다 조금 크나 운두가 낮음. 준조치

조카명 자기의 형제·자매가 낳은 아들. 유자(猶子). 종자(從子). 질아(姪兒). 질자(姪子)

한자 **조카 질**(姪) 〔女部 6획〕 ¶숙질(叔姪)/질녀(姪女)

조카-딸명 자기의 형제·자매가 낳은 딸. 여질(女姪). 질녀(姪女)

조카-며느리명 조카의 아내. 질부(姪婦)

조카-뻘명 조카가 되는 항렬. 질항(姪行)

조카-사위명 조카딸의 남편. 질서(姪壻)

조카-자식(−子息)명 조카와 조카딸을 두루 이르는 말.

조:커(joker)명 트럼프의 으뜸 패. 다른 패 대신으로 쓸 수도 있음.

조:타(操舵)명-하다자 배를 가고자 하는 방향으로 나아가게 키를 다룸.

조:타-기(操舵機)명 배의 키를 다루는 장치. 타기(舵機)

조:타-수(操舵手)명 키잡이

조:타-실(操舵室)명 배에서, 조타기나 통신 설비 따위가 있는 방.

조탁(彫琢)명-하다타 ①보석 따위를 새기고 쫌. ②시문(詩文) 따위를 다듬는 일을 비유하여 이르는 말.

조탁-성(鳥啄聲)명 '새 까먹은 소리'라는 뜻으로, 사실과 다른 말을 듣고 잘못 옮기는 헛소문을 이르는 말.

조탄(粗炭)명 거칠고 질이 나쁜 석탄.

조탕(潮湯)명 바닷물을 데운 목욕물, 또는 그 물을 쓰는 목욕탕.

조:태(釣太)명 주낙으로 잡은 명태. 잔 것이 많음.

조통(粗通)명 조선 시대, 과거 시험이나 서당에서 성적을 매기던 등급의 하나. 대통(大通)·통(通)·약통(略通)·조통(粗通)·불통(不通)의 다섯 등급 가운데서 넷째 등급, 또는 통(通)·약통(略通)·조통(粗通)·불통(不通)의 네 등급 가운데서 셋째 등급.

조:퇴(早退)명-하다자 직장이나 학교 등에서 정한 시각이 되기 전에 일찍이 돌아감. ¶몸살이 나서 −하다.

조퇴(潮退)명-하다자 조수(潮水)가 물러감.

조:파(早播)명-하다타 씨앗을 제철보다 일찍 뿌림. 올뿌림 ☞만파(晩播)

조파(條播)명-하다타 줄뿌림 ☞점파(點播)

조:파(照破)명 부처가 지혜의 빛으로 범부(凡夫)의 무명(無明)을 비추어 깨치는 일.

조판(組版)명-하다자 활판 인쇄에서, 원고의 지정(指定)에 따라 문선(文選)한 활자로 인쇄판을 짜는 일, 또는 짠 그 판. 제판(製版). 판짜기

조판(調辦)명-하다타 조사하여 처리함.

조판(彫版·雕版)명-하다타 글자나 그림을 판목(版木)에 새김, 또는 그 판목.

조팝-나무명 ①장미과에 딸린 갈기조팝나무·긴조팝나무·산조팝나무·참조팝나무 따위를 통틀어 이르는 말. ②장미과의 낙엽 관목. 높이 1.5~2m. 길둥근 잎은 어긋맞게 나며 가장자리에 잔 톱니가 있음. 4~5월에 흰 꽃이 핌. 산이나 들에 자라는데, 관상용으로 심기도 함. 어린잎은 먹을 수 있고, 뿌리는 한방에서 해열·신경통 등에 약재로 쓰임. 압뇨초(鴨尿草)

조:패(造牌)명-하다타 골패 노름에서, 몇 짝씩 모아 한 패를 지음. 작패(作牌)

조:폐(造幣)명-하다자 화폐를 만듦.

조:폐-권(造幣權)[-꿘] 명 법률의 규정에 따라 화폐를 제조, 발행하는 권리. 정부가 독점하는 것이 상례임.
조:폐=평가(造幣平價)[-까] 명 본위 화폐 제도를 실시하는 두 나라 사이의 순금이나 순은의 법정 함유량을 기초로 결정하는 화폐 단위의 교환 비율.
조:포(弔砲) 명 군인이나 경찰관 등의 장례식에서, 조의(弔意)를 나타내기 위하여 대포로 일제히 공포(空砲)를 쏘는 일. ☞예포(禮砲). 조총(弔銃). 축포(祝砲)
조포(租包) 명 벼를 담는 멱서리.
조포(粗布) 명 거칠게 짠 베. 막베
조:포(造布) 명 지난날, 함경 북도에서 나던 베의 한 가지. 바탕이 촘촘하고 두꺼우며 나비가 좁았음.
조포(粗暴) 어기 '조포(粗暴)하다'의 어기(語基).
조:포-체(造胞體) 명 세대 교번(世代交番)을 하는 식물에서, 포자를 만드는 무성 세대(無性世代)의 개체. 포자체
조포-하다(粗暴-) 형여 성질이나 행동이 거칠고 사납다.
조표(調標) 명 악곡의 조를 나타내는 기호. 음자리표 오른쪽에 표시하는 샤프(♯)나 플랫(♭) 따위. 조호(調號)
조품(粗品) 명 ①만듦새가 변변하지 못한 물품. ②변변하지 못한 물품이라는 뜻으로, 남에게 선물을 보낼 때 쓰는 겸손의 말.
조풍(條風) 명 팔풍(八風)의 하나. '동풍(東風)'을 달리 이르는 말. ☞거풍(巨風)
조풍(潮風) 명 바닷바람
조피 명 조피나무의 열매.
조피-나무 명 '초피나무'의 딴이름.
조피-볼락 명 양볼락과의 바닷물고기. 몸길이 30cm 안팎. 겉모양은 볼락과 비슷함. 우리 나라와 일본 연안의 얕은 바다에서 삶.
조필(粗筆) 명 ①졸필(拙筆) ②남 앞에서, 자기의 필적을 겸손하게 이르는 말.
조핏-가루 명 조피나무 열매의 씨를 빼고 빻은 가루. 향신료로 쓰임.
조:하(早夏) 명 이른 여름.
조하(朝賀) 명 관원이 입궐하여 임금에게 하례하는 일.
조하(朝霞) 명 아침노을
조:하(肇夏) 명 ①초여름 ②'음력 사월'을 달리 이르는 말. 음월(陰月)

조-하다 형여 '조촐하다'의 준말.
조-하다(燥-) 형여《文》가슬하고 메마르다.
조-하다(躁-) 형여《文》성미가 느긋하지 못하고 몹시 급하다.
조하-주(糟下酒) 명 술이 익은 술독에 용수를 박아 맑은술을 떠낸 뒤에 처진 술. 용수뒤
조학(嘲謔) 명-하다 타 비웃으며 놀림.
조학(燥涸) 명-하다 자 물기가 걷히고 바짝 말라붙음.
조합(組合)[1] 명 ①민법에서, 두 사람 이상이 출자하여 공동 사업을 하기로 한 계약에 따라 이루어진 단체. 소비 조합 따위. ②특별법에서, 여러 가지 공동 목적을 수행하기 위하여 일정한 자격을 가진 사람들이 조직한 사단 법인의 한 형태. 공제 조합, 협동 조합 따위.
조합(組合)[2] 명 수학에서, 많은 수 가운데서 어느 수를 순서에 관계없이 뽑아 내어 조(組)를 만드는 일, 또는 그렇게 하여 이루어진 조의 총수. ☞순열(順列)
조:합(照合) 명-하다 타 양쪽을 맞추어 보아 확인함.
조합(調合) 명-하다 타 두 가지 이상의 것을 한데 섞음. 약재 등을 정해진 분량대로 한데 섞음.
조합=계:약(組合契約) 명 조합의 구성원들이 출자하여 공동 사업을 하기로 약속함으로써 이루어지는 계약.
조합=기업(組合企業) 명 공동 기업의 한 가지. 작은 규모의 생산자와 근로자가 서로 도와서 저마다의 경제적 이익을 꾀하는 기업. 농업 협동 조합이나 수산업 협동 조합 따위.
조합-비(組合費) 명 ①조합을 운영하는 데 드는 비용. ②조합원이 내는 회비.
조합-원(組合員) 명 조합에 가입한 사람. 조합의 구성원.
조합-주의(組合主義) 명 노동 조합 운동을 정치에서 분리하여 노동 조건의 개선 등 노동자의 경제적 지위 향상으로 제한하려 하는 주의.
조항(祖行) 명 할아버지 뻘의 항렬. 대부항(大父行) ☞숙항(叔行)
조항(條項) 명 여러 항목으로 적어 놓은 것의 하나하나의 항목. ¶법률의 -.
조해(潮害) 명 간석지(干潟地) 등에 조수가 들어 입는 피해.
조해(潮解) 명-하다 자 결정(結晶)이 공기 중의 습기를 빨아들여 저절로 녹음.
조해-성(潮解性)[-썽] 명 조해하는 성질.
조:행(早行) 명-하다 자 아침 일찍 길을 떠남. 조발(早發)
조행(操行) 명 평소의 행실. ☞품행(品行)
조헌(朝憲) 명 조정의 법규. 나라를 다스리는 근본 법규.
조:험(阻險) 어기 '조험(阻險)하다'의 어기(語基).
조험-하다(阻險-) 형여 지세 등이 매우 험하다.
조현(朝見) 명-하다 자 지난날, 신하가 조정에 나아가 임금을 뵈던 일. 조근(朝覲) ☞조회(朝會)
조현-례(朝見禮)[-녜] 명 조선 시대, 새로 간택된 비(妃)나 빈(嬪)이 가례(嘉禮)를 지낸 뒤에 비로소 부왕(父王)과 모비(母妃)를 뵈던 예식.
조:혈(造血) 명-하다 자 몸 안에서 피가 만들어짐.
조:혈-기관(造血器官) 명 동물체에서 혈구(血球)를 만드는 기관. 사람의 경우 태아기(胎兒期)의 간장(肝臟)·비장(脾臟)·골수(骨髓), 성인의 골수 등.
조:혈-제(造血劑)[-쩨] 명 혈액 중의 헤모글로빈과 적혈구의 수를 늘리는 약제. 빈혈의 치료에 쓰임.
조:혈=조직(造血組織) 명 동물체에서 혈액 속의 혈구, 특히 적혈구를 만드는 조직.
조협(皁莢) 명 한방에서, 주엽나무 열매의 껍데기를 약재로 이르는 말. 성질이 따뜻하며 맛은 시고 짭짤한데 독이 조금 있음. 중풍이나 편두통 따위에 쓰임.
조협-자(皁莢子) 명 한방에서, 주엽나무 열매의 씨를 약재로 이르는 말. 장을 튼튼히 하고 풍열(風熱)을 다스리는 데 쓰임. ☞조협(皁莢)
조협-자(皁莢刺) 명 한방에서, 주엽나무의 가시를 약재로 이르는 말. 외과(外科)의 약으로 쓰임.
조:형(造形) 명-하다 자타 형체가 있는 것을 만듦.
조:형(造型) 명-하다 타 주형(鑄型)을 만듦.
조:형=미:술(造形美術) 명 조형 예술
조:형-성(造形性)[-썽] 명 조형물이 지니고 있는 특성.
조:형=예:술(造形藝術)[-녜-] 명 그림이나 조각·건축 등과 같이, 물질적 재료를 가지고 공간적인 형상을 창조하는, 인간의 시각을 대상으로 하는 예술을 통틀어 이르는 말. 공간 예술(空間藝術). 조형 미술
조:호(助護) 명-하다 타 도와서 보살핌.
조호(調號) 명 조표(調標)
조호(調護) 명-하다 타 ①보살피어 보호함. ②환자를 보살피어 병을 잘 다스리게 함.
조:혼(早婚) 명-하다 자 일반적인 혼인 연령보다 젊은 나이에 혼인함, 또는 그런 혼인. ☞만혼(晩婚)
조:혼(助婚) 명-하다 자 ①혼인에 드는 비용을 도와 줌. ②혼인 때, 신부 집이 가난할 경우에 신랑 집에서 혼인 비용을 보태어 주는 일.
조:혼-전(助婚錢) 명 혼인 때, 신부 집이 가난할 경우에 신랑 집에서 혼인 비용으로 보태어 주는 돈.
조홀(粗忽) 어기 '조홀(粗忽)하다'의 어기(語基).
조홀-하다(粗忽-) 형여 ①말이나 하는 짓이 차분하지 못하고 거칠다. ②성질이 가볍고 조심성이 없다.
조:홍(早紅) 명 감의 한 품종. 다른 품종보다 열매가 일찍 익고 빛깔이 매우 붉음. 조홍감
조홍(朝虹) 명 아침에 서쪽 하늘에 서는 무지개. 흔히 큰비가 내릴 전조(前兆)라 이름.
조홍(潮紅) 명 수줍거나 부끄러워 얼굴이 붉어지는 일.
조:홍-감(早紅-) 명 조홍(早紅)
조홍-소(藻紅素) 명 홍조소(紅藻素)
조:홍시가(早紅柿歌) 명 조선 선조 때, 노계(蘆溪) 박인로(朴仁老)가 지은 네 수의 연시조(連時調). 친구 이덕

형이 보낸 홍시를 보고 떠오른, 돌아가신 어머니에 대한 지극한 효심을 읊은 내용임.

조:화(弔花)명 세상을 떠난 이에 대하여 조상(弔喪)하는 뜻으로 바치는 꽃. ☞축화(祝花)

조화(彫花)명-하다자 도자기에 꽃무늬를 새김, 또는 새겨진 꽃무늬.

조:화(造化)명 ①하늘과 땅과 만물을 창조하여 다스리는 일, 또는 그런 일을 하는 이. 조물주(造物主) ②조물주가 만든 세상의 모든 것. ③사람의 힘으로는 어찌할 수 없을 만큼 야릇하거나 신통한 일, 또는 그런 일을 꾸미는 재간. ¶마술사가 －를 부리다./그 기묘한 －를 알아낼 길이 없다.

조화(를) 부리다관용 신비할 정도로 야릇하거나 신통한 변화를 일으키다.

조:화(造花)명 종이나 헝겊 따위로 생화(生花)처럼 만든 꽃. 가화(假花)

조화(調和)명-하다자 ①두 가지 이상의 것이 서로 잘 어울림. ¶주변 경치와 －된 건축물./옷에 잘 －된 넥타이. ②알맞게 균형이 잡혀 있음. ¶정신과 육체가 －된 상태. 하모니(harmony). 해화(諧和)

조화(遭禍)명-하다자 재앙이나 화를 당함.

조화=급수(調和級數)명 각항(各項)의 역수(逆數)가 등차 급수(等差級數)를 이루는 급수.

조화-롭다(調和－)(－롭고·－로워)형ㅂ ①서로 잘 어울리는 상태에 있다. ¶남녀의 합창이 조화롭게 화음이 되다. ②알맞게 균형이 잡힌 상태에 있다.

조화-로이부 조화롭게

조화-미(調和美)명 잘 조화된 아름다움.

조화-성(調和性)[－썽]명 조화를 이루는 성질.

조화=수:열(調和數列)명 각항(各項)의 역수(逆數)가 등차 수열(等差數列)을 이루는 수열.

조:화-신(造化神)명 조물주(造物主)

조:화-신공(造化神功)명 조화신의 공력(功力).

조:화-옹(造化翁)명 조물주(造物主)

조:화-주(造化主)명 조물주(造物主)

조화=중항(調和中項)명 세 개의 수가 조화 수열을 이룰 때, 그 가운데의 항.

조화=해:석(調和解析)명 일반적으로 어떤 함수를 삼각함수의 급수로 분해하는 일.

조:황(釣況)명 낚시의 성과 또는 상황.

조회(朝會)명-하다자 ①조례(朝禮) ②지난날, 조정의 관원들이 정전(正殿) 앞에 모여 왕을 뵈던 의식. ☞조현(朝見)

조:회(照會)명-하다타 자세한 사정이나 분명하지 아니한 점 등을 알아보아 확인함. ¶신원 －

조:효(早曉)명 이른 새벽녘.

조효(粗肴)명 ①변변하지 못한 안주. ②남에게 술을 대접할 때 차려 낸 '안주'를 겸손하게 이르는 말.

조효(嘲哮)명-하다자 짐승이 사납게 울부짖음. ☞포효

조후(兆候)명 어떤 일이 일어날 징후. ☞조짐(兆朕)

조후(潮候)명 밀물과 썰물이 드나드는 시각.

조후-차(潮候差)명 달이 자오선(子午線)을 지난 다음부터 만조(滿潮)가 되기까지의 평균 시간. 평균 고조 간극(平均高潮間隙)

조훈(祖訓)명 조상의 가르침.

조:휼(弔恤)명-하다타 ①남의 죽음에 조의를 나타내고 유족을 위로함. ☞조문(弔問) ②불쌍히 여기어 돌보아 줌.

조흔(爪痕)명 손톱이나 발톱으로 할퀸 자국.

조흔(條痕)명 ①줄처럼 난 자국. ②애벌 구운 자기를 광물로 문질러서 나타낸 줄 모양의 자국. 자국에 나타나는 빛이 광물에 따라 다르므로 광물의 감정에 쓰임.

조흔-색(條痕色)명 조흔에 나타나는 광물의 빛깔.

조:흥(助興)명-하다자 흥취를 돋움.

조희(嘲戲)명-하다타 빈정거리며 희롱함.

조희(調戲)명-하다타 희롱함. 놀림. 파롱(簸弄)

족부 ①가는 줄이나 금을 단번에 곧게 긋는 모양을 나타내는 말. ②짧게 한 갈래로 이어진 모양을 나타내는 말. ③작은 것들이 가지런히 늘어서거나 벌여져 있는 모양을 나타내는 말. ④작은 물체를 한 가닥으로 훑거나 찢거나 하는 모양을 나타내는 말. ⑤작은 범위를 한눈에 대충 훑어보는 모양을 나타내는 말. ¶차림표를 － 훑어보다./옷차림을 － 훑어보다. ⑥적은 양의 물 따위를 단숨에 들이마시는 모양을 나타내는 말. ☞죽[2]. 쪽[6]

족(足)[1]명 소나 돼지 따위의 무릎 아래 부분을 고기로 이르는 말. ¶－ 한 짝.

족(足)[2]의 켤레 ¶버선 두 －./운동화 한 －.

-족(族)《접미사처럼 쓰이어》'종족(種族)', '무리'의 뜻을 나타냄. ¶배달족(倍達族)/폭주족(暴走族)

족가(足枷)명 차꼬

족건(足巾)명 조선 시대, 궁중에서 '버선'을 이르던 말.

족-관절(足關節)명 발에 있는 관절을 통틀어 이르는 말.

족근-골(足根骨)명 발목뼈

족내-혼(族內婚)명 미개 사회의 혈연 집단에서, 그 집단의 성원(成員)끼리 하는 혼인(婚姻). ☞내혼(內婚). 족외혼(族外婚)

족당(族黨)명 겨레붙이

족대명 고기잡이 그물의 한 가지. 작은 반두와 비슷하나 가운데 불이 처지게 되어 있음. 한 사람이 양손으로 쥐고 물고기를 잡음. ☞족산대

족대(足臺)명 궤나 장, 상자 따위를 놓을 때, 그 밑에 건너 대는 널.

족대기다타 ①남을 못 견디게 볶아치다. ¶사실대로 말하라고 －. ②마구 우겨대거나 욱대기다. ¶자기의 의견만 내세워 －.

족-대부(族大父)명 할아버지와 같은 항렬인, 먼 일가붙이 남자. ☞족숙(族叔)

족두리명 조선 시대, 부녀자가 의식(儀式) 때 예복에 갖추어 쓰던 관(冠)의 한 가지. 비단으로 만들고, 칠보(七寶)·밀화(蜜花)·옥(玉) 등으로 꾸몄음. 오늘날, 재래식 혼례에서 신부가 씀. ☞민족두리. 칠보족두리

족두리-풀명 쥐방울덩굴과의 여러해살이풀. 산지의 그늘진 곳에 자람. 뿌리줄기는 마디가 많고 옆으로 비스듬히 기며 마디에서 뿌리를 내림. 심장 모양의 잎은 원줄기 끝에 두 잎씩 나며, 가장자리가 밋밋함. 봄에 붉은 자줏빛 꽃이 잎 사이에서 나온 꽃대 끝에 피며, 열매는 장과(漿果)로 익음. 뿌리줄기는 매운 맛이 나는데, 한방에서 '세신(細辛)'이라 하여 약재로 쓰임.

족두리-하님명 지난날, 혼행(婚行) 때 신부를 따라가던 여자 하인. 당의를 입히고 족두리를 씌워 향꽂이를 들게 하였음.

족류(族類)명 ①일가붙이 ②같은 동아리.

족망(族望)명 지난날, 씨족 가운데 명성과 덕망이 있는 사람을 이르던 말.

족멸(族滅)명-하다타 일족(一族)을 모두 죽임.

족반거:상(足反居上)성구 발이 위에 있다는 뜻으로, 사물이 거꾸로 됨을 이르는 말.

족-발(足－)명 잡아서 각을 뜬 돼지의 족을 고기로 이르는 말.

족벌(族閥)명 큰 세력을 가진 문벌의 일족. ¶－ 정치

족병(足餠)명 교병(膠餠). 족편

족보(族譜)명 씨족(氏族)의 계통을 기록한 책의 한 가지. 같은 씨족으로서 관향(貫鄕)을 단위로 하여 대대의 혈통을 나타낸 기록. 보첩(譜牒). 씨보(氏譜). ☞가보(家譜). 가첩(家牒). 대동보(大同譜). 파보(派譜)

족보를 따지다관용 일의 근원을 일일이 캐어 물어보다.

한자 족보 보(譜)〔言部 13획〕¶보첩(譜牒)/족보(族譜)

족부(足部)명 발 부분. 발에서 발목까지의 부분을 이름.

족부(族父)명 일족의 우두머리. 족장(族長)

족부-권(族父權)[－꿘]명 족부(族父)가 가지는 족속에 대한 통솔권.

족부족-간(足不足間)부 자라든지 모자라든지 간에. ¶－에 있는 대로 내놓아라.

족사(足絲)명 조개류가 바위 따위에 붙기 위하여 체내에

서 분비하는 실 모양의 분비물.

족산(族山)명 일가의 뫼를 한데 쓴 산. ☞선산(先山)

족산대[-때]명 고기잡이 그물의 한 가지. 그물 양끝에 막대기를 맨 것으로, 시냇물 등에서 두 사람이 맞잡고 물고기를 몰아 잡음. 반두 ☞족대

족생(簇生)명-하다자 초목이 더부룩하게 무더기로 남. 뭉쳐나기. 총생(叢生)

족속(族屬)명 ①같은 겨레를 이룬 사람들. 겨레붙이. 족당(族黨) ②'한패', '같은 패' 등의 뜻으로 얕잡아 이르는 말. ¶독버섯 같은 ―.

족쇄(足鎖)명 지난날의 옥구(獄具)의 한 가지. 죄인의 발목에 채우던 쇠사슬. ☞차꼬

족숙(族叔)명 아버지와 같은 항렬인 먼 일가붙이 남자를 일컫는 말. ☞족대부(族大父). 족형(族兄)

족외-혼(族外婚)명 혈연 집단에서, 그 집단의 성원(成員)끼리 하는 혼인을 금하고, 다른 집단에 딸린 사람과 하는 통혼(通婚)만을 인정하는 혼인(婚姻). ☞외혼(外婚). 족내혼(族內婚)

족음(足音)명 발소리

족인(族人)명 동성동본(同姓同本)으로서 유복친(有服親)이 아닌 일가붙이를 이르는 말. 족친(族親)

족자(簇子)명 글씨나 그림 따위를 벽에 걸어 늘어뜨리거나 말아서 둘 수 있도록 표구한 물건.

족자-걸이(簇子―)명 족자를 걸거나 내리는 데 쓰는 기구. 긴 막대기 끝에 두 갈래진 쇠붙이가 달려 있음.

족자리명 옹기 따위의 양 옆에 달린 손잡이.

족장(足掌)명 발바닥

족장(을) 치다 관용 동상례(東床禮)를 하라고, 장난 삼아서 새신랑을 거꾸로 매달고 발바닥을 때리다.

족장(族丈)명 동성동본(同姓同本)으로서 유복친(有服親)은 아니나, 항렬이 높거나 나이가 많은 어른을 이르는 말.

족장(族長)명 ①일족의 우두머리. 족부(族父) ②집안의 어른.

족-장아찌(足―)명 간장을 쳐서 조려 굳힌 족편. 장족편

족적(足跡·足迹)명 ①발자국 ②겪거나 지내 온 자취.

족제(族弟)명 형제 항렬(行列)인 아우 뻘 되는 먼 일가붙이 남자를 이르는 말. ☞족숙(族叔). 족형(族兄)

족제(族制)명 가족이나 씨족 등이 혈연 관계를 바탕으로 하여 조직되어 있는 집단의 제도.

족제비명 족제빗과의 짐승. 평지나 야산 또는 인가 근처에 삶. 몸길이는 25~40cm인데, 암컷이 수컷보다 조금 작음. 털빛은 갈색임. 야행성으로 쥐나 곤충을 잡아먹음. 꼬리털은 붓을 만드는 데 쓰임. 우리 나라와 일본, 타이완, 중국 동북부 등지에 분포함. 서랑(鼠狼)

속담 **족제비는 꼬리 보고 잡는다**: 무슨 일이나 모두 목적이 있고 노리는 바가 있다는 말./**족제비도 낯짝이 있다**: 아무 염치도 체면도 없는 사람을 나무라는 말./**족제비 잡으니까 꼬리를 달란다**: 애써 구한 것 가운데서 가장 중요한 부분을 남이 차지하려 함을 이르는 말.

족제비-싸리명 콩과의 낙엽 관목. 높이 3m 안팎. 잎은 깃꼴 겹잎으로 어긋맞게 나고, 5~6월에 자줏빛이 도는 하늘빛 꽃이 이삭 모양으로 피는데 향기가 강함. 북아메리카 원산임.

족제비-얼레명 실을 다루는 데 쓰이는, 통이 좁고 길쭉하게 생긴 얼레.

족족[1]의 ①동사 어미 '-는' 뒤에 쓰이어, '하는 때마다'의 뜻을 나타냄. ¶버는 ― 저축하다. ②의존 명사 '데' 뒤에 쓰이어, '하나하나마다'의 뜻을 나타냄. ¶가는 데 ― 그를 반긴다.

족-족[2]부 ①가는 줄이나 금을 자꾸 긋는 모양을 나타내는 말. ②짧게 여러 갈래로 이어진 모양을 나타내는 말. ③여기저기에 작은 것들이 가지런히 늘어서거나 벌여져 있는 모양을 나타내는 말. ④작은 물체를 여러 가닥으로 훑거나 찢거나 하는 모양을 나타내는 말. ⑤작은 범위를 한눈에 대충 자꾸 훑어보는 모양을 나타내는 말. ¶차림표를 ― 훑어보다./옷차림을 ― 훑어보다. ⑥적은 양의 물 따위를 단숨에 자꾸 들이마시는 모양을 나타내는 말. ☞죽죽. 쪽쪽

족족(足足)어기 '족족(足足)하다'의 어기(語基).

족족유여(足足有餘)성구 매우 넉넉하여 남음이 있음을 이르는 말.

족족-하다(足足―)형여 썩 넉넉하다.

족종(族從)명 촌수가 먼 일가붙이 사이에 자기를 겸손하게 이르는 말.

족주(族誅)명-하다타 한 사람이 지은 죄로 일족(一族) 또는 삼족(三族)을 죽임. ☞멸문(滅門)

족지(足指)명 발가락

족질(族姪)명 조카 항렬인 먼 일가붙이 남자를 이르는 말. ☞족숙(族叔). 족형(族兄)

족집게명 잔털이나 가시 따위를 집어서 뽑는, 쇠로 만든 작은 집게.

족집게 같다 관용 일의 속내나 감추어진 사실 등을 귀신같이 잘 알아맞히다.

족집게-장님명 무꾸리를 하는 데 남의 지낸 일을 족집게로 집어 내듯 잘 알아맞히는 장님을 이르는 말.

족징(族徵)명-하다타 조선 시대, 지방 관원들이 공금이나 관곡(官穀)을 사사로이 쓰거나, 군정(軍丁)이 도망하거나 사망하여 군포세(軍布稅)가 모자랄 경우, 그것을 메우기 위하여 그 일족에게 대신 내게 하던 일.

족채(足債)명 ①심부름 따위로 먼 곳에 사람을 보낼 때에 주는 품삯. ②차사 예채(差使例債)

족척(族戚)명 친척(親戚)과 인척(姻戚)을 아울러 이르는 말.

족첨(足尖)명 발부리

족출(簇出)명-하다자 떼지어서 잇달아 생겨남.

족치다타 ①혼쭐이 나게 사정없이 치거나 두들겨 패다. ②견딜 수 없을 정도로 몹시 족대기다. ¶범죄 사실을 자백하도록 ―. ③큰 것을 깨뜨려 작게 만들거나 짓찧어서 쭈그러뜨리다.

족친(族親)명 족인(族人)

족탈불급(足脫不及)성구 맨발로 뛰어도 따라가지 못한다는 뜻으로, 능력이나 재질·역량에서 뚜렷한 차이가 있음을 이르는 말.

족탕(足湯)명 쇠족과 사태를 넣어 푹 곤 국.

족통(足痛)명 발의 아픔.

족-편(足―)명 쇠족·꼬리·가죽 따위를 푹 고아 고명을 뿌려 식혀 묵처럼 굳힌 음식. 교병(膠餠). 족병(足餠) ☞전약(煎藥)

족-하다(足―)형여 ①부족함이 없이 넉넉하다. ¶수면 시간이 여덟 시간이면 ―. ②만족하다 ¶넉넉한 생활이면서 족함을 모르다니.

족-히부 족하게 ¶일주일이면 ― 끝낸다.

족형(族兄)명 형제 항렬인 형 뻘이 되는 먼 일가붙이 남자를 이르는 말. ☞족숙(族叔). 족제(族弟)

족흔(足痕)명 ①발자국이나 발자취. ②화석으로 남아 있는 동물의 발자국.

존가(尊家)명 상대편을 높이어 그의 집을 이르는 말.

존객(尊客)명 존귀한 손.

존견(尊見)명 상대편을 높이어 그의 의견을 이르는 말. 고견(高見). 존의(尊意)

존경(尊敬)명-하다타 남의 인격이나 행위, 업적 등을 훌륭하게 여기어 우러러 공경함. ¶많은 사람들로부터 ―을 받는 사람./서로 ―하는 마음을 가지다.

존경-법(尊敬法)[-뻡]명〈어〉말하는 이가 듣는 이나 그 밖의 사람에 대하여 존경하는 뜻을 나타내는 말씨의 표현법. 높임법 ☞겸양법(謙讓法). 대우법(待遇法)

존경-어(尊敬語)명〈어〉말하는 이가 상대편에 대한 존경의 뜻을 나타내는 말. '선생님', '진지' 따위. 경어(敬語). 높임말 ☞겸양어(謙讓語)

존공(尊公)명 ①윗사람에 대하여 그의 아버지를 높이어 이르는 말. 존대인(尊大人) ②상대편을 높이어 이르는 말.

존귀(尊貴)어기 '존귀(尊貴)하다'의 어기(語基).

존귀-하다(尊貴―)형여 지위나 신분 등이 높고 귀하다.

존념(存念)명-하다타 늘 잊지 않고 생각함, 또는 그 생각.

존당(尊堂)명 상대편을 높이어 그의 어머니를 이르는 말.
존대(尊待)명-하다타 받들어 대접하거나 대함. ¶선배에게 깍듯하게 -하다. ☞하대(下待)
속담 **존대하고 뺨 맞지 않는다** : 남에게 공손하면 욕이 돌아오지 않는다는 말.
존대(尊大)어기 '존대(尊大)하다'의 어기(語基).
존대-인(尊大人)명 존공(尊公)
존대-하다(尊大-)형여 관직이나 학식, 인격 등이 높고 도 크다.
존데(Sonde 독)명 ①식도나 위장·십이지장·직장·요도 등에 밀어 넣어 진찰이나 치료에 쓰는 가는 관(管). ②라디오존데
존득-거리다(대다)자 존득존득한 느낌이 나다. ☞준득거리다. 쫀득거리다
존득-존득부-하다형 씹는 감촉이 졸깃졸깃하고 차진 모양을 나타내는 말. ¶-한 찹쌀떡. ☞준득준득. 쫀득쫀득
존:라인(zone line)명 아이스하키에서, 링크를 세 구역으로 나누는 두 개의 선.
존람(尊覽)명-하다타 상대편을 높이어 그가 봄을 이르는 말.
존령(尊靈)명 '혼령(魂靈)'을 높이어 이르는 말.
존로(尊老)명 '노인'을 높이어 이르는 말.
존류(存留)명-하다자타 남아서 머무름, 또는 남아서 머무르게 함.
존립(存立)명-하다자 망하거나 없어지지 않고 존재함. ¶기업의 -에 관한 중대한 결단.
존망(存亡)명 존속과 멸망, 또는 삶과 죽음. 존멸(存滅). 존몰(存沒) ¶조국의 -이 바람 앞의 등불이다.
존망지추(存亡之秋)성구 존속하느냐 멸망하느냐의 절박한 때를 이르는 말.
존멸(存滅)명 존망(存亡)
존명(存命)명-하다자 목숨을 이어 살아감, 또는 살아 있는 목숨.
존명(尊名)명 ①존귀한 이름. ②상대편을 높이어 그의 이름을 이르는 말. 존함(尊啣)
존명(尊命)명 윗사람을 높이어 그의 명령을 이르는 말.
존모(尊慕)명-하다타 존경하여 그리워함.
존몰(存沒)명 존망(存亡)
존문(存問)명-하다타 찾아가서 안부를 물음.
존문(尊門)명 ①상대편을 높이어 그의 집을 이르는 말. ②남을 높이어 그의 가문(家門)을 이르는 말.
존문(尊問)명-하다타 윗사람을 높이어 그의 물음을 이르는 말.
존본-취리(存本取利)명 돈놀이 방식의 한 가지. 돈이나 곡식 따위를 꾸어 주고, 본전은 그대로 남겨 둔 채 이자만 받는 일.
존봉(尊奉)명-하다타 존경하여 받듦.
존부(存否)명 ①존재하는지 존재하지 않는지 하는 문제. ¶그런 사실의 -가 관심의 초점이다. ②탈없이 잘 있는지 어떤지 하는 문제. ¶생존자의 -에 관심이 집중되다.
존비(尊卑)명 신분 등의 높고 낮음, 또는 존귀함과 비천함.
존비-귀:천(尊卑貴賤)명 신분 등의 높고 낮음과 귀하고 천함을 아울러 이르는 말.
존상(尊像)명 존귀한 형상(形像).
존서(尊書)명 존한(尊翰)
존성(尊姓)명 상대편을 높이어 그의 성(姓)을 이르는 말.
존성-대:명(尊姓大名)명 존귀한 성과 널리 떨친 이름이라는 뜻으로, 상대편을 높이어 그의 성(姓)과 이름을 이르는 말.
존속(存續)명-하다자 계속 존재함, 또는 계속 그대로 있음.
존속(尊屬)명 부모와 그 항렬 이상의 친족(親族). 직계(直系) 존속과 방계(傍系) 존속으로 나뉨. 존속친(尊屬親) ☞비속(卑屬)
존속-친(尊屬親)명 존속(尊屬)
존숭(尊崇)명-하다타 존경하고 숭배함.
존시(尊侍)명 웃어른과 손아랫사람을 아울러 이르는 말.
존시-간(尊侍間)명 웃어른과 손아랫사람의 사이.
존심(存心)[1]명-하다타 ①마음에 새겨 두고 잊지 아니함. 처심(處心). 택심(宅心) ②마음속의 생각.
존심(存心)[2]명 검도에서, 상대편을 타격한 뒤에도 기세(氣勢)를 늦추지 않고 그 뒤의 변화에 대비하는 마음가짐. 잔심(殘心)
존안(尊顔)명 상대편을 높이어 그나 그의 얼굴을 이르는 말. 대안(臺顔)
존앙(尊仰)명-하다타 높이 받들어 우러러봄.
존양(存養)명-하다자타 본심을 잃지 않고 타고난 착한 성품을 기름.
존엄(尊嚴)명-하다형 ①높고 엄숙함. ②품격이 높고 위엄이 있어 함부로 가까이 할 수 없음.
존엄-성(尊嚴性)[-썽]명 존엄한 성질. ¶인간의 -.
존영(尊詠)명 상대편을 높이어 그의 시가(詩歌)를 이르는 말.
존영(尊影)명 상대편을 높이어 그의 사진이나 화상(畫像)을 이르는 말. 존조(尊照)
존영(尊榮)어기 '존영(尊榮)하다'의 어기(語基).
존영-하다(尊榮-)형여 지위가 높고 영화롭다.
존옹(尊翁)명 '노인'을 높이어 이르는 말.
존위(尊位)명 지난날, 존귀한 지위라는 뜻으로, 임금의 지위를 이르던 말.
존의(尊意)명 존견(尊見)
존자(尊者)명 학문과 덕행이 뛰어난 부처의 제자를 높이어 이르는 말. ¶목건련 -.
존장(尊長)명 ①나이가 많은 어른을 이르는 말. ②항렬(行列)이 분명하지 않은 일가 사이에, 손위인 상대편을 부르거나 이르는 말. ☞족숙(族叔). 족제(族弟). 족형. 종씨(宗氏)
존재(存在)명 ①-하다자 사물이나 인간이 저마다의 성질이나 구실 또는 값어치를 지니고 현실에 있음, 또는 있는 그 사물이나 인간. ¶신의 -를 믿는가?/이 땅에 -하는 모든 생물./그는 많은 사람 가운데서 두드러진 -이다. ②철학에서, 생성(生成)·본질(本質)·당위(當爲)·가치(價値) 등의 말과 대립적으로 쓰이는 말.
존재-론(存在論)명 존재 그 자체, 또는 존재하는 것이 가진 공통성과 근본적인 규정을 밝히는 철학의 한 분야. 본체론(本體論). 실체론(實體論)
존재=명:제(存在命題)명 존재 판단을 말로 나타낸 명제.
존재=판단(存在判斷)명 '갑은 을이다.'라고 하는 판단이 아니라, '갑은 존재한다.(또는 존재하지 않는다.)'라고 하는 형식의 판단.
존저(尊邸)명 상대편을 높이어 그의 저택(邸宅)을 이르는 말.
존전(尊前)명 ①임금이나 높은 관원의 앞. ②존경하는 사람의 앞.
존:절(∠撙節)명 ①-하다타 씀씀이를 아낌. ②-하다형 아끼어 쓰는 것이 규모가 있음. 원준절(撙節)
존절-히부 존절하게
존조(尊照)명 존영(尊影)
존:조리부 타이르듯이 조리 있고 친절하게. ¶- 당부하다.
존존-하다형여 피륙의 발이 곱고 고르다. ☞쫀쫀하다
존중(尊重)명 ①-하다타 소중하게 여김, 또는 소중하게 여겨 받듦. 숭중(崇重) ¶남의 의견을 -하다./인권을 -하다. ②-하다형 아주 귀하고 소중함.
존중-히부 존중하게
존집(尊執)명 아버지의 벗이 될만 한 나이 정도의 어른을 높이어 이르는 말.
존찰(尊札)명 존한(尊翰)
존체(尊體)명 상대편을 높이어 그의 몸을 이르는 말. ☞보체(寶體). 옥체(玉體)
존총(尊寵)명 존귀한 사람에게서 받는 총애(寵愛).
존치(存置)명-하다타 없애지 않고 그대로 둠.
존칭(尊稱)명-하다타 존경하여 높이어 부름, 또는 그 일컬음. ☞경칭(敬稱). 비칭(卑稱)
존택(尊宅)명 상대편을 높이어 그의 집을 이르는 말.
존폐(存廢)명 남겨 두는 일과 없애는 일. 폐립(廢立)

ㅈ

존필(尊筆)명 상대편을 높이어 그의 필적을 이르는 말.
존한(尊翰)명 상대편을 높이어 그의 편지를 이르는 말. 존서(尊書). 존찰(尊札)
존함(尊啣·尊銜)명 상대편을 높이어 그의 이름을 이르는 말. 존명(尊名)
존항(尊行)명 부모의 항렬 이상의 항렬. ☞비항(卑行)
존현(尊賢)명 ①-하다자 어질고 착한 사람을 존경함. ②덕이 있는 어진 사람을 높이어 이르는 말.
존현(尊顯)어기 '존현(尊顯)하다'의 어기(語基).
존현-하다(尊顯-)형여 지체가 높고 이름이 드높다.
존형(尊兄)명 같은 또래의 친구 사이에서 상대편을 높이어 부르는 말.
존호(尊號)명 ①남을 높이어 부르는 칭호. ②지난날, 왕이나 왕비의 덕을 높이 기리는 뜻으로 일컫던 칭호.
존후(尊候)명 편지글 등에서 상대편을 높이어 그의 건강 상태를 이르는 말.
졸(卒)명 장기에서, '卒' 자와 '兵' 자가 새겨진 말을 이르는 말. 한 편은 '卒'이 다섯 개, 상대편은 '兵'이 다섯 개 있음. 옆으로나 앞으로 한 칸씩만 움직일 수 있으며, 뒤로 물러날 수는 없음. 졸때기
졸(Sol 독)명 콜로이드 입자가 분산해 있는 액체. 비눗물·우유·먹물 따위. 콜로이드 용액 ☞겔(Gel)
졸가(拙家)명 남에게 자기의 집을 겸손하게 이르는 말.
졸가리 명 ①잎이 다 떨어진 나뭇가지. ②사물의 덧붙은 것을 다 떼어 낸 나머지의 뼈대. ③지난날, 번성했던 집안이나 문벌을 비유하여 이르는 말. ☞줄거리
졸개(卒-)명 남에게 딸리어 잔심부름하는 사람을 얕잡아 이르는 말. 졸도(卒徒)
졸경(卒更)명 ①조선 시대, 순라군(巡邏軍)이 밤에 도성(都城)을 경계하기 위해 순찰하던 일. ②밤새껏 잠을 이루지 못하고 괴로워함을 비유하여 이르는 말.
졸경-군(卒更軍)[-꾼]명 조선 시대, 밤에 도성을 경계하여 순찰하는 군사를 이르던 말.
졸경-치다(卒更-)자 '졸경치르다'의 준말.
졸경-치르다(卒更-)자 ①조선 시대, 인정(人定)을 친 뒤에 밤길을 다니다 졸경군에게 잡혀 벌을 받다. ②한동안 남에게 모진 괴로움을 당하다. 준졸경치다
졸계(拙計)명 하찮은 계책이나 계획. 졸책(拙策)
졸고(拙稿)명 남에게 자기의 원고를 겸손하게 이르는 말.
졸곡(卒哭)명 삼우제 뒤에 지내는 제사. 사람이 죽은 지 석 달 만에 오는 첫 정일(丁日)이나 해일(亥日)에 지냄.
졸공(拙工)명 솜씨가 서투른 장인(匠人).
졸-규모(拙規模)명 ①보잘것없는 작은 규모. ②변변치 못한 사람. 졸때기
졸깃-졸깃[-긷-]부-하다형 매우 졸깃한 느낌을 나타내는 말. ¶ - 씹히는 맛살. ☞줄깃줄깃. 쫄깃쫄깃
졸깃-하다[-긷-]형여 씹는 감촉이 감칠맛 있게 잘깃하다. ¶국수를 졸깃하게 삶다. ☞줄깃하다. 쫄깃하다
졸난변통(猝難變通)성구 일이 뜻밖에 일어나 처리할 길이 없음을 이르는 말.
졸납(拙衲)명 졸승(拙僧)
졸년(卒年)명 죽은 해. 몰년(沒年) ☞생년(生年)
졸눌(拙訥)어기 '졸눌(拙訥)하다'의 어기(語基).
졸눌-하다(拙訥-)형여 말재간이 없고 말씨가 무디다.
졸:다[1](졸고·조니)자 물기가 마르거나 줄어서 분량이 적어지거나 부피가 작아지다. ¶탕약이 알맞게 -.
졸:다[2](졸고·조니)자 저절로 자꾸 잠이 와서 얕게 잠드는 상태로 되곤 하다. ¶꾸벅꾸벅 -.
속담 **조는 집에 자는 며느리 온다** : 게으른 집에는 게으른 사람만 온다는 말.

한자 졸음 수(睡) [目部 8획] ¶수마(睡魔)/수면(睡眠)

졸도(卒徒)[-또]명 ①졸개 ②변변치 못한 부하.
졸도(卒倒)[-또]명-하다자 뇌빈혈이나 갑작스런 충격 등으로 갑자기 의식을 잃고 쓰러지는 일.
졸-들다(-들고·-드니)자 발육이 잘 되지 않고 주접이 들다.
졸딱-졸딱부-하다형 ①규모나 분량이 변변치 못하게 작거나 적은 모양을 나타내는 말. ②무슨 일을 한 번에 하지 못하고 여러 차례에 걸쳐 하는 모양을 나타내는 말.
졸때기명 ①보잘것없는 작은 규모. ②변변치 못한 사람. 졸규모(拙規模) ③졸(卒)
졸라-대:다타 무엇을 달라고 바득바득 조르다.
졸라-매다타 느슨하지 않도록 단단히 동여매다. ¶구두끈을 -. ☞잘라매다
졸랑-거리다(대다)자 자꾸 까불며 가볍게 행동하다. ☞쫄랑거리다. 촐랑거리다
졸랑-졸랑부 졸랑거리는 모양을 나타내는 말. ☞쫄랑쫄랑. 촐랑촐랑
졸래-졸래부 몸집이 작은 것이 가벼운 몸짓으로 남을 따라가거나 따라오는 모양을 나타내는 말. ☞줄레줄레. 쫄래쫄래
졸렬(拙劣)어기 '졸렬(拙劣)하다'의 어기(語基).
졸렬-하다(拙劣-)형여 서투르고 보잘것없다.
졸로준 '조리로'의 준말. ☞절로
졸로(拙老)명 하찮은 늙은이라는 뜻으로, 늙은이가 자기를 겸손하게 이르는 말.
졸론(拙論)명 ①보잘것없는 논문(論文). ②자기의 논문(論文)을 겸손하게 이르는 말.
졸루(拙陋)어기 '졸루(拙陋)하다'의 어기(語基).
졸루-하다(拙陋-)형여 서투르고 변변찮다.
졸리다[1]자 ①죔을 당하다. ②시달림을 당하다. ☞쫄리다
졸:리다[2]자 졸음이 오다.
졸막-졸막부-하다형 자잘한 것들이 여기저기 고르게 벌여 있는 모양을 나타내는 말. ☞줄먹줄먹
졸망-졸망부-하다형 크기가 고만고만한 것들이 한데 모여 있는 모양을 나타내는 말. ¶아이들이 - 모여 앉다. ☞줄멍줄멍
졸모(拙謀)명 옹졸하고 못난 꾀. ☞졸책(拙策)
졸문(拙文)명 ①변변찮은 글. ②남에게 자기의 글을 겸손하게 이르는 말.
졸-밥명 사냥 매에게 꿩고기를 조금 주어서 꿩을 잡을 생각이 나도록 하는 미끼.
졸보명 재주가 없고 옹졸한 사람.
졸-보기명 근시(近視) ☞멀리보기
졸보기-눈명 근시안(近視眼). 바투보기눈
졸-복명 참복과의 바닷물고기. 몸길이 30cm 안팎에 몸은 짧고 굵으며 겉면은 거칠거칠함. 몸빛은 황갈색인데, 배는 흼. 등 쪽에는 검은 갈색의 반점이 흩어져 있음. 알집과 간에는 강한 독이 있음.
졸부(猝富)명 벼락부자
졸부(拙夫)대 편지 글 등에서, 남편이 아내에게 '자기'를 낮추어 이르는 말.
졸-부귀(猝富貴)명 갑자기 얻은 부귀.
졸사(猝死)[-싸]명-하다자 갑작스레 죽음, 또는 그런 죽음. ☞급사(急死). 돈사(頓死)
졸사-간(猝乍間)[-싸-]명 ①갑작스러운 짧은 동안. ②〔부사처럼 쓰임〕 주로 '졸사간에'의 꼴로 쓰임. ¶-에 일어난 끔찍한 사고.
졸서(卒逝)[-써]명-하다자 죽음. 세상을 떠남.
졸성(拙誠)[-썽]명 ①변변치 못한 정성. 하찮은 정성. ②자기의 정성을 겸손하게 이르는 말.
졸세(卒歲)[-쎄]명-하다자 한 해를 마침.
졸속(拙速)[-쏙]명-하다형 이루어진 상태는 좋지 않으나 일은 빠름. ¶-으로 시행한 공사./-한 공사가 사고의 원인이 되다.
졸-수단(拙手段)[-쑤-]명 서투른 수단. 변변치 못한 수단.
졸승(拙僧)[-씅]명 중이 자기를 낮추어 이르는 말. 졸납(拙衲)
졸아-들다(-들고·-드니)자 졸아서 부피가 작게 되거나 양이 적게 되다. ¶조치의 국물이 -.
졸아-붙다[-붇-]자 바싹 졸아들어서 물기가 거의 없게 되다.

졸아-지다 자 점점 졸아들다.
졸업(卒業) 명 -하다 타 ①학교에서, 정해진 학업 과정을 모두 마치는 일. ☞입학(入學) ②어느 단계나 과정을 거쳐 통달하게 된 상태를 비유하여 이르는 말. ¶수영의 자유형은 -한 지 오래다.
졸업-기(卒業期) 명 졸업할 무렵, 또는 그 마지막 학기.
졸업=논문(卒業論文) 명 대학 따위의 졸업 예정자가 졸업에 앞서 제출하여 심사를 받는 논문.
졸업-반(卒業班) 명 졸업을 앞둔 학년.
졸업-생(卒業生) 명 학교에서, 정해진 학업 과정을 모두 마친 사람.
졸업-식(卒業式) 명 학교에서, 정해진 학업 과정을 모두 마친 사람에게 졸업장을 주는 의식. ☞입학식(入學式)
졸업-장(卒業狀) 명 졸업을 증명하는 뜻으로 졸업생에게 주는 증서. 졸업 증서
졸업=증서(卒業證書) 명 졸업장(卒業狀)
졸연(猝然)[1] 부 졸연히
졸연(猝然)[2] 어기 '졸연(猝然)하다'의 어기(語基).
졸-연월일(卒年月日)[-련-] 명 죽은 해와 달과 날. ☞생연월일(生年月日). 졸년(卒年)
졸연-하다(猝然-) 형여 갑작스럽다
졸연-히 부 졸연하게. 졸연(猝然)[1]
졸오(卒伍) 명 병졸들의 대오(隊伍).
졸우(拙愚) 어기 '졸우(拙愚)하다'의 어기(語基).
졸우-하다(拙愚-) 형여 소견이 좁고 어리석다.
졸:음 명 잠이 오는 느낌, 또는 잠을 자고 싶은 느낌.
졸음(拙吟) 명 ①잘 짓지 못한 시. ②자기가 지은 시를 겸손하게 이르는 말.
졸:음-증(-症)[-쯩] 명 병적으로 졸음이 오는 증세.
졸의(拙意) 명 자기의 생각이나 뜻을 겸손하게 이르는 말.
졸이다 타 ①졸아들게 하다. ¶국물을 바특하게 -. ②몹시 조마조마해 하면서 애를 쓰다. ¶마음을 -.
×**졸임** 명 →조림
졸자(拙者)[1][-짜] 명 못난 사람. 어리석은 사람.
졸자(拙者)[2][-짜] 대 '자기'를 겸손하게 이르는 말.
졸작(拙作)[-짝] 명 ①보잘것없는 작품. 태작(駄作) ②자기의 작품을 겸손하게 이르는 말. ☞망작(妄作). 졸저(拙著)
졸:-잡다 타 실제보다 좀 줄이어 셈하다. ☞줄잡다
졸-장부(拙丈夫)[-짱-] 명 ①도량이 좁고 겁이 많은 사내. ②활달하지 못하고 옹졸한 사내. ☞대장부
졸저(拙著)[-쩌] 명 ①보잘것없는 저서. ②자기의 저서를 겸손하게 이르는 말. ☞망작(妄作). 졸작(拙作)
졸졸[1] 부 ①적은 양의 물이 조용히 흐르는 소리, 또는 그 모양을 나타내는 말. ¶- 흐르는 시냇물. ②작은 구멍이나 틈으로 액체가 가는 줄기를 이루어 계속 흘러내리는 모양을 나타내는 말. ¶수도꼭지에서 물이 - 흐르다. ☞줄줄[1]. 쫄쫄[1]
졸:졸[2] 부 ①작은 사람이나 짐승이 계속 남의 뒤를 따라다니는 모양을 나타내는 말. ¶강아지가 주인을 - 따라다니다. ②물건을 여기저기 빠뜨리고 다니는 모양을 나타내는 말. ☞줄줄[2]. 쫄쫄[3]
졸졸-거리다(대다) 자 졸졸 소리가 나다. ☞줄줄거리다. 쫄쫄거리다
졸중(卒中)[-쭝] 명 졸중풍
졸중-풍(卒中風)[-쭝-] 명 한방에서, '뇌졸중(腦卒中)'을 이르는 말. 졸중(卒中)
졸지-에(猝地-)[-찌-] 부 갑자기. 느닷없이 ¶- 눈사태가 일어나다.
졸지-풍파(猝地風波)[-찌-] 명 ①갑작스럽게 일어나는 풍파. ②갑작스레 일어난 소요(騷擾).
졸직(拙直)[-찍] 어기 '졸직(拙直)하다'의 어기(語基).
졸직-하다(拙直-)[-찍-] 형여 고지식하여 두름성이 없다.
졸-참나무 명 참나뭇과의 낙엽 활엽 교목. 높이 20m 안팎. 길둥근 잎은 어긋맞게 나고 가장자리에 톱니가 있음. 꽃은 5월경에 피고 열매는 가을에 익음. 산 중턱이나 기슭에 자람. 나무는 땔감·가구재 따위로 쓰이며, 열매는 먹을 수 있고, 나무껍질은 물감용으로 쓰임.
졸책(拙策) 명 ①하찮은 계책이나 계획. 졸계(拙計) ②자기가 세운 '계책'이나 '계획'을 겸손하게 이르는 말.
졸처(拙妻)[1] 명 못난 아내라는 뜻으로, 자기의 아내를 겸손하게 이르는 말.
졸처(拙妻)[2] 대 편지 글 등에서 아내가 남편에게 자기를 낮추어 이르는 말. ☞졸형(拙荊)
졸편(卒篇) 명 -하다 타 시문(詩文)의 전편(全篇)을 다 짓거나 외거나 함. 종편(終篇)
졸품(拙品) 명 보잘것없는 작품이나 물품.
졸필(拙筆) 명 ①잘 쓰지 못한 글씨. 서투른 글씨. ☞달필(達筆). 악필(惡筆) ②글씨를 잘 쓰지 못하는 사람. ③자기의 '글씨'를 겸손하게 이르는 말. 조필(粗筆)
졸-하다(卒-) 자여 《文》상대편을 조금 높이어 '죽다'의 뜻으로 이르는 말. 몰(歿)하다
졸-하다(拙-) 형여 《文》①재주가 없다. ②솜씨가 서투르다. ③두름성이 없고 옹졸하다.

한자 졸할 졸(拙) [手部 5획] ¶졸렬(拙劣)/졸속(拙速)/졸작(拙作)/졸책(拙策)/졸필(拙筆)

졸한(猝寒) 명 갑자기 몰아 닥치는 추위.
졸형(拙荊) 명 편지 글 등에서 자기의 '아내'를 겸손하게 이르는 말. ☞졸처(拙妻)
좀[1] 명 ①좀과의 곤충. 몸길이 1cm 안팎. 몸의 바탕은 백색이지만 흑갈색 비늘로 덮여 있음. 날개가 없고 더듬이·꼬리가 몸길이보다 길. 종이·옷 등의 해충임. ②겉으로 드러나지 않고 조금씩 해를 끼치는 사람이나 물건을 비유하여 이르는 말.
좀이 쑤시다 관용 가만히 있지 못하고 무엇이 하고 싶어 안절부절못하다.
좀[2] 부 ①'조금'의 준말. ¶창문을 - 열다. /- 늦게 도착하다. ②어떤 일을 시키거나 청하거나 할 때 간곡한 뜻으로 쓰는 말. ¶꽃밭에 물 - 주어라. /이리 - 오시겠습니까?
좀:[3] 부 얼마나. 오죽. 여북 ¶- 답답했으면 자기의 가슴을 마구 쳤을까.
좀- 접두 '좀스러움'을 나타냄. ¶좀노릇/좀도둑/좀생원
좀-갈매나무 명 갈매나뭇과의 낙엽 활엽 관목. 잎은 거꿀달걀꼴인데 어긋맞게 나고 잎 뒷면엔 털이 있음. 나무껍질은 벚나무와 비슷하고 가지 끝은 가시로 변함. 암수딴그루이며 5~6월에 꽃이 피고 열매는 핵과(核果)로 맺음. 우리 나라 특산으로 한라산에서 자람.
좀-감탕나무 명 감탕나뭇과의 상록 교목. 5~6월에 황백색의 꽃이 피고 열매는 핵과(核果)로 11월경에 붉게 익음. 정원수로 심기도 함.
좀-것 명 성질이 좀스러운 사람이나 좀스럽게 생긴 물건을 얕잡아 이르는 말.
좀-꾀 명 좀스러운 꾀.
좀-꿩의다리 명 미나리아재빗과의 여러해살이풀. 잎은 길둥근 꼴인데 잎 뒷면은 흰빛임. 7~8월에 엷은 황백색 꽃이 피고 열매는 수과(瘦果)로 맺음. 산이나 들에 자람.
좀-녕 명 좀스러운 사람을 얕잡아 이르는 말.
좀-노릇 명 좀스러운 일.
좀-놈 명 좀스러운 사내를 욕으로 이르는 말.
좀-더 부 조금 더. ¶- 두고 보자.

▶ **'좀더' — 단음절 단어의 붙여 쓰기**
단음절(單音節)로 된 단어를 이어 적을 경우에 붙여 쓸 수 있다[한글 맞춤법 제46항]. 이 허용 규정은 연이어지는 단음절의 관형사와 명사, 단음절인 부사와 부사를 붙여 써서 읽기에 편하도록 배려한 규정이다.
¶그 때 그 곳 → 그때 그곳/좀 더 큰 것 → 좀더 큰것
이 말 저 말 → 이말 저말/한 잎 두 잎 → 한잎 두잎
이 곳 저 곳 → 이곳 저곳/내 것 네 것 → 내것 네것

좀-도둑[-또-] 명 남의 자질구레한 물건을 훔쳐 가는 사람. 소도(小盜) ☞서절구투(鼠竊狗偸)

ㅈ

좀도둑-질[-또-] 명 -하다 자 남의 자질구레한 물건을 훔치곤 하는 짓.
좀-되다[-뙤-] 형 사람의 됨됨이나 하는 짓이 몹시 잘다. ☞좀스럽다
좀-말 명 좀스럽게 하는 말.
좀-먹다 자타 ①좀이 물건을 쏠다. ②드러나지 않게 조금씩 해를 입히다. ¶노름은 미풍양속을 좀먹는 행위이다.
좀비-족(Zombie族) 명 대기업이나 큰 조직체 안에서, 일보다 요령과 처세술에 익숙하여 무사 안일(無事安逸)에 빠져 있는 사람을 이르는 말.
좀상좀상-하다 형여 여럿이 다 좀스럽다.
좀-생원(-生員) 명 도량이 좁고 성질이 좀스러운 사내.
좀생이 명 ①'묘수(昴宿)'를 달리 이르는 말. ②'잔 물건'을 달리 이르는 말.
좀생이 보다 관용 음력 2월 6일에 묘수의 빛깔과 달과의 거리를 보아서 그 해의 농사가 잘 되고 못 되고를 미리 헤아리다.
좀-스럽다(-스럽고·-스러워) 형ㅂ ①도량이 좁고 성질이 잘다. ¶좀스러운 사람은 큰일을 할 수 없지. ☞좀되다 ②사물의 규모가 보잘것없이 작다. ¶좀스러운 일.
좀-스레 부 좀스럽게
좀-약(-藥)[-냑] 명 좀이 생기지 않게 하려고 쓰는 약. 나프탈렌 따위.
좀:-처럼 부 여간해서는. 좀체 ¶- 만날 수가 없다.
좀:-체 부 좀처럼
×**좀체-로** 부 →좀처럼
좀:쳇-것 명 특별하지 않은 웬만한 것. ¶-으로는 만족하지 못한다.
좀-파리 명 좀파릿과의 곤충. 몸길이는 1cm 안팎인데, 수컷은 암컷보다 조금 작음. 몸빛은 갈색임. 머리는 길고 납작하며 가슴에 회색의 세로띠가 셋 있고, 날개에는 반점이 있음.
좀파리-매 명 좀파리맷과의 곤충. 몸길이 1cm 안팎. 몸빛은 검은빛인데 수컷은 백색, 암컷은 황회색 비늘로 덮여 있음. 가슴에 황색의 세로띠가 둘 있고, 날개는 약간 흐림.
좀팽이 명 ①몸피가 작고 좀스러운 사람을 얕잡아 이르는 말. ②아주 잘아서 보잘것없는 물건.
×**좀-해선** 부 →좀처럼
좁다 형 ①공간이나 넓이가 작다. ¶좁은 방./좁은 땅. ②너비가 짧다. ¶좁은 골목길./좁은 비상구./어깨가 -. ③범위가 한정되어 있다. ¶견문이 -./교제가 -. ④도량(度量)이나 사물을 보는 눈, 또는 생각에 넉넉함이 없다. ¶마음이 -./시야가 -. ☞넓다
좁다랗다(좁다랗고·좁다란) 형ㅎ 넓이가 퍽 좁다. ¶좁다란 오솔길. ☞널따랗다
좁-쌀 명 ①겉조를 찧어서 겨를 벗긴 조의 알맹이 쌀. 소미(小米). 속미(粟米) ②몹시 잘고 좀스러운 사람이나 사물을 비유하여 이르는 말.
속담 **좁쌀에 뒤웅 판다** : 가망이 없는 일을 두고 이르는 말./**좁쌀 한 섬 두고 흉년 들기를 기다린다** : 변변치 못한 것을 가지고 큰 효과를 보려 함을 이르는 말.
좁쌀-과녁 명 좁쌀처럼 작은 것을 던져도 잘 맞는다는 뜻으로, 얼굴이 넓적한 사람을 놀리어 이르는 말.
좁쌀-눈 명 아주 작은 눈, 또는 그런 눈을 가진 사람을 놀리어 이르는 말.
좁쌀-메뚜기 명 좁쌀메뚜깃과의 곤충. 몸길이 5mm 안팎. 몸빛은 윤이 나는 검은빛이고, 머리는 원뿔꼴이며 더듬이는 짧음. 뒷다리의 넓적마디는 매우 굵음. 채소의 해충임.
좁쌀-미음(-米飮) 명 조미음
좁쌀-뱅이 명 도량이 좁고 좀스럽게 잔 사람을 가벼이 여겨 이르는 말.
좁쌀-여우[-려-] 명 성질이 좀스럽고 요망스러운 짓을 잘하는 사람을 비유하여 이르는 말.
좁쌀-영감(-令監)[-령-] 명 좀스럽고 잔말이 많은 늙은이를 빈정대어 이르는 말.
좁쌀-친구(-*親舊) 명 어린아이들을 정답게 이르는 말.
좁쌀-풀 명 앵초과의 여러해살이풀. 줄기 높이는 40～60cm. 잎은 갸름하고 6～8월에 노란 꽃이 원추(圓錐) 꽃차례로 핌. 산이나 들에 저절로 자라는데, 관상용으로 심기도 함.
좁은=간격(-間隔) 명 제식 훈련 등에서, 왼손 손바닥을 왼쪽 허리띠에 대고 팔꿈치를 몸과 나란히 하여 옆 사람의 팔에 닿을 정도의 간격. ☞정식 간격. 양팔 간격
좁혀-지내다 자 남에게 얽매이거나 눌리어 기를 펴지 못하고 지내다.
좁히다 타 좁게 만들다. ¶간격을 -. ☞넓히다
종[1] 명 다 자란 마늘이나 파 따위의 꽃줄기, 또는 그 끝에 달리는 꽃망울. ☞마늘종. 팟종
종[2] 명 '종작'의 준말. ¶-을 잡을 수가 없다.
종:[3] 명 ①지난날, 남의 집에 얽매여서 대대로 천한 일을 해 주며 지내던 사람. 예복(隸僕) ☞노비(奴婢) ②남에게 얽매여서 그의 생각이나 명령에 따라 움직이는 사람을 비유하여 이르는 말.
속담 **종과 상전(上典)은 한솥밥이나 먹지** : 서로 사이에 차등이 너무 심하여 한데 어울릴 수도 없다는 뜻으로 이르는 말./**종의 자식 귀애(貴愛)하니까 생원(生員)님 나룻에 꼬꼬마를 단다** : 버릇없는 사람은 조금만 각별히 대해 주면 방자해져서 함부로 행동하게 된다는 말./**종이 종을 부리면 식칼로 형문(刑問)을 친다** : 남에게 눌려 지내던 사람이 지난 일을 생각하지 않고 아랫사람에게 더 모질게 대한다는 말.

한자 종 노(奴) 〔女部 2획〕 ¶노복(奴僕)/노비(奴婢)

종:(種)[1] 명 ①종자(種子). 씨. 씨앗 ②생물 분류상의 기본 단위. 속(屬)의 아래로, 변종(變種)·아종(亞種)·품종(品種)으로 세분되는 종(種)도 있음. ☞과(科). 이명법(二名法). ③'종개념(種槪念)'의 준말.
종(縱) 명 '세로'의 뜻을 나타내는 한자말. ¶도로 가에 -으로 늘어선 가로수. ☞횡(橫)
종(鐘) 명 ①치거나 흔들어서 소리를 내게 하는, 쇠붙이로 만든 물건. 시각을 알리거나 신호를 보내는 데 씀. ②국악기의 금부(金部) 타악기의 한 가지. 놋쇠로 만듦. ③범종(梵鐘)

한자 종 종(鐘) 〔金部 12획〕 ¶범종(梵鐘)/종각(鐘閣)/종루(鐘樓)/종성(鐘聲)/타종(打鐘)

종:(種)[2] 의 종류를 나타내는 말. ¶여러 -의 관상수.
종(鍾) 의 지난날, 곡식 따위의 양을 되던 단위의 한 가지.
종:(從)- 접두 ①촌수(寸數)가 사촌(四寸)인 친족 관계에 쓰임. ¶종형제(從兄弟)/종고모(從姑母)/종이모(從姨母) ☞당(堂)- ②지난날, 직품(職品)에서 '버금 자리'의 뜻을 나타냈음. ¶종이품(從二品) ☞정(正)-
-종(種) 《접미사처럼 쓰이어》 '종류'나 '종자'의 뜻을 나타냄. ¶제일종(第一種)/개량종(改良種)
종가(宗家) 명 한 문중에서 맏이로만 이어 온 큰집. 정적(正嫡) ☞종문(宗門)
종가(終價)[-까] 명 증권 거래소 등에서, 그 날의 마지막 입회(立會)에서 이루어진 가격.
종-가래 명 한 손으로도 쓸 수 있게 만든 작은 가래.
종가-세(從價稅)[-까쎄] 명 물건 값에 따라 매기는 세금. ☞종량세(從量稅)
종-가시나무(鐘-) 명 참나뭇과의 상록 활엽 교목. 높이 15m 안팎. 잎은 윤이 나는 길둥근 꼴이고, 4～5월에 갈색 꽃이 핌. 나무는 가구재로 쓰이고 열매는 먹을 수 있음. 우리 나라의 제주도와 일본·중국 등지에 분포함.
종가=임:금법(從價賃金法)[-까-뻡] 명 임금이나 연금 등을 물가 지수 등의 변동에 따라 조정하는 방식. 슬라이딩시스템
종각(鐘閣) 명 큰 종을 매달아 두는 누각.
종간(終刊) 명 -하다 자 신문이나 잡지 따위 정기 간행물의 간행을 끝냄. ☞창간(創刊)
종강(終講) 명 -하다 자 강의를 끝마침, 또는 그 마지막 강

의. ☞개강(開講). 휴강(休講)

종개 명 종갯과의 민물고기. 미꾸라지와 비슷하며 몸길이 10~15cm. 몸빛은 누른 갈색임. 자갈이나 모래가 깔린 하천에서 곤충의 애벌레 따위를 잡아먹고 삶. 우리 나라와 일본, 시베리아 등지에 분포함.

종:-개념(種概念) 명 논리학에서, 종속(從屬) 관계가 이루어지는 두 개념 중에 하위(下位)의 개념. '동물'에 대한 '인간' 따위. ㊟ 종(種) ☞유개념(類槪念)

종:견(種犬) 명 품종 개량이나 번식을 위해서 기르는 개.

종:견(種繭) 명 씨고치 ☞사견(絲繭)

종결(終決) 명 -하다 자 결정이 내려짐.

종결(終結) 명 -하다 타 일을 끝맺거나 끝냄. 결료(結了)

종결=어:미(終結語尾) 명 〈어〉완전한 한 문장으로 끝맺게 하는 어미. '오늘은 날씨가 차다.', '값이 얼마냐?', '꽃이 아름답구나!', '나비야 청산 가자.'에서 '-다, -냐, -구나, -자' 따위. ☞연결 어미(連結語尾)

종결-형(終結形) 명 〈어〉종결 어미의 형태를 이르는 말.

종경(終境) 명 땅의 경계에 이른 곳.

종경(鐘磬) 명 종과 경쇠를 아울러 이르는 말.

종경도(從卿圖) 명 승경도(陞卿圖)

종계(宗契) 명 조상의 제사에 드는 비용을 마련하려고 모으는 계.

종:계(種鷄) 명 씨닭

종:-계수(從季嫂) 명 사촌 아우의 아내. 종제수

종고(宗高) 명 땅바닥에서부터 대마루 끝까지의 높이.

종고(鐘鼓) 명 종과 북을 아울러 이르는 말.

종:-고모(從姑母) 명 아버지의 사촌 누이. 당고모

종:-고모부(從姑母夫) 명 종고모의 남편. 당고모부

종곡(終曲) 명 ①피날레 ②가극(歌劇)에서 각 막(幕)의 마지막에 연주하는 곡.

종:곡(種穀) 명 씨앗으로 쓸 곡식. 씨곡

종:곡(種麯) 명 누룩

종곡(縱谷) 명 산맥 사이에 끼어 산맥과 나란한 골짜기.

종:과득과(種瓜得瓜) 성구 오이를 심으면 오이가 난다는 뜻으로, 원인이 있으면 반드시 그에 따르는 결과가 생김을 비유하여 이르는 말. ☞인과응보(因果應報)

종관(縱貫) 명 -하다 타 세로로 꿰뚫음. ☞횡관(橫貫)

종관(縱觀) 명 -하다 타 자유로이 봄, 또는 마음대로 구경하며 다님. 종람(縱覽)

종교(宗敎) 명 신이나 절대자 등의 존재를 인정하여, 그것을 믿고 숭배하며 마음의 평안과 행복을 얻고자 하는 마음의 작용, 또는 신이나 절대자의 가르침. ㊟ 교(敎)

종교-가(宗敎家) 명 어떤 종교를 믿고, 그것을 전도하고 포교하는 사람.

종교=개:혁(宗敎改革) 명 16세기, 로마 가톨릭 교회의 폐해를 비판하고, 교권을 벗어나 개신교를 세운 개혁 운동.

종교-극(宗敎劇) 명 종교 의식의 한 갈래로서 종교 행사에 딸리어 하는 연극, 또는 종교적 제재를 다룬 연극.

종교=문학(宗敎文學) 명 종교적 제재(題材)를 다룬 문학을 통틀어 이르는 말.

종교=민족학(宗敎民族學) 명 종교학의 한 분야. 주로 민족학이나 인류학의 자료와 방법 따위를 가지고 원시 민족의 종교 현상을 연구하는 학문.

종교-사(宗敎史) 명 종교의 생성과 전개 등에 관하여 고찰하는 학문.

종교=사:회학(宗敎社會學) 명 종교와 일반 사회의 관계, 또는 종교 집단의 여러 문제를 사회학적 관점에서 연구하는 학문.

종교-성(宗敎性)[-썽] 명 ①인간이 지니고 있는, 종교에 관한 감정이나 성질. ②종교의 독특한 성질.

종교-심(宗敎心) 명 신이나 절대자의 존재를 인정하여, 숭배하고 믿음으로써 생기는 경건한 마음.

종교=심리학(宗敎心理學) 명 종교를 믿음으로써 나타나는 의식(意識)의 변화나 죄의 의식 등 종교적 현상의 심리적 측면을 심리학적 방법으로써 연구하는 학문.

종교=예:술(宗敎藝術) 명 종교적 믿음으로 창작되거나 종교적 사실을 제재(題材)로 다룬 예술.

종교=음악(宗敎音樂) 명 ①종교 의식이나 포교상(布敎上)의 필요에 따라 발달한 음악. ②종교적 내용을 다룬 연주회용 음악.

종교-인(宗敎人) 명 종교를 믿는 사람.

종교=재판(宗敎裁判) 명 중세 후기에서 근세에 걸쳐서, 로마가톨릭 교회를 옹호하기 위해 교회나 황제 등이 벌였던 재판. 이단자(異端者)나 크리스트교 비판자를 처단하기 위한 것이었음.

종교-적(宗敎的) 명 종교에 딸리거나 관계가 있는 것.

종교=전:쟁(宗敎戰爭) 명 다른 종교나 종파(宗派) 사이의 대립이 원인이 되어 일어나는 전쟁.

종교=철학(宗敎哲學) 명 철학의 한 분야. 종교의 본질·가치·진리 따위를 철학적 견해와 방법을 가지고 연구하는 학문.

종교-학(宗敎學) 명 여러 종교 현상을 비교·연구하여, 종교의 본질·가치·의의 따위를 밝히는 학문.

종교-화(宗敎畫) 명 종교상의 필요에 따라 그린 그림. 예배의 모습이나 종교에 관계된 인물, 사적(事蹟)·전설 등을 제재(題材)로 삼은 것을 이름. 성화(聖畫)

종구라기 명 조그마한 바가지. ㊟종구락

종구락 명 '종구라기'의 준말.

종-구품(從九品) 명 고려·조선 시대, 열여덟 등급으로 가른 문무관 품계의 열여덟째 등급. ☞정구품(正九品)

종국(終局) 명 마지막 판. 끝판 ¶ 바둑이 ─에 이르다. / ─에는 손을 털고 일어섰다.

종국=재판(終局裁判) 명 어떤 소송 절차의 일부 또는 전부를 끝마치게 하는 재판.

종국-적(終局的) 명 마지막인 것. 끝판인 것. ¶ ─인 해결책을 제시하다.

종국=판결(終局判決) 명 민사 소송법에서, 한 법원에서 사건의 전부 또는 일부를 완결하는 판결.

종군(從軍) 명 -하다 자 ①군인으로서 군대에 딸리어 복무함. ②군인이 아닌 사람이 전투 목적 밖의 일로 군대를 따라 함께 지냄.

종군-기(從軍記) 명 종군하여 보고 느낀 것을 적은 기록.

종군=기자(從軍記者) 명 종군하여 전황(戰況)을 보도하는 신문·방송·잡지 등의 기자.

종군=기장(從軍紀章) 명 전쟁이나 사변 등에 종군한 군인이나 군속에게 주는 기장.

종군=작가(從軍作家) 명 종군하여 체험하거나 목격한 일들을 제재로 삼아 작품을 쓰는 작가.

종굴-박 명 조그마한 표주박.

종권(從權) 명 -하다 타 그때그때의 형편에 알맞게 변통함.

종귀일철(終歸一轍) 성구 마침내는 서로 다 같아짐을 이르는 말.

종규(宗規) 명 ①같은 겨레나 종중(宗中)에 관계되는 규약. ②종교 단체의 내규(內規). 종법(宗法)

종극(終極) 명 일의 맨 끝. ¶ ─의 목표.

종:근(種根) 명 번식을 위하여 심어 가꾸는 뿌리.

종금(從今) '지금부터', '이제부터'의 뜻. 종차(從此)

종기(終期) 명 ①어떤 일이나 기한이 끝나는 시기. ②법률에서, 법률 행위의 효력이 소멸되는 기한.

종:기(腫氣) 명 염증(炎症) 등으로 살갗의 한 부분이 붓고 고름이 잡힌 것. 종물(腫物) ☞종창(腫脹). 부스럼

종기(鍾氣) 명 -하다 자 천지간에 맺힌 신령한 기운.

종:-날 명 지난날, 농가에서 음력 이월 초하룻날을 이르던 말. 이날에 그 해 농사일을 시작하는 준비 삼아 집 안의 먼지를 떨고, 송편을 빚어 하인들에게 나이 수대로 나누어 주는 풍습이 있었음.

종:-남매(從男妹) 명 사촌 오누이.

종내(終乃) 부 ①끝내. 끝끝내. 종시(終是) ¶ ─ 속마음을 털어놓지 아니하다. ②마침내 ¶ ─ 본색을 드러내다.

종:-내기(種─) 명 '종자(種子)', '품종(品種)', '종류'를 이르는 말. 종락(種落)

종:-년 명 지난날, 여자 종을 낮잡아 이르던 말.

종년(終年) 명 -하다 자 ①한 해의 첫머리부터 그 해가 다하기까지의 동안. 한 해 동안. 종세(終歲) ②목숨이 다할

ㅈ

때까지의 동안. 종신(終身)

종년열세(終年閱歲)[-녈쎄] 성구 한 해가 지나고 또 다시 새해를 본다는 뜻으로, 해를 거듭하도록 일을 오래 끄는 경우를 이르는 말.

종:-놈 명 지난날, 남자 종을 낮잡아 이르던 말.

종-다래끼 명 조그마한 다래끼.

종다리 명 종다릿과의 텃새. 몸길이는 17cm 안팎. 몸빛은 갈색 바탕에 검은 세로 얼룩무늬가 있음. 뒷발가락의 발톱이 길며 머리에는 짧은 관모(冠毛)가 있음. 봄철에 하늘 높이 날아올라 고운 소리로 지저귀며, 길들이기가 쉬워 애완용으로 기르기도 함. 풀숲이나 보리밭 등에 둥지를 틀고 풀씨나 곤충 따위를 먹고 삶. 종달새. 고천자(告天子). 운작(雲雀)

종다수(從多數) '다수의 의견을 따름'의 뜻.

종단(宗團) 명 한 종교나 종파(宗派)를 이룬 단체.

종단(終端) 명 맨 끝. 마지막

종단(縱斷) 명 -하다 타 ①세로로 끊거나 길이로 가름. ②대륙이나 대양(大洋)을 남북의 방향으로 지나가거나 지나옴. ¶백두대간을 -하다. ☞횡단(橫斷)

종단-면(縱斷面) 명 물체를 세로로 잘랐을 때 생긴 면. ☞횡단면(橫斷面)

종단=조합(縱斷組合) 명 한 공장의 자본가와 근로자가 공동으로 조직한 조합. ☞횡단 조합(橫斷組合)

종달-거리다(대다) 자 불평스레 종알거리다. ☞중덜거리다. 쫑달거리다

종:-달다(腫-) 자 종기 옆에 또 종기가 잇대어 나다.

종달-새[-쌔] 명 '종다리'의 딴이름.

종달-종달 부 종달거리는 모양을 나타내는 말. ☞중덜중덜. 쫑달쫑달

종답(宗畓) 명 종중(宗中) 소유로 된 논. 종중논. 종중답(宗中畓) ☞종전(宗田)

종-대[-때] 명 파·마늘·달래 따위의 한가운데서 나오는 줄기.

종대(縱隊) 명 세로로 줄을 지어 늘어선 대형. ¶3열 -. ☞횡대(橫隊)

종-댕기 명 ①도투락댕기에 다는 좁다란 끈. ②땋은 머리 끝에 드리는 작은 댕기.

종:덕(種德) 명 -하다 자 남에게 은덕이 될 일을 널리 함.

종-덩굴(鐘-) 명 미나리아재빗과의 낙엽 활엽 덩굴나무. 줄기와 잎꼭지가 다른 물체에 감김. 6월경에 잎겨드랑이에서 종 모양의 자줏빛 꽃이 한 개씩 밑을 향하여 핌. 그늘지고 습한 숲 속에 자라는데, 관상용으로도 심음. 어린잎과 줄기는 먹을 수 있음.

종:독(腫毒) 명 부스럼의 독기.

종:돈(種豚) 명 번식이나 품종 개량을 위해서 기르는 수퇘지. 씨돼지

종동(鐘銅) 명 종을 만드는 데 쓰는 청동의 한 가지. 구리 75~80%, 주석 20~25%로 된 합금임. 종청동(鐘靑銅)

종:-동서(從-) 명 남편 종형제의 아내.

종두(種痘) 명 -하다 자 지난날, 천연두(天然痘)의 면역을 위하여 사람의 몸에 우두(牛痘)를 접종하던 일.

종두(鐘頭) 명 ①선사(禪寺)에서, 아침과 저녁 끼니 때와 일정 시각에 종을 치는 일을 맡은 사람. ②절에서 허드렛일을 하는 사람.

종두지미(從頭至尾) 성구 자초지종(自初至終)

종두-진(種痘疹) 명 종두를 한 뒤에 생기는 자잘한 종기.

종:락(種落) 명 종내기

종란(種卵) 명 번식을 위하여 쓰는 알. 씨알 ¶암탉이 -을 품다.

종람(縱覽) 명 -하다 타 자유로이 봄, 또는 마음대로 구경하며 다님. 종관(縱觀)

종람-소(縱覽所) 명 신문이나 잡지, 또는 명부(名簿)나 물품 목록 등을 갖추어 두고 누구든지 마음대로 볼 수 있게 해 둔 곳.

종래(從來) 명 이전부터 지금에 이르는 동안. ¶-의 예법에 따르다. 부 이전부터 지금까지. ¶- 없던 풍속.

종량(宗樑) 명 ①두 겹으로 얹는 보에서 마룻대가 되는 보. ②마룻대 밑까지 높이 쌓아 올린 보. 마룻보

종량(從良) 명 -하다 자 조선 시대, 천인(賤人)이 양인(良人)의 적(籍)에 오르던 일.

종량-법(從良法)[-뻡] 명 지난날, 양인(良人)과 천인(賤人) 사이에 태어난 자식이 양인의 신분이 되던 법. ☞종모법(從母法). 종부법(從父法)

종량-세(從量稅)[-쎄] 명 물건의 중량이나 개수 등에 따라 매기는 세금. ☞종가세(從價稅)

종량-제(從量制) 명 사용하거나 배출한 물건의 양에 따라 부과금을 매기는 제도. ¶쓰레기 -

종려(棕櫚) 명 '종려나무'의 딴이름.

종려-나무(棕櫚-) 명 야자과의 상록 교목. 높이는 5m 이상에 이르며 줄기는 곧게 벋는데 가지는 없음. 줄기 끝에 긴 잎자루가 나와 손바닥 모양으로 깊게 갈라진 잎이 남. 암수딴그루로 초여름에 담황색의 잔 꽃이 피고, 동근 열매가 늦가을에 까맣게 익음. 목재는 악기의 재료로, 꽃은 중국 요리의 재료로 쓰임. 또 열매를 짜서 종려유를 얻고, 껍질은 약재로 쓰임. 관상수로도 심음. 종려

종려-모(棕櫚毛) 명 종려의 껍질이나 잎꼭지에 붙어 있는 갈색의 털. 비나 새끼 따위를 만드는 데 쓰임.

종려-비(棕櫚-) 명 종려모로 만든 비.

종려-선(棕櫚扇) 명 종려의 잎으로 만든 부채.

종려-유(棕櫚油) 명 종려의 열매에서 짜낸 기름. 비누 따위의 원료가 됨.

종려-피(棕櫚皮) 명 한방에서, 종려의 껍질을 약재로 이르는 말. 피를 멈추게 하는 데 쓰임.

종렬(縱列) 명 -하다 자 세로로 줄을 지음, 또는 그 줄. ☞횡렬(橫列)

종렬(縱裂) 명 -하다 자 세로로 째어짐.

종례(終禮) 명 -하다 자 학교 등에서 그날의 일과를 마치고 담임 선생과 학생이 나누는 인사. ☞조례(朝禮)

종로(鍾路) 명 서울의 종각(鐘閣)이 있는 거리.

속담 **종로에서 뺨 맞고 한강에 가서 눈 흘긴다**: 욕을 당한 데서는 감히 말을 못하고 엉뚱한 데 가서 화풀이한다는 말.

종로-결장(鍾路決杖)[-짱] 명 조선 시대, 오가는 사람들이 많은 종로에서 곤장 형벌을 집행하는 일을 이르던 말.

종론(宗論) 명 ①서로 다른 종교 사이에 어느 종교가 더 낫고 올바른지를 논쟁하는 일. ②종중(宗中)의 여론.

종료(終了) 명 -하다 타 일을 끝냄. ¶경기를 -하다.

종루(鐘漏) 명 지난날, 시각(時刻)을 알리는 종과 시간을 헤아리는 각루(刻漏)를 아울러 이르던 말.

종루(鐘樓) 명 종을 달아 두는 누각(樓閣).

종:류(種類) 명 어떤 기준에 따라 가른 사물의 갈래. 종(種)[1] 준 유(類)

종:류-별(種類別) 명 종류에 따라 가른 구별. ¶잠자리의 표본을 -로 전시하다.

종률-세(從率稅)[-쎄] 명 일정한 세율에 따라 매기는 조세. 과세의 목적물에 대하여 일정한 세율을 물리는 관세 따위의 간접세.

종리(綜理) 명 -하다 타 빈틈없이 조리 있게 처리함.

종마(種馬) 명 번식이나 품종 개량을 위해서 기르는 수말. 씨말 ☞종돈(種豚)

종-마루(宗-) 명 건물의 지붕 한가운데 있는 주된 마루.

종막(終幕) 명 ①연극의 마지막 한 막. ②일이 끝남, 또는 끝나는 장면.

종말(終末) 명 일의 끝판. 맨 끝. ¶세기의 -. ☞최후

종말-관(終末觀) 명 종말론(終末論)

종말-론(終末論) 명 세계와 인류, 자연의 마지막 운명에 대한 종교적인 사상. 세계와 인류가 맞이하는 파멸의 종말, 최후의 심판, 인류의 부활, 이상 세계의 실현의 과정으로 보는 견해로, 유대교나 크리스트교의 중요한 교설(敎說)임. 종말관(終末觀)

종말=처:리장(終末處理場) 명 하수(下水)를 마지막으로 모아 정화(淨化) 처리하는 시설.

종:매(從妹) 명 사촌 누이동생.

종:명(種名)명 생물 분류상 한 단계인 종(種)의 이름. ☞속명(屬名). 학명(學名)
종명(鐘銘)명 종에 새긴 명(銘).
종명누:진(鐘鳴漏盡)성구 종이 울리고 누수(漏水)도 다 되어 밤이 이미 지났다는 뜻으로, 늙은 관원의 처지를 비유하여 이르는 말.
종명정:식(鐘鳴鼎食)성구 옛날에 부귀한 집안에서 끼니 때 종을 울려 가족을 모아 솥을 벌여 놓고 밥을 먹었다는 데서, 부귀한 집을 비유하여 이르는 말. ㊟종정
종:-모돈(種牡豚)명 씨받이할 수퇘지.
종모-법(從母法)[-뻡]명 ①지난날, 양인(良人)인 아버지와 천인(賤人)인 어머니 사이에서 태어난 자식이 어머니의 신분을 따르던 법. 노비종모법(奴婢從母法) ②지난날, 공천(公賤)과 사천(私賤) 사이에 태어난 자식이 어머니의 천역을 따르던 법. ③지난날, 구실 사는 곳이 서로 다른 공천과 공천 사이에 태어난 자식이 어머니의 구실을 따르던 법. ☞종량법(從良法). 종부법(從父法)
종:-모우(種牡牛)명 씨받이할 수소.
종:목(種目)명 종류에 따라 가른 하나하나의 항목.
종:목(種牧)명 식물을 심어 가꾸는 일과 가축을 치는 일을 아울러 이르는 말.
종목(樅木)명 '전나무'의 딴이름.
종:목-별(種目別)명 종목에 따라 각각 다른 구별. ¶-로 분류하다.
종묘(宗廟)명 역대 임금과 왕비의 위패를 모시는 왕실의 사당. 대묘(大廟). 태묘(太廟) ㊟묘(廟)
종:묘(種苗)명-하다자 ①식물의 모종을 가꿈, 또는 가꾼 식물의 모종. ②수산 양식에서, 치어(稚魚)·종패(種貝)·바닷말 등을 통틀어 이르는 말.
종묘=사:직(宗廟社稷)명 왕실(王室)과 나라를 아울러 이르는 말.
종:묘-상(種苗商)명 농작물의 씨앗이나 묘목을 파는 가게, 또는 그 장사를 하는 사람.
종묘-악(宗廟樂)명 '종묘 제례악(宗廟祭禮樂)'의 준말.
종:묘-장(種苗場)명 종묘를 기르는 곳.
종묘=제:례악(宗廟祭禮樂)명 종묘 제향(祭享) 때에 연주하는 음악. ㊟종묘악(宗廟樂)
종무(宗務)명 종단이나 종파에 관한 사무.
종무(終務)명-하다자 관공서나 회사 등에서 그 해의 업무를 마치는 일. ☞시무(始務)
종무-소(宗務所)명 절에서 사무를 맡아보는 곳.
종무소식(終無消息)성구 끝끝내 아무런 소식이 없음을 이르는 말.
종문(宗門)명 ①종가의 문중(門中). ②불교의 종파(宗派)를 이르는 말.
종물(從物)명 어떤 주된 물건에 딸리어 그것의 효과적인 이용에 늘 도움을 주는 다른 물건. 자물쇠에 딸린 열쇠 따위. ☞주물(主物)
종:물(腫物)명 종기(腫氣)
종반(宗班)명 왕실(王室)의 본종(本宗)이 되는 겨레붙이. 종성(宗姓)
종반(終盤)명 계속되는 일이나 시기의 끝 무렵, 또는 마지막 단계. ☞중반(中盤). 초반(初盤). 후반(後盤)
종반-전(終盤戰)명 바둑이나 장기, 운동 경기, 선거전 따위에서 승패가 결정될 무렵의 겨루기.
종발(鍾鉢)명 중발보다 작고 종지보다 좀 나부죽하게 생긴 그릇.
종-배(終-)[-빼]명 짐승이 마지막으로 새끼를 배거나 치거나 까는 일, 또는 그 새끼. ☞첫배
종배(終杯)명 ①술자리에서 차례로 돌리는 술잔의 맨 마지막 잔. ②술자리에서 마지막에 마시는 잔. 납배(納杯). 필배(畢杯)
종:백(從伯)명 남에게 자기의 사촌 맏형을 일컫는 말. 종백씨(從伯氏)
종:백-씨(從伯氏)명 종백(從伯)
종-벌레(鐘-)명 섬모류(纖毛類)에 딸린 원생생물. 유기질이 많은 민물에서 삶. 종 모양의 몸의 길이는 0.1mm 안팎. 물풀 따위에 붙어 물결털로 물결을 일으켜 먹이를 잡음.
종범(從犯)명 공범(共犯)의 한 가지. 정범(正犯)을 도와준 죄, 또는 그 사람. ☞방조범(幇助犯)
종법(宗法)[-뻡]명 ①같은 겨레나 종중(宗中)에 관계되는 규약. ②종교 단체의 내규(內規). 종규(宗規)
종법(從法)[-뻡]명 주법(主法)을 실행하는 방법을 규정한 법률. 절차법 따위.
종:별(種別)명-하다타 종류에 따라 구별함, 또는 그 구별. 유별(類別)
종복(從僕)명 사내종 ☞종비(從婢)
종부(宗婦)명 종가의 맏며느리. 총부(冢婦)
종부-돋움명-하다자타 ①물건을 차곡차곡 쌓아 올리는 일. ②발돋움
종부-법(從父法)[-뻡]명 ①지난날, 양인(良人)인 아버지와 천인(賤人)인 어머니 사이에서 태어난 자식이 아버지의 신분을 따르던 법. 노비종부법(奴婢從父法) ②지난날, 공천(公賤)과 사천(私賤) 사이에 태어난 자식이 아버지의 천역을 따르던 법. ③지난날, 구실 사는 곳이 서로 다른 공천과 공천 사이에 태어난 자식이 아버지의 구실을 따르던 법. ☞종량법(從良法). 종모법(從母法)
종부=성:사(終傅聖事)명 가톨릭에서, 병자 성사(病者聖事)를 이전에 이르던 말.
종-부직(從夫職)명-하다타 조선 시대, 남편의 품계에 따라 그 아내의 품계를 내리던 일.
종비(從婢)명 계집종 ☞종복(從僕)
종비(種肥)명 작물의 싹이 트는 것을 촉진하고, 싹튼 뒤에 잘 자라게 하려고 뿌린 씨앗에 주는 거름.
종비-나무(種榧-)명 소나뭇과의 상록 침엽 교목. 높이 25m, 지름 75cm 안팎임. 잎은 네모진 바늘 모양임. 암수한그루로 5월경에 단성화가 피고 열매는 10월경에 익음. 깊은 산이나 고원 지대에서 자라는데, 재목이나 펄프재로 쓰임.
종사(宗社)명 종묘(宗廟)와 사직(社稷).
종사(宗師)명 ①으뜸가는 스승으로서 존경할만 한 사람. ②불교에서, 부처의 정법(正法)을 전하여 여러 사람들로부터 존경을 받는 사람을 일컫는 말. ③불교의 각 종파의 조사(祖師). ④대종교(大倧教)에서, 성도(成道)한 사람을 일컫는 말.
종사(宗嗣)명 종가 계통의 후손.
종사(從死)명-하다타 죽은 사람을 따라서 죽음.
종사(從祀)명-하다타 배향(配享)
종사(從事)명-하다자 ①어떤 일을 생업으로 삼아서 함. ¶온 가족이 약초 재배에 -한다. ②오로지 그 일에만 관계함. ¶민물고기 연구에 -하다.
종사(綜絲)명 잉아
종사(螽斯)명 ①메뚜기·베짱이·여치를 두루 이르는 말. ②메뚜기가 알을 많이 슬는 데서, 자손이 번성함을 비유하여 이르는 말.
종-사품(從四品)명 고려·조선 시대, 열여덟 등급으로 가른 문무관 품계의 여덟째 등급. ☞정사품(正四品)
종삭(終朔)명 '섣달'을 달리 이르는 말.
종산(宗山)명 ①'종중산(宗中山)'의 준말. ②'종주산(宗主山)'의 준말.
종:-살이명-하다자 남의 집에서 종 노릇을 하며 살아가는 일.
종삼(種蔘)명 씨를 받기 위해 심어 놓은 삼.
종삼-포(種蔘圃)명 종삼을 가꾸는 삼밭.
종-삼품(從三品)명 고려·조선 시대, 열여덟 등급으로 가른 문무관 품계의 여섯째 등급. ☞정삼품(正三品)
종상(終喪)명-하다자 어버이의 삼년상(三年喪)을 마침. 탈상(脫喪). 해상(解喪)
종상(綜詳)어기 '종상(綜詳)하다'의 어기(語基).
종상-하다(綜詳-)형여 치밀하고 상세하다.
종상-화(鐘狀花)명 종 모양의 꽃.
종상=화관(鐘狀花冠)명 합판 화관(合瓣花冠)의 한 가지. 종 모양으로 생긴 꽃부리.

ㅈ

종상=화:산(鐘狀火山)명 분화구로부터 분출한 용암이 종 모양으로 쌓인 화산. 톨로이데(Tholoide)
종생(終生)명 목숨이 다할 때까지의 동안. 종신(終身)
종생=면:역(終生免疫)명 한 번 앓은 병원체에 대하여 평생토록 면역이 되는 일.
종서(縱書)명-하다타 세로쓰기 ☞횡서(橫書)
종선(從船)명 큰 배에 딸린 작은 배.
종선(縱線)명 세로줄 ☞횡선(橫線)
종성(宗姓)명 ①종반(宗班) ②왕실(王室)의 성(姓).
종성(終聲)명〈어〉음절의 끝자리에 놓인 자음. '밤'에서 'ㅁ'이 이에 해당함. 끝소리. 받침 ☞중성(中聲)
종성(鐘聲)명 종소리
종성=규칙(終聲規則)명〈어〉말음 법칙. 받침 규칙
종세(終歲)명-하다자 한 해를 마침. 종년(終年)
종소(終宵)명 하룻밤 동안. 종야(終夜)
종-소리(鐘-)[-쏘-]명 종을 칠 때 울리어 나는 소리. 종성(鐘聲)
종소원(從所願) '소원을 들어줌'의 뜻.
종속(從屬)명-하다자 ①권력이나 세력이 강한 것에 딸리어 따름. ¶강대국에 -된 약소국. ②남의 명령이나 지시에 따라 행동하는 처지에 놓임.
종속=관계(從屬關係)명 ①상위 개념에 대한 하위 개념의 관계. 동물이라는 개념이 생물이라는 개념에 딸리는 따위. ②상위의 것에 딸리어 있는 관계.
종속-국(從屬國)명 ①형식상으로는 독립국이지만 정치적·경제적으로는 다른 나라의 지배를 받는 나라. ②종주국의 국내법에 따라 자치를 인정받고, 외교 관계의 일부는 스스로 처리하되 다른 일은 종주국이 처리하는 나라. 기미국(羈縻國). 예속국(隸屬國)
종속-물(從屬物)명 어떤 것에 딸리어 있는 물건.
종속-범(從屬犯)명 정범(正犯)에 딸리어 성립되는 교사범(敎唆犯)과 종범(從犯)을 아울러 이르는 말.
종속=변:수(從屬變數)명 수학에서, 독립 변수의 변화에 따라 변하는 수를 이르는 말.
종속=사:건(從屬事件)[-껀]명 수학에서, 어떤 사건의 발생 여부에 따라서 일어날 확률에 영향을 받는 다른 사건. ☞독립 사건
종속=성분(從屬成分)명〈어〉부속 성분(附屬成分)
종속-적(從屬的)명 종속 관계에 있는 것.
종속적=연결=어:미(從屬的連結語尾)[-년-]명〈어〉연결 어미의 한 가지. 종결 형태가 아닌 서술 어미로, 원인·이유·근거·전제·조건 따위를 나타냄. '-아서, -나, -니까, -면, -므로, -지만'과 같은 어미를 이름. ☞대등적 연결 어미(對等的連結語尾)
종속-절(從屬節)명〈어〉종속적 연결 어미로 이어진 문장에서, 뒤의 절인 주절(主節)에 대하여 조건·원인·전제 등을 나타내는 앞의 절을 이르는 말. '봄이 왔는데, 날씨는 차다.'에서 '봄이 왔는데'와 같은 구성의 글. ☞대등절(對等節)
종속=회:사(從屬會社)명 자본이나 경영 등에서 다른 회사의 지배를 받는 회사. 모회사(母會社)에 딸린 자회사(子會社) 따위.
종속-히(從速-)부 되도록 빠르게.
종손(宗孫)명 종가의 맏손자, 또는 종가의 대를 이을 자손. ☞지손(支孫)
종:손(從孫)명 ①형이나 아우의 손자. ②남편의 형이나 아우의 손자.
종:-손녀(從孫女)명 ①형이나 아우의 손녀. ②남편의 형이나 아우의 손녀.
종:-손부(從孫婦)명 종손의 아내.
종:-손서(從孫壻)명 종손녀의 남편.
종:수(從嫂)명 사촌 형제의 아내.
종수(種樹)명-하다자타 ①식물을 심어 가꿈. ②식목(植木)
종:수-씨(從嫂氏)명 사촌 형제의 아내를 친근히 이르는 말.
종수일별(終須一別)성구 언제 어디서 헤어지나 헤어지기는 마찬가지라는 뜻으로, 헤어지기는 섭섭하지만 어쩔 수 없는 일임을 이르는 말.
종:숙(從叔)명 아버지의 사촌 형제. 당숙(堂叔)
종:-숙모(從叔母)명 종숙의 아내. 당숙모(堂叔母)
종시(終始)명 일의 처음과 끝. 시종(始終)
종시(終是)부 끝내. 끝끝내. 종내(終乃) ¶그의 마음을 - 헤아릴 수가 없었다.
종시가(從時價)[-까] 물건을 사거나 팔 때, '그때의 시가에 따름'의 뜻.
종:-시누이(從媤-)명 남편의 사촌 누이.
종:-시동생(從媤*同生)명 남편의 사촌 아우.
종시세(從時勢) '시세에 따름'의 뜻.
종시속(從時俗) '세상의 풍속에 따름'의 뜻.
종:-시숙(從媤叔)명 남편의 사촌 형.
종시여일(終始如一)성구 처음부터 마칠 때까지 한결같음을 이르는 말. 시종여일(始終如一)
종시일관(終始一貫)성구 처음부터 마칠 때까지 변함없이 한결같은 마음이나 태도로 해 나감을 이르는 말. 시종일관
종식(終熄)명-하다자 계속되거나 되풀이되던 일이 그치거나 끝남. ¶오랜 내전(內戰)이 -되다.
종식지간(終食之間)성구 한 끼의 밥을 먹을만 한 동안이라는 뜻으로, 오래지 아니한 짧은 동안을 이르는 말. ☞식경(食頃)
종신(宗臣)명 ①나라에 큰 공을 세운 신하. ②왕족으로 관직에 있는 사람.
종신(終身)명-하다자 ①목숨이 다할 때까지의 동안. 일생(一生). 종생(終生). 평생(平生) ¶- 홀몸으로 지내다. ②한평생을 마침. ③아버지나 어머니가 운명할 때 그 곁에서 모심. 임종(臨終)
종신(從臣)명 늘 따라다니는 신하.
종신-병(終身病)[-뼝]명 평생 고치지 못하고 앓으면서 고통 받는 병. 종신지질(終身之疾)
종신=보:험(終身保險)명 생명 보험 중에서 사망 보험에 딸린 보험. 피보험자가 죽을 때까지를 보험 기간으로 하는 것으로, 피보험자가 죽었을 때 보험금이 지급됨.
종신=연금(終身年金)[-년-]명 연금을 받을 권리자가 죽을 때까지 해마다 일정한 금액을 받을 수 있는 연금. 생명 연금(生命年金)
종신-자식(終身子息)명 아버지나 어머니가 운명할 때 임종(臨終)한 자식.
종신지계(終身之計)명 한평생을 지내기 위하여 세우는 계획.
종신지질(終身之疾)명 평생 고치지 못하고 앓으면서 고통 받는 병. 종신병(終身病) ☞고질(痼疾). 지병(持病)
종신-직(終身職)명 처벌을 받아서 물러나거나 스스로 사직하지 않는 한 평생토록 일할 수 있는 직위.
종신=징역(終身懲役)명 '무기 징역'의 구용어.
종신-토록(終身-)부 평생토록 ¶- 농토를 지키며 살다.
종신-형(終身刑)명 무기형(無期刑)
종신=회:원(終身會員)명 스스로 물러나지 않는 한 평생토록 회원 자격을 갖는 회원. 평생 회원(平生會員)
종실(宗室)명 임금의 친족(親族). 종친(宗親)
종심(從心)명 나이 '일흔 살'을 달리 이르는 말.
종심(終審)명 ①마지막 심사(審査). ②심급(審級) 제도에서, 최종 심리(審理).
종씨(宗氏)명 항렬(行列)이 분명치 않은 일가 사이에, 상대편을 부르거나 일컫는 말. ☞족숙(族叔)
종:씨(從氏)명 ①남에게 자기의 사촌형을 높이어 일컫는 말. ②남을 높이어 그의 사촌 형제를 일컫는 말.
종:아리명 무릎과 발목 사이의 뒤쪽 부분. 하퇴(下腿)
  종아리(를) 맞다관용 벌로 종아리에 매를 맞다.
  종아리(를) 치다관용 벌로 종아리를 때리다.
종:아리-마디명 곤충의 관절지(關節肢) 넷째 마디로, 넓적다리마디에 이어진 가늘고 긴 다리 마디. 경절(脛節) ☞발목마디
종:아리-뼈명 종아리의 바깥쪽에 있는 가늘고 긴 뼈. 비골(腓骨)
종:아리-채명 종아리를 때릴 때 쓰는 회초리. ☞매싸리
종알-거리다(대다)자타 남이 알아듣기 힘들게 혼잣말을

자꾸 하다. ☞중얼거리다. 쫑알거리다
종알-종알 부 종알거리는 모양을 나타내는 말. ¶무어라고 － 입을 놀리면서 나가다. ☞중얼중얼. 쫑알쫑알
종애(鍾愛)명-하다자타 몹시 사랑함. 아주 소중히 여기며 귀여워함. 종정(鐘情)
종야(終夜)명 하룻밤 동안. 종소(終宵)
부 밤새도록 ¶－ 신열(身熱)이 내리지 아니하다.
종:약(種藥)명-하다자 약재로 쓸 식물을 심음.
종:양(腫瘍)명 생체(生體)의 세포 일부가 주위 조직과는 관계없이 병적으로 증식한 조직. 지방종(脂肪腫) 등의 양성(良性)과 암(癌)이나 육종(肉腫) 등의 악성(惡性)으로 구별됨.
종어(宗魚·鯼魚)명 동자갯과의 민물고기. 길이 30～50 cm. 몸빛은 등 쪽이 누런 갈색, 배 쪽은 회백색임. 몸은 납작하며 비늘이 없고, 쑥 내민 주둥이는 아래턱이 위턱보다 짧음. 서해로 흐르는 큰 강 하류의 모래와 진흙이 깔린 곳에 삶. 여메기
종:어(種魚)명 씨를 받을 물고기. 씨고기
종언(終焉)명-하다자 ①일생이 끝남. 죽음을 맞이함. ¶－을 고하다. ②여생(餘生)을 보냄. ¶－의 땅.
종업(從業)명-하다자 회사나 공장 등 사업체에 적(籍)을 두고 일함.
종업(終業)명-하다자타 ①그 날의 하던 일을 끝마침. ②학교에서, 한 학기나 한 학년 동안의 학업을 마침. ☞시업(始業)
종업-원(從業員)명 회사나 공장 등 사업체에 적(籍)을 두고 일하는 사람.
종-없:다[－업－]형 '종작없다'의 준말.
종-없이부 종없게
종연(終演)명-하다자 그 날의 연극이나 연주(演奏) 등의 상연(上演)이 끝남.
종영(終映)명-하다자 영화관 등에서 그 날 또는 일정 기간의 상영(上映)이 끝남.
종:예(種藝)명 온갖 식물을 심어 가꾸는 일.
종-오:품(從五品)명 고려·조선 시대, 열여덟 등급으로 가른 문무관(文武官) 품계의 열째 등급. ☞정오품
종요롭다(종요롭고·종요로워)형ㅂ 없어서는 안 될 만큼 매우 중요하다.
종요로이부 종요롭게
종용(慫慂)명-하다타 그렇게 하도록 구슬리고 자꾸 권함. ¶선거에 출마하도록 －하다.
종:우(種牛)명 번식이나 품종 개량을 위해서 기르는 수소. 씨소
종유(從遊)명-하다자타 학식과 덕행(德行)이 높은 사람을 따르며 사귐.
종:유(種油)명 ①식물의 씨앗에서 짠 기름. ②유채의 씨에서 짠 기름.
종유-동(鍾乳洞)명 석회암의 틈으로 흘러 들어간, 이산화탄소가 섞인 빗물이나 지하수의 용해(溶解) 작용으로 생긴 지하의 동굴. 석회동(石灰洞)
종유-석(鍾乳石)명 종유동(鍾乳洞)의 천장에서 침전물이 고드름 모양으로 드리워져 굳은 것. 돌고드름
종-육품(從六品)[－뉵－]명 고려·조선 시대, 열여덟 등급으로 가른 문무관 품계의 열두째 등급. ☞정육품
종의(宗義)명 종문(宗門)의 가르침.
종의(宗誼)명 일가붙이 사이의 정의(情誼).
종:의(腫醫)명 부스럼을 잘 고치는 한의사.
종이 명 식물 섬유를 물 속에 풀어서 엉기게 하여 얇게 펴서 탈수(脫水)하여 말린 것. 한지(韓紙)는 닥나무 껍질의 섬유를, 양지(洋紙)는 목재 펄프 등을 원료로 씀.
종이 호랑이관용 겉보기에는 힘이 대단할 것 같으면서 실속은 보잘것없이 약한 것을 비유하여 이르는 말.
속담 **종이도 네 귀를 들어야 바르다** : 무슨 일이든 힘을 합해야 일하기가 쉽다는 말.〔백지장도 맞들면 낫다〕

한자 종이 지(紙)〔糸部 4획〕¶양지(洋紙)/지가(紙價)/지기(紙器)/지류(紙類)/지필(紙筆)

종이(宗彝)명 ①종묘의 제향에 쓰는 술 그릇. ②구장복(九章服)에 수놓은 범의 그림.
종이-광:대(－*廣大)명 지난날, 죄인을 잡아가거나 사형을 집행할 때, 죄인의 얼굴에 씌우던 종이탈. 눈과 코만 내놓을 수 있게 구멍이 뚫려 있음. ☞용수
종이금(縱而擒) '놓아주는듯이 하면서 다시 잡음'의 뜻. ☞금이종(擒而縱)
종:-이모(從姨母)명 어머니의 사촌 자매(姉妹).
종이-창(－窓)명 종이를 바른 창.
종-이:품(從二品)명 고려·조선 시대, 열여덟 등급으로 가른 문무관(文武官) 품계의 넷째 등급. ☞정이품
종이-풍선(－風船)명 종이로 공처럼 만든 것에 공기를 불어넣은 장난감의 한 가지.
종인(宗人)명 일가붙이 가운데서 촌수가 먼 사람.
종인(從因)명 간접적인 원인. ☞주인(主因)
종일(終日)명 ①아침부터 저녁까지의 사이. 하루의 낮 동안. ②〖부사처럼 쓰임〗¶－ 꽃밭을 가꾸다.
종일지역(終日之役)[－찌－]명 하루의 낮 동안에 들인 수고.
종일-토록(終日－)부 아침부터 저녁까지. 하루의 낮 내내. ¶－ 수험 공부에 골몰하다.
종-일품(從一品)명 고려·조선 시대, 열여덟 등급으로 가른 문무관(文武官) 품계(品階)의 둘째 등급. ☞정일품
종잇-장(－張)명 종이의 낱장.
종잇장 같다관용 ①몹시 얇다. ¶여윈 손바닥이 －. ②창백하다 ¶얼굴이 －.
종자(宗子)명 종가(宗家)의 맏아들. ☞종손(宗孫)
종:자(從子)명 조카
종:자(從姉)명 손위의 사촌 누이.
종자(從者)명 남에게 딸리어 따라다니며 시중드는 사람. 데리고 다니는 사람. 종졸(從卒) ☞수원(隨員)
종자(種子)명 ①종자식물에서, 수정(受精)한 밑씨가 성숙하여 휴면(休眠) 상태로 있는 것. 싹이 터서 새 식물체가 될 배(胚)와 그 양분이 되는 배젖, 그것들을 싸고 있는 껍질로 이루어져 있음. 씨[1]. 종(種)[1] ②씨앗
종자(鍾子)명 '종지'의 원말.
종자(縱恣)명-하다자 제 뜻대로 함부로 행동함.
종:-자매(從姉妹)명 사촌 자매.
종자-문(鍾子紋)명 '수복자(壽福字)' 무늬.
종자-식물(種子植物)명 식물계(植物界)의 한 문(門). 꽃이 피고 열매를 맺어 씨로써 번식하는 고등 식물. 겉씨식물과 속씨식물의 두 아문(亞門)으로 나뉨. 현화식물(顯花植物) ☞선태식물(蘚苔植物)
종-자음(終子音)명〈어〉받침[2]
종작 명 대중으로 헤아리는 짐작. ¶그의 말만 듣고서는 도무지 －을 할 수가 없다. 준종[2]
종작-없:다[－업－]형 하는 말이나 태도가 분명치 아니하여 종잡을 수가 없다. 준종없다
종작-없이부 종작없게 ¶사건의 경위를 － 늘어놓다.
종잘-거리다(대다)자 남이 알아듣지 못하게 혼잣말로 자꾸 재깔이다. ☞중절거리다. 쫑잘거리다
종잘-종잘부 종잘거리는 모양을 나타내는 말. ☞중절중절. 쫑잘쫑잘
종-잡다타 대중으로 헤아려 짐작하다. ¶종잡을 수 없는 말을 수다스레 늘어놓는다. ☞종작없다
종장(宗匠)명 ①지난날, 경서(經書)에 밝고 글을 잘 짓는 사람을 이르던 말. ②장인(匠人)의 우두머리.
종장(終章)명 삼장(三章)으로 이루어진 시조(時調) 따위의 맨 끝의 장. ☞중장(中章). 초장(初章)
종장(終場)명 고려·조선 시대, 사흘에 나누어 보이는 과거(科擧)인 초시(初試)·복시(覆試)의 제삼차 시험을 이르던 말. ☞초장(初場). 중장(中場)
종장(從葬)명-하다타 지난날, 장사지낼 때 허수아비를 시신(屍身)과 함께 묻던 일.
종적(蹤迹)명 ①어떤 일이 일어난 뒤에 남은 자취나 흔적. ¶－도 없이 사라지다. ②간 곳. 행방(行方) ¶－을 감추다./－을 밟다.

ㅈ

종적(縱的)[-쩍] 명 어떤 사물이나 현상에 종으로 관계되는 것. ☞횡적(橫的)
종전(宗田)명 종중(宗中) 소유의 밭. 종중밭. 종중전(宗中田) ☞종답(宗畓)
종전(宗典)명 불교에서, 한 종파의 경전을 이르는 말.
종전(從前)명 그전. 이전. 지금보다 이전. ¶-과 같은 방법./-에 없던 일이 일어나다.
종전(終戰)명-하다자 전쟁이 끝남. ☞개전(開戰). 휴전(休戰)
종점(終點)[-쩜] 명 ①일정한 노선을 다니는 열차나 버스 따위가 마지막으로 가 닿는 역이나 정류장. ¶버스 -/전철(電鐵)의 -. ②어떤 일의 마지막이 되는 때. ¶일생의 -에 서서 지난날을 되돌아보다. ☞기점(起點)
종접(踵接)명-하다자 ①발꿈치를 잇댄다는 뜻으로, 사람들이 잇달아 오고 감을 이르는 말. ②일이 잇달아 일어남. 접종(接踵)
종정(宗正)명 ①한 문중에서 가장 높은 어른. ②우리 나라 불교의 최고 통할자(統轄者), 또는 각 종단의 통할자.
종정(鍾情)명-하다자타 종애(鍾愛)
종정(鐘鼎)명 ①중국의 옛 동기(銅器)인 종과 솥. ②'종명정식(鐘鳴鼎食)'의 준말.
종정도(從政圖)명 승경도(陞卿圖)
종정-도(鐘鼎圖)명 쇠붙이로 만든, 종(鐘)이나 솥 따위의 옛 기구(器具)를 그린 그림.
종정-문(鐘鼎文)명 쇠붙이로 만든, 종(鐘)이나 솥 따위의 옛 기구(器具)에 새겨져 있는 글자.
종제(終制)명-하다자 어버이의 삼년상(三年喪)을 마침. 탈상(脫喪). 해상(解喪)
종:제(從弟)명 사촌 아우.
종:-제수(從弟嫂)명 사촌 아우의 아내. 종계수(從季嫂)
종조(宗祖)명 한 종파를 처음 세운 사람. 교조(教祖)
종:조(從祖)명 '종조부(從祖父)'의 준말.
종조(縱組)명 세로짜기 ☞횡조(橫組)
종:-조모(從祖母)명 종조부의 아내.
종:-조부(從祖父)명 할아버지의 형이나 아우. ㊟종조
종족(宗族)명 성(姓)과 본(本)이 같은 겨레붙이. ☞동성동본(同姓同本). 동종(同宗)
종족(種族)명 ①동물이나 식물에서, 같은 종류에 딸린 것을 통틀어 이르는 말. ②혈통이 같고, 같은 계통의 언어와 문화 등을 가진 민족 집단을 이르는 말. ㊐부족(部族)
종족=보:존=본능(種族保存本能)명 생물이 자기네 종족을 지켜 존속시키려는 본능.
종족-적(種族的)명 ①어떤 종족에게만 있는 것. ②온 종족에 관계되거나 온 종족을 두루 포함하는 것.
종졸(從卒)명 종자(從者)
종:종부 가끔. 때때로 ¶그를 - 만나다./- 찾아오다.
종:종(種種)명 가지가지. 여러 가지. 여러 종류. ¶-의 야생화.
종종-거리다(대다)[1] 자 발을 재게 떼며 바삐 걷다. ☞총총거리다
종종-거리다(대다)[2] 자 남이 알아들을 수 없게 불평이나 원망의 말을 자꾸 하다. ☞쫑쫑거리다
종종-걸음 명 발을 재게 떼며 바삐 걷는 걸음. ¶-으로 걷다. ☞총총걸음
　종종걸음(을) 치다 관용 종종걸음으로 걷다.
종종-머리 명 바둑머리가 조금 지난 뒤, 한쪽에 세 층씩 석 줄로 땋고 그 끝을 모아 땋아서 댕기를 드린 머리.
종종-모 명 매우 배게 심은 볏모.
종:종색색(種種色色)성구 여러 가지를 이르는 말. ☞가지각색. 각양각색
종죄(從罪)명 종범(從犯)에게 지우는 죄.
종주(宗主)명 ①정실(正室)에서 태어난 맏아들. ②종묘(宗廟)의 위패. ③고대 중국 봉건 시대에 제후(諸侯)를 지배하던 맹주(盟主)를 이르던 말.
종주(縱走)명-하다자타 ①산맥 따위가 세로로, 또는 남북으로 길게 이어짐. ¶한반도를 -하는 태백 산맥. ②등산에서, 능선을 따라 여러 산봉우리를 거쳐 걷는 일. ¶지리산을 -하다.
종주(縱酒)명-하다자 몸을 가누지 못할 정도로 술을 지나치게 많이 마심.
종주-국(宗主國)명 종속국(從屬國)에 대하여 종주권을 가진 나라.
종주-권(宗主權)[-꿘] 명 한 나라가 국내법의 범위 안에서 다른 나라의 내정(內政)과 외교 등을 관장하는 권리.
종:-주먹 명 상대편을 을러대는 뜻으로 쥐어 보이는 주먹. ¶-으로 을러대다.
　종주먹(을) 대다 관용 주먹으로 쥐어지르는 시늉을 하며 을러대다.
　종주먹(을) 지르다 관용 종주먹을 쥐고 쥐어지르듯이 을러대다.
종주-산(宗主山)명 풍수지리설에서, 주산(主山) 위에 있는 주산을 이르는 말. ㊟종산(宗山)
종중(宗中)명 한 겨레붙이의 문중(門中).
종중(從衆)명-하다자 여러 사람의 말이나 행동에 따름.
종중-논(宗中-)명 종중 소유의 논. 종답(宗畓). 종중답
종중-답(宗中畓)명 종중논
종중-밭(宗中-)명 종중 소유의 밭. 종전(宗田). 종중전
종중-산(宗中山)명 ①종중의 조상 무덤이 있는 산. ②종중 소유의 산. ㊟종산(宗山)
종:-중:씨(從仲氏)명 남에게 대하여 자기나 상대편의 사촌 둘째 형을 이르는 말.
종중-전(宗中田)명 종중밭
종중-전답(宗中田畓)명 종중 소유의 논밭.
종중-추고(從重推考)명 조선 시대, 관원의 죄과를 심문하여 그 죄상을 가리던 일. ㊟종추(從推). 중추(重推)
종:-증손(從曾孫)명 ①형제의 증손자. ②남편 형제의 증손자.
종:-증손녀(從曾孫女)명 ①형제의 증손녀. ②남편 형제의 증손녀.
종:-증손부(從曾孫婦)명 종증손의 아내.
종:-증조(從曾祖)명 종증조부(從曾祖父)
종:-증조모(從曾祖母)명 종증조부의 아내.
종:-증조부(從曾祖父)명 증조부의 형이나 아우. 종증조
종지(宗支)명 종중에서 종파(宗派)와 지파(支派).
종지(宗旨)명 ①한 종교의 교의(敎義)의 근본으로 삼는 가르침. ②근본이 되는 중요한 뜻.
종지(終止)명-하다자 일이 끝남, 또는 끝. 마지막
종지(踵至)명-하다자 남의 뒤를 따라 곧 옴.
종지(∠鍾子)명 간장이나 고추장 따위를 담아 상에 놓는 작은 그릇.
종-지기(鐘-)명 크리스트 교회 등에서 종을 관리하거나 종을 치는 일을 맡아 하는 사람.
종지=기호(終止記號)명 마침표
종지-부(終止符)명 마침표
종지-뼈 명 슬개골(膝蓋骨)
종진(縱陣)명 함대(艦隊)가 군함을 세로로 일직선이 되도록 늘어선 진형(陣形).
종-진:동(縱振動)명 긴 물체나 선(線) 모양의 물체에서, 그 길이의 방향으로 일어나는 탄성(彈性) 진동.
종:-질 명-하다자 종노릇을 하는 일.
종:질(從姪)명 ①종형제의 아들. 당질(堂姪) ②남편 종형제의 아들.
종:-질녀(從姪女)명 ①종형제의 딸. 당질녀(堂姪女) ②남편 종형제의 딸.
종:-질부(從姪婦)명 종질의 아내. 당질부(堂姪婦)
종:-질서(從姪壻)[-써] 명 종질녀의 남편. 당질서(堂姪壻)
종짓-굽[1] 명 쟁기의 한마루 아래 끝에 턱 모양으로 내민 부분.
종짓-굽[2] 명 종지뼈가 있는 언저리.
　종짓굽아 날 살려라 관용 있는 힘을 다해서 빨리 달아남을 이르는 말. 걸음아 날 살려라
　종짓굽(이) 떨어지다 관용 젖먹이가 처음으로 발걸음을 떼다.
종:차(種差)명 같은 유(類)에 딸린 어느 종(種)을 다른 모

든 종으로부터 구별하는 특유한 징표(徵表). '동물'이라는 유(類)에서 '인간'만이 지닌 '이성(理性)' 따위.

종차(從此) '지금부터', '이제부터'의 뜻. 종금(從今)

종차(從次) '이 다음에', '이 뒤에'의 뜻.

종착(終着)명-하다자 일정한 노선을 다니는 열차나 버스 따위가 마지막 역이나 정류장에 도착함.

종착-역(終着驛)[-녁]명 철도의 종점이 되는 역. ☞시발역(始發驛)

종:창(腫脹)명 염증(炎症) 등으로 말미암아 몸의 어떤 부분이 부어 오르는 일. ☞부스럼. 종기(腫氣)

종:처(腫處)명 부스럼이 난 자리.

종척(宗戚)명 임금의 친족(親族)과 외척(外戚).

종천지통(終天之痛)명 세상에서 더할 수 없는 큰 슬픔.

종:-첩(-妾)명 지난날, 종으로 부리다가 첩으로 삼은 여자를 이르던 말. 비첩(婢妾)

종-청동(鐘靑銅)명 종동(鐘銅)

종체(宗體)명 불교에서, 한 경전(經典)의 근본적인 교의(敎義)를 이르는 말.

종추(從推)명 '종중추고(從重推考)'의 준말.

종:축(種畜)명 번식이나 품종 개량을 하려고 기르는 가축. 종견(種犬)·종돈(種豚) 따위. 씨짐승

종축(縱軸)명 세로축 ☞횡축(橫軸)

종:축=목장(種畜牧場)명 가축의 번식과 품종 개량을 하려고 좋은 종축을 생산하고 기르는 목장. 종축장

종:축-장(種畜場)명 종축 목장

종친(宗親)명 ①임금의 친족(親族). 종실(宗室) ②동성동본(同姓同本)으로 유복친(有服親) 안에 들지 않는 일가붙이.

종친-부(宗親府)명 조선 시대, 왕실의 족친(族親) 관계의 일을 맡아보던 관아. 역대 왕의 계보와 초상화를 보관하고, 왕과 왕비의 의복을 관리하며, 종반(宗班)을 다스림.

종친-회(宗親會)명 일가붙이끼리 모이는 모임.

종-칠품(從七品)명 고려·조선 시대, 열여덟 등급으로 가른 문무관(文武官) 품계의 열넷째 등급. ☞정칠품

종-콩명 콩의 한 품종. 빛깔이 희고 낱알이 자잘한 품종인데 주로 메주를 쑤는 데 쓰임.

종:토(種兎)명 번식이나 품종 개량을 위해서 기르는 수토끼. 씨토끼

종통(宗統)명 맏아들로 대를 이어오는 종가의 혈통.

종:-파(種-)명 씨를 받을 파.

종파(宗派)명 ①지파(支派)에 대한 종가(宗家)의 계통. ②한 종교 안에서 교의 등을 달리하여 세운 분파. 불교의 교종(敎宗)이나 선종(禪宗) 따위. 교파(敎派)

종:파(種播)명-하다타 논이나 밭에 작물의 씨앗을 뿌림. 파종(播種)

종파(縱波)명 ①배의 진행 방향과 같은 방향으로 이는 파도. ②물리학에서, 파동(波動)의 진행 방향과 매질(媒質)의 진동 방향이 일치하는 파동. 음파(音波) 따위. 소밀파(疏密波) ☞횡파(橫波)

종-팔품(從八品)명 고려·조선 시대, 열여덟 등급으로 가른 문무관(文武官) 품계의 열여섯째 등급 ☞정팔품

종:패(種貝)명 번식을 위해서 기르는 조개. 씨조개

종편(終篇)명 ①여러 편으로 된 책의 마지막 편. ②-하다타 시문(詩文)의 전편(全篇)을 다 짓거나 외거나 함. 졸편(卒篇)

종풍(宗風)명 불교에서, 종파의 기풍을 이르는 말.

종:피(種皮)명 씨껍질

종하-생(宗下生)대 성(姓)과 본(本)이 같은 일가붙이 사이에서, 나이가 적고 관직이 낮은 사람이 나이가 많고 관직이 높은 사람에게 자기를 낮추어 이르는 말.

종학(從學)명-하다타 남을 좇아서 그에게서 배움.

종합(綜合)명-하다타 ①여러 다른 것들을 하나로 뭉뚱그림. ¶- 검진/- 점수/회원들의 의견을 -하다. ☞총괄(總括) ②철학에서, 서로 모순되는 정립(定立)인 정(正)과 반정립(反定立)인 반(反)을 지양·통합하는 일. 합(合) ☞정반합(正反合)

종합=과세(綜合課稅)명 납세자의 각종 소득을 합산하여 세금을 매기는 과세 방법. ☞분리 과세

종합=대학(綜合大學)명 자연 과학 계열을 포함한 셋 이상의 단과 대학과 대학원으로 이루어진 대학.

종합=링크제(綜合link制)명 링크제의 한 가지. 제삼국에 상품을 수출하여 대외 채권(對外債權)을 얻은 사람에게만 수출용 원자재와 일정한 물자의 수입을 허용하는 제도. ☞개별 링크제

종합=병:원(綜合病院)명 여러 진료 과목을 두고 그에 따른 인력과 시설을 갖춘 대형 의료 기관. 의료법에서 100개 이상의 병상(病床)을 갖춘 기관을 이름.

종합=비타민제(綜合vitamin劑)명 지용성(脂溶性) 비타민 A·D와 수용성(水溶性) 비타민 B·C 등을 조합하여 만든 약제. ☞복합 비타민제

종합=비:평(綜合批評)명 문예 작품 등에서 낱낱의 요소를 비평의 대상으로 삼지 않고, 전체적인 가치를 논의하는 비평. ☞분석 비평(分析批評)

종합=상사(綜合商社)명 많은 상품을 다루며 국내외에 넓은 거래 시장을 지닌 큰 규모의 상사.

종합=소:득세(綜合所得稅)명 납세자의 각종 소득을 합산하여 매기는 소득세.

종합=예:술(綜合藝術)[-네-]명 건축·무용·문학·음악·회화 등, 분야가 다른 여러 예술 요소가 한데 모여서 이루어지는 예술. 연극이나 영화 따위.

종합=잡지(綜合雜誌)명 내용을 어느 특정 분야에 한정하지 않고, 정치·경제·사회·과학·문예·연예 등 문화 활동 전반에 걸친 논문이나 평론, 창작 따위를 두루 다루는 잡지.

종합-적(綜合的)명 종합한 것, 또는 종합하는 것. ¶-인 계획./-으로 검토하다.

종합=정보=통신망(綜合情報通信網)명 모든 정보를 디지털 신호로 만들어 하나의 통신망을 통하여 문자·그림·음성·화상(畫像)·비디오·팩시밀리·전신(電信) 등과 같은 모든 종류의 서비스를 제공할 수 있게 한 통신망. 아이에스디엔(ISDN)

종합=판단(綜合判斷)명 철학에서, 주어(主語)가 나타내는 개념[물체]과 술어(述語)가 나타내는 개념[무겁다]을 관련지어 전체를 헤아리는 판단[물체는 무겁다]을 이름. ☞분석 판단(分析判斷)

종합=학습(綜合學習)명 교과의 틀을 벗어나서 종합적으로 하는 학습.

종항(終航)명 ①배나 항공기의 그 날의 마지막 운항. ②-하다자 배나 항공기가 정해진 항해나 항공을 끝마침.

종:항-간(從行間)명 사촌 형제 사이.

종-해안(縱海岸)명 산맥의 주축(主軸)과 나란히 뻗어 있는 해안. ☞횡해안(橫海岸)

종:핵(種核)명 씨껍질에 싸인 알맹이. 곧 씨눈과 배젖.

종핵(綜核·綜覈)명-하다타 속속들이 자세하게 밝힘.

종행(縱行)명 세로로 된 줄.

종헌(終獻)명-하다자 제례(祭禮)에서, 신에게 주인의 아들이나 조카가 세 번째 술을 올리는 절차. 참사(參祀)한 사람 가운데서 특별한 까닭이 있는 사람이 올리는 경우도 있음. ☞유식(侑食)

종헌-관(終獻官)명 제향(祭享) 때, 종헌을 맡은 제관(祭官). ☞초헌관(初獻官). 아헌관(亞獻官)

종:형(從兄)명 사촌 형.

종형(鐘形)명 종처럼 생긴 모양.

종:-형수(從兄嫂)명 사촌 형의 아내.

종:-형제(從兄弟)명 사촌 형과 사촌 아우. 당형제

종환(從宦)명-하다자 관직에 나아감, 또는 관직 생활을 함.

종:환(腫患)명 상대편을 높이어 그가 앓는 '종기(腫氣)로 말미암은 병'을 이르는 말.

종회(宗會)명 종중(宗中)의 일을 의논하기 위한, 일가붙이끼리의 모임.

종횡(縱橫)명 ①가로세로. 남북(南北)과 동서(東西). ¶-으로 뻗어 있는 산맥. ②여러 방향. ¶-으로 뻗어 있는 도로망. ③주로 '종횡으로'의 꼴로 쓰이어, '마음대

로', 또는 '자유자재(自由自在)로' 함을 뜻함. ¶ 빙판을 －으로 누비다./－으로 활약하다.

종횡-가(縱橫家) 명 중국 전국 시대의 제자백가(諸子百家)의 하나. 독자적인 정책을 가지고 제후 사이를 유세하며 다니던 한 파(派). 합종설(合縱說)의 소진(蘇秦)과 연횡설(連衡說)의 장의(張儀) 등.

종횡무애(縱橫無礙) 성구 행동에 아무런 거치적거림이 없이 자유자재로운 상태를 이르는 말.

종횡무진(縱橫無盡) 성구 행동이 마음내키는 대로 자유자재임을 이르는 말. ¶ 노련한 선수답게 －으로 활약하다.

종효(終孝) 명 -하다 자 아버지나 어머니가 운명할 때, 곁에서 정성을 다하는 일.

종후(從厚) 명 -하다 자 무슨 일을 박하지 않게 후한 편으로 좇아 함.

좆 명 어른의 '자지'를 이르는 낮은말. ☞신(腎). 씹

좇다[졷-] 타 ①남의 뒤를 따르다. ②남의 뜻을 따라 그대로 하다. ¶ 선인의 유훈을 －. ③관습이나 규정, 또는 지시 등에 따르다. ¶ 관례를 －./지시대로 좇아 하다.

> 한자 좇을 순(循) 〔彳部 9획〕 ¶ 순차(循次)
> 좇을 종(從) 〔彳部 8획〕 ¶ 복종(服從)/종사(從事)
> 좇을 준(遵) 〔辵部 12획〕 ¶ 준법(遵法)/준수(遵守)

좇아-가다 타 ①뒤를 따라가다. ¶ 앞서가는 사람을 －. ②남이 하는 대로 따라가다. ¶ 유행을 －.

좇아-오다 타 ①뒤를 따라오다. ¶ 뒤에서 바짝 －. ②남이 내가 하는 대로 따라오다. ¶ 나를 믿고 －.

좋:다[1] 형 ①바탕이나 실속이 다른 것보다 낫다. ¶ 품질이 －./좋은 포도주를 생산하다. ②상태가 바람직하다. ¶ 적응력이 －./성적은 좋은 편이다. ③성미나 식성에 맞다. ¶ 시골 생활이 －./이 일을 좋아서 한다. ④능력 등이 뛰어나다. ¶ 재목 다루는 솜씨가 －. ⑤보통의 상태보다 낫다. ¶ 건강 상태가 －./혈색이 좋군. ⑥대단하다 ¶ 그는 보기보다 힘이 －. ⑦알맞거나 마땅하다. ¶ 활동하기에 좋은 나이이다./마침 좋은 사람을 구했다. ⑧보기에 아름답다. ¶ 좋은 경치./얼굴이 좋아 보이다. ⑨마음에 흐뭇하고 즐겁다. ¶ 말만 들어도 기분이 －. ⑩날씨가 맑거나 고르다. ¶ 좋은 가을 날씨./햇볕이 좋은 때 고추를 말리다. ⑪보람이 있다. ¶ 감기에 좋은 탕약(湯藥). ⑫상서롭거나 길하다. ¶ 좋은 날을 가려 혼례를 치르다./좋은 점괘(占卦)가 나오다. ⑬사리에 밝다. ¶ 남달리 머리가 좋은 사람. ⑭올바르다 ¶ 일단 좋다고 믿으면 그대로 한다./남을 속이는 일은 좋지 않다. ⑮훌륭하다 ¶ 좋은 집안에 태어나다./그는 천성이 좋은 사람이다. ⑯친하거나 정답다. ¶ 사이가 좋은 친구. ⑰어질거나 착하다. ¶ 마음씨가 좋은 사람. ⑱괜찮다 ¶ 이제 쉬어도 －. ⑲싫지 아니하다. ¶ 아첨하는 말이 듣기에는 좋지./좋은 말로 타이르다. ⑳이롭다 ¶ 신상품이 좋은 값으로 팔려 나가다. ㉑넉넉하다 ¶ 밤을 한 말 좋게 보내오다./그 나이에 애를 셋은 좋게 낳았을 거야. ㉒다른 것과 견주어 보아서 낫다. ¶ 속에 든 것은 없어도 허우대는 좋지./꿈보다 해몽이 좋구나. ㉓부끄러움이나 체면을 가림이 없다. ¶ 넉살이 좋은 친구./뱃심도 좋단다. ㉔남이 하는 일이 잘못 되었을 때, 비꼬는 투로 이르는 말. ¶ 되어 가는 꼴 참 －.

속담 **좋은 말도 세 번 들으면 싫다** : 아무리 좋은 것이라도 지루하게 끌면 싫어진다는 말./**좋은 일에는 남이요, 궂은 일에는 일가라** : 좋은 일이 있을 때는 모르는체 하다가 궂은 일을 당하면 친척을 찾아다닌다는 말.

> 한자 좋을 호(好) 〔女部 3획〕 ¶ 호감(好感)/호경기(好景氣)/호기(好機)/호부(好否)/호의(好意)

좋:다[2] 감 ①마음에 흐뭇하고 즐거움을 느낄 때 하는 말. ¶ －, 잘 했어./－, 계속 공격하자. ②결심할 때, 분개했을 때, 벼를 때 등에 그 느낌을 나타내는 말. ¶ －, 기어이 이루고야 말테다./－, 두고 볼테다. ③판소리에서, 고수(鼓手)가 추임새로 이르는 말의 한 가지. 좋아

좋:아 감 좋다[2]

좋:아-지다 자 ①차차 나아지다. ¶ 건강 상태가 －. ②좋아하게 되다. ¶ 처음에는 관심이 없었는데 차차 －.

좋:아-하다 타여 ①좋은 느낌을 가지다. ¶ 꽃을 －. ②즐겨 하거나 즐겨 먹다. ¶ 수영을 －./그는 술을 좋아한다. ③사랑을 느끼다. ¶ 서로 좋아하는 사이./좋아하는 사람이 생기다. ④귀엽게 여기다. ¶ 애완견을 －.

> 한자 좋아할 요(樂) 〔木部 11획〕 ¶ 요산요수(樂山樂水)/인자요산(仁者樂山)/지자요수(智者樂水) ▷ 속자는 楽

좋:이 부 ①좋게 ¶ － 여기다./－ 타이르다. ②일정한 정도에 미칠만 하게. ¶ 그를 － 삼 년은 기다렸다.

좌:(左) 명 왼쪽. 왼편 ¶ －로 가다. ☞우(右)

좌:(坐) 명 묏자리나 집터 따위가 등진 뒤쪽 방향. ¶ 자좌오향(子坐午向) ☞향(向)

좌:(座)[1] 명 앉을자리 ¶ 임금의 －에 오르다.

좌:(座)[2] 의 집이나 불상, 거울을 세는 말. ¶ 불상 두 －.

좌:각(坐脚) 명 오금이 붙거나 힘이 없거나 빼드러져서 마음대로 쓰지 못하는 다리.

좌:객(坐客) 명 앉은뱅이

좌:객(座客) 명 자리에 앉은 손.

좌:견천리(坐見千里) 성구 앉아서 천리를 본다는 뜻으로, 멀리 앞일을 내다보거나 먼 곳에서 일어난 일 따위를 잘 헤아림을 이르는 말.

좌:경(左傾) 명 -하다 자 사상이 좌익(左翼)으로 기울어짐, 또는 그런 경향. ¶ － 노선 ☞우경(右傾)

좌:경(坐更) 명 조선 시대, 궁중의 보루각(報漏閣)에서 밤에 징과 북을 쳐서 시각을 알리던 일.

좌:계(左契) 명 둘로 가른 부신(符信)의 왼쪽 짝. ☞우계

좌:고(左顧) 명 -하다 자 왼쪽을 돌아봄.

좌:고(坐高) 명 앉은키

좌:고(坐賈) 명 ①앉은장사 ②조선 시대, 관아 소유의 건물을 빌려서 하던 장사.

좌:고(座鼓) 명 국악기 혁부(革部) 타악기의 한 가지. 나무로 된 나지막한 북걸이에 매달아 두고 앉아서 나무 채로 쳐서 소리를 냄.

좌:고우:면(左顧右眄) 성구 이쪽 저쪽을 돌아본다는 뜻으로, 일을 결정짓는 데 앞뒤를 재며 망설임을 이르는 말. 좌우고면(左右顧眄)

좌:골(坐骨) 명 골반을 이루는 좌우 한 쌍의 뼈. 궁둥이뼈의 아래쪽을 차지하며 앉았을 때 체간(體幹)을 지탱하는 구실을 함.

좌:골=신경(坐骨神經) 명 다리의 운동과 지각(知覺)을 맡은, 인체에서 가장 길고 굵은 신경. 허리 부분에서 허벅다리 뒤쪽 한가운데까지 이름.

좌:골=신경통(坐骨神經痛) 명 좌골 신경이 퍼져 있는 부위에 일어나는 통증. 신경염, 골반내 장애, 요추(腰椎) 카리에스 등으로 말미암아 일어남.

좌:구(坐具) 명 앉을 때 까는 방석.

좌:국(坐局) 명 산세(山勢)나 집터 따위의 어느 방위를 등지고 앉은 자리.

좌:군(佐軍) 명 백제의 16관등 중 열넷째 등급. ☞진무(振武)

좌:굴(坐屈) 명 -하다 타 자기가 찾아가야 할 것을 가지 아니하고 상대편이 찾아오게 함.

좌:궁(左弓) 명 왼손으로 시위를 당기어 쏘는 활. ☞우궁(右弓)

좌:궁-깃(左弓-) 명 새의 오른쪽 날개깃으로 꾸민 화살의 깃. ☞우궁깃

좌:규(左揆) 명 지난날, '좌의정(左議政)'을 달리 이르던 말. ☞우규(右揆)

좌:기(左記) 명 세로쓰기로 적은 문서 따위에서, 본문의 왼쪽에 따로 적은 내용을 이르는 말. ¶ 입선자는 －와 같다. ☞우기(右記)

좌:기(坐起) 명 -하다 자 관아의 으뜸 관직에 있는 사람이 출근하여 일을 시작하는 일.

좌:기(挫氣) 명 -하다 자타 기세가 꺾임, 또는 기세를 꺾음.

좌:단(左袒) 명 -하다 자 왼쪽 옷소매를 벗어 어깨를 드러낸

다는 뜻으로, 어느 한쪽을 편들거나 동의함을 이르는 말.

좌:담(座談)명-하다자 몇 사람이 자리에 앉아서 형식에 얽매이지 않고 자유롭게 이야기를 주고받는 일, 또는 그런 담화. ¶ -을 나누다.

좌:담-회(座談會)명 좌담을 하는 모임.

좌:당(左黨)명 '좌익 정당'의 준말. ☞우당(右黨)

좌:-대신(左大臣)명 지난날, '좌의정(左議政)'을 달리 이르던 말. ☞우대신(右大臣)

좌:도(左道)명 조선 시대, 경기도의 남부와 충청도의 북부, 경상·전라·황해 각도의 동부를 이르던 말. ☞우도(右道)

좌:돈(挫頓)명-하다자 좌절(挫折)

좌:두(莝豆)명 여물과 콩을 섞어 만든 마소의 먹이.

좌:-뜨다(-뜨고·-떠)자 생각이 남보다 뛰어나다. ¶좌뜬 생각.

좌:랑(佐郞)명 ①고려 시대, 육부(六部)·사사(四司)·육사(六司)·육조(六曹) 따위에 둔 정육품 관직. ②조선 시대, 육조(六曹)의 정육품 관직.

좌르르부 ①많은 양의 물 따위가 넓은 데를 한꺼번에 흐르는 소리, 또는 그 모양을 나타내는 말. ¶쏟아진 양동이의 물이 바닥으로 - 흐르다. ②목직하고 덩이진 것들이 한꺼번에 쏟아지는 소리, 또는 그 모양을 나타내는 말. ¶짐칸을 기울여 자갈들을 - 쏟다./리어카의 과일들이 - 쏟아지다. ☞좌르르

좌:립(坐立)명 앉는 일과 서는 일.

좌:마(坐馬)명 ①지난날, 관원이 타는 관마(官馬)를 이르던 말. ②지난날, 군사가 행진할 때 몰고 가는 대장의 부마(副馬)를 이르던 말.

좌:면-지(座面紙)명 제상(祭床) 위에 까는 기름종이.

좌:목(座目)명 자리의 차례를 적은 목록.

좌:반우:갱(左飯右羹) 제상(祭床)에 제물을 차리는 격식의 하나. 메(밥)는 왼쪽(서쪽)에 갱(국)은 오른쪽(동쪽)에 차림을 이르는 말. 갱동반서(羹東飯西). 반서갱동(飯西羹東) ☞병동면서(餠東麵西)

좌:방(左方)명 왼쪽 ☞우방(右方)

좌:번(左番)명 번(番)을 좌우로 가르었을 때의 왼쪽 번.

좌:법(坐法)[-뻡]명 가부좌(跏趺坐) 따위의 앉는 법식.

좌:변(左邊)명 ①왼편짝 ②왼쪽 가장자리. ③등식이나 부등식에서, 등호 또는 부등호의 왼쪽에 적은 수식(數式). ④조선 시대, '좌포도청(左捕盜廳)'을 달리 이르던 말. ☞우변(右邊)

좌:보(左輔)명 좌보성(左輔星)

좌:보-성(左輔星)명 구성(九星)의 여덟째 별. 좌보

좌:부-변(左阜邊)명 한자 부수(部首)의 한 가지. '언덕부(阜)'가 '防'·'附' 등에서 변(邊)으로 쓰일 때의 '阝'의 이름. ☞우부방(右阜傍)

좌:불안석(坐不安席)성구 불안하거나 걱정스러워서 한자리에 오래 앉아 있지 못함을 이르는 말. ¶합격자 발표를 앞두고 모두들 -이다.

좌:사우고(左思右考)성구 이리저리 생각하여 곰곰이 헤아려 봄을 이르는 말. 좌사우량(左思右量). 좌우사량

좌:사우량(左思右量)성구 좌사우고(左思右考)

좌:산(坐產)명-하다타 늘어뜨린 줄 따위를 붙잡고 엉거주춤하게 앉아서 아이를 낳는 일.

좌:상(左相)명 좌의정(左議政) ☞영상(領相). 우상(右相)

좌:상(坐商)명 앉은장사

좌:상(坐像)명 앉아 있는 모습을 나타낸 그림이나 조각.

좌:상(座上)명 ①좌중(座中) ②한자리에 모인 여러 사람 가운데서 가장 어른이 되는 사람.

좌:상(挫傷)명 ①-하다자 기운이 꺾이고 마음이 상함. ②부딪히거나 하여 살갗에는 상처가 없으면서 내부 조직이 상한 상처. 좌창(挫創)

좌:상-육(剉桑育)[-뉵]명 누에가 자람에 따라 뽕잎을 알맞은 크기로 썰어 주며 누에를 치는 법.

좌:서(左書)명 ①예서(隸書) ②-하다자 왼손으로 글씨를 씀, 또는 그 글씨.

좌:석(座席)명 ①극장이나 탈것 등에서, 앉는 자리. ☞입석(立席) ②여러 사람이 모인 자리. ¶술 -을 마련하다. ③깔고 앉는 여러 종류의 자리를 통틀어 이르는 말.

좌:석-권(座席券)명 좌석이 지정된 관람권이나 차표.

좌:석미:난(座席未煖)성구 앉은 자리가 따뜻해질 겨를이 없다는 뜻으로, 한곳에서 오래 살지 못하고 이사를 자주 다님을 비유하여 이르는 말.

좌:선(左旋)명-하다자타 왼쪽으로 돌거나 돌림. ☞우선(右旋)

좌:선(坐禪)명-하다자 불교의 수행법의 한 가지. 주로 선종(禪宗)에서, 수행자가 결가부좌(結跏趺坐)하여 무념무상(無念無想) 중에 깨달음을 구하는 수행, 또는 그 자세를 이름. 준선(禪)

좌:선-룡(左旋龍)[-뇽]명 풍수지리설에서, 오른쪽에서 왼쪽으로 돌아 내려간 산줄기를 이르는 말.

좌:섬(挫閃)명 한방에서, 발목이나 팔목 등이 삐거나 하여 근막이나 인대가 상하여 아픈 증세를 이르는 말. ☞염좌(捻挫)

좌:섬=요통(挫閃腰痛)[-뇨-]명 한방에서, 접질려 일어나는 허리앓이를 이르는 말.

좌:수(左手)명 왼손 ☞우수(右手)

좌:수(坐收)명-하다타 가만히 앉아서 이익을 거둠.

좌:수(坐睡)명-하다자 앉아서 졺.

좌:수(座首)명 조선 시대, 유향소(留鄕所)의 우두머리를 이르던 말. 아관(亞官). 향정(鄕正)

좌:수군=절도사(左水軍節度使)[-또-]명 조선 시대, 전라도와 경상도의 각 좌도(左道)에 두었던 정삼품 무관 관직. 준좌수사 ☞우수군 절도사

좌:수군=절도영(左水軍節度營)[-또-]명 조선 시대, 좌수군 절도사의 군영을 이르던 말. 준좌수영

좌:-수사(左水使)명 '좌수군 절도사'의 준말. ☞우수사

좌:-수영(左水營)명 '좌수군 절도영'의 준말. ☞우수영(右水營)

좌:수우봉(左授右捧)성구 왼손으로 주고 오른손으로 받는다는 뜻으로, 그 자리에서 주고받음을 이르는 말.

좌:수우응(左酬右應)성구 술잔 따위를 이쪽 저쪽으로 부산하게 주고받음을 이르는 말.

좌:-승지(左承旨)명 ①고려 시대, 왕명의 출납을 맡아보던 밀직사(密直司)의 정삼품 관직. ②조선 시대, 왕명의 출납을 맡아보던 승정원(承政院)의 정삼품 관직.

좌:시(坐市)명 지난날, 가게를 내어 상품을 파는 곳을 이르던 말.

좌:시(坐視)명-하다타 참견하지 않고 잠자코 보기만 함. ¶더이상 -할 수 없는 지경에 이르다.

좌:시-터(坐市-)명 좌시를 낼만 한 터, 또는 좌시를 낸 터.

좌:식(坐式)명 앉아서 행동하도록 된 방식, 또는 그런 구조. ¶온돌방은 - 생활에 알맞다. ☞입식(立式)

좌:식(坐食)명-하다자 하는 일이 없이 생활하는 것. 와식

좌:식산공(坐食山空)성구 놀고 먹기만 하면 아무리 많은 재산이라도 끝내는 다 없어짐을 이르는 말.

좌:-심방(左心房)명 조류와 포유류(哺乳類)의, 심장의 왼쪽 윗부분에 있는 심방(心房). 폐에서 보내온 신선한 피를 승모판(僧帽瓣)을 통해 좌심실(左心室)로 보내는 구실을 함. ☞우심방(右心房)

좌:-심실(左心室)명 조류와 포유류(哺乳類)의, 심장의 왼쪽 아래 부분에 있는 심실(心室). 좌심방에서 온 피를 깨끗하게 하여 대동맥으로 보내는 구실을 함. ☞우심실(右心室)

좌:안(左岸)명 강의 상류에서 하류를 향하여 왼쪽의 기슭. ☞우안(右岸)

좌:액(左腋)명 왼쪽 겨드랑이.

좌:약(坐藥)명 요도·항문·질 등에 끼워 넣어 체온이나 분비물로 녹여서 약효가 나타나게 만든 약. 좌제(坐劑)

좌:약(佐藥)명 한방에서, 주약(主藥)의 치료 작용을 돕거나 약의 독성을 덜어 조절하는 약을 이르는 말.

좌:업(坐業)명 ①앉아서 손으로 하는 일. ②앉아서 일하는 직업.

좌:연-사(左撚絲)명 왼쪽으로 꼰 실. ☞우연사(右撚絲)

ㅈ

좌:열(左列)명 왼쪽의 대열. ☞우열(右列)
좌:와(坐臥)명 앉음과 누움이라는 뜻으로, 일상 생활을 달리 이르는 말.
좌:와-기거(坐臥起居)명 앉거나 눕거나 일어나 있음의 뜻으로, 보통 살아가는 일, 곧 일상 생활을 달리 이르는 말.
좌:완(左腕)명 왼팔 ¶ - 투수 ☞우완(右腕)
좌:왕우왕(左往右往)성구 우왕좌왕(右往左往)
좌:욕(坐褥)명 방석
좌:우(左右)명 ①왼쪽과 오른쪽. ¶ -로 갈라지다. ②곁 또는 옆. ¶사람을 -에 거느리다./-를 살피면서 가다. ③편지의 이름 뒤에 '어르신네'라는 뜻으로 쓰이어 존장(尊丈)을 높이어 이르는 말. ④'좌우익(左右翼)'의 준말. ⑤곁에 가까이 거느리고 있는 사람. ¶ -에게 해결책을 묻다. ⑥-하다타 제 마음대로 다루거나 휘두름. ¶생사를 -하다./당락을 -하게 되다. ☞좌지우지(左之右之)
좌:우(座右)명 ①앉은 자리의 오른쪽, 또는 옆. ②몸 가까운 곳. ¶ -에 두고 아끼는 물건.
좌:우-간(左右間)부 이렇든 저렇든 간에. 어쨌든 간에. 좌우지간 ¶ - 그가 나타나면 해명이 되겠지./- 술이나 한잔 하세./- 한번 만나 보게나./- 일부터 시작해 놓고 보자. ☞가부간
좌:우고면(左右顧眄)성구 좌고우면(左顧右眄)
좌:우-기거(左右起居)명 일상 생활의 온갖 몸놀림.
좌:우-두:동(左右-)명 윷놀이에서, 말 두 개가 따로따로 두 동씩 된 것.
좌:우-명(座右銘)명 늘 자기가 앉는 자리의 가까이에 적어 두고, 일상의 경계로 삼는 말이나 글.
좌:우=보처(左右補處)명 부처를 모시는 좌우의 두 보살, 곧 협사(脇士)를 이르는 말.
좌:우사량(左右思量)성구 좌사우고(左思右考)
좌:우=상칭(左右相稱)명 ①대칭(對稱). 시머트리 ②좌우가 대칭으로 된 형태나 조직을 갖춘 생물의 모습을 이르는 말.
좌:-우익(左右翼)명 ①군진(軍陣)의 좌우에 날개처럼 벌여 있는 군대. ②좌익(左翼)과 우익(右翼), 또는 그 사상이나 단체. 준좌우(左右)
좌:우지간(左右之間)부 좌우간(左右間)
좌:우청촉(左右請囑)성구 갖은 수단을 다하여 여러 곳에 청함을 이르는 말. 좌청우촉(左請右囑)
좌:우충돌(左右衝突)성구 좌충우돌(左衝右突)
좌:우-편(左右便)명 왼쪽과 오른쪽의 두 편.
좌:우-협공(左右挾攻)명 좌우 양쪽에서 죄어 들어가며 공격하는 일.
좌:원우응(左援右應)성구 이쪽 저쪽 양쪽을 모두 응원함을 이르는 말.
좌:윤(左尹)명 ①고려 시대, 삼사(三司)의 종삼품 관직. ②조선 시대, 한성부(漢城府)의 종이품 관직. ☞우윤(右尹)
좌:-의정(左議政)명 조선 시대, 의정부(議政府)의 정일품 관직. 우의정의 위, 영의정의 아래임. 좌규(左揆). 좌상(左相). 좌정승(左政丞). 좌합(左閤)
좌:이대:사(坐而待死)성구 앉아서 죽기만을 기다린다는 뜻으로, 아무런 대책도 세울 수 없어 운명에 맡길 수밖에 없는 처지를 이르는 말.
좌:익(左翼)명 ①왼쪽 날개. ②사회주의나 공산주의 등의 과격한 혁신 사상, 또는 그러한 사상을 가진 사람. ③축구나 하키 등에서, 공격의 왼쪽 위치, 또는 그 선수. 레프트윙 ④야구에서, 외야(外野)의 왼쪽 지역. 레프트필드 ⑤'좌익수(左翼手)'의 준말. ☞우익(右翼)
좌:익-수(左翼手)명 야구에서, 외야의 왼쪽 지역을 맡아 지키는 선수. 레프트필더 준좌익(左翼) ☞우익수
좌:익=정당(左翼政黨)명 공산주의나 사회주의를 지향하는 정당. 준좌당(左黨) ☞우익 정당
좌:임(左衽)명 중국 북쪽의 미개한 민족이 옷을 입을 때 오른쪽 섶을 왼쪽 섶 위로 하여 여미는 풍속에서 유래한 말로, 미개(未開)한 풍속을 이르는 말.
좌:작진:퇴(坐作進退)성구 군대에서, 지휘관은 앉아서 명령만 내려도 훈련이 제대로 이루어짐을 이르는 말.
좌:장(坐杖)명 늙은이가 앉아서 몸을 기대는 '丁' 모양의 짧은 지팡이. ☞협장(脇杖)
좌:장(坐贓)명 ①지난날, 관원이 까닭 없이 백성에게서 재물을 거두어들이는 일을 이르던 말. ②지난날, 장죄(贓罪)를 짓는 일을 이르던 말.
좌:장(座長)명 여럿이 모인 자리에서 가장 어른인 사람. 석장(席長)
좌:재(坐齋)명-하다자 제사 전날부터 부정한 일을 삼가고 몸을 깨끗이 함.
좌:전(座前)명 좌하(座下)
좌:절(挫折)명-하다자 ①뜻이나 기운 따위가 꺾임. ¶실직으로 -하다. ②어떤 계획이나 일이 헛되이 끝남. 좌돈(挫頓). 최절(摧折)
좌:정(坐定)명-하다자 남을 높이어 그가 '앉음'을 이르는 말. ¶어른께서 -하시자 모두 자리에 앉았다.
좌:정관천(坐井觀天)성구 우물 속에 앉아 하늘을 본다는 뜻으로, 견문(見聞)이 썩 좁음을 이르는 말. 정중관천(井中觀天) ☞정저와(井底蛙)
좌:-정승(左政丞)명 '좌의정(左議政)'을 달리 이르는 말. ☞우정승(右政丞)
좌:제(坐劑)명 좌약(坐藥)
좌:족(左族)명 서파(庶派)의 겨레붙이. 서족(庶族) ☞우족(右族)
좌:종(坐鐘)명 책상이나 탁자 따위에 올려 놓게 만든 자명종.
좌:죄(坐罪)명-하다자 죄를 지어 벌을 받음.
좌:주(座主)명 ①고려 시대, 과거에 급제한 사람이 '시관(試官)'을 높이어 이르던 말. 은문(恩門) ②선가(禪家)에서, 불경이나 논(論)을 강설하는 중을 이르는 말.
좌:중(座中)명 여러 사람이 모여 있는 자리. 좌상(座上)
좌:중-간(左中間)명 야구에서, 좌익수(左翼手)와 중견수(中堅手) 사이를 이르는 말. ¶ -에 안타를 날리다.
좌:지(坐地·座地)명 ①계급이 높은 지위. ②자리잡고 사는 곳.
좌:지불천(坐之不遷)성구 어떤 자리에 눌러앉아 다른 데로 옮기지 아니함을 이르는 말.
좌:지우:지(左之右之)성구 제 마음대로 다루거나 휘두름을 이르는 말. ☞좌우(左右)
좌:차(座次)명 앉는 자리의 차례.
좌:차우:란(左遮右攔)성구 온 힘을 다하여 이리저리 막아 냄을 이르는 말.
좌:-찬:성(左贊成)명 조선 시대, 의정부의 종일품 문관 관직. ☞우찬성
좌:-참찬(左參贊)명 조선 시대, 의정부의 정이품 문관 관직. 삼재(三宰) ☞우참찬
좌:창(坐唱)명 앉은소리
좌:창(挫創)명 좌상(挫傷)
좌:처(坐處)명 ①앉은 자리. ②집이 들어서 있는 자리.
좌:천(左遷)명-하다타 지금보다 낮은 지위나 직위로 옮김. ☞영전(榮轉)
좌:철(座鐵)명 수나사를 죌 때 암나사 밑에 끼우는 둥글고 얇은 금속판. 와셔(washer). 자릿쇠
좌:-청룡(左靑龍)명 풍수설에서, 동쪽을 상징하는 '청룡'이 주산(主山)의 왼쪽에 있다는 뜻으로, 왼쪽으로 벋어 있는 산줄기를 이르는 말. ☞우백호(右白虎)
좌:청우:촉(左請右囑)성구 좌우청촉(左右請囑)
좌:초(坐礁)명-하다자 배가 나아가다가 암초에 얹히어 움직이지 못하게 됨. ¶유조선이 -하다.
좌:-초롱(坐-)명 네모 반듯하고 운두가 높은 등. 사면에 종이를 바르거나 유리를 끼워 만듦.
좌:촌(坐寸)명 수촌(手寸)
좌:충우:돌(左衝右突)성구 ①닥치는 대로 마구 치고 받음을 이르는 말. ②분별없이 아무에게나 함부로 맞닥뜨림을 이르는 말. 좌우충돌(左右衝突)
좌:측(左側)명 왼쪽 ☞우측(右側)

좌:측=통행(左側通行)명 사람이 길을 갈 때 길의 왼쪽으로 다니는 일, 또는 그렇게 다니게 되어 있는 규칙.

좌:탈-입망(坐脫立亡)명 불교에서, 결가부좌한 상태로 숨을 거두거나 바로 선 상태로 열반에 듦을 이름.

좌:파(左派)명 ①어떤 단체나 정당 등의 내부에서 급진적인 경향을 띤 파. ②좌익(左翼)의 파. ☞우파(右派)

좌:판(坐板)명 ①땅에 깔아 놓고 앉는 널빤지. ②노점(露店) 같은 데서 상품을 벌여 놓은 널.

좌:편(左便)명 왼쪽. 왼편 ☞우편(右便)

좌:평(佐平)명 백제의 16관등 중 첫째 등급.

좌:-포:도청(左捕盜廳)명 조선 시대, 창덕궁(昌德宮)을 중심으로 왼쪽인 동쪽에 두었던 포도청. 좌변(左邊) 준 좌포청(左捕廳) ☞우포도청

좌:포우:혜(左脯右醯) 제상(祭床)에 제물을 차리는 격식의 하나. 포는 왼쪽(서쪽)에, 식혜는 오른쪽(동쪽)에 차림을 이르는 말. 서포동혜(西脯東醯) ☞면서병동

좌:-포:청(左捕廳)명 '좌포도청(左捕盜廳)'의 준말.

좌:표(座標)명 평면이나 공간 등에서 점의 위치를, 기준이 되는 점이나 직선으로부터의 거리나 각도 등으로 나타낸 수치.

좌:표-축(座標軸)명 좌표를 정할 때 기준이 되는 직선.

좌-품(左-)명 택견의 기본 자세의 한 가지. 몸의 중심을 오른발에 두고 왼발을 어깨 너비 만큼 앞으로 내디딘 자세.

좌:하(座下)명 앉은 자리의 아래라는 뜻으로, 편지에서 상대편을 높이어 그의 이름 아래에 쓰는 한문 투의 말. 좌전(座前)

좌:합(左閤)명 '좌의정(左議政)'을 달리 이르는 말.

좌:해(左海)명 지난날, 중국에서 발해의 왼쪽에 있다는 뜻으로, '우리 나라'를 달리 이르던 말.

좌:향(坐向)명 묏자리나 집터 따위의 등진 방향과 바라보는 방향. 자좌오향(子坐午向)은 자방(子方)인 북쪽을 등지고, 오방(午方)인 남쪽을 바라본다는 따위.

좌:향-좌(左向左)감 서 있는 자리에서 왼쪽으로 90° 돌아서라는 구령. ☞우향우(右向右)

좌:험(左驗)명 사건 현장을 직접 본 사람, 또는 그 사람의 증언.

좌:현(左舷)명 배의 뒤쪽에서 뱃머리를 향하여 왼쪽 뱃전을 이르는 말. ☞우현(右舷)

좌:-회전(左廻轉)명-하다자타 차 따위가 왼쪽으로 돎. ☞우회전(右廻轉)

좌:흥(座興)명 잔치나 여러 사람이 모인 자리 등에서, 흥이 나는 분위기. ¶-을 돋우다.

좍:부 넓은 범위로 흩어지거나 퍼지는 모양을 나타내는 말. ¶소문이 - 퍼지다./물감이 - 퍼져 나가다. ☞쫙

좍:좍부 ①굵은 물줄기가 세차게 쏟아지는 모양을 나타내는 말. ¶장맛비가 - 퍼붓다. ②거침새 없이 글을 내리 읽는 모양을 나타내는 말. ☞쫙쫙

좔:좔부 많은 양의 물 따위가 시원스레 흘러내리는 소리, 또는 그 모양을 나타내는 말. ¶수돗물이 - 나오다. ☞ 쫠쫠

좨:기명 데친 나물이나 가루를 반죽한 것을 조그마하고 동글납작하게 만든 덩이.

좨:-들다(-들고·-드니)자 '죄어들다'의 준말.

좨:주(∠祭酒)명 〔주로 석전(釋奠)의 제례를 맡던 관직으로〕 ①고려 시대, 국자감(國子監)·성균관(成均館)의 종삼품 또는 정사품 관직. ②조선 시대, 성균관의 정삼품 또는 종삼품 관직.

좨:-치다타 '죄어치다'의 준말.

좽이명 강이나 내에서 물고기를 잡는 데 쓰는 그물의 한 가지. 접으면 원뿔 모양이 되는데 위쪽에 긴 벼리가 있고 아래쪽에 납이나 쇠로 된 추가 달렸음. 투망(投網)

좽이-질명-하다자 좽이로 물고기를 잡는 일. 투망질

죄:부 '죄다²'의 준말.

죄:(罪)명 ①도덕이나 법률 등 사회의 규범을 거스르는 행위. 죄범(罪犯) ¶-를 짓다./-를 뒤집어쓰다. ②종교인으로서 교리 등을 거스르는 일. ☞죄업(罪業)

속담 **죄는 막둥이가 짓고 벼락은 샌님이 맞는다** : 나쁜 짓을 저지른 사람은 따로 있는데, 억울하게도 다른 사람이 그 벌을 받게 되는 경우를 비유하여 이르는 말. /**죄는 지은 데로 가고 덕은 닦은 데로 간다** : 죄를 지은 사람은 벌을 받고, 덕을 닦은 사람은 복을 받게 된다는 말. 〔죄는 지은 데로 가고 물은 트는 데로 흐른다〕

죄:고(罪辜)명 죄과(罪過)

죄:과(罪科)[-꽈]명 ①죄(罪)와 허물. ②지은 죄에 대하여 지우는 처벌.

죄:과(罪過)명 죄가 될 허물. 죄고(罪辜)

죄:구(罪垢)명 불교에서, 죄의 더러움을 '때'에 비유하여 이르는 말.

죄:근(罪根)명 ①죄를 짓게 된 원인. ②불교에서, 깨달음에 장애가 되는 죄악(罪惡)을 이르는 말.

죄:다[1] 타 ①느슨해진 것을 켕기게 하거나 헐거워진 것을 꼭 맞는 상태로 맞추다. ¶가야금의 줄을 -./나사를 -. ②벌어지거나 떨어진 사이를 좁히다. ¶좁은 공간에 여러 사람이 죄어 앉다. ③바라거나 기다리며 마음을 졸이다. ¶마음을 죄며 개표 결과를 기다리다. ④태도나 마음의 상태를 켕기게 하다. ¶들뜬 마음을 -. ⑤조르거나 몰아대다. 조이다

> ▶ '죄다'와 '조이다'
> 비슷한 발음으로 된 두 형태의 단어가 널리 쓰이는 경우에 두 단어를 표준으로 삼았다.
> ¶죄다=조이다/꾀다=꼬이다/괴다=고이다/네=예/쇠고기=소고기

죄:다[2] 부 모조리 다. ¶- 버리다. 준죄

죄:려(罪戾)명 죄를 저질러 사리(事理)에 몹시 어그러짐.

죄:례(罪例)명 범죄(犯罪)의 실례.

죄:루(罪累)명 ①죄에 연루(連累)되는 일. ②죄를 여러 번 저지르는 일.

죄:만(罪萬)어기 '죄만(罪萬)하다'의 어기(語基).

죄:만-스럽다(罪萬-)(-스럽고·-스러워)형ㅂ 죄만한 느낌이 있다.

죄만-스레부 죄만스럽게

죄:만-하다(罪萬-)형여 '죄송만만하다'의 준말.

죄:명(罪名)명 죄의 이름. 절도죄나 위증죄 따위.

죄:목(罪目)명 범죄의 종류.

죄:민-스럽다(罪悶-)(-스럽고·-스러워)형ㅂ 죄송하고 민망한 느낌이 있다.

죄민-스레부 죄민스럽게

죄:-밑(罪-)명 ①저지른 잘못이나 죄로 말미암은 마음의 불안. ②저지른 죄의 내용.

죄:-받다(罪-)자 지은 죄에 대한 벌을 받다. ¶죄받을 짓을 하다. ☞죄주다

죄:벌(罪罰)명 저지른 죄에 대하여 지우는 형벌. 죄책

죄:범(罪犯)명 죄(罪)

죄:보(罪報)명 불교에서, 죄업(罪業)에 따른 과보(果報)를 이르는 말.

죄:상(罪狀)명 죄를 저지른 구체적인 내용.

죄:송(罪悚)어기 '죄송(罪悚)하다'의 어기(語基).

죄:송만만-하다(罪悚萬萬-)형여 더할 수 없이 죄송하다. 준죄만하다

죄:송-스럽다(罪悚-)(-스럽고·-스러워)형ㅂ 죄송한 느낌이 있다.

죄송-스레부 죄송스럽게

죄:송-하다(罪悚-)형여 죄스럽고 황송하다.

죄:수(罪囚)명 죄를 저지르고 교도소에 갇혀 지내는 사람. 수인(囚人)

죄:-스럽다(罪-)(-스럽고·-스러워)형ㅂ 죄를 지은듯하여 미안하다. ¶부모님께 늘 -.

죄-스레부 죄스럽게

죄:악(罪惡)명 죄가 될만 한 나쁜 짓. ¶-을 저지르다.

속담 **죄악은 전생(前生) 것이 더 무섭다** : 전생에 지은 죄악의 벌은 이승에서 몇 배 더 되게 받는다는 말.

죄:악-감(罪惡感)명 자기가 한 일이나 한 짓을 죄악이라고 여겨, 그것에 얽매여 있는 감정. 죄장감(罪障感)

ㅈ

죄:악-상(罪惡相)명 저지른 죄악의 진상.
죄:악-성(罪惡性)명 저지른 죄악의 성질이나 경향.
죄:악-시(罪惡視)명-하다타 죄악으로 여김.
죄:안(罪案)명 범죄 사실을 조목조목 적은 기록.
죄암-죄암감 젖먹이에게 죄암질을 시킬 때 하는 말. 준 죔죔 ☞곤지곤지. 쥐엄쥐엄
죄암-질명-하다자 젖먹이가 두 손을 쥐었다 폈다 하며 재롱을 부리는 일. ☞쥐엄질
죄어-들다(-들고·-드니)자 ①바싹 안으로 죄이다. ②긴장의 정도가 더하여지다. ¶가슴이 죄어들어 답답하다. 준 좨들다
죄어-치다타 ①바싹 죄어 몰아치다. ¶미루던 일을 마무르려고 -. ②몹시 조르거나 몰아대다. 준 좨치다
죄:얼(罪孽)명 저지른 죄악으로 말미암은 재앙.
죄:업(罪業)명 ①불교에서, 신업(身業)·구업(口業)·의업(意業)의 삼업(三業)으로 지은 죄를 이르는 말. ②죄의 과보(果報)를 이르는 말. 업죄(業罪)
죄:업=망:상(罪業妄想)명 심리학에서 이르는 미소 망상(微小忘想)의 한 가지. 스스로 죄가 많은 사람이라고 생각함.
죄:역(罪逆)명 마땅한 도리를 거스르는 큰 죄.
죄:옥(罪獄)명 반역이나 살인 등 크고 중한 범죄를 다스리는 일, 또는 그 사건. 옥사(獄事)
죄:원(罪源)명 죄의 근원.
죄이다자 죔을 당하다. ¶마음이 -./나사가 -.
죄:인(罪人)명 ①죄를 지은 사람. ②유죄(有罪)의 확정 판결을 받은 사람. ③어버이의 상중(喪中)에 있는 사람이 자기를 일컫는 말.
죄:인(罪因)명 죄를 지은 동기나 까닭.
죄임-성(-性)[-씽]명 몹시 바라고 기다려서 바싹 다그쳐지는 마음.
죄:장(罪障)명 불교에서, 도(道)를 닦아 깨달음에 이르는 데 방해가 되는 것을 이르는 말.
죄:장-감(罪障感)명 죄악감(罪惡感)
죄:적(罪迹)명 죄를 저지른 증거가 되는 자취.
죄:적(罪籍)명 지난날, 죄인의 죄상 등이 적혀 있는 도류안(徒流案) 등의 명부를 이르던 말.
죄:제(罪弟)명 어버이의 상중(喪中)에 있는 사람이 벗에게 보내는 편지에서 자기를 낮추어 이르는 한문 투의 말.
죄:종(罪宗)명 가톨릭에서, 모든 죄악의 근원이 되는 일곱 가지를 이르는 말. 칠죄종(七罪宗)
죄:죄감 '죄죄반반'의 준말.
죄:죄-반반감 무엇을 먹는 개에게 남김없이 죄다 핥아먹으라는 뜻으로 하는 말. 준 죄죄
죄:-주다(罪-)자 죄를 지은 사람에게 벌을 주다. ☞죄받다
죄:중벌경(罪重罰輕)성구 죄는 크고 무거운데 형벌은 가벼움을 이르는 말.
죄:중우범(罪中又犯) '형기(刑期)가 끝나기 전에 또 죄를 지음'의 뜻.
죄:증(罪證)명 범죄의 증거.
죄:질(罪質)명 범죄의 기본적인 성질. ¶-이 나쁜 범인.
죄:-짓:다(罪-)[-짇-](-짓고·-지어)자ㅅ 죄가 될만한 짓을 하다.
속담 **죄지은 놈 옆에 있다가 벼락 맞는다**: 나쁜 짓을 한 사람과 사귀다 보면, 죄 없이 누명을 쓰게 된다는 말.
죄:책(罪責)명 ①죄를 지은 데 대한 책임. ②죄벌(罪罰)
죄:칩(罪蟄)명-하다자 어버이의 상중(喪中)에 있음.
죄:형(罪刑)명 범죄와 형벌(刑罰).
죄:형=법정주의(罪刑法定主義)명 어떤 행위가 범죄이냐, 그 범죄에 대해서 어떤 형벌을 지우느냐 하는 것은 정해진 법률에 따라서만 할 수 있다는 주의.
죄:화(罪禍)명 죄를 저지름으로써 받게 되는 재앙.
죔:-쇠명 나무 오리 따위를 죄어 붙이는 데 쓰는, 쇠로 만든 연장.
죔-죔감 '죄암죄암'의 준말.
죔:-틀명 무엇을 사이에 끼워 넣고 죄는 틀을 통틀어 이르는 말. ☞클램프
죗-값(罪-)명 지은 죄에 대하여 받는 벌.
-죠어미 '-지요'의 준말. ¶조용한 데 가서 얘기하죠.
주(主)명 ①주인 ②임금 ③임자 ④중심이 되는 일, 또는 그것. ¶식료품 가게가 -가 된 상가./정보 교환을 -로 한 모임. ⑤크리스트교에서, 온 인류의 주인이라는 뜻으로 하느님 또는 예수를 이르는 말.
주(朱)명 ①누른빛이 섞인 붉은빛. ②수은과 황을 가성칼리나 가성소다와 함께 가열하여 만든 붉은빛의 안료(顔料). 주홍(朱紅)
주(州)명 ①신라 때, 지방 행정 구역의 하나. ②미국이나 호주 등 연방(聯邦) 국가의 행정 구역.
주:(呪)명 '주문(呪文)'의 준말.
주(冑)명 고운 비단으로 꾸며 만든 투구. 지난날, 나라 잔치 때 썼음.
주(洲)명 지구상의 대륙을 크게 가른 이름. ¶지구는 다섯 개의 대양(大洋)과 여섯 개의 -로 이루어져 있다.
주(株)[1]명 ①'주식(株式)'의 준말. ②'주권(株券)'의 준말.
주(週)명 ①일요일부터 토요일까지의 이레 동안을 이르는 말. ②〔의존 명사로도 쓰임〕 ¶달마다 세 번째 - 금요일에 모인다./두 - 동안의 일.
주:(註)명 ①본문 중에 어떤 단어나 대목을 자세히 설명하는 말이나 이해를 돕는 말을 따로 자리를 잡아 적은 글. ②'주석(註釋)' 또는 '주해(註解)'의 준말.
주(를) 달다관용 이해를 돕는 설명의 말을 적어 두다.
주:(籌)명 산가지를 놓아 셈을 치는 일.
주(株)[2]의 ①주권이나 주식의 수를 세는 말. ②나무의 수를 세는 말. ¶밤나무 세 -.
주(主)-《접두사처럼 쓰이어》'주된'의 뜻을 나타냄. ¶주목적(主目的)/주성분(主成分)/주무기(主武器)
주(駐)-《접두사처럼 쓰이어》'-에 주재(駐在)하는'의 뜻을 나타냄. ¶주미 대사(駐美大使)
-주(主)《접미사처럼 쓰이어》'주인'의 뜻을 나타냄. ¶소유주(所有主)/건물주(建物主)
주가(主家)명 주인의 집.
주:가(住家)명 주택(住宅)
주가(酒家)명 술집
주가(酒價)[-까]명 술값
주가(株價)[-까]명 주식(株式)의 값.
주가=지수(株價指數)[-까-]명 주가의 움직임을 나타내기 위하여 작성하는 지수.
주각(柱脚)명 기둥뿌리
주:각(註脚)명 각주(脚註)
주간(主幹)명 신문사나 출판사 등에서 어떤 일을 중심이 되어 처리함, 또는 그런 사람. ¶편집 -/논설 -
주간(晝間)명 낮 동안. ☞야간(夜間)
주간(週刊)명 매주 한 번씩 간행함, 또는 그 출판물.
주간(週間)명 ①한 주일 동안, 곧 이레 동안. ¶- 일기예보 ②특별한 행사를 위해 정한 이레 동안. ¶독서 -
주간-지(週刊紙)명 한 주에 한 번씩 펴내는 신문.
주간-지(週刊誌)명 한 주에 한 번씩 펴내는 잡지.
주갈(酒渴)명 한방에서, 술에 중독이 되어 늘 목이 마르는 병을 이르는 말.
주-감이명 해금(奚琴)의 줄 끝을 감아 매는 부분.
주갑(周甲)명 환갑(還甲)
주강(晝講)명 조선 시대, 낮에 임금 앞에서 하던 법강(法講)의 한 가지.
주:강(鑄鋼)명 주조(鑄造)에 쓰이는, 탄소 함유량 1% 이하인 강(鋼). ▷鑄의 속자는 鋳
주개(廚芥)명 부엌에서 나오는 갖가지 음식물의 찌꺼기.
주-개:념(主槪念)명 주사(主辭) ☞빈개념(賓槪念)
주객(主客)명 ①주인과 손을 아울러 이르는 말. ¶-이 마주 앉다. ☞주빈(主賓) ②주된 사물과 그 밖의 상대되는 사물. ¶-이 뒤바뀌다. ③주체(主體)와 객체(客體).
주객(酒客)명 술을 좋아하며 많이 마시는 사람. 술꾼
주객전:도(主客顚倒)성구 ①사물의 경중(輕重)·선후(先後)·완급(緩急)이 서로 바뀌는 일을 이르는 말. ②객반

위주(客反爲主)

주객지세(主客之勢)성구 일은 주장(主掌) 되는 사람이 이끌어 가게 마련이며, 제삼자는 별 영향을 끼치지 못함을 이르는 말.

주거(舟車)명 배와 수레를 아울러 이르는 말.

주:거(住居)명 일정한 곳에 자리를 잡고 머물러 삶, 또는 그 곳. 거주(居住)

주:거-지(住居地)명 사람이 자리잡아 살고 있는 곳. 거주지

주:거-지(住居址)명 주거가 있던 자취, 또는 그 터. 특히 원시 시대나 고대(古代)의 주거의 자취.

주:거=지역(住居地域)명 도시 계획에서 지정한 용도 지역의 하나. 주거 환경을 보호하기 위해 정한 지역임. ☞상업 지역(商業地域)

주:거=침입죄(住居侵入罪)명 정당한 이유 없이 남의 주거지나 건조물·선박 따위에 침입하거나 퇴거(退去) 요구에 불응함으로써 성립하는 죄.

주걱 명 ①'밥주걱'의 준말. ②'구둣주걱'의 준말.

주걱-뼈 명 마소의 어깻죽지의 뼈.

주걱-상(-相)명 넓적하고 우묵하게 생긴 얼굴.

주걱-턱 명 길고 끝이 밖으로 굽은 턱.

주검 명 죽은 사람의 몸. 송장

한자 **주검 시**(尸) 〔尸部 6획〕 ¶검시(檢屍)/시구(屍柩)/시독(屍毒)/시신(屍身)/시체(屍體)

▶ '주검'의 표기
용언(用言)의 어근(語根)에 그 말을 명사로 바꾸는 접미사 '-이, -음' 이외의 소리가 붙어서 된 말은 어근의 본디 꼴을 밝혀 적지 않는다. 따라서 '죽엄'으로 적지 않고 '주검'으로 적는다.
'쓰레기·귀머거리·까마귀'가 그와 같은 예이다.

주검-시(-尸)명 한자 부수(部首)의 한 가지. '尿'·'屑' 등에서 '尸'의 이름.

주:겁(住劫)명 불교에서 이르는 사겁(四劫)의 하나. 인류가 세계에 안주(安住)하는 동안을 이름.

주격(主格)[-껵]명〈어〉주어와 서술어 짜임에서 주어의 자리. 주격은 체언에 조사 '-이, -가'가 붙어 이루어지는 것이 원칙임. '꽃이 피었다.', '해가 솟는다.'에서 '꽃이', '해가'가 이에 해당함. ☞목적격(目的格)

주격=조:사(主格助詞)[-껵-]명〈어〉의미상으로 구별한 격조사의 한 가지. 체언으로 하여금 주어가 되게 하는 조사. '학생이 그럴 수 있니?', '그가 어제 떠났다는 사실'에서 '-이, -가'가 이에 해당함. ☞목적격 조사

주견(主見)명 자기의 주장이 있는 의견.

주경(州境)명 주(州)의 경계(境界).

주:경(駐京)명-하다자 지방 공무원 등이 공무로 서울에 머물러 있음.

주경(遒勁)어기 '주경(遒勁)하다'의 어기(語基).

주경야:독(晝耕夜讀)[-냐-]성구 낮에는 일하고 밤에는 책을 읽는다는 뜻으로, 바쁜 틈을 타서 힘써 공부함을 이르는 말.

주경-하다(遒勁-)형여 글씨·그림·문장 따위의 필세(筆勢)가 힘차다.

주계(酒戒)명 술을 삼가라는 계율(戒律).

주고(酒庫)명 술을 넣어 두는 곳간.

주고-받다 타 서로 주기도 하고 받기도 하다. ¶기념품을 -./이야기를 -./편지를 -.

주곡(主穀)명 쌀·보리·밀 등 주식(主食)의 재료가 되는 곡식. ¶- 농업(農業)

주곡-식(主穀式)명 곡물(穀物)을 주로 생산하는 농업 방식. 곡물식(穀物式)

주:공(奏功)명-하다자 ①공들인 보람이 나타남. ②일이 이루어짐. ③공을 세움. ④지난날, 공적(功績)을 임금에게 아뢰던 일.

주:공(做恭)명-하다자 공손한 태도를 가짐.

주:공(鑄工)명 주물(鑄物)을 만드는 사람.

주과(酒果)명 술과 과실, 또는 술과 과실만으로 간소하게 차린 제물(祭物).

주과포(酒果脯)명 술·과실·포, 또는 술·과실·포만으로 간소하게 차린 제물(祭物).

주과포혜(酒果脯醯)명 술·과실·포·식혜, 또는 술·과실·포·식혜만으로 간소하게 차린 제물(祭物).

주관(主管)명-하다타 주장(主掌)하여 관리함. ¶총무부에서 -하는 행사.

주관(主觀)명 ①철학에서, 외계(外界)에 대하여 지각(知覺)하고 의식하는 주체(主體), 또는 그 의식의 내용. ②자기 개인의 생각. ☞객관(客觀)

주관=가치설(主觀價値說)명 재화(財貨)의 가치는 사람들이 주관적으로 판단하는 효용에 따라서 결정된다는 가치 학설. ☞객관 가치설

주관-성(主觀性)[-썽]명 주관에 의존하는 성질. ☞객관성(客觀性)

주관-적(主觀的)명 개인의 생각에 바탕을 두는 것. ¶-인 판단. ☞객관적(客觀的)

주관적=가치(主觀的價値)명 효용에 따라 사람들의 주관적인 판단으로 결정되는 재화(財貨)의 가치. ☞객관적 가치(客觀的價値)

주관적=관념론(主觀的觀念論)명 철학에서, 세계 또는 모든 사물의 객관적인 존재를 부정하고, 그것을 개인적 주관의 의식 내용이라고 하는 이론. ☞객관적 관념론

주관적=비평(主觀的批評)명 이론 체계나 객관적 기준에 따르지 않고 자기가 겪은 경험이나 인상을 바탕으로 하는, 예술 작품 등에 대한 비평. 인상 비평(印象批評)·감상 비평(鑑賞批評) 따위. ☞객관적 비평

주관적=빈곤(主觀的貧困)명 객관적인 기준에 상관없이, 자신이 빈곤하다고 느끼는 상태. ☞상대적 빈곤. 절대적 빈곤

주-관절(肘關節)명 팔꿈치의 관절.

주관-주의(主觀主義)명 ①철학에서, 진리나 가치의 기준을 주관에 두고, 그 객관성을 인정하지 않는 주의. ②객관적인 여러 조건을 무시하고, 자기의 주관적 판단에만 의지하는 태도. ☞객관주의(客觀主義)

주광(酒狂)명 술에 몹시 취하여 미친듯이 부리는 주정, 또는 그 사람. 주망(酒妄) 유주란(酒亂)

주광(晝光)명 낮 동안에 비치는 햇빛.

주광-등(晝光燈)명 주광색(晝光色)을 내는 전등.

주광-색(晝光色)명 ①햇빛과 비슷하게 만든 인공 광선의 빛깔. ②'천연 주광색(天然晝光色)'의 준말.

주광-성(走光性)[-썽]명 생물이 빛의 자극에 대하여 나타내는 주성(走性). 추광성(趨光性)

주광=전:구(晝光電球)명 햇빛에 가까운 빛을 내는 전구.

주교(主教)명 가톨릭에서, 교구(教區)를 관할하는 교직(教職), 또는 그 교직에 있는 사람. ☞감목(監牧)

주교(舟橋)명 배다리

주교-관(主教冠)명 가톨릭에서, 주교가 쓰는 관(冠).

주교=미사(∠主教彌撒)명 가톨릭에서, 주교 또는 일정한 고위 성직자가 집전하는 미사.

주교-사(舟橋司)명 조선 시대, 임금의 거둥 때 한강(漢江)에 배다리를 놓거나 충청도와 전라도의 세곡(稅穀)을 서울로 운반하는 일을 맡아 하던 관아.

주구(走狗)명 ①사냥할 때 부리는 개. 응견(鷹犬) ②남의 앞잡이 노릇 하는 사람을 비유하여 이르는 말. 개[3]

주:구(誅求)명-하다타 조세(租稅) 따위를 혹독하게 거두어 들임. ¶가렴(苛斂)-

주국(酒國)명 술에 취하여 정신이 몽롱한 경지.

주군(主君)명 임금

주군(舟軍)명 수군(水軍)

주:군(駐軍)명-하다자 주병(駐兵)

주궁-패:궐(珠宮貝闕)명 금은보배로 아름답게 꾸민 궁궐.

주궁휼빈(賙窮恤貧)성구 가난한 사람을 구제(救濟)함을 이르는 말.

주권(主權)[-꿘]명 국가 의사를 결정하는 최고의 권력. 대내적으로 최고성을, 대외적으로 자주성과 독립성을 지님. ☞통치권(統治權)

ㅈ

주권(株券)[-꿘] 명 주식(株式)의 소유권을 나타내는 유가 증권. 주식(株式) 준 주(株)

주권-국(主權國)[-꿘-] 명 ①주권을 완전히 가지고 있는 독립국. ②어떤 사건에 대하여 주권을 행사할 수 있는 당사국(當事國).

주권-자(主權者)[-꿘-] 명 국가의 주권을 가진 사람. 군주국에서는 군주, 공화국에서는 국민 또는 그 대표 기관인 의회(議會)를 이름.

주권재:민(主權在民)[-꿘-] 성구 국가의 주권이 국민에게 있음을 이르는 말.

주궤(主饋)명 안살림에서 음식에 관한 일을 맡아서 주관하는 여자.

주극-성(週極星)명 극의 둘레를 돎으로써 지평선 아래로 지는 일이 없는 항성(恒星).

주극-풍(周極風)명 극풍(極風)

주근(主根)명 원뿌리

주근(主筋)명 철근 콘크리트 건축물의 기둥이나 보에 넣어서, 그 하중(荷重)을 떠맡게 하는 철근.

주근(柱根)명 지주근(支柱根)

주근-깨 명 얼굴의 군데군데에 생기는 다갈색의 자잘한 반점(斑點). 작란반(雀卵斑). 작반(雀斑)

주근-주근 부 성질이나 태도가 은근하고 끈덕진 모양을 나타내는 말.

주금(走禽)명 주금류(走禽類)에 딸리는 새를 통틀어 이르는 말. 타조(駝鳥) 따위.

주금(株金)명 주식(株式)에 대한 출자금.

주금(酒禁)명-하다 자 술을 빚거나 팔지 못하게 법으로 금함.
속담 **주금에 누룩 장사** : 술을 빚거나 팔 수 없는데도 누룩 장사를 하겠다는 것이니, 어리석고 미련한 사람을 두고 이르는 말.

주:금(鑄金)명-하다 타 쇠붙이를 녹여 거푸집에 부어서 기물(器物)을 만드는 방법. 주조(鑄造)

주금-류(走禽類)명 날개가 퇴화하여 잘 날지는 못하고, 그 대신 다리가 길고 튼튼하여 달리기를 잘하는 새의 무리. 타조·에뮤 따위. ☞섭금류(涉禽類). 유금류(游禽類)

주급(週給)명 한 주일 단위로 받는 급료. ☞일급(日給). 월급(月給)

주기(朱記)명-하다 자 중요한 곳 따위를 붉은 글씨로 적거나 표시함. ☞주서(朱書)

주:기(注記·註記)명-하다 자 본문의 뜻을 잘 이해할 수 있도록 주(註)를 써 넣는 일, 또는 그 주.

주기(酒氣)명 술기운

주기(酒旗)명 옛날 중국에서, 술집의 표시로 가게 앞에 세우던 기.

주기(酒器)명 술잔이나 술병 등 술을 담거나 마시는 데 쓰는 온갖 그릇.

주기(週期)명 되풀이하여 일어나는 현상이나 동작이, 한 바퀴 도는 데 걸리는 시간이나 기간. ¶지구의 공전(公轉) -./일 년을 -로 되풀이되는 현상.

주기(週忌)의 사람이 죽은 후 해마다 돌아오는 기일(忌日)을 세는 데 쓰이는 말. ¶선친(先親)의 십 -.

주-기도문(主祈禱文)명 예수가 제자들에게 직접 가르친, 크리스트 교회의 모든 기도문 중 첫째가는 기도문.

주기-성(走氣性)[-썽] 명 산소에 대한 생물의 주성(走性). 주화성(走化性)의 한 가지이며, 호기성(好氣性) 세균 따위에서 볼 수 있음. 추기성(趨氣性)

주기-성(週期性)[-썽] 명 주기적으로 되풀이되는 성질.

주기억=장치(主記憶裝置)명 컴퓨터 내부에 있는, 중앙 처리 장치의 직접적인 제어(制御)를 받는 기억 장치. 처리 속도는 매우 빠르나, 기억 용량에 제한이 있음. ☞보조 기억 장치(補助記憶裝置)

주기=운:동(週期運動)명 일정한 시간마다 같은 상태가 되풀이되는 운동. 단진동(單振動)·원운동(圓運動) 등.

주기-율(週期律)명 '원소 주기율(元素週期律)'의 준말.

주기-적(週期的)명 거의 일정한 간격을 두고 같은 일이 되풀이되는 것. ¶-인 반복.

주꾸미 명 두족류의 연체동물. 낙지와 비슷하나 몸이 짧고 머리가 둥긂. 몸빛은 변화가 많으나 대체로 회색을 띤 적갈색이고, 여덟 개의 다리는 길이가 거의 같음. 내만(內灣)의 얕은 모래땅에 서식함.

주낙 명 낚시 기구의 한 가지. 얼레에 감은 낚싯줄에 여러 개의 낚시를 달아 물 속에 넣어 두고, 물살에 따라서 줄을 감았다 풀었다 하면서 물고기를 낚음. 연승(延繩)

주낙-배 명 주낙을 갖춘 고기잡이배.

주년(周年·週年)의 어떤 날이 일 년을 단위로 돌아오는 햇수를 세는 데 쓰는 말. ¶개교(開校) 20-. ☞돌[1]

주:-놓다(籌-)자 산가지를 놓아 셈을 하다.

주:눅 명 기를 펴지 못하고 움츠러드는 일.
주눅(이) 들다 관용 기를 펴지 못하고 움츠러들다.
주눅(이) 좋다 관용 여간해선 기가 죽지 않고 비위가 좋다.
주눅(이) 풀리다 관용 기가 죽어 있다가 활기를 되찾다.

주뉴(朱紐)명 붉은 옥으로 만든 단추.

주니 명 몹시 지루하여 느끼는 싫증.
주니(가) 나다 관용 몹시 지루하여 싫증이 나다.
주니(를) 내다 관용 몹시 지루하여 싫증을 내다.

주니(朱泥)명 안에 석질(石質)의 잿물을 입혀서 구운, 붉은 진흙 자기(瓷器).

주니어(junior)명 연소자(年少者)

주다 타 ①상대에게 건네어 그의 것이 되게 하다. ¶용돈을 -./선물을 -. 높 드리다[1] ②상대에게 도움이 되는 것을 제공하다. ¶이익을 -./상(賞)을 -./주의를 -. ③동물이나 식물에게 무엇을 베풀다. ¶가축에게 먹이를 -./화초에 물을 -. ④상대에게 어떤 일을 하게 하다. ¶과제를 -./임무를 -. ⑤상대가 무엇을 할 수 있게 배려하다. ¶생각할 시간을 -./발언할 기회를 -./쉴 틈을 주지 않는다./공연히 구실을 주고 말았다. ⑥상대에게 어떤 마음이나 느낌을 가지게 하다. ¶희망을 -./좋은 인상을 -./감명을 -./고통을 -. ⑦어떤 일을 당하게 하다. ¶손해를 -./타격을 -./창피를 -. ⑧상대에게 어떤 자격이나 권리를 가지게 하거나 점수를 따게 하다. ¶학위를 -./지휘권을 -./100 점을 -. ⑨상대에게 특별한 친밀감을 나타내다. ¶마음을 -./정(情)을 -. ⑩눈길을 어떤 쪽으로 보내다. ¶눈을 -. ⑪힘이나 속력이 나도록 하다. 강조하다. ¶속력을 -./다리에 힘을 -./힘을 주어 말하다. ⑫줄 따위를 더 풀려 나가게 하다. ¶닻을 -./연줄을 -. ⑬못을 박다. ¶거기엔 굵은 못을 주어야 할 텐데.
조동 본용언(本用言) 다음에 쓰이어, 그 행동이 남을 위하여 베푸는 것임을 나타냄. ¶자리를 내어 -./책을 사 -./꼭 만나 주십시오. 높 드리다[1]
주거니 받거니 관용 말이나 술잔 따위를 여러 차례 서로 건네는 모양.
속담 **주러 와도 미운 놈 있고, 받으러 와도 고운 사람 있다** : 자기에게 무엇을 주러 오는 사람은 고와야 할 텐데 그렇지 않은 경우도 있으니, 남을 좋아하거나 미워하거나 하는 감정은 이치로는 따질 수 없음을 이르는 말.

한자 줄 사(賜)〔貝部 8획〕¶사성(賜姓)/하사(下賜)
줄 수(授)〔手部 8획〕¶수수(授受)/수여(授與)
줄 여(與)〔臼部 7획〕¶대여(貸與)/상여금(賞與金)/여신(與信)/여탈(與奪) ▷ 속자는 与
줄 증(贈)〔貝部 12획〕¶증여(贈與)/증정(贈呈)

주-다례(晝茶禮)명 인산(因山) 뒤 삼년상(三年喪) 안에 혼전(魂殿)이나 산릉(山陵)에서 낮에 지내는 제사.

주단(朱丹)명 곱고 붉은 빛깔, 또는 그 칠.

주:단(柱單)명 '사주단자(四柱單子)'의 준말.

주단(紬緞)명 명주(明紬)와 비단(緋緞) 따위를 통틀어 이르는 말.

주:단(綢緞)명 품질이 썩 좋은 비단. ☞공단(貢緞)

주단야:장(晝短夜長)[-냐-] 성구 낮은 짧고 밤은 길다는 뜻으로, 동지 무렵의 밤낮의 길이를 이르는 말. ☞주장야단

주:달(奏達)명-하다 타 지난날, 임금에게 아뢰던 일. 주문(奏聞). 주상(奏上). 주어(奏御). 주품(奏稟)

주달(酒疸)명 한방에서, 술의 중독으로 오줌을 못 누고 열이 나는 등의 증세를 나타내는 황달을 이르는 말.
주담(酒痰)명 한방에서, 술을 마신 다음날 입맛이 없고, 담이 성하여 구토가 나는 증세를 이르는 말.
주담(酒談)명 술김에 지껄이는 객쩍은 말.
주당 명 민속에서, 뒷간을 지킨다는 귀신.
주당(周堂)명 민속에서, 혼인 때에 꺼려야 한다는 귀신.
  주당(을) 맞다 관용 주당으로 말미암아 빌미를 입다.
주당(酒黨)명 술을 즐겨 마시는 사람, 또는 그 무리. 주도
주당-물림(周堂-)명 민속에서, 주당을 물리친다면서 추녀 안에 있는 사람을 잠시 추녀 밖으로 내보내는 일.
주대 명 줄과 대, 곧 낚싯줄과 낚싯대.
주대(主隊)명 주력 부대, 또는 주력 함대.
주:대(奏對)명 ①-하다 자 신하가 임금의 물음에 직접 대답하여 아룀. ②문체(文體)의 이름. '주소(奏疏)'와 '대책(對策)'을 아울러 이르는 말.
주덕(主德)명 원덕(元德)
주덕(酒德)명 ①술의 공덕(功德). ②술에 취한 뒤에도 흐트러지지 않고 바르게 가지는 몸가짐.
주도(主都)명 중심이 되는 도시.
주도(主導)명-하다 타 주장(主張)이 되어 이끌어 감. ¶ 대회를 -하다./회의를 -하다.
주도(州都)명 미국이나 호주 등의 나라에서 주(州)의 정청(政廳)이 있는 도시.
주도(酒徒)명 주당(酒黨)
주도(酒道)명 술자리에서 술을 마실 때 지켜야 할 도리.
주도(周到)어기 '주도(周到)하다'의 어기(語基).
주도-권(主導權)[-꿘]명 주장이 되어 일을 추진해 나갈 수 있는 권리나 권력. 헤게모니 ¶ -을 잡다.
주도-적(主導的)명 어떤 일에 주장(主張)이 되어 이끌어 가는 것. ¶ -인 위치.
주도-하다(周到-)형여 주의(注意)가 두루 미쳐 허술한 데가 없다. ¶ 면밀하고 주도하게 짜여진 계획.
주독(主櫝)명 신주(神主)를 모시는 작은 궤. 준 독(櫝)
주독(酒毒)명 술을 많이 마셔 그 중독으로 얼굴 따위에 나타나는 붉은빛이나 점. 술독
주독-코(酒毒-)명 주독으로 생기는 비사증(鼻皶症), 또는 그 증세로 붉어진 코.
주동(主動)명 ①중심이 되어 행동하는 일. ②'주동자(主動者)'의 준말.
주-동사(主動詞)명〈어〉본동사(本動詞)
주동-자(主動者)명 어떤 일에 중심이 되어 행동하는 사람. ¶ 반란의 -. 준 주동(主動)
주동-적(主動的)명 어떤 일에 중심이 되어 행동하는 것. ¶ -인 인물(人物)./-으로 활약하다.
주-되다(主-)자 주장이 되거나 중심이 되다. ¶ 사건의 주된 요인(要因).
주두(柱科·柱頭)명 대접받침
주두(柱頭)명 ①기둥머리 ②암술머리
주:둔(駐屯)명-하다 자 군대가 어느 지역에 머무름.
주:둔-군(駐屯軍)명 어느 지역에 일시적으로 주둔하여 있는 군대.
주:둔-지(駐屯地)명 군대가 일시적으로 머물러 있는 곳.
주둥아리 명 '입'을 속되게 이르는 말. 준 주둥이 ☞조동아리
주둥이 명 ①'주둥아리'의 준말. ②짐승이나 물고기 따위의 비죽하게 나온 입 부분. ☞조동이
  주둥이(가) 싸다 관용 '입이 싸다'를 속되게 이르는 말.
  주둥이(를) 놀리다 관용 ①'말대꾸하다'를 속되게 이르는 말. ②'말을 함부로 하다'를 속되게 이르는 말.
주둥치 명 주둥칫과의 바닷물고기. 몸길이 15cm 안팎, 몸빛은 파란빛을 띤 은백색임. 옆으로 납작한 달걀꼴이며, 지느러미에는 잔가시가 있고, 주둥이는 작으나 길게 늘일 수 있음. 내만에 서식하나 때로는 하천으로 올라오기도 함. 우리 나라와 일본의 연해 등에 분포함.
주등(酒燈)명 지난날, 선술집 문간에 흔히 달아 두던 지등롱(紙燈籠).
주라(朱喇)명 대각(大角)[2]

주라-통(朱螺筒)명 소의 목구멍에서 밥통에 이르는 길, 곧 소의 식도(食道).
주락(珠絡)명 주락상모(珠絡象毛)
주락-상모(珠絡象毛)명 말갈기를 모숨모숨 붉은 털로 된 술을 드려 땋은 꾸밈새. 지난날, 임금이 타던 말이나, 사복시(司僕寺)·규장각(奎章閣) 등의 관원이 타던 말을 꾸몄음. 주락(珠絡)
주란(朱欄)명 붉은 칠을 한 난간.
주란(酒亂)명 술에 취하여 미친듯이 날뛰는 일, 곧 심한 주정. 유 주광(酒狂)
주란-사(-紗)명 주란사실로 짠 피륙의 한 가지.
주란사-실(-紗-)명 무명실 표면의 보풀을 가스 불에 태워 없앰으로써 매끄럽고 윤이 나게 한 실. 가스실
주란=화:각(朱欄畫閣)명 단청을 곱게 한 누각. 주루 화각(朱樓畫閣)
주람(周覽)명-하다 타 두루 돌아다니며 자세히 봄.
주랍(朱蠟)명 지난날, 편지 따위를 봉하는 데 쓰던 붉은빛의 밀랍(蜜蠟).
주랑(柱廊)명 기둥만 줄지어 서 있고 벽이 없는 복도.
주:략(籌略)명 계책(計策)과 모략(謀略).
주량(柱梁)명 ①기둥과 들보. ②한 집안이나 나라를 떠받치는 중요한 인물을 비유하여 이르는 말.
주량(酒量)명 마실 수 있는 술의 분량, 또는 마신 술의 분량. 주호(酒戶)
주럽 명 피로 따위로 몸이 느른한 증세.
  주럽(을) 떨다 관용 푹 쉬어 피로를 풀다.
주렁-주렁 부-하다 형 ①열매 따위가 많이 매달려 있는 모양을 나타내는 말. ¶ 나무에 - 열린 사과. ②한 사람에게 여러 사람이 딸려 있는 모양을 나타내는 말. ¶ - 딸린 식솔. ☞조랑조랑
주레-동 명 비탈진 갱도(坑道)에 세우는 동바리.
주레-장 명 천장이 높은 갱도(坑道)에서, 위험을 피하기 위하여 따로 방발과 살장을 대고 그 위에 버력을 채워서 만든 천장.
주려(周廬)명 지난날, 궁궐을 지키는 군사가 숙직할 때 자는 곳을 이르던 말.
주력(主力)명 ①주요한 힘. ¶ 수출에 -을 쏟다. ②중심이 되는 전력(戰力) 또는 세력. ¶ - 무기/- 상품
주력(走力)명 달리는 힘.
주:력(注力)명-하다 자 힘을 들임. ¶ 체력 단련에 -하다.
주:력(呪力)명 주술(呪術)의 힘. 주술을 실현시킨다고 믿는 초자연적이고 비인격적인 힘의 관념.
주력(周歷)명-하다 자 두루 돌아다님.
주력(酒力)명 ①술김에 내는 힘. ②사람을 취하게 하는 술의 힘.
주력=부대(主力部隊)명 중심을 이루는 부대. 전력(戰力)이 가장 뛰어난 부대.
주력-함(主力艦)명 가장 큰 전력(戰力)을 지닌 군함.
주력=함:대(主力艦隊)명 주력함을 중심으로 하는 함대. ☞주력 부대
주련(柱聯)명 종이에 쓰거나 나무에 새겨서 기둥 따위에 붙이거나 거는 연구(聯句). 영련(楹聯)
주련(株連)명-하다 자 한 사람의 범죄에 여러 사람이 연루됨.
주:련(駐輦)명-하다 자 지난날, 임금의 거둥 때 도중에서 잠시 연을 머무르게 하던 일.
주련-경(柱聯鏡)명 기둥에 거는 좁고 긴 거울.
주렴(珠簾)명 구슬을 꿰어 만든 발. 구슬발
주령(主令)명 지난날, 손이 정삼품 이상의 주인을 높이어 일컫던 말.
주령(主嶺)명 잇달아 있는 고개 중에서 가장 높은 고개.
주령(酒令)명 여럿이 술을 마실 때, 마시는 방식 따위를 정한 약속.
주령-배(酒令杯)명 지난날에 쓰던 술잔의 한 가지. 잔 안에 작은 인형이 들어 있어 술이 차면 떠올라 뚜껑의 구멍 밖으로 머리를 내미는데, 인형이 향한 쪽에 앉은 사람이 술을 마셔야 했음.

주례(主禮)명-하다타 예식을 주장하여 진행함, 또는 그 일을 맡아 하는 사람.

주례(周禮)명 중국의 경서(經書)인 삼례(三禮)의 하나. 주나라 때의 관제(官制)를 천(天)·지(地)·춘(春)·하(夏)·추(秋)·동(冬)의 여섯 행정 기관으로 갈라 기술하였음.

주례-사(主禮辭)명 예식에서, 주례가 하는 축사(祝辭).

주-로(主-)부 중점을 두어. 주되게 ¶회의에서는 - 경제 문제를 토의했다./점심은 - 빵을 먹는다./그곳에는 - 학생이 모인다.

주로(舟路)명 배가 다니는 길.

주로(朱鷺)명 '따오기'의 딴이름.

주:로(走路)명 ①육상 경기 따위에서, 주자(走者)가 달리는 일정한 길. ②달아나는 길.

주록(週錄)명 주간(週間)의 기록.

주룡(主龍)명 풍수설에서, 주산(主山)의 줄기를 이르는 말.

주:루(走壘)명-하다자 야구에서, 주자가 누(壘)에서 다음 누로 달리는 일. ¶- 플레이

주루(酒樓)명 ①술을 파는 집. ②술집으로 쓰는 누각.

주루=화:각(朱樓畫閣)명 주란 화각(朱欄畫閣)

주룩부 ①굵은 물줄기가 빠르게 잠깐 흐르다 멎는 소리, 또는 그 모양을 나타내는 말. ¶지붕에 고인 물이 - 쏟아져다. ②대롱으로 물 따위를 가볍게 빨아들이는 소리를 나타내는 말. ☞조록. 쭈룩

주룩-주룩부 ①굵은 물줄기가 빠르게 잠깐씩 흐르다 멎다 하는 소리, 또는 그 모양을 나타내는 말. ②굵은 빗줄기가 계속 내리는 소리, 또는 그 모양을 나타내는 말. ¶비가 - 내리다. ☞조록조록. 쭈룩쭈룩

주류(主流)명 ①지류(支流)가 모여서 이루어진 하천의 큰 흐름. 간류(幹流) ☞본류(本流) ②사상이나 학문 따위의 중심이 되는 경향. ¶시장 경제가 -를 이루다. ③조직이나 단체 안에서 중심이 되는 파. ¶-와 비주류.

주류(周流)명-하다자 물 따위가 돌아서 흐름.

주류(酒類)명 온갖 종류의 술. ¶-를 팔다.

주:류(駐留)명-하다자 군대가 어떤 곳에 일시적으로 머무름.

주:류-성(走流性)[-썽]명 물의 흐름이 자극이 되어 일어나는 주성(走性). 물고기가 상류로 향하는 따위. 추류성(趨流性)

주류-업(酒類業)명 술을 양조하거나 거래하는 업종.

주류-품(酒類品)명 술 종류에 딸리는 모든 물품.

주:륙(誅戮)명-하다타 죄 있는 이를 죽임.

주르르부 ①액체가 가볍게 흘러내리는 소리, 또는 그 모양을 나타내는 말. ¶눈에서 눈물이 - 흘러내리다. ②물체가 비스듬한 곳을 가볍게 미끄러져 내리는 모양을 나타내는 말. ¶나무에 올라가다가 - 미끄러지다. ③여럿을 한 줄로 고르게 벌여 놓은 모양을 나타내는 말. ¶사람들을 일렬로 - 세우다. ④발을 재게 놀리며 따라다니는 모양을 나타내는 말. ¶강아지들이 어미를 - 따라다니다. ☞조르르. 쭈르르

주르르-주르르부 자꾸 주르르 하는 소리, 또는 그 모양을 나타내는 말. ☞조르르조르르. 쭈르르쭈르르

주르륵부 ①액체가 빠르게 잠깐 흐르다 멎는 소리, 또는 그 모양을 나타내는 말. ¶우산에 맺혀 있던 빗물이 - 흘러내리다. ②물체가 비스듬한 곳을 빠르게 잠깐 미끄러지다 멈추는 모양을 나타내는 말. ☞조르륵. 쭈르륵

주르륵-주르륵부 자꾸 주르륵 하는 소리, 또는 그 모양을 나타내는 말. ☞조르륵조르륵. 쭈르륵쭈르륵

주름명 ①피부가 늘어져 생긴 잔금. ¶이마에 잡힌 -. ②천 따위를 접거나 접혀서 잡힌 금. ¶-을 잡다./-이 가다./-이 진 스커트./옷에 -을 세우다.

주름-버섯명 주름버섯과의 버섯. 갓은 지름 3~10cm이며, 처음에는 구형이나 차차 편평형이 되고 백색에서 엷은 적갈색으로 변함. 봄부터 가을까지 풀밭 등에 자람. 먹을 수 있으며 전세계에 널리 분포함.

주름-살[-쌀]명 주름이 잡힌 금. ¶-이 잡히다.

주름살-지다[-쌀-]자 피부·천·종이 따위에 주름살이 생기다. 준주름지다

주름-상자(-箱子)명 ①사진기에서, 마음대로 늘이거나 줄일 수 있게 주름진 가죽이나 천 따위로 둘레를 막은 어둠상자. ②아코디언이나 제등(提燈) 따위에서, 마음대로 늘이고 줄이고 할 수 있는 몸통 부분.

주름-위(-胃)명 반추위(反芻胃)의 넷째 위. 많은 주름으로 되어 있으며, 겹주름위에서 온 먹이 등을 삭임. 제사위(第四胃). 추위(皺胃) ☞벌집위. 혹위

주름-잡다타 어떤 집단이나 사회를 마음대로 움직이다. ¶가요계를 -.

주름-지다자 '주름살지다'의 준말. ¶주름진 얼굴.

주릅명 흥정을 붙여 주고 구문(口文)을 받는 일을 직업으로 삼는 사람. ☞중보(仲保)

주릅(을) 들다관용 사이에 들어 매매 따위를 소개해 주다.

주리명 지난날, 피의자를 고문하던 방법의 한 가지. 두 다리를 묶고, 다리 사이에 두 개의 주릿대를 끼워서 비틀었음.

주리(를) 틀다관용 묶은 두 다리 사이에 주릿대를 끼워서 비트는 고문을 하다.

속담 **주리 참듯 하다**: 몹시 심한 고통을 가까스로 참는다는 말.

주:리(腠理)명 살갗에 생긴 자디잔 결.

주:리다자타 ①먹을 것이 없거나 모자라 배를 곯다. ¶기근으로 주민들이 주리고 있다. ②바라고 구하는 것이 채워지지 않아 허전함을 느끼다. ¶인정에 -.

속담 **주린 고양이가 쥐를 만났다**: 좋은 운수가 닥쳤다는 말./**주린 범의 가재라**: 여간 먹어서는 양이 차지 않는다는 말.

한자 **주릴 기**(飢)〔食部 2획〕¶기갈(飢渴)/기근(飢饉)/기아(飢餓)/기인(飢人)/기한(飢寒)

주립(朱笠)명 지난날, 군복(軍服)의 한 가지인 융복(戎服)을 입을 때 쓰던 붉은 칠을 한 갓.

주릿-대명 ①지난날, 주리 트는 데 쓰던 두 개의 긴 나무 막대. ②행실이 몹시 나쁜 사람을 비유하여 이르는 말.

주릿대를 안기다관용 모진 벌을 주다.

주릿-방망이명 '주릿대'를 속되게 이르는 말.

주:마(走馬)명-하다자 말을 타고 달림, 또는 그 달리는 말.

주:마가편(走馬加鞭)성구 '닫는 말에 채찍질'이라는 말을 한문식으로 옮긴 구(句)로, 힘껏 잘하고 있는데도 자꾸 더욱 잘하기를 재촉한다는 뜻.

주:마간산(走馬看山)성구 달리는 말 위에서 산천을 구경한다는 뜻으로, 겨를이 없어 대강대강 보고 지나침을 이르는 말.

주:마-등(走馬燈)명 등롱(燈籠)에 그림자 그림을 응용한 장식용의 등. 바람개비가 달린 안쪽 틀에 그림을 오려붙이고, 중심에 세운 촛불의 열로 안쪽 틀이 돌아가면, 얇은 종이나 천을 바른 바깥쪽 틀에 그림의 그림자가 움직이면서 비추이게 되어 있음. 중국에서 시작되었으며, 특히 여름날 밤에 대청에 내걸어 놓고 즐겼음.

주마등 같다관용 사물이 덧없이 변하여 옮아감을 이르는 말. ¶주마등 같은 세월.

주:마-창(走馬瘡)명 한방에서, 몸의 이곳저곳으로 돌아가면서 생기는 종기(腫氣)를 이르는 말.

주막(酒幕)명 지난날, 길거리에서 술이나 밥을 팔고 나그네를 묵게 하던 집. 주막집 유점막(店幕)

주막-거리(酒幕-)명 지난날, 주막집이 있던 길거리.

주막-방(酒幕房)명 봉놋방

주막-쟁이(酒幕-)명 지난날, 주막을 경영하는 사람을 낮잡아 이르던 말.

주막-집(酒幕-)명 주막

주말(週末)명 한 주일의 끝 무렵. 토요일, 또는 토요일부터 일요일까지를 이름. ¶- 휴양 ☞주초(週初)

주망(酒妄)명 주광(酒狂)

주망(蛛網)명 거미집

주매(酒媒)명 누룩

주맥(主脈)명 ①산맥·광맥·수맥 따위의 중심이 되는 줄

기. ②식물의 잎의 가장 굵은 잎맥. 잎몸 한가운데에 세로로 나 있음. 중륵(中肋)

주맹(晝盲)명 밝은 데서보다 좀 어두운 데서 더 잘 보이는 눈, 또는 그런 눈을 가진 사람.

주머니 명 ①돈 같은 것을 넣으려고 헝겊 따위로 만들어, 끈을 꿰어 허리에 차거나 들고 다니게 한 물건. 낭탁(囊橐) ②염낭·호주머니·조끼 주머니 등을 통틀어 이르는 말.
속담 **주머니에 들어간 송곳이라** : 주머니 속의 송곳 끝이 주머니를 뚫고 나오듯, 유능한 사람은 숨어 살아도 곧 드러나게 된다는 말. ☞낭중지추(囊中之錐)

주머니-떨이 명-하다자 ①주머니에 든 돈이나 물건을 훔쳐 내는 일, 또는 그러한 사람. ②여러 사람이 주머닛돈을 모두 털어서 술이나 과실 등을 사 먹는 놀이.

주머니-밑천[-믿-]명 요긴하게 쓰려고, 좀처럼 쓰지 않는 주머닛돈. ¶ -까지 다 털어 책을 사다.

주머니-쥐 명 주머니쥣과의 짐승. 몸길이 40~65cm, 꼬리 길이 25~50cm. 생김새가 쥐와 비슷하며 몸의 위쪽은 희끗희끗한 잿빛임. 물가의 숲 속에 사는데, 나무를 잘 타며 꼬리를 가지에 감고 매달림. 암컷은 배 쪽에 있는 육아낭에 새끼를 넣어 기름. 야행성이고 잡식성임. 북아메리카에서 남아메리카에 걸쳐 분포함.

주머니-칼 명 주머니 속에 넣고 다니며 쓰는 작은 칼. 나이프. 낭도(囊刀)

주머닛-돈 명 주머니 속에 있는 돈.
속담 **주머닛돈이 쌈짓돈** : 네 것 내 것 가릴 것도 없이 그게 그것이라는 뜻으로, 결국 다 한 집안 식구의 것이라는 말.〔쌈짓돈이 주머닛돈〕

주먹 명 다섯 손가락을 오그려 꼭 모아 쥔 손.
속담 **주먹 맞은 감투라** : ①아주 망가져 다시는 어찌할 수 없음을 이르는 말. ②잘난체 하다가 남의 핀잔을 받아 무안해진 사람을 두고 이르는 말./**주먹으로 물 찧기** : 일이 매우 쉽다는 말.〔누워 떡 먹기/땅 짚고 헤엄치기〕/**주먹은 가깝고 법은 멀다** : ①당장은 주먹이 법보다 더 무섭다는 말. ②당장 주먹이 날아드는데 법으로 보호받기는 쉽지 않다는 말./**주먹 큰 놈이 어른이다** : 힘센 사람이 제일 윗자리를 차지하는 경우를 이르는 말.

한자 **주먹 권**(拳)〔手部 6획〕¶ 권총(拳銃)/권투(拳鬪)

주먹-구구(-九九)명 ①손가락을 꼽으면서 헤아리는 셈. ②대충 어림으로 하는, 정확하지 못한 셈. ¶ 큰 공사를 -로 하다.
속담 **주먹구구에 박 터진다** : 셈을 어림짐작으로 대충대충 하다가는 크게 틀려 큰 낭패를 보게 된다는 말.

주먹-다짐 명-하다타 ①주먹으로 마구 때리는 짓. ¶ -이 벌어지다. ②힘으로 을박지르는 짓.

주먹-도:끼 명 구석기 시대의 뗀석기의 한 가지. 자루 없이 손으로 직접 쥐고 사용한 것으로 짐작됨. 악부(握斧)

주먹-동발 명 가장 작은 동발.

주먹-떼 명 떼를 입힐 때, 여기저기 드문드문 심는 뗏장.

주먹-밥 명 ①주먹만 한 덩이로 뭉친 밥. ②수저를 쓰지 않고 손으로 집어먹는 밥.

주먹-뺨 명 주먹으로 뺨을 때리는 것.

주먹-상투 명 지난날, 머리를 솎지 않고 틀어서 맨, 주먹처럼 모양 없이 크기만 한 상투를 이르던 말.

주먹-심 명 ①주먹으로 때리는 힘. ②남을 억누르는 힘. ☞완력(腕力)

주먹-장 명 재래식 한옥(韓屋)에서, 봇목에 들어가는 도리 끝이 물러나지 않게, 도리 대강이를 안쪽은 좁고 끝은 조금 넓게 에어 깎은 부분.

주먹-질 명-하다자 주먹을 휘두르며 으르거나 때리는 짓.

주먹총-질 명-하다자 상대편을 향해서 주먹을 내지르는 짓.

주먹-치기 명-하다자 ①상대편이 내민 주먹을 자기 주먹으로 치는, 아이들 장난의 한 가지. ②계획 없이 일을 되는 대로 해치우는 짓.

주먹-코 명 ①뭉뚝하게 생긴 큰 코. ②뭉뚝하게 생긴 큰 코를 가진 사람을 놀리어 이르는 말.

주먹-흥정 명-하다자 ①주먹구구로 하는 흥정. ②주먹질하며 시비를 가리는 일.

주:면(奏免)명-하다타 임금에게 아뢰어 벼슬을 떼게 함.

주면(柱面)명 기둥면

주:멸(誅滅)명-하다타 죄인을 죽여 없앰.

주명(主命)명 ①임금의 명령. 왕명(王命). 칙명(勅命) ②주인의 명령이나 분부.

주:명(註明)명-하다타 주(註)를 달아 본문의 뜻을 밝힘.

주:명-곡(奏鳴曲)명 소나타

주모(主母)명 집안 살림을 주장(主掌)하는 부인.

주모(主謀)명-하다타 중심이 되어 나쁜 일을 꾀함.

주모(酒母)명 ①술밑 ②술청에서 술을 파는 여자. 술어미. 주부(酒婦)

주목(朱木)명 주목과의 상록 교목. 줄기는 곧게 뻗으며 높이는 15m 안팎. 나무껍질은 적갈색이며 얇게 갈라져 있음. 잎은 바늘 모양이며 깃꼴로 붙음. 꽃은 암수딴그루 또는 암수한그루로 4월경에 잎겨드랑이에 피고, 열매는 9~10월에 붉게 익는데 맛이 닮. 높은 산 속에서 자라며 관상수로도 심는데, 재질이 치밀하여 건축·가구·세공품 따위에 쓰임.

주:목(注目)명-하다자타 ①주의를 집중하여 한곳을 봄. ¶ 국기를 -하다. ②관심을 가지고 지켜봄. ¶ 가장 -을 끄는 작품.

주-목적(主目的)명 주가 되는 목적.

주몽(晝夢)명 낮에 공상에 잠겨 꿈꾸는 것처럼 되는 상태.

주무(主務)명 ①-하다타 사무를 주장하여 맡아봄. ②'주무자(主務者)'의 준말.

주:무(綢繆)명-하다타 ①단단히 얽어맴. ②미리미리 꼼꼼하게 준비함. ¶ 현재를 -하기에 급한 오인(吾人)은 숙석(宿昔)의 징변(懲辨)을 가(暇)치 못하노라.

주무=관청(主務官廳)명 행정 사무를 주관하는 관청.

주무르다(주무르고·주물러)타르 ①물건이나 몸의 한 부분을 손으로 자꾸 쥐었다 놓았다 하거나 손바닥으로 눌렀다 놓았다 하다. ¶ 떡을 -./다리를 -. ②무엇을 마음대로 다루다. ¶ 자금 시장을 멋대로 -.

주무-부(主務部)명 사무를 주관하는 부서.

주무시다 자 '자다'의 존경어.

주무-자(主務者)명 사무를 주장하여 맡아보는 사람. 준 주무(主務)

주무=장:관(主務長官)명 어떤 행정 사무를 주관하는 부(部)의 장관.

주묵(朱墨)명 주홍빛이 나는 먹.

주문(主文)명 ①문장 중에서 주가 되는 문절(文節). ②'판결 주문(判決主文)'의 준말. ③조선 시대, '대제학(大提學)'을 달리 이르던 말. ④조선 시대, 시관(試官)의 으뜸 관직인 '상시(上試)'를 달리 이르던 말.

주문(朱門)명 ①붉은 칠을 한 문. ②지난날, 높은 관원이나 부호의 저택을 이르던 말.

주:문(注文)명-하다타 사고자 하는 물품의 제작이나 배달 등을 부탁하는 일. ¶ 책을 -하다.

주:문(呪文)명 ①술가(術家)가 술법(術法)을 부릴 때 외는 말. 주사(呪辭) ¶ 무당이 -을 외다. ②주술적인 효과를 바라서 외는 글귀. 준 주(呪)

주:문(奏聞)명-하다타 주달(奏達)

주:문(註文)명 본문을 주해(註解)한 글.

주:문=생산(注文生産)명 소비자의 주문에 맞춰서 상품을 생산하는 일. ☞시장 생산(市場生産)

주:문-서(注文書)명 물건을 주문하는 문서.

주:문-자(注文者)명 ①주문하는 사람. ②도급 계약의 당사자의 한 편. 상대편인 도급인에게 일의 완성을 청구할 권리와 함께 보수 지급의 의무를 가진 당사자.

주:문자=상표=부:착=생산(注文者商標附着生産)명 주문자인 기업의 상표를 붙여서 판매되는 제품을 생산하는 일. 오이엠(OEM)

주:문-품(注文品)명 주문한 물품, 또는 주문 받은 물품. ☞기성품(旣成品)

주:문형=비디오(注文型video)명 사용자가 통신망에 연결된 단말기로 원하는 비디오를 선택하면, 비디오서비

스 제공 업체가 통신망을 통하여 그 비디오를 보내 주는 통신 서비스. 브이오디(VOD)
주물(主物)명 어떤 쓰임을 위하여 종물(從物)이 딸려 있는 물건. 문짝에 대한 집, 노(櫓)에 대한 배, 열쇠에 대한 자물쇠 따위.
주:물(呪物)명 주력(呪力)이나 영검을 나타낸다고 하여 신성시하는 물건.
주:물(鑄物)명 녹인 쇠붙이를 거푸집에 부어 만든 물건.
주:물=공장(鑄物工場)명 주물을 만드는 공장.
주물럭-거리다(대다)타 주물럭주물럭 주무르다. ☞조몰락거리다
주물럭-주물럭부 연한 물건을 자꾸 주무르는 모양을 나타내는 말. ☞조몰락조몰락
주물-상(晝物床)[-쌍]명 귀한 손을 대접할 때, 간략하게 차려서 먼저 내오는 다담상(茶啖床).
주:물=숭배(呪物崇拜)명 물신 숭배(物神崇拜)
주:민(住民)명 어느 일정한 지역 안에 살고 있는 사람. 거주민(居住民)
주:민=등록(住民登錄)명 주민의 거주 관계 등을 파악하고 행정 사무를 원활하게 처리하기 위하여, 모든 주민을 주소지의 구(區) 또는 시(市)·읍(邑)·면(面) 등에 등록하게 하는 제도.
주:민=등록증(住民登錄證)[-쯩]명 주민 등록법에 따라 일정한 거주지에 사는 주민임을 나타내는 증명서.
주:민-세(住民稅)[-쎄]명 지방세의 하나. 그 지역에 살며 독립된 생계를 영위하는 개인과 사무소나 사업소 등을 둔 법인에게 부과됨.
주밀(周密)어기 '주밀(周密)하다'의 어기(語基).
주밀-하다(周密-)형여 허술한 구석이 없고 찬찬하다. ¶계획이 -.
주박(酒粕)명 지게미
주반(柱半)명 기둥의 한가운데에 내리그은 먹줄.
주반(酒飯)명 ①술과 밥. 주식(酒食) ②술밥
주반(酒盤)명 술상으로 쓰는 소반이나 예반.
주발(*周鉢)명 놋쇠로 만든 밥그릇. 위가 약간 벌어지고 뚜껑이 있음.
주발-대:접(*周鉢-)명 주발과 대접이라는 뜻으로, '식기(食器)'를 이르는 말.
주방(酒房)명 조선 시대, 내시부(內侍府)에 딸리어 궁중에서 쓸 술을 빚던 곳.
주방(廚房)명 ①음식을 만들거나 차리는 방. ②'소주방'의 준말. ▷廚의 속자는 厨
주배(酒杯)명 술잔
주:배(做坏)명 도자기의 몸을 만드는 일. 성배(成坏)
주버기명 덕지덕지 붙은 더께.
주번(週番)명 한 주일씩 번갈아 드는 근무나 당번, 또는 그 근무를 하는 사람. ¶- 교사(教師)
주번=사:관(週番士官)명 군대에서, 주번 사령을 도와 주번 하사 이하를 감독하여 주번 임무를 수행하는 장교.
주번=사령(週番司令)명 군대에서, 주번 사관 이하를 지휘 감독하여 주번 임무를 수행하는 책임 장교.
주벌(主伐)명-하다타 벌채할 시기에 이른 나무를 베는 일.
주:벌(誅伐)명-하다타 불법을 따지어 침. ¶역적을 -하다.
주:벌(誅罰)명-하다타 죄를 따지어 처벌함.
주범(主犯)명 정범(正犯)
주범(主帆)명 범선(帆船)의 주되는 돛대에 달린 큰 돛.
주법(主法)명 실체법(實體法) ☞조법(助法)
주:법(走法)[-뻡]명 육상 경기 등에서, 달리는 방법.
주:법(呪法)[-뻡]명 ①주문(呪文)을 읽거나 외는 법식. ②주술(呪術)
주:법(奏法)[-뻡]명 '연주법(演奏法)'의 준말.
주벽(主壁)명 ①출입문에서 정면으로 보이는 벽. ②사람들을 양쪽에 앉히고 가운데 앉는 주장되는 자리, 또는 거기에 앉은 사람. ③사당(祠堂)의 으뜸이 되는 위패.
주벽(周壁)명 둘레의 벽.
주벽(酒癖)명 ①술을 몹시 좋아하는 버릇. ②술에 취하면 으레 드러내는 좋지 않은 버릇. 주성(酒性)
주:변명-하다타 일을 주선하거나 변통함, 또는 그런 재주. ¶-이 참으로 좋은 친구.
주변(周邊)명 ①어떤 것의 둘레나 언저리. ¶도시의 -./마을 - ②전두리
주변=기기(周邊機器·周邊器機)명 주변 장치
주:변-머리명 '주변'을 속되게 이르는 말.
주:변-성(-性)[-썽]명 두름성
주변=세:포(周邊細胞)명 공변 세포(孔邊細胞)
주변-인(周邊人)명 심리학에서, 문화가 서로 다른 둘 이상의 집단에 딸리면서, 그 어느 쪽에도 완전히 딸리지 못하고 각각의 집단의 경계에 있는 사람. 경계인
주변=장치(周邊裝置)명 컴퓨터에서, 중앙 처리 장치와 주기억 장치 이외의 보조 기억 장치, 입력 장치, 출력 장치 등을 통틀어 이르는 말. 주변 기기
주변=지역(周邊地域)명 중심이 되는 지역 주위의 일정한 지역.
주병(酒餠)명 술과 떡을 아울러 이르는 말.
주:병(駐兵)명-하다자 어떤 곳에 군대를 머물러 있게 함, 또는 그 군대. 주군(駐軍)
주:병-권(駐兵權)[-꿘]명 다른 나라 영토 안에 군대를 주둔시켜 자국민의 생명과 재산 따위를 보호할 수 있는 권리.
주보(酒甫)명 술에 곁은 사람. 술을 많이 마시는 사람.
주보(週報)명 한 주일에 한 번씩 하는 보고, 또는 그 간행물. ¶시정(市政) -/교회 -
주복(主僕)명 주인과 종. 상전과 하인.
주복(珠服)명 구슬과 옥 따위로 아름답게 꾸민 옷.
주복야:행(晝伏夜行)[-냐-]성구 낮에는 숨어 지내다가 밤에 길을 감을 이르는 말.
주:본(奏本)명 임금에게 올리는 문서.
주봉(主峰)명 ①그 산줄기에서 가장 높은 봉우리. 최고봉(最高峰) ¶북한산의 -은 백운대이다. ②'주인봉(主人峰)'의 준말.
주부(主部)명 ①주가 되는 부분. ②문장에서, 주어와 그 수식어로 이루어진 부분. ☞술부(述部)
주부(主婦)명 한 집안의 가장의 아내, 또는 주인인 부인.
주부(主簿)명 ①조선 시대, 종친부(宗親府)·돈녕부(敦寧府)·한성부(漢城部)·봉상시(奉常寺) 등 여러 관아에 딸렸던 정육품 또는 종육품 관직. ②예전에, 한약방을 차린 사람을 이르던 말.
주부(酒婦)명 주모(酒母)
주부-코명 비사증(鼻皻症)으로 붉은 점이 생기고 부어오른 코.
주불(主佛)명 ①본존(本尊) ②염주(念珠)의 위와 아래에 꿴 큰 구슬.
주붕(酒朋)명 술친구. 술벗. 주우(酒友)
주비명 열매는 누르고 껍질은 잿빛이며 줄기는 검숭한 기장의 한 종류.
주비(周痹)명 한방에서, 때때로 팔다리의 여기저기에 마비가 일어나는 병을 이르는 말.
주:비(籌備)명-하다타 미리 계획하여 준비함. ¶창당 - 위원회
주비-전(注比廛)명 조선 시대, 서울에 있던 백각전(百各廛) 가운데서 으뜸가던 시전(市廛).
주빈(主賓)명 ①여러 손 중에서 주되는 손. ②주인과 빈객(賓客).
주뼛부 ①물체의 끝이 비쭉 솟거나 솟아 있는 모양을 나타내는 말. ②두렵거나 하여 머리카락이 꼿꼿이 일어서는듯 한 느낌을 나타내는 말. ☞조뼛. 쭈뼛
주뼛-거리다(대다)[-뻗-]자 어색하거나 부끄러워서 머뭇머뭇 하다. ☞조뼛거리다. 쭈뼛거리다
주뼛-주뼛[1][-뻗-]부 ①군데군데 주뼛한 모양을 나타내는 말. ②자꾸 주뼛 하는 느낌을 나타내는 말. ☞조뼛조뼛[1]. 쭈뼛쭈뼛[1]
주뼛-주뼛[2][-뻗-]부 주뼛거리는 모양을 나타내는 말. ☞조뼛조뼛[2]. 쭈뼛쭈뼛[2]
주뼛주뼛-하다[-뻗-뻗-]형여 물체의 끝이 비쭉비쭉

솟아 있다. ☞조뼛조뼛하다. 쭈뼛쭈뼛하다

주뼛-하다[-뻗-] 형여 물체의 끝이 비쭉 솟아 있다. ☞조뼛하다. 쭈뼛하다

주사(主祀) 명 -하다 자 조상의 제사를 받들어 지냄. 봉사(奉祀). 봉제사(奉祭祀)

주사(主事) 명 ①관청이나 학교 따위에서, 그 장(長)의 명령에 따라 일정한 업무를 관리하는 직위, 또는 그 사람. ②조선 시대, 여러 관아의 속관(屬官)의 하나. ③행정직 6급 공무원의 직급. ④남자의 성(姓) 뒤에 쓰이어, 상대편을 높이어 일컫는 말.

주사(主辭) 명 논리학에서, 판단의 대상이 되는 주체가 되는 개념. '고양이는 동물이다.'에서 '고양이'. 주개념(主概念). 주어(主語). 주체(主體) ☞빈사(賓辭)

주사(朱砂) 명 진사(辰砂)

주사(舟師) 명 수군(水軍)

주:사(走使) 명 급사(急使)

주:사(走査) 명 -하다 타 텔레비전이나 사진 전송 따위에서, 화상(畫像)을 수많은 점으로 분해하여 그 명암을 전기의 강약으로 바꾸어 송신하는 일. 또는 거꾸로 전기의 강약을 점의 집합으로 바꾸어 원래의 화상을 수상기에 재현하는 일.

주:사(注射) 명 -하다 타 약액(藥液)을 생물체의 조직이나 혈관 등에 주입하는 일.

주:사(呪辭) 명 술가(術家)가 술법(術法)을 부릴 때 외는 말. 주문(呪文)

주:사(奏事) 명 -하다 타 공적인 일을 임금에게 아뢰.

주사(酒邪) 명 술에 취하여 하는 나쁜 버릇.

주사(酒肆) 명 술집

주사(紬絲) 명 명주실

주사(蛛絲) 명 거미줄

주:사-기(注射器) 명 약액(藥液)을 몸 속으로 주입할 때 쓰는 기구. 몸체와 피스톤과 주삿바늘로 되어 있음. 채혈(採血) 따위에도 쓰임.

×**주사니**(紬-) 명 →명주붙이

주:사-량(注射量) 명 주사하는 약액(藥液)의 양.

주사-보(主事補) 명 행정직 7급 공무원의 직급. 주사의 아래, 서기(書記)의 위임.

주사-석(朱砂石) 명 누른 바탕에 새빨간 점이 박힌 돌. 중국에서 나며 결이 고와 도장의 재료로 쓰임.

주:사-선(走査線) 명 텔레비전의 화면을 구성하는 전기 신호의 많은 가로줄.

주:사-액(注射液) 명 주사에 쓰는 약액(藥液). 주사약

주사야:몽(晝思夜夢) 성구 주사야탁(晝思夜度)

주사야:탁(晝思夜度) 성구 낮에도 생각하고 밤에도 이리저리 헤아린다는 뜻으로, 밤낮으로 생각함을 이르는 말. 주사야몽(晝思夜夢)

주:사-약(注射藥) 명 주사액(注射液)

주사위 명 쌍륙(雙六)·내기놀이·노름 따위에 쓰이는 정육면체의 조그만 기구. 상아·옥돌·짐승뼈 따위로 만들며, 하나에서 여섯까지의 점이 각 면(面)에 새겨져 있음. 이를 손으로 던져 윗면에 나타난 점의 수효로 승패를 겨룸. 투자(骰子)

주사위는 던져졌다 관용 일이 이에 이른 이상, 결과야 어찌 되든 단행하는 수밖에 없다. [로마의 카이사르가 군대를 이끌고 루비콘 강을 건너면서 하였다는 말.]

주사위-뼈 명 주사위 하나를 만들만 한 자디잔 뼈. 투자골(骰子骨)

주사-청루(酒肆靑樓) 명 술집이나 기생집, 또는 매음굴 따위를 통틀어 이르는 말. ☞홍등가(紅燈街)

주:사-침(注射針) 명 주삿바늘

주산(主山) 명 풍수설에서, 도읍지·집터·묏자리 등의 뒤에 자리하여 거기서 좌청룡·우백호로 뻗어 나간, 주되는 형국의 산을 이르는 말. ☞진산(鎭山). 후산(後山)

주산(珠算) 명 수판셈

주-산:물(主產物) 명 그 고장의 주요한 산물.

주-산:지(主產地) 명 그 물건의 주요한 생산지.

주살 명 오늬에 줄을 매어 쏘는 화살.

주:살(誅殺) 명 -하다 타 죄인(罪人)을 죽임.

주살-나다 형 '뻔질나다'의 속된말.

주살-익(-弋) 명 한자 부수(部首)의 한 가지. '式'·'弑' 등에서 '弋'의 이름.

주살-질 명 -하다 자 주살로 쏘는 짓.

주-삼포(柱三包) 명 기둥머리 위에 촛가지를 세 겹으로 포개어 짜는 일, 또는 그렇게 지은 포살미 집.

주:삿-바늘(注射-) 명 주사기 끝에 꽂는 바늘. 주사침

주상(主上) 명 임금

주상(主喪) 명 상례(喪禮)를 주장하여 맡아보는 사람.

주:상(住相) 명 불교에서 이르는 사상(四相)의 하나. 일체의 존재가 머물러 있음을 이르는 말.

주:상(奏上) 명 -하다 타 임금에게 말씀을 아뢰는 일. 상주(上奏)

주상(柱狀) 명 기둥 모양.

주상(酒商) 명 술장사, 또는 술장수.

주상(酒傷) 명 술로 말미암아 생기는 위(胃)와 장(腸) 등 소화기의 탈.

주:상(籌商) 명 -하다 타 헤아려서 꾀함.

주상=변:압기(柱上變壓器) 명 전주 위에 설치한 변압기. 변전소에서 보내 온 높은 전압을 일반 가정용으로 낮추는 변압기.

주상=절리(柱狀節理) 명 바위에 생긴 기둥 모양으로 갈라진 틈. 마그마가 식어서 굳어질 때 수축하여서 생김. ☞판상 절리(板狀節理)

주색(主色) 명 ①모든 빛깔의 기조(基調)를 이루는 색. ②주요색(主要色)

주색(朱色) 명 노랑빛을 띤 붉은 빛깔.

주색(酒色) 명 ①음주(飮酒)와 여색(女色). 주음(酒淫) ②조선 시대, 대궐 안의 주방(酒房)에서 술 빚는 일을 맡던 하례(下隸), 또는 나라에서 지내는 제사 때 제주(祭酒)를 맡은 사람.

주색-잡기(酒色雜技) 명 음주(飮酒)와 여색(女色)과 갖가지 노름.

주서(朱書) 명 -하다 타 주묵(朱墨)이나 붉은 물감 등으로 글씨를 씀, 또는 그렇게 쓴 글씨. ☞주기(朱記)

주서(周書) 명 중국의 이십사사(二十四史)의 하나. 북주(北周)의 역사를 기록한 책. 당(唐)나라 태종(太宗)의 명(命)으로 영호덕분(令狐德棻) 등이 엮음. 모두 50권.

주서(洲嶼) 명 사주(砂洲)와 섬.

주:서(juicer) 명 과일이나 채소 따위의 즙을 내는 기구.

주석(主席) 명 ①회의나 위원회 등을 대표하는 사람. ¶국가 -/당(黨) - ②주인의 자리.

주석(朱錫) 명 금속 원소의 하나. 은백색의 금속 광택을 내며 전성(展性)과 연성(延性)이 좋음. 천연에서는 석석(錫石)으로 산출되며, 합금으로는 땜납·청동 따위가 있음. [원소 기호 Sn/원자 번호 50/원자량 118.71]

주석(柱石) 명 ①기둥과 주춧돌. ②건물을 떠받치는 기둥과 주춧돌처럼 국가나 단체 따위를 떠받치는 중심 인물.

주석(酒石) 명 포도주를 만들 때, 그릇 밑바닥에 침전하는 돌 모양의 덩어리. 주석산의 원료가 됨.

주석(酒席) 명 술자리

주:석(註釋·注釋) 명 -하다 타 뜻을 풀이하거나 보충 설명을 덧붙임, 또는 그 풀이나 설명. ¶-을 달다. 준주(註)

주석-땜(朱錫-) 명 놋쇠나 주석 따위로 하는 땜질.

주석-산(酒石酸) 명 무색투명한 주상 결정의 이염기성 유기산. 포도 등 여러 과실에 들어 있으며, 청량 음료 제조나 제과·염색 따위에 쓰임.

주석산-칼륨(酒石酸Kalium) 명 물에 잘 녹는 무색투명한 결정체. 염료나 약용으로 쓰임. 주석영(酒石英)

주석-석(朱錫石) 명 산화주석으로 이루어지는 광물. 적갈색 또는 흑갈색이며, 다이아몬드 같은 광택이 나는 주상 결정으로 정방 정계임. 주석의 주요한 광석이며, 광맥 또는 사광상(砂鑛床)에서 산출됨. 석석(錫石)

주석-쇠(朱錫-) 명 목조 건물에서 나무와 나무를 잇는 곳이나 장식용으로 쓰는 놋쇠.

주-석영(酒石英) 명 주석산칼륨

ㅈ

주석지신(柱石之臣)명 나라를 다스리는 데 없어서는 안 될 중요한 신하.
주선(周旋)명-하다타 ①사이에 들어 일이 이루어지도록 이리저리 힘씀. ¶하숙을 -하다./직장을 -해 주다. ②국제법에서, 제삼국이 분쟁 당사국의 교섭을 돕는 일.
주선(酒仙)명 ①세속(世俗)의 일에 얽매이지 않고 더할 수 없이 술을 즐기는 사람. ②주호(酒豪)
주선-료(周旋料)[-뇨]명 어떤 일을 주선해 주고 그 대가로 받는 돈.
주선-성(周旋性)[-썽]명 주선을 잘하는 성질이나 재간. ¶-이 뛰어난 사람.
주섬-주섬부 여기저기 흩어진 물건을 하나하나 주워 거두는 모양을 나타내는 말. ¶- 거두다./- 챙기다.
주성(主星)명 연성(連星)을 이룬 두 항성 가운데 밝은 쪽의 별. ☞반성(伴星)
주:성(走性)명 생물이 외부에서 받는 자극으로 일정 방향으로 이동하거나 운동하는 성질. 자극이 온 쪽으로 향하는 경우를 양(陽)의 주성, 멀어지는 경우를 음(陰)의 주성이라 하는데, 자극의 종류에 따라 주광성(走光性)·주류성(走流性)·주열성(走熱性)·주화성(走化性) 등으로 가름. 추성(趨性). 추향성(趨向性)
주성(周星)명 목성(木星)이 하늘을 한 바퀴 돈다는 뜻으로, 곧 '열두 해'를 이름.
주성(酒性)명 주벽(酒癖)
주-성분(主成分)명 ①어떤 물질을 이루고 있는 성분 가운데서 주된 것. ¶감자의 -은 탄수화물이다. ☞부성분(副成分) ②〈어〉문장 성분의 하나. 문장의 뼈대를 이루는 성분으로, 보통 '주어(主語)·목적어(目的語)·보어(補語)·서술어(敍述語)'를 이름. ☞부속 성분(附屬成分). 독립 성분(獨立成分)
주세(酒洗)명-하다타 한방에서, 약재를 술에 헹구는 일.
주세(酒稅)명 술에 부과하는 간접세.
주세-불(主世佛)명 본존(本尊)
주:소(住所)명 ①살고 있는 곳. ②법률에서, 생활의 근거가 되는 곳. 법인의 경우에는 주된 사무소 또는 본점이 있는 곳.
주:소(奏疏)명-하다자 상소(上疏)
주소(晝宵)명 밤과 낮. 밤낮
주:소(註疏·注疏)명 경서(經書)를 풀이한 주(註)와 그것을 다시 풀이한 소(疏). 곧 자세한 설명.
주:소-록(住所錄)명 친지나 거래처 따위의 주소를 적어 두는 장부(帳簿).
주:소=부정(住所不定)명 사는 곳이 일정하지 않음.
주:소지-법(住所地法)[-뻡]명 당사자의 주소가 있는 곳에서 시행되고 있는 법률. 국제 사법(國際私法)에서, 준거법(準據法)의 하나로 인정되고 있음.
주속(紬屬)명 명주붙이
주손(冑孫)명 맏손자
주:송(呪誦)명-하다자 송주(誦呪)
주:수(走獸)명 길짐승
주수-상반(酒水相半)명 약을 달일 때 술과 물을 똑같은 분량으로 섞는 일.
주:수-세:례(注水洗禮)명 개신교에서, 물로 머리를 적시는 방식의 세례.
주순(朱脣)명 단순(丹脣)
주순(酒巡)명-하다자 순배(巡杯)
주순호치(朱脣皓齒)성구 단순호치(丹脣皓齒)
주-순환(主循環)명 설비 투자의 변동으로 일어나는 경기 순환. ☞소순환(小循環)
주:술(呪術)명 무당 따위가 신(神)이나 정령(精靈) 등 초자연적인 존재나 신비적인 힘을 빌려 여러 가지 소원을 이루려는 행위. 주법(呪法)
주:술-사(呪術師)[-싸]명 주술을 부리는 사람.
주:스(juice)명 과일이나 채소를 짠 즙, 또는 거기에 설탕 따위를 넣은 청량 음료. ¶사과 -
주승(主僧)명 한 절을 대표하는 중.
주:시(走時)명 지진파가 진원에서 어느 지점까지 이르는 데 걸리는 시간.
주:시(注視)명-하다타 주의 깊게 바라보거나 관심을 가지고 지켜봄. ¶학생들의 행동을 -하다./사건의 추이를 -하다. 유응시(凝視)
주:시-점(注視點)[-쩜]명 시점(視點)
주:시행육(走尸行肉)[-뉵]성구 달리는 송장과 걸어가는 고깃덩이라는 뜻으로, 몸은 살아 있으나 아무런 구실을 하지 못하는 사람을 비유하여 이르는 말.
주식(主食)명 '주식물(主食物)'의 준말.
주식(株式)명 ①주식 회사의 자본을 이루는 구성 단위. 준주(株) ②주주권(株主權) ③주권(株券)
주식(酒食)명 술과 밥을 아울러 이르는 말. 주반(酒飯)
주식(晝食)명 점심밥
주식=공개(株式公開)명 한 집안 또는 제한된 소수의 주주(株主)가 가진 회사의 주식을 일반 투자자에게 널리 분산 소유하게 하는 일. 증권 거래소에 상장함으로써 이루어짐.
주식=금융(株式金融)[-늉]명 기업이 주식을 발행하여 자금을 마련하는 일.
주:식-기(鑄植機)명 활자로 하는 조판에서, 활자의 모형(母型)을 내장하여, 활자를 주조함과 동시에 식자(植字)까지 하는 기계. 한 자씩 주조해 나가는 모노타이프, 한 행씩 한꺼번에 주조하는 라이노타이프가 있음.
주식=담보=금융(株式擔保金融)[-늉]명 주식을 담보로 하는 자금의 대차(貸借).
주-식물(主食物)명 늘 먹는 음식 가운데서 주가 되는 음식. 밥이나 빵 따위. 준주식 ☞부식물(副食物)
주식=배:당(株式配當)명 주주(株主)에 대한 이익의 배당을 새로 발행하는 주식으로 하는 일.
주식-비(主食費)명 주식물(主食物)을 사는 데 드는 비용. ☞부식비(副食費)
주식=시:장(株式市場)명 주식의 발행과 매매가 이루어지는 시장.
주식=자:본(株式資本)명 주식으로 출자된 자본.
주식-점(酒食店)명 술과 밥을 파는 집.
주식형=투자=신:탁(株式型投資信託)명 일반 투자자가 맡긴 자금을 투자 신탁 회사가 주로 우량 주식에 분산 투자하여 운용하는 신탁.
주식=회:사(株式會社)명 일곱 사람 이상의 주주(株主)로 조직되는 유한 책임 회사. 주식을 발행하여 자본을 조달하는 오늘날의 대표적인 기업 형태임.
주신(主神)명 여러 신 가운데 으뜸이 되는 신.
주신(酒神)명 술의 신. 그리스 신화의 디오니소스와 로마 신화의 바커스 따위.
주-신:문(主訊問)명 재판에서, 증인을 신청한 당사자가 먼저 그 증인에게 하는 신문. ☞반대 신문(反對訊問)
주실(酒失)명 취중에 저지른 실수.
주심(主心)명 ①중심이 있는 마음. 줏대 ②임금의 마음.
주심(主審)명 ①중심이 되는 심사원(審査員)이나 심판관. ②운동 경기의 심판(審判) 중 중심이 되는 심판. ③야구의 구심(球審). ☞부심(副審)
주심(柱心)명 기둥의 중심.
주심(珠心)명 종자식물의 밑씨의 중심에 있는 조직. 속에 배낭(胚囊)이 있음.
주아(主我)명 남의 이해(利害)는 생각하지 않고, 무엇에서나 자신의 이해만 생각하는 일.
주아(珠芽)명 알눈. 육아(肉芽)
주아-주의(主我主義)명 이기주의(利己主義)
주악명 찹쌀가루를 익반죽하여, 설탕에 버무린 팥소 따위를 넣어서 송편처럼 빚은 다음, 기름에 지져 꿀에 재운 떡. 웃기떡으로 쓰임.
주:악(奏樂)명-하다자 음악을 연주함, 또는 그 음악.
주안(主眼)명 주되는 목표. 주요한 점.
주:안(奏案)명 상주문(上奏文)의 초안(草案).
주안(酒案)명 '주안상(酒案床)'의 준말.
주안-상(酒案床)[-쌍]명 술상 준주안(酒案)
주안-점(主眼點)[-쩜]명 주안으로 삼는 점.

주암-옹두리 명 주먹 모양으로 생긴 소의 옹두리뼈.
주액(肘腋) 명 ①팔꿈치와 겨드랑이. ②사물이 자기 몸과 매우 가까운 곳에 있음을 비유하여 이르는 말.
주야(晝夜) 명 밤낮
주야겸행(晝夜兼行) 성구 밤낮을 가리지 않고 일을 계속함을 이르는 말. 준 겸행(兼行)
주야골몰(晝夜汨沒) 성구 무슨 일에 밤낮으로 파묻힘, 또는 무슨 일을 밤낮없이 생각함을 이르는 말.
주야불망(晝夜不忘) 성구 밤낮으로 잊지 아니함을 이르는 말. ☞오매불망(寤寐不忘)
주야불식(晝夜不息) [-씩] 성구 밤낮으로 쉬지 아니함을 이르는 말.
주야-장천(晝夜長川) 부 '밤낮으로 쉬지 아니하고 잇달아서', 또는 '늘'·'언제나'의 뜻. ¶ - 흘러가는 냇물.
주야-풍(晝夜風) 명 낮과 밤에 따라 방향을 달리하여 부는 바람. 산간 지방의 산바람과 골바람, 해안 지방의 뭍바람과 바닷바람 따위.
주약(主藥) 명 처방이나 조제에서 주가 되는 약. 주제(主劑)
주:약(呪藥) 명 미개인들이 병이나 상처를 낫게 하는 데 신비한 힘을 가졌다고 믿는 물질.
주어(主語) 명 ①〈어〉문장 성분의 하나. 서술어의 짝이 되는 성분으로, 서술어로써 설명되는 말덩이. '새가 운다.', '모를 것이 사람 마음이다.'에서 '새가'·'모를 것이'와 같은 성분. ②주사(主辭) ☞서술어(敍述語)
주:어(奏御) 명 -하다 타 주달(奏達)
주어-구(主語句) [-꾸] 명 〈어〉문장 속에서 주어의 구실을 하는 구(句). '바위산을 오르기가 매우 힘들다.'에서 '바위산을 오르기가'와 같은 구성의 말. ☞목적구(目的句)
주어-부(主語部) 명 〈어〉문장에서 주어에 딸린 말과 주어를 아울러 이르는 말. '나라를 사랑하는 사람들이 여기에 모였다.'에서 '나라를 사랑하는 사람들이'의 부분. ☞서술부(敍述部)
주어-절(主語節) 명 〈어〉주어와 서술어의 형식은 갖추었으나 문장을 끝맺지 못하고 더 큰 문장의 주어 구실을 하는 문장 성분. '마음이 곧기가 대쪽 같다.'에서 '마음이 곧기가'와 같은 구성의 글. ☞목적절(目的節)
주업(主業) 명 본래의 직업, 또는 주된 업무. ☞본업(本業)
주역(主役) 명 ①주된 일, 또는 그 일을 맡은 사람. ¶창당의 -./동양사의 -. ②연극이나 영화 따위 주인공의 역(役), 또는 그 역을 맡은 사람. ☞단역(端役)
주역(周易) 명 삼경(三經)의 하나. 고대 중국의 복희씨(伏羲氏)가 팔괘(八卦)를 만들고 공자(孔子)가 집대성하였다 함. 천문(天文)·지리(地理)·인사(人事)·물상(物象)을 음양 변화의 원리에 따라 설명한 책으로, 원래 점(占)에 이용되었음. 역(易). 역경(易經)
주:역(註譯) 명 -하다 타 주를 달면서 번역함, 또는 그 번역.
주역=선생(周易先生) 명 ①주역의 원리에 따라 자연이나 인사(人事)의 길흉화복을 판단하는 사람. ②점쟁이
주역언:해(周易諺解) 명 조선 선조 때, 왕명에 따라 '주역(周易)'을 한글로 번역한 책. 9권 5책의 목판본.
주연(主演) 명 -하다 자 연극이나 영화 따위에서 주인공으로 출연함, 또는 그 배우. ☞조연(助演)
주연(朱硯) 명 주묵(朱墨)을 가는 데 쓰는 작은 벼루.
주연(周緣) 명 둘레의 가장자리.
주연(酒宴) 명 술잔치
주연(酒筵) 명 술자리
주열-성(走熱性) [-썽] 명 주위의 온도차에 따라 반응하는 생물의 주성(走性). 짚신벌레 따위에서 볼 수 있음. 추열성(趨熱性). 추온성(趨溫性)
주염-떡 명 인절미를 송편과 비슷하게 빚어 팥소를 넣고 콩가루를 묻힌 떡.
주엽-나무 명 콩과의 낙엽 교목. 높이 20m 안팎. 줄기나 가지에는 잔가지가 변한 가시가 있고, 잎은 길둥근 꼴의 작은 잎이 모인 깃꼴 겹잎임. 6월경에 연둣빛의 잔꽃이 이삭 모양으로 피고, 10월경에 조금 비틀어진 협과(莢果)가 익음. 어린잎은 먹을 수 있고, 한방에서 열매는 조협(皁莢), 가시는 조각자(皁角刺), 씨는 조협자(皁莢刺)라 하여 약재로 씀.

주영(珠纓) 명 구슬을 꿰어 만든 갓끈.
주옥(珠玉) 명 바다에서 나는 구슬과 산에서 나는 옥, 곧 진주와 보석을 이르는 말. ¶-으로 화려하게 꾸미다./- 같은 작품을 남기다.
주옥-편(珠玉篇) 명 주옥같이 아름답고 귀한 문예 작품.
주요(主要) 어기 '주요(主要)하다'의 어기(語基).
주요-동(主要動) 명 지진 때, 초기 미동(微動)을 느낀 뒤에 오는 큰 진동(震動).
주요-부(主要簿) 명 '주요 장부(主要帳簿)'의 준말.
주요=삼화음(主要三和音) 명 으뜸 삼화음
주요-색(主要色) 명 빨강·노랑·파랑·초록의 네 가지 주요한 빛깔. 주색(主色)
주요=장부(主要帳簿) 명 부기(簿記)의 모든 계정을 포함하는 장부. 계정의 조직에 따라 사업 활동의 모든 과정을 기록함. 분개장과 원장이 있음. 준 주요부(主要簿)
주요-하다(主要-) 형여 여럿 가운데서 특히 중요하다. ¶주요한 인물./주요한 사항.
주우(酒友) 명 술벗. 술친구. 주붕(酒朋)
주운(舟運) 명 배로 짐 따위를 실어 나르는 일.
주워-내:다 타 안에 있는 것을 주워서 밖으로 내다.
주워-담:다 [-따] 타 주워서 그릇 따위에 담다.
주워-대:다 타 이 말 저 말 끌어다 대다. ¶이 핑계 저 핑계 주워대느라 정신이 없다.
주워-듣다 (-듣고·-들어) 타ㄷ 귓결에 얻어듣다. ¶여기저기서 주워들은 지식.
주워-섬기다 타 듣고 본 일을 수다스럽게 늘어놓다.
주:원(呪願) 명 절에서, 시주(施主)의 소원을 염(念)하여 그것이 이루어지기를 비는 일, 또는 그 글.
주-원료(主原料) 명 주되는 원료.
주-원인(主原因) 명 주되는 원인.
주위(主位) 명 주되는 자리. 중심되는 지위.
주위(周圍) 명 ①어떤 곳의 둘레. ¶집 -에 나무를 심다. ②사람이나 사물을 둘러싸고 있는 가까운 부근. ¶-를 둘러보다. ③가까이 있는 사람이나 사물. ¶-의 영향을 많이 받으며 자랐다./-의 싸늘한 시선. ④원의 바깥 둘레.
주:위상:책(走爲上策) 성구 화(禍)를 입지 않으려면 그 자리를 피하거나 달아나는 것이 가장 좋은 방법임을 이르는 말. ☞삼십육계(三十六計)
주유(舟遊) 명 -하다 자 뱃놀이. 선유(船遊)
주유(周遊) 명 -하다 타 여기저기를 두루 다니며 구경함. ¶동남아 일대를 -하다. 주행(周行)
주유(侏儒) 명 ①난쟁이 ②따라지 ③지난날, 궁중의 잔치 따위에 나와 흥을 돋우던 배우.
주:유(注油) 명 -하다 자 급유(給油)
주:유-소(注油所) 명 돈을 받고 자동차 따위에 기름을 넣어 주거나 일반인에게 기름을 파는 곳. 급유소(給油所)
주유-천하(周遊天下) 명 각지를 두루 다니며 구경함.
주육(酒肉) 명 술과 고기, 또는 술과 안주.
주은(主恩) 명 ①군은(君恩) ②주인의 은혜. ③크리스트교에서, 주(主)의 은혜를 이르는 말.
주음(主音) 명 음계(音階)의 첫째 음. 음계의 기초가 되는 음으로, '다장조'와 같이 각각의 조(調)는 이 주음의 음 이름을 따서 부르게 됨. 으뜸음. 주조음(主調音)
주음(酒淫) 명 주색(酒色)
주:음=부:호(注音符號) 명 중국에서, 한자(漢字)의 발음을 나타내는 데 쓰는 기호. 성부(聲符)인 자음 스물한 개, 운부(韻符)인 모음 열여섯 개로 이루어짐.
주의(主意) 명 ①말이나 글 따위의 주된 뜻. 주지(主旨) ¶논설의 -를 파악한다. ②의지를 이지(理知)나 감정보다 중시하는 일. ☞주정(主情) ③주군(主君)이나 주인(主人)의 생각.
주의(主義) 명 ①어떤 일에 대하여 늘 지니고 있는 생각이나 방침, 또는 태도. ¶값을 깎지 않는 것이 내 -다. ②사상·학설·예술 등에 대하여 가지는 일정한 생각. ¶그의 학설은 어떤 -를 따르고 있는가? ③어떤 제도나

체제. ¶민주-/진보-

주의(周衣)[명] 두루마기

주:의(注意)[명][-하다][자타] ①마음을 집중함. ¶강의에 -를 기울이다./방송을 -하여 듣다. ②조심함. ¶자동차를 -하다. ③조심하도록 일러 줌, 또는 충고함. ¶지각하지 않도록 -를 주다.

주의(酒蟻)[명] 술구더기

주의(紬衣)[명] 명주 옷.

주:의-보(注意報)[명] 비·바람·눈사태·건조(乾燥)·해일(海溢) 등 기상 상태에 따른 피해의 우려가 있음을 주의하는 예보. ¶태풍 -/호우 - ☞경보(警報)

주의-설(主意說)[명] 주의주의 ☞주정설(主情說)

주:의=의:무(注意義務)[명] 어떤 행위를 하는 데 필요한, 일정한 정도의 주의해야 할 법률적 의무. 남을 위한 관리자로서의 주의와 자기를 위한 주의로 나뉨. 위반하면 민법상·형법상의 책임을 지게 됨.

주:의=인물(注意人物)[명] 경찰 등에서, 그 사상이나 행동이 불량하거나 위험하다고 보아 늘 지켜보고 있는 사람.

주의-주의(主意主義)[명] ①지(知)·정(情)·의(意) 중에서 의지를 중심으로 삼는 생각. ②철학에서, 존재의 본체는 의지에 있다고 하는 주의. ③심리학에서, 정신 작용의 근본은 의지에 있다고 하는 설(說). 주의설 ☞주정주의(主情主義)

주이계:야(晝而繼夜)[성구] 밤낮을 가리지 않고 일을 함을 이르는 말. ☞불철주야(不撤晝夜)

주익(主翼)[명] 비행기의 날개 중, 전체의 무게를 지탱하고 양력(揚力)을 발생시키는 큰 날개. 보통은 동체(胴體)의 중앙부에서 좌우로 뻗어 있음. ☞미익(尾翼)

주인(主人)[명] ①어떤 대상이나 물건의 임자. ¶주운 지갑을 -에게 돌려주다./이 개의 -이 누구냐. ②한 가정이나 가게, 조직 등을 책임지며 이끌어 가는 사람. ¶책방 -/이 나라의 -이 될 어린이들. ㊀주인장(主人丈) ③동작이나 행위의 주체. ¶목소리의 -./선행의 -. ④남을 고용한 사람. ¶-과 종업원. ⑤남편을 달리 이르는 말. ¶- 양반은 안 계십니까? ㊁쥔

[속담] **주인 기다리는 개가 지리산만 바라본다**: 멍하니 무엇을 바라보기만 할 때 이르는 말./**주인 모르는 공사 없다**: 주관하는 사람이 알지 못하는 일은 이루어질 수가 없다는 말./**주인 보탤 나그네 없다**: 나그네는 아무래도 주인에게 폐를 끼치게 된다는 말.

[한자] **주인 주**(主) [丶部 4획] ¶주객(主客)/주부(主婦)

주인(主因)[명] 가장 근본이 되는 원인. ☞부인(副因)

주인-공(主人公)[명] 사건이나 소설·연극·영화 등의 중심 인물. ¶비극의 -.

주인-봉(主人峰)[명] 풍수설(風水說)에서, 묏자리·집터·도읍터와 가까운 곳에 있는 가장 높은 산봉우리. ㊁주봉

주인-옹(主人翁)[명] 늙은 주인을 대접하여 일컫는 말.

주인-장(主人丈)[명] '주인(主人)'을 높이어 일컫는 말. ㊁쥔장

주인-집(主人-)[-찝][명] 주인이 사는 집. ㊀주인댁

[속담] **주인집 장 떨어지니 나그네 국 마단다**: 일이 공교롭게 잘 맞아떨어져 서로 불편을 겪지 않게 되었다는 말.

주일(主日)[명] 크리스트교에서, 주(主)의 날, 곧 일요일을 이르는 말. 성일(聖日)

주일(週日)[명] ①일요일부터 토요일까지의 이레 동안. ②〔의존 명사로도 쓰임〕 이레 동안을 한 단위로 나타내는 말. ¶2- 안에 끝내야 한다.

[한자] **주일 주**(週) [辵部 8획] ¶격주(隔週)/주간(週間)/주말(週末)/주보(週報)/주일(週日)

주일=예:배(主日禮拜)[-례-][명] 크리스트교에서, 주일마다 하느님께 드리는 예배.

주일=학교(主日學校)[명] 주일마다 교회에서 주로 어린이에게 종교 교육을 하는 모임.

주임(主任)[명] 어떤 임무를 중심이 되어 담당하는 사람, 또는 그 임무의 담당자 중 맨 윗자리에 있는 사람. ¶경비 -/국어과 -

주:임-관(奏任官)[명] 갑오개혁 이후에 있었던 관원 등급의 한 가지. 대신(大臣)의 주천(奏薦)으로 임금이 임명하였음.

주임=교:수(主任敎授)[명] 주로 대학에서, 어떤 전문 학과나 학부의 주임이 되는 교수.

주:입(注入)[명][-하다][타] ①액체 따위를 흘려 넣음. ¶주사약을 몸 속에 -하다./라이터에 가스를 -하다. ②지식이나 사상 따위를 기계적으로 기억하게 함. ¶전체주의 사상을 -하다.

주:입(鑄入)[명][-하다][타] 쇠붙이를 녹여 거푸집에 부어 넣음.

주:입=교:육(注入敎育)[명] 지식이나 기능을 일방적·기계적으로 기억시키는 것을 주된 목적으로 하는 교육. 주입식 교육 ☞개발 교육(開發敎育). 계발 교육(啓發敎育)

주:입-식(注入式)[명] ①무엇을 주입하는 방식. ②'주입식 교육(注入式敎育)'의 준말.

주입식=교육(注入式敎育)[명] 주입 교육(注入敎育) ㊁주입식(注入式)

주자(舟子)[명] 뱃사공

주자(走者)[명] ①경주에서, 달리는 사람. ¶이어달리기의 마지막 -. ②야구에서, 누(壘)에 나가 있는 공격측 선수. 러너(runner) ¶-가 도루에 성공하다.

주:자(奏者)[명] '연주자(演奏者)'의 준말.

주자(酒榨)[명] 술주자

주자(廚子)[명] 지난날, 지방 관아에서 음식 만드는 일을 맡아보던 사람. ▷廚의 속자는 厨

주:자(鑄字)[명][-하다][자] 납이나 구리 따위의 쇠붙이를 녹여 부어 활자를 만듦, 또는 그렇게 만든 활자.

주자-석(朱子石)[명] 석회암 속에 황화제이수은이 들어 있어 주홍빛 무늬를 띤 돌. 도장을 만드는 재료나 장식용으로 쓰임. 계혈석(鷄血石)

주:자-소(鑄字所)[명] 조선 시대에 활자를 만들던 곳.

주:자-쇠(鑄字-)[명] 활자 주조에 쓰이는 합금. 활자금(活字金) ▷鑄의 속자는 铸

주-자:재(主資材)[명] 제품의 직접 원료가 되는 자재.

주자-학(朱子學)[명] 성리학(性理學)

주작(朱雀)[명] ①사신(四神)의 하나. 하늘의 남쪽을 지킨다는 신으로, 붉은 봉황(鳳凰) 등의 새의 모습으로 나타냄. ☞현무(玄武) ②이십팔수(二十八宿) 가운데 정(井)·귀(鬼)·유(柳)·성(星)·장(張)·익(翼)·진(軫) 등 남쪽의 일곱 별을 통틀어 이르는 말.

주:작(做作)[명][-하다][타] 없는 사실을 꾸며 만듦. 주출(做出)

주:작부언(做作浮言)[성구] 터무니없는 말을 지어냄을 이르는 말.

주잠(酒箴)[명] 술을 경계하도록 가르치는 말.

주잠(珠簪)[명] 구슬로 꾸민 비녀.

주장(主將)[명] ①일군(一軍)의 으뜸 장수. ②팀을 통솔하고 대표하는 선수. ☞부장(副將)

주장(主張)[명][-하다][타] ①자기의 의견을 강하게 내세움, 또는 그 의견. ¶권리를 -하다./그의 -이 옳다. ②주재(主宰)

주장(主掌)[명][-하다][타] 무슨 일을 책임지고 맡아서 함, 또는 그 사람. ¶큰 행사를 -하다. ☞목대잡다

주장(朱杖)[명] 붉은 칠을 한 몽둥이. 지난날, 주릿대나 신장(訊杖), 무기 따위로 쓰였음. 주장대. 홍몽둥이

주:장(拄杖)[명] 지팡이, 특히 선승(禪僧)이 행각(行脚) 때 쓰는 지팡이를 이름.

주:장(拄張)[명][-하다][타] 실없이 허튼소리를 지껄임.

주:장(注腸)[명][-하다][타] 약액·자양액·조영제(造影劑) 따위를 항문에서 창자 안으로 주입하는 일.

주:장(鑄匠)[명] ①놋갓장이 ②지난날, 쇠붙이를 녹여 부어 여러 가지 물건을 만들던 장인(匠人).

주장낙토(走獐落兎)[성구] 노루를 쫓다가 토끼가 걸렸다는 뜻으로, 뜻밖의 이익을 얻음을 이르는 말.

주장-대(朱杖-)[-때][명] 주장(朱杖)

주장야:단(晝長夜短)[-냐-][성구] 낮은 길고 밤은 짧다는 뜻으로, 하지(夏至) 무렵의 밤낮의 길이를 이르는 말.

ㅈ

☞주단야장(晝短夜長)
주장-질(朱杖-)명-하다자 주장으로 매질함, 또는 그 매질.
주재(主材)명 ①주재료 ②신주(神主)를 만드는 데 쓰는 나무.
주재(主宰)명-하다타 중심이 되어 책임지고 일을 처리함, 또는 그 사람. 주장(主張)
주:재(奏裁)명-하다타 지난날, 임금에게 아뢰어 재가(裁可)를 청함을 이르던 말.
주:재(駐在)명-하다자 공무원이나 회사원 등이 임지(任地)에 장기간 머물러 있음. ¶해외에 -하다./일본에 -하는 외교관. ☞주차(駐箚)
주:재-국(駐在國)명 주재하고 있는 나라. 특히 대사(大使)·공사(公使)·영사(領事) 등의 외교관으로 임명되어 머물러 있는 나라.
주-재료(主材料)명 주가 되는 재료. 주재(主材)
주:재-소(駐在所)명 ①파견되어 머물러 있는 곳, 또는 그 사무소. ②일제 강점기에, 경찰서의 하부 기구로서 경찰관이 머물면서 업무를 보던 곳.
주:재-원(駐在員)명 임무에 따라 어떤 곳에 주재하고 있는 직원.
주저(主著)명 주되는 저서(著書).
주:저(呪詛)명-하다타 저주(詛呪)
주저(躊躇)명-하다자타 마음을 정하지 못하고 머뭇거리거나 망설임. ¶갈까 말까 -하다./- 없이 찬성하다.
주저-롭다(-롭고·-로워)형ㅂ 넉넉하지 못하여 매우 아쉽거나 곤란하다.
주저-로이부 주저롭게
주저리명 물건이 어지럽게 매달리거나 또는 한데 묶여진 것. ☞조자리[1]
주저리-주저리부 ①물건이 어지럽게 많이 매달려 있는 모양을 나타내는 말. ¶뭘 그렇게 - 걸어 놓았느냐. ②이것저것 끊임없이 이야기를 늘어놓는 모양을 나타내는 말. ¶그녀는 - 말을 이어나갔다.
주저-앉다[-안따]자 ①섰던 자리에서 그대로 바닥에 앉다. ¶그 자리에 주저앉아 일을 계속하였다. ②어떤 곳에 그대로 자리잡다. ¶살기 좋은 이곳에 주저앉아 버렸네. ③밑이 몽그러지거나 무너져 내려앉다. ¶구들장이 -. ④하던 일을 그만두다. ¶여기서 주저앉아서야 되겠나.
주저-앉히다타 주저앉게 하다.
주저-주저(躊躇躊躇)부 망설망설. 머뭇머뭇 ¶입을 열까 말까 - 하다.
주저-탕(-湯)명 쇠족을 잘게 썰어 푹 고은 국물에 밀가루를 풀고, 무를 모지고 얇게 썰어 넣어 죽처럼 끓인 국.
주적(酒積)명 한방에서, 주체(酒滯)로 말미암아 가슴이 뭉클하고 얼굴이 검누래지는 적취(積聚)를 이르는 말.
주:적(籌摘)명 대강 어림하여 치는 셈.
주적-거리다(대다)자 ①주적주적 떠들다. ②주적주적 걷다. ☞조작거리다
주적-주적부 ①변변치 못한 지식으로 잘난체 하며 떠드는 모양을 나타내는 말. ②긴 다리로 어정어정 걷는 모양을 나타내는 말. ☞조작조작
주전(主戰)명 ①싸우기를 주장함. ☞주화(主和) ②운동선수 따위가 팀의 주력이 되어 활약함. ¶- 선수로 뛰다.
주:전(鑄錢)명-하다자 쇠붙이를 녹여서 돈을 만듦, 또는 그 돈. 주화(鑄貨)
주전(周全)어기 '주전(周全)하다'의 어기(語基).
주전-거리다(대다)타 주전주전 먹다. ☞조잔거리다
주전-론(主戰論)[-논]명 전쟁을 주장하는 의견이나 이론. ☞반전론(反戰論). 주화론(主和論)
주전-부리명-하다자 때없이 군음식을 점잖지 않게 자꾸 먹는 일. 유군것질 ☞조잔부리
주전-성(走電性)[-썽]명 전류의 자극으로 일어나는 생물의 주성(走性). 양극(陽極)으로 향하는 때를 양(陽), 음극(陰極)으로 향하는 때를 음(陰)의 주전성이라 하는데, 자연계에서는 짚신벌레 등 음의 주전성이 많음. 추전성(趨電性)
주:전-소(鑄錢所)명 조선 시대, 쇠를 녹여서 돈을 만들던 임시 관아.
주전자명 물이나 술 따위를 데우거나 그것을 담아서 잔에 따르게 된 그릇을 통틀어 이르는 말.
주전-주전부 입을 우물우물 놀리며 때없이 군음식을 먹는 모양을 나타내는 말. ☞조잔조잔
주전-하다(周全-)형여 모자람이 없이 두루 온전하다.
주절(主節)명〈어〉복문(複文)에서 중심이 되는 절(節). '날씨가 맑으니까 기분이 좋다.'에서 '기분이 좋다.'와 같은 구성의 글. ☞종속절(從屬節)
주절-거리다(대다)자 나직한 목소리로 좀 수다스레 중얼거리다. ☞조잘거리다
주절-주절부 주절거리는 모양을 나타내는 말. ☞조잘조잘
주점(主點)[-쩜]명 가장 중요한 점. 요점(要點)
주점(朱點)명 주묵(朱墨)으로 찍은 점. 붉은빛의 점.
주점(酒店)명 술집
주점-사기(朱點沙器)명 진사(辰砂)를 써서 붉은 무늬를 나타낸 사기. 바탕에 진사로 무늬를 그린 다음, 잿물을 입혀 구워 내면 진사가 붉은빛으로 발색(發色)함.
주접명 어떤 탈이 생겨 생물체가 잘 자라지 못하는 일, 또는 그러한 상태. ☞조잡
주접(이) 들다관용 ①잔병이 많아 잘 자라지 못하거나 생기가 없어지다. ②살림살이가 쪼들리게 되다. ③옷차림 따위가 지저분해지다.
주:접(住接)명-하다자 거접(居接)
주접-떨:다(-떨고·-떠니)자 주접스러운 말이나 행동을 하다.
주접-스럽다(-스럽고·-스러워)형ㅂ ①음식에 대하여 염치없이 욕심을 부리는 태도가 있다. ②자질구레한 것에 채신없이 욕심을 부리는 태도가 있다. ☞조잡스럽다
주접-스레부 주접스럽게 ¶무척이나 - 굴다.
주정(主情)명 이성(理性)이나 의지보다 감정이나 정서 따위를 중심으로 하는 일. ☞주지(主知)
주정(舟艇)명 소형(小型)의 배. ¶상륙용(上陸用) -
주정(酒酊)명-하다자 술에 취하여 정신없이 마구 하는 허튼 말이나 짓. ¶-을 부리다./-이 심하다. ☞잔주
주정(酒精)명 에틸알코올(ethyl alcohol)
주정-계(酒精計)명 알코올 수용액 속의 알코올 함유량을 재는 비중계.
주정-꾼(酒酊-)명 주정을 잘 부리는 사람.
주정=발효(酒精醱酵)명 알코올 발효
주정-뱅이(酒酊-)명 '주정쟁이'의 속된말. 술주정뱅이
주정-분(酒精分)명 알코올의 성분.
주정-설(主情說)명 주정주의 ☞주지설(主知說)
주정=음:료(酒精飮料)명 에틸알코올이 들어 있는 음료를 통틀어 이르는 말.
주정-쟁이(酒酊-)명 술에 취하기만 하면 주정을 하는 버릇이 있는 사람.
주정-주의(主情主義)명 철학·윤리학·교육학 따위에서, 지성보다도 감정이나 정서의 우월성을 주장하는 주의. 주정설 ☞주지주의(主知主義)
주정-질(酒酊-)명-하다자 주정을 부리는 짓.
주제명 '주제꼴'의 준말.
주제(主祭)명-하다자 제사를 주장하여 지냄, 또는 그 사람.
주제(主劑)명 처방이나 조제하는 약 가운데서 주가 되는 약. 주약(主藥)
주제(主題)명 ①중심이 되는 제목이나 문제. ¶토론회의 -. ②예술 작품을 통해 작가가 나타내고자 하는 사상. ③악곡(樂曲)을 특징짓고 전개시키는 악상(樂想). 테마(Thema)
주제(酒劑)명 약 성분을 술에 우리거나 녹여 만든 약.
주제-가(主題歌)명 영화·연극·방송극 따위에서, 그 작품의 주제를 바탕으로 하여 만든 노래. 테마송
주제-곡(主題曲)명 주제 음악
주제-꼴명 변변치 못하게 생긴 몰골. 준주제
주제-넘다[-따]형 제 분수에 지나쳐 건방진 데가 있다. ¶주제넘은 말을 하다./주제넘게 외제 차를 타다.

주제-사납다(－사납고·－사나워)형ㅂ 겉모습이 더럽거나 남보기에 흉하다.
주제=소:설(主題小說)명 뚜렷한 주제를 특별히 의도적으로 드러낸 소설. 테마 소설
주제=음악(主題音樂)명 영화나 방송 등에서, 작품의 주제나 내용을 인상 깊게 하기 위해서 되풀이하여 연주되는 곡. 주제곡. 테마뮤직
주조(主調)명 악곡(樂曲)의 바탕을 이루는 음조(音調). 기조(基調)
주조(主潮)명 ①주가 되는 조류(潮流). ②어느 시대 또는 어느 사회에서 주류를 이루는 사상이나 경향.
주조(酒造)명-하다타 술을 빚음.
주조(酒槽)명 술주자
주조(酒糟)명 재강
주:조(鑄造)명-하다타 쇠붙이를 녹여 거푸집에 부어서 물건을 만듦. 주금(鑄金) ¶솥을 －하다.

한자 주조할 주(鑄) 〔金部 14획〕 ¶주물(鑄物)/주전(鑄錢)/주조(鑄造)/주철(鑄鐵) ▷ 속자는 鋳

주:조-기(鑄造機)명 활자를 주조하는 기계.
주조-음(主調音)명 주음(主音)
주조-장(酒造場)명 술을 만들어 도매하는 집. 술도가
주:졸(走卒)명 남의 잔심부름을 하느라 이리저리 바삐 뛰어다니는 사람.
주종(主從)명 ①주인과 종자(從者), 또는 주군(主君)과 신하(臣下). ¶－ 관계 ②주되는 사물과 그에 딸린 사물. ¶문제의 －을 분간하다.
주:종(鑄鐘)명-하다자 쇠를 녹여 부어 종을 만듦.
주주(株主)명 주식 회사에 출자하여 주식을 가지고 있는 사람. 회사에 대하여 주주권을 가짐.
주주객반(主酒客飯)성구 주인은 손에게 술을 권하고, 손은 주인에게 밥을 권하며 다정히 먹고 마심을 이르는 말.
주주-권(株主權)[－꿘]명 주식 회사에서 주주로서 행사할 수 있는 권리. 이익 배당 청구권과 의결권 등이 있음. 주식(株式)
주주=총:회(株主總會)명 주식 회사의 의결 기관. 주주로 구성되며, 주주는 가진 주식의 수에 따른 의결권을 가짐. 결산기마다 소집되는 정기 총회와 수시로 소집되는 임시 총회가 있음.
주줄-이부 줄지어 죽 늘어선 모양을 나타내는 말.
주중(週中)명 ①한 주일의 중간. ¶－에 휴가를 얻다. ☞주말(週末). 주초(週初) ②그 주 안.
주중적국(舟中敵國)성구 같은 배 안에도 적국이 있다는 뜻으로, 자기 편 중에도 적이 있음을 이르는 말.
주즙(舟楫)명 배와 삿대라는 뜻으로, 배와 배에 딸린 것을 통틀어 이르는 말.
주증(主症)명 어떤 병의 주된 증세.
주지(主旨)명 말이나 글 따위의 주된 뜻. 주되는 취지(趣旨). 주의(主意) ¶논문의 －를 파악하다.
주지(主知)명 감정이나 정서보다 지성이나 이성을 중심으로 하는 일. ☞주의(主意)
주지(主枝)명 원가지
주:지(住持)명 한 절을 주관하는 중. 방장(方丈)
주지(周知)명-하다타 여러 사람이 두루 앎. ¶－의 사실.
주지(周紙)명 두루마리
주:지(注紙)명 지난날, 승지(承旨)가 임금 앞에서 왕명을 받아 쓰던 종이.
주지-설(主知說)명 주지주의 ☞주의설(主意說)
주:지-성(走地性)[－썽]명 중력(重力)이 자극이 되어 일어나는 생물의 주성(走性). 달팽이가 사면(斜面)을 오르는 일 따위. 추지성(趨地性)
주지-시(主知詩)명 감성보다는 지성이나 이성을 중시하는 의식으로 쓴 시.
주지육림(酒池肉林)성구 술은 못을 이루고 고기는 숲을 이룬다는 뜻으로, 술과 음식이 넘치도록 차려진 술잔치를 이르는 말.

ㅈ

주지-주의(主知主義)명 철학·윤리학·교육학 따위에서, 감정이나 정서보다도 지성이나 이성 또는 합리성을 중시하는 주의. 주지설 ☞주의주의(主意主義)
주진(主震)명 본진(本震)
주징(酒癥)명 한방에서, 만성(慢性)이 된 알코올 중독증을 이르는 말.
주:차(駐車)명-하다자 자동차를 세워 둠. ¶－ 시설
주:차(駐箚)명-하다자 외교관 등이 임무를 위하여 외국에 머묾. 찰주(札駐) ☞주재(駐在)
주:차=대:사(駐箚大使)명 임지(任地)에 나가 그 나라에 머물러 있는 대사.
주차-의(周遮衣)명 두루마기
주:차-장(駐車場)명 자동차를 세워 두도록 마련한 자리.
×**주착**명 →주책
주찬(酒饌)명 주효(酒肴)
주찬(晝餐)명 오찬(午餐)
주:찬(誅竄)명 죽이는 형벌과 귀양보내는 형벌.
주찰(周察)명-하다타 두루 자세히 살핌.
주창(主唱)명-하다타 의견이나 주장 따위를 앞장서서 부르짖음. ¶학제 개편을 －하다.
주채(酒債)명 술빚
주책명 ①〔'없다'와 어울려 쓰이어〕 사리를 제대로 분간할 만 한 일정한 주견(主見)이나 줏대. ¶－이 없다. ②일정한 주견이나 줏대 없이 되는 대로 하는 짓. ¶－을 떨다./－을 부리다.
주:책(誅責)명-하다타 엄하게 책망함.
주:책(籌策)명 ①대로 만든 산가지. ②이익과 손해를 헤아려 생각해 낸 꾀.
주책-망나니명 몹시 주책을 부리는 사람을 욕하여 이르는 말.
주책-바가지명 몹시 주책을 부려 남에게 자주 핀잔을 받는 사람을 비웃어 이르는 말.
주책-없:다[－업－]형 일정한 주견이나 줏대가 없이 도무지 실답지 않다.
　주책-없이부 주책없게 ¶－ 덜렁거리기만 한다.
×**주책-이다**형 →주책없다
주척(主尺)명 '어미자'의 구용어. ☞부척(副尺)
주척(周尺)명 중국 주나라 때 만든 자와 그 척도(尺度). 고려 시대에서 조선 초기에 걸쳐 사용하였는데, 한 자가 여섯 치 여섯 푼임.
주천(朱天)명 구천(九天)의 하나. 남서쪽의 하늘.
주천(周天)명 해·달·별 따위가 천구상(天球上)의 궤도를 한 바퀴 도는 일.
주:천(奏薦)명-하다타 임금에게 아뢰어 관원을 추천함.
주:철(鑄鐵)명 무쇠
주:철-관(鑄鐵管)명 수도나 가스 따위의 도관(導管)으로 쓰이는 주철로 된 관.
주:청(奏請)명-하다타 임금에게 아뢰어 청함. 계청(啓請)
주:청-사(奏請使)명 조선 시대, 동지사(冬至使) 같은 정기적인 사신(使臣) 외에, 중국 황제에게 주청할 일이 있을 때 보내던 사신.
주체명-하다타 〔주로 '못하다', '없다'와 함께 쓰이어〕 힘겨운 일을 능히 처리함, 또는 그 일이나 사물. ¶쏟아지는 눈물을 －할 수 없었다./벅찬 감정에 －하지 못하다./밀려드는 일감에 －를 못하다.
주체(主體)명 ①철학에서, 자신의 의지와 결단으로 행동하여 남에게 작용하거나 영향을 미치는 일. ¶행위의 －. ☞객체(客體) ②중심이 되는 것, 또는 주가 되는 부분. ¶경험자를 －로 한 위원회./약물 요법을 －로 하는 치료. ③주사(主辭)
주체(柱體)명 각기둥
주체(酒滯)명 술을 마시어 생기는 체증(滯症).
주체-궂다[－굳－]형 매우 주체스럽다.
주체-성(主體性)[－썽]명 자신의 의지와 결단으로 행동하려는 성질이나 태도. ¶－이 없다.
주체-스럽다(－스럽고·－스러워)형ㅂ 처리하기가 힘겨워 짐스럽고 귀찮다.
　주체-스레부 주체스럽게

주체-어지럽다 (—어지럽고·—어지러워)[형][ㅂ] 주체스러워서 매우 정신이 어지럽다.
주체=의:식(主體意識)[명] 자신의 의지와 결단으로 행동하려는 의식.
주체-적(主體的)[명] 자신의 의지와 결단에 바탕을 두고 행동하는 것. ¶ —으로 행동하다.
주쳇-덩어리[명] 주체하기가 매우 어려운 일이나 사람을 이르는 말.
주초(柱礎)[명] '주추'의 원말.
주초(酒炒)[명]-하다[타] 한방에서, 약재(藥材)를 술에 담갔다가 건져 내어 볶는 일.
주초(酒草)[명] 술과 담배를 아울러 이르는 말.
주초(週初)[명] 그 주일(週日)의 첫머리라는 뜻으로, 월요일 또는 월요일과 화요일을 이르는 말. ¶ —에 열리는 회의. ☞주말(週末). 주중(週中)
주:촉(嗾囑)[명]-하다[타] 남을 부추겨 좋지 못한 일을 하도록 함.
주:촉-성(走觸性)[명] 접촉이 자극이 되어 일어나는 생물의 주성(走性). 실지렁이가 밀집하거나, 지렁이가 먹이 상자의 구석으로 모이거나 하는 따위. 추촉성(趨觸性)
주최(主催)[명]-하다[타] 중심이 되어 모임이나 행사 따위를 엶. ¶ 신문사에서 —하는 야구 대회.
주최-자(主催者)[명] 행사 따위를 주최하는 개인이나 단체.
주추(∠柱礎)[명] ①기둥 밑에 기초로 괴는 돌 따위의 물건. ②일의 바탕을 비유하여 이르는 말. ¶ 국가 발전의 —를 놓다. ☞주춧돌. 초석(礎石) [원]주초(柱礎)
주축(主軸)[명] ①몇 개의 축 가운데 중심이 되는 축. 특히 원동기로부터 직접 동력을 전달하는 축을 이름. ②무슨 일을 할 때, 그 중심이 되는 사람이나 조직. ¶ 팀의 —이 되는 선수.
주:춘-증(注春症)[—쯩][명] 한방에서, 봄을 몹시 타는 병증(病症)을 이르는 말.
주:출(做出)[명]-하다[타] 주작(做作)
주:출(鑄出)[명]-하다[타] 쇠붙이를 녹여 거푸집에 부어 주물(鑄物)을 만들어 냄.
주춤[부] ①망설이다가 또는 놀라서, 하던 행동을 갑자기 멈추거나 움츠리는 모양을 나타내는 말. ¶ 가다가 이상한 낌새에 — 멈추어 서다. ②나아가던 기세가 어느 선에서 그만 하는 모양을 나타내는 말. ¶ 오르던 물가가 이달 들어 — 하다.
주춤-거리다(대다)[자] ①망설이며 머뭇거리다. ②물체가 조금씩 움직이다. ☞조촘거리다
주춤-병(—病)[—뼝][명] 무슨 일에나 결단성 있게 해내지 못하고 주춤거리기만 하는 버릇. ☞조촘병
주춤-주춤[부] ①망설이며 머뭇거리는 모양을 나타내는 말. ②물체가 조금씩 움직이는 모양을 나타내는 말. ☞조촘조촘
주춧-돌(∠柱礎—)[명] 기둥 밑에 기초로 괴는 돌. 초석

[한자] 주춧돌 초(礎) [石部 13획] ¶ 정초(定礎)/초석(礎石)

주충(酒蟲)[명] 술벌레라는 뜻으로, 술에 미치다시피 한 사람을 얕잡아 이르는 말.
주치(主治)[명]-하다[타] 주로 맡아서 환자를 치료함.
주치(酒痔)[명] 한방에서, 술을 지나치게 마셔서 생기는 치질을 이르는 말.
주치-의(主治醫)[명] ①어떤 사람의 건강을 늘 점검해 주거나, 병(病)을 치료해 주는 의사. ②어떤 환자의 치료를 공동으로 맡은 의사 중에서 중심이 되는 의사.
주칠(朱漆)[명] 붉은 빛깔의 옻, 또는 붉은 빛깔의 옻을 칠하는 일. ☞퇴주(堆朱). 황칠(黃漆). 흑칠(黑漆)
주침(酒浸)[명]-하다[타] 한방에서, 약재(藥材)를 술에 담가 두는 일을 이르는 말.
주침(晝寢)[명] 낮잠
주침야:소(晝寢夜梳)[—냐—][성구] 낮에 잠을 자고 밤에 머리를 빗는다는 뜻으로, 건강에 좋지 않은 비정상적인 생활 습관을 이르는 말.
주크박스(jukebox)[명] 동전을 넣고, 버튼을 눌러 원하는 곡을 고르면, 자동적으로 그 음악이 나오게 된 장치.
주탕(酒湯)[명] 술국
주:택(住宅)[명] 사람이 살기 위한 집. 거택(居宅). 주가(住家) ¶ — 사정이 좋다./고급 —
주:택-가(住宅街)[명] 주로 주택이 들어서 있는 지역.
주:택-난(住宅難)[명] 주택이 모자라거나 비싸거나 하여 겪는 어려움.
주:택=단지(住宅團地)[명] 아파트나 단독 주택 등이 집단을 이루어 건설된 지역.
주:택-지(住宅地)[명] ①위치나 환경 등의 조건이 주택을 짓기에 알맞은 땅. ②주로 주택이 들어서 있는 지역.
주토(朱土)[명] ①빛깔이 붉은 흙. ②석간주(石間硃)
주톳-빛(朱土—)[명] 주토의 빛깔과 같은 붉은 빛깔.
주:트(jute)[명] 황마(黃麻)의 섬유.
주-특기(主特技)[명] ①주된 특기. ②군대에서, 기본 교육 과정을 마친 군인이 각자의 경력과 소질을 바탕으로 한 전문적인 교육을 받음으로써 얻게 되는 특기.
주:파(走破)[명]-하다[타] 예정된 거리를 끝까지 달림. ¶ 마라톤의 전 코스를 두 시간 반에 —하다.
주파(周波)[명] 주기적인 파동이나 진동이 한 번 되풀이되는 과정.
주파(酒婆)[명] 술을 파는 늙은 여자. ☞주모(酒母)
주파-수(周波數)[명] 교류(交流)의 전파나 음파(音波) 등이 1초 동안에 되풀이하는 주기적 변화의 횟수. 단위는 사이클(cycle) 또는 헤르츠(Hz).
주파수-대(周波數帶)[명] 주파수에 따라 전자기파를 가를 때, 비슷한 성질을 가진 주파수들의 범위.
주파수=변:조(周波數變調)[명] 전파의 주파수를 신호파의 진폭에 따라 변화시키는 통신 방식. 진폭 변조에 비하여 잡음이 적음. 에프엠(FM)
주:판(籌板·珠板)[명] 수판(數板)
주:판(籌辦)[명]-하다[타] 헤아려서 처리함.
주:판지세(走坂之勢)[성구] 비탈을 내리달리는 형세라는 뜻으로, 사람의 힘으로는 어찌할 도리가 없어 되어가는 대로 내버려둘 수밖에 없는 형세를 이르는 말.
주:판-질(籌板—·珠板—)[명]-하다[자타] 수판질
주편(主便)[명]-하다[타] 자기에게 편하도록 주장함.
주평(週評)[명] 주(週)마다 그 주간에 일어난 일이나 발표된 작품 등에 관하여 하는 비평.
주포(主砲)[명] ①군함의 함포 중에서 구경(口徑)과 위력이 가장 큰 포. ②야구나 배구 등에서, 공격의 중심이 되는 강타자나 공격수.
주:품(奏稟)[명]-하다[타] 주달(奏達)
주피터(Jupiter)[명] 로마 신화의 주신(主神). 그리스 신화의 제우스에 해당함.
주필(主筆)[명] ①신문사나 잡지사 등에서, 수석의 기자로서 사설이나 논설 등 주요한 기사를 담당하는 사람. ②지난날, 과거(科擧)의 시관(試官) 중의 으뜸 관직을 이르던 말.
주필(朱筆)[명] 붉은 먹을 묻혀서 쓰는 붓, 또는 그것으로 쓴 붉은 글씨.
주:필(走筆)[명]-하다[자] 글씨를 흘려서 빨리 씀, 또는 그 글씨.
주:필(駐蹕)[명]-하다[자] 임금이 거둥길에 잠시 머무르거나 묵음.
주:하(奏下)[명]-하다[타] 상주(上奏)한 일에 대하여 임금이 재가(裁可)를 내림.
주학(晝學)[명]-하다[자] 낮에 배움. ☞야학(夜學)
주:학(籌學)[명] 산학(算學)
주합(酒盒)[명] ①뚜껑을 술잔 대용으로 쓰게 되어 있는, 쇠붙이로 만든 술그릇. ②술그릇과 안주를 담아 들고 다니게 된 찬합.
주항(舟航)[명]-하다[자] 배로 항해(航海)함.
주항(周航)[명]-하다[타] 여러 곳을 두루 거치며 항해함.
주항(酒缸)[명] 술을 담는 항아리.
주-항:라(紬亢羅)[명] 명주실로 짠 항라.
주:해(註解·注解)[명]-하다[타] 본문에 주(註)를 달아 그 뜻

을 설명함, 또는 그 설명. ㈜주(註)
주행(舟行)명-하다자 ①배를 타고 감. ②배가 통행함.
주:행(走行)명-하다자 자동차 따위가 달림. ¶시속 80km로 -하다./- 거리
주행(周行)명-하다타 주유(周遊)
주행(晝行)명-하다자 ①낮에 길을 감. ②낮에 활동함. ☞야행(夜行)
주:행=거:리(走行距離)명 ①자동차 따위의 달린 거리. ②차가 출고된 뒤부터 지금까지 달린 거리의 총계.
주:행-계(走行計)명 차의 바퀴에 연결하여, 주행 거리를 측정하는 계기. 계거기(計距器)
주:행-선(走行線)명 자동차 도로에서, 추월선에 상대하여 정상으로 달리는 차선.
주행-성(晝行性)[-썽]명 동물이 먹이를 구하거나 생식(生殖) 따위의 활동을 주로 낮에 하는 성질. ☞야행성
주:향(走向)명 기울어진 지층 면과 수평면이 맞닿아 이루어지는 직선의 방향. 층향(層向)
주향(酒香)명 술의 향기.
주:혈=사상충(住血絲狀蟲)명 밴크로프트 사상충
주:혈=흡충(住血吸蟲)명 흡충강 주혈 흡충과의 기생충을 통틀어 이르는 말. 암수딴몸임. 사람·소·양 따위의 간(肝)이나 혈관 속에 기생함. 중간 숙주는 고둥류임.
주형(主刑)명 독립하여 내릴 수 있는 형벌. 사형·징역·금고·벌금·과료 따위. ☞부가형(附加刑)
주형(舟形)명 배처럼 생긴 모양.
주:형(鑄型)명 ①거푸집 ②활자를 주조(鑄造)할 때, 모형(母型)과 함께 쓰는, 활자의 몸체를 만드는 거푸집.
주-형용사(主形容詞)명〈어〉보조적으로 쓰이는 동사나 형용사와 구별하는 용어로, 본래의 뜻으로 쓰이는 형용사. '산이 높지 못하다.', '밤이 깊어 간다.'에서 '높지'나 '깊어'와 같은 쓰임의 형용사를 이름. ☞보조 형용사
주호(酒戶)명 주량(酒量)
주호(酒壺)명 술병
주호(酒豪)명 술을 많이 마시는 사람. 주선(酒仙)
주혼(主婚)명-하다타 혼사를 주관함, 또는 그 사람.
주홍(朱紅)명 ①누른빛을 띤 붉은빛. 주홍빛 ②수은과 황으로 만든 붉은빛의 안료. 주(朱)
주홍-빛(朱紅-)[-삧]명 주홍
주화(主和)명-하다자 전쟁이나 다툼 따위에서 화의(和議)하기를 주장함. ☞주전(主戰)
주:화(鑄貨)명-하다자 쇠붙이로 돈을 만듦, 또는 그 돈.
주-화:기(主火器)명 전투 부대에서 쓰는 가장 주요한 화기. 보병 부대의 소총 따위.
주화-론(主和論)명 화의(和議)를 주장하는 논설. ☞주전론(主戰論)
주:화-성(走化性)[-썽]명 매질(媒質) 속에 있는 화학 물질의 농도 차가 자극이 되어 일어나는 생물의 주성(走性). 모기의 암컷이 내는 페로몬에 수컷이 이끌리는 따위. 추화성(趨化性)
주황(朱黃)명 우리 나라의 기본색 이름의 하나. 빨강과 노랑의 중간 색, 또는 그런 색의 물감. 자황색(赭黃色). 주황색. 주황빛 ☞연두(軟豆)
주황-빛(朱黃-)[-삧]명 빨강과 노랑의 중간 빛. 오렌지색. 주황. 주황색
주황-색(朱黃色)명 빨강과 노랑의 중간 색. 주황
주회(周回)명-하다타 사물의 둘레를 빙 돎, 또는 그 한 바퀴. ¶행성이 -하는 궤도.
주:획(籌畫)명-하다타 계획함, 또는 그 계획.
주:효(奏效)명-하다자 효력이 나타남. ¶그 약이 -했다./경제 정책이 -했다.
주효(酒肴)명 술과 안주. 주찬(酒饌)
주후(酒後)명 술에 취한 뒤. 취후(醉後)
주훈(主訓)명 가톨릭에서, 천주(天主)의 가르침을 이르는 말.
주훈(週訓)명 학교의 생활 교육에서 한 주간(週間)에 특별히 강조하려고 내세운, 짤막한 말로 된 교훈.
주휴(週休)명 한 주간(週間)에 정해져 있는 휴일. ¶우리 회사는 -가 이틀이다.
주흔(酒痕)명 ①술에 취한 티. ②술이 묻은 자국.
주흥(酒興)명 ①술을 마심으로써 일어나는 흥겨운 기분. ¶-이 도도하다. ②술을 마시고 싶은 마음. ¶-을 돋우다.
죽[1]의 옷·그릇·버선·신발 따위의 열 벌을 이르는 말. ¶놋그릇 한 -./버선 한 -.
죽이 맞다관용 서로 뜻이 맞다. ¶그때부터 두 사람은 일마다 척척 죽이 맞아 나갔다.
죽[2]부 ①줄이나 금을 단번에 곧게 긋는 모양을 나타내는 말. ¶밑줄을 - 긋다./선을 - 내리긋다. ②한 갈래로 이어진 모양을 나타내는 말. ¶- 뻗은 신작로./산길을 - 따라 내려가다. ③여럿이 가지런히 늘어서거나 벌여져 있는 모양을 나타내는 말. ¶한 줄로 - 늘어서다./물건을 - 늘어놓다. ④활짝 펴거나 벌리는 모양을 나타내는 말. ¶두 팔을 - 펴다./주름을 - 펴다. ⑤한 가닥으로 훑거나 찢거나 하는 모양을 나타내는 말. ¶먼지를 - 훑어 내다./삶은 가지를 - 찢다./생선의 배를 - 가르다. ⑥한눈에 대충 훑어보는 모양을 나타내는 말. ¶사무실을 - 둘러보다./신문을 - 훑어보다. ⑦거침없이 읽거나 말하는 모양을 나타내는 말. ¶사건의 경위를 - 설명하다. ⑧물 따위를 단숨에 들이마시는 모양을 나타내는 말. ¶막걸리를 - 들이켜다. ☞족. 쭉
죽(粥)명 쌀 따위의 곡식을 묽게 끓여 훌훌하게 만든 음식. ☞미음
죽 끓듯 한다관용 변덕이 심하다.
죽(을) 쑤다관용 일을 망치다. 일이 실패로 돌아가다.
속담 **죽과 병(病)은 되야 한다** : 병을 시름시름 앓느니보다는, 심하게 앓더라도 빨리 앓고 일어나야 한다는 말./**죽도 밥도 아니다(안 된다)** : 되다가 말아서 아무짝에도 쓸모가 없음을 이르는 말./**죽 떠먹은 자리** : 저지른 일이 흔적을 남기지 않는다는 말./**죽 사발이 웃음이요 밥 사발이 눈물이라** : 가난하게 살더라도 걱정 없이 사는 것이 낫다는 말./**죽 쑤어 개 바라지한다** : 애써 한 일이 남을 위한 일이 되고 말았다는 말./**죽이 끓는지 밥이 끓는지** : 무엇이 어떻게 되는지 도무지 모른다는 말.
죽각(-角)명 네 모서리에 둥글게 원목의 거죽이 남아 있는, 네모지게 켠 건축용 목재.
죽간(竹竿)명 대나무 장대.
죽간(竹簡)명 고대 중국에서, 종이가 만들어지기 이전에 글자를 쓰던 가늘고 긴 댓조각, 또는 거기에 글자가 기록된 것. 노끈으로 여러 장을 꿰어서 썼음. 죽책(竹册)
죽간-자(竹竿子)명 ①'봉죽간자(奉竹竿子)'의 준말. ②정재(呈才) 때 쓰는 도구의 한 가지. 두 사람이 들고 춤추는 사람이 들어오거나 나갈 때 그 앞에서 인도하는 구실을 함. 긴 대에 붉은 칠을 하고 등나무를 쪼개어 감아 매어 만듦.
죽-갓명 ①한 죽, 곧 열 벌의 갓. ②막치로 만들어 여러 죽씩 내다 파는 갓.
죽견(竹筧)명 땅 위에 걸쳐 놓아 물을 끌어들이거나 흘려보내기 위한, 대로 만든 홈통.
죽계별곡(竹溪別曲)명 고려 충숙왕 때, 안축(安軸)이 지은 경기체가(景幾體歌)의 한 가지. 작자의 고향인 경상도 풍기 땅의 죽계(竹溪)와 순흥(順興)의 경치를 읊은 내용임. 모두 5장. '근재집(謹齋集)'에 실려 전함.
죽관(竹管)명 생황(笙簧) 같은 악기에 달린 대나무 관.
죽근(竹根)명 대나무의 뿌리.
죽기(竹器)명 대를 결어 만든 그릇. 대그릇
죽-나무명 '참죽나무'의 준말.
죽-놈이명 중노미
죽는-소리명-하다자 엄살을 부리는 말. ¶공연히 -만 한다./날마다 돈이 없다고 -를 한다./주사 한 대 맞고 -한다.
죽는-시늉명-하다자 엄살을 피우는 몸짓. ¶회초리를 대기도 전에 -부터 한다.
죽다[1]자 ①목숨이 끊어지다. 숨이 끊어지다. 숨지다. 사망하다. 운명(殞命)하다. ¶오래 앓다가 -./사고

로 －. ㉥돌아가시다 ②스스로 목숨을 끊다. 자살(自殺)하다. ¶죽어서 죄를 갚겠다. ③동물이나 식물이 목숨을 잃다. ¶물고기가 떼로 죽었다./나무가 뿌리내리지 못하고 죽고 말았다. ④움직임이 멈추다. ¶바람이 죽었다./시계가 죽었다./팽이가 －. ⑤불이 꺼지다. ¶촛불이 가물가물 죽어 간다. ⑥생기(生氣)가 없어지다. ¶빛깔이 죽었다./색채가 조화를 잃어 그림이 죽었다./풀이 －. ⑦바둑·장기에서, 돌이나 말이 상대편에게 잡히다. ¶포(包)가 속절없이 죽게 되었다./대마(大馬)가 －. ⑧야구에서, 선수가 아웃이 되다. ¶삼루로 뛰다가 죽었다. ⑨'죽도록' 따위의 꼴로 쓰여, 있는 힘을 다함을 뜻하는 말. ¶－ 사랑합니다.

죽고 못 살다 관용 더할 수 없이 간절하거나 좋아하다. ¶두 사람은 서로 죽고 못 사는 사이지.

죽어라 하고 관용 있는 힘을 다하여. ¶－ 달아나다.

속담 **죽기는 쉽지 않으나 늙기가 섧다** : 무엇이나 지금 당하고 있는 일을 견디어 내기가 어렵다는 말./**죽어 보아야 저승을 알지** : 무엇이나 겪어 보아야 그 실상을 알 수 있다는 말./**죽어서도 무당 빌어 말하는데 살아서 말 못할까** : 하고 싶은 말은 다 하라는 말./**죽어서 상여 뒤에 따라와야 자식이라** : 어버이의 장례를 치르지 않으면 자식이라 할 수 없다는 말./**죽어 석 잔 술이 살아 한 잔 술만 못하다** : 죽은 뒤에 아무리 정성을 다하여도 살아 있을 때 조금 생각하는 것만 못하다는 말./**죽으러 가는 양(羊)의 걸음** : 가지 않으려 해도 강제로 끌려가는 속절없는 처지를 이르는 말./**죽은 나무에 꽃이 핀다** : 보잘것없던 집안에서 영광스러운 일을 맞게 됨을 이르는 말./**죽은 뒤의 약방문** : 이미 시기가 지나 아무 소용없게 되었음을 이르는 말./**죽은 시어미도 방아 찧을 때는 생각난다** : 미워하던 사람도 자기가 아쉬울 때는 생각난다는 말./**죽은 자식 나이 세기** : 아무리 하여도 소용없는 줄 알면서도 자꾸 생각하며 안타까워함을 이르는 말./**죽은 정승이 산 개만 못하다** : 한번 죽으면 돈도 권력도 다 소용이 없다는 말./**죽을 땅에 빠진 후에 산다** : 아무리 위급한 일을 당하여도 살아날 길이 생긴다는 말./**죽음에 들어 노소 있나** : 늙은 사람이 젊은 사람보다 먼저 죽는 것이 보통이나, 그렇지 않은 경우도 있다는 말.

한자 죽을 사(死) 〔歹部 2획〕 ¶객사(客死)/병사(病死)/사망(死亡)/아사(餓死)/참사(慘死)
따라 죽을 순(殉) 〔歹部 6획〕 ¶순사(殉死)

조동 일부 용언의 활용 어미 '-아(-어·-여)' 뒤에 쓰이어, 죽을 지경임을 나타내는 말. '죽겠다'·'죽는다'·'죽지' 등 제한된 활용형으로만 쓰임. ¶아파 죽겠다./추워 죽겠네./좋아 죽는다./우스워 죽지.

죽다[2] 형 두드러져야 할 자리가 꺼져서 비다. ¶모서리가 －./콧날이 조금 죽었다./이불 솜이 －.

죽-담 명 잡석(雜石)을 흙과 섞어서 쌓은 담.

죽대 명 백합과의 여러해살이풀. 줄기 높이는 50cm 안팎. 길둥근 잎은 어긋맞게 나며 잎자루가 길. 5월경에 흰 통꽃이 핌. 암록색의 둥근 열매는 8~9월에 익음. 어린잎은 먹을 수 있고, 뿌리는 한방에서 황정(黃精)이라 하여 강장약으로 쓰임. 우리 나라 남부의 산지(山地)에 자람.

×**죽더기** 명 →죽데기

죽데기 명 통나무 겉쪽에서 켜 낸 한쪽 면이 둥근 널쪽. 흔히 땔나무나 허드레로 쓰임. 죽데기널판

죽데기-널판 명 죽데기

죽도(竹刀) 명 ①대로 만든 칼. ②검도에 쓰는 연습용 칼. 보통 네 개의 긴 대쪽을 한데 모아 묶어 만듦.

죽두목설(竹頭木屑) 성구 중국 진(晋)나라의 도간이라는 사람이 대나무 조각과 나무 부스러기를 버리지 않고 간수해 두었다가 뒷날 요긴하게 썼다는 고사에서, 아무리 하찮은 사물이라도 소홀히 하지 않음을 이르는 말.

죽-떡(粥-) 명 찹쌀가루에 청둥호박을 썰어 넣어서 찐 시루팥떡의 한 가지.

죽력(竹瀝) 명 한방에서, 참대의 줄기를 불에 구워서 받은 진액을 약재로 이르는 말. 중풍이나 번갈증 등에 쓰임.

죽렴(竹簾) 명 대발

죽롱(竹籠) 명 대오리로 엮어 만든 바구니. 대바구니

죽리(竹籬) 명 대울타리

죽림(竹林) 명 대숲

죽림-산수(竹林山水) 명 죽림을 주로 하고 딴 경치를 곁들여 그린 산수화(山水畫).

죽림-칠현(竹林七賢) 명 중국 진(晋)나라 때, 세속을 피해서 죽림에 들어가 청담(淸談)을 일삼던 일곱 사람.

죽림-칠현도(竹林七賢圖) 명 죽림칠현을 그린 동양화.

죽립(竹笠) 명 조선 시대, 중이나 부녀자들이 쓰던, 대오리로 엮어 만든 갓.

죽마(竹馬) 명 대말

죽마고:우(竹馬故友) 성구 어릴 때 대말을 함께 타며 놀던 친구. 곧 어릴 때부터의 오랜 친구를 이르는 말. 죽마구우(竹馬舊友) ☞십년지기(十年知己)

죽마구:우(竹馬舊友) 성구 죽마고우(竹馬故友)

죽마구:의(竹馬舊誼) 성구 어릴 때부터 같이 놀며 자란 오랜 벗 사이의 정의(情誼)를 이르는 말.

죽-머리 명 활을 잡은 쪽의 어깨.

죽-물(粥-) 명 ①멀겋게 쑨 죽. ②죽의 국물.

죽물(竹物) 명 대그릇. 대나무 제품.

죽-바디 명 소의 다리 안쪽에 붙은 고기. 달기살

죽밥-간(粥-間) 부 죽식간에

죽방울 명 ①죽방울받기에 쓰는, 큰 재봉틀용 실패처럼 생긴 나무토막. 두 개의 둥근 판자를 둥근 굴대로 마주 이어 놓은 것임. 이 굴대 부분을 죽방울채의 노끈에 걸쳐 이리저리 굴리거나 치뜨리거나 함. ②주머니끈을 치는 데 쓰는 제구. 나무나 오지로 죽방울처럼 만들어 실 끝에 달아 이리저리 돌림.

죽방울을 받다 관용 ①죽방울을 죽방울채로 치뜨렸다 받았다 하다. ②아이를 추었다 쳤다 하며 정신을 못 차리게 하다. ③남을 요리조리 놀리다.

죽방울-받기 명 죽방울을 죽방울채에 걸쳐 놓고 중심을 잡은 다음, 양손을 번갈아 아래위로 움직여 이리저리 굴리다가, 차차 노끈을 수평이 되게 한 다음 공중으로 치뜨렸다 받았다 하는 놀이.

죽방울-채 명 죽방울받기에 쓰는 채. 길이 30cm 가량의 나무막대기 끝에 길이 1m 가량의 노끈을 매어 놓은 것. 나무막대를 양손에 하나씩 잡고, 죽방울을 노끈에 걸쳐서 이리저리 굴림.

죽백(竹帛) 명 중국에서 종이가 발명되기 전에 대쪽이나 명주에 글을 적던 데서, '서적'이나 '역사책'을 이르는 말.

죽백지공(竹帛之功) 명 역사에 적히어 뒷세상에 전해질만한 공(功).

죽부(竹部) 명 국악기의 만든 재료에 따른 분류의 한 가지. 대나무로 만든 국악기를 통틀어 이르는 말로, 대금·중금·단소 등이 이에 딸림. ☞사부(絲部)

죽-부인(竹夫人) 명 대오리를 원통 모양으로 성기게 결은 기구. 여름에 더위를 쫓으려고 끌어안고 잠.

죽부인전(竹夫人傳) 명 고려 공민왕 때의 학자 이곡(李穀)이 지은 가전체(假傳體)의 작품. 대나무를 의인화하여 여인의 굳은 절개를 나타낸 것으로, 남녀 관계가 어지러웠던 그때의 사회상을 풍자하였음. '동문선(東文選)'에 실려 전함.

죽비(竹扉) 명 대를 엮어 만든 사립문.

죽비(竹篦) 명 ①대빗 ②절에서 수행자를 지도할 때 쓰는 불구(佛具). 40~50cm 길이의 대나무를 3분의 2쯤은 가운데를 타서 두 쪽이 되게 하고, 나머지는 그대로 두어 자루가 되게 함. ☞통봉(痛棒)

죽사(竹絲) 명 실처럼 가늘게 쪼갠 대오리. 갓이나 패랭이 등을 만드는 데 쓰임.

죽-사립(竹絲笠) 명 조선 시대, 왕이나 양반층에서 쓰던 갓의 한 가지. 죽사로 갓모자와 양태를 네 겹으로 엮고, 옻칠을 하여 만든 최상품의 흑립(黑笠)임. 갓모자 아래 부분에 실을 감아서 신분을 표시하였음. 진사립(眞絲笠) ☞저모립(豬毛笠)

×**죽살** 명 →죽살이

죽살-이 명 ①죽음과 삶. ②죽느냐 사느냐의 막다른 지경, 또는 그런 지경에서 겪는 고생.
죽살이(를) 치다 관용 온갖 힘을 모질게 쓰다.
죽살-치다 자 '죽살이를 치다'가 줄어든 말.
죽-상(一相) 명 '죽을상'의 준말. ¶ —을 짓다.
죽-상자(竹箱子) 명 대상자
죽석(竹石) 명 ①대와 돌. ②돌 난간의 기둥 사이에 동자석을 받쳐서 가로 건너지른 돌.
죽석(竹席) 명 대자리
죽-세:공(竹細工) 명 대를 재료로 하여 세공물을 만드는 일, 또는 그 세공물.
죽소(竹梳) 명 대빗
죽순(竹筍) 명 대의 땅속줄기에서 돋아나는 애순. 갈색 털이 빽빽이 난 껍질로 여러 겹 싸여 있음. 죽순대·왕대·솜대 등의 순은 먹을 수 있음. 대순
죽순-구이(竹筍一) 명 죽순을 구워서 껍질을 벗겨 먹는 음식.
죽순-대(竹筍一) 명 볏과의 대. 땅속줄기는 옆으로 길게 벋고, 땅위줄기는 높이 15m, 지름 20cm 안팎. 마디의 융기는 한 가닥이며, 잔가지가 많이 나고 길둥근 잎이 달림. 중국 원산이며, 죽순은 먹을 수 있고, 줄기는 죽세공에 쓰임. 맹종죽(孟宗竹)
죽순-밥(竹筍一)[-빱] 명 삶은 죽순을 잘게 썰어 넣고 지은 밥.
죽순-죽(竹筍粥) 명 삶은 죽순을 쇠고기와 함께 볶다가 물을 붓고 장국을 끓이는 중에 쌀을 넣고 쑨 죽.
죽-술[1](粥一) 명 몇 숟가락의 죽. ¶ 겨우 —이나 먹고 산다.
죽-술[2](粥一) 명 고두밥 대신에 죽을 쑤어 누룩과 섞어서 술밑을 만들어 빚은 술.
죽술-연명(粥一延命)[-련-] 명 -하다 자 몇 숟가락의 죽으로 끼니를 삼으며 겨우 목숨을 이어 가는 일.
죽식(粥食) 명 죽과 밥.
죽식간-에(粥食間一) 부 ①죽이든지 밥이든지 아무 것이나. ¶ — 먹기나 하면서 기운을 차려야지. ②죽이 되든지 밥이 되든지 간에. ¶ — 결말을 지어야지. 죽밥간
죽-신 명 ①한 죽, 곧 열 벌의 짚신이나 미투리. ②막치로 만들어 여러 죽씩 내다 파는 가죽신.
죽실(竹實) 명 ①대나무의 열매. ②한방에서, 대나무 열매의 씨를 약재로 이르는 말. 강장제로 쓰임.
죽실-반(竹實飯) 명 대나무의 열매를 멥쌀에 섞어 지은 밥.
죽어-지내다 자 ①기를 펴지 못하고 지내다. ¶ 무서운 상사 아래 늘 죽어지내고 있다. ②심한 가난으로 간신히 목숨을 이어 가다.
죽어-지만(一遲晩) 명 지은 죄를 자복할 때 쓰는 말로, 흔히 죽기가 늦었음을 한탄하여 이르는 말. ¶ 지은 죄 — 입니다.
죽여(竹茹) 명 한방에서, 솜대의 겉껍질을 벗겨 낸 속살을 약재로 이르는 말. 열로 말미암은 해수·담·번열증을 다스리는 데 쓰임.
죽엽(竹葉) 명 대나무의 잎. 댓잎
죽엽-주(竹葉酒) 명 댓잎을 삶은 물로 빚은 술.
죽엽-죽(竹葉粥) 명 댓잎과 석고를 물에 달여서 그 웃물에 멥쌀을 넣고 끓인 죽. 한방에서, 지갈·청심·해열의 효과가 있다고 함.
죽영(竹纓) 명 대갓끈
죽원(竹院) 명 대숲으로 둘러싸인 집.
죽원(竹園) 명 ①대나무 동산. ②대나무를 심은 정원.
죽은-목숨 명 억눌려 지내거나 살길이 막혀, 죽은 거나 다름없는 목숨. ¶ 내야 이제 —이지.
죽은-물 명 흐르지 않는 물. 괴어 있는 물. 사수(死水)
죽을둥-살둥[-뚱-뚱] 부 있는 힘을 다하여 마구 덤비는 모양을 나타내는 말. ¶ — 매달렸다.
죽을-병(一病)[-뼝] 명 살아날 가망이 없는 중한 병. 사병(死病) ¶ —에 걸리다.
죽을뻔-살:뻔 부 죽을 고비를 여러 번 겪는 모양을 나타내는 말. ¶ — 하면서 기어이 북극에 다다랐다.
죽을-사(一死)[-싸] 명 한자 부수(部首)의 한 가지. '歿'·'殉' 등에서 '歹(歺)'의 이름.
죽을-상(一相)[-쌍] 명 거의 죽게 된 얼굴, 또는 그런 표정. ¶ —이 되어 돌아왔다. 준 죽상
죽을-죄(一罪)[-쬐] 명 죽어 마땅한 죄. ¶ —를 짓다.
죽을-힘 명 죽기를 무릅쓰고 내는 힘. ¶ —을 다해 버티다.
죽음 명 목숨이 끊어지는 일. 사망(死亡). 영면(永眠). 운명(殞命) 높 서세(逝世). 작고(作故) ☞삶
죽음의 재 관용 핵폭발이나 원자로 안의 핵분열로 생긴 방사성 미립자를 흔히 이르는 말. 방사진(放射塵)

> ▶ **'죽음'과 '주검'의 표기**
> 　'죽음'과 '주검'의 두 단어는 근원으로 보아 '죽다'에서 나온 말이다. '죽음'은 '죽는 일'이고 '주검'은 '죽은 몸뚱이'를 뜻한다. '죽음'은 어원을 밝혀 적었고 '주검'은 밝혀 적지 않았다. 이런 종류의 말로 '마중, 마감, 지붕, 나머지' 따위가 있는데 이들은 어원을 밝히지 않음으로써 단어 가족의 관계를 끊었기 때문에 파생어라 할 수 없다. 독립적으로 분가(分家)한 것에 비유될 수 있다.

죽이다 타 ①목숨이 끊어지게 하다. ¶ 벌레를 —./사람을 목졸라 —./난(蘭)을 죽이고 말았다. ②움직임을 멈추게 하다. ③불을 끄다. ¶ 연탄불을 —./불씨를 —. ④눌러서 겉으로 드러나지 않게 하다. ¶ 소리를 —./숨을 —./감정을 —./여럿을 위하여 나를 —. ⑤힘을 약하게 하거나 없애다. ¶ 속도를 —./기세를 —./풀을 —./기를 —./재능을 —./맛을 —./개성을 —. ⑥바둑이나 장기에서, 상대편의 돌이나 말을 잡다. ⑦야구에서, 상대 선수를 아웃이 되게 하다. ¶ 견제구로 일루 주자를 —. ⑧불거진 자리나 모서리를 깎아 내다. ¶ 기둥의 모서리를 —. ⑨제 치수나 수량에서 조금 모자라게 하다. ¶ 되를 좀 —.
속담 **죽일 놈도 먹이고 죽인다** : 산 사람을 왜 먹이지 않고 굶기느냐고 항변하는 말.

한자 **죽일 살**(殺) 〔殳部 7획〕 ¶ 살상(殺傷)/살생(殺生)/살의(殺意)/살충(殺蟲)/살해(殺害)

죽인(竹印) 명 대의 뿌리로 만든 도장.
죽자고 부 있는 힘을 다하여. 기를 쓰고. ¶ — 덤비다.
죽자꾸나-하고 부 죽을 힘을 다하여. ¶ — 대들다.
죽잠(竹簪) 명 대를 깎아 만든 비녀.
죽장(竹杖) 명 대지팡이
죽-장구(竹一) 명 굵은 대통의 속 마디를 뚫어 만든 악기. 세워 놓고 막대기로 쳐서 소리를 냄.
죽-장:기(一將棋) 명 서투른 장기.
죽장망혜(竹杖芒鞋) 성구 대지팡이와 짚신이라는 뜻으로, 먼길을 떠날 때의 가뿐한 차림새를 비유하여 이르는 말.
죽-장창(竹長槍) 명 ①대로 만든 긴 창. 지난날, 무예를 익히는 데 썼음. ②십팔기(十八技) 또는 무예 이십사반(武藝二十四般)의 하나. 보졸(步卒)이 죽장창으로 익히는 무예. 준 죽창(竹槍)
죽저(竹箸) 명 대로 만든 젓가락.
죽전(竹田) 명 대밭
죽절(竹節) 명 대의 마디.
죽절-갓끈(竹節一)[-간-] 명 금패(錦貝)나 대모(玳瑁) 따위로 만든 자잘한 대롱을 번갈아 꿴 갓끈.
죽절-과(竹節果) 명 대의 마디 모양으로 만든 과줄.
죽절-반(竹節盤) 명 상다리를 대나무 마디 모양으로 새겨 만든 소반. ☞외다리소반. 원반(圓盤)[2]
죽절-비녀(竹節一) 명 죽절잠
죽절-잠(竹節簪) 명 머리에 대의 마디 모양을 새긴 비녀. 죽절비녀
죽-젓:개(粥一)[-젇-] 명 죽젓광이
죽젓:개-질(粥一)[-젇-] 명 -하다 자 ①죽을 쑤면서 죽젓광이로 젓는 일. ②남의 일에 헤살놓는 일, 또는 그 짓.
죽-젓:광이(粥一)[-젇-] 명 죽을 쑬 때, 고르게 끓도록 휘젓는 나무방망이. 죽젓개
죽정(竹亭) 명 ①대나무로 자그마하게 지은 정자. ②뜰에

대나무를 심어 놓은 정자.

죽정(竹釘)명 대못

죽-죽 부 ①줄이나 금을 여러 번 곧게 긋는 모양을 나타내는 말. ②여러 갈래로 벋어 나간 모양을 나타내는 말. ¶로터리에서 사방으로 길이 ― 벋어 나가다. ③여러 줄로 가지런히 늘어서거나 벌어져 있는 모양을 나타내는 말. ④자꾸 활짝 펴거나 벌리는 모양을 나타내는 말. ⑤여러 가닥으로 훑거나 찢거나 하는 모양을 나타내는 말. ¶색종이를 ― 찢다. ⑥여러 곳을 한눈에 대충 훑어보는 모양을 나타내는 말. ¶신문을 ― 훑어보다. ⑦잇달아 거침없이 읽거나 말하는 모양을 나타내는 말. ¶어린아이가 소학(小學)을 ― 외다. ⑧액체를 여러 차례에 걸쳐 들이마시는 모양을 나타내는 말. ☞족족. 쭉쭉

죽지 명 ①어깻죽지 ②날갯죽지

죽지를 떼다 관용 ①활을 쏘고 나서 어깨를 내리다. ②하인들이 상전(上典)을 믿고 거들먹거리다.

죽지(竹枝)명 ①대나무의 가지. ②악부(樂府)의 한 체(體). 그 지방의 풍속 따위를 민요풍으로 읊은 것. 중국 당나라 때 유우석(劉禹錫)이 지은 '죽지사(竹枝詞)'에서 비롯됨.

죽지(竹紙)명 지난날, 중국에서 어린 대의 섬유로 만들던 종이. 서화(書畫)에 이용되었음.

죽지-뼈 명 어깨뼈

죽지사(竹枝詞)명 ①중국 당나라 때의 유우석이 지은 악부(樂府)의 한 가지. ②조선 시대, 십이가사(十二歌詞)의 하나. 작자와 연대는 알려져 있지 않으며, 당나라 때의 '죽지사'를 본떠 우리 나라의 경치·풍속·인정을 읊은 노래임. 모두 4장으로 되어 있음. 건곤가(乾坤歌)

죽창(竹窓)명 창살이 대로 된 창문.

죽창(竹槍)명 ①대창 ②'죽장창(竹長槍)'의 준말.

죽책(竹冊)명 ①죽간(竹簡) ②조선 시대, 죽간에 쓰던 세자비의 책봉문(冊封文).

죽책(竹柵)명 대울타리

죽책(竹策)명 대나무로 만든 채찍.

죽척(竹尺)명 대나무로 만든 자. 대자

죽첨(竹籤)명 제비로 쓰이는 댓개비.

죽청-지(竹靑紙)명 대를 재료로 한 질기고 얇은 종이.

죽총(竹叢)명 대나무로 이루어진 작은 숲.

죽-치 명 막치로 만들어 여러 죽씩 내다 파는 물건. 죽갓이나 죽신 따위.

죽-치기 명 물건을 낱개로 팔고 사지 않고 한꺼번에 여러 죽씩 팔고 사는 일.

죽-치다 자 〔주로 '죽치고'의 꼴로 쓰이어〕 돌아다니지 않고 한곳에만 틀어박히다. ¶장마 때문에 방안에만 죽치고 앉아 있다.

죽침(竹枕)명 대나무로 만든 베개.

죽침(竹針)명 대나무로 만든 바늘. 대바늘

죽침(竹鍼)명 대나무로 만든 침. 종기를 따는 데 씀.

죽통(竹筒)명 굵은 대나무를 가로로 잘라서 마디의 막힌 부분이 밑면이 되게 만든 통. 술·간장이나 수저·필기구 따위를 담는 데 쓰임.

죽통(粥筩)명 마소 따위의 먹이를 담는데 쓰는 통.

죽파(竹杷)명 논밭의 흙을 고르는 데 쓰는 농기구의 한 가지. 길죽한 나무토막에 댓조각으로 이를 만들어 박고 긴 자루를 달아 만듦. ☞갈퀴

죽패(竹牌)명 ①지난날, 대나무를 여러 개 엮어 화살을 막는 방패로 쓰던 것. ②'마작(麻雀)'을 달리 이르는 말.

죽피(竹皮)명 죽순(竹筍)을 싸고 있는 껍질. 음식을 싸기도 하고, 찢어서 짚신을 삼기도 함.

죽피-방석(竹皮*方席)명 죽피를 찢어서 결어 만든 방석.

죽합(竹蛤)명 '긴맛'의 딴이름.

준:(準)명 교정(校正)

준(을) 보다 관용 교정(校正)을 보다.

준(罇)명 ①제사 때 쓰는, 구리로 만든 술 항아리. ②질흙으로 만든 옛날 술잔.

준:(準)- 접두 기준에 대하여 '버금가는'의 뜻을 나타냄. ¶준교사(準教師)/준급행(準急行)/준우승(準優勝)/준결승(準決勝) ☞정(正)-

준:-강:도(準強盜)명 강도와 같이 다루는 범죄(犯罪). 사후 강도(事後強盜) 따위.

준:거(峻拒)명-하다 타 딱 잘라 거절함.

준:거(準據)명-하다 자타 어떤 것을 기준으로 삼아 따름. ¶교과서에 ―하다./판례에 ―하다.

준거(遵據)명-하다 자타 예로부터 전해지는 관례나 명령 등에 따름.

준:거-법(準據法)〔―뻡〕명 국제 사법에 따라서 어떤 법률 관계에 법적인 판단을 내리는 데 근거가 되는 법.

준:걸(俊傑)명 재능이 뛰어난 사람. 준사(俊士). 준언(俊彦) ☞인걸(人傑)

한자 준걸 준(俊) 〔人部 7획〕 ¶준걸(俊傑)/준수(俊秀)

준:-결승(準決勝)〔―씅〕명 준결승전(準決勝戰)

준:결승-전(準決勝戰)〔―씅―〕명 운동 경기 따위에서, 결승전에 나아갈 선수나 팀을 결정하는 경기. 준결승

준:골(俊骨)명 준수하게 생긴 골격(骨格), 또는 그런 골격을 가진 사람.

준:공(竣工)명-하다 타 공사를 끝냄. 낙성(落成). 완공(完工). 준역(竣役) ☞기공(起工). 착공(着工)

준:공-식(竣工式)명 준공을 기념하는 의식(儀式).

준:-공:유(準共有)명 몇 사람이 공동으로 소유권 이외의 재산권을 갖는 일. 지상권·저당권·저작권·특허권 등에 대하여 발생함.

준:-교사(準教師)명 준교사 자격증을 가진 교사. 교사 자격 단계로는 2급 정교사 아래에 해당함. ☞정교사(正教師)

준:규(準規)명 준칙(準則)

준:급(準急)명 '준급행 열차(準急行列車)'의 준말.

준:급(峻急)어기 '준급(峻急)하다'의 어기(語基).

준:급-하다(峻急―)형여 높고 험하여 몹시 가파르다.

준급-히 부 준급하게 ¶― 솟아오른 암봉(岩峰).

준:급행=열차(準急行列車)〔―녈―〕명 급행 열차보다 머무는 역(驛)의 수가 조금 많은 여객 열차. 준 준급

준:-기소(準起訴)명 고소나 고발이 있었는데도 검사가 불기소 처분을 하였을 때, 고등 법원이 고소인이나 고발인의 재정 신청(裁定申請)에 따라, 그 사건을 관할 지방 법원에 회부하는 일. 기소와 같은 효력이 생김.

준:납(準納)명-하다 타 일정한 기준에 따라서 바침.

준-대:로(遵大路)명-하다 자 ①큰길로 좇아감. ②일을 정당한 절차와 방법에 따라서 함.

준-돈 명 돈치기에서 맞히도록 지정한 돈.

준:동(蠢動)명-하다 자 ①벌레 따위가 굼실거림. ②하찮은 사람이 일을 꾸미거나 소란을 피움. ¶불만을 품은 자들이 ―하다.

준:동(準同)어기 '준동(準同)하다'의 어기(語基).

준:동-하다(準同―)형여 일정한 표준과 같다.

준:두(準頭)명 코끝

준득-거리다(대다)자 준득준득한 느낌이 나다. ☞존득거리다. 쭌득거리다

준득-준득 부-하다 형 씹는 감촉이 줄깃줄깃하고 차진 모양을 나타내는 말. ☞존득존득. 쭌득쭌득

준:령(峻嶺)명 높고 험한 고개.

준:례(準例)명-하다 타 전례에 따름, 또는 그 전례.

준:로(峻路)명 험준한 길.

준:론(峻論)명 엄정하면서도 격렬한 언론(言論).

준:마(駿馬)명 잘 달리는 뛰어난 말. 비마(飛馬). 준족(駿足). 천마(天馬) ☞노마(駑馬). 양마(良馬)

준:-말 명 ①두 음절 이상으로 된 말의 일부를 줄여 간략하게 만든 말. '고등학교(高等學校)'를 '고교(高校)'라 하는 따위. ②로마자의 머리글자만 따서 쓰는 말. '유엔(UN)', '유에프오(UFO)' 따위. 약어(略語) ☞본딧말. 원말

준:매(俊邁)명-하다 형 재주가 썩 뛰어남, 또는 그러한 사람.

준:맹(準盲)명 안경을 쓰고도 시력이 0.3에 이르지 못하여, 약 2m 앞의 손가락의 수효를 분간할 수 없을 정도의 시력 장애를 이르는 말.

ㅈ

▶ 준말(줄어든 말)의 표기 예(例)
ㅇ 누이어 → 뉘어/누여
쓰이어 → 씌어/쓰여
ㅇ 만만하지 않다 → 만만찮다
적지 않다 → 적잖다
ㅇ 흔하다 → 흔타
감탄하게 → 감탄케
무심하지 → 무심치
ㅇ 그 애는 → 걔는 → 걘
저것으로 → 저걸로

준:명(峻命)명 ①엄한 명령. ②임금의 명령.
준:-문서(準文書)명 법률에서, 문서처럼 의사(意思)를 나타낸 것은 아니지만 문자나 부호 따위로 나타낸 도면이나 경계표 등과 같이 증표가 되는 것.
준:물(俊物)명 뛰어난 인물.
준:민(俊敏)어기 '준민(俊敏)하다'의 어기(語基).
준:민고택(浚民膏澤)성구 백성의 기름을 짜낸다는 뜻으로, 지난날 백성의 재물을 마구 빼앗음을 이르던 말.
준:민-하다(俊敏-)형여 슬기롭고 날렵하다.
준:발(俊拔)어기 '준발(俊拔)하다'의 어기(語基).
준:발(峻拔)어기 '준발(峻拔)하다'의 어기(語基).
준:발-하다(俊拔-)형여 재주가 남보다 두드러지게 빼어나다.
준:발-하다(峻拔-)형여 ①산 따위가 높이 솟아 있다. ②남보다 빼어나게 훌륭하다.
준범(遵範)명-하다자 사회의 규범을 잘 지킴.
준:법(峻法)[-뻡]명 엄격한 법률.
준법(遵法)[-뻡]명-하다자 법을 올바르게 지킴. ☞위법
준법=정신(遵法精神)[-뻡-]명 법을 올바르게 지키려는 정신.
준법=투쟁(遵法鬪爭)[-뻡-]명 노동자의 쟁의 행위의 한 가지. 법률이나 규칙을 곧이곧대로 지킴으로써 합법적으로 업무를 지체시키는 일. 잔업을 거부하고 정시 퇴근하거나 단체 휴가를 내는 일 따위.
준:별(峻別)명-하다타 엄격하게 구별함, 또는 엄격한 구별.
준:봉(峻峰)명 높고 험한 산봉우리.
준봉(遵奉)명-하다타 법률이나 명령, 가르침 따위를 존중하여 받듦. ¶조상의 유훈(遺訓)을 -하다.
준:비(準備)명-하다타 필요한 것을 미리 마련하여 갖춤.
준:비-금(準備金)명 ①어떤 목적에 쓰거나 장래의 필요에 대비하려고 준비하는 돈. ②주식 회사나 유한 회사의 자본 준비금과 이익 준비금 따위. ☞적립금(積立金)
준:비=서면(準備書面)명 민사 소송에서, 당사자가 구두 변론(口頭辯論)에서 진술하려는 사항을 적어서 미리 법원에 제출하는 서면.
준:비-성(準備性)[-썽]명 준비를 제대로 잘하는 성질.
준:비=운:동(準備運動)명 운동이나 경기를 하기 전에 가볍게 온몸을 움직여 근육과 관절을 부드럽게 하는 운동. 준비 체조(準備體操)
준:비=체조(準備體操)명 준비 운동(準備運動)
준:사(俊士)명 준걸(俊傑)
준:사(竣事)명-하다자 하던 일을 마침.
준:-사:관(准士官)명 군대의 직위에서, 준위(准尉) 계급을 이르는 말. ☞부사관(副士官)
준:산(峻山)명 험하고 높은 산.
준:설(浚渫)명-하다타 하천이나 바다의 바닥에 쌓여 있는 토사(土砂)를 퍼내는 일. ¶강바닥을 -하다.
준:설-기(浚渫機)명 준설하는 데 쓰는 기계. 기중기로 떠올리는 방식과 펌프로 빨아올리는 방식 등이 있음. 드레저(dredger)
준:설-선(浚渫船)[-썬]명 준설기를 장치하고, 하천이나 바다를 준설하는 배.
준:성(準星)명 X선·빛·적외선 등 많은 에너지를 방출하는 천체(天體). 수십억 광년(光年) 이상 멀리 떨어져 있으며 항성처럼 보임. 1963년 강한 전파를 내는 천체로 발견되었음.
준:수(準數)명-하다타 의수(依數)
준수(遵守)명-하다타 법률·규칙·도덕·습관 따위를 따르고 지킴. ¶오랜 관례를 -하다. ☞위반(違反)
준:수(俊秀)어기 '준수(俊秀)하다'의 어기(語基).
준:수-하다(俊秀-)형여 ①재지(才智)가 빼어나다. ②용모가 빼어나다. ¶얼굴 모습이 -.
준순(逡巡)[1]명-하다자 ①결단을 내리지 못하고 우물쭈물함. ②나아가지 못하고 꾸물거림.
준순(逡巡)[2]수 소수(小數) 단위의 하나. 모호(模糊)의 10분의 1, 수유(須臾)의 열 곱절.
준:승(準繩)명 ①평면의 기울기를 재는 기구인 수준기(水準器)와 먹줄. ②일정한 법식이나 규정.
준시(遵施)명-하다타 그대로 좇아서 시행함.
준시(蹲柹)명 껍질을 깎아서 꼬챙이에 꿰지 않고 그대로 말린 감. ☞곶감. 관시(串柹)
준:신(準信)명-하다타 어떤 것을 기준으로 삼아 믿음.
준:언(俊彦)명 준걸(俊傑)
준:엄(峻嚴)어기 '준엄(峻嚴)하다'의 어기(語基).
준:엄-하다(峻嚴-)형여 매우 엄격하다. 엄준하다. 초엄(峭嚴)하다 ¶검사의 논고가 -./준엄하게 다스리다.
준엄-히부 준엄하게
준:역(竣役)명-하다타 준공(竣工)
준:연(蠢然)어기 '준연(蠢然)하다'의 어기(語基).
준:연-하다(蠢然-)형여 굼실거리는 꼴이 굼뜨다.
준:열(峻烈)어기 '준열(峻烈)하다'의 어기(語基).
준:열-하다(峻烈-)형여 매섭고 세차다. ¶비판이 -.
준열-히부 준열하게 ¶- 나무라다.
준:영(俊英)어기 '준영(俊英)하다'의 어기(語基).
준:영-하다(俊英-)형여 재능이 남보다 뛰어나다.
준:-예:산(準豫算)[-녜-]명 국가의 예산이 법정 기간 안에 성립되지 못하는 경우에, 정부가 일정한 범위 안에서 지난해에 준하여 집행하는 가예산(假豫算).
준:용(準用)명-하다타 무엇에 준거(準據)하여 적용함.
준용(遵用)명-하다타 그대로 좇아서 씀.
준:우(峻宇)명 덩실하게 지은 집.
준:우(蠢愚)어기 '준우(蠢愚)하다'의 어기(語基).
준:-우승(準優勝)명-하다자 우승 다음가는 성적.
준:우-하다(蠢愚-)형여 굼뜨고 어리석다.
준:위(准尉)명 군대 계급의 하나. 준사관(准士官)으로 소위의 아래, 원사(元士)의 위.
준:일(俊逸)명-하다형 재능이 뛰어남, 또는 그런 사람.
준:장(准將)명 군대 계급의 하나. 장관급(將官級)으로 소장의 아래, 대령의 위.
준:장(準張)[-짱]명 교정지(校正紙)
준:재(俊才)명 아주 뛰어난 재주, 또는 뛰어난 재주를 가진 사람. ☞수재(秀才)
준:적(準的)명 목표(目標)나 표적(標的).
준:절(峻節)명 높은 절개(節槪).
준절(撙節)명 '존절'의 원말.
준:절(峻截)어기 '준절(峻截)하다'의 어기(語基).
준:절-하다(峻截-)형여 엄하다. 격렬하다
준:정(浚井)명-하다자 우물 바닥을 깨끗이 쳐냄.
준조(樽俎)명 ①술통과 제물(祭物)을 올려 놓는 대(臺). ②술과 요리가 나오는 연석(宴席).
준:족(駿足)명 ①준마(駿馬) ②빠르게 잘 달림, 또는 그런 사람. ¶-을 자랑하는 선수. ③뛰어난 인재(人才)를 비유하여 이르는 말.
준좌(蹲坐)명-하다자 ①주저앉음. ②일을 중도에서 그만둠.
준주(樽酒)명 ①나무통에 담긴 술. ②한 통 되는 술. 통술
준:-준:결승(準準決勝)[-씅]명 준준결승전
준:준결승-전(準準決勝戰)[-씅-]명 준결승전에 나갈 선수나 팀을 결정하는 경기. 준준결승(準準決勝)
준:지(準紙)명 교정지(校正紙)
준:지-관음(准胝觀音)명 불교에서 이르는 육관음의 하나. 인도(人道)의 삼장(三障)을 깨뜨린다는 관음.
준:책(峻責)명-하다타 준엄하게 꾸짖음.
준:척(準尺)명 낚시에서, 낚은 물고기의 길이가 거의 한

자에 가까움, 또는 그 물고기.
준천(濬川)명-하다자 개천 바닥을 파서 쳐냄.
준:초(峻峭)어기 '준초(峻峭)하다'의 어기(語基).
준:초-하다(峻峭-)형여 산이 높고 험하다.
준:치명 청어과의 바닷물고기. 몸길이 40cm 안팎. 양쪽 옆이 납작함. 배지느러미는 작으며 등지느러미보다 앞쪽에 있음. 몸빛은 등은 암청색이고 배는 은백색임. 우리 나라 연안과 동중국해 등지에 분포함. 진어(眞魚)
준:치-자:반(-*佐飯)명 준치를 소금에 절여서 말린 것. 자반준치
준:칙(準則)명 근거나 기준이 되는 규칙. 준규(準規)
준:칙-주의(準則主義)명 법률에서, 미리 일정 요건을 정하여 두고, 이 요건을 갖추면 곧 법인(法人)의 설립을 인정하는 주의. 회사나 노동 조합 등이 이에 따름.
준:-평원(準平原)명 침식 작용이 오래 계속되어 지표의 기복이 없어져 평원 모양으로 된 지형. 파상 평원
준:-하다(準-)자여 어떤 것을 기준으로 삼아 따르다, 또는 어떤 것과 같은 자격으로 다루다. ¶회비는 정회원에 준한다./업무 능력에 준하여 보수를 정한다.

한자 준할 준(準)〔水部 10획〕¶준거(準據)/준규(準規)/준례(準例)/준용(準用)/준칙(準則)

준:-하다(峻-)형여《文》①산세(山勢)가 험하다. ②맛이 독하거나 진하다.
준:-하:제(峻下劑)명 적은 양으로 강한 작용을 하는 식물성 하제. ☞완하제(緩下劑)
준:행(準行)명-하다타 전례(前例) 등을 근거로 삼아 따라 함.
준행(遵行)명-하다타 명령이나 규칙 따위를 좇아서 함.
준:허(準許)명-하다타 의시(依施)
준:험(峻險)어기 '준험(峻險)하다'의 어기(語基).
준:험-하다(峻險-)형여 산 따위가 높고 험하다.
준:-현:행범(準現行犯)명 현행범은 아니지만, 흉기를 지녔거나 몸이나 옷에 범죄의 흔적이 있거나 하여 범죄를 저지르고 얼마 지나지 않았음이 분명히 인정되어 현행범으로 간주되는 용의자. 구속 영장 없이 구속할 수 있음.
준:-혈족(準血族)[-쪽]명 법정 혈족(法定血族)
준:형(峻刑)명 혹독한 형벌. ☞혹형(酷刑)
준:호(俊豪)명-하다형 재주가 썩 뛰어나고 호방함, 또는 그런 사람. ☞준걸(俊傑)
준:혹(峻酷)어기 '준혹(峻酷)하다'의 어기(語基).
준:혹-하다(峻酷-)형여 매우 혹독하다.
준혹-히부 준혹하게
줄[1]명 ①무엇을 동이거나 묶거나 하는 데 쓰는 긴 물건을 통틀어 이르는 말. ¶굵은 -로 동이다./-을 사려 놓다. ②가늘고 길게 이어지는 선(線). ¶땅에 -을 긋다./빨간 연필로 그은 -. ③차례로 길게 벌여 선 열(列). ¶먼저 온 차례로 -을 서다./-을 벗어난 사람. ④책 따위에서, 가로나 세로로 일정한 길이로 벌여진 글자들. 행(行) ¶-을 바꾸다. ⑤인연이 닿는 길. 연줄 ¶그분과는 -이 닿지 않는다. ☞선(線)
줄(을) 놓다관용 무엇을 알아보거나 하려고 다른 사람과 관계를 맺다. 줄(을) 대다. ¶정부 요로에 -.
줄(을) 대다관용 줄(을) 놓다.
줄(을) 드리다관용 ①줄을 늘어뜨리다. ②몇 가닥을 모아 줄을 꼬다. ¶볏짚으로 줄을 드려 새끼를 꼬다.
줄(을) 서다관용 기회를 기다리다.
줄이 닿다관용 도움을 줄 수 있는 사람과 연결되다.

한자 줄 선(線)〔糸部 9획〕¶곡선(曲線)/단선(單線)/복선(複線)/점선(點線)/직선(直線)
줄 현(絃)〔糸部 5획〕¶단현(斷絃)/현악기(絃樂器)

줄:[2]명 쇠붙이를 쓸거나 깎는 데 쓰는 강철 막대. 강철 표면에 자잘한 홈이 새겨져 있음.
줄:[3]명 볏과의 여러해살이풀. 줄기 높이 1~2m. 잎은 길고 폭이 넓음. 초가을에 위쪽에 암꽃 이삭, 아래쪽에 수꽃 이삭이 원추(圓錐) 꽃차례로 핌. 늪·못·내 등 물가에 무리를 지어 자람. 열매는 먹을 수 있고, 줄기와 잎은 도롱이나 돗자리를 만드는 데 쓰임.
줄[4]의 ①차례로 길게 벌여 선 열(列)을 세는 말. ¶두 -로 늘어서다. ②잎담배나 고사리 따위를 엮은 두름을 세는 말. ¶시래기 한 -. ③40·50·60 등의 수사 뒤에 쓰이어 그 단계의 나이임을 이르는 말. ¶나도 40 -에 들었다.
줄[5]의〔용언의 어미 '-ㄴ'·'-ㄹ' 뒤에 쓰이어〕어떤 사실·짐작·방법·셈속 등의 뜻을 나타내는 말. ¶그가 부장인 - 몰랐다./네가 올 - 알았다./그 일도 할 - 안다./그럴 -은 몰랐다.
줄:(joule)의 국제 단위계의 일·에너지·열량의 단위. 1줄은 1뉴턴의 힘이 물체를 1미터 움직일 때 드는 일의 양. 영국의 물리학자 줄의 이름에서 따옴. 기호는 J
줄:-접두 '줄이어'의 뜻을 나타냄. ¶줄잡아 삼 년은 걸리겠다.
줄-가리명 벼를 말리려고 볏단의 이삭을 위로 하여 두 단씩 맞대고, 아래쪽은 띄워서 줄지어 세우는 가리.
줄가리-치다타 줄가리 짓는 일을 하다.
줄거리명 ①잎이 다 떨어진 나뭇가지. ②사물의 골자(骨子). ¶이야기의 -./사건의 -. ③배추나 상추 따위의 잎꼭지나 미역의 줄기처럼 약간 질긴 부분. ☞졸가리
줄-걷:기명 줄타기에서, 광대가 줄 위를 걸어가는 재주.
줄-걷:다[1](-걷고·-걸어)자ㄷ 줄타기에서, 광대가 줄 위를 걸어가다.
줄-걷다[2]타 '줄밑걷다'의 준말.
줄-걸리다타 줄타기에서, 광대에게 줄 위를 걷게 하다.
줄곧부 끊어지거나 그치지 않고, 계속. ¶- 지켜보고 있었다.
줄-글명 글자 수나 운율·대구(對句) 따위에 얽매이지 않고 적은 글. 장문(長文) ☞귀글
줄기명 ①잎·뿌리와 함께 식물을 구성하는 기관(器官)의 한 가지. 땅 위로 길게 뻗어 잎이나 꽃을 피우며, 속에 양분이나 수분의 통로가 있음. 땅속줄기나 덩굴로 되는 것도 있음. ②길게 뻗어 나간 산, 또는 길게 흐르는 물. ¶산-/물- ③길게 내뿜는 물이나 내쏘는 빛살. ¶분수의 -./번갯불의 -. ④소나기의 한 차례.

한자 줄기 간(幹)〔干部 10획〕¶근간(根幹)/본간(本幹)
줄기 맥(脈)〔肉部 6획〕¶광맥(鑛脈)/산맥(山脈)/수맥(水脈)/인맥(人脈)/지맥(支脈)/학맥(學脈)

줄기-세포(-細胞)명 간·폐·심장 따위의 구체적 장기(臟器)를 이루기 전에 분화를 멈춘 배아(胚芽) 단계의 세포. 자기 복제 능력이 있고, 신체의 어느 조직이나 장기로도 분화할 수 있으므로 장기 재생과 난치병 치료에 큰 도움을 줄 것으로 기대됨. 인간의 경우는 크게 배아줄기세포와 성체(成體) 줄기세포로 구분됨.
줄기-잎명 줄기에서 나오는 잎. ☞뿌리잎
줄기-줄기부 여러 줄기로. 줄기마다. ¶- 갈라지다.
줄:-기직명 염할 때 쓰이는, 줄 잎으로 거칠게 짠 기직.
줄기-차다형 꾸준하게 억세고 힘차다. ¶줄기차게 내리는 비./줄기찬 공격.
줄기채소-류(-菜蔬類)명 경채류(莖菜類)
줄깃-줄깃[-긷-]부-하다형 매우 줄깃한 느낌을 나타내는 말. ☞졸깃졸깃. 쫄깃쫄깃
줄깃-하다[-긴-]형여 씹는 감촉이 감칠맛 있게 질깃하다. ☞졸깃하다. 쫄깃하다
줄-꾼명 ①가래질에서 줄을 잡아당기는 사람. ☞장부꾼 ②줄모를 심을 때 못줄을 대 주는 사람. 줄잡이
줄:-나다자 어떤 생산물이 그 표준 수량보다 덜 나다. ¶쌀이 예년보다 줄났다.
줄-넘기[-끼]명 줄의 양끝을 두 손으로 각각 잡고 아래위로 빙빙 돌리면서 뛰거나, 두 사람이 줄을 돌리고 다른 사람이 가운데서 뛰거나 하는 놀이.
줄-눈명 벽돌을 쌓거나 타일을 붙일 때 생기는 이음매. 곧 그 사이사이에 모르타르 따위를 채워 넣는 부분.
줄눈(을) 치다관용 벽돌과 벽돌 사이, 타일과 타일 사이에 모르타르 따위를 채우다.

ㅈ

줄:다(줄고·주니) 자 수량이나 규모가 적어지거나 작아지다. 감하다 ¶몸무게가 -./수입이 줄었다. ☞늘다

줄-다리기 명 여러 사람이 두 편으로 갈려 서로 줄을 잡아당겨 승패를 겨루는 놀이. 마두희(馬頭戱)

줄-달다(-달고·-다니) 자타 ①끊이지 않고 줄지어 잇닿다. ¶행렬이 줄달아 이어지다. ②끊이지 않게 줄지어 잇대다. ¶사고를 줄달아 일으키다.

줄-달음 명-하다 자 '줄달음질'의 준말.

줄달음-질 명-하다 자 한숨에 내처 달리는 일. 준 줄달음

줄달음질-치다 자 '줄달음질하다'를 힘주어 이르는 말. 준 줄달음치다

줄달음-치다 자 '줄달음질치다'의 준말.

줄-담:배 명 ①짚 따위로 길게 엮은 잎담배. ②줄대다시피 많이 피우는 담배.

줄-대:다 자 끊이지 않고 죽 이어지다.

줄-도망(-逃亡) 명-하다 자 여러 사람이 줄을 지어 달아남.

줄-딸기 명 '덩굴딸기'의 딴이름.

줄-때 명 옷이나 몸 같은 데 줄을 이루어 낀 때.

줄-띄기 명 건축에서, 대지(垈地)에 줄띄워 건물의 배치 등을 알기 쉽게 나타내는 일.

줄-띄우다 자 건축에서, 다림이나 높낮이·거리·방향 따위를 살피려고 줄을 늘이다.

줄-띠 명 '목줄띠'의 준말.

줄레-줄레 부 가벼운 몸짓으로 남을 따라가거나 따라오는 모양을 나타내는 말. ☞졸래졸래. 쭐레쭐레

줄룩-줄룩 부-하다 형 긴 물체의 여러 군데가 홀쭉하게 들어가 있는 모양을 나타내는 말. ☞잘록잘록. 질룩질룩. 쭐룩쭐룩

줄룩-하다 형여 긴 물체의 가운데가 홀쭉하게 들어가 있다. ☞잘록하다. 질룩하다. 쭐룩하다

줅-마노(-瑪瑙) 명 줄무늬가 나타나 있는 마노.

줄-말 명 가랫과의 여러해살이 물풀. 전체가 녹갈색으로, 줄기 높이는 30~60cm이며 가지가 많이 갈라져 나 있음. 잎은 실 모양으로 어긋맞게 나며, 밑에 잎집이 있음. 꽃은 잎집 속에 들어 있다가 6~7월에 2~6송이씩 갈색으로 핌. 중부 이남의 바닷가 고랑에 떼지어 자람.

줄먹-줄먹 부-하다 형 굵직한 것들이 여기저기 벌여 있는 모양을 나타내는 말. ☞졸막졸막

줄멍-줄멍 부-하다 형 큼직큼직한 것들이 한데 모여 있는 모양을 나타내는 말. ☞졸망졸망

줄-모 명 못줄을 대어 가로와 세로로 반듯하게 줄지어 심는 모. 정조식(正條植) ☞허튼모

줄-목 명 ①줄다리기에서, 양편의 줄의 맨 앞 부분. ②어떤 일의 가장 중요한 대목.

줄-무늬 명 줄로 이루어진 무늬. 선문(線紋)

줄-무더기 명 ①여러 가지 빛깔의 것이 모여서 된 한 벌. ②여러 가지 실로 토막토막 이은 연줄.

줄무더기-형제(-兄弟) 명 어머니가 각각 다른 형제를 비유하여 이르는 말. ☞이복 형제(異腹兄弟)

줄-무지 명 지난날, 기생(妓生) 등의 행상(行喪)을 이르던 말. 가까운 사람끼리 풍악을 울리고 춤을 추며 상여를 메고 나갔음.

줄밑-걷다[-믿-] 타 일의 실마리나 말의 출처 따위를 더듬어 찾다. 준 줄걷다[2]

줄-바둑 명 돌을 한 줄로 늘어놓듯이 두는 서투른 바둑.

줄-밥[1] 명 매를 길들이려고 줄 한 끝에 매어서 주는 먹이.
속담 **줄밥에 매로구나**: 작은 재물을 탐하여 남에게 이용되는 사람을 놀리어 이르는 말.

줄:-밥[2][-빱] 명 줄질할 때 쓸리어 떨어지는 쇳가루.

줄-방:귀 명 잇달아 뀌는 방귀.

줄:-방석(-*方席) 명 줄로 엮어서 만든 거친 방석.

줄-버들 명 줄지어 늘어선 버드나무.

줄-버력 명 광맥(鑛脈)과 나란히 뻗어 있어서 마치 광맥처럼 보이는 암석.

줄-변자 명 지난날, 남자용 마른신의 신울에 가늘게 두르던 자줏빛 비단 따위의 천, 또는 그렇게 꾸미던 마른신.

줄-불 명 불놀이 제구의 한 가지. 화약·염초(塩硝)·참숯가루 등을 섞어 종이에 싸서 줄에다 죽 달아 놓은 것. 한끝에 불을 붙이면 불이 옮아 붙으면서 잇달아 터짐. ¶-을 놓다. ☞폭죽(爆竹)

줄-뿌림 명 밭에 고랑을 타고 줄이 지게 씨앗을 뿌리는 일. 골뿌림. 조파(條播)

줄-사다리 명 '줄사닥다리'의 준말.

줄-사닥다리 명 밧줄로 만든 사닥다리. 두 가닥의 굵은 밧줄에 발판이 될 나무를 일정한 간격으로 매어 놓은 것. 준 줄사다리

줄-사철나무 명 노박덩굴과의 상록 활엽 덩굴나무. 잎은 길둥글고 마주 남. 5월경에 초록 꽃이 취산(聚散) 꽃차례로 핌. 우리 나라 남부 지방에 절로 자라며 관상용으로도 심음.

줄어-가다 자 줄어들다

줄어-들다(-들고·-드니) 자 크거나 많던 것이 점점 작아지거나 적어지다. 줄어가다 ☞늘어나다

줄어-지다 자 점점 줄어들다.

줄:-열(Joule熱) 명 도체(導體) 안에 전류가 흐를 때, 전기 저항으로 말미암아 발생하는 열.

줄이다 타 줄어들게 하다. 감하다 ¶학생 수를 -./옷을 줄여서 입다. ☞덜다

한자 줄일 축(縮) [糸部 11획] ¶감축(減縮)/단축(短縮)/축소(縮小)/축약(縮約)/축척(縮尺)

줄인-그림 명 축소도(縮小圖)

줄인-자 명 축척(縮尺)

줄임-표(-標) 명 ①문장 부호의 한 가지. 할 말을 줄였을 때나 말이 없음을 나타낼 때 쓰이는 부호로 …… 또는 … 표를 이름. ¶"힘들어서 더는 ……"/"……" ☞숨김표 ②악보에서 나타냄말이나 악기 이름, 연주법 등을 나타내는 준말이나 기호.

줄-자 명 둥근 통 속에 감아 두었다가 필요할 때 풀어서 쓰는 띠 모양의 자. 천이나 철판 따위로 만듦. 권척(卷尺)

줄:-잡다 타 실제보다 줄이어 셈하다. ¶줄잡아도 300명은 된다. ☞졸잡다

줄-잡이 명 줄꾼

줄장(茁長)[-짱] 명-하다 자 ①풀이나 나무들이 눈터서 자람. ②짐승이 커서 살찜.

줄-정간(-井間) 명 정간지(井間紙)의 줄에 맞추어서 내리 그은 줄.

줄줄[1] 부 ①물이 조용히 흐르는 소리, 또는 그 모양을 나타내는 말. ②구멍이나 틈으로 액체가 줄기를 이루어 쉬지 않고 흘러내리는 모양을 나타내는 말. ¶콧물이 - 흐르다./눈물을 - 흘리다./등에 땀이 - 흐르다. ☞졸졸[1]

줄:줄[2] 부 ①막힘 없이 글을 읽거나 외우거나 말하는 모양을 나타내는 말. ¶네 살된 아이가 - 읽고 쓰다. ②사람이나 짐승이 남의 뒤를 줄곧 따라다니는 모양을 나타내는 말. ¶학생들이 선생님을 - 따라다닌다. ③물건을 여기저기 흘리듯이 빠뜨리고 다니는 모양을 나타내는 말. ¶모래를 - 흘리고 가는 덤프트럭. ☞졸졸[2]

줄줄-거리다(대다) 자 줄줄 소리가 나다. ☞졸졸거리다

줄줄-이 부 ①줄마다 모두. ¶- 베껴 나가다. ②여러 줄로. ¶- 따로 서다.

줄-지다 자 ①물건 위에 금이나 줄이 생기다. ②오라지다

줄:-질 명-하다 자타 줄로 쇠붙이를 깎거나 쓰는 짓.

줄-짓:다[-짇-](-지고·-지어) 자ㅅ 줄을 이루다. ¶매표소 앞에 줄지어 늘어서다.

줄-차(-車) 명 장기에서, 차가 한 줄에 둘이 놓인 것, 또는 그 차.

줄-참외 명 껍질에 까만 줄이 나 있는 참외의 한 가지.

줄-초상(-初喪) 명 잇달아 초상이 나는 일, 또는 그 초상. 연상(連喪)

줄-치다 타 ①줄을 긋다. ②줄을 건너 매다.

줄-타기 명-하다 자 공중에 친 줄 위에서 걸어다니거나 재주를 부리는 일. 승희(繩戱)

줄-타다 자 줄타기를 하다.

줄-통 명 모암(母岩)과 구별되는 광맥 전체의 부분.

줄:-판(-板)명 예전에 철필로 등사 원지를 긁을 때 밑에 받치던 철판. 표면이 줄의 면처럼 가로세로로 패여 있음. 철필판(鐵筆板)
줄-팔매명 돌멩이를 줄에 끼워 휘두르다가 멀리 던지는 팔매.
줄팔매-질명-하다자 줄팔매를 던지는 짓.
줄-팽이명 팽이의 한 가지. 팽이에 줄을 돌돌 감았다가 풀어 던져서 돌림.
줄-팽팽이명 느슨해지지 않고 늘 켕겨 있는 상태.
줄-포(-包)명 장기에서, 포가 한 줄에 둘이 놓인 것, 또는 그 포.
줄-폭탄(-爆彈)명 줄지어 떨어지는 폭탄.
줄-표(-標)명 문장 부호의 한 가지. 이미 말한 내용을 다른 말로 덧붙여 자세히 말할 때 쓰이는 ―를 이름. ¶가난하지만―넉넉한 살림은 아니지만―마음만은 풍요롭다. ☞붙임표
줄-풀리다자 광산에서, '파 내려감에 따라 광맥이 차차 나아지다'의 뜻으로 이르는 말.
줄-풍류(-風流)명 국악에서, 가야금이나 거문고 등 현악기로 연주하는 풍류. ☞대풍류(大風流)
줄-행랑(-行廊)명 ①대문의 좌우로 죽 이어진 행랑. 장랑(長廊) ②'급히 달아남'을 속되게 이르는 말.
줄행랑(을) 놓다관용 줄행랑(을) 치다.
줄행랑(을) 치다관용 급히 달아나다. 줄행랑(을) 놓다.
줄-향(-香)명 향을 염주처럼 끈에 꿴 노리개. 지난날, 궁중에서 상궁(尙宮)들이 치마 속에 찼음.
줄-흠명 광석(鑛石)과 맥석(脈石)이 섞여서 된 광맥의 변변치 못한 부분.
줌:[1]명 '줌통'의 준말.
줌[2]의 ①지난날, 조세(租稅)를 매길 때 쓰던 토지 면적의 단위. '뭇'의 10분의 1임. 파(把) ②주먹 안에 쥘 정도의 분량을 나타내는 말. ¶한 -의 쌀.
줌:-뒤명 활을 쏠 때 줌통을 쥔 손의 등 쪽. ☞줌앞
줌:렌즈(zoom lens)명 초점 거리를 연속적으로 변화시켜 피사체의 상(像)의 크기를 조절할 수 있게 장치된 카메라의 렌즈.
줌:-밖명 ①손아귀의 밖. ②남이 지배하는 범위의 바깥. ☞줌안
줌밖에 나다관용 남의 손아귀에서 벗어나다.
줌:-벌:다(-벌고·-버니)자 ①한 줌으로 쥐기에는 너무 많다. ②손아귀에 넣고 거느리기에는 벅차다.
줌:-손[-쏜]명 활의 줌통을 잡은 손.
줌:-안명 ①손아귀의 안. ②남이 지배하는 범위의 안. ☞줌밖
줌안에 들다관용 남의 손아귀에 들어가다. 남의 지배를 받게 되다.
줌:-앞명 활을 쏠 때 줌통을 쥔 손의 안쪽. ☞줌뒤
줌:앞-줌:뒤[-압-]명 ①화살이 좌우로 빗나가는 일. ②예측이 빗나감을 비유하여 이르는 말.
줌:-통명 활 가운데의 손으로 쥐는 부분. 활줌통 준줌
줌:-피명 활의 줌통을 싼 물건.
줍:다(줍고·주워)타ㅂ 떨어지거나 흩어져 있는 것을 집다. ¶낙엽을 -./휴지를 -.

한자 주을 습(拾) 〔手部 6획〕 ¶습득(拾得)/습유(拾遺)

줏대[준-]명 수레바퀴 바깥쪽을 싼 휘갑쇠.
줏-대(主-)명 중심이 서 있는 마음이나 태도. 대[2]. 중심(中心) ¶-가 있다./- 없는 사람.
줏대-잡이(主-)명 중심이 되어 일을 추진하는 사람.
중:명 불법(佛法)을 닦고 실천하며 포교(布敎)에 힘쓰는 사람. 납자(衲子). 법신(法身). 불자(佛者). 사문(沙門). 승(僧). 승가(僧伽). 승려(僧侶) 높선사(禪師). 선실(禪室). 스님. 화상(和尙)
속담 **중 도망은 절에나 가 찾지** : 행방이 묘연하여 찾을 길이 감감함을 푸념하는 말./**중도 속(俗)도 아니다** : 이것도 저것도 아니라는 말./**중 양식이 절 양식이다** : 그 집 식구의 것은 그 집 모두의 것이라는 말./**중은 중이라도 절 모르는 중이라** : ①제 본분(本分)을 모르는 정신없는 사람을 이르는 말. ②당연히 알고 있어야 할 사람이 모르고 있는 경우를 이르는 말./**중이 미우면 가사(袈裟)도 밉다** : 그 사람이 미우면 그에게 딸린 모든 것이 밉게 보인다는 말./**중이 제 머리를 못 깎는다** : 아무리 급한 일이라도 남의 손을 빌어야만 이루어지는 일을 이르는 말./**중 절 보기 싫으면 떠나야지** : 그 곳이 싫어지면 싫은 그 사람이 떠나야 한다는 말.

한자 중 승(僧) 〔人部 12획〕 ¶노승(老僧)/소승(小僧)/승려(僧侶)/승무(僧舞)/승방(僧房)/승복(僧服)

중(中)[1]명 ①가운데. 속 ¶이 -에서 대표가 나와야지./그 -에서 키가 가장 크다. ②차례나 등급·정도 등을 '상·중·하'로 구별했을 경우의 중간. ¶학급에서 -쯤 되는 성적./품질이 - 정도는 되겠지.
중(中)[2]명 '중국(中國)'의 준말.
중(中)[3]의 어떤 일이 진행되는 '동안' 또는 '사이'의 뜻을 나타내는 말. ¶지금 식사 -이다./공부하는 -이다.
중:(重)-《접두사처럼 쓰이어》①'중복'의 뜻을 나타냄. ¶중자음(重子音) ☞단(單)-. 복(複)- ②'무게가 무거운'의 뜻을 나타냄. ¶중금속(重金屬)/중장비(重裝備) ③'정도가 심함'의 뜻을 나타냄. ¶중징계(重懲戒)/중화상(重火傷)/중노동(重勞動) ☞경(輕)-
중:가(重價)[-까]명 중값
중:각(重刻)명-하다타 중간(重刊)
중간(中間)명 ①두 사물 또는 두 사람의 사이. ¶- 지점/-에 들어 화해시키다. ②성질이나 정도 따위가 극단적이 아닌 것. ¶양쪽 의견의 -을 취하다./- 계급 ③공간이나 시간의 가운데. ¶집과 학교의 -에 우체국이 있다. ④일이 아직 끝나지 않고 진행 중임을 뜻하는 말. ¶- 보고/득표수의 - 발표.
중:간(重刊)명-하다타 이미 펴낸 책을 그 판(版) 그대로 다시 찍어 냄. 중각(重刻)
중간=계:급(中間階級)명 어떤 사회에서 상위 계급과 하위 계급 사이에 놓인 중간층을 이르는 말. ☞중산 계급(中産階級). 중산층(中産層)
중간=고사(中間考査)명 한 학기의 중간에 치르는 학력 고사.
중간-권(中間圈)[-꿘]명 높이 50~80km까지의 대기권(大氣圈). 그 아래에 성층권(成層圈)이, 그 위에 열권(熱圈)이 있음. 기온은 높이 올라갈수록 낮아짐.
중간=노선(中間路線)명 양쪽 극단이 아닌 중간에 놓이는 경우나 처지.
중간-따기(中間-)명 자기 차례나 몫이 아닌데도 남보다 앞질러 중간에서 차지하는 일.
중간=보:고(中間報告)명 연구·조사·심리(審理) 등에서, 최종적인 결과가 나오기 전에 그 동안의 성과나 정황 따위를 보고하는 일.
중:간-본(重刊本)명 중간한 책. 후각본(後刻本)
중간=상인(中間商人)명 생산자와 도매상 사이, 또는 도매상과 소매상 사이에서 상품을 사고 파는 상인. ☞중개 상인(仲介商人)
중간-색(中間色)명 ①순색(純色)에 회색을 섞은 색. ②삼원색과 흑백 이외의 색. ③원색을 섞어서 내는 색. ④색상환에서 주요 색상의 중간에 있는 색. 간색(間色)
중간=생산물(中間生産物)명 생산 과정에서 다른 재화를 생산하기 위하여 사용하는 생산물. ☞최종 생산물
중간=선:거(中間選擧)명 미국에서 대통령 선거를 4년마다 실시하는 데 대하여 그 중간 시기에 실시하는 의원 선거를 이르는 말.
중간=세:포(中間細胞)명 간세포(間細胞)
중간=숙주(中間宿主)명 촌충이나 디스토마 따위의 기생충이 마지막 숙주에 붙기 전에 기생하는 숙주.
중간-자(中間子)명 소립자의 하나. 전자(電子)와 양자(陽子)의 중간 질량을 가짐. 메손(meson)
중간=잡종(中間雜種)명 어버이의 형질의 중간 상태를 나타내는 잡종. 분꽃의 빨간 꽃과 흰 꽃의 잡종인 분홍 꽃

따위.
중간=착취(中間搾取)명 거래자 사이에 끼여서 중간 이득을 얻는 일. 특히 사용자와 노동자 사이에 끼여서 노임의 일부를 가로채는 일을 이름.
중간-층(中間層)명 ①자본가 계급과 노동자 계급의 중간 계층. 농민·소시민·중소 기업주(中小企業主) 등의 구 중간층과 기술자·관리직 등의 신중간층이 있음. ☞중간 계급(中間階級). 중산 계급(中產階級) ②지구의 시마층과 중심층 사이의 층.
중간-치(中間-)명 같은 종류의 물건 중에서 품질이나 크기 따위로 보아 중간 정도인 것. 중치
중간-파(中間派)명 어떤 조직 안에서, 좌파(左派)와 우파(右派), 또는 강경파와 온건파의 중간에 서는 파.
중간=판결(中間判決)명 민사 소송에서, 종국 판결(終局判決)의 준비로서, 소송 진행 중에 문제가 된 쟁점에 대하여서만 하는 판결.
중-갈이(中-)명 철을 가리지 않고 그때그때 씨를 뿌려 가꾸어 먹는 푸성귀.
중갈이-김치(中-)명 중갈이 무나 배추로 담근 김치.
중:-값(重-)[-깞]명 비싼 값. 중가(重價)
중개(仲介)명-하다타 당사자 사이에 들어 어떤 일을 주선함.
중-개:념(中概念)명 정언적 삼단 논법에서, 대전제와 소전제에 포함되며, 대개념과 소개념을 매개하여 결론을 성립시키는 개념. 매개념(媒概念)
중개=무:역(仲介貿易)명 공급국과 수요국 사이에서 제삼국이 중개하는 무역 거래. 상품은 제삼국을 통과하지 않고 수출국에서 수입국으로 수송되며, 제삼국은 중개 수수료를 얻음.
중개=상인(仲介商人)명 상품 거래를 대리하거나 중개하고 수수료를 받는 상인. ☞중간 상인(中間商人)
중개-업(仲介業)명 상품 거래를 대리하거나 중개하고 수수료를 받는 영업.
중개-인(仲介人)명 상품 거래를 중개하는 사람. 중개자
중개-자(仲介者)명 중개인(仲介人)
중거(中擧)명 전통 성악곡인 가곡의 한 가지. 이삭대엽(二數大葉)에서 파생한 곡으로 초장 중간 부분을 높은 음으로 노래하는 데서 붙은 이름임. 남창(男唱)과 여창(女唱), 우조(羽調)와 계면조(界面調)에 각각 한 곡씩 있음. 중허리 ☞두거(頭擧). 평거(平擧)
중-거리(中鋸-)명 크기가 대톱과 소톱의 중간쯤 되는 톱. 중톱
중-거:리(中距離)명 ①짧지도 길지도 않은 중간 정도의 거리. ☞장거리(長距離) ②'중거리 달리기'의 준말.
중거리=경주(中距離競走)명 중거리 달리기 ☞장거리 경주(長距離競走)
중거리=달리기(中距離-)명 육상 경기에서, 400~1,500m의 거리를 달려 속도를 겨루는 달리기를 이르는 말. 중거리 경주 ㊁중거리 ☞장거리 달리기
중거리=탄:도=미사일(中距離彈道missile)명 사정(射程) 1,300~2,000km의 미사일. 중거리 탄도 유도탄. 아이아르비엠(IRBM) ☞단거리 탄도 미사일
중거리=탄:도=유도탄(中距離彈道誘導彈)명 중거리 탄도 미사일
중:건(重建)명-하다타 건물 따위를 손질하여 다시 세움.
중견(中堅)명 ①단체나 사회의 중심이 되어 활동하는 사람. ¶ - 사원 ②야구에서, 외야의 중앙.
중견(中繭)명 질이 보통인 중등 누에고치. ☞상견(上繭)
중견-수(中堅手)명 야구에서, 우익수와 좌익수의 중간을 지키는 외야수.
중:-견책(重譴責)명 심한 견책. 곧 잘못을 호되게 꾸짖는 일.
중경(中京)명 고려 시대, 사경(四京)의 하나로 서울인 개성(開城)을 달리 이르던 말.
중경(中耕)명-하다타 사이갈이
중:-경상(重輕傷)명 중상(重傷)과 경상(輕傷)을 아울러 이르는 말. ¶50여 명이 -을 입었다.
중계(中棨)명 중깃
중계(中階)명 집을 지을 때 기초가 되도록 한 층을 높게 쌓아 올린 단(壇).
중계(中繼)명 ①-하다타 중간에서 이음. ¶통신을 -하다. ②'중계 방송'의 준말.
중계-국(中繼局)명 발신국(發信局)과 수신국(受信局) 사이에서 전신(電信)을 중계하는 전신국.
중계=무:역(中繼貿易)명 수입한 화물을 원형 그대로, 또는 보세 지역에서 가공하여 재수출하는 형태의 무역.
중계=방:송(中繼放送)명 ①경기장·극장·국회·사건 현장 따위의 실황을 방송국이 중계하여 방송하는 일. ②어떤 방송국의 방송을 다른 방송국이 수신하여 방송하는 일. ㊁중계
중계-항(中繼港)명 생산지와 소비지의 중간에 놓여 화물 운반의 중계에 이용되는 무역항.
중고(中古)명 ①'중고품(中古品)'의 준말. ②역사의 시대 구분의 하나. 상고(上古)와 근고(近古) 사이의 고대(古代).
중:고(重苦)명 참기 힘든 고통.
중:-고기명 모래무지아과의 민물고기. 몸길이 15cm 안팎. 몸은 가늘고 길. 등은 짙은 녹갈색이고 배는 은백색이며, 옆구리 중앙에는 검은 세로띠가 있음. 낙동강에서 대동강에 이르는 모든 하천에 살며, 조개의 몸에 알을 낳음. 우리 나라의 고유 아종(亞種)임.
중고-차(中古車)명 타고 다니던 자동차.
중고-품(中古品)명 낡기는 하였으나 사용할 수 있는 물건. ㊁중고(中古)
중곤(中棍)명 조선 시대, 곤장의 한 가지. 길이 163cm로, 대곤(大棍)보다 작고 소곤(小棍)보다는 큼.
중:곤(重棍)명 조선 시대, 곤장의 한 가지. 길이 176cm로, 치도곤(治盜棍)보다 작고 대곤(大棍)보다는 큼.
중공(中空)명 ①중천(中天) ②물건의 속이 비어 있는 것.
중공=섬유(中空纖維)명 섬유 속에 공동(空洞)이나 공포(空胞)가 있는 합성 섬유. 가볍고 보온력이 뛰어남.
중:-공업(重工業)명 부피에 비하여 무게가 무거운 물건을 만드는 공업. 제철, 조선, 차량과 기계 제조 따위. ☞경공업(輕工業)
중:과(重科)명 ①크고 무거운 죄. 중죄(重罪) ②크고 무거운 형벌. 중형(重刑)
중:과(重課)명-하다타 세금이나 책임·의무 따위를 부담이 가도록 지움. ¶세금을 -하다.
중:과(衆寡)명 수효의 많음과 적음.
중:과부적(衆寡不敵)성구 다수(多數)와 소수(小數)는 상대가 되지 않는다는 뜻으로, 적은 수효로 많은 수효를 이길 수 없음을 이르는 말. 과부적중(寡不敵衆)
중:-과실(重過失)명 사람이 당연히 해야 할 주의를 크게 게을리하여 이루어지는 중대한 과실. ☞경과실(輕過失)
중-과피(中果皮)명 씨를 싸고 있는 여러 부분 중 가운데 부분. 복숭아에서는 겉껍질 속의 먹는 부분, 귤에서는 과피(果皮)의 흰 부분.
중관(中官)명 ①내시(內侍) ②지난날, 지방의 관원에 상대하여 조정에서 근무하는 관원을 이르던 말.
중관(中觀)명 ①불교에서, 제법실상(諸法實相)과 중도(中道)의 이치를 관함을 이르는 말. ②불교에서, 가(假)와 공(空)을 하나로 보는 지혜의 통찰을 이르는 말.
중-괄호(中括弧)명 ①문장 부호의 한 가지. { }표를 이름. 여러 단위를 동등하게 위에서 아래로 묶어서 보일 때 쓰임. ②수학에서, 소괄호를 포함하는 식을 한 묶음으로 하여 먼저 셈할 것을 지시하는 부호 { }를 이르는 말. ¶$180 \div \{6+(2\times3)\}=15$
중-괴탄(中塊炭)명 덩이가 자질구레한 석탄.
중교-점(中交點)[-쩜]명 강교점(降交點)
중구(中九)명 그 달의 초아흐렛날.
중구(中歐)명 중부 유럽. 독일·오스트리아·헝가리·체코 등을 포함하는 지역.
중:구(重九)명 중양절(重陽節)
중:구(衆口)명 여러 사람의 입에 오르는 말. 뭇입
중:구난방(衆口難防)성구 여러 사람의 말은 막아내기 어

렵다는 뜻으로, 여러 사람이 제각기 자신의 의견을 내세워 마구 지껄임을 이르는 말.

중구미 명 활을 잡고 있는 팔의 팔꿈치.

중:구삭금(衆口鑠金) 성구 많은 사람의 말은 쇠도 녹일 만큼의 힘을 가졌다는 뜻으로, 세상 사람들의 비난이나 악평의 무서움을 이르는 말.

중국-말(中國-) 명 중국어(中國語)

중국-어(中國語) 명 중국의 공용어. 중국말. 한어(漢語)

중:-국적(重國籍) 명 이중 국적(二重國籍)

중국·티베트=어족(中國tibet語族) 명 서쪽은 인도의 카슈미르에서 티베트와 중국 대륙에 이르고, 동쪽은 타이완, 북쪽은 중앙 아시아, 남쪽은 동남 아시아의 넓은 지역에 분포하는 어족. ☞인도게르만어족

중군(中軍) 명 ①지난날, 전군(全軍)의 중앙에 위치하던 부대. ②조선 시대, 훈련 도감(訓鍊都監)과 오위(五衛)에 각각 두었던 종이품의 무관. 대장(大將)의 아래, 별장(別將)의 위임.

중궁(中宮) 명 '중궁전'의 준말.

중궁-전(中宮殿) 명 ①왕후의 궁전. ②지난날, '왕후(王后)'를 높이어 일컫던 말. 곤궁(坤宮). 곤전(坤殿) 준 중궁(中宮). 중전(中殿)

중권(中卷) 명 한 벌이 상·중·하 세 권으로 된 책의 가운데 권. ☞상권(上卷). 하권(下卷)

중-귀틀(中-) 명 동귀틀 사이를 막아 낀 귀틀.

중-근:동(中近東) 명 중동과 근동.

중금(中笒) 명 국악기 죽부(竹部) 목관 악기의 한 가지. 대금(大笒)·소금(小笒)과 함께 삼죽(三竹)이라 하며, 크기는 대금보다 조금 작음.

중금(中禁) 명 조선 시대, 액정서(掖庭署)의 별감(別監) 아래 딸렸던 심부름꾼.

중:-금속(重金屬) 명 비중이 4~5 이상인 금속을 통틀어 이르는 말. 금·은·구리·수은·납·철 따위의 금속. ☞경금속(輕金屬)

중:금-주의(重金主義) 명 금과 은을 유일한 부(富)로 보고, 금화·은화와 금지금(金地金)·은지금(銀地金)의 수출을 제한·금지했던 초기 중상주의(重商主義)의 경제 정책.

중:금-학파(重金學派) 명 중금주의를 주장하는 학파.

중급(中級) 명 학년이나 계급, 직위 등이 중간인 등급. ¶- 영어 ☞상급(上級). 하급(下級)

중기(中氣) 명 ①이십사 절기 중 양력으로 매월 중순 이후에 드는 절기. 곧 동지·대한·우수·춘분·곡우·소만·하지·대서·처서·추분·상강·소설을 이름. ☞절기(節氣) ②중화(中和)의 기(氣). ③사람의 속 기운. ④기색(氣塞) ⑤중풍(中風) ⑥한방에서, 비장·위장의 운동 기능의 원동력을 이르는 말.

중기(中期) 명 ①어떤 시기를 셋으로 가를 때의 중간 시기. ¶조선 -의 학자. ☞말기(末期). 중엽(中葉) ②단기(短期)와 장기(長期)의 중간 정도의 길이의 기간. ¶국토 개발 - 계획

중:기(重器) 명 ①귀중한 기구. ②중요한 인물.

중:기(重機) 명 ①'중기관총'의 준말. ②중공업에 쓰이는 기계. ③건설 공사에 쓰는 대형 기계를 흔히 이르는 말.

중:-기관총(重機關銃) 명 경기관총보다 무겁고 구경(口徑)이 큰 기관총. 명중률이 높고, 장시간의 연속 사격이 가능함. 준 중기(重機)

중기-중기 부 크기가 비슷한 물건들이 여기저기 모여 있는 모양을 나타내는 말. ☞웅기웅기

중-길(中-)[-낄] 명 여럿 가운데서 중간이 되는 품질, 또는 그런 물건. 중질(中秩) ☞상길. 핫길

중-깃(中-) 명 재래식 한옥에서, 흙벽을 칠 때에 욋가지를 대고 엮기 위하여 인방(引枋) 사이에 듬성듬성 세우는 가는 기둥. 중계(中棨) ☞외(椳)

중-나리 명 백합과의 여러해살이풀. 줄기 높이 1.5m 안팎. 땅 속의 비늘줄기는 넓은 달걀꼴이며 줄기는 곧게 서고 위에서 가지가 갈라짐. 잎은 어긋맞게 나며 가늘고 길. 여름에 황적색의 꽃이 총상(總狀) 꽃차례로 피고 9월경에 익는 열매는 삭과(蒴果)이며 원기둥 모양임. 참나리와는 달리 잎겨드랑이에 육아(肉芽)가 없음. 우리나라 각지의 산과 들에 자라며 관상용으로 심기도 함.

중:난(重難) 명 -하다 형 몹시 어려움, 또는 거듭되는 어려움.

중-남미(中南美) 명 라틴아메리카(Latin America)

중년(中年) 명 청년과 노년의 중간쯤 되는 나이. 곧 40대에서 50대에 걸쳐서 이름. ¶- 신사

중년-기(中年期) 명 중년의 시기. ¶-에 접어들다.

중:-노동(重勞動) 명 힘이 많이 드는 육체 노동. 중노역(重勞役) ☞경노동(輕勞動)

> ▶ '중노동' — 한자어의 두음 법칙 적용
> ① 접두사처럼 쓰인 한자와 어울려 된 한자어의 뒤의 말은 두음 법칙에 따라 적는다.
> ¶내내년(來來年)/등용문(登龍門)
> 중노동(重勞動)/중노인(中老人)
> ② 두 단어가 결합된 복합어의 뒤의 단어는 두음 법칙에 따라 적는다.
> ¶수학 여행(修學旅行)/육체 노동(肉體勞動)
> ③ 어부지리(漁父之利)와 같은 구성의 성구에서는 두음 법칙을 적용하지 않는다.
> ¶견마지로(犬馬之勞)/자중지란(自重之亂)

중:-노릇 명 -하다 자 중의 행세(行勢)를 함, 또는 그런 행세.

중노미 명 음식점이나 여관 같은 데서 허드렛일을 하는 남자. 족놈이

중:-노역(重勞役) 명 중노동(重勞動)

중-노인(中老人) 명 중늙은이

중-농(中-) 명 중간 정도 크기의 장농. ☞옹농

중농(中農) 명 중간 정도의 규모로 짓는 농사, 또는 그렇게 농사를 짓는 농민. ☞대농(大農). 소농(小農)

중:농-주의(重農主義) 명 농업 생산을 중시하는 경제 정책, 또는 그 이론. 18세기 후반에 중상주의(重商主義)에 반대하여 프랑스에서 일어났음. 상농주의(尙農主義)

중:농-학파(重農學派) 명 중농주의를 주장하는 학파.

중뇌(中腦) 명 간뇌(間腦)와 소뇌(小腦) 사이에 있는 대뇌(大腦)의 한 부분. 시각과 청각의 작용에 관계함. 가운뎃골

중-늙은이(中-) 명 초로(初老)는 넘고 그다지 늙지는 않은 노인. 중노인(中老人). 중로(中老)

중다리 명 누런 까끄라기가 있는 올벼의 한 가지. 한식(寒食) 뒤에 씨를 뿌림.

중-다버지 명 길게 자라 더펄더펄한 아이들의 머리, 또는 그런 머리의 아이.

중단(中段) 명 셋 또는 여러 단으로 이루어져 있는 것의 중간 단, 또는 가운데 단. ¶신문 -에 실린 시사 만화. ☞상단(上段). 하단(下段)

중단(中單) 명 남자의 상복(喪服) 속에 받쳐 입는 소매 넓은 두루마기.

중단(中斷) 명 -하다 자타 ①중도에서 끊기거나 끊음, 또는 중도에서 멎거나 그만둠. ¶운행 -/공사를 -하다. ②법률에서, 중도에서 끊어져 이제까지의 효력을 잃게 하는 일. ¶시효의 -.

중-단전(中丹田) 명 도가(道家)에서 이르는 삼단전(三丹田)의 하나. 일반적으로 가슴의 중완(中脘) 부근을 이름. ☞상단전(上丹田). 하단전(下丹田)

중-단파(中短波) 명 파장이 50~200m인 전파. 주로 원거리의 해상 업무 등에 쓰임.

중답(中畓) 명 토질이나 수리(水利)의 형편이 중길인 논.

중-답주(中畓主) 명 지주의 땅을 빌려서 남에게 빌려 주고 중도조를 받는 사람. 중도주(中賭主)

중당(中唐) 명 중국 당나라 시대의 문학을 네 시기로 구분한 그 셋째 시기. 한유(韓愈)·유종원(柳宗元)·백거이(白居易) 등의 시인이 활동했음. ☞만당(晩唐)

중당(中堂) 명 ①지난날, 중국에서 재상이 정무를 보던 곳, 또는 재상을 이르던 말. ②천태종(天台宗)에서, 본

존(本尊)을 안치하는 본당을 이르는 말.

중대(中隊)명 ①군대 편성 단위의 하나. 대대의 하위 부대로, 대개는 네 개 소대로 이루어짐. ②조선 시대, 행군 때 다섯 오(伍)로 편성된 25명의 군사를 이르던 말.

중:대(重大)어기 '중대(重大)하다'의 어기(語基).

중:-대가리명 중처럼 빡빡 깎은 머리, 또는 그런 사람을 속되게 이르는 말.

중-대님(中-)[-때-]명 무릎 바로 밑에 매는 대님.

중-대:문(中大門)[-때-]명 '중문(中門)'을 흔히 이르는 말.

중-대방(中帶防)명 판자 벽 중간에 댄 띠방.

중:대-사(重大事)명 '중대 사건'의 준말. ¶국가의 -.

중:대=사:건(重大事件)[-껀]명 아주 큰 사건. ㊀중대사

중:대-성(重大性)[-썽]명 사물의 중대한 성질. ¶사태의 -을 깨닫다.

중:대-시(重大視)명-하다타 어떤 일을 중대하게 여김. ¶사건을 -하다. ㊀중시(重視)

중대엽(中大葉)명 전통 성악곡(聲樂曲)인 가곡의 원형(原形) 중의 한 가지. 중간 빠르기의 곡으로, 평조(平調)·평조 계면조(平調界面調)·우조(羽調)·우조 계면조(羽調界面調)의 네 가지 조를 사용하였음. ☞만대엽(慢大葉). 삭대엽(數大葉)

중:대-하다(重大-)형여 일이 예사롭지 않고 매우 중요하다. ¶사태가 매우 -./중대한 사건.

중덕(中德)명 조선 시대, 승과(僧科) 합격 후 2년 이상 선(禪)이나 교(敎)를 닦은 이에게 주던 법계(法階).

중덜-거리다(대다)자 불평스레 중얼거리다. ¶못마땅한 얼굴로 혼자서 -. ☞종달거리다. 쭝덜거리다

중덜-중덜부 중덜거리는 모양을 나타내는 말. ☞종달종달. 쭝덜쭝덜

중도명 '중도위'의 준말.

중도(中途)명 ①일을 하는 중간. 도중 ¶일을 -에서 그만두다./-에 말을 끊다. ②오가는 길의 중간. 중로(中路) ¶차가 -에서 고장 나다.

중도(中道)명 ①한쪽으로 치우치지 않는 온건한 생각이나 태도. ¶-를 걷다./-를 내세우는 정당. ②중로(中路) ③불교에서, 유(有)와 공(空), 또는 고난과 쾌락의 어느 한쪽에 치우치지 않는 중정(中正)의 도(道).

중:도(衆徒)명 한 절의 주지(住持) 이외의 여러 중들을 이르는 말.

중도개로(中途改路)성구 일을 하다가 중간에 방침을 바꿈을 이르는 말.

중도-금(中渡金)명 부동산 따위의 매매에서, 계약금과 잔금 사이에 치르는 돈. ¶-을 치르다.

중-도리(中-)명 재래식 한옥에서, 서까래 따위를 받치기 위하여 동자기둥에 가로 얹는 중간 도리.

중도위명 장판에서 과실이나 나무 따위를 거간하는 사람. ㊀중도 ☞거간꾼. 장쾌(駔儈)

중도이폐(中途而廢)성구 일을 중도에 그만둠을 이르는 말. 반도이폐(半途而廢)

중-도조(中賭租)명 중답주가 소작인에게 원래의 도조 외에 얼마쯤 덧붙여서 자기 차지로 하는 도조.

중-도주(中賭主)명 중답주(中畓主)

중독(中毒)명 음식물·약물·가스 등, 몸에 해로운 것을 먹거나 마시거나 흡입함으로써 일어나는 장애. 식중독 등의 급성과, 알코올 중독 등의 만성으로 가름.

중독-량(中毒量)명 몸에 들어왔을 때, 중독의 증세를 일으키는 약물 따위의 최소량.

중독-성(中毒性)[-썽]명 중독을 일으키는 성질. ¶-이 강한 마약.

중독=약시(中毒弱視)[-냑-]명 중독으로 말미암아 시력이 약해지는 일, 또는 그런 시력이나 눈.

중독-자(中毒者)명 마약이나 알코올 따위에 중독되어 건강에 장애를 일으키는 사람.

중독-진(中毒疹)명 몸 안에서 생성되거나 몸 안으로 들어온 독성 물질로 말미암아 피부나 점막에 생기는 발진.

중-동(中-)명 사물의 중간이 되는 부분. ¶나뭇가지의 -을 잡아매다./이야기를 -에서 끊다.

중동(中東)명 유럽을 기준으로 하여, 극동과 근동의 중간 지역. 곧 서아시아 일대를 이름.

중동(仲冬)명 ①한겨울 ② '동짓달'을 달리 이르는 말. ☞맹동(孟冬). 계동(季冬)

중동-끈(中-)명 일을 할 때, 치마가 걸리적거리지 않도록 치마 위에 띠는 끈.

중동-무이(中-)명-하다타 하던 말이나 일을 끝마치지 못하고 중간에서 흐지부지 그만두는 일. ¶부르던 노래를 -하고 말다./말을 계속하려다가 -하다.

중동-바지(中-)명 위는 홑, 아래는 겹으로 된 여자 바지.

중동-치레(中-)명-하다자 주머니·쌈지·띠 따위로 하는 허리 부분의 치장.

중동-풀다(中-)(-풀고·-푸니)자 중동치레를 잘하다.

중두(中頭)[1]명 사람의 머리 모양의 하나. 머리를 위에서 볼 때, 길이에 대한 폭의 비(比)가 0.76~0.80인 머리형을 이름. 중국인이 이에 딸림. ☞단두(短頭). 장두(長頭)

중두(中頭)[2]명 책문(策問)의 문체(文體). 중간에서 논지(論旨)를 바꾸어 다른 말로 서술하는 격식을 취함.

중-두리(中-)명 독보다 조금 작고 배가 부른 오지그릇.

중:둥-밥(重-)명 ①팥을 삶은 물에 쌀을 앉혀 지은 밥. ②찬밥에 물을 조금 쳐서 다시 물린 밥.

중등(中等)명 ①가운데 등급, 또는 품질이 중간 정도인 것. ☞상등(上等). 하등(下等) ②진화의 정도가 중간 정도 되는 것. ☞고등(高等)

중등(을) 맞다관용 관원이 도목 정사(都目政事)에서 중등의 성적을 맞다. 〔이 성적을 맞으면 관원이 관직을 내놓았음.〕 ☞하등(을) 맞다.

중등=교:육(中等敎育)명 초등 교육과 고등 교육의 중간 단계의 교육. 곧 중학교와 고등 학교의 교육.

중등-열(中等熱)[-녈]명 38.6~39.5℃ 사이의 체온.

중등-전(中等田)명 고려·조선 시대, 토질에 따라 분류한 밭의 상·중·하의 세 등급 중에서 둘째 등급을 이르던 말. 중전(中田) ☞상등전(上等田). 하등전

중-띠(中-)명 여러 층으로 된 나무 그릇의 층 사이에 가로 꾸미는 띠.

중랑-장(中郞將)명 ①고려 시대, 무관의 정오품 관직. 장군(將軍)의 아래, 낭장(郞將)의 위임. ②조선 시대, 의흥친군위(義興親軍衛)에 딸린 오품 무관 관직.

중:래(重來)명-하다자타 ①같은 관직을 거듭 맡게 됨. ②갔다가 다시 옴. ☞권토중래(捲土重來)

중략(中略)명-하다자타 글을 쓸 때, 가운데 부분을 줄이는 일. ☞전략(前略). 후략(後略)

중량(中涼)명 세량(細涼)보다 좀 굵게 만든 갓양태.

중:량(重量)명 ①무게 ¶-이 모자라다. ②무거운 무게. ☞경량(輕量) ③지구상의 물체에 작용하는 중력의 크기. 그 물체의 질량과 중력 가속도의 곱과 같음.

중량-급(中量級)[-끕]명 ①무게가 중간 정도인 등급. ②권투나 레슬링 등 체급에 따른 경기에서, 중량급(重量級)보다 가볍고 경량급(輕量級)보다 무거운 체급. 라이트급이나 웰터급 따위.

중:량-급(重量級)[-끕]명 ①무게가 무거운 등급. ②권투나 레슬링 등 체급에 따른 경기에서, 무거운 체급. 헤비급이나 슈퍼헤비급 따위. ☞경량급(輕量級)

중:량=분석(重量分析)명 정량 분석의 한 가지. 일정한 중량의 시료(試料)에서 정량하려는 성분을 분리하고, 그 중량을 측정하여 함유량을 계산하는 방법. ☞용량 분석

중:량-톤(重量ton)명 배에 실을 수 있는 짐의 최대 무게.

중:량-품(重量品)명 화물 수송에서, 무게에 따라 운임을 계산하는 물품. 부피에 비하여 무게가 무거운 석탄·광석·철재 등. ☞경량품(輕量品)

중:려(仲呂)명 십이율(十二律)의 여섯째 음. ☞육려(六呂). 육률(六律)

중:려(衆慮)명 많은 사람의 염려.

중력(中力)명 중힘

중력(中曆)명 책장을 접어서 풀로만 붙이고 겉장을 잘 꾸미지 않은 예전의 책력.

중:력(重力)명 지구가 지구 위에 있는 물체를 끌어당기는 힘으로, 물체의 무게의 원인이 되는 힘.
중:력(衆力)명 뭇사람의 힘.
중:력=가속도(重力加速度)명 물체에 작용하는 중력으로 생기는 가속도. 물체에 작용하는 중력을 그 물체의 질량으로 나눈 것.
중:력-계(重力計)명 중력의 가속도를 측정하는 장치.
중:력=단위계(重力單位系)명 기본 단위로 길이·시간·중력을 사용하는 단위계. 중력이 곳에 따라 다르므로 엄밀한 것은 아니나 실용적이기 때문에 공학 부문에 쓰임.
중:력-댐(重力dam)명 댐 자체의 중량으로 수압이나 지진 따위의 외력에도 안전하도록 설계된 댐.
중력-분(中力粉)명 강력분보다 찰기가 덜한 밀가루. 국수 따위를 만드는 데 알맞음. ☞박력분(薄力粉)
중:력-수(重力水)명 중력에 따라 차차 땅 속 깊이 스며드는 지하수. ☞흡착수(吸着水)
중:력-장(重力場)명 중력이 작용하는 공간.
중:력=탐광(重力探鑛)명 중력 탐사
중:력=탐사(重力探査)명 중력을 측정하여 지질의 구조나 지하 자원의 소재를 조사하는 물리 탐사법. 주로 석유나 천연 가스 등의 탐사에 이용함. 중력 탐광(重力探鑛)
중:력-파(重力波)명 ①중력장의 변화로 말미암아 광속(光速)으로 전해지는 파동. ②수면에 생기는 파동 가운데 중력이 복원력으로 작용하여 생기는 파동.
중령(中領)명 군대 계급의 하나. 영관급(領官級)으로 대령의 아래, 소령의 위.
중로(中老)명 중늙은이
중로(中路)명 ①오가는 길의 중간. 도중(途中). 중도(中途). 중도(中道) ②중인(中人)의 계급.
중로-배(中路輩)명 지난날, 중인(中人) 계급의 사람을 얕잡아 이르던 말.
중:록(重祿)명 많은 녹봉(祿俸).
중:론(衆論)명 여러 사람의 의론. 중의(衆議) ¶ —을 모으다./—에 따르다.
중:론불일(衆論不一)성구 여러 사람의 의견이 하나같지 않음을 이르는 말.
중류(中流)명 ①하천의 상류와 하류 사이의 부분. ¶한강의 —. ②양쪽 기슭에서 보아 하천의 가운데쯤의 흐름. ¶강 —에 배를 띄우다. ③중간쯤 되는 정도나 수준.
중류=계급(中流階級)명 사회 구성원 중에 신분이나 생활 수준 등이 중간 정도인 사람들로 이루어진 계급. ☞상류 계급(上流階級). 하류 계급(下流階級)
중류=사:회(中流社會)명 중류 계급의 사람들로 이루어진 사회.
중류-층(中流層)명 중류 계급의 사람들로 이루어진 사회 계층.
중륵(中肋)명 주맥(主脈)
중:리(重利)명 ①큰 이익. ②복리(複利)
중리-법(重利法)[-뻡]명 복리법(複利法)
중림(中林)명 교목(喬木)과 관목(灌木)이 뒤섞인 숲.
중립(中立)명 어느 쪽에도 치우치지 않고 중정(中正)한 태도를 취하는 일. ¶—을 지키다./— 노선
중립-국(中立國)명 중립주의를 외교의 방침으로 하여, 교전국의 어느 쪽에도 편들지 않는 나라. 국외(局外) 중립국이나 영세(永世) 중립국을 이름.
중립-권(中立權)명 중립국과 그 국민의 권리. 중립 법규에 따라 제한을 받지 않는 범위 안에서 교전국과 통상 따위의 관계를 유지할 수 있는 권리 따위.
중립=법규(中立法規)명 중립에 관한 국제법상의 법규를 통틀어 이르는 말.
중립=위반(中立違反)명 국제법에서 중립 의무를 위반하는 일.
중립=의:무(中立義務)명 중립국과 그 국민이 지켜야 하는 중립 법규에 규정된 의무.
중립-주의(中立主義)명 전시(戰時)나 평시(平時)를 불문하고, 국제 관계에서 중립을 유지하는 것을 기본으로 하는 외교상의 주의.
중립=지대(中立地帶)명 ①전시에, 교전국 사이의 협정으로 교전이 금지된 지역. ②평시에, 요새의 구축이나 군대의 주둔이 금지된 지역. 비무장 지대(非武裝地帶)
중-마냥(中—)명 중모보다는 늦고 늦모보다는 이르게 심는 모. 중만앙(中晩秧)
중-마름(中—)명 지난날, 마름에게서 빌린 땅을 다시 소작인에게 빌려 주고, 소작인에게서 혹독한 도조(賭租)를 받아 그 일부를 자신이 차지하던 중간 마름.
중:만(衆巒)명 많은 산봉우리.
중-만:앙(中晩秧)명 중마냥
중:망(重望)명 두터운 덕망(德望).
중:망(衆望)명 많은 사람에게서 받는 신망(信望).
중:망소:귀(衆望所歸)성구 많은 사람의 신망이 한 사람에게 쏠림을 이르는 말.
중매(中媒)명-하다타 남자 쪽과 여자 쪽 사이에 들어 혼인이 이루어지게 함, 또는 그 사람. 매자(媒子). 중신
속담 **중매는 잘하면 술이 석 잔이고, 못하면 뺨이 석 대라**: 중매는 잘했더라도 겨우 술 석 잔 대접 받을 정도이고, 잘못되면 뺨을 맞을 수도 있으니, 무리하게 할 일이 아니라는 말. /**중매 보고 기저귀 장만한다**: 일을 너무 급히 서둔다는 말. 〔씨 보고 춤춘다/아이 낳기 전에 기저귀감 장만한다〕

한자 중매 매(媒) 〔女部 9획〕 ¶매파(媒婆)/중매(中媒)

중매=결혼(中媒結婚)명 중매인의 중매를 통하여 이루어진 결혼. ☞연애 결혼
중매-들다(中媒—)(—들고·—드니)자 중매하기 위하여 남자 쪽과 여자 쪽 사이에 들어 주선하다. 중매서다. 중신서다
중매-서다(中媒—)자 중매들다. 중신서다
중매-인(中媒人)명 혼인을 중매하는 사람.
중매-쟁이(中媒—)명 '중매인'을 얕잡아 이르는 말.
중:맹(重盟)명-하다타 거듭 맹세함, 또는 그 맹세.
중:명(重名)명 ①두터운 명망(名望). ②-하다자 명예를 소중히 여김.
중-모(中—)명 이르지도 늦지도 않게 낸 모.
중모리-장단명 국악의 민속악 장단의 한 가지. 진양조장단 다음으로 느리며 4분의 12박자임. 산조와 판소리 '춘향가' 중 쑥대머리, '적벽가' 중 새타령 등에 쓰임. ☞굿거리장단
중-모:음(中母音)명〈어〉발음할 때 입을 벌리는 각도에 따라 구별한 모음의 한 갈래. 입을 보통으로 벌려서 혀의 위치가 중간인 상태에서 소리내는 모음. 'ㅔ·ㅚ·ㅓ·ㅗ' 모음. ☞저모음(低母音). 고모음(高母音)
중:-모:음(重母音)명〈어〉이중 모음(二重母音)
중목(中木)명 품질이 중길쯤 되는 무명.
중:목(衆目)명 여러 사람의 눈.
중:-무:기(重武器)명 중화기(重火器)
중무소:주(中無所主)성구 줏대가 없음을 이르는 말.
중:-무:장(重武裝)명-하다자 중화기(重火器)로 무장함, 또는 그런 무장.
중문(中文)명 ①중국어로 적은 글. ②'중문학'의 준말.
중문(中門)명 재래식 한옥에서, 대문과 주건물 사이에 있는 문. 중문(重門)
중:문(重文)명〈어〉둘 이상의 단문(單文)이 대등적 연결 어미로 이어진 문장. '산이 높고, 물이 깊다.', '꽃이 피고, 새가 운다.'와 같은 구성의 문장. 거듭월 ☞단문(單文). 복문(複文)
중:문(重門)명 중문(中門)
중-문학(中文學)명 중국의 문학, 또는 그것을 연구하는 학문. 준중문(中文)
중-물(中—)명 첫물과 끝물의 중간에 나오는 해산물이나 채소 따위.
중미(中米)명 품질이 중길쯤 되는 쌀. ☞상미(上米)
중미(中美)명 중앙 아메리카
중-바닥(中—)[—빠—]명 '중촌(中村)'의 낮춤말.
중:-바:랑명 중이 짊어지고 다니는 바랑.

중반(中飯)명 점심. 중식(中食)
중반(中盤)명 계속되는 어떤 일이나 시기의 중간 무렵, 또는 중간 단계. ¶오십대 ―의 중후한 신사./경기 ―에 가서야 한 골을 넣었다. ☞종반(終盤). 초반(初盤)
중반-전(中盤戰)명 바둑·장기·운동 경기 따위에서, 초반을 지나 본격적으로 펼치는 싸움.
중발(中鉢)명 자그마한 주발.
중방(中枋)명 ①'중인방(中引枋)'의 준말. ②틀톱의 양쪽 톱손 사이에 버티어 지른 막대기. 탕개줄을 죄는 탕개목을 여기에 걸침.
중방(中房)명 ①조선 시대, 지방의 수령(守令)을 따라다니며 시중드는 사람. ②'함진아비'를 달리 이르는 말.
중방-구멍(中枋―)[―꾸―]명 양쪽 기둥에 판, 중방 양끝을 끼우는 구멍.
중방-목(中枋木)명 중인방(中引枋)으로 쓰는 재목.
중방-벽(中枋壁)[―뼉]명 중인방(中引枋) 위쪽의 벽.
중-배(中―)[―빼]명 ①기다란 물건의 가운데가 불룩하게 나온 부분. 중복(中腹) ②가축 따위의 만배 다음에 낳은 새끼.
중배가 부르다관용 길쭉한 물건의 중간이 불룩하다.
중-배끼명 유밀과(油蜜果)의 한 가지. 밀가루를 꿀과 기름으로 반죽하여 긴 네모꼴로 잘라 기름에 지져 만듦.
중-배엽(中胚葉)명 후생동물의 발생 초기에 난할(卵割)로 외배엽과 내배엽 사이에 생기는 세포 층. 뒤에 골격·근육·순환기·생식기 등으로 분화(分化)됨.
중-백의(中白衣)명 가톨릭에서, 무릎까지 내려오는 짧은 흰 옷. 성직자(聖職者)가 미사 이외의 예식 때 입음.
중:벌(重罰)명 무거운 형벌(刑罰). ☞경벌(輕罰)
중:범(重犯)명 ①죄를 거듭 저지름, 또는 그 사람. ②큰 범죄, 또는 그 범죄를 저지른 사람. ☞경범(輕犯)
중:변(重邊)명 높은 변리(邊利). 곧 비싼 이자(利子).
중병(中病)[―뼝]명 일이 되어가는 중에 뜻밖에 생기는 탈을 비유하여 이르는 말. 중탈 ¶―이 나다.
중:병(重病)명 목숨에 관계될 만큼 몹시 심한 병. 대병(大病). 중역(重疫). 중환(重患) ☞경환(輕患)
중-병아리(中―)[―뼁―]명 중치쯤 되는 병아리.
중:보(仲保)명 둘 사이에서 일을 주선하는 사람. ☞주릅
중:보(重寶)명 귀중한 보물.
중:보-자(仲保者)명 크리스트교에서, 십자가에 못박혀 죽음으로써 인간의 죄를 대신하고, 인류의 구제(救濟)를 실현하였다는 예수 그리스도를 이르는 말.
중복(中伏)명 삼복(三伏)의 하나. 초복 다음에 오는 복날. 하지 뒤의 넷째 경일(庚日). ☞말복(末伏)
중복(中腹)명 ①중배 ②산의 중턱.
중:복(重卜)명-하다자타 두 번째로 의정(議政)에 임명됨.
중:복(重服)명 대공(大功) 이상의 상사(喪事)에 입는, 기간이 긴 복제(服制). 중제(重制) ☞경복(輕服)
중:복(重複)명-하다타 거듭함. 겹침. ¶같은 말이 ―되다./업무가 ―되다.
중:복=과세(重複課稅)명 이중 과세(二重課稅)
중:-복문(重複文)명〈어〉혼성문(混成文)
중복-허리(中伏―)명 중복 무렵의 가장 더운 때.
중본(中本)명 같은 종류의 물건 가운데 대본(大本)과 소본(小本)의 중간이 되는 본새.
중봉(中峰)명 ①가운데 봉우리. ②봉우리의 중턱.
중부(中孚)명 '중부괘(中孚卦)'의 준말.
중부(中部)명 어떤 지역의 가운데 부분. ☞동부(東部)
중:부(仲父)명 아버지의 형제 가운데 백부(伯父) 이외의 아버지의 형.
중부-괘(中孚卦)명 육십사괘(六十四卦)의 하나. 손괘(巽卦) 아래 태괘(兌卦)가 놓인 괘로 못 위에 바람이 있음을 상징함. 준중부(中孚) ☞소과괘(小過卦)
중부중(中不中) '맞힘과 맞히지 못함'의 뜻.
중분(中分)명 ①-하다타 가운데를 갈라 둘로 나눔. ②한 평생을 셋으로 가를 때의 중년(中年), 또는 중년의 운수. ☞초분(初分). 후분(後分)
중:분(衆忿)명 많은 사람의 분노(忿怒).
중비(中批)명 조선 시대, 전형을 거치지 않고 특지(特旨)로 관직을 주던 일.
중:빈(衆賓)명 여러 손. 많은 손.
중:빙(重聘)명-하다타 예(禮)를 다하여 정중히 초대함.
중뿔-나다(中―)형 주로 '중뿔나게'의 꼴로 쓰이어 ①엉뚱하고 주제넘다. ¶아무 관계도 없는 네가 나서서 왜 중뿔나게 참견하냐? ②몹시 유별나다. ¶왜 저렇게 중뿔나게 들락날락 할까?
중사(中士)명 군대 계급의 하나. 부사관급(副士官級)으로 상사의 아래, 하사의 위.
중사(中使)명 조선 시대, 임금의 명령을 전하던 내시.
중사(中祀)명 지난날, 나라에서 지내는 제사를 그 중요성에 따라 대·중·소로 가른 둘째 등급의 제사.
중:사(重事)명 중대한 일. 큰일
중:삭(仲朔)명 그 계절의 가운데 달, 곧 중춘(仲春)·중하(仲夏)·중추(仲秋)·중동(仲冬)을 이르는 말. 중월(仲月)
중:삭(重削)명 ①되깎이 ②불교에서, 처음 머리를 깎아 준 중과 인연을 끊고 다른 중에게 귀의하는 일.
중산=계급(中産階級)명 유산 계급과 무산 계급의 중간에 위치하는 계급. 중산층(中産層) ☞중간 계급. 중간층
중산-모(中山帽)명 '중산모자'의 준말.
중산-모자(中山帽子)명 꼭대기가 둥글고 높으며 챙이 있는 서양 모자. 펠트로 만들며, 남자가 예복을 입을 때 씀. 준중산모(中山帽)
중산-층(中産層)명 중산 계급(中産階級)
중:살(重殺)명 병살(倂殺)
중:삼(重三)명 삼짇날
중상(中商)명 물건을 사서 되넘겨 팔기도 하고 거간도 하는 상인.
중상(中傷)명-하다타 터무니없는 말을 퍼뜨려서 남의 명예를 손상함.
중상(中殤)명-하다자 삼상(三殤)의 하나. 열두 살에서 열다섯 살 사이에 죽음, 또는 그 사람. ☞상상(上殤). 하상(下殤)
중:상(仲商)명 중추(仲秋)
중:상(重喪)명-하다자 탈상하기 전에 부모상을 거듭 당함.
중:상(重傷)명 크게 다치는 일, 또는 큰 상처. ¶사고로 ―을 입다. ☞경상(輕傷)
중:상(重賞)명-하다타 상을 후하게 줌, 또는 그 상.
중:상-주의(重商主義)명 대내적으로 상공업을 중히 여기고, 대외적으로는 외국 무역을 활발히 하여 나라의 부(富)를 증대하려는 경제 정책, 또는 그 이론. 16세기에서 18세기에 걸쳐서 유럽 여러 나라에서 지배적이었음.
중:상=학파(重商學派)명 중상주의를 주장하는 학파.
중-새끼(中―)[―쌔―]명 거의 어미만큼 자란 새끼.
중:생(重生)명-하다자 크리스트교에서, 원죄로 말미암아 죽었던 영(靈)이 예수를 믿음으로써 영적으로 다시 새사람이 됨을 이르는 말. 거듭남
중:생(衆生)명 ①많은 사람. ②불교에서, 생명이 있는 모든 것을 이르는 말. ¶―을 제도(濟度)하다.
중:생-계(衆生界)명 불교에서, 중생이 사는 미혹의 세계. 인간 세계(人間世界)
중생대(中生代)명 지질 시대의 세 구분 가운데 둘째 시대. 약 2억 4700만 년 전부터 약 6,500만 년 전까지의 시대를 이르는데, 트라이아스기·쥐라기·백악기로 나뉨. 육상에는 겉씨식물이나 큰 파충류가 나타나고, 바다에는 암모나이트나 이매패 등이 나타났음. ☞고생대(古生代). 신생대(新生代)
중생-동:물(中生動物)명 무척추동물의 한 문(門). 원생동물과 후생동물의 중간적인 체제를 가진 것으로 생각되는 다세포 동물의 한 무리. 대부분 기생충임.
중생=식물(中生植物)명 건생 식물도 습생 식물도 아닌 보통의 환경에서 자라는 식물. 우리 나라의 야생 식물의 대부분이 이에 딸림.
중:생-은(衆生恩)명 불교에서 이르는 사은(四恩)의 하나. 일체 중생(一切衆生)에게서 받는 은혜.

중:생-탁(衆生濁)명 불교에서 이르는 오탁(五濁)의 하나. 중생이 죄악이 많아서 의리를 알지 못한다는 뜻.
중서(中庶)명 중인(中人)과 서얼(庶孼).
중서(中暑)명 한방에서, 더위를 먹어서 생기는 몸의 부조(不調)를 이르는 말.
중:서(衆庶)명 뭇사람
중:석(重石)명 텅스텐(tungsten)
중석기=시대(中石器時代)명 구석기 시대와 신석기 시대의 중간 시대. 약 1만 5000년 전부터 8,000년 전까지의 시대로, 간단한 토기와 잔석기를 만들기 시작하였음. 아직 농경이나 목축은 이루어지지 않고, 구석기 시대적인 수렵과 채집의 경제 단계에 있던 시대임.
중선(中線)명 삼각형의 각 꼭지점과 그 대변(對邊)의 중점(中點)을 잇는 선분(線分).
중:선(重船)명 규모가 큰 고기잡이 배.
중:선(重選)명-하다타 거듭하여 뽑음.
중:설(衆說)명 많은 사람의 의견.
중성(中性)명 ①이쪽도 저쪽도 아닌 중간의 성질. ②산성도 아니고 알칼리성도 아닌 성질. ¶ - 세제/- 토양 ③남성 또는 여성의 특징이 뚜렷하지 않은 상태, 또는 그런 사람. ④간성(間性)
중성(中星)명 이십팔수(二十八宿) 중 해가 질 때와 돋을 때 하늘 정남쪽에 보이는 별.
중성(中聲)명〈어〉음절의 가운데에 자리한 소리라는 뜻으로, 모음을 이르는 말. '밤'에서 'ㅏ'가 이에 해당함. 가운뎃소리 ☞초성(初聲). 종성(終聲)
중:성(重星)명 맨눈으로는 하나로 보이지만, 망원경으로는 둘 이상으로 보이는 항성(恒星). 다중성 ☞연성
중:성(衆星)명 뭇별
중성=모:음(中性母音)명〈어〉훈민정음에서 구별한 한글 모음의 갈래. 'ㅏ·ㅓ·ㅗ·ㅜ·ㅡ·ㅣ'에서 'ㅣ'를 이른 말. ☞양성 모음
중성=미자(中性微子)명 원자핵의 베타 붕괴 등으로 방출되는 전기적으로 중성인 소립자. 전하도 질량도 제로(0)임. 뉴트리노(neutrino)
중성=반:응(中性反應)명 산성도 알칼리성도 나타내지 않는 반응.
중성=비:료(中性肥料)명 ①중성인 비료. 황산암모늄 따위. ②연속적으로 사용하면 토양을 중성이 되게 하는 비료. 질산암모늄 따위.
중성=세:제(中性洗劑)명 수용액이 중성을 나타내는 합성세제. 비누를 사용할 수 없는 센물이나 산(酸) 속에서도 사용할 수 있음. 모직물 따위에 씀.
중성-자(中性子)명 양성자(陽性子)와 함께 원자핵을 이루는 소립자. 질량은 양성자보다 조금 크고, 전하는 제로(0)임. 뉴트론(neutron)
중성자-탄(中性子彈)명 핵무기의 한 가지. 열이나 폭풍을 되도록 적게 하고, 중성자의 방사량을 크게 한 것. 생물에 대한 살상 효과가 큼. 중성자 폭탄
중성자=폭탄(中性子爆彈)명 중성자탄(中性子彈)
중성=지방(中性脂肪)명 지방의 한 가지. 몸에는 효율적인 에너지원이나, 지나치게 많아지면 비만이나 지방간의 원인이 됨.
중성=토양(中性土壤)명 토양 반응이 산성도 알칼리성도 아닌 토양.
중성-화(中性化)명-하다자타 중성이 됨, 또는 그리 되게 함. ¶토양이 -하다.
중성-화(中性花)명 수술과 암술이 모두 퇴화하였거나 발육이 불완전하여 씨가 생기지 않는 꽃. 수국(水菊)의 장식화(裝飾花), 해바라기의 설상화(舌狀花) 따위.
중세(中世)명 역사의 시대 구분의 하나. 고대와 근세의 사이. 국사에서는 고려 시대가 이에 해당함.
중:세(重稅)명 세율이 아주 높은 조세.
중세-사(中世史)명 중세의 역사.
중-소(中-)[-쏘]명 크기가 중간쯤 되는 소.
중소(中小)명 규모나 크기 따위가 중간 정도인 것과 작은 것. ¶ - 도시/- 업체
중소(中宵)명 한밤중
중소(中霄)명 중천(中天)
중:소공:지(衆所共知)성구 뭇사람이 다 아는 바임.
중소=기:업(中小企業)명 자본금이나 종업원 수 등 경영의 규모가 중간 정도 이하인 기업.
중:-속환이(-俗還-)명 중이었다가 속인(俗人)으로 되돌아온 사람을 이르는 말. 준속환이 ☞환속(還俗)
중:손(衆孫)명 맏손자 이외의 여러 손자.
중-송아지(中-)[-쏭-]명 거의 다 자란 송아지.
중-솥(中-)명 크기가 중치인 솥.
중:쇄(重刷)명-하다타 증쇄(增刷)
중-쇠(中-)[1]명 '맷돌중쇠'의 준말.
중-쇠(中-)[2]명 걸립패에서, 상쇠 다음으로 놀이를 지휘하는 사람.
중쇠-받이(中-)[-바지]명 맷돌의 수쇠를 받는 맷돌의 암쇠.
중수(中壽)명 나이 '여든 살'을 이르는 말. 산수(傘壽). 팔순(八旬). 팔질(八耋) ☞하수(下壽)
중:수(重水)명 보통의 물보다 비중이 큰 물. 중수소 원자 두 개와 산소 원자 한 개가 화합(化合)한 것. 원자로의 중성자 감속재나 냉각재로 쓰임. ☞경수(輕水)
중:수(重囚)명 죄가 무거운 죄수(罪囚). ☞경수(輕囚)
중:수(重修)명-하다타 낡은 건물 따위를 다시 손대어 고침. ¶남대문을 -하다.
중-수도(中水道)명 생활 배수나 산업 배수를 정화하여 세척 용수, 또는 살수 용수 따위의 잡용으로 쓰는 수도. ☞상수도. 하수도
중:수-로(重水爐)명 중수를 중성자의 감속재와 노(爐)의 냉각재로 사용하는 원자로. 천연 우라늄을 연료로 씀.
중:-수소(重水素)명 수소의 동위 원소(同位元素)로 질량수가 2 또는 3인 수소. 원자로나 수소 폭탄 따위에 쓰임. 듀테륨(deuterium) ☞경수소(輕水素)
중순(中旬)명 그 달의 열하룻날부터 스무날까지의 동안. 중완(中浣). 중한(中澣) ☞하순(下旬)
중:시(重視)명-하다타 '중대시(重大視)'·'중요시(重要視)'의 준말. ¶그의 능력을 -한다. ☞경시(輕視)
중:시(重試)명 조선 시대, 과거(科擧)에 급제한 사람에게 다시 보이던 시험을 이르는 말. 당하관에게 10년에 한 번씩 다시 시험을 보게 하였는데, 급제한 이는 품계를 올려 주었음.
중-시:조(中始祖)명 쇠퇴한 가문을 다시 일으킨 조상.
중-시조(中時調)명 엇시조(旕時調)
중:-시:하(重侍下)명 부모와 조부모를 다 모시고 있는 처지. 층층시하(層層侍下) ☞시하(侍下)
중식(中食)명 점심
중신 명-하다타 중매(中媒)
중:신(重臣)명 중요한 직무를 맡고 있는 신하.
중:신(重新)명-하다타 거듭 새롭게 함.
중:신(衆臣)명 뭇 신하.
중신-서다 자 중매들다. 중매서다
중신세(中新世)명 마이오세
중신-아비 명 중매하는 남자를 얕잡아 이르는 말.
중신-어미 명 중매하는 여자를 얕잡아 이르는 말.
중실(中室)명 나비 따위의 날개 밑동 부분에 굵은 맥(脈)으로 둘러막힌 부분.
중심(中心)명 ①한가운데. 복판 ¶도시의 -에 역이 있다./운동장의 -. ②사물이 집중하는 중요한 곳. ¶문화의 -./정치·경제의 -. ③가장 중요한 구실을 하는 사람이나 사물. ¶그는 우리 모임의 -이다./문제의 -./이야기의 -. ④줏대 ¶ -이 있는 사람. ⑤원(圓)이나 구(球) 둘레의 모든 점으로부터 같은 거리에 있는 점.
중:심(重心)명 무게중심
중:심(衆心)명 뭇사람의 마음.
중심-각(中心角)명 원에서 두 개의 반지름이 이루는 각.
중심=거:리(中心距離)명 평면 위에 있는 두 원의 중심 사이의 거리.
중심=기압(中心氣壓)명 고기압이나 저기압의 중심부 기

압의 값. 중심 시도(中心示度)
중심=도법(中心圖法)[-뻡]명 지도 투영법의 한 가지. 시점(視點)을 지구의 중심에 두었을 때의 투시 도법.
중심-력(中心力)명 물체에 작용하는 힘의 방향이 물체의 위치와 관계없이 한 정점(定點)을 늘 지날 경우의 힘. 태양과 행성 사이의 만유 인력 따위.
중심-부(中心部)명 중심이 되는 부분. ¶시내의 ─.
중심-선(中心線)명 두 원(圓) 또는 두 구(球)의 중심을 잇는 선분(線分).
중:심성성(衆心成城)성구 많은 사람이 마음을 합치면 성처럼 견고하여 적이 넘보지 못함을 이르는 말.
중심=시:도(中心示度)명 중심 기압(中心氣壓)
중심-식(中心蝕)명 태양과 달의 중심을 잇는 직선이 지구의 표면과 만났을 때의 일식(日蝕). 개기식(皆旣蝕)이나 금환식(金環蝕)이 생김.
중심=운:동(中心運動)명 한 정점(定點)으로 향하는 힘만이 작용하는 경우의 물체의 평면 운동.
중심=인물(中心人物)명 어떤 사건이나 단체의 중심에 위치하는 중요한 인물. ¶화제의 ─./후원회의 ─.
중심-점(中心點)[-쩜]명 중심에 해당하는 곳.
중심-주(中心柱)명 고등 식물에서, 내피의 안쪽에 있는 기본 조직과 관다발로 이루어지는 구조. 뿌리나 줄기에서는 그 중앙부를 차지하고, 관다발은 일정한 배열 아래 세로로 달림.
중심-지(中心地)명 어떤 일의 중심이 되는 중요한 곳. ¶교통의 ─.
중심-체(中心體)명 세포 안에 있는 작은 기관의 한 가지. 동물이나 하등 식물의 세포질 안에 있으며, 세포 분열 때의 중심이 되는 기관임.
중심-축(中心軸)명 ①사물의 한가운데나 복판을 지나가는 축. ②매우 중요하고 기본이 되는 일.
중쑬쑬-하다(中─)형여 크지도 작지도 않고 쑬쑬하다.
중:씨(仲氏)명 ①남의 둘째 형을 높이어 이르는 말. ☞백씨(伯氏). 숙씨(叔氏) ②중형(仲兄)
중씰-하다형여 중년(中年)이 넘어 보이다.

중:압(重壓)명 강한 힘으로 내리누름, 또는 그 압력. ¶생활고라는 ─을 견디어 내다.
중앙(中央)명 ①어떤 공간의 중심이 되는 곳. 한복판 ¶공원의 ─에 분수가 있다./─ 분리대 ②중심적인 구실을 하는 일. ¶─ 은행/─ 처리 장치/당(黨)의 ─. ③중앙 관청이 있는 곳. ¶─으로 영전하다./─에서 지시가 내려오다. ☞수도(首都)
중앙-값(中央─)[-깝]명 통계 자료를 크기의 차례로 늘어놓았을 때, 전체의 중앙에 오는 값. 자료의 개수가 짝수일 때는 중앙에 있는 두 개의 값의 평균값. 중앙치(中央値). 메디안(median)
중앙=관청(中央官廳)명 권한이나 관할 구역이 전국에 미치는 관청. 행정 각 부(部), 대검찰청, 감사원 따위. ☞지방 관청(地方官廳)
중앙=금고(中央金庫)명 국고(國庫)
중앙=난:방식(中央煖房式)명 건물 안의 한 곳에 보일러나 가열기 따위를 설치하고, 증기나 더운물, 더운 바람 따위를 파이프를 통하여 각 방으로 보내는 난방 방식. 집중 난방식(集中煖房式)
중앙=분리대(中央分離帶)명 고속 도로 등 4차선 이상의 도로에서, 가는 길과 오는 길을 분리하기 위하여, 그 사이에 마련하는 띠 모양의 지대. 차도의 면보다 약간 높게 하여 나무를 심거나 낮은 쇠울타리를 만들거나 함.
중앙-선(中央線)명 ①한가운데를 지나는 선. ②차도의 중앙에 그어, 오는 길과 가는 길을 구분한 선. ③구기 종목 경기장의 중앙에 그어 놓은 선. 하프라인
중앙=아메리카(中央America)명 남아메리카와 북아메리카 대륙을 연결하는 좁은 지대. 중미(中美)
중앙=아시아(中央Asia)명 아시아 대륙의 중앙부에 자리한 건조 지대.
중앙=은행(中央銀行)명 한 나라의 금융 조직의 중심을 이루는 은행. 발권 은행(發券銀行), 은행의 은행, 정부의 은행으로서 업무를 맡음. ☞예금 은행
중앙=정부(中央政府)명 전국의 지방 행정을 통할하는 최고 행정 기관.
중앙=집권(中央集權)명 국가의 통치 권력이 지방에 분산되지 아니하고 중앙 정부에 집중되어 있는 일. ☞지방 분권(地方分權)
중앙=처:리=장치(中央處理裝置)명 컴퓨터에서, 시스템 전체의 작동을 통제하고 명령을 해독하여 연산을 실행하는, 가장 핵심적인 장치. 연산 장치와 제어 장치로 이루어지는데, 주기억 장치를 포함하여 이르기도 함. 시피유
중앙-치(中央値)명 중앙값
중앙=표준시(中央標準時)명 한 나라 또는 한 지방에서 표준으로 삼는 시간. 우리 나라는 동경 135도 자오선의 시각.
중앙=화:구구(中央火口丘)명 큰 화구나 칼데라 안에 새로이 생긴 작은 화산. 중앙 화구 언덕 준화구구(火口丘)
중앙=화:구=언덕(中央火口─)명 중앙 화구구
중:애(重愛)명-하다타 소중히 여겨 매우 사랑함.
중:액(重液)명 비중이 큰 액체. 광물이나 결정 가루 따위의 비중을 재거나 혼합물의 성분을 분리하는 데 쓰임. 사염화탄소 따위.
중야(中夜)명 한밤중
중:양(仲陽)명 '음력 이월'을 달리 이르는 말. 중춘(仲春)
중:양(重陽)명 ①중양절(重陽節) ②'음력 구월'을 달리 이르는 말. 양추(涼秋). 현월(玄月)

> ▶ **중양**(重陽), **중구**(重九)
> 중양은 양수(陽數)가 겹쳤다는 뜻으로 이르는 말이다. 역학(易學)에서 이르는 음양(陰陽)의 양은 하늘·우레·불·남자 등을 상징하며, 숫자는 1·3·5·7·9를 뜻한다. 양수가 겹친 3월 3일, 5월 5일, 7월 7일도 중양이라 할 수 있지만, 중양이라 하면 보통 양수인 9가 겹친 음력 9월 9일을 이르며, 달리 중구(重九), 중양절(重陽節)이라고도 한다.

중:-양성자(重陽性子)명 중수소(重水素)의 원자핵. 양자 한 개와 중성자 한 개로 이루어짐. 듀테론(deuteron)
중:양-절(重陽節)명 옛 명절의 하나. 음력 9월 9일임. 구일(九日). 중구(重九). 중양(重陽)
중:언(重言)명-하다타 한 말을 또 함, 또는 그 말.
중:언(衆言)명 뭇사람의 말.
중:언부:언(重言復言)성구 이미 한 말을 자꾸 되풀이함을 이르는 말.
중얼-거리다(대다)자타 낮은 목소리로 혼잣말을 자꾸 하다. ☞종알거리다. 쭝얼거리다
중얼-중얼부 중얼거리는 모양을 나타내는 말. ¶─ 주문을 외다./못마땅한 표정으로 ─ 하다. ☞종알종알. 쭝얼쭝얼
중:역(重役)명 ①주식 회사의 이사나 감사 등의 임원을 통틀어 이르는 말. ②책임이 무거운 역할. ¶─을 맡다.
중:역(重疫)명 중병(重病)
중:역(重譯)명 '이중 번역(二重飜譯)'의 준말.
중:역=회:의(重役會議)명 중역들이 모여서 하는 회의.
중연(中椽)명 재래식 한옥에서, 중도리와 중도리에 걸쳐 대는 그리 굵지 않은 서까래. ☞상연(上椽). 하연(下椽)
중:연(重緣)명 이미 혼인 관계가 있는 집안 사이에 거듭 혼인이 이루어지는 일. ☞겹사돈
중엽(中葉)명 어느 시대를 셋으로 가를 때의 중간 무렵. ¶15세기 ─/고려 ─ ☞말엽(末葉). 중기(中期)
중-영산(中靈山)[-녕-]명 영산회상(靈山會相)의 둘째 곡조. 다섯 장(章)으로 되어 있으며, 상영산(上靈山)보다 빠르고 잔영산보다 느림.
중:오-절(重五節)명 단오(端午)
중완(中浣)명 중순(中旬)
중완(中脘)명 한방에서, 침을 놓거나 뜸을 뜨는 자리인 혈(穴)의 한 가지. 가슴 한복판에 있음.
중외(中外)명 안과 밖. 내부와 외부, 또는 국내와 국외.

¶ －에 선포하다.
중외-비(中外比)[명] 황금비(黃金比)
중:요(重要)[어기] '중요(重要)하다'의 어기(語基).
중:요-성(重要性)[－썽][명] 사물의 중요한 성질. ¶가정 교육의 －.
중:요-시(重要視)[명]-하다[타] 중요하게 여김. ¶학벌보다 실력을 더 －하다. [준]중시(重視)
중:요-하다(重要－)[형여] 소중하고 종요롭다. ¶중요한 정책./중요한 임무./중요한 구실.
중요-히[부] 중요하게 ¶－ 여기다.
중:욕(衆辱)[명]-하다[타] 뭇사람 앞에서 모욕을 주거나 받음.
중용(中庸)[1][명] 생각이나 행동이 어느 한쪽으로 치우치지 않고 온당함. ¶－을 지키다./－의 도(道).

[한자] 중용 용(庸) 〔广部 8획〕 ¶용상(庸常)/용언(庸言)/용행(庸行)/중용(中庸)

중용(中庸)[2][명] 사서(四書)의 하나. 중용의 덕(德)을 인간 행위의 최고 기준으로 삼는 유교의 경전. ☞논어(論語). 대학(大學)[2]. 맹자(孟子)
중:용(重用)[명]-하다[타] 사람을 중요한 자리에 임용함.
중:우(衆愚)[명] 여러 어리석은 사람들.
중:우=정치(衆愚政治)[명] 무지한 민중들이 이끌어 가는 정치. 타락한 민주 정치를 비꼬아서 이르는 말.
중원(中元)[명] 삼원(三元)의 하나. 음력 칠월 보름날. ☞상원(上元). 하원(下元)
중원(中原)[명] ①넓은 들의 가운데. ②중국 문화의 발원지인 황하(黃河) 중류 지역. ③변경에 상대하여, 천하의 중앙을 이르는 말.
중:원(衆怨)[명] 많은 사람의 원망.
중:원(衆園)[명] 불교에서, 여러 중이 한데 모여 불도를 닦는 곳이라는 뜻으로 '절'을 달리 이르는 말.
중원축록(中原逐鹿)[성구] 넓은 들에서 사슴을 쫓는다는 뜻으로, 여러 사람이 어떤 지위나 정권을 차지하려고 경쟁하는 일을 비유하여 이르는 말.
중:월(仲月)[명] 중삭(仲朔)
중위(中位)[명] 중간 정도의 위치나 지위. ☞상위(上位). 하위(下位)
중위(中尉)[명] 군대 계급의 하나. 위관급(尉官級)으로 대위의 아래, 소위의 위.
중:위(重位)[명] 중요한 직위. 책임이 무거운 자리. 중직(重職) ☞요직(要職)
중:위(重圍)[명]-하다[타] 여러 겹으로 에워쌈.
중위-권(中位圈)[－꿘][명] 중간 정도의 위치나 지위에 딸리는 범위. ¶성적이 －에 들다. ☞상위권. 하위권
중-위도(中緯度)[명] 저위도와 고위도의 중간 지대. ¶－ 고압대/－ 지방
중위-수(中位數)[－쑤][명] 중앙값
중유(中有)[명] 불교에서 이르는 사유(四有)의 하나. 사람이 죽어서 다음 생을 받을 때까지의 49일 동안을 이르는 말. 중음(中陰) ☞본유(本有). 사유. 생유
중유(中油)[명] 콜타르를 분류(分溜)할 때 170～230℃에서 생기는 기름. 나프탈렌의 제조 원료가 됨.
중:유(重油)[명] 원유를 증류하여 휘발유·등유·경유 따위를 뽑아 내고 남은 기름. 디젤 기관이나 보일러 등의 연료로 쓰임.
중:유=기관(重油機關)[명] 디젤 기관
중:은(重恩)[명] 크고 두터운 은혜.
중음(中音)[명] 높지도 낮지도 않은 목소리.
중음(中陰)[명] 중유(中有)
중-읍례(中揖禮)[명] 읍례(揖禮)의 한 가지. 연배끼리 또는 서로 읍례를 차릴 정도의 선배에게 하는 예법. 읍을 한 뒤, 공수(拱手)한 손을 입 높이까지 올렸다가 본디 자리로 내림. ☞상읍례. 하읍례
중의(中衣)[명] 남자 한복의 여름 홑바지. 고의(袴衣)
중:의(衆意)[명] 여러 사람의 의견.
중:의(衆議)[명] 중론(衆論)
중의(中意)[어기] '중의(中意)하다'의 어기(語基).
중의-하다(中意－)[형여] 뜻에 맞다. 마음에 맞다. 적의(適意)하다
중이(中耳)[명] 척추동물의 청각기에서, 외이(外耳)와 내이(內耳) 사이의 중간 부분. 고막(鼓膜)·고실(鼓室)·청골(聽骨)·유스타키오관으로 이루어짐. 가운뎃귀
중이-염(中耳炎)[명] 병원균의 감염 등으로 중이에 생기는 염증.
중-이:층(中二層)[명] 보통의 이층보다 낮고 단층(單層)보다는 좀 높게 드린 이층.
중인(中人)[명] 조선 시대, 양반과 상민의 중간 계층, 또는 그 계층에 딸렸던 사람. 주로 의관(醫官)·역관(譯官)·율관(律官)·사자관(寫字官)·서리(書吏) 따위의 세습적인 직업을 가졌음.
중:인(重因)[명] 중요한 원인.
중:인(衆人)[명] 여러 사람. 뭇사람
중-인방(中引枋)[명] 인방 가운데 중간에 가로지르는 나무. [준]중방 ☞하인방(下引枋)
중일-연(中日宴)[명] 조선 시대, 과거에 급제한 사람이 승문원(承文院)·성균관(成均館)·교서관(校書館) 등에 처음 출근할 때, 그 곳의 선배들을 대접하던 잔치.
중:임[1](重任)[명] 중대한 임무. [유]대임(大任). 중책(重責)
중:임[2](重任)[명]-하다[자] 임기가 끝난 뒤 같은 직무나 직위에 거듭 임명됨. ☞초임(初任)
중:자(衆子)[명] 맏아들 이외의 모든 아들. 서자(庶子)
중-자귀(中－)[명] 자귀의 한 가지. 중간 크기의 것으로, 서서 쓸 수도 있고 앉아서 쓸 수도 있음.
중:-자부(衆子婦)[명] 맏며느리 이외의 모든 며느리.
중작(中斫)[명] 굵지도 잘지도 않은 장작.
중장(中章)[명] 삼장(三章)으로 이루어진 시가(詩歌) 따위의 가운데 장. ☞종장(終章). 초장(初章)
중장(中將)[명] 군대 계급의 하나. 장관급(將官級)으로 대장의 아래, 소장의 위. ☞삼성 장군(三星將軍)
중장(中場)[명] 고려·조선 시대, 사흘에 나누어 보는 과거(科擧)인 초시(初試)·복시(覆試)의 제이차 시험을 이르던 말. ☞종장(終場). 초장(初場)
중:장(重杖)[명] 몹시 치는 장형(杖刑).
중:-장비(重裝備)[명] 토목 건축에 쓰이는 무겁고 큰 기계와 차량을 통틀어 이르는 말. ¶－ 기사/수해 복구를 위해 －가 동원되었다.
중재(仲裁)[명]-하다[타] ①서로 다투는 사이에 들어 화해를 붙임. ②국제법에서, 당사국간의 분쟁을 그들이 선임한 제삼자의 판단에 따라서 해결하는 일. ③노동법에서, 노사(勞使) 쌍방의 합의에 따른 신청이나 행정 관청의 요구 등이 있을 때, 노동 위원회에서 판단을 내려 노동 쟁의를 해결하는 일. ☞조정(調停). 중재 재정(仲裁裁定)
중재=계:약(仲裁契約)[명] ①분쟁 당사자가 그 분쟁을 제삼자의 중재에 따라 해결하기로 약정하는 계약. ②국제 분쟁을 국제 재판에 부칠 것을 약속하는 국가간의 합의.
중재-국(仲裁國)[명] 국제법상 당사국간의 분쟁을 중재할 국가로 선정된 제삼국.
중재-법(仲裁法)[－뻡][명] 당사자간의 합의로 사법상(私法上)의 분쟁을 법원의 판결에 따르지 않고 중재인의 판정에 따라 신속하게 해결하려고 그 절차와 방법 등을 규정한 법.
중재-인(仲裁人)[명] ①중재하는 사람. ②법률에서, 분쟁을 중재할 사람으로 선정된 제삼자.
중재=재정(仲裁裁定)[명] 노동 쟁의 조정법에 따라서 노동 위원회가 노동 쟁의를 해결하기 위한 판단을 내리는 일, 또는 그 판단.
중재=재판(仲裁裁判)[명] 국제간의 분쟁을 해결하려고 당사국 쌍방이 선정하거나 조직한 재판관이 하는 재판.
중재=판정(仲裁判定)[명] '중재 재정'을 이전에 이르던 말.
중저-가(中低價)[－까][명] 보통보다 조금 낮은 값. ☞고가(高價)
중:적(衆敵)[명] 많은 적.
중전(中田)[명] 중등전(中等田)
중전(中殿)[명] '중궁전(中宮殿)'의 준말.

ㅈ

중:전(重典)명 ①엄한 법률. ②중요한 전적(典籍).
중:전(重箭)명 무거운 화살.
중:-전:기(重電機)명 전기 기계나 기구 가운데 비교적 크고 무거운 것을 통틀어 이르는 말. 발전기·전동기·변압기, 또는 발전용 보일러와 터빈 등. ☞경전기(輕電機)
중-전:차(中戰車)명 무게 20~50톤에 구경(口徑) 90~110mm의 화포를 갖춘 중간 크기의 전차. ☞중전차(重戰車)
중:-전:차(重戰車)명 무게 50톤 이상에 구경(口徑) 120mm 이상의 화포를 갖춘 큰 전차. ☞경전차(輕戰車)
중절(中絶)명-하다타 중도에서 끊거나 그만둠. ¶임신 -
중절-거리다(대다)자 남이 알아듣지 못하게 혼잣말로 자꾸 지껄이다. ☞종잘거리다. 쭝절거리다
중절-모(中折帽)명 '중절모자'의 준말.
중절-모자(中折帽子)명 서양식 모자의 한 가지. 꼭대기의 가운데가 움푹 들어가고 챙이 둥글게 달림. 펠트로 만들며, 정장(正裝) 때 남자가 씀. 소프트 모자 준중절모 ☞중산모자(中山帽子)
중절-중절부 중절거리는 모양을 나타내는 말. ☞종잘종잘. 쭝절쭝절
중점(中點)[-쩜]명 ①가운뎃점 ②선분의 양쪽 끝에서 같은 거리에 있는 선분 위의 점.
중:점(重點)[-쩜]명 ①중요한 점. 중요하게 여겨야 할 점. ②지렛대로 물체를 움직일 때, 그 물체의 무게가 지레에 걸리는 점. ☞역점(力點). 지점(支點)
중:점-적(重點的)[-쩜-]명 여럿 가운데서 어떤 것에 특히 중점을 두는 것. ¶수학을 -으로 공부하다.
중정(中正)명-하다형 어느 한쪽으로 치우치지 않고 바름. 지나치거나 모자람이 없이 알맞음.
중정(中庭)명 ①마당의 한가운데. ②집 안의 집채와 집채 사이의 뜰, 또는 집채로 에워싸여 있는 뜰. 가운데뜰
중정(中情)명 가슴속에 깊이 품은 감정이나 생각. ¶-을 떠보다.
중:정(重訂)명-하다타 책 따위의 내용을 거듭 고침.
중:정(衆情)명 뭇사람의 감정.
중:-정석(重晶石)명 중금속의 광상에서 산출되는 황산바륨의 광석. 사방 정계에 딸리며, 무색투명하거나 백색 반투명한 것이 많고 유리 광택이 있음. 백색 안료나 도료의 원료, 제지나 직물 제조, 의료용 등으로 쓰임.
중제(中諦)명 불교에서 이르는 삼제(三諦)의 하나. 일체의 제법(諸法)이 불공(不空)·불유(不有)의 중정(中正)이며 절대(絕對)라는 진리.
중:제(重制)명 중복(重服)
중:제(重劑)명 한방에서, 진정(鎭靜)시키는 성질을 가진 약제를 이르는 말.
중:조(重祚)명-하다자 왕위에서 물러났던 임금이 다시 왕위에 오름. 재조(再祚)
중:조(重曹)명 탄산수소나트륨
중졸(中卒)명 '중학교 졸업'을 줄여 이르는 말.
중:종(重腫)명 중혀
중종-보(中宗-)[-뽀]명 재래식 한옥에서, 대들보와 마룻보 사이에 놓은 보.
중:좌(衆座)명 뭇사람이 모인 자리.
중:죄(重罪)명 무거운 죄. 중과(重科) ☞경죄(輕罪)
중:죄-범(重罪犯)명 무거운 죄를 지은 범인.
중:죄-인(重罪人)명 무거운 죄를 지은 사람.
중주(中主)명 현명하지도 어리석지도 않은 평범한 임금.
중:주(重奏)명 둘 이상의 악기로 각각 다른 성부를 맡아서 동시에 연주하는 일, 또는 그 연주. 이중주나 삼중주 따위. ☞독주(獨奏). 합주(合奏)
중준(中蹲)명 고추감보다 크고 장준(長蹲)보다 작은 뾰주리감.
중:중(衆中)명 여러 사람 가운데.
중:중(重重)어기 '중중(重重)하다'의 어기(語基).
중중모리-장단명 국악의 민속악 장단의 한 가지. 보통 빠르기의 장단으로 8분의 12박자임. 산조와 판소리 '춘향가' 중 천자풀이, '심청가' 중 화초타령 등에 쓰임. ☞자진모리장단
중:중첩첩(重重疊疊)부-하다형 겹겹이 포개어져. ¶-이어진 깊은 산.
중:중-하다(重重-)형여 겹겹이 포개져 있다. 거듭 겹쳐져 있다.
중:증(重症)[-쯩]명 매우 위중한 병세. ☞경증(輕症)
중:증(衆證)명 여러 사람의 증거.
중:증=급성=호흡기=증후군(重症急性呼吸器症候群)명 변종 사스 코로나바이러스가 원인 병원체로 알려져 있는 호흡기 질환. 발열과 기침, 호흡 곤란, 비정형 폐렴 등의 증세를 보임. 중국과 동남아에서 처음 발생하였으며, 전염성이 강하고 치사율이 높음. 사스(SARS)
중지(中止)명-하다타 일을 중도에서 그만두거나 멈춤. ☞계속(繼續). 중단(中斷)
중지(中肢)명 가운뎃다리
중지(中指)명 가운뎃손가락. 장지(長指)
중지(中智)명 보통 정도의 슬기, 또는 그런 사람. ☞상지(上智). 하우(下愚)
중:지(衆智)명 여러 사람의 지혜. ¶-를 모아 어려움을 극복하다.
중지=미:수(中止未遂)명 범인(犯人)이 자의로 실행에 착수한 행위를 중지하거나 그 행위로 말미암은 결과의 발생을 방지하는 일. 중지범 ☞장애 미수
중지-범(中止犯)명 중지 미수
중지-상(中之上)명 상·중·하로 가른 것을 다시 각각 상·중·하로 가를 때의 '중의 상'. ☞중지중. 중지하
중지-중(中之中)명 상·중·하로 가른 것을 다시 각각 상·중·하로 가를 때의 '중의 중'. ☞중지상. 중지하
중지-하(中之下)명 상·중·하로 가른 것을 다시 각각 상·중·하로 가를 때의 '중의 하'. ☞중지상. 중지중
중:직(重職)명 중요한 직위. 책임이 무거운 자리. 중위(重位) ☞요직(要職)
중진(中震)명 지진의 세기에 따른 계급의 하나. 진도(震度) 4에 해당하는 것으로, 가옥이 심하게 흔들리고 꽃병이 넘어지며 그릇 안의 물이 넘쳐흐름. 걸어다니는 사람도 느끼며 많은 사람이 집 밖으로 뛰쳐나오는 정도의 지진을 이름. ☞강진(強震)
중:진(重鎭)명 ①지난날, 병권(兵權)을 쥐고 요충지를 지키던 사람. ②어떤 분야에서 지도적 영향력을 가진 중요한 인물. ¶언론계의 -.
중진-국(中進國)명 경제 발전의 수준이 선진국과 발전 도상국의 중간 정도인 나라.
중질(中秩)[-찔]명 중길 ☞상질(上秩). 하질(下秩)
중질(中質)명 중간 정도의 품질. ¶-의 용지. ☞상질(上質). 저질(低質)
중:징(重徵)명-하다자 조세를 무겁게 매기어 거둠. ☞과세(課稅)
중:차대(重且大) '무겁고도 큼'의 뜻. ¶-한 책임.
중참(中-)명 새참
중-창(中-)명 구두 따위의 창을 튼튼히 하기 위하여 밑창 안에 한 겹 덧댄 가죽. ☞안창
중:창(重唱)명 둘 이상의 성부를 한 사람이 한 성부씩 맡아서 동시에 노래하는 일, 또는 그 노래. 이중창이나 삼중창 따위. ☞독창(獨唱). 합창(合唱)
중:창(重創)명-하다타 낡은 건물을 헐 것은 헐고 고칠 것은 고쳐서 다시 지음.
중-채(中-)명 재래식 한옥에서, 안채와 사랑채 사이에 있는 가운데 집채.
중책(中策)명 좋고 나쁜 정도가 중간쯤 되는 계책. ☞상책(上策). 하책(下策)
중:책(重責)명 ①무거운 책임. ¶-을 맡기다. 유대임(大任). 중임(重任) ②-하다타 엄하게 꾸짖음.
중:책(重策)명 중요한 계책.
중천(中天)명 하늘의 한복판. 중공(中空). 중소(中宵)
중-천세계(中千世界)명 불교에서 이르는 상상의 세계. 소천세계의 천 배가 되는 세계를 이름. ☞대천세계
중첨(中籤)명 민속에서, 신묘(神廟) 같은 데서 산가지를

뽑아 길흉을 점칠 때 점괘가 길하지도 흉하지도 않은 산가지. ☞상첨(上籤). 하첨(下籤)
중:첩(重疊)명-하다자타 거듭 겹쳐지거나 겹침. ¶ -한 과제를 하나씩 처리하다.
중:청(重聽)명 한방에서, 귀가 어두워 잘 듣지 못하는 증세를 이르는 말.
중-초(中-)명 크기나 굵기가 중간 정도 되는 초. ☞거촉(巨燭). 대초
중초(中草)명 품질이 중길인 살담배. ☞막초
중초(中焦)명 한방에서 이르는 삼초(三焦)의 하나. 비장·위장·간장 등을 중심으로 하는 복부로, 음식물의 섭취 등을 다스리는 곳이라 함. ☞상초(上焦). 하초(下焦)
중초-열(中焦熱)명 한방에서, 중초에 열이 나서 변비가 생기며 식욕이 줄어드는 증세를 이르는 말. ☞상초열
중촌(中村)명 지난날, 서울 성안의 중심 지역을 이르던 말. 중인(中人)들이 많이 산 데서 생긴 말임.
중추(中秋)명 음력 팔월 보름을 이르는 말. 한가위
중추(中樞)명 ①사물의 중심이 되는 중요한 부분이나 자리. ¶ - 기관 ②'신경 중추(神經中樞)'의 준말.
중:추(仲秋)명 '음력 팔월'을 달리 이르는 말. 중상(仲商) ☞계추(季秋). 맹추(孟秋). 청추(淸秋)
중:추(重推)명 '종중추고(從重推考)'의 준말.
중:추-가절(仲秋佳節)명 가을철의 좋은 명절이라는 뜻으로, '추석'을 달리 이르는 말.
중추=기관(中樞機關)명 중추가 되는 기관.
중추-부(中樞府)명 조선 시대, 일정한 관장(管掌) 사무가 없는 문무 당상관 이상의 관원을 우대하기 위하여 두었던 관청. 세조 때 중추원(中樞院)을 고친 이름임.
중추=신경(中樞神經)명 신경 중추(神經中樞)
중추=신경계(中樞神經系)명 동물의 신경계에서 신경 세포와 신경 섬유가 모여 뚜렷한 중심부를 이루고 있는 부분. 척추동물에서는 뇌와 척수로 되어 있음.
중추-원(中樞院)명 ①고려 시대, 왕명의 출납(出納)·궁중의 숙위(宿衛)·군기(軍機) 등의 일을 맡았던 관아. ②조선 전기, 왕명의 출납·병기·군정 등의 일을 맡았던 관아. ③대한 제국 때, 의정부(議政府)에 딸렸던 내각의 자문 기관. ④일제 강점기에 있었던 조선 총독부의 자문 기관.
중추-적(中樞的)명 중추가 되는 것. ¶ -인 위치에 있다. / - 구실을 하다.
중:추-절(仲秋節)명 음력 팔월 보름을 명절로 이르는 말. 한가위
중축(中軸)명 ①물건의 한가운데에 있는 축. ②사물의 중심이 되는 중요한 곳, 또는 그러한 사람을 비유하여 이르는 말.
중:춘(仲春)명 '음력 이월'을 달리 이르는 말. 중양(仲陽)
중:출(重出)명-하다자 같은 사물이 거듭 나옴. 첩출(疊出)
중층(中層)명 여러 층 가운데 중간에 있는 층. ¶고층 아파트의 -에 살다.
중층-운(中層雲)명 대류권의 중층에 생기는 구름. 온대 지방에서는 지표(地表)로부터 2~7km 높이에 생김. 고적운·고층운·난층운 따위. ☞상층운(上層雲). 하층운(下層雲)
중-치(中-)명 같은 종류의 물건 중에서 품질이나 크기 따위로 보아 중간 정도인 것. 중간치. 중품(中品) ¶아무리 못해도 -는 되어야 쓰지. ☞상치. 하치
중:치(重治)명-하다타 엄하게 다스림, 또는 엄한 벌을 내림. 엄치(嚴治)
중치막명 '대창의(大氅衣)'를 달리 이르는 말.
중치막-짜리명 중치막을 입은 사람을 가벼이 여기어 이르는 말.
중침(中針)명 너무 굵지도 가늘지도 않은 중간 정도의 바늘. ☞대침(大針)
중칭(中秤)명 일곱 근에서 서른 근까지 달 수 있는 중간 크기의 저울. ☞대칭(大秤). 소칭(小秤)
중칭(中稱)명〈어〉제삼인칭의 한 갈래. 말하는 이가 상대편에 가까운 자리의 것을 가리키는 말. '그(고), 그것(고것)'과 같은 말.
중:크롬산-나트륨(重chrome酸Natrium)명 조해성(潮解性)이 있는 적황색의 결정. 크롬산나트륨의 수용액에 황산을 섞어 만듦. 방수제·염료의 제조, 피혁의 무두질, 표백 등에 쓰임.
중:크롬산-칼륨(重chrome酸Kalium)명 주황색의 결정. 중크롬산나트륨의 수용액에 염화칼륨을 섞어 만듦. 산화제, 분석 시약, 크롬 도금액, 매염제, 사진 인화액 등에 쓰임.
중-키(中-)명 너무 크지도 작지도 않은 보통 정도의 키.
중:탁(重濁)어기 '중탁(重濁)하다'의 어기(語基).
중:탁-하다(重濁-)형여 탕약이나 국물이 있는 음식 따위가 걸쭉하고 진하다.
중:탄산-나트륨(重炭酸Natrium)명 탄산수소나트륨
중:탄산-소:다(重炭酸soda)명 탄산수소나트륨
중탈명 중병(中病)
중탕(中湯)명 온천에서 물의 온도가 너무 뜨겁지도 차갑지도 않은 중간 정도 되는 탕. ☞상탕(上湯). 하탕(下湯)
중:탕(重湯)명-하다타 음식 따위를 담은 그릇을 끓는 물에 넣거나 띄워 간접적으로 음식을 익히거나 데움. ¶우유를 -하다. /탕약을 -하여 마시다.
중:태(重態)명 병이 위중한 상태. ¶ -에 빠지다.
중-턱(中-)명 산이나 고개 따위의 허리쯤 되는 곳.
중턱=대:문(中-大門)명 재래식 한옥에서, 솟을대문의 문짝을 지붕의 마룻보와 나란히 단 대문.
중토(中土)명 농사짓기에 썩 좋지도 나쁘지도 않은 땅. ☞상토(上土). 하토(下土)
중:토(重土)명 ①산화바륨(酸化Barium) ②차진 기운이 많아서 농사짓기에 알맞지 않은 흙. ☞경토(輕土)
중:토-수(重土水)명 산화바륨을 물에 녹인 액체.
중-톱(中-)명 크기가 대톱과 소톱의 중간쯤 되는 톱. 중거리
중통(中筒)명 굵기가 중간쯤 되는 대통.
중:통(重痛)명-하다자타 몹시 앓음.
중퇴(中退)명-하다타 학업 등을 중도에서 그만둠.
중파(中波)명 파장이 100~1,000m, 주파수가 300~3,000 kHz의 전파. 주로 라디오 방송에 쓰임. ☞단파(短波). 장파(長波)
중파(中破)명-하다자 중간 정도로 부서짐. ☞반파(半破)
중판(中版)명 사진이나 인쇄물 따위의 판의 크기가 중간쯤 되는 것. ☞대판(大版). 소판(小版)
중:판(重版)명-하다타 한 번 낸 인쇄물을 거듭 박아냄, 또는 그 인쇄물. ☞재판(再版)
중:판(重瓣)명 겹꽃잎
중:판-본(重版本)명 중판한 간행물.
중:판-위(重瓣胃)명 겹주름위
중:판-화(重瓣花)명 겹꽃
중편(中篇)명 ①세 편으로 된 책의 가운데 편. ☞상편. 하편 ②'중편 소설'의 준말.
중편=소:설(中篇小說)명 소설의 한 형식. 단편 소설보다 내용이 길고 등장 인물도 많으나 장편 소설만큼 복잡하지 않은 형태의 소설. 준중편
중폄(中窆)명-하다타 권폄(權窆)
중:평(衆評)명 여러 사람의 비평. ☞세평(世評)
중포(中布)명 활을 쏠 때 쓰는 과녁의 한 가지. 무명 따위로 소포보다 크고 대포보다 작게 만든 과녁. ☞솔[4]
중포(中包)명 장기에서, 궁밭의 가운뎃줄에 놓인 포(包).
중포(中砲)명 구경(口徑)이 105~155mm인 대포. ☞경포(輕砲). 중포(重砲)
중포(中脯)명 지난날, 나라의 제사에 쓰던 포(脯)의 한 가지. 쇠고기를 잘게 다져서 반대기를 지어 말린 육포.
중:포(重砲)명 구경(口徑)이 200mm 이상인 대포. 사정거리가 길고 포탄의 위력이 큼. ☞경포(輕砲)
중:-포화(重砲火)명 ①심한 포격. ②중포의 화력(火力).
중폭(中幅)명 천 따위의, 넓지도 좁지도 않은 중간 정도 되는 폭.

ㅈ

중품(中品)명 ①중간 정도의 품위. ②중치 ③불교에서, 극락정토의 아홉 등급 중에서 중간 자리의 세 품을 이르는 말. ☞상품. 하품
중풍(中風)명 한방에서, 몸의 일부나 전부가 마비되는 병을 이르는 말. 흔히 뇌일혈로 말미암아 생김. 중기(中氣). 중풍증. 풍독(風毒)
중풍-증(中風症)[-쯩] 명 ①중풍 ②중풍으로 말미암아 생기는 여러 가지 증세.
중풍-질(中風質)명 한방에서, 중풍에 걸리기 쉬운 체질을 이르는 말.
중하(中蝦)명 보리새웃과의 새우. 몸길이 12cm 안팎이며 몸빛은 연한 황록색인데 온몸에 점이 있음. 우리 나라와 일본, 중국 등지의 근해에 분포함.
중:하(仲夏)명 음력 오월을 달리 이르는 말.
중:하(重荷)명 ①무거운 짐. ②무거운 임무.
중:-하다(重-)형여 ①정도가 심하거나 대단하다. ¶중한 병이 들다./죄가 -. ②비중이나 가치 따위가 크다. ¶중한 물건을 잃었나 보다. ③매우 크거나 무겁다. ¶중한 임무를 맡다./책임이 -. ☞경하다
 중-히부 중하게 ¶약속을 - 여기다.
중-하:순(中下旬)명 ①중순과 하순. ②하순의 중간 무렵.
중학(中學)명 ①'중학교'의 준말. ②조선 시대, 서울 중부에 두었던 사학(四學)의 하나. ☞동학(東學)
중-학교(中學校)명 초등 학교 과정을 마친 학생에게 중등 교육을 하는 학교. 수업 연한은 3년임. 준중학
중학-생(中學生)명 중학교에 다니는 학생.
중한(中寒)명 중한증(中寒症)
중한(中澣)명 중순(中旬)
중한-증(中寒症)[-쯩] 명 한방에서, 추위로 말미암아 팔다리가 굳어서 뻣뻣해지고 의식을 잃기까지 하는 병을 이르는 말. 중한(中寒)
중:합(重合)명-하다자타 ①포개어 합침. ②같은 화합물의 분자 두 개 이상이 결합하여 분자량이 큰 다른 화합물을 생성하는 일, 또는 그 반응.
중:합=가솔린(重合gasoline)명 에틸렌계(系) 탄화수소를 중합하여 만드는 합성 가솔린. 석유 화학 공업의 원료로 쓰임.
중:합-도(重合度)명 중합체를 구성하고 있는 단위체(單位體)의 수(數).
중:합=지옥(衆合地獄)명 불교에서 이르는 팔열(八熱) 지옥의 하나. 살생·투도(偸盜)·사음(邪淫)의 죄를 지은 사람이 가게 된다는 지옥으로, 쇠로 된 큰 구유 속에 넣고 눌러 짜는 고통을 당한다고 함.
중:합-체(重合體)명 분자가 중합하여 생기는 화합물. 폴리머(polymer) ☞단위체(單位體)
중항(中項)명 내항(內項)
중핵(中核)명 사물의 중심이 되는 중요한 부분.
중행(中行)명 중용(中庸)을 지키는 바른 행실.
중-허리(中-)명 중거(中擧)
중:-혀(重-)명 한방에서, 혓줄기 옆에 청백색의 물집이 이는 종기를 이르는 말. 처음에는 작으나 차차 불어서, 아프지는 않으나 말소리를 내기가 거북해짐. 설종(舌腫). 중종(重腫)
중형(中形)명 크기가 중간쯤 되는 것. ☞대형(大形). 소형(小形)
중형(中型)명 규격이나 규모가 중간쯤 되는 것. ¶- 승용차 ☞대형(大型). 소형(小型)
중:형(仲兄)명 자기의 둘째 형. 중씨(仲氏). 차형(次兄) ☞백형(伯兄)
중:형(重刑)명 크고 무거운 형벌. 중과(重科)
중:혼(重婚)명-하다자 배우자가 있는 사람이 다른 사람과 이중으로 혼인하는 일, 또는 그 혼인.
중화(中火)명-하다자 길을 가다가 중도에서 점심을 먹음, 또는 그 점심. ☞중식(中食). 중화참
중화(中和)[1]명-하다형 성격이나 감정이 치우침이 없이 올바름, 또는 그러한 상태.
중화(中和)[2]명-하다자 ①서로 다른 성질의 물질이 섞이어 각자의 특징이나 작용을 잃는 일. ②산과 염기가 반응하여 물과 소금이 생기는 일, 또는 그 반응. ③양전기와 음전기가 하나가 되어 전하(電荷)를 잃게 되는 일.
중화(中華)명 중앙에 있는 문명한 나라라는 뜻으로, 중국 사람이 주변의 민족보다 우월하다는 생각에서 자기네 나라를 이르는 말.
중:-화:기(重火器)명 보병의 화기 중 비교적 무거운 화기. 중기관총·박격포 따위. 중무기(重武器) ☞경화기
중:-화상(重火傷)명 심하게 입은 화상.
중화-열(中和熱)명 산과 염기가 1그램 당량(當量)씩 중화할 때에 발생하는 열량.
중화=적정(中和滴定)명 중화 반응을 이용한 적정(滴定). 농도를 알고 있는 산이나 염기의 용액을 사용하여 농도를 모르는 염기나 산을 적정하여 정량 분석하는 일.
중화-점(中和點)[-쩜] 명 중화 작용에서 산과 염기가 모두 중화되는 점.
중화지기(中和之氣)명 지나치거나 모자람이 없는 화평한 기상.
중화-참(中火-)명 길을 가다가 중도에서 점심을 먹기 위해 쉬는 동안, 또는 그 자리. ☞점심참
중:화학=공업(重化學工業)명 '중공업'과 '화학 공업'을 아울러 이르는 말.
중환(中丸)명-하다자 탄알에 맞음.
중:환(重患)명 위중한 질환. 중병(重病) ☞경환(輕患)
중:-환:자(重患者)명 병세나 상처의 정도가 매우 심한 사람. ☞경환자(輕患者)
중황-란(中黃卵)명 노른자위가 중심부에 모여 있는 알. 곤충의 알 따위. ☞단황란(端黃卵). 등황란(等黃卵)
중:회(衆會)명 뭇사람의 모임. 많은 사람의 모임.
중:후(重厚)어기 '중후(重厚)하다'의 어기(語基).
중:후-하다(重厚-)형여 ①태도가 정중하고 무게가 있다. ¶중후한 노신사. ②작품이나 분위기 등이 엄숙하고 무게가 있다. ¶중후하게 느껴지는 실내 장식.
중흥(中興)명-하다자 쇠하던 것이 다시 일어남. ¶5대조에 와서 집안이 -하였다.
중-힘(中-)명 탄력의 세기에 따라 구별한 활의 한 가지. 실중힘보다는 무르고 연상(軟上)보다는 센 활. 중력(中力) ☞강궁(強弓). 실궁(實弓)
줘 타 ①'주다[1]'의 '해' 할 자리에 쓰는 명령형. ¶이리 -./내게도 마음을 좀 -. ②'주다[1]'의 부사형 '주어'의 준말. ¶피해를 - 놓고 책임을 회피한다.
줴:-뜯다 타 '쥐어뜯다'의 준말.
줴:-박다 타 '쥐어박다'의 준말.
줴:-살다(-살고·-사니)자 '쥐여살다'의 준말. 줴지내다
줴:-지내다 자 '쥐여지내다'의 준말. 줴살다
줴:-지르다(-지르고·-질러)타르 '쥐어지르다'의 준말.
줴:-흔들다 타 '쥐어흔들다'의 준말.
쥐[1] 명 몸의 한 부분이 경련을 일으켜 일시적으로 그 기능을 상실하는 현상. ¶수영을 하다가 -가 났다.
쥐[2] 명 쥣과에 딸린 짐승을 통틀어 이르는 말. 털빛은 주로 잿빛이고 꼬리가 긺. 위아래 한 쌍의 앞니가 날카롭고 옥아서 물건을 쏠기에 알맞게 되어 있음. 번식력이 강하며, 전세계에 분포함. 농작물에 해를 끼치며 페스트 따위의 전염병을 퍼뜨림.
 쥐 꼬리만 하다관용 보잘것없이 적다. ¶월급이 -.
 쥐도 새도 모르게관용 아무도 모르게 감쪽같이. ¶- 해치우다.
 쥐 면내듯관용 무엇을 남모르게 조금씩 드러냄을 비유하여 이르는 말.
 쥐 방울만 하다관용 사람이 몸피가 작고 앙증스러움을 얕보고 이르는 말. ¶쥐 방울만 한 게 덤빈다.
 쥐 소금 나르듯관용 무엇을 조금씩조금씩 줄어 없어지게 함을 비유하여 이르는 말.
 쥐 잡듯이관용 심하게 다그치거나 몰아세우는 모양을 비유하여 이르는 말. ¶너무 - 하니까 주눅이 들었다.
 쥐 죽은듯 하다관용 ①매우 조용함을 비유하여 이르는 말. ¶집 안은 쥐 죽은듯 하게 고요했다. ②놀라거나 두

려워서 꼼짝도 못하고 조용히 있음을 비유하여 이르는 말. ¶선생님의 호통에 교실 안은 쥐 죽은듯 해졌다.

속담 **쥐도 들 구멍 날 구멍이 있다** : 무슨 일을 하나 나중을 생각하고 해야 한다는 말./**쥐 먹을 것은 없어도 도둑맞을 것은 있다** : 아무리 가난해도 도둑이 훔쳐 갈 것은 있다는 말.〔저녁 먹을 것은 없어도 도둑맞을 것은 있다〕

쥐-가오리 명 매가오릿과의 바닷물고기. 몸길이 2.5m 안팎. 몸은 마름모꼴이고, 머리지느러미가 귀 모양으로 양쪽에 나와 있으며, 꼬리가 매우 길. 태생어(胎生魚)로 난해성(暖海性)임. 아가미는 홍역 등에 약으로 쓰임.

쥐-구멍 명 쥐가 드나드는 구멍.

쥐구멍(을) 찾다 관용 몹시 부끄럽거나 떳떳하지 못하여 급히 몸을 숨기려고 애를 쓰다.

속담 **쥐구멍에도 볕 들 날이 있다** : 고생만 하는 사람도 좋은 때를 만날 날이 있다는 말./**쥐구멍에 홍살문 세우겠다** : 가당찮은 일을 주책없이 한다는 말.

쥐꼬리-망초 명 쥐꼬리망촛과의 한해살이풀. 줄기 높이는 30cm 안팎. 줄기는 곧게 서고 마디가 굵음. 잎은 마주나며 길둥근 꼴로 양끝이 뾰족하고 가장자리가 밋밋함. 7~9월에 연한 자홍색 꽃이 피며, 열매는 길둥근 삭과(蒴果)로 익음. 들이나 산기슭에 자라며, 줄기와 잎은 한방에서 해수·종기 등에 약재로 쓰임.

쥐꼬리-톱 명 자루 쪽의 등이 좀 높고 끝으로 갈수록 가늘게 생긴 톱. 나무를 굽게 켜는 데 쓺. ☞실톱

쥐-날 명 간지(干支)의 지지(地支)가 자(子)인 날을, 지지의 동물 이름으로 상징하여 이르는 말. ☞자일(子日)

쥐-노래미 명 쥐노래밋과의 바닷물고기. 몸길이 65cm 안팎, 몸은 길고 측편함. 몸빛은 연한 황갈색 바탕에 흑갈색의 구름 무늬가 있음. 몸 양쪽에 다섯 쌍의 옆줄이 있음. 우리 나라와 일본의 전 해역에 분포함. 석반어(石斑魚)

쥐눈이-콩 명 콩과의 여러해살이 덩굴풀. 전체에 갈색의 거친 털이 빽빽하게 나 있으며, 잎은 어긋맞게 남. 8~9월에 노란 나비 모양의 꽃이 피며, 윤기 나는 검은빛 열매가 협과(莢果)로 익음. 식용이나 약용으로 널리 재배됨. 녹곽(鹿藿). 서목태(鼠目太). 여우콩

쥐:다 타 ①손가락을 모두 오그려 모아 주먹을 짓다. ¶두 주먹을 불끈 쥐고 대들다. ②어떤 것을 손 안에 들게 하여 움켜잡다. ¶오른손으로 수저를 ―./연필을 쥔 손./두 사람은 서로 손을 꼭 쥐었다. ③권력 따위를 완전히 제 것으로 만들다. ¶정권을 ―./아내가 주도권을 쥐고 산다./회사의 실권을 쥐고 있다. ④재물 따위를 얻거나 가지다. ¶손에 쥔 돈이래야 몇 푼 안 된다./한밑천 쥐고 사업을 시작하다. ⑤어떤 사실이나 자료 따위를 알거나 손에 넣거나 하다. ¶사건의 단서를 쥐고 있다./남의 약점을 쥐고 이용하다./사건의 열쇠를 쥔 사람.

쥐고 흔들다 관용 쥐었다 폈다 하다. ¶온 나라를 ―.

쥐었다 폈다 하다 관용 어떤 일이나 사람을 제 마음대로 다루다. 쥐고 흔들다. ¶무역 시장을 ―.

속담 **쥐고 펼 줄을 모른다** : ①돈을 모으기만 하고 쓸 줄을 모른다는 말. ②풀쳐서 생각할 줄 모른다는 말./**쥐면 꺼질까 불면 날까** : 매우 소중하게 여기어 조심스럽게 다룸을 이르는 말.

한자 쥘 악(握)〔手部 9획〕¶악력(握力)/악수(握手)

쥐-다래 명 ①쥐다래나무의 열매. ②쥐다래나무

쥐다래-나무 명 다랫과의 낙엽 활엽 덩굴나무. 덩굴 길이는 5m 안팎. 잎은 어긋맞게 나며 타원형이고 가장자리에 톱니가 있음. 암수딴그루로 5월경에 향기가 짙은 흰 꽃이 잎겨드랑이에서 핌. 9~10월에 황색의 타원형 열매가 장과(漿果)로 익는데 먹을 수 있음. 깊은 산에 자람. 쥐다래

쥐:대기 명 전문가가 아닌, 솜씨가 서투른 장인(匠人).

쥐-덫 명 쥐를 잡는 데에 쓰는 덫.

쥐독 명 머리의 숫구멍 자리.

쥐똥-나무 명 물푸레나뭇과의 낙엽 관목. 높이는 2m 안팎. 잎은 마주나며 타원형으로 가장자리가 밋밋함. 5~6월에 흰 꽃이 총상(總狀) 꽃차례로 핌. 10월경에 둥글고 검은 열매가 익음. 산이나 들에 흔히 자람. 산울타리용으로 많이 심으며, 열매는 한방에서 신허(腎虛) 등에 약재로 쓰임. 백랍나무. 수랍목(水蠟木)

쥐-띠 명 간지(干支)의 지지(地支)가 자(子)인 해에 태어난 일, 또는 그 사람을 지지의 동물 이름으로 상징하여 이르는 말. ☞자생(子生)

쥐라-계(∠Jurassic系) 명 쥐라기에 이루어진 지층.

쥐라기(∠Jurassic紀) 명 지질 시대 구분의 하나. 중생대를 셋으로 가른 그 둘째 시대. 세계적으로 기후가 온난해 나자식물이나 공룡류·암모나이트류가 번성했고, 조류의 조상인 시조새가 나타났음. ☞트라이아스기

쥐:락-펴락 부 제 마음대로 다루거나 휘두르는 모양을 나타내는 말. ¶며느리를 ― 하는 시어머니.

쥐머리 명 결랑에 붙은 쇠고기. 주로 편육을 만드는 데 씀.

쥐-며느리 명 갑각류 쥐며느릿과의 절지동물. 몸길이 10mm 안팎. 몸은 납작하고 길둥근 꼴임. 몸빛은 회갈색 또는 암갈색이며 누른 점이 퍼져 있음. 습한 곳에 무리를 지어 삶. 서고(鼠姑). 서부(鼠負)

쥐방울-덩굴 명 쥐방울덩굴과의 여러해살이 덩굴풀. 덩굴 길이는 1.5m 안팎. 자르면 흰 유액이 나옴. 잎은 어긋맞게 나며 심장 모양임. 7~8월에 녹자색 꽃이 잎겨드랑이에서 핌. 열매는 10월경에 둥근 삭과(蒴果)로 익어 벌어짐. 산이나 들 또는 숲 가장자리에 자람. 열매와 뿌리는 한방에서 해수·천식·고혈압 등에 약재로 쓰임.

쥐-벼룩 명 쥐에 기생하는 벼룩의 한 가지. 사람에게도 기생하며 페스트균을 옮김.

쥐-볶이 명 민속에서, 정월 첫 쥐날에 쥐를 잡아 죽인다는 뜻으로 콩을 볶는 일.

쥐-부스럼 명 머리에 툭툭 불거지는 부스럼. 우달(疣疸)

쥐-불 명 ①농가에서 음력 정월 첫 쥐날에 쥐를 쫓는다는 뜻으로 논둑이나 밭둑의 마른 풀에 놓는 불. ②정월 대보름날에 하는 민속 놀이의 한 가지. 마을끼리 둑에 불을 놓아 먼저 끄기를 겨루는데, 이긴 마을의 쥐가 진 마을로 몰려간다고 여김.

쥐불-놀이 명 -하다 자 쥐불을 놓는 일. 쥐불놓이

쥐불-놓이〔-노-〕명 -하다 자 쥐불놀이

쥐-빚다〔-빋-〕타 손으로 주물러서 빚다.

쥐-뿔 명 '보잘것이 없는 것'을 이르는 말. ☞개뿔

쥐뿔도 모르다 관용 아무 것도 모르다. ¶쥐뿔도 모르면서 일일이 나선다.

쥐뿔도 없다 관용 아무 것도 없다. ¶쥐뿔도 없으면서 씀씀이만 크다.

쥐뿔-같다〔-갇-〕형 매우 보잘것없다.

쥐-살 명 소의 앞다리에 붙은 살을 식품으로 이르는 말.

쥐-색(-色) 명 쥐의 털빛과 같은 빛깔. 파르스름한 담흑색. 서색(鼠色). 쥣빛

쥐-서(-鼠) 명 한자 부수(部首)의 한 가지. '鼢'·'鼩' 등에서 '鼠'의 이름.

쥐손이-풀 명 쥐손이풀과의 여러해살이풀. 줄기는 약간 옆으로 벋으며 높이 50~80cm임. 잎은 마주나며 잎자루가 길고 손바닥 모양으로 3~5갈래 갈라져 있음. 7~9월에 분홍빛이나 흰 꽃이 핌. 산과 들에 자라는데, 온포기와 열매는 한방에서 풍습·이질·장염 등에 약재로 쓰임.

쥐악-상추 명 잎이 덜 자란 상추.

쥐알-봉수 명 약하고 보잘것없으나 매우 약은 사람을 놀리어 이르는 말.

쥐-약(-藥) 명 쥐를 죽이는 데 쓰는 약. 살서제(殺鼠劑)

쥐어-뜯다 타 ①단단히 쥐고 뜯어내다. ¶실밥을 ―. ②몹시 괴롭거나 답답하여 가슴이나 머리 따위를 뜯다시피 함부로 꼬집거나 잡아당기거나 하다. ¶가슴을 쥐어뜯으며 울다./머리를 쥐어뜯으며 고민하다. 준 줘뜯다

쥐어-박다 타 주먹으로 지르듯이 때리다. ¶한 대 쥐어박고 싶을 정도로 깐족이다. 준 줘박다

쥐어-지르다(-지르고·-질러) 타 르 주먹으로 냅다 지르다. 준 줘지르다

쥐어-짜다 타 ①쥐고 비틀거나 눌러서 물기 따위를 짜 내다. ¶달인 탕약을 약수건에 싸서 ―. ②없는 돈이나 물

ㅈ

건 따위를 내라고 떼를 쓰며 조르다. ¶아무리 쥐어짜도 더는 내놓을 것이 없다. ③골똘히 생각하거나 궁리하다. ¶아무리 머리를 쥐어짜 봐도 별방법이 없다. ④억지로 눈물을 흘리다를 속되게 이르는 말. ¶안 나오는 눈물을 쥐어짜며 슬픈척 하고 있다.

쥐어-흔들다(—흔들고·—흔드니)[타] ①손으로 쥐고 흔들다. ¶나뭇가지를 —. ②손에 넣고 마음대로 휘두르다. ¶후배들을 —. [준]쥐흔들다

쥐엄-떡[명] 인절미에 팥소를 넣고 송편 모양으로 빚어서 콩가루를 묻힌 떡.

쥐엄-발이[명] 발끝이 오그라져서 잘 펴지지 않는 발, 또는 그런 사람.

쥐엄-쥐엄[감] 젖먹이에게 쥐엄질을 시킬 때 하는 말. ☞죄암죄암

쥐엄-질[명]-하다[자] 젖먹이가 두 손을 쥐었다 폈다 하며 재롱을 부림, 또는 그 짓. ☞죄암질

쥐여-살다(—살고·—사니)[자] 쥐여지내다 [준]쥐살다

쥐여-지내다[자] 남에게 눌리어 기를 펴지 못하고 지내다. 쥐여살다 ¶남편에게 —. [준]쥐지내다

쥐오줌-풀[명] 마타릿과의 여러해살이풀. 줄기 높이는 40~80cm이며 땅속줄기가 옆으로 벋으면서 자라고 뿌리에서 강한 향기가 남. 잎은 마주나며 잎자루가 길고 깃꼴 겹잎임. 5~8월에 연분홍이나 흰 꽃이 산방(繖房) 꽃차례로 핌. 산지의 습한 곳이나 그늘에서 자람. 뿌리는 약재로 쓰이며 어린잎은 먹을 수 있음.

쥐이다[1][자] 쥠을 당하다.

쥐이다[2][타] 쥐게 하다.

쥐-정신(—精神)[명] 무슨 일을 금방 잘 잊는 정신.

쥐-젖[명] 사람의 살가죽에 도도록하게 생기는 작은 사마귀. 모양이 젖꼭지와 비슷하고 갸름함.

쥐-참외[명] '노랑하눌타리'의 딴이름.

쥐치[명] 쥐칫과의 바닷물고기. 몸길이 20cm 안팎. 몸은 마름모꼴에 가까우며 옆으로 납작하고 주둥이가 뾰족함. 몸빛은 잿빛을 띤 연한 갈색에 어두운 갈색 반점이 있음. 우리 나라와 일본, 타이완의 연해와 동중국해, 인도양 등지에 분포함.

ㅈ

쥐코-밥상(—床)[명] 밥 한 그릇과 반찬 두어 가지로, 간단하게 차린 밥상.

쥐코-조리[명] 도량이 좁은 사람을 놀리어 이르는 말.

쥐-토끼[명] '우는토끼'의 딴이름.

쥐통[명] 콜레라(cholera)

쥐-포(—脯)[명] 말린 쥐치를 눌러 납작하게 만든 어포.

쥐-포수(—砲手)[명] 사소한 것을 얻으려고 애쓰는 사람을 비유하여 이르는 말.

쥐포육-장수(—脯肉—)[명] 부끄러운 줄을 모르고 다랍게 좀팽이 짓을 하는 사람을 비유하여 이르는 말.

쥐-해[명] 간지(干支)의 지지(地支)가 자(子)인 해를, 지지의 동물 이름으로 상징하여 이르는 말. ☞자년(子年)

쥔:[명] '주인(主人)'의 준말.

쥔:-장(—丈)[명] '주인장(主人丈)'의 준말.

쥘:-대[—때][명] 손으로 누비질할 때 쓰는 가늘고 짤막한 둥근 막대. 누비질할 자리에 대고 헝겊 밑으로 한 손을 넣어 겹쳐 잡고 다른 손으로 바느질을 함.

쥘:-부채[—뿌—][명] 접었다 폈다 할 수 있도록 만든 부채. 접선(摺扇) ☞둥글부채

쥘:-손[—쏜][명] 물건을 들 때 손으로 쥐게 된 부분. ☞손잡이

쥘:-쌈지[명] 옷소매나 호주머니에 넣게 된 담배 쌈지.

쥣-빛[명] 쥐색

즈런-즈런[부]-하다[형] 살림살이가 넉넉한 모양을 나타내는 말. ¶—한 살림살이.

×**즈려-밟다**[타] →지르밟다

즈음[의] 어느 때에 거의 가까운 때를 이르는 말. ¶그가 도착할 —에 마중을 나가다./운명(殞命)할 —에 제자에게 이르기를, 무(無)라, 무(無)라, 무(無)라. [준]즘

즈음-하다[자타][여] 주로 '즈음하여' 꼴로 쓰이어, 그때를 타서의 뜻을 나타냄. ¶한글날에 즈음하여 담화를 발표하다./중대한 국면에 즈음하여 활동 방침을 세우다.

즈크(∠doek 네)[명] 베실이나 무명실로 두껍게 짠 직물. 천막·신·가방 따위를 만드는 데 쓰임.

즉(卽)[부] 다른 것이 아니라 곧. 다시 말해서. ¶신용이 — 성공의 열쇠다./방정식을 풀다, — 방정식의 해를 구하다.

즉각(卽刻)[부] 그 자리에서 곧. 동안을 두지 않고 곧. ¶명령을 받고 — 떠나다.

즉각-적(卽刻的)[명] 동안을 두지 않고 곧 하는 것. ¶—인 반응./—으로 대응하다.

즉견(卽見)[명] 즉시 보라는 뜻으로, 손아랫사람에게 보내는 편지의 이름 아래에 쓰는 한문 투의 말.

즉결(卽決)[명]-하다[타] 그 자리에서 곧 결정하거나 해결함.

즉결=심:판(卽決審判)[명] 가벼운 범죄 사건에 대하여 정식 형사 소송 절차를 거치지 않고 관할 경찰서장의 청구로 지방 법원 판사가 하는 약식 재판. [준]즉심(卽審)

즉경(卽景)[명] 바로 눈앞에 보이는 광경이나 경치.

즉금(卽今)[부] ①이제 곧. 지금 당장. ②그 자리에서 바로.

즉낙(卽諾)[명]-하다[타] 그 자리에서 곧 승낙함.

즉납(卽納)[명]-하다[타] 돈이나 물건을 그 자리에서 곧 냄.

즉단(卽斷)[명]-하다[타] 그 자리에서 곧 단정함.

즉답(卽答)[명]-하다[타] 그 자리에서 곧 대답함, 또는 그 대답. 직답(直答) ▷卽의 속자는 即

즉매(卽賣)[명]-하다[타] 박람회나 전시회 등에서, 전시품을 그 자리에서 파는 일.

즉멸(卽滅)[명]-하다[자] 당장에 멸망함. ¶—의 위기.

즉물-적(卽物的)[—쩍][명] 구체적 대상인 사물을 있는 그대로 파악하는 것. ¶—인 사고 방식.

즉발(卽發)[명]-하다[자] ①곧 출발함. ②그 자리에서 바로 폭발함. ☞일촉즉발(一觸卽發)

즉사(卽死)[명]-하다[자] 그 자리에서 곧 죽음.

즉살(卽殺)[명]-하다[타] 그 자리에서 곧 죽임.

즉석(卽席)[명] ①어떤 일이 진행되는 바로 그 자리. 즉좌(卽座) ¶—에서 답을 하다. ②그 자리에서 곧 어떤 일을 하거나 어떤 것을 만듦. ¶— 사진기/— 요리

즉석=식품(卽席食品)[명] 간단히 조리할 수 있고, 저장이나 휴대가 편리한 가공 식품. 인스턴트 식품

즉석=연:설(卽席演說)[—년—][명] 미리 준비하지 아니하고 그 자리에서 하는 연설.

즉석=요리(卽席料理)[—뇨—][명] 그 자리에서 만들어 먹는 요리.

즉성(卽成)[명]-하다[자타] 그 자리에서 곧 이루어지거나 이룸.

즉성-범(卽成犯)[명] 즉시범(卽時犯)

즉세(卽世)[명]-하다[자] 사람이 죽어서 세상을 떠남.

즉속(卽速)[부] 그 자리에서 곧. 빨리. 즉시로

즉송(卽送)[명]-하다[타] 그 자리에서 곧 보냄.

즉시(卽時)[명] 바로 그때. ¶먹고 난 —에는 배부른 걸 못 느꼈다./그 —에 돌아와야 한다.
[부] 그 자리에서 곧. 동안을 두지 않고 바로. 곧 ¶— 해치우다./— 교환하다.

즉시-급(卽時給)[명] 지급 청구가 있을 때 곧 현금을 지급하는 일.

즉시=매매(卽時賣買)[명] 그 자리에서 곧 물건을 매매하는 일.

즉시-범(卽時犯)[명] 범죄 행위가 발생하는 동시에 완성되는 범죄. 절도죄·방화죄·살인죄 따위. 즉성범(卽成犯) ☞계속범(繼續犯)

즉시-즉시(卽時卽時)[부] 그때그때마다 곧. ¶문제가 발견되면 — 처리하도록 해라.

즉시=항:고(卽時抗告)[명] 소송법상, 정해진 불변 기간 안에 제기해야 하는 항고. 집행 정지의 효력이 있음.

즉신성불(卽身成佛)[성구] 불교에서, 현세에 있는 그 몸 그대로 부처가 됨을 이르는 말.

즉심(卽審)[명] '즉결 심판'의 준말.

즉심시:불(卽心是佛)[성구] 불교에서, 마음이 곧 부처임을 이르는 말.

즉심염:불(卽心念佛)[—념—][성구] 불교에서, 내 몸이 정토이며 내 마음이 곧 아미타불이라 보고 자기 마음속의 부처를 염불하는 일을 이르는 말.

즉야(卽夜)명 그날 밤. 당야(當夜)
즉위(卽位)명-하다자 임금의 자리에 오름. 등극(登極). 즉조(卽祚) ☞양위(讓位). 퇴위(退位)
즉응(卽應)명-하다자 그때그때의 상황이나 목적 등에 맞추어 곧 따름. ¶경기 동향에 ―한 투자.
즉일(卽日)명 일이 생긴 바로 그 날. ¶퇴임한 ―로 낙향하다./― 시행(施行)
즉자(卽自)명 철학에서, 다른 것과 연관되지 않고 그 자체로서 존재하는 일, 또는 그런 존재. ☞대자(對自)
즉전(卽傳)명-하다타 그 자리에서 곧 전하여 보냄.
즉전(卽錢)명 물건 따위를 사고 파는 그 자리에서 값으로 주고받는 돈. 맞돈. 직전(直錢)
즉제(卽製)명-하다타 당장 그 자리에서 만듦.
즉제(卽題)명 그 자리에서 곧 짓도록 낸 시문의 제목.
즉조(卽祚)명-하다자 즉위(卽位)
즉좌(卽座)명 즉석(卽席)
즉지(卽智)명 그때그때의 경우에 따라 재치 있게 변통하는 슬기. 기지(機智). 돈지(頓智)
즉차(卽瘥)명-하다자 병이 곧 나음.
즉행(卽行)명-하다자타 ①곧 감. ②곧 시행함.
즉향(卽向)명-하다자 곧 향하여 감.
즉효(卽效)명 즉시에 나타나는 효험. ¶두통에 ―를 보다.
즉흥(卽興)명 즉석에서 일어나는 흥이나 느낌·생각 따위. ¶― 연설/―으로 한 곡조를 뽑다.
즉흥-곡(卽興曲)명 순간적으로 떠오르는 악상(樂想)을 자유롭게 쓴 소품(小品) 형식의 악곡.
즉흥-극(卽興劇)명 별다른 준비 없이 그 자리의 흥에 따라 연출하는 극.
즉흥-시(卽興詩)명 작자의 감흥을 즉석에서 읊은 시.
즉흥-적(卽興的)명 즉석에서 일어나는 흥이나 느낌, 생각 따위에 따르는 것. ¶―으로 지은 노래./너무 ―인 결정이 아닐까?
즐거움명 몸이나 마음에 거리낌이 없이 흐뭇하고 기꺼운 상태, 또는 그런 느낌. ☞괴로움
즐겁다(즐겁고·즐거워)형ㅂ 어떤 일 따위를 하게 되어 기분이 좋고 흥겹다. ¶보고만 있어도 ―./즐겁게 뛰노는 아이들./우스갯소리에 즐거워하다.
즐거-이부 즐겁게 ¶― 노래부르다.
즐기다타 ①무엇을 누리며 즐거움을 느끼거나 맛보다. ¶젊음을 ―./모처럼의 휴식을 ―. ②어떤 일을 좋아하여 자주 하다. ¶골프를 ―./쇼핑을 ―. ③어떤 음식을 좋아하여 자주 먹거나 마시다. ¶술을 즐기지만 과음은 안 한다./생선회를 즐겨 먹는다.

한자 **즐길 락**(樂)〔木部 11획〕¶낙관(樂觀)/열락(悅樂)/오락(娛樂)/행락(行樂)/향락(享樂) ▷속자는 楽
즐길 오(娛)〔女部 7획〕¶오락(娛樂) ▷속자는 娯

즐린(櫛鱗)명 빗비늘
즐문=토기(櫛文土器)명 빗살무늬 토기
즐비(櫛比)어기 '즐비(櫛比)하다'의 어기(語基).
즐비-하다(櫛比―)형여 늘어서 있는 것이 빗살처럼 가지런하고 빽빽하다. ¶도처에 음식점이 ―. ☞늘비하다
즐치(櫛齒)명 빗살
즐치-상(櫛齒狀)명 빗살 같은 모양.
즐판(櫛板)명 빗판
즐풍목우(櫛風沐雨)성구 바람으로 머리를 빗고 비로 목욕을 한다는 뜻으로, 긴 세월을 객지에서 떠돌며 갖은 고생을 함을 비유하여 이르는 말.
즘 의 '즈음'의 준말.
즙(汁)명 어떤 물체에서 나오거나 짜낸 액체. 액즙(液汁). 즙액 ¶사과의 ―./양파의 ―을 내다.
즙-물(汁―)명 도자기의 몸에 덧씌우는 잿물. 즙유(汁釉)
즙액(汁液)명 즙(汁)
즙유(汁釉)명 즙물
즙장(汁醬)명 집장
즙재(汁滓)명 즙을 짜내고 난 찌꺼기.
즙청(汁淸)명-하다타 과줄이나 주악 등에 꿀을 바르고 계핏가루를 뿌려 그릇에 재어 두는 일.
즙포(緝捕)명-하다타 '집포(緝捕)'의 원말.
즙합(緝合)명-하다타 '집합(緝合)'의 원말.
증 명 도자기 굽 밑에 붙은 모래알과 진흙 덩이. 그릇을 구울 때 잿물이 녹아 바닥에 그릇이 붙는 것을 막으려고, 초기(礎器) 위에 뿌렸던 것 중에서 그릇에 붙은 것.
증(症)명 주로 '나다', '내다'와 함께 쓰이어, '화증(火症)'이나 '싫증' 따위의 뜻을 나타내는 말. ¶생각할수록 ―이 나서 못 참겠다./무엇을 하든 곧 ―을 내다.
증(繒)명 얇고 보드랍게 짠, 무늬 없는 비단.
-증(症)《접미사처럼 쓰이어》'증세(症勢)', '병기(病氣)'의 뜻을 나타냄. ¶공포증(恐怖症)/합병증(合倂症)
증가(增加)명-하다자타 더하여 많아짐, 또는 더하여 많아지게 함. ¶차량이 ―하다./병력을 ―하다. ☞감소(減少)
증가(增價)[-까]명-하다자타 ①값이 오름, 또는 값을 올림. ②자산의 경제적 가치가 시가(時價)에 따라 오르는 일. ☞감가(減價)
증간(增刊)명-하다타 정기 간행물 따위의 부수 등을 늘려서 간행함, 또는 그 간행물.
증감(增減)명-하다자타 늘어남과 줄어듦. 늘림과 줄임. 증손(增損) ¶소득의 ―./보조금을 ―하다.
증감(增感)명-하다자타 필름 따위 감광 재료의 감광도(感光度)가 높아짐, 또는 그 감광도를 높임.
증강(增強)명-하다타 인원이나 설비 따위를 늘려 더 강하게 함. ¶전투력을 ―하다./병력의 ―.
증개(增改)명-하다타 책이나 글 따위의 내용을 더 보태거나 고치거나 함.
증거(證據)명 ①어떠한 사실을 증명할만 한 근거. ¶물고기가 떼죽음을 당한 것은 강물이 오염된 ―이다. ②소송법에서, 법원의 판결의 기초가 되는 사실의 유무를 확신시킬 수 있는 자료. ¶―를 인멸하다./― 수집

한자 **증거 증**(證)〔言部 12획〕¶증거(證據)/증서(證書)/증언(證言)/증인(證人) ▷통용자는 証

증거-금(證據金)명 위탁 증거금
증거=능력(證據能力)명 ①형사 소송법에서, 어떤 증거가 주요 사실을 인정하는 자료가 될 수 있는 자격. ②민사 소송법에서, 증거 방법이 될 수 있는 자격.
증거-력(證據力)명 증거 조사의 결과, 증거가 법원의 심증(心證)에 영향을 미치는 효과.
증거-물(證據物)명 법률에서, 그것의 존재나 상태가 사실을 증명하는 데 도움이 되는 물건. 살인에 쓰인 흉기 따위. 증거품(證據品)
증거=방법(證據方法)명 법관이 사실의 유무를 알기 위하여 조사할 수 있는 사람이나 물건. 증인, 당사자 본인, 증거물 등이 있음.
증거=보:전(證據保全)명 소송에서, 정규의 증거 조사 때까지 증거가 훼손되거나 인멸될 수 있다고 판단될 경우에 본안의 소송 절차와 별도로 미리 증거를 조사하는 절차.
증거-인(證據人)명 증인(證人)
증거=인멸죄(證據湮滅罪)[-쬐]명 타인의 형사 사건이나 징계 사건에 관한 증거를 인멸·은닉·위조·변조, 또는 위조·변조한 증거를 사용하거나 그러한 증인을 은닉·도피시킴으로써 성립하는 범죄.
증거=재판주의(證據裁判主義)명 재판에서, 범죄 사실의 인정은 증거에 따라야 한다는 주의. 특히, 적법한 증거 조사를 거친 증거 능력이 있는 증거에 따라서 증명하여야 한다는 주의.
증거=증권(證據證券)[-꿘]명 재산법상의 권리와 의무가 기재되어 일정한 법률 관계의 증명에 쓰이는 증서. 차용 증서, 매매 계약서, 운송장 따위.
증거-품(證據品)명 증거물(證據物)
증거=항:변(證據抗辯)명 민사 소송에서, 당사자의 한편이 상대편의 증거에 대하여 하는 이의(異義)의 진술.
증결(增結)명-하다타 열차에 차량을 늘리어 연결하는 일.

ㅈ

증고(增估)명 조선 시대, 환곡(還穀)을 돈으로 받을 때, 감사(監司)나 수령(守令)이 시가(時價)로 받아서 상정 가격과의 차액을 착복하던 일.
증과(證果)명 불교에서, 수행으로 온갖 번뇌를 끊고 진리를 깨닫게 되는 결과.
증광(增廣)명 증광시(增廣試)
증광-시(增廣試)명 조선 시대, 나라에 경사가 있을 때 특별히 보이던 과거(科擧). 동당(東堂). 증광(增廣)
증군(增軍)명-하다자 군사력을 늘림. ☞감군(減軍)
증권(證券)[-꿘]명 ①재산상의 권리나 의무를 나타내는 문서. 유가 증권과 증거 증권이 있음. ②주식·공채·사채 등을 통틀어 이르는 말. ¶- 시장/-투자
증권=거:래소(證券去來所)[-꿘-]명 주식이나 채권 등 증권을 매매하려고 개설한 상설의 유통 시장. 증권 거래법에 따라 설립된 특수 법인임.
증권=공채(證券公債)[-꿘-]명 채권액을 표시한 증권을 발행하였을 경우의 공채.
증권=시:장(證券市場)[-꿘-]명 증권의 발행·매매·투자 등이 이루어지는 시장. 좁은 뜻으로는 증권 거래소를 이르기도 함. 준증시(證市)
증권-업(證券業)[-꿘-]명 유가 증권의 매매나 대리·중개 등을 업으로 하는 영업.
증권=회:사(證券會社)[-꿘-]명 증권 거래법에 따라 증권업을 하는 주식 회사.
증급(增給)명-하다타 급여를 올려 줌.
증기(蒸氣)명 ①액체나 고체가 증발하거나 승화하여 생긴 기체. ②'수증기'의 준말.
증기=기계(蒸氣機械)명 증기 기관과 그 밖의 장치로 이루어진 기계.
증기=기관(蒸氣機關)명 증기의 압력을 이용하여 동력을 일으키는 기관. 기기(汽機)
증기=기관차(蒸氣機關車)명 증기 기관에서 생긴 동력으로 움직이는 기관차.
증기-선(蒸氣船)명 증기 기관에서 생긴 동력으로 움직이는 배. ☞기선(氣船)

증기=소독(蒸氣消毒)명 뜨거운 증기를 이용하여 소독하는 방법.
증기-압(蒸氣壓)명 증기가 액체나 고체와 평형일 때 생기는 증기의 압력. 증기 압력
증기=압력(蒸氣壓力)명 증기압
증기-탕(蒸氣湯)명 한증탕을 갖추어 놓은 목욕 시설.
증기=터:빈(蒸氣turbine)명 증기의 열에너지를 동력으로 바꾸는 원동기. 고온·고압의 증기를 터빈의 날개에 내뿜어 축을 회전시킴.
증답(贈答)명-하다타 선물을 주고받음.
증대(增大)명-하다자타 늘어서 커지거나 많아짐, 또는 늘려서 크게 하거나 많아지게 함. ¶소득이 -하다./수출을 -하기 위한 계획.
증동(烝冬)명 '음력 시월'을 달리 이르는 말. 맹동(孟冬)
증량(增量)명-하다자타 수량이나 무게가 늚, 또는 수량이나 무게를 늘림. ☞감량(減量)
증렬-미(拯劣米)명 물에 잠겨 젖었던, 질이 낮은 쌀. 증미
증례(證例)명 어떤 사실을 증명하는 예.
증뢰(贈賂)명-하다자 뇌물을 줌. 증회(贈賄) ☞수뢰(收賂)
증뢰-죄(贈賂罪)[-쬐]명 뇌물을 주거나 줄 것을 약속함으로써 성립하는 죄. 증회죄(贈賄罪) ☞수뢰죄(收賂罪)
증류(蒸溜)명-하다타 액체를 가열하여 기체로 만든 뒤 냉각시켜 다시 액체로 만드는 일. ☞분류(分溜). 정류(精溜)
증류-수(蒸溜水)명 증류하여 정제한, 순도가 높은 물. 화학 실험이나 의약품 등에 쓰임.
증류-주(蒸溜酒)명 발효시킨 뒤 증류하여 알코올 농도를 높인 술. 소주·고량주·문배주 따위.
증립(證立)명-하다타 이유나 근거를 찾아 내세움.
증면(增面)명-하다타 신문이나 잡지 등의 발행 면수를 늘림.
증명(證明)명-하다타 ①증거를 들어 어떤 사실이나 판단 등이 참인지 거짓인지를 밝힘. ¶신원을 -할 자료를 찾다. ②수학이나 논리학에서, 바른 추론을 통하여 전제나 가정으로부터 어떤 명제가 참임을 이끌어 내는 일. ③법률에서, 재판의 기초가 되는 사실을 확인하는 일.
증명-서(證明書)명 어떤 사실을 증명하는 서류. ¶재직 -/-를 발급하다.
증모(增募)명-하다타 정원보다 더 늘려 모집함.
증문(證文)명 증서(證書)
증미(拯米)명 증렬미(拯劣米)
증민(蒸民)명 모든 백성. 만민(萬民)
증발(蒸發)명-하다자 ①액체가 그 표면에서 기체로 변하는 일. ☞기화(氣化). 승화(昇華) ②사람이나 물건이 사라져 나타나지 않음을 비유하여 이르는 말. ¶혐의자가 -하다./식탁 위의 바나나가 -하다.
증발(增發)명-하다타 일정한 수효보다 더 내보내거나 발행함. ¶수표를 -하다./열차를 -하다.
증발-계(蒸發計)명 물의 증발량을 재는 기구를 통틀어 이르는 말.
증발-량(蒸發量)명 일정한 시간 안에 물이 증발하는 양.
증발-열(蒸發熱)[-렬]명 액체가 기화하는 데 필요한 열량. 기화열(氣化熱)
증발-접시(蒸發-)명 용액을 증발·농축하거나 굳히는 데 쓰는 접시 모양의 그릇.
증배(增配)명-하다타 배당이나 배급 등의 액수나 분량을 늘림. ☞감배(減配)
증별(贈別)명-하다타 정표(情表)로 시문(詩文)이나 물품을 주어 사람을 떠나 보냄.
증병(蒸餠)명 증편
증병(增兵)명-하다자 병력을 늘림.
증병(甑餠)명 시루떡
증보(增補)명-하다타 책 따위의 내용을 늘리고, 불충분하거나 빠진 부분을 보충함. ¶국어 사전 초판을 -하다.
증보-판(增補版)명 이미 출판한 책의 내용을 늘리고, 불충분하거나 빠진 부분을 보충하여 다시 낸 책.
증본(證本)명 증거가 될 서적.
증봉(增俸)명-하다타 봉급을 올림. ☞감봉(減俸)
증봉(增捧)명-하다타 액수를 늘리어 받음.
증비(增備)명-하다타 설비를 늘림.
증빙(證憑)명-하다타 사실을 증명하는 근거가 되는 것. ¶- 자료를 제출하다./- 서류
증삭(增削)명-하다타 증산(增刪)
증산(蒸散)명-하다자 ①액체가 기체로 변하여 흩어짐. ②식물체 안의 수분이 수증기가 되어 식물체 밖으로 배출되는 현상.
증산(增刪)명-하다타 시문(詩文) 따위를 다듬기 위하여, 글이나 글자를 보태거나 지우거나 하는 일. 증삭(增削). 첨삭(添削)
증산(增産)명-하다자타 기준이나 목표보다 생산량이 늚, 또는 생산량을 늘림. ☞감산(減産)
증상(症狀)명 증세(症勢) ¶감기 -
증상-맞다(憎狀-)[-맏-]형 모양이나 태도가 보기에 징그러울 만큼 언짢다.
증상-스럽다(憎狀-)(-스럽고·-스러워)형ㅂ 보기에 증상맞은 데가 있다.
증상-스레부 증상스럽게 ¶- 아첨을 떤다.
증서(蒸暑)명 찌는듯 한 더위. 무더위
증서(證書)명 어떤 사실이나 권리 의무 관계를 증명하는 문서. 증문(證文)
증설(增設)명-하다타 건물이나 장치, 기물 따위를 늘리어 갖추거나 차림. ¶탁아 시설을 -하다.
증세(症勢)명 병으로 말미암아 나타나는 현상이나 상태. 증상(症狀). 증정(症情). 증후(症候)

한자 **증세 증**(症) 〔疒部 5획〕 ¶병증(病症)/증세(症勢)/증후군(症候群)/통증(痛症)/합병증(合併症)

증세(增稅)명-하다자 세율을 높이거나 하여 조세(租稅)의 액수를 늘림. ☞감세(減稅)
증속(增速)명-하다자타 속도가 늚, 또는 속도를 늘림. ☞감속(減速)

증손(曾孫) 명 손자의 아들. 증손자(曾孫子)
증손(增損) 명 -하다 자타 증감(增減)
증손-녀(曾孫女) 명 손자의 딸.
증손-부(曾孫婦) 명 증손의 아내.
증손-서(曾孫壻) 명 증손녀의 남편.
증손-자(曾孫子) 명 증손(曾孫)
증쇄(增刷) 명 -하다 타 더 늘려 인쇄함, 또는 그 인쇄물. 중쇄(重刷)
증수(增水) 명 -하다 자 강이나 호수 등의 물이 불어남. ¶홍수로 말미암은 ―. ☞감수(減水)
증수(增收) 명 -하다 자타 수입이나 수확이 늚, 또는 수입이나 수확을 늘림. ☞감수(減收)
증수(增修) 명 -하다 타 ①책 따위의 내용을 늘려서 다듬거나 고침. ②건물 따위를 늘려서 짓거나 고침.
증습(蒸濕) 어기 '증습(蒸濕)하다'의 어기(語基).
증습-하다(蒸濕―) 형여 찌는듯이 무덥고 눅눅하다.
증시(證市) 명 '증권 시장(證券市場)'의 준말.
증시(贈詩) 명 -하다 자 시(詩)를 지어 줌, 또는 그 시.
증시(贈諡) 명 -하다 자 지난날, 임금이 시호(諡號)를 내리던 일. 사시(賜諡)
증식(增殖) 명 -하다 자타 ①불어서 늚, 또는 불려서 늘림. ¶재산을 ―하다. ②생물, 또는 그 조직이나 세포 따위가 생식이나 분열로 그 수를 늘림. ¶암세포가 ―을 계속하다.
증식-로(增殖爐) 명 노(爐) 안에서 핵분열성 물질이 소비됨과 동시에 연쇄 반응으로 소비된 것 이상으로 새로운 핵분열성 물질이 증가하는 원자로.
증애(憎愛) 명 사랑과 미움. 애증(愛憎)
증액(增額) 명 -하다 타 액수를 늘림, 또는 그 액수. ☞감액
증언(證言) 명 -하다 타 ①말로 어떤 사실을 증명함, 또는 그 말. ②증인으로서 어떤 사실을 말함, 또는 그 말.
증언-대(證言臺) 명 법정에서 증인이 증언하도록 마련해 놓은 자리.
증여(贈與) 명 -하다 타 ①물품을 선사함. 증유(贈遺) ☞기증(寄贈) ②법률에서, 당사자의 한편이 무상(無償)으로 자기의 재산을 양도할 뜻을 보이고 상대편이 이것을 승낙함으로써 이루어지는 계약.
증여-세(贈與稅)[―쎄] 명 증여로 가지게 된 재산에 대하여 부과되는 조세. ▷ 贈의 속자는 贈
증열(蒸熱)[―녈] 명 무더위
증염(蒸炎)[―념] 명 무더위
증오(憎惡) 명 -하다 타 몹시 미워함. ¶불의를 ―하다.
증오(證悟) 명 -하다 자 올바른 지혜로 진리를 깨달음. ☞해오(解悟)
증오-심(憎惡心) 명 몹시 미워하는 마음.
증울(蒸鬱) 어기 '증울(蒸鬱)하다'의 어기(語基).
증울-하다(蒸鬱―) 형여 찌는듯이 덥고 답답하다.
증원(憎怨) 명 -하다 타 미워하고 원망함.
증원(增員) 명 -하다 타 사람의 수를 늘림. 정원을 늘림. ¶― 계획 ☞감원(減員)
증원(增援) 명 -하다 타 ①사람의 수를 늘려서 도움. ¶―부대 ②원조액을 늘림. ¶―을 요청하다.
증유(贈遺) 명 -하다 타 증여(贈與)
증-음정(增音程) 명 완전 음정이나 장음정을 반음 넓힌 음정. 증1도에서 증7도까지 있음.
증이파:의(甑已破矣) 성구 시루가 이미 깨졌다는 뜻으로, 이미 그릇된 일을 뉘우쳐도 어쩔 수 없음을 비유하여 이르는 말. ☞복배지수(覆杯之水)
증익(增益) 명 -하다 자타 이익 따위가 더 늚, 또는 더하여 늘림.
증익-법(增益法) 명 불교에서, 자신이나 다른 이의 장수나 복덕 따위를 비는 수법(修法)을 이르는 말.
증인(證人) 명 ①어떤 사실을 증명하는 사람. 증거인 ¶현대사의 산 ―. ②법원 또는 법관의 신문(訊問)에 대하여 자기가 경험한 사실을 진술하도록 명령 받은 제삼자. ☞증언(證言). 참고인(參考人)
증인(證印) 명 증명하는 뜻으로 찍는 도장.
증인=신:문(證人訊問) 명 증인의 증언을 듣는 증거 조사의 절차.
증입(證入) 명 -하다 자 참다운 지혜로 진리를 깨달아 앎.
증자(增資) 명 -하다 자 주식 회사나 유한 회사가 자본금을 늘리는 일. 유상 증자와 무상 증자가 있음. ☞감자(減資)
증장(增長) 명 -하다 자 정도가 차차 더해짐.
증장-천(增長天) 명 ①불교에서 이르는 사왕천(四王天)의 하나. 증장천왕이 다스린다는 남쪽의 천국. ②'증장천왕(增長天王)'의 준말.
증장천-왕(增長天王) 명 사천왕(四天王)의 하나. 수미산 남쪽 중턱에 살며, 증장천을 다스린다고 함. 준 증장천
증정(症情) 명 증세(症勢)
증정(增訂) 명 -하다 타 책 따위의 모자라는 부분을 보태고 잘못된 것을 고침. ▷ 增의 속자는 増
증정(贈呈) 명 -하다 타 축하·기념·고마움 따위의 뜻으로 남에게 물품을 줌. ¶고객에게 사은품을 ―하다./참가 기념품을 ―하다. ☞기증(寄贈)
증조(曾祖) 명 ①'증조부(曾祖父)'의 준말. ②조부(祖父)의 부모. ☞고조(高祖)
증-조고(曾祖考) 명 세상을 떠난 증조부.
증-조모(曾祖母) 명 할아버지의 어머니.
증-조부(曾祖父) 명 할아버지의 아버지. 준 증조(曾祖)
증-조비(曾祖妣) 명 세상을 떠난 증조모.
증조-할머니(曾祖―) 명 할아버지의 어머니
증조-할아버지(曾祖―) 명 할아버지의 아버지.
증좌(證左) 명 참고가 될만 한 증거. 증참(證參)
증주(增株) 명 주식 회사나 유한 회사가 자본금을 늘리기 위하여 모집하는 주식. ☞증자(增資)
증주(增註) 명 -하다 타 주석(註釋)을 보탬, 또는 그 주석.
증지(證紙) 명 돈을 치른 사실이나 품질, 수량 등을 증명하기 위하여 서류나 물품 따위에 붙이는 증표(證票). 수입 증지 따위.
증진(增進) 명 -하다 자타 점점 더 늘어나거나 나아짐, 또는 늘어나게 하거나 나아지게 함. ¶학습 능력이 ―하다./기억력을 ―하는 훈련. ☞감퇴(減退)
증질(證質) 명 -하다 타 증인으로 질문하는 일.
증징(增徵) 명 -하다 타 세금 따위를 더 늘려서 거둠.
증차(增車) 명 -하다 타 운행하는 차량의 대수를 늘림.
증참(證參) 명 -하다 자 ①증인으로 그 자리에 참석함. ②참고가 될만 한 증거. 증좌(證左)
증척(憎斥) 명 -하다 타 미워하여 배척함.
증축(增築) 명 -하다 타 이미 있는 건축물에 더 늘려서 지음. ☞개축(改築)
증타(憎唾) 명 -하다 타 미워하여 침을 뱉음.
증투-막(增透膜) 명 투명한 물질 겉에 붙여 반사광을 줄이고 투과력을 늘리는 얇은 막. 보통 사진 렌즈에 붙여 씀.
증파(增派) 명 -하다 타 이미 파견한 인원에 더하여 또 파견함. ¶구호 인력을 ―하다.
증편(蒸―) 명 막걸리를 탄 뜨거운 물로 멥쌀가루를 좀 질게 반죽한 뒤 더운 곳에 두어 부풀린 다음, 증편틀에 붓고 고명을 얹어 찐 떡. 기주떡. 증병(蒸餠)
증편(增便) 명 -하다 타 배·항공기·자동차 등의 정기편의 운행 횟수를 늘림. ☞감편(減便)
증편-틀(蒸―) 명 증편을 찌는 데 쓰는 기구. 운두가 낮은 쳇바퀴 같은 물건에 대오리로 너스레를 놓아 만든 것.
증폭(增幅) 명 -하다 타 ①파동이나 진동의 진폭을 늘리는 일. 특히 입력 전기 신호의 전류나 전압의 진폭을 늘려 출력하는 일. ②사물을 확대함을 비유하여 이르는 말. ¶소문이 그에 대한 불신을 ―했다.
증폭-기(增幅器) 명 진공관이나 트랜지스터 등을 이용하여 전류나 전압을 증폭하는 장치. 앰프
증폭=작용(增幅作用) 명 ①진동의 진폭을 늘리는 작용. ②진동 전파의 전류나 전압의 진폭을 늘리는 작용.
증표(證票) 명 어떤 사실을 증명하는 표.
증험(證驗) 명 -하다 타 ①증거로 삼을만 한 경험. ②증거 ③효력. 효험
증호(增戶) 명 늘어난 호수(戶數).

ㅈ

증회(贈賄)명-하다자 뇌물을 줌. 증뢰(贈賂) ☞수회(收賄)
증회-죄(贈賄罪)[-쬐]명 증뢰죄(贈賂罪)
증후(症候)명 증세(症勢)
증후(證候)명 증거가 될 기미.
증후-군(症候群)명 원인이 분명하지 않게 동시에 일어나는 서로 비슷한 여러 가지 병적 증세를 하나로 묶어 병명(病名) 대신 일컫는 말. 신드롬(syndrome)
지[1]명 조선 시대, '요강'을 궁중에서 이르던 말.
지[2]의 '-ㄴ(-은)'으로 끝나는 동사 다음에 쓰이어, 어떤 동작이 있던 '그때로부터'의 뜻을 나타내는 말. ¶고향으로 돌아온 — 일 년이 지났다.
지(智)명 오상(五常)의 하나. 사물의 이치를 밝히고, 그것을 올바르게 판별하고 처리하는 힘. ☞신(信)
지(篪)명 국악기 죽부(竹部) 관악기의 한 가지. 횡적(橫笛)의 하나로 지공(指孔)이 다섯 개이며 삼국 시대부터 전해 온 것임. 문묘제례악에 편성됨.
지:(G·g)명 ①영어 자모(字母) 일곱째 글자의 이름. ②서양 음악의 장음계(長音階) 다섯째(단음계 일곱째)의 미국·영국 음계 이름. 우리 나라 음계 이름 '사'에 해당함. ☞솔(sol)
지(至) 공간이나 시간을 나타내는 말 앞에 쓰이어, '까지'의 뜻. ¶자(自) 광주 — 목포./자(自) 11월 23일 — 12월 31일. ☞자(自)
-지[1]《접미사처럼 쓰이어》'채소류의 소금절이'의 뜻을 나타냄. ¶오이지/짠지
-지[2]어미 어간에 바로 붙어, 부정이나 금지의 뜻을 지닌 활용어를 뒤따르게 하는 부사형 어미. 뒤따르는 말과 더불어 하나의 낱말이나 구(句)를 이룸. ¶가지 못한다./높지 아니하다./웃지 마라./모르지 않지 않느냐?
-지[3]어미 ①'하게' 할 자리에 쓰이는 반말체의 서술 종결 어미. 사실 표현, 의문, 명령, 청유, 응낙 등 여러 서술 방법으로 두루 쓰임. ¶백두산이야 영산이지./언제 가지?/이젠 그만 두지./함께 떠나지./내가 해 주지. ②사실을 확인하는 덧붙이기 물음을 이끄는 데 쓰임. ¶내가 말했지 않았나?(=내가 말했다. 그랬지 않았나?)

ㅈ

-지(地)《접미사처럼 쓰이어》①'곳'의 뜻을 나타냄. ¶본적지(本籍地)/주거지(住居地)/피서지(避暑地)/생산지(生產地) ②'땅[土地]'의 뜻을 나타냄. ¶소유지(所有地)/매립지(埋立地)/유휴지(遊休地)
-지(池)《접미사처럼 쓰이어》'못'의 뜻을 나타냄. ¶저수지(貯水池)/유수지(遊水池)
-지(志)《접미사처럼 쓰이어》'역사적 기록'의 뜻을 나타냄. ¶삼국지(三國志)/택리지(擇里志)
-지(紙)《접미사처럼 쓰이어》①'종이'의 뜻을 나타냄. ¶포장지(包裝紙)/창호지(窓戶紙) ②'신문(新聞)'의 뜻을 나타냄. ¶일간지(日刊紙)/기관지(機關紙)
-지(誌)《접미사처럼 쓰이어》①'기록'의 뜻을 나타냄. ¶향토지(鄕土誌) ②'잡지'의 뜻을 나타냄. ¶교양지(教養誌)/시사지(時事誌)/월간지(月刊誌)
지가(地價)[-까]명 토지의 가격. 땅의 값.
지가(知家·止街)명 지난날, 지위가 높은 관원이 지나가는 길을 침범하는 따위의 가벼운 죄를 지은 사람을 잡아서 얼마 동안 길가의 집에 맡겨 두던 일.
지가(紙價)[-까]명 종이의 값.
지가-서(地家書)명 지술(地術)에 관한 책.
지각(地角)명 땅의 한 모퉁이라는 뜻으로, 멀리 떨어진 궁벽한 곳을 비유하여 이르는 말.
지각(地殼)명 지구(地球)의 가장 바깥쪽을 둘러싼 부분. 두께는 대륙 부분에서 25～50km, 해양 부분에서 5～6km임.
지각(知覺)명 ①-하다타 알아서 깨달음, 또는 그 능력. ②감각 기관을 통하여 외부의 사물을 인식하는 작용, 또는 그 작용에 따라 얻어지는 표상(表象). ③사물의 이치를 분별할 수 있는 능력. ☞철[2]
지각(이) 나다관용 사리를 분별할 수 있게되다. 지각(이) 들다.
지각(이) 들다관용 지각(이) 나다.
속담 **지각이 나자 망녕**: 일이 되자마자 곧 그릇됨을 이르는 말. /**지각하고 담 쌓았다**: 지각이 없어 못난 짓만 하는 사람을 두고 이르는 말.
지각(遲刻)명-하다자 ①정해진 시각보다 늦음. ¶5분 — 하다. ②지참(遲參)
지각=마비(知覺痲痺)명 신경계의 장애로 말미암아 일부 또는 모든 감각이 없어지는 병. 감각 마비(感覺痲痺)
지각-망나니(知覺—)명 철이 덜 든 사람을 속되게 이르는 말.
지각-머리(知覺—)명 '지각'을 속되게 이르는 말.
지각머리-없:다(知覺—)[-업-]형 '지각없다'를 속되게 이르는 말.
지각머리-없이부 지각머리없게 ¶— 떠들어댄다.
지각=변:동(地殼變動)명 지구 내부의 원인으로 일어나는 지각의 움직임이나 그것에 따른 지각의 변형과 변위(變位). 화산 활동이나 지진 활동, 조륙 운동(造陸運動)이나 조산 운동(造山運動) 등. 지각 운동(地殼運動)
지각=신경(知覺神經)명 감각 신경(感覺神經)
지각-없:다(知覺—)[-업-]형 ①하는 짓이 어리고 철이 없다. ②사리를 분별할만 한 능력이 없다.
지각-없이부 지각없게
지각=운:동(地殼運動)명 지각 변동(地殼變動)
지간(支干)명 십이지(十二支)와 십간(十干).
지간(枝幹)명 ①가지와 원줄기. ②지간(肢幹)
지간(肢幹)명 팔다리와 몸통. 지간(枝幹)
지갈(止渴)명-하다자타 갈증이 멎음, 또는 갈증을 멎게 함.
지감(知鑑)명 '지인지감(知人之鑑)'의 준말.
지갑(指甲)명 손톱과 발톱. 조갑(爪甲)
지갑(紙匣)명 ①종이로 만든 갑. ②돈과 증명서 따위를 넣어 가지고 다닐 수 있도록 가죽이나 헝겊으로 만든 물건.
지강(至剛)어기 '지강(至剛)하다'의 어기(語基).
지강-하다(至剛—)형여 더할 나위 없이 강직하다.
지개(志槪)명 지기(志氣)
지객(知客)명 절에서, 오고 가는 손을 안내하는 일, 또는 그 일을 맡아보는 중. 지빈(知賓)
-지거리접미 '함부로 입을 놀려 말하는 짓'의 뜻을 나타냄. ¶욕지거리/농지거리/반말지거리
지검(地檢)명 '지방 검찰청(地方檢察廳)'의 준말.
지검(智劍)명 '지혜검(智慧劍)'의 준말.
지게[1]명 ①짐을 얹어 등에 지는 운반 기구의 한 가지. 가지가 돋친 장나무 두 개를 위는 좁고 아래는 조금 벌어지도록 세우고 사이에 세장을 가로질러 사개를 맞추어 만든 것. ②〔의존 명사로도 쓰임〕 ¶풋나무 한 —.
속담 **지게를 지고 제사를 지내도 제멋이다**: 무슨 일이든지 제멋대로 제가 좋아서 하는 일이니 격에 맞지 않더라도 다른 사람이 시비할 것은 아니라는 말.〔지게를 지고 제사를 지내도 상관 마라〕

한자 **지게 호**(戶) 〔戶部〕 ¶문호(門戶)/호외(戶外)

지게[2]명 '지게문'의 준말.
지게-꼬리명 지게에 짐을 얹고 잡아매는 줄.
지게-꾼명 지게로 짐을 나르는 일을 직업으로 하는 사람.
지게-다리명 무(戊)나 술(戌) 따위 한자(漢字)의 오른편에 있는 '乀'를 이르는 말.
지게-문(—門)명 재래식 한옥에서, 마루나 밖에서 방으로 드나드는 외짝 문. 돌쩌귀를 달아 여닫게 되어 있음. 준 지게[2] ☞장지문
지게미명 ①술을 거르고 난 찌끼. 술지게미. 주박(酒粕) ②술을 많이 마시거나 열기(熱氣)가 있을 때 눈가에 끼는 눈곱.
지게-뿔명 지겟다리에서 윗세장을 끼운 위의 부분. ☞동발. 새고자리
지게-질명-하다자 지게로 짐을 나르는 일.
지게-차(—車)명 포크리프트(forklift)
지게-호(—戶)명 한자 부수(部首)의 한 가지. '房'·'所' 등에서 '戶'의 이름.
지겟-가지명 지게 몸에서 뒤로 벋어 나간 가지. 그 위에

짐을 얹음.
지겟-다리 명 지게 몸의 맨 아래 부분. 동발
지겟-등태 명 지게에 붙인 등태.
지겟-작대기 명 지게를 버티어 세울 때 쓰는 작대기.
지격(志格) 명 고상한 뜻과 높은 인격.
지격(至隔) 어기 '지격(至隔)하다'의 어기(語基).
지격-하다(至隔－) 형여 정한 날짜가 바싹 닥쳐 가깝다. ¶시험일이 지격하여 몹시 초조하다.
지견(知見) 명 지식과 견식.
지견(智見) 명 지혜와 식견(識見).
지결(支結) 명 한방에서, 명치 아래가 거북하고 답답하여 무엇이 뭉쳐 있는듯 한 느낌이 있는 증세를 이르는 말.
지결(至潔) 어기 '지결(至潔)하다'의 어기(語基).
지결-하다(至潔－) 형여 더없이 맑고 깨끗하다.
지겹다(지겹고·지겨워) 형ㅂ 진저리가 날 정도로 몹시 지루하고 싫다. ¶좋은 소리도 자꾸 들으니 －.
지경(地莖) 명 '지하경(地下莖)'의 준말.
지경(地境) 명 ①땅과 땅의 경계. 경(境). 지계(地界) ¶－을 넘나들다. ②어떠한 처지나 형편. ¶쓰러질 －이다.

한자 지경 경(境) 〔土部 11획〕 ¶경계(境界)/경내(境內)/경역(境域)/경외(境外)/경지(境地)
지경 계(界) 〔田部 4획〕 ¶계선(界線)/계표(界標)
지경 역(域) 〔土部 8획〕 ¶강역(疆域)/역내(域內)

지경(枝莖) 명 식물의 가지와 줄기.
지경-풍(至輕風) 명 풍력 계급의 '실바람'의 구용어.
지계(地界) 명 지경(地境)
지계(地契) 명 대한 제국 때, 논밭 등의 소유권을 증명하던 문서. ☞관계(官契)
지계(地階) 명 ①고층 건물에서 지면보다 낮게 있는 층. ☞지하층(地下層) ②고층 건물의 첫째 층.
지계(持戒) 명-하다 자 불교에서, 계행(戒行)을 지켜 범하지 않음을 이르는 말. ☞파계(破戒)
지고(至高) 명-하다 형 더없이 높음. ¶－의 사랑.
지고(地庫·地窖) 명 허드레 것을 넣어 두는 땅광.
지고(地高) 명 땅의 높이.
지고-선(至高善) 명 최고선(最高善)
지고지상(至高至上) 성구 더없이 높고 높음을 이르는 말.
지고지순(至高至純) 성구 더없이 높고 순결함을 이르는 말. ¶－한 사랑.
지곡(止哭) 명-하다 자 하던 곡(哭)을 그침.
지골(肢骨) 명 팔다리의 뼈.
지골(指骨) 명 손가락뼈
지골(趾骨) 명 발가락뼈
지골-피(地骨皮) 명 한방에서, 구기자나무의 뿌리 껍질을 약재로 이르는 말. 조열(潮熱)·도한(盜汗)·해수(咳嗽)·천식(喘息) 등에 쓰임.
지공(支供) 명-하다 타 ①음식 따위를 이바지함. ②필요한 물품 등을 줌.
지공(至公) 명 '지공무사(至公無私)'의 준말.
지공(指孔) 명 대금·중금·소금 따위를 연주할 때에 손가락으로 막거나 떼어 음높이를 조절하도록 한 구멍.
지공(遲攻) 명-하다 타 농구 따위의 경기에서, 시간을 늦추면서 천천히 공격함. ☞속공(速攻)
지공(至恭) 어기 '지공(至恭)하다'의 어기(語基).
지공무사(至公無私) 성구 지극히 공평하여 조금도 사사로움이 없음을 이르는 말. 준 지공(至公)
지공-법(遲攻法) [－뻡] 명 농구 따위의 경기에서, 시간을 늦추면서 천천히 공격하는 전법. ☞속공법(速攻法)
지공지평(至公至平) 성구 지극히 공평함을 이르는 말.
지공-하다(至恭－) 형여 더할 나위 없이 공손하다.
지과(止戈) 명-하다 자 창을 거둔다는 뜻으로, 전쟁을 그만둠을 비유하여 이르는 말.
지곽(地廓) 명 땅의 둘레라는 뜻으로, 눈의 위아래의 시울을 비유하여 이르는 말.
지관(支管) 명 수도관이나 가스관 따위의 본관(本管)에서 갈라져 나온 관.
지관(止觀) 명 불교에서, 마음을 조용히 가라앉히고 한 가지 대상에 집중하여 바른 지혜로 만법(萬法)을 비추어 봄을 이르는 말.
지관(地官) 명 풍수지리설에 따라 집터나 묏자리의 좋고 나쁜 것을 가려내어 자리잡는 일을 직업으로 하는 사람. 지사(地師). 풍수(風水)
지광인희(地廣人稀) 성구 땅은 넓고 사람은 드물다는 뜻으로, 나라나 지역의 면적은 넓고 인구가 적음을 이르는 말. 인희지광(人稀地廣). 토광인희(土廣人稀)
지괴(地塊) 명 ①땅덩이 ②양쪽, 또는 주변이 단층으로 둘러싸여 있는 지각(地殼)의 덩어리.
지괴=운:동(地塊運動) 명 지괴가 단층을 경계로 하여 서로 다른 여러 방향으로 움직이는 운동.
지교(至交) 명 깊은 교분.
지교(指敎) 명-하다 타 지적하여 가르침.
지교(至巧) 어기 '지교(至巧)하다'의 어기(語基).
지교(智巧) 어기 '지교(智巧)하다'의 어기(語基).
지교-하다(至巧－) 형여 더없이 정교하다.
지교-하다(智巧－) 형여 슬기롭고 교묘하다.
지구(地球) 명 태양계의 셋째 행성. 인류와 온갖 생물이 사는 천체. 태양까지의 평균 거리는 약 1.5억km. 공전 주기는 365.2564일. 자전 주기는 23시 56분 4초. 극반지름이 약 6357km, 적도 반지름이 약 6378km의 타원체. 표면은 질소와 산소가 주성분인 대기(大氣)로 에워싸여 있고, 많은 물이 있음. 나이는 약 46억 년. 달이라 하는 하나의 위성이 있음. ☞수성(水星). 화성(火星)
지구(地區) 명 ①일정하게 갈라 놓은 구역. ¶서부 － ②일정한 목적에 따라서 특별히 지정된 지역. ¶중공업 －
지구(地溝) 명 거의 평행한 두 단층 사이에 발달한, 지반(地盤)이 꺼져서 생긴 낮고 기름한 땅. ☞지루(地壘)
지구(知舊) 명 오래 사귄 친한 벗.
지구(持久) 명-하다 자 오래도록 버티어 견딤. 오래도록 변하지 않고 지켜 감.
지구=과학(地球科學) 명 지구와 지구를 형성하는 물질 및 지구 주위의 천체(天體)에 관해서 연구하는 학문. 준 지학(地學)
지구-광(地球光) 명 초승달에서 어두워야 할 부분이 희미하게 빛나고 있는 현상. 태양빛이 지구에 반사되어 달의 이지러진 부분에 비침으로써 일어남.
지구-대(地溝帶) 명 지구(地溝)로 이루어진 띠 모양의 낮은 땅.
지구-력(持久力) 명 오래도록 버티어 견딜 수 있는 힘. 운동을 오래 계속 할 수 있는 체력. ¶－이 강하다.
지구=물리학(地球物理學) 명 물리학적 방법으로 지구를 연구하는 학문을 통틀어 이르는 말. 측지학(測地學), 지질학(地質學), 해양학(海洋學), 기상학(氣象學) 따위.
지구-본(地球－) 명 지구의(地球儀)
지구=온난화(地球溫暖化) 명 이산화탄소 따위가 지표에서 대기로 방출되는 복사 에너지를 흡수하는 온실 효과로 말미암아 지구의 기온이 올라가는 현상.
지구-의(地球儀) 명 지구의 모형. 구(球)의 표면에 경선(經線), 위선(緯線), 수륙(水陸) 분포 등 지구 표면의 상태를 나타낸 것. 지구본
지구=자:기(地球磁氣) 명 지구가 가지고 있는 자석의 성질, 또는 그로 말미암아 생기는 자기장(磁氣場). 지구상에서 자침(磁針)이 항상 남북을 가리키게 하는 힘이 됨. 지자기(地磁氣)
지구-전(持久戰) 명 ①승패를 빨리 가리지 않고 오래 끄는 전쟁이나 경기. ②적의 힘을 소모시키거나 원군(援軍)이 도착하기를 기다리기 위하여 시간을 끌며 싸우는 방법, 또는 그러한 싸움.
지구지계(持久之計) 명 싸움 따위를 오래 끌고 갈 계략.
지구-촌(地球村) 명 지구를 하나의 마을로 비유하여 이르는 말. 통신 기술의 발달로 정보를 동시에 공유하게 되었음을 이름.
지구형=행성(地球型行星) 명 태양계의 아홉 행성 중에 수성·금성·지구·화성의 네 행성을 이르는 말. 구성 물

질이 지구와 비슷하며, 목성형 행성보다 반지름과 질량이 작고 밀도가 큼. ☞목성형 행성(木星型行星)

지구=화:학(地球化學)명 화학적 방법으로 지구를 연구하는 학문.

지국(支局)명 본사(本社)나 본국(本局)에서 갈라져 나가 일정한 구역의 업무를 맡아보는 곳. ¶신문사 -

지국-천(持國天)명 ①사왕천(四王天)의 하나. 지국천왕이 다스린다는 동쪽의 천국. ②'지국천왕'의 준말.

지국천-왕(持國天王)명 사천왕(四天王)의 하나. 수미산 동쪽 중턱에 살며, 지국천을 다스린다고 함. 준지국천

지궁(至窮)어기 '지궁(至窮)하다'의 어기(語基).

지궁차궁(至窮且窮)성구 그 이상 더할 수 없이 매우 곤궁함을 이르는 말.

지궁품=당상(知弓品堂上)명 조선 시대, 활과 화살을 진상(進上)할 때에 그 품질을 조사하는 일을 맡아보던 임시 관직.

지궁-하다(至窮-)형여 더할 수 없이 곤궁하다.

지-권:연(紙卷煙)명 '지궐련'의 원말.

지-궐:련(∠紙卷煙)명 살담배를 얇은 종이에 말아서 만든 담배. 원지권연 ☞엽궐련

지귀(至貴)어기 '지귀(至貴)하다'의 어기(語基).

지귀-하다(至貴-)형여 더할 수 없이 귀하다.

지균-풍(地均風)명 기압 경도(氣壓傾度)로 생긴 힘과 지구의 자전(自轉)으로 생긴 힘이 균형을 이룰 때 부는 바람. 등압선과 평행하게 붊. ☞지상풍(地上風)

지그(jig)명 기계 가공에서, 가공 위치를 쉽고 정확하게 정하고 공구(工具)를 정확히 대는 데 쓰는 보조용 기구. 같은 물건을 대량으로 가공할 때 사용함.

지그럭-거리다(대다)자 하찮은 일로 자꾸 불평을 늘어놓으며 성가시게 굴다. ☞자그락거리다. 찌그럭거리다

지그럭-지그럭부 지그럭거리는 모양을 나타내는 말. ☞자그락자그락. 찌그럭찌그럭

지그르르부 좀 적은 양의 물이나 기름 따위가 급자기 끓으면서 졸아드는 소리를 나타내는 말. ☞자그르르

지그시부 ①어떤 대상에 거볍게 또는 은근히 힘을 주는 모양을 나타내는 말. ¶- 누르다./- 밟다./- 당기다. ②눈을 거볍게 슬며시 감는 모양을 나타내는 말. ¶- 눈을 감고 생각에 잠기다. ③북받치는 감정 따위를 참을성 있게 견디는 모양을 나타내는 말. ¶슬픔을 - 참다./흥분을 - 누르다. ☞자그시

지그재그(zigzag)명 갈지자형

지극(至極)어기 '지극(至極)하다'의 어기(語基).

지극-하다(至極-)형여 상태나 정도 등이 더할 나위 없다. ¶효성이 -./지극한 보살핌.

지극-히부 지극하게 ¶- 사랑하다./- 어려운 처지.

한자 **지극할 지**(至) 〔至部〕 ¶지고(至高)/지극(至極)/지급(至急)/지난(至難)/지선(至善)/지순(至純)

지근(至近)어기 '지근(至近)하다'의 어기(語基).

지근-거리다(대다)자타 ①잇달아 거볍게 누르거나 밟다. ②남을 은근히 자꾸 귀찮게 하다. ③골치 따위가 쑤시듯 자꾸 아파 오다. ④거볍게 자꾸 깨물거나 씹다. ☞자근거리다. 찌근거리다. 치근거리다

지근덕-거리다(대다)자 끈덕지게 지근지근 귀찮게 굴다. ☞자근덕거리다. 찌근덕거리다. 치근덕거리다

지근덕-지근덕부 지근덕거리는 모양을 나타내는 말. ☞자근덕자근덕. 찌근덕찌근덕. 치근덕치근덕

지근-지근부 지근거리는 모양을 나타내는 말. ☞자근자근. 찌근찌근. 치근치근

지근지지(至近之地)명 썩 가까운 곳. 지근지처

지근지처(至近之處)명 지근지지(至近之地)

지근-하다(至近-)형여 매우 가깝다.

지글-지글부 ①액체가 걸쭉하게 잦아들며 끓는 소리, 또는 그 모양을 나타내는 말. ¶찌개가 - 끓다. ②고기 따위를 센 불에 굽거나 튀길 때 나는 소리를 나타내는 말. ¶- 구운 불고기. ③화가 나서 속이 몹시 타거나 걱정으로 마음이 죄어드는 모양을 나타내는 말. ¶속을 - 태우다./속이 - 끓다. ☞자글자글[1]

지금(只今)명 ①바로 이때. 시방(時方). 이제 ¶-은 몇 사람이 모였느냐?/-에서야 도착했다. ②살고 있는 이 시대. 오늘날 ¶-은 물자가 풍부한 세상이다./-도 옛날 풍습대로 산다.

부 바로 이때에. ¶- 막 끝났다./- 갑시다.

지금(地金)명 ①화폐의 재료로 쓰이는 금속. 금·은 따위. ②도금(鍍金)의 바탕이 되는 금속. ③제품이나 세공물(細工物)의 재료로 쓰이는 금속.

지금-거리다(대다)자 음식에 섞인 모래 따위가 거볍게 자꾸 씹히다. ☞자금거리다. 지끔거리다

지금-껏(只今-)부 지금까지. 여태까지 ¶- 나만 모르고 있었다./- 어디 있었느냐?

지금-지금부 지금거리는 모양을 나타내는 말. ☞자금자금. 지끔지끔

지급(支給)명-하다타 ①주게 되어 있는 돈이나 물품 따위를 내어 줌. ¶교통비를 -하다./사무용품을 -하다. ②채무의 변제로 금전이나 어음 등을 급부함.

지급(至急)명-하다형 매우 급함. ¶- 전보/-으로 부치다.

지급=거:절(支給拒絶)명 어음이나 수표의 소지인이 지급 제시 기간 안에 인수인이나 지급인 또는 지급 담당자에게 지급 제시를 하고 지급을 청구했는데도, 어음이나 수표 금액 등의 전부 또는 일부의 지급이 거절되는 일.

지급=명:령(支給命令)명 금전이나 그 밖의 대체물, 유가증권 등의 일정한 수량에 대한 지급 청구에 관하여, 채권자에게 청구 이유가 있다고 인정했을 때 채무자를 심문하지 않고 그 지급을 명령하는 재판.

지급=보:증(支給保證)명 지급 제시 기간 안에 수표가 제시될 때, 수표의 지급인이 그 금전의 지급을 약정하는 행위. 준지보(支保)[2]

지급=불능(支給不能)명 금전 채무를 지급할 수 없게 된 채무자의 객관적 재산 상태. 전형적인 파산(破産)의 원인임. ☞지급 정지(支給停止)

지급=어음(支給-)명 부기(簿記)에서, 자기 쪽에서 지급의 의무가 있는 어음. ☞받을어음

지급=유예(支給猶豫)[-뉴-]명 전쟁이나 천재(天災), 공황(恐慌) 등 비상 사태가 발생하였을 때, 정부가 법령으로 채무의 지급을 일정 기간 미룰 수 있게 하는 일. 모라토리엄(moratorium)

지급-인(支給人)명 ①지급하는 사람. ②법률에서, 어음 금액 또는 수표 금액을 지급하도록 환어음이나 수표에 기재되어 있는 사람을 이르는 말.

지급=전표(支給傳票)명 은행이나 회사 등에서 현금을 지급할 때 쓰는 계정 과목, 금액, 성명 등을 적은 쪽지. 거래에 관계되는 각 부서로 통지하기 위하여 만듦.

지급=정지(支給停止)명 채무자가 채무를 변상할 능력이 없다는 뜻을 채권자에게 표시하는 행위. ☞지급 불능

지급=제시(支給提示)명 어음이나 수표의 소지인이 지급인이나 인수인, 또는 지급 담당자에게 증권을 제시하고 그 지급을 청구하는 행위.

지급=준:비금(支給準備金)명 일반 은행이 예금을 지급하려고 예금의 일정 비율만큼 중앙 은행에 예탁하여 준비해 두는 자금. 은행 준비금(銀行準備金)

지급=증권(支給證券)[-꿘]명 금전 채무의 변제로, 금전의 인도와 법률상 동일한 효력을 발생하는 유가 증권. 수표 따위가 있음.

지급-지(支給地)명 어음이나 수표의 금액을 지급하여야 할 일정한 지역.

지긋-지긋[-귿-]부 ①지그시 자꾸 누르거나 당기거나 밀거나 하는 모양을 나타내는 말. ¶- 누르다. ②몹시 싫거나 괴로운 것을 가까스로 참아 내는 모양을 나타내는 말. ☞자긋자긋

지긋지긋-하다[-귿-귿-]형여 ①생각만 하여도 진저리치도록 몹시 싫고 괴롭다. ¶지긋지긋한 셋방살이. ②몸에 소름이 끼치도록 몹시 잔인하다. ☞자긋자긋하다

지긋-하다[-귿-]형여 나이가 비교적 많다. ¶나이가 지긋한 분이 점잖게 말을 건넨다.

지긋-이 부 지긋하게 ¶나이가 — 들어서야 철이 났다.

지기(地祇)명 지신(地神)

지기(地氣)명 ①대지의 정기(精氣). 토기(土氣) ②땅의 눅눅한 기운.

지기(至氣)명 천도교에서, 우주의 근본적 실재(實在)인 한울님의 원기(元氣)를 이르는 말.

지기(志氣)명 어떤 일을 이루려는 의기. 의지(意志)와 기개(氣槪). 기지(氣志). 지개(志槪)

지기(知己)명 '지기지우(知己之友)'의 준말. ¶그 친구와 나는 20년 —이다.

지기(知機)명-하다자타 낌새를 알아차림.

지기(紙器)명 종이로 만든 그릇.

-지기 접미 '지키는 사람'임을 나타냄. ¶등대지기/문지기

지기상합(志氣相合)성구 의지와 기개가 서로 맞다는 뜻으로, 서로 뜻이 맞음을 이르는 말. 지기투합(志氣投合)

지기지우(知己之友)명 자기를 잘 알아주는 참다운 친구. 준지기(知己)

지기투합(志氣投合)성구 지기상합(志氣相合)

지긴지요(至緊至要)성구 더할 나위 없이 긴요함을 이르는 말.

지꺼분-하다 형여 ①눈이 맑지 못하고 흐릿하다. ②어수선하고 지저분하다.

지껄-거리다(대다)자 큰 목소리로 떠들썩하게 자꾸 이야기하다. 지껄이다 ☞재깔거리다

지껄-이다 자 지껄거리다 ☞재깔이다

지껄-지껄 부 지껄거리는 소리, 또는 그 모양을 나타내는 말. ☞재깔재깔

지끈 부 굵직하고 단단한 물건이 급자기 세게 부러지는 소리, 또는 그 모양을 나타내는 말. ¶굵은 나뭇가지가 — 부러지다./나무 막대기를 — 분지르다. ☞자끈

지끈-거리다(대다)[1] 자 자꾸 지끈 소리를 내다. ☞자끈거리다[1]

지끈-거리다(대다)[2] 자 머리 따위가 지끈지끈 쑤시다. ☞자끈거리다[2]

지끈-둥 부 굵직하고 단단한 물건이 급자기 세게 부러져 도막이 나는 모양을 나타내는 말. ☞자끈동

지끈-지끈[1] 부 자꾸 지끈 하는 소리, 또는 그 모양을 나타내는 말. ☞자끈자끈[1]

지끈-지끈[2] 부 머리 따위가 쿡쿡 쑤시듯이 아픈 모양을 나타내는 말. ☞자끈자끈[2]

지끔-거리다(대다)자 음식에 섞인 모래 따위가 세게 자꾸 씹히다. ☞자끔거리다. 지금거리다

지끔-지끔 부 지끔거리는 모양을 나타내는 말. ☞자끔자끔. 지금지금

지나-가다[1] 자 ①어떤 곳에 들르거나 머무르지 않고 바로 가다. ¶그냥 지나가 버린 택시./모두들 보고도 못 본척 그냥 —. ②어떤 때가 넘어가 버리거나 끝나다. ¶돈을 갚기로 한 날짜가 이미 지나갔다./가을도 다 지나가고 이제 겨울이다. ③시간이 흘러가다. ¶시집온 지 십여 년이 지나갔다./지나간 세월을 아쉬워하다. ④어떤 일이나 현상 따위가 생기거나 나타났다가 사라지다. ¶혹시나 하는 생각이 머리로 지나갔다./문득 불안한 예감이 스치고 지나갔다. ⑤[주로 '지나가는'의 꼴로 쓰이어] 어떤 말을 따로 내세우지 않고 무심히 하다. ¶보다못해 지나가는 말처럼 한마디했다./지나가는 말로 속내를 슬쩍 내비치다.

지나-가다[2] 타 ①어떤 곳을 거치어 가다. ¶역에서 집까지 가려면 학교를 지나가야 한다. ②어떤 곳을 지나쳐서 가다. ¶깜빡 졸다 한 정거장을 지나가 버렸다.

지나다[1] 자 ①어떤 때가 넘거나 끝나다. ¶제출 기한이 —./모내기 철이 —. ②일정한 시간이 흘러 과거가 되다. ¶정신없이 일 년이 지났다. ③['—에 지나지'의 꼴로 '아니하다'·'못하다'와 함께 쓰이어] '바로 그것밖에는 되지 아니함.', '그 이상은 못 됨.'의 뜻을 나타내는 말. ¶바쁘다는 것은 핑계에 지나지 않는다./실력이 중간 정도에 지나지 못하다.

지나다[2] 타 ①어떤 곳을 거치어 가거나 오거나 하다. ¶정문을 지나고 있다./지나는 길에 들르다. ②어떤 일 따위를 무심히 넘겨 보내다. ¶처음에는 그 말을 예사로이 지나 버렸다./오늘 일을 그냥 지나 버릴 수는 없다.

속담 지나는 불에 밥 익히기 : 우연한 기회를 자기 일에 유리하게 이용함을 비유하여 이르는 말.

지나-다니다 타 지나서 가거나 오거나 하다. ¶사람들이 많이 지나다니는 길.

지나-새나 부 해가 지나 날이 새나. 밤낮없이. 언제나 ¶— 자식 걱정으로 마음 편할 날이 없다. 유자나깨나

지나-오다 타 ①어떤 곳을 거치어 오다. ¶공터를 —./꽃가게를 지나온 그 여자를 보았다. ②어떤 곳을 지나쳐서 오다. ¶휴게소를 지나왔다. ③어떤 곳에 들르거나 머무르지 않고 바로 오다. ¶잠깐이라도 보고 올걸 그냥 지나왔다. ④무슨 일을 겪어 오다. ¶지나온 세월./격동기를 지나오면서 개인적으로도 많은 변화가 있었다.

지나치다[1] 자타 ①어떤 일 따위를 그냥 넘겨 버리다. ¶일에 관해서라면 사소한 것도 지나치는 법이 없다. ②어떤 곳을 지나서 가거나 오거나 하다. ¶언제든지 이 앞을 지나치거든 찾아와라.

지나치다[2] 형 알맞은 정도를 넘어 좀 심하다. ¶지나친 농담./신경이 지나치게 쓰이다./말이 —.

한자 지나칠 과(過) [辵部 9획] ¶과대(過大)/과밀(過密)/과소비(過消費)/과속(過速)/과중(過重)

지난 관 바로 앞에 지나간. ¶— 월요일. ☞지지난

지난(至難)어기 '지난(至難)하다'의 어기(語基).

지난-가을 명 지난해의 가을. 객추(客秋). 거추(去秋). 작추(昨秋)

지난-겨울 명 지난해의 겨울. 객동(客冬). 거동(去冬). 작동(昨冬)

지난-날 명 ①이미 지나간 날. 거일(去日). 왕일(往日) ¶—의 생활 풍습./—에 있었던 일. ②지난 일, 또는 지나간 날의 생활. ¶행복했던 —을 그리워하다./이제 —은 다 잊고 열심히 살아라.

지난-달 명 이 달의 바로 앞의 달. 객월(客月). 거월(去月). 작월(昨月). 전달. 전월(前月)

지난-밤 명 날이 새기 전까지의 밤. 간밤. 거야(去夜). 전야(前夜) ¶—에는 푹 잤다.

지난-번(一番)명 지나간 차례나 때. 거반(去般). 거번(去番). 과반(過般). 먼젓번. 전번(前番) ¶— 경기에서는 우리가 우승했다./—에 결정한 대로 처리해라.

지난-봄 명 지난해의 봄. 객춘(客春). 거춘(去春). 작춘(昨春)

지난-여름[-녀-] 명 지난해의 여름. 객하(客夏). 거하(去夏). 작하(昨夏)

지난-하다(至難—)형여 더할 수 없이 어렵다. ¶지난한 형국에서 벗어나다.

지난-해 명 올해의 바로 앞의 해. 객년(客年). 객세(客歲). 거년(去年). 거세(去歲). 과년(過年). 구년(舊年). 상년(上年). 석년(昔年). 안해. 작년(昨年). 전년(前年). 전해

지날-결[-껼] 명 지나는 길, 또는 그 겨를. 과차(過次) ¶—에 얼굴이라도 보려고 들렀다./—에 본듯 하다.

지남(指南)명-하다타 ①남쪽을 가리킴. ②이끌어 가르침.

지남-석(指南石)명 자석(磁石)

지남-철(指南鐵)명 ①자석(磁石) ②자침(磁針)

지남-침(指南針)명 자침(磁針)

지낭(智囊)명 지혜의 주머니라는 뜻으로, 지혜가 많은 사람을 비유하여 이르는 말.

지:내다[1] 자 ①살아가다. 생활하다 ¶한가하게 —./그럭저럭 지내고 있다./비좁긴 해도 둘이 지낼 만큼은 된다. ②서로 어떤 관계를 가지며 살아가다. ¶서로 소 닭 보듯 하며 —./무척 가깝게 지내던 사이.

지:내다[2] 타 ①어떤 직책을 맡아 일하다. ¶초대 회장을 —. ②형식을 갖추어 큰일 따위를 벌이다. ¶제사를 —./장사를 —. ③어떤 시간이나 세월을 보내어 넘기다. ¶두 사람은 평생을 함께 지냈다.

ㅈ

한자 지낼 력(歷) 〔止部 12획〕 ¶경력(經歷)/내력(來歷)/병력(病歷)/이력(履歷) ▷ 속자는 歴

지:내-듣다(-듣고·-들어) 타ㄷ 주의하여 잘 듣지 아니하고 예사로 듣다. ¶내 말을 지내듣지 말게.

지-내력(地耐力) 명 지반(地盤)이 구조물의 압력을 견디어 내는 힘.

지:내-보다 타 ①서로 사귀어 겪어 보다. ¶지내보니 마음에 드는 사람이다. ②어떤 일을 겪어 보다. ¶막상 지내보니 힘든 일은 아니었다. ③주의하여 자세히 보지 아니하고 예사로 보다. ¶그냥 지내본 얼굴이라 생각해 낼 수가 없다.

지네 명 지넷과의 절지동물을 통틀어 이르는 말. 몸은 가늘고 길며 여러 개의 체절로 이루어져 있는데, 각 체절마다 한 쌍의 발이 있음. 머리에는 한 쌍의 더듬이와 독샘을 가진 턱이 있음. 돌 밑이나 썩은 나무의 아래에 살며, 작은 곤충을 잡아먹음. 한방에서 중풍·관절염 등에 약재로 쓰임. 오공(蜈蚣). 토충(土蟲)

속담 **지네 발에 신 신긴다** : 발이 많은 지네의 발에 신을 신기려면 힘이 드는 것처럼, 자식을 많이 둔 사람이 모두 돌보려고 애를 씀을 비유하여 이르는 말.

지네-철(-鐵) 명 재래식 한옥에서, 박공의 두 쪽을 마주 대는 이음매에 걸쳐 박는 장식물. 주로 쇠붙이로 만들며 모양이 지네와 비슷함. 오공철(蜈蚣鐵)

지-노(紙-) 명 종이로 꼰 노끈. 연지(撚紙). 지승(紙繩)

지노귀(-鬼) 명 '지노귀새남'의 준말.

지노귀-굿(-鬼-) 명 경기 지역과 황해도 등지에서 하는, 죽은 사람의 명복을 빌고 그 넋이 극락으로 가도록 베푸는 굿. ☞씻김굿

지노귀-새:남(-鬼-) 명 죽은 사람의 명복을 빌고 그 넋이 극락으로 가도록 베푸는 굿. 지노귀굿보다 규모가 크며, 사십구일재와 같이 하기도 함. 준 새남. 지노귀

지느러미 명 물에 사는 척추동물의 운동 기관. 주로 어류(魚類)에서 볼 수 있는 납작한 막(膜) 모양의 기관으로, 몸의 균형을 유지하거나 헤엄을 치는 데 쓰임. 가슴지느러미·꼬리지느러미·뒷지느러미·등지느러미·배지느러미 따위. 분수(奔水)

지느러미-엉겅퀴 명 국화과의 두해살이풀. 줄기 높이는 1m 안팎. 줄기에는 지느러미 같은 것이 나 있음. 잎은 어긋맞게 나며 잎과 줄기에 가시털이 많음. 5~10월에 자줏빛 꽃이 두상(頭狀) 꽃차례로 피며, 11월경에 열매가 익음. 우리 나라 각처의 산과 들에 자라며, 어린잎과 연한 줄기는 먹을 수 있음. 온 포기와 뿌리는 한방에서 관절염·종기 등에 약재로 씀. 엉거시

지능(知能) 명 사물을 판단하고 처리하는, 지적(知的) 기능의 바탕이 되는 능력. ¶-이 높다.

지능=검:사(知能檢查) 명 지능의 수준이나 발달 정도를 측정하는 검사. ☞지능 지수(知能指數)

지능=로봇(知能robot) 명 시각·청각·촉각 등의 감각 기능으로 알아낸 정보를 인식하며 상당한 판단 기능을 가지고 행동하는 로봇.

지능-범(知能犯) 명 위조·사기·횡령 따위의 지능적 수단을 써서 하는 범죄, 또는 그 범인. ☞강력범(強力犯)

지능=연령(知能年齡) 명 정신 연령(精神年齡)

지능-적(知能的) 명 지능에 관련되는 것, 또는 지적 활동에 따른 것. ¶-으로 저지른 범행.

지능=지수(知能指數) 명 지능의 발달 정도를 나타내는 수치. 정신 연령을 생활 연령으로 나눈 다음 100을 곱하여 계산함. 아이큐(IQ) ☞감성 지수. 교육 지수

지니다 타 ①물건 따위를 몸에 간직하여 가지다. ¶큰돈을 -./몸에 지닌 것. ②어떤 일이나 생각 따위를 기억하여 잊지 아니하다. ¶말 못할 사연을 지닌듯 하다./행복했던 추억을 지니고 살다. ③어떤 성질이나 현상 등을 바탕으로 갖추고 있다. ¶기품을 지닌 태도./고운 마음씨를 지닌 아이./그는 묘한 매력을 지녔다. ④본디의 모양을 그대로 간직하다. ¶옛 모습을 지닌 한옥 마을.

한자 지닐 휴(携) 〔手部 10획〕 ¶필휴(必携)/휴대(携帶)

지닐-성(-性)[-썽] 명 아는 것이나 가진 것을 오래 지니는 성질.

지닐-재주[-째-] 명 한 번 보거나 들은 것을 잊지 않고 오래 지니는 재주. ☞윌재주

지닐-총(-聰) 명 한 번 보거나 들은 것을 잊지 않고 오래 지니는 총기. ☞윌총

지다[1] 자 ①꽃이나 잎 따위가 시들거나 마르거나 하여 떨어지다. ¶벚꽃이 -./잎이 -. ②해나 달이나 별이 서쪽으로 넘어가 보이지 않게 되다. ¶별이 -./해가 지는 들녘. ☞기울다[1]. 돋다[1]. 뜨다[1] ③배고 있던 아이가 태내(胎內)에서 죽다. ¶아이가 -. ☞떨어지다 ④묻거나 배거나 한 것이 닦이거나 씻기어 없어지다. ¶때가 말끔히 -./옷에 묻은 먹물이 -. ⑤숨이 끊기다. 씨가 끊기다. ¶숨이 -./씨가 -.

지다[2] 자 ①어떤 현상이나 상태가 나타나거나 이루어지다. ¶그늘이 -./장마가 -./얼룩이 -./비탈이 -./허기가 -. ②젖이 불어서 저절로 나오다. ¶젖이 지는 것을 보니 젖 먹일 시간이 되었나 보다. ③어떤 좋지 않은 관계가 이루어지다. ¶척이 -./서로 원수가 -.

조동 〔관용적으로 본용언에 붙여 써서〕 '동작이나 상태로 이루어지다'의 뜻을 나타냄. ¶나누어지다/풀어지다/예뻐지다

지다[3] 자 ①힘이나 재주 따위를 겨루어 상대편을 이기지 못하고 뒤떨어지거나 꺾이다. ¶경기에 -./내기에 -. ☞이기다[1] ②마지못해 자기의 생각이나 주장 따위를 굽히다. ¶끈질긴 설득에 결국 졌다.

속담 **지는 것이 이기는 것** : 쓸데없이 싸워 서로 마음에 상처를 입느니보다는 지는체 물러서는 것이 여유도 있어 보이고 도덕적으로도 이긴 것과 같다는 뜻.

지다[4] 타 ①물건을 등에 얹다. ¶등에 짐을 -. ②무엇을 뒤쪽에 두다. ¶해를 지고 앉다./바람을 지고 달리다. ③신세나 은혜를 입다. ¶하룻밤 신세를 -. ④책임이나 의무를 맡다. ¶담당자가 모든 책임을 지기로 했다. ⑤빚을 갚아야 할 의무가 있다. ¶빚을 졌으면 갚아야지.

속담 **지나 업으나** : 이러나저러나 마찬가지라는 말. 〔가로 지나 세로 지나/외로 지나 바로 지나〕

지:다위 명 -하다 타 ①남에게 등을 대어 기대거나 떼를 쓰는 짓. ②제 허물을 남에게 덮어씌우는 짓.

지단(肢端) 명 손발의 맨 끝.

지단(∠鷄蛋 중) 명 달걀을 풀어서 얇게 부친 반대기. 채로 썰거나 하여 고명으로 씀. 알반대기

지단=비:대증(肢端肥大症)[-쯩] 명 말단 거대증(末端巨大症)

지:-단:조(G短調)[-쪼] 명 사단조

지단-채(∠鷄蛋-) 명 달걀을 얇게 부쳐 돌돌 말아서 가늘게 채 썬 것. 고명으로 씀. ☞알고명

지당(池塘) 명 ①못[1] ②못의 둑.

지당(至當) 어기 '지당(至當)하다'의 어기(語基).

지당-하다(至當-) 형여 사리에 꼭 맞다. 매우 마땅하다. ¶지당한 말./지당한 일.

지당-히 부 지당하게

지대 명 종이 행장(行裝)을 넣어 가지고 다니는 자루.

지대(支隊) 명 본대에서 갈라져 나가 독립적인 행동을 하는 작은 부대.

지대(地大) 명 불교에서, 사대종(四大種)의 하나인 '땅'을 이르는 말. 단단하고 굳음을 본질로 하고 만물을 실어 보전하는 작용을 함. ☞풍대(風大)

지대(地代) 명 지료(地料)

지대(地帶) 명 자연적 또는 인위적으로 한정된 일정한 구역. ¶공업 -/안전 -/평야 -

지대(址臺) 명 건물이나 구조물 밑의 지면에 터를 잡고 돌 등으로 쌓은 부분.

지대(至大) 어기 '지대(至大)하다'의 어기(語基).

지대공(地對空) 앞말 지상에서 공중에 있는 목표물을 상대로 함을 뜻하는 말. ☞지대지(地對地)

지대공=미사일(地對空missile) 명 지상(地上)이나 함상

(艦上)에서 항공기 따위의 공중 목표물을 공격하는 미사일. ☞지대지 미사일
지대-방(-房)명 절의 큰방 머리에 있는 작은방. 이부자리, 옷, 행탁 따위를 둠.
지대-석(址臺石)명 지댓돌
지대지(地對地)앞말 지상에서 지상에 있는 목표물을 상대로 함을 뜻하는 말. ☞지대공(地對空)
지대지=미사일(地對地missile)명 지상(地上)이나 함상(艦上)에서 지상이나 해상(海上)의 목표물을 공격하는 미사일. ☞공대공 미사일
지대-하다(至大-)형여 더없이 크다. ¶너에 대한 관심이 -./경제에 지대한 영향을 미치다. ☞지소하다
지댓-돌(址臺-)명 지대로 쓰인 돌. 지대석(址臺石)
지-더리다 형 성품이나 행실이 야비하고 더럽다.
지덕(至德)명 지극히 높은 덕, 또는 그런 덕을 갖춘 사람.
지덕(地德)명 ①대지가 만물을 생산하고 자라게 한다는 데서, 땅의 혜택을 이르는 말. ②운이 틔고 복이 들어오게 한다는 집터의 기운.
지덕(이) 사납다 관용 땅이 걸어 다니기에 험하다.
지덕(知德)명 지식과 도덕. ¶-을 갖춘 학자.
지덕(智德)명 ①불교에서 이르는, 삼덕(三德)의 하나. 석가모니가 평등한 지혜로 일체 만법을 비추는 덕. ☞단덕(斷德). 은덕(恩德) ②윤리 신학에서 이르는, 사추덕(四樞德)의 하나. 어떤 행위의 옳고 그름을 올바르게 판단하는 덕행. ☞의덕(義德)
지덕체(智德體)명 지육(智育)·덕육(德育)·체육(體育)을 아울러 이르는 말.
지덕=합일설(知德合一說)[-썰]명 부덕(不德)은 무지(無知)로부터 생기므로 참된 지식은 반드시 도덕과 합치된다는 학설.
지도(至道)명 지극한 도리.
지도(地道)명 땅 속에 뚫어 놓은 길. 갱도(坑道)
지도(地圖)명 지구 표면의 일부나 전부의 상태를 일정한 축척(縮尺)에 따라 평면 위에 나타낸 그림.
지도(指導)명-하다타 가르치어 이끎. ¶교통 안전 -/중학교에서 국어를 -하고 있다./문제 아동을 -하다.
지도-급(指導級)[-끕]명 남을 지도할만 한 수준이나 계급. ¶- 인사/-에 있는 사람.
지도-력(指導力)명 남을 지도할 수 있는 능력.
지도리 명 돌쩌귀나 문장부 따위를 통틀어 이르는 말.
지도-립(紙塗笠)명 지난날, 국상(國喪) 때, 흰 갓이 마련되지 아니하여 갓의 겉면에 흰 종이를 발라 임시로 쓰는 갓을 이르던 말.
지도-서(指導書)명 지도하는 데 도움이 되도록 만든 책. ¶교사용 - ☞참고서(參考書)
지도-자(指導者)명 남을 가르쳐 이끄는 사람.
지도-첩(地圖帖)명 책으로 만든 지도, 또는 여러 장의 지도를 묶어서 만든 책.
지도-층(指導層)명 남을 지도할만 한 자리에 있는 계층.
지도=투영법(地圖投影法)[-뻡]명 지구 표면의 각 지점의 위치를 지도로써 평면 위에 펼치어 그리는 방법. 정거 도법, 정적 도법, 정각 도법, 방위 도법, 원뿔 도법, 원통 도법 따위.
지도=표지(指導標識)명 도로 표지의 한 가지. 차량의 속도 제한과 해제, 중량과 높이의 제한, 일방 통행, 굴절 방향 등을 나타냄.
지-독(紙-)명 종이를 삶아 짓찧어서 만든 독. ☞채독
지독(至毒)어기 '지독(至毒)하다'의 어기(語基).
지독-스럽다(至毒-)(-스럽고·-스러워)형ㅂ 지독한 데가 있다. ¶돈에 대한 집착이 -./감기가 -.
지독-스레부 지독스럽게 ¶쓰레기 냄새가 - 난다.
지독지애(舐犢之愛)성구 지독지정(舐犢之情)
지독지정(舐犢之情)성구 어미 소가 송아지를 핥아 주는 정이라는 뜻으로, 자식에 대한 어버이의 지극한 사랑을 비유하여 이르는 말. 지독지애(舐犢之愛)
지독-하다(至毒-)형여 ①마음이 매우 야무지고 모질다. ¶성미가 -. ②더할 나위 없이 심하다. ¶악취가 -./지독하게 맵다./그렇게 지독한 말을 하다니.
지독-히부 지독하게 ¶- 앓다./- 덥다.
지-돌이 명 좁고 험한 산길에서 바위 따위에 등을 대고서야 겨우 돌아갈 수 있도록 된 곳. ☞안돌이
지동(地動)명 ①지진(地震) 변지둥 ☞지명(地鳴). 천동(天動) ②지구가 돌아 움직이는 일, 곧 지구의 자전(自轉)과 공전(公轉)을 이르는 말.
지동-설(地動說)명 지구는 행성(行星)의 하나로, 자전(自轉)하면서 태양의 둘레를 공전(公轉)한다는 학설. ☞천동설(天動說)
지동-의(地動儀)명 고대 중국에서 쓰던 지진계(地震計).
지동지서(之東之西)성구 동쪽으로도 가고 서쪽으로도 간다는 뜻으로, 주견이 없이 갈팡질팡 함을 이르는 말.
지동지서(指東指西)성구 동쪽을 가리키기도 하고 서쪽을 가리키기도 한다는 뜻으로, 근본은 제쳐놓고 엉뚱한 것을 가지고 이러쿵저러쿵 함을 이르는 말.
지두(池頭)명 못 가.
지두(枝頭)명 나뭇가지의 끝.
지두(指頭)명 손가락의 끝.
지두-문(指頭紋)명 도자기에 잿물을 입힌 뒤 그 위에 손가락 끝으로 그린 무늬.
지두-서(指頭書)명 손가락 끝으로 쓴 글씨. ☞염지서
지두-화(指頭畫)명 손가락 끝으로 그린 그림.
지둔(至鈍)어기 '지둔(至鈍)하다'의 어기(語基).
지둔(遲鈍)어기 '지둔(遲鈍)하다'의 어기(語基).
지둔-하다(至鈍-)형여 매우 둔하다.
지둔-하다(遲鈍-)형여 굼뜨고 미련하다.
지둥(∠地動)명 '지동(地動)'의 변한말. ¶천둥인지 -인지 모르겠다. ☞천둥
지드럭-거리다(대다)자 남에게 끈적끈적 자꾸 귀찮게 굴다. ☞자드락거리다. 찌드럭거리다
지드럭-지드럭부 지드럭거리는 모양을 나타내는 말. ☞자드락자드락. 찌드럭찌드럭
지등(紙燈)명 종이로 겉을 씌워 만든 등. ☞사등(紗燈)
지-등롱(紙燈籠)명 종이로 겉을 씌워 만든 등롱. 준지롱
지:디:피:(GDP)명 국내 총생산(國內總生産) [Gross Domestic Product]
지딱-거리다(대다)타 자꾸 지딱지딱 하다.
지딱-이다 타 함부로 들부수어 못 쓰게 만들다.
지딱-지딱부 ①서둘러 대충 설거지를 하는 모양을 나타내는 말. ②함부로 자꾸 들부수어 못 쓰게 만드는 모양을 나타내는 말.
지라 명 비장(脾臟)
지락(至樂)명 더없이 큰 즐거움.
지란(芝蘭)명 ①지초(芝草)와 난초(蘭草). ②다른 사람의 똑똑한 아들을 비유하여 이르는 말.
지란지교(芝蘭之交)성구 향기로운 풀인 지초(芝草)와 난초(蘭草)의 사귐이라는 뜻으로, 벗 사이의 맑고도 고귀한 사귐을 비유하여 이르는 말.
지랄 명 ①-하다자 법석을 떨거나 분별없이 함부로 하는 행동을 욕으로 이르는 말. ☞재랄 ②지랄병
지랄-버릇 명 말짱하다가 갑자기 변덕스럽게 구는 버릇.
지랄-병(-病)[-뼝]명 '간질(癎疾)'의 속된말. 지랄
지랄-쟁이 명 ①간질에 걸린 사람을 이르는 말. ②지랄버릇이 있는 사람을 얕잡아 이르는 말. ③법석을 떨거나 분별없이 함부로 행동하는 사람을 욕으로 이르는 말.
지랭(至冷)어기 '지랭(至冷)하다'의 어기(語基).
지랭-하다(至冷-)형여 몹시 차다.
지략(智略)명 슬기와 꾀. 슬기로운 계략. 지모(智謀)
지략(誌略)명 간단히 적은 기록.
지러-지다 자 잘 자라지 못하고 시들시들 약해지다.
지런-지런부-하다형 ①큰 그릇 따위에 가득 찬 액체가 가장자리에 찰듯 말듯 한 모양을 나타내는 말. ¶옹달샘에 - 고인 샘물. ②긴 물체의 한 끝이 다른 물체에 닿을 듯 말듯 한 모양을 나타내는 말. ¶머리에 드린 댕기가 - 땅에 닿다. ☞자란자란. 치런치런
지:렁이 명 빈모강(貧毛綱)의 환형동물을 통틀어 이르는

말. 몸은 가늘고 긴 원통형으로, 여러 개의 마디로 이루어져 있음. 몸길이가 작은 종류는 2~5mm, 큰 종류는 2~3m임. 암수한몸이며, 흙이나 부식토를 먹어 그 속의 유기물을 양분으로 섭취함. 한방에서 약재로 쓰이며, 낚싯밥으로도 쓰임. 구인(蚯蚓). 지룡(地龍). 토룡(土龍) 속담 **지렁이 갈빗대**: ①전혀 터무니없는 것을 비유하여 이르는 말. ②아주 부드럽고 말랑말랑한 것을 비유하여 이르는 말. /**지렁이도 밟으면 꿈틀 한다**: 아무리 보잘것없고 약한 사람이라도 너무 업신여기면 성을 내게 마련이라는 뜻. 〔참새가 죽어도 짹 한다〕

지:렁쿠-나무 명 인동과의 낙엽 관목. 높이 5~6m. 잎은 마주 나며 길둥글고, 양끝이 뾰족함. 5월경에 연노랑이나 연초록 꽃이 원추(圓錐) 꽃차례로 피고, 7~9월에 붉고 둥근 열매가 익음. 산기슭이나 골짜기에 자라며, 어린잎은 먹을 수 있고 가지는 한방에서 약재로 쓰임.

지레[1] 명 무거운 물건을 쳐들어 움직이는 데 쓰는 막대기. 공간(槓杆). 지렛대

지레[2] 부 어떤 일이 채 일어나기 전이나 어떤 기회나 시기가 무르익기 전에 미리. ¶발자국 소리에 ― 놀라다./― 겁을 먹다.

지레-김치 명 김장 전에 미리 조금 담가 먹는 김치.

지레-뜸 명 -하다 타 뜸이 들기 전에 밥을 푸는 일, 또는 뜸이 들기 전에 푼 밥.

지레-목 명 산줄기가 끊어진 곳. 산잘림

지레-장(―醬) 명 겨울철에 동치미 국물이나 끓여 식힌 소금물에 메줏가루를 버무려 단지에 담아 따뜻한 곳에서 익힌 장. 미리 담가 먹는 장이라고 하여 붙은 이름임.

지레-질 명 -하다 타 지레로 물건을 움직여 옮기는 짓.

지레-짐작 명 -하다 타 미리 넘겨짚거나 어림잡아 헤아리는 일. ¶―으로 겁부터 먹다./승패를 ―하다.
속담 **지레짐작 매꾸러기**: 쓸데없는 데까지 너무 지나치게 미리 짐작하다가는 낭패를 보기 쉽다는 말.

지레-채:다 타 지레짐작으로 알아채다.

지렛-대 명 지레[1]

지렛-목 명 지레를 괴는 고정된 점. 받침점. 지점(支點)

지려(志慮) 명 생각

지려(智慮) 명 슬기로운 생각.

지력(地力) 명 식물을 자라게 하는 땅의 힘. 땅심. 토력(土力) ¶―을 돋우다.

지력(地歷) 명 지리(地理)와 역사(歷史).

지력(知力) 명 지식의 힘.

지력(智力) 명 사리에 맞게 판단하고 일을 잘 처리해 나가는 능력.

지력-선(指力線) 명 역선(力線)

지력=체감(地力遞減) 명 해마다 거름을 주지 않고 같은 땅에 작물을 재배할 때, 그 땅의 양분이 점점 작물에 흡수되어 지력이 약해지는 일.

지령(地靈) 명 땅의 신령스러운 기운.

지령(指令) 명 -하다 타 ①하급 관청의 신청이나 문의에 따라 상급 관청이 명령을 내리는 일, 또는 그 명령. ☞훈령(訓令) ②단체 따위의 상부에서 하부나 구성원에게 그 활동 방침에 관한 명령을 내리는 일, 또는 그 명령. ¶상부의 ―에 따르다.

지령(紙齡) 명 〔신문의 나이라는 뜻으로〕 그 신문이 발행된 횟수를 이르는 말.

지령(誌齡) 명 〔잡지의 나이라는 뜻으로〕 그 잡지가 발행된 횟수를 이르는 말.

지령(至靈) 어기 '지령(至靈)하다'의 어기(語基).

지령-하다(至靈―) 형여 더할 나위 없이 신묘하다.

지로(支路) 명 큰길에서 갈린 작은 길.

지로(giro) 명 은행 등에서, 돈을 보내는 사람의 부탁을 받아 돈을 받을 일정한 번호의 개인이나 단체의 예금 계좌에 돈을 넣어 주는 방법. ¶― 용지/― 제도

지록위마(指鹿爲馬) 성구 중국 진(秦)나라의 조고(趙高)가 자기의 권세를 시험하기 위하여 짐짓 사슴을 말이라고 속이어 황제에게 바쳤다는 고사에서, 윗사람을 농락하여 제멋대로 권세를 휘두름을, 또는 남을 위압(威壓)하여 그릇된 것을 우김을 비유하여 이르는 말.

지론(至論) 명 지극히 당연한 언론.

지론(持論) 명 늘 주장하여 온 의견이나 이론. 지설(持說)

지롱(紙籠) 명 '지등롱(紙燈籠)'의 준말.

지뢰(地雷) 명 땅에 묻어 두어서 사람이 밟거나 차량 등이 그 위를 지나면 폭발하도록 만든 무기. ☞수뢰

지뢰(地籟) 명 땅이 울려서 나는 갖가지 소리. ☞만뢰(萬籟). 천뢰(天籟)

지뢰-밭(地雷―) 명 지뢰가 여기저기 많이 묻힌 지역.

지료(地料) 명 지상권자(地上權者)가 토지 사용의 대가로 토지 소유자에게 주는 돈이나 그 외의 물건. 지대(地代)

지료(紙料) 명 종이를 만드는 원료. 펄프나 닥나무 따위.

지룡(地龍) 명 '지렁이'의 딴이름.

지룡-자(地龍子) 명 '지렁이'의 딴이름.

지루(地壘) 명 양쪽이 평행한 단층애(斷層崖)로 경계지어져, 주변보다 높아진 지괴(地塊). ☞지구(地溝)

지루(脂漏) 명 피지선(皮脂腺)에서 나오는 분비물의 과잉 상태를 이르는 말. 여드름 따위의 유성(油性) 지루와 버짐 따위의 건성(乾性) 지루가 있음. 피지루(皮脂漏)

지루=산맥(地壘山脈) 명 단층 운동으로 말미암아 생긴 좁고 긴 산맥.

지루-하다 형여 시간이 오래 걸리거나 같은 상태가 오래 계속되어 싫증이 나고 따분하다. ¶기다리기가 ―./지루한 나날이 계속되다.

지류(支流) 명 ①강이나 내의 원줄기로 흘러 들어가거나 원줄기에서 갈라져 나온 물줄기. ¶한강의 ―. 유 분류(分流) ☞본류(本流) ②분파(分派)

지류(脂瘤) 명 기름혹

지류(紙類) 명 종이의 종류를 통틀어 이르는 말. ☞지물

지류(遲留) 명 -하다 자 오래 머묾.

지르다[1] (지르고·질러) 타르 ①팔다리나 막대기 따위를 힘껏 내뻗어 어떤 것을 치거나 그 속에 꽂아 넣다. ¶주먹으로 옆구리를 ―./골문을 향해 공을 ―. ☞찌르다 ②양쪽 사이를 가로 건너 막거나 걸치거나 꽂다. ¶머리에 비녀를 ―./대문에 빗장을 ―./팔짱을 ―. ③불을 붙여 크게 일어나게 하다. ¶숲에 불을 질러 화전을 일구다. ☞놓다 ④분한 마음이나 정열 따위가 일어나게 하다. ¶남의 부아를 ―. ⑤냄새가 갑자기 후각을 자극하다. ¶지린내가 코를 ―./코를 지르는 꽃 향기. ☞찌르다 ⑥노름이나 내기에서, 돈이나 물건을 걸다. ¶판돈을 ―. ☞태우다[3] ⑦술이나 약 따위에 다른 약을 타다. ¶술에 수면제를 ―. ⑧짙은 빛으로 옅은 빛의 옆을 칠하여 옅은 빛이 더 두드러지게 하다.

지르다[2] (지르고·질러) 타르 ①돌지 않고 가까운 길로 가거나 오다. ¶들판을 질러 강으로 가다./여기까지 질러 오는 길이 있다. ②곁순 따위를 자르다. ¶순을 ―./곁가지부터 ―. ③힘찬 기운을 꺾다. ¶예기(銳氣)를 ―. ④말이나 행동 따위를 미리 잘라서 막다. ¶눈치를 채고 말을 ―.

지르다[3] (지르고·질러) 타르 목청을 높이어 소리를 크게 내다. ¶고함을 ―./비명을 ―./탄성을 ―.

×**지르-디디다** 타 →제겨디디다

지르르 부 -하다 형 ①뼈마디 따위가 좀 저릿한 느낌을 나타내는 말. ¶― 전기가 오다. ②물체의 거죽에 기름기나 윤기가 많이 흘러서 번지르르한 모양을 나타내는 말. ¶머리에 기름기가 ― 흐르다. ☞자르르. 찌르르

지르박(∠jitterbug) 명 사교춤의 한 가지. 4분의 4박자의 빠르기에 맞추어 자유롭고 즉흥적으로 발을 움직이며 추는 경쾌한 춤. 지터버그

지르-밟다[―밥―] 타 내리눌러 밟다.

지르-신다[―따] 타 신이나 버선 따위를, 뒤축을 눌러 밟아 신다. ¶운동화를 지르신고 뛰어나오다.

지르-잡다 타 옷 따위에 더러운 것이 묻었을 때, 그 부분만을 걷어쥐고 빨다. ¶소매 끝 부분을 지르잡아 널다.

지르코늄(zirconium) 명 티탄족에 딸린 전이 원소의 하나. 은회색의 고체 금속이며 무정형(無定形)의 것은 흑색 분말로, 공기 중에서 발화하기 쉬움. 그 합금은 원자

로의 재료와 화학 장치 등에 쓰임. 〔원소 기호 Zr/원자 번호 40/원자량 91.22〕

지르콘(zircon)명 지르코늄의 규산염 광물. 정방정계(正方晶系)에 딸리며 무색·백색·회색·황색 등을 띰. 다이아몬드 광택이 있으며, 투명하고 아름다운 것은 보석으로 쓰임.

지르퉁-하다형여 잔뜩 성이 나서 못마땅한 빛을 얼굴에 나타내며 말없이 있다. ¶지르퉁한 표정으로 눈길을 돌리다. ☞부루퉁하다

지르퉁-히부 지르퉁하게 ¶－ 바라보다.

지름명 원이나 구(球) 따위의 중심을 지나 그 둘레 위의 두 점을 직선으로 이은 선분.

지름-길[－낄]명 ①질러서 가는 길, 또는 가깝고 빨리 가는 길. ¶숲 속으로 난 －. ②쉽고 빠른 방법이나 수단을 비유하여 이르는 말. ¶출세의 －. 첩경(捷徑). 첩로(捷路)

한자 **지름길 경**(徑) 〔彳部 7획〕 ¶첩경(捷徑)

지름-시조(－時調)명 창법(唱法)에 따라 가른 시조의 한 가지. 초장 첫머리를 높은 소리로 질러서 부르고, 중장과 종장은 평시조 곡조로 부름.

지릅-뜨기명 눈을 지릅뜨는 버릇이 있는 사람, 또는 그 눈.

지릅-뜨다(－뜨고·－떠)타 ①고개를 숙이고 눈을 치올려 뜨다. ¶두 눈을 －. ②눈을 크게 부릅뜨다. ¶눈을 지릅뜨고 노려보다.

지리(地利)명 ①땅의 형세에서 얻는 이로움이나 편리함. ¶－를 살리다. ②땅의 산물에서 얻는 이익. 산림·경작·목축 따위. ③땅에서 얻는 이익. 지대(地代) 따위.

지리(地理)명 ①어떤 곳의 지형(地形)이나 길 따위의 형편. ¶－에 밝다./강원도 지방의 －. ②지구상의 지형·기후·생물·인구·도시·교통·산업·정치 따위의 상태. ③'지리학'의 준말. ④'풍수지리'의 준말.

지리(智利)명 '칠레'의 한자 표기.

지리-구(地理區)명 지표(地表)를 지리적 특색에 따라 가른 구역.

지리다[1]타 똥이나 오줌을 참지 못하여 조금 싸다. ¶새 옷에 오줌을 －.

지리다[2]형 오줌과 같은 냄새나 맛이 있다.

지리멸렬(支離滅裂)성구 갈가리 흩어지고 찢기어 갈피를 잡을 수 없이 됨을 이르는 말.

지리산가(智^異山歌)명 백제 때의 가요. 지리산 아래 마을 구례(求禮)에 사는 한 여인의 굳은 지조를 읊은 내용으로, 가사는 전하지 않고 '고려사(高麗史)' 악지(樂志)에 설화 내용만 실려 전함.

지리-적(地理的)명 지리에 관한 것. 지리상의 문제에 관계되는 것. ¶－으로 가까운 나라./－ 환경.

지리=초석(智利硝石)명 칠레 초석

×**지리-하다**형여 →지루하다

지리-학(地理學)명 지구 표면에서 일어나는 여러 현상을 인간과 자연의 상호 작용을 통하여 지역적으로 연구하는 학문. 준지리(地理)

지린-내명 오줌에서 나는 것과 같은 냄새. ☞자릿내

지마(芝麻·脂麻)명 호마(胡麻)

-지마는어미 어간이나 '이다'의 '이-'에 붙어, 조건이나 예외, 설명 따위에 앞서 앞의 말을 인정함에 쓰이는 연결 어미. ¶관례이지마는 원칙은 아니다./올해는 가물었지마는 대풍(大豊)이었다./잘은 모르지마는 내용은 기대 이상의 것이다. ☞-지만

지마-유(芝麻油)명 참기름

지마-죽(芝麻粥)명 참깨죽

지만(遲晩)명-하다자 지난날, 죄인이 자복(自服)하면서 너무 오래 속여서 미안하다는 뜻으로 이르던 말. ¶－을 올리다.

지만(遲慢)어기 '지만(遲慢)하다'의 어기(語基).

-지만어미 '-지마는'의 준말. ¶죄는 밉지만 사람은 미워할 수 없다./시인이지만 그림도 잘 그린다.

지만-하다(遲慢－)형여 더디고 느릿하다. 지완하다

지망(志望)명-하다타 이렇게 되고 싶다, 또는 이렇게 하고 싶다고 뜻하여 바람, 또는 그 뜻. ¶법관을 －하다. 유지원(志願)

지망(蜘網)명 거미줄

지망-년(至亡年)명 운수가 사나워 아주 결딴나는 해.

지망-지망부-하다형 조심성이 없고 소홀한 모양을 나타내는 말. ¶어른 앞에 － 말대꾸를 하다.

지매명-하다자 그림의 여백에 엷은 연두·노랑·보라 따위를 칠하는 일.

지-매(紙－)명 소렴(小殮) 때, 시신에 수의를 입히고 그 위를 매는 길게 접은 흰 종이. ☞매[5]

지매(地莓)명 '뱀딸기'의 딴이름.

지맥(支脈)명 ①산맥 따위의 원줄기에서 갈려 나간 줄기. ¶태백 산맥에서 갈라진 －. ☞본맥(本脈) ②주맥(主脈)에서 좌우로 뻗어 나간 잎맥.

지맥(地脈)명 ①지층(地層)이 이어진 맥락(脈絡). 토맥(土脈) ②지하수가 흐르는 물길. ③풍수설에서, 땅 속의 정기(精氣)가 흐른다는 줄기. 맥(脈) ¶－이 끊기다.

지맥(遲脈)명 정상보다 느리게 뛰는 맥박. ☞속맥(速脈)

지며리부 ①차분하고 꾸준히. ¶무슨 일이고 － 하는 것이 없다. ②차분하고 탐탁히. ¶밥을 － 먹다.

지면(地面)명 땅의 표면. 땅바닥 ¶잡초들이 －을 덮다./－을 고르다.

지면(知面)명 ①-하다자 처음 만나서 서로 알게 됨. ②만나서 알만 한 얼굴, 또는 그런 사이. ¶－이 되다./－이 있는 사람.

지면(紙面)명 ①종이의 면. ¶－이 매끄럽다. ②신문의 기사 따위가 실리는 종이의 면. ¶－을 통해 합격자를 발표하다. ☞지상(紙上)

지면(誌面)명 잡지의 기사 따위가 실리는 종이의 면. ¶－을 채우다./많은 －을 차지하다. ☞지상(誌上)

지멸-있다[－읻－]형 꾸준하고 성실하다. 직심스럽고 참을성이 있다. ¶지멸있는 젊은이.

지명(地名)명 땅의 이름. 마을이나 지방·지역·산천 따위의 이름.

지명(地鳴)명 지진 등으로 지반이 흔들리어 울리는 일, 또는 울리는 그 소리. 땅울림

지명(知名)명 이름이 널리 알려져 있는 일. ¶－ 인사

지명(知命)명 ①-하다자 천명(天命)을 앎. ②나이 '쉰 살'을 이르는 말. 〔논어 위정편(爲政篇)의 '오십이지천명(五十而知天命)'에서 나온 말.〕

지명(指名)명-하다타 여러 사람 가운데서 누구의 이름을 지정하여 가리킴. ¶후보자를 －하다.

지명(指命)명-하다자타 지정하여 명령함.

지명=경:쟁=계:약(指名競爭契約)명 미리 계약의 상대가 될 사람을 몇몇 지정하고, 그 가운데서 가장 유리한 조건으로 계약에 응하는 자와 계약을 맺는 방법. ☞일반 경쟁 계약

지명-도(知名度)명 세상에 이름이 알려진 정도. ¶－가 높다./－가 있는 회사의 제품.

지명=수배(指名手配)명 피의자가 있는 곳을 몰라 단시일 내에 검거할 수 없을 때, 그 사람을 지명하여 수사 기관에 추적·체포·인도할 것을 의뢰하는 일. ¶－ 중인 용의자를 검거하다.

지명=입찰(指名入札)명 지명한 사람에게만 입찰을 허가하는 일, 또는 그 입찰.

지명-전(指名戰)명 선거 따위에서, 정당의 지명을 얻기 위한 경쟁.

지명=채:권(指名債權)[－꿘]명 채권자가 특정되어 있는 채권. 보통의 채권을 말함.

지명=타:자(指名打者)명 야구에서, 투수를 대신하여 타순(打順)에 넣은 타격 전문의 선수.

지명=투표(指名投票)명 우선 후보자를 결정하는 투표.

지모(地貌)명 땅 표면의 고저·기복·사면 따위의 상태.

지모(知母)명 지모과의 여러해살이풀. 줄기 높이 1m 안팎. 뿌리줄기는 굵고 옆으로 벋으며 끝에서 잎이 무더기로 남. 잎은 선 모양이고 끝이 실 모양임. 6~7월에 연한 자줏빛 꽃이 수상(穗狀) 꽃차례로 핌. 뿌리줄기는

한방에서 약재로 쓰임.

지모(智謀)명 슬기와 꾀. 슬기로운 계략. 지략(智略)

지모끼 명 재목의 면과 나란한 금을 긋고 짜개기도 하며 따내기도 하는 연장. 쐐기·나사 따위로 넓히거나 좁힐 수 있음.

지모-웅략(智謀雄略)명 슬기로운 계책과 웅대한 계략.

지목(地目)명 토지의 주된 사용 목적에 따라 토지의 종류를 구분하고 표시하는 명목. 전(田)·답(畓)·과수원·임야·도로·하천 따위.

지목(指目)명-하다타 ①사람이나 사물에 어떤 명목을 붙이어 가리켜 정함. ¶그를 모임의 대표자로 -하다. ②특별히 관심을 가지고 살펴볼 대상으로 삼음. ¶그를 용의자로 -하다.

지목=변:경(地目變更)명 토지의 사용 목적이 바뀜에 따라 그 지목을 바꾸는 일.

지묘(至妙)어기 '지묘(至妙)하다'의 어기(語基).

지묘-하다(至妙-)형여 더할 나위 없이 묘하다. ¶지묘한 이치./지묘한 느낌을 받다.

지묵(紙墨)명 종이와 먹을 아울러 이르는 말. 저묵(楮墨)

지문(至文)명 아주 빼어난 글.

지문(地文)[1] 명 ①대지의 온갖 모양. 산천·구릉·호소 따위 대지의 온갖 상태. ②'지문학(地文學)'의 준말.

지문(地文)[2] 명 ①희곡 등에서 해설과 대사 부분을 뺀 나머지 글. 등장 인물의 동작, 표정, 말투, 심리 따위를 지시하거나 서술함. ②주어진 내용의 글. ¶-을 읽고 물음에 답하시오.

지문(指紋)명 손가락 끝마디의 안쪽에 이루어진 살갗의 무늬, 또는 그것이 남긴 흔적. 사람마다 그 모양이 다르며 평생 변하지 않음. ¶- 감식/-을 찍다./-을 채취하다. ☞손가락무늬. 장문(掌紋)

지문(誌文)명 죽은 사람의 이름, 나고 죽은 날, 평생에 한 일, 무덤의 위치와 좌향(坐向) 따위를 적은 글.

지문-법(指紋法)[-뻡] 명 지문으로 사람을 식별하는 방법. 주로 범죄 수사에서 범인을 찾아내거나 확인하는 데 이용됨.

지문-학(地文學)명 '자연 지리학(自然地理學)'의 구용어. 준 지문(地文)

지물(地物)명 ①땅 위에 있는 천연 또는 인공의 모든 물체. 강·산·나무·다리·도로·건축물 따위. ②적의 공격으로부터 몸을 숨길 수 있는 물체. 나무나 건물 따위. ¶-을 이용하여 몸을 숨기다.

지물(紙物)명 종이붙이를 통틀어 이르는 말. 지속

지물-상(紙物商)[-쌍] 명 종이붙이를 파는 상점, 또는 그 상인.

지물-포(紙物鋪)명 종이붙이를 파는 가게. 지전(紙廛)

지미(地味)명 토리(土理)

지미(至美)어기 '지미(至美)하다'의 어기(語基).

지미(至微)어기 '지미(至微)하다'의 어기(語基).

지미-하다(至美-)형여 더할 나위 없이 아름답다.

지미-하다(至微-)형여 매우 작거나 보잘것없다.

지밀(至密)명 ①지난날, 왕이 늘 거처하는 곳을 이르던 말. ②지난날, 각 궁방(宮房)의 침실을 이르던 말.

지밀-나:인(∠至密內人)명 지난날, 궁중 지밀에서 왕과 왕비를 모시던 나인.

지반(池畔)명 못 가. 지변(池邊)

지반(地盤)명 ①땅의 표면. ¶-이 무르다. ②공작물 따위를 설치하는 데 기초가 되는 땅. ¶-이 내려앉다./-을 고르다. ③어떤 일을 하는 기초나 근거가 될만 한 바탕. ¶정치적 -을 잃다./-을 다지다. ☞지보(地步)

지반=공사(地盤工事)명 건축물이나 공작물 따위를 세울 때에 먼저 그것을 세울 땅바닥을 손질하고 다지는 일.

지-반자(紙-)명 재래식 한옥에서, 반자틀을 치고 종이를 바른 반자. ☞목반자. 토반자

지발(遲發)명-하다자 ①정해진 시각보다 늦게 떠남. ¶항공기가 10분 -하다. ②폭약 따위가 제때보다 늦게 터짐.

지방 명 일각대문의 심방 끝에 세우는 나무.

지방(地方)명 ①어느 한 방면의 땅. ¶산간 -/남부 -을 순회하다./열대 -에 적응하다. ②서울 이외의 지역. ¶-의 소도시./-으로 전근되다.

지방(地枋)명 하인방(下引枋)

지방(脂肪)명 지방산과 글리세롤이 결합된 유기 화합물. 물에 풀어지지 않고 불에 잘 탐. 생물체에 포함되어 있으며, 동물에서는 피하·근육·간장 등에 저장되어 에너지의 원천이 됨. 굳기름

지방(紙榜)명 위패(位牌)를 대신하여 종이에 죽은 이의 이름이나 법명을 적은 것. ☞신위(神位)

지방-간(脂肪肝)명 간세포가 지방 조직으로 거의 바뀌어 간의 기능이 떨어진 상태. 알코올성 지방간, 과영양성 지방간, 기아성 지방간, 당뇨병성 지방간 따위가 있음.

지방=검:찰청(地方檢察廳)명 각 지방의 지방 법원에 대응하여 설치한 검찰청. 준 지검(地檢)

지방=공공=단체(地方公共團體)명 지방 자치 단체

지방=공무원(地方公務員)명 지방 자치 단체의 공무를 맡아보는 사람. ☞국가 공무원(國家公務員)

지방=과:다증(脂肪過多症)[-쯩] 명 비만증(肥滿症)

지방-관(地方官)명 ①지난날, 주(州)·부(府)·군(郡)·현(縣)의 으뜸 관직을 이르던 말. 태수(太守) ②지방의 행정 사무를 맡아보는 고급 공무원.

지방=관청(地方官廳)명 권한이나 관할 구역이 한 지방에 한정되어 있는 관청. ☞중앙 관청(中央官廳)

지방-도(地方道)명 도로의 한 가지. 지방의 간선 도로망을 이루는 도로로서, 관할 도지사가 그 노선을 정하고 관리함. ☞국도(國道)

지방-민(地方民)명 지방에 사는 국민.

지방=방:송국(地方放送局)명 방송 프로그램의 대부분을 중앙 방송국에서 받아 방송하고, 지역 사회에 관한 프로그램만을 자국(自局)에서 방송하는 각 지방의 방송국.

지방=법원(地方法院)명 민사 및 형사 소송을 처리하는 제일심(第一審)의 법원. 준 지법(地法)

지방-병(地方病)[-뼝] 명 풍토병(風土病)

지방-분(脂肪分)명 지방으로 된 성분.

지방=분권(地方分權)[-꿘] 명 국가의 통치 권력이 중앙 정부에 집중되지 아니하고 지방 자치 단체에 분산되어 있는 형태. ☞중앙 집권

지방=분권주의(地方分權主義)[-꿘-] 명 통치 권력을 지방으로 분산시키는 주의. 준 분권주의

지방-비(地方費)명 지방 자치 단체의 경비.

지방-산(脂肪酸)명 탄소 원자가 사슬 모양으로 연결된 카르복시산을 통틀어 이르는 말. 지방을 가수 분해할 때 생기며 포화 지방산과 불포화 지방산으로 나뉨.

지방-색(地方色)명 어떤 지방의 자연이나 풍속, 인정 따위가 가진 고유한 특색. ¶-을 띠다./-이 강한 사투리. ☞향토색(鄕土色)

지방-선(脂肪腺)명 피지선(皮脂腺)

지방-성(地方性)[-썽] 명 각 지방에 따라 그 지방 또는 그 지방 사람에게만 공통으로 나타나는 특유의 성질.

지방-세(地方稅)[-쎄] 명 지방 자치 단체가 그 주민에게 부과하는 조세. 취득세·등록세·주민세 등의 보통세와 도시 계획세 등의 목적세가 있음. ☞국세(國稅)

지방=세:포(脂肪細胞)명 지방 조직을 이루는 세포. 공 모양이며 핵은 한쪽으로 치우쳐 있음.

지방-시(地方時)명 어떤 지방에서, 그 지방의 특정 지점을 지나는 자오선(子午線)을 기준으로 하여 정한 시각. ☞세계시. 표준시

지방-유(脂肪油)[-뉴] 명 지방이 상온에서 액체로 된 것. 간유·아마인유 따위. 지유(脂油)

지방=은행(地方銀行)명 지방에 본점을 두고 그 지방을 주요한 영업 기반으로 하는 일반 은행. ☞시중 은행(市中銀行)

지방=의회(地方議會)명 지방 자치 단체의 의결 기관.

지방=자치(地方自治)명 지방의 행정을 그 지방 주민이 선출한 기관을 통하여 자율적으로 처리하는 제도.

지방=자치=단체(地方自治團體)명 특별시·광역시·도·시·군과 같이, 국가 영토의 일부를 구역으로 하여 그 안

에서 법이 인정하는 권한을 가지는 단체. 주민의 복리에 관한 사무를 처리하고 자치에 관한 규정을 제정할 수 있음. 지방 공공 단체(地方公共團體)

지방=자치=제:도(地方自治制度)명 지방 자치 단체가 그 지역의 행정 사무를 자치 기관을 통하여 자율적으로 처리하는 제도. 자치 제도

지방=장:관(地方長官)명 지방 관청의 장(長). 시장이나 도지사 등.

지방=조직(脂肪組織)명 주로 지방 세포와 섬유로 이루어진 조직. 세포 속에는 중성 지방이 들어 있으며 피하 조직과 신장 주위 등에 발달해 있음.

지방족=화합물(脂肪族化合物)명 유기 화합물 가운데서, 탄소 원자가 사슬 모양으로 이어진 화합물을 통틀어 이르는 말.

지방-종(脂肪腫)명 지방 조직으로 이루어진 양성(良性) 종양의 한 가지. 피부 밑이나 근육 사이 등 정상 지방 조직이 있는 부위에 많이 생김. ☞육종(肉腫)

지방=종자(脂肪種子)명 저장 물질로서 많은 양의 지방이 들어 있는 종자. 아주까리·유채·참깨 따위. ☞녹말 종자

지방-질(脂肪質)명 ①성분이 지방으로 된 물질. ②지방이 많은 체질.

지방-채(地方債)명 지방 자치 단체가 재정상의 필요에 따라서 발행하는 채권.

지방-청(地方廳)명 중앙의 본청(本廳)에 상대하여 지방의 해당 관청을 이르는 말.

지방-층(脂肪層)명 동물의 피부 안쪽에 지방으로 이루어져 있는 층.

지방-판(地方版)명 중앙에서 발행하는 신문으로, 지방에 관한 기사를 따로 싣는 판.

지방-풍(地方風)명 국지풍(局地風)

지방=행정(地方行政)명 지방 자치 단체나 지방 행정 기관에서 하는 행정.

지방-형(地方型)명 같은 종류의 생물이면서 나는 고장에 따라 조금씩 형태의 특징이 다른 형.

지배(支配)명-하다타 ①다른 사람이나 집단, 사물 등을 자기 뜻대로 복종시키거나 거느리어 다스림. ¶ - 계급/- 세력/힘으로 약소 민족을 -하다. ②외부의 요인이 사람이나 사물 등에 영향을 끼침. ¶환경의 -를 받다./감정에 -되다.

지배(紙背)명 ①종이의 뒤쪽. ¶안광(眼光)이 -를 뚫다. ②문장의 내면에 숨은 뜻.

지배(遲配)명-하다타 배급·배달·지급 등이 늦음.

지배=계급(支配階級)명 정치·경제·사회적으로 우월한 세력을 가지고 국가나 사회를 지배하는 계급.

지배-권(支配權)[-꿘]명 목적물을 직접 지배하여 이익을 취할 수 있는 법적인 권리. 물권(物權), 무체 재산권(無體財產權) 따위가 있음.

지배-인(支配人)명 상업 사용인의 한 가지. 주인을 대신하여 그 영업에 관한 일체의 업무를 관리하는 권한을 가진 사람.

지배-자(支配者)명 남을 지배하는 사람.

지배-적(支配的)명 지배하는 상태에 있는 것. ¶ -인 위치./반대하는 의견이 -이다.

지벅-거리다(대다)자 지벅지벅 걷다. ☞지뻑거리다. 찌뻑거리다

지벅-지벅부 길이 험하거나, 어두워서 잘 보이지 않을 때, 발에 힘이 없거나 지칠 때 발씨가 서투르고 힘겹게 걷는 모양을 나타내는 말. ¶대문 밖으로 - 걸어 나가다./- 들려 오는 말 발굽 소리. ☞지뻑지뻑. 찌뻑찌뻑

지번(地番)명 토지의 일정한 구획을 표시한 번호. 토지의 번호.

지번(支煩)어기 '지번(支煩)하다'의 어기(語基).

지번-하다(支煩-)형여 지루하고 번거롭다.

지벌(-罰)명 민속에서, 신이나 부처에게 거슬리는 일을 저질러 당한다는 벌. ¶ -을 입다.

지벌(地閥)명 지위(地位)와 문벌(門閥). ¶ -을 자랑하는 명문가.

지범-거리다(대다)타 자꾸 지범지범 하다.

지범-지범부 음식물 따위를 채신없이 이것저것 자꾸 집어 거두거나 먹는 모양을 나타내는 말. ¶잔칫상의 음식을 - 집어먹다.

지법(地法)명 '지방 법원(地方法院)'의 준말.

지벽(紙壁)명 종이를 바른 벽.

지벽(地僻)어기 '지벽(地僻)하다'의 어기(語基).

지벽-하다(地僻-)형여 마을의 위치가 외딴고 으슥하다.

지변(池邊)명 못 가. 못의 가장자리. 지반(池畔)

지변(地變)명 ①땅의 변동. ②지각의 운동. 화산의 분화나 지진 따위. ③지이(地異) ¶천재(天災) - ☞천변(天變)

지병(持病)명 좀처럼 낫지 않고 오래가는 병. ¶ -으로 돌아가시다. ☞고질(痼疾)

지보(支保)[1]명 ①-하다타 지탱하여 보존함. 지존(支存) ②광산이나 토목 공사 따위에서, 천장이나 벽의 암석이나 토사가 무너져 내리는 것을 막으려고 짜서 버티어 놓는 구조물.

지보(支保)[2]명 '지급 보증'의 준말.

지보(地步)명 자기가 놓인 지위나 처지. ☞지반(地盤)

지보(至寶)명 더없이 진귀한 보배.

지보-공(支保工)명 굴이나 땅을 팔 때, 둘레의 흙이 무너지지 않도록 임시로 나무 따위를 짜서 버티는 공사.

지본(紙本)명 ①서화(書畫)에 쓰려고 마련한 종이. ②종이에 쓰거나 그린 글씨나 그림.

지봉유:설(芝峰類說)[-뉴-]명 조선 선조 때의 학자 지봉 이수광(李睟光)이 지은 책. 천문(天文)·지리(地理)·시령(時令)·훼목(卉木)·금충(禽蟲) 등 25개 부문 3,435항목을 고전에서 인용하여 풀이한 내용으로 우리 나라 최초의 백과 사전 성격을 띤 책임. 20권 10책의 목판본.

지부(支部)명 본부에서 갈라져 나가, 본부의 관리 아래 일정한 지역의 업무를 맡아보는 곳. ☞지사(支社)

지부(地府)명 '명부(冥府)'를 달리 이르는 말.

지부(地膚)명 '댑싸리'의 딴이름.

지부럭-거리다(대다)자타 실없이 짓궂은 말이나 행동으로 남을 자꾸 괴롭히다. ☞자부락거리다

지부럭-지부럭부 지부럭거리는 모양을 나타내는 말. ☞자부락자부락

지부-자(地膚子)명 한방에서, 댑싸리의 씨를 약재로 이르는 말. 이뇨 효과가 있으며, 습진·방광염 등에 쓰임.

지부지기명 '바위솔'의 딴이름.

지분(支分)명-하다타 잘게 나눔.

지분(知分)명-하다자 자기의 본분을 앎. 제 분수를 앎.

지분(持分)명 공유 재산이나 권리 따위에서, 공유자 각자가 가지는 몫, 또는 그런 비율.

지분(脂粉)명 연지와 분(粉). 분지(粉脂)

지분을 다스리다관용 여자가 화장을 하다.

지분-거리다(대다)자타 ①실없이 짓궂은 말이나 행동으로 남을 자꾸 성가시게 하다. ②음식에 섞인 흙모래 따위가 거치적거리게 자꾸 씹히다. ☞자분거리다

지분-권(持分權)[-꿘]명 공유물에 대하여 공유자 각자가 일정한 비율로 가질 수 있는 권리.

지분-지분부 지분거리는 모양을 나타내는 말. ¶동생이 - 투정을 부리다. ☞자분자분[1]

지분혜:탄(芝焚蕙嘆)성구 지초(芝草)가 불에 타면 같은 종류의 풀인 혜초(蕙草)가 한탄한다는 뜻으로, 같은 무리가 재앙에 빠진 것을 가슴 아프게 여김을 이르는 말.

지불(支拂)명-하다타 지급(支給)

지붕명 ①비·눈·이슬·햇빛 따위를 막으려고 집의 꼭대기 부분에 씌우는 덮개, 또는 그러한 부분. 옥개(屋蓋) ¶기와로 -을 이다. ②물건의 위를 덮는 물건. ¶자동차의 -./열차의 -.

속담 **지붕의 호박도 못 따는데 하늘의 천도(天桃) 따겠단다** : 쉬운 일도 못하면서 당치않은 어려운 일을 하려고 함을 놀리어 이르는 말.

한자 지붕 옥(屋) 〔尸部 6획〕 ¶ 옥상(屋上)/초옥(草屋)

× **지붕-마루** 명 → 용마루
지붕-물매 명 지붕의 경사진 면, 또는 그 경사진 정도.
지빈(知賓) 명 절에서, 오고 가는 손을 안내하는 일, 또는 그 일을 맡아보는 중. 지객(知客)
지빈(至貧) 어기 '지빈(至貧)하다'의 어기(語基).
지빈무의(至貧無依) 성구 매우 가난하고 의지할 곳이 전혀 없음을 이르는 말.
지빈-하다(至貧―) 형여 매우 가난하다.
지빠귀 명 ①지빠귀아과의 새를 통틀어 이르는 말. 백설조(百舌鳥) ②'개똥지빠귀'의 준말. 티티새
지뻑-거리다(대다) 자 지뻑지뻑 걷다. ☞지벅거리다. 찌뻑거리다
지뻑-지뻑 부 길이 험하거나, 어두워서 잘 보이지 않을 때, 또는 발에 힘이 없거나 지칠 때 매우 힘겹게 걷는 모양을 나타내는 말. ☞지벅지벅. 찌뻑찌뻑
지사(支社) 명 본사에서 갈라져 나가, 본사의 관리 아래 일정한 지역의 업무를 맡아보는 곳. ¶ 해외 ―
지사(地史) 명 지구의 생성과 발달, 변천에 관한 역사.
지사(地師) 명 지관(地官)
지사(志士) 명 나라나 사회, 겨레를 위한 일에 제 몸을 희생하려는 높은 뜻을 가진 사람. ¶ 애국 ―
지사(知事) 명 ①고려 시대, 각 도의 도통사(都統使) 밑에 딸린 오·육품 관직. ②고려 시대, 중앙 관아의 둘째 서열의 관원을 이르던 말. ③조선 시대, 중추원(中樞院)·의금부(義禁府)·성균관(成均館)·춘추관(春秋館) 등에 딸린 관직. ④'도지사(道知事)'의 준말.
지사(指事) 명 ①-하다 자 사물을 가리켜 보임. ②한자(漢字)의 구성을 설명하는 여섯 가지 분류의 하나. 위치나 수량 등 추상적인 개념을 선이나 점으로 나타내어 하나의 한자를 이루는 방법. '一', '二', '三', '上', '下' 따위. ☞육서(六書). 회의(會意)
지사불굴(至死不屈) 성구 죽을 때까지 저항하며 굴하지 아니함을 이르는 말.
지사위한(至死爲限) 성구 죽을 때까지 자신의 의견을 주장하여 나아감을 이르는 말.
지사-제(止瀉劑) 명 설사를 멎게 하는 약. ☞하제(下劑)
지사-학(地史學) 명 지질학의 한 분야로, 지구의 생성·발달·변천의 역사를 연구하는 학문.
지살(地煞) 명 풍수설에서, 터가 좋지 못한 데서 생기는 살을 이르는 말.
지-삿갓(紙―) [―삳―] 명 전모(氈帽)
지상(至上) 명 더할 수 없이 높은 것. 더없이 중요한 것. ¶ ― 명령/―의 과제. ☞최상(最上)
지상(地上) 명 ①땅의 위. ¶ ― 5층 건물/― 관제(管制)/비행기가 ―에 내려앉다. ☞지하(地下) ②이 세상. ¶ ― 낙원을 건설하다.
지상(地相) 명 ①집을 지을 때, 땅의 형세를 관찰하여 길흉을 감정하는 일. ②땅의 생긴 모양. 지형(地形)
지상(地象) 명 지진·화산 따위의 대지에서 일어나는 여러 현상. ☞천상(天象)
지상(至想) 명 더없이 뛰어난 생각.
지상(志尙) 명 고상한 마음과 뜻.
지상(紙上) 명 ①종이의 위. ②신문의 지면(紙面). ¶ 한 학생의 글이 ―에 소개되었다.
지상(誌上) 명 잡지의 지면(誌面).
지상-경(地上莖) 명 땅위줄기 ☞지하경(地下莖)
지상-군(地上軍) 명 지상에서 전투하는 군대. 주로 육군을 말함.
지상-권(地上權) [―꿘] 명 남의 땅에서 공작물이나 수목(樹木)을 소유하기 위하여 그 땅을 사용하는 권리. ☞지역권(地役權)
지상-근(地上根) 명 땅위뿌리 ☞지하근(地下根)
지상=낙원(地上樂園) 명 지상 천국(地上天國)
지상=마:력(地上馬力) 명 항공 발동기가 땅 위에서 낼 수 있는 마력.
지상=명:령(至上命令) 명 절대로 복종하여야 할 명령.
지상-선(地上仙) 명 '지상신선(地上神仙)'의 준말.
지상=식물(地上植物) 명 겨울눈이 지표로부터 30cm 이상의 높이에 나는 식물. 정공 식물(挺空植物)
지상-신(至上神) 명 영원하고 무한한 신령(神靈). 여러 신(神) 가운데 가장 높은 존재. 그리스의 제우스, 중국의 천제(天帝) 따위. 최고신(最高神)
지상-신선(地上神仙) 명 ①이 세상에 있다고 하는 신선. ②팔자가 매우 좋은 사람을 비유하여 이르는 말. ③천도교에서, 천도(天道)를 믿어 법열(法悅)을 얻으면 정신적으로 이 세상의 극락을 얻고 영적으로 장생(長生)을 얻게 되므로, 이것이 곧 땅 위의 신선이라고 하여 이르는 말. 준 지상선(地上仙)
지상-자(至上者) 명 일부 미개 민족 사이에서 신앙되고 전승되어 온, 만물의 창조주인 영적 존재.
지-상자(紙箱子) 명 종이로 만든 상자.
지상-전(地上戰) 명 땅 위에서 벌이는 전투. 육전(陸戰) ☞공중전(空中戰). 해전(海戰)
지상-주의(至上主義) 명 무엇을 가장 으뜸으로 삼는 주의. ¶ 예술 ―
지상=천국(地上天國) 명 ①이 세상에 이룩된 더없이 안락하고 행복한 사회를 비유하여 이르는 말. ②천도교에서, 이 세상에 건설할 수 있다는 영육 쌍전(靈肉雙全)의 이상 세계를 이르는 말. 지상 낙원(地上樂園)
지상=표지(地上標識) 명 비행하면서 비행 지점을 쉽게 알아볼 수 있도록 그 항공로를 따라 땅 위에 설치한 여러 가지 표지.
지상-풍(地上風) 명 지표면 부근에서 부는 바람. 지면과의 마찰로 등압선에 평행하게 불지 못하고 기울어져 붊. ☞지균풍(地均風)
지-새:다 자 달이 지며 밤이 새다.
지-새우다 타 밤을 고스란히 새우다. ¶ 밤을 지새우며 이야기를 나누다.
지서(支庶) 명 지자(支子)와 서자(庶子).
지서(支署) 명 본서에서 갈라져 나가, 본서의 관할 아래 일정한 지역의 업무를 맡아보는 관서. 주로 '경찰 지서'를 말함. ☞분서(分署). 파출소(派出所)
지석(支石) 명 ①굄돌 ②받침돌
지석(砥石) 명 숫돌
지석(誌石) 명 죽은 사람의 이름, 나고 죽은 날, 평생에 한 일, 무덤의 위치와 좌향(坐向) 따위를 적어서 무덤 앞에 묻는 돌.
지석-묘(支石墓) 명 고인돌
지-석판(紙石板) 명 마분지에 금강사(金剛砂), 부석(浮石) 가루, 수탄(獸炭) 따위로 반죽한 것을 발라서 만든 석판의 대용품.
지선(支線) 명 ①도로나 철도, 전선 따위의 본선이나 간선에서 갈라져 나간 선. ②전봇대가 전신의 장력 또는 전선에 닿는 풍압을 견디도록 상부에서 땅 위로 비스듬히 버티어 친 줄.
지선(至善) 명 -하다 형 더없이 착함.
지선(脂腺) 명 피지선(皮脂腺)
지선-거(支線渠) 명 간선거(幹線渠)로 하수(下水)를 흘려 보내는 좁은 하수도.
지설(持說) 명 늘 주장하여 온 의견이나 이론. 지론(持論)
지설(紙屑) 명 종이 부스러기.
지성(至性) 명 더없이 착한 성질.
지성(至聖) 명 지덕이 더할 수 없이 뛰어난 성인(聖人).
지성(至誠) 명 -하다 형 ①정성이 지극함, 또는 그러한 정성. ¶ ―으로 노모를 간호하다. ②더없이 성실함.
속담 **지성이면 감천(感天)이라**: 정성이 지극하면 하늘도 감동하게 된다는 뜻으로, 무슨 일이든 정성껏 하면 다 이룰 수 있다는 말.
지성(知性) 명 감정이나 의지에 상대하여, 사물을 인식하고 생각하여 판단하는 능력을 이르는 말.
지성-껏(至誠―) 부 지성을 다하여. 온갖 정성을 다 기울여. ¶ 불쌍한 어린아이들을 ― 돌보다.

지성-소(至聖所) 명 구약 시대에 성전이나 막 안의 신이 있다는 가장 신성한 곳. '계약(契約)의 궤(櫃)'가 안치되어 있었다고 함.
지성-스럽다(至誠-) (-스럽고·-스러워) 형ㅂ 지극히 정성스럽다. ¶시부모를 모시는 마음이 -.
지성-스레 부 지성스럽게
지성-심(至誠心) 명 지극히 정성스러운 마음.
지성-인(知性人) 명 지성을 갖춘 사람.
지성-적(知性的) 명 지성에 관한 것. 지성을 지닌 것. ¶-으로 행동하다./-인 사람./-인 면모를 보이다.
지세(地稅) 명 토지에 대한 조세.
지세(地貰) 명 땅을 빌려 쓰고 내는 세.
지세(地勢) 명 땅의 생긴 모양이나 형세. 지형(地形) ¶-가 험준하다.
지세(至細) 어기 '지세(至細)하다'의 어기(語基).
지세-하다(至細-) 형여 ①매우 세밀하다. ②더없이 잘고 가늘다.
지세-히 부 지세하게
지소(支所) 명 본소에서 갈라져 나가, 본소의 관리 아래 일정한 지역의 업무를 맡아보는 곳. ☞지부(支部)
지소(池沼) 명 못과 늪을 아울러 이르는 말.
지소(指笑) 명-하다 타 손가락질하며 비웃음.
지소(紙所) 명 지난날, 종이를 만들던 곳. ☞소(所)
지소(至小) 어기 '지소(至小)하다'의 어기(語基).
지소-하다(至小-) 형여 더없이 작다. ☞지대하다
지속(持續) 명-하다 자타 ①어떤 상태가 끊이지 않고 오래 계속됨. ¶효과가 -되다./도로의 정체가 -되다. 유계속(繼續) ②어떤 상태를 오래 계속함. ¶우호 관계를 -하다./-력(力)/-성(性)
지속(紙屬) 명 '종이붙이'를 통틀어 이르는 말. 지물
지속(遲速) 명 더딘 것과 빠른 것.
지속-음(持續音) 명 같은 상태로 오래 기운을 낼 수 있는 비음(鼻音)·마찰음 따위의 음. 준속음(續音)
지속-침(遲速針) 명 시계의 더디고 빠름을 바로잡는 바늘대. 교정침(校正針)
지손(支孫) 명 지파(支派)의 자손. ☞종손(宗孫)
지송(祗送) 명-하다 타 백관(百官)이 임금의 거가(車駕)를 예를 갖추고 공경하여 보냄. ☞지영(祗迎)
지쇠(地衰) 명-하다 자 민속에서, 지덕(地德)이 다하고 줄어듦을 이르는 말.
지수(止水) 명 흐르지 않고 괴어 있는 물.
지수(地髓) 명 지황(地黃)
지수(指數) 명 ①어떤 수나 문자의 오른쪽 위에 덧붙여 그 수나 문자의 거듭제곱을 나타내는 숫자나 문자. 멱지수(冪指數) ②물가나 임금 따위의 변동을 나타내기 위하여 기준한 때를 100으로 하여 비교하는 숫자. ¶물가 -/임금 -/주가 -
지수=방정식(指數方程式) 명 어떤 항의 지수에 미지수가 들어 있는 방정식.
지수=법칙(指數法則) 명 ①같은 수나 문자의 거듭제곱의 곱셈과 나눗셈을 지수의 덧셈과 뺄셈으로 할 수 있는 법칙. ②물리량의 성장이나 감쇠에 관계되는 법칙.
지숙(止宿) 명-하다 자 어떤 곳에 머물러 묵음. 헐박(歇泊)
지순(至純) 어기 '지순(至純)하다'의 어기(語基).
지순(至順) 어기 '지순(至順)하다'의 어기(語基).
지순-하다(至純-) 형여 더할 나위 없이 순결하다. ¶지순한 사랑.
지순-하다(至順-) 형여 더할 나위 없이 순하다. 매우 고분고분하다. ¶지순한 청년.
지술(地術) 명 풍수설에 따라 지리를 살펴서 묏자리나 집터 따위의 좋고 나쁨을 알아내는 술법.
지스러기 명 고르고 남은 찌꺼기나 부스러기. 마름질하거나 에어 내고 난 나머지.
지승(紙繩) 명 종이로 꼰 노끈. 연지(撚紙). 지노
지시(指示) 명-하다 타 ①가리켜 보임. ¶각자 -하는 자리에 앉다. ②일러서 시킴, 또는 그 내용. ¶선생님의 -에 따르다./철저히 준비하도록 -하다./- 사항 ③하급 기관의 문의 또는 신청에 따라 상급 기관이 하급 기관에 개별적·구체적으로 발하는 명령. ④증권에 기재된 내용에 따라 어떤 사람을 권리자로 지정하는 일. ¶-증권
지시=가격(指示價格) [-까-] 명 원료 또는 제품을 공급하는 사람이 제품업자 또는 판매업자에게 지시하는 제품의 판매 가격.
지시=관형사(指示冠形詞) 명 〈어〉의미상으로 가른 관형사의 한 갈래. 지시의 기능을 지닌 관형사로 '이·그·저' 따위. ☞성상 관형사(性狀冠形詞)
지시=대:명사(指示代名詞) 명 〈어〉대명사의 한 갈래. 사물이나 처소를 가리키는 대명사. '이것·그것·저것·여기·거기·저기·무엇·어디' 따위. 사물 대명사
지시=부:사(指示副詞) 명 〈어〉의미상으로 가른 부사의 한 갈래. 방향을 가리키어 보이는 부사. '이리·그리·저리' 따위. ☞부정 부사(否定副詞)
지시-약(指示藥) 명 용량 분석에서, 침전물의 형성이나 색의 변화 따위로 적정의 당량점(當量點)이나 수소 이온 농도의 판정 등에 쓰이는 시약을 통틀어 이르는 말.
지:시:엠(GCM) 명 최대 공약수
[greatest common measure]
지시-인(指示人) 명 지시 증권에서 채권자가 변제를 받을 권리자로 지정한 사람.
지시=증권(指示證券) [-꿘] 명 증권에 기재되어 있는 사람 또는 그가 지시하는 사람을 권리자로 하는 유가 증권. 수표·어음, 창고 증권 따위.
지시=채:권(指示債權) [-꿘] 명 특정인 또는 그 사람의 지시에 따라 권리의 이전을 받은 사람에게만 변제하여야 할 채권.
지시=형용사(指示形容詞) 명 〈어〉형용사의 한 갈래. 지시의 기능으로 어떠함을 나타내는 형용사. '이렇다·그렇다·저렇다' 따위. ☞성상 형용사(性狀形容詞)
지식(止息) 명-하다 자 ①침식(寢息) ②하던 일이나 앓던 병 따위가 잠시 그침.
지식(知識) 명 ①사물에 관한 명확한 인식과 판단. ②어떤 사물에 관하여 알고 있는 것, 또는 그 내용. ¶해박한 -./전문 -을 쌓다. ③철학에서, 인식으로 얻어진 성과를 이르는 말.
지식(智識) 명 안다는 의식의 작용.
지식=계급(知識階級) 명 인텔리겐치아. 지식층(知識層)
지식=기반=산:업(知識基盤産業) 명 지식을 이용하여 상품과 서비스의 부가 가치를 크게 높이거나 고부가 가치의 지식 서비스를 제공하는 산업. 여기서 지식이란 기술과 정보를 포함한 지적 능력과 아이디어를 통틀어 이름.
지식=사:회학(知識社會學) 명 사회학의 한 분야로, 지식 또는 정신 문화 일반을 역사적·사회적 요인과의 관련 속에서 연구하는 학문.
지식=산:업(知識産業) 명 지식을 생산하고 유통하는 것에 관계하는 산업을 통틀어 이르는 말. 정보·통신·방송·출판·영화·음악 등의 산업 따위.
지식-욕(知識慾) [-뇩] 명 지식을 추구하는 욕망.
지식-인(知識人) 명 지식이나 학문, 교양을 갖춘 사람, 또는 지식층에 딸린 사람.
지식-층(知識層) 명 제정 러시아 시대에 혁명적 지식인 계층을 뜻하던 말로, 지적 노동을 하는 사회 계층을 이르는 말. 지식이나 학문, 교양을 갖춘 사람. 인텔리겐치아. 지식 계급(知識階級)
지신(地神) 명 땅을 맡아 다스린다는 신령. 지기(地祇)
속담 **지신에 붙이고 성주에 붙인다**: 가뜩이나 적은 것을 이곳 저곳 노느거나 뜯기고 나면 남는 것이 없다는 말.
지신(智臣) 명 육정(六正)의 하나. 지혜로운 신하.
지신(至信) 어기 '지신(至信)하다'의 어기(語基).
지신(至神) 어기 '지신(至神)하다'의 어기(語基).
지신-굿(地神-) 명 지신을 위하는 굿.
지신-밟기(地神-) [-밥-] 명 정월 대보름경에 벌이는 민속놀이의 한 가지. 마을 사람들이 농악대를 앞세우고 집집마다 돌며 지신을 달래고 복을 빌면, 집주인은 술이

ㅈ

나 곡식, 돈으로 이들을 대접함. ☞매귀(埋鬼)
지신-하다(至信-)형여 더할 나위 없이 성실하다.
지신-하다(至神-)형여 매우 신통하다.
지실 명 어떤 재앙으로 말미암아 해가 되는 일. ¶작년은 수재·화재 따위로 -이 많은 해였다./자꾸 -이 들다.
지실(地室)명 송장이나 유골을 묻을 구덩이. 광중. 묘혈
지실(知悉)명-하다 타 죄다 앎. 자세히 앎.
지심(至心)명 더없이 성실한 마음.
지심(地心)명 지구의 중심.
지심(知心)명-하다 자 마음이 서로 통하여 잘 앎.
지심=시:차(地心視差)명 천체를 지표의 한 지점에서 보았을 때의 천구상(天球上)의 위치와, 같은 순간에 지구의 중심에서 보았을 때의 위치와의 차. 지구의 자전에 따라 변화함.
지심=좌:표(地心座標)명 지구의 중심을 원점으로 하여 각 지점의 위치를 정의하는 좌표.
지심=천정(地心天頂)명 관측점과 지구의 중심을 잇는 직선이 천구(天球)와 만나는 점. 준 천정(天頂)
지싯-거리다(대다)[-싣-] 자 남이 싫어하는 것도 모르고 자꾸 달게 굴다.
지싯-지싯[-싣-] 부 지싯거리는 모양을 나타내는 말. ¶개구쟁이가 - 동생을 못살게 굴다.
지아비 명 ①웃어른 앞에서 자기 남편을 낮추어 일컫는 말. ②'남편'을 예스럽게 일컫는 말. ☞지어미 ③지난날, 여자 하인의 남편을 일컫던 말.

한자 **지아비 부**(夫) 〔大部 1획〕 ¶가부(家夫)/부군(夫君)/부권(夫權)/부부(夫婦)/부처(夫妻)

지:아이(GI)명 관급품(官給品)이라는 뜻으로, 미국 병사를 흔히 이르는 말. [government issue]
지악(至惡)어기 '지악(至惡)하다'의 어기(語基).
지악-스럽다(至惡-)(-스럽고·-스러워)형ㅂ 지악한 데가 있다. ¶지악스럽게 돈을 벌다.
　지악-스레 부 지악스럽게
지악-하다(至惡-)형여 ①성질이 더없이 모질다. ②어떤 일을 하는 데 악착스럽게 덤벼드는 데가 있다.
지압(地壓)명 땅 속의 물체가 그 내부 또는 그에 접하는 다른 물체에 미치는 압력.
지압(指壓)명 ①-하다 타 손가락 끝이나 손바닥 따위로 누름. ②지압 요법(指壓療法)
지압-법(指壓法)명 혈관을 손가락으로 세게 눌러서 출혈을 멎게 하는 응급 치료 방법.
지압=요법(指壓療法)[-뇨뻡] 명 손가락 끝이나 손바닥 따위로 몸의 일정 부위의 경혈을 자극하여, 건강을 증진하고 질병을 치료하는 방법. 지압(指壓) ☞안마(按摩)
지애(至愛)명 더없이 깊은 사랑.
지약(持藥)명 늘 몸에 지니고 다니며 먹는 약.
지양(止揚)명-하다 타 ①어떤 일을 하지 않거나 피함. 양기(揚棄) ¶기회주의를 -하다. ②변증법의 중요 개념으로, 어떤 것을 그 자체로는 부정하면서 오히려 한층 더 높은 단계에서 이것을 긍정하여 살려 가는 일.
지어-내:다 타 없는 사실을 있는 것처럼 만들거나 꾸며 내다. ¶거짓말을 -./지어낸 이야기.
지어농조(池魚籠鳥)성구 못 속의 고기와 새장 속의 새라는 뜻으로, 자유롭지 못한 처지를 비유하여 이르는 말.
×**지어-땡** 명 →짓고땡
지어-먹다 타 마음을 도슬러 가지다.
　속담 **지어먹은 마음이 사흘을 못 간다** : 한때의 어떠한 충격으로 일어난 마음은 오래가지 못함을 이르는 말. ☞작심삼일(作心三日)
지어미 명 ①웃어른 앞에서 자기 아내를 낮추어 일컫는 말. ②'아내'를 예스럽게 일컫는 말. ¶- 된 도리를 다하다. ☞지아비
　속담 **지어미 손 큰 것** : 아무 데도 소용이 없고 도리어 해로운 것을 이르는 말.
지어-붓다[-붇-](-붓고·-부어)타ㅅ 쇠를 녹이어 붓다. ¶구리를 지어부어 종을 만들다.
지어지앙(池魚之殃)성구 연못의 물로 불을 껐더니 물이 줄어서 물고기가 죽었다는 고사에서, 아무 까닭 없이 재앙을 당하게 되는 경우를 비유하여 이르는 말.
지어지처(止於止處)성구 ①정처 없이 어디든지 이르는 곳에서 머물러 잠을 이르는 말. ②마땅히 그쳐야 할 데서 알맞게 그침을 이르는 말.
지언(至言)명 지극히 마땅한 말.
지언(知言)명 ①도리에 맞는 말. 사리에 합당한 말. ②-하다 자 남의 말을 듣고 그 옳고 그름을 분별하여 앎.
지엄(至嚴)어기 '지엄(至嚴)하다'의 어기(語基).
지엄-하다(至嚴-)형여 매우 엄하다. 절엄하다 ¶지엄하신 왕명./법도가 -.
　지엄-히 부 지엄하게
지업(志業)명 ①-하다 자 학업에 뜻을 둠. ②지망하는 사업.
지업(紙業)명 종이붙이를 생산하거나 판매하는 영업.
지에 명 '지에밥'의 준말.
지에-밥 명 찹쌀이나 멥쌀을 물에 불려서 시루에 찐 밥. 약밥·인절미를 만들거나 술밑으로 씀. 고두밥 준 지에
지:에스아이(GSI)명 초고밀도 집적 회로(超高密度集積回路)[giant scale integration]
지:엔피:(GNP)명 국민 총생산 [gross national product]
지역(地域)명 ①일정하게 구획된 어느 범위의 토지. ¶중동(中東) - ②정치·경제·문화 등의 특징으로 구분한 일정한 공간의 영역. ¶개발 -/농촌 -
지역=개발(地域開發)명 경제 기능을 확대하고 복지를 증진하기 위하여, 특정 지역을 종합적으로 개발하는 일.
지역-권(地役權)명 남의 땅을 자기 땅의 편익을 위해서 이용하는 권리. 남의 땅을 통행하거나 물을 끌어 가는 따위. ☞승역지(承役地). 요역지(要役地)
지역=난방식(地域煖房式)명 어느 지역 안의 한곳의 난방 기관에서 여러 건물에 난방용의 열원(熱源)을 보내는 방식.
지역=단체(地域團體)명 ①일정한 지역을 기초로 하는 단체. 국가, 지방 자치 단체 따위. ②지연 단체(地緣團體)
지역=대:표제(地域代表制)명 지역적 구성을 표준으로 하여 선거구를 정하고, 그 안에서 대표자를 선출하여 의회에 보내는 제도. ☞직능 대표제(職能代表制)
지역=방어(地域防禦)명 농구나 축구 경기에서, 수비하는 편의 선수가 어떤 특정 지역을 맡아서 지키는 방어법. ☞대인 방어(對人防禦)
지역=사:회(地域社會)명 한 지역의 일정한 범위 안에서 지연(地緣)에 따라 이루어진 생활 공동체.
지역-상(地域相)명 어떤 지역의 자연 지리적인 모든 요소를 통틀어 본 모양.
지역=수당(地域手當)명 근무지에 따라 생기는 생활비의 차이를 조정하기 위하여 지급되는 수당.
지역=이:기주의(地域利己主義)명 다른 지역의 사정은 돌아보지 않고 자기 지역의 이익이나 행복만 추구하려는 태도나 경향. ☞님비(NIMBY)
지역-제(地域制)명 토지 이용에서, 공공의 이익을 위하여 사권(私權)을 제외하고 규제하는 일. 도시 계획법이나 건축법에 따라 도시 지역을 용도(用途) 지역, 고도(高度) 지역, 용적(容積) 지역, 공지(空地) 지역 등으로 규정함.
지역-주의(地域主義)명 지역의 특수성을 살리고 지역 내의 자치성을 추구하는 주의.
지-역청(地瀝青)명 아스팔트(asphalt)
지연(地緣)명 같은 지역에 태어나거나 살고 있는 것을 인연으로 맺어진 인간 관계. ☞혈연(血緣)
지연(紙鳶)명 연(鳶)
지연(遲延)명-하다 자타 어떤 일이 예정보다 늦추어짐, 또는 어떤 일을 예정보다 늦춤. ¶완공 날짜가 -되다./보상금의 지급을 -하다.
지연=단체(地緣團體)명 일정한 지연 관계를 바탕으로 하여 이루어지는 생활 공동체. 촌락·도시·국가 따위. 지역 단체(地域團體)
지연=배상(遲延賠償)명 채무의 이행이 지연되어 생기는

손해에 대한 배상.

지연=이:자(遲延利子)명 연체 이자(延滯利子)

지연=작전(遲延作戰)명 짐짓 일을 지연하여 자기 쪽에 이롭게 하려 하는 작전.

지열(止熱)명 -하다 자타 병으로 말미암아 오른 열이 내림, 또는 그 열을 내리게 함.

지열(地熱)명 ①지구 내부에 본디부터 있는 열. ②햇볕을 받아 땅 표면에서 나는 열.

지열(至熱)어기 '지열(至熱)하다'의 어기(語基).

지열=발전(地熱發電)[-쩐] 명 땅 속에서 뿜어 나오는 증기 또는 열수(熱水)의 열에너지를 이용하는 발전.

지열-하다(至熱-)형여 음식이나 약 등이 몹시 뜨겁다.

지엽(枝葉)명 ①가지와 잎. ②본체에서 갈라져 나간 중요하지 아니한 부분.

지엽-적(枝葉的)명 본질적이거나 중요하지 아니하고 부차적인 것. ¶-인 문제에 매달리다.

지영(祗迎)명 -하다 타 임금의 환궁(還宮)을 공경하여 맞음. ☞지송(祗送)

지오(枝梧·支吾)명 -하다 자타 ①맞서서 겨우 버티어 감. ②서로 어긋남.

지오이드(geoid)명 평균 해수면과 같은 중력의 점을 연결하여 나타낸 지구의 표면.

지오코:소(giocoso 이)명 악보의 나타냄말의 한 가지. '익살스럽고 즐겁게'의 뜻.

지옥(地獄)명 ①불교에서, 중생이 자기가 지은 죄업으로 말미암아 죽어서 간다고 하는, 온갖 고통으로 가득 찬 세계. 나락(奈落) ☞극락(極樂) ②크리스트교에서, 큰 죄를 지은 사람이 신의 구원을 받지 못하고 악마와 함께 영원히 벌을 받는다고 하는 곳. ☞천국. 천당 ③더없이 괴롭고 참담한 형편이나 환경을 비유하여 이르는 말. ¶교통 -/입시 -

지옥-계(地獄界)명 불교에서 이르는 십계(十界)의 하나. 지옥의 세계.

지옥-도(地獄道)명 불교에서 이르는 삼악도(三惡道)의 하나. 죄를 지은 중생이 죽어서 간다는 지옥의 세계.

지온(地溫)명 땅의 표면이나 땅 속의 온도.

지완(遲緩)어기 '지완(遲緩)하다'의 어기(語基).

지완-하다(遲緩-)형여 더디고 느릿하다. 계완하다. 지만하다

지-요(地-)명 관(棺) 안에 까는 요.

지요(地妖)명 지상에서 일어나는 요사한 변재(變災).

지요(指要)명 문장 따위의 속에 담긴 중요한 뜻.

지요(至要)어기 '지요(至要)하다'의 어기(語基).

-지요 어미 어간이나 '이다'의 '이-'에 붙어, 사실을 확인하여 나타내거나 묻거나 하는 종결 어미. ¶모르는 것이 많지요?/저는 알고 있지요. 준 -죠

지요-하다(至要-)형여 더할 나위 없이 중요하다.

지용(智勇)명 지혜와 용기를 아울러 이르는 말.

지용-성(脂溶性)[-썽] 명 어떤 물질이 기름에 녹는 성질. ¶- 비타민 ☞수용성(水溶性)

지우(知友)명 서로 마음이 통하는 친한 벗.

지우(知遇)명 -하다 자 남이 자기의 인격이나 재능을 알고 잘 대우함, 또는 그 대우. ¶-를 받다./-를 입다.

지우(智愚)명 슬기로움과 어리석음.

지우(至愚)어기 '지우(至愚)하다'의 어기(語基).

지우개 명 ①쓴 글씨나 그림을 지우는 데 쓰는 물건. ¶칠판 - ②'고무지우개'의 준말.

지우다[1] 타 ①쓰거나 그리거나 묻거나 한 글씨·그림·얼룩 따위를 없애다. ¶벽의 낙서를 -./칠판을 -./화장을 지운 얼굴. ②배고 있는 태아(胎兒)를 죽게 하다. ¶아이를 -. ③생각이나 기억 따위를 없애거나 잊어버리다. ¶헛된 망상을 -./괴로웠던 기억은 다 지워 버렸다. ④감정이나 표정 따위를 사라지게 하다. ¶웃음을 -./놀란 표정을 지우고 태연한척 한다.

지우다[2] 타 적은 양의 액체를 떨어뜨리다. ¶눈물을 -.

지우다[3] 타 어떤 현상이나 상태가 나타나거나 이루어지게 하다. ¶그늘을 -./물결을 -./모를 -.

지우다[4] 타 활시위를 벗기다.

지우다[5] 타 ①물건을 지게 하다. ¶지게를 -./짐을 너무 많이 지웠다. ②책임이나 의무를 맡게 하다. ¶가족을 부양할 책임을 -./자식에게 빚까지 -. ③오라나 포승 따위로 두 손을 등뒤로 하여 묶다.

지우다[6] 타 힘이나 재주 따위를 겨루어 지게 하다. ¶단판에 상대편을 -.

지-우산(紙雨傘)명 대오리로 만든 살에 기름 먹인 종이를 발라 만든 우산. 종이 우산

지-우삼(紙雨衫)명 지유삼(紙油衫)

지우지감(知遇之感)명 자기의 인격이나 재능을 알고 잘 대우하여 준 데 대한 고마운 마음.

지우-하다(至愚-)형여 지극히 어리석다.

지운(地運)명 민속에서, 땅의 운수를 이르는 말.

지원(支院)명 지방 법원이나 가정 법원 등의 관할 아래에 있으면서 그곳의 법원 사무를 맡아 처리하는 기관.

지원(支援)명 -하다 타 편들어 도움. 뒤대어 도와 줌. ¶자금을 -하다.

지원(至冤)명 -하다 형 '지원극통(至冤極痛)'의 준말.

지원(至願)명 -하다 타 간절히 바람, 또는 그러한 소원.

지원(志願)명 -하다 타 뜻을 두고 바라거나 청함, 또는 그 뜻. ¶- 학과/-하여 입대하다. 유 지망(志望)

지원극통(至冤極痛)성구 더없이 억울하고 원통함을 이르는 말. 준 지원(至冤)

지원=사격(支援射擊)명 전투 중이거나 후퇴 중인 부대의 작전을 지원하여 하는 사격.

지원-서(志願書)명 지원하는 뜻을 적어서 내는 서류. ¶입사 -/응시 -/입대 -

지월(至月)명 '동짓달'을 달리 이르는 말. ☞납월(臘月)

> ▶ '지월(至月)'의 뜻
> 음력 십일월을 '동지(冬至)가 드는 달'이라 하여 이르는 말이다. 이를 달리 '동짓달'이라고도 한다.

지위 명 '목수(木手)'를 예스럽게 이르는 말.

지위(地位)명 ①사회적으로 개인이 차지하는 자리나 계급. ¶-가 높다./-의 고하를 막론하다. ②어떤 사물이 차지하는 위치. ¶가정 교육이 점하는 -.

지위-지다 자 ①병으로 말미암아 몸이 쇠약해지다. ②씀씀이가 지나치거나 재앙을 입거나 하여 살림이 기울어지다. ¶낭비벽이 심하면 지위지게 마련이다.

지유(地油)명 석유(石油)

지유(地榆)명 한방에서, 오이풀의 뿌리를 약재로 이르는 말. 출혈·화상·궤양 등에 쓰임.

지유(脂油)명 지방유(脂肪油)

지-유삼(紙油衫)명 비가 내릴 때 입는, 기름에 결은 종이로 만든 비옷. 지우삼(紙雨衫) ☞유삼(油衫)

지육(枝肉)명 소나 돼지 따위를 잡아 대가리·다리·내장을 잘라 내고 아직 각을 뜨지 않은 고기.

지육(脂肉)명 기름기와 살코기.

지육(智育)명 지능의 계발과 지식의 함양을 목적으로 하는 교육. ☞덕육(德育). 체육(體育)

지율(持律)명 -하다 자 불교에서, 부처의 계율(戒律)을 굳게 지킴을 이르는 말.

지은(至恩)명 지극한 은혜.

지은(地銀)명 순도(純度) 90퍼센트의 은. 구성은(九成銀) ☞천은(天銀)

지은(知恩)명 -하다 자 ①은혜를 앎. ②불교에서, 불(佛)·법(法)·승(僧)의 삼보(三寶)의 은혜를 아는 일.

지은보은(知恩報恩)성구 남이 베풀어 준 은혜를 알고 그 은혜를 갚음을 이르는 말.

지은-이 명 책 따위를 지은 사람. 저작물을 작성한 사람. 작자(作者). 저작자(著作者)

지음(支飮)명 한방에서, 기침이 나고 숨이 차서 누워 있기가 어려운 병을 이르는 말. 지음증

지음(知音)명 ①-하다 자 ㉠음악의 곡조를 잘 앎. ㉡새나 짐승의 소리를 분간해 알아들음. ②중국 춘추 시대, 종자기(鍾子期)가 친구인 백아(伯牙)가 타는 거문고 소리

ㅈ

를 들으면 그 악상(樂想)을 일일이 알아맞혔다는 고사에서, 자기의 마음을 알아주는 절친한 친구를 이르는 말. ☞백아절현(伯牙絕絃)

지음-증(支飮症)[-쯩] 명 지음(支飮)

지응(支應) 명 조선 시대, 관원이 공무로 출장하였을 때에 그곳에서 필요한 물품을 대어 주던 일.

지읒 명〈어〉한글 자모(字母) 'ㅈ'의 이름.

지의(地衣)[1] 명 헝겊으로 가장자리를 꾸미고 여러 개를 마주 이어서 크게 만든 돗자리. 주로 제사 때에 씀.

지의(地衣)[2] 명 지의류(地衣類) 식물을 통틀어 이르는 말. 석화(石花)

지의(旨意) 명 취지나 의향(意向).

지의(旨義) 명 깊고도 주장이 되는 뜻.

지의(至義) 명 더없이 올바른 의리(義理).

지의(紙衣) 명 유지의(襦紙衣)

지의(遲疑) 명-하다 자 의심하고 주저함.

지의-류(地衣類) 명 균류(菌類)와 조류(藻類)의 공생체인 생물의 무리. 균류가 조류를 둘러싸고 있으며 수분을 공급하고, 조류는 광합성을 하여 양분을 공급함. 바위나 나무껍질 따위에 붙어서 자람.

지이(地異) 명 땅 위에서 일어나는 여러 가지 이변(異變). 지진·홍수 따위. 지변(地變) ☞천변(天變)

지이부지(知而不知) 성구 알면서도 모르는체 함을 이름.

지인(至人) 명 더없이 덕이 높은 사람.

지인(至仁) 명 더없이 어짊, 또는 그런 사람.

지인(知人) 명 ①아는 사람. ②-하다 자 사람의 됨됨이를 알아봄.

지인(智印) 명 불교에서, 부처나 보살의 지혜를 상징하는 인계(印契)를 통틀어 이르는 말.

지인용(智仁勇) 명 슬기와 어짊과 용맹스러움을 아울러 이르는 말.

지인지감(知人之鑑) 명 사람의 됨됨이를 알아보는 식견(識見). 준 지감(知鑑)

지인지자(至仁至慈) 성구 더없이 인자함을 이르는 말.

지일(至日) 명 '동짓날' 또는 '하짓날'.

지일(遲日) 명 낮이 길어 해가 늦게 진다는 뜻에서, '봄날'을 이르는 말. ☞영일(永日)

지일가기(指日可期) 성구 훗날에 일이 이루어질 것을 꼭 믿음을 이르는 말.

지자(知者) 명 지식이 많고 사리에 밝은 사람.

지자(智者) 명 슬기로운 사람. 지혜가 많은 사람.

지자(至慈) 어기 '지자(至慈)하다'의 어기(語基).

지-자기(地磁氣) 명 지구 자기(地球磁氣)

지자요수(智者樂水) 성구 슬기로운 사람은 사리에 밝아 막힘이 없는 것이 물과 같아서 물을 좋아한다는 말. ☞인자요산(仁者樂山)

지자일실(智者一失)[-씰] 성구 비록 슬기로운 사람일지라도 많은 생각 가운데는 간혹 잘못이 있을 수 있음을 이르는 말. ☞우자일득(愚者一得)

지자-하다(至慈-) 형여 더없이 자비롭다.

지잠(地蠶) 명 '굼벵이'의 딴이름.

지장(支裝) 명 조선 시대, 새로 부임하는 수령을 맞을 때에 그곳 관아에서 주던 그 지방의 산물.

지장(支障) 명 일을 하는 데 거치적거리어 방해가 되는 장애. ¶별 -이 없다./공사로 통행에 -을 주다.

지장(地漿) 명 한방에서, 황토 땅을 90cm 가량 파서 그 속에 고인 물을 휘저어서 흐리게 한 다음에 흙을 가라앉힌 맑은 물을 약재로 이르는 말. 황토수(黃土水)

지장(地藏) 명 '지장보살'의 준말.

지장(指章) 명 엄지손가락의 지문에 먹이나 인주를 묻혀 도장 대신에 찍는 것. 무인(拇印). 손도장

지장(指掌) 명 〔손가락으로 손바닥을 가리킨다는 뜻으로〕 ①사리가 분명하여 알기 쉬움을 비유하여 이르는 말. ②매우 하기 쉬운 일을 비유하여 이르는 말.

지장(紙匠) 명 고려·조선 시대, 종이를 만드는 일을 전문으로 하던 사람.

지장(紙帳) 명 종이로 만든 방장(房帳).

지장(紙*欌) 명 겉을 종이로 발라 만든 장.

지장(智將) 명 지략(智略)이 뛰어난 장수.

지장경언:해(地藏經諺解) 명 조선 세조 때에 학조 대사(學祖大師)가 '지장경(地藏經)'을 한글로 번역한 책. 초간본은 오늘날 전하지 않고, 선조 2년(1569)에 쌍계사(雙磎寺)에서 중간(重刊)한 3권 1책의 판본과 영조 28년(1752)에 펴낸 순 한글판이 전함.

지장-보살(地藏菩薩) 명 불교에서, 석가모니가 입멸한 뒤부터 미륵보살이 성도할 때까지 부처 없는 세계에 머물면서 중생의 제도를 부촉 받았다는 보살. 왼손에 연꽃을, 오른손에 보주(寶珠)를 들고 있거나, 석장을 짚은 모습임. 준 지장(地藏) ☞대원 본존(大願本尊)

지:-장조(G長調)[-쪼] 명 사장조

지재(持齋) 명 불교에서, 정오를 지나서는 밥을 먹지 않는다는 계율을 지키는 일.

지재지삼(至再至三) 부 두 번 세 번. 여러 번. ¶- 강조하다. ☞재삼재사(再三再四)

지저(地底) 명 땅 속. 땅밑.

지저-거리다(대다) 자 자꾸 지저귀다. ☞재자거리다

지저귀 명-하다 자 ①남의 일을 방해하는 짓. ②짓거리

지저귀다 자 ①새가 자꾸 우짖다. ¶처마 밑에서 지저귀는 제비. ②조리 없는 말을 자꾸 지껄이다. ¶아이들이 지저귀며 노는 소리.

지저-깨비 명 나무를 깎거나 다듬을 때 생기는 잔 조각. 목찰(木札)

지저분-하다 형여 ①사물이 어수선하고 더럽다. ¶방 안이 -./얼굴이 -. ②말이나 행동이 추잡하고 더럽다. ¶사생활이 -./지저분한 전력이 드러나다.

지저분-히 부 지저분하게

지저-수(地底水) 명 지하수(地下水)

지저-지저 부 자꾸 지저귀는 소리, 또는 그 모양을 나타내는 말. ☞재자재자

지적(地積) 명 땅의 넓이. 땅의 평수.

지적(地籍) 명 위치나 형질, 소유 관계 등 토지에 관한 여러 가지 사항을 등록하여 놓은 기록.

지적(知的)[-쩍] 명 ①지식 등이 풍부한 것. ¶-인 사람. ②지식이나 지성에 관한 것. ¶- 호기심.

지적(指摘) 명-하다 타 꼭 집어서 가리킴. ¶결점을 -하다./그의 과실을 -하다.

지적=공부(地籍公簿) 명 지적을 명확하게 하기 위하여 작성된 토지 대장, 임야 대장, 지적도, 임야도와 수치 지적부를 통틀어 이르는 말.

지적=대장(地籍臺帳) 명 토지 대장(土地臺帳)

지적-도(地籍圖) 명 토지의 소재(所在)·지번(地番)·지목(地目)·경계 따위를 나타내기 위하여 국가에서 만든 평면 지도.

지적=소:유권(知的所有權)[-쩍-꿘] 명 공업 소유권이나 저작권 등 사람의 지적인 창작 활동에 따른 이익이 인정되는 권리. 저작권·특허권·상표권 따위. ☞무체 재산권(無體財産權)

지적-지적 부-하다 형 물기가 있어서 좀 지직한 모양을 나타내는 말. ¶눈가에 - 운 흔적이 보인다./비가 내린 뒤라 땅이 -하다. ☞자작자작[2]

지적=직관(知的直觀)[-쩍-] 명 철학에서, 초감성적·초오성적(超悟性的)인 것의 직관. 곧 현상을 초월한 근본 실재의 직접적이고 정신적인 파악을 이름.

지적=판단(知的判斷)[-쩍-] 명 철학에서, 논리적으로 진위(眞僞)를 밝혀서 내리는 판단.

지전(紙田) 명 고려 시대, 나라에서 지방 관아에서 쓰는 종이·붓·먹 등을 마련할 수 있도록 각 관아에 나누어 주던 논밭. ☞급전(給田)

지전(紙廛) 명 ①종이붙이를 파는 가게. 지물포(紙物鋪) ②조선 시대, 육주비전(六注比廛)의 하나. 갖가지 종이와 그 가공품을 팔았음.

속담 **지전 시정(市井)에 나비 쫓아가기**: 종이 장수가 나비가 나는 것을 보고 종이쪽인 줄 알고 쫓아간다는 뜻으로, 재물이 많으면서도 작은 것에 인색함을 비웃는 말.

ㅈ

지전(紙錢)명 ①민속에서, 죽은 사람이 저승 가는 길에 노자(路資)로 쓰라고 관(棺)에 넣어 주는, 돈 모양으로 오린 종이를 이르는 말. ☞조전(造錢) ②무당이 비손할 때에 쓰는, 긴 종이 오리를 둥글둥글하게 잇대어 돈 모양으로 만든 물건. ③지폐(紙幣)

지-전:류(地電流)명 ①땅 속을 흐르는 미약한 전류. ②지구를 회로(回路)의 일부로 하는 전신기 등에서 전선 속으로 흘러 통신에 장애를 끼치는 전류.

지절(志節)명 지조와 절개를 아울러 이르는 말.

지절(肢節)명 팔다리의 마디뼈.

지절(枝節)명 ①나무의 가지와 마디. ②곡절이 많은 사단(事端)을 비유하여 이르는 말.

지절(至切)어기 '지절(至切)하다'의 어기(語基).

지절-거리다(대다)자 ①좀 큰 목소리로 자꾸 지껄거리다. ②참새 따위가 자꾸 지저귀다. ☞재잘거리다

지절-지절부 지절거리는 소리, 또는 그 모양을 나타내는 말. ☞재잘재잘

지절-통(肢節痛)명 한방에서, 감기나 몸살 따위로 팔다리의 뼈마디가 쑤시는 증세를 이르는 말.

지절-하다(至切-)형여 ①더없이 간절하다. ②꼭 필요하다.

지점(支店)명 본점에서 갈라져 나가 일정한 지역의 업무를 맡아보는 영업소. 본점의 지휘를 받으면서도 부분적으로 독립된 기능을 가짐.

지점(支點)명 ①지레를 받쳐 주는 고정된 점. 받침점. 지렛목 ☞역점(力點) ②구조물을 받치고 있는 부분.

지점(地點)명 땅 위의 일정한 곳 또는 위치. ¶사고 -을 기억하다. /반환 -을 통과하다.

지점(至點)명 '하지점'과 '동지점'을 아울러 이르는 말.

지점(持點)명 당구에서 자기가 칠 수 있는 끗수.

지점(指點)명-하다타 손가락으로 가리켜 보임.

지점(趾點)명 수직선이나 사선의 밑점.

지접(止接)명-하다자 한동안 몸을 의탁하여 지냄. ☞거접(居接)

지접(枝椄)명 가지접 ☞순접(筍椄). 접지(椄枝)

지정(地丁)명 '민들레'의 딴이름.

지정(地釘)명 집터 따위를 다질 때 바닥을 단단히 하기 위하여 땅 속에 박는 통나무 토막 따위.

지정(地精)명 '인삼(人蔘)'의 딴이름.

지정(至情)명 ①매우 두터운 정분. ②매우 가까운 겨레붙이. ③지극한 충정(衷情).

지정(知情)명-하다자 남의 사정을 앎.

지정(指定)명-하다타 ①가리키어 정함. ¶문화재로 -하다. /투표일을 임시 공휴일로 -하다. ②여럿 가운데서 하나 또는 몇 개만 가려내어 정함. ¶- 병원/- 좌석

지정(至正)어기 '지정(至正)하다'의 어기(語基).

지정(至精)어기 '지정(至精)하다'의 어기(語基).

지정가=주:문(指定價注文)[-까-]명 유가 증권의 매매를 증권업자에게 위탁할 때 주문 방법의 한 가지. 최고 판매 가격과 최저 매입 가격을 지정하는 주문 방법. ☞역지정가 주문(逆指定價注文)

지정-거리다(대다)자 가다가 조금 지체하다.

지정-다지다(地釘-)자 터다지다 준지정닺다

지정-닺다(地釘-)[-닫-]자 '지정다지다'의 준말. 터닺다

지정-머리명 좋지 못한 짓거리.

지정불고(知情不告)성구 남의 범죄 사실을 알면서도 알리지 않음을 이르는 말.

지정사(指定詞)명〈어〉'우리말본'에서 '이다'와 '아니다'를 한데 묶어 이르던 품사 이름.

지정의(知情意)명 사람의 세 가지 심적 요소인 지성·감정·의지를 아울러 이르는 말.

지정지미(至精至微)성구 더없이 정밀하고 미세함을 이름.

지정지밀(至精至密)성구 더없이 정밀함을 이름.

지정-지정부 자꾸 지정거리는 모양을 나타내는 말.

지정-하다(至正-)형여 더없이 바르다.

지정-하다(至精-)형여 ①더없이 깨끗하다. ②더없이 정밀하다.

지정-학(地政學)명 정치 현상과 지리적 조건의 관계를 연구하는 학문.

지제(地祭)명 지신(地神)에게 지내는 제사.

지제(紙製)명 종이로 만듦, 또는 그 물건.

지조(地租)명 토지의 수익에 대하여 매기는 조세.

지조(志操)명 뜻을 굽히지 않는 굳은 의지, 또는 그러한 기개. ¶- 있는 학자. /-를 지키다. /-가 굳다.

지조(指爪)명 손톱

지족(支族·枝族)명 갈라져 나온 혈족(血族).

지족(知足)명-하다자 분수를 지키어 만족할 줄을 앎.

지족불욕(知足不辱)성구 분수를 지키어 만족할 줄을 알면 욕되지 아니함을 이르는 말.

지존(支存)명-하다타 지탱하여 보존함. 지보(支保)[1]

지존(至尊)[1]명 '임금'을 높이어 이르는 말. ¶-의 자리에 오르다.

지존(至尊)[2]어기 '지존(至尊)하다'의 어기(語基).

지존-하다(至尊-)형여 더없이 존귀하다. ¶지존한 존재.

지종(至終)명-하다자 마지막에 이름.

지종(地種)[1]명-하다타 화초를 화분에 심지 않고 땅에 심음. ☞등분(登盆)

지종(地種)[2]명 소유자에 따라 구별한 토지의 종목. 국유지(國有地)와 사유지(私有地) 따위.

지종(地種)[3]명 산삼을 분류하는 말의 하나. 천종(天種)의 씨앗이 포기 주변에 흩어져 자란 산삼을 이르는 말. ☞인종(人種)

지죄(知罪)명-하다자 자기가 지은 죄를 앎.

지주(支柱)명 ①물건이 쓰러지지 않도록 받치는 데 쓰는 기둥 따위. 받침대. 버팀대 ②의지할 수 있는 대상을 비유하여 이르는 말. ¶한 집안의 -. /정신적인 -.

지주(地主)명 ①땅의 소유자. ②자기의 땅을 남에게 빌려주고 지대(地代)를 받는 사람. ③그 땅에서 사는 사람.

지주(旨酒)명 맛이 좋은 술.

지주(指嗾)명-하다타 달래고 꾀어서 부추김. 유사주(使嗾)

지주(蜘蛛)명 '거미'의 딴이름.

지주(踟躕)명 주저함. 머뭇거림.

지주=계급(地主階級)명 지주들로 이루어진 사회적 계층.

지주-근(支柱根)명 식물체의 땅위줄기에서 나와 땅에 닿거나 땅 속으로 뻗어 들어가 줄기를 버티는 구실을 하는 기근(氣根). 주근(柱根)

지주-망(蜘蛛網)명 거미줄

지주-사(蜘蛛絲)명 거미줄

지주=회:사(持株會社)명 다른 회사의 주식을 취득하고 보유함으로써 그 회사를 독점적으로 지배하는 회사. 통제 회사(統制會社). 투자 회사(投資會社)

지중(地中)명 ①땅 속. ②광중(壙中)

지중(持重)명-하다자 몸가짐을 진중히 함.

지중(至重)어기 '지중(至重)하다'의 어기(語基).

지중-선(地中線)명 지하선(地下線)

지중=식물(地中植物)명 땅속줄기나 덩이뿌리와 같이 땅속에서 겨울을 넘기는 겨울눈을 가진 식물. 고구마나 토란 따위. ☞지상 식물(地上植物). 지표 식물(地表植物)

지중-하다(至重-)형여 더없이 귀중하다.
지중-히부 지중하게

지중-해(地中海)명 ①주위가 대부분 육지로 둘러싸인 바다. 대양과는 해협으로 연결됨. ☞내해(內海). 부속해(附屬海) ②유럽, 아시아, 아프리카 대륙에 둘러싸인 바다. 동쪽으로 홍해와 인도양, 서쪽으로 대서양과 통하며 북쪽에 흑해가 있음.

지중해성=기후(地中海性氣候)[-썽-]명 온대 기후의 한 가지. 여름에는 비가 적고 고온·건조하며, 겨울에는 비가 많고 온난·다습함.

지지명 ①어린아이에게 '더러운 것'이라는 뜻으로 쓰는 말. ②[감탄사처럼 쓰임] 어린아이가 더러운 것을 만지거나 할 때 말리는 말.

지지(支持)명-하다타 ①버티거나 떠받침. ②어떤 사람이나 단체의 의견·주의·정책 따위에 찬동하여 힘써 뒷받

ㅈ

침함, 또는 그 원조. ¶대중의 ―를 받다./많은 사람들이 그 후보를 ―했다.

지지(地支)명 육십갑자의 아래 부분을 이루는 십이지(十二支). 곧 자(子)·축(丑)·인(寅)·묘(卯)·진(辰)·사(巳)·오(午)·미(未)·신(申)·유(酉)·술(戌)·해(亥). ☞천간(天干)

지지(地誌)명 ①어떤 지역의 자연·사회·문화 등의 지리적 현상을 분류하고 연구하여 기록한 것. ②'지지학(地誌學)'의 준말.

지지(至知·至智)명 더없이 뛰어난 지혜, 또는 그런 지혜를 지닌 사람.

지지(知止)명-하다자 〔그칠 줄을 안다는 뜻으로〕 스스로 분수를 알아서 그 이상의 것을 구하지 아니함.

×**지지**(枝指)명 →기지(枝指)

지지(遲遲)어기 '지지(遲遲)하다'의 어기(語基).

지-지난 관 지난번에서 한 번 더 지난. ¶― 가을에 그를 만났지. ☞지난

지지난-달 명 지난달의 전달. 거거월. 전전달. 전전월

지지난-밤 명 그저께의 밤.

지지난-번(―番)명 지난번의 바로 전번. 거거번(去去番). 전전번(前前番)

지지난-해 명 지난해의 전해. 그러께. 재작년(再昨年). 전전년(前前年)

지지다 타 ①국물을 조금 붓고 끓여 익히다. ¶명태를 ―./김치를 지져 먹다. ②불에 달군 번철 따위에 기름을 두르고 전 따위를 부쳐 익히다. ¶두부를 ―. ③불 또는 불에 달군 물건을 다른 물체에 대어 뜨겁게 하거나 타게 하다. ¶인두로 지져서 그린 그림. ☞낙(烙)하다

지지고 볶다 관용 사람을 들볶아서 부대끼게 함을 속되게 이르는 말.

지지랑-물 명 비가 온 뒤에 썩은 초가집 처마에서 떨어지는 검붉은 빛깔의 낙숫물.

지지러-뜨리다(트리다)타 지지러지게 하다.

지지러-지다 자 ①몹시 놀라거나 하여 몸이 움츠러지다. ¶갑작스러운 굉음에 몸이 ―. ②생물이 탈이 생겨서 제대로 자라지 못하다. ☞자지러지다[1]

지지르다(지지르고·지질러)타르 ①기세나 의견 따위를 꺾어 누르다. ¶반론을 ―. ②무거운 물건으로 내리누리다. ¶김치를 독에 담고 돌로 지질러 놓다.

지지름-돌[―똘] 명 물건을 지지르는 돌. ☞김칫돌

지지리 부 지긋지긋하도록 몹시. ¶― 못나다./― 못살다./― 고생하다. ☞자지리

지지-배배 부 제비 따위가 지저귀는 소리를 나타내는 말.

지지부진(遲遲不進)성구 몹시 더디어서 일 따위가 잘 나아가지 아니함을 이르는 말. ¶수사가 ―하다.

×**지지콜콜이** 부 →시시콜콜히

지지-하다 형여 보잘것없거나 시시하다.

지지-하다(遲遲―)형여 몹시 굼뜨고 더디다. ¶지지하긴 해도 전혀 효과가 없는 것은 아니다.

지지-학(地誌學)명 지리학의 한 분야. 특정 지역을 중심으로 그것을 둘러싼 곳의 모든 관계를 밝히고 지역의 특성을 파악하여 체계적으로 설명·기술하는 학문. 준 지지(地誌) ☞계통 지리학(系統地理學)

지직-하다 형여 반죽 따위가 조금 진듯 하다. ¶밀가루를 지직하게 반죽하다.

지진(地震)명 지구 내부에서 일어나는 급격한 변동으로 말미암아 진동이 전달되어 지반이 흔들리는 현상. 지동(地動) ☞진앙(震央). 진원(震源)

지진(指診)명-하다타 손가락으로 만져 진찰함.

지진-계(地震計)명 지진의 진동을 자동으로 기록하는 장치. 이것으로 지진의 강도와 방향 따위를 알 수 있음. 검진기(檢震器)

지진=단:층(地震斷層)명 지진으로 생긴 대규모의 단층.

지진-대(地震帶)명 지진 활동이 활발한 띠 모양의 지역.

지진-동(地震動)명 지진이 일어났을 때, 지진파(地震波)로 말미암아 일어나는 지면의 진동.

지진-아(遲進兒)명 학습이나 지능의 발달이 더딘 아동.

지진-제(地鎭祭)명 토목·건축 공사를 시작할 때, 그 공사의 안전을 비는 뜻으로 지신에게 지내는 제사.

지진-파(地震波)명 지진으로 말미암아 진원이나 진앙에서 사방으로 퍼지는 파동.

지진-학(地震學)명 지구 물리학의 한 분야. 지진이나 그 밖의 진동, 진재(震災)의 예방이나 지진계의 응용 따위를 연구하는 학문.

지질(地質)명 지각을 이루는 암석이나 지층의 성질과 상태.

지질(脂質)명 생물체 안에 존재하며, 물에는 녹지 않고 유기 용매에 녹는 유기 화합물을 통틀어 이르는 말. 지방·지방산·납(蠟) 따위. ☞당질(糖質)

지질(紙質)명 종이의 품질.

지질-도(地質圖)[―또] 명 어떤 지역의 표면에 드러난 암석이나 지층의 종류·분포·연대, 지질 구조 등을 나타낸 지도.

지질리다 자 지지름을 당하다. ¶가슴이 바윗돌에 지질리는듯 하다.

지질-맞다[―맏―] 형 보잘것없고 변변하지 못하다.

지질-버력 명 가장 쓸모가 적은 광석.

지질=시대(地質時代)명 지구의 표면에 지각이 생긴 이후부터 오늘날까지의 시대. 지층에서 나오는 화석의 내용과 지각 변동의 특징에 따라 시대 구분을 함.

지질=연대(地質年代)[―련―] 명 과거 지구상에 암석의 생성과 지각 변동, 생물의 출현과 멸종 따위가 있었던 때를 시간 관계로 구분한 것.

지질=영력(地質營力)[―령―] 명 영력(營力)

지질=조사(地質調査)명 어떤 지역의 암석이나 지층의 종류와 분포, 지질의 구조 따위를 조사하는 일.

지질-지질[1] 부-하다형 물기가 많아서 조금 진듯 한 모양을 나타내는 말.

지질-지질[2] 부-하다형 깔밋하지 못하고 몹시 지질한 모양을 나타내는 말.

지질-컹이 명 ①무엇에 지질려 기를 펴지 못하는 사람. ②무엇에 내리눌려 잘 되지 못한 물건.

지질펀펀-하다 형여 ①울퉁불퉁한 데가 없이 고르게 펀펀하다. ②땅이 약간 진듯 하고 펀펀하다.

지질-하다[1] 형여 보잘것없고 변변치 못하다.

지질-하다[2] 형여 싫증이 날 만큼 지루하다.

지질-학(地質學)명 지구 과학의 한 분야. 지각의 구조·성질·성인(成因)·역사 따위를 연구하는 학문.

지짐-거리다(대다)자 조금씩 내리는 비가 그쳤다 내렸다 하며 자꾸 내리다. ¶지짐거리던 날씨가 갰다.

지짐-이 명 ①얼간 생선, 건어, 어패류 등을 재료로 하여 국물을 적게 붓고 짭짤하게 끓인 음식. 찌개보다는 국물이 적고 조림보다는 국물이 많게 조리함. ②기름에 지진 음식을 통틀어 이르는 말. ☞부침개

지짐-지짐 부 지짐거리는 모양을 나타내는 말.

지짐-질 명-하다자 전 따위를 불에 달군 번철에 기름을 두르고 지져서 익히는 일. 부침개질. 부침질. 전유(煎油)

지차(之次)명 ①버금이나 다음. ②맏이 이외의 차례들. ¶―는 자식이 아닌가?

지참(持參)명-하다타 돈이나 물건을 가지고 참석함. ¶각자 필기 도구를 ―할 것.

지참(遲參)명-하다자 정해진 시각보다 늦게 참석함. 지각(遲刻) ☞조참(早參)

지참-금(持參金)명 신랑이나 신부가 결혼할 때 본가(本家)나 친정에서 가지고 가는 돈.

지창(紙窓)명 종이로 바른 창문.

지채(芝菜)명 지채과의 여러해살이풀. 줄기 높이는 10～25cm. 뿌리줄기는 굵고 짧으며, 가늘고 긴 잎이 뿌리에서 모여 남. 6～10월에 자줏빛을 띤 녹색의 꽃이 총상(總狀) 꽃차례로 핌. 바닷물이 닿는 곳에서 자라며, 어린잎은 먹을 수 있음.

지척(咫尺)명 아주 가까운 거리. ¶―에 두고도 못 만나다. ☞규보(跬步)

속담 **지척이 천리(千里)라**: 서로 가까이 있으면서도 오래 만나지 못해 멀리 떨어져 사는 것과 같음을 이르는 말.

지척(指斥)명 -하다 타 웃어른의 언행을 지적하여 탓함.

지척-거리다(대다)자타 기운 없이 다리를 끌면서 걷다.

지척불변(咫尺不辨)성구 매우 어둡거나, 눈·비·안개 따위가 심하거나 하여 아주 가까운 곳도 분별할 수 없음을 이르는 말.

지척지지(咫尺之地)명 아주 가까운 곳.

지척-지척 부 지척거리는 모양을 나타내는 말.

×지천 명 → 지청구

지천(至賤)명 -하다 형 ①더없이 천함. ¶신분이 -하다. ②너무 흔해서 귀할 것이 없음. ¶강가에 자갈이 -이다./들에 쑥이 -으로 자라 있다.

지천위서(指天爲誓)성구 하늘에 맹세함을 이르는 말.

지첨(指尖)명 손가락 끝.

지청(支廳)명 본청에서 갈라져 나가, 본청의 관리 아래 일정한 지역의 업무를 맡아보는 관청. ¶서부 -

지청구 명 -하다 타 까닭 없이 남을 원망하고 탓함. ¶-를 듣다.

지체 명 대대로 내려오는 가문의 사회적 신분이나 지위. 세벌(世閥) ¶-가 높다./- 높은 집.

지체(肢體)명 팔다리와 몸. ¶- 부자유아(不自由兒)

지체(遲滯)명 -하다 자타 일을 뒤로 미루거나 시간을 늦춤. ¶- 없이 떠나다.

지체=보:상금(遲滯補償金)명 시행자가 계약 기간 안에 공사를 끝내지 못한 때 입주 예정자에게 지급하는 돈. 보상금은 입주 예정자가 낸 금액에 시중 금리에 따라 연체율과 지체 날짜 수를 곱해 산정하는 것이 일반적임.

지초(芝草)명 ①'영지(靈芝)'의 딴이름. ②'지치'의 딴이름.

지초(紙草)명 지난날, 상가에 부의(賻儀)로 보내는 종이와 담배를 이르던 말. ☞지촉

지촉(紙燭)명 지난날, 상가에 부의(賻儀)로 보내는 종이와 초를 이르던 말. ☞지초(紙草)

지촉-대:전(紙燭代錢)명 상가에 종이와 초 대신에 부의(賻儀)로 보내는 돈.

지총(紙銃)명 딱총

지축(地軸)명 ①지구 자전(自轉)의 회전축. 남극과 북극을 잇는 축. 땅꽂이 ②대지의 중심. ¶-을 뒤흔드는 포성.

지출(支出)명 -하다 타 ①어떤 목적을 위하여 돈을 치름, 또는 그 돈. ¶-이 늘다./문화비로 -하다. ②국가나 지방 자치 단체가 그 직능을 수행하려고 경비를 치름, 또는 그 경비. ☞수입(收入)

지출-관(支出官)명 중앙 관서의 장(長)의 위임을 받아 출납 기관에 국고금의 지출을 명령하는 권한을 가진 공무원. 지출 명령관(支出命令官)

지출-금(支出金)명 지출한 금액.

지출=명:령관(支出命令官)명 지출관(支出官)

지출-액(支出額)명 지출한 액수.

지출=예:산(支出豫算)[-례-]명 국가나 공공 단체가 한 회계 연도에 지출할 총경비를 계획한 예산.

지충(至忠)어기 '지충(至忠)하다'의 어기(語基).

지충-하다(至忠-)형여 더없이 충성스럽다.

지취(旨趣)명 ①어떤 일에 대한 깊은 맛, 또는 오묘한 뜻. ②취지(趣旨)

지취(地嘴)명 곶

지취(志趣)명 의지와 취향(趣向). 의취(意趣)

지층(地層)명 자갈·모래·진흙·화산재 따위가 물 밑이나 지표에 쌓여 이룬 층. 퇴적층을 이루는 알갱이의 크기·성분·색깔이 다른 층상(層狀)으로 이루어짐.

지치 명 지칫과의 여러해살이풀. 줄기 높이는 30~70cm. 뿌리는 굵고 자줏빛이며, 줄기는 곧게 서고 털이 많음. 잎은 어긋맞게 남. 5~6월에 흰 꽃이 줄기 끝에 총상(總狀) 꽃차례로 핌. 산이나 들의 풀밭에 자라며, 우리 나라와 일본, 중국 등지에 분포함. 한방에서 뿌리를 '자근(紫根)'이라 하여 해독·해열·화상·동상 따위의 약재로 씀. 자지(紫芝). 자초(紫草). 지초(芝草)

지치(至治)명 세상이 매우 잘 다스려짐, 또는 매우 잘 다스리는 정치.

지치(智齒)명 사랑니

지:치다[1] 자 ①힘이 들거나 무엇에 시달리거나 하여 힘이 빠지다. ¶힘든 농사일에 -./오랜 병 수발에 아내는 지칠 대로 지쳤다. ②어떤 일에 물리거나 의욕을 잃거나 하여 싫증이 나다. ¶무료함에 지친 얼굴./참고 기다리는 일에도 지쳤다.

> 한자 지칠 피(疲)〔疒部 5획〕¶피곤(疲困)/피로(疲勞)/피폐(疲弊)/피폐(疲斃)

지:치다[2] 자 마소 따위가 기운이 빠져 묽은 똥을 싸다.

지:치다[3] 타 얼음 위를 미끄러져 달리다. ¶썰매를 -.

지:치다[4] 타 문을 잠그지 않고 닫아만 두다.

지칙(指飭)명 -하다 타 가리켜서 단단히 타이름.

지친(至親)[1] 명 가장 가까운 친족, 곧 부자 사이 또는 형제 사이를 이르는 말.

지친(至親)[2] 어기 '지친(至親)하다'의 어기(語基).

지:친-것 의 어떤 직업이나 직업에 관련된 낱말 뒤에 쓰이어, 그 일을 오래 하다가 물러난 사람을 얕잡아 이르는 말. ¶선생 -./기생 -. ☞퇴물(退物)

지친-하다(至親-)형여 더없이 친하다.

지침(指針)명 ①지시(指示) 장치에 붙어 있는 바늘. 시계·나침반·계량기 등의 바늘. ②일이나 행동 따위의 준거(準據)가 되거나 나아갈 방향을 보여 주는 방침. ¶업무에 대한 -을 마련하다./행동 -/교정 -

지침-서(指針書)명 지침이 될만 한 내용의 글이나 책.

지칫-거리다(대다)[-친-]자 위태위태하게 발을 내디디며 느릿느릿 걷다. ☞자칫거리다

지칫-지칫[-친-]부 지칫거리는 모양을 나타내는 말. ¶노인이 - 걷다. ☞자칫자칫

지칭(指稱)명 -하다 타 가리켜 일컬음, 또는 가리켜 일컫는 이름. ¶이 글에서 '그'란 누구를 -하는 말인가?/마땅한 -이 없다.

지칭개 명 국화과의 두해살이풀. 줄기 높이는 60~80cm. 줄기는 속이 비었으며, 줄기의 가운데에 달린 잎은 깃꼴로 깊게 갈라져 있음. 5~9월에 붉은 자색의 꽃이 줄기나 가지 끝에 두상(頭狀) 꽃차례로 핌. 들이나 밭에 절로 자라며, 우리 나라와 일본, 중국, 인도 등지에 분포함. 어린잎은 먹을 수 있음.

지켜-보다 타 관심이나 주의를 기울여 보다. ¶수술 과정을 -./네가 앞으로 어떻게 사는지 지켜보마.

지키다 타 ①잃거나 침해 받지 않도록 살피어 보호하다. ¶재산을 -./집을 -./나라를 -. ②길목이나 통로 따위를 살피어 감시하다. ¶정문을 -./국경을 -./동네 어귀를 -. ③계속 보살피거나 떠나지 않다. ¶아버지 병석을 -./네 곁에서 지켜 주겠다./자리를 -. ④법·약속·예의 따위를 어기지 않고 그대로 하다. ¶공중 도덕을 -./질서를 -./신의를 -. ⑤지니거나 누리고 있던 것을 바꾸거나 빼앗기거나 하지 않고 굳게 지니다. ¶지조를 -./정조를 -./권리를 -./자유를 -. ⑥어떤 상태를 변함없이 그대로 유지하다. ¶젊음을 -./중립을 -./침묵을 -./품위를 -./비밀을 -.

> 한자 지킬 보(保)〔人部 7획〕¶보건(保健)/보신(保身)
> 지킬 수(守)〔宀部 3획〕¶고수(固守)/수비(守備)
> 지킬 위(衛)〔行部 10획〕¶방위(防衛)/보위(保衛)/위국(衛國)/호위(護衛) ▷ 속자는 衞
> 지킬 파(把)〔手部 4획〕¶파수(把守)

지킴 명 민속에서, 한 집안이나 어떤 곳을 지키고 있다는 신령한 동물이나 물건을 이르는 말.

지-타:구(-唾具)명 조선 시대, 궁중에서 요강과 타구를 아울러 이르던 말.

지탄(枝炭)명 나뭇가지로 구운 숯.

지탄(指彈)명 -하다 타 잘못을 꼬집어 비난함. ¶- 받을 만 한 행위./세인의 -을 면하기 어렵다.

지태(紙胎)명 종이와 같이 매우 얇게 만든 도자기.

지태(遲怠)어기 '지태(遲怠)하다'의 어기(語基).

지태-하다(遲怠-)형여 굼뜨고 게으르다.

지탱(支撑)명 -하다 타 오래 버티거나 배겨냄. ¶지팡이에

ㅈ

기대어 몸을 ―하다.

한자 지탱할 지(支) 〔支部〕 ¶지주(支柱)/지지(支持)

지탱할-지(支撑―支)명 한자 부수(部首)의 한 가지. '支'나 '敍' 등에서 '支'의 이름.

지터버그(jitterbug)명 지르박

지토-선(地土船)명 조선 시대, 지방의 원주민이 가지고 있던 배.

지통(止痛)명-하다자 아픔이 멎음.

지통(至痛)명 극통(極痛)

지통(紙筒)명 문방구의 한 가지. 서화용(書畫用)의 종이나 서류 따위를 말아서 꽂아 두는 통으로, 필통보다 조금 큼.

지통(紙筩)명 한지(韓紙)를 뜰 때, 그 원료를 물에 풀어 담는 데 쓰는 큰 나무통.

지:티:-관(GT管)명 엄지손가락만 하게 유리로 만든 작은 진공관.

지파(支派)명 종파(宗派)에서 갈라져 나간 파. 지손(支孫)의 파.

지판(地板)명 ①관(棺)의 밑바닥 널. ☞천판(天板) ②접지할 때에 땅 속에 묻는 금속판.

지팡-막대명 지팡이 삼아 짚는 막대기.

지팡이명 걸을 때에 몸을 의지하려고 짚는 가늘고 긴 막대기 모양의 물건.

속담 **지팡이를 짚었지** : 어떤 한 곳에서 앞으로 크게 발전할 기초를 얻었다는 말.

지퍼(zipper)명 서로 이가 맞물리도록 금속이나 플라스틱 등의 조각을 두 개의 헝겊 테이프에 나란히 박아서, 그 두 줄을 고리로 밀고 당겨 여닫을 수 있게 만든 것. 파스너(fastener)

지평(地平)명 ①대지의 평평한 면. ②'지평선'의 준말. ③새 국면으로 펼쳐지는 경지를 비유하여 이르는 말. ¶그가 우주 공학의 새 ―을 개척했다.

지평(地坪)명 땅의 평수(坪數).

지평=거:리(地平距離)명 지구 표면의 어떤 높이에서 내다볼 수 있는 가장 먼 거리.

지평-면(地平面)명 지구 위의 어떤 지점에서 연직선(鉛直線)에 수직인 평면.

지평=부:각(地平俯角)명 관측 지점에서, 실지로 보이는 지평선과 천문학적 지평선이 이루는 각도.

지평-선(地平線)명 ①평평한 땅의 끝과 하늘이 맞닿아 보이는 경계선. ②천문학에서, 지상의 관측자를 지나는 연직선(鉛直線)에 수직인 평면이 천구(天球)와 만나는 큰 원. 준 지평(地平)

지평=시:차(地平視差)명 천체가 지평선에 있을 때, 지상의 관측자로부터 본 경우와 지구의 중심으로부터 본 경우의 방향의 차.

지평=좌:표(地平座標)명 천구상(天球上)의 천체의 위치를 방위각과 고도(高度), 또는 방위각과 천정 거리(天頂距離)에 따라 나타내는 좌표. ☞지심 좌표(地心座標)

지폐(紙幣)명 종이로 만든 화폐. 대부분 은행권임. 지전(紙錢). 지화(紙貨) ☞경화(硬貨)

지폐=본위제(紙幣本位制)명 지폐 본위 제도 ☞금본위제(金本位制). 은본위제(銀本位制)

지폐=본위=제:도(紙幣本位制度)명 지폐를 본위 화폐로 하는 제도. 지폐 본위제(紙幣本位制) ☞금본위 제도(金本位制度). 은본위 제도(銀本位制度)

지포(紙砲)명 딱총

지포-나무명 진달랫과의 낙엽 관목. 높이 2~3m. 잎은 어긋맞게 나며 긴 달걀꼴로 뒷면에 흰빛이 돎. 5~7월에 꽃부리가 넓은 종 모양의 꽃이 총상(總狀) 꽃차례로 피며, 열매는 9월경에 동글고 검은 장과(漿果)로 익는데 먹을 수 있음. 산 중턱이나 산등성이에서 자람.

지폭(紙幅)명 종이의 너비.

지표(地表)명 지구의 표면. 땅의 겉면.

지표(指標)명 ①사물의 방향이나 정도 따위를 가늠하는 표지(標識). ¶인생의 ―로 삼다. ②어떤 수의 상용 로그 값의 정수(整數) 부분.

지표(紙票)명 종이로 만든 딱지.

지표=생물(指標生物)명 기후나 토양 따위의 환경 조건을 나타내는 지표가 되는 생물 군락. ☞지표 식물(指標植物). 지표종(指標種)

지표-수(地表水)명 지구의 표면에 있는 물. 하천이나 호소(湖沼) 따위의 물. ☞지하수(地下水)

지표=식물(地表植物)명 겨울눈이 지표로부터 30cm 이내에 나는 식물. 소관목이나 초본 따위. ☞지상 식물(地上植物). 지중 식물(地中植物)

지표=식물(指標植物)명 기후나 토양 따위의 환경 조건을 나타내는 지표가 되는 식물.

지-표신(紙標信)명 조선 시대, 궁문(宮門)이나 군문(軍門) 따위를 드나들 때 쓰던, 종이로 만든 문표(門標).

지표-종(指標種)명 특정한 환경 조건을 나타내는 지표가 되는 생물의 종(種).

지푸라기명 짚의 오라기나 부스러기. ☞초개(草芥)

지풍-초(知風草)명 '암크령'의 딴이름.

지:프(jeep)명 사륜 구동(驅動)의 소형 자동차. 군용으로 개발되었으며, 험한 길을 달리기에 알맞음. 상표명임.

지피(地被)명 땅의 겉면을 덮고 있는 잡초. 선태식물 따위.

지피다[1] 자 사람에게 신령이 내리다.

지피다[2] 타 아궁이나 화덕 따위에 땔나무를 넣어 불을 붙이다. ¶아궁이에 불을 ―./장작을 ―./군불을 ―.

지피지기(知彼知己)성구 적(敵)의 형편과 나의 형편을 자세히 앎을 이르는 말. ¶―면 백전백승이라.

지필(紙筆)명 종이와 붓.

지필묵(紙筆墨)명 종이와 붓과 먹을 아울러 이르는 말.

지필연:묵(紙筆硯墨)[―련―]명 종이와 붓과 벼루와 먹을 아울러 이르는 말.

지하(地下)명 ①땅 밑. 땅 속. ¶―에 묻혀 있는 광물./―3층. ☞지상(地上) ②'저승'을 비유하여 이르는 말. ③공개되어 있지 않거나 비밀에 싸인 성질의 것을 비유하여 이르는 말. ¶―에서 활동하는 단체.

지하=결실(地下結實)[―씰]명 식물이 땅 위에서 수정(受精)한 뒤 꽃자루나 씨방이 땅 속으로 들어가서 열매를 맺는 일. 땅콩 따위.

지하-경(地下莖)명 땅속줄기 준 지경(地莖) ☞지상경(地上莖)

지하=경제(地下經濟)명 공개되거나 신고되지 않아 공식 통계에는 나타나지 않는 여러 가지 경제 활동. 사채 시장에서 이루어지는 거래, 부동산 투기, 권리금 따위.

지하=공작(地下工作)명 어떤 목적을 이루기 위하여 비합법적으로 비밀리에 하는 공작.

지하-근(地下根)명 땅속뿌리 ☞지상근(地上根)

지하-도(地下道)명 땅 밑으로 낸 통로(通路).

지하=문학(地下文學)명 정부의 탄압으로 드러내어 발표하지 못하고 숨어서 하는 문학 활동, 또는 그러한 문학.

지하=상가(地下商街)명 지하도 등 지하 공간에 상점이 늘어서 있는 거리.

지하-선(地下線)명 ①땅 속에 묻어 가설(架設)한 전선. 지중선(地中線). 지하 케이블 ②지하철의 선로.

지하-수(地下水)명 땅 속의 토사나 암석 따위의 빈 틈을 채우고 있는 물. 상수도 용수, 공업 용수, 농업 용수 등으로 쓰임. 지저수(地底水) ☞지표수(地表水)

지하=신문(地下新聞)명 정부의 허가 없이 비합법적으로 발행하는 신문.

지하-실(地下室)명 ①건물에서 지면보다 낮은 곳에 만든 방. ②땅광

지하=운:동(地下運動)명 비합법적으로 숨어서 하는 사회 운동이나 정치 운동. 잠행 운동(潛行運動). 지하 활동

지하=자:원(地下資源)명 땅 속에 묻혀 있는 자원. 채굴하여 이롭게 쓸 수 있는 석탄, 석유, 천연 가스 따위.

지하=정부(地下政府)명 합법적인 정부를 부정하고 전복할 목적을 가지고 비합법적인 활동을 하는 비밀 정부.

지하=조직(地下組織)명 숨어서 활동하는 비합법적인 조직. ☞지하 활동(地下活動)

ㅈ

지하-철(地下鐵)명 '지하 철도'의 준말.
지하=철도(地下鐵道)[-또]명 땅 속에 굴을 파서 설치한 철도. 준지하철(地下鐵)
지하-층(地下層)명 여러 층으로 이루어진 건물에서, 지면보다 낮은 곳에 있는 층. ☞지계(地階)
지하=케이블(地下cable)명 지하선(地下線)
지하=활동(地下活動)[-똥]명 지하 운동(地下運動)
지학(地學)명 '지구 과학(地球科學)'의 준말.
지학(志學)명 ①-하다자 학문에 뜻을 둠. ②나이 '열다섯 살'을 이르는 말.〔논어 위정편의 '오십유오이지우학(吾十有五而志于學)'에서 나온 말.〕
지한(脂汗)명 지방분이 많이 섞여 있는 땀.
지한-제(止汗劑)명 땀이 덜 나오게 하는 약제. 아트로핀이나 장뇌산 따위. 제한제(制汗劑)
지함(地陷)명-하다자 땅이 움푹하게 내려앉음.
지함(紙函)명 두꺼운 판지(板紙) 따위로 만든 상자.
지해(支解·肢解)명 옛날 중국에서 행하여지던, 죄인의 팔다리를 떼어 내는 혹형(酷刑).
지핵(地核)명 지구의 중심부. 지표로부터 깊이 2,900km에서 중심까지의 부분.
지행(志行)명 지조와 행실.
지행(知行)명 아는 것과 실천하는 것.
지행(至幸)어기 '지행(至幸)하다'의 어기(語基).
지행-하다(至幸-)형여 더할 수 없이 다행하다.
지행-합일설(知行合一說)[-썰]명 중국 명(明)나라 때의 왕양명(王陽明)의 학설. 주자(朱子)의 선지후행설(先知後行說)에 상대하여, 참 인식은 도덕적 실천이 뒤따라야만 한다고 보고, 인식과 실천이 일치해야 한다고 주장함.
지향(志向)명-하다자타 생각이나 마음이 일정한 목표로 향함. ¶소설가를 -하는 젊은이.
지향(指向)명-하다자타 어떤 목표나 방향으로 나아감, 또는 그 목표나 방향. ¶- 없이 떠돌다.
지-향:사(地向斜)명 지각(地殼) 위에 생긴 띠 모양의 침강(沈降) 지역. 지질 시대의 오랜 기간에 걸쳐 침강을 계속하여 두꺼운 지층으로 퇴적한 곳임.
지향-성(志向性)[-썽]명 모든 의식은 늘 일정한 대상을 지향하고 있다는, 의식의 특성. 지향성(指向性)
지향-성(指向性)[-썽]명 ①지향성(志向性) ②전파(電波)·광파(光波)·음파(音波) 등의 세기가 방향에 따라 다른 성질. 또는 파동을 수신하는 장치가 특정한 방향의 파동에 큰 감도(感度)를 나타내는 성질.
지향성=안테나(指向性antenna)[-썽-]명 전파의 송수신(送受信)에서, 어떤 일정한 방향에 대하여 특히 감도(感度)가 좋은 안테나. 파라볼라안테나 따위.
지헐(至歇)어기 '지헐(至歇)하다'의 어기(語基).
지헐-하다(至歇-)형여 물건 값이 아주 싸다.
지현(至賢)어기 '지현(至賢)하다'의 어기(語基).
지-현:판(紙懸板)명 가로 폭의 종이에 그리거나 써서 붙인 그림이나 글씨.
지현-하다(至賢-)형여 더할 수 없이 어질고 슬기롭다.
지혈(止血)명-하다타 흘러나오는 피를 멎게 함.
지혈-면(止血綿)명 지혈하는 데 쓰는 솜.
지혈-법(止血法)[-뻡]명 흘러나오는 피를 멎게 하는 방법. 응급 조처로 하는 지압법이나 압박법 등의 일시적 지혈법과, 수술 때 하는 영구적 지혈법이 있음.
지혈-제(止血劑)[-쩨]명 출혈을 멎게 하는 약제.
지협(地峽)명 두 대륙, 또는 대륙과 반도를 잇는 좁은 폭의 육지. 파나마 지협이나 수에즈 지협 따위.
지형(地形)명 땅의 생긴 모양이나 형세. 지세(地勢)
지형(紙型)명 활판 인쇄에서, 연판(鉛版)을 뜨기 위해 만들던 종이 본. 특수한 판지를 눅여서 식자판(植字版)의 판면에 대고 눌러 본을 뜬 것. 여기에 납을 녹여 부어 연판을 만듦.
지형-도(地形圖)명 지표면의 형태, 수계(水系)의 배치나 토지의 이용, 취락과 도로 등의 배치 상황을 자세하고 정확하게 나타낸 지도.
지형=모형(地形模型)명 어떤 지역의 지형을 일정한 축척으로 축소하여 나타낸 모형.
지형=윤회(地形輪廻)[-뉸-]명 침식 윤회(浸蝕輪廻)
지형=측량(地形測量)명 지형도를 만들기 위하여 지표의 각 지점의 위치와 높낮이 따위를 재는 일.
지형-학(地形學)명 지표의 형태와 그 형성 과정, 발달 등을 연구하는 학문.
지혜(紙鞋)명 신의 한 가지. 종이로 노를 꼬아 삼은 신.
지혜(智慧·知慧)명 ①사리(事理)를 바르게 깨닫고 일을 적절히 처리해 나가는 능력. 슬기 ②불교에서, 미혹(迷惑)을 물리치고 깨달음에 이르게 하는 마음의 작용을 이르는 말.
지혜-검(智慧劍)명 불교에서, 번뇌를 끊는 지혜의 힘을 칼에 비유하여 이르는 말. 준지검(智劍)
지혜-경(智慧鏡)명 불교에서, 지혜의 맑고 밝음을 만물을 비추는 거울에 비유하여 이르는 말.
지혜-롭다(智慧-)(-롭고·-로워)형ㅂ 지혜가 많다. 슬기롭다 ¶어려운 고비를 지혜롭게 극복하다.
  지혜-로이부 지혜롭게
지혜-화(智慧火)명 불교에서, 번뇌를 태워 없애는 지혜의 힘을 불에 비유하여 이르는 말.
지호(指呼)명-하다타 손짓하여 부름.
지호지간(指呼之間)명 손짓하여 부를 만큼 매우 가까운 거리.
지혼-식(紙婚式)명 결혼 기념식의 한 가지. 서양 풍속으로, 결혼 1주년을 맞아 부부가 종이로 된 선물을 주고받으며 기념함. ☞목혼식(木婚式)
지화(指話)명-하다자 수화(手話)
지화(紙貨)명 지폐(紙幣)
지화자감 ①노래하거나 춤을 출 때 곡조에 맞추어 흥을 돋우면서 내는 말. ②윷놀이에서 모를 내었거나, 활쏘기에서 과녁에 명중하였을 때 잘했다는 뜻으로 하는 말.
지환(指環)명 가락지
지황(地皇)명 중국 고대 전설상의 황제(皇帝). 삼황(三皇)의 한 사람. ☞인황(人皇)
지황(地黃)명 현삼과(玄蔘科)의 여러해살이풀. 줄기 높이는 30cm 안팎이고, 전체에 짧은 털이 있으며, 뿌리는 붉은 갈색이며 가로로 벋음. 길둥근 잎은 모여 나며, 가장자리에 톱니가 있음. 초여름에 잎 사이에서 벋은 꽃줄기 끝에 엷고 붉은 자줏빛의 꽃이 핌. 중국 원산임. 뿌리는 한방에서 보혈 강장제로 쓰이는데, 날것을 '생지황', 말린 것을 '건지황', 찐 것을 '숙지황'이라 함. 지수(地髓)
지회(遲徊)명-하다자 ①배회(徘徊) ②결단을 내리지 못하고 머뭇거림.
지효(至孝)명 지극한 효성.
지효(知曉)명-하다타 환히 깨달아서 앎.
지효(遲效)명 늦게 나타나는 효과. ☞속효(速效)
지효-성(遲效性)[-썽]명 효과가 늦게 나타나는 성질.
지효성=비:료(遲效性肥料)[-썽-]명 효과가 늦게 나타나는 비료. 두엄 따위. ☞속효성 비료(速效性肥料)
지후(至厚)어기 '지후(至厚)하다'의 어기(語基).
지후-하다(至厚-)형여 인정 따위가 매우 두텁다.
지휘(指揮)명-하다타 ①일정한 성원이 한 목적 아래 효과적으로 움직이도록 조직하거나 지시함. ¶부대를 -하다. ②두 사람 이상이 노래하거나 연주하는 음악에서 조화를 이루도록 몸짓이나 손짓으로 지시함. ¶합창의 -를 맡다./관현악단을 -하다.
지휘-관(指揮官)명 군대를 지휘하고 통솔하는 장교.
지휘-권(指揮權)[-꿘]명 지휘할 수 있는 권리.
지휘-대(指揮臺)명 지휘자가 올라서서 지휘하는 대.
지휘-도(指揮刀)명 군대에서, 훈련이나 의식 때 지휘관이 지휘할 때 쓰는 긴 칼.
지휘=명:령(指揮命令)명 상급 관청이 하급 관청에 사무 등에 관하여 내리는 명령.
지휘-봉(指揮棒)명 ①합창이나 합주 등에서 지휘자가 지휘할 때 쓰는 가는 막대기. ②지휘관이 부대를 지휘할 때 손에 드는 막대기.

ㅈ

지휘-소(指揮所)명 부대를 지휘하기 위하여 마련한 곳. 시피(C. P.)

지휘-자(指揮者)명 ①무리를 지휘하는 사람. ②합창이나 합주를 지휘하는 사람. 컨덕터(conductor)

지흉(至凶)어기 '지흉(至凶)하다'의 어기(語基).

지흉-하다(至凶—)형여 몹시 흉악하다. 극흉하다

직[1] 명 ①학질(瘧疾) 등의 병이 발작하는 차례. ②[의존 명사로도 쓰임] ¶ 학질을 두 —째 앓다.

직[2] 부 액체가 한 줄기 약하게 뻗치는 모양, 또는 그 소리를 나타내는 말. ¶ 치약을 — 짜다. ☞찍[1]

직:[3] 부 ①줄이나 획을 단번에 긋는 모양, 또는 그 소리를 나타내는 말. ¶ 금을 — 긋다. ②얇고 연한 물건이 갑자기 찢어지는 소리, 또는 그 모양을 나타내는 말. ¶ 셔츠가 가지에 걸려 — 찢기다. ☞북[4]. 작. 죽. 찍[2]

직(職)명 '직업'·'직위'·'직책'의 준말.

직(直)-《접두사처럼 쓰이어》'곧바로', '직접'의 뜻을 나타냄. ¶ 직거래(直去來)/직수입(直輸入)

-직(職)《접미사처럼 쓰이어》'직종(職種)', '직위(職位)'의 뜻을 나타냄. ¶ 관리직(管理職)/생산직(生產職)/총리직(總理職)/장관직(長官職)

직각(直角)명 두 직선이나 두 면이 서로 만나 90°를 이루는 각. ☞둔각(鈍角). 예각(銳角)

직각(直覺)명-하다타 직관(直觀)

직각-기둥(直角—)명 옆모서리가 밑면과 수직을 이루는 각기둥. ☞빗각기둥

직각=삼각형(直角三角形)명 내각 중의 한 각이 직각인 삼각형. 준 직삼각형(直三角形)

직각-적(直覺的)명 보거나 듣는 대로 바로 깨닫는 것. ¶ —으로 알아차리다.

직각-주(直角柱)명 '직각기둥'의 구용어.

직각-주의(直覺主義)명 직관주의(直觀主義)

직각=프리즘(直角prism)명 직각 이등변 삼각기둥 모양인 프리즘. 빛의 방향을 90°나 180°로 바꿈. ☞전반사 프리즘

직간(直諫)명-하다타 윗사람에게 그의 잘못이나 나쁜 점을 지적하여 고치도록 솔직하게 말함.

직감(直感)명-하다타 감각적으로 곧바로 느낌, 또는 그런 느낌. ¶ 위험을 —하다./—으로 알아차리다.

직-거:래(直去來)명-하다타 '직접 거래(直接去來)'의 준말.

직결(直結)명-하다타 사이에 다른 것을 두지 않고 직접 이음. ¶ 생산자와 수요자를 —하다.

직경(直徑)명 '지름'의 구용어.

직계(直系)명 ①친족 관계에서, 핏줄이 할아버지, 아버지, 아들, 손자 등으로 곧게 이어지는 계통. ¶ — 자손 ②직접 이어지는 계통이나 관계. ¶ 학통(學統)이 — 제자에게 이어지다.

직계(直啓)명-하다자타 조선 시대, 상급 관아를 거치지 않고 임금에게 직접 아뢰던 일.

직계(職階)명 직무에 따른 계급.

직계=가족(直系家族)명 어버이와, 그 대(代)를 잇는 자식 내외가 함께 사는 가족 형태. ☞핵가족(核家族). 확대 가족(擴大家族)

직계=비:속(直系卑屬)명 자기로부터 직계로 이어 내려가는 혈족, 곧 아들딸, 손자, 증손 등을 이르는 말. ☞직계 존속(直系尊屬)

직계=인척(直系姻戚)명 배우자의 직계 혈족과 자기의 직계 혈족의 배우자. ☞방계 인척(傍系姻戚)

직계-제(職階制)명 일을 내용과 난이도(難易度)에 따라 체계적으로 분류하고 이를 담당자의 채용이나 배치, 임금 등 인사 관리의 모든 문제에 활용함으로써 능률을 향상시키려는 제도.

직계=존속(直系尊屬)명 자기로부터 직계로 이어 올라가는 혈족, 곧 부모, 조부모, 증조부모 등을 이르는 말. ☞직계 비속(直系卑屬)

직계-친(直系親)명 조부모, 부모, 자식, 손자와 같이, 위로부터 아래로 이어지는 혈통 관계, 또는 그런 관계에 있는 사람. ☞방계친(傍系親)

직계=친족(直系親族)명 직계 혈족과 직계 인척을 통틀어 이르는 말.

직계=혈족(直系血族)[—쪽]명 직계 존속과 직계 비속을 통틀어 이르는 말.

직고(直告)명-하다타 바른 대로 알리거나 말함.

직공(職工)명 공장의 생산 현장에서 일하는 사람. 공원(工員)

직공(織工)명 직물(織物)을 짜는 직공. ☞직장(織匠)

직관(直觀)명-하다타 추리나 고찰 따위를 하지 않고, 대상을 직접적으로 파악함. 직각(直覺)

직관(職官)명 직위와 관등(官等).

직관=교:수(直觀教授)명 추상적인 언어로 하는 교수법에 상대하여, 그림이나 사진·모형·실물 등 구체적인 사물을 만지거나 관찰하여 감각적으로 체험하도록 하는 교수법. 실물 교수(實物教授)

직관-상(直觀像)명 이전에 보았던 사물이, 얼마간 지난 뒤에도 마치 바로 눈앞에 있는 것처럼 또렷이 보이는 현상.

직관-적(直觀的)명 사고(思考)나 추리를 거치지 않고 대상을 직접적·감각적으로 파악하는 것. ¶ —으로 꿰뚫어 본다.

직관-주의(直觀主義)명 철학에서, 진리나 실재(實在)는 사고(思考)가 아니라 지적(知的) 직관으로 파악할 수 있다는 설. 직각주의(直覺主義)

직교(直交)명-하다자 두 직선이나 평면이 직각으로 만남.

직교=좌:표(直交座標)명 평면에서 직각으로 만난 두 직선이나 공간에서 직각으로 만난 세 직선을 축(軸)으로 하는 좌표.

직구(直球)명 야구에서, 투수가 곧게 던지는 공.

직군(職群)명 비슷한 직렬(職列)을 한데 묶은 구분.

직권(職權)명 직무에 따른 권한. ¶ —을 남용하다.

직권=남:용죄(職權濫用罪)[—쬐]명 공무원이 직권을 남용하여 국민의 권리를 침해하여 성립하는 죄.

직권=명:령(職權命令)명 대통령이나 국무총리, 행정 각부 장관 등이 법률에 따른 직권으로 제정하는 명령.

직권-주의(職權主義)명 법원이 소송 당사자의 뜻에 상관없이 소송에 관하여 자발적으로 행동할 수 있는 권능을 가지는 주의. ☞당사자주의(當事者主義)

직권=처:분(職權處分)명 직권의 범위 안에서 자유 재량으로 하는 처분.

직근(直根)명 곧은뿌리

직금(織金)명 비단 바탕에 금실로 봉황이나 꽃 따위의 무늬를 짜 넣은 직물.

직급(職級)명 일의 종류와 어려운 정도, 책임도가 아주 비슷한 직위를 한데 묶은 구분. 직계제(職階制)에서 직위 분류를 위한 최소 단위임.

직급(職給)명 직무에 대한 급료.

직기(織機)명 직물을 짜는 기계.

직-날명 학질의 증세가 발작하는 날.

직녀(織女)명 ①길쌈을 하는 여자. 직부(織婦) ②'직녀성'의 준말.

직녀-성(織女星)명 칠석날 밤에 은하수 건너에 있는 견우성(牽牛星)과 만난다는 전설이 있는 별. 천녀(天女). 천녀손(天女孫). 천손(天孫) 준 직녀(織女)

직능(職能)명 ①직무를 수행하는 능력. ②직업에 따른 독자적인 기능.

직능-급(職能給)명 직무 수행 능력에 따라 임금을 정하는 방식. 기능·자격·지식·숙련도·경험 따위의 일정한 판정 기준으로 서열을 정함.

직능=대:표제(職能代表制)명 직업별 단체에서 대표자를 선출하여 의회에 보내는 대의 제도. ☞지역 대표제

직단-면(直斷面)명 수직 단면(垂直斷面)

직달(直達)명-하다타 남의 손을 거치지 않고 직접 전달함.

직답(直答)명-하다자타 ①그 자리에서 바로 대답함, 또는 그 대답. 즉답(卽答) ②다른 사람을 거치지 않고 직접 대답함. ¶ 사건 관계자의 —을 요구하다.

직도(直道)명 ①곧은길. 직로(直路) ②올바른 도리.

ㅈ

직력(職歷)명 이제까지 맡아 온 일에 관한 경력.
직렬(直列)명 직렬 연결(直列連結) ☞병렬(竝列)
직렬(職列)명 직무의 종류는 비슷하나 책임과 어려움의 정도에 따라 세분한 직급의 계열.
직렬=연결(直列連結)[-련-]명 전기 회로에서, 전지(電池) 따위를 차례차례 한 줄로 잇는 일. 직렬(直列) ☞병렬 연결(竝列連結)
직령(直領)명 조선 시대, 무관(武官)이나 향리(鄕吏)들이 주로 입던, 깃을 곧게 만든 웃옷. ☞단령(團領)
직로(直路)명 곧은길. 직도(直道)
직류(直流)명 직류 전류(直流電流) ☞교류(交流)
직류(職類)명 같은 직렬(職列) 안에서 담당 분야가 같은 직무(職務)를 한데 묶은 구분.
직류=발전기(直流發電機)[-쩐-]명 직류 전류를 발생하는 발전기. ☞교류 발전기(交流發電機)
직류=전:동기(直流電動機)명 직류 전류를 전원(電源)으로 동력을 일으키는 전동기. ☞교류 전동기
직류=전:류(直流電流)명 늘 일정한 방향과 세기로 흐르는 전류. 직류(直流) ☞교류 전류(交流電流)
직립(直立)명-하다자 곧추 섬.
직립-경(直立莖)명 곧은줄기
직립=보:행(直立步行)명 등을 곧추세우고 두 다리로 서서 걷는 일.
직립=원인(直立猿人)명 약 50만 년 전에 존재했을 것으로 추정되는 화석 인류(化石人類). 인류와 유인원(類人猿)의 중간형으로, 직립 보행을 하였음. 자바 원인, 베이징 원인 따위. 피테칸트로푸스에렉투스
직-말사(直末寺)[-싸]명 불교에서, 본사(本寺)에 직접 딸려 있는 말사를 이르는 말.
직매(直賣)명-하다타 생산자가 중간 상인을 거치지 않고 소비자에게 직접 상품을 팖.
직면(直面)명-하다자 어떤 일에 맞닥뜨림. ¶어려운 현실에 -하다./-한 문제.
직명(職名)명 직업이나 직무, 또는 직위의 이름.
직무(職務)명 직업이나 직책에 따라 맡은 일. ¶-를 맡다./-를 수행하다./-에 충실하다.
직무-급(職務給)명 일의 내용과 책임에 따라 직무를 평가하고 서열을 매겨 임금을 정하는 방식.
직무=대:리(職務代理)명 어떤 직무를 맡은 사람을 대신하여 그 직무상의 권한을 행사함, 또는 그 사람.
직무=명:령(職務命令)명 공무원 법에서, 상급 공무원이 하급 공무원에게 내리는 명령을 이르는 말.
직무=범:죄(職務犯罪)명 공무원이 직무와 관련하여 저지르는 범죄를 통틀어 이르는 말. 직권 남용죄(職權濫用罪)나 수뢰죄(收賂罪) 따위.
직무=분석(職務分析)명 종업원이 맡은 직무의 내용과 그 직무를 수행하기 위한 요건 따위를 조사하여 분석하는 일. 인사 관리나 조직 관리에 활용함.
직무=유기죄(職務遺棄罪)[-쬐]명 공무원이 정당한 이유 없이 직무를 거부하거나 게을리 하여 성립하는 죄.
직무=평:가(職務評價)[-까]명 직무(職務)에 따른 임금 비율을 정하려고 각 직무가 기업 안에서 차지하는 상대적 가치를 결정하는 일.
직물(織物)명 씨실과 날실을 직기(織機)에 걸어 짠 물건을 통틀어 이르는 말. 면직물·모직물·견직물 따위. ☞능직(綾織). 수자직(繻子織). 평직(平織)
직박구리명 직박구리괏과의 새. 몸길이 20cm 안팎. 몸빛은 갈색이고 뺨은 밤색이며, 온몸에 회갈색 얼룩점이 있음. 봄에는 산에, 가을부터는 민가나 들에서 삶. 우리나라와 일본, 타이완, 필리핀 등지에 분포함.
직방(直放)명 결과나 효과가 곧바로 나타나는 일.
직방-체(直方體)명 '직육면체(直六面體)'의 구용어.
직배(直配)명-하다타 생산자나 판매점이 소비자에게 직접 배급하거나 배달함.
직복(職服)명 직무에 따라 입는 제복.
직봉(職俸)명 ①관직(官職)에 따르는 봉록(俸祿). ②직무와 봉급을 아울러 이르는 말.
직부(織婦)명 길쌈을 하는 여자. 직녀(織女)

직분(職分)명 ①직무에 따른 본분(本分). ¶맡은 바 -을 다하다. ②마땅히 지켜야 할 본분.

한자 직분 직(職)〔耳部 12획〕¶직권(職權)/직급(職給)/직분(職分)/직위(職位)/직책(職責)

직사(直射)명-하다자타 ①빛살이 곧게 비침. ②대포 따위를 직선에 가까운 탄도로 쏨. ☞곡사(曲射). 평사(平射)
직사(直寫)명-하다타 있는 그대로 베낌.
직사(職司)명 직무로서 맡은 업무.
직사(職事)명 직무에 관계되는 일.
직-사:각형(直四角形)명 네 내각이 모두 직각인 사각형. 장방형(長方形) ☞정사각형(正四角形)
직사-광(直射光)명 '직사 광선'의 준말.
직사=광선(直射光線)명 정면으로 곧게 비치는 빛살. 준 직사광(直射光)
직사=도법(直射圖法)[-뻡]명 정사 도법(正射圖法)
직사-포(直射砲)명 조준 장치로 목표물을 직접 겨냥하여 직선에 가까운 탄도로 탄알을 쏘는 대포. ☞곡사포(曲射砲). 평사포(平射砲)
직삼(直蔘)명 곧게 펴서 말린 백삼(白蔘). ☞곡삼(曲蔘)
직-삼각형(直三角形)명 '직각 삼각형'의 준말.
직상(直上)명 ①바로 그 위. ②-하다자 곧게 올라감.
직서(直敍)명-하다타 꾸미거나 감상 따위를 섞지 않고, 있는 그대로 서술함.
직선(直線)명 ①꺾이거나 굽은 데가 없는 곧은 선. ¶-코스를 달리다. ☞곡선(曲線) ②두 점 사이를 가장 짧은 거리로 이은 선. 곧은금
직선(直選)명-하다타 '직접 선거'의 준말. ☞간선(間選)
직선=거:리(直線距離)명 두 점을 잇는 직선의 거리. 기하학적으로 가장 짧은 거리임.
직선-미(直線美)명 그림·조각·건축 등에서, 직선적인 구성으로 나타내는 아름다움. ☞곡선미(曲線美)
직선-적(直線的)명 ①꺾이거나 굽은 데가 없이 곧게 뻗은 것. ②이리저리 에두르거나 하지 아니하고 곧바로 하는 것. ¶-으로 말하다./-인 성격.
직선-제(直選制)명 '직접 선거 제도(直接選擧制度)'의 준말. ☞간선제(間選制)
직선=주:로(直線走路)명 육상 경기나 경마 등에서, 직선으로 된 주로(走路). 준 직주로(直走路)
직설(直說)명-하다타 곧이곧대로 말함, 또는 그 말.
직설-적(直說的)[-쩍]명 말하는 것이 곧이곧대로인 것. ¶-으로 말하다./-인 표현을 삼가다.
직섬-석(直閃石)명 각섬석(角閃石)의 한 가지. 철과 마그네슘의 규산염으로 이루어진 결정임. 잎사귀 모양, 실 모양, 기둥 모양 등이 있으며 색은 회갈색이나 푸른빛이 도는 갈색에 유리 광택이 남. 변성암 가운데 나타남.
직성(直星)명 민속에서, 사람의 나이에 따라 그의 운명을 맡아본다는 아홉 별을 이르는 말. 제웅직성·토직성·수직성·금직성·일직성·화직성·계도직성·월직성·목직성을 이름.
　직성(이) 풀리다관용 어떤 일이 뜻대로 이루어져 속이 시원해지다. ¶하고 싶던 말을 하니 직성이 풀린다.
직세(直稅)명 '직접세(直接稅)'의 준말.
직소(直所)명 지난날, 숙직하는 곳을 이르던 말.
직소(直訴)명-하다타 중간 절차를 밟지 않고 윗사람이나 상급 관청에 직접 호소함.
직속(直屬)명-하다자 직접적으로 딸려 있음, 또는 그런 소속. ¶- 기관/- 상관
직속=부대(直屬部隊)명 사령부나 상급 부대가 직접 관할하는 독립 부대. 직할 부대(直轄部隊)
직속=상:관(直屬上官)명 자기가 직접 딸리어 있는 부서나 부대의 상관.
직손(直孫)명 직계(直系)의 자손.
직송(直送)명-하다타 바로 보냄. ¶수산물을 산지에서 소비자에게 -하다.
직수(直守)명-하다타 맡아서 지킴.

ㅈ

직수굿-하다[-굳-]형여 고분고분하고 수굿하다.
직수굿-이부 직수굿하게 ¶어른의 말씀을 - 듣다.
직-수입(直輸入)명-하다타 외국의 상품을 중개하는 나라나 상인을 거치지 아니하고 직접 수입함. ☞직수출
직-수출(直輸出)명-하다타 국내의 상품을 중개하는 나라나 상인을 거치지 아니하고 직접 수출함. ☞직수입
직시(直視)명-하다타 ①똑바로 봄. ②사물의 진실을 바로 봄. ¶현실을 -하다.
직신(直臣)명 육정(六正)의 하나. 강직한 신하.
직신(稷神)명 곡식을 맡아본다는 신령.
직신-거리다(대다)자타 ①검질기게 남을 지분거리다. ②지그시 힘을 주어 자꾸 누르다. ☞작신거리다
직신-직신부 직신거리는 모양을 나타내는 말.
직실(直實)어기 '직실(直實)하다'의 어기(語基).
직실-하다(直實-)형여 정직하고 착실하다.
직심(直心)명 ①곧은 마음. ②한결같이 꿋꿋하게 지켜 나가는 마음.
직심-스럽다(直心-)(-스럽고·-스러워)형ㅂ 한결같이 꿋꿋하게 지켜 나가는 마음이 있다.
직심-스레부 직심스럽게
직언(直言)명-하다자타 거리낌없이 사실 그대로 말함, 또는 거리낌없이 하는 바른말. ☞경언(鯁言). 곡언(曲言)
직업(職業)명 사람이 재능이나 적성, 능력 등에 따라 급여(給與)를 받으며 지속적으로 하는 사회 활동. 준업(業). 직(職) ☞생업(生業)
직업=교:육(職業敎育)명 일정한 직업을 수행하는 데 필요한 지식이나 기능을 가르치는 일.
직업=군인(職業軍人)명 병역 의무로서가 아니라 직업으로서 군대에 복무하는 군인.
직업=단체(職業團體)명 직업의 종류에 따라 조직된 단체. 의사회나 변호사회 따위.
직업-병(職業病)명 직업의 특수한 근로 조건이 원인이 되어 일어나는 병. 광부의 진폐증, 염료 직공의 방광암 따위.
직업=선:수(職業選手)명 운동을 직업으로 하여 활동하는 선수. 프로페셔널(professional)
ㅈ
직업=소개소(職業紹介所)명 취업하고 싶은 사람에게 일자리를 알선하고 노동력이 필요한 고용주에게 사람을 소개하는 일을 하는 업소.
직업=여성(職業女性)[-녀-]명 일정한 직업을 갖고 일하는 여성.
직업=의:식(職業意識)명 자기 직업에 대한 생각이나 자각, 또는 그 직업에 일하는 사람의 특유한 태도나 관념. ¶-이 강하다.
직업-인(職業人)명 어떤 직업에 일하는 사람.
직업-적(職業的)명 ①직업의 성격을 띠는 것. ¶-인 친절./-인 태도. ②직업으로 하는 것. ¶-인 운동 선수.
직업=적성=검:사(職業適性檢査)명 개인이 어떤 직업에 알맞은 자질과 능력을 지니고 있는가를 측정하는 검사.
직업=전:선(職業戰線)명 경쟁이 심한 직업 사회를 전장에 비유하여 이르는 말. ¶-에 뛰어들다.
직업=학교(職業學校)명 직업인을 양성하려고 특정 직업에 알맞은 지식이나 기술 등을 가르치는 곳.
직역(直譯)명-하다타 다른 나라의 글을 그 문구(文句)대로만 번역하는 일. ☞의역(意譯)
직역(職域)명 일정한 직업의 영역.
직역-체(直譯體)명 직역하는 투의 문체.
직영(直營)명-하다타 직접 경영함. ¶본사에서 -하는 업소./회사 - 식당
직오(織烏)명 '태양'을 달리 이르는 말.
직왕(直往)명-하다자 서슴없이 곧장 감.
직왕매:진(直往邁進)성구 망설이거나 겁내지 않고 곧장 힘차게 나아감을 이르는 말.
직원(職員)명 직장에서 직무를 맡아보는 사람. ¶경리 -
직-원기둥(直圓-)명 축과 밑면이 수직이 되는 원기둥. 직사각형이 한 변을 축으로 하여 한 바퀴 돌 때 생기는 입체임. ☞직원뿔
직-원뿔(直圓-)명 축과 밑면이 수직이 되는 원뿔. 직삼각형의 직각 변을 축으로 하여 한 바퀴 돌 때 생기는 입체임. ☞직원기둥
직-원주(直圓柱)명 '직원기둥'의 구용어.
직-원추(直圓錐)명 '직원뿔'의 구용어.
직위(職位)명 직책에 따른 지위. 준직(職)
직위=해:제(職位解除)명 공무원에게 직위를 계속 유지시킬 수 없다고 인정되는 사유가 있을 때 직위에서 물러나게 하는 일.
직유(直喩)명 '직유법'의 준말.
직유-법(直喩法)[-뻡]명 수사법(修辭法)의 한 가지. '갑은 을과 같다.'와 같은 형식으로 비유하는 표현 방법. '세월이 유수 같다.', '철석 같은 의지.'와 같은 표현법임. 준직유 ☞은유법(隱喩法)
직-육면체(直六面體)[-늉-]명 각 면이 모두 직사각형이고, 마주 보는 세 쌍의 면이 각각 평행한 육면체. 장방체(長方體) ☞정육면체(正六面體)
직인(職印)명 공무원이나 직원이 직무에서 쓰는 도장. ☞공인(公印). 사인(私印)
직임(職任)명 직무에서 맡은 임무.
직장(直腸)명 대장(大腸)의 끝 부분으로, 결장(結腸)에 이어서 항문에 이르는 곧은 부분. 곧은창자
직장(織匠)명 피륙을 짜는 장인(匠人). ☞직공(織工)
직장(職長)명 작업장에서 노동자를 지휘·감독하는 직위, 또는 그 직위에 있는 사람.
직장(職場)명 기업체나 관청 등 직무를 맡아서 일하는 곳. 일터 ☞일자리
직장(職掌)명 직장에서 맡고 있는 일.
직장-암(直腸癌)명 직장(直腸)에 생기는 암.
직장=폐:쇄(職場閉鎖)명 노동 쟁의가 발생하였을 때, 사용자가 근로자들이 작업을 하지 못하도록 일정 기간 직장의 문을 닫는 일.
직재(直裁)명-하다타 ①직접 결재함. ②지체없이 옳고 그름을 가리어 결정함.
직전(直田)명 길고 네모반듯하게 생긴 밭.
직전(直前)명 어떤 일이 일어나기 바로 전. ☞직후
직전(直錢)명 맞돈
직전(職田)명 조선 시대, 나라에서 관원에게 현직에 있는 동안 나누어 주던 토지. ☞과전(科田)
직전-법(職田法)[-뻡]명 1466년(조선 세조 12)에 이전의 과전법(科田法)을 고쳐서 제정한, 나라에서 관원에게 현직에 있는 동안 토지를 나누어 주던 제도.
직절(直節)명 곧은 절개.
직절(直截)[1]명-하다자타 ①바로 결정을 내림. ¶-로 처리하다. ②분명하게 잘라 말함. ¶에둘러 말하지 않고 -하다.
직절(直截)[2]어기 '직절(直截)하다'의 어기(語基).
직절-하다(直截-)형여 간단하고 명백하다.
직접(直接)명 중간에 제삼자나 매개물 등이 없이 바로 닿는 것, 또는 그런 관계. ¶- 생산/선박 침몰 사고의 - 원인. ☞간접(間接)
부 중간에 아무 것도 없이 바로. ¶- 보다./- 겪다.
직접=강:제(直接強制)명 행정법 또는 민사 소송법에서, 의무 불이행자에게 국가 기관이 의무자의 신체 또는 재산에 직접 실력을 행사하여 의무 이행이 있었던 것과 같은 상태를 실현하는 강제 집행. ☞간접 강제
직접=거:래(直接去來)명 중개인을 거치지 아니하고 살 사람과 팔 사람이 직접 거래하는 일. 준직거래(直去來)
직접=국세(直接國稅)명 국가가 징수하는 직접세. 법인세·상속세·소득세 등. ☞간접 국세. 직접세
직접=금융(直接金融)[-늉]명 자금의 수요자인 기업이 금융 기관을 통하지 아니하고 주식이나 채권 등을 발행함으로써 자금 공급자인 개인 투자자로부터 직접 자금을 조달하는 방식. ☞간접 금융(間接金融)
직접=기관(直接機關)명 헌법에 따라 직접 지위와 권한이 부여된 국가 기관. 대통령·정부·국회·법원 등. ☞간접 기관(間接機關)
직접=대:리(直接代理)명 대리인의 대리 행위의 효과가 직

접 본인에게 생기는 일. ☞간접 대리(間接代理)
직접=매매(直接賣買)명 중간에 다른 사람을 거치지 아니하고 당사자끼리 직접 물건을 사고 파는 일. ☞간접 매매(間接賣買)
직접=무:역(直接貿易)명 외국의 상대자와 직접 수입하거나 수출하는 무역. ☞간접 무역(間接貿易)
직접=민주제(直接民主制)명 국가의 의사 결정과 집행 과정에 국민이 직접 참여하는 정치 제도. ☞간접 민주제
직접=발생(直接發生)[-쌩]명 동물의 개체 발생에서, 뚜렷한 변태 과정 없이 직접 성체(成體)가 되는 일. ☞간접 발생(間接發生)
직접=발전(直接發電)[-쩐]명 열이나 빛 에너지에서 직접 전기 에너지를 얻는 발전 방식. 연료 전지, 태양 전지 따위.
직접=발행(直接發行)명 유가 증권을 발행할 때, 금융 기관을 통하지 아니하고 발행 회사가 직접 투자자에게 판매하는 일. ☞간접 발행(間接發行)
직접=분열(直接分裂)명 무사 분열(無絲分裂) ☞간접 분열(間接分裂)
직접-비(直接費)명 제품을 제조하는 데 드는 재료비나 노무비 따위의 비용. ☞간접비(間接費)
직접=비:료(直接肥料)명 식물에 직접 흡수되어 양분이 되는 비료. 황산암모늄이나 과인산석회 따위. ☞간접 비료(間接肥料)
직접=사격(直接射擊)명 직접 바라볼 수 있는 목표물에 대한 사격. ☞간접 사격(間接射擊)
직접=사:인(直接死因)명 생명의 유지를 직접적으로 불가능하게 하는 원인. ☞간접 사인(間接死因)
직접=선:거(直接選擧)명 선거인이 직접 피선거인을 뽑는 일. 준직선(直選) ☞간접 선거(間接選擧)
직접=선:거=제도(直接選擧制度)명 직접 선거의 방식으로 피선거인을 뽑는 제도. 준직선제(直選制) ☞간접 선거 제도(間接選擧制度)
직접-세(直接稅)명 법률상의 납세 의무자와 실제의 조세 부담자가 일치하는 조세. 직접 국세와 직접 지방세가 있음. 준직세(直稅) ☞간접세(間接稅)
직접=소권(直接訴權)[-꿘]명 채권자 취소권(債權者取消權) ☞간접 소권(間接訴權)
직접=심리주의(直接審理主義)명 법률에서, 소송을 맡은 법원이 직접 변론을 듣고 증거를 조사하는 주의. ☞간접 심리주의(間接審理主義)
직접=염:료(直接染料)[-념-]명 매염(媒染)하지 아니하고도 옷감에 직접 들일 수 있는 물감.
직접-적(直接的)명 중간에 제삼자나 매개를 두지 아니하고 바로 연결되는 것. ¶-인 원인./-으로 영향을 받다. ☞간접적(間接的)
직접=점유(直接占有)명 점유자가 직접 물건을 지배하거나 점유 보조자를 통하여 지배하는 일. 자기 점유(自己占有) ☞간접 점유(間接占有)
직접=정:범(直接正犯)명 본인의 의사에 따라 스스로 실행하는 범죄, 또는 그 범인. ☞간접 정범(間接正犯)
직접=조:명(直接照明)명 빛의 대부분을 직접 비치게 하는 조명. ☞간접 조명(間接照明)
직접=증거(直接證據)명 법률에서, 소송에 적용할 법조문의 구성 요건이 되는 사실을 직접적으로 증명하는 증거.
직접=지방세(直接地方稅)[-쎄]명 지방 자치 단체가 징수하는 직접세. 주민세·취득세·자동차세 따위.
직접=추리(直接推理)명 하나의 판단을 전제로 하여, 바로 결론을 이끌어 내는 추리. ☞간접 추리(間接推理)
직접=침략(直接侵略)명 무력으로 직접 남의 영토를 침략하는 일. ☞간접 침략(間接侵略)
직접=투자(直接投資)명 기업을 지배하거나 경영권을 차지하려고 일정 비율 이상의 주식을 취득하는 투자. ☞간접 투자(間接投資)
직접=행동(直接行動)명 일정한 절차나 사회적 규범을 무시하고 자기의 의사를 곧바로 이루려고 하는 행동.
직접=화법(直接話法)[-뻡]명〈어〉화법(話法)의 한 가지. 다른 사람이 한 말을 그대로 옮겨 표현하는 방법. '그는 "네가 좋아."라고 말했다.'가 이에 해당함. ☞간접 화법(間接話法)
직접-환(直接換)명 환거래에서, 자금의 지급국(支給國)과 수취국(受取國)이 직접 취결하는 환어음. ☞간접환
직접=효:용(直接效用)명 사람의 욕망을 직접 만족시키는 재화(財貨)의 효용. ☞간접 효용(間接效用)
직정(直情)명 거짓이나 꾸밈이 없는 감정.
직정경행(直情徑行)성구 예법(禮法)을 따르지 아니하고 제 마음대로 행동함을 이르는 말.
직제(職制)명 ①직무나 직위에 관한 제도. ②관제(官制)
직제-학(直提學)명 ①고려 시대, 예문관(藝文館)·보문각(寶文閣) 등의 정사품 관직. ②조선 시대, 집현전(集賢殿)의 종삼품, 예문관(藝文館)과 홍문관(弘文館)의 정삼품, 규장각(奎章閣)의 종이품이나 정삼품 당상관(堂上官)의 관직.
직조(織造)명-하다타 기계로 피륙 따위를 짬.
직종(職種)명 직업이나 직무의 종류.
직주(直走)명-하다자 곧장 달려감.
직주(直奏)명-하다타 직접 임금에게 아룀.
직-주:로(直走路)명 '직선 주로(直線走路)'의 준말.
직증(直證)명 명증(明證)
직지인심(直指人心)성구 불교에서, 교리(敎理)나 계행(戒行)을 생각하지 않고, 직접 자신의 본성을 밝혀 자기 마음이 본래 부처임을 깨닫는 일을 이르는 말.
직-직[1]부 액체 한 줄기가 약하게 자꾸 뻗치는 모양, 또는 그 소리를 나타내는 말. ☞찍찍[1]
직-직[2]부 ①줄이나 획을 자꾸 긋는 모양, 또는 그 소리를 나타내는 말. ②엷고 연한 물건이 갑자기 자꾸 찢어지는 소리, 또는 그 모양을 나타내는 말. ③신발 따위를 가볍게 끌며 걷는 소리, 또는 그 모양을 나타내는 말. ☞작작[2]. 찍찍[2]
직진(直進)명-하다자 곧게 나아감, 또는 곧장 나아감.
직차(職次)명 직책의 차례.
직책(職責)명 직무에 따라 맡은 책임. 준직(職)
직척(直斥)명-하다타 그 자리에서 꾸짖어 물리침.
직척(直戚)명 내종(內從)의 자손과 외종(外從)의 자손 사이의 척분(戚分).
직첩(職牒)명 지난날, 조정에서 내리던 임명 사령장.
직초(直招)명-하다타 지은 죄를 사실대로 숨김없이 말함. 곧은불림
직출(直出)명-하다자 곧 나아감.
직토(直吐)명-하다자타 실정을 바른 대로 말함.
직통(直通)명-하다자 ①두 지점 사이에 막힘이 없이 바로 통함. ¶- 전화 ②열차 따위가 다른 곳에 들르지 않고 곧장 감. ☞직행(直行) ③효과나 보람 따위가 바로 나타남. ¶약효가 -이구나./애쓴 보람이 -으로 나타나다.
직파(直派)명 직계(直系)로 이어 내려오는 갈래.
직파(直播)명-하다타 못자리를 쓰지 않고 씨를 논밭에 바로 뿌리는 일. 곧뿌림 ☞건답 직파(乾畓直播)
직판(直販)명-하다타 유통 기구를 거치지 아니하고 생산자가 소비자에게 직접 판매함. ¶축산물을 -하다.
직품(職品)명 지난날, 관직의 품계를 이르던 말. 작품(爵品) 준품(品)
직필(直筆)명 ①사실을 있는 그대로 적음, 또는 그러한 글. ②서화(書畫)에서, 붓을 꼿꼿이 세워서 쓰는 일. ☞곡필. 측필(側筆)
직핍(直逼)명-하다자 바싹 다가듦.
직하(直下)명 ①바로 아래. ②-하다자 곧게 내려감. ③한방에서, 이질(痢疾)의 중증(重症)을 이르는 말.
직-하다(直-)형여《文》성질이나 행동이 아주 고지식하고 곧다.
직할(直轄)명-하다타 직접 관할함. ¶- 공사(工事)/-파출소
직할=부대(直轄部隊)명 사령부나 상급 부대가 직접 관할하는 독립 부대. 직속 부대(直屬部隊)
직함(職銜)명 ①관직의 이름. 관함(官銜) ②직책이나 직

무의 이름. ¶공식적인 ―은 전무 이사입니다.
직항(直航)명-하다자 배나 비행기가 항행 중에 다른 곳에 들르지 않고 목적지로 바로 감.
직해(直解)명-하다타 문구(文句)대로 풀이함.
직행(直行)명-하다자 도중에 머물거나 다른 곳에 들르지 않고 곧장 목적지로 감. ¶― 열차/― 항로 ☞직통(直通)
직-활강(直滑降)명-하다자 스키에서, 비탈진 곳을 똑바로 미끄러져 내려옴.
직후(直後)명 어떤 일이 있고 난 바로 뒤. ☞직전(直前)
진(辰)명 ①십이지(十二支)의 다섯째. 용을 상징함. ②'진방(辰方)'의 준말. ③'진시(辰時)'의 준말.

한자 **다섯째 지지 진**(辰)〔辰部〕¶병진(丙辰)/임진(壬辰)/진방(辰方)/진시(辰時)

진:(津)명 ①풀이나 나무껍질 따위에서 분비되는 끈적끈적한 물질. ¶고무나무의 ―. ☞수액(樹液) ②김이나 연기, 또는 눅눅한 기운이 서려서 끼는 끈적끈적한 물질. ¶담뱃대에 낀 ―을 우벼 내다. ☞담뱃진. 댓진 ③원기(元氣)나 정력(精力)을 뜻하는 말.
진(을) 빼다 관용 기진맥진할 정도로 원기나 정력을 다 써 없애다.
진(이) 나다 관용 진(이) 빠지다.
진(이) 빠지다 관용 몹시 지치어 기운이 다 없어지다. 진(이) 나다.

한자 **진 액**(液)〔水部 8획〕¶액과(液果)/액상(液狀)/액즙(液汁)/액체(液體)/액포(液胞)/액화(液化)

진(陣)명 ①전쟁터에서 군사를 배치하는 일, 또는 그 곳. ¶―을 치다./―의 방비를 엄중히 하다. ②진영(陣營)
진:(晉)명 '진괘(晉卦)'의 준말.
진(軫)명 '진수(軫宿)'의 준말. ▷ 晉의 속자는 晋
진(瞋)명 '진에(瞋恚)'의 준말.
진(震)명 ①'진괘(震卦)'의 준말. ②'진방(震方)'의 준말.
진:(鎭)명 ①지난날, 한 지역을 편안하게 지키던 군대, 또는 그 군대의 으뜸 관직을 이르던 말. ②'진영(鎭營)'의 준말. ▷ 鎭의 속자는 鎮
진(塵)수 소수(小數) 단위의 하나. 사(沙)의 10분의 1, 애(埃)의 열 곱절.
진(gin)명 증류주의 한 가지. 옥수수·보리·밀 따위를 원료로 하여 빚고 노간주나무 열매로 향을 낸 빛깔이 없이 투명한 술.
진:(jean)명 올이 가늘고 질긴 능직(綾織)의 무명, 또는 그것으로 만든 옷. 주로 작업복이나 평상복을 만드는 데 쓰임.
진-[1]접두 '질다'의 활용형에서 온 것으로, '물기 있는'의 뜻을 나타냄. ¶진반찬/진걸레/진버짐 ☞마른-
진-[2]접두 '진한'·'짙은'의 뜻을 나타냄. ¶진노랑/진보라/진분홍 ☞연(軟)-
-진(陣)《접미사처럼 쓰이어》①'진용(陣容)'의 뜻을 나타냄. ¶임원진(任員陣)/간부진(幹部陣) ②'진을 친 사람'의 뜻을 나타냄. ¶보도진(報道陣)
진가(眞假)명 진짜와 가짜. ¶―를 가리다.
진가(眞價)[―까]명 참된 값어치. ¶각 지방 토산물의 ―를 알리다./사람의 ―를 알아보다.
진-간장(―醬)명 ①간장을 해마다 다시 달여 여러 해 묵힌, 빛깔이 까맣고 진한 간장. 농장(濃醬) ②검은콩으로 메주를 쑤어 띄우고, 소금 농도를 보통 간장보다 싱겁게 담근 장. 다시마·검은콩·대추 등을 넣고 달임. 진장(陳醬)
진-갈이명-하다타 비가 내린 뒤 물이 괴어 있을 동안에 논밭을 가는 일. ☞마른갈이. 물갈이
진:감(震撼)명-하다자타 울려서 흔들림, 또는 울리게 흔듦.
진:갑(進甲)명 환갑의 이듬해인 나이 '예순두 살', 또는 그 해에 맞는 생일을 이르는 말.
진:강(進講)명-하다타 임금 앞에서 글을 강론함.
진개(塵芥)명 먼지와 쓰레기를 아울러 이르는 말.
진객(珍客)명 귀한 손.
진:거(進去)명-하다자 앞으로 나아감.
진-걸레명 물이 묻은 걸레, 또는 물을 묻혀서 쓰는 걸레. 물걸레 ☞마른걸레
진겁(塵劫)명 불교에서, 무한한 시간을 이르는 말.
진:격(進擊)명-하다자 앞으로 나아가 적을 침. 진공(進攻)
진결(陳結)명 지난날, 묵은 논밭에서 거두던 결세(結稅).
진경(珍景)명 진귀한 경치. ☞진풍경(珍風景)
진경(眞景)명 ①실제의 경치. 실경(實景) ②실제의 경치를 보고 그대로 그린 그림. ¶― 산수화(山水畫)
진경(眞境)명 ①본바탕을 잘 나타낸 참다운 경지. ¶도시의 ―은 야경에 있다. ②실지 그대로의 경계.
진:경(進境)명 더욱 발전하여 나아간 경지.
진경(塵境)명 진세(塵世). 티끌세상
진:경(鎭痙)명-하다자 경련을 가라앉힘.
진:경-제(鎭痙劑)명 경련을 가라앉히는 약제.
진계(陳啓)명-하다타 임금에게 사리를 가려 아뢺.
진계(塵界)명 진세(塵世). 티끌세상
진:고(晉鼓)명 국악기 혁부(革部) 타악기의 한 가지. 네 기둥이 있는 틀 위에 놓고 치는 북으로, 통이 길고 큼. 종묘 제례악이나 문묘 제례악에서 씀.
진고(陳告)명-하다타 사실대로 이야기하여 알림.
진곡(陳穀)명 묵은 곡식. 구곡(舊穀) ☞신곡(新穀)
진골(眞骨)명 신라 시대의 골품(骨品)의 한 가지. 왕족으로, 부모 양계 중 어느 쪽이 한 대(代)라도 왕족이 아닌 혈통이 섞인 자손. ☞성골(聖骨)
진공(眞空)명 물질 입자가 존재하지 않는 공간. 실제로는 보통 수은주 10^{-3}mm 이하의 저압(低壓) 상태를 이름.
진공(陳供)명-하다타 죄를 지은 사람이 그 죄상을 사실대로 말함. ☞진술(陳述)
진:공(進攻)명-하다자 진격(進擊)
진:공(進供)명-하다타 지난날, 지방의 토산물을 임금에게 바치던 일. ☞공상(供上)
진공(進貢)명-하다타 공물(貢物)을 바침.
진:공(震恐)명-하다자 몹시 두려워서 떪.
진공-계(眞空計)명 용기 안의 희박한 기체의 압력을 재어서 진공의 정도를 알아내는 장치. ☞저압계(低壓計)
진공-관(眞空管)명 유리나 금속 따위의 용기에 전극을 넣고 내부를 진공 상태로 만든 전자관(電子管). 검파(檢波)·정류(整流)·증폭(增幅) 등에 쓰임.
진공관=검:파기(眞空管檢波器)명 진공관의 정류 작용을 이용하여 고주파 교류를 저주파의 직류로 바꾸는 장치.
진공관=발진기(眞空管發振器)[―찐―]명 진공관을 이용하여 고주파 전류를 일으키는 장치.
진공관=변:조기(眞空管變調器)명 진공관을 이용하여 고주파 전류를 변조하는 장치.
진공관=증폭기(眞空管增幅器)명 진공관을 이용하여 전압·전력·전류를 증폭하는 장치.
진공-도(眞空度)명 진공의 정도. 보통 잔류 기체가 나타내는 압력으로 표시함. 단위는 mmHg, μHg 등.
진공=방:전(眞空放電)명 진공관 내의 두 전극 사이에 매우 높은 전압을 가할 때 일어나는 방전.
진공=제:동기(眞空制動機)명 철도 차량이나 자동차에 쓰이는 제동기의 한 가지. 실린더 내부의 진공부에 공기를 집어넣어 피스톤을 움직여서 제동하는 장치.
진공=증류(眞空蒸溜)명 감압 증류(減壓蒸溜)
진공=청소기(眞空淸掃機)명 전동기로 외부와의 압력차를 만들어 먼지 따위를 빨아들이게 하여 청소하는 기구. 전기 청소기 ▷ 眞의 속자는 真
진공=펌프(眞空pump)명 밀폐된 용기 안의 공기를 뽑아내어 진공 상태를 만드는 데 쓰는 펌프. ☞공기 펌프
진과(珍果)명 진귀한 과실.
진과(珍菓)명 진귀한 과자.
진과(眞瓜)명 '참외'의 딴이름.
진과(眞果)명 씨와 씨방이 자라서 된 열매. 참열매 ☞가과(假果). 헛열매
진-과자(―菓子)명 물기가 약간 있도록 무름하게 만든 과자. 생과자 ☞마른과자

진:-괘(晉卦)명 육십사괘(六十四卦)의 하나. 이괘(離卦) 아래 곤괘(坤卦)가 놓인 괘로 광명이 지상에 나옴을 상징함. 준진(晉) ☞명이괘(明夷卦)

진:-괘(震卦)명 ①팔괘(八卦)의 하나. 상형은 ☳, 우레를 상징함. ②육십사괘(六十四卦)의 하나. 진괘(震卦)아래 진괘가 놓인 괘로 우레가 거듭됨을 상징함. 준진(震) ☞간괘(艮卦)

진괴(珍怪)어기 '진괴(珍怪)하다'의 어기(語基).

진괴-하다(珍怪-)형여 진귀하고 괴이하다.

진교(眞教)명 참된 종교라는 뜻으로, '가톨릭교'를 달리 이르는 말.

진구(津口)명 나루터

진구(塵垢)명 ①먼지와 때. ②불교에서, 마음을 어지럽게 하는 먼지와 때라는 뜻으로 '번뇌'를 비유하여 이르는 말.

진:구(賑救)명-하다타 지난날, 나라에서 흉년에 곤궁한 백성을 구제하던 일. 진휼(賑恤)

진구(陳久)어기 '진구(陳久)하다'의 어기(語基).

진-구덥명 자질구레하고 지저분한 뒤치다꺼리.

진-구렁명 ①질척거리는 진흙 구렁. ②한번 빠지면 쉽게 헤어나지 못하는 험난한 상황을 비유하여 이르는 말.

진-구리명 허구리의 잘록하게 들어간 부분.

진구-하다(陳久-)형여 오래 묵어 낡다.

진-국명 오래 푹 고거나 하여 걸쭉하게 된 국물. 유농탕(濃湯) ☞훗국

진-국(眞-)명 ①순박하고 진실함, 또는 그러한 사람. ②전국 ☞진국

진:군(進軍)명-하다자 군대가 나아감. 진병 ☞퇴군(退軍)

진군-죽(眞君粥)명 씨를 뺀 살구를 넣어 쑨 흰죽.

진:권(進勸)명-하다타 소개하여 추천함.

진귀(珍貴)어기 '진귀(珍貴)하다'의 어기(語基).

진귀-하다(珍貴-)형여 귀하고 보배롭다.

진균-류(眞菌類)[-뉴]명 균계의 한 문(門). 균사(菌絲)에 격막(膈膜)이 있는 균류임. 포자를 형성하는 방법에 따라 자낭균류(子囊菌類)와 담자균류(擔子菌類)로 가름. ☞조균류(藻菌類)

진:근(進根)명 불교에서 이르는 오근(五根)의 하나. 잡념을 버리고 정법(正法)을 굳게 믿어 수행하는 일.

진금(珍禽)명 진귀한 새.

진금(塵襟)명 티끌로 더러워진 옷깃이라는 뜻으로, 속된 마음이나 생각을 이르는 말.

진:급(進級)명-하다자 등급·계급·학년 등이 올라감.

진기(珍技)명 썩 보기 드문 기술.

진기(珍器)명 진귀한 그릇.

진:기(津氣)[-끼]명 ①진액의 끈적끈적한 기운. ②먹은 것이 쉬이 내리지 않아 오래도록 속이 든든한 기운.

진:기(振氣)명-하다자 기운을 떨쳐 냄.

진:기(振起)명-하다자타 정신을 가다듬어 떨쳐 일어남.

진:기(趁期)명-하다자 기한에 다다름. 진한(趁限)

진기(珍奇)어기 '진기(珍奇)하다'의 어기(語基).

진기-하다(珍奇-)형여 진귀하고 기이하다.

진-날명 비나 눈이 내리는 날. ☞마른날

속담 **진날 개 사귄 이 같다** : ①귀찮은 일을 당하는 경우를 두고 비유하여 이르는 말. ②달갑지 않은 사람이 자꾸만 따라다님을 이르는 말. /**진날 나막신 찾듯** : 평소에는 돌아보지도 않다가 아쉬운 일이 생기면 찾는 경우를 이르는 말.

진남영(鎭南營)명 조선 시대, 청주에 있던 친군영(親軍營)의 하나.

진년(辰年)명 간지(干支)의 지지(地支)가 진(辰)인 해. 무진년(戊辰年)·임진년(壬辰年) 따위. ☞십이지(十二支). 용해. 지지(地支). 태세(太歲)

진:년(盡年)명-하다자 타고난 수명(壽命)을 다하고 죽음.

진:념(軫念)명-하다타 ①비통하게 생각함. ②존귀한 사람이 아랫사람의 사정을 헤아려 보살펴 줌, 또는 그 마음.

진념(塵念)명 속세의 명예와 이익을 생각하는 마음.

진노(瞋怒·嗔怒)명-하다자 성을 내며 노여워함.

진:노(震怒)명-하다자 존엄하게 대하는 대상이 몹시 노함. ¶임금의 -를 사다. /할아버지께서 -하시다.

진-노랑명 진한 노랑.

진-눈명 눈 가장자리가 짓무른 눈.

진눈-깨비명 비가 섞여 오는 눈. ☞마른눈

진-늑골(眞肋骨)명 좌우 열두 쌍의 갈비뼈 가운데 위쪽의 명치뼈에 붙은 일곱 쌍의 뼈를 이르는 말. ☞가늑골

진:단(診斷)명-하다타 의사가 환자를 진찰하여 병의 상태를 판단함, 또는 그 일.

진:단(震檀·震壇)명 지난날, '우리 나라'를 달리 이르던 말.

진:단-서(診斷書)명 의사가 환자를 진단한 결과를 적은 증명서.

진:달(進達)명-하다타 ①말이나 편지를 받아서 올림. ②관하(管下)의 공문 등을 상급 관청으로 올려 보냄.

진달래명 ①진달랫과의 낙엽 활엽 관목. 높이는 2～3m. 잎은 길둥글며 어긋맞게 나고, 4～5월에 잎보다 먼저 연분홍색 꽃이 벌어진 깔때기 모양으로 핌, 10월경에 열매가 삭과(蒴果)로 익음. 산지의 양지쪽에 자라는데, 관상용으로도 심음. 꽃은 먹을 수 있고, 한방에서 기관지염 등에 약재로도 쓰임. 두견(杜鵑). 산척촉(山躑躅) ②진달래꽃 ☞참꽃

진달래-꽃명 진달래의 꽃. 두견화(杜鵑花)

진달래꽃-전(-煎)[-꼳-]명 두견화전

진담(珍談)명 진귀한 이야기. 진설(珍說) ☞기담(奇談)

진담(眞談)명 진정에서 우러나온 말. 참말 ☞농담(弄談)

진답(陳畓)명 오랫동안 농사를 짓지 아니하고 묵혀 둔 논. ☞진전(陳田)

진대명 남에게 의지하여 지내면서 늘 괴로움을 끼치는 짓. [주로 '붙다'·'붙이다'와 함께 쓰임.]

진:대(賑貸)명 지난날, 흉년이나 춘궁기에 나라에서 백성에게 관곡(官穀)을 꾸어 주던 일. ☞환곡(還穀)

진도(津渡)명 나루

진도(陣圖)명 군진(軍陣)을 배치한 도면.

진:도(進度)명 어떤 일이 진행되는 속도나 정도. ¶학습 -가 빠르다.

진:도(震度)명 지표상의 한 지점에서 나타나는 지진동(地震動)의 세기.

진도=계급(震度階級)명 지진의 강도가 사람의 몸에 느껴지는 감각이나 건물이 받는 영향 등의 정도에 따라 몇 가지 계급으로 나눈 것. 미진(微震)·약진(弱震) 등.

▶ **진도 계급**(震度階級)

계 급	이 름	계 급	이 름
0	무감각 지진	Ⅳ	중진(中震)
Ⅰ	미진(微震)	Ⅴ	강진(強震)
Ⅱ	경진(輕震)	Ⅵ	열진(烈震)
Ⅲ	약진(弱震)	Ⅶ	격진(激震)

진돗-개(珍島-)명 개의 한 품종. 전라 남도 진도에서 나는 우리 나라 재래종임. 어깨 높이 40～50cm, 몸길이 40～60cm, 몸무게는 10～20kg임. 몸빛은 황갈색 또는 백색이며, 귀는 쫑긋하고 꼬리는 왼쪽으로 말림. 감각이 매우 예민하고 용맹스러워 사냥용·경비용 등으로 기름. 천연 기념물 제53호임.

진동명 저고리 따위의 소매가 길게 이어지는 부분의 폭.

진:동(振動)명-하다자 ①흔들려 움직임. ¶-이 심한 차. ②물체의 위치, 전류의 세기, 기체의 밀도 등 어떤 물리적 양이 일정한 시간마다 되풀이하여 변화하는 일. ③전기장이나 자기장이 주기적으로 변화하는 일. ④냄새가 아주 심하게 나는 것을 비유하여 이르는 말. ¶생선 굽는 냄새가 집 안에 -하다.

진:동(震動)명-하다자 몹시 울리어 흔들림. ¶천지가 -하다.

진:동-계(振動計)명 진동의 파형·진폭·주파수 등을 측정하는 계기. 주로 기계적 진동을 재는 데에 쓰임.

진:동-면(振動面)명 파동의 진동 방향과 진행 방향을 포함하는 면.

진:동-수(振動數)[-쑤]명 주기적으로 진동하는 현상에

ㅈ

서, 1초 동안에 같은 상태가 반복되는 횟수. 파장이나 전기 진동의 경우는 주파수라고도 함. 단위는 Hz임.

진:동-음(振動音)명 비브라토(vibrato)

진:동=전:류(振動電流)명 세기나 방향이 주기적으로 변하는 전류. ☞전기 진동(電氣振動)

진:동-체(振動體)명 진동하는 물체.

진:동-판(振動板)명 전신 장치의 송화기나 수화기에서 음파를 전파로, 전파를 음파로 재생하는 판.

진동-한동부 몹시 급하거나 바빠서 허동거리는 모양을 나타내는 말. ¶ - 짐을 싸다. ☞진둥한둥

진동-항아리명 민속에서, 무당이 부(富)를 기원하는 뜻으로 돈을 넣어 신단(神壇)에 모셔 두는 작은 오지 단지를 이르는 말.

진두(津頭)명 나루

진두(陣頭)명 ①군진(軍陣)의 맨 앞. ¶군대를 -에서 지휘하다. ②일이나 활동의 앞장.

진두=지휘(陣頭指揮)명 ①군대의 맨 앞에서 지휘하는 일. ②조직의 책임자가 현장에 나가서 직접 지휘하는 일. ¶사장이 작업 현장에 나가 -를 하다.

진둥-걸음명 몹시 급하거나 바빠서 허둥대며 걷는 걸음.

진둥-한둥부 몹시 급하거나 바빠서 허둥거리는 모양을 나타내는 말. ☞진동한동

진드근-하다형여 좀 진득하다. ☞잔드근하다

진드근-히부 진드근하게 ☞잔드근히. 진득이

진드기명 ①진드깃과의 절지동물을 통틀어 이르는 말. 몸길이는 0.5~1mm이고, 머리·가슴·배의 구별이 없음. 더듬이·겹눈·날개 등이 없고, 다리는 네 쌍임. 사람이나 짐승에 기생하여 살며, 피를 빠는 것도 있음. 우슬(牛蝨) ②검질기게 들러붙어 못살게 구는 사람을 비유하여 이르는 말.

진득-거리다(대다)자 진득진득하게 자꾸 들러붙다. ☞잔득거리다. 찐득거리다

진득-진득부-하다형 물체가 눅진눅진하고 끈적끈적한 모양을 나타내는 말. ¶ - 잘 붙는 고약./밀가루 반죽이 -하다. ☞잔득잔득. 찐득찐득

진득찰명 국화과의 한해살이풀. 줄기 높이 60cm 안팎. 전체에 끈끈한 털이 나 있어서 사람의 옷에 잘 붙음. 잎은 달걀꼴이고 마주 남. 8~9월에 가지 끝에 노란 꽃이 피고, 열매는 10월경에 달걀꼴의 수과(瘦果)로 열림. 줄기와 잎은 한방에서 중풍이나 고혈압 등에 약재로 쓰임. 우리 나라 각처의 들이나 길가에 자람. 점호채(粘糊菜). 화험초(火杴草). 희선(希仙) ☞희렴

진득-하다형여 ①물체가 눅진하고 차지다. ②성미가 누긋하고 몸가짐이 무게가 있다. ¶진득하게 참고 기다린다. ☞잔득하다. 진드근하다

진득-이부 진득하게 ☞잔득이. 진드근히

진디명 '진딧물'의 딴이름.

진딧-물명 진딧물과의 곤충을 통틀어 이르는 말. 몸길이 2~4mm이며 몸빛은 여러 가지임. 해충으로, 식물의 줄기나 새싹 등에서 즙액을 빨거나 작물에 바이러스 병을 매개하기도 함. 진디

진딧물(이) 내리다관용 채소 등에 진딧물이 꾀어 붙다.

진:-땀(津-)명 ①죽게 되어 몹시 괴로워할 때 나는 땀. ②몹시 힘이 들거나 난처할 때에 진기가 섞여 흐르는 땀. 유한(油汗)

진땀(을) 빼다관용 긴장하거나 난처한 처지에 놓이거나 하여 진땀이 나게 몹시 애를 쓰다.

진-똥명 물기가 많은 묽은 똥. ☞된똥

진:래(進來)명-하다타 지난날, 관아에 딸린 노비를 체포할 때에 미리 그 사유를 그 관아에 통지하던 일.

진:략(進略)명-하다타 쳐들어가서 땅을 빼앗음.

진:려(振旅)명-하다자 군사를 정비하여 되돌아옴.

진:력(進力)명불교에서 이르는 오력(五力)의 하나. 선업(善業)을 쌓고 악업(惡業)을 없애는 일을 부지런히 하는 힘. ☞혜력(慧力)

진:력(盡力)명-하다자 목적한 바를 이루기 위해 온 힘을 다함. 갈력(竭力). 사력(肆力)

진력(을) 내다관용 질리어 싫증을 내다.

진력(이) 나다관용 질리어 싫증이 나다.

진:로(進路)명 나아갈 길. ¶-를 방해하다./-를 정하다./-를 모색하다. ☞퇴로(退路)

진:료(診療)명-하다타 의사가 환자를 진찰하여 치료함.

진:료-소(診療所)명 의사가 환자를 진찰하여 치료할 수 있는 시설을 갖춘, 병원보다 작은 규모의 의료 기관.

진루(陣壘)명 진지(陣地)

진:루(進壘)명-하다자 야구에서, 주자가 다음 누(壘)로 나아감. ☞도루(盜壘). 출루(出壘)

진루(塵累)명 자질구레한 일상의 일. 속루(俗累)

진:륙(殄戮)명-하다타 모조리 죽임. ☞살륙(殺戮)

진리(眞理)명 ①변할 수 없는 참된 이치. 바른 도리. ¶-를 탐구하다./영원히 변하지 않는 -. ②아무도 부정할 수 없는, 보편적이고 타당성이 있는 인식이나 가치·판단.

진말(辰末)명 십이시(十二時)의 진시(辰時)의 끝 무렵. 지금의 오전 아홉 시가 되기 바로 전.

진말(眞末)명 밀가루

진망(陣亡)명-하다자 싸움터에서 죽음. 진몰(陣沒)

진:망-궂다[-굳-]형 행동이나 태도가 몹시 가볍고 버릇이 없다. ¶진망궂게 굴다.

진맥(眞麥)명 '참밀'의 딴이름.

진:맥(診脈)명-하다타 한방에서, 환자의 맥을 짚어 보아 진찰하는 일. 안맥(按脈). 절맥(切脈) ☞맥진

진-면모(眞面貌)명 진면목(眞面目)

진-면목(眞面目)명 본디의 참모습. 진면모

진멸(殄滅)명-하다타 무찔러 모조리 죽여 없앰. 진섬(殄殲)

진:멸(盡滅)명-하다자타 모조리 멸망하거나 멸망시킴.

진:명(盡命)명-하다자 목숨을 바침.

진목(珍木)명 진귀한 나무.

진목(眞木)명 '참나무'의 딴이름.

진몰(陣沒)명-하다자 싸움터에서 죽음. 진망(陣亡)

진묘(珍妙)어기 '진묘(珍妙)하다'의 어기(語基).

진묘-하다(珍妙-)형여 ①진기하고 절묘하다. ¶진묘한 현상. ②유별나게 기묘하다.

진:무(振武)명 백제의 16관등 중 열더섯째 등급. ☞극우(剋虞)

진무(塵務)명 속세의 번잡스러운 일. 진사(塵事)

진무(塵霧)명 먼지와 안개라는 뜻으로, 앞길을 가로막는 어려움을 비유하는 말.

진:무(鎭撫)[1]명-하다타 반란이나 폭동을 진압하고 백성들의 마음을 진정시킴.

진:무(鎭撫)[2]명 ①고려 시대, 각 도(道)의 도통사(都統使)에 딸린 관직, 또는 그 관원을 이르던 말. ②고려 시대, 순군 만호부(巡軍萬戶府)에 딸린 관직, 또는 그 관원을 이르던 말. ③조선 초기, 의흥 친군위(義興親軍衛)·삼군 진무소(三軍鎭撫所)·오위 진무소(五衛鎭撫所)·의금부(義禁府) 등에 딸린 관직, 또는 그 관원을 이르던 말.

진:무-사(鎭撫使)명 조선 시대, 진무영(鎭撫營)의 으뜸 관원. 강화 유수(留守)가 겸임하였음.

진:무-영(鎭撫營)명 조선 시대, 경기 연안의 바다를 수비하기 위하여 강화도에 두었던 군영(軍營).

진묵(眞墨)명 참먹

진문(珍聞)명 진귀한 소문이나 이상스러운 이야기.

진문(眞文)명 부처나 보살이 설법한 문구.

진문(陣門)명 진영(陣營)으로 드나드는 문.

진-문장(眞文章)명 참다운 문장.

진:물명 상처에서 나는 살이 상한 액체.

진물(珍物)명 진귀한 물건.

진물(眞物)명 가짜가 아닌 진짜 물건. ☞위물(僞物)

진물-진물부-하다형 눈가나 살가죽이 상하여 문드러진 모양을 나타내는 말. ☞잔물잔물

진미(珍味)명 썩 좋은 맛, 또는 그런 맛이 나는 음식물. ¶산해(山海) - 유가미(佳味)

진미(眞味)명 ①음식의 참맛. 제 맛. ¶김치의 -를 맛보다. ②어떤 것이 지니고 있는 참된 맛.

진미(陳米)명 묵은쌀 ☞신미(新米)

진-반찬 명 바싹 마르지도 아니하고 국물도 없는, 좀 진듯한 반찬. 저냐나 지짐이 따위. ☞마른반찬

진-발 명 진땅을 밟아 더러워진 발.

진:발(振拔)명-하다타 가난한 사람을 도움.

진발(鬒髮)명 빛깔이 검고 윤이 나며 숱이 많은 머리털이라는 뜻으로, 아름다운 머리털을 이르는 말.

진-밥 명 질게 지은 밥. ☞된밥

진방(辰方)명 이십사 방위(二十四方位)의 하나. 남동(南東)으로부터 남쪽으로 15도 되는 방위를 중심으로 한 15도 범위 안의 방위. 을방(乙方)과 손방(巽方)의 사이. 준진(辰) ☞술방(戌方)

진:방(震方)명 팔방(八方)의 하나. 정동(正東)을 중심으로 한 45도 범위 안의 방위. 준진(震) ☞태방(兌方)

진:배(進拜)명-하다자타 웃어른에게 나아가 뵘.

진:배(進排)명-하다타 대궐이나 관아에서 쓸 물품을 바침.

진배-없:다[-업-]형 못할 것이 없다. 다를 것이 없다. ¶선물을 받은 것이나 -./누워서 떡 먹기나 -.

진배-없이 부 진배없게 ¶친자식과 - 생각하다.

진-버짐 명 피부병의 한 가지. 흔히 얼굴에 생기는데 벌레가 기어간 자국과 비슷하고, 긁거나 터뜨리면 진물이 흐르는 버짐을 이름. 습선(濕癬) ☞마른버짐

진범(眞犯)명 '진범인(眞犯人)'의 준말.

진:범(秦艽)명 한방에서, 쥐꼬리망초의 뿌리를 약재로 이르는 말. 습증·황달·지절통(肢節痛) 따위에 쓰임.

진-범인(眞犯人)명 어떤 죄를 저지른 진짜 범인. 준진범

진법(陣法)[-뻡]명 군사를 부리어 진을 치는 법.

진:변(陳辯)명-하다타 사정을 말하여 변명함.

진:변(鎭邊)명 변경(邊境)을 안정되게 함.

진:병(進兵)명-하다자 진군(進軍)

진보(珍寶)명 진귀한 보물.

진:보(進步)명-하다자 사물의 정도나 수준 따위가 더 나아지거나 나아져 감. 유향상(向上) ☞퇴보(退步)

진-보라 명 짙은 보랏빛.

진:보-적(進步的)명 진보주의의 성격을 띤 것. ¶-인 경향./-인 사상./-인 인물. ☞보수적(保守的)

진:보-주의(進步主義)명 국가나 사회의 모순을 근본적으로 바로잡아 바꾸어 나가려 하는 사상. ☞보수주의(保守主義)

진:복(進伏)명-하다자 편전(便殿)에서 임금을 모실 때에 탑전(榻前)에 엎드림.

진:복(震服)명-하다자 두려워 복종함.

진본(珍本)명 진서(珍書)

진본(眞本)명 ①서예가가 직접 쓴 글씨나 화가가 직접 그린 그림. ②처음에 박아 낸 판본. ☞가본(假本). 안본(贋本). 위본(僞本)

진:봉(進封)명-하다타 ①물건을 싸서 진상(進上)함. ②왕세자·세손(世孫)·후(后)·비(妃)·빈(嬪)의 봉작(封爵)을 더 높임.

진부(眞否)명 ①참됨과 거짓됨. 진실과 진실이 아닌 것. ¶-를 캐어묻다. ②진짜와 가짜. ¶-를 가려 내다. ☞진위(眞僞)

진:부(陳腐)어기 '진부(陳腐)하다'의 어기(語基).

진-부정(-不淨)명 사람이 죽어서 생긴다고 하는 부정.

진부정(을) 치다 관용 사람이 갓 죽은 집에서 무당굿을 하여 부정한 기운을 쫓아 버리다.

진부정-가심(-不淨-)명 사람이 갓 죽은 집에서 무당굿을 하여 부정한 기운을 쫓아 버리는 일. ☞집가심

진:부-하다(陳腐-)형여 케케묵고 낡다. ¶진부한 사고방식./진부한 이야기. ☞참신하다

진북(眞北)명 지리적인 북극의 방향. ☞도북(圖北). 자북(磁北)

진-분수(眞分數)명 분자가 분모보다 작은 분수. ☞가분수(假分數)

진-분홍(-粉紅)명 짙은 분홍빛.

진사 명 '애꾸눈이'를 조롱하여 이르는 말.

진사(辰砂)명 육방 정계(六方晶系)에 딸린 광석. 수은을 함유하는 황화(黃化) 광물로, 진한 붉은빛이며 다이아몬드와 같은 윤이 남. 수은의 원료, 안료(顔料), 약재 등으로 쓰임. 단사(丹砂). 단주(丹朱). 주사(朱砂)

진사(珍事)명 '진사건(珍事件)'의 준말.

진사(眞絲)명 명주실

진:사(陳謝)명-하다타 사정을 말하고 사과의 말을 함.

진:사(進士)명 ①고려 시대, 과거의 문과 가운데 제술과(製述科)에 합격한 사람을 이르던 말. ②고려 시대, 국자감시(國子監試)에 합격한 사람을 이르던 말. ③조선 시대, 소과(小科)의 진사과에 합격한 사람을 이르던 말. 상사(上舍) ④지난날, 나이 많은 선비를 대접하여 이르던 말. ☞생원(生員)

진사(塵事)명 속세의 번잡스러운 일. 진무(塵務)

진:사(震死)명-하다자 벼락을 맞아서 죽음.

진-사:건(珍事件)[-껀]명 기이한 사건. 준진사(珍事)

진-사:고(珍事故)명 기이한 사고.

진:사-과(進士科)명 ①고려 시대, 제술과(製述科)를 달리 이르던 말. ②조선 시대, 소과(小科)에서 시(詩)·부(賦)·송(頌)·책(策) 등의 한문학으로 문예에 능통한 사람을 뽑던 과목. ☞생원과(生員科)

진사-립(眞絲笠)명 명주실로 등사를 놓아 만든 갓.

진:사-시(進士試)명 ①'국자감시(國子監試)'를 달리 이르던 말. ②진사과(進士科)에서 보는 시험을 이르던 말. ☞생원시(生員試)

진사-전(眞絲廛)명 지난날, 명주실이나 끈목 등을 전문으로 팔던 가게.

진:산(晉山)명 새로 주지로 임명된 중이 그 절에 들어가는 일.

진:산(鎭山)명 풍수지리설에서, 도읍지·집터·묏자리 따위의 뒤에 있는 큰 산을 이르는 말. 후산(後山) ☞주산(主山)

진:산-식(晉山式)명 진산(晉山) 때 베푸는 의식.

진상(眞相)명 사물의 참된 내용이나 모습. ¶사건의 -을 규명하다./-을 파악하다.

진:상(進上)명-하다타 임금이나 높은 관원에게 물품을 바침.

속담 **진상 가는 꿀병 동이듯**: 무엇을 매우 단단히 동여매는 경우를 비유하여 이르는 말./**진상 가는 송아지 배때기를 찼다**: 쓸데없는 짓을 하여 봉변을 당함을 이르는 말./**진상 퇴물림 없다**: 갖다 바치는 물품을 싫어하는 사람은 없다는 말.

진생(辰生)명 간지(干支)의 지지(地支)가 진(辰)인 해에 태어남, 또는 그 해에 태어난 사람. 무진생(戊辰生)·경진생(庚辰生) 등. ☞진년(辰年). 용띠

진서(珍書)명 진기한 책. 진본(珍本). 진적(珍籍)

진서(眞書)명 ①지난날, 참된 글이라는 뜻으로 언문에 상대하여 '한자' 또는 '한문'을 높이어 이르던 말. ②'해서(楷書)'를 달리 이르는 말.

진:서(振舒)명-하다타 기상 따위를 떨쳐서 폄.

진선(津船)명 나룻배

진선(珍膳)명 진수(珍羞)

진선미(眞善美)명 인간이 이상(理想)으로 삼는 참됨·착함·아름다움을 아울러 이르는 말.

진:선진:미(盡善盡美)성구 더할 수 없이 훌륭하고 아름다움을 이르는 말.

진설(珍說)명 진귀한 이야기. 진담(珍談)

진:설(陳設)명-하다타 잔치나 제사 때, 법식에 따라 상 위에 음식을 차려 놓는 일.

진섬(殄殲)명-하다타 무찔러 모조리 죽여 없앰. 진멸(殄滅)

진성(辰星)명 수성(水星)

진성(眞性)명 ①타고난 성질. ②의사성(擬似性)이나 유사성(類似性)이 아닌, 바로 그 증세의 병임을 이르는 말. ¶- 뇌염 ☞가성(假性) ③진여(眞如)

진성(眞誠)명 참된 정성.

진:성(軫星)명 진수(軫宿)

진:성(塡星·鎭星)명 토성(土星)

진:성(盡誠)명-하다자 정성을 다함. 탄성(殫誠)

진-성대(眞聲帶)명 '목청'을 가성대(假聲帶)에 상대하여 이르는 말.
진세(陣勢)명 진(陣)을 친 형세.
진세(塵世)명 더러워진 세상. 진경(塵境). 진계(塵界). 진속(塵俗). 티끌세상
진소(眞梳)명 참빗
진:소(陳疏)명-하다자 상소(上疏)
진소:위(眞所謂) '그야말로', '참말로'의 뜻.
진속(眞俗)명 ①중과 속인(俗人). 승속(僧俗) ②진제(眞諦)와 속제(俗諦).
진속(塵俗)명 진세(塵世)
진:솔명 ①새로 지어서 한 번도 빨지 아니한 새 옷. ②'진솔옷'의 준말.
진솔(眞率)어기 '진솔(眞率)하다'의 어기(語基).
진:솔-옷명 봄가을에 다듬어 지어 입는 모시 옷. 준진솔
진:솔-집[-찝]명 새로 지은 옷을 첫물에 못 쓰게 만드는 사람을 놀리어 이르는 말.
진솔-하다(眞率-)형여 진실하고 솔직하다. ¶진솔한 이야기./사람됨이 -.
진솔-히부 진솔하게
진수(辰宿)명 성수(星宿)
진수(珍羞)명 진귀한 음식. 진선(珍膳). 진찬(珍饌)
진수(眞髓)명 어떤 사물이나 현상의 가장 중요하고 본질적인 부분을 이르는 말. ¶발레의 -를 보여 주다.
진:수(進水)명-하다타 새로 지은 배를 처음으로 물에 띄움.
진수(軫宿)명 이십팔수(二十八宿)의 하나. 남쪽의 일곱째 별자리. 진성(軫星) 준진(軫)
진:수(盡數)명 어떤 수량의 전부. 몰수(沒數). 전수(全數)
진:수(鎭守)명-하다타 군사적으로 긴요한 곳을 든든히 지킴.
진:수(鎭戍)명-하다타 변경(邊境)을 지킴.
진수(珍秀)어기 '진수(珍秀)하다'의 어기(語基).
진:수-대(進水臺)명 새로 지은 배를 조선대(造船臺)에서 미끄러뜨려 물에 띄우는 장치.
진수-성찬(珍羞盛饌)명 많이 잘 차린 진귀한 음식.
진:수-식(進水式)명 새로 지은 배를 처음으로 물에 띄울 때 베푸는 의식.
진수-하다(珍秀-)형여 진귀하고 빼어나다.
진:숙(振肅)명-하다타 ①두려워서 떨며 삼감. ②어지러워진 규율이나 분위기 따위를 바로잡음.
진술(眞術)명 참된 술법.
진:술(陳述)명-하다타 ①자세하게 말함, 또는 그 말. ②소송 당사자나 소송 관계인이 공판정(公判廷)에서 사실 또는 법률적인 의견을 말하는 일.
진:술-서(陳述書)[-써]명 진술 내용을 기록한 문서.
진시(辰時)명 ①십이시(十二時)의 다섯째 시(時). 지금의 오전 일곱 시부터 아홉 시까지의 동안. ②하루를 스물넷으로 가른, 아홉째 시. 지금의 오전 일곱 시 삼십 분부터 여덟 시 삼십 분까지의 동안. 준진(辰) ☞사시(巳時). 손시(巽時)
진시(陳試)명 지난날, 초시(初試)에 급제한 사람이 사정이 있어서 회시(會試)를 보지 못하게 되었을 때, 그 사정을 예조(禮曹)에 알리고 다른 해에 회시를 보던 일.
진:시(眞是)부 참으로. 진실로
진:식(進食)명-하다자 병이 나은 뒤에 입맛이 당기어 식욕이 차차 더해짐.
진-신명 지난날, 진날이나 진땅에서 신던 신. 가죽을 기름에 결어 물이 스며들지 않도록 만들었음. 유혜(油鞋). 이혜(泥鞋) ☞마른신
진신(眞身)명 불교에서, 삼신(三身) 가운데서 법신(法身)과 보신(報身)을 합친 것을 이르는 말.
진-신발명 진창을 밟아 젖거나 더러워진 신발.
진실(眞實)명-하다형 거짓이 없이 참됨. ¶-을 밝히다./-한 마음.
진실-히부 진실하게 ¶- 대하다.
진실-감(眞實感)명 거짓 없이 참되다는 느낌. 진실이라는 느낌.
진실-로(眞實-)부 정말로. 진심으로 ¶- 존경한다.
진실-성(眞實性)[-썽]명 참된 품성. ¶-이 몸에 밴 태도./그의 -을 믿는다.
진심(眞心)명 참된 마음. 참마음 ¶-에서 우러나오는 말./-을 털어놓다.
진심(塵心)명 세상의 번거로운 일에 더럽혀진 마음.
진:심(盡心)명-하다자 온 정성을 기울임.
진심(瞋心·嗔心)명 왈칵 성내는 마음.
진:심갈력(盡心竭力)성구 마음과 힘을 다하여 애씀을 이르는 말.
진안(眞贋)명 진짜와 가짜. 진위(眞僞)
진안막변(眞贋莫辨)성구 진짜와 가짜를 분별할 수 없음을 이르는 말.
진-안주명 물기가 있는 안주. 찌개·지짐이 따위. ☞마른안주
진:알(進謁)명-하다자타 높은 사람에게 나아가 뵘.
진:압(鎭壓)명-하다타 힘으로 억눌러서 가라앉힘. ¶폭동을 -하다.

한자 진압할 진(鎭) 〔金部 10획〕 진압(鎭壓)/진점(鎭占)/진정(鎭定)/진정(鎭靜) ▷ 속자는 鎮

진:앙(震央)명 지진의 진원(震源) 바로 위에 해당하는 지표의 지점.
진애(塵埃)명 티끌
진애=감:염(塵埃感染)명 먼지 속에 있는 병원체가 숨쉴 때 몸 속으로 들어오거나 살갗에 묻어서 일어나는 감염. 결핵·탄저(炭疽)·성홍열 따위에서 일어남.
진액(津液)명 수액이나 체액 따위, 생물체 안에서 생겨나거나 흐르는 액체.
진약(珍藥)명 구하기 어렵고 귀한 약.
진:양(振揚)명-하다타 들날림.
진양조-장단(-調-)[-쪼-]명 국악의 민속악 장단의 한 가지. 가장 느리며 8분의 18박자임. 산조와 민요, 판소리 '춘향가' 중 옥중가, '흥부가' 중 박타령 등에 쓰임. ☞중모리장단
진어(眞魚)명 '준치'의 딴이름.
진:어(進御)명 ①-하다타 임금이 입고 먹는 일을 높이어 이르는 말. ②임금의 거둥.
진:어영(鎭御營)명 조선 시대, 춘천에 있던 친군영(親軍營)의 하나.
진언(眞言)명 ①불교에서, 부처나 보살의 거짓 없는 진실된 말. ②범어(梵語)로 된 주문(呪文).
진언(眞諺)명 진서(眞書)와 언문(諺文).
진:언(陳言)명 ①-하다타 의견을 말함, 또는 그 의견. ②케케묵은 말.
진:언(進言)명-하다자타 윗사람에게 의견을 말함.
진언(瞋言·嗔言)명 성내어 꾸짖는 말.
진에(瞋恚)명 ①원망과 분노. ②불교에서 이르는 삼독(三毒)의 하나. 자기의 뜻에 어긋나는 것에 대하여 성내는 일. 준진(瞋)
진여(眞如)명 불교에서, 있는 그대로의 모습이라는 뜻으로, 만물의 본체로서 영구히 변함이 없는 진리를 이르는 말. 진성(眞性)
진:역(震域)[1]명 동쪽에 있는 지역이라는 뜻으로, 우리 나라를 달리 이르는 말.
진:역(震域)[2]명 지진이 일어날 때, 일정한 진도(震度)를 가지는 지역. 강진(強震) 진역, 유감(有感) 진역 따위.
진:연(進宴)명 지난날, 나라에 경사가 있을 때 궁중에서 베풀던 잔치.
진연(塵煙)명 연기처럼 일어나는 티끌.
진연(塵緣)명 불교에서, 티끌세상의 인연이라는 뜻으로, 이 세상의 인연을 이르는 말.
진:열(陳列)명-하다타 여러 사람에게 보이려고 물건을 죽 벌여 놓음. ☞나열(羅列)
진:열-대(陳列臺)[-때]명 상품 따위를 죽 벌여 놓을 수 있게 만든 대.
진:열-장(陳列*欌)[-짱]명 상점 등에서, 상품 따위를

벌여 놓는 데 쓰는 장.

> ▶ '진열(陳列)'의 '열(列)'
> 모음이나 'ㄴ' 받침 다음에 이어지는 한자의 음 '렬(列·烈 등), 률(律·率 등)'은 관용에 따라 '열, 율'로 적는다.
> ¶ 규율(規律)/나열(羅列)/선열(先烈)/운율(韻律)/이율(利率)/진열(陳列)

진:열-창(陳列窓)명 상품의 견본 따위를 죽 벌여 놓고 들여다볼 수 있도록 만든 유리창. 쇼윈도

진영(眞影)명 얼굴을 주로 나타낸 그림, 또는 사진. ¶충무공의 —을 모신 사당(祠堂).

진영(陣營)명 ①군대가 진(陣)을 치고 있는 곳. 진(陣) ②공통된 이념이나 목적 아래 뭉친 집단. ¶자유 —

진:영(鎭營)명 조선 시대, 지방의 군사적 요지에 두었던 군영(軍營). 토포영(討捕營) 준진(鎭)

진:영-장(鎭營將)명 조선 시대, 각 진영의 장관(將官)을 이르던 말. 준영장(營將). 진장(鎭將)

진:예(進詣)명-하다자 궁중에 들어가 임금을 뵘.

진옥(眞玉)명 진짜 옥(玉).

진-옴명 옴에 급성 습진이 함께 나는 피부병. 습개(濕疥) ☞마른옴

진완(珍玩)명 ①아주 귀하고 보기 좋은 노리개. ②-하다타 진귀하게 여기어 가지고 놂, 또는 그 물건.

진-외가(陳外家)명 아버지의 외가(外家). ☞외외가

진-외조모(陳外祖母)명 아버지의 외조모.

진-외조부(陳外祖父)명 아버지의 외조부.

진용(眞勇)명 참된 용기.

진용(陣容)명 ①진(陣)을 친 형세. ¶—을 바로잡다. ②어떤 일을 함께 하기 위하여 모인 사람들의 구성. ¶편집 —/—을 정비하다.

진운(陣雲)명 ①진을 친 모양의 구름. ②전쟁터의 하늘에 뜬 불길한 구름.

진:운(進運)명 차차 나아질 운수.

진:운(盡運)명-하다자 운이 다함.

진원(眞元)명 사람 몸의 원기.

진:원(震源)명 ①지구 내부에서 맨 처음 지진파(地震波)를 일으킨 곳. ②사건이나 소동이 일어난 근원을 비유하여 이르는 말. ¶사건의 —을 밝히다./소문의 —을 추적하다. 진원지

진:원-지(震源地)명 진원(震源)

진월(辰月)명 '음력 삼월'을 달리 이르는 말. 월건(月建)의 지지(地支)가 무진(戊辰)·임진(壬辰)처럼 진(辰)인 데서 이름. ☞일진(日辰). 태세(太歲)

진위(眞僞)명 참과 거짓. 진안(眞贗) ¶—를 밝히다./—를 가리다. ☞진부(眞否)

진위-법(眞僞法)[—뻡]명 간단한 지식의 유무(有無)나 정부(正否)를 객관적으로 확인하기 위하여 어떤 문제를 놓고 두 가지의 선택할 갈래를 주어 그 진위를 판단하게 하는 방법.

진유(眞油)명 참기름

진유(眞儒)명 참된 선비.

진육(殄肉)명 궂은고기

진:율(震慄)명-하다자 두려워서 몸을 떪. ☞전율(戰慄)

진의(眞意)명 마음속에 품고 있는 참뜻, 또는 참 의도. ¶—를 알아내다./—를 파악하다.

진의(眞義)명 참된 의의나 의미. ¶인생의 —를 깨닫다.

진이(珍異)어기 '진이(珍異)하다'의 어기(語基).

진이-하다(珍異—)형여 진귀하고 기이하다.

진인(眞人)명 ①도교에서, 진리를 깨달은 사람을 이르는 말. ②불교에서, 진리를 깨달은 사람이라는 뜻으로 '아라한'을 이르는 말.

진-일명-하다자 ①물을 써서 하는 일. 부엌일이나 빨래하는 일 따위. 물일 ☞마른일 ②궂은일

진일(辰日)명 간지(干支)의 지지(地支)가 진(辰)인 날. 무진(戊辰)·임진(壬辰) 등. ☞용날. 월건(月建). 일진(日辰). 태세(太歲)

진:일(盡日)명 '진종일(盡終日)'의 준말.

진:일지력(盡日之力)[—찌—]명 온종일 맡은 바에 부지런히 힘을 쓰는 일, 또는 그 힘.

진임(眞荏)명 '참깨'의 딴이름.

진:입(進入)명-하다자 ①나아가 어느 곳에 들어감. ¶항공기가 활주로에 —하다. ②어떤 단계나 수준에 들어감. ¶상위권에 —하다./선진국 대열에 —하다.

진:입-로(進入路)명 어떤 곳으로 들어가는 길.

진-잎명 날것이나 절인 푸성귀의 잎.

진잎-죽(—粥)[—입—]명 진잎을 넣고 쑨 죽.

속담 **진잎죽 먹고 잣죽 트림한다**: 실상은 보잘것없으면서도 겉은 아주 훌륭한 것처럼 꾸민다는 말. [냉수 먹고 이 쑤시기]

진자(侲子)명 아이초라니

진:자(振子)명 고정된 한 축이나 점의 둘레를 일정한 주기로 진동하는 물체. 단진자나 복진자 따위. 흔들이

진자(榛子)명 '개암[2]'의 딴이름.

진-자리명 ①바로 그 자리. ¶—에서 일을 끝내다. ②아이가 갓 태어난 그 자리. ③어린아이들이 오줌이나 똥을 싸서 축축하게 된 그 자리. ④사람이 갓 죽은 바로 그 자리. ☞마른자리

진:작부 ①좀더 일찍이. ¶그런 사실은 — 알렸어야지. ②이미. 벌써 ¶비용은 — 마련해 뒀으니 염려 말게.

진:작(振作)명-하다타 기분이나 기세 따위를 북돋워 떨쳐 일어나게 함. ¶사기를 —하다.

진작(眞勺)명 ①고려 시대, 속가(俗歌)에서 가장 빠른 곡조를 이르던 말. 일진작·이진작·삼진작·사진작의 형태가 있는데, 일진작이 가장 느리고 가락이 복잡하며 위로 갈수록 빨라지고 가락도 단순해짐. ②'정과정곡(鄭瓜亭曲)'을 달리 이르는 말.

진:작(進爵)명-하다자 ①지난날, 진연(進宴) 때 임금에게 술잔을 올리던 일. ②헌작(獻爵)

진장(珍藏)명-하다타 보배롭게 여겨 잘 간직해 둠.

진:장(振張)명-하다타 세력을 떨쳐 일으키거나 넓게 펼침.

진장(陳藏)명-하다자 김장

진장(陳醬)명 진간장

진:장(鎭將)명 ①고려 시대, 지방의 각 진(鎭)을 통솔(統率)하던 무관 관직, 또는 그 관원. ②'진영장(鎭營將)'의 준말.

진재(陳材)명 한방에서, 오래 묵은 약재를 이르는 말.

진:재(震災)명 지진으로 말미암은 재앙.

진저(ginger)명 향신료(香辛料)의 한 가지. 말린 생강, 또는 그 가루.

진저리명 ①오줌을 누고 난 뒤나 찬 것이 갑자기 살갗에 닿을 때 으르르 몸을 떠는 일. ②몹시 귀찮거나 지긋지긋하여 으르르 몸을 떠는 일.

진저리(가) 나다관용 지긋지긋한 느낌이 들다.

진저리(를) 치다관용 지긋지긋한 느낌이 들어 몸을 떨다.

진저비어(ginger beer)명 진저에일(ginger ale)

진저에일(ginger ale)명 칵테일에 쓰는 청량 음료의 한 가지. 생강즙에 레몬·계피·정향(丁香) 등의 향료를 섞고 캐러멜로 빛깔을 내어 만듦. 알코올 성분은 없음. 진저비어(ginger beer)

진적(珍籍)명 진서(珍書)

진적(眞蹟)명 ①실제의 유적. ②친필(親筆)

진적(陳迹)명 지난날의 묵은 자취.

진적(眞的)어기 '진적(眞的)하다'의 어기(語基).

진적-하다(眞的—)형여 거짓이나 틀림이 없다.

진적-히부 진적하게

진전(陳田)명 ①묵정밭 ②고려·조선 시대, 토지 대장에는 경지(耕地)로 되어 있으나, 오랫동안 농사를 짓지 아니하고 묵힌 땅을 이르던 말.

진:전(進展)명-하다자 일이 진행되어 발전함. ¶신제품 개발이 —을 보이다./협상이 —되다.

진:전(震顫·振顫)명 알코올 중독이나 신경 쇠약 등으로 말미암아 머리·손·몸 등에 무의식적으로 일어나는 근육의 불규칙한 운동.

ㅈ

진절-머리 명 '진저리'를 속되게 이르는 말.
진:점(鎭占)명-하다타 일정한 지역을 진압하여 차지함.
진정(辰正)명 십이시(十二時)의 진시(辰時)의 중간. 지금의 오전 여덟 시. ☞사정(巳正)
진정(眞情)명 거짓이 없는 참된 정이나 애틋한 마음. ¶ －을 고백하다./－으로 바라다.
진정(陳情)명-하다타 실정을 털어놓고 말함.
진:정(進呈)명-하다타 물건을 자진하여 드림.
진:정(鎭定)명-하다타 반대 세력이나 기세 따위를 억눌러서 평정함. ¶반란을 －하다.
진:정(鎭靜)명-하다자타 ①소란하던 것이 가라앉음, 또는 가라앉힘. ¶분위기가 －되다. ②들뜬 기분이나 아픔 따위가 가라앉음, 또는 가라앉힘. ¶마음을 －하다.
진정(眞正)[1]부 참으로. 정말로 ¶－ 몰랐던 일이다./만나서 － 반갑습니다.
진정(眞正)[2]어기 '진정(眞正)하다'의 어기(語基).
진정-서(陳情書)명 관청이나 윗사람에게 내려고 사정을 밝혀 적은 서면(書面).
진:정-제(鎭靜劑)명 중추 신경이 비정상적으로 흥분한 상태를 진정시키는 데 쓰이는 약제.
진정-하다(眞正－)형여 참되고 올바르다. ¶진정한 민주주의./진정한 행복.
진제(眞諦)명 불교에서, 절대로 변함이 없는 진리를 이르는 말. ☞속제(俗諦)
진:졸(鎭卒)명 각 진영(鎭營)에 딸린 병졸.
진종(珍種)명 진귀한 품종.
진:-종일(盡終日)명 ①아침부터 저녁때까지. 온종일 ¶－을 책만 읽다. ②[부사처럼 쓰임] ¶－ 비가 내리다. 준 진일(盡日)
진좌(辰坐)명 묏자리나 집터 등이 진방(辰方)을 등진 좌향(坐向).
진:좌(鎭座)명-하다자 ①신령이 그 자리에 임함. ②자리 잡아 앉음.
진좌-술향(辰坐戌向)명 묏자리나 집터 등이 진방(辰方)을 등지고 술방(戌方)을 향한 좌향(坐向).

진주(眞珠·珍珠)명 조개류의 체내에서 형성되는 구슬 모양의 분비물 덩어리. 탄산칼슘이 주성분이며, 아름다운 광택이 나서 장식품으로 쓰임. 인공으로 만들기도 함. 방주(蚌珠). 빈주(蠙珠)
진주(陳奏)명-하다타 윗사람에게 사정을 밝혀 아룀.
진:주(進走)명-하다자 앞으로 달음질하여 나아감.
진:주(進駐)명-하다자 군대가 남의 나라에 쳐들어가거나 파견되어 가서 머무름.
진주-낭(眞珠囊)명 진주로 꾸민 주머니. 조선 시대 왕비가 정장(正裝)할 때 찼음.
진주-댕기(眞珠－)명 진주를 박은 댕기. 재래식 혼례 때 예장(禮裝)에서 큰머리를 얹을 때 드렸음.
진주-사(眞珠紗)명 비단의 한 가지. 씨실과 날실을 모두 생사(生絲)로 짜며, 바탕에는 평직으로 마름모꼴 무늬가 있음. ▷ 眞의 속자는 真
진주-선(眞珠扇)명 재래식 혼례 때 신부의 얼굴을 가리는 데 쓰는, 진주로 꾸민 부채.
진주-암(眞珠岩)명 화산암의 한 가지. 석영 조면암이 유리 모양으로 된 것으로, 빛깔은 붉은 갈색, 어두운 녹색, 흑색 등임. 진주와 비슷한 광택과 불규칙한 균열이 있음.
진주-잠(眞珠簪)명 머리 부분을 진주로 꾸민 비녀.
진주-조개(眞珠－)명 진주조갯과의 조개. 조가비의 길이는 10cm 안팎. 네모진 모양이며, 어두운 자줏빛이 도는 녹색임. 표면은 비늘 모양의 얇은 조각이 겹쳐서 쌓였고, 안쪽은 진주의 광택이 남. 수심 5~20m의 잔잔한 바다에 살며, 양식 진주의 모패(母貝)로 쓰임.
진주혼-식(眞珠婚式)명 결혼 기념식의 한 가지. 서양 풍속으로, 결혼 30주년을 맞아 부부가 진주로 된 선물을 주고받으며 기념함. ☞산호혼식(珊瑚婚式)
진-주홍(－朱紅)명 짙은 주홍빛.
진죽-버력(－粥－)명 모암(母岩)이 풍화되어 생긴 사토(砂土)가 물과 뒤섞여 곤죽처럼 된 버력.
진중(陣中)명 ①군대의 진영 안. ¶－에서 펼친 위문 공연. ②전쟁터 ¶－에서 부친 편지.
진중(珍重)어기 '진중(珍重)하다'의 어기(語基).
진:중(鎭重)어기 '진중(鎭重)하다'의 어기(語基).
진중-하다(珍重－)형여 매우 귀하고 소중하다. 귀중하다 ¶진중하게 생각하다./진중한 물건.
타 아주 소중하게 여기다. ¶옥체를 진중하소서.
진중-히부 진중하게 ¶－ 간직하다.
진:중-하다(鎭重－)형여 무게가 있고 점잖다. ¶진중한 성격./진중한 태도.
진중-히부 진중하게 ¶몸가짐을 － 하다.
진:지 명 웃어른을 높이어 그의 밥을 이르는 말. ¶－를 드시다./－를 대접하다./－를 올리다.
진지(陣地)명 전투 부대의 공격이나 방어에 필요한 여러 가지 시설물을 갖추어 놓은 곳. 진루(陣壘) ¶－를 구축하다./－를 사수하다.
진지(眞知)명 참된 지식.
진지(眞智)명 불교에서 이르는 삼지(三智)의 하나. 차별 없는 평등의 진리를 깨달은 지혜. ☞내지(內智)
진지(眞摯)어기 '진지(眞摯)하다'의 어기(語基).
진지러-뜨리다(트리다)타 몹시 지지러뜨리다. ☞잔지러뜨리다
진지러-지다자 몹시 지지러지다. ☞잔지러지다
진지-전(陣地戰)명 진지를 구축해 놓고 벌이는 전투.
진지-하다(眞摯－)형여 말이나 태도가 참답고 착실하다. ¶진지한 표정./이야기를 하는 모습이 －.
진진(津津)어기 '진진(津津)하다'의 어기(語基).
진진지의(秦晉之誼)성구 고대 중국의 진(秦)나라와 진(晉)나라의 두 황실이 혼인을 맺고 지냈다는 고사(故事)에서, 혼인한 두 집 사이의 썩 가까운 정의(情誼)를 이르는 말.
진진-하다(津津－)형여 ①입에 착 달라붙게 맛이 좋다. ②끊임없이 솟아나듯 많다. ¶흥미가 －.
진:질(晉秩)명-하다자 품계(品階)가 오름.
진:집 명 물건의 좁다랗게 벌어진 틈.
진집(珍什)명 보기 드문 진귀한 집물(什物).
진:짓-상(－床)명 웃어른을 높이어 그의 밥상을 이르는 말. ¶－을 보다.
진짜(眞－)명 본뜨거나 꾸미거나 지어낸 것이 아닌, 본디의 참 것. ¶－ 금반지. ☞가짜
부 정말로 아주. ¶이야기가 － 재미있구나.
진짬(眞－)명 잡것이 섞이지 아니한 순수한 것.
진찬(珍饌)명 진귀한 음식. 진수(珍羞)
진:찬(進饌)명 ①조선 시대, 대궐에서 크게 음식을 차려 임금이나 왕비에게 올리던 일, 또는 그 잔치. 진연(進宴)보다 규모가 작았음. ②제례에서, 식어서는 안 되는 제수를 제상에 차리는 절차. 어육류의 제수를 차림. ☞초헌(初獻)
진-찬합(－饌盒)명 진반찬이나 술안주 따위를 담는 찬합. ☞마른찬합
진:찰(診察)명-하다타 건강이나 병의 상태를 판단하기 위하여 환자의 몸을 살피거나 묻거나 하는 일. 진후(診候)

한자 진찰할 진(診) [言部 5획] ¶검진(檢診)/진단(診斷)/진료(診療)/진맥(診脈)/진찰(診察)/촉진(觸診)

진:찰-권(診察券)[－꿘]명 환자가 그 병원에서 진찰을 받을 수 있음을 증명하는 표.
진:참(進參)명-하다자 제사나 잔치 따위에 참여함.
진창 명 땅이 질어서 질퍽질퍽한 곳. 이녕(泥濘)
진창-길[－낄]명 곤죽처럼 질퍽질퍽한 길. 이해(泥海)
진창-미(陳倉米)명 곳집에 쌓여 오래 묵은 쌀.
진채(珍菜)명 진귀하고 맛이 좋은 채소.
진채(眞彩)명 석채(石彩)
진채-식(陳菜食)명 정월 대보름날에 먹는 나물. 고사리·버섯·호박고지·오이고지·가지고지·무시래기 등 햇볕에 말린 갖은 나물을 물에 잘 우려서 삶아 무쳐 먹음.

진채-화(眞彩畫)명 진채로 그린 그림. 석채화(石彩畫)
진책(嗔責)명-하다타 성내어 꾸짖음.
진:척(進陟)명-하다자 일이 진행되어 나아감. ¶공사가 예정대로 -되다.
진:천(振天)명-하다자 ①소리가 하늘까지 떨쳐 울림. ②명성을 천하에 떨침을 비유하여 이르는 말.
진:천(震天)명-하다자 ①소리가 하늘을 뒤흔들듯이 울림. ②기세를 크게 떨침을 비유하여 이르는 말.
진:천동지(震天動地)성구 ①큰 소리가 하늘과 땅을 뒤흔듦을 이르는 말. ②위력이나 기세가 천하에 떨침을 비유하여 이르는 말.
진:천-뢰(震天雷)명 비격진천뢰(飛擊震天雷)
진:첩(震疊)명-하다자 존귀한 사람이 몹시 성내어 그치지 아니함.
진:청(陳請)명-하다타 사정을 말하며 간청함.
×진체(眞諦)명 →진제(眞諦)
진:체(晉體)명 중국 진(晉)나라 때의 명필 왕희지(王羲之)의 글씨체.
진초(辰初)명 십이시(十二時)의 진시(辰時)의 처음. 지금의 오전 일곱 시가 막 지난 무렵.
진초(陳草)명 해묵은 담배. ☞신초(新草)
진:출(進出)명 ①일정한 방향으로 나아감. ¶아군이 적진 깊숙이 -하다. ②어떤 방면이나 단계로 나아감. ¶여성의 정계 -./결승에 -하다.
진:출-색(進出色)명 팽창색(膨脹色)
진:충(盡忠)명-하다자 충성을 다함.
진:췌(盡瘁·盡悴)명-하다자 지쳐서 쓰러질 때까지 마음과 힘을 다함.
진:취(進取)명 ①적극적으로 새로운 일을 해 나감. ②스스로 나아가서 일을 잡아 함. ☞퇴영(退嬰)
진:취(進就)명-하다자 일을 차차 이루어 나아감.
진:취-성(進取性)[-썽]명 스스로 나아가서 일을 잡아 하는 성질. ¶-이 있는 젊은 일꾼.
진:취-적(進取的)명 적극적으로 새로운 일을 해 나가는 경향인 것. ¶-인 성격. ☞퇴영적(退嬰的)
진-치다(陣-)자 ①진을 벌이다. ②어떤 자리를 차지하다. ¶동네 어귀에 진치고 서 있는 낯선 사람들.

한자 진칠 둔(屯)〔屮部 1획〕¶둔영(屯營)/주둔(駐屯)
진칠 진(陣)〔阜部 7획〕¶진법(陣法)/진영(陣營)/진중(陣中)/진지(陣地)

진-타:작(-*打作)명-하다타 물타작
진탁(眞-)명-하다자 친탁
진-탈태(眞脫胎)명 두께가 탈태보다 더 얇은, 투명한 자기(瓷器)의 몸. ☞반탈태(半脫胎)
진탕(-宕)부 싫증이 날 만큼 실컷. ¶- 먹고 마시다.
진:탕(震盪·振盪)명-하다자 몹시 울려서 흔들림.
진탕-만탕(-宕-宕)부 양에 차고도 남을 만큼 매우 진탕. ¶술을 - 퍼 마시다.
진-태양(眞太陽)명 시태양(視太陽) ☞평균 태양
진태양-시(眞太陽時)명 시태양시 ☞평균 태양시
진태양-일(眞太陽日)명 실제로 관측되는 태양이 남중(南中)하여 다음 남중할 때까지의 시간. 평균 태양일에 대하여 이르는 말.
진-터(陣-)명 군사가 진을 친 터.
진토(塵土)명 먼지와 흙을 아울러 이르는 말.
진통(陣痛)명 ①해산할 때 주기적으로 되풀이 되는 복통. 산통(産痛) ②일이 이루어질 무렵에 겪는 어려움을 비유하여 이르는 말. ¶- 끝에 새 법률이 통과되다.
진:통(鎭痛)명-하다자 아픔을 가라앉혀 멎게 함.
진:통-제(鎭痛劑)명 통증을 가라앉히는 약제.
진:퇴(進退)명 ①-하다자 나아감과 물러섬. ②어떤 직위나 자리 등에 머무름과 떠남. ¶-를 결정하다. ☞거취(去就)
진:퇴양난(進退兩難)성구 이러기도 저러기도 어려운 매우 곤란한 상태를 이르는 말.
진:퇴유곡(進退維谷)성구 나아갈 수도 물러설 수도 없이 궁지에 몰려 있음을 이르는 말.

진투(陳套)명 시대에 뒤떨어진 낡은 투. ☞구식(舊式)
진:티명 일이 잘못되게 될 빌미.
진-펄명 질퍽한 벌.
진-편포(-片脯)명 쇠고기를 얇게 저며서 간장이나 소금으로 간을 맞춘 다음, 말리지 않고 날것으로 먹거나 구워 먹는 편포.
진폐(塵肺)명 직업병의 한 가지. 장기간에 걸쳐 폐에 먼지가 쌓여 심폐 기능이 떨어지는 병. 진폐증(塵肺症). 폐진애증(肺塵埃症)
진폐-증(塵肺症)[-쯩]명 진폐(塵肺)
진:폭(振幅)명 진동하는 물체의 정지 위치로부터 좌우 극점에 이르기까지 움직인 거리.
진:폭(震幅)명 지진계에 나타나는 진동의 폭.
진:폭=변:조(振幅變調)명 반송파(搬送波)의 진폭을 신호파의 진폭에 따라 변화시키는 변조 방식. 라디오 방송 등에 쓰임. 에이엠(AM) ☞주파수 변조
진-풀명 홑옷을 빨아서 마르기 전에 곧 먹이는 풀.
진품(珍品)명 진귀한 물품. 이품(異品)
진품(眞品)명 진짜 물건.
진풍(陣風)명 갑자기 세차게 불다가 금세 그치는 바람. 흔히 비나 눈이 내리기 전에 붊.
진풍(塵風)명 먼지를 일으키며 부는 바람, 또는 먼지가 섞인 바람.
진-풍경(珍風景)명 ①진귀한 풍경. ②보기 드문 광경. ¶웃지 못할 -이 벌어지다. ☞진경(珍景)
진:피명 끈질기게 달라붙는 짓, 또는 그런 짓을 하는 사람.
진피(眞皮)명 척추동물의 표피와 피하 조직 사이에 있는 섬유성 결합 조직. 혈관·신경·땀샘·모낭(毛囊)·지선(脂腺) 등이 분포되어 있음. ☞표피(表皮)
진피(陳皮)명 한방에서, 오래 묵은 귤 껍질, 곧 '황귤피'를 달리 이르는 말.
진:피-아들명 지지리 못생긴 사람을 이르는 말.
진필(眞筆)명 친필(親筆)
진:하(進賀)명-하다자 지난날, 나라에 경사가 있을 때 백관(百官)이 임금에게 나아가 축하하던 일.
진-하다형여 ①액체가 묽지 않고 되직하다. ¶커피가 -./진한 사골 국물. ☞묽다 ②빛깔의 느낌이 강하다. ¶진한 빨강./립스틱 색깔이 -. ③감정의 정도가 깊다. ¶진한 감동./마음에 진한 여운을 남기다. ☞짙다[2]
진:-하다(盡-)자여《文》힘이나 운수 따위가 다하다. ¶기력이 -.
진:-하:련(震下連)명 팔괘(八卦)에서, 진괘(震卦)는 아래의 막대만 이어졌다는 뜻으로, ☳의 모양을 이르는 말. ☞손하절(巽下絶)
진:학(進學)명-하다자 ①학문의 길에 나아가 배움. ②상급 학교에 감. ¶- 상담/대학에 -하다.
진-학질모기(眞瘧疾-)명 '한국얼룩날개모기'의 딴이름.
진:한(趁限)명-하다자 진기(趁期)
진합태산(塵合泰山)성구 '티끌 모아 태산'이라는 말을 한문식으로 옮긴 구(句)로, 적은 것도 많이 모이면 큰 것이 된다는 뜻.
진:항(進航)명-하다자 배가 항해하여 나아감.
진:해(震駭·振駭)명-하다자 몸을 떨며 놀라고 두려워함.
진:해(鎭咳)명-하다자타 기침을 멎게 함.
진:해-제(鎭咳劑)명 기침을 멎게 하는 약제.
진:행(進行)명-하다자타 ①앞으로 나아감. ¶눈이 내려 차의 -이 더디다. ②일 따위를 일정한 계획에 따라 해 나감. ¶회의를 -하다./행사를 -하다.
진:행=마비(進行痲痹)명 마비성 치매(痲痹性痴呆)
진:행-상(進行相)명〈어〉동작의 모습을 나타내는 문법적 표현의 한 가지. 동작이 계속되고 있음을 보임. '하고 있-'의 꼴로 나타냄. ☞완료상(完了相)
진:행-성(進行性)[-썽]명 병이 정지 상태에 있지 않고 악화해 가는 성질. ¶- 근위축증
진-행주명 물에 적셔서 쓰는 행주. 물행주 ☞마른행주
진:행-파(進行波)명 한 방향으로 전파되어 가는 파동. 음

ㅈ

원(音源)에서 주위로 퍼지는 음파, 진원(震源)에서 주위로 전해지는 지진파, 광원(光源)에서 나아가는 광파 등이 있음. ☞정상파(定常波)

진-허리 명 잔허리의 우묵히 들어간 부분.

진:헌(進獻)명-하다타 임금에게 예물을 바침.

진:현(進見)명-하다자 임금에게 나아가 뵘.

진:호(鎭護)명-하다타 난리를 진압하거나, 난리가 나지 못하게 지킴.

진:혼(鎭魂)명-하다타 죽은 이의 넋을 달래어 고이 잠들게 함.

진:혼-곡(鎭魂曲)명 ①죽은 이의 넋을 달래기 위한 음악. ②가톨릭에서, 위령 미사 때 연주하는 음악. 위령곡(慰靈曲). 진혼 미사곡. 레퀴엠(requiem)

진:혼=미사곡(鎭魂彌撒曲)명 진혼곡

진:혼-제(鎭魂祭)명 죽은 이의 혼령을 위로하는 제사. 위령제(慰靈祭)

진홍(眞紅)명 농홍(濃紅). 진홍색

진-홍두깨 명 다듬이질을 할 때, 다듬잇감에 축축한 기운이 많게 하여 홍두깨에 올리는 일. ☞마른홍두깨

진홍-색(眞紅色)명 짙은 붉은빛. 진홍

진화(珍貨)명 진귀한 물품.

진:화(進化)명-하다자 ①여러 세대를 거치면서 간단한 구조에서 복잡한 구조로, 하등한 것에서 고등한 것으로 변화해 가는 일. ②사회가 미분화 상태에서 분화 상태로, 미개 사회에서 문명 사회로 발전하는 일. ☞퇴화(退化)

진:화(鎭火)명-하다타 ①일어난 불을 끔. ②소동이나 소문 따위를 가라앉힘. ¶들끓는 여론을 ―하다.

진:화-론(進化論)명 모든 생물은 원시적인 것에서 진화해 왔다는 이론.

진:화-주의(進化主義)명 사물의 변화와 발전을 진화론에 따라 설명하는 견해.

진황(眞況)명 참된 상황.

진황-지(陳荒地)명 버려 두어 거칠어진 땅.

진효(珍肴)명 진귀하고 맛있는 안주.

진:후(診候)명-하다타 진찰(診察)

진:휼(賑恤)명-하다타 지난날, 나라에서 흉년에 곤궁한 백성을 도와 주던 일. 진구(賑救)

진:-흙 명 ①빛깔이 붉고 차진 흙. ②질퍽질퍽하게 된 흙. 이토(泥土) ☞개흙

> 한자 **진흙 니**(泥) 〔水部 5획〕 ¶이수(泥水)/이전투구(泥田鬪狗)/이토(泥土)

진:흙-탕[-흑-]명 진흙이 곤죽처럼 질퍽질퍽하게 된 곳. ¶―에 빠지다. ☞감탕밭

진:흥(振興)명-하다자타 침체된 상태에서 떨쳐 일어남, 또는 떨쳐 일어나게 함. ¶문예 ― 운동/농촌 ―에 힘쓰다.

진:흥-책(振興策)명 진흥시키기 위한 방책.

진:흥-회(振興會)명 어떤 사업이나 사회 운동 등을 진흥시키기 위한 모임.

진희(珍稀)어기 '진희(珍稀)하다'의 어기(語基).

진희-하다(珍稀―)형여 진기하고 드물다.

질 명 ①질흙 ②질흙으로 모양을 빚어 아직 잿물을 입히지 않은 질그릇의 바탕.

질:(帙)명 여러 권으로 된 책의 한 벌. ¶위인 전집을 ―로 사다. 변길[5]

의 여러 권으로 된 책을 세는 단위. ¶열두 권이 한 ―로 된 책./백과 사전 두 ―을 사다.

질(秩)명 관직이나 녹봉 등의 등급.

질(質)명 ①사물의 실제 내용이나 바탕. ¶― 좋은 옷감./생활의 ―을 높이다. ②사람 됨됨이의 바탕. ¶―이 나쁜 사람.

질(膣)명 포유류 암컷의 생식기의 한 부분. 사람의 경우, 위쪽은 자궁에 이어지고 아래쪽은 외음부에 맞닿은 관 모양의 부분으로, 분만할 때는 산도(産道)가 됨.

-질 접미 '행위'의 뜻을 나타냄. ¶손가락질/발길질/바느질/부채질/주먹질

질감(質感)명 재질(材質)이 지닌 시각적 또는 촉각적인 느낌. ¶나무의 ―이 살아 있는 장식재.

질겁-하다 자여 지지러질듯이 깜짝 놀라다. ¶빚쟁이를 보고 질겁하여 도망치다. ☞잘겁하다

질-것 명 질흙으로 빚어서 구워 만든 물건을 통틀어 이르는 말.

질겅-거리다(대다)타 질겅질겅 씹다. ☞잘강거리다

질겅-질겅 부 질깃한 것을 입에 넣고 잇달아 마구 씹는 모양을 나타내는 말. ¶오징어포를 ― 씹다. ☞잘강잘강

질경이 명 질경잇과의 여러해살이풀. 길둥근 잎이 밑동에서 모여 남. 6~8월에 흰 꽃이 수상(穗狀) 꽃차례로 핌. 들이나 길가에 흔히 자람. 어린잎은 나물로 먹고, 씨는 한방에서 '차전자(車前子)'라 하여 감기·기관지염·설사 등에 약으로 씀. 차전초(車前草)

질고(疾苦)명 병고(病苦)

질고(疾故)명 병고(病故)

질고(秩高)어기 '질고(秩高)하다'의 어기(語基).

질고(質古)어기 '질고(質古)하다'의 어기(語基).

질고-하다(秩高―)형여 관직이나 녹봉 등이 높다.

질고-하다(質古―)형여 질박하고 예스럽다.

질곡(桎梏)명 차꼬와 수갑이라는 뜻으로, 몹시 속박하여 자유를 가질 수 없는 고통의 상태를 비유하여 이르는 말. ¶―에서 벗어나다./―의 세월.

질권(質權)[-꿘]명 담보 물권(擔保物權)의 한 가지. 채무자가 돈을 갚을 때까지 채권자가 담보물을 간직할 수 있고, 채무자가 돈을 갚지 않을 때는 그것으로 우선 변제를 받을 수 있는 권리. ☞동산질(動産質)

질권=설정자(質權設定者)[-꿘-쩡-]명 자기 또는 다른 사람의 채무를 담보하려고 자기 물건을 저당물로 하여 질권자에게 제공한 사람.

질권-자(質權者)[-꿘-]명 질권을 가지고 있는 사람.

질-그릇 명 질흙을 원료로 하여 잿물을 입히지 않고 구워 만든 그릇. ☞사기그릇

> 한자 **질그릇 도**(陶) 〔阜部 8획〕 ¶도기(陶器)/도예(陶藝)/도와(陶瓦)/도요(陶窯)/도자기(陶瓷器)

질근-거리다(대다)타 질근질근 씹다. ☞잘근거리다

질근-질근 부 질깃한 것을 잇달아 거칠게 씹는 모양을 나타내는 말. ¶손톱을 ― 깨물다. ☞잘근잘근

질금 부 ①좀 적은 양의 액체가 잠시 쏟아지는 모양을 나타내는 말. ¶무서워서 오줌이 ― 나오다. ②눈물 따위를 조금 흘리는 모양을 나타내는 말. ¶너무 우스워서 눈물이 ― 나오다. ③액체를 조금 흘리거나 따르거나 하는 모양을 나타내는 말. ¶물통의 물을 ― 엎지르다. ☞잘금. 찔끔[1]

질금-거리다(대다)타 ①오줌을 질금질금 누다. ②눈물이나 콧물을 질금질금 흘리다. ¶슬픈 영화를 보면서 연신 눈물을 ―. ☞잘금거리다. 찔끔거리다

질금-질금 부 좀 적은 양의 액체가 조금씩 쏟아지는 모양을 나타내는 말. ☞잘금잘금. 찔끔찔끔[1]

질급(窒急)명-하다자 몹시 놀라거나 겁이 나서 갑자기 숨이 막힘. ☞질겁하다

질긋-질긋[-귿-]부 ①끈덕지게 참고 견디는 모양을 나타내는 말. ②계속해서 누르거나 당기는 모양을 나타내는 말.

질기(窒氣)명-하다자 숨이 통하지 못하여 기운이 막힘. 질색(窒塞)

질기다 형 ①물건이 쉬이 해지거나 끊어지지 아니하고 마디다. ¶면발이 ―./질긴 천. ②목숨이 쉬이 끊어지지 아니하고 끈덕지게 붙어 있다. ¶질긴 목숨. ③행동이나 성질 따위가 끈질기다. ¶질기게 고집을 피우다.

질기-둥이 명 ①질깃질깃한 물건. ②성질이 몹시 검질긴 사람.

질-기와 명 질흙으로 빚어서 잿물을 입혀 구워 만든 기와. 도와(陶瓦)

질깃-질깃[-긷-]부-하다형 매우 질깃한 느낌을 나타내는 말. ☞잘깃잘깃. 찔깃찔깃

질깃-하다[-긷-]형여 씹는 감촉이 꽤 질긴듯 하다. ☞

잘깃하다. 찔깃하다

질끈 부 매우 단단히 동이거나 졸라매는 모양을 나타내는 말. ¶머리를 ― 하나로 묶다./허리띠를 ― 동여매다. ☞잘끈

질-나발(∠―喇叭) 명 질흙으로 빚어 구워 만든 나발.

질녀(姪女) 명 조카딸

질다(질고·지니) 형 ①밥이나 반죽 따위가 물기가 많다. ¶밥이 ―./반죽이 ―. ☞되다[4]. 묽다 ②땅이 질척질척하다. ¶진 땅.

질대(迭代)[―때] 명 서로 번갈아 듦. 체대(遞代)

질-돌 명 장석(長石)

질-동이 명 질흙으로 구워 만든 동이.

속담 **질동이 깨뜨리고 놋동이 얻었다**: 대단찮은 것을 잃고 그보다 썩 나은 것을 가지게 되었다는 말.

질둔(質鈍)[―뚠] 어기 '질둔(質鈍)하다'의 어기(語基).

질둔-하다(質鈍―)[―뚠―] 형여 ①하는 짓이나 생각이 어리석고 둔하다. ②몸이 뚱뚱하고 움직임이 굼뜨다.

질-뚝배기 명 질흙으로 구워 만든 뚝배기.

질뚝-질뚝 부-하다 형 군데군데 질뚝한 모양을 나타내는 말. ☞잘똑잘똑[2]. 찔뚝찔뚝

질뚝-하다 형여 길쭉한 물체의 한 부분이 움푹 들어가 매우 질룩하다. ☞잘똑하다. 찔뚝하다

질뚝-이 부 질뚝하게

질량(質量) 명 물체가 본디 가진 물질의 양. 단위는 g

질량=결손(質量缺損)[―쏜] 명 원자핵을 구성하는 중성자와 양성자의 질량의 합에서 그 원자핵의 질량을 뺀 것.

질량-수(質量數)[―쑤] 명 원자핵을 구성하는 핵자(核子)의 수, 곧 양성자와 중성자의 수.

질량=스펙트럼(質量spectrum) 명 이온의 혼합물을 그 질량과 전하(電荷)의 비율에 따라 갈라 놓은 것.

질러-가다 자 지름길로 가다. ☞질러오다

속담 **질러가는 길이 먼 길이다**: 빨리만 하려고 서두르면 도리어 그 반대의 결과가 되기 쉽다는 말.

질러-먹다 타 미처 다 익지 않은 음식을 미리 먹다.

질러-오다 자 지름길로 오다. ☞질러가다

질레(gilet 프) 명 여자의 양장(洋裝)에서, 블라우스 대신 받쳐 입는, 소매 없는 윗옷.

질려(蒺藜) 명 '남가새'의 딴이름.

질뢰(疾雷) 명 몹시 심하게 울리는 우레.

질룩-질룩 부-하다 형 군데군데 질룩한 모양을 나타내는 말. ☞잘록잘록[2]. 찔룩찔룩

질룩-하다 형여 ①길쭉한 물체의 한 부분이 홀쭉하게 들어가 가늘다. ②길고 두두룩한 물체의 한 부분이 우묵하게 꺼져 있다. ☞잘록하다. 찔룩하다

질름-거리다(대다) 자타 그릇에 그득 찬 액체가 흔들려 조금씩 자꾸 넘치다, 또는 그리 되게 하다. ☞잘름거리다[2]. 찔름거리다

질름-질름 부 ①그릇에 그득 찬 액체가 흔들려 조금씩 넘치는 모양을 나타내는 말. ②동안이 뜨게 여러 번에 걸쳐 조금씩 주는 모양을 나타내는 말. ☞잘름잘름[2]. 찔름찔름

질리다 자 ①놀라거나 두려워 기를 못 쓰다. ¶아버지의 호통에 기가 ―./공포에 ―. ②지긋지긋하도록 싫증이 나다. ¶끝없는 잔소리에 ―./고기를 질리도록 먹다. ③몹시 놀라거나 무서워 핏기가 가시다. ¶얼굴이 파랗게 ―. ④짙은 빛깔이 한데 몰려 고루 퍼지지 못하다. ⑤값이 얼마 먹히다.

질문(質問) 명-하다 타 어떤 사실을 알아내거나 밝히려고 물음. ¶―을 던지다./―을 받다./―에 대답하다.

질문-지(質問紙) 명 어떤 문제에 관한 여러 가지 질문을 적은 종이.

질문지-법(質問紙法)[―뻡] 명 조사나 연구하려는 내용에 대하여 서면(書面)으로 질문을 작성하고, 대답을 조사 대상자에게 적게 하는 방법.

질물(質物) 명 질권(質權)의 대상이 되는 물건.

질박(質樸·質朴) 어기 '질박(質樸)하다'의 어기(語基).

질박-하다(質樸―) 형여 꾸민 데가 없이 수수하다.

질박-히 부 질박하게

질-방:구리 명 질흙으로 구워 만든 방구리.

질벅-거리다(대다) 자 자꾸 질벅한 느낌이 나다.

질벅-질벅 부-하다 형 자꾸 질벅한 느낌을 나타내는 말.

질벅-하다 형여 진흙이나 반죽 따위가 물기가 많아 질다.

질번질번-하다 형여 보기에 윤택하고 넉넉하다.

질변(質辨) 명-하다 타 제삼자 앞에서 옳고 그름을 따져 밝힘.

질-병(―甁) 명 질흙으로 빚어 구운 병.

속담 **질병에도 감홍로**: 겉모양은 보잘것없으나 속은 좋고 아름다운 것도 있다는 말.

질병(疾病) 명 몸에 이상을 일으키는 온갖 병(病). 질환

질병=보:험(疾病保險) 명 질병으로 말미암아 생기는 손해를 보상하여 주는 보험.

질보(疾步) 명 몹시 빠른 걸음. ☞완보(緩步)

질부(姪婦) 명 조카며느리

질비(秩卑) 어기 '질비(秩卑)하다'의 어기(語基).

질비-하다(秩卑―) 형여 관직이나 녹봉 등이 낮다.

질빵 명 짐을 지는 데 쓰는 줄. ☞멜빵

질사(窒死)[―싸] 명-하다 자 숨을 쉴 수 없게 되어 죽음. 질식사(窒息死)

질산(窒酸)[―싼] 명 강산(強酸)의 한 가지. 흡습성이 강하고 공기 중에서 연기를 내며 냄새가 심한 무색의 액체. 물과 임의의 비율로 혼합되는 강한 산화제로, 화약·비료·셀룰로이드 제조 따위에 쓰임. 초산(硝酸)

질산-균(窒酸菌)[―싼―] 명 토양 속의 아질산을 산화시켜 질산염을 생성하는 과정에서 생기는 에너지로 탄소 동화를 하는 세균.

질산-나트륨(窒酸Natrium)[―싼―] 명 나트륨의 질산염. 칠레 초석을 물에 녹여 재결정하거나, 질산에 탄산나트륨이나 수산화나트륨을 섞어 만듦. 비료나 초석의 제조 원료, 의약품 따위에 쓰임. 질산소다

질산=섬유소(窒酸纖維素)[―싼―] 명 니트로셀룰로오스

질산-소:다(窒酸soda)[―싼―] 명 질산나트륨

질산-암모늄(窒酸ammonium)[―싼―] 명 질산을 암모니아로 중화하면 생기는 무색·무취의 결정. 비료·폭약·냉각제 등에 쓰임. 초산암모늄

질산-염(窒酸鹽)[―싼념] 명 금속이나 그 산화물, 탄산염 따위를 질산에 녹여 만든 화합물을 통틀어 이르는 말. 산화제, 비료, 화약 따위에 쓰임. 초산염(硝酸鹽)

질산-은(窒酸銀)[―싼―] 명 은을 질산에 녹여 만든 무색·무취의 투명한 판상(板狀) 결정. 은도금, 부식제, 분석용 시약 등으로 쓰이는데, 치사량 10g의 극약임. 초산은(硝酸銀)

질산-칼륨(窒酸Kalium)[―싼―] 명 칼륨의 질산염. 무색의 유리 광택이 있는 투명 또는 반투명의 결정체. 물에 녹으며, 가연성 물질과 섞이면 폭발함. 은초(銀硝). 초산칼륨. 초석(硝石)

질산-칼슘(窒酸calcium)[―싼―] 명 칼슘의 질산염. 무색의 결정으로 물에 잘 녹음. 질산염의 제조나 비료로 쓰임. 흡수성이 강함.

질색(窒塞)[―쌕] 명-하다 자 ①숨이 통하지 못하여 기운이 막힘. 질기(窒氣) ②몹시 꺼리거나 싫어함. ¶우는 아이는 딱 ―이다.

질서(姪壻)[―써] 명 조카사위

질서(秩序)[―써] 명 사물 또는 사회가 올바른 상태를 유지하도록 일정하게 정해 놓은 차례나 규칙. ¶―를 지키다./―가 무너지다./―가 잡히다.

질서-벌(秩序罰)[―써―] 명 법질서를 유지하기 위하여 법령의 의무 위반에 대하여 부과하는 과태료.

질서-범(秩序犯)[―써―] 명 행정이나 민사, 또는 소송법상의 의무를 기한 안에 이행하지 않음으로써 성립하는 죄, 또는 그런 죄를 저지른 사람.

질소(窒素)[―쏘] 명 비금속 원소의 하나. 공기의 약 5분의 4를 차지하는 무색·무미·무취의 기체 원소. 상온에서는 비활성이며, 고온에서 다른 원소와 직접 반응하여 많은 질소 화합물을 만듦. 동식물체를 이루는 단백질에

없어서는 안 될 중요 성분임. 〔원소 기호 N/원자 번호 7/원자량 14.01〕
질소(質素)[−쏘] 어기 '질소(質素)하다'의 어기(語基).
질소=고정(窒素固定)[−쏘−] 명 공기 중의 질소를 질소 화합물로 만드는 일.
질소=공업(窒素工業)[−쏘−] 명 공기 중의 질소를 분리, 고정하여 질소 화합물을 만드는 공업.
질소=동화=작용(窒素同化作用)[−쏘−] 명 식물이 공기 중의 유리(遊離) 질소, 또는 땅이나 물 속의 무기(無機) 질소 화합물을 받아들여 각종 유기(有機) 질소 화합물로 만드는 작용.
질소=비:료(窒素肥料)[−쏘−] 명 질소가 많이 들어 있거나, 질소만으로 된 비료. 깻묵 따위.
질소족=원소(窒素族元素)[−쏘−] 명 주기율표에서 질소·인·비소·안티몬·비스무트의 다섯 원소를 통틀어 이르는 말.
질소=폭탄(窒素爆彈)[−쏘−] 명 수소 폭탄을 질소로 싼 폭탄.
질소-하다(質素−)[−쏘−] 형여 꾸밈이 없이 수수하다.
질손(姪孫)[−쏜] 명 형제의 손자. 종손(從孫)
질-솥 명 질흙으로 구워 만든 솥. 토정(土鼎)
질시(疾視)[−씨] 명-하다 타 밉게 봄.
질시(嫉視)[−씨] 명-하다 타 시기하여 봄. 투시(妬視) ¶ −의 대상이 되다./−를 받다.
질식(窒息)[−씩] 명-하다 자 숨을 쉴 수 없게 됨.
질식-사(窒息死)[−씩−] 명-하다 자 숨을 쉴 수 없게 되어 죽음. 질사(窒死)
질식성=가스(窒息性gas)[−씩−] 명 호흡을 곤란하게 하는 '독가스'를 통틀어 이르는 말.
질실(質實)[−씰] 어기 '질실(質實)하다'의 어기(語基).
질실-하다(質實−)[−씰−] 형여 꾸밈이 없이 진실하다.
질실-히 부 질실하게
질쑥-질쑥 부-하다 형 군데군데 질쑥한 모양을 나타내는 말. ☞잘쏙잘쏙[2]. 찔쑥찔쑥
질쑥-하다 형여 길쭉한 물체의 한 부분이 움쑥 들어가 매우 질룩하다. ☞잘쏙하다. 찔쑥하다
질쑥-이 부 질쑥하게 ☞잘쏙이. 찔쑥이
질아(姪兒) 명 조카
질언(質言) 명-하다 자타 사실을 들어 잘라 말함, 또는 그 말.
질역(疾疫) 명 유행병(流行病)
질염(膣炎)[−렴] 명 질에 생기는 염증.
질오(嫉惡) 명-하다 타 시새워 몹시 미워함.
질욕(叱辱) 명-하다 타 꾸짖으며 욕함.
질우(疾雨) 명 세차게 내리는 비.
질원(疾怨) 명-하다 타 미워하고 원망함.
질의(質疑) 명-하다 타 ①의심 나는 점을 물음. ¶ −와 응답. ②국회의 본회의와 위원회에서 의제가 되어 있는 의안이나 동의 등에 관하여 의원이 위원장·발의자·제출자, 소수 의견의 보고자 등에게 의의(疑義)의 해명을 요구하는 일.
질의(質議) 명-하다 타 사리의 옳고 그름을 가리기 위하여 질문함.
질의=응:답(質疑應答) 명 한편에서 의심 나는 점을 물으면 다른 한편에서 이에 답하는 일.
질자(姪子)[−짜] 명 조카
질-장구 명 '부(缶)'를 달리 이르는 말.
질적(質的)[−쩍] 명 질(質)에 관계되는 것. ¶ −인 성장./이 제품은 다른 제품과 −으로 다르다. ☞양적(量的)
질점(質點)[−쩜] 명 역학적으로 크기가 없고 질량만 있다고 가상하는 점. 물체의 위치와 운동을 나타내는 데 쓰이는 개념임.
질점-계(質點系)[−쩜−] 명 몇 개의 질점으로 이루어지는 역학적 체계.
질정(叱正)[−쩡] 명-하다 타 꾸짖어 바로잡음.
질정(質正)[−쩡] 명-하다 타 옳고 그름을 묻거나 따지거나 하여 바로잡음.
질정(質定)[−쩡] 명-하다 타 갈피를 잡아서 분명하게 정함.
질족(疾足)[−쪽] 명 재빠른 걸음.
질주(疾走)[−쭈] 명-하다 자 빠르게 달림.
질증(疾憎)[−쯩] 명-하다 타 몹시 미워함.
질직(質直)[−찍] 어기 '질직(質直)하다'의 어기(語基).
질직-하다(質直−)[−찍−] 형여 질박하고 정직하다.
질질 부 ①구멍이나 틈으로 물 따위가 보기 흉하게 흘러내리는 모양을 나타내는 말. ¶물을 − 흘리며 마시다./콧물이 − 나오다. ②지닌 물건을 여기저기 빠뜨리거나 흘리는 모양을 나타내는 말. ¶모래를 − 흘리며 가는 수레. ③드리워진 것이 바닥에 길게 끌리는 모양을 나타내는 말. ¶바지를 − 끌고 다니다. ④신발이나 다리를 느리게 몹시 끄는 모양을 나타내는 말. ¶아픈 다리를 − 끌면서 다니다. ⑤정한 날짜를 자꾸 미루는 모양을 나타내는 말. ¶납품 날짜를 − 끌다. ☞잘잘. 찔찔
질-차관(−茶罐) 명 질흙으로 빚어 만든 차관.
질책(叱責) 명-하다 타 꾸짖으며 나무람. ¶ −을 받다./−을 당하다./잘못을 −하다.
질:책(帙冊) 명 여러 권으로 한 벌을 이루는 책.
질책(質責) 명-하다 타 잘못을 따져 바로잡음.
질척-거리다(대다) 자 자꾸 질척한 느낌이 나다. 질척이다 ¶땅이 몹시 질척거린다. ☞잘착거리다
질척-이다 자 질척거리다 ☞잘착이다
질척-질척 부-하다 형 매우 질척한 느낌을 나타내는 말. ¶개펄이 몹시 −하다. ☞잘착잘착
질척-하다 형여 진흙이나 반죽 따위가 물기가 많아서 차지게 질다. ¶질척하게 갠 흙.
질축(嫉逐) 명-하다 타 시새워 내쫓음.
질커덕-거리다(대다) 자 자꾸 질커덕한 느낌이 나다. ¶질커덕거리는 골목길.
질커덕-질커덕 부-하다 형 매우 질커덕한 느낌을 나타내는 말.
질커덕-하다 형여 매우 질컥하다.
질컥-거리다(대다) 자 자꾸 질컥한 느낌이 나다.
질컥-질컥 부-하다 형 매우 질컥한 느낌을 나타내는 말. ¶ −한 진창길.
질컥-하다 형여 진흙이나 반죽 따위가 손에 들러붙을 정도로 몹시 질다.
질크러-지다 자 질쑥하게 쑥 들어가다. ☞잘크라지다
질타(叱咤) 명-하다 타 큰 소리로 꾸짖음. ¶여론의 −를 받다./자신의 어리석음을 −하다.
질탕(跌宕) 어기 '질탕(跌宕)하다'의 어기(語基).
질-탕:관(−湯罐) 명 질흙으로 빚어 만든 탕관.
질탕-하다(跌宕−) 형여 놀음놀이의 흥취가 지나쳐 방탕하다. ¶질탕하게 먹고 마시다.
질탕-히 부 질탕하게 ¶ − 놀다.
질-통(−桶) 명 ①물통 ②광석이나 버력·흙·모래 따위를 져 나를 때 쓰는 통. 삼태기나 나무통 따위에 멜빵을 달아서 씀.
질통(疾痛) 명 병으로 말미암은 아픔.
질통-꾼(−桶−) 명 질통으로 물건을 져 나르는 사람.
질투(嫉妬·嫉妒) 명-하다 타 ①자기가 좋아하는 사람의 정이 다른 사람에게로 쏠림을 시새워 미워함. ¶ −가 나다. ☞강샘 ②자기보다 나은 사람을 부러워하여 시새움. ¶출세한 친구를 −하다.
질투-심(嫉妬心) 명 질투하는 마음. 투심(妬心)
질퍼덕-거리다(대다) 자 자꾸 질퍼덕한 느낌이 나다. ¶질퍼덕거리는 진창길을 가다.
질퍼덕-질퍼덕 부-하다 형 매우 질퍼덕한 느낌을 나타내는 말.
질퍼덕-하다 형여 매우 질퍽하다.
질퍽-거리다(대다) 자 자꾸 질퍽한 느낌이 나다. 질퍽이다
질퍽-이다 자 질퍽거리다
질퍽-질퍽 부-하다 형 매우 질퍽한 느낌을 나타내는 말.
질퍽-하다 형여 반죽이나 진흙 따위가 물기가 많아 몹시 질다. ¶눈이 녹아서 질퍽해진 골목 안. ☞잘팍하다
질펀-하다 형여 ①훤히 넓게 트여 펀펀하다. ¶질펀한 땅./질펀한 벌판. ②퍼더버리고 앉아 마냥 늘어져 있

다. ¶잔디밭에 질펀하게 앉아 흥얼거리다. ③느런히 들어서서 그득하다. ¶신발장에 신들이 －.

질펀-히 부 질펀하게

질품(質稟) 명 -하다 타 자기가 할 일을 윗사람에게 물어봄.

질풍(疾風) 명 ①몹시 빠르고 세게 부는 바람. ¶－같이 달려가다. ②풍력 계급의 '흔들바람'의 구용어. ☞웅풍(雄風). 화풍(和風)

질풍경초(疾風勁草) 성구 질풍에도 꺾이지 않는 억센 풀이라는 뜻으로, 어렵고 힘든 환경에서도 뜻을 굽히지 않는 굳센 기개를 비유하여 이르는 말.

질-풍류(－風流) 명 질흙으로 빚어 구워 만든 악기를 통틀어 이르는 말.

질풍신뢰(疾風迅雷) 성구 세찬 바람과 빠른 번개라는 뜻으로, 몹시 빠르고 세찬 기세를 비유하여 이르는 말.

질항(姪行) 명 조카뻘

질-항아리 명 질흙으로 빚어 구워 만든 항아리.

질행(疾行) 명 -하다 자 줄달음침.

질호(疾呼) 명 -하다 타 소리를 질러 급히 부름.

질화-강(窒化鋼) 명 특수강의 한 가지. 겉에 질화물의 단단한 층을 만들어 경도(硬度)를 높인 강철. 내연 기관의 부품이나 게이지(gauge) 따위에 쓰임.

질-화로(－火爐) 명 질흙으로 빚어 구워 만든 화로.

질화-물(窒化物) 명 질소와 그보다 양성인 원소의 화합물.

질환(疾患) 명 질병(疾病) ¶신경성 －

질:-흙 명 '도토(陶土)'를 흔히 이르는 말. 질

짊다[짐따] 타 짐을 꾸려서 지게나 수레 따위에 얹다. ¶이삿짐을 달구지에 －./짐을 수레에 짊어 보내다.

짊어-지다 타 ①짐을 꾸려서 등에 지다. ¶배낭을 －. ②빚을 지다. ¶많은 빚을 －. ③책임이나 부담 따위를 맡아 지다. ¶나라의 미래를 두 어깨에 －. ☞걸머지다

짐[1] 명 ①다른 곳으로 옮기려고 꾸려 놓은 물건. ¶－을 싸다./－을 풀다./기차에 －을 싣다. ②귀찮거나 부담스러운 것을 비유하여 이르는 말. ¶－이 되는 일./－이 되는 사람./－으로 생각하다.

한자 **짐 질 부**(負) 〔貝部 2획〕 ¶부담(負擔)/부하(負荷)
짐 하(荷) 〔艸部 7획〕 ¶하물(荷物)/하역(荷役)

짐[2] 의 ①지난날, 조세를 매기기 위한 논밭의 넓이를 나타내던 단위. 한 짐은 열 뭇, 곧 백 줌임. 부(負) ②한 번에 져 나를만 한 분량을 세는 단위. ¶나무 두 －.

짐(朕) 대 지난날, 임금이 스스로를 일컫던 말. ☞고(孤). 과인(寡人)

짐-꾼 명 짐을 나르는 사람.

짐-대[－때] 명 불교에서, 당(幢)을 달아 세우는 대를 이르는 말. 돌이나 쇠로 만듦. 당간(幢竿)

짐-바[－빠] 명 짐을 묶거나 동이는 데에 쓰이는 줄.

짐-바리[－빠－] 명 마소로 실어 나르는 짐. 복태(卜馱) ☞마바리. 소바리

짐-받이[－바지] 명 자전거 따위의 뒤에 짐을 싣도록 되어 있는 받침대.

짐-방[－빵] 명 지난날, 곡식을 도매로 파는 큰 싸전 따위에서 곡식 짐만을 전문으로 맡아 나르던 사람.

짐-배[－빼] 명 짐을 실어 나르는 배. 하선(荷船). 화물선(貨物船)

짐벙-지다 형 신명지고 푸지다.

짐-삯[－싻] 명 짐을 나른 값으로 치르는 품삯.

짐:-새(鴆－) 명 중국 광동 지방에 산다는 독조(毒鳥). 뱀을 잡아먹는데, 온몸에 강한 독기가 있어 이 새의 배설물이나 깃이 잠긴 음식물을 먹으면 즉사한다고 함.

짐-수레 명 짐을 싣는 수레.

짐-스럽다(－스럽고·－스러워) 형ㅂ 귀찮고 부담스럽다. ¶과분한 칭찬이 오히려 －./짐스러운 물건.

짐승 명 ①날짐승과 길짐승을 두루 이르는 말. ②바다 속에 사는 동물 가운데서 어류가 아닌 포유동물. 고래나 물개 따위. ③추잡하거나 야만적인 짓을 일삼는 사람을 비유하여 이르는 말.

한자 **짐승 수**(獸) 〔犬部 15획〕 ¶금수(禽獸)/조수(鳥獸)/수류(獸類)/수심(獸心)/수의(獸醫) ▷속자는 獣
짐승 축(畜) 〔田部 5획〕 ¶가축(家畜)/목축(牧畜)/양축(養畜)/축사(畜舍)/축산(畜産)

짐승-니 명 짐승닛과의 이를 통틀어 이르는 말. 개이·돼지이·말니·소이 따위.

짐승닛-과(－科) 명 곤충 강 이 목(目)의 한 과. 대부분 가축에 기생함.

짐승발자국-유(－内)[－짜－뉴] 명 한자 부수(部首)의 한 가지. '禹'·'禽' 등에서 '内'의 이름.

짐승털-니 명 짐승털닛과의 이를 통틀어 이르는 말. 개털니·고양이털니·쇠털니 따위가 있음.

짐승털닛-과(－科) 명 곤충 강 이 목(目)의 한 과. 개털니·고양이털니·쇠털니 따위가 이에 딸림.

짐-실이 명 -하다 자타 짐을 싣는 일.

짐작 명 -하다 타 어림잡아 헤아림. 침량(斟量) ¶－이 가다./－조차 할 수 없다./여러 모로 －해 보다.

짐-장수 명 봇짐장수와 등짐장수를 두루 이르는 말.

짐-질 명 -하다 자 짐을 져 나르는 일.

짐짐-하다 형여 ①음식이 별맛이 없이 찝찔하다. ¶국물맛이 좀 －. ②마음에 조금 꺼림하다. ☞찜찜하다

짐짓 부 ①마음에는 그렇지 않으나 일부러 그렇게. ¶－모르는체 하다./－ 취한체 하다. ②과연 ¶그는 언행이 － 바르다.

짐-짝 명 꾸려 놓은 짐의 덩이. ¶－이 크다.

짐-칸 명 짐을 싣는 칸.

짐-품 명 짐을 져 나르고 파는 품. ¶－으로 받은 삯.

집 명 ①사람이 들어가 살도록 지은 건물. ¶－을 짓다./－을 지키다./－을 장만하다. ②동물이 깃들어 사는 보금자리. ¶제비가 처마 밑에 －을 짓다. ☞둥지. 우리 ③가정을 이루고 생활하는 집안. ¶넉넉한 －./단란한 －./부모를 모시고 사는 －. ④칼이나 안경 따위를 담거나 끼워 둘 수 있게 만든 것. ¶칼을 제 －에 넣다. ⑤바둑에서, 자기의 돌로 에워싸 상대편 돌이 들어와 살 수 없게 한 자리. ¶－을 만들다. ⑥자기의 아내나 남편을 에둘러 이르는 말. ¶－에서 적극적으로 밀어 주다. ⑦〔의존 명사로도 쓰임〕 바둑에서, 자기의 돌로 에워싸 상대편 돌이 들어와 살 수 없게 한 자리를 세는 단위. ¶세 －을 이기다.

속담 **집도 절도 없다** : 몸을 붙이고 살 데도 기댈 데도 없다는 말./**집을 사면 이웃을 본다** : 집을 살 때면 그 이웃의 인심과 환경을 보고 사야 한다는 말./**집이 망하면 지관(地官) 탓만 한다** : 자기 잘못으로 일이 그릇되어도 남을 원망하고 탓한다는 말./**집 태우고 못 줍기** : 큰 손해를 본 다음에 작은 이익이라도 보려고 애쓴다는 말.〔집 태우고 바늘 줍는다〕

한자 **집 가**(家) 〔宀部 7획〕 ¶가옥(家屋)/고가(古家)
집 각(閣) 〔門部 6획〕 ¶비각(碑閣)/종각(鐘閣)
집 당(堂) 〔土部 8획〕 ¶강당(講堂)/불당(佛堂)
집 댁(宅) 〔宀部 3획〕 ¶댁내(宅內)
집 택(宅) 〔宀部 3획〕 ¶주택(住宅)/택지(宅地)
집 사(舍) 〔舌部 2획〕 ¶기숙사(寄宿舍)/사택(舍宅)
집 우(宇) 〔宀部 3획〕 ¶당우(堂宇)

집(輯) 의 시가나 문장 따위를 엮은 책이나 음악 앨범 따위를 낼 때 그 차례를 나타내는 단위. ¶제3－/학회지가 3－까지 나오다./3－ 음반을 내다.

-집 접미 ①'크기'나 '부피'의 뜻을 나타냄. ¶몸집/살집 ②'그것을 담는 생체 기관'의 뜻을 나타냄. ¶똥집/아기집 ③'탈이 난 자리'의 뜻을 나타냄. ¶물집/병집

-집(集) 《접미사처럼 쓰이어》 '모아 엮은 책'의 뜻을 나타냄. ¶소설집(小說集)/평론집(評論集)/논문집(論文集)

집-가시다 자 집가심하다

집-가심 명 -하다 자 초상집에서 상여가 나간 뒤에 무당을 시켜 집 안의 악한 기운을 쫓아 버리는 일. ☞진부정가심

ㅈ

집-가축 [명]-하다[자] 집을 매만져서 잘 거두는 일.
집-갯지렁이 [명] 갯지렁잇과의 환형동물. 몸길이 40cm 안팎이며 몸빛은 갈색임. 바닷가 모래땅에 해초·모래·조가비·나뭇잎 따위로 집을 짓고 삶. 낚시 미끼로 쓰임. 우리 나라와 일본 등지에 분포함.
집게[1] [명] 물건을 집는 데 쓰는 도구. ¶연탄 ―
집-게[2] [명] 소라게
집게-발 [명] 게나 가재의 집게처럼 생긴 큰 발.
집게-벌레 [명] ①집게벌렛과의 곤충을 통틀어 이르는 말. 전세계에 900여 종이 분포함. ②집게벌렛과의 곤충. 몸길이는 2.5cm 안팎. 몸은 길고 편평하며 배 끝에 각질의 집게가 있음. 몸빛은 어두운 갈색이고 다리와 더듬이는 누런빛임. 벌레를 잡아먹음. 수협자(搜挾子)
집게-뼘 [명] 엄지손가락과 집게손가락을 다 벌린 사이의 길이. [준]집뼘 ☞장뼘
집게-손가락[-까-] [명] 엄지손가락의 다음 손가락. 검지. 식지(食指)
집결(集結)[명]-하다[자타] 한곳으로 모임, 또는 한데 끌어 모음. ¶학생들이 운동장에 ―하다./병력을 ―하다.
집계(集計)[명]-하다[타] 한데 모아 계산함, 또는 그 계산. ¶잠정 ―/―를 내다./피해 규모를 ―하다.
집고 [부] 어떤 일을 미루어 생각할 때, 꼭 그러하리라는 뜻을 나타내는 말. ¶이번에는 ― 우승할 것이다.
집-고양이 [명] 집에서 기르는 고양이. 가묘(家猫) [준]집괭이
집광(集光)[명]-하다[자] 렌즈나 거울로 빛을 한곳으로 모음.
집광-경(集光鏡)[명] 빛의 반사를 이용하여 빛을 한곳으로 모으는 거울. 콘덴서(condenser)
집광-기(集光器)[명] 광학 기기에서, 빛을 한곳으로 모으는 장치. 현미경이나 영사기 따위에 쓰이며, 렌즈를 쓰면 집광 렌즈, 반사경을 쓰면 집광경이라 함.
집광=렌즈(集光lens)[명] 빛을 한곳으로 모으는 렌즈.
집-괭:이 [명] '집고양이'의 준말.
집괴(集塊)[명] 한데 뭉쳐서 이루어진 덩이.
집구(集句)[명]-하다[자] 옛사람이 지은 글귀를 모아 새로이 한 구의 시를 만듦, 또는 그 시.
집-구석 [명] '집'이나 '가정', 또는 '집안'을 낮잡아 이르는 말. ¶―에 틀어박혀 뒹굴다./그 ― 되어가는 꼴이라니.
집권(執權)[명]-하다[자] 정권을 잡음. ¶― 세력/―을 노리다./다시 ―하게 되다.
집권(集權)[명]-하다[자] 권력을 한곳으로 모음. ☞분권(分權)
집권-당(執權黨)[명] 정권을 잡은 정당. ☞여당(與黨)
집권-자(執權者)[명] 정권을 잡은 사람.
집기(什器)[명] 집물(什物)
집기(執記)[명] 지난날, 논밭의 호수(號數)와 넓이, 수확고, 부치는 이의 이름 따위를 적던 장부.
집-나다 [자] ①팔 집이 나서다. ②바둑에서, 집이 생기다.
집-내:다 [자] 바둑에서, 집을 만들다.
집념(執念)[명] 한 가지 일에 깊이 사로잡힌 마음. ¶―의 사나이./―이 강하다.
집-누에 [명] 집에서 치는 누에. 가잠(家蠶)
집다 [타] ①손가락으로 물건을 잡아서 들다. ¶안경을 ―./탁자 위의 모자를 집어 들다. ②도구로 물건을 끼워서 들다. ¶젓가락으로 나물을 ―. ③여럿 가운데서 어느 하나를 가리키다. ¶문제점을 하나하나 집어 내다./마음에 드는 사람을 누구라고 집어 말하다.
집단(集團)[명] ①사람이나 동물이 무리를 이룬 것, 또는 그 무리. ¶―으로 생활하다./― 식중독 ②어떤 관계로 맺어진 사람들의 동아리. ¶또래 ― ☞단체(團體)
집단=검:진(集團檢診)[명] 학교나 회사, 공장 등에서, 많은 사람에게 일제히 실시하는 건강 진단을 이르는 말.
집단=농장(集團農場)[명] 여러 사람이 농지의 소유권을 공유하여 함께 경영하는 대단위 농장.
집단=방위(集團防衛)[명] 여러 나라가 공동으로 방위 조직을 만들어 서로의 안전을 보장하는 일.
집단=심리학(集團心理學)[명] 사회적 집단 안에서 발생한 어떤 현상이 개인의 행동에 미치는 영향과 사회적 집단의 행동에 대하여 연구하는 학문.
집단=안전=보:장(集團安全保障)[명] 여러 나라가 협력하여 공동 체제를 만들어서 서로의 안전을 보장하는 일.
집단-어(集團語)[명] ①국가를 이루고 있지 않거나 국가를 잃은 민족의 언어. ②국가를 배경으로 하는 국어에 상대하여, 어떤 지방이나 사회에서만 쓰는 언어.
집단=역학(集團力學)[-녁-][명] 그룹다이내믹스
집단=요법(集團療法)[-뇨뻡][명] 심리적 부적응 상태에 있는 사람들을 일정 기간 집단 활동을 시킴으로써 치료하는 방법.
집단=의:식(集團意識)[명] 집단의 구성원에게 공통되며 각 개인을 규제하는 힘을 가진 의식.
집단-적(集團的)[명] 집단을 이루거나 집단으로 하는 것. ¶― 행동
집단적=자위권(集團的自衛權)[-꿘][명] 자기 나라와 동맹을 맺고 있는 나라가 다른 나라로부터 무력 공격을 받았을 때, 이를 자기 나라에 대한 공격으로 보고 반격을 할 수 있는 권리. 유엔 헌장에서 규정하고 있음.
집단=지도(集團指導)[명] 집단의 각 성원이 하나의 목표를 향하여 함께 학습하도록 하는 지도. ☞개별 지도
집단=토:의(集團討議)[명] 여러 사람이 함께 하는 토의.
집단=표상(集團表象)[명] 집합 표상 ☞개인 표상
집단-혼(集團婚)[명] 군혼(群婚)
집단=히스테리(集團Hysterie 독)[명] 강렬한 자극이나 현실에서 도피하고 싶은 무의식적 욕구 등으로 말미암아 집단의 구성원이 흥분·발작·실신·경련 등의 히스테리 증세를 한꺼번에 일으키는 현상.
집달-관(執達官)[명] '집행관'의 구용어.
집달-리(執達吏)[명] '집행관'의 구용어.
집-대:성(集大成)[명]-하다[타] 이전의 성과들을 모아 크게 하나의 체계를 이룸, 또는 이룬 그것. ¶동의보감은 한의학의 ―이다./성리학을 ―하다.
집도(執刀)[명]-하다[자] ①칼을 잡음. ②해부나 외과 수술 등을 하기 위하여 메스를 잡음.
집-돼:지 [명] 멧돼지에 상대하여 집에서 기르는 돼지를 이르는 말. 가저(家猪)
집-뒤짐 [명]-하다[자] 사람이나 물건 따위를 찾기 위하여 남의 집을 뒤지는 일.
집-들이 [명]-하다[자] ①새로운 집에 이사하여 들어감. ②이사한 후에 음식을 장만하고 이웃과 친구를 초대하여 집 구경을 시키며 대접하는 일.
집례(執禮)[명] ①-하다[타] 예식을 집행함. ②지난날, 제향 등의 의식에서 홀기를 읽으면서 절차를 진행하는 임시 관직, 또는 그 관원을 이르던 말.
집록(輯錄·集錄)[명]-하다[타] 모아서 기록함, 또는 그 기록.
집류(執留)[명]-하다[타] 공금을 사사로이 쓴 사람의 재산을 압류함.
집-메주 [명] 집에서 쑨 메주. ☞절메주
집-모기 [명] 모깃과의 곤충. 집 안에서 흔히 볼 수 있는데, 주로 밤에 사람이나 가축의 피를 빨아먹으며, 여러 가지 전염병을 옮김.
집목(輯睦)[명]-하다[형] 서로 뜻이 맞고 정다움. 화목(和睦)
집무(執務)[명]-하다[자] 사무를 봄. ¶― 시간
집무=편람(執務便覽)[명] 사무 담당자에게 필요한 사무 분장의 규정이나 분과 분장의 규정 등을 적은 책.
집-문서(-文書)[명] 집의 소유권을 등기하여 증명한 문서. 가권(家券) ☞가계(家契)
집물(什物)[명] 살림살이에 쓰이는 온갖 기구. 집기(什器)
집박(執拍)[명]-하다[자] 국악이나 당악(唐樂)을 연주할 때, 박(拍)을 잡고 음악의 시작과 끝을 알리는 일, 또는 그리하는 사람.
집-박:쥐 [명] 애기박쥣과의 박쥐. 몸길이 4.5cm 안팎. 인가(人家) 부근에서 흔히 볼 수 있으며 몸빛은 암갈색임. 동굴 바위틈, 고목 속, 지붕 속 등에 살며 저녁에 나와 모기 따위를 잡아먹음.
집배(執杯)[명]-하다[자] 술을 마시려고 술잔을 듦.
집배(集配)[명]-하다[타] 우편물이나 화물 따위를 한군데에 모았다가 배달함.

집배-원(集配員)명 '우편 집배원'의 준말.
집백(執白)명 바둑에서, 백색 바둑돌을 잡고 두는 일. ☞집흑(執黑)
집법(執法)명-하다자 법령을 굳게 지킴.
집복(執卜)명-하다자타 지난날, 관원이 작물의 작황을 조사하여 구실을 매기던 일.
집부(集部)명 중국의 고전을 경(經)·사(史)·자(子)·집(集)의 네 부로 분류한 것 중 '집'에 딸리는 부류. 모든 시집과 문집이 이에 딸림.
집-비둘기명 집에서 기르는 비둘기. 백합(白鴿) ☞들비둘기
집-뼘명 '집게뼘'의 준말.
집사(執事)[1]명 ①주인집에 고용되어 그 집안일을 맡아보는 사람. ②개신교에서, 평신도로서 교회의 일을 맡아보는 봉사 직분의 하나, 또는 그 직에 있는 사람. ③'시하인(侍下人)'의 뜻으로, 높은 사람에게 보내는 편지 겉봉의 택호(宅號) 아래에 쓰는 말. ④절에서 사무를 맡아보는 중의 직분의 하나, 또는 그 직에 있는 중.
집사(執事)[2]대 노형(老兄)은 지나고 존장(尊長)은 채 못 되는 사람을 높이어 일컫는 말.
집사-관(執事官)명 지난날, 제사 등 의식이 있을 때에 의식의 진행을 맡던 임시 관원.
집-사:람명 남에게 자기 아내를 겸손하게 일컫는 말. ☞안사람
집사-성(執事省)명 신라 때, 국가의 기밀(機密)과 서정(庶政)을 맡아보던 최고의 행정 기관.
집사-자(執事者)명 어떤 일을 맡아서 처리하는 사람.
집산(集散)명-하다자 모여듦과 흩어짐. ¶이합-
집산-주의(集散主義)명 토지·공장·광산·철도 등 중요한 생산 수단을 국유화하여, 정부의 관리 아래 두고 집중 통제하는 것을 이상으로 하는 주의.
집산-지(集散地)명 여러 곳의 생산물이 모여들었다가 다시 다른 여러 지역으로 흩어져 나가는 곳. ¶쌀의 -.
집상(執喪)명-하다자 부모의 거상(居喪) 때, 예절에 따라 상제 노릇을 함.
집성(集成)명-하다타 여러 가지를 모아서 하나를 이룸.
집성-촌(集姓村)명 같은 성(姓)을 가진 사람이 모여 사는 촌락.
집-세(-貰)명 집을 빌린 삯으로 내는 돈. 가세(家貰)
집소성대(集小成大)성구 작은 것들을 모아서 큰 것을 이룸을 이르는 말.
집속(執束)명-하다자 지난날, 타작하기 전에 곡식의 단수를 세어서 적던 일.
집속-탄(集束彈)명 하나의 폭탄 속에 수백 개의 폭탄을 집어넣어 만든 대량 인명 살상용 폭탄. 폭발하면 그 안의 작은 폭탄들이 일제히, 또는 개별적으로 폭발하도록 되어 있음. 클러스트 폭탄
집수(執手)명-하다타 손을 잡음.
집시(Gypsy)명 ①코카서스 인종에 딸린 유랑 민족. 헝가리를 중심으로 유럽 등 세계 각지에 흩어져 삶. 9세기경 인도 서북부에서 나왔다고 하는데, 흔히 한 가족 또는 몇 가족이 무리를 이루어 떠돌아다님. 피부 색은 대부분 황갈색이고, 머리카락과 눈동자는 검음. 음악과 춤을 즐김. ②방랑 생활을 하는 사람을 비유하여 이르는 말.
집심(執心)명 단단하게 외곬으로 먹은 마음.
집-안명 ①가족이나 가까운 일가. 가내(家內) ¶- 어른 ②가문(家門) ¶좋은 -에 태어난 사람.
속담 **집안 귀신이 사람 잡아간다**: 가까운 사람으로부터 해를 입었을 때 하는 말./**집안이 망하려면 맏며느리가 수염이 난다**: 집안의 운수가 한번 기울면 별별 괴상한 일이 다 생긴다는 말.〔집안이 결딴나면 생쥐가 춤을 춘다〕/**집안이 망하면 집터 잡은 사람만 탓한다**: 잘못된 일은 남의 탓으로만 돌린다는 말.〔집안이 망하면 지관 탓만 한다〕
집안-닦달[-닥-]명 집 안을 깨끗이 치우는 일.
집안-사:람[-싸-]명 한 가족, 또는 가까운 일가.
집안-싸움명 ①한 가족, 또는 가까운 일가끼리 하는 싸움. ②같은 조직이나 같은 편끼리 하는 싸움을 비유하여 이르는 말. ☞내분(內紛)
집안-일[-닐]명 ①가정 생활에서 해야 하는 여러 가지 일. 밥짓는 일이나 빨래하는 일 따위. 가무(家務) ②집안의 일. 집안의 사정. 가간사. 가내사. 가사(家事)
집-알이명-하다자 남의 이사한 집을 인사 삼아 찾아보는 일.
집약(集約)명-하다타 많은 것을 한데 모아 간추림. ¶연구 성과를 하나로 -하다./의견을 두 가지로 -하다.
집약=농업(集約農業)명 일정한 토지에서 작물을 좀더 많이 생산하기 위하여, 많은 자본과 노동력을 투입하는 농업 경영 방법. ☞조방 농업(粗放農業)
집약-적(集約的)명 한곳으로, 또는 하나로 몰아서 하는 것. ¶자본과 노동을 -으로 투입하다.
집어-내:다타 ①집어서 밖으로 내놓다. ¶서랍에서 가위를 -. ②지적하여 밝혀 내다. ¶보고서의 문제점을 -.
집어-넣다타 ①어떤 물체의 속에 들어가게 하다. ¶셔츠 자락을 바지 속에 -./자루에 이것저것을 -. ②억지로 어떤 곳에 들여 가두다. ¶돼지를 우리에 -. ③'억지로 학교나 직장 등에 들어가게 하다.'를 속되게 이르는 말. ¶아이를 의과 대학에 -./해병대에 -.
집어-던지다타 ①손으로 집어서 내던지다. ¶물건을 손에 잡히는 대로 -. ②어떤 제의나 직위 따위를 물리치거나 그만두다를 속되게 이르는 말. ¶부장 자리를 집어던지고 나오다. ☞내던지다
집어-등(集魚燈)명 밤에 불빛을 보고 모여드는 물고기 따위를 잡기 위하여 켜는 등불.
집어-먹다타 ①남의 것을 후무려서 제 것으로 하다. ¶남의 돈을 -. ②겁이나 두려움 따위를 잔뜩 가지다. ¶겁을 -.
집어-삼키다타 ①거침없이 삼키다. ¶고깃점을 단숨에 -. ②남의 것을 후무려서 통째로 제 것으로 하다. ¶남의 땅을 -.
집어-세:다타 ①볼썽사납게 마구 먹다. ②마구 닦달하다. ③남의 것을 열쌔게 후무려 가지다.
집어-치우다타 '하던 일 따위를 그만두다.'를 강조하여 이르는 말. ¶학업을 -./돈을 벌겠다는 생각을 -.
집영(集英)명-하다자 뛰어난 인재를 모음, 또는 모인 인재.
집-오리명 집에서 기르는 오리. 야생의 청둥오리를 개량한 품종으로, 몸은 청둥오리보다 좀 크고 날개는 약하며 수컷은 목에 흰 띠가 있음. 고기나 알을 얻기 위하여 기름. 가압(家鴨). 서부(舒鳧). 오리
집요(執拗)어기 '집요(執拗)하다'의 어기(語基).
집요-하다(執拗-)형여 매우 질기고 끈덕지다. ¶집요하게 물고 늘어지다./집요한 추적.
집음-기(集音機)명 약한 소리를 마이크로폰으로 잡아서 전류로 바꾸어 확대하는 장치.
집의(執意)명-하다자 제 의견을 고집함.
집의(執義)명-하다자 정의를 굳게 지킴.
집-일[-닐]명 집 안에서 하는 일.
집-임:자[-님-]명 집의 소유자. 집주인
집-장(-醬)명 메줏가루와 고춧가루를 찰밥에 버무린 다음, 소금에 절인 무·가지·풋고추 따위를 박고 항아리에 담아 간장을 조금 친 뒤 꼭 봉하여 두엄 속에 8~9일 동안 묻어서 두엄 썩는 열로 익혀서 먹는 장. 즙장
집장-가(執杖歌)명 십이 잡가(十二雜歌)의 하나. 판소리 '춘향가' 가운데 춘향이가 사또 앞에 끌려 나와 매를 맞는 장면을 묘사한 내용임.
집장=사:령(執杖使令)명 지난날, 장형(杖刑)을 집행하는 사령을 이르던 말.
집재(輯載)명-하다타 편집을 하여 실음.
집적(集積)명-하다타 모아서 쌓음. ¶기술의 -.
집적-거리다(대다)타 ①아무 일에나 함부로 손을 대다. ¶이 사업 저 사업을 집적거리다 말다. ②주책없이 남의 일에 참견하다. ¶남의 흥정을 실없이 -. ③말이나 행동으로 공연히 남을 건드리다.
집적-집적부 집적거리는 모양을 나타내는 말.
집적=회로(集積回路)명 많은 회로 소자(回路素子)가 하

나의 기판(基板) 위 또는 기판 자체에 분리가 불가능한 상태로 결합되어 있는 초소형의 전자 회로. 아이시(IC) ☞고밀도 집적 회로. 초고밀도 집적 회로

집전(執典)명-하다타 의식이나 전례(典禮) 따위를 맡아서 집행함. ¶신부가 미사를 ―하다.

집정(執政)명-하다자 나라의 정무를 맡아봄.

집정-관(執政官)명 ①나라의 정무를 맡아보는 관리. ②로마 공화정 시대의 최고 관직.

집제(集諦)명 불교에서 이르는 사제(四諦)의 하나. 괴로움의 원인은 끝없는 애집(愛執)이라는 진리.

집조(執租)명 잡을도조

집조(執照)명 지난날, 정부가 외국인에게 내어 주던 여행 허가 문서.

집주(集注)명-하다타 마음이나 힘 따위를 한군데로 모으거나 한 가지 일에 쏟음.

집주(集註·集注)명-하다자 어떤 책에 대한 여러 사람의 주석을 한데 모아 엮은 책.

집-주릅명 집을 사고파는 데 흥정붙이는 일을 직업으로 하는 사람. 가쾌(家儈) ☞약주릅. 주릅

집-주인(―主人)명 ①한집안의 주장이 되는 사람. 호주(戶主) ②집임자

집중(執中)명-하다자 ①중용(中庸)의 도(道)를 지키어 지나치거나 모자람이 없는 일. ②어느 한쪽으로 치우치지 않는 일.

집중(集中)명-하다자타 한군데로 모이거나 모음. ¶하나의 대상에 시선을 ―하다./정신을 ―하다.

집중=공:격(集中攻擊)명 어느 한 곳이나 특정한 사람을 표적으로 삼아 몰아서 공격하는 일.

집중=난:방식(集中煖房式)명 중앙 난방식

집중-력(集中力)명 어떤 사물에 대하여 정신을 집중할 수 있는 힘. ¶―이 필요한 작업.

집중=사격(集中射擊)명 한 목표물이나 특정 지역에 모든 화력을 집중하여 사격하는 일.

집중=생산(集中生產)명 생산 능률을 올리고 제품의 원가를 내리려고 능률이 좋은 설비나 생산자에게 생산을 집중시키는 일.

집중=신경계(集中神經系)명 신경 세포가 동물체의 일정한 부위에 집중된 신경 중추 및 몸의 각 부위를 연락하는 말초 신경으로 이루어지는 신경계. ☞산만 신경계

집중-적(集中的)명 한곳으로 모이거나 모으는 것. ¶―투자/―으로 연구하다.

집중=호우(集中豪雨)명 어느 한 지역에 몰아서 내리는 많은 양의 비.

집-쥐명 ①집에서 사는 쥐를 통틀어 이르는 말. ②쥣과의 동물. 몸길이 22~26cm, 꼬리 길이 17~20cm. 털빛은 등은 갈색, 배와 네 다리는 회백색인 것이 많음. 야행성으로 하수구나 마루 밑 등에 삶. 시궁쥐

집증(執症·執證)명-하다자 한방에서, 병의 증세를 진찰하여 알아내는 일.

집지(執贄·執質)명-하다자 지난날, 제자가 스승을 처음 대할 때에 예폐(禮幣)를 가지고 가서 공경의 뜻을 나타내던 일.

집진(集塵)명-하다자 먼지 따위를 한곳에 모음.

집진-기(集塵機)명 공기 중에 떠돌아다니는 작은 먼지 따위를 모아 없애는 장치.

집-짐승명 집에서 기르는 짐승. 가축(家畜)

집-집명 각 집. 모든 집. 가가호호 ¶―을 방문하다.

집집-이부 집집마다 ¶― 다니며 호소하다.

> ▶ **명사에 '-이'가 붙어서 된 명사와 부사**
> ○ 명사에 '-이'가 붙어서 된 명사는 그 명사의 원형을 밝혀 적는다.
> ¶바둑이/삼발이/애꾸눈이/육손이
> ○ 명사에 '-이'가 붙어서 된 부사는 그 명사의 원형을 밝혀 적는다.
> ¶곳곳이/낱낱이/몫몫이/앞앞이/집집이

집착(執捉)명-하다타 죄인을 붙잡음.

집착(執着)명-하다자 무엇에 몹시 마음이 쏠리어 그것으로부터 떠나지 못함. ¶물질에 대한 ―./―이 강하다./―을 버리다.

집-채명 한 채 한 채의 집, 또는 집의 전체. ¶― 같은 파도./―만 한 크기.

집철(輯綴)명-하다타 한데 모아서 철함, 또는 그런 책.

집촌(集村)명 많은 집이 한곳에 모여 이룬 마을. ☞산촌

집총(執銃)명-하다자 총을 잡음. ¶― 훈련

집-치레명-하다자 집 안팎을 보기 좋게 잘 꾸밈. 집치장

집-치장(―治粧)명-하다자 집치레

집탈(執頉)명-하다타 남의 잘못을 들추어서 트집을 잡음.

집-터명 ①집이 있거나 있던 자리. ②집을 지을 자리. 가기(家基). 가대(家垈). 양택(陽宅). 택지(宅地)

> 한자 **집터 대**(垈) [土部 5획] ¶가대(家垈)/대지(垈地)

집-터서리명 집의 바깥 언저리.

집-토끼명 집에서 기르는 토끼. 야생 토끼를 가축으로 길들인 변종임. 가토(家兎) ☞산토끼

집-파리명 집파릿과의 곤충. 몸길이 8mm 안팎. 몸빛은 흑갈색이며, 가슴과 등에 누런 빛을 띤 회색의 세로띠가 있음. 각종 전염병을 옮김. 파리

집포(緝捕)명-하다타 죄인을 잡음. 원즙포(緝捕)

집표(集票)명-하다자 철도 역이나 극장 등에서, 승객이나 관객의 표를 거두어 모으는 일.

집필(執筆)명 ①-하다타 문장을 씀. ¶새 소설을 ―하다. ②지난날, 땅문서나 집문서 등의 문권(文券)을 쓰던 사람.

집하(集荷)명-하다자타 각지의 농수산물 등이 시장 등 한곳으로 모이거나 모이게 함. ¶김장 채소가 ―하다.

집합(集合)명 ①-하다자 한곳에 모임. ¶학생들이 운동장에 ―하다. ②수학에서, 어떤 조건에 따라 일정하게 결정되는 요소의 모임. ¶10보다 작은 짝수의 ―. ☞원소

집합(緝合)명-하다타 주워 모아서 합함. 원즙합(緝合)

집합=개:념(集合概念)명 같은 조건에 딸리는 것의 집합을 전체로서 가리키는 개념. 시민·군대·학급·관중 따위. ☞개별 개념(個別概念)

집합-과(集合果)명 여러 개의 심피(心皮)로 이루어진 꽃의 암술들이 발달하여 생긴 과실들이 모여서 하나의 과실처럼 된 열매. 뽕나무·무화과·파인애플 등의 열매.

집합-론(集合論)명 집합의 성질을 연구하는 수학의 한 분과.

집합-물(集合物)명 개개의 물건이 일정한 목적을 위하여 집합되어, 경제적으로 독자적 개성을 유지하면서 거래상으로 일체로서 취급되는 물건. 가축의 떼나 도서관의 책들 따위.

집합-체(集合體)명 많은 것들이 모여서 이룬 덩어리.

집합=표상(集合表象)명 사회학에서, 집단 생활이 만들어내는 사회적 표상. 개개인에 대하여 일정한 구속력을 가짐. 종교·도덕·지식·사상 따위. 집단 표상 ☞개인 표상

집행(執行)명-하다타 ①정해진 일을 실제로 시행함. ②법률·명령·재판·처분 따위의 내용을 실행함. ¶법률 ―/재산의 압류를 ―하다.

집행-관(執行官)명 지방 법원 및 그 지원에 배치되어 재판의 집행과 서류의 송달, 법령에 따른 사무 등을 처리하는 관리.

집행-권(執行權)[―꿘]명 ①행정권(行政權) ②강제 집행을 할 수 있는 권한.

집행=기관(執行機關)명 ①민법·상법상, 의결 기관 또는 의사 기관에 대하여 그 의결 또는 의사 결정을 집행하는 기관. ②공법상, 행정 기관의 명을 받아 실력으로 강제 집행을 하는 기관. 경찰관이나 세무 공무원 따위. ③민사 소송법상, 채권자의 신청에 따라 강제 집행을 실시하는 국가 기관.

집행-력(執行力)명 ①일을 집행하는 능력. ②판결의 내용을 강제적으로 실현시키는 효력.

집행=명:령(執行命令)명 법률을 집행하는 데 필요한 시행 세칙을 직권으로 내리는 행정부의 명령. ☞위임 명령(委任命令)

집행-문(執行文)명 채무 명의의 집행력의 존재 및 집행의 명의인이나 목적물을 공증하려고 법원 사무관 등이 채무 명의의 정본 뒤에 덧붙이는 공증 문서.

집행-벌(執行罰)명 행정상 강제 집행의 한 가지. 행정상의 부작위 의무나 비대체적 작위 의무의 이행을 강제할 목적으로 과하는 벌. 강제벌(強制罰)

집행=법원(執行法院)명 재판에 따른 강제 집행의 실시 및 집행에 대한 감독을 하는 소송법상의 법원.

집행-부(執行部)명 정당이나 조합 등의 단체에서, 의결 기관의 결의 사항을 집행하는 부서.

집행=유예(執行猶豫)[－뉴－]명 형법에서, 유죄 판결을 받은 사람에 대하여, 정상을 참작하여 일정 기간 형의 집행을 유예하고, 그 기간을 무사히 지내면 형(刑)의 선고는 효력을 잃는 것으로 하는 제도.

집행=정지(執行停止)명 ①행정법에서, 행정 처분의 집행을 정지하는 일. ②형법에서, 형(刑)의 집행을 정지하는 일.

집현-전(集賢殿)명 ①고려 시대, 학사(學士)들이 모여서 경사(經史)를 강론하고 임금의 고문(顧問)에 응하던 학문 연구 기관. ②조선 초기, 경적(經籍)의 강론(講論)과 진강(進講) 등에 관한 일을 맡아보던 기관.

집형(執刑)명-하다자 형(刑)을 집행함.

집홀(執笏)명-하다자 지난날, 관원이 의식 때 홀(笏)을 몸 앞으로 하여 쥐던 일.

집화(集貨)명-하다자타 화물이 한곳으로 모이거나 화물을 한곳으로 모음, 또는 그 화물.

집회(集會)명-하다자 특정한 공동 목적을 위해 여러 사람이 일시적으로 모이는 일, 또는 그 모임. ¶－를 열다./군중 －/－의 자유.

집흑(執黑)명 바둑에서, 흑색 바둑돌을 잡고 두는 일. ☞집백(執白)

집히다자 집음을 당하다. ¶콩이 젓가락에 잘 집히지 않는다./옷에 빨랫집게로 집힌 자국이 남다.

짓:명 ①흔히 버릇처럼 하는 어떤 동작이나 행동. ¶－이 나다./－을 부리다. ②(의존 명사로도 쓰임) 몸이나 몸의 일부를 놀려 움직이는 동작, 또는 좋지 못한 행위나 행동. ¶얼굴을 만지는 －./지나친 －./못된 －만 골라서 하다./어른 앞에서 무슨 －인가?

짓-접두 '마구'·'몹시'·'세게'의 뜻을 나타냄. ¶짓누르다/짓밟다/짓이기다

짓-개다[짇－]타 짓이기다시피 마구 개다. ¶밀가루 반죽을 －.

짓:-거리[짇－]명-하다자 ①흥겨워서 멋으로 하는 짓. 지저귀 ②'짓'을 속되게 이르는 말.

짓고-땡[짇－]명 ①투전·골패·화투 따위로 하는 노름의 한 가지. 다섯 장씩 나누어 가져 그 중 석 장으로 무대를 짓고, 남은 두 장으로 땡 잡기를 하거나 끗수를 견주어 큰 쪽이 이김. ②하는 일이 뜻대로 잘 되어감을 속되게 이르는 말.

×**짓고-땡이**명 →짓고땡

짓-궂기다[짇굳－]자 상사(喪事) 따위의 불행한 일을 거듭 당하다.

짓:-궂다[짇굳－]형 장난스레 괴롭히거나 귀찮게 하여 곰살갑지 아니하다. ¶짓궂은 질문./짓궂게 놀리다.

짓-궂이부 짓궂게 ¶－ 굴다.

짓-널:다[짇－](－널고·－너니)타 함부로 흩어서 널다.

짓-누르다[짇－](－누르고·－눌러)타르 ①마구 누르다. ¶우악스레 양 어깨를 －. ②어떤 일이나 생각 따위가 마음을 괴롭히다. ¶죄책감이 마음을 －./시험에 대한 부담감이 가슴을 －.

짓-눌리다[짇－]자 짓누름을 당하다. ¶불합리한 규제에 －.

짓:다[1][짇－](짓고·지어)타ㅅ '지우다[1]'의 예스러운 말. ¶글씨를 －.

짓:다[2][짇－](짓고·지어)타ㅅ ①쌀 따위 곡식을 밥이 되게 익히다. ¶아침밥을 －./오곡밥을 －. ②천을 말라 바느질하여 옷 따위를 만들다. ¶곱게 누비어 지은 저고리./솜을 두어 지은 버선. ③재료를 들여서 집 따위를 만들다. ¶누에가 고치를 －./도서관을 －. ④글자나 단어로 글을 쓰다. ¶시를 －./소설을 －. ⑤이름을 정하다. ¶아들의 이름을 －./동아리의 이름을 －. ⑥의사의 처방에 따라 여러 가지 약재를 써서 약을 만들다. ¶감기약을 －./환약을 －. ⑦작물을 심어서 가꾸다. ¶채소 농사를 －. ⑧매듭을 만들다. ¶실에 매듭을 －. ⑨여럿이서 무리를 이루거나 늘어서다. ¶얼룩말은 무리를 지어 산다./소년들이 줄을 지어 간다. ⑩꾸며대다 ¶없는 사실을 지어서 말하다. ⑪일을 끝내거나 마무르다. ¶결말을 －./일을 일단락 －. ⑫표정을 나타내다. ¶미소를 －./떫은 표정을 －. ⑬한숨을 쉬다. ¶한숨을 －. ⑭눈물을 흘리다. ¶옛일을 회상하면서 눈물을 －. ⑮법을 어기는 짓을 하다. ¶죄를 －. ⑯관계를 맺다. ¶두 사람이 짝을 －./두 가지 일을 관련 지어 생각하다.

한자 지을 작(作)〔人部 5획〕¶작가(作家)/작곡(作曲)/작도(作圖)/작명(作名)/작문(作文)
지을 제(製)〔衣部 8획〕¶제법(製法)/제작(製作)

짓-두들기다[짇－]타 마구 두들기다.

짓:-둥이[짇－]명 몸을 놀리는 모양새를 이르는 말.

짓-마다[짇－]타 짓이기다시피 잘게 부스러뜨리다.

짓-먹다[짇－]타 마구 많이 먹다.

짓-무르다[짇－](－무르고·－물러)자르 살갗이 물러져서 헐 정도가 되다. ¶아기의 엉덩이가 －.

짓-무찌르다[짇－](－무찌르고·－무찔러)타르 짓이기다시피 마구 무찌르다.

×**짓-물다**자 →짓무르다

짓-뭉개다[짇－]타 짓이기다시피 마구 뭉개다. ¶다 그린 그림을 붓으로 －.

짓-밟:다[짇밥－]타 ①짓이기다시피 마구 밟다. ¶잔디를 －. ②함부로 억누르거나 빼앗다. ¶권리를 －.

짓-밟히다[짇－]자 짓밟음을 당하다. ¶만원 버스 속에서 신발이 －.

짓-소리[짇－]명 범패의 하나. 홑소리를 모두 배운 범패승이 부르는 소리. 대개 한문의 산문(散文), 또는 범어의 사설(辭說)로 되어 있으며 합창으로 부름. 곡의 연주 시간이 홑소리에 비하여 길.

짓:-시늉[짇－]명 사물의 모양이나 움직임을 흉내 내는 일. 의태(擬態) ☞소리시늉

짓-씹다[짇－]타 짓이기다시피 아주 잘게 씹다.

짓-옷[짇－]명 깃옷

짓-이기다[짇니－]타 마구 이기다. ¶봉숭아 잎을 짓이겨 손톱에 물을 들이다.

짓:-쩍다[짇－]형 부끄럽고 어색하다.

짓-찧다[짇－]타 몹시 찧다. ¶마늘을 －.

짓-치다[짇－]타 마구 들이치다.

징[1]명 국악기 금부(金部) 타악기의 한 가지. 놋쇠로 전이 없는 대야같이 만들어 끈을 꿰어 달아매거나 들고 채로 쳐서 소리를 냄. 정(鉦)

징[2]명 ①신창이 닳지 않도록 박는 쇠못. ②말굽에 편자를 대고 박는 쇠못. 대갈[2]

징거-두다타 앞으로 할 일을 미리 마련하여 두다.

징거-매다타 옷이 해어지지 않게 대충대충 꿰매다.

징거미-새우명 징거미새웃과의 새우. 몸길이는 수컷 9 cm, 암컷 6cm 안팎. 몸빛은 보통 갈색 또는 암갈색 바탕에 초록색이나 청색을 띰. 우리 나라와 중국, 일본 등지의 민물에 삶.

징건-하다형여 먹은 것이 잘 삭지 않아 속이 그들먹하고 뭉클하다.

징-걸이명 신창에 징이나 못 따위를 박을 때, 신을 엎어 씌워 놓는, 쇠로 만든 받침대.

징검-다리명 개울 같은 데에 돌덩이나 흙더미를 드문드문 놓아, 디디고 건널 수 있게 만든 다리.

징검-돌[－똘]명 정원이나 통로 등에 띄엄띄엄 깔아 놓아 디디고 다니게 한 돌. 보석(步石) ☞다릿돌

징검-징검부 ①띄엄띄엄 징그는 모양을 나타내는 말. ☞찡검찡검 ②발을 멀찍멀찍 떼어 놓으며 걷는 모양을

나타내는 말.
징경이 명 '물수리'의 딴이름.
징계(懲戒)명-하다 타 ①옳지 못하거나 잘못한 행위에 대하여 제재를 주어 경계함. ②공무원이 의무를 위반하였을 때, 국가나 공공 단체가 내리는 행정법상의 처벌.

한자 징계할 징(懲)〔心部 15획〕¶ 징계(懲戒)/징벌(懲罰)/징악(懲惡)/징역(懲役)

징계-벌(懲戒罰)명 징계 처분으로 내리는 제재.
징계=사:범(懲戒事犯)명 징계를 받아야 할 범행, 또는 그런 일을 저지른 사람.
징계=위원회(懲戒委員會)명 징계 사건을 토의하여 결정하는 위원회.
징계=처:분(懲戒處分)명 복무 의무 위반 행위에 대하여 징계로서 내리는 처분. 파면(罷免)·해임(解任)·정직(停職)·감봉(減俸)·견책(譴責)이 있음.
징고이즘(jingoism)명 맹목적이고 배타적인 애국주의. ☞국수주의(國粹主義). 쇼비니슴
징구(徵求)명-하다 타 돈이나 곡식 따위를 내놓으라고 요구함. 책징(責徵)
징그다 타 ①큰 옷을 줄이거나 할 때 줄일 부분을 접어 넣고 시침바느질을 하다. ②옷의 해어진 곳을 더 해어지지 않게 딴 천을 대고 대강 꿰매다.
징그럽다(징그럽고·징그러워)형ㅂ ①소름이 끼칠 만큼 보기에 끔찍하거나 흉하다. ¶징그러운 뱀. ②하는 짓이나 태도가 유들유들하여 역겨운 느낌이 있다. ¶징그럽게 굴다./징그럽게 쳐다보다. ☞장그랍다. 쟁그랍다
징그러이 부 징그럽게
징글-맞다[-맏-]형 매우 징글징글하다.
징글징글-하다 형여 몹시 징그럽다. ☞장글장글하다. 쟁글쟁글하다
징납(徵納)명-하다 타 지난날, 고을 원이 세금 따위를 거두어 나라에 바치던 일.
징니-연(澄泥硯)명 벼루의 한 가지. 물에 풀어 휘저어서 잡물을 없앤 고운 흙으로 빚어서 구워 만듦.
징담(澄潭)명 맑은 못.

징두리 명 집채 안팎 둘레의 밑동, 곧 바닥에서 벽의 3분의 1 높이까지의 부분. ☞굽도리
징모(徵募)명-하다 타 국가가 필요한 군인이나 장정을 불러 모음. ☞징집(徵集)
징발(徵發)명-하다 타 ①비상시에 국가가 군대에서 필요로 한 물자를 국민으로부터 강제적으로 거두어들임. ¶전시에 차량을 -하다. ②국가가 강제적으로 사람을 뽑아 씀. ¶사람들을 -하여 참호를 파게 하다.
징벌(懲罰)명-하다 타 옳지 않은 일을 하거나 죄를 지은 데 대하여 벌을 줌, 또는 그 벌. ¶-에 처하다.
징벽(徵辟)명-하다 타 임금이 초야(草野)에 있는 사람을 예를 갖추어 불러서 관직을 주는 일. 소벽(召辟). 징초(徵招)
징변(懲辨)명-하다 타 잘못을 따져 밝혀서, 죄를 징계함.
징병(徵兵)명-하다 자 국가가 법령으로 병역 의무자를 징집하여 일정 기간 병역에 복무시키는 일.
징병=검:사(徵兵檢査)명 징집 대상자를 소집하여 군대 복무 자격이 있는지 신체 검사 등을 하는 일.
징병=기피죄(徵兵忌避罪)[-쬐]명 병역 의무를 벗어날 목적으로 도망, 잠닉(潛匿), 신체 훼손, 그 밖에 거짓된 행위를 함으로써 성립하는 죄.
징병=적령(徵兵適齡)명 병역법에 따라 징병 검사를 받아야 할 나이.
징병-제(徵兵制)명 징병 제도
징병=제:도(徵兵制度)명 국가가 법률에 따라 국민에게 병역 임무를 지우고 일정 기간 군대에 복무하게 하는 강제적 병역 제도. 징병제(徵兵制)
징봉(徵捧)명-하다 타 징수(徵收)
징빙(徵聘)명-하다 타 초빙(招聘)
징빙(徵憑)명 ①징증(徵證) ②범죄의 구성 요건이 되는 주요 사실을 간접적으로 증명하는 사실. 알리바이의 증명 따위.
징색(徵色)명-하다 자 얼굴에 나타남.
징서(徵瑞)명 경사스럽고 길한 징조.
징세(徵稅)명-하다 자 세금을 거두어들임.
징-수(-手)명 지난날, 군중(軍中)에서 징을 치던 군사.
징수(澄水)명 맑은 물.
징수(徵收)명-하다 타 세금이나 수수료 따위를 물리어 거두어들임. 징봉(徵捧) ¶세금을 -하다./공물을 -하다.
징습(懲習)명-하다 타 못된 버릇을 징계함.
징악(懲惡)명-하다 타 옳지 못한 일을 징계함. ☞권선징악(勸善懲惡)
징얼-거리다(대다)자 ①마음에 못마땅하여 불평의 말을 자꾸 늘어놓다. ②어린아이가 몸이 불편하거나 못마땅하거나 하여 우는 소리로 자꾸 보채다. ☞찡얼거리다. 칭얼거리다
징얼-징얼 부 징얼거리는 모양을 나타내는 말. ☞찡얼찡얼. 칭얼칭얼
징역(懲役)명 자유형(自由刑)의 한 가지. 기결수(旣決囚)를 교도소 안에 구치하여 강제 노동을 시키는 형벌. 무기(無期)와 유기(有期)가 있음. ¶-을 살다.
징역-꾼(懲役-)명 지난날, 징역살이를 하는 사람을 이르던 말. 징정(懲丁)
징역-살이(懲役-)명-하다 자 징역의 형을 받고 교도소에 갇히어 지내는 일.
징역-수(懲役囚)명 징역살이를 하는 사람.
징용(徵用)명-하다 타 전시(戰時)나 비상 사태에 국가의 권력으로 국민을 불러내어 강제로 일을 시킴.
징일여:백(懲一勵百)성구 한 사람을 징계함으로써 여러 사람을 격려함을 이르는 말.
징입(徵入)명-하다 타 사람을 불러들임.
징-잡이 명 두레 패 등에서 징을 치는 사람.
징-장구 명 징과 장구를 아울러 이르는 말.
징정(懲丁)명 징역꾼
징조(徵兆)명 앞으로 어떤 일이 일어날 기미. 늧. 조짐(兆朕) ¶경기가 회복될 -가 보이다./제비가 낮게 나는 것은 비가 내릴 -이다. ☞전조(前兆)
징증(徵證)명 증명이나 증거가 되는 것. 징빙(徵憑)
징지(懲止)명-하다 타 징계하여 그치게 함.
징집(徵集)명-하다 타 국가가 병역 의무자를 현역병으로 불러 모음. ☞징모(徵募)
징집=면:제(徵集免除)명 징병 검사 결과, 실역(實役)에 적합하지 않거나 그 밖의 사정으로 징집이 면제되는 일.
징집=연도(徵集年度)[-년-]명 징병 적령(徵兵適齡)에 이른 연도.
징집=영장(徵集令狀)[-녕짱]명 국가가 법률에 따라 징집 적령자를 징집하는 통지서.
징징 부 ①마음에 불만스럽거나 하여 우는 소리를 나타내는 말. ②아이가 몸이 불편하거나 못마땅하거나 하여 자꾸 보채며 우는 모양을 나타내는 말. ☞찡찡
징징-거리다(대다)자 ①마음에 불만스럽거나 하여 자꾸 우는 소리를 내다. ¶데리고 가지 않는다고 -. ②아이가 몸이 불편하거나 못마땅하거나 하여 자꾸 보채며 울다. ¶아이가 배가 고픈지 징징거린다. ☞찡찡거리다
징청(澄淸)어기 '징청(澄淸)하다'의 어기(語基).
징청-하다(澄淸-)형여 물 따위가 썩 맑고 깨끗하다.
징초(徵招)명-하다 타 징벽(徵辟)
징출(徵出)명-하다 타 지난날, 조세나 빚 따위를 갚지 못할 때에 그 친척이나 관계자에게 대신 물게 하던 일.
징치(懲治)명-하다 타 징계하여 다스림.
징크스(jinx)명 거듭됨으로 말미암아 으레 생기는 것으로 여겨지는 불길한 일, 또는 그런 생각. ¶-를 깨다.
징크-판(zinc版)명 아연판(亞鉛版)
징표(徵表)명 어떤 사물의 특징을 나타내어 그것으로 다른 사물과 구별하는 성질.
징험(徵驗)명-하다 타 ①어떤 징조나 징후를 통하여 경험함, 또는 그 경험. ②경험에 비추어 보아 앎.
징회(徵會)명-하다 타 불러서 모음.

징후(徵候) 명 겉으로 나타나는 조짐. ¶병의 ―가 서서히 나타나다./불길한 ―.

짖:다[짇―] 자 ①개가 크게 경계의 소리나 위협의 소리를 내다. ②'지껄이다'를 욕으로 이르는 말.
 속담 **짖는 개는 물지 않는다** : 겉으로 떠벌리는 사람은 실속이 없다는 말./**짖는 개는 여위고 먹는 개는 살찐다** : 사람도 늘 징징거리며 지내거나 불평이 많아 앙앙 하면 살이 내리고 이로울 것이 없다는 말.

짙다[1][짇―] 자 재물 따위가 넉넉하게 남아 있다.

짙다[2][짇―] 형 ①빛깔이 뚜렷하다. ¶짙은 노을. ②털 따위가 성기지 아니하고 빽빽하다. ¶눈썹이 ―. ③깔리거나 낀 것이 자욱하다. ¶어둠이 짙게 깔리다./짙은 안개./녹음(綠陰)이 ―. ④냄새가 강하다. ¶짙은 풀꽃 향기. ⑤어떤 느낌 따위가 뚜렷하다. ¶의혹이 ―./병색(病色)이 ―./실패할 가능성이 ―. ⑥액체의 농도가 높다. ¶차를 짙게 우리다. ☞열다

한자 **짙을 농**(濃) 〔水部 13획〕 ¶농담(濃淡)/농도(濃度)/농무(濃霧)/농액(濃液)/농후(濃厚)

짙은-천량 명 조상 대대로 전해 내려오는 많은 재물.

짙-푸르다[짇―](―푸르니·―푸르러) 형러 빛깔이 짙게 푸르다. ¶짙푸른 숲.

짚 명 ①벼·밀·조·보리 따위의 이삭을 떨어낸 줄기. ②'볏짚'의 준말.

짚-가리[집―] 명 짚뭇을 가리어 쌓은 더미.

짚-나라미[집―] 명 새끼 같은 데서 생기는 너저분한 지푸라기.

짚다[집―] 타 ①손이나 지팡이 따위를 바닥에 대고 버티어 몸을 기대다. ¶벽을 짚고 간신히 일어나다./지팡이를 짚은 노인./땅 짚고 헤엄치기. ②몸의 어느 부분에 손을 대어 상태를 살피다. ¶맥(脈)을 ―./열이 있는지 이마를 짚어 보다. ③집어서 가리키다. ¶한 글자 한 글자 짚어 가며 읽다. ④미루어 짐작하다. ¶음력으로 며칠인지 짚어 보다./범인을 잘못 ―.
 짚고 넘어가다 관용 일의 시비를 가리고 지나가다. ¶이 일은 분명히 짚고 넘어가야 한다.

짚-단[집―] 명 볏짚의 묶음. 짚뭇

짚-대[집―] 명 짚의 줄기.

짚-둥우리[집―] 명 볏짚으로 만든 둥우리.
 짚둥우리(를) 타다 관용 학정을 일삼던 고을 원이 백성들의 손으로 짚둥우리에 실려 지경 밖으로 쫓겨나다.
 짚둥우리(를) 태우다 관용 백성들이 학정을 일삼던 고을 원을 짚둥우리에 태워 지경 밖으로 쫓아내다.

짚-뭇[집―] 명 볏짚의 묶음. 짚단

×**짚-북더기** 명 → 짚북데기

짚-북데기[집―] 명 얼크러진 짚의 북데기.

×**짚-북세기** 명 → 짚북데기

짚불[집―] 명 짚을 태우는 불.
 속담 **짚불 꺼지듯 한다** : ①누렸던 권세나 영화가 하루아침에 맥없이 끝남을 비유하여 이르는 말. ②아주 곱게 조용히 운명함을 비유하여 이르는 말./**짚불도 쬐다 나면 섭섭하다** : 탐탁지 않아 소용 없는듯 한 물건도 없어지면 아쉽다는 말./**짚불에 무쇠가 녹는다** : 약한 것도 큰일을 이룰 수 있다는 말.

짚-수세미[집―] 명 짚으로 만든 수세미.

짚-신[집―] 명 짚으로 삼은 신. 초리(草履). 초혜(草鞋)
 속담 **짚신도 제 날이 좋다** : 처지가 비슷한 사람끼리 짝을 맺는 것이 좋다는 말./**짚신도 제 짝이 있다** : 보잘것없는 사람도 배필은 있다는 말./**짚신에 국화 그리기** : ①격에 맞지 않는 짓을 한다는 말. ②밑바탕이 이미 천한 것인데 화려하게 꾸밈은 당치 않다는 말./**짚신을 뒤집어 신는다** : 몹시 인색하게 군다는 말.

짚신-골[집―꼴] 명 짚신을 삼은 뒤 모양을 다듬는 데 쓰는 여러 가지 나뭇골.

짚신-나물[집―] 명 장미과의 여러해살이풀. 줄기 높이는 30~150cm이며, 잎은 깃꼴의 겹잎으로 어긋맞게 남. 전체에 털이 나 있으며, 여름에 줄기나 가지 끝에 작고 노란 꽃들이 어긋맞게 붙어 핌. 어린잎은 먹을 수 있고, 뿌리는 한방에서 '아자(牙子)'라 하여 약으로 쓰임. 들이나 길가에 흔히 자라는데, 우리 나라의 각지와 일본 등지에 분포함. 낭아초(狼牙草). 용아초(龍牙草)

짚신-벌레[집―] 명 섬모류(纖毛類) 짚신벌렛과의 원생생물. 몸길이 0.2~0.3mm. 몸은 길둥근 꼴이며, 겉면에 빽빽이 난 섬모를 이용하여 활동함. 못이나 논·늪에 사는 대표적인 동물성 플랑크톤으로, 분열이나 접합의 방법으로 번식함.

짚신-장이[집―] 명 짚신을 만드는 일을 직업으로 삼는 사람.
 속담 **짚신장이 헌 신 신는다** : 마땅히 있어야 할 자리에 그 물건이 없음을 이르는 말.

짚신-할아비[집―] 명 '견우성(牽牛星)'을 속되게 이르는 말.

짚-여물[집녀―] 명 ①볏짚을 잘게 썰어 만든 여물. ②초벽한 것이 마른 뒤에 갈라지지 않도록 진흙을 이길 때 넣는, 잘게 썬 짚의 토막.

짚이다 자 미루어 짐작이 가다. ¶누구의 짓인지 짚이는 데가 있다.

짚-자리[집―] 명 ①짚으로 엮어 만든 자리. 초석(草席) ②짚을 깔아 놓아 앉도록 만든 자리.

짚-재[집―] 명 볏짚이 타고 남은 재.

짚-주저리[집―] 명 ①볏짚으로 고깔같이 만들어 무엇을 덮는 데 쓰는 것. ②볏짚으로 만들어 터주·업의항 등을 덮는 데 쓰는 물건.

짜개[1] 명 콩이나 팥 따위를 둘로 쪼갠 것의 한쪽.

짜개[2] 명 낚시에서, 들깻묵으로 작은 덩이를 지어 실로 묶어 쓰는 미끼.

짜개다 타 나무 따위의 단단한 물체를 연장으로 베거나 찍어서 갈라지게 하다. ¶널빤지를 ―./장작을 도끼로 ―. ☞빠개다. 쩌개다. 쪼개다

짜개-반(―半) 명 하나를 둘로 짜갠 것의 그 반, 곧 하나의 4분의 1.

짜개-지다 자 나무 따위 단단한 물체가 연장에 베이거나 찍히어 갈라지다. ☞빠개지다. 쩌개지다. 쪼개지다

짜개-황밤(―黃―) 명 말라서 여러 쪽으로 짜개진 황밤.

짜그라-뜨리다(트리다) 타 힘주어 짜그라지게 하다. ☞찌그러뜨리다

짜그라-지다 자 ①짓눌리어 바짝 오그라지다. ¶깡통이 ―. ②야위어서 살가죽이 쪼글쪼글해지다. ☞찌그러지다

짜그락-거리다(대다) 자 하찮은 일로 서로 못마땅하게 여기어 매우 옥신각신 다투다. ☞자그락거리다. 찌그럭거리다

짜그락-짜그락 부 짜그락거리는 모양을 나타내는 말. ☞자그락자그락. 찌그럭찌그럭

짜그르르 부 거의 잦아진 물이나 기름 따위가 세차게 끓어 바싹 졸아붙는 소리를 나타내는 말. ☞자그르르

짜그리다 타 ①짜그라지게 하다. ②힘살에 힘을 주어 주름이 살짝 잡히게 하다. ¶햇빛 때문에 눈이 부시어 눈살을 ―./콧등을 짜그리며 웃다. ☞찌그리다

짜근-거리다(대다) 자 자꾸 몹시 귀찮게 굴다. ☞자근거리다. 찌근거리다. 차근거리다

짜근덕-거리다(대다) 자 몹시 끈덕지게 짜근짜근 괴롭히다. ☞자근덕거리다. 찌근덕거리다. 차근덕거리다

짜근덕-짜근덕 부 짜근덕거리는 모양을 나타내는 말. ☞자근덕자근덕. 찌근덕찌근덕. 차근덕차근덕

짜근-짜근 부 짜근거리는 모양을 나타내는 말. ☞자근자근. 찌근찌근

짜글-짜글[1] 명 자작자작한 액체가 세차게 끓을 때 나는 소리, 또는 그 모양을 나타내는 말. ☞자글자글[1]

짜글-짜글[2] 부-하다 형 물체가 몹시 짜그라져 있는 모양을 나타내는 말. ¶눈가에 주름이 ― 잡히다./―한 깡통. ☞자글자글[2]. 찌글찌글

짜금-거리다(대다) 자 입맛을 짭짭 다시며 맛있게 먹다. ☞쩌금거리다

ㅈ

짜금-짜금 부 짜금거리는 소리, 또는 그 모양을 나타내는 말. ☞쩌금쩌금

짜긋 부 ①눈치채게 하려고 눈을 한 번 살짝 짜그리는 모양을 나타내는 말. ②남에게 어떤 뜻을 알아채게 하려고 옷자락 따위를 살짝 한 번 잡아당기는 모양을 나타내는 말. ☞찌긋

짜긋-거리다(대다)[-귿-] 타 ①눈치채게 하려고 눈을 자꾸 살짝 짜그리다. ②남에게 어떤 뜻을 알아채게 하려고 옷자락 따위를 자꾸 살짝 잡아당기다. ☞찌긋거리다

짜긋-짜긋[-귿-] 부 짜긋거리는 모양을 나타내는 말. ☞찌긋찌긋

짜긋-하다[-귿-] 형여 눈을 좀 짜그린듯 하다.

짜긋-이 부 짜긋하게

짜-깁기 명-하다 타 짜깁는 일.

짜-깁다(-깁고·-기워) 타ㅂ 직물의 찢어지거나 해진 데를 그 감의 올로 본디대로 짜서 표나지 않게 깁다.

짜다[1] 타 ①사개를 맞추어 가구나 궤짝 따위를 만들다. ¶문짝을 -./장농을 -./액자를 -. ②씨와 날로 결어서 천 따위를 만들다. ¶가마니를 -./옷감을 -./털실로 모자를 -. ③머리를 틀어 상투를 만들다. ¶상투를 -. ④사람들을 여러 무리로 갈라 뭇다. ¶편을 짜서 농구를 하다./다섯 명씩 팀을 -. ⑤어떤 일의 얽이를 세우다. ¶여행 계획을 -./작업 일정을 -./예산을 -. ⑥〔자동사처럼 쓰임〕 몇몇이 무슨 일을 하기로 남모르게 정하다. ¶서로 짜고 모르는척 하다.

한자 **짤 조**(組) 〔糸部 5획〕 ¶조각(組閣)/조곡(組曲)/조성(組成)/조직(組織)/조판(組版)
짤 직(織) 〔糸部 12획〕 ¶방직(紡織)/직기(織機)/직물(織物)/직조(織造)

짜다[2] 타 ①누르거나 비틀어서 속의 것이 나오게 하다. ¶여드름을 -./암소의 젖을 -./치약을 -./행주의 물기를 -./옥수수에서 기름을 -. ②남이 가진 것을 억지로 내놓게 하다. ¶백성의 고혈을 -. ③골똘히 생각하다. ¶지혜를 -. ④눈물을 억지로 나오게 하다. ¶나오지 않는 눈물을 -.

짜다[3] 형 ①소금과 같은 맛이 있다. ¶바닷물은 -. ②음식의 간이 세다. ¶국이 -. ☞싱겁다 ③주거나 쓰는 것이 후하지 않고 몹시 적다. ¶학점이 -./그 회사는 봉급이 -.

짜드락-거리다(대다) 자 남에게 깐작깐작 자꾸 몹시 귀찮게 굴다. ☞자드락거리다. 찌드럭거리다

짜드락-나다 자 남에게 숨기던 일이 들통나다.

짜드락-짜드락 부 짜드락거리는 모양을 나타내는 말. ☞자드락자드락. 찌드럭찌드럭

짜득-짜득 부-하다 형 물건이 잘 끊어지거나 떨어지지 않을 만큼 검질긴 모양을 나타내는 말. ☞찌득찌득

짜들다(짜들고·짜드니) 자 ①물건이 오래되고 기름기나 때에 결어 다랍게 되다. ¶땀에 짜든 내의. ②세상일에 지치어 쪼그라지다. ¶고생에 -. ☞찌들다

짜디-짜다 형 매우 짜다.

짜뜰름-짜뜰름 부 한목에 다 주지 않고 이따금 아주 조금씩 주면서, 그나마도 주다 말다 하는 모양을 나타내는 말. ☞짤끔짤끔. 찌뜰름찌뜰름

짜랑 부 얇은 쇠붙이 따위가 한 번 세게 맞부딪칠 때 야물게 울리어 나는 소리를 나타내는 말. ☞자랑[2]. 차랑

짜랑-거리다(대다) 자타 자꾸 짜랑 소리가 나다, 또는 그런 소리를 내다. ☞자랑거리다. 쩌렁거리다. 차랑거리다

짜랑-짜랑[1] 부 짜랑거리는 소리를 나타내는 말. ☞자랑자랑. 쩌렁쩌렁[1]. 차랑차랑[1]

짜랑-짜랑[2] 부-하다 형 목소리가 힘있고 야무져 울림이 매우 큰 모양을 나타내는 말. ¶목소리가 - 울리다. ☞쩌렁쩌렁[2]

짜르랑 부 얇은 쇳조각 따위가 한 번 세게 맞부딪칠 때 야물게 울리어 나는 소리를 나타내는 말. ☞자르랑. 쩌르렁. 차르랑

짜르랑-거리다(대다) 자타 자꾸 짜르랑 소리가 나다, 또는 그런 소리를 내다. ☞자르랑거리다. 쩌르렁거리다. 차르랑거리다

짜르랑-짜르랑 부 짜르랑거리는 소리를 나타내는 말. ☞자르랑자르랑. 쩌르렁쩌르렁. 차르랑차르랑

짜르르 부-하다 형 ①뼈마디 따위가 좀 짜릿한 느낌을 나타내는 말. ②물체의 거죽에 기름기나 윤기가 많이 돌아서 빤지르르한 모양을 나타내는 말. ¶말갈기에 윤기가 - 흐르다. ☞자르르. 찌르르

짜르륵 부 조금 남은 액체가 가는 대롱 따위에 빨리어 올라오는 소리를 나타내는 말. ☞찌르륵

짜르륵-짜르륵 부 잇달아 짜르륵 하는 소리를 나타내는 말. ☞찌르륵찌르륵

짜른-대 명 짧은 담뱃대. 곰방대

×**짜른-작** 명 → 짧은작

짜름-하다 형여 조금 짧은듯 하다.

-짜리 접미 ①'값의 물건'의 뜻을 나타냄. ¶천 원짜리 볼펜. ②'수량의 물건'의 뜻을 나타냄. ¶여섯 자짜리/스무 권짜리 전집물. ③'차림의 사람'을 나타냄. ¶양복짜리/도포짜리 ④'그 나이의 사람'을 나타냄. ¶다섯 살짜리 꼬마.

짜릿-짜릿[-릳-] 부-하다 형 ①살이나 뼈마디가 갑자기 몹시 자린 느낌을 나타내는 말. ¶팔이 - 저리다. ②강한 자극을 받아 감전된듯이 몸이 옴찔옴찔 한 느낌을 나타내는 말. ¶- 전류가 오다./스키를 타고 내려올 때의 -한 느낌. ☞자릿자릿. 쩌릿쩌릿

짜릿-하다[-릳-] 형여 ①살이나 뼈마디에 갑자기 자린 느낌이 있다. ②강한 자극을 받아 감전된듯이 몸이 옴찔한 느낌이 있다. ☞자릿하다. 쩌릿하다

짜발량이 명 짜그라져서 못 쓰게 된 물건.

짜부라-뜨리다(트리다) 타 힘주어 짜부라지게 하다. ☞찌부러뜨리다

짜부라-지다 자 ①물체가 눌리거나 부딪히거나 하여 몹시 짜그라지다. ¶고무공이 -./짜부라진 콧대. ②기세가 꺾이어 맥이 없어지다. ¶시험에 떨어져서 짜부라져 있다. ③형세 따위가 기울어 망하다시피 되다. ¶가세(家勢)가 -. ☞찌부러지다

짜이다 자 짬을 당하다. ¶편이 잘못 -./빡빡하게 짜인 작업 일정./잘 짜인 구성.

짜임 명 ①짜인 모양이나 상태. ¶-이 촘촘한 그물. ②글의 얼개. ¶글의 -./소설의 -.

짜임-새 명 ①가구나 피륙 따위의 짜인 모양새. ¶장농의 -가 튼튼하다./-가 좋은 양탄자. ②글의 얼개의 상태. ¶글의 -가 좋다. ③어떤 일을 야무지고 알속 있게 하는 성질. ¶살림을 - 있게 해 나가다./행사를 - 있게 치르다. 준 짬새

짜장 부 과연. 정말로 ¶- 네 말이 옳구나.

짜증 명 마음에 맞갖지 않아서 신경질을 내는 짓, 또는 그러한 성미. ¶-을 내다./-이 나다./-을 부리며 대답하다. ☞찌증

짜증-스럽다(-스럽고·-스러워) 형ㅂ 짜증이 섞인 데가 있다. ¶짜증스러운 말투.

짜증-스레 부 짜증스럽게

짜:-하다 형여 소문이 매우 널리 퍼져 있다. ¶온 마을에 소문이 -. ☞파다하다

짝[1] 명 ①둘이 한 벌이나 한 쌍을 이루는 것. ¶-을 이루다./-을 지어 앉다. ②둘이 한 벌이나 한 쌍을 이루는 것 중의 하나. ¶-을 잃다./-을 맞추다./-을 갈다. ③한시(漢詩)에서, 대구(對句)를 이루는 각 글귀. ☞안짝. 바깥짝 ④〔의존 명사로도 쓰임〕 둘이 한 벌이나 한 쌍을 이루는 것 중의 하나를 세는 말. ¶양말 한 -./신 한 -./젓가락 두 -.

짝(을) 맞추다 관용 배우자를 정하다. ¶짝을 맞출 나이.

짝이 기울다 관용 한 쌍을 이루는 한쪽이 다른 쪽보다 못하거나 모자라다. 짝이 지다. ¶신랑 쪽이 짝이 기우는 혼사.

짝이 지다 관용 짝이 기울다.

속담 **짝 잃은 기러기** : 홀아비나 홀어미가 된 처지를 비

유하여 이르는 말.

한자 짝 반(伴) 〔人部 5획〕 ¶ 반려(伴侶)/반수(伴隨)

짝² 의 ①'아무'의 뒤에 쓰이어, '곳'·'경우' 등의 뜻을 나타내는 말. ¶ 아무 ―에도 쓸모 없는 물건. ②'무슨'이나 '그' 뒤에 쓰이어, '꼴'의 뜻을 나타내는 말. ¶ 쓸데없이 끼어들더니, 그게 무슨 ―이냐?/쇠귀에 경 읽기라더니, 네가 꼭 그 ―이로구나. ③'-기 짝이 없다'의 꼴로 쓰이어, '견줄 데 없이 대단함'의 뜻을 나타내는 말. ¶ 쾌씸하기 ―이 없다./괴롭기 ―이 없다.

짝³ 의 ①잡은 소나 돼지 따위의 갈비의 절반을 단위로 이르는 말. ¶ 갈비 한 ―. ②과일을 담은 상자나 짐짝 따위를 세는 단위. ¶ 배 두 ―./짐 한 ―. ③〖명사처럼 쓰임〗 쇠갈비를 ―으로 들이다.

×짝⁴ 의 →쪽⁵

짝⁵ 부 ①끈기 있게 달라붙는 모양, 또는 그 소리를 나타내는 말. ¶ 껌이 바닥에 ― 달라붙다. ☞딱² ②야문 물체가 대번에 짜개지거나 갈라지는 모양, 또는 그 소리를 나타내는 말. ¶ 사과를 두 손으로 ― 짜개다./대나무가 둘로 ― 쪼개지다. ☞딱¹ ③어깨 따위가 매우 바라진 모양을 나타내는 말. ④활짝 크게 펴거나 발리는 모양을 나타내는 말. ¶ 가슴을 ― 펴고 걷다./우산을 ― 펼치다./다리를 ― 발리다. ☞쩍²

짝⁶ 부 ①줄을 한 번에 긋는 모양, 또는 그 소리를 나타내는 말. ¶ 선을 ― 긋다. ②얇은 물건을 한 번에 찢는 소리, 또는 그 모양을 나타내는 말. ¶ 종이를 ― 찢다. ③물체가 세게 미끄러지는 소리, 또는 그 모양을 나타내는 말. ¶ 얼음판에 ― 미끄러지다. ☞작. 쩍²

짝- 접두 '짝짝이'의 뜻을 나타냄. ¶ 짝눈/짝신

-짝 접미 대상을 저속하게 이름. ¶ 낯짝/등짝/신짝/얼굴짝/볼기짝

짝-갈이 명-하다 타 논을 갈 때, 처음과 나중이 다른 갈이. 처음에 물갈이를 하였다가 나중에 마른갈이를 하거나, 처음에 마른갈이를 하였다가 나중에 물갈이를 하는 것 따위.

짝-귀 명 양쪽의 크기나 모양이 다른 귀, 또는 그러한 귀를 가진 사람.

짝-눈 명 ①양쪽의 크기나 모양이 다르게 생긴 눈. ②양쪽의 시력이 다른 눈. ☞자웅눈

짝눈-이 명 짝눈을 가진 사람.

짝-돈 명 백 냥쯤 되는 돈.

짝-버선 명 제짝이 아닌 짝짝이 버선.

짝-사랑 명-하다 타 남녀 사이에서 어느 한쪽에서만 사랑하는 일, 또는 그런 사랑. 척애(隻愛)

짝-사위 명 윷놀이에서, 걸을 칠 자리에서 도를, 개를 칠 자리에서 걸을 치는 일.

짝-수(-數) 명 2로 나누어 나머지가 없는 수. 2·4·6·8·10 따위. 우수(偶數) ☞홀수

짝-신 명 제짝이 아닌 짝짝이 신.

짝자게 명 목서과의 낙엽 관목. 높이는 5m 안팎. 잎은 달걀꼴로 마주 남. 6~7월에 1cm 정도의 자줏빛 종 모양의 꽃이 새 가지 끝에 무더기로 핌. 열매는 대추 모양의 삭과로 9~10월에 익음. 우리 나라 특산종임.

짝자그르 부-하다 형 소문이 널리 퍼져서 떠들썩한 모양을 나타내는 말. ¶ 항간에 소문이 ― 나다.

짝자래-나무 명 갈매나뭇과의 낙엽 활엽 관목. 높이는 3~5m이며 잎은 길둥글고, 5~6월에 노란빛을 띤 녹색 꽃이 잎겨드랑이에 1~3개씩 핌. 충청 남도와 경기도를 제외한 우리 나라 전역의 산이나 하천 지역에 자람. 나무껍질은 염료로 쓰임.

짝진-각(-角) 명 대응각

짝진-변(-邊) 명 대응변

짝진-점(-點) 명 대응점

짝-짓기[-짇-] 명 동물의 암수가 교미를 하는 일.

짝-짓:다[-짇-](-짓고·-지어) 자타 ㅅ ①둘이 어울려 한 쌍을 이루다. ¶ 여자아이 둘이 짝지어 다니다. ②남녀가 새로이 부부가 되다. ¶ 서로 좋아하는 두 사람을 짝지어 주다.

짝짜꿍 명-하다 자 ①젖먹이가 손뼉을 치는 재롱을 부리는 일, 또는 그 재롱. ②말이나 행동에서 서로 죽이 맞는 일. ¶ ―이 맞다.

짝짜꿍이 명-하다 자 ①남몰래 짜고 어떤 일을 꾸미는 것. ②의견이 맞지 않아 옥신각신 다투는 일. ¶ ―가 벌어지다.

짝짜꿍-질 명-하다 자 짝짜꿍을 하는 짓.

짝짜꿍-짝짜꿍 감 짝짜꿍을 시킬 때 하는 말.

짝-짝¹ 부 ①자꾸 끈기 있게 달라붙는 모양, 또는 그 소리를 나타내는 말. ☞딱딱² ②야문 물체가 자꾸 짜개지거나 갈라지는 모양, 또는 그 소리를 나타내는 말. ☞딱딱¹ ③활짝 크게 자꾸 펴거나 발리는 모양을 나타내는 말. ☞쩍쩍¹

짝-짝² 부 ①줄을 자꾸 긋는 모양, 또는 그 소리를 나타내는 말. ¶ 선을 ― 긋다. ②얇은 물건을 자꾸 찢는 소리, 또는 그 모양을 나타내는 말. ¶ 종이를 ― 찢다. ③물체가 잇달아 세게 미끄러지는 소리, 또는 그 모양을 나타내는 말. ④작은 발로 신발 따위를 마구 끌며 걷는 소리, 또는 그 모양을 나타내는 말. ☞작작². 쩍쩍²

짝짝³ 부 입맛을 다시는 소리를 나타내는 말. ¶ 입맛을 ― 다시다. ☞짭짭. 쩍쩍²

짝짝⁴ 부 자꾸 손뼉을 치는 소리를 나타내는 말.

짝짝-거리다(대다) 자 자꾸 입맛을 짝짝 다시다. ☞짭짭거리다. 쩍쩍거리다

짝짝-이 명 서로 짝이 아닌 것끼리 이루어진 한 벌. ¶ 양말을 ―로 신다.

짝-패 명 짝을 이룬 패.

짝-하다 자여 짝을 이루다. ¶ 옆 사람과 짝하여 길을 가다./남녀가 짝하여 살다.

짝-힘 명 물리학에서, 한 물체의 다른 두 점에 작용하는, 크기가 같고 방향이 반대인 두 평행한 힘을 이르는 말. 우력(偶力)

짠득-거리다(대다) 자 짠득짠득하게 자꾸 달라붙다. ☞잔득거리다. 찐득거리다

짠득-짠득 부-하다 형 물체가 녹진녹진하고 매우 깐작깐작한 모양을 나타내는 말. ¶ 짠득짠득한 콜타르. ☞잔득잔득. 찐득찐득

짠-맛 명 소금의 맛과 같은 맛. 함미(鹹味)

짠-물 명 ①짠맛이 나는 물. ☞단물 ②바닷물을 '민물'에 상대하여 이르는 말. 함수(鹹水)

짠물-고기[-꼬-] 명 바닷물고기 ☞민물고기

짠-지 명 무를 통째로 소금에 짜게 절여 담근 김치. 김장 때 담가 이듬해 여름까지 먹음. 무짠지

짠지-패 명 지난날, 대여섯 또는 예닐곱 사람이 떼를 지어서 소고를 두드리고 노래를 부르며 질탕하게 뛰노는 것을 직업으로 삼던 무리.

짠:-하다 형여 지난 일이 뉘우쳐져 마음이 좀 언짢고 아프다. ☞찐하다

짤가닥 부 엇걸리게 만든 작고 단단한 두 쇠붙이가 가볍게 엇걸리거나 풀릴 때 나는 소리를 나타내는 말. ☞잘가닥. 짤까닥. 짤카닥. 쩔거덕

짤가닥-거리다(대다) 자타 자꾸 짤가닥 소리가 나다, 또는 그런 소리를 내다. ☞잘가닥거리다. 짤까닥거리다. 짤카닥거리다. 쩔거덕거리다

짤가닥-짤가닥 부 짤가닥거리는 소리를 나타내는 말. ☞잘가닥잘가닥. 짤까닥짤까닥. 짤카닥짤카닥. 쩔거덕쩔거덕

짤가당 부 작고 단단한 쇠붙이 따위가 다른 단단한 물체와 가볍게 부딪칠 때 울리어 나는 소리를 나타내는 말. ☞잘가당. 짤까당. 짤카당. 쩔거덩

짤가당-거리다(대다) 자타 자꾸 짤가당 소리가 나다, 또는 그런 소리를 내다. ☞잘가당거리다. 짤까당거리다. 짤카당거리다. 쩔거덩거리다

짤가당-짤가당 부 짤가당거리는 소리를 나타내는 말. ☞잘가당잘가당. 짤까당짤까당. 짤카당짤카당. 쩔거덩쩔거덩

짤각 부 엇걸리게 만든 작고 단단한 두 쇠붙이의 고리가 가

볍게 잠기거나 열리면서 나는 소리를 나타내는 말. ☞잘각. 짤깍. 짤칵. 쩔걱

짤각-거리다(대다) 자타 자꾸 짤각 소리가 나다, 또는 그런 소리를 내다. ☞잘각거리다. 짤깍거리다. 짤칵거리다. 쩔걱거리다

짤각-짤각 부 짤각거리는 소리를 나타내는 말. ☞잘각잘각. 짤깍짤깍. 짤칵짤칵. 쩔걱쩔걱

짤그락 부 얇고 동근 쇠붙이가 단단한 물체에 세게 부딪칠 때 나는 소리를 나타내는 말. ☞잘그락. 쩔그럭

짤그락-거리다(대다) 자타 자꾸 짤그락 소리가 나다, 또는 그런 소리를 내다. ☞잘그락거리다. 쩔그럭거리다

짤그락-짤그락 부 짤그락거리는 소리를 나타내는 말. ☞잘그락잘그락. 쩔그럭쩔그럭

짤그랑 부 얇고 동근 쇠붙이가 단단한 물체에 세게 부딪칠 때 울리어 나는 소리를 나타내는 말. ☞잘그랑. 쩔그렁. 찰그랑

짤그랑-거리다(대다) 자타 자꾸 짤그랑 소리가 나다, 또는 그런 소리를 내다. ☞잘그랑거리다. 쩔그렁거리다. 찰그랑거리다

짤그랑-짤그랑 부 짤그랑거리는 소리를 나타내는 말. ☞잘그랑잘그랑. 쩔그렁쩔그렁. 찰그랑찰그랑

짤깃-짤깃[-긷-] 부-하다 형 매우 짤깃한 느낌을 나타내는 말. ☞잘깃잘깃. 쩔깃쩔깃

짤깃-하다[-긷-] 형여 씹는 감촉이 좀 차지고 질긴듯하다. ☞잘깃하다. 쩔깃하다

짤까닥 부 엇걸리게 만든 작고 단단한 두 쇠붙이가 엇걸리거나 풀릴 때 나는 소리를 나타내는 말. ☞잘가닥. 잘까닥. 짤가닥. 쩔꺼덕

짤까닥-거리다(대다) 자타 자꾸 짤까닥 소리가 나다, 또는 그런 소리를 내다. ☞잘가닥거리다. 잘까닥거리다. 짤가닥거리다. 쩔꺼덕거리다

짤까닥-짤까닥 부 짤까닥거리는 소리를 나타내는 말. ☞잘가닥잘가닥. 잘까닥잘까닥. 짤가닥짤가닥. 쩔꺼덕쩔꺼덕

짤까당 부 작고 단단한 쇠붙이 따위가 다른 단단한 물체와 세게 부딪칠 때 울리어 나는 소리를 나타내는 말. ☞잘가당. 잘까당. 짤가당. 쩔꺼덩

짤까당-거리다(대다) 자타 자꾸 짤까당 소리가 나다, 또는 그런 소리를 내다. ☞잘가당거리다. 잘까당거리다. 짤가당거리다. 쩔꺼덩거리다

짤까당-짤까당 부 짤까당거리는 소리를 나타내는 말. ☞잘가당잘가당. 잘까당잘까당. 짤가당짤가당. 쩔꺼덩쩔꺼덩

짤깍 부 엇걸리게 만든 작고 단단한 두 쇠붙이의 고리가 잠기거나 열리면서 야물게 나는 소리를 나타내는 말. ☞잘각. 잘깍. 짤각. 쩔꺽

짤깍-거리다(대다) 자타 자꾸 짤깍 소리가 나다, 또는 그런 소리를 내다. ☞잘각거리다. 잘깍거리다. 짤각거리다. 쩔꺽거리다

짤깍-짤깍 부 짤깍거리는 소리를 나타내는 말. ☞잘각잘각. 잘깍잘깍. 짤각짤각. 쩔꺽쩔꺽

짤깍-눈 명 늘 눈가가 진물진물한 눈. ☞찔꺽눈

짤깍눈-이 명 늘 눈가가 진물진물한 사람. ☞찔꺽눈이

짤끔 부 ①매우 적은 양의 액체가 잠시 쏟아지는 모양을 나타내는 말. ②튜브로 된 용기에서 되직한 물질을 조금 짜는 모양을 나타내는 말. ¶물감을 – 짜다./치약을 – 짜다./연고를 – 짜다. ☞잘금. 찔끔[1]

짤끔-거리다(대다) 타 ①오줌을 짤끔짤끔 누다. ②눈물이나 콧물을 짤끔짤끔 흘리다. ☞잘금거리다. 찔끔거리다

짤끔-짤끔[1] 부 매우 적은 양의 액체가 아주 조금씩 쏟아지는 모양을 나타내는 말. ☞잘금잘금. 찔끔찔끔[1]

짤끔-짤끔[2] 부 무엇을 여러 번에 걸쳐 조금씩 나누어 주거나 쓰는 모양을 나타내는 말. ☞찔끔찔끔[2]

짤따랗다(짤따랗고·짤따란) 형ㅎ 썩 짧다.

짤뚝-거리다(대다) 자타 다리를 짤뚝짤뚝 절다. ☞잘뚝거리다. 쩔뚝거리다

짤뚝-짤뚝[1] 부 몸을 한쪽으로 까우뚱거리며 저는 모양을 나타내는 말. ☞잘뚝잘뚝[1]. 쩔뚝쩔뚝

짤뚝-짤뚝[2] 부-하다 형 군데군데 짤뚝한 모양을 나타내는 말. ☞잘뚝잘뚝[2]. 찔뚝찔뚝

짤뚝-하다 형여 갈쭉한 물체의 한 부분이 옴폭 들어가 매우 짤록하다. ☞잘뚝하다. 찔뚝하다

짤라-뱅이 명 짧게 된 물건.

짤랑 부 얇은 쇠붙이나 작은 방울 따위가 세게 흔들릴 때 울리어 나는 소리를 나타내는 말. ☞잘랑. 쩔렁. 찰랑

짤랑-거리다(대다) 자타 자꾸 짤랑 소리가 나다, 또는 그런 소리를 내다. 짤랑이다 ☞잘랑거리다. 쩔렁거리다. 찰랑거리다[1]

짤랑-이다 자타 짤랑거리다 ☞잘랑이다. 쩔렁이다. 찰랑이다[1]

짤랑-짤랑 부 짤랑거리는 소리를 나타내는 말. ¶동전 몇 개를 쥐고 – 흔들다. ☞잘랑잘랑. 쩔렁쩔렁. 찰랑찰랑[1]

짤래-짤래 부 고개를 빠르게 젓는 모양을 나타내는 말. ☞쌀래쌀래. 잘래잘래. 쩔레쩔레

짤록-거리다(대다) 자타 다리를 짤록짤록 절다. ☞잘록거리다. 쩔룩거리다

짤록-짤록[1] 부 약간 짤름짤름 저는 모양을 나타내는 말. ☞잘록잘록[1]

짤록-짤록[2] 부-하다 형 군데군데 짤록한 모양을 나타내는 말. ☞잘록잘록[2]. 쭐룩쭐룩. 찔룩찔룩

짤록-하다 형여 ①갈쭉한 물체의 한 부분이 매우 홀쭉하게 들어가 가늘다. ¶짤록한 허리. ②길고 두두룩한 물체의 한 부분이 매우 오목하게 꺼져 있다. ☞잘록하다. 쭐룩하다. 찔룩하다

짤름-거리다(대다)[1] 자타 다리를 짤름짤름 절다. ☞잘름거리다[1]. 쩔름거리다

짤름-거리다(대다)[2] 자타 그릇에 가뜩 찬 액체가 흔들려 조금씩 자꾸 넘치다, 또는 그리 되게 하다. ☞잘름거리다[2]. 찔름거리다

짤름발-이 명 짤름거리며 걷는 사람. ☞잘름발이. 절름발이

짤름-짤름[1] 부 몹시 잘름잘름 저는 모양을 나타내는 말. ☞쩔름쩔름

짤름-짤름[2] 부 ①그릇에 가뜩 찬 액체가 흔들려 조금씩 넘치는 모양을 나타내는 말. ②동안이 매우 잦게 여러 번에 걸쳐 조금씩 주는 모양을 나타내는 말. ☞잘름잘름[2]. 찔름찔름

짤막-짤막 부-하다 형 여럿이 다 짤막한 모양을 나타내는 말.

짤막-하다 형여 조금 짧다. ¶짤막하게 자르다./짤막하게 대답하다./짤막한 이야기.

짤쏙-거리다(대다) 자타 다리를 좀 짤뚝짤뚝 절다. ☞잘쏙거리다. 쩔쑥거리다

짤쏙-짤쏙[1] 부 좀 짤뚝짤뚝 저는 모양을 나타내는 말. ☞잘쏙잘쏙[1]. 쩔쑥쩔쑥

짤쏙-짤쏙[2] 부-하다 형 군데군데 짤쏙한 모양을 나타내는 말. ☞잘쏙잘쏙[2]. 찔쑥찔쑥

짤쏙-하다 형여 갈쭉한 물체의 한 부분이 옴쏙 들어가 매우 짤록하다. ☞잘쏙하다. 찔쑥하다

짤쏙-이 부 짤쏙하게 ☞잘쏙이. 찔쑥이

짤짤[1] 부 ①액체가 매우 높은 온도로 끓는 모양을 나타내는 말. ¶기름이 – 끓다. ②구들이나 몸 따위가 매우 뜨거워진 모양을 나타내는 말. ¶아랫목이 – 끓다. ③드리워진 것이 바닥에 닿아 끌리는 모양을 나타내는 말. ¶치맛자락이 땅에 – 끌리다. ④신발이나 다리를 바닥에 빨리 끄는 모양을 나타내는 말. ¶운동화를 – 끌고 다니다. ⑤적은 양의 액체가 계속 흐르는 모양을 나타내는 말. ¶수도꼭지에서 물이 – 나오다. ⑥기름기나 윤기가 매우 빤지르르하게 흐르는 모양을 나타내는 말. ☞잘잘[1]. 쩔쩔

짤짤[2] 부 채신없이 이리저리 바삐 쏘다니는 모양을 나타내는 말. ☞잘잘[2]

짤짤-거리다(대다) 자 채신없이 이리저리 바삐 쏘다니다. ☞잘잘거리다

짤짤-이 명 ①이리저리 채신없이 바삐 쏘다니는 사람. ②발끝만 꿰어 신게 되어 있는 실내용 신.

짤카닥 부 엇걸리게 만든 작고 단단한 두 쇠붙이가 엇걸리거나 풀릴 때 거칠게 나는 소리를 나타내는 말. ☞잘가닥. 잘카닥. 짤가닥. 쩔커덕

짤카닥-거리다(대다) 자타 자꾸 짤카닥 소리가 나다, 또는 그런 소리를 내다. ☞잘가닥거리다. 잘카닥거리다[1]. 짤가닥거리다. 쩔커덕거리다

짤카닥-짤카닥 부 짤카닥거리는 소리를 나타내는 말. ☞잘가닥잘가닥. 잘카닥잘카닥[1]. 짤가닥짤가닥. 쩔커덕쩔커덕

짤카당 부 작고 단단한 쇠붙이 따위가 다른 단단한 물체와 부딪칠 때 거칠게 울리어 나는 소리를 나타내는 말. ☞잘가당. 잘카당. 짤가당. 쩔커덩

짤카당-거리다(대다) 자타 자꾸 짤카당 소리가 나다, 또는 그런 소리를 내다. ☞잘가당거리다. 잘카당거리다. 짤가당거리다. 쩔커덩거리다

짤카당-짤카당 부 짤카당거리는 소리를 나타내는 말. ☞잘가당잘가당. 잘카당잘카당. 짤가당짤가당. 쩔커덩쩔커덩

짤칵 부 엇걸리게 만든 작고 단단한 두 쇠붙이의 고리가 잠기거나 열리면서 거칠게 나는 소리를 나타내는 말. ☞잘각. 잘칵. 짤각. 쩔컥

짤칵-거리다(대다) 자타 자꾸 짤칵 소리가 나다, 또는 그런 소리를 내다. ☞잘각거리다. 잘칵거리다[1]. 짤각거리다. 쩔컥거리다

짤칵-짤칵 부 짤칵거리는 소리를 나타내는 말. ☞잘각잘각. 잘칵잘칵[1]. 짤각짤각. 쩔컥쩔컥

짧다[짤따] 형 ①물체의 두 끝 사이가 가깝다. ¶토끼의 짧은 앞발./치마가 ―. ②동안이 오래지 않다. ¶짧은 기간에 기술을 익히다./하루가 ―. ③말이나 글 따위가 간단하다. ¶묻는 말에 짧게 대답하다./짧은 주례사(主禮辭). ☞길다 ④생각이나 지식, 밑천 따위가 모자라거나 적다. ¶생각이 ―./짧은 지식으로 아는체 하다./장사 밑천이 ―.

한자 짧을 단(短) 〔矢部 7획〕 ¶단기(短期)/단명(短命)/단신(短身)/단축(短縮)/단편(短篇)

×짧다랗다 형ㅎ →짤따랗다

짧아-지다 자 짧게 되다.

짧은-뜨기 명 코바늘 뜨개질법의 한 가지. 코바늘로 실을 감지 아니하고 코를 한꺼번에 빼어서 뜨는 법임. ☞사슬뜨기

짧은-반지름(―半―) 명 짧은지름의 절반. 단반경(短半徑) ☞긴반지름

짧은-작 명 길이가 짧은 화살. 단전(短箭). 왜전(矮箭) ☞긴작

짧은-지름 명 긴지름에 수직인, 타원의 중심을 지나 타원 둘레의 두 점을 잇는 가장 짧은 선분. 단축(短軸) ☞긴지름

짬:[1] 명 ①두 물체가 마주 벌어진 틈, 또는 한 물체가 터지거나 갈라져 생긴 틈. ¶―이 벌어지다./돌 ―에서 물이 흘러나오다. ②어떤 일에서 손을 떼고 다른 일을 할 수 있는 겨를. ¶―이 나다./―을 내다./―이 없다. ③종이 따위를 도련 칠 때 칼끝이나 붓끝으로 찍는 작은 표적.

짬[2] 명-하다 타 '짬질'의 준말.

짬뽕(∠ちゃんぽん 일) 명 중국 요리의 한 가지. 국수에 여러 가지 해산물과 채소를 섞어서 볶고 돼지 뼈나 소뼈, 닭 뼈를 우린 국물을 부어 만듦. 초마면(炒碼麵)

짬-질 명-하다 타 꼭 짜서 물기를 빼는 일. ¶빨래를 ―해서 널다. 준 짬[2]

짬짜미 명-하다 타 남몰래 자기들끼리만 짜고 하는 약속. ☞밀약(密約). 음약(陰約)

짬짬-이 부 짬이 나는 대로 그때그때. ¶― 책을 읽다.

짭조름-하다 형여 좀 짠맛이 있다.

짭짤-하다 형여 ①감칠맛 있게 조금 짜다. ②어떤 일로 얻는 이익 따위가 상당하다. ¶수입이 ―./장사로 재미를 짭짤하게 보다. ③물건이 알속 있고 값지다. ¶짭짤한 세간. ☞찝찔하다

짭짤-히 부 짭짤하게

짭짭 부 입맛을 다시는 소리를 나타내는 말. ¶먹고 싶어서 ― 입맛을 다시다./― 소리를 내며 맛있게 먹다. ☞짝짝[3]. 쩝쩝

짭짭-거리다(대다) 자 자꾸 입맛을 짭짭 다시다. ☞짝짝거리다. 쩝쩝거리다

짯짯-하다[짣짣―] 형여 ①성미가 딱딱하고 깔깔하다. ②나뭇결이나 피륙의 바탕 따위가 깔깔하고 단단하다. ③빛깔이 맑고 깨끗하다. ☞쩟쩟하다

짯짯-이 부 짯짯하게

짱 부 얼음장 따위가 갑자기 갈라지는 소리를 나타내는 말. ☞찡

짱구 명 이마나 뒤통수가 두드러지게 튀어나온 머리, 또는 그런 머리를 가진 사람을 이르는 말.

짱당-그리다 타 마음에 못마땅하여 얼굴을 찡그리다. ☞찡등그리다

짱뚱어 명 망둑엇과의 바닷물고기. 몸길이 15cm 안팎. 대가리가 몸보다 폭이 넓고 눈이 툭 불거졌으며, 회청색 몸에 작고 흰 점이 흩어져 있음. 해안의 개펄에 구멍을 파고 살며, 가슴지느러미로 바닥을 기어다님. 산란기는 6~8월임. 우리 나라와 일본, 타이완 등지에 분포함.

짱아 명 어린이가 '잠자리'를 이르는 말.

짱알-거리다(대다) 자 못마땅하여 강짜를 부리듯이 자꾸 불평의 말을 늘어놓다. ☞찡얼거리다. 창알거리다

짱알-짱알 부 짱알거리는 모양, 또는 그 소리를 나타내는 말. ☞찡얼찡얼. 창알창알

짱짱-하다 형여 생김새가 다부지고 몸놀림이 매우 힘차고 날래다.

-째 접미 ①물건 이름에 붙어 '온통 그대로'의 뜻을 나타냄. ¶통째/송두리째/뼈째 ②'차례'의 뜻을 나타냄. ¶첫째/열한 번째

째깍[1] 부 ①작고 단단한 물체가 세게 부러지거나 맞부딪칠 때 나는 소리를 나타내는 말. ②시계 따위의 톱니바퀴가 세게 돌아갈 때 나는 소리를 나타내는 말. ☞재깍[1]. 쩨꺽[1]

째깍[2] 부 일을 매우 재빨리 해치우는 모양을 나타내는 말. ¶청소를 ― 해치우다. ☞재깍[2]. 쩨꺽[2]

째깍-거리다(대다) 자 자꾸 째깍 소리가 나다. ☞재깍거리다. 쩨꺽거리다

째깍-째깍[1] 부 째깍거리는 소리를 나타내는 말. ☞재깍재깍[1]. 쩨꺽쩨꺽[1]

째깍-째깍[2] 부 잇달아 일을 매우 재빨리 해치우는 모양을 나타내는 말. ☞재깍재깍[2]. 쩨꺽쩨꺽[2]

째:다[1] 자 옷이나 신 따위가 작아서 몸이 죄이다. ¶셔츠가 몸에 꽉 짼다./신이 발에 ―./몸에 째는 옷.

째:다[2] 자 ①일손이 모자라서 일에 쫓기다. ¶일손이 ―. ②돈이나 물건 따위가 몹시 달리다. ¶돈이 ―.

째:다[3] 타 살갗이나 피륙 따위를 베어 가르거나 결 따라 찢다. ¶종기(腫氣)를 ―./옷감을 ―.

째:다[4] 타 윷놀이에서, 말을 쨀밭에 놓다.

째려-보다 타 못마땅하여 날카로운 눈초리로 흘겨보다.

째리다 타 못마땅하여 날카로운 눈초리로 흘기다.

째:마리 명 여럿 중에서 가장 처지어 남은 것. ¶―만 남다.

째-못 명 박힌 나무못이 빠지지 않게 하려고 촉 끝을 째고 박는 쐐기.

째보 명 ①'언청이'를 놀리어 이르는 말. ②몹시 잔망스러운 사람을 이르는 말.

째어-지다 자 ①터지어 갈라지거나 베이어 벌어지다. ¶꿰맨 자리가 ―./잘 익은 석류가 ―. ②주로 '째어지게'의 꼴로 쓰이어, 정도가 아주 심함을 이르는 말. ¶째어지게 가난하다. 준 째지다

째:-지다 자 '째어지다'의 준말. ¶입이 귀 밑까지 ―./손등이 ―./바지가 ―.

째푸리다 타 ①얼굴 따위를 몹시 쨍그리다. ¶얼굴을 잔뜩 째푸리며 약을 삼키다. ②〔자동사처럼 쓰임〕 날씨가 몹시 흐려지다. ¶잔뜩 째푸린 하늘. ☞찌푸리다

ㅈ

짹-소리 [명] '찍소리'를 좀더 작은 어감으로 이르는 말.
짹 [부] 참새 따위가 우는 소리를 나타내는 말.
짹-짹 [부] 참새 따위가 자꾸 우는 소리를 나타내는 말. ¶ 참새가 ― 지저귀다.
짹짹-거리다(대다) [자] 짹짹 울다.
쨀-밭 [명] 윷판의 돗밭으로부터 둘레를 따라 열한째 말밭인 '찌도'에서 '찌모'까지의 말밭을 이름. ☞뒷밭. 날밭
쨀쨀 [부] 작은 구멍이나 틈으로 액체나 잔 알갱이 따위가 매우 조금씩 계속 흘러내리는 모양을 나타내는 말. ¶ 콧물을 ― 흘리다. ☞잴잴. 찔찔
쨈:-빛[―삗] [명] ①진채화(眞彩畵)에서, 묽거나 엷은 빛깔 위에 더 칠하는 짙은 빛깔을 이르는 말. ②두 빛깔을 조화시키려고 더 칠하는 빛깔.
쨈:-새 [명] '짜임새'의 준말.
쨍 [부] ①쇠붙이가 세게 부딪쳐 되바라지게 울리는 소리를 나타내는 말. ②얼음장이나 유리 따위가 갑자기 깨질 때 나는 소리를 나타내는 말. ③귀가 먹먹할 때 귓속에서 울리는듯 나는 소리를 나타내는 말.
쨍강 [부] 얇은 쇠붙이 따위가 단단한 물체에 세게 부딪칠 때 야무지게 울리어 나는 소리를 나타내는 말. ☞쟁강. 쩽겅
쨍강-거리다(대다) [자타] 자꾸 쨍강 소리가 나다, 또는 그런 소리를 내다. ¶ 엿장수가 가위를 ―. ☞쟁강거리다. 쩽겅거리다
쨍강-쨍강 [부] 쨍강거리는 소리를 나타내는 말. ☞쟁강쟁강. 쩽겅쩽겅
쨍그랑 [부] 얇고 둥근 쇠붙이 따위가 단단한 물체에 세게 떨어져 울릴 때 나는 소리를 나타내는 말. ¶ ― 접시를 깨뜨리다. ☞쟁그랑. 쩽그렁
쨍그랑-거리다(대다) [자타] 자꾸 쨍그랑 소리가 나다, 또는 그런 소리를 내다. ☞쟁그랑거리다. 쩽그렁거리다
쨍그랑-쨍그랑 [부] 쨍그랑거리는 소리를 나타내는 말. ☞쟁그랑쟁그랑. 쩽그렁쩽그렁
쨍그리다 [타] 얼굴의 힘살을 움직이어 고깃살이 지게 하다. ¶ 고통을 참느라 얼굴을 ―. ☞찡그리다
쨍-쨍[1] [부] 쇠붙이가 자꾸 세게 부딪쳐 되바라지게 울리는 소리를 나타내는 말.
쨍쨍[2] [부]-하다 [형] 햇볕이 매우 밝고 따가운 모양을 나타내는 말. ¶ 햇볕이 ― 내리쬐기 시작하였다.
쨍쨍-히 [부] 쨍쨍하게
쨍쨍[3] [부] 못마땅하여 짜증을 내며 짱알거리는 모양을 나타내는 말. ☞찡찡
쨍쨍-거리다(대다) [자] 못마땅하여 짜증을 내며 짱알거리다. ☞찡찡거리다
쩌개다 [타] 나무 따위 크고 단단한 물체를 연장으로 베거나 찍어서 갈라지게 하다. ¶ 통나무를 ―./장작을 ―. ☞뻐개다. 짜개다
쩌개-지다 [자] 나무 따위 크고 단단한 물체가 연장에 베이거나 찍히어 갈라지다. ☞뻐개지다. 짜개지다
쩌금-거리다(대다) [자] 입맛을 쩝쩝 다시며 맛있게 먹다. ☞짜금거리다
쩌금-쩌금 [부] 쩌금거리는 소리, 또는 그 모양을 나타내는 말. ☞짜금짜금
쩌렁 [부] 크고 얇은 쇠붙이 따위가 한 번 세게 맞부딪칠 때 여물게 울리어 나는 소리를 나타내는 말. ☞저렁. 짜랑. 처렁
쩌렁-거리다(대다) [자타] 자꾸 쩌렁 소리가 나다, 또는 그런 소리를 내다. ☞저렁거리다. 짜랑거리다. 처렁거리다
쩌렁-쩌렁[1] [부] 쩌렁거리는 소리를 나타내는 말. ☞저렁저렁. 짜랑짜랑[1]. 처렁처렁
쩌렁-쩌렁[2] [부]-하다 [형] 목소리가 힘있고 여무져 울림이 매우 큰 모양을 나타내는 말. ¶ 목소리가 ― 울리다./―한 사자의 울음소리. ☞짜랑짜랑[2]
쩌르렁 [부] 크고 얇은 쇳조각 따위가 한 번 세게 맞부딪칠 때 여물게 울리어 나는 소리를 나타내는 말. ☞저르렁. 짜르랑. 처르렁
쩌르렁-거리다(대다) [자타] 자꾸 쩌르렁 소리가 나다, 또는 그런 소리를 내다. ☞저르렁거리다. 짜르랑거리다. 처르렁거리다
쩌르렁-쩌르렁 [부] 쩌르렁거리는 소리를 나타내는 말. ☞저르렁저르렁. 짜르랑짜르랑. 처르렁처르렁
쩌릿-쩌릿[―릳―] [부]-하다 [형] ①살이나 뼈마디가 급자기 몹시 저린 느낌을 나타내는 말. ¶ 다리가 ― 저리다. ②강한 자극을 받아 감전된듯이 몸이 움찔움찔 한 느낌을 나타내는 말. ¶ 정전기가 ― 일어나다. ☞저릿저릿. 짜릿짜릿. 찌릿찌릿
쩌릿-하다[―릳―] [형여] ①살이나 뼈마디에 급자기 저린 느낌이 있다. ②강한 자극을 받아 감전된듯이 몸이 움찔한 느낌이 있다. ☞저릿하다. 짜릿하다. 찌릿하다
쩌쩌[1] [부] 혀를 차는 소리를 나타내는 말.
쩌쩌[2] [감] 마소를 몰 때, 왼쪽으로 가도록 부리는 말. 저라 ☞어디여
쩍[1] [명] 투전 노름의 한 가지. 여섯 장 중에서 같은 자 셋이 두 벌 나오는 것으로 다툼.
쩍[2] [부] ①끈기 있게 들러붙는 모양, 또는 그 소리를 나타내는 말. ¶ 엿이 입천장에 ― 들러붙다. ②여문 물체가 대번에 갈라지는 모양, 또는 그 소리를 나타내는 말. ¶ 칼을 대자마자 수박이 ― 갈라졌다./지진으로 땅이 ― 갈라지다. ③어깨 따위가 매우 벌어진 모양을 나타내는 말. ④크게 펴거나 벌리는 모양을 나타내는 말. ¶ 악어가 큰 입을 ― 벌리다. ☞짝[4]
-쩍다 [접미] 형용사가 되게 하는 말로 '느낌이 있다'는 뜻을 나타냄. ¶ 겸연쩍다/괴이쩍다/수상쩍다/의심쩍다/객쩍다/미심쩍다
쩍말-없:다[―업―] [형] 썩 알맞아 더 말할 나위 없다. ¶ 그 아이라면 내 며느릿감으로 ―.
쩍말-없이 [부] 쩍말없게 ¶ ― 일이 진행되다.
쩍쩌기 [명] 설날에 1부터 10까지 쓰인 투전목을 다섯 개씩 쉰 장을 가지고 짝을 맞추면서 하는 놀이.
쩍-쩍[1] [부] ①자꾸 끈기 있게 들러붙는 모양, 또는 그 소리를 나타내는 말. ¶ 낙지 다리가 손에 ― 들러붙다. ②여문 물체가 자꾸 갈라지는 모양, 또는 그 소리를 나타내는 말. ¶ 밤송이가 ― 벌어지다. ③자꾸 크게 펴거나 벌리는 모양을 나타내는 말. ¶ 팔다리를 ― 벌리며 체조를 하다.
쩍쩍[2] [부] 입맛을 크게 다시는 소리를 나타내는 말. ☞짝짝[3]. 쩝쩝
쩍쩍-거리다(대다) [자] 자꾸 입맛을 쩍쩍 다시다. ☞짝짝거리다. 쩝쩝거리다
쩍-하면 [부] '뻔쩍하면'의 준말.
쩔거덕 [부] 엇걸리게 만든 단단한 두 쇠붙이가 거볍게 엇걸리거나 풀릴 때 나는 소리를 나타내는 말. ☞절거덕. 짤가닥. 쩔꺼덕. 쩔커덕
쩔거덕-거리다(대다) [자타] 자꾸 쩔거덕 소리가 나다, 또는 그런 소리를 내다. ☞절거덕거리다. 짤가닥거리다. 쩔꺼덕거리다. 쩔커덕거리다
쩔거덕-쩔거덕 [부] 쩔거덕거리는 소리를 나타내는 말. ☞절거덕절거덕. 짤가닥짤가닥. 쩔꺼덕쩔꺼덕. 쩔커덕쩔커덕
쩔거덩 [부] 단단한 쇠붙이 따위가 다른 단단한 물체와 거볍게 부딪칠 때 울리어 나는 소리를 나타내는 말. ☞절거덩. 짤가당. 쩔꺼덩. 쩔커덩
쩔거덩-거리다(대다) [자타] 자꾸 쩔거덩 소리가 나다, 또는 그런 소리를 내다. ☞절거덩거리다. 짤가당거리다. 쩔꺼덩거리다. 쩔커덩거리다
쩔거덩-쩔거덩 [부] 쩔거덩거리는 소리를 나타내는 말. ☞절거덩절거덩. 짤가당짤가당. 쩔꺼덩쩔꺼덩
쩔걱 [부] 엇걸리게 만든 단단한 두 쇠붙이의 고리가 거볍게 잠기거나 열리면서 나는 소리를 나타내는 말. ☞절걱. 짤각. 쩔꺽. 쩔컥
쩔걱-거리다(대다) [자타] 자꾸 쩔걱 소리가 나다, 또는 그런 소리를 내다. ☞절걱거리다. 짤각거리다. 쩔꺽거리다. 쩔컥거리다
쩔걱-쩔걱 [부] 쩔걱거리는 소리를 나타내는 말. ☞절걱절걱. 짤각짤각. 쩔꺽쩔꺽. 쩔컥쩔컥

ㅈ

쩔그럭 [부] 얇고 둥근 쇠붙이가 단단한 물체에 세게 부딪칠 때 나는 소리를 나타내는 말. ☞절그럭. 짤그락

쩔그럭-거리다(대다) [자타] 자꾸 쩔그럭 소리가 나다. 또는 그런 소리를 내다. ☞절그럭거리다. 짤그락거리다

쩔그럭-쩔그럭 [부] 쩔그럭거리는 소리를 나타내는 말. ☞절그럭절그럭. 짤그락짤그락

쩔그렁 [부] 얇고 둥근 쇠붙이가 단단한 물체에 세게 부딪칠 때 울리어 나는 소리를 나타내는 말. ☞절그렁. 짤그랑. 철그렁

쩔그렁-거리다(대다) [자타] 자꾸 쩔그렁 소리가 나다. 또는 그런 소리를 내다. ☞절그렁거리다. 짤그랑거리다. 철그렁거리다

쩔그렁-쩔그렁 [부] 쩔그렁거리는 소리를 나타내는 말. ☞절그렁절그렁. 짤그랑짤그랑. 철그렁철그렁

쩔꺼덕 [부] 엇걸리게 만든 단단한 두 쇠붙이가 엇걸리거나 풀릴 때 나는 소리를 나타내는 말. ☞절거덕. 절꺼덕. 짤까닥. 쩔거덕

쩔꺼덕-거리다(대다) [자타] 자꾸 쩔꺼덕 소리가 나다. 또는 그런 소리를 내다. ☞절거덕거리다. 절꺼덕거리다. 짤까닥거리다. 쩔거덕거리다

쩔꺼덕-쩔꺼덕 [부] 쩔꺼덕거리는 소리를 나타내는 말. ☞절거덕절거덕. 절꺼덕절꺼덕. 짤까닥짤까닥

쩔꺼덩 [부] 단단한 쇠붙이 따위가 다른 단단한 물체와 세게 부딪칠 때 울리어 나는 소리를 나타내는 말. ☞절거덩. 절꺼덩. 짤까당. 쩔거덩

쩔꺼덩-거리다(대다) [자타] 자꾸 쩔꺼덩 소리가 나다. 또는 그런 소리를 내다. ☞절거덩거리다. 절꺼덩거리다. 짤까당거리다. 쩔거덩거리다

쩔꺼덩-쩔꺼덩 [부] 쩔꺼덩거리는 소리를 나타내는 말. ☞절거덩절거덩. 절꺼덩절꺼덩. 짤까당짤까당

쩔꺽 [부] 엇걸리게 만든 단단한 두 쇠붙이의 고리가 잠기거나 열리면서 여물게 나는 소리를 나타내는 말. ☞절걱. 절꺽. 짤깍. 쩔걱

쩔꺽-거리다(대다) [자타] 자꾸 쩔꺽 소리가 나다. 또는 그런 소리를 내다. ☞절걱거리다. 절꺽거리다. 짤깍거리다. 쩔걱거리다

쩔꺽-쩔꺽 [부] 쩔꺽거리는 소리를 나타내는 말. ☞절걱절걱. 절꺽절꺽. 짤깍짤깍. 쩔걱쩔걱

쩔뚝-거리다(대다) [자타] 다리를 쩔뚝쩔뚝 절다. ☞절뚝거리다. 짤똑거리다

쩔뚝발-이 [명] 쩔뚝거리며 걷는 사람. [준] 쩔뚝이

쩔뚝-이 [명] '쩔뚝발이'의 준말.

쩔뚝-쩔뚝 [부] 몸을 한쪽으로 끼우뚱거리며 저는 모양을 나타내는 말. ☞절뚝절뚝. 짤똑짤똑[1]

쩔렁 [부] 크고 얇은 쇠붙이나 큰 방울 따위가 세게 흔들릴 때 울리어 나는 소리를 나타내는 말. ☞절렁. 짤랑. 철렁[1]

쩔렁-거리다(대다) [자타] 자꾸 쩔렁 소리가 나다. 또는 그런 소리를 내다. 쩔렁이다 ☞절렁거리다. 짤랑거리다. 철렁거리다[1]

쩔렁-이다 [자타] 쩔렁거리다 ☞절렁이다. 철렁이다[1]

쩔렁-쩔렁 [부] 쩔렁거리는 소리를 나타내는 말. ☞절렁절렁. 짤랑짤랑. 철렁철렁[1]

쩔레-쩔레 [부] 고개를 크고 빠르게 젓는 모양을 나타내는 말. ☞썰레썰레. 절레절레. 짤래짤래

쩔룩-거리다(대다) [자타] 다리를 쩔룩쩔룩 절다. ☞절룩거리다. 짤록거리다

쩔룩-쩔룩 [부] 약간 쩔름쩔름 저는 모양을 나타내는 말. ☞절룩절룩. 짤록짤록[1]

쩔름-거리다(대다) [자타] 다리를 쩔름쩔름 절다. ☞절름거리다. 짤름거리다[1]

쩔름발-이 [명] 쩔름거리며 걷는 사람. ☞절름발이. 짤름발이

쩔름-쩔름 [부] 몹시 절름절름 저는 모양을 나타내는 말. ☞절름절름. 짤름짤름[1]

쩔쑥-거리다(대다) [자타] 다리를 좀 쩔뚝쩔뚝 절다. ☞절쑥거리다. 짤쏙거리다

쩔쑥-쩔쑥 [부] 좀 쩔뚝쩔뚝 저는 모양을 나타내는 말. ☞절쑥절쑥. 짤쏙짤쏙[1]

쩔쩔 [부] ①많은 양의 액체가 매우 높은 온도로 끓는 모양을 나타내는 말. ②구들이나 몸 따위가 몹시 뜨거워진 모양을 나타내는 말. ☞절절. 짤짤[1]

쩔쩔-매다 [자] ①어쩔 줄 모르고 갈팡질팡 하다. ¶일손이 모자라 ―. ②어떤 사람에게 눌리어 기를 펴지 못하다. ¶경찰관 앞에서 쩔쩔매는 도둑.

쩔커덕 [부] 엇걸리게 만든 단단한 두 쇠붙이가 엇걸리거나 풀릴 때 거칠게 나는 소리를 나타내는 말. ☞절거덕. 절커덕. 짤카닥. 쩔거덕

쩔커덕-거리다(대다) [자타] 자꾸 쩔커덕 소리가 나다. 또는 그런 소리를 내다. ☞절거덕거리다. 절커덕거리다. 짤카닥거리다. 쩔거덕거리다

쩔커덕-쩔커덕 [부] 쩔커덕거리는 소리를 나타내는 말. ☞절거덕절거덕. 절커덕절커덕. 짤카닥짤카닥

쩔커덩 [부] 단단한 쇠붙이 따위가 다른 단단한 물체와 부딪칠 때 거칠게 울리어 나는 소리를 나타내는 말. ☞절거덩. 절커덩. 짤카당. 쩔거덩

쩔커덩-거리다(대다) [자타] 자꾸 쩔커덩 소리가 나다. 또는 그런 소리를 내다. ☞절거덩거리다. 절커덩거리다. 짤카당거리다. 쩔거덩거리다

쩔커덩-쩔커덩 [부] 쩔커덩거리는 소리를 나타내는 말. ☞절거덩절거덩. 절커덩절커덩. 짤카당짤카당

쩔컥 [부] 엇걸리게 만든 단단한 두 쇠붙이의 고리가 잠기거나 열리면서 거칠게 나는 소리를 나타내는 말. ☞절걱. 절컥. 짤칵. 쩔걱

쩔컥-거리다(대다) [자타] 자꾸 쩔컥 소리가 나다. 또는 그런 소리를 내다. ☞절걱거리다. 절컥거리다. 짤칵거리다. 쩔걱거리다

쩔컥-쩔컥 [부] 쩔컥거리는 소리를 나타내는 말. ☞절걱절걱. 절컥절컥. 짤칵짤칵. 쩔걱쩔걱

쩝쩝 [부] 입맛을 크게 다시는 소리를 나타내는 말. ¶못마땅하여 ― 입맛만 다시다. ☞짭짭. 쩍쩍[2]

쩝쩝-거리다(대다) [자] 자꾸 입맛을 쩝쩝 다시다. ☞짭짭거리다. 쩍쩍거리다

쩟 [부] 마음에 못마땅하여 혀를 차는 소리를 나타내는 말.

쩟-쩟[쩐-] [부] 못마땅하여 자꾸 혀를 차는 소리를 나타내는 말.

쩟쩟-하다[쩐쩐-] [형여] ①성미가 뚝뚝하고 껄껄하다. ②나뭇결이나 피륙의 바탕 따위가 꽛꽛하고 거세다. ③빛깔이 맑고 깨끗하다. ☞짯짯하다

쩟쩟-이 [부] 쩟쩟하게

쩡쩡[1] [부] 명성이나 세력 따위를 크게 들날리는 모양을 나타내는 말.

쩡쩡[2] [부] 얼음장 따위의 굳은 물질이 갈라질 때 궁글게 울리는 소리를 나타내는 말.

쩡쩡-거리다(대다)[1] [자] 명성이나 세력 따위가 크게 들날리다.

쩡쩡-거리다(대다)[2] [자] 쩡쩡 소리가 나다.

쩨꺽[1] [부] ①단단한 물체가 세게 부러지거나 맞부딪칠 때 여무지게 나는 소리를 나타내는 말. ②시계 따위의 큰 톱니바퀴가 세게 돌아갈 때 나는 소리를 나타내는 말. ☞제꺽[1]. 째깍[1]

쩨꺽[2] [부] 일을 재빨리 쉽게 해치우는 모양을 나타내는 말. ¶맡긴 일을 ― 해치우다. ☞제꺽[2]. 째깍[2]

쩨꺽-거리다(대다) [자] 자꾸 쩨꺽 소리가 나다. ☞제꺽거리다. 째깍거리다

쩨꺽-쩨꺽[1] [부] 쩨꺽거리는 소리를 나타내는 말. ☞제꺽제꺽[1]. 째깍째깍[1]

쩨꺽-쩨꺽[2] [부] 잇달아 일을 재빨리 쉽게 해치우는 모양을 나타내는 말. ☞제꺽제꺽[2]. 째깍째깍[2]

쩽겅 [부] 크고 얇은 쇠붙이 따위가 단단한 물체에 떨어지거나 부딪칠 때 여무지게 울리어 나는 소리를 나타내는 말. ☞젱겅. 쨍강

쩽겅-거리다(대다) [자타] 자꾸 쩽겅 소리가 나다. 또는 그런 소리를 내다. ☞젱겅거리다. 쨍강거리다

쨍겅-쨍겅 부 쨍겅거리는 소리를 나타내는 말. ☞쟁겅쟁겅. 쨍강쨍강

쨍그렁 부 얇고 둥근 쇠붙이 따위가 단단한 물체에 세게 떨어져 울릴 때 나는 소리를 나타내는 말. ☞쟁그렁. 쨍그랑

쨍그렁-거리다(대다) 자타 자꾸 쨍그렁 소리가 나다, 또는 그런 소리를 내다. ☞쟁그렁거리다. 쨍그랑거리다

쨍그렁-쨍그렁 부 쨍그렁거리는 소리를 나타내는 말. ☞쟁그렁쟁그렁. 쨍그랑쨍그랑

쪼가리 명 작은 조각.

쪼개다 타 ①단단한 물체를 둘 이상으로 가르다. ¶장작을 ―./수박을 ―./마늘을 ―. ②시간이나 돈 따위를 아끼다. ¶월급을 쪼개어 쓰다./시간을 쪼개어 만나다. ☞짜개다

한자 쪼갤 석(析) 〔木部 4획〕 ¶분석(分析)/석출(析出)

쪼개-접(―椄) 명 식물의 접붙이기의 한 가지. 대목(臺木)을 쪼갠 다음, 접가지의 아래 부분을 쐐기 모양으로 빗깎아 끼워 접붙이는 일. 할접(割椄) ☞순접(筍椄)

쪼개-지다 자 단단한 물체가 둘 이상으로 갈라지다. ¶장작이 잘 ―. ☞짜개지다

쪼구미 명 동자기둥

쪼그라-들다(―들고·―드니) 자 점점 쪼그라져 작아지다. ☞쭈그러들다

쪼그라-뜨리다(트리다) 타 힘을 주어 쪼그라지게 하다. ☞쪼크라뜨리다. 쭈그러뜨리다

쪼그라-지다 자 ①물체가 눌리거나 오그라져 부피가 작아지다. ②살이 빠져서 살가죽이 쪼글쪼글해지다. ☞쪼크라지다. 쭈그러지다

쪼그랑-박 명 덜 여물어 쪼그라진 박.

쪼그랑-이 명 쪼그라진 물건. ☞오그랑이. 쭈그렁이

쪼그랑-쪼그랑 부-하다 형 여러 군데가 안쪽으로 좀 쪼그라져 있는 모양을 나타내는 말. ☞오그랑오그랑. 오그랑쪼그랑. 쭈그렁쭈그렁

쪼그랑-하다 형여 안쪽으로 좀 쪼그라져 있다. ☞오그랑하다. 쭈그렁하다

쪼그랑-할멈 명 얼굴이 쪼그라진 늙은 여자를 낮잡아 이르는 말.

쪼그리다 타 ①누르거나 오그리거나 하여 부피를 작게 만들다. ②팔다리를 오그려 몸을 작게 옴츠리다. ¶쪼그려 앉다. ☞쪼크리다. 쭈그리다

쪼그마-하다 형여 조금 작거나 적다. 조끄마하다 준쪼그맣다 ☞조그마하다. 쪼끄마하다

쪼그맣다(쪼그맣고·쪼그만) 형ㅎ '쪼그마하다'의 준말. 조끄맣다 ☞조그맣다. 쪼끄맣다

쪼글-쪼글 부-하다 형 물체가 짜그라지거나 쪼그라들거나 꼬깃꼬깃 구겨져서 짜글짜글한 모양을 나타내는 말. ☞쭈글쭈글

쪼금 부 ①정도나 분량이 꽤 적게. ¶병세가 ― 나아졌다. ②시간적으로 제법 짧게.
명 ①꽤 적은 정도나 분량. ¶―이라도 도움이 되고 싶군요. ②제법 짧은 시간. 조끔 ¶―만 더 앉아 있다가 가. ☞조금. 쪼끔

쪼금-쪼금 부 ①여럿이 다 쪼그마한 모양이나 상태를 나타내는 말. ②잇따라 조금씩 하는 모양을 나타내는 말. 조끔조끔 ☞조금조금. 쪼끔쪼끔

쪼끄마-하다 형여 쪼끔 작거나 적다. ¶쪼끄마한 손. 준쪼끄맣다 ☞조그마하다

쪼끄맣다(쪼끄맣고·쪼끄만) 형ㅎ '쪼끄마하다'의 준말. ☞조그맣다

쪼끔 부 ①정도나 분량이 매우 적게. ¶기분이 ― 좋아졌다./물을 ― 따르다./배가 ― 고프다. ②시간적으로 매우 짧게. ¶― 쉬었다가 가자./― 있으면 오겠군요.
명 ①매우 적은 정도나 분량. ¶―이지만 여비에 보태 쓰게. ②매우 짧은 시간. ¶―만 더 기다려 다오.

쪼끔-쪼끔 부 ①여럿이 다 쪼끄마한 모양이나 상태를 나타내는 말. ②잇따라 쪼끔씩 하는 모양을 나타내는 말. ☞조금조금. 쪼금쪼금

쪼:다 타 뾰족한 끝으로 찍다. ¶병아리가 모이를 ―./정으로 돌을 ―.

한자 쪼을 탁(琢) 〔玉部 8획〕 ¶조탁(彫琢)/탁마(琢磨)

쪼들리다 자 ①어떤 일에 부대끼어 괴롭게 지내다. ¶가난에 ―. ②남에게 몹시 시달리다. ¶빚쟁이에게 ―.

쪼록 부 ①가는 물줄기가 매우 빠르게 잠깐 흐르다 멎는 소리, 또는 그 모양을 나타내는 말. ②가는 대롱으로 적은 양의 물 따위를 세게 빨아들이는 소리를 나타내는 말. ☞조록. 쭈룩

쪼록-쪼록 부 ①가는 물줄기가 매우 빠르게 잠깐씩 흐르다 멎다 하는 소리, 또는 그 모양을 나타내는 말. ②가늘고 세찬 빗줄기가 계속 내리는 소리, 또는 그 모양을 나타내는 말. ☞조록조록. 쭈룩쭈룩

쪼르르 부 ①적은 양의 액체가 빠르게 흘러내리는 소리, 또는 그 모양을 나타내는 말. ¶― 물을 따르다. ②작은 물체가 배스듬한 곳을 빠르게 미끄러져 내리는 모양을 나타내는 말. ③매우 작은 것들을 한 줄로 고르게 벌여 놓은 모양을 나타내는 말. ④작은 발을 매우 재게 놀리며 따라다니는 모양을 나타내는 말. ¶뒤를 ― 따라다니다. ☞조르르. 쭈르르

쪼르르-쪼르르 부 자꾸 쪼르르 하는 소리, 또는 그 모양을 나타내는 말. ¶가는 곳마다 ― 따라다니다. ☞조르르조르르. 쭈르르쭈르르

쪼르륵 부 ①적은 양의 액체가 매우 빠르게 잠깐 흐르다 멎는 소리, 또는 그 모양을 나타내는 말. ②작은 물체가 배스듬한 곳을 매우 빠르게 잠깐 미끄러지다 멈추는 모양을 나타내는 말. ③몹시 배가 고플 때에 뱃속에서 나는 소리를 나타내는 말. ¶배에서 ― 소리가 나다. ☞조르륵. 쭈르륵

쪼르륵-쪼르륵 부 자꾸 쪼르륵 하는 소리, 또는 그 모양을 나타내는 말. ☞조르륵조르륵. 쭈르륵쭈르륵

쪼뼛 부 ①물체의 끝이 빼쭉 솟거나 솟아 있는 모양을 나타내는 말. ②매우 두렵거나 하여 머리카락이 좀 꼿꼿이 일어서는듯 한 느낌을 나타내는 말. ☞조뼛. 쭈뼛

쪼뼛-거리다(대다)[―뻗―] 자 매우 어색하거나 부끄러워서 좀 머뭇머뭇 하다. ☞조뼛거리다. 쭈뼛거리다

쪼뼛-쪼뼛[1] [―뻗―] 부 ①군데군데 쪼뼛한 모양을 나타내는 말. ②자꾸 쪼뼛 하는 느낌을 나타내는 말. ☞조뼛조뼛[1]. 쭈뼛쭈뼛[1]

쪼뼛-쪼뼛[2] [―뻗―] 부 쪼뼛거리는 모양을 나타내는 말. ☞조뼛조뼛[2]. 쭈뼛쭈뼛[2]

쪼뼛쪼뼛-하다[―뻗―뻗―] 형여 물체의 끝이 빼쭉빼쭉 솟아 있다. ☞조뼛조뼛하다. 쭈뼛쭈뼛하다

쪼뼛-하다[―뻗―] 형여 물체의 끝이 빼쭉 솟아 있다. ☞조뼛하다. 쭈뼛하다

쪼이다 자타 쬐다 ¶모닥불에 언 손을 ―.

쪼크라-들다(―들고·―드니) 자 점점 쪼크라져 작아지다. ☞쪼그라들다. 쭈크러들다

쪼크라-뜨리다(트리다) 타 힘을 주어 쪼크라지게 하다. ☞쪼그라뜨리다. 쭈크러뜨리다

쪼크라-지다 자 몹시 쪼그라지다. ☞쭈크러지다

쪼크리다 타 ①누르거나 오그리거나 하여 부피를 아주 작게 만들다. ②팔다리를 오그려 몸을 아주 작게 옴츠리다. ☞쪼그리다. 쭈크리다

쪽[1] 명 시집간 여자가 목 뒤로 빗어 넘긴 머리털을 땋아서 뒤통수로 틀어 올려 비녀를 꽂은 머리 모양. 낭자 ¶―을 찌다.

쪽[2] 명 여뀟과의 한해살이풀. 줄기 높이는 50~60cm. 잎은 길둥글고 어긋맞게 남. 여름에 가지 끝이나 잎겨드랑이에 여러 개의 작고 붉은 꽃이 이삭 모양으로 핌. 잎은 쪽빛 염료로 쓰임. 중국 원산임. 남(藍)

한자 쪽 람(藍) 〔艸部 14획〕 ¶남색(藍色)/남실(藍實)/남청(藍青)/청출어람(青出於藍)

쪽[3] 명 신문이나 책 등의 지면. 면(面)[1]

쪽⁴ 명 ①물건의 쪼개진 한 부분. ¶ ―을 내다. ②[의존 명사로도 쓰임] 물건의 쪼개진 부분을 세는 단위. ¶ 사과를 두 ―으로 쪼개다. /여섯 ―인 마늘.
쪽⁵ 의 ①'방향'을 가리키는 말. ¶ 창가 ―에 앉다. /시장 ―에서 들려 오는 소리. ②서로 맞서거나 여럿으로 갈린 것 가운데서 어느 하나를 다른 것에 상대하여 이르는 말. ¶ 찬성하는 ―과 반대하는 ―. /시청자 ―에서 의견을 내다.
쪽⁶ 부 ①가는 줄이나 금을 단번에 세게 긋는 모양을 나타내는 말. ②매우 짧게 한 갈래로 이어진 모양을 나타내는 말. ③작은 것들이 가지런히 배게 늘어서거나 벌여져 있는 모양을 나타내는 말. ④작은 물체를 한 가닥으로 세게 훑거나 찢거나 하는 모양을 나타내는 말. ⑤작은 범위를 한눈에 대충 빨리 훑어보는 모양을 나타내는 말. ⑥적은 양의 물 따위를 단숨에 세게 들이마시는 모양을 나타내는 말. ¶ 주스를 빨대로 ― 빨아들이다. /단물만 ― 빨아먹다. ⑦살이 홀쭉하게 빠진 모양을 나타내는 말. ¶ 살이 ― 빠지다. ☞족. 쭉
쪽- 《접두사처럼 쓰이어》 ①'작은'의 뜻을 나타냄. ¶ 쪽담/쪽문/쪽박 ②'조각조각 맞춘'의 뜻을 나타냄. ¶ 쪽걸상 ③'조각조각으로 된'의 뜻을 나타냄. ¶ 쪽김치/쪽모이 ④'한 부분으로 된'의 뜻을 나타냄. ¶ 쪽발이
-쪽 접미 '쪼가리'의 뜻을 나타냄. ¶ 걸레쪽/종이쪽
쪽-걸상[―쌍] 명 널조각으로 만든 작은 걸상.
쪽-김치 명 김치 거리를 조각조각 썰어서 담근 김치. ☞통김치
쪽-꼭지 명 머리에 반반씩 빛깔이 다른 꼭지를 붙인 연.
쪽-다리 명 긴 널조각 하나를 걸쳐놓아, 한 사람씩 건널 수 있게 만든 다리.
쪽-담 명 규모가 작은 담.
쪽-대:문(―大門) 명 바깥채나 사랑채에서 안채로 통하는, 한 쪽으로 된 작은 대문.
쪽-댕기 명 지난날, 쪽찐 머리를 곱게 꾸미기 위하여 드리던 댕기. 젊은 사람은 홍색, 나이 든 사람은 자주색, 과부는 흑색, 상제는 백색 댕기를 드렸음.
쪽-동백(―冬柏) 명 때죽나뭇과의 낙엽 활엽 교목. 높이 10m 안팎. 잎은 둥글넓적한데 어긋맞게 나며, 5~6월에 희고 잔 꽃들이 긴 꽃대 끝에 늘어져 핌. 9월경에 달걀꼴의 열매가 청백색으로 익는데, 속에는 다갈색의 단단한 씨가 있음. 목재는 가구나 조각의 재료로, 씨는 기름을 짜는 데 쓰임.
쪽-마늘 명 쪼갠 낱낱의 마늘을 통마늘에 상대하여 이르는 말.
쪽-마루 명 넓은 널 한두 쪽으로 좁게 놓은 툇마루.
쪽매 명 좁은 폭의 널조각을 여러 개 붙여 폭을 넓히는 일, 또는 그 널조각.
쪽매-붙임[―부침] 명-하다 타 여러 조각으로 된 쪽매를 바탕이 되는 널에 붙이는 일.
쪽매-질 명-하다 타 ①쪽매를 만드는 일. ②잔 나무 조각들을 모아 목기(木器)를 만드는 일.
쪽-모이 명-하다 타 여러 조각을 모아서 하나의 큰 조각을 만드는 일, 또는 그렇게 만든 물건. ¶ ― 밥보자기
쪽-문(―門) 명 사람이 드나들 수 있도록 대문짝 가운데나 한쪽에 작게 따로 낸 문. 샛문
쪽-물 명 쪽으로 만든 남빛의 물감. 청대(靑黛)
쪽-박 명 작은 바가지.
　쪽박(을) 차다 관용 살림이 결딴나서 거지 신세가 되다.
　속담 **쪽박 쓰고 비 피하기** : 쪽박을 쓴다고 퍼붓는 비를 피할 수 있겠느냐는 뜻으로, 어림도 없는 방법으로 눈앞의 위험을 막으려 하는 어리석음을 비유하여 이르는 말. [쪽박을 쓰고 벼락을 피하랴]/**쪽박에 밤 담아 놓은듯** : 올망졸망한 모양을 이르는 말.
쪽-반:달(―半―) 명 두 가지 빛깔의 종이로 반달 모양의 꼭지를 붙인 연.
쪽-발이 명 한쪽 발만 달린 물건.
×**쪽-밤** 명 →쌍동밤
쪽-배 명 통나무를 쪼개어 속을 파서 만든 작은 배.
쪽-봉투(―封套) 명 외겹으로 된 봉투.

쪽-빛 명 파랑과 보라의 중간빛. 남빛. 남색(藍色)
쪽-소:로(―小櫨) 명 장여의 바깥쪽에만 붙이는 접시받침.
쪽술¹ 명 쪽박 모양으로 생긴 숟가락.
쪽술² 명 쟁기의 술이 비스듬하게 내려가다가 꺾이어 곧게 뻗은 부분.
쪽-자(―字) 명 둘 이상의 다른 활자에서 필요한 부분만을 따서 한 글자로 만들어 쓰는 활자. ☞통자
쪽잘-거리다(대다) 타 자꾸 쪽잘쪽잘 먹다.
쪽잘-쪽잘 부 음식을 시원스럽지 못하게 조금씩 먹는 모양을 나타내는 말.
쪽지(―紙) 명 ①작은 종이 조각. ②'글쪽지'의 준말.

한자 쪽지 표(票) [示部 6획] ¶ 개표(開票)/차표(車票)

쪽-지게 명 지난날에 등짐 장수 등이 쓰던 작은 지게.
쪽-쪽 부 ①가는 줄이나 금을 자꾸 세게 긋는 모양을 나타내는 말. ②여럿이 매우 짧게 한 갈래씩 이어진 모양을 나타내는 말. ③작은 것들이 가지런히 배게 잇달아 늘어서거나 벌여져 있는 모양을 나타내는 말. ④작은 물체를 여러 가닥으로 세게 훑거나 찢거나 하는 모양을 나타내는 말. ⑤작은 범위를 대충 빨리 훑어보는 모양을 나타내는 말. ⑥적은 양의 물 따위를 세게 자꾸 들이마시는 모양을 나타내는 말. ¶ 송아지가 어미젖을 ― 빨아먹다. /단물만 ― 빨아먹다. ⑦살이 자꾸 홀쭉하게 빠지는 모양을 나타내는 말. ☞족족². 쭉쭉
쪽쪽-이 부 여러 쪽으로. ¶ ― 갈라지다.
쪽찐-머리 명 지난날, 시집간 여자의 머리 모양. 이마 중심에 가르마를 타서 머리를 양쪽으로 빗어 넘긴 다음, 한 가닥으로 땋아 끝에 댕기를 드리고 쪽을 쪄서 비녀로 고정하였음. ☞어여머리
쪽-창(―窓) 명 좁고 기름하게 하여 한 짝만 짜서 단 창. 척창(隻窓)
쫀득-거리다(대다) 자 쫀득쫀득한 느낌이 나다. ☞존득거리다. 쭌득거리다
쫀득-쫀득 부-하다 형 씹는 감촉이 쫄깃쫄깃하고 차진 모양을 나타내는 말. ¶ ―한 찰떡. ☞존득존득. 쭌득쭌득
쫀쫀-하다 형여 ①피륙의 발이 무척 고르고 곱다. ☞존존하다 ②소갈머리가 좁고, 인색하고 치사하다. ¶ 쫀쫀한 사람.
　쫀쫀-히 부 쫀쫀하게
쫄깃-쫄깃[―긷―] 부-하다 형 매우 쫄깃한 느낌을 나타내는 말. ☞졸깃졸깃. 쭐깃쭐깃
쫄깃-하다[―기―] 형여 씹는 감촉이 감칠맛 있게 짤깃하다. ¶ 쫄깃한 면발. ☞졸깃하다. 쭐깃하다
쫄딱 부 더할 나위 없이 아주. ¶ ― 망하다. /비를 ― 맞다.
쫄랑-거리다(대다) 자 자꾸 매우 까불며 경망스레 행동하다. 쫄랑이다 ☞졸랑거리다. 촐랑거리다²
쫄랑-이다 자 쫄랑거리다 ☞졸랑이다. 촐랑이다²
쫄랑-쫄랑 부 쫄랑거리는 모양을 나타내는 말. ☞졸랑졸랑. 촐랑촐랑²
쫄래-쫄래 부 몸집이 작은 것이 가벼운 몸짓으로 까불며 남을 따라가거나 따라오는 모양을 나타내는 말. ¶ 강아지가 낯선 사람을 ― 따라가다. ☞졸래졸래. 쭐레쭐레
쫄-면(―麵) 명 밀가루와 감자 녹말을 섞어서 쫄깃하게 만든 국수. 채소와 고추장 양념에 비벼서 먹음.
쫄쫄¹ 부 ①적은 양의 물이 조용히 빠르게 흘러가는 소리, 또는 그 모양을 나타내는 말. ②작은 구멍이나 틈으로 액체가 가는 줄기를 이루어 빠르게 계속 흘러내리는 모양을 나타내는 말. ☞졸졸¹
쫄쫄² 부 끼니를 굶어 아무 것도 먹지 못한 상태를 나타내는 말. ¶ 어제부터 ― 굶다.
쫄:쫄³ 부 작은 사람이나 짐승이 빠른 발걸음으로 계속 남의 뒤를 따라다니는 모양을 나타내는 말. ¶ 강아지가 ― 쫓아다니다. ☞졸졸²
쫄쫄-거리다(대다) 자 쫄쫄 소리가 나다. ☞졸졸거리다
쫄쫄-이¹ 명 채신없이 까불기만 하고 소견이 좁은 사람을 이르는 말.

쫄쫄-이[2] 명 입으면 늘어나서 몸에 꼭 맞고 벗으면 쪼글쪼글 오그라드는 옷.
쫍치다 타 ①너그럽지 못하고 옹졸하게 만들다. ②깨뜨려 부수다.
쫑그리다 타 귀를 꼿꼿이 치켜세우거나 입을 뾰족이 내밀다. ☞쭝그리다
쫑긋 부 귀나 입 따위를 한 번 쫑그리는 모양을 나타내는 말. ¶귀를 — 세우고 듣다./입을 — 하다. ☞쭝긋
쫑긋-거리다(대다)[-귿-] 타 귀나 입 따위를 자꾸 쫑그리다. ☞쭝긋거리다
쫑긋-쫑긋[-귿-] 부 귀나 입 따위를 자꾸 쫑그리는 모양을 나타내는 말. ☞쭝긋쭝긋
쫑긋-하다[-귿-] 형여 귀 따위가 꼿꼿이 서 있다. ¶쫑긋한 토끼의 귀. ☞쭝긋하다
쫑긋-이 부 쫑긋하게
쫑달-거리다(대다) 자 불평스레 쫑알거리다. ☞종달거리다. 쭝덜거리다
쫑달-쫑달 부 쫑달거리는 모양을 나타내는 말. ☞종달종달. 쭝덜쭝덜
쫑알-거리다(대다) 자타 제법 또렷한 말소리로 혼잣말을 자꾸 하다. ☞종알거리다. 쭝얼거리다
쫑알-쫑알 부 쫑알거리는 모양을 나타내는 말. ¶버릇처럼 — 불평을 한다./말이 끝나기가 무섭게 — 말대꾸를 하다. ☞종알종알. 쭝얼쭝얼
쫑잘-거리다(대다) 자 수다스레 종잘거리다. ☞쭝절거리다
쫑잘-쫑잘 부 쫑잘거리는 모양을 나타내는 말. ☞종잘종잘. 쭝절쭝절
쫑쫑-거리다(대다) 자 남이 알아들을 수 없게 몹시 불평하거나 원망하는 말을 자꾸 하다. ☞종종거리다[2]
쫒다[쫃-] 타 상투나 쪽 따위를 틀어서 죄어 매다.
쫓겨-나다[쫃-] 자 어떤 장소나 위치에서 내쫓기다. ¶직장에서 —./집에서 —.
쫓기다[쫃-] 자 ①쫓음을 당하다. ¶적에게 —. ②몹시 몰리다. ¶일에 —./시간에 —.
속담 **쫓겨 가다가 경치 보랴** : 절박한 경우를 당하여 딴 생각은 할 여유가 없음을 이르는 말.
쫓다[쫃-] 타 ①잡거나 만나려고 뒤를 급히 따르다. ¶경찰이 범인을 —./앞차를 —. ②나가거나 사라지도록 내몰다. ¶모기를 —./악귀를 —./잡념을 —./졸음을 —.

한자 쫓을 추(趨) 〔走部 10획〕 ¶추세(趨勢)/추향(趨向)
쫓을 축(逐) 〔辵部 7획〕 ¶구축(驅逐)/축객(逐客)/축귀(逐鬼)/축사(逐邪)/축출(逐出)

쫓아-가다 자타 ①잡으려고 뒤에서 급히 따라가다. ¶뺑소니차를 —. ②뒤에 바짝 붙어 따라가다. ¶아이가 엄마를 —.
쫓아-내다 타 ①내몰아서 나가게 하다. ¶경비원이 잡상인을 —. ②다니던 곳을 그만두게 하다. ¶무능한 사원을 —.
쫓아-다니다 자타 ①뒤에 바짝 붙어 따라다니다. ¶병아리들이 어미 닭을 —. ②여기저기 찾아다니다. ¶굿판을 쫓아다니며 구경하다. ③가까이하려고 졸졸 따라다니다. ¶싫다는 여자를 한사코 —.
쫓아-오다 타 ①잡으려고 뒤에서 급히 따라오다. ¶경찰차가 —. ②뒤에서 바짝 붙어 따라오다. ¶어둠 속에서 누군가가 —.
쫘르르 부 목직하고 덩이 진 것들이 한꺼번에 쏟아질 때 야물게 나는 소리, 또는 그 모양을 나타내는 말. ☞좌르르
쫙: 부 넓은 범위로 빠르게 흩어지거나 퍼지는 모양을 나타내는 말. ☞좍
쫙:-쫙 부 ①굵은 물줄기가 매우 세차게 쏟아지는 모양을 나타내는 말. ¶소나기가 — 퍼붓다. ②거침새 없이 시원스레 글을 읽어 나가는 모양을 나타내는 말. ☞좍좍
쫠:쫠 부 많은 양의 물 따위가 세차게 흘러내리는 소리, 또는 그 모양을 나타내는 말. ☞잘잘
쬐:다 자타 ①빛이 내리비치다. ¶햇볕이 잘 쬐는 남향집. ②볕이나 열을 몸에 받거나 쐬다. 쪼이다 ¶햇볕을 쬐러 밖으로 나갔다./불을 —.
쭈그러-들다(-들고·-드니) 자 쭈그러져 작아지다. ¶바람이 빠지면서 공이 —. ☞쪼그라들다. 쭈크러들다
쭈그러-뜨리다(트리다) 타 힘을 주어 쭈그러지게 하다. ☞쪼그라뜨리다. 쭈크러뜨리다
쭈그러-지다 자 ①물체가 눌리거나 우그러져 부피가 매우 작아지다. ¶공기가 빠져 쭈그러진 공. ②살이 빠져 살가죽이 쭈글쭈글해지다. ☞쪼그라지다. 쭈크러지다
쭈그렁-밤 명 밤톨이 제대로 들지 않아 껍질이 쭈글쭈글한 밤.
쭈그렁-밤:송이 명 밤톨이 제대로 들지 않아 쭈그러진 밤송이.
속담 **쭈그렁밤송이 삼 년 간다** : 몹시 약한 사람이 얼마 못 살듯 싶으면서도 목숨을 오래 이어 간다는 말. 〔쭈그렁밤송이 삼 년 달렸다〕
쭈그렁-이 명 ①쭈그러져 볼품없이 된 물건. ②살이 빠지고 쭈글쭈글한 노인을 가벼이 여기어 이르는 말. ☞우그렁이. 쪼그랑이
쭈그렁-쭈그렁 부-하다 형 여러 군데가 안쪽으로 좀 쭈그러져 있는 모양을 나타내는 말. ☞우그렁우그렁. 우그렁쭈그렁. 쪼그랑쪼그랑
쭈그렁-하다 형여 안쪽으로 좀 쭈그러져 있다. ☞우그렁하다. 쪼그랑하다
쭈그리다 타 ①누르거나 우그리거나 하여 부피를 작게 만들다. ②팔다리를 우그려 몸을 작게 움츠리다. ¶쭈그리고 앉다. ☞쪼그리다. 쭈크리다
쭈글-쭈글 부-하다 형 물체가 찌그러지거나 쭈그러들거나 꾸깃꾸깃 구겨져서 찌글찌글한 모양을 나타내는 말. ☞쪼글쪼글
쭈룩 부 ①굵은 물줄기가 매우 빠르게 잠깐 흐르다 멎는 소리, 또는 그 모양을 나타내는 말. ②대롱으로 물 따위를 세게 빨아들이는 소리를 나타내는 말. ☞주룩. 쪼록
쭈룩-쭈룩 부 ①굵은 물줄기가 매우 빠르게 잠깐씩 흐르다 멎다 하는 소리, 또는 그 모양을 나타내는 말. ②굵고 세찬 빗줄기가 계속 내리는 소리, 또는 그 모양을 나타내는 말. ☞주룩주룩. 쪼록쪼록
쭈르르 부 ①액체가 빠르게 흘러내리는 소리, 또는 그 모양을 나타내는 말. ②물체가 비스듬한 곳을 빠르게 미끄러져 내리는 모양을 나타내는 말. ③좀 큰 것들을 한 줄로 고르게 벌여 놓은 모양을 나타내는 말. ④발을 매우 재게 놀리며 따라다니는 모양을 나타내는 말. ☞주르르. 쪼르르
쭈르르-쭈르르 부 자꾸 쭈르르 하는 소리, 또는 그 모양을 나타내는 말. ☞주르르주르르. 쪼르르쪼르르
쭈르륵 부 ①액체가 매우 빠르게 잠깐 흐르다 멎는 소리, 또는 그 모양을 나타내는 말. ②물체가 비스듬한 곳을 매우 빠르게 잠깐 미끄러지다 멈추는 모양을 나타내는 말. ☞주르륵. 쪼르륵
쭈르륵-쭈르륵 부 자꾸 쭈르륵 하는 소리, 또는 그 모양을 나타내는 말. ☞주르륵주르륵. 쪼르륵쪼르륵
쭈뼛 부 ①물체의 끝이 삐쭉 솟거나 솟아 있는 모양을 나타내는 말. ②매우 두렵거나 하여 머리카락이 꼿꼿이 일어서는듯 한 느낌을 나타내는 말. ¶머리카락이 — 서다. ☞주뼛. 쪼뼛
쭈뼛-거리다(대다)[-뻗-] 자 매우 어색하거나 부끄러워서 머뭇머뭇 하다. ¶쭈뼛거리며 방 안으로 들어서다. ☞주뼛거리다. 쪼뼛거리다
쭈뼛-쭈뼛[1][-뻗-] 부 ①군데군데 쭈뼛한 모양을 나타내는 말. ②자꾸 쭈뼛 하는 느낌을 나타내는 말. ☞주뼛주뼛[1]. 쪼뼛쪼뼛[1]
쭈뼛-쭈뼛[2][-뻗-] 부 쭈뼛거리는 모양을 나타내는 말. ☞주뼛주뼛[2]. 쪼뼛쪼뼛[2]
쭈뼛쭈뼛-하다[-뻗-뻗-] 형여 물체의 끝이 삐쭉삐쭉 솟아 있다. ☞주뼛주뼛하다. 쪼뼛쪼뼛하다
쭈뼛-하다[-뻗-] 형여 물체의 끝이 삐쭉 솟아 있다.

☞주뼛하다. 쪼뼛하다

쭈쭈 명 젖먹이를 반듯이 눕혀 놓고 두 다리와 두 팔을 주무르듯 하며 곧게 펴 주는 일, 또는 그 동작.
감 젖먹이를 반듯이 눕혀 놓고 두 다리와 두 팔을 주무르듯 하며 곧게 펴 주면서 하는 말.

쭈크러-들다(-들고·-드니) 자 점점 쭈크러져 작아지다. ☞쪼크라들다. 쭈그러들다

쭈크러-뜨리다(트리다) 타 힘을 주어 쭈크러지게 하다. ☞쪼크라뜨리다. 쭈그러뜨리다

쭈크러-지다 자 몹시 쭈그러지다. ☞쪼크라지다. 쭈그러지다

쭈크리다 타 ①누르거나 우그리거나 하여 부피를 아주 작게 만들다. ②팔다리를 우그려 몸을 아주 작게 움츠리다. ☞쪼크리다. 쭈그리다

쭉 부 ①줄이나 금을 단번에 세게 긋는 모양을 나타내는 말. ¶선을 – 긋다. ②한 갈래로 시원스레 이어진 모양을 나타내는 말. ¶ – 뻗은 고속 도로. ③여럿이 가지런히 배게 늘어서거나 벌여져 있는 모양을 나타내는 말. ¶사람들이 – 늘어서다./벽에 사진이 – 걸려 있다. ④활짝 곧게 펴거나 벌리는 모양을 나타내는 말. ¶허리를 – 펴다. ⑤한 가닥으로 세게 훑거나 찢거나 하는 모양을 나타내는 말. ¶장조림 고기를 – 찢다./배추를 – 가르다. ⑥대충 빨리 훑어보는 모양을 나타내는 말. ¶집 안을 – 둘러보다./머릿기사만 – 훑어보다. ⑦거침없이 빨리 읽거나 말하는 모양을 나타내는 말. ¶차례를 – 외우다./자초지종을 – 말하다. ⑧물 따위를 단숨에 빨거나 들이마시는 모양을 나타내는 말. ¶냉수를 – 들이켜다. ☞죽[2]. 쪽[6]

쭉-신 명 해지고 쭈그러진 헌 신.

쭉정-밤 명 잘 여물지 않아 알맹이가 없이 쭉정이 뿐인 밤.

쭉정이 명 잘 여물지 않아 껍질만 있고 알맹이가 들지 않은 낟알이나 과실.

쭉-쭉 부 ①줄이나 금을 자꾸 세게 긋는 모양을 나타내는 말. ¶줄을 – 긋다. ②여럿이 한 갈래씩 시원스레 이어진 모양을 나타내는 말. ③여럿이 가지런히 배게 잇달아 늘어서거나 벌여져 있는 모양을 나타내는 말. ④활짝 곧게 자꾸 펴거나 벌리는 모양을 나타내는 말. ¶팔다리를 – 펴다. ⑤한 가닥씩 자꾸 세게 훑거나 찢거나 하는 모양을 나타내는 말. ⑥대충 빨리 자꾸 훑어보는 모양을 나타내는 말. ⑦거침없이 빨리 자꾸 읽거나 말하는 모양을 나타내는 말. ⑧물 따위를 자꾸 빨거나 들이마시는 모양을 나타내는 말. ☞죽죽. 쪽쪽

쭌득-거리다(대다) 자 쭌득쭌득한 느낌이 나다. ☞준득거리다. 쫀득거리다

쭌득-쭌득 부 -하다 형 씹는 감촉이 쫄깃쫄깃하고 차진 모양을 나타내는 말. ☞준득준득. 쫀득쫀득

쭐깃-쭐깃[-긴-] 부 -하다 형 매우 쭐깃한 느낌을 나타내는 말. ☞줄깃줄깃. 쫄깃쫄깃

쭐깃-하다[-긴-] 형여 씹는 감촉이 감칠맛 있게 쫄깃하다. ☞줄깃하다. 쫄깃하다

쭐레-쭐레 부 가벼운 몸짓으로 까불며 남을 따라가거나 따라오는 모양을 나타내는 말. ☞줄레줄레. 쫄래쫄래

쭐룩-쭐룩 부 -하다 형 긴 물체가 군데군데 매우 홀쭉하게 들어가 있는 모양을 나타내는 말. ☞줄룩줄룩. 짤록짤록. 찔룩찔룩

쭐룩-하다 형여 긴 물체의 가운데가 매우 홀쭉하게 들어가 있다. ☞줄룩하다. 짤록하다. 찔룩하다

-쭝(∠重) 접미 무게의 단위인 '냥', '돈', '푼' 따위에 붙어 '무게'의 뜻을 나타냄. ¶한 냥쭝/두 돈쭝

쫑그리다 타 귀를 빳빳하게 치켜 세우거나 입을 뾰족이 내밀다. ☞쫑그리다

쫑긋 부 귀나 입 따위를 한 번 쫑그리는 모양을 나타내는 말. ¶토끼가 귀를 – 세우다. ☞쫑긋

쫑긋-거리다(대다)[-귿-] 자 귀나 입 따위를 자꾸 쫑그리다. ☞쫑긋거리다

쫑긋-쫑긋[-귿-] 부 귀나 입 따위를 자꾸 쫑그리는 모양을 나타내는 말. ☞쫑긋쫑긋

쫑긋-하다[-귿-] 형여 귀 따위가 꼿꼿이 서 있다. ☞쫑긋하다

쫑긋-이 부 쫑긋하게

쭝덜-거리다(대다) 자 불평스레 쭝얼거리다. ☞중덜거리다. 쫑달거리다

쭝덜-쭝덜 부 쭝덜거리는 모양을 나타내는 말. ☞중덜중덜. 쫑달쫑달

쭝얼-거리다(대다) 자타 제법 또렷한 말소리로 혼잣말을 자꾸 하다. ☞중얼거리다. 쫑알거리다

쭝얼-쭝얼 부 쭝얼거리는 모양을 나타내는 말. ¶틈만 나면 – 대사를 외다./걸핏하면 – 불평을 늘어놓다. ☞중얼중얼. 쫑알쫑알

쭝절-거리다(대다) 자 수다스레 중절거리다. ☞중절거리다. 쫑잘거리다

쭝절-쭝절 부 쭝절거리는 모양을 나타내는 말. ☞중절중절. 쫑잘쫑잘

-쯤 접미 '견줌의 정도'의 뜻을 나타냄. ¶오늘쯤/반쯤/어디쯤/얼마쯤 ☞-께

쯧쯧[쯛-] 감 마음에 못마땅하거나 가엾거나 하여 가볍게 혀를 차는 소리.

찌[1] 명 특별히 기억할 것을 표시해 두려고 그대로 글을 써서 붙이는 좁고 기름한 종이쪽.

찌[2] 명 '낚시찌'의 준말.

찌[3] 명 젖먹이에게 '똥'을 이르는 말.

찌개[1] 명 고기나 채소에 된장·고추장 따위를 풀어 바특하게 끓인 음식. ☞조치

찌개[2] 명 윷판의 앞밭과 뒷밭을 거쳐 열두째 말밭의 이름. 곧 쨀밭의 둘째 말밭임.

찌걱 부 나무로 짠 이음매 따위가 느슨해지거나 하여 움직일 때마다 서로 쓸리면서 나는 소리를 나타내는 말. ¶낡은 대문이 – 소리를 내며 열리다. ☞찌꺽

찌걱-거리다(대다) 자 자꾸 찌걱 소리가 나다. ☞찌꺽거리다

찌걱-찌걱 부 찌걱거리는 소리를 나타내는 말. ☞찌꺽찌꺽

찌걸 명 윷판의 앞밭과 뒷밭을 거쳐 열셋째 말밭의 이름. 곧 쨀밭의 셋째 말밭임.

찌그러-뜨리다(트리다) 타 눌러서 몹시 찌그러지게 하다. ☞짜그라뜨리다

찌그러-지다 자 ①눌리어 바짝 우그러지다. ¶찌그러진 냄비. ②몹시 여위어 살가죽이 쭈글쭈글해지다. ☞짜그라지다

찌그럭-거리다(대다) 자 하찮은 일로 자꾸 불평을 늘어놓으며 매우 성가시게 굴다. ☞지그럭거리다. 짜그락거리다

찌그럭-짜그락 부 찌그럭거리고 짜그락거리는 모양을 나타내는 말.

찌그럭-찌그럭 부 찌그럭거리는 모양을 나타내는 말. ☞지그럭지그럭. 짜그락짜그락

찌그렁이 명 ①남에게 무리하게 떼를 쓰는 짓. ②제대로 여물지 못하여 찌그러진 열매.
찌그렁이(를) 부리다 관용 남에게 무리하게 떼를 쓰다.

찌그르르 부 좀 잦아진 물이나 기름 따위가 세차게 끓어 버썩 졸아붙는 소리를 나타내는 말. ☞지그르르. 짜그르르

찌그리다 타 ①눌러서 찌그러지게 하다. ¶운동화 뒤축을 찌그려 신다. ②힘살에 힘을 주어 주름이 잡히게 하다. ¶양미간을 –. ☞짜그리다

찌근-거리다(대다) 자 짓궂은 행동으로 자꾸 몹시 귀찮게 굴다. ☞지근거리다. 짜근거리다. 치근거리다

찌근덕-거리다(대다) 자 몹시 끈덕지게 찌근찌근 귀찮게 굴다. ☞지근덕거리다. 짜근덕거리다. 치근덕거리다

찌근덕-찌근덕 부 찌근덕거리는 모양을 나타내는 말. ☞지근덕지근덕. 짜근덕짜근덕. 치근덕치근덕

찌근-찌근 부 찌근거리는 모양을 나타내는 말. ☞지근지근. 짜근짜근. 치근치근

찌글-찌글 부 -하다 형 물체가 몹시 찌그러져 있는 모양을 나타내는 말. ¶– 찌그러진 깡통./늙어서 –한 얼굴.

ㅈ

☞짜글짜글[2]

찌긋 부 ①눈치채게 하려고 눈을 한 번 슬쩍 찌그리는 모양을 나타내는 말. ②남에게 어떤 뜻을 알아채게 하려고 옷자락 따위를 슬쩍 한 번 잡아당기는 모양을 나타내는 말. ☞짜긋

찌긋-거리다(대다)[−귿−] 타 ①눈치채게 하려고 눈을 자꾸 슬쩍 찌그리다. ②남에게 어떤 뜻을 알아채게 하려고 옷자락 따위를 자꾸 슬쩍 잡아당기다. ☞짜긋거리다

찌긋-찌긋[−귿−] 부 찌긋거리는 모양을 나타내는 말. ☞짜긋짜긋

찌긋-하다[−그−] 형여 눈을 좀 찌그린듯 하다. ☞짜긋하다

　찌긋-이 부 찌긋하게

찌꺼기 명 ①액체가 다 빠진 뒤에 바닥에 남은 물질. 사재(渣滓) ¶술 −/기름 − ②쓸만 하거나 값어치가 있는 것을 골라낸 나머지. ¶음식물 − 준 찌끼

찌꺽 부 나무로 짠 이음매 따위가 느슨해지거나 하여 움직일 때마다 서로 몹시 쓸리면서 나는 소리를 나타내는 말. ¶마루가 낡아서 밟을 때마다 − 소리가 난다. ☞찌걱

찌꺽-거리다(대다) 자 자꾸 찌꺽 소리가 나다. ☞찌걱거리다

×**찌꺽지** 명 →찌꺼기

찌꺽-찌꺽 부 찌꺽거리는 소리를 나타내는 말. ☞찌걱찌걱

찌끼 명 '찌꺼기'의 준말.

찌끼-술 명 술독에 용수를 박아 맑은 술을 떠낸 뒤에 밑바닥에 처진 술.

찌-낚시[−낙−] 명 낚싯줄에 달린 찌의 움직임을 보고 물고기를 낚는 낚시. ☞맥낚시

찌다[1] 자 살이 올라서 뚱뚱해지다. ¶먹고 자기만 하니 살이 찐다.

찌다[2] 자 흙탕물 따위가 논이나 밭에 넘쳐 흐를 만큼 괴다.

찌다[3] 자 뜨거운 김을 쐬는 것처럼 몹시 더워지다. ¶날씨가 푹푹 −.

찌다[4] 타 ①우거진 갈대·참대·삼 따위를 성기게 베어 내다. ②모판에서 모를 모숨모숨 뽑아 내다. ¶모를 −. ③낫 따위로 나무나 풀을 베어 내다. ¶숲에서 나무를 쪄 내다.

찌다[5] 타 뜨거운 김으로 익히거나 데우다. ¶고구마를 −.

한자 찔 증(蒸) 〔艸部 10획〕 ¶증류(蒸溜)/증열(蒸熱)

찌다[6] 타 시집간 여자가 목 뒤로 빗어 넘긴 머리털을 땋아서 뒤통수로 틀어 올려 비녀를 꽂다. ¶쪽을 −.

찌도 명 윷판의 앞밭과 뒷밭을 거쳐 열한째 말밭의 이름. 곧 뒷밭에서 쨀밭 쪽으로 첫째 말밭임.

찌드럭-거리다(대다) 자 남에게 끈적끈적 자꾸 몹시 귀찮게 굴다. ☞지드럭거리다. 짜드락거리다

찌드럭-찌드럭 부 찌드럭거리는 모양을 나타내는 말. ☞지드럭지드럭. 짜드락짜드락

찌득-찌득 부-하다 형 물건이 잘 끊어지거나 떨어지지 않을 만큼 몹시 검질긴 모양을 나타내는 말. ☞짜득짜득

찌들다(찌들고·찌드니) 자 ①물건이 낡고 때나 기름기에 절어 더럽게 되다. ¶때에 찌든 와이셔츠 깃./땀과 기름에 찌들어 번들거리는 작업복. ②세상일에 몹시 시달려 지치다. ¶가난에 −./고생에 찌든 얼굴. ☞짜들다

찌뜰름-찌뜰름 부 한목에 다 주지 않고 이따금 조금씩 주면서, 그나마도 주다 말다 하는 모양을 나타내는 말. ☞짜뜰름짜뜰름. 찔끔찔끔

찌러기 명 성질이 몹시 사나운 황소.

찌르다(찌르고·찔러) 타르 ①끝이 뾰족하거나 날카로운 것으로 세게 들이밀다. ¶엄지손가락을 바늘로 −./옆구리를 손가락으로 쿡 −./감자가 익었는지 젓가락으로 찔러 보다. ②어떤 틈이나 사이를 헤집고 무엇을 집어넣다. ¶주머니에 손을 −./허리춤에 권총을 찔러 두다. ③'남의 비밀 따위를 일부러 알려 주다'를 속되게 이르는 말. ¶동료의 수뢰 사실을 경찰에 −. ④어떤 일에 밑천을 들이다. ¶노름판에서 돈을 −. ⑤감정을 날카롭게 건드리다. ¶폐부를 찌르는 한 마디./양심을 −./한마디 한마디가 아픈 곳을 −. ⑥어떤 부분을 날카롭게 집어서 가리키다. ¶정곡을 −./문제의 핵심을 −./허를 −. ⑦냄새가 코를 심하게 자극하다. ¶쓰레기 썩는 냄새가 코를 −. ☞쏘다

찔러도 피 한 방울 안 나겠다 관용 ①빈틈이 전혀 없고 야무짐을 비유하여 이르는 말. ②몹시 인색하거나 모질음을 비유하여 이르는 말. 〔이마를 뚫어도 진물도 아니 난다/이마를 찔러도 피 한 방울 안 나겠다〕

한자 찌를 자(刺) 〔刀部 6획〕 ¶자상(刺傷)/자창(刺創)
　찌를 척(刺) 〔刀部 6획〕 ¶척살(刺殺)
　찌를 충(衝) 〔行部 9획〕 ¶충격(衝擊)/충천(衝天)

찌르레기 명 찌르레깃과의 새. 몸길이 21cm 안팎. 머리·멱·가슴은 어두운 회색, 이마와 배는 백색이며, 부리는 주황색인데 끝은 흑색임. 잡식성으로, 개구리와 쥐, 곤충, 나무 열매 등을 먹으며 아시아 동북부에 분포하고 중국 남부 등지에서 월동함.

찌르르 부-하다 형 ①뼈마디 따위가 좀 저릿한 느낌을 나타내는 말. ¶− 전기가 통하다. ②물체의 거죽에 기름기나 윤기가 많이 흘러서 뻔지르르한 모양을 나타내는 말. ☞지르르. 짜르르

찌르륵 부 조금 남은 액체가 대롱 따위에 빨리어 올라오는 소리를 나타내는 말. ☞짜르륵

찌르륵-찌르륵 부 잇달아 찌르륵 하는 소리를 나타내는 말. ☞짜르륵짜르륵

찌르릉 부 초인종 따위가 울리는 소리를 나타내는 말. ¶초인종이 − 울리다.

찌르릉-찌르릉 부 초인종 따위가 자꾸 울리는 소리를 나타내는 말.

찌릿-찌릿[−릳−] 부-하다 형 ①살이나 뼈마디가 매우 저린 느낌을 나타내는 말. ¶오래 앉아 있었더니 다리가 − 저리다. ②강한 자극을 받아 감전된듯이 몸이 몹시 움찔움찔 한 느낌을 나타내는 말. ¶− 느낌이 오다. ☞짜릿짜릿. 쩌릿쩌릿

찌릿-하다[−릳−] 형여 ①살이나 뼈마디에 저린 느낌이 강하다. ②강한 자극으로 감전된듯이 몸이 몹시 움찔 한 느낌이 있다. ☞짜릿하다. 쩌릿하다

찌모 명 윷판의 앞밭과 뒷밭을 거쳐 열다섯째 말밭 이름. 곧 쨀밭의 다섯째 말밭임.

찌무룩-하다 형여 못마땅하게 여기는 빛이 얼굴에 드러나 있다.

　찌무룩-이 부 찌무룩하게 ¶− 대꾸하다.

찌부러-뜨리다(트리다) 타 찌부러지게 하다. ☞짜부라뜨리다

찌부러-지다 타 ①물체가 눌리거나 부딪히거나 하여 몹시 찌그러지다. ¶충돌 사고로 차가 −. ②기세 따위가 꺾이어 맥이 빠지다. ¶사업에 실패하고 찌부러져 지내다. ☞짜부라지다

찌뻑-거리다(대다) 자 찌뻑찌뻑 걷다. ☞지벅거리다. 지뻑거리다

찌뻑-찌뻑 부 길이 험하거나 어두워서 잘 보이지 않을 때, 발에 힘이 없거나 지칠 때 매우 위태롭게 걷는 모양을 나타내는 말. ☞지벅지벅. 지뻑지뻑

찌뿌드드-하다 형여 ①몸살이나 감기 따위를 앓는 것처럼 몸이 무겁고 거북하다. ¶몸살이 나려는지 몸이 −. ②비나 눈이 올 것같이 날씨가 매우 흐리다. ¶오후 내내 하늘이 −. 준 뿌드드하다

찌우다 타 ①살을 찌게 하다. ②모를 찌게 하다. ③쪽을 찌게 하다.

찌욷 명 윷판의 앞밭과 뒷밭을 거쳐 열넷째 말밭 이름. 곧 쨀밭의 넷째 말밭임.

찌증 명 '짜증'을 좀더 큰 어감(語感)으로 이르는 말.

찌-지(−紙) 명 무엇을 표하거나 적어 붙이는 종이 쪽지. 부표(附票)

찌푸리다 타 ①얼굴을 몹시 찡그리다. ¶못마땅하여 이맛살을 −. ②〔자동사처럼 쓰임〕 날씨가 몹시 흐려지다. ¶잔뜩 찌푸린 하늘. ☞째푸리다

찍[1] 부 액체가 한 줄기로 세게 뻗치는 모양, 또는 그 소리를 나타내는 말. ¶활개똥을 — 깔기다./물딱총으로 물을 — 내쏘다. ☞직[2]

찍[2] 부 ①줄이나 획을 세게 긋는 모양, 또는 그 소리를 나타내는 말. ¶줄을 단번에 — 긋다./종이에 빗금을 — 긋다. ②엷고 질긴 물건이 급자기 세게 째지는 소리, 또는 그 모양을 나타내는 말. ¶치맛자락이 못에 걸려 — 찢어지다. ③물체가 몹시 문질리면서 미끄러지는 소리, 또는 그 모양을 나타내는 말. ¶얼음판에 — 미끄러지다. ☞직[3]. 짝[6]. 쭉

찍다[1] 타 ①대고 눌러서 자국을 내다. ¶계약서에 도장을 —./편지에 소인을 —. ②물건의 끝에 가루나 액체 따위를 묻히다. ¶삶은 달걀을 소금에 찍어 먹다./로션을 얼굴에 찍어 바르다. ③인쇄기에 걸어 글자나 그림 따위가 나타나게 하다. ¶신문을 —./명함을 —./책을 만부 —. ④어떤 틀에 넣어서 물건을 일정한 크기와 모양으로 만들다. ¶흙벽돌을 —./기왓장을 찍어 내다. ⑤사진기나 촬영기로 사물의 모양을 필름 따위에 옮겨 담다. ¶사진을 —./비디오를 —./영화를 —. ⑥점이나 문장 부호 따위를 써넣다. ¶점을 —./느낌표를 —. ⑦여럿 가운데서 어느 하나를 특별히 눈여겨볼 대상으로 짚다. ¶장래 색싯감으로 찍어 둔 여자./할인할 때 사려고 찍어 놓은 옷.

찍다[2] 타 ①자르기 위해 날이 선 연장으로 내리치다. ¶도끼로 나무를 —./열 번 찍어 아니 넘어가는 나무 없다. ②끝이 물체의 속에 박히도록 내리치거나 찌르다. ¶곡괭이로 언 땅을 —./고깃점을 포크로 찍어 먹다. ③기구를 눌러서 구멍을 뚫거나 철하다. ¶개표원이 영화 입장권을 —./펀치로 종이를 —.

찍-소리 명 주로 '없다'·'못하다'·'말다'와 같은 부정을 나타내는 말과 함께 쓰이어, 조금이라도 거스르거나 불평하려는 소리를 이르는 말. ¶윗사람 앞에서는 —도 못한다./여기서 — 말고 기다려라. ☞짹소리

찍어-매다 타 실이나 노끈 따위로 대충 꿰매다.

찍-찍[1] 부 액체가 한 줄기로 세게 자꾸 뻗치는 모양, 또는 그 소리를 나타내는 말. ☞직직[1]

찍-찍[2] 부 ①줄이나 획을 세게 자꾸 긋는 모양, 또는 그 소리를 나타내는 말. ¶종이에 줄을 — 긋다. ②엷고 질긴 물건이 급자기 세게 자꾸 째지는 소리, 또는 그 모양을 나타내는 말. ¶원고를 — 찢다. ③물체가 몹시 문질리면서 잇달아 미끄러지는 소리, 또는 그 모양을 나타내는 말. ④신발 따위를 마구 끌며 걷는 소리, 또는 그 모양을 나타내는 말. ¶슬리퍼를 — 끌고 다니다. ☞직직[2]. 짝짝[2]

찍찍[3] 부 쥐 따위가 내는 소리를 나타내는 말.

찍히다 자 찍음을 당하다.

찐-덥다(—덥고·—더워) 형ㅂ ①마음에 반갑고 흐뭇하다. ¶오랜만에 찾아온 제자를 찐덥게 여기다. ②마음에 거리끼는 것이 없고 떳떳하다. ¶가난하지만 찐덥게 살아가다.

찐득-거리다(대다) 자 찐득찐득하게 자꾸 들러붙다. ☞진득거리다. 짠득거리다

찐득-찐득 부-하다 형 물체가 눅진눅진하고 매우 끈적끈적한 모양을 나타내는 말. ¶— 들러붙는 송진./—한 조청. ☞진득진득. 짠득짠득

찐-보리 명 애벌 쪄서 그냥 안칠 수 있게 가공한 보리.

찐-쌀 명 덜 여문 벼를 쪄서 말려 찧은 쌀.

찐-조 명 덜 여문 조를 쪄서 말려 찧은 좁쌀.

찐:-하다 형여 지난 일이 뉘우쳐져 마음이 못내 언짢고 아프다. ¶아이를 야단치고 나니 마음이 —. ☞짠하다

찔깃-찔깃[—긴—] 부-하다 형 매우 찔깃한 느낌을 나타내는 말. ☞질깃질깃. 짤깃짤깃

찔깃-하다[—긴—] 형여 씹는 감촉이 매우 질긴듯 하다. ¶찔깃한 고기. ☞질깃하다. 짤깃하다

찔꺽-거리다(대다) 자 찔꺽찔꺽 하다. ¶비 내리는 논둑을 찔꺽거리며 걸어가다.

찔꺽-눈 명 늘 눈가가 진물진물한 눈. ☞짤깍눈

찔꺽눈-이 명 늘 눈가가 진물진물한 사람. ☞짤깍눈이

찔꺽-찔꺽 부 묽은 반죽이나 진흙 따위가 자꾸 들러붙거나 밟히는 소리, 또는 그런 느낌을 나타내는 말. ¶반죽이 너무 질어서 — 한다.

찔끔[1] 부 ①매우 적은 양의 액체가 잠깐 쏟아지는 모양을 나타내는 말. ¶오줌을 — 누다./비가 — 내리다. ②눈물 따위를 아주 조금 흘리는 모양을 나타내는 말. ¶너무 아파서 눈물이 — 나오다. ③액체를 아주 조금 흘리거나 따르거나 하는 모양을 나타내는 말. ¶간장을 — 흘리다./술을 잔에 — 따르다. ☞질금. 짤끔

찔끔[2] 부 갑자기 놀라거나 겁이 나서 몸을 움츠리는 모양을 나타내는 말. ¶— 놀라다./무서워서 눈을 — 감다./아버지의 호통에 속으로 — 하다.

찔끔-거리다(대다) 타 ①오줌을 찔끔찔끔 누다. ②눈물이나 콧물을 찔끔찔끔 흘리다. ☞질금거리다. 짤끔거리다

찔끔-찔끔[1] 부 매우 적은 양의 액체가 조금씩 쏟아지는 모양을 나타내는 말. ☞질금질금. 짤끔짤끔[1]

찔끔-찔끔[2] 부 무엇을 여러 번에 걸쳐 매우 조금씩 갈라 주거나 쓰는 모양을 나타내는 말. ☞짤끔짤끔[2]

찔뚝-찔뚝 부-하다 형 군데군데 찔뚝한 모양을 나타내는 말. ☞질뚝질뚝. 짤똑짤똑[2]

찔뚝-하다 형여 길쭉한 물체의 한 부분이 움푹 들어가 매우 찔룩하다. ☞질뚝하다. 짤똑하다

찔레 명 찔레나무

찔레-꽃 명 찔레나무의 꽃.

찔레-나무 명 장미과의 낙엽 활엽 관목. 높이는 2m 안팎. 줄기에 가시가 있고, 잎은 깃꼴 겹잎으로 어긋맞게 남. 5월경에 백색이나 분홍색 꽃이 원추(圓錐) 꽃차례로 피고, 9월경에 열매가 붉게 익음. 열매는 한방에서 '영실(營實)'이라 하여 약재로 쓰임. 우리 나라와 일본 등지에 분포함. 들장미. 찔레

찔룩-찔룩 부-하다 형 군데군데 찔룩한 모양을 나타내는 말. ☞질룩질룩. 짤록짤록[2]

찔룩-하다 형여 ①길쭉한 물체의 한 부분이 매우 홀쭉하게 들어가 가늘다. ②길고 두두룩한 물체의 한 부분이 매우 우묵하게 꺼져 있다. ☞질룩하다. 짤록하다

찔름-거리다(대다) 자타 그릇에 그뜩 찬 액체가 흔들려 조금씩 자꾸 넘치다, 또는 그리 되게 하다. ☞질름거리다. 짤름거리다[2]

찔름-찔름 부 ①그릇에 그뜩 찬 액체가 흔들려 조금씩 넘치는 모양을 나타내는 말. ②동안이 매우 뜨게 여러 번에 걸쳐 조금씩 주는 모양을 나타내는 말. ☞질름질름. 짤름짤름[2]

찔리다 자 ①뾰족하거나 날카로운 끝에 찌름을 당하다. ¶가시에 —./칼에 —. ②양심에 거리끼다. ¶친구를 속인 것이 양심에 —.

찔쑥-찔쑥 부-하다 형 군데군데 찔쑥한 모양을 나타내는 말. ☞질쑥질쑥. 짤쏙짤쏙[2]

찔쑥-하다 형여 길쭉한 물체의 한 부분이 움쑥 들어가 매우 찔룩하다. ☞질쑥하다. 짤쏙하다

찔쑥-이 부 찔쑥하게 ☞질쑥이. 짤쏙이

찔찔 부 ①구멍이나 틈으로 물 따위가 보기 흉하게 조금씩 흘러내리는 모양을 나타내는 말. ¶눈물을 — 짜다. ②지닌 물건을 여기저기 심한 정도로 빠뜨리거나 흘리는 모양을 나타내는 말. ¶복사지를 — 흘리고 다니다. ③신발이나 다리를 몹시 끄는 모양을 나타내는 말. ¶실내화를 — 끌고 다니다. ④정한 날짜를 몹시 잦게 자꾸 미루는 모양을 나타내는 말. ¶만나기로 한 날을 — 끌다. ☞질질. 짤짤

찜 명 ①양념한 어육이나 오이, 호박 등을 김으로 찌거나 중탕으로 익히거나 국물이 바특하게 삶은 음식. ②'찜질'의 준말.

찜 쪄 먹다 관용 재주나 수단 따위가 다른 것에 견주어 비교가 안 될 만큼 뛰어나다.

찜부럭 명 몸이나 마음이 괴로울 때 걸핏하면 내는 짜증. ¶—을 내다./—을 부리다.

찜-없:다[-업-] 형 ①맞붙은 틈에 흔적이 전혀 없다. ②일이 잘 어울려서 아무 틈이 생기지 아니하다.

찜-없이 부 찜없게

찜-질 명 -하다 자타 ①약물이나 더운물에 적신 헝겊, 얼음을 넣은 주머니 따위를 아픈 자리에 대어 병을 고치는 일. ¶얼음 주머니로 ―을 하다. ②온천이나 뜨거운 물에 몸을 담그거나 더운 모래밭에 몸을 묻어서 땀을 흘리는 일. ¶모래― 준 찜

찜찜-하다 형여 마음에 걸리거나 꺼림칙한 느낌이 있다. ☞짐짐하다

찜-통(-桶) 명 뜨거운 김으로 음식을 찌는 조리 기구.

찝찔-하다 형여 ①맛이 없이 조금 짜다. ②일이 되어가는 모양이 못마땅하다. ☞짭짤하다

찡 부 큰 얼음장 따위가 급자기 갈라지는 소리를 나타내는 말. ☞짱

찡검-찡검 부 띄엄띄엄 빠르게 징그는 모양을 나타내는 말. ☞징검징검

찡그리다 타 얼굴의 힘살을 움직이어 구김살이 지게 하다. ¶이가 아파서 얼굴을 ―. ☞쨍그리다

찡긋 부 눈이나 코를 한 번 슬쩍 찡그리는 모양을 나타내는 말.

찡긋-거리다(대다)[-귿-] 타 눈이나 코를 자꾸 슬쩍 찡그리다. ¶코를 ―.

찡긋-찡긋[-귿-] 부 찡긋거리는 모양을 나타내는 말.

찡기다 자 팽팽하게 켕기지 못하고 구겨져서 쭈글쭈글하게 되다.

찡등-그리다 타 못마땅하여 얼굴을 몹시 찡그리다. ☞짱당그리다

찡얼-거리다(대다) 자 어린아이가 몸이 불편하거나 못마땅하거나 하여 우는 소리로 몹시 보채다. ☞징얼거리다. 칭얼거리다

찡얼-찡얼 부 찡얼거리는 모양을 나타내는 말. ☞징얼징얼. 칭얼칭얼

찡찡 부 못마땅하여 짜증을 내며 찡얼거리는 모양을 나타내는 말. ☞징징. 쨍쨍[3]

찡찡-거리다(대다) 자 못마땅하여 짜증을 내며 찡얼거리다. ☞징징거리다. 쨍쨍거리다

찡찡-이 명 '코찡찡이'의 준말.

찡찡-하다 형여 ①마음에 걸리는 일이 있어 거북하고 겸연쩍다. ②코가 막혀서 숨 쉬기가 거북하다. ¶코감기에 걸려서 코가 ―.

찡-하다 형여 눈물이 나올 만큼 벅차다. ¶따뜻한 말 한마디에 코끝이 찡해 오다./찡한 감동이 밀려오다.

찢기다[찓-] 자 찢음을 당하다. ¶옷이 못에 걸려 ―./편지가 발기발기 ―.

찢다[찓-] 타 ①물체를 잡아당겨서 갈라지게 하다. ¶원고를 ―./편지 봉투를 찢어 편지를 꺼내다. ②날카로운 소리가 귀를 몹시 심하게 자극하다. ¶한밤중에 귀를 찢는 비명이 들려 오다.

찢-뜨리다(트리다)[찓-] 타 종이나 헝겊 따위를 무심결에 찢어지게 하다.

찢어-발기다 타 갈기갈기 찢다.

찢어-지다 자 찢기어 갈라지다. ¶옷이 ―.

한자 **찢어질 렬**(裂) 〔衣部 6획〕 ¶균열(龜裂)/분열(分裂)/열상(裂傷)/파열(破裂)

찧다 타 ①곡식의 겉껍질이나 속껍질을 벗기기 위하여 공이 따위로 내리치다. ¶보리를 ―./방아를 ―. ②무거운 물건으로 물체를 내리치다. ③어디에 세게 부딪다. ¶빙판에 엉덩방아를 ―./벽에 이마를 ―.

찧고 까불다 관용 곡식을 공이로 찧고 키로 까불듯이, 되지 않은 소리로 사람을 깎아 내렸다 치켜 세웠다 하며 말장난을 하다.

속담 **찧는 방아도 손이 나들어야 한다** : 무슨 일에나 힘을 들여야 그 일이 잘 된다는 말.

ㅈ

ㅊ

ㅊ 훈민정음 자모　　훈몽자회 자모 ㅊ

차(車)[1] 명 바퀴를 굴려서 나아가게 만든 탈것이나 짐을 실어 나르는 수레를 통틀어 이르는 말.〔특히, 자동차를 이르는 경우가 많음.〕 ¶손님을 −에 태우다./−에 짐을 실어 나르다.

차(車)[2] 명 장기에서, '車' 자로 나타낸 장기짝의 하나. 한 편에 둘씩 네 개가 있으며, 가로세로 어느 방향이든지 일직선으로 이동하여 상대편 말을 잡을 수 있음.
 속담 **차 치고 포(包) 치다** : ①상대편의 중요한 장기짝인 차를 잡고 연이어 포를 잡듯이, 무슨 일에나 당당하게 덤비어 잘 해결함을 이르는 말. ②이리 치고 저리 치며 몹시 방자하게 날뜀을 이르는 말.

차(茶) 명 ①'차나무'의 준말. ②차나무의 어린잎과 순을 따서 만든 음료의 재료, 또는 그것을 달인 물. ③보리차·생강차·율무차·인삼차·커피 등의 음료를 두루 이르는 말.

한자 **차 다/차**(茶)〔艸部 6획〕 ¶다과(茶菓)/다방(茶房)/다식(茶食)/녹차(綠茶)/엽차(葉茶)/차례(茶禮)

▶ '茶'의 독음(讀音)
 본디 음은 '차', 속음(俗音)은 '다'
 ① '차'로 읽는 단어 — 녹차(綠茶)/농차(濃茶)/홍차(紅茶)
 ② '다'로 읽는 단어 — 다갈색(茶褐色)/다과(茶菓)/다구(茶具)/다도(茶道)/다방(茶房)/다색(茶色)/다식(茶食)/다연(茶煙)
 ③ '다'로도 읽고 '차'로도 읽는 단어들 — 다관·차관(茶罐)/다기·차기(茶器)/다례·차례(茶禮)/다종·찻종(茶鍾)

차(差) 명 ①비교하였을 때 서로 다른 정도. ¶실력의 −./서로의 견해 −를 줄이다. ②어떤 수나 식에서 다른 수나 식을 덜어 낸 나머지 수나 식.

차(次) 의 어미 '-던' 다음에 쓰이어, 어떤 일을 하거나 하려던 기회나 순간. ¶기다리던 −에 차(車)가 왔다.

차(此) 대 이. 이것 ¶−로써 세계 만방에 고하야 ….

차- 접두 '찰기가 있음'의 뜻을 나타냄. ¶차조 ☞찰-. 메-

차(次)-《접두사처럼 쓰이어》'다음'의 뜻을 나타냄. ¶차세대(次世代)/차연도(次年度)

-차(次)《접미사처럼 쓰이어》①'차례'의 뜻을 나타냄. ¶제30차 회의. ②'그것을 하려는 목적'의 뜻을 나타냄. ¶인사차(人事次)/피서차(避暑次)

차간(車間) 명 차와 차 사이. ¶− 거리 ☞찻간

차감(差減) 명 -하다 타 비교하여 덜어 냄, 또는 비교하여 줄어든 차이. ¶− 잔액

차갑다(차갑고·차가워) 형 ㅂ ①싸늘하게 차다. ¶공기가 −./차가운 손. ②다정한 데가 없이 쌀쌀하다. 냉정하다 ¶태도가 −./차가운 시선. ☞뜨겁다

차:견(借見) 명 -하다 타 남의 서화(書畫) 따위를 빌려서 봄. 차람(借覽)

차견(差遣) 명 -하다 타 일정한 임무를 맡겨 사람을 보냄. 차송(差送). 파견(派遣)

차:경차:희(且驚且喜) 성구 한편 놀라면서 한편 기뻐함을 이르는 말.

차:계(遮戒) 명 불교에서, 본래는 나쁜 짓이 아니나 나쁜 짓을 저지르게 되기 쉽다고 하여 금지한 계율을 이르는 말. 불음주계(不飮酒戒) 따위.

차고(車庫) 명 차를 넣어 두는 곳간.

차고-앉다[−안따] 타 무슨 일을 도맡아서 하다.

차곡-차곡 부 물건을 가지런하게 포개거나 쌓는 모양을 나타내는 말. ¶신문지를 − 포개다./이불을 − 개다.

차골(次骨) 명 -하다 자 원한이 뼈에 사무침.

차관(次官) 명 장관(長官)을 보좌하고 그를 대리할 수 있는 보조 기관, 또는 그 직위에 있는 사람.

차:관(借款) 명 -하다 자 국제간에 장기 자금을 빌려 주거나 빌려 씀. 정부 차관과 민간 차관 등이 있음.

차관(茶罐) 명 차를 우리는 데 쓰이는 그릇. 작은 주전자와 비슷하게 생겼음. 다관(茶罐)

차관-보(次官補) 명 장관과 차관을 보좌하는 기관, 또는 그 직위에 있는 사람.

차:광(遮光) 명 -하다 자 빛을 가림, 또는 빛이 안으로 새어 들거나 밖으로 새어 나가지 않도록 함. ☞채광(採光)

차:광=재:배(遮光栽培) 명 단일 식물(短日植物)의 꽃 피는 시기를 앞당기기 위하여 검은 천 따위로 일정 시간 햇빛을 가려 일조 시간을 짧게 하는 재배법. ☞장일 식물(長日植物)

차군(此君) 명 대나무를 달리 이르는 말. 중국 진(晉)나라 때 왕휘지(王徽之)의 글에서 유래함.

차근-거리다(대다) 자 ①성가시게 자분거리다. ②귀찮게 몹시 졸라 대다. ☞자근거리다. 짜근거리다. 치근거리다

차근덕-거리다(대다) 자 몹시 끈덕지게 달라붙으며 귀찮게 행동하다. ☞자근덕거리다. 짜근덕거리다. 치근덕거리다

차근덕-차근덕 부 몹시 끈덕지게 달라붙으며 귀찮게 행동하는 모양을 나타내는 말. ☞자근덕자근덕. 짜근덕짜근덕. 치근덕치근덕

차근-차근 부 -하다 형 차근하게 순서에 따라 일하거나 말하는 모양을 나타내는 말. ¶− 따져 묻다.
 차근차근-히 부 차근차근하게

차근-하다 형 여 말이나 행동이 조리 있고 찬찬하다.
 차근-히 부 차근하게 ¶− 설명하다.

차금(差金) 명 차액(差額)

차:금(借金) 명 -하다 자 돈을 빌림, 또는 빌린 돈. 채금(債金)

차금=거:래(差金去來) 명 차금 매매

차금=결제(差金決濟)[−쩨] 명 현금이나 현물을 주고받지 않고, 결제 기한까지 그것을 전매(轉賣)하거나 되사거나 한 차액을 주고받음으로써 결제를 끝내는 일.

차금=매:매(差金賣買) 명 차금 결제로 하는 매매. 차금 거래

차:급(借給) 명 -하다 타 차여(借與) ☞대급(貸給)

차기(次期) 명 다음의 시기. ¶− 선거/− 대통령

차기(此期) 명 이 시기.

차기(茶器) 명 ①차제구(茶諸具) ②가루로 된 차를 담는 사기그릇. 다기(茶器)

차기(箚記) 명 책을 읽었을 때의 느낌이나 의견 따위를 그때그때 적어 놓은 것.

차기-받기 명 택견에서, 발질의 한 가지. 상대편이 상체를 발로 공격해 올 때 발로 되받아 차는 기술.

차깔-하다 타 여 문을 굳게 닫아 걸다. ☞처깔하다

차꼬 명 옛 형구(刑具)의 한 가지. 기다란 두 개의 나무토막 사이에 발목이 들어갈 만큼 구멍을 파서, 아래위로 죄인의 발목을 끼워 꼼짝 못하게 하였음. 족가(足枷) 속 고랑틀 ☞족쇄(足鎖)

차꼬-막이 명 ①재래식 한옥에서, 용마루의 양쪽으로 기왓골마다 가로 끼우는 수키와. ②재래식 한옥에서, 박공

머리에 물리는 네모진 서까래와 기와.
차끈-차끈 부 -하다 형 매우 차끈한 느낌을 나타내는 말. ☞따끈따끈
차끈-하다 형여 매우 차가운 느낌이 있다. ¶차끈하게 식힌 오미자차. ☞따끈하다
차-나무(茶-) 명 차나뭇과의 상록 활엽 관목. 중국 남부의 안개가 잦은 산악 지방이 원산지로, 우리 나라 남부에서 재배됨. 자생하는 것은 높이가 7~8m에 이르나, 재배하는 것은 1m 안팎으로 가지치기하여 가꿈. 잎은 길둥글고 두꺼우며 광택이 있음. 가을에 흰 다섯잎꽃이 잎겨드랑이에서 핌. 어린잎이나 순은 녹차(綠茶)와 홍차(紅茶) 따위로 쓰임. 준 차(茶)
차남(次男) 명 둘째 아들. 차자(次子) ☞장남(長男)
차내(車內) 명 열차나 자동차 등의 안. 차중(車中)
차녀(次女) 명 둘째 딸. ☞장녀(長女)
차년(此年) 명 이 해. 올해. 금년(今年)
차노치 명 떡의 한 가지. 찹쌀가루를 지치로 색을 들인 다음, 익반죽하여 큼직하게 빚어 기름에 지진 떡.
차다[1] 자 ①가득하게 되다. ¶휴지통이 꽉 -./양동이에 물이 -. ②일정한 수량에 이르다. ¶정원(定員)이 -./적재량이 -. ③기한이 되다. ¶임기가 -. ④이지러졌던 것이 온전해지다. ¶달이 -. ⑤어떤 한도에 이르다. ¶물이 가슴에까지 -. ⑥사방에 골고루 퍼지다. ¶향기가 방 안에 가득 -./경기장은 열기에 차 있다. ⑦흐뭇해지다. ¶마음에 -./성에 -. ⑧어떤 감정 따위가 한껏 느껴지다. ¶희망에 찬 앞날./적의에 찬 눈초리.
속담 **차면 넘친다** : 무엇이든지 한번 성하면 반드시 쇠하거나 망한다는 말.

한자 **찰 만**(滿) 〔水部 11획〕 ¶만기(滿期)/만료(滿了)/만삭(滿朔)/만조(滿潮) ▷ 속자는 満

차다[2] 타 ①발로 세게 내지르거나 가볍게 받아올리다. ¶공을 -./제기를 -. ②성이 나거나 하여 거칠게 일어서다. ¶자리를 차고 일어나 퇴장하다. ③관계를 끊다. ¶애인을 차 버렸다. ④거절하다. ¶상대편의 제의를 차 버렸다. ⑤못마땅하거나 하여 혀끝을 입천장에 댔다 뗐다 하며 소리를 내다. ¶혀를 끌끌 -.

한자 **찰 축**(蹴) 〔足部 12획〕 ¶축구(蹴球)/축국(蹴鞠)

차다[3] 타 ①몸의 어떤 부분에 달아매어 늘어뜨리거나, 걸거나 끼우거나 하여 지니다. ¶허리에 칼을 -./시계를 -./완장을 -. ②수갑이나 차꼬 따위를 팔목이나 발목에 끼우다. ¶수갑을 -. ③몸에 지니거나 손에 들다. ¶술 한 병 차고 가다.
차다[4] 형 ①온도가 낮다. ¶손발이 -./바람이 -./날씨가 -. ☞덥다. 뜨겁다 ②냉정하다. 쌀쌀하다. 차갑다 ¶맞이하는 태도가 -. ☞따뜻하다
속담 **찬 이슬 맞는 놈** : 주로 밤이슬을 맞으며 돌아다니는 놈, 곧 도둑을 비유하여 이르는 말.

한자 **찰 랭**(冷) 〔冫部 5획〕 ¶냉각(冷却)/냉기(冷氣)/냉방(冷房)/냉수(冷水)/냉열(冷熱)/한랭(寒冷)
찰 한(寒) 〔宀部 9획〕 ¶한기(寒氣)/한대(寒帶)

차닥-거리다(대다) 타 ①물기가 많거나 차진 물체를 가볍게 자꾸 두드리다. ②얇은 종이 따위를 자꾸 바르거나 덧대다. 차닥이다 ☞처덕거리다
차닥-이다 타 차닥거리다 ☞처덕이다
차닥-차닥 부 차닥거리는 소리, 또는 그 모양을 나타내는 말. ☞처덕처덕
차:단(遮斷) 명 -하다 타 어떤 움직임이나 흐름, 또는 작용 따위가 미치지 못하도록 가로막음. ¶교통을 -하다./소음을 -하다.
차:단-기(遮斷器) 명 송전선이나 배전선 따위의 전기 회로에 과대한 전류가 흐를 때, 전류를 끊는 장치.
차:단-기(遮斷機) 명 열차가 지나갈 때, 철도의 건널목을 가로막아 사람이나 차량의 교통을 막는 설비.
차담(茶啖) 명 다담(茶啖)
차담-상(茶啖床) [-쌍] 명 다담상(茶啖床)
차당(次堂) 명 '차당상(次堂上)'의 준말.
차-당상(次堂上) 명 조선 시대, 당상관(堂上官)의 으뜸 관직인 수당상(首堂上) 다음가는 관원. 준 차당
차대(次代) 명 ①다음 대(代). ②다음 시대.
차대(次對) 명 -하다 자 조선 시대, 매월 여섯 차례씩 의정(議政)·대간(臺諫)·옥당(玉堂) 들이 입시(入侍)하여 중요한 정무를 임금에게 아뢰던 일.
차대(車臺) 명 기차·전차·자동차 따위의 차체를 떠받치고 있는 쇠로 된 틀.
차대(差代) 명 -하다 타 결원이 있는 자리에 후임자를 뽑아서 채움.
차:대(借貸) 명 -하다 타 꾸어 오거나 꾸어 줌. 대차(貸借)
차도(車道) 명 도로에서, 차량이 다니도록 정해져 있는 부분. 차로(車路). 찻길 ☞보도(步道). 인도(人道)
차도(差度·瘥度) 명 병이 조금씩 나아가는 일, 또는 그 정도. ¶오늘은 조금 -가 있는듯 하다.
차:도(遮道) 명 차로(遮路)
차:도살인(借刀殺人) 성구 남의 칼을 빌려서 사람을 죽인다는 뜻으로, 직접 나서지 않고 남을 이용하여 사람을 해치는 음흉한 수단을 비유하여 이르는 말.
차-돌 명 ①석영 ②야무진 사람을 비유하여 이르는 말.
속담 **차돌에 바람 들면 석돌보다 못하다** : 야무진 사람이 한번 타락하면 걷잡을 수 없게 된다는 말.
차-돌리기 명 씨름의 혼합기술의 한 가지. 오른쪽으로 돌면서 상대편의 발목 또는 다리를 옆으로 후려 차며 돌려 넘어뜨리는 공격 재간. ☞무릎대어돌리기
차돌-모래 명 규사(硅砂)
차돌-박이 명 소의 양지머리에 붙은 황백색의 단단하고 기름진 고기.
차돌-조리개 명 차돌박이를 고아서 경단처럼 뭉치어 조린 반찬.
차동=기어(差動gear) 명 하나의 회전축의 운동을 두 회전축에 차(差)를 내면서 전달하는 톱니바퀴. 자동차의 방향을 돌릴 때 양쪽 바퀴의 회전 수를 다르게 하는 데 씀. 차동 기어 장치. 차동 장치. 차동 톱니바퀴
차동=기어=장치(差動gear裝置) 명 차동 기어
차동=장치(差動裝置) 명 차동 기어
차동=톱니바퀴(差動-) 명 차동 기어
차:득(借得) 명 -하다 타 남의 것을 빌려 가짐.
차등(次等) 명 버금가는 등급.
차등(此等) 대 이들. 이것들
차등(差等) 명 차이가 나는 등급, 또는 등급의 차이. ¶대우에 -을 두다.
차:등(遮燈) 명 -하다 자 불빛이 밖으로 새어 나가지 않도록 등을 가림. ☞차광(遮光)
차디-차다 형 매우 차다. ¶차디찬 바람.
차-떼:기(車-) 명 어떤 상품을 화물 자동차 한 차로 값을 쳐서 모개로 매매하는 일. ¶배추를 -로 사다.
차라리 부 어떤 사물이 마음에 들지 않을 때, 그보다 못한 다른 사물을 내세움으로써 못마땅함을 강조하는 말. ¶그런 곳에 가느니 - 집에 있는 게 낫겠다./너를 보내느니 - 내가 가겠다.
차란-차란 부 -하다 형 ①그릇 따위에 가득 찬 액체가 가장자리에 찰듯 찰듯 한 모양을 나타내는 말. ¶항아리에 - 물을 채우다. ②물체의 한 끝이 다른 물체에 닿을듯 닿을듯 한 모양을 나타내는 말. ¶옷자락이 - 땅에 끌리다. ☞자란자란. 치런치런
차:람(借覽) 명 -하다 타 차견(借見)
차랑 부 얇은 쇠붙이 따위가 한 번 세게 맞부딪칠 때 맑게 울리어 나는 소리를 나타내는 말. ☞자랑[2]. 짜랑. 처렁
차랑-거리다(대다) 자타 자꾸 차랑 소리가 나다, 또는 그런 소리를 내다. ☞자랑거리다. 짜랑거리다. 처렁거리다
차랑-차랑[1] 부 차랑거리는 소리를 나타내는 말. ☞자랑자랑. 짜랑짜랑[1]. 처렁처렁
차랑-차랑[2] 부 -하다 형 그릇에 담긴 물 따위가 넘칠듯 넘칠듯 가득한 모양을 나타내는 말.

ㅊ

차랑-차랑[3] 부 -하다 형 물체가 길고 부드럽게 드리워져 있는 모양을 나타내는 말. ☞치렁치렁
차랑-하다 형여 물체가 좀 길고 부드럽게 드리워져 있다. ☞치렁하다
차:래(借來) 명 -하다 타 빌려 오거나 꾸어 옴.
차량(車輛) 명 기차·전차·자동차 등 사람이나 짐을 나르는 차(車)를 통틀어 이르는 말. ¶ ― 기지/앞의 ―은 비어 있다.
차량=한:계(車輛限界) 명 궤도의 바른 위치에서 차량의 각 부분이 바깥 공간을 침범하지 않도록 규정한 한계.
차려 명 부동 자세(不動姿勢), 곧 발꿈치를 맞대고 똑바로 서서 움직이지 않는 자세.
감 부동 자세를 취하라는 구령. ¶일동 ―!
차:력(借力) 명 -하다 자 아직 밝혀지지 않은 정신 영역의 힘을 빌려 보통 사람으로서는 생각할 수 없을 만큼 몸과 기운을 굳세게 함, 또는 그리하여 얻는 괴력(怪力).
차:력-꾼(借力―) 명 차력사(借力師)
차:력-사(借力師) 명 차력을 하는 사람. 차력꾼
차:력-술(借力術) 명 차력을 나타내는 술법(術法).
차렵 명 ①옷이나 이불에 솜을 얇게 두는 일. ②'차렵이불'의 준말.
차렵-것 명 솜을 얇게 두어 지은 옷.
차렵-이불[―니―] 명 솜을 얇게 두어 만든 이불. 준 차렵
차렵-저고리 명 솜을 얇게 두어 지은 저고리.
차례[1] 명 ①무엇 다음에는 무엇을 하는 식으로 일정한 기준에 따른 앞뒤의 위치 관계, 또는 그 위치. 서차(序次). 순서(順序). 제차(第次). 차서(次序) ¶ ―를 지키다./―가 오다./―대로 서다. ②목차(目次) ③돌아오는 몫. ¶ ―가 가다./내 ―는 오지 않는다.

한자 차례 번(番)〔田部 7획〕¶번호(番號)/순번(順番)
차례 서(序)〔广部 4획〕¶서열(序列)/순서(順序)
차례 제(第)〔竹部 5획〕¶제일(第一)/제차(第次)
차례 질(秩)〔禾部 5획〕¶질서(秩序)

차례[2] 의 한·두·세 등 수관형사(數冠形詞) 다음에 쓰이어, 어떤 일이 일어난 횟수를 나타내는 말. ¶소나기가 한 ― 쏟아졌다./그가 세 ― 다녀갔다.
차례(茶禮) 명 명절이나 음력 초하루·보름에 지내는 간략한 낮 제사. 다례(茶禮). 차사(茶祀)
차례-건(―件)[―껀] 명 차례대로 으레 되어가는 일.
차례-차례 부 차례를 따라서. ¶ ― 돌라주다.
차례-탑(茶禮塔) 명 차례 때 탑처럼 높이 괴어 올리는 제물.
차렛-걸음 명 차례대로 일을 진행하는 방식.
차로(車路) 명 찻길. 차도(車道)
차:로(遮路) 명 길을 막음, 또는 그 길. 차도(遮道)
차륜(車輪) 명 수레바퀴
차르랑 부 얇은 쇠조각 따위가 한 번 세게 맞부딪칠 때 맑게 울리어 나는 소리를 나타내는 말. ☞자르랑. 짜르랑. 처르렁
차르랑-거리다(대다) 자타 자꾸 차르랑 소리가 나다, 또는 그런 소리를 내다. ☞자르랑거리다. 짜르랑거리다. 처르렁거리다
차르랑-차르랑 부 차르랑거리는 소리를 나타내는 말. ☞자르랑자르랑. 짜르랑짜르랑. 처르렁처르렁
차리다 타 ①음식을 상이나 식탁에 늘어놓다. ¶밥상을 ―./술상을 ―. ②옷을 격식이나 목적에 맞게 갖추어 입다. ¶예복을 차려 입다./여장(旅裝)을 ―. ③살림 같은 것을 꾸리어 만들다. ¶살림을 ―./약방을 ―./사무실을 ―./신방을 ―. ④어떤 태도를 갖추거나 꾸미어 겉으로 나타내다. ¶격식을 ―./체면을 ―./인사를 ―. ⑤어떤 욕망을 채우려고 하다. ¶실속을 ―./욕심을 ―. ⑥가다듬다. ¶기운을 ―./정신을 ―. ⑦짐작하여 알다. ¶눈치를 ―. 준 채다[3]
차:리즘(tsarism) 명 제정 러시아 시대의 전제 군주(專制君主) 지배 체제.
차림 명 옷 따위를 차리어 갖추는 일. ¶체육복 ―/신부 ―
차림-새 명 차린 모양새. ¶수수한 ―.
차림-차림 명 차림새의 이모저모.
차림-표(―表) 명 ①요리의 이름을 적은 표(表). 메뉴(menu) ②식단(食單). 식단표(食單表)
차:마 부 뒤에 오는 동사의 뜻을 부정하는 서술어와 호응하여, 도저히 그렇게 할 수 없다는 뜻을 나타내는 말. ¶ ― 입에 올릴 수 없는 말./― 볼 수 없는 모습./― 발길을 돌릴 수 없었다.
차마(車馬) 명 수레와 말을 아울러 이르는 말. 거마(車馬)
차-멀미(車―) 명 -하다 자 차의 요동으로 기분이 나빠지거나 머리가 아프거나 속이 메스꺼워지거나 하는 현상. ¶ ―가 심하다. ☞멀미
차:면(遮面) 명 -하다 자 ①얼굴을 가림. ②집 안이 밖에서 보이지 않도록 집 앞을 가림, 또는 그런 물건이나 장치.
차:면-담(遮面―) 명 집 안이 밖에서 보이지 않도록 집 앞을 가려 쌓은 담.
차:명(借名) 명 -하다 자 남의 이름을 빌려 씀, 또는 그 이름.
차:명=계:좌(借名計座) 명 남의 이름을 빌려서 개설한 예금 계좌.
차모(茶母) 명 조선 시대, 서울의 여러 관아에 딸려 주로 차(茶)를 끓이는 일을 맡아 하던 관비. 다모(茶母)
차:문(借文) 명 -하다 자 남에게 부탁하여 글을 대신 짓게 함, 또는 그렇게 지은 글. 차작(借作)
차:문(借問) 명 ①-하다 자 남에게 물어 봄. ②한시(漢詩)에 쓰이는 가정(假定)의 물음. 안짝에는 차문, 바깥짝에서는 지은이가 답하는 형식으로 한 구(句)를 이룸.
차:물(借物) 명 남에게 빌려 쓰는 물건. 차용물(借用物)
차반 명 ①맛있게 잘 차린 음식. ②예물로 가져가거나 들어온 좋은 음식.
차반(茶盤) 명 찻그릇을 올려 놓는 조그만 쟁반. 다반
차:변(借邊) 명 부기에서, 계정 계좌의 왼쪽을 이르는 말. 자산의 증가, 부채와 자본의 감소, 비용의 발생 등을 적음. ☞대변(貸邊)
차별(差別) 명 -하다 타 ①일정한 기준에 따라 차이를 구별함. ②편견 따위로 사람을 불평등하게 다룸. ¶남녀 ―/인종 ―
차별=관세(差別關稅) 명 특정의 상품, 또는 특정한 나라의 수입품에 대하여 보통의 세율과는 다른 세율을 적용하는 관세.
차별=대:우(差別待遇) 명 차별을 둔 대우. 특히, 정당한 이유 없이 남보다 낮게 대우하는 일.
차부(車夫) 명 우마차를 부리는 사람. ☞마부(馬夫)
차부(車部) 명 자동차의 시발점이나 종착점의 주차장을 흔히 이르는 말.

차분(差分) 명 -하다 타 비율에 따라서 나눔.
차분-차분 부 -하다 형 말이나 행동이 찬찬하고 조용조용한 모양을 나타내는 말. ¶ ― 이야기하다./― 일하다. ☞자분자분[2]
차분차분-히 부 차분차분하게
차분-하다 형여 ①성격이나 행동 따위가 가라앉아 조용하다. ¶차분한 성격./차분하게 행동하다. ②물체가 들뜨거나 부풀지 않아 부피가 가라앉아 있다. ¶차분한 머리 모양.
차분-히 부 차분하게 ¶ ― 생각하다./― 빗은 머리.
차붓-소(車夫―) 명 달구지를 끄는 큰 소.
차비(車費) 명 찻삯. 차임(車賃)
차비(差備) 명 ①'채비'의 원말. ②'차비관'의 준말.
차비-관(差備官) 명 조선 시대, 어떤 특별한 일을 맡기려고 임시로 임명하던 관직(官職), 또는 그 관원. 준 차비
차비-군(差備軍) 명 조선 시대, 각 군영의 장관(將官)을 따라다니며 사령의 임무를 맡아 하던 군사.
차비-문(差備門) 명 지난날, 궁궐에서 임금이 거처하던 편전(便殿)의 앞문을 이르던 말.
차사(此事) 명 이 일.
차사(茶祀) 명 차례(茶禮)
차사(差使) 명 ①조선 시대, 수령(守令)이 죄인을 잡으려고 보내던 관원. ②조선 시대, 중요한 임무를 맡겨 임시로 파견하던 관원. 차사원(差使員) ¶함흥(咸興)―

차사=예:채(差使例債)명 조선 시대, 차사로 파견된 사람에게 죄인이 뇌물로 주던 돈. 족채(足債)
차사-원(差使員)명 차사(差使)
차-산:병(-散餠)명 찹쌀가루로 만든 산병.
차상(次上)명 지난날, 시문(詩文)을 꼲는 등급의 하나. 열두 등급 중의 열째 등급으로, 삼하(三下)의 아래, 차중(次中)의 위임. ☞상상(上上). 이상(二上). 삼상(三上). 외등(外等)
차상(嗟賞)명-하다타 차칭(嗟稱)
차상차하(差上差下)성구 조금 낫기도 하고 조금 못하기도 함을 이르는 말.
차생(此生)명 이승. 차세(此世)
차서(次序)명 차례
차:서(借書)명-하다자 조선 시대, 남의 손을 빌어서 과거(科擧)의 시권(試券)을 정서(淨書)하던 일.
차석(次席)명 수석(首席)의 다음 자리, 또는 그 사람.
차석(嗟惜)명-하다타 탄식하며 애석하게 여김.
차선(次善)명 최선이라고 할 수는 없으나 그에 버금가는 것임을 이르는 말. ¶ -의 대책.
차선(車線)명 ①차도에서, 자동차가 한 줄로 안전하게 주행할 수 있는 폭을 가진 차도 부분, 또는 그것을 구분하여 그은 선. ¶주행 -/- 변경 ②[의존 명사로도 쓰임] 차도에 구분해 놓은 선을 세는 단위. ¶사 - 도로.
차선(茶筅)명 차완에 말차를 담고 물을 부은 다음, 휘저어서 푸는 데 쓰이는 다구. 대통의 한쪽을 가늘게 여럿으로 쪼개어 솔 모양으로 만든 것. 차전(茶筌) ☞다관(茶罐)
차선차후(差先差後)성구 조금 앞서기도 하고 조금 뒤서기도 함을 이르는 말.
차선-책(次善策)명 차선의 대책이나 방책.
차:설(且說)명-하다자 각설(却說)
차세(此世)명 이 세상. 이승. 차생(此生)
차세(此歲)명 올해
차손(差損)명 매매의 결과, 가격의 변동, 환율의 변동 등으로 결제에서 발생하는 손실. 차손금 ☞차익(差益)
차손-금(差損金)명 차손(差損)
차송(差送)명-하다타 차견(差遣)
차:송(借送)명-하다타 꾸어서 보냄.
차수(叉手)명-하다자 ①어른 앞에서나 의식 때 공경의 뜻을 나타내는 몸가짐으로, 편 두 손을 앞으로 모아 엄지손가락을 깍지끼어 손을 포개는 일. ②팔짱을 끼고 아무 일도 하지 않고 있음. 공수(拱手)
차수(次數)명 ①수학에서, 단항식에 포함된 문자 인수(因數)의 개수. ②수학에서, 다항식에 포함된 단항식 가운데 가장 높은 멱수.
차:수(借手)명-하다자 남의 손을 빌려서 일을 함.
차승(叉乘)명 산가지를 써서 하는 곱셈.
차승(差勝)어기 '차승(差勝)하다'의 어기(語基).
차승-하다(差勝-)형여 다른 것보다 조금 낫다.
차시(此時)명 이때. 지금
차-시루떡명 찹쌀가루로 찐 시루떡.
차:신차:의(且信且疑)성구 반신반의(半信半疑)
차실(茶室)명 다방. 다실(茶室)
차아(次兒)명 둘째 아들.
차아(嵯峨)어기 '차아(嵯峨)하다'의 어기(語基).
차아-인산(次亞燐酸)명 인을 수산화바륨으로 녹여 묽은 황산으로 분해하였을 때 생기는 물질. 실제로는 존재하지 않으며 에스테르의 형태로서만 알려짐.
차아-하다(嵯峨-)형여 산이 높고 험하다.
차아-황산나트륨(次亞黃酸Natrium)명 티오황산나트륨
차안(此岸)명 불교에서, 괴로움이 많은 현실 세계, 곧 이승을 이르는 말. ☞피안(彼岸)
차압(差押)명-하다타 '압류(押留)'의 구용어.
차:액(借額)명 남에게 빌린 돈의 액수.
차액(差額)명 어떤 금액에서 다른 어떤 금액을 뺀 나머지 금액. 차금(差金) ¶백여 만 원의 -이 나다.
차액(遮額)명 가리마
차야(此夜)명 이 밤. 오늘 밤.
차양(次養)명 '차양자(次養子)'의 준말.
차양(遮陽)명 ①볕을 가리거나 비를 막으려고 처마끝이나 창 위에 덧대는 조그맣고 간단한 지붕. ¶-을 치다. ②모자의 앞에 대어 볕을 가리는 것. 준챙
차-양:자(次養子)명-하다타 죽은 맏아들의 양자가 될만한 사람이 없을 때, 조카뻘 되는 사람을 그가 아들을 낳을 때까지 양자로 삼는 일, 또는 그 사람. 준차양(次養)
차:여(借與)명-하다타 물건을 빌려 주거나 돈을 꾸어 줌. 차급(借給) ☞대여(貸與)
차역(差譯)명 조선 시대, 특별한 임무를 주어 외국에 보내는 역관(譯官)을 이르던 말.
차-오르기명 기계 체조에서, 철봉에 매달려 양 발을 가지런히 합친 다음, 허공을 차면서 그 반동으로 상반신을 철봉 위에 올리는 일, 또는 그 기술.
차-오르다(-오르고·-올라)자르 어떤 높이나 한도에 다다라 오르다. ¶물이 목에까지 -./빗물이 문턱까지 -.
차완(茶碗)명 찻종의 한 가지. 조금 크고 주발처럼 위가 벌어져 있음.
차완(差緩)어기 '차완(差緩)하다'의 어기(語基).
차완-하다(差緩-)형여 조금 느슨하다.
차왜(差倭)명 조선 시대, 일본에서 우리 나라에 보내 오는 사신을 이르던 말.
차외(此外)명 이 밖. 이 이외.
차:용(借用)명-하다타 돈을 꾸어 쓰거나 물건 따위를 빌려 씀. 대용(貸用) ☞대출(貸出)
차:용-금(借用金)명 남에게 꾸어 쓴 돈.
차:용-물(借用物)명 남에게 빌려 쓰는 물건. 차물(借物)
차:용-어(借用語)명 필요에 따라 다른 언어 사회에서 빌려 와서 우리말과 함께 일상 생활에서 쓰고 있는 말. 철학(哲學), 윤리(倫理), 잉크 등 수없이 많은 말들이 있음.
차:용-인(借用人)명 돈을 꾸어 쓰거나 물건 따위를 빌려 쓴 사람.
차:용-증(借用證)[-쯩]명 '차용 증서'의 준말.
차:용=증서(借用證書)명 돈을 꾸어 쓰거나 물건 따위를 빌려 쓰는 것을 증명하는 문서. 준차용증
차우차우(chow chow)명 개의 한 품종. 귀가 작고 곧게 서며 혀·입천장·잇몸이 검음. 털이 많고 굵으며 갈기가 있음. 중국 원산의 애완용임.
차운(次韻)명 남이 지은 시의 운자를 써서 시를 지음, 또는 그렇게 지은 시.
차원(次元)명 ①수학에서, 선이나 면, 공간 따위의 넓이를 나타내는 개념. 선은 1차원, 면은 2차원, 공간은 3차원임. ②물리학에서, 길이·질량·시간 따위의 기본량과 물리량의 관계를 나타내는 지수. ③무슨 일을 생각하거나 비교하거나 할 때의 잣대, 또는 그 정도나 수준. ¶-이 낮다./-이 다르다.
　차원을 달리하다관용 ①입장이나 견해 따위가 전혀 다르다. ②문제의 성질이 전혀 다르다.
차:월(且月)명 '음력 유월'을 달리 이르는 말. 모하(暮夏)
차월(此月)명 이 달.
차:월(借越)명 일정한 한도 이상으로 돈을 꾸는 일. '대월(貸越)'을 예금자 쪽에서 이르는 말.
차월-피:월(此月彼月)부 이 달에나 저 달에나. [기일을 자꾸 미룸을 나타내는 말.] ¶ - 하는 사이에 한 해가 지나다. ☞차일피일(此日彼日)
차위(次位)명 다음가는 지위나 등위(等位).
차:위(借威)명-하다타 남의 위력을 빌림.
차유(-油)명 밀랍을 섞어 끓인 들기름. 창호지 따위에 먹여 질기게 하거나 투명성을 주거나 하는 데 쓰임.
차음(遮音)명-하다자 밖의 소리가 들리지 않게 하거나 안의 소리가 밖으로 새 나가지 않도록 막음. 방음(防音)
차이(差異)명 ①딴 것과 다른 점. ②이것과 저것과 다른 정도. ¶능력의 -./사고 방식의 -.

한자 **차이 차**(差) [工部 7획] ¶차별(差別)/차이(差異)

차이다 자 ①발로 참을 당하다. ¶정강이를 ―. ②관계가 끊기다. ¶변심한 애인에게 ―. ③'거절 당하다'를 속되게 이르는 말.
차이=심리학(差異心理學)명 개인·성·나이·인종·직업·민족 등에 나타나는 특징적인 차이를 비교 연구하여 개성이나 민족성의 구조를 규명하려 하는 심리학.
차이-점(差異點)[-쩜]명 차이가 나는 점. ☞공통점
차익(差益)명 ①들인 비용을 빼고 남은 이익. ②매매의 결과, 가격의 변동, 환율 변동 등으로 결제에서 발생하는 이익. ☞차손(差損)
차인(此人)명 이 사람.
차인(差人)명 지난날, 남의 장사하는 일에 시중드는 사람을 이르던 말. 차인꾼
차인-꾼(差人-)명 차인(差人)
차일(遮日)명 햇볕을 가리려고 치는 포장. 천포(天布)
차일-석(遮日石)[-썩]명 차일을 칠 때, 차일의 줄을 매어 고정시키는, 말뚝 대신으로 쓰는 큰 돌.
차일-피:일(此日彼日)부 이날 저날. 〔날짜를 자꾸 미룸을 나타내는 말.〕 ¶― 미루어 오다./― 날짜만 보내다. ☞차월피월(此月彼月)
차임(車賃)명 찻삯. 차비
차임(差任)명-하다타 조선 시대, 관원을 임명하던 일.
차임(chime)명 ①타악기의 한 가지. 음높이를 조율한 금속 관들을 틀에 매달아 놓고 해머로 쳐서 연주함. ②현관 등에 장치하는 초인종.
차:입(借入)명-하다타 돈을 꾸어 들임. ¶외화를 ―하다. ☞대출(貸出)
차입(差入)명-하다타 구치소나 교도소 등에 수용되어 있는 사람에게 음식이나 일용품 따위를 들여보냄.
차입-금(借入金)명 꾸어 들인 돈.
차입-물(差入物)명 차입하는 물건.
차자(次子)명 둘째 아들. 차남
차:자(借字)명 한자의 음이나 뜻을 빌려 우리말을 적는 방법, 또는 그 글자. 향찰(鄕札)이나 이두(吏讀) 따위의 표기 방식임.
차자(箚子)명 조선 시대, 일정한 격식을 갖추지 않고 사실만을 간략히 적었던 상소문(上疏文).
차:작(借作)명-하다타 ①남에게 부탁하여 물건을 만듦, 또는 그 물건. ②남에게 부탁하여 글을 대신 짓게 함, 또는 그렇게 지은 글. 차문(借文)
차장(次長)명 관공서나 회사 등에서 장(長)의 다음 지위에서 장을 보좌하는 직위, 또는 그 직위에 있는 사람.
차장(車掌)명 기차 따위에 타서 승객에 대한 서비스 등 차 안의 일을 맡아보는 사람.
차전(車戰)명 영남·영동·경기 지방에 전해 오는 대보름날의 민속놀이의 한 가지. 두 패로 갈리어, 기다란 두 개의 나무를 지겟다리 모양으로 얽은 동채 위에 탄 대장의 지휘에 따라 수백 명의 동채꾼이 어깨에 멘 동채를 밀었다 당겼다 하며 상대편을 공격함. 상대편의 동채를 땅에 닿게 하면 이김. 춘천·가평 등지에서는 외바퀴 수레를 서로 부딪쳐 먼저 떨어뜨리기를 겨룸. 차전놀이
차전(茶筌)명 차선(茶筅)
차전-놀이(車戰-)명 차전(車戰)
차-전병(-煎餠)명 ①찹쌀가루로 지진 전병. ②찰부꾸미
차전-자(車前子)명 한방에서, '질경이의 씨'를 약재로 이르는 말. 이뇨제, 안약, 설사약 등으로 쓰임.
차:전차:주(且戰且走)성구 한편으로는 싸우면서 한편으로는 달아남을 이르는 말.
차전-초(車前草)명 한방에서, '질경이'를 약재로 이르는 말.
차점(次點)[-쩜]명 ①최고점 다음가는 점수. ②입상자나 당선자의 다음에 해당하는 점수나 득표 수. ¶선거에서 ―으로 낙선하다.
차점-자(次點者)[-쩜-]명 차점을 딴 사람.
차접(∠差帖)명 조선 시대, 구실아치를 임명하던 사령장(辭令狀). 원차첩(差帖)
차제(此際)명 지금 이때. 이럴 때. 이 기회. ¶―에 분명히 해 두자./―에 한번 검토해 보기로 하자.
차-제구(茶諸具)명 차를 우려 마시는 데 쓰이는 여러 가지 기구. 차관·찻종·찻숟가락 따위가 있음. 다구(茶具). 차기(茶器)
차-조명 ①조의 한 가지. 열매가 메조보다 조금 잘고 빛깔이 더 누르면서 약간 푸르스름함. 다른 조보다 차짐. 나속(糯粟) ☞메조 ②'차좁쌀'의 준말.
차조기명 꿀풀과의 한해살이풀. 줄기 높이 60cm 안팎. 잎은 마주 나고 달걀꼴이며 가장자리에 톱날이 뚜렷함. 들깨와 비슷한데 전체가 자줏빛이고 방향(芳香)이 있음. 8~9월에 엷은 자줏빛의 잔 꽃이 총상(總狀) 꽃차례로 핌. 중국 원산이며 재배하기도 함. 잎은 한방에서 해열·진통·건위제 등으로 쓰이고, 어린잎과 열매는 먹을 수 있음.
차조기-죽(-粥)명 차조기의 씨를 볶아 참깨와 섞어서 찧은 것에 멥쌀가루를 넣어 쑨 죽. 소자죽(蘇子粥)
차조-밥명 ①차좁쌀로 지은 밥. ②차좁쌀과 쌀을 섞어서 지은 밥. 나속반(糯粟飯)
차-좁쌀명 차조의 열매를 쓿은 좁쌀. 황나(黃糯) 준차조
차종(次宗)명 대종가(大宗家)에서 갈려 나온 종파.
차종(車種)명 자동차의 종류.
차-종가(次宗家)명 대종가에서 갈려 나온 종가.
차-종손(次宗孫)명 차종가의 종손.
차주(次週)명 다음 주. 내주(來週)
차주(車主)명 차의 주인.
차:주(借主)명 돈을 꾸어 쓴 사람. ☞채주(債主)
차중(次中)명 지난날, 시문(詩文)을 꼲는 등급의 하나. 열두 등급 중의 열한째 등급으로, 차상(次上)의 아래이고 차하(次下)의 위임. ☞상중(上中). 이중(二中). 삼중(三中)
차중(車中)명 열차나 자동차의 안. 차내(車內)
차지명 주로 대명사나 명사 다음에 쓰이어, 제 것임을 나타내는 말. ¶내 ―는 얼마 되지 않는다./나머지는 누구 ―가 될까? ☞몫[1]
차지(次知)명 ①조선 시대, 각 궁방(宮房)의 사무를 맡아보는 환관(宦官)을 이르던 말. ②조선 시대, 주인을 대신하여 형벌을 받는 하인를 이르던 말.
차:지(借地)명-하다자 남의 땅을 빌려 씀, 또는 그 땅. ☞대지(貸地)
차:지(charge)명-하다자 ①차징(charging) ②항공기나 자동차 등에 연료를 넣는 일. ③나이트클럽이나 카바레 등의 요금.
차:지-권(借地權)[-꿘]명 자기 건물을 세우려고 남의 땅을 빌려 쓰는 지상권, 또는 땅의 임차권.
차지다형 ①반죽이나 떡·밥 따위가 푸석하지 않고 끈기가 많다. ¶반죽이 ―./차진 흙. ☞메지다 ②안차고 빈틈없이 알뜰하다. ¶얌전하고 차진 아이.
차:지-료(借地料)명 땅을 빌려 쓰고 내는 돈.
차지-하다타여 ①물건·자리·위치·지위 따위를 자기 것으로 가지거나 누리다. ¶땅을 ―./중요한 자리를 ―. ②전체 가운데서 어떤 비율을 이루다. ¶반대 의견이 절반 이상을 ―.
차질(蹉跌·差跌·蹉躓)명 ①발을 헛디뎌 넘어짐. ②하던 일 따위가 순조롭지 못하고 틀어짐. ¶운영에 ―이 생기다./계획에 ―이 생기다.
차-질다(-질고·-지니)형 차지게 질다.
차:집명 지난날, 남의 집에서 부엌일을 비롯한 잡일을 맡아 하던 여자.
차:징(charging)명-하다자 축구나 아이스하키·농구 등에서, 상대편 선수에게 부딪쳐 공을 빼앗거나 공격을 가로막거나 하는 반칙. 차지(charge)
차차부 ①때가 지남에 따라 조금씩. 점점. 차츰 ¶날이 ― 밝아 오다./건강이 ― 회복되다. ②서두르지 않고 천천히. ¶돈은 ― 갚아도 된다. 차차로
차차-로부 차차
차차웅(次次雄)명 신라의 제2대 남해왕(南解王) 때의 임금의 호칭. ☞거서간(居西干)
차차차(cha-cha-cha)명 라틴 음악의 리듬의 한 가지. 쿠

바의 댄스 음악인 단손(danźon)을 변화시킨 것으로, 1950년대에 유행하였음.

차차-차차 부 '차차'의 힘줌말.

차착(差錯) 명 ①서로 어긋남. ②뒤섞임.

차창(車窓) 명 차의 창문. ¶ — 밖을 내다보다.

차처(此處) 명 이곳. 여기

차천-금(釵釧金) 명 육십갑자의 경술(庚戌)과 신해(辛亥)에 붙이는 납음(納音). ☞상자목(桑柘木)

차첩(差帖) 명 '차접'의 원말.

차청(次清) 명 훈민정음의 초성(初聲) 체계에서, 'ㅋ·ㅌ·ㅍ·ㅊ·ㅎ'에 공통되는 음성적 특질을 이른 말. ☞전청(全清). 전탁(全濁)

차체(車體) 명 차에서 승객이나 화물을 싣는 부분. 차의 외형 전체를 이르기도 함. ¶ —가 크게 부서지다.

차축(車軸) 명 차 바퀴의 굴대.

차출(差出) 명 -하다 타 ①어떤 일을 시키려고 사람을 뽑아 냄. ¶인원을 —하다. ②조선 시대, 관원으로 임명하기 위하여 대상자를 뽑던 일, 또는 그 임명.

차츰 부 차차

차츰-차츰 부 급작스럽지 않게 조금씩조금씩. ¶날이 — 어두워지다./병세가 — 호전되다./— 새 생활에 익숙해지다.

차:치(且置) 〔주로 '차치하고'의 꼴로 쓰이어〕'문제 삼지 않고 우선 내버려둠'의 뜻. ¶자금은 —하고, 일손도 없다.

차:치물론(且置勿論) '내버려두고 문제 삼지 아니함'의 뜻.

차칭(嗟稱) 명 -하다 타 감탄하며 칭찬함. 차상(嗟賞)

차타(蹉跎) 명 -하다 자 ①미끄러져 넘어짐. ②시기를 놓침, 또는 시간을 헛되이 보냄. ③실패하여 영락함.

차탁(茶托) 명 찻잔을 받치는 조그만 쟁반.

차탄(嗟歎) 명 -하다 타 탄식하고 한탄함.

차탈피:탈(此^頉彼^頉) '이리저리 핑계만 댐'의 뜻.

차:터(charter) 명 -하다 자 버스·배·항공기 따위를 전세 냄. ¶비행기를 —하다.

차:트(chart) 명 ①지도나 해도(海圖) 따위의 도면(圖面). ②도표 또는 일람표. ③의사의 진찰 기록 카드. 환자의 증세나 처치·경과 등을 적어 둠. 카르테

차편(次便) 명 다음 편.

차편(此便) 명 이 편. ¶ —에 보내 주십시오.

차편(車便) 명 차가 오고 가는 편, 또는 그 기회.

ㅊ

차폐(遮蔽) 명 -하다 타 덮개를 씌우거나 하여 사람의 시선이나 광선 따위를 가림. 폐차(蔽遮)

차폐-물(遮蔽物) 명 덮어 씌우거나 하여 가리는 구실을 하는 물건.

차표(車票) 명 기차·전철·버스 등을 타려고 할 때 찻삯을 내고 증거로 받는 표. 승차권(乘車券)

차-풀(茶—) 명 콩과의 한해살이풀. 줄기 높이 30~60cm. 잎은 깃꼴 겹잎임. 여름에 노란 잔 꽃이 잎겨드랑이에서 피고, 열매는 가을에 협과(莢果)로 익음. 줄기와 잎은 차(茶) 대신으로 쓰거나 한방에서 약재로 쓰임. 우리 나라 각지의 강가나 들에 자람.

차:필(借筆) 명 -하다 자 남의 손을 빌려서 글씨를 씀, 또는 그렇게 쓴 글씨. ☞친필(親筆)

차하(次下) 명 지난날, 시문(詩文)을 꼲는 등급의 하나. 열두 등급 중의 맨끝 등급으로, 차중(次中)의 아래임. ☞삼하(三下). 상하(上下). 이하(二下)

차하(差下) 명 -하다 타 조선 시대, 관원을 임명하던 일.

차:-하다 형 여 표준보다 좀 모자라다. ¶쓸만 한 것은 다 없어지고 차한 것만 남았다./차한 물건.

차하-지다(差下—) 자 견주어 보아 한쪽이 다른 쪽보다 모자라다. ¶여러모로 —./차하진 제품들.

차:함(借銜·借啣) 명 -하다 타 ①남의 명망과 지위를 이용함. ②조선 시대, 실제로는 근무하지 않으면서 직함만 가지던 일, 또는 그 직함. ☞실직(實職). 실함(實銜)

차형(次兄) 명 둘째 형. 중형(仲兄)

차호(次號) 명 잡지 따위 정기 간행물의 다음 호.

차호(嗟乎) 감 '슬프다'의 뜻으로 쓰는 말.

차-홉다(嗟—) 감 '아 슬프도다'의 뜻으로 쓰는 말.

차환(叉鬟) 명 지난날, 주인 가까이서 잔심부름을 하는, 머리를 얹은 젊은 여자 종을 이르던 말.

차환(差換) 명 -하다 타 체환(替換)

차:환(借換) 명 -하다 타 ①새로 꾸어서 앞서 꾼 돈을 갚음. ②채권을 새로 발행하여 이미 발행한 채권을 상환함.

차회(次回) 명 다음 번. 다음 차례. 하회(下回)

차회(此回) 명 이번. 금번. 금회(今回)

차후(此後) 명 이 다음. 이 뒤. 향후(向後) ¶ —로 미루다.

착[1] 부 ①물체가 찰기 있게 달라붙는 모양을 나타내는 말. ¶땀에 젖은 옷이 몸에 — 달라붙다./벽에 도배지를 — 바르다. ②물체가 서로 맞붙도록 바싹 닿는 모양을 나타내는 말. ¶배를 — 깔고 엎드리다./벽에 귀를 — 붙이고 엿듣다. ③우물쭈물 하지 않고 곧바로 행동하는 모양을 나타내는 말. ¶총성이 울리자 바닥에 — 엎드렸다. ☞척[1]

착:[2] 부 ①물체가 휘움하게 휘어지거나 맥없이 나라진 모양을 나타내는 말. ¶ — 늘어진 버들가지./몸이 — 까부라지다. ②감정이나 마음 따위가 차분해지는 모양을 나타내는 말. ¶마음을 — 가라앉히다. ③목소리나 분위기 따위가 활기를 잃어 어둡거나 어두워지는 모양을 나타내는 말. ¶ — 가라앉은 목소리. /분위기가 — 가라앉다. ④성질이 다라진 모양을 나타내는 말. ¶눈을 — 내리깔고 꼼짝도 않는다. ☞척[2]. 축[3]

착(着) 의 숫자와 함께 쓰이어, 도착한 차례를 나타냄. ¶1—으로 골인하다.

-착(着) 《접미사처럼 쓰이어》'도착'의 뜻을 나타냄. ¶서울착 열 시 십 분. ☞-발(發)

착가(着枷) 명 -하다 자타 지난날, 죄인이 목에 칼을 쓰던 일, 또는 죄인의 목에 칼을 씌우던 일.

착가-엄수(着枷嚴囚) 명 죄인에게 칼을 씌워 단단히 가두는 일.

착각(錯角) 명 '엇각'의 구용어.

착각(錯覺) 명 -하다 자타 ①외계의 사물을 원래의 모습과 다르게 지각함. 흔히, 시각이나 청각에 대하여 이름. ¶ —을 일으키다./새소리를 피리 소리로 —하다. ②잘못 깨닫거나 생각함. ¶나를 좋아하는 줄로 —하다./—에 빠지다.

착각=방위(錯覺防衛) 명 법률에서, 정당 방위(正當防衛)의 요건인 부당한 침해가 없었는데, 잘못 생각하여 취한 방위 행위. 정당 방위가 인정되지 않음. 오상 방위(誤想防衛)

착각-범(錯覺犯) 명 환각범(幻覺犯)

착각=피:난(錯覺避難) 명 법률에서, 긴급 피난의 요건인 긴박한 위난이 없었는데, 잘못 생각하여 취한 피난 행위. 긴급 피난이 인정되지 않음. 오상 피난(誤想避難)

착간(錯簡) 명 책의 자구나 지면의 앞뒤가 뒤바뀜.

착거(捉去) 명 -하다 타 사람을 붙잡아 감.

착건-속대(着巾束帶) 명 건을 쓰고 띠를 띤다는 뜻으로, 조복(朝服)을 갖추어 입음을 이르는 말.

착검(着劍) 명 -하다 자 ①검을 몸에 참. ②소총(小銃) 끝에 대검을 꽂음.

착공(着工) 명 -하다 자 공사를 시작함. 기공(起工) ¶고속국도 건설을 —하다. ☞완공(完工). 준공(竣工)

착공(鑿孔) 명 -하다 자타 구멍을 뚫음. 천공(穿孔)

착과(着果) 명 -하다 자 과일 나무에 열매가 열림.

착관(着冠) 명 -하다 자 관(冠)을 씀.

착굴(鑿掘) 명 -하다 타 굴을 팜.

착근(着根) 명 -하다 자 ①옮겨 심은 식물이 뿌리를 내림. ②사는 곳을 딴 데로 옮겨 자리잡고 삶.

착념(着念) 명 -하다 자타 잘못이 없도록 마음을 씀. 조심함.

착란(錯亂) 명 -하다 형 뒤섞여서 어지러움.

착래(捉來) 명 -하다 타 사람을 붙잡아 옴.

착류(錯謬) 명 -하다 타 착오(錯誤)

착륙(着陸) 명 -하다 자 비행기 따위가 땅 위에 내림. ¶ —시간이 늦어지다. ☞이륙(離陸)

착면(着綿) 명 -하다 자 ①솜옷을 입음. ②옷에 솜을 두어 지어 입음.

착모(着帽)명-하다자 모자를 씀. ☞탈모(脫帽)
착목(着目)명-하다자 착안(着眼)
착미(着味)명-하다자 취미를 붙임.
착발(着發)명-하다자 ①버스나 열차, 비행기 따위의 도착과 출발을 아울러 이르는 말. 발착(發着) ¶- 시각 ②포탄 등이 목표물에 맞는 순간에 폭발함.
착발=신:관(着發信管)명 포탄이 목표물에 맞는 순간에 그 충격으로 폭발하도록 만든 신관.
착복(着服)명-하다자타 ①옷을 입음. 착의(着衣) ②남의 금품 따위를 몰래 차지함. ¶공금을 -하다.
착빙(着氷)명-하다자 공기 속의 수증기나 냉각된 물방울이 물체의 겉면에 얼어붙음, 또는 그 얼음. ¶기체(機體)에 -하다.
착살-맞다[-맏-]형 얄밉도록 착살하다. ☞칙살맞다
착살-부리다자 얄밉도록 착살한 짓을 하다. ☞칙살부리다
착살-스럽다(-스럽고·-스러워)형ㅂ 보기에 착살한 데가 있다. ☞칙살스럽다
착살-스레부 착살스럽게 ¶조그만 일에도 - 따진다.
착살-하다형여 하는 짓이 잘고 다랍다. ☞칙살하다
착상(着床)명-하다자 수정란(受精卵)이 자궁 벽에 붙어, 모체의 영양을 흡수할 수 있는 상태가 됨.
착상(着想)명-하다자타 무슨 일을 시작하는 데 실마리가 될만 한 생각이 머리에 떠오르는 일, 또는 그 생각. 아이디어(idea) ¶-이 참신하다./기발한 -.
착색(着色)명-하다타 색을 칠하거나 물들여 빛깔을 냄, 또는 그 빛깔. ¶식품에 -하다./인공 -
착색=유리(着色琉璃)[-뉴-]명 금속의 산화물을 녹여 넣거나 하여 빛깔을 낸 유리. 색유리
착색-제(着色劑)명 색을 칠하거나 물들여 빛깔을 내는 물질을 통틀어 이르는 말. 칠감이나 식용 색소, 생물체 조직을 관찰할 때 쓰는 유기 화합물 따위.
착생(着生)명-하다자 생물이 다른 물체에 붙어서 삶. ☞기생(寄生). 착생 식물
착생=식물(着生植物)명 다른 식물의 줄기나 잎, 바위의 겉면 따위에 붙어서 사는 식물. 석곡이나 풍란, 이끼류, 지의류 따위. 기생 식물(氣生植物) ☞공기 뿌리
착석(着席)명-하다자 자리에 앉음. 착좌(着座)
착선(着船)명-하다자 배가 항구에 닿음. ☞발선(發船)
착설(着雪)명-하다자 눈이 나뭇가지 따위에 달라붙음.
착소(窄小)어기 '착소(窄小)하다'의 어기(語基).
착소-하다(窄小-)형여 좁고 작다.
착송(捉送)명-하다타 사람을 잡아서 보냄.
착수(捉囚)명-하다타 죄인을 잡아 가둠.
착수(着水)명-하다자 ①수면에 닿음. ②수상 비행기 따위가 물 위에 내림. ☞이수(離水)
착수(着手)명①-하다자타 어떤 일을 시작함. 하수(下手)[2] ¶작업에 -하다. ②형법에서, 범죄 실행에 직접 관계가 있는 행위의 시작을 이르는 말.
착수-금(着手金)명 일을 시작할 때, 비용의 일부로서 미리 내는 돈. ¶원고를 청탁하고 -을 주다.
착수=미:수(着手未遂)명 형법에서, 범인이 범죄의 실행에 착수는 했으나 끝내지 못한 경우를 이르는 말.
착순(着順)명 어떤 목적지에 다다른 순서.
착시(錯視)명 시각(視覺)의 착각. 모양·크기·길이·빛깔·방향 따위가 어떤 조건이나 상황으로 말미암아 실제와 다르게 보이는 일.
착신(着信)명-하다자 우편물이나 전신 따위 통신이 목적지에 가 닿음, 또는 그 통신. ☞발신(發信)
착실(着實)어기 '착실(着實)하다'의 어기(語基).
착실-하다(着實-)형여 차분하고 실답다. ¶근무 태도가 -./착실하게 생활하다. 유견실하다
착실-히부 착실하게 ¶- 재산을 모으다.
착심(着心)명-하다자 어떤 일에 마음을 붙임.
착안(着岸)명-하다자 배가 강이나 바다의 기슭에 닿음.
착안(着眼)명-하다자 어떤 일을 이루어 낼 수 있는 실마리를 잡음. 착목 ¶눈의 구조에 착안하여 만든 사진기.
착안-점(着眼點)[-쩜]명 어떤 일을 이루어 낼 수 있는 실마리가 되는 점.
착암(鑿岩)명-하다자 바위에 구멍을 뚫음.
착암-기(鑿岩機)명 바위에 구멍을 뚫는 기계. 광산이나 토목 공사 따위에 쓰임.
착압(着押)명-하다타 수결(手決)을 둠.
착어(着御)명-하다자 임금이 어느 곳에 도착함.
착역(着驛)명 열차 등이 도착하는 역.
착염(錯塩)명 착이온이 섞여 있는 염(塩). ☞복염(複塩)
착오(錯誤)명-하다타 ①착각하여 잘못함, 또는 그 잘못. ②생각하고 있는 것과 사실이 일치하지 않음. 오착(誤錯). 착류(錯謬)
착용(着用)명-하다타 옷을 입거나 모자를 쓰거나 완장(腕章)을 차거나 함. ¶체육복을 -하다.
착유(搾乳)명-하다자 가축의 젖을 짬.
착유(搾油)명-하다자 기름을 짬.
착의(着衣)명-하다자 옷을 입음. 착복(着服) ☞탈의(脫衣)
착의(着意)명-하다자타 ①주의함. ②궁리함.
착-이온(錯ion)명 금속 이온과 다른 이온, 또는 분자가 결합한 이온.
착임(着任)명-하다자 임지(任地)에 닿음. ¶새 담임 선생님이 -하셨다. ☞이임(離任). 도임(到任). 부임(赴任)
착잡(錯雜)어기 '착잡(錯雜)하다'의 어기(語基).
착잡-하다(錯雜-)형여 갈피를 잡기 어렵도록 뒤섞여 어수선하다. ¶착잡한 마음.
착잡-히부 착잡하게 ¶- 얽힌 문제.
착전(着電)명-하다자 전신이나 전보가 목적지에 가 닿음, 또는 그 전신이나 전보.
착절(錯節)명 ①뒤얽힌 나무의 마디. ②복잡하게 뒤얽혀 처리하기 어려운 사건이나 문제.
착정(鑿井)명-하다자 우물을 팜.
착종(錯綜)명-하다자 사물이 복잡하게 뒤섞임.
착좌(着座)명-하다자 착석(着席)
착좌-식(着座式)명 가톨릭에서, 주교(主教)가 교구장(教區長)에 취임하는 의식.
착즙-기(搾汁機)명 채소나 과일 등의 즙을 짜는 기계.
착지(着地)명-하다자 ①공중에서 땅 위로 내려섬. ¶낙하산병이 사뿐히 -하다. ②체조 경기 따위에서, 연기의 마지막에 바닥에 내려서는 일. ¶완벽한 - 동작.
착지(錯紙)명 ①책을 잘못 매어 차례가 바뀐 책장. ②종이 묶음 속에 섞인 파지.
착착[1]부 물체가 자꾸 달라붙는 모양을 나타내는 말. ¶러닝셔츠가 젖은 몸에 - 감긴다. ☞척척[1]
착:착[2]부 ①가지런히 여러 번 개키거나 접는 모양을 나타내는 말. ¶이부자리를 - 개키다./편지를 - 접어 넣다. ②서로 어긋나지 않고 잘 맞는 모양을 나타내는 말. ¶장단이 - 맞다./발을 - 맞추어 걷다. ☞척척[2]
착착(鑿鑿)어기 '착착(鑿鑿)하다'의 어기(語基).
착착-하다(鑿鑿-)형여 ①또렷또렷하다. ②말이나 일이 조리에 맞아 분명하다.
착처(着處)명 다다른 곳.
착체(錯體)명 금속 또는 금속과 유사한 이온을 중심으로 다른 이온이나 분자가 입체적으로 결합한 원자 집단.
착취(搾取)명-하다타 ①젖이나 즙 따위를 짜냄. ②자본가가 노동자를 싼 임금으로 일하게 하여 이익의 대부분을 차지하는 일.
착탄(着彈)명-하다자 쏜 총포의 탄환이 어느 지점에까지 이름, 또는 그 탄환.
착탄=거:리(着彈距離)명 쏜 총포의 탄환이 날아가 이른 지점까지의 거리. 탄착 거리(彈着距離)
착하(着荷)명 착화(着貨)
착-하다형여 마음씨나 행동이 바르고 어질다. 선(善)하다 ¶행실이 -./착한 마음씨.

한자 착할 선(善) 〔口部 9획〕 ¶선덕(善德)/선악(善惡)/선의(善意)/선인(善人)/선행(善行)

착함(着艦)명-하다자 항공기가 항공 모함의 갑판에 내려

ㅊ

앉음. ¶함재기가 ―하다.
착항(着港)명-하다자 배가 목적지의 항구에 닿음. ¶예정대로 무사히 ―하다. ☞발항(發港). 출항(出港)
착화(着火)명-하다자 점화(點火)
착화(着貨)명-하다자 짐이 도착함, 또는 그 짐.
착화-점(着火點)[―쩜]명 발화점(發火點)
찬:(贊·讚)명 ①한문의 문체의 한 가지. 인물이나 사물을 기리는 글. ②그림에 써 넣는, 그 그림에 관한 시구(詩句). ③부처의 덕을 기리는 글. ④지난날, 관례(冠禮) 때 빈(賓)을 돕던 손의 한 사람. 빈의 자제(子弟)나 친척 가운데서 뽑았음. ▷贊의 속자는 賛
찬:(饌)명 '반찬(飯饌)'의 준말. ¶―이 많다.
찬:가(讚歌)명 기리는 뜻을 나타내는 노래. ¶조국 ―
찬:-가게(饌―)[―까―]명 반찬을 파는 가게.
찬:-가위(饌―)[―까―]명 반찬을 만들 때 쓰는 가위.
찬:간(饌間)[―깐]명 반찬을 만드는 곳. 반빗간
찬-간자명 온몸의 털이 파랗고 얼굴과 이마만 흰 말. ☞총이말
찬:-거리(饌―)[―꺼―]명 '반찬거리'의 준말.
찬:고(饌庫)[―꼬]명 찬광
찬:-광(饌―)[―꽝]명 반찬거리를 넣어 두는 광. 찬고
찬-국명 차게 식힌 맑은장국이나 찬물에 간장과 식초를 쳐서 만든 국물. 냉국
찬:-그릇(饌―)[―끄―]명 반찬을 담는 그릇.
찬-기(―氣)명 찬 기운.
찬:기파랑가(讚耆婆郞歌)명 신라 경덕왕 때, 중 충담사(忠談師)가 지은 십구체(十句體) 향가. 화랑인 기파랑(耆婆郞)을 추모한 내용. '삼국유사'에 실려 전함.
찬-김명 식어서 찬 김.
찬:닉(竄匿)명-하다자 달아나 숨음.
찬:동(贊同)명-하다자 남의 의견이나 주장 따위에 찬성하여 뜻을 같이함. ¶그 취지에 ―한다.
×**찬-땀**명 →식은땀
찬:란(燦爛)어기 '찬란(燦爛)하다'의 어기(語基).
찬:란-하다(燦爛―)형여 ①눈부시게 반짝이고 아름답다. ¶금은 보석으로 꾸민 찬란한 왕관. ②문화나 일 따위가 매우 훌륭하다. ¶찬란한 문화 유산.
　찬란-히부 찬란하게 ¶― 빛나는 업적.
찬:록(撰錄)명-하다타 글을 모아 기록함.
찬:립(簒立)명-하다자 신하가 임금의 자리를 빼앗아 스스로 그 자리에 오름.
찬:-마루(饌―)명 부엌간에 있는, 밥상을 차리는 마루.
찬:모(饌母)명 남의 집에서 반찬 만드는 일을 맡아 하는 여자. ☞차집
찬-무대명 한류(寒流) ☞더운무대
찬:문(撰文)명-하다자 글을 지음, 또는 그 글.
찬-물명 ①데우거나 끓이지 않은 맹물. ②온도가 낮은 물. 냉수(冷水) ☞더운물
　찬물을 끼얹다관용 순조롭게 잘 되어가는 일에 공연히 헤살을 놓다.
　속담 **찬물도 위아래가 있다**: 하찮은 것이라도 순서가 있으니, 그 순서를 따라 해야 한다는 말. /**찬물 먹고 냉돌방에서 땀 낸다**: 도무지 이치에 닿지 않는 일은 하지도 말라는 말. /**찬물에 기름 돈다**: 남과 어울리지 않고 따로 도는 사람을 비유하여 이르는 말. /**찬물에 돌**: 지조(志操)가 맑고 꿋꿋함을 이르는 말.
찬:물(饌物)명 반찬거리나 반찬의 종류. 찬수(饌需). 찬용(饌用)
찬물-때명 밀물이 한창 높은 때. 만조(滿潮) ☞간물때
찬:미(讚美)명-하다타 아름다운 것이나 훌륭한 것, 거룩한 것 따위를 기리어 칭송함. ▷讚의 속자는 讃
찬-바람명 ①차가운 바람. 한풍(寒風) ②가을에 부는 싸늘한 바람.
　찬바람이 일다관용 성미가 쌀쌀하다. ¶그 사람에게서는 언제나 찬바람이 일지.
찬바람-머리명 가을에 싸늘한 바람이 불기 시작할 무렵.
찬:반(贊反)명 찬성과 반대. ☞찬부(贊否)
찬-밥명 식은 밥. ☞더운밥
　속담 **찬밥 두고 잠 아니 온다**: ①대단찮은 것을 두고 못 잊어 함을 비유하여 이르는 말. ②다 먹어 치우거나 다 써 버리지 않고는 못 배기는 성미를 이르는 말. /**찬밥에 국 적은 줄만 안다**: 가난한 살림에는 없는 것이 당연한데도, 무엇이 좀 모자란다 하여 마음을 쓰는 경우에 이르는 말.
찬:방(饌房)[―빵]명 ①반찬을 만드는 방. ②반찬거리를 두는 방.
찬배(竄配)명-하다타 정배(定配)
찬:부(贊否)명 찬성과 불찬성. ☞찬반(贊反)
찬:불(讚佛)명-하다자 부처의 공덕을 기림.
찬:불-가(讚佛歌)명 불가(佛歌)
찬-비명 차가운 비. 냉우(冷雨). 한우(寒雨)
찬:비(饌婢)명 반빗아치
찬:사(讚辭)명 칭찬하는 말이나 글. 상사(賞詞)
찬:상(讚賞)명-하다타 훌륭히 여기거나 아름답게 여겨 칭찬함. 상찬(賞讚)
찬:석(鑽石)명 금강석(金剛石)
찬:선(饌膳)명 차려 놓은 음식물.
찬:성(贊成)[1]명-하다자타 ①남의 의견이나 주장을 옳거나 좋다고 여겨 동의함. ¶개정안에 ―하다. ☞반대(反對) ②일이 이루어지도록 도움.
찬:성(贊成)[2]명 조선 시대, 의정부의 종일품 관직, 또는 그 관원. 좌찬성(左贊成)과 우찬성(右贊成)이 있었음.
찬:성-표(贊成票)명 안건을 표결할 때 찬성의 뜻을 나타낸 표. 가표(可票) ¶―를 던지다. 준 찬표(贊票) ☞반대표(反對票)
찬:송(讚頌)명-하다타 어떤 거룩한 대상의 공덕을 기림.
찬:송-가(讚頌歌)명 개신교에서, 하나님의 사랑과 은총을 기리는 노래. ☞성가(聖歌)
찬:수(簒修)명-하다타 자료를 모아 책으로 엮음.
찬:수(饌需)명 반찬거리나 반찬의 종류. 찬물(饌物). 찬용(饌用). 찬품(饌品)
찬:술(撰述)명-하다타 책을 지음, 또는 그 책. 저술
찬:술(簒述)명-하다타 여러 가지 재료를 모아 저술함.
찬:스(chance)명 좋은 기회. ¶―를 살리다. /절호의 ―.
찬:스메이커(chance+maker)명 운동 경기 등에서 득점의 계기를 만드는 사람.
찬:시(簒弑)명-하다타 임금을 죽이고 그 자리를 빼앗음.
찬:안(饌案)명 지난날, 궁중 잔치에서 임금에게 올리는 음식상을 이르던 말.
찬:앙(讚仰·鑽仰)명-하다타 성인(聖人)이나 위인(偉人)의 덕을 우러러 높임.
찬-약(―藥)명 몸을 차게 하는 성질을 가진 약. ☞더운약
찬:양(讚揚)명-하다타 훌륭한 것이나 아름다운 것을 기리어 드러냄. ¶애국 지사의 충절을 ―하다.
찬:양-대(讚揚隊)명 개신교에서, 주로 찬송가를 부르는 합창대를 이르는 말. ☞성가대(聖歌隊)
찬:역(簒逆)명-하다자 임금의 자리를 빼앗으려고 반역함.
찬:연(鑽研)명-하다타 연찬(研鑽)
찬:연(燦然)어기 '찬연(燦然)하다'의 어기(語基).
찬:연-스럽다(燦然―)(―스럽고·―스러워)형ㅂ 보기에 찬연한 데가 있다.
　찬연-스레부 찬연스럽게 ¶― 빛나는 업적.
찬:연-하다(燦然―)형여 눈부시게 밝다.
　찬연-히부 찬연하게 ¶― 타오르는 태양.
찬:용(饌用)명 ①반찬거리나 반찬의 종류. 찬물(饌物). 찬수(饌需) ②반찬거리를 사는 데 드는 비용.
찬:위(簒位)명-하다자 신하가 임금의 자리를 빼앗음. ☞찬탈(簒奪)
찬:유(贊釉)명-하다타 도자기의 몸을 잿물에 담가 잿물을 올리는 일. 잠유(蘸釉)
찬:육(饌肉)명 반찬거리로 쓰는 쇠고기.
찬:의(贊意)명 찬성하는 뜻. ¶―를 나타내다.
찬:익(贊翼)명-하다타 뜻을 같이하여 도와 줌. 찬조(贊助)
찬:입(竄入)명-하다자 ①도망쳐 들어감. ②잘못되어 뒤

섞여 들어감.

찬:자(撰者)명 글을 쓰거나 책을 지은 이.

찬:자(贊者)명 지난날, 나라의 제사 의식에서 홀기(笏記)를 맡아보던 임시 관직, 또는 그 관원.

찬:장(饌*欌)[-짱]명 그릇이나 음식 따위를 넣어 두는 장. ☞식기장

찬:정(撰定)명-하다타 문서나 법률 따위를 지어서 골라 정함.

찬:조(贊助)명-하다타 뜻을 같이하여 도와 줌. 찬익(贊翼). 찬좌(贊佐) ¶ - 출연

찬:조-금(贊助金)명 찬조하는 뜻으로 내는 돈.

찬:조=연:설(贊助演說)명 선거 연설회 따위에서 찬조하는 뜻으로 하는 연설.

찬:좌(贊佐)명-하다타 찬조(贊助)

찬:진(撰進)명-하다타 지난날, 임금에게 글을 짓거나 책을 엮어 올리던 일.

찬:집(撰集)명-하다타 여러 사람의 뛰어난 글을 모음, 또는 그것을 엮은 책.

찬:집(纂集)명-하다타 찬집(纂輯)

찬:집(纂輯)명-하다타 자료를 모아 책으로 엮음. 찬집(纂集)

찬-찜질명 환부(患部)를 얼음주머니나 찬물을 적신 헝겊 등으로 차게 하는 찜질. 냉찜질 ☞냉엄법(冷罨法). 더운찜질

찬찬부 단단하게 여러 번 감거나 동여매는 모양을 나타내는 말. ☞친친

찬:찬(燦燦)어기 '찬찬(燦燦)하다'의 어기(語基).

찬:찬-옥식(粲粲玉食)명 잘 쓿은 쌀로 지은 하얀 이밥.

찬:찬-의복(燦燦衣服)명 눈부시도록 아름답고 고운 비단옷.

찬찬-하다형여 ①성격이 차분하고 자상하다. ¶ 찬찬한 성미. ②무슨 일을 하는 데 서두름이 없이 차분하고 느리다. ¶ 찬찬하게 주위를 둘러보다. ☞천천하다
찬찬-히부 찬찬하게 ¶ - 설명하다./- 걸음을 옮기다.

찬:찬-하다(燦燦-)형여 눈부시게 빛나고 아름답다.
찬찬-히부 찬찬하게

찬:철(鑽鐵)명 금강사(金剛砂)

찬:축(竄逐)명-하다타 죄인을 먼 곳으로 귀양보내어 쫓음.

찬:출(竄黜)명-하다타 관직을 빼앗고 먼 곳으로 귀양보냄.

찬:-칼(饌-)명 반찬을 만드는 데 쓰는 작은 칼.

찬:-탁자(饌卓子)명 반찬 그릇을 얹어 두는 탁자.

찬:탄(讚歎)명-하다타 깊이 감동하여 칭찬함. ¶ 그 초인적인 용기를 -해 마지않다.

찬:탈(簒奪)명-하다타 나라의 주권이나 왕위를 빼앗음. ☞찬위(簒位)

찬:폄(竄貶)명-하다타 관직을 빼앗고 귀양보냄.

찬:평(讚評)명-하다타 칭찬하여 비평함, 또는 그 비평.

찬:포(饌庖)명 ①쇠고기를 파는 가게. ②지난날, 지방의 세력가에게 쇠고기를 대던 푸주.

찬:표(贊票)명 '찬성표(贊成票)'의 준말. ☞부표(否票)

찬:품(饌品)명 찬수(饌需)

찬-피명 냉혈(冷血) ☞더운피

찬피=동:물(-動物)명 냉혈 동물 ☞더운피 동물

찬:-하다(撰-)타여《文》①책을 저술하다. ②잘 된 시문(詩文)을 고르다, 또는 골라서 책으로 엮다.

찬:-하다(讚-)타여《文》칭찬하다. 찬양하다

찬:합(饌盒)명 밥·반찬·술안주 등을 담는 여러 층으로 된 그릇, 또는 그 그릇에 담은 음식. 마른찬합·진찬합 등이 있음.

찬:합-집(饌盒-)명 넓거나 크지는 않으나 쓸모 있고 아담하게 지은 집을 이르는 말.

찰-접두 ①'찰기가 있음'의 뜻을 나타냄. ¶ 찰떡/찰밥/찰수수 ☞차-. 메- ②'매우 심한'의 뜻을 나타냄. ¶ 찰가난/찰깍쟁이

찰-가난명 아주 심한 가난. ☞철빈(鐵貧)

찰가닥부 엇걸리게 만든 작고 단단한 두 쇠붙이가 가볍게 들러붙으면서 엇걸리거나 풀릴 때 나는 소리를 나타내는 말. ☞잘가닥. 찰까닥. 찰카닥. 철거덕

찰가닥-거리다(대다)자타 자꾸 찰가닥 소리가 나다, 또는 그런 소리를 내다. ☞잘가닥거리다. 찰까닥거리다. 찰카닥거리다. 철거덕거리다

찰가닥-찰가닥부 찰가닥거리는 소리를 나타내는 말. ☞잘가닥잘가닥. 찰까닥찰까닥. 찰카닥찰카닥

찰가당부 작고 목직한 쇠붙이 따위가 다른 단단한 물체와 가볍게 부딪칠 때 울리어 나는 소리를 나타내는 말. ☞잘가당. 찰까당. 찰카당. 철거덩

찰가당-거리다(대다)자타 자꾸 찰가당 소리가 나다, 또는 그런 소리를 내다. ☞잘가당거리다. 찰까당거리다. 찰카당거리다. 철거덩거리다

찰가당-찰가당부 찰가당거리는 소리를 나타내는 말. ☞잘가당잘가당. 찰까당찰까당. 찰카당찰카당

찰각부 엇걸리게 만든 작고 목직한 두 쇠붙이의 고리가 가볍게 잠기거나 열리면서 나는 소리를 나타내는 말. ☞잘각. 찰깍. 찰칵. 철걱

찰각-거리다(대다)자타 자꾸 찰각 소리가 나다, 또는 그런 소리를 내다. ☞잘각거리다. 찰깍거리다. 찰칵거리다. 철걱거리다

찰각-찰각부 찰각거리는 소리를 나타내는 말. ☞잘각잘각. 찰깍찰깍. 찰칵찰칵. 철걱철걱

찰간(刹竿)명 큰 절 앞에 세우는 나무나 쇠로 된 장대. 덕(德)이 높은 중이 있음을 사람들에게 널리 알리기 위하여 세움.

찰-거:머리명 ①사람이나 짐승의 몸에 한번 붙으면 잘 떨어지지 아니하는 거머리. ②남에게 끈질기게 들러붙어서 괴롭히는 사람을 비유하여 이르는 말.
속담 **찰거머리와 안타깨비**: 무슨 일이 있을 때마다 착 달라붙어서 떨어지지 않는 사람을 이르는 말./**찰거머리 정**(情): 여간해서는 떨어질 것 같지 않은 깊고 끈진 정을 이르는 말.

찰-것명 차진 곡식으로 만든 음식을 두루 이르는 말.

찰-곡식명 찰벼·차조·찰수수 등 찰기가 있는 곡식.

찰과-상(擦過傷)명 무엇에 쓸리거나 긁혀서 생긴 상처. 찰상(擦傷)

찰-교:인(-敎人)명 종교를 착실히 믿는 사람.

찰그랑부 탄력 있는 얇고 둥근 쇠붙이가 단단한 물체에 부딪칠 때 울리어 나는 소리를 나타내는 말. ☞잘그랑. 짤그랑. 철그렁

찰그랑-거리다(대다)자타 자꾸 찰그랑 소리가 나다, 또는 그런 소리를 내다. ☞잘그랑거리다. 짤그랑거리다. 철그렁거리다

찰그랑-찰그랑부 찰그랑거리는 소리를 나타내는 말. ☞잘그랑잘그랑. 짤그랑짤그랑. 철그렁철그렁

찰-기(-氣)명 차진 기운. ¶ -가 있는 밥. ☞점성(粘性)

찰기(札記)명 ①조목(條目)으로 나누어 적는 일, 또는 그 기록. ②책을 읽고 그 요점을 간략히 적은 것.

찰-기장명 찰기가 있는 기장. 나서(糯黍) ☞메기장

찰까닥부 엇갈리게 만든 작고 단단한 두 쇠붙이가 엇걸리거나 풀릴 때 나는 소리를 나타내는 말. ☞잘가닥. 잘까닥. 찰가닥. 철꺼덕

찰까닥-거리다(대다)자타 자꾸 찰까닥 소리가 나다, 또는 그런 소리를 내다. ☞잘가닥거리다. 잘까닥거리다. 찰가닥거리다. 철꺼덕거리다

찰까닥-찰까닥부 찰까닥거리는 소리를 나타내는 말. ☞잘가닥잘가닥. 잘까닥잘까닥. 찰가닥찰가닥

찰까당부 작고 목직한 쇠붙이 따위가 다른 단단한 물체와 세게 부딪칠 때 울리어 나는 소리를 나타내는 말. ☞잘가당. 잘까당. 찰가당. 철꺼덩

찰까당-거리다(대다)자타 자꾸 찰까당 소리가 나다, 또는 그런 소리를 내다. ☞잘가당거리다. 잘까당거리다. 찰가당거리다. 철꺼덩거리다

찰까당-찰까당부 찰까당거리는 소리를 나타내는 말. ☞잘가당잘가당. 잘까당잘까당. 찰가당찰가당

찰깍부 엇걸리게 만든 작고 목직한 두 쇠붙이의 고리가 잠기거나 열리면서 야물게 나는 소리를 나타내는 말. ☞잘각. 잘깍. 찰각. 철꺽

ㅊ

찰깍-거리다(대다) 자타 자꾸 찰깍 소리가 나다, 또는 그런 소리를 내다. ☞잘각거리다. 잘깍거리다. 찰각거리다. 철꺽거리다

찰-깍쟁이 명 아주 지독한 깍쟁이.

찰깍-찰깍 부 찰깍거리는 소리를 나타내는 말. ☞잘각잘각. 잘깍잘깍. 찰각찰각. 철꺽철꺽

찰나(刹那∠Kṣaṇa 범) 명 불교에서, 시간의 최소 단위를 뜻하는 데서, '극히 짧은 시간'을 이르는 말. ☞겁(劫). 순간 ¶섬광이 터지는 —에 눈을 감았다.
 수 소수(小數) 단위의 하나. 탄지(彈指)의 10분의 1, 육덕(六德)의 열 곱절.

찰나-주의(刹那主義) 명 과거나 미래를 생각하지 않고, 오직 현재의 순간적인 아름다움이나 쾌락만을 추구하며 살려는 생각이나 태도. ☞쾌락주의(快樂主義)

찰딱 부 ①차진 것이 깐지게 달라붙는 모양, 또는 그 소리를 나타내는 말. ¶반죽이 질어 손에 — 달라붙다. ②얇고 뻣뻣하지 않은 물체가 물에 젖어 바짝 달라붙는 모양을 나타내는 말. ¶땀으로 셔츠가 — 달라붙다./김이 입천장에 — 달라붙다. ☞철떡

찰딱-찰딱 부 자꾸 찰딱 하는 모양, 또는 그 소리를 나타내는 말. ☞철떡철떡

찰-떡 명 찹쌀 따위의 차진 곡식으로 만든 떡. ☞메떡

찰떡-같다[-간-] 형 깊이 든 정이나 굳은 결속이 서로 떨어지지 않을 만큼 끈지다. ¶금실이 —.

찰떡=궁합(-宮合) 명 아주 잘 맞는 궁합을 이르는 말.

찰떡=근원(-根源) 명 서로 한시도 떨어질 줄 모르는 아주 좋은 금실을 이르는 말.

찰락-거리다(대다) 자타 ①물이 찰락찰락 흘러 넘치다, 또는 그리 되게 하다. ②물결이 찰락찰락 부딪치다. ③쇠붙이들이 자꾸 찰락찰락 부딪치다, 또는 그리 되게 하다. 찰락이다 ☞철럭거리다

찰락-이다 자타 찰락거리다 ☞철럭이다

찰락-찰락 부 ①작은 그릇에 담긴 물이 작게 물결치며 흘러 넘치는 모양, 또는 그 소리를 나타내는 말. ②잔물결이 단단한 물체에 가볍게 자꾸 부딪치는 소리, 또는 그 모양을 나타내는 말. ③꾸러미로 된 작은 쇠붙이들이 가볍게 자꾸 맞부딪치는 소리를 나타내는 말. ¶움직일 때마다 열쇠 꾸러미가 — 부딪친다. ☞철럭철럭

찰람-거리다(대다) 자타 물이 찰람찰람 넘치다, 또는 그리 되게 하다. ☞철럼거리다

찰람-찰람 부 작은 그릇 따위에 가득 담긴 물이 흔들리면서 조금씩 넘치는 모양을 나타내는 말. ☞철럼철럼

찰랑 부 얇은 쇠붙이나 작은 방울 따위가 거세게 흔들릴 때 울리어 나는 소리를 나타내는 말. ☞잘랑. 짤랑. 철렁[1]

찰랑-거리다(대다)[1] 자타 자꾸 찰랑 소리가 나다, 또는 그런 소리를 내다. 찰랑이다[1] ☞잘랑거리다. 짤랑거리다. 철렁거리다[1]

찰랑-거리다(대다)[2] 자 물 따위가 찰랑찰랑 얄랑이다. 찰랑이다[2] ☞철렁거리다[2]. 칠렁거리다

찰랑-이다[1] 자타 찰랑거리다[1] ☞잘랑이다. 짤랑이다. 철렁이다[1]

찰랑-이다[2] 자 찰랑거리다[2] ☞철렁이다[2]. 칠렁이다

찰랑-찰랑[1] 부 찰랑거리는 소리를 나타내는 말. ☞잘랑잘랑. 짤랑짤랑. 철렁철렁[1]

찰랑-찰랑[2] 부 작고 얕은 곳에 담긴 물 따위가 얄랑이는 소리, 또는 그 모양을 나타내는 말. ¶— 흔들리는 수면. ☞철렁철렁[2]. 칠렁칠렁

찰랑찰랑-하다 형여 작고 얕은 곳에 담긴 물 따위가 넘칠 듯 넘칠듯 가득하다. ¶잔에 포도주를 찰랑찰랑하게 따르다. ☞철렁철렁하다. 칠렁칠렁하다

찰랑-하다 형여 작고 얕은 곳에 담긴 물 따위가 넘칠듯이 가득하다. ☞철렁하다. 칠렁하다

찰바닥 부 얕은 물이나 조금 진 땅을 매우 세게 치거나 밟을 때 나는 소리를 나타내는 말. ☞잘바닥. 철버덕

찰바닥-거리다(대다) 자타 자꾸 찰바닥 소리가 나다, 또는 그런 소리를 내다. ☞잘바닥거리다. 철버덕거리다

찰바닥-찰바닥 부 찰바닥거리는 소리를 나타내는 말. ☞잘바닥잘바닥. 철버덕철버덕

찰바당 부 작고 묵직한 물체가 좀 깊은 물에 떨어질 때 크게 울리어 나는 소리를 나타내는 말. ☞잘바당. 철버덩

찰바당-거리다(대다) 자타 자꾸 찰바당 소리가 나다, 또는 그런 소리를 내다. ☞잘바당거리다. 철버덩거리다

찰바당-찰바당 부 찰바당거리는 소리를 나타내는 말. ☞잘바당잘바당. 철버덩철버덩

찰박 부 얕은 물을 치거나 밟을 때 나는 소리를 나타내는 말. ☞잘박. 철벅

찰박-거리다(대다) 자타 자꾸 찰박 소리가 나다, 또는 그런 소리를 내다. ☞잘박거리다. 철벅거리다

찰박-찰박 부 찰박거리는 소리를 나타내는 말. ☞잘박잘박. 철벅철벅

찰-밥 명 찹쌀로 지은 밥. 멥쌀로 밥을 지을 때보다 물을 적게 붓고 붉은팥 삶은 것과 팥물, 대추, 밤 등을 섞어 넣고 소금 간을 약간 하여 지음. ☞메밥

찰방 부 작고 묵직한 물체가 좀 깊은 물에 세게 떨어질 때 울리어 나는 소리를 나타내는 말. ☞잘방. 철벙

찰방(察訪) 명 ①'찰방사(察訪使)'의 준말. ②조선 시대, 각 도(道)의 관찰사에 딸리어 역참(驛站)을 관장하던 종육품 관직, 또는 그 관원.

찰방-거리다(대다) 자타 자꾸 찰방 소리가 나다, 또는 그런 소리를 내다. ☞잘방거리다. 철벙거리다

찰방-사(察訪使) 명 고려 시대, 백성의 질고(疾苦)를 묻고 관원들의 행실을 살피려고 지방에 파견하던 임시 관직, 또는 그 관원. 준 찰방(察訪)

찰방-찰방 부 찰방거리는 소리를 나타내는 말. ☞잘방잘방. 철벙철벙

찰-벼 명 볏과의 한해살이풀. 줄기 높이 50~100cm. 벼의 한 변종(變種)이며, 생김새가 벼와 같으나 전체가 자줏빛을 띤 갈색임. 이삭에서 찰기가 있는 찹쌀을 얻음. 나도(糯稻) ☞메벼

찰-복숭아 명 살이 씨에 꼭 달라붙어 있고 겉에 털이 없는 복숭아의 한 품종.

찰-부꾸미 명 찹쌀가루로 만든 부꾸미. 차전병

찰상(擦傷)[-쌍] 명 무엇에 쓸리거나 긁혀서 생긴 상처. 찰과상(擦過傷)

찰색(察色)[-쌕] 명-하다 자 ①얼굴색을 살펴봄. ②한방에서, 환자의 혈색을 보아서 병을 진찰하는 일.

찰-쇠[-쐬] 명 대문짝이 대접쇠에 닿는 부분에 대는 쇠. 패검(佩劍)[1]

찰-수수 명 찰기가 있는 수수의 한 품종.

찰싸닥 부 ①천천히 밀려온 물결이 단단한 물체에 세게 부딪쳤다 물러가는 소리, 또는 그 모양을 나타내는 말. ②살집이 좋은 볼기 등을 손바닥으로 세게 한 번 칠 때 나는 소리, 또는 그 모양을 나타내는 말. ③차진 물체를 손바닥 따위로 세게 치거나 메어칠 때 나는 소리를 나타내는 말. ☞잘싸닥. 철써덕

찰싸닥-거리다(대다) 자타 자꾸 찰싸닥 소리가 나다, 또는 그런 소리를 내다. ☞잘싸닥거리다. 철써덕거리다

찰싸닥-찰싸닥 부 찰싸닥거리는 소리를 나타내는 말. ☞잘싸닥잘싸닥. 철써덕철써덕

찰싹 부 ①잔물결이 단단한 물체에 세게 부딪치는 소리, 또는 그 모양을 나타내는 말. ②볼기 등을 손바닥으로 세게 한 번 칠 때 나는 소리, 또는 그 모양을 나타내는 말. ③차진 물체를 손바닥 따위로 세게 칠 때 나는 소리를 나타내는 말. ④매우 끈지게 달라붙는 모양을 나타내는 말. ¶— 달라붙어 아양을 부리다. ☞잘싹. 철썩

찰싹-거리다(대다) 자타 자꾸 찰싹 소리가 나다, 또는 그런 소리를 내다. ☞잘싹거리다. 철썩거리다

찰싹-찰싹 부 찰싹거리는 소리를 나타내는 말. ☞잘싹잘싹. 철썩철썩

찰-쌈지 명 허리띠에 차는 주머니 모양의 담배 쌈지.

찰-원수(-怨讐) 명 여간해서는 풀리지 않을, 원한이 깊이 사무친 원수.

찰제(擦劑)[-쩨] 명 도찰제(塗擦劑)

찰제리(刹帝利∠Kṣatriya 범) 명 크샤트리아(Kṣatriya)

찰조(察照)[-쪼] 명-하다 타 문서 따위를 자세히 살펴봄.
찰주(札駐)[-쭈] 명-하다 자 주차(駐箚).
찰중(察衆)[-쭝] 명 불교에서, 대중을 규찰(糾察)하는 일, 또는 그 일을 맡은 사람을 이르는 말.
찰지(察知)[-찌] 명-하다 타 살펴서 앎. 양지(諒知)
찰-짜 명 수더분한 맛이 없고 성질이 몹시 깐깐한 사람을 이르는 말.
찰찰 부 작은 그릇 따위에 가득 담긴 물이 조금씩 계속 넘치는 모양을 나타내는 말. ¶잔이 - 넘치게 술을 따르다. ☞철철
찰찰(察察) 어기 '찰찰(察察)하다'의 어기(語基).
찰찰-하다(察察-) 형여 지나치게 꼼꼼하고 자세하다.
찰카닥 부 엇걸리게 만든 작고 단단한 두 쇠붙이가 엇걸리거나 풀릴 때 거칠게 나는 소리를 나타내는 말. ☞잘가닥. 잘카닥. 찰가닥. 철커덕
찰카닥-거리다(대다) 자타 자꾸 찰카닥 소리가 나다, 또는 그런 소리를 내다. ☞잘가닥거리다. 잘카닥거리다[1]. 찰가닥거리다. 철커덕거리다
찰카닥-찰카닥 부 찰카닥거리는 소리를 나타내는 말. ☞잘가닥잘가닥. 잘카닥잘카닥[1]. 찰가닥찰가닥
찰카당 부 작고 묵직한 쇠붙이 따위가 다른 단단한 물체와 부딪칠 때 거칠게 울리어 나는 소리를 나타내는 말. ☞잘가당. 잘카당. 찰가당. 철커덩
찰카당-거리다(대다) 자타 자꾸 찰카당 소리가 나다, 또는 그런 소리를 내다. ☞잘가당거리다. 잘카당거리다. 찰가당거리다. 철커덩거리다
찰카당-찰카당 부 찰카당거리는 소리를 나타내는 말. ☞잘가당잘가당. 잘카당잘카당. 찰가당찰가당
찰칵 부 엇걸리게 만든 작고 목직한 두 쇠붙이의 고리가 잠기거나 열리면서 거칠게 나는 소리를 나타내는 말. ¶- 셔터를 눌러 사진을 찍다. ☞잘각. 잘칵. 찰각. 철컥
찰칵-거리다(대다) 자타 자꾸 찰칵 소리가 나다, 또는 그런 소리를 내다. ☞잘각거리다. 잘칵거리다[1]. 찰각거리다. 철컥거리다
찰칵-찰칵 부 찰칵거리는 소리를 나타내는 말. ☞잘각잘각. 잘칵잘칵[1]. 찰각찰각. 철컥철컥
찰-통 명 악성(惡性)인 매독(梅毒)을 속되게 이르는 말.
찰필(擦筆) 명 ①수묵화에서, 먹물이 많이 빠진 붓을 써서, 긁힌 자국처럼 먹이 묻지 않은 부분을 많이 내는 수법. ②압지(押紙)나 녹비 따위를 말아서 붓 모양으로 만든 것. 파스텔화나 목탄화의 화면을 문질러 선을 부드럽게 하거나 바람의 효과를 내거나 하는 데 쓰임. 또는, 그 수법이나 효과를 이르기도 함.
찰한(札翰) 명 편지(片紙)
찰현=악기(擦絃樂器) 명 현악기의 한 가지. 활로 현(絃)을 문질러서 소리를 내는 악기. 바이올린·첼로 따위. 궁현 악기 ☞발현 악기. 타현 악기
찰-흙 명 차진 기운이 있는 흙. ☞점토(粘土)
참[1] 명 거짓이 아닌 것. 올바른 것. ☞진실(眞實)

한자 **참 진**(眞) [目部 5획] ¶진가(眞價)/진담(眞談)/진리(眞理)/진본(眞本)/진실(眞實) ▷ 속자는 真

참:[2] 명 ①일을 하다가 쉬는 일정한 동안. ②일을 하다가 쉬는 동안에 먹는 음식. ③일을 시작하여 쉴 때까지의 일정한 동안. ¶이번 -에 일을 끝내기로 하자. ④길을 가다가 쉬거나 끼니를 먹는 곳.
참[3] 의 동사의 어미 '-ㄴ(은)'·'-ㄹ(을)' 뒤에 쓰이어, 어떠한 때나 계제나 예정임을 나타내는 말. ¶지금 나가려던 -이다./곡식을 거두어들일 -이었다.
참[4] 부 정말로. 진실로. 과연. 아주 ¶- 잘 되었다./- 고맙군요./- 예쁘다./- 훌륭한 사람이다.
참[5] 감 ①문득 생각났음을 뜻하는 말. ¶-, 내일 떠난다고 했지./-, 너 몇 학년이지? ②딱하고 난처한 감정을 나타내는 말. ¶-, 자꾸 그러시면 안 돼요.
참:(斬) 명-하다 타 '참두(斬頭)'·'참수(斬首)'의 준말.
참(懺) 명 '참회(懺悔)'의 준말. ▷ 懺의 속자는 懴
참- 접두 ①'가짜가 아닌 진짜'의 뜻을 나타냄. ¶참말/참사랑 ②'품질이 아주 좋은'의 뜻을 나타냄. ¶참먹/참숯/참꽃

참가(參加) 명-하다 자 ①어떤 모임에 참석하여 행동을 함께함. ¶대회에 -하다. ②법률상의 관계, 또는 소송에 당사자 아닌 사람이 참여하는 일. ¶소송 -
참가-국(參加國) 명 어떠한 국제적 모임이나 조약 등에 참여한 나라. ▷ 參의 속자는 参
참-가사리 명 홍조류(紅藻類)에 딸린 바닷말의 한 가지. 줄기 높이 5~15cm. 빛깔은 어두운 자줏빛이며 풀가사리와 비슷함. 불규칙하게 가지를 치는데, 가지는 원기둥 모양이며 속이 비었음. 풀의 원료로 쓰이고, 먹을 수도 있음. 세모(細毛)
참가-인(參加人) 명 ①참가한 사람. ②민사 소송에서, 타인간에 계속(繫屬)된 소송에 참가하는 제삼자. ③어음법에서, 참가 인수(引受)와 참가 지급을 하는 사람.
참가=인:수(參加引受) 명 환어음에서, 만기 전에 소구(遡求) 원인이 발생하였을 때, 이 만기 전의 소구를 막으려고 지급인 이외의 사람이 소구 의무자 중의 어떤 사람을 위하여 어음의 지급을 약속하는 일.
참-가자미 명 가자밋과의 바닷물고기. 몸길이 40cm 안팎. 몸은 길둥근 꼴이며 옆으로 납작하고 주둥이는 작음. 두 눈이 머리의 오른쪽에 모여 있음. 눈이 있는 쪽의 몸빛은 엷은 갈색이고, 눈이 없는 쪽은 흰 바탕에 누른 띠가 있음.
참가=지급(參加支給) 명 환어음이나 약속 어음에서, 만기 전후를 불문하고, 인수 또는 지급의 거절 등의 소구(遡求) 원인이 발생하였을 때, 소구를 막기 위하여 지급인이나 인수인 이외의 제삼자가 어음을 지급하는 일.
참:간(斬奸) 명-하다 타 악인을 베어 죽임.
참:간-장(斬奸狀)[-짱] 명 지난날, 악인을 베어 죽일 때 그 이유를 적은 문서를 이르던 말.
×**참-감자** 명 →고구마
참개(慙慨) 명-하다 자 몹시 부끄럽고 분하여 탄식함.
참-개구리 명 양서류 개구릿과의 한 종. 몸길이 6~9cm. 암컷의 등은 흰 바탕에 크고 검은 무늬가 있고, 수컷은 대개 누런 갈색이며 검은 무늬가 거의 없음. 수컷의 턱의 기부(基部)에는 좌우 한 쌍의 울음주머니가 있음. 4~6월에 무논이나 못 등에서 알을 낳음. 우리 나라와 일본, 중국 등 동아시아 지역에 널리 분포함. 가축의 먹이나 실험 동물 등으로 쓰임. 청와(青蛙)
참-개암나무 명 자작나뭇과의 낙엽 관목. 높이 4m 안팎. 잎은 길둥글고 가장자리에 얕은 톱니가 있으며, 어긋맞게 남. 3월경에 수상(穗狀) 꽃차례의 수꽃과 두상(頭狀) 꽃차례의 암꽃이 핌. 열매는 보통 두 개가 마주 달리는데 긴 뿔 모양의 돌기가 있음. 열매는 먹을 수 있고, 약재로도 쓰임.
참-게 명 갑각류 바위겟과의 한 종. 등딱지의 모양은 둥그스름한 사각형이며, 길이 6cm, 너비 7cm 안팎임. 두 집게발은 대칭을 이루며, 나머지 네 쌍의 발은 가늘고 길. 배는 암수 모두 일곱 마디로 되어 있음. 바다에 가까운 민물에서 사는데, 가을에 알을 낳으러 바닷가로 나감. 폐디스토마의 중간 숙주임.
참견(參見) 명-하다 자타 어떤 일에 끼어들어 아는체 하거나 간섭하여 나섬. 참섭(參涉) ¶남의 일에 -하다.
참견을 들다 관용 남의 일에 간섭하여 나서다.
참경(慘景) 명 참상(慘狀) ▷ 慘의 속자는 惨
참고(參考) 명-하다 타 어떤 일을 하려고 할 때, 남의 의견이나 다른 사례·자료 등과 견주어 자기 생각을 정하는 데 도움이 되게 함. ¶- 자료/외국의 사례를 -하다.
참고(慘苦) 명 참혹한 고통.
참-고래 명 참고랫과의 포유동물. 몸길이 15~20m. 온몸이 검고 머리 부분이 특히 크며 등지느러미가 없음. 북태평양과 북대서양에 분포함.
참고-서(參考書) 명 조사·연구·수업·학습 따위에서 참고로 하는 책. ¶학습 - ☞학습서(學習書)
참고-인(參考人) 명 범죄 수사를 위하여, 피의자가 아닌 사람으로서 수사 기관에 출두를 요구 받아 조사를 받는

사람. 출두 또는 진술이 강제적인 것이 아님.
참관(參觀)명-하다타 그 자리에 가서 봄. ¶아동들의 특별 활동을 -하다./바둑 대회를 -하다.
참관-기(參觀記)명 참관한 내용이나 감상 등을 적은 글.
참관-인(參觀人)명 ①참관하는 사람. ②선거 때 투표와 개표 상황을 참관하는 사람. 투표 참관인, 개표 참관인 따위.
참괴(慙愧)명-하다자 자기의 잘못 따위를 부끄럽게 여김.
참교(參校)[1]명 ①조선 시대, 승문원(承文院)의 종삼품 관직. 다른 관직의 관원이 겸직하였음. ②조선 말기, 신식 군제(軍制)에 따라 두었던 하사관(下士官) 계급의 하나. 부교(副校)의 아래임.
참교(參校)[2]명-하다타 서로 대조하여 잘못된 곳을 고침.
참구(參究)명-하다타 ①참고하여 연구함. ②불교에서, 참선(參禪)하여 진리를 구명(究明)함을 이르는 말.
참구(讒口)명 참언(讒言)
참구(讒構)명-하다타 없는 일을 꾸며 남을 어려움에 빠뜨림.
참극(慘劇)명 ①비참한 줄거리의 연극. ②살인 따위의 끔찍한 사건. ¶동족상잔의 -.
참:급(斬級)명-하다자 적의 목을 벰, 또는 그 목.
참기(讒譏)명-하다타 남을 헐뜯고 욕함.
참-기름명 참깨로 짠 기름. 지마유(芝麻油). 진유(眞油). 호마유(胡麻油)
참-깨명 ①참깻과의 한해살이풀. 재배 식물로 줄기 높이 1m 안팎. 줄기와 잎에는 부드러운 털이 있음. 길둥근 잎은 마주 나나 윗부분에서는 어긋맞게 나기도 함. 여름에 엷은 자줏빛을 띤 흰 종 모양의 꽃이 줄기 윗부분의 잎겨드랑이에 한 송이씩 핌. 열매는 길이 2.5cm 안팎의 원기둥 모양이며 속에는 씨가 많이 들어 있음. 씨는 볶아서 기름을 짜거나 양념으로 쓰는데, 품종에 따라 흰빛·검은빛·누른빛 따위가 있음. 백유마(白油麻). 백지마(白脂麻). 진임(眞荏) ②참깨의 씨.
속담 **참깨가 기니 짧으니 한다**: 더 길다고 해야 별것 아닌, 서로 비슷비슷한 처지에서 굳이 크고 작음이나 잘잘못을 가리려 하는 어리석음을 이르는 말./**참깨 들깨 노는데 아주까리 못 놀까**: 나보다 별로 잘나지도 못한 어중이떠중이들이 다 한몫 끼었는데, 난들 어찌 끼일 수 없으랴 하는 뜻으로 이르는 말.
참깨-죽(-粥)명 껍질을 벗겨서 간 참깨와 무리로 쑨 죽. 깨죽. 지마죽(芝麻粥)

참깻-묵명 참기름을 짜 낸 찌끼. ☞깻묵
참-꽃명 '철쭉'을 '개꽃'이라 하는 데 대하여, '진달래'를 달리 이르는 이름.
참꽃-전(-煎)명 두견화전
참-나리명 백합과의 여러해살이풀. 줄기 높이 1m 안팎. 땅 속에 흰 비늘줄기가 있음. 댓잎처럼 생긴 가늘고 긴 잎은 어긋맞게 나는데 잎자루가 없으며, 잎겨드랑이에 검은 자줏빛의 육아(肉芽)가 생김. 여름에 자줏빛 반점이 있는 주황색의 여섯잎 꽃이 피는데 꽃잎이 밖으로 젖혀짐. 우리 나라 각처의 산과 들에서 자라며, 관상용으로 가꾸기도 함. 비늘줄기는 먹을 수 있으며, 기침약 등으로도 쓰임. 준나리
참-나무명 ①참나뭇과의 나무를 통틀어 이르는 말. 진목(眞木) ②'상수리나무'의 딴이름.
속담 **참나무에 곁낫걸이**: 굵고 단단한 참나무를 베어 넘기려고 낫으로 내리찍는다는 말로, 엄청나게 큰 세력에 부질없이 덤빔을 이르는 말.
참-나물명 미나릿과의 여러해살이풀. 줄기 높이 50~80cm. 줄기는 곧게 서고, 잎은 세 개의 작은 잎으로 된 겹잎인데, 뿌리에서 돋는 것은 잎자루가 길고 줄기에서 돋는 것은 잎자루가 짧아짐. 여름에 가지나 줄기 끝에 희고 잔 꽃이 복산형(複繖形) 꽃차례로 핌. 산지의 나무 그늘에서 자람. 향기가 있으며 어린잎은 먹을 수 있음.
참내(參內)명 입궐(入闕)
참녜(參-)명-하다자 '참여(參與)'의 변한말.
참-느릅나무명 느릅나뭇과의 낙엽 교목. 높이 10m 안팎. 길둥근 꼴 또는 거꿀달걀꼴의 잎은 두껍고 윤이 나며 가장자리에 톱니가 있음. 가을에 누른 잔 꽃이 잎겨드랑이에서 모여 핌. 가로수로 심고, 분재(盆栽)로 가꾸기도 함. 우리 나라 중부 이남의 산기슭이나 하천의 기슭에 자람. 어린잎은 먹을 수 있음.
참:다[-따]타 ①아픔이나 괴로움 등 어려운 고비를 잘 견디어 내다. ¶통증을 -./배고픔을 -. ②감정 따위를 눌러 겉으로 드러내지 아니하다. ¶노여움을 -./웃음을 -./불만을 -. ③때를 기다리다. ¶1년만 더 참자.
속담 **참을 인(忍) 자 셋이면 살인(殺人)도 피한다**: 아무리 분한 일이 있더라도 꾹 참는 것이 가장 좋다는 말. 〔한 시를 참으면 백 날이 편하다〕

한자 참을 인(忍) 〔心部 3획〕 ¶용인(容忍)/인고(忍苦)/인내(忍耐)/인욕(忍辱)/인종(忍從)

참-다랑어명 고등엇과의 바닷물고기. 몸길이 3m 안팎, 몸무게 300kg에 이름. 몸은 방추형이고, 몸빛은 등은 감파랗고 배는 은백색임. 세계의 온대와 열대 해역에 널리 분포함. 다랑어. 참치
×**참-다랭이**명 →참다랑어
참:다-못해[-따몯-]부 더는 참을 수 없어서. ¶- 울음을 터뜨렸다./- 이의를 제기했다.
참담(慘憺)어기 '참담(慘憺)하다'의 어기(語基).
참-담치명 '홍합'의 딴이름.
참담-하다(慘憺-)형여 ①매우 끔찍하다. ¶참담한 사고 현장./사상자들의 참담한 모습. ②보기 민망할 만큼 형편없다. ¶경기는 참담한 패배로 끝났다. ③참혹하고 암담하다. ¶혹한 속의 피란살이는 참담했다.
참담-히부 참담하게 ¶- 널려 있는 시신들.
참-답다(-답고·-다워)형ㅂ 거짓이나 꾸밈이 없이 참되다. ¶참다운 인생./참다운 사랑.
참-당귀(-當歸)명 미나릿과의 여러해살이풀. 줄기 높이 1~2m. 잎은 3~5갈래로 갈라지고 길둥글며 가장자리에 톱니가 있음. 8~9월에 자줏빛 꽃이 산형(繖形) 꽃차례로 핌. 어린순은 먹을 수 있고, 뿌리는 한방에서 약재로 씀.
참:-당나귀[-땅-]명 길을 가다가 이따금 꾀를 부려 주인 속을 썩이는 당나귀를 이르는 말.
참-대명 '왕대'의 딴이름.
참덕(慙德)명-하다자 덕(德)이 없음을 부끄러워함, 또는 덕화(德化)가 널리 미치지 못함을 부끄러워함.
참독(慘毒)어기 '참독(慘毒)하다'의 어기(語基).
참독-하다(慘毒-)형여 잔인하고 악독하다. 참학하다
참:-돈[-똔]명 상여(喪輿)가 나갈 때, 참참이 쉴 때마다 상여꾼에게 술값으로 주는 돈.
참-돔명 도밋과의 바닷물고기. 몸길이 1m 안팎. 몸은 타원형이며 두드러지게 측편(側偏)하여 있음. 몸빛은 적갈색이며, 옆쪽에는 파란빛의 작은 반점이 흩어져 있고, 꼬리지느러미 뒷부분 가장자리는 검음.
참-되다[-뙤-]형 거짓이 없고 참답다. ¶참된 우정.
참되-이부 참되게 ¶- 살아가다.
참:두(斬頭)명-하다타 목을 벰. 참수(斬首) 준참(斬)
참-따랗게부 딴생각을 하지 않고 아주 참하게. ¶- 공부에만 열중하고 있다. 준참땋게
참-땋게부 '참따랗게'의 준말.
참-뜻명 ①틀림이 없는 참다운 뜻. ¶글의 -을 이해하다. ②본디의 생각. 속뜻 ¶그 말의 -은 다른 데 있을 것이다. ☞진의(眞意)
참락(慘落)명-하다자 물건 값이 끔찍하리만큼 크게 떨어짐. ☞폭락(暴落)
참:람(僭濫)어기 '참람(僭濫)하다'의 어기(語基).
참:람-하다(僭濫-)형여 분수에 넘쳐 지나친 데가 있다. 참월하다 ▷僭의 속자는 僣
참량(參量)명-하다타 참작(參酌)
참렬(參列)명-하다자 ①참반(參班) ②의식이나 행사 따위에 참가하여 자리를 함께함.
참렬(慘烈)어기 '참렬(慘烈)하다'의 어기(語基).
참렬-하다(慘烈-)형여 몹시 끔찍하다.

참령(參領)명 조선 말기, 신식 군제(軍制)에 따라 두었던 무관 계급의 하나. 부령(副領)의 아래, 정위(正尉)의 위임.
참례(參禮)명-하다자 예식(禮式)에 참여함.
참:로(站路)명 역참(驛站)을 지나는 길.
참:륙(斬戮)명-하다타 목을 베어 죽임. ☞참살(斬殺)
참-마명 맛과의 여러해살이 덩굴풀. 뿌리는 긴 원기둥 모양인데 길이가 1m 가량에 이르는 것도 있음. 잎은 마주나는데, 끝이 뾰족하고 잎자루 쪽은 심장 모양임. 뿌리는 먹을 수 있고, 한방에서는 강장약(強壯藥)으로 씀. 우리 나라 중부 이남의 산지에서 자람.
참-마음명 거짓이 없는 참다운 마음. 진심(眞心) 준참맘
참-마자명 모래무지아과의 민물고기. 몸길이 15~22 cm. 누치와 비슷하나 주둥이가 길고 등지느러미 가시가 연함. 몸빛은 은빛 바탕에 등 쪽이 어두운 갈색이며, 옆쪽에는 검은 점이 8줄 가량 일정한 간격으로 줄지어 있음. 우리 나라와 일본, 중국 등지에 분포함.
참-말명 거짓이나 틀림이 없는, 올바른 말. 정말. 진담(眞談) ☞거짓말
참-맘명 '참마음'의 준말.
참:망(僭妄)어기 '참망(僭妄)하다'의 어기(語基).
참:망-하다(僭妄-)형여 분수에 넘치게 방자하다.
참-매명 수릿과의 텃새. 몸길이는 수컷 50cm, 암컷 60 cm 안팎. 몸빛은 위쪽은 푸른 빛을 띤 회갈색이고, 아래쪽은 흰 바탕에 검은 가로 무늬가 있음. 비둘기나 토끼 등을 잡아먹고 삶. 예로부터 길들여서 매사냥에 이용해 왔음. 유라시아의 온대 이북, 북아메리카 등지에 분포함. 천연 기념물 제323호임. ☞송골매. 백송고리. 보라매
참-매:미명 매밋과의 곤충. 몸길이는 날개 끝까지 6cm 안팎. 몸빛은 검은 바탕에 녹색의 무늬가 있으며, 날개는 투명함. 여름에 나무 줄기에 붙어서 큰 소리로 욺. 뽕나무와 오동나무 등에 피해를 끼침. 애벌레는 땅 속에서 약 5년간을 지냄.
참-먹명 품질이 좋은 먹. 진묵(眞墨)
참먹이명 윷판의 맨 끝 말밭 이름. '안찌'의 다음이고 '날윷'의 다음으로 말이 나가는 끝 밭임.
참모(參謀)명 ①고급 지휘관을 보좌하여 작전·용병 등의 계획에 참여하는 장교. ¶작전 -/정보 - ②선거 따위에서, 계획이나 작전을 세우는 사람. ¶선거 -
참-모습명 ①본디의 모습. ②참다운 모습.
참모-장(參謀長)명 사단 이상의 부대에서, 여러 참모의 업무를 통합·조정하여 지휘관을 보좌하는 선임 장교.
참모=총:장(參謀總長)명 육군·해군·공군의 최고 지휘관.
참묘(參墓)명-하다자 성묘(省墓)
참무(讒誣)명 참소(讒訴)와 무고(誣告).
참문(慘聞)명 끔찍한 소문.
참문(讖文)명 미래를 예언한 문서. ▷讖의 속자는 讖
참:-물명 물참의 물. 곧 만조(滿潮) 때의 바닷물.
참-밀명 볏과의 두해살이풀. 줄기 높이 1m 안팎. 줄기는 마디가 있는 대롱 모양이고, 잎은 가늘고 길며 아래 부분은 줄기를 감쌈. 5월경에 수상(穗狀) 꽃차례로 꽃이 핌. 열매를 빻은 밀가루는 갖가지 식품에 이용됨. 밀. 소맥(小麥). 진맥(眞麥)
참-바명 볏짚이나 삼 따위로 세 가닥을 지어 굵고 길게 드린 줄. 마소를 매기도 하고, 수레 따위에 실은 짐을 동이는 데 쓰기도 함. 준바
참반(參班)명-하다자 반열(班列)에 참여함. 참렬(參列)
참-반디명 미나릿과의 여러해살이풀. 줄기 높이 15~100 cm. 뿌리에서 돋는 잎은 3~5쪽으로 갈라져 있으며, 표면에는 주름이 있음. 7월경에 흰 잔 꽃이 복산형(複繖形) 꽃차례로 핌. 열매는 2~4개씩 달리는데 길둥글고 겉에 꼬부라진 가시가 있음. 애순은 먹을 수 있고, 줄기와 잎은 한방에서 해수와 천식에 약재로 쓰임.
참:-밥[-빱]명 일을 하다가 쉬는 참에 먹는 밥.
참방부 목직하고 덩이진 물체가 물 위에 세게 떨어질 때 나는 소리를 나타내는 말. ☞잠방. 첨벙
참방(參榜)명-하다자 지난날, 과거(科擧)에 급제하여 방목(榜目)에 이름이 오르던 일.
참방(讒謗)명 비방(誹謗)
참방-거리다(대다)자 자꾸 참방 소리를 내다. 참방이다 ☞잠방거리다. 첨벙거리다
참-방동사니명 방동사닛과의 한해살이풀. 줄기 높이 20~50cm. 전체가 방동사니와 비슷함. 잎은 좁은 선형(線形)이며 줄기와 길이가 비슷함. 6~8월에 담황색의 잔 꽃이 복산형(複繖形) 꽃차례로 핌. 열매는 수과(瘦果)임. 밭이나 들판의 습한 곳에 자람.
참방-이다자 참방거리다 ☞잠방이다. 첨벙이다
참방-참방부 참방거리는 소리를 나타내는 말. ☞잠방잠방. 첨벙첨벙
참-배명 배를 '문배'나 '똘배'에 상대하여 이르는 말.
참배(參拜)명-하다자 사당이나 절 등에서 고개를 숙이거나 절하며 뵘.
참-벌명 '꿀벌'의 딴이름.
참:벌(斬伐)명-하다타 ①적을 무찌름. ②죄인 따위를 베어 죽임. ③작벌(斫伐)
참변(慘變)명 끔찍한 변고(變故).
참-복명 참복과의 바닷물고기. 몸길이 60cm 안팎이고, 모양은 곤봉형임. 몸 거죽은 작은 가시가 돋아 있어 거칢. 몸빛은 등은 흑색, 배는 백색임. 가슴지느러미 뒤에 크고 검은 반점이 백색 테두리 안에 있음. 우리 나라 전 연안과 일본의 서쪽 연안에 삶.
참봉(參奉)명 조선 시대, 종친부(宗親府)·돈녕부(敦寧府)·봉상시(奉常寺)·사옹원(司饔院) 등의 여러 관아와 각처의 능(陵)이나 원(園)에 딸렸던 종구품의 관직, 또는 그 관원.
참불가:언(慘不可言)성구 너무나 끔찍하여 차마 말할 수 없음을 이르는 말.
참불인견(慘不忍見)성구 너무나 끔찍하여 차마 눈으로 볼 수 없음을 이르는 말.
참-붕:어명 모래무지아과의 민물고기. 몸길이 6~8cm. 몸은 길며 주둥이가 작고 수염이 없음. 몸빛은 은색 바탕에 등 쪽은 암갈색이며 옆쪽 중앙에 갈색의 가로줄 무늬가 있음. 못이나 늪·시내에 살면서 5~6월에 조가비나 작은 돌에 알을 낳는데 수컷이 알을 지킴. 우리 나라와 일본, 중국 등지에 분포함.
참-비름명 비름을 '쇠비름'에 상대하여 이르는 말.
참-빗명 빗살이 아주 가늘고 촘촘한 대빗. 진소(眞梳) ☞얼레빗
참빗으로 훑듯관용 남김없이 샅샅이 뒤져 내는 모양을 이르는 말.
참-빗살나무[-빋-]명 노박덩굴과의 낙엽 관목. 높이 8m 안팎. 잎은 길둥글고 마주 나며 암수딴그루임. 꽃은 5~6월에 연둣빛 취산(聚繖) 꽃차례로 모여서 피고, 열매는 삭과(蒴果)로 붉고 네모지게 익음. 산이나 들, 하천의 둑에서 자람. 어린잎은 먹을 수 있고, 가지는 한방에서 귀전우(鬼箭羽)라 이르며 항암제나 혈압 강하제 등으로 씀.
참사(參事)명-하다자 ①어떤 일에 참여함. ②협동 조합 등의 단체나 기관에서, 어떤 사무나 업무를 맡는 직명, 또는 그 직을 맡은 사람.
참사(參祀)명-하다자 제사에 참례함.
참사(慘史)명 비참한 역사.
참사(慘死)명-하다자 끔찍하게 죽음, 또는 끔찍한 죽음.
참사(慘事)명 끔찍한 일. 참혹한 사건.
참사-관(參事官)명 외무직 공무원 직급의 하나. 공사(公使)의 아래, 일등 서기관의 위임.
참-사람명 참된 사람.
참-사랑명 참된 사랑.
참-살명 건강하게 포동포동 찐 살.
참:살(斬殺)명-하다타 사람을 베어 죽임. ☞참륙(斬戮)
참살(慘殺)명-하다타 참혹하게 죽임.
참상(參上)명 조선 시대, 상참(常參)할 수 있는 관직을 이르던 말. 종육품 이상 종삼품 이하임. ☞참하
참상(慘狀)명 끔찍한 모양이나 참혹한 상태. 참경(慘景)

ㅊ

¶ ―을 차마 볼 수 없었다.

참상(慘喪) 명 젊어서 죽은 이의 상사. ☞호상(好喪)

참-새 명 참샛과의 텃새. 우리 나라의 대표적인 텃새로 몸길이 15cm 안팎. 머리는 갈색이고 뺨과 목에 검은 점이 있음. 등은 갈색에 검은 반점이 있고, 배는 회백색임. 벼 따위의 농작물을 해치나 해충도 잡아먹음. 유라시아에 널리 분포함. 빈작(賓雀). 황작(黃雀)

속담 **참새가 방앗간을 거저 지나랴** : ①욕심 많은 사람이 이끗을 보고, 가만 있지 못한다는 말. ②제가 좋아하는 것을 그대로 보고만 지나칠 까닭이 없다는 말./**참새가 작아도 알만 잘 깐다** : 몸은 비록 작아도 능히 큰일을 감당한다는 말./**참새가 죽어도 짹 한다** : 아무리 약한 사람이라도 남에게 지고만 있지 않고, 끝내는 있는 힘을 다하여 저항하게 된다는 말. 〔지렁이도 밟으면 꿈틀한다〕/**참새 굴레 씌우겠다** : 지나치게 약삭빠르고 꾀가 많은 사람을 두고 이르는 말.

참새-구이 명 참새의 털을 뽑고 내장을 들어낸 다음, 간을 해서 구운 음식.

참새-귀:리 명 볏과의 한해살이풀. 줄기 높이 20~70cm. 줄기는 무더기로 나고 마디가 있음. 잎집과 잎몸은 털이 많고 길이 15~30cm, 너비 3~5mm의 좁은 선형(線形)임. 6~7월에 꽃이 원추(圓錐) 꽃차례로 피는데, 연둣빛 꽃 이삭은 아래로 드리워짐. 들이나 논밭에 자람.

참색(慙色) 명 부끄러워하는 기색(氣色). 괴색(愧色)

참서(參恕) 명 -하다 타 정상(情狀)을 참작하여 용서함.

참:서(讖書) 명 참언(讖言)을 적은 책. 참위서(讖緯書)

참서-관(參書官) 명 조선 시대 말기, 각 관아에 둔 주임 관직.

참-서대 명 참서댓과의 바닷물고기. 몸길이 30cm 안팎. 긴 혀 모양으로 생겼으며, 아주 작은 두 눈은 몸의 왼쪽에 붙어 있음. 눈이 있는 쪽의 몸빛은 적갈색이고 지느러미는 검은데, 눈 없는 쪽의 몸빛은 희고 지느러미도 흼. 우리 나라 황해와 남해, 중국해 등에 분포함.

참석(參席) 명 -하다 자 어떤 자리나 모임에 참여함. ¶회의에 ―하다./동창회에 ―하다.

참선(參禪) 명 -하다 자 불교에서, 좌선(坐禪) 수행하는 일.

한자 **참선 선**(禪) 〔示部 12획〕 ¶선당(禪堂)/선승(禪僧)/좌선(坐禪)/참선(參禪) ▷ 속자는 禅

참설(讒舌) 명 참언(讒言)

참설(讒說) 명 참언(讒言)

참섭(參涉) 명 -하다 자타 참견(參見)

참세(懺洗) 명 -하다 타 죄를 뉘우치고 마음을 깨끗이 함.

참소(讒訴·譖訴) 명 -하다 타 남을 헐뜯어 없는 죄를 있는 듯이 꾸며서 고해 바침. ¶윗사람에게 동료를 ―하다.

참:-수(―數)[―쑤] 명 쉬는 횟수.

참:수(斬首) 명 -하다 타 목을 벰. 괵수(馘首). 참두(斬頭) 준 참(斬)

참-수리 명 수릿과의 겨울 철새. 몸길이 90~100cm. 펼친 날개 길이 240cm 안팎. 몸 전체가 거의 흑갈색인데, 이마·어깨·꼬리는 희고, 유난히 큰 부리와 발은 노란빛임. 해안이나 하천의 하류, 호수나 늪 등에서 삶. 천연 기념물 제243호임.

참-숯 명 참나무로 구운 숯. ☞백탄(白炭)

참:시(斬屍) 명 '부관참시(剖棺斬屍)'의 준말.

참-식나무 명 녹나뭇과의 상록 활엽 교목. 높이 10m 안팎. 두껍고 길둥근 잎은 어긋맞게 남. 10월경에 연노랑 꽃이 취산(聚繖) 꽃차례로 핌. 열매는 장과(漿果)로 이듬해 가을에 붉게 익으며 향수의 원료로 쓰임. 우리 나라 남부의 산기슭에 자라며 전라 남도 영광의 자생 나무는 천연 기념물 제112호임.

참신(參神) 명 -하다 자 제례에서, 주인과 참사(參祀)한 사람이 신을 뵙는 절차. 주인과 남자는 두 번 절하고 여자는 네 번 절함. ☞진찬(進饌)

참신(讒臣) 명 육사(六邪)의 하나. 참소를 잘하는 신하.

참:신(斬新) 어기 '참신(斬新)하다'의 어기(語基).

참:신-하다(斬新―) 형여 취향이나 발상 따위가 두드러지게 새롭다. ¶디자인이 ―./참신한 아이디어.

참심-원(參審員) 명 참심제에서, 직업적 법관과 함께 재판을 합의하는 사람. ☞배심원(陪審員)

참심-제(參審制) 명 선거나 추첨에 따라 뽑힌 일반 국민이 법관과 함께 합의체를 구성하여 재판에 관여하는 제도. 독일과 프랑스에서 채택하고 있는 제도임.

참-싸리 명 콩과의 낙엽 활엽 관목. 높이 2m 안팎. 잎은 세 개의 둥글고 작은 잎으로 된 겹잎인데, 가장자리는 밋밋하며 끝은 오목하게 들어감. 7~8월에 자줏빛 꽃이 잎겨드랑이에 총상(總狀) 꽃차례로 핌. 열매는 10월경에 길둥근 협과(莢果)로 익음. 산에서 자라고, 관상용으로 심기도 함.

참-쑥 명 국화과의 여러해살이풀. 줄기 높이 15~20cm. 땅속줄기가 옆으로 벋어 번식함. 잎은 어긋맞게 나는데, 줄기의 중앙부에서 나는 잎은 두 번 갈라진 깃꼴이며, 표면에 흰 점이 있고, 뒷면에 흰 솜털이 있음. 8~10월에 지름 3mm 가량인 연분홍빛의 작은 두상화가 원추(圓錐) 꽃차례로 핌. 들에서 자라며, 어린잎은 먹을 수 있고, 다 자란 잎은 한방에서 야애호(野艾蒿)라 이르며 여성의 생리 불순 등에 약재로 쓰임.

참악(慘愕) 명 -하다 자 끔찍한 모습을 보고 놀람.

참악(慘惡) 어기 '참악(慘惡)하다'의 어기(語基).

참악-하다(慘惡―) 형여 끔찍하고 흉악하다.

참알(參謁) 명 -하다 자 조선 시대, 해마다 유월과 섣달에 관원의 근무 성적을 매길 때에 각 관아의 관원들이 자기가 딸린 관아의 으뜸 관원을 찾아뵈던 일.

참:어(讖語) 명 참언(讖言) ▷ 讖의 속자는 識

참-억새 명 '억새'의 딴이름.

참:언(讖言) 명 앞일의 길흉을 예언하는 말. '소련에 속지 말고 미국을 믿지 말라, 일본이 일어난다.' 따위. 참어

참언(讒言) 명 거짓으로 꾸며서 남을 헐뜯어 윗사람에게 일러바치는 말. 참구(讒口). 참설(讒舌). 참설(讒說)

참여(參與) 명 -하다 자 참가하여 관여함. 참예(參預) ¶창업 준비 작업에 ―하다. 변 참네

한자 **참여할 참**(參) 〔厶部 9획〕 ¶불참(不參)/참가(參加)/참석(參席)/참여(參與)/참회(參會) ▷ 속자는 参

참여-시(參與詩) 명 정치·사회 등 현실적인 문제에 대하여 비판적인 의식을 가지고 쓴 시.

참:역(站役) 명 ①지난날, 역참에 나가서 하던 부역. ②도자기를 만들 때, 흙으로 된 그릇이 마르기 전에 매만져서 모양을 고르는 사람.

참연(慘然) 어기 '참연(慘然)하다'의 어기(語基).

참연(嶄然) 어기 '참연(嶄然)하다'의 어기(語基).

참연-하다(慘然―) 형여 비참하다. 슬프고 애닯다.

참연-히 부 참연하게

참연-하다(嶄然―) 형여 한층 높이 우뚝하다.

참연-히 부 참연하게

참-열매 명 씨와 씨방이 자라서 된 열매. 진과(眞果)

참예(參預) 명 -하다 자 참여(參與)

참예(參詣) 명 -하다 자 나아가 뵘.

참-오동나무(―梧桐―) 명 현삼과의 낙엽 활엽 교목. 높이 15m 안팎. 잎은 달걀꼴이며 마주 남. 5~6월에 엷은 자줏빛 꽃이 가지나 줄기 끝에 원추(圓錐) 꽃차례로 핌. 중국 원산으로 마을 부근에 심음. 재목은 옷장이나 악기 따위를 만드는 데, 뿌리·꽃·나무껍질은 한방에서 약재로 쓰임.

참-외 명 박과의 한해살이 덩굴풀. 줄기는 땅을 기어 옆으로 길게 뻗음. 잎은 손바닥 모양으로 얕게 갈라져 있으며 잎자루가 길고, 잎겨드랑이에 덩굴손이 있음. 6~7월에 노란 다섯잎꽃이 핌. 열매는 길둥글고 노랑이나 녹색, 백색으로 익으며, 먹을 수 있음. 인도 원산으로 밭에 재배함. 감과(甘瓜). 진과(眞瓜)

속담 **참외를 버리고 호박을 먹는다** : ①착하고 알뜰한 아내를 버리고 아둔한 첩을 좋아한다는 말. ②좋은 것을 버리고 나쁜 것을 가진다는 말.

참요(讖謠) 명 어떤 정치적인 변동의 징후 등 앞날을 암시

하는 내용으로 해석되는 민요. 고려의 건국을 예언한 '계림요(鷄林謠)', 이성계(李成桂)의 등극(登極)을 암시한 '목자요(木子謠)' 따위.

참:운(站運)[명] 조선 시대, 수참(水站)의 배로 세곡(稅穀) 따위의 짐을 실어 나르던 일.

참:월(僭越)[어기] '참월(僭越)하다'의 어기(語基).

참:월-하다(僭越-)[형여] 분수에 넘쳐 지나친 데가 있다. 참람하다 ▷僭의 속자는 僣

참위(參尉)[명] 조선 말기, 신식 군제(軍制)에 따라 두었던 무관 계급의 하나. 부위(副尉)의 아래, 정교(正校)의 위임.

참:위(僭位)[명]-하다[자] 분에 넘치게 임금의 자리에 앉음, 또는 그 자리. ☞참칭(僭稱)

참:위(讖緯)[명] 미래의 길흉을 예언하는 술법, 또는 그 책.

참:위-서(讖緯書)[명] 참서(讖書)

참:위-설(讖緯說)[명] 중국 고대의 예언에 관한 학설. 음양오행설에 바탕을 두고, 일식·월식·지진 따위의 천변지이(天變地異) 또는 위서(緯書)에 따른 운명을 예언하였음. 선진(先秦) 때 일어나 한말(漢末)에 이르러 성행하였음. 참위학

참:위-학(讖緯學)[명] 참위설

참-으로[부] 정말로. 진실로. 실로 ¶ - 놀라운 일이다. / - 훌륭한 사람이다.

참-으아리[명] 미나리아재빗과의 낙엽 덩굴 나무. 줄기 길이 5m 안팎. 잎은 달걀꼴의 작은 잎으로 된 깃꼴 겹잎이며 마주 남. 7~9월에 가지 끝이나 잎겨드랑이에 꽃받침이 넉 장인 흰 꽃이 원추(圓錐) 꽃차례 또는 취산(聚繖) 꽃차례로 핌. 중부 이남의 산과 들에서 자람. 어린잎은 먹을 수 있고, 뿌리는 한방에서 위령선(威靈仙)이라 이르며 항균제·진통제·이뇨제 등으로 쓰임.

참을-성(-性)[-썽][명] 참고 견디는 성질.

참의(參議)[명] ①조선 시대, 육조(六曹)에 딸렸던 정삼품 관직, 또는 그 관원. ②조선 말기, 의정부의 각 아문(衙門)에 두었던 관직, 또는 그 관원.

참의-원(參議院)[명] 구헌법의 이원제(二院制) 국회에서, 민의원(民議院)과 함께 국회를 구성하는 의원(議院)을 이르던 말. 참의원 의원(議員)으로 구성됨. 미국의 상원에 해당함. ☞민의원(民議院)

참작(參酌)[명]-하다[타] 다른 것을 참고하여 알맞게 헤아림. 참량(參量) ¶정상을 -하다.

참장(參將)[명] 조선 말기, 신식 군제(軍制)에 따라 두었던 무관 계급의 하나. 부장(副將)의 아래, 정령(正領)의 위임.

참적(慘迹)[명] 끔찍한 자취.

참전(參戰)[명]-하다[자] 전쟁에 참가함.

참전계경(參佺戒經)[명] 대종교의 삼대 경전의 하나. 단군이 백성에게 가르쳤다는 삼백예순여섯 가지의 생활 규범을 내용으로 함. ☞천부경(天符經)

참전-국(參戰國)[명] 전쟁에 참가한 나라.

참절(慘絕)[어기] '참절(慘絕)하다'의 어기(語基).

참절-하다(慘絕-)[형여] 끔찍하기가 이를 데 없다.

참정(參政)[명] ①-하다[자] 정치에 참여함. ②'참정 대신(參政大臣)'의 준말.

참정-권(參政權)[-꿘][명] 국민이 직접 또는 간접으로 정치에 참여하는 권리. 선거권, 피선거권, 공무원이 될 수 있는 권리 따위. 공민권(公民權)

참정=대:신(參政大臣)[명] 대한 제국 때, 의정 대신(議政大臣) 다음 자리의 관직. [준]참정(參政)

참:정절철(斬釘截鐵)[성구] 박혀 있는 못이나 걸려 있는 쇠를 잘라 낸다는 뜻으로, 일을 과감하게 처리해 나감을 이르는 말.

참:점(站店)[명] 역참(驛站)에 딸려 있는 주막.

참:-젖[-젇][명] ①젖어미가 참참이 와서 먹이는 젖. ②시간을 정해 두고 먹이는 젖.

참조(參朝)[명]-하다[자] 지난날, 관원이 조정에 들어가던 일.

참조(參照)[명]-하다[타] 서로 대조해 보아 참고함. ¶지도를 -하여 여행 계획을 세우다.

참-조기[명] 민어과의 바닷물고기. 몸길이는 40cm에 이르며 길둥근 모양이고 옆으로 납작함. 몸빛은 황갈색 바탕에 배는 짙은 황색이고, 지느러미는 엷은 황색임. 우리 나라 황해와 남해, 동중국해 등에 분포함. 말려서 굴비를 만듦. 석수어(石首魚). 석어(石魚). 황석어

참-종개[명] 미꾸릿과의 민물고기. 몸길이 7~10cm로 모양은 미꾸리와 비슷하나 작음. 몸빛은 담황색 바탕에 등과 옆구리에 갈색 반문이 있음. 우리 나라 고유종으로 노령 산맥 이북의 황해로 흐르는 하천과 동해로 흐르는 오십천 등지에 분포함.

참:-죄(斬罪)[-쬐][명] 지난날, 죄인의 목을 베던 형벌, 또는 참형(斬刑) 당할 죄.

참:주(僭主)[명] 분수에 넘치게 스스로 왕이라고 일컫는 사람.

참죽[명] ①'참죽나무'의 준말. ②'참죽순'의 준말.

참죽-나무[명] 멀구슬나뭇과의 낙엽 활엽 교목. 높이 20m 안팎. 잎은 깃꼴 겹잎이며 어긋맞게 남. 6월경에 가지 끝에 백색의 잔 꽃이 원추(圓錐) 꽃차례로 피며 향기가 강하고, 9~10월에 다갈색의 열매가 삭과(蒴果)로 익음. 중국 원산으로 중부 이남의 마을 부근에 심음. 재목은 가구재·조각재 등으로 쓰이고, 어린잎은 먹을 수 있음. [준]죽나무. 참죽

참죽-나물[명] 참죽순을 무친 나물. 춘엽채(椿葉菜)

참죽-부각[명] 참죽나무의 순을 두세 개씩 묶어서 소금으로 간을 한 찹쌀풀을 발라 말려 두었다가 기름에 튀긴 반찬. 참죽자반

참죽-순(-筍)[명] 참죽나무의 어린잎. [준]참죽

참죽잎-쌈[-닙-][명] 참죽나무의 어린잎으로 밥을 싸서 먹는 쌈. 춘엽포(椿葉包)

참죽-자:반(-*佐飯)[명] 참죽부각

참-줄[명] 참 쇳줄이라는 뜻으로, 여러 광맥 가운데서 광석의 매장량이 많아 채산이 맞는 광맥.

참-중:고기[명] 잉엇과의 민물고기. 몸길이가 8~10cm. 몸은 옆으로 납작하고 길. 몸빛은 등 쪽이 진한 녹갈색이고 배 쪽은 회백색이며, 등지느러미에 검은 띠가 있음. 우리 나라 황해와 남해로 흘러드는 각 하천에 분포하며, 물풀이나 돌 아래에 숨어서 수생 곤충 등을 잡아먹고 삶.

참증(參證)[명] 참고가 될만 한 증거.

참지(參知)[명] 조선 시대, 병조(兵曹)에 딸린 정삼품 관직, 또는 그 관원.

참집(參集)[명]-하다[자] 많은 사람이 모여듦.

×참차(參差)[명] →참치(參差)

참착(參錯)[어기] '참착(參錯)하다'의 어기(語基).

참착-하다(參錯-)[형여] 이것저것이 뒤섞이어 고르지 못하다. ▷參의 속자는 参

참찬(參贊)[명] 조선 시대, 의정부(議政府)의 '좌참찬(左參贊)'과 '우참찬(右參贊)'을 아울러 이르던 말.

참찬(參纂)[명]-하다[타] 참고하여 편찬함.

참:참-이[부] 일정한 시간을 두고 이따금. ¶ - 약을 먹다.

참척(慘慽)[명] 자손이 부모나 조부모에 앞서 죽는 일.

참척을 보다[관용] 참척을 당하다.

참청(參聽)[명]-하다[타] 참석하여 들음.

참최(斬衰)[명] 지난날, 오복(五服)의 하나. 참최친(斬衰親)의 상사(喪事)에 삼 년 동안 입던 복제(服制).

참최-친(斬衰親)[명] 지난날, 참최의 복(服)을 입던 친척. 아들·부인·며느리·딸·손자 등이 이에 딸림.

참-취[명] 국화과의 여러해살이풀. 줄기 높이 1~1.5m. 전체에 거친 털이 있음. 잎은 심장 모양이고 어긋맞게 나는데, 표면은 녹색이고 뒷면은 회백색임. 8~10월에 줄기 끝이나 가지 끝에 흰 두상화가 산방(繖房) 꽃차례로 피고, 열매는 11월에 삭과(蒴果)로 익음. 우리 나라 각지의 산과 들에서 자람. 어린잎은 먹을 수 있음. 마제초(馬蹄草). 향소(香蔬)

참측(慘惻)[명]-하다[타] 몹시 애처롭게 여기고 슬퍼함.

참치[명] '참다랑어'의 딴이름.

참치(參差)[명] '참치부제(參差不齊)'의 준말.

참치-방어(-魴魚)[명] 전갱잇과의 바닷물고기. 몸길이는 1m 안팎. 방어와 비슷하나 그보다 가늘고 길. 몸빛은 등 쪽이 암녹색이고 배 쪽은 노란빛을 띤 백색이며, 옆쪽 중앙에는 파랑의 넓은 세로줄 무늬가 두 개 있음. 우리 나

라 남해를 비롯하여 전세계의 온대와 열대의 연해에 분포함.

참치부제(參差不齊) 성구 길이가 서로 다르거나 들쭉날쭉하여 가지런하지 않음을 이르는 말. 준 참치(參差)

참:칭(僭稱) 명 -하다 타 분에 넘치게 임금의 칭호를 사칭함, 또는 그 칭호. ☞참위(僭位)

참:-파:토(斬破土) 명 -하다 자 무덤을 만들려고 풀을 베고 땅을 팜. 준 파토(破土)

참판(參判) 명 조선 시대, 육조(六曹)에 딸린 종이품 관직, 또는 그 관원. 판서의 다음 자리. 아당(亞堂)

참패(慘敗) 명 -하다 자 싸움이나 경기 따위에서 참혹하리만큼 크게 짐, 또는 그런 패배. ¶축구에서 10대 0으로 －하다./선거에서 －를 맛보다. ☞대패(大敗). 압승(壓勝). 쾌승(快勝)

참하(參下) 명 조선 시대, 칠품 이하의 관직을 통틀어 이르던 말. ☞참상(參上)

참:-하다 형여 ①얼굴이 나무랄 데 없이 말쑥하다. ②성질이 얌전하고 찬찬하다. ¶참한 처녀.

참:-하다(斬－) 타여《文》①목을 베다. ②참형(斬刑)하다

참학(慘虐) 어기 '참학(慘虐)하다'의 어기(語基).

참학-하다(慘虐－) 형여 잔인하고 악독하다. 참독하다

참-한(－限) 명 -하다 타 기한(期限)까지 참음.

참한(慙汗) 명 몹시 부끄러워서 흘리는 식은땀.

참함(讒陷) 명 -하다 타 없는 일을 꾸며서 고자질하여 남을 불리한 처지에 빠뜨림. ☞모함(謀陷)

참해(慘害) 명 ①끔찍한 피해. ②참혹한 재해.

참-행복(－幸福) 명 가톨릭에서 이르는 예수 그리스도의 산상수훈(山上垂訓) 중에 들어 있는 여덟 가지 행복. 마음이 가난한 사람, 슬퍼하는 사람, 온유한 사람, 옳은 일에 주리고 목마른 사람, 자비를 베푸는 사람, 마음이 깨끗한 사람, 평화를 위하여 일하는 사람, 옳은 일을 하다가 박해를 받는 사람은 행복하다고 하였음.

참:형(斬刑) 명 목을 베어 죽이는 형벌. ¶－에 처하다.

참형(慘刑) 명 참혹한 형벌. 유 악형(惡刑)

참:호(僭號) 명 제멋대로 붙인, 분수에 넘친 칭호(稱號).

참호(塹壕·塹濠) 명 보병이 적의 탄환을 피하려고 파는 구덩이. 흙이나 흙주머니를 앞에 쌓아서 가림. 준 호(壕)

참호-열(塹壕熱) 명 이가 옮기는 리케차의 일종에 감염되어 약 닷샛거리로 일어나는 열병. 제1차 세계 대전 때 유럽 전선에서 유행하였음.

참호-전(塹壕戰) 명 참호에 의지하여 하는 싸움.

참혹(慘酷) 어기 '참혹(慘酷)하다'의 어기(語基).

참혹-하다(慘酷－) 형여 끔찍하고 혹독하다.

참혹-히 부 참혹하게 ¶－ 처형되다.

한자 **참혹할 참**(慘)〔心部 11획〕¶비참(悲慘)/참담(慘憺)/참변(慘變)/참상(慘狀)/처참(悽慘) ▷ 속자는 惨

참-홍어(－洪魚) 명 가오릿과의 바닷물고기. 몸길이 1m 안팎. 모양과 몸빛은 홍어와 비슷하나 좀 작고 가슴지느러미 아래 부분에 눈 모양의 둥근 흑갈색 반점이 있음. 1999년까지는 '눈가오리'로 불리던 어종임. 우리 나라 남해와 동해, 동중국해, 오호츠크 해 등에 분포함.

참화(慘火) 명 끔찍한 화재.

참화(慘禍) 명 끔찍한 재화(災禍). ¶지진의 －.

참회(參會) 명 -하다 자 모임에 참석함.

참회(慙悔) 명 -하다 타 잘못 따위를 부끄러워하며 뉘우침.

참회(懺悔) 명 -하다 타 ①신이나 부처 앞에서 죄를 고백하여 뉘우치고 고침. ②크리스트교에서, 죄를 고백하여 하느님의 용서를 비는 일. ③자기의 죄를 뉘우치어 남에게 고백함. ¶가족들 앞에서 지난 일을 －하다. 준 참(懺) 유 회개(悔改)

참-회나무 명 노박덩굴과의 낙엽 활엽 관목. 잎은 달걀꼴 또는 길둥글고, 마주 나며 끝이 뾰족함. 5～6월에 연둣빛의 잔 꽃이 잎겨드랑이에 한 송이 또는 여러 송이씩 취산(聚繖) 꽃차례로 핌. 열매는 삭과(蒴果)로 10월경에 암적색으로 둥글게 익음.

참회-록(懺悔錄) 명 잘못을 뉘우치고 고백한 기록.

참회-멸죄(懺悔滅罪) [－쬐] 명 불교에서, 참회의 공덕으로 일체의 죄업을 없애어 깨끗해짐을 이르는 말.

참회-문(懺悔文) 명 ①참회하는 내용을 적은 글. ②불교에서, 불사의 하나로서 외는, 참회의 뜻을 나타낸 글.

참회-사(懺悔師) 명 참회 스님

참회=스님(懺悔－) 명 불교에서, 신도의 참회를 듣고 선법(禪法)을 주는 중을 이르는 말. 참회사(懺悔師)

참획(參畫) 명 -하다 자 정책이나 사업 따위의 계획에 참여함. ¶법률의 입안에 －하다./경제 개발 계획에 －하다.

참훼(讒毁) 명 -하다 타 남을 헐뜯어 그에게 상처를 줌.

참흉(慘凶) 명 참혹하리만큼 몹시 심한 흉년. ☞극흉(劇凶)

참-흙 명 모래와 찰흙이 알맞게 섞여 농작물이 잘 자랄 수 있는 흙.

찹쌀 명 찰벼를 찧은 쌀. 나미(糯米). 점미(粘米) ☞멥쌀

찹쌀-고추장(－醬) 명 찹쌀 가루를 반대기 지어 푹 삶아 담근 고추장. 메줏가루와 고춧가루·소금·엿물을 섞어 이겨서 담금.

찹쌀-떡 명 찹쌀로 만든 떡.

찹쌀-막걸리 명 찹쌀로 빚은 막걸리.

찹쌀-미수 명 찹쌀을 물에 불려 찐 것을 말려서 노릇노릇하게 볶아 빻아서 겹체로 친 보드라운 미숫가루. 찬물에 설탕이나 꿀과 함께 타서 마심.

찹쌀-밥 명 찹쌀로 지은 밥. 나미반(糯米飯). 찰밥

찹쌀-지에바지 명 막걸리를 담글 때, 위를 덮었다가 걷어 낸 찹쌀지에밥.

찹쌀-지에밥 명 찹쌀로 지은 지에밥.

찹찹-하다 형여 ①쌓인 물건이 잠을 자서 에푸수수하지 않다. ②마음이 들뜨지 않고 조용하다.

찹찹-히 부 찹찹하게 ¶－ 개어 놓은 옷가지들.

찻간(車間) 명 자동차나 기차 따위의 사람이 타게 된 칸. ¶－은 별로 붐비지 않았다. ☞차간(車間)

찻-감(茶－) 명 차를 만드는 재료.

찻-길(車－) 명 ①기차나 전차 따위의 선로. ¶건널목에서 －을 건너다. ②자동차 따위가 다니는 길. 차도(車道). 차로(車路) ¶－이 차량으로 붐비다.

찻-물(茶－) 명 차를 달인 물.

찻-삯(車－) 명 차를 타는 데 내는 돈. 차비(車費). 차임(車賃)

찻-숟가락(茶－) 명 차를 물에 타거나 마실 때 쓰는 작은 숟가락. 티스푼 준 찻숟갈

찻-숟갈(茶－) 명 '찻숟가락'의 준말.

찻-잎(茶－) [－닙] 명 차나무의 잎.

찻잔(茶盞) 명 차를 따라 마시는 잔. 찻종

찻장(茶*欌) 명 차나 찻잔 따위를 넣어 두는 자그마한 장.

찻종(茶鍾) 명 차를 따라 마시는 종지. 찻잔. 다종(茶鍾)

찻-집(茶－) 명 일정한 장소에 앉을 자리를 갖추고, 음료 따위를 파는 곳. 다방(茶房). 다실(茶室)

속담 **찻집 출입 십 년에 남의 얼굴 볼 줄만 안다**：사람들이 모여 한가한 이야기나 나누는 찻집 같은 곳은, 아무리 오래 다녀 보아야 남의 눈치 살피는 것밖에는 배울 것이 없다는 말.

창[1] 명 ①신의 밑바닥 부분. ②신의 밑바닥 부분에 대는 가죽이나 고무 따위. ③'구두창'의 준말. ¶－을 갈다.

창을 받다 관용 구두 따위의 바닥에 창을 새로 대다.

창[2] 명 천 따위의 얇은 물건이 해져서 뚫어진 구멍.

창이 나다 관용 구멍이 나다.

창(窓) 명 '창문'의 준말.

창:(唱) 명 -하다 자타 판소리나 잡가 따위를 가락에 맞추어 높은 소리로 부르는 일, 또는 그 노랫소리. 판소리에서는 '발림'·'아니리'와 함께 중요한 요소를 이룸.

창(槍) 명 ①옛날 무기의 한 가지. 긴 나무 자루 끝에 짧은 양날의 칼을 박아 놓은 것. 대상(對象)을 직접 찌르거나 멀리 있는 대상에게 던져서 맞추는 데 쓰였음. 과모(戈矛) ②창던지기에 쓰이는 운동 기구의 한 가지.

한자 **창 과**(戈)〔戈部〕¶간과(干戈)
창 모(矛)〔矛部〕¶모순(矛盾)

창(瘡)명 '창병(瘡病)'의 준말.
창(艙)명 '선창(船艙)'의 준말.
창-가(窓-)[-까]명 ①창문의 가. ¶ -에 기대 서다. ②창문에 가까운 곳. 창변(窓邊) ¶ -에 자리를 잡다.
창가(娼家)명 창기(娼妓)의 집.
창:가(唱歌)명 ①갑오개혁 이후 잠시 유행하였던 시가(詩歌)의 한 형식, 또는 거기에 곡조를 붙인 노래. 대체로 7·5조의 틀에 개화 사상과 독립 정신 등을 담아 서양식 곡을 붙여 노래하였음. '독립가', '세계 일주가' 따위. ②광복 전까지, 초등 학교의 음악 교과의 이름, 또는 그 음악 활동이나 가곡을 이르던 말. ③-하다자 곡조에 맞추어 노래 부름, 또는 그 노래. 영가(詠歌)
창가-병(瘡痂病)[-뼝]명 식물의 어린잎이나 줄기, 과실 따위에 더뎅이 모양의 얼룩이 생기는 병해. 귤나무나 차나무 등에서 볼 수 있음. 더뎅잇병 ☞탄저병(炭疽病)
창:간(創刊)명-하다타 신문이나 잡지 따위의 정기 간행물을 새로 발행함. ¶ 동인지를 -하다. ☞종간(終刊)
창:간-호(創刊號)명 정기 간행물의 첫 호(號), 또는 그 간행물.
창-갈이명-하다타 신창을 새것으로 갈아대는 일.
창:건(創建)명-하다타 건물이나 조직체 따위를 처음으로 세움. ¶ 불국사를 -하다./고려 왕조를 -하다.
창건(蒼健)어기 '창건(蒼健)하다'의 어기(語基).
창:건-주(創建主)명 절을 창건한 시주(施主).
창건-하다(蒼健-)형여 문체가 예스럽고도 굳세다.
창-검(槍劍)명 창과 검.
창:견(創見)명 새로운 의견이나 독창적인 견해.
창경(窓鏡)명 창문에 댄 유리.
창고(倉庫)명 ①곳집 ②창고업을 하는 이가 남의 물품을 보관하려고 마련한 건물이나 그 밖의 설비.
창고(蒼古)어기 '창고(蒼古)하다'의 어기(語基).
창-고기(槍-)명 두삭류(頭索類)에 딸린 원삭동물(原索動物). 생김새가 뱅어와 비슷하며 몸길이는 5cm 안팎임. 머리·눈·뼈·비늘이 없고 척삭(脊索)이 있음.
창-고달(槍-)[-꼬-]명 창의 물미.
창고-료(倉庫料)명 창고를 빌려 쓰고 내는 요금.
창고-업(倉庫業)명 남의 물건을 창고에 보관해 주고 보관료를 받는 것을 목적으로 하는 영업. 창고 영업
창고=영업(倉庫營業)명 창고업(倉庫業)
창고=증권(倉庫證券)[-꿘]명 창고업을 하는 사람이 물건을 맡긴 사람의 청구로 발행하는 유가 증권. 이 증권으로 맡긴 물품의 양도나 저당 따위를 처분할 수 있음.
창고-하다(蒼古-)형여 예스러우며 깊은 정취가 있다.
창곡(倉穀)명 창고에 쌓아 둔 곡식.
창공(蒼空)명 파란 하늘. 창천(蒼天)
창-과(槍戈)명 한자 부수(部首)의 한 가지. '成'·'我'·'或' 등에서 '戈'의 이름.
창광(猖狂)명-하다자 미친듯이 사납게 날뜀.
창구(窓口)명 ①역·극장·은행·우체국·관공서 따위에서, 표를 팔거나 돈이나 문서를 출납하거나 손을 응대하거나 하는 사무를 보는 곳. ¶ 극장 -에서 표를 팔다./은행 -에서 예금을 하다. ②외부와 교섭하는 일 등을 맡아서 하는 조직이나 사람을 비유하여 이르는 말. ¶ 비밀 협상의 -를 마련하다./교섭의 -를 맡다.
창구(創口)명 칼에 찔리거나 찢어지거나 한 상처.
창구(瘡口)명 종기(腫氣)가 터져서 생긴 구멍.
창구(艙口)명 배의 창고에 짐을 들이거나 내기 위하여 상갑판에 마련해 놓은 네모진 구멍. 해치(hatch)
창-구멍[-꾸-]명 버선·솜옷·이불 따위를 지을 때 안팎을 뒤집어 빼내기 위하여 꿰매지 아니한 곳.
창-구멍(窓-)[-꾸-]명 창에 뚫린 구멍.
창:군(創軍)명-하다자 군대를 창설함. 건군(建軍)
창군(槍軍)명 창을 무기로 하여 싸우는 군사. 창병(槍兵). 창수(槍手)
창궐(猖獗)명-하다자 좋지 못한 세력이나 몹쓸 병 따위가 걷잡을 수 없이 퍼짐. ¶ 도둑이 -하다./독감이 -하다.
창:극(唱劇)명 전통적인 판소리나 그 형식을 빌려 만든 가극(歌劇). 창조 가극(唱調歌劇)
창:극-조(唱劇調)명 ①'판소리'를 달리 이르는 말. ②창극에서 부르는 노랫소리와 같은 성조(聲調).
창기(娼妓)명 몸을 파는 천한 기생.
창:기(脹氣)명 창증(脹症)
창기(瘡氣)명 한방에서, 매독의 증세를 이르는 말.
창-꼬치명 꼬치고깃과의 바닷물고기. 몸길이 30cm 안팎. 몸은 길고 측편하며 주둥이가 매우 뾰족함. 몸빛은 등 쪽이 녹갈색이고 배 쪽은 엷은 갈색이며, 지느러미는 노란빛을 띠고 있음. 수심 5~25m의 모랫바닥에 살며, 4~7월에 알을 낳음. 우리 나라와 일본, 타이완, 중국, 필리핀 등지의 연안에 분포함.
창-꾼(槍-)명 창으로 짐승을 잡는 사람.
창-나무명 배의 방향을 잡는 키의 손잡이.
창난명 명태의 창자.
창난-젓명 젓갈의 한 가지. 명태의 창자를 소금에 절였다가 갖은양념으로 버무려 담근 젓. 태장해(太腸醢)
창녀(娼女)명 몸을 파는 일을 직업으로 삼는 여자. 창부
창:단(創團)명-하다자타 소년단·청년단·합창단 등 '단'이라는 이름이 붙는 단체를 새로 만듦.
창:달(暢達)명-하다자타 ①마음껏 자라남. ¶ 문화의 -. ②의견이나 주장 따위를 마음껏 펼침. ¶ 언론 -
창-대(槍-)[-때]명 창의 자루.
창대(昌大)어기 '창대(昌大)하다'의 어기(語基).
창대-하다(昌大-)형여 매우 성대하다.
창:덕(彰德)명-하다타 다른 사람의 덕행을 세상에 널리 알림, 또는 그 덕행.
창-던지기(槍-)명 육상 경기에서, 던지기 운동의 한 가지. 도움닫기하여 반지름 8m의 원호(圓弧)인 구름금 뒤에서 창을 던져, 그 도달점까지의 거리를 겨루는 경기. 투창(投槍)
창:도(唱道)명-하다타 어떤 사상이나 주장 따위를 앞장서서 부르짖음.
창:도(唱導)명-하다타 ①어떤 사상이나 주장을 부르짖어 남을 인도함. ¶ 민주화 운동을 -하다. ②불경을 외고 불법을 설하여 사람들을 불도로 인도하는 일.
창독(瘡毒)명 한방에서, 종기의 독기를 이르는 말.
창:락(暢樂)어기 '창락(暢樂)하다'의 어기(語基).
창:락-하다(暢樂-)형여 마음이 편안하고 즐겁다.
창랑(滄浪)명 파란 물결. 창파(滄波)
창랑자취(滄浪自取)성구 '창랑의 물이 맑으면 갓끈을 씻고, 물이 흐리면 발을 씻으리라'는 중국의 옛글에서, 사람들이 갓끈을 씻느냐 발을 씻느냐는 물의 맑고 흐림에 달렸다는 뜻으로, 칭찬이나 비난 등 세상의 갖가지 평판은 다 제탓임을 이르는 말.
창로(蒼鷺)명 '해오라기'의 딴이름.
창룡(蒼龍)명 '청룡(青龍)'의 딴이름.
창루(娼樓)명 기루(妓樓)
창름(倉廩)명 곳집
창:립(創立)명-하다타 어떤 조직이나 기관 따위를 새로 세움. ¶ 회사를 -하다. ☞창설(創設)
창:립-자(創立者)명 처음으로 설립한 사람.
창-막이(艙-)명 거룻배나 돛배 따위의 나무배에 칸막이로 댄 나무.
창:만(脹滿)명 한방에서, 뱃속에 가스나 액체가 차거나 복막염 등으로 말미암아 배가 몹시 부르는 상태, 또는 그 증세를 이르는 말.
창:만(漲滿)명-하다자 창일(漲溢)
창:망(悵望)명-하다타 ①슬피 바라봄. ②원망스럽게 바라봄.
창:망(悵惘)어기 '창망(悵惘)하다'의 어기(語基).
창망(蒼茫·滄茫)어기 '창망(蒼茫)하다'의 어기(語基).
창:망-하다(悵惘-)형여 시름에 겨워 멍하다.
　창망-히부 창망하게
창망-하다(蒼茫-)형여 파란 바다 따위가 넓고 멀어서 아득하다. ¶ 창망한 대양이 펼쳐지다.
　창망-히부 창망하게 ¶ - 펼쳐지는 바다를 바라보다.

ㅊ

창맹(蒼氓)명 창생(蒼生)
창-머리(窓-)명 창의 옆.
창-면(-麵)명 녹말을 묽게 풀어 쟁반에 담아 끓는 물에 익힌 다음, 길쭉하게 채를 쳐서 꿀을 탄 오미자 국물에 넣어 먹는 음식.
창명(滄溟)명 넓고 파란 바다. 창해(滄海)
창:명(彰明)명-하다타 드러내어 밝힘.
창-모(槍矛)명 한자 부수(部首)의 한 가지. '矜'·'矞' 등에서 '矛'의 이름.
창:무(暢茂)어기 '창무(暢茂)하다'의 어기(語基).
창:무-하다(暢茂-)형여 풀이나 나무가 무성하다.
창문(窓門)명 방의 채광이나 통풍을 위하여 벽에 낸 작은 문. 유리를 끼우거나 창호지를 바르거나 함. 준창(窓)

한자 창문 창(窓) 〔穴部 6획〕 ¶ 창구(窓口)/창문(窓門)/창변(窓邊)/창호(窓戶)

창문-짝(窓門-)명 창문의 문짝.
창-밑명 활의 도고지 밑.
창-바퀴(窓-)명 창호바퀴
창-받이[-바지]명 ①바닥에 창을 댄 미투리. ②-하다자 신에 창을 댐, 또는 그 일.
창방명 오량집에 모양을 내려고 대청 위의 장여 밑에 대는 넓적한 도리.
창:방(唱榜)명-하다자 지난날 과거에서, 방목(榜目)에 적힌 급제자의 이름을 불러 홍패(紅牌) 또는 백패(白牌)를 주던 일.
창백(蒼白)어기 '창백(蒼白)하다'의 어기(語基).
창-백출(蒼白朮)명 창출(蒼朮)과 백출(白朮).
창백-하다(蒼白-)형여 핏기가 없이 파르께하다. ¶몹시 놀라서 얼굴이 창백해지다.
창백-히부 창백하게 ¶ - 질리다.
창:법(唱法)[-뻡]명 ①노래를 부르는 법. ②시조를 부르는 법식.
창법(槍法)[-뻡]명 창을 쓰는 방법.
창변(窓邊)명 창가
창병(槍兵)명 창군(槍軍)
창병(瘡病)[-뼝]명 한방에서, '매독(梅毒)'을 이르는 말. 당창(唐瘡). 창질(瘡疾) 준창(瘡)
창:부(倡夫)명 ①사내 광대. ②무당의 남편. 주로 음악을 맡아봄. ③창부거리 ④무당이 위하는 광대의 혼령.

창부(倉部)명 신라 때, 재정에 관한 일을 맡아보던 중앙 관아.
창부(娼婦)명 창녀(娼女)
창:부-거리(倡夫-)명 열두 거리 굿 가운데 하나. 광대의 신(神)인 창부를 청하여 위하는 굿. 창부(倡夫)
창:부타:령(倡夫*打令)명 경기 민요의 한 가지. 광대의 신(神)을 청해 놓고 부르는 소리로, 굿거리 장단에 맞추어 부름.
창:사(唱詞)명 지난날, 정재(呈才) 때에 부르는 가사를 이르던 말.
창:사(創社)명-하다자 회사를 새로 세움. ¶ - 10주년
창-살(窓-)[-쌀]명 ①창문짝에 가로 세로 댄 나무오리. ②비각·종각·사롱(斜籠) 따위에 세로로 내리지른 나무오리.
창상(創傷)명 칼·총 따위에 상처를 입는 일, 또는 그 상처.
창상(滄桑)명 '창해상전(滄海桑田)'의 준말.
창상세:계(滄桑世界)성구 뽕나무 밭이 푸른 바다가 되듯 변화가 많은 이 세상을 이르는 말.
창상지변(滄桑之變)성구 푸른 바다가 변하여 뽕나무 밭이 된다는 뜻으로, 세상의 변화가 매우 큼을 이르는 말. ☞상전벽해(桑田碧海)
창생(蒼生)명 세상의 모든 사람. 창맹(蒼氓)
창:서(暢敍)명-하다타 마음껏 서술하거나 충분히 말함.
창:선(彰善)명-하다자 착한 행실을 여러 사람에게 널리 알림.
창:선징악(彰善懲惡)성구 착한 일을 한 사람을 표창하고, 악한 일을 한 사람은 징벌함을 이르는 말.
창:설(創設)명-하다타 어떤 기관이나 시설을 새로 설립함. ¶연구소 - 모임/국제 연합을 -하다. ☞창립
창성(昌盛)명-하다자 매우 성하게 일어남. ¶사업이 -하다.

한자 창성할 창(昌) 〔日部 4획〕 ¶ 번창(繁昌)/창성(昌盛)

창:성(創成)명-하다자타 처음으로 이루거나 이루어짐.
창:세(創世)명 ①-하다자 처음으로 세상을 만듦. ②세상의 시초(始初).
창:세기(創世記)명 구약성서의 첫째 권. 모세 오경(五經)의 하나. 세상과 인류의 창조, 죄의 기원, 노아의 홍수, 아브라함으로부터 요셉까지 족장들의 생애 등 이스라엘 민족의 옛 역사를 적었음.
창속(倉粟)명 곳집에 있는 곡식.
창속(倉屬)명 조선 시대, 군자감(軍資監)이나 광흥창(廣興倉)에 딸려 있던 아전.
창송(蒼松)명 푸른 소나무.
창:수(唱酬)명-하다자타 서로 시나 글을 지어서 주고받음.
창수(槍手)명 창군(槍軍)
창:수(漲水)명 강물이 불어서 넘치는 물. ☞홍수(洪水)
창술(槍術)명 창을 쓰는 기술.
창술-가(槍術家)명 창을 아주 잘 다루는 사람.
창승(蒼蠅)명 ①'쉬파리'의 딴이름. ②임금 가까이 있으면서 아첨을 일삼는 사람을 비유하여 이르는 말.
창:시(創始)명-하다타 처음 시작하거나 제창함.
창씨고씨(倉氏庫氏)성구 창씨(倉氏)와 고씨(庫氏)가 옛 중국에서 대대로 곳집을 맡아 왔다는 데서, 오래도록 변하지 않는 사물을 비유하여 이르는 말.
창:안(創案)명-하다타 처음으로 생각해 냄, 또는 그 생각. ¶새로운 방식을 -하다./새 글자체를 -하다.
창안백발(蒼顔白髮)성구 해쓱한 얼굴과 센 머리털이라는 뜻으로, 쇠약한 늙은이를 이르는 말.
창알-거리다(대다)자 어린아이가 몸이 불편하거나 못마땅하거나 하여 자꾸 보채다. ☞짱알거리다. 칭얼거리다
창알-창알부 창알거리는 모양을 나타내는 말. ☞짱알짱알. 칭얼칭얼
창애명 짐승을 꾀어 잡는 덫의 한 가지.
속담 창애에 치인 쥐눈 : 툭 불거져서 보기에 흉하게 생긴 눈을 두고 이르는 말.
창약(瘡藥)명 종기(腫氣)에 바르는 한방약.
창언(昌言)명 ①도리에 맞는 좋은 말. ②본받을만 한 훌륭한 말. 유가언(佳言) ③거리낌없이 하는 바른 말.
창언-정:론(昌言正論)명 도리에 맞고 거리낌없이 하는 바른 언론.
창:업(創業)명-하다타 ①회사를 세우거나 가게를 새로 냄. ¶출판사를 -한 지 10년이 되었다. ②나라를 새로 세움, 또는 그 일. 왕조(王朝)에 대하여 이름. ¶고려 왕조를 -하다.
창:업수성(創業守成)성구 일을 시작하기는 쉬우나 이를 지키는 것은 어렵다는 말.
창:업-자(創業者)명 사업을 처음 시작한 사람.
창:업자=이:득(創業者利得)명 주식 회사의 창업자가 주식을 팔 때 생기는 주식의 시가와 액면가의 차액.
창:업지주(創業之主)명 왕조를 처음으로 세운 임금.
창역-가(倉役價)명 조선 후기, 세곡(稅穀)을 받아 창고에 들여 놓는 데 드는 비용이란 명목으로, 구실아치들이 부당하게 덧붙여 받던 세(稅).
창연(蒼鉛)명 비스무트
창:연(悵然)어기 '창연(悵然)하다' 어기(語基).
창연(愴然)어기 '창연(愴然)하다' 어기(語基).
창연(蒼然)어기 '창연(蒼然)하다' 어기(語基).
창연-제(蒼鉛劑)명 비스무트가 들어 있는 약제. 수렴·방부 작용이 있어 설사약이나 매독의 치료에 쓰임.
창:연-하다(悵然-)형여 섭섭하고 서운하다.
창연-히부 창연하게 ¶떠나는 배를 - 바라보다.
창연-하다(愴然-)형여 몹시 슬프다.
창연-히부 창연하게

창연-하다(蒼然－)형여 ①빛깔이 새파랗다. ¶가을 하늘이 －. ②어둑어둑하다 ¶모색(暮色)이 －. ③오래되어 예스럽다. ¶고색(古色)이 －.
　창연-히부 창연하게 ¶－ 비치는 달.
창-옷(氅－)명 창의(氅衣)
창옷-짜리(氅－)[－옫－]명 창옷을 입은 사람을 낮잡아 이르는 말.
창:우(倡優)명 광대
창우백출(瘡疣百出)성구 여기저기가 헐고 온통 혹이나 사마귀 투성이란 뜻으로, 말과 행동에 흠이 많음을 비유하여 이르는 말.
창운(昌運)명 앞이 훤히 트인 좋은 운수.
창:울(悵鬱)어기 '창울(悵鬱)하다'의 어기(語基).
창:울-하다(悵鬱－)형여 서운하고 울적하다.
창:월(暢月)명 '동짓달'을 달리 이르는 말. 지월(至月)
창:의(倡義)명-하다자 국란을 당하여 의병을 일으킴.
창:의(唱衣)명 불교에서, 중이 죽었을 때 그의 유산 중 재산이 될만 한 것은 절의 소유로 하고, 바리때·옷 따위의 생활 용품은 다른 중들에게 나누어 주는 일.
창:의(創意)명 독창적인 생각. 새로운 착상(着想).
창:의(氅衣)명 조선 시대, 사대부가 평상시에 입던 옷. 도포와 두루마기의 중간 형태로 소창의와 대창의가 있음. 창옷
창:의-문(倡義文)명 조선 시대, 나라에 변란이 있을 때 나라를 구하기 위하여 의병(義兵)으로 일어날 것을 백성에게 호소하던 글.
창의문(彰義門)명 조선 시대, 서울 도성(都城)의 북서에 세운 사소문(四小門)의 하나. 달리 자하문(紫霞門)이라고도 이름. ☞홍화문(弘化門)
창:의-사(倡義使)명 조선 시대, 나라에 변란이 있을 때 이를 평정하기 위하여 의병을 일으킨 이에게 내리던 임시 관직.
창:의-짜리(氅衣－)명 지난날, 창의를 입은 사람을 낮잡아 이르던 말.
창:이(創痍)명 날붙이 따위에 다친 상처. ☞만신창이
창이-자(蒼耳子)명 한방에서, '도꼬마리의 열매'를 약재로 이르는 말. 피부병·축농증·중이염 등에 쓰임.
창:일(漲溢)명-하다자 물이 불어서 넘침. 창만(漲滿)
창자명 소장(小腸)과 대장(大腸)을 아울러 이르는 말. 수곡도(水穀道). 장(腸). 장관(腸管)

> 한자 창자 장(腸) [肉部 9획] ¶장벽(腸壁)/장선(腸腺)/장염(腸炎)/장출혈(腸出血) ▷ 속자는 膓

창자-벽(－壁)명 장벽(腸壁)
창자-샘명 장선(腸腺)
창자-액(－液)명 장액(腸液)
창:작(創作)명-하다타 ①새로운 것을 만들어 냄. ¶편리한 기구를 －하다. ②문학·미술 따위의 예술 작품을 독창적으로 만들어 내는 일, 또는 그 작품. ¶－ 소설/－ 무용/－ 활동 ☞모방(模倣). 모작(模作)
창:작-력(創作力)명 예술 작품을 창작해 내는 능력.
창:작-물(創作物)명 ①창작된 것. 특히, 예술 작품에 대하여 이름. ②지적 창작 활동의 산물을 통틀어 이르는 말. 저작물, 발명품, 실용 신안, 상표, 디자인 따위.
창:작-집(創作集)명 창작한 문예 작품을 모아 엮은 책.
창:작-품(創作品)명 창작한 물품. 특히 예술 작품을 이름.
창:저(彰著)명-하다자타 뚜렷이 드러나거나 드러냄.
창전(昌廛)명 지난날, 말리지 않은 쇠가죽을 팔던 가게.
창:정(創定)명-하다자타 처음으로 정하거나 정해짐.
창:제(創製·創制)명-하다타 제도나 사물을 처음으로 만듦. ¶훈민정음을 －하다.
창:조(創造)명-하다타 ①새로운 것을 처음으로 만듦. ¶문화를 －하다. ②조물주가 우주를 처음 만듦.
창:조=가극(唱調歌劇)[－쪼－]명 창극(唱劇)
창:조-물(創造物)명 창조한 것.
창:조-적(創造的)명 새로운 것을 처음으로 만드는 것.
창:졸(倉卒)어기 '창졸(倉卒)하다'의 어기(語基).
창:졸-간(倉卒間)명 일이 매우 갑작스러워 허둥지둥 하는 사이. 조차간(造次間) ¶－에 겪은 일이라 기억조차 분명하지 않다.
창:졸-하다(倉卒－)형여 갑작스럽다
　창졸-히부 창졸하게
창종(瘡腫)명 피부에 생기는 온갖 부스럼을 통틀어 이르는 말.
창:준(唱準)명 조선 시대, 교서관(校書館)에 딸려 원고를 소리내어 읽으면서 교정을 보던 정팔품 잡직(雜職).
창:증(脹症)[－쯩]명 한방에서, 대소변이 고르지 않아 뱃속에 물이 차고 부종(浮腫)이 생기어 배가 부어오르는 증세를 이르는 말. 창기(脹氣)
창질(瘡疾)명 창병(瘡病)
창-집(倉－)[－찝]명 지난날, 나라에서 곡식을 쌓아 두던 곳집.
창-짝(窓－)명 창문의 문짝. 창척(窓隻)
창창(悵悵)어기 '창창(悵悵)하다'의 어기(語基).
창창(蒼蒼)어기 '창창(蒼蒼)하다'의 어기(語基).
창창=소:년(蒼蒼少年)명 나이가 어려서 앞길이 창창한 젊은이, 곧 꿈과 희망이 많은 소년.
창창울울-하다(蒼蒼鬱鬱)형여 울울창창하다
창창-하다(悵悵－)형여 갈팡질팡해 갈피를 잡을 수 없다.
　창창-히부 창창하게
창창-하다(蒼蒼－)형여 ①하늘이나 바다 따위가 온통 새파랗다. ¶맑고 창창한 하늘. ②초목이 푸르고 무성하다. ¶숲이 －. ③앞길이 멀어서 아득하다. ¶소년의 앞날은 그야말로 －.
　창창-히부 창창하게 ¶－ 삼림이 우거지다.
창척(窓隻)명 창문의 문짝. 창짝
창천(蒼天)명 ①파란 하늘. 창공(蒼空) ②사천(四天)의 하나. '봄 하늘'을 이름. ☞호천(昊天) ③구천(九天)의 하나. '동쪽 하늘'을 이름.
창:초(創初)명 ①사물이 비롯된 맨 처음. ②태초(太初)
창:출(創出)명-하다타 어떠한 것을 새로이 만들어 냄. ¶부가 가치를 －하다.
창출(蒼朮)명 한방에서, 삽주의 덩어리지지 않은 뿌리를 약재로 이르는 말. 이뇨제·건위제·해열제 따위로 쓰임. 산정(山情). 적출(赤朮) ☞백출(白朮)
창취(蒼翠)어기 '창취(蒼翠)하다'의 어기(語基).
창취-하다(蒼翠－)형여 초목(草木)이 우거져 싱싱하게 푸르다.
창-칼명 온갖 작은 칼을 통틀어 이르는 말.
창:탄(唱彈)명-하다자 ①노래하는 일과 현악기를 타는 일. ②노래하면서 가야금 따위의 현악기를 탐.
창탈(搶奪)명-하다타 약탈(掠奪)
창태(蒼苔)명 푸른 이끼. 청태(靑苔)
창-턱(窓－)명 창문 문지방의 앞으로 내민 부분. ¶－에 놓인 화분.
창-틀(窓－)명 창문을 달기 위하여 만든 틀. ☞문틀
창파(滄波)명 파란 물결. 창랑(滄浪)
창평(昌平)어기 '창평(昌平)하다'의 어기(語基).
창평-하다(昌平－)형여 나라가 창성하고 세상이 태평하다. ¶창평한 세상이 오다.
창포(菖蒲)명 천남성과의 여러해살이풀. 호숫가나 못 가 등의 습지에 자람. 줄기 높이는 70cm 안팎, 잎은 가늘고 긴 칼 모양인데 두껍고 향기가 있음. 초여름에 잎처럼 생긴 납작한 줄기 중간쯤에 연노랑 꽃이 육수(肉穗) 꽃차례로 핌. 뿌리 줄기는 한방에서 건위제로 쓰고, 잎은 향료로 쓰임. 장포
창포-물(菖蒲－)명 창포의 잎과 뿌리를 우려 낸 물. 단오에 이 물로 머리를 감거나 몸을 씻던 풍속이 있음.
창피명 체면이 크게 깎이거나 해서 당하는 부끄러운 일. ¶－를 당하다.
창피-스럽다(－스럽고·－스러워)형ㅂ 창피한 느낌이 있다. ¶창피스러운 일을 겪다.
　창피-스레부 창피스럽게 ¶일이 아주 － 되었다.
창피-하다형여 체면이 크게 깎이어 몹시 부끄럽다.

ㅊ

창해(滄海)[명] 넓고 파란 바다. 창명(滄溟)

창해상전(滄海桑田)[성구] 상전벽해(桑田碧海) ㊕ 창상

창해-수(滄海水)[명] 넓고 파란 바다의 물.

창해일속(滄海一粟)[-쏙][성구] 넓은 바다에 뜬 한 알의 좁쌀이라는 뜻으로, 광대한 것에 비하여 매우 작은 것을 비유하여 이르는 말. ☞대해일적(大海一滴)

창:현(彰顯)[명][-하다][타] 공적(功績) 등을 널리 알려 드러냄.

창호(窓戶)[명] 창과 문을 아울러 이르는 말.

창호-바퀴(窓戶-)[명] 미닫이의 밑에 달아 여닫음을 매끄럽게 하는 조그만 바퀴. 창바퀴. 호차(戶車)

창호-지(窓戶紙)[명] 문에 바르는 한지(韓紙).

창:혼(唱魂)[명][-하다][자] 무당 굿에서, 죽은 사람의 넋을 부르는 일.

창:화(唱和)[명][-하다][자타] ①시나 노래를 한쪽에선 부르고 다른 쪽에선 화답함. ②남이 지은 시의 운(韻)에 맞추어 시를 지음.

창황(蒼黃)[어기] '창황(蒼黃)하다'의 어기(語基).

창황망조(蒼黃罔措)[성구] 너무 급하여 어찌할 바를 몰라 허둥댐을 이르는 말.

창황-하다(蒼黃-)[형][여] 어찌할 바를 모를 만큼 매우 급하다. ¶너무 창황하여 인사를 차릴 겨를도 없었다.

창황-히[부] 창황하게 ¶채비도 없이 - 떠나다.

창:회(暢懷)[명][-하다][자] 맺힌 마음을 풀어 후련하게 함.

찾다[찯-][타] ①어디에 있는지 모르는 것을 여기저기 살피거나 뒤지거나 누구에게 묻거나 하다, 또는 그것을 발견하다. ¶잃어버린 반지를 찾아 보다./끝내 열쇠를 찾지 못했다./사람을 -./없어진 책을 -. ②맡겨 둔 것, 빼앗긴 것 따위를 다시 가지게 되다. ¶예금을 찾아 쓰다./땅을 찾기 위한 소송. ③모르는 것을 알아내다. ¶원인을 -./낱말의 뜻을 -. ④누구를 만나기 위하여 그 사람이 있는 곳으로 가다. 방문하다 ¶고향 친구를 -./변호사를 찾아 의견을 물었다. ⑤어떤 목적을 가지고 그 곳에 가다. ¶고궁을 찾는 관광객들./휴일이면 산을 찾는다./오랜만에 고향을 -. ⑥무엇을 가지기를 바라다. ¶수입품만 찾는 사람./막걸리를 즐겨 찾는다./가정의 오붓한 행복을 찾는다. ⑦본래의 상태로 되돌아가다. ¶모두가 제정신을 찾지 못하고 있다./환자가 마음의 안정을 찾은듯 하다.

[한자] 찾을 방(訪) 〔言部 4획〕 ¶방문(訪問)/방한(訪韓)
찾을 색(索) 〔糸部 4획〕 ¶모색(摸索)/색출(索出)
찾을 수(搜) 〔手部 10획〕 ¶수사(搜査)/수색(搜索)
찾을 심(尋) 〔寸部 9획〕 ¶심방(尋訪)/심인(尋人)
찾을 탐(探) 〔手部 8획〕 ¶탐구(探究)/탐문(探問)/탐사(探査)/탐색(探索)/탐지(探知)

찾아-가다[타] ①있는 곳을 찾아서 그곳으로 가다. ¶제 집을 -./학교로 선생님을 -. ②맡긴 것 따위를 찾아서 가져 가다. ¶예금을 -./빌려 주었던 책을 -.

찾아-내:다[타] 찾아서 알아내거나 드러내다. ¶범인을 -./비밀 문서를 -./좋은 방법을 -.

찾아-보기[명] 색인(索引)

찾아-보다[타] ①가서 만나 보다. ¶오랜만에 친척을 -./관계자를 -. ②찾아서 알아보다. ¶단어의 뜻을 사전에서 -.

찾아-오다[타] ①누가 나를 만나러 오다. ¶손님이 -. ②맡긴 것 따위를 도로 가져오다. ¶예금을 -.

찾을-모[명] 쓸모가 있어서 찾을만 한 점이나 값어치. ¶-가 없는 물건은 버려야지.

채[1][명] ①'채찍'의 준말. ②회초리

채[2][명] 수염이나 머리카락 따위가 길게 늘어진 것을 이르는 말. ¶-가 긴 수염./-가 짧아 머리를 땋을 수 없다.

채[3][명] ①손수레나 짐수레 따위의 양 옆에 대어 앞으로 길게 내민 나무. 짐수레에서는 끝을 마소의 멍에에 연결하여 끌게 함. ②가마나 들것 따위의 양 옆에 앞뒤로 대어 메거나 들게 된 긴 나무 막대기.

채(를) 잡다[관용] 주장이 되어서 일을 하다.

채[4][명] 바구니나 광주리 따위의 그릇을 겯는 데 쓰는, 껍질을 벗긴 싸릿개비나 버들가지 따위의 오리.

채[5][명] 염색할 때, 고르게 물들지 않고 줄이 죽죽 져 있는 얼룩.

채:[6][명] 채소나 과일 따위를 가늘고 길게 써는 일, 또는 그렇게 썬 것.

채를 치다[관용] 채를 만들려고 가늘고 길게 썰다.

채[7][의] ①집채를 세는 단위. ¶기와집 두 -. ②수레나 가마 따위의 큰 기구나 장농 따위의 가구를 세는 단위. ¶가마 한 -. ③이불을 세는 단위. ④가공하지 않은 인삼(人蔘) 100근을 이르는 말.

채[8][의] 어미 '-ㄴ' 다음에 쓰이어, 아직 그대로인 상태를 나타내는 말. ¶옷을 입은 - 쓰러져 자다./산 -로 잡다./고개를 숙인 - 말이 없다.

채[9][부] 일정한 정도에 아직 이르지 못한 상태임을 나타내는 말. ¶- 익지 않은 과실./말이 - 끝나기도 전에 일어섰다./열 살이 - 될까 말까 하다.

채:(菜)[명] ①채소나 산나물 따위를 양념하여 만든 반찬. ②채소나 산나물 따위의 나물을 통틀어 이르는 말.

채:결(採決)[명][-하다][타] 회의에서, 의안(議案)을 채택할 것인지 아닌지를 의원들의 투표나 거수(擧手) 등으로 결정함. ¶법안을 -에 붙이다./투표로 -하다.

채:-고추[명] 가늘게 채를 친 고추. ☞실고추

채:광(採光)[명][-하다][자] 창을 통하여 방 안에 햇빛을 들임. ☞차광(遮光)

채:광(採鑛)[명][-하다][자] 광산에서 광석을 캐냄.

채-광주리[명] 채로 결은 광주리.

채:광-창(採光窓)[명] 방 안에 햇빛을 들이려고 낸 창.

채:광-탄(採光彈)[명] 하양·빨강·녹색 등 여러 가지 빛을 내는 신호탄. 야간에 하는 통신이나 경보 등에 쓰임.

채:구(彩毬)[명] ①지난날, 궁중의 정재(呈才) 때 춤을 추면서 던지는, 나무로 만든 공을 이르던 말. ②구(毬)

채:구(彩球)[명] 채층(彩層)

채:굴(採掘)[명][-하다][타] 땅을 파고 광물 따위를 캐냄. ¶석탄을 -하다.

채:굴-권(採掘權)[-꿘][명] 광업권(鑛業權)의 한 가지. 일정한 광구(鑛區) 안에서 광물을 채굴할 수 있는 권리.

채:권(債券)[-꿘][명] 국가나 지방 자치 단체, 금융 기관, 회사 등이 자금을 마련하는 수단으로 발행하는 유가 증권. 국채·지방채·사채(社債) 따위.

채:권(債權)[-꿘][명] 재산권(財產權)의 한 가지. 어떤 사람이 어떤 특정인에 대하여 돈의 지급 등 일정한 행위를 청구하는 권리. 돈을 꾸어 준 사람이 꾸어 쓴 사람에 대하여 그 반환을 청구하는 권리 따위. ☞채무(債務)

채:권=양:도(債權讓渡)[-꿘냥-][명] 채권의 내용을 바꾸지 않고, 이제까지의 채권자로부터 제삼자에게 계약에 따라서 채권을 옮기는 일.

채:권-자(債權者)[-꿘-][명] 채무자(債務者)에게 일정한 급부(給付)를 해 주도록 청구할 수 있는 사람.

채:권자=대:위권(債權者代位權)[-꿘-꿘][명] 채권자가 자기의 채권을 보전하기 위하여, 채무자가 제삼자에 대하여 갖는 권리를 대신 행사하는 권리. 간접 소권(間接訴權). 대위 소권(代位訴權) ☞채권자 취소권

채:권자=취:소권(債權者取消權)[-꿘-꿘][명] 채권자의 권리 행위를 침해하는 채무자의 법률 행위를 취소하거나 원상 회복하기 위하여 채권자가 법원에 청구하는 권리. 직접 소권(直接訴權) ☞채권자 대위권(債權者代位權)

채:권=증권(債權證券)[-꿘-꿘][명] 채권을 표시하는 유가 증권. 화물 상환증, 선화 증권 등의 물품 증권과, 어음·채권 등의 금전 증권이 있음.

채:권-질(債權質)[-꿘-][명] 권리질(權利質)의 한 가지. 채권을 목적으로 하는 질권(質權).

채:권=행위(債權行爲)[-꿘-][명] 당사자 사이에 채권과 채무의 관계가 생기게 하는 법률 행위. 매매·증여·임대차(賃貸借)·고용(雇用) 따위.

채:귀(債鬼)[명] 가차없이 빚을 받아내는 빚쟁이를 악귀(惡鬼)에 비유하여 이르는 말.

채-그릇[명] 껍질을 벗긴 싸릿개비나 버들가지 따위로 결

어 만든 그릇.
채-그물 명 지나가는 물고기 밑으로 놓아, 물을 푸듯이 물고기를 떠올려서 잡는 그물. 초망(抄網)
채:근(菜根) 명 ①채소의 뿌리. ②변변치 않거나 간소한 음식을 비유하여 이르는 말.
채:근(採根) 명-하다 자타 ①식물의 뿌리를 캐냄. ②어떤 일의 실상이나 원인 따위를 캐어서 밝힘. ③무슨 일을 빨리 하도록 다그침. ¶빨리 다녀오라고 −하다.
채:금(採金) 명-하다 자 광석에서 금을 뽑아 냄.
채:금(債金) 명 빚진 돈. 차금(借金). 채전(債錢)
채:기(彩旗) 명 채색을 한 깃발.
채:기(彩器) 명 그림을 그릴 때 여러 가지 물감을 풀어서 쓰게 되어 있는 그릇. 채료 그릇
채:-김치 명 절인 무, 배추, 파, 갓을 채치고 다진 마늘과 실고추를 섞어 조기젓국을 넣고 버무려 담근 김치.
채:-깍두기 명 무를 채쳐서 깍두기처럼 담근 김치.
채-꾼 명 소를 모는 아이.
채끝 명 소의 등심과 이어진 끝 부분의 살을 이르는 말. 구이나 산적에 쓰는데, 육질이 연하고 지방이 많음. 채끝살. 채받이 ☞갈비. 안심
채끝-살 명 채끝
채:납(採納) 명-하다 타 의견이나 안건 따위를 받아들임.
채널(channel) 명 ①텔레비전이나 라디오의 각 방송국에 배당되어 있는 주파수. 특히 그 주파수를 가지는 텔레비전 방송국. ¶−을 바꾸다. ②의사 전달의 통로나 경로. ¶교섭의 −이 없다.
채:농(菜農) 명 채소를 가꾸는 농사.
채:니-기(採泥器) 명 바다·하천·호수 따위의 바닥에 쌓인 흙, 암석, 생물 따위를 채집하는 데 쓰는 기구.
채:다[1] 자 물건 값이 좀 오르다. ¶쌀값이 또 채는구나.
채:다[2] 자 '차이다'의 준말. ¶돌이 발 끝에 −.
속담 **챈 발에 곱 챈다** : 어려운 처지에 있는데 더욱 큰 어려움을 겪게 되었다는 말.
채:다[3] 타 '차리다'의 준말. ¶낌새를 챘나 보다.
채:다[4] 타 ①갑자기 힘껏 잡아당기다. ¶팔을 힘껏 −. ②날쌔게 빼앗아 가다. ¶도둑이 핸드백을 채 가다. ☞채뜨리다
채:단(采緞) 명 혼인 때, 신랑 집에서 신부 집으로 예물로 미리 보내는 비단. 주로 청색과 홍색이며 치마와 저고리의 감으로 쓰임.
채:단(綵緞) 명 온갖 비단을 통틀어 이르는 말.
채:달(菜疸) 명 한방에서, 채독(菜毒)으로 말미암아 생긴 황달을 이르는 말.
채:담(彩毯) 명 여러 가지 빛깔의 털로 무늬를 놓아 넓게 짠 담요.
채:-도(−刀) 명 채칼
채:도(彩度) 명 색(色)이 맑은 정도. 색상(色相)·명도(明度)와 함께 색의 3요소의 하나임. 유채색(有彩色)에만 있으며, 회색을 섞을수록 채도가 낮아짐.
채:도(彩陶) 명 중국의 '채문 토기(彩文土器)'를 이르는 말. 기하학적 무늬와 동물 무늬가 많음.
채-독 명 채그릇의 한 가지. 껍질 벗긴 싸릿개비나 버들가지 따위로 결어 독처럼 만들고, 안팎에 종이를 바른 것.
채:독(菜毒) 명 한방에서, 채소를 날것으로 먹은 뒤에 기생충에 감염되어 일어나는 중독증(中毒症)을 이르는 말.
채:-동지(蔡同知) 명 말이나 행동이 허무맹랑한 사람을 놀리어 이르는 말.
채-둥우리 명 채그릇의 한 가지. 껍질 벗긴 싸릿개비나 버들가지로 결어서 만든 둥우리.
채-뜨리다(트리다) 타 '채다[4]'의 힘줌말.
채:란(採卵) 명-하다 타 ①닭·오리·거위 따위의 알을 거둠. ②물고기의 알을 인공적으로 채취함.
채:련 명 무두질한 나귀의 가죽.
채:록(採錄) 명 ①모아서 기록함. ②소리나 목소리를 녹음함. ¶민담을 −하다.
채-롱(−籠) 명 채그릇의 한 가지. 껍질 벗긴 싸릿개비나 버들가지를 함처럼 결어 만든 것. ☞농(籠)
채롱=부채(−籠−) 명 채로 결어 만든 부채.
채롱=부처(−籠−) 명 채로 결어 부처 모양으로 만든 상(像). 농불(籠佛)
채:료(彩料) 명 그림을 그리는 데 쓰는 물감. 수채화 물감과 유화 물감 따위가 있음. 그림 물감
채:료=그릇(彩料−) 명 채기(彩器)
채:마(菜麻) 명 남새
채:마-밭(菜麻−) 명 남새밭. 포전(圃田)
채:마-전(菜麻田) 명 남새밭
채:무(債務) 명 빚을 갚아야 하는 의무. 곧 어떤 특정인에 대하여 돈이나 재물 따위를 급부(給付)하는 법률상의 의무. ☞채권(債權)
채:무=명의(債務名義) 명 일정한 사법(私法)에 따른 급부 의무와 이에 대한 청구권의 존재를 증명하여, 법률에 따라서 집행력을 부여한 공증 문서.
채:무=불이행(債務不履行) 명 채무자가 채무의 내용을 이행하지 않는 일. 이행 지체, 이행 불능, 불완전 이행의 세 가지 경우가 있음.
채:무-자(債務者) 명 부채를 갚아야 할 의무가 있는 사람. 부채자(負債者). 부채주(負債主) ☞채권자(債權者)
채:묵(彩墨) 명 물감을 뭉쳐서 먹처럼 만든 것. 그림을 그릴 때 먹처럼 갈아서 씀.
채:문(彩文·彩紋) 명 ①채색이 아름다운 무늬. ②물결 무늬, 호선(弧線), 원 따위를 짝지운 정밀한 기하학적 무늬. 지폐나 증권 따위의 도안에 쓰임.
채:문=토기(彩文土器) 명 채색한 무늬가 그려진 질그릇. 원시 농경 문화의 발생과 함께 발달하여 세계 각지에 분포하였음. 중국의 것은 특히 '채도(彩陶)'라고 함.
채:미(採薇) 명-하다 자 고비나 고사리를 캠.
채:밀(採蜜) 명-하다 자 꿀벌의 꿀을 뜸.
채-반(−盤) 명 ①채그릇의 한 가지. 껍질을 벗긴 싸릿개비나 버들가지로 운두가 거의 없이 둥글넓적하게 결어 만든 것. ②새색시가 근친(覲親)한 뒤, 시집으로 돌아갈 때 해 가지고 가는 음식.
속담 **채반이 용수가 되도록 우긴다** : 둥글넓적한 채반을 입이 좁은 용수처럼 생겼다고 우긴다는 뜻으로, 사리에 맞지 않는 제 생각만을 고집한다는 말.
채반-상(−盤相) 명 둥글넓적한 얼굴, 또는 그런 얼굴의 사람을 놀리어 이르는 말.
채-받이[−바지] 명 소가 늘 채찍을 맞는 부위의 고기인 '채끝'을 이르는 말.
채-발 명 볼이 좁고 길이가 알맞아 맵시 있게 생긴 발. ☞마당발

채:방(採訪) 명-하다 타 모르는 곳을 물어 가며 찾음. 채탐(採探)
채:벌(採伐) 명-하다 타 벌채(伐採)
채:벽(採壁) 명 채석장에서 돌을 뜰 때의 암벽의 단면.
채:변 명-하다 자 남이 무엇을 줄 때 사양하는 일. ¶−하지 말고 어서 받게.
채:변(採便) 명-하다 자 기생충 감염 검사 따위에 쓸 대변을 받음, 또는 그 대변.
채:병(彩屛) 명 채색한 그림으로 꾸민 병풍.
채:보(採譜) 명-하다 타 곡조를 듣고 악보로 적음. ¶지방을 돌며 여러 가지 민요를 −하다.
채비(∠差備) 명-하다 자 미리 갖추어 차림. ¶겨울을 날 −./떠날 −를 하다. 원 차비(差備)
속담 **채비 사흘에 용천관(龍川關) 다 지나가겠다** : 준비만 하다가 정작 해야 할 일은 못한다는 말.
채:빙(採氷) 명-하다 자 얼음을 떠냄.
채:산(採山) 명-하다 자 산에서 나물을 뜯음.
채:산(採算) 명-하다 타 이익과 손해를 계산해 봄. ¶−이 맞는 장사. ☞타산(打算)
채:삼(採蔘) 명-하다 자 인삼을 캠.
채:삼-꾼(採蔘−) 명 산삼을 캐는 사람. 심마니
채:상(彩箱) 명 갖가지 색으로 물들인 가늘고 얇은 대오리로 다채로운 무늬를 놓으면서 결어 만든 옷고리나 반짇고리. 채협(彩篋)

채:색(采色)명 풍채(風采)와 안색(顏色).
채:색(彩色)명 ①여러 가지 고운 빛깔. ②-하다자타 그림이나 장식에 색을 칠함. 단청(丹靑) ③'채색감'의 준말.

한자 채색 채(彩) 〔彡部 8획〕 ¶색채(色彩)/수채화(水彩畫)/채색(彩色)/채운(彩雲)/채의(彩衣)

채:색(菜色)명 ①푸성귀의 빛깔. ②부황(浮黃)이 나서 누르스름한 얼굴빛.
채:색-감(彩色-)명 채색에 쓰는 물감. 준채색(彩色)
채:색-화(彩色畫)명 채색으로 그린 그림. 채화(彩畫)
채:석(採石)명-하다자 바위에서 석재를 떠냄. 부석(浮石)[2]
채:석-장(採石場)명 석재를 떠내는 곳.
채:선(彩船)명 지난날, 정재(呈才)의 선유락(船遊樂)에 쓰던 배. 화선(畫船)
채:소(菜蔬)명 온갖 푸성귀. 남새. 소채(蔬菜).
채:소-과(菜蔬果)명 밀가루를 꿀물에 반죽한 것을 가늘게 늘이어, 실타래 모양으로 꼬아 기름에 띄워 지진 유밀과.
채:소-밭(菜蔬-)명 채소를 심은 밭. 남새밭
채:소-전골(菜蔬-)명 전골의 한 가지. 쇠고기·양파·감자·미나리·쑥갓 등으로 만든 전골.
채:소-전:유어(菜蔬煎油魚)명 전의 한 가지. 채소를 데쳐 양념해 밀가루를 묻히고 달걀을 풀어 씌워 지진 음식.
채:송-화(菜松花)명 쇠비름과의 한해살이풀. 줄기 높이 20cm 안팎. 불그레한 줄기는 옆으로 많은 가지를 침. 길이 1~2cm의 짧고 굵은 솔잎 모양의 잎은 마주남. 여름에서 가을에 걸쳐 분홍·노랑·하양 따위의 다섯잎꽃이 핌. 열매는 삭과(蒴果)이며 씨가 많음. 관상용으로 심음.
채:수-기(採水器)명 수질을 조사·연구하기 위하여 표면이나 일정한 깊이의 물을 길어 올리는 기구.
채-수염(-鬚髥)명 숱은 많지 않고 길이가 긴 수염.
채:식(菜食)명-하다자 푸성귀로 만든 음식을 먹음, 또는 그런 음식. 초식(草食) ☞육식(肉食)
채:식-가(菜食家)명 늘 채식을 하는 사람. ☞육식가
채:식-주의(菜食主義)명 식생활에서 채소나 과일 등 식물성 식품만을 먹는 주의.
채:신명 부정의 용언과 함께 쓰이어, '처신'을 좀더 낮잡는 어감(語感)으로 이르는 말. ☞처신(處身). 치신
채신(이) 사납다관용 '처신(이) 사납다'를 좀더 낮잡는 어감으로 이르는 말. ☞처신(이) 사납다.
채신(이) 없다관용 '처신(이) 없다'를 좀더 낮잡는 어감으로 이르는 말. ☞처신(이) 없다. 치신(이) 없다.
채신-머리명 '채신'을 속되게 이르는 말. ☞치신머리
채신머리(가) 사납다관용 '채신(이) 사납다'를 속되게 이르는 말. 치신머리(가) 사납다.
채신머리(가) 없다관용 '채신(이) 없다'를 속되게 이르는 말. ☞치신머리(가) 없다.
채:신지우(採薪之憂)성구 병으로 땔나무를 하러 갈 수 없다는 뜻으로, '자기의 병'을 겸손하게 이르는 말. ☞부신지우(負薪之憂)
채-썰:기명 무 따위를 가늘고 길게 써는 방법.
채:약(採藥)명-하다자 산이나 들에서 약초를 채집함.
채:여(彩輿)명 지난날, 왕실에 의식이 있을 때 귀중품을 실어 옮기던, 꽃무늬를 그린 교자(轎子) 모양의 가마.
채:용(採用)명-하다타 ①사람을 골라 뽑아 씀. ¶사원을 -하다. ②채택(採擇)
채우다[1]타 ①일정한 공간·수량·정도 따위에 차게 하다. ¶그릇에 물을 -./빈 자리를 -./정원을 -. ②만족하게 하다. ¶욕심을 -./배를 -.

한자 채울 충(充) 〔儿部 4획〕 ¶대충(代充)/보충(補充)/충당(充當)/충원(充員)/충전(充塡)/확충(擴充)

채우다[2]타 ①단추를 끼우거나 자물쇠로 잠그다. ¶저고리 단추를 -./자물쇠를 -. ②손목이나 발목에 형구(刑具)를 차게 하다. ¶수갑을 -./차꼬를 -.
채우다[3]타 식품을 차게 하거나 상하지 않게 하려고 찬물이나 얼음 속에 담그다. ¶수박을 찬 냇물에 -./생선을 얼음에 -.
채우다[4]타 물건을 몸에 차서 지니게 하다. ¶값비싼 시계를 채워 주다./기저귀를 -.
채:운(彩雲)명 가장자리가 여러 가지 고운 빛깔로 무늬져 보이는 구름.
채:원(菜園)명 채소를 가꾸는 밭. 남새밭. 채포(菜圃)
채:유(採油)명-하다자 ①땅 속에서 석유를 퍼올림. ②식물의 씨 따위에서 기름을 짜냄.
채:유(菜油)명 채소의 씨, 특히 배추씨에서 짜낸 기름. 채종유(菜種油)
채:의(彩衣)명 무늬가 있고 빛깔이 아름다운 옷.
채:자(採字)명-하다자 활판 인쇄에서, 원고대로 활자를 찾아 모으는 일. 문선(文選)[1]
채:장(債帳)명 진 빚의 액수 등을 적은 장부.
채:전(菜田)명 남새밭
채:전(債錢)명 빚진 돈. 채금(債金)
채:전-에부 어떻게 되기 훨씬 이전에.
채:점(採點)[-쩜]명-하다타 성적을 평가하여 점수를 매김.
채:종(採種)명-하다자 좋은 씨앗을 골라서 받음. 씨받기 유취종(取種)
채:종(菜種)명 채소의 씨앗.
채:종-답(採種畓)명 좋은 볍씨를 받으려고 따로 마련하여 가꾸는 논. ☞채종전(採種田)
채:종-밭(採種-)명 좋은 씨앗을 받으려고 따로 마련하여 가꾸는 밭. 채종전(採種田)
채:종-유(菜種油)명 채유(菜油)
채:종-전(採種田)명 채종밭 ☞채종답(採種畓)
채:주(債主)명 빚을 준 사람. ☞차주(借主)
채-지다형 염색이 고르지 못하다.
채-질명-하다타 채찍질
채:집(採集)명-하다타 표본이나 자료 등으로 쓰려고 잡거나 캐거나 찾아서 모음. ¶곤충 -/민화를 -하다.
채찍명 마소를 모는 데 쓰는 가는 막대기, 또는 끝에 가죽끈 같은 것을 단 가는 막대기. 준채[1]
채찍-질명-하다타 ①채찍으로 치는 짓. 채질 ②엄하게 일깨워 격려하는 일. 편달(鞭撻)
채:초(採草)명-하다자 가축의 먹이 따위로 쓰려고 풀을 벰.
채:초(採樵)명-하다자 땔나무를 베어서 거둠.
채:초-지(採草地)명 가축의 먹이나 녹비(綠肥) 등으로 쓸 풀을 베는 초지(草地).
채:취(採取)명-하다타 ①필요한 것을 가려서 가짐. ¶약초를 -하다./미역을 -하다. ②연구나 조사를 하려고 필요한 것을 모으거나 기록함. ¶민요를 -하다./지문(指紋)을 -하다.
채:취(彩翠)명 산뜻하고 아름다운 비취색(翡翠色).
채:취-권(採取權)[-꿘]명 사광(砂鑛)을 캐어 가지거나, 암석을 쪼개어 석재(石材)로 소유할 수 있는 권리.
채:층(彩層)명 태양의 광구(光球)와 코로나 사이에 있는 두께 2,000~3,000km의 부분. 보통 때는 보이지 않으나 개기 일식(皆旣日蝕) 때나 그 직전과 직후에 분홍빛으로 반짝이는 것을 볼 수 있음. 색구. 채구(彩球)
채치다[1]타 '채다[4]'의 힘줌말. ¶말고삐를 -.
채-치다[2]타 ①채찍으로 치다. ②일을 몹시 다그치다.
채:-치다[3]타 채소나 과일 등을 가늘고 길게 썰어서 채를 만들다.
채:-칼명 채소나 과일 등을 채치는 데 쓰는 칼. 채도
채:탄(採炭)명-하다자 석탄을 캐냄.
채:탐(採探)명-하다타 채방(採訪)
채:택(採擇)명-하다타 어떤 의견이나 방법 등을 여럿 가운데서 골라 씀. 채용(採用) ¶결의안을 -하다./디지털 방식을 -하다.
채팅(chatting)명 통신망에 연결된 컴퓨터에서 같은 시간에 여러 사람이 문자로써 대화를 나누는 일.
채:판(彩板)명 단청할 때 채색을 풀어 섞는 판.
채-편(-便)명 장구의 채로 쳐서 소리를 내는 오른쪽의 얇은 가죽 면. ☞북편
채:포(採捕)명-하다타 자연계의 동식물을 채취하거나 잡음.
채:포(菜圃)명 채원(菜園)

채플(chapel)명 학교나 병원 등에 딸린 크리스트교의 교회, 또는 거기서 보는 예배.
채:필(彩筆)명 채색(彩色)할 때 쓰는 붓.
채:혈(採血)명-하다자 병을 진단하거나 수혈(輸血)하려고 몸에서 피를 뽑는 일. ¶환자의 정맥에서 －하다.
채:협(彩篋)명 채상(彩箱)
채:홍(彩虹)명 무지개
채:화(採火)명-하다자타 불을 댕김.〔올림픽 성화(聖火)의 불씨를 오목거울을 이용하여 햇빛으로 불을 댕기는 따위.〕¶성화를 －하다.
채:화(彩畫)명 채색화(彩色畫)
채:화(菜花)명 채소의 꽃.
채:화(綵華)명 비단 조각으로 만든 조화(造花).
채:화-기(彩畫器)명 채색으로 무늬나 그림을 그려 넣은 사기그릇. 색채 토기(色彩土器)
채:화-석(彩畫席)명 채색으로 무늬를 놓아서 짠 돗자리.
책(冊)명 ①글이나 그림 따위를 인쇄한 종이를 겹쳐 맨 물건을 통틀어 이르는 말. 도서(圖書). 서적(書籍). 서질(書帙). 책자(冊子) ¶만화 －/소설 －/－을 읽다. ②무엇을 기록하거나 연습장 등으로 쓰려고, 백지(白紙)를 여러 장 겹쳐 맨 물건. ③〔의존 명사로도 쓰임〕주로 전집(全集)이나 문집(文集) 따위에서 '권(卷)'과 같은 뜻으로 쓰는 말. ¶5권 5－으로 된 문집.

한자 책 권(卷)〔卩部 6획〕¶권두(卷頭)/권말(卷末)
책 책(冊)〔冂部 3획〕¶책권(冊卷)/책명(冊名)/책방(冊房)/책상(冊床) ▷ 冊과 册은 동자
책 편(篇)〔竹部 9획〕¶전편(全篇)/후편(後篇)

책(柵)명 ①말뚝 따위로 둘러막은 울타리. 울짱 ②기둥을 박아 만든 방벽(防壁). ▷ 柵과 栅은 동자
책(責)명 ①'책임(責任)'의 준말. ¶그 －을 면하기 어렵다. ②'책망(責望)'의 준말.
책(策)명 '책문(策問)'의 준말.
-책(責)《접미사처럼 쓰이어》'책무(責務)를 맡은 사람'임을 나타냄. ¶조직책(組織責)/선전책(宣傳責)
-책(策)《접미사처럼 쓰이어》'계책(計策)'의 뜻을 나타냄. ¶수습책(收拾策)/예방책(豫防策)/타개책(打開策)/미봉책(彌縫策)
책가(冊價)명 책의 값.
책-가위(冊－)명 책이 상하지 않도록 겉장 위에 종이·헝겊·비닐 따위로 덧씌운 것. 책가의. 책갑(冊甲). 책싸개
책-가의(冊加衣)명 책가위
책-갈피(冊－)명 책장과 책장 사이.
책갑(冊甲)명 책가위
책갑(冊匣)명 책을 넣어 두는 상자.
책객(冊客)명 지난날, 지방의 수령(守令)이 문서나 회계 따위를 기록하는 일을 맡기려고 데리고 다니던 사람.
책-거리(冊－)명 ①책이나 문방구(文房具) 따위를 소재로 하여 그린 그림. ②-하다자 책씻이
책고(冊庫)명 서고(書庫)
책궁(責躬)명-하다자 스스로 자신을 나무람.
책권(冊卷)명 ①서책의 권(卷)과 질(帙). ②얼마쯤의 책. ¶－이나 가지고 있다./－이나 읽었나 보다.
책궤(冊櫃)명 책을 넣어 두는 궤짝. 서궤(書櫃)
책-글씨(冊－)명 책으로 맬 종이에 쓴 잘고 깔끔한 글씨. 책서(冊書)
책-꽂이(冊－)명 책을 세워 꽂아 두는 가구. ☞서가(書架)
책-농(冊－)명 책을 넣어 두는 농. ☞의농. 책장
책동(策動)명-하다타 몰래 일을 꾸며서 행동함. 주로 좋지 않은 일에 대하여 이름. ¶배후에서 －하다.
책-뚜껑(冊－)명 책의 앞쪽 표지를 달리 이르는 말.
책략(策略)명 어떤 목적을 이루려고 꾸미는 계략(計略). 책모(策謀)
책략-가(策略家)명 책략에 능한 사람.
책려(策勵)명-하다타 채찍질하듯 격려하거나 독려함. 책면(策勉) ¶제 자신을 －하다.
책력(冊曆)명 한 해의 월(月)·일(日)·요일·휴일·간지(干支)·절기(節氣)·해돋이·해넘이 따위를 적어 놓은 책. ☞달력

한자 책력 력(曆)〔日部 12획〕¶역법(曆法)/음력(陰曆)/일력(日曆)/태양력(太陽曆)

속담 책력 보아 가며 밥 먹는다 : 밥을 날마다 먹을 수 없어 길일만 택하여 먹는다는 뜻에서, 가난하여 끼니를 자주 굶는다는 말.
책례(冊禮)명-하다자 책씻이
책립(冊立)명-하다타 지난날, 임금의 조서(詔書)에 따라 황태자나 황후를 봉하던 일.
책망(責望)명-하다타 허물을 들어 꾸짖음. ¶엄하게 －하다./－을 듣다. 준책(責)
책면(策勉)명-하다타 책려(策勵)
책명(冊名)명 책의 이름. 책제(冊題). 책제목(冊題目)
책모(策謀)명 책략(策略)
책무(責務)명 책임과 의무, 또는 임무.
책문(責問)명-하다타 잘못을 꾸짖어 따짐. 유힐문(詰問)
책문(策文)명 책문(策問)에 답하는 글.
책문(策問)명 지난날, 과거에서 문제를 주어 경서(經書)의 뜻이나 정치에 관한 의견을 묻던 일, 또는 묻던 그 글. 준책(策)
책문-권(責問權)[－꿘]명 민사 소송에서, 당사자가 법원 또는 상대편의 소송 절차법에 위배된 소송 행위에 대하여 이의(異議)를 말하고, 그 위법(違法)을 주장할 수 있는 권리.
책-받침(冊－)[1]명 한자 부수(部首)의 한 가지. '近'·'道' 등에서 '辶'의 이름.
책-받침(冊－)[2]명 글씨를 쓸 때, 뒷면이나 다음 장에 자국이 나지 않도록 종이 밑에 받치는 물건.
책방(冊房)명 ①서점(書店) ②책실(冊室)
책벌(責罰)명-하다타 잘못을 꾸짖어 벌함.
책-벌레(冊－)명 늘 책만 읽거나 공부에 열중하는 사람을 비유하여 이르는 말.
책보(冊寶)명 옥책(玉冊)과 금보(金寶).
책봉(冊封)명-하다타 왕세자, 왕세손, 후(后), 비(妃), 빈(嬪) 등을 봉작(封爵)함.
책사(冊肆)명 서점(書店)
책사(策士)명 ①꾀를 내어 일을 잘 이루게 하는 사람. ②남을 도와 계책을 세우는 사람. 모사(謀士)
책살(磔殺)명-하다타 기둥에 묶어 세우고 창으로 찔러 죽이는 일. ☞책형(磔刑)
책상(冊床)명 책을 읽거나 글씨를 쓸 때 쓰는 상. 궤안

한자 책상 안(案)〔木部 6획〕¶궤안(机案)/서안(書案)

책상(柵狀)명 울타리와 같은 모양.
책상-다리(冊床－)명-하다자 ①한쪽 다리를 다른 쪽 다리 위에 포개고 앉는 일, 또는 그 자세. ②'가부좌(跏趺坐)'를 흔히 이르는 말.
책상-머리(冊床－)명 책상의 한쪽 가.
책상=못자리(柵狀－)명 직사각형으로 된 못자리.
책상-물림(冊床－)명 글만 읽다가 갓 사회에 나와 세상 물정에 어두운 사람을 얕잡아 이르는 말. 책상퇴물
책상-반(冊床盤)명 책상 모양과 비슷하게 만든 소반.
책상-보(冊床－)[－뽀]명 책상을 덮는 보.
책상-양:반(冊床兩班)[－냥－]명 지난날, 상사람으로 학문과 덕행이 높아 양반이 된 사람을 이르던 말.
책상=조직(柵狀組織)명 울타리 조직
책상-퇴:물(冊床退物)명 책상물림
책서(冊書)명 ①책글씨 ②-하다타 책을 베껴 씀.
책선(責善)명-하다타 친구끼리 착한 일을 하도록 서로 권함.
책성(責成)명-하다타 맡은 일을 완수하도록 요구함.
책세(冊貰)명 ①책을 빌려 보는 값으로 내는 돈. ②책을 세주는 일.
책-송:곳(冊－)명 책을 매는 데에 쓰는 송곳.
책-술(冊－)명 책의 두께.
책-실(冊－)명 책을 매는 데 쓰는 실.

책실(冊室)[명] 조선 시대, 지방 수령(守令)의 비서 노릇을 하던 사람, 또는 그 사람이 거처하던 방. 책방(冊房)
책-싸개(冊-)[명] 책가위
책-씻이(冊-)[명]-하다[자] 지난날, 서당에서 학동이 책 한 권을 다 읽거나 베껴 썼을 때, 스승과 친구들에게 한턱내던 일. 세책례(洗冊禮). 책거리. 책례(冊禮)
책언(責言)[명] 꾸짖는 말.
책응(策應)[명]-하다[자] 우군(友軍)끼리 계책에 맞추어 서로 호응함.
책의(冊衣)[명] ①책 앞뒤의 겉장, 곧 '표지(表紙)'를 달리 이르는 말. ②책가위
책임(責任)[명] ①맡아서 해야 할 임무나 의무. ¶도의적 ―./―을 다하다. [준]책(責) ②자기가 한 일의 결과에 대하여 져야 하는 부담. ¶사고에 대한 ―을 지다./―을 떠넘기다. ③법률에서, 법을 어긴 행위를 한 사람이 법률상의 제재를 받는 부담. 민사(民事) 책임과 형사(刑事) 책임이 있음.
책임-감(責任感)[명] 자기의 업무나 행위에 대하여 책임을 다하려는 마음. ¶―이 강하다./―이 없다.
책임=내:각제(責任內閣制)[명] 의원 내각제(議員內閣制)
책임=능력(責任能力)[명] ①민법에서, 행위의 책임을 이해할 수 있는 능력. ②형법에서, 행위의 옳고 그름을 판단하고, 그에 따라 행동할 수 있는 능력. ☞책임 연령
책임=무능력자(責任無能力者)[명] ①민법에서, 대체로 12세 미만인 사람이나 심신 상실자(心神喪失者) 등으로 불법 행위에 따른 손해 배상 책임을 지지 않는 사람. ②형법에서, 14세 미만인 사람이나 심신 상실자 등으로 형사 책임을 지지 않는 사람.
책임=연령(責任年齡)[명] 형사 책임을 질 수 있다고 규정한 연령. 현행 형법에서는 만 14세 이상임.
책임-자(責任者)[명] ①책임을 지는 사람. ②어떤 부서의 장(長)을 흔히 이르는 말.
책임=조건(責任條件)[-껀][명] 형사 책임이 성립될 조건인 고의(故意)나 과실(過失).
책임=준:비금(責任準備金)[명] 보험 회사가 보험금의 지급 책임을 이행하려고 필요한 자금으로서 준비해 두는 적립금(積立金).
책임-지다(責任-)[자] ①책임을 다할 의무를 맡다. ¶생활비를 ―. ②잘못된 일에 대한 부담을 떠맡다. ¶내가 책임지고 물러나겠다.

책자(冊子)[명] 책. 특히 얇거나 작은 책을 이르는 경우가 많음. ¶안내용 ―를 비치하다.
책-잡다(責-)[타] 남의 잘못을 들어 나무라다.
책-잡히다(責-)[자] 책잡음을 당하다.
책장(冊張)[명] 책의 낱장.
책장(冊*欌)[명] 책을 넣어 두는 장. ☞책농
책점(冊店)[명] 서점(書店)
책정(策定)[명]-하다[타] 정책이나 계획 따위를 이모저모 생각하여 결정함. ¶예산을 ―하다.
책제(冊題)[명] 책의 제목. 책명(冊名). 책제목
책-제목(冊題目)[명] 책제(冊題)
책징(責徵)[명]-하다[타] 돈이나 물건 따위를 다그쳐 징수함. ☞징구(徵求)
책-치레(冊-)[명]-하다[자] ①책을 곱게 꾸미는 일. ②많은 책을 갖추어 방 안을 꾸미는 일.
책-탁자(冊卓子)[명] 책을 쌓아 두는 탁자.
책판(冊板)[명] 글을 새겨 책을 박아 내는 목판(木板).
책-하다(責-)[타][여] 남의 허물을 들어 꾸짖다. 책망하다 ¶부하를 책하지 않고 먼저 자신부터 ―.
책형(磔刑)[명] 지난날, 사지(四肢)를 찢어 죽이던 형벌.
챌린저(challenger)[명] 도전자(挑戰者), 특히 선수권자에게 도전하는 사람.
챌-목매[명] 짐승이 건드리면 목이나 다리 따위를 옭아 공중에 달아 올리게 만든 올무. 하늘코
챔피언(champion)[명] ①우승자(優勝者) ②선수권을 가진 사람, 곧 선수권자.
챗:-국[명] 무나 오이 따위를 채로 썰어 만든 찬국.
챗날[명] '기름챗날'의 준말.
챗-열[-녈][명] 채찍 따위의 끝에 늘어뜨린 끈. 편수(鞭穗) [준]열²
챙:[명] '차양(遮陽)'의 준말.
챙기다[타] ①필요한 물건을 찾아 한데 모으다. ¶책가방을 ―./서류를 ―. ②거르거나 빠뜨리지 않고 잘 거두다. ¶세 끼 밥을 꼭 챙겨 먹다./거스름돈을 잘 챙겨라.
처(妻)[명] 아내
처:(處)[명] 기관이나 기업 등의 부서를 줄여 이르는 말. ¶―의 방침에 따르다.
처-[접두] 동작을 나타내는 말에 붙어 '마구', '함부로'의 뜻을 더함. ¶처먹다/처박다/처지르다
-처(處)《접미사처럼 쓰이어》'곳〔處所〕'의 뜻을 나타냄. ¶접수처(接受處)/피난처(避難處)/도피처(逃避處)
처가(妻家)[명] 아내의 본집. 처갓집

> ▶ **처가 가족에 대한 호칭과 지칭**
> ○ 장인어른 ― 아내의 아버지를 부를 때.
> ○ 장모님 ― 아내의 어머니를 부를 때.
> ○ 빙장(聘丈) ― 남에게 장인을 말할 때.
> ○ 빙모(聘母) ― 남에게 장모를 말할 때.
> ○ 처남(妻男) ― 아내의 남자 형제를 부를 때.
> ○ 처제(妻弟) ― 아내의 누이동생을 부를 때.
> ○ 처형(妻兄) ― 아내의 언니를 부를 때.
> ○ 처남댁(妻男宅) ― 처남의 아내, 곧 아내의 올케를 부를 때.

처가-붙이(妻家-)[-부치][명] 아내의 친정 식구들과 친족들. 처가속(妻家屬)
처가-살이(妻家-)[명]-하다[자] 처가에 들어가 사는 일. 처갓집살이. 췌취(出贅). 췌거(贅居)
[속담] **처가살이 십 년이면 아이들도 외탁한다** : 처가살이를 오래 하면, 아이들의 생활 방식, 성질, 생각하는 것까지 처가 쪽을 닮게 된다는 말.
처가-속(妻家屬)[명] 처가붙이
처갓-집(妻家-)[명] 처가(妻家)
[속담] **처갓집 말뚝에도 절하겠네** : 처갓집을 지나치게 받드는 사람을 두고 빈정거리는 말./**처갓집 세배(歲拜)는 살구꽃 피어서 간다** : 처갓집에 대한 인사는 자꾸 미루게 된다는 말.
처갓집-살이(妻家-)[명]-하다[자] 처가살이
처:결(處決)[명]-하다[타] 결정하여 조처함. 결처(決處) ¶단독으로 ―하다./윗사람의 ―을 기다리다.
처-고모(妻姑母)[명] 아내의 고모.
처깔-하다[타][여] 문을 굳게 잠가 두다. ☞차깔하다
처남(妻男)[명] 아내의 남자 형제.
처-내:다[자] 아궁이로 불길이나 연기가 도로 나오다. ¶굴뚝이 막혔는지 불이 처내기만 한다.
처-넣다[타] 마구 집어 넣다. ¶안 쓰는 세간을 창고에 ―.
처:네[명] ①덧덮는 얇고 작은 이불. ②어린아이를 업을 때 두르는, 끈이 달린 작은 포대기. ☞포대기 ③지난날, 서민층 부녀자가 쓰던 쓰개. 방한을 겸한 내외용으로 솜을 두어 만들었음. 머리처네. 천의(薦衣)
처:녀(處女)[명] ①결혼하지 않은 성인 여자. 처자(處子) ¶―와 총각이 만나다. ②남자와 성적(性的) 관계를 가진 적이 없는 성인 여자. 숫처녀 ③〔일부 한자어 앞에 쓰이어〕'손을 대지 않은 것', '처음 하는 것'을 뜻하는 말. ¶― 비행/― 항해
[속담] **처녀가 애를 낳아도 할 말이 있다** : 어떤 잘못을 저질렀더라도 그 이유를 대고 변명할 수 있다는 말.
처:녀-궁(處女宮)[명] 황도 십이궁(黃道十二宮)의 여섯째 궁. 본디 십이 성좌(十二星座)의 처녀자리에 대응되었으나 세차(歲差) 때문에 지금은 서쪽의 사자자리로 옮아가 있음. 쌍녀궁(雙女宮) ☞천칭궁(天秤宮)
처:녀-림(處女林)[명] 사람이 발을 들여 놓지 않은 자연 그대로의 숲. 원시림(原始林)
처:녀-막(處女膜)[명] 숫처녀의 질(膣)의 앞 부분에 있는 얇은 막.

처:녀=비행(處女飛行)명 새로 만든 비행기로 처음 비행하는 일, 또는 새로 훈련을 받은 비행사가 처음으로 하는 비행.

처:녀=생식(處女生殖)명 단위 생식(單爲生殖)

처:녀-성(處女性)[-썽]명 처녀로서 지니고 있는 특성. 특히 성(性)의 순결성을 이름. ¶ -을 잃다.

처:녀-수(處女水)명 지구 내부의 마그마에서 나와 바위 틈을 타고 지표(地表)로 솟아오른 물. 초생수(初生水) ☞순환수(循環水)

처:녀-왕(處女王)명 교미(交尾)하기 전의 여왕벌.

처:녀-이끼(處女-)명 처녀이낏과의 여러해살이풀. 뿌리줄기는 실처럼 생겨 가로 벋으며 수염뿌리가 있음. 사슴뿔 모양의 잎은 깃 모양으로 갈라져 있고 녹색을 띤 갈색임. 홀씨주머니의 무리는 잔잎 끝에 달림. 계곡의 습기 있는 바위나 고목(古木)에 붙어서 자라는데, 관상용으로 가꾸기도 하며 우리 나라와 일본 등지에 분포함.

처:녀-자리(處女-)명 십이 성좌(十二星座)의 하나. 봄에 남동(南東) 하늘에 보이는 별자리인데, 6월 상순 오후 여덟 시 무렵에 자오선(子午線)을 통과함. 처녀좌(處女座) ☞황도 십이궁(黃道十二宮)

처:녀-작(處女作)명 처음으로 지었거나 처음으로 발표한 예술 작품.

처:녀-장:가(處女-)명 재혼(再婚)하는 남자가 처녀를 아내로 맞이하는 일.

처:녀-좌(處女座)명 처녀자리

처:녀-지(處女地)명 ①아직 개간하지 않은 자연 그대로의 땅. ②아직 아무도 손대지 않은 연구 분야 등을 비유하여 이르는 말.

처:녀=출연(處女出演)명 연극이나 영화 따위에 처음으로 출연하는 일.

처:녀=출전(處女出戰)[-쩐]명 운동 경기나 바둑 대회 따위에 처음으로 나가서 겨루는 일.

처:녀=출판(處女出版)명 작가가 처음으로 책을 펴내는 일, 또는 출판사가 처음으로 책을 출판하는 일.

처:녀=항:해(處女航海)명 새로 만든 배로 처음 항해하는 일, 또는 선장이나 선원으로서 하는 첫 번째 항해.

처녑명 소나 양 따위처럼 되새김질하는 짐승의 '겹주름위'를 고기로 이르는 말. 전·전골·볶음·회 따위로 쓰임. 백엽(百葉) 원천엽(千葉) ☞곱창. 양(䑋)

처녑-집명 짜임새가 오밀조밀하고도 쓸모 있게 지은 집.

처:단(處斷)명-하다타 결단을 내려 처분하거나 처치함. ¶책임자를 엄중히 -하다.

처당(妻黨)명 처족(妻族)

처-대:다[1]타 불에 대어서 살라 버리다. 처지르다

처-대:다[2]타 잇달아 마구 대주다. ¶보람없는 사업에 많은 돈을 -.

처덕(妻德)명 ①아내의 덕. ②아내로 말미암아 입는 덕택. ¶ -으로 건강을 되찾다.

처덕-거리다(대다)타 ①물기가 많거나 차진 물체를 좀 힘있게 자꾸 두드리다. ②얇은 종이 따위를 자꾸 마구 바르거나 덧대다. 처덕이다 ☞차닥거리다

처덕-이다타 처덕거리다 ☞차닥이다

처덕-처덕부 처덕거리는 소리, 또는 그 모양을 나타내는 말. ¶벽에 광고지를 - 붙이다. ☞차닥차닥

처-때:다타 불을 요량 없이 마구 때다.

처:-뜨리다(트리다)타 처지게 하다. ¶고개를 -./가지를 처뜨린 버드나무.

처란(∠鐵丸)명 ①엽총에 쓰는 잘게 만든 탄알. 철탄(鐵彈) ②쇠붙이로 잔 탄알 모양으로 만든 물건을 통틀어 이르는 말.

처란-알(∠鐵丸-)명 처란의 낱개.

처량(凄涼)어기 '처량(凄涼)하다'의 어기(語基).

처량-하다(凄涼-)형여 ①마음이 구슬퍼질 만큼 쓸쓸하다. ¶귀뚜라미 우는 소리가 -. ②가엾고 초라하다. ¶말없이 떠나는 처량한 뒷모습.

처량-히부 처량하게 ¶벌레 소리 - 들려 오는 가을 밤.

-처럼조 체언에 붙어, '-과 같이'의 뜻으로 쓰이는 보조사. ¶부모의 은혜는 하늘처럼 높다./보름달처럼 둥글다./철벽처럼 굳다.

> ▶ '-처럼'과 '-같이'의 어감(語感) 차이
> ㅇ '바다처럼 넓다'에서 '-처럼'이 정도를 강조하는 바가 문맥상 뒤의 말인 '넓다'에 있다.
> ㅇ '바다같이 넓다'에서는 '-같이'가 정도를 비교하는 바를, 문맥상 앞의 말인 '바다'에 두고 있다.

처렁부 크고 얇은 쇠붙이 따위가 한 번 세게 맞부딪칠 때 맑게 울리어 나는 소리를 나타내는 말. ☞저렁. 차랑

처렁-거리다(대다)자타 자꾸 처렁 소리가 나다, 또는 그런 소리를 내다. ☞저렁거리다. 쩌렁거리다. 차랑거리다

처렁-처렁부 처렁거리는 소리를 나타내는 말. ☞저렁저렁. 쩌렁쩌렁[1]. 차랑차랑[1]

처르렁부 크고 얇은 쇳조각 따위가 한 번 세게 맞부딪칠 때 맑게 울리어 나는 소리를 나타내는 말. ☞저르렁. 쩌르렁. 차르랑

처르렁-거리다(대다)자타 자꾸 처르렁 소리가 나다, 또는 그런 소리를 내다. ☞저르렁거리다. 쩌르렁거리다. 차르랑거리다

처르렁-처르렁부 처르렁거리는 소리를 나타내는 말. ☞저르렁저르렁. 쩌르렁쩌르렁. 차르랑차르랑

처:리(處理)명-하다타 ①어떤 사무를 잘 다루어 정리하거나 어떤 문제를 다스리어 마무리를 지음. ¶사무를 빨리 -하다./사건이 쉽게 -되다. ②어떤 결과를 얻기 위하여 화학적·물리적 작용을 일으킴. ¶가열 -하다./염산으로 -하다.

처마명 지붕의 도리 밖으로 내민 부분. ¶ - 밑에서 비를 피하다.

한자 처마 헌(軒) 〔車部 3획〕 ¶헌등(軒燈)

처마-끝명 처마의 맨 끝. 첨단(檐端)

처마-널명 난간이나 처마 테두리에 돌려 붙인 판자.

처맛-기슭명 재래식 한옥에서, 처마가 내민 가장자리.

처-매:다타 붕대 따위로 친친 감아서 매다. ¶부러진 다리에 부목을 대고 -.

처-먹다타 '먹다'의 속된말.

처-먹이다타 '먹게 하다' 속된말.

처모(妻母)명 장모(丈母)

처:무(處務)명-하다자 사무를 처리함, 또는 처리해야 할 사무. ¶ - 규정

처-바르다(-바르고·-발라)타르 뒤바르다 ¶광고지를 대문짝에 -.

처-박다타 ①몹시 세게 함부로 박다. ¶말뚝을 -./차를 담벼락에 -. ②함부로 쑤셔 넣거나 밀어 넣다. ¶구석구석 빨랫감을 처박아 두다. ③일정한 곳에만 있게 하고 다른 곳에 나가지 못하게 하다. ¶구석방에 처박아 놓고는 돌보지 않다.

처:방(處方)명 ①의사가 환자의 증세에 따라 약의 조합과 사용 방법을 지시하는 일. ¶ -을 내리다. ②일을 처리하는 방법. ¶열심히 일하는 것 외에 뾰족한 -이 없다. ③'처방전'의 준말. ④어떤 문제를 해결하기 위한 대책. ¶교통 사고를 줄이기 위한 -.

처:방-전(處方箋)명 의사가 환자에게 쓸 약에 관하여 적은 지시서. 약전(藥箋) 준처방

처-백모(妻伯母)명 아내의 큰어머니.

처-백부(妻伯父)명 아내의 큰아버지.

처:벌(處罰)명-하다타 벌을 줌. 형벌에 처함. 처형(處刑) ¶법을 어기면 -을 받는다./책임자를 -하다.

처변(妻邊)명 처족(妻族)

처:변(處變)명-하다자 ①상황에 따라 융통성 있게 처리함. ②변고(變故)나 변란(變亂)을 잘 수습함.

처복(妻福)명 좋은 아내를 얻은 복.

처-부모(妻父母)명 아내의 부모. 곧 장인과 장모.

처:분(處分)명-하다타 ①결정을 내려서 일을 처리함. ¶관대한 -을 바라다. ②법률에서, 어떤 구체적 사실이나 행위에 대하여 행정권 또는 사법권을 작용시키는 행위.

ㅊ

행정 처분·강제 처분 따위. ③쓸모 없는 것이나 여분의 것을 팔거나 버리거나 또는 없앰. ¶폐기 −/집을 헐값으로 −하다.

처:분권-주의(處分權主義)[−꿘−] 명 민사 소송법에서, 당사자가 스스로 소송의 해결을 꾀하여 소송을 처분할 수 있음을 인정하는 주의. 소송의 취하, 재판 중에 화해 등을 할 수 있다는 것이 그 내용임.

처:분=능력(處分能力) 명 법률에 따라 물건 또는 권리를 처분할 수 있는 능력.

처:분=명:령(處分命令) 명 국가가 국민이나 공공 기관에 대하여 일정한 행위를 하도록 명하거나 금지하는 명령.

처:사(處士) 명 ①지난날, 관직에 나아가지 않고 초야(草野)에 묻혀서 사는 선비를 이르던 말. ②거사(居士)

처:사(處事) 명 일을 처리하는 것, 또는 그 처리. ¶부당한 −./친구들의 −가 못마땅하다.

처:사가(處士歌) 명 조선 시대, 십이가사(十二歌詞)의 하나. 작자와 연대는 알 수 없으며, 세상의 공명을 떠나 자연을 벗삼아 살겠다는 처사의 호연지기를 읊은 노래임. 모두 95수로 되어 있으며, '청구영언(靑丘永言)'과 '남훈태평가(南薰太平歌)'에 실려 전함.

처산(妻山) 명 ①아내의 무덤. ②아내의 무덤이 있는 곳. 처장(妻葬)

처-삼촌(妻三寸) 명 아내의 삼촌. 처숙(妻叔). 처숙부

속담 **처삼촌 뫼에 벌초하듯** : 무슨 일을 정성 들여 하지 않고 시늉만 내며 겉날려 함을 이르는 말.

처상(妻喪) 명 아내의 상사(喪事).

처:서(處暑) 명 이십사 절기(二十四節氣)의 하나. 입추(立秋)와 백로(白露) 사이의 절기로, 양력 8월 23일께. ☞추분(秋分)

속담 **처서에 비가 오면 독의 곡식도 준다** : 처서 날에 비가 오면 흉년이 들기 쉽다는 말.

처성자옥(妻城子獄) 성구 아내라는 성(城)과 자식이라는 감옥에 갇힌다는 뜻으로, 처자를 거느린 사람은 집안일에 얽매이어 자유롭게 활동할 수 없음을 이르는 말.

처:세(處世) 명 -하다 자 세상 사람들과 사귀면서 원만히 살아가는 일. ¶−에 능한 사람.

처:세-술(處世術) 명 재치 있게 처세하는 방법.

처:세-훈(處世訓) 명 세상을 살아가는 데 필요한 교훈.

처:소(處所) 명 ①사람이 거처하는 곳. ¶−를 옮기다. ②곳. 장소(場所) ▷處와 処는 동자

처숙(妻叔) 명 아내의 숙부. 처숙부. 처삼촌(妻三寸)

처-숙모(妻叔母) 명 아내의 숙모.

처-숙부(妻叔父) 명 아내의 숙부. 처숙. 처삼촌(妻三寸)

처-시:하(妻侍下) 명 '아내를 모시고 있는 처지임'의 뜻. 아내에게 쥐여지내는 사람을 놀리어 이르는 말임. ☞공처가(恐妻家). 엄처시하(嚴妻侍下). 판관사령(判官使令)

처:신(處身) 명 -하다 자 살아가는 데나 남을 대할 때 가지는 몸가짐이나 태도. 행신(行身) ¶−을 잘하다./올바르게 −하다. ☞채신. 치신

처신(이) 사납다 관용 몸가짐이나 태도가 의젓하지 못하고 거칠다. ☞채신(이) 사납다. 치신(이) 사납다.

처신(이) 없다 관용 몸가짐이나 태도가 의젓하지 못하여 볼썽이 없다. ☞채신(이) 없다. 치신(이) 없다.

처:신-술(處身術) 명 재치 있게 처신하는 방법.

처실(妻室) 명 아내

처:심(處心) 명 -하다 타 존심(存心)

처:역(處役) 명 -하다 타 징역(懲役)에 처함.

처연(悽然) 어기 '처연(悽然)하다'의 어기(語基).

처연-하다(悽然−) 형여 ①쓸쓸하다. 구슬프다 ②서늘하고 을씨년스럽다.

처연-히 부 처연하게 ¶− 들려 오는 벌레 소리.

처-외:가(妻外家) 명 아내의 외가. 곧 장모의 친정.

처-외:편(妻外便) 명 아내의 외족. 곧 장모의 친정 일가.

처:용가(處容歌) 명 ①향가의 하나. 신라 헌강왕 때, 처용(處容)이 아내를 범한 역신(疫神)을 물리치기 위해 지었다는 노래. '삼국유사(三國遺事)'에 실려 전함. ②고려 가요의 하나. 향가인 '처용가'를 고쳐 지은 노래.

처:용무(處容舞) 명 조선 시대, 정재(呈才)나 구나(驅儺) 뒤에 추던 춤의 한 가지. 각각 빨강·파랑·노랑·하양·검정의 옷을 차려 입은 다섯 무동(舞童)이 처용의 탈을 쓰고 오방(五方)으로 벌여서서 처용가(處容歌) 따위를 부르며 춤을 추었음. 처용희(處容戲)

처:용희(處容戲) 명 처용무(處容舞)

처우(凄雨) 명 을씨년스럽게 내리는 비.

처:우(處遇) 명 -하다 타 사람의 능력에 따라 그에 걸맞게 대우함, 또는 그 대우. ¶부당한 −./−를 개선하다.

처음 명 ①시간적·공간적으로 이어지고 있는 것의 맨 앞. ¶−과 나중./무엇이나 −이 중요하다./−부터 끝까지 읽다. ②〖부사처럼 쓰임〗 처음으로. 비로소 ¶− 보는 사람./− 겪는 일. 준 첨

속담 **처음이 나쁘면 끝도 나쁘다** : 무슨 일이나 처음이 중요하다는 말.

한자 처음 초(初) 〔刀部 5획〕 ¶시초(始初)/초기(初期)/초면(初面)/최초(最初)/태초(太初)

처:의(處義) 명 -하다 자 의리(義理)를 지킴.

처자(妻子) 명 아내와 자식.

처:자(處子) 명 처녀(處女)

처장(妻葬) 명 ①아내의 장사(葬事). ②처산(妻山)

처재(妻財) 명 ①아내의 재물. ②처가에서 받은 재물. ③점괘에서 이르는 육친(六親)의 하나. 아내와 재물에 관한 운명과 신수를 나타내는 점괘.

처-쟁이다 타 잔뜩 눌러서 많이 쌓다. ¶창고에 상품을 처쟁여 두다.

처절(凄切) 어기 '처절(凄切)하다'의 어기(語基).

처절(悽絶) 어기 '처절(悽絶)하다'의 어기(語基).

처절-하다(凄切−) 형여 몹시 처량하다. ¶처절한 심정.

처절-히 부 처절하게 ¶피리 소리가 − 들려 오다.

처절-하다(悽絶−) 형여 몹시 처참하다. ¶처절한 사고 현장./처절하게 싸우다 가다.

처절-히 부 처절하게 ¶− 울부짖다.

처제(妻弟) 명 아내의 여동생.

처-조모(妻祖母) 명 아내의 친정 할머니. 장조모(丈祖母)

처-조부(妻祖父) 명 아내의 친정 할아버지. 장조(丈祖). 장조부(丈祖父)

처-조카(妻−) 명 아내의 친정 조카. 내질(內姪). 처질(妻姪)

처-조카딸(妻−) 명 아내의 친정 조카딸. 처질녀

처족(妻族) 명 아내의 겨레붙이. 처당(妻黨). 처변(妻邊). 처편(妻便)

처:지(處地) 명 ①처해 있는 형편이나 사정. ¶어려운 −./−가 아주 딱하다. ②서로 사귀어 지내는 관계. ¶가족처럼 지내는 −./서로 싸우기도 하면서 자란 −다.

처:-지다 자 ①아래로 축 늘어지다. ¶용마루의 한쪽이 조금 −./두 볼이 축 −. ②맥없이 느른해지다. ¶어깨가 축 −./목소리가 축 −. ③따라가지 못하고 뒤로 떨어지다. ¶성적이 많이 −./품질이 좀 처진다. ④문드러져 해어지다. ¶천이 삭아서 처져 나간다. ⑤장기에서, 궁이 면줄로 내려가다.

처-지르다(−지르고·−질러) 타르 ①아궁이 따위에 나무를 마구 몰아넣어 불을 때다. ¶장작을 −. ②처대다'

처질(妻姪) 명 처조카

처-질녀(妻姪女) 명 처조카딸

처:참(處斬) 명 -하다 타 참형(斬刑), 곧 목을 베어 죽이는 형벌에 처함.

처참(悽慘) 어기 '처참(悽慘)하다'의 어기(語基).

처참-하다(悽慘−) 형여 슬프고 끔찍하다. ¶처참한 광경./폭발 사고 현장은 처참했다.

처참-히 부 처참하게 ¶− 무너진 건물.

처창(悽愴) 어기 '처창(悽愴)하다'의 어기(語基).

처창-하다(悽愴−) 형여 몹시 구슬프고 애달프다.

처창-히 부 처창하게

처:처(處處) 명 곳곳

처처(凄凄) 어기 '처처(凄凄)하다'의 어기(語基).

처처(悽悽)어기 '처처(悽悽)하다'의 어기(語基).
처처-하다(凄凄−)형여 춥고 을씨년스럽다.
처처-하다(悽悽−)형여 마음이 구슬프다.
처첩(妻妾)명 아내와 첩을 아울러 이르는 말. 적첩(嫡妾)
처:치(處置)명-하다타 ①경우나 상황에 따라 손을 씀. ¶적절히 −하다./−가 곤란하다. ②병이나 상처를 치료함, 또는 그 치료. ¶응급 −/약물로 −하다. ③치우거나 없앰. ¶감쪽같이 −하다.
처:판(處辦)명-하다타 일을 분간하여 처리함.
처편(妻便)명 처족(妻族)
처:-하다(處−)자여 ①어떠한 처지에 놓이다. ¶위기에 −./곤경에 −. ②벌(罰)을 주다. ¶엄벌에 −.
처형(妻兄)명 아내의 언니.
처:형(處刑)명-하다타 ①형벌에 처함. 처벌(處罰) ②사형(死刑)에 처함.
척[1] 부 ①물체가 대번에 들러붙는 모양을 나타내는 말. ¶쇠붙이가 자석에 − 들러붙다./입학 시험에 − 붙다. ②한눈에 얼른 훑어보는 모양을 나타내는 말. ¶− 보고도 전모를 파악하다. ☞착[1]
척 하면 삼천리관용 상대편의 의도나 상황을 눈치 빠르게 알아차린다는 말.
척:[2] 부 몸가짐이나 태도 따위가 제법 의젓한 모양을 나타내는 말. ¶− 일어나 의견을 밝히다./아이가 천자문 책을 − 펴들고 읽다. ☞착[2]
척(隻)[1] 명 조선 시대, 소송(訴訟)에서 '피고(被告)'를 이르던 말.
척(戚)명 성(姓)이 다르면서 친척이 되는 관계. 고종(姑從)·외종·이종(姨從) 따위. ¶−이 멀다./−이 있다.
척(尺)의 척관법의 길이 단위의 하나. 1척은 1촌(寸)의 열 곱절 약 30.3cm. 자[2] ¶육 −이 넘는 큰 키.
척(隻)[2] 의 배를 세는 단위. ¶어선 두 −./군함 한 −.
척(chuck)명 ①드릴에서, 송곳날을 물려서 고정하는 부분. ②선반(旋盤)에서, 공작물을 물려서 고정하는 장치.
척각(尺角)명 굵기가 사방 한 자가 되는 재목.
척간(尺簡)명 편지(便紙)
척감(脊疳)명 한방에서 이르는 어린아이 감병(疳病)의 한 가지. 등골뼈가 톱날처럼 두드러져서 드러남.
척강(陟降)명-하다자 오르락내리락 함, 또는 그 오르내림.
척강(脊強)명-하다타 한방에서, 등골뼈가 뻣뻣하게 굳어져 몸을 뒤로 돌리지 못하는 병을 이르는 말.
척거(斥拒)명-하다타 물리치어 받아들이지 않음.
척거(擲去)명-하다타 던져서 내버림.
척결(剔抉)명-하다타 〔살을 도려내고 뼈를 발라낸다는 뜻으로〕 부정(不正)이나 폐단(弊端) 등의 뿌리를 파헤쳐 깨끗이 없앰. ¶공직자의 부정을 −하다.
척골(尺骨)명 자뼈
척골(脊骨)명 등골뼈
척골(瘠骨)명 '훼척골립(毁瘠骨立)'의 준말.
척골(蹠骨)명 발바닥을 이루는 다섯 개의 뼈. 발목뼈와 발가락뼈 사이에 있음. 부전골(跗前骨)
척관-법(尺貫法)[−뻡]명 길이의 단위를 척(尺), 넓이의 단위를 평(坪), 부피의 단위를 승(升), 무게의 단위를 관(貫)으로 하는 재래식 도량형법(度量衡法). ☞미터법
척당(戚黨)명 척속(戚屬)
척당불기(倜儻不羈)성구 뜻이 크고 능력이 뛰어나 남에게 매여 지내지 아니함을 이르는 말.
척도(尺度)명 ①길이를 재는 데 쓰는 기구. 자[1] ②길이. 치수 ③계량의 표준. 평가의 기준. ¶생활 수준의 −./국력의 −./미의 −.
척독(尺牘)명 지난날, 널빤지에 글을 적어 보낸 데서, '편지'를 이르던 말. 척서(尺書). 척소(尺素). 척저(尺楮)
척동(尺童)명 열 살 안짝의 어린아이. 소동(小童)
척락(拓落)명-하다자 낙척(落拓)
척량(尺量)명-하다타 물건을 자로 잼.
척량(脊梁)명 등골뼈
척량-골(脊梁骨)명 등골뼈
척량=산맥(脊梁山脈)명 어떤 지역에 등골뼈처럼 길게 이어져 분수계(分水界)가 되는 큰 산맥. 태백 산맥 따위.
척력(斥力)명 같은 성질의 전기나 자기를 지닌 두 물체 사이에 작용하는, 서로 물리치는 힘. ☞인력(引力)
척련(戚聯)명 척속(戚屬)
척릉(脊稜)명 산등성이
척리(戚里)명 임금의 내척(內戚)과 외척(外戚).
척말(戚末)대 성(姓)이 다른 친척 사이에서 자기를 낮추어 이르는 말. 척하(戚下)
척매(斥賣)명-하다타 물건을 헐값으로 마구 팖.
척박(瘠薄)어기 '척박(瘠薄)하다'의 어기(語基).
척박-하다(瘠薄−)형여 땅이 메마르다. ¶땅이 척박하여 소출이 적다.
척벌(陟罰)명-하다타 지난날, 상으로 관직을 높이거나 벌로 관직을 낮추던 일.
척보(隻步)명 반걸음
척분(戚分)명 척속(戚屬)이 되는 관계. 곧 이종(姨從)·고종(姑從)·내종(內從)·외종(外從) 등의 관계를 이름. 척의(戚誼)
척불(斥佛)명-하다자 불교를 물리침.
척사(斥邪)명-하다자 사기(邪氣)나 사교(邪敎)를 물리침.
척사(擲柶)명 윷놀이
척사-회(擲柶會)명 윷놀이를 위한 모임.
척사-희(擲柶戲)명 윷놀이
척삭(脊索)명 원삭동물과 척추동물의 발생 도중에 생기는, 막대 모양의 탄력 있는 지지 조직(支持組織). 등뼈에 해당하는 곳에 세로로 뻗어 있음. 물고기류 이상의 척추동물에서는 등뼈로 바뀌면서 없어짐.
척삭-동:물(脊索動物)명 평생 동안 척삭을 가지거나, 어릴 적에 척삭을 가지는 원삭동물과 척추동물을 통틀어 이르는 말.
척산척수(尺山尺水)성구 높은 곳에서 멀리 내려다볼 때, 조그맣게 보이는 산과 강을 이르는 말. 척산촌수
척산촌수(尺山寸水)성구 척산척수(尺山尺水)
척살(刺殺)명-하다타 칼 따위로 찔러 죽임. 자살(刺殺)
척살(擲殺)명-하다타 번쩍 들어 땅에 내리쳐서 죽임.
척색(脊索)명 척삭(脊索)
척색-동:물(脊索動物)명 척삭동물(脊索動物)
척서(尺書)명 척독(尺牘)
척서(滌暑)명-하다자 미역을 감거나 시원한 바람을 쐬거나 하여 더위를 씻어 버림.
척설(尺雪)명 한 자 가량 될 만큼 쌓인 눈. 잣눈[2] ☞장설
척소(尺素)명 척독(尺牘)
척속(戚屬)명 친족이 아닌 친척, 곧 외척과 처족(妻族). 척당(戚黨). 척련(戚聯)
척수(尺數)명 자로 잰 수치. ☞치수
척수(隻手)명 ①한쪽 손. 외손 ②매우 외로운 처지를 비유하여 이르는 말.
척수(脊髓)명 척추동물의 등골뼈 속에 있는, 뇌의 연수(延髓)와 이어진 하얀 끈 모양의 기관. 중추 신경계를 이루어 감각과 운동의 자극을 전달하고, 반사 기능을 맡음. 등골[1]
척수-막(脊髓膜)명 척수를 싸고 있는 결합 조직으로 된 피막(被膜).
척수=신경(脊髓神經)명 척수로부터 좌우로 갈라져 나온 말초 신경. 사람의 몸에는 서른 한 쌍이 있음.
척수-염(脊髓炎)명 척수에 생기는 염증.
척숙(戚叔)명 척속(戚屬) 사이에서 아저씨 뻘 되는 사람.
척식(拓植·拓殖)명-하다자 척지와 식민의 뜻으로, 황무지를 개척하여 그곳에 자리잡고 삶. ¶− 사업
척신(隻身)명 홀몸
척신(戚臣)명 임금과 척분(戚分)이 있는 신하.
척안(隻眼)명 ①애꾸눈이 ②뛰어난 안식(眼識).
척애(隻愛)명-하다타 짝사랑
척언(斥言)명 남을 배척하는 말.
척연(惕然)어기 '척연(惕然)하다'의 어기(語基).
척연(慼然)어기 '척연(戚然)하다'의 어기(語基).

ㅊ

척연-하다(惕然—)형여 불안하고 두렵다.
척연-히부 척연하게
척연-하다(慽然—)형여 근심스럽고 슬프다.
척연-히부 척연하게 ¶먼 하늘만 — 바라보다.
척영(隻影)명 외로운 그림자.
척의(戚誼)명 ①척속(戚屬) 사이의 정의. ②척분(戚分)
척일(隻日)명 ①홀수인 날. 기일(奇日) ②강일(剛日)
척저(尺楮)명 척독(尺牘)
척전(擲錢)명 동전 따위를 던져서 드러나는 앞뒤의 면을 보고 길흉을 점치는 일. 돈점
척제(戚弟)명 아우 뻘이 되는 척속(戚屬).
척제(滌除)명-하다타 씻어 없앰.
척종(戚從)대 주로 편지 글에서, 손아래 뻘인 척속(戚屬)에게 '자기'를 이르는 말.
척주(脊柱)명 등골뼈
척지(尺地)명 ①아주 가까운 땅. ②얼마 안 되는 조그마한 땅. 척토(尺土). 촌지(寸地). 촌토(寸土)
척지(尺紙)명 ①작은 종이. ②짧은 편지.
척지(拓地)명-하다자 땅을 개간함, 또는 그 땅. 척토(拓土)
척-지다(隻—)자 서로 원한을 품게 되다.
척질(戚姪)명 조카뻘이 되는 척속(戚屬).
척-짓다(隻—)(—짓고·—지어)자ㅅ 서로 원한을 품을만한 일을 만들다.
척창(隻窓)명 쪽창
척-척[1]부 물체가 찰기 있게 자꾸 들러붙는 모양을 나타내는 말. ¶젖은 옷이 몸에 — 들러붙다. ☞착착[1]
척척[2]부 ①하는 일이 막힘없이 시원스러운 모양을 나타내는 말. ¶문제를 — 맞추다./무슨 일이든지 — 해내다./모든 일이 — 해결되다. ②서로 어긋나지 않게 제대로 맞는 모양을 나타내는 말. ¶손발이 — 맞다./장단이 — 맞아떨어지다. ☞착착[2]
척척-박사(—博士)명 무엇이든지 묻는 대로 척척 대답해 내는 사람을 비유하여 이르는 말.
척척-하다형여 젖은 것이 살갗에 닿는 것 같은 습하고 찬 느낌이 있다. ¶비에 젖어 옷이 —./이마에 땀이 척척하게 내배다. ☞촉촉하다
척촉(躑躅)명 '철쭉'의 딴이름.
척촉-화(躑躅花)명 '철쭉꽃'의 딴이름.
척촌(尺寸)명 ①자와 치. ②얼마 안 되는 것. 하찮은 것. ¶—의 공을 이루다. 촌척(寸尺)

척추(脊椎)명 등골뼈
척추-골(脊椎骨)명 등골뼈 준 추골(椎骨)
척추-동:물(脊椎動物)명 동물계의 한 문(門). 몸은 좌우 상칭(左右相稱)이며, 지지 조직(支持組織)으로서 척추를 가진 동물을 통틀어 이르는 말. 어류·양서류·파충류·조류·포유류 등이 포함됨. 등뼈동물. 유척동물(有脊動物) ☞무척추동물. 편형동물(扁形動物)
척추-염(脊椎炎)명 척추 카리에스
척추=카리에스(脊椎caries)명 결핵으로 말미암아 척추골이 괴사(壞死)하는 병. 동통이 있고 운동이 제한되며, 진행되면 뼈가 파괴되어 고름이 생기고 지각 마비나 운동 마비가 일어나고 대소변의 배출이 어려워짐. 20세 전후의 연령층에 많이 생김. 척추염(脊椎炎)
척축(斥逐)명-하다타 물리쳐 쫓음.
척출(斥黜)명-하다타 관직을 빼앗고 내쫓음.
척출(剔出)명-하다타 도려내거나 후벼 냄.
척탄(擲彈)명 손으로 던지거나 소총으로 발사하거나 하는 근접 전투용의 소형 폭탄. 수류탄 따위.
척탄-병(擲彈兵)명 척탄통 따위를 휴대하고 척탄 발사를 맡은 병사.
척탄-통(擲彈筒)명 척탄을 발사하는 휴대용 소형 화기.
척토(尺土)명 척지(尺地)
척토(拓土)명-하다자 척지(拓地)
척토(瘠土)명 기름지지 못하고 메마른 땅.
척퇴(斥退)명-하다타 물리침.
척푼(∠隻分)명 '척푼척리(隻分隻厘)'의 준말.
척푼-척리(∠隻分隻厘)명 아주 적은 액수의 돈. 준 척푼
척하(戚下)대 척말(戚末)
척행(隻行)명-하다자 먼 길을 혼자서 떠남.
척형(戚兄)명 형 뻘이 되는 척속(戚屬).
척호성:명(斥呼姓名)성구 웃어른의 이름을 버릇없이 함부로 부름을 이르는 말.
척화(斥和)명-하다자 화의하거나 화친하자는 주장을 물리침.
척후(斥候)명 ①적의 상황이나 지형 따위를 살피는 일. ②'척후병(斥候兵)'의 준말.
척후-병(斥候兵)명 척후의 임무를 띤 병사. 준 척후
천:명 피륙
천(天)명 ①하늘 ②불교에서, 중생이 유전(流轉)하고 윤회(輪廻)하는 육도(六道) 가운데 최상부에 있다는 가장 고뇌가 적은 세계를 이르는 말.
천:(薦)명-하다타 추천하는 일. ¶적임자를 —하다.
천(千)수 수의 단위. 백(百)의 열 곱절. 만(萬)의 10분의 1.

한자 **일천 천**(千) 〔十部 1획〕 ¶천년(千年)/천리(千里)

천:가(賤家)명 천한 집안. ▷ 賤의 속자는 賎
천:가(賤價)[—까]명 아주 싼 값.
천간(天干)명 육십갑자(六十甲子)의 윗부분을 이루는 갑(甲)·을(乙)·병(丙)·정(丁)·무(戊)·기(己)·경(庚)·신(辛)·임(壬)·계(癸)를 이르는 말. ☞십간(十干)
천갈-궁(天蠍宮)명 황도 십이궁(黃道十二宮)의 여덟째 궁. 본디 십이 성좌(十二星座)의 전갈자리에 대응되었으나 세차(歲差) 때문에 지금은 서쪽의 저울자리로 옮아가 있음. ☞인마궁(人馬宮)
천개(天蓋)명 ①관(棺)을 덮는 뚜껑. 천판(天板) ②닫집
천객(千客)명 많은 손.
천:객(遷客)명 귀양살이하는 사람. 천인(遷人)
천객만:래(千客萬來)성구 많은 손이 끊이지 않고 찾아옴을 이르는 말.
천거(川渠)명 물의 근원이 멀지 않은 내.
천:거(薦擧)명-하다타 인재를 어떤 자리에 쓰도록 추천함. 거천(擧薦) ¶후임자를 —하다.

한자 **천거할 천**(薦) 〔艸部 13획〕 ¶공천(公薦)/천거(薦擧)/추천(推薦)

천겁(千劫)명 불교에서, 한없이 오랜 세월을 이르는 말. 영겁(永劫)
천:격(賤格)[—껵]명 ①천골(賤骨) ②낮고 천한 품격.
천:격-스럽다(賤格—)[—껵—](—스럽고·—스러워)형ㅂ 품격이 낮고 천한 느낌이 있다. ¶몸가짐이 천격스러워 보이다.
천격-스레부 천격스럽게
천:견(淺見)명 ①얕은 소견이나 식견. ②자신의 소견이나 식견을 겸손하게 이르는 말.
천:견-박식(淺見薄識)명 변변하지 못한 식견과 지식.
천경지위(天經地緯)성구 천지의 바른 도리라는 뜻으로, 천지를 법으로 삼아 나라를 다스림을 이르는 말.
천계(天戒)명 하늘의 경계. 신명(神明)의 가르침.
천계(天界)명 '천상계(天上界)'의 준말. ☞인계(人界)
천계(天啓)명 천지신명의 계시.
천고(千古)명 ①아주 오랜 옛날. 태고(太古) ¶—의 모습을 드러내다./—의 비밀을 안고 흐르는 강물. ②아주 오랜 세월 동안. ¶—에 씻지 못할 한./—에 길이 빛나다.
천고(天鼓)명 천상계(天上界)에서 울리는 북소리라는 뜻으로, '우레'를 이르는 말.
천고마:비(天高馬肥)성구 하늘은 맑게 개어 한결 높아 보이고, 말은 식욕이 왕성해져 살이 찌게 되는 가을이라는 뜻으로, 맑게 갠 가을철을 이르는 말. 추고마비

▶'천고마비'의 고사(故事)
중국 전한(前漢)의 조광국(趙光國)이 가을 하늘이 높고 맑게 개고 말이 살찔 철이 되면 북방의 흉노(匈奴)가 한나라로 쳐들어올 생각을 하고 있을 것이라고 예상한 일에서 유래한 말이다.

천고만:난(千苦萬難)성구 천 가지의 괴로움과 만 가지의 어려움이라는 뜻으로, 갖은 고생과 고난을 이르는 말. 천난만고(千難萬苦) ☞천신만고(千辛萬苦)

천고불후(千古不朽)성구 영원히 전해져 없어지지 않음을 이르는 말.

천곡(川谷)명 내와 골짜기. 하천과 계곡.

천곡(天穀)명 대종교(大倧敎)에서, 신자들이 끼니마다 먹는 쌀을 이르는 말.

천:골(賤骨)명 ①비천하게 생긴 골격. 천격(賤格) ☞귀골(貴骨) ②비천하게 생긴 사람.

천:골(薦骨)명 엉치등뼈

천공(天工)명 ①하늘의 조화로 자연히 이루어진 묘한 재주. 천공(天功). 화공(化工) ②자연의 조화.

천공(天公)명 하느님. 천제(天帝)

천공(天功)명 천공(天工)

천공(天空)명 하늘

천:공(穿孔)명-하다자타 ①구멍을 뚫음. 착공(鑿孔) ②궤양 따위의 병으로 위벽이나 복막 따위에 구멍이 생김, 또는 그 구멍.

천:공(賤工)명 천한 일을 하는 장인(匠人).

천:공-기(穿孔機)명 ①공작물 따위에 구멍을 뚫는 기계. ②컴퓨터에 쓰이는 카드나 테이프 따위에, 부호화된 정보대로 구멍을 뚫는 기계. 키펀치(keypunch)

천:공-판(穿孔板)명 극피동물의 등에 있는 석회성(石灰性)의 작은 기관. 가는 구멍이 있으며, 이 구멍으로 물을 들이고 내고 함.

천공해:활(天空海闊)성구 하늘과 바다가 넓게 탁 트였다는 뜻으로, 도량이 크고 넓음을 비유하여 이르는 말.

천곽(天廓)명 눈의 흰자위.

천관(天官)명 조선 시대, '이조(吏曹)' 또는 '이조 판서'를 달리 이르던 말.

천광(天光)명 맑게 갠 하늘의 빛깔. ☞천색(天色)

천구(天狗)명 천구성(天狗星)

천구(天球)명 지구상의 관측자를 중심으로 하는 반지름 무한대의 가상의 구면(球面). 모든 천체가 이 구면 위에 놓여 있다고 생각하는 것임.

천:구(賤軀)명 천한 몸뚱이라는 뜻으로, 자기의 몸을 겸손하게 이르는 말.

천구-성(天狗星)명 지난날, 큰 유성(流星)이나 혜성(彗星)을 달리 이르던 말. 천구(天狗)

천구-의(天球儀)명 구면(球面) 위에 항성, 별자리, 적도, 황도, 적경(赤經), 적위(赤緯) 따위를 나타낸 모형. ☞지구의(地球儀)

천구=좌:표(天球座標)명 천구 위에 있는 천체의 위치를 나타내기 위한 좌표. 적도 좌표, 황도 좌표, 지평 좌표, 은하 좌표 따위가 있음. 천문 좌표(天文座標). 천체 좌표(天體座標)

천국(天國)명 ①크리스트교에서, 하느님으로부터 영원한 축복을 받는다는 천상의 이상 세계. 하늘나라. 천당(天堂) ☞지옥(地獄) ②이상적인 세계. 곧 고난이 없는 이상적인 곳이나 환경을 비유하여 이르는 말. ¶어린이의 －./보행자의 －./산새들의 －.

천군(天君)명 ①사람의 마음. ②삼한(三韓) 때, 제사의 의식을 주관하던 이.

천군-만:마(千軍萬馬)명 아주 많은 군사와 군마. 천병만마(千兵萬馬)

천궁(川芎)명 ①미나릿과의 여러해살이풀. 줄기 높이는 30～60cm. 잎은 깃꼴 겹잎이며 어긋맞게 남. 가을에 흰빛의 잔 꽃이 피며 열매는 맺지 않음. 뿌리줄기는 강한 향기가 있고 한방에서 진통제, 강장제, 진정제 등으로 쓰임. 중국 원산으로 우리 나라 각지에서 약용 식물로 재배함. ②한방에서, 천궁 또는 궁궁이의 뿌리줄기를 약재로 이르는 말.

천궁(天弓)명 '무지개'를 달리 이르는 말. 제궁(帝弓). 채홍(彩虹)

천권(天權)명 북두칠성의 하나. 국자 모양의 자루 쪽에서 넷째 별. ☞천기(天機)

천:권(擅權)명-하다자 제멋대로 권력을 휘두름.

천극(天極)명 ①지축(地軸)의 연장선과 천구(天球)가 만나는 점, 곧 천구의 남극과 북극을 이르는 말. ②북극성(北極星)

천극(栫棘)명 ①-하다자 가난한 사람이 옷이 없어서 밖에 나가지 못함을 이르는 말. ②지난날, 귀양살이하는 죄인의 거처를 가시나무로 둘러쳐서, 외부와 왕래를 못하게 하던 일. 가극(加棘)

천:극(踐極)명-하다자 천조(踐祚)

천근(千斤)명 매우 무거움을 이르는 말. ¶－이라도 되는 듯 꼼짝도 않는다.

천근(과) 같다관용 몸이나 마음이 매우 무겁다. ¶종일 나무를 심었더니 몸이 －.

천근(天根)명 하늘의 맨 끝.

천:근(茜根)명 한방에서, 꼭두서니의 뿌리를 약재로 이르는 말. 혈증(血症)을 다스리는 데에 쓰임.

천:근(淺近)어기 '천근(淺近)하다'의 어기(語基).

천근-역사(千斤力士)[-녁-]명 천 근을 들어올릴만 한 장사라는 뜻으로, 힘이 매우 센 사람을 이르는 말.

천:근-하다(淺近-)형여 지식이나 생각이 천박하고 얕다.

천금(千金)명 ①많은 돈이나 매우 큰 값. ¶－과도 바꿀 수 없는 목숨./－을 준다 해도 싫다. ②매우 중요한 것을 비유하여 이르는 말. ¶몸을 －으로 알다./－ 같은 시간./－ 같은 절개.

천금(天衾)명 송장을 관에 넣고 덮는 이불. 그 위에 뚜껑을 덮음.

천금연낙(千金然諾)성구 천금과 같은 무게 있는 허락이라는 뜻으로, 결코 어길 수 없는 허락을 이르는 말.

천:급(喘急)명 한방에서, 심한 천식을 이르는 말.

천기(天氣)명 ①하늘의 기운. ②건상(乾象) ③날씨. 일기. 천후(天候)

천기(天璣)명 북두칠성의 하나. 국자 모양의 머리 쪽에서 셋째 별. ☞천선(天璇)

천기(天機)명 ①하늘의 뜻, 곧 조화의 비밀. ②임금의 지위. ③중대한 기밀. ¶－를 누설하다. ④타고난 재능.

천:기(喘氣)명 천식 기운이 있는 증세.

천:기(賤技)명 천한 재주.

천:기(賤妓)명 천한 기생.

천기-누:설(天機漏泄)명 중대한 기밀이 새어 나가거나 새어 나가게 함을 이르는 말.

천기-도(天氣圖)명 일기 예보의 기본이 되는 지도. 넓은 지역에서 같은 시각에 관측된 기압, 기온, 풍향, 풍력 따위를 기호로 나타내고, 등압선(等壓線)과 전선(前線) 따위를 적어 넣은 지도.

×**천나이**명 →길쌈

천난만:고(千難萬苦)성구 천고만난(千苦萬難)

천남-성(天南星)명 ①천남성과의 여러해살이풀. 줄기 높이는 30～60cm. 줄기에는 한 개의 잎이 달리는데 잎은 5～11갈래로 갈라져 있음. 암수딴그루. 꽃은 5～7월에 피고 열매는 옥수수 모양의 장과(漿果)로 붉게 익음. 산지 나무 그늘의 습한 곳에서 자람. 두여머조자기 ②한방에서, 천남성의 뿌리줄기를 약재로 이르는 말. 담, 기침, 중풍 등에 쓰임.

천냥(千兩)명 매우 많은 돈을 이르는 말.

속담 **천냥 빚도 말로 갚는다** : 세상살이에서는 말솜씨가 아주 중요하다는 말. 〔말만 잘하면 천냥 빚도 가린다〕/**천냥 시주(施主) 말고 애매한 소리 말라** : 많은 돈을 주려고 하지 말고, 애먼 소리나 하지 말라는 말./**천냥 잃고 조리 결기** : 이것저것 하다가는 밑천 다 털어먹고 조리 장사밖에 할 수 없는 신세가 되는 것이니, 하던 직업을 버리지 말고 끝까지 꾸준히 해 나가라는 말.

천녀(天女)명 ①직녀성(織女星) ②불교에서, 천상계에 살며 하늘을 날아다닌다는 선녀를 이르는 말. 비천(飛天). 천인(天人) ③더없이 아름다운 여성을 비유하여 이르는 말. ¶－의 춤.

천:녀(賤女)명 신분이 낮은 여자.

천녀-손(天女孫)명 직녀성(織女星)

ㅊ

천년(千年)명 썩 오랜 세월을 이르는 말. ¶ ―의 고도 경주. /어느 ―에 큰 꿈을 다 이룰지.
천년(天年)명 천명(天命)
천년-만:년(千年萬年)명 썩 오랜 세월.
천년일청(千年一淸)성구 중국의 황하(黃河)가 천 년에 한 번 맑아진다는 뜻으로, 있을 수 없는 일을 기대함을 이르는 말. ☞백년하청(百年河淸)
천념(千念)명 1,800개의 구슬을 꿴 긴 염주(念珠).
천노(天怒)명 ①하늘의 노여움. 폭풍이나 질뢰(疾雷) 따위를 이르는 말. ②임금의 노여움.
천:노(賤奴)명 비천한 종.
천:단(擅斷)명-하다타 혼자만의 생각으로 제멋대로 일을 결정하고 처리함.
천:단(淺短)어기 '천단(淺短)하다'의 어기(語基).
천:단-하다(淺短―)형여 학문이나 식견 따위가 얕고 짧다. ¶천단한 식견.
천:답(踐踏)명-하다타 발로 짓밟음.
천당(天堂)명 사람이 죽은 뒤에 영혼이 가서 산다는 아름답고 즐거운 곳. 불교의 '극락정토(極樂淨土)', 크리스트교의 '천국(天國)' 같은 곳. ☞지옥(地獄)
  천당(에) 가다 관용 '죽다'를 속되게 이르는 말. ¶하마터면 천당에 갈뻔 했다. /너 정말 천당에 가고 싶으냐?
천:대(遷代)명-하다자 대가 바뀜.
천:대(賤待)명-하다타 ①업신여겨서 푸대접함. ¶갖은 ―를 받다. ②함부로 다룸. ¶사람들의 무관심으로 좋은 시설이 ― 받고 있다.
천:더-기(賤―)명 천덕꾸러기
천덕(天德)명 ①만물을 자라게 하는 하늘의 덕. ②임금의 은덕. ③민속에서, 길일(吉日)과 길한 방위를 이르는 말.
천:덕-구니(賤―)[―꾸―]명 천덕꾸러기
천:덕-꾸러기(賤―)명 남에게 천대를 받는 사람. 천더기. 천덕구니 ¶―로 자라다. /― 신세
천덕-사은(天德師恩)명 하늘의 덕과 스승의 은혜.
천:덕-스럽다(賤―)(―스럽고·―스러워)형ㅂ 보기에 품격이 낮고 야비한 데가 있다. ¶천덕스러운 말을 하다.
  천덕-스레 부 천덕스럽게
천덕-왕도(天德王道)명 하늘의 덕과 임금의 도리.
천덩-거리다(대다)자 끈끈한 액체가 길게 처져 내리다가 뚝뚝 떨어지다.

천덩-천덩부 천덩거리는 모양을 나타내는 말.
천도(天桃)명 선가(仙家)에서, 천상에 있다는 복숭아.
천도(天道)명 ①천지 자연의 도리. ②불교에서 이르는 육도(六道)의 하나. 천상의 세계. 곧 욕계, 색계, 무색계를 통틀어 이르는 말. ③천체가 운행하는 길.
천:도(遷都)명-하다자 도읍을 옮김.
천:도(薦度)명-하다타 불교에서, 죽은 이의 넋을 극락정토(極樂淨土)로 인도하는 일, 또는 그것을 비는 불사. 천령(薦靈)
천도-교(天道敎)명 수운(水雲) 최제우(崔濟愚)를 교조(敎祖)로 하는 종교. 인내천(人乃天)의 사상을 바탕으로 함. 동학(東學). 동학교(東學敎)
천도무친(天道無親)성구 천도는 공정하여 어느 편으로도 치우침이 없음을 이르는 말.
천동(天動)명 '천둥'의 원말.
천동(天童)명 불교에서, 동자의 모습으로 이 세상에 나타난다는 천인(天人)을 이르는 말.
천:동(遷動)명-하다타 움직여서 옮김. 천사(遷徙)
천동-대:신(天動大神)명 무속에서, 천둥을 몰아온다는 무서운 귀신을 이르는 말.
천동-설(天動說)명 지구가 우주의 중심에 정지하여 있고, 다른 모든 천체가 지구의 둘레를 돌고 있다는 설. 16세기경까지 세계적으로 믿어 왔음. ☞지동설(地動說)
천둥(∠天動)명 우레. 뇌정(雷霆) 원천동(天動)
  속담 **천둥에 개 뛰어들듯** : 놀라 어쩔 줄 모르고 허둥거리는 모습을 이르는 말. /**천둥인지 지둥인지 모르겠다** : 무엇이 어찌 된 것인지 도무지 분간할 수 없음을 이르는 말.

한자 천둥 뢰(雷) 〔雨部 5획〕 ¶뇌성(雷聲)/뇌신(雷神)/뇌우(雷雨)/뇌진(雷震)/천뢰(天雷)

천둥-벌거숭이(∠天動―)명 철없이 무서운 줄 모르고 함부로 덤벙거리는 사람을 이르는 말.
천둥-소리(∠天動―)명 천둥이 칠 때 나는 소리. 뇌성(雷聲). 우렛소리
천둥-지기(∠天動―)명 천수답(天水畓)
천라지망(天羅地網)성구 하늘과 땅에 빈틈없이 친 그물이라는 뜻으로, 아무리 발버둥이쳐도 벗어나기 힘든 경계망이나 피할 수 없는 재액을 이르는 말.
천락-수(天落水)명 하늘에서 떨어지는 물, 곧 '빗물'을 이르는 말.
천람(天覽)명-하다타 임금이 봄. 어람(御覽)
천랑-성(天狼星)명 큰개자리의 수성(首星)인 시리우스(Sirius)를 이르는 말. 하늘에서 가장 밝음.
천래(天來)명 〔'천래의'의 꼴로 쓰이어〕 선천적인 것, 또는 사람의 솜씨라고는 생각할 수 없을 만큼 뛰어난 것. ¶―의 성격. /―의 낙천가. /―의 묘기(妙技).
천:량(∠錢糧)명 돈과 양식, 곧 재산을 이르는 말. ¶―이 넉넉하다. /아버지가 남긴 ―을 다 없애다.
천려(千慮)명 여러 모로 마음을 쓰는 일.
천려(天慮)명 임금의 염려(念慮).
천:려(淺慮) 어기 '천려(淺慮)하다'의 어기(語基).
천려일득(千慮一得)[―뜩]성구 어리석은 사람이라도 많은 생각을 하다 보면 한 가지쯤 좋은 생각을 할 수도 있다는 말. ☞천려일실(千慮一失)
천려일실(千慮一失)[―씰]성구 지혜로운 사람이라도 많은 생각 중에는 한 가지쯤 실책이 있게 마련이라는 말. ☞천려일득(千慮一得)
천:려-하다(淺慮―)형여 생각이 얕다.
천렵(川獵)명-하다자 냇물에서 고기를 잡는 일.
천:령(薦靈)명-하다타 천도(薦度)
천로(天路)명 가톨릭에서, 천당으로 간다는 길.
천록(天祿)명 하늘이 내리는 행복. 하늘의 혜택.
천뢰(天雷)명 우레
천뢰(天籟)명 천연이나 자연의 소리. 바람이 나무를 스쳐 지나가면서 내는 소리 따위. ☞지뢰(地籟)
천:루(淺陋)어기 '천루(淺陋)하다'의 어기(語基).
천:루(賤陋)어기 '천루(賤陋)하다'의 어기(語基).
천:루-하다(淺陋―)형여 천박하고 고루하다.
천:루-하다(賤陋―)형여 천하고 누추하다.
천륜(天倫)명 부자나 형제 사이의 변하지 않는 떳떳한 도리. ¶―을 어기다.
천:릉(遷陵)명-하다자 능을 다른 곳으로 옮김. 천산릉(遷山陵)
천:릉=도감(遷陵都監)명 조선 시대, 능을 옮기는 일을 맡아보던 임시 관아.
천리(千里)명 십 리의 백 곱절로 썩 먼 거리를 이르는 말. ¶― 타향(他鄕)/― 길도 마다 않다.
  속담 **천리 길도 한 걸음부터** : 무슨 일이나 그 시작이 중요하다는 말.
천리(天理)명 모든 것에 통하는 자연의 도리. ¶―에 어긋나다. /―를 거역하다.
천:리(踐履)명-하다타 몸소 실천함.
천리-건곤(千里乾坤)명 드넓은 하늘과 땅.
천리-경(千里鏡)명 망원경(望遠鏡)
천리-구(千里駒)명 ①천리마(千里馬) ②유능한 젊은 인재를 비유하여 이르는 말.
천리-다(千里茶)명 백복령(白茯苓)·하수오(何首烏)·갈근(葛根)·오매육(烏梅肉)·박하·감초 등의 가루를 꿀에 반죽하여 만드는 약. 먼 길을 갈 때 갈증을 덜기 위하여 먹음.
천리동풍(千里同風)성구 멀리 떨어진 지방에도 같은 바람이 분다는 뜻으로, 세상이 잘 다스려지고 있음을 이르는 말.
천리-마(千里馬)명 하루에 천리를 달릴 수 있다는 뛰어난 말. 천리구(千里駒)

속담 천리마 꼬리에 쉬파리 따라가듯 : 쉬파리가 천리마 꼬리에 붙어서 먼 곳까지 간다는 것이니, 노력하지 않고 남에게 기대어 살아감을 이르는 말.

천리-만:리(千里萬里)명 썩 먼 거리. ¶ - 먼 땅./- 달아나다. 준천만리(千萬里)

천리비:린(千里比隣)성구 천리나 되는 먼 곳도 가까운 이웃 같다는 뜻으로, 교통이 매우 편리함을 이르는 말.

천리-수(千里水)명 장류수(長流水)

천리-안(千里眼)명 천리 밖을 보는 눈이라는 뜻으로, 먼 데서 일어난 일이나 앞날의 일, 숨겨져 있는 것 따위를 꿰뚫어 보는 능력, 또는 그런 능력을 가진 사람을 이르는 말.

천리-포(千里脯)명 짐승의 고기를 술·초·소금에 하루쯤 재웠다가 삶아서 말린 반찬.

천리행룡(千里行龍)성구 풍수지리설에서, 산맥이 솟았다 낮아졌다 하며 힘차게 멀리 뻗어 나감을 이르는 말.

천마(天馬)명 ①천상계에 산다는 천제(天帝)가 타는 말. ②썩 잘 달리는 뛰어난 말. 준마(駿馬)

천마(天麻)명 난초과의 여러해살이풀. 줄기가 곧게 서며 줄기 높이는 1m 안팎임. 보통 잎은 없고 어두운 빛깔의 비늘잎이 군데군데 달림. 초여름에 황갈색의 꽃이 수상(穗狀) 꽃차례로 피며 열매는 길둥근 삭과(蒴果)임. 깊은 숲 속에 자람. 뿌리줄기는 한방에서 두통이나 어지럼증 따위에 약재로 쓰임.

천마(天魔)명 불교에서 이르는 사마(四魔)의 하나. 욕계(欲界) 제육천(第六天)에 산다는 마왕인 파순(波旬)과 그 권속(眷屬)을 이름.

천막(天幕)명 비바람이나 햇볕 따위를 막으려고 치는 든든한 천으로 된 막, 또는 막사(幕舍). 텐트(tent)

천만(千萬)명 ①천이나 만이라는 뜻으로, 아주 많은 수효를 이르는 말. ¶ -의 적이 온다 해도 두려울 것 없다. ②일부 명사 다음에 쓰이어, '이를 데 없음' 또는 '짝이 없음'의 뜻을 나타냄. ¶ 일이 그리 되다니 유감 -일세. ☞위험 천만(危險千萬)

부 아주. 매우. 전혀 ¶ 이렇듯 생각해 주셔서 - 감사합니다./일이 그리 될 줄이야 - 생각지도 못했다.

천만의 말씀관용 '공연한 말', '당치않은 말'이라는 뜻으로, 남의 칭찬에 대하여 겸양할 때나 상대편의 말을 강하게 부정할 때 쓰는 말. ¶ -, 내가 뭘 한 게 있다고….

천:만(喘滿)명-하다자 숨이 차서 가슴이 벌떡거림.

천만(千萬)수 만의 천 곱절. 억의 10분의 1. ¶ 인구 -의 대도시./-을 헤아리다.

천만-고(千萬古)명 아주 먼 옛날을 이르는 말.

천만-금(千萬金)명 아주 많은 돈. ¶ -으로도 살 수 없는 목숨.

천만-년(千萬年)명 아주 오랜 세월을 이르는 말. 천만세(千萬歲) ¶ -이 걸려도 해내겠다.

천만-다행(千萬多幸)명 아주 다행함. 만만다행(萬萬多幸) ¶ 무사했다니 -일세.

천만-대(千萬代)명 천만세(千萬世)

천만-뜻밖(千萬-)[-뜯-]명 아주 생각 밖. 천만몽외(千萬夢外). 천만의외(千萬意外) ¶ 그가 나를 찾다니 -이다./-의 일이 벌어지다.

천만-리(千萬里)명 '천리만리(千里萬里)'의 준말.

천만-몽:외(千萬夢外)명 천만뜻밖

천만-번(千萬番)명 아주 많은 번수. ¶ - 잘한 일./-을 후회해도 소용이 없다.

천만부당(千萬不當)성구 천부당만부당(千不當萬不當)

천만불가(千萬不可)성구 전혀 옳지 않음을 이르는 말. 만만불가(萬萬不可)

천만-사(千萬事)명 아주 많은 일. 온갖 일. 만사(萬事)

천만-세(千萬世)명 아주 오랜 동안 이어지는 세대(世代). 천만대(千萬代)

천만-세(千萬歲)명 천만년(千萬年)

천만-에(千萬-)감 전혀 그렇지 않다는 뜻으로, 상대편의 말을 힘주어 부정하거나, 겸양의 뜻을 나타낼 때 하는 말. ¶ 그가 오지 않을 거라고? -, 그는 반드시 돌아올 거야./실력이 대단하십니다. -, 과찬일세.

천만-의:외(千萬意外)명 천만뜻밖

천만-층(千萬層)명 '천층만층(千層萬層)'의 준말.

천만-파(千萬波)명 '천파만파(千波萬波)'의 준말.

천말(天末)명 천제(天際)

천:망(薦望)명-하다타 지난날, 임금에게 관원을 천거하던 일. 준망(望)

천매-암(千枚岩)명 변성암의 한 가지. 초록이나 회갈색의 윤이 나고, 얇은 잎 모양으로 벗겨지는 성질이 있음. 주성분은 석영·견운모(絹雲母)·흑운모(黑雲母)·녹니석(綠泥石) 따위로 이루어짐.

천맥(阡陌)명 ①밭 사이의 길. 남북으로 난 것을 '천(阡)', 동서로 난 것을 '맥(陌)'이라고 함. ②산기슭이나 밭두둑.

천맥(泉脈)명 땅 속에 있는 샘 줄기.

천명(天命)명 ①타고난 수명. 천수(天壽) ☞비명(非命) ②하늘의 명령. ③임금의 명령. 대명(大命)

천명(天明)명 날이 밝을 무렵.

천:명(賤名)명 ①천한 이름이라는 뜻으로, 자기의 이름을 겸손하게 이르는 말. ②명이 길고 복을 받게 된다는 믿음에서, 어린아이에게 따로 지어 주는 '개똥이'·'돼지' 따위의 천덕스러운 이름. ▷賤의 속자는 賎

천:명(擅名)명-하다자 명성을 들날림.

천:명(闡明)명-하다타 도리나 의의·처지 따위를 분명하게 밝힘. ¶ 두 당(黨)의 합당 방침을 -하다.

천:목(薦目)명 사람을 천거하는 데 필요한 명목. 치적·문학·재능·효렴(孝廉) 따위.

천:묘(遷墓)명-하다자 무덤을 다른 데로 옮김. 천장(遷葬)

천무음우(天無淫雨)성구 하늘에서 궂은 비가 내리지 않는다는 뜻으로, 나라가 화평하고 세월이 태평함을 비유하여 이르는 말.

천무이:일(天無二日)성구 하늘에 해가 둘일 수 없다는 뜻으로, 나라에는 임금이 하나임을 비유하여 이르는 말.

천문(天文)명 ①천체에서 일어나는 온갖 현상. ②'천문학(天文學)'의 준말. ③하늘에서 일어나는 갖가지 현상을 보고 길흉을 점치는 일, 또는 그 술법.

천문(天門)명 ①천제(天帝)가 산다는 궁궐의 문, 또는 하늘로 오르는 들머리에 있다는 문. ②대궐의 문. ③'콧구멍'을 달리 이르는 말.

천문(泉門)명 신생아 때부터 유아기에 걸쳐 두개골의 접합부에 덮여 있는 섬유성 막. 태아의 머리가 산도를 잘 빠져 나가도록 머리를 변형시켜 줌.

천:문(淺聞)명 얕은 견문이나 견해. ▷淺의 속자는 浅

천:문(薦聞)명-하다자 인물을 천거하여 임금에게 아룀.

천문-대(天文臺)명 천체 관측 기기를 설치하여 천체나 우주의 관측과 연구를 하는 시설.

천문-도(天文圖)명 천체의 위치와 운행을 나타낸 그림. ☞성도(星圖)

천문동(天門冬)명 백합과의 여러해살이풀. 바닷가에 자라는데, 줄기는 덩굴 모양이며, 잎은 퇴화하여 비늘 모양임. 초록의 가는 가지에 연노랑의 잔 꽃이 핌. 굵은 뿌리는 한방에서 소갈증 등에 약재로 쓰임.

천문-만:호(千門萬戶)명 ①문이 많다는 뜻으로, '대궐'을 달리 이르는 말. ②매우 많은 집을 이르는 말.

천문-시(天文時)명 천체의 위치 관측에 바탕을 둔 시법(時法)을 통틀어 이르는 말. 항성시(恒星時)·태양시(太陽時)·역표시(曆表時) 따위. ☞상용시. 원자시

천문=역수(天文曆數)[-녁-]명 천문과 역수.

천문-조(天文潮)명 달이나 태양 등의 인력으로 말미암아 일어나는 조석(潮汐). 천체조(天體潮) ☞기상조

천문=좌:표(天文座標)명 천구 좌표(天球座標)

천문=천정(天文天頂)명 천정(天頂)

천문-학(天文學)명 우주의 구조, 천체의 현상·운행, 다른 천체와의 거리 및 관계 등을 연구하는 학문. 준천문

천문학-적(天文學的)명 ①천문학에서 다루는 것. ②숫자가 엄청나게 많은 것. ¶ - 비용이 들다./-인 숫자.

천문=항:법(天文航法)[-뻡]명 천체의 수평선상의 고도

를 관측하여 선박이나 비행기 등의 위치를 알아내는 방법. 측천법(測天法) ☞추측 항법(推測航法)
천:민(賤民)명 지체가 낮은 백성.
천:민=문학(賤民文學)명 천민의 생활 상태를 소재로 한 문학, 또는 품위가 낮은 문학.
천:박(舛駁)어기 '천박(舛駁)하다'의 어기(語基).
천:박(淺薄)어기 '천박(淺薄)하다'의 어기(語基).
천박-하다(舛駁-)형여 마구 뒤섞여서 고르지 못하거나 어수선하여 바르지 못하다. 천잡하다
천:박-하다(淺薄-)형여 ①지식이나 생각 따위가 얕다. ¶천박한 지식. ②말이나 하는 짓이 상스럽다. ¶천박하게 말하다./천박한 행동.
천:발(薦拔)명-하다자 인재를 추천하여 선발함.
천방(千方)명 온갖 방법. 백방(百方)
천방백계(千方百計)성구 천 가지 방책과 백 가지 계략이라는 뜻으로, 온갖 계책이나 꾀를 이르는 말.
천방지방(天方地方)성구 천방지축(天方地軸)
천방지축(天方地軸)성구 ①못난 사람이 종작없이 덤벙댐을 이르는 말. ②너무 급해서 정신없이 허둥지둥 날뛰는 모양을 이르는 말. 천방지방(天方地方)
천벌(天伐)명 ①벼락이 치는 일. ②벼락에 맞아 죽는 일.
천벌(天罰)명 하늘이 내린다는 벌. 천주(天誅). 천형(天刑) ¶-을 받다.
천변(川邊)명 내의 가장자리 부근의 땅. 냇가
천변(千變)명-하다자 여러 가지로 변함.
천변(天邊)명 하늘의 가.
천변(天變)명 하늘에서 일어나는 큰 변화. 일식·월식·폭풍 따위. ☞지변(地變)
천변만:화(千變萬化)성구 천만 가지로 끊임없이 변화함을 이르는 말. ☞만화(萬化)
천변지이(天變地異)성구 하늘의 변동과 땅의 변이라는 뜻으로, 자연계의 온갖 이변(異變)을 이르는 말.
천병(天兵)명 고대 중국에서, 천자(天子)의 군사를 제후의 나라에서 이르던 말.
천병-만:마(千兵萬馬)명 천군만마(千軍萬馬)
천:-보(賤-)[-뽀]명 비천하고 누추한 본새나 버릇, 또는 그런 본새나 버릇을 가진 사람.
천보(天步)명 ①천체의 운행. ②한 나라의 운명.
천보-총(千步銃)명 1725년(조선 영조 1)에 박영준(朴永準)이 개발한 총. 사정 거리가 천 걸음에 이르렀다고 함.
천복(天福)명 하늘이 내려 준다는 복.
천봉(千峰)명 수많은 봉우리.
천봉-만악(千峰萬嶽)명 높고 낮은 수많은 산봉우리.
천봉-만학(千峰萬壑)명 첩첩이 겹쳐진 수많은 골짜기와 봉우리. 만학천봉(萬壑千峰). 천산만학(千山萬壑)
천부(天府)명 ①천연의 요새. ②'천부지토(天府之土)'의 준말.
천부(天賦)명-하다타 ①하늘이 줌. ¶- 인권 ②선천적으로 타고남. ¶-의 능력.
천:부(賤夫)명 신분이 낮은 남자.
천:부(賤婦)명 신분이 낮은 여자.
천부경(天符經)명 대종교의 삼대 경전의 하나. 환웅이 천부인(天符印)을 가지고 세상에 내려와 만민(萬民)을 교화할 때, 우주 창조의 원리를 풀이하였다는 경전임. 신라 시대 말기에 최치원이 여든한 자의 한문으로 번역한 내용이 전함. ☞삼일신고(三一神誥)
천부당만:부당(千不當萬不當)성구 '천 번 만 번 부당함'의 뜻으로, 몹시 부당함을 이르는 말. 만만부당(萬萬不當) 만부당천부당(萬不當千不當). 천만부당(千萬不當) ¶-한 말씀./-한 생각.
천부-설(天賦說)명 사람의 성질이나 능력 따위가 선천적으로 타고나는 것이라고 보는 견해. 선천설
천부-인(天符印)명 단군 왕검(檀君王儉)이 천자의 자리에 오를 때 환웅으로부터 받았다는 세 가지 신표(信標). '삼국유사' 단군(檀君) 기록에 전함.
천부=인권(天賦人權)[-꿘]명 인간이 태어날 때부터 자연적으로 가지는 권리. 자연권(自然權)
천부=인권설(天賦人權說)[-꿘-]명 모든 인간은 태어나면서부터 자유와 평등을 누릴 권리가 있다는 학설. 18세기의 계몽 사상가들이 제창하였음.
천부-적(天賦的)명 타고난 것. ¶음악에 -인 재능.
천부지토(天府之土)성구 하늘의 곳간과 같은 땅이라는 뜻에서, 흙이 기름져 생산물이 많이 나는 땅을 이르는 말. 준천부(天府)
천분(天分)명 타고난 재질이나 분복(分福).
천분-비(千分比)명 천분율(千分率)
천분-율(千分率)[-뉼]명 전체의 수나 양을 1,000으로 할 때, 어떤 수나 양을 1,000분의 1을 단위로 하여 나타내는 비율. 천분비(千分比). 기호는 ‰ ☞백분율(百分率)
천불(千佛)명 과거·현재·미래의 삼겁(三劫)에 각각 나타난다고 하는 일천의 부처. 특히 현겁(現劫)의 천의 부처를 이르며 석가는 그 넷째라 함.
천붕지탁(天崩地坼)성구 하늘이 무너지고 땅이 갈라진다는 뜻으로, '큰 변동'이나 '큰 사변', 또는 '매우 큰 소리'를 비유하여 이르는 말. 천붕지탑(天崩地塌)
천붕지탑(天崩地塌)성구 천붕지탁(天崩地坼)
천붕지통(天崩之痛)성구 하늘이 무너지는듯 한 슬픔이라는 뜻으로, 임금이나 아버지의 상사(喪事)를 당한 슬픔을 비유하여 이르는 말.
천:비(賤婢)명 신분이 천한 계집종.
천사(天使)명 ①고대 중국에서, 천자(天子)의 사신을 이르던 말. ②크리스트교 등에서, 신과 인간의 중개자로서 신의 뜻을 인간에게 전하고 인간의 기원(祈願)을 신에게 전한다는 존재를 이르는 말. ③마음씨가 곱고 선량한 사람을 비유하여 이르는 말. ¶백의(白衣)의 -.
천:사(遷徙)명-하다타 옮겨서 옮김. 천동(遷動)
천사만:고(千思萬考)성구 여러 가지로 생각하는 일, 또는 그 생각을 이르는 말. 천사만념(千思萬念)
천사만:념(千思萬念)성구 천사만고(千思萬考)
천사만:량(千思萬量)성구 여러 가지로 생각하고 헤아림을 이르는 말.
천사만:려(千思萬慮)성구 여러 가지의 생각과 걱정을 이르는 말.
천사-문:답(天師問答)명 천도교에서, 교조 최제우(崔濟愚)가 한울님과 직접 영감(靈感)으로 문답하였다는 사실을 이르는 말.
천-사슬(天-)명 속임수를 쓰지 않고 저절로 되어가는 대로 내맡겨 두는 일.
천사-옥대(天賜玉帶)명 신라의 세 가지 보배 가운데 하나. 진평왕이 하늘로부터 받았다는 띠. 성대(聖帶)
천산(天山)명 대종교에서, '백두산'을 이르는 말.
천산(天產)명 ①천연으로 남. ②'천산물(天產物)'의 준말.
천:산갑(穿山甲)명 천산갑과의 짐승. 몸집은 고양이만 하고 온몸은 털이 변화한 비늘로 덮여 있으며, 적을 만나면 몸을 둥글게 웅크림. 이빨이 없고 긴 혀로 개미를 잡아먹고 삶. 한방에서 껍질을 약재로 씀.
천:-산릉(遷山陵)명-하다자 천릉(遷陵)
천산-만:수(千山萬水)명 매우 많은 산과 내.
천산-만:학(千山萬壑)명 천봉만학(千峰萬壑)
천산-물(天產物)명 천연으로 나는 물건. 준천산(天產)
천산지산부 ①이런 말 저런 말로 핑계를 늘어놓는 모양을 나타내는 말. ②여러 가지로 엇갈리고 뒤섞여 갈피를 잡을 수 없는 모양을 나타내는 말.
천살(天煞)명 무속에서, 하늘이 내린 살을 이르는 말.
천:살(擅殺)명-하다타 함부로 죽임.
천상(天上)명 ①하늘의 위. ②'천상계(天上界)'의 준말.
천상(天常)명 인륜(人倫)·오상(五常)의 도리.
천상(天象)명 천체의 현상. 일월성신(日月星辰)이 돌아가는 이치. 건상(乾象) ☞지상(地象)
천상-계(天上界)명 ①하늘 위에 있다고 하는 세계. ②불교에서 이르는 십계(十界)의 하나. 인간계 위에 있으며 최상의 과보를 받는 사람이 산다고 하는 청정한 세계를 이르는 말. 준상계(上界). 천계(天界). 천상(天上) ☞하계(下界)

천상만:태(千狀萬態)성구 천 가지 형상과 만 가지 모양이라는 뜻으로, 수많은 사물이 저마다 형상이나 모양이 다름을 이르는 말. 천태만상(千態萬狀)

천상-바라기(天上-)명 하늘을 바라보는 것처럼 늘 얼굴을 쳐들고 있는 사람을 놀리어 이르는 말.

천상-수(天上水)명 비가 되어 내리는 물. 빗물 준천수

천상-천하(天上天下)명 하늘 위의 세계와 땅 위의 세계라는 뜻으로, 온 우주를 이르는 말.

천상천하유아독존(天上天下唯我獨尊) '온 우주에서 나보다 더 존귀한 것은 없다'는 뜻. [석가모니가 탄생하여, 오른손으로 하늘을, 왼손으로 땅을 가리키면서 했다는 말임.]

천상-화(天上火)명 육십갑자(六十甲子)의 무오(戊午)와 기미(己未)에 붙이는 납음(納音). ☞석류목(石榴木)

천색(天色)명 하늘의 빛깔. ☞천광(天光)

천생(天生)명 ①태어날 때부터 지닌 본바탕. ②선천적으로 타고나는 일.

부 ①타고난듯이 ¶ - 여자같이 생겼다. ②마지못하여 ¶교통 편이 없어 - 걸어가는 수밖에 없다. ③매우 흡사히. ¶웃는 모습이 - 제 엄마다.

천:생(賤生)명 천첩(賤妾)에게서 난 자손. 천출(賤出)

천생-배:필(天生配匹)명 하늘이 맺어 준 배필. 천정배필(天定配匹)

천생-연분(天生緣分)[-년-]명 하늘이 맺어 준 연분. 천생인연(天生因緣). 천정연분(天定緣分)

속담 **천생연분에 보리개떡** : 보리개떡을 먹을망정 부부가 의좋게 삶을 이르는 말.

천생-인연(天生因緣)명 천생연분(天生緣分)

천서(天瑞)명 하늘이 내린 상서로운 징조.

천서-만:단(千緖萬端)명 무수히 많은 일의 갈피.

천석(泉石)명 물과 돌로 이루어진 경치. 수석(水石)

천석고황(泉石膏肓)성구 자연을 지극히 사랑하는 성벽(性癖)을 고치기 어려운 병에 비유하여 이르는 말. 연하고질(煙霞痼疾)

천석-꾼(千石-)명 곡식을 천 석이나 거두어들일 만큼 땅이 많은 부자.

천선(天仙)명 하늘에 산다고 하는 신선.

천선(天璇)명 북두칠성의 하나. 국자 모양의 머리 부분에서 둘째 별. 선(璇). 하괴성(河魁星) ☞천추(天樞)

천:선(遷善)명-하다자 나쁜 마음을 고쳐 착하게 됨. ☞개과천선(改過遷善)

천선-자(天仙子)명 '낭탕자(莨菪子)'의 딴이름.

천선지전(天旋地轉)성구 ①하늘이 돌고 땅이 구른다는 뜻으로, 세상일이 크게 변함을 이르는 말. ②정신이 어수선함을 이르는 말.

천성(天性)명 본디부터 타고난 성질. 자성(資性). 천질(天質)

천세(千世)명 천 대(代). 아주 먼 옛날, 또는 아주 먼 장래.

천세(千歲)명 ①천년이나 되는 세월이라는 뜻으로, 긴 세월을 이르는 말. 천재(千載) ②'천추만세(千秋萬歲)'의 준말.

천세-나다자 어떤 물건이, 쓰는 사람이 많아서 금방금방 팔리다. ¶독감이 돌자 마스크가 천세났다.

천세력(千歲曆)명 조선 시대, 역서(曆書)의 하나. 조선 정조 6년(1782)에 백중력(百中曆)을 근거로 하고, 중국 역법(曆法)을 참고하여 정조 1년(1777)부터 고종 23년(1886)에 이르는 110년간의 큰달, 작은달, 이십사 절기(二十四節氣), 매월 1·11·21일의 일진(日辰) 등을 추산(推算)하여 엮은 역서(曆書). ☞만세력(萬歲曆)

천세-후(千歲後)명 '천추만세후(千秋萬歲後)'의 준말.

천:소(淺沼)명 얕은 못. 얕은 소(沼).

천:속(賤俗)명 ①비천한 풍속. ②-하다형 천하고 속됨.

천손(天孫)명 '직녀성(織女星)'을 달리 이르는 말.

천:솔(賤率)명 ①남에게 자기의 가족을 낮추어 이르는 말. ②남에게 자기의 첩을 낮추어 이르는 말.

천수(千手)명 ①'천수관음(千手觀音)'의 준말. ②'천수경(千手經)'의 준말.

천수(를) 치다관용 '천수경(千手經)'을 읽다.

천수(天水)명 '천상수(天上水)'의 준말.

천수(天授)명-하다타 하늘에서 내려 줌. 천여(天與)

천수(天壽)명 타고난 수명. 천명(天命) ¶-를 다하다.

천수(天數)명 ①천명(天命) ②하늘이 정한 운수. 천운

천수(泉水)명 샘에서 나오는 물. 샘물

천수-경(千手經)명 불경의 한 가지. 천수관음의 유래와 발원(發願), 공덕 등을 적은 내용임. 준천수(千手)

천수-관음(千手觀音)명 불교에서 이르는 육관음(六觀音)의 하나. 관음보살이 과거세에 모든 중생을 구제하기 위하여 천 개의 눈과 손을 얻으려고 빌어서 이루어졌다는 몸. 준천수(千手)

천수-국(千壽菊)명 국화과의 한해살이풀. 줄기 높이 40~60cm. 줄기에 가지가 많이 갈라져 있음. 잎은 깃꼴 겹잎이며, 여름에 노란빛의 꽃이 두상(頭狀) 꽃차례로 핌. 열매는 수과(瘦果)를 맺음. 멕시코가 원산이며, 관상용으로 심음.

천수-농경(天水農耕)명 빗물에만 의존하여 짓는 농사.

천수-답(天水畓)명 물의 근원이나 관개(灌漑) 시설이 없이 오직 빗물로만 경작할 수 있는 논. 봉답(奉畓). 봉천답(奉天畓). 천둥지기. 하늘바라기

천수-통(千手桶)명 절에서 중이 밥을 먹은 뒤 바리때를 씻은 물을 거두는 동이.

천승지국(千乘之國)명 병거(兵車) 일천 채를 거느릴만한 나라라는 뜻으로, 제후가 다스리는 나라를 이르는 말. ☞만승지국(萬乘之國)

천시(天時)명 ①때에 따라 변하는 자연의 현상. 밤과 낮, 더위와 추위 따위. ②하늘의 도움을 받는 시기.

천:시(賤視)명-하다타 천하게 여김.

천:식(淺識)명 얕은 지식이나 좁은 식견.

천:식(喘息)명 기관지에 경련이 일어나는 병. 숨이 차고 기침이 나며 가래가 심함. 기관지성·심장성·요독성 천식 등으로 구별함. 폐창(肺脹)

천:식(賤息)명 '천한 자식'이라는 뜻으로, 남에게 자기 자식을 낮추어 이르는 말. ▷賤의 속자는 賎

천신(天神)명 ①하늘의 신령. ②풍운 뇌우(風雲雷雨)와 산천 성황(山川城隍)을 아울러 이르는 말.

천:신(賤臣)명 신하가 임금에게 자기를 낮추어 이르는 말.

천:신(薦新)명-하다타 ①그 해에 새로 난 과일이나 농산물을 신에게 먼저 올리는 일. ②민속에서, 봄과 가을에 신을 위하여 하는 굿을 이르는 말.

천신만:고(千辛萬苦)성구 천 가지 매운 것과 만 가지 쓴 것이라는 뜻으로, 온갖 어려운 일을 겪음을 이르는 말. ¶- 끝에 살아 돌아오다. ☞천고만난(千苦萬難). 천난만고(千難萬苦)

천신-지기(天神地祇)명 하늘의 신령과 땅의 신령을 아울러 이르는 말. 황천후토(皇天后土) 준신기(神祇)

천심(千尋)명 [천 길이라는 뜻으로] '산 따위가 매우 높음', 또는 '골짜기나 바다 따위가 매우 깊음'을 형용하는 말. 천인(千仞)

천심(天心)명 ①천의(天意) ¶민심은 곧 -. ②눈에 보이는 하늘의 한가운데.

천:심(淺深)명 얕은 것과 깊은 것. ▷淺의 속자는 浅

천아(天鵝)명 '고니'의 딴이름.

천악(天樂)명 한풍류

천안(天眼)명 ①'임금의 눈'을 높이어 이르는 말. ②불교에서 이르는 오안(五眼)의 하나. 미세한 사물까지도 멀리, 널리 볼 수 있고, 중생의 미래와 생사까지도 볼 수 있다는 눈.

천안(天顔)명 임금의 얼굴을 높이어 이르는 말. 용안

천안삼거리(天安三-)명 충청도 민요의 한 가지. 사설의 끝 구절마다 '흥' 소리를 넣기 때문에 흥타령이라고도 함.

천암만:학(千岩萬壑)성구 수많은 바위와 골짜기라는 뜻으로, 깊은 산 속의 경치를 이르는 말.

천앙(天殃)명 하늘이 벌로 내리는 재앙.

천애(天涯)명 ①하늘의 끝. ②'천애지각(天涯地角)'의 준말. ③아득히 멀리 떨어진 곳을 비유하여 이르는 말.

④살아 있는 혈육이나 부모가 없음을 이르는 말. ¶ －의 고아.
천애지각(天涯地角)[성구] 하늘의 끝이 닿는 땅의 한 귀퉁이라는 뜻으로, 아득하게 멀리 떨어져 있음을 이르는 말. ㊟천애(天涯)
천야만:야(千耶萬耶)[성구] 천 길인가 만 길인가의 뜻으로, 까마득히 높거나 깊음을 이르는 말. ¶ －한 절벽.
천:약(踐約)[명]-하다[자] 약속을 지켜 실천함.
천양(天壤)[명] 하늘과 땅. 천지(天地)
천:양(闡揚)[명]-하다[타] 드러내어 밝혀서 널리 퍼뜨림.
천양지간(天壤之間)[성구] ①천지간(天地間) ②천양지차(天壤之差)
천양지차(天壤之差)[성구] 하늘과 땅처럼 큰 차이라는 뜻으로, 사물이 서로 엄청나게 다름을 이르는 말. 소양지판(霄壤之判). 천양지간(天壤之間). 천양지판(天壤之判) ☞운니지차(雲泥之差)
천양지판(天壤之判)[성구] 천양지차(天壤之差)
천어(川魚)[명] 냇물에 사는 고기.
천어(天語)[명] '임금의 말'을 높이어 이르는 말.
천:언(踐言)[명]-하다[자] 말한 대로 실천함.
천언만:어(千言萬語)[성구] 천 마디 만 마디 말이라는 뜻으로, 수없이 많이 하는 말을 비유하여 이르는 말.
천:업(賤業)[명] 천한 직업이나 영업.
천여(天與)[명]-하다[타] 하늘에서 줌. 천수(天授)
천:역(賤役)[명]-하다[자] 천한 일.
천연(天然)[1] [명] 사람의 손이 가지 아니한 사물 본디의 상태. ¶ －의 아름다움./－의 요새. ☞인위(人爲)
[부] 매우 비슷하게. ¶ 뒷모습이 － 제 아버지를 닮았다.
천:연(遷延)[명]-하다[타] 일을 늦추거나 미룸.
천연(天然)[2] [어기] '천연(天然)하다'의 어기(語基).
천연=가스(天然gas)[명] 자연적으로 땅에서 솟아나는 가스. 메탄 가스·에탄 가스 따위. 자연 가스
천연=견사(天然絹絲)[명] 인조 견사에 상대하여 '명주실'을 이르는 말.
천연=경:신(天然更新)[명] 천연 조림(天然造林)
천연=고무(天然－)[명] 생고무
천연=과:실(天然果實)[명] 법률에서, 물건의 경제적 용도에 따라서 직접 거두거나 얻을 수 있는 자연적 산출물을 이르는 말. 벼·우유·열매·광물 따위. ☞법정 과실

천연=기념물(天然紀念物)[명] 귀하거나 학술적 가치가 높아 법률로 보호하고 보존하기로 정한 동식물·지질·광물과 그 밖의 천연물.
천연덕-스럽다(天然－)(－스럽고·－스러워)[형ㅂ] 천연스럽다 ¶ 천연덕스럽게 거짓말을 하다.
 천연덕-스레[부] 천연덕스럽게
천연-두(天然痘)[명] 전염병의 한 가지. 바이러스가 매개균으로, 신열이 나고 온몸에 발진(發疹)이 생겨서 자칫하면 얼굴이 얽게 됨. 종두(種痘)의 실시로 현재는 연구용으로만 남아 있음. 두역(痘疫). 두창(痘瘡). 손님마마. 역신(疫神). 호역(戶疫) ☞마마
천연-림(天然林)[－님][명] 저절로 이루어진 수풀. 자연림(自然林) ☞인공림(人工林)
천연-물(天然物)[명] 사람의 힘을 더하지 아니한 자연 그대로의 물건.
천연-미(天然美)[명] 꾸미지 아니한 자연 그대로의 아름다움. 자연미(自然美)
천연=백색(天然白色)[명] 조명에서, 백색에 붉은 기운을 보충한 빛을 이르는 말.
천연-빙(天然氷)[명] 자연 상태에서 저절로 얼어서 된 얼음. ☞인조빙(人造氷)
천연-색(天然色)[명] ①물체가 가지고 있는 자연 그대로의 빛깔. 자연색(自然色) ②자연의 빛을 본뜬 빛깔.
천연색=사진(天然色寫眞)[명] 화면이 실물(實物)에 가까운 색채로 나타난 사진. 컬러 사진 ☞흑백 사진(黑白寫眞)
천연=색소(天然色素)[명] 동식물의 체내에 들어 있는 유색 물질. 예로부터 물감이나 의약품의 재료로 쓰임. 생체색소(生體色素) ☞인공 색소(人工色素)
천연색=영화(天然色映畵)[－녕－][명] 장면이 천연색에 가까운 색채로 화면에 나타나는 영화. 색채 영화(色彩映畵) ☞흑백 영화(黑白映畵)
천연색=필름(天然色film)[명] 컬러필름(color film)
천연-석(天然石)[명] 가공하지 않은 자연 그대로의 돌. 자연석(自然石) ☞인조석(人造石)
천연=섬유(天然纖維)[명] 식물·동물·광물 등에서 얻은 섬유. 솜·명주실·양털·석면 따위. ☞인조 섬유
천:연세:월(遷延歲月)[성구] 일을 제때 하지 않고 시일만 끎을 이르는 말.
천연=숭배(天然崇拜)[명] 특정한 자연 현상이나 자연물을 신성하게 여기어 숭배하는 일. 해·달·물·불·땅·바위 따위를 그 대상으로 삼음. 자연 숭배(自然崇拜)
천연-스럽다(天然－)(－스럽고·－스러워)[형ㅂ] 보기에 천연한 태도가 있다. 천연덕스럽다 ¶ 기계를 고장 내고도 천연스럽게 모른척 하다.
 천연-스레[부] 천연스럽게
천연=영양(天然營養)[－녕－][명] 천연물을 그대로 섭취하여 얻는 영양.
천연-육(天然育)[－뉵][명] 온도나 습도 등을 인공으로 조절하지 않고 자연의 기후에 맡겨 누에를 치는 일.
천연=자:석(天然磁石)[명] 전자석(電磁石)에 상대하여 자철석 자석을 이르는 말.
천연=자:원(天然資源)[명] 천연 상태로 인간의 생활이나 생산 활동에 이용할 수 있는 물자나 에너지를 통틀어 이르는 말. 토지·물·광물·숲·수산물 및 관광 자원으로서의 경치 따위.
천연=조:림(天然造林)[명] 씨가 저절로 떨어져서 자란 어린 나무나, 그루터기에서 돋아난 싹을 길러서 산림을 조성하는 방법. 천연 경신(天然更新)
천연=주광색(天然晝光色)[명] 조명에서, 주광색에 약간 붉은 기운을 보충한 빛을 이르는 말. ㊟주광색(晝光色)
천연-하다(天然－)[형여] ①타고난 그대로 조금도 꾸밈이 없다. ¶ 천연한 자태. ②시치미를 뚝 떼어 아무렇지 않은듯 하다. ¶ 천연한 표정을 짓다.
 천연-히[부] 천연하게
천연=향료(天然香料)[명] 장미·오렌지·사향노루·향유고래 등의 동식물에서 뽑아 만든 향료. ☞합성 향료
천:열(賤劣)[어기] '천열(賤劣)하다'의 어기(語基).
천:열-하다(賤劣－)[형여] 됨됨이가 천박하고 용렬하다.
천엽(千葉)[명] ①여러 겹으로 된 꽃잎. 복엽(複葉) ②'처녑'의 원말.
천:오(舛誤)[명]-하다[타] 어그러져서 그릇됨.
천-오두(川烏頭)[명] 한방에서, 봄에 채취한 바꽃의 덩이뿌리를 약재로 이르는 말. ㊟오두(烏頭)
천옥(天獄)[명] 사방이 산으로 둘러막힌 험한 지대.
천:와(舛訛)[명]-하다[자] 말이나 글이 그릇됨.
천:와(遷訛)[명]-하다[자] 변화하여 본디 모양이나 뜻이 바뀜.
천왕(天王)[명] ①불교에서, 욕계(欲界)와 색계(色界)에 있다는 하늘의 왕을 이르는 말. ②환웅(桓雄)
천왕-문(天王門)[명] '사천왕문(四天王門)'의 준말.
천왕성(天王星)[명] 태양계의 일곱째 행성. 태양 까지의 평균 거리는 28억 7500만km. 공전 주기는 84.022년. 자전 주기는 0.718일. 적도 반경은 25,559km. 질량은 지구의 14.54배. 자전축이 궤도 면에 대해 98도 기울어져 있음. 여러 개의 고리와 열다섯 개의 위성이 있음. ☞해왕성(海王星)
천왕-지팡이(天王－)[명] 키가 썩 큰 사람을 놀리어 이르는 말.
천외(天外)[명] 하늘의 바깥이란 뜻으로, 매우 높거나 먼 곳을 이르는 말.
천요만:악(千妖萬惡)[성구] 온갖 요망하고 악한 짓을 이르는 말.
천우(天牛)[명] '하늘소'의 딴이름.
천우(天宇)[명] 하늘의 전체.
천우신조(天佑神助)[성구] 하늘이 돕고 신령이 도움을 이르는 말. ¶ －로 목숨을 건졌다.

천운(天運)명 ①하늘이 정한 운명. 천수(天數) ¶ -이 다하다. ②매우 좋은 운수. ¶ -으로 사지(死地)에서 벗어나다. ③천체의 운행.
천원(天元)명 ①만물이 나서 자라는 근원이 되는 하늘의 원기(元氣). ②바둑판 한가운데의 점. ☞천원점(天元點)
천원(泉源)명 샘물의 근원.
천원-점(天元點)[-쩜]명 바둑판 한가운데 있는 점, 또는 거기에 놓인 바둑돌. 배꼽점. 어복점(於腹點) ☞천원(天元)
천위(天位)명 ①천자(天子)의 자리. ②하늘이 준 자리, 곧 그 사람에게 가장 알맞은 직위.
천위(天威)명 ①천제(天帝)의 위엄. ②천자(天子)의 위광(威光).
천위(天爲)명 하늘이 하는 일, 곧 자연의 작용. ☞인위
천:유(擅有)명-하다타 제 마음대로 자기 것으로 삼음.
천은(天恩)명 ①하늘의 은혜. ②임금의 은덕.
천은(天銀)명 품질이 가장 좋은 은, 곧 순도 100%의 은. ☞지은(地銀)
천은망극(天恩罔極)성구 임금의 은혜가 한없이 두터움을 이르는 말.
천읍(天泣)명 하늘이 운다는 뜻으로, 구름 한 점 없는 맑은 날에 내리는 비를 이르는 말.
천읍지애(天泣地哀)성구 하늘이 울고 땅이 슬퍼한다는 뜻으로, 온 세상이 다 슬퍼함을 이르는 말.
천의(天衣)명 ①천자(天子)의 옷. ②선인(仙人)의 옷. ③불교에서, 천상계에 살며 하늘을 날아다닌다는 선녀(仙女)가 입는 옷을 이르는 말.
천의(天意)명 ①하늘의 뜻. ②임금의 뜻. 천심(天心)
천의(薦衣)명 지난날, 서민층 부녀자가 쓰던 쓰개. 방한을 겸한 내외용으로 솜을 두어 만들었음. 겉감은 다홍색, 안감은 연두색으로 네모진 폭에 맞주름을 잡아 허리와 끈을 달았음. 머리처네. 처네
천의무봉(天衣無縫)성구 〔선녀가 입는 옷은 솔기가 없다는 뜻으로〕 ①시가(詩歌)나 문장 따위가 꾸민 데 없이 자연스러움을 이르는 말. ②사물이 완전무결함을 이르는 말.
천:이(賤易)명-하다타 천하게 보고 업신여김.
천:이(遷移)명-하다자 ①옮겨 바뀜. ②생태학에서, 일정한 지역의 식물 군락이 시간의 경과에 따라 변천해 가는 현상. ③양자 역학에서, 어떤 계(系)가 정상 상태에서 다른 정상 상태로 옮기는 일.
천인(千仞)명 〔천 길이라는 뜻으로〕 '산 따위가 매우 높음', 또는 '골짜기나 바다 따위가 매우 깊음'을 형용하는 말.
천인(天人)명 ①하늘과 사람. ②선인(仙人)과 같이 도(道)가 있는 사람. ③천의(天意)와 인사(人事), 또는 천리(天理)와 인욕(人慾). ④불교에서, 천상계(天上界)에 살며 하늘을 날아다닌다는 선녀(仙女)를 이르는 말. 비천(飛天). 천녀(天女) ⑤재주나 용모가 썩 뛰어난 사람. ⑥매우 아름다운 여자.
천:인(賤人)명 지난날, 사회적 신분이 가장 낮은 노비를 이르던 말. 일반적으로는 천한 일을 생업으로 삼는 백정·화척(禾尺)·재인(才人) 등을 이르기도 했음.
천:인(遷人)명 귀양살이하는 사람. 천객(遷客)
천:인(薦引)명-하다타 천진(薦進)
천인공:노(天人共怒)성구 하늘과 사람이 함께 노한다는 뜻으로, 누구나 분노할 만큼 증오스럽거나 도저히 용납할 수 없음을 이르는 말. 신인공노(神人共怒)
천인-국(天人菊)명 국화과의 한해살이풀. 줄기 높이는 60cm 안팎이며, 가지를 많이 침. 온몸에 짧은 털이 나 있음. 잎은 버들잎 모양으로 어긋맞게 나며, 줄기 끝에 노란빛 꽃이 핌. 북아메리카 원산이며 관상용으로 심음.
천인-단:애(千仞斷崖)명 천 길이나 될듯 한 낭떠러지.
천일(天日)명 ①하늘과 해를 아울러 이르는 말. ②하늘에 떠 있는 해. ③천도교에서, 창건 기념일을 이르는 말.
천일-염(天日塩)[-렴]명 염전에서, 바닷물을 가두어 햇볕과 바람으로 수분을 증발시켜 만든 소금.
천일조림(天日照臨)성구 하늘과 해가 내려다본다는 뜻으로, 속일 수가 없음을 이르는 말.
천일-주(千日酒)[-쭈]명 빚어서 천 일 만에 마실 수 있도록 담근 술.
천일=행자(千日行者)명 불교에서, 천 일의 기한을 정해 놓고 도를 닦는 사람을 이르는 말.
천일-홍(千日紅)명 비름과의 한해살이풀. 줄기 높이는 40cm 안팎. 전체에 털이 있음. 잎은 길둥글고 마주 남. 7~10월에 빨강·분홍·하양 등의 작은 꽃이 핌. 열대 아메리카 원산이며 관상용으로 심음.
천:임(遷任)명-하다자 다른 직무를 맡거나 임지(任地)를 옮김. 전임(轉任)
천자(千字)명 '천자문(千字文)'의 준말.
천자(天子)명 천제(天帝)의 아들이라는 뜻으로, 하늘의 뜻을 받아 천하를 다스리는 사람, 곧 '황제'를 달리 이르는 말. 태상(太上)
천자(天資)명 천품(天稟)
천:자(穿刺)명-하다타 몸 속의 체액을 뽑거나 조직·세포 따위를 채취하거나 치료용의 약액을 넣거나 하려고 몸 속으로 주사침 따위를 찔러 넣는 일.
천:자(淺紫)명 엷은 보랏빛.
천:자(擅恣)어기 '천자(擅恣)하다'의 어기(語基).
천자-뒤:풀이(千字-)명 타령의 한 가지. 천자문에 있는 글자의 뜻을 풀어 운율에 맞추어 꾸민 타령.
천자-만:태(千姿萬態)명 온갖 자태.
천자만:홍(千紫萬紅)성구 여러 가지 울긋불긋한 빛깔이라는 뜻으로, 갖가지 빛깔의 꽃이 만발한 상태를 이르는 말. 만자천홍(萬紫千紅)
천자-문(千字文)명 한문(漢文) 학습의 입문서와 습자 교본으로 쓰는 책. 1구(句) 4자(字)로 250구, 모두 1천 자로 된 고시(古詩)로 중국 후량(後梁)의 주흥사(周興嗣)가 지었음. ㊣천자(千字)
속담 천자문도 못 읽고 인(印)을 위조한다 : 어리석고 무식한 주제에 남을 속이려 함을 이르는 말.
천:자-하다(擅恣-)형여 제 마음대로 하여 거리낌이 없다.
천작(天作)명 사람의 힘을 더하지 않고 자연히 이루어짐, 또는 그 사물. ☞인작(人作)
천작(天爵)명 하늘이 내린 작위라는 뜻으로, 남에게 존경을 받을만 한 타고난 덕행을 이르는 말.
천:작(淺酌)명-하다자 조용히 알맞게 술을 마심.
천:잡(舛雜)어기 '천잡(舛雜)하다'의 어기(語基).
천:잡-하다(舛雜-)형여 마구 뒤섞이어 고르지 못하거나 어수선하다. 천박하다
천장(*天障)명 ①보꾹 ②방의 보온과 미관을 위하여 보꾹 아래를 널이나 종이로 가린 것, 곧 반자의 겉면.
천:장(遷葬)명-하다자 무덤을 다른 데로 옮김. 천묘(遷墓)
천장-널(*天障-)명 천장에 대는 널빤지.
천-장부(賤丈夫)명 말과 행동이 천박한 남자.
천장지구(天長地久)성구 하늘과 땅이 영원하고 변함이 없듯이, 언제까지나 변함이 없이 계속됨을 이르는 말.
천장지비(天藏地祕)성구 하늘이 감추고 땅이 숨긴다는 뜻으로, 파묻혀서 세상에 드러나지 아니함을 이르는 말.
천장-틀(*天障-)명 천장널을 끼우는 '井'자 모양의 틀.
천장-화(*天障畫)명 천장에 그린 그림.
천재(千載)명 천 년이나 되는 세월이라는 뜻으로, 긴 세월을 이르는 말. 천세(千歲)
천재(天才)명 태어날 때부터 갖춘 뛰어난 재주, 또는 그런 재주를 가진 사람. ¶ - 화가
천재(天災)명 자연 현상으로 일어나는 재난. 지진·홍수·가뭄 따위. ☞인재(人災)
천:재(淺才)명 ①얕은 재주나 꾀. ②남에게 자기의 재능을 겸손하게 이르는 말. 단재(短才). 비재(菲才)
천재=교:육(天才敎育)명 매우 뛰어난 지능이나 재능을 가진 아동의 능력을 더욱 발달시키기 위한 특수 교육.
천재일시(千載一時)[-씨]성구 천재일우(千載一遇)
천재일우(千載一遇)성구 천 년에 한 번 만난다는 뜻으로, 좀처럼 만나기 어려운 좋은 기회를 이르는 말. 천재일시
천재-지변(天災地變)명 자연 현상으로 일어나는 재앙.

ㅊ

천저(天底)명 천문학에서, 관측하는 사람의 위치에서 연직선을 아래쪽으로 연장할 때 천구(天球)와 만나게 되는 가상의 점. 천저점(天底點) ☞천정(天頂)

천저-점(天底點)[-쩜]명 천저(天底) ☞천정점

천적(天敵)명 어떤 생물에 기생하거나 그것을 먹이로 생활하는 생물. 쥐에 대한 고양이, 진딧물에 대한 무당벌레 따위.

천:전(遷轉)명-하다타 관직을 옮김.

×**천정**(天井)명 → 천장

천정(天定)명 하늘이 미리 정함. ¶-의 배필.

천정(天庭)명 ①별 이름. ②천제(天帝)의 궁궐. ③관상에서, 양미간과 그 부근의 이마를 이르는 말. ☞천중

천정(天頂)명 ①맨 꼭대기. ②천문학에서, 관측하는 사람의 위치에서 연직선을 위쪽으로 연장할 때 천구(天球)와 만나게 되는 가상의 점. 천문 천정(天文天頂). 천정점 ☞천저(天底) ③'지심 천정(地心天頂)'의 준말.

천정=거:리(天頂距離)명 천정에서 일정한 천체까지의 각거리(角距離).

천정-배:필(天定配匹)명 천생배필(天生配匹)

천정부지(天井不知)성구 천장을 모른다는 뜻으로, 물건값 따위가 자꾸 오르기만 함을 비유하여 이르는 말. ¶-로 뛰어오르는 물가.

천정-연분(天定緣分)[-년-]명 천생연분(天生緣分)

천정-의(天頂儀)명 항성의 천정 거리를 재는 데 쓰이는 망원경 장치. 관측 지점의 위도를 구하는 데 쓰임.

천정-점(天頂點)[-쩜]명 천정(天頂) ☞천저점(天底點)

천정-천(天井川)명 흙이나 모래의 퇴적으로 바닥이 둑 주위의 평지보다 높아진 하천.

천제(天帝)명 ①우주를 창조하고 주재(主宰)한다고 믿어지는 초자연적인 절대자. 상제(上帝). 천공(天公). 하느님 ②불교에서, '제석천(帝釋天)'을 달리 이르는 말.

천제(天祭)명 천신에게 지내는 제사.

천제(天際)명 하늘의 끝. 천말(天末)

천조(天助)명 하늘의 도움.

천조(天造)명 하늘의 조화라는 뜻으로, 사물이 저절로 잘 되어 있음을 이르는 말.

천조(天朝)명 지난날, 제후의 나라에서 천자의 조정을 이르던 말.

천:조(踐祚·踐阼)명-하다자 임금의 자리를 이음. 천극(踐極)

천조-경풍(天吊驚風)명 한방에서 이르는 경풍의 한 가지. 고개를 젖히고 눈을 멀거니 떠서 위를 쳐다보는 증세를 나타냄.

천존-고(天尊庫)명 신라 때, 나라의 보물을 간직해 두던 곳집.

천존지비(天尊地卑)성구 하늘을 도두보고 땅을 낮추본다는 뜻으로, 윗사람은 받들고 아랫사람은 업신여긴다는 말.

천종(天種)명 산삼을 분류하는 말의 하나. 산삼의 씨를 먹은 조류의 배설물에서 싹터 자란 산삼을 이르는 말. ☞지종(地種)

천종(天縱)명 하늘로부터 타고난 성질.

천종-만:물(千種萬物)명 온갖 종류의 물건.

천종지성(天縱之聖)명 하늘이 재능을 충분히 발휘하게 한 성인이란 뜻으로, '공자(孔子)'를 달리 이르는 말.

천주(天主)명 ①가톨릭에서, 하느님을 일컫는 말. ②불교에서, '대자재천(大自在天)'을 달리 이르는 말.

천주(天柱)명 ①하늘을 괴고 있다는 상상의 기둥. ②세상을 이끌어 나가는 도의를 비유하여 이르는 말.

천주(天誅)명-하다타 천벌(天罰)

천:주(薦主)명 남을 천거하여 준 사람.

천주-교(天主教)명 가톨릭교

천주교-도(天主教徒)명 가톨릭을 믿는 사람.

천주-교:회(天主教會)명 ①가톨릭을 믿는 사람들의 조직. ②가톨릭에서, 종교 의식을 하는 건물.

천주-당(天主堂)명 지난날, '성당(聖堂)'을 이르던 말.

천주-학(天主學)명 지난날, '가톨릭'을 이르던 말.

천중(天中)명 ①하늘의 한가운데. ②관상에서, 이마의 위쪽을 이르는 말. ☞천정(天庭)

천중-가절(天中佳節)명 '단오(端午)'를 좋은 명절이라는 뜻으로 이르는 말.

천중-절(天中節)명 단오(端午)

천지(天地)명 ①하늘과 땅. 감여(堪輿). 건곤(乾坤). 소양(霄壤). 천양(天壤) ¶-를 뒤흔드는 천둥 소리. ②'세상' 또는 '우주'를 이르는 말. ¶세상 - ③무척 많음을 이르는 말. ¶쓰레기 -/먹을 것 -이다.

천지가 진동(震動)하다관용 천지가 울려서 움직일 정도로 소리가 매우 크다.

천지-각(天地角)명 하나는 위로, 하나는 아래로 향하여 난 짐승의 뿔.

천지-간(天地間)명 하늘과 땅 사이라는 뜻으로, 이 세상을 이르는 말. 소양지간(霄壤之間). 천양지간(天壤之間)

천지개벽(天地開闢)성구 ①하늘과 땅이 처음으로 열림을 이르는 말. ②자연계나 사회의 큰 변혁을 비유하여 이르는 말.

천지만:엽(千枝萬葉)성구 ①무성한 식물의 가지와 잎을 이르는 말. ②일이 여러 갈래로 나뉘어 어수선함을 비유하여 이르는 말.

천지망아(天之亡我)성구 하늘이 나를 망하게 한다는 뜻으로, 아무런 잘못이 없는데도 저절로 망함을 탄식하여 이르는 말.

천지-신명(天地神明)명 우주의 조화를 맡아 다스린다는 여러 신령. ¶-께 비나이다.

천지-에(天地-)감 뜻밖의 일이나 억울한 일을 당했을 때, 놀라거나 한탄하는 뜻으로 하는 말. ¶-, 이런 변이 어디 있나.

천지인(天地人)명 우주를 주장하는 삼재(三才)인 하늘·땅·사람을 아울러 이르는 말.

천지-판(天地板)명 관(棺)의 뚜껑과 바닥에 대는 널.

천직(天職)명 그 사람의 천성에 맞는 직업. ¶교사를 -으로 여기다.

천:직(賤職)명 천한 직업.

천:직(遷職)명-하다자 직업을 바꿈. 이직(移職). 전직(轉職)

천진(天眞)[1]명 불교에서, 불생불멸의 참된 마음을 이르는 말.

천:진(薦進)명-하다타 사람을 천거하여 어떤 자리에 쓰게 함. 천인(薦引)

천진(天眞)[2]어기 '천진(天眞)하다'의 어기(語基).

천진난:만(天眞爛漫)성구 말이나 행동에 조금도 꾸밈이 없이 아주 순진하고 참됨을 이르는 말. ¶-하게 뛰놀다.

천진무구(天眞無垢)성구 마음이 조금도 더럽혀짐이 없이 천진함을 이르는 말. ¶-한 어린이.

천진-스럽다(天眞-)(-스럽고·-스러워)형ㅂ 천진한 데가 있다. ¶어린아이 같은 천진스러운 면이 있다.

천진-스레부 천진스럽게

천진-전(天眞殿)명 대종교에서, 단군의 영정(影幀)을 모신 사당을 이르는 말.

천진-하다(天眞-)형여 자연 그대로 조금도 꾸밈이 없다. ¶아기의 천진한 웃음.

천진협사(天眞挾詐)성구 천진해 보이는 가운데 더러 거짓이 섞임을 이르는 말.

천질(天疾)명 선천적으로 타고난 병.

천질(天質)명 본디부터 타고난 성질. 천성(天性)

천:질(賤質)명 남에게 자기의 자질이나 품성을 낮추어 이르는 말. 천품(賤品)

천:-집사(賤執事)명 아주 천하고 더러운 일, 또는 그러한 일을 맡아서 하는 것.

천차만:별(千差萬別)성구 천 가지 차이와 만 가지 구별이라는 뜻으로, 여러 가지 사물이 모두 차이와 구별이 있음을 이르는 말. ¶사람의 성격도 -이다.

천:착(穿鑿)명-하다타 ①구멍을 뚫음. ②어떤 원인이나 내용 따위를 파고들어 알려고 하거나 연구함. ③억지로 이치에 맞지 않는 말을 함.

천:착(舛錯)어기 '천착(舛錯)하다'의 어기(語基).

천:착-스럽다(舛錯－)(－스럽고·－스러워)[형ㅂ] 천착한 데가 있다.
천착-스레[부] 천착스럽게
천:착-증(穿鑿症)[명] 강박 신경증의 한 가지. 작은 일이나 해결할 수 없는 일에도 의문이 생기어 그것을 풀지 않으면 안심할 수 없는 병증.
천:착-하다(舛錯－)[형여] ①마음이 비꼬이고 난잡하다. ②생김새나 하는 짓이 상스럽고 더럽다.
천참(天塹)[명] 천연적으로 이루어진 요충지.
천참만:륙(千斬萬戮)[성구] 천 번 베고 만 번 죽인다는 뜻으로, 수없이 동강을 내어 참혹하게 죽임을 이르는 말.
천창(天窓)[명] 채광이나 환기를 위하여 지붕에 낸 창.
천:천-하다[형여] 행동이나 일의 처리 등이 급하지 않고 조용하고 느리다. ¶천천한 걸음걸이. ☞찬찬하다
천천-히[부] 천천하게 ¶－ 걷다./－ 말하다.

[한자] 천천할 서(徐)〔彳部 7획〕 ¶서완(徐緩)/서행(徐行)

천:천히걸을-쇠(－夊)[－쐬][명] 한자 부수(部首)의 한 가지. '夐'·'夏' 등에서 '夊'의 이름.
천:첩(賤妾)[명] 지난날, 기생이나 종으로서 남의 첩이 된 여자를 이르던 말.
[대] 지난날, 부녀자가 자기를 낮추어 일컫던 말.
천첩옥산(千疊玉山)[성구] 수없이 겹쳐 보이는 아름다운 산을 이르는 말.
천청(天聽)[명] 임금이 들음.
천청만:촉(千請萬囑)[성구] 수없이 여러 번 부탁함을 이르는 말. ☞청촉(請囑)
천:-청색(淺靑色)[명] 엷은 파란빛.
천체(天體)[명] 우주 공간에 떠 있는 온갖 물체를 통틀어 이르는 말. 항성·행성·성단·성운·위성·혜성 또는 우주 먼지 따위.
천:체(遷替)[명]-하다[타] 옮겨 바꿈.
천체-력(天體曆)[명] 천체의 위치를 비롯하여 천체 운행의 여러 사항을 적은 역서(曆書). 천체 관측이나 항해에 쓰임. 천체 일표(天體日表)
천체=일표(天體日表)[명] 천체력(天體曆)
천체-조(天體潮)[명] 천문조(天文潮)
천체=좌:표(天體座標)[명] 천구 좌표(天球座標)
천초(川椒)[명] 한방에서 초피나무 열매의 껍질을 약재로 이르는 말. 파초(芭椒)
천:초(茜草)[명] '꼭두서니'의 딴이름.
천:촉(喘促)[명] ①-하다[자타] 숨을 가쁘게 쉬면서 헐떡거림. ②한방에서, 숨이 차서 헐떡거리며 힘없이 기침을 잇달아 하는 병증을 이르는 말.
천촌-만:락(千村萬落)[명] 수없이 많은 촌락.
천총(天寵)[명] 임금의 총애. ¶－을 입다.
천추(千秋)[명] 오래고 긴 세월, 또는 먼 장래. ¶－의 한(恨)을 풀다.
천추(天樞)[명] 북두칠성의 하나. 국자 모양의 머리 부분의 첫째 별. ☞요광(搖光)
천:추(遷推)[명]-하다[타] 미적미적 끌어 가거나 미룸.
천:추(薦椎)[명] 허리등뼈 아래쪽으로 이어져 있는 다섯 개의 등뼈. 한데 붙어서 엉치등뼈를 이룸.
천추-만:세(千秋萬歲)[명] ①천만년(千萬年) ②오래 살기를 바라며 하는 말. ¶－를 빕니다. [준]천세(千歲)
천추만:세-후(千秋萬歲後)[명] 어른이 세상을 떠난 뒤를 높이어 이르는 말.
천추-사(千秋使)[명] 조선 시대, 중국 황태자의 생일을 축하하기 위하여 보내던 사신.
천추-유한(千秋遺恨)[명] 오래도록 잊지 못할 원한(怨恨).
천축(天竺)[명] 지난날 '인도(印度)'를 이르던 말.
천축-계(天竺桂)[명] 코카(coca)
천축-모란(天竺牡^丹)[명] '달리아(dahlia)'의 딴이름.
천:출(賤出)[명] 천첩(賤妾)에게서 난 자손. 천생(賤生)
천측(天測)[명]-하다[자] 경위도(經緯度)를 알기 위해 천체를 관측하는 일.
천층-만:층(千層萬層)[명] ①수없이 많이 포개어진 켜. ②수없이 많은 등급. [준]천만층(千萬層)

천치(天痴·天癡)[명] 뇌에 장애가 있거나 뇌막염 등을 앓아 뇌의 활동이 완전하지 못한 병, 또는 그런 사람. 지능이 아주 낮음. 백치(白痴)
천칙(天則)[명] 우주 대자연의 법칙.
천칭(天秤)[명] '천평칭(天平秤)'의 준말.
천:칭(賤稱)[명]-하다[타] ①천하게 일컬음. ②천한 이름.
천칭-궁(天秤宮)[명] 황도 십이궁(黃道十二宮)의 일곱째 궁. 본디 십이 성좌(十二星座)의 천칭자리에 대응되었으나 세차(歲差) 때문에 지금은 서쪽의 처녀자리로 옮아가 있음. ☞천갈궁(天蠍宮)
천칭-자리(天秤－)[명] 십이 성좌(十二星座)의 하나. 봄부터 여름에 걸쳐 남쪽 하늘에 보이는 별자리인데, 처녀자리와 전갈자리의 중간에 있음. 7월 상순 오후 여덟 시 무렵에 자오선(子午線)을 통과함. 천칭좌 ☞황도 십이궁
천칭-좌(天秤座)[명] 천칭자리
천:탄(淺灘)[명] 얕은 여울.
천탈기백(天奪其魄)[성구] 하늘이 넋을 빼앗는다는 뜻으로, 본성을 잃거나 넋을 잃음을 이르는 말.
천태만:상(千態萬狀)[성구] 천 가지 모양과 만 가지 형상이라는 뜻으로, 수많은 사물이 저마다 모양이나 형상이 다름을 이르는 말. 천상만태(千狀萬態)
천태-종(天台宗)[명] 법화경(法華經)과 용수보살(龍樹菩薩)의 사상을 기본으로 하는 대승 불교의 한 파. 고려 시대에 성하였음.
천택(川澤)[명] 내와 연못.
천:토(賤土)[명] 천향(賤鄕)
천통(天統)[명] ①천도(天道)의 강기(綱紀). ②천자의 혈통.
천:-트다(薦－)(－트고·－터)[자] ①남의 추천을 받다. ②경험이 없는 일에 처음으로 손을 대다.
천파만:파(千波萬波)[성구] ①수없이 많은 물결을 이르는 말. ②어떤 일이 크게 물의를 일으키거나 그 일로 말미암아 갖가지 사태가 일어나는 현상을 비유하여 이르는 말. [준]천만파(千萬波)
천판(天板)[명] ①관(棺)을 덮는 뚜껑. 천개(天蓋) ☞지판(地板) ②광산에서, 광 구덩이의 천장을 이르는 말.
천편일률(千篇一律)[성구] 여러 시문의 격조(格調)가 비슷비슷하다는 뜻으로, 여러 사물이 모두 판에 박은듯이 비슷비슷함을 이르는 말. ¶－의 명절 오락 프로그램.
×천평(天秤)[명] →천칭(天秤)
천평-칭(天平秤)[명] 저울의 한 가지. 가운데에 세운 줏대의 가로장 양끝에 똑같은 저울판이 달려 있음. 한쪽에는 추를 놓고 다른 한쪽에는 달 물건을 놓아 평평하게 하여 물건의 무게를 닮. [준]천칭(天秤)
천폐(天陛)[명] 임금이 사는 궁전의 섬돌.
천포(天布)[명] 햇볕을 가리려고 치는 포장. 차일(遮日)
천포-창(天疱瘡)[명] 천연두와 비슷한 피부병의 한 가지. 피부에 둥근 물집이 잡혔다가 며칠이 지나면 저절로 터져 짓무르는데, 오래지 아니하여 말랐다 다시 생기곤 하는 만성병임.
천품(天稟)[명] 선천적으로 타고난 기품. 천자(天資)
천:품(賤品)[명] 천질(賤質)
천풍(天風)[명] 하늘 높이 부는 센 바람.
천하(天下)[명] ①하늘 아래 온 세계. 보천(普天) ②한 나라. 나라 전체. ¶－를 다스리다. ③온 세상. 온 사회. ¶소문이 －에 퍼지다./이름을 －에 떨치다. ④나라를 지배하는 권력. ¶－를 장악하다. ⑤마음껏 행동하는 상태. ¶젊은이의 －./여인 － ⑥〖관형사처럼 쓰임〗 세상에서 매우 드문, 또는 세상에 다시없는. ¶－ 명창(名唱)/－ 절경/－ 장사
천하를 얻은듯[관용] 매우 기쁘고 흡족함을 이르는 말.
천하(天河)[명] 은하(銀河)
천하(泉下)[명] 황천(黃泉)의 아래라는 뜻으로, '저승'을 이르는 말.
천:-하다(賤－)[형여] ①지체나 지위 따위가 매우 낮다. ②하는 짓이나 생김새가 고상하지 않고 상스럽다. ③너무 흔하여 귀하지 않다. ¶천한 물건. ☞귀하다

천-히 [부] 천하게 ¶ - 여기다.

[한자] 천할 천(賤) 〔貝部 8획〕 ¶귀천(貴賤)/천대(賤待)/천민(賤民)/천시(賤視)/천한(賤漢) ▷ 속자는 賎

천하무쌍(天下無雙) [성구] 매우 뛰어나서 세상에서 그에 견줄만 한 것이 없음을 이르는 말.

천하-사(天下士) [명] 세상에 이름난 큰 인물.

천하-수(天河水) [명] 육십갑자의 병오(丙午)와 정미(丁未)에 붙이는 납음(納音). ☞대역토(大驛土)

천하-없:어도(天下-) [부] 어떤 일이 있더라도 꼭. ¶ - 이 일은 끝내겠다.

천하-에(天下-) [감] '세상에 그런 일도 있나'의 뜻으로, 몹시 놀라거나 한탄할 때 쓰는 말. ¶ -, 나쁜 사람.

천하일색(天下一色) [-쌕] [성구] 세상에 다시없을 매우 아름다운 여자를 이르는 말. 무비일색(無比一色)

천하태평(天下太平) [성구] 아무 근심이 없이 온 세상이 태평함을 이르는 말.

천:학(淺學) [명] [-하다] [형] 배움이 얕음, 또는 그런 사람. [유] 박학(薄學) ☞박학(博學)

천:학-비재(淺學菲才) [명] 배움이 얕고 재주가 변변하지 못하다는 뜻으로, 자기의 학식을 겸손하게 이르는 말.

천한(天旱) [명] 가물

천한(天漢) [명] 맑은 날 밤하늘에 흰 띠 모양으로 남북으로 길게 보이는 수많은 항성(恒星)의 무리. 은하(銀河)

천:한(賤漢) [명] 신분이 천한 사나이.

천한(天寒) [어기] '천한(天寒)하다'의 어기(語基).

천:한(賤寒) [어기] '천한(賤寒)하다'의 어기(語基).

천한백옥(天寒白屋) [성구] 추운 날에 허술한 초가라는 뜻으로, 가난한 생활을 이르는 말.

천한-하다(天寒-) [형여] 날씨가 춥다.

천:한-하다(賤寒-) [형여] 지체가 낮고 가난하다.

천:해(淺海) [명] 얕은 바다. 보통 해안에서부터 수심 200m 되는 부분까지를 이름. ☞심해(深海)

천:해=어업(淺海漁業) [명] 육지에 가까운 얕은 바다에서 하는 어업. 조개·김·새우 따위를 채취하거나 양식함.

천행(天幸) [명] 하늘이 베푼 행운. ¶ -으로 살아나다.

천:행(踐行) [명] [-하다] [타] 실지로 함. ▷踐의 속자는 践

천:행(擅行) [명] [-하다] [타] 제멋대로 결단을 내려 행동함. 전행(專行)

천:향(賤鄕) [명] 풍속이 지저분한 시골. 천토(賤土)

천향국색(天香國色) [성구] ①천하 제일의 향기와 빛깔이라는 뜻으로, '모란꽃'을 달리 이르는 말. ②세상에서 견줄 사람이 없을 만큼 빼어나게 아름다운 여자를 비유하여 이르는 말.

천:허(擅許) [명] [-하다] [타] 제멋대로 허가함.

천험(天險) [명] [-하다] [형] 땅의 형세가 천연적으로 험하게 생김. ¶ -의 요새.

천험지지(天險之地) [명] 천연적으로 험하게 생긴 땅.

천현지친(天顯之親) [명] 부자(父子)나 형제 등 천륜(天倫)의 지친(至親) 관계를 이르는 말.

천:협(淺狹) [어기] '천협(淺狹)하다'의 어기(語基).

천:협-하다(淺狹-) [형여] ①얕고 좁다. ②도량이 작고 옹졸하다.

천형(天刑) [명] 천벌(天罰)

천형-병(天刑病) [-뼝] [명] '나병(癩病)'을 달리 이르는 말.

천혜(天惠) [명] 하늘이 베푼 은혜, 곧 자연의 은혜. ¶ -의 보고(寶庫). /-의 자원.

천호만:환(千呼萬喚) [성구] 수없이 많이 부름을 이르는 말.

천:혼-문(薦魂文) [명] 불교에서, 죽은 사람의 영혼이 극락세계로 가도록 비는 글을 이르는 말.

천:-홍색(淺紅色) [명] 옅은 붉은빛.

천화(天火) [명] 저절로 일어난 화재.

천화(天禍) [명] 하늘에서 내리는 재앙.

천화(泉華) [명] 온천에서 생기는 규산질 따위의 침전물.

천:화(遷化) [명] [-하다] [자] ①변하여 바뀜. ②불교에서, 이승의 교화(敎化)를 마치고 다른 세상에 교화하러 간다는 뜻으로, 고승(高僧)의 죽음을 이르는 말.

천화-면(天花麵) [명] 천화분으로 만든 국수.

천화-분(天花粉) [명] 한방에서, 하눌타리 뿌리의 가루를 약재로 이르는 말. 기침·소갈·담(痰) 따위에 쓰임.

천화-판(天花板) [명] 소란반자

천환(天宦) [명] 선천적인 고자(鼓子).

천황(天皇) [명] ①일본에서, 그 '왕'을 이르는 말. ②중국 고대 전설상의 황제(皇帝). 삼황(三皇)의 한 사람. 천황씨(天皇氏) ☞지황(地皇)

천:-황색(淺黃色) [명] 옅은 누른빛.

천황-씨(天皇氏) [명] 천황(天皇)

천회(天灰) [명] 광중(壙中)에 관을 내려놓고 그 가장자리를 메운 뒤에 관의 위에 다지는 석회.

천:횡(擅橫) [명] [-하다] [타] 아무 거리낌이 없이 제멋대로 함. ☞전횡(專橫)

천후(天候) [명] 날씨. 천기(天氣)

철[1] [명] ①자연 현상에 따라 한 해를 구분한 것 중의 한 시기. 보통 온대 지방은 봄·여름·가을·겨울로 구분하고, 열대 지방은 건기(乾期)와 우기(雨期)로 구분함. 계절(季節). 시절(時節) ¶ -이 바뀌다. /- 따라 피는 꽃. ②한 해 가운데서 어떤 일을 하기에 알맞거나 많이 하는 때. ¶모내기 - ③'제철'의 준말.

[속담] **철 그른 동남풍**: ①필요한 때에는 없다가 필요 없게 된 때에 생겨나는 경우를 비유하여 이르는 말. ②얼토당토않게 흰소리를 함을 이르는 말.

철[2] [명] 사리를 분별할 줄 아는 힘. ¶ -이 나다. /-이 없는 아이. /-이 들 나이. ☞지각(知覺)

철(鐵) [명] 금속 원소의 하나. 순수한 것은 은백색의 광택을 띰. 상온에서는 공기 중에서 바뀌지 않지만 습기가 있으면 녹슬기 쉬움. 연성(延性)과 전성(展性)이 풍부하고 자성(磁性)이 강하므로, 금속 가운데서 가장 용도가 많음. 쇠 〔원소 기호 Fe/원자 번호 26/원자량 55.85〕

-철(綴) 《접미사처럼 쓰이어》 '한데 엮어 모은 것'의 뜻을 나타냄. ¶문서철(文書綴)/서류철(書類綴)/신문철(新聞綴)

철가(撤家) [명] [-하다] [자] 가족을 모두 데리고 다른 곳으로 옮기려고 살림살이를 챙겨 떠남.

철각(凸角) [명] 180°보다 작은 각을 이름. ☞요각(凹角)

철각(鐵脚) [명] ①무쇠처럼 튼튼한 다리. ②교량(橋梁)이나 탑 따위의 밑을 받치는, 쇠로 만든 다리.

철갑(鐵甲) [명] ①쇠로 만든 갑옷. 철의(鐵衣) ②쇠붙이로 겉을 씌운 것. ¶ -으로 된 병선(兵船).

철갑-둥어(鐵甲-) [명] 철갑둥엇과의 바닷물고기. 몸길이 15cm 안팎. 몸은 광택이 있는 누런빛의 단단한 비늘로 덮여 있어 솔방울 같음. 아래턱에는 발광 박테리아가 공생하는 부분이 있어 밤에 청백색의 센 빛을 냄.

철갑-상어(鐵甲-) [명] 철갑상엇과의 바닷물고기. 몸길이 1.5m 안팎. 몸은 긴 원통 모양으로 단단한 비늘로 싸여 있음. 몸빛은 등이 회청색, 배는 흰빛임. 주둥이가 길고 뾰족하여 칼상어와 비슷함. 산란기인 10～11월에 황해로 흐르는 강 하류에 나타남.

철갑-선(鐵甲船) [명] 쇠로 겉을 싸서 만든 병선(兵船). ¶ 세계 최초의 -은 거북선이다.

철갑-탄(徹甲彈) [명] 적의 장갑(裝甲)이나 견고한 목표물 따위를 뚫거나 파괴하는 데 쓰는 탄환. 파갑탄(破甲彈)

철강(鐵鋼) [명] ①선철과 강철을 아울러 이르는 말. ②강철(鋼鐵) ¶ - 산업

철강-업(鐵鋼業) [명] 철광석에서 무쇠나 강철을 생산하거나, 그것을 가공하여 여러 가지 강재를 생산하는 산업.

철갱(鐵坑) [명] 철광석을 캐내는 광산의 굴.

철거(撤去) [명] [-하다] [타] 건물이나 시설 따위를 걷어치우거나 무너뜨려 없앰. ¶ - 공사/무허가 건물을 -하다.

철거덕 [부] 엇걸리게 만든 단단한 두 쇠붙이가 거볍게 엇걸리거나 풀릴 때 나는 소리를 나타내는 말. ☞찰가닥

철거덕-거리다(대다) [자타] 자꾸 철거덕 소리가 나다, 또는 그런 소리를 내다. ☞찰가닥거리다. 철꺼덕거리다

철거덕-철거덕 [부] 철거덕거리는 소리를 나타내는 말. ☞찰가닥찰가닥. 철꺼덕철꺼덕

철거덩 부 묵직한 쇠붙이 따위가 다른 단단한 물체와 거볍게 부딪칠 때 울리어 나는 소리를 나타내는 말. ☞찰가당. 철꺼덩

철거덩-거리다(대다) 자타 자꾸 철거덩 소리가 나다, 또는 그런 소리를 내다. ☞찰가당거리다. 철꺼덩거리다

철거덩-철거덩 부 철거덩거리는 소리를 나타내는 말. ☞찰가당찰가당. 철꺼덩철꺼덩

철걱 부 엇걸리게 만든 묵직한 두 쇠붙이의 고리가 거볍게 잠기거나 열리면서 나는 소리를 나타내는 말. ☞찰각. 철꺽

철걱-거리다(대다) 자타 자꾸 철걱 소리가 나다, 또는 그런 소리를 내다. ☞찰각거리다. 철꺽거리다

철걱-철걱 부 철걱거리는 소리를 나타내는 말. ☞찰각찰각. 철꺽철꺽

철-겹:다(-겹고·-겨워) 형ㅂ 제철에 뒤져서 맞지 아니하다. ¶철겹게 내리는 비.

철-경고(鐵硬膏) 명 쇳가루를 섞어 만든 고약.

철골 명 몸이 야위어 뼈만 남은 상태를 이르는 말. ¶앓고 나서 -이 되다.

철골(徹骨) 명 -하다 자 뼈에 사무침.

철골(鐵骨) 명 ①건축에서 뼈대를 철재(鐵材)로 한 것, 또는 철재 뼈대. ☞목골(木骨) ②굳세게 생긴 골격.

철골=구조(鐵骨構造) 명 건축물의 주요 뼈대가 철재로 된 구조.

철골=철근=콘크리:트=구조(鐵骨鐵筋concrete構造) 명 철골을 중심으로 그 주위를 철근으로 둘러싸고 콘크리트를 부어 넣어서 단일체로 만든 복합 구조.

철골-태(鐵骨胎) 명 쇳가루가 섞인 유약을 올려 구운 갈색을 띤 도자기의 몸.

철공(鐵工) 명 쇠를 다루어 제품을 만드는 일, 또는 그 일을 직업으로 하는 사람.

철공-소(鐵工所) 명 쇠붙이를 다루어 제품을 만드는, 규모가 작은 공장.

철-공장(鐵工場) 명 쇠로 여러 가지 제품을 만드는 공장.

철관(鐵冠) 명 지난날, 암행어사가 쓰던, 쇠 살을 댄 관.

철관(鐵棺) 명 쇠로 만든 관(棺).

철관(鐵管) 명 쇠로 만든 관(管). 수돗물·가스·증기 등을 공급하는 데 흔히 쓰임.

철광(鐵鑛) 명 ①'철광석'의 준말. ②철광석이 나는 광산.

철-광:석(鐵鑛石) 명 철이 들어 있어서 제철의 원료가 되는 광석. 갈철석·자철석·적철석 따위. 준철광

철교(鐵橋) 명 ①주된 골조가 철로 이루어진 다리. ②'철도교(鐵道橋)'의 준말. ¶한강 -

철군(撤軍) 명 -하다 자 군대를 주둔지나 파견지에서 철수함.

철궁(鐵弓) 명 지난날, 전시(戰時)에 쓰던, 쇠로 만든 활.

철권(鐵拳) 명 쇠뭉치 같은 주먹이라는 뜻으로, 굳센 주먹을 이르는 말.

철궤(鐵軌) 명 철길의 레일. ▷鐵의 속자는 鉄

철궤(鐵櫃) 명 철판으로 만든 궤. 금궤(金櫃)

철-궤:연(撤几筵) 명 -하다 자 삼년상(三年喪)을 마친 뒤에 신주(神主)를 사당에 모시고 빈소를 거두어 치우는 일.

철그렁 부 탄력 있는 얇고 둥근 쇠붙이가 단단한 물체에 부딪칠 때 울리어 나는 소리를 나타내는 말. ☞절그렁. 쩔그렁. 찰그랑

철그렁-거리다(대다) 자타 자꾸 철그렁 소리가 나다, 또는 그런 소리를 내다. ☞절그렁거리다. 쩔그렁거리다. 찰그랑거리다

철그렁-철그렁 부 철그렁거리는 소리를 나타내는 말. ☞절그렁절그렁. 쩔그렁쩔그렁. 찰그랑찰그랑

철근(鐵筋) 명 건물이나 구조물을 지을 때 콘크리트를 보강하기 위하여 콘크리트 속에 뼈대로 삼는 쇠 막대기.

철근=콘크리:트(鐵筋concrete) 명 철근을 뼈대로 한 콘크리트. 내화성(耐火性)과 내구성(耐久性)이 좋음.

철금(鐵琴) 명 관현악에 쓰는 악기의 한 가지. 작은 쇳조각을 음계에 맞게 늘어놓고 채로 쳐서 소리를 냄. 글로켄슈필(Glockenspiel). 벨

철기(鐵器) 명 쇠로 만든 그릇이나 기구.

철기(鐵騎) 명 ①용맹한 기병. ②지난날, 철갑을 입고 말을 타던 군사.

철기=시대(鐵器時代) 명 고고학상의 시대 구분 중 제삼 단계. 철을 이용하여 여러 가지 기구를 만들어 쓰던 시대. ☞석기 시대(石器時代)

철-길(鐵-)[-낄] 명 레일을 깔아 철도 차량이나 전차 따위가 달릴 수 있게 만든 길. 철로(鐵路)

철꺼덕 부 엇걸리게 만든 단단한 두 쇠붙이가 엇걸리거나 풀릴 때 나는 소리를 나타내는 말. ¶- 금고 문이 열리다. ☞찰까닥. 철거덕

철꺼덕-거리다(대다) 자타 자꾸 철꺼덕 소리가 나다, 또는 그런 소리를 내다. ☞찰까닥거리다. 철거덕거리다

철꺼덕-철꺼덕 부 철꺼덕거리는 소리를 나타내는 말. ☞찰까닥찰까닥. 철거덕철거덕

철꺼덩 부 묵직한 쇠붙이 따위가 다른 단단한 물체와 세게 부딪칠 때 울리어 나는 소리를 나타내는 말. ☞찰까당. 철거덩

철꺼덩-거리다(대다) 자타 자꾸 철꺼덩 소리가 나다, 또는 그런 소리를 내다. ☞찰까당거리다. 철거덩거리다

철꺼덩-철꺼덩 부 철꺼덩거리는 소리를 나타내는 말. ☞찰까당찰까당. 철거덩철거덩

철꺽 부 엇걸리게 만든 묵직한 두 쇠붙이의 고리가 잠기거나 열리면서 여물게 나는 소리를 나타내는 말. ☞절꺽. 찰깍. 철걱

철꺽-거리다(대다) 자타 자꾸 철꺽 소리가 나다, 또는 그런 소리를 내다. ☞찰깍거리다. 철걱거리다

철꺽-철꺽 부 철꺽거리는 소리를 나타내는 말. ☞찰깍찰깍. 철걱철걱

철-끈(綴-) 명 문서 따위를 철하는 데 쓰는 끈.

철-나다 자 사리를 가려 판단할 수 있는 힘이 생기다. ¶이제 철날 나이도 되었지. 유철들다

철농(撤農) 명 -하다 자 농사를 걷어치움.

철-다각형(凸多角形) 명 '볼록다각형'의 구용어.

철단(鐵丹)[-딴] 명 산화제이철이 주성분인, 누런빛을 띤 붉은 도료. 금속이나 기계 등에 녹슬지 않도록 바름.

철대[-때] 명 '갓철대'의 준말.

철도(鐵道)[-또] 명 ①침목(枕木) 위에 철로 만든 궤도를 설치하고, 그 위로 차량을 운행하여 여객과 화물을 운송하는 시설. ②철길. 철로(鐵路)

철도-교(鐵道橋)[-또-] 명 철도의 선로가 놓여 있어, 열차 전용으로 쓰이는 다리. 준철교(鐵橋)

철도-망(鐵道網)[-또-] 명 철도가 그물처럼 분포되어 있는 체계.

철도-편(鐵道便)[-또-] 명 철도를 이용하는 교통편. ¶-으로 짐을 부치다.

철독(鐵毒)[-똑] 명 쇠붙이 따위에 다치어 생긴 독기. 쇳독

철두철미(徹頭徹尾)[-뚜-] 성구 ①처음부터 끝까지를 이르는 말. ②처음부터 끝까지 철저함을 이르는 말. ¶-하게 사건의 진상을 밝히다. 철상철하(徹上徹下)

철-둑(鐵-)[-뚝] 명 '철롯둑'의 준말.

철-들다(-들고·-드니) 자 사리를 분별할만 하게 되다. ¶그런 기특한 생각을 다하다니 철들었구나. 유철나다

철-따구니 명 '철[2]'의 속된말.

철-딱서니 명 '철[2]'의 속된말.

철-딱지 명 '철[2]'의 속된말.

×**철-때기** 명 →철따구니

철떡 부 차진 것이 끈지게 들러붙는 모양, 또는 그 소리를 나타내는 말. ¶껌이 신발에 - 들러붙다. ☞찰딱

철떡-철떡 부 자꾸 철떡 하는 모양, 또는 그 소리를 나타내는 말. ☞찰딱찰딱

철락(鐵落) 명 쇠붙이를 불리어 두드릴 때 떨어지는 쇠 부스러기. 쇠똥[1]. 철설(鐵屑)

철럭-거리다(대다) 자타 ①물이 철럭철럭 흘러 넘치다, 또는 그리 되게 하다. ②물결이 철럭철럭 부딪치다. ③쇠붙이들이 자꾸 철럭철럭 부딪치다, 또는 그리 되게 하다. 철럭이다 ☞찰락거리다

철럭-이다 자타 철럭거리다 ☞찰락이다

ㅊ

철럭-철럭 부 ①큰 그릇에 담긴 물이 물결치며 흘러 넘치는 모양, 또는 그 소리를 나타내는 말. ②물결이 단단한 물체에 가볍게 자꾸 부딪치는 소리, 또는 그 모양을 나타내는 말. ③꾸러미로 된 여러 개의 쇠붙이가 가볍게 자꾸 맞부딪치는 소리를 나타내는 말. ☞찰락찰락

철렁[1] 부 크고 엷은 쇠붙이나 큰 방울 따위가 거세게 흔들릴 때 울리어 나는 소리를 나타내는 말. ☞절렁. 쩔렁. 찰랑

철렁[2] 부 갑자기 몹시 놀라 가슴이 크게 내려앉는 느낌을 나타내는 말. ¶심장이 ― 내려앉다./가슴이 ― 하다.

철렁-거리다(대다)[1] 자타 자꾸 철렁 소리가 나다, 또는 그런 소리를 내다. 철렁이다[1] ☞절렁거리다. 쩔렁거리다. 찰랑거리다[1]

철렁-거리다(대다)[2] 자 물 따위가 철렁철렁 일렁이다. 철렁이다[2] ☞찰랑거리다[2]. 칠렁거리다

철렁-이다[1] 자타 철렁거리다[1] ☞절렁이다. 쩔렁이다. 찰랑이다[1]

철렁-이다[2] 자 철렁거리다[2] ☞찰랑이다[2]. 칠렁이다

철렁-철렁[1] 부 철렁거리는 소리를 나타내는 말. ☞절렁절렁. 쩔렁쩔렁. 찰랑찰랑[1]

철렁-철렁[2] 부 크고 깊은 곳에 담긴 물 따위가 일렁이는 소리, 또는 그 모양을 나타내는 말. ☞찰랑찰랑[2]. 칠렁칠렁

철렁철렁-하다 형여 크고 깊은 곳에 담긴 물 따위가 넘칠 듯 넘칠듯 그득하다. ☞찰랑찰랑하다. 칠렁칠렁하다

철렁-하다 형여 크고 깊은 곳에 담긴 물 따위가 넘칠듯이 그득하다. ☞찰랑하다. 칠렁하다

철렴(撤簾) 명 -하다 자 〔발을 거둔다는 뜻으로〕 나이 어린 임금이 자라서 수렴청정(垂簾聽政)을 거두는 일.

철로(鐵路) 명 철길

철로=바탕(鐵路―) 명 철로를 시설한 자리.

철록-어미 명 담배를 쉬지 않고 계속하여 피우는 사람을 놀리어 이르는 말.

철롯-둑(鐵路―) 명 철로가 설치되어 있는 둑. 준 철둑

철롱(鐵籠) 명 쇠로 만든 둥우리나 바구니. ☞피롱(皮籠)

철륜(鐵輪) 명 ①쇠로 만든 바퀴. ②기차(汽車)

철륜-대:감(鐵輪*大監) 명 민속에서, 대추나무에 있다는 귀신. 매우 무섭고 영험이 있다고 함.

철리(哲理) 명 ①현묘한 이치. ②철학상의 이치나 원리.

철릭 명 조선 시대, 무신이 입던 공복(公服)의 한 가지. 직령(直領)으로 소매가 넓고 허리에는 주름이 잡혔음.

철마(鐵馬) 명 쇠로 된 말이라는 뜻으로, '기차(汽車)'를 달리 이르는 말.

철망(鐵網) 명 ①철사를 얽어서 만든 그물. ②'철조망(鐵條網)'의 준말.

철망간=중:석(鐵Mangan重石) 명 텅스텐(tungsten)

철매 명 ①연기에 섞여 나오는 검은 가루. 연매(煙煤) ②구들장 밑이나 굴뚝 안에 끈끈하게 엉겨 붙은 그을음. ☞검댕

철면(凸面) 명 가운데가 볼록하게 도드라진 면. ☞요면

철면(鐵面) 명 ①검붉은 얼굴. ②쇠로 만든 탈.

철-면경(凸面鏡) 명 볼록거울

철-면피(鐵面皮) 명 쇠로 된 낯가죽이라는 뜻으로, 부끄러운 줄을 모르는 뻔뻔스러운 사람을 이르는 말. ☞면장우피(面張牛皮). 파렴치한(破廉恥漢)

철면피-한(鐵面皮漢) 명 부끄러운 줄 모르는 뻔뻔스러운 사나이.

철모(鐵帽) 명 전투할 때 머리를 보호하기 위해, 군인이 쓰는 강철로 만든 모자.

철-모르다(―모르고·―몰라) 자르 사리를 분별할 줄 모르다. ¶철모르고 날뛰다./철모르는 아이.

철목(綴目) 명 -하다 타 여러 가지 조목이나 종목을 벌여 적음, 또는 그렇게 적은 조목이나 종목.

철문(鐵門) 명 쇠로 만든 문. 쇠문

철물(鐵物) 명 쇠로 만든 온갖 물건.

철물-전(鐵物廛) 명 철물점

철물-점(鐵物店) 명 철물 따위를 파는 가게. 철물전(鐵物廛)

철-바람 명 계절풍(季節風)

철반(鐵盤) 명 쇠로 만든 쟁반.

철-반자(鐵―) 명 철사를 '井' 자 모양으로 가로세로 얽어서 종이를 바른 반자.

철배(撤排) 명 -하다 타 식장에 배설(排設)했던 물건을 치움.

철버덕 부 좀 얕은 물이나 진땅을 매우 세게 치거나 밟을 때 나는 소리를 나타내는 말. ☞절버덕. 찰바닥

철버덕-거리다(대다) 자타 자꾸 철버덕 소리가 나다, 또는 그런 소리를 내다. ☞절버덕거리다. 찰바닥거리다

철버덕-철버덕 부 철버덕거리는 소리를 나타내는 말. ☞절버덕절버덕. 찰바닥찰바닥

철버덩 부 묵직한 물체가 깊은 물에 떨어질 때 크게 울리어 나는 소리를 나타내는 말. ☞절버덩. 찰바당

철버덩-거리다(대다) 자타 자꾸 철버덩 소리가 나다, 또는 그런 소리를 내다. ☞절버덩거리다. 찰바당거리다

철버덩-철버덩 부 철버덩거리는 소리를 나타내는 말. ☞절버덩절버덩. 찰바당찰바당

철벅 부 좀 얕은 물을 치거나 밟을 때 나는 소리를 나타내는 말. ☞절벅. 찰박

철벅-거리다(대다) 자타 자꾸 철벅 소리가 나다, 또는 그런 소리를 내다. ☞절벅거리다. 찰박거리다

철벅-철벅 부 철벅거리는 소리를 나타내는 말. ☞절벅절벅. 찰박찰박

철-벌레 명 철 따라 나오는 벌레. 봄의 나비, 여름의 매미, 가을의 귀뚜라미 따위. 후충(候蟲)

철벙 부 묵직한 물체가 깊은 물에 세게 떨어질 때 울리어 나는 소리를 나타내는 말. ☞절벙. 찰방

철벙-거리다(대다) 자타 자꾸 철벙 소리가 나다, 또는 그런 소리를 내다. ☞절벙거리다. 찰방거리다

철벙-철벙 부 철벙거리는 소리를 나타내는 말. ☞절벙절벙. 찰방찰방

철벽(鐵壁) 명 ①쇠로 된 것처럼 튼튼한 벽. ¶금성(金城) ― ②쇠로 된 벽이라는 뜻으로, 아주 튼튼한 방비를 비유하여 이르는 말. ¶ ― 수비

철-복(―服) 명 철에 맞는 옷.

철봉(鐵棒) 명 ①쇠몽둥이 ②쇠로 된 막대기 모양의 물건을 두루 이르는 말. ③기계 체조 용구의 한 가지. 두 개의 기둥 사이에 쇠막대기를 수평으로 가로지른 것.

철봉=운:동(鐵棒運動) 명 남자 체조 경기의 한 가지. 철봉에서 돌기·흔들기·휘돌기 따위의 연기를 함.

철-부지(―不知) 명 ①철이 없는 아이. ¶ ― 어린아이 ②철이 없는 어리석은 사람.

철분(鐵分) 명 물질 속에 들어 있는 철의 성분. ¶당근은 ―을 많이 함유하고 있다.

철분(鐵粉) 명 ①쇠의 가루. ②한방에서, 정제한 철화분(鐵華粉)을 약재로 이르는 말. 강장제나 수종(水腫)·황달 등에 쓰임.

철비(鐵扉) 명 쇠로 만든 문짝.

철빈(鐵貧) 명 -하다 형 더할 수 없이 가난함. ☞적빈(赤貧)

철사(撤祀) [―싸] 명 -하다 자 제사를 마침.

철사(鐵砂) [―싸] 명 사철(砂鐵)

철사(鐵絲) [―싸] 명 쇠로 가늘게 만든 줄. 철선(鐵線)

철사-유(鐵砂釉) [―싸―] 명 철분이 많은 흙을 원료로 하여 만든, 도자기의 잿물.

철삭(鐵索) [―싹] 명 여러 가닥의 철사를 꼬아 만든 줄.

철상(撤床) [―쌍] 명 -하다 자 제례(祭禮)가 끝나고 제상(祭床)을 거두어 물림.

철상(鐵像) [―쌍] 명 쇠로 만든 물건이나 사람의 형상.

철상철하(徹上徹下) [―쌍―] 성구 ①'위에서 아래까지 꿰뚫듯 훵함'을 이르는 말. ②철두철미(徹頭徹尾)

철-새 [―쌔] 명 철을 따라서 살 곳을 바꾸는 새. 기후조(氣候鳥). 표조(漂鳥). 후조(候鳥) ☞나그네새. 텃새

철색(鐵色) [―쌕] 명 검푸르고 희읍스레한 빛깔.

×**철색**(鐵索) 명 → 철삭(鐵索)

철석(鐵石) [―썩] 명 ①쇠와 돌. ②굳고 변함이 없음을 비유하는 말. ¶약속을 ―으로 믿다.

철석간장(鐵石肝腸) [―썩―] 성구 쇠나 돌과 같이 굳고

단단하며 흔들림이 없는 마음을 비유하여 이르는 말. 철심석장(鐵心石腸) ☞석장(石腸)

▶ 우리 나라의 주요 철새
ㅇ 겨울 철새 ― 가마우지/가창오리/개똥지빠귀/고니/기러기/독수리/두루미/따오기/떼까마귀/메추라기/비오리/솔개/쑥새/저어새/참수리/청둥오리/콩새/홍여새/황새
ㅇ 여름 철새 ― 개개비/꾀꼬리/두견이/뜸부기/물총새/밭종다리/백로/소쩍새/솔부엉이/쇠물닭/쏙독새/왜가리/제비/찌르레기/칼새/파랑새/팔색조/할미새/해오라기/후투티/휘파람새

철석-같다(鐵石-)[-썩갇-] 형 쇠나 돌처럼 굳고 변함이 없다. ¶철석같은 약속./철석같은 의지.
철석-같이 부 철석같게 ¶- 믿다./- 약속하다.
철-석영(鐵石英) 명 산화철을 많이 함유하여 붉은 석영.
철선(鐵船)[-썬] 명 쇠로 만든 배.
철선(鐵線)[-썬] 명 철사(鐵絲)
철설(鐵屑)[-썰] 명 ①쇠의 부스러진 가루. ②쇠똥[1]. 철락(鐵落)
철쇄(鐵鎖)[-쐐] 명 ①쇠로 만든 자물쇠. ②쇠사슬
철수(撤收)[-쑤] 명-하다 자타 있던 곳에서 장비나 시설을 거두어서 물러남. ¶군대를 주둔지에서 -하다.
철수(鐵銹·鐵鏽)[-쑤] 명 쇠에 스는 녹. 철의(鐵衣)
철습(掇拾)[-씁] 명-하다 타 주워 모음.
철시(撤市)[-씨] 명-하다 자 시장이나 상가 등이 문을 닫고 장사하지 아니함. 철전(撤廛) ¶오일장을 -하다.
철심(鐵心)[-씸] 명 ①물건의 속에 박는, 쇠로 된 심. ②변압기·전동기·발전기 등의 전기 기계에서 전선이 감기는 자성(磁性) 재료. ③쇠처럼 단단하고 굳은 마음. 철장(鐵腸)
철심석장(鐵心石腸)[-씸-] 성구 철석간장(鐵石肝腸)
철써기 명 여칫과의 곤충. 몸길이는 5~7cm. 몸빛은 초록 또는 갈색. 여치 비슷하나 날개가 더 크고 넓음. 정수리는 넓고 앞쪽으로 돌출하였으며, 앞가슴은 짧고 넓적함. 몸보다 긴 실 모양의 촉각이 있음.
철써덕 부 ①천천히 밀려온 큰 물결이 단단한 물체에 세게 부딪쳤다 물러가는 소리, 또는 그 모양을 나타내는 말. ②살집이 좋은 볼기 등을 큰 손바닥으로 세게 한 번 칠 때 나는 소리, 또는 그 모양을 나타내는 말. ③큼직하고 차진 물체를 손바닥 따위로 세게 치거나 메어칠 때 나는 소리, 또는 그 모양을 나타내는 말. ☞절써덕. 찰싸닥
철써덕-거리다(대다) 자타 자꾸 철써덕 소리가 나다, 또는 그런 소리를 내다. ☞절써덕거리다. 찰싸닥거리다
철써덕-철써덕 부 철써덕거리는 소리를 나타내는 말. ☞절써덕절써덕. 찰싸닥찰싸닥
철썩 부 ①큰 물결이 단단한 물체에 세게 부딪치는 소리, 또는 그 모양을 나타내는 말. ②볼기 등을 큰 손바닥으로 세게 칠 때 나는 소리, 또는 그 모양을 나타내는 말. ③큼직하고 차진 물체를 손바닥 따위로 세게 칠 때 나는 소리, 또는 그 모양을 나타내는 말. ☞절썩. 찰싹
철썩-거리다(대다) 자타 철썩철썩 소리가 나다, 또는 그런 소리를 내다. ☞절썩거리다. 찰싹거리다
철썩-철썩 부 철썩거리는 소리를 나타내는 말. ☞절썩절썩. 찰싹찰싹
철안(鐵案) 명 좀처럼 변경할 수 없는 단안(斷案), 또는 확고한 의견.
철-압인(鐵壓印) 명 쇠로 만든 압인. 준 철인(鐵印)
철액(鐵液) 명 철장(鐵漿)
철액-수(鐵液水) 명 철장(鐵漿)
철야(徹夜) 명-하다 자 밤을 새움. 밤새움. 망야(罔夜). 통소(通宵) ¶- 작업/-해서 일을 끝마치다.
철-어렁이(鐵-) 명 철사로 엮어 만든 삼태기. 광석이나 버력 따위를 담아 붓는 데 쓰임.
철-없:다[-업-] 형 사리를 분별할만 한 지각이 없다. ¶철없는 아이./철없는 짓을 하다.
철-없이 부 철없게 ¶- 굴다.

철엽(鐵葉) 명 대문짝에 붙여 박는 장식의 한 가지. 쇠로 물고기 비늘 모양으로 만듦.
철오(徹悟) 명-하다 타 사물의 깊은 이치를 꿰뚫어 깨달음.
철옥(鐵獄) 명 견고한 감옥.
철옹-성(鐵甕城) 명 중국 장쑤성에 있는 성 이름. 큰 성에 딸린 작은 성으로, 성 안팎을 벽돌로 쌓아 마치 쇠독처럼 튼튼한 데서, '매우 튼튼하게 둘러싼 것'의 비유로 쓰이는 말임. ¶수비가 - 같다.
철완(鐵腕) 명 무쇠처럼 억세고 단단한 팔. ¶-의 투수.
철요(凸凹) 명-하다 형 볼록함과 오목함. 요철(凹凸)
철-운모(鐵雲母) 명 철분을 많이 함유하고 있는 검은빛의 운모. 여섯 모가 진 판이나 비늘 조각 모양임.
철음(綴音) 명 자음과 모음이 합하여 된 소리.
철의(鐵衣) 명 ①철갑(鐵甲) ②철수(鐵銹)
철인(哲人) 명 ①사리에 밝고 인격이 뛰어난 사람. ②'철학자(哲學者)'를 달리 이르는 말.
철인(鐵人) 명 몸이나 힘이 쇠처럼 강한 사람.
철인(鐵印) 명 '철압인(鐵壓印)'의 준말. ¶-을 찍다.
철-자(鐵-) 명 쇠로 만든 자. 철척(鐵尺)
철자(綴字)[-짜] 명 자모(字母)를 아울러서 음절 단위의 글자로 짜맞추는 일, 또는 짜맞춘 그 글자.
철자-법(綴字法)[-짜뻡] 명 '맞춤법'의 구용어.
철장(鐵杖)[-짱] 명 쇠로 만든 지팡이. ☞석장(錫杖)
철장(鐵場)[-짱] 명 철점(鐵店)에서 쇠를 불리는 곳.
철장(鐵腸)[-짱] 명 철심(鐵心)
철장(鐵漿)[-짱] 명 대장간에서 생기는 철설(鐵屑)을 물에 오래 담그어 우려낸 검은 물. 염료 또는 한방에서 수렴제로 쓰임. 철액(鐵液). 철액수(鐵液水)
철재(鐵材)[-째] 명 공업이나 건축 등에 쓰이는 철로 된 재료. ☞목재(木材) ▷鐵의 속자는 鉄
철저(徹底)[-쩌] 명-하다 형 속속들이 밑바닥까지 투철함. ¶맡은 일에 -를 기하다./-하게 계획을 세우다.
철저-히 부 철저하게
철적(轍迹)[-쩍] 명 수레바퀴의 자국이라는 뜻으로, 사물이 지나간 흔적을 비유하여 이르는 말.
철적(鐵笛)[-쩍] 명 쇠붙이로 만든 저.
철전(撤廛)[-쩐] 명-하다 자 철시(撤市)
철전(鐵箭)[-쩐] 명 쇠로 만든 화살.
철전(鐵錢)[-쩐] 명 쇠를 녹여 만든 돈.
철점(鐵店)[-쩜] 명 철광석을 캐어 제련하는 곳.
철정(鐵釘)[-쩡] 명 쇠로 된 못. 쇠못

철제(鐵製)[-쩨] 명 쇠붙이를 재료로 하여 만듦, 또는 그 물건. 철조(鐵造) ¶- 책상
철제(鐵劑)[-쩨] 명 철을 주성분으로 한 약제. 철 결핍성 빈혈에 쓰임. 유산철이나 구연산철 따위.
철제(鐵蹄)[-쩨] 명 ①편자 ②쇠처럼 단단한 말굽이라는 뜻으로, 준마(駿馬)의 굽을 비유하여 이르는 말.
철조(凸彫)[-쪼] 명 돋을새김 ☞요조(凹彫)
철조(輟朝)[-쪼] 명-하다 자 지난날, 임금이 조회(朝會)를 폐하던 일. 폐조(廢朝)
철조(鐵造)[-쪼] 명 철제(鐵製) ¶- 여래 불상
철조(鐵條)[-쪼] 명 굵은 철사.
철조(鐵彫)[-쪼] 명-하다 타 쇠붙이에 조각함, 또는 그러한 조각.
철조-망(鐵條網)[-쪼-] 명 가시철사로 그물처럼 쳐 놓은 것. ¶-을 치다. 준 철망(鐵網)
철주(掣肘)[-쭈] 명-하다 타 〔팔꿈치를 당긴다는 뜻으로〕 남을 간섭하여 마음대로 하지 못하게 함.
철주(鐵舟)[-쭈] 명 쇠로 만든 작은 배.
철주(鐵朱)[-쭈] 명 대자석(代赭石)
철주(鐵柱)[-쭈] 명 쇠로 만든 기둥.
철-주자(鐵鑄字) 명 쇠를 부어 만든 주자(鑄字).
철-중석(鐵重石) 명 철과 텅스텐이 주성분인 광석의 한 가지. 단사 정계에 딸리며, 흑색 판상의 결정을 이룸.
철중쟁쟁(鐵中錚錚)[-쭝-] 성구 여러 쇠붙이 가운데 유난히 맑은 소리가 난다는 뜻으로, 같은 무리에서 가장 뛰

어난 사람을 비유하여 이르는 말. ☞군계일학
철-질(鐵-)명-하다자 번철에다 부침개를 부치는 일.
철쭉명 진달랫과의 낙엽 관목. 높이는 2~3m. 잎은 어긋맞게 가지 끝에 모여 나고, 가장자리는 밋밋한 모양임. 꽃은 5월경에 연분홍색으로 3~7개씩 가지 끝에 핌. 열매는 삭과(蒴果)로 10월경에 익음. 관상용으로 심으며, 우리 나라와 중국 등지에 분포함. 산객(山客). 옥지(玉支). 척촉(躑躅). 철쭉나무 ☞개꽃
철쭉-꽃명 철쭉의 꽃. 척촉화(躑躅花)
철쭉-나무명 철쭉
철창(鐵窓)명 ①쇠로 창살을 만든 창문. ②감방이나 교도소를 비유하여 이르는 말. ¶ - 생활을 하다.
철-찾다자 제철에 맞추다. ¶철찾아 옷을 갈아 입다.
철책(鐵柵)명 쇠로 만든 우리나 울타리.
철척(鐵尺)명 쇠로 만든 자. 철자
철천(徹天)명 하늘에 사무친다는 뜻으로, 원한 등이 마음속 깊이 사무침을 이르는 말. [주로 '철천의' 꼴로 쓰임.] ¶ -의 원수./-의 원한.
철천(鐵泉)명 철 이온이 많이 들어 있는 온천이나 샘. 물이 솟아난 뒤 다갈색의 침전이 생김. 류머티즘이나 부인병 치료에 효험이 있다고 함.
철천지원(徹天之冤)명 철천지한(徹天之恨)
철천지-원수(徹天之怨讎)명 하늘에 사무치도록 한이 맺히게 한 원수.
철천지한(徹天之恨)명 하늘에 사무치는 크나큰 원한. 철천지원(徹天之冤)
철철부 ①큰 그릇 따위에 그득 담긴 물이 많이씩 계속 넘치는 모양을 나타내는 말. ¶수도꼭지를 잠그지 않아 양동이의 물이 - 넘친다. ②눈물이나 피 따위를 계속 몹시 흘리는 모양을 나타내는 말. ¶눈물을 - 흘리며 후회하다./총을 맞고 피를 - 흘리다. ③얼굴빛이나 기운 따위가 많이 드러나는 모양을 나타내는 말. ¶반기는 빛이 - 넘치다./한창 나이라 힘이 - 넘친다. ☞찰찰
철철-이부 한 해의 각 철마다. ¶ - 옷을 해 입다.
철청총이(鐵青驄-)명 푸른 털에 흰 털이 조금 섞인 말.
철-체(鐵-)명 철사로 쳇불을 메운 체.
철총이(鐵驄-)명 몸에 검푸른 무늬가 있는 말.
철추(鐵椎)명 철퇴(鐵槌)
철칙(鐵則)명 변경하거나 어길 수 없는 엄격한 규칙. ¶ -을 어기다.

철침(鐵砧)명 모루
철커덕부 엇걸리게 만든 단단한 두 쇠붙이가 엇걸리거나 풀릴 때 거칠게 나는 소리를 나타내는 말. ¶ - 수갑을 채우다. ☞절거덕. 절커덕. 철거덕
철커덕-거리다(대다)자타 자꾸 철커덕 소리가 나다, 또는 그런 소리를 내다. ☞절거덕거리다. 절커덕거리다. 찰카닥거리다. 철거덕거리다
철커덕-철커덕부 철커덕거리는 소리를 나타내는 말. ☞절거덕절거덕. 절커덕절커덕. 찰카닥찰카닥. 철거덕철거덕
철커덩부 묵직한 쇠붙이 따위가 다른 단단한 물체와 부딪칠 때 거칠게 울리어 나는 소리를 나타내는 말. ¶ - 철문을 열다. ☞절거덩. 절커덩. 찰카당. 철거덩
철커덩-거리다(대다)자타 자꾸 철커덩 소리가 나다, 또는 그런 소리를 내다. ☞절거덩거리다. 절커덩거리다. 찰카당거리다. 철거덩거리다
철커덩-철커덩부 철커덩거리는 소리를 나타내는 말. ☞절거덩절거덩. 절커덩절커덩. 찰카당찰카당. 철거덩철거덩
철컥부 엇걸리게 만든 묵직한 두 쇠붙이의 고리가 잠기거나 열리면서 거칠게 나는 소리를 나타내는 말. ¶ - 방문을 잠그다. ☞절걱. 절컥. 찰칵. 철걱
철컥-거리다(대다)자타 자꾸 철컥 소리가 나다, 또는 그런 소리를 내다. ☞절걱거리다. 절컥거리다. 찰칵거리다. 철걱거리다
철컥-철컥부 철컥거리는 소리를 나타내는 말. ☞절걱절걱. 절컥절컥. 찰칵찰칵. 철걱철걱
철탄(鐵彈)명 처란
철탑(鐵塔)명 쇠붙이로 만든 탑, 또는 철골(鐵骨)로 세운 탑 모양의 것. ¶송전선의 -.
철태(鐵胎)명 철사유를 입혀 구운, 검붉은 도자기의 몸.
철태-궁(鐵胎弓)명 조선 시대에 쓰던 활의 한 가지. 각궁(角弓)과 비슷한데 몸을 쇠로 만들었음.
철통(鐵通)명 담뱃대의 마디를 뚫는 데 쓰는, 끝이 뾰족한 쇠꼬챙이. 통철(通鐵)
철통(鐵桶)명 쇠로 만든 통. 쇠통
철통 같다관용 조금도 빈틈이 없이 매우 튼튼하다. ¶철통 같은 수비.
철퇴(撤退)명-하다자 거두어서 물러남. ¶점령군의 -를 요구하다./주둔지에서 -하다.
철퇴(鐵槌)명 옛 병장기(兵仗器)의 한 가지. 길이 2m 가량의 쇠몽둥이로, 끝에 둥그렇고 울퉁불퉁한 쇳덩이가 달렸음. 철추(鐵椎)
철파(撤罷)명-하다타 철폐(撤廢)
철판(凸版)명 볼록판
철판(鐵板)명 쇠로 된 넓은 판. 쇠판
철판(을) 깔다관용 체면이나 염치를 돌보지 않다.
철판-구이(鐵板-)명 달군 철판 위에 고기나 생선 등을 구워 그 자리에서 먹는 음식.
철퍼덕부 바닥에 아무렇게나 맥없이 주저앉는 모양, 또는 그 소리를 나타내는 말. ☞절퍼덕
철편(鐵片)명 쇠붙이의 조각.
철편(鐵鞭)명 '고들개철편'의 준말.
철폐(撤廢)명-하다타 어떤 제도나 규정 따위를 걷어치워서 없앰. 철파(撤罷) ¶호주 제도를 -하다.
철폐(鐵肺)명 ①철분이 들어가 쌓인 폐. 폐 조직이 붉은 갈색을 띠며, 호흡기 질환의 증세를 나타냄. ②진행성 소아마비로 호흡 근육이 마비된 환자에게 쓰는 인공 호흡 기계.
철필(鐵筆)명 ①펜(pen) ②등사판에 쓰던, 끝이 뾰족한 쇠붙이로 된 붓. ③도장을 새기는 데 쓰는 새김칼.
철필-대(鐵筆-)[-때]명 펜촉을 끼워서 쓰는 자루. 펜대
철필-촉(鐵筆鏃)명 펜대에 끼워서 쓰는, 끝이 뾰족한 쇠촉. 펜촉
철필-판(鐵筆板)명 줄판
철필-화(鐵筆畫)명 철필로 그린 그림.
철-하다(綴-)타여 문서 등 여러 장으로 된 종이 따위를 책처럼 한데 엮다. ¶신문을 철하여 정리하다.
철학(哲學)명 ①인생이나 우주에 관한 근본 원리를 연구하는 학문. ②인생관이나 세계관을 비유하여 이르는 말. ¶생활 -/작가의 -이 담긴 작품.
철학-사(哲學史)명 철학 사상의 발생이나 변천 등을 체계적으로 쓴 역사.
철학-자(哲學者)명 철학을 전문으로 연구하는 사람. ☞철인(哲人)
철학-적(哲學的)명 철학에 기초를 두거나 철학과 관계되는 것. ¶ -으로 생각하다./-인 소설.
철한(鐵限)명 변경하거나 어길 수 없이 고정된 기한이나 한정.
철한(鐵漢)명 강직하고 의지가 굳은 사나이.
철혈(鐵血)앞말 철은 무기, 혈은 병사라는 뜻으로, '군비(軍備)'를 뜻하는 말. ¶ - 정책/- 정치
철혈=정략(鐵血政略)명 군사력을 강화하여 국권을 신장하려는 정략.
철형(凸形)명 볼록한 모양.
철화(鐵火)명 ①불덩이처럼 빨갛게 단 쇠. ②총화(銃火) ③칼과 총을 달리 이르는 말.
철화-분(鐵華粉)명 한방에서, 소금물에 담근 강철에 슨 녹을 약재로 이르는 말. 강장제나 치질약으로 쓰임.
철-확(鐵-)명 무쇠로 만든 작은 절구. 고추나 깨 따위를 찧는 데 쓰임.
철환(鐵丸)명 '처란'의 원말.
철환-제(鐵丸劑)명 철제(鐵劑)로 지은 환약.
철환천하(轍環天下)성구 수레를 타고 천하를 돌아다닌다

는 뜻으로, 공자(孔子)가 여러 나라를 돌아다니며 교화하던 일을 이르는 말.
철-활자(鐵活字)[-짜] 명 쇠로 만든 활자.
철회(撤回) 명 -하다 타 이미 내었거나 보낸 것을 도로 거두어들임. ¶사표를 -하다./파업을 -하다.
철획(鐵畫) 명 필력(筆力)이 강한 글씨의 획.
첨: 명 '처음'의 준말. ¶난생 -이다./- 보는 사람.
첨가(添加) 명 -하다 타 이미 있는 것에 덧붙이거나 보탬. 가첨(加添) ¶- 약품/영양제를 -한 식품. ☞부가(附加)
첨가-어(添加語) 명 교착어(膠着語)
첨감(添減) 명 -하다 타 첨가하거나 삭감함.
첨감(添感) 명 -하다 자 감기가 더침.
첨계(檐階) 명 지붕의 낙숫물이 떨어지는 곳에 흙이 패지 않도록 돌려 가며 놓은 돌. 댓돌
첨계-석(檐階石) 명 첨곗돌
첨곗-돌(檐階-) 명 댓돌로 놓은 돌. 첨계석(檐階石)
첨기(添記) 명 -하다 타 덧붙여 적음. [주로 문서나 편지의 내용 끝에 씀.] ☞추신(追伸)
첨:녕(諂佞) 명 -하다 자 매우 아첨함.
첨단(尖端) 명 ①물건의 뾰족한 끝. ②유행이나 시대 흐름의 맨 앞장. ¶-과학/- 장비/- 패션
첨단(檐端) 명 처마끝
첨단=거:대증(尖端巨大症)[-쯩] 명 말단 거대증
첨단=방:전(尖端放電) 명 도체(導體)의 뾰족한 끝에 전기가 집중하여 일어나는 방전 현상. 피뢰침이나 첨탑 등에서 일어나는 방전 따위.
첨단=비:대증(尖端肥大症)[-쯩] 명 말단 거대증
첨-대(籤-)[-때] 명 책장이나 포갠 물건의 사이에 표를 하려고 끼우는 얇은 댓조각.
첨례(瞻禮) 명 가톨릭에서, '축일(祝日)'의 구용어.
첨리(尖利) 어기 '첨리(尖利)하다'의 어기(語基).
첨리-하다(尖利-) 형여 첨예하다
첨망(瞻望) 명 -하다 타 ①먼데를 바라봄. ②우러러봄.
첨모-직(添毛織) 명 천의 한 면 또는 양면에 부드러운 털이나 보풀보풀한 실 코를 만들어 놓은 직물, 또는 그런 직조 방식. 벨벳이나 타월 따위. 파일 직물
첨미(尖尾) 명 물건의 뾰족한 끝이나 꽁지.
첨:미(諂媚) 명 -하다 자 아첨하여 아양을 떪.
첨배(添杯) 명 -하다 타 첨잔(添盞)
첨배(瞻拜) 명 -하다 자타 선현(先賢)이나 선조의 묘소나 사당에 우러러 절함.
첨벙 부 묵직하고 덩이가 진 물체가 물 위에 세게 떨어질 때 나는 소리를 나타내는 말. ☞점벙. 참방
첨벙-거리다(대다) 자 자꾸 첨벙 소리를 내다. 첨벙이다 ¶첨벙거리며 물 속으로 뛰어들다. ☞점벙거리다. 참방거리다
첨벙-이다 자 첨벙거리다 ☞점벙이다. 참방이다
첨벙-첨벙 부 첨벙거리는 소리를 나타내는 말. ☞점벙점벙. 참방참방
첨병(尖兵) 명 행군하는 부대의 맨 앞에서 적의 움직임을 살피고 경계하는 군사, 또는 그 부대.
첨병(添病) 명 -하다 자 앓는 병에 다른 병이 겹침. 첨증(添症)
첨보(添補) 명 -하다 타 더하여 보충함.
첨봉(尖峰) 명 뾰족한 봉우리.
첨부(添附) 명 -하다 타 문서나 안건 따위에 더 보태거나 덧붙임. ¶- 파일/자기 소개서를 -해 주십시오.
첨사(僉使) 명 '첨절제사(僉節制使)'의 준말.
첨사(籤辭) 명 점대에 새긴, 길흉에 관한 점사(占辭).
첨삭(添削) 명 -하다 타 시문(詩文)이나 답안 따위의 내용 일부를 보충하거나 삭제하여 고침. 증삭(增削). 증산(增刪) ¶원고를 -하다.
첨산(添算) 명 -하다 타 정한 것 외에 더 보태어 계산함.
첨서(添書) 명 -하다 타 원본에 글을 더 써 넣음.
첨서=낙점(添書落點) 명 지난날, 관원을 임명할 때 삼망(三望)에 든 사람이 모두 합당하지 않을 때, 그 밖의 사람을 더 써 넣어서 점을 찍어 결정하던 일.
첨선(忝先) 명 -하다 자 조상의 유업을 지키지 못하여 조상을 욕되게 함.
첨설(添設) 명 -하다 타 이미 설치된 것에 보태어 설치함.
첨:소(諂笑) 명 -하다 자 아첨하여 웃음.
첨수(尖袖) 명 통이 좁은 소매. ☞광수(廣袖)
첨습(沾濕) 명 -하다 자 물기에 젖음.
첨시(瞻視) 명 -하다 타 지켜봄.
첨앙(瞻仰) 명 -하다 타 우러러봄, 또는 공경하며 사모함.
첨예(尖銳) 어기 '첨예(尖銳)하다'의 어기(語基).
첨예-하다(尖銳-) 형여 ①뾰족하고 날카롭다. 첨리하다 ¶첨예한 칼끝. ②사태나 갈등 따위가 날카롭고 민감하다. ¶첨예하게 대립하다.
첨예-화(尖銳化) 명 -하다 자타 사태나 갈등 따위가 날카롭고 민감하게 됨. ¶갈등이 -하다.
첨원(尖圓) 어기 '첨원(尖圓)하다'의 어기(語基).
첨원-하다(尖圓-) 형여 끝이 뾰족하고 둥글다.
첨위(僉位) 대 '여러분'의 뜻으로, 글에서 쓰는 한문 투의 말. 제공(諸公). 제위(諸位) 높 첨존(僉尊)
첨유(諂諛) 명 -하다 자 알랑거리며 아첨함.
첨의(僉意) 명 여러 사람의 의견.
첨의(僉議) 명 여러 사람이 하는 의논.
첨입(添入) 명 -하다 자타 더 들어가거나 더 보탬.
첨자(添字)[-짜] 명 ①컴퓨터에서, 배열된 각각의 원소들을 지칭하기 위하여 배열의 이름과 함께 사용되는 숫자를 이르는 말. ②수학에서, 몇 개의 변수를 같은 문자로 나타낼 때 그것을 구별하는 소문자를 이르는 말. 'x^n'이나 'x_i'에서 'n, i' 따위.
첨자(籤子) 명 ①점대 ②장도(粧刀)가 칼집에서 쉽게 빠지지 않도록 하는, 젓가락 모양의 쇠.
첨작(添酌) 명 -하다 자 제사 때, 종헌(終獻)으로 올린 술잔에 다시 술을 더 따르는 일.
첨잔(添盞) 명 -하다 타 따라 놓은 술이 있는 술잔에 술을 더 따르는 일. 첨배(添杯)
첨전고후(瞻前顧後) 성구 전첨후고(前瞻後顧)
첨-절제사(僉節制使)[-쩨-] 명 조선 시대, 각 진영(鎭營)에 딸려 있던 정삼품의 무관 관직. 준 첨사(僉使)
첨족(尖足) 명 발가락 부분이 아래로 향하여 꼿꼿이 서서 발뒤꿈치가 바닥에 닿지 않는 발. 중추 신경 장애나 파상풍 등으로 말미암아 생기는 이상 증세임.
첨존(僉尊) 대 '첨위(僉位)'의 높임말.
첨좌(僉座) 명 '여러분 앞'의 뜻으로, 편지에서 쓰는 한문 투의 말.
첨죄(添罪) 명 -하다 자 죄를 지은 사람이 거듭하여 죄를 지음.
첨증(添症) 명 -하다 자 첨병(添病)
첨증(添增) 명 -하다 자타 더하여 늘리거나 더 늚.
첨지(僉知) 명 ①'첨지 중추부사(僉知中樞府事)'의 준말. ②성 다음에 붙이어, 나이 많은 사람을 낮추어 부르는 말. ¶박 -/유 -
첨지(籤紙)[-찌] 명 책 같은 데에 무엇을 표시하기 위하여 붙이는 쪽지.
첨지=중추부사(僉知中樞府事) 명 조선 시대, 중추부(中樞府)의 정삼품 당상관의 관직. 준 첨지(僉知)
첨찬(添竄) 명 -하다 타 시문 따위를 자꾸 첨삭하여 고침.
첨채(甜菜) 명 '사탕무'의 딴이름.
첨채-당(甜菜糖) 명 사탕무로 만든 설탕.
첨:첨 부 조금씩 잇달아 더 보태어지는 모양을 나타내는 말. ¶솔가지를 - 쌓아 올리다.
첨치(添齒) 명 -하다 자 나이를 한 살 더 먹음.
첨탑(尖塔) 명 꼭대기가 뾰족한 모양의 탑.
첨통(籤筒) 명 첨사(籤辭)가 적힌 점대를 담는 통.
첨하(檐下) 명 처마의 아래.
첨형(尖形) 명 끝이 뾰족한 모양.
첩 의 반상기 한 벌에 갖추어진 쟁첩의 수효를 세는 말. ¶칠 -으로 상을 차리다.
첩(妾)[1] 명 정식으로 혼인을 하여 맞은 아내 외에 데리고 사는 여자. 소실(小室). 작은마누라. 측실(側室)
속담 **첩의 살림은 밑 빠진 독에 물 길어 붓기** : 첩의 살림에는 돈이 한없이 든다는 말./**첩 정(情)은 삼 년 본처 정은**

ㅊ

백 년 : 아무리 첩에 혹한 사람이라도 그 정은 오래지 않아 식게 마련이고, 그 본처는 끝내 버리지 않는다는 말.

한자 첩 첩(妾) 〔女部 5획〕 ¶처첩(妻妾)/첩실(妾室)/첩자(妾子)/첩출(妾出)/축첩(蓄妾)

첩(妾)[2] 대 지난날, 결혼한 여자가 남편에게 자기를 낮추어 일컫던 말. ☞소첩(小妾). 신첩(臣妾)

첩(貼) 명 ①한방에서, 방문에 따라 탕제(湯劑)를 지어서 싼 약복지를 이르는 말. ②〔의존 명사로도 쓰임〕 ㉠한방에서, 약복지로 싼 약을 세는 말. ¶십전대보탕 한 ―./한 제는 탕약 스무 ―. ㉡'약간 수의 첩'을 이르는 말. ¶보약 ―이나 먹다.

첩경(捷徑) 명 지름길. 첩로(捷路) ¶성공의 ―.

×**첩-데기**(妾―) 명 → 첩(妾)

첩로(捷路) 명 지름길. 첩경(捷徑)

첩리(捷利) 어기 '첩리(捷利)하다'의 어기(語基).

첩리-하다(捷利―) 형여 재빠르고 매우 날쌔다.

첩-며느리(妾―) 명 아들의 첩을 이르는 말.

첩모(睫毛) 명 속눈썹

첩-박다 타 드나들지 못하도록 대문을 닫고 그 위에 나뭇조각을 가로 걸쳐 박다.

첩보(捷報) 명 싸움에 이겼다는 보고나 소식.

첩보(牒報) 명-하다 타 조선 시대, 서면(書面)으로 상관에게 보고하던 일, 또는 그 보고.

첩보(諜報) 명-하다 타 적의 형편을 정탐하여 알려 줌, 또는 그 보고. ¶― 기관/― 활동

첩보-망(諜報網) 명 첩보 활동을 하는 조직 체계.

첩부(貼付) 명-하다 타 발라서 붙임.

첩서(捷書) 명 지난날, 전쟁에 이겼음을 보고하던 글.

첩서(疊書) 명-하다 타 글을 쓸 때, 잘못하여 같은 글자나 글귀를 거듭 쓰는 일.

첩섭(呫囁) 명-하다 자 귀에 입을 대고 속삭임.

첩속(捷速) 어기 '첩속(捷速)하다'의 어기(語基).

첩속-하다(捷速―) 형여 민첩하고 빠르다.

첩-수로(捷水路) 명 내나 강의 물줄기를 바로잡으려고 굽은 곳을 곧게 뚫는 물길.

첩실(妾室) 명 ①첩을 점잖게 이르는 말. ②지난날, 결혼한 여자가 웟사람에게 자기의 방을 이르던 말.

첩-약(貼藥)[―냑] 명 첩으로 지은 약.

첩어(疊語) 명 같은 단어나 어근을 거듭하여 만든 말. 뜻의 강화(強化), 복수(複數) 만들기, 움직임의 되풀이 등의 뜻을 더해 줌. '하루하루, 면면(面面), 거듭거듭' 따위.

첩운(疊雲) 명 첩첩이 쌓여 보이는 구름.

첩운(疊韻) 명 ①한시(漢詩)에서, 같은 운자(韻字)를 거듭 쓰는 일. ②한자의 숙어 구성에서, 같은 운의 글자가 거듭하는 일. 선연(嬋娟), 요조(窈窕) 따위.

첩음-법(疊音法)[―뻡] 명 시나 노래에서 같은 구절을 두 번씩 거듭하는 형식.

첩자(諜者) 명 간첩(間諜)

첩장(帖裝) 명 지난날, 책을 장정(裝幀)하던 방법의 한 가지. 종이를 길게 이어 붙여 적당한 크기로 접어 병풍처럼 중첩하여 그 앞뒤 면에 보호용 표지를 붙인, 오늘날의 법첩(法帖)과 같은 모양임.

첩종(疊鐘) 명 조선 시대, 임금이 열병(閱兵)할 때 군대를 모으기 위하여 대궐 안에서 치던 큰 종.

첩지 명 조선 시대, 부녀자가 예장(禮裝)할 때 머리 위에 꾸미던 장식품. 은(銀)으로 용이나 봉황 모양을 만들고 좌우에 긴 머리카락을 달아서 가리마 위에 대고 뒤에서 잡아매었음.

×**첩지**(帖紙) 명 → 체지(帖紙)

첩지(牒紙) 명 대한 제국 때, 최하급 관원인 판임관(判任官)의 임명장.

첩지-머리 명 ①첩지를 얹은 머리. ②지난날, 계집아이의 귀밑머리를 땋은 아랫가닥으로 귀를 덮어서 빗던 머리.

첩첩(疊疊) 부-하다 형 여러 겹으로 쌓였거나 싸인 모양을 나타내는 말. 첩첩이 ¶― 쌓인 낙엽./―한 산 속의 절.

첩첩-산중(疊疊山中) 명 산이 첩첩이 둘러싸인 산 속.

첩첩-수심(疊疊愁心) 명 겹겹이 쌓인 근심.

첩첩-이(疊疊―) 부 첩첩(疊疊) ¶산으로 ― 싸인 산골.

첩첩이구(喋喋利口)[―니―] 성구 거침없이 말을 잘함을 이르는 말.

첩출(疊出) 명-하다 자 같은 사물이 거듭하여 나오거나 생김. 중출(重出) ¶재난이 ―하다.

첩해몽:어(捷解蒙語) 명 조선 정조 14년(1790)에 편찬된 몽고어 학습서. 4권 1책.

첩해신어(捷解新語) 명 조선 선조 때, 역관(譯官) 강우성(康遇聖)이 엮은 일본어 학습서. 인조 5년(1627)에 최학령(崔鶴齡)이 교정하여 펴냈고, 숙종 2년(1676)에 중간(重刊)하였음. 일본어를 히라가나로 적고 한글로 일본어 발음과 그 뜻을 적어 놓았음. 10권 10책.

첩화(貼畫) 명 도자기에, 도자기의 몸과 같은 감으로 여러 가지 모양을 만들어 덧붙인 무늬.

첫 관 '처음'을 뜻하는 말. ¶― 월급./― 직장.

첫-가을[첟―] 명 가을이 시작되는 무렵. 초가을. 초량(初涼). 초추(初秋)

속담 **첫가을에는 손톱 발톱도 다 먹는다** : 가을에는 식욕이 왕성해지고 무엇이든 보양(保養)이 되어 많이 먹게 된다는 말.

첫-개[첟―] 명 윷놀이에서, 그 판에서 맨 처음 나온 개를 이르는 말.

첫-걸[첟―] 명 윷놀이에서, 그 판에서 맨 처음 나온 걸을 이르는 말.

첫-걸음[첟―] 명 ①맨 처음 내딛는 걸음. 제일보(第一步) ¶눈이 쌓인 마당에 ―을 내딛다. ②어떤 일의 첫 시작이나 단계. 초보(初步) ¶―에 일이 성사되다.

첫-겨울[첟―] 명 겨울이 시작되는 무렵. 초겨울. 초동(初冬)

첫-고등[첟―] 명 맨 처음의 기회.

첫-국[첟―] 명 빚어서 담근 술이 익었을 때, 박아 놓은 용수에서 첫 번으로 떠내는 맑은 술.

첫-국밥[첟―] 명 해산한 뒤에 산모가 처음으로 먹는 미역국과 흰밥.

첫-기제(―忌祭)[첟―] 명 삼년상을 마치고 처음으로 지내는 기제. 초기(初忌)

첫-길[첟―] 명 ①처음으로 가는 길. 초행길 ②시집가거나 장가들러 가는 길.

첫-나들이[첟―] 명 ①갓난아이가 처음으로 하는 나들이. ②시집온 새색시가 처음으로 하는 나들이.

첫나들이(를) 한다 관용 지난날, 갓난아이가 첫나들이를 할 때 코끝에 숯 칠을 하여 잡귀의 침범을 막던 풍속에서, 얼굴이 검정이나 다른 빛깔로 더러워진 사람을 놀리어 이르는 말.

첫-날[첟―] 명 어떤 일이 시작되는 첫째 날. 초일(初日)

첫날-밤[첟―빰] 명 혼인한 신랑 신부가 처음으로 합께 자는 밤. 초야(初夜). 혼야(婚夜)

속담 **첫날밤에 속곳 벗어 메고 신방에 들어간다** : 모든 일에 격식을 따르지 않고 염치없는 짓을 한다는 말.

첫-낯[첟―] 명 처음으로 대하는 얼굴.

첫-눈[1][첟―] 명 처음 대하여 보았을 때 받는 느낌이나 인상. ¶―에 반하다./―에 그의 아들임을 알았다.

첫눈에 들다 관용 처음 보고 마음에 들다.

첫-눈[2][첟―] 명 그 해 겨울에 처음으로 내리는 눈. 초설

첫-닭[첟―] 명 새벽에 맨 처음 우는 닭.

첫닭이 울다 관용 새벽에 첫 홰를 치면서 운다는 뜻으로, 날이 샘을 이르는 말.

첫-대[첟―] 부 첫째로

첫대-바기[첟―] 명 맞닥뜨리는 맨 처음. ¶―부터 반말이다./―에 단단히 다잡아 놓다.

첫-더위[첟―] 명 그 해에 처음으로 닥친 더위.

첫-도[첟―] 명 윷놀이에서, 그 판에서 맨 처음 나온 도를 이르는 말.

첫도 왕 관용 윷놀이에서, 첫도를 치면 왕이 되어 이긴다는 말.

첫도 유복(有福) 관용 윷놀이에서, 첫도를 치면 복이 있

어 이긴다는 말.
속담 첫도는 세간 밑천이라 : 윷놀이에서, 맨 처음에 도를 친 것을 섭섭히 여기지 말라고 위로하는 말.
첫-돌[천-] 명 생기거나 태어난 날로부터 한 해가 되는 날. 준 돌[1]
첫-딸[천-] 명 초산으로 낳은 딸.
속담 **첫딸은 세간 밑천이다** : 첫딸은 집안의 모든 일에 도움이 된다는 뜻으로 이르는 말.
첫-마디[천-] 명 맨 처음에 하는 말의 한 마디.
첫-말[천-] 명 첫마디로 내는 말.
첫-머리[천-] 명 ①어떤 일의 시작 부분. ¶이야기의 -. ②어떤 것의 앞이 되는 부분. ¶행렬의 -. ☞끝머리
첫-모[천-] 명 윷놀이에서, 그 판에 맨 처음 나온 모를 이르는 말.
속담 **첫모 방정에 새 까먹는다** : ①윷놀이에서 맨 처음 모가 나오면 그 판은 실속이 없다는 뜻으로, '상대편의 첫모쯤은 별것이 아니다'라고 농조로 이르는 말. ②일이 처음에 너무 잘 되면 끝이 좋지 않다는 말.
첫-물[1][천-] 명 그 해 처음으로 나는 홍수.
첫-물[2][천-] 명 옷을 새로 지어 입고 빨 때까지의 동안.
×**첫-물**[3] 명 →만물
첫물-가다[천-] 자 첫물지다
첫물-지다[천-] 자 그 해 들어 첫 홍수가 나다. 첫물가다
첫-발[천-] 명 ①처음으로 내디디는 발. ②어떤 일이나 사업의 시작. ¶대학 생활의 -을 내디디다.
첫발을 내디디다 관용 새로이 무엇을 시작하다.
첫-밥[천-] 명 누에를 떨어 놓고 처음으로 뽕잎의 순을 잘라 짓썰어서 주는 먹이.
첫-배[천-] 명 짐승이 처음으로 새끼를 배거나 치거나 까는 일, 또는 그 새끼. ☞종배
첫-봄[천-] 명 봄이 시작되는 무렵. 초봄. 이른봄
첫-사랑[천-] 명 처음으로 느끼거나 맺은 사랑. ¶-이 이루어지다.
첫-새벽[천-] 명 날이 밝기 시작하는 새벽의 첫머리. ☞꼭두새벽
첫-서리[천-] 명 그 해 가을에 맨 처음으로 내린 서리. 초상(初霜) ¶벌써 -가 내렸다.
첫-소리[천-] 명〈어〉초성(初聲) ☞가운뎃소리. 끝소리
첫-손[천-] 명 '꼽다'와 함께 쓰이어, 여럿 가운데서 가장 뛰어난 것을 이르는 말. ¶높이뛰기라면 그를 -으로 꼽는다./국내에서 -을 꼽을만 한 수학자.
첫-솜씨[천-] 명 경험 없는 사람이 처음으로 손을 대서 하는 솜씨. ¶- 치고는 잘한 편이다.
첫-수(-手)[천-] 명 장기나 바둑 따위에서, 맨 처음에 두는 수.
첫-술[천-] 명 맨 처음에 떠먹는 밥술.
속담 **첫술에 배부르랴** : 무슨 일이든지 처음부터 단번에 만족할 수는 없다는 말.
첫-아기[천-] 명 초산으로 낳은 아기.
속담 **첫아기에 단산**(斷產) : 어떤 일이 처음이자 마지막이 됨을 이르는 말.
첫-아들[천-] 명 초산으로 낳은 아들.
첫-얼음[천-] 명 그 해에 처음으로 언 얼음. 초빙(初氷)
첫-여름[천녀-] 명 여름이 시작되는 무렵. 초여름
첫-윷[천뉻] 명 윷놀이에서, 그 판에 맨 처음 나온 윷을 이르는 말.
첫-이레[천니-] 명 아기가 태어난 지 이레가 되는 날. 초칠일(初七日). 한이레 ☞두이레. 세이레
첫-인사(-人事)[천-] 명 처음으로 하는 인사. ¶-를 나누다.
첫-인상(-印象)[천-] 명 사람이나 사물에 대하여, 첫눈에 느껴지는 인상. 제일 인상(第一印象) ¶-이 좋다./-이 중요하다.
첫-잠[천-] 명 ①누워서 처음으로 곤하게 든 잠. ②누에가 뽕을 먹기 시작하여 첫 번째로 자는 잠.
첫-정(-情)[천-] 명 처음으로 느낀 애정, 또는 그 상대자. ¶-을 못 잊다.
첫-째[1][천-] 명 ①형제 자매 가운데서 맨 처음으로 태어난 사람. 맏이 ¶우리 집 -가 이번에 결혼을 합니다. ②여럿 가운데서 맨 처음이 되는 일. 제일(第一)[1] ¶건강이 -이다. ③〔부사처럼 쓰임〕 여럿 가운데 가장. ¶작업 현장에서 - 주의해야 할 일은 안전 관리이다.
첫-째[2][천-] 수 순서가 가장 먼저인 차례. ¶- 시간
첫째-가다[천-] 자 여럿 가운데서 으뜸이 되다. 으뜸가다 ¶첫째가는 부자.
첫-차(-車)[천-] 명 열차나 전차, 노선 버스 등에서, 그 날 맨 처음 떠나거나 들어오는 차. ¶새벽에 -로 떠나다. ☞막차
첫-추위[천-] 명 그 해 겨울에 처음으로 닥친 추위. 초한(初寒) ¶-가 닥치기 전에 김장을 하다.
첫-출사(-出仕)[천-싸] 명 처음으로 관직에 나아감.
첫-판[천-] 명 어떤 일의 첫머리가 되는 판. ¶-에 상대를 제압하다./-을 이기다.
첫-판(-版)[천-] 명 최초로 박아낸 인쇄물. 초판(初版)
첫-해[천-] 명 어떤 일을 시작한 첫 번째 해.
속담 **첫해 권농**(勸農) : 시골 사람이 갑자기 권농이 되니 사무가 서툴렀다는 이야기에서 나온 말로, 어떤 일을 처음으로 시작할 때는 뜻대로 잘 되지 않는다는 말.
첫-행보(-行步)[천-] 명 ①처음으로 길을 다녀오는 일. ②행상(行商)으로, 처음 하는 장사.
첫-혼인(-婚姻)[천-] 명 재혼에 대하여, 처음 한 혼인을 이르는 말. 초혼(初婚)
청 명 ①후두(喉頭)의 가운데에 있는, 소리를 내는 기관. 목청. 성대(聲帶) ¶-이 좋다. ②어떤 물건의 얇은 막으로 된 부분. ¶귀-/대-
청(靑) 명 '청색(靑色)'의 준말.
청(請) 명-하다 타 무엇을 해 달라고 남에게 부탁하는 일, 또는 그 부탁. ¶-을 넣다./제 -을 들어 주십시오.
청(廳) 명 ①'대청(大廳)'의 준말. ②'청(廳)' 자가 붙는 관청을 줄여서 이르는 말. ¶-에 나가다.
-청(廳)《접미사처럼 쓰이어》 ①'곳'·'장소'의 뜻을 나타냄. ¶초례청(醮禮廳) ②'관청(官廳)'의 뜻을 나타냄. ¶감독청(監督廳)/지방청(地方廳)/경찰청(警察廳)/국세청(國稅廳)/병무청(兵務廳)
청가(請暇) 명-하다 자 말미나 휴가를 청함. 청유(請由)
청각(靑角) 명 '청각채(靑角菜)'의 준말.
청:각(聽覺) 명 오감(五感)의 하나. 청각기가 공기나 물 등을 통해 받은 음향의 자극을 뇌에 전달하여 일으키는 감각. 청감(聽感) ▷ 聽의 속자는 聴
청:각=교:육(聽覺敎育) 명 책이나 추상적 이론에 따르지 않고, 직접 귀로 들을 수 있는 음악이나 라디오 방송 따위를 이용하는 교육.
청:각-기(聽覺器) 명 소리를 느끼는 감각 기관. 척추동물의 귀, 곤충류의 고막 기관 따위. 청관(聽官). 청기
청각-채(靑角菜) 명 녹조류(綠藻類) 청각과의 바닷말. 길이는 15~40cm. 줄기는 네댓 갈래로 갈라져 있어 사슴의 뿔과 비슷하며, 짙은 녹색으로 부드러움. 세포성 격막이 없어 원형질이 모두 연결된 비세포성 다핵체를 이루고 있음. 김장할 때에 김치의 고명으로 쓰기도 하고 무쳐 먹기도 함. 파도의 영향을 적게 받는 깊은 바다에서 자람. 준 청각(靑角)
청간(淸澗) 명 청계(淸溪)
청간(請簡) 명 ①청편지(請片紙) ②청첩장(請牒狀)
청:감(聽感) 명 청각(聽覺)
청강(淸江) 명 맑게 흐르는 강.
청:강(聽講) 명-하다 자타 강의를 들음.
청강사자현부전(淸江使者玄夫傳) 명 고려 고종 때, 이규보(李奎報)가 지은 가전체(假傳體) 작품. 거북을 의인화하여 어진 사람의 행실을 묘사한 내용임. '동문선(東文選)'에 실려 전함.
청:강-생(聽講生) 명 ①청강하는 사람. ②대학에서, 그 학교의 학생은 아니지만 청강을 허락 받은 학생.
청강-석(靑剛石) 명 단단하고 빛깔이 파란 옥돌.
청강-수(靑剛水) 명 '염산'을 흔히 이르는 말.

청-개구리(靑−)명 ①양서류 청개구릿과의 한 종. 몸길이 2.5~4cm의 작은 개구리로, 등은 대개 녹색이며 어두운 무늬가 섞여 있고, 배는 백색이나 담황색에 도톨도톨한 돌기가 있음. 주변 환경에 따라 몸빛이 변하며, 발가락 끝에 빨판이 있음. 수컷은 턱 밑에 큰 울음주머니가 있어, 산란기나 습도가 높은 날에 큰 소리로 욺. 우리나라와 일본, 중국, 러시아 등지에 분포함. 청와(靑蛙) ②모든 일에 엇나가고 엇먹는 짓을 하는 사람을 비유하여 이르는 말. ¶하지 말라는 일만 골라서 하는 게 꼭 − 같다. ▷靑과 青은 동자

청개구리-타령(靑−*打令)명 경기 민요의 한 가지. 청개구리의 생태를 생생하게 묘사한 해학적인 노래임.

청객(請客)명-하다자 손을 청함. 유 청빈(請賓)

청검(淸儉)어기 '청검(淸儉)하다'의 어기(語基).

청검-하다(淸儉−)형여 청렴하고 검소하다.

청견(請見)명-하다자타 만나 보기를 청함.

청결(淸潔)명-하다형 맑고 깨끗함. ¶−한 실내.

청결-히부 청결하게 ¶몸을 − 하다.

청경우:독(晴耕雨讀)성구 갠 날에는 논밭을 갈고 비가 내리는 날은 책을 읽는다는 뜻으로, 부지런히 일하며 공부함을 이르는 말.

청계명 민속에서 이르는 잡귀의 한 가지. 사람에게 씌워서 몹시 앓게 한다고 함.

청계(淸溪)명 맑은 시내. 청간(淸澗)

청계-수(淸溪水)명 맑은 시냇물.

청고(淸高)어기 '청고(淸高)하다'의 어기(語基).

청-고초(靑苦草)명 '풋고추'를 달리 이르는 말.

청고-하다(淸高−)형여 성품이 맑고 고결하다.

청곡(淸曲)명 맑고 고운 노래 곡조.

청:골(聽骨)명 청소골(聽小骨)

청공(靑空)명 파란 하늘. 청천(靑天)

청공(晴空)명 맑게 갠 하늘. 청천(晴天)

청:-공간(聽空間)명 청각으로 지각할 수 있는 영역.

청과(靑果)명 신선한 과일과 채소를 두루 이르는 말. 청과물(靑果物)

청과-물(靑果物)명 청과(靑果) ¶− 시장

청관(淸官)명 조선 시대, 문명(文名)과 청망(淸望)이 있는 청백리라는 뜻으로, 홍문관의 관원을 이르던 말.

청:관(聽官)명 청각기(聽覺器)

청광(淸狂)명 마음이 깨끗하여 청아한 멋이 있으면서도 언행이 상식에 벗어남, 또는 그런 사람.

청-교도(淸敎徒)명 16세기 후반 영국 국교회에 반항하여 일어난 개신교의 한 파, 또는 그 교도. 주일을 엄수하고, 쾌락을 죄악시하며 철저한 금욕주의를 주장함.

청교도-적(淸敎徒的)명 청교도 특유의 것, 곧 금욕적이고 결백한 것. ¶−인 생활을 하다.

청구(靑丘·靑邱)명 지난날, 중국에서 우리 나라를 달리 이르던 말. ☞동국(東國)

청구(請求)명-하다타 남에게 무엇을 달라고 공식적으로 요구함. ¶출장 경비를 −하다.

청구가요(靑邱歌謠)명 조선 영조 45년(1769)에 김수장(金壽長)이 77수의 작품을 모아 엮은 가요집. '해동가요(海東歌謠)'의 권말에 수록되어 있음.

청구-권(請求權)[−꿘]명 남에게 일정한 행위를 요구할 수 있는 권리. 채권, 손해 배상권 따위.

청-구멍(請−)[−꾸−]명 청탁을 할만 한 자리나 길.

청구-서(請求書)명 청구하는 내용을 적은 문서. ¶물품 대금 −

청구악장(靑丘樂章)명 '가곡원류'의 이본(異本).

청구영언(靑丘永言)명 조선 영조 4년(1728)에 김천택(金天澤)이 엮은 시조집. 고려 말부터 편찬 당시까지의 역대 시조를 곡조에 따라 분류하고 정리함. 오늘날 전하는 시조집 중 가장 오래된 것으로, '해동가요', '가곡원류'와 함께 삼대 가집(歌集)으로 꼽힘.

청국-장(淸麴醬)명 장의 한 가지. 삶은 콩을 베 보자기에 싸서 따뜻한 방에 두어 띄운 장. 콩이 잘 뜨면 마늘·생강·고춧가루·소금 등을 섞고 절구에 찧어 항아리에 담아 두고 먹음. 주로 찌개를 끓여 먹음. 담북장

청군(靑軍)명 경기 등에서, 빛깔에 따라 편을 가를 때 파란 빛깔의 상징물을 사용하는 쪽의 편. 흔히 두 편으로 가를 때는 청군과 백군으로 나눔. ☞홍군(紅軍)

청규(淸閨)명 부녀가 거처하는 깨끗하고 조촐한 방.

청규(廳規)명 관청의 내규(內規).

청귤(靑橘)명 익지 않은 푸른 귤.

청귤-피(靑橘皮)명 한방에서, 귤이 익기 전에 껍질을 벗겨 말린 것을 약재로 이르는 말. 기(氣)를 잘 통하게 하는 효과가 있어, 기체(氣滯)·협통(脇痛)·적취(積聚) 등에 쓰임. 준 청피(靑皮) ☞황귤피(黃橘皮)

청근(菁根)명 '무[2]'의 딴이름.

청금(靑衿)명 지난날, '유생(儒生)'을 달리 이르던 말. 시경(詩經)의 '청청자금(靑靑子衿)'에서 온 말임.

청기(靑氣)명 푸른 기운.

청기(靑旗)명 파란 빛깔의 기.

청기(請期)명 재래식 혼례(婚禮)의 여섯 가지 예법의 하나. 그 다섯째 절차로서, 장가들일 아들을 둔 쪽에서, 신부로 맞이하고자 하는 여자 쪽에다 혼인 날짜를 정해 주기를 청하는 일을 이름. ☞육례(六禮). 친영(親迎)

청:기(聽器)명 청각기(聽覺器)

청-기와(靑−)명 파란 빛깔의 단단한 기와. 벽와(碧瓦). 청와(靑瓦)

속담 **청기와 장수** : 비법이나 기술 따위를 자기만 알고 남에게 알리지 않아 그 이익을 독차지하려는 사람을 비유하여 이르는 말.

청-꼭지(靑−)명 파란 빛깔의 둥근 종이를 머리에 붙인 연(鳶).

청-꾼(請−)명 남의 청을 받아 대신 청질을 하는 사람.

청남(淸南)명 청천강(淸川江) 이남 지방. 흔히 평안 남도 일대를 이르는 말. ☞관서(關西). 청북(淸北)

청납(淸納)명-하다타 세금을 남김없이 냄.

청:납(聽納)명-하다타 남의 말을 들어서 잘 받아들임.

청-낭자(靑娘子)명 '잠자리[2]'의 딴이름.

청내(廳內)명 관청의 안.

청-널(廳−)명 마룻바닥에 깐 널조각. 당판(堂板). 마루청. 청판(廳板)

청녀(靑女)명 ①'서리[1]'를 달리 이르는 말. ②민속에서, 서리를 맡아 다스린다는 여신을 이르는 말.

청녀(淸女)명 청나라 여자, 곧 중국 여자.

청년(靑年)명 젊은 사람, 또는 젊은 남자. ¶장래가 촉망되는 −. ☞장년(壯年)

청년-기(靑年期)명 열네댓 살에서 스물네댓 살까지의 시기. 성적(性的) 성숙에 따른 급격한 신체적 변화가 나타나며, 자아 의식과 사회 의식의 발달이 두드러짐. 청춘기(靑春期) ☞노년기(老年期)

청년-단(靑年團)명 어떤 목적을 위하여 조직된 청년들의 단체.

청년-회(靑年會)명 어떤 목적을 위하여 조직된 청년들의 모임.

청-노새(靑−)명 푸른 빛을 띤 노새.

청-녹두(靑綠豆)명 팥의 한 품종. 꼬투리는 검고 열매는 푸름. 5월경에 씨를 뿌림.

청단(靑短)명 화투 놀이에서, 목단·국화·단풍의 다섯 끗짜리 석 장을 모두 차지한 경우를 이르는 말. 놀이에 참가한 다른 사람들로부터 서른 끗씩을 받게 됨. ☞초단(草短). 홍단(紅短). 약

청:단(聽斷)명-하다타 송사(訟事)를 듣고 판단함.

청담(淸談)명 ①속되지 않은, 맑고 고상한 이야기. ②남의 이야기를 높이어 이르는 말.

청담(晴曇)명 날씨의 맑음과 흐림.

청담(淸淡)어기 '청담(淸淡)하다'의 어기(語基).

청담-하다(淸淡−)형여 ①빛깔이 맑고 엷다. ②맛이 개운하다. ③마음이 깨끗하고 담박하다.

청답(靑踏)명-하다자 답청(踏靑)

청대명 대의 한 가지. 마디가 참대보다 짧고 줄기에 하얀 가루가 있음.

ㅊ

청-대(靑-)명 베어 낸 뒤에 마르지 않아서 빛깔이 아직 푸른 대. 청죽(靑竹)

청대(靑黛)명 ①한방에서, '쪽물'을 약재로 이르는 말. 경간(驚癎)이나 감병(疳病)에 쓰임. ②쪽물 ③눈썹을 그리는 파란 먹.

청대 독 같다관용 쪽물을 바른 독과 같다는 뜻으로, 빛깔이 새파란 물건을 이르는 말.

청대(請待)명-하다타 손을 청하여 대접함.

청대(請對)명-하다자 지난날, 신하가 급한 일이 있을 때에 임금에게 뵙기를 청하던 일.

청대-콩(靑-)명 아직 덜 익어서 푸른 빛이 도는 콩. 청태(靑太) ☞푸르대콩

청대콩-죽(靑-粥)명 청대콩을 갈아서 체에 걸러 내리고 멥쌀로 새알심을 만들어 넣고 쑨 죽.

청덕(淸德)명 청렴하고 고결한 덕행.

청도(靑陶)명 청자(靑瓷)

청도(淸道)명-하다타 지난날, 임금이나 왕세자가 나들이할 때에 길을 정리하고 청소하던 일.

청-돔(靑-)명 감성돔과의 바닷물고기. 몸길이 40cm 안팎. 몸은 길둥글고 회청색인데, 옆구리에 회색을 띠는 황색 반점이 있음. 조개류·갑각류 따위를 잡아먹음.

청동(靑桐)명 '벽오동(碧梧桐)'의 딴이름.

청동(靑銅)명 구리와 주석의 합금. 갈동(褐銅)

청동-기(靑銅器)명 청동으로 만든 그릇이나 기구.

청동기=시대(靑銅器時代)명 고고학상의 시대 구분 중 제2단계. 청동을 이용하여 여러 가지 연모를 만들어 쓰던 시대. ☞철기 시대(鐵器時代)

청동-화(靑銅貨)명 청동으로 만든 돈.

청동=화:로(靑銅火爐)명 청동으로 만든 화로. 대부분 전이 넓고, 발이 셋 달렸음.

청둥-오리명 오릿과의 겨울 철새. 몸길이 65cm 안팎. 수컷은 머리와 목이 광택 있는 녹색으로 목에 백색의 테가 있으며, 가슴은 진한 자갈색, 꽁지는 백색, 부리는 황색임. 암컷은 전체적으로 갈색을 띰. 하늘에서는 'V'자 모양으로 무리를 지어 낢. 물오리. 야목(野鶩). 야부(野鳧). 야압(野鴨)

청둥-호박명 늙어서 겉이 굳고 씨가 잘 여문 호박.

청득(請得)명-하다타 청탁하여 허락을 얻음.

청등(靑燈)명 파란빛을 내는 등불이나 전등.

청-등롱(靑燈籠)명 '청사 등롱(靑紗燈籠)'의 준말.

청등-홍가(靑燈紅街)명 ①'화류계(花柳界)'를 달리 이르는 말. ②지난날, '환락가(歡樂街)'를 흔히 이르던 말.

청-딱따구리(靑-)명 딱따구릿과의 텃새. 몸길이 30cm 안팎. 몸빛은 등이 녹색, 배가 회색임. 꽁지에 'V' 자 모양의 무늬가 있으며, 날 때에는 파도 모양을 그리면서 낢. 단독 생활을 하며, 교목에 구멍을 뚫어 그 속에 알을 낳음. 삼림의 해충을 잡아먹는 익조임. 우리 나라에만 서식함. 산탁목(山啄木)

청람(靑嵐)명 멀리 보이는 산에 낀 이내.

청람(靑藍)명 쪽의 잎에 들어 있는 천연 색소. 물과 알칼리에 용해되지 않는 파란 가루로, 남색 물감으로 쓰임. 인디고(indigo)

청람(晴嵐)명 화창한 날에 아른거리는 아지랑이.

청람-색(靑藍色)명 파란빛이 감도는 남색.

청랑(淸朗)어기 '청랑(淸朗)하다'의 어기(語基).

청랑(晴朗)어기 '청랑(晴朗)하다'의 어기(語基).

청랑-하다(淸朗-)형여 ①맑고 명랑하다. ②하늘이 깨끗이 개어 상쾌하다.

청랑-하다(晴朗-)형여 날씨가 맑고 화창하다.

청래(請來)명-하다타 손을 청하여 맞아 옴.

청량(淸亮)어기 '청량(淸亮)하다'의 어기(語基).

청량(淸涼)어기 '청량(淸涼)하다'의 어기(語基).

청량-미(靑粱米)명 차조의 한 품종인 생동찰의 알갱이. 생동쌀. 청정미(靑精米)

청량=사육(淸涼飼育)명 잠실(蠶室)에 불을 때지 않고 자연 상태의 온도로 누에를 치는 일.

청량=음:료(淸涼飮料)명 이산화탄소가 들어 있어 맛이 산뜻하면서 시원한 음료. 소다수·사이다·콜라 따위.

청량-제(淸涼劑)명 ①먹으면 기분이 상쾌해지는 약제. ②답답한 마음이나 세상사를 시원히 풀어 주는 구실을 하는 것을 비유하여 이르는 말. ¶그의 선행은 어지러운 세상에서 – 구실을 한다.

청량-하다(淸亮-)형여 소리가 맑고 깨끗하다. ¶청량하게 흐르는 시냇물.

청량-히부 청량하게

청량-하다(淸涼-)형여 맑고 서늘하다. ¶청량한 바람.

청량-히부 청량하게

청려(淸麗)어기 '청려(淸麗)하다'의 어기(語基).

청려-장(靑藜杖)명 명아줏대로 만든 지팡이. 준여장(藜杖)

청려-하다(淸麗-)형여 청아하고 수려하다.

청:력(聽力)명 귀로 소리를 듣는 능력. 이력(耳力)

청:력-계(聽力計)명 사람의 청력을 재는 장치. 오디오미터(audiometer)

청련(淸漣)어기 '청련(淸漣)하다'의 어기(語基).

청련-하다(淸漣-)형여 물이 맑고 잔잔하다.

청렬(淸洌)어기 '청렬(淸洌)하다'의 어기(語基).

청렬-하다(淸洌-)형여 ①물이 맑고 차다. ¶청렬한 샘물. ②맛이 시원하고 산뜻하다.

청렴(淸廉)명-하다형 성품과 행실이 고결하고 탐하는 마음이 없음. ¶-한 공직자.

한자 **청렴할 렴**(廉) [广部 10획] ¶염리(廉吏)/결렴(潔廉)

청령(蜻蛉)명 '잠자리[2]'의 딴이름.

청:령(聽令)명-하다자 명령을 주의 깊게 들음.

청록(靑鹿)명 '고라니'의 딴이름.

청록(靑綠)명 우리 나라의 기본색 이름의 하나. 초록과 파랑의 중간색, 또는 그런 빛깔의 물감. 청록빛. 청록색(靑綠色) ☞갈매. 남색(藍色)

청록-빛(靑綠-)명 초록과 파랑의 중간 빛. 청록. 청록색(靑綠色)

청록-산수(靑綠山水)명 동양화에서, 삼청(三靑)과 석록(石綠)으로만 그린 산수화.

청록-색(靑綠色)명 초록과 파랑의 중간색. 청록(靑綠). 청록빛

청룡(靑龍)명 ①사신(四神)의 하나. 하늘의 동쪽을 지킨다는 신으로, 용(龍)의 형상으로 나타남. 창룡(蒼龍) ☞주작(朱雀). 현무(玄武) ②풍수지리설에서, 주산(主山)에서 왼쪽으로 벋어 있는 산줄기를 이르는 말. ☞우백호(右白虎) ③이십팔수 가운데 동쪽에 있는 각(角)·항(亢)·저(氐)·방(房)·심(心)·미(尾)·기(箕)의 일곱 별을 통틀어 이르는 말. ☞백호(白虎)

청룡-날(靑龍-)명 풍수지리설에서, 산의 청룡 줄기를 이르는 말. ☞백홋날

청룡-도(靑龍刀)명 '청룡 언월도(靑龍偃月刀)'의 준말.

청룡=언:월도(靑龍偃月刀)[-또]명 지난날, 중국에서 무기로 쓰던 청룡이 그려진 긴 칼. 칼날은 초승달 모양이고, 칼등의 중간에 딴 갈래가 있어 삭모(槊毛)를 달도록 구멍이 뚫려 있음. 준언월도. 청룡도

청루(靑樓)명 창기(娼妓)의 집.

청류(淸流)명 ①맑게 흐르는 냇물이나 강물. ②명분과 절의(節義)를 지키는 사람을 비유하여 이르는 말. ☞탁류

청리(靑梨)명 청술레

청리(淸吏)명 청렴한 관리. 염리(廉吏) ☞오리(汚吏)

청마(靑馬)명 장기나 쌍륙에서 쓰는, 파란빛을 칠한 말. ☞홍마(紅馬)

청망(淸望)명 ①청렴하다는 명망. 청명(淸名) ②청렴하다는 명망이 있는 사람이나 가문. ③조선 시대, 청환(淸宦)의 후보자를 추천하던 일, 또는 그 추천된 후보자.

청매(靑梅)명 덜 익어 푸른 매실.

청매(請賣)명-하다타 물건을 받아서 팖.

청맹(靑盲)명 '청맹과니'의 준말.

청맹-과니(靑盲-)명 겉보기에는 멀쩡한데 앞을 보지 못하는 눈, 또는 그런 사람. 눈뜬장님. 당달봉사 준청맹

청-머루(靑-)명 푸른 빛깔의 머루.

ㅊ

청명(清名)명 청렴하다는 명망. 청망(清望)
청명(清明)[1]명 이십사 절기(二十四節氣)의 하나. 춘분(春分)과 곡우(穀雨) 사이의 절기로, 양력 4월 5일께. 청명절 ☞입하(立夏)
청명(清明)[2]어기 '청명(清明)하다'의 어기(語基).
청명-절(清明節)명 청명(清明)
청명-주(清明酒)명 청명이 들 때에 담갔다가 큰 후에 마시는 청주(清酒)의 한 가지. 춘주(春酒)
청명-하다(清明—)형여 ①맑고 밝다. ¶청명한 가을 달. ②날씨가 개어 맑다. ¶청명한 날씨.
속담 **청명하면 대마도(對馬島)를 건너다보겠네** : 날이 맑으면 대마도를 볼 수 있을 만큼 눈이 좋다는 뜻으로, 실제로는 시력이 좋지 않음을 놀리는 말.
청모-죽(青麰粥)명 쪄서 말린 풋보리를 물에 담갔다가 찧어 멥쌀가루와 섞어 쑨 죽.
청문(請文)명 불교에서, 불보살을 부르거나 죽은 사람의 영혼을 부르는 글. 청사(請詞)
청:문(聽聞)명 ①퍼져 돌아다니는 소문. ②-하다타 설교나 연설 따위를 들음. ③행정 기관 등에서 규칙의 제정이나 소청의 재결(裁決)을 할 때, 그 필요성이나 타당성 등을 판단하기 위하여 이해 관계인이나 제삼자의 의견을 듣는 일, 또는 그 절차.
청:문-회(聽聞會)명 행정 기관이나 입법 기관이 법안의 심의, 행정 처분, 소청의 재결(裁決) 등을 하기에 앞서 필요한 증언을 수집하는 절차의 한 가지.
청미(青米)명 청치
청미(清美)어기 '청미(清美)하다'의 어기(語基).
청미-하다(清美—)형여 맑고 아름답다.
청밀(清蜜)명 꿀
청-바지(青—)명 능직(綾織)으로 짠 질긴 면직물로 만든 파란 빛깔의 바지. 블루진
청반(青礬)명 황산제일철(黃酸第一鐵)
청-반달(青半—)명 반달연의 한 가지. 머리에 파란 종이를 반달 모양으로 오려 붙인 연.
청백(清白)어기 '청백(清白)하다'의 어기(語基).
청백-리(清白吏)명 ①청렴 결백한 관리. ②조선 시대, 의정부(議政府), 육조(六曹), 경조(京兆)의 이품 이상의 당상관과 사헌부(司憲府), 사간원(司諫院)의 으뜸 관직이 천거하여 뽑은 청렴 결백한 관원을 이르던 말.
청백-미(清白米)명 깨끗이 쓿은 흰 쌀.

청백-색(青白色)명 파란빛이 도는 백색.
청백-자(青白瓷)명 잿물에 들어 있는 철분으로 말미암아 청자에 가까운 파란빛을 띠게 된 백자. 백청자(白青瓷). 백태 청기(白胎青器)
청백-하다(清白—)형여 청렴하고 결백하다.
청벽(青甓)명 파란 빛깔의 벽돌.
청병(請兵)명-하다자 ①구원병을 요청함, 또는 요청을 받고 온 병사. ②어떤 일에 남의 도움을 요청함, 또는 도우러 온 사람.
청-보(青—)명 파란 빛깔의 보자기.
속담 **청보에 개똥** : 겉보기에는 그럴싸하나 속을 헤쳐 보면 흉하다는 말.
청복(清福)명 마음이 깨끗하고 한가할 수 있는 복.
청부(請負)명-하다타 도급(都給)
청부=계:약(請負契約)명 도급 계약(都給契約)
청부-금(請負金)명 도급금(都給金)
청-부루(青—)명 푸른 털과 흰 털이 섞여 나 있는 말.
청부-업(請負業)명 도급업(都給業)
청부-인(請負人)명 도급인(都給人)
청북(清北)명 청천강(清川江) 이북 지방. 흔히 평안 북도 일대를 이르는 말. ☞관서(關西). 청남(清南)
청비(廳費)명 관청에서 쓰는 경비.
청빈(請賓)명-하다자 잔치 등에 손을 청함. 유청객(請客)
청빈(清貧)어기 '청빈(清貧)하다'의 어기(語基).
청빈-하다(清貧—)형여 마음이 곧고 맑아 살림이 가난하다. ¶청빈한 학자. ☞한소하다

청사(青史)명 지난날, 종이가 없던 시대에 불에 구워 푸른 빛과 기름을 뺀 대 껍질에 사실(史實)을 적었던 데서 '역사'나 '기록'을 이르는 말. ¶—에 길이 남다.
청사(青絲)명 청실
청사(請詞)명 청문(請文)
청사(廳事)명 마루[1] ▷ 廳의 속자는 庁
청사(廳舍)명 관청의 건물. ¶정부 종합 —
청사=등롱(青紗燈籠)명 ①파란 운문사(雲紋紗)로 몸체를 삼고 붉은 천으로 위아래에 동을 달아 옷을 한 등롱. 지난날, 궁중에서 썼음. ②조선 시대, 정삼품에서 정이품의 관원이 밤에 나들이할 때 쓰던, 파란 사(紗)로 꾸민 등롱. 청사 초롱 준청등롱(青燈籠). 청사롱
청사-롱(青紗籠)명 '청사 등롱(青紗燈籠)'의 준말.
청-사진(青寫眞)명 ①'청색 사진(青色寫眞)'의 준말. ②미래에 대한 희망적인 계획이나 구상을 비유하여 이르는 말. ¶우주 개발의 —을 제시했다.
청사=초롱(青紗—)명 청사 등롱(青紗燈籠)
청산(青山)명 ①풀과 나무가 우거진 푸른 산. ¶—에 살어리랏다. ②절에서, 큰방 아랫목 벽에 써 붙여서 주인의 자리임을 나타내는 문자. 벽산(碧山)
속담 **청산에 매 띄워 놓기다** : ①청산에 매를 풀어놓으면 도로 찾기가 힘들다는 뜻에서, 한번 떠나면 다시 돌아오기 어렵다는 말. ②청산에 매를 풀어놓고 무엇이든 잡히기만 기다린다는 뜻에서, 허황한 일을 하고 요행만 기다린다는 말.
청산(青酸)명 ①시안화수소 ②시안화수소산
청산(清算)명-하다타 ①서로 채권이나 채무 관계를 셈하여 깨끗이 정리함. ¶빚을 —하다. ②회사나 조합 등이 해산하여 모든 법률 관계를 종료하고 그 재산을 정리하여 처분함. ③과거의 어떤 일, 특히 부정적인 요소를 결말지어 없앰. ¶과거의 잔재를 —하다./범죄 생활을 —하고 새 삶을 산다.
청산-가리(青酸加里)명 시안화칼륨
청산=거:래(清算去來)명 매매를 약정하고 일정 기한이 지난 후에 물건과 대금을 주고받는 거래 제도. ☞선물거래(先物去來). 현물 거래(現物去來)
청산=계:정(清算計定)명 무역 거래에서, 현금 결재를 그때그때 하지 않고 대차(貸借) 관계를 장부에 기록했다가 매년 정기적으로 그 차액만을 현금으로 결재하는 제도.
청산별곡(青山別曲)명 작자와 제작 연대를 알 수 없는 고려 가요의 한 가지. 현실 도피적인 생활상을 읊은 노래로, 모두 8연임. '악장가사(樂章歌詞)'에 전문(全文)이, '시용향악보(時用鄕樂譜)'에 그 일부가 실려 전함.
청산유수(青山流水)[—뉴—]성구 푸른 산에 흐르는 물이라는 뜻으로, 막힘없이 잘하는 말을 비유하여 이르는 말. ¶그 사람은 말을 —로 잘한다.
청산-인(清算人)명 해산한 법인의 청산 업무를 맡아 하는 사람.
청삼(青衫)명 ①제향 때 입는 남빛 웃옷. ②조복(朝服) 안에 받쳐입는 옷. 남빛 바탕에 검은 천으로 가를 꾸미고 큰 소매를 닮. ③전악(典樂)이 입는 진한 유록(柳綠) 빛깔의 공복(公服).
청상(青裳)명 파란 치마.
청상(青孀)명 '청상 과부(青孀寡婦)'의 준말.
청상(清霜)명 맑고 깨끗한 서리.
청상(清爽)어기 '청상(清爽)하다'의 어기(語基).
청상=과:부(青孀寡婦)명 나이가 젊어서 남편을 여읜 과부. 청상 과수(青孀寡守) ¶—로 평생을 수절했다. 준상부(孀婦). 청상(青孀)
청상=과:수(青孀寡守)명 청상 과부(青孀寡婦)
청상-배(廳上拜)명 대청 위에 올라가서 하는 절. ☞하정배(下庭拜)
청상-하다(清爽—)형여 맑고 시원하다. ¶청상한 기분.
청-새치명 황새칫과의 바닷물고기. 몸길이 3.8m 안팎. 몸빛은 등 쪽은 파랗고 배는 희며 등지느러미는 검은빛을 띰. 양 측면에 파란 가로줄 무늬가 17개 정도 있음. 위 주둥이가 새의 부리처럼 앞으로 길게 뻗어 있음. 작은 물고기와 오징어 따위를 잡아먹으며 온대와 열대의

외양 표층을 유영하며 삶. ☞기어(旗魚)

청색(青色)명 갠 날의 하늘 빛깔과 같은 색. 파란빛. 파란색. 파랑 준 청(青)

청색(清色)명 유채색 중에서 명도와 채도가 높은 색. ☞탁색(濁色)

청색-병(青色病)명 혈액 속의 산소가 줄고 이산화탄소가 늘어나 피부나 점막이 파랗게 보이는 증세를 통틀어 이르는 말. 청색증(青色症)

청색=사진(青色寫眞)명 건축이나 기계 따위의 도면을 복사하는 데 쓰는 사진. 도면의 선이나 글자가 파란 바탕에 희게 나타남. 준 청사진

청색-증(青色症)명 청색병(青色病)

청서(青鼠)명 다람쥣과의 동물. 몸길이 25cm 안팎, 꼬리 길이 21cm. 등은 흑갈색의 짧은 털로 덮여 있고, 꼬리와 귀와 네 다리는 흑색을 띰. 전국 각지의 숲의 나무 위에 둥지를 틀고 열매나 종자 따위를 먹고 삶. 나무와 나무 사이를 건너뛸 때는 꼬리가 수평이 됨.

청서(清書)명-하다타 초잡은 글을 깨끗이 옮겨 씀. 정서

청석(青石)명 파란빛을 띤 응회암(凝灰岩). 건물의 실내나 외부 장식에 쓰임.

청설(清雪)명-하다타 분한 일이나 치욕을 깨끗이 씻음.

청설-모(青-毛)명 청서(青鼠)나 날다람쥐의 털. 주로, 붓을 매는 데 쓰임.

청소(青素)명 시안(cyan)

청소(清宵)명 맑게 갠 밤. 청야(清夜)

청소(清掃)명-하다타 먼지나 더러운 것 따위를 없애어 깨끗이 함. 소제(掃除) ¶교실 -/화장실을 -하다.

청:-소:골(聽小骨)명 중이(中耳) 안에 있는 세 개의 작은 뼈. 망치뼈·모루뼈·등자뼈로 이루어져 있음. 소리의 진동을 고막에서 내이(內耳)로 전달함. 이소골(耳小骨). 청골(聽骨)

청-소:년(青少年)명 ①청년과 소년. ☞청장년(青壯年) ②청소년 보호법에 따라 연나이 19세 미만인 사람. ☞성년(成年)

청소-차(清掃車)명 쓰레기 따위를 치워 실어 가는 차.

청-솔가지(青-)[-까-]명 베어 놓은 지 오래지 않은, 잎이 푸른 솔가지.

청송(青松)명 푸른 솔. 취송(翠松)

청송(請誦)명 경을 읽으러 가는 판수를 따라가는 판수.

청:송(聽訟)명-하다자 재판에서, 송사를 듣는 일.

청수(清水)명 ①맑고 깨끗한 물. ☞탁수(濁水) ②천도교에서, 모든 의식에 쓰는 맑은 물을 이르는 말.

청수(清秀)어기 '청수(清秀)하다'의 어기(語基).

청수-하다(清秀-)형여 얼굴 모습 등이 깨끗하고 빼어나다. ¶얼굴이 -.

청순(清純)어기 '청순(清純)하다'의 어기(語基).

청순-하다(清純-)형여 깨끗하고 순박하거나 순수하다. ¶청순한 얼굴./소녀의 청순함에 반하다.

청-술레(青-)명 배의 한 품종. 일찍 익으며 푸르고 수분이 많음. 청리(青梨) ☞황술레

청승 명 궁기가 끼어 애틋한 상태, 또는 궁상스럽고 처량하여 언짢게 보이는 태도나 행동.

청승(을) 떨다 관용 일부러 청승스러운 말이나 행동을 하다. ¶잘살면서 돈이 없다고 늘 청승을 떤다.

속담 **청승은 늘어 가고 팔자는 오그라진다** : 나이 들어 살림이 구차해지면 궁상스럽고 가련하게 되며, 그렇게 되면 좋은 날은 다 지나간 셈이라는 말.

청승-궂다[-굳-]형 하는 짓이 청승스러워서 격에 맞지 않아 보기에 언짢다.

청승-꾸러기 명 청승스러운 사람을 낮추어 이르는 말.

청승-맞다[-맏-]형 애틋하고 구슬픈 느낌을 주어 언짢다. ¶청승맞은 피리 소리./청승맞게 흐느껴 운다.

청승-살[-쌀]명 팔자 사나운 노인의 청승스럽게 찐 살.

청승-스럽다(-스럽고·-스러워)형ㅂ 보기에 청승맞은 데가 있다.

청승-스레 부 청승스럽게

청시(清諡)명 지난날, 청렴 결백하고 마음이 곧은 사람에게 내리던 시호(諡號).

청:시(聽視)명-하다타 듣고 봄. 시청(視聽)

청신(清晨)명 맑은 첫새벽.

청신(清新)어기 '청신(清新)하다'의 어기(語基).

청:-신경(聽神經)명 내이(內耳)에서 청각과 평형 감각을 뇌에 알리는 감각 신경.

청신남(清信男)명 우바새(優婆塞)

청신녀(清信女)명 우바이(優婆夷)

청신사(清信士)명 우바새(優婆塞)

청신-하다(清新-)형여 깨끗하고 신선하다. ¶청신한 새벽 공기.

청-신:호(青信號)명 ①교통 신호에서, 통행할 것을 알리는 신호. 푸른 등(燈) 따위를 이용함. ¶-가 켜지자 차들이 일제히 움직이기 시작했다. ②앞일이 잘 될 것 같은 조짐을 비유하여 이르는 말. ¶주전 선수들의 부상 회복은 우승의 -이다. ☞적신호(赤信號)

청-실(青-)명 파란 빛깔의 실. 청사(青絲) ☞홍실

청실-배(青-)명 우리 나라 재래종 배의 한 품종. 수확한 배의 빛깔은 푸르지만 저장 중에 황록색으로 변함.

청실-홍실(青-紅-)명 납폐(納幣)할 때 쓰는 남빛과 붉은빛의 명주 실테. 청실과 홍실의 두 끝을 각각 따로 접고 그 허리에 색깔이 엇바뀌게 낌. 청홍사(青紅絲)

청심(清心)명-하다자 ①잡념을 없애어 마음을 깨끗이 함, 또는 그렇게 한 마음. ②한방에서, 심경(心經)의 열을 푸는 일을 이르는 말.

청심-강:화(清心降火)명 한방에서, 심경(心經)의 열을 풀어서 화기(火氣)를 내리게 하는 일을 이르는 말.

청심과:욕(清心寡慾)성구 마음을 깨끗이 하고 욕심을 적게 함을 이르는 말.

청심-제(清心劑)명 한방에서, 심경(心經)의 열을 푸는 데 쓰는 약제를 이르는 말.

청심-환(清心丸)명 한방에서, 심경(心經)의 열을 푸는 데 쓰는 환약(丸藥)을 이르는 말.

청아(青蛾)명 검푸르게 그린 눈썹이라는 뜻으로, 미인(美人)을 비유하여 이르는 말.

청아(清雅)어기 '청아(清雅)하다'의 어기(語基).

청아-채(菁芽菜)명 무의 순을 데쳐 무친 나물.

청아-하다(清雅-)형여 속된 티가 없이 맑고 아름답다. ¶청아한 피리 소리./청아한 자태.

청안(青眼)명 좋은 마음으로 남을 바라보는 눈. ☞백안(白眼)

청안-시(青眼視)명-하다타 좋은 마음으로 남을 바라보는 일. ☞백안시(白眼視)

청알(請謁)명-하다자 만나 뵙기를 청함.

청야(清夜)명 맑게 갠 밤. 청소(清宵)

청:야(聽野)명 귀에 소리가 들리는 범위. 청력(聽力)이 미치는 범위. ☞시야(視野)

청약(請約)명-하다타 법률에서, 일정한 내용의 계약을 성립시킬 것을 목적으로 일방적인 의사 표시를 하는 일, 또는 그 의사 표시. ¶주택 - 예금

청약-립(青篛笠)명 푸른 갈대로 겯어 만든 갓.

청양(青陽)명 한방에서, 참깨의 잎을 약재로 이르는 말. 강장제로 쓰임.

청양(淸陽)명 날씨가 맑고 따뜻하다는 뜻으로, '봄'을 달리 이르는 말.

청어(青魚)명 청어과의 바닷물고기. 몸길이 30cm 안팎. 몸빛은 등 쪽은 진한 청색이고 배 쪽은 은백색임. 정어리와 비슷하나 옆구리에 검은 점이 없음. 우리 나라의 동해와 일본, 미국 북부 등지의 근해에 분포함. 생선은 '비웃', 말린 것은 '관목(貫目)'이라 함.

속담 **청어 굽는 데 된장 칠하듯** : 살짝 보기 좋게 바르지 않고 더덕더덕 더께가 앉도록 발라 보기 흉하다는 말.

청어(鯖魚)명 '고등어'의 딴이름.

청어-구이(青魚-)명 비웃구이

청어노:걸대(清語老乞大)[-때]명 조선 숙종(肅宗) 29년(1703)에 최후택(崔厚澤)이 '노걸대(老乞大)'를 개편한 만주어(滿洲語) 학습서. 8권의 목판본.

청어-죽(青魚粥)명 비웃죽
청연(青鉛)명 구리와 아연이 섞인 황산염의 광물.
청염(青塩)[-념]명 염소(塩素)와 암모니아의 화합물. 강염(羌塩)
청염(淸塩)[-념]명 호렴(胡塩)
청영(淸影)명 맑은 그림자라는 뜻으로, 소나무나 대나무 따위의 그림자를 운치 있게 이르는 말. ☞청음(淸陰)
청옥(青玉)명 강옥석(鋼玉石)의 한 가지. 금강석 다음으로 굳으며, 맑고 투명한 청색을 띤 것은 보석으로 씀. 오늘날에는 인공적으로 합성함. 사파이어(sapphire)
청올치명 ①칡덩굴의 속껍질. 베를 짜거나 노를 만드는 데 재료로 쓰임. ②칡덩굴의 속껍질로 꼰 노.
청와(青瓦)명 청기와
청와(青蛙)명 ①'청개구리'의 딴이름. ②'참개구리'의 딴이름.
청요(請邀)명-하다타 남을 청하여 맞음. 연청(延請)
청-요리(淸料理)[-뇨-]명 청나라의 요리라는 뜻으로, '중국 요리'를 달리 이르는 말.
청우(晴雨)명 날이 갬과 비가 내림. 우청(雨晴)
청우-계(晴雨計)명 기상 관측에 쓰이는 기압계(氣壓計)를 흔히 이르는 말. 풍우계(風雨計)
청우-법(請雨法)[-뻡]명 밀교(密敎)에서, 가뭄이 심할 때 비가 내리기를 비는 기도법을 이르는 말.
청운(青雲)명 ①파란 빛깔의 구름. ②높은 명예나 관직을 비유하여 이르는 말.
  청운의 꿈관용 입신 출세하려는 꿈. ¶-을 펼치다.
  청운의 뜻관용 입신 출세하려는 희망. ¶-을 품다.
청운-객(青雲客)명 ①청운의 뜻을 품은 사람. ②높은 관직에 오른 사람.
청운지사(青雲之士)명 ①학문과 덕행이 높은 어진 사람. ②높은 지위에 오른 사람.
청원(請援)명-하다자 도와 주기를 청함.
청원(請願)명-하다타 ①바라는 대로 이루어지게 해 달라고 청하고 원함. ②국민이 법률에 정한 절차에 따라서 국가 기관에 문서로써 희망 사항을 진술하는 일.
청원=경:찰(請願警察)명 어떤 기관이나 시설, 또는 사업장 등에서 비용을 부담하고 경찰의 배치를 청원하는 제도, 또는 그렇게 하여 배치한 경찰.
청원-권(請願權)[-꿘]명 헌법에 보장된 기본권의 한 가지. 국민이 국가 기관에 문서로써 희망 사항을 청원할 수 있는 권리.
청유(淸遊)명-하다자 속되지 않고 풍치 있게 노는 놀이.
청유(請由)명-하다자 말미나 휴가를 청함. 청가(請暇)
청유-문(請誘文)명〈어〉함께 행동하자고 이끄는 내용의 문장. '나비야 청산 가자.'와 같은 형식의 문장이 이에 해당함.
청유-형(請誘形)명〈어〉용언의 활용형의 한 형태. 함께 그리 하자고 이끄는 뜻을 나타냄. '하자, 하세, 합시다' 따위. ☞청유문(請誘文)
청유형=어미(請誘形語尾)명〈어〉함께 그리 하고자 이끄는 뜻을 나타내는 종결 어미. '하자, 하세, 합시다'에서 '-자, -세, -ㅂ시다' 따위.
청음(淸音)명 ①맑고 깨끗한 소리. ②〈어〉무성음(無聲音) ☞탁음(濁音)
청음(淸陰)명 맑은 그늘이라는 뜻으로, 소나무나 대나무 따위의 그늘을 운치 있게 이르는 말. ☞청영(淸影)
청음(晴陰)명 날씨의 흐림과 갬. 음청(陰晴)
청:음-기(聽音機)명 항공기나 잠수함 따위가 내는 음향을 들어 그 방향이나 거리 등을 탐지하는 기계를 통틀어 이르는 말. 공중 청음기와 수중 청음기가 있음.
청의(青衣)명 파란 빛깔의 옷.
청의(淸議)명 고결하고 공정한 언론.
청의(請議)명-하다자 다수의 의견으로 의결하기를 요구함.
청인(淸人)명 청나라 사람, 곧 중국인.
청일(淸逸)어기 '청일(淸逸)하다'의 어기(語基).
청일-하다(淸逸-)형여 맑고도 속되지 아니하다. ¶청일한 품성.
청자(青瓷·青磁)명 푸른 빛깔의 자기. 청도(青陶)
청:자(聽者)명 이야기 따위를 듣는 사람. ☞화자(話者)
청자-와(青瓷瓦)명 고려 시대에 만든 청기와의 한 가지. 청자와 같은 흙으로 만들었음.
청작(青雀)명 '밀화부리'의 딴이름.
청작(淸酌)명 ①깨끗한 술. ②제례(祭禮)의 축문(祝文)에서 제주(祭酒)를 이르는 말.
청:잠(聽箴)명 사물잠(四勿箴)의 하나. 예(禮)가 아니면 듣지 말라는 가르침. ☞사물(四勿)
청장(淸帳)명-하다타 장부(帳簿)를 청산한다는 뜻으로, 조세나 빚 따위를 다 치러 갚는 일.
청장(淸醬)명 진하지 않은 간장.
청장(請狀)[-짱]명 ①'청첩장(請牒狀)'의 준말. ②절에서, 신도에게 오라고 청하는 글을 적은 종이.
청장(廳長)명 중앙 행정 기관에서, '청(廳)'으로 된 기관의 기관장을 이르는 말.
청장관전서(青莊館全書)명 조선 영조 때의 학자 이덕무(李德懋)의 전집. 시문(詩文)·예기(禮記)·논술(論述)·역사(歷史) 등 여러 방면에 걸친 내용이 수록됨. 정조 19년(1795)에 그의 아들 이광규(李光葵)가 엮어 펴냄. 71권 25책의 필사본.
청-장년(青壯年)명 청년과 장년. ☞유소년(幼少年)
청재(淸齋)명-하다타 몸을 깨끗이 재계(齋戒)함.
청전(青田)명 벼가 푸릇푸릇한 논.
청전(青氈)명 푸른 빛깔의 전(氈).
청전(請錢)명 옳지 않은 일을 부탁할 때 뇌물로 쓰는 돈.
청-전교(請傳教)명-하다자 임금의 명령을 받듦.
청전-구:물(青氈舊物)명 대대로 전해 오는 오래된 물건.
청절(淸節)명 깨끗한 절개.
청절(淸絶)어기 '청절(淸絶)하다'의 어기(語基).
청절-하다(淸絶-)형여 더할 수 없이 깨끗하고 맑다.
청정(淸淨)[1]명-하다형 ①맑고 깨끗함, 또는 더럽거나 속되지 않음. ¶- 해역/-한 마음. ②불교에서, 나쁜 짓으로 지은 허물이나 번뇌에서 벗어난 깨끗함을 이르는 말.
  청정-히부 청정하게
청정(淸淨)[2]수 소수(小數) 단위의 하나. 허공(虛空)의 10분의 1.
청정-무:사(蜻蜓武砂)명 잠자리무사
청-정미(青精米)명 차조의 한 품종인 생동찰의 알갱이. 생동쌀. 청량미(青粱米)
청정-수(淸淨水)명 불교에서, 다기(茶器)에 담아 부처 앞에 바치는 맑은 물을 이르는 말.
청정=수역(淸淨水域)명 해양 자원을 보호하고 해수가 오염되지 않도록 나라에서 정해 놓은 구역. 블루벨트(blue belt)
청정-심(淸淨心)명 불교에서, 망념을 버린 깨끗한 마음을 이르는 말.
청정=에너지(淸淨energy)명 환경 오염 물질이 잘 발생하지 않고 공해의 정도가 적은 에너지. 전력·태양열·수력·조력(潮力)·풍력(風力) 따위.
청정=재:배(淸淨栽培)명 사람의 똥오줌 등을 쓰지 않고 채소를 재배하는 방법. 화학 비료 사용법과 수경(水耕)·사경(砂耕) 등의 방법이 있음.
청정=지역(淸淨地域)명 국가가 지정하여 오염 상태를 직접 관리하는 지역. 국립 공원이나 해발 500m 이상 지대, 하천 상류 발원지, 상수 보호 구역 따위.
청정=채:소(淸淨菜蔬)명 사람의 똥오줌 등을 쓰지 않고 재배한 채소.
청제(青帝)명 민속에서 이르는 오방 신장(五方神將)의 하나. 봄을 맡은 동쪽의 신(神)을 이름. 동군(東君). 동제(東帝). 청황(青皇) ☞황제(黃帝)
청조(青鳥)명 ①'밀화부리'의 딴이름. ②파란 빛깔의 새. 길조(吉兆)를 상징함. 파랑새 ③파란 빛깔의 새가 서왕모(西王母)의 사자(使者)로 왔다는 고사에서 유래하여, 반가운 사자나 편지를 이르는 말.
청조(淸朝)명 ①중국 청나라의 왕조. ②'청조 활자(淸朝活字)'의 준말. ③'청조체(淸朝體)'의 준말.

청조(淸操)명 깨끗한 정조, 또는 결백한 지조.

청조(請助)명-하다자타 도와 주기를 청함.

청조-체(淸朝體)명 활자체의 한 가지. 중국 청나라 때의 서체로, 붓으로 쓰기에 알맞은 해서체임. 준 청조(淸朝) ☞명조체. 송조체

청조=활자(淸朝活字)[-짜]명 청조체의 활자. 준 청조

청족(淸族)명 ①여러 대에 걸쳐 절의(節義)를 지켜 온 집안. ②대대로 청환(淸宦)을 한 집안.

청:종(聽從)명-하다타 이르는 대로 잘 듣고 좇음.

청좌(請坐)명-하다타 ①재래식 혼례에서, 신부 쪽에서 사처에 있는 신랑에게 사람을 보내어 초례청에 나와 행례(行禮)하기를 청하던 일. ②조선 시대, 이속(吏屬)을 보내어 으뜸 관원의 출석을 청하던 일.

청죄(請罪)명-하다자 죄에 따른 벌을 줄 것을 스스로 청함.

청주(淸酒)명 ①곡식으로 술을 빚어 농익었을 때 술독에 용수를 박아 떠낸 웃국의 술. 맑은술 ②일본식 양조법으로 빚은 맑은술.

청죽(靑竹)명 ①푸른 대나무. 취죽(翠竹) ②베어낸 지 얼마 안 되어 빛깔이 아직 푸른 대. 청대

청:중(聽衆)명 강연이나 음악 등을 들으려고 모인 사람의 무리. ¶ -을 사로잡은 연설.

청:중-석(聽衆席)명 청중이 앉는 자리. ¶ -에서 박수가 터져 나오다.

청-지기(廳-)명 지난날, 양반 집에서 여러 가지 잡일을 맡아보거나 시중을 들던 사람. 수청(守廳)

청직(淸直)어기 '청직(淸直)하다'의 어기(語基).

청직-하다(淸直-)형여 품행이 청렴하고 곧다. ¶ 청직한 목민관.

청:진(聽診)명-하다타 환자의 몸 안에서 나는 소리를 듣고 병증을 진단하는 일.

청:진-기(聽診器)명 환자를 청진하는 데 쓰는 의료 기구.

청-질(請-)명-하다자타 어떤 일을 하는 데 정당한 길을 밟지 않고 세력가에게 청을 넣어, 그 힘을 빌리는 짓.

청징(淸澄)어기 '청징(淸澄)하다'의 어기(語基).

청징-하다(淸澄-)형여 맑고 깨끗하다. ¶ 청징한 공기.

청-쭙다(請-)(-쭙고·-쭈워)타ㅂ ①극히 높은 사람을 초청하다. ②극히 높은 사람에게 청을 드리다.

청찰(請札)명 ①청첩장 ②청편지(請片紙)

청-참외(靑-)명 빛깔이 푸른 참외.

청채(靑菜)명 ①통배추의 연하고 푸른 잎을 썰어 데쳐서 간장·초·겨자 따위를 쳐서 무친 나물. ②풋나물

청채(淸債)명-하다자 빚을 다 갚음.

청처짐-하다형여 아래쪽으로 좀 처지거나 좀 느슨하다.

청천(靑天)명 파란 하늘. 청공(靑空)

속담 **청천에 구름 모이듯**: 여기저기에서 한곳으로 많이 모여듦을 이르는 말.

청천(淸泉)명 맑고 깨끗한 샘.

청천(晴天)명 ①맑게 갠 하늘. 청공(晴空) ②맑은 날씨. ☞담천(曇天)

청천-백일(靑天白日)명 ①환하게 밝은 대낮. ②맑은 하늘에 뜬 밝은 해.

속담 **청천백일은 소경이라도 밝게 안다**: 소경이라도 맑게 갠 하늘의 밝은 해는 알 수 있다는 뜻으로, 누구나 아는 분명한 사실을 두고 이르는 말.

청천벽력(靑天霹靂)성구 맑게 갠 하늘에서 치는 벼락이라는 뜻으로, 뜻밖에 당하는 큰 변이나 재난을 비유하여 이르는 말.

청철(靑鐵)명 놋쇠와 비슷하나 품질이 좀 낮은 합금.

청철-땜(靑鐵-)명-하다타 청철로 땜을 하는 일, 또는 그러한 땜.

청첩(請牒)명 '청첩장(請牒狀)'의 준말.

청첩-인(請牒人)명 청첩장을 보내는 사람.

청첩-장(請牒狀)명 경사(慶事)에 남을 초청하는 글발. 청간(請簡). 청찰(請札) 준 청장(請狀). 청첩(請牒)

청청(靑靑)어기 '청청(靑靑)하다'의 어기(語基).

청청(淸淸)어기 '청청(淸淸)하다'의 어기(語基).

청청백백-하다(淸淸白白-)형여 매우 청백하다.

청청-하다(靑靑-)형여 싱싱하게 푸르다.

청청-히부 청청하게

청청-하다(淸淸-)형여 소리가 맑고 깨끗하다. ¶ 청청한 목소리.

청청-히부 청청하게

청초(靑草)명 ①푸르고 싱싱한 풀. ②풋담배

청초(淸楚)어기 '청초(淸楚)하다'의 어기(語基).

청초-절(靑草節)명 목장에서, 먹이 등으로 쓸 푸르고 싱싱한 풀이 한창인 시기를 이르는 말. ☞황초절(黃草節)

청초-하다(淸楚-)형여 맑고 깨끗하고 곱다. ¶ 청초한 아름다움./청초하게 핀 들꽃.

청초-히부 청초하게

청촉(請囑)명-하다타 청을 들어 주기를 부탁함.

청총(靑葱)명 '청파'의 딴이름.

청총-마(靑驄馬)명 '총이말'의 딴이름.

청추(淸秋)명 ①하늘이 맑게 갠 가을. ②'음력 팔월'을 달리 이르는 말. ☞계추(季秋). 중추(仲秋)

청춘(靑春)명 스무 살 안팎의 한창 젊은 나이, 또는 그 시절. ¶ - 남녀/흘러간 -.

청춘가(靑春歌)명 경기 민요의 한 가지. 청춘의 덧없음을 한탄하는 내용으로, 굿거리장단으로 되어 있음.

청춘-기(靑春期)명 열네댓 살에서 스물네댓 살까지의 시기. 성적(性的) 성숙에 따른 급격한 신체적 변화가 나타나며, 자아 의식(自我意識)과 사회 의식의 발달이 두드러짐. 청년기(靑年期)

청출어람(靑出於藍)성구 쪽에서 뽑아 낸 파란 물감이 쪽보다 더 파랗다는 뜻으로, 제자가 스승보다 더 뛰어남을 비유하여 이르는 말. 준 출람(出藍)

청:취(聽取)명-하다타 방송이나 진술, 보고 따위를 들음. ¶ 시민의 의견을 -하다.

청:취-료(聽取料)명 지난날, 라디오 방송을 듣는 값으로 내던 요금.

청:취-서(聽取書)명 '조서(調書)'의 구용어.

청:취-율(聽取率)명 라디오 방송의 특정 프로그램 등을 듣는 비율. ¶ -이 높다./-을 조사하다. ☞시청률

청-치(靑-)명 ①현미에 섞인, 덜 익어 푸른 빛깔이 나는 쌀. 청미(靑米) ②푸른 털이 얼룩얼룩한 소.

청-치마(靑-)명 치마연의 한 가지. 위로 반은 흰빛이고, 아래로 반은 파란 빛임.

청:칠(靑-)명 파란 빛깔의 칠.

청탁(淸濁)명 ①맑음과 흐림. ②사리의 옳음과 그름, 착함과 악함을 비유하여 이르는 말. ¶ -을 가리다. ③청주(淸酒)와 탁주(濁酒).

청탁(請託)명-하다타 청하며 부탁함, 또는 그 부탁. ¶ - 편지/원고를 -하다.

청태(靑太)명 ①'청대콩'의 딴이름. ②'푸르대콩'의 딴이름.

청태(靑苔)명 ①푸른 이끼. 녹태(綠苔). 창태(蒼苔) ②'갈파래'의 딴이름. ③'김[2]'의 딴이름.

청태-장(靑太醬)명 재래식 장의 한 가지. 가을에 청대콩의 깍지를 벗기고 시루에 쪄서 찧은 다음, 종지만 하게 메주덩이를 만들어 콩잎으로 싸서 볏섬에 담아 띄워서 볕에 말려 소금물에 담금.

청-파(靑-)명 가을에 난 것을 겨울 동안 덮어 두었다가 이른봄에 캔 파. 청총(靑葱)

청-판(廳板)명 마루청. 청널

청판-돌(廳板-)명 돌다리 바닥에 깐 넓은 돌.

청-편지(請片紙)명 청을 넣는 편지. 청간(請簡). 청찰

청평(淸平)어기 '청평(淸平)하다'의 어기(語基).

청평=세:계(淸平世界)명 맑고 평화로운 세상.

청평-하다(淸平-)형여 ①세상이 평화롭게 잘 다스려져 태평하다. ②청렴하고 공평하다.

청포(靑布)명 빛깔이 파란 베.

청포(靑袍)명 조선 시대, 사품·오품·육품의 관원이 입던 파란 빛깔의 도포.

청포(淸泡)명 녹두묵

청-포도(靑葡萄)명 다 익어도 빛깔이 푸르스름한 포도를 통틀어 이르는 말.

청포-탕(淸泡湯)명 녹말묵을 썬 것과, 다져서 반대기를 지어 달걀을 씌운 쇠고기나 닭고기와 함께 끓인 맑은장국. 묵국
청풍(淸風)명 맑은 바람.
청풍명월(淸風明月)성구 맑은 바람과 밝은 달이라는 뜻으로, 청렴결백하고 온건한 성격을 비유하여 이르는 말. ☞석전경우(石田耕牛)
청피(靑皮)명 '청귤피'의 준말. ☞황피(黃皮)
청하(廳下)명 마루의 아래.
청-하다(請-)타여 ①무엇을 달라거나 해 달라고 부탁하다. ¶도움을 -./악수를 -. ②남을 초청하다. ¶손님을 -. ③잠이 들도록 애쓰다. ¶자리에 누워 잠을 -.
속담 **청하지 않은 잔치에 묻지 않은 대답** : 청하지도 않은 자리에 끼여들거나, 묻지도 않은 말에 공연히 아는체하고 나서는 경우에 못마땅하여 이르는 말.

한자 **청할 청**(請) 〔言部 8획〕 ¶간청(懇請)/요청(要請)/청구(請求)/청원(請願)/청탁(請託)/초청(招請)

청학(淸學)명 ①중국의 청나라 시대의 학문. ②지난날, 만주어(滿洲語)에 관한 학문을 이르던 말.
청한(淸閑)어기 '청한(淸閑)하다'의 어기(語基).
청한-하다(淸閑-)형여 청아하고 한가하다.
청향(淸香)명 맑은 향기.
청:허(聽許)명-하다타 사정이나 제의 따위를 듣고 허락함.
청허(淸虛)어기 '청허(淸虛)하다'의 어기(語基).
청허-하다(淸虛-)형여 마음이 맑아서 잡된 생각이 없이 깨끗하다.
청혈(淸血)명 맑은 피.
청혈-제(淸血劑)[-쩨]명 피를 맑게 하는 약제.
청-호반새(靑湖畔-)명 물총샛과의 여름 철새. 몸길이 25cm 안팎. 머리 꼭대기와 날개 끝은 검고, 등·꼬리·날개는 흑청색이며 턱 밑 부분은 백색, 부리·배·가슴은 적색임. 하천 가에서 서식함. 우리 나라와 중국, 일본 등지에 분포함.
청혼(請婚)명-하다자 혼인하기를 청함. 구혼(求婚) ¶-을 받다./사랑하는 사람에게 -하다.
청혼(請魂)명-하다자 불교에서, 설법할 때 죽은 사람의 영혼을 부르는 일.
청홍(靑紅)명 '청홍색(靑紅色)'의 준말.
청홍-마(靑紅馬)명 장기나 쌍륙 따위에서 쓰는 파란 말과 붉은 말.
청홍-사(靑紅絲)명 청실홍실
청홍-색(靑紅色)명 파란 색과 붉은 색. 준 청홍(靑紅)
청화(靑化)명 복대기를 삭히는 일.
청화(靑華·靑花)명 중국에서 나던 파란 물감의 한 가지. 엷은 분홍빛 물감을 섞으면 초록색이 되므로 풀잎이나 나뭇잎 따위를 그리는 데 썼음.
청화(晴和)어기 '청화(晴和)하다'의 어기(語基).
청화-가리(靑化加里)명 시안화칼륨
청화=공장(靑化工場)명 복대깃간
청화-금(靑化金)명 복대기금
청화=백자(靑華白瓷)명 청화 자기(靑華瓷器)
청화-법(靑化法)[-뻡]명 금이나 은을 제련하는 방법의 한 가지. 금·은 광석을 부스러뜨려 시안화칼륨의 용액으로 용해하여 금이나 은을 뽑아 냄. 청화 제련법
청화-액(靑化液)명 금이나 은을 제련하는 데 쓰이는 시안화칼륨의 용액.
청화-은(靑化銀)명 시안화은
청화=자기(靑華瓷器)명 흰 바탕에 파란 물감으로 그림을 그린 자기. 백자 청화(白瓷靑華). 청화 백자(靑華白瓷)
청화=제:련법(靑化製鍊法)[-뻡]명 청화법
청화-하다(晴和-)형여 하늘이 개고 날씨가 화창하다.
청화-홍(靑化汞)명 시안화수은
청환(淸宦)명 조선 시대, 학식이나 문벌이 높은 사람에게 주던 홍문관·예문관·규장각 등의 관직.
청황(靑皇)명 청제(靑帝) ▷ 靑과 青은 동자
청황=색맹(靑黃色盲)명 청색과 황색을 회색으로 느끼며, 청록에서 자주색까지를 한 빛깔로 보는 후천적 색맹.
청훈(請訓)명-하다자 외국 주재의 대사·공사·사절 등이 본국 정부에 훈령(訓令)을 청함.
청휘(晴暉)명 맑은 날의 햇빛.
청흥(淸興)명 고상하고 풍류스러운 취미.
체[1] 명 가루를 곱게 치거나 액체를 받는 데 쓰이는 기구. ¶-에 밭다./-로 치다.
체[2] 감 못마땅하여 아니꼬울 때나, 원통하여 탄식할 때 하는 말. 치[4] ¶-, 제가 뭔데 아무나 보고 반말이야./-, 모두 헛일이군.
체(滯)명 ①'체증(滯症)'의 준말. ②-하다자 먹은 음식이 소화되지 않고 위 속에 답답하게 처져 있는 상태. ¶먹은 것이 -하다. ▷ 滯의 속자는 滞
체(體)명 ①'서체(書體)'의 준말. ②몸 ¶- 보고 옷 짓는다. ③글이나 글씨, 그림 따위의 표현 방식. ¶글씨의 -가 비슷하다.
체를 받다 관용 붓글씨나 그림 따위의 체를 본받다.
속담 **체 보고 옷 짓고 꼴 보고 이름 짓는다** : 모든 것은 다 저마다 제 격(格)에 맞도록 해야 한다는 말.
-체(體)《접미사처럼 쓰이어》①'물체(物體)'의 뜻을 나타냄. ¶팔면체(八面體) ②'육체(肉體)'의 뜻을 나타냄. ¶건강체(健康體)/허약체(虛弱體) ③'단체(團體)' 또는 '업체(業體)'의 뜻을 나타냄. ¶협의체(協議體)/공동체(共同體)/기업체(企業體)/산업체(産業體) ④'서체(書體)'나 '필체(筆體)'의 뜻을 나타냄. ¶명조체(明朝體)/청조체(淸朝體)/추사체(秋史體)/왕희지체(王羲之體) ⑤'문체(文體)'의 뜻을 나타냄. ¶강건체(剛健體)/만연체(蔓衍體)
체가(遞加)명-하다자타 차츰차츰 더해짐, 또는 차츰차츰 더해 감. ☞체감(遞減). 체증(遞增)
체간(體幹)명 척추동물에서, 몸의 중추를 이루는 부분. 머리·목·가슴·배·꼬리의 다섯 부분으로 나뉨.
체감(遞減)명-하다자타 수량이 차츰차츰 줄어듦, 또는 수량을 차츰차츰 줄임. ¶귤의 수확량이 -하다. ☞체가(遞加). 체증(遞增)
체감(體感)명 ①몸으로 느끼는 감각. ②-하다자타 몸으로 느낌. ¶추위를 -하다. ③피부나 내장의 여러 기관에 가해진 자극에 대한 감각. 더위·추위·배고픔·구역질·성욕 따위의 감각.
체감=온도(體感溫度)명 사람이 몸으로 느끼는 온도 감각을 수량으로 나타낸 것. 기온 외에 풍속(風俗)·습도·일조량 등의 요소도 관련됨. 감각 온도
체감-증(體感症)[-쯩]명 내장 감각의 이상을 주요 징후로 하는 정신병. 발이 비틀리거나 피가 거꾸로 흐르거나 폐가 부풀어 터지는 등 환각과 망상에 사로잡힘.
체강(體腔)명 동물의 몸 속의 빈 곳. 강장(腔腸)·흉강(胸腔)·복강(腹腔) 따위.
체격(體格)명 ①몸의 골격. ②근육이나 골격, 영양 상태로 나타나는 몸의 겉 생김새의 전체. ¶우람한 -.
체격=검:사(體格檢査)명 신체 검사의 한 가지. 몸무게·키·가슴둘레·앉은키를 재고, 그 수치를 신체 충실 지수에 따라 판정함. ☞체력 검사. 체질 검사
체결(締結)명-하다타 계약이나 조약 등을 맺음. ¶조약을 -하다.
체경(滯京)명-하다자 서울에 머무름.
체경(體鏡)명 온몸을 비추어 볼 수 있는 큰 거울. 몸거울
체계(逮繫)명-하다타 붙잡아서 옥에 가둠.
체계(遞計)명 '장체계(場遞計)'의 준말.
체계(體系)명 낱낱의 사물을 일정한 원리에 따라 계통적으로 조직화한 것의 전체. ¶국문법의 -를 세우다.
체계-적(體系的)명 체계를 세운 것. ¶-인 사고(思考)./-으로 정리하다. ▷ 體의 속자는 体
체겟-돈(遞計-)명 장체계로 쓰는 돈.
체겟-집(遞計-)명 돈놀이를 하는 집.
체고(體高)명 동물이 섰을 때의 키. 키[1]
체공(滯空)명-하다자 항공기나 글라이더가 계속 날아다니거나 기구 등이 공중에서 머물러 있는 일.

체관(一管)명 체관부를 이루는 조직. 체관부의 위아래로 이어진 세포 벽에 뚫려 있는 체 모양의 구멍들로, 잎에서 광합성으로 만들어진 유기 영양분의 통로임. 사관(篩管) ☞물관. 체관부

체관(諦觀)명-하다타 ①자세하게 살펴봄. 체시(諦視) ②단념함.

체관-부(一管部)명 식물의 관다발을 이루는 조직. 체관, 체관부 섬유, 체관부 유조직(柔組織), 반세포(伴細胞)로 이루어져 있는데, 양분의 저장 또는 통로 구실을 함. 사관부(篩管部). 사부(篩部). 인피부(靭皮部) ☞물관부. 체관

체구(體軀)명 몸뚱이. 몸집 ¶왜소한 ―.

체국(體局)명 풍수지리설에서, 묏자리나 집터 따위의 겉모양과 그 생김새를 이르는 말. 형국(形局)

체급(滯給)명-하다자타 마땅히 지급해야 할 돈을 제때에 지급하지 못하고 미룸, 또는 밀림. ¶임금이 ―되다.

체급(體級)명 권투·유도·태권도 따위에서, 경기자의 몸무게에 따라 매긴 등급.

체기명 활을 쏠 때 허리에 차는 기구.

체기(滯氣)명 한방에서, 먹은 것이 잘 삭지 않아 생기는 가벼운 체증을 이르는 말.

체기(遞騎)명 지난날, 먼 곳에 명령이나 보고 등을 전달하던 기병(騎兵).

체납(滯納)명-하다타 세금 등을 정한 기한에 내지 못하여 밀림. ¶전화 요금을 ―하다.

체납=처:분(滯納處分)명 국가 또는 지방 자치 단체가 세금 등을 체납한 사람의 재산을 압류하고 공매에 부쳐 체납된 세금 등을 강제로 징수하는 행정 처분. 조세 체납처분(租稅滯納處分)

체내(體內)명 몸의 안. ¶―의 노폐물. ☞체외(體外)

체내=수정(體內受精)명 암컷의 몸 안에서 이루어지는 수정. 육지에 사는 동물에서 흔히 볼 수 있으며 교미(交尾)로 이루어짐. ☞체외 수정(體外受精)

체념(諦念)명-하다타 품었던 생각을 아주 끊어 버림. 단념(斷念) ¶거듭되는 실패에도 ―의 빛은 찾아볼 수 없다.

체념(體念)명-하다타 깊이 생각함.

체능(體能)명 몸의 운동 능력.

체능=검:사(體能檢査)명 체력 검사(體力檢査)

체당(替當)명-하다타 ①남의 일을 대신 맡아서 함. ②법률에서, 남을 위하여 채무(債務)의 변제로서 금전을 지급하는 일.

체대(遞代)명-하다타 서로 번갈아 듦. 교대. 질대(迭代)

체대(體大)어기 '체대(體大)하다'의 어기(語基).

체대-전(遞代田)명 조림과 밭농사를 번갈아 하는 밭.

체대-하다(體大―)형여 몸집이 크다. ☞체소하다

체도(剃刀)명 ①머리털을 미는 데 쓰는 칼. ②면도칼

체도(體度)명 체후(體候)

체도(體道)명-하다자 ①도를 터득함. ②몸소 도를 실천함.

체두(剃頭)명 머리털을 박박 민 머리.

체득(體得)명-하다타 ①몸소 체험하여 알게 됨. ¶등산의 재미를 ―하다. ②충분히 이해하고 연습하여 터득함. ¶악기 다루는 법을 ―하다.

체량(體量)명 몸무게. 체중(體重)[1]

체량(體諒)명-하다타 깊이 이해하고 헤아림.

체력(體力)명 몸의 힘. 노동이나 운동을 해내는 능력이나 병에 대한 저항력 등을 뜻함. ¶젊은이의 왕성한 ―./―을 기르다./노쇠하여 ―이 떨어지다.

체력=검:사(體力檢査)명 신체 검사의 한 가지. 정상적인 활동에 필요한 육체의 기초적 능력과 기능적 장애를 확인하는 검사. 체능 검사 ☞체격 검사. 체질 검사

체력-장(體力章)명 중·고등 학교에서, 학생들의 종목별 기초 체력을 검사하는 일.

체련(體鍊)명-하다자 몸을 단련함.

체례(體例)명 지난날, 관원들 사이에 지켜야 하는 예절을 이르던 말.

체로(替勞)명-하다타 남을 대신하여 수고함.

체루(涕淚)명 울면서 흘리는 눈물.

체류(滯留)명-하다자 다른 고장에서 한동안 머무름. 계류(稽留). 두류(逗留). 체재(滯在) ¶베이징에서 서너 달 ―할 예정이다. 유재류(在留)

체리(滯痢)명 한방에서, 체증으로 생기는 이질(痢疾)을 이르는 말.

체맹(締盟)명-하다자 동맹이나 조약을 맺음, 또는 그 동맹이나 조약. ☞결맹(結盟)

체맹-국(締盟國)명 동맹이나 조약을 맺은 나라.

체-머리명 자신도 모르는 사이에 저절로 머리가 자꾸 흔들리는 병적 현상. 풍두선(風頭旋)

체머리(를) 흔들다관용 ①병적으로 머리를 자꾸 흔들다. ②어떤 일에 머리가 흔들리도록 싫증을 내다.

체메(體―)명 체면을 모르는 사람.

체면(體面)명 남 앞에서나 사회에 대해 떳떳한 도리나 처지. 남볼썽. 낯. 면(面)[2]. 면목. 면새. 체모(體貌) ¶―이 서다./―이 깎이는 짓을 하다.

체면에 몰리다관용 체면 때문에 변변하지 못한 사람에게서 졸림을 당하다.

체면(이) 사납다관용 체면이 서지 않아서 부끄럽다.

체면-치레(體面―)명-하다자 체면을 세우려고 짐짓 꾸며서 함, 또는 그러한 행동. 면치레. 외면치레 ¶―로 하는 말.

체모(體毛)명 몸에 난 털.

체모(體貌)명 ①몸매와 얼굴 모습. ②체면(體面)

체목(體木)명 ①가지와 뿌리를 잘라 낸 몸통 나무. ②목조 가옥을 지을 때, 기둥이나 들보 등으로 쓰이는 종요로운 재목.

체문(帖文)명 ①조선 시대, 상급 관아에서 하급 관아로 보내던 공문. ②조선 시대, 수령(守令)이 그 고을의 면임(面任)이나 동임(洞任), 향교(鄕校), 서원(書院) 등에 지시하던 문서.

체물(滯物)명 먹은 음식들이 소화되지 아니하고 위(胃)에 그대로 남아 있는 것.

체발(剃髮)명-하다자 머리털을 박박 밂. 낙발(落髮). 축발(祝髮) 유삭발(削髮) ☞축발(蓄髮)

체백(體魄)명 ①육체에 깃들인 얼. ②몸. 육체 ③송장

체번(替番)명-하다자 순번이나 당번의 차례를 갈마듦. 교번(交番). 체직(替直)

체벌(體罰)명-하다타 몸에 직접 고통을 주는 벌. ¶학교에서 ―을 금하다. ☞체형(體刑)

체법(體法)명 글씨체와 붓을 다루는 법, 곧 서체(書體)와 필법(筆法).

체병(滯病)[―뼝]명 체증(滯症)

체부(遞夫)명 '체전부(遞傳夫)'의 준말.

체불(滯拂)명-하다자타 체급(滯給)

체비-지(替費地)명 토지 구획 정리의 시행자가 그 사업에 필요한 경비를 마련하려고 환지(換地) 계획에서 제외하여 유보한 땅.

체사(涕泗)명 울면서 흘리는 눈물이나 콧물.

체상(體狀)명 체양(體樣)

체색(體色)명 동물의 몸 거죽의 빛깔. 몸빛 ¶―의 변화./―이 보호색으로 변하다.

체설(滯泄)명 식체(食滯)로 말미암아 일어나는 설사.

체세(體勢)명 몸을 가지는 자세.

체-세:포(體細胞)명 생물체를 이루고 있는 세포 가운데, 생식 세포를 제외한 모든 세포.

체소(體素)명 점유(占有)나 주소(住所) 따위에 관한 법률 사실을 구성하는 외형적이고 구체적인 요소. 곧 거주의 사실이나 소유의 사실 따위를 이름. ☞심소(心素)

체소(體小)어기 '체소(體小)하다'의 어기(語基).

체소-하다(體小―)형여 몸집이 작다. ☞체대하다

체송(替送)명-하다타 다른 것으로 대신 보냄. 대송(代送)

체송(遞送)명-하다타 편지나 짐 따위를 여러 손을 거쳐서 전함. 체전(遞傳) ¶구호 물자를 ―하다.

체송-비(遞送費)명 편지나 짐 따위를 부치는 데 드는 돈.

체수(體―)명 몸을 잰 치수. ¶―에 맞게 옷을 짓다.

속담 **체수 맞춰 옷 마른다**: 무엇이든지 그 격에 맞도록

ㅊ

일을 계획하고 처리해야 한다는 뜻. 〔체수 보고 옷 지으랬다고〕
체수(滯水)명 흐르지 아니하고 괴어 있는 물.
체수(滯囚)명 죄가 결정되지 아니하여 오래 감옥에 갇혀 지내는 일, 또는 그렇게 갇혀 있는 사람.
체수(滯祟)명 체증(滯症)
체-수면(體睡眠)명 호흡·순환·분비 등과 같은 식물성 기능이 떨어질 만큼 잠이 깊이 든 상태. ☞뇌수면
체-순환(體循環)명 심장의 좌심실(左心室)에서 나온 혈액이 대동맥을 거쳐 온몸의 조직 세포에 이르러 산소와 영양소를 공급하고 조직 세포로부터 이산화탄소와 노폐물을 받아서 대정맥을 거쳐 우심방(右心房)으로 되돌아오는 혈액 순환. 대순환(大循環) ☞폐순환(肺循環)
체스(chess)명 백과 흑으로 구별되는 각 열여섯 개씩의 말을, 가로세로 여덟 눈씩 예순네 눈이 있는 판에 벌여 놓고 양편이 번갈아 두어서 상대편의 왕을 궁지로 모는 놀이. 서양 장기(西洋將棋)
체스보:드(chessboard)명 체스를 두는 판.
체습(體習)명-하다타 남의 행동을 본떠 배움.
체시(諦視)명-하다타 체관(諦觀)
체식(體式)명 일정한 체재와 방식.
체신(遞信)명 ①우편이나 전신, 전화 등의 통신. ②차례로 여러 곳에 편지 따위를 전하는 일.
체액(體液)명 동물의 몸 안에 있는 혈액·림프액·뇌척수액 등의 액체를 통틀어 이르는 말.
체액=대용액(體液代用液)명 생리 식염수(生理食塩水)
체액성=면:역(體液性免疫)명 항원에 대하여 혈액 속의 항체가 반응하는 면역.
체약(締約)명-하다타 조약이나 계약 따위를 맺음, 또는 그 조약이나 계약. ¶ -을 지키다.
체약-국(締約國)명 문서로 조약을 맺은 나라.
체양(體樣)명 몸의 생김새. 체상(體狀). 체용(體容). 체형(體形)
체어리프트(chair lift)명 가공 삭도(架空索道)의 한 가지. 강철 밧줄에 여러 개의 의자를 매달아 사람을 실어 나르는 삭도.
체언(體言)명〈어〉단어를 문법상의 기능에 따라 분류한 말의 하나. 문장에서, 격조사(格助詞)의 도움을 받아 문장의 주체 성분이 되는 단어. 명사·대명사·수사를 이름. '사람, 그것, 하나, 웃음, 짜깁기, 낯가림' 따위. ☞용언(用言)

▶ 체언의 구실
① 주어로 쓰임 ── 새가 난다./하늘이 높다.
② 목적어로 쓰임 ── 그는 달을 쳐다보고 있다.
③ 보어로 쓰임 ── 하나에 하나를 더하면 둘이 된다.
④ 관형어로 쓰임 ── 나의 신념은 변함이 없다.
⑤ 부사어로 쓰임 ── 우리는 바다로 간다.
⑥ 서술어로 쓰임 ── 설악산은 우리 나라의 명승지이다.
⑦ 독립어로 쓰임 ── 나, 나란 무엇인가?

체옥(滯獄)명-하다자 감옥에 오랫동안 갇혀 있는 일.
체온(體溫)명 사람이나 동물의 몸의 온도. 몸 안의 물질대사의 반응으로 생기는데, 정온 동물은 거의 일정하고 변온 동물은 외계의 온도에 따라 변함.
체온-계(體溫計)명 체온을 재는 온도계. 검온기(檢溫器)
체외(體外)명 몸의 밖. ☞체내(體內)
체외=수정(體外受精)명 ①암컷의 몸 밖에서 이루어지는 수정. 물고기 등 수생 동물(水生動物)에 많음. ☞체내수정(體內受精) ②사람의 난소에서 성숙한 난자를 들어내어 시험관 속에서 정자와 수정시켜, 자궁 안으로 옮겨서 착상시키는 방법. 수란관이 막힌 불임증인 경우 등에 이용됨.
체요(體要)명 사물의 중요한 점.
체용(體用)명 사물의 본체와 그 작용.
체용(體容)명 몸의 생김새. 체양(體樣)
체우(滯雨)명-하다자 객지에서 비로 말미암아 머물러 지냄.
체위(體位)명 ①체격이나 체력, 건강 상태 등의 정도. ¶ 여성의 -가 향상되다. ②어떤 일을 할 때의 몸의 자세. ¶ 결가부좌를 한 -.
체육(體育)명 알맞은 운동의 실천을 통하여 신체를 건전하게 발달시키고, 운동 능력이나 건강한 생활 태도를 기르는 일을 목적으로 삼는 교육, 또는 그 교과. ☞덕육(德育). 지육(智育)
체육-관(體育館)명 실내에서 각종 경기나 운동을 할 수 있도록 시설을 갖추어 놓은 건물.
체육-복(體育服)명 운동할 때 입는 옷. 운동복(運動服)
체육-부(體育部)명 ①학교나 기관 등의 체육 활동을 위한 특별 활동 부서. ②신문사 등에서 체육에 관한 취재와 편집을 맡아 하는 부서.
체육-상(體育賞)명 체육 분야에서 많은 업적을 쌓음으로써 국가와 사회에 이바지한 개인이나 단체에게 국가에서 주는 상. 시상 대상은 연구·지도·경기·공로의 네 부문으로 나뉘어 있음.
체육=포장(體育褒章)명 체육 활동을 통하여 국민 체육 발전에 이바지한 공이 두드러진 사람과 체육 활동으로 국위를 선양한 사람에게 주는 포장. ☞건국 포장
체육-회(體育會)명 ①'운동회'를 달리 이르는 말. ②체육의 발전과 향상을 위하여 조직된 단체, 또는 그 모임.
체육=훈장(體育勳章)명 체육 발전에 공을 세워 국민 체위 향상과 국가 발전에 이바지한 공적이 뚜렷한 사람에게 주는 훈장. 청룡장(青龍章)·맹호장(猛虎章)·거상장(巨象章)·백마장(白馬章)·기린장(麒麟章)의 다섯 등급이 있음. ☞문화 훈장(文化勳章)
체읍(涕泣)명-하다자 눈물을 흘리며 슬피 욺. 읍체(泣涕)
체이-증(滯頤症)[-쯩]명 한방에서, 어린아이가 침을 많이 흘리는 병을 이르는 말.
체인(體認)명-하다타 몸소 겪어 마음으로 충분히 이해함.
체인(chain)명 ①쇠사슬 ②자전거나 오토바이에서 페달이나 엔진의 추진력을 바퀴에 전달하는 쇠사슬 모양의 부품. ③자동차로 눈길이나 빙판길을 달려야 할 때, 미끄러지지 않도록 바퀴에 씌우는 쇠사슬. ④물품의 구입이나 경영이 같은 계열인 것, 또는 그런 점포. ☞체인스토어(chain store) ⑤야드파운드법의 길이의 단위. 1체인은 22야드로, 약 20.1168m임.
체인블록(chain block)명 체인과 도르래, 톱니바퀴 따위로 이루어져 무거운 물건을 달아 올리는 데 쓰는 기구.
체인스토어(chain store)명 연쇄점 ☞체인(chain)
체인지업(change-up)명 야구에서, 투수가 투구의 속도나 투구 태도를 이리저리 변화시키는 일.
체인지오:버(changeover)명 외국환 거래에서, 현물환과 선물환의 매매를 동시에 같은 액수로 거래하는 일. 무역업자의 환예약 기간의 연기나 은행이 갖고 있는 외국환의 보유고를 조정할 때에 이루어짐. 스와프 거래
체인지코:트(change court)명 테니스·탁구·배구 등에서, 각 세트가 끝나거나 일정한 득점을 한 뒤에 코트나 사이트를 서로 바꾸는 일.
체임(遞任)명-하다타 지난날, 관원의 관직을 가는 일을 이르던 말. 체직(遞職)
체임(滯賃)명 밀린 임금(賃金).
체장(體長)명 몸길이
체재(滯在)명-하다자 다른 고장에서 한동안 머무름. 체류(滯留) ¶ 이 사진은 파리에 -할 때 찍은 것이다.
체재(體裁)명 ①이루어진 틀 또는 됨됨이. ¶ 책의 -. ②시문(詩文)의 형식. 체제(體制)
체-쟁이(滯-)명 지난날, 체를 내리게 하는 일을 직업으로 삼는 사람을 이르던 말.
체적(滯積)명 한방에서, 먹은 음식물이 잘 소화되지 않고 위 속에 차서 생기는 병을 이르는 말. 식적(食積)
체적(體積)명 부피
체적=팽창(體積膨脹)명 물체의 부피가 온도의 변화에 따라 늘어나는 현상. 몸팽창. 부피 팽창. 체팽창(體膨脹)
체적=팽창=계:수(體積膨脹係數)명 온도가 1°C 올라갈 때의 물체의 늘어난 부피와 본디 부피의 비율. 부피 팽

창 계수. 부피 팽창률. 체팽창 계수. 체팽창률

체전(遞傳) 명 -하다 타 체송(遞送)

체전-부(遞傳夫) 명 지난날, '우편 집배원(郵便集配員)'을 이르던 말. 준 체부(遞夫)

체절(體節)[1] 명 체후(體候)

체절(體節)[2] 명 환형동물 등의 몸뚱이를 이루고 있는 낱낱의 마디.

체제(體制) 명 ①각 부분이 통일된 형식으로 조직되어 전체를 이루고 있는 상태. ¶경영의 ―를 개편하다. ②어떤 일정한 원리와 의도에 따라 이루어져 있는 국가나 사회의 조직. ¶자본주의 ―/봉건 ― ③그 시대의 국가·사회를 지배하고 있는 권력 구조. ¶―에 저항하다./―의 변혁을 꾀하는 급진 세력. ④생물체의 여러 기관의 기능이 서로 유기적인 관계를 가지고 있는, 구조상의 형식. ⑤시문(詩文)의 형식. 체재(體裁)

체조(體操) 명 -하다 자 건전하고 균형 잡힌 몸매를 지니며 건강 증진, 체력 단련 등을 목적으로 하는 규칙적이고 합리적인 운동. 방법과 목적에 따라 맨손 체조, 기계 체조, 보건 체조, 미용 체조 등이 있음.

체중(體重)[1] 명 몸무게. 체량(體量)

체중(體重)[2] 어기 '체중(體重)하다'의 어기(語基).

체중-하다(體重―) 형여 지위가 높고 점잖다.

체증(滯症) 명 한방에서, 먹은 음식물이 소화되지 아니하여 생기는 병을 이르는 말. 체병(滯病). 체수(滯祟) 준 체(滯)

체증(遞增) 명 -하다 자타 차츰차츰 늘어남, 또는 차츰차츰 늘림. ☞체가(遞加). 체감(遞減)

체지(帖紙) 명 ①조선 시대, 관아에서 아전을 채용할 때 쓰던 임명장. ②지난날, '영수증(領收證)'을 이르던 말.

체지(體肢) 명 ①몸통과 팔다리. ②척추동물의 체간(體幹)에서 뻗어 나온 두 쌍의 가지 부분, 곧 전지(前肢)와 후지(後肢), 또는 상지(上肢)와 하지(下肢).

체직(替直) 명 -하다 자 체번(替番)

체직(遞職) 명 -하다 자 체임(遞任)

체진(滯陣) 명 -하다 자 ①진중에 머무름. ②한곳에 진을 치고 오래도록 머무름.

체-질 명 -하다 타 체로 가루 따위를 치는 일.

체질(體質) 명 ①타고난 몸의 성질. 몸바탕 ¶특이한 ―./―이 약하다. ②단체나 조직 등이 가진 성질이나 특징. ¶당의 보수적인 ―./기업의 ―을 개선하다.

체질=검:사(體質檢査) 명 신체 검사의 한 가지. 신체 각 부위의 건강 상태를 갖가지 검사로써 확인하는 일. ☞체격 검사(體格檢査). 체력 검사(體力檢査)

체차(遞差) 명 -하다 타 조선 시대, 관원을 다른 사람으로 바꾸는 일을 이르던 말.

체천(遞遷) 명 -하다 타 봉사손(奉祀孫)의 대수가 다한 신주(神主)를 최장방(最長房)의 집으로 옮기는 일. 최장방이 죽었을 때는 또 그 다음의 최장방에게로 옮기고, 대가 모두 끊긴 뒤에는 매안(埋安)하게 됨.

체첩(體帖) 명 글씨의 본보기가 될만 한 서첩(書帖).

체청(諦聽) 명 -하다 타 귀기울여 자세히 들음.

체취(體臭) 명 ①몸에서 풍기는 냄새. 살내 ②작품 등에 나타나 있는, 그 사람이 지닌 독특한 분위기나 특징을 비유하여 이르는 말. ¶작가의 토속적인 ―를 느낄 수 있는 조각 작품.

체크(check) 명 ①수표(手票) ②물표(物票) ③바둑판 무늬, 또는 그런 무늬의 천. ④-하다 타 확인하거나 대조함, 또는 확인이나 대조한 표시로 표를 함, 또는 그 표. ¶참석자를 명단에 ―하다.

체크아웃(checkout) 명 호텔 등에서 숙박료를 치르고 방을 비우는 일. ☞체크인

체크인(checkin) 명 ①호텔 등에서 숙박 절차를 밟는 일. ☞체크아웃 ②공항의 접수 창구에서 항공기의 탑승 절차를 밟는 일.

체통(體―) 명 몸통이나 몸집.

체통(體統) 명 지체나 신분에 어울리게 차리는 틀거지 또는 체면. ¶―을 지키다./― 없이 행동하다.

체-팽창(體膨脹) 명 체적 팽창(體積膨脹)

체팽창=계:수(體膨脹係數) 명 체적 팽창 계수

체팽창-률(體膨脹率) 명 체적 팽창 계수(體積膨脹係數)

체포(逮捕) 명 -하다 타 ①형법에서, 사람의 몸을 직접적이고 현실적으로 구속하여 행동을 부자유하게 하는 일. ②형사 소송법에서, 검찰 수사관이나 사법 경찰관이 법관이 발부하는 영장에 따라 피의자를 잡아서 일정 기간 유치하는 일, 또는 그런 강제 처분. ¶범인이 ―되다.

체포=감금죄(逮捕監禁罪)[―쬐] 명 남을 불법으로 체포하거나 감금하여 신체의 자유를 침해함으로써 성립하는 죄.

체표(體表) 명 몸의 겉면.

체하(帖下) 명 -하다 타 조선 시대, 관아에서 일꾼이나 상인들에게 돈이나 물건을 줄 때에 그 표를 종이에 적어 주던 일.

체해(體解) 명 -하다 타 옛 형벌의 한가지. 죄인을 죽인 뒤에 팔다리를 찢는 극형(極刑).

체향(滯鄕) 명 -하다 자 고향에 머무름.

체험(體驗) 명 -하다 타 ①몸소 경험함, 또는 그 경험. ¶스카이다이빙을 ―하다. ②철학에서, 주관과 객관이 분화되지 아니한 순수한 직접 경험을 이르는 말.

체현(涕泫) 명 -하다 자 눈물을 줄줄 흘리면서 하염없이 울.

체현(體現) 명 -하다 타 사상이나 이념 등과 같은 추상적인 것을 구체적인 모습으로 나타냄. ¶박애 정신을 ―한 숭고한 삶.

체형(體刑) 명 ①태형 따위와 같이 직접 사람의 몸에 고통을 주는 형벌. ☞체벌(體罰) ②징역·금고·구류와 같이 신체의 자유를 속박하는 형벌. 자유형(自由刑) ☞벌금형(罰金刑). 재산형(財產刑)

체형(體形) 명 몸의 생김새. 체양(體樣)

체형(體型) 명 사람의 몸매를 특징에 따라 이르는, 몸의 꼴. ¶살진 ―./깡마른 ―./―에 맞는 옷을 입다.

체화(滯貨) 명 -하다 자타 ①짐을 실어 나르지 못하여 밀려 쌓임, 또는 그 짐. ②상품이 다 팔리지 아니하고 남아 처짐, 또는 그 상품. ¶창고에 ―가 가득하다. ☞재고(在庫)

체화=금융(滯貨金融)[―늉] 명 체화로 된 상품을 담보로 하여 융자하는 일. 체화를 싼 값으로 팔지 아니하고 경영상의 자금 압박을 견디는 데 필요한 융자임.

체-화:석(體化石) 명 생물체의 전부나 일부를 지닌 화석.

체환(替換) 명 -하다 타 갈아서 바꿈. 차환(差換)

체후(體候) 명 편지 등에서 상대편의 안부를 물을 때, 그를 높이어 그의 일상 생활이나 건강 상태를 이르는 말. 체도(體度). 체절(體節)[1]

첼레스타(celesta 이) 명 소형의 피아노와 모양이 비슷한 건반 악기. 공명 상자 위에 나열되어 있는 철판을 건반과 연결된 해머로 쳐서 소리를 내는데, 맑고 가벼운 음색이 특징임. 19세기 후반 프랑스에서 개발됨.

첼로(cello 이) 명 현악기의 한 가지. 바이올린 계통의 대형 저음 악기. 길이는 120cm 가량. 연주자는 의자에 앉아서 악기의 몸통 부분을 두 무릎 사이에 끼고 연주함.

첼리스트(cellist) 명 첼로를 전문으로 연주하는 사람.

쳇-다리 명 무엇을 체로 밭거나 거를 때 그릇 위에 걸쳐 놓고 체를 올려 놓는 데 쓰는 기구.

쳇-바퀴 명 체의 몸이 되는 부분. 얇은 널빤지를 둥글게 휘어 쳇불을 메우는 테임.

쳇-발 명 최활

쳇-불 명 쳇바퀴에 팽팽하게 메워 액체나 가루 따위를 거르는 그물. 말총·명주실·철사 등으로 짬.

쳇불-관(―冠) 명 지난날, 선비가 쓰던 관의 한 가지. 말총으로 쳇불처럼 거칠게 얽어 짠 조각으로 만들었음.

쳇-줄(體―) 명 습자지(習字紙)에 쓰인, 본보기가 되는 한 줄의 글씨.

쳐-내:다 타 더러운 것들을 쓸어 모아서 다른 곳으로 옮기다. ¶거름을 ―.

쳐:다-보다 타 '치어다보다'의 준말. ¶현판의 글씨를 ―.

쳐:-들다 타 ①들어서 올리다. ¶두 팔을 ―. ②초들다 ¶결함만 ―.

쳐-들어가다 타 적을 공격해 들어가다.
쳐-들어오다 타 적이 공격해 들어오다.
쳐-부수다 타 ①적을 공격하여 무찌르다. ②물건 따위를 마구 쳐서 부수다.
쳐-주다 타 ①셈을 맞추어 주다. ¶제 값을 ―. ②그러한 것으로 알아주다. ¶그 분야의 권위자로 ―.
초 명 무명실을 꼬아 심지로 삼아, 밀랍(蜜蠟)이나 백랍(白蠟)을 막대 모양으로 굳힌 물건. 심지에 불을 붙여 어둠을 밝히는 따위에 씀. ☞밀초. 양초
초(抄) 명 -하다 타 '초록(抄錄)'의 준말.
초(炒) 명 -하다 타 볶는 일. 한방에서 법제(法製)하는 한 방법임. ☞밀초(蜜炒). 주초(酒炒)
초(秒) 명 매우 짧은 시간. ¶―를 다투는 긴급 사태./―를 쪼개어 쓸 형편이다.
의 시간(時間)·각도(角度)·위도(緯度)·경도(經度)의 단위. 1분의 60분의 1임.
초(草)[1] 명 -하다 타 ①시문(詩文)의 초벌 원고. ②'기초(起草)'의 준말. ¶성명서를 ―하다.
초를 잡다 관용 어떤 글을 쓰는 데 초벌로 쓰다, 또는 초안을 꾸미다.
초(草)[2] 명 '건초'·'갈초'의 준말. ☞초본(草本). 풀[3]
초(草)[3] 명 '초서(草書)'의 준말.
초(哨) 명 조선 시대의 군대 조직의 한 단위. 한 초는 약 100명이었음.
초(楚) 명 장기에서, '楚' 자로 나타낸 장(將)의 한 짝. 주로 파란 빛깔로 나타냄. ☞한(漢)
초(綃) 명 생사(生絲)로 짠 얇은 비단을 통틀어 이르는 말.
초(醋) 명 조미료의 한 가지. 3~5%의 초산이 들어 있는 시고 약간의 단맛이 나는 액체. 식초(食醋) ¶―에 담그다./냉면에 ―를 치다.
초(를) 치다 관용 남이 하는 일에 헤살을 놓는 말을 하여 흥이 깨지게 하거나 맥이 빠지게 만들다.
초(初) 의 일부 명사 뒤에 쓰이어, 그것의 '처음' 또는 '초기'의 뜻을 나타냄. ¶근세 조선 ―./20세기 ―.
초(超)- 접두 '정도에 넘침'을 뜻함. ¶초강국(超強國)/초만원(超滿員)/초음속(超音速)/초현실(超現實)
초(初)-《접두사처럼 쓰이어》①'초순(初旬)'의 뜻을 나타냄. ¶초하루/초이틀 ②'첫'·'처음'의 뜻을 나타냄. ¶초인사(初人事)/초대면(初對面) ③'이른'의 뜻을 나타냄. ¶초봄/초저녁

-초(初)《접미사처럼 쓰이어》'초기(初期)'의 뜻을 나타냄. ¶금년초(今年初)/내주초(來週初)/학년초(學年初) ☞-말(末)
-초(草)《접미사처럼 쓰이어》'풀'의 뜻을 나타냄. ¶일년초(一年草)/다년초(多年草)/백년초(百年草)
초가(草家) 명 볏짚이나 띠 따위로 이엉을 엮어 지붕을 인 집. 초가집. 초려(草廬). 초옥(草屋) ☞와가(瓦家)
초가(樵歌) 명 나무꾼이 부르는 노래.
초-가:량(初假量) 명 -하다 자타 처음으로 그 대강만을 얼추 셈쳐 잡아 봄, 또는 그 가량. ¶수확고를 ―해 보다.
초가-삼간(草家三間) 명 매우 작은 초가를 이르는 말. 삼간초가(三間草家)
속담 **초가삼간이 다 타도 빈대 죽는 것만 시원하다** : 비록 큰 손해를 보더라도 미운 놈만 없어진다면 속시원하다는 뜻. [초당 삼간 다 타도 빈대 죽는 것만 시원하다]
초-가을(初―) 명 가을이 시작되는 무렵. 첫가을. 맹추(孟秋). 상추(上秋). 초추(初秋)
초가-집(草家―) 명 초가(草家)
초각(初刻) 명 '맨 처음의 각(刻)'이라는 뜻으로, 한 시간의 처음 시각을 이르는 말. 1각은 15분간임.
초각(峭刻)[1] 명 돋을새김
초각(峭刻)[2] 어기 '초각(峭刻)하다'의 어기(語基).
초각-본(初刻本) 명 ①초간본(初刊本) ②초간본 중 특히 목판(木版)으로 박아낸 책.
초각-하다(峭刻―) 형여 타고난 성질이 까다로워 너그러운 데가 없다.
초간(初刊) 명 중간(重刊)에 상대하여, 맨 처음으로 하는 간행, 또는 그 간행물. 원간(原刊)
초간(稍間) 어기 '초간(稍間)하다'의 어기(語基).
초간-본(初刊本) 명 중간본(重刊本)에 상대하여, 맨 처음 간행한 책. 원간본(原刊本). 초각본(初刻本)
초-간장(醋―醬) 명 초를 친 간장.
초-간:택(初揀擇) 명 -하다 타 맨 첫 번의 간택.
초간-하다(稍間―) 형여 ①시간적으로 조금 동안이 뜨다. ②한참 걸어가야 할 만큼 거리가 좀 떨어져 있다.
초갑(草匣) 명 ①담배쌈지 ②지난날, 궐련갑을 이르던 말.
초강초강-하다 형여 얼굴 생김이 갸름하고 살이 적다.
초개(草芥) 명 지푸라기, 곧 하찮은 것을 비유하여 이르는 말. ¶고귀한 목숨을 ―같이 버리다.
초거(招去) 명 -하다 타 불러서 데려감.
초건(草件·初件)[―껀] 명 시문(詩文)의 초를 잡은 원고. 초본(初本)
초-겨울(初―) 명 겨울이 시작되는 무렵. 첫겨울. 맹동(孟冬). 초동(初冬). 초동삼(初冬三)
초견(初見) 명 -하다 타 처음으로 봄.
초경(初更) 명 지난날, 하루의 밤 시간을 다섯으로 등분한 첫째 시간. 지금의 오후 일곱 시에서 오후 아홉 시까지의 동안. 갑야(甲夜). 초야(初夜) ☞오경. 이경(二更)
초경(初耕) 명 애벌갈이
초경(初經) 명 첫 월경. 초조(初潮)
초경(草徑) 명 풀이 우거진 좁은 길.
초경(樵逕) 명 나무꾼들이 나무하러 다니는 좁은 산길. 나뭇길. 초로(樵路)
초-경합금(超硬合金) 명 탄화텅스텐에 코발트·니켈 따위의 금속 가루를 섞어 만든 소결(燒結) 합금. 강도가 매우 높아 주철이나 철강 제품을 자르거나 깎는 공구를 만드는 재료로 쓰임.
초계(哨戒) 명 -하다 타 군함이나 비행기로 적의 습격에 대비하여 엄중히 감시하고 경계함.
초계-정(哨戒艇) 명 초계용의 작은 군함. 초정(哨艇)
초고(草稿) 명 시문(詩文)의 초벌 원고.
초고리 명 작은 매.
초고밀도=집적=회로(超高密度集積回路)[―또―] 명 고밀도 집적 회로를 더욱 소형 경량화(小型輕量化)한 것. 브이엘에스아이(VLSI). 지에스아이(GSI) ☞집적 회로
초-고속도(超高速度) 명 고속도보다 더 빠른 속도.
초고속=통신망(超高速通信網) 명 첨단 광케이블을 이용하여 문자·사진·동화상·소리 등 대량의 멀티미디어 정보를 초고속으로 주고받는 통신 시스템.
초-고온(超高溫) 명 원자핵 융합 반응이 일어날 때와 같은, 고온 이상의 극히 높은 온도.
초-고주파(超高周波) 명 고주파보다 더 큰 주파수를 가진 전자기파. 전화 중계나 레이더, 위성 통신 등에 쓰임. 에스에이치에프(SHF)
초-고추장(醋―醬) 명 초를 쳐서 갠 고추장.
초-고층(超高層) 명 ①고층보다 더 높은 것. ¶― 아파트/― 빌딩 ②구름이 생기는 대류권의 밖. 적도 부근 약 18km, 극지 부근 8~450km를 이름.
초공(梢工) 명 뱃사공
초과(草果) 명 생강과의 여러해살이풀. 열매는 크기가 가지만 하고 껍질이 검고 두꺼우며 맛이 시고 씨는 굵음. 한방에서, 복부가 차고 아픈 증세나 구토·설사 따위에 약재로 쓰임.
초과(超過) 명 -하다 자타 일정한 수나 한도를 넘음. ¶지출이 ―되다./목표량을 ―하다./정원 ―/― 달성 ☞미만(未滿). 유월(逾越)
초과=이:윤(超過利潤) 명 평균적인 이윤을 초과하는 이윤. 생산 조건이 평균적인 조건보다 유리한 경우나 독점 가격이 형성되는 경우 등에 생김.
초교(初校) 명 맨 처음으로 보는 교정, 또는 그 교정지(校正紙). 초준(初準) ☞재교(再校)
초교(草轎) 명 삿갓가마
초교-탕(―湯) 명 여름에 먹는 음식의 한 가지. 살만 삶아서 가늘게 찢은 닭고기와 쇠고기·표고·도라지·미나

리 따위를 양념한 후, 밀가루와 달걀을 푼 것에 넣고 개어서 끓는 맑은장국에 떠넣어 익힌 음식.
초구(初句)명 맨 처음 구(句).
초구(初球)명 야구에서, 투수가 등판하여 맨 처음 던지는 공, 또는 타자가 타석에 들어서서 처음 맞이하는 공.
초구(草具)명 변변하지 못한 음식. ☞악식(惡食)
초구(貂裘)명 담비의 털가죽으로 지은 옷.
초군(樵軍)명 나무꾼
초군(超群)어기 '초군(超群)하다'의 어기(語基).
초군-초군 부-하다 형 일을 하는 데 꼼꼼하고도 느럭느럭한 모양을 나타내는 말. ☞차근차근
초군-하다(超群-)형여 여럿 가운데서 특히 뛰어나다.
초균형=예:산(超均衡豫算)[-녜-]명 세입이 세출보다 많아서 흑자가 나는 예산. ☞균형 예산. 적자 예산
초균형=재정(超均衡財政)명 세입이 세출보다 많은 재정.
초극(超克)명-하다 타 어려움 따위를 이겨 냄.
초근(草根)명 풀의 뿌리.
초근목피(草根木皮)성구 풀뿌리와 나무껍질의 뜻으로, 맛과 영양이 없는 거친 음식을 비유하여 이르는 말.
초근-초근 부-하다 형 성질이나 태도가 매우 깐질긴 모양을 나타내는 말. ☞추근추근
초금(草琴)명 풀잎피리
초금령(草金鈴)명 견우자(牽牛子)
초급(初級)명 맨 처음의 또는 가장 낮은 등급이나 단계. ¶ - 과정 ☞고급. 중급
초급(初給)명 '초임급(初任給)'의 준말.
초급(樵汲)명 나무하는 일과 물 긷는 일.
초급(峭急)어기 '초급(峭急)하다'의 어기(語基).
초급-하다(峭急-)형여 성미가 날카롭고 몹시 급하다.
초기(抄記)명-하다 타 초록(抄錄)
초기(初忌)명 ①사람이 죽은 지 1년이 되는 날. ②첫기제
초기(初期)명 어떤 일의 처음 시기. ¶그의 - 작품./-의 화풍. ☞중기. 초엽
초기(草記)명 ①-하다 타 초고(草稿)를 씀, 또는 그 기록. ②조선 시대, 어떤 사실의 내용을 간략히 적어서 임금에게 상주(上奏)하던 일, 또는 그 상주문(上奏文).
초기(礎器)명 도자기를 구울 때, 그 그릇을 올려 받치는 굽이 높은 기구.
초기=미동(初期微動)명 지진동 중에서 맨 처음에 나타나는, 비교적 진폭이 작고 주기가 짧은 약한 진동.
초-기일(初期日)명 맨 첫 번의 기한 날짜.
초길(初吉)명 음력으로 매월 '초하룻날'을 이르는 말.
초-김치(醋-)명 초를 쳐서 담근 얼갈이김치나 풋김치.
초-꼬슴(初-)명 일을 하는 데 맨 처음.
초꼬지명 작은 전복을 말린 것.
초-꽂이명 촛대나 등 따위에서 초를 꽂도록 된 것.
초-나물(醋-)명 봄에 먹는 나물의 한 가지. 숙주·미나리·물쑥 등을 약간 데치고 양념을 하여 초를 쳐서 무친 나물. 쇠고기·돼지고기·해삼·전복 등을 저며 섞기도 함. 초채(醋菜)
초-나흗날(初-)명 한 달의 넷째 날. 준나흗날. 초나흘
초-나흘(初-)명 '초나흗날'의 준말.
초-남태(初男胎)명 첫 번으로 낳은 사내아이의 태(胎).
속담 **초남태 같다**: 어리석고 못난 사람을 놀리어 이르는 말.
초년(初年)명 ①일생의 초기. ☞말년(末年). 중년(中年) ②여러 해 걸리는 어떤 과정의 첫해, 또는 처음의 시기. ¶사업 -에는 고생도 많았지.
속담 **초년 고생은 양식 지고 다니며 한다**: 젊어서 고생을 하면 늙어서 낙이 올 것이니 젊어서 하는 고생을 달게 여겨야 한다는 말.[초년 고생은 은 주고 산다]
초년-병(初年兵)명 입대한 지 얼마 되지 않은 사병. ☞신병(新兵)
초념(初念)명 처음에 먹은 마음.
초노(樵奴)명 땔나무를 마련하는 일을 하는 종.
초-눈(醋-)명 초파리의 애벌레.
초-능력(超能力)명 ①현대의 과학으로는 합리적으로 설명하기 어려운 초자연적인 능력. 텔레파시·투시·예지·염력 따위를 통틀어 이르는 말. ②다른 사람이나 동물과 비교하여 두드러지게 뛰어난 능력.
초-다듬이(初-)명-하다 자타 '초다듬이질'의 준말.
초다듬이-질(初-)명-하다 자타 다듬잇감의 구김살을 펴려고 애벌로 하는 다듬이질. 준초다듬이
초-다짐(初-)명-하다 자 끼니나 좋은 음식을 먹기 전에, 우선 시장기를 면하려고 음식을 조금 먹는 일, 또는 그 음식. ☞초요기(初療飢)
초단(初段)명 ①첫째 단계. ②유도·태권도·검도·바둑 따위에서, 실력의 정도를 나타내는 등급의 첫째 단(段). ¶유도 -/바둑 -
초단(草短)명 화투 놀이에서, 난초·흑싸리·홍싸리 다섯 끗짜리 석 장을 모두 차지한 경우를 이르는 말. 놀이에 참가한 다른 사람들로부터 서른 끗씩을 받게 됨. ☞청단(青短). 홍단(紅短). 약
초단(礎段)명 건조물의 하중을 골고루 받게 하려고 벽·기둥·교각 따위의 밑을 넓게 만든 부분.
초-단:파(超短波)명 주파수는 30~300MHz, 파장 1~10m인 주파수대. 직진성이 강하여 근거리 통신이나 텔레비전 방송 따위에 이용됨. 브이에이치에프(VHF)
초단파=방:송(超短波放送)명 초단파 주파수대를 이용하는 방송. 에프엠 라디오 방송이나 텔레비전 방송 따위. 브이에이치에프 방송
초달(楚撻)명-하다 타 지난날, 아이들의 잘못을 바로잡을 때 회초리로 종아리나 볼기를 때리던 일. 달초(撻楚)
초-닷새(初-)[-닫-]명 '초닷샛날'의 준말.
초-닷샛날(初-)[-닫-]명 한 달의 다섯째 날. 준닷샛날. 초닷새
초당(初唐)명 중국 당나라 시대의 문학을 네 시기로 구분한 그 첫째 시기. 왕발(王勃)·양형(楊炯)·노조린(盧照鄰)·낙빈왕(駱賓王) 등의 시인이 활동했음. ☞성당(盛唐)
초당(草堂)명 원채에서 따로 떨어져 있는, 짚이나 억새 따위로 지붕을 인 조그마한 집채.
초당(超黨)명 '초당파(超黨派)'의 준말.
초-당파(超黨派)명 각 당파의 주장이나 이해 따위를 초월하여 모든 당파가 다 함께 일치하여 어떤 일에 임하는 것. ¶ - 내각/- 외교 준초당(超黨)
초대(初-)명 어떤 일에 경험이 없이 처음으로 나선 사람.
초대(初代)명 ①한 계통의 연대 또는 세대의 첫머리. ¶-교회 ②차례로 이어 나가는 자리나 지위에서, 그 첫 번째에 해당하는 차례, 또는 그 사람. ¶ - 대통령
초대(初對)명 ①-하다 타 '초대면(初對面)'의 준말. ②어떤 일을 처음으로 당하여 서투름을 이르는 말.
초대(招待)명-하다 타 ①남을 불러서 대접함. ¶친척들을 -하여 집들이를 하다. ②어떤 모임에 참가하여 줄 것을 청함. ¶시상식에 -를 받다.
초대-권(招待券)[-꿘]명 공연장이나 모임 등에 초대하는 내용을 적은 표. ¶음악회의 -.
초-대:면(初對面)명-하다 타 처음으로 마주 대함. ¶ -의 인사./오늘 -한 사이다. 준초대(初對)
초대-석(招待席)명 초대 받아 온 사람이 앉게 마련한 자리.
초대-연(招待宴)명 손을 초대하여 베푸는 연회.
초대=외:교(招待外交)명 외국의 중요 인사를 초대하여 국내를 시찰하게 함으로써 이해와 협조를 꾀하는 외교.
초대-장(招待狀)[-짱]명 초대하는 뜻을 적어서 보내는 편지. ¶독주회의 -을 보내다.
초-대:형(超大型)명 아주 큰 것. 대형보다 더 큰 것. ¶-가방/- 버스
초대형-주(超大型株)명 거대한 기업에서 발행하는 주식. ☞대형주. 소형주
초도(初度)명 ①'초도일'의 준말. ②첫 번.
초도(草圖)명 대충 초 잡은 그림이나 도면.
초-도목(草都目)명 지난날, 도목 정사(都目政事) 때에 관직을 올릴 사람의 관직과 성명을 적어서 임금에게 올리던 초본.

ㅊ

초-도서(初圖書)명 쇠붙이나 돌 등에 새기는 글자의 초본.
초도=순시(初度巡視)명 한 기관의 책임자나 감독관 따위가 부임하여 처음으로 그의 관할 지역을 순회하여 시찰하는 일.
초도=습의(初度習儀)명 지난날, 나라의 의식에 앞서 하던 연습 중에 첫 번째 의식, 또는 그 연습.
초도-식(初渡式)명 시도식(始渡式)
초도-일(初度日)명 ①'환갑날'을 예스럽게 이르는 말. ②'생일'을 달리 이르는 말. 준초도
초동(初冬)명 ①첫겨울. 초겨울 ②'음력 시월'을 달리 이르는 말.
초동(初動)명 ①맨 처음에 하는 행동이나 동작. ②지진이 일어날 때, 큰 진동에 앞서 나타나는 작은 진동.
초동(樵童)명 나무하는 아이.
초동급부(樵童汲婦)성구 나무하는 아이와 물을 긷는 아낙네라는 뜻으로, 평범한 사람을 비유하여 이르는 말.
초-동:삼(初冬三)명 '초겨울'을 이르는 말.
초동=수사(初動搜査)명 범죄 사건이 일어났을 때, 그 첫 단계로 범행 현장을 중심으로 하여 시작되는 수사 활동.
초두(初頭)명 어떤 시대나 시기의 처음 무렵. ¶20세기 -의 개화 사상. ☞모두(冒頭). 벽두(劈頭)
초-두(草頭)명 한자 부수(部首)의 한 가지. '花'·'茶'·'萬' 등에서 '艹'의 이름. ☞풀초
초두(梢頭)명 나무의 잔가지 끝.
초두(鐎斗)명 고대에 술·음식·약 따위를 끓이거나 데우는 데 쓰던 그릇의 한 가지. 주로 구리로 만들어졌으며, 다리가 셋이고 긴 자루가 달렸음.
초두-가(初頭歌)명 단가(短歌)
초두구(草荳蔻)명 ①생강과의 여러해살이풀. 열대 식물로 중국의 더운 지방에서 자람. 남빛 꽃이 피며, 열매는 갸름한데 맛이 시고 향내가 있음. ②초두구의 말린 열매를 한방에서 약재로 이르는 말. 배가 차갑고 아픈 증세나 가벼운 구토에 쓰임.
초두난:액(焦頭爛額)성구 불에 머리를 태우고 이마를 그슬린다는 뜻으로, 몹시 애를 씀을 이르는 말.
초둔(草芚)명 짚이나 띠, 부들 따위로 거적처럼 엮어서 비·바람·햇볕을 막는 데 쓰는 물건. 뜸[1]
초-들다(-들고·-드니)타 어떤 사실을 입에 올려서 말하다. 쳐들다
초등(初等)명 맨 처음의 등급. ¶- 과정/- 영어 ☞고등. 중등
초등(超等)명-하다자 일반 등급을 뛰어넘음, 또는 그 등급.
초등=교:육(初等教育)명 가장 초보적이며 기본적인 교육.
초등=학교(初等學校)명 국민 생활에 가장 초보적인 보통 교육을 실시하는 교육 기관.
초등=학생(初等學生)명 초등 학교에 다니는 학생.
초라니명 ①나자(儺者)의 하나. 기괴한 모양의 여자 탈을 쓰고 위에는 붉은 옷, 아래에는 누른 옷을 입고 대가 긴 기(旗)를 듦. 소매(小梅) ☞방상시(方相氏). 아이초라니 ②하회별신굿 따위에 나오는 인물의 하나. 양반의 하인으로 가볍고 방정맞은 성격을 지님.
속담 **초라니 대상(大祥) 물리듯** : 언제건 해야 할 일을 자꾸 미룸을 이르는 말./**초라니 수고(手鼓) 채 메듯** : 하는 짓이 경솔하고 방정맞게 까부는 모양을 비유하여 이르는 말./**초라니 열은 보아도 능구렁이 하나는 못 본다** : 까불까불하고 경박한 사람보다 속이 의뭉한 사람이 같이 지내기에 더 좋지 않음을 비유하여 이르는 말.
초라-떼:다자 격에 맞지 않는 짓이나 차림새로 말미암아 창피를 당하다.
초라-하다형여 ①겉모양이나 옷차림이 허술하여 보잘것없다. ¶행색이 -./초라한 옷차림. ②보잘것없고 변변하지 못하다. ¶살림살이가 -./초라한 집. ☞추레하다
초래(招來)명-하다타 ①불러서 오게 함. ②어떤 결과를 가져오게 함. ¶불행을 -하다./방심이 -한 재난.
초략(抄略)명-하다타 노략질로 빼앗음. 초략(抄掠)
초략(抄掠)명-하다타 초략(抄略)
초략(草略)어기 '초략(草略)하다'의 어기(語基).
초략-하다(草略-)형여 매우 거칠고 간략하다.
초량(初涼)명 ①초가을의 서늘한 기운. ②첫가을
초려(草廬)명 ①초가(草家) ☞삼고초려(三顧草廬) ②남에게 자기의 집을 겸손하게 이르는 말.
초려(焦慮)명-하다타 초사(焦思)
초련명 지난날, 일찍 여문 곡식이나 풋바심한 곡식으로 가을걷이 때까지 대어 먹던 일.
초련(初鍊)명-하다타 ①재목으로 쓸 나무를 초벌로 대강 다듬는 일. 껍질을 벗기고 옹이를 따거나 대패로 대강 미는 따위. ②어떤 일을 한번에 완성하지 않고 초벌로 대강 매만지는 일.
초련-질(初鍊-)명-하다타 대패로 나무의 겉면을 초벌로 대강 깎아 내는 일.
초례(草隷)명 초서(草書)와 예서(隸書).
초례(醮禮)명-하다자 재래식 혼례에서, 신랑 신부가 서로 절하고 술잔을 주고받는 의식. ☞교배(交拜)
초례-상(醮禮床)[-쌍]명 재래식 혼례에서, 초례를 올리려고 차려 놓는 상. ☞전안상(奠雁床)
초례-청(醮禮廳)명 재래식 혼례에서, 초례를 올리려고 차려 놓은 자리. ☞전안청(奠雁廳)
초로(初老)명 ①초로기(初老期) ¶-의 부인./-의 나이. ②지난날, '마흔 살'을 달리 이르던 말.
초로(草路)명 풀밭에 난 길.
초로(草露)명 풀잎에 맺힌 이슬.
초로(와) 같다관용 사물의 덧없음을 비유하여 이르는 말. ¶사람들은 인생을 -고 한다.
초로(焦勞)명-하다타 마음을 태우고 애씀.
초로(樵路)명 초경(樵逕)
초로-기(初老期)명 노년기의 첫 시기. 늙기 시작하는 45~50세의 시기를 이름. 초로(初老)
초로인생(草露人生)성구 풀잎에 맺힌 이슬처럼 덧없는 인생을 비유하여 이르는 말. ☞조로인생(朝露人生)
초록(抄錄)명-하다타 필요한 부분만 뽑아서 적음, 또는 그 기록. 초기(抄記) ¶논문의 -./참고 문헌을 -하다. 준초(抄) ☞초사(抄寫)
초록(草綠)명 우리 나라의 기본색 이름의 하나. 푸른 빛깔과 누른 빛깔의 중간색, 또는 그런 빛깔의 물감. 초록빛. 초록색 ☞남색(藍色). 청록(青綠)
속담 **초록은 동색(同色)이라** : 풀빛과 녹색은 같은 색이라는 뜻으로 ①처지가 같은 사람들끼리 어울리는 경우를 비유하여 이르는 말. ②명칭은 다르나 따져 보면 한가지임을 비유하여 이르는 말./**초록은 제 빛이 좋다** : 자기와 사는 형편이나 수준이 비슷한 사람끼리 짝을 맺어야 마음이 편하고 좋음을 비유하여 이르는 말.
초록-빛(草綠-)명 초록. 초록색
초록-색(草綠色)명 초록. 초록빛
초롱[1]명 ①석유나 물 따위의 액체를 담는 데 쓰는, 양철로 만든 통. ②〔의존 명사로도 쓰임〕 ¶석유 세 -./물 한 -.
초롱[2]명 '등롱(燈籠)'을 달리 이르는 말.
초롱 같다관용 눈이나 정신 등이 환하게 밝다.
초롱-꽃명 초롱꽃과의 여러해살이풀. 줄기는 곧게 서며 높이 1m 안팎. 전체에 거친 털이 있음. 잎은 어긋맞게 나며 긴 달걀꼴로 끝이 뾰족하고 가장자리에 톱니가 있음. 6~8월에 백색 또는 백색에 자줏빛 반점이 있는 종 모양의 꽃이 핌. 산과 들에서 자라며, 관상용으로도 심음. 어린잎은 먹을 수 있음.
초롱-불[-뿔]명 초롱에 켠 불.
초롱-초롱부-하다형 ①눈이 정기가 있고 맑은 모양을 나타내는 말. ¶선생님의 말씀을 듣고 있는 아이들의 눈이 - 빛났다. ②눈이 잠기가 없이 또렷한 모양을 나타내는 말. ¶아기 눈이 -한 게 잘 것 같지 않다.
초롱초롱-히부 초롱초롱하게 ¶- 빛나는 눈빛.
초료(草料)명 ①마소에게 먹이는 꼴. ②조선 시대, 역참(驛站)에서 제공 받는 마초(馬草)와 음식물을 이르던 말. ③조선 시대, 서북 변경의 수령(守令), 군관(軍官), 대관(大官)의 종자(從者) 및 공무로 출장하는 관원

에게 역참에서 마필(馬匹)·숙식(宿食) 따위를 제공하라고 명하던 문서. 초료장. 초료체

초료-장(草料狀)[-짱] 명 초료(草料)

초료-체(草料帖) 명 초료(草料)

초룡(草龍) 명 ①풀이나 짚으로 만든 용의 형상. ②간단하게 그리거나 새긴 용의 형상.

초루(譙樓) 명 문루(門樓)

초륜(超倫) 어기 '초륜(超倫)하다'의 어기(語基).

초륜-하다(超倫-) 형여 초범(超凡)하다

초름-하다 형여 ①넉넉하지 못하다. ②어떤 표준보다 조금 모자라다.

초리(草履) 명 짚신

초림(初臨) 명 크리스트교에서, 예수가 하느님의 외아들로 이 세상에 세 번 올 것이라는데, 그 첫 번째로 사람의 아들로 이 세상에 태어난 일을 이르는 말. ☞재림

초립(草笠) 명 가는 풀이나 대오리를 결어 만든 갓의 한 가지. 조선 시대에 관례(冠禮)를 치른 어린 남자나 가동(歌童) 등이 주로 썼음. 풀갓[1] ☞패랭이

초립-동(草笠童) 명 초립둥이

초립-둥이(草笠-) 명 초립을 쓴 나이 어린 남자. 초립동

초마-면(炒碼麵) 명 짬뽕

초막(草幕) 명 ①풀이나 짚으로 지붕을 이어 지은 오두막집. ②불교에서, 절 근처에 있는 중의 집을 이르는 말.

초-막이(初-) 명 재래식 한옥에서, 서까래에 걸친 평고대(平高臺).

초-만:원(超滿員) 명 정원을 훨씬 초과하는 일, 또는 그런 상태. ¶차 안은 발 디딜 틈도 없이 -이었다./공연장은 청소년들로 -을 이루었다. 유대만원

초맛-살[-맏-] 명 소의 대접에 붙은 살을 식품으로 이르는 말.

초망(抄網) 명 채그물

초망(草莽) 명 ①풀의 떨기, 또는 풀숲. ②초야(草野) ③-하다 형 촌스럽고 메떨어져서 세상일에 어두움.

초망지신(草莽之臣) 명 관직에 나아가지 않고 초야에 묻혀 지내는 사람.

초매(草昧) 명 ①천지 개벽의 처음. 곧 거칠고 어두운 세상. ②거칠고 어두워서 사물이 잘 정돈되지 않은 상태.

초매(超邁) 어기 '초매(超邁)하다'의 어기(語基).

초매-하다(超邁-) 형여 보통보다 훨씬 뛰어나다.

초면(初面) 명 처음으로 대하는 얼굴, 또는 처음으로 만나는 처지. ¶그와는 -이다. ☞구면(舊面)

초면(炒麵) 명 밀국수를 기름에 볶은 음식.

초면(草綿) 명 목화(木花)

초면-강산(初面江山) 명 처음으로 보는 낯선 고장.

초멸(剿滅) 명-하다 타 도적 떼를 무찔러 없앰. 초제(剿除)

초모(招募) 명-하다 타 널리 불러모은다는 뜻으로, 의병이나 군대에 지망하는 사람을 모집함. 소모(召募)

초모(草茅) 명 '잔디'의 딴이름.

초모-필(貂毛筆) 명 담비의 털로 맨 붓.

초목(草木) 명 풀과 나무를 아울러 이르는 말.

초목(椒目) 명 한방에서, 산초나무 열매의 씨를 약재로 이르는 말. 이뇨제·해독제·살충제 따위로 쓰임.

초목(樵牧) 명 나무하는 일과 가축을 치는 일.

초목개병(草木皆兵) 성구 온 산의 초목이 모두 적병으로 보인다는 뜻으로, 적을 지나치게 두려워함을 비유하여 이르는 말.

초목구후(草木俱朽) 성구 초목동부(草木同腐)

초목-금수(草木禽獸) 명 풀·나무·새·짐승의 뜻으로, 온갖 생물을 이르는 말.

초목동부(草木同腐) 성구 초목과 함께 썩는다는 뜻으로, 사람이 해야 할 일을 못하거나 이름을 남기지 못하고 헛되이 죽음을 이르는 말. 초목구후(草木俱朽)

초목-회(草木灰) 명 초목을 태운 재. 거름으로 쓰임.

초무(招撫) 명-하다 타 불러다가 어루만져 위로함.

초-무침(醋-) 명 어떤 재료에 초를 넣고 갖은양념으로 무치는 일, 또는 그렇게 무친 음식. ¶미역 -/오이 -

초문(初聞) 명 처음으로 들음, 또는 처음 들은 말. ¶금시 -인 말이라서 모두 놀랐다. ☞구문(舊聞)

초-물(初-) 명 염전(鹽田) 등에서 처음으로 모래를 걸러 낸 물.

초물(草物) 명 짚이나 풀로 결어 만든 갖가지 물건을 통틀어 이르는 말.

초물-전(草物廛) 명 지난날, 초물을 팔던 가게.

초미(焦眉) 명 눈썹에 불이 붙었다는 뜻으로, 일이나 사정이 매우 급함을 비유하여 이르는 말. ¶-의 문제./-의 관심사.

초-미립자(超微粒子) 명 지름이 1백만분의 1mm에서 1만분의 1mm 크기인 입자. 주로 금속이나 합금제로서 강한 자성(磁性)을 지니고 있음.

초미-죽(-粥) 명 대추를 고아서 쌀무리를 섞어 쑨 죽.

초미지급(焦眉之急) 명 눈썹에 불이 붙은 것과 같이 매우 위급한 경우를 이르는 말. 소미지급(燒眉之急)

초민(焦悶) 명-하다 자 ①애를 태우며 걱정하고 괴로워함. ②몹시 민망하게 여김.

초반(初盤) 명 계속되는 어떤 일이나 시기의 처음 무렵, 또는 첫 단계. ¶50년대 -./이십대 -의 젊은이./-에는 우세한 경기를 펼치다. ☞종반. 중반. 후반

초반-전(初盤戰) 명 운동 경기나 바둑, 장기 따위가 시작된 무렵의 겨루기.

초발(初發) 명 처음으로 생겨나는 일.

초발-성(初發聲)[-썽] 명 훈민정음(訓民正音)에서 '초성(初聲)'을 이르는 말.

초발-심(初發心)[-씸] 명 불교에서, 보리심을 처음 일으킴을 이르는 일.

초-밥(醋-) 명 일본식 요리의 한 가지. 식초나 설탕 등으로 맛을 낸 밥에 생선이나 조개, 김 등을 재료로 하여 만든 음식. 김초밥·생선초밥·유부초밥 따위.

초방(初枋) 명 기둥을 세운 뒤에 처음으로 끼우는 중인방.

초방(椒房) 명 ①왕비가 거처하는 방이나 궁전. ②'왕비'를 달리 이르는 말.

초-방목(草榜目) 명 초서로 쓴 방목.

초-방석(草*方席) 명 풀로 결어 만든 방석.

초배(初配) 명 세상을 떠났거나 헤어진, 첫 아내. 원배(元配) ☞전배(前配)

초배(初褙) 명-하다 타 정식으로 도배를 하기 전에 허름한 종이로 애벌로 도배함, 또는 그 도배. ¶마분지로 -하다. ☞정배(正褙)

초배(超拜) 명-하다 타 지난날, 정해진 등급보다 높은 관직에 임명하던 일. ¶승지로 -하다.

초배-지(初褙紙) 명 초배하는 데에 쓰는 종이.

초번(初番) 명 ①맨 처음의 차례. 첫 번. ②최초의 당번. ③최초(最初)

초번(初燔) 명 도자기를 애벌 굽는 일.

초-벌(初-) 명 애벌

초벌-구이(初-) 명-하다 타 설구이

초범(初犯) 명 처음으로 저지른 범죄, 또는 그 범인. ☞상습범(常習犯). 재범(再犯)

초범(超凡) 어기 '초범(超凡)하다'의 어기(語基).

초범-하다(超凡-) 형여 범상한 것보다 뛰어나다. 초륜(超倫)하다

초벽(初壁) 명-하다 자 벽에 흙이나 종이 따위를 애벌로 바르는 일, 또는 그렇게 바른 벽. ☞새벽[1]. 재벽(再壁)

초벽(峭壁) 명 매우 가파른 낭떠러지.

초병(哨兵) 명 경계 근무를 맡아 초소를 지키는 병사.

초병(醋甁)[-뼝] 명 초를 담는 병.

초병-마개(醋甁-)[-뼝-] 명 몹시 시큰둥한체 하는 사람을 비유하여 이르는 말.

초보(初步) 명 학문이나 기술 등을 배우기 시작한 단계, 또는 처음 수준의 단계. 첫걸음 ¶- 단계/- 운전/-부터 배우다. ☞초심(初心). 초학(初學)

초보-적(初步的) 명 초보인 것. ¶경제에 관한 - 지식./아직 -인 수준에서 벗어나지 못하고 있다.

초복(初伏) 명 삼복의 첫째. 하지(夏至) 뒤의 셋째 경일(庚日). ☞말복(末伏). 중복(中伏)

ㅊ

초복(初覆)명-하다타 조선 시대, 죽을 죄에 해당하는 죄인을 처음 심리하던 일, 또는 그 심리. ☞삼복. 재복(再覆)
초본(抄本)명 원본에서 일부분만을 뽑아서 베끼거나 복사한 문서. ¶호적 ─ ☞등본(謄本)
초본(初本·草本)명 초건(草件)
초본(草本)명 땅위줄기가 꽃을 피우고 열매를 맺은 뒤 말라 죽는 식물을 통틀어 이르는 말. 풀[3] ☞목본. 초(草)[2]
초본-대(草本帶)명 고산의 꼭대기 부근이나 한지(寒地) 등과 같이, 나무가 자라지 못하고 초본만이 자랄 수 있는 지대. 초원대(草原帶)
초본-층(草本層)명 식물 군락(植物群落)에서 초본 식물이 차지하는 층. 삼림·관목림에는 음지 식물, 초원에는 양지 식물이 많음.
초-봄(初─)명 봄이 시작되는 무렵. 이른봄. 첫봄. 맹춘(孟春). 초춘(初春)
초봉(初俸)명 근로자로서 처음으로 받는 봉급.
초부(樵夫)명 나무꾼
초부(樵婦)명 나무하는 아낙네.
초부득삼(初不得三)성구 첫 번에 실패해도 세 번째에는 성공한다는 뜻으로, 꾸준히 하면 성공할 수 있다는 말.
초-부유(草蜉蝣)명 '풀잠자리'의 딴이름.
초분(初分)명 한평생을 셋으로 가를 때의 초년(初年), 또는 초년의 운수. ☞중분(中分). 후분(後分)
초분(草墳)명 시체를 바로 땅에 매장하지 아니하고 풀이나 짚으로 덮어 두는 장례 방식, 또는 그런 무덤. 살이 다 썩은 후에 뼈를 추려서 땅에 묻음.
초비(草肥)명 풋거름
초-비상(超非常)명 어떤 상태나 일 따위가 매우 비상함, 또는 그런 상태. ¶─ 사태/전군에 ─이 걸리다.
초빈(招賓)명-하다자 귀한 손을 초대함.
초빈(草殯)명 어떤 사정으로 장사를 속히 치르지 못하고 시체를 방 안에 둘 수 없을 때, 한데나 의지간에 관을 놓고 이엉 따위로 덮어 두는 일, 또는 덮어 둔 그것.
초빙(初氷)명 첫얼음
초빙(招聘)명-하다타 예를 갖추어 불러 맞아들임. 징빙(徵聘) ¶강사로 ─ 되다./외부 인사를 ─하다. ☞초청
초빙=교:수(招聘教授)명 정원 외의 사람으로서 외부에서 초청된 교수. 객원 교수(客員教授)
초-빛(初─)명 단청을 칠할 때, 채색의 가장 흐린 정도. ☞삼빛. 이빛
초사(初仕)명-하다자 지난날, 처음으로 관직에 나아가는 일, 또는 그 관직을 이르던 말. 초입사(初入仕)
초사(抄寫)명-하다타 필요한 부분만 뽑아서 베낌, 또는 그렇게 베낀 것. ☞초록(抄錄)
초사(招辭)명 조선 시대, 죄인이 범죄 사실을 진술하던 말. 공사(供辭). 공초(供招)
초사(哨舍)명 초병(哨兵)의 막사.
초사(焦思)명-하다타 애를 태우며 생각함, 또는 그런 생각. 초려(焦慮) 유초심(焦心) ☞노심초사(勞心焦思)
초-사리(初─)명 그 해에 처음으로 잡히어 시장에 들어오는 첫 조기.
초-사:실주의(超寫實主義)명 초현실주의
초-사흗날(初─)명 한 달의 셋째 날. 준사흗날. 초사흘
초-사흘(初─)명 '초사흗날'의 준말.
속담 **초사흘 달[초승달]은 잰 며느리가 본다** : 음력 초사흗날에 뜨는 달은 초저녁에 잠깐 떴다가 지므로 부지런한 며느리만이 볼 수 있다는 뜻으로, 지혜롭고 민첩한 사람만이 미세한 것을 살필 수 있음을 이르는 말.
초삭대엽(初數大葉)명 전통 성악곡인 가곡의 한 가지. 우조(羽調)와 계면조(界面調)의 첫째 곡으로 남창(男唱)으로만 불림. 우조와 계면조에 각각 한 곡씩 있으며, 5장(章) 2여음(餘音)으로 되어 있음. 초수대엽 ☞이삭대엽
초산(初産)명-하다자 ①처음으로 아이를 낳음. 첫해산 ②포유동물이 처음으로 새끼를 낳음. ☞맏배. 첫배
초산(硝酸)명 질산(窒酸)
초산(醋蒜)명 마늘을 식초와 설탕에 절인 반찬.
초산(醋酸)명 아세트산
초산=견사(醋酸絹絲)명 아세테이트 섬유
초산-균(醋酸菌)명 아세트산균
초산-나트륨(醋酸natrium)명 아세트산나트륨
초산-납(醋酸─)명 아세트산납. 연당(鉛糖)
초산-동(醋酸銅)명 아세트산구리
초산-박테리아(醋酸bacteria)명 아세트산균
초산=발효(醋酸醱酵)명 아세트산 발효
초산-부(初產婦)명 아이를 처음 낳은 여자. ☞경산부
초산-비닐(醋酸vinyl)명 아세트산비닐
초산비닐=수지(醋酸vinyl樹脂)명 아세트산비닐 수지
초산-석회(醋酸石灰)명 아세트산칼슘
초산=섬유소(醋酸纖維素)명 아세틸셀룰로오스
초산-소:다(醋酸soda)명 아세트산나트륨
초산-암모늄(硝酸ammonium)명 질산암모늄
초산-에스테르(醋酸ester)명 아세트산에스테르
초산-연(醋酸鉛)[─년]명 아세트산납
초산-염(硝酸塩)[─념]명 질산염
초산-은(硝酸銀)명 질산은
초산=인견(醋酸人絹)명 아세테이트 섬유
초산-칼륨(硝酸Kalium)명 질산칼륨
초산-칼슘(醋酸calcium)명 아세트산칼슘
초상(初喪)명 ①사람이 죽어서 장사지낼 때까지의 일. ¶─을 치르다. ②사람이 죽은 일. ¶─이 나다.
속담 **초상 술에 권주가(勸酒歌) 부른다** : 때와 장소를 분별하지 못하고 경망스럽게 행동함을 비유하여 이르는 말./**초상 안에 신주(神主) 마르듯** : 초상 안에는 제사를 지내지 않으므로 신주가 마른다는 뜻으로, 무엇을 도무지 못 얻어먹는 경우를 비유하여 이르는 말.
초상(肖像)명 그림이나 사진 따위에 나타난, 사람의 얼굴이나 모습. ¶어머니의 ─.
초상(初霜)명 첫서리
초상(草床)명 아쟁을 받쳐 놓는 물건. 나무로 만듦.
초상(鞘狀)명 칼집 모양으로 생긴 형상.
초상-계(初喪契)[─꼐]명 계원 가운데 상을 당한 사람에게 돈이나 곡식을 태워 주는 계. ☞상포계(喪布契)
초상-권(肖像權)[─꿘]명 법률에서, 자기의 초상의 제작이나 사용에 대한 독점권. 자기의 초상이 승낙 없이 전시 또는 게재되었을 경우에는 손해 배상을 청구할 수 있음. ☞인격권
초상-나다(初喪─)자 사람이 죽은 일이 생기다.
속담 **초상난 데 춤추기** : 인정 없고 심술궂은 행동을 비유하여 이르는 말./**초상난 집에서 사람 죽은 것은 안 치고 팥죽 들어오는 것만 친다** : 초상난 집에서 남이 쑤어다 주는 팥죽에만 정신이 팔려 죽은 사람 치울 생각은 아니한다는 뜻으로, 맡은 일에는 등한하고 욕심을 채우려고 다른 일에 마음을 씀을 이르는 말.
초상-록(初喪錄)명 초상을 치른 모든 일을 적어 두는 기록. 초종록(初終錄)
초상-상제(初喪喪制)명 초상 중에 있는 상제.
초상-집(初喪─)[─찝]명 초상이 난 집.
속담 **초상집의 주인 없는 개** : 먹을 것을 얻지 못하여 여기저기 기웃거리고 다니는 사람을 비유하여 이르는 말. [초상집 개 같다]
초상-화(肖像畫)명 사람의 얼굴이나 모습을 그린 그림.
초색(草色)명 ①풀빛 ②노란빛을 띤 녹색.
초생(初生)명 ①갓 생겨남. ②'초승'의 원말.
초생-달(初生─)[─딸]명 '초승달'의 원말.
초생-수(初生水)명 지구 내부의 마그마에서 생기어 지표로 솟아 나오는 물. 처녀수(處女水) ☞순환수(循環水)
초생-아(初生兒)명 배꼽이 채 떨어지지 아니한 갓난아이.
초서(抄書)명-하다타 책의 내용 가운데 필요한 부분만을 뽑아서 씀, 또는 그렇게 쓴 책.
초서(招壻)명 ①-하다자 사위를 맞음. ②데릴사위
초서(草書)명 한자 서체의 한 가지. 행서(行書)를 더 풀어 점획을 줄여 흘려 쓴 글씨. 준초(草)[3] ☞흘림[1]
초서(草墅)명 풀로 지붕을 인 오두막집.

ㅊ

초서(草嶼)명 강물 속에 모래가 쌓이고 그 위에 풀이 우부룩하게 난 곳. 풀등

초석(草席)명 짚자리

초석(硝石)명 질산칼륨. 은초(銀硝)

초석(礁石)명 바다나 큰 호수의 수면 바로 아래에 보이지 않게 잠겨 있는 바위. ☞암초

초석(礎石)명 ①기둥 밑에 기초로 괴는 돌. 주춧돌 ②어떤 사물의 기초를 비유하여 이르는 말. ¶나라의 －이 되다. ☞반석(盤石). 주추

초선(初選)명 처음으로 선출됨. ¶－ 의원 ☞재선(再選)

초선(抄選)명 -하다 타 조선 시대, 인재를 가려 뽑음을 이르던 말.

초선(哨船)명 초병이 타고 순찰하는 배.

초설(初雪)명 그 해 겨울에 처음으로 내리는 눈. 첫눈[2]

초성(初聲)명〈어〉음절의 첫소리. '밤'에서 'ㅂ'이 이에 해당함. 첫소리 ☞중성(中聲). 종성(終聲)

초성(草聖)명 초서(草書)를 뛰어나게 잘 쓰는 사람.

초세(超世)명 ①세상에서 뛰어남. ②-하다 타 세속적인 것을 초탈함. 초속(超俗)

초세-본원(超世本願)명 불교에서, 아미타불의 본원을 이르는 말. 초세원

초세-원(超世願)명 초세본원

초소(哨所)명 보초가 서 있는 곳. ¶방범 －

초속(初速)명 '초속도(初速度)'의 준말.

초속(秒速)명 1초 동안에 나아가는 거리로 나타낸 속도. ¶－ 20m의 바람. ☞분속(分速). 시속(時速)

초속(超俗)명 -하다 자 초세(超世)

초-속도(初速度)명 어떤 물체가 운동하기 시작할 때의 속도. 준초속(初速)

초손(初孫)명 처음으로 본 손자.

초솔(草率)어기 '초솔(草率)하다'의 어기(語基).

초솔-하다(草率－)형여 거칠고 엉성하여 보잘것없다. ¶행색이 －./초솔한 오막살이.

초쇄(初刷)명 최초의 인쇄. ☞초판(初版)

초쇄-본(初刷本)명 초인본(初印本)

초수(楚囚)명 ①초나라에 붙잡힌 사람이라는 뜻으로, 포로나 죄수를 이르는 말. ②역경에 빠져 어찌할 수 없는 사람을 비유하여 이르는 말.

초수(樵叟)명 늙은 나무꾼. 초옹(樵翁)

초수대엽(初數大葉)명 초삭대엽(初數大葉)

초순(初旬)명 초하루부터 초열흘까지의 열흘 동안. 상순(上旬) ☞중순(中旬)

초순(初巡)명 활쏘기를 할 때의 첫 번째 돌림. ☞재순(再巡)

초순(焦脣)명 -하다 자 입술을 태운다는 뜻으로, 몹시 애태움을 이르는 말.

초-스피:드(超speed)명 매우 빠른 속력.

초습(剿襲)명 -하다 타 ①남의 것을 덮쳐서 빼앗아 제 것으로 함. ②남의 말이나 글을 따다가 씀. 도습(蹈襲) ☞표절(剽竊)

초승명 음력으로 매월 초의 며칠 동안을 이르는 말. ¶시월 －/내달 －께 오마. 원초생(初生) ☞그믐

초승(稍勝)어기 '초승(稍勝)하다'의 어기(語基).

초승-달[－딸]명 초승에 뜨는 달. 신월(新月). 초월(初月). 현월(弦月) ¶－ 같은 눈썹. 원초생달 ☞그믐달

초승-하다(稍勝－)형여 수준이나 역량 따위가 조금 낫다.

초시(初試)명 ①조선 시대, 복시(覆試)를 볼 사람을 뽑던 과거, 또는 그 과거에 급제한 사람. ②지난날, 한문을 좀 아는 유식한 양반을 대접하여 이르던 말.
속담 **초시가 잦으면 급제(及第)가 난다** : 무엇이나 징조가 자주 보이면 결국에 가서는 그 일이 이루어지는 수가 많음을 이르는 말.

초-시계(秒時計)명 시간을 초(秒) 단위까지 정밀하게 잴 수 있는 시계. 운동 경기나 과학 연구 등에 이용함. ☞기초시계(記秒時計). 스톱워치(stop watch)

초시-류(鞘翅類)명 곤충강(綱) 딱정벌레목(目)을 달리 이르는 말.

초식(草食)명 -하다 자 ①푸성귀로 만든 음식을 먹음, 또는 그런 음식. 채식(菜食) ②동물이 풀 따위 식물을 먹이로 삼는 일. ☞육식(肉食). 잡식(雜食)

초식=동:물(草食動物)명 풀 따위 식물을 먹이로 삼는 동물. 소·말·양·염소 따위. 초식류(草食類) ☞육식 동물. 잡식 동물

초식-류(草食類)명 초식 동물

초식-성(草食性)명 동물의 식성의 하나. 풀을 먹이로 하는 식성. 초식을 주로 하는 식성. ¶－ 동물 ☞육식성

초식-장(草食場)명 지난날, 시장 안에 푸성귀 장수들이 벌여 있는 곳을 이르던 말.

초-신성(超新星)명 별이 진화하는 마지막 단계로, 대규모의 폭발이 일어나 밝기가 태양의 수억 배에서 백억 배에 이르렀다가 점차 빛을 잃는 특별히 큰 신성.

초실(初室)명 ①새 재목으로 갓 지은 집. ②초취(初娶)

초실(稍實)어기 '초실(稍實)하다'의 어기(語基).

초실-하다(稍實－)형여 ①살림이 조금 넉넉하다. 초요(稍饒)하다 ¶초실한 생활 형편. ②열매가 좀 여물다.

초심(初心)명 ①처음에 먹은 마음. ¶－으로 돌아가다./－에는 변함이 없다. ②어떤 일을 처음 배우는 사람. 초심자 ☞초학(初學)

초심(初審)명 제일심(第一審) ☞재심(再審)

초심(焦心)명 -하다 자 마음을 졸임. 유초사(焦思)

초-심리학(超心理學)명 오늘날의 과학 상식으로는 설명할 수 없는, 투시(透視)·염력(念力)·예지(豫知)·텔레파시 등의 정신 현상을 실증적(實證的)·실험적(實驗的)으로 연구하는 심리학의 한 분야.

초심-자(初心者)명 ①어떤 일을 처음 배우는 사람. 초심 ¶－를 위한 입문서. ②어떤 일에 아직 익숙하지 않은 사람. ☞신출내기

초싹부 ①등에 업거나 진 작은 물체를 가볍게 한 번 추켜올리는 모양을 나타내는 말. ¶업은 아이를 － 추스르다. ②입은 옷이나 어깨 따위를 가볍게 한 번 추스르는 모양을 나타내는 말. ☞추썩

초싹-거리다(대다)[1] 타 자꾸 초싹 하다. 초싹이다[1] ☞추썩거리다[1]

초싹-거리다(대다)[2] 자타 ①경망스레 자꾸 까불다. ②남을 자꾸 살살 꼬드기어 부추기다. 초싹이다[2] ¶가만히 있는 사람을 초싹거려 부아를 돋우다. ☞촐싹거리다. 추썩거리다[2]

초싹-이다[1] 타 초싹거리다[1] ☞추썩이다[1]

초싹-이다[2] 자타 초싹거리다[2] ☞촐싹이다 추썩이다[2]

초싹-초싹[1] 부 초싹거리는 모양을 나타내는 말. ☞추썩추썩[1]

초싹-초싹[2] 부 ①경망스레 까부는 모양을 나타내는 말. ②남을 살살 꼬드기어 부추기는 모양을 나타내는 말. ☞촐싹촐싹. 추썩추썩[2]

초아(草芽)명 풀의 싹.

초-아흐레(初－)명 '초아흐렛날'의 준말.

초-아흐렛날(初－)명 한 달의 아흡째 날. 준아흐렛날. 초아흐레

초안(草案)명 -하다 타 ①초를 잡아 적음, 또는 그 글발. ¶연설문의 －. ②초를 잡아 꾸밈, 또는 그 안건. ¶－을 토의하다./개혁안을 －하여 자문을 구하다.

초암(草庵)명 짚이나 갈대 따위로 지붕을 인 암자.

초애(峭崖)명 깎아 세운듯이 몹시 가파른 낭떠러지.

초야(初夜)명 ①초경(初更) ②첫날밤 ¶－를 치르다.

초야(草野)명 시골의 궁벽한 땅. 초망(草莽) ¶－에 묻혀 사는 선비.

초약(草－)명 화투 놀이에서, 오월의 난초 딱지 넉 장을 모두 차지한 경우를 이르는 말. 놀이에 참가한 사람들로부터 스무 끗씩을 받게 됨. 난초약 ☞비약. 풍약

초약(草藥)명 초재(草材)

초약-장(炒藥*欌)명 법제(法製)한 약재만을 따로 넣어 두는 약장.

초어(梢魚)명 '낙지'의 딴이름.

초어(樵漁)명 어초(漁樵)

초엄(峭嚴)어기 '초엄(峭嚴)하다'의 어기(語基).

초엄-하다(峭嚴―)형여 매우 엄격하다. 준엄(峻嚴)하다
초업(礎業)명 기초가 되는 사업. 기업(基業)
초-여드레(初―)명 '초여드렛날'의 준말.
초-여드렛날(初―)명 한 달의 여덟째 날. 준여드렛날. 초여드레
초-여름(初―)명 여름이 시작되는 무렵. 첫여름. 맹하(孟夏). 조하(肇夏). 초하(初夏)
초역(抄譯)명-하다타 원문에서 필요한 부분만을 뽑아서 번역함, 또는 그 번역. ¶난중일기를 ―하다. ☞완역(完譯). 전역(全譯)
초-연(―鳶)명 연의 꼭지 이외의 부분을 한 가지 빛깔로 칠한 연.
초연(初演)명-하다타 ①연극이나 음악·무용 등에서, 처음으로 상연하거나 연주함. ②처음 출연함.
초연(初緣)명-하다자 초혼(初婚)
초연(招宴)명-하다자 연회에 초대함, 또는 그 연회.
초연(炒硏)명-하다타 한방에서, 약재를 불에 볶아서 가루로 만드는 일.
초연(硝煙)명 화약의 연기. ¶―이 자욱하다.
초연(悄然)어기 '초연(悄然)하다'의 어기(語基).
초연(超然)어기 '초연(超然)하다'의 어기(語基).
초연곡(初筵曲)명 조선 인조(仁祖) 때, 윤선도(尹善道)가 지은 연시조. 연회석상에서 임금에게 풍간(諷諫)하기 위하여 지은 것으로, 두 수로 되어 있음.
초연-주의(超然主義)명 어떤 일에 직접 관계하지 아니하고 자기의 생각에서 독자적으로 그 일을 하는 주의.
초연-하다(悄然―)형여 의기(意氣)가 떨어져서 기운이 없다. ¶초연한 몰골./뒷모습이 몹시 초연해 보이다.
초연-히부 초연하게 ¶― 뒤따라가는 아이의 모습.
초연-하다(超然―)형여 ①세속적인 것에 관계하거나 마음을 두려는 태도가 없다. ¶명리(名利)에 초연한 사람. ②보통 수준보다 아주 뛰어나다. ¶초연한 인품.
초연-히부 초연하게 ¶홀로 ― 살아가다.
초열(焦熱)명 ①타는듯 한 더위. ¶사막의 ― ②'초열지옥(焦熱地獄)'의 준말.
초열=지옥(焦熱地獄)명 불교에서 이르는 팔열 지옥(八熱地獄)의 하나. 살생·투도(偸盜)·사음(邪淫)·음주·망어(妄語) 따위의 죄를 지은 자가 가게 된다는 지옥으로, 불에 단 철판 위에 눕혀져 벌겋게 단 쇠몽둥이로 맞는 따위의 형벌을 받는다고 함. 준초열(焦熱)

초-열흘(初―)명 '초열흘날'의 준말.
초-열흘날(初―)명 한 달의 열째 날. 준열흘날. 초열흘
초엽(初葉)명 어떤 시대를 세 시기로 갈랐을 때의 처음 무렵. ¶고려 ―/20세기 ― ☞중엽(中葉). 초기(初期)
초엽(蕉葉·草葉)명 재래식 한옥에서, 기둥이나 벽에 단 여(短欐)나 선반 따위를 달 때 받침으로 박는 길쭉한 삼각형의 널조각. 흔히 구름무늬를 새김.
초-엿새(初―)[―엳―]명 '초엿샛날'의 준말.
초-엿샛날(初―)[―엳―]명 한 달의 여섯째 날. 준엿샛날. 초엿새
초오(草烏)명 ①'바꽃'의 딴이름. ②'초오두(草烏頭)'의 준말.
초오두(草烏頭)명 한방에서, 미나리아재빗과의 여러해살이풀인 놋젓가락나물·지리바꽃·세뿔투구꽃·한라돌쩌귀 등의 덩이뿌리를 약재로 이르는 말. 중풍·두통·복통 등에 쓰임. 토부자(土附子) 준오두(烏頭). 초오(草烏)
초옥(招獄)명-하다자 지난날, 죄상을 밝히기 위하여 반역·살인 등의 중죄인을 신문(訊問)하던 일.
초옥(草屋)명 갈대나 짚 따위로 지붕을 인 집. 초가(草家)
초옹(樵翁)명 늙은 나무꾼. 초수(樵叟)
초요(稍饒)어기 '초요(稍饒)하다'의 어기(語基).
초-요기(初療飢)명-하다자 끼니를 먹기 전에 우선 시장기를 면하기 위하여 음식을 조금 먹는 일. ☞초다짐
초요-기(招搖旗)명 조선 시대, 군기(軍旗)의 한 가지. 전진(戰陣)에서나 행군(行軍) 때, 대장이 장수들을 부르거나 지휘하며 호령할 때 쓰던 기.
초요-하다(稍饒―)형여 초실하다
초-용담(草龍膽)명 '용담(龍膽)'의 딴이름.
초우(初虞)명 장사를 지낸 뒤 처음으로 지내는 제사. 혼령을 위안하는 제사로 장사 당일을 넘기지 않음. ☞우제(虞祭). 재우(再虞)
초우라늄=원소(超uranium元素)명 우라늄보다 원자 번호가 큰 인공 방사성 원소. 플루토늄·아메리슘·퀴륨 따위. 초우란 원소
초우란=원소(超Uran元素)명 초우라늄 원소
초-우인(草偶人)명 짚으로 만든 사람의 형상. 민속에서, 제웅직성이 든 사람의 액막이나 산영장을 지내는 데 쓰임. 제웅. 초인(草人)
초웅(貂熊)명 '검은담비'의 딴이름.
초웅-피(貂熊皮)명 잘[1]
초원(初願)명 맨 처음의 소원.
초원(草垣)명 풀로 엮어 만든 울타리.
초원(草原)명 ①풀이 나 있는 들판. 풀벌 ②초본(草本) 식물로 이루어진 식물 군락.
초원(稍遠)어기 '초원(稍遠)하다'의 어기(語基).
초원-대(草原帶)명 초본대(草本帶)
초원심=분리기(超遠心分離機)명 매분 수만 번 이상 회전하여 중력 가속도의 수십 배에 이르는 원심 가속도를 만들어 내는 장치. 단백질이나 핵산 따위의 생화학적 연구에 사용함.
초원-하다(稍遠―)형여 조금 멀다. ☞초간하다
초월(初月)명 초승달
초월(超越)명-하다자타 ①어떤 한계나 표준을 뛰어넘음. 초일(超逸) ¶국경을 ―한 사랑./상상을 ―하다. ②세속에서 벗어남. ③철학에서, 경험이나 인식의 범위를 벗어나 그 바깥 또는 그 위에 위치하는 일. ¶―적 가치. ☞내재(內在)
초월(楚越)명 중국 전국 시대의 초나라와 월나라라는 뜻으로, 서로 떨어져 상관이 없는 사이를 이르는 말.
초월=방정식(超越方程式)명 미지수의 대수식(代數式)만으로는 나타낼 수 없는 방정식. 곧 초월 함수를 포함하는 방정식. ☞대수 방정식(代數方程式)
초월-성(超越性)[―썽]명 철학에서, 일정한 영역·한계·차원(次元)의 전체성의 내부에 있지 아니하고 이것을 넘어서 존재하는 성질.
초월-수(超越數)[―쑤]명 대수적(代數的) 수가 아닌 수. 곧 원주율(圓周率)이나 자연 로그의 밑 따위.
초월-주의(超越主義)명 19세기에 미국에서 일어난 이상주의적 관념론의 철학 운동. 근대 국가로 발돋움하는 미국의 전환기를 맞아, 현실 세계의 무한성을 찬미하며 사회를 개혁하고자 하였음.
초위(招慰)명-하다타 ①불러서 위로함. ②달래어 귀순(歸順)시킴.
초유(初有)명 처음으로 있는 일. ¶사상 ―의 사건.
초유(初乳)명 해산 후 며칠 분비되는 노르스름하고 묽은 젖. 양은 적으나 영양가가 높으며, 특히 단백질과 칼슘 등 무기질이 풍부함. 첫젖
초유(招誘)명-하다타 불러서 권유함.
초유(招諭)명-하다타 불러서 타이름.
초유-사(招諭使)명 조선 시대, 난리가 났을 때 백성을 안정시키는 일을 맡아 하던 임시 관직.
초은(樵隱)명 지난날, 세상을 등지고 산 속 깊이 숨어서 땔나무나 하며 사는 어진 사람을 이르던 말.
초-음속(超音速)명 소리의 속도보다 빠른 속도.
초음속-기(超音速機)명 음속보다 빠른 속도로 비행할 수 있는 항공기. 보통 마하를 단위로 속도를 나타냄.
초-음파(超音波)명 사람의 귀로 들을 수 없는, 진동수 2만 헤르츠 이상의 음파. 파장이 짧고 지향성(指向性)이 강해서 음파 탐지기나 어군 탐지기 등에 이용함.
초음파=검:사(超音波檢査)명 초음파를 이용하여 조직의 이상 유무를 검사하는 방법. 초음파를 신체의 한 부분에 쏘아서 그 반사로 얻어지는 상(像)을 브라운관에 비추어 검사·진단함. 병변(病變) 부위나 태아의 진단 등에 이용됨. 초음파 진단

초음파=진:단(超音波診斷)[명] 초음파 검사
초의(草衣)[명] ①속세를 떠나 숨어 사는 사람이 입는 옷. ②'은자(隱者)'를 비유하여 이르는 말.
초-이레(初-)[명] '초이렛날'의 준말.
초-이렛날(初-)[명] 한 달의 일곱째 날. [준]이렛날. 초이레
초-이튿날(初-)[명] 한 달의 둘째 날. [준]이튿날. 초이틀
초-이틀(初-)[명] '초이튿날'의 준말.
초-익공(初翼工)[명] 단익공(單翼工)
초인(招引)[명]-하다[타] ①죄인이 진술할 때 남을 끌어넣는 일. ②사건에 관계된 사람을 부름.
초인(草人)[명] 초우인(草偶人)
초인(超人)[명] ①보통 사람보다 훨씬 뛰어난 능력을 가진 사람. 초인간(超人間) ②철학에서, 인간의 불완전성이나 한계를 극복한 이상적인 인간을 이르는 말. 니체 철학의 중심 개념임.
초인(樵人)[명] 나무꾼. 초자(樵子)
초-인간(超人間)[명] 초인(超人)
초인간-적(超人間的)[명] 초인적(超人的)
초-인격(超人格)[-껵][명] 인간의 성격을 완전히 초월하는 일, 또는 그러한 존재. 신이나 절대자 등을 가리킴.
초인격-적(超人格的)[-껵-][명] 인간의 성격을 초월하여 그 위에 있는 것. ¶- 존재
초인=문학(超人文學)[명] 인간을 초월한 이상과 감정을 표현한 문학.
초인-본(初印本)[명] 조판(組版)하여 첫 번째로 박아낸 책. 초쇄본(初刷本)
초인-적(超人的)[명] 보통 사람보다 훨씬 뛰어난 것. 초인간적(超人間的) ¶-인 노력.
초인-종(超人鐘)[명] 사람을 부르는 신호로 울리는 종. ¶현관의 -을 누르다.
초인-주의(超人主義)[명] 초인의 본연의 자세를 이상(理想)으로 하여 살아갈 것을 역설한 니체의 사상.
초일(初日)[명] ①첫날 ¶개업(開業) - ②갓 떠오르는 해.
초일(超逸)[명]-하다[자타] 초월(超越)
초-일념(初一念)[명] 초지(初志)
초-읽기(秒-)[-일끼][명] ①어떤 일이 시작되기로 정해진 시각까지의 시간의 흐름을 초(秒) 단위로 세어 가는 일. ②바둑에서, 기사에게 제한 시간의 경과를 초 단위로 알려 주는 일. ¶-에 몰리다. ③어떤 일이 시간적으로 급박한 상태를 이르는 말. ¶-에 들어가다.
초임(初任)[명]-하다[자] 처음으로 어떤 직책에 임명되거나 취임함. ☞중임(重任)
초임-급(初任給)[명] 초임하여 받는 급료. [준]초급(初給)
초입(初入)[명] ①골목이나 문 따위의 들어가는 어귀. 입새 ¶동네 -/골목 - ②어떤 일이 시작되는 첫머리. ¶-에서 난관에 부닥치다. ③-하다[자] 처음으로 들어감.
초입(招入)[명]-하다[타] 불러들임.
초-입경(初入京)[명]-하다[자] 시골 사람이 처음으로 서울에 옴.
초-입사(初入仕)[명]-하다[자] 초사(初仕)
초자(草字)[명] 초체(草體)의 문자.
초자(硝子)[명] 유리(琉璃)
초자(超資)[명]-하다[타] 조선 시대, 관직의 품계를 건너뛰어 올리던 일. ☞가자(加資)
초자(樵子)[명] 나무꾼. 초인(樵人)
초자-막(硝子膜)[명] 유리막(琉璃膜)
초-자아(超自我)[명] 정신 분석학에서, 이드(id)나 자아와 더불어 정신을 구성하는 요소. 선악을 판단하고 양심의 기능을 함.
초-자연(超自然)[명] 자연의 법칙으로는 설명할 수 없는 신비한 존재나 힘. ¶-의 세계./- 현상
초자연-적(超自然的)[명] 자연의 법칙을 초월한 그 어떤 것. ¶-인 힘./- 존재
초자연-주의(超自然主義)[명] 철학에서, 인간의 이성(理性)으로는 설명할 수 없는 초자연적인 실재를 상정하고 세계나 인류를 설명하려는 경향이나 태도.
초자-체(硝子體)[명] 유리체(琉璃體)
초작(初作)[명] 처음으로 한 제작(製作)이나 저작(著作).
초작(焦灼)[명]-하다[자타] ①불에 타거나 태움. ②근심하거나 안타까워 속이 몹시 탐, 또는 속을 몹시 태움.
초장(初章)[명] 삼장(三章)으로 이루어진 시가(詩歌) 따위의 첫째 장. ☞종장(終章). 중장(中章)
초장(初場)[명] ①고려·조선 시대, 사흘에 나누어 보이는 과거인 초시(初試)·복시(覆試)의 제일차 시험을 이르던 말. ☞종장(終場). 중장(中場) ②장이 서기 시작한 무렵, 또는 그 무렵에 서는 장. ③일을 시작한 첫머리 무렵. ☞초저녁. 파장(罷場)
초장(炒醬)[명] 볶은장
초장(草場)[명] 풀이나 갈풀 따위를 베어 쓰는 빈 땅.
초장(草葬)[명]-하다[타] 지난날, 시체를 짚으로 싸서 임시로 장사지내던 일. ☞고장(藁葬)
초장(醋醬)[명] 초를 치고 양념을 한 간장.
초재(草材)[명] ①한방에서, 풀 종류로 된 약재를 이르는 말. ☞금석지재(金石之材) ②한방에서, 당재(唐材)에 상대하여 우리 나라에서 나는 약재를 이르는 말. 초약
초재(礎材)[명] 건물의 기초가 되는 재료.
초재진용(楚材晉用)[명][성구] 초나라의 인재를 진나라에서 쓴다는 뜻으로, 어떤 나라의 인재를 다른 나라에서 이용함을 이르는 말.
초-저녁(初-)[명] ①이른 저녁. ¶-인데 벌써 자고 있다. ②'애초' 또는 '일의 시초'를 속되게 이르는 말. ¶-부터 글렀다. ☞초장(初場)
[속담] **초저녁 구들이 따뜻해야 새벽 구들이 따뜻하다** : 먼저의 일이 잘 되어야 그에 따른 일도 잘 됨을 이르는 말.
초저녁-잠(初-)[명] 초저녁에 일찍 드는 잠.
초적(草笛)[명] 풀잎피리
초적(草賊)[명] ①좀도둑 ②남의 농작물을 훔쳐 가는 도둑. 초절(草竊)
초적(樵笛)[명] 나무꾼이 부는 피리.
초-전:기(焦電氣)[명] 전기석 같은 결정체의 일부를 가열할 때 그 물체의 양끝에 생기는 전기.
초-전도(超傳導)[명] 어떤 종류의 금속이나 합금을 절대 영도(絕對零度) 가까이까지 냉각하였을 때, 전기 저항이 갑자기 떨어져 전류가 아무 장애 없이 흐르는 현상.
초절(草竊)[명] 초적(草賊)
초절(超絕)[명]-하다[형] 출중하게 뛰어남.
초절(峭絕)[어기] '초절(峭絕)하다'의 어기(語基).
초-절임(醋-)[명] 채소 따위를 식초에 절이는 일, 또는 그렇게 절인 음식.
초절-하다(峭絕-)[형][여] 산봉우리가 몹시 높고 가파르다.
초점(焦點)[-쩜][명] ①렌즈나 구면경(球面鏡) 따위에서 입사(入射) 평행 광선이 반사·굴절하여 한곳으로 모이는 점, 또는 반대로 어떤 점을 통과한 광선이 반사·굴절하여 모두 평행 광선으로 될 때의 그 점. ¶-을 맞추다. ②타원·쌍곡선·포물선 따위의 위치나 모양을 정하는 요소가 되는 점. ③사람들의 관심이나 주의가 집중되는 일, 또는 사물의 중심이 되는 일. ¶화제의 -.
초점=거:리(焦點距離)[-쩜-][명] 렌즈나 구면경(球面鏡) 따위의 중심에서 초점까지의 거리.
초점-면(焦點面)[-쩜-][명] 초점을 지나는, 광축(光軸)에 수직인 평면.
초점=심도(焦點深度)[-쩜-][명] 렌즈의 초점이 맞는 범위. 초점면을 광축의 앞뒤로 이동해도 상(像)이 선명하게 보이는 광축상의 범위를 이름.
초-젓국(醋-)[-젇-][명] 새우젓국에 초를 치고 고춧가루를 뿌려 만든 젓국. 초해즙(醋醢汁)
초정(草亭)[명] 갈대 따위로 지붕을 인 정자.
초정(哨艇)[명] 초계용의 작은 군함. 초계정(哨戒艇)
초제(剿除)[명]-하다[타] 초멸(剿滅)
초제(醮祭)[명] 도교(道敎)에서, 별을 향하여 지내는 제사를 이르는 말.
초-제공(初提栱)[명] 재래식 한옥에서, 주삼포(柱三包)의 집에는 기둥 위에 초방(初枋)과 교차하여 짜고, 삼포 이상의 집에는 기둥머리 위에 장화반(長花盤)과 교차하여 짜는 물건. ☞이제공(二提栱)

ㅊ

초조(初潮)명 첫 월경. 초경(初經)
초조(焦燥)명-하다형 불안하거나 애가 타서 마음이 조마조마함. ¶불안과 －로 잠을 못 이루다./－한 기색.
초조-히부 초조하게 ¶－ 서서 기다리다.
초-조반(初早飯)명 조선 시대, 궁중에서 '조반(早飯)'을 이르던 말.
초종(初終)명 '초종장사(初終葬事)'의 준말.
초종-록(初終錄)명 초상록(初喪錄)
초종-범절(初終凡節)명 초상에 관한 모든 의식 절차.
초종-장:례(初終葬禮)명 초종장사(初終葬事)
초종-장:사(初終葬事)명 초상이 난 뒤부터 졸곡(卒哭)까지 치르는 온갖 일이나 예식. 초종장례 준초종(初終)
초주(椒酒)명 조피나무의 열매로 담근 술.
초-주검(初－)명 거의 죽게 된 상태. ¶－이 되다./－을 당하다.
초주-지(草注紙)명 조선 시대, 임금에게 상주(上奏)할 초기(草記)를 적던 종이.
초준(初準)명 초교(初校)
초-중-종(初中終)명 ①지난날, 서당(書堂)에서 한시(漢詩)를 외기 위하여 하던 놀이의 한 가지. 어떠한 글자를 정하고 그 글자가 있는 옛 시구(詩句)를 생각하여 외는 일. ②'초장(初章)·중장(中章)·종장(終章)'을 아울러 이르는 말. ③'초성(初聲)·중성(中聲)·종성(終聲)'을 아울러 이르는 말.
초지(初志)명 처음에 품은 뜻. 초일념(初一念) ¶－를 관철하다.
초지(抄紙)명-하다자 종이를 뜸.
초지(草地)명 풀이 나 있는 땅. 방목(放牧)이나 채초(採草)에 이용됨. ¶－ 조성
초지(草紙)명 글의 초를 잡을 때 쓰는 종이.
초-지니(初－)명 수지니 중에서 길들인 지 한 해 되는 보라매를 이르는 말. 갈지개. 육지니. 초진(初陳) ☞재지니
초-지대(草地帶)명 여름에 비가 적게 내리는 온대 지방에서, 키가 작은 풀이 무성한 지대.
초지일관(初志一貫)성구 처음에 세운 뜻을 끝까지 관철함을 이르는 말.
초직(初職)명 처음으로 맡은 관직.
초직(峭直)어기 '초직(峭直)하다'의 어기(語基).
초직-하다(峭直－)형여 성품이 굳세고 곧다.
초진(初陳)명 초지니
초진(初診)명 맨 처음의 진찰. ☞재진(再診)
초-진:자(秒振子)명 왕복 주기(週期)가 2초인 진자.
초질-근(草質根)명 목질(木質)이 조금 들어 있어서 몸이 연한 뿌리. 무나 보리 따위의 뿌리.
초집(抄集·抄輯)명-하다타 어떤 글에서 필요한 부분만을 간략하게 뽑아서 모음, 또는 그렇게 모은 글.
초집(招集)명-하다타 불러서 모음. 유소집(召集)
초집(草集)명 시문(詩文)의 초고(草稿), 또는 그것을 모아 엮은 책.
초-집게(草－)명 풋나무나 짚 따위의 부피를 헤아리는 데 쓰는 기구.
초차(初次)명 첫 번째. 첫 번.
초창(初創)명-하다타 불교에서, 절을 처음 세우는 일.
초창(草創)명-하다타 어떤 사업을 처음 일으켜 시작함, 또는 그 시초.
초창(怊悵)어기 '초창(怊悵)하다'의 어기(語基).
초창(悄愴)어기 '초창(悄愴)하다'의 어기(語基).
초창-기(草創期)명 어떤 사업을 처음 일으켜 시작한 시기. ¶한국 영화의 －.
초창-하다(怊悵－)형여 마음에 섭섭하다.
초창-하다(悄愴－)형여 근심스럽고 슬프다.
초채(醋菜)명 초나물
초책(抄冊)명 요점만 뽑아서 기록한 책.
초책(草冊)명 초벌로 대강 기록한 책.
초책(誚責)명-하다타 꾸짖어 나무람.
초천(抄薦)명-하다타 인재를 가려 뽑아 천거함.
초천(超遷)명-하다자 관직 등의 등급을 뛰어넘어 올라감.
초청(招請)명-하다타 청하여 부름. 청초(請招) ¶참전 용사들을 －하다. ☞초빙
초청=외:교(招請外交)명 우호와 협조의 계기를 마련하고 촉진하기 위하여 대상국의 중요 인물을 초청하여 환대하는 방식의 외교.
초청-장(招請狀)[－짱]명 초청하는 뜻을 적어서 보내는 글월. ¶미국 대학에서 －이 오다.
초체(招帖)명 지난날, 재판 사건의 관계자를 불러들이던 서류.
초체(草體)명 ①초서(草書)의 글씨체. ②수묵화(水墨畫)의 삼체(三體)의 하나. 그릴 대상을 가장 단순하게 묘사함. ☞해체(楷體). 행체(行體)
초초(醋炒)명-하다타 한방에서, 약재를 초에 담갔다가 불에 볶아 그 성질과 맛을 중화하는 일.
초초(悄悄)어기 '초초(悄悄)하다'의 어기(語基).
초초(草草)어기 '초초(草草)하다'의 어기(語基).
초초-하다(悄悄－)형여 근심과 걱정으로 시름겹다.
초초-히부 초초하게
초초-하다(草草－)형여 ①매우 간략하다. ¶초초하게 치른 혼례. ②갖출 것을 다 갖추지 못하여 초라하다. ③바쁘고 급하다.
초초-히부 초초하게
초추(初秋)명 ①첫가을. 초가을 ②'음력 칠월'을 달리 이르는 말. 맹추(孟秋). 조추(肇秋)
초춘(初春)명 ①첫봄. 초봄 ②'음력 정월'을 달리 이르는 말. 조춘(肇春)
초출(抄出)명-하다타 골라서 뽑아 냄.
초출(初出)명-하다자 과실이나 푸성귀 또는 해산물 따위가 그 해 처음으로 나옴, 또는 그 나온 것. ☞만물
초출(招出)명-하다타 불러냄.
초출(超出)어기 '초출(超出)하다'의 어기(語基).
초-출사(初出仕)[－싸]명-하다타 ①지난날, 관직에 임명되어 처음으로 관아에 출근하던 일. ②어떤 일을 처음 시작함을 비유하여 이르는 말.
초출-하다(超出－)형여 매우 뛰어나다.
초충(草蟲)명 ①풀숲에서 사는 벌레. ②풀과 벌레를 함께 그린 그림이나 조각. ☞화조(花鳥)
초췌(憔悴·顦顇)어기 '초췌(憔悴)하다'의 어기(語基).
초췌-하다(憔悴－)형여 병이나 근심, 고생 따위로 얼굴이나 몸이 여위어 파리하다. ¶초췌한 몰골.
초취(初娶)명 〔여러 차례 결혼한 남자의 처지에서〕 ①-하다자 첫 번째로 장가든 일. ②첫 번째로 장가들어 맞이한 아내. 초실(初室) ☞재취(再娶). 전처(前妻)
초츤(髫齔)명 '다박머리에 젖니를 갈 무렵'이라는 뜻으로, 일고여덟 살쯤의 어린아이를 이르는 말.
초치(招致)명-하다타 불러서 오도록 함.
초친-놈(醋－)명 푸성귀에 초를 쳐서 생생한 기운이 없어진 것과 같이, 난봉이나 부려서 사람답게 될 가망이 없는 사람을 욕하여 이르는 말.
초-칠일(初七日)명 첫이레 ☞삼칠일. 이칠일(二七日)
초침(秒針)명 시계의 초(秒)를 가리키는 바늘. ☞분침(分針). 시침(時針)
초콜릿(chocolate)명 서양 과자의 한 가지. 카카오의 씨를 볶아 껍질을 벗겨 내고 빻은 가루에 우유·설탕·향료 등을 섞어 만든 과자.
초:크(chalk)명 ①양재(洋裁)에서, 옷감에 마름질할 선을 표시하는 데 쓰는 분필. ②당구에서, 큐 끝에 문질러서 미끄럼을 막는 분말을 굳힌 것.
초:크코일(choke coil)명 높은 주파수의 전류와 교류 전류의 통과를 막고, 직류 또는 비교적 낮은 주파수의 전류만을 통과시키는 데 사용하는 코일.
초탈(超脫)명-하다타 세속(世俗)이나 어떤 한계 따위를 뛰어넘어 벗어남. ¶세속을 －한 태도. ☞초세(超世)
초토(草土)명 거적자리와 흙 베개라는 뜻으로, 상중(喪中)에 있음을 이르는 말.
초토(焦土)명 ①불에 타서 검게 된 흙이나 땅. ②불에 타서 없어진 자리, 또는 그 남은 재.

ㅊ

초토(剿討)명-하다타 도둑 떼를 쳐서 없앰.

초토-사(招討使)명 고려·조선 시대, 난리를 진압하려고 중앙에서 파견하던 임시 관직, 또는 그 관원.

초토=전:술(焦土戰術)명 전쟁에서 후퇴할 때, 적군이 이용하지 못하도록 모든 시설·자재·농작물 등을 불질러 없애거나 파괴하는 전술.

초토-화(焦土化)명-하다자타 초토가 되거나 초토로 만듦. ¶공습으로 군사 시설이 -되었다.

초-특급(超特急)명 ①'초특급 열차'의 준말. ②특급보다도 더 빠른 것. ¶설계를 -으로 마무리하다.

초특급=열차(超特急列車)[-녈-]명 특별 급행 열차보다 더 빠른 열차. ㊟초특급

초파(耖耙)명 써레

초-파:리(醋-)명 초파릿과의 곤충을 통틀어 이르는 말. 몸길이 2~3mm이고, 몸빛은 황색인 것이 많으며 흑색인 것도 있음. 겹눈은 크고 붉음. 돌연변이의 개체가 많고 염색체 수가 적어 유전학 연구의 재료로 흔히 이용됨.

초-파:일(∠初八日)명 석가모니의 탄생일인 음력 사월 초여드렛날. 강탄절(降誕節). 사월 파일. 파일

초판(初-)명 처음의 시기나 국면. ¶-부터 밀리다.

초판(初版)명 최초로 박아낸 인쇄물. 첫판 ☞재판(再版). 중판(重版). 초쇄(初刷)

초판-본(初版本)명 초판으로 나온 책.

초평(草平)명 초가(草家)의 평고대(平高臺). 너비 한 치 가량의 가늘고 긴 나무로 만듦.

초평(草坪)명 풀이 무성한 넓은 벌판.

초표(礁標)명 뱃길의 안전을 위하여, 암초가 있는 곳임을 나타내는 경계 표지.

초피(貂皮)명 돈피(獤皮)

초피-나무명 운향과의 낙엽 관목. 높이 3m 안팎. 가지에 붉은빛이 돌며, 잎자루 밑에는 가시가 마주 남. 잎은 어긋맞게 나며 깃꼴 겹잎임. 암수딴그루로 5월경에 황록색의 꽃이 원추(圓錐) 꽃차례로 피고, 9~10월에 황갈색 열매가 익음. 어린잎은 먹을 수 있으며, 열매는 향미료, 열매 껍질은 한방에서 '천초(川椒)'라 하여 구토·설사·치통·구충 등에 약재로 쓰임. 조피나무

초필(抄筆)명 잔글씨를 쓰는 가는 붓.

초하(初夏)명 ①첫여름. 초여름 ☞만하(晩夏) ②'음력 사월'을 달리 이르는 말. 맹하(孟夏)

초-하루(初-)명 '초하룻날'의 준말.

한자 **초하루 삭**(朔)〔月部 6획〕¶삭망(朔望)/삭월(朔月)/삭일(朔日)/삭전(朔奠)/삭회(朔晦)

초-하룻날(初-)명 한 달의 첫째 날. ¶정월 - ㊟초하루. 하룻날

속담 **초하룻날 먹어 보면 열하룻날 또 간다**: 한번 재미를 보면 자꾸 해 보려고 함을 이르는 말.

초학(初瘧·草瘧)명 ①처음 걸린 학질. ②하루거리

초학(初學)명 ①-하다자 학문을 처음으로 배움. ②아직 익숙하지 못한 학문.

속담 **초학 훈장(訓長)의 똥은 개도 안 먹는다**: 초학 훈장의 똥은 매우 써서 개도 먹지 않는다는 뜻으로, 처음 글을 배우는 사람들을 가르치는 일이 매우 어렵고 힘듦을 비유하여 이르는 말.

초학-자(初學者)명 ①학문을 처음 배우기 시작한 사람. ②학문이 얕은 사람. ☞초심자(初心者)

초한(初寒)명 첫추위

초한(峭寒)명 살을 에는듯 한 심한 추위.

초한가(楚漢歌)명 서도잡가(西道雜歌)의 하나. 중국의 초(楚)나라와 한(漢)나라가 서로 천하를 다투어 이기고 진 사실을 엮은 내용임.

초함(哨艦)명 초계(哨戒)의 임무를 띤 군함.

초합(草盒)명 담배를 담는 데 쓰는, 뚜껑이 있는 그릇.

초항(初項)명 ①수학에서, 수열·급수의 최초의 항. ②첫 조항이나 항목. ☞말항(末項)

초항(招降)명-하다타 적을 타일러서 항복하도록 함.

초해(稍解)명-하다타 겨우 얼마쯤 앎.

초해문자(稍解文字)[-짜]성구 글자를 간신히 알아서 읽는다는 뜻으로, 판무식을 면한 정도를 이르는 말.

초해-즙(醋醢汁)명 초젓국

초행(初行)명-하다자 어떤 곳에 처음으로 감, 또는 그 길.

초행(醮行)명-하다자 재래식 혼례에서, 신랑이 초례를 지내려고 처가로 가는 일. ☞재행(再行). 후행(後行)

초행-길(初行-)[-낄]명 처음으로 가는 길. 첫길 ¶-이라 물어 가며 찾아갔다.

초행노숙(草行露宿)성구 산이나 들에서 자며 여행하는 일을 이르는 말.

초헌(初獻)명 제례에서, 신위에게 첫 번째 술을 올리는 절차. ☞독축(讀祝). 아헌(亞獻)

초헌(軺軒)명 조선 시대, 종이품 이상의 관원이 타던 외바퀴 수레. 명거(命車)

속담 **초헌에 채찍질**: 소나 말이 끌지 않는 초헌에 채찍질을 한다는 뜻으로, 격(格)에 맞지 않는 우스운 짓을 이르는 말.

초헌-관(初獻官)명 제향(祭享) 때, 초헌을 맡은 제관(祭官). ☞아헌관. 종헌관

초현(初弦)명 상현(上弦)

초-현대식(超現代式)명 현대를 앞서서 앞으로 올 시대에 알맞을 형식이나 방식. ¶- 전시관

초-현대적(超現代的)명 현대를 앞서서 앞으로 올 시대의 특징을 지닌 것. ¶- 감각/실내 장식이 -이다.

초-현실주의(超現實主義)명 제일차 세계 대전 뒤에, 다다이즘에 이어 일어난 예술 운동. 기성의 미학이나 도덕과는 관계없이 이성(理性)의 속박을 벗어나서 비합리적인 것이나 의식 속에 숨어 있는 비현실의 세계를 즐겨 표현하였음. 쉬르리얼리즘. 초사실주의

초-현실파(超現實派)명 서양 미술의 한 파. 현실이 아닌 몽환의 세계를 상상으로 나타내는 화파.

초혜(草鞋)명 짚신

초호(初號)명 '초호 활자'의 준말.

초호(草蒿)명 '제비쑥'의 딴이름.

초호=활자(初號活字)[-짜]명 호수 활자 중에서 가장 큰 활자. 42포인트 정도 되는 활자로, 2호 활자의 두 배 크기임. ㊟초호

초혼(初昏)명 해가 막 지고 어두워지기 시작할 무렵.

초혼(初婚)명-하다자 ①처음으로 하는 혼인. 첫혼인. 초연(初緣) ☞재혼(再婚) ②개혼(開婚)

초혼(招魂)명-하다자 사람이 죽었을 때, 발상(發喪)하기 전에 죽은 사람의 혼을 부르는 의식. 죽은 사람이 생시(生時)에 입던 옷을 가지고 왼손으로는 옷깃을 잡고 오른손으로 허리 부분을 잡고 지붕에 올라서거나 마당에 서서 북쪽을 향하여 '아무 동네 아무개 복(復)'이라고 세 번 부름. ☞고복(皐復)

초혼-제(招魂祭)명 전사하거나 재해 등으로 비명에 죽어 시체를 찾지 못한 사람의 혼령을 불러서 위로하는 제사.

초화(招禍)명-하다자 화를 불러들임.

초화(草花)명 꽃이 피는 풀, 또는 그 풀에 핀 꽃.

초환(招還)명-하다타 불러서 돌아오게 함.

초황(炒黃)명-하다타 한방에서, 약재(藥材)를 불에 볶아서 누렇게 만드는 일.

초회(初回)명 첫 번. ¶- 연주회

초회(初會)명 ①-하다자 처음으로 서로 만남. ②불교에서, 보살이 성불한 후에 처음으로 설법하는 집회.

초회(醋膾)명 생선·조개·채소·바닷말 등을 날로 또는 살짝 데쳐 갖은양념과 식초로 무친 회를 통틀어 이르는 말.

초휴(初虧)명 일식이나 월식 때, 해나 달이 가리어지기 시작하는 일.

초흑(炒黑)명-하다타 한방에서, 약재(藥材)를 불에 볶아서 꺼멓게 만드는 일.

촉명 ①난초의 포기. ¶-을 가르다. ②〔의존 명사로도 쓰임〕난초의 포기를 세는 단위. ¶난초 다섯 -.

촉:부 ①작은 물체가 아래로 길게 늘어지거나 처진 모양을 나타내는 말. ②기운이 없거나 맥이 빠져 몸이 나른해진 모양을 나타내는 말. ☞착[2]. 축[3]

ㅊ

촉(鏃)명 ①긴 물건의 끝에 박힌 뾰족한 물건을 통틀어 이르는 말. 살촉이나 펜촉 따위. ②건축에서, 서로 잇는 재목의 한쪽을 홈에 끼워 넣을 수 있도록 도드라지게 깎은 부분. 장부촉 따위.
촉(燭)의 '촉광(燭光)'의 준말. ¶30- 전구.
촉가(燭架)명 촛대
촉각(燭刻)명 고려 시대, 글 짓는 시간을 한정하기 위하여 불을 켠 초에 금을 긋는 일을 이르던 말.
촉각(觸角)명 절지동물의 머리에 있는 감각 기관. 냄새를 맡고 온도나 아픔 따위를 느끼며, 먹이를 찾고 적을 막는 구실도 함. 더듬이²
촉각을 (곤두)세우다 관용 정신을 집중하여 즉각 대응할 태세를 취하다. ¶여론의 동향에 -.
촉각(觸覺)명 피부 감각의 하나. 피부에 무엇이 닿았을 때 일어나는 감각. 촉감(觸感) ☞압각(壓覺)
촉각-기(觸覺器)명 동물의 촉각을 맡은 감각 기관. 척추동물의 피부나 촉모, 곤충의 더듬이 따위. 촉각 기관. 촉관(觸官)
촉각=기관(觸覺器官)명 촉각기(觸覺器)
촉각-선(觸角腺)명 갑각류의 제이 촉각의 밑 부분에 있는 배설기의 한 가지.
촉감(觸感)명 ①피부에 무엇이 닿았을 때의 느낌. 감촉 ¶-이 부드럽다. ②촉각(觸覺) ③-하다 자 촉상(觸傷)
촉견폐일(蜀犬吠日)성구 중국의 촉(蜀)나라는 산지(山地)라서 비가 내리는 날이 많아 때로 해가 보이는 날이면 개들이 놀라 짖는다는 이야기에서 나온 말로, 식견이 좁은 사람이 현인의 훌륭한 언행을 의심하여 비난함을 비유하여 이르는 말.
촉경(觸境)명 불교에서 이르는 육경(六境)의 하나. 몸으로 느낄 수 있는 대상을 이름.
촉고(數罟)명 눈이 촘촘한 그물. ▷數의 속자는 数
촉-공간(觸空間)명 촉각으로 지각되는 공간. ☞시공간
촉관(觸官)명 촉각기(觸覺器)
촉광(燭光)명 ①촛불의 빛. 촉력 ②〔의존 명사로도 쓰임〕광도(光度)의 단위. 1촉광은 1.018칸델라임. 준 촉(燭)
촉구(促求)명 -하다 타 재촉하여 요구함. ¶개혁을 -하다.
촉규(蜀葵)명 '접시꽃'의 딴이름. 촉규화(蜀葵花)
촉규-채(蜀葵菜)명 접시꽃의 어린잎을 데쳐 무친 나물.
촉규-탕(蜀葵湯)명 접시꽃의 잎을 넣어서 끓인 된장국.
촉규-화(蜀葵花)명 접시꽃. 규화(葵花). 촉규
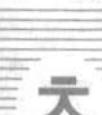
촉금(觸禁)명 -하다 자 금지 명령 따위를 어김.
촉급(促急)어기 '촉급(促急)하다'의 어기(語基).
촉급-하다(促急-)형여 촉박하여 매우 급하다.
촉기 명 생기 있고 재치 있는 기상(氣像). ¶-가 빠르다.
촉-꽂이(鏃-)명 구멍에 꽂게 된 뾰족한 장부.
촉-끝(鏃-)명 활의 먼오금의 다음 부분.
촉노(觸怒)명 -하다 타 웃어른의 마음을 거슬러서 노하게 함. 촉오(觸忤) ▷觸의 속자는 触
촉농(燭膿)명 촛농 ▷燭의 속자는 烛
촉대(燭臺)명 촛대
촉-더데(鏃-)명 살밑의 마디. 촉의 아래쪽의 끝과 화살대 속에 박히는 부분과의 사이에 두두룩하게 된 부분.
촉-돌이(鏃-)명 화살의 촉을 박거나 뽑는 데 쓰는 기구.
촉랭(觸冷)명 -하다 자 찬 기운이 몸에 닿음.
촉력(燭力)명 촉광(燭光)
촉루(燭淚)명 초가 탈 때 녹아서 흘러내리는 것을 눈물에 비유하여 '촛농'을 이르는 말.
촉루(髑髏)명 해골(骸骨)
촉륜(觸輪)명 트롤리(trolley)
촉망(觸網)명 -하다 자 법망(法網)에 걸림.
촉망(屬望·囑望)명 -하다 자타 잘 되기를 바라고 기대함. ¶장래가 -되는 젊은이. ▷屬의 속자는 属
촉매(觸媒)명 화학 반응에서, 그것 자체는 변화하지 않으면서 다른 물질의 반응 속도를 달라지게 하는 물질.
촉매-제(觸媒劑)명 촉매로 쓰이는 물질.
촉모(觸毛)명 ①고양이나 쥐 등의 수염처럼, 대부분의 포유동물의 윗입술의 위와 뺨·턱·사지 등에 나는 뻣뻣한 털. 신경이 분포하여 촉각 기능을 맡음. ②대부분의 절지동물의 촉각을 맡은 감각모.
촉목(矚目)명 -하다 타 눈여겨봄. ▷矚의 속자는 瞩
촉목상심(觸目傷心)성구 눈에 뜨이는 것마다 마음을 아프게 함을 이르는 말.
촉박(促迫)어기 '촉박(促迫)하다'의 어기(語基).
촉박-하다(促迫-)형여 정해진 기한이나 시간이 바싹 닥쳐와서 급하다. ¶마감 날짜가 -./촉박한 일정.
촉발(促發)명 -하다 타 ①어떤 것을 재촉하여 내도록 함. ②재촉하여 떠나게 함.
촉발(觸發)명 -하다 자 ①어떤 일을 당하여 감정이나 충동 따위가 일어남. ¶뻔뻔스러운 태도에 분노가 -하다. ②어떤 것에 닿아 폭발함. ¶어뢰가 -하다./- 수뢰(水雷)/- 지뢰(地雷)
촉백(蜀魄)명 '두견이'의 딴이름.
촉범(觸犯)명 -하다 타 꺼려 피해야 할 일을 저지름.
촉비(觸鼻)명 -하다 자 냄새가 코를 찌름.
촉산(促産)명 -하다 타 한방에서, 해산 예정 날짜가 되기 전에 해산함을 이르는 말.
촉상(觸傷)명 -하다 자 한방에서, 찬 기운이 몸에 닿아서 병이 생김을 이르는 말. 촉감(觸感)
촉-새 명 ①멧새과의 나그네새. 몸길이 16cm 안팎. 머리는 녹색을 띤 회색이고, 등은 황갈색에 검은 줄무늬가 있음. 야산의 숲에서 잡초의 씨나 곤충 따위를 먹고 삶. ②입이 가볍거나 경망스럽게 행동하는 사람을 비유하여 이르는 말
촉새-부리 명 끝이 뾰족한 물건을 비유하여 이르는 말.
촉서(蜀黍)명 '수수'의 딴이름.
촉선(觸線)명 접선(接線)¹
촉성(促成)명 -하다 타 ①재촉하여 빨리 이루어지게 함. ②식물 따위를 인공적으로 빨리 자라게 하는 일.
촉성=재:배(促成栽培)명 생장이나 수확의 시기를 자연적인 상태보다 빠르게 하는 재배법. 온실 재배 따위. 속성재배 ☞억제 재배(抑制栽培)
촉수(促壽)명 -하다 자 죽기를 재촉하다시피 하여 수명이 짧아짐. ☞감수(減壽)
촉수(燭數)명 촉광의 정도를 나타내는 수. ¶전등의 -가 낮아 글씨가 잘 보이지 않는다.
촉수(觸手)명 ①하등 무척추동물의 입 주위나 몸의 앞 부분에 있는 돌기 모양의 기관. 촉각이나 미각 따위의 감각 기관으로, 포식 기능을 가진 것도 있음. 촉완(觸腕) ②-하다 타 사물에 손을 댐. ¶- 엄금
촉수(를) 뻗치다 관용 야심을 가지고 대상물에 서서히 작용을 미치다. ¶침략의 -.
촉수(觸鬚)명 곤충이나 거미·새우 따위의 입 주위에 있는 수염 모양의 감각 기관. 촉각·후각을 맡고 있고 생식 기능을 하는 것도 있음.
촉수-동:물(觸手動物)명 무척추동물의 한 문(門). 촉수가 입 주위를 관(冠) 모양으로 에워싸고 있음. 소화관은 U자형으로 굽어 있고, 항문은 촉수관 바깥쪽에 있음.
촉슬(促膝)명 -하다 자 무릎을 대고 마주앉음.
촉실(燭悉)명 -하다 타 밝게 비추어 샅샅이 살핌. 촉찰(燭察)
촉심(燭心)명 초의 심지. 준 심(心)¹
촉언(囑言)명 -하다 자 뒷일을 부탁함. 또는 그 말.
촉염-제(促染劑)명 염색할 때, 염색이 잘 되도록 따로 넣는 약제. 황산나트륨이나 아세트산 따위.
촉오(觸忤)명 -하다 타 촉노(觸怒)
촉완(觸腕)명 ①오징어의 다리 가운데 다른 것보다 긴 두 개의 다리. ②촉수(觸手)
촉진(促進)명 -하다 타 재촉하여 빨리 나아가게 함. ¶식물의 성장을 -하다./경기 회복이 -되다.
촉진(觸診)명 한방의 절진(切診)의 한 가지. 의사가 환자의 몸을 문질러 보거나 눌러 보거나 하여 그 반응으로 병증(病證)을 진찰하는 방법. ☞맥진(脈診)
촉찰(燭察)명 -하다 타 촉실(燭悉)
촉처(觸處)명 가서 이르는 곳.
촉처봉패(觸處逢敗)성구 가서 이르는 곳마다에서 낭패를

당함을 이르는 말.
촉-촉 부 작은 물체가 아래로 자꾸 길게 늘어지거나 처진 모양을 나타내는 말. ☞축축
촉촉(矗矗) 어기 '촉촉(矗矗)하다'의 어기(語基).
촉촉-하다 형여 물기가 있어서 조금 젖은듯 하다. ¶간밤의 비로 땅이 ─. ☞축축하다
　촉촉-이 부 촉촉하게 ¶바짓가랑이가 이슬에 ─ 젖다.
촉촉-하다(矗矗─) 형여 높이 솟아 삐죽삐죽하다.
촉탁(囑託) 명 ①-하다 타 어떤 일을 부탁하여 맡김, 또는 그 맡은 사람. ¶인구 조사를 전문 기관에 ─하다./─을 받고 일하다. ②정부 기관이나 공공 단체에서 임시로 어떤 일을 맡아보는 사람.
촉풍(觸風) 명 -하다 자 찬바람을 쐼.
촉하(燭下) 명 촛불의 아래.
촉-하다(促─) 형여 《文》①시기가 바싹 다가와 가깝다. ②음성이나 음절이 느즈러진 맛이 없이 짧고 급하다.
촉한(觸寒) 명 -하다 자 찬 기운이 몸에 닿음.
촉화(燭火) 명 촛불
촉훈(促訓) 명 -하다 자 독촉하는 훈령.
촉휘(觸諱) 명 -하다 자 공경하거나 꺼리어 삼갈 웃어른이나 조상의 이름을 함부로 부름.
촌(村) 명 도시에서 떨어져 있는 곳이나 그곳에 있는 마을. 시골 ¶─ 동네/후미진 ─이라 인심이 좋다.
촌:(寸)[1] 명 척관법의 길이 단위의 하나. 1촌은 1척(尺)의 10분의 1, 1푼의 열 곱절로 약 3cm임. 치[2]
촌:(寸)[2] 의 친족 관계의 멀고 가까움을 나타내는 단위. ¶먼 친척이라니 몇 ─인데?/팔─ 이내의 친척.
촌:(村)-《접두사처럼 쓰이어》'시골티가 나는'의 뜻을 나타냄. ¶촌양반(村兩班)/촌사람/촌놈
촌:가(寸暇) 명 얼마 안 되는 겨를. 아주 짧은 겨를. 촌극(寸隙). 촌한(寸閑) ¶─를 아끼다.
촌:가(村家) 명 시골 마을에 있는 집. 시골집. 촌려(村廬)
촌:각(寸刻) 명 매우 짧은 시간. 촌음(寸陰)
촌:간(村間) 명 ①시골 마을의 집들 사이, 곧 시골 사회. ¶─에 퍼진 소문. ②마을과 마을의 사이. ¶─의 왕래.
촌:감(寸感) 명 조그마한 느낌.
촌:객(村客) 명 시골에서 온 나그네.
촌:거(村居) 명 -하다 자 시골에서 삶.
촌계관청(村鷄官廳) 성구 '촌닭 관청에 간 것 같다'라는 말을 한문식으로 옮긴 구(句)로, 처음으로 번화한 곳에 오거나 경험이 없는 일을 당하거나 하여 어리둥절해 하고 있는 모양을 비유하여 이르는 말.
촌:공(寸功) 명 아주 조그마한 공로.
촌:-관-척(寸關尺) 명 한방에서, 손목에서 맥(脈)을 보는 세 자리를 아울러 이르는 말.
촌:교(村郊) 명 시골의 들, 또는 시골의 마을.
촌:구(寸口) 명 한방에서, 맥(脈)을 보는 부위의 하나. 양손목의 안쪽 도드라진 뼈 앞의 맥이 뛰는 부위.
촌:구(寸晷) 명 매우 짧은 시간. 촌음(寸陰)
촌:-구석(村─)[─꾸─] 명 ①시골구석 ②'촌(村)'을 속되게 이르는 말. ¶─에 박혀 살다.
촌:극(寸隙) 명 촌가(寸暇)
촌:극(寸劇) 명 ①아주 짧은 단편적인 연극. 토막극 ②우연히 일어난 우스꽝스러운 일이나 사건을 비유하여 이르는 말. ¶웃지 못할 ─이 빚어지다.
촌:기(村妓) 명 시골의 기생.
촌:기(村氣)[─끼] 명 시골의 기풍(氣風). 시골 사람들이 공통으로 가지고 있는 기질.
촌:-길(村─)[─낄] 명 시골 마을에 난 길.
촌:내(寸內) 명 십 촌 안쪽의 겨레붙이. ☞촌외(寸外)
촌:내(村內) 명 마을 안.
촌:-년(村─) 명 시골 여자를 낮잡아 이르는 말.
촌:-놈(村─) 명 시골 남자를 낮잡아 이르는 말. 촌한
촌:단(寸斷) 명 -하다 자타 짤막짤막하게 여러 토막으로 끊어지거나 끊음.
촌:-닭(村─)[─딱] 명 촌스럽고 어릿어릿하는 사람을 놀리어 이르는 말.
　속담 **촌닭 관청**(官廳)**에 간 것 같다** : 처음으로 번화한 곳에 오거나 경험이 없는 일을 당하거나 하여 어리둥절해 하고 있는 모양을 비유하여 이르는 말. ☞촌계관청(村鷄官廳)
촌:동(村童) 명 시골에 사는 아이.
촌:-뜨기(村─) 명 '촌사람'을 얕잡아 이르는 말. 시골뜨기
촌:락(村落) 명 주로 시골에서, 여러 집이 모여 사는 곳. 마을[1]. ☞도시(都市). 취락(聚落)
촌:락=공:동체(村落共同體) 명 토지 공유제에 따른 자급자족의 공동체. 전근대적 지역 사회의 일반적인 형태임.
촌:려(村閭) 명 ①마을 입구의 문. ②시골 마을.
촌:려(村廬) 명 촌가(村家)
촌:로(村老) 명 시골에 사는 노인. 촌수(村叟). 촌옹(村翁)
촌:록(寸祿) 명 얼마 안 되는 녹봉(祿俸).
촌:료(村醪) 명 촌탁(村濁)
촌:리(村里) 명 마을[1]
촌:맥(寸脈) 명 한방에서, 촌구(寸口)에서 느껴지는 맥을 이르는 말. 집게손가락·가운뎃손가락·약손가락을 손목 안쪽 부위의 동맥에 대었을 때 집게손가락에 느껴지는 맥.
촌:맹(村氓) 명 시골에 사는 백성. 촌맹이. 촌민(村民). 촌백성. 향맹(鄕氓). 향민(鄕民)
촌:맹-이(村氓─) 명 촌맹(村氓)
촌:명(村名) 명 마을 이름.
촌:목(寸─) 명 소목(小木) 일에서, 나무에 구멍을 파거나 장부를 만들 때에 금을 긋는 연장. 치수에 따라 바늘이 박혀 있음. ☞금쇠. 턱촌목
촌:묘(寸描) 명 간단한 묘사. ☞스케치
촌:무(村巫) 명 시골 무당.
촌:미(村味) 명 ①시골에서 만든 음식, 또는 그 맛. ②시골에서 사는 맛.
촌:민(村民) 명 촌백성. 촌맹(村氓)
촌:방(村坊) 명 시골의 마을.
촌:-백성(村百姓)[─빽─] 명 시골에 사는 백성. 촌맹(村氓). 촌맹이. 촌민(村民)
촌:백-충(寸白蟲) 명 촌충(寸蟲) 준 백충(白蟲)
촌:벽(寸碧) 명 약간의 파란빛이라는 뜻으로, 구름 사이로 보이는 파란 하늘을 이르는 말.
촌:보(寸步) 명 몇 발자국 안 되는 걸음. 조금 걷는 걸음.
촌:부(村夫) 명 시골에 사는 남정네.
촌:부(村婦) 명 시골에 사는 아낙네.
촌:-부자(村夫子) 명 촌학구(村學究)
촌:분(寸分) 명 ①매우 짧은 시간. 촌음(寸陰) ②아주 적은 분량이나 정도.
촌:-사람(村─)[─싸─] 명 ①시골에 사는 사람. 촌인(村人) ②촌스럽고 어수룩한 사람을 비유하여 이르는 말.
촌:사불괘(寸絲不掛) 성구 실오라기 하나도 몸에 걸치지 아니하였다는 뜻으로, 조금도 마음에 걸리는 것이 없음을 이르는 말.
촌:-색시(村─)[─쌕─] 명 ①시골에 사는 색시. ②촌스러운 색시.
촌:-샌:님(村─)[─쌘─] 명 ①지난날, 시골에 살며 관직에 오르지 못한 늙은 양반을 이르던 말. ②촌스럽고 융통성이 없는 사람을 비유하여 이르는 말. 촌생원(村生員)
촌:-생원(村生員) 명 촌샌님
촌:선척마(寸善尺魔) 성구 좋은 일은 한 치 정도이고 언짢은 일은 한 자 정도라는 뜻으로, 좋은 일은 적고 나쁜 일은 많음을 이르는 말.
촌:성(寸誠) 명 '보잘것없는 성의'라는 뜻으로, 자기의 성의를 겸손하게 이르는 말. 촌충(寸衷)
촌:속(村俗) 명 시골의 풍속.
촌:수(寸數)[─쑤] 명 친족(親族) 관계의 멀고 가까운 정도를 나타내는 수. ¶─를 따지다./─가 멀다. ☞촌(寸)[2]. 항렬(行列)
촌:수(村叟) 명 시골에 사는 노인. 촌로(村老)
촌:-스럽다(村─)[─쓰─](─스럽고·─스러워) 형ㅂ 촌사람같이 세련되지 못하고 어수룩한 데가 있다. ¶말투

ㅊ

가 ―./옷차림이 촌스러워 보인다.
촌-스레 부 촌스럽게

▶ 촌수를 따지는 법
○ 직계 친족과의 촌수는 자기와 대상까지의 대수(代數)가 촌수이다. 곧 아버지와 아들은 1대니까 1촌이고, 할아버지와 손자는 2대이므로 2촌이다.
○ 방계 친족과의 촌수는 자기와 대상이 어떤 조상에게서 갈렸는지를 알아내어 자기와 그 조상의 대수에 그 조상과 대상의 대수를 합해서 촌수로 한다. 곧 형제자매는 아버지에게서 갈렸는데 자기와 아버지는 1대이고 아버지와 형제자매는 1대니까 합해서 2촌이다.

촌:시(寸時) 명 매우 짧은 시간. 촌음(寸陰)
촌:시(村市) 명 시골의 시장.
촌:심(寸心) 명 마음에 품은 작은 뜻. 박지(薄志). 촌지(寸志). 촌충(寸衷)
촌:야(村野) 명 시골의 마을과 들.
촌:양(寸壤) 명 촌토(寸土)
촌:열(寸裂) 명 -하다 자타 갈가리 찢어지거나 찢음.
촌:옹(村翁) 명 촌로(村老)
촌외(寸外) 명 촌수를 따지지 않는 먼 일가. ☞촌내
촌:유(村儒) 명 시골에 사는 선비.
촌:음(寸陰) 명 매우 짧은 시간. 촌각(寸刻). 촌구(寸晷). 촌시(寸時) ¶ ―을 아껴 공부하다. ☞분음(分陰)
촌:음약세(寸陰若歲) 성구 아주 짧은 시간도 일 년같이 느껴진다는 뜻으로, 몹시 기다리는 심정을 비유하여 이르는 말.
촌:인(村人) 명 촌사람
촌:장(寸長) 명 대수롭지 아니한 기능, 또는 작은 장점.
촌:장(村庄) 명 살림집 외에 시골에 따로 장만해 두는 집.
촌:장(村莊) 명 시골에 있는 별장.
촌:장(村場) 명 시골에 서는 장.
촌:저(寸楮) 명 매우 짧은 편지. 촌지(寸紙). 촌찰(寸札)
촌:전척토(寸田尺土) 성구 한 치의 밭과 한 자의 땅이라는 뜻으로, 얼마 되지 않는 논밭을 이르는 말.
촌:주(村酒) 명 시골에서 빚은 술. ☞촌탁(村濁)
촌:중(村中) 명 ①마을의 안, 또는 그 가운데. ②온 마을.
촌:지(寸地) 명 촌토(寸土)
촌:지(寸志) 명 ①촌심(寸心) ②자기가 보내는 선물을 '마음 뿐인 보잘것없는 선물'이라는 뜻으로, 선물이나 봉투 등에 적는 말.
촌:지(寸紙) 명 촌저(寸楮)
촌:진척퇴(寸進尺退) 성구 한 치 나아가고 한 자 물러선다는 뜻으로, 얻는 것은 적고 잃는 것은 많음을 이르거나 진보는 적고 퇴보는 많음을 이르는 말.
촌:찰(寸札) 명 촌저(寸楮)
촌:척(寸尺) 명 척촌(尺寸)
촌:철(寸鐵) 명 작고 날카로운 쇠붙이나 무기.
촌:철살인(寸鐵殺人) 성구 촌철로 사람을 죽인다는 뜻으로, 짤막한 경구(警句)로 남을 감동시키거나 약점을 찌를 수 있음을 비유하여 이르는 말.
촌:초(寸秒) 명 매우 짧은 시간. 촌음(寸陰)
촌:촌-이(寸寸-) 부 마디마디. 갈기갈기
촌:촌-이(村村-) 부 마을마다
촌:충(寸衷) 명 ①촌성(寸誠) ②촌심(寸心)
촌:충(寸蟲) 명 편형동물 촌충강에 딸리는 기생충을 통틀어 이르는 말. 대부분 척추동물의 장(腸)에 기생함. 암수한몸으로 몸길이가 긴 것은 30m에 이르며, 몸은 여러 마디로 되어 있음. 소화관이 없어 체표(體表)로 영양을 흡수함. 사람에 기생하는 종류로 갈고리촌충·민촌충 따위가 있음. 조충(絛蟲). 촌백충(寸白蟲)
촌:탁(忖度) 명 -하다 타 남의 마음을 미루어 헤아림. 요탁(料度). 췌량(揣量). 췌마(揣摩). 췌탁(揣度)
촌:탁(村濁) 명 시골에서 빚은 막걸리. 촌료(村醪)
촌:토(寸土) 명 얼마 안 되는 땅. 척지(尺地). 척토(尺土). 촌양(寸壤). 촌지(寸地)
촌:-티(村-) 명 시골 사람의 세련되지 못하고 어수룩한 모양이나 태도. 시골티 ¶ ―가 나다./―를 벗다.
촌:파(村婆) 명 시골에 사는 노파.
촌:평(寸評) 명 짤막한 비평, 또는 그것을 글로 적은 것. ¶심사 위원의 ―을 싣다.
촌:-학구(村學究) 명 ①지난날, 시골 글방의 선생을 이르던 말. 촌부자(村夫子) ②학식이 좁고 고루한 사람을 이르는 말.
촌:한(寸閑) 명 짧은 겨를. 촌가(寸暇). 촌극(寸隙)
촌:한(村漢) 명 촌놈
촌:항(村巷) 명 시골의 궁벽한 길거리.
촐랑-거리다(대다)[1] 자 잔물결이 자꾸 얄랑이다. 촐랑이다[1] ☞출렁거리다
촐랑-거리다(대다)[2] 자 자꾸 매우 경망스레 행동하다. 촐랑이다[2] ☞졸랑거리다. 쫄랑거리다
촐랑-이 명 촐랑거리는 사람을 이르는 말.
촐랑-이다[1] 자 촐랑거리다[1] ☞출렁이다
촐랑-이다[2] 자 촐랑거리다[2] ☞졸랑이다. 쫄랑이다
촐랑-촐랑[1] 부 잔물결이 자꾸 얄랑이는 모양, 또는 그 소리를 나타내는 말. ☞출렁출렁
촐랑-촐랑[2] 부 자꾸 매우 경망스레 행동하는 모양을 나타내는 말. ☞졸랑졸랑. 쫄랑쫄랑
촐싹-거리다(대다) 자 주책없이 수선스레 자꾸 까불다. 촐싹이다 ☞초싹거리다[2]. 출썩거리다
촐싹-이다 자 촐싹거리다 ☞초싹이다[2]. 출썩이다
촐싹-촐싹 부 주책없이 수선스레 자꾸 까부는 모양을 나타내는 말. ☞초싹초싹[2]. 출썩출썩
촐:촐 부 물 따위가 가는 줄기를 이루어 잇달아 넘치는 모양을 나타내는 말. ☞출출
촐촐-하다 형여 좀 배가 고픈 느낌이 있다. ¶아침을 조금 먹었더니 ―. ☞출출하다
촐촐-히 부 촐촐하게 ☞출출히
촘촘-하다 형여 틈이나 사이가 매우 좁거나 가깝다. ¶빗살이 가늘고 촘촘한 참빗. ☞배다[4]
촘촘-히 부 촘촘하게 ¶말뚝이 ― 박혀 있다.

한자 촘촘할 촉(數) 〔攴部 11획〕 ¶촉고(數罟)

촙(chop) 명 테니스나 탁구에서, 코트에 바운드된 공을 강하게 깎아 치는 일. 공에 역회전을 주어 네트에 닿을락 말락하게 상대편의 코트에 공이 떨어지게 됨.
촛-가지 명 재래식 한옥에서, 초제공(初提栱)·이제공(二提栱) 따위에 쭉쭉 내민 쇠서를 이르는 말. 포(包)[2]
촛-국(醋-) 명 몹시 신 음식의 맛을 이르는 말. ¶김치가 ―이 되어 버렸다.
촛-농(-膿) 명 초가 탈 때 녹아서 흘러내리는 것. 촉농(燭膿). 풍루(風淚) ☞촉루(燭淚)
촛-대(-臺) 명 초를 꽂아 세우게 만든 기구. 촉가(燭架). 촉대(燭臺)
촛-밑(醋-) 명 식초를 만드는 원료가 되는 것. 지에밥과 누룩을 섞어서 삭혀 만듦. ☞누룩밑. 술밑
촛-불 명 초에 켠 불. 촉화(燭火)

한자 촛불 촉(燭) 〔火部 13획〕 ¶등촉(燈燭)/명촉(明燭)/촉농(燭膿)/촉대(燭臺)　▷ 속자는 烛

촛불-놀이 명 밤에 노는 사랑놀이.
총[1] 명 말 따위의 갈기나 꼬리의 털. ☞말총
총[2] 명 짚신이나 미투리 따위의 앞 양쪽으로 둘러 박은 낱낱의 신울. 끈으로 꿰어서 운두가 되도록 한 것.
총(銃) 명 화약의 힘으로 그 속에 든 탄환을 나가게 하는 무기. 권총·기관총·소총·엽총 따위. 총포(銃砲)

한자 총 총(銃) 〔金部 6획〕 ¶권총(拳銃)/총검(銃劍)/총격(銃擊)/총성(銃聲)/총탄(銃彈)

총:(寵) 명 -하다 타 '총애(寵愛)'의 준말.
총:(總) 관 '모두', '모두 합하여'의 뜻을 나타내는 말. ¶공사비로 ― 5천만 원이 들었다.
총:(總)-《접두사처럼 쓰이어》'온통 다', '전체'의 뜻을 나

타냄. ¶총선거(總選擧)/총동원(總動員)/총예산(總豫算)/총공격(總攻擊) ☞연(延)-

총가(銃架)명 총을 걸쳐 두는 받침대.

총:각(總角)명 결혼하지 않은 성년 남자. ☞처녀(處女)

총:각-김치(總角-)명 총각무를 무청째로 소금에 절였다가 고춧가루·파·마늘·생강·젓국 따위 양념에 버무려 담근 김치.

총:각-무(總角-)명 겨잣과의 두해살이 재배 식물. 뿌리가 20cm 안팎인 소형 무 품종으로, 위쪽보다 밑동이 뭉툭한 특징이 있음. 무청째로 동치미나 김치를 담금. ☞열무 ▷總의 속자는 総

> ▶ '총각무'와 표준어 규정
> 표준어 규정에서 고유어 계열의 단어가 생명력을 잃고 그에 대응되는 한자어 계열의 단어가 널리 쓰이면, 한자어를 표준어로 삼았다.
> ¶총각무(○) : 알타리무(×)/수삼(○) : 무삼(×)
> 산누에(○) : 멧누에(×)/양파(○) : 둥근파(×)

총:각무-동치미(總角-)명 총각무의 굵은 무청을 대강 떼어 내고 담근 동치미.

×**총각-미역**(總角-)명 →꼭지미역

총-감기명 '총갱기'의 원말.

총:-감독(總監督)명-하다타 공사나 촬영 등의 일을 총괄적으로 감독함, 또는 그 사람.

총-감투명 말총으로 짜서 만든 감투.

총-개:머리(銃-)명 개머리

총-갱기명 짚신이나 미투리의 당감잇줄에 꿴 총의 고가 움직이지 않도록 돌아가며 낱낱이 감은 끄나풀. 앞갱기 원총감기 ☞뒷갱기

총거(悤遽)어기 '총거(悤遽)하다'의 어기(語基).

총거-하다(悤遽-)형여 총망(悤忙)하다

총검(銃劍)명 ①총과 검을 아울러 이르는 말. ②소총의 총부리 위에 꽂는 칼. 대검(帶劍) ③'무력(武力)'을 비유하여 이르는 말. ¶-에도 굴하지 않다.

총검-술(銃劍術)명 총검으로 적을 치거나 막는 기술, 또는 그 훈련.

총격(銃擊)명-하다타 기관총이나 소총 따위 총기(銃器)로 공격함. ¶-전(戰)/-을 가하다.

총:결(總結)명-하다타 전체를 묶어서 매듭을 지음.

총:-결산(總決算)[-싼]명-하다타 ①수입과 지출을 통틀어서 결산함, 또는 그 결산. ②행사 따위의 끝을 마무리함. ¶자선 바자회를 -하는 모임.

총:경(總警)명 경찰 공무원 계급의 하나. 경무관(警務官)의 아래, 경정(警正)의 위임.

총:계(總計)명-하다타 전체의 수나 양을 합하여 셈함, 또는 셈하여 나온 합계. ¶-를 내다. 준계(計) ☞누계(累計). 소계(小計). 총화(總和)

총:-계:정(總計定)명 계정의 전체. 총체적인 계정.

총:계정=원장(總計定元帳)명 원장(元帳)

총계-탕(葱鷄湯)명 파를 넣고 끓인 닭고기 국. 닭과 파의 흰 부분, 식초, 간장 따위를 넣고 푹 고아 뼈를 발라낸 국물에 달걀을 푼 음식.

총:-공:격(總攻擊)명-하다타 전군(全軍) 또는 전원(全員)을 동원하여 전면에 걸쳐서 공격함, 또는 그 공격.

총:-공:세(總攻勢)명 역량을 총동원하여 취하는 공세.

총:관(摠管)명 ①신라 때, 각 주(州)의 군대를 통솔하던 관직. 군주(軍主)를 고친 것임. ②고려 시대, 원(元)나라에서 두었던 쌍성총관부(雙城摠管府)·동녕부(東寧府) 등의 으뜸 관직. ③조선 시대, 오위도총부(五衛都摠府)의 도총관(都摠管)과 부총관(副摠管)을 아울러 이르던 말. ④대한 제국 때, 경위원(警衛院)·승녕부(承寧府) 등의 으뜸 관직. 칙임관(勅任官)이었음.

총:관(總管)명-하다타 전체를 통틀어서 관리함.

총:관(總觀)명-하다타 전체적으로 살펴봄.

총:괄(總括)명-하다타 ①개별적인 여러 가지를 한데 묶거나 종합함. ¶- 평가 ②논리학에서, 낱낱의 개념을 모아 묶어서 외연(外延)이 큰 하나의 개념으로 포괄하는 일. ③총람(總攬)

총:괄-적(總括的)[-쩍]명 개별적인 여러 가지를 크게 하나로 묶는 것. ¶-으로 관리하다.

총:광(寵光)명 은총(恩寵)을 받는 영광.

총구(銃口)명 총구멍

총-구멍(銃-)[-꾸-]명 총알이 나가는, 총의 앞쪽 끝부분. 총구(銃口) ☞총부리

총:국(總局)명 일정한 구역 안의 지국(支局)을 통할하여 본사(本社)와 사무적·사업적 연락을 하는 곳.

총군(銃軍)명 지난날, 총포(銃砲)를 사용하는 군사를 이르던 말. 포군(砲軍)

총:군(總軍)명 한 나라 군대의 전체. 전군(全軍)

총:권(總權)[-꿘]명 모든 권리나 권력.

총:-궐기(總蹶起)명-하다자 어떤 목적을 위하여 관계자 모두가 참여하여 힘차게 일어남. ¶국민 - 대회

총극(悤劇)어기 '총극(悤劇)하다'의 어기(語基).

총극-하다(悤劇-)형여 총망(悤忙)하다

총급(悤急)어기 '총급(悤急)하다'의 어기(語基).

총급-하다(悤急-)형여 매우 급하다.

총급-히부 총급하게

총기(銃器)명 소총이나 권총 따위의 무기를 통틀어 이르는 말. ¶-를 소지하다./-로 위협하다.

총기(聰氣)명 ①총명한 기운. ¶- 있게 말하다. ②좋은 기억력. ¶-가 좋다. ☞지닐총

총:기(總記)명 전체를 총괄하여 적는 일.

총기(叢記)명-하다타 여러 가지를 모아서 적음, 또는 그런 책.

총:남-종(摠南宗)명 불교의 칠종 십이파(七宗十二派)의 하나. 남산종(南山宗)과 총지종(摠持宗)을 합한 것으로, 뒤에 조계종(曹溪宗)과 합하여 선종(禪宗)이 되었음.

총-냉탕(葱冷湯)명 파를 넣어 만든 냉국.

총냥이명 여우나 이리 따위처럼 눈이 툭 불거지고 입이 뾰족하며 얼굴이 빼빼 마른 사람을 비유하여 이르는 말.

총:-넓이(總-)명 총면적(總面積)

총달(聰達)어기 '총달(聰達)하다'의 어기(語基).

총달-하다(聰達-)형여 슬기롭고 사리에 밝다.

총:-담:관(總膽管)명 간장(肝臟)에서 나오는 간관(肝管)과 쓸개에서 나오는 쓸개관이 합쳐져 십이지장으로 연결되는 관.

총-담:요(-毯-)[-뇨]명 말털로 두껍게 짠 담요.

총-대(銃-)[-때]명 소총(小銃)의 몸. 총상(銃床)

총:대(總代)명 어떤 일의 관계자 전체를 대표하는 사람.

총:-대:리점(總代理店)명 한 나라의 전체 또는 광범한 구역에 걸쳐 물품 매매나 상업적 업무를 대리하는 권한이 맡겨진 대리점.

총-대우명 말총이나 쇠꼬리의 털로 짜서 옻칠을 한 갓.

총:-대:장(總大將)명 전군(全軍)을 지휘하는 사람. 총수

×**총-댕이**(銃-)명 →포수(砲手)

총:독(總督)명 식민지나 자치령 따위에서, 정치·경제·군사 등의 모든 통치권을 가진 최고의 행정 관리.

총:독-부(總督府)명 식민지를 통치하기 위하여 설치하는 최고 행정 관청.

총:동맹=파:업(總同盟罷業)명 전국적으로 또는 어떤 산업 전반에 걸쳐 벌이는 대규모의 파업. 총파업

총:-동:원(總動員)명-하다타 사람이나 물자 따위를 모두 동원함. ¶병력을 -하다./전교생이 -된 행사.

총-떡명 메밀가루를 묽게 반죽하여 프라이팬 등에 부쳐서 소를 넣고 말아 지진 떡. 소로는 배추김치에 돼지고기를 섞어 버무린 것이나 오이·표고버섯을 채썰어 쇠고기 다진 것과 섞어 볶은 뒤에 양념한 것 등을 씀.

총:람(總覽)명 ①-하다타 전체를 처음부터 끝까지 모두 봄. ②어떤 사물에 관한 것을 총체적으로 살펴볼 수 있도록 엮어 놓은 책. ¶문화재 -

총:람(總攬)명-하다타 ①권력이나 인심(人心) 따위를 휘어잡고 다스림. ¶국정을 -하다. ②모든 사무를 한데 묶어 관할함. 총괄(總括). 총집(總執). 총할(總轄)

총:량(總量)명 전체의 분량, 또는 전체의 중량(重量).

ㅊ

총:력(總力)명 모든 힘, 또는 전체의 힘. ¶수출에 —을 기울이다. ☞전력(全力)
총:력-전(總力戰)명 전체의 모든 힘을 모아서 하는 전쟁.
총렵(銃獵)명-하다자타 총사냥
총:령(總領)명-하다타 모든 것을 다 거느림.
총:록(總錄)명 통틀어서 적은 기록.
총:론(總論)명 ①어떤 분야에 대한 일반적 이론을 총괄하여 서술한 해설이나 저작. ②논문이나 저서의 첫머리에 그 대강의 내용이나 뜻을 적은 글. ☞각론. 개론
총론(叢論)명 여러 논문이나 문장 등을 모아 놓은 것, 또는 그것을 모은 책.
총:류(總類)명 십진 분류법에 따른 도서 분류의 하나. 특정한 성격을 갖지 않고 여러 분야에 두루 관계되는 도서의 종류. 사전·도감(圖鑑)·연감(年鑑)·신문·잡지·총서(叢書) 따위.
총:리(總理)명 ①'국무 총리(國務總理)'의 준말. ②-하다타 전체를 모두 관리함.
총:리-대:신(總理大臣)명 조선 말기, 통리 기무 아문(統理機務衙門)과 의정부(議政府)의 장관을 이르던 말.
총:리-령(總理令)명 대통령제에서, 국무 총리가 그 소관 사무에 관하여, 직권(職權) 또는 특별한 위임(委任)에 따라 내리는 명령. ☞대통령령(大統領令). 부령(部令)
총림(叢林)명 ①잡목이 우거진 숲. ②불교에서, 강원(講院)·선원(禪院)·율원(律院)의 교육 기관을 모두 갖춘 사찰을 이르는 말.
총마(驄馬)명 총이말
총망(忽忙)어기 '총망(忽忙)하다'의 어기(語基).
총:-망라(總網羅)명-하다타 전체를 빠짐없이 모음. ¶불교 미술을 —한 미술 전집.
총망-중(忽忙中)명 매우 바쁜 가운데. ¶—에 연락하다.
총망-하다(忽忙—)형여 매우 바쁘다. 총거(忽遽)하다. 총극(忽劇)하다
총망-히부 총망하게 ¶— 떠나다.
총:-면적(總面積)명 전체의 넓이. 총넓이
총:명(總名)명 같은 종류의 사물을 몰아서 부르는 이름. ☞총칭(總稱)
총명(聰明)명-하다형 ①보거나 들은 것을 오래 기억하는 능력이 있음. ¶어릴 적부터 —했다. ②사물에 대한 이해가 빠르고 영리함. ¶—한 판단을 내리다.
속담 총명은 둔필(鈍筆)만 못하다 : 아무리 기억력이 좋더라도 굼뜨고 서툴게나마 적어 두는 것만 못하다는 뜻으로, 무엇이든 틀림없이 하려면 적어 두어야 함을 이르는 말.

한자 총명할 총(聰) 〔耳部 11획〕 ¶총기(聰氣)/총명(聰明)/총민(聰敏)/총오(聰悟)/총준(聰俊)
총명할 혜(慧) 〔心部 11획〕 ¶지혜(智慧)/혜성(慧性)/혜심(慧心)/혜안(慧眼)/혜지(慧智)

총:명(寵命)명 임금이 총애하여 내리는 명령.
총명-기(聰明記)명 ①지난날, '비망록(備忘錄)'을 이르던 말. ②지난날, 남에게 물건을 보낼 때 적던 발기.
총명예지(聰明睿智)성구 '총(聰)'은 듣지 아니한 바가 없으며, '명(明)'은 보지 아니한 바가 없으며, '예(睿)'는 통하지 아니한 바가 없으며, '지(智)'는 알지 못하는 바가 없다는 뜻으로, 성인의 네 가지 덕을 이르는 말.
총명호학(聰明好學)성구 총명하면서도 학문을 좋아함을 이르는 말.
총:목(總目)명 전체의 목록. 총목록
총:-목록(總目錄)명 총목(總目)
총묘(塚墓)명 무덤
총:무(總務)명 ①어떤 기관이나 단체의 전체적이고 일반적인 사무, 또는 그 일을 맡은 사람. ¶동창회의 —. ②'원내 총무(院內總務)'의 준말. ¶— 회담
총민(聰敏)어기 '총민(聰敏)하다'의 어기(語基).
총민-하다(聰敏—)형여 총명하고 민첩하다.
총-받이[—바지]명 짚신이나 미투리의 총을 박은 데까지의 앞바닥.
총백(葱白)명 한방에서, 파의 밑동의 흰 부분을 약재로 이르는 말. 성질이 온하며 상한(傷寒)에 쓰임.
총:보(總譜)명 ①모음 악보 ②바둑에서, 한 대국(對局)의 첫수부터 마지막 수까지 기록한 기보(棋譜).
총:-본부(總本部)명 전체를 통할하는 본부.
총:-본영(總本營)명 여러 기관을 거느려서 사무를 총람하는 곳. ¶구세군 —
총:부(冢婦)명 ①정실(正室)의 맏아들의 아내. 맏며느리 ②종가(宗家)의 맏며느리. 종부(宗婦)
총-부리(銃—)[—뿌—]명 총에서 총구멍이 있는 부분. ¶—를 겨누다./—를 들이대다. ☞총구(銃口)
총:-비용(總費用)명 ①어떤 일을 하는 데 드는 전체의 비용. ¶대회의 —을 계산하여 보다. ②기업이 상품의 생산·판매를 통하여 재생산 활동을 지속시켜 나가는 데 필요한 전체의 비용.
총빙(叢氷)명 바다 위에 떠다니는 얼음 덩이가 모여서 언 덕처럼 얼어붙은 것.
총:사(冢祀)명 종묘(宗廟)나 가묘(家廟)에서 지내는 제사.
총사(叢祠)명 잡신(雜神)을 모신 사당(祠堂).
총-사냥(銃—)명-하다자타 총으로 야생의 짐승을 잡는 일. 총렵(銃獵)
총:-사령관(總司令官)명 전군(全軍)을 통할하고 지휘하는 사령관.
총:-사령부(總司令部)명 총사령관이 주관하여 일을 맡아보는 기관.
총:-사직(總辭職)명-하다자타 구성원 모두가 한꺼번에 사직함. ☞총사퇴
총:-사퇴(總辭退)명-하다자타 구성원 모두가 한꺼번에 직위에서 물러남. ¶내각(內閣)—
총살(銃殺)명-하다자타 총으로 쏘아 죽임. ☞포살(砲殺)
총살-형(銃殺刑)명 총으로 쏘아 죽이는 형벌. 준총형
총상(銃床)명 총대
총상(銃傷)명 총에 맞아 다친 상처. 총창(銃創)
총:상(總狀)명 '총상 화서(總狀花序)'의 준말.
총:상=꽃차례(總狀—)[—꼳—]명 무한(無限) 꽃차례의 한 가지. 긴 꽃대에 꽃자루가 있는 여러 꽃이 어긋맞게 붙어서, 밑에서 피기 시작하여 위로 끝까지 피는 것. 싸리나무의 꽃 따위. 총상 화서 ☞두상 꽃차례
총:상-화(總狀花)명 총상(總狀) 꽃차례의 꽃.
총:상=화서(總狀花序)명 총상(總狀) 꽃차례 준총상(總狀) ☞무한 화서(無限花序)
총생(叢生)명-하다자 뭉쳐나기
총서(叢書)명 ①일정한 형식과 체재로 편집하여 연속적으로 간행되는 여러 권의 책. ¶철학 — ②가지가지의 책을 한데 모으는 일, 또는 그 책.
총:선(總選)명 '총선거(總選擧)'의 준말.
총:-선:거(總選擧)명 전국의 국회 의원을 한 날에 한꺼번에 선출하는 선거. 준총선
총:설(總說)명 어떤 분야의 전체를 총괄적으로 설명하는 일, 또는 설명한 그 글이나 책.
총설(叢說)명 여러 논설이나 학설을 모아 놓은 것, 또는 그 논설이나 학설.
총:섭(總攝)명 ①전체를 총괄하여 다스림. ②승통(僧統)
총성(銃聲)명 총소리
총:-소:득(總所得)명 비용이나 경비 따위를 빼지 않은 모든 소득. 총수입
총-소리(銃—)[—쏘—]명 총을 쏠 때 나는 소리. 총성
총수(銃手)명 조선 시대, 총을 쏘는 사람을 이르던 말.
총:수(總帥)명 ①전군(全軍)을 지휘하는 사람. 총대장(總大將). 총지휘관(總指揮官) ②어떤 조직이나 집단의 우두머리를 비유하여 이르는 말. ¶대기업의 —.
총:수(總數)명 수량이나 분량 등을 모두 합한 수.
총수(叢樹)명 무성하게 들어선 나무.
총:-수:량(總數量)명 수량이나 분량 등을 모두 합한 양.
총:-수입(總收入)명 ①총소득(總所得) ☞총지출 ②재화의 공급에서 생산자가 얻은 모든 화폐 수입. 곧 재화의 가격에 기업의 판매량을 곱한 금액.

총신(銃身)[명] 총열
총:신(寵臣)[명] 총애를 받는 신하. 행신(幸臣)
총:아(寵兒)[명] ①많은 사람에게 특별한 사랑을 받는 사람. ¶연예계의 ―. ②시운(時運)을 타고 출세한 사람. ¶일약 시대의 ―가 되다.
총안(銃眼)[명] 보루(堡壘)나 성벽 따위에 총을 내쏘기 위하여 뚫어 놓은 구멍. ☞포안(砲眼)
총-알(銃―)[명] 총에 재고 쏘면 총구멍에서 날아가 목표물을 맞히는 물건. 총탄(銃彈). 총환(銃丸) ¶―이 박히다. ☞처란. 탄알
총:애(寵愛)[명]-하다[타] ①특별히 귀여워하고 사랑함. 총행(寵幸) ¶할머니의 ―를 받다./사장이 ―하는 직원. [준]총(寵) ②가톨릭에서, 하느님의 사랑을 이르는 말.
총:액(總額)[명] 모두를 합한 액수. ¶자본금 ―/결산 ― ☞전액(全額)
총:액=임:금제(總額賃金制)[명] 임금 정책 제도의 한 가지. 근로자가 1년 동안 받는 모든 보수를 합산하여 12로 나눈 금액을 기준으로 임금 인상률을 결정하는 제도.
총약(銃藥)[명] 총에 재어서 총알을 날아가게 하는 화약. ☞탄약(彈藥)
총:양(寵養)[명]-하다[타] 특별히 귀여워하고 사랑하며 기름.
총:-역량(總力量)[-녁-][명] 모든 역량. ¶―을 모으다.
총:-연습(總練習)[-년-][명] 음악이나 연극, 운동 따위에서, 참가하는 모든 사람이 모여 실제와 같이 하는 연습. ☞리허설(rehearsal)
총:-연장(總延長)[-년-][명] 전체를 합한 길이.
총-열(銃―)[-녈][명] 소총(小銃) 따위에서, 긴 원통 모양의 부분. 총알이 나아가는 방향을 정해 주는 구실을 함. 총신(銃身) [준]열[1]
총:-영사(總領事)[-녕-][명] 영사(領事)의 등급 가운데 으뜸 영사. 주재국(駐在國)에 근무하는 자기 나라의 영사들을 관리 감독함.
총:-예:산(總豫算)[-녜-][명] 한 회계 연도의 세입(歲入)과 세출(歲出)을 모두 포함하는 예산.
총오(聰悟)[어기] '총오(聰悟)하다'의 어기(語基).
총오-하다(聰悟―)[형여] 이해가 빠르고 영리하다.
총요(怱擾)[어기] '총요(怱擾)하다'의 어기(語基).
총요-하다(怱擾―)[형여] 바쁘고 부산하다.
총:욕(寵辱)[명] 총애와 치욕을 아울러 이르는 말.
총:욕불경(寵辱不驚)[성구] 총애를 받거나 치욕을 당하거나 놀라지 않는다는 뜻으로, 이해득실을 마음에 두지 않음을 이르는 말.
총:우(寵遇)[명]-하다[타] 총애하여 대우함.
총:원(總員)[명] 단체나 모임 등을 이루고 있는 모든 사람. ¶우리 연구실 ―은 25명이다.
총:원(總願)[명] 불교에서, 모든 불보살에게 공통으로 있는 서원(誓願)을 이르는 말. 사홍서원(四弘誓願) 따위. ☞별원(別願)
총:유(總有)[명] 공동 소유의 한 형태. 재산의 관리와 처분의 권리는 공동체에 딸리고, 그 재산의 사용과 수익의 권리는 각 구성원에 딸림. ☞공유(共有). 합유(合有)
총-유탄(銃榴彈)[-뉴-][명] 수류탄보다 멀리 나가게 하려고 소총으로 쏘게 되어 있는 유탄.
총:융-청(摠戎廳)[명] 조선 시대, 오군영(五軍營)의 하나. 1624년(조선 인조 2)에 서울의 외곽인 경기 일대를 경비하려고 설치했음.
총:의(總意)[명] 구성원 전체의 일치된 의사(意思). ¶국민의 ―./회원의 ―.
총이-말(驄―)[명] 몸통은 희고 갈기와 꼬리가 파르스름한 말. 청총마(靑驄馬). 총마(驄馬)
총이-주(聰耳酒)[명] 귀밝이술
총:인(寵人)[명] 총애를 받는 사람.
총:-인구(總人口)[명] 어떤 나라나 지역에 사는 전체 인구.
총:일(總一)[명]-하다[자타] ①모두 뭉쳐 하나가 됨, 또는 하나로 함. ②전체 가운데 으뜸이 되는 것.
총:자(冢子)[명] 지난날, 태자(太子)나 세자(世子) 또는 적장자(嫡長子)를 이르던 말.
총-잡이(銃―)[명] 총을 잘 쏘는 사람.
총:장(總長)[명] ①각 대학교를 대표하는 기관장. ②어떤 조직체에서 사무 전체를 관리하는 최고 행정 책임 직위, 또는 그 직위에 있는 사람. ¶사무 ―/검찰 ―
총:재(冢宰)[명] 조선 시대, '이조 판서'를 달리 이르던 말.
총:재(總裁)[명] 어떤 기관이나 단체에서 모든 사무를 총괄하여 재결(裁決)하는 직위에 있는 사람. ¶은행 ―
총:-재산(總財産)[명] 모든 재산.
총저(葱菹)[명] 파김치
총적(葱笛)[명] 파피리
총:-적량(總積量)[명] ①선박의 내부 용적을 모두 합한 양. ②배나 기차, 자동차 따위에 실은 짐을 모두 합한 양.
총:점(總點)[-쩜][명] 전체 점수의 합계.
총좌(銃座)[명] 사격할 때, 총을 얹어 놓는 대(臺).
총좌(叢脞)[어기] '총좌(叢脞)하다'의 어기(語基).
총좌-하다(叢脞―)[형여] 번잡하고 자질구레하다.
총주(塚主)[명] 무덤의 임자.
총죽(叢竹)[명] 무더기로 난 대.
총죽지교(葱竹之交)[성구] 파피리를 불며 대말을 타고 함께 놀던 사이라는 뜻으로, 어렸을 때부터 같이 놀던 벗과의 교분(交分)을 이르는 말.
총준(聰俊)[어기] '총준(聰俊)하다'의 어기(語基).
총준-하다(聰俊―)[형여] 총명하고 준수하다.
총중(叢中)[명] 많은 사람 가운데. ¶―에서 단연 뛰어나다./만록(萬綠) ― 홍일점(紅一點)
총중고골(塚中枯骨)[성구] 무덤 속의 마른 뼈라는 뜻에서, 핏기 없이 몹시 여윈 사람을 비유하여 이르는 말.
총:지(摠持)[명] 불교에서 '다라니(陀羅尼)'를 번역한 말로, 모든 악법(惡法)을 버리고 한량없는 선법(善法)을 지니는 일을 이르는 말.
총:-지배인(總支配人)[명] 경영체가 여러 영업소로 구성될 때, 경영자를 대리하여 그 전체를 관할 감독하는 사람.
총:-지출(總支出)[명] 지출의 총액. ☞총수입
총:-지휘(總指揮)[명]-하다[타] 구성원 전체를 총괄하여 지휘함, 또는 그 지휘.
총:-지휘관(總指揮官)[명] 총수(總帥)
총:-진:격(總進擊)[명]-하다[자] 전군(全軍) 또는 전원(全員)이 일제히 진격함, 또는 그 진격.
총-질(銃―)[명]-하다[자] 총을 쏘는 짓. ¶함부로 ―을 하다.
총-집(銃―)[-찝][명] 총을 넣어 두는 주머니나 곽.
총:집(總執)[명]-하다[타] 총람(總攬)
총:집(總集)[명] 여러 사람의 작품을 모은 시문집(詩文集). ☞별집(別集)
총집(叢集)[명]-하다[자] 떼지어 모임.
총:-집결(總集結)[명]-하다[자타] 모두 한곳으로 모임, 또는 모음. ¶병력이 ―하다.
총:-집중(總集中)[명]-하다[자타] 한곳이나 한 가지에 모두 집중함. ¶세간의 관심이 ―한 사건./정신을 ―하다.
총:-집합(總集合)[명]-하다[자타] 한군데로 모두 모임, 또는 모음. ¶학생들이 운동장에 ―하다.
총:찰(總察)[명]-하다[타] 모든 것을 맡아 보살핌.
총찰(聰察)[명]-하다[타] 총명하여 사물을 명확하게 살핌.
총창(銃創)[명] 총상(銃傷)
총창(銃槍)[명] 총과 창.
총창-술(銃槍術)[명] 총과 창을 다루는 기술.
총-채[명] 말총 따위로 만든 먼지떨이.
총채-질[명]-하다[자] 총채로 먼지를 떨어내는 일.
총:책(總責)[명] '총책임자(總責任者)'의 준말.
총:-책임(總責任)[명] 어떤 일에 대한 모든 책임. ¶항명(抗命) 사건에 대한 ―을 지다.
총:책임-자(總責任者)[명] 어떤 일에 대한 모든 책임을 지는 사람. [준]총책(總責)
총:-천연색(總天然色)[명] '천연색(天然色)'을 강조하여 이르는 말. ¶― 영화
총:첩(寵妾)[명] 총애를 받는 첩.
총:체(總體)[명] 사물의 전체. ¶문제의 ―를 파악하다.
총:체-적(總體的)[명] 사물의 전체를 유기적으로 통합한

것. ¶사건을 ―으로 파악하다./―인 난국(難局).
총총 부-하다 형 맑고 또렷또렷한 모양을 나타내는 말. ¶밤하늘에 별이 ― 빛난다./―한 눈빛.
총총-히 부 총총하게
총총(怱怱) 부 ①-하다 형 급하고 바쁜 모양을 나타내는 말. ¶― 떠나다./갈 길이 ―하다. ②흔히 편지글에서 끝맺는 말로 쓰이어, '급히'·'바쁘게' 따위의 뜻을 나타냄. ¶이만 ― 줄인다.
총총-히 부 총총하게 ¶― 사라지다.
총총(葱葱) 어기 '총총(葱葱)하다'의 어기(語基).
총총(叢叢) 어기 '총총(叢叢)하다'의 어기(語基).
총총-거리다(대다) 자 발을 재게 떼며 매우 바삐 걷다. ☞종종거리다¹
총총-걸음 명 총총거리며 걷는 걸음. ☞종종걸음
총총-들이(葱葱―) 부 틈이 없을 만큼 매우 총총하게 들어선 모양을 나타내는 말. ¶온 밭이 ― 묘목이다.
총총-하다(葱葱―) 형여 초목이 배게 들어서서 무성하다.
총총-히 부 총총하게
총총-하다(叢叢―) 형여 물체가 많이 들어서서 빽빽하다. ¶고층 건물이 총총하게 솟아 있다.
총총-히 부 총총하게
총:-출동(總出動)[―똥] 명-하다 자 모두 다 출동함, 또는 그 출동. ¶부대가 ―하다.
총:-출연(總出演) 명-하다 자 모두 다 출연함, 또는 그 출연.
총:칙(總則) 명 전체에 두루 적용되는 규칙. ¶한글 맞춤법 ― ☞각칙(各則)
총:칭(總稱) 명 ①-하다 타 통틀어 일컬음. ②통틀어 일컫는 이름. ☞총명(總名)
총-칼(銃―) 명 ①총과 칼. ②'무력(武力)'을 비유하여 이르는 말. ¶적의 ―에 맞서 싸우다.
총탄(銃彈) 명 총알
총탕(葱湯) 명 ①맑은장국에 파와 콩나물을 넣고 고추장을 풀어 끓인 국. ②파를 넣고 끓인 맑은장국.
총:-톤수(總ton數) 명 ①배의 크기를 나타내는 톤수. 배 안의 전체 내부 용적을 $2.83m^3$당 1톤의 단위로 나타냄. ②톤수의 합계.
총통(銃筒) 명 조선 시대, 화전(火箭)·화통(火筒)·화포(火砲) 등을 통틀어 이르던 말.
총:통(總統) 명-하다 타 총괄하여 거느리고 다스림, 또는 그 직위에 있는 사람.
총:-통화(總通貨) 명 현금 통화와 요구불(要求拂) 예금, 저축성 예금을 모두 합친 것.
총:-퇴:각(總退却) 명-하다 자 전군이 한꺼번에 퇴각함.
총:-퇴:장(總退場) 명-하다 자 전원이 한꺼번에 퇴장함.
총:-파:업(總罷業) 명 총동맹 파업(總同盟罷業)
총:판(總販) 명 ①-하다 타 '총판매(總販賣)'의 준말. ②'총판장(總販場)'의 준말.
총:-판매(總販賣) 명-하다 타 어떤 상품을 도맡아 팖. ¶화장품을 ―하다. 준 총판(總販)
총:판-장(總販場) 명 어떤 상품을 도맡아 파는 곳. ¶가전제품 ― 준 총판(總販)
총:평(總評) 명 총체적인 평가나 평정(評定).
총:평균-법(總平均法)[―뻡] 명 평균 원가를 셈하는 방법의 한 가지. 일정 기간에 취득한 재고 자산의 원가 합계를 총수량으로 나누어 구함.
총포(銃砲) 명 ①총(銃) ②총과 대포. 포총(砲銃)
총:포(總苞) 명 꽃자루가 짧게 줄어 꽃턱잎이 한곳으로 밀집된 것. 국화과의 두상 꽃차례 따위에서 볼 수 있음.
총:할(總轄) 명-하다 타 총람(總攬)
총:합(總合) 명-하다 타 모두를 합침. ¶득점을 ―하다.
총:행(寵幸) 명-하다 타 총애(寵愛)
총형(銃刑) 명 '총살형(銃殺刑)'의 준말.
총혜(聰慧) 어기 '총혜(聰慧)하다'의 어기(語基).
총혜-하다(聰慧―) 형여 총명하고 슬기롭다.
총:호-사(總護使) 명 조선 시대, 국상(國喪)이 났을 때 상장(喪葬)에 관한 일을 총괄하여 맡아보던 임시 관직.
총화(銃火) 명 총을 쏠 때 총구에서 번쩍이는 불빛. 철화
총:화(總和) 명 ①전체를 합한 수. ☞총계(總計) ②전체의 화합. ¶― 단결
총화(叢話) 명 여러 가지 이야기를 모은 것.
총환(銃丸) 명 총알
총:회(總會) 명 ①그 단체 전원의 모임. ¶유엔(UN) ― ②사단 법인의 전체 구성원으로 조직되고 사단 법인의 의사를 결정하는 기관. ¶주주 ―
총:회-꾼(總會―) 명 소수의 주식을 가지고 주주 총회에 참석하여, 특정인을 위해 의사 진행을 방해하거나 협력해 주고 그들로부터 금품을 받는 일을 일삼는 사람.
총:획(總畫) 명 한자(漢字)의 한 글자의 모든 획수. ¶―으로 찾아보는 색인.
총:획=색인(總畫索引) 명 자전(字典)에서, 한자(漢字)를 획수에 따라 찾아볼 수 있도록 배열해 놓은 찾아보기의 한 가지. 획인(畫引) ☞자음 색인(字音索引)
총:희(寵姬) 명 총애를 받는 여자.
총:-히(總―) 부 온통 한데 몰아서. 모두 합하여.
촬상-관(撮像管)[―쌍―] 명 피사체(被寫體)의 광학상(光學像)을 전기 신호로 바꾸는 특수 전자관. 이미지오시콘이나 비디콘 따위. 방송용·공업용의 텔레비전 카메라나 엑스선 진단용으로 쓰임.
촬영(撮影) 명-하다 타 어떤 형상을 사진기나 촬영기로 찍음. ¶기념 ―/영화 ―/엑스선 ―
촬영-기(撮影機) 명 영화나 사진 따위를 찍는 기계를 통틀어 이르는 말.
촬영=대본(撮影臺本) 명 콘티뉴이티(continuity)
촬영-소(撮影所) 명 영화를 찍고 만드는 곳.
촬영-장(撮影場) 명 영화나 사진 따위를 찍는 곳. ¶영화 ―으로 많이 이용되는 민속촌.
촬요(撮要) 명-하다 타 요점을 골라 간추림, 또는 그런 문서.
촬토(撮土) 명 한 줌의 흙.
최 명 베틀의 최활 두 끝에 박는 뾰족한 쇠촉.
최:(最)-《접두사처럼 쓰이어》'가장'의 뜻을 나타냄. ¶최고위(最高位)/최고급(最高級)/최첨단(最尖端)
최:강(最強) 명 가장 강함. ¶국내 ―의 선수들.
최:고(最古) 명 가장 오래됨. ¶우리 나라 ―의 목조 건물. ☞최신(最新)
최:고(最高) 명 ①가장 높음. ¶― 가격/― 기록/― 점수를 받다. ☞최저(最低) ②가장 나은 것. 가장 좋은 것. ¶―의 건강 상태./엄마가 ―야.
최고(催告) 명-하다 타 법률에서, 상대편에게 일정한 행위를 하도록 재촉하는 통지를 하는 일. ¶―장(狀)
최:고-가(最高價)[―까] 명 가장 비싼 값. 가장 높은 값. ☞최저가(最低價)
최:고-값(最高―)[―값] 명 가장 높은 값. 최고치
최:고-권(最高權)[―꿘] 명 주권(主權)이나 통치권(統治權) 등 가장 높은 권리.
최:-고급(最高級) 명 가장 높은 등급. ¶―으로 꾸민 저택.
최:-고도(最高度) 명 가장 높은 정도. ¶―로 발달한 물질 문명./불만이 ―에 이르다.
최:-고등(最高等) 명 가장 높은 등급. ☞최하등(最下等)
최:고=법규(最高法規) 명 실정법 체계에서 가장 강력한 형식적 효력을 가지며 최고의 위치에 있는 법규. 현행 헌법에서는 헌법을 최고 법규로 함.
최:고=법원(最高法院) 명 사법권의 최고 기관. 대법원이 이에 해당함.
최:고-봉(最高峰) 명 ①가장 높은 봉우리. 주봉(主峰) ¶히말라야 산맥의 ―. ②어떤 분야에서 가장 뛰어남을 비유하여 이르는 말. ¶법학계의 ―./당대의 ―.
최:고-선(最高善) 명 윤리학에서, 인간 생활의 궁극적 목적과 이상을 이르는 말. 지고선(至高善)
최:고=소:유권(最高所有權)[―꿘] 명 법률에서, 가장 높은 소유권인 영토권을 이르는 말.
최:고-신(最高神) 명 지상신(至上神)
최:고-액(最高額) 명 가장 높은 금액. ¶이제까지의 상금 중 ―이다. ☞최저액(最低額)
최:고=온도계(最高溫度計) 명 일정한 시간 안의 최고 온

도를 재는 온도계. ☞최저 온도계
최고운전(崔孤雲傳)명 조선 시대의 고대 소설의 하나. 작자와 연대는 분명하지 않음. 신라 말기의 인물인 고운(孤雲) 최치원(崔致遠)의 생애를 설화적인 허구로 영웅화한 작품임.
최:-고위(最高位)명 가장 높은 자리.
최:고-점(最高點)[-쩜]명 ①가장 높은 점수. ¶수학 경시 대회에서 -을 받다. ②가장 높은 지점.
최:-고조(最高潮)명 어떤 분위기나 감정 따위가 가장 높은 정도에 이른 상태. ¶긴장이 -에 달하다./흥분이 -에 이르다. ☞절정(絶頂). 클라이맥스(climax)
최:고=최:저=세:율주의(最高最低稅率主義)명 보호가 필요한 상품에 최고 또는 최저의 세율을 적용하는 주의. 최저율은 조약국이나 최혜국(最惠國)에 적용하고, 최고율은 그 밖의 나라에 적용함.
최:고-치(最高値)명 최고값 ☞최저치(最低値)
최:고-품(最高品)명 품질이 가장 좋은 물품. 최상품(最上品) ☞최하품(最下品)
최:고=학부(最高學府)명 가장 정도가 높은 학교라는 뜻으로, 대학이나 대학원을 이르는 말.
최:고-형(最高刑)명 가장 무거운 형벌. ¶법정 -
최:구(最久)어기 '최구(最久)하다'의 어기(語基).
최:구-하다(最久-)형여 가장 오래다.
최:귀(最貴)어기 '최귀(最貴)하다'의 어기(語基).
최:귀-하다(最貴-)형여 가장 귀하다.
최:근(最近)명 ①지나간 지 얼마 안 되는 날. ¶-엔 만난 적이 없다. ②현재를 기준으로 한 앞뒤의 가까운 시기. ¶-의 경향./-에 유행하고 있는 패션.
최:-근:세(最近世)명 가장 가까운 지나간 시대. 현대와 근세 사이의 시대.
최:-근:친(最近親)명 가장 가까운 친족. 부자(父子)나 부부(夫婦) 사이를 이름.
최:급(最急)어기 '최급(最急)하다'의 어기(語基).
최:-급무(最急務)명 가장 급한 일.
최:급-하다(最急-)형여 ①가장 급하다. ②가장 빠르다.
최:기(最嗜)명-하다타 가장 즐기거나 좋아함.
최:긴(最緊)어기 '최긴(最緊)하다'의 어기(語基).
최:긴-하다(最緊-)형여 가장 긴요하다.
최:-남단(最南端)명 어떤 지역에서 남쪽의 맨 끝. ¶국토의 -./아프리카의 -. ☞최북단(最北端)
최:다(最多)명-하다형 가장 많음. ¶- 득점 ☞최소(最少)
최:-다수(最多數)명 가장 많은 수효. ¶-의 표를 얻다.
최:단(最短)명 가장 짧음. ¶- 거리 ☞최장(最長)
최:대(最大)명 가장 큼. ¶-의 속력./- 압력/재능을 -로 발휘하다. ☞최소(最小)
최:대-값(最大-)[-깞]명 수학에서, 실수(實數) 값을 취하는 함수가 그 정의 구역 안에서 가지는 가장 큰 값. ☞최소값
최:대=공약수(最大公約數)명 둘 이상의 정수(整數)의 공약수 가운데 가장 큰 수. 지시엠(GCM) ☞최소 공배수(最小公倍數)
최:대=마찰력(最大摩擦力)명 멈춰 있던 물체가 막 움직이기 시작하려는 순간의 정지 마찰력.
최:대=사거리(最大射距離)명 특정한 화기(火器)를 쏘아서 그 화기의 탄알이 가 닿을 수 있는 가장 먼 거리. 최대 사정 ☞유효 사거리
최:대=사정(最大射程)명 최대 사거리
최:대=속력(最大速力)명 자동차 따위가 낼 수 있는 가장 빠른 속력.
최:대=압력(最大壓力)명 ①가장 큰 압력. ②포화 증기압
최:대=장력(最大張力)명 포화 증기압
최:대-치(最大値)명 ①가장 큰 값. ②'최대값'의 구용어.
최:대-한(最大限)명 ①최대 한도 ¶-의 노력을 기울이다./-으로 협력하다. ②〔부사처럼 쓰임〕 ¶- 빨리 도착하도록 해라./능력을 - 발휘하다. ☞최소한
최:대=한:도(最大限度)명 가장 큰 한도. 최대한(最大限) ¶-로 허용하다. ☞최소 한도
최:대-화(最大化)명-하다타 가장 크게 함. ¶토지 이용률을 -하다. ☞최소화(最小化)
최:-동단(最東端)명 어떤 지역에서 동쪽의 맨 끝. ☞최서단(最西端)
최:량(最良)명-하다형 가장 좋음. ¶-의 방식. ☞최선(最善). 최악(最惡)
최:량-품(最良品)명 가장 좋은 물품.
최루(催淚)명 눈물이 나오게 함.
최루=가스(催淚gas)명 독가스의 한 가지. 눈물샘을 자극하여 눈물이 나오도록 하는 가스.
최루-성(催淚性)[-썽]명 눈물샘을 자극하여 눈물이 나오도록 하는 성질. ¶- 영화
최루-탄(催淚彈)명 최루 가스 따위 최루성이 있는 물질을 넣은 탄환.
최마(衰麻)명 최복(衰服)인 베옷.
최:만(最晩)명-하다형 가장 늦음.
최:말(最末)명 맨 끝. 최미(最尾)
최면(催眠)명 ①잠이 오게 함. ②암시(暗示)로써 유도한 잠에 가까운 상태. ¶-을 걸다./-에 빠지다.
최면-술(催眠術)명 최면 상태로 유도하는 술법.
최면=요법(催眠療法)[-뇨뻡]명 환자를 최면 상태로 유도하여 병을 치료하는 정신 요법의 한 가지.
최면-제(催眠劑)명 수면제(睡眠劑)
최:미(最尾)명 최말(最末)
최복(衰服)명 참최(斬衰)나 재최(齊衰)의 상복.
최:-북단(最北端)명 어떤 지역에서 북쪽의 맨 끝. ☞최남단(最南端)
최:빈-국(最貧國)명 일인당 국민 소득이 적고 대외 부채 잔액이 많은 나라.
최:빈-수(最頻數)명 수학에서, 대표값의 한 가지. 최대의 도수(度數)를 가지는 변량(變量)의 수치. 모드(mode)
최사(摧謝)명-하다타 굴복하여 사죄함.
최산(催産)명-하다타 해산할 임부(姙婦)에게 약을 써서 해산을 쉽고 빠르게 함.
최산-제(催産劑)명 최산하는 데 쓰는 약제.
최:상(最上)명 ①가장 위에 있음, 또는 가장 높음. ¶아파트의 -층./10층이 -의 높이이다. ②지위·정도·능력·품질 따위의 가장 위. ¶기술자로서 -의 지위에 오르다./-의 컨디션을 유지하다. ☞상상(上上). 정상(頂上). 지상(至上). 최하(最下)
최:상-급(最上級)명 정도나 등급이 가장 높은 것. 에이급 ¶-의 대우. ☞최하급(最下級)
최:상-등(最上等)명 가장 높은 등급. ☞최하등(最下等)
최:상-선(最上善)명 철학에서, 의무감 때문에 도덕이나 법을 따르고 지키는 마음의 선(善).
최:상-지(最上地)명 불교에서 이르는 가장 높은 지위.
최:상-층(最上層)명 ①여러 층으로 된 건물 따위의 가장 위에 있는 층. ¶호텔의 -에 있는 레스토랑. ②사회적 지위나 생활 수준, 교양 등이 가장 높은 계층. ¶- 생활 ☞최하층(最下層)
최:상-품(最上品)명 품질이 가장 좋은 물품. 상상품(上上品). 최고품(最高品) ☞최하품(最下品)
최:-서단(最西端)명 어떤 지역에서 서쪽의 맨 끝. ☞최동단(最東端)
최:선(最善)명 ①가장 좋고 훌륭함. ¶-의 방법을 찾다./현재로선 참는 게 -이다. ☞최량(最良). 최악(最惡) ②모든 노력과 정성. ¶-을 다하다. ☞전력(全力)
최:-선두(最先頭)명 가장 선두. 맨 앞. ¶행진 대열의 -. ☞최후미(最後尾)
최:-선봉(最先鋒)명 맨 앞장. ¶환경 운동의 -에 서다.
최:선-책(最善策)명 가장 좋고 훌륭한 방책.
최:성-기(最盛期)명 가장 왕성한 시기. 한창때 유전성기(全盛期)
최:소(最小)명 가장 작음. ¶- 단위 ☞최대(最大)
최:소(最少)명 가장 적음. ¶-량/비용을 -로 줄이다. ☞최다(最多)
최:소-값(最小-)[-깞]명 수학에서, 실수(實數) 값을

가지는 함수가 그 정의 구역 안에서 얻는 가장 작은 값. ☞최대값
최:소=공배수(最小公倍數)명 둘 이상의 정수(整數)의 공배수 가운데 가장 작은 수. 엘시엠(LCM) ☞최대 공약수(最大公約數)
최:소=공분모(最小公分母)명 공분모 가운데 가장 작은 분모.
최:소-치(最小値)명 '최소값'의 구용어.
최:소-한(最小限)명 ①최소 한도(最小限度) ¶경비를 ―으로 잡다./―의 관심이라도 보여라. ②〔부사처럼 쓰임〕 ¶― 이틀은 걸리겠다. ☞최대한(最大限)
최:소-한:도(最小限度)명 가장 작은 한도. 최소한(最小限) ¶―의 지출만 하다. ☞최대 한도(最大限度)
최:소-화(最小化)명-하다타 가장 작게 함. ¶본체의 크기를 ―한 컴퓨터. ☞최대화(最大化)
최:소-화(最少化)명-하다타 가장 적게 함. ¶손해를 ―할 방안을 마련하다.
최:신(最新)명 가장 새로움. ¶― 유행/―의 정보를 수집하다. ☞최고(最古)
최:신-식(最新式)명 가장 새로운 방식이나 격식. ¶― 의료 장비
최:신-형(最新型)명 가장 새로운 모양. ¶― 자동차
최:악(最惡)명 가장 나쁨. ¶―의 사태./근무 조건이 ―이다. ☞최선(最善)
최외(崔嵬)어기 '최외(崔嵬)하다'의 어기(語基).
최외-하다(崔嵬―)형여 ①산이 높고 험하다. ②집이나 정자 등이 높고 크다.
최:-우량(最優良)명 여럿 가운데서 가장 좋음. ¶― 종자/― 기업
최:-우선(最優先)명 무엇보다 앞섬, 또는 가장 먼저 함. ¶가족의 건강을 ―으로 하다./― 과제
최:우선-적(最優先的)명 무엇보다 가장 앞서거나 가장 먼저 하는 것. ¶환경 문제를 ―으로 다루다./― 목표
최:-우수(最優秀)명 성적이나 능력 등이 여럿 가운데서 가장 뛰어남. ¶― 성적으로 졸업하다./― 선수
최유-제(催乳劑)명 젖의 분비를 촉진시키는 데 쓰는 약제를 통틀어 이르는 말.
최음-제(催淫劑)명 성욕(性慾)을 촉진하는 데 쓰는 약제를 통틀어 이르는 말.
최:장(最長)명 가장 김. ¶― 거리 ☞최단(最短)
최:-장방(最長房)명 4대 이내의 자손 가운데서 항렬이 가장 높은 사람.
최:저(最低)명 가장 낮음. ¶수출 실적이 ―를 기록하다. ☞최고(最高)
최저(摧沮)명-하다자 기세가 꺾이어 풀이 죽음.
최:저-가(最低價)[―까]명 가장 싼 값. 가장 낮은 값. ☞최고가(最高價)
최:저-값(最低―)[―깝]명 가장 낮은 값. 최저치
최:저=생활비(最低生活費)명 사람이 일상 생활을 해 나가는 데 필요한 최저의 비용.
최:저=생활선(最低生活線)[―썬]명 최저 생활을 유지할 수 있는 한계선. 생명선(生命線)
최:저-액(最低額)명 가장 낮은 금액. ☞최고액(最高額)
최:저=온도계(最低溫度計)명 일정한 시간 안의 최저 온도를 재는 온도계. ☞최고 온도계(最高溫度計)
최:저=임금(最低賃金)명 근로자에게 그 아래로 지급하여서는 안 된다고 정한 임금의 액수. 국가가 법률로 정하는 경우와 노동자와 고용인 사이에 단체 협약으로 정하는 경우가 있음.
최:저=임금제(最低賃金制)명 국가가 낮은 임금의 노동자를 보호하기 위하여, 임금의 최저액을 법으로 정하여 보장하는 제도.
최:저-치(最低値)명 최저값 ☞최고치(最高値)
최:저-한(最低限)명 ①최저한도(最低限度) ¶―의 생활비. ②〔부사처럼 쓰임〕 ¶― 대졸 수준은 된다.
최:저-한:도(最低限度)명 가장 낮은 한도. 최저한(最低限) ¶―를 벗어나다.
최:적(最適)명-하다형 가장 적당하거나 적합함. ¶―한 환경./― 온도를 유지하다.
최:-적격(最適格)명 어떤 격식이나 자격에 가장 알맞음. ¶이번 일에는 그가 ―이다.
최:-적기(最適期)명 가장 알맞은 시기.
최:-적지(最適地)명 가장 알맞은 곳.
최:-전방(最前方)명 적과 가장 가까이 마주하고 있는 전방. ¶―의 장병을 위문하다. 유최전선(最前線)
최:-전선(最前線)명 ①맨 앞의 선. ②적과 맞서는 맨 앞의 전선. 제일선(第一線) 유최전방(最前方)
최절(摧折)명-하다자 좌절(挫折)
최조(催租)명-하다타 납세(納稅)를 재촉함.
최:종(最終)명 맨 나중. ¶―으로 심사에 통과하다./― 단계/― 결정 ☞최초(最初). 최후(最後)
최:종=생산물(最終生産物)명 일반 소비자에게 판매할 목적으로 생산되는 최종 단계의 생산물. ☞중간 생산물
최:종-심(最終審)명 대법원에서 하는 마지막 심리.
최:종-적(最終的)명 맨 나중의 것. ¶―으로 결정이 나다./―인 판단.
최:종-점(最終點)[―쩜]명 맨 마지막 지점, 또는 논점.
최:종-회(最終回)명 계속 반복하는 일의 마지막 회.
최:종=효:용(最終效用)명 한계 효용(限界效用)
최:중(最重)명-하다형 가장 중요함.
최:-첨단(最尖端)명 시대의 흐름이나 유행 따위의 맨 앞. ¶― 산업/유행의 ―을 걷다.
최청(催靑)명 누에의 알이 고르게 발육하여 알맞은 시기에 부화하도록 온도·습도·광선 따위를 조절하는 일. 부화 2~3일 전에 누에의 알이 파래지기 시작하는 데서 이르는 말.
최:초(最初)명 맨 처음. 초번(初番) ¶―로 발견하다./사상 ―의 일. ☞최종(最終). 최후(最後)
최촉(催促)명-하다타 재촉
최촉-사:령(催促使令)명 조선 시대, 호조(戶曹)에 딸린 선혜청이나 각 군영(軍營)의 사령을 이르던 말. 조세의 납부를 독촉하러 다니는 일을 맡아 하였음.
최촉-장(催促狀)명 재촉하는 서장(書狀).
최:친(最親)어기 '최친(最親)하다'의 어기(語基).
최:친-하다(最親―)형여 가장 친하다.
최토(催吐)명 구토가 나게 함.
최토-제(催吐劑)명 먹은 것을 토하게 하는 약제.
최:하(最下)명 지위·정도·능력·품질 따위가 가장 아래임. ¶― 등급/기온이 올 들어 ―로 떨어졌다. ☞최고(最高). 최상(最上)
최:하-급(最下級)명 정도나 등급이 가장 낮은 것. ¶― 공무원/품질이 ―이다. ☞최상급(最上級)
최:하-등(最下等)명 가장 낮은 등급. ☞최상등(最上等)
최:하-층(最下層)명 ①여러 층으로 된 건물 따위의 가장 아래에 있는 층. ¶건물 ―에 기관실이 있다. ②사회적 지위나 생활 수준, 교양 등이 가장 낮은 계층. ☞최상층(最上層)
최:하-품(最下品)명 품질이 가장 낮은 물품. ☞최고품(最高品). 최상품(最上品)
최:헐(最歇)명-하다형 값이 가장 쌈.
최:혜-국(最惠國)명 통상이나 항해 조약을 맺은 나라 가운데 가장 유리한 대우를 받는 나라.
최:혜국=대:우(最惠國待遇)명 통상이나 항해 조약을 체결한 나라가 상대국에 대하여 가장 유리한 혜택을 주는 나라와 동등한 대우를 하는 일.
최:혜국=약관(最惠國約款)명 최혜국 조항
최:혜국=조항(最惠國條項)명 통상이나 항해 조약에서, 상대국에 최혜국 대우를 하겠다는 약속을 규정한 조항. 최혜국 약관
최:호(最好)명 ①-하다형 가장 좋음. ②-하다타 가장 좋아함.
최-활명 베를 짤 때에 그 폭이 좁아지지 않도록 버티는 가는 나무 오리. 활처럼 등이 휘고 양끝에 최를 박았음. 챗발
최:후(最後)명 ①맨 마지막. 맨 나중. ¶―의 선택./―의

일각까지 버티다. ☞최종(最終). 최초(最初) ②삶의 마지막 순간. 죽을 때. ¶ -를 맞이하다. ☞임종

최:-후:미(最後尾)명 세로로 길게 늘어서거나 이어진 것의 맨 뒤 끝. ¶행렬의 -. ☞최선두(最先頭)

최:후=진:술(最後陳述)명 형사 소송법상의 권리에 따라 증거 조사와 검사의 논고가 끝난 후에 피고인이나 그 변호인이 마지막으로 하는 진술.

최:후-통첩(最後通牒)명 ①마지막으로 상대에게 문서로 알리는 일. ②분쟁 당사국 가운데 한 국가가 다른 국가 사이의 우호 관계를 단절하고, 최종적인 요구를 제시하여 일정한 기간 안에 그것이 수락되지 않으면 자유 행동을 하겠다는 뜻을 적은 외교 문서.

추(墜)명 국악에서, 아악을 연주할 때 편종(編鐘)과 특종(特鐘)을 치는 자리를 이르는 말.

추(錘)명 ①'저울추'의 준말. ②'시계추(時計錘)'의 준말. ③저울추처럼 끈에 달려 늘어져서 흔들리게 된 물건을 통틀어 이르는 말.

추(醜)명-하다형 ①지저분하고 더러움. ¶미(美)와 -를 구별하는 안목./권력에 대한 -한 집착. ②외모 따위가 못생겨서 보기에 흉함. ¶몰골이 -하다. ☞미(美)[1]

한자 추할 추(醜) 〔酉部 10획〕 ¶추남(醜男)/추녀(醜女)/추문(醜聞)/추악(醜惡)/추잡(醜雜)/추태(醜態)

-추-접미 활용하는 말의 어근(語根)에 붙어 '하게 함'의 뜻을 나타냄. ¶낮추다/맞추다

추가(追加)명-하다타 나중에 더 보탬. ¶다양한 기능을 -하다./- 시험

추가=경정=예:산(追加更正豫算)[-녜-]명 예산이 성립된 뒤에 생긴 사유로 말미암아 이미 성립된 예산에 추가하여 작성된 예산. 준추경 예산(追更豫算) ☞본예산

추가=배:당(追加配當)명 파산 절차에서, 최후의 배당을 통지한 후 새로 배당에 충당할 재산이 있게 되었을 때에 하는 배당.

추가-분(追加分)명 나중에 더 보탠 부분, 또는 그 분량.

추가=예:산(追加豫算)명 국가의 본예산이 성립된 후 그 정액에 부족이 생기거나 새로 필요한 경비가 생겼을 때, 이것을 보충하려고 새로 추가하는 예산.

추가=재판(追加裁判)명 민사 소송에서, 당사자가 제기한 청구의 일부나 전부를 빠뜨리고 재판을 하였을 경우, 그 빠뜨린 부분에 관하여 하는 재판. 법원의 직권이나 당사자의 신청에 따름. ☞추가 판결(追加判決)

추가=조약(追加條約)명 본 조약에 추가하여 맺는 조약.

추가=특허(追加特許)명 특허물을 이용하여 새로운 발명품을 냈을 때, 그것에 대하여 받는 특허.

추가=판결(追加判決)명 민사 소송에서, 법원이 판결의 일부를 빠뜨린 경우, 그 부분에 대하여 추가로 하는 판결. 보충 판결(補充判決) ☞추가 재판(追加裁判)

추간=연:골(椎間軟骨)[-년-]명 추간 원판

추간=원판(椎間圓板)명 척추골의 추체(椎體)와 추체 사이에 있는 편평한 판 모양의 연골. 탄력이 좋아 추체 사이의 충격을 흡수하는 구실을 함. 추간 연골. 추간판

추간-판(椎間板)명 추간 원판

추간판=헤르니아(椎間板hernia)명 추간판이 외부의 힘을 견디지 못하여 피막(被膜)을 찢고 비어져 나온 상태. 척수 신경을 압박하여 좌골 신경통, 요통 등을 일으킴. 흔히 '디스크'라 함.

추거(推去)명-하다타 찾아서 가지고 감.

추거(推擧)명-하다타 추천(推薦)

추격(追擊)명-하다타 뒤쫓아가면서 공격함. 격추(擊追)

추격(을) 붙이다관용 ①전술을 연습하게 하다. ②이간(離間)하여 서로 싸우게 하다.

추견(秋繭)명 가을누에의 고치. ☞춘견(春繭)

추경(秋耕)명-하다자타 가을갈이

추경(을) 치다관용 가을에 논밭을 갈다.

추경(秋景)명 가을의 경치. ¶설악산의 -.

추경=예:산(追更豫算)[-녜-]명 '추가 경정 예산(追加更正豫算)'의 준말.

추경정용(椎輕釘聳)성구 '마치가 가벼우면 못이 솟는다'는 속담을 한문식으로 옮긴 구(句)로, 윗사람이 의젓하고 엄격하지 않으면 아랫사람이 따르지 않고 도리어 반항한다는 말.

추계(秋季)명 가을철. 추절(秋節) ☞동계(冬季)

추계(追啓)명-하다타 추신(追伸)

추계(推計)명-하다타 미루어 계산함. 추산(推算)

추계=인구(推計人口)명 어떤 때를 앞뒤로 인구의 자연 동태 및 사회 동태와 이출(移出)을 더하여 계산한 인구.

추계-학(推計學)명 어떤 모집단(母集團)에서 추출된 표본을 조사하여 그 결과로써 모집단의 성질을 헤아리는 수학적 방법을 연구하는 학문.

추고(追考)명-하다타 지나간 일을 돌이켜 생각함.

추고(追告)명-하다타 편지나 보고서 따위의 덧붙이는 글 앞에, '덧붙여 알림'의 뜻으로 쓰이는 한문 투의 말. ☞추신(追伸)

추고(推考)명-하다타 ①미루어 생각함. ②지난날, 관원의 죄과를 추문(推問)하여 고찰하던 일.

추고(推故)명-하다타 거짓으로 핑계함.

추고(推敲)명-하다타 시문(詩文)을 지을 때, 여러 번 생각하여 고치고 다듬는 일. 퇴고(推敲)

추고마비(秋高馬肥)성구 천고마비(天高馬肥)

추곡(秋穀)명 가을에 거두는 곡식. ☞하곡(夏穀)

추골(椎骨)명 '척추골(脊椎骨)'의 준말.

추골(槌骨)명 망치뼈

추골-장(鞦骨匠)명 조선 시대, 경공장(京工匠)의 한 가지. 마소의 밀치를 만들던 장인.

추광(秋光)명 추색(秋色)

추광-성(趨光性)[-썽]명 주광성(走光性)

추광-어(秋光魚)명 '꽁치'의 딴이름.

추괴(醜怪)어기 '추괴(醜怪)하다'의 어기(語基).

추괴-하다(醜怪-)형여 용모가 추하고 괴이하다.

추교(醜交)명 남녀간의 추잡한 교제.

추구(追究)명-하다타 근본을 캐어 들어가 연구함. ¶진리를 -하다.

추구(追求)명-하다타 목적한 것을 이루려고 끝까지 쫓아 구함. ¶이윤을 -하다./국가의 번영을 -하다.

추구(追咎)명-하다타 지나간 뒤에 그 잘못을 나무람.

추구(推究)명-하다타 사물의 이치를 미루어 연구하여 밝힘.

추-구월(秋九月)명 가을의 구월이라는 뜻으로, '음력 구월'을 이르는 말.

추국(秋菊)명 가을에 피는 국화.

추국(推鞫)명-하다타 조선 시대, 의금부(義禁府)에서 중죄인을 신문하던 일.

추궁(秋窮)명 초가을에 하곡(夏穀)은 떨어지고 햅쌀은 나오지 않아 식량 사정이 어려운 일, 또는 그러한 초가을을 이르는 말. ☞춘궁(春窮)

추궁(追窮)명-하다타 책임이나 잘못 따위를 끝까지 따져서 밝힘. ¶책임을 -하다.

추근-거리다(대다)자 추근추근 귀찮게 행동하다.

추근-추근부-하다형 태도나 하는 짓이 매우 검질기고 끈덕진 모양을 나타내는 말. ☞초근초근

추근추근-하다형여 물기가 있어 꽤 축축하다.

추근추근-히부 추근추근하게

추금(秋錦)명 '과꽃'의 딴이름.

추급(追及)명-하다자타 뒤쫓아서 따라잡음.

추급(追給)명-하다타 추가로 더 지급함.

추급(推及)명-하다자타 미루어 생각이 미침.

추급(推給)명-하다타 찾아서 내줌.

추기명 '추깃물'의 준말.

추기(秋氣)명 가을의 기운. 유추량(秋涼)

추기(秋期)명 가을의 기간. ☞동기(冬期)

추기(追記)명-하다타 본문에 추가하여 적어 넣음.

추기(樞機)명 ①중추(中樞)가 되는 기관. ②몹시 중요한 사물, 또는 사물의 중요한 부분. ③몹시 중요한 사무나 정무(政務).

추기(錐器)명 추화(錐花) 무늬를 새기어 만든 도자기.

추기경(樞機卿)명 로마 가톨릭 교회에서, 교황 다음가는 성직. 교황의 최고 고문으로, 교회 행정과 교황 선출에 관여함.
추기다 타 가만히 있는 사람을 꾀어서 어떤 일을 하게 만들다. ¶싸우도록 사람을 은근히 ─. 유부추기다
추기-성(趨氣性)[─썽] 명 주기성(走氣性)
추길(諏吉)명-하다타 길일(吉日)을 택함.
추길-관(諏吉官)명 조선 시대, 관상감에 딸리어 길일을 택하는 일을 맡아보던 관직. 일관(日官)
추깃-물 명 송장이 썩어서 흐르는 물. 시수(屍水). 시즙(屍汁) 준추기
추나(推拿)명 척추의 비틀림을 바로잡아 몸의 질환을 치료하는 한의학 치료법의 한 가지. ☞카이로프랙틱
추남(醜男)명 얼굴이 못생긴 남자. 추부(醜夫) ☞미남
추납(追納)명-하다타 모자라는 것을 나중에 채워 냄.
추납(推納)명-하다타 찾아서 냄. ☞추심(推尋)
추녀 명 재래식 한옥에서, 처마의 네 귀에 걸리는 길고 끝이 위로 들린 큰 서까래, 또는 그 부분의 처마.
속담 **추녀 물은 항상 제자리에 떨어진다** : 추녀에서 떨어지는 낙숫물이 항상 제자리에 떨어지듯이, 모든 일은 늘 정해진 자리에 오게 됨을 비유하여 이르는 말.
추녀(醜女)명 얼굴이 못생긴 여자. 추부(醜婦) ☞미녀
추녀-마루 명 재래식 한옥에서, 당마루에 이어 추녀를 기와로 덮은 부분. 활개장마루
추녀-허리 명 재래식 한옥에서, 들린 추녀의 위로 휘어진 부분.
추념(追念)명-하다타 ①지난 일을 돌이켜 생각함. 추사(追思) ②죽은 사람을 생각함. 유추도(追悼)
추념-사(追念辭)명 추념의 뜻을 나타내는 말이나 글.
추노(推奴)명-하다자 지난날, 도망한 종을 찾아서 데리고 오던 일.
추다[1] 타 ①아래로 처지거나 흘러내린 것을 채어 올리다. ¶바지춤을 바싹 ─./지게를 추어서 지다. ②어깨를 움추리듯 위로 올리다. ③몸을 똑바로 가누다. ¶우선 몸부터 추어라./맥을 못 ─. ④물건 따위를 찾아내려고 뒤지다. ¶구석구석 다 추어도 못 찾겠다.
추다[2] 타 남을 일부러 칭찬하다. ¶듣기 좋게 추어 주며 아첨을 떨다.
추다[3] 타 춤의 동작을 하다. ¶춤을 ─./씽씽이 추는 춤.
추단(推斷)명-하다타 ①미루어 판단함, 또는 그 판단. ②죄상을 심문하여 처단함.

추담(推談)명 핑계로 하는 말.
추담(醜談)명 추잡한 말. 추설(醜說)
추담(麤談)명 거칠고 어리석은 말.
추대(推貸)명 취대(取貸)
추대(推戴)명-하다타 단체의 대표자나 장(長)으로 받듦. ¶친목회의 회장으로 ─하다.
추대(錐臺)명 '원뿔대'의 구용어.
추도(追悼)명-하다타 죽은 이를 생각하여 슬퍼함. ¶고인의 살신성인을 ─하다. 유추념(追念)
추도-문(追悼文)명 추도의 뜻을 적은 글.
추도-사(追悼辭)명 추도의 뜻을 나타내는 말이나 글.
추도지말(錐刀之末)성구 송곳의 끝이라는 뜻으로, 아주 작은 일을 비유하여 이르는 말.
추도-회(追悼會)명 추도하는 모임.
추돌(追突)명-하다자타 기차나 자동차 따위가 뒤에서 들이받음. ¶삼중 ─ 사고
추두(鞦頭)명 쇠꼬리채
추등(秋等)명 ①지난날, 등급을 춘추(春秋)의 둘로 가른 것의 둘째 등급, 또는 춘하추동(春夏秋冬)의 넷으로 가른 것의 셋째 등급을 이르던 말. ②지난날, 봄과 가을 두 번에 나누어 내는 조세 제도에서 가을에 내는 세금을 이르던 말. ☞동등(冬等)
추락(墜落)명-하다자 ①높은 곳에서 떨어짐. ¶─ 사고/여객기가 ─하다./옥상에서 ─하다. ②위신이나 가치 따위가 떨어짐. ¶권위가 ─하다./─된 위신.
추락-사(墜落死)명-하다자 높은 곳에서 떨어져 죽음.
추랭(秋冷)명 가을의 찬 기운.
추량(秋涼)명 가을의 서늘하고 맑은 기운. 유추기(秋氣)
추량(推量)명-하다타 추측(推測)
추레-하다 형여 ①옷차림이나 겉모양이 깨끗하지 못하고 후줄근하여 궁상스럽다. ¶낡아빠진 외투 차림이 추레해 보였다. ②생생한 기운이 없다. ¶일이 잘 안 되는지 추레한 모습이더라. ☞초라하다
추력(推力)명 물체를 그 운동 방향으로 미는 힘. 프로펠러의 회전이나 분사 가스의 반동으로 얻는 추진력을 이름.
추렴(出斂)명-하다타 모임이나 놀이 따위의 비용으로 여러 사람이 돈이나 물건을 나누어 내어 거둠. ¶─한 돈으로 이웃을 돕다./─을 내다. ☞갹금. 술추렴
추렴-새(出斂─)명 ①추렴하는 일. ②추렴하는 돈 또는 물건.
추로(秋露)명 가을 이슬.
추로(鄒魯)명 공자는 노(魯)나라 사람이고 맹자는 추(鄒)나라 사람인 데서, 공자와 맹자를 아울러 이르는 말.
추로-수(秋露水)명 한방에서, 가을 이슬을 받은 물을 약재로 이르는 말.
추로지향(鄒魯之鄕)성구 공자와 맹자의 고향이란 뜻으로, 예절을 알고 학문이 왕성한 곳을 이르는 말.
추로-학(鄒魯學)명 공자와 맹자의 학문, 곧 '유학(儒學)'을 달리 이르는 말.
추록(追錄)명-하다타 추가하여 기록함, 또는 그 기록.
추론(追論)명-하다타 추구(追究)하여 논의함.
추론(推論)명-하다타 ①추리(推理) ②미루어 생각하여 논급(論及)함. ¶몇 가지 사실에 비추어 ─하다.
추루(醜陋)어기 '추루(醜陋)하다'의 어기(語基).
추루-하다(醜陋─)형여 추하고 비루하다.
추류-성(趨流性)[─썽] 명 주류성(走流性)
추리 명 양지머리의 배꼽 아래에 붙은 쇠고기.
추리(抽利)명-하다타 이익을 뽑아서 셈함.
추리(推理)명-하다타 ①이미 알고 있는 사실을 바탕으로 알지 못하는 일을 미루어서 생각함. ¶사건의 경위를 ─하다. ②어떠한 판단을 근거로 삼아 새로운 판단을 이끌어 냄. 추론(推論)
추리다 타 ①섞여 있는 여럿 가운데서 가려내거나 뽑아 내다. ¶헌 옷 중에서 입을만 한 것을 ─./이들 가운데 몇 사람만 추려서 일을 시켜 보자. ②내용 가운데서 필요한 것만 따다. ¶강의의 요점만 추려 적다.
추리-력(推理力)명 추리하는 능력.
추리=소:설(推理小說)명 범죄 수사를 제재로 하여 범인이나 범죄 동기, 범죄 방법 등을 추리하는 데 흥미의 중심을 둔 소설.
추리=작문(推理作文)명 보난자그램(bonanzagram)
추림(秋霖)명 가을장마 ☞춘림(春霖)
추말(麤末)명 굵은 가루.
추맥(秋麥)명 가을보리
추면(皺面)명 ①주름살이 져 있는 얼굴. ②'여우오줌'의 딴이름.
추명(醜名)명 좋지 않은 일로 더러운 평판이 난 이름.
추모(追慕)명-하다타 죽은 사람을 생각하고 그리워함. ¶산화한 장병을 ─하다.
추모(醜貌)명 보기 흉한 용모.
추-모란(秋^牡丹)명 '과꽃'의 딴이름.
추목(楸木)명 가래나무, 또는 그 재목.
추문(推問)명-하다타 ①어떠한 사실을 자세하게 캐며 꾸짖어 물음. ②죄상(罪狀)을 문초(問招)함.
추문(皺紋)명 주름살 같은 무늬.
추문(醜聞)명 좋지 못한 소문. 추잡스러운 소문. ☞미문(美聞). 추성(醜聲)
추물(醜物)명 ①더럽고 지저분한 물건. ②행실이 지저분하고 잡스러운 사람을 낮잡아 이르는 말.
추물(麤物)명 거칠고 못생긴 사람.
추미(追尾)명-하다타 뒤를 따라감.
추미(麤米)명 잘 쓿지 아니한 궂은쌀.
추밀(樞密)명 ①군사나 정무(政務)에 관한 중요한 비밀.

②요긴하고 중요한 기밀.

추밀-원(樞密院)명 고려 시대, 왕명의 출납(出納), 숙위(宿衛), 군기(軍機) 따위의 일을 맡아보던 관아.

추반(麤飯)명 거친 곡식으로 지은 밥이라는 뜻으로, 깨끗이 쓿지 않은 쌀이나 잡곡으로 지은 밥을 이르는 말.

추발(抽拔)명-하다타 골라서 추려 냄.

추방(追放)명-하다타 ①일정한 지역이나 조직 밖으로 쫓아냄. ¶문중에서 ―되다./마약을 ―하다. ②국가가 그 나라에 머무르는 것이 위험하다고 생각되는 사람에게 외국으로 나갈 것을 명령하는 일. ¶국외 ― 명령

추백(追白)명-하다타 추신(追伸)

추병(追兵)명 적군을 추격하는 군사.

추병(樞柄)명 정치상의 중요한 권력이나 세력.

추보(推步)명-하다타 지난날, 천체(天體)의 운행을 관측하는 일, 또는 책력 따위를 계산하는 일을 이르던 말.

추복(追服)명-하다자 상(喪)을 당하였을 때, 사정이 있어서 입지 못한 상복을 뒷날에 가서 입는 일.

추복(追復)명-하다타 조선 시대, 빼앗았던 위호(位號)를 죽은 뒤에 다시 회복시키던 일.

추본(推本)명-하다자 근본을 캐어 연구함.

추봉(秋捧)명-하다타 가을에 조세를 거두어들이는 일.

추부(醜夫)명 추남(醜男)

추부(醜婦)명 추녀(醜女)

추부(趨附)명-하다타 남을 붙좇아 따름.

추부의뢰(趨附依賴)성구 세력 있는 사람을 붙좇아서 의지하여 지냄을 이르는 말.

추분(秋分)명 이십사 절기(二十四節氣)의 하나. 백로(白露)와 한로(寒露) 사이의 절기로, 양력 9월 20일께. 이 무렵부터 낮의 길이가 밤의 길이보다 차츰 짧아짐. ☞상강(霜降). 춘분(春分)

추분-점(秋分點)[―쩜]명 황도(黃道)와 적도(赤道)의 두 교점(交點) 가운데서, 태양이 북쪽에서 남쪽으로 향하여 적도를 지나가는 점. ☞춘분점(春分點)

추비(追肥)명-하다자 덧거름 ☞기비(基肥)

추비(麤鄙)어기 '추비(麤鄙)하다'의 어기(語基).

추비-하다(麤鄙―)형여 거칠고 비루하다.

추사(秋思)명 가을철에 일어나는 쓸쓸한 생각.

추사(追思)명-하다타 지난 일을 돌이켜 생각함. 추념(追念)

추사(推辭)명-하다자 물러나며 사양함.

추사(醜事)명 보기 흉한 일. 더러운 일.

추사-체(秋史體)명 조선 시대의 명필(名筆)인 추사(秋史) 김정희(金正喜)의 글씨체를 이르는 말.

추삭(追削)명-하다타 지난날, 죽은 사람의 죄를 논하여 생전의 관직을 삭탈하던 일. 추탈(追奪)

추산(秋山)명 가을철의 산.

추산(推算)명-하다타 미루어 계산함. 추계(推計) ¶―하기 어려운 많은 재산. ☞어림셈

추산-서(推算書)명 미루어 계산한 것을 적은 서류.

추-삼삭(秋三朔)명 가을철의 석 달이라는 뜻으로, 음력 칠월·팔월·구월을 아울러 이르는 말. ☞춘삼삭(春三朔)

추상(抽象)명-하다타 여러 가지 사물이나 개념에서 공통되는 특성이나 속성 따위를 뽑아 일반적인 개념으로 파악함, 또는 그런 정신 작용. ☞구상(具象). 구체(具體)

추상(抽賞)명-하다타 여럿 가운데서 뽑아 내어 상을 줌, 또는 그 상.

추상(秋霜)명 가을의 찬 서리.

추상(追上)명-하다타 지난날, 세상을 떠난 왕이나 왕비를 기리어 존호(尊號)를 지어 올리던 일.

추상(追想)명-하다타 지나간 일을 돌이켜 생각함, 또는 그 생각. 추억(追憶)

추상(追償)명-하다타 지정한 날에 빌린 돈의 일부를 갚고 나머지를 나중에 갚음.

추상(推想)명-하다타 미루어 생각함, 또는 그 생각.

추상(醜相)명 추한 상(相). 지저분한 모습.

추-상갑(秋上甲)명 입추(立秋) 뒤에 첫 번째로 돌아오는 갑자일(甲子日). 이 날에 비가 내리면 가을장마가 져서 아직 거두지 않은 곡식에서 싹이 튼다고 함. ☞춘상갑(春上甲)

추상-같다(秋霜―)[―갇―]형 호령 따위가 위엄이 있고 서슬이 시퍼렇다. ¶몹시 화가 난듯 호통이 ―.

추상-같이부 추상같게 ¶― 호령하다.

추상-론(抽象論)명 구체적인 수단이나 방법에 근거하지 않은 이론.

추상-미(抽象美)명 추상적으로 유별(類別)하여, 그 종류에 공통되는 특유한 미.

추상=미:술(抽象美術)명 자연의 구체적인 형상을 모사(模寫)하거나 그대로 나타내지 아니하고, 대상이 지닌 선(線)·색(色)·면(面)·양감(量感) 등으로 순수한 아름다움을 구성한 회화나 조각 등의 예술. 추상 예술(抽象藝術)

추상-성(抽象性)[―썽]명 실제로나 구체적으로 경험할 수 없는 성질, 또는 그런 경향. ☞구상성(具象性)

추상열일(秋霜烈日)[―녈―]성구 가을의 찬 서리와 여름의 뜨거운 해라는 뜻으로, 형벌이 엄정하고 권위가 있음을 비유하여 이르는 말.

추상=예:술(抽象藝術)[―네―]명 추상 미술(抽象美術) ☞구상 예술(具象藝術)

추상-적(抽象的)명 ①낱낱의 대상에서 공통되는 속성을 뽑아 종합한 것. ¶현상에 대한 ―인 파악./―인 회화./―인 개념. ②구체성이 없이 사실이나 현실과 동떨어져 막연하고 일반적인 것. ¶결혼에 대해서 ―으로 생각하다./설명이 매우 ―이다. ☞구체적(具體的)

추상-체(錐狀體)명 망막(網膜)의 가장 바깥 층에서 빛을 받아들이고 색을 구별하는 시세포(視細胞).

추상-화(抽象化)명-하다자타 추상적인 것으로 되거나 만들거나 함. ¶사물을 ―한 개념.

추상-화(抽象畫)명 자연의 구체적인 형상을 모사(模寫)하지 아니하고, 대상이 지닌 선(線)·색(色)·면(面)·양감(量感) 등으로 순수한 아름다움을 구성한 회화. ☞구상화(具象畫)

추색(秋色)명 가을빛. 추광(秋光) ¶―이 완연하다. ☞춘색(春色)

추생(抽栍)명-하다자타 제비를 뽑음. 추첨(抽籤)

추생(鯫生)대 작고 변변하지 못한 사람이라는 뜻으로, '자신'을 낮추어 이르는 말.

추생-어:사(抽栍御史)명 조선 시대, 정치의 잘잘못이나 민생(民生) 등을 살피기 위하여 지방에 파견하는 어사를 이르던 말. 제비를 뽑아서 맡을 구역을 정하였음.

추서(追書)명-하다타 옛일을 뒤좇아 쓰거나 나중에 씀.

추서(追敍)명-하다타 죽은 뒤에 관등(官等)을 올리거나 훈장 따위를 줌.

추서다자 병을 앓거나 몹시 지치거나 하여 쇠약해진 몸이 회복되다. ¶우선 몸이나 추서고 나서 떠나자.

추석(秋夕)명 음력 팔월 보름을 명절로 이르는 말. 가위². 추석날. 한가위

추석(追惜)명-하다타 죽은 뒤에 그 사람의 죽음을 슬퍼하고 아쉬워함.

추석-날(秋夕―)명 가윗날. 추석(秋夕)

추석-빔(秋夕―)명 추석에 새로 차려 입거나 신거나 하는 옷이나 신 따위.

추선(秋扇)명 가을철의 부채라는 뜻으로, 철이 지나 쓸모없게 된 물건을 비유하여 이르는 말. 추풍선(秋風扇)

추선(秋蟬)명 가을의 매미.

추선(追善)명-하다타 ①죽은 사람의 명복을 빌기 위하여 착한 일을 함. ②불교에서, 죽은 사람의 명복을 빌기 위하여 기일(忌日) 같은 때에 불사(佛事)를 하는 일. 추천(追薦)

추선(推選)명-하다타 추천하여 뽑음.

추설(追設)명-하다타 경사가 지나간 다음에 그 잔치를 베풂.

추설(醜說)명 추담(醜談)

추성(帚星)명 '혜성(彗星)'을 달리 이르는 말.

추성(秋成)명-하다자 가을철에 모든 곡식이 익음.

추성(秋聲)명 가을철임을 느끼게 하는 소리. 가을철의 바

람 소리나 벌레 소리 따위.
추성(趨性)명 주성(走性)
추성(醜聲)명 남녀 사이의 추잡한 소문. ☞추문(醜聞)
추세(抽稅)명-하다자 세액(稅額)을 계산해 냄.
추세(秋稅)명 조선 시대, 한 해 치 조세를 두 번에 나누어 낼 경우에 그 해 섣달에 내는 조세를 이르던 말. ☞춘세(春稅)
추세(趨勢)명 ①어떤 일이 일정한 방향으로 되어가는 바나 그 형편. ¶시대의 －에 따르다./고령화 현상은 세계적 －이다. ②-하다자 어떤 세력을 붙좇아서 따름.
추소(秋宵)명 가을밤. 추야(秋夜)
추소(追訴)명-하다타 본소(本訴)에 추가하여 소(訴)를 제기함, 또는 그 소.
추소(追遡)명-하다타 사물의 근본으로 거슬러 올라가 살핌.
추속(醜俗)명 난잡하고 더러운 풍속. 추풍(醜風)
추손(雛孫)명 어린 손자.
추솔(麤率)어기 '추솔(麤率)하다'의 어기(語基).
추솔-하다(麤率－)형여 거칠고 차분하지 못하다.
　추솔-히부 추솔하게
추송(追送)명-하다타 ①물건 따위를 나중에 보냄, 또는 뒤미쳐서 보냄. ②떠나는 뒤를 배웅함.
추쇄(推刷)명-하다타 ①받을 빚을 죄다 받아들임. ②지난날, 부역이나 병역을 기피한 사람 또는 도망한 노비를 찾아내어 본래의 고장이나 주인에게 돌려보내던 일.
추수(秋水)명 ①가을철의 맑은 물. ②번쩍거리는 칼 빛을 비유하여 이르는 말. ③신색(神色)이 맑고 깨끗함을 비유하여 이르는 말. ④거울을 비유하여 이르는 말. ⑤맑은 눈매를 비유하여 이르는 말.
추수(秋收)명-하다타 가을에 익은 곡식을 거두어들임. 가을걷이. 추확(秋穫)
추수(追水)명 모내기를 끝내고 논에 대는 물.
추수(追隨)명-하다타 ①뒤좇아 따름. ②벗끼리 서로 오가며 사귐. 추축(追逐)
추수(推數)명-하다자 앞으로 닥쳐올 운수를 미리 헤아려 앎.
추수=감:사절(秋收感謝節)명 크리스트교에서, 한 해에 한 번씩 추수가 끝난 뒤에 하느님께 감사 예배를 드리는 날. 1620년 영국 청교도들이 미국으로 이주한 다음해 가을에 처음 거둔 수확으로 감사제를 지낸 데서 유래함. 준 감사절(感謝節)

추수=식물(抽水植物)명 정수 식물(挺水植物)
추수-주의(追隨主義)명 아무런 비판도 없이 맹목적으로 남의 뒤만 따르는 태도나 경향.
추숙(追熟)명-하다타 수확기에 과실이나 농작물 따위가 저절로 떨어져 손실이 되는 것을 막기 위하여, 제때보다 일찍 거두어들여 뒤에 완전히 익히는 일.
추숭(追崇)명-하다타 지난날, 왕위에 오르지 못하고 죽은 이에게 왕의 칭호를 올리던 일. 추존(追尊)
추스르다(추스르고·추슬러)타르 ①물건을 치켜 올려 다루다. ¶바지춤을 －./아이 업은 포대기를 －. ②물건을 가볍게 들썩이며 흔들다. ¶자루를 추스르며 쌀을 담다. ③몸을 가누어 움직이다. ¶몸을 추스르지 못하고 누워만 있다. ④일 따위를 수습하여 처리하다. ¶하던 일은 추슬러 놓고 떠날 생각이다./심란한 마음을 －.
추습(醜習)명 더럽고 지저분한 버릇.
추습(麤習)명 거칠고 막된 버릇.
추시(追施)명-하다타 나중에 실시함.
추시(追試)명-하다타 남이 실험한 결과를 그대로 해 보고 확인함.
추시(追諡)명-하다타 지난날, 세상을 떠난 뒤에 시호(諡號)를 내리던 일, 또는 그 시호.
추시(趨時)명-하다자 시속(時俗)을 따름.
추신(抽身)명-하다자 어떤 자리에서 빠져 나와 떠남.
추신(追伸·追申)명-하다타 편지를 쓸 때, 사연을 다 쓰고 나서 덧붙이는 말을 적어야 할 경우 '덧붙여 말함'의 뜻으로 그 글의 첫머리에 적는 말. 재계(再啓). 추계(追啓). 추백(追白). 피에스(P.S.)
추심(推尋)명-하다타 ①찾아내어 가지거나 받아 냄. ②은행이 소지인의 의뢰를 받아 수표나 어음을 지급인에게 제시하여 지급하게 하는 일.
추심-료(推尋料)명 추심을 의뢰하는 사람이 은행에 내는 수수료.
추심=명:령(推尋命令)명 채무자가 제삼 채무자에게 대하여 가지고 있는 채권을, 대위(代位)의 절차 없이 채무자 대신에 직접 추심할 권리를 채권자에게 부여하는 집행 법원의 결정.
추심=어음(推尋－)명 채권을 추심하기 위하여 발행하는 어음. 흔히, 채권자가 채무자를 지급인으로 하고 자기 또는 자기의 채권자인 제삼자를 수취인으로 하여 환어음을 발행하고 은행에 그 추심을 위탁함.
추썩부 ①등에 업거나 진 물체를 한 번 추켜올리는 모양을 나타내는 말. ¶등짐을 － 추켜올리다. ②입은 옷이나 어깨 따위를 한 번 추스르는 모양을 나타내는 말. ¶어깨를 － 하다. ☞초싹
추썩-거리다(대다)[1] 타 자꾸 추썩 하다. 추썩이다[1] ☞초싹거리다[1]
추썩-거리다(대다)[2] 자타 ①찬찬하지 못하고 자꾸 경망스레 행동하다. ②남을 자꾸 슬슬 들쑤시어 부추기다. 추썩이다[2] ☞초싹거리다[2]. 출썩거리다
추썩-이다[1] 타 추썩거리다[1] ☞초싹이다[1]
추썩-이다[2] 자타 추썩거리다[2] ¶싫다는 사람을 추썩여 데리고 나가다. ☞초싹이다[2]. 출썩이다
추썩-추썩[1] 부 추썩거리는 모양을 나타내는 말. ☞초싹초싹[1]
추썩-추썩[2] 부 ①찬찬하지 못하고 자꾸 경망스레 행동하는 모양을 나타내는 말. ②남을 자꾸 슬슬 들쑤시어 부추기는 모양을 나타내는 말. ☞초싹초싹[2]. 출썩출썩
추악(醜惡)어기 '추악(醜惡)하다'의 어기(語基).
추악(麤惡)어기 '추악(麤惡)하다'의 어기(語基).
추악-하다(醜惡－)형여 더럽고 흉악하다. ¶몰골이 －./추악한 범죄.
추악-하다(麤惡－)형여 품질이 거칠고 나쁘다. 조악(粗惡)하다
추앙(推仰)명-하다타 높이 받들어 우러러봄. ¶영웅으로 －하다./성인(聖人)으로 －을 받다.
추야(秋夜)명 가을밤. 추소(秋宵)
추양(秋陽)명 가을볕
추양(推讓)명-하다타 남을 추천하고 자기는 사양함.
추어(鰍魚·鰌魚)명 '미꾸라지'의 딴이름.
추어-내:다 타 '들추어내다'의 준말.
추어-올리다 타 ①끌어내거나 추어서 위로 올리다. ¶배낭 끈을 바싹 －. ②추어주다
추어-주다 타 정도 이상으로 칭찬하다. 추어올리다 ¶자꾸 추어주니까 좀 건방지게 군다.
추어-탕(鰍魚湯)명 국의 한 가지. 미꾸라지를 푹 고아서 어레미에 걸러 뼈를 추려 내고 연한 배추 잎, 호박 잎, 숙주나물, 파, 고사리 등을 넣고 된장으로 간을 하여 끓인 다음 마늘, 풋고추 다진 것과 천초를 쳐서 먹는 음식. 미꾸라지탕. 추탕(鰍湯)
추억(追憶)명-하다타 지나간 일을 돌이켜 생각함, 또는 그 생각. 추상(追想) ¶아름다운 －./－에 잠기다./행복했던 날들을 －하다. ☞추회(追懷)
추억-담(追憶談)명 지나간 일을 돌이켜 생각하며 하는 이야기. 회고담(懷古談)
추언(醜言)명 추한 말.
추업(醜業)명 추잡하고 천한 생업(生業). 매음(賣淫) 따위. ☞정업(正業)
추열(推閱)명-하다타 죄인을 심문함.
추열-성(趨熱性)[－썽]명 주열성(走熱性)
추예(醜穢)어기 '추예(醜穢)하다'의 어기(語基).
추예-하다(醜穢－)형여 추접스럽고 더럽다.
추옥(醜屋)명 누추한 집.
추온-성(趨溫性)[－썽]명 주열성(走熱性)
추완(追完)명 민법에서, 필요한 요건을 갖추지 못하여 효력을 보지 못한 법률 행위가 나중에 요건을 보완하여 유

효하게 되는 일.
추요(樞要)[어기] '추요(樞要)하다'의 어기(語基).
추요지설(芻蕘之說)[성구] 꼴을 베는 사람과 땔나무를 하는 사람의 말이라는 뜻으로, 고루하고 촌스러운 말을 이르는 말.
추요-하다(樞要―)[형여] 가장 긴요하고 중요하다.
추욕(醜辱)[명] 더럽고 잡된 욕설.
추우(秋雨)[명] 가을비 ☞하우(夏雨)
추운(秋雲)[명] 가을 하늘의 구름.
추워-하다[자여] 추위를 느끼다. ¶옷을 두툼하게 입고서도 ―. ☞더워하다
추원(追遠)[명]-하다[타] ①지나간 먼 일을 그리워함. ②조상의 덕을 추모하여 제사에 정성을 다함.
추월(秋月)[명] 가을달
추월(追越)[명]-하다[타] 뒤따라가서 앞지름. ¶앞차를 ―하다./― 금지
추위[명] 추운 기운. ¶―에 떨다./올 겨울 ―는 유별나다. ☞더위. 한기(寒氣)
추위(를) 타다[관용] 남달리 춥게 느끼다.
추위(推委·推諉)[명]-하다[타] 자기의 책임을 남에게 넘겨씌움.
추위(皺胃)[명] 주름위
추율(追律)[명]-하다[타] 지난날, 죽은 뒤에 역적의 죄가 드러났을 때 그 죽은 사람에게 역률(逆律)을 집행하던 일.
추음(秋陰)[명] 가을철의 흐린 하늘.
추의(秋意)[명] 가을다운 기분. 가을의 정취.
추이(推移)[명] 시간이 흐름에 따라 일의 형편이나 상태가 변하여 가는 일, 또는 그 경향. ¶사태의 ―를 주목하다.
추이(椎栮)[명] '표고'의 딴이름.
추인(追認)[명]-하다[타] ①지나간 사실을 소급하여 추후에 인정함. ②법률 행위의 결함을 뒤에 보충하여 완전하게 함.
추일(秋日)[명] 가을날 ☞하일(夏日)
추임새[명] 판소리에서, 창(唱)의 사이사이에 고수(鼓手)가 흥을 돋우기 위하여 넣는 소리. '좋다'·'얼씨구'·'으이' 따위.
추자(楸子)[명] 가래[2]
추자(篘子)[명] 용수
추잠(秋蠶)[명] 가을에 치는 누에. 가을누에 ☞춘잠(春蠶). 하잠(夏蠶)
추잡(醜雜)[어기] '추잡(醜雜)하다'의 어기(語基).
추잡(麤雜)[어기] '추잡(麤雜)하다'의 어기(語基).
추잡-스럽다(醜雜―)(―스럽고·―스러워)[형ㅂ] 말이나 행동 따위가 지저분하고 잡스러운 데가 있다. ¶추잡스러운 소문.
  추잡-스레[부] 추잡스럽게 ¶― 굴다.
추잡-스럽다(麤雜―)(―스럽고·―스러워)[형ㅂ] 거칠고 막된 데가 있다.
  추잡-스레[부] 추잡스럽게
추잡-하다(醜雜―)[형여] 말이나 행동 따위가 지저분하고 잡스럽다. ¶추잡한 내용의 소설.
추잡-하다(麤雜―)[형여] 거칠고 막되다.
추장(抽奬)[명]-하다[타] 여럿 가운데서 뽑아 올려 씀.
추장(酋長)[명] 주로 미개인 부족(部族) 공동체의 우두머리.
추장(推奬)[명]-하다[타] 추천하여 장려함.
추재(秋材)[명] 늦여름부터 늦가을까지 이루어지는 목질(木質) 부분. 나이테의 둘레 부분으로 재질(材質)이 치밀함. ☞춘재(春材)
추저분-하다(醜―)[형여] 더럽고 지저분하다. 추접하다 ¶이부자리가 ―.
  추저분-히[부] 추저분하게 ¶― 해 놓고 산다.
추적(秋糴)[명]-하다[타] 지난날, 가을에 나라에서 환곡(還穀)을 거두어들이던 일, 또는 그 환곡.
추적(追跡)[명]-하다[타] ①도망하는 사람의 뒤를 밟아서 쫓음. ¶탈주범을 ―하다. ②사물의 자취를 더듬어 감. ¶그의 행적을 ―하다./발신지(發信地) ―
추적-권(追跡權)[명] 외국 선박이 영해(領海) 안에서 범죄를 저지르고 공해(公海)로 도망한 경우, 공해상에서 그 선박을 추적하여 잡을 수 있는 권리.
추적-자(追跡子)[명] 물질이나 생체 안에서, 특정한 물질이나 원소의 이동을 추적하기 위해 쓰는 물질.
추전-성(趨電性)[―썽][명] 주전성(走電性)
추절(秋節)[명] 가을철. 추계(秋季) ☞동절(冬節)
추접-스럽다(醜―)(―스럽고·―스러워)[형ㅂ] 더럽고 지저분한 데가 있다.
  추접-스레[부] 추접스럽게
추접지근-하다(醜―)[형여] 깨끗하지 못하고 좀 더럽고 지저분한듯 하다.
추접-하다(醜―)[형여] 추저분하다
추-젓(秋―)[명] 음력 7월에 잡힌 새우로 담근 젓. ☞오사리젓. 오젓. 육젓
추정(秋情)[명] 가을의 정취.
추정(推定)[명]-하다[타] ①미루어 헤아려서 판정함. ¶사고 원인을 ―하다. ②법률에서, 확실하지 않은 사실을 그 반대 증거가 제시될 때까지 진실한 것으로 인정하여 법적 효과를 발생시키는 일. ¶무죄(無罪)를 ―하다.
추정-량(推定量)[명] 상정량(想定量)
추조(秋曹)[명] 조선 시대, '형조(刑曹)'를 달리 이르던 말. ☞추판(秋判)
추존(追尊)[명]-하다[타] 추숭(追崇)
추존(推尊)[명]-하다[타] 높이 받들어 존경함.
추졸(醜拙)[어기] '추졸(醜拙)하다'의 어기(語基).
추졸-하다(醜拙―)[형여] 지저분하고 졸렬하다.
추종(追從)[명]-하다[타] 남의 뒤를 따라 좇음. ¶힘이 있는 사람을 ―하는 무리.
추종(追蹤)[명]-하다[타] ①남의 뒤를 몰래 쫓음. ②지난 일을 돌이켜 생각함.
추종(錘鐘)[명] 추가 달린 괘종(掛鐘).
추종(騶從)[명] 지난날, 상전을 따라다니던 하인.
추주(趨走)[명]-하다[자] 윗사람 앞을 지날 때 허리를 굽히고 종종걸음으로 빨리 지나감.
추중(推重)[명]-하다[타] 높이 받들어 소중히 여김.
추증(追贈)[명]-하다[타] ①지난날, 종이품 이상의 관원의 세상을 떠난 아버지, 할아버지, 증조 할아버지에게 관직을 내리던 일. 이증(貤贈) ②지난날, 공로가 있는 관원이 죽은 뒤에 그의 관위(官位)를 높여 주던 일.
추지(推知)[명]-하다[타] 미루어 헤아려서 앎.
추지다[형] 물기가 배어서 눅눅하다.
추지-성(趨地性)[―썽][명] 주지성(走地性)
추진(推進)[명]-하다[타] ①물체를 밀고 앞으로 나아감. ¶―장치 ②목표를 향해 힘써 나아감. ¶새 사업을 ―하다.
추진(趨進)[명]-하다[타] 빨리 나아감.
추진-기(推進機)[명] 프로펠러(propeller)
추진-력(推進力)[―녁][명] 추진하는 힘. ¶―이 강한 엔진./―이 필요한 일.
추진-제(推進劑)[명] 로켓 따위를 추진하는 데 쓰는 연료와 산화제.
추징(追徵)[명]-하다[타] ①모자란 것을 뒤에 추가하여 징수함. ②형법에서, 몰수하여야 할 물건을 몰수할 수 없게 되었을 때, 몰수할 수 없는 부분에 해당하는 값의 금전을 징수하는 일.
추징-금(追徵金)[명] ①행정법에서, 조세나 그 밖의 공과금에 대하여 납부하여야 할 금액을 납부하지 않을 때 징수하는 금전을 이르는 말. ②범죄 행위로 얻은 물건이나 범죄 행위의 보수로 얻은 물건의 대가 따위를 몰수할 수 없을 때, 그에 대신하여 징수하는 금전.
추착(推捉)[명]-하다[타] 죄인을 수색하여 붙잡아 옴.
추찰(推察)[명]-하다[타] 미루어 헤아리거나 살핌.
추처낭중(錐處囊中)[성구] 주머니 속에 들어 있는 송곳이라는 뜻으로, 재능이 있는 사람은 그 재능이 자연히 드러나서 알려지게 마련임을 비유하여 이르는 말.
추천(追薦)[명]-하다[타] 불교에서, 죽은 사람의 명복을 빌기 위하여 기일(忌日) 같은 때에 불사(佛事)를 하는 일. 추선(追善)
추천(推薦)[명]-하다[타] 좋거나 어떤 조건에 알맞다고 생각

되는 사물을 남에게 권하거나 사람을 천거함. 추거(推擧) ¶가 볼만 한 음식점을 －하다./－할만 한 인재.

한자 추천할 추(推) 〔手部 8획〕 ¶추선(推選)/추천(推薦)

추천(鞦韆)명 그네[1]

추천-경(鞦韆鏡)명 두 개의 기둥 사이에 매달아서 위아래로 돌릴 수 있게 만든 거울.

추천-서(推薦書)명 추천의 글을 적은 문서. 추천장

추천=작가(推薦作家)명 문단의 권위 있는 기관에서 작품을 심사 받고, 그 작품을 심사한 기성 작가의 추천을 받아 알려지게 된 작가.

추천-장(推薦狀)[－짱]명 추천서(推薦書)

추천-절(鞦韆節)명 그네 뛰는 명절이라는 뜻으로, '단오절(端午節)'을 달리 이르는 말.

추첨(抽籤)명-하다자타 제비를 뽑음. 추생(抽栍) ¶신청자가 많아서 －으로 정하다.

추청(秋晴)명 맑게 갠 가을 날씨.

추체(椎體)명 등골뼈의 주요 부분. 둥글납작하며, 위아래 양면은 연골(軟骨)과 맞닿아 있음.

추체(錐體)명 '뿔체'의 구용어.

추-체험(追體驗)명-하다타 다른 사람의 체험을 자기의 체험처럼 느낌. ¶소설을 통해 다른 이의 삶을 －하다.

추초(秋草)명 가을철의 풀.

추초(箠楚)명 볼기를 치는 형구(刑具). 태장(笞杖)

추촉-성(趨觸性)명 주촉성(走觸性)

추축(追逐)명-하다자타 ①서로 이기려고 다툼. 각축(角逐) ②추수(追隨)

추축(樞軸)명 ①사물의 가장 긴요한 부분. ②권력이나 정치의 중심. ▷樞의 속자는 枢

추축-국(樞軸國)명 제이차 세계 대전 때, 독일·이탈리아·일본의 삼국 동맹을 지지하여 연합국과 대립한 여러 나라를 이르던 말.

추출(抽出)명-하다타 ①전체 속에서 뽑아 냄. ②액체 또는 고체의 혼합물에 용매(溶媒)를 넣어 혼합물 속의 어떤 물질을 뽑아 냄. ③통계에서, 모집단(母集團)으로부터 표본을 뽑아 냄. ¶무작위로 －하다.

추측(推測)명-하다타 미루어 헤아림. 추량(推量). ¶갖가지 －이 난무하다./그의 말은 －에 지나지 않는다.

추측=항법(推測航法)[－뻡]명 천체 관측 따위에 따르지 않고 침로(針路), 배나 항공기의 속도, 이미 알고 있는 기점(起點), 편류(偏流) 등의 기록을 추정하여 배나 항공기의 위치를 알아내는 방법. ☞천문 항법

추칭(追稱)명-하다타 죽은 뒤에 그 사람의 공덕을 칭송함.

추칭(醜稱)명 더럽고 불명예스러운 칭호.

추켜-들다(－들고·－드니)타 치올려 들다. ¶한 손을 번쩍 추켜들며 아는척을 한다.

추켜-세우다타 치올려 세우다. ¶눈썹을 추켜세우며 덤비다./몸을 －.

추켜-올리다[1]타 추켜서 위로 올리다. ¶바지를 －.

×**추켜-올리다**[2]타 →추어올리다

추켜-잡다타 치올려 잡다.

추키다타 ①위로 가뜬하게 올리다. ¶등에 업은 아기를 －. ②힘있게 위로 끌어올리거나 채어 올리다. ③값을 크게 올려 매기다. ④부추기다

추탁(推託)명-하다타 ①다른 일을 핑계로 거절함. ②추천하여 일 따위를 맡김.

추탈(追奪)명-하다타 추삭(追削)

추탕(鰍湯)명 추어탕(鰍魚湯)

추태(醜態)명 더럽고 지저분한 태도나 창피스러운 짓. ¶－를 보이다./－를 부리다.

추택(推擇)명-하다타 여러 사람 가운데서 뛰어난 사람을 가려 뽑음.

추토(追討)명-하다타 도둑의 무리를 쫓아가서 침.

추파(秋波)명 ①가을철의 잔잔하고 맑은 물결. ②미인의 맑고 아름다운 눈길. ③은근히 환심을 사려는 태도나 눈길. ¶－를 보내다.

추파(秋播)명-하다타 가을에 씨를 뿌림. ☞춘파(春播)

추파(追播)명 덧뿌림

추판(秋判)명 조선 시대, '형조 판서(刑曹判書)'를 달리 이르던 말. ☞추조(秋曹)

추판(楸板)명 가래나무를 켜서 만든 널빤지. ☞송판

추포(追捕)명-하다타 뒤쫓아가서 잡음.

추포(麤布)명 발이 굵고 거칠게 짠 베.

추포-탕(－湯)명 깻국이나 콩국에 쇠고기·처녑·양 따위를 삶아 썬 것과 오이를 썰어 절인 것을 넣고 고명을 얹은 국. 삼복 중에 먹는 음식임.

추풍(秋風)명 가을바람

추풍(醜風)명 추속(醜俗)

추풍낙엽(秋風落葉)성구 가을바람에 떨어지는 잎이라는 뜻으로, 형세나 판국이 갑자기 기울어지거나 시듦을 비유하여 이르는 말.

추풍-선(秋風扇)명 추선(秋扇)

추피(楸皮)명 한방에서, 가래나무의 껍질을 약재로 이르는 말. 구충제로 쓰임.

추하(楸下)명 추향(楸鄕). 구묘지향(丘墓之鄕)

추하(墜下)명-하다자 위에서 아래로 떨어짐.

추한(追恨)명-하다타 일이 지나간 뒤에 뉘우쳐 한탄함. ☞추회(追悔)

추한(醜漢)명 ①'추남(醜男)'을 달리 이르는 말. ②행실이 추잡한 사내.

추-해:당(秋海棠)명 '베고니아(begonia)'의 딴이름.

추핵(推覈)명-하다타 죄인을 추궁하여 죄상(罪狀)을 자세히 조사함.

추행(追行)명-하다타 뒤를 좇아서 따라감.

추행(楸行)명-하다자 조상의 산소에 성묘하러 감.

추행(醜行)명 ①추잡한 행실. ②강간이나 그와 비슷한 짓.

추향(秋享)명 가을철에 지내는 제향(祭享). ☞추향대제(秋享大祭). 춘향(春享)

추향(楸鄕)명 무덤 주위에 가래나무를 심은 데서 유래한 말로, 조상의 무덤이 있는 곳을 이르는 말. 구묘지향(丘墓之鄕). 추하(楸下)

추향(趨向)명 ①-하다자 대세(大勢)에 따라감. ②대세가 나아가는 방향.

추향-대:제(秋享大祭)명 초가을에 지내는 종묘(宗廟)와 사직(社稷)의 큰 제사. ☞춘향대제(春享大祭)

추향-성(趨向性)[－썽]명 주성(走性)

추형(雛型)명 모형(模型)

추호(秋毫)명 가을철 짐승의 가는 털이라는 뜻으로, '조금' 또는 '매우 적음'의 뜻을 나타내는 말. 주로 '추호도'·'추호의'·'추호라도' 따위의 꼴로 쓰임. ¶－도 용서할 수 없다./－의 타협도 있을 수 없다./－라도 다른 생각이 있다면 돌아가거라. ☞분호(分毫)

추호불범(秋毫不犯)성구 매우 청렴하여 남의 것을 조금도 범하지 않음을 이르는 말.

추화(秋花)명 가을철에 피는 꽃.

추화(錐花)명 도자기의 몸에 송곳 끝으로 파서 새긴 무늬.

추화-성(趨化性)[－썽]명 주화성(走化性)

추확(秋穫)명-하다타 가을에 익은 곡식을 거두어들임. 가을걷이. 추수(秋收)

추환(芻豢)명 풀을 먹는 소, 양, 말 따위와 곡식을 먹는 개, 돼지 따위를 통틀어 이르는 말.

추환(追喚)명-하다타 보내 놓고 다시 불러옴.

추환(追還)명-하다타 뒷날에 돌려보냄.

추회(追悔)명-하다타 지나간 뒤에 잘못을 뉘우침. ☞추한(追恨)

추회(追懷)명-하다타 지나간 일이나 사람을 생각하여 그리워함. 유추억(追憶)

추후(追後)명 일이 지나간 얼마 뒤. 이 다음. ¶당첨자는 －에 발표할 예정이다. 준후(後)

추흥(秋興)명 가을의 흥취. ¶－에 겹다.

축[1]의 어떤 특성에 따라 구분되는 부류. ¶젊은 －에 든다./동창들 가운데 성공한 －이다.

축[2]의 말린 오징어 스무 마리를 한 단위로 세는 말. ¶오징어 세 －. ☞두름. 쾌

축:[3] 부 ①물체가 아래로 길게 늘어지거나 처진 모양을 나타내는 말. ¶ – 늘어진 수양버들. ②기운이 없거나 맥이 빠져 몸이 느른해진 모양을 나타내는 말. ¶몸이 – 늘어지다./어깨를 – 늘어뜨리고 걷다. ☞착[2]

축(丑) 명 ①십이지(十二支)의 둘째. 소를 상징함. ②'축방(丑方)'의 준말. ③'축시(丑時)'의 준말.

한자 **둘째 지지 축**(丑) 〔一部 3획〕 ¶기축(己丑)/신축(辛丑)/축방(丑方)/축시(丑時)

축(柷) 명 국악기 목부(木部) 타악기의 한 가지. 나무로 된 상자 모양으로, 윗면 가운데에 뚫린 구멍 속에 방망이를 넣어 좌우 옆면을 두드려 소리를 냄. 문묘(文廟)와 종묘(宗廟)의 제례에 쓰이며, 음악의 시작을 알림. ☞어(敔)

축(祝) 명 '축문(祝文)'의 준말.

축(逐) 명 바둑에서, 상대편의 돌을 계속 단수(單手)로 몰아가 잡을 수 있게 된 모양, 또는 그 수. ¶–에 걸리다.

축(軸)[1] 명 ①굴대 ②심대 ③천이나 종이 따위를 말아 둘 때, 가운데에 넣는 막대. ④활동의 중심이 되는 부분, 또는 그 사람. ¶그가 –이 되어 만든 모임. ⑤물체가 돌 때, 그 물체의 중심에서 회전 운동의 중심이 된다고 가정하는 직선. ⑥수학에서, 평면 도형을 회전시켜 입체 도형으로 만들 때, 그 기준이 되는 직선. ⑦수학에서, 좌표를 정할 때, 기준이 되는 직선. ⑧수학에서, 대칭 도형의 기준이 되는 선.

축(軸)[2] 의 ①책력(冊曆) 스무 권을 한 단위로 세는 말. ②종이를 세는 단위. 한지(韓紙)는 열 권, 두루마리는 하나를 한 단위로 이름. ③지난날, 과거(科擧)의 답안지를 열 장씩 묶어서 한 단위로 세던 말.

축(縮) 명 ①일정한 수나 양에서 부족이 생김. 흠축(欠縮) ②병 따위로 몸이 약해지거나 야윔. ¶몸이 –이 나다.

축가(祝歌) 명 축하의 뜻을 담은 노래.

축–가다(縮–) 자 일정한 수나 양에서 모자람이 생기다. 축나다 ¶살림이 축가지 않도록 알뜰히 살다.

축감(縮減) 명 –하다 자타 덜리어서 줄어듦, 또는 덜어서 줄임. 감축(減縮)

축객(祝客) 명 축하하는 손. 하객(賀客)

축객(逐客) 명 –하다 자 손을 쫓아냄.

축거(軸距) 명 자동차의 앞바퀴 중심과 뒷바퀴 중심 사이의 거리.

축견(畜犬) 명 가축으로 기르는 개.

축경(竺經) 명 천축(天竺)의 경(經)이라는 뜻으로, '불경(佛經)'을 이르는 말.

축관(祝官) 명 ①제사를 지낼 때 축문을 읽는 사람. ②지난날, 종묘(宗廟)와 사직(社稷), 문묘(文廟)의 제사에서 축문을 읽는 일을 맡았던 임시 관직.

축구(築構) 명 –하다 타 축조(築造)

축구(蹴球) 명 구기(球技)의 한 가지. 각각 11명으로 이루어진 두 편이 발이나 머리를 사용하여 상대편의 골에 공을 많이 넣는 것으로 승패를 겨루는 경기.

축국(蹴鞠) 명 ①지난날, 공을 발로 차던 놀이의 한 가지. 한 사람이 차거나 여러 사람이 서로 번갈아 차는데 공을 땅에 떨어뜨리는 사람이 짐. ②축국에 쓰던 공. 가죽 주머니 따위에 겨나 털 또는 공기를 넣고, 그 위에 꿩의 깃을 꽂았음.

축귀(逐鬼) 명 –하다 자 잡귀를 쫓음.

축기(蓄氣) 명 호흡할 때 최대 한도로 내쉴 수 있는 공기의 양. 보통 1~1.5L임.

축기(縮氣) 명 –하다 자 두려워서 기운이 움츠러듦. 저기(沮氣)

축–나다(縮–) 자 ①일정한 수나 양에서 모자람이 생기다. 축가다 ¶이번 달은 월급이 많이 축났다. ②몸이 약해지거나 야위다. 축지다 ¶병을 앓아 얼굴이 –.

축–내:다(縮–) 타 ①일정한 수나 양에서 모자람이 생기게 하다. ¶시간을 –. ②몸을 약해지게 하다. ¶몸까지 축내며 열심히 일하다.

축년(丑年) 명 간지(干支)의 지지(地支)가 축(丑)인 해. 을축년(乙丑年)·정축년(丁丑年) 따위. ☞소해. 십이지(十二支). 태세(太歲)

축년(逐年) 명 한 해도 거르지 않고 매년.

축농–증(蓄膿症) [–쯩] 명 늑막강(肋膜腔)·부비강(副鼻腔)·관절·뇌강(腦腔) 등의 체강(體腔) 안에 고름이 괴는 병을 두루 이르는 말.

축닉(搐搦) 명 한방에서, 높은 신열(身熱)로 말미암아 경련을 일으키는 어린아이의 병을 이르는 말. 경축(驚搐)

축다 자 축축하여지다

축답(築畓) 명 둑[2]

축답(蹴踏) 명 –하다 타 발로 차고 짓밟음.

축대(築臺) 명 높이 쌓아 올린 대나 터.

축도(祝禱) 명 '축복 기도(祝福祈禱)'의 준말.

축도(縮圖) 명 –하다 자타 ①그림이나 대상을 일정한 비율로 줄여서 그림, 또는 그러한 그림. 유 축소도(縮小圖) ②어떤 사물의 양상을 규모는 작지만 유사하게 드러낸 것을 비유하여 이르는 말. ¶시장은 우리 삶의 –이다.

축도–기(縮圖器) 명 도면(圖面) 등을 일정한 비율로 줄여서 그리는 데 쓰이는 기구. 팬터그래프

축동(縮瞳) 명 괄약근의 작용으로 동공이 작아지는 현상. ☞산동(散瞳)

축두(軸頭) 명 시축(詩軸)이나 횡축(橫軸) 따위의 첫머리에 쓰거나 그리는 시·글씨·그림을 두루 이르는 말.

축두(縮頭) 명 –하다 자 두려워서 고개를 움츠림. 축수(縮首)

축력(畜力) 명 가축의 노동력. ☞기계력(機械力)

축로(舳艫) 명 배의 고물과 이물.

축록(逐鹿) 명 사슴을 쫓는다는 뜻으로, 정권이나 지위를 얻기 위하여 서로 다툼을 이르는 말. ☞각축(角逐)

축류(畜類) 명 가축의 종류.

축률(縮慄) 명 –하다 자 몸을 옹송그리고 벌벌 떪.

축말(丑末) 명 십이시(十二時)의 축시(丑時)의 끝 무렵. 지금의 오전 세 시가 되기 바로 전.

축망(祝望) 명 –하다 타 소망대로 되기를 빌고 바람.

축목(畜牧) 명 –하다 자 목축(牧畜)

축문(祝文) 명 제사 때, 신명(神明)에게 고하는 글. 축제문(祝祭文) 준 축(祝)

축문–판(祝文板) 명 축문을 얹어 놓는 널빤지. 준 축판

축미(縮米) 명 일정한 수량에서 축난 쌀의 분량.

축–받이(軸–) [–바지] 명 베어링(bearing)

축발(祝髮) 명 –하다 자 체발(剃髮)

축발(蓄髮) 명 –하다 자 깎았던 머리털을 다시 기름. ☞체발(剃髮)

축방(丑方) 명 이십사 방위(二十四方位)의 하나. 북동(北東)으로부터 북쪽으로 15도 되는 방위를 중심으로 한 15도 범위 안의 방위. 계방(癸方)과 간방(艮方)의 사이. 준 축(丑) ☞미방(未方)

축배(祝杯) 명 축하하는 뜻으로 마시는 술, 또는 그 술잔. ¶승리의 –를 들다.

축복(祝福) 명 –하다 자타 ①행복하기를 빎. ¶두 사람의 앞날을 –하다. ②신이나 다른 사람의 은혜로 누리는 복이나 행운. ¶–을 받다.

축복=기도(祝福祈禱) 명 개신교에서, 예배를 마칠 때, 목사가 하나님께 복을 비는 기도를 이르는 말. 준 축도

축본(縮本) 명 책·그림·글씨 따위의 원형을 줄여서 작게 만든 것, 또는 그런 책.

축사(畜舍) 명 가축을 기르는 우리.

축사(祝辭) 명 축하하는 말이나 글. 하사(賀詞)

축사(逐邪) 명 –하다 자 요사스러운 기운이나 귀신을 물리쳐 내쫓음.

축사(縮砂) 명 ①축사밀(縮砂蜜) ②사인(砂仁)

축사(縮寫) 명 –하다 타 ①원형보다 작게 줄여 베낌. ②사진을 줄여서 다시 찍음.

축사–밀(縮砂蜜) 명 생강과의 여러해살이풀. 줄기 높이는 2m 안팎. 잎은 가늘고 끝이 뾰족하며, 봄과 여름에 짙은 붉은빛 꽃이 이삭 모양으로 핌. 동근 삭과(蒴果) 속에 든 씨는 '사인(砂仁)'이라 하여 한방에서 약재로 쓰임. 축사(縮砂)

축사-주(縮砂酒)명 한방에서, 사인(砂仁)을 볶아서 가루로 만든 것으로 빚은 술을 약재로 이르는 말. 심복통(心腹痛) 등에 쓰임.
축삭=돌기(軸索突起)명 신경 세포에서 나온 긴 돌기. 흥분을 전달하는 작용을 함. ☞수상 돌기(樹狀突起)
축산(畜産)명 가축을 쳐서 인간 생활에 쓸모 있는 물질을 만들어 내는 일.
축산-물(畜産物)명 가축을 쳐서 생기는 생산물. 가축의 가공품과 공업의 원료까지도 포함함.
축산-업(畜産業)명 가축을 치고, 그 생산물을 가공 처리하여 유통하는 산업.
축산-학(畜産學)명 축산업의 각 분야인 낙농업·양돈업·양계업 등에 관한 지식을 익히고 연구하는 학문.
축색=돌기(軸索突起)명 축삭 돌기
축생(丑生)명 간지(干支)의 지지(地支)가 축(丑)인 해에 태어남, 또는 그 해에 태어난 사람. 정축생(丁丑生)이나 기축생(己丑生) 등. ☞소띠. 축년(丑年)
축생(畜生)명 ①불교에서, 온갖 짐승과 벌레, 물고기를 통틀어 이르는 말. 악업(惡業)의 응보로 받게 되는 삶의 한 형태라 함. ②인륜(人倫)이나 도덕에 벗어난 행동을 한 사람을 두고 이르는 말.
축생-계(畜生界)명 불교에서 이르는 십계(十界)의 하나. 악업(惡業)의 응보로 죽은 뒤에 짐승이 되어 괴로움을 받는다는 세계.
축생-도(畜生道)명 불교에서 이르는 삼악도(三惡道)의 하나. 죄업으로 죽은 뒤에 짐승이 되어 괴로움을 받는다는 세계.
축성(祝聖)명 가톨릭에서, 성직자가 성례(聖禮)에 쓰는 물건과 건물 등을 정해진 의식을 통하여 성스럽게 하는 일을 이르는 말. ☞성별(聖別)
축성(築城)명 ①-하다자 성을 쌓음. ②요새(要塞)나 보루(堡壘), 참호(塹壕) 등 군사상 적을 방어하기 위해 설치하는 구조물을 통틀어 이르는 말.
축성-식(祝聖式)명 ①가톨릭에서, 평신부가 주교(主敎)로 오르는 서품식(敍品式)을 이르는 말. ②가톨릭에서, 축성(祝聖)을 하는 거룩한 의식을 이르는 말.
축성-학(築城學)명 축성에 관한 원리나 기술 등을 연구하는 학문.
축소(縮小)명-하다자타 줄어서 작아짐, 또는 줄여서 작게 함. ¶규모를 -하다./- 복사 ☞확대(擴大)

축소=균형(縮小均衡)명 경제의 규모를 줄여서 수입과 지출의 균형을 잡는 일.
축소-도(縮小圖)명 도면이나 그림 따위를 일정한 비율로 줄여서 그린 그림. 줄인그림 유축도(縮圖)
축소-비(縮小比)명 축소율
축소-율(縮小率)명 축소한 비율. 축소비
축소=재:생산(縮小再生産)명 번저보다 작은 규모로 같은 물품을 재생산하는 일. ☞단순 재생산. 확대 재생산
축소-판(縮小版)명 ①축쇄판(縮刷版) ②어떤 것을 축소한 것과 같은 사물을 비유하여 이르는 말. ¶자네 아들을 보니 완전히 자네의 -일세.
축소=해:석(縮小解釋)명 법 해석에서, 법규의 문자나 문장을 법문(法文)의 일상적 의미를 넘지 않도록 좁혀서 해석하는 일. ☞확대 해석(擴大解釋)
축송(逐送)명-하다타 쫓아 보냄.
축쇄(縮刷)명-하다타 책이나 그림의 원형을 그 크기만 줄여서 인쇄함, 또는 그런 인쇄.
축쇄-판(縮刷版)명 축쇄한 출판물. 축소판(縮小版) 준축판(縮版)
축수(祝手)명-하다자타 두 손바닥을 마주 대고 빎.
축수(祝壽)명-하다자타 오래 살기를 빎.
축수(縮首)명-하다자 두려워서 고개를 움츠림. 축두(縮頭)
축승(祝勝)명-하다자 승리를 축하함, 또는 그 축하. 축첩(祝捷)
축시(丑時)명 ①십이시(十二時)의 둘째 시(時). 지금의 오전 한 시부터 세 시까지의 동안. ②하루를 스물넷으로 가른, 셋째 시. 지금의 오전 한 시 삼십 분부터 두 시 삼십 분까지의 동안. 준축(丑) ☞인시(寅時)
축시(祝詩)명 축하의 뜻을 담은 시(詩).
축알(蹙頞)명-하다자 괴롭고 귀찮아서 눈살을 찌푸림.
축야(逐夜)명 하룻밤도 거르지 않는 일.
축약(縮約)명〈어〉단어나 구(句)에서 음절(音節)이 줄어드는 음운 현상. '아이→애, 사이→새, 이러하다→이렇다'와 같은 경우.
축양(畜養)명-하다타 가축을 기름.
축어-역(逐語譯)명-하다타 원문(原文)을 매 낱말이나 구절에 따라 충실하게 번역함, 또는 그런 번역. 축자역(逐字譯) ☞의역(意譯). 직역(直譯)
축연(祝宴)명 '축하연(祝賀宴)'의 준말.
축연(祝筵)명 축하하는 자리.
축우(畜牛)명 집에서 기르는 소.
축원(祝願)명 ①-하다자타 신이나 부처에게 바라는 대로 이루어지게 해 달라고 빎. ¶부디 건강하시고 오래 사시기를 -합니다. ②'축원문(祝願文)'의 준말.
축원-문(祝願文)명 축원하는 뜻을 적은 글. 준축원
축원-방(祝願旁)명 불교에서, 축원문을 한데 모아서 만든 책을 이르는 말.
축월(丑月)명 '음력 십이월'을 달리 이르는 말. 월건(月建)의 지지(地支)가 정축(丁丑)·기축(己丑)처럼 축(丑)인 데서 이름. ☞일진(日辰). 태세(太歲)
축월(祝月)명 불교에서, '음력 정월·오월·구월'을 달리 이르는 말.
축월(逐月)명 한 달도 거르지 않는 일.
축융(祝融)명 ①불을 다스리는 신(神), 여름을 맡은 신, 또는 남방(南方)을 맡은 신을 이르는 말. ②'화재(火災)'를 달리 이르는 말.
축융(縮絨)명 모직물 가공의 한 공정. 양모를 서로 겹쳐서 비누 용액과 알칼리 용액을 섞은 것에 적셔 열이나 압력을 가하고 마찰시킨 뒤, 털을 서로 엉키게 하여 조직을 조밀하게 만드는 일. 모포·플란넬 등의 방모 직물 가공에 쓰임. ☞기모(起毛)
축음-기(蓄音機)명 음반에 녹음한 음을 재생하는 장치. 유성기(留聲機)
축의(祝意)명 축하하는 뜻. ☞조의(弔意)
축의(祝儀)명 ①축하하는 의례(儀禮)나 의식(儀式). 유축전(祝典) ②축하하는 뜻으로 내는 돈이나 물건. ¶-금 ☞부의(賻儀)
축이다타 축축하게 하다. ¶물을 뿌려 빨래를 -./샘물로 목을 -./비가 마른 땅을 -.
축일(丑日)명 간지(干支)의 지지(地支)가 축(丑)인 날. 정축(丁丑)·계축(癸丑) 등. ☞소날. 월건(月建). 일진(日辰). 태세(太歲)
축일(祝日)명 ①경사를 축하하는 날. ②불교에서, 기도하는 날. ③가톨릭에서, 하느님·구세주·성인 등에 특별한 공경을 드리기 위하여 제정한 날.
축일(逐一)명 빠짐없이 하나하나.
부 빠짐없이 차례대로. 일일이
축일(逐日)명 하루도 거르지 않는 일.
축일-학(逐日瘧)명 며느리고금
축자-역(逐字譯)명-하다타 축어역(逐語譯)
축장(蓄藏)명-하다타 모아서 간직하여 둠.
축장(築墻)명-하다자 담을 쌓음.
축재(蓄財)명-하다자 재산을 모음. ¶부정(不正) -
축적(蓄積)명-하다타 많이 모아서 쌓음. ¶부(富)의 -./경험을 -하다.
축전(祝典)명 축하하는 의식이나 식전(式典). ¶개막 - 유축의(祝儀)
축전(祝電)명 축하하는 뜻으로 보내는 전보. ¶-을 치다. ☞조전(弔電)
축전(蓄電)명-하다자타 전기를 모아 둠. ☞충전(充電)
축전(縮錢)명 일정한 액수에서 모자라는 돈.
축전-기(蓄電器)명 전기의 도체에 많은 양의 전기를 모아 두는 장치. 라이덴병이나 가변 축전기 따위. 콘덴서
축전-지(蓄電池)명 전기 에너지를 화학 에너지로 바꾸어

모아 두었다가, 필요할 때에 전기로 재생하는 장치. 이차 전지(二次電池)

축절(祝節)명 크리스트교의 부활절이나 성탄절과 같이 즐거운 일을 기념하여 축하하는 날.

축정(丑正)명 십이시(十二時)의 축시(丑時)의 중간. 지금의 오전 두 시. ☞인정(寅正)

축정(築庭)명-하다자 정원을 꾸밈.

축제(祝祭)명 ①축하하여 벌이는 큰 규모의 행사. ¶개교 기념 -/- 분위기 ②축전(祝典)과 제전(祭典)을 아울러 이르는 말.

축제(築堤)명-하다자 둑을 쌓음.

축-제문(祝祭文)명 ①축문과 제문. ②축문(祝文)

축-제일(祝祭日)명 ①축일과 제일. ②축일과 제일이 겹친 날. ③축전(祝典)이나 제전(祭典)을 벌이는 날.

축조(逐條)명-하다타 한 조목씩 차례대로 좇음.

축조(築造)명-하다타 쌓아서 만듦. 축구(築構) ¶산성(山城)을 -하다.

축조=발명(逐條發明)명 조목조목 따져 가면서 죄가 없음을 밝히는 일.

축조-본(縮照本)명 비석의 문자 등을 사진으로 찍어서 원형보다 작게 제판한 것.

축조=심의(逐條審議)명 한 조목씩 차례대로 심의하는 일.

축좌(丑坐)명 묏자리나 집터 등이 축방(丑方)을 등진 좌향(坐向). 곧 북북동을 등진 자리.

축좌=미:향(丑坐未向)명 묏자리나 집터 등이 축방(丑方)을 등지고 미방(未方)을 향한 좌향(坐向).

축주(祝酒)명 '축하주(祝賀酒)'의 준말.

축주(縮酒)명-하다자 ①술을 거름. ②제사 절차에서, 강신(降神)하는 뜻으로 술잔에 따른 술을 모사(茅沙)에 세 번 지움, 또는 그 술. ☞뇌주(酹酒)

축지(縮地)명-하다자 도술(道術)로 지맥(地脈)을 축소하여 먼 거리를 가깝게 한다는 일.

축-지다(縮-)자 ①사람의 가치가 떨어지다. ②몸이 약해지거나 야위다. 축나다 ¶앓고 나서 많이 축졌다.

축지-법(縮地法)[-뻡]명 도술(道術)로 지맥(地脈)을 축소하여 먼 거리를 가깝게 한다는 술법.

축-짓:다(軸-)[-짇-](-짓고·-지어)타ㅅ 종이 열 권씩으로 축(軸)을 만들다.

축차(逐次)명 차례를 따라 하는 일.
부 차례차례로

축차-적(逐次的)명 차례대로 좇아서 하는 것. ¶-으로 일을 해 나가다.

축척(逐斥)명-하다타 쫓아서 물리침.

축척(縮尺)명 ①지도상의 거리와 지표상의 실제 거리와의 비. 줄인자 ¶- 십만분의 일의 지도. ☞현척(現尺) ②피륙 따위가 일정한 잣수에 차지 않음.

축천(祝天)명-하다자타 하늘을 향하여 빎, 또는 하느님에게 빎.

축첩(祝捷)명-하다자 축승(祝勝)

축첩(蓄妾)명-하다자 첩을 둠.

축초(丑初)명 십이시(十二時)의 축시(丑時)의 처음. 지금의 오전 한 시가 막 지난 무렵.

축:-축부 ①물체가 아래로 자꾸 길게 늘어지거나 처진 모양을 나타내는 말. ¶수양버들 가지가 - 늘어졌다. ②기운이 없거나 맥이 빠져 몸이 아주 느른해진 모양을 나타내는 말. ¶무더위에 몸이 - 늘어진다. ☞촉촉

축축-하다형여 물기가 있어서 꽤 젖은듯 하다. ¶아기가 쉬를 했는지 기저귀가 -./땀에 젖어 축축해진 속옷. ☞척척하다. 촉촉하다

축축-이부 축축하게 ¶이슬에 - 젖다. ☞촉촉이

축출(逐出)명-하다타 쫓아내거나 몰아냄. ¶부패한 공무원을 -하다.

축출-경외(逐出境外)명 마을의 미풍양속이나 안녕을 해치는 사람을 마을 밖으로 내쫓는 일.

축태(縮胎)명-하다자 한방에서, 해산달에 약을 먹어 태반(胎盤)이 작아지게 하여 해산이 쉽도록 하는 일.

축토(築土)명-하다자 집터나 둑 따위를 만들기 위하여 흙을 쌓아 올림.

축판(祝板)명 '축문판(祝文板)'의 준말.

축판(築板)명 담틀

축판(縮版)명 '축쇄판(縮刷版)'의 준말.

축포(祝砲)명 축하의 뜻을 나타내기 위하여 쏘는 예포(禮砲). ☞조포(弔砲)

축하(祝賀)명-하다타 좋은 일을 기뻐하고 즐거워한다는 뜻으로 인사함, 또는 그 인사. ¶-의 선물./결혼 -를 받다./당선을 -하다.

축-하다(縮-)형여《文》①생생한 기운이 없다. ②조금 상하여서 신선하지 않다.

축하-연(祝賀宴)명 축하하는 뜻으로 베푸는 잔치. ¶신축 -을 베풀다. 준축연(祝宴)

축하-주(祝賀酒)명 축하의 뜻으로 나누어 마시는 술. 준축주(祝酒)

축합(縮合)명 유기 화합물의 두 개 이상의 분자가 반응하여 물 따위의 간단한 분자가 제거되면서 새로운 화합물을 만드는 일, 또는 그 반응. ☞공유 결합(共有結合)

축항(逐項)명-하다자 항목을 하나씩 차례로 좇음.

축항(築港)명-하다자 항구를 만듦, 또는 그 항구.

축혈(蓄血)명 어혈(瘀血)

축호(逐戶)명 ①한 집도 거르지 않은 모든 집. ②〔부사처럼 쓰임〕집집마다

축화(祝花)명 축하의 뜻을 전하거나 나타내는 데 쓰는 꽃. ☞조화(弔花)

축회(築灰)명-하다자 장사지낼 때, 광(壙)의 주위를 석회로 다지는 일.

춘간(春間)명 봄 동안.

춘견(春繭)명 봄누에의 고치. ☞하견(夏繭)

춘-개채(春芥菜)명 봄철에 겨자의 속대를 썰어 소금에 절였다가 볶아 식초로 간을 하여 만드는 반찬.

춘경(春耕)명-하다타 봄갈이[1]

춘경(春景)명 봄의 경치.

춘계(春季)명 봄철. 춘절(春節) ☞하계(夏季)

춘곤(春困)명 봄에 느끼는 나른하고 졸리운 기운.

춘관(春官)명 조선 시대, '예조(禮曹)'를 달리 이르던 말.

춘광(春光)명 ①봄의 햇빛, 또는 봄의 경치. 소광(韶光) ☞춘양(春陽) ②젊은 사람의 '나이'를 이르는 말.

춘교(春郊)명 봄의 경치가 좋은 들이나 교외.

춘궁(春宮)명 ①'세자궁(世子宮)'이나 '태자궁(太子宮)'을 달리 이르는 말. ②'왕세자(王世子)'나 '황태자(皇太子)'를 달리 이르는 말. 동궁(東宮). 춘저(春邸)

춘궁(春窮)명 봄철에 묵은 곡식은 다 떨어지고 햇곡식은 아직 여물지 않아 식량 사정이 어려운 일, 또는 그러한 봄을 이르는 말. ☞궁춘(窮春). 보릿고개. 추궁(秋窮)

춘궁-기(春窮期)명 지난날, 봄철에 묵은 곡식은 다 떨어지고 햇곡식은 아직 여물지 않아 양식 부족으로 생활이 몹시 어려운 시기를 이르던 말. 궁절(窮節). 궁춘(窮春) ☞보릿고개

춘기(春氣)명 봄날의 화창한 기운. 봄기운 ¶가는 곳마다 -가 가득하다.

춘기(春期)명 봄의 기간. ☞하기(夏期)

춘기(春機)명 ①남녀간의 정욕(情慾). 춘정(春情) ②춘의(春意)

춘기=발동기(春機發動期)[-똥-]명 이성(異性)을 그리는 마음이 생기기 시작하는 시기. ☞사춘기(思春期)

춘난(春暖)명 봄철의 따뜻한 기운.

춘당(春堂·椿堂)명 춘부장(春府丈)

춘등(春等)명 ①지난날, 등급을 춘(春)·추(秋)의 둘, 또는 춘하추동(春夏秋冬)의 넷으로 가른 것의 첫째 등급을 이르던 말. ②지난날, 봄·가을 두 번 또는 봄·여름·가을·겨울 네 번에 나누어 내는 조세 제도에서 봄에 내는 세금을 이르던 말. ☞하등(夏等)

춘란(春蘭)명 '보춘화(報春花)'의 딴이름.

춘뢰(春雷)명 봄날의 우레.

춘림(春霖)명 봄장마 ☞추림(秋霖)

춘만(春滿)어기 '춘만(春滿)하다'의 어기(語基).

춘만-하다(春滿－)[형여] ①봄기운이 가득하다. ②매우 평화스럽다.
춘매(春梅)[명] 봄에 꽃이 피는 매화나무.
춘맥(春麥)[명] 봄보리
춘면(春眠)[명] 봄철의 단잠.
춘면곡(春眠曲)[명] 조선 시대, 십이가사(十二歌詞)의 하나. 작자와 연대는 알려져 있지 않으며, 임을 여의고 괴로워하는 남자의 정회(情懷)를 읊은 노래임. '청구영언(靑丘永言)'과 '고금가곡(古今歌曲)' 등에 실려 전함.
춘모(春麰)[명] 봄보리
춘몽(春夢)[명] 봄날에 꾸는 꿈이라는 뜻으로, 덧없는 일이나 헛된 꿈을 비유하여 이르는 말. ☞일장춘몽(一場春夢)
춘방(春坊)[명] 조선 시대, '세자 시강원(世子侍講院)'을 달리 이르던 말.
춘부(春府・椿府)[명] '춘부장(春府丈)'의 준말.
춘부-대:인(春府大人)[명] 춘부장(春府丈)
춘부-장(春府丈・椿府丈)[명] 남의 아버지를 높이어 일컫는 말. 춘당(春堂). 춘부대인(春府大人). 춘정(春庭) [준]춘부(春府). 춘장(春丈)
춘분(春分)[명] 이십사 절기(二十四節氣)의 하나. 경칩(驚蟄)과 청명(淸明) 사이의 절기로, 양력 3월 21일께. 이 무렵부터 밤보다 낮의 길이가 차츰 길어짐. ☞곡우(穀雨). 추분(秋分)
춘분-점(春分點)[－쩜][명] 황도(黃道)와 적도(赤道)의 두 교점 가운데서 태양이 남쪽에서 북쪽으로 향하여 적도를 지나가는 점. ☞추분점(秋分點)
춘빙(春氷)[명] 봄철의 얼음.
춘사(春思)[명] ①봄을 느끼어 뒤숭숭하게 설레는 마음. ②'색정(色情)'을 달리 이르는 말.
춘사(椿事)[명] 뜻밖에 일어나는 불행한 일.
춘산(春山)[명] 봄철의 산.
춘삼(春衫)[명] 봄에 입는 홑옷.
춘-삼삭(春三朔)[명] 봄철의 석 달이라는 뜻으로, 음력 일월・이월・삼월을 아울러 이르는 말. ☞추삼삭(秋三朔)
춘-삼월(春三月)[명] 봄의 삼월이라는 뜻으로, 봄 경치가 가장 좋은 음력 삼월을 이르는 말.
춘-상:갑(春上甲)[명] 입춘(立春) 뒤에 첫 번째로 돌아오는 갑자일(甲子日). 이 날에 비가 내리면 큰 흉년이 든다고 함. ☞추상갑(秋上甲)

춘색(春色)[명] 봄빛 ☞추색(秋色)
춘설(春雪)[명] 봄철에 내리는 눈. 봄눈
춘세(春稅)[명] 조선 시대, 한 해 치를 두 번에 나누어 낼 때 그 해 유월에 내는 세금을 이르던 말. ☞추세(秋稅)
춘소(春宵)[명] 봄밤. 춘야(春夜)
춘소(春蔬)[명] 봄철에 나는 채소.
춘수(春水)[명] 봄철에 흐르는 물. [유]봄물
춘수(春首)[명] 춘초(春初)
춘수(春愁)[명] 봄철에 일어나는 시름.
춘수모:운(春樹暮雲)[성구] 봄철의 나무와 해질 무렵의 구름이라는 뜻으로, 멀리 있는 벗을 그리워함을 비유하여 이르는 말.
춘신(春信)[명] 봄 소식, 곧 새싹이 돋고 꽃이 피고 새가 지저귀기 시작함을 이르는 말.
춘심(春心)[명] ①봄철에 느끼는 심회. ②춘정(春情)
춘앵-무(春鶯舞)[명] 춘앵전
춘앵-전(春鶯囀)[명] 조선 시대, 진연(進宴) 때 추던 궁중 무용의 한 가지, 또는 그 반주로 연주되던 악곡. 무희 한 사람이 화문석(花紋席) 위에서 주악(奏樂)에 맞추어 추는 춤. 춘앵무
춘야(春夜)[명] 봄철의 밤. 봄밤. 춘소(春宵)
춘약(春藥)[명] 성욕이 일어나게 하는 약. 미약(媚藥)
춘양(春陽)[명] 봄볕 ☞춘광(春光)
춘엽-채(椿葉菜)[명] 참죽나물
춘엽-포(椿葉包)[명] 참죽잎쌈
춘우(春雨)[명] 봄비 ☞동우(冬雨)
춘우-수(春雨水)[명] 정월에 처음으로 내린 빗물.
춘유(春遊)[명] 봄철의 놀이.
춘음(春陰)[명] 흐린 봄 날씨. ☞춘청(春晴)
춘의(春意)[명] ①이른봄에 온갖 것이 피어나는 따스한 기운. 춘기(春機) ②춘정(春情)
춘의-도(春意圖)[명] 춘화도(春畫圖)
춘일(春日)[명] 봄날 ☞동일(冬日)
춘잠(春蠶)[명] 봄에 치는 누에. 봄누에 ☞추잠(秋蠶). 하잠(夏蠶)
춘장(春丈・椿丈)[명] '춘부장(春府丈)'의 준말.
춘재(春材)[명] 봄에서 여름까지 자라서 이루어진 목질 부분. 나이테의 안쪽을 차지하며 세포가 크고 재질이 거칢. ☞추재(秋材)
춘저(春邸)[명] 춘궁(春宮)
춘절(春節)[명] 봄철. 춘계(春季) ☞동절(冬節)
춘정(春庭・椿庭)[명] 춘부장(春府丈)
춘정(春情)[명] ①남녀간의 정욕. 춘기(春機). 춘심(春心). 춘의(春意) ☞색정(色情) ②봄의 정취.
춘-정월(春正月)[명] 봄의 정월이라는 뜻으로, 봄이 시작되는 음력 정월을 이르는 말.
춘주(春酒)[명] 청명주(淸明酒)
춘청(春晴)[명] 맑게 갠 봄 날씨. ☞춘음(春陰)
춘초(春初)[명] 봄의 초기. 춘수(春首)
춘초(春草)[명] ①봄철에 새로 돋은 보드라운 풀. ②'백미꽃'의 딴이름.
춘추(春秋)[1][명] ①봄과 가을. 봄가을 ¶ －에 입을 옷을 한 벌 마련하다. ☞하동(夏冬) ②남을 높이어 그의 나이를 이르는 말. 연세(年歲). 연치(年齒) ¶ 올해 －가 어떻게 되십니까? ③'해' 또는 '세월'을 이르는 말. ¶ －를 거듭하다. /여러 －를 보내다.
춘추(春秋)[2][명] 오경(五經)의 하나. 중국 노(魯)나라 은공(隱公)에서 애공(哀公)에 이르는 242년 동안의 사적(事蹟)을 편년체(編年體)로 기록한 책.
춘추-관(春秋館)[명] 고려・조선 시대, 시정(時政)의 기록을 맡아보는 관아를 이르던 말.
춘추-복(春秋服)[명] 봄가을옷 ☞동복(冬服). 하복
춘추=시대(春秋時代)[명] 중국 주(周)나라의 후반기인 기원전 8~5세기의 약 삼백 년간을 이르는 말. 강성해진 제후국들이 독립을 하여 패권을 잡으려고 서로 싸우던 시대임. ☞전국 시대(戰國時代)
춘추=전:국=시대(春秋戰國時代)[명] 중국의 '춘추 시대'와 '전국 시대'를 아울러 이르는 말.
춘추-필법(春秋筆法)[－뻡][명] 대의명분을 밝혀 세우는 사필(史筆)의 준엄한 논법.
춘치자명(春雉自鳴)[성구] 봄철에 꿩이 스스로 울어서 자기가 있는 곳을 알린다는 뜻으로, 묻지도 않은 말을 스스로 말을 하여 화를 자초함을 이르는 말.
춘태(春太)[명] 봄에 잡힌 명태.
춘파(春播)[명]-하다[타] 봄에 씨를 뿌림. ☞추파(秋播)
춘풍(春風)[명] 봄바람. 양풍(陽風) ☞동풍(冬風)
춘풍추우(春風秋雨)[성구] 봄철에 부는 바람과 가을에 내리는 비라는 뜻으로, 흘러가는 세월을 이르는 말.
춘풍-화기(春風和氣)[명] 봄날의 화창한 기운.
춘하(春霞)[명] 봄철의 아지랑이.
춘하추동(春夏秋冬)[명] '봄・여름・가을・겨울'의 네 철을 아울러 이르는 말.
춘한(春旱)[명] 봄가물
춘한(春恨)[명] 봄날의 경치에 끌리어 마음속에 뒤숭숭하게 일어나는 정한(情恨).
춘한(春寒)[명] 봄추위
춘한노:건(春寒老健)[성구] 봄추위와 늙은이의 건강이라는 뜻으로, 사물이 오래가지 못함을 이르는 말.
춘향(春享)[명] 봄에 지내는 제향(祭享). ☞추향(秋享). 춘향대제(春享大祭)
춘향가(春香歌)[명] 판소리 열두 마당의 하나. '춘향전'의 내용을 판소리로 엮은 것.
춘향-대:제(春享大祭)[명] 조선 시대, 초봄에 지내는 종묘(宗廟)와 사직(社稷)의 큰 제사를 이르던 말. ☞추향대제(秋享大祭)

춘향전(春香傳)명 고대 소설의 한 가지. 조선 영조·정조 전후의 작품으로 추정되나, 작자는 알려져 있지 않음. 이몽룡(李夢龍)과 춘향의 사랑 이야기를 중심으로, 춘향의 정절을 기리고 계급 타파의 서민 의식을 고양하는 내용임. 이본(異本)이 120여 종에 이름. 열녀춘향수절가(烈女春香守節歌)

춘화(春花)명 봄철에 피는 꽃.

춘화(春畫)명 '춘화도(春畫圖)'의 준말.

춘화(春華)명 봄 경치의 아름답고 화려한 모양.

춘화-도(春畫圖)명 남녀가 성적 유희를 즐기는 장면을 나타낸 그림. 비희도(祕戲圖). 춘의도(春意圖) 준춘화

춘화=처:리(春化處理)명 두해살이 식물의 씨나 싹을 저온 처리하여 발육에 변화를 줌으로써 꽃이 피고 열매 맺는 것을 빠르게 하는 일. 가을 밀의 씨를 얼마 동안 저온 처리하여 봄에 뿌리는 따위. ☞야로비 농법

춘화추월(春花秋月)성구 봄철의 꽃과 가을철의 달이라는 뜻으로, 자연계의 아름다움을 이르는 말.

춘훤(春萱·椿萱)명 춘당(春堂)과 훤당(萱堂)이라는 뜻으로, 남의 부모를 높이어 일컫는 말.

춘흥(春興)명 봄철에 일어나는 흥치(興致).

출가(出家)명-하다자 번뇌에 얽매인 속세의 생활을 버리고 절에 들어가 중이 됨.

출가(出嫁)명-하다자 처녀가 시집을 감.

출가(出稼)명-하다자 일하거나 품팔러 나감. 주로 얼마 동안 타향에서 돈벌이하는 일을 이름.

출가-계(出家戒)명 불교에서, 삼계(三戒)의 하나. 출가한 사람이 지켜야 할 계(戒). ☞재가계(在家戒)

출가-구계(出家具戒)명 불교에서, 불가에 들어 계행(戒行)의 공덕을 몸에 갖춤을 이르는 말.

출가-외:인(出嫁外人)명 시집간 여자는 친정 사람이 아니고 남이나 마찬가지라는 뜻.

출가=취:락(出稼聚落)명 계절에 따라 타향에 돈벌이하러 온 사람들이 모여 임시로 이루는 취락.

출각(出脚)명-하다자 관직에서 물러났다가 다시 관직에 나감.

출간(出刊)명-하다타 출판(出版)

출감(出監)명-하다자 출옥(出獄) ☞입감(入監)

출강(出講)명-하다자 학교 따위로 강의를 하러 나감. ¶대학에 −하다.

출강(出疆)명-하다자 사신(使臣)으로 외국에 감.

출거(出去)명-하다자 나가거나 떠나감.

출격(出格)명-하다자 격식에서 벗어남.

출격(出擊)명-하다자타 진지나 기지에서 적을 공격하러 나아감. ¶전투기들이 −하다.

출결(出缺)명 ①'출결석(出缺席)'의 준말. ②'출결근(出缺勤)'의 준말.

출-결근(出缺勤)명 출근과 결근. 준출결(出缺)

출-결석(出缺席)[−썩]명 출석과 결석. 준출결(出缺)

출경(出境)명-하다자 어떤 지방의 경계를 넘어 나감.

출경(을) 당하다관용 악정(惡政)을 한 관원이 백성에게 쫓겨 지경(地境) 밖으로 나가게 되다.

출계(出系)명-하다자 양자로 들어가서 그 집의 대를 이음.

출고(出庫)명-하다타 ①물품을 창고에서 꺼냄. ☞입고(入庫) ②생산자가 생산품을 시장에 냄. ¶− 가격/−한 지 며칠 만에 상품이 동이 났다. ☞재고(在庫)

출고-량(出庫量)명 ①창고에서 물품을 꺼낸 양. ②생산자가 생산품을 시장에 낸 양.

출고-증(出庫證)[−쯩]명 출고 승낙을 증명하는 증서.

출관(出棺)명-하다자 출상(出喪)하기 위하여 관을 집 밖으로 내감. 출구(出柩)

출교(黜敎)명-하다타 교인을 교적(敎籍)에서 지워 내쫓음.

출구(出口)명 나가는 어귀나 문. ☞입구(入口)

출구(出柩)명-하다자 ①출관(出棺) ②무덤을 옮길 때 무덤에서 관을 들어냄.

출구=조사(出口調査)명 투표소에서 투표를 마치고 나오는 유권자를 상대로 직접 투표 내용을 묻는 선거 여론 조사 방법.

출국(出國)명-하다자 나라 밖으로 나감. ☞입국(入國)

출군(出群)어기 '출군(出群)하다'의 어기(語基).

출군-하다(出群−)형여 여러 사람 가운데서 특히 뛰어나다. 출중(出衆)하다

출궁(出宮)명-하다자 임금이 대궐 밖으로 거둥함.

출근(出勤)명-하다자 일터로 근무하러 나감. ☞결근(缺勤). 퇴근(退勤)

출근-부(出勤簿)명 출근 상황을 적는 장부.

출금(出金)명-하다자타 ①은행 따위의 금융 기관에 넣었던 돈을 찾음, 또는 그 돈. ¶예금한 돈을 모두 −하다./− 전표 ②지급할 돈을 내줌, 또는 그 돈. ¶운송비로 십만 원을 −하다./− 장부 ☞입금(入金)

출급(出給)명-하다타 물건 따위를 내줌.

출납(出納)명-하다타 돈이나 물품을 내주거나 받아들임.

출납=검:사(出納檢査)명 회계 검사 기관, 특히 감사원에서 현금 출납을 맡은 기관에 대하여 하는 회계 검사.

출납-계(出納係)명 출납의 사무를 담당하는 계, 또는 그 사람.

출납=공무원(出納公務員)명 현금이나 물품의 출납과 보관을 맡아보는 공무원.

출납-구(出納口)명 돈이나 물품을 내주거나 받아들이는 데 쓰이는 창이나 구멍.

출납-부(出納簿)명 출납을 적는 장부. ¶금전 −

출당(黜黨)[−땅]명-하다타 정당 등에서 당원의 자격을 빼앗고 내쫓음.

출대(出代)[−때]명-하다타 결원(缺員)이 생겼을 때 모자라는 인원을 보충함.

출동(出動)[−똥]명-하다자 부대 등이 임무를 수행하려고 떠남. ¶명령이 떨어지자 즉시 −했다.

출두(出痘)[−뚜]명-하다자 천연두의 반점이 내돋음.

출두(出頭)[−뚜]명-하다자 ①어떤 곳에 몸소 나감. ¶경찰서에 −하다./− 명령 ②'어사 출두(御史出頭)'의 준말.

출두-천(出頭天)[−뚜−]명 머리를 내민 '하늘 천(天)' 자, 곧 '지아비 부(夫)' 자를 가리키는 것으로, '남편'을 이르는 곁말.

출또(出−)명-하다자 '출두(出頭)'의 속된말.

출람(出藍)명 '청출어람(靑出於藍)'의 준말.

출렁-거리다(대다)자 큰 물결이 자꾸 일렁이다. 출렁이다 ¶파도가 −. ☞촐랑거리다[1]

출렁-다리명 현수교(懸垂橋)

출렁-이다자 출렁거리다 ☞촐랑이다[1]

출렁-출렁부 출렁거리는 모양, 또는 그 소리를 나타내는 말. ☞촐랑촐랑[1]

출력(出力)명 ①원동기나 발전기 등의 기계나 장치가 일정 시간에 내는 에너지. ¶−이 큰 앰프. ②-하다타 컴퓨터에서, 들어온 정보를 처리하고 외부로 결과를 나타내는 일, 또는 그 결과를 이르는 말. 아웃풋(output) ☞입력(入力)

출력=장치(出力裝置)명 컴퓨터에서 생성된 처리 결과를 사용자가 볼 수 있도록 표시해 주는 장치. 모니터, 프린터 따위. ☞입력 장치(入力裝置)

출렵(出獵)명-하다자 사냥하러 나감.

출령(出令)명-하다자 명령을 내림.

출로(出路)명 빠져 나가는 길.

출뢰(出牢)명-하다자 출옥(出獄)

출루(出壘)명-하다자 야구에서, 타자가 누(壘)에 나감. ☞진루(進壘)

출류(出類)어기 '출류(出類)하다'의 어기(語基).

출류발췌(出類拔萃)성구 같은 무리 가운데서 두드러지게 뛰어남을 이르는 말. 준출췌(出萃)

출류-하다(出類−)형여 같은 무리 가운데서 뛰어나다.

출륙(出六)명-하다자 조선 시대, 참하(參下)인 칠품에서 참상(參上)인 육품의 계(階)로 오르던 일.

출마(出馬)명-하다자 ①말을 타고 나감. ②선거 따위에 입후보함. ¶국회 의원 선거에 −하다.

출마-표(出馬標)명 지난날, 격구(擊毬)를 하는 사람이 말

ㅊ

을 타고 출발하는 곳을 이르던 말.
출막(出幕)명-하다자타 지난날, 전염병에 걸린 사람을 격리하기 위하여 따로 막을 치고 옮기던 일. ☞피막(避幕)
출말(出末)명-하다자 일이 끝남. 출초(出梢)
출말-나다(出末-)자 일이 끝장나다.
출면(黜免)명-하다타 관직을 파면하여 내쫓음.
출면-못:하다[-몯-]자여 너무 쇠약해지거나 병을 앓고 난 뒤이거나 하여 몸을 가누지 못하다.
출모(出母·黜母)명 아버지에게 쫓겨 나간 어머니. ☞팔모(八母)
출몰(出沒)명-하다자 나타났다 사라졌다 함. ¶ 살쾡이 따위가 자주 인가로 -하다. ☞은현(隱現)
출몰귀:관(出沒鬼關)성구 〔저승 문을 드나든다는 뜻으로〕 ①죽었다 살았다 함을 이르는 말. ②죽을 지경을 당함을 이르는 말.
출몰무쌍(出沒無雙)성구 나타났다 사라졌다 하는 것이 비길 데 없을 만큼 심함을 이르는 말.
출무성-하다형여 ①위아래가 굵지도 가늘지도 않고 비스름하다. ②물건의 대가리가 일매지다.
출문(出文)명 장부상으로 지급이 된 금액.
출문(出門)명-하다자 ①문밖으로 나감. ②집을 떠남.
출물(出物)명 ①어떤 일을 하는 데 내놓는 재물. ②강제로 입은 물적 손실.
출물-꾼(出物-)명 회비나 잡비 따위를 혼자 내는 사람.
출반-주(出班奏)명-하다자 ①여러 신하 가운데서 특별히 혼자 나아가서 임금에게 아뢰. ②여러 사람이 모인 자리에서 어떤 일에 대하여 맨 먼저 말을 꺼냄.
출발(出發)명-하다자타 ①목적지를 향하여 나아감. 길을 떠남. ¶ 새벽에 -하다./서울역을 -하다. ☞도착(到着) ②어떤 일을 시작함, 또는 그 시작. ¶ 인생을 새롭게 -하다./-이 좋아야 끝도 좋다.
출발-선(出發線)[-썬]명 경주 따위의 출발점으로 그어 놓은 선.
출발-점(出發點)[-쩜]명 ①어느 곳으로 갈 때 처음 떠나는 지점. ②어떤 일이 시작되는 곳. 기점(起點)
출번(出番)명 ①일직(日直)이나 당직(當直) 따위의 당번이 되어 나가는 차례. ②-하다자 당직이나 숙직 따위의 근무를 마치고 나옴.
출범(出帆)명-하다자 ①돛을 올리고 배가 떠남. 개범(開帆). 해람(解纜) 유출항(出港) ☞귀범(歸帆). 발묘(拔錨) ②정부나 단체 따위가 새로 조직되어 일을 시작함을 비유하여 이르는 말. ¶ 새 정부가 -하다.
출병(出兵)명-하다자 군대를 싸움터로 내보냄. 출사(出師)
출분(出奔)명-하다자 달아남.
출비(出費)명-하다자 비용을 냄, 또는 그 비용.
출빈(出殯)명-하다자 장례를 지내기 전에 집 밖에 마련한 빈소에 시신을 옮겨 모시는 일.
출사(出仕)[-싸]명-하다자 관리가 되어 관아에 출근함.
출사(出使)[-싸]명-하다자 ①조선 시대, 관원이 지방으로 출장하던 일. ②조선 시대, 포교(捕校)가 도둑을 잡으라는 명령을 받고 먼 곳으로 나가던 일.
출사(出師)[-싸]명-하다자 출병(出兵)
출사(出寫)[-싸]명-하다자 ①사진사가 출장하여 사진을 찍음. ②야외에 나가 사진을 찍음.
출사-표(出師表)[-싸-]명 중국 촉(蜀)나라의 재상 제갈 양(諸葛亮)이 출진에 앞서 후주 유선(劉禪)에게 올린 글. 성충과 우국의 정이 넘치는 명문으로 전함.
출산(出山)명-하다자 산에서 나옴. ☞입산(入山)
출산(出産)[-싼]명-하다자타 아기가 태어남, 또는 아기를 낳음. 생산(生産) ¶ 딸을 -하다.
출산=휴가(出産休暇)[-싼-]명 근로 여성의 출산을 위해 정한 법정 유급 휴가. 분만 휴가(分娩休暇)
출상(出喪)[-쌍]명-하다자 상가(喪家)에서 상여가 떠남.
출생(出生)[-쌩]명-하다자 ①사람이 태어남. ¶ 삼 형제 중 장남으로 -했다. ②태생(胎生) ¶ 부산에서 -하다. ☞탄생(誕生)
출생-률(出生率)[-쌩-]명 일정한 기간에 태어난 사람의 수가 전체 인구에 대하여 차지하는 비율. 보통 인구 천 명에 대한 한 해 동안의 출생아 수의 비율로 나타냄.
출생=신고(出生申告)[-쌩-]명 법률에서, 사람이 태어났음을 행정 관청에 알리는 일. ☞사망 신고(死亡申告)
출생-지(出生地)[-쌩-]명 사람이 태어난 곳. 생지(生地) ☞사지(死地)
출생지-주의(出生地主義)[-쌩-]명 국적 취득에 관한 원칙의 한 가지. 어떤 나라의 영토 안에서 태어난 사람은 부모의 국적에 관계없이 출생지의 국적을 얻게 한다는 것. 생지주의(生地主義) ☞속인주의(屬人主義). 혈통주의(血統主義)
출석(出席)[-썩]명-하다자 나가야 할 자리에 나가 참석함. ¶ 임원 회의에 -하다./강의에 -하다. ☞결석(缺席)
출석=명:령(出席命令)[-썩-]명 법원이 피고인에게 지정한 곳에 출석할 것을 명령하는 일.
출석-부(出席簿)[-썩-]명 출석 상황을 적는 장부.
출선(出船)[-썬]명-하다자 배가 항구를 떠남.
출성(出城)[-썽]명-하다자 성(城) 밖으로 나감. ☞입성
출세(出世)[-쎄]명-하다자 ①사회적으로 높은 지위에 오르거나 유명해짐. ¶ - 가도(街道)를 달리다./젊은 나이에 중역이 되다니 -했다. ②불교에서, 불보살이 중생을 제도하기 위하여 사바에 나타남을 이르는 말. ③불교에서, 세속을 떠나서 불도 수행에 들어감을 이르는 말.
출세(出稅)[-쎄]명-하다자 세금을 냄.
출-세:간(出世間)[-쎄-]명 ①불교에서, 속세와 관계를 끊음을 이르는 말. ②불교에서, 속세의 번뇌를 벗어나 해탈의 경계에 드는 일을 이르는 말. ③속계인 세간(世間)에 상대하여 '법계(法界)'를 이르는 말. ☞속세간
출세간-도(出世間道)[-쎄-]명 불교에서, 속세의 번뇌를 벗어나 해탈의 경지에 드는 보리(菩提)의 도(道)를 이르는 말.
출세-작(出世作)[-쎄-]명 세상에 널리 알려지거나 작가로 인정 받게 한 작품.
출세-주의(出世主義)[-쎄-]명 자기 개인의 출세만을 추구하는 이기적인 사상이나 태도.
출소(出所)[-쏘]명-하다자 죄인으로 형벌을 받고 있던 사람이 형기를 마치고 석방되어 교도소에서 나옴.
출소(出訴)[-쏘]명-하다자 소송(訴訟)을 제기함.
출송(出送)[-쏭]명-하다타 내어 보냄.
출수(出售)[-쑤]명-하다타 물건을 내어서 팖.
출수(出穗)[-쑤]명-하다자 벼나 보리 따위의 이삭이 팸. 발수(發穗)
출시(出市)[-씨]명-하다타 상품을 시장에 내보냄. ¶ 신제품을 -하다./다음 주에 -될 디브이디.
출신(出身)[-씬]명 ①출생 당시 가정이 딸려 있던 사회적 신분 관계. ¶ 부농 -/양반 - ②출생 당시의 지역적 소속 관계. ¶ 농촌 -/호남 - ③학교나 직업 따위의 사회적 신분이나 이력 관계. ¶ 국문과 -/장교 - ④지난날, 문무과나 잡과에 급제하고 아직 관직에 오르지 못한 사람을 이르던 말. 주로 무과에 급제한 사람을 이름. ⑤지난날, 처음으로 관직에 나서는 일을 이르던 말.
출썩-거리다(대다)자 주책없이 덜렁거리다. 출썩이다 ☞촐싹거리다. 추썩거리다[2]
출썩-이다자 출썩거리다 ☞촐싹이다. 추썩이다[2]
출썩-출썩부 출썩거리는 모양을 나타내는 말. ☞촐싹촐싹. 추썩추썩[2]
출아(出芽)명-하다자타 ①식물의 싹이 터 나옴, 또는 그 싹. ②출아법으로 번식시킴.
출아-법(出芽法)[-뻡]명 무성 생식의 한 가지. 모체에 생긴 작은 싹이나 돌기가 떨어져 나가 새로운 개체를 이루는 생식 방법. 발아법(發芽法)
출애굽기(∠出埃及記)명 구약성서 중 모세 오경의 하나. 이스라엘 민족이 모세의 인도로 이집트에서 탈출하여 시나이 산에 이르기까지를 적은 내용임.
출액(出液)명 이른봄 싹이 트기 전에 나무줄기의 절단면이나 상처 부분에서 수액이 나오는 현상.
출어(出漁)명-하다자 물고기를 잡으러 고깃배를 타고 나

감. ¶날이 개는 대로 －할 예정이다.
출연(出捐)명-하다타 어떤 일이나 사람을 도우려고 금품을 내어 놓음. ¶기업에서 －한 수재 의연금. ☞기부(寄附)
출연(出演)명-하다자 무대나 영화, 방송 따위에 나가 연기·공연·연설 따위를 함. ¶영화에 －하다.
출연-금(出捐金)명 출연한 돈.
출연-료(出演料)[－뇨]명 출연자에게 지급하는 보수. 개런티(guarantee) ¶영화 －/광고 －
출영(出迎)명-하다타 나가서 맞음, 또는 맞으러 나감.
출옥(出獄)명-하다자 죄인으로 형벌을 받고 있던 사람이 형기를 마치고 석방되어 감옥에서 나옴. 출감(出監). 출뢰(出牢) ☞입옥(入獄)
출원(出願)명-하다자타 신청서나 원서를 냄. ¶특허를 －하다./－ 공고(公告)
출유(出遊)명-하다자 ①집 밖에 나가서 놂. ②외국으로 나가서 떠돌아다님.
출인가(出引歌)명 십이잡가(十二雜歌)의 하나. 사설에 일관된 내용은 없고, 처음 부분에 이 도령과 춘향의 오리정 이별 대목이 나옴.
출입(出入)명-하다자타 ①드나듦. 나들이 ¶병원 －이 잦다./미성년자의 －을 금지하다./국회를 －하며 취재하다. ②어디를 다녀오려고 집 밖으로 나감. ¶어머니는 －하시고 안 계십니다.
출입-구(出入口)명 드나드는 어귀나 문. 유문호(門戶)
출-입국(出入國)명 출국과 입국을 아울러 이르는 말.
출입국=관리(出入國管理)명 외국인의 출입국이나 상륙(上陸), 재류(在留)와 자국민의 출국이나 귀국 따위를 관리하는 일.
출-입금(出入金)명 출금과 입금을 아울러 이르는 말.
출입-문(出入門)명 드나드는 문. ¶입주자 전용 －이 따로 있다. ☞문호(門戶). 출입구(出入口)
출입-복(出入服)명 나들이옷
출입-옷(出入－)명 나들이옷
출입-자(出入者)명 드나드는 사람.
출입-증(出入證)명 드나들 수 있도록 허가한 증표.
출입-처(出入處)명 일정하게 드나드는 곳.
출입-패(出入牌)명 어떤 곳을 드나들 때 증표로 지니는 패(牌).
출자(出資)[－짜]명-하다자 자금을 내는 일. 특히 회사나 조합 따위의 공공 사업을 하려고 구성원이 자본을 내는 일을 이름. 재산·노무·신용 출자 따위.
출장(出張)[－짱]명-하다자 직무를 띠고 임시로 다른 곳으로 나감. ¶지방으로 －을 가다.
출장(出場)[－짱]명-하다자 ①어떤 곳에 나감. ②경기를 하러 경기장에 나감. ¶세 경기에 －이 정지되다./결승전에 －하다. ☞퇴장(退場)
출장-소(出張所)[－짱－]명 출장하여 사무를 보는 곳.
출장입상(出將入相)[－짱－]성구 난시(亂時)에는 장수가 되고 평시(平時)에는 정승이 된다는 뜻으로, 문무를 다 갖추어 장상(將相)의 관직을 두루 지냄을 이르는 말.
출전(出典)[－쩐]명 고사(故事)나 성어(成語), 인용한 글 따위가 실려 있는 책.
출전(出戰)[－쩐]명-하다자 ①싸우러 나감, 또는 나가서 싸움. ¶월남전에 －한 경험이 있다. ②경기 따위에 나감. ¶올림픽에 국가 대표로 －하다.
출전-피(出箭皮)[－쩐－]명 활등 한가운데의 옆에 화살이 닿는 자리에 붙이는 가죽 조각.
출정(出廷)[－쩡]명-하다자 재판에서, 관계자가 법정에 나가는 일. ☞입정(入廷). 퇴정(退廷)
출정(出征)[－쩡]명-하다자타 ①군대에 입대하여 싸움터로 나감. ②군사를 보내어 정벌함.
출정(出定)[－쩡]명-하다자 불교에서, 선정(禪定)을 마치고 나옴을 이르는 말. ☞입정(入定)
출제(出題)[－쩨]명-하다자타 문제나 제목을 냄.
출주(出主)[－쭈]명-하다자 제사 때, 사당에서 신주(神主)를 모셔 냄.
출주(出走)[－쭈]명-하다자 있던 곳을 떠나 달아남.
출주(出駐)[－쭈]명-하다자 군대가 일정한 지역에 나가 주둔함.
출주-축(出主祝)[－쭈－]명 출주할 때 읽는 축문.
출중(出衆)[－쭝]어기 '출중(出衆)하다'의 어기(語基).
출중-나다(出衆－)[－쭝－]형 출중하여 유별나다.
출중-하다(出衆－)[－쭝－]형여 여러 사람 가운데서 특히 뛰어나다. 출군(出群)하다 ¶출중한 용모.
출진(出陣)[－찐]명-하다자 싸움터로 나아감.
출진(出塵)[－찐]명-하다자 속세를 버리고 번뇌에서 벗어남, 곧 중이 됨.
출차(出差)명 달이 태양의 영향으로 그 타원 궤도에 주기적으로 변화를 일으키는 현상. ☞섭동(攝動)
출채(出債)명-하다자 빚을 냄.
출처(出妻·黜妻)명 ①인연을 끊고 헤어진 아내. ②-하다자 아내를 내쫓음.
출처(出處)명 ①사물이 나온 근거. ¶－를 밝히다./돈의 －를 따지다. ☞유래(由來) ②세상에 나서는 일과 집에 들어앉는 일. ☞거취(去就)
출척(黜陟)명-하다타 공(功)이 있고 없음에 따라 관직의 등급을 올리기도 하고 내리기도 하는 일.
출천지효(出天之孝)명 하늘이 낸 효자라는 뜻으로, 지극한 효자나 효성을 이르는 말.
출초(出草)명-하다타 ①재래식 한옥에서, 건물의 화반(花盤)·촛가지 따위에 그림이나 무늬를 그리는 일. ②글의 초안을 씀. 기초(起草)
출초(出梢)명-하다자 일이 끝남. 출말(出末)
출초(出超)명 '수출 초과'의 준말. ☞입초(入超)
출출부 물 따위가 굵은 줄기를 이루어 잇달아 넘치는 모양을 나타내는 말. ¶물이 － 넘치다. ☞촐촐
출출-하다형여 배가 꽤 고픈 느낌이 있다. ¶배가 －. ☞촐촐하다. 허출하다. 헛헛하다
　출출-히부 출출하게 ☞촐촐히
출췌(出萃)명-하다형 '출류발췌(出類拔萃)'의 준말.
출췌(出贅)명-하다자 처가살이
출타(出他)명-하다자 ①다른 지방에 나감. ¶사업차 －하다. ②자기 집이나 직장 등에서 볼일을 보러 나감. 외출
출토(出土)명-하다자 땅 속에 묻혀 있던 것이 발굴되어 밖으로 나옴. ¶고대 유물이 －되다. ☞발굴(發掘)
출토-품(出土品)명 출토된 물품. 고분(古墳) 따위에서 발굴되어 나온 유물(遺物) 따위.
출통(出筒)명-하다자 통계(筒契)에서 계알을 흔들어 뽑아내는 일.
출-퇴:근(出退勤)명-하다자 출근과 퇴근을 아울러 이르는 말. ¶걸어서 －하다. ☞통근(通勤)
출판(出判)명-하다자 재산을 탕진하여 아주 결딴이 남.
출판(出版)명-하다타 문서·회화·사진 등의 저작물을 인쇄·제책하여 세상에 내놓는 일. 출간(出刊) ¶시집을 －하다./자비 －
출판-계(出版界)명 출판에 관한 일을 하는 사람들의 사회.
출판-권(出版權)[－꿘]명 ①어떤 저작물을 인쇄·간행할 수 있는 독점적·배타적 권리. ②저작권자가 설정 행위에 따라 출판권자에게 부여하는 권리로, 저작물을 원작 그대로 복제하여 발행할 수 있는 독점권.
출판-물(出版物)명 출판된 책이나 그림 따위를 통틀어 이르는 말.
출판-사(出版社)명 출판 사업을 하는 회사.
출포(出捕)명-하다타 죄인을 자기 관할 구역 밖에까지 쫓아가서 잡음.
출포(出浦)명-하다타 곡식 따위를 배편으로 다른 곳으로 실어 나르려고 포구(浦口)로 보냄.
출품(出品)명-하다자타 전람회나 전시회 같은 곳에 작품이나 물품 따위를 내놓음. ¶국전에 －할 작품./새로운 제품을 －하다.
출하(出荷)명-하다자타 ①짐을 내어 보냄. ②상품을 시장으로 내어 보냄. ¶김장용 배추를 －하다. ☞입하(入荷)
출학(黜學)명-하다타 교칙을 어긴 학생을 학교에서 내쫓

ㅊ

음. 방교(放校) ☞퇴학(退學)
출한(出汗)명-하다자 땀이 남.
출합(出閤)명-하다자 조선 시대, 왕자나 공주가 결혼하여 대궐을 나와 따로 사는 일을 이르던 말.
출항(出航)명-하다자 선박이나 항공기가 출발함.
출항(出港)명-하다자 배가 항구를 떠남. 발항(發港) 유 출범(出帆) ☞입항(入港). 착항(着港)
출행(出行)명-하다자 ①나가서 다님. ②먼 길을 떠남.
출향(出鄕)명-하다자 고향을 떠남. ☞귀향(歸鄕)
출향(黜享)명-하다타 종묘나 문묘·서원 등에 배향(配享)한 위패(位牌)를 거두어 치움.
출현(出現)명-하다자 나타나거나 나타나 보임. ¶부족 국가의 -./정체 불명의 어선이 -하다.
출혈(出血)명-하다자 ①피가 혈관 밖으로 나옴. ②몸에서 피가 흘러 나옴. ¶-을 멎게 하다. ③희생이나 손해 따위를 비유하여 이르는 말. ¶-을 감수하며 판매 경쟁을 벌이다.
출혈=경:쟁(出血競爭)명 결손(缺損)을 무릅쓰고 하는 경쟁을 비유하여 이르는 말.
출혈=보:상=링크(出血補償link)명 수출입 링크제의 하나. 어느 정도의 손실이 따르는 상품의 수출자에게 그 손실을 벌충할 수 있게 특수 물자의 수입권을 주는 제도.
출혈=수출(出血輸出)명 생산 원가를 밑도는 가격으로 상품을 수출하는 일.
출화(出火)명-하다자 불이 남. ☞소화(消化)
출화(出貨)명-하다자 화물을 내어 보냄.
출회(秫灰)명 차조의 짚을 불에 태우고 남은 재. 지난날, 관(棺)의 밑바닥에 깔았음.
출회(黜會)명-하다타 모임이나 단체에서 내쫓음.
춤[1]명 몸을 율동적으로 움직이어 감정과 의사 등을 나타내는 예술적 행위. ☞무용(舞踊)
춤[2]명 물건의 운두나 높이. ¶접시 -이 높다.
춤[3]명 '허리춤'의 준말. ¶왼손을 왼쪽 -에 찔러 넣다.
춤[4]명 ①가늘고 기름한 물건을 한 손으로 쥘만 한 분량. ¶-이 크다./-이 작다. ②〔의존 명사로도 쓰임〕 가늘고 기름한 물건을 한 손으로 쥐어 재는 단위. ¶볏짚 한 -./파 두 -.
춤-곡(-曲)명 춤을 출 때 맞추어 출 수 있도록 작곡된 악곡. 무곡(舞曲). 무도곡(舞蹈曲)
춤-꾼명 ①춤을 즐겨 추거나 잘 추는 사람. ②춤을 직업으로 삼는 사람. ¶춤 경연 대회에 -들이 다 모였다.
춤-사위명 춤에 따라 그 춤을 이루는 일정한 몸놀림.
춤-추다자 ①춤의 몸놀림을 하다. ¶흥에 겨워 덩실거리며 -. ②몹시 기뻐 어쩔 줄을 모르고 좋아하는 일을 비유하여 이르는 말. ¶좋아라고 춤추는 아이들. ③남의 말을 좇아 줏대 없이 앞에 나서서 날뛰는 일을 비유하여 이르는 말. ¶남의 장단에 -.

한자 춤출 무(舞)〔舛部 8획〕¶가무(歌舞)/무도(舞蹈)/무용(舞踊)/승무(僧舞)/원무(圓舞)

춤-판명 춤을 추는 판. ¶-을 벌이다./-이 벌어지다.
춥다(춥고·추워)형ㅂ 기온이 낮거나 그 밖의 이유로 몸에 느끼는 기운이 차다. ¶날씨가 꽤 -. ☞덥다
충명 '충항아리'의 준말.
충(衝)명 지구에서 볼 때, 외행성(外行星)이 태양과 정반대 방향에 있을 때를 이르는 말. ☞합(合)
충(蟲)명 ①벌레 ②'회충(蛔蟲)'의 준말.
충(이) 나다관용 곡물이나 약재 따위에 벌레가 생기다.
충간(忠肝)명 ①충성스러운 마음. ②진심으로 임금이나 윗사람을 섬기는 마음. 충담(忠膽)
충간(忠諫)명-하다타 충성스럽게 윗사람의 잘못을 간(諫)함.
충간(衷懇)명-하다타 진정으로 간청함.
충간의:담(忠肝義膽)성구 충성스러운 마음과 의로운 담기(膽氣)를 이르는 말.
충건(忠謇)명 충성스러운 마음으로 하는 바른말.
충격(衝激)명-하다자 서로 세차게 부딪침.
충격(衝擊)명 ①-하다자타 대들어 들이침. ②물체에 급격히 가해지는 세찬 힘. ¶-을 완화시키다. ③마음에 받는 심한 자극이나 영향. ¶사고 소식에 큰 -을 받다.
충격-량(衝擊量)명 물리학에서, 힘의 크기에 그 힘이 작용한 시간을 곱하여 나온 값.
충격-력(衝擊力)명 물리학에서, 타격을 받거나 충돌을 하였을 때 물체와 물체 사이에 생기는 접촉력.
충격-적(衝擊的)명 충격을 주거나 받는 것. ¶환경 오염에 관한 -인 보고서./-인 사건.
충격-파(衝擊波)명 물리학에서, 공기 등과 같은 유체 속을 음속보다도 빠르게 전파하는 강력한 압력파. 화약이 폭발하거나 물체가 초음속으로 날아갈 때 생김.
충견(忠犬)명 주인에게 충직한 개.
충경(忠敬)명-하다타 충성스러운 마음으로 섬김.
충계(忠計)명 충실하게 계략을 꾸미는 일, 또는 그 계략.
충고(忠告)명-하다자타 남의 허물이나 결점 등을 진심으로 타이름, 또는 그 말. ¶친구의 -를 듣다./건강에 신경을 쓰라고 -하다.
충곡(衷曲)명 간절하고 애틋한 마음. 심곡(心曲)
충곤(忠悃)어기 '충곤(忠悃)하다'의 어기(語基).
충곤-하다(忠悃-)형여 아주 참되고 정성스럽다.
충과(忠果)명 '감람(橄欖)'의 딴이름.
충군(充軍)명-하다타 ①군대에 편입함. ②조선 시대, 죄를 지은 관원을 군역(軍役)에 복무시키던 일.
충군(忠君)명-하다자 임금에게 충성을 다함.
충근(忠勤)어기 '충근(忠勤)하다'의 어기(語基).
충근-하다(忠勤-)형여 충성스럽고 근실하다.
충납(充納)명-하다타 모자라는 것을 채워서 바침.
충년(沖年)명 열 살 안팎의 어린 나이.
충노(忠奴)명 충복(忠僕)
충담(忠膽)명 충간(忠肝)
충담(沖澹)어기 '충담(沖澹)하다'의 어기(語基).
충담-하다(沖澹-)형여 성질이 맑고 깨끗하다, 또는 마음이 깨끗하고 욕심이 없다.
충당(充當)명-하다타 모자라는 것을 채워 메움. ¶부족액을 예비비로 -하다.
충당(忠讜)어기 '충당(忠讜)하다'의 어기(語基).
충당-하다(忠讜-)형여 충성스럽고 곧다. 충직하다
충돌(衝突)명-하다자 ①서로 맞부딪침. ¶승용차끼리 -하다. ②의견이나 이해(利害)가 맞지 않아 서로 맞서서 다툼. ¶양국간에 무력 -이 잦다.
충동(充棟)명 쌓으면 들보까지 가득 찬다는 뜻으로, 장서(藏書)가 많음을 비유하여 이르는 말. ☞한우충동
충동(衝動)명 ①갑자기 어떤 행동을 하고 싶은 욕망을 일으키는 마음속의 자극. ¶크게 외치고 싶은 -을 느끼다./-을 억제하다. ②심리학에서, 뚜렷한 목적이나 반성 없이 본능적·반사적으로 어떤 일을 하려고 하는 마음의 작용을 이르는 말. ③-하다타 어떤 일을 하도록 남을 부추기거나 심하게 마음을 흔들어 놓음. ¶사람들을 -하여 물건을 사게 하다.
충동=구매(衝動購買)명 필요하지도 않으면서 물건이나 광고를 보고 갑자기 사고 싶어져서 물건을 사는 행위.
충동-이다(衝動-)타 자꾸 충동질을 하다. ¶남을 충동이어 책을 팔다.
충동-적(衝動的)명 충동을 일으키는 것. ¶-으로 저지른 행동.
충동-질(衝動-)명-하다타 충동하는 짓. ¶합세하도록 뒤에서 -하다.
충량(忠良)명-하다형 충성스럽고 선량함, 또는 그런 사람.
충량(衝樑)명 재래식 한옥에서, 한쪽 끝은 기둥머리에 짜이고 다른 쪽 끝은 대들보의 중간에 걸친 보.
충력(忠力)명 충심으로 바치는 힘.
충렬(忠烈)명 ①충성스러운 열사. ②-하다형 충성스럽고 절의가 굳음.
충렬-사(忠烈祠)[-싸]명 충신이나 열사를 기리고 추모하려고 세운 사당.
충령(忠靈)명 충의(忠義)를 위하여 목숨을 바친 영령.

충류(蟲類)명 벌레의 종류.
충만(充滿)어기 '충만(充滿)하다'의 어기(語基).
충만-하다(充滿-)형여 차서 가득하다. ¶기쁨이 충만한 얼굴./집안에 행복이 -.
충매(蟲媒)명 곤충이 꽃가루를 옮기어 가루받이가 이루어지는 일. ☞수매(水媒). 풍매(風媒)
충매-화(蟲媒花)명 곤충이 꽃가루를 옮기어 가루받이가 되는 꽃. 개나리꽃·무궁화꽃·벚꽃 따위. ☞수매화. 풍매화
충맥(衝脈)명 기경 팔맥의 하나. 아랫배 속에서 시작하여 인후(咽喉)에 이르는 경락임. 몸의 뒷면으로는 척추 속을 관통하고, 앞면은 신경(腎經)으로 이어짐.
충모(忠謀)명 충성스러운 꾀.
충모(衝冒)명-하다타 어려움을 무릅쓰고 달려듦.
충목지장(衝目之杖)성구 '눈 찌를 막대'라는 말을 한문식으로 옮긴 구(句)로, 남을 해치려 하는 악한 마음을 비유하여 이르는 말.
충복(充腹)명-하다자 아무 음식으로나 허기진 배를 채움.
충복(忠僕)명 ①주인을 충심으로 섬기는 남자 종. 충노(忠奴) ②종처럼 어떤 사람을 충직하게 받드는 사람을 비유하여 이르는 말.
충-복통(蟲腹痛)명 거위배
충분(忠憤)명 충의로운 마음에서 일어나는 분노.
충분(忠奮)명-하다자 충의(忠義)를 위하여 떨쳐 일어남.
충분(充分)어기 '충분(充分)하다'의 어기(語基).
충분=조건(充分條件)[-껀]명 그것이 있기만 하면 어떤 일이 반드시 성립되는 조건. A가 성립되면 반드시 B도 성립되는 경우, B에 대한 A를 이름.
충분-하다(充分-)형여 모자람이 없이 차거나 넉넉하다. ¶식량이 -./교사로서 실력이 -.
충분-히부 충분하게 ¶피로가 풀릴 만큼 - 쉬다.
충비(充備)명-하다타 넉넉하게 갖춤, 또는 충분히 준비함.
충비(忠婢)명 주인을 충심으로 섬기는 여자 종.
충-빠지다자 화살이 떨며 나가다.
충사(忠死)명-하다자 충의(忠義)를 위하여 죽음.
충사(忠邪)명 충직함과 간사함.
충색(充塞)명-하다자타 가득 차서 막힘, 또는 가득 채워 막음.
충서(忠恕)명 마음을 다하여 남을 위하고, 자신의 마음을 미루어 남의 처지를 헤아려 주는 일.
충서(蟲書)명 조충서(鳥蟲書)
충성(忠誠)명-하다자 참마음에서 우러나는 정성, 또는 그러한 정성을 바치는 일. 특히 나라나 임금에 대한 것을 이름. 성충(誠忠) ¶나라에 -하다.

한자 충성 충(忠) [心部 4획] ¶충간(忠諫)/충렬(忠烈)/충성(忠誠)/충언(忠言)/충직(忠直)/충효(忠孝)

충성(衷誠)명 충심(衷心)
충성(蟲聲)명 벌레의 소리.
충성-스럽다(忠誠-)(-스럽고·-스러워)형ㅂ 충성을 다하는 태도가 있다. ¶충성스러운 신하.
충성-스레부 충성스럽게 ¶- 주인을 섬기다.
충성-심(忠誠心)명 충성스러운 마음.
충손(蟲損)명 해충으로 입은 농작물의 피해. 충해(蟲害)
충수(充數)명-하다타 정한 수효를 채움, 또는 그 수효.
충수(蟲垂)명 맹장(盲腸)의 아래 끝에 꼬리처럼 달려 있는 가느다란 관 모양의 돌기. 충양돌기(蟲樣突起)
충수-꾼(充數-)명 수효를 채우는 구실밖에 하지 못하는 '쓸모 없는 사람'을 이르는 말.
충수-염(蟲垂炎)명 충수에 생기는 염증. 충양돌기염(蟲樣突起炎) ☞맹장염
충순(忠純)어기 '충순(忠純)하다'의 어기(語基).
충순(忠順)어기 '충순(忠順)하다'의 어기(語基).
충순-하다(忠純-)형여 마음이 충성스럽고 참되다.
충순-히부 충순하게
충순-하다(忠順-)형여 충직하고 양순하다.
충순-히부 충순하게
충신(忠臣)명 임금에게 충성을 다하는 신하. ☞반신(叛臣). 역신(逆臣)
충신(忠信)명 ①충성과 신의를 아울러 이르는 말. ②정성을 다하고 신의를 지키는 일.
충실(充實)명-하다형 ①내용 따위가 제대로 잘 갖추어져 있음. ¶책의 내용이 -하다./강의가 -하다. ②몸이 실하고 튼튼함. ¶아이들이 -하게 잘 자라다.
충실-히부 충실하게 ¶보고서를 - 작성하다.
충실(忠實)명-하다형 충직하고 성실함. ¶직무에 -하다.
충실-히부 충실하게 ¶맡은 임무를 - 수행하다.
충실(蟲室)명 촉수동물(觸手動物)의 개체를 보호하는 집 모양의 기관.
충심(忠心)명 충성스러운 마음.
충심(衷心)명 속에서 우러나오는 참된 마음. 충성(衷誠) ¶승진을 -으로 축하하다. 유충정(衷情)
충애(忠愛)명 ①충성과 사랑을 아울러 이르는 말. ②-하다타 정성을 다하여 사랑함.
충액(充額)명-하다타 정한 액수를 채움.
충양-돌기(蟲樣突起)명 충수(蟲垂)
충양돌기-염(蟲樣突起炎)명 충수염(蟲垂炎)
충언(忠言)명-하다자타 ①진심으로 충고하는 말. ②충직하고 바른 말.
충언역이(忠言逆耳)성구 충직한 말은 듣기에는 귀에 거슬림을 이르는 말.
충역(忠逆)명 ①충의(忠義)와 반역(叛逆). ②충신과 역적.
충연(衝椽)명 추녀
충연(衝然)어기 '충연(衝然)하다'의 어기(語基).
충연-하다(衝然-)형여 높이 솟아 우뚝하다.
충연-히부 충연하게
충영(蟲癭)명 식물의 줄기나 잎, 뿌리 따위에 곤충이 알을 낳거나 기생하여 혹처럼 비정상적으로 발육한 부분. 몰식자·오배자 따위. 벌레혹 ☞뿌리혹
충욕(充慾)명-하다자 욕심을 채움.
충용(充用)명-하다타 보충하여 씀.
충용(忠勇)명 ①충성과 용맹(勇猛). ②-하다형 충성스럽고 용맹함.
충우(忠友)명 진심으로 사귀는 벗.
충원(充員)명-하다자 부족한 인원을 채움. ¶병력 -/기능공을 -하다. ☞결원(缺員)
충위(茺蔚)명 한방에서, 익모초를 약재로 이르는 말.
충위-자(茺蔚子)명 한방에서, 익모초의 씨를 약재로 이르는 말. 생리 조절이나 눈을 밝게 하는 데 쓰임.

충의(忠義)명 ①충성과 절의(節義). ②충신과 의사.
충이(充耳)명-하다자 염습(殮襲)할 때, 죽은 사람의 귀를 솜으로 메우는 일.
충이다타 무엇을 담을 때 더 많이 담으려고 섬이나 자루 등을 좌우로 흔들거나 위아래로 들었다 놓았다 하다.
충일(充溢)명-하다자 가득 차서 넘침. 영일(盈溢)
충입(衝入)명-하다자 대질러서 뚫고 들어감.
충장(充壯)어기 '충장(充壯)하다'의 어기(語基).
충장-하다(充壯-)형여 기세가 충만하고 씩씩하다.
충재(蟲災)명 해충으로 입는 농작물의 재해.
충적(充積)명-하다타 가득하게 쌓음.
충적(沖積)명-하다자 흙이나 모래 따위가 흐르는 물에 실려 와 쌓임. ¶- 평야 ☞퇴적(堆積)
충적(蟲積)명 한방에서, 음식물이 위 속에서 잘 삭지 아니하고 쌓여 마치 벌레가 뭉친 것같이 느껴지는 증세를 이르는 말.
충적(沖寂)어기 '충적(沖寂)하다'의 어기(語基).
충적=광:상(沖積鑛床)명 풍화(風化)된 암석 속의 유용한 광물이 흐르는 물에 실려 와 강이나 호수, 바다 속에 쌓여 이루어진 광상. ▷沖의 속자는 冲
충적-기(沖積期)명 충적세(沖積世)
충적-물(沖積物)명 흐르는 물에 실려 와 쌓인 흙이나 모래 따위의 퇴적물.
충적-선(沖積扇)명 선상지(扇狀地)
충적세(沖積世)명 신생대(新生代) 제4기, 홍적세(洪積世)

다음의 시대로서 약 1만 년 전부터 현재까지의 시대. 완신세(完新世). 충적기(沖積期). 현세(現世) ☞팔레오세. 홍적세(洪積世)
충적-층(沖積層)명 충적세 이후 흐르는 물에 실려 내려온 흙이나 모래, 자갈 따위가 쌓여서 이루어진 지층.
충적-토(沖積土)명 충적층을 이루고 있는 흙.
충적=평야(沖積平野)명 흙이나 모래, 자갈 따위가 흐르는 물에 실려 와 쌓여서 이루어진 평야. ☞퇴적 평야
충적-하다(沖寂-)형여 마음이 공허하고 고요하다.
충전(充電)명-하다자 축전지나 축전기 등에 전기 에너지를 축적하는 일. ¶건전지를 -해서 쓰다. ☞방전(放電)
충전(充塡)명-하다타 빈 곳이나 빠진 곳 따위를 채움.
충전=가:상(充塡假像)명 광물이 있던 공간에 다른 광물이 충전되어 생긴 가상.
충전=광:상(充塡鑛床)명 암석 속의 빈 곳에 유용한 광물이 채워져 이루어진 광상.
충전-기(充電器)명 축전지의 충전에 쓰는 장치.
충전=전:류(充電電流)명 ①축전지에 충전할 때 외부 전원에서 흘러 들어가는 전류. ②축전기에 직류 전압을 걸어서 같은 전압이 될 때까지 흐르는 전류.
충절(忠節)명 충성스러운 절개.
충정(忠情)명 충성스러운 정. ¶애국 -
충정(衷情)명 마음에서 우러나오는 참된 정. ¶- 어린 충고. 유충심(衷心)
충정(沖靜)어기 '충정(沖靜)하다'의 어기(語基).
충정(忠正)어기 '충정(忠正)하다'의 어기(語基).
충정(忠貞)어기 '충정(忠貞)하다'의 어기(語基).
충정-관(沖正冠)명 조선 시대, 사대부가 평상시에 쓰던 관. 말총으로 만들었으며 가장자리가 모가 지지 않음.
충정-하다(沖靜-)형여 마음이 편안하고 고요하다.
충정-하다(忠正-)형여 충실하고 올바르다.
충정-하다(忠貞)형여 충성스럽고 절개가 굳다.
충족(充足)[1]명-하다타 일정한 분량을 채워 모자람이 없게 함. ¶수요를 -하다./욕구를 -시키다.
충족(充足)[2]명-하다형 일정한 분량에 차서 모자람이 없음. ¶물자가 -하게 공급되다./-한 생활.
충족-히부 충족하게 ¶단비가 - 내리다.
충족-률(充足律)명 충족 이유율(充足理由律)
충족=원리(充足原理)명 충족 이유율(充足理由律)
충족=이:유율(充足理由律)[-니-]명 사유(思惟) 법칙의 하나. 모든 사물의 존재 또는 진리에는 그것이 존재하거나 또는 진리이어야 할 충분한 이유가 있어야 한다는 원리. 이유율. 충족률. 충족 원리
충지(忠志)명 충성스러운 뜻.
충직(忠直)어기 '충직(忠直)하다'의 어기(語基).
충직-성(忠直性)[-썽]명 충직한 성질이나 특성.
충직-하다(忠直-)형여 충성스럽고 곧다. 충당(忠讜)하다 ¶충직한 신하.
충직-히부 충직하게 ¶- 임무를 수행하다.
충척(充斥)어기 '충척(充斥)하다'의 어기(語基).
충척-하다(充斥-)형여 ①많은 사람이 그득하다. ②그득하게 찬 것이 퍼져서 넓다.
충천(衝天)명-하다자 ①하늘을 찌를듯이 공중으로 높이 솟아오름. ¶화염이 -하다. ②기개나 기세 따위가 북받쳐 오름. 탱천(撑天) ¶-하는 사기(士氣)./노기가 -하다.
충충-하다형여 물이나 빛깔 따위가 맑거나 산뜻하지 못하고 흐리다. ¶빛깔이 -.
충충-히부 충충하게
속담 **충충하기는 노송(老松)나무 밑일세**: 어두컴컴하기가 노송나무 밑과 같다는 뜻으로, 마음이나 하는 짓이 매우 음흉함을 비유하여 이르는 말.
충치(蟲齒)명 벌레 먹은 이라는 뜻으로, 이의 단단한 조직이 벌레 먹은 것처럼 침식되는 질환. 또는 그 이. 삭은니. 우치(齲齒) ▷蟲의 속자는 虫
충택(充澤)어기 '충택(充澤)하다'의 어기(語基).
충택-하다(充澤-)형여 몸집이 크고 살결이 윤기가 돌아 번지르르하다.
충-항아리명 사기로 만든 긴 타원형의 병. 청룡을 그려 넣었으며, 흔히 꽃을 꽂는 데에 쓰임. 준충
충해(蟲害)명 해충으로 입는 농작물의 피해. 충손(蟲損)
충현(忠賢)어기 '충현(忠賢)하다'의 어기(語基).
충현-하다(忠賢-)형여 충성스럽고 현명하다.
충혈(充血)명-하다자 몸의 어떤 부분에 동맥혈이 비정상적으로 많아지는 일, 또는 그런 상태. ¶벌겋게 -된 눈.
충혼(忠魂)명 ①충의를 위하여 죽은 사람의 넋. ②'충혼의백(忠魂義魄)'의 준말.
충혼-비(忠魂碑)명 충의를 위하여 죽은 사람의 넋을 기리려고 세운 비.
충혼의:백(忠魂義魄)성구 충성스럽고 의로운 넋이라는 뜻으로, 충의(忠義)의 정신을 이르는 말. 준충혼
충화(衝火)명-하다자 불을 내려고 일부러 불을 지름.
충화-적(衝火賊)명 지난날, 남의 집에 불을 지르고 가산 집물을 훔쳐 가던 도둑.
충회(衷懷)명 마음속에서 우러나오는 참된 회포.
충효(忠孝)명 충성과 효도를 아울러 이르는 말.
충효열(忠孝烈)명 충신과 효자와 열녀를 아울러 이르는 말.
충후(忠厚)어기 '충후(忠厚)하다'의 어기(語基).
충후-하다(忠厚-)형여 충직하고 인정이 두텁다.
충훈(忠勳)명 충의를 다해 세운 훈공(勳功).
충훈-부(忠勳府)명 조선 시대, 공신(功臣)의 훈공을 기록하는 일을 맡아보던 관아.
췌:(萃)명 '췌괘(萃卦)'의 준말.
췌:객(贅客)명 사위를 그의 처가(妻家)에 대한 관계로 이르는 말. ☞백년지객(百年之客)
췌:거(贅居)명-하다자 처가에 들어가 사는 일. 처가살이
췌:관(膵管)명 이자액을 십이지장으로 보내는, 가는 관. 이자관
췌:-괘(萃卦)명 육십사괘(六十四卦)의 하나. 태괘(兌卦) 아래 곤괘(坤卦)가 놓인 괘로 못이 땅 위에 있음을 상징함. 준췌(萃) ☞승괘(升卦)
췌:담(贅談)명-하다자 췌언(贅言)
췌:량(揣量)명-하다타 촌탁(忖度)
췌:론(贅論)명 쓸데없는 너저분한 이론.
췌:마(揣摩)명-하다타 촌탁(忖度)
췌:서(贅壻)명 데릴사위
췌:설(贅說)명-하다자 췌언(贅言)
췌:액(膵液)명 췌장액(膵臟液)
췌:언(贅言)명-하다자 쓸데없는 군더더기 말. 췌담(贅談). 췌설(贅說) ¶-을 늘어놓다.
췌:육(贅肉)명 궂은살
췌:장(膵臟)명 위의 뒤쪽에 있는 길이 약 15cm의 가늘고 긴 장기. 췌장액을 분비하여 십이지장으로 보내고, 랑게르한스섬에서 당(糖)의 대사에 관계하는 호르몬을 분비함. 이자
췌:장-암(膵臟癌)명 췌장에 생기는 악성 종양.
췌:장-염(膵臟炎)[-념]명 췌장에 생기는 염증. 췌장 괴사와 출혈이 따르며, 급성과 만성이 있음.
췌:장-액(膵臟液)명 췌장에서 분비되는 무색무취의 소화액. 트립신·리파아제·아밀라아제 등의 소화 효소가 들어 있음. 이자액. 췌액(膵液)
췌:지(揣知)명-하다타 헤아려 앎.
췌:탁(揣度)명-하다타 촌탁(忖度)
취명 산나물인 곰취·단풍취·수리취·참취 따위를 통틀어 이르는 말.
취:(嘴)명 생황(笙簧) 따위의 관악기에 달린, 대나무로 만든 부리. 여기에 입김을 불어넣어 소리를 냄.
취:가(娶嫁)명-하다자 가취(嫁娶)
취:가(醉歌)명-하다자 술에 취하여 노래를 부름, 또는 그 노래.
취:객(醉客)명 술에 취한 사람. 취인(醉人)
취:고-수(吹鼓手)명 ①취타수(吹打手)와 세악수(細樂手)를 통틀어 이르는 말. ②취타수(吹打手)
취:골(聚骨)명-하다자타 한 가족의 무덤을 한군데 산에 모

아 장사하는 일.

취:관(吹管)명 취관 분석을 할 때 쓰는 쇠로 된 엘(L) 자 모양의 기구. 한쪽 끝을 불꽃 속에 넣고 다른 쪽 끝에서 공기를 불어넣음.

취:관=분석(吹管分析)명 취관을 이용하여 광물의 화학 성분을 분석하는 일. 숯의 겉면에 작은 구멍을 뚫어 시료(試料)의 가루를 넣고 취관으로 산화 불꽃을 뿜어 그 변화에 따라 화학 성분을 분석함.

취:광(醉狂)명 술에 몹시 취하여 제정신을 차리지 못하는 일, 또는 그런 사람.

취:구(吹口)명 나팔·피리·취관(吹管) 등의, 입김을 불어넣는 구멍.

취:국(翠菊)명 '과꽃'의 딴이름.

취:군(聚軍)명-하다자 군사나 일꾼 등을 불러모음.

취:급(取扱)명-하다타 ①물건을 다룸. ¶위험물을 -하다. ②물건을 만들거나 팔거나 함. ¶의료 기기를 -하는 가게. ③사람을 대우함. ¶남녀를 평등하게 -하다.

취:기(臭氣)명 좋지 않은 냄새.

취:기(醉氣)명 술에 취하여 얼근해진 기운. ¶-가 돌다./-로 얼굴이 달아오르다.

취-나물명 어린 취를 삶아 물에 우린 다음 갖은양념을 하여 볶은 나물.

취:담(醉談)명 술에 취하여 하는 말. 취언(醉言) ¶- 중에 진담이 있다.

취:당(聚黨)명-하다자 동아리를 불러모음.

취:대(取貸)명-하다타 돈을 융통하여 꾸어 쓰기도 하고 꾸어 주기도 함. 추대(推貸)

취:대(翠黛)명 ①파란빛의 눈썹먹, 또는 그 눈썹먹으로 그린 눈썹. ②멀리 보이는 검푸른 산의 모양을 비유하여 이르는 말.

취:도(醉倒)명-하다자 술에 취하여 쓰러짐.

취:두(鷲頭)명 망새

취:득(取得)명-하다타 자기의 것으로 하여 가짐. ¶부동산을 -하다./권리를 -하다.

취:득-세(取得稅)명 지방세(地方稅)의 하나. 부동산·차량·중기(重機)·입목(立木) 등의 취득에 대하여 부과함.

취:락(聚落)명 인가(人家)가 모여 있는 곳, 또는 인간이 집단으로 터전을 잡고 생활을 이어 가는 곳. 크게 촌락과 도시로 나뉨.

취:람(翠嵐)명 먼 산에 끼어 푸르스름하게 보이는 이내.

취:랑(吹浪)명-하다자 물고기가 숨을 쉬려고 물 위에 떠서 입을 벌렸다 오므렸다 하는 일.

취:량(驟涼)명 가을철에 갑자기 일어나는 서늘한 기운.

취:렴(聚斂)명-하다타 세금을 지나치게 많이 매겨 거두어들임.

취:렴(翠簾)명 푸른 대오리로 엮어 만든 발.

취:로(取露)명-하다타 액체를 증발시켜 그 김이 서려 맺힌 이슬을 받음.

취:로(就勞)명-하다자 육체 노동을 하는 일터에서 일을 함.

취:로=사:업(就勞事業)명 정부가 실업자나 가난한 시민의 생계에 도움을 주고자 공공 사업에 일자리를 마련해 주는 생계 지원 사업.

취:리(取利)명-하다자 돈이나 곡식 따위를 꾸어 주고 그 변리를 받음.

취:립(聚立)명-하다자 여러 사람이 한데 모여 섬.

취:매(醉罵)명-하다타 술에 취하여 남을 욕하고 꾸짖음.

취:면(就眠)명-하다자 잠을 자기 시작함, 또는 잠을 잠. ㊌취침(就寢)

취:면(醉眠)명-하다자 술에 취하여 잠. ☞취와(醉臥)

취:면=운:동(就眠運動)명 식물의 잎이나 꽃이 밤낮의 빛의 강도나 온도의 변화 등에 따라서 일으키는 주기적인 운동. 밤에 잎이 드리워지거나 꽃이 오므라드는 현상 따위. 수면 운동(睡眠運動)

취:면=의식(就眠儀式)명 강박 관념의 한 가지. 잠을 잘 때, 일정한 차례에 따라 일정한 행위를 되풀이하지 않으면 잠들지 못하는 상태.

취:모구자(吹毛求疵)성구 흠을 찾으려고 털을 불어 헤친다는 뜻으로, 억지로 남의 허물을 들추어내는 일을 이르는 말.

취:목(取木)명-하다타 나무의 가지를 휘어서 가운데 부분을 땅 속에 묻은 다음, 그 부분에서 뿌리가 내리면 본디의 가지 쪽을 잘라 새 그루를 만드는 인공 번식법. 휘묻이 ☞삽목(插木)

취:몽(醉夢)명 술에 취하여 잠든 동안에 꾸는 꿈.

취:무(醉舞)명-하다자 술에 취하여 춤을 춤, 또는 그 춤.

취:묵(醉墨)명 술김에 쓴 글씨.

취:미(翠微)명 ①산의 중턱. ②멀리 희미하게 푸른빛으로 아른아른 보이는 산.

취:미(趣味)명 ①전문(專門)이거나 직업으로 하는 일이 아니고, 즐겨서 하는 일. ¶-로 하는 여행./그림 그리기가 -이다. ②어떤 대상에 대하여 아름다움이나 재미를 느끼고 좋아하는 경향. ¶옛 미술품을 좋아하는 고상한 -.

취바리명 ①산디놀음에 쓰는 탈의 한 가지. 노총각 역(役)이 쓰는 것으로, 얼굴은 붉고 눈은 구멍이 뚫려 있음. ②탈춤에서, 취바리 탈을 쓴 사람.

취:반(炊飯)명-하다자 밥을 지음.

취:백(就白) 취복백(就伏白)

취:병(翠屛)명 꽃나무의 가지를 휘어서 문 모양이나 병풍처럼 만든 물건.

취병(을) 틀다관용 꽃나무 가지로 취병을 만들다.

취:보(醉步)명 술에 취하여 비틀거리는 걸음걸이.

취:복백(就伏白) 나아가 엎드려 아뢰는 말씀이라는 뜻으로, 웃어른에게 보내는 편지에서 말하고자 하는 말 앞에 쓰는 한문 투의 말. 취백(就白)

취:사(取捨)명-하다타 필요한 것은 골라 가지고 쓸모 없는 것은 버림.

취:사(炊事)명-하다자 음식 따위를 만듦. ¶- 도구

취:사-선:택(取捨選擇)명 여럿 가운데서 쓸 것과 버릴 것을 가림.

취:산(聚散)명-하다자 한데 모임과 따로 흩어짐.

취:산=꽃차례(聚繖-)[-꼳-]명 유한(有限) 꽃차례의 한 가지. 먼저 꽃대 끝에 한 송이의 꽃이 피고, 그 둘레의 가지 끝에 다시 꽃이 피고, 거기서 갈라진 가지 끝에 또 꽃이 피는 것. 수국 따위. 취산 화서(聚繖花序) ☞선상(扇狀) 꽃차례

취:산=화서(聚繖花序)명 취산(聚繖) 꽃차례 ☞유한 화서(有限花序)

취:색(取色)명-하다타 낡은 가구(家具)들을 닦고 매만져서 윤을 냄.

취:색(翠色)명 남색과 파랑의 중간색. ☞비색(翡色)

취:생몽:사(醉生夢死)성구 술에 취한 것 같은, 또는 꿈을 꾸고 있는 것과 같은 정신으로, 하는 일 없이 흐리멍덩하게 한평생을 살아감을 이르는 말.

취:선(醉仙)명 술에 취한 신선(神仙)이라는 뜻으로, 술에 취하여 세상일에 거리낌이 없는 사람을 멋스럽게 이르는 말. ▷醉의 속자는 酔

취:소(取消)명-하다타 ①적혀 있는 사실을 지워 없앰. 말소(抹消) ②법률에서, 하자(瑕疵)가 있는 의사 표시나 법률 행위의 효력을 소급하여 소멸시키는 일.

취:소(取笑)명-하다자 남의 웃음거리가 됨.

취:소(臭素)명 브롬(Brom)

취:소(就巢)명-하다자 새의 암컷이 알을 품으려고 보금자리에 듦.

취:소-수(臭素水)명 브롬수

취:소-지(臭素紙)명 브롬지

취:송(就訟)명-하다자 재판을 받으려고 관아에 나아감.

취:송(翠松)명 푸른 소나무. 청송(靑松)

취:수(取水)명-하다자타 상수도나 농업 용수로 쓸 물을 하천 등에서 끌어 옴.

취:수(就囚)명-하다자 감옥에 갇힘.

취:수(翠水)명 짙푸른 물.

취:수(聚首)명-하다자 여러 사람이 얼굴을 마주하여 모여 앉음.

취:수-관 (取水管) 명 취수구에서 물을 끌어들이는 관.
취:수-구 (取水口) 명 하천이나 저수지에서 상수도나 농업 용수로 쓸 물을 끌어들이는 입구, 또는 그 설비.
취:수-탑 (取水塔) 명 상수도나 농업 용수로 쓸 물을 끌어오기 위하여 저수지나 하천 등에 설치해 놓은, 취수구가 있는 구조물.
취:식 (取食) 명-하다 자 ①음식을 먹음. ②남의 밥을 염치없이 먹음. ¶무전(無錢) —
취:식 (取息) 명-하다 자 이자를 받음.
취:식지계 (取食之計) 명 겨우 밥이나 먹고 살아갈만 한 계책. ☞구복지계(口服之計)
취:실 (娶室) 명-하다 자 ①아내를 맞이함. ②첩을 얻음.
취:안 (醉眼) 명 술에 취하여 게슴츠레하게 풀어진 눈.
취:안 (醉顔) 명 술에 취한 얼굴.
취:약 (脆弱) 어기 '취약(脆弱)하다'의 어기(語基).
취:약-성 (脆弱性) 명 무르고 약한 특성.
취:약-웅예 (聚葯雄蕊) 명 국화과 식물에서, 한 꽃 속의 모든 수술의 꽃밥이 하나로 붙어서 대롱 모양으로 된 것.
취:약-하다 (脆弱—) 형여 무르고 약하다.
취:언 (醉言) 명 술에 취하여 하는 말. 취담(醉談)
취:업 (就業) 명-하다 자 ①직장에 가서 일을 함. ¶— 시간 ②취직(就職) ☞실업(失業)
취:업=규칙 (就業規則) 명 노동자를 고용한 사용자가 사업장(事業場)에서 노동자가 지켜야 할 규율과 임금, 노동 시간, 그 밖의 노동 조건 등에 관한 구체적인 사항을 정한 규칙.
취:업=인구 (就業人口) 명 직업을 가지고 소득을 얻고 있는 인구.
취:역 (就役) 명-하다 자 ①공사장 등에서 육체 노동을 함. ②새로 만든 함정(艦艇)이나 선박(船舶)이 임무를 띠고 일하게 됨.
취:연 (炊煙) 명 밥을 짓는 연기.
취:연 (翠煙) 명 ①파란 연기. ②멀리 보이는 푸른 숲에 낀 이내.
취옥 (翠玉) 명 ①비취옥(翡翠玉) ②에메랄드(emerald)
취:옹 (醉翁) 명 술에 취한 노인.
취:와 (醉臥) 명-하다 자 술에 취하여 누움. ☞취면(醉眠)
취:와 (鷲瓦) 명 망새
취:용취:대 (取用取貸) 성구 돈이나 물건을 서로 꾸거나 빌리거나 하여 돌려씀을 이르는 말.

취:우 (翠雨) 명 푸른 나뭇잎에 듣는 빗방울.
취:우 (驟雨) 명 소나기
취:운 (翠雲) 명 파란 구름.
취:유부벽정기 (醉遊浮碧亭記) 명 조선 초기의 학자 김시습(金時習)이 지은 한문 전기(傳奇) 소설. '금오신화(金鰲新話)'에 실려 전함. ☞남염부주지(南炎浮州志)
취:음 (取音) 명-하다 타 본디 한자말이 아닌 단어를 말뜻과는 관계없이 음만 비슷한 한자로 적는 일. '사당'을 '寺黨', '천장'을 '天障', '타령'을 '打令'으로 적는 따위.
취:음 (翠陰) 명 푸른 잎이 우거진 나무의 그늘. 녹음(綠陰)
취:음 (醉吟) 명-하다 자 술에 취하여 시가를 읊음.
취:의 (趣意) 명 취지(趣旨)
취:인 (取人) 명-하다 자 인재를 골라 씀.
취:인 (醉人) 명 술에 취한 사람. 취객(醉客)
취:임 (就任) 명-하다 자 어떤 직무를 맡아 일자리에 가서 처음으로 일하기 시작함. ¶사장으로 —하다. ☞이임(離任)
취:임-사 (就任辭) 명 취임할 때 하는 인사의 말.
취:입 (吹入) 명-하다 타 ①공기 등을 불어넣음. ②음반이나 녹음 테이프 따위에 소리나 목소리를 녹음함. ¶판소리를 음반에 —하다.
취:자-거 (取子車) 명 지난날, '물레'를 달리 이르던 말. 방차(紡車)
취:재 (取才) 명-하다 타 조선 시대, 하급 관원을 등용할 때, 재주를 시험하여 뽑아 쓰던 일.
취:재 (取材) 명-하다 자 보도 기사 거리나 예술 작품의 제재(題材) 등을 어떤 사건이나 사물에서 찾아 모음. ¶동강(東江)의 자연에 대해서 —하다./— 활동
취:재-원 (取材源) 명 취재한 기사가 나온 곳.
취:적 (就籍) 명-하다 자 호적에 빠진 사람이 호적에 오름.
취:정회:신 (聚精會神) 성구 정신을 가다듬어 한군데에 모음을 이르는 말.
취:조 (取調) 명-하다 타 '문초(問招)'의 구용어.
취:종 (取種) 명-하다 타 생물의 씨를 받음. 유 채종(採種)
취:주 (吹奏) 명-하다 타 관악기를 입으로 불어 연주함.
취:주-악 (吹奏樂) 명 취주 악기를 주체로 하고 타악기를 곁들인 합주 음악.
취:주=악기 (吹奏樂器) 명 입으로 불어서 관 속의 공기를 진동시켜 소리를 내는 악기. 목관 악기와 금관 악기가 있음. 관악기(管樂器)
취:주=악단 (吹奏樂團) 명 취주악을 연주하는 악단.
취:주=악대 (吹奏樂隊) 명 취주 악기를 주로 하여 편성한 악대.
취:죽 (翠竹) 명 푸른 대나무. 청죽(靑竹)
취:중 (醉中) 명 술에 취하여 있는 동안. ¶—에 한 말이라 믿을 수가 없다. ☞생중(生中)
속담 취중에 무천자(無天子)라 : 사람이 술에 취하게 되면 도도해져서 세상에 두려운 사람이 없게 된다는 말./취중에 진담(眞談) 나온다 : 사람이 술에 취하게 되면 평소에 품고 있던 속마음을 털어놓는다는 말.〔상시(常時)에 먹은 맘이 취중에 나온다〕
취:지 (趣旨) 명 ①어떤 일의 근본 목적이나 의도. ¶모임의 —를 말하다. ②이야기나 문장에서 나타내고자 하는 중요한 뜻. 지취(旨趣). 취의(趣意)
취:직 (就職) 명-하다 자 채용되거나 일자리를 얻어 직장에 나감. 취업(就業) ☞실직(失職)
취:직-난 (就職難) 명 일자리는 적고 일자리를 구하는 사람은 많아서 취직하기 어려운 상태.
취:집 (聚集) 명-하다 타 한데 모아들임.
취:착 (就捉) 명-하다 자 죄를 짓고 붙잡힘.
취:처 (娶妻) 명-하다 자 결혼하여 아내를 맞이함. 취실
취:침 (就寢) 명-하다 자 잠자리에 듦. ¶— 시간 유 취면(就眠) ☞기침(起寢)
취타 (吹打) 명-하다 자 ①관악기를 불고 타악기를 침. ②지난날, 군대에서 나발·나각·대각 등을 불고 북과 바라를 치던 일, 또는 그 군악(軍樂)을 이르던 말. ☞세악(細樂). 대취타
취:타-수 (吹打手) 명 지난날, 군대에서 취타를 맡은 군사를 이르던 말. ☞세악수(細樂手)
취:태 (醉態) 명 술에 취한 모습. ¶—를 보이다.
취:택 (取擇) 명-하다 타 여럿 가운데서 가려 뽑음. ¶해결 방법을 —하다.
취:토 (取土) 명-하다 자 장사(葬事)지낼 때, 광중(壙中)의 네 귀에 놓으려고 길하다는 방위(方位)에서 흙을 떠 오는 일, 또는 떠 온 그 흙.
취:토 (聚土) 명-하다 자 흙일을 할 때, 흙을 이기기 위하여 흩어진 흙을 거두어 모으는 일.
취:파 (取播) 명-하다 타 씨앗을 받아 묵히지 않고 곧 파종함.
취:패 (臭敗) 명-하다 자 냄새가 나도록 몹시 썩음.
취:필 (取筆) 명-하다 자 ①잘 쓴 글씨를 뽑음. ②글씨를 잘 쓰는 사람을 뽑아서 씀.
취:하 (取下) 명-하다 타 신청하거나 제출하였던 것을 도로 거두어들임. ¶소송을 —하다.
취:-하다 (醉—) 자여 ①마신 술이나 약 기운이 온몸에 돌아 몸이나 정신을 가누기 어렵게 되다. ¶술에 몹시 —./약 기운에 —. ②무엇에 마음이 쏠려 황홀해지다. 도취되다 ¶감미로운 음악에 —./묘기(妙技)에 —. ③잠에 깊이 빠지다. ¶단잠에 —.

한자 취할 취(醉) 〔酉部 8획〕 ¶만취(滿醉)/취객(醉客)/취기(醉氣)/취중(醉中) ▷ 속자는 酔

취:-하다 (取—) 타여 ①여럿 가운데서 가려 제 것으로 가지다. ¶마음에 드는 상품을 —./여럿 가운데서 나은 것을 —. ②어떤 생각이나 태도를 가지다. ¶우호적인 태

도를 -. ③어떤 몸가짐을 가지다. ¶상관 앞에서 부동 자세를 -./공격 자세를 -. ④어떤 일에 필요한 조처를 하다. ¶응급 조처를 -./급히 연락을 -./충분한 휴식을 취한 후에 다시 시작하다. ⑤필요한 것을 몸 안에 들이다. ¶영양분을 충분히 -. ⑥남에게서 돈을 꾸거나 물건을 빌리다. ¶취해 온 돈을 갚다.

취:-하다(娶-)타여《文》결혼하여 아내를 맞아들이다.

취:학(就學)명-하다자 학교에 입학하여 공부함.

취:학-률(就學率)명 취학 연령의 아동 총수에 대한 실제 취학한 아동 수의 비율.

취:학=아동(就學兒童)명 초등 학교에 취학하는 아동.

취:학=연령(就學年齡)[-년-]명 초등 학교에 들어가서 의무 교육을 받기 시작할 나이. 우리 나라의 경우는 만 여섯 살임. 학령(學齡)

취:한(取汗)명-하다자 한방에서, 병을 다스리기 위하여 땀을 내는 일. ☞발한(發汗)

취:한(醉漢)명 술에 몹시 취한 사내를 낮잡아 이르는 말.

취:한-제(取汗劑)명 한방에서, 땀을 내게 하는 약제를 이르는 말. ☞발한제(發汗劑)

취:합(聚合)명-하다자타 ①모아서 하나로 합침. ②분자나 원자가 모여 갖가지 상태를 나타내는 일. ③여러 가지 결정성 물질이 결합하여 덩어리를 이루는 일.

취:항(就航)명-하다자타 ①선박이나 항공기가 처음으로 항로에 오름. ②선박이나 항공기가 정해진 항로로 다님. ¶항공기의 - 대수를 늘리다.

취:향(趣向)명 하고 싶은 마음이 생기는 방향. ¶각자의 -에 따라 선택하다./두 사람의 -이 비슷하다.

취:향(醉鄕)명 술에 거나하게 취하여 느끼는 즐거운 경지.

취:허(吹噓)명-하다타 ①숨을 내뿜음. ②윗사람에게 남을 어떤 일에 아주 알맞은 사람이라고 천거함.

취:화-물(臭化物)명 브롬화물

취:화-은(臭化銀)명 브롬화은

취:화지본(取禍之本)명 재앙을 가져오는 근본.

취:화-칼륨(臭化Kalium)명 브롬화칼륨

취:후(醉後)명 술에 취한 뒤. 주후(酒後)

취:흥(醉興)명 술에 취해 일어나는 흥취. ¶-에 겨워 덩실덩실 춤을 추다.

측(側)의 상대되는 것의 어느 한쪽. ¶우리 -의 제안./노동자 -의 요구 사항.

측각-기(測角器)명 각도를 재는 기구. 각도기·육분의(六分儀) 따위.

측간(廁間)명 뒷간. 변소

측거-기(測距器)명 목표까지의 거리를 재는 계기. 길이를 알고 있는 기선(基線)의 양끝과 목표가 이루는 각도를 이용하여 잼. 측거의(測距儀). 측원기(測遠器)

측거-의(測距儀)명 측거기(測距器)

측경-기(測徑器)명 캘리퍼스(calipers)

측광(測光)명-하다자 빛의 세기, 곧 광도(光度)나 조도(照度) 등을 잼.

측귀(廁鬼)명 뒷간에 있다는 귀신.

측근(側近)명 ①매우 가까운 곳. ②'측근자(側近者)'의 준말. ¶대통령의 -으로 알려져 있다.

측근(側根)명 곁뿌리

측근-자(側近者)명 ①어떤 사람을 가까이서 모시는 사람. ②어떤 사람과 가까운 관계에 있는 사람. 준측근(側近)

측달(惻怛)명-하다타 가엾게 여기어 슬퍼함.

측도(測度)명 ①-하다타 도수(度數) 따위를 잼. ②수학에서, 길이·넓이·부피 등의 개념의 확장으로서, 일반 집합의 부분 집합에 대하여 정의(定義)되는 양을 이르는 말.

측량(測量)명-하다타 ①생각하여 헤아림. ¶그의 계략을 -할 길이 없다. ②기기(器機)를 이용하여 땅 위의 어떤 위치·각도·거리·방향 따위를 재어서 형상이나 면적 등을 알아내어 그것을 수치나 도면으로 나타내는 일, 또는 그러한 기술. ¶토지를 -하다.

측량-기(測量器)명 측량할 때 쓰는 기계.

측량=기사(測量技士)명 '측량 기술자'를 흔히 이르는 말.

측량=기술자(測量技術者)[-짜]명 측량법에 따른 면허를 가진, 측량에 관한 전문 기사.

측량-대(測量-)[-때]명 토지를 측량할 때 쓰는 긴 막대기.

측량-도(測量圖)명 측량하여 만든 지도.

측량-선(測量船)명 해도(海圖)를 만들기 위하여 해양이나 항만의 수심·조류·해저·해안선의 지형 따위를 측량하는 배.

측량-술(測量術)명 측량하는 기술.

측릉(側稜)명 각기둥이나 각뿔의 옆면과 옆면이 만나서 이루는 모서리. 옆모서리

측리-지(側理紙)명 태지(苔紙)

측면(側面)명 ①옆면 ¶자동차의 -. ②어느 한 면. ¶외교적인 -을 고려한 조처./이제까지 알려지지 아니한 또 다른 -. ③중심이 아니고 곁에 있는 처지. ¶봉사 활동을 -에서 지원하다.

측면=공:격(側面攻擊)명 ①적의 측면을 공격하는 일. ②어떤 문제에 대해 다른 방면에서 공격하는 일. ¶상대편의 비리(非理)를 들어 -을 하다.

측면-관(側面觀)명 측면에서 살피는 관찰, 곧 객관적인 처지에서 살피는 관찰.

측면-도(側面圖)명 입면도(立面圖)의 하나. 물체를 측면에서 수평으로 보고 그린 그림. ☞정면도(正面圖)

측목(側目)명-하다자 ①곁눈질을 함. ②무섭고 두려워서 바로 보지 못함. ③시새워 흘겨봄.

측문(仄聞)명-하다타 풍문으로 언뜻 얻어들음.

측문(側門)명 옆 문. ☞정문(正門)

측문(側聞)명-하다타 ①옆에서 얻어들음. ②소문으로 들음.

측미-계(測微計)명 물건의 안지름·바깥지름, 또는 종이의 두께 등을 정밀하게 재는 기구. 백만분의 1mm까지 잴 수 있음. 마이크로미터(micrometer)[1]

측방(側防)명 적의 정면 공격을 측면에서 방어할 수 있도록 병력이나 병기를 배치하는 일.

측방=침식(側方浸蝕)명 하천이 골짜기의 벽을 깎아 그 바닥을 넓히는 작용. ☞하방 침식(下方浸蝕)

측백(側柏)명 측백나무

한자 측백 백(柏)〔木部 5획〕¶측백(側柏)/편백(扁柏)

측백-나무(側柏-)명 측백나뭇과의 상록 침엽 교목. 가지가 많으며, 잎은 손바닥을 세운 것처럼 나와 작은 비늘 모양으로 빽빽히 남. 꽃은 4월경에 피고, 가을에 동그란 열매가 익음. 중국 북서부 원산의 관상 식물임. 잎과 열매는 한방에서 약재로 쓰임. 측백(側柏)

측백-엽(側柏葉)[-녑]명 한방에서, 측백나무의 잎을 약재로 이르는 말. 보혈제(補血劑)·지혈제(止血劑)·수렴제(收斂劑) 등으로 쓰임.

측백-자(側柏子)명 백자인(柏子仁)

측벽(側壁)명 측면에 있는 벽.

측보-기(測步器)명 걸음을 걸을 때 몸에 차고 있으면 걸음의 수가 자동적으로 나타나는 계기. 계보기. 보수계

측사(側射)명-하다타 측면에서 사격함.

측산(測算)명-하다타 헤아려서 셈함.

측서(廁鼠)명 뒷간의 쥐라는 뜻으로, 지난날 지위를 얻지 못한 사람을 놀림조로 이르던 말.

측선(側線)명 ①철도 선로 가운데서, 열차 운행에 쓰이는 본선 이외의 선로. 조차(操車)나 대피, 또는 화물을 싣거나 부리는 데 쓰임. ②어류나 양서류의 몸 양 옆에 줄지어 있는 감각 기관. 수압, 물의 흐름, 진동 등을 느끼는 기능을 가지고 있음.

측성(仄聲)명 한자(漢字)의 사성(四聲)인 평성(平聲)·상성(上聲)·거성(去聲)·입성(入聲) 가운데서 평성을 제외한 나머지 소리, 곧 상성·거성·입성을 통틀어 이르는 말.

측쇄(測鎖)명 거리를 재는 데 쓰는, 자처럼 생긴 쇠사슬.

측수(測水)명-하다자 물의 깊이를 잼.

측시(側視)명-하다타 옆으로 보거나 모로 봄.

측신(廁神)명 뒷간을 지킨다는 귀신. ▷廁의 속자는 厠

측실(側室)명 첩(妾)
측실(廁室)명 뒷간
측심(測深)명-하다자 깊이를 잼.
측심-연(測深鉛)명 측연(測鉛)
측심-의(測深儀)명 강이나 바다의 깊이를 재는 기계.
측아(側芽)명 곁눈¹ ☞정아(頂芽)
측압-기(測壓器)명 그릇 안의 유체(流體)의 압력을 재는 기계를 통틀어 이르는 말.
측언(側言)명 치우친 말. 공정하지 못한 말.
측연(測鉛)명 물의 깊이를 재는 데 쓰이는, 굵은 줄 끝에 매단 납덩이. 측심연(測深鉛)
측연(惻然)어기 '측연(惻然)하다'의 어기(語基).
측연-하다(惻然-)형여 보기에 딱하고 가엾다.
 측연-히부 측연하게
측와(側臥)명-하다자 ①모로 누움. ②곁에 누움.
측우-기(測雨器)명 ①비가 내린 양을 재는 계기. ②1442년(조선 세종 24)에 만든 세계 최초의 우량계.
측운(仄韻)명 한자(漢字)의 사성(四聲) 가운데서, 상성(上聲)·거성(去聲)·입성(入聲)의 운을 이르는 말. ☞평운(平韻)
측운-기(測雲器)명 구름의 속도나 방향을 재는 계기.
측원-기(測遠器)명 목표까지의 거리를 재는 계기. 길이를 알고 있는 기선(基線)의 양 끝과 목표가 이루는 각도를 이용하여 잼. 측거기(測距器)
측은(惻隱)어기 '측은(惻隱)하다'의 어기(語基).
측은지심(惻隱之心)명 사단(四端)의 하나. 불쌍하고 가엾이 여기는 마음을 이르는 말.
측은-하다(惻隱-)형여 불쌍하고 가엾다.
 측은-히부 측은하게
측이(側耳)명-하다자 자세히 들으려고 귀를 기울임.
측일(仄日)명 지는 해, 또는 그 햇빛. 사양(斜陽)
측점(測點)명 측량의 기준이나 목표로 삼는 점. 삼각점·수준점·다각점 따위. 기준점(基準點)
측정(測定)명-하다타 ①헤아려서 정함. ②길이·무게·빠르기 등 어떤 양(量)의 크기를 잼. ¶강수량을 -하다./체력을 -하다. ③자연이나 사회의 현상을 일정한 규칙에 따라 수량으로 나타냄. ¶국민의 문화 수준을 -하다. ☞측량(測量)
측정-기(測程器)명 선박의 속도나 항행 거리를 재는 계기.
측지(測地)명-하다자 토지를 잼. 양지(量地). 탁지(度地) ¶공원 조성 예정지를 -하다.
측지-선(測地線)명 곡면 위의 두 점 사이를 잇는 곡선 가운데 최단 거리인 것.
측지=위성(測地衛星)명 지구의 형상, 대륙간의 거리, 지각의 변동 등을 정밀하게 재기 위해 이용하는 인공 위성.
측지-학(測地學)명 지구 물리학의 한 분야. 지구의 면적·형태·중력장 등을 측정하는 데 필요한 여러 사항을 연구하는 학문.
측차(側車)명 오토바이의 본체 옆에 달린 수레.
측천(測天)명-하다자 천체를 관측하여 잼.
측천-법(測天法)[-뻡]명 천문 항법(天文航法)
측출(側出)명 첩에게서 태어난 아들이나 딸. 서출(庶出)
측판(測板)명 측량기에 딸린 널조각. 조준의(照準儀)를 올려 놓거나 도면을 붙이는 데 쓰임. 평판(平板)
측편(側偏)명 물고기의 몸의 생김새를 나타내는 말로, 몸의 횡단면이 아래위로 갸름한 타원형의 상태를 이름.
측필(側筆)명 서화(書畫)에서, 붓을 기울여 붓 촉(鏃)의 옆면으로 쓰는 일. ☞직필(直筆)
측행(仄行·側行)명-하다자 비뚜로 걷거나 모로 걸음.
측-화:면(側畫面)명 투영 도법에서, 평화면과 입화면에 상대하여 수직으로 놓인 화면을 이르는 말.
측-화:산(側火山)명 화산의 중턱이나 기슭에 생긴 작은 화산. 기생 화산(寄生火山)
측후(測候)명-하다타 기상(氣象)을 관측함.
측후-소(測候所)명 일정 지역의 기상을 관측하는 곳. ☞기상대(氣象臺)

ㅊ

츱츱-하다형여 하는 짓이 다랍고 염치가 없다.
층(層)명 ①물체가 여러 겹으로 쌓여 있는 켜, 또는 겹지. ¶해마다 쌓인 낙엽이 -을 이루고 있다./개흙 아래는 모래로 된 -이 있었다. ②여러 겹으로 지은 건물에서 같은 높이로 된 겹. ¶아파트의 맨 아래 -에서 살고 있다. ③'계층(階層)'의 준말. ¶지위나 신분이 다른 -의 사람들./그에 대한 지지자의 -이 두텁다. ④'층등(層等)'의 준말. ¶신분의 -은 있지만 평등하게 사는 사회. ⑤〔의존 명사로도 쓰임〕 건조물의 포개어진 것을 세는 말. ¶여러 -으로 이루어진 건물./다섯 -으로 된 석탑. ⑥지층(地層)을 구분하는 단위로 쓰이는 말.
 층이 나다관용 층이 지다.
 층이 지다관용 층등(層等)이 생기다. 층이 나다. 층지다 ¶동기간이지만 생활 형편은 많이 -.
층각(層閣)명 층루(層樓)
층간(層間)명 층과 층의 사이.
층간-수(層間水)명 지층 사이에 있는 물.
층격(層隔)명-하다자 겹겹이 가리어 막힘.
층계(層階)명 층 사이를 오르내릴 때 디딜 수 있도록 턱이 지게 만들어 놓은 설비. 계단(階段). 층층대(層層臺) ¶-를 오르내리다.

한자 **층계 단**(段)〔殳部 5획〕¶단계(段階)/단구(段丘)
 층계 층(層)〔尸部 12획〕¶층계(層階)/층대(層臺)

층계-참(層階站)명 층계의 중간쯤에 있는 조금 넓고 평평한 공간. 계단참(階段站)
층-구름(層-)명 '층운(層雲)'의 딴이름. ☞층쌘구름. 하층운(下層雲)
층-나다(層-)자 층등(層等)이 생기다. 층지다
층-널(層-)명 나무 서랍 밑에 대는 널조각.
층대(層臺)명 '층층대(層層臺)'의 준말.
층-돌(層-)[-똘]명 '층샛돌'의 준말.
층뒤-판(層-板)명 널판으로 된 층계에서, 층디딤판의 뒤를 막아 낀 널판.
층등(層等)명 서로 같지 않은 층이나 등급. 준층(層)
층디딤-판(層-板)명 층계를 오르내릴 때 디디는 널.
층란(層欄)명 여러 층으로 된 난간.
층루(層樓)명 두 층 이상으로 높게 지은 누각. 층각
층류(層流)명 느리게 흐르는 점성(粘性)의 유체(流體)가 이웃한 부분과 섞이지 아니하고 층을 이루어 흐르는 흐름. 층흐름 ☞난류(亂流)
층리(層理)명 지층의 단면에 나타나 있는 거의 평행으로 겹쳐진 결. ☞석리(石理). 절리(節理)
층만(層巒)명 여러 층이 진 멧부리.
층면(層面)명 ①겹겹이 쌓인 물건의 겉. ②위아래로 포개진 지층이 서로 닿는 면. 성층면(成層面)
층상(層狀)명 층이 지거나 겹쳐진 모양.
층상=화:산(層狀火山)명 성층 화산(成層火山)
층새(層-)명 ①황금의 품질. ②황금을 층샛돌에 문질러서 그 색수(色數)를 맞추어 보는 데 표준을 삼는 기구.
층샛-돌(層-)명 층새와 황금을 나란히 문질러서 황금의 색을 분별하는 데 쓰는 검은 돌. 층석(層石) 준층돌
층생첩출(層生疊出)성구 무슨 일이 겹쳐 자꾸 생겨남을 이르는 말.
층석(層石)명 층샛돌
층수(層數)[-쑤]명 층의 수효.
층쌘-구름(層-)명 '층적운(層積雲)'의 딴이름. ☞층구름. 하층운(下層雲)
층암(層岩)명 층을 이룬 바위.
 속담 **층암 상에 묵은 팥 심어 싹 나거든**: 도무지 이룰 수 없거나 그럴 가능성도 없음을 두고 이르는 말.
층암=절벽(層岩絶壁)명 높고 험한 바위가 겹겹이 쌓인 낭떠러지.
층애(層崖)명 바위가 겹겹이 쌓인 언덕.
층애=지형(層崖地形)명 굳은 지층은 대칭이 아닌 구릉이 되어 남고, 무른 지층은 낮게 되어 나란히 발달한 지형.
층옥(層屋)명 층집
층운(層雲)명 하층운(下層雲)의 한 가지. 안개처럼 지표

(地表) 가까이에 퍼져 떠 있는 구름. 안개구름. 층구름 ☞층적운(層積雲)

층적-운(層積雲)명 하층운(下層雲)의 한 가지. 큰 덩이 모양이거나 긴 이랑처럼 이룬 잿빛 또는 흰빛의 구름. 온 하늘을 가리는 경우가 많은데, 보통 500~2,000m 높이에 생김. 층쌘구름 ☞층운(層雲)

층절(層節)명 일의 여러 가지 곡절. ¶ -이 많다.

층제(層梯)명 여러 층으로 된 사닥다리.

층중(層重)명-하다자타 층첩(層疊)

층-지다(層-)자 층등(層等)이 생기다. 층나다

층-집(層-)[-찝]명 여러 층으로 지은 집. 층옥(層屋)

층첩(層疊)명-하다자타 여러 겹으로 포개거나 포개짐. 층중(層重)

층층(層層)명 ①여러 층. ②낱낱의 층.

층층-고란초(層層皐蘭草)명 고사릿과의 여러해살이풀. 고란초와 비슷하나 깃꼴 겹잎의 각 조각이 층층으로 되어 있음. 뿌리줄기는 땅 속에서 가로 뻗음. 자낭군(子囊群)은 둥근데 잎의 뒤쪽 주맥의 좌우에 줄지어 있음. 산이나 들에 자라는데, 어린잎은 먹을 수 있음.

층층-나무(層層-)명 층층나뭇과의 낙엽 교목. 높이는 20m 안팎으로, 잎은 넓은 달걀꼴에 끝이 뾰족하며 어긋맞게 남. 늦봄에 흰 꽃이 취산(聚繖) 꽃차례로 피고, 둥근 열매는 가을에 자흑색으로 익음. 정원수로 심기도 함. 산지의 계곡에 흔히 자람.

층층-다리(層層-)명 층층이 딛고 높은 곳을 오르내릴 수 있도록 만든 시설.

층층-대(層層臺)명 ①여러 층으로 된 대. 준층대(層臺) ②층계(層階)

층층-시:하(層層侍下)명 ①부모와 조부모를 다 모시고 있는 처지. 중시하(重侍下) ¶ -의 대가족. ②받들어야 할 윗사람이 층층으로 있는 처지를 비유하여 이르는 말.

층층-이(層層-)부 ①층마다 ¶ - 등불이 환하게 켜져 있다. ②여러 층으로 겹겹이. ¶ - 쌓아 놓은 상품.

층층이-꽃(層層-)명 꿀풀과의 여러해살이풀. 줄기는 모가 지고 짧은 털이 있으며, 잎은 길둥근 모양임. 6~9월에 담홍색 꽃이 층층이 돌라 핌. 잎과 줄기는 먹을 수 있음.

층탑(層塔)명 여러 층으로 된 탑.

층하(層下)명-하다타 사람을 낮잡아 소홀히 대접함, 또는 그런 차별. ¶가난한 사람을 -하다.

층하(를) 두다관용 사람을 소홀히 대접하거나 차별하여 대우하다.

층향(層向)명 기울어진 지층면과 수평면이 맞닿아 이루어지는 직선의 방향. 주향(走向)

층-흐름(層-)명 층류(層流)

치[1] 명 ①조선 시대, 궁중에서 '신'을 이르던 말. ②조선 시대, 궁중에서 '상투'를 이르던 말.

치[2] 의 척관법의 길이 단위의 하나. 1치는 1자의 10분의 1, 1푼의 열 곱절. 약 3cm임. 촌(寸)[1] ¶한 자 두 -./세 - 한 푼.

치[3] 의 ①사람을 뜻하는 '이'를 속되게 일컫는 말. ¶그 -./저 -의 노는 꼴 보게. ②어느 곳이나 어느 때의 것임을 나타내는 말. ¶기장 - 미역./이 달 - 월급. ③'몫'이나 '질'·'양'의 뜻을 나타내는 말. ¶열흘 - 품삯./중간 -./세 사람 - 식량.

치[4] 감 체[2]

치(値)명 재거나 구하여 얻은 수.

치(痔)명 ①한방에서, 항문에 생기는 여러 가지 병을 이르는 말. ②한방에서, 코 안에 생기는 군살을 이르는 말.

치(齒)명 이 ▷齒의 속자는 歯

치(가) 떨리다관용 몹시 분하거나 지긋지긋하여 몸서리가 쳐지다. ¶그때 일을 생각하면 지금도 치가 떨린다.

치(를) 떨다관용 ①아주 인색하여 내놓기를 꺼리다. ②몹시 분하거나 지긋지긋하여 몸서리를 치다.

치(徵)명 동양 음악의 오음 음계(五音音階)의 넷째 음. ☞궁상각치우(宮商角徵羽)

치-접두 '위로'의 뜻을 나타냄. ¶치밀다/치받다/치솟다

-치[1] 접미 일부 동사의 어간에 붙어, '그 동작의 힘줌'을 나타냄. ¶넘치다/닫치다

-치[2] 접미 '알아채는 느낌'의 뜻을 나타냄. ¶눈치코치

-치[3] 접미 절기(節氣)나 보름·그믐·조금·일진(日辰) 따위에 붙어, '그 무렵의 궂어지는 날씨'의 뜻을 나타냄. ¶그믐치/납평치

-치[4] 접미 '어떠한 물건'의 뜻을 나타냄. ¶날림치/마상치

치가(治家)명-하다자 집안일을 보살피어 다스림. 치산(治産) ☞치국(治國)

치:가(致家)명-하다자 가업(家業)을 이룸.

치감(齒疳)명 한방에서, 치주염(齒周炎)과 치은염(齒齦炎)을 통틀어 이르는 말.

치-감:다[-따]타 위로 치켜서 감다.

치감고 내리감는다관용 비단으로 온몸을 감다시피 했다는 뜻으로, 부녀자의 사치한 옷차림을 비유하여 이르는 말.

치강(齒腔)명 이의 중심부에 있는 상아질 안의 빈 부분. 그 속에 치수(齒髓)가 차 있음.

치-개다타 무엇을 마주 대어 자꾸 세게 비비다.

치건(侈件)[-껀]명 사치스러운 물건.

치-걷다타 위로 걷어 올리다. ¶커튼을 -./소매를 -.

치경(齒莖)명 잇몸. 치은(齒齦)

-치고조 '-치다'에서 바뀌어 체언에 붙어, '대중으로 따지어서'의 뜻을 나타내는 보조 조사. ¶겨울날치고 포근하다./음식치고 꺼리는 것이 없다./그는 외국 사람치고 우리말을 너무 잘한다.

-치고는조 '-치고'의 힘줌말.

-치고서조 '-치고'의 힘줌말.

치골(恥骨)명 골반을 이루고 있는 뼈의 하나. 궁둥이뼈의 앞 아래쪽에 한 쌍이 있는데, 한가운데가 이어져 있음. 불두덩뼈

치골(痴骨)명 남이 비웃는 것도 모르고 망녕된 말을 하는, 요량 없고 어리석은 사람을 이르는 말.

치골(齒骨)명 이틀을 이루고 있는 뼈. 치조골(齒槽骨)

치과(齒科)[-꽈]명 이의 병의 예방과 치료, 또는 교정 등을 전문으로 하는 의학의 한 분과.

치관(治棺)명-하다자 관을 짬.

치관(齒冠)명 이촉보다 위쪽에 드러나 보이는 이의 부분. 상아질 겉을 에나멜질이 싸고 있음. ☞치근(齒根)

치교(緻巧)어기 '치교(緻巧)하다'의 어기(語基).

치교-하다(緻巧-)형여 치밀하고 교묘하다. ¶치교하게 다듬은 조각 작품.

치구(馳驅)명-하다타 구치(驅馳)

치국(治國)명-하다자 나라를 다스림. 이국(理國)

치국안민(治國安民)성구 나라를 잘 다스리어 국민을 편안하게 함을 이르는 말.

치국평천하(治國平天下)성구 나라를 잘 다스리어 온 세상을 평화롭게 함을 이르는 말.

치근(齒根)명 잇몸에 박힌 이의 뿌리 부분. 상아질 겉을 시멘트질이 싸고 있음. 이촉 ☞치관(齒冠)

치근-거리다(대다)자 검질기게 지분거리다. ☞지근거리다. 찌근거리다. 차근거리다

치근덕-거리다(대다)자 몹시 검질기게 들러붙으며 귀찮게 행동하다. ☞지근덕거리다. 찌근덕거리다. 차근덕거리다

치근덕-치근덕부 치근덕거리는 모양을 나타내는 말. ☞지근덕지근덕. 찌근덕찌근덕. 차근덕차근덕

치근-치근부 치근거리는 모양을 나타내는 말. ☞지근지근. 찌근찌근

치근치근-하다형여 ①끈기 있는 물체가 축축하여 닿으면 불쾌한 느낌이 있다. ②남을 지분거리는 것이 검질기다. ¶치근치근하게 조르며 따라다니다.

치근치근-히부 치근치근하게

치-긋다[-귿-](-긋고·-그어)타ㅅ 위쪽으로 향하여 올려 긋다.

치기명 태권도의 공격 기술의 한 가지. 팔굽을 굽히거나 편 채로 몸을 돌려 손이나 주먹으로 공격함. 치는 요령에 따라 안치기·바깥치기·내려치기 등으로 가름.

치기(稚氣)명 어른이면서 어린애 같은, 유치하고 철없는 감정이나 기분. ¶ ― 어린 하소연.
-치기 《접미사처럼 쓰이어》'치다'의 전성형으로 '놀이의 짓'이나 '경기의 행위'의 뜻을 나타냄. ¶ 엿치기/딱지치기/업어치기
치-꽂다[―꼳―] 타 아래에서 위로 향하여 꽂다.
치뉵(齒衄)명 한방에서, 잇몸에서 피가 나는 병을 이르는 말.
치다[1] 자 ①세차게 내리다. ¶ 강풍과 함께 빗발이 ―./눈보라가 ―. ②세차게 불다. ¶ 찬바람이 치는 어느 겨울날./비바람이 ―. ③일어 움직이다. ¶ 물결이 세차게 치는 난바다./잔잔한 물결이 치는 호수. ④많이 내리다. ¶ 찬서리가 치는 싸늘한 밤. ⑤세차게 일어나다. ¶ 번개가 치더니 요란한 천둥 소리가 뒤따랐다.
치다[2] 자 ①값을 매기다. ¶ 사과 하나에 천 원씩 ―. ②셈에 넣다. ¶ 나까지 쳐서 식구는 모두 다섯 사람이다./나머지까지 마저 쳐서 얼마요?/일요일까지 치면 사흘을 쉬는 셈이다. ③그러한 것으로 받아들이다. ¶ 문인화(文人畵)라면 그의 작품을 으뜸으로 친다./어린이도 구성원의 한 사람으로 친다./그의 변명에도 일리가 있다고 치자./아무리 취중에 한 말이라 치더라도 너무 지나쳤어. ④짐작하거나 가정하다. ¶ 절벽에 오른다고 치자, 내려올 때는 어떻게 할 셈인가? ⑤대중삼다 ¶ 빨리 달리기로 치면 단연 막내가 제일이지.
치다[3] 자 '치이다[1]'의 준말.
치다[4] 타 ①때리다 ¶ 손날로 상대편의 급소를 ―./달걀로 바위를 ―./옳거니 하며 무릎을 ―. ②두드리어 소리를 내다. ¶ 북을 ―./피아노를 ―./종을 ―./괘종시계가 열두 시를 ―./손뼉을 ―. ③두드리어 찍다. ¶ 자판(字板)을 ―. ④때리어 날리거나 멀리 보내다. ¶ 첫 타자가 삼루타를 치고 달려 나가다. ⑤공을 때리거나 튀기어 하는 운동을 하다. ¶ 탁구를 ―./당구를 ―. ⑥두드리며 짓이기다. ¶ 떡메로 떡을 ―. ⑦두드리어 박다. ¶ 벽에 못을 ―. ⑧끊거나 자르거나 베다. ¶ 웃자란 가지를 ―./적장의 목을 ―. ⑨칼날로 깎거나 밀다. ¶ 날밤을 ―./배코를 ―. ⑩가늘고 길게 썰다. ¶ 무로 채를 ―. ⑪쇠붙이를 달구어 두드려서 연장을 만들다. ¶ 낫을 ―. ⑫〔앞의 단어가 나타내는〕몸놀림이나 짓을 하다, 또는 세차게 움직이다. ¶ 장난을 ―./뒷걸음질을 ―./몸부림을 ―./종종걸음을 ―./도망을 ―./눈웃음을 ―./허풍을 ―./선수를 ―./발버둥을 ―./물장구를 ―./활개를 ―./헤엄을 ―./개가 꼬리를 ―. ⑬상대편을 공격하다. ¶ 적군을 측면에서 ―.
속담 **처고 보니 삼촌이라** : 어떤 일을 저지르고 보니 매우 실례되는 짓이었다는 말./**치러 갔다가 맞기는 예사** : 남에게 무엇을 부탁하러 갔다가 도리어 부탁을 받게 되는 경우도 흔히 있다는 말./**친 사람은 다리를 오그리고 자고, 맞은 사람은 다리를 펴고 잔다** : 남에게 폭행을 하거나 해를 끼친 사람은 늘 마음이 불안하나, 그런 일을 당한 사람은 오히려 마음에 거리낌이 없어 마음이 편하다는 말.〔도둑질한 사람은 오그리고 자고, 도둑맞은 사람은 펴고 잔다〕

> 한자 칠 격(擊)〔手部 13획〕¶ 격멸(擊滅)/격파(擊破)/습격(襲擊)/타격(打擊) ▷ 속자는 撃
> 칠 공(攻)〔攴部 3획〕¶ 공격(攻擊)/공방(攻防)
> 칠 타(打)〔手部 2획〕¶ 강타(強打)/맹타(猛打)/타구(打球)/타종(打鐘)

치다[5] 타 ①보내다 ¶ 무전을 ―./전보를 ―. ②크게 내지르다. ¶ 산꼭대기에서 소리를 ―./고함을 ―./아우성을 ―./호통을 ―.
치다[6] 타 ①표를 하다. ¶ 동그라미를 ―./가위표를 ―. ②그림을 그리다. ¶ 난(蘭)을 ―. ③줄을 긋다. ¶ 글의 중요한 대목에 밑줄을 ―./점선을 친 곳에서 접다.
치다[7] 타 ①꼬아서 엮다. ¶ 허리띠를 ―./주머니 끈을 ―. ②엮어서 만들다. ¶ 멱서리를 ―. ③틀로써 짜다. ¶ 볏짚으로 가마니를 ―./돗자리를 ―. ④감아 매다. ¶ 감발을 ―.
치다[8] 타 ①끼얹거나 뿌리거나 타다. ¶ 후춧가루를 ―./깨소금을 ―./간장을 ―./초를 ―./살충제를 ―. ②바르다. ¶ 재봉틀에 기름을 ―. ③체질을 하다. ¶ 쌀가루를 ―. ④따르다 ¶ 술잔에 술을 가득 ―.
치다[9] 타 ①펴서 드리우거나 가리다. ¶ 발을 ―./커튼을 ―./그물을 ―./모기장을 ―./천막을 ―./차일(遮日)을 ―. ②가리어 막다. ¶ 병풍을 ―./담을 ―. ③줄을 늘이어 놓거나 매다. ¶ 철조망을 ―./금줄을 ―./거미줄을 ―. ④펴거나 늘어놓다. ¶ 배수진을 ―. ⑤반죽한 재료로 일정한 모양을 만들다. ¶ 기초 공사로 콘크리트를 ―.
치다[10] 타 ①알아보다 ¶ 점(占)을 ―. ②겪거나 치르다. ¶ 시험을 ―./국가 고시를 ―. ③놀이에 쓰는 패를 섞다, 또는 그 패로 놀이를 하다. ¶ 화투를 여러 번 쳐서 고루 섞다./가족끼리 화투를 ―./친구와 딱지를 ―.
치다[11] 타 ①더러운 물건을 그러내다. ¶ 외양간을 ―./돼지우리를 ―./우물을 ―. ②쌓이거나 막힌 것을 파내거나 그러내다. ¶ 도랑을 ―./하수구를 ―.
치다[12] 타 ①가축을 기르다. ¶ 닭을 ―. ②남을 집에 들여 대접하거나 묵게 하다. ¶ 손을 ―./하숙생을 ―. ③짐승이 새끼를 낳거나 알을 까서 퍼뜨리다. ¶ 십자매가 새끼를 ―./토끼가 새끼를 ―. ④식물이 가지나 뿌리를 벋다. ¶ 나무가 잔가지를 많이 ―./땅속줄기를 많이 ―. ⑤빚어 만들다. ¶ 꿀벌이 꿀을 ―.

> 한자 칠 목(牧)〔牛部 4획〕¶ 목동(牧童)/목마(牧馬)/목우(牧牛)/목장(牧場)/방목(放牧)

치:다[13] 타 '치우다'의 준말. ¶ 쓰레기를 ―.
치다꺼리 명 -하다 타 ①일을 치러 내는 일. ¶ 잔치 ―에 골몰하다. ②남을 도와서 바라지를 하는 일. ¶ 환자 ―
× **치닥거리** 명 -하다 타 → 치다꺼리
치-닫다(―닫고·―달아) 자ㄷ ①위로 향해 달리거나 달려 올라가다. ¶ 솔숲으로 난 길을 치달아 올라가다. ②힘차게 냅다 닫다. ¶ 힘껏 치달아서 선두를 따라잡았다.
치담(治痰)명 -하다 자 한방에서, 담병을 치료하는 일.
치대다[1] 타 빨래나 반죽 따위를 자꾸 눌러 문지르다. ¶ 찰흙을 ―./빨래를 ―. ☞ 이기다[2]
치-대:다[2] 타 밑에서 위쪽으로 올려 가며 대다.
치덕(齒德)명 ①나이와 덕행(德行)을 아울러 이르는 말. ②나이가 많고 덕이 높음.
치도(治道)명 ①나라를 다스리는 방법. 정치의 방법. ②-하다 자 길을 고치거나 다지는 일. 길닦이
속담 **치도하여 놓으니까 거지가 먼저 지나간다** : 애써 해 놓은 일을 달갑지 않은 사람이 먼저 즐기게 되어, 보람없이 됨을 이르는 말.
치도(馳到)명 -하다 자 달리어 목적한 곳에 다다름.
치도-곤(治盜棍)명 조선 시대, 도둑질한 죄인의 볼기를 치던 곤장의 한 가지. 곤장 가운데 가장 큰 것으로, 길이는 다섯 자 일곱 치. ☞ 소곤(小棍)
치도곤을 안기다 관용 호되게 때리거나 호된 벌을 주다.
치독(治毒)명 -하다 자타 ①독기(毒氣)를 다스려 없앰. ②중독이 된 것을 치료함.
치:독(置毒)명 -하다 자 음식에 독약을 넣음.
치둔(痴鈍)어기 '치둔(痴鈍)하다'의 어기(語基).
치둔-하다(痴鈍―)형여 어리석고 머리가 둔하다.
× **치떠-보다** 타 → 칩떠보다
치-뜨다(―뜨고·―떠)타 눈을 위로 뜨다. ☞ 내리뜨다
치-뜨리다 타 위쪽으로 던져 올리다.
치-뜰다(―뜰고·―뜨니)형 하는 짓이나 성질이 나쁘고 더럽다.
치란(治亂)명 ①세상이 잘 다스려지는 일과 어지러운 일. ②-하다 자 혼란에 빠진 세상을 다스림.
치람(侈濫)명 -하다 형 사치함이 분수에 넘침.
치랭(治冷)명 -하다 자 한방에서, 냉병을 치료하는 일.
치략(治略)명 세상을 다스리는 방책.
치량 명 '칠량(七樑)'의 변한말.
치량-보[―뽀] 명 '칠량보'의 변한말.

치량-집[-찝] 명 '칠량집'의 변한말.

치량-쪼구미 명 '칠량쪼구미'의 변한말.

치런-치런 부 -하다 형 ①큰 그릇 따위에 그득 찬 액체가 가장자리에 찰듯 찰듯 한 모양을 나타내는 말. ②긴 물체의 한 끝이 다른 물체에 닿을듯 닿을듯 한 모양을 나타내는 말. ¶ - 바닥에 끌리는 치마. ☞지런지런. 차란차란

치렁-치렁 부 -하다 형 물체가 매우 길고 부드럽게 드리워져 있는 모양을 나타내는 말. ¶ - 탐스러운 머리./-하게 늘어진 치마. ☞차랑차랑[3]

치렁-하다 형여 물체가 길고 부드럽게 드리워져 있다. ☞차랑하다

치레 명 -하다 타 ①잘 꾸미거나 매만져서 모양을 냄. ¶ -를 하니 인물이 한결 돋보인다. ②본디 것보다 더 낫게 꾸며서 나타냄. ¶듣기에 좋으라고 -로 하는 말.

-치레 《접미사처럼 쓰이어》'치르거나 겪어 내는 일'의 뜻을 나타냄. ¶병치레/손님치레

치련(治鍊) 명 -하다 타 쇠나 돌, 나무 등을 불리거나 다듬음.

치렵(馳獵) 명 -하다 자타 말을 타고 달리면서 사냥함.

치롱(痴聾) 명 어리석고 귀먹은 사람.

치롱-주(治聾酒) 명 귀밝이술

치료(治療) 명 -하다 타 병이나 상처를 다스려서 낫게 함. 요치(療治) ☞치병(治病)

치료=감호(治療監護) 명 사회 보호법에 따라, 죄를 지은 정신 장애자나 알코올·마약 중독자에 대하여 복역에 앞서 법이 정한 시설에 수용, 보호하여 치료하게 하는 법적 조처.

치료-법(治療法)[-뻡] 명 요법(療法)

치루(痔漏·痔瘻) 명 치질의 한 가지. 항문 주위에 작은 구멍이 생겨 고름이나 똥물이 흐르는 병. 누치(漏痔)

×**치루다** 타 →치르다

치룽 명 싸리로 가로 퍼지게 둥긋이 결어 만든 채그릇. 채롱과 비슷하나 뚜껑이 없음.

치룽-구니 명 어리석어서 쓸모가 적은 사람을 이르는 말.

치룽-장수 명 지난날, 물건을 치룽에 담아 가지고 팔러 다니는 장수를 이르던 말.

치륜(齒輪) 명 톱니바퀴 ▷齒의 속자는 歯

치르다 타 ①마땅히 주어야 하거나 갚아야 할 돈을 주다. ¶물건 값을 -./계약금을 -./이자를 -. ②의식이나 으레 하는 것으로 정해진 일을 해내다. ¶혼사(婚事)를 -./장례(葬禮)를 -./첫날밤을 -. ③어려운 일을 겪어 내다. ¶중병을 -./전쟁을 -./시험을 -. ④겪이를 하다. ¶혼잣손으로 많은 손을 -. ⑤해야 할 도리를 차리다. ¶입은 은혜에 대한 인사도 못 치르고 떠나 오다. ⑥끼니 음식을 먹다. ¶아침이나 치르고 떠나게.

치리 명 강준치아과의 민물고기. 몸길이 15~20cm, 측편되고 약간 긴 모양임. 몸빛은 은백색이며, 등 쪽은 파란빛을 띤 갈색임. 한강이나 금강 등에 삶.

치립(峙立) 명 -하다 자 우뚝하게 높이 솟음.

치마 명 ①여자가 아랫도리에 입는, 통(筒) 모양으로 된 겉옷. ②고려·조선 시대, 조복(朝服)이나 제복(祭服)의 아래에 덧두르던 옷. ③연에서, 위쪽 절반은 흰 종이로, 아래쪽 절반은 색종이로 만든 것의 아래쪽을 가리키는 말. ④족자나 병풍 등의 아랫도리에 바른 헝겊.
속담 **치마가 열두 폭인가** : 남의 일에 공연히 참견하며 수다를 떠는 사람을 못마땅해 하며 이르는 말./**치마에서 비파 소리가 난다** : 분주히 싸다님을 두고 이르는 말.

한자 **치마 상**(裳) 〔衣部 8획〕 ¶의상(衣裳)/홍상(紅裳)

치마(馳馬) 명 -하다 자 말을 타고 달림.

치마-끈 명 치마의 말기에 달아 가슴에 둘러매는 끈.

치마-널 명 난간 밑 가장자리에 올려 붙인 판목(板木).

치마-머리 명 지난날, 머리숱이 적은 사람이 상투를 짤 때, 본머리에 덧둘러서 감던 딴머리. ☞밑머리

치마-분(齒磨粉) 명 지난날, 이를 닦을 때 칫솔에 묻혀 쓰던 가루 치약. 준 치분(齒粉)

치마-상투 명 치마머리를 넣어서 짠 상투.

치마-양반(-兩班) 명 지난날, 지체 낮은 집에서 지체 높은 집안과 여러 번 혼인함으로써 행세를 하게 된 양반.

치마-연(-鳶) 명 연의 한 가지. 허릿살의 윗부분은 희고, 아래 부분은 색을 달리한 연.

치마-폭(-幅) 명 피륙을 잇대어서 만든 치마의 너비.
속담 **치마폭이 넓다** : 아무 상관도 없는 남의 일에 공연히 참견함을 이르는 말. 〔치마폭이 스물네 폭이다〕

치맛-단 명 치마의 가장자리에 대는 옷단. ¶ -을 늘이다.

치맛-바람 명 ①치맛자락이 움직이는 서슬이라는 뜻으로, 여자가 극성스레 설치는 서슬을 이르는 말. ②제대로 갖추어 입지 않고 나선 여자의 차림새. ¶ -으로 나서다. ☞저고릿바람 ③'새색시'를 놀리어 이르는 말.

치맛-자락 명 입고 있는 치마의 아래로 드리워진 부분.

치매(痴呆) 명 ①어떤 사람의 지능 정도가 같은 나이 또래의 사람들에 비하여 매우 뒤떨어져 있는 상태, 또는 그러한 상태인 사람. ②정상적으로 발달하여 지니게 된 지능이, 후천적인 뇌의 질환이나 노쇠 등으로 말미암아 차차 저하하는 상태. ▷痴의 본자는 癡

치-매기다 타 순서나 번호 따위를, 아래에서 위로 차례를 따라 매기다. ☞내리매기다

치매-증(痴呆症)[-쯩] 명 한방에서, 치매의 증세를 이르는 말.

치-먹다 자 ①순서나 번호 따위가 아래에서 위로 치올라 가면서 매겨지다. ②시골에서 생산된 물건이 서울로 와서 팔리다. ☞내리먹다

치-먹이다 타 시골에서 생산된 물건을 서울로 가져다가 팔다.

치-먹히다 자 ①순서나 번호 따위가 아래에서 위로 치올라 매겨지게 되다. ②시골에서 생산된 물건이 서울로 와서 팔리게 되다.

치면-하다 형여 물건이 그릇에 거의 차다.

치명(治命) 명 죽을 무렵에 맑은 정신으로 하는 유언. ☞난명(亂命)

치:명(致命) 명 -하다 자 ①죽을 지경에 이름. ②가톨릭에서, '순교(殉敎)'를 이전에 이르던 말.

치:명-상(致命傷) 명 ①목숨이 위험할 정도로 심한 상처, 또는 목숨을 잃은 원인이 된 상처. ¶ -을 입다. ②회복할 수 없을 정도의 결정적인 타격을 비유하여 이르는 말. ¶공금 횡령이 선거 결과에 -이 되었다.

치:명-적(致命的) 명 ①목숨에 관계될 만큼 대단한 것. ¶ -인 상처. ②회복할 수 없을 정도로 결정적인 것. ¶ -인 타격을 입다./-인 결함이 발견되다.

치:명-타(致命打) 명 생사나 흥망에 관계될 만큼, 치명적인 타격. ¶ -를 입다.

치목(治木) 명 -하다 자 재목을 다듬음.

치목(稚木) 명 어린 나무.

치목(齒木) 명 지난날, 절에서 이를 닦을 때 쓰던 버드나무로 만든 물건. 한 끝은 뾰족하고 다른 한 끝은 납작하게 다듬은 것임.

치문(緇門) 명 ①물들인 옷을 입은 중. ②여러 학자의 명구(銘句)와 권선문(勸善文)을 모은 불경. 사미(沙彌)가 공부하는 책임.

치미(侈靡) 명 -하다 자 지나치게 사치함.

치미(鴟尾) 명 망새

치민(治民) 명 -하다 자 국민을 다스림.

치밀(緻密) 어기 '치밀(緻密)하다'의 어기(語基).

치-밀다(-밀고·-미니) 자타 ①위로 세차게 솟구쳐 오르다. ¶냄비 속의 김이 뚜껑을 -. ②어떤 감정이 참을 수 없이 북받쳐 오르다. ¶울화가 -. ③아래에서 위로 밀어 올리다. ¶비탈길에서 차를 -.

치밀-하다(緻密-) 형여 ①자세하고 꼼꼼하다. 세치하다 ¶치밀하게 세운 계획./치밀한 계산. 유 면밀하다. 세밀하다 ②천이나 종이 따위가 결이 곱고 촘촘하다. ¶짜임새가 치밀한 천.
치밀-히 부 치밀하게

치-받다[1] 타 ①위를 향하여 받다. ¶송아지가 어미 젖을 머리로 치받으며 젖을 빨다. ②세차게 받다. ¶차가 가

ㅊ

로수를 치받고 크게 부서졌다. ☞내리받다
치-받다² 타 썩 올려서 받다. ¶우산을 ―.
치-받이[―바지] 명 ①위로 오르게 되어 있는 비탈. ☞내리받이 ②-하다 자 건축에서, 천장이나 산자 따위의 안쪽에 흙을 바르는 일, 또는 그 흙. 앙벽(仰壁). 앙토(仰土)
치-받치다¹ 자 ①세차게 솟아오르다. ¶검은 연기와 함께 불길이 ―. ②어떤 감정이 세차게 북받쳐 오르다. ¶울분이 ―.
치-받치다² 타 ①위로 치받아 버티다. ¶쓰러지려는 고목을 버팀목이 치받치고 있다. ②위로 힘껏 치받아 올리다. ¶무거운 짐을 두 장정이 치받쳐 들다.
치발부장(齒髮不長) 성구 배냇니는 갈지 않았고 머리털은 다박머리라는 뜻으로, 아직 나이가 어림을 이르는 말.
치-벋다 자 위쪽으로 향하여 벋다. ¶가지가 하늘로 ―. ☞내리벋다
치병(治兵) 명 -하다 자 병사를 훈련함.
치병(治病) 명 -하다 자 병을 치료함.
치보(馳報) 명 -하다 타 급히 달려가서 알림.
치본(治本) 명 -하다 타 병의 근원을 치료함.
치부(恥部) 명 ①음부(陰部) ¶―를 가리다. ②남에게 알리고 싶지 않은 부끄러운 부분. ¶―를 폭로하다./우리 사회의 ―를 드러내다.
치:부(致富) 명 -하다 자 재물을 모아 부자가 됨.
치:부(置簿) 명 -하다 자 ①금전이나 물품이 들고남을 적어 둠. ②마음에 잊지 않고 기억해 둠. ¶지금 자네가 한 말은 그대로 ―해 두겠네. ③'치부책(置簿冊)'의 준말.
치:부-꾼(致富―) 명 부자가 될만 한 사람이라는 뜻으로, 매우 부지런하고 알뜰한 사람을 이르는 말.
치:부-책(置簿冊) 명 돈이나 물품 따위가 들고난 것을 적는 책. 준 치부(置簿)
치분(齒粉) 명 '치마분(齒磨粉)'의 준말.
치-불다(―불고·―부니) 자 바람이 아래쪽에서 위쪽으로 불다. ¶바람이 산 위로 ―.
치-붙다[―붇―] 자 위로 치켜 올라가 붙다. ¶치붙은 그림 액자.
치빙(馳騁) 명 -하다 자 ①말을 몰아 달림. ②활발하게 활동함. ③부산하게 돌아다님.
치:사(致仕) 명 -하다 자 지난날, 관직에 있는 사람이 늙어서 관직을 내놓고 물러나던 일.
치:사(致死) 명 -하다 타 사람을 죽음에 이르게 함. 치폐(致斃) ¶과실로 ―케 하다.
치:사(致詞·致辭) 명 ①지난날, 경사가 있을 때 임금에게 올리던 송덕(頌德)의 글. 치어(致語) ②지난날, 경사가 있을 때, 악인(樂人)이 풍류에 맞추어 하던 찬양의 말. ③경축하는 뜻을 적은 글.
치:사(致謝) 명 -하다 타 고맙다는 뜻을 나타냄.
치사(恥事) 어기 '치사(恥事)하다'의 어기(語基).
치-사랑 명 손윗사람에 대한 사랑. ☞내리사랑
치:사-량(致死量) 명 사람이나 동물을 죽음에 이르게 할만한 약의 분량.
치사-스럽다(恥事―)(―스럽고·―스러워) 형ㅂ 떳떳하지 못하고 부끄러운 느낌이 있다.
　치사-스레 부 치사스럽게
치사-하다(恥事―) 형여 떳떳하지 못하고 부끄럽다.
치산(治山) 명 -하다 자 ①산소를 매만져서 다듬는 일. ②산을 가꾸고 보호하는 일. ☞치수(治水)
치산(治産) 명 -하다 자 ①집안일을 보살피어 다스림. 치가(治家) ②재산을 관리하고 처리함.
치산-치수(治山治水) 명 산과 하천(河川)을 잘 가꾸고 정비하여 가뭄이나 홍수의 재해를 예방함.
치-살리다 타 지나치게 추어주다.
치상(治喪) 명 -하다 자 초상을 치름.
치생(治生) 명 -하다 자 생활을 꾸려 나감.
치서(齒序) 명 나이에 따른 차례. 치차(齒次)
치석(治石) 명 -하다 자 돌을 다듬음.
치석(齒石) 명 이에 엉기어 붙은 단단한 물질. 침에 섞인 석회분(石灰分)이나 음식물의 찌꺼기 따위가 붙어서 굳어진 것.
치:성(致誠) 명 -하다 자 ①정성을 다함. ②자기의 소원이 이루어지기를 바라서, 신이나 신령에게 정성을 들여 빎.
치성(熾盛) 명 -하다 자 불길이 타오르듯이 매우 성함.
치세(治世) 명 ①잘 다스려진 세상. 태평한 세상. ☞난세(亂世) ②임금이 다스리는 때나 세상. ¶세종 대왕 ―에 창제된 한글. ③-하다 자 세상을 잘 다스림.
치소(嗤笑) 명 -하다 타 빈정거리며 웃음, 또는 그런 웃음. ¶남의 ― 거리가 되다.
치소(痴笑) 명 바보 같은 웃음.
치손(稚孫) 명 어린 손자.
치-솟다[―솓―] 자 ①위로 세차게 솟다. ¶갑자기 치솟는 불기둥. ②감정이나 생각 따위가 세차게 북받쳐 오르다. ¶울분이 ―.
치송(治送) 명 -하다 타 행장을 차려 보냄.
치송(稚松) 명 어린 소나무. 잔솔
치수(―數) 명 길이 단위인 치의 수. ¶두루마기의 ―.
　치수(를) 내다 관용 치수를 셈하여 내다.
　치수(를) 대다 관용 치수를 재어서 정하다.
　속담 **치수 보아 옷 짓는다** : 무엇이든지 잘 살펴보고 계획을 짠 다음에 격에 맞도록 하여야 한다는 말.
치수(治水) 명 -하다 자 홍수나 가뭄의 재해를 막기 위하여 하천이나 수리 시설을 잘 정비하는 일. ☞치산(治山)
치수(齒髓) 명 치강(齒腔) 속을 채우고 있는 연한 조직. 혈관과 신경이 퍼져 있어 감각이 예민함. 이골¹
치수(稚樹) 명 어린 나무.
치수(錙銖) 명 썩 가벼운 무게. 수는 기장 알 100개의 무게로, 24수는 한 냥(兩), 치는 여덟 냥의 무게임.
치수-금(―數―) 명 치수를 재어 그은 금.
치수-염(齒髓炎) 명 치수에 생기는 염증. 충치(蟲齒)에 세균이 침입하여 일어남.
치술(治術) 명 ①나라를 다스리는 방법이나 기술. ②병을 치료하는 방법.
치술령곡(鵄述嶺曲) 명 신라 눌지왕 때의 악곡(樂曲). 박제상(朴堤上)이 왕자 미사흔(未斯欣)을 구하러 왜국(倭國)에 갔다 죽자 그의 아내가 세 딸과 함께 치술령에 올라가 통곡하다 죽어 치술령의 신모(神母)가 되었다 함. 뒷날 백성들이 이 노래를 지어 부인의 넋을 위로하였다고 함. 가사는 전하지 아니하고, 그 설화 내용만 '증보문헌비고(增補文獻備考)'에 실려 전함.
치습(治濕) 명 -하다 타 한방에서, 병의 근원인 습기(濕氣)를 다스리는 일. ☞치열(治熱)
치:신 명 부정의 용언과 함께 쓰이어, '처신'을 좀 얕잡는 어감(語感)으로 이르는 말. ☞채신. 처신(處身)
　치신(이) 사납다 관용 '처신(이) 사납다'를 좀 얕잡는 어감(語感)으로 이르는 말. ☞채신(이) 사납다. 처신(이) 사납다.
　치신(이) 없다 관용 '처신(이) 없다'를 좀 얕잡는 어감으로 이르는 말. ☞채신(이) 없다. 처신(이) 없다.
치:신(置身) 명 -하다 자 어디에 몸을 둠. ¶당황하여 ―할 바를 모르다.
치:신-머리 명 '치신'을 속되게 이르는 말. ☞채신머리
　치신머리(가) 사납다 관용 '치신(이) 사납다'를 속되게 이르는 말. ☞채신머리(가) 사납다.
　치신머리(가) 없다 관용 '치신(이) 없다'를 속되게 이르는 말. ☞채신머리(가) 없다.
치심(侈心) 명 사치를 좋아하는 마음.
치심(恥心) 명 ①부끄러워하는 마음. ②부끄러움을 아는 마음.
치심(稚心) 명 ①어릴 때의 마음. ②어린아이 같은 마음.
치-쏘다 타 총 따위를 아래에서 위로 향하여 쏘다. ☞내리쏘다
치-쓸다(―쓸고·―쓰니) 타 아래에서 위로 향하여 쓸다.
치아(稚兒) 명 치자(稚子)
치아(齒牙) 명 사람의 '이'를 점잖게 이르는 말. ¶할아버지는 ―가 아직도 좋으시다.
치아-탑(齒牙塔) 명 불교에서, 도학(道學)이 높은 중의

이를 넣고 쌓은 탑을 이르는 말.

치아-통(齒牙筒)명 지난날, 이쑤시개와 귀이개를 넣어서 차고 다니던 작은 통.

치안(治安)명-하다타 ①잘 다스려 편안하게 함. ②나라와 사회의 안녕과 질서를 유지·보전함. ¶ -을 유지하다.

치안-감(治安監)명 경찰 공무원 계급의 하나. 치안 정감(治安正監)의 아래, 경무관(警務官)의 위임.

치안=경:찰(治安警察)명 보안 경찰(保安警察)

치안=재판(治安裁判)명 '즉결 재판(卽決裁判)'을 달리 이르는 말.

치안=정:감(治安正監)명 경찰 공무원 계급의 하나. 치안 총감(治安總監)의 아래, 치안감의 위임.

치안=총:감(治安總監)명 경찰 공무원 계급의 하나. 치안 정감의 위로서 경찰 공무원의 최고 계급.

치약(齒藥)명 이를 닦는 데 쓰는 약.

치:어(致語)명 지난날, 경사가 있을 때 임금에게 올리던 송덕(頌德)의 글. 치사(致詞)

치어(稚魚)명 물고기의 새끼. 어린 물고기. ☞성어(成魚)

> ▶ 물고기 새끼의 이름들
> 갈치-풀치/고등어-고도리/괴도라치-설치
> 농어-껄떼기/돌고기-가사리/명태-노가리
> 방어-마래미/숭어-모쟁이/열목어-팽팽이
> 웅어-모롱이/전어-전어사리/청어-굴뚝청어

치어다-보다타 얼굴을 들고 쳐떠보다. 준쳐다보다

치어리:더(cheerleader)명 운동 경기의 여자 응원단원.

치언(痴言)명 어리석은 말. 바보 같은 말.

치열(治熱)명-하다자 한방에서, 병의 열기(熱氣)를 다스리는 일. ☞치습(治濕)

치열(齒列)명 잇바디

치열(熾熱)명-하다형 열이 매우 높음.

치열(熾烈)어기 '치열(熾烈)하다'의 어기(語基).

치열-하다(熾烈-)형여 기세나 세력 따위가 불길같이 세차다. ¶ 치열한 경쟁.

치열-히부 치열하게

치영(緇營)명 조선 시대, 총융청(摠戎廳)에 딸렸던 승군(僧軍)의 군영(軍營). 북한산에 있었음.

치-올리다타 위로 밀어 올리다.

치옹(齒癰)명 한방에서, 잇몸이 곪아 붓는 병을 이르는 말. ☞치조 농루(齒槽膿漏)

치와와(Chihuahua)명 개의 한 품종. 멕시코 원산으로 키는 20cm 안팎, 몸무게 0.5~3kg. 털빛은 흑색 또는 갈색, 백색 등 여러 가지임. 귀가 크고 쫑긋하며, 눈은 크고 볼록 튀어나와 있음. 애완용으로 기름.

치외=법권(治外法權)명 국제법에서, 국가 원수, 외교관, 외교 사절 등 특정한 외국인이 현재 머물러 있는 나라의 법률 적용을 받지 않고 자기 나라의 주권을 행사할 수 있는 권리.

치욕(恥辱)명 수치스럽고 욕된 일. ¶ 국권(國權)을 침탈당한 -. 준욕(辱)

치우(痴愚)어기 '치우(痴愚)하다'의 어기(語基).

치우다타 ①물건을 있던 자리에서 다른 곳으로 옮겨 가다. ¶ 밥상을 -./쌓인 눈을 -. ②자리에 흩어져 있는 물건들을 거두어 정리하여 깨끗이 하다. ¶ 방을 -. ③하던 일을 그만두다. ¶ 김매기를 치우고 그늘에서 쉬다. ④'시집보내다'를 흔히 이르는 말. ¶ 딸을 -. 준치다[13] 조동 본용언(本用言) 다음에 쓰이어, 앞말이 뜻하는 행동을 해냄을 나타냄. ¶ 먹어 -/갈아 -

치우-치다자 균형을 잃고 한쪽으로 쏠리다. ¶ 감정에 -./치우친 생각.

> 한자 치우칠 파(頗)〔頁部 5획〕¶ 편파(偏頗)
> 치우칠 편(偏)〔人部 9획〕¶ 편견(偏見)/편성(偏性)/편식(偏食)/편애(偏愛)/편향(偏向)

치우-하다(痴愚-)형여 못나고 어리석다.

치:위(致慰)명-하다타 상중(喪中)이나 복중(服中)에 있는 사람을 위로함.

치유(治癒)명-하다자 병이나 상처가 나음.

치-육포(雉肉脯)명 꿩고기와 쇠고기를 함께 다져 기름장으로 양념하여 다식판에 박아 말린 음식.

치은(齒齦)명 잇몸. 치경(齒莖)

치은=궤:양(齒齦潰瘍)명 잇몸이 허는 병.

치은=농양(齒齦膿瘍)명 잇몸이 헐어 고름이 생기는 병.

치은-염(齒齦炎)[-념]명 잇몸에 생기는 염증.

치은-종(齒齦腫)명 잇몸에 생기는 종양.

치음(齒音)명〈어〉훈민정음(訓民正音)에서 'ㅅ·ㅈ·ㅊ' 소리를 이른 말. ☞반치음(半齒音)

치읓명〈어〉한글 자모(字母) 'ㅊ'의 이름.

치:의(致意)명-하다자 자기의 뜻을 남에게 전함.

치:의(致疑)명-하다타 의심을 둠.

치의(緇衣)명 ①중이 입는 물들인 옷. 청·홍·황·적·백이 모두 섞인 빛깔임. ②승도(僧徒)

치이다[1]자 ①피륙의 올이 이리저리 쏠리다. ②이불 따위에 둔 솜이 한쪽으로 몰리어 뭉치다. 준치다[3]

치이다[2]자 ①무거운 물체에 눌리거나 깔리다. ¶ 강아지가 자동차에 -. ②덫 따위에 걸리다. ¶ 덫에 치인 토끼. ③어떤 힘에 얽매이거나 방해를 받다. ¶ 자질구레한 일들에 치여서 책을 읽을 겨를이 없다.

치이다[3]자 값이 얼마씩 먹히다. ¶ 제품 하나를 만들어 내는 데 만 원씩 -.

치이다[4]타 ①더러운 것을 그러내게 하다. ¶ 쓰레기를 -. ②치우게 하다. ¶ 직원에게 창고를 치였다.

치이다[5]타 쇠붙이 연장을 만들게 하다. ¶ 대장장이에게 호미를 -.

치인(治人)명 치자(治者)

치인(痴人)명 어리석고 못난 사람. 치자(痴者). 치한

치인설몽(痴人說夢)성구 어리석은 사람이 꿈 이야기를 한다는 뜻으로, 종작없이 허황한 말을 지껄이거나 설명에 요령이 없음을 비유하여 이르는 말.

치자(治者)명 ①한 나라를 다스리는 사람. ②권력을 지닌 사람. 치인(治人)

치:자(梔子)명 한방에서, 치자나무의 열매를 약재로 이르는 말. 성질은 차고, 이뇨·황달 따위의 해열제로 쓰임.

치자(稚子)명 ①어린아이 ②어린 아들. 치아(稚兒)

치자(痴者)명 치인(痴人) ▷痴의 본자는 癡

치:자-나무(梔子-)명 꼭두서닛과의 상록 관목. 높이는 2m 안팎. 잎은 길둥글며 마주 나고, 여름에 향기 나는 흰 꽃이 핌. 열매는 가을에 황홍색으로 익는데, 염료로 쓰거나 한방에서 '치자'라 하여 약재로 쓰임. 우리 나라 남부 지방에서 재배함.

치자다소(痴者多笑)성구 어리석은 사람은 잘 웃는다는 뜻으로, 실없이 잘 웃는 사람을 놀리어 이르는 말.

치:자-색(梔子色)명 치자로 물들인 빛깔. 짙은 누른빛에 약간 붉은빛을 띰.

치-잡다타 치켜 잡다.

치장(治粧)명-하다타 매만져서 잘 꾸미거나 모양을 냄. ¶ 화사하게 -한 신부.

속담 **치장 차리다가 신주(神主) 개 물려 보낸다**: 무슨 일을 잘하려고 늑장을 부리다가 뜻밖의 낭패를 보게 됨을 비유하여 이르는 말.

치장(治裝)명-하다자 행장을 차림.

치:재(致齋)명-하다자 제관(祭官)이 된 사람이 제사 전 사흘 동안 몸과 마음을 깨끗이 하고 부정을 멀리하는 일.

치적(治績)명 나라를 잘 다스린 일에 대한 공적.

치:전(致奠)명-하다자 사람이 죽었을 때, 조문객이 제문을 짓고 제물을 가지고 가서 조상(弔喪)하는 일.

치정(治定)명-하다타 나라를 다스리어 안정되게 함.

치정(痴情)명 이성을 잃고 색정(色情)에 빠진 마음. ¶ -에 빠지다./-에 얽힌 사건.

치:제(致祭)명-하다자 죽은 공신에게 임금이 제문과 제물을 보내어 조상(弔喪)하는 일.

치조(齒槽)명 이가 박혀 있는 아래위 턱뼈의 구멍. 잇집

치조-골(齒槽骨)명 이틀을 이루고 있는 뼈. 치골(齒骨)

치조골-염(齒槽骨炎)[-렴]명 치근(齒根)을 싸고 있는

ㅊ

턱뼈 부분에 생기는 염증.

치조=농루(齒槽膿漏)명 이가 흔들리고 잇몸의 가장자리가 검붉어지며 잇집에서 고름이 나는 병. ☞치옹(齒癰)

치조=농양(齒槽膿瘍)명 이촉에 세균이 들어가 치조에 고름이 생기는 염증.

치조-음(齒槽音)명 〈어〉잇몸소리

치졸(稚拙)어기 '치졸(稚拙)하다'의 어기(語基).

치졸-하다(稚拙─)형여 미숙하고 서투르다. ¶치졸한 문장./하는 짓이 ─.

치죄(治罪)명-하다타 죄를 다스림.

치주(馳走)명-하다자 말을 타고 달려감.

치:주(置酒)명-하다자 술자리를 베풂.

치주-염(齒周炎)명 이촉의 막이나 잇몸·잇집 따위에 생기는 염증을 통틀어 이르는 말. 치은염(齒齦炎), 치조골염(齒槽骨炎), 치조 농루(齒槽膿漏) 따위.

치:중(置中)명-하다자 바둑에서, 상대의 말이 에워싼 곳에 사는 두 집이 나지 못하도록 급소에 놓아 파호(破戶)하는 일을 이르는 말.

치:중(置重)명-하다자 어떤 일에 중점을 둠.

치중(輜重)명 ①말에 실은 짐. ②군대의 양식·무기·탄약 등 수송해야 할 군수품을 통틀어 이르는 말.

치:중-수(置中手)[─쑤]명 바둑에서, 치중점에 두는 수, 곧 치중한 수를 이르는 말.

치:중-점(置中點)[─쩜]명 바둑에서, 사활(死活)이 결정될 급소의 한 점, 곧 치중해야 할 중요한 자리.

치:즈(cheese)명 동물의 젖에 들어 있는 건락소에 효소를 섞어 굳히고 발효시켜 만든 식품. 건락(乾酪)

치:지(致知)명-하다자 ①주자학에서, 사물의 도리를 깨치게 되는 일을 이르는 말. ②양명학에서, 타고난 양지(良知)를 최대로 일게 하는 일을 이르는 말.

치지(差池)어기 '치지(差池)하다'의 어기(語基).

치:지도외(置之度外)성구 내버려두고 문제로 삼지 않음을 이르는 말.

치지-하다(差池─)형여 들쭉날쭉하여 가지런하지 아니하다.

치진(馳進)명-하다자 ①윗사람 앞으로 빠른 걸음으로 나아감. ②고을 원이 감영(監營)으로 급히 달려감.

치질(痔疾)명 항문의 안팎에 생기는 병을 통틀어 이르는 말. ☞치핵(痔核)

치차(齒次)명 나이에 따른 차례. 치서(齒序)

치차(齒車)명 톱니바퀴

치:총(置塚)명 치표(置標)로 만든 무덤.

치-치다타 ①획을 위로 올려 삐치다. ②아래에서 위로 향하여 올려 치다.

치켜-세우다타 정도 이상으로 칭찬하여 주다. ¶침이 마르도록 ─.

치키다타 위로 끌어올리다. ¶바지를 ─. ☞내리키다

치킨라이스(chicken+rice)명 밥과 닭고기·양파·양송이 등을 섞어 프라이팬에 넣고 기름을 둘러 볶은 다음, 토마토소스 따위로 양념하여 맛을 낸 음식.

치:타(cheetah)명 고양잇과의 포유동물. 몸길이 1.5m, 꼬리 길이 1m 안팎. 몸빛은 황색 또는 갈색 바탕에 검은빛의 얼룩무늬가 있음. 몸이 가늘고 다리는 긴데, 포유동물 가운데서 단거리를 가장 빠른 속도로 달림. 아프리카와 인도의 북부에 분포함.

치태(痴態)명 바보 같은 모양새나 꼬락서니.

치토(埴土)명 토양 분류에 따른 흙의 한 가지. 60% 안팎의 찰흙과 40% 안팎의 모래로 된 흙. 배수나 공기 소통이 잘 되지 않아서 경작에 알맞지 아니함.

치통(齒痛)명 이나 잇몸 등이 아픈 증세. 이앓이

치:패(致敗)명-하다자 살림이 아주 결딴남.

치패(稚貝)명 새끼 조개.

치평(治平)어기 '치평(治平)하다'의 어기(語基).

치평-하다(治平─)형여 세상이 잘 다스려져 평온하다.

치:폐(致斃)명-하다타 치사(致死)

치포(治圃)명-하다자 채소밭을 가꿈.

치포-관(緇布冠)명 유생(儒生)이 평상시에 쓰는, 검은빛의 베로 만든 관.

치표(治表)명 한방에서, 병의 근원을 다스리지 아니하고 겉으로 드러난 증세만을 그때그때 치료하는 일.

치:표(置標)명-하다자 묏자리를 미리 잡아 표적을 묻어서 무덤처럼 만들어 두는 일.

치풍(侈風)명 사치스러운 풍습.

치풍(治風)명-하다자 한방에서, 풍병(風病)을 치료하는 일.

치풍-주(治風酒)명 한방에서, 풍병을 치료하는 데 쓰는 술. 참쌀지에와 꿀과 물을 한데 끓여서 식힌 것에 누룩을 넣고 버무려서 빚음.

치하(治下)명 어떤 나라나 정권의 통치 아래에 있는 일. ¶미국 ─의 섬들.

치:하(致賀)명-하다타 다른 사람이 한 일에 대하여 칭찬이나 축하의 말을 함. 〔윗사람이 아랫사람에게 함.〕 ¶공로를 ─하다.

치한(痴漢)명 ①치인(痴人) ②여자를 희롱하는 추잡한 사내. 색한(色漢) ▷痴의 본자는 癡

치핵(痔核)명 치질의 한 가지. 직장(直腸)이나 항문 둘레의 정맥이 울혈(鬱血)로 혹처럼 된 상태.

치행(治行)명-하다자 길 떠날 행장을 차림. ☞치장(治裝)

치행(痴行)명 아주 못난 짓.

치혈(治血)명-하다자 한방에서, 혈액에 관련된 병을 치료하는 일.

치혈(痔血)명 한방에서, 치질로 말미암아 나오는 피를 이르는 말.

치화(治化)명-하다타 어진 정치로 국민을 잘 다스려 이끎.

치화(痴話)명 남녀가 침실에서 주고받는 정사(情事)에 관한 이야기.

치:환(置換)명-하다타 ①어떤 물건을 다른 물건으로 바꾸어 놓음. ②화학에서, 화합물의 어떤 원자나 원자단을 다른 원자나 원자단으로 바꾸어 놓는 일.

치효(鴟梟)명 ①'올빼미'의 딴이름. ②간악하고 흉포한 사람을 비유하여 이르는 말.

치-훑다[─훌따]타 위로 향하여 훑다. ☞내리훑다

치희(稚戲)명 ①어린아이의 장난. ②유치한 짓.

칙교(勅教)명 칙유(勅諭)

칙단(勅斷)명 칙재(勅裁)

칙령(勅令)명 칙명(勅命)

칙명(勅命)명 임금의 명령. 대명(大命). 주명(主命). 칙령(勅令). 칙지(勅旨)

칙사(勅使)명 칙명을 받은 사신.

칙살-맞다[─맏─]형 얄밉도록 칙살하다. ☞착살맞다

칙살-부리다자 얄밉도록 칙살한 짓을 하다. ☞착살부리다

칙살-스럽다(─스럽고·─스러워)형ㅂ 보기에 칙살한 데가 있다. ☞착살스럽다

칙살-스레부 칙살스럽게

칙살-하다형여 하는 짓이나 말이 아니꼽게 잘고도 더럽다. ☞착살하다

칙서(勅書)명 어떤 사람에게 임금이 훈계하거나 알릴 일을 적은 글.

칙선(勅選)명-하다타 칙명으로 뽑음.

칙액(勅額)명 임금이 손수 글자를 쓴 편액(扁額).

칙어(勅語)명 칙유(勅諭)

칙유(勅諭)명 임금이 몸소 타이른 말, 또는 그것을 널리 공포하는 글. 칙교(勅教). 칙어(勅語) ☞성유(聖諭)

칙임(勅任)명-하다타 ①임금이 직접 관직을 주는 일, 또는 그 관직. ②'칙임관(勅任官)'의 준말.

칙임-관(勅任官)명 대한 제국 때, 대신의 청으로 임금이 임명하는 관직을 이르던 말. 준 칙임(勅任)

칙재(勅裁)명 임금의 재결(裁決). 칙단(勅斷)

칙지(勅旨)명 칙명(勅命)

칙칙-폭폭부 증기 기관차가 연기를 뿜으며 달리는 소리를 나타내는 말.

칙칙-하다형여 ①빛깔이나 분위기가 어둡고 짙기만 하고 맑거나 산뜻하지 않다. ¶칙칙한 옷차림. ②숲이나 머리털 따위가 배어서 짙다.

칙필(勅筆)[명] 임금의 친필(親筆).
칙행(勅行)[명] 칙사(勅使)의 행차.
칙허(勅許)[명] 임금의 허락.
친(親)-[접두] ①'혈연 관계로 이어진', 또는 '같은 부모에게서 태어난'의 뜻을 나타냄. ¶친아버지/친아들/친누나 ②'아버지 쪽'의 뜻을 나타냄. ¶친할아버지/친삼촌(親三寸) ☞외(外)-
친가(親家)[명] ①시집간 여자의 친부모의 집. 친정 ②중이 자기의 부모가 사는 집을 이르는 말.
친감(親監)[명][-하다][타] 임금이 몸소 살핌.
친감(親鑑)[명][-하다][타] 임금이 몸소 봄.
친견(親見)[명][-하다][타] 몸소 봄. ㊌친람(親覽)
친경(親耕)[명][-하다][타] 지난날, 농사를 장려하는 뜻으로 임금이 몸소 적전(籍田)에 나와서 갈고 심던 일.
친경-전(親耕田)[명] 지난날, 임금이 농사를 장려하는 뜻으로 몸소 갈고 심던 논밭.
친고(親告)[명][-하다][타] ①스스로 알림. 스스로 일러바침. ②피해자가 직접 하는 고소.
친고(親故)[명] ①친척과 오래 사귄 벗. ②친구
친고-죄(親告罪)[-쬐][명] 검사가 공소를 제기할 때, 피해자 및 그 밖의 법률이 정한 사람의 고소나 청구를 필요 요건으로 하는 범죄. 강간죄나 명예 훼손죄 따위.
친-공신(親功臣)[명] 조상으로부터 물려받은 것이 아니라 자기가 공을 세워서 된 공신.
친교(親交)[명] 친밀한 사귐. ¶-를 맺다.
친교(親敎)[명] 부모의 가르침.
친구(親口)[명][-하다][자] 가톨릭에서, 성해(聖骸)나 성물(聖物) 등의 거룩한 대상에게 경의를 나타내기 위하여, 또는 평화와 사랑을 나누기 위하여 입맞추는 일.
친구(*親舊)[명] ①친하게 사귀는 벗. 친고(親故). 친우(親友) ㊌동무. 벗[2] ②나이가 비슷한 또래의 상대편을 무간하게 부르는 말. ¶저 - 참 재미 있는 사람이지.
[속담] **친구는 옛 친구가 좋고, 옷은 새 옷이 좋다** : 물건은 새것이 좋지만 친구는 오래 사귄 친구일수록 정의가 두텁다는 말.
친국(親鞫)[명][-하다][타] 임금이 중죄인을 몸소 국문하는 일.
친-군영(親軍營)[명] 조선 고종 때, 청나라의 군제(軍制)를 본떠서 서울과 지방에 두었던 여러 군영.
친권(親眷)[명] 썩 가까운 권속(眷屬).
친권(親權)[-꿘][명] 부모가 미성년인 자식을 보호·교양하고, 자식의 특유 재산을 관리하는 등의 여러 권리와 의무를 통틀어 이르는 말.
친권-자(親權者)[-꿘-][명] 친권을 부담하는 사람.
친근(親近)[어기] '친근(親近)하다'의 어기(語基).
친근-하다(親近-)[형][여] 사귀어 지내는 사이가 매우 가깝다. ¶친근하게 지내는 이웃들. ㊌친밀하다
친근-히[부] 친근하게 ¶매우 - 대하다.
친기(親忌)[명] 부모의 제사.
친-남매(親男妹)[명] 같은 부모에게서 태어난 남매.
친-누이(親-)[명] 같은 부모에게서 태어난 누이.
친-동기(親同氣)[명] 같은 부모에게서 태어난 형제 자매.
친-딸(親-)[명] 자기가 낳은 딸. 친생녀(親生女)
친람(親覽)[명][-하다][타] ①임금이나 귀인이 몸소 봄. ②몸소 관람함. ㊌친견(親見)
친림(親臨)[명][-하다][자] 임금이 어떤 곳에 몸소 나옴.
친막(親幕)[명] 장수 밑에서 계책을 세우는 데 참여하는 사람.
친명(親命)[명] 부모의 명령.
친모(親母)[명] 친어머니. 실모(實母)
친목(親睦)[명][-하다][형] 서로 친하여 뜻이 맞고 정다움.
친목-계(親睦契)[명] 서로 친근하고 화목하게 지내기 위하여 모이는 계.
친목-회(親睦會)[명] 서로 다정하고 친하게 사귈 목적으로 조직한 모임. 간친회(懇親會)
친문(親聞)[명][-하다][타] 몸소 들음.
친밀(親密)[어기] '친밀(親密)하다'의 어기(語基).
친밀-감(親密感)[명] 친밀한 느낌.
친밀-도(親密度)[-또][명] 친밀한 정도.
친밀-하다(親密-)[형][여] 지내는 사이가 아주 친하고 가깝다. ¶친밀한 사이./이웃끼리 -. ㊌친근하다
친밀-히[부] 친밀하게
친병(親兵)[명] 임금이 몸소 거느리는 군사.
친봉(親捧)[명][-하다][타] 몸소 거두어 받음.
친부(親父)[명] 친아버지. 실부(實父)
친-부모(親父母)[명] 친아버지와 친어머니. 실부모
친분(親分)[명] 아주 가깝고 두터운 정분. ¶-을 맺다./-이 있는 사람. ㊌친의(親誼)
친불친(親不親) '친함과 친하지 않음'의 뜻. ¶-을 가림이 없이 모두가 하나로 뭉치다.
친사-간(親-間)[명] 친사돈끼리의 사이.
친-사돈(親-)[명] 남편의 부모와 아내의 부모 사이의 관계를 서로 이르는 말. ☞곁사돈
친-사촌(親四寸)[명] 친삼촌의 아들딸. ☞외사촌
친산(親山)[명] 부모의 산소.
친-삼촌(親三寸)[명] 친아버지의 형제. ☞외삼촌
친상(親喪)[명] 부모의 상사(喪事). 대우(大憂). 부모상
친생(親生)[명] 자기가 낳은 자식.
친생-녀(親生女)[명] 친딸
친생-자(親生子)[명] ①친아들 ②민법에서, 부모와 혈연 관계가 있는 자식을 이르는 말.
친서(親書)[명] ①[-하다][타] 몸소 글씨를 씀. ②몸소 써 보낸 편지. 친신(親信). 친찰(親札)
친서(親署)[명][-하다][자타] 임금이 몸소 서명함, 또는 그 서명.
친선(親善)[명] 서로 사이가 좋고 친함. ¶- 경기/- 방문
친소(親疏)[명] 친함과 친하지 않음. ¶-를 가리다.
친소간-에(親疏間-)[부] 친하든지 친하지 않든지 상관없이. ¶- 일단 모여서 저마다의 의견을 들어 보자.
친속(親屬)[명] 친족(親族)
친손(親孫)[명] 친손자와 친손녀. ☞외손(外孫)
친-손녀(親孫女)[명] 자기의 아들의 친딸.
친-손자(親孫子)[명] 자기의 아들의 친아들.
[속담] **친손자는 걸리고 외손자는 업고 가면서 업힌 아기 갑갑해 한다 빨리 걸으라 한다** : ①친손자보다 외손자를 더 귀여워하는 일이 인정이라는 뜻. ②일의 경중(輕重)이나 주객(主客)이 뒤바뀐 경우를 비유하여 이르는 말. 〔친손자는 걸리고 외손자는 업고 간다/외손자는 업고 친손자는 걸리면서 업은 놈 발 시리다 빨리 가자 한다〕
친솔(親率)[명] 한집안에서 같이 생활하는 식구.
친수(親手)[명] 손수 하는 일.
친수(親受)[명][-하다][타] 몸소 받음.
친수(親授)[명][-하다][타] 손수 줌.
친수-성(親水性)[-썽][명] 물에 대한 친화력이 있는 성질. ☞소수성(疏水性)
친수=콜로이드(親水colloid)[명] 용액인 물과 콜로이드 입자가 서로 친화력이 강한 콜로이드 용액. ☞소수 콜로이드
친숙(親熟)[어기] '친숙(親熟)하다'의 어기(語基).
친숙-하다(親熟-)[형][여] 친밀하고 흉허물이 없다.
친숙-히[부] 친숙하게 ¶- 지내는 사이.
친시(親試)[명][-하다][타] 과거에서 임금이 직접 시험을 보임, 또는 그 시험.
친신(親臣)[명] 임금을 곁에서 가까이 모시는 신하. 근신(近臣). 시신(侍臣)
친신(親信)[명] ①친서(親書) ②[-하다][자] 가깝게 여기어 믿음.
친심(親審)[명][-하다][타] 직접 심사하거나 심리함.
친-아들(親-)[명] 자기가 낳은 아들. 실자(實子). 친자
친-아버지(親-)[명] 자기를 낳은 아버지. 생부(生父). 생아버지. 실부(實父). 친부(親父)
친-아우(親-)[명] 같은 부모에게서 태어난 아우. 실제(實弟). 친제(親弟)
친압(親押)[명] 임금이 손수 수결(手決)을 하거나 도장을 찍는 일.
친압(親狎)[명][-하다][자] 흉허물이 없이 지나칠 정도로 친해짐.
친애(親愛)[명][-하다][타] 친밀하게 사랑함.
친-어머니(親-)[명] 자기를 낳은 어머니. 생모(生母). 생

ㅊ

어머니. 실모(實母). 친모(親母)
친-언니(親-)명 같은 부모에게서 태어난 언니.
친연(親緣)명 친척(親戚)의 인연.
친영(親迎)명 ①-하다자 친히 나아가 맞이함. ②재래식 혼례의 여섯 가지 예법의 하나. 그 여섯째 절차로서, 신랑이 직접 신부 집에 가서 신부를 맞이하는 의식을 이름. 오늘날의 결혼식에 해당함. ☞납채(納采). 육례(六禮)
친왕(親王)명 황제(皇帝)의 백·숙부, 형제와 아들의 칭호.
친왕(親往)명-하다자 몸소 감.
친우(親友)명 친한 벗. 친구
친위(親衛)명 왕이나 국가 원수 등의 신변을 호위하는 일.
친위-대(親衛隊)명 ①왕이나 국가 원수 등의 신변을 호위하는 군대. ②대한 제국 때, 서울의 수비를 맡던 군대.
친의(親誼)명 썩 가까운 정의(情誼). 유친분(親分)
친임(親任)명 지난날, 임금이 직접 관직을 주던 일, 또는 그 관직.
친임-관(親任官)명 대한 제국 때, 임금이 직접 임명한 관리를 이르던 말.
친자(親子)명 ①친아들 ②친자식(親子息) ③법률상의 자식. 혈연 관계에 따른 친생자(親生子)와, 법률상 친생자에 준하는 법정 친자가 있음.
친자(親炙)명-하다자 스승에게 가까이하여 직접 가르침을 받는 일. ☞사숙(私淑)
친-자식(親子息)명 자기가 낳은 자식. 친자(親子)
친잠(親蠶)명-하다자 조선 시대, 양잠(養蠶)을 장려하기 위하여 왕후가 손수 누에를 치던 일.
친재(親裁)명-하다타 임금이 몸소 재결함.
친전(親展)명 ①-하다타 편지 따위를 받는 이가 직접 펴 봄. ②받는 이가 손수 펴 보기를 바란다는 뜻으로, 편지 겉봉의 받을 이의 이름 밑에 쓰는 한문 투의 말.
친전(親傳)명-하다타 직접 전하여 줌.
친절(親切)명-하다형 남을 대하는 태도가 친근하고 정다움, 또는 그러한 태도. ¶ -한 태도./-한 말씨.
친절-히부 친절하게 ¶고객을 - 맞이하다.
친정(親征)명-하다타 임금이 몸소 나아가 정벌함.
친정(親政)명-하다타 임금이 몸소 정사(政事)를 봄.
친정(*親庭)명 시집간 여자의 본집. 본가(本家). 친가(親家) 높친정댁 ☞시집
속담 **친정 일가 같다**: 남이지만 흉허물이 없이 가깝게 지낸다는 말.

친정-댁(*親庭宅)[-땍]명 '친정'의 높임말. 본가댁(本家宅)
친정-살이(*親庭-)명-하다자 시집간 여자가 친정에서 생활하는 일. ☞처가살이
친제(親弟)명 친아우
친제(親祭)명-하다자 임금이 몸소 제사를 지냄. 친향(親享)
친족(親族)명 ①촌수가 가까운 겨레붙이. ②법률에서, 배우자·혈족·인척 등을 통틀어 이르는 말. 배우자, 팔촌 이내의 부계 혈족, 사촌 이내의 모계 혈족, 남편의 팔촌 이내의 부계 혈족, 남편의 사촌 이내의 모계 혈족, 처의 부모 등을 이름. 친속(親屬)
친족=결혼(親族結婚)명 친족 사이에 이루어지는 결혼. ☞근친 결혼(近親結婚). 혈족 결혼(血族結婚)
친족-권(親族權)명 친족상의 신분 관계에 따라 발생하는 사권(私權)의 한 가지. 친권(親權)과 후견(後見)에 관한 권리 따위.
친족-법(親族法)명 부부, 부모와 자녀, 후견인, 그 밖의 일반 친족 관계를 규정한 사법(私法).
친족-회(親族會)명 특정한 사람이나 집안의 중요 사항을 의결하기 위하여 친족으로 구성한 합의 기관. 호주·후견인·친족·검사 등의 청구에 따라 법원이 소집함.
친족=회:의(親族會議)명 ①친족이 모여서 하는 사사로운 회의. ②'친족회'를 흔히 이르는 말.
친지(親知)명 친근하게 서로 잘 알고 지내는 사람.
친진(親盡)명-하다자 제사지내는 대(代)의 수가 다함. 대진(代盡)
친집(親執)명-하다타 무슨 일을 남에게 시키지 않고 손수 잡아서 함.
친찬(親撰)명-하다타 임금이 몸소 시문(詩文)을 지음, 또는 그 시문.
친찰(親札)명 몸소 써 보낸 편지. 친서(親書)
친척(親戚)명 ①친족(親族)과 외척(外戚). 권당(眷黨) ②성이 다른 가까운 척분(戚分). 고종·이종 따위.

한자 **친척 척**(戚) 〔戈部 7획〕 ¶외척(外戚)/원척(遠戚)/인척(姻戚)/척속(戚屬)/척의(戚誼)/친척(親戚)

친:친부 단단하게 여러 번 감거나 동여매는 모양을 나타내는 말. ¶상처를 붕대로 - 감다. ☞찬찬
친친(親親)어기 '친친(親親)하다'의 어기(語基).
친친-하다형여 축축하고 끈끈하여 불쾌한 느낌이 있다.
친친-하다(親親-)형여 아주 친하다. ¶동기(同氣)처럼 친친한 사이지.
친-탁(親-)명-하다자 생김새나 성질 따위가 아버지 쪽을 닮음. 진탁 ☞외탁
친피(親避)명-하다자 지난날, 과거를 보일 때, 근친 사이에 응시자와 시험관이 되는 것을 피하던 일, 또는 그 제도.
친필(親筆)명 손수 쓴 글씨. 육필(肉筆). 진적(眞蹟). 진필(眞筆) ¶ - 유고(遺稿)
친-하다(親-)[1] 자타여 ①남을 가깝게 사귀다. ②남과 가까이하다. ¶사귐성이 좋아서 남과 곧잘 친한다.
친-하다(親-)[2] 형여 매우 가깝게 사귀어 정이 두텁다. ¶친한 친구./친한 이웃이 사촌보다 더 가깝다.
친-히부 친하게

한자 **친할 친**(親) 〔見部 9획〕 ¶절친(切親)/친교(親交)/친구(親舊)/친밀(親密)/친선(親善)/친화(親和)

친-할머니(親-)명 아버지의 친어머니.
친-할아버지(親-)명 아버지의 친아버지.
친행(親行)명-하다타 일을 몸소 함. 궁행(躬行)
친향(親享)명-하다자 임금이 몸소 제사를 지냄. 친제(親祭)
친형(親兄)명 같은 부모에게서 태어난 형. 실형(實兄)
친-형제(親兄弟)명 같은 부모에게서 태어난 형제.
친화(親和)명-하다자 ①서로 친하여 화합함. ②화학에서, 종류가 다른 물질이 화합하는 일, 또는 그 현상.
친화-력(親和力)명 ①남과 친하게 잘 어울리는 힘. ②화학에서, 원소가 결합할 때 특히 어떤 원소와 선택적으로 결합하는 경향이나 힘을 이르는 말.
친환(親患)명 부모의 병환.
친후(親候)명 편지에서 안부를 물을 때 부모의 체후(體候), 곧 부모의 건강 상태를 이르는 말.
친후(親厚)어기 '친후(親厚)하다'의 어기(語基).
친후-하다(親厚-)형여 서로 친하여 정의가 두텁다.
친-히(親-)부 '손수', '몸소'의 뜻으로 높이어 이르는 말. ¶교황께서 - 집전하시는 미사.
칠 명-하다자타 ①물체의 겉에 바르는 물질, 또는 그 물질을 바르는 일. ¶벽에 페인트 -을 하다. ②물체의 거죽에 칠감이 아닌 물질이 묻거나 또는 무엇을 바르는 일. ¶몸에 개흙 -을 하다.

한자 **칠할 도**(塗) 〔土部 10획〕 ¶도료(塗料)/도배(塗褙)/도벽(塗壁)/도식(塗飾)/도장(塗裝)

칠(漆)명 '옻'의 한자말.
칠(七)수 수의 한자말 이름의 하나. 육(六)에 일(一)을 더한 수. ☞일곱
관 〔단위를 나타내는 말 앞에 쓰이어〕 ①수량이 일곱임을 나타냄. ¶ - 톤. ②차례가 일곱째임을, 또는 횟수가 일곱 번째임을 나타냄. ¶ - 등./- 회.
칠각-형(七角形)명 일곱 선분으로 에워싸인 평면 도형(平面圖形).
칠-감[-깜]명 물건의 겉에 발라 보기 좋게 꾸미거나 보호하는 데 쓰는 물질. 니스·페인트 따위. 도료(塗料)
칠갑 명-하다타 몸이나 물체에 무엇을 온통 칠하거나 바름, 또는 그렇게 하여 된 겉더께. ¶몸에 진흙을 -하다.
칠거지악(七去之惡)명 지난날, 유교적 관념에서 이르던,

아내를 버릴 수 있는 이유가 되는 일곱 가지 경우. 시부모에게 불손한 경우, 자식을 낳지 못하는 경우, 음탕한 경우, 질투하는 경우, 나쁜 병이 있는 경우, 말 많은 경우, 도둑질을 한 경우를 이름. ☞삼불거(三不去)

칠경(七經)[명] 일곱 가지의 경서. 시경(詩經)·서경(書經)·예기(禮記)·악기(樂記)·역경(易經)·논어(論語)·춘추(春秋)를 이름. ☞오경. 사서삼경(四書三經)

칠공(漆工)[명] 칠장이

칠교-도(七巧圖)[명] 장난감의 한 가지. 정사각형의 평면을 몇 가지 도형으로 일곱 조각을 내어 여러 가지 형상을 꾸며 보게 되어 있음. 칠교판(七巧板)

칠교-판(七巧板)[명] 칠교도(七巧圖)

칠궁(七窮)[명] 지난날, 농촌에서 묵은 곡식은 이미 떨어지고 햇곡식은 아직 나지 않은 때인 음력 칠월의 궁핍을 이르던 말. ☞추궁(秋窮). 핍월(乏月)

칠규(七竅)[명] 사람의 얼굴에 있는 눈·귀·코·입의 일곱 구멍을 이르는 말. ☞구규(九竅)

칠-그릇(漆-)[명] 칠기(漆器)

칠기(七氣)[명] 사람의 일곱 가지 심기(心氣). 기쁨〔喜〕·노여움〔怒〕·슬픔〔悲〕·은혜〔恩〕·사랑〔愛〕·놀람〔驚〕·두려움〔恐〕을 이름.

칠기(漆器)[명] ①'칠목기(漆木器)'의 준말. ②옻칠과 같이 검은 잿물을 입힌 도자기. 칠그릇

칠난(七難)[명] 불교에서 이르는, 일곱 가지의 재난. 수(水)·화(火)·나찰(羅刹)·왕(王)·귀(鬼)·가쇄(枷鎖)·원적(怨賊)을 이름. ☞칠복(七福)

칠난-팔고(七難八苦)[명] '칠난'과 '팔고', 곧 온갖 고난.

칠년대:한(七年大旱)[성구] 칠 년 동안, 곧 오래 계속되는 큰 가물을 이르는 말. ☞구년지수(九年之水)

[속담] **칠년대한 단비 온다** : 오랫동안 애타게 기다리던 일이 이루어진 경우를 비유하여 이르는 말. /**칠년대한에 대우(大雨) 기다리듯** : 매우 간절히 기다림을 이르는 말. 〔구년 홍수에 볕 기다리듯〕

칠당(七堂)[-땅][명] 절에 있는 일곱 가지 건물을 이르는 말. 진언종의 절에 있는 오층탑·금당(金堂)·강당·종루(鐘樓)·경장(經藏)·대문·중문 따위.

칠-대양(七大洋)[-때-][명] 일곱 군데의 큰 바다. 북태평양·남태평양·북대서양·남대서양·인도양·남극해·북극해를 이름.

칠독(漆毒)[-똑][명] 옻의 독기.

칠떡-거리다(대다)[자타] 자꾸 칠떡칠떡 하다. ¶바짓자락을 칠떡거리며 다니다.

칠떡-칠떡[부] 물건이 너무 늘어져서 바닥에 닿았다 들렸다 하며 끌리는 모양을 나타내는 말.

칠-뜨기(七-)[명] '칠삭둥이'의 속된말.

칠-띠(七-)[명] 화투에서 청단이나 홍단이 섞인 다섯 끗짜리 일곱 장을 이르는 말.

칠량(七樑)[명] 재래식 한옥에서, 들보 일곱 개를 써서 세 칸 넓이로 집을 짓는 방식. [변]치량 ☞삼량

칠량-각(七樑閣)[명] 칠량집

칠량-보(七樑-)[-뽀][명] 칠량집의 마룻대. [변]치량보

칠량-집(七樑-)[-찝][명] 칠량으로 지은 집. 칠량각(七樑閣) [변]치량집

칠량-쪼구미(七樑-)[명] 칠량보를 받치고 있는 동자기둥. [변]치량쪼구미

칠럼-거리다(대다)[자타] 물이 칠럼칠럼 넘치다, 또는 그리 되게 하다. ☞찰람거리다

칠럼-칠럼[부] 그릇 따위에 그득 담긴 물이 흔들리면서 많이씩 넘치는 모양을 나타내는 말. ☞찰람찰람

칠렁-거리다(대다)[자] 물 따위가 칠렁칠렁 일렁이다. 칠렁이다 ☞찰랑거리다[2]. 철렁거리다[2]

칠렁-이다[자] 칠렁거리다 ☞찰랑이다[2]. 철렁이다[2]

칠렁-칠렁[부] 크고 깊은 곳에 담긴 물 따위가 크게 일렁이는 소리, 또는 그 모양을 나타내는 말. ☞찰랑찰랑[2]. 철렁철렁[2]

칠렁칠렁-하다[형여] 크고 깊은 곳에 담긴 물 따위가 넘칠듯 넘칠듯 매우 그득하다. ☞찰랑찰랑하다. 철렁철렁하다

칠렁-하다[형여] 크고 깊은 곳에 담긴 물 따위가 넘칠듯이 매우 그득하다. ☞찰랑하다. 철렁하다

칠레=초석(Chile硝石)[명] 칠레에서 생산되는 질산나트륨으로 된 광석. 무색투명한 알 모양의 결정체로 물에 잘 녹으며 조해성(潮解性)이 있음. 질소 비료나 화약의 원료로 쓰임. 소다 초석. 지리 초석. 질산소다

칠령팔락(七零八落)[성구] 아주 영락함을 이르는 말.

칠률(七律)[명] '칠언 율시(七言律詩)'의 준말.

칠립(漆笠)[명] 옻칠을 한 갓.

칠망(七望)[명] 음력 열이렛날에 이루어지는 만월(滿月).

칠면-조(七面鳥)[명] ①칠면조과의 새. 머리와 목은 털이 없어 붉은 살이 드러나 있는데 빛깔이 빨강·파랑·자주 등으로 바뀌기도 함. 수컷은 발정기가 되면 꽁지를 부채 모양으로 폄. 북아메리카 원산으로 미국·유럽 등지에서는 식용(食用)·애완용으로 기름. ②변덕스러운 사람을 비유하여 이르는 말.

칠목(漆木)[명] '옻나무'의 딴이름.

칠-목기(漆木器)[명] 옻칠을 한 나무 그릇. [준]칠기(漆器)

칠물(漆物)[명] 옻칠을 한 기물(器物)을 통틀어 이르는 말.

칠-박(漆-)[명] 옻칠을 한 함지박.

칠반-천역(七般賤役)[명] 조선 시대, 미천한 신분의 사람들이 관아에 매여 일하던 일곱 가지 천한 구실, 곧 조례(皁隸)·나장(羅將)·일수(日守)·조군(漕軍)·수군(水軍)·봉군(烽軍)·역졸(驛卒)을 이르던 말.

칠보(七寶)[명] ①금은이나 구리의 바탕에 유리질의 유약을 녹여 붙여서 꽃·새 따위 여러 가지 무늬를 나타내는 세공(細工), 또는 그런 공예품. ②불교에서 이르는 일곱 가지 보배. ㉠'무량수경(無量壽經)'의 금·은·유리·파리(玻璃)·마노(瑪瑙)·거거(硨磲)·산호. ㉡'법화경(法華經)'의 금·은·마노·유리·거거·진주·매괴(玫瑰). ㉢전륜성왕(轉輪聖王)이 가지고 있다는, 윤보(輪寶)·상보(象寶)·마보(馬寶)·여의주보(如意珠寶)·여보(女寶)·장보(將寶)·주장신보(主藏臣寶).

칠보=단장(七寶丹粧)[명] 여러 가지 패물로 몸과 옷차림을 꾸미는 일, 또는 그런 차림새.

칠보-잠(七寶簪)[명] 머리 부분을 칠보로 꾸민 비녀.

칠보지재(七步之才)[성구] 옛날 중국의 위(魏)나라 조식(曹植)이 일곱 걸음을 걷는 동안에 시를 지었다는 고사에서, 썩 뛰어난 글재주를 이르는 말.

칠보-족두리(七寶-)[명] 재래식 혼례에서 새색시가 쓰는 족두리. 금박을 박고, 여러 가지 패물로 꽃 모양을 만들어 꾸밈. ☞꾸민족두리

칠복(七福)[명] 불교에서, 칠난(七難)을 벗어난 행복을 이르는 말.

칠분-도(七分搗)[명] 현미를 쓿을 때, 겉껍질의 칠십 퍼센트 정도만 쓿는 일, 또는 그런 쌀.

칠분도-미(七分搗米)[명] 칠분도로 쓿은 쌀. 칠분도쌀

칠분도-쌀(七分搗-)[명] 칠분도미(七分搗米)

칠불(七佛)[명] 불교에서, 석가모니불 이전의 여섯 부처와 석가모니불을 아울러 이르는 말. 비바시불(毘婆尸佛)·시기불(尸棄佛)·비사부불(毘舍浮佛)·구류손불(拘留孫佛)·구나함모니불(俱那含牟尼佛)·가섭불(迦葉佛)·석가모니불(釋迦牟尼佛)을 이름.

칠-붓[명] 칠을 할 때 쓰는 붓.

칠삭-둥이(七朔-)[-싹-][명] ①밴 지 일곱 달 만에 태어난 아이. ②좀 모자라는 사람을 놀리어 이르는 말.

칠색(七色)[-쌕][명] 일곱 가지의 빛깔, 곧 빨강·주황·노랑·초록·파랑·남·보라를 통틀어 이르는 말.

칠색 팔색을 하다[관용] 얼굴빛이 변할 만큼 몹시 놀라다.

칠색(漆色)[-쌕][명] 발라 놓은 옻칠의 빛깔.

칠생(七生)[-쌩][명] 불교에서, 이승에 일곱 번 다시 태어나는 일을 이르는 말. 이승에 다시 태어날 수 있는 가장 많은 번수라 이름. ☞삼생(三生)

칠서(七書)[-써][명] ①사서삼경(四書三經)을 아울러 이르는 말. ②고대 중국의 일곱 가지 병서(兵書), 곧 손자(孫子)·오자(吳子)·사마법(司馬法)·울요자(尉繚子)·

육도(六韜)·삼략(三略)·이위공문대(李衛公問對)를 이름. 무경 칠서(武經七書)

칠서(漆書)[-써]명 죽간(竹簡)의 한 가지. 종이가 없던 옛날에 대쪽에 글자를 새기어 그 위에 옻칠을 한 것.

칠석(七夕)[-썩]명 ①음력 칠월 초이렛날의 밤.〔이날 밤에 견우와 직녀가 일 년 만에 오작교에서 만난다는 전설이 있음.〕②'칠석날'의 준말.

칠석-날(七夕-)[-썽-]명 음력 칠월 초이렛날. 준칠석(七夕)

칠석-물(七夕-)[-썽-]명 칠석날에 내리는 비.

칠석물(이) 지다 관용 칠석날에 비가 내려 큰물이 지다.

칠선(漆扇)[-썬]명 종이에 옻칠을 한 부채.

칠성(七成)[-썽]명 황금의 품질을 열 등급으로 나눈 그 넷째 등급. ☞팔성(八成)

칠성(七星)[-썽]명 ①'북두칠성(北斗七星)'의 준말. ②'칠원성군(七元星君)'의 준말. ③'칠성판'의 준말.

칠성-각(七星閣)[-썽-]명 칠원성군을 모신 집. 칠성전

칠성-님(七星-)[-썽-]명 칠원성군을 흔히 이르는 말.

칠성-단(七星壇)[-썽-]명 칠원성군을 모시는 제단.

칠성-당(七星堂)[-썽-]명 칠원성군을 주신(主神)으로 모신 사당.

칠-성사(七聖事)명 가톨릭의 '일곱 성사'의 구용어.

칠성-상어(七星-)[-썽-]명 신락상엇과의 바닷물고기. 몸길이 2.5m 안팎. 몸은 길고 가로로 납작하며 대가리가 넓음. 몸빛은 청색을 띤 회색으로 갈색 반점이 흩어져 있고 배는 흼. 우리 나라의 서해와 남해, 인도양·지중해 등지에 분포함.

칠성-은(七成銀)[-썽-]명 품질이 낮은 은. 정은(丁銀) ☞순은(純銀)

칠성-장어(七星長魚)[-썽-]명 원구류(圓口類)에 딸린 하등 척추동물. 몸길이 63cm 안팎으로 뱀장어와 비슷함. 몸빛은 등이 갈색을 띤 담청색이고 배는 흼. 아가미 구멍이 몸의 양옆에 일곱 개씩 있음. 우리 나라의 동남해로 흐르는 각 하천과 일본 홋카이도의 서해로 흐르는 하천 등에 분포함.

칠성-전(七星殿)[-썽-]명 칠성각

칠성-판(七星板)[-썽-]명 관(棺) 속의 시체 밑에 까는 얇은 널빤지. 북두칠성을 본떠서 일곱 구멍을 뚫어 놓음. 준칠성

칠성판에서 뛰어났다 관용 죽을 지경에 놓였다가 살아나게 되었음을 비유하여 이르는 말.

칠성판을 지다 관용 ①사람이 죽다. ②죽음을 무릅쓰고 사지(死地)에 들어가다.

칠-소반(漆小盤)[-쏘-]명 옻칠을 한 소반.

칠순(七旬)[-쑨]명 ①일흔 날. ②나이 '일흔 살'을 이르는 말. 고희(古稀). 칠질(七耋) ¶- 노인

칠실(漆室)[-씰]명 매우 캄캄한 방.

칠실지우(漆室之憂)[-씰-]성구 옛날 중국 노(魯)나라 칠실(漆室) 마을의 한 여자가 나라의 일을 근심하던 끝에 목매어 죽었다는 고사에서 나온 말로, 제 분수에 맞지 않는 근심을 이르는 말.

칠십(七十)[-씹]수 수의 한자말 이름의 하나. 십(十)의 일곱 곱절이 되는 수. ☞일흔

관〔단위를 나타내는 말 앞에 쓰이어〕①수량이 일흔임을 나타냄. ¶- 마리 ②차례가 일흔째임을, 또는 횟수가 일흔 번째임을 나타냄. ¶- 주년

속담 **칠십에 능참봉(陵參奉)을 하니 하루에 거둥이 열아홉 번씩이라**: 오래 애써 바라던 일이 모처럼 잘 되어간다고 좋아하는데 실상은 어렵고 까다로운 일만 많이 생겨서 실속이 없음을 이르는 말.

칠십이-후(七十二候)[-씹-]명 태음 태양력에서, 한 해를 일흔두 기후(氣候)로 나눈 것. 닷새를 한 후(候)로 하였음.

칠야(漆夜)명 아주 캄캄한 밤. 흑야(黑夜)

칠언(七言)명 ①한 구(句)가 일곱 글자로 이루어진 한시의 시체(詩體). ②칠언시(七言詩)

칠언=고:시(七言古詩)명 한 구(句)가 일곱 글자로 이루어진 고체시(古體詩). 구수(句數)에 제한이 없음.

칠언-배율(七言排律)명 한 구(句)가 일곱 글자로 이루어진 배율.

칠언-시(七言詩)명 한 구(句)가 일곱 글자로 이루어진 한시(漢詩)를 통틀어 이르는 말. 칠언(七言) ☞사언시(四言詩). 오언시(五言詩)

칠언=율시(七言律詩)[-뉼씨]명 칠언의 여덟 구(句)로 이루어지는 한시(漢詩). 준칠률(七律)

칠언=절구(七言絶句)명 칠언(七言)의 네 구(句)로 이루어지는 한시(漢詩). 준칠절(七絶)

칠엽-수(七葉樹)명 칠엽수과의 낙엽 교목. 높이는 30m 안팎. 나무 껍질은 회갈색. 6월경에 흰 바탕에 검붉은 반점이 있는 꽃이 핌. 열매는 둥글고, 익으면 세 쪽으로 갈라짐. 씨는 적갈색이며 녹말이 많음. 일본 원산의 관상 식물임.

칠오-조(七五調)[-쪼]명 음수율(音數律)의 한 가지. 일곱 음절과 다섯 음절이 모여 한 행을 이루며, 우리 나라 근대시에서 볼 수 있음.

칠요(七曜)명 '칠요일'의 준말.

칠요-일(七曜日)명 일주일을 일곱으로 나눈 요일을 이르는 말. 일요일·월요일·화요일·수요일·목요일·금요일·토요일을 이름. 칠치(七値) 준칠요

칠원-성군(七元星君)명 민속에서, 북두(北斗)의 일곱 성군을 이르는 말. 탐랑(貪狼)·거문(巨文)·녹존(祿存)·문곡(文曲)·염정(廉貞)·무곡(武曲)·파군(破軍)을 이름. 준칠성(七星)

칠월(七月)명 한 해의 일곱째 달. ☞난월(蘭月). 맹추(孟秋). 신월(申月)

속담 **칠월 더부살이가 주인 마누라 속곳 걱정한다**: 아무 관계 없는 일에 주제넘게 걱정한다는 말. /**칠월 송아지**: 칠월이 되어 농사일도 끝나고 여름내 풀을 뜯어먹어 번지르르해진 송아지라는 뜻으로, 팔자 늘어진 사람을 비유하여 이르는 말. /**칠월 장마는 꾸어서 해도 한다**: 칠월에는 으레 장마가 있게 마련이라는 말.

칠음(七音)명 ①동양 음악에서 음계(音階)를 이루는 일곱 음. 궁(宮)·상(商)·각(角)·치(徵)·우(羽)·변궁(變宮)·변치(變徵)를 이름. ②훈민정음에서 가른 음운상의 일곱 가지 소리. 아음(牙音)·설음(舌音)·순음(脣音)·치음(齒音)·후음(喉音)·반설음(半舌音)·반치음(半齒音)을 이름.

칠-일[-릴]명-하다자 칠하는 일.

칠일(七日)명 ①이레 ②이렛날

칠일-장(七日葬)[-짱]명 초상난 지 이레 만에 지내는 장사.

칠일-주(七日酒)[-쭈]명 담근 지 이레 만에 먹는 술.

칠장(漆*欌)명 ①옻칠을 한 옷장. ②〔주로 갓방에서 갓을 칠하여 두는 데 쓰는〕옻칠을 한 물건을 넣어 굳히는 장.

칠-장이명 칠일을 직업으로 삼는 사람.

칠-장이(漆-)명 옻칠을 하는 일을 직업으로 삼는 사람. 칠공(漆工)

칠재(七齋)[-째]명 '칠칠재(七七齋)'의 준말.

칠적(七赤)[-쩍]명 음양설에서 이르는 구성(九星)의 하나. 별은 금성, 방위는 서쪽임.

칠전(漆田)[-쩐]명 옻나무를 심은 밭.

칠전팔기(七顚八起)[-쩐-]성구 일곱 번 넘어지고 여덟 번 일어난다는 뜻으로, 여러 번의 실패에도 굽히지 아니하고 꾸준히 노력함을 이르는 말.

칠전팔도(七顚八倒)[-쩐-또]성구 일곱 번 넘어지고 여덟 번 거꾸러진다는 뜻으로, 어려운 고비를 많이 겪음을 이르는 말. ☞십전구도(十顚九倒)

칠절(七絶)[-쩔]명 '칠언 절구(七言絶句)'의 준말.

칠정(七井)[-쩡]명 상여를 한쪽에 일곱 사람씩 모두 열네 사람이 메도록 꾸미는 방식.

칠정(七情)[-쩡]명 ①사람의 일곱 가지 감정. 희(喜)·노(怒)·애(哀)·낙(樂)·애(愛)·오(惡)·욕(欲), 또는 희(喜)·노(怒)·우(憂)·사(思)·비(悲)·경(驚)·공(恐)을 이름. ②불교에서 이르는 희(喜)·노(怒)·우

(憂)·구(懼)·애(愛)·증(憎)·욕(欲)의 일곱 감정.

칠정-겹줄(七井-)[-쩡-] 명 칠정에 세로줄 하나씩을 더한 상여의 줄. 한 칸에 두 사람씩 모두 스물여덟 사람이 메게 된 것.

칠정-력(七政曆)[-쩡-] 명 조선 세종 때 이순지(李純之)·김담(金淡) 등이 왕명에 따라 편찬한 역서(曆書). 내편과 외편이 있음.

칠-조각(漆彫刻) 명 옻칠을 두껍게 한 위에 하는 조각.

칠족(七族)[-쪽] 명 ①증조(曾祖), 조부(祖父), 아버지, 자기, 아들, 손자(孫子), 증손(曾孫)의 직계친(直系親)을 중심으로 하고, 방계친(傍系親)으로 증조의 삼대손 되는 형제·종형제·재종 형제를 포함하는 동종(同宗) 친족을 통틀어 이르는 말. ②고모의 자녀, 자매의 자녀, 딸의 자녀, 외족(外族), 이종(姨從), 생질(甥姪), 장인(丈人), 장모(丈母)와 자기 동족을 통틀어 이르는 말.

칠종성-법(七終聲法)[-쫑-뻡] 명 한글 맞춤법 통일안이 정해지기 전까지 써 오던 받침 글자에 대한 표기법. 'ㄱ·ㄴ·ㄹ·ㅁ·ㅂ·ㅅ·ㅇ'의 일곱 글자로 적었음. ☞ 종성 규칙(終聲規則)

칠종칠금(七縱七擒)[-쫑-] 성구 고대 중국 촉(蜀)나라의 제갈 양(諸葛亮)이 맹획(孟獲)을 일곱 번 사로잡았다가 일곱 번 놓아 준 고사에서, 상대편을 제 마음대로 다룸을 이르는 말.

칠좌-성(七座星)[-쫘-] 명 '북두칠성(北斗七星)'을 달리 이르는 말.

칠-죄종(七罪宗)[-쬐-] 명 가톨릭에서, 모든 죄악의 근원이 되는 일곱 가지를 이르는 말. 교만(驕慢)·인색(吝嗇)·음욕(淫慾)·분노(忿怒)·탐욕(貪慾)·질투(嫉妬)·나태(懶怠)를 이름. 죄종(罪宗)

칠중(七衆)[-쭝] 명 불교에서, 불제자의 일곱 종별을 이르는 말. 비구(比丘)·비구니(比丘尼)·식차마나(式叉摩那)·사미(沙彌)·사미니(沙彌尼)·우바새·우바이를 이름.

칠중-주(七重奏)[-쭝-] 명 일곱 개의 독주 악기로 이루어지는 실내악 합주. 흔히 하프를 포함한 관현악기와 피아노 등의 혼합 편성임.

칠즙(漆汁) 명 ①옻나무의 진액. ②액체 상태의 옻.

칠지(漆紙)[-찌] 명 옻칠을 한 종이.

칠지-단장(漆紙丹粧)[-찌-] 명 활의 양냥고자 밑에 칠을 바른 종이로 가로 꾸민 단장.

칠진-만보(七珍萬寶)[-찐-] 명 온갖 진귀한 보물.

칠질(七耋)[-찔] 명 나이 '일흔 살'을 이르는 말. 칠순(七旬)

칠창(漆瘡) 명 한방에서, 옻이 올라 생긴 급성 피부병을 이르는 말.

칠첩=반상(七-飯床) 명 한식(韓食) 반상의 격식을 갖추어 차리는 상차림의 한 가지. 밥·국·김치·장·조치(찌개나 찜)를 기본으로 하고, 숙채·생채와 구이(또는 조림) 두 가지, 전·마른반찬(또는 젓갈)·회(膾)의 일곱 가지 반찬을 갖추어 차리는 상차림. ☞삼첩 반상. 오첩 반상. 구첩 반상

칠첩=반상기(七-飯床器) 명 칠첩 반상을 차리는 데 쓰이는 한 벌의 그릇. 곧 밥그릇·국그릇·김치 보시기·간장 종지·찌개 그릇 등 기본 그릇 외에, 반찬 접시 일곱 개를 더한 한 벌임. ☞삼첩 반상기. 오첩 반상기. 구첩 반상기

칠촌(七寸) 명 아버지의 육촌이나 자기의 육촌 자녀와의 촌수. ☞구촌(九寸)

칠치(七値) 명 칠요일(七曜日)

칠칠(七七) 명 ①아이가 태어난 지 사십구일째 되는 날. 일곱이레 ②'칠월 칠석(七月七夕)'을 달리 이르는 말.

칠칠-일(七七日) 명 불교에서, 사십구일재(四十九日齋)를 지내는 날을 이르는 말. 사십구일(四十九日)

칠칠-재(七七齋)[-째] 명 사십구일재(四十九日齋) 준 칠재(七齋)

칠칠-하다 형여 ①잘 자라서 보기 좋게 길다. ¶아름다운 몸매에 칠칠한 검은 머리채./칠칠하게 자란 보리. ②일을 하는 솜씨가 익숙하고 시원스럽다. ¶일솜씨가 ─./혼잣손이지만 손겪이를 칠칠하게 해내었다. ③생김새나 차림새 등이 깨끗하고 단정하다. ¶신랑감은 흠잡을 데 없이 칠칠한 젊은이다.

칠칠-히 부 칠칠하게

칠-판(-板) 명 분필로 글씨를 쓸 수 있게 만든 흑색이나 녹색의 판. 흑판(黑板)

칠팔(七八) 수 ①칠이나 팔. 일여덟 ②〔관형사처럼 쓰임〕 ¶─ 명의 젊은이.

칠-팔월(七八月) 명 칠월과 팔월.

속담 **칠팔월 수숫잎**: 칠팔월에 팔랑이는 수숫잎 같다는 뜻으로, 마음에 줏대가 없이 이랬다저랬다 하기를 잘하는 사람을 비유하여 이르는 말.

칠포(漆布) 명 ①옻칠을 한 베. ②관(棺) 위에 붙이는 헝겊. 옻칠을 하여 관을 싸고 그 위에 옻을 덧바름.

칠품(七品) 명 가톨릭에서, 성사를 집행할 수 있는 성직에 오르기 위하여 서품(敍品)되어야 할 일곱 가지 품(品)을 이르는 말. 수문품(守門品)·강경품(講經品)·구마품(驅魔品)·시종품(侍從品)·차부제품(次副祭品)·부제품(副祭品)·사제품(司祭品)을 이름. ☞성품(聖品)

칠-피(-皮) 명 에나멜을 칠한 가죽. ¶─ 허리띠

칠함(漆函) 명 옻칠을 한 함.

칠현-금(七絃琴) 명 일곱 줄로 된 악기라는 데서 '금(琴)'을 달리 이르는 말.

칠-호병(漆胡甁) 명 병 모양으로 된 서양식 칠기.

칠화(漆畫) 명 옻칠로 그린 그림.

칠흑(漆黑) 명 옻칠처럼 검고 광택이 있는 것, 또는 그런 빛깔. ¶─ 같은 머리채.

칡 명 콩과의 낙엽 활엽 덩굴나무. 잎은 세 잎씩 붙은 겹잎이며 어긋맞게 남. 8월경에 붉은 자줏빛 꽃이 핌. 뿌리는 한방에서 '갈근(葛根)'이라 하여 발한·해열에 약재로 쓰이고 차와 음식 재료로 쓰기도 함. 덩굴의 속껍질은 '청올치'라 하여 갈포의 원료가 되며, 잎은 사료로 쓰임. 산이나 들에 흔히 자람.

> 한자 **칡 갈**(葛) 〔艸部 9획〕 ¶갈건(葛巾)/갈근(葛根)/갈분(葛粉)/갈탕(葛湯)/갈포(葛布)

칡-넝쿨[칙-] 명 칡덩굴

칡-덤불[칙-] 명 칡덩굴에 다른 풀 따위가 엉클어져 우거진 덤불.

칡-덩굴[칙-] 명 칡의 벋은 덩굴. 칡넝쿨

칡-범[칙-] 명 '범'을 표범과 구별하여 이르는 말.

칡-뿌리[칙-] 명 칡의 뿌리. 한방에서 약재로 쓰이고 가루는 갈분이라 하여 음식의 재료 등으로 쓰임.

칡-소[칙-] 명 온몸에 칡덩굴 같은 무늬가 있는 소.

칡-차(-茶)[칙-] 명 ①칡뿌리를 찧어 넣고 끓인 물에 설탕·통깨·잣 따위를 넣어 마시는 차. ②말린 칡뿌리를 더운물에 넣고 우려 마시는 차. 갈근차

침 명 입 안의 침샘에서 분비되는, 빛깔·맛·냄새가 없는 끈끈한 소화액. 구액(口液). 타액(唾液)

침 발린 말 관용 듣기 좋게 꾸며서 하는 말.

침(을) 삼키다 관용 ①몹시 먹고 싶어하다. ②몹시 탐내다. 침(을) 흘리다.

침(을) 튀기다 관용 열을 올리며 지껄이다.

침(을) 흘리다 관용 침(을) 삼키다.

속담 **침 먹은 지네**: ①마땅히 해야 할 말을 하지 못하고 가만히 있는 사람을 두고 이르는 말. ②기운을 못 쓰고 기가 죽은 사람을 비유하여 이르는 말./**침 뱉은 우물 다시 찾는다**: 다시는 안 볼듯이 하여도 곧 아쉬워 찾게 됨을 이르는 말.

침(針) 명 ①바늘 ②시계 바늘

침:(枕) 명 조선 시대, 궁중에서 '베개'를 이르던 말.

침(鍼) 명 한방에서 쓰는 의료 기구의 한 가지. 사람 몸의 혈(穴)을 찔러 자극하여 질병을 치료하는 금속 바늘, 또는 그것으로 치료하는 치료법.

침을 주다 관용 따끔한 말로써 일깨워 주다. ¶눈치 없이 행동하기에 슬쩍 침을 주었지.

침-감(沈-)명 소금물에 담가 떫은맛을 우린 감. 침시(沈柿)
침강(沈降)명-하다자 ①지각(地殼)의 일부가 아래로 내려앉음. ¶지반이 -하다. ☞융기(隆起). 침하(沈下) ②액체에 떠 있는 물질이 가라앉아 쌓임.
침강=해:안(沈降海岸)명 지반(地盤)이 가라앉거나 해면이 높아져서 생겨난 해안. 굴곡이 많은 해안선이 이루어지는데, 리아스식 해안이 그 대표적임. 침수 해안
침거(侵據)명-하다자 침범하여 그곳에 자리를 잡음.
침격(侵擊)명-하다타 침범하여 공격함.
침경(侵耕)명-하다타 국유지나 남의 땅을 불법으로 개간하거나 경작함.
침경(侵境)명-하다자 경계를 침범함.
침:골(枕骨)명 두개골의 뒤쪽 아래 부분을 이루는 뼈.
침:골(砧骨)명 모루뼈
침공(侵攻)명-하다타 남의 나라에 쳐들어감.
침:공(針工)명 ①바느질, 또는 바느질하는 기술. ②바느질한 삯.
침:공(針孔)명 ①바늘귀 ②바늘이 드나드는 구멍.
침공(鍼孔)명 침을 맞은 자리.
침구(侵寇)명-하다타 침범하여 노략질함.
침:구(寢具)명 잠자는 데 쓰이는 물건. 이부자리나 베개 따위. 유금침(衾枕)
침구(鍼灸)명 '침(鍼)'과 '뜸'을 아울러 이르는 말.
침구-술(鍼灸術)명 침과 뜸으로 병을 치료하는 한방 의술.
침:낭(寢囊)명 깃털 등의 보온 재료를 두어 자루 모양으로 만든, 잠자는 데 쓰는 도구. 등산·야영 등에 쓰임. 슬리핑백(sleeping bag)
침노-하다자타여 ①남의 나라를 불법으로 쳐들어가다. ②개개어서 먹어 들어가다.
침-놓다(鍼-)자 병을 치료하기 위하여 환자 몸의 혈(穴)에 침을 찌르다. 침주다
침니(chimney)명 등산에서, 몸이 들어 갈 정도로 세로로 갈라진 암벽의 틈을 이르는 말.
침닉(沈溺)명-하다자 ①침몰(沈沒) ②어떤 일을 지나치게 좋아하여 그것에 깊이 빠짐. 탐닉(耽溺)
침:닛(枕-)명 조선 시대, 궁중에서 '베갯잇'을 이르던 말. ☞푸짓잇
침:담(寢啖)명 '침식(寢食)'의 높임말.
침-담그다(沈-)타 떫은 맛을 우리려고 감을 소금물에 담그다. ¶침담근 감.

침:대(寢臺)명 서양식의 침상(寢床).
침독(鍼毒)[-똑]명 침을 잘못 맞아 생기는 독기.
침:두(枕頭)명 베갯머리
침:두=병풍(枕頭屛風)명 머리맡에 치는 작은 병풍. 머릿병풍. 침병(枕屛)
침략(侵掠)명-하다타 ①쳐들어가 노략질함. ②침략(侵略)
침략(侵略)명-하다타 남의 나라를 침범하여 영토를 빼앗음. 침략(侵掠)

한자 **침략할 침**(侵)〔人部 7획〕¶침경(侵境)/침공(侵攻)/침략(侵略)/침범(侵犯)/침입(侵入)/침해(侵害)

침략-주의(侵略主義)명 남의 나라를 침략하여 자기 나라의 영토를 넓히는 일을 주요 정책으로 삼는 주의.
침량(斟量)명-하다타 짐작
침례(浸禮)명 침례교에서 베푸는 세례의 한 형식. 온몸을 물에 적시는데, 그 몸이 죄에 죽고 의(義)의 몸으로 다시 살아나는 것을 상징함. ☞세례(洗禮)
침례-교(浸禮敎)명 개신교의 한 교파. 유아 세례를 인정하지 않고 자각적 신앙 고백에 기초한 침례를 중요시함.
침:로(針路)명 나침반의 바늘이 가리키는 길이라는 뜻으로, 선박이나 항공기가 나아갈 방향을 뜻하는 말.
침륜(沈淪)명-하다자 ①침몰(沈沒) ②재산이나 권세 따위가 줄어들어 보잘것없이 됨.
침-맞다(鍼-)[-맏-]자 침술 치료를 받다.
침맥(沈脈)명 한방에서, 손끝으로 눌러 보아야만 뛰는 것을 알 수 있는 맥을 이르는 말. ☞부맥(浮脈)
침면(沈眠)명-하다자 몸이 피곤하여 깊이 잠듦.
침면(沈湎·沈緬)명-하다자 술과 여색(女色)을 지나치게 좋아하여 헤어나지 못함.
침:모(針母)명 남의 집에서 바느질품을 파는 여자. ☞난침모. 든침모
침:목(枕木)명 ①길고 큰 물건 밑을 괴는 나무토막. 굄목 ②레일 밑을 받치는 목재나 콘크리트재(材).
침몰(沈沒)명-하다자 물에 빠져 가라앉음. 침닉(沈溺). 침륜(沈淪)
침몰-선(沈沒船)[-썬]명 물 속에 가라앉은 배.
침묵(沈默)명-하다자 아무 말 없이 잠잠히 있음.
침:반(針盤)명 '나침반(羅針盤)'의 준말.
침:방(針房)명 지난날, 궁중의 바느질하는 곳을 이르던 말.
침:방(寢房)명 침실(寢室)
침벌(侵伐)명-하다타 남의 나라 영토에 쳐들어감.
침범(侵犯)명-하다타 남의 나라 영토나 권리 등을 불법으로 범하여 해를 끼침. ¶영해를 -하다.
침:변(枕邊)명 베갯머리
침:병(枕屛)명 머릿병풍
침봉(針峰)명 쇠로 된 받침에 바늘이 촘촘히 박힌 꽃꽂이 도구. 꽃줄기나 꽃가지를 꽂아 고정하는 데 씀.
침부(沈浮)명-하다자 ①물 위에 떠올랐다 물 속에 잠겼다 함. 부침(浮沈) ②형세가 좋아졌다 나빠졌다 함.
침:불안석(寢不安席)성구 근심과 걱정으로 편히 잠들지 못함을 이르는 말.
침:불안식불감(寢不安食不甘)성구 잠자리도 편하지 않고 음식도 달지 않다는 뜻으로, 자나깨나 걱정함을 이르는 말.
침:불안식불안(寢不安食不安)성구 잠자리도 편하지 않고 음식 먹는 것도 편하지 않다는 뜻으로, 자나깨나 걱정함을 이르는 말. 준침식불안(寢食不安)
침사(沈思)명-하다타 정신을 가다듬어 깊이 생각함.
침사(鍼砂)명 한방에서, 침을 만드는 쇠를 갈 때 나오는 고운 쇳가루를 이르는 말. 보약으로 쓰임.
침사-지(沈砂池)명 사방 공사(砂防工事)를 할 때, 물길로 흘러내리는 모래와 흙을 가라앉히려고 만든 못.
침삭(侵削)명-하다타 침범하여 개먹어 들어감.
침:상(枕上)명 ①베개 위. ②자거나 누워 있을 때.
침:상(針狀)명 바늘처럼 가늘고 끝이 뾰족한 모양.
침:상(寢床)명 누워 잘 수 있게 만든 평상. 와상(臥床). 와탑(臥榻) ☞침대(寢臺)
침:상-엽(針狀葉)[-녑]명 침엽(針葉)
침-샘명 침을 내보내는 샘. 타액선(唾液腺)
침:석(枕席)명 ①베개와 자리. ②자는 자리.
침:석(砧石)명 다듬잇돌
침:석(寢席)명 ①잠자리 ②잠자리에 까는 돗자리.
침:선(針線)명 ①바늘과 실. ②-하다자 바느질
침:성(砧聲)명 다듬이질하는 소리.
침:소(寢所)명 사람이 자는 곳.
침:소봉대(針小棒大)성구 바늘만 한 것을 몽둥이만 하다고 말한다는 뜻으로, 대수롭지 않은 사실을 심하게 과장함을 비유하여 이르는 말.
침손(侵損)명-하다타 침해(侵害)
침수(沈水)명-하다자 물 속에 잠김.
침수(浸水)명-하다자 물에 젖거나 잠김. ¶태풍으로 가옥들이 -되다.
침:수(寢睡)명-하다자 '수면(睡眠)'의 높임말.
침수=식물(沈水植物)명 수생 식물의 한 가지. 식물체가 물 속에 잠긴 채 한곳에 뿌리를 내리어 사는 식물. 붕어마름이나 통발 따위. ☞부수 식물(浮水植物). 정수 식물(挺水植物)
침수-지(浸水地)명 홍수나 해일 등으로 말미암아 한동안 물에 잠긴 땅.
침수=해:안(沈水海岸)명 침강 해안(沈降海岸)
침술(鍼術)명 침으로 병을 치료하는 의술.
침습(浸濕)명-하다자 물이 스며들어 젖음.
침시(沈柿)명 소금물에 담가 떫은맛을 우린 감. 침감
침식(侵蝕)명-하다타 남의 영역을 야금야금 침범하여 해침.

침식(浸蝕)명-하다타 빗물이나 냇물·바람·빙하 등이 땅이나 암석 같은 것을 조금씩 개먹어 들어감, 또는 그와 같은 작용.

침:식(寢食)명 잠자는 일과 먹는 일. 면식(眠食). 숙식(宿食) ¶ -을 함께하다. 높침담(寢啖)

침:식(寢息)명-하다자 떠들썩하던 일이 가라앉아 그침. 지식(止息)

침식-곡(浸蝕谷)명 흐르는 물이나 빙하의 침식 작용으로 생긴 골짜기. 수식곡(水蝕谷) ☞구조곡(構造谷)

침식=분지(浸蝕盆地)명 단단한 암석 사이에 있는 약한 암석층이 침식되어 이루어진 분지.

침:식불안(寢食不安)성구 '침불안식불안(寢不安食不安)'의 준말.

침식-산(浸蝕山)명 주위의 지반이 침식 작용으로 낮아진 뒤에 침식되지 않고 남아 있는 땅.

침식=윤회(浸蝕輪廻)[-늰-]명 평원이나 그에 가까웠던 원래의 지형이 침식 작용으로 계곡과 산지를 발달시켰다가 계속되는 침식 작용으로 마침내 다시 준평원(準平原)이 되는 지형 변화의 과정. 지형 윤회(地形輪廻)

침식=평야(浸蝕平野)명 하천의 침식 작용으로 땅이 거의 평평하게 된 평야.

침:실(寢室)명 잠을 잘 수 있게 마련된 방. 동방(洞房). 와방(臥房). 침방(寢房)

침심(沈深)어기 '침심(沈深)하다'의 어기(語基).

침심-하다(沈深-)형여 무슨 생각에 잠기어 골똘하다.

침염(浸染)명-하다자 ①차차 같은 빛깔로 물듦. ②점점 감화(感化)됨.

침:엽(針葉)명 가늘고 끝이 뾰족한 바늘 모양의 잎. 침상엽(針狀葉)

침:엽-수(針葉樹)명 잎이 바늘 모양으로 생긴 나무를 통틀어 이르는 말. 소나무·잣나무 따위. 바늘잎나무 ☞활엽수(闊葉樹)

침:완(枕腕)명 붓글씨를 쓸 때, 왼손을 오른팔 밑에 받치고 쓰는 일.

침요(侵擾)명-하다타 침범하여 소요를 일으킴.

침:-요(寢-)[-뇨]명 잠잘 때 까는 요.

침용(沈勇)어기 '침용(沈勇)하다'의 어기(語基).

침용-하다(沈勇-)형여 침착하고 용맹스럽다.

침우(沈憂)명 마음에 쌓여 있는 깊은 근심.

침울(沈鬱)어기 '침울(沈鬱)하다'의 어기(語基).

침울-하다(沈鬱-)형여 근심이나 걱정 따위로 기분이 좋지 않고 답답하다. ¶침울한 표정./침울한 분위기.

침월(侵越)명-하다타 경계를 넘어 침입함.

침윤(浸潤)명-하다자 ①물기가 차차 스며듦. ¶벽에 빗물이 -하다. ②사상이나 분위기 등이 차차 번져 나감. ③암세포 등이 몸의 조직 안에 늘어나서 차차 넓게 번져 감.

침음(沈吟)명-하다타 ①조용히 입 속으로 읊조림. ②깊이 생각에 잠김.

침음(浸淫)명-하다자 어떤 사상이나 문화, 습속 따위에 점점 젖어 들어감. ¶외래 사상에 -되다.

침음-창(浸淫瘡)명 한방에서, 급성 피부염이나 급성 습진을 이르는 말.

침:의(寢衣)명 잠잘 때 입는 옷. 자리옷. 잠옷

침의(鍼醫)명 침술(鍼術)로 병을 치료하는 의사.

침입(侵入)명-하다자타 침범하여 들어오거나 들어감. ¶불법 -/주거 -/적군이 -하다.

침:자(針子)명 바늘

침잠(沈潛)명-하다자 마음을 가라앉히고 깊이 생각에 잠김.

침장(沈藏)명 김장

침재(沈滓)명-하다자 침전(沈澱)

침:재(針才)명 바느질하는 재주나 솜씨.

침-쟁이(鍼-)명 ①'침의(鍼醫)'를 낮잡아 이르는 말. ②'아편 중독자'를 에둘러 이르는 말.

침:저(砧杵)명 다듬잇방망이

침적(沈積)명-하다자 물밑에 가라앉아 쌓임. ☞퇴적 작용

침적-암(沈積岩)명 퇴적암(堆積岩)

침전(沈澱)명-하다자 ①액체 속에 섞인 작은 고체가 밑바닥에 가라앉음, 또는 그 물질. ②용액 속에 화학 반응으로 생긴 불용성의 물질이나 온도 등의 변화로 포화에 이른 용질(溶質)이 용액 속에 고체가 되어 가라앉는 현상, 또는 그 고체. 침재(沈滓)

침:전(寢殿)명 ①정자각(丁字閣) ②임금의 침방(寢房)이 있는 전각(殿閣).

침전=광:물(沈澱鑛物)명 자연수 속에 녹아 있던 물질이 가라앉아 생긴 광물을 통틀어 이르는 말. 방해석·형석·석고 따위.

침전-물(沈澱物)명 앙금

침전-암(沈澱岩)명 수성암(水成岩). 퇴적암(堆積岩)

침전-제(沈澱劑)명 액체 속에 섞여 있는 물질을 침전시키는 데 쓰이는 시약(試藥).

침전-지(沈澱池)명 정수장(淨水場) 등에서, 물을 깨끗이 하기 위하여 물 속의 흙이나 모래, 떠 있는 물질 등을 가라앉히려고 만들어 놓은 못. 침징지(沈澄池)

침-점(-占)명 방향 따위를 정할 때 점을 치듯 하는 놀이의 한 가지. 침을 손바닥에 뱉어 놓고 손가락으로 쳐서 침이 많이 튀어 가는 방향으로 정하게 됨.

침점(侵占)명-하다타 남의 영토에 불법으로 쳐들어가서 그것을 차지함.

침정(沈正)어기 '침정(沈正)하다'의 어기(語基).

침정(沈靜)어기 '침정(沈靜)하다'의 어기(語基).

침정-하다(沈正-)형여 침착하고 바르다.

침정-하다(沈靜-)형여 마음 따위가 가라앉아 고요함.

침정-히부 침정하게

침제(浸劑)명 잘게 썬 약물(藥物)에, 끓인 물을 붓고 저어서 약용 성분을 우려 만든 약제.

침종(浸種)명-하다자 싹이 빨리 트게 하려고 씨앗을 물에 담가 불리는 일.

침-주다(鍼-)자 침놓다

침중(沈重)어기 '침중(沈重)하다'의 어기(語基).

침중-하다(沈重-)형여 ①침착하고 무게가 있다. ¶사람됨이 -./침중한 성품. ②병세(病勢)가 깊고 위태롭다. ¶노환(老患)이 -.

침지(浸漬·沈漬)명-하다타 물 속에 담가 적심.

침-질(鍼-)명-하다자 병을 치료하기 위하여 침을 놓는 일.

침징-지(沈澄池)명 침전지(沈澱池)

침착(沈着)[1]명-하다자 바닥에 가라앉아 들러붙음. ¶색소(色素)가 -하다.

침착(沈着)[2]어기 '침착(沈着)하다'의 어기(語基).

침착-성(沈着性)명 침착한 성질.

침착-하다(沈着-)형여 들뜨지 아니하고 찬찬하다. ¶침착한 행동.

침착-히부 침착하게 ¶서둘지 않고 - 행동하다.

침채(沈菜)명 김치

침책(侵責)명-하다타 간접적으로 관계된 사람에게 책임을 캐어 따짐.

침:척(針尺)명 바느질자

침청(沈靑)명 영청(影靑)

침체(沈滯)명-하다자 ①일이 순조롭게 나아가지 못하고 제자리에 머물러 있음. ¶공사가 - 상태에 있다. ②활기가 없고 적극적인 움직임이나 발전의 기미가 보이지 않음. ¶경기(景氣)가 -해 있다./-된 분위기.

침체-성(沈滯性)[-썽]명 침체해 있는 경향이나 상태.

침출-수(浸出水)[-쑤]명 쓰레기 따위의 폐기물이 썩으면서 땅 밑으로 흘러내리는 물.

침취(沈醉)명-하다자 술에 흠뻑 취함.

침-칠명-하다자 침을 칠하거나 바르는 일.

침침(浸沈)명-하다자 스며 들어감.

침침-하다형여 ①어둡거나 흐리다. ¶극장 안이 -. ②눈이 어두워 잘 보이지 않고 흐릿하다. ¶눈이 -.

침탈(侵奪)명-하다타 침범하여 빼앗음.

침통(鍼筒)명 침을 넣어 두는 작은 통.

침통(沈痛)어기 '침통(沈痛)하다'의 어기(語基).

침통-하다(沈痛-)형여 깊은 슬픔이나 근심 등으로 마음이 몹시 괴롭다. ¶침통한 표정./침통한 심정.

침통-히 부 침통하게

침투(浸透) 명 -하다 자 ①액체가 속으로 스며 젖어듦. ¶빗물이 땅 속으로 -하다./물의 -를 막는 방수화(防水靴). ②어떤 풍조나 사상 따위가 점점 넓은 범위로 번져 나감. ¶사치 풍조가 사람들에게 -하다. ③적의 진영 따위에 몰래 숨어 들어감. ¶간첩이 -하다. ④삼투(滲透)

침투-압(浸透壓) 명 삼투압(滲透壓)

침파(鍼破) 명 -하다 타 한방에서, 침으로 종기를 째는 일.

침팬지:(chimpanzee) 명 성성잇과의 동물. 키는 1.5m 안팎. 원숭이 가운데서 가장 사람과 비슷하며, 온몸에 흑갈색 털이 나 있음. 귀는 크고 코는 작으며 꼬리는 없음. 수컷을 중심으로 무리를 지으며 열대 지방의 산림에서 나무 열매 등을 먹고 삶. 유인원 가운데서 지능이 가장 발달되어 있음.

침포(侵暴) 명 -하다 타 침학(侵虐)

침핍(侵逼) 명 -하다 타 침범하여 핍박함.

침하(沈下) 명 -하다 자 내려앉음. ¶건물이 -하다.

침학(侵虐) 명 -하다 타 침범하여 포학스럽게 행동함. 침포

침해(侵害) 명 -하다 타 침범하여 해를 끼침. 침손(侵損)

침향(沈香) 명 ①서향나뭇과의 상록 교목. 높이가 20m 이상 자라는 큰 나무로, 잎은 긴둥글고 반드러우며 어긋맞게 남. 가지 끝이나 잎겨드랑이에서 흰 꽃이 핌. 동인도 원산인데 재목은 향료로 쓰임. ②침향나무에서 채취한 천연 향료. 침향나무를 땅 속에 묻어 썩혀서 만듦.

침혹(沈惑) 명 -하다 자 어떤 일이나 물건을 몹시 좋아하여 거기에 마음이 온통 사로잡힘.

침후(沈厚) 어기 '침후(沈厚)하다'의 어기(語基).

침후-하다(沈厚-) 형 여 침착하고 진중하다.

침-흘리개 명 침을 흘리는 버릇이 있는 아이를 이르는 말.

칩(chip) 명 ①룰렛이나 포커 등에서 판돈 대신에 쓰는 패. ②집적 회로를 붙인 반도체(半導體)의 작은 조각.

칩거(蟄居) 명 -하다 자 ①벌레 따위가 땅 속에서 죽치고 있음. 칩복(蟄伏) ②나가서 활동하지 아니하고 집 안에만 들어박혀 있음. 폐거(閉居) ¶- 생활

칩떠-보다 타 눈을 치뜨고 보다. ☞내립떠보다

칩뜨다 자 몸을 힘있게 솟구어 높이 떠오르다.

칩룡(蟄龍) 명 숨어 있는 용이란 뜻으로, 아직 때를 얻지 못하여 숨어 있는 영웅을 비유하여 이르는 말. ☞복룡

칩복(蟄伏) 명 -하다 자 ①남 앞에 나서지 아니하고 잠잠히 집에만 있음. ②칩거(蟄居)

칩수(蟄獸) 명 겨울철에 활동하지 아니하고 굴 같은 데서 죽치고 지내는 짐승.

칩충(蟄蟲) 명 겨울철에 활동하지 아니하고 땅 속에서 죽치고 지내는 벌레.

칫-솔(齒-) 명 이를 닦는 데 쓰는 솔.

칭(秤) 의 무게 백 근을 이르는 말.

칭경(稱慶) 명 -하다 자 경사를 치름.

칭념(稱念) 명 -하다 타 무엇을 잊지 말고 잘 생각해 달라고 부탁함.

칭당(稱當) 어기 '칭당(稱當)하다'의 어기(語基).

칭당-하다(稱當-) 형 여 무엇에 꼭 알맞다.

칭대(稱貸) 명 -하다 타 돈이나 물건을 꾸어 줌.

칭덕(稱德) 명 -하다 자 덕을 칭송하거나 기림.

칭도(稱道) 명 -하다 타 칭찬하여 말함.

칭량(稱量) 명 -하다 타 ①저울로 닮. ②사정이나 형편을 헤아림.

칭량=화:폐(稱量貨幣) 명 무게를 달아서 그 교환 가치를 산출하여 사용하는 화폐. ☞계수 화폐(計數貨幣)

칭명(稱名) 명 -하다 자 이름을 속여서 말함.

칭병(稱病) 명 -하다 자 병이 있다고 핑계 삼음. 칭질(稱疾) ¶-하여 관직에서 물러나다.

칭사(稱辭) 명 칭찬하는 말.

칭상(稱觴) 명 -하다 자 헌수(獻壽)

칭선(稱善) 명 -하다 자 착함을 칭찬함.

칭송(稱頌) 명 -하다 타 공덕을 칭찬하여 기림, 또는 그러한 말. ¶-이 자자하다.

칭수(稱首) 명 그 이름을 첫째로 일컫는다는 뜻으로, 많은 사람 가운데서 가장 뛰어난 사람을 이르는 말.

칭술(稱述) 명 -하다 자타 ①의견을 말함. ②칭찬하여 말함.

칭양(稱揚) 명 -하다 타 칭찬(稱讚)

칭얼-거리다(대다) 자 어린아이가 몸이 불편하거나 못마땅하거나 하여 자꾸 몹시 보채다. ☞징얼거리다. 찡얼거리다. 창알거리다

칭얼-칭얼 부 칭얼거리는 모양을 나타내는 말. ☞징얼징얼. 찡얼찡얼. 창알창알

칭원(稱寃) 명 -하다 자 원통함을 들어서 말함. ☞호원(呼寃)

칭자-장(稱子匠) 명 지난날, 저울을 만들던 공장(工匠).

칭정(稱情) 명 -하다 자 뜻에 맞음.

칭질(稱疾) 명 -하다 자 칭병(稱病)

칭찬(稱讚) 명 -하다 타 잘한다고 추어주거나 좋은 점을 들어 기림. 칭양(稱揚)

칭추(秤錘) 명 저울추

칭탁(稱託) 명 -하다 타 핑계를 댐. ¶병을 -하고 나가지 아니하다.

칭탄(稱歎) 명 -하다 타 칭찬하고 감탄함.

칭탈(稱^頉) 명 -하다 자 무엇 때문이라고 핑계 삼음.

칭퉁이 명 큰 벌을 통틀어 이르는 말.

칭판(秤板) 명 저울판

칭-하다(稱-) 타 여 일컫다. 부르다

칭호(稱號) 명 신분이나 자격 등을 나타내어 일컫는 이름. ¶인간 문화재라는 -를 얻게 되다.

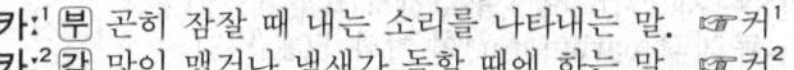

ㅋ 훈민정음 자모 **ㅋ** 훈몽자회 자모 ㅋ

카:[1] 부 곤히 잠잘 때 내는 소리를 나타내는 말. ☞커[1]
카:[2] 감 맛이 맵거나 냄새가 독할 때에 하는 말. ☞커[2]
카나리아(canaria)명 되샛과의 새. 카나리아 섬 원산으로, 야생의 것은 참새만 한 크기임. 15세기 무렵부터 유럽에서 애완용으로 여러 품종이 만들어짐. 깃털의 빛은 노란 빛깔이 흔하며, 백색·회색·주황색 등 다양함. 새의 모습을 즐기기도 하고, 수컷이 지저귀는 아름다운 소리를 즐기기도 함. 금사작(金絲雀)
카나마이신(kanamycin)명 항생 물질의 한 가지. 수용성(水溶性)으로, 결핵균·적리균·포도상 구균·대장균 등에 감염된 세균성 질환 치료에 쓰임.
카나페(canapé 프)명 서양 요리의 한 가지. 얇게 썬 빵을 그대로, 또는 살짝 구워서 그 위에 달걀·고기·생선·치즈 등을 얹어 차려 내는 전채(前菜).
카:네이션(carnation)명 석죽과의 여러해살이풀. 남부 유럽과 서아시아 원산의 관상용 화초. 줄기 높이는 20~90 cm. 백록색 잎은 좁고 길며 마주 남. 여름에 향기 있는 빨강·노랑·하양의 겹꽃이 가지 끝에 핌. 어버이날에 이 꽃을 어버이 가슴에 달아 드리는 풍습이 있음.
카:노타이트(carnotite)명 단사 정계에 딸린 광물. 우라늄의 원광으로 누른색을 띠며, 쥐라기의 사암(砂岩) 속에서 가루 모양으로 남.
카노푸스(Canopus 라)명 용골자리의 수성(首星). 담황색의 −0.7등성으로 거리는 약 200광년임. 남극성
카논(canon)명 ①크리스트교에서, 신앙이나 행위에 관한 규칙, 또는 성서(聖書)를 이르는 말. ②서양 음악에서, 둘 이상의 성부(聲部)가 같은 선율을 일정한 간격을 두고 충실하게 모방하면서 좇아가는 대위법적(對位法的)인 악곡 형식. ③미술에서, 기준·표준의 뜻. 특히 고대 그리스의 건축이나 조각에서, 전체와 부분 또는 부분 상호간의 비율을 이름.
카누:(canoe)명 ①짐승의 가죽이나 통나무로 만든, 용골(龍骨)이나 키가 없는 작은 배. ②'카누 경기'의 준말.
카누:=경:기(canoe競技)명 수상 경기의 한 가지. 일정한 물길을 경기용 카누로 노를 저어 가서 그 빠르기를 겨루는 경기. 카약과 캐나디언카누의 두 가지 경기 종목이 있음. 준카누
카뉠레(Kanüle 독)명 의료 기구의 한 가지. 대롱 모양의 것으로 환자의 체강(體腔)이나 혈관 안에 밀어 넣어 약액(藥液)을 넣거나 체액을 뽑아 내기도 하고, 기관(氣管)을 절개한 경우에는 공기의 통로로도 쓰임.
카:니발(carnival)명 사육제(謝肉祭)
카:덤퍼(car dumper)명 화물차나 화차 따위에서 짐을 쉽게 부릴 수 있도록 적재함이 들려 기울어지게 만든 장치.
카덴차(cadenza 이)명 서양 음악에서, 악곡의 종결 부분 직전에 독창자나 독주자의 연주 기교를 발휘할 수 있도록 삽입된 화려하고 장식적인 악구(樂句).
카:드(card)명 ①일정한 크기로 만든 두꺼운 종이나 플라스틱 따위. ¶도서 목록 −/영어 단어 − ②트럼프의 패. ③글자나 그림 등이 인쇄된 우편물의 한 가지. 생일 축하 카드, 연하장 따위. ④'크레디트카드', '전화 카드', '캐시카드' 등을 줄여서 이르는 말.
카드뮴(cadmium)명 금속 원소의 하나. 단체(單體)는 파란빛을 띤 은백색의 무른 금속임. 아연 원광에 적은 양이 섞이어 산출되는데 도금이나 합금, 또는 원자로의 제어재(制御材)로 이용됨. 〔원소 기호 Cd/원자 번호 48/원자량 112.41〕
카드뮴옐로:(cadmium yellow)명 황화카드뮴이 주성분인 황색 안료(顔料). 그림 물감이나 플라스틱·고무 따위의 착색제, 도자기의 안료 등으로 쓰임.
카:드섹션(card section)명 많은 수의 사람이 일정한 간격으로 늘어앉아 여러 가지 빛깔의 카드로써 글자나 형상·장면 따위를 나타내어 보이는 일.
카:드시스템(card system)명 자료를 하나하나 카드에 기록하여 정리하는 방법.
카:디건(cardigan)명 털실로 짠 스웨터의 한 가지. 깃이 없이 앞자락을 터서 단추로 여미게 만듦. 고안자인 영국의 카디건 백작의 이름에서 유래함.
카라반(caravan)명 사막 지방에서 낙타나 말에 상품을 싣고, 떼를 지어 먼 곳을 다니면서 장사하는 상인의 무리. 대상(隊商)
카라비:너(Karabiner 독)명 등산 용구의 한 가지. 암벽(岩壁)을 오를 때, 바위 틈에 박은 하켄과 자일을 연결하는 강철 고리.
카랑-거리다(대다)자 카랑카랑 가래 끓는 소리를 내다. ☞가랑거리다. 크렁거리다
카랑-카랑[1] 부 목구멍에 가래가 끓어 숨쉴 때 거칠게 나는 소리를 나타내는 말. ☞가랑가랑[1]. 크렁크렁[1]
카랑-카랑[2] 부-하다 형 ①액체가 그릇의 가장자리까지 가득 차서 넘칠듯 넘칠듯 한 모양을 나타내는 말. ¶양동이에 − 담긴 물. ②눈에 눈물이 가득 고여 쏟아질듯 한 모양을 나타내는 말. ¶− 고인 눈물. ☞가랑가랑[2]. 크렁크렁[2]
카랑-카랑[3] 부-하다 형 ①목소리가 새되게 높고 맑은 느낌을 나타내는 말. ¶목소리가 − 울리다. ②하늘이 맑으면서 날씨가 매우 서늘한 느낌을 나타내는 말. ¶−한 늦가을 날씨.
카레(∠curry)명 ①요리에 쓰이는 향신료의 한 가지. 강황(薑黃)·후추·생강 등 여러 가지 향신료를 섞어 만든 담황색 가루. 인도에서 유래됨. ②'카레라이스'의 준말.
카레라이스(∠curried rice)명 요리의 한 가지. 고기와 채소 따위를 볶다가 물에 알맞게 푼 카레와 밀가루를 한데 섞어 걸쭉하게 끓인 것을 쌀밥에 곁들이거나 끼얹은 음식. 인도 요리에서 유래됨. 준카레
카로티노이드(carotinoid)명 동식물계에 널리 분포하는 적황색 색소(色素)를 통틀어 이르는 말. ☞카로틴
카로틴(carotin)명 당근·고추·호박 등에 들어 있는 적황색의 색소(色素). 대표적인 카로티노이드로 동물의 체내에서는 비타민 A로 변함.
카:르(Kar 독)명 빙하의 침식 작용으로 산의 정상 가까이에 생긴 U자 모양의 골짜기. 권곡(圈谷)
카르노사이클(Carnot cycle)명 열기관의 열효율이 최대로 되는 이상적인 순환 과정. 증기 등이 고온과 저온 사이를 등온(等溫) 팽창, 단열(斷熱) 팽창, 등온 압축, 단열 압축의 네 행정으로 순환함. 카르노 순환 과정
카르노=순환=과정(Carnot循環過程)명 카르노사이클
카르보닐-기(carbonyl基)명 유기 화합물의 원자단의 한 가지. 탄소·산소와 불포화 결합하는 성질이 있어서 여러 가지 시약에 반응성이 풍부함.
카르스트=지형(Karst地形)명 석회암 지역에서 빗물이나 지하수의 용식 작용(溶蝕作用)으로 이루어진 특수한 지형. 깊은 골, 사발 모양의 구덩이, 종유동(鍾乳洞) 등이 있음.
카르테(Karte 독)명 의사의 진료 기록 카드. 환자의 증세

나 처치·경과 등을 적어 둠. 차트(chart)

카르텔(Kartell 독)명 과점(寡占) 상태에 있는 같은 업종의 기업들이 경쟁을 피하면서 이익을 확보하기 위하여 가격의 유지나 인상, 생산량의 제한, 판로 등에 대하여 협정을 맺는 일, 또는 그 협정. 기업 연합(企業聯合) ☞트러스트(trust)

카르토그람(cartogramme 프)명 통계적 사실을 지도에 나타낸 도형. 막대 그림, 선 그림, 점 그림, 면적 그림, 체적 그림 따위.

카:르-호(Kar湖)명 카르에 물이 괴어 이루어진 호수.

카리스마(charisma)명 대중이 마음으로부터 존경하고 따르게 만드는 초인적·신비적 능력이나 자질.

카리에스(caries 라)명 결핵균으로 말미암아 척추·늑골·골반 등의 뼈가 썩어서 파괴되는 질환. 골양(骨瘍). 골저(骨疽)

카리용(carillon 프)명 교회의 종루(鐘樓) 등에 음 높이가 다른 여러 개의 종을 음률(音律)에 따라 배열해 두고, 건반이나 기계 장치로 쳐서 울리는 타악기.

카메라(camera)명 ①사진기(寫眞機) ②촬영기(撮影機)

카메라리허설(camera rehearsal)명 텔레비전 촬영에서, 실제 방송되는 것과 같은 조건에서 카메라를 이동하면서 하는 연습.

카메라맨(cameraman)명 ①사진을 찍는 일을 직업으로 삼는 사람. 사진사(寫眞師) ②보도 기관 등의 촬영 기사.

카메라아이(camera-eye)명 카메라로 촬영되는 영상(映像)을 예측·판단할 수 있는 능력, 또는 그런 감각.

카메라앵글(camera angle)명 영화나 텔레비전, 사진 따위에서, 피사체(被寫體)에 대한 카메라의 촬영 각도. 사각(寫角) (준)앵글

카메라오퍼레이터(camera operator)명 영화나 텔레비전에서, 촬영 감독이나 연출가의 지시에 따라 카메라를 다루는 기술자.

카메라워:크(camera work)명 카메라의 위치 설정, 앵글 조작, 이동 따위의 모든 조작, 또는 그런 기술.

카메라포지션(camera position)명 피사체에 대한 카메라의 위치.

카메오(cameo 라)명 ①마노나 호박, 조가비 따위에 아름다운 무늬를 돋을새김으로 새겨 만든 장식품. ②영화나 텔레비전드라마 등에서 저명 인사나 유명 배우가 예기치 않은 순간에 등장하여 잠깐 동안 하는 연기.

카멜레온(chameleon)명 카멜레온과에 딸린 파충류를 통틀어 이르는 말. 도마뱀과 비슷하나 머리는 투구 모양에 네 다리는 길고, 꼬리 길이는 몸길이의 절반 가량에 이름. 혀는 나선 모양인데, 몸길이보다 길게 늘어나서 곤충을 잡음. 양눈을 따로따로 움직일 수 있으며, 상황에 따라서 몸빛을 재빨리 바꿈. 북아프리카, 에스파냐 남부, 실론 섬 등지에 분포함.

카무플라주(camouflage 프)명 ①전시(戰時)에, 무기나 차량, 선박, 비행기, 군인의 몸 등에 미채(迷彩) 등을 하여 적의 눈에 잘 뜨이지 않게 하는 일. ☞위장(僞裝) ②겉으로 거짓 꾸미어 남의 눈을 속이는 일.

카:민(carmine)명 중남미 사막의 선인장에 기생하는 연지벌레의 암컷에서 채취하여 정제한, 가루로 된 붉은 색소. 그림 물감, 분석 시약 등에 쓰임. 양홍(洋紅)

카밀레(kamille 네)명 국화과의 한두해살이풀. 줄기 높이는 30~60cm. 전체에 향기가 있고 가지는 밑동에서 많이 갈라짐. 여름에 가장자리는 희고 가운데가 누런 꽃이 핌. 한방에서, 꽃을 말려서 발한제(發汗劑)나 구풍제(驅風劑)로 씀.

×**카바**(cover)명 →커버

카바레(cabaret 프)명 무대(舞臺)나 무도장(舞蹈場)을 갖춘 서양식의 술집. 음악이나 춤을 즐길 수 있음.

카:바이드(carbide)명 ①탄화물(炭化物) ②'탄화칼슘'을 달리 이르는 말.

카바티나(cavatina 이)명 오페라나 오라토리오에서 불리는, 아리아보다 단순한 형식의 독창곡.

카:보런덤(Carborundum)명 탄화규소(炭化硅素)

카:보이(carboy)명 극약이나 염산 따위의 부식성(腐蝕性) 액체를 운반하는 데 쓰이는, 나무 상자나 채롱에 든 큰 유리병.

카:본(carbon)명 ①탄소(炭素) ②전등 속의 발광체로 쓰이는 탄소봉 또는 탄소선. ③'카본지'의 준말.

카:본블랙(carbon black)명 검은빛의 매우 잔 탄소 가루. 천연 가스나 아세틸렌, 타르를 불완전 연소시켰을 때 생긴 그을음으로 만듦. 먹·잉크·페인트 등의 원료나 고무·시멘트 등의 배합제로 쓰임.

카:본-지(carbon紙)명 탄산지(炭酸紙) (준)카본

카:뷰레터(carburetor)명 기화기(氣化器)

카비네-판(cabinet判)명 사진 감광 재료의 크기의 한 가지. 인화지의 경우는 가로 119mm, 세로 164mm.

카세인(casein)명 유즙(乳汁)의 주성분으로, 인산(燐酸)이 들어 있는 복합 단백질의 한 가지. 모든 필수 아미노산이 들어 있음. 치즈의 원료로 쓰이며, 접착제나 수성 도료 등에도 이용됨. 건락소(乾酪素). 낙소(酪素)

카세인=각질물(casein角質物)명 카세인과 포름알데히드를 섞어 만든 플라스틱. 단추, 양산의 손잡이, 산호나 진주의 모조품 따위를 만드는 데 쓰임.

카세트(cassette)명 ①자기(磁氣) 테이프를 감아 담은 작은 갑. ②'카세트테이프'의 준말. ③'카세트테이프리코더'의 준말.

카세트테이프(cassette tape)명 카세트에 감아 놓은 녹음용 자기 테이프, 또는 녹음된 자기 테이프. (준)카세트

카세트테이프리코:더(cassette tape recorder)명 카세트테이프에 녹음을 하거나 녹음된 것을 재생하는 장치. (준)카세트

카:스테레오(car+stereo)명 자동차 안에 달아 놓은 입체 음향 재생 장치.

카스텔라(castella 포)명 서양 과자의 한 가지. 밀가루에 거품을 낸 달걀과 설탕 따위를 넣고 반죽하여 구움.

카:스트(caste)명 인도 사회에 예부터 있어 온 신분 제도. 브라만·크샤트리아·바이샤·수드라의 네 계급을 이르는데, 사회의 복잡화와 계급의 세분화에 따라 계층이 2,000가지 이상으로 파생되어 집단간의 접촉이나 직업·혼인·관습 등에 엄격한 규제가 있다 함. 사성(四姓). 사종성(四種姓)

카스트라토(castrato 이)명 18세기 바로크 시대의 오페라에서 여성(女聲)의 음역을 노래한 남성 가수. 당시 여성은 무대에 설 수 없었으므로 남성을 소년 시절에 거세하여 변성되지 않게 했음. 여성보다 호흡이 길고 성량도 풍부한 것이 특징임.

카시오페이아-자리(Cassiopeia—)명 북쪽 하늘에 보이는 별자리의 하나. 다섯 개의 별이 W자 모양을 이루며, 북극성을 중심으로 북두칠성과 마주하여 있음. 닻별

카약(kayak)명 ①에스키모가 사냥할 때 사용하는, 바다표범 따위의 가죽을 입힌 작은 배. 가볍고 속도가 빠름. ②'카약 경기'의 준말.

카약=경기(kayak競技)명 카누 경기의 한 가지. 일정한 물길을 경기용 카약을 타고 노를 좌우로 저어 빠르기를 겨룸. 1인조와 2인조 경기가 있음. (준)카약

카오스(chaos 그)명 그리스 신화에서 이르는, 만물(萬物)이 발생하기 이전의 질서가 없는 상태. ☞코스모스(cosmos). 혼돈(混沌)

카올린(Kaolin 독)명 고령토(高嶺土)

카우보이(cowboy)명 미국 서부나 멕시코 등의 목장에서, 말을 타고 소를 치는 남자를 이르는 말.

카운슬러(counselor)명 개인의 여러 가지 괴로움이나 심리적인 문제에 대한 상담자가 되어서 그 해결을 위해 조언 등을 해 주는 사람.

카운슬링(counseling)명 학업이나 생활, 인간 관계 등에서 괴로움이나 심리적인 문제를 가진 사람의 상담자가 되어서 그 해결을 위해 조언을 하거나 도와 주는 일.

카운터(counter)명 ①은행이나 상점 등에서 고객을 맞이하거나 회계 등을 하는, 길게 가로질러 놓은 대(臺). ②음식점 등에서, 손이 앉는 편과 음식을 조리하는 곳 사

ㅋ

이에 가로놓여 있는 긴 식탁. ③상점 등에서, 계산하는 일을 맡아보는 사람. ④계산기(計算器)

카운터블로(counterblow)명 권투에서, 상대편이 공격해 오는 순간, 그 공격을 피하면서 동시에 맞받아 치는 일, 또는 그 타격.

카운터테너(countertenor)명 성악에서, 남성이 높은 소리로 여성의 음역(音域)을 노래하는 일, 또는 그 음역의 가수.

카운터퍼처스(counter purchase)명 화학 공업 제품, 플랜트 등 대형 상품을 수출할 때에 수출액의 일정한 비율만큼 상대국 제품을 구입하는 일. 보통 수출액의 50% 가량을 구입함.

카운터포인트(counterpoint)명 대위법(對位法)

카운트(count)명-하다자타 ①수를 세는 일. 셈 ②운동 경기에서 득점을 계산하는 일. ③권투에서, 주심이 선수가 녹다운된 동안의 초(秒)의 수를 세는 일.

카운트다운(countdown)명 수를 큰 쪽에서 작은 쪽으로 차례로 세는 일. 로켓을 쏘아 올릴 때의 초읽기 따위.

카운트아웃(count-out)명 권투에서, 선수가 녹다운된 다음에 주심이 10초를 셀 때까지 일어나지 못함으로써 녹아웃이 성립되어 지게 되는 일.

카이로프랙틱(chiropractic)명 손으로 척추의 이상을 바로잡아 신경 기능을 정상화시킴으로써 조직이나 기관의 이상을 치료하는 법.

카이모그래프(kymograph)명 근육의 수축, 심장의 박동, 맥동 등을 기록하는 장치.

카이저=수염(Kaiser鬚髥)명 수염의 양끝을 위로 치켜 올린 八자 모양의 콧수염. 독일 황제였던 카이저의 수염 모양에서 유래함.

카인(Cain 라)명 구약성서 '창세기(創世記)'에 나오는 아담과 이브의 맏아들. 야훼가 동생 아벨의 제물은 받고 자기의 제물은 거절하자, 이를 분히 여겨 동생을 돌로 쳐서 죽였음.

카지노(casino 이)명 ①실내에 음악·댄스·쇼 등 여러 가지 오락 시설을 갖춘 공인 도박장. 룰렛이나 카드 놀이 따위를 함. ②트럼프 놀이의 한 가지.

카카오(cacao 에)명 ①카카오나무의 열매. 오이와 비슷한 길둥근 모양이며 길이는 10cm 안팎임. 속에 40~60개의 씨가 들어 있는데, 코코아나 초콜릿 따위를 만드는 데 쓰임. ②'카카오나무'의 준말.

카카오-나무(cacao-)명 벽오동과의 상록 교목. 중남미 원산의 재배 식물로 높이는 5~10m임. 길둥근 잎은 어긋맞게 나며, 6월경에 연한 붉은빛의 꽃이 핌. 열매는 카카오라 하는데, 안에 든 씨는 코코아나 초콜릿 따위를 만드는 데 쓰임. 준카카오(cacao)

카:키-색(khaki色)명 누른빛에 담갈색이 섞인 빛깔. 마른 풀과 비슷한 빛깔로 군복 따위에 많이 쓰임.

카타르(catarrh)명 점막 세포에 염증이 생겨 많은 점액을 분비하는 상태.

카타르시스(catharsis)명 ①비극(悲劇)을 봄으로써 마음에 응어리져 있는 정서가 풀리고 정신이 정화되는 일. ②정신 분석에서, 억눌린 감정이나 체험을 말이나 행동을 통해 겉으로 드러냄으로써 마음의 긴장을 푸는 일. 정화(淨化)

카타스트로프(catastrophe 프)명 ①비극적인 결말. 파국(破局) ②연극에서, 최고조(最高潮)의 극적 긴장을 지나, 비극적 결말로 이끄는 결정적인 사건.

카탈로그(catalogue)명 상품 목록이나 영업 안내서.

카:턴(carton)명 ①판지(板紙) ②판지로 만든 상자. ③은행이나 상점 등에서 돈을 담아 고객에게 건네주는 데 쓰는 접시.

카테고리(category)명 범주(範疇)

카테고리킬러(category killer)명 특정 상품만을 전문으로 판매하는 대형의 할인 매장.

카테:터(Katheter 독)명 의료 기구의 한 가지. 몸에서 체액이나 소화 기관의 내용물을 빼내는 데 쓰는 가느다란 관(管). ☞도뇨(導尿)

×**카톨릭**(Catholic)명 → 가톨릭

×**카톨릭-교**(Catholic敎)명 → 가톨릭교

카투사(KATUSA)명 한국에 주둔하는 미국 육군에 배속된 한국 군인. [Korean Augmentation Troops to United States Army]

카툰:(cartoon)명 시사 풍자 만화

카:트(cart)명 ①물건을 나르는 데 쓰는 조그만 손수레. ②엔진이 달린 간단한 구조의 차.

카페(café 프)명 ①커피 ②커피나 양주, 또는 간단한 서양 음식을 파는 음식점.

카:페리(car ferry)명 자동차와 승객을 함께 실어 나르는 배.

카페인(caffeine)명 커피나 차 따위에 들어 있는 알칼로이드의 한 가지. 흥분제·이뇨제·강심제 등으로 이용됨. 다소(茶素). 다정(茶精)

카페테리아(cafeteria 에)명 손님이 스스로 좋아하는 음식을 날라다가 먹는 서양식 간이 식당.

카:펫(carpet)명 양탄자

카:폰(car-phone)명 자동차에 무선 송수신기와 안테나 따위를 설치하여 자동차가 이동하는 중에도 통화할 수 있는 이동 통신용 전화.

카프리치오(capriccio 이)명 형식에 얽매이지 않는, 쾌활하고 해학적인 악곡. 광상곡(狂想曲)

카프리치오소(capriccioso 이)명 악보의 나타냄말의 한 가지. '기분이 들뜨게 환상적으로'의 뜻.

카피(copy)명 ①-하다타 문서 따위를 복사(複寫)함, 또는 그 복사한 것. ②미술품 따위의 복제(複製). ③광고의 문안(文案).

카피라이터(copywriter)명 광고 문안을 쓰는 일을 직업으로 삼는 사람.

카피라이트(copyright)명 저작권(著作權)

카피레프트(copyleft)명 지적 재산권을 남이나 다른 회사 등이 사용하도록 방치하는 일. 신기술을 공유하고 널리 유통시켜 기업의 이익을 극대화하려는 일 따위.

칵부 목구멍에 걸린 것을 조금 힘주어 뱉는 소리를 나타내는 말. ¶가래침을 – 뱉다. ☞캑. 캭

칵-칵부 자꾸 칵 하는 소리를 나타내는 말. ☞캑캑. 캭캭

칵칵-거리다(대다)자 자꾸 칵 소리를 내다. ¶생선 가시를 뱉어 내려고 –. ☞캑캑거리다. 캭캭거리다

칵테일(cocktail)명 ①위스키·브랜디·진 등의 양주에 과즙·향료 등을 타고 얼음을 넣어 섞은 음료. ②서로 다른 것들이 어우러진 상태를 비유하여 이르는 말.

칵테일=광선(cocktail光線)명 야구장 등의 야간 조명용으로 쓰는 광선. 색이나 성질이 다른 수은등·백열등·할로겐등·나트륨등 따위의 광선을 섞어 주광색(晝光色)에 가까운 조명 효과를 냄.

칵테일드레스(cocktail dress)명 칵테일파티 등에서 입는 여성용 약식 예장(禮裝).

칵테일파:티(cocktail party)명 간단한 안주와 음식을 차려 놓고, 참석자들은 서서 칵테일 등을 마시면서 환담하는 서양식 잔치.

칸[1]명 ①건축물 등에서, 일정한 규격으로 갈라 둘러막은 하나하나의 공간. 칸살 ¶방이 여러 –인 규모가 큰 집./책꽂이의 –마다 책이 꽂혀 있다. ②일정하게 사이를 띄워 놓은 빈자리. ¶비어 있는 –에 답을 적다.

칸[2]의 ①건물의 칸살을 세는 단위. ¶방이 세 –이고, 거실이 한 –이다. ②척관법의 길이 단위의 하나. 1칸은 6자로 약 1.8m임. ¶두 –짜리 낚싯대에 대어가 낚이다. ③일부 명사 다음에 쓰이어, '약간 수의 칸'의 뜻을 나타냄. ¶집을 개축하면서 방 –이나 늘리다.

칸(Khan)명 ①중세기의 몽골·터키·달단(韃靼) 종족 등의 군주(君主)의 칭호. ☞한(汗) ②페르시아·아프가니스탄 등의 높은 관리의 칭호.

칸나(canna)명 칸나과의 여러해살이풀. 줄기는 굵은 뿌리줄기에서 나오며 높이는 1~2m임. 잎은 파초와 비슷하고, 여름에서 가을에 걸쳐 빨강·노랑 등의 꽃이 피는데, 수술이 잎 모양으로 크고 붉은빛을 띰. 중남미 원산

ㅋ

으로, 유럽에서 개량되어 품종이 많음. 담화(曇華)

칸델라(kandelaar 네)명 들고 다니는 석유등.

칸델라(candela)의 광도(光度)의 단위. 1칸델라는 1기압에서 백금의 응고점 온도에 있는 흑체(黑體) 1cm^2의 광도의 60분의 1로, 1촉(燭)의 0.98배임. 기호는 cd

칸디다(candida)명 자낭균류(子囊菌類)의 한 가지. 사람이나 동물의 몸에 기생하며 때로 병을 일으킴. 모닐리아(monilia)

칸디다-증(candida症)[-쯩]명 칸디다 진균(眞菌)의 감염으로 일어나는 병을 통틀어 이르는 말. 여성의 질(膣), 외음부 등의 점막이나 피부, 소화 기관 안에 번식하여 습진이나 설사, 복통 등을 일으킴. 모닐리아증

칸-막이명-하다타 방 따위의 공간을 가로질러 가르거나 사이를 막음, 또는 막은 그 물건.

칸살명 ①건축물 등에서, 일정한 규격으로 갈라 둘러막은 하나하나의 공간. 칸[1] ②사이를 띄운 거리. 간격(間隔)

칸살(을) 지르다관용 하나의 큰 칸살을 여러 칸으로 가르려고 칸막이를 하다. ☞살지르다

칸살-잡기명 기능 따위를 고려하여 칸살의 크기와 배열을 정하는 일.

칸-수(-數)[-쑤]명 집의 칸살의 수효.

칸초네(canzone 이)명 ①16~17세기의 이탈리아의 기악곡. ②이탈리아의 대중 가요.

칸초네타(canzonetta 이)명 짤막한 칸초네. 16~17세기 이탈리아에서 유행한 가벼운 분위기의 소가곡(小歌曲).

칸칸-이부 각각의 칸살마다.

칸타빌레(cantabile 이)명 악보의 나타냄말의 한 가지. '노래하듯이'의 뜻.

칸타타(cantata 이)명 독창·중창·합창 등에 관현악의 반주가 따르는 큰 규모의 성악곡. 교성곡(交聲曲)

칼[1]명 ①물건을 베거나 깎거나 써는 데 쓰는, 날이 선 연장. ②무기나 호신용(護身用)으로 쓰는, 날을 세운 연장. ☞검(劍). 도(刀)

칼을 맞다관용 칼을 든 사람에게 습격을 당하다.

속담 **칼도 날이 서야 한다** : 맡은 바 구실을 제대로 하려면 그만한 능력이 있어야 한다는 말. / **칼로 물 베기** : 갈라지기는 하나 곧 다시 합치게 됨을 이르는 말로, 두 사람이 곧잘 다투다가도 조금 지나면 다시 사이 좋게 됨을 비유하여 이르는 말. 흔히, 부부 사이의 다툼을 이름.

한자 **칼 검**(劍)〔刀部 13획〕¶검객(劍客)/검도(劍道)/검무(劍舞)/검술(劍術)/대검(大劍) ▷ 속자는 剣
칼 도(刀)〔刀部〕¶과도(果刀)/단도(短刀)/도검(刀劍)/도공(刀工)/식도(食刀)/장도(粧刀)

칼[2]명 지난날, 중죄인에게 씌우던 형틀의 한 가지. 두껍고 긴 널빤지의 한쪽에 구멍을 내어 죄인의 목을 끼우고 비녀장을 지르게 되어 있음.

칼을 쓰다관용 칼에 목을 끼우다.

칼-가래질명-하다자 가래를 모로 세워 흙을 깎아 내는 일.

칼-감[-깜]명 성질이 사납고 독살스러운 사람을 에둘러 이르는 말.

칼-국수명 밀가루 따위를 반죽하여 얇게 밀어 가늘게 썬 국수, 또는 그 국수를 국물에 넣어 익힌 음식. 도면(刀麵) ☞틀국수

칼-금[-끔]명 칼날이 스치어 생긴 가는 금.

칼-깃명 새의 날개를 이루고 있는 빳빳하고 긴 깃.

칼-끝명 칼의 앞 끝. ¶-을 목에 들이대다.

칼-나물명 중들이 이르는 '생선'의 변말.

칼-날명 칼의 얇고 날카로운 부분으로, 물건을 자르거나 깎거나 하는 쪽. 도인(刀刃) ☞칼등

칼날 위에 섰다관용 매우 위태로운 처지에 놓였음을 비유하여 이르는 말.

한자 **칼날 인**(刃)〔刀部 1획〕¶도인(刀刃) ▷ 속자는 刄

칼데라(caldera 에)명 화산의 중심부에 둥글게 움푹 팬 곳. 분화(噴火) 후에 화구(火口) 주변이 무너지거나 내려앉아서 생긴 것임.

칼데라-호(caldera湖)명 칼데라에 물이 괴어서 된 호수.

칼-도(-刀)명 한자 부수(部首)의 한 가지. '分'·'初'·'剪' 등에서 '刀'의 이름. ☞선칼도

칼-등[-뜽]명 칼날의 반대쪽인 두꺼운 부분. ☞칼날

칼라(collar)명 양복의 저고리나 와이셔츠, 블라우스 등의 옷깃.

칼락부 가슴의 얕은 곳에서 나오는 작은 기침 소리를 나타내는 말. ☞컬럭. 콜록

칼락-거리다(대다)자 자꾸 칼락 소리를 내다. ☞컬럭거리다. 콜록거리다

칼락-칼락부 칼락거리는 소리를 나타내는 말. ☞컬럭컬럭. 콜록콜록

칼란도(calando 이)명 악보의 나타냄말의 한 가지. '점점 느리고 약하게'의 뜻.

칼럼(column)명 ①신문이나 잡지에서 짤막한 평론을 싣는 난, 또는 그 평론. ②석재로 된 원주(圓柱).

칼럼니스트(columnist)명 신문이나 잡지 등의 칼럼을 쓰는 사람, 또는 사외(社外)의 기고가(寄稿家).

칼로리(calorie)의 ①열량(熱量)의 단위. 1기압에서 물 1 g의 온도를 1℃ 올리는 데 필요한 열량. 기호는 cal ②영양학에서, 식품이 소화될 때 체내에 생기는 열량의 단위를 이르는 말. 기호는 Cal 또는 kcal

칼로리미:터(calorimeter)명 열량계(熱量計)

칼로멜=전:극(Kalomel電極)명 감홍 전극(甘汞電極)

칼륨(Kalium 독)명 알칼리 금속 원소의 하나. 은백색의 연한 금속으로 물보다 가벼움. 천연으로는 지각(地殼) 속에 장석·운모 등의 성분으로 분포함. 물과 반응하여 수소를 발생시키고 자줏빛 불꽃을 내면서 탐. 공기 중에서 쉽게 산화하므로 석유에 담가 저장함. 칼리(Kali). 포타슘(potassium)〔원소 기호 K/원자 번호 19/원자량 39.10〕

칼륨=명반(Kalium明礬)명 칼륨 백반

칼륨=백반(Kalium白礬)명 복염(複塩)의 한 가지. 무색 또는 백색의 투명한 팔면체의 결정. 황산알루미늄 용액에 황산칼륨을 섞어 가열한 것을 냉각시켜서 만듦. 물에 잘 녹고 산에 약함. 무두질 약품 또는 매염제(媒染劑) 등으로 쓰임. 칼륨 명반

칼륨-염(Kalium塩)명 여러 가지 산기(酸基)와 칼륨의 화합물로서의 염을 통틀어 이르는 말. 황산칼륨·염화칼륨·탄산칼륨·질산칼륨 따위. 비료로 쓰임.

칼륨=유리(Kalium琉璃)명 탄산칼륨을 원료로 하여 만든 유리. 화학 실험 기구나 장식용 등으로 쓰임. 보헤미아 유리

칼리(Kali 독)명 ①칼륨 ②칼륨염류를 통틀어 이르는 말. 가리(加里)

칼리=비누(Kali-)명 수산화칼륨으로 만든 특수 비누의 한 가지. 흡습성(吸濕性)이 있어 부드럽고 연함. 약용·화장용·가정용·공업용 등으로 쓰임.

칼리=비:료(Kali肥料)명 칼륨이 많이 들어 있는 비료. 염화칼륨·황산칼륨 등의 화학 비료와 초목의 재나 두엄, 녹비 등이 있음.

칼리포르늄(californium)명 악티늄족 원소의 하나. 천연으로는 존재하지 않고, 퀴륨이나 우라늄에 알파 입자를 충격시키는 방법 등으로 만듦.〔원소 기호 Cf/원자 번호 98/원자량 251〕

칼리프(caliph)명 할리파(khalifa)

칼막이-끌명 날이 창과 같이 뾰족하고 자루의 목에 쇠테를 메운 끌.

칼-맞다[-맏-]자 남에게서 칼침을 맞다.

칼-메기다타 투전 짝을 골고루 섞기 위해 반쯤을 갈라 부챗살같이 펴서 두 쪽의 각 짝을 사이에 서로 끼어들어가게 밀어 넣다.

칼뱅-교(Calvin教)명 칼뱅주의를 받드는 크리스트교의 한 교파.

칼뱅-주의(Calvin主義)명 프랑스의 신학자 칼뱅의 종교 개혁 운동에 바탕을 둔 크리스트교 교의(教義). 성서를 최고의 권위로 삼고, 예정설, 엄격한 신앙 생활 등을 그

내용으로 함.
칼-부림 명-하다 자 칼로 남을 해치려 하는 짓.
× **칼빈-교**(Calvin敎) 명 → 칼뱅교
× **칼빈-주의**(Calvin主義) 명 → 칼뱅주의
칼-상어 명 철갑상엇과의 바닷물고기. 겉모양은 철갑상어와 비슷하며 몸길이 1m 안팎. 입과 꼬리는 길고 뾰족하며 아래턱에 두 쌍의 수염이 있음. 우리 나라 서해와 남해에 삶.
칼-새 명 칼샛과의 여름 철새. 제비와 비슷하고, 몸길이 20cm 안팎. 네 발가락이 모두 앞쪽을 향한 것이 특징이며, 날개가 길고 뾰족하며 칼 모양임. 몸빛은 흑갈색인데, 허리 부분에 하얀 띠가 있음. 명매기
칼슘(calcium) 명 알칼리 토류(土類) 금속 원소의 하나. 은백색의 무른 금속임. 천연으로는 석회석·대리석·인회석 등에 들어 있으며, 동물의 뼈 조직 속에도 있음. 산소나 염소와 잘 화합하며 주황색의 불꽃 반응을 보임. 〔원소 기호 Ca/원자 번호 20/원자량 40.08〕
칼슘=비누(calcium-) 명 석회 염류와 보통 비누의 화합으로 생기는, 백색 불용성의 가루나 결정. 안료의 침전 방지제, 방수제 등으로 쓰임.
칼-싹두기 명 메밀가루 따위를 익반죽하여 조금 두껍게 밀어 조각 지게 썬 것을 끓는 장국에 넣어 익혀서 양념을 쳐서 먹는 음식. 도면(刀麵). 칼제비 ☞칼국수
칼-자[-짜] 명 지난날, 지방 관아에서 음식 만드는 일을 맡아 하던 하인. 도척(刀尺)
칼-자국[-짜-] 명 칼에 찔리거나 베이거나 하여 생긴 자국.
칼-자루[-짜-] 명 칼에 달린 손잡이. 검파(劍把)
칼-잡이 명 지난날, 소나 돼지 따위를 잡는 일을 직업으로 하는 사람을 이르던 말. 백장
칼-장단[-짱-] 명 도마질을 할 때 장단맞게 두드리는 칼질 소리.
칼-재기 명 택견에서, 손질의 한 가지. 거리를 재듯이 팔을 앞으로 뻗어 손아귀로 상대편의 울대를 쳐 미는 공격 기술.
칼-제비 명 '칼싹두기'를 수제비에 상대하여 이르는 말.
칼-질 명-하다 자 ①칼로 물건을 베거나 깎거나 써는 일. ②칼을 쓰는 일, 또는 그 방법.
칼-집[1] [-찝] 명 칼날을 보호하거나 칼날에 베이지 않도록 칼의 몸을 꽂아 두는 물건.
칼-집[2] [-찝] 명 생선 따위 요리 재료에 에듯이 칼금을 낸 진집. ¶청어에 -을 내어 굽다.
칼-첨자(-籤子) 명 장도(粧刀)의 칼날이 쉬 빠지지 않도록 장도집에 끼우는 젓가락 비슷한 물건.
칼-춤 명 ①칼을 들고 추는 민속 춤. 검무(劍舞) ②정재(呈才) 때, 기녀(妓女) 넷이 전립(戰笠)에 전복을 갖추고 검기(劍器)를 두 손에 하나씩 들고 마주서서 추는 춤. 검기무(劍器舞)
칼-침(-鍼) 명 ①남을 해치려고 칼로 찌르는 일. ¶-을 놓다./-을 주다. ②남으로부터 칼에 찔리는 일. ¶괴한으로부터 불의에 -을 맞다.
칼칼-하다 형여 ①물이나 술 따위를 마시고 싶게 목이 마르다. ¶간밤의 술이 과했는지 목이 -. ②맵게 자극하는 맛이 있다. ¶국물이 -./찌개를 칼칼하게 끓이다. ☞컬컬하다
칼-코등이 명 칼자루의 슴베를 박은 쪽의, 목에 감은 쇠테. 검비(劍鼻). 검환(劍環) 준 코등이
칼크(calc 라) 명 ①석회(石灰) ②'클로르칼크'를 흔히 이르는 말.
칼-판(-板) 명 칼로 물건을 썰거나 다질 때에 받침으로 놓는 널조각. ☞도마
캄브리아기(Cambria紀) 명 지질 시대의 구분의 하나. 고생대(古生代)를 여섯으로 나눈 최초의 시대. 약 5억 7000만 년 전부터 5억 1000만 년 전까지의 시기. 무척추동물이 나타났고 삼엽충이 번성하였음. ☞제사기(第四紀). 오르도비스기
캄캄-절벽(-絶壁) 명 ①귀가 먹어서 아무 소리도 듣지 못하는 상태를 이르는 말. ¶연로하신 데다 -이시니 대화를 할 수가 없다. ②사물에 대하여 아는 바가 전혀 없는 상태를 두고 이르는 말. ¶컴퓨터라면 -이다./세상 물정에 대해서는 -이다. ③말이 전혀 통하지 않는 상태를 두고 이르는 말. ¶사람됨이 고루하고 -이지. ☞깜깜절벽
캄캄-하다 형여 ①사물을 알아보기 어려울 정도로 매우 어둡다. ¶한밤중에 불이 나가 주위가 -. ②어찌해야 할지 막막하다. ¶앞으로 살아갈 일을 생각하니 눈앞이 -. ③어느 방면에 대해 아는 것이 전혀 없다. ¶그의 사생활에 대해서는 -. ④소식을 알 길이 전혀 없다. ¶미국으로 간 친구의 소식이 -. ☞깜깜. 컴컴하다
캅셀(Kapsel 독) 명 캡슐(capsule)
캉캉 부 몸집이 작은 개가 짖는 소리를 나타내는 말. ☞컹컹
캉캉(cancan 프) 명 여자들이 긴 주름치마를 입고 앞자락을 쳐들고 다리를 높이 들어올리면서 추는, 박자가 빠른 프랑스 춤.
캐:-내:다 타 ①땅 속 등에 묻힌 것을 파서 꺼내다. ②자세히 따져 알고 싶던 일을 알아내다. ¶증거를 -.
캐넌(cannon) 명 ①캐넌포 ②당구에서, 친 공이 목표로 하는 다른 두 공을 잇달아 맞히는 일.
캐넌-포(cannon砲) 명 구경(口徑)에 비하여 포신(砲身)이 매우 긴 포. 원거리 사격이나 견고한 구조물 등의 파괴에 쓰임. 캐넌
캐:다 타 ①땅 속 등에 묻힌 것을 파내다. ¶고구마를 -. ②감추어지거나 드러나지 아니한 사실을 밝히려고 따지다. ¶항공기 추락 사고의 원인을 -./비밀을 -.

한자 캘 채(採) 〔手部 8획〕 ¶채광(採鑛)/채근(採根)/채석(採石)/채탄(採炭)

캐드(CAD) 명 컴퓨터 이용 설계[computer-aided design]
캐디(caddie) 명 골프장에서, 경기자를 따라다니면서 클럽을 나르거나 경기에 대한 도움말을 하거나 하는 일을 직업으로 삼는 사람.
캐러멜(caramel) 명 서양식 엿 과자의 한 가지. 물엿에 설탕·연유·유지·전분·향료 등을 섞어 곤 다음에 굳힌 과자.
캐럴(carol) 명 크리스마스캐럴(Christmas carol)
캐럿(carat) 의 ①보석의 무게를 나타내는 단위. 1캐럿은 200mg. 기호는 car 또는 ct ②금(金)의 순도를 나타내는 단위. 순금을 24캐럿으로 삼고, 1캐럿은 그 24분의 1. 기호는 K 또는 Kt.
× **캐리어**(career) 명 → 커리어
캐리잉볼:(carrying ball) 명 농구나 핸드볼 따위에서, 경기자가 공을 가지고 세 걸음 이상 걷는 반칙.
캐리커처(caricature) 명 ①사물의 특징을 간략한 필치로 과장하거나 또는 우스꽝스레 그린 풍자화(諷刺畫). 희화(戲畫) ②만화(漫畫)
캐릭터(character) 명 ①소설이나 영화 등에 등장하는 인물, 또는 작품 속에서 독특한 개성이 주어진 존재. ②만화·영화 등에서 등장하는 독특한 인물이나 동물의 모습을 디자인한 것.
캐:-묻다(-묻고·-물어) 타ㄷ '캐어묻다'의 준말.
캐미솔:(camisole) 명 여성용 속옷의 한 가지. 가슴 선이 수평이고, 길이는 엉덩이를 가릴 정도이며, 끈으로 어깨에 걸치게 되어 있음.
캐비닛(cabinet) 명 ①장식장 ②사무용 서류나 물품을 넣어 두는, 철판으로 만든 장. ③라디오나 텔레비전 등의 수신기의 겉 상자.
캐비아(caviar) 명 철갑상어의 알을 소금에 절인 식품.
캐빈(cabin) 명 ①오두막집 ②항공기의 객실(客室). ③선박(船舶)의 객실.
캐소:드(cathode) 명 음극(陰極)
캐슈:(cashew) 명 옻나뭇과의 상록 교목. 높이 10~15m, 잎은 어긋맞게 나며 길다랗고 가장자리가 밋밋함. 흰빛 또는 연분홍빛의 작은 꽃이 피었다가 진 다음에 꽃줄기

가 사과처럼 굵어지고, 그 끝에 캐슈너트라는 열매가 열림. 열매는 먹을 수 있고, 줄기에서 나오는 수지(樹脂)는 칠감이나 고무의 원료로 쓰임. 남아메리카 열대 지방 원산임.

캐슈:너트(cashew nut)명 캐슈의 열매.

캐:스터(caster)명 ①'뉴스캐스터(newscaster)'의 준말. ②연극이나 영화, 텔레비전드라마 등의 배역을 나누어 맡기는 사람.

캐스터네츠(castanets)명 타악기의 한 가지. 단단한 나무나 상아 또는 플라스틱으로 만든 두 짝의 조가비 모양의 악기이며, 두 손에 한 개씩 손가락에 끼워 두 짝을 맞부딪쳐 소리를 냄. 에스파냐와 이탈리아에서 춤 박자를 잡는 데 많이 쓰임.

캐스트(cast)명 연극이나 영화, 텔레비전드라마 등에서 맡는 배역.

캐스팅(casting)명-하다타 연극이나 영화 등에서 배역을 정함. ¶신인을 주역으로 -하다.

캐스팅보:트(casting vote)명 ①회의에서 찬성과 반대가 동수인 경우, 의장(議長)이 가지는 결정권. ②의회(議會) 등에서, 세력이 강한 두 파가 맞섰을 경우에 대세를 결정할 힘을 가진 제삼의 세력을 이르는 말.

캐시(cash)명 맞돈. 현금(現金)

캐시=기억=장치(cache記憶裝置)명 중앙 처리 장치와 그에 비하여 상대적으로 속도가 느린 주기억 장치 사이에서 속도의 차이를 극복하기 위하여, 중앙 처리 장치에서 자주 필요한 주기억 장치의 정보를 일시적으로 저장하는 고속 기억 장치.

캐시리스=사회(cashless社會)명 기업이나 개인 등 경제 주체 사이의 거래나 결재에 어음·수표·크레디트카드를 사용함으로써 현금이 필요 없게 되는 사회.

캐시미어(cashmere)명 인도의 북부 카슈미르 지방에서 나는 산양(山羊)의 보드라운 털을 써서 능직(綾織)으로 짠 최고급 모직물(毛織物).

캐시밀론(cashmilon)명 촉감이 부드럽고 가벼우며 보온이 잘 되는 합성 섬유의 한 가지. 일본에서 만든 것으로, 상표명임.

캐시카드(cash card)명 현금 카드 ☞신용카드

캐시토미:터(cathetometer)명 두 점 사이의 높이의 차이를 정밀하게 재는 계기(計器).

캐시플로:(cash flow)명 일정 기간에 기업에 유출되거나 유입되는 자금.

캐어-묻다(-묻고·-물어)타ㄷ 어떤 일을 밝히려고 꼬치꼬치 묻다. 준캐묻다

캐주얼슈:즈(casual shoes)명 평상시에 신는 간편한 구두를 통틀어 이르는 말.

캐주얼웨어(casual wear)명 간편한 평상복.

캐주얼-하다(casual-)형여 옷차림 따위가 격식을 차림이 없이 간편하다. ¶캐주얼한 옷차림이 잘 어울린다.

캐처(catcher)명 포수(捕手) ☞피처(pitcher)

캐치볼:(catch+ball)명 야구에서 공을 던지고 받고 하는 연습.

캐치프레이즈(catchphrase)명 광고나 선전 등에서, 사람들의 마음을 사로잡으려고 생각해 낸 인상적인 문구.

캐치-하다(catch-)자타여 ①포착하다 ¶기회를 -./눈치를 -. ②구기(球技)에서 공을 잡거나 받다.

캐터펄트(catapult)명 군함의 갑판 등에서, 압축 공기나 화약 등의 힘으로 비행기를 발진(發進)시키는 장치. 사출기(射出機)

캐터필러(caterpillar)명 무한 궤도(無限軌道)

캐터필러트랙터(caterpillar tractor)명 무한 궤도를 장치한 트랙터.

캐티즌(catizen)명 컴퓨터로 인터넷 방송을 즐기는 사람. 방송을 뜻하는 '캐스트(cast)'와 '네티즌(netizen)'의 합성어임.

캑부 ①목구멍에 걸린 것을 매우 힘주어 뱉는 소리를 나타내는 말. ②몹시 숨이 막히거나 할 때 목청에서 간신히 내는 소리를 나타내는 말. ☞칵. 캭

캑-캑부 자꾸 캑 하는 소리를 나타내는 말. ☞칵칵. 캭캭

캑캑-거리다(대다)자 캑캑 소리를 내다. ¶연기 때문에 숨이 막혀 -. ☞칵칵거리다. 캭캭거리다

캔(can)명 얇은 쇠붙이로 만든 용기(容器). ¶- 맥주

캔디(candy)명 서양식 사탕 과자. 당과(糖菓)

캔버스(canvas)명 유화(油畫)를 그릴 때 쓰는 천. 무명이나 삼베 따위에 카세인이나 아교를 바르고 그 위에 아마인유·산화아연 따위를 덧칠하여 만듦. 화포(畫布)

캔슬-하다(cancel-)타여 취소하다 ¶구입 계약을 -.

캔터(canter)명 승마술(乘馬術)에서, 말이 갤럽(gallop)과 트롯(trot)의 중간 속도로 달리는 달음박질.

캘리코(calico)명 옥양목(玉洋木)

캘리퍼스(callipers)명 측정용 기구의 한 가지. 컴퍼스 모양이며 직접 자를 대어 재기 어려운 물체의 두께나 안지름·바깥지름 따위를 잼. 측경기(測徑器)

캘린더(calendar)명 달력. 월력(月曆)

캠(cam)[1]명 공작 기계에서, 회전 운동을 왕복 운동이나 요동 운동 등 주기적인 운동으로 바꾸는 기계 장치.

캠(CAM)[2]명 컴퓨터 이용 생산 [computer-aided manufacturing]

캠코더(camcorder)명 녹화 재생 기능을 갖춘 비디오카메라. '카메라(camera)'와 '리코더(recorder)'의 합성어임.

캠퍼(camphor)명 ①의약품으로 쓰이는 정제한 장뇌(樟腦). ②'캠퍼 주사'의 준말.

캠퍼스(campus)명 대학교의 교정(校庭) 또는 구내.

캠퍼=주:사(camphor注射)명 심부전(心不全) 상태가 되었을 때 쓰는 강심제(強心劑) 주사. 준캠퍼(camphor)

캠페인(campaign)명 일정한 목적을 가지고 대중을 상대로 조직적이며 지속적으로 펼치는 운동. ¶자연 보호를 위한 -.

캠프(camp)명 ①산이나 들에 천막을 치고 임시로 숙박하는 곳. ②군대의 주둔지나 막사(幕舍). ¶유엔군 - ③수용소(收容所) ¶난민(難民) -

캠프-장(camp場)명 사람들이 천막 등을 치고 임시로 숙박할 수 있도록 마실 수 있는 물 등 여러 설비를 갖추어 놓은 곳. 캠프촌

캠프-촌(camp村)명 캠프장

캠프파이어(campfire)명 캠프에서, 밤에 사람들이 모여 피우는 화톳불, 또는 그 화톳불 둘레에서 노는 일.

캠필로박터(campylobacter)명 식중독을 일으키는 병원균의 한 가지. 발열·복통·설사·구토 등의 증세를 보임.

캠핑(camping)명-하다자 캠프 생활. 야영(野營)

캠핑카(camping car)명 여행을 하면서 조리와 숙박도 할 수 있도록 만든 자동차.

캡(cap)명 ①둘레에 전이 없고 차양이 달린 모자. ②간호사가 쓰는 하얀 모자. ③연필이나 만년필 따위의 뚜껑.

캡램프(cap lamp)명 갱내(坑內)에서나 야간 공사를 할 때 헬멧에 달아 앞을 비추는 전등.

캡션(caption)명 ①책에서 장(章)·절(節)·항(項) 등의 제목. ②책 속의 그림이나 사진 등에 달아 놓은 설명의 글. ③영화의 자막(字幕).

캡슐:(capsule)명 ①아교로 만든 원통형의 작은 갑. 쓴 가루약 따위를 삼키기 좋게 담는 데 쓰임. 교갑(膠匣). 교낭(膠囊) ②우주 비행체에서, 인간이나 계기 등을 싣는 가압(加壓)된 기밀(氣密) 용기. 캅셀(Kapsel)

캡스턴(capstan)명 권양기(捲揚機)의 한 가지. 세로로 된 몸체를 회전해 밧줄·강삭(鋼索)·쇠사슬 등을 감아 무거운 물건을 끌어올리거나 당김.

캡틴(captain)명 ①어떤 단체의 우두머리. ②선장(船長)

캡틴볼:(captain ball)명 구기(球技)의 한 가지. 여러 사람이 두 편으로 나뉘어 한가운데 주장을 세우고, 자기편 주장에게 공을 던지어 공을 많이 받기를 겨루는 놀이.

캥부 ①강아지가 괴로워서 짖는 소리를 나타내는 말. ②여우가 짖는 소리를 나타내는 말. ☞캉

캥거루:(kangaroo)명 유대목(有袋目) 캥거루과의 포유

류를 통틀어 이르는 말. 초식 동물로 종류와 크기가 다양한데, 몸길이 80~160cm, 꼬리 길이 70~110cm이며, 앞다리는 짧고 뒷다리는 길고 튼튼하여 잘 뜀. 암컷의 아랫배에 육아낭이 있어서, 갓 태어난 새끼는 제힘으로 거기에 들어가서 젖을 먹고 자람. 대서(袋鼠)

캥-캥 부 자꾸 캥 하는 소리를 나타내는 말. ☞캉캉

캭 부 목구멍에 걸린 것을 힘주어 뱉는 소리를 나타내는 말. ☞칵. 캑

캭-캭 부 자꾸 캭 하는 소리를 나타내는 말. ☞칵칵. 캑캑

캭캭-거리다(대다) 자 캭캭 소리를 내다. ☞칵칵거리다. 캑캑거리다

컁 부 여우가 요물스레 짖는 소리를 나타내는 말. ☞캥

컁-컁 부 자꾸 컁 하는 소리를 나타내는 말. ☞캥캥

컁컁-하다 형여 얼굴이 몹시 여위어 파리하다.

커:[1] 부 매우 곤히 잠잘 때 내는 소리를 나타내는 말. ☞카[1]

커:[2] 감 맛이 맵거나 냄새가 아주 독할 때 하는 말. ☞카[2]

커넥터(connector) 명 전기 기구와 코드, 또는 코드와 코드를 연결하는 접속 기구.

-커녕 조 체언에 붙어, '고사(姑捨)하고 도리어'의 뜻으로 쓰이는 보조 조사. 주로 '-은(는)커녕'의 꼴로 쓰임. ¶ 붕어는커녕 피라미도 없다./칭찬은커녕 나무람만 했다.

커닝(cunning) 명 -하다 자타 시험 중에 수험자가 저지르는 부정 행위. ¶ -하다 들키다.

커:다랗다(커다랗고·커다란) 형ㅎ 매우 크다. 준 커닿다 ☞작다랗다

커:닿다(커닿고·커단) 형ㅎ '커다랗다'의 준말.

커런트(currant) 명 알맹이가 작고 씨가 없는 건포도.

커리어(career) 명 직업상 또는 기능상(技能上)의 경험. 경력(經歷) ¶ -를 쌓다.

커리큘럼(curriculum) 명 교육 과정(教育課程)

커뮤:니케이션(communication) 명 사회 생활을 하는 인간이 의사(意思)나 감정, 사고(思考)·정보 등을 서로 주고받는 일. 언어나 문자, 또는 몸짓·표정·음성 등을 매개로 함.

커뮤:니티(community) 명 ①지역 사회(地域社會) ②공동체(共同體) ③혈연(血緣)이나 지연(地緣) 등 자연스러운 결합으로 공동 생활을 해 나가는 사회 집단.

커미셔너(commissioner) 명 프로 야구나 프로 복싱, 프로 레슬링 등에서, 품위와 질서 유지 등을 위하여 전권(全權)을 위임 받은 최고 책임자.

커미션(commission) 명 위탁(委託) 업무에 따른 수수료. 구문(口文). 구전(口錢)

커미션닥터(commission doctor) 명 경기 전에는 선수들의 건강을 진단하고, 경기 중에는 선수들의 상처를 진단하도록 지정된 의사.

커밍아웃(coming out) 명 동성애 사회에 자신의 성적 취향을 드러내거나 가족과 직장 등에 자신이 동성애자임을 공개적으로 밝히는 일. 'come out of closet(벽장 속에서 나오다)'에서 유래함.

커버(cover) 명 ①씌우개 ②책가위 ③-하다 타 운동 경기에서 상대편 선수의 공격을 막는 일.

커버글라스(cover glass) 명 덮개유리

커버링(covering) 명 권투에서, 상대편이 공격할 때 손이나 팔로써 자기의 얼굴이나 배를 가리어 막는 기술.

커버스토:리(cover story) 명 잡지 따위의 표지에 나오는 그림이나 사진과 관련된 기사.

커:브(curve) 명 ①굽어 있는 부분. 곡선(曲線) ②야구에서, 투수가 던진 공이 타자의 몸 가까이에서 변하여 굽는 일, 또는 그런 공. 곡구(曲球)

커서(cursor) 명 컴퓨터의 화면에서, 입력하는 문자 등의 위치를 나타내는 표시.

커터(cutter) 명 ①물건을 자르거나 깎거나 하는 데 쓰는 도구. ②양복감의 재단사(裁斷師). ③함선(艦船)에 싣는 대형 보트.

커트(cut) 명 -하다 타 테니스나 탁구 등에서 공을 비스듬히 깎듯이 치는 일. 커팅(cutting)

커트라인(cut+line) 명 합격권의 한계선.

커:튼(curtain) 명 ①문이나 창 등에 치는 휘장(揮帳). 문

장(門帳) ②무대(舞臺)의 막.

커:튼콜:(curtain call) 명 연극이나 음악회 등에서 공연이 끝나고 막이 내린 뒤 관객이 환호와 박수를 계속 보내어 퇴장했던 출연자를 무대 위로 다시 불러 내는 일.

커틀릿(cutlet) 명 서양 요리의 한 가지. 얇게 썬 쇠고기나 돼지고기 따위에 밀가루, 저어서 푼 달걀, 빵가루를 묻혀 기름에 튀긴 음식.

커팅(cutting) 명 -하다 타 ①양재(洋裁)에서, 재단하는 일. ②커트(cut)

커프스(cuffs) 명 와이셔츠나 블라우스 따위의 소맷부리.

커프스버튼(cuffs button) 명 와이셔츠나 블라우스 따위의 소맷부리를 채우는 장식적인 단추.

커프스커버(cuffscover) 명 일토시

커플(couple) 명 ①한 쌍. ②부부나 연인(戀人) 사이인 한 쌍의 남녀. ¶ 잘 어울리는 -이다.

커:피(coffee) 명 ①커피나무 열매의 씨를 볶아 갈아서 만든 가루. 독특한 향기가 나며, 카페인이 들어 있음. ②커피를 끓는 물에 타거나 우린 차.

커:피-나무(coffee-) 명 꼭두서닛과의 상록 교목. 아프리카 원산의 열대 작물로 높이는 6~8m임. 잎겨드랑이에 향기가 있는 흰 꽃이 피고, 열매는 홍자색의 핵과(核果)로 익는데, 그 속에 두 개의 씨가 들어 있음. 씨를 볶아 갈아서 커피를 만듦.

커:피숍(coffee shop) 명 커피를 주로 파는 찻집.

커:피-콩(coffee-) 명 커피나무 열매의 씨.

커:피포트(coffeepot) 명 커피 따위 차를 타거나 우릴 물을 끓이는 데 쓰는 주전자.

컨디션(condition) 명 ①건강이나 정신 등의 상태. ¶ 몸의 -은 매우 좋다. ②조건(條件) ¶ 등산을 하기에는 최악의 -이다.

컨버:트(convert) 명 ①럭비에서, 트라이한 다음에 골킥을 하여 공이 크로스바를 넘고 골포스트 사이를 지남으로써 득점이 되는 일. ②야구에서, 선수의 수비 위치를 바꾸는 일.

컨베이어(conveyor) 명 공장 등에서 재료나 제품 따위를 일정한 거리에 자동적·연속적으로 실어 나르는 기계 장치. 반송대(搬送帶)

컨베이어시스템(conveyor system) 명 컨베이어를 이용한 작업 방식. 가공하거나 조립하는 제품 공정에 따라 재료, 반제품, 조립할 본체 등을 컨베이어로 실어 나름으로써 능률적으로 대량 생산할 수 있게 하는 방식임.

컨벤션(convention) 명 ①정보의 전달을 주목적으로 하는 정기 집회. 전시회를 곁들이는 경우가 많음. ②미국의 대통령 후보를 지명하는 전당 대회.

컨벤션=산:업(convention産業) 명 대규모의 국제 회의나 전시회 따위를 유치하여 수익을 올리는 산업. 환경 비용이 적게 들고 고용 증대가 큰 고부가 가치 산업임.

컨설턴트(consultant) 명 기업의 창설·경영·관리 기술 등에 관해서 조언·진단·상담하는 전문가.

컨설팅(consulting) 명 전문 지식을 가진 사람이 상담이나 자문(諮問)에 응하는 일.

컨셉트(concept) 명 ①광고에서, 사고 방식의 뜻으로, 상품이나 서비스의 특성을 새로운 각도로 잡아 광고나 캠페인의 목표로 삼는 것. ②철학에서, '개념'을 이르는 말.

컨소시엄(consortium) 명 ①여러 나라가 공동으로 경제적 지원이 필요한 나라를 지원하는 방식, 또는 그런 모임. ②건설 공사 따위의 수주에 여러 기업이 공동으로 참여하는 방식, 또는 그런 모임.

컨테이너(container) 명 화물을 실어 나르는 데 쓰는, 상자 모양의 금속제 용기. 짐을 꾸리기가 쉽고, 일손을 덜며, 빠르고 안전하게 나를 수 있음.

컨트롤:(control) 명 -하다 타 ①알맞은 상태로 통제하는 일. ②제어하는 일. ③구기(球技)에서, 공을 마음대로 잘 다루는 능력. ¶ -이 좋은 투수.

컨트롤:타워(control tower) 명 공항의 관제탑(管制塔).

컨트리=음악(country音樂) 명 미국 동부의 민요에서 발

생한, 백인 농부들의 대중 음악.

컨트리클럽(country club)명 도시의 교외에 골프나 테니스 등 스포츠를 즐길 수 있는 설비를 갖추고 있는, 동호인(同好人)들의 휴양 시설.

컬러마:케팅(color marketing)명 다양한 색상으로 소비자를 자극하여 구매욕을 불러일으키는 판매 방식.

컬러=사진(color寫眞)명 천연색 사진(天然色寫眞)

컬러텔레비전(color television)명 화면의 영상(映像)이 피사체(被寫體)의 색과 거의 비슷하게 나타나는 텔레비전 수상기.

컬러필름(color film)명 자연 그대로의 빛깔을 나타낼 수 있는 사진 필름. 천연색 필름

컬럭부 가슴의 얕은 곳에서 나오는 큰 기침 소리를 나타내는 말. ☞칼락. 쿨룩

컬럭-거리다(대다)자 자꾸 컬럭 소리를 내다. ☞칼락거리다. 쿨룩거리다

컬럭-컬럭부 컬럭거리는 소리를 나타내는 말. ☞칼락칼락. 쿨룩쿨룩

컬렉션(collection)명 미술품이나 골동품, 화폐, 우표 등 좋아하는 물건을 취미로 모으는 일, 또는 그 수집품.

컬컬-하다형여 물이나 술 따위를 마시고 싶게 목이 몹시 마르다. ¶목이 컬컬하여 막걸리로 목을 축이다. ☞칼칼하다

컴백-하다(comeback－)자여 본디 신분이나 활동 무대로 되돌아오다.

컴컴-하다형여 ①아무 것도 보이지 않을 정도로 몹시 어둡다. ¶달도 뜨지 않은 컴컴한 밤하늘. ②정직하지 않고 엉큼하다. ¶그 컴컴한 뱃속을 누가 알겠는가. ☞껌껌하다. 캄캄하다

컴파일러(compiler)명 컴퓨터에서, 파스칼(PASCAL), 알골(ALGOL) 등의 고급 언어로 작성된 원시 프로그램을 목적 프로그램으로 변환하는 프로그램. ☞어셈블러(assembler). 인터프리터(interpreter)

컴패니언(companion)명 국제적 행사 등에서 내빈(來賓)에 대한 안내나 접대 등을 맡아보는 여성.

컴퍼스(compass)명 ①제도기의 한 가지. 원이나 호(弧) 등을 그리는 데 쓰임. ②나침반(羅針盤) ③보폭(步幅)

컴퓨니케이션(compunication)명 통신망에 연결된 컴퓨터를 통해 정보를 교환하고 대화를 나누는 일. '컴퓨터(computer)'와 '커뮤니케이션(communication)'의 합성어임.

컴퓨:터(computer)명 전자 회로를 이용하여 대량의 정보를 고속·자동으로 계산하거나 처리하는 기계. 수치 계산뿐만 아니라 기억과 판단 기능도 갖추어서 사무 관리, 자료 처리, 자동 제어 등에 폭넓게 이용됨. 전자 계산기

컴퓨:터그래픽스(computer graphics)명 컴퓨터를 이용하여 그림이나 도형(圖形)을 그리는 일, 또는 그렇게 그린 그림이나 도형.

컴퓨:터네트워:크(computer network)명 여러 대의 컴퓨터를 통신 회선을 이용하여 연결한 통신망. 서로 정보를 교환하거나 자원(資源)을 공유할 수 있음.

컴퓨:터=단:층=촬영(computer斷層撮影)명 엑스선이나 초음파로 인체의 횡단면을 촬영한 다음, 이를 컴퓨터로 재구성하여 화상으로 나타내는 진단 장치. 종양 따위를 검출하여 내는 데 쓰이며, 의학적으로 매우 중요한 검사 진단법임. 시티(CT)

컴퓨:터바이러스(computer virus)명 컴퓨터나 컴퓨터 시스템에 침입하여 컴퓨터의 정상적인 작동에 영향을 미치거나 저장된 정보를 파괴하는 프로그램. 바이러스처럼 플로피디스크나 컴퓨터 통신망 등을 통하여 다른 컴퓨터나 컴퓨터시스템으로 옮겨 다님. 바이러스 ☞웜. 컴퓨터백신

컴퓨:터백신(computer vaccine)명 컴퓨터나 컴퓨터시스템에 침입한 컴퓨터바이러스를 찾아내어 무효화하며 손상된 디스크를 복구하는 프로그램.

컴퓨:터아:트(computer art)명 컴퓨터의 기능을 활용하여 음악이나 회화 등의 예술을 창작하는 활동, 또는 그 작품.

컴퓨:터=이:용=생산(computer利用生産)명 컴퓨터로 작성한 설계도를 바탕으로 하여 컴퓨터로써 제품을 생산하고 관리하는 일. 캠(CAM)²

컴퓨:터=이:용=설계(computer利用設計)명 컴퓨터에 입력된 자료를 이용하여 설계하는 일. 설계의 결과를 컴퓨터 화면이나 인쇄물로 미리 볼 수 있어 수정·보완이 쉬움. 캐드(CAD)

컴퓨:터=통신(computer通信)명 피시 통신

컴프레서(compressor)명 압축기(壓縮機)

컴프리(comfrey)명 지칫과의 여러해살이풀. 유럽 원산의 재배 식물로 줄기 높이는 60~90cm. 잎은 달걀꼴인데, 촘촘이 어긋맞게 남. 6~7월에 홍자색 또는 황백색 꽃이 핌. 뿌리는 약으로 쓰고, 애순은 먹을 수 있음.

컵(cup)명 ①물이나 음료를 따라 마시는 그릇. ②상배(賞盃) ③〔의존 명사로도 쓰임〕 ¶물 두 －./맥주 한 －.

컷(cut)명 ①한 번의 연속 촬영으로 찍은 장면. ②인쇄물의 삽화. ③대본이나 촬영한 필름에서 불필요한 부분을 삭제하는 일. ④영화 촬영에서, 카메라의 회전을 멈추어 끊는 일. ⑤〔의존 명사로도 쓰임〕 ¶사진 두 －./삽화 열 －.

컷백(cutback)명 영화 화면 구성 기교의 한 가지. 둘 이상의 다른 장면을 연속적으로 엇바꾸어 보이어 긴장감을 높이거나 하는 편집 기법.

컷워:크(cutwork)명 서양 자수 기법의 한 가지. 천에 그려 놓은 도안의 윤곽을 따라 수를 놓은 다음, 그 주위를 알맞게 잘라 내어 무늬를 만듦.

컷인(cut-in)명 ①영화나 텔레비전드라마 등에서, 이전에 나타났던 한 장면의 특정 부분을 확대하여 보여 주는 기법. ②농구나 핸드볼 따위에서, 수비 선수들을 헤치고 재빨리 공격해 들어가는 일.

컹컹부 몸집이 큰 개가 짖는 소리를 나타내는 말. ☞캉캉

케라틴(keratin)명 동물체의 손톱·발톱·머리털·뿔 따위의 주성분이 되는 경단백질(硬蛋白質). 각소(角素)

케이(K·k)명 ①영어 자모(字母)의 열한째 글자의 이름. ②합금 속에 들어 있는 순금의 비율을 나타내는 기호. ¶18－ 금반지.

케이블(cable)명 ①섬유나 철사를 꼬아 만든 굵은 밧줄. ②닻줄로 쓰이는 쇠사슬. ③전기 절연물로 싼 여러 개의 전선을 단을 지어 다시 겉을 싼 전선. 전람(電纜) ④'케이블카'의 준말.

케이블카:(cable car)명 ①차량(車輛)을 강삭(鋼索)에 연결하여 감아 올리는 장치로써 비탈진 산을 오르내리게 만든 철도, 또는 그 차량. 강삭 철도(鋼索鐵道) ②공중을 가로지른 강삭에 차량을 매달아 사람이나 짐을 나르는 장치, 또는 그 차량. 산을 오르내리거나 계곡을 건너는 데 사용됨. 가공 삭도(架空索道) 준케이블

케이블티:브이(cable TV)명 안테나를 사용하지 않고 동축 케이블이나 광케이블을 통하여 전송된 영상을 방영하는 텔레비전. 유선 텔레비전

케이스(case)명 ①물건을 넣는 상자나 갑. ¶담배 －/만년필 － ②어떤 상황이나 사례(事例). ¶시범 －/이런 일은 매우 드문 －이다.

케이슨(caisson)명 잠함(潛函)

케이슨-병(caisson病)명 잠수병(潛水病)

케이싱(casing)명 소시지의 원료를 채워 넣는 데 쓰는 얇은 막의 재료. 소·돼지·양 따위의 창자나 셀룰로오스 필름으로 만듦.

케이에스(KS)명 '한국 산업 규격(韓國產業規格)'의 약호(略號). [Korean Industrial Standards]

케이에스마:크(KS mark)명 산업 표준화법에 따라, 산업 표준 규격으로 인정된 제품에 표시하는 표. ㉿의 표.

케이오:(KO)명 녹아웃(knockout)

케이오:-승(KO勝)명 권투에서, 상대편을 녹아웃시켜 이기는 일.

케이오:-패(KO敗)명 권투에서, 상대편에게 녹아웃 당하여 지는 일.

케이지(cage)명 ①새장처럼 생긴 닭장. ②엘리베이터의,

사람이나 짐을 싣는 칸. ③야구에서, 타격 연습을 할 때 타자의 몸을 보호하기 위하여 사용하는 철망.

케이크(cake)명 밀가루·설탕·달걀·우유·버터·크림 등의 재료를 적절히 섞어 만든 서양식 과자를 통틀어 이르는 말.

케이폭(kapok)명 열대 지방에서 나는 케이폭나무 열매의 씨를 싸고 있는 솜털. 가볍고 물에 젖지 않으며, 보온성이 있고 부력(浮力)이 커서 구명구, 이불, 베개, 침낭 따위에 씀. 판야(panja)

케이폭-나무(kapok-)명 판야과의 낙엽 교목. 동남 아시아의 열대 지방의 재배 작물로, 높이는 17~30m. 가지는 가로 퍼지고 날카로운 가시가 있음. 5월경에 흰 꽃이 피고, 길둥근 열매는 익으면 갈라져서 솜털에 싸인 많은 씨를 흩음. 씨에 붙은 솜털은 구명구 따위를 만드는 데 쓰이고 씨로는 기름을 짬.

케이프(cape)명 천이나 모피로 만든, 소매가 없는 외투를 통틀어 이르는 말.

케일(kale)명 겨잣과의 두해살이풀. 양배추의 원종(原種)으로 잎은 오글쪼글하며 결구(結球)하지 아니함. 생즙을 내어 먹을 수 있음.

케첩(ketchup)명 채소 따위를 삶아 걸러 낸 것에 조미료·향신료를 넣고 조린 양식용의 소스. 보통 토마토를 원료로 한 것을 이름.

케케-묵다형 ①물건 따위가 매우 오래되어서 낡다. ¶케케묵은 멍석. ②생각이나 지식 따위가 새로운 데가 없이 시대에 뒤떨어지다. ¶케케묵은 이론.

케플러=망:원경(Kepler望遠鏡)명 대물 렌즈와 접안 렌즈가 모두 볼록 렌즈로 되어 있는 망원경. 상(像)이 거꾸로 나타나지만 배율이 높고 시야가 넓어서 천체 망원경으로 쓰임.

켄트-지(Kent紙)명 새하얗고 종이의 결이 치밀한, 질이 좋은 종이. 제도·회화·인쇄 등에 쓰임. 영국의 켄트 지방에서 처음 만들어진 데서 붙여진 이름임.

켈로이드(keloid)명 피부의 결합 조직이 이상으로 불어나서 단단하게 솟아오른 상태. 화상(火傷)이나 외상(外傷) 자리가 나아가는 과정에서 생기기도 함.

켈트(Celt)명 인도유럽 어족의 유럽 선주 민족(先住民族). 기원전 5~1세기에 번영했으나 로마와 게르만계 민족의 발전으로 주변 지역으로 밀려나서 오늘날 스위스·스코틀랜드·아일랜드 등지에 살고 있음.

켈프(kelp)명 다시마 따위 갈조류(褐藻類)를 저온으로 태운 재. 요오드의 원료로 쓰임.

켕기다[1] 자 ①팽팽하게 되다. ¶고무줄이 팽팽하게 -./뱃살이 켕기도록 웃었다. ②자기가 저지른 일에 대하여 은근히 겁이 나거나 걱정이 되다. ¶시치미를 떼기는 했지만 속으로는 사뭇 켕겼다.

켕기다[2] 타 맞잡아 당기어 팽팽하게 하다. ¶밧줄을 바짝 켕기도록 당기다.

켜명 ①포개어진 물건의 한 겹 한 겹. ¶땅 속에 묻혀 있는 석탄의 -. ②〔의존 명사로도 쓰임〕 ¶벽돌을 세 -로 쌓다./떡가루를 시루에 다섯 -로 안치다.

켜는-톱니명 목재를 섬유 방향으로 켜기에 알맞게 되어 있는 톱니. ☞자르는톱니

켜다[1] 타 ①불을 일으키거나 밝히다. ¶등불을 -./성냥을 -. ②전기나 동력을 흐르게 하다. ¶전등을 -./텔레비전을 -. ☞끄다[1]. 틀다

켜다[2] 타 ①톱으로 나무 따위를 베거나 자르다. ¶나무를 -. ☞썰다[1] ②활로 현악기의 현(絃)을 문질러서 소리를 내다. ¶바이올린을 -. ☞타다 ③누에고치에서 실을 뽑다. ¶고치를 -. ④엿을 다루어서 희게 만들다. ¶엿을 켜서 가래엿을 뽑다.

켜다[3] 타 물이나 술 따위를 단숨에 들이마시다. ¶막걸리 한 사발을 쭉 -.

켜다[4] 타 기지개를 하다. ¶누운 자리에서 기지개를 -.

켜다[5] 타 ①동물의 수컷이 암컷을 부르는 소리를 내다. ②동물을 부르려고 사람이 동물 소리를 내다. ¶꿩을 잡으려고 우레를 -.

켜이다자 ①켬을 당하다. 준 케다 ②켜고 싶어지다. ¶물이 자꾸 -. 준 키다

켜켜-이부 여러 켜마다. ¶- 팥고물을 두다.

켤레[1] 명 수학에서, 두 개의 점·선·수가 서로 특수한 관계에 있어, 서로 바꾸어 놓아도 그 성질에 변화가 없을 때의 그 둘의 관계를 이르는 말.

켤레[2] 의 신이나 버선, 양말, 장갑 따위의 두 짝을 한 벌로 세는 단위. 족(足) ¶고무신 한 -.

켤레-각(-角)명 꼭지점과 두 변이 공통이고 그 합이 360°인 두 각에서 한 각을 다른 각에 상대하여 이르는 말.

켤레=초점(-焦點)[-쩜]명 빛을 구면경(球面鏡)에 반사하거나 렌즈에 통하게 할 때, 광원(光源)과 상(像)과의 관계를 이루는 두 점. 켤렛점

켤렛-점(-點)명 ①한 원뿔 곡선에서 두 점이 각각 다른 점의 극선 위에 있을 때, 그 한 점을 다른 점에 상대하여 이르는 말. ②켤레 초점

켯-속명 일의 갈피. ¶어찌된 -인지 알 수가 없다.

켸다자 '켜이다'의 준말.

×**켸켸-묵다**형 →케케묵다

코[1] 명 ①척추동물의 오관(五官)의 하나. 포유류의 경우, 얼굴 앞면 한가운데에 튀어나와 있으며 두 개의 구멍이 있는데, 그 속의 비강(鼻腔)에 후각기(嗅覺器)가 있음. 숨을 쉬고 냄새를 맡으며 발성(發聲)을 돕는 구실을 함. ②콧구멍에서 분비되는 진득진득한 액체. ③여자 고무신이나 버선 따위의 앞쪽 끝에 오똑하게 내민 부분. ¶고무신의 -./버선의 -.

코가 납작해지다관용 무안을 당하거나 기가 꺾여 위신이 크게 떨어지다. ¶기세가 당당하던 사람이 약점이 드러나자 그만 코가 납작해졌다.

코가 높다관용 젠체하고 뽐내는 기세가 있다. ¶그는 잘난 자식을 두어서 그런지 -.

코가 땅에 닿다관용 존경의 뜻을 나타내거나 사과하는 몸짓으로 머리를 깊이 숙이다. ¶코가 땅에 닿도록 사과하다./코가 땅에 닿게 절을 하다.

코가 빠지다관용 근심에 싸여 기가 죽고 맥이 빠지다. ¶모두들 코가 빠져 말없이 앉아만 있다.

코가 세다관용 남의 말을 잘 듣지 않고 고집이 세다. ¶상대는 코가 센 사람이라 구슬릴 길이 없다.

코가 솟다관용 남에게 뽐낼 일이 생기어 우쭐해지다.

코가 우뚝하다관용 ①의기양양하다. ②잘난체 하며 거만하게 행동하다.

코를 떼다관용 무안을 당하거나 핀잔을 맞다.

코를 맞대다관용 매우 가까이 모여 있거나 좁은 곳에 함께 있다. ¶코를 맞대고 소곤거리다.

코를 싸쥐다관용 심한 핀잔을 받아 무안하여 얼굴을 제대로 못 들다.

코를 찌르다관용 냄새가 몹시 나다. ¶화약 냄새가 -.

코 먹은 소리관용 코가 메어서 울리어 나거나, 또는 여자가 아양을 떠느라 짐짓 코가 멘듯이 내는 소리.

코 묻은 돈관용 어린아이가 가진 얼마 안 되는 돈.

코에 걸다관용 무엇을 자랑삼아 내세우다.

속담 **코가 쉰댓 자나 빠졌다**: 근심과 괴로운 일들 때문에 몹시 맥이 빠졌다는 뜻으로 이르는 말./**코가 어디 붙은지 모른다**: 그 사람의 모습이 어떻게 생겼는지 모른다는 뜻으로, 전혀 모르는 사람이라는 말./**코 떼어 주머니에 넣었다**: 더할 수 없이 무안을 당한 경우에 이르는 말./**코를 잡아도 모르겠다**: 몹시 어두워서 아무 것도 보이지 않는 상태를 두고 이르는 말./**코 아니 흘리고 유복하랴**: 고생하지 아니하고 이익을 얻을 수 있겠느냐는 말./**코 아래 입**: 매우 가까운 거리를 비유하여 이르는 말./**코 아래 진상(進上)이 제일이라**: 남의 마음을 흐뭇하게 하려면 먹이는 것이 가장 효과적이라는 말./**코에서 단내가 난다**: 일을 많이 하여 몸과 마음이 몹시 고달픔을 이르는 말.

한자 **코 비**(鼻)〔鼻部〕 ¶비강(鼻腔)/비공(鼻孔)/비음(鼻音)/비통(鼻痛)/이비인후과(耳鼻咽喉科)

ㅋ

코² 명 그물이나 뜨개질한 물건의 눈과 눈 사이의 매듭. ¶ ―를 내다./―를 줍다.

-코 접미 '하고 → ㅎ고 → 코'로 굳어져 부사가 되게 함. ¶ 결코/한사코/기필코 ☞-토록

코-감기(―感氣) 명 코가 메고 콧물이 나오는 감기.

코-골다 자 잠잘 때 숨을 쉬며 입천장 따위를 울려 드르렁거리는 소리를 내다.

코-끝 명 콧등의 끝.

코끝도 볼 수 없다 관용 모습을 나타내지 아니하여 도무지 볼 수가 없다.

코끼리 명 코끼릿과의 포유동물. 육지에 사는 동물 가운데서 가장 크며 어깨 높이 2.5~3.5m이고 몸무게는 5~7.5t에 이름. 머리가 크고 코는 윗입술과 함께 길게 늘어나 있어 사람의 손과 같은 구실을 함. 살가죽은 두껍고 털이 거의 없음. 네 발은 굵고 튼튼하며, 상아(象牙)는 위턱에서 돋아난 앞니인데 일생 동안 자람. 초식 동물로 삼림이나 초원에서 무리를 지어 삶.

한자 **코끼리 상**(象) 〔豕部 5획〕 ¶ 상골(象骨)/상아(象牙)/상아홀(象牙笏)/상피(象皮)

코-납작이 명 ①코가 납작하게 생긴 사람을 놀리어 이르는 말. ②핀잔을 듣거나 무안을 당하여 기가 꺾인 사람을 비유하여 이르는 말.

코냑(cognac 프) 명 프랑스의 서부 코냑 지방에서 생산되는 고급 브랜디. 백포도주를 증류하여 떡갈나무로 만든 술통에 담아서 숙성시킴. 알코올 함량은 40~45%임.

코:너(corner) 명 ①일정한 공간의 구석이나 길의 모퉁이. ②육상·경마·경륜 등의 경기장에서, 경주로(競走路)의 굽이진 부분. ③백화점 등에서 특별한 상품을 팔기 위해 마련한 곳. ¶ 등산 용품 ― ④난처한 처지. ¶ ―에 몰리다. ⑤'코너에어리어(corner area)'의 준말.

코:너아웃(corner out) 명 축구에서, 자기편이 찬 공이나 자기편의 몸에 닿은 공이 자기편 골라인 밖으로 나간 경우를 이르는 말. 상대편에게 코너킥이 주어짐.

코:너에어리어(corner area) 명 축구 경기장의 네 귀퉁이에 코너킥을 하도록 그어 놓은 구역. 준 코너(corner)

코:너킥(corner kick) 명 -하다 타 축구에서, 수비 선수가 코너아웃시킨 공을 공격 선수가 코너에어리어에 놓고 골 쪽으로 차는 일.

코:너플래그(corner flag) 명 축구나 럭비, 하키 등의 경기장 네 귀퉁이에 세우는 깃발.

코:넷(cornet) 명 금관 악기의 한 가지. 트럼펫과 비슷하나 관이 트럼펫보다 짧고, 소리를 조절하는 판(瓣)이 세 개 있으며, 음색이 부드러움.

코:다(coda 이) 명 하나의 악곡(樂曲)이나 악장(樂章)의 끝 부분에 마무리 효과를 더하기 위하여 덧붙이는 부분.

코-담배 명 코에 대고 냄새를 맡거나 약간 들이마시게 만든 가루 담배.

코-대답(―對答) 명 -하다 자 마음에 탐탁하지 않거나 대수롭지 않게 여기어 말 대신 건성으로 '응' 하는 대답.

코데인(codeine) 명 아편 속에 들어 있는 알칼로이드의 한 가지. 진통제나 진해제(鎭咳劑) 등으로 쓰임.

코덱스(codex) 명 식품의 교역을 활성화하고 소비자의 건강을 보호하기 위하여 제정한 국제 식품 규격.

코:도반(cordovan) 명 말의 등가죽과 궁둥이 가죽을 무두질하여 만든, 윤이 나고 질이 좋은 가죽. 구두나 허리띠 따위를 만드는 데 쓰임.

코:드(chord) 명 ①현악기의 현(絃). ②기타 연주 따위에서, 손가락으로 짚는 화음.

코:드(code) 명 ①신호를 보내는 수단으로서 암호나 약호(略號). ②어떤 사회나 계급·직업 따위에서의 규약이나 관례. ③정보를 나타내기 위한 기호 체계. 특히 컴퓨터시스템에서 정보를 표현하기 위하여 사용되는 특별한 기호 체계.

코:드(cord) 명 여러 가닥으로 된 구리줄을 고무나 비닐 따위로 싸서 절연(絕緣)한 전선.

코등이 명 '칼코등이'의 준말.

코:딩(coding) 명 -하다 타 ①데이터 처리를 자동화하기 위하여 일정한 규칙에 따라 여러 품목에 기호나 번호를 붙이는 일. ②컴퓨터의 프로그램을 프로그램 언어를 써서 작성하는 일.

코-딱지 명 콧구멍에 코의 점액과 먼지가 섞이어 말라붙어 딱지처럼 된 것.

코딱지만 하다 관용 매우 작고 보잘것없다. ¶ 코딱지만 한 방.

코-뚜레 명 '쇠코뚜레'의 준말.

코란(Koran) 명 이슬람교의 경전(經典). 마호메트가 알라 신에게서 받았다는 계시(啓示)를 모아 기록한 것. 교도의 신앙, 일상 생활의 규범, 법적 규범 등이 모두 114장 6,342구절로 적혀 있는데, 마호메트가 죽은 뒤에 이루어진 것임.

코랑-코랑 부 -하다 형 작은 자루나 봉지 따위가 물건으로 가득 차지 않고 여기저기가 곯은 모양을 나타내는 말. ¶ ― 담다./― 곯은 자루. ☞쿠렁쿠렁

코:러스(chorus) 명 ①합창(合唱) ②합창단

코로나(corona) 명 ①태양 대기(大氣)의 가장 바깥 층. 채층(彩層)의 바깥쪽에 있는, 높이 수백만 km에 이르는 희박한 가스 층. 개기 일식(皆旣日蝕) 때 태양 둘레에 진주 빛깔로 빛나는 부분임. 백광(白光) ②광관(光冠)

코르덴(∠corded velveteen) 명 무명실로 누빈 것처럼 골이 지게 짠, 벨벳과 비슷한 옷감.

코르드발레(corps de ballet 프) 명 발레에서, 주역의 배경 구실을 하며 무리지어 춤추는 여러 사람의 무용수, 또는 그 춤.

코르셋(corset) 명 ①배와 허리의 맵시를 내려고 입는, 여성용 속옷의 한 가지. ②의료 기구의 한 가지. 정형 외과에서 척추나 골반 등을 고정하거나 바로잡는 데 쓰임.

코:르위:붕겐(Chorübungen 독) 명 독일 사람 프란츠 뷜너가 쓴 합창 교본. 3권으로 이루어졌으며, 음정(音程)·리듬·시창(視唱) 등의 연습에 쓰임.

코르크(cork) 명 코르크참나무의 겉껍질과 속껍질 사이에 있는 조직. 여러 켜로 이루어졌는데, 액체나 공기가 통하지 않고 탄력이 있으며, 가볍고 열을 전하지 않음. 가공하여 마개, 방음재, 보온재 등으로 씀. 목전(木栓)

코르크-참나무(cork―) 명 참나뭇과의 상록 교목. 지중해 연안 지방에 자생하는 나무로, 높이는 15m에 이름. 잎은 두껍고 길둥근 꼴이며, 5월경에 꽃이 피고 가을에 열매를 맺음. 나무껍질에는 두꺼운 코르크 층이 있는데, 이 코르크 층은 수령이 20년 정도에 이르면 벗기어 쓸 수 있으며, 벗긴 자리에는 다시 껍질이 생겨남.

코리다 형 ①씻지 않은 발 따위에서 풍기는 고린 냄새와 같다. ②마음씨나 하는 짓이 아니꼬울 정도로 옹졸하고 인색하다. ☞코로나

코리올리=힘(Coriolis―) 명 전향력(轉向力)

코린-내 명 코린 냄새.

코린트-식(Corinth式) 명 고대 그리스의 건축 양식의 하나. 도리스·이오니아 두 양식에 이어 발전한, 화려하고 섬세한 양식임. 건축물의 기둥머리를 아칸서스의 잎 무늬로 꾸미는 것이 특색임. ☞도리스식. 이오니아식

×**코-맹녕이** 명 → 코맹맹이

코-맹맹이 명 코가 막히어 부자연스러운 소리를 내는 사람을 이르는 말.

코-머거리 명 코가 막히는 증세가 있는 사람을 낮잡아 이르는 말.

코-머리 명 지난날, 지방 관아에 딸린 기생의 우두머리를 이르던 말. 현수(絃首)

코모도(comodo 이) 명 악보의 나타냄말의 한 가지. '평온하게'의 뜻.

코뮈니케(communiqué 프) 명 외교상의 정부의 공식 성명서(聲明書).

코뮤니즘(communism) 명 공산주의(共産主義)

코미디(comedy) 명 희극(喜劇)

코미디언(comedian) 명 희극 배우

코믹오페라(comic opera) 명 희가극(喜歌劇)

코믹-하다(comic－)형여 익살스럽다. 희극적이다
코-밑 명 ①코의 아래 부분. ②코앞
코밑-수염(－鬚髥)[－믿－] 명 콧수염
코-바늘 명 뜨개바늘의 하나. 한쪽 또는 양쪽 끝이 갈고리 모양임. ☞대바늘. 사슬뜨기
코발트(cobalt) 명 ①금속 원소의 하나. 회백색의 금속으로 철과 비슷한 광택이 나며, 전성(展性)과 연성(延性)이 있고 강자성(強磁性)을 나타냄. 합금의 성분으로 고속도강이나 영구 자석 등에 이용되고, 산화물은 유리나 도자기 등의 안료로 쓰임. [원소 기호 Co/원자 번호 27/원자량 58.93] ②'코발트색'의 준말.
코발트-색(cobalt色) 명 하늘빛과 같은 맑은 남빛. 준코발트
코발트=유리(cobalt琉璃) 명 산화코발트로 착색한 푸른 유리. 장식품, 사진 필터, 고온도 작업용의 보안경 따위에 쓰임.
코발트-탄(cobalt彈) 명 '코발트 폭탄'의 준말.
코발트=폭탄(cobalt爆彈) 명 원자 무기의 한 가지. 수소 폭탄의 겉을 코발트로 싸서 핵 폭발 때의 방사능 효과를 높인 폭탄. 준코발트탄
코-방아 명 엎어지거나 하여 코를 바닥에 부딪치는 일.
　코방아(를) 찧다 관용 코를 바닥에 찧듯이 부딪치다.
코-배기 명 코가 유난히 큰 사람을 놀리어 이르는 말.
×**코-보** 명 →코주부
코볼(COBOL) 명 컴퓨터의 사무 처리 분야에서 널리 쓰이는 고급 프로그래밍 언어. 1960년대에 개발되었으며 일상 영어에 가깝게 기술되므로 일반 사무 처리에 알맞음. [common business oriented language]
코브라(cobra) 명 코브라과의 뱀을 통틀어 이르는 말. 대가리와 몸의 앞 부분을 세워 적을 위협하는 뱀으로, 몸길이는 보통 1.5～2m이나 5m가 넘는 종류도 있음. 등쪽에 안경과 같은 무늬를 가진 것도 있으며, 독이 매우 셈. 열대·아열대 지방에 분포함.
코-비(－鼻) 명 한자 부수(部首)의 한 가지. '鼾'·'鼽' 등에서 '鼻'의 이름.
코-빼기 명 '코쭝배기'의 준말.
　코빼기도 볼 수 없다 관용 모습을 나타내지 아니하여 도무지 볼 수가 없다. 코끝도 볼 수 없다.
코-뼈 명 코를 이루고 있는 좌우 한 쌍의 뼈. 위쪽은 앞머리뼈에 이어져 있음. 비골(鼻骨)
코뿔-소[－쏘] 명 코뿔솟과의 포유동물을 통틀어 이르는 말. 육상에서 코끼리 다음으로 몸집이 큰 짐승으로, 어깨 높이는 1.4～2m임. 네 다리는 굵고 짧으며 발가락이 셋임. 코 위에 있는 하나 또는 두 개의 뿔은 피부가 각질화(角質化)한 것임. 무소
코사인(cosine) 명 삼각 함수의 하나. 직각 삼각형의 빗변과 한 예각을 낀 밑변과의 비를 그 각에 대하여 이르는 말. 약호는 cos ☞시컨트(secant)
코-쇠 명 산기슭 끝에 있는 사금층(砂金層).
코-숭이 명 산줄기의 끝. 산코숭이
코:스(course) 명 ①나아가는 길. 진로(進路) ¶등반 －/조깅 － ②교육이나 훈련 등의 과정(課程). ¶박사 －/수련의(修鍊醫) － ③육상 경기의 경주로. 수영의 경영로(競泳路). ④정식 만찬이나 오찬 등에서, 일정한 차례에 따라 차려 내는 순서. ¶중국 요리 － ⑤여러 곳의 지점을 연결하여 순서대로 따라가게 정한 길. ¶고적 답사 －/운전 연습 －
코스닥(KOSDAQ) 명 증권 거래소에서 운영하는 장외(場外) 주식 거래 시장. 상장(上場)하기가 쉬워 벤처 기업이 많이 이용함.
[Korea securities dealers automated quotation]
코:스라인(course line) 명 경주로나 수영장 등에 선수의 진로를 구분하기 위해 그어 놓은 선.
코:스로:프(course rope) 명 수영 경기에서, 경영자(競泳者)의 진로를 구분하기 위하여 수면에 띄워 놓은 줄.
코스모스(cosmos)[1] 명 국화과의 한해살이풀. 줄기 높이는 1～2m. 줄기는 가지를 많이 치고, 깃꼴로 갈라진 잎이 마주 남. 꽃은 6～10월에 하양·분홍·진분홍 등 여러 빛깔로 피고 까만 씨를 맺음. 멕시코 원산이며, 관상용으로 많이 심음.
코스모스(cosmos)[2] 명 질서와 조화를 지닌 우주 또는 세계. ☞카오스(chaos)
코스튬(costume) 명 ①어떤 시대나 어느 민족, 또는 어느 지방의 독특한 옷차림. ②무대 의상 또는 가장용(假裝用) 의상. ③아래위 한 벌로 된 부인복.
코스트(cost) 명 생산비
코스트다운(cost＋down) 명 제품 등의 생산 원가를 내리는 일.
코스트인플레이션(cost inflation) 명 임금이나 원자재 가격 등의 생산 비용의 상승을 기업이 상품 값에 전가함으로써 물가가 올라가는 현상.
코:시컨트(cosecant) 명 삼각 함수의 하나. 직각 삼각형의 빗변과 한 예각의 대변과의 비를 그 각에 대하여 이르는 말. 사인의 역수임. 약호는 cosec
코-안경(－眼鏡) 명 안경다리가 없이 코허리에 걸쳐 쓰게 만든 안경.
코알라(koala) 명 유대목(有袋目)에 딸린 포유동물. 몸길이 60～80cm. 머리는 곰과 비슷한 모양이며 성질이 온순하고 새끼를 배에 있는 주머니에 넣어 반 년 정도 키운 다음에 업어서 키움. 오스트레일리아 특산으로, 대체로 나무 위에서 지내며 유칼립투스의 잎만 먹고 삶.
코-앞 명 매우 가까운 곳이나 곧 닥칠 때를 비유하여 이르는 말. 코밑 ¶전철역이 －에 있다./혼인 날이 －에 다가왔다./마감 기일이 －에 닥치다.
코어시스템(core system) 명 건축 방식의 한 가지. 계단·엘리베이터·화장실 등의 공용 시설을 건물 각 층의 중앙부에 설치하고, 사무실이나 거주 구역을 그 주위에 배치하는 방식.
코어인플레이션(core inflation) 명 기초적인 물가가 장기적으로 오르는 현상. 석유 파동, 이상 기후, 제도 변화 등 예상치 못한 일시적인 외부 충격에 따른 물가 변동값을 뺀 뒤의 물가 상승을 이름.
코어커리큘럼(core curriculum) 명 학습자의 생활 문제를 해결하는 학습을 중심 과정으로 삼은 다음, 그것을 뒷받침하는 기초적인 지식이나 기술을 학습하는 과정으로 편성한 교육 과정.
코어타임(core time) 명 하루에 일정 시간을 근무하되, 근무 시간을 사원의 자율에 맡기는 제도에서, 전 사원이 공통으로 근무하게 되어 있는 시간대(時間帶).
코:오퍼러티브시스템(cooperative system) 명 직업 교육을 효과적으로 실시하기 위하여 학교의 학습과 사업체의 현장 실습을 적절히 연결시키는 교육 방법.
코-웃음 명 하찮게 여겨 비웃는 뜻으로, 콧소리로 '흥' 하며 가볍게 웃는 웃음. 비소(鼻笑) ☞콧방귀
　코웃음을 치다 관용 ①코웃음을 웃다. ②남을 하찮게 여기며 비웃다.
코인(coin) 명 경화(硬貨). 동전(銅錢)
코일(coil) 명 절연(絕緣)한 도선(導線)을 나사 모양으로 감은 것. 권선(捲線)
코-쟁이 명 코가 크다고 하여 서양 사람을 놀림조로 이르는 말.
코-주부 명 코가 큰 사람을 놀림조로 이르는 말.

> ▶ **'코주부'와 '코보'**
> 본디 방언(方言)이던 단어가 널리 쓰이고 표준어이던 단어가 안 쓰이는 것은 방언을 표준어로 삼았다.
> ¶코보(×) : 코주부(○)
> 귓머리(×) : 귀밑머리(○)
> 생안손(×) : 생인손(○)
> 빈자떡(×) : 빈대떡(○)

코즈모폴리터니즘(cosmopolitanism) 명 민족이나 국가를 초월하여 세계를 하나의 공동체로 삼고, 모든 인류가 평등한 처지에서 동포가 되는 세계를 실현하고자 하는 사상. 세계주의(世界主義)

코-쭝배기 명 '코[1]'를 속되게 이르는 말.
코-찡찡이 명 코가 막히어 버릇처럼 '찡찡' 하는 사람을 놀림조로 이르는 말. 준 찡찡이
코-청 명 두 콧구멍 사이의 얇은 막.
코:치(coach) 명 -하다 타 운동 경기의 정신과 기술 등을 지도하거나 일깨워 주는 일, 또는 그 사람. ¶축구 –
코-침 명 콧구멍에 심지 모양의 물건을 넣어 코를 간질이는 짓.
코침(을) 주다 관용 ①콧구멍에 심지 모양의 물건을 넣어 간질이다. ②남을 화나게 만들다.
코:칭스태프(coaching staff) 명 경기 단체에서, 선수들을 지도하거나 돌보는 사람들의 짜임새.
코카(coca) 명 코카나뭇과의 상록 관목. 페루·볼리비아 원산의 재배 식물로, 높이는 2~3m. 잎은 길둥근 모양에 끝이 뾰족함. 암수딴그루로 초여름에 황록색 꽃이 피며, 꽃이 진 다음에 붉은 열매를 맺음. 잎에서 코카인을 채취하여 마취제로 씀. 천축계(天竺桂)
코카인(cocaine) 명 코카 또는 같은 속(屬)의 식물의 잎에서 채취한 알칼로이드의 한 가지. 빛깔이 없고 냄새가 없는 기둥 모양의 결정으로 독성이 강함. 국소 마취제로 쓰이는데, 계속하여 쓰면 중독을 일으키므로 마약으로 지정되어 있음.
코-카타르(–catarrh) 명 비염(鼻炎). 비카타르
코코넛(coconut) 명 코코야자의 열매.
코코아(cocoa) 명 ①카카오의 씨를 볶아 껍질을 벗겨 내고, 지방분을 제거하여 빻은 가루. 초콜릿의 원료로 쓰임. ②코코아를 뜨거운 물이나 우유에 타서 만든 음료.
코코-야자(coco椰子) 명 야자과의 상록 교목. 열대 해변 등에 많이 자라는 나무로, 높이는 10~30m이고 줄기 끝에 깃꼴의 큰 겹잎이 많이 남. 암수 꽃이 많이 피고, 열매는 길둥근 핵과(核果)인데 이를 코코넛이라 함. 열매 속에는 씨앗과 액상(液狀)의 배젖이 들어 있음. 배젖을 말린 코프라로 비누나 버터를 만들며 줄기는 재목으로, 잎은 깔개나 지붕을 이는 데 쓰임.
코:크스(cokes) 명 점결성탄(粘結性炭) 따위를 고온에서 건류(乾溜)한 다공질(多孔質)의 단단한 탄소질 고체. 화력이 세어 제철이나 주물 제조에 연료로 쓰임. 골탄(骨炭). 해탄(骸炭)
코키유(coquille 프) 명 서양 요리의 한 가지. 새우 또는 닭고기 따위에 채소를 섞고 소스를 쳐서 조가비나 조가비 모양의 접시에 담아 구운 음식.
코탄젠트(cotangent) 명 삼각 함수의 하나. 직각 삼각형의 한 예각을 낀 밑변과 그 각의 대변과의 비를 그 각에 대하여 이르는 말. 탄젠트의 역수임. 약호는 cot
코-털 명 콧구멍 안에 난 털.
코:트(coat) 명 ①외투 ②양복의 겉옷.
코:트(court) 명 테니스나 농구, 배구 따위의 경기장.
코튼(cotton) 명 '코튼지'의 준말.
코튼-지(cotton紙) 명 인쇄 용지의 한 가지. 목면 섬유로 만들어서 두껍고 부드러우며 가벼움. 준 코튼(cotton)
코:팅(coating) 명 -하다 자타 물체의 겉면을 엷은 막으로 입히는 일. 합성 수지 등의 피막(被膜)으로 천이나 종이의 겉면을 방수 가공하는 따위.
코:펄(copal) 명 천연 수지의 한 가지. 주로 열대 지방의 수목에서 뽑아 냄. 니스나 인쇄 잉크의 원료로 쓰이고, 전기 절연체 등에도 쓰임.
코페르니쿠스적=전:환(Copernicus的轉換) 명 ①신 중심의 중세에서 인간 중심의 근대로 세계관이 크게 바뀐 일을 이르는 말. 코페르니쿠스가 제창한 지동설(地動說)이 계기가 된 데서 생긴 말임. ②견해나 생각이 정반대로 바뀌는 일을 두고 이르는 말.
코펠(∠Kocher 독) 명 ①냄비·식기·주전자 등이 한 벌로 된 휴대용 취사 용구. ②수술용 지혈 겸자(鉗子).
코-푸렁이 명 ①풀어 놓은 코나 묽은 풀처럼 흐늘흐늘한 것. ②줏대 없이 나약하고 흐리멍덩한 사람을 놀림조로 이르는 말.

ㅋ

코프라(copra 포) 명 코코야자 열매인 코코넛의 배젖을 말린 것. 비누·양초·마가린 따위의 원료로 쓰임.
코-피 명 콧구멍으로 나오는 피.
코:-하다 자여 '자다' 또는 '잠자다'의 어린이말. ¶아가야, 코하자.
코-허리 명 콧등의 잘록한 곳. ☞콧잔등이. 산근(山根)
코허리가 시다 관용 슬프거나 깊이 감동했을 때, 코 속이 찡하면서 금방 눈에 눈물이 어리는듯 한 느낌이 들다.
코-흘리개 명 ①콧물을 늘 흘리는 아이를 놀림조로 이르는 말. ②'어린아이'를 달리 이르는 말.
콕 부 야무지게 찌르거나 찍거나 박는 모양, 또는 그러한 느낌을 나타내는 말. ¶삶은 고구마를 젓가락으로 – 찔러 보다./머리를 – 쥐어박다. ☞쿡
콕(cock) 명 관(管) 속을 흐르는 액체나 기체의 통로를 여닫거나 흐름의 양을 조절하는 마개.
콕-콕 부 자꾸 콕 하는 모양, 또는 그러한 느낌을 나타내는 말. ¶크낙새가 부리로 나무를 – 쪼다. ☞쿡쿡
콘:(cone) 명 ①확성기의 진동판으로 쓰이는 원뿔 모양의 두꺼운 종이. ②아이스크림을 담는, 원뿔 모양의 속이 빈 과자.
콘덴서(condenser) 명 ①축전기(蓄電器) ②증기의 응축기(凝縮器). ③집광경(集光鏡)
콘도르(condor 에) 명 ①콘도르과의 새를 통틀어 이르는 말. ②콘도르과의 새. 편 날개 길이는 3m, 몸무게 10kg 안팎. 몸과 다리는 검은빛이고, 날개에는 흰 줄이 있으며, 머리와 목에는 털이 없음. 주로 죽은 짐승의 고기를 먹고 삶. 남아메리카의 안데스 산맥 등지에 분포함. 국제 보호조임.
콘도미니엄(condominium) 명 객실 단위로 분양하는 형식의 공동 주택. 구입한 사람은 자기가 이용하지 않는 동안은 관리 회사에 객실의 관리·운영을 맡기고 임대료로서 수입의 일부를 받음.
콘돔(condom) 명 성교할 때, 피임이나 성병 예방을 위해 음경에 씌우는, 얇은 고무 따위로 만든 자루 모양의 물건.
콘브리오(con brio 이) 명 악보의 빠르기말의 한 가지. 다른 말에 덧붙어 '생기 있게', '쾌활하게'의 뜻. 알레그로 콘브리오(allegro con brio : 빠르고 생기 있게) 따위.
콘사이스(concise) 명 휴대용 사전. 소형 사전.
콘서:트(concert) 명 음악회 또는 연주회. ☞리사이틀
콘서:트마스터(concertmaster) 명 관현악단의 제일 바이올린의 수석(首席) 연주자. 바이올린의 독주부를 맡으며, 단원의 대표로서 악단 전체의 지도적 구실을 함.
콘서:트홀:(concert hall) 명 음악당(音樂堂)
콘센트(∠concentric plug) 명 전기 배선 기구의 한 가지. 전기 기구의 코드를 배선에 접속시키기 위해 벽 등에 고정해 놓고 플러그를 끼움.
콘솔:(console) 명 ①라디오나 텔레비전 수상기, 전자 제품 등을 올려 놓거나 넣어 두는, 장식을 겸한 상자. ②항공 관제탑이나 공장의 자동화 종합 통제실, 기관의 종합 상황실 따위에서, 갖가지 컴퓨터 조작 단추와 계기들을 모아 배열해 놓은 제어 탁자. ③컴퓨터시스템의 관리자가 시스템의 상태를 알아보거나 각종 업무를 처리하기 위해 사용하는, 특수한 기능의 단말 장치.
콘:스타:치(cornstarch) 명 옥수수의 녹말.
콘체르토(concerto 이) 명 협주곡(協奏曲)
콘체른(Konzern 독) 명 생산·유통·금융 따위의 다양한 업종의 기업들이 법적으로는 독립되어 있으면서 특정 금융 기관이나 기업을 중심으로 긴밀하게 관련되어 있는 기업 결합 형태. 재벌(財閥) ☞트러스트
콘크리:트(concrete) 명 건축 용재의 한 가지. 시멘트에 모래와 자갈 따위의 골재(骨材)와 물을 알맞은 비율로 섞어 이긴 것, 또는 그것을 굳힌 것.
콘크리:트믹서(concrete mixer) 명 시멘트·모래·자갈 따위와 물을 동력으로 회전시키는 통에 넣고 골고루 잘 이기어 질이 고른 콘크리트를 만들어 내는 기계. ☞트럭믹서(truck mixer)
콘크리:트믹서-차(concrete mixer車) 명 트럭믹서
콘크리:트=포장(concrete鋪裝) 명 콘크리트로 도로의 겉

면을 굳히는 일, 또는 그 포장. ☞아스팔트 포장
콘택트(contact)명 '콘택트렌즈(contact lens)'의 준말.
콘택트렌즈(contact lens)명 안경 대신에 눈의 각막의 겉면에 붙여 시력을 교정하는 렌즈. 투명한 수지로 만듦. 접촉 렌즈 준콘택트(contact)
콘테스트(contest)명 작품이나 용모, 기능 등의 나음과 못함을 겨루는 일, 또는 그런 대회. ¶야생화 사진 ―/미인 ―/애완견 ―
콘텐츠(contents)명 ①서적이나 논문의 내용, 또는 목차. ②여러 가지 유선이나 무선 통신망으로 제공되는 모든 디지털 정보, 또는 시디롬 따위에 담겨 있는 모든 내용을 이르는 말.
콘트라바소(contrabasso 이)명 콘트라베이스
콘트라베이스(contrabass)명 현악기의 한 가지. 바이올린류에서 가장 음이 낮은 악기. 줄은 네 가닥이며 활로 켜서 소리를 냄. 음색은 중후하고 웅대하며 여운이 넉넉함. 더블베이스. 콘트라바소 준베이스(bass)
콘트라스트(contrast)명 ①대조(對照) 또는 대비(對比). ②텔레비전·사진·회화 등의 화상(畫像)에서 명암의 차나 색채의 대비.
콘트라파곳(Kontrafagott 독)명 목관 악기의 한 가지. 길이 약 5.9m로 파곳류 가운데서 가장 크며, 낮은 음역(音域)을 맡음. 더블바순(double bassoon)
콘트라프로펠러(contra-propeller)명 하나의 축(軸) 위에 서로 회전 방향이 반대인 한 쌍의 프로펠러를 조합한 프로펠러.
콘트랄토(contralto 이)명 ①여성(女聲)의 가장 낮은 음역(音域). 알토(alto) ②대형 비올라.
콘티(∠continuity)명 '콘티뉴이티'의 준말.
콘티뉴이티(continuity)명 영화나 텔레비전드라마 등에서 촬영을 할 때, 각본을 바탕으로 하여 화면 구성, 인물의 동작, 카메라의 위치 등 연출상의 지정을 적은 것. 슈팅스크립트(shooting script). 촬영 대본 준콘티
콘:플레이크(cornflakes)명 잘게 부순 옥수수를 쪄서 소금이나 설탕 등으로 맛을 낸 다음, 납작하게 가공하여 말린 식품. 주로 우유에 타서 먹음.
콜(call)명 금융 기관이나 증권 회사 사이에서 이루어지는 단기(短期) 대출과 차입을 이르는 말.
콜:걸:(call girl)명 전화로 호출하는 이에게 응하여 매춘 행위를 하는 여자.
콜-금리(call金利)명 콜 자금 중에서 대출 기한이 1일인 것에 붙는 금리. 환율처럼 수시로 변하며 시중의 자금 사정을 반영하고 다른 금리들의 변동을 예측하는 지표 구실을 함.
콜:드게임(called game)명 야구 경기에서, 경기가 5회 이상 진행된 뒤, 해가 지거나 비가 많이 내리거나 할 때, 또는 점수 차가 크게 났을 때, 심판이 그 회까지의 득점으로 승패를 가리어 경기를 끝냄을 선언하는 경기.
콜:드체인(cold chain)명 생선 따위의 식료품을 냉동이나 냉장으로 저온을 유지하면서 생산자로부터 소비자에게로 유통하는 기구.
콜:드크림:(cold cream)명 얼굴을 닦거나 기초 화장, 마사지 등을 하는 데 쓰이는 유성(油性) 크림. 살갗에 닿을 때 찬 느낌이 나는 데서 붙여진 이름임.
콜라(cola)명 ①벽오동과의 상록 교목. 열대 아프리카 원산의 재배 식물임. 잎은 길둥글며 꽃은 황색임. 담홍색 열매는 길둥근데, 속에 4~10개의 씨가 들어 있고 씨에는 콜라 음료의 원료로 쓰이는 카페인과 콜라닌이 들어 있음. ②콜라의 열매를 원료로 한 탄산 청량 음료를 통틀어 이르는 말.
콜라겐(collagen)명 동물의 결합 조직의 주성분으로, 뼈·힘줄·살갗 등에 많이 들어 있는 경단백질(硬蛋白質). 교원질(膠原質)
콜라:주(collage 프)명 현대 회화(繪畫)의 한 기법. 사진이나 인쇄물, 또는 천·철사 따위를 붙여 화면(畫面)을 구성함으로써 특수한 효과를 나타냄.
콜랑부 ①작은 병 따위에 다 차지 않은 갈쭉한 액체가 세차게 흔들릴 때 나는 소리를 나타내는 말. ②갈쭉한 액체가 가는 관으로 한 번에 세차게 흘러 나오는 소리를 나타내는 말. ☞꼴랑. 쿨렁
콜랑-거리다(대다)자 자꾸 콜랑 소리가 나다. 콜랑이다 ☞꼴랑거리다. 쿨렁거리다
콜랑-이다자 콜랑거리다 ☞꼴랑이다. 쿨렁이다
콜랑-콜랑[1]부 콜랑거리는 소리를 나타내는 말. ☞꼴랑꼴랑[1]. 쿨렁쿨렁[1]
콜랑-콜랑[2]부-하다형 착 달라붙지 아니하고 여기저기가 매우 들떠 있는 모양을 나타내는 말. ☞꼴랑꼴랑[2]. 쿨렁쿨렁[2]
콜랑-하다형여 착 달라붙지 아니하고 매우 들떠 있다. ☞꼴랑하다. 쿨렁하다
콜레라(cholera)명 제1종 법정 전염병의 한 가지. 입을 통하여 감염되는 콜레라균으로 말미암아 일어나는 소화기 계통의 급성 전염병. 열이 몹시 나며, 구토와 설사로 탈수 증세가 나타나고, 근육 경련 등을 일으킴. 쥐통. 호역(虎疫). 호열자(虎列刺)
콜레라-균(cholera菌)명 콜레라의 병원균(病原菌).
콜레스테롤(cholesterol)명 동물의 신경 조직이나 부신(副腎)에 많이 분포하는 지방과 비슷한 물질. 세포막(細胞膜)의 구성 성분으로 주로 간장(肝臟)에서 생합성(生合成)됨. 동맥의 벽에 많이 끼면 동맥 경화증이나 고혈압 등의 원인이 됨.
콜레스테롤=혈증(cholesterol血症)[―쯩]명 혈액 속에 콜레스테롤의 양이 비정상적으로 늘어난 상태를 이르는 말. 동맥 경화증이나 심장 장애의 원인이 됨.
콜:레이트(call rate)명 콜 이율
콜로니(colony)명 ①식민지(植民地) ②일정 지역에 사는 거류민(居留民), 또는 그 거류지. ③장기간 치료를 해야 하는 심신 장애자가 집단 생활을 하면서 치료하고 훈련 등을 받는 사회 복지 시설. ④어느 한 지역을 일정 기간 차지하는 동일종 또는 여러 종으로 된 생물의 집단. 동물의 경우에 벌이나 개미, 그 밖에 어류·조류·포유류 등에서 볼 수 있음.
콜로이드(colloid)명 물질의 미세한 입자가 기체·액체·고체 속에 흩어져 있는 상태. 연기, 달걀의 흰자위, 우유 따위. 교질(膠質)
콜로이드=용액(colloid溶液)명 콜로이드 입자가 분산해 있는 액체. 비눗물·우유·먹물 따위. 졸(Sol)
콜로이드=화:학(colloid化學)명 콜로이드 상태에 있는 물질의 물리적·화학적 성질을 연구하는 물리 화학의 한 분야. 교질 화학(膠質化學)
콜로타이프(collotype)명 평판 인쇄의 한 가지. 젤라틴을 바른 유리판을 판면으로 쓰는 제판 인쇄로서, 사진 또는 명화(名畫)의 정교한 복제에 알맞음.
콜록부 가슴의 좀 깊은 곳에서 나오는 작은 기침 소리를 나타내는 말. ☞칼락. 쿨룩
콜록-거리다(대다)자 자꾸 콜록 소리를 내다. ☞칼락거리다. 쿨룩거리다
콜록-쟁이명 오랜 기침병으로 자꾸 콜록거리는 사람을 놀리어 이르는 말.
콜록-콜록부 콜록거리는 소리를 나타내는 말. ☞칼락칼락. 쿨룩쿨룩
콜:론:(call loan)명 콜 자금을 꾸어 주는 편에서 이르는 말. ☞콜머니(call money)
콜론(colon)명 쌍점(雙點)
콜롬보(colombo)명 새모래덩굴과의 여러해살이 덩굴풀. 동아프리카 원산의 재배 식물로, 잎은 손바닥 모양으로 갈라져 있고 작은 담녹색의 꽃이 핌. 뿌리는 설사약의 원료로 쓰임.
콜리(collie)명 개의 한 품종. 스코틀랜드 원산으로 어깨 높이는 60cm 안팎. 얼굴이 길고 귀는 곧게 서 있음. 대표적인 목양견(牧羊犬)인데, 애완용으로도 기름.
콜:머니(call money)명 콜 자금을 꾸는 편에서 이르는 말. ☞콜론(call loan)
콜:사인(call sign)명 방송국이나 무선국(無線局)에서 사

용하는 전파 호출 부호. 알파벳 또는 알파벳과 숫자의 조합으로 나타냄. HLKA 따위. 호출 부호

콜:=시:장(call市場)명 금융 기관 상호간의 단기 자금이 거래되는 시장. ☞단자 시장(短資市場)

콜:=이:율(call利率)명 단자 시장에서 거래되는 단기 자금의 금리(金利). 콜레이트(call rate)

콜:=자:금(call資金)명 단자 회사를 매개로 하여 금융 기관 상호간에 짧은 기간 융통되는 거액의 자금.

콜콜[1] 부 액체가 작은 구멍으로 잇달아 세차게 쏟아지는 소리를 나타내는 말. ☞쿨쿨[1]

콜:콜[2] 부 어린아이가 곤히 자면서 작게 코를 고는 소리, 또는 그 모양을 나타내는 말. ☞쿨쿨[2]

콜:타르(coal tar)명 석탄을 높은 온도로 건류(乾溜)할 때 생기는 끈끈한 검은 액체. 목재나 철재의 부식을 막는 데 쓰임. 석탄 타르. 타마유

콜:택시(call taxi)명 전화로 불러서 이용하는 택시.

콜트(Colt)명 회전식 육 연발 권총. 상표명임.

콜히친(colchicine)명 알칼로이드의 한 가지. 담황색의 바늘 모양의 결정으로, 백합과의 콜키쿰(colchicum)의 씨나 땅속줄기에 들어 있음. 관절염의 치료약이며 식물의 품종 개량 등에 쓰임.

콤마(comma)명 반점(半點)

콤바인(combine)명 벼나 보리 따위를 거두어들이면서 동시에 탈곡과 선별 작업을 하는 농업 기계.

콤바인드레이스(combined race)명 스키의 복합 경기. 거리 경주와 점프의 두 경기의 득점을 합하여 승패를 겨루는 경기.

콤비(∠combination)명 ①무슨 일을 할 때의 단짝. ② '콤비네이션(combination)'의 준말.

콤비나:트(kombinat 러)명 생산 공정에 밀접하게 관련이 있는 공장이나 기업을 일정 지역에다 계획적으로 집결시켜 생산의 효율화를 꾀하는 기업 집단.

콤비네이션(combination)명 ①결합 또는 배합. ¶빛깔의 ―이 좋다. ②아래위가 달린 부인이나 어린이용의 속옷. ③빛깔이 다른 두 가지 가죽을 이어 붙여 지은 구두. ④위아래가 다른 천으로 된 양복 한 벌, 또는 그 윗옷. 준콤비

콤팩트(compact)명 분이나 분첩, 입술 연지 따위가 들어 있는, 거울이 달린 휴대용 화장 도구.

콤팩트디스크(compact disk)명 영상이나 음성 신호를 디지털 신호로 바꾸어 기록해 놓은, 보통의 레코드보다 작은 플라스틱 원반. 저장된 자료는 레이저 광선을 이용하여 재생함. 시디(CD)

콤퍼지션(composition)명 ①사진이나 회화(繪畫) 등의 구도. ②작곡(作曲)

콤플렉스(complex)명 ①억압된 의식 아래 잠재한 강박 관념. ②열등감 ③합성물

콧-구멍명 코의 두 구멍. 비공(鼻孔). 비문(鼻門)

콧구멍만 하다관용 구멍이나 공간이 매우 좁음을 비유하여 이르는 말.

속담 **콧구멍 둘 마련하기가 다행이라**: ①너무 심한 경우를 당하여 기가 막힌다는 뜻으로 이르는 말. ②매우 답답하다는 뜻으로 이르는 말.

콧-김명 콧구멍에서 나오는 더운 김.

콧김이 세다관용 남에게 끼치는 영향력이 크다.

콧-날명 콧마루의 날을 이룬 부분. ¶콧날이 오똑하다.

콧-노래명 기분이 좋거나 할 때, 콧소리로 나직이 가락만으로 노래부르는 일, 또는 그 노래. ¶들길을 걸으면서 ―를 부르다.

콧-대명 콧등의 우뚝한 줄기.

콧대(가) 높다관용 '코가 높다'의 힘줌말. ☞코[1]

콧대(가) 세다관용 '코가 세다'의 힘줌말. ☞코[1]

콧대를 꺾다관용 젠체하는 상대편의 기를 꺾다.

콧대를 세우다관용 우쭐해서 거만하게 행동하다.

콧-등명 코의 등성이. 비척(鼻脊)

콧-마루명 콧등의 마루 부분. 비량(鼻梁)

콧-물명 코 안의 점막에서 분비되는 액체. 비수(鼻水). 비액(鼻液). 비체(鼻涕)

콧-방귀명 코로 '흥' 하고 내는 소리를 이르는 말.

콧방귀(를) 뀌다관용 남의 말을 같잖게 여기어 콧방귀 소리를 내다. ¶아무리 좋은 말로 타일러도 콧방귀를 뀌고 듣지 않는다.

콧-방울명 코끝 양쪽으로 방울처럼 내민 둔덕. 비익(鼻翼)

×**콧-배기**명 →코빼기

콧-벽쟁이명 ①콧구멍이 보기에도 답답할 만큼 매우 좁은 사람을 놀리어 이르는 말. ②답답할 만큼 매우 좁은 공간을 비유하여 이르는 말. ¶―만 한 집에서 자취 생활을 한다.

콧-병(―病)명 코에 생긴 병을 두루 이르는 말.

속담 **콧병 든 병아리 같다**: 꼬박꼬박 졸고 있는 모습을 보고 이르는 말.

콧-살명 ①코의 살. ②코를 찡그릴 때 생기는 주름.

콧-소리명 ①콧구멍으로 내는 소리. ②코가 멘 상태로 내는 소리. 비성(鼻聲) ③〈어〉비음(鼻音)

콧-수염(―鬚髥)명 코 아래에 난 수염. 코밑수염

콧-숨명 코로 쉬는 숨. 비식(鼻息)

콧-잔등명 '콧잔등이'의 준말.

콧-잔등이명 '코허리'를 낮추어 이르는 말. 준콧잔등

콩[1] 명 ①콩과의 한해살이풀. 세계 각지에서 재배하는 작물임. 여름에 잎겨드랑이에 희거나 불그레한 나비 모양의 꽃이 피고, 가는 털이 있는 꼬투리를 맺음. 씨는 단백질과 지방이 많아 된장·두부·기름 따위의 재료로 쓰임. ②콩의 씨. 대두(大豆)

콩 볶듯 하다관용 ①성깔이 급하여 진득이 있지 못하다. ②총소리가 잇달아 요란하게 울리다.

콩 튀듯 하다관용 몹시 화가 나서 펄펄 뛰다.

콩 튀듯 팥 튀듯 하다관용 몹시 흥분하여 팔팔 뛰듯 하는 행동을 하다.

속담 **콩도 닷 말, 팥도 닷 말**: ①골고루 공평하게 나누어 준다는 말. ②여기나 저기나 마찬가지라는 말./**콩 반쪽이라도 남의 것이라면 손 내민다**: 남의 것은 무엇이나 탐내고 가지고 싶어함을 이르는 말./**콩 볶아 먹다가 가마솥 깨뜨린다**: 대수롭지 않은 일을 장난 삼아 하다가 그만 큰일을 저지르고 만다는 말./**콩 심은 데 콩 나고 팥 심은 데 팥 난다**: 모든 일은 원인에 따라 결과가 생긴다는 말./**콩으로 메주를 쑨다 해도 곧이듣지 않는다**: ①남의 말을 그대로 믿지 않는다는 말. ②평소에 거짓말을 잘하는 사람의 말은 믿기가 어렵다는 말./**콩을 팥이라 해도 곧이듣는다**: 남의 말을 무엇이나 말하는 대로 곧이듣는다는 말./**콩이야 팥이야 한다**: 하찮은 것을 가지고 이러니저러니 따지면서 다투는 경우를 두고 이르는 말./**콩 켜 팥 켜**: 무슨 일을 하는 데 순서가 뒤죽박죽이라는 말.

한자 **콩 두**(豆) 〔豆部〕 ¶대두(大豆)/두류(豆類)/두박(豆粕)/두부(豆腐)/두유(豆乳)

콩[2] 부 목직한 물체가 단단한 물건에 부딪히거나 떨어질 때 울리어 나는 소리를 나타내는 말. ☞쿵[1]

콩가(conga 에)명 ①아프리카에서 비롯되어 쿠바에서 발달한 타악기의 한 가지. 굵다란 나무줄기를 우벼 파서 통 모양으로 만들어 한쪽에 가죽을 붙여 만든 북. 손이나 막대기로 두드려 소리를 냄. ②쿠바에서, 축제 때 행진하면서 추는 춤, 또는 그 춤곡을 이르는 말.

콩-가루[―까―]명 콩을 빻아서 만든 가루. 두황

콩가루가 되다관용 ①어떤 물건이 산산조각으로 부서지다. ②집안이나 조직 따위가 망하다.

콩-강정명 ①볶은 콩을 조청으로 버무려 만든 강정. ②콩가루를 묻힌 강정.

콩고레드(Congo red)명 붉은빛 계통의 직접 염료. 검붉은 가루인데 물이나 알코올에 녹음. 무명을 선홍색으로 물들이는 데에나 지시약 등으로 쓰임.

콩-고물[―꼬―]명 콩가루로 만든 고물.

콩-국[―꾹]명 물에 불린 흰콩을 살짝 삶아서 맷돌 따위에 곱게 갈아 체로 밭아 물을 타서 만든 국물. 여름철에 차게 해서 국수 따위를 말아 먹음.

콩-국수 명 차가운 콩국에 밀국수를 말아 소금으로 간을 한 여름철 음식.
콩-기[-끼] 명 ①말이 콩을 많이 먹어서 세차게 된 기운. ②사람이 재빠르고 세참을 비유하여 이르는 말.
콩-기름 명 콩에서 짠 기름. 대두유(大豆油). 두유(豆油). 태유(太油)
콩-깍지 명 콩을 떨어내고 남은 껍질.
콩-깻묵 명 콩에서 기름을 짜고 남은 찌꺼기. 거름이나 사료로 쓰임. 대두박(大豆粕). 두박(豆粕)
콩-꺾기[-꺽-] 명 씨름의 손기술의 한 가지. 왼손과 오른손으로 상대편의 한쪽 다리의 오금을 동시에 끌어당겨 넘어뜨리는 공격 재간. ☞오금당기기
콩-꼬투리 명 콩과 식물의 열매. 콩을 싸고 있는 껍질.
콩-나물 명 콩을 시루 따위의 그릇에 담아 그늘에 두고 물을 주어서 싹을 틔워 기른 나물, 또는 그것을 삶아 무친 반찬. 두아(豆芽)
　콩나물 시루 같다 관용 사람이나 물건 등이 빽빽히 들어차 있다. ¶전철 안이 ―.
콩나물-국[-꾹] 명 콩나물을 소금 간만으로 끓인 맑은 장국. 콩나물맑은장국
콩나물국-밥[-꾹-] 명 콩나물국에 밥을 말아 만든 음식. 뚝배기에 콩나물국을 담고 끓을 때 밥을 말아 다시 끓여 양념장을 곁들임.
콩나물-맑은장국[-꾹] 명 ①잘게 썰어 양념한 쇠고기와 콩나물을 함께 넣고 끓인 맑은장국. ②콩나물국
콩나물-밥 명 쌀 위에 콩나물을 격지격지 두어서 지은 밥. 양념장으로 비벼 먹음.
콩나물-죽(-粥) 명 콩나물맑은장국에 쌀을 넣고 쑨 죽. 콩나물과 고기 썬 것을 양념하여 솥 밑에 깔고 위에 불린 쌀을 얹어 물을 붓고 쑴.
콩-노굿 명 콩의 꽃.
　콩노굿이 일다 관용 콩의 꽃이 피다.
콩-다식(-茶食) 명 다식의 한 가지. 콩가루를 꿀이나 조청을 넣고 반죽하여 다식판에 박아 냄.
콩다콩 부 작고 단단한 물건으로 딱딱한 바닥을 거듭 내리찧을 때 나는 소리를 나타내는 말. '콩닥'과 '콩'이 합쳐진 말로 율동감을 표현함. ¶모녀가 정답게 ― 절구를 찧다. ☞쿵더쿵
콩다콩-콩다콩 부 잇달아 콩다콩 하는 소리를 나타내는 말. ☞쿵더쿵쿵더쿵
콩닥 부 작고 단단한 물건으로 딱딱한 바닥을 내리 찧을 때 나는 소리를 나타내는 말. ¶절구에 마늘을 넣고 공이로 ― 찧다. ☞쿵덕
콩닥-거리다(대다)[1] 자타 자꾸 콩닥 소리가 나다, 또는 그런 소리를 내다. ☞쿵덕거리다[1]
콩닥-거리다(대다)[2] 자 가슴이 콩닥콩닥 뛰다. ☞쿵덕거리다[2]
콩닥-콩닥[1] 부 작고 단단한 물건으로 딱딱한 바닥을 자꾸 내리 찧을 때 나는 소리를 나타내는 말. ☞쿵덕쿵덕[1]
콩닥-콩닥[2] 부 여린 마음에 불안하거나 하여 가슴이 빠르게 뛰는 모양을 나타내는 말. ¶가슴이 ― 뛰다. ☞쿵덕쿵덕[2]
콩-대[-때] 명 콩을 떨어낸 대.
콩-대우 명 이른봄에 보리·밀·조 따위를 심은 밭이랑 사이사이에 콩을 심는 일, 또는 그 콩.
콩-댐 명-하다 타 물에 불린 콩을 갈아 들기름 따위를 섞어 자루에 넣어서 장판을 문지르는 일. 장판이 윤이 나며 오래 감.
콩-두(-豆) 명 한자 부수(部首)의 한 가지. '豈'·'豊' 등에서 '豆'의 이름.
콩-떡 명 쌀가루에 콩을 섞어 찐 떡.
콩-마당 명 콩꼬투리 속의 콩을 떨려고 널어 놓은 마당.
콩마당-질 명-하다 자 콩꼬투리 속에 든 콩을 떨어내는 일.
콩-멍석 명 콩을 널어 놓은 멍석.
콩-몽둥이 명 둥글게 비비어서 길쭉하게 만든 콩엿을 이르는 말.
콩-무리 명 '콩버무리'의 준말.
콩-밥 명 ①쌀에 불린 콩을 두어 지은 밥. ②지난날, 죄수에게 콩을 많이 넣어 지은 밥을 먹인 데서 죄수의 끼니 밥을 흔히 이르는 말.
　콩밥(을) 먹다 관용 '감옥살이를 하다'를 속되게 이르는 말.
　콩밥(을) 먹이다 관용 '감옥살이를 하게 교도소로 보내다'를 속되게 이르는 말.
콩-밭 명 콩을 심은 밭.
　속담 **콩밭에 가서 두부 찾는다** : 몹시 성급하게 행동함을 이르는 말. 〔싸전에 가서 밥 달라 한다/우물에 가서 숭늉을 찾는다〕
콩-배나무 명 장미과의 낙엽 활엽 관목. 산이나 들에 절로 자라며 높이는 3m 안팎. 가지에 가시가 있고, 잎은 둥글거나 달걀꼴인데 끝이 뾰족하고 가장자리에 잔 톱니가 있음. 4~5월에 흰 꽃이 피며, 둥근 열매는 가을에 까맣게 익는데 먹을 수 있음. 돌배나무
콩-버무리 명 멥쌀가루에 콩을 두어 켜를 짓지 않고 시루에 찐 떡. 준콩무리
콩-버섯 명 콩버섯과의 버섯을 통틀어 이르는 말. 자실체는 크기와 빛깔은 다양하나 모양은 콩알처럼 생김. 여름과 가을에 활엽수의 고목이나 그루터기에 군생(群生)하며, 전세계에 널리 분포함.
콩-볶기[-복-] 명 음력 2월 초하룻날에 콩을 볶아 먹는 일. 이 날 콩을 볶아 먹으면 집 안의 노래기가 없어진다고 함.
콩-볶은이 명 볶은 콩.
콩-비지 명 되비지
콩비지-찌개 명 되비지
콩-새 명 되샛과의 겨울 철새. 몸길이 18cm 안팎. 몸빛은 연한 갈색이며, 목과 부리 끝이 굵음. 날카로운 금속성 소리를 내며 욺. 시베리아 동부에서 날아와 겨울을 남.
콩-설기 명 멥쌀가루에 물에 불린 검은콩이나 청대콩을 섞어서 켜 없이 시루에 찐 떡.
콩-소 명 익힌 햇콩이나 볶은 콩을 빻아서 쓰는 소.
콩소메(consommé 프) 명 두 가지 이상의 고기를 삶은 물을 헝겊 등으로 거른 맑은 수프.
콩-알 명 ①콩의 낟알. ②매우 작음을 비유하여 이르는 말. ¶―만 하던 열매가 주먹만 하게 자랐다. ③'총알'의 곁말.
콩-엿[-녓] 명 볶은 콩을 섞어 만든 엿.
콩-윷[-늋] 명 콩 두 알을 절반씩 쪼개어 노는 윷.
콩-잎[-닙] 명 콩의 잎.
콩잎-김치[-닙-] 명 단풍 든 콩잎을 항아리에 담아 물을 붓고 삭힌 뒤 양념한 멸치 젓국에 적셔 항아리에 담아 돌로 눌러서 익힌 반찬.
콩-자:반(-*佐飯) 명 콩을 삶다가 간장·참기름·물엿·깨를 넣고 조린 반찬.
콩-장(-醬) 명 볶은 콩에 간장·참기름·깨소금·고춧가루 및 다진 파 따위를 넣어서 버무린 반찬.
콩-죽(-粥) 명 불린 흰콩을 찧거나 갈아서 멥쌀과 함께 쑨 죽. 두죽(豆粥)
콩-짜개 명 두 쪽으로 갈라진 콩의 한쪽.
콩-찰떡 명 찹쌀가루에 불린 검은콩으로 켜를 지어 찐 떡.
콩케-팥케[-팓-] 명 뒤섞이어 뒤죽박죽으로 된 사물을 이르는 말.
콩-콩 부 목직한 물체가 단단한 물건에 잇달아 부딪히거나 떨어질 때 울리어 나는 소리를 나타내는 말. ☞쿵쿵
콩콩-거리다(대다) 자타 자꾸 콩콩 소리를 내다. ☞쿵쿵거리다
콩쿠:르(concours 프) 명 작품이나 기예(技藝) 등의 우열을 겨루는 대회.
콩-탕(-湯) 명 고운 날콩가루를 찬물에 풀어서 솥에 붓고 순두부처럼 엉길 때까지 끓이다가 진잎을 잘게 썰어 넣고 다시 끓여 양념한 국.
콩테(conté 프) 명 사생·데생용 크레용의 한 가지. 연필보다 부드럽고 빛깔의 농담(濃淡)을 나타내기 쉬움.
콩트(conte 프) 명 ①인생의 한 단면을 예리하고 재치 있게 표현한, 단편 소설보다도 짧은 소설. 장편 소설(掌篇

小說) ②익살·풍자·기지가 넘치는 촌극(寸劇)을 흔히 이르는 말.

콩팔-칠팔 부 종잡을 수 없는 말로 이러쿵저러쿵 지껄이는 모양을 나타내는 말. ¶ - 늘어놓다.

콩-팥[1] 명 콩과 팥을 아울러 이르는 말.

콩팥[2] 명 신장(腎臟)

한자 **콩팥 신**(腎) 〔肉部 8획〕 ¶부신(副腎)/신경(腎經)/신우(腎盂)/신장(腎臟)/신허(腎虛)

콩-풀 명 종이나 헝겊 따위를 풀칠하여 붙일 때, 공기가 들어가서 콩알 모양으로 사이가 뜬 자리를 이르는 말.

콰르르 부 많은 양의 액체가 세차게 쏟아지는 소리, 또는 그 모양을 나타내는 말. ☞꽈르르

콰르릉 부 ①폭발물 따위가 터질 때 매우 요란하게 울리어 나는 소리를 나타내는 말. ②벼락이 칠 때 매우 요란하게 울리어 나는 소리를 나타내는 말. ☞꽈르릉

콰르릉-거리다(대다) 자 ①폭발물 따위가 터지는 소리가 매우 요란하게 자꾸 울리어 나다. ②벼락치는 소리가 매우 요란하게 자꾸 울리어 나다. ☞꽈르릉거리다

콰르릉-콰르릉 부 콰르릉거리는 소리를 나타내는 말. ☞꽈르릉꽈르릉

콰이어(choir) 명 교회의 성가대, 또는 성가대 자리.

콱 부 ①힘껏 박거나 찌르거나 부딪치는 모양을 나타내는 말. ¶팔꿈치로 - 지르다. ②뜨거운 기운이나 냄새 따위가 갑자기 세게 끼치는 모양, 또는 그것으로 말미암아 갑자기 숨이 막히는듯 한 느낌을 나타내는 말. ¶악취가 - 코를 찌르다./열기에 숨이 - 막히는듯 했다. ③단단히 막거나 막히는 모양을 나타내는 말. ¶하수관이 - 막히다.

콸콸 부 많은 양의 액체가 좁은 구멍으로 급하고 세차게 쏟아져 흐르는 소리, 또는 그 모양을 나타내는 말. ☞꽐꽐. 퀄퀄

쾅 부 ①목직한 물체가 단단한 물건에 매우 세게 부딪히거나 떨어질 때 요란하게 울리어 나는 소리를 나타내는 말. ②폭발물 따위가 터질 때 요란하게 나는 소리를 나타내는 말. ☞꽝[2]. 쿵

쾅-쾅 부 잇달아 쾅 하는 소리를 나타내는 말. ¶대포 소리가 - 들려 오다. ☞꽝꽝. 쿵쿵

쾌 의 ①북어 스무 마리를 한 단위로 세는 말. ②지난날, 엽전 열 꾸러미, 곧 열 냥을 한 단위로 세던 말. 관(貫)[3]

쾌(夬) 명 '쾌괘(夬卦)'의 준말.

쾌(快) 명 '쾌감(快感)'의 준말.

쾌감(快感) 명 상쾌하고 좋은 느낌. 준 쾌(快)

쾌거(快擧) 명 통쾌하고 장한 일. ¶올림픽에서 마라톤 우승의 -를 이룩하다.

쾌과(快果) 명 시원한 과일이란 뜻으로, '배[2]'를 달리 이르는 말.

쾌-괘(夬卦) 명 육십사괘(六十四卦)의 하나. 태괘(兌卦) 아래 건괘(乾卦)가 놓인 괘로 못이 하늘 위에 있음을 상징함. 준 쾌(夬) ☞구괘(姤卦)

쾌기(快氣) 명 유쾌하고 상쾌한 기분.

쾌남(快男) 명 '쾌남아(快男兒)'의 준말.

쾌-남아(快男兒) 명 시원스럽고 쾌활한 사나이. 쾌남자(快男子) 준 쾌남 ☞쾌한(快漢)

쾌-남자(快男子) 명 쾌남아(快男兒)

쾌담(快談) 명 -하다 타 서로 거리낌없이 즐겁게 이야기를 나눔, 또는 그 이야기.

쾌도(快刀) 명 잘 드는 칼.

쾌도난:마(快刀亂麻) 성구 잘 드는 칼로 마구 헝클어진 삼 가닥을 삼박 자른다는 뜻으로, 어지럽게 뒤얽힌 일을 단번에 시원스럽게 처리함을 비유하여 이르는 말.

쾌락(快樂) 명 ① -하다 형 유쾌하고 즐거움, 또는 그런 느낌. ②관능적 욕망을 만족시키는 즐거움. ¶-에 탐닉하다./-을 추구하다.

쾌락(快^諾) 명 -하다 타 쾌히 승낙함, 또는 그러한 승낙.

쾌락-설(快樂說) 명 인생의 목적은 쾌락을 추구하여 고통을 피하는 데 있으며, 도덕은 그것을 실현하기 위한 수단이라는 설. 쾌락주의

쾌락-주의(快樂主義) 명 쾌락설 ☞금욕주의(禁慾主義)

쾌로(快路) 명 가는 곳마다 즐거운 일이 생기는 유쾌한 여행 길.

쾌론(快論) 명 -하다 타 서로 거리낌없이 시원스레 논의함, 또는 그런 논의.

쾌마(快馬) 명 시원스럽게 빨리 달리는 말.

쾌면(快眠) 명 -하다 자 기분 좋게 잘 잠, 또는 그런 단잠.

쾌몽(快夢) 명 유쾌한 꿈.

쾌문(快聞) 명 유쾌한 소문.

쾌미(快味) 명 ①상쾌한 맛. ②유쾌한 느낌.

쾌미(快美) 어기 '쾌미(快美)하다'의 어기(語基).

쾌미-하다(快美-) 형여 시원스럽고 아름답다.

쾌변(快辯) 명 거침없이 시원스럽게 잘 하는 말.

쾌보(快報) 명 뜻밖에 듣게 되는, 매우 기쁘고 가슴 시원한 소식. ¶정상 정복의 -를 전하다.

쾌복(快復) 명 -하다 자 병이 나아서 건강이 회복됨. ¶-하여 퇴원하다. 유 쾌유(快癒)

쾌분(快奔) 명 -하다 자 빨리 달아남.

쾌사(快事) 명 매우 마음이 후련하고 기쁜 일. ¶근래에 드문 -이다.

쾌삭-강(快削鋼) 명 강철(鋼鐵)에 황·망간·납 따위를 소량 섞어 만든 특수한 강재(鋼材). 잘 깎이므로 나사 등을 만드는 데 쓰임.

쾌-상(-床) 명 문방구를 넣어 두는 작은 세간의 한 가지. 네모반듯한 모양에 위 뚜껑은 좌우 두 짝으로 되어 있고 서랍이 하나임.

쾌설(快雪) 명 -하다 타 욕되고 부끄러운 일을 시원스럽게 씻어 버림. 유 설욕(雪辱)

쾌소(快笑) 명 -하다 자 유쾌하게 웃음, 또는 그런 웃음.

쾌속(快速) 명 -하다 형 속도가 매우 빠름, 또는 그런 속도. ¶-으로 물을 가르며 나아가는 초계정.

쾌속-선(快速船) 명 속도가 매우 빠른 배.

쾌속-정(快速艇) 명 속도가 매우 빠른 소형의 배. 준 쾌정

쾌승(快勝) 명 -하다 자 통쾌하게 이김. ☞압승(壓勝). 참패(慘敗)

쾌식(快食) 명 -하다 타 음식을 맛있게 먹음.

쾌심(快心) 명 만족스럽게 여기는 마음.

쾌심-사(快心事) 명 마음에 만족스러운 일.

쾌심-작(快心作) 명 자기의 작품 가운데서 썩 마음에 들게 잘 지은 작품. 회심작(會心作)

쾌연(快然) 어기 '쾌연(快然)하다'의 어기(語基).

쾌연-하다(快然-) 형여 마음이 유쾌하다.

쾌연-히 부 쾌연하게

쾌우(快雨) 명 시원스레 내리는 비. 세차게 내리는 비.

쾌유(快遊) 명 -하다 자 유쾌하게 놂.

쾌유(快癒) 명 -하다 자 병이나 상처가 개운하게 다 나음. 쾌차(快差) ¶-를 빌다. 유 쾌복(快復)

쾌음(快飮) 명 -하다 자 술을 유쾌하게 마심.

쾌의(快意) 명 좋은 기분. 유쾌한 기분.

쾌인(快人) 명 시원시원하고 솔직한 사람.

쾌인쾌사(快人快事) 성구 시원시원한 사람의 시원스러운 행동을 이르는 말.

쾌자(快子) 명 지난날, 철릭 위에 입던 군복의 한 가지. 소매·무·앞섶이 없으며 등솔기가 단에서 허리께까지 트였고 길이가 두루마기처럼 길. 답호(褡褸)

쾌작(快作) 명 가슴이 후련할 만큼 훌륭한 작품. ☞쾌저

쾌재(快哉) '통쾌하구나', '가슴이 후련하구나'의 뜻으로, 유쾌한 감정을 나타내는 한문 투의 감탄의 말. ¶-라, 숙원을 이루었도다.

쾌재를 부르다 관용 감격스럽거나 통쾌할 때, '통쾌하구나' 하고 유쾌한 감정을 나타내는 말을 하다.

쾌저(快著) 명 훌륭한 저작물(著作物). ☞쾌작(快作)

쾌적(快適) 어기 '쾌적(快適)하다'의 어기(語基).

쾌적-하다(快適-) 형여 몸과 마음에 적당하여 기분이 매우 좋다. ¶쾌적한 생활 환경./날씨가 -.

쾌전(快戰) 명 통쾌하게 승리한 싸움.

쾌정(快艇)[명] '쾌속정(快速艇)'의 준말.
쾌조(快調)[명] 뜻대로 일이 썩 잘 되어가는 상태. ☞부조
쾌주(快走)[명]-하다[자] 시원스럽게 빨리 달림. ¶순풍을 받아 −하는 돛배.
쾌차(快差)[명]-하다[자] 쾌유(快癒)
쾌척(快擲)[명]-하다[타] 돈이나 물품을 요긴하게 쓸 자리에 시원스럽게 내어 놓음. ¶복지 사업에 큰돈을 −하다.
쾌첩(快捷)[어기] '쾌첩(快捷)하다'의 어기(語基).
쾌첩-하다(快捷−)[형][여] 몸놀림이 매우 날래다.
쾌청(快晴)[어기] '쾌청(快晴)하다'의 어기(語基).
쾌청-하다(快晴−)[형][여] 하늘이 활짝 개어 맑다.
쾌쾌(快快)[어기] '쾌쾌(快快)하다'의 어기(語基).
쾌쾌-하다(快快−)[형][여] 씩씩하고 시원스럽다.
 쾌쾌-히[부] 쾌쾌하게
쾌투(快投)[명]-하다[타] 야구에서, 투수가 마음먹은 대로 시원스럽게 공을 잘 던지는 일.
쾌-하다(快−)[형][여]《文》①상쾌하고 기분이 좋다. ②병이 나아 몸이 가볍다. ③하는 짓이 시원스럽다.
 쾌-히[부] 쾌하게 ¶− 허락하다.

[한자] 쾌할 쾌(快) 〔心部 4획〕 ¶경쾌(輕快)/명쾌(明快)/유쾌(愉快)/쾌감(快感)/쾌적(快適)/통쾌(痛快)

쾌한(快漢)[명] 씩씩하고 시원시원한 사나이. ☞쾌남아
쾌활(快活)[어기] '쾌활(快活)하다'의 어기(語基).
쾌활(快闊)[어기] '쾌활(快闊)하다'의 어기(語基).
쾌활-하다(快活−)[형][여] 명랑하고 활발하다.
 쾌활-히[부] 쾌활하게
쾌활-하다(快闊−)[형][여] ①시원하게 탁 트여 넓다. ②성미가 시원스럽고 마음이 넓다. ¶쾌활한 인품.
 쾌활-히[부] 쾌활하게
쾟-돈[명] 관돈
쾨쾨-하다[형][여] 냄새가 비위에 거슬릴 정도로 고리다. ¶쾨쾨한 냄새. ☞퀴퀴하다
쿠데타(coup d'État 프)[명] 정치 체제를 구성하고 있던 지배 세력의 일부가 권력의 완전 장악이나 확대를 꾀하여 비합법적으로 무력을 행사하는 일. ☞혁명(革命)
쿠렁-쿠렁[부]-하다[형] 자루나 포대 따위가 물건으로 그득 차지 않고 여기저기가 굵은 모양을 나타내는 말. ¶− 넣다./물건이 다 차지 않아 포대가 −하다. ☞코랑코랑
쿠리다[형] ①썩은 달걀 따위에서 톡 쏘듯이 풍기는 구린 냄새와 같다. ②하는 짓이 몹시 인색한 데가 있다. ③하는 말이나 태도에 의심스러운 데가 있다. ¶표정을 보아하니 쿠린 데가 있어. ☞구리다
쿠린-내[명] 쿠린 냄새. ☞구린내
쿠미스(koumiss)[명] 말의 젖을 발효시켜 만든 술. 젖산과 2~3%의 알코올이 들어 있음. 중앙 아시아 등의 유목민들이 예부터 만들어 마셨음.
쿠션(cushion)[명] ①단단한 물체끼리 직접 닿지 않도록 그 사이에 두는 탄력성이 있는 물건. ②의자나 소파 등의 앉는 자리나 등받이에 스펀지나 용수철 따위를 넣어 탄력성이 있게 만든 부분. ③솜이나 스펀지 따위 탄력성이 있는 물건을 넣어 만든 등받침. ④당구대 안쪽 가장자리의 공이 부딪치는 면.
쿠키(cookie)[명] ①양과자의 한 가지. 밀가루에 설탕·버터·달걀·우유·향료 따위를 섞어 반죽하여 오븐에 구운 과자. ②인터넷 이용자가 특정 웹사이트를 접속·이용한 기록. 다시 그 웹사이트에 접속할 때 빠르게 연결할 수 있도록 해 주나, 이용자의 아이디와 비밀 번호 등 중요한 정보가 유출될 위험이 있음.
쿠:폰(coupon)[명] 한 장씩 떼어서 쓸 수 있게 만든 표(票). 승차권이나 식권, 가격 할인권 따위.
쿡[부] 여무지게 깊이 찌르거나 찍거나 박는 모양, 또는 그러한 느낌을 나타내는 말. ¶손가락으로 옆구리를 − 찌르다./도장을 − 눌러 찍다. ☞콕
쿡(cook)[명] 요리사(料理師)
쿡-쿡[부] 자꾸 쿡 하는 모양, 또는 그러한 느낌을 나타내는 말. ¶뼈마디가 − 쑤시다. ☞콕콕
쿨:러(cooler)[명] 냉방 장치(冷房裝置)
쿨렁[부] ①큰 병 따위에 다 차지 않은 걸쭉한 액체가 세차게 흔들릴 때 나는 소리를 나타내는 말. ②걸쭉한 액체가 굵은 관으로 한 번에 세차게 흘러나오는 소리를 나타내는 말. ☞꿀렁. 콜랑
쿨렁-거리다(대다)[자] 자꾸 쿨렁 소리가 나다. 쿨렁이다 ☞꿀렁거리다. 콜랑거리다
쿨렁-이다[자] 쿨렁거리다 ☞꿀렁이다. 콜랑이다
쿨렁-쿨렁[1][부] 쿨렁거리는 소리를 나타내는 말. ☞꿀렁꿀렁[1]. 콜랑콜랑[1]
쿨렁-쿨렁[2][부]-하다[형] 착 들러붙지 아니하고 여기저기가 매우 들떠 있는 모양을 나타내는 말. ☞꿀렁꿀렁[2]. 콜랑콜랑[2]
쿨렁-하다[형][여] 착 들러붙지 아니하고 매우 들떠 있다. ☞꿀렁하다. 콜랑하다
쿨롬(coulomb)[의] 전하량의 실용 단위. 1암페어의 전류가 1초 동안에 운반하는 전기량. 기호는 C
쿨룩[부] 가슴의 깊은 곳에서 나오는 큰 기침 소리를 나타내는 말. ☞컬럭. 콜록
쿨룩-거리다(대다)[자] 자꾸 쿨룩 소리를 내다. ☞컬럭거리다. 콜록거리다
쿨룩-쿨룩[부] 쿨룩거리는 소리를 나타내는 말. ☞컬럭컬럭. 콜록콜록
쿨:리(coolie)[명] 중국이나 인도의 하층 막일꾼.
쿨쿨[1][부] 액체가 큰 구멍으로 잇달아 세차게 쏟아지는 소리를 나타내는 말. ☞콜콜[1]
쿨:쿨[2][부] 곤히 자면서 크게 코를 고는 소리, 또는 그 모양을 나타내는 말. ☞콜콜[2]
쿵[1][부] ①묵직한 물체가 단단한 물건에 부딪히거나 떨어질 때 크게 울리어 나는 소리를 나타내는 말. ¶큰 물통을 바닥에 − 내려놓다./발로 마루를 − 하고 구르다. ②멀리서 대포를 쏘는 소리를 나타내는 말. ¶− 소리와 함께 사방이 불길에 휩싸이다. ③마음에 충격을 받아서 가슴이 크게 울리는 느낌을 나타내는 말. ¶한밤중에 문을 두드리는 소리에 가슴이 − 내려앉다. ☞콩[2]
쿵[2][부] 손으로 장구의 북편을 힘차게 치는 소리를 나타내는 구음(口音). ☞궁. 기덕. 더러러러. 덕[3]. 덩[2]
쿵더쿵[부] 무겁고 단단한 물건으로 딱딱한 바닥을 거듭 내리 찧을 때 나는 소리를 나타내는 말. '쿵덕'과 '쿵'이 합쳐진 말로 율동감을 표현함. ¶−, 방아 찧는 소리가 나다. ☞콩다콩
쿵더쿵-쿵더쿵[부] 잇달아 쿵더쿵 하는 소리를 나타내는 말. ☞콩다콩콩다콩
쿵덕[부] 무겁고 단단한 물건으로 딱딱한 바닥을 내리 찧을 때 나는 소리를 나타내는 말. ¶방앗공이로 방아를 − 찧다. ☞콩닥
쿵덕-거리다(대다)[1][자][타] 자꾸 쿵덕 소리가 나다, 또는 그런 소리를 내다. ☞콩닥거리다[1]
쿵덕-거리다(대다)[2][자] 가슴이 쿵덕쿵덕 뛰다. ☞콩닥거리다[2]
쿵덕-쿵덕[1][부] 무겁고 단단한 물건으로 딱딱한 바닥을 자꾸 내리 찧을 때 나는 소리를 나타내는 말. ¶앞집에서 − 방아 찧는 소리가 들려 온다. ☞콩닥콩닥[1]
쿵덕-쿵덕[2][부] 몹시 놀라거나 불안하여 가슴이 크게 울리며 자꾸 뛰는 모양을 나타내는 말. ¶불길한 예감에 가슴이 − 뛴다. ☞콩닥콩닥[2]
쿵작작[부] 큰북을 한 번 치고 작은북을 잇달아 두 번 치는 소리를 나타내는 말.
쿵작작-쿵작작[부] 잇달아 쿵작작 하는 소리를 나타내는 말. ☞쿵작쿵작
쿵작-쿵작[부] 큰북·작은북·심벌즈 등 여러 악기를 장단에 맞추어 치고 울릴 때 나는 소리를 나타내는 말. ¶군악대가 − 악기를 연주한다. ☞쿵작작쿵작작
쿵-쾅[부] ①여러 가지 폭발물이 터지면서 요란하게 울리어 나는 소리를 나타내는 말. ②발로 마룻바닥 따위를 마구 구를 때 요란스레 울리어 나는 소리를 나타내는 말. ③크고 작은 북소리가 매우 요란하게 울리어 나는 소리를

나타내는 말. ☞꿍꽝

쿵쾅-거리다(대다) 자타 자꾸 쿵쾅 소리가 나다, 또는 그런 소리를 내다. ☞꿍꽝거리다

쿵쾅-쿵쾅 부 쿵쾅거리는 소리를 나타내는 말. ¶아이들이 마루에서 ― 뛰며 놀다. ☞꿍꽝꿍꽝

쿵-쿵 부 ①잇달아 쿵 하는 소리, 또는 그 모양을 나타내는 말. ②마음에 충격을 받아서 가슴이 계속 크게 울리는 느낌을 나타내는 말. ¶가슴이 ― 뛰다. ☞콩콩

쿵쿵-거리다(대다) 자타 자꾸 쿵쿵 하다. ¶마루를 쿵쿵거리며 다니다./가슴이 ―. ☞콩콩거리다

쿵푸(∠功夫 중) 명 중국 고유의 무술. 뱀·범·사마귀 등 여러 동물의 동작을 본떠서 개발한 무술로, 기술에는 크게 권법·막아내기·지르기·차기가 있음.

쿼터백(quarter back) 명 미식 축구에서, 공격의 중심을 이루는 선수. 센터 후방의 중앙에 위치함.

쿼:테이션마:크(quotation mark) 명 따옴표

쿼:트(quart) 의 야드파운드법에 따른 부피의 단위. 1갤런의 4분의 1 또는 2파인트.

퀀셋(Quonset) 명 길쭉한 반 원통형의 간이 건물.

퀄퀄 부 많은 양의 액체가 좀 큰 구멍으로 급하고 세차게 쏟아져 흐르는 소리, 또는 그 모양을 나타내는 말. ☞꿜꿜. 콸콸

퀑 부 ①묵직한 물체가 단단한 물건에 매우 세게 부딪히거나 떨어질 때 크고 요란하게 울리어 나는 소리를 나타내는 말. ②폭발물 따위가 터질 때 크고 요란하게 나는 소리를 나타내는 말. ☞쾅

퀑-퀑 부 잇달아 퀑 하는 소리를 나타내는 말. ☞쾅쾅

퀘스천마:크(question mark) 명 물음표

퀘이커-교(Quaker敎) 명 개신교의 한 파. 의례와 성직자 제도를 배격하고 개인의 내면적 경험을 중시하며 폭력을 배척하는 특징을 가짐. 17세기 중엽 영국인 조지 폭스가 일으킴.

퀭-하다 형여 눈이 움푹 들어가 커 보이고 정기가 없다. ¶잠을 못 자서 퀭한 눈.

퀴놀린(quinoline) 명 콜타르를 증류하여 만드는, 독특한 냄새가 나는 무색 액체. 염료의 합성 원료나 방부제 등으로 쓰임.

퀴닌(quinine) 명 키니네(kinine)

퀴륨(curium) 명 악티늄족 원소의 하나. 은백색의 금속으로, 플루토늄에 헬륨 원자핵을 쏘아서 만듦.〔원소 기호 Cm/원자 번호 96/원자량 247〕

퀴리(curie) 의 방사능(放射能) 물질의 양(量)의 단위. 1초에 3.7×10^{10}개의 원자핵이 붕괴할 경우의 방사능을 1퀴리라 함. 기호는 Ci

퀴즈(quiz) 명 어떤 문제를 내어 상대편이 답을 알아맞히게 하는 놀이, 또는 그 문제.

퀴퀴-하다 형여 냄새가 비위에 거슬릴 정도로 구리다. ☞쾨쾨하다

퀵쇼핑-제(quick shopping制) 명 신용 카드의 사용 가능의 여부를 최단시간 안에 확인할 수 있는 제도. 단말기에 카드 신용 불량자의 정보를 입력시킴으로써 즉석에서 신용 카드의 검증 및 승인을 가능하게 한 것임.

퀸틀(quintal) 의 곡물 무게 단위의 한 가지. 미국에서는 100파운드, 영국에서는 112파운드, 미터법에서는 100kg을 1퀸틀이라 함.

퀼로트(culotte 프) 명 여성용의, 짧은 바지처럼 가랑이가 갈라진 스커트.

퀼팅(quilting) 명 서양 수예 기법의 한 가지. 천과 천 사이에 솜 같은 것을 두어 누비질로 무늬를 도드라지게 한 것. 이불·쿠션·방한복 등에 쓰임.

큐:(Q·q) 명 영어 자모(字母)의 열일곱째 글자의 이름.

큐:(cue) 명 ①당구 공을 치는 데 쓰는 긴 막대기. 당구봉(撞球棒) ②방송 등에서, 연출자가 연기나 음악 등의 진행 시작을 알리는 신호.

큐:-가치(Q價値) 명 핵반응에서 방출되거나 흡수된 에너지를 이르는 말.

큐레이터(curator) 명 박물관이나 미술관 등에서 전람회 기획, 작품 수집·연구, 보관, 홍보 등의 일을 맡아보는 전문직(專門職).

큐:볼(cue ball) 명 당구에서, 자기가 칠 차례 때의 공을 이르는 말.

큐:비즘(cubism) 명 입체파(立體派)

큐-열(Q熱) 명 리케차의 감염으로 일어나는 전염병의 한 가지. 가축을 매개로 하여 전염하며, 발열(發熱)·두통·기침·담(痰) 등의 증세를 나타냄. X선 촬영에서는 폐렴의 병상(病狀)을 나타냄.

큐티쿨라(cuticula 라) 명 생물의 몸의 거죽을 싸고 있는 얇고 단단한 막. 수분의 증발을 억제하고 몸을 보호하는 구실을 함. 절지동물의 경우는 경단백질(硬蛋白質)이 주성분임. 각피(角皮)

큐:틴(cutin) 명 식물의 표면을 보호하는 큐티쿨라의 주성분. 불포화 지방산이 중합(重合)한 유기물임. 각피소(角皮素)

큐:피드(Cupid) 명 로마 신화에 나오는 사랑의 신. 비너스의 아들로 활과 화살을 가지고 있는데, 그 화살을 맞으면 누구나 사랑에 빠진다고 함. 아모르(Amor) ☞에로스(Eros)

크게 부 대단히. 몹시 ¶ ― 반기다./― 놀라다.

크기 명 부피나 넓이, 양 따위의 큰 정도.

크나-크다(―크고·―커) 형 매우 크다. ¶크나큰 은혜.

크낙-새 명 딱따구릿과의 텃새. 몸길이 46cm 안팎. 몸빛은 흑색, 아랫배와 허리는 백색이고 수컷의 머리 위는 진홍색임. 나무에 구멍을 팔 때 주둥이로 나무를 쪼는 소리가 요란함. 우리 나라 고유종으로 천연 기념물 제197호임. 골락새

크놉-액(Knop液) 명 식물 배양액의 한 가지. 식물이 자라는 데 필요한 아세트산칼슘·황산마그네슘·염화칼슘 등 여러 가지 성분을 섞어 만든 수용액으로 수경 재배에 쓰임.

크다(크고·커) 형 ①어떤 물건의 길이·부피·넓이 따위가 넓은 자리를 차지하고 있다, 또는 보통의 정도 이상이다. ¶큰 건물./큰 나무./큰 운동장./몸집이 유난히 큰 사람. ②물건이 알맞은 치수 이상이다. ¶몸에 비하여 옷이 ―./발에 맞지 않는 큰 신. ③사물의 정도나 양 따위가 보통의 정도 이상이거나 심하다. ¶홍수의 피해가 큰 지역./지진으로 건물이 크게 흔들렸다./큰 손해를 입다./그의 영향력이 ―./소리를 크게 질러서 부르다. ④일의 규모가 보통 정도를 넘어 대단하다. ¶큰 사업./큰 백화점./사태가 크게 악화하다. ⑤범위가 넓다. ¶크게 세 가지 유형으로 분류하다. ⑥수 또는 수량이 많다. ¶5는 3보다 ―./양력의 1월·3월·5월은 큰달이다. ⑦돈의 액수나 단위가 높다. ¶큰돈이 드는 대규모 공사. ⑧매우 중요하다. ¶맡은 일의 책임이 ―./큰 결단을 내리다./큰 잘못을 저지르다. ⑨'큰'의 꼴로 친족을 뜻하는 말 앞에 접두사처럼 쓰여, '맏이'임을 나타냄. ¶큰아버지/큰누나 ⑩마음이 넓고 생각이 깊다. ¶국량이 큰 인물./배포가 ―. ⑪남달리 뛰어나고 훌륭하다. ¶사람들은 그를 이 시대의 큰 인물로 꼽는다./큰 업적을 남기다. ⑫사실보다 지나치게 나타내는 데가 있다. ¶자기의 업적을 스스로 크게 떠벌리다. ☞작다

자 ①사람이나 동식물이 점점 자라다. ¶아기는 하루가 다르게 큰다./모유(母乳)를 먹고 큰 아이./병아리가 크는 과정을 관찰하다. ②어린아이가 자라서 어른이 되다. ¶너는 커서 무엇이 되고 싶으냐. ③일 따위의 규모가 늘어나다. ¶작은 규모로 시작한 사업이 점점 커 가다.

속담 **큰 고기는 깊은 물에 있다**: 훌륭한 인물은 잘 드러나지 않는다는 말./**큰 말이 나가면 작은 말이 큰 말 노릇한다**: 윗사람이 없으면 아랫사람이 그 일을 대신하게 된다는 말.〔시어미가 죽으면 안방이 내 차지〕/**큰 방죽도 개미구멍으로 무너진다**: 하찮은 일이라고 얕보다가는 큰 화를 입게 된다는 말./**큰 북에서 큰 소리 난다**: 크고 훌륭한 데서라야 무엇이나 좋은 일이 생길 수 있음을 비유하여 이르는 말./**큰 소만큼 벌면 큰 소만큼 쓴다**: 많이 벌면 많이 쓰게 마련이라는 말.

ㅋ

한자 큰 대(大) 〔大部〕 ¶ 거대(巨大)/대로(大路)/대륙(大陸)/대작(大作)/대지(大地)/대하(大河)
클 거(巨) 〔工部 2획〕 ¶ 거금(巨金)/거대(巨大)/거목(巨木)/거물(巨物)/거부(巨富)/거인(巨人)
클 석(碩) 〔石部 9획〕 ¶ 석덕(碩德)/석량(碩量)/석인(碩人)/석재(碩才)/석학(碩學)
클 호(浩) 〔水部 7획〕 ¶ 호기(浩氣)/호연(浩然)

크디-크다(-크고·-커)형 매우 크다. ☞작디작다
크라우칭스타:트(crouching start)명 육상 경기의 단거리 경주에서, 양손을 어깨 너비로 벌려 땅을 짚고 허리를 구부린 자세에서 달려나가는 출발법. ☞스탠딩스타트(standing start)
크라운기어(crown gear)명 직각으로 동력을 전달할 때 쓰는 톱니바퀴.
크라운=유리(crown琉璃)명 소다 석회 유리
크라프트-지(craft紙)명 표백되지 않은 크라프트 펄프로 만든 갈색의 포장용 종이.
크래커(cracker)명 밀가루를 원료로 하여 얇고 딱딱하게 구운 짭잘한 비스킷.
크래킹(cracking)명 분해 증류법(分解蒸溜法)
크랭크(crank)명 ①왕복 운동을 회전 운동으로 바꾸거나 또는 그 반대의 목적으로 쓰이는 장치. ②-하다자 수동식(手動式) 영화 촬영기의 손잡이, 또는 그것을 돌려 영화를 촬영하던 데서, 영화를 촬영하는 일을 이르는 말.
크랭크샤프트(crankshaft)명 크랭크축
크랭크업(crank up)명-하다자 영화의 촬영을 끝냄.
크랭크인(crank in)명-하다자 영화의 촬영을 시작함.
크랭크-축(crank軸)명 크랭크와 이어져 있는 회전축. 크랭크샤프트(crankshaft)
크러셔(crusher)명 광석이나 암석 등을 잘게 부수는 기계. 분쇄기(粉碎機)
크러스트(crust)명 ①쌓인 눈의 딱딱한 겉면. 낮 동안에 녹았다 다시 얼어서 되기도 하고, 바람의 압력 따위로 그렇게 되기도 함. ②빵의 겉껍질.
크러치(crutch)명 보트의 노를 거는, 두 갈래로 갈라진 쇠붙이.
크렁-거리다(대다)자 크렁크렁 소리를 내다. ☞그렁거리다. 가랑거리다
크렁-크렁[1]부 목구멍에 가래가 몹시 끓어 숨쉴 때 거칠게 나는 소리를 나타내는 말. ☞그렁그렁[1]. 카랑카랑[1]
크렁-크렁[2]부-하다형 ①액체가 큰 그릇의 가장자리까지 그득 차서 넘칠듯 넘칠듯 한 모양을 나타내는 말. ②눈에 눈물이 그득 고여 쏟아질듯 한 모양을 나타내는 말. ③국 따위에 건더기는 거의 없고 국물만 많은 모양을 나타내는 말. ④물 따위를 많이 마셔서 뱃속이 물로 그득한 느낌을 나타내는 말. ☞그렁그렁[2]. 카랑카랑[2]
크레디트(credit)명 ①신용(信用) ②차관(借款) ③신용거래, 또는 신용 판매.
크레디트라인(credit line)명 은행이 일정 기간을 정해 환거래 은행이나 고객에 대해 미리 설정해 둔 신용 공여의 최고 한도.
크레디트카:드(credit card)명 신용 판매에 쓰이는 카드. 은행이나 상점 등과 제휴한 카드 회사가 회원에게 발행하는데, 카드를 가진 사람은 그 회사의 가맹점에서 카드만으로 상품을 외상으로 살 수 있음. 신용 카드
크레바스(crevasse)명 눈에 묻힌 계곡이나 빙하의 갈라진 틈.
크레센도(crescendo 이)명 악보의 셈여림말의 한 가지. '점점 세게'의 뜻. 줄여서 'cresc.'로 쓰고, 기호는 < ☞데크레센도(decrescendo)
크레오소:트(creosote)명 너도밤나무의 목타르를 증류하여 만든 무색 또는 담황색의 액체. 자극이 있는 냄새가 나며, 진통제·방부제·살균제 따위로 쓰임.
크레용(crayon 프)명 안료에 파라핀이나 목랍(木蠟)을 섞어서 만든, 막대 모양의 채색 재료. ☞크레파스
크레인(crane)명 무거운 물건을 매달아 올리어 수평으로 또는 위아래로 이동시키는 기계. 기중기(起重機)
크레졸(cresol)명 석탄 타르나 목타르에서 석탄산과 함께 생기는 연한 갈색의 액체. 살균력이 있어서 소독약이나 방부제로 쓰임.
크레졸=비눗물(cresol-)명 칼리 비누의 용액에 크레졸을 50%의 비율로 섞은 황갈색의 액체. 물을 타서 묽게 하여 기구의 소독 등에 씀.
크레졸-수(cresol水)명 크레졸 비눗물 3%와 물 97%를 섞은 소독용 액체.
크레파스(Craypas∠crayon+pastel)명 안료를 납(蠟) 등과 반죽하여 연하게 굳힌, 막대 모양의 채색 재료. 크레용과 파스텔의 특성을 따서 만들었음. 상표명임.
크로노그래프(chronograph)명 ①짧은 시간을 정밀하게 재어 기록하는 장치. 0.001초까지 잴 수 있음. ②휴대용 시계에 스톱워치를 장치한 것.
크로노스(Kronos 그)명 그리스 신화에 나오는 계절과 농경의 신. 제우스의 아버지.
크로마뇽-인(Cro-Magnon人)명 1868년에 남 프랑스의 크로마뇽 동굴에서 발굴된 화석 인류(化石人類). 현대인과 비슷한데, 머리가 크고 키도 큼. 연대는 약 4만~1만 년 전에 살았던 것으로 추정되며, 문화적으로는 후기 구석기 시대에 해당하는 것으로 봄.
크로매틱(chromatic)명 음악에서, '반음적(半音的)', '반음계적(半音階的)'의 뜻으로 쓰이는 말.
크로스(cross)명 ①십자형(十字形). 십자가(十字架) ②교차(交叉). 교차점 ③'크로스레이트'의 준말.
크로스레이트(cross rate)명 자국(自國)의 통화와 상대국 통화의 환시세를 산출하는 데 기준으로 삼는, 제삼국의 통화와 상대국 통화의 환시세. 준크로스
크로스바:(crossbar)명 ①축구나 럭비 따위에서, 골포스트 위를 가로지른 막대. 골바(goal bar) ②높이뛰기에서, 뛰어넘는 가로대.
크로스벨트(cross belt)명 ①두 개의 바퀴가 서로 반대 방향으로 돌도록 엇갈리게 맨 벨트. ②양 어깨에서 서로 엇갈려 반대쪽 허리에 띠는 탄대(彈帶).
크로스스티치(cross-stitch)명 자수(刺繡)에서, 실을 '十'자 모양으로 교차되게 놓는 수. 십자수(十字繡)
크로스워:드(crossword)명 십자말풀이 본크로스워드퍼즐
크로스워:드퍼즐(crossword puzzle)명 '크로스워드'의 본딧말.
크로스컨트리(cross-country)명 근대 오종 경기의 한 가지. 넓은 들판이나 논, 초목이 무성한 황무지 등에 설정된 4,000m 거리의 길을 달리는 경기. 단교 경주(斷郊競走) 본크로스컨트리레이스
크로스컨트리레이스(cross-country race)명 '크로스컨트리'의 본딧말.
크로스킥(cross kick)명 축구나 럭비 등에서 경기장을 가로질러 공을 차는 일.
크로켓(croquette 프)명 서양식 튀김 요리의 한 가지. 다져서 기름에 볶은 고기와 쪄서 으깬 감자 따위를 섞어 둥글게 빚어 빵가루를 묻혀서 기름에 튀긴 음식.
크로키(croquis 프)명 미술에서, 대상을 짧은 시간에 대충 그리는 일, 또는 그 그림. 특히 콩테 따위로 모델을 재빨리 대충 그리는 소묘(素描)를 이름.
크롤:(crawl)명 수영법의 한 가지. 물 속에 몸 전체를 담그고 발장구를 치며 양팔을 엇바꾸어 물을 끌어당기면서 헤엄쳐 나아감. 자유형(自由型) 본크롤스트로크
크롤:스트로:크(crawl stroke)명 '크롤'의 본딧말.
크롬(chrome)명 크롬족 금속 원소의 하나. 은백색으로 단단하며 자성이 강하고, 공기와 물 속에서 녹이 슬지 않아 도금이나 합금 재료로 널리 쓰임. 〔원소 기호 Cr/원자 번호 24/원자량 52.00〕
크롬-강(chrome鋼)명 강철에 크롬을 섞어 내열성이나 강도 따위를 높인 합금강(合金鋼). 녹이 슬지 않아 기계 부품 등에 쓰임.
크롬망간-강(chrome mangan鋼)명 니켈크롬강의 대용품으로 쓰이는 강. 니켈크롬강보다 충격에 강하여 차량

ㅋ

의 용수철 따위에 쓰임.

크롬=명반(chrome明礬)명 황산칼륨과 황산제이크롬의 복염(複塩). 자줏빛의 정팔면체 결정으로 종이나 잉크의 제조, 사진 현상, 가죽의 무두질 등에 쓰임.

크롬산-납(chrome酸-)명 중크롬산칼륨의 용액에 질산납을 작용시켜 만드는 황색의 결정. 황색 안료, 인쇄 잉크, 페인트 등을 만드는 데 쓰임. 크롬산연

크롬산-연(chrome酸鉛)명 크롬산납

크롬옐로:(chrome yellow)명 크롬산납이 주성분인 황색 염료.

크롬=철광(chrome鐵鑛)명 크롬 철석

크롬=철석(chrome鐵石)명 철과 크롬의 산화물로 이루어진 광물. 금속 광택이 있는 흑색의 불투명한 팔면체 결정으로 크롬의 원료 광석임. 크롬 철광

크루:즈미사일(cruise missile)명 순항 미사일

크루:프(croup)명 후두 점막에 섬유소성 가막(假膜)이 생겨 목소리가 쉬고 호흡 곤란을 일으키는 급성 염증.

크루:프성=폐:렴(croup性肺炎)[-썽-]명 주로 폐렴 쌍구균(雙球菌)으로 말미암아 일어나는 폐렴. 오한·구토·경련으로 시작하여 고열·흉통·기침·호흡 곤란이 따름.

크리슈나(Krishna)명 힌두교 신화에 나오는 신. 비슈누 신과 동일시되는 신으로, 많은 악귀를 물리치고 세상을 구제하기 위하여 위업(偉業)을 행하였다고 함.

크리스마스(Christmas)명 크리스트교에서, 예수의 탄생을 기념하는 명절, 곧 12월 25일을 이름. 노엘. 성탄절(聖誕節)

크리스마스실:(Christmas seal)명 결핵 퇴치 기금을 모으기 위하여 크리스마스 전후에 발행하는 우표 모양의 증표(證票).

크리스마스이:브(Christmas Eve)명 크리스마스 전날 밤, 곧 12월 24일 밤. 성야(聖夜)

크리스마스카:드(Christmas card)명 크리스마스를 축하하여 친한 사람에게 보내는, 글과 그림이 있는 카드.

크리스마스캐럴(Christmas carol)명 크리스마스를 축하하는 찬송가(讚頌歌). 노엘. 캐럴

크리스마스트리:(Christmas tree)명 크리스마스를 축하하여 장식으로 세우는 나무. 소나무나 잣나무 등 상록수에 별·종·인형·전구 등의 장식을 달아 꾸밈. 성탄목(聖誕木)

크리스천(Christian)명 크리스트교의 신자(信者).

크리스털(crystal)명 ①수정(水晶) ②크리스털 유리

크리스털=검:파기(crystal檢波器)명 광석 검파기

크리스털글라스(crystal glass)명 크리스털 유리

크리스털=유리(crystal琉璃)명 납유리의 한 가지. 투명도가 높고 광택이 아름다우며 굴절률이 높고 두드리면 맑은 쇳소리가 남. 고급 식기나 공예품 등에 쓰임. 수정유리(水晶琉璃). 크리스털. 크리스털글라스

ㅋ

크리스트-교(Christ教)명 예수를 유일신(唯一神)인 하느님의 아들이며, 인류의 구세주로 믿고, 그의 가르침을 받드는 종교. 1세기 중엽 팔레스타인에서 일어나 4세기 초엽에 로마 제국의 국교로 됨. 오늘날에는 로마 가톨릭 교회, 동방 정교회(東方正教會), 개신교(改新教)의 세 갈래로 나뉘어 있음. 그리스도교. 기독교(基督教). 예수교 ☞불교. 이슬람교

크리켓(cricket)명 영국의 국기(國技). 열한 사람으로 이루어진 두 편이 교대로 공격과 수비를 하면서 투수가 던진 공을 타자가 노처럼 생긴 배트로 쳐서 득점을 겨루는 경기.

크림:(cream)명 ①우유에서 뽑아 낸 연한 황색의 지방질. 버터나 과자의 원료, 요리 재료 등에 쓰임. ②여성의 기초 화장에 쓰이는 화장품.

크림:-색(cream色)명 연한 황색.

크림:소:다(cream soda)명 소다수에 아이스크림을 띄운 음료. 아이스크림소다(ice-cream soda)

크림:수:프(cream soup)명 크림을 넣어 걸쭉하게 만든 수프.

크립톤(krypton)명 비금속 원소의 하나. 공기 중에 매우 적은 양이 있는, 냄새와 빛깔이 없는 기체임.〔원소 기호 Kr/원자 번호 36/원자량 83.80〕

크샤트리아(Kṣatriya 범)명 인도의 카스트 제도에서, 둘째 계급을 이르는 말. 왕족이나 무사 등이 이에 딸림. 찰제리(刹帝利) ☞브라만(Brahman)

크세논(Xenon 독)명 비금속 원소의 하나. 공기 중의 희가스 중 가장 적은 양이 있는, 냄새와 빛깔이 없는 기체임.〔원소 기호 Xe/원자 번호 54/원자량 131.29〕

큰-가래명 보통 가래보다 날이 큰 가래. 흙밥을 크게 뜰 수 있어서 네 사람이 줄을 당기어 흙을 떠 옮김.

큰-가시고기명 큰가시고깃과의 민물고기. 몸길이 10cm 안팎. 몸은 가늘고 긴데 양 옆이 납작하고 등에는 두 개의 큰 가시가 있음. 몸빛은 누런 갈색임. 우리 나라와 일본 등지의 하천에 분포함.

큰-갓명 갓양태가 썩 넓은 갓.

큰개-자리명 남쪽 하늘에 보이는 별자리의 하나. 오리온자리의 남동쪽에 있으며 주성(主星)은 시리우스임. 겨울철에 볼 수 있음.

큰-계:집명 지난날, 첩(妾)에 상대하여 '본처(本妻)'를 속되게 이르던 말.

큰-고니명 오릿과의 겨울 철새. 몸길이 140cm 안팎. 고니보다 크기만 좀 크고 몸빛과 모양, 생태 등은 같음. 고니와 함께 천연 기념물 제201호임.

큰-골명 대뇌(大腦)

큰-곰명 곰과의 포유동물. 몸길이 2.5m, 몸무게 200kg 안팎. 흑곰보다 크고, 어깨가 등보다 높음. 몸빛은 갈색 또는 흑갈색이며 성질이 사나움. 북아메리카·아시아·유럽 등지의 깊은 숲에서 단독 생활을 함. 말곰. 불곰 ☞반달곰

큰곰-자리명 북쪽 하늘에 거의 일 년 내내 볼 수 있는, 북두칠성을 포함하는 큰 별자리. 북두칠성은 이 별자리의 꼬리와 허리에 해당함. 5월 초순에 자오선을 통과함. 대웅좌(大熊座)

큰-굿명 성대하게 벌이는 굿.

큰-글씨명 크게 쓴 글씨. ☞잔글씨

큰-기러기명 오릿과의 겨울 철새. 몸길이 85cm 안팎. 몸빛은 등은 어두운 갈색이고 배는 잿빛임. 부리는 검고 끝에 누런 띠가 있음. 시베리아와 유럽 북부에서 번식하고, 우리 나라와 일본 등지에 가을에 와서 겨울을 남.

큰-기침명-하다자 인기척을 내거나, 위엄을 보이거나, 마음을 가다듬느라고 짐짓 크게 하는 기침. ☞잔기침

큰-길명 넓은 길. 대로(大路)

큰-꾸리명 소의 앞다리 바깥쪽의 살을 고기로 이르는 말. ☞작은꾸리

큰-놈명 ①다 자란 놈. ②남 앞에서, 자기의 '큰아이'를 겸손하게 이르는 말. ☞작은놈

큰-누나명 '맏누나'를 친근하게 이르는 말. ☞작은누나

큰-누이명 '작은누이'에 상대하여 '맏누이'를 이르는 말.

큰-눈명 많이 내리는 눈. 대설(大雪) ☞큰비

큰-단나(-檀那)명 절에 보시(布施)를 많이 한 시주(施主). 대단나(大檀那)

큰-달명 한 달의 날수가 많은 달. 곧 양력으로 31일, 음력으로 30일인 달을 이름. 대월(大月) ☞작은달

큰-대(-大)명 한자 부수(部首)의 한 가지. '天'·'夫' 등에서 '大'의 이름.

큰-댁(-宅)명 '큰집'을 높이어 이르는 말.

큰-독명 높이가 대여섯 자쯤 되는 큰 오지 독.

큰-돈명 액수가 많은 돈. 거금(巨金)

큰-동서명 '작은동서'에 상대하여 '맏동서'를 이르는 말.

큰-따님명 남을 높이어, 그의 큰딸을 일컫는 말. ☞작은따님

큰-따옴표(-標)명 문장 부호의 한 가지. 가로쓰기 글에서 대화, 인용, 특별 어구(語句) 등을 나타낼 때 쓰이는 부호로 " " 표를 이름. ¶"잘 지냈니?"/옛날부터 "까치가 울면 반가운 손님이 오신다."고 하였다. ☞겹낫표. 작은따옴표

큰-딸 명 '작은딸'에 상대하여 '맏딸'을 이르는 말. ☞장녀(長女)

큰-마누라 명 '작은마누라'에 상대하여 '본마누라'를 이르는 말. 정실(正室)

큰-마음 명 크게 마음먹거나 크게 쓰는 마음씨. 준큰맘

큰마음(을) 먹다 관용 ①대단한 결심을 하다. ¶모처럼 큰마음 먹고 한 일이 뜻대로 되지 않았다. ②크게 아량을 베풀다. ¶큰마음 먹고 승낙하다.

큰-만두(一饅頭) 명 만두의 한 가지. 잘게 빚은 여러 개의 만두를 다시 크게 싸서 장국에 끓이거나 찐 것. 큰 그릇에 담아 내면 껍질을 잘라 속에 든 작은 만두를 덜어 먹음. 대만두(大饅頭)

큰-말[1] 명 〈어〉'크고, 무겁고, 어둡고, 둔한 느낌'을 느끼게 하는 계열의 말. 음성 모음으로 나타냄. '싱글싱글·수군수군·덜렁덜렁' 따위. ☞작은말

큰-말[2] 명 -하다 자 큰소리

큰-맘 명 '큰마음'의 준말.

큰-매부(一妹夫) 명 큰누이 남편. 맏매부 ☞작은매부

큰-머리 명 -하다 자 지난날, 궁중의 의식 때 왕비나 공주·옹주, 당상관의 부인, 지밀 상궁이 대례복에 맞추어 차리던 머리 모양. 어여머리 위에 떠구지를 얹고 비녀와 매개댕기로 고정시켰음. 가환(假鬟) ☞낭자

큰-며느리 명 '작은며느리'에 상대하여 '맏며느리'를 이르는 말.

큰-문(一門) 명 지난날, 대궐이나 관아의 삼문(三門) 중 가운데 문인 정문(正門)을 이르던 말.

큰문(을) 잡다 관용 높은 사람이 드나들 때 큰문을 열다.

큰-물 명 비가 많이 내려 강물이 넘쳐흐르거나 하여 땅이나 도로, 건물 따위가 물에 잠기는 일, 또는 그러한 물. 대수(大水). 시위[1]. 홍수(洪水)

큰물(이) 가다 관용 비가 많이 내려 큰물이 농토를 온통 휩쓸고 지나가다.

큰물(이) 지다 관용 비가 많이 내려 강물이 넘쳐흐르다. 홍수가 나다. 시위가 나다. ¶큰물이 져서 농작물의 피해가 크다.

한자 **큰물 홍**(洪) 〔水部 6획〕 ¶홍수(洪水)

큰-바늘 명 시계의 분침(分針)을 달리 이르는 말. 장침(長針) ☞작은바늘

큰-바람 명 ①세게 부는 바람. 대풍(大風) ②풍력 계급 8급에 해당하는 바람. 풍속은 매초 17.2~20.7m. 나무의 잔가지가 부러지고 걷기가 힘들며, 해상에는 파도가 높아지고 물보라가 일기 시작함. ☞큰센바람

큰-방(一房) 명 ①넓고 큰 방. ②집안의 가장 어른 되는 부인이 거처하는 방을 이르는 말. ③절에서, 여러 중이 함께 쓰는 넓은 방. 대방(大房)

큰방-상궁(一房尙宮) 명 '제조상궁(提調尙宮)'을 달리 이르는 말.

큰-북 명 타악기의 한 가지. 보통 연주할 때에는 받침대 위에 세워 놓고, 행진할 때에는 가슴에 메고 침.

큰-불 명 ①크게 난 불. 피해 규모가 큰 화재. 대화(大火) ②지난날, 큰 짐승을 잡는 데 쓰는 큰 총알을 이르던 말. ☞잔불

큰-비 명 한동안 많이 내리는 비. 대우(大雨) ☞폭우(暴雨). 호우(豪雨)

큰-비녀 명 큰머리나 낭자를 할 때에 꽂는 크고 긴 비녀.

큰-사:람 명 ①크게 이름을 떨친 훌륭한 사람을 이르는 말. ¶지난날 이 고장에서는 一이 많이 났다. ②큰일을 하거나 해낼만 한 사람을 이르는 말. ¶一이 될 재목은 어릴 적부터 남다른 데가 있다.

큰-사랑 명 재래식 한옥에서, 그 집안의 바깥주인이 쓰는, 사랑채의 중심이 되는 방. ☞작은사랑

큰-사위[1] 명 '작은사위'에 상대하여 '맏사위'를 이르는 말.

큰-사위[2] 명 윷놀이에서, 모나 윷처럼 단번에 얻는 많은 끗수를 이르는 말. 준사위[3]

큰-사폭 명 재래식 한복에서, 남자 바지의 왼쪽 마루폭에 잇대어 붙이는 큰 헝겊. ☞작은사폭

큰-산소(一山所) 명 한 산에 조상의 무덤이 여럿 있을 때, 그 가운데서 가장 어른 되는 이의 무덤을 이르는 말.

큰-살림 명 재산이 많고 규모가 큰 집의 살림살이. ¶一을 맏며느리가 잘 꾸려 가다.

큰-상(一床) 명 우리 나라의 민속(民俗)에서, 회갑(回甲)·혼례(婚禮)·희년(稀年)·회혼(回婚) 등의 잔치 때, 갖가지 음식을 격식에 맞게 차려서 주인공 앞에 놓는 상. ¶재래식 혼례에서 신랑과 신부가 一을 받다.

큰상-물림(一床一) 명 재래식 혼례에서, 큰상을 받았다가 물린 뒤에 상을 받았던 사람의 본집으로 그 음식을 싸서 보내는 일, 또는 그러한 음식. 퇴물림. 퇴상(退床) 준상물림

큰-선비 명 학식과 덕망이 뛰어난 선비.

큰-센:바람 명 풍력 계급(風力階級) 9급에 해당하는 바람. 풍속은 매초 20.8~24.4m. 굴뚝의 뚜껑과 지붕의 슬레이트가 날아가는 등 약간의 건물 피해가 생기며, 해상에는 파도가 한결 높아지고 물보라로 말미암아 시계(視界)가 흐려짐. 대강풍(大強風) ☞노대바람

큰-소리 명 -하다 자 ①목청을 돋우어 야단치는 소리. ¶一가 나야 말을 듣겠느냐? ②뒷일은 헤아리지 않고 아주 자신 있게 하는 말. 고언(高言). 대담(大談). 대언(大言) ¶뱃심 좋게 무슨 일에나 一를 치다. ☞장담(壯談). 호언(豪言) ③버젓하게 드러내어 자랑스레 하는 말. 큰말[2] ¶여러 사람 앞에서 一를 칠만 한 일을 했다.

큰-소매 명 볼이 축 처지게 지은 넓은 소매.

큰-손[1] 명 ①증권 시장이나 부동산 시장에서, 시세에 큰 영향을 미칠 정도로 많은 거래를 하는 사람이나 기관. ②지하 경제 사회에서, 규모가 큰 사채꾼.

큰-손[2] 명 특별히 잘 대접해야 할 귀한 손. 높큰손님 ☞대빈(大賓). 빈객(賓客)

큰-손녀(一孫女) 명 '작은손녀'에 상대하여 '맏손녀'를 이르는 말. ☞장손녀(長孫女)

큰-손님 명 '큰손[2]'의 높임말.

큰-손자(一孫子) 명 '작은손자'에 상대하여 '맏손자'를 이르는 말. ☞장손자(長孫子)

큰-솔나리 명 백합과의 여러해살이풀. 줄기 높이 60cm 안팎. 잎은 좁고 길며 다닥다닥 달림. 6~7월에 짙은 홍색 바탕에 자줏빛 반점이 있는 꽃이 핌. 비늘줄기는 길둥근 모양인데 먹을 수 있음.

큰-솥 명 재래식 한옥에서, 안방 부엌에 걸어 놓고 쓰는 솥 중에서 가장 큰 솥.

큰-수파련(一水波蓮) 명 재래식 혼례의 잔칫상에 쓰이는 상화(床花)의 한 가지. 장식 종이로 만든 연꽃으로, 세 층으로 만듦.

큰-스님 명 덕이 높은 중을 높이어 일컫는 말.

큰-시누 명 '큰시누이'의 준말. ☞작은시누

큰-시누이 명 '작은시누이'에 상대하여 '맏시누이'를 이르는 말. 준큰시누

큰-아기 명 ①남의 집안의 다 자란 처녀를 대접하여 이르는 말. ②'맏딸'이나 '맏며느리'를 정답게 이르는 말. ☞작은아기

큰-아기씨 명 ①지난날, 지체가 낮은 사람이 지체 높은 집안의 시집가기 전의 맏딸을 일컫던 말. ②올케가 손아래 큰시누이를 대접하여 일컫는 말. ☞아기씨. 작은아기씨

큰-아들 명 '작은아들'에 상대하여 '맏아들'을 이르는 말.

큰-아버지 명 ①아버지의 맏형. 백부(伯父) ②아버지의 형이 여럿일 경우 그 형들, 곧 첫째 큰아버지, 둘째 큰아버지, 셋째 큰아버지 들을 일컫는 말. ☞작은아버지

큰-아:씨 명 지난날, 시집간 맏딸이나 맏며느리를 하인들이 일컫던 말. ☞아씨. 작은아씨

큰-아이 명 ①큰아들이나 큰딸을 다정하게 이르는 말. ②여러 아이들이 있을 경우에, 그 가운데서 나이가 가장 위인 아이, 또는 키가 가장 큰 아이를 다른 아이에 상대하여 이르는 말. 준큰애

큰-악절(一樂節) 명 음악에서, 두 개의 작은악절이 합쳐진 악절. 보통 여덟 마디나 열두 마디로 이루어짐. 대악

절(大樂節) ☞작은악절
큰-애 명 '큰아이'의 준말. ☞작은애
큰-어머니 명 ①큰아버지의 아내. 백모(伯母) ②서자(庶子)가 '아버지의 본처'를 일컫는 말. 적모(嫡母) ☞작은어머니
큰-어미 명 윗사람이 아랫사람의 '큰어머니'를 이르는 말.
큰-언니 명 가장 손위 되는 언니.
큰-오빠 명 가장 손위 되는 오빠.
큰-옷 명 재래식 예식 때 입는 도포와 같은 웃옷.
큰-이 명 ①남의 형제 가운데 맏이 되는 사람을 이르는 말. ②남의 '본부인'을 그의 첩에 상대하여 이르는 말.
큰-일[1] 명 다루는 데 힘이 많이 들고 범위가 넓은 일, 또는 중대한 일. ☞잔일
큰일(이) 나다 관용 감당하기 어려운 일이나 큰 탈이 생기다.
큰일(을) 내다 관용 큰 사고를 저지르다.
속담 **큰일이면 작은 일로 두 번 치러라** : 무슨 일이나 한 번에 많이 하거나 크게 하는 것보다 나누어서 하는 편이 수월하다는 말.
큰-일[2] [-닐] 명 결혼·회갑·초상 따위의 큰 잔치나 예식을 치르는 일. 대사(大事)
속담 **큰일 치른 집에 저녁거리 있고, 큰굿 한 집에 저녁거리 없다** : 혼례를 치른 집에는 저녁을 할 거리가 있지만 큰굿을 한 집에는 저녁거리도 없다는 말로, 굿을 하는 데 재물이 많이 들어감을 이르는 말.
큰입-구(-口) 명 한자 부수(部首)의 한 가지. '困'·'固' 등에서 '口'의 이름. 에운담
큰-자귀 명 대자귀
큰-절[1] 명 -하다 자 우리 나라 전래의 앉은절의 한 가지. 재래식 의식(儀式)에서, 또는 높은 어른에게 가장 존경하는 뜻으로 하는 절. 남자의 경우 허리를 구부리고 무릎을 꿇어 바닥을 짚은 손등에 이마를 대어 절하고, 여자는 포갠 두 손을 이마에 대고 앉아서 윗몸을 앞으로 굽히어 절함. ☞반절
큰-절[2] 명 불교에서, 말사(末寺)에 상대하여 본사(本寺)를 이르는 말.
큰-제사(-祭祀) 명 고조(高祖)·고조모(高祖母)의 제사를 그 아랫대의 제사에 상대하여 이르는 말.
큰-조카 명 '작은조카'에 상대하여 '맏조카'를 이르는 말.
큰-집 명 ①따로 살림하는 아우나 그 자손이 '맏집'을 이르는 말. ②분가하여 나간 집에서, 그 종가(宗家)를 이르는 말. ③작은마누라나 그 자손이 큰마누라나 그 자손의 집을 이르는 말. 높 큰댁 ☞작은집 ④'교도소'의 변말.
큰집 드나들듯 관용 매우 익숙하게 드나드는 모양을 이르는 말.
큰-창자 명 대장(大腸) ☞작은창자
큰-처남(-妻男) 명 맏이인 처남. ☞작은처남
큰-춤 명 옷을 잘 차려 입고 제대로 추는 춤.
큰춤(을) 보다 관용 자기를 위하여 큰춤의 의식이 베풀어지는 영광을 누리다.
큰-칼 명 지난날, 중죄인의 목에 씌우던 길이 1.3m 가량의 형틀. ☞작은칼. 칼[2]
큰코-다치다 자 큰 봉변을 당하다.
큰키-나무 명 나무의 분류에서, 줄기가 곧고 단단하며, 높이 자라고 줄기와 가지가 구별되는 나무. 소나무나 전나무 따위. 교목(喬木) ☞떨기나무
큰-톱 명 두 사람이 마주잡고 켜는 큰 내릴톱. 대톱
큰톱-장이 명 지난날, 큰톱으로 재목 켜는 일을 직업으로 삼는 사람을 이르던 말. 인거장(引鋸匠)
큰-판 명 크게 벌어진 판.
큰-할머니 명 큰할아버지의 아내. ☞작은할머니
큰-할아버지 명 할아버지의 맏형. ☞작은할아버지
큰-형(-兄) 명 '작은형'에 상대하여 '맏형'을 이르는 말.
큰-형수(-兄嫂) 명 '작은형수'에 상대하여 '맏형수'를 이르는 말.
큰-활 명 조선 시대의 활의 한 가지. 각궁(角弓)과 비슷하며 쇠로 만든 큰 화살인 정량대를 메어서 쏘았음. 정량(正兩). 정량궁(正兩弓)
클라:드니=도형(Chladni圖形) 명 수평으로 놓인 평평한 판 위에 뿌려진 모래나 가루가 판의 진동으로 말미암아 이루는 도형.
클라리넷(clarinet) 명 목관 악기의 한 가지. 세로로 잡고 서 부는데, 음색이 풍부하고 음역이 넓음. 관현악이나 취주악에 많이 쓰임.
클라리온(clarion) 명 금관 악기의 한 가지. 길쭉한 나팔의 일종으로 명쾌한 음색을 지님.
클라비코:드(clavichord) 명 건반 악기의 한 가지. 16~18세기 유럽에서 쓰이던 악기로 네모난 상자 모양인데, 건반을 두드리면 금속 조각이 현을 쳐서 소리를 냄.
클라이맥스(climax) 명 감동이나 흥분이 절정에 이른 상태나 고비. ¶-에 이르다. ☞최고조(最高潮)
클라이밍(climbing) 명 -하다 타 ①'록클라이밍'의 준말. ②등반(登攀)
클라이스트론(klystron) 명 극초단파의 발진(發振)이나 증폭(增幅) 등에 쓰이는 진공관.
클라이언트(client) 명 ①거래처, 특히 광고 대리점이 광고주를 가리켜 이르는 말. ②컴퓨터 통신망에서, 사용자가 직접 명령어를 전달하는 컴퓨터시스템. 필요한 정보나 작업을 서버시스템에 요청하여 그 처리 결과를 돌려받음.
클래스(class) 명 ①학급(學級) ②등급(等級)
클래스메이트(classmate) 명 동급생(同級生)
클래시시즘(classicism) 명 고전주의(古典主義)
클래식(classic) 명 ①-하다 형 고전적. 고전주의적 ¶-한 작풍(作風). ②고전(古典)
클래식=음악(classic音樂) 명 ①대중 음악에 상대하여, 서양의 전통 예술 음악을 이르는 말. ②서양의 고전파의 음악. 고전 음악
클랙슨(Klaxon) 명 자동차나 오토바이의 경적(警笛) 장치. 제조 회사의 이름에서 온 말임.
클램프(clamp) 명 ①공작물을 공작 기계의 탁자 위에 고정시키는 장치. ②바이스의 한 가지. 끝손질할 때에 작은 공작물을 고정하는 데 쓰임. ☞죔틀
클러스터=폭탄(cluster爆彈) 명 집속탄(集束彈)
클러치(clutch) 명 일직선상에 있는 두 축에서, 한 축의 동력을 다른 축으로 자유로이 전달하거나 차단하는 장치. 연축기(連軸器)
클러치페달(clutch pedal) 명 자동차의 클러치를 조작하는 발판.
클럽(club) 명 ①친목·취미·오락 등 공통된 목적을 가진 사람들끼리 조직한 모임, 또는 그런 사람들이 모이는 곳. ②골프 공을 치는 채. 골프채 ③트럼프 패의 하나. 검은 빛깔로 클로버 잎이 그려져 있음.
클레이=사격(clay射擊) 명 사격 경기의 한 가지. 찰흙으로 만든 접시 모양의 표적을 공중에 던져 산탄총으로 쏘아 맞히는 경기. 깨뜨린 표적의 수로 승패를 겨룸.
클레이코:트(clay court) 명 겉면을 찰흙으로 다져 만든 테니스코트. ☞론코트(lawn court)
클레이피전(clay pigeon) 명 클레이 사격에 쓰이는, 찰흙으로 만든 접시 모양의 표적.
클레임(claim) 명 무역이나 상거래 등에서, 품질·포장·수량 따위가 계약과 다를 때 손해 배상을 청구하는 일.
클렌징크림:(cleansing cream) 명 얼굴을 닦아 내거나 화장을 지우는 데 쓰는 유성 크림.
클로:람페니콜:(chloramphenicol) 명 항생 물질의 한 가지. 토양에서 발견된 방선균(放線菌)을 배양하여 만든 항생 물질로 장티푸스·파라티푸스·세균 감염증 따위의 치료에 쓰임.
클로렐라(chlorella) 명 녹조류(綠藻類)에 딸린 민물말. 단세포 생물로 번식력이 강하고 단백질이나 비타민이 풍부하여 미래의 식량 자원으로 주목됨.
클로로프렌(chloroprene) 명 아세틸렌에 염화수소를 반응시켜 만든 무색의 휘발성 액체. 물에는 녹지 않으나 유기 용제에는 녹으며, 중합(重合)하기 쉬워 여러 가지 중

합체를 만듦. 합성 고무의 원료로 쓰임.
클로로필(chlorophyll)명 엽록소(葉綠素)
클로:르칼크(Chlorkalk 독)명 표백분(漂白粉). 칼크
클로:버(clover)명 토끼풀
클로:스(cloth)명 ①직물(織物). 천 ②'테이블클로스'의 준말. ③책의 장정(裝幀)에 쓰이는 가공한 천.
클로:스게임(close game)명 경기에서, 서로 우열을 가리기 어려운 경기를 이르는 말. ☞접전(接戰)
클로:즈업-하다 (close up－)타여 ①영화나 사진에서, 피사체의 한 부분을 화면 가득히 찍다. ¶얼굴을 클로즈업하여 사진을 찍다. ②어떤 사실을 문제로 삼아서 크게 다루다. ¶그의 부정 사실을 －.
클리노미:터(clinometer)명 경사계(傾斜計)
클리닉(clinic)명 육체적 질환 또는 심리적 장애로 고통받는 사람들을 진단, 치료하는 시설을 이르는 말.
클리:닝(cleaning)명-하다타 '드라이클리닝'을 흔히 이르는 말.
클리:크(cleek)명 골프채의 한 가지. 공을 때리는 면이 쇠로 되어 있는 긴 골프채. ☞우드(wood)
클리토리스(clitoris)명 음핵(陰核)
클릭(click)명-하다타 마우스의 단추를 한 번 누르는 일.
클린:업(cleanup)명-하다자타 야구에서, 타자가 장타를 쳐서 누에 나가 있는 주자(走者)를 모두 본루로 들어오게 하는 일.
클린:업트리오(cleanup＋trio)명 야구에서, 타순(打順) 3·4·5번의 세 강타자를 아울러 이르는 말.
클린:에너지(clean energy)명 환경 오염 물질을 배출하지 않는 에너지. 태양열 에너지, 수력·풍력·조력(潮力)을 이용한 발전 에너지 등.
클린치(clinch)명-하다자 권투에서, 선수가 상대편의 공격을 막기 위하여 상대편을 껴안는 일.
클린:히트(clean hit)명 야구에서, 수비수가 잡을 수 없도록 친 멋진 안타를 이르는 말.
클립(clip)명 ①종이나 서류 따위를 끼워 두는 데 쓰는 사무 용품. ②만년필의 뚜껑 따위에 달린, 주머니에 끼우는 집게. ③머리털을 곱슬곱슬하게 만들기 위해 머리털에 감는 기구.
클립보:드(clipboard)명 윈도를 사용하는 컴퓨터시스템에서, 복사되었거나 제거된 최신 정보의 사본을 임시로 보관하는 특수 기억 장치. 데이터의 위치를 옮기거나 다른 프로그램에 전달할 때 사용됨.
클립아:트(clipart)명 컴퓨터 작업으로 문서를 꾸밀 때 편리하게 사용할 수 있도록 미리 만들어 저장해 둔 여러 가지 그림. 필요할 때 불러서 사용함.
클링커(clinker)명 점토와 석회석 등을 섞어서 거의 녹을 때까지 구워서 식힌 덩어리. 석고를 섞고 부수어 시멘트를 만듦.
큼직-큼직부-하다형 여럿이 다 큼직한 모양을 나타내는 말. ¶무를 － 썰다./－한 돌덩이.
큼직-하다형여 꽤 크다.
　큼직-이부 큼직하게
킁킁부 ①병이나 버릇으로 말미암아 콧구멍으로 세차게 숨을 내쉬는 소리를 나타내는 말. ¶축농증에 걸려 － 숨을 내쉬다. ②코로 냄새를 맡는 소리, 또는 그 모양을 나타내는 말. ¶개가 － 냄새를 맡다.
킁킁-거리다(대다)자타 ①킁킁 숨을 내쉬다. ②킁킁 냄새를 맡다.
킁킁-이명 킁킁 하는 소리를 섞어서 말을 하는 사람을 놀리어 이르는 말.
키[1]명 ①서 있을 때의 몸의 높이. 사람의 경우, 머리 끝에서 발바닥까지의 길이. 신장(身長). 체고(體高) ②물건이나 식물의 높이.
　속담 **키 크고 묽지 않은 놈 없다** : 키가 큰 사람은 으레 싱겁고, 하는 짓도 치밀한 데가 없다는 말./**키 크고 싱겁지 않은 사람 없다** : 키가 큰 사람은 보기에도 싱겁게 보이고, 또 실제로 싱거운 짓을 많이 한다는 말./**키 크면 속없고 키 작으면 자발없다** : 키가 큰 사람은 실없고 싱거우며, 키가 작은 사람은 참을성이 없고 행동이 가볍다는 말./**키 큰 놈의 집에 내려 먹을 것 없다** : 높은 데 놓인 것을 잘 내릴 수 있는 키 큰 사람의 집에 내려서 먹을 것이 별로 없다는 말로, 남보다 유리한 조건을 지니고는 있지만 그것을 써먹을 처지가 되지 못하는 경우를 두고 이르는 말./**키 큰 사람도 키 작은 사람도 하늘에 굽히지 않는 것은 매일반** : 키가 큰 사람이나 키가 작은 사람이나 다같이 머리를 들고 살기는 마찬가지라는 뜻으로, 어떤 장점이 있으나 별로 덕볼 것이 없다는 말.
키[2]명 곡식 따위를 까불러 쭉정이나 검부러기·티끌 따위를 골라내는 기구.
키[3]명 배의 방향을 조종하는 장치. 타(舵)
키:(key)명 ①열쇠 ②어떤 문제나 사건을 해결할 수 있는 중요한 실마리. ③피아노나 풍금 따위의 건(鍵). ④타자기나 컴퓨터 등의 글자판.
키-꺽다리명 키다리 준꺽다리
키-꼴명 키가 큰 몸집을 속되게 이르는 말. ¶－과는 달리 몸놀림이 재빠르다.
키-내림명-하다타 곡식에 섞인 쭉정이·티끌·검부러기 따위를 바람에 날려 보내려고, 곡식을 키에 담아 높이 들고 천천히 흔들며 기울여 쏟는 일.
키:노드라마(kino＋drama)명 영화와 연극을 결합시켜 상연(上演)하는 연극. 연쇄극(連鎖劇)
키니네(kinine 네)명 킨키나나무의 껍질에서 뽑아 낸 알칼로이드의 한 가지. 흰빛의 결정으로 쓴맛이 있음. 해열제·건위제·강장제 따위와 말라리아 특효약의 원료로 쓰임. 퀴닌(quinine)
키니코스=학파(Kynikos學派)명 소크라테스의 제자 안티스테네스(Antistenes)가 창시한 고대 그리스 철학의 한 파. 무욕(無慾)과 정신의 독립을 이상으로 삼았음. 대표적인 인물은 디오게네스임. 견유 학파(犬儒學派). 시니시즘(cynicism)
키:다자 '켜이다'의 준말.
키-다리명 키가 큰 사람을 놀리어 이르는 말. 키꺽다리 ☞작다리
키득부 참다 못하여 웃음이 입 밖으로 새어 나오는 소리, 또는 그 모양을 나타내는 말.
키득-거리다(대다)자 자꾸 키득 하다.
키득-키득부 키득거리는 소리나 모양을 나타내는 말.
키들부 참던 웃음이 견잡을 수 없이 입 밖으로 새어 나오는 소리, 또는 그 모양을 나타내는 말.
키들-거리다(대다)자 자꾸 키들 하다.
키들-키들부 키들거리는 소리나 모양을 나타내는 말.
키마이라(Chimaera 그)명 그리스 신화에 나오는, 불을 토하는 괴물. 머리는 사자, 몸통은 양, 꼬리는 용 또는 뱀 모양이라 함.
키:보:드(keyboard)명 ①악기의 건반. ②호텔 등에서, 객실의 열쇠를 걸어 두는 자리. ③컴퓨터의 글자판.
키부츠(kibbutz)명 이스라엘의 농업을 중심으로 한 생활 공동체. 사유 재산을 인정하지 아니하고, 노동·생산·소비·교육·복지 등 모든 생활을 공동으로 함.
키:소켓(key socket)명 등을 켰다 껐다 하는 장치가 달린 소켓.
키-순(－順)명 키에 따른 차례. 어깨차례
키스(kiss)명-하다자 ①애정의 표현으로 자기의 입술을 상대편의 입술에 맞추는 일. 입맞춤. 접문(接吻) ②서양 예절에서, 인사를 할 때나 우애·존경 등의 표현으로 상대편의 뺨이나 손등에 입을 맞추는 일.
키:스테이션(key station)명 방송망의 중심이 되어, 산하의 각 방송국에 프로그램을 공급하는 방송국.
키우다타 크게 하다. ¶나무를 －./사슴을 －./딸을 훌륭하게 －. 유기르다
키:워:드(key word)명 ①문제 해결이나 글의 내용을 이해하는 데에 중요한 실마리가 되는 말. ②정보를 검색할 때, 정보를 끌어내는 실마리로 쓰는 단어나 기호.
키위(kiwi)[1]명 키위과의 새. 몸길이 35～55cm. 날개와 꼬리가 퇴화하여 날지 못하고, 온몸에 털 같은 깃털이 나

있음. 다리는 굵고 짧으며 눈은 작고 부리가 길. 뉴질랜드의 삼림에서 삶.

키위(kiwi)[2] 명 과일의 한 가지. 중국 원산인 다래를 뉴질랜드에서 개량한 덩굴성 나무의 열매로 거죽에 잔털이 나 있음.

키읔 명 〈어〉한글 자모(字母) 'ㅋ'의 이름.

키-잡이 명 배의 키를 다루는 일을 맡은 사람. 조타수(操舵手). 타수(舵手)

×**키-장다리** 명 →키다리

키-질 명 -하다 타 키로 곡식 따위를 까부르는 일.

> ▶ '키질'과 관련된 말들
> 지난날, 곡식의 이삭을 떨어서 낟알을 거두기까지에는 여러 과정을 거쳐야 했다. 따라서, 그 과정의 용어도 여러 가지였다.
> ¶ 마당질(타작)/부뚜질/키내림/나비질/나비치다/키질(까붐질)/사래질

키킹(kicking) 명 축구에서, 일부러 상대편을 차려고 하거나 차는 반칙. 상대편에게 프리킥을 주게 됨.

키톤(chiton 그) 명 아래위가 잇달린 고대 그리스의 옷. 재단하지 않은 것이 특징임.

키트(kit) 명 모형(模型)의 조립 재료의 한 벌.

키틴(chitin) 명 절지동물의 외골격(外骨格), 연체동물의 껍데기, 균류(菌類)의 세포막 등을 이루고 있는 다당류(多糖類). 물이나 약산(弱酸)에는 녹지 않고 강산(強酸)에는 녹음. 갑각소(甲殼素)

키틴-질(chitin質) 명 키틴으로 이루어진 물질. 갑각질(甲殼質)

키:퍼(keeper) 명 '골키퍼(goalkeeper)'의 준말.

키:펀처(keypuncher) 명 천공기(穿孔機)로 컴퓨터의 입력 카드나 종이 테이프에 구멍 뚫는 일을 하는 사람.

키:펀치(keypunch) 명 천공기(穿孔機)

키:포인트(key point) 명 사건이나 문제를 푸는 데 중요한 실마리가 되는 점.

키:홀:더(key holder) 명 열쇠를 거는 고리.

킥 부 참다 못하여 웃음이 순간적으로 터져 나오는 소리, 또는 그 모양을 나타내는 말.

킥-킥 부 자꾸 킥 웃는 소리, 또는 그 모양을 나타내는 말.

킥킥-거리다(대다) 자 킥킥 웃다.

킥(kick) 명 -하다 타 축구나 럭비 등에서, 발로 공을 차는 일.

킥복싱(kickboxing) 명 발로 차기도 하고 주먹으로 치기도 하며, 팔꿈치·무릎 등으로도 상대편을 공격하는 태국(泰國) 특유의 격투기.

킥아웃(kickout) 명 미식 축구에서, 경기를 다시 시작할 때 25야드 선에서 상대편 골을 향하여 공을 차 내는 일.

킥앤드러시(kick and rush) 명 럭비·풋볼·축구 따위의 공격법의 한 가지. 상대편 배후로 공을 세게 차서 띄우고 동시에 여럿이 돌진하는 일.

킥오프(kickoff) 명 -하다 타 축구 따위에서, 경기가 시작될 때나 득점이 있은 뒤 경기를 다시 시작할 때, 공을 중앙선의 한가운데 놓고 차는 일. 시축(始蹴)

킥턴:(kick turn) 명 스키에서, 한쪽 발을 들어올리면서 방향을 바꾸는 일.

킨키나-나무(quinquina—) 명 꼭두서닛과의 상록 교목. 남아메리카 안데스 산지 원산이며 인도네시아에서 많이 재배함. 잎은 달걀꼴 또는 길둥근 꼴인데 마주 나며, 꽃은 담황색 또는 담홍색으로 향기가 있음. 나무껍질에서 키니네를 채취함.

킬(kill) 명 -하다 자 ①테니스에서, 상대편이 받을 수 없을 만큼 공을 세게 내리치는 일. ②배구에서, 공을 상대편의 코트에 세게 내리치는 일. 스파이크(spike)

킬러(killer) 명 ①살인자(殺人者) ②배구에서, 스파이크를 하는 사람. ③야구에서, 특정한 팀에 대하여 승률이 높은 투수.

킬러=위성(killer衛星) 명 적의 군사 위성을 파괴하려고 만든 인공 위성.

킬로(kilo) 의 '킬로미터·킬로그램·킬로리터' 등을 줄이어 이르는 말.

킬로그램(kilogram) 의 미터법에 따른 질량의 기본 단위. 1킬로그램은 1그램의 1,000배. 기호는 kg

킬로그램미:터(kilogram-meter) 의 일의 단위. 1킬로그램미터는 질량 1kg의 물체를 높이 1m로 들어올리는 데 필요한 일의 분량. 기호는 kg·m

킬로그램=원기(kilogram原器) 명 미터 조약에 따라서 질량의 단위인 킬로그램의 기준으로 만들어 놓은 1kg의 분동(分銅). ☞도량형 원기(度量衡原器). 미터 원기(meter原器)

킬로리터(kiloliter) 의 미터법에 따른 용량이나 유체(流體)의 분량을 재는 단위의 한 가지. 주로 액체·기체·알곡 따위의 분량을 재는 데 쓰임. 1킬로리터는 1리터의 1,000배. 기호는 kL

킬로미:터(kilometer) 의 미터법의 길이 단위의 한 가지. 1킬로미터는 1m의 1,000배. 기호는 km

킬로바이트(kilobyte) 의 컴퓨터의 정보량을 나타내는 단위의 한 가지. 1킬로바이트는 1,024바이트임. 기호는 KB

킬로볼트(kilovolt) 의 전위차(電位差)의 단위의 한 가지. 1킬로볼트는 1볼트의 1,000배. 기호는 kV

킬로사이클(kilocycle) 의 주파수의 단위의 한 가지. 1킬로사이클은 1사이클의 1,000배. 기호는 kc

킬로암페어(kiloampere) 의 전류의 단위의 한 가지. 1킬로암페어는 1암페어의 1,000배. 기호는 kA

킬로암페어-시(kiloampere時) 의 전기량의 단위의 한 가지. 1킬로암페어시는 1kA의 전류가 한 시간 흘렀을 때의 전기량. 기호는 kAh

킬로와트(kilowatt) 의 전력의 단위의 한 가지. 1킬로와트는 1와트의 1,000배. 기호는 kW

킬로와트-시(kilowatt時) 의 일률과 전력량의 실용 단위. 1킬로와트시는 1와트시의 1,000배. 기호는 kWh

킬로전:자볼트(kilo電子volt) 의 에너지의 단위의 한 가지. 1킬로전자볼트는 1전자볼트의 1,000배. 기호는 keV

킬로칼로리(kilocalorie) 의 열량(熱量)의 단위. 1킬로칼로리는 1칼로리의 1,000배. 기호는 kcal

킬로퀴리(kilocurie) 의 방사능 단위의 한 가지. 1킬로퀴리는 1퀴리의 1,000배. 기호는 kCi

킬로톤(kiloton) 의 ①질량의 단위의 한 가지. 1킬로톤은 1톤의 1,000배. ②핵폭탄의 폭발력을 나타내는 단위. 1킬로톤은 티엔티(TNT) 1,000톤에 해당하는 폭발력. 기호는 kt

킬킬 부 참지 못하여 걷잡을 수 없이 터져 나오는 웃음 소리, 또는 그 모양을 나타내는 말. ☞낄낄

킬킬-거리다(대다) 자 자꾸 킬킬 웃다. ☞낄낄거리다

킬트(Kilt) 명 스코틀랜드에서, 남자가 입는 전통 의상. 허리에서 무릎까지 오는 체크 무늬의 스커트로, 앞 중앙부에 작은 가죽 주머니가 있음.

킷-값 명 손아랫사람에게나 홀대할만 한 사이에, '키에 알맞은 행동'을 이르는 말. ¶제발, —을 해라./—도 못하다니.

킹 부 몹시 아프거나 힘에 겨워 매우 괴롭게 내는 소리를 나타내는 말. ☞낑

킹사이즈(king-size) 명 물건의 치수가 표준보다 훨씬 큰 치수. 특대(特大)

킹-킹 부 ①몹시 아프거나 힘에 겨워 매우 괴롭게 자꾸 내는 소리를 나타내는 말. ②어린아이가 울음 섞인 소리로 자꾸 조르거나 보채는 소리를 나타내는 말. ¶젖을 물고도 자꾸 — 보채는 아기. ☞낑낑

킹킹-거리다(대다) 자 자꾸 킹킹 하다. ☞낑낑거리다

ㅋ

ㅌ 훈민정음 자모 ㅌ 훈몽자회 자모 ㅌ

타(他)명 남. 타인(他人) ¶ －의 귀감(龜鑑)이 되다./－를 질축 배척(嫉逐排斥)함이 아니로다.

타(打)의 ①'다스'의 한자 표기. ¶연필 한 －. ②골프에서, 타수(打數)의 단위. ③글자판을 치는 횟수의 단위. ¶1분에 삼백 －를 치다.

타(他)-《접두사처럼 쓰이어》'그 밖의', '다른'의 뜻을 나타냄. ¶타민족(他民族)/타방면(他方面)/타지방(他地方)

타가(他家)명 ①남의 집. ②다른 집. ☞자가(自家)

타가=수분(他家受粉)명 꽃가루가 다른 그루에 있는 암술머리에 붙는 일. 타가 수정 ☞자가 수분(自家受粉)

타가=수정(他家受精)명 ①타가 수분(他家受粉) ②동물에서, 다른 개체의 암수 생식 세포 사이에 이루어지는 수정. ☞자가 수정(自家受精)

타:각(打角)명 '타각부(打角夫)'의 준말.

타:각-부(打角夫)명 조선 시대, 중국에 보내는 사신 일행에 딸리어 일행의 행장(行裝)을 챙기고 간수하던 사람. 준타각(打角)

타:개(打開)명-하다타 어려운 사태 등에 부닥쳤을 때 해결의 실마리를 찾아내어 헤쳐 나감. ¶경제난을 －하다.

타:개-책(打開策)명 해결의 실마리를 찾아내어 헤쳐 나갈 방책. ¶난국의 －을 모색하다.

타:거(拖去)명-하다타 무슨 핑계를 대어 정해진 기한을 미루어 나감. 타과(拖過)

타:격(打擊)명 ①-하다타 세게 침. ¶상대 선수의 턱을 －하다. ②야구에서, 투수가 던진 공을 타자가 배트로 치는 일. ¶－ 연습을 하다. ③뜻하지 않은 피해 또는 손해. ¶우박이 내려 농작물에 큰 －을 입다. ④마음에 상처를 입음. ¶불합격 소식에 큰 －을 받다.

타:격-력(打擊力)명 타력(打力)

타:격-률(打擊率)명 타율(打率)

타:격-수(打擊數)명 타수(打數)

타:격-순(打擊順)명 타순(打順)

타견(他見)명 다른 사람의 의견이나 견해.

타:결(妥結)명-하다자타 의견이나 이해가 대립되던 두 편이 서로 좋도록 협의하여 일을 마무름. ¶협상이 －되다.

타:경(打更)명-하다자 지난날, 북과 징을 쳐서 경점(更點)을 알리던 일. 경(更)에는 북을 치고, 점(點)에는 징을 쳤음. ☞인경. 파루(罷漏)

타계(他系)명 다른 계통.

타계(他計)명 다른 계책.

타계(他界)명 ①자기와 관련이 없는 다른 세계. ②사람이 죽은 뒤에 그 영혼이 가서 산다는 세상. 사후의 세계. ③-하다자 '세상을 떠남'을 달리 이르는 말. ¶선생께서 －하신 지 삼 년이 된다. ④불교에서 이르는, 십계(十界) 가운데서 인간계(人間界) 이외의 세계를 이르는 말. 천상계(天上界)·지옥계(地獄界)·아귀계(餓鬼界) 따위.

타:고(打鼓)명-하다자 북을 두드림.

타고-나다타 본디부터 지니고 태어나다. ¶타고난 재주./미모(美貌)를 －.

타-고을(他-)명 자기가 살고 있는 고을이 아닌 다른 고을. 타관(他關). 타군(他郡)

타-고장(他-)명 자기가 살고 있는 고장이 아닌 다른 고장. 타곳

타:곡(打穀)명-하다자타 탈곡(脫穀)

타-곳(他-)명 타고장

타:과(拖過)명-하다타 타거(拖去)

타관(他關)명 ①타고을 ②타향(他鄕)

타관(을) 타다 관용 ①타관에서 쉽게 적응이 안 되어 기를 펴지 못하다. ②타관의 기후나 풍토가 몸에 맞지 않아 탈이 나다.

한자 **타관살이할 교**(僑) 〔人部 12획〕 ¶교민(僑民)/교포(僑胞)/한교(韓僑)/화교(華僑)

타교(他校)명 다른 학교. 남의 학교. ☞본교(本校)

타구(他區)명 ①다른 구역(區域). ②다른 구(區).

타:구(打球)명 야구나 골프 등에서 공을 치는 일, 또는 친 그 공. ☞선구(選球)

타:구(打毬)명 격구(擊毬)

타구(垜口)명 ①몸을 숨겨 적을 공격할 수 있도록 성 위에 나지막하게 덧쌓은 담. 성가퀴 ②성가퀴에 활이나 총을 쏠 수 있도록 갈라 놓은 자리.

타:구(唾具)명 가래나 침을 뱉는 그릇. 타담호(唾痰壺). 타호(唾壺)

타:구(楕球)명 길둥근 공.

타국(他國)명 다른 나라. 외국(外國). 이방(異邦)

타국-인(他國人)명 다른 나라 사람. 외국인(外國人)

타군(他郡)명 ①타고을 ②다른 군(郡).

타:금(打琴)명-하다자 가야금이나 거문고 등을 탐. 탄금

타기(舵機)명 ①배의 키. ②조타기(操舵機)

타:기(唾棄)명-하다타 침을 뱉고 싶을 만큼 더럽게 여기거나 싫어함. ¶－할 비인도적 행위.

타:기(惰氣)명 게으른 마음.

타:기술중(墮其術中)[－쭝]성구 남의 간악한 꾐에 빠짐을 이르는 말.

타:깃(target)명 ①과녁. 표적(標的) ②대상이나 목표. ¶신혼 주부를 －으로 삼은 신상품./공격의 －이 되다. ③엑스선관 등에서 전자 빔을 쬐는 전극(電極)을 이르는 말. ④컴퓨터에서 장치를 보조·수정하기 위하여 사용되는 지표(指標) 카드나 테스트용 인자(印字) 기록을 이르는 말.

타:깃존(target zone)명 변동 환율제에서 환시세의 목표로 정한 환율대. 환시세의 변동 폭을 일정하게 억제하여 통화 안정을 꾀하는 것이 목적임.

타끈-스럽다(－스럽고·－스러워)형ㅂ 보기에 타끈한 데가 있다. ¶그 타끈스러운 사람이 수재민 돕기에 팔을 걷고 나서다니 이상하군.

타끈-스레부 타끈스럽게

타끈-하다형여 아니꼽게 인색하고 욕심이 많다.

타끈-히부 타끈하게

타날빈(Tannalbin 독)명 타닌산알부민

타-남(他-)명 전혀 관계가 없는 '남'이라는 뜻으로, '남'임을 강조하여 이르는 말. ¶생면부지(生面不知) －이 생명의 은인이었다.

타년(他年)명 올해가 아닌 다른 해. ¶금년 여름의 강수량은 －에 비해 유난히 많았다.

타념(他念)명 다른 생각.

타:농(惰農)명 게으른 농부. ☞정농(精農)

타닌(tannin)명 타닌산

타닌-산(tannin酸)명 나무껍질이나 잎·뿌리·열매 따위에 들어 있는 떫은 성분을 뽑아 내어 만든 물질. 잉크나 염료 등의 원료가 되며 무두질 등에 쓰임. 타닌

타닌산-알부민(tannin酸Albumin)명 알부민과 타닌산의 화합물. 냄새가 없는 갈색 가루이며, 수렴(收斂) 작용이 있어서 장염(腸炎) 등의 지사제로 쓰임. 타날빈

타다¹ 자 ①불이 붙어 불꽃이 일어나거나 높은 열을 내다. ¶낙엽이 ㅡ./초가 ㅡ./종이 타는 냄새. ②오래도록 열을 받아서 누렇게 되거나 꺼멓게 되다. ¶밥이 누렇게 ㅡ./숯불에 굽는 생선이 ㅡ. ③가물로 식물이 바싹 마르다. ¶오랜 가물로 농작물이 ㅡ. ④햇빛이나 자외선을 쬐어서 살갗이 빨갛게 되거나 검게 변하다. ¶햇빛에 탄 얼굴. ⑤마음이 쓰이어 몹시 달다. ¶애가 ㅡ./속이 ㅡ. ⑥몹시 달아서 목 안이나 입술이 바싹 마르다. ¶심한 더위에 목이 ㅡ./입술이 바싹 ㅡ.

속담 **타는 불에 부채질한다** : 화가 나 있는 사람에게 더욱 부아를 돋우는 말이나 행동을 할 때, 또는 남의 재난에 돕기는커녕 오히려 더 못 되게 일을 방해하는 짓을 할 때 이르는 말.

한자 **탈 연**(燃) 〔火部 12획〕 ¶가연물(可燃物)/불연(不燃)/연료(燃料)/연미지액(燃眉之厄)

타다² 타 ①탈것이나 짐승의 등에 오르다. ¶기차를 ㅡ./배를 ㅡ./말을 ㅡ. ②탈것에 몸을 올려 지치거나 다루어 부리다. ¶스키를 ㅡ./썰매를 ㅡ./기구(氣球)를 ㅡ./행글라이더를 ㅡ. ③놀이 기구에 올라 흔들거나 오르내리며 놀다. ¶그네를 ㅡ./회전 목마를 ㅡ. ④공중에 친 줄 위에 몸을 올려 놓다. ¶줄을 타고 재주를 부리다. ⑤나무 위에 올라가다. ¶나무를 타는 재주가 뛰어나다. ⑥산등성이 등을 따라 지나가다. ¶산의 능선을 ㅡ./고양이가 지붕을 타고 다니다. ⑦물결이나 기류·전파 등의 흐름에 실리다. ¶파도를 ㅡ./글라이더가 기류를 타고 높이 날아오르다./전파를 타고 날아온 희소식./바람을 타고 들려 오는 풀피리 소리. ⑧무엇을 붙잡거나 몸을 붙이듯이 하여 옮아 가다. ¶밧줄을 타고 옥상에서 내려오다./절벽을 타고 정상에 오르다. ⑨무엇을 거쳐서 옮아 가다. ¶눈물이 볼을 타고 흘러내리다.

한자 **탈 승**(乘) 〔丿部 9획〕 ¶동승(同乘)/승객(乘客)/승마(乘馬)/승선(乘船)/승차(乘車) ▷ 속자는 乗

타다³ 타 액체에 다른 액체나 가루 따위를 섞다. ¶물에 꿀을 ㅡ./커피에 설탕을 ㅡ.

타다⁴ 타 ①자기의 몫으로 주는 돈이나 물건을 받다. ¶상금을 ㅡ./용돈을 ㅡ. ②타고나다 ¶복을 탄 사람.

타다⁵ 타 ①조건이나 기회 따위를 잘 살피어 이용하다. ¶혼란한 틈을 타서 범행을 저지르다./방어가 허술한 틈을 타고 공격해 들어가다. ②알맞은 때를 만나다. ¶시운(時運)을 타고 통치자의 자리에 오르다.

타다⁶ 타 ①줄이나 골이 지게 양쪽으로 갈라붙이다. ¶가르마를 ㅡ./고랑을 ㅡ. ②톱 따위로 두 쪽이 나도록 썰거나 가르다. ¶박을 ㅡ. ③콩이나 팥 따위를 맷돌에 갈아 잘게 부스러뜨리거나 쪼개다. ¶팥을 ㅡ./녹두를 ㅡ.

타다⁷ 타 ①가야금이나 거문고 따위의 줄을 뚱기어 소리를 내다. ¶가야금을 ㅡ. ☞켜다 ②솜을 튀기거나 두드려서 퍼지고 부풀게 하다. ¶솜을 ㅡ. ☞틀다

타다⁸ 타 ①어떤 기운이나 자극 따위를 별나게 잘 받거나 느끼다. ¶옻을 ㅡ./간지럼을 ㅡ./부끄럼을 ㅡ. ②철이나 날씨의 영향을 받아 상태가 나빠지다. ¶농작물이 가물을 ㅡ./남달리 추위를 ㅡ. ③부정한 일 따위의 영향을 받아 해를 입다. ¶부정을 ㅡ.

타다닥 부 약한 막대 따위가 거칠게 돌아가는 바퀴살 등에 스칠 때 나는 소리를 나타내는 말. ☞다다닥. 따다닥

타닥-타닥 부 ①발걸음을 힘없이 옮겨 놓는 모양, 또는 그 소리를 나타내는 말. ②가볍게 두드려 먼지를 떠는 모양, 또는 그 소리를 나타내는 말. ☞터덕터덕

타달-거리다(대다) 자 자꾸 타달타달 하다. ☞터덜거리다

타달-타달 부 ①지친 몸을 맥없이 늘어뜨리고 천천히 걷는 모양, 또는 그 소리를 나타내는 말. ②빈 수레 따위가 울퉁불퉁한 길을 지나가는 모양, 또는 그 소리를 나타내는 말. ☞터덜터덜

타:담-호(唾痰壺)명 타구(唾具)

타:당(妥當)어기 '타당(妥當)하다'의 어기(語基).

타:당-성(妥當性)[-썽]명 사리에 맞고 마땅한 특성이나 경향. ¶간척 사업의 ㅡ을 검토하다./ㅡ이 없는 말.

타:당-하다(妥當-)형여 판단이나 처리가 사리에 맞아서 마땅하다. ¶타당한 조처./판단이 ㅡ.

타도(他道)명 행정 구역상의 다른 도. ¶ㅡ와의 경계선.

타:도(打倒)명-하다타 어떤 대상이나 세력을 거꾸러뜨리거나 쳐부숨. ¶독재 정권을 ㅡ하다.

타동(他洞)명 ①다른 동(洞). ¶ㅡ에서 이사를 온 사람. ②다른 동네.

타동=면:역(他動免疫)명 다른 생물체 속에 생긴 항체를 자기 몸에 받아들여 이루어지는 면역. 예방 주사나 디프테리아·파상풍의 혈청 요법 등이 이를 이용하는 것임. 수동 면역(受動免疫) ☞자동 면역(自動免疫)

타동사(他動詞)명〈어〉동사의 한 갈래. 대상(對象)을 필요로 하는 동사. '때린다, 먹는다, 읽는다' 따위와 같은 동사. ☞자동사(自動詞)

타드랑 부 금이 간 질그릇 따위가 단단한 물체에 부딪칠 때 나는 소리를 나타내는 말. ☞타랑. 터드렁

타드랑-타드랑 부 잇달아 타드랑 하는 소리를 나타내는 말. ☞타랑타랑. 터드렁터드렁

타락(駝酪)명 우유(牛乳)

타:락(墮落)명-하다자 ①올바른 길에서 벗어나 나쁜 길로 빠짐. ¶마약에 손을 대어 ㅡ의 길로 빠지다. ②크리스트교에서, 죄를 범하여 불신(不信)의 생활에 빠짐을 이르는 말. ③불교에서, 수도자가 속심(俗心)으로 떨어짐을 이르는 말.

타락-병(駝酪餠)명 떡의 한 가지. 우유·꿀·밀가루를 한데 반죽하여 얇고 동글납작하게 반대기를 지어, 떡살로 무늬를 찍어 화로 위에 얹어서 익힌 떡.

타락-죽(駝酪粥)명 죽의 한 가지. 물에 불린 쌀을 곱게 갈아 채에 밭아서 끓이다가 우유를 섞어 쑨 죽.

타락-줄 명 사람의 머리털로 꼬아 만든 줄. 몹시 질기고 오래 견딤. 원터럭줄

타란텔라(tarantella 이)명 남부 이탈리아의 타란토 지방에서 비롯된, 빠른 8분의 6박자 또는 8분의 3박자로 된 춤곡, 또는 그 리듬에 맞추어 추는 춤. 차차 격렬함을 더해 가는 것이 특색임.

타랑 부 금이 간 질그릇 따위가 단단한 물체에 가볍게 부딪칠 때 나는 소리를 나타내는 말. ☞타드랑. 터렁

타랑-타랑 부 잇달아 타랑 하는 소리를 나타내는 말. ☞타드랑타드랑. 터렁터렁

타래 명 ①사린 실이나 끈 따위를 가볍게 비틀어 놓은 것. ¶뜨개실 ㅡ ②〔의존 명사로도 쓰임〕 사린 실이나 끈 따위를 가볍게 비틀어 놓은 것을 세는 단위. ¶뜨개실 한 ㅡ. ☞토리

타래-과(-果)명 유밀과의 한 가지. 밀가루 반죽을 얇게 밀어 긴 네모꼴로 썬 다음, 가운데에 세로로 칼집을 내고 한쪽 끝을 그 사이로 넣어 뒤집어서 기름에 띄워 지져 꿀이나 조청을 묻히고 실백가루를 뿌려 만듦.

타래-난초(-蘭草)명 난초과의 여러해살이풀. 줄기 높이 40~60cm. 엷은 녹색의 좁고 긴 잎이 어긋맞게 나며 6~7월에 줄기 끝에 분홍색 꽃이 이삭 모양으로 핌. 들에서 자라며 관상용으로도 심음.

타래-박 명 물을 푸는 도구의 한 가지. 긴 나무나 대를 자루로 삼고 그 한쪽 끝에 큰 바가지를 매어 씀. ☞두레박

타래-버선 명 돌 전후의 어린아이가 신는, 양 볼에 수를 놓고 코에 색실로 예쁜 술을 단 누비 버선.

타래-송:곳 명 ①용수철 모양으로 생긴 송곳. 코르크 마개를 뽑는 데 쓰임. ②송곳의 날이 배배 틀려 골이 지고 끝이 날카로운 송곳. 둥근 구멍을 뚫는 데 쓰임.

타래-쇠 명 작은 문고리 따위가 벗겨지지 않게 꿰어 거는, 태엽같이 둥글게 서린 쇠고리.

타래-실 명 타래로 된 실 뭉치. ☞테실. 토리실

타래-엿 명 타래처럼 꼬아 놓은 엿.

타래-타래 부-하다형 실이나 노끈 따위가 여러 타래로 사리어 있는 모양을 나타내는 말. ☞트레트레

타려(他慮)명 다른 염려.

타력(他力)명 ①다른 사람의 힘. 남의 도움. ¶ㅡ에 의지

하다. ☞자력(自力) ②불교에서, 중생을 깨달음으로 이끄는 부처와 보살의 힘. 특히 아미타불 본원(本願)의 힘을 이르는 말.

타:력(打力)명 야구에서, 투수가 던진 공을 타자가 치는 힘. 타격력(打擊力)

타:력(惰力)명 ①버릇이나 습관에서 비롯된 힘. ②관성(慣性)이 지닌 힘. ¶-으로 달리다.

타력-교(他力教)명 불교에서, 아미타불 본원(本願)의 힘으로 극락 왕생을 구하는 교문(教門)을 이르는 말. 정토종(淨土宗)·진종(眞宗) 따위. 타력종(他力宗) ☞자력교(自力教)

타력-종(他力宗)명 타력교(他力教) ☞자력종(自力宗)

타:령(*打令)명 ①우리 나라의 민요나 잡가(雜歌) 등의 곡명으로 쓰이는 말. '방아타령'·'박타령' 따위. ②서도(西道) 민요의 한 가지. '홍타령'·'자진아리'를 달리 이르는 말. ③'영산회상(靈山會相)'의 여덟째 곡 이름. ④-하다타 어떤 사물에 관련된 말이나 요구의 말, 한탄의 말 따위를 자꾸 되풀이함을 비유하여 이르는 말. ¶새 신을 사 달라고 날마다 신 -이다./그는 나만 만나면 신세 -이다./자금 부족으로 날마다 돈 -이다.

타령(他領)명 ①다른 나라의 영토. ②남의 영역.

타:루(墮淚)명-하다자 낙루(落淚)

타류(他流)명 ①다른 방식. ②다른 유파(流派).

타륜(舵輪)명 배의 키를 조종하는 손잡이가 달린, 바퀴 모양의 장치.

타르(tar)명 목재나 석탄 등을 건류할 때 생기는, 갈색 또는 흑색의 끈끈한 기름과 같은 물질. 주요 성분은 탄화수소이며 목타르·콜타르 등이 있음.

타르머캐덤=포장(tar macadam鋪裝)명 잘게 부순 돌을 깔고 그 위에 타르를 뿌린 다음 롤러로 굳게 다지는 일, 또는 그 포장.

타르타로스(Tartaros)명 그리스 신화에 나오는 신의 이름에서 비롯된 말로, 땅 속 암흑 세계의 가장 밑에 있다는 나락(奈落)을 이르는 말.

타르페이스트(tar paste)명 타르의 환원성을 이용하여 만든 고약. 옴·습진 등의 피부병에 쓰임.

타마-유(-油)명 콜타르

타:말성(唾沫星)[-썽]명 잿물에 잔 물거품이 있어, 마치 구슬이 부스러진 것과 같은 무늬가 생긴 자기(瓷器).

타:망(打網)명 쟁이

타:매(唾罵)명-하다타 침을 뱉으며 꾸짖는다는 뜻으로, 아주 더럽게 여기며 욕함을 이르는 말.

타:맥(打麥)명-하다자 보리를 거두어 타작함.

타:면(打綿)명-하다자 솜을 탐. 탄면(彈綿)

타:면(唾面)명-하다자 얼굴에 침을 뱉고 모욕을 줌.

타:면(惰眠)명-하다자 ①게으르게 잠만 잠. ②아무 일도 하지 아니하고 게으름만 피움. 나면(懶眠)

타:면-기(打綿機)명 솜틀

타:목명 목이 잠기어 쉰, 탁한 목소리.

타문(他門)명 남의 집안이나 문중(門中).

타문(他聞)명-하다타 남이 들음. 남의 귀에 들어감. ¶-을 꺼리는 집안 이야기.

타물-권(他物權)[-꿘]명 다른 사람의 소유물 위에 성립하는 물권. 지상권(地上權)·지역권(地役權)·저당권(抵當權) 따위.

타-민족(他民族)명 다른 민족.

타바코(tabacco 포)명 담배

타:박명-하다타 다른 사람의 잘못이나 결함 따위를 잡아 나무라거나 탓함. ¶-을 맞다./-을 주다.

타:박(打撲)명-하다타 몸을 세게 부딪거나 때림.

타:박-상(打撲傷)명 몸을 세게 부딪거나 맞거나 하여 피하 조직이 손상을 입는 일. 타상(打傷)

타박-타박부 지친 몸으로 무거운 발걸음을 동안이 잦게 떼어 놓는 모양, 또는 그 소리를 나타내는 말. ☞터벅터벅

타박타박-하다형여 가루로 된 음식 따위가 물기와 끈기가 없어서 좀 팍팍하다. ¶삶은 밤이 -. ☞터벅터벅하다

타방(他方)명 ①'타방면(他方面)'의 준말. ②'타지방(他地方)'의 준말.

타-방면(他方面)명 다른 방면. 준타방(他方)

타배(駝背)명 낙타의 등이라는 뜻으로, '곱사등이'를 달리 이르는 말.

타백(拖白)명 지난날, 과거보는 사람이 과장(科場)에서 글을 짓지 못하고 백지(白紙)를 그대로 가지고 나오는 일을 이르던 말. 예백(曳白)

타:보(打報)명-하다자타 타전(打電)

타블로이드(tabloid)명 '타블로이드판'의 준말.

타블로이드-판(tabloid版)명 신문 판형의 한 가지. 일반 신문지의 2분의 1 크기임. 준타블로이드

타분-하다형여 음식의 냄새나 맛이 신선하지 못하다. ¶생선 찌개 맛이 좀 -. ☞터분하다

타:비(打碑)명-하다자타 비면(碑面)에 새겨진 글을 종이 따위에 떠냄. ☞탑본(搨本)

타:빈(惰貧)어기 '타빈(惰貧)하다'의 어기(語基).

타:빈-하다(惰貧-)형여 게을러서 가난하다.

타사(他事)명 ①다른 일. ②남의 일.

타산(他山)명 ①다른 산. ②남의 산.

타:산(打算)명-하다타 이해 관계를 따져 셈쳐 봄, 또는 그 셈속. ¶수지(收支)를 -해 보다. ☞채산(採算)

타:산-적(打算的)명 무슨 일을 하든지 이해 관계를 따져 보고 하는 것. ¶-인 사고 방식.

타산지석(他山之石)성구 다른 산에서 나는 보잘것없는 돌이라도 자기의 옥(玉)을 가는 데 도움이 된다는 뜻으로, 다른 사람의 하찮은 언행(言行)도 자기의 수양에 도움이 될 수 있음을 비유하여 이르는 말.

타살(他殺)명-하다타 남에게서 죽임을 당함. ☞자살(自殺)

타:살(打殺)명-하다타 때려서 죽임. 구살(毆殺). 박살(撲殺)

타:상(打傷)명 타박상(打撲傷)

타:상(妥商)명-하다타 타의(妥議)

타상하설(他尙何說)성구 더 이상 다른 것을 말하여 무엇하랴의 뜻으로, 한 가지 일을 보면 다른 일은 보지 않아도 헤아릴 수 있다는 말.

타색(他色)명 ①다른 빛깔. ②조선 시대, 사색(四色) 당파 가운데 자기 파 이외의 다른 파를 이르던 말.

타생(他生)명 ①불교에서, 자생(自生)에 상대하여 그 자체가 아닌 다른 원인으로 말미암아 사물이 생기는 일을 이르는 말. ②불교에서, 금생(今生)에 상대하여 전생(前生)과 후생(後生)을 이르는 말.

타:석(打席)명 ①야구에서, 투수가 던지는 공을 치기 위하여 타자가 서는 곳. 배터박스(batter's box) ②야구에서, 타자가 타석에 선 횟수. 타석수

타:석(唾石)명 침에 섞인 석회분이 뭉치어 생긴 결석(結石). 악하선(顎下腺)이나 설하선(舌下腺)에 흔히 생김.

타:-석기(打石器)명 '타제 석기(打製石器)'의 준말.

타:석-수(打席數)명 타석(打席)

타:선(打線)명 야구에서, 그 팀의 타력 면에서 본 타자들의 구성과 그 역량. ¶막강한 -을 자랑하는 팀.

타:선(唾腺)명 '타액선(唾液腺)'의 준말.

타성(他姓)명 다른 성(姓). 이성(異姓)

타:성(惰性)명 ①오래되어 굳어진 버릇. ¶-에 젖은 사람. ②관성(慣性)

타성-바지(他姓-)명 자기와 다른 성(姓)을 가진 사람. ☞각성바지

타:성-적(惰性的)명 오래되어 굳어진 버릇처럼 된 것.

타세(他世)명 불교에서, '내세(來世)'를 이르는 말.

타:쇄(打碎)명-하다타 때려서 부수거나 깨뜨림.

타:수(打數)명 ①야구에서, 타자가 타석에 나선 횟수에서 사구(四球)·사구(死球)·희생타 및 타격 방해 등에 따른 출루(出壘)의 횟수를 뺀 수. 타격수(打擊數) ②골프에서, 공을 정해진 홀에 넣기까지 골프채로 친 횟수. ③〔의존 명사로도 쓰임〕 야구에서, 타수의 단위. ¶5 - 2 안타.

타수(舵手)명 선박(船舶)에서, 키를 다루는 일을 맡아보는 선원(船員). 키잡이

타:수(唾手)명-하다자 손에 침을 뱉는다는 뜻으로, 마음을 다잡아 일에 달라붙음을 뜻하는 말.
타:수가:득(唾手可得)성구 마음을 다잡아 일에 달라붙으면 일이 쉽게 이루어질 것을 기약할 수 있음을 이름.
타:순(打順)명 야구에서, 타자가 타석에 나가는 순서. 타격순(打擊順) ¶ -을 바꾸다./-이 잘 짜여지다.
타시(他時)명 다른 때.
타심(他心)명 ①다른 것을 생각하는 마음. ②딴마음
타아(他我)명 자아(自我)에 상대하여, 다른 사람에게도 저마다 있을 것으로 생각되는 아(我), 곧 타인(他人)이 자기라고 생각하는 나.
타:-악기(打樂器)명 손이나 채로 두드리거나 서로 부딪쳐서 소리를 내는 악기. 북·장구·탬버린 따위. ☞관악기(管樂器). 현악기(絃樂器)
타애(他愛)명 자기의 일보다 먼저 남의 행복이나 이익 등을 생각하고 바라는 일. ☞이타(利他)
타:액(唾液)명 침
타:액-선(唾液腺)명 침샘 준타선(唾腺)
타:약(惰弱)어기 '타약(惰弱)하다'의 어기(語基).
타:약-하다(惰弱-)형여 나약하다
타어(鮀魚)명 '모래무지'의 딴이름.
타언(他言)명 다른 말.
타-오르다(-오르고·-올라)자르 ①불이 붙어 불꽃이 일어나다. ¶불길이 세차게 -. ②마음이 달아오르다. ¶연모(戀慕)의 정(情)이 불길처럼 -.
타:옥(墮獄)명-하다자 불교에서, 이 세상에서 지은 악업(惡業)으로 말미암아 죽어서 지옥으로 떨어짐을 이르는 말.
타용(他用)명-하다타 다른 용도로 씀. ¶회사 업무에 관계되는 자료의 -을 금하다.
타울-거리다(대다)자 자꾸 타울타울 하다. ☞터울거리다
타울-타울부 하고자 하는 일을 이루려고 바득바득 애쓰는 모양을 나타내는 말. ☞터울터울
타:원(楕圓)명 ①길쭉하게 둥근 원. ②수학에서, 평면 위의 두 정점(定點)으로부터의 거리의 합이 일정한 점의 자취. 두 정점을 초점(焦點)이라 이름.
타:원-구(楕圓球)명 그 중심을 지나는 평면으로 말미암아 잘린 평면이 타원이 되는 입체.
타:원-면(楕圓面)명 타원체를 이루는 곡면. 타원체면
타:원=운:동(楕圓運動)명 타원형의 궤도를 따라 움직이는 운동.
타:원-율(楕圓率)[-뉼]명 타원의 긴반지름과 짧은반지름의 차에 대한 짧은반지름의 비. 준타율(楕率)
타:원-체(楕圓體)명 타원면으로 에워싸인 입체.
타:원체-면(楕圓體面)명 타원면(楕圓面)
타:원-형(楕圓形)명 타원으로 된 도형. 길둥근 모양.
타월(towel)명 ①피륙 바닥에 실 코가 보풀보풀하게 나오도록 짠 천, 또는 그것으로 만든 수건. ②수건
타율(他律)명 자의(自意)로 하는 일이 아니고, 남으로부터 명령이나 지시를 받아서 행동하는 일. ☞자율(自律)
타:율(打率)명 야구에서, 타수에 대한 안타수(安打數)의 비율. 타격률(打擊率)
타:율(楕率)명 '타원율(楕圓率)'의 준말.
타의(他意)명 ①다른 생각. 다른 뜻. 별의(別意) ②다른 사람의 뜻. ¶ -에 따라 행동하다. ☞자의(自意)
타:의(妥議)명-하다타 타협하며 의논함, 또는 그 의논. 타상(妥商)
타이(tie)명 ①끈. 줄 ②넥타이(necktie) ③운동 경기에서, 동점(同點)이나 동률(同率)을 이르는 말. ¶3 대 3으로 -를 이루다. ④악보(樂譜)의 붙임줄.
타이가(taiga)명 북반구 아한대(亞寒帶)에 있는, 침엽수(針葉樹)로 이루어진 삼림 지대.
타이곤(tigon)명 범의 수컷과 사자의 암컷을 교배한 잡종. 범의 무늬와 비슷한 무늬가 있고, 수컷에게는 사자와 같은 갈기가 있음. 'tiger'와 'lion'을 합쳐서 줄인 말임. ☞라이거(liger)
타이=기록(tie記錄)명 운동 경기에서, 이제까지의 최고 기록과 동등한 기록. ¶올림픽 -을 세우다.
타이드론:(tied loan)명 자금을 빌려 주는 편에서 미리 그 용도를 지정하고 그 운용을 감독하는 형태의 차관.
타-이르다(-이르고·-일러)자타르 ①잘 알아듣도록 사리를 밝혀 말해 주다. ¶잘 타일러서 오해를 풀게 하다. ②잘하도록 가르치다. ¶학업에 힘쓰도록 -.
타이머(timer)명 ①운동 경기 등에서, 시간을 재는 일을 맡은 사람. ②타임스위치(time switch)
타이밍(timing)명 어떤 일을 하는 데 가장 알맞은 때나 기회, 또는 순간. ¶ -을 맞추다./-이 좋다.
타이브레이크(tie break)명 테니스에서, 듀스가 반복되어 경기가 너무 길어지는 일을 막기 위해, 게임스코어가 6 대 6 또는 8 대 8 동점이 될 때 먼저 7점 또는 9점을 따내는 쪽을 승자로 치는 규칙.
타이스코어(tie score)명 운동 경기에서, 득점(得點)이 같은 상태. 동점(同點) ☞타이 기록
타이어(tire)명 ①자전거나 자동차, 비행기 따위의 바퀴 바깥 둘레에 끼우는 고무 테. 충격을 덜기 위해 공기를 넣음. ②철도 차량의 바퀴에 끼우는 강철 테.
타이어체인(tire chain)명 자동차가 눈길을 가는 데 미끄러지지 않도록 바퀴에 씌우는 쇠사슬.
타이츠(tights)명 신축성이 있는 천으로 허리 부분에서 다리까지 착 달라붙게 만든 옷. 서커스·발레·체조 등을 할 때 입음.
타이탄(Titan)명 그리스 신화에 나오는 거인족(巨人族).
타이트스커:트(tight skirt)명 스커트의 한 가지. 허리에서 단까지 직선이며 몸에 꼭 끼게 만듦.
타이트-하다(tight-)형여 ①팽팽하다 ②옷 따위가 몸에 꼭 끼다. ¶타이트한 청바지. ③여유가 없이 빠듯하다. ¶일정이 너무 -.
타이틀(title)명 ①책자나 작품 따위의 제목. 표제(標題) ②선수권(選手權) ③영화나 텔레비전드라마 따위에서, 제목이나 스태프를 소개하는 자막(字幕).
타이틀매치(title match)명 프로 권투나 프로레슬링 등에서, 선수권을 걸고 벌이는 경기. ☞논타이틀매치
타이틀뮤:직(title music)명 영화나 텔레비전드라마 등에서 타이틀백과 함께 나오는 음악.
타이틀백(title+back)명 영화나 텔레비전드라마 등의 첫머리에 나오는, 제목·배역·스태프 등 자막(字幕)의 배경이 되는 화면.
타이프(type)명 ①활자(活字) ②'타이프라이터'의 준말.
타이프라이터(typewriter)명 타자기(打字機) 준타이프
타이피스트(typist)명 타자수(打字手)
타익=신:탁(他益信託)명 신탁 재산에서 생기는 이익이 위탁자에게 돌아가지 않고 제삼자에게 돌아가는 신탁. ☞자익 신탁(自益信託)
타인(他人)명 다른 사람. 남 ¶ - 소유의 대지.
타:인(打印)명-하다자 관인(官印)을 찍음. 답인(踏印)
타인소:시(他人所視)성구 남이 보는 바라는 뜻으로, 숨길 수 없음을 이르는 말.
타인=자:본(他人資本)명 기업이 출자자 이외의 제삼자로부터 끌어들인 자본. 차입금(借入金)·사채(社債) 따위. ☞자기 자본(自己資本)
타일(他日)명 다른 날. 이일(異日)
타일(tile)명 질흙을 재료로 하여 만든, 겉이 반들반들한 도제(陶製)의 판. 벽이나 바닥 따위에 붙임.
타임(time)명 ①시간. 시각(時刻) ②빠르기를 겨루는 운동 경기에서, 걸린 시간. 소요 시간(所要時間) ③야구 경기 따위에서, 심판원이 경기 도중 잠시 경기를 중단하는 일. ④'타임아웃(time-out)'의 준말. ¶ -을 요구하다.
타임리코:더(time recorder)명 시간 기록계
타임머신:(time machine)명 과거와 미래로 시간 여행을 할 수 있게 한다는 공상의 기계. 영국의 소설가 웰스(H. G. Wells)가 지은, 같은 이름의 공상 과학 소설에서 온 이름임.
타임스위치(time switch)명 텔레비전 따위의 전기 기구에서, 원하는 시각에 스위치가 자동적으로 켜졌다 꺼졌

다 하게 된 장치. 타이머(timer)

타임스탬프(time stamp)명 문서나 전표 따위에 자동으로 시간을 찍는 기록 장치. 출퇴근 카드 또는 공정 관리나 문서의 발송과 접수 등에 쓰임.

타임아웃(time-out)명 배구나 농구 등에서, 경기 도중 선수의 교체·휴식·협의를 위하여 심판의 허락으로 경기 진행을 잠시 멈추는 일. 준타임(time)

타임업(time+up)명 운동 경기에서, 규정된 경기 시간이 다하여 경기가 끝나는 일.

타임워치(time watch)명 스톱워치(stopwatch)

타임캡슐(time capsule)명 한 시대의 인간이 어떠한 생각으로 어떻게 살았는가를 후세에 전하기 위하여, 그 시대를 대표하는 기록이나 물건을 넣어 땅 속에 묻는 특수 용기(容器).

타입(type)명 ①형(型). 양식(樣式). 유형(類型) ②전형(典型). 대표적인 것. ¶사업가 -

타입-대(他入貸)명 기업이나 금융 기관 등이 약속 어음이나 당좌 수표를 결제하지 못할 때 은행이 빌려 주는 하루짜리 긴급 대출.

타:자(打字)명-하다자 타자기나 컴퓨터 따위의 글자판을 침.

타:자(打者)명 야구에서, 상대편 투수가 던진 공을 치는 공격진의 선수. 배터(batter)

타:자-기(打字機)명 자모와 부호, 숫자 따위의 활자가 딸린 글자판을 눌러서 종이에 글자를 찍는 기계. 타이프라이터(typewriter) ☞인자기(印字機)

타:자-수(打字手)명 타자기로 글자를 찍는 일을 직업으로 삼는 사람. 타이피스트(typist)

타:작(*打作)명-하다타 ①곡식의 이삭을 두드려 떨어서 그 낟알을 거두는 일. 마당질. 바심 ②지주와 소작인이, 거둔 곡식을 일정 비율로 나누는 소작 제도. ☞배메기

타:작-관(*打作官)명 조선 시대, 지주(地主)가 소작인이 타작하는 일을 감시하도록 보내는 사람을 이르던 말.

타:작-꾼(*打作-)명 타작하는 일꾼.

타:작=마당(*打作-)명 타작하는 마당.

타:전(打電)명-하다자타 무전이나 전보 따위를 침. 타보(打報) ☞입전(入電)

타:점(打點)[1]명-하다타 ①점을 찍음. ②마음속으로 점찍어 둠.

타:점(打點)[2][-쩜]명 야구에서, 타자가 안타 등을 쳐서 자기 편이 득점하게 한 점수.

타:정(妥定)명-하다타 타당하게 정함.

타:제(打製)명-하다타 두드려서 만듦, 또는 그 물건.

타:제=석기(打製石器)명 구석기 시대에 큰 돌을 깨어서 다듬어 쓴 도구. 준타석기(打石器) ☞마제 석기(磨製石器)

타조(駝鳥)명 타조과의 새. 현생(現生) 조류 가운데 가장 큰 새로, 수컷은 키가 2~2.5m, 몸무게 135kg 안팎임. 머리는 작고 목과 다리는 길며 발가락은 두 개임. 날개는 퇴화하여 날지 못하지만, 매우 빨리 달리며 최고 속도는 시속 90km임. 몸빛은 수컷은 흑색, 암컷은 회갈색임. 아프리카의 사바나 등지에 사는데 모래 속에 알을 낳아 뜨거운 모래의 온도로 부화시킴.

타종(他宗)명 불교에서, 다른 종파(宗派)나 종지(宗旨)를 이르는 말.

타종(他種)명 다른 종류.

타:종(打鐘)명-하다자 종을 침.

타:종=신:호(打鐘信號)명 종을 쳐서 알리는 신호.

타:죄(墮罪)명-하다자 죄에 빠지거나 죄인이 됨.

타주=점유(他主占有)명 특정한 관계에서 소유할 의사 없이 물건을 지배하는 뜻으로 점유하는 일. 지상권자·저당권자·대차인·창고업자 등의 점유 따위. ☞자주 점유

타지(他地)명 ①타향(他鄕) ②'타지방(他地方)'의 준말. ¶-에서 이사 온 사람.

타지(他紙)명 다른 신문사에서 발행한 신문.

타지(他誌)명 다른 잡지사에서 발행한 잡지.

타:-지다자 꿰맨 자리가 갈라지다. ¶바짓가랑이가 -. ☞터지다

타-지방(他地方)명 다른 지방. 준타방. 타지(他地)

타:진(打診)명-하다타 ①의사가 환자의 가슴이나 등을 손가락 끝이나 타진기로 두드려서 그 소리로써 진찰하는 일. ②상대편의 의향(意向)을 알아보려고 미리 떠봄. ¶회원들의 의향을 -하다.

타:진-기(打診器)명 타진하는 데 쓰는 의료 기구.

타:진-추(打診槌)명 타진하는 데 쓰는, 쇠붙이로 된 작은 마치. 끝에 단단한 고무를 달았음.

타:진-판(打診板)명 타진하는 데 쓰는, 쇠붙이나 상아(象牙)로 만든 작고 납작한 판.

타:짜명 '타짜꾼'의 준말.

타:짜-꾼명 속임수를 잘 부리는 노름꾼. 준타짜

타책(他策)명 다른 계책이나 수단.

타처(他處)명 다른 곳. 딴 데.

타:척(打擲)명-하다타 후려침.

타천(他薦)명-하다자 자기를 남이 추천함. ¶회장 후임으로 -되다. ☞자천(自薦)

타:첩(妥帖)명-하다자 일이 순조롭게 끝남.

타:초경사(打草驚蛇)성구 〔풀밭을 두들겨서 뱀을 놀라게 한다는 뜻으로〕 ①이 사람을 혼냄으로써 저 사람을 깨우친다는 말. ②생각 없이 한 짓이 뜻밖의 결과를 가져온다는 말.

타:출(打出)명 금속 판을 뒷면에서 두드려 무늬 등을 겉으로 나타내는 금공(金工)의 기법.

타:태(墮胎)명-하다타 태아를 인공적으로 모체로부터 떼어 내는 일. 낙태(落胎) ☞유산(流產)

타:태(惰怠)어기 '타태(惰怠)하다'의 어기(語基).

타:태-하다(惰怠-)형여 게으르고 느리다.

타토(他土)명 불교에서, 이 세상 이외의 다른 세상, 곧 정토(淨土)를 이르는 말.

타:트(tart)명 설탕으로 조린 과일 등을 얹어 구운 파이.

타:파(打破)명-하다타 비합리적인 제도나 관습 등을 깨뜨려 없애 버림. ¶나쁜 풍습을 -하다.

타:판(妥辦)명-하다타 사리에 맞게 판별하여 밝힘.

타:포-기(打布機)명 무명이나 삼베 따위의 천을 두드려서 바탕을 부드럽게 하고 눈을 고르게 하여 광택을 내는, 끝손질에 쓰이는 직물 기계.

타:합(打合)명-하다자 타협(妥協)

타향(他鄕)명 자기의 고향이 아닌, 다른 고장. 객향(客鄕). 이경(異境). 이향(異鄕). 타관(他關). 타지(他地)

타향-살이(他鄕-)명-하다자 타향에서 사는 일.

타:현=악기(打絃樂器)명 현악기의 한 가지. 현을 쳐서 소리를 내는 악기. 피아노가 대표적인 악기임. ☞발현 악기. 찰현 악기

타:혈(唾血)명-하다자 ①침이나 가래에 피가 섞여 나옴, 또는 그 피. ②토혈(吐血)

타:협(妥協)명-하다타 두 편이 맞서던 일에 대하여 서로가 좋도록 협의하여 해결함. ¶쌍방이 원만히 -되다.

타:협-안(妥協案)명 타협이 이뤄지도록 생각해 낸 방안.

타:협-적(妥協的)명 타협하려는 태도가 있는 것. ¶-인 태도. /-인 대안을 제시하다.

타:협=정치(妥協政治)명 정당의 뒷받침이 없거나 힘이 약한 행정부가 유력한 어느 정당과 적당한 조건으로 타협하여 하는 정치.

타:호(唾壺)명 가래나 침을 뱉는 그릇. 타구(唾具)

타:홍-증(唾紅症)[-쯩]명 침에 피가 섞여 나오는 병증.

타화(他化)명-하다자 불교에서, 남을 교화하여 이끄는 일을 이르는 말. 화타(化他)

타화=수분(他花受粉)명 자가 수분(自家受粉)의 한 가지. 한 그루 안에 있는 다른 꽃 사이에서 수분(受粉)이 이루어지는 일. 딴꽃가루받이. 타화 수정(他花受精) ☞자화 수분(自花受粉)

타화=수정(他花受精)명 타화 수분(他花受粉) ☞자화 수정(自花受精)

타화자재-천(他化自在天)명 욕계 육천(欲界六天)의 여섯째 하늘. 맨 위의 하늘로서, 마왕(魔王)이 살며 그곳에서 태어난 이는 다른 사람의 즐거움을 자기의 즐거움

으로 바꿀 수 있다고 함.

타:훼(打毁)명-하다타 때려부숨.

탁[1] 부 ①갑자기 세게 치거나 부딪는 소리, 또는 그 모양을 나타내는 말. ¶탁자를 ― 치다./벽에 이마를 ― 부딪다. ②갑자기 잘리거나 끊어지는 소리, 또는 그 모양을 나타내는 말. ¶줄이 ― 끊어지다. ③갑자기 힘있게 잡아채는 모양을 나타내는 말. ¶공을 ― 낚아채다. ④쥐거나 잡았던 것을 갑자기 놓는 모양을 나타내는 말. ¶잡아당기던 밧줄을 ― 놓아 버리다. ⑤죄었던 마음이나 기운 따위가 아주 풀리는 모양을 나타내는 말. ¶마음이 ― 놓이다./맥이 ― 풀리다. ⑥갑자기 쓰러지거나 넘어지는 모양을 나타내는 말. ¶바닥에 ― 쓰러지다./의자가 ― 엎어지다. ⑦막힘 없이 시원스러운 모양을 나타내는 말. ¶비밀을 ― 털어놓다./시야가 ― 트이다. ⑧갑자기 숨이나 기가 막히는 모양을 나타내는 말. ¶가슴이 ― 막히다./숨이 ― 막히다. ⑨침을 세차게 뱉는 모양을 나타내는 말. ¶가래침을 ― 뱉다. ☞턱[5]

탁[2] 부 무엇이 별안간 튀거나 터지는 소리, 또는 그 모양을 나타내는 말. ¶기름이 ― 튀다./깨가 ― 튀다.

탁갑(坼甲)명-하다자 씨의 껍질이 터져 싹이 틈.

탁객(濁客)명 탁보(濁甫)

탁견(卓見)명 뛰어난 판단력이나 식견(識見). 탁식(卓識) ¶그가 ―을 내놓았다.

탁고(託孤)명-하다타 믿을만 한 사람에게 고아(孤兒)의 장래를 부탁함.

탁고(託故)명-하다타 어떤 일을 내세워 핑계로 삼음.

탁구(卓球)명 구기(球技)의 한 가지. 탁구대의 가운데에 가로로 쳐 놓은 네트를 사이에 두고 경기자가 마주서서 탁구공을 라켓으로 쳐 넘겨서 득점을 겨루는 경기. 핑퐁(ping-pong). 테이블테니스(table tennis)

탁구-공(卓球―)명 탁구에 쓰이는, 셀룰로이드로 만든 공.

탁구-대(卓球臺)명 탁구 경기에 쓰이는 긴 네모꼴 탁자.

×**탁근-스럽다** 형 →타끈스럽다

탁기(琢器)명 틀에 박아 낸 뒤 곱게 쪼아 다듬은 그릇.

탁덕양력(度德量力)성구 자기의 덕망(德望)과 능력을 헤아려 살핌을 이르는 말.

탁-동 명 광산에서, 직각으로 벋은 광맥과 닿은 모암(母岩)을 이르는 말.

탁락(卓犖)어기 '탁락(卓犖)하다'의 어기(語基).

탁락-하다(卓犖―)형여 탁월하다

탁란(濁亂)어기 '탁란(濁亂)하다'의 어기(語基).

탁란-하다(濁亂―)형여 정치나 사회가 흐리고 어지럽다. ☞혼탁(混濁)

탁랑(濁浪)명 흐린 물결.

탁렬(坼裂)명-하다자 터져 갈라짐.

탁론(卓論)명 탁월한 이론이나 논지(論旨).

탁료(濁醪)명 막걸리. 탁주(濁酒)

탁류(濁流)명 ①흘러가는 흐린 물줄기. ¶홍수로 ―가 도도히 흐르다. ②하는 일 없이 돌아다니는 불량한 무리를 비유하여 이르는 말. ☞청류(淸流)

탁립(卓立)명 ①-하다자 여럿 가운데서 우뚝하게 섬. ②남달리 두드러지게 뛰어난 것.

탁마(琢磨)명-하다타 ①옥이나 돌을 쪼고 갊. 마탁(磨琢) ②학문이나 기술 등이 향상되도록 힘써 배우고 익힘.

탁맥(馲駋)명 튀기

탁명(坼名)명-하다타 지난날, 과거에 급제한 사람의 봉미(封彌)를 임금 앞에서 뜯던 일.

탁목(啄木)명 '탁목조'의 준말.

탁목-조(啄木鳥)명 '딱따구리'의 딴이름. 준 탁목(啄木)

탁반(托盤)명 잔을 받치는 그릇. 잔대(盞臺)

탁발(托鉢)명-하다자 불교에서, 중이 경문을 외면서 집집이 다니며 보시를 받는 일.

탁발(擢拔)명-하다타 많은 사람 가운데서 특별히 사람을 추려 뽑아 씀. 발탁(拔擢)

탁발-승(托鉢僧)명 탁발하러 다니는 중. 운수승(雲水僧)

탁방(坼榜)명 ①지난날, 과거에 급제한 사람의 성명을 적어 내걸던 일. ②어떤 일이 끝장이 나는 것, 또는 그 끝장을 비유하여 이르는 말.

탁방(이) 나다 관용 일의 끝장이 나다.

탁보(濁甫)명 ①성격이 흐리터분한 사람을 이르는 말. ②탁주(濁酒)를 몹시 좋아하는 사람을 놀리어 이르는 말. 탁객(濁客). 탁춘추(濁春秋)

탁본(拓本)명 탑본(搨本)

탁봉(坼封)명-하다타 편지 따위의 봉한 것을 뜯음. 개봉(開封). 개탁(開坼)

탁사(託辭)명 핑계로 꾸며 대는 말.

탁상(卓上)명 책상이나 식탁, 탁자 등의 위. ¶―에 놓인 화병.

탁상(擢賞)명-하다타 여러 사람 가운데서 뽑아 내어 칭찬함.

탁상-공론(卓上空論)명 실제로 이루어질 수 없는, 헛된 이론이나 계획. 궤상공론(机上空論) ¶―에 그치다.

탁상-시계(卓上時計)명 책상 등에 얹어 두고 보는 시계.

탁상-연:설(卓上演說)[―넌―]명 연회 등에 참석한 사람이 자기의 자리에서 자유롭게 하는 간단한 연설. 테이블스피치

탁상-일기(卓上日記)명 책상 위에 놓아 두고 그날그날 생긴 일을 간단히 기록하는 일기.

탁상-지(卓狀地)명 넓고 평평하며 둘레는 가파른 벼랑으로 이루어져 있는 땅. ☞대지(臺地)

탁상=출판(卓上出版)명 컴퓨터와 주변 장치를 이용하여 입력·편집·교정·출력의 모든 과정이 이루어지는 출판 방법. 디티피(DTP)

탁색(濁色)명 어떤 색상의 순색(純色)에 회색을 섞은 색으로 명도(明度)와 채도(彩度)가 낮고 흐린 색. ☞청색(淸色). 파색(破色)

탁생(托生·託生)명 ①-하다자 몸을 남에게 의탁하여 살아감. ②불교에서, 전세(前世)의 인연으로 중생이 모태(母胎)에 머무는 일을 이르는 말.

탁선(託宣)명 어떤 사람에게 신이 내리거나 꿈에 나타나서 그 뜻을 알리는 일, 또는 그 계시(啓示). 신탁(神託)

탁설(卓說)명 뛰어난 의견이나 논설(論說).

탁성(濁聲)명 흐리거나 쉰 목소리.

탁세(濁世)명 ①도덕이나 풍속, 사회 질서 따위가 어지럽고 더러운 세상. 오세(汚世) ②불교에서, 속세(俗世)를 이르는 말. ☞사바

탁송(託送)명-하다타 운송업자 등에게 짐을 부탁하여 부침. ¶이삿짐을 ―하다.

탁송=전:보(託送電報)명 전화 가입자가 전화를 이용하여 치는 전보. 전보 탁송(電報託送)

탁수(濁水)명 흐린 물. ☞청수(淸水)

탁수(擢秀)명-하다형 많은 사람 가운데서 인품이나 재능이 빼어남, 또는 그런 사람.

탁식(卓識)명 뛰어난 판단력이나 식견. 탁견(卓見)

탁신(託身)명-하다자 남에게 몸을 의탁함.

탁아-소(託兒所)명 보호자가 일하러 나간 사이에 그들의 어린아이들을 맡아 돌보는 시설.

탁어(馲魚)명 '자가사리'의 딴이름.

탁언(託言)명 ①핑계대는 말. 구실(口實) ②남에게 부탁하여 전하는 말. 전언(傳言)

탁연(卓然)어기 '탁연(卓然)하다'의 어기(語基).

탁연-하다(卓然―)형여 두드러지게 뛰어나다.

탁연-히 부 탁연하게

탁엽(托葉)명 턱잎

탁오(濁汚)어기 '탁오(濁汚)하다'의 어기(語基).

탁오-하다(濁汚―)형여 흐리고 더럽다. 오탁하다

탁용(擢用)명-하다타 많은 사람 가운데서 가려 뽑아 씀.

탁원(逴遠)어기 '탁원(逴遠)하다'의 어기(語基).

탁원-하다(逴遠―)형여 아득히 멀다.

탁월(卓越)어기 '탁월(卓越)하다'의 어기(語基).

탁월-풍(卓越風)명 항풍(恒風)

탁월-하다(卓越―)형여 남보다 두드러지게 뛰어나다. 탁락하다. 탁출하다 ¶탁월한 수완.

탁음(濁音)명〈어〉유성음(有聲音) ☞청음(淸音)

탁의(託意)명-하다자 자기의 뜻을 바로 말하지 못하고 다

른 일에 비유하여 에둘러 나타냄.
탁의(濁意)명 더러운 마음. 깨끗하지 못한 뜻.
탁이(卓異)어기 '탁이(卓異)하다'의 어기(語基).
탁이-하다(卓異-)형여 남보다 뛰어나게 다르다. ¶탁이한 재능.
탁자(卓子)명 ①물건을 올려 놓기 위하여 만든, 위가 넓고 평평하며 긴 다리가 있는 세간을 통틀어 이르는 말. 식탁이나 원탁 따위. ②부처 앞에 붙박이로 만들어 두고 제물이나 다기(茶器) 따위를 올려 놓는 상.
탁자(託子)명-하다자 자식을 남에게 맡김.
탁자-장(卓子*欌)명 주로 위아래 층은 터지고, 가운데 층만 사면을 막아 문짝을 단 찬장.
탁잣-밥(卓子-)명 부처 앞의 탁자에 차려 놓은 밥.
탁잣-손(卓子-)명 탁자나 선반 따위를 걸쳐 올려 놓게 만든 까치발.
탁재(卓才)명 뛰어난 재주, 또는 뛰어난 재주를 지닌 사람. ☞범재(凡才)
탁절(卓絶)어기 '탁절(卓絶)하다'의 어기(語基).
탁절-하다(卓絶-)형여 달리 비길 데가 없을 만큼 두드러지게 뛰어나다. ¶탁절한 업적을 남기다.
탁정(託情)명-하다자 정을 붙임.
탁정(濁井)명 물이 맑지 아니한 우물.
탁조(濁操)명 깨끗하지 못한 지조(志操).
탁족(濯足)명 ①-하다자 발을 씻음. 세족(洗足) ②발을 씻는다는 뜻으로, 세속(世俗)을 벗어남을 비유하여 이르는 말. ③'탁족회(濯足會)'의 준말.
탁족-회(濯足會)명 여름철에 맑은 물이 흐르는 산이나 들을 찾아 물에 발을 담그고 즐기는 모임. 준탁족(濯足)
탁주(濁酒)명 막걸리. 탁료(濁醪)
탁지(度地)명-하다자 토지를 측량함. 양지(量地). 측지(測地)
탁지-부(度支部)명 1895년(조선 고종 32)에 '탁지 아문(度支衙門)'을 고친 이름. 정부의 재정을 맡았던 중앙 관아임.
탁지-아문(度支衙門)명 1894년(조선 고종 31)에 호조(戶曹)를 없애고 대신 두었던 관아. 뒤에 '탁지부(度支部)'로 고침.
탁지-우(濯枝雨)명 해마다 음력 유월 무렵에 내리는 큰 비. ☞매우(梅雨)
탁-춘추(濁春秋)명 탁보(濁甫)
탁출(卓出)어기 '탁출(卓出)하다'의 어기(語基).
탁출-하다(卓出-)형여 탁월하다 ¶탁출한 연주 솜씨.
탁-탁부 잇달아 탁 하는 소리, 또는 그 모양을 나타내는 말. ☞턱턱
탁탁-하다형여 ①피륙 따위의 바탕이 촘촘하고 두껍다. ¶바탕이 탁탁한 양복감. ☞특특하다 ②살림 따위가 넉넉하고 오붓하다. ¶내외가 다 알뜰하여 살림이 -.
탁필(卓筆)명 뛰어난 필적(筆跡)이나 문장.
탁-하다(濁-)형여 ①액체나 기체에 다른 물질이 섞이어 맑지 아니하다. ¶강물이 -./매연으로 말미암아 공기가 -. ②빛깔이 산뜻하지 아니하고 칙칙하거나 흐리다. ¶탁한 하늘빛. ③목소리가 맑고 또렷하지 아니하고 거칠다. ¶탁한 목소리.
탁행(卓行)명 뛰어나게 훌륭한 행실.
탁행(逴行)명-하다자 아주 먼 곳에 감. 원행(遠行)
탁-향로(卓香爐)명 장식으로 책상 같은 데에 놓는 향로.
탁효(卓效)명-하다형 효험이 뛰어남, 또는 뛰어난 효험. ¶-로 알려진 약제./피부병 치료에 -한 온천.
탄:(炭)명 ①'석탄(石炭)'의 준말. ¶-을 실어 나르다. ②'연탄(煉炭)'의 준말. ¶-을 피우다.
탄:가(炭價)[-까]명 탄값
탄:갈심력(殫竭心力)성구 정성과 힘을 다함을 이르는 말.
탄:-값(炭-)[-깝]명 석탄이나 연탄 따위의 값. 탄가(炭價) ☞쌀값
탄:강(誕降)명-하다자 하늘에서 세상에 내린다는 뜻으로, 성인(聖人)이나 위인이 세상에 태어남을 이르는 말.
탄:갱(炭坑)명 석탄을 캐내려고 파 놓은 굴. 석탄갱(石炭坑) ☞금갱(金坑). 은갱(銀坑)
탄:-결(炭-)[-껼]명 탄층을 이루고 있는 석탄의 결.
탄:계(炭契)명 지난날, 숯을 공물로 바치던 계.
탄:고(炭庫)명 석탄 등을 넣어 두는 창고. 석탄고(石炭庫)
탄:광(炭鑛)명 석탄을 캐내는 광산. 석탄광(石炭鑛). 탄산(炭山)
탄:금(彈琴)명-하다자 거문고나 가야금 등을 탐. 타금
탄-내명 무엇이 타서 나는 냄새. ¶-가 나다.
탄:-내(炭-)명 숯이나 연탄을 피울 때 나는 독한 냄새.
탄:대(彈帶)명 탄띠 ▷彈의 속자는 弾
탄:도(坦道·坦途)명 평탄한 길. 탄로(坦路)
탄:도(彈道)명 발사된 탄환이나 미사일 등이 목표물에 이르기까지 그리는 곡선(曲線).
탄:도=미사일(彈道missile)명 로켓엔진 등을 동력으로 하여, 유도 장치에 따라 포물선에 가까운 탄도를 그리면서 목표물에 날아가 폭파하는 무기. 미사일(missile). 유도탄(誘導彈). 탄도 유도탄. 탄도탄(彈道彈)
탄:도=유도탄(彈道誘導彈)명 탄도 미사일
탄:도-탄(彈道彈)명 탄도 미사일
탄:도탄=요격=미사일(彈道彈邀擊missile)명 날아오는 대륙간 탄도 미사일을 요격하여 파괴하는 미사일. 에이비엠(ABM)
탄:도-학(彈道學)명 탄도와 사정 거리 등에 관하여 연구하는 학문.
탄:두(彈頭)명 포탄이나 미사일 등의 머리 부분. 폭약이나 뇌관 등이 들어 있음.
탄:-띠(彈-)명 ①총탄을 끼워서 허리나 어깨에 간편하게 두르고 다닐 수 있게 만든 띠. 탄대(彈帶) ②기관총의 총탄을 한 줄로 엮은 긴 띠.
탄:력(彈力)명 ①탄성을 지닌 물체가 외부로부터 받는 힘으로 변형될 때 그 힘에 맞서 본디의 꼴로 되돌아가려고 하는 힘. ②어떤 사정이나 상황에 대응하기 위하여 융통성 있게 변화할 수 있는 능력을 비유하여 이르는 말. ¶사태의 변화에 - 있게 대응하다.
탄:력=관세(彈力關稅)명 국내의 산업을 보호하거나 물가를 안정시키기 위하여, 정부가 국회의 위임을 받아 일정한 범위 안에서 관세율을 올리거나 내릴 수 있는 권한을 가지도록 한 관세 제도.
탄:력=섬유(彈力纖維)명 동물체의 결합 조직을 이루고 있는 섬유의 한 가지. 탄력이 풍부한 단백질성 섬유로 동맥의 혈관 벽이나 폐 조직 등에 많이 들어 있음. 탄성 섬유(彈性纖維)
탄:력-성(彈力性)명 ①물체의, 탄력이 있는 성질. ②생각이나 행동 등이 상황에 따라 융통성 있게 변화할 수 있는 성질. ¶- 있는 사고 방식. ☞변통성(變通性)
탄:력=조직(彈力組織)명 생물체의 결체 조직 가운데 특히 탄력 섬유가 많은 조직.
탄:로(坦路)명 평탄한 길. 탄도(坦道)
탄:로(綻露)명-하다자 비밀 따위가 드러남. 현로(現露) ¶비밀이 -되다./부정한 사실이 - 나다.
탄:막(彈幕)명 많은 총포로 끊임없이 쏘아 대어, 마치 탄알로 막을 치듯 하는 상태를 이르는 말. ¶-을 뚫고 적진에 돌진하다.
탄:말(炭末)명 숯의 부스러진 가루.
탄:망(誕妄)어기 '탄망(誕妄)하다'의 어기(語基).
탄:망-하다(誕妄-)형여 말이나 하는 짓이 거짓되고 망령되다.
탄:맥(炭脈)명 땅 속에 묻혀 있는 석탄의 줄기.
탄:면(彈綿)명-하다자 솜을 탐. 타면(打綿)
탄:명-스럽다(-스럽고·-스러워)형ㅂ 보기에 똑똑하지 못하고 흐리멍덩한 데가 있다.
탄명-스레부 탄명스럽게
탄:미(歎美)명-하다타 감탄하여 크게 칭찬함.
탄:박(彈駁)명-하다타 범죄나 부정을 밝히어 따지고 책임을 지도록 요구함. 탄핵(彈劾)
탄:백(坦白)명-하다타 사실대로 솔직히 말함.
탄:복(歎服)명-하다타 매우 훌륭하거나 뛰어나다고 여기

어 대단히 감탄함. ¶해박한 지식에 ―하다./뛰어난 묘기에 ―하다.

탄:-불(炭―)[―뿔] 명 석탄이나 연탄으로 피우는 불, 또는 석탄이나 연탄이 탈 때 이는 불. 탄화(炭火)

탄:사(歎辭) 명 ①감탄하여 하는 말. ②탄식하여 하는 말.

탄:산(炭山) 명 석탄을 캐내는 광산. 탄광(炭鑛)

탄:산(炭酸) 명 이산화탄소가 물에 녹아서 생기는 약한 산.

탄:산-가스(炭酸gas) 명 이산화탄소(二酸化炭素)

탄:산가스=중독(炭酸gas中毒) 명 이산화탄소를 들이마심으로써 일어나는 급성 중독.

탄:산-공(炭酸孔) 명 화산 지대 등에서 이산화탄소를 뿜어내는 분기공(噴氣孔).

탄:산-나트륨(炭酸Natrium) 명 나트륨의 탄산염. 무색의 결정으로 물에 잘 녹으며, 수용액은 강한 알칼리성을 나타냄. 비누나 유리 따위의 제조 원료 이외에 의약품으로도 쓰임. 소다(soda). 탄산소다

탄:산나트륨=무수물(炭酸Natrium無水物) 명 소다회

탄:산=동화=작용(炭酸同化作用) 명 탄소 동화 작용

탄:산-마그네슘(炭酸Magnesium) 명 마그네슘을 녹인 물에 탄산 알칼리를 넣어서 만드는 흰 결정체. 부서지기 쉬우며, 내화물의 원료나 이산화탄소의 발생 원료 등으로 쓰임.

탄:산=무수물(炭酸無水物) 명 이산화탄소(二酸化炭素)

탄:산-석회(炭酸石灰) 명 탄산칼슘

탄:산-소:다(炭酸soda) 명 탄산나트륨

탄:산-수(炭酸水) 명 이산화탄소의 포화 수용액. 청량 음료나 의약품 등에 쓰임. 소다수

탄:산수소-나트륨(炭酸水素Natrium) 명 탄산나트륨의 포화 수용액에 이산화탄소를 접촉시켜 만드는 흰 빛깔의 작은 결정. 세제나 방화제, 의약품 등에 쓰임. 중탄산나트륨. 중탄산소다. 중조(重曹)

탄:산-암모늄(炭酸ammonium) 명 탄산칼슘과 황산암모늄의 혼합물을 가열하여 만드는 무색의 결정. 분석용 시약 등으로 쓰임.

탄:산-염(炭酸塩)[―념] 명 탄산의 수소 원자가 금속 원자로 치환된 염(塩). 탄산칼슘·탄산아연·탄산마그네슘 따위.

탄산-증(呑酸症)[―쯩] 명 한방에서, 위 안에 열이 생겨 신트림이 나고 소화가 잘 되지 않는 증세를 이르는 말.

탄:산-지(炭酸紙) 명 복사할 때 종이 사이에 끼워 쓰는, 한쪽이나 양쪽에 먹을 칠한 종이. 먹종이. 복사지(複寫紙). 탄소지(炭素紙). 카본지

탄:산-천(炭酸泉) 명 탄산칼륨이 들어 있는 물이 솟아나는 광천(鑛泉).

탄:산-칼륨(炭酸Kalium) 명 칼륨의 탄산염. 흰 빛깔의 가루로 물에 잘 녹으며 수용액은 알카리성임. 비누나 경질 유리, 의약품 따위의 원료로 쓰임. 탄산칼리

탄:산-칼리(炭酸Kali) 명 탄산칼륨

탄:산-칼슘(炭酸calcium) 명 칼슘의 탄산염. 물에 잘 녹지 않는 무색의 결정체로, 대리석·석회석·방해석 따위의 주성분임. 안료(顔料)나 치약 등의 원료로 쓰임. 탄산석회(炭酸石灰)

탄:상(炭床) 명 석탄층(石炭層)

탄:상(歎傷) 명 -하다 자 탄식하며 몹시 가슴 아파함.

탄:상(歎賞) 명 -하다 타 ①감탄하여 몹시 칭찬함. 탄칭(歎稱) ¶작품의 조형미를 ―해 마지아니하다. ②훌륭하다고 여기면서 매우 감탄함. ¶―하는 얼굴로 조각품을 바라보고 있다.

탄:생(誕生) 명 -하다 자 ①사람이 태어남. 특히 귀인이나 성인이 태어남을 높이어 이르는 말. ¶예수께서 ―한 날. ②어떤 조직이나 제도, 기업체 따위가 새로 생겨남을 비유하여 이르는 말. ¶새로 ―한 기업체./새로 ―한 챔피언. 생탄(生誕)

탄:생-석(誕生石) 명 태어난 달을 상징하는 보석. 그 달에 태어난 사람이 그 보석을 몸에 지니면 행운이 돌아온다고 함. 1월의 석류석, 2월의 자수정 따위. 18세기 무렵 유럽에서 관습으로 삼은 데서 비롯되었다 함.

탄:생-일(誕生日) 명 탄생한 날. 탄신(誕辰) 준 탄일(誕日) ☞생일(生日)

탄:성(彈性) 명 외부로부터 힘을 받아 모양이 달라진 물체가, 그 힘이 없어지면 다시 본디의 모양으로 되돌아가려 하는 성질.

탄:성(歎聲·嘆聲) 명 ①탄식하는 소리. ②감탄하여 내는 소리. ¶저도 모르게 ―을 지르다.

탄:성(殫誠) 명 -하다 자 정성을 다함. 진성(盡誠)

탄성(灘聲) 명 여울물이 흐르는 소리.

탄:성=고무(彈性 ―) 명 생고무에 황(黃)이나 황화물을 넣어 탄성을 높인 고무.

탄:성-률(彈性率) 명 탄성체에 힘을 주어 변형시킬 때, 탄성 범위 안에서 응력(應力)과 변형의 비율.

탄:성=섬유(彈性纖維) 명 동물체의 결합 조직을 이루고 있는 섬유의 한 가지. 탄력이 풍부한 단백질성 섬유로 동맥의 혈관 벽이나 폐 조직 등에 많이 들어 있음. 탄력 섬유(彈力纖維)

탄:성=진:동(彈性振動) 명 탄성체의 변형에 따르는 응력(應力)이 복원하려는 힘이 되어 일어나는 진동.

탄:성-체(彈性體) 명 탄성을 지닌 물체. 고무 따위.

탄:성-파(彈性波) 명 탄성체 내부로 퍼져 나가는 진동파. 음파(音波)나 지진파(地震波) 따위.

탄:성=한:계(彈性限界) 명 어떤 물체가 탄성을 잃지 않는 응력(應力)의 한계. 이 한계를 넘으면 그 물체는 본디 모양으로 되돌아가지 못하게 됨. 탄성 한도(彈性限度)

탄:성=한:도(彈性限度) 명 탄성 한계(彈性限界)

탄:소(炭素) 명 비금속 원소의 하나. 맛과 냄새가 없음. 독자적으로는 금강석·석탄·흑연 등으로 존재하며, 화합물로 이산화탄소·탄산염·탄수화물 등으로 자연계에 널리 존재함. 환원제로, 또는 금속의 정련에 쓰임. 카본 〔원소 기호 C/원자 번호 6/원자량 12.01〕

탄:소(歎訴·嘆訴) 명 -하다 타 한탄하며 하소연함.

탄:소-강(炭素鋼) 명 탄소 함량이 2% 이하인 강철. 탄소 함량에 따라 연강(軟鋼)·경강(硬鋼) 등으로 구별됨.

탄:소=동화=작용(炭素同化作用) 명 생물이 이산화탄소를 흡수하여 유기물을 합성하는 생리 작용. 녹색 식물이 하는 광합성(光合成), 세균이 하는 화학 합성과 광합성이 있음. 탄산 동화 작용 준 동화 작용

탄:소-립(炭素粒) 명 탄소의 알갱이.

탄:소=막대(炭素―) 명 탄소봉(炭素棒)

탄:소-묵(炭素墨) 명 탄소 가루로 만든 먹.

탄:소-봉(炭素棒) 명 숯이나 흑연 따위의 탄소로 굳혀 만든 막대. 아크등(燈) 따위에 사용됨. 탄소 막대

탄:소-선(炭素線) 명 순수한 무명실이나 대의 껍질을 밀폐된 용기 속에 넣고 태워서 만든 가느다란 선. 예전에, 전구 속의 필라멘트로 쓰였음.

탄:소=섬유(炭素纖維) 명 합성 섬유 등을 높은 온도로 탄화(炭化)하여 만든 섬유. 강도·탄성·내열 등이 뛰어나고 매우 가벼워서 항공기의 재료나 스포츠 용품 등에 널리 쓰임.

탄:소-세(炭素稅)[―쎄] 명 이산화탄소를 많이 배출하는 석유 따위 화석 연료의 사용량에 따라 부과하는 세금.

탄:소=전:구(炭素電球) 명 탄소를 필라멘트로 쓴 전구.

탄:소-지(炭素紙) 명 탄산지(炭酸紙)

탄:소-판(炭素板) 명 탄소 가루를 눌러서 만든 널조각.

탄:소=피:뢰기(炭素避雷器) 명 전신이나 전화의 기기 따위에 쓰이는 피뢰침의 한 가지. 두 개의 탄소판 사이에 얇은 운모판을 끼워 만듦.

탄:솔(坦率) 어기 '탄솔(坦率)하다'의 어기(語基).

탄:솔-하다(坦率―) 형여 성품이 너그럽고 대범하다.

탄:수-차(炭水車) 명 증기 기관차의 뒤쪽에 연결하여 석탄과 물을 싣는 차량.

탄:수화-물(炭水化物) 명 탄소·수소·산소로 이루어진 유기 화합물을 통틀어 이르는 말. 주로 식물체의 광합성으로 만들어지며, 동물의 중요한 영양소로 음식물을 통하여 섭취됨. 포도당·과당·녹말 따위. 함수 탄소

탄:식(歎息·嘆息) 명 -하다 자타 근심이나 설움 따위로 한

숨을 쉼, 또는 그 한숨.

탄:신 (誕辰)명 탄생일(誕生日)

탄:-알 (彈-)명 총탄의 탄피 끝에 박힌 뾰족한 쇳덩이, 또는 유산탄(榴散彈)이나 산탄(散彈) 등의 작은 납덩이. 총이나 포에 재어서 목표물에 쏘아 내보냄. 알탄. 탄자

한자 **탄알 탄**(彈) 〔弓部 12획〕 ¶ 탄도(彈道)/탄약(彈藥)/탄환(彈丸)/포탄(砲彈) ▷ 속자는 弾

탄:압 (彈壓)명-하다타 권력이나 무력 따위로 남을 억눌러 꼼짝 못 하게 함. ¶ 언론 -/약소 민족을 -하다.

탄:약 (彈藥)명 ①총탄이나 포탄 등에 들어 있는 화약. ☞ 총약 ②인명이나 구조물 등에 손상을 입힐 목적으로 제작된 탄환·폭탄·어뢰·지뢰 등을 통틀어 이르는 말.

탄:약-고 (彈藥庫)명 탄약을 저장하여 두는 창고.

탄:약=상자 (彈藥箱子)명 탄약을 넣어 두거나 나르는 데 쓰는 상자.

탄:약-통 (彈藥筒)명 ①탄약을 넣어 들고 다니는 통. ②대포에 쓰는 탄알이나 장약(裝藥)·약협(藥莢)·점화제 등을 갖추어 넣는 통.

탄:언 (誕言)명 허황하여 믿어지지 않는 말.

탄:연 (坦然)어기 '탄연(坦然)하다'의 어기(語基).

탄:연-하다 (坦然-)형여 마음이 안정되어 아무 걱정 없이 평온하다.

탄연-히부 탄연하게

탄:우 (彈雨)명 빗발처럼 쏟아지는 탄알.

탄:원 (歎願·嘆願)명-하다타 사정을 하소연하고 도와 주기를 간절히 바람. 유애원(哀願)

탄:원-서 (歎願書)명 탄원하는 글이나 문서.

탄:일 (誕日)명 '탄생일(誕生日)'의 준말.

탄:일-종 (誕日鐘)[-쫑]명 성탄절에 교회에서 치는 종.

탄:자 (∠毯子)명 담요 원담자(毯子) ☞양탄자

탄:자 (彈子)명 ①처란 ②탄알

탄:장 (彈章)명 남의 죄상을 탄핵하는 상소(上疏).

탄:-재 (炭-)[-째]명 '석탄재' 또는 '연탄재'의 준말.

탄:저 (炭疽)명 ①탄저균의 감염으로 일어나는 급성 전염병. 주로 소나 말, 돼지 등에 감염하는데, 혈액 속에서 균이 늘어나서 패혈증(敗血症)을 일으킴. 사람에게 감염되기도 함. 탄저열 ②탄저병

탄:저-균 (炭疽菌)명 탄저의 병원체. 간균(杆菌)의 한 가지로, 토양 속에서 살다가 주로 푸성귀나 풀을 먹는 가축에 감염하여 탄저를 일으킴.

탄:저-병 (炭疽病)[-뼝]명 자낭균(子囊菌)의 기생으로 다육(多肉) 과실 등에 일어나는 병해(病害). 잎이나 줄기에 암갈색의 반점이 생겨 마르고, 과실은 암갈색 반점이 생긴 부분부터 썩기 시작함. 탄저

탄:저-열 (炭疽熱)명 탄저(炭疽)

탄:저-옹 (炭疽癰)명 탄저에 감염된 가축의 피부에 생기는 커다란 종기.

탄:전 (炭田)명 석탄이 많이 묻혀 있는 땅. 매전(煤田)

탄젠트 (tangent)명 삼각 함수의 하나. 직각 삼각형의 한 예각을 낀 밑변과 그 각의 대변과의 비를 그 각에 대하여 이르는 말. 기호는 tan

탄:좌 (炭座)명 석탄을 합리적으로 생산하기 위하여 일정한 지역 내에 있는 여러 광구(鑛區)를 하나의 집합체로 편성한 것, 또는 그 구역.

탄:주 (炭柱)명 탄갱(炭坑)에서, 지면이나 천장이 가라앉거나 무너져 내리는 것을 막기 위하여 채굴하지 않고 남겨 두는 석탄층.

탄:주 (彈奏)명-하다타 가야금이나 기타 따위의 현악기를 탐.

탄:주=악기 (彈奏樂器)명 현악기(絃樂器)

탄지명 담뱃대에 덜 타고 남아 있는 담배.

탄:지 (彈指)명-하다자 ①손가락을 튀김. ②불교에서, 매우 짧은 동안을 이르는 말.

수 소수(小數) 단위의 하나. 순식(瞬息)의 10분의 1, 찰나(刹那)의 열 곱절.

탄:지지간 (彈指之間)명 손가락을 튀길 사이라는 뜻으로, 매우 짧은 동안을 이르는 말.

탄:진 (炭塵)명 탄갱(炭坑)이나 저탄장(貯炭場) 안의 공기 속에 떠다니는 아주 작은 석탄 가루.

탄:질 (炭質)명 숯·석탄·무연탄 따위의 성질, 또는 품질.

탄:차 (炭車)명 캐낸 석탄을 실어 나르는 차.

탄:착=거:리 (彈着距離)명 ①총포(銃砲)의 탄알을 쏜 지점에서 날아가 이른 지점까지의 거리. 착탄 거리(着彈距離) ②쏜 탄알이 이를 수 있는 최대 거리.

탄:착-점 (彈着點)명 쏜 탄알이 날아가 이른 지점.

탄:창 (彈倉)명 연발총의 보충용 총탄을 재어 두는 통.

탄:층 (炭層)명 지층 중의 석탄이 묻혀 있는 층. 석탄층

탄:칭 (歎稱)명-하다타 탄상(歎賞)

탄탄 (癱瘓)명 한방에서, 졸중(卒中)이나 중풍 따위로 몸의 일부가 마비되는 증세를 이르는 말. 편고(偏枯)

탄:탄 (坦坦)어기 '탄탄(坦坦)하다'의 어기(語基).

탄:탄=대:로 (坦坦大路)명 ①넓고 평평하게 죽 뻗어 있는 큰 길. ②앞으로 탈 없이 순탄하게 나아갈 수 있는 상황을 비유하여 이르는 말.

탄탄-하다형여 ①되어 있는 품이 단단하고 실하다. ¶ 탄탄하게 잘 만들어진 책꽂이. ②몸이 굳세고 다부지다. ¶ 탄탄한 몸매. ☞튼튼하다

탄탄-히부 탄탄하게 ¶ - 단련된 체격.

탄:탄-하다 (坦坦-)형여 땅이나 도로 등이 평평하고 넓다. ¶ 탄탄하게 뻗어 있는 고속 도로.

탄탈 (Tantal 독)명 금속 원소의 하나. 백금과 비슷한 빛이 나고 전성(展性)과 연성(延性)이 풍부하며 내산성(耐酸性)이 좋음. 화학 공업용의 내산재로, 또는 의료 기구나 진공관의 재료로 쓰임. 탄탈룸 〔원소 기호 Ta/원자 번호 73/원자량 180.95〕

탄탈룸 (tantalum 라)명 탄탈(Tantal)

탄:토 (呑吐)명-하다타 삼킴과 뱉음.

탄:평 (坦平)어기 '탄평(坦平)하다'의 어기(語基).

탄:평-하다 (坦平-)형여 ①땅이 넓고 평평하다. ②근심이 없이 마음이 편하다.

탄:폐 (炭肺)명 진폐(塵肺)의 한 가지. 탄소 가루를 많이 들이마심으로써 생기는 호흡기 병. 탄광에서 일하는 사람에게 많은 직업병임.

탄:피 (彈皮)명 총탄을 쏘았을 때, 탄알과 분리되는 빈 약협(藥莢)을 이르는 말.

탄:-하다타여 ①남의 일에 참견하다. ②남의 말에 대꾸하며 따지고 나서다.

탄:핵 (彈劾)명-하다타 ①범죄나 부정을 밝히어 따지고 책임을 지도록 요구함. 탄박(彈駁) ②대통령이나 국무총리, 그 밖의 행정부의 고급 공무원이나 법관 등의 신분 보장이 되어 있는 공무원이 직무상 중대한 비위(非違)를 저질렀을 경우에 국회의 소추(訴追)에 따라 헌법 재판소의 심판으로 처벌하거나 파면하는 제도.

탄:핵-권 (彈劾權)명 탄핵 소추권(彈劾訴追權)

탄:핵=소추권 (彈劾訴追權)[-꿘]명 국회가 특정 공무원의 위법이나 비행에 대하여 탄핵 소추를 의결할 수 있는 권리. 탄핵권(彈劾權)

탄:핵-주의 (彈劾主義)명 형사 소송법에서, 검찰관이나 피해자 등 법원 이외의 제삼자가 소추(訴追)를 함으로써 소송을 개시하는 주의. ☞규문주의(糾問主義)

탄:혈 (彈穴)명 포탄이나 폭탄 따위가 떨어져 폭발하여 팬 구덩이.

탄:화 (炭火)명 ①숯불 ②탄불

탄:화 (炭化)명-하다자 ①유기 물질이 산소가 적은 데서 가열되거나 하여 탄소가 많은 물질로 되는 일. ②다른 물질이 탄소와 화합하는 일.

탄:화 (彈花)명 무명활로 탄 솜.

탄:화-규소 (炭化硅素)명 코크스와 규소를 1,800~1,900℃에서 반응시켜 만드는 투명한 결정. 경도(硬度)가 크고 높은 온도에 잘 견디며 산에 침식되지 않아 연마제·내화재(耐火材) 등으로 쓰임. 카보런덤(Carborundum)

탄:화-도 (炭化度)명 탄화 작용으로 탄화된 정도. 무연탄이 탄화도가 가장 높음.

탄:화-모 (炭化毛)명 탄화 양모(炭化羊毛)

탄:화-물(炭化物)명 탄소가 알칼리 금속, 알칼리 토류 금속, 할로겐 따위의 양성 원소와 화합한 물질. 탄화칼슘 따위. 카바이드(carbide)

탄:화-법(炭化法)[-뻡]명 방모사(紡毛絲)의 제조 공정에서, 원료인 양털에 섞여 있는 식물성 잡물을 황산이나 염산 등을 써서 없애는 공정.

탄:화-석회(炭化石灰)명 탄화칼슘

탄:화-수소(炭化水素)명 탄소와 수소로 이루어진 화합물을 통틀어 이르는 말.

탄:화=양모(炭化羊毛)명 양털에 섞여 있는 잡물을 식물성 탄화법으로 없앤 양털. 탄화모(炭化毛)

탄:화-철(炭化鐵)명 탄소와 철의 화합물.

탄:화-칼슘(炭化calcium)명 칼슘의 탄화물. 생석회와 코크스를 전기로에 넣고 높은 온도로 가열·반응시켜 만든 회색의 고체. 물과 작용하면 아세틸렌가스를 발생함. 카바이드(carbide). 탄화석회(炭化石灰)

탄:환(彈丸)명 ①총탄이나 포탄을 통틀어 이르는 말. 총포에 재어서 쏘면 장약(裝藥)이 폭발하는 힘으로 탄알이 튀어 나가게 됨. ②탄알

탄:회(坦懷)명 거리낌이나 사사로움이 없는 마음.

탄:흔(彈痕)명 탄알을 맞은 자국.

탈:명 ①사람이나 도깨비, 짐승 따위의 얼굴 모양으로 꾸며서 쓸 수 있게 만든 물건. 마스크 ¶각시-/양반- ②속뜻을 감추려고 겉으로 꾸미는 거짓된 태도나 행동 등을 비유하여 이르는 말. 가면(假面) ¶양의 -을 쓴 이리.

탈을 벗다 관용 거짓 꾸미던 행동을 버리고 본디의 모습을 드러내다.

탈을 쓰다 관용 ①본색이 드러나지 않게 거짓된 행동을 하다. ¶선량한 사람의 탈을 쓴 위선자. ②생김새나 하는 짓이 썩 닮다. ¶제 아비의 탈을 쓴듯 빼쏘았다.

탈:(^頉)명 ①뜻밖에 일어난 걱정스러운 일. ¶지난해는 아무 - 없이 잘 지냈다. 유 변고(變故) ②몸에 생긴 병. ¶과로로 -이 나다./여행 중에 -이 생기다. ③흠. 결함 ¶- 없는 사람은 없지./사람은 좋은데 굼뜬 것이 -이지. ④트집. 핑계 ¶몸이 약하다고 -을 잡다.

탈(이) 없다 관용 ①하는 일에 이상이 생기지 않고 순조롭다. ¶일이 탈 없이 잘 끝났다. ②몸에 아무 이상이 없다. ¶탈 없이 잘 지내다.

탈(脫)-《접두사처럼 쓰이어》'어떤 처지에서 벗어남'을 뜻함. ¶탈공해(脫公害)/탈불황(脫不況)

탈각(脫却)명 -하다 자타 ①케케묵은 생각 등을 아주 떨쳐 버림. ¶낡은 관습에서 -하다. ②좋지 않은 상태에서 벗어남. 유 탈거(脫去)

탈각(脫殼)명 ①-하다 자 병아리가 깨어 알 껍데기에서 나옴. ②-하다 타 곡식의 낟알의 껍질을 벗김.

탈감(脫監)명 -하다 자 죄수가 감옥에서 빠져 나와 달아남. 탈옥(脫獄)

탈거(脫去)명 -하다 자타 ①벗어남. 유 탈각(脫却) ②달아남.

탈건(脫巾)명 -하다 자 두건(頭巾)을 벗음.

탈겁(脫劫)명 -하다 자 언짢고 침침한 기운이 없어짐.

탈-것[-껏]명 사람이 타고 다니는 물건을 통틀어 이르는 말. 자동차·기차·배·비행기·말·가마 따위.

탈고(脫稿)명 -하다 타 원고 쓰기를 마침. ☞기고(起稿)

탈-고신(奪告身)명 -하다 타 조선 시대, 죄를 지은 관원의 직첩(職帖)을 빼앗아 들이던 일.

탈곡(脫穀)명 -하다 자타 거둔 벼나 보리 따위 곡식의 이삭에서 낟알을 떠는 일. 타곡(打穀)

탈곡-기(脫穀機)명 곡식의 이삭에서 낟알을 떠는 데 쓰는 농기계.

탈공(脫空)명 -하다 자 뜬소문이나 억울한 죄명에서 벗어남.

탈관(脫冠)명 -하다 자 머리에 쓴 관이나 갓을 벗음.

탈교(脫敎)명 ①믿던 종교를 믿지 않음. ②신앙을 버리고 교회를 떠남.

탈구(脫句)[-꾸]명 시문(詩文) 등에서, 빠진 글귀.

탈구(脫臼)명 -하다 자 관절이 접질리어 어긋남. ¶고관절(股關節)이 -되다.

탈:급(^頉給)명 -하다 자 지난날, 사정을 보아서 탈면을 허락하여 주던 일.

탈기(奪氣·脫氣)명 -하다 자 ①놀라거나 겁에 질려 기운이 빠짐. ②탈진(脫盡)

탈:-나다(^頉-)자 ①걱정스러운 일이 생기다. ②몸에 병이 나다. ¶위장이 -.

탈:-내다(^頉-)타 탈이 나게 하다.

탈:-놀음명 탈놀이

탈:-놀이명 한 사람 또는 여러 사람의 연기자가 얼굴이나 머리 전체에 탈을 쓰고 하는 우리 나라의 전래 연극. 꼭두각시놀음, 산디놀음 따위. 탈놀음 ☞가면극(假面劇)

탈당(脫黨)[-땅]명 -하다 자 자기가 가입해 있던 정당에서 탈퇴함. ☞입당(入黨)

탈락(脫落)명 -하다 자 ①있어야 할 것이 빠짐. ¶문장 끝의 마침표가 -하다./명단에서 이름이 -되다. ②무리에 끼지 못하고 떨어져 나가거나 빠짐. ¶행군 대열에서 -하다./잘 달리다가 선두 그룹에서 -하다. ③〈어〉 형태소(形態素) 결합에서 단음(單音)이나 음절이 없어지는 현상. '소나무(솔+나무)'나 '엊그제(어제+그제)'와 같은 말.

탈락-탈락 부 매달리거나 늘어진 작은 물건이 가볍게 흔들리면서 무엇에 닿을 때 나는 소리, 또는 그 모양을 나타내는 말. ☞털럭털럭

탈래-탈래 부 힘없이 한들거리며 걷는 모양을 나타내는 말. ☞달래달래. 털레털레

탈략(奪掠)명 -하다 타 약탈(掠奪)

탈력(脫力)명 -하다 자 몸에서 힘이 빠져 느른해짐.

탈로(脫路)명 빠져 나가거나 달아날 길. ¶-가 막히다.

탈루(脫漏)명 -하다 자 있어야 할 것이 빠져 없어짐. 누탈(漏脫) ¶문장 가운데 -된 부분이 있다. 유 유루(遺漏)

탈루=소:득(脫漏所得)명 국세청이 세무 조사를 하여 적발한, 과세 과정을 거치지 않은 소득.

탈류(脫硫)명 -하다 자 '탈황(脫黃)'의 구용어.

탈륨(Thallium 독)명 금속 원소의 하나. 납과 비슷한 무른 청백색의 금속으로 그 양이 적음. 독성이 강하여 현재는 사용을 못 하게 하는 나라가 많음. [원소 기호 Tl/원자 번호 81/원자량 204.38]

탈리(脫離)명 -하다 자타 무엇에서 떨어져 나감, 또는 떨어져 나옴. 이탈(離脫)

탈립-기(脫粒機)명 옥수수의 낟알을 그 속대로부터 떨어 내는 기계.

탈립-성(脫粒性)명 벼 이삭에서 낟알이 떨어지는 성질.

탈망(脫網)명 -하다 자 머리에 쓴 망건을 벗음.

탈:면(^頉免)명 -하다 타 지난날, 관원이 뜻하지 아니한 사고로 말미암아 응당 져야 할 책임을 면제 받던 일. ☞탈품

탈모(脫毛)명 -하다 자 털이 빠짐, 또는 그 털.

탈모(脫帽)명 -하다 자 모자를 벗음. ☞착모(着帽)

탈모-제(脫毛劑)명 사람의 몸에 나 있는 필요 없는 털을 없애려고 바르는 약.

탈모-증(脫毛症)[-쯩]명 머리카락이 빠져 살갗이 드러나는 병증. ☞독두병(禿頭病)

탈무:드(Talmud 히)명 유대교의 구전(口傳) 율법(律法)과 그 주석(註釋)을 집대성한 것. 4~6세기에 편집된 것으로, 유대인의 생활 규범이 됨.

탈:-바가지[-빠-]명 ①바가지로 만든 탈. 준 탈박 ②'탈'의 속된말.

탈:-바꿈명 -하다 자 ①개구리나 곤충 따위 동물이 알에서 깨어 성체(成體)가 되기까지 여러 가지 형태로 변하는 일. 변태(變態) ②모습이나 상태 등이 달라짐.

탈바닥 부 ①물체의 납작한 면으로 얕은 물을 거칠게 치는 소리, 또는 그 모양을 나타내는 말. ¶물을 손바닥으로 - 치다. ②작은 몸으로 아무렇게나 주저앉는 모양, 또는 그 소리를 나타내는 말. ¶방바닥에 - 주저앉다. ☞털버덕

탈바닥-거리다(대다) 자타 잇달아 탈바닥 하다. ☞털버덕거리다

탈바닥-탈바닥 부 탈바닥거리는 소리, 또는 그 모양을 나타내는 말. ☞털버덕털버덕

탈:-박[1] 명 '탈바가지'의 준말.

탈박[2] 부 물체의 납작한 면으로 얕은 물을 가볍게 치는 소리, 또는 그 모양을 나타내는 말. ☞털벅

탈박-거리다(대다) 자타 자꾸 탈박 하다. ☞털벅거리다

탈박-탈박 부 탈박거리는 소리, 또는 그 모양을 나타내는 말. ☞털벅털벅

탈발(脫髮) 명-하다 자 머리털이 빠짐. ☞탈모(脫毛)

탈방 부 속이 빈 그릇 따위가 깊은 물에 떨어질 때 울리어 나는 소리를 나타내는 말. ¶바가지가 ― 우물에 떨어지다. ☞털벙

탈방-탈방 부 잇달아 탈방 하는 소리를 나타내는 말. ☞털벙털벙

탈법(脫法)[―뻡] 명 법률에 위배되지 않도록 법의 통제를 교묘히 벗어남. ¶― 행위

탈:보(^頉報) 명-하다 자 지난날, 관원이 상사에게 사고가 있음을 말하며 책임을 면제하여 줄 것을 청하던 일.

탈복(脫服) 명-하다 자 제복(除服)

탈산(脫酸)[―싼] 명-하다 자 ①금속의 제련 과정에서, 금속이나 합금에 들어 있는 과잉 산소를 없애는 일. ②유지(油脂)의 정제 과정에서, 원유 속에 들어 있는 유리된 지방산(脂肪酸)을 없애는 일.

탈삽(脫澁)[―쌉] 명-하다 타 날감의 떫은 맛을 우림.

탈상(脫喪)[―쌍] 명-하다 자 부모의 삼년상을 마침. 결복(闋服). 결제(闋制). 종상(終喪). 종제(終制). 해상(解喪)

탈색(脫色)[―쌕] 명-하다 자타 ①섬유 제품 따위에 들어 있는 색을 뺌. ②빛이 바래어 엷어짐. ☞염색(染色)

탈색(奪色)[―쌕] 명-하다 자 같은 종류의 물건 가운데서 어느 것이 특별히 뛰어나서 다른 것들을 무색하게 함.

탈색-제(脫色劑)[―쌕―] 명 본디 색이나 물들인 색을 빼는 데 쓰이는 약제. 가성 소다나 표백분(漂白粉), 수탄(獸炭) 따위.

탈선(脫船)[―썬] 명-하다 자 선원이 선장의 허가 없이 배에서 내려 돌아오지 않는 일.

탈선(脫線)[―썬] 명-하다 자 ①기차나 전차 따위의 바퀴가 선로를 벗어남. ②이야기 따위가 본 줄거리에서 벗어나는 일을 비유하여 이르는 말. ¶이야기가 ―하여 딴 데로 흘러가다. ③행실이 올바른 도리를 벗어나 빗나감을 비유하여 이르는 말. ¶청소년의 ―을 막다.

탈세(脫稅)[―쎄] 명-하다 자타 납세 의무자가 납세액의 일부 또는 전부를 옳지 않은 방법을 써서 내지 않는 일.

탈속(脫俗)[―쏙] 명-하다 자 ①일반 사회를 떠나 부귀나 명예 따위에 얽매이지 아니함. ②속세를 벗어남. 탈진(脫塵) ¶―하여 불문(佛門)에 귀의하다.

탈쇄(脫灑)[―쐐] 어기 '탈쇄(脫灑)하다'의 어기(語基).

탈쇄-하다(脫灑―)[―쐐―] 형여 속기(俗氣)를 벗어나 깨끗하다.

탈수(脫水)[―쑤] 명-하다 자 ①어떤 물질 속에 들어 있는 수분을 없앰. ②화합물 중의 수소와 산소를 물 분자의 형태로 없애는 일.

탈수-기(脫水機)[―쑤―] 명 세탁이나 염직(染織), 제약(製藥) 따위에서 수분을 없애는 데 쓰는 기계.

탈수-제(脫水劑)[―쑤―] 명 물질 속의 수분을 없애거나 화합물에서 화학적으로 산소와 수소를 없애는 데 쓰이는 약제. 황산이나 염화아연, 실리카겔 따위.

탈수=증:세(脫水症勢)[―쑤―] 명 땀을 몹시 흘리거나 소변을 자주 보아 몸 속의 수분과 전해질(電解質)이 모자라 일어나는 증세. 심한 갈증과 정신 장애, 경련 따위가 일어남.

탈습(脫習)[―씁] 명-하다 자 낡은 관습에서 벗어남. 탈투

탈습(脫濕)[―씁] 명-하다 자타 공기 중의 습기를 없앰.

탈신(脫身)[―씬] 명-하다 자 관계하던 일에서 빠짐. ¶조합 일에서 ―하다.

탈신도주(脫身逃走)[―씬―] 성구 얽매여 있던 곳에서 빠져 나와 달아남을 이르는 말. 준탈주(脫走)

탈싹 부 ①작고 도톰한 물건이 갑자기 바닥에 떨어지는 소리, 또는 그 모양을 나타내는 말. ②작은 몸집이 갑자기 주저앉는 모양, 또는 그 소리를 나타내는 말. ¶땅바닥에 ― 주저앉다. ☞털썩

탈싹-탈싹 부 자꾸 탈싹 하는 소리, 또는 그 모양을 나타내는 말. ☞털썩털썩

탈양-증(脫陽症)[―쯩] 명 한방에서, 토사(吐瀉)를 심하게 한 뒤에 원기가 다하여, 손발이 차지고 숨이 차며 식은땀이 나다가 마침내 의식을 잃게 되는 병증을 이르는 말.

탈어(脫語) 명 글이나 말에서 빠진 말.

탈염(脫塩) 명-하다 자 ①바닷물에서 염류(塩類)를 없애 담수(淡水)로 만드는 일. ②원유(原油)에서 탈수할 때 염분을 함께 없애는 일.

탈영(脫營) 명-하다 자 군인이 병영을 빠져 나와 달아남.

탈영-병(脫營兵) 명 탈영한 병사.

탈오(脫誤) 명 빠진 글자와 틀린 글자. 탈자(脫字)와 오자(誤字). 오탈(誤脫)

탈옥(脫獄) 명-하다 자 죄수가 감옥에서 빠져 나와 달아남. 탈감(脫監)

탈옥-수(脫獄囚) 명 감옥에서 빠져 나와 달아난 죄수.

탈위(脫危) 명-하다 자 ①위험한 지경에서 벗어남. ②위독한 고비를 넘김.

탈음-증(脫陰症)[―쯩] 명 자궁탈(子宮脫)

탈의(脫衣) 명-하다 자 옷을 벗음. ☞착복(着服). 착의

탈의-실(脫衣室) 명 옷을 벗거나 갈아입는 방.

탈의-장(脫衣場) 명 해수욕장이나 운동장 등에 옷을 벗거나 갈아입을 수 있도록 마련해 놓은 곳.

탈자(脫字)[―짜] 명 글이나 인쇄물 등에서 빠뜨린 글자. 낙자(落字)

탈:-잡다(^頉―) 타 남의 흠이나 잘못된 점을 잡아 탓하다. ¶탈잡을 데가 없다.

탈장(脫腸)[―짱] 명 복강(腹腔) 안의 소장이나 대장 따위 장기(臟器) 일부가 복벽(腹壁)에 생긴 틈으로 복막과 함께 복강 밖으로 밀려나오는 병. 헤르니아(hernia)

탈장-대(脫腸帶)[―짱―] 명 탈장된 부분을 제자리로 밀어 넣고 외부에서 눌러 탈장을 얼마 동안 막아서 자연 치유를 빠르게 하는 띠 모양의 의료 기구.

탈저(脫疽)[―쩌] 명 ①회저(壞疽) ②'탈저정'의 준말.

탈저-정(脫疽疔)[―쩌―] 명 한방에서, 몸 조직의 한 부분이 죽어서 영양 공급이나 혈액 순환이 안 되기 때문에 그 부분이 썩어 문드러지는 병을 이르는 말. 준탈저

탈적(脫籍)[―쩍] 명-하다 자 호적이나 학적·병적·당적(黨籍) 따위의 적(籍)에서 빠지거나 뺌.

탈적(奪嫡)[―쩍] 명-하다 자 종손이 끊어지거나 아주 미약해진 때에 세력 있는 지손(支孫)이 종손(宗孫)을 누르고 대신 종손 행세를 하는 일. 탈종(奪宗)

탈정(奪情)[―쩡] 명-하다 자 남의 정을 억지로 빼앗음.

탈종(奪宗)[―쫑] 명-하다 자 탈적(奪嫡)

탈죄(脫罪)[―쬐] 명-하다 자 죄를 벗어남.

탈주(脫走)[―쭈] 명-하다 자 '탈신도주'의 준말.

탈지(脫脂)[―찌] 명-하다 자타 어떤 물질에 섞여 있는 지방 성분을 빼냄.

탈지(奪志)[―찌] 명-하다 타 정절(貞節)을 지키는 과부를 다시 시집가게 함.

탈지-면(脫脂綿)[―찌―] 명 원면(原綿)에 섞여 있는 지방 성분이나 불순물을 없애고 표백하여 정제한 솜. 외과 치료에 쓰임. 소독면. 약솜. 정제면(精製綿)

탈지=분유(脫脂粉乳)[―찌―] 명 탈지유를 농축(濃縮)하고 건조시켜 만든 가루 우유. 제과 따위에 쓰임. ☞전지 분유(全脂粉乳)

탈지=요법(脫脂療法)[―찌―뻡] 명 지방 과다증 환자의 몸에서 지방을 줄이는 치료법. 갑상선 제제(製劑)의 복용이나 식이 요법 따위.

탈지-유(脫脂乳)[―찌―] 명 지방 성분을 빼낸 우유. 탈지 분유나 요구르트 따위의 원료로 쓰임.

탈진(脫盡)[―찐] 명-하다 자 기운이 다 빠져 없어짐. 탈기(奪氣) ¶산 속에서 길을 잃고 헤매다 ―하다.

탈진(脫塵)[―찐] 명-하다 자 탈속(脫俗)

탈질=작용(脫窒作用)[―찔―] 명 질소가 들어 있는 화합물에서, 혐기성균(嫌氣性菌) 따위 미생물의 작용으로

E

질산 이온이 유리 질소 또는 아산화질소로 되는 현상.

탈채(脫債)명-하다자타 빚을 다 갚아서 빚에서 벗어남.

탈:처(^頉處)명 탈이 난 곳.

탈출(脫出)명-하다자타 ①위험한 곳이나 괴로운 상태에서 빠져 나감, 또는 빠져 나옴. ¶불길 속에서 기적적으로 -하다. ②무엇에서 벗어남. ¶인공 위성이 대기권에서 -하다./조종사가 기체에서 -하다.

탈출=속도(脫出速度)명 로켓이나 인공 위성이 지구 등 천체의 인력에서 벗어나서 우주 공간으로 날아오르는 데 필요한 최소 속도. 지구에서는 초속 11.19km, 달에서는 2.37km임.

탈:-춤명 ①한 사람 또는 여러 사람의 연기자가 얼굴이나 머리 전체에 탈을 쓰고 추는 춤. 가면무(假面舞) ②우리나라 전래의 탈놀이의 한 가지. 봉산 탈춤, 강령 탈춤, 은율 탈춤 따위.

탈취(脫臭)명-하다자 좋지 않은 냄새를 없앰.

탈취(奪取)명-하다타 남이 가진 것을 빼앗아 제 것으로 삼음. ¶남의 재물을 -하다.

탈취-제(脫臭劑)명 좋지 않은 냄새를 없애는 데 쓰이는 약제. 염화칼슘이나 포르말린 따위와 같이 자체 방산(放散)을 이용한 약제와 활성탄(活性炭) 따위와 같이 흡착(吸着) 작용을 이용한 약제가 있음.

탈타리명 '빈탈타리'의 준말. ☞털터리

탈탈부 ①금이 간 질그릇 따위를 잇달아 두드릴 때 떨리어 나는 소리를 나타내는 말. ②지치거나 하여 힘없이 발걸음을 좀 재게 옮겨 놓는 모양을 나타내는 말. ③물건에 앉은 먼지를 가볍게 자꾸 터는 모양, 또는 그 소리를 나타내는 말. ¶입가에 묻은 과자 부스러기를 - 털어 내다. ④아무 것도 남지 않도록 몽땅 꺼내는 모양을 나타내는 말. ¶지갑을 - 털다. ⑤낡고 작은 차 따위가 울퉁불퉁한 길을 힘겹게 가는 모양, 또는 그 소리를 나타내는 말. ☞털털

탈탈-거리다(대다)자 ①지치거나 하여 힘없이 발걸음을 좀 재게 옮겨 놓다. ②낡고 작은 차 따위가 울퉁불퉁한 길을 힘겹게 가는 소리를 내다. ☞털털거리다

탈탈-이명 낡아서 굴러갈 때마다 탈탈거리는 자동차나 수레 따위를 이르는 말. ☞털털이

탈태(脫胎)명 두께가 매우 얇아서 투명하게 보이는 자기(瓷器)의 몸. ☞반탈태(半脫胎). 진탈태(眞脫胎)

탈태(奪胎)명-하다자 ①태(胎)를 바꾸어 쓴다는 뜻으로, 옛사람의 시문(詩文)의 뜻을 좀 바꾸어 글을 짓는 일을 이르는 말. ②얼굴이 전보다 환하게 트이고 아름다워져 전혀 딴사람처럼 되는 일.

탈토(脫兎)명 위험에서 벗어나 달아나는 토끼란 뜻으로, 몸놀림이 매우 재빠름을 비유하여 이르는 말.

탈토지세(脫兎之勢)성구 위험에서 벗어나 달아나는 토끼의 기세라는 뜻으로, 매우 재빠른 몸놀림을 비유하여 이르는 말.

탈퇴(脫退)명-하다자 딸려 있던 단체나 조직 따위에서 관계를 끊고 나옴. ¶정당에서 -하다./축구부에서 -하다. ☞가입(加入)

탈투(脫套)명-하다자 낡은 관습에서 벗어남. 탈습(脫習)

탈:품(^頉稟)명-하다자 지난날, 관원이 사고로 말미암아 책임을 다하기 어려울 때 임시로 그 책임을 면제해 줄 것을 윗사람에게 청하던 일. ☞탈면(頉免)

탈피(脫皮)명 ①-하다자 파충류나 곤충류 따위가 자람에 따라 낡은 허물을 벗는 일. ②-하다자타 낡은 사고 방식이나 관습에서 벗어나 새로운 방향으로 나아감을 비유하여 이르는 말. ¶고루한 사고 방식에서 -하다./낡은 관습을 -하다.

탈:-하다(^頉-)자여 탈이 있다고 핑계를 대다. ¶감기를 탈하여 약속한 곳에 나가지 않았다.

탈함(脫艦)명-하다자 함정(艦艇)에서 근무하는 군인이 함정을 무단으로 빠져 나오거나 상륙한 뒤 돌아오지 않음.

탈함-병(脫艦兵)명 탈함한 병사.

탈항(脫肛)명 치질의 한 가지. 항문의 점막(粘膜)이나 직장(直腸) 끝의 점막 또는 직장 벽이 항문 밖으로 빠져 나오는 상태.

탈항-증(脫肛症)[-쯩]명 탈항이 되는 병증.

탈혈(脫血)명-하다자 실혈(失血)

탈화(脫化)명-하다자 ①곤충 따위가 허물을 벗고 모양이 바뀌는 일. ②낡은 형식이나 관습에서 벗어나 새롭게 바뀌는 일.

탈화(脫靴)명-하다자 신을 벗음.

탈환(奪還)명-하다타 빼앗겼던 것을 도로 빼앗음. 탈회(奪回) ¶감제 고지(瞰制高地)를 - 하다.

탈황(脫黃)명-하다자 물질 속에 섞여 있는 황 성분을 없앰.

탈회(脫會)명-하다자 관계하고 있던 모임에서 관계를 끊고 나옴. 퇴회(退會) ☞입회(入會)

탈회(奪回)명-하다타 탈환(奪還)

탐(貪)명 '탐욕(貪慾)'의 준말. ¶재물에 -이 많다.

탐관(貪官)명 재물에 탐욕이 많은 관원. ☞탐리

탐관-오:리(貪官汚吏)명 재물에 탐욕이 많고 행실이 깨끗하지 못한 관원.

탐광(探鑛)명 땅 속에 있는 광물이나 석유, 석탄 따위 지하 자원의 광상(鑛床) 위치나 매장량 따위를 조사하는 일. 시추(試錐) 따위 지질 조사나 물리 탐사, 화학 탐사 등으로 이루어짐.

탐구(探求)명-하다타 무엇을 얻으려고 애써 찾음. ¶-하던 옛 지도를 마침내 손에 넣다.

탐구(探究)명-하다타 사물의 깊은 뜻이나 참모습을 알아내려고 깊이 연구함. ¶진리를 -하다./인간의 유전자의 신비를 -하다.

탐구(貪求)명-하다타 재물 따위를 탐내어 가지려 함.

탐구-욕(探究慾)명 탐구하려는 욕망.

탐권낙세(貪權樂勢)[-꿘-]성구 권세를 탐내고 세도 부리기를 즐김을 이르는 말.

탐기(貪嗜)명-하다타 탐내어 좋아함.

탐-나다(貪-)자 썩 마음에 들어서 제 것으로 만들었으면 하는 욕심이 나다. ¶볼수록 탐나는 물건.

탐낭취:물(探囊取物)성구 낭중취물(囊中取物)

탐-내다(貪-)타 썩 마음에 들어서 제 것으로 만들었으면 하는 욕심을 내다. ¶재물을 -.

한자 **탐낼 욕**(欲)〔欠部 7획〕¶욕구(欲求)/욕정(欲情)
탐낼 탐(貪)〔貝部 4획〕¶탐식(貪食)/탐욕(貪慾)

탐닉(耽溺)명-하다자 어떤 일을 지나치게 좋아하여 그것에 깊이 빠짐. 침닉(沈溺) ¶도박에 -하다.

탐다무:득(貪多務得)성구 많은 것을 탐내어 얻으려 애쓴다는 뜻으로, 지나치게 욕심을 부림을 이르는 말.

탐도(貪饕)명-하다타 음식이나 재물을 탐냄. 탐람(貪婪)

탐독(耽讀)명-하다타 글 읽기에 열중함. ¶공상 과학 소설을 -하다.

탐락(耽樂)명-하다타 술이나 여자, 또는 노름 따위에 정신이 팔려 즐김.

탐람(貪婪)명-하다타 탐도(貪饕)

탐랑(貪狼)명 탐랑성(貪狼星)

탐랑-성(貪狼星)명 구성(九星)의 첫째 별. 탐랑(貪狼)

탐련(耽戀)명-하다자 못내 그리워함.

탐리(貪吏)명 재물에 탐욕이 많은 낮은 관원. ☞탐관(貪官)

탐리(探吏)명 지난날, 봉명 사신(奉命使臣)이 갈 앞길을 탐문하던 구실아치.

탐리(貪利)명-하다자 탐욕스레 잇속을 챙김.

탐린(貪吝)어기 '탐린(貪吝)하다'의 어기(語基).

탐린-하다(貪吝-)형여 욕심이 많고 인색하다.

탐묵(貪墨)어기 '탐묵(貪墨)하다'의 어기(語基).

탐묵-하다(貪墨-)형여 욕심이 많고 마음이 검다.

탐문(探問)명-하다타 알려지지 않은 사실 따위를 알아내려고 남을 찾아가서 물어 봄. ¶- 수사

탐문(探聞)명-하다타 알려지지 않은 사실 따위를 알아내려고 남을 찾아가서 그의 말을 들어 봄.

탐미(耽味)명-하다타 깊이 음미함.

탐미(耽美)명-하다자 아름다움을 최고의 가치로 여기며 오로지 아름다움의 세계에 빠져 즐김.

탐미-적(耽美的)명 아름다움을 추구하며 그 세계에 빠져 즐기는 경향이 있는 것.

탐미-주의(耽美主義)명 아름다움을 최고의 가치로 여기며, 예술이나 생활의 목적을 아름다움의 추구에 두는 주의. 유미주의(唯美主義)

탐미-파(耽美派)명 탐미주의를 받드는 예술의 한 파.

탐방부 작고 묵직한 물체가 깊은 물에 떨어져 잠길 때 나는 소리를 나타내는 말. ¶개구리가 물에 — 뛰어들다. ☞담방. 텀벙

탐방(探訪)명-하다타 사회에서 일어난 어떤 일의 실제 사정 따위를 알아보기 위해서 수소문하여 이곳 저곳을 찾아 다님. ¶수해 지역을 —하여 생활상을 알아보다.

탐방-거리다(대다)자타 잇달아 탐방 소리가 나다, 또는 그런 소리를 내다. ☞담방거리다[1]. 텀벙거리다

탐방-기(探訪記)명 탐방한 내용을 적은 글.

탐방=기자(探訪記者)명 탐방하여 취재하는 일을 맡은 신문이나 잡지의 기자.

탐방-탐방부 탐방거리는 소리를 나타내는 말. ☞담방담방[1]. 텀벙텀벙

탐보(探報)명-하다타 어떤 일의 실제 사정 따위를 탐문하여 알림, 또는 그 보고.

탐사(探査)명-하다타 알려지지 않은 사물에 대해서 알아보려고 샅샅이 조사함. ¶유전(油田)을 —하다.

탐상(探賞)명-하다타 경치 좋은 곳을 찾아가 구경하고 즐김.

탐색(貪色·耽色)명-하다자 여색(女色)을 좋아하고 즐김. 호색(好色)

탐색(探索)명-하다타 ①감추어진 사물을 살피어 찾음. ②범죄 사건에 관계된 사람이나 물건 따위를 샅샅이 조사하여 찾음.

탐석(探石)명-하다자 수석(壽石)을 모으려고 찾아다님.

탐-스럽다(貪—)(—스럽고·—스러워)형ㅂ 마음이 끌리도록 소담하고 보기에 좋다. ¶아기의 탐스러운 얼굴.
탐-스레부 탐스럽게

탐승(探勝)명-하다자타 경치가 좋은 곳을 찾아가 그곳의 경치를 즐김. ¶설악산 —에 나서다.

탐승-객(探勝客)명 경치가 좋은 곳을 찾아가서 그곳의 경치를 즐기는 사람.

탐식(貪食)명-하다자타 음식을 탐냄, 또는 탐내어 먹음.

탐심(貪心)명 ①탐내는 마음. ②탐욕스러운 마음.

탐악(貪惡)어기 '탐악(貪惡)하다'의 어기(語基).

탐악-하다(貪惡—)형여 욕심이 많고 마음이 고약하다.

탐애(貪愛)명-하다자 ①남의 물건은 탐내고 제 것은 몹시 아낌. ②불교에서, 색(色)·성(聲)·향(香)·미(味)·촉(觸)의 오진(五塵)을 탐하여 집착함을 이르는 말.

탐오(貪汚)어기 '탐오(貪汚)하다'의 어기(語基).

탐오-하다(貪汚—)형여 욕심이 많고 하는 짓이 더럽다.

탐욕(貪慾)명 ①몹시 탐내는 욕심. 준탐(貪) ②불교에서 이르는, 삼독(三毒)의 하나. 욕망에 따라 집착하여 그칠 줄 모르는 욕심을 이르는 말.

탐욕-스럽다(貪慾—)(—스럽고·—스러워)형ㅂ 보기에 탐내는 욕심이 있다. ¶탐욕스러운 눈길로 바라보다.
탐욕-스레부 탐욕스럽게

탐음(貪淫)명-하다자 여색을 좋아하고 즐김. 호색(好色)

탐장(貪贓)명-하다자 지난날, 관원이 부정한 방법으로 재물을 그러모으는 일, 또는 그렇게 하여 얻은 재물을 이르던 말. 범장(犯贓)

탐장-질(貪贓—)명-하다자타 지난날, 관원이 부정한 방법으로 재물을 그러모으는 짓을 이르던 말.

탐재(貪財)명-하다자 재물을 탐냄.

탐정(探偵)명-하다타 남의 행동이나 비밀한 일을 몰래 알아냄, 또는 그런 일을 직업으로 삼는 사람. ☞정탐(偵探)

탐정(探情)명-하다타 남의 뜻을 넌지시 살핌.

탐정=소:설(探偵小說)명 추리 소설(推理小說)의 한 가지. 범죄 사건 따위를 제재로 하여 탐정이 범인이나 범죄 사실 따위를 추리하여 흥미 있게 풀어 나가는 일을 내용으로 한 소설.

탐조-등(探照燈)명 아크등을 광원(光源)으로 하여 반사경(反射鏡)으로 평행 광선을 만들어 밤에 멀리 비추어 볼 수 있게 만든 등. 조공등(照空燈)·탐해등(探海燈) 따위. 서치라이트(searchlight)

탐지(探知)명-하다타 드러나지 않거나 감추어진 것 등을 살피어 알아냄. ¶몰려오는 물고기 떼를 —하다./경쟁 업체의 동정을 —하다.

탐지-기(探知機)명 어떤 물체나 물질을 알아내는 데 쓰이는 기계. ¶금속 —/지뢰 —/어군(魚群) —

탐착(貪着)명-하다자 불교에서, 만족할 줄 모르고 욕망에 사로잡혀 헤어나지 못함을 이르는 말.

탐찰(探察)명-하다타 샅샅이 찾으면서 살핌.

탐춘(探春)명-하다자 봄의 경치를 찾아다니면서 구경하며 즐김, 또는 그 놀이.

탐춘-객(探春客)명 봄의 경치를 찾아다니면서 구경하며 즐기는 사람.

탐측(探測)명-하다타 천체(天體)나 기상(氣象) 등을 관측함.

탐측=기구(探測氣球)명 관측 기구의 하나. 고층의 기상을 관측하는 기구.

탐탁-스럽다(—스럽고·—스러워)형ㅂ 보기에 탐탁한 데가 있다. ¶신랑감이 탐탁스럽지 않은 기색이다.
탐탁-스레부 탐탁스럽게

탐탁-하다형여 모습이나 몸가짐, 또는 어떤 일이 마음에 들어 좋다. ¶젊은이의 공손한 태도를 탐탁하게 여기다.
탐탁-히부 탐탁하게

탐탐(tam-tam)명 관현악에 쓰이는 타악기의 한 가지. 징과 같은 것으로, 유럽에서 중국의 동라(銅鑼)를 본떠 만든 것임.

탐탐(耽耽)어기 '탐탐(耽耽)하다'의 어기(語基).

탐탐-하다(耽耽—)형여 썩 마음에 들어 즐겁고 좋다.
탐탐-히부 탐탐하게

탐폰(Tampon 독)명 소독한 탈지면이나 가제 등을 대롱 모양이나 둥글게 만든 것. 국부(局部)에 끼워 넣어 지혈하거나 분비물을 흡수하는 데 쓰임.

탐-하다(貪—)타여 마음에 들어 가지거나 차지하고 싶어 하다.

탐학(貪虐)명-하다형 탐욕이 많고 포학함. 유탐횡(貪橫)

탐해-등(探海燈)명 함선 등에 장치하여 해면을 비추는 데 쓰는 탐조등(探照燈).

탐험(探險)명-하다타 위험을 무릅쓰고 세상에 알려져 있지 않은 지역에 들어가서 여러 가지를 살펴보고 조사함.

탐험-가(探險家)명 탐험을 전문으로 하는 사람.

탐험-대(探險隊)명 탐험을 목적으로 조직된 무리.

탐험=소:설(探險小說)명 탐험을 내용으로 하는 소설.

탐호(貪好)명-하다타 매우 즐기며 좋아함.

탐혹(耽惑)명-하다자 어떤 사물을 몹시 즐겨서 제 정신을 차리지 못함.

탐화(探花)명 '탐화랑(探花郎)'의 준말. 담화(擔花)

탐화-랑(探花郎)명 조선 시대, 갑과(甲科)에 셋째로 급제한 사람을 이르던 말. 임금으로부터 어사화(御賜花)를 받아 급제한 사람의 모자에 꽂아 주는 일을 맡은 데서 붙여진 말임. 담화랑(擔花郎) 준탐화(探花)

탐화봉접(探花蜂蝶)성구 꽃을 찾아다니는 벌과 나비라는 뜻으로, 여색(女色)을 좋아하는 사람을 비유하여 이르는 말.

탐횡(貪橫)명-하다형 탐욕이 많고 행동이 횡포함. 유탐학(貪虐)

탐후(探候)명-하다자 남의 안부를 물음.

탑(塔)명 ①절에서, 석가모니의 사리(舍利)를 안치하거나 공양을 위해 세운, 여러 층으로 된 건축물. 본탑파(塔婆) ②높고 뾰족하게 세운 건축물을 통틀어 이르는 말.

한자 탑 탑(塔) [土部 10획] ¶목탑(木塔)/불탑(佛塔)/석탑(石塔)/탑신(塔身)/탑영(塔影)

탑(榻)명 좁고 기다란 평상.

탑골-치(塔—)명 지난날, 튼튼하게 잘 삼은 미투리를 이

르던 말. 동대문 밖 탑골에서 삼은 데서 비롯된 말.

탑교(榻敎)명 지난날, 임금이 정승(政丞)에게 몸소 내리는 명령을 이르던 말.

탑-기단(塔基壇)명 탑신(塔身)을 받치는 기단.

탑-망:원경(塔望遠鏡)명 태양을 관측하기 위하여 만든 탑 모양의 큰 망원경. 태양 빛이 탑 위로부터 탑 안을 거쳐 지하의 분광기(分光器)로 유도되도록 만들어진 장치임.

탑문(搨文)명 탑본한 글, 또는 그 글자.

탑본(搨本)명-하다타 돌이나 그릇에 새겨진 글씨나 그림 따위를 종이에 그대로 박아내는 일, 또는 박아낸 그 종이. 탁본(拓本) ☞비첩(碑帖)

탑비(塔碑)명 탑과 비석.

탑삭부 ①단번에 냉큼 움켜잡는 모양을 나타내는 말. ¶옷을 — 집어 들다. ②단번에 냉큼 받아먹는 모양을 나타내는 말. ¶개가 고깃점을 — 받아먹다. ☞답삭. 텁석

탑삭-나룻명 짧고 다보록하게 난 수염. ☞텁석나룻

탑삭-부리명 탑삭나룻이 난 사람을 놀리어 이르는 말. ☞텁석부리

탑상(榻牀)명 의자나 침상 따위를 통틀어 이르는 말.

탑상-운(塔狀雲)명 탑 꼴을 이룬 뭉게구름.

탑새기-주다타 남의 일을 방해하여 망쳐 놓다.

탑선(搭船)명-하다자 배를 탐. 승선(乘船)

탑소록-하다형여 머리털이나 수염 따위가 배고 어수선하게 다보록하다. ☞텁수룩하다

탑소록-이부 탑소록하게

탑-손명 보습을 쥐는 손.

탑승(搭乘)명-하다자 항공기나 선박 등에 탐.

탑승-객(搭乘客)명 항공기나 선박 등에 탄 손.

탑승-원(搭乘員)명 항공기나 선박 등에서 일정한 직무를 맡아보는 사람.

탑시-종(搭顋腫)명 볼거리. 유행성 이하선염

탑신(塔身)명 탑기단(塔基壇)과 상륜(相輪) 사이의 탑의 몸체 부분.

탑신-석(塔身石)명 석탑의 탑신을 이루는 돌.

탑영(塔影)명 탑의 그림자.

탑영(搨影)명-하다타 본디의 형상을 그대로 본떠서 그림, 또는 그렇게 그린 그림.

탑인(搨印)명-하다타 본디의 형상을 그대로 박아냄.

탑재(搭載)명-하다타 항공기나 선박 등에 짐을 실음. ¶미사일을 —한 전폭기.

탑재-량(搭載量)명 항공기나 선박 등에 실은 짐의 양, 또는 실을 수 있는 짐의 양

탑전(榻前)명 임금의 자리 앞.

탑전정:탈(榻前定奪)성구 신하가 아뢴 일에 대하여 임금이 그 자리에서 결정함을 이르던 말.

탑전하:교(榻前下敎)성구 임금이 그 자리에서 명령을 내림을 이르던 말.

탑첨(塔尖)명 탑 꼭대기의 뾰족한 부분.

탑파(塔婆∠stūpa 범)명 '탑(塔)'의 본딧말.

탓명 ①좋지 않은 일이 일어나게 된 원인이나 까닭. ¶경기의 패배를 남의 —으로 돌리다./나이 —인지 눈이 침침하다. ②그릇된 일의 핑계로 삼아 원망하거나 나무라는 일. ¶제 잘못은 접어 두고 친구 —만 한다./수확의 감소를 날씨 —만 해서야.

탓-하다타여 ①그릇된 일을 원망하거나 나무라다. ¶남의 실수를 —. ②좋지 않은 일의 핑계나 구실로 삼다. ¶흉작에 대해서 날씨를 —.

탕[1]부 속이나 안이 비어서 아무 것도 없는 모양을 나타내는 말. ☞텅[1]

탕[2]부 ①작고 단단한 물건이 나무나 쇠로 된, 속이 빈 통 따위를 세게 두드릴 때 울리어 나는 소리를 나타내는 말. ¶주먹으로 탁자를 — 치다. ②폭약 등이 터지면서 울리어 나는 소리를 나타내는 말. ¶총을 — 쏘다. ☞텅[2]

탕:(湯)[1]명 ①'국'을 달리 이르는 말. ②제사에 쓰는 찬(饌)의 한 가지. 건더기가 많고 국물이 적은 국. 소탕(素湯)·어탕(魚湯)·육탕(肉湯) 따위. 탕국 ③《접미사처럼 쓰이어》'달여 먹는 약'의 뜻을 나타냄. ¶갈근탕(葛根湯)/사물탕(四物湯)

탕:(湯)[2]명 온천장이나 목욕탕 등에서, 목욕물에 몸을 담글 수 있도록 만들어 놓은 곳. ¶—에 들어가다.

탕:갈(蕩竭)명-하다타 재물을 마구 써서 다 없앰. 탕진(蕩盡). 탕패(蕩敗). 판탕(板蕩)

탕:감(蕩減)명-하다타 빚이나 세금 등 물어야 할 돈을 덜어 줌. ¶세금을 —하다.

탕개명 물건에 동인 줄을 죄는 제구. 동인 줄의 중간에 비녀장을 질러서 비비틀면 줄이 죄어들게 됨.

탕개(를) 치다관용 동인 물건을 탕개로 팽팽하게 죄다.

탕개(를) 틀다관용 탕개로 탕개줄을 틀어서 동인 것을 팽팽하게 죄다.

탕개-목(-木)명 탕개줄이 풀리지 않게 질러 놓는 나무.

탕개-붙임[-부침]명 부레풀을 바른 나뭇조각을 맞대고 탕개를 틀어서 붙이는 일.

탕개-줄명 탕개목을 지른 줄.

탕개-톱명 톱양을 탕개로 메워서 쓰는 톱.

탕:객(蕩客)명 방탕한 사람.

탕:-거리(湯-)[-꺼-]명 탕을 끓일 감.

탕:건(宕巾)명 조선 시대, 관직을 가진 사람이 나들이할 때 갓 아래에 받쳐 쓰던 쓰개의 한 가지. 말총으로 뜬 것으로 앞이 낮고 뒤가 높아 턱이 진 모양인데, 집 안에서는 그것만을 쓰고 지냈음.

탕:건-바람(宕巾-)[-빠-]명 갓은 쓰지 않고 탕건만 쓴 차림새.

탕:건-집(宕巾-)[-찝]명 탕건을 넣어 두는 상자.

탕:관(湯灌)명-하다타 불교 장례에서, 시체를 관에 넣기 전에 목욕시키는 일.

탕:관(湯罐)명 국을 끓이거나 약을 달이는 데 쓰는 손잡이가 달린 그릇. 쇠붙이나 오지로 만듦.

탕:-구자(湯口子)명 열구자탕(悅口子湯)

탕:-국(湯-)[-꾹]명 탕(湯)[1]

탕:-국물(湯-)[-꾹-]명 탕의 국물.

탕:기(湯器)[-끼]명 국이나 찌개 따위를 담는, 주발처럼 생긴 자그마한 그릇.

탕:론(蕩論)명 '탕평론(蕩平論)'의 준말.

탕:-메(湯-)명 제사에 쓰는 국과 밥.

탕:면(湯麪)명 국에 만 국수.

탕:반(湯飯)명 장국밥

탕:-방(-房)명 장대석(長臺石)으로 구들고래를 만들고, 그 위에 굄돌을 세워 넓적한 구들장을 놓아 만든 방.

탕:부(蕩婦)명 음탕한 여자.

탕:산(蕩産)명-하다자 '탕진가산(蕩盡家產)'의 준말.

탕:산(蕩散)명-하다자 망하여 뿔뿔이 흩어짐. 탕석(蕩析)

탕:삼(湯蔘)명 삶은 인삼.

탕:상(湯傷)명 끓는 물에 덴 상처.

탕:석(蕩析)명-하다자 탕산(蕩散)

탕:-솥(湯-)명 탕을 끓이는 솥.

탕:수(湯水)명 끓는 물.

탕수-육(^糖水肉)명 중국 요리의 한 가지. 쇠고기나 돼지고기 튀김에, 채소와 버섯 따위를 넣고 새콤달콤하게 끓인 녹말 물을 끼얹어 만든 음식.

탕:심(蕩心)명 방탕한 마음. 탕지(蕩志). 탕정(蕩情)

탕:아(蕩兒)명 방탕한 사내. 탕자(蕩子)

탕:액(湯液)명 한약을 달여서 짠 물.

탕:약(湯藥)명 한방 약재를 달여서 거르거나 짠 약제. 탕제(湯劑) ☞산약(散藥). 환약(丸藥)

속담 **탕약에 감초(甘草) 빠질까** : 어떤 일에나 빠짐없이 끼어드는 사람을 두고 비유하여 이르는 말.

탕:양-하다(蕩漾-)자여 큰 물결이 일렁이다.

탕:요(蕩搖)명-하다자타 흔들어 움직임, 또는 흔들림.

탕:-원미(湯元味)명 지난날, 초상집에 쑤어 보내는 죽을 이르던 말. 물에 씻어 반쯤 찧은 멥쌀에 잘게 다진 쇠고기를 양념하여 넣고 묽게 끓여 그 위에 볶은 고기와 볶은 표고를 얹고 잣가루를 뿌렸음.

탕:일(蕩逸)어기 '탕일(蕩逸)하다'의 어기(語基).

탕:일-하다(蕩逸-)형여 방탕하여 절제함이 없다.

탕:자(蕩子)명 방탕한 사내. 탕아(蕩兒)
탕:장(帑藏)명 내탕고(內帑庫)에 보관된 재물.
탕:전(帑錢)명 내탕금(內帑金)
탕:정(湯井)명 온천(溫泉)
탕:정(蕩情)명 방탕한 마음. 탕심(蕩心)
탕:제(湯劑)명 탕약(湯藥)
탕:지(蕩志)명 ①호탕한 웅지(雄志). 크고 넓은 뜻. ②방탕한 마음. 탕심(蕩心)
탕:-지기(湯-)명 지난날, 대궐 안에서 국을 맡아 끓이는 종을 이르던 말.
탕:진(蕩盡)명-하다타 재물을 마구 써서 다 없앰. 탕갈(蕩竭). 탕패(蕩敗). 판탕(板蕩) ¶노름으로 재물을 -하다.
탕:진가산(蕩盡家産)성구 집안의 재산을 다 써서 없앰을 이르는 말. 탕패가산(蕩敗家産) 준탕산(蕩産)
탕:창(宕氅)명 ①탕건(宕巾)과 창의(氅衣)를 아울러 이르는 말. ②-하다자 당하(堂下)의 관직을 지냄.
탕:창-짜리(宕氅-)명 탕건을 쓰고 창의를 입은 사람을 낮잡아 이르는 말.
탕:척(蕩滌)명-하다타 ①씻어서 깨끗하게 함. ②죄명(罪名)을 없애 줌.
탕:척-서:용(蕩滌敍用)명 지난날, 허물이 있는 사람의 죄명을 없애 주고 다시 등용함을 이르던 말.
탕:천(湯泉)명 온천(溫泉)
탕:치(湯治)명-하다타 온천에서 목욕을 하여 병을 고침.
탕:-치다(蕩-)타 ①재산을 다 없애다. ②갚아야 할 빚을 덜어 주다.
탕-탕[1]부 여럿이 다 속이나 안이 비어서 아무 것도 없는 모양을 나타내는 말. ☞텅텅[1]
탕-탕[2]부 ①작고 단단한 물건이 나무나 쇠로 된, 속이 빈 통 따위를 잇달아 세게 두드릴 때 울리어 나는 소리를 나타내는 말. ②폭약 등이 잇달아 터지면서 울리어 나는 소리를 나타내는 말. ☞땅땅[1]. 텅텅[2]
탕탕[3]부 헛되이 큰소리만 치는 모양을 나타내는 말. ☞땅땅[2]. 텅텅[3]
탕탕-거리다(대다)자타 탕탕 소리가 나다, 또는 그런 소리를 내다. ☞텅텅거리다
탕:탕평평-하다(蕩蕩平平-)형여 어느 쪽에도 치우침이 없이 아주 공평하다. 탕평하다 ¶시비를 가리는 데 -.
탕:파(湯婆)명 난방(煖房) 용구의 한 가지. 뜨거운 물을 담아 잠자리나 발을 따뜻하게 하는 데 쓰는 그릇. 자기나 쇠붙이로 만들어 씀. 각파(脚婆)
탕:패(蕩敗)명-하다타 탕진(蕩盡)
탕:패가산(蕩敗家産)성구 탕진가산(蕩盡家産)
탕:평(蕩平)[1]명 '탕평책(蕩平策)'의 준말.
탕:평(蕩平)[2]어기 '탕평(蕩平)하다'의 어기(語基).
탕:평-론(蕩平論)명 조선 영조 때의 탕평책(蕩平策)의 정론(政論). 준탕론(蕩論)
탕:평-채(蕩平菜)명 녹두묵에 고기 볶음·미나리·김 등을 섞어 만든 음식. 조선 영조 때, 탕평책을 논하는 자리의 음식상에 처음 올랐다는 데서 유래한 말. 묵청포
탕:평-책(蕩平策)명 ①조선 시대, 영조(英祖)가 당쟁의 시정책을 내리고 인재를 노론(老論)과 소론(少論)에서 고르게 등용함으로써 당쟁의 폐단을 없애려던 정책. 준탕평(蕩平)[1] ②불편부당(不偏不黨)의 정책.
탕:평-하다(蕩平-)형여 어느 쪽에도 치우침이 없이 아주 공평하다. 탕탕평평하다
탕:포(蕩逋)명-하다타 조선 시대, 공금(公金)이나 공곡(公穀)을 사사로이 쓴 사람의 변상(辨償)을 면제해 주던 일.
탕:화(湯火)명 끓는 물과 타는 불.
탕:화(湯花)명 광천(鑛泉) 속에 생긴 침전물(沈澱物).
탕:화-창(湯火瘡)명 한방에서, 끓는 물이나 불에 데어서 생긴 상처를 이르는 말.
태[1]명 농작물에 해를 끼치는 새를 쫓는 기구. 짚이나 삼, 또는 실 따위로 머리는 굵고 꼬리는 가늘게 꼬아 만드는데, 머리를 잡고 꼬리를 휘휘 두르다가 거꾸로 잡아채면 '딱' 소리가 나서 새를 쫓게 됨.
태[2]명 질그릇이나 놋그릇의 깨진 금.
태(가) 가다관용 그릇이 깨져 금이 생기다. 태(를) 먹다.
태(를) 먹다관용 태(가) 가다.
태(兌)명 ①'태괘(兌卦)'의 준말. ②'태방(兌方)'의 준말.
태(胎)[1]명 모체(母體) 안에서 태아(胎兒)를 싸고 있는 삼과 탯줄을 통틀어 이르는 말. ☞삼. 태보(胎褓)
태를 가르다관용 아기를 낳은 뒤에 탯줄을 끊다. 삼을 가르다. 삼가르다
속담 **태만 길렀다**: 사람이 어리석고 못났음을 놀리어 이르는 말.
태(胎)[2]명 '태지(胎紙)'의 준말.
태(泰)명 '태괘(泰卦)'의 준말.
태:(態)명 ①겉모습이나 맵시. ¶가냘픈 -의 여학생./아무 옷이나 입어도 -가 난다. ②태도나 몸가짐. ¶수줍어하는 -가 있다. ③짐짓 꾸민 표정이나 몸가짐. ¶짐짓 점잖은 -를 지어 보이다.
태:가(駄價·馱價)[-까]명 짐을 실어 날라 준 삯으로 주는 돈, 또는 받는 돈.
태갈(苔碣)명 이끼가 낀 비석. 태비(苔碑)
태감(台監)명 조선 시대, 편지글 등에서 '대감(大監)'이라는 말 대신 쓰던 말. 대감은 대화(對話)에서 쓰였음.
태감(台鑑)명 조선 시대, 종이품 이상의 관원이나 그에 준하는 높은 사람에게 글이나 그림 따위를 보낼 때, '살펴보소서'라는 뜻으로 겉봉에 쓰던 말. 태람(台覽)
태강즉절(太剛則折)성구 너무 세거나 빳빳하면 꺾어지기 쉬움을 이르는 말.
태거(汰去)명-하다타 지난날, 죄과(罪過)가 있는 하급 관원이나 구실아치를 파면하던 일.
태경(苔徑)명 이끼가 낀 길.
태경=간:풍(胎驚癎風)명 한방에서, 임신 중에 받은 심한 정신적 충격 때문에, 낳은 아이에게 일어나는 경간(驚癎)을 이르는 말.
태계(苔階)명 이끼가 낀 섬돌.
태고(太古)명 아주 오랜 옛날. 반고(盤古). 숭석(崇昔). 천고(千古)
태고(太高)어기 '태고(太高)하다'의 어기(語基).
태고대(太古代)명 시생대(始生代)
태고-사(太古史)명 아주 오랜 옛날의 역사.
태고지민(太古之民)명 아주 오랜 옛적의 어질고 순박한 백성.
태고-하다(太高-)형여 매우 높다.
태곳-적(太古-)명 아득히 먼 옛날.
태공(太空)명 아득히 높고 먼 하늘.
태공-망(太公望)명 낚시질을 좋아하는 사람을 달리 이르는 말. 중국 주(周)나라의 정치가 태공망이 낚시질을 즐겼다는 데서 유래함.
태과(太過)어기 '태과(太過)하다'의 어기(語基).
태과-하다(太過-)형여 너무 지나치다. 아주 심하다.
태관(兌管)명 가마니나 섬 속에 든 곡식 따위를 찔러서 빼내어 보는 연장. 간색대. 색대
태-괘(兌卦)명 ①팔괘(八卦)의 하나. 상형은 ☱이고 못을 상징함. ②육십사괘(六十四卦)의 하나. 태괘(兌卦) 아래 태괘가 놓인 괘로 못 아래 못이 거듭됨을 상징함. 준태(兌) ☞둔괘(屯卦)
태-괘(泰卦)명 육십사괘(六十四卦)의 하나. 곤괘(坤卦) 아래 건괘(乾卦)가 놓인 괘로 하늘과 땅이 사귐을 상징함. 준태(泰) ☞비괘(否卦)
태교(胎敎)명 임신한 여자가 평소에 정신적인 안정과 수양에 힘써서 태아에게 좋은 영향을 주려 하는 일. 태화
태권(跆拳)[-꿘]명 '태권도'의 준말.
태권-도(跆拳道)[-꿘-]명 우리 나라 전래의 호신 무술. 손과 발을 써서 하는 전신 운동인데, 수련 방법은 기본 동작으로 주먹과 손날을 이용한 막기·지르기·찌르기·치기와 발을 이용한 차기 기술이 있음. 기본 동작에 이어 품세·겨루기·단련·호신술 등의 단계로 기술을 높여 감. 준태권(跆拳)
태그(tag)명 ①야구에서, 야수가 손이나 글러브로 공을

잡은 다음 몸을 누(壘)에 대는 일, 또는 공이나 글러브를 주자에게 대는 일. ②'태그매치'의 준말.

태그매치(tag match)명 프로레슬링에서, 두 사람 또는 세 사람이 한 팀이 되어 한 팀에서 한 사람씩 번갈아 나가서 승패를 겨루는 경기. 준태그(tag)

태극(太極)명 ①고대 중국의 우주관에서, 만물을 이루고 있는 음(陰)과 양(陽)의 두 기(氣)가 나뉘기 이전의 근원, 곧 음양의 통일 개념을 뜻한 말. ②역학(易學)의 우주관에서, 음양의 두 원기가 나누어지기 전의 근본을 이르는 말. 태극에서 음양이, 음양에서 사상(四象)이, 사상에서 팔괘(八卦)가, 팔괘에서 만물의 차례로 이루어진 것으로 보아, 곧 태극이 만물의 근원이라 설명함. ③만물의 근원을 상징하는 그림. 하나의 원을 양(陽)과 음(陰)으로 구별하되, 붉은빛의 양과 남빛의 음을 고리 모양으로 머리 부분을 엇댄 그림. ¶ - 무늬

태극-기(太極旗)명 우리 나라의 국기. 흰 바탕의 한가운데에 붉은빛의 양(陽)과 남빛의 음(陰)으로 태극(太極)을 그리고, 네 귀에 태극을 향하여 검은빛으로 건(乾)·곤(坤)·감(坎)·이(離)의 괘를 그렸음.

태극-나방(太極-)명 밤나방과의 곤충. 편 날개 길이는 7cm 안팎으로 수컷보다 암컷의 몸이 조금 더 큼. 몸과 날개는 수컷은 암갈색이고 암컷은 회갈색인데, 모두 앞날개에 뚜렷한 태극 무늬가 있음. 우리 나라와 동아시아 각지에 분포함.

태극-문(太極紋)명 태극 모양의 무늬.

태극-선(太極扇)명 태극 모양을 그린 둥근 부채. 까치선

태금(汰金)명-하다자 감흙에 섞여 있는 황금을 물에 읾.

태급(太急)어기 '태급(太急)하다'의 어기(語基).

태급-하다(太急-)형여 매우 급하다.

태기(胎氣)명 아이를 밴 기미.

태:-깔(態-)명 ①맵시와 빛깔. ②교만한 태도.

태깔(이) 나다관용 맵시 있게 보이다.

태:깔-스럽다(態-)(-스럽고·-스러워)형ㅂ 보기에 교만한 데가 있다.

태깔-스레부 태깔스럽게

태껸명 택견

태:-나다자 '태어나다'의 준말.

태납(怠納)명-하다타 세금이나 회비 따위를 정해진 기한이 지나도록 내지 않음.

태낭(胎囊)명 포유류의 태아를 싸고 있는 주머니 모양의 것, 또는 조류나 파충류의 알 껍데기 안에 있는 배(胚).

태내(胎內)명 태(胎)의 안.

태농(怠農)명-하다자 농사일을 게을리 함. 나농(懶農)

태다(太多)어기 '태다(太多)하다'의 어기(語基).

태다-수(太多數)명 썩 많은 수. 대다수(大多數)

태다-하다(太多-)형여 썩 많다.

태단(胎丹)명 한방에서, 태아에게 생긴 단독(丹毒)을 이르는 말.

태-대:각간(太大角干)명 신라 때, 대각간에게 특별히 더 높이어 내린 최고 관직의 이름. 김유신에게 준 일이 있음.

태-대:막리지(太大莫離支)명 고구려 말기의 최고 관직 이름. 대막지리와 권한은 같으나 한 단계 더 올린 관직 이름임.

태-대:형(太大兄)명 고구려 말기, 관직의 하나. 14관등에서 둘째 등급. 국가 기밀, 개법, 징발, 관작 수여 따위의 일을 맡아보았음.

태:도(態度)명 ①몸을 가지는 모양. ¶예절 바른 -. ②어떤 사물에 대한 감정이나 생각 따위가 행동이나 말 또는 표정 등에 나타난 모습. ¶몹시 불쾌한 -. ③어떤 상황이나 사물에 대한 생각이나 마음가짐. ¶거취에 대한 -를 분명히 하다.

태독(胎毒)명 젖먹이의 머리나 얼굴에 생기는 여러 가지 피부병.

태동(胎動)명-하다자 ①모태 안에서 태아가 움직임. 임신한 지 다섯 달 가량 되면 느낄 수 있음. ②어떤 일이 일어날 기운이 싹틈. ¶독립의 기운이 -하다.

태동(泰東)명 동쪽 끝이라는 뜻으로, '동양(東洋)'을 달리 이르는 말. ☞태서(泰西)

태두(太豆)명 소의 콩팥을 식품으로 이르는 군두목.

태두(泰斗)명 ①'태산북두(泰山北斗)'의 준말. ②어떤 전문 분야에서 첫손을 꼽을 만큼 권위가 있는 사람을 비유하여 이르는 말. ¶유전자 공학계의 -.

태란(胎卵)명 태생(胎生)과 난생(卵生).

태람(台覽)명-하다타 조선 시대, 종이품 이상의 관원이나 그에 준하는 높은 사람에게 글이나 그림 따위를 보낼 때, '살펴보소서'라는 뜻으로 겉봉에 쓰던 말. 태감(台鑑)

태람(太濫)어기 '태람(太濫)하다'의 어기(語基).

태람-하다(太濫-)형여 한도에 너무 지나치다.

태령(太嶺·泰嶺)명 험하고 높은 고개.

태뢰(太牢)명 중국에서 천자가 사직에 제사를 지낼 때 소·양·돼지를 제물로 쓰던 일. 대뢰(大牢) ☞소뢰

태루(胎漏)명 한방에서, 임신 중에 자궁에서 피가 나오는 병증을 이르는 말.

태류(苔類)명 선태식물(蘚苔植物)의 한 강. 잎 모양의, 관다발이 없는 엽상 식물(葉狀植物)로 그늘지고 축축한 곳에서 자람. 우산이끼 따위. ☞선류(蘚類)

태-마노(苔瑪瑙)명 이끼와 같은 무늬가 있는 마노.

태막(胎膜)명 태아를 싸고 있는 양막(羊膜)·장막(漿膜)·요막(尿膜)을 통틀어 이르는 말. 태아 기관(胎兒器官)

태만(怠慢)명-하다형 게으르고 느림. 과태(過怠) ¶-한 업무 처리. ☞근면(勤勉). 태타(怠惰)

태만-히부 태만하게

태맥(胎脈)명 아이를 밴 여자의 맥.

태-먹다자 오지그릇이나 놋그릇 따위에 금이 가다. ¶태먹은 뚝배기.

태명(台命)명 지난날, 삼정승(三政丞)이나 지체가 높은 사람의 명령을 이르던 말.

태모(胎母)명 아이를 밴 부인. 임부(妊婦). 잉부(孕婦)

태몽(胎夢)명 아이를 밸 징조로 꾸는 꿈.

태묘(太廟)명 종묘(宗廟)

태무(殆無)어기 '태무(殆無)하다'의 어기(語基).

태무-하다(殆無-)형여 거의 없다.

태묵(台墨)명 남을 높이어 그의 편지를 이르는 말.

태문(苔紋)명 이끼 모양의 무늬.

태반(太半)명 전체의 절반이 훨씬 넘는 것. 대반(大半) ¶참석자의 -이 여성이다.

태반(殆半)명 거의 절반. ¶응시자 중 -이 합격했다.

태반(胎盤)명 포유류의 자궁 안에서, 태아와 모체를 탯줄로 잇고 있는 해면상의 둥근 기관. 태아에게 산소와 영양을 공급하고, 태아로부터 나오는 가스를 받아 내는 구실을 함. 해산한 뒤 모체에서 떨어져 나옴.

태반-류(胎盤類)[-뉴]명 단공목(單孔目)과 유대목(有袋目)에 상대하여 태반(胎盤)이 완전한 포유류를 이르는 말.

태발(胎髮)명 태어난 뒤에 한 번도 깎지 않은 어린아이의 머리털. 배냇머리. 산모(産毛)

태방(兌方)명 팔방(八方)의 하나. 정서(正西)를 중심으로 한 45도 범위 안의 방위. 준태(兌) ☞진방(震方)

태배(鮐背)명 살갗에 복어의 등 무늬 같은 검버섯이 생겼다는 뜻으로, '늙은이'를 비유하여 이르는 말.

태백-성(太白星)명 저녁때 서쪽 하늘에 빛나는 '금성(金星)'을 이르는 말. 개밥바라기. 장경성(長庚星)

태벌(笞罰)명-하다자 태장(笞杖)으로 볼기를 치는 형벌.

태변(胎便)명 갓난아이가 태어난 뒤에 처음으로 누는 똥. 배내똥

태병(苔餠)명 떠서 말린 파래.

태보(太保·大保)명 고려 시대, 임금의 고문을 맡은 삼사(三師)의 하나. 셋 중 맨 아래 등급임. ☞태사

태보(胎褓)명 태아를 싸고 있는 막과 태반. 삼 ¶-를 가르다. ☞태(胎)[1]

태복-감(太卜監)명 고려 시대, 천문(天文)을 맡아보던 관아. 1023년(현종 14)에 사천대(司天臺)로 고쳤음.

태복-사(太僕司)명 조선 시대 후기, 임금의 거마(車馬)와 조마(調馬) 따위를 맡아보던 관아. 1895년(고종 32)

에 사복시(司僕寺)를 폐하고 설치하였음.

태복-시(太僕寺)명 고려 시대, 궁중의 승여(乘輿)·마필(馬匹)·목장(牧場)을 맡아보던 관아.

태봉(胎封)명 지난날, 왕실의 태(胎)를 묻던 일, 또는 태를 묻은 곳. ☞태항(胎缸)

태봉(泰封)명 후삼국의 하나. 901년(신라 효공왕 5)에 신라의 왕족 궁예(弓裔)가 송악(松嶽)에 도읍하여 세운 나라. 918년에 송악의 토호 왕건(王建)에게 망함.

태부(太傅·大傅)명 고려 시대, 임금의 고문을 맡은 삼사(三師)의 하나. 셋 중 둘째 등급임. ☞태보

태부족(太不足)명-하다형 아주 많이 모자람. ¶자재가 ─이다./운전 자금이 ─하다.

태비(苔碑)명 이끼가 낀 비석(碑石). 태갈(苔碣)

태사(太社·大社)명 조선 시대, 나라에서 토지의 신(神)과 오곡(五穀)의 신에게 제사지내던 곳.

태사(太師·大師)명 고려 시대, 임금의 고문을 맡은 삼사(三師)의 으뜸 관직. ☞태부

태사(汰沙)명-하다타 물에 일어서 쓸모 없는 것을 골라냄.

태사-국(太史局)명 고려 시대, 천문(天文)·역수(曆數)·측후(測候)·각루(刻漏) 따위의 일을 맡아보던 관아. 뒤에 사천감(司天監)을 합하여 서운관(書雲觀)으로 함.

태사-령(太史令)명 고려 시대, 태사국(太史局)의 종오품(從五品) 관직.

태사-신(太史─)명 지난날, 남자의 마른신의 한 가지. 울을 비단이나 가죽으로 하고 코와 뒤축 부분에 흰 줄무늬를 넣었음. 태사혜

태사-혜(太史鞋)명 태사신

태산(泰山)명 ①높고 큰 산. ②매우 크거나 많음을 비유하여 이르는 말. ¶할 일이 ─이다./걱정이 ─ 같다.
속담 **태산 명동(鳴動)에 서일필(鼠一匹)이라** : 태산을 울리고 요동하게 하더니 나온 것이 겨우 쥐 한 마리 뿐이라는 뜻으로, 크게 떠벌리기만 하고 결과는 보잘것없음을 이르는 말./**태산을 넘으면 평지를 본다** : 어려운 고비를 잘 이겨 내면 즐거운 날이 온다는 말.

태산교악(泰山喬嶽)성구 높고 큰 산이라는 뜻으로, 지조가 곧고 꿋꿋한 성격을 비유하여 이르는 말. ☞맹호출림(猛虎出林)

태산북두(泰山北斗)성구 높고 큰 산과 북두칠성이라는 뜻으로, 세상 사람들로부터 존경을 받는 훌륭한 사람을 비유하여 이르는 말. 준산두(山斗). 태두(泰斗)

태산압란(泰山壓卵)성구 큰 산이 알을 누른다는 뜻으로, 큰 위엄으로 여지없이 누름을 비유하여 이르는 말.

태산-준:령(泰山峻嶺)명 큰 산과 험한 고개.

태산집요(胎產集要)명 조선 선조 41년(1608)에 허준(許浚)이 잉태와 해산에 관한 약방문을 수록한 의서.

태상(太上)명 ①가장 좋은 것. 극상(極上) ②천자(天子)

태상(胎上)명 태중(胎中)

태상-경(太常卿)명 고려 시대, 태상부의 으뜸 관직.

태상-부(太常府)명 고려 시대, 제사·증시(贈諡)를 맡아보던 관아. 뒤에 봉상시(奉常寺)로 고침.

태-상:왕(太上王)명 왕위(王位)를 물려준, 생존하는 전 임금을 높이어 이르던 말. 태왕(太王) ☞상왕(上王)

태-상:절(兌上絕)명 팔괘(八卦) 중, 태괘(兌卦)는 위의 막대가 끊어졌다는 뜻으로, ☱의 모양을 이르는 말. ☞간상련(艮上連)

태-상:황(太上皇)명 황제의 자리를 물려준, 생존하는 전 황제를 높이어 이르던 말. 태황제(太皇帝) 준상황

태생(胎生)명 ①수정한 난자가 모태 안에서 태반(胎盤)을 통해 영양과 산소를 받으면서 일정한 동안 자라서 개체로 태어나는 일. 포유류가 이에 딸림. ☞난생(卵生). 난태생(卵胎生) ②식물에서, 열매가 가지에 달린 채 씨앗에서 싹이 터서 어느 정도 자란 뒤에 어미그루에서 떨어지는 일. ③어떤 고장이나 지역을 나타내는 말 다음에 쓰이어, 그곳에서 태어남을 이르는 말. 출생(出生) ¶그는 제주도 ─이다./농촌 ─

태생=과:실(胎生果實)명 어미그루에 달려 있는 동안 속에 있는 씨앗에서 싹이 트기 시작하는 열매. 홍수 따위.

태생=동:물(胎生動物)명 태생인 포유류를 통틀어 이르는 말. ☞난생 동물(卵生動物)

태생-어(胎生魚)명 어미 고기의 수란관의 불룩한 부분에서 어느 정도 자란 다음에 태어나는 어류. 상어 따위.

태생-지(胎生地)명 태어난 곳.

태생-학(胎生學)명 '발생학'을 의학에서 이르는 말.

태서(泰西)명 서쪽 끝이라는 뜻으로, '서양(西洋)'을 달리 이르는 말. ☞태동(泰東)

태석(苔石)명 이끼가 낀 돌.

태선(苔蘚)명 이끼[1]

태선(苔癬)명 작은 발진(發疹)이 수없이 생기는 만성 피부병. 물이 잡히거나 곪지는 않음.

태성명 이마에 흰털이 나 있는 말.

태세(太歲)명 ①그 해의 간지(干支). ☞월건(月建). 일진(日辰) ②'목성(木星)'의 딴이름.

태세(胎勢)명 자궁 안에 있는 태아의 자세.

태세(態勢)명 어떤 일이나 상황에 대한 마음가짐이나 태도. ¶상대편의 요구를 받아들일 ─를 갖추다.

태속(笞贖)명 지난날, 볼기를 맞는 형벌 대신 관아에 바치는 돈을 이르던 말.

태손(太孫)명 '황태손(皇太孫)'의 준말.

태수(太守)명 ①신라 때, 군(郡)의 으뜸 관직, 또는 그 관원. ②지방관(地方官)

태시(太始)명 ①천지가 처음 열린 때. 천지가 창조된 때. 태초(太初) ②만물의 근본.

태시(胎屎)명 배내똥

태식(太息)명 한숨[2]

태식(胎息)명 '태식법(胎息法)'의 준말.

태식-법(胎息法)명 도가(道家)에서 수련하는 호흡법의 한 가지. 잡념을 없애고 천천히 숨을 들이쉬어 기운이 배꼽 아래에 미치게 하는 호흡법. 준태식(胎息)

태실(胎室)명 지난날, 왕실에서 태를 묻던 석실(石室).

태심(太甚)어기 '태심(太甚)하다'의 어기(語基).

태심-하다(太甚─)형여 아주 심하다. 극심하다

태아(胎兒)명 포유류의 모태 안에서 자라고 있는 생체. 사람의 경우 수태한 지 8주가 지나서 사람의 모습이 뚜렷한 상태를 이름.

태아(胎芽)명 ①식물에서, 양분을 저장하였다가 저절로 땅에 떨어져 새 개체를 이루는 싹. 마·백합의 육아(肉芽) 따위. ②수정 후 8주 미만인 사람의 생체.

태아=기관(胎兒器官)명 태막(胎膜)

태안(泰安)어기 '태안(泰安)하다'의 어기(語基).

태안-젓(太眼─)명 명태의 눈으로 담근 젓. 태안해

태안-하다(泰安─)형여 태평하고 안녕하다.
태안-히부 태안하게

태안-해(太眼醢)명 태안젓

태양(太陽)명 ①태양계의 중심에 있는 항성(恒星). 거대한 고온의 가스 덩어리임. 지구로부터 거리는 약 1.5억 km임. 둥글게 보이는 부분을 광구(光球)라 이르며 바깥쪽에 채층(彩層)과 코로나가 있음. 양명(陽明). 비륜(飛輪). 해[1] ☞직오(織烏) ②사물의 중심이 되거나 사람에게 희망을 주는 존재를 상징하여 이르는 말. ¶겨레의 ─. ③주역(周易)에서 이르는 사상(四象)의 하나. ☞태음(太陰)

> ▶ **'태양'과 보통 명사**
> 오직 하나 뿐인 것이라 하여 고유 명사라 할 수 없는 것이 있다. 바로 '태양'은 하나 뿐이지만 보통 명사이고, '삼국사기'는 여러 권인데도 고유 명사이다.

태양(胎養)명 한방에서, 임신 중에 섭생을 잘하여 태아의 발육이 잘 되도록 하는 일을 이르는 말.

태:양(態樣)명 모양이나 상태.

태양-경(太陽鏡)명 태양을 관측할 때 쓰이는 태양 망원경의 접안 렌즈.

태양-계(太陽系)명 태양과 태양을 중심으로 운행하고 있는 천체를 이르는 말. 수성(水星)·금성(金星)·지구(地球)·화성(火星)·목성(木星)·토성(土星)·천왕성(天

王星)·해왕성(海王星)·명왕성(冥王星)의 아홉 행성과 그 위성(衛星), 거기에다 소행성(小行星)·혜성(彗星), 행성간의 물질 등으로 이루어짐.

태양-년(太陽年)명 태양이 황도(黃道) 위의 춘분점을 지나 다시 춘분점으로 돌아올 때까지의 시간. 1태양년은 365.2422일임. 평분년(平分年). 회귀년(回歸年)

태양-등(太陽燈)명 태양 광선과 비슷한 자외선을 비교적 많이 내는 수은등. 의료용이나 살균용으로 쓰임.

태양-력(太陽曆)명 지구가 태양을 한 번 공전(公轉)하는 시간을 1년으로 삼는 달력. 1년을 365일로 하고, 4년에 한 번 윤년(閏年)을 둠. 신력(新曆) 준 양력(陽曆) ☞ 태음력(太陰曆)

태양=상수(太陽常數)명 지구가 태양으로부터 평균 거리에 있을 때 받는 방사 에너지의 양. 대기의 흡수가 없다고 가정할 때 지표면 $1cm^2$가 1분 동안에 받는 태양 에너지는 약 1.96cal임.

태양=숭배(太陽崇拜)명 자연 숭배의 한 가지. 미개 사회나 고대 사회의 종교에서, 태양을 최고의 신으로 받드는 신앙.

태양-시(太陽時)명 태양의 일주 운동(日周運動)을 기준으로 하여 정한 시각. 진태양시(眞太陽時)와 평균 태양시(平均太陽時)가 있음.

태양-신(太陽神)명 태양을 신앙의 대상으로 삼아 신격화한 것.

태양=에너지(太陽energy)명 태양에서 나오는 에너지.

태양-열(太陽熱)[-녈]명 지구가 태양으로부터 받는 열에너지.

태양열=발전(太陽熱發電)[-녈-쩐]명 태양열을 동력원으로 이용한 발전.

태양열=주:택(太陽熱住宅)[-녈-]명 태양열을 이용하여 난방 장치를 하고, 더운물을 쓸 수 있게 설비한 주택.

태양-인(太陽人)명 사상 의학에서, 사람의 체질에 따라 분류한 네 가지 유형의 하나. 폐가 크고 간이 작은 형으로, 체격은 상체가 발달되고 허리 부위가 약함. 성격은 사고력이 뛰어나고, 판단력과 진취적인 기상이 있으며 자존심이 강함. ☞태음인(太陰人)

태양-일(太陽日)명 태양이 한 자오선을 지나서 다시 그 자오선을 지날 때까지의 시간. 진태양일(眞太陽日)과 평균 태양일(平均太陽日)이 있음.

태양=전:지(太陽電池)명 태양 광선의 에너지를 직접 전기 에너지로 바꾸는 장치. 반도체를 이용하며 인공 위성이나 무인 등대 등의 전원으로 쓰임.

태양=전:파(太陽電波)명 태양에서 나오는 전파. 코로나에서는 장파(長波), 채층에서는 단파(短波)가 나옴.

태양-증(太陽證)[-쯩]명 상한양증(傷寒陽證)

태양-초(太陽草)명 햇볕에 말린 고추.

태양-충(太陽蟲)명 위족류(僞足類) 태양충과의 원생생물을 통틀어 이르는 말. 몸길이 0.05mm 안팎. 몸은 둥글고 많은 바늘 모양의 위족(僞足)이 방사상으로 뻗쳐 있는 데서 이 이름이 붙음. 못이나 늪 등에 떠다니며 세균이나 편모류를 잡아먹고 삶.

태양-풍(太陽風)명 태양에서 태양계 공간으로 방출되고 있는 플라스마의 흐름. 주로 전자(電子)와 양자(陽子)로 이루어진 것으로, 빠르기는 매초 350~700km임.

태양-혈(太陽穴)명 한방에서, 침을 놓는 자리의 하나. 귀의 위, 눈의 옆쪽으로, 음식을 씹으면 움직이는 곳.

태양=흑점(太陽黑點)명 태양의 겉면에 보이는 검은 점. 광구면(光球面)보다 약간 온도가 낮기 때문에 검게 보이는데, 지구상의 기온이나 기후에도 영향을 미침. 준 흑점(黑點)

태어-나다자 사람이나 동물이 어미의 태(胎)에서 세상에 나오다. ¶화가의 아들로 -. 준 태나다

한자 태어날 탄(誕)〔言部 7획〕¶성탄(聖誕)/탄생(誕生)/탄신(誕辰)/탄일(誕日)

태업(怠業)명-하다자 ①맡은 일을 게을리 함. ②노동자의 쟁의(爭議) 수단의 한 가지. 노동자가 단결하여 일은 하면서도 의도적으로 노동 능률을 떨어뜨려 사용자에게 손해를 끼치면서 분쟁의 해결을 꾀하는 행위. 사보타주(sabotage)

태:-없:다[-업-]형 ①뽐낼만 한 지위에 있으면서도 조금도 뽐내는 기색이 없다. ②볼만 한 태가 없다.

태-없이부 태없게

태연(泰然)명-하다형 태도나 기색이 아무렇지 않고 평상시와 같이 예사로움. ¶짐짓 -을 가장하다./-한 표정.

태연-히부 태연하게

태연-스럽다(泰然-)(-스럽고·-스러워)형ㅂ 태도나 기색이 아무렇지 않고 평상시와 같이 예사롭다.

태연-스레부 태연스럽게

태연자약(泰然自若)성구 마음에 무슨 충동을 받을만 한 일이 있어도 조금도 흐트러짐이 없이 천연스러운 모양을 이르는 말. ¶-하게 위기에 대처하다.

태열(胎熱)명 한방에서, 태중(胎中)의 열로 말미암아 갓난아이에게 나타나는 병증을 이르는 말. 얼굴이 붉어지고 변비가 따르며 젖을 잘 먹지 않음.

태엽(胎葉)명 탄력성이 강한 얇고 긴 강철 띠를 돌돌 말아 놓은 것. 말아 죄어 놓은 것이 도로 풀리려는 힘을 시계나 장난감 따위 기계에서 동력(動力)으로 씀.

태오(怠傲)어기 '태오(怠傲)하다'의 어기(語基).

태오-하다(怠傲-)형여 거만하고 예의가 없다.

태완(太緩)어기 '태완(太緩)하다'의 어기(語基).

태완-하다(太緩-)형여 몹시 느리거나 느슨하다.

태왕(太王)명 태상왕(太上王)

태우다[1]타 ①불을 붙여 타게 하다. ¶낙엽을 -. ②불이나 열에 타서 눋게 하다. ¶밥을 -. ③살갗이 햇빛이나 자외선을 받아 그을게 하다. ¶살갗을 구릿빛으로 -. ④몹시 애달게 하다. ¶애를 -.

태우다[2]타 ①탈것에 몸을 싣게 하다. ¶승객을 차에 -. ②놀이 기구 따위에 타게 하다. ¶그네를 -.

태우다[3]타 ①몫으로 주는 돈이나 물건을 받게 하다. ¶곗돈을 -. ②노름이나 내기 따위에서, 돈이나 물건을 지르다. ¶내기에서 가진 돈을 다 태웠다.

태우다[4]타 간지럼을 타게 하다. ¶간지럼을 -.

태운(泰運)명 태평한 운수.

태위(胎位)명 태아(胎兒)가 자궁 안에 있는 위치. 정상적인 경우 머리가 아래로 향하여 있음. 태좌(胎座)

태유(太油)명 콩기름

태을(太乙)명 ①태일(太一) ②'태을성(太乙星)'의 준말.

태을-성(太乙星)[-썽]명 ①음양도(陰陽道)에서 이르는 신령한 별의 이름. 북쪽 하늘을 운행하면서 병란(兵亂)·재화(災禍)·생사(生死)를 맡아 다스린다고 함. ②도교에서, 천제(天帝)가 살고 있다는 별. 태일성(太一星) 준 태을(太乙)

태을-점(太乙占)[-쩜]명 태을성이 팔방으로 이동하는 위치에 따라 길흉을 점치는 일, 또는 그 점. 태일점(太一占)

태음(太陰)명 ①태양에 대하여 달을 이르는 말. ②주역(周易)에서 이르는 사상(四象)의 하나. ☞소양(少陽)

태음-년(太陰年)명 태음력(太陰曆)에 따른 1년. 태음월(太陰月)을 평년에는 열두 달, 윤달이 있을 때는 열석 달을 합한 시간으로, 354일 또는 355일임.

태음-력(太陰曆)명 달의 만월(滿月)에서 다음 만월까지의 29.53059일을 기초로 하여 만든 역법(曆法). 1년을 열두 달로 하고 작은달을 29일, 큰달을 30일로 함. 이슬람권에서 사용됨. 구력(舊曆) 준 음력(陰曆) ☞태양력(太陽曆). 태음 태양력

태음-월(太陰月)명 삭망월(朔望月)

태음-인(太陰人)명 사상 의학에서, 사람의 체질에 따라 분류한 네 가지 유형의 하나. 간이 크고 폐가 작은 형으로, 체격은 골격이 굵고 큰 편이며, 상체는 약하나 하체가 튼튼함. 성격은 꾸준하고 참을성이 있으며 욕심이 많음. ☞소양인(少陽人)

태음-일(太陰日)명 달이 자오선을 지나 다시 그 자오선에 돌아오는 때까지의 동안. 약 24시간 50분 28초.

태음-증(太陰證)[-쯩] 명 상한음증(傷寒陰證)

태음=태양력(太陰太陽曆) 명 태음력(太陰曆)과 태양력(太陽曆)을 절충한 역법(曆法). 곧 달의 운행에 기준을 두면서 계절에도 맞춘 책력으로, 19년에 일곱 번 윤달을 두고 다시 8년에 세 번의 윤일을 두었음. 우리 나라의 음력이나 중국력(中國曆)·그리스력(曆) 등이 이에 딸림. 음양력(陰陽曆) 준 음력(陰曆)

태의(胎衣) 명 태아(胎兒)를 싸고 있는 막(膜)과 태반(胎盤)을 이르는 말. 포의(胞衣)

태일(太一·泰一) 명 ①중국 철학에서, 천지 만물이 생기는 근원, 또는 우주의 본체를 이르는 말. 태을(太乙) ②'태일성(太一星)'의 준말.

태일-성(太一星)[-썽] 명 태을성(太乙星) 준 태일

태일-점(太一占)[-쩜] 명 태을점(太乙占)

태잉(胎孕) 명 -하다 자타 잉태(孕胎)

태자(太子) 명 '황태자(皇太子)'의 준말.

태자-궁(太子宮) 명 ①'황태자(皇太子)'의 높임말. 춘궁(春宮) ②황태자의 궁궐. 동궁(東宮)

태자-비(太子妃) 명 황태자의 아내. 비(妃)

태작(駄作) 명 보잘것없는 작품. 졸작(拙作)

태장(笞杖) 명 ①태형(笞刑)과 장형(杖刑)을 아울러 이르는 말. ②볼기를 치는 형구(刑具). 추초(箠楚)

태장-계(胎藏界) 명 밀교(密敎)의 이대 법문(二大法門)의 하나. 금강계(金剛界)에 대하여, 대일여래(大日如來)의 이성(理性) 면에서 나타낸 말. 부처의 보리심(菩提心)이 일체를 싸고 기르는 일을 모태(母胎)에 비유한 것임. ☞금강계(金剛界)

태장계=만다라(胎藏界曼陀羅) 명 밀교(密敎)의 양계 만다라(兩界曼陀羅)의 하나. 대일경(大日經)에 바탕을 둔 태장계의 모습을 나타낸 그림. 부처의 보리심(菩提心)을 태아를 기르는 모태(母胎)에 비유하여 나타낸 그림임.

태장-해(太腸醢) 명 창난젓

태전(苔田) 명 김의 양식장(養殖場)을 달리 이르는 말.

태점(胎占) 명 태(胎) 안의 아기가 아들인지 딸인지를 알아보려고 치는 점.

태정(台鼎) 명 지난날, '삼정승(三政丞)'을 달리 이르던 말.

태정(苔井) 명 이끼가 낀 우물.

태조(太祖) 명 한 왕조를 세운 첫째 임금에게 붙이던 묘호(廟號).

태종(太宗) 명 한 왕조에서 업적이나 덕행이 태조(太祖)에 버금가는 임금에게 붙이던 묘호(廟號).

태좌(胎座) 명 ①암술꽃의 한 부분. 씨방 안에 밑씨가 붙는 자리. ②태위(胎位)

태죄(笞罪) 명 태형(笞刑)을 받을만 한 죄.

태주 명 마마를 앓다가 죽은 어린 계집아이의 귀신. 다른 여자에게 지피어 사람의 길흉화복을 잘 알아맞힌다고 함. 명도(明圖). 명두(明斗)

태주(太蔟·太簇) 명 십이율(十二律)의 셋째 음. ☞육려(六呂). 육률(六律)

태주-할미 명 태주를 부리는 무당을 이르는 말.

태중(胎中) 명 아이를 배고 있는 동안. 태상(胎上)

태지(苔紙) 명 가는 털과 같은 이끼를 섞어서 뜬 종이. 매우 질김. 측리지(側理紙)

태지(胎紙) 명 ①족자나 병풍 따위를 배접할 때, 서화의 가장자리에 덧대는 종이. 준 태(胎) ②편지 속에 따로 적어 끼워 넣는 종이. 협지(夾紙)

태직(太稷) 명 지난날, 임금이 후직(后稷)에게 제사를 지내던 곳.

태-질 명 -하다 타 ①세차게 메어치거나 내던지는 짓. ②탯돌에다 곡식 단을 메어쳐 곡식알을 떠는 일. ☞개상질

태질을 치다 관용 세게 메어치거나 내던지다.

태-짐(駄-) 명 지거나 실어서 나르는 짐.

태짐-꾼(駄-) 명 짐을 지거나 실어서 나르는 일꾼.

태차(胎借) 명 -하다 자 임신한 여자가 약을 먹어서 태(胎) 안의 아이가 힘을 얻게 됨.

태천(苔泉) 명 이끼가 낀 샘.

태초(太初) 명 천지가 처음 열린 때. 천지가 창조된 때. 창초(創初). 태시(太始)

태촉(太促) 명 -하다 타 몹시 재우침.

태-치다 타 세게 메어치거나 내던지다.

태코미터(tachometer) 명 회전 속도계(回轉速度計)

태클(tackle) 명 ①레슬링 공격 기술의 한 가지. 양팔로 상대편의 아랫도리나 허리를 잡아 밀어서 넘기는 기술. ②럭비에서, 수비수가 공을 가진 상대편 팀 공격수의 아랫도리를 붙잡아 넘어뜨리거나 공을 빼앗는 일. ③축구에서, 상대편이 가지고 있는 공을 기습적으로 빼앗는 일, 또는 그런 기술.

태타(怠惰) 명 -하다 형 게으름. 해태(懈怠) ☞태만(怠慢)

태탕(駘蕩) 어기 '태탕(駘蕩)하다'의 어기(語基).

태탕-하다(駘蕩-) 형여 ①넓고 크다. ②봄빛이나 날씨 따위가 매우 화창하다.

태토(胎土) 명 도자기의 몸을 이루는 흙.

태평(太平·泰平) 명 -하다 형 ①세상이 안정되어 아무 걱정이 없고 평안함. ¶-한 세월. ②성격이 느긋하여 근심이나 걱정이 없이 태연함. ¶마음이 -이다. ③몸이나 마음이나 집안이 평안함.

태평-히 부 태평하게

태평가(太平歌) 명 국악(國樂)의 가곡(歌曲)인 '만년장환지곡(萬年長歡之曲)'의 맨 끝 곡. 느리고 장중한 곡으로 가곡 중에 남녀가 병창하는 유일한 곡임. 음계는 계면조(界面調).

태평-과(太平科) 명 조선 시대, 시절이 태평하거나 나라에 경사가 있을 때 임시로 보이던 과거를 달리 이르는 말. 별시(別試)·정시(庭試) 따위.

태평-관(太平館) 명 조선 시대, 중국 사신이 머물던 객사(客舍).

태평-꾼(太平-) 명 세상일에 관심이 없거나 물정에 어두워, 마음이 늘 평안한 사람을 이르는 말.

태평사(太平詞) 명 조선 선조 때, 박인로(朴仁老)가 지은 가사. 임진왜란의 참상(慘狀)과 전쟁 후에 맞게 될 태평성대와 성은(聖恩)을 칭송한 노래임. '노계집(蘆溪集)'에 실려 전함.

태평-성:대(太平聖代) 명 어진 임금이 다스리는 태평한 세상, 또는 그 시대.

태평-성:사(太平盛事) 명 태평한 시대의 크고 훌륭한 일.

태평-세:계(太平世界) 명 잘 다스려져서 평화스러운 세상.

태평-세:월(太平歲月) 명 살아가는 데 근심이나 걱정이 없는 태평한 시절.

태평-소(太平簫) 명 새납

태평-송(太平頌) 명 신라 제28대 진덕 여왕(眞德女王)이 당나라 고종에게 보낸 송시(頌詩). 당나라의 홍업(洪業)을 크게 칭송한 내용임.

태평-스럽다(太平-)(-스럽고·-스러워) 형ㅂ 성격이 느긋하여 근심이나 걱정이 없이 태연한 데가 있다.

태평-스레 부 태평스럽게

태평-양(太平洋)[-냥] 명 오대양의 하나. 유라시아·아메리카·오스트레일리아 등의 대륙에 둘러싸인 바다. 세계 바다 면적의 반을 차지하는 최대의 해양임. ☞대서양(大西洋)

태평-연월(太平烟月)[-년-] 명 근심이나 걱정이 없이 지내는 편안한 세월.

태풍(颱風) 명 ①북태평양 남서부에서 발생하는 열대성 저기압 가운데서 최대 풍속이 매초 17m 이상으로 발달한 것을 이름. 지름 수백 km에서 1,000km 가량의 소용돌이로, 8~9월에 폭풍우를 몰고 동북 아시아로 불어옴. ②풍력 계급의 '싹쓸바람'의 구용어. ☞지경풍

태풍의 눈 관용 ①태풍의 중심 부근에 생기는, 바람이 약하고 구름이 적은 둥근 구역. 보통 직경 수십 km에 이름. ②어떤 일에 큰 영향을 끼치게 될, 핵심적인 일을 비유하여 이르는 말. ¶그의 돌발적인 발언은 이번 회기(會期)의 -이었다.

한자 태풍 태(颱)〔風部 5획〕¶태풍(颱風)

태풍=경:보(颱風警報) 명 기상 경보의 하나. 태풍의 영향

으로 폭풍이나 호우, 해일 따위가 경보 기준에 이를 것으로 예상될 때 미리 알리는 일.

태풍=주:의보(颱風注意報)명 기상 주의보의 하나. 태풍의 영향으로 폭풍이나 호우, 해일 따위가 주의보 기준에 이를 것으로 예상될 때 미리 알리는 일.

태피스트리(tapestry)명 명주실·무명실·털실 따위의 색실로 무늬나 그림 따위를 나타낸 직물, 또는 그것을 이용한 벽걸이 따위.

태학(太學)명 ①조선 시대, 성균관(成均館)을 달리 이르던 말. ②고려 시대, 국자감(國子監)의 한 분과. ③고구려 때, 나라에서 세운 교육 기관.

태학-사(太學士)명 조선 말기, 갑오개혁 이후의 궁내부에 딸린 문관(文官). 경연청(經筵廳)의 으뜸 관직으로 한 사람을 두었음.

태학-생(太學生)명 조선 시대, 성균관(成均館)에서 지내면서 공부하던 유생(儒生), 곧 생원(生員)·진사(進士) 등을 통틀어 이르던 말.

태항(胎缸)명 지난날, 왕실에서 태(胎)를 담아서 묻는 데 쓰던 항아리. ☞태봉(胎封)

태허(太虛)명 ①'하늘'을 달리 이르는 말. ②고대 중국 철학에서, 우주의 본체(本體)인 기(氣)의 형태를 나타낸 말. 기(氣)는 집산(集散)하는 것으로, 태허는 곧 기가 흩어져서 공허(空虛)하게 된 상태를 이름.

태형(笞刑)명 지난날, 오형(五刑)의 하나. 작은 곤장으로 볼기를 치던 형벌. ☞장형(杖刑)

태홀(怠忽)어기 '태홀(怠忽)하다'의 어기(語基).

태홀-하다(怠忽-)형여 게으르고 느리다.

　태홀-히부 태홀하게

태화(胎化)명 태교(胎敎)

태화-탕(太和湯)명 ①끓는 물을 달리 이르는 말. ②언제나 마음이 태평한 상태를 비유하여 이르는 말. ③사람됨이 싱겁고 뼈 없이 좋은 사람을 놀리어 이르는 말.

태환(兌換)명-하다타 ①바꿈. ②지폐를 금화(金貨) 따위의 정화(正貨)와 바꾸는 일.

태환-권(兌換券)[-꿘]명 태환 지폐(兌換紙幣)

태환=은행(兌換銀行)명 태환권을 발행하는 권한이 있는 은행.

태환=제:도(兌換制度)명 태환 지폐를 발행하여 그 지폐와 정화(正貨)를 교환할 수 있도록 한 제도.

태환=지폐(兌換紙幣)명 정화(正貨)와 바꿀 수 있게 되어 있는 지폐. 태환권(兌換券) ☞불환 지폐(不換紙幣)

태황(太皇)명 '태황제(太皇帝)'의 준말.

태-황제(太皇帝)명 태상황(太上皇) 준태황(太皇)

태-황태후(太皇太后)명 황제의 살아 있는 할머니.

태후(太后)명 '황태후(皇太后)'의 준말.

택거(宅居)명-하다자 집에서 지냄.

택견명 우리 나라 전래 무예(武藝)의 한 가지. 발기술을 주로 하는 유연한 몸놀림으로, 공격해 오는 상대편을 제압하여 자기의 몸을 보호하는 무예. 품밟기·활갯짓·발질·손질 등을 기본으로 하는 여러 기술이 있음. 중요 무형 문화재 제76호.

택교(擇交)명-하다타 좋은 벗을 가리어 사귐, 또는 좋은 벗을 고름.

택급만:세(澤及萬世)성구 혜택이 만대에 미친다는 뜻으로, 혜택이 오래 미침을 이르는 말.

택길(擇吉)명-하다자 택일(擇日)

×**택내**(宅內)명 →댁내(宅內)

택란(澤蘭)명 ①'쉽싸리'의 딴이름. ②한방에서, 쉽싸리의 줄기와 잎을 약재로 이르는 말. 여성의 생리통, 산후 복통 등에 쓰임.

택량(擇良)명-하다자 좋은 것을 가려 뽑음.

택량(澤梁)명 통발을 쳐 놓은 못.

택반(澤畔)명 못 가.

택발(擇拔)명-하다타 여럿 가운데서 뽑음.

택벌(擇伐)명-하다타 재목으로 쓸 나무를 가려서 벰.

택사(宅舍)명 ①살림집 ②사택(舍宅)

택사(澤瀉)명 ①택사과의 여러해살이풀. 잎은 땅속줄기에서 무더기로 나고 7~8월에 긴 꽃줄기에 흰 꽃이 핌. 무논·못·습지에 절로 나며, 우리 나라 각지에 분포함. ②한방에서, 택사의 덩이줄기를 약재로 이르는 말. 이뇨(利尿)나 수종(水腫) 등에 쓰임.

택상(宅相)명 뒷날 훌륭하게 될 외손(外孫)을 이르는 말.

택서(擇壻)명-하다자 사윗감을 고름.

택선(擇善)명-하다자 선(善)한 일을 가려 따름.

택솔(Taxol)명 난소암·유방암·폐암의 말기 환자에게 특효가 있는 항암 물질. 주목(朱木)의 나무껍질·잎·종자에서 추출함.

택시(taxi)명 손을 목적지까지 태워다 주고 거리와 시간에 따라 요금을 받는 영업용 승용차.

택시미:터(taximeter)명 택시에 장치하여, 주행 거리와 시간에 따라 요금이 자동적으로 계산되어 표시되는 계기(計器).

택식(擇食)명 한방에서, 임신 초기에 심한 입덧으로 음식을 가려먹는 일을 이르는 말.

택심(宅心)명-하다타 마음에 새겨 두고 잊지 않음. 존심(存心). 처심(處心)

택언(擇言)명-하다자 말을 가려 씀, 또는 그 말.

택용(擇用)명-하다타 골라서 씀.

택우(澤雨)명 ①식물이 자라기에 알맞게 내리는 비. ②오래 가물다가 내리는 단비. 자우(慈雨)

택우(擇偶)명-하다자 배우자를 고름.

택인(擇人)명-하다자 쓸만 한 인재를 고름.

택일(擇一)명-하다자 여럿 가운데서 하나를 고름.

택일(擇日)명-하다자 혼인이나 이사, 또는 길을 떠나거나 할 때에 좋은 날을 가려 정하는 일. 연길(涓吉). 택길(擇吉) ☞복일(卜日)

택정(擇定)명-하다타 여럿 가운데서 골라 정함. 선정(選定)

택조(宅兆)명 ①무덤의 광중(壙中). ②묘지(墓地)

택지(宅地)명 주택을 지을 땅. 집터 ¶ -를 조성하다. ☞대지(垈地)

택지(擇地)명-하다자 좋은 땅을 고름.

택차(擇差)명-하다타 인재를 뽑아서 관직에 임명함.

택처(擇處)명-하다자 살 곳이나 있을 곳을 고름.

택출(擇出)명-하다타 가려냄. 골라냄.

택품(擇品)명-하다자 좋은 물품을 고름.

택피창생(澤被蒼生)성구 은혜로운 덕택이 모든 사람에게 두루 미침을 이르는 말.

택-하다(擇-)타여 여럿 가운데서 골라 정하다. ¶길일을 -./필요한 물품을 -.

택호(宅號)명 한 가정의 주인의 본이름 대신, 주인의 관직(官職) 이름이나 그 사람이 장가든 고장(아내의 친정 고장)의 이름 등을 붙여서 그 집을 부르는 말. 김 판사 댁, 박 교수 댁, 경주 댁 따위. 가호(家號)

택혼(擇婚)명-하다자 혼인할 상대를 고름.

탠덤(tandem)명 ①좌석이 앞뒤로 된 2인용 자전거. ②두 필의 말이 앞뒤로 늘어서서 끄는 마차.

탤런트(talent)명 재능(才能)·기능(技能)의 뜻으로, 연예인이나 텔레비전드라마에 출연하는 배우를 이르는 말.

탤컴(talcum)명 활석(滑石). 탤크(talc)

탤컴파우더(talcum powder)명 활석의 가루에 붕산·향료 등을 섞은 가루. 땀띠약 등으로 쓰임.

탤크(talc)명 활석(滑石). 탤컴(talcum)

탬버린(tambourine)명 타악기의 한 가지. 쇠붙이나 나무 따위로 만든 둥근 테의 한쪽에 가죽을 입히고 둘레에 작은 방울을 여러 개 달았음. 한 손으로 잡고 흔들거나 가죽을 치거나 하여 방울을 울림.

탭댄스(tap dance)명 댄스의 한 가지. 밑바닥에 쇠붙이를 댄 구두를 신고 구두의 앞 끝과 뒤축으로 마룻바닥을 율동적으로 구르면서 추는 춤. 본디 미국 남부의 흑인 춤에서 비롯되었다 함.

탯:-거리(態-)명 '태(態)'의 속된말.

탯-덩이(胎-)명 아주 못생긴 사람을 이르는 말.

탯-돌명 마당질할 때, 곡식 단을 메어쳐서 낟알을 떠는 데 쓰는 돌. ☞개상. 태질

탯-자리개 명 태질할 때, 볏단이나 보리 단 따위를 묶는 데 쓰는 새끼.

탯-줄(胎-) 명 태아와 태반을 잇는 끈 모양의 기관. 두 줄의 동맥과 한 줄의 정맥이 있는데, 모체로부터 산소와 양분을 태아에게 보내고, 태아로부터 모체로 이산화탄소와 노폐물을 보냄. 제대(臍帶). 제서(臍緖)

속담 **탯줄 잡듯 한다** : 무엇을 잔뜩 붙잡는다는 말.

탱(∠幀) 명 '탱화'의 준말.

탱고(tango) 명 아르헨티나의 부에노스아이레스에서 발생하여 세계 각지로 퍼진 4분의 2박자의 춤곡, 또는 그에 맞추어서 추는 춤. 시원시원하고 정열적인 아르헨티나탱고와 우아하고 부드러운 콘티넨털탱고로 크게 가름.

탱알 명 '개미취'의 딴이름.

탱자 명 탱자나무의 열매.

탱자-나무 명 운향과의 낙엽 활엽 관목. 높이 3m 안팎. 껍질은 초록빛이며 모가 진 가지에 긴 가시가 많음. 5월경에 잎보다 먼저 흰 꽃이 피고 가을에 열매가 노랗게 익음. 열매는 탱자라 하며 한방에서 약재로 씀. 중국 원산으로 경기 이남 지역에서 재배함. 구귤(枸橘)

탱중(撑中) 어기 '탱중(撑中)하다'의 어기(語基).

탱중-하다(撑中-) 형여 정욕(情慾) 등 욕심이 마음속에 가득 차 있다.

탱천(撑天) 명-하다 자 ①하늘을 찌를듯이 치솟아 오름. ¶분한 생각이 -하다. ②기세 따위가 북받쳐 오름. ¶의기가 -하다. 충천(衝天)

탱커(tanker) 명 석유나 액화 석유 가스 따위 액체로 된 화물을 실어 나르기 위하여 선체(船體)를 커다란 유조(油槽)로 만든 화물선. 유조선(油槽船)

탱크(tank) 명 ①물이나 가스·기름 따위를 저장하는 큰 통. 수조(水槽)·유조(油槽) 따위. ②전차(戰車). 처음 만들었을 때, 비밀을 유지하기 위해 수조(水槽 : 탱크)라 한 데서 붙여진 이름임.

탱크로:리(tank lorry) 명 석유나 액화 석유 가스, 화학 약품 따위 액체나 기체를 실어 나르는 탱크를 갖춘 화물 자동차.

탱크-차(tank車) 명 석유나 액화 석유 가스, 화학 약품 따위 액체나 기체를 실어 나르는 탱크를 갖춘 화차(貨車).

탱탱 부-하다 형 ①몸의 살이 쪼그라지지 않고 팽팽한 모양을 나타내는 말. ¶ - 살진 팔./-한 피부. ②눌러도 오그라들지 않을 정도로 탄탄한 모양을 나타내는 말. ¶풍선에 -하게 공기를 넣다. ☞댕댕[2]. 땡땡[2]. 팅팅

탱화(∠幀畫) 명 부처나 보살의 초상, 또는 불경의 내용을 그려서 벽에 거는 그림. 준 탱

탱화=불사(∠幀畫佛事)[-싸] 명 불상을 그리는 일.

터[1] 명 ①건물 등을 짓는 데 쓸 땅. ¶ -를 닦다./박물관 -를 잡다. ②'비어 있는 땅', '빈터'의 뜻을 나타냄. ¶ -가 넓다./묵히고 있는 -. ③'자리'·'곳'의 뜻을 나타냄. ¶절이 있던 -./옛 성문 -./배움의 -. ④무슨 일을 해 나갈 밑바탕. ¶활동할 -를 마련하다./고대사 연구의 -를 닦다.

터(가) 세다 관용 어떤 터나 집에서 궂은일이 자주 일어나는 경향이 있을 때, 그 까닭을 터가 좋지 않기 때문이라고 이르는 말.

터(를) 닦다 관용 ①집 따위를 세울 자리를 고르고 다지다. ②일의 기초를 다지다.

터(를) 잡다 관용 ①터를 골라서 정하다. ②일의 기초를 마련하다.

속담 **터를 닦아야 집을 짓지** : 무슨 일이든지 기초가 잘 되어야 일이 잘 이루어질 수 있다는 말.

한자 **터 기**(基) 〔土部 8획〕 ¶개기(開基)/국기(國基)/근기(根基)/기반(基盤)/기초(基礎)

터[2] 명 '터수'의 준말. ¶익히 아는 -다.

터[3] 의 ①어미 '-ㄹ'·'-을' 다음에 쓰이어, '예정'·'추측' 등의 뜻을 나타내는 말. ¶곧 일을 마칠 -이니 기다리게./고단할 -인데 좀 쉬게. ②어미 '-은'·'-는' 다음에 쓰이어, '처지'·'형편' 등의 뜻을 나타내는 말. ¶제 앞가림도 못하는 -에 남의 일에 참견하다니.

터거리 명 '턱[1]'의 속된말.

터-과:녁 명 120보(步)의 거리를 두고 활쏘기를 익힐 때 쓰는 소포(小布)나 과녁.

터널(tunnel) 명 산허리나 땅 밑, 강 밑 등을 뚫어 만든 길. 철도·도로·수로 등으로 쓰임. 굴. 굴길. 수도(隧道)

터-놓다 타 ①막거나 가려 놓았던 것을 치워 놓다. ¶두 방 사이의 벽을 -. ②마음에 품었던 생각이나 숨기고 있던 것을 사실대로 드러내어 말하다. ¶두 사람이 마음을 터놓고 사귀다. ③벗할만 한 사이에 서로 스스럼없이 지내다. ¶서로 터놓고 지내는 사이지. ④금했던 것을 풀다. ¶국경 무역을 -.

터:닝슛:(turning shoot) 명 구기에서, 몸을 돌리면서 공을 바스켓이나 골에 던져 넣거나 차 넣는 일.

터덕-터덕 부 ①발걸음을 힘없이 느리게 옮겨 놓는 모양, 또는 그 소리를 나타내는 말. ②두드려 먼지를 떠는 모양, 또는 그 소리를 나타내는 말. ☞타닥타닥

터덜-거리다(대다) 자 자꾸 터덜터덜 하다. ☞타달거리다

터덜-터덜 부 ①매우 지친 몸을 맥없이 늘어뜨리고 천천히 걷는 모양, 또는 그 소리를 나타내는 말. ¶ - 걷다. ②짐이 없는 큰 수레 따위가 울퉁불퉁한 길을 지나가는 모양, 또는 그 소리를 나타내는 말. ☞타달타달

터드렁 부 금이 많이 간 질그릇 따위가 단단한 물체에 부딪칠 때 나는 소리를 나타내는 말. ☞타드랑. 터렁

터드렁-터드렁 부 잇달아 터드렁 하는 소리를 나타내는 말. ☞타드랑타드랑. 터렁터렁

터:득(攄得) 명-하다 타 사물의 이치를 스스로 깨달아 알게 됨. ¶헤엄치는 법을 -하다.

터-뜨리다(트리다) 타 터지게 하다. ¶폭약을 -./오래 참았던 울분을 -.

터럭 명 사람이나 짐승의 몸에 난 길고 굵은 털.

한자 **터럭 모**(毛) 〔毛部〕 ¶모근(毛根)/모발(毛髮)/삭모(削毛)/체모(體毛)/탈모(脫毛)

터럭-모(-毛) 명 한자 부수(部首)의 한 가지. '毫'·'氈' 등에서 '毛'의 이름.

터럭-발(-髟) 명 한자 부수(部首)의 한 가지. '髮'·'鬚' 등에서 '髟'의 이름.

터럭-삼(-彡) 명 한자 부수(部首)의 한 가지. '形'·'彩'·'影' 등에서 '彡'의 이름. 삐친석삼

터럭-손 명 터럭이 많이 난 손.

터럭-줄 명 '타락줄'의 원말.

터렁 부 금이 많이 간 질그릇 따위가 단단한 물체에 가볍게 부딪칠 때 나는 소리를 나타내는 말. ☞타랑. 터드렁

터렁-터렁 부 잇달아 터렁 하는 소리를 나타내는 말. 타랑타랑. 터드렁터드렁

터릿=선반(turret旋盤) 명 회전대에 여러 가지 공구를 부착시킨 선반. 돌리면서 여러 가지 가공을 능률적으로 할 수 있게 되어 있음.

터무니 명 ①근거(根據) ②터를 잡은 자취.

터무니-없:다[-업-] 형 허황하고 전혀 근거가 없다. ¶터무니없는 소문이 나돌다./터무니없는 거짓말.

터무니-없이 부 터무니없게. 전으로

터:미널(terminal) 명 ①기차나 버스 등 여러 교통 노선이 집중되어 있는 종착점이나 시발점. ②단자(端子) ③단말기(端末機)

터벅-터벅 부 지친 몸으로 무거운 발걸음을 동안이 뜨게 떼어 놓는 모양, 또는 그 소리를 나타내는 말. ☞타박타박

터벅터벅-하다 형여 가루로 된 음식 따위가 물기와 끈기가 없어서 좀 퍽퍽하다. ☞타박타박하다

터:번(turban) 명 인도인이나 이슬람 교도의 남자가 모자 위나 머리에 둘둘 감는 천. 천의 빛깔이나 감는 방법으로 신분이나 종파 또는 부족을 나타냄.

터보건(toboggan) 명 눈 위에서 타는 나무 썰매. 아메리칸 인디언들이 통나무를 가죽 끈으로 얽어 매어 타던 데서 유래함. 1880년대부터 스포츠로서 경기를 하였으나

1930년대부터 유행한 스키에 밀려 쇠퇴함.

터:보제트(turbojet)명 항공기용 제트엔진의 한 가지. 기관 끝에서 빨아들여 압축한 공기에 연료를 뿜어 넣고 고온·고압의 가스를 만들어, 그 에너지로 터빈을 돌리는 한편 가스를 배출하여 추진력을 얻음.

터:보프롭(turboprop)명 항공기용 제트엔진의 한 가지. 터보제트의 터빈으로 프로펠러를 돌려, 프로펠러의 추진력과 제트의 추진력을 함께 이용하는 엔진임. 터보제트에 비하여 속도가 느리지만 저속 때의 효율이 좋음.

터부:(taboo)명 ①원시 사회의 종교적 관념의 한 가지. 신성한 것으로 여겨 함부로 손대거나 사용하는 것을 금지하며 그것을 어기면 초자연적 제재를 받게 된다고 믿는 사회적 관습. ②금기(禁忌)

터부룩-하다형여 머리털이나 풀·나무 따위가 우거져서 매우 수북하다. ¶터부룩한 머리털. ☞더부룩하다
터부룩-이부 터부룩하게 ☞더부룩이

터분-하다형여 음식이 상하여 냄새나 맛이 산뜻하지 아니하고 텁텁하다. ¶뒷맛이 ―. ☞타분하다

터:빈(turbine)명 유체(流體)가 가진 에너지를 동력으로 바꾸는 회전식 원동기. 증기 터빈, 가스 터빈 따위.

터수명 ①집안 살림의 형편. 가력(家力). 가세(家勢) ¶―에 맞게 검소하게 살다. ②서로 사귀는 분수. ¶서로 속을 주고 지내는 ―에 숨길 게 있나? 준터

터앝명 집의 울안에 있는 작은 밭. ☞텃밭

터울명 ①한 어머니에게서 태어난 자식의, 먼저 낳은 아이와 다음에 낳은 아이와의 나이의 차이, 또는 먼저 아이를 낳은 때로부터 다음 아이를 낳을 때까지의 동안. ¶―이 뜨다./―이 지다./세 아들이 세 살 ―로 태어났다. ②짐승의 한 어미에게서 태어난 새끼의, 먼저 낳은 새끼와 나중에 낳은 새끼와의 나이의 차이, 또는 먼저 새끼를 낳은 때로부터 나중 새끼를 낳을 때까지의 동안.

터울-거리다(대다)자 자꾸 터울터울 하다. ☞타울거리다

터울-터울부 하고자 하는 일을 이루려고 부득부득 애쓰는 모양을 나타내는 말. ☞타울타울

터전명 ①집터로 되는 땅. ¶도서관을 세울 ―을 마련하다. ②생활이나 활동의 근거지가 되는 곳. ¶생활의 ―을 마련하다.

터-주(―主)명 ①민속에서, 집터를 지킨다는 지신(地神)을 이르는 말. ②집터를 지킨다는 지신을 모신 자리. 오쟁이 안에 베 석 자와 짚신 따위를 넣어서 달아 두고 위함. 기주(基主) 높터줏님
속담 **터주에 놓고 조왕에 놓고 나면 아무 것도 없다** : 넉넉하지 못한 것을 여기저기 주고 나면 남는 것이 없다는 말./**터주에 붙이고 조왕에 붙인다** : 무엇을 여기저기에 갈라붙이는 경우를 비유하여 이르는 말.

터-주다타 ①막거나 가렸던 것을 치워 주다. ¶길을 ―. ②금지하던 것을 풀어 주다.

터주-상(―主床)[―쌍]명 굿을 할 때 터주에게 차려 놓는 상을 이르는 말.

터주-항아리(―主―)명 민속에서, 터주에게 바치는 곡식을 담은 항아리를 이르는 말.

터줏-고기(―主―)명 떠돌아다니지 아니하고 제바닥에 머물러 사는 물고기.

터줏-님(―主―)명 '터주'의 높임말.

터줏-대:감(―主*大監)명 한 동네나 한 단체의 구성원 가운데 가장 오래되어 주인처럼 된 사람을 '터주' 같은 사람이라 비유하여 이르는 말.

터줏-자리(―主―)명 터주를 모신 신단(神壇).

터:지다자 ①겉을 둘러싸고 있던 것이 쪼개지거나 갈라지다. ¶봉선화 열매가 터져 씨가 흩어지다./수도관이 ―./소금 자루가 ―. ☞타지다 ②무엇을 막고 있던 것이 허물어지다. ¶큰물로 둑이 ―. ③땅바닥이나 살갗 따위가 갈라지다. ¶오랜 가뭄로 논바닥이 ―./심한 추위로 손등이 ―. ④폭발물 따위가 안으로부터의 압력으로 세차게 쪼개지다. ¶수류탄이 ―. ⑤억눌려 있었거나 참아 오던 감정이 갑자기 겉으로 드러나다. ¶울분이 ―./울음보가 ―. ⑥어떤 소리가 갑자기 일어나다. ¶장내에서 박수 소리가 터져 나오다./폭소가 ―./승리의 순간, 함성이 ―. ⑦숨겨 오던 일이 갑자기 드러나다. ¶오랜 비밀이 마침내 터지고 말았다. ⑧어떤 좋은 일이 한꺼번에 생기다. ¶돈복이 ―. ⑨어떤 일이 크게 일어나다. ¶전쟁이 ―./대형 사고가 ―.
속담 **터진 꽈리 보듯 한다** : 쓰던 물건이나 사람을 아주 쓸데없는 것으로 여겨 안중에 두지 않음을 이르는 말./**터진 방앗공이에 보리알 끼듯 하였다** : 달갑지도 않게 방해물이 끼여들었음을 이르는 말.
조동조형 본용언 다음에 쓰이어, 그 정도가 심하거나 못쓰게 됨을 나타내는 말. ¶게을러 터진 사람./불어 터진 수제비.

한자 **터질 균**(龜)〔龜部〕¶균열(龜裂) ▷ 속자는 亀

터:진-가로왈(―曰)명 한자 부수(部首)의 한 가지. '彗'·'彙' 등에서 '彐(ヨ·彑)'의 이름.

터:진-에운담(―匸)명 한자 부수(部首)의 한 가지. '匹'·'匿' 등에서 '匸'의 이름.

터:진-입구(―匚)명 한자 부수(部首)의 한 가지. '匡'·'匣' 등에서 '匚'의 이름.

터치(touch)명-하다자타 ①손을 대거나 건드리는 일. ¶상대편의 어깨를 살짝 ―하다. ②야구에서, 주자를 아웃시키기 위해서 공을 주자의 몸에 닿게 하는 일. ③럭비에서, 터치라인의 바깥쪽의 구역, 또는 공을 가진 선수가 그 구역으로 나가는 일. ④배구나 테니스 등에서, 네트에 공이 닿는 일. ⑤그림에서 붓을 다루는 솜씨, 또는 문장의 필치. ¶강렬한 ―의 그림./섬세한 ―로 묘사된 글. ⑥건반 악기 등의 건반을 손가락으로 누르는 일. ¶건반을 가볍게 ―하다. ⑦어떤 일에 관계하는 일. ¶그의 사생활 문제에는 일절 ―하지 않는다. ⑧손에 닿는 감촉. 촉감(觸感) ¶우단과 같은 ―의 옷감.

터치다운(touchdown)명 ①럭비에서, 방어하는 쪽의 선수가 자기편의 인골 안에서 공을 지면에 대는 일. ②미식 축구에서, 공을 가진 선수가 상대편의 골라인을 넘어서는 일. 이 경우 6점을 얻음.

터치라인(touchline)명 축구나 럭비용 경기장의 직사각형의 긴 쪽의 경계선. 사이드라인(sideline) ☞골라인

터치스크린:(touch screen)명 사용자가 화면의 특정한 명령어 부분에 손가락을 갖다 대면 그 명령이 실행되는 디스플레이 장치.

터치아웃(touch+out)명 ①배구에서, 공격한 공이 수비측의 손이나 몸의 일부에 닿은 다음 코트 밖으로 나가는 일. ②야구에서, 수비수가 주자의 몸에 공을 대어 아웃시키는 일. ③축구에서, 경기 중 볼이 터치라인 밖으로 나가는 일.

터:틀넥(turtleneck)명 목 부분을 자라목처럼 잘록하면서 길게 만든 셔츠나 스웨터.

터:파(攄破)명-하다타 사기의 속마음을 털어놓고 이야기함으로써 남의 오해나 의혹을 풀어 줌.

터-편사(―便射)명 열다섯 사람씩 편을 갈라서 활쏘기를 겨룸, 또는 그런 경기. 사정 편사(射亭便射)

터:포(攄抱)명-하다자 터회(攄懷)

터프가이(tough+guy)명 억세고 지칠 줄 모르는 사나이. 건장하고 정력적인 사나이.

터:회(攄懷)명-하다자 마음속에 품은 생각을 터놓고 이야기함. 터포(攄抱)

턱[1]명 ①사람이나 동물의 입의 위아래에 있는 단단한 부분. 아래턱과 위턱으로 이루어져 있는데, 음식을 씹거나 말을 하거나 할 때 아래턱이 움직임. ②아래턱 ¶주먹으로 ―을 괴다./―이 빤 얼굴.
속담 **턱 떨어진 개 지리산 쳐다보듯** : 일이 잘못되어 난감한 처지에 놓인 사람이 이루지 못할 일을 기대를 걸고 헛되이 기다리는 모양을 비유하여 이르는 말.

턱[2]명 평평한 곳의 어느 부분이 조금 높이 된 자리. ¶차도와 인도 사이에 ―이 진 곳./―에 걸려 넘어지다.

턱[3]명 좋은 일이 있을 때 남에게 베푸는 음식 대접. ¶합격 ―을 내다.

ㅌ

턱을 지다 관용 한턱내어야 할 부담을 지다. 턱지다[1]

턱[4] 의 ①그렇게 되어야 할 까닭. ¶그 사람이 나를 잊을 ─이 없다. /그가 그런 일을 했을 ─이 없다. ②그만한 정도. ¶아무리 타일러도 언제나 그 ─이다. ③템

턱[5] 부 ①갑자기 세게 부딪는 소리, 또는 그 모양을 나타내는 말. ¶책상에 머리를 ─ 부딪히다. ②움직이던 것이 갑자기 멎거나 무엇에 걸리는 모양을 나타내는 말. ¶기계가 ─ 멈추다. ③조이던 마음이 편안하게 풀리는 모양을 나타내는 말. ¶마음을 ─ 놓다. ④갑자기 힘없이 쓰러지거나 앉는 모양을 나타내는 말. ¶바닥에 ─ 주저앉다. ⑤급자기 숨이나 기가 막히는 모양을 나타내는 말. ¶숨이 ─ 막히다. /기가 ─ 막히다. ⑥당당하거나 태연스러운 모양을 나타내는 말. ¶문 앞에 ─ 버티고 서다. ☞탁[1]

턱:[6] 부 몸가짐을 의젓하게 하는 모양을 나타내는 말. ¶자리에 ─ 앉아서 조용히 대화를 하다.

턱(tuck) 명 양재(洋裁)에서, 옷감의 일부를 작게 여러 겹으로 겹쳐서 박은 주름을 이르는 말.

턱-거리 명 ①'언턱거리'의 준말. ②한방에서, 풍열(風熱)로 턱 밑에 나는 부스럼을 이르는 말.

턱-걸이 명-하다 자 ①철봉을 두 손으로 잡고 매달리어, 팔을 굽혀서 몸을 올려 턱이 철봉 위까지 올라가게 하는 운동. ②어떤 기준에 겨우 미친 상태를 비유하여 이르는 말. ¶─로 겨우 합격하다.

턱-밑 명 아주 가까운 곳을 비유하여 이르는 말. ¶─에 두고도 찾지 못하다.

턱-받이[─바지] 명 어린아이가 흘리는 침이나 음식물 따위가 옷에 묻지 않도록 하기 위해, 끈을 목에 걸어 턱 아래를 가리게 만든 물건.

턱-받침 명 손으로 턱을 괴는 짓.

턱-뼈 명 사람이나 동물의 턱을 이루는 뼈. 사람의 턱뼈는 한 쌍의 상악골(上顎骨)과 한 개의 하악골(下顎骨)로 되어 있음. 악골(顎骨)

턱-살 명 ①아래턱에 붙어 있는 힘살. ②'턱'의 속된말. ¶─을 쳐들다.

턱살-밑 명 '턱밑'의 속된말.

턱-솔 명 두 개의 석재나 목재를 이어 붙일 때, 이을 자리를 각각 두께의 반씩 도려내고 맞붙인 자리.

턱-수염(─鬚髯) 명 아래턱에 난 수염.

턱시:도(tuxedo) 명 남자가 연미복(燕尾服) 대용으로 입는 야회용 약식 예복. 양복과 비슷한데 깃을 검은 비단으로 씌우고 바지 솔기도 검은 비단으로 꾸몄음.

턱-없:다[─업─] 형 ①이치에 닿지 아니하다. ¶턱없는 거짓말. /그런 턱없는 말에는 속지 않는다. ②분수에 맞지 아니하다. ¶턱없는 짓을 하다. /턱없는 사치 생활.

턱-없이 부 턱없게 ¶값이 ─ 비싸다.

턱인블라우스(tuck-in blouse) 명 자락을 스커트 속으로 집어 넣어 입는 블라우스. 언더블라우스

턱-잎[─닙] 명 잎자루 밑에 나는 한 쌍의 작은 잎. 완두 따위 쌍떡잎식물에서 흔히 볼 수 있음. 엽탁(葉托). 탁엽(托葉)

턱-자가미 명 아래턱과 위턱이 맞물린 곳.

턱-장부촉(─鏃) 명 턱이 져서 두 층으로 된 장부촉.

턱-주가리 명 '턱'의 속된말.

턱-지다[1] 자 한턱내어야 할 부담을 지다.

턱-지다[2] 형 평평한 곳의 어느 부분이 조금 높게 되어 있다. ¶턱진 데를 깎아 평평하게 하다.

턱-짓 명-하다 자 말 대신 턱을 움직여 자기의 뜻을 나타냄, 또는 그러한 행동. ¶─으로 물러서라는 형용을 한다.

턱-찌꺼기 명 먹고 남은 음식. 준 턱찌끼

턱-찌끼 명 '턱찌꺼기'의 준말.

턱-촌목 명 재목의 한 변에 평행한 선을 긋는 연장.

턱턱[1] 부 무슨 일이나 시원스레 척척 해내는 모양을 나타내는 말. ¶일을 ─ 해치우다. /농담을 ─ 받아넘기다.

턱-턱[2] 부 자꾸 턱 하는 소리, 또는 그 모양을 나타내는 말. ☞탁탁

턴:(turn) 명-하다 자 ①선회함. ②나아가던 방향을 바꾸어 굽어 돎. ¶오른쪽으로 ─하다. /U자를 그리며 ─을 하다. ③수영이나 마라톤 경기 등에서, 나아가다가 일정한 지점에서 되돌아오는 일. ¶중간에서 ─하여 되돌아오다.

턴:버클(turnbuckle) 명 와이어로프 등을 당겨 죄는 데 쓰이는 기구. 기구의 틀 양끝에 나사로 된 고리가 꽂혀 있어서 기구의 틀을 돌려서 줄을 알맞게 죌 수 있음.

턴:키=방식(turnkey方式) 명 무역에서, 생산 설비 수출 계약 방식의 한 가지. 열쇠만 꽂고 돌리면 바로 가동(稼動)될 수 있는 상태로 설비를 건네주는 방식임.

턴:테이블(turntable) 명 ①레코드플레이어에서 음반을 돌리는 회전반. ②주차 시설 등에서, 차량을 싣고 방향을 바꾸기 위하여 회전시키는 장치.

털 명 ①포유류의 피부에 나 있는 가는 실 모양의 것. ¶─이 나다. /─을 깎다. /─을 갈다. ②새의 깃털. ¶병아리가 ─을 갈다. /닭의 ─을 뽑다. ③'털실'의 준말. ¶─로 짠 스웨터. ④식물의 잎이나 줄기 등에 나 있는 가는 실과 같은 것.

속담 **털도 아니 난 것이 날기부터 하려 한다** : 어리석은 사람이 제 분수에 맞지 않는 짓을 하려 함을 비유하여 이르는 말. /**털도 안 뜯고 먹겠다 한다** : ①사리는 아랑곳없이 남의 것을 통째로 차지하려 함을 비유하여 이르는 말. ②너무 성급하게 덤비는 일을 비유하여 이르는 말. /**털 뜯은 꿩** : 꼭 있어야 할 것이 없어 앙상하고 볼품없는 것을 비유하여 이르는 말. 〔털 벗은 솔개〕/**털을 뽑아 신을 삼겠다** : 남에게서 입은 은혜를 꼭 갚겠다고 다짐하는 말. ☞결초보은(結草報恩)

털-가죽 명 털이 붙은 채 벗긴 짐승의 가죽. 모피(毛皮)

털-갈이 명-하다 자 날짐승이나 길짐승의 묵은 털이 빠지고 새 털이 나는 일. 환모(換毛)

털-곰팡이 명 조균류(藻菌類)에 딸린 곰팡이. 여름에 식품이나 초식 동물의 배설물 등에 생김. 균사(菌絲)는 머리털 모양이고 끝에 공 모양의 포자낭이 달림.

털-구름 명 '권운(卷雲)'의 딴이름. ☞털쌘구름

털-구멍[─꾸─] 명 피부 표면에 있는 털이 나 있는 구멍. 모공(毛孔). 모규(毛竅)

털-깎기[─깍─] 명 가축의 털을 깎는 일. 전모(剪毛)

털-끝 명 아주 작은 것을 비유하여 이르는 말. ¶─도 까딱 않는다. /─만큼도 마음에 거리낌이 없다.

속담 **털끝도 못 건드리게 한다** : 조금도 손을 대지 못하게 함을 이르는 말.

털-내복(─內服) 명 털실로 짠 속옷. 털내의

털-내의(─內衣) 명 털내복

털-너널 명 털가죽 따위로 크게 만든 버선. 추울 때나 먼 길을 갈 때 덧신음. 모말(毛襪). 털버선

털-누에 명 개미누에

털:다(털고·터니) 타 ①치거나 흔들어 붙은 물건이 떨어지게 하다. ¶옷에 묻은 흙을 ─. ②속에 든 것을 몽땅 쏟아 놓다. ¶봉지 속의 설탕을 다 ─. ③지닌 돈을 있는 대로 다 쓰거나 내어 놓다. ¶사재를 ─. ④이제까지의 처지에서 시원스레 벗어나다. ¶병석에서 훌훌 털고 일어나다. /자리를 털고 일어서다. ⑤남의 재물을 빼앗거나 훔치다. ¶빈집을 ─.

털럭-털럭 부 매달리거나 늘어진 물건이 흔들리면서 무엇에 닿을 때 나는 소리, 또는 그 모양을 나타내는 말. ☞탈락탈락

털레-털레 부 힘없이 흔들거리며 걷는 모양을 나타내는 말. ¶맥없이 ─ 걸어가다. ☞덜레덜레. 탈래탈래

털리다[1] 자타 ①털어지다 ¶먼지가 잘 ─. ②지녔던 것을 모두 잃다. ¶노름판에서 밑천을 몽땅 ─. ③도둑 등에게 가지고 있던 것을 모두 빼앗기다. ¶패물을 ─.

털리다[2] 타 털게 하다.

털메기 명 모숨을 굵게 하여 매우 거칠게 삼은 짚신.

털-모자(─帽子) 명 털가죽이나 털실로 만든 모자.

털-목(─木) 명 질이 낮은 재료로 굵고 거칠게 짠 무명.

털-목도리 명 짐승의 털이나 털실로 만든 목도리.

털-바늘 명 미끼를 깃털로 만든 속임 바늘.

털-방석(─*方席) 명 거죽을 털로 만들었거나 속에 깃이

나 털 따위를 넣어 만든 방석.
털-배자(-褙子)명 안에 털을 댄 배자.
털버덕부 ①물체의 넓적한 면으로 얕은 물을 거칠게 치는 소리, 또는 그 모양을 나타내는 말. ¶물을 손바닥으로 - 치다. ②아무렇게나 주저앉는 모양, 또는 그 소리를 나타내는 말. ¶맨땅에 - 주저앉다. ☞탈바닥
털버덕-거리다(대다)자타 잇달아 털버덕 하다. ☞탈바닥거리다
털버덕-털버덕부 털버덕거리는 소리, 또는 그 모양을 나타내는 말. ☞탈바닥탈바닥
털-버선명 털너널
털벅부 물체의 넓적한 면으로 얕은 물을 가볍게 치는 소리, 또는 그 모양을 나타내는 말. ☞탈박
털벅-거리다(대다)자타 자꾸 털벅 하다. ☞탈박거리다
털벅-털벅부 털벅거리는 소리, 또는 그 모양을 나타내는 말. ☞탈박탈박
털벙부 속이 빈 큰 그릇 따위가 깊은 물에 떨어질 때 울리어 나는 소리를 나타내는 말. ¶-, 두레박을 우물에 떨어뜨리다. ☞탈방
털벙-털벙부 잇달아 털벙 하는 소리를 나타내는 말. ☞탈방탈방
털-보명 수염이 많이 났거나, 몸에 털이 유달리 많은 사람을 별명으로 이르는 말.
털-복사명 '털복숭아'의 준말.
털-복숭아명 껍질에 털이 많은 복숭아란 뜻으로, '유월도(六月桃)'를 달리 이르는 말. 준털복사
털-북숭이명 ①몸에 털이 많이 난 사람. ②털이 많은 짐승. ¶ - 강아지 준북숭이
털-붓명 털로 만든 것이라 하여 '붓'을 달리 이르는 말. 모영(毛穎). 모추(毛錐). 모필(毛筆)
털-붙이[-부치]명 ①짐승의 털이나 그 털로 뽑은 실, 털가죽 등을 두루 이르는 말. ¶-로 만든 방한복. ②짐승의 털로 만든 물건.
털-빛[-삗]명 털의 빛깔. 모색(毛色). 털색
털-뿌리명 털이 털구멍에 박혀 있는 부분.
털-색(-色)[-쌕]명 털빛
털-수건명 '타월'을 달리 이르는 말.
털-수세명 털이 많아 보기에 험상궂은 수염을 이르는 말.
털-신명 털이나 털가죽으로 만든 신.
털-실명 짐승의 털로 뽑은 실. 모사(毛絲) 준털
털쌘-구름명 '권적운(卷積雲)'의 딴이름. ☞털층구름
털썩부 ①크고 두툼한 물건이 갑자기 바닥에 떨어지는 소리, 또는 그 모양을 나타내는 말. ¶담벼락이 - 무너지다./나뭇단을 - 길바닥에 내려놓다. ②갑자기 주저앉는 모양, 또는 그 소리를 나타내는 말. ¶땅바닥에 - 주저앉다. ☞탈싹
털썩-털썩부 자꾸 털썩 하는 소리, 또는 그 모양을 나타내는 말. ¶땅바닥에 - 주저앉다. ☞탈싹탈싹
털썩이-잡다자 일을 망치다.
털어-놓다타 ①속에 들어 있는 것을 다 내놓다. ¶지갑 속의 동전을 -. ②마음에 품고 있는 생각이나 사실을 모두 말하다. ¶심정을 -./진실을 -.
털어-먹다타 재산이나 돈을 다 써 없애다. ¶밑천을 -./재산을 몽땅 -.
털-여뀌[-려-]명 여뀟과의 한해살이풀. 줄기는 굵고 세며 줄기 높이는 2m 안팎임. 길둥근 모양의 잎이 어긋맞게 나며 칼집 모양의 턱잎이 있음. 7~8월에 엷은 홍자색의 꽃이 피는데 관상용으로도 심음. 아시아가 원산지로 우리 나라 각지에 분포함.
털-오랑캐꽃명 '털제비꽃'의 딴이름.
털-올실명 짐승의 털로 만든 외올실.
털-옷명 짐승의 털이나 털가죽으로 만든 옷.
털-옷감[-옫-]명 털실로 짠 옷감.
털-왕버들(-王-)명 버드나뭇과의 낙엽 활엽 교목. 왕버들과 비슷하나 잎이 길둥글고 가지와 잎자루에 털이 나 있음. 우리 나라 특산종임.
털-요[-료]명 속에 털을 두어 꾸민 요.
털-이슬[-리-]명 바늘꽃과의 여러해살이풀. 줄기 높이는 40~60cm. 온몸에 잔털이 있고 넓은 버들잎 모양의 잎이 마주 남. 8월에 흰 꽃이 총상(總狀) 꽃차례로 줄기 끝과 가지 끝에 핌. 산이나 들의 그늘진 곳에 자라며 우리 나라 각지에 분포함.
털잎-사초(-莎草)[-립-]명 사초과의 여러해살이풀. 줄기 높이는 40~70cm. 잎과 꽃줄기에 털이 있음. 6월경에 노란빛을 띤 갈색 꽃이 암수딴그루로 피고 열매는 수과(瘦果)로 9월경에 익음. 습지에 자라며 강원도 이북에 분포함.
털-장갑명 털실로 짠 장갑.
털-제비꽃명 제비꽃과의 여러해살이풀. 잔털이 있는 잎이 뿌리에서 나는데, 길둥근 모양에 톱니가 있음. 4~5월에 입술 모양의 보랏빛 꽃이 한 송이씩 피고 열매는 삭과(蒴果)를 맺음. 들에 절로 자람. 털오랑캐꽃
털-조장나무(-釣樟-)명 녹나뭇과의 낙엽 관목. 잎은 길둥근 모양인데 잎 뒤에 털이 나 있음. 4월경에 노란 꽃이 피고 둥근 열매는 10월경에 까맣게 익음. 우리 나라의 전라 남도 지방과 일본 등지에 분포함.
털-주머니명 모근(毛根)을 싸고 있는 자루 모양의 바깥막. 털에 영양을 공급함. 모낭(毛囊)
털-중나리명 백합과의 여러해살이풀. 산골짜기에 자라는데, 줄기 높이는 1~1.5m. 잎은 끝이 뾰족한 버들잎 모양이고 촘촘히 어긋맞게 남. 여름에 노란빛을 띤 붉은빛 바탕에 자줏빛 반점이 있는 꽃이 줄기 끝에 핌. 관상용으로 심기도 하며 뿌리와 줄기는 약재로도 쓰임.
털-진드기명 털진드깃과의 곤충. 몸길이 1mm 안팎. 몸통은 표주박 모양이며 온몸에 짧은 털이 많음. 들쥐에 붙어 살며 간혹 사람에게도 붙음. 모낭충(毛囊蟲)
털-질경이명 질경잇과의 여러해살이풀. 개질경이와 비슷하나 약간 가늘고 길며 거센 털이 나 있고 꽃 부분이 작음. 들이나 길가에 자라며 어린잎은 먹을 수 있음.
털-찝명 지난날, 주책없이 돈을 함부로 쓰는 방탕한 사람을 그 돈을 앗아 먹는 편에서 이르던 변말.
털-총이(-驄-)명 푸르고 검은 무늬가 장기판처럼 줄지어 나 있는 말.
털층-구름명 '권층운(卷層雲)'의 딴이름. ☞털구름
털터리명 '빈털터리'의 준말. ☞탈타리
털털부 ①금이 간 투박한 질그릇 따위를 잇달아 두드릴 때 떨리어 나는 소리를 나타내는 말. ②몹시 지치거나 하여 힘없이 발걸음을 옮겨 놓는 모양을 나타내는 말. ¶맥없이 - 걸어가다. ③물건에 앉은 먼지를 자꾸 터는 모양, 또는 그 소리를 나타내는 말. ¶먼지를 - 털어 내다. ④낡은 버스 따위가 울퉁불퉁한 길을 힘겹게 가는 모양, 또는 그 소리를 나타내는 말. ☞탈탈
털털-거리다(대다)자 ①매우 지치거나 하여 힘없이 발걸음을 옮겨 놓다. ②낡은 버스 따위가 울퉁불퉁한 길을 힘겹게 가는 소리를 내다. ☞탈탈거리다
털털-이명 ①몹시 낡아서 구르는 대로 털털거리는 자동차나 수레 따위를 이르는 말. ☞탈탈이 ②성격이나 하는 짓이 까다로운 데가 없이 털털한 사람을 이르는 말.
털털-하다형여 ①사람의 성격이나 하는 짓이 까다롭거나 모나지 않고 수월하고 시원스러운 데가 있다. ¶털털한 성미. ②품질이 수수하다.
털-토시명 털가죽으로 만든 토시.
속담 **털토시를 끼고 게 구멍을 쑤셔도 제 재미라** : 아무리 괴상한 일을 해도 자기가 좋아서 하는 짓이니 남이 어쩔 수 없다는 말. 〔갓 쓰고 박치기해도 제멋〕
텀벙부 크고 묵직한 물체가 깊은 물에 떨어져 잠길 때 나는 소리, 또는 그 모양을 나타내는 말. ☞덤벙. 탐방
텀벙-거리다(대다)자타 잇달아 텀벙 소리가 나다, 또는 그런 소리를 내다. ☞덤벙거리다[1]. 탐방거리다
텀벙-텀벙부 텀벙거리는 소리를 나타내는 말. ¶아이들이 물 속으로 - 뛰어들다. ☞덤벙덤벙[1]. 탐방탐방
텀블러(tumbler)명 손잡이와 굽이 없고 밑바닥이 판판한 큰 유리 잔.
텀블러스위치(tumbler switch)명 스위치의 한 가지. 손

잡이를 상하 또는 좌우로 젖혀서 회로(回路)를 여닫는 방식의 스위치.

텀블링(tumbling)명 체조 경기의 한 가지. 마루나 매트 위에서 하는 도약(跳躍)이나 회전 등의 운동.

텁석 부 ①갑자기 덮쳐 잡거나 쥐는 모양을 나타내는 말. ¶반가워서 손을 ─ 잡다./매가 닭을 ─ 덮쳐 잡아가다. ②단번에 냉큼 받아먹는 모양을 나타내는 말. ¶고양이가 생선을 ─ 물다. ☞덥석. 탑삭

텁석-나룻 명 짧고 더부룩하게 난 수염. ☞탑삭나룻. 텁석부리

텁석-부리 명 텁석나룻이 난 사람을 놀리어 이르는 말. ☞탑삭부리

속담 **텁석부리 사람 된 데 없다** : 수염이 많이 난 사람을 놀리어 이르는 말.

텁수룩-하다 형여 머리털이나 수염 따위가 많이 자라서 어수선하고 더부룩하다. ☞탑소록하다

텁수룩-이 부 텁수룩하게

텁지근-하다 형여 입맛이나 음식 맛 따위가 텁텁하고 개운치 못하다.

텁텁-이 명 성격이 소탈하여 까다롭지 않은 사람을 별명으로 이르는 말.

텁텁-하다 형여 ①입맛이나 음식 맛 따위가 신선하지 못하다. ¶뒷맛이 ─./텁텁한 막걸리 맛. ②눈이 개운하지 않고 흐리다. ¶눈이 텁텁하여 분간할 수가 없다. ③성격이 까다롭지 않고 소탈하다.

텃-고사(─告祀)명 터주에게 지내는 고사.

×**텃-구렁이** 명 →업구렁이

텃-구실 명 집터에 대한 세금.

텃-논 명 집터에 딸려 있는 논, 또는 마을 가까이 있는 논.

텃-도조(─賭租)명 텃도지

텃-도지(─賭地)명 터를 빌린 값으로 내는 세. 텃세. 텃도조

텃-마당 명 타작할 때 마을에서 공동으로 쓰기 위해 닦아 놓은 마당.

텃-밭 명 집터에 딸리거나 집 가까이 있는 밭. 대전(垈田)

텃-새 명 철을 따라 옮겨 다니지 않고 한 지방에서만 사는 새. 참새·까치·꿩 따위. 유조(留鳥) ☞철새

> ▶ **우리 나라의 주요 텃새**
> 갈매기/검독수리/검은머리물떼새/곤줄박이/굴뚝새/까마귀/까치/꿩/동고비/동박새/딱따구리/딱새/때까치/말똥가리/멧비둘기/멧새/물까마귀/물까치/박새/방울새/뱁새/새매/수리부엉이/어치/오목눈이/올빼미/원앙/종다리/직박구리/참매/참새/크낙새/황조롱이/흑로

텃-세(─貰)명 터를 빌린 값으로 내는 세. 텃도지

텃-세(─勢)명-하다자 먼저 터를 잡은 사람이 뒤에 들어오는 사람을 업신여기는 짓. ¶─를 부리다./─가 심하다.

텃세-권(─勢圈)[─꿘]명 어떤 동물의 개체나 무리가 일정한 생활 공간을 차지한 다음, 다른 개체나 무리가 접근하거나 침입하지 못하도록 특이한 행동을 보이어 지키는 생활권. 세력권(勢力圈)

텅[1] 부 속이나 안이 아주 빈 모양을 나타내는 말. ¶─ 빈 교실. ☞탕[1]

텅[2] 부 크고 단단한 물건이 나무나 쇠로 된, 속이 빈 통 따위를 세게 두드릴 때 울리어 나는 소리를 나타내는 말. ¶망치로 책상을 ─ 치다. ☞탕[2]

텅스텐(tungsten)명 금속 원소의 하나. 철망간 중석이나 회중석(灰重石) 따위의 광석에 들어 있음. 금속의 성질이 굳고 질기어 전구나 전자관의 필라멘트, 전극이나 합금 재료 등으로 쓰임. 중석(重石). 철망간 중석 〔원소 기호 W/원자 번호 74/원자량 183.84〕

텅스텐-강(tungsten鋼)명 텅스텐이 들어 있는 합금강. 칼이나 총·자석·공구 등의 재료로 쓰임.

텅스텐=전:구(tungsten電球)명 텅스텐을 필라멘트로 사용한 진공 백열 전구.

텅스튜(tongue stew)명 서양 요리의 한 가지. 소의 혀를 삶아서 만든 스튜.

텅-텅[1] 부 여럿이 다 속이나 안이 아주 빈 모양을 나타내는 말. ¶속이 ─ 비다./극장 안이 ─ 비었다. ☞탕탕[1]

텅-텅[2] 부 큰 쇠붙이나 단단한 물건이 잇달아 세게 부딪치거나 떨어질 때 울리어 나는 소리를 나타내는 말. ¶대문을 ─ 두드리다. ☞탕탕[2]

텅텅[3] 부 실속은 없으면서 함부로 큰소리를 치는 모양을 나타내는 말. ¶큰소리를 ─ 치다. ☞떵떵[3]. 탕탕[3]

텅텅-거리다(대다) 자타 텅텅 소리가 나다, 또는 그런 소리를 내다. ☞탕탕거리다

테[1] 명 ①'테두리'의 준말. ②그릇의 몸을 이룬 조각이 어그러지지 않도록 둘러맨 줄. ¶나무통에 ─를 메우다. ③둘레를 두른 물건. ¶모자의 ─.

테(를) 메우다 관용 그릇 따위의 둘레를 쇠 떠나 철사, 또는 대오리 따위로 둘러 감거나 끼우다. ¶대오리로 테를 메운 통.

테[2] 명 ①실을 물레가락처럼 감아 놓은 것. ②〔의존 명사로도 쓰임〕 ¶색실 한 ─. ☞타래. 토리

테너(tenor)명 ①성악에서, 남성의 목소리의 가장 높은 음역(音域), 또는 그 음역의 가수. ②같은 종류의 악기 중에서 테너에 상당하는 음역을 맡는 악기. 테너트롬본·테너색소폰 따위. ☞베이스

테누토(tenuto 이)명 악보의 나타냄말의 한 가지. '음표가 나타내는 길이를 충분히 지켜서 연주하라'의 뜻. 약호는 'ten.'이며 악보 위에 '─'로 표시하기도 함.

테니스(tennis)명 구기(球技)의 한 가지. 중앙에 네트를 쳐 놓은 코트의 양쪽에 경기자가 마주하여, 라켓으로 정해진 구획 안에 공을 쳐 넣고 받고 하여 득점으로 승패를 겨루는 경기. ☞경식(硬式). 연식(軟式)

테니스엘보:(tennis elbow)명 손목과 팔을 무리하게 써서 팔꿈치 관절 주위의 근육에 통증이 생기는 관절 병. 테니스 선수나 가정 주부에게 많이 일어남.

테니스-장(tennis場)명 테니스 연습을 하거나 경기를 할 수 있는 시설. 테니스코트

테니스코:트(tennis court)명 테니스장

테두리 명 ①물체의 둘레가 되는 가장자리. 윤곽(輪廓) 준 테[1] ②일정한 한계나 범위. ¶법의 ─를 벗어나 과속 운전을 하다.

테라마이신(Terramycin)명 항생 물질의 한 가지. 방선균(放線菌)에서 추출한 것으로 냄새가 없고 쓴맛이 나는 노란 결정(結晶)임. 폐렴·백일해·티푸스 등의 세균 감염에 유효함. 상표명임.

테라스(terrace)명 ①서양식 건물에서, 실내에서 직접 밖으로 나갈 수 있도록 정원(庭園)이나 가로(街路)로 내민 부분. ☞발코니(balcony). 베란다 ②정원이나 공원 등에 편편하게 단(壇)처럼 만들어 놓은 부분. ③등산에서, 암벽 중간에 시렁처럼 내민 부분을 이르는 말.

테라코타(terra cotta 이)명 ①질이 좋은 점토로 구워 만든 상(像)이나 토기를 이르는 말. ②점토로 구워 만든 타일 또는 기와 모양의 건축재. 외관 장식에 주로 쓰임.

테러(terror)명 ①폭력을 써서 남을 위협하거나 공포에 빠뜨리는 행위. ②'테러리스트'의 준말. ③'테러리즘(terrorism)'의 준말.

테러리스트(terrorist)명 정치적 목적을 이루기 위하여 계획적으로 폭력을 쓰는 사람. 폭력주의자(暴力主義者) 준 테러(terror)

테러리즘(terrorism)명 정치적 목적을 이루기 위하여 폭력을 이용하는 주의나 정책. 폭력주의(暴力主義) 준 테러(terror)

테레빈-유(terebene油)[─뉴]명 송진을 수증기로 증류하여 만드는 정유(精油). 특이한 냄새가 나는 무색 또는 담황색의 끈끈한 액체. 의약품, 페인트·니스·래커 등 칠감의 원료, 여러 가지 용제(溶劑), 구두약 등에 쓰임. 송정유(松精油). 송지유(松脂油)

테르밋(Thermit 독)명 산화철과 알루미늄의 가루를 같은 양으로 섞은 혼합물. 가열하면 알루미늄이 산화하여 높은 열을 냄. 철강의 용접제나 소이탄의 원료로 쓰임.

ㅌ

테르밋=용접(Thermit鎔接)[-농-] 명 테르밋 반응을 이용하여 금속 등을 용접하는 방법. 용접부가 큰 경우에 쓰임.
테르븀(terbium 라)명 란탄족 원소의 하나. 그 양이 적은 금속으로 용도는 알려지지 않음.〔원소 기호 Tb/원자 번호 65/원자량 158.93〕
테르펜(Terpen 독)명 이소프렌(isoprene)을 기본 골격으로 가진 천연 유기 화합물을 통틀어 이르는 말. 식물 정유(精油)의 주요 성분으로 대개 기름과 같은 모양이고 향기가 있는데 향료나 의약품 등의 원료로 쓰임. 장뇌(樟腦)·박하뇌(薄荷腦) 따위.
테르펜-류(Terpen類)명 탄화수소(炭化水素)의 여러 가지 이성질체(異性質體)를 통틀어 이르는 말. 알코올·알데히드·케톤·장뇌 따위.
테르펜틴(Terpentin 독)명 소나무 따위의 줄기에서 흘러나오는 끈끈한 수지(樹脂).
테리어(terrier)명 개의 한 품종. 영국 원산으로 날쌔고 영리하여 사냥용으로 길렀으나 오늘날에는 애완용으로도 많이 기름.
테:마(Thema 독)명 주제(主題)
테:마=공원(Thema公園)명 어떤 주제에 따라 구성하는 종합 위락 지역.
테:마뮤:직(Thema+music)명 주제 음악(主題音樂)
테:마빌딩(Thema building)명 다른 건물이나 상가와 차별화하여 목적을 뚜렷이 내세우고 있는 빌딩. 클리닉빌딩, 음식 백화점, 완구 백화점, 헬스 전문 빌딩 따위.
테:마=소:설(Thema小說)명 주제 소설(主題小說)
테:마송(Thema+song)명 주제가(主題歌)
테-밀이 명-하다 타 재래식 한옥에서, 문살의 등을 밀어서 가운데를 둥글게 하고, 양 옆은 테가 있도록 모양을 내는 일, 또는 그런 문살. ☞살밀이
테-밖 명 한통속에 들지 못한, 그 밖. ¶ -에서 놀다. / -으로 밀려나다. ☞판밖
테-받다 타 그 모양을 이루다.
테석-테석 부-하다 형 거죽이나 면이 거칠게 일어나서 반지랍지 못한 모양을 나타내는 말. ☞티석티석
테스터(tester)명 전환 스위치를 사용하여 저항값, 직류 전류, 직류 전압, 교류 전압 등을 측정하는 계기.
테스트(test)명-하다 타 ①시험(試驗). 고사(考査) ②검사
테스트케이스(test case)명 ①판례(判例)가 될 소송 사건. ②선례(先例)로 남을만 한 본보기.
테스트패턴(test pattern)명 텔레비전 등 화상(畫像) 통신의 송신과 수신을 조정하거나 성능을 검사할 때 사용하는 화상.
테-실 명 테를 지어 놓은 실. ☞타래실. 토리실
테이블(table)명 ①서양식의 탁자나 식탁을 두루 이르는 말. ②일람표(一覽表)
테이블매너(table manners)명 서양 요리를 먹을 때, 식탁에서 지켜야 할 예절.
테이블센터(table+center)명 테이블의 한가운데에 놓는 장식용 헝겊이나 뜨갯것.
테이블스푼(tablespoon)명 식탁에서, 큰 그릇에 담긴 음식을 덜어 담거나 하는 데 쓰는 큰 숟가락.
테이블스피:치(table+speech)명 탁상 연설(卓上演說)
테이블테니스(table tennis)명 탁구(卓球)
테이프(tape)명 ①헝겊이나 종이·비닐 따위로 만든 가늘고 긴 띠 모양의 것을 통틀어 이르는 말. 쓰임새에 따라서 여러 종류가 있음. ②육상 경기의 결승점에 치는 끈. ③'자기 테이프'의 준말.
테이프리코:더(tape recorder)명 자기 테이프에 소리를 녹음하거나 재생하는 장치.
테일라이트(taillight)명 미등(尾燈) ☞헤드라이트
테:제(These 독)명 ①헤겔 철학에서, '정립(定立)'을 이르는 말. ☞안티테제(Antithese) ②정치·사회적 운동에서, 그 기본 방침을 규정한 강령(綱領).
테크네튬(Technetium 독)명 인공 방사능 금속 원소의 하나. 단체(單體)는 은회색 금속이며 습한 공기 중에서 광택이 없어짐. 화학적 성질은 레늄과 비슷하며 원자로에서 다량으로 추출됨. 의료용의 방사성 동위 원소로 쓰임.〔원소 기호 Tc/원자 번호 43/원자량 98〕
테크노마트(technomart)명 '테크놀러지(technology)'와 '마트(mart)'의 합성어로, 기술이 일반 상품처럼 거래되는 시장. 일정한 곳에서 일정 기간 열리며, 국가 또는 기업 사이에 필요한 기술을 사고 팖.
테크노스릴러(technothriller)명 첨단 과학이나 전문 기술을 작품의 소재로 쓴 추리 소설.
테크노스트레스(technostress)명 첨단 기술 사회에 적응하지 못하여 생기는 우울증이나 정신 분열증 등의 정신적인 장애 증세. 주로 컴퓨터를 잘 다루지 못하거나 너무 탐닉하여 생김.
테크노아트(technoart)명 과학 기술을 예술과 결합하여 인간의 새로운 표현 양식을 나타내려고 하는 현대 예술 운동.
테크노크라시(technocracy)명 ①사회 전체의 이익을 위해서 전문 기술자에게 나라의 모든 생산 기관의 관리와 통제를 맡기고자 하는 일종의 사회 개량주의. ②기술자가 관리하는 사회 경제 체제.
테크노크라트(technocrat)명 ①테크노크라시를 주장하고 지지하는 사람. ②정치 경제나 과학 기술에 관한 전문적 지식을 가진 행정관 또는 관리자.
테크니컬녹아웃(technical knockout)명 프로복싱에서, 선수의 기량에 큰 차이가 나거나 부상으로 말미암아 경기를 계속할 수 없게 되었을 때, 또는 세컨드에서 기권을 요청할 경우에 주심이 경기를 중지시키고 승패를 가리는 일. 티케이오(TKO) ☞아르에스시(RSC)
테크니컬러(Technicolor)명 천연색 영화의 한 방식. 피사체의 빛을 청색·초록·적색의 삼원색으로 분해하여 감광(感光)시킨 세 개의 네거필름을 하나의 프린트로 만드는 것임. 1927년에 미국의 테크니컬러모션픽처사(社)가 완성한 상표명임.
테크니컬파울(technical foul)명 농구 경기 따위에서, 고의로 반칙하였을 때 선언되는 파울.
테크닉(technic)명 전문적인 기술(技術). 기교(技巧) ¶ 고도의 -을 구사하다.
테킬라(tequila 에)명 멕시코 원산의 술. 용설란의 수액을 증류하여 빚은 것으로, 알코올 함량 40% 정도이고 빛깔이 없이 투명함. 손등에 소금을 올려 놓고 그것을 핥아먹으면서 마시는 것이 정식 음주법임.
테타니(tetany)명 손·발·얼굴의 근육이 수축하거나 경련을 일으키는 증세를 이르는 말. 혈액 속의 칼슘 저하나 비타민 D의 부족 등으로 일어나며 심하면 전신의 근육이 경직되기도 함.
테트라팩(tetra pack)명 우유 따위 음료를 담는 데 쓰는, 사각 기둥 모양의 종이 용기.
테트라포드(tetrapod)명 파도나 해일로 말미암은 피해를 막기 위하여 항구의 방파제 등의 주변 바다 속에 집어넣는, 사방으로 발이 나와 있는 시멘트 구조물.
테트로도톡신(tetrodotoxin)명 복어의 난소(卵巢)나 간장에 많이 들어 있는 맹독 성분. 말초 신경과 중추 신경에 작용하여 호흡근을 마비시켜 죽음에 이르게 함. 극소량으로 신경통·관절통 등의 진통제로 쓰기도 함.
테트론(Tetron)명 폴리에스테르계 합성 섬유. 흡수성이 적고 질기어 여러 용도로 널리 쓰임. 상표명임.
텍사스리:거(Texas leaguer)명 야구에서, 내야수와 외야수 중간에 공이 떨어져 안타가 되는 일.
텍스(tex)명 ①섬유나 실의 굵기를 나타내는 단위. 길이 1km의 무게가 1g일 때 1텍스임. ②섬유판(纖維板)
텍스처(texture)명 ①피륙을 짜는 법, 또는 그 짜임새. ②도자기·유리·목재·종이·옷감 따위의 표면에서 느껴지는 감촉, 또는 그 질감. ③문장의 짜임새.
텍스트(text)명 ①주석이나 서문·부록에 상대하여 본문 또는 원문을 이르는 말. ②각본(脚本). 상연 대본 ③'텍스트북'의 준말.
텍스트북(textbook)명 교과서(敎科書). 교본(敎本) 준

텍타이트(tektite)명 세계의 몇 군데 한정된 지역에서 볼 수 있는 천연 유리. 19세기 말경에 보헤미아 지방에서 발견된 이래 오스트레일리아·인도네시아·체코 등에서도 발견됨. 공 모양, 물방울 모양, 원반형 등이 있으며 검거나 녹색임. 오랜 옛날에 우주에서 날아온 것이라는 설이 있으나 신빙성은 적음.

텐더로인(tenderloin)명 소·돼지의 허리 부분의 연한 살코기. 스테이크용으로 쓰임.

텐트(tent)명 천막(天幕)

텔레마:케팅(telemarketing)명 전화 등의 통신 수단을 이용하여 벌이는 마케팅 활동.

텔레매틱스(telematics)명 자동차를 비롯한 이동 수단을 이용하는 사용자에게 위치나 지리 정보 따위를 알려 주는 첨단 무선 데이터서비스.

텔레미:터(telemeter)명 멀리 떨어진 곳의 상태를 자동적으로 측정하여 그 정보를 전기 신호로 바꾸어 송신하는 계기(計器)와, 보내 온 측정량을 계측(計測)·기록하는 장치를 통틀어 이르는 말. 의료 기술, 우주 개발, 원자력 공업 등의 분야에서 이용됨.

텔레비전(television)명 영상을 전기 신호로 바꾸어 전파로 송신하면 그것을 수신하여 화상(畫像)으로 재생하는 통신 방식, 또는 그 수상기(受像機). 방송이나 통신, 또는 원격지의 감시 등에 이용됨. 티브이(TV)

텔레비전=전:화(television電話)명 전화 회선 등을 이용하여 상대편의 모습을 보면서 말을 주고받을 수 있도록 만든 장치.

텔레비전카메라(television camera)명 텔레비전용의 촬영기. 광학 렌즈로 잡은 화상을 촬상관(撮像管)에서 전기 신호로 바꾸는 여러 가지 장치를 갖추고 있음.

텔레비전=회:의(television會議)명 멀리 떨어진 곳에 있는 사람끼리 통신 회선으로 영상과 음성을 전송하여 서로 얼굴을 보면서 하는 회의. 화상 회의(畫像會議)

텔레타이프(teletype)명 '텔레타이프라이터'의 상표명.

텔레타이프라이터(teletypewriter)명 전신 인자기(電信印字機)

텔레텍스(teletex)명 워드프로세서로 작성한 문서 등을 전기 통신망을 이용하여 다른 곳으로 전송하는 장치. 텔렉스의 특징과 워드프로세서의 기능을 결합한 장치임.

텔레텍스트(teletext)명 문자 다중 방송(文字多重放送)

텔레파시(telepathy)명 말이나 표정, 몸짓 등의 보통 감각 수단을 이용하지 아니하고 바로 자기의 의지나 감정을 상대편에게 전하거나 상대편이 그것을 느끼어 알게 되는 일, 또는 그런 능력을 이르는 말. 사념 전달(思念傳達). 정신 감응(精神感應) ☞영적 교감(靈的交感)

텔레팩스(telefax)명 팩시밀리(facsimile)

텔레포:트(teleport)명 통신 위성을 이용한 고도의 정보 통신 처리 기지.

텔레프린터(teleprinter)명 전신 인자기(電信印字機)

텔렉스(telex)명 전화 회선(電話回線)으로 연결된 상대편을 다이얼로써 불러서 전신 인자기로 통신문 등을 보내는 기계, 또는 그런 통신 방식.

텔롭(telop)명 텔레비전 방송에서, 글자나 그림·사진 등을 텔레비전카메라를 거치지 아니하고 바로 화면으로 송신하는 장치, 또는 그 장치로 보낸 글자나 그림 따위. 본디는 상표명임.

텔루륨(tellurium)명 텔루르

텔루르(Tellur 독)명 비금속 원소의 하나. 아연과 비슷한 결정으로 은백색의 금속 광택이 나며 반도체의 특성을 지니고 있음. 화학적 성질은 황·셀렌과 비슷함. 안료(顔料), 합금 첨가 원소 등으로 이용됨. 텔루륨 〔원소 기호 Te/원자 번호 52/원자량 127.60〕

템 의 수량을 나타내는 명사에 조사 '-이나'가 붙어 쓰이어, 생각보다 많은 정도를 뜻하는 말. 턱[4] ¶일을 마무르는 데 한 달 -이나 걸렸다.

템페라(tempera 이)명 안료(顔料)를 달걀 노른자나 갖풀·수지(樹脂) 따위로 갠 불투명한 그림 물감, 또는 그것으로 그린 그림. 15세기에 유화(油畫) 그림 물감이 발명될 때까지 서양화의 대표적인 기법이었음.

템포(tempo 이)명 ①일이 진행되는 빠르기. ②음악에서, 그 악곡(樂曲)을 연주하는 데 지정된 속도.

템포루바토(tempo rubato 이)명 악보의 빠르기말의 한 가지. '연주자 임의로 느리게 또는 빠르게'의 뜻. 다만, 전체의 연주 시간은 같아야 함.

템포슈붕(Temposchwung 독)명 스키에서, 회전법의 한 가지. 빠른 속도로 활주하면서 잇달아 좌우로 회전하는 기술.

템포주스토(tempo giusto 이)명 악보의 빠르기말의 한 가지. '규정된 빠르기로' 또는 '정확한 빠르기로'의 뜻.

템포프리모(tempo primo 이)명 악보의 빠르기말의 한 가지. '처음의 빠르기로'의 뜻.

텡-쇠 명 겉으로는 튼튼한듯이 보이나 실제로는 허약한 사람을 놀리어 이르는 말.

토[1] 명 윷놀이에서, '도'를 다른 말 뒤에 붙여서 쓸 때에 이르는 말. ¶모 아니면 윷, -가 나아야 한다.

토[2] 명 ①재래식 간장을 졸일 때 윗면에 떠오르는 찌끼. ②재래식 간장을 담은 그릇의 밑바닥에 가라앉는 된장 부스러기.

토[3] 명 ①한문을 읽을 때, 구절 끝에 붙여서 문법적 관계를 나타내는 우리말 부분. 예컨대 '國之語音이 異乎中國하야 與文字로 不相流通할새'라는 한문에 붙인 우리말 '이·하야·로·할새' 따위. ¶한문에 -를 달아 읽다. ☞구결(口訣) ②조사(助詞)를 달리 이르는 말.

토(土)명 ①오행(五行)의 하나. 방위로는 중앙, 계절은 사계삭(四季朔)에 18일씩 나뉘어 있고, 빛깔은 누른빛을 상징함. ②'토요일(土曜日)'의 준말.

토(土)-《접두사처럼 쓰이어》'흙으로 된'의 뜻을 나타냄. ¶토광/토굴/토담

-토(土)《접미사처럼 쓰이어》'흙'의 뜻을 나타냄. ¶부엽토(腐葉土)/부식토(腐植土)

토가(土價)[-까]명 땅값

토:가(討價)[-까]명-하다타 물건의 값을 부르거나 요구함.

토가(toga)명 고대 로마 시민이 입던 겉옷. 타원형의 긴 천을 왼쪽 어깨에서 오른쪽 겨드랑이 아래로 감아 둘러 입었음. 뒤에 남성만 입는 옷으로 바뀌었고 계급에 따라 빛깔과 입는 법이 구별되었음.

토각귀모(兎角龜毛)성구 토끼의 뿔과 거북의 털이라는 뜻으로, 세상에 없는 것을 비유하여 이르는 말.

토감(土坎)명 ①흙구덩이 ②-하다자 묏자리를 정할 때까지 시체를 임시로 흙으로 덮어 둠.

토건(土建)명 '토목 건축(土木建築)'의 준말. ¶- 사업

토고(土鼓)명 중국 주(周)나라 때의 타악기의 한 가지. 흙으로 만든 북통 양쪽에 가죽을 메워, 풀을 묶어 만든 채로 쳐서 소리를 냄.

토:고납신(吐故納新)성구 도가(道家)의 수련법의 한 가지. 몸 안의 묵은 기운을 토해 내고 신선한 기운을 들이마시는 법으로, 곧 심호흡을 이름. 준토납(吐納)

토골(土鶻)명 새매의 암컷. 익더귀

토공(土工)명 ①흙을 쌓거나 파는 따위의 흙을 다루는 공사, 또는 그 일을 하는 사람. ②'토목 공사(土木工事)'의 준말. ¶-에 많은 사람이 동원되다. ③미장이

토공(土公)명 '토공신(土公神)'의 준말.

토공-신(土公神)명 음양가(陰陽家)가 이르는 땅의 신. 봄에는 부엌에, 여름에는 문에, 가을에는 우물에, 겨울에는 마당에 있다고 하는데, 그 계절에 그곳을 고치거나 하면 재앙이 따른다고 함. 토신(土神) 준토공(土公)

토과(土瓜)명 '노랑하눌타리'의 딴이름.

토과-근(土瓜根)명 한방에서, 말린 노랑하눌타리의 뿌리를 약재로 이르는 말. 신열(身熱)을 내리고 진액이 생기게 하며 어혈(瘀血)을 삭이는 작용이 있어 황달, 변비, 월경이 고르지 않은 데 쓰임.

토관(土官)명 '토관직(土官職)'의 준말.

토관(土管)명 질흙으로 구워 만들거나 시멘트로 만든 둥근 관. 배수관 따위로 쓰임.

토관-직(土官職)[명] 고려·조선 시대, 평안도와 함경도에 두었던 특수 관직. 문관(文官)과 무관(武官)이 있었고, 품계는 오품까지 한정되었으며 그 지방의 토착민에게만 임명했음. [준] 토관(土官)

토-광(土-)[명] 널빤지 따위를 깔지 않고 흙바닥 그대로 된 광.

토광(土壙)[명] 구덩이

토광(土鑛)[명] 흑광(黑鑛)의 산화대(酸化帶)가 흙과 같은 엷은 빛의 광석으로 변한 것. 금가루와 은가루가 많이 섞여 있음.

토광인희(土廣人稀)[성구] 땅은 넓고 사람은 드물다는 뜻으로, 나라나 지역의 면적이 넓고 인구가 적음을 이르는 말. 지광인희(地廣人稀)

토괴(土塊)[명] 흙덩이

토교(土橋)[명] 흙다리

토구(土狗)[명] '땅강아지'의 딴이름.

토:구(吐具)[명] 토기(吐器)

토:구(討究)[명]-하다[타] 사물의 이치를 따지어 연구함.

토-굴(土-)[명] ①흙땅에서 나는 굴조개를 통틀어 이르는 말. ②굴과의 조개. 껍데기는 길이 15cm 안팎의 둥근 모양이거나 네모임. 암초 등에 붙어 사는데 겉은 잿빛의 잔 비늘이 켜를 이루어 있고 안쪽은 흰빛임. 5~8월에 산란하면 어린 조개는 어미 조개 안에서 자람.

토굴(土窟)[명] ①땅 속으로 뚫린 굴. ② 땅을 깊숙이 파서 굴처럼 만든 구덩이. 땅굴 ☞석굴(石窟)

토극수(土剋水)[성구] 오행설(五行說)에서 이르는 상극(相剋) 관계의 하나. '흙〔土〕이 물〔水〕을 이김'을 이름. ☞수극화(水剋火)

토금(土金)[명] ①금빛을 띤 흙. ②흙이나 모래 속에 섞여 있는 금.

토-금속(土金屬)[명] 토류 금속(土類金屬)

토기(土氣)[명] ①지기(地氣) ②한방에서, 위(胃)의 작용을 이르는 말.

토기(土器)[명] ①질흙으로 빚어서 700~800℃에서 구워 만든 그릇의 한 가지. 잿물을 쓰지 않으며, 다공질(多孔質)임. 와기(瓦器) ☞도기(陶器) ②고대에 쓰이던, 흙으로 빚은 그릇.

토:기(吐氣)[명] 속이 메스꺼워 토할듯 한 느낌. 구기(嘔氣). 욕지기

토:기(吐器)[명] 음식을 먹을 때 먹지 못할 것을 뱉어 놓는 그릇. 토구(吐具)

토기-장(土器匠)[명] 토기장이

토기-장이(土器-)[명] 토기를 만드는 일을 전문으로 하는 사람. 토기장

토기-점(土器店)[명] ①토기를 구워 만드는 곳. ②옹기점

토-끝[명] ①피륙의 끄트머리. ②피륙의 필(疋) 끝에 글씨나 그림이 박힌 부분. ☞화도끝

토끼[명] 토끼과의 짐승을 통틀어 이르는 말. 귀는 길고 크며 윗입술은 세로로 갈라져 있고, 위턱의 앞니가 두 쌍이며 긴 수염이 있음. 앞다리는 짧고 뒷다리는 길게 발달되어서 잘 뛰어다님. 초식성으로 멧토끼류와 굴토끼류로 크게 구별함. 사람이 기르는 집토끼는 굴토끼를 길들인 것으로 종류가 많음.

[속담] **토끼가 제 방귀에 놀란다** : 남몰래 저지른 일이 두려워서 스스로 겁을 먹고 있는 사람을 두고 이르는 말. 〔노루가 제 방귀에 놀란다〕/**토끼 둘 잡으려다가 하나도 못 잡는다** : 여러 가지를 욕심 내다가는 한 가지도 이루지 못한다는 말./**토끼를 다 잡으면 사냥개를 삶는다** : 쓸모가 있을 동안에는 요긴하게 쓰다가 쓸모가 없어지면 쉽게 버리는 야박한 인정을 비유하여 이르는 말. ☞토사구팽(兔死狗烹)

[한자] **토끼 토**(兔) 〔儿部 6획〕 ¶양토(養兔)/토모(兔毛)/토사구팽(兔死狗烹)/토피(兔皮) ▷ 속자는 兎

토끼-날[명] ①간지(干支)의 지지(地支)가 묘(卯)인 날을, 지지의 동물 이름으로 상징하여 이르는 말. ☞묘일(卯日) ②음력 정월 첫 묘일(卯日). 이 날은 여성이 남의 집에 출입함을 꺼림.

토끼-띠[명] 간지(干支)의 지지(地支)가 묘(卯)인 해에 태어난 일, 또는 그 사람을 지지의 동물 이름으로 상징하여 이르는 말. ☞묘생(卯生)

토끼-잠[명] 깊이 들지 못하고 자주 깨면서 자는 잠. 괭이잠. 노루잠 ☞귀잠. 단잠. 선잠

토끼-장(-*欌)[명] 토끼를 가두어 기르는 장. 토사(兔舍). 토끼집

토끼전(-傳)[명] 작자와 연대를 알 수 없는 고대 소설의 한 가지. 삼국사기(三國史記)에 실려 전하는 '귀토지설(龜兔之說)'을 소설화한 것임. 약 55종의 이본(異本)이 있음. 별주부전(鼈主簿傳)

토끼-집[명] 토끼장

토끼타:령(-*打令)[명] '수궁가(水宮歌)'의 딴이름.

토끼-털[명] 토끼의 털. 토모(兔毛)

토끼-풀[명] 콩과의 여러해살이풀. 가지는 땅 위로 길게 뻗고 있은 긴 자루 끝에 세 쪽 겹잎으로 나며 심장 모양임. 6~7월에 흰 꽃이 피고 시든 다음에도 떨어지지 않고 열매를 둘러쌈. 유럽 원산으로 들에 절로 자라거나 목초로 재배하기도 함. 클로버(clover)

토끼-해[명] 간지(干支)의 지지가 묘(卯)인 해를, 지지의 동물 이름으로 상징하여 이르는 말. ☞묘년(卯年)

토:납(吐納)[명] '토고납신(吐故納新)'의 준말.

토:너먼트(tournament)[명] 운동 경기 등에서, 진 편이 물러나고 이긴 편끼리 겨루어 마지막에 남은 두 편으로 하여금 우승을 겨루게 하는 방식.

토:네이도(tornado)[명] 북아메리카 중남부 지역에서 자주 일어나는 맹렬한 회오리바람. 봄에서 초여름에 걸쳐 많이 일어나는데 파괴력이 대단함.

토노미:터(tonometer)[명] 음의 진동수를 재는 계기.

토농(土農)[명] 토농이

토농-이(土農-)[명] 한곳에 붙박이로 살면서 농사를 짓는 사람을 이르는 말. 토농(土農)

토닥-거리다(대다)[1] [자] 토닥토닥 다투다. 토닥이다[1] ¶친구간에 -.

토닥-거리다(대다)[2] [타] 몸을 가볍게 자꾸 두드리다. ¶아기를 토닥거려 재우다. 토닥이다[2] ☞도닥거리다. 투덕거리다

토닥-이다[1] [자] 토닥거리다[1]

토닥-이다[2] [타] 토닥거리다[2] ☞도닥이다. 투덕이다

토닥-토닥[1] [부] 자잘한 일로 다투는 모양을 나타내는 말. ¶작업 방식을 두고 직원끼리 - 다투다.

토닥-토닥[2] [부] 다정하게, 또는 사랑스럽게 토닥이는 모양을 나타내는 말. ¶위로하면서 등을 - 두드리다./아기의 볼기를 - 두드리다. ☞도닥도닥. 투덕투덕

토단(土壇)[명] 흙으로 쌓아 다져 만든 단.

토-담(土-)[명] 흙으로 쌓아 친 담. 토원(土垣). 토장(土墻). 흙담

토담-장이(土-)[명] 지난날, 토담을 쌓는 일을 직업으로 하는 사람을 이르던 말. [준] 담장이

토담-집(土-)[-찝][명] 토담을 쌓고 그 위에 지붕을 덮어 지은 집. 토실(土室). 토옥(土屋). 흙담집

토담-틀(土-)[명] 토담을 쌓는 데 쓰는 틀. 널빤지로 만들며, 그 안에 흙을 넣고 단단하게 다지어 흙을 굳힘. 담틀

토-당귀(土當歸)[명] 한방에서, 참당귀의 뿌리를 약재로 이르는 말. 관절통·골절상, 산전·산후의 여러 증세 등에 쓰임.

토대(土臺)[명] ①흙으로 쌓아 올린 대. 흙바탕 ②목조 건축물의 맨 밑바닥에서 윗부분을 떠받치는 가로로 댄 나무. ③모든 건축물의 밑바탕. ☞지대(址臺) ④사물이나 사업의 바탕이 되는 기초나 밑천. ¶오랜 경험을 -로 삼아 시작한 사업이다.

토:댄스(toe dance)[명] 발레 등에서, 발끝으로 서서 추는 춤. 토슈즈를 신는 경우와 맨발인 경우가 있음.

토도-사(土桃蛇)[명] '굿뱀'의 딴이름.

토둔(土屯)[명] 자그마한 언덕.

토라(土螺)[명] '우렁이'의 딴이름.

토라지다[1] 자 먹은 음식이 체하여 제대로 삭지 아니하고 신트림이 나다.

토라지다[2] 자 어떤 일이 마음에 차지 아니하여 앵돌아지다. ¶선물을 안 사 왔다고 －.

토란(土卵)명 ①천남성과(天南星科)의 여러해살이풀. 줄기 높이 80～120cm이며, 알줄기로 번식함. 열대 아시아 원산으로, 습기 찬 곳에서 자람. 잎자루와 알줄기는 먹을 수 있음. ②토란의 알줄기. 우자(芋子). 토련(土蓮). 토지(土芝)

토란-국(土卵－)[－꾹] 명 ①토란을 넣어 끓인 국. ②국의 한 가지. 삶아 으깬 토란을 뭉치어, 푼 달걀을 씌워 지진 것을 맑은장국에 넣고 고명을 얹은 국.

토레아도:르(toreador 에)명 ①투우사가 입는 바지. ②투우사의 바지를 본떠서 만든 여성용 바지. 다리에 착 달라붙으며, 길이는 발목에 못 미칠 정도임.

토력(土力)명 식물을 자라게 하는 땅의 힘. 땅심. 지력

토련(土蓮)명 토란(土卵)

토련-병(土蓮餠)명 토란을 삶아서 찹쌀 가루에 섞어 찧어 떡을 만든 뒤 참기름에 지진 전병.

토:렴 명 -하다 타 밥이나 국수 등에 더운 국물을 부었다 따랐다 하여 그 국수나 밥을 데우는 일.

토:로(吐露)명 -하다 타 속마음을 다 털어놓고 말함. 토파(吐破) ¶불만을 －하다. 유 토정(吐情)

토록 명 광맥의 원줄기와 떨어져 다른 잡석과 섞인 광석.

-토록 접미 '하도록 → -ㅎ도록 → -토록'으로 변한, 부사가 되게 하는 접미사. '어떤 정도나 한도에 이르기까지'의 뜻을 나타냄. ¶그토록/이토록/저토록/영원토록/평생토록 ☞-코

토:론(討論)명 -하다 타 어떤 문제에 대하여 찬성과 반대의 의견을 가진 사람들이 서로 논리적인 근거를 제시하면서 논의함. ☞토의(討議)

토롱(土壟)명 토분(土墳)

토룡(土龍)명 '지렁이'의 딴이름.

토류(土類)명 물에 잘 풀리지 않고 열에도 잘 녹지 않으며, 환원하기도 어려운 금속 산화물. 산화알루미늄이나 알루미늄 따위.

토류=금속(土類金屬)명 원소 주기율표 제13족 가운데서 붕소를 제외한 알루미늄·칼륨·인듐·탈륨의 네 금속. 산화하면 흙이 됨. 알루미늄족. 토금속(土金屬). 토류금속 원소(土類金屬元素)

토류=금속=원소(土類金屬元素)명 토류 금속(土類金屬)

토륨(thorium)명 악티늄족 원소의 하나. 은백색 금속으로, 매우 무르며 산소나 질소와 쉽게 결합함. 우라늄에 버금가는 원자력의 원료로 쓰임. [원소 기호 Th/원자 번호 90/원자량 232.04]

토르소(torso 이)명 머리와 팔다리가 없이 몸통만으로 된 조각 작품.

토리[1] 명 ①실패 따위를 쓰지 않고 실을 둥글게 감아 놓은 뭉치. ¶－로 된 무명실 뭉치. ②[의존 명사로도 쓰임] ¶굵은 무명실 두 －. ☞타래

토리[2] 명 화살대의 끝에 씌운 쇠고리.

토리(土理)명 ①기름지거나 메마른 흙의 성질. ②어느 식물에 맞고 안 맞는 땅의 성질. 지미(地味)

토리-실 명 실패 따위를 쓰지 않고 그냥 둥글게 감아 놓은 실. ☞타래실. 테실

토-마루(土－)명 흙을 평평하게 쌓아 다져서 만든 마루. ☞널마루. 토방(土房)

토마스-주의(Thomas主義)명 토미즘

토마토(tomato)명 가짓과의 한해살이풀. 남아메리카 원산의 재배 식물로, 줄기 높이는 1～1.5m임. 잎은 깃꼴겹잎이며 어긋맞게 남. 여름에 노란 꽃이 피고, 열매는 둥글넓적한데 껍질이 얇고 살에 즙이 많으며 붉게 익음. 열매에는 카로틴과 비타민 시(C)가 많음. 일년감

토마토케첩(tomato ketchup)명 완전히 익은 토마토를 으깨어 즙을 걸러 낸 것에 설탕과 소금을 넣어 녹인 다음, 향신료와 식초 등을 넣어 끓여 만든 소스.

토막 명 ①크고 덩어리지게 잘라 낸 한 부분. ¶생선 －/나무 － ②쓰고 남은 아주 짤막한 부분. ¶－ 연필 ③전체 가운데 떼어 낸 어느 한 부분. ¶－ 상식/－ 시간/－잠/－ 기사/－ 뉴스 ④[의존 명사로도 쓰임] ¶갈치 두 －./옛날 이야기 한 －. ☞도막. 동강[1]

토막(을) 내다 관용 토막이 나게 자르다. 토막(을) 치다.

토막(을) 치다 관용 토막(을) 내다.

토막(土幕)명 움막. 움집

토막=고기 명 토막을 낸 고기.

토막-극(－劇)명 촌극(寸劇)

토막=나무 명 토막을 낸 나무.

토막-말 명 ①내용을 간추린 한마디의 말. ②토막토막 동안을 두어 가면서 하는 말.

토막-민(土幕民)명 움집에서 사는 사람.

토막=반찬(－飯饌)명 생선이나 자반 따위를 토막 쳐서 조리한 반찬.

토막-토막 부 ①여러 토막으로 끊는 모양을 나타내는 말. ②토막마다 ¶생선에 － 칼집을 내다. ③[명사처럼 쓰임] ¶－을 나란히 놓다. ☞도막도막

토매(土－)명 벼를 찧어서 현미(玄米)를 만드는 농기구. 모양은 매통과 비슷하게 아래위 두 짝이며, 위짝에는 자루가 달려 있음. 흙을 절구 모양으로 빚어 구워 만듦.

토매(土昧)어기 '토매(土昧)하다'의 어기(語基).

토매-인(土昧人)명 미개하고 문화의 정도가 낮은 사람. 야만인(野蠻人) 유 미개인(未開人)

토매인우(土昧人遇) '야만인으로 대우함'의 뜻.

토매-하다(土昧－)형여 미개하고 어리석다.

토맥(土脈)명 지맥(地脈)

토-머름(土－)명 재래식 한옥에서, 널조각 대신에 흙으로 막은 머름을 이르는 말.

토멸(討滅)명 -하다 타 적을 공격하여 멸망시킴.

토모(兔毛)명 토끼털

토목(土木)명 '토목 공사(土木工事)'의 준말.

토목=건:축(土木建築)명 토목과 건축. 준 토건(土建)

토목=공사(土木工事)명 목재나 철재(鐵材), 토석(土石) 따위를 써서 도로·둑·교량·항만·철도·상하수도·공항 등을 건설하거나 유지하는 공사를 통틀어 이르는 말. 준 토공(土工). 토목(土木)

토목-공이(土木－)명 어리석고 무지한 사람을 놀리어 이르는 말.

토목=공학(土木工學)명 토목 공사에 관한 이론과 실제를 연구하는 공학의 한 부문.

토:문-조(吐蚊鳥)명 '쏙독새'의 딴이름.

토:미즘(Tomism)명 중세 이탈리아의 스콜라 철학자인 토마스 아퀴나스의 사상에 토대를 둔 철학과 신학의 사상 체계. 가톨릭 교회의 공인 철학으로서, 의지에 대한 지성(知性)의 우위를 주장하며, 관념론과 유물론에 반대함. 토마스주의

토민(土民)명 여러 대(代)에 걸쳐 한곳에서 살고 있는 백성. 토착민(土着民)

토-바닥(土－)명 사금(砂金)을 캐는 곳의 흙과 모래로 된 밑바닥.

토박(土薄)어기 '토박(土薄)하다'의 어기(語基).

토-박이(土－)명 '본토박이'의 준말.

토박-하다(土薄－)형여 땅이 기름지지 못하고 메마르다. ☞토옥하다

토반(土班)명 여러 대에 걸쳐서 그 고장에 사는 양반.

토반-유(兔斑釉)[－뉴] 명 짚이나 겨를 태운 재를 장석(長石)이나 토회(土灰)와 섞어 만든 부연 잿물.

토-반자(土－)명 천장에 반자틀을 들인 뒤에 반자지를 바르지 않고 윗가지를 엮어 흙만 바른 반자.

토방(土房)명 재래식 한옥에서, 방으로 들어가는 문 앞에 마루를 놓을 수 있도록 만든 흙바닥. ☞토마루

토번(土蕃)명 예전부터 그 땅에 살고 있는 미개한 토착민.

토벌(討伐)명 -하다 타 적이나 반대 세력을 무력으로 쳐 없앰.

토벽(土壁)명 흙벽

토병(土兵)명 지난날, 그 지방의 토박이로 조직된 지방 군사를 이르던 말. ☞경군(京軍)

E

토봉(土蜂)명 '땅벌'의 딴이름.
토부(土部)명 국악기의 만든 재료에 따른 분류의 하나. 기와 흙으로 빚어 구워 만든 것이나 목화를 황토(黃土)에 섞어 만든 국악기를 이르는 말로, 나각(螺角)이나 부(缶) 등이 있음. ☞혁부(革部)
토-부자(土附子)명 초오두(草烏頭)
토분(土粉)명 ①방앗간에서 쌀을 쓿을 때, 쌀과 함께 섞어 찧는 곱고 흰 흙 가루. 분토(粉土) ②진흙의 보드라운 앙금을 말린 흙 가루. 재목에 칠을 할 때 틈을 메우는 애벌칠 감으로 씀.
토분(土墳)명 흙을 모아 임시로 만든 무덤. 토롱(土壟)
토분(兔糞)명 토끼의 똥. ☞완월사(玩月砂)
토불(土佛)명 흙으로 빚은 불상. 흙부처
토붕(土崩)명-하다자 흙이 무너진다는 뜻으로, 어떤 일이나 조직 따위가 점점 잘못되어 수습할 수 없는 상태가 됨을 이르는 말.
토붕와해(土崩瓦解)성구 흙이 무너지고 기와가 깨진다는 뜻으로, 어떤 일이나 조직 따위가 걷잡을 수 없을 정도로 무너지고 흩어짐을 이르는 말.
토비(討匪)명-하다자 비적(匪賊)의 무리를 침.
토빈(土殯)명-하다타 정식으로 장사를 지내기 전에 관(棺)을 임시로 땅에 묻는 일.
토사(土砂)명 흙과 모래.
토:사(吐絲)명-하다타 누에가 고치를 만들려고 입에서 분비물을 내는 일.
토:사(吐瀉)명 '상토하사(上吐下瀉)'의 준말.
토사(兔舍)명 토끼집. 토끼장
토사(兔絲·菟絲)명 '새삼'의 딴이름.
토:사-곽란(吐瀉癨亂)명 한방에서, 토하고 설사하면서 배가 뒤틀리듯이 아픈 병증을 이르는 말.
토:사-구(吐絲口)명 누에가 고치를 지을 때 분비물을 내는 입.
토사구팽(兔死狗烹)성구 토끼 사냥이 끝나면, 그 사냥에 쓰던 사냥개는 삶아 먹히고 만다는 뜻으로, 쓸모가 있을 동안에는 요긴하게 쓰이다가 쓸모가 없어지면 쉽게 버림받게 되는 야박한 인정을 비유하여 이르는 말.
토사-도(土砂道)명 포장재로 포장하지 아니하고 흙과 모래만 깔아 놓은 길.
토사-문(兔絲紋)명 토호화(兔毫花)
토사-자(兔絲子)명 한방에서, 새삼의 씨를 약재로 이르는 말. 음위(陰痿)·빈뇨(頻尿)·당뇨 등에 쓰임.
토사호비(兔死狐悲)성구 토끼의 죽음에 여우가 슬퍼한다는 뜻으로, 같은 무리의 불행을 슬퍼함을 비유하여 이르는 말. ☞호사토읍(狐死兔泣)
토산(土山)명 흙으로만 이루어진 산. 흙메 ☞암산(岩山)
토산(土產)명 '토산물(土產物)'의 준말.
토산-마(土產馬)명 그 고장에서만 나는 독특한 품종의 말. ¶조랑말은 제주도의 -이다.
토산-물(土產物)명 그 고장에서만 나는 독특한 물건. 준 토산(土產)

토산-불알(∠癀疝-)명 한방에서, 퇴산증(癀疝症)으로 한쪽이 유난히 부어서 커진 불알을 이르는 말.
토산불-이(∠癀疝-)명 한방에서, 퇴산증(癀疝症)으로 한쪽 불알이 유난히 부어 큰 사람을 이르는 말.
토산-종(土產種)명 어떤 한 고장에서만 생산되는 동식물의 품종. ¶영양 지방의 - 고추./제주 -인 조랑말.
토산-품(土產品)명 그 고장에서만 나는 독특한 물품.
토색(土色)명 흙빛
토색(討索)명-하다타 돈이나 물건을 억지로 내놓으라고 함.
토색-질(討索-)명-하다자 돈이나 물건을 억지로 내놓으라고 하는 짓.
토생금(土生金)성구 오행설(五行說)에서 이르는 상생(相生) 관계의 하나. '흙[土]에서 쇠[金]가 나옴'을 이름. ☞금생수(金生水). 상극(相剋)
토석(土石)명 흙과 돌.
토석-류(土石流)명 홍수로 산사태가 나서 진흙과 돌이 섞여 흐르는 물, 또는 그런 흐름.
토:설(吐說)명-하다타 숨겼던 사실을 비로소 털어놓음. 실토(實吐). 토실(吐實)
토성(土姓)명 오행(五行)의 토(土)에 해당하는 성(姓). 문(文)·박(朴)·표(表) 등. ☞금성(金姓)
토성(土性)명 흙의 성분이나 성질. ☞토질(土質)
토성(土星)명 태양계의 여섯째 행성(行星). 태양계의 행성 가운데서 둘째로 크며, 둘레에 큰 고리 모양의 테가 있음. 태양까지의 평균 거리는 14.294억 km. 공전 주기는 29.46년. 자전 주기는 0.444일. 적도 반경 6만 km. 질량은 지구의 95.16배. 열여덟 개의 위성이 있음. 오황(五黃). 진성(塡星) ☞천왕성
토성(土城)명 ①흙으로 쌓아 올린 성루(城壘). ②'사성(莎城)'을 달리 이르는 말. ③개자리 뒤에 흙을 쌓아서 화살을 막는 둑.
토성(土聲)명 오행(五行)의 토(土)에 해당하는 음성. 우렁차며 침착한 음성을 이름. ☞금성(金聲)
토-세:공(土細工)명 흙을 재료로 하는 세공.
토속(土俗)명 그 고장에만 전해 내려오는 독특한 풍속.
토속-적(土俗的)명 그 고장에만 전해 내려오는 독특한 풍속인 것. ¶-인 음식./-인 분위기./- 신앙
토:수(吐首)명 보호와 장식을 목적으로, 추녀 끝 마구리나 사래 끝 마구리에 끼우는 특수 기와. 진흙으로 용 머리나 도깨비의 머리 형상을 빚어 구워 만듦.
토수-화(土鏽花)명 유약을 바르고 약한 불로 구운 도자기가 흙 속에 오래 묻혀 있는 동안에 유약이 변화하여 생긴 무늬를 이르는 말.
토순(兔脣)명 토끼 입술이라는 뜻으로, '언청이'를 달리 이르는 말. ▷ 兔의 속자는 兎
토:슈:즈(toeshoes)명 발레에서, 여자 무용수가 토댄스를 출 때 신는 신. 끝이 두껍고 단단하며 뒤축이 없음.
토스(toss)명-하다자타 ①배구에서, 자기편 선수가 내리치기 쉽도록 네트 가까이 있는 선수가 공을 높이 올려 주는 일. ②야구나 농구에서, 바로 옆의 자기편 선수에게 공을 아래쪽에서 위쪽으로 가볍게 던지는 일. ③테니스에서, 서브를 할 때 공을 공중으로 던져 올리는 일.
토:스터(toaster)명 토스트를 굽는 기계.
토:스트(toast)명 식빵을 얇게 자른 것, 또는 그것을 살짝 구운 것. 버터나 잼 따위를 발라 먹기도 함.
토시명 ①재래식 한복을 입을 때 팔뚝에 끼어 추위를 막는 방한구. 저고리 소매 비슷하게 생겼는데 한 끝은 좁고 한 끝은 넓음. 털토시·등토시·마제굽토시 등이 있음. ②매사냥을 하는 사람이 매를 길들일 때나 매로 사냥을 할 때 팔뚝에 끼는 두툼한 물건. 원투수(套袖) ☞일토시
토시-살명 소의 지라와 이자에 붙은 고기.
토식(討食)명-하다타 음식을 억지로 달라고 하여 먹음.
토신(土神)명 토공신(土公神)
토실(土室)명 토담집
토:실(吐實)명-하다타 숨겼던 사실을 비로소 털어놓음. 실토(實吐). 토설(吐說)
토실-토실부-하다형 탐스럽게 살진 모양을 나타내는 말. ¶-한 뺨. ☞투실투실
토심(土深)명 흙의 깊이.
토:심(吐心)명 좋지 않은 낯빛이나 말로 남을 대할 때 상대편이 느끼는 불쾌한 마음.
토:심-스럽다(吐心-)(-스럽고·-스러워)형ㅂ 남이 좋지 않은 낯빛이나 말씨로 대할 때 불쾌하고 아니꼬운 느낌이 있다.
　토심-스레부 토심스럽게
토씨명〈어〉조사(助詞) ☞이름씨
토:악-질(吐-)명-하다타 ①먹은 음식을 게워 냄. ☞구역질 ②남에게서 재물을 정당하지 못하게 받았다가 도로 내어 놓음을 이르는 말.
토압(土壓)명 쌓인 흙이 옹벽 따위에 미치는 압력.
토:약(吐藥)명 토제(吐劑)
토양(土壤)명 ①지각(地殼)의 가장 겉 부분에 있는, 바위나 돌의 풍화물(風化物)에다 분해된 동식물의 유기물이

섞인 것. ☞흙 ②농작물을 가꾸는 흙. ¶산성화한 ―을 개량하다. ③어떤 결과를 낳게 하고, 또 그것을 더 발전시키는 환경이나 바탕을 비유하여 이르는 말. ¶영재들이 배출될 ―을 마련하다.

토양=미생물(土壤微生物)명 토양 속에 살면서 유기물(有機物)을 분해하는 미생물. 식물의 생육과 자연계의 물질 순환에 큰 구실을 함.

토양=반:응(土壤反應)명 흙이 산성·중성·염기성 중 어느 것에 해당하는지를 나타내는 반응. 중성 반응을 나타내는 흙이 식물 생장에 가장 알맞음.

토양=소독(土壤消毒)명 열이나 약품 등을 써서 흙 속의 병원(病原) 미생물을 죽이는 일.

토양=오:염(土壤汚染)명 인체와 동식물에 해로운 중금속과 화학 물질이 토양에 자꾸 섞여 드는 일. 대기 오염 물질이 떨어지거나 오물을 불완전하게 처리하거나 농약과 화학 비료를 남용하는 따위의 이유로 생김.

토양=침식(土壤浸蝕)명 땅의 겉흙이 바람이나 비 따위에 날려 가거나 씻겨 내려가서 땅이 거칠어지는 현상.

토양-학(土壤學)명 토양의 생성 원인과 성질·변화·분류·분포 등을 연구하는 학문.

토어(土魚)명 '가리맛'의 딴이름.

토어(土語)명 ①한 고장에서 오랫동안 사는 사람들이 쓰는 말. ¶아프리카 ―. ②사투리

토-언:제(土堰堤)명 흙을 쌓아 올려서 만든 둑.

토역(土役)명 흙일

토:역(吐逆)명-하다자 구토(嘔吐)

토역(討逆)명-하다타 역적을 토벌함.

토역-꾼(土役―)명 흙일을 하는 일꾼.

토역-일(土役―)[―닐]명 흙일

토-역청(土瀝靑)명 아스팔트(asphalt)

토연(土煙)명 흙과 모래가 날리어 연기처럼 뿌옇게 보이는 것. ☞흙먼지

토옥(土屋)명 토담집

토옥(土沃)어기 '토옥(土沃)하다'의 어기(語基).

토옥-하다(土沃―)형여 땅이 기름지다. ☞토박하다. 토척하다

토와(土蝸)명 '민달팽이'의 딴이름.

토왕(土旺)명 '토왕지절(土旺之節)'의 준말.

토왕-용:사(土旺用事)명 토왕지절(土旺之節)의 첫째가 되는 날에는 흙일을 금한다는 말. 준토용(土用)

토왕지절(土旺之節)명 오행(五行)에서 이르는, 땅의 기운이 왕성한 절기. 일 년에 네 번 있는데 입춘·입하·입추·입동 전의 18일 동안임. 준토왕(土旺) ☞목왕지절(木旺之節)

토요(土曜)명 '토요일'의 준말.

토요-일(土曜日)명 요일(曜日)의 하나. 일요일로부터 일곱째 날로, 금요일의 다음날임. 준토(土). 토요(土曜) ☞칠요일(七曜日)

토욕(土浴)명-하다자 ①닭이 흙을 파 헤치고 앉아 버르적거리는 일. ②말이나 소 따위가 땅바닥에 뒹굴면서 몸을 비비는 일.

토욕-질(土浴―)명-하다자 토욕을 하는 짓.

토용(土用)명 '토왕용사(土旺用事)'의 준말.

토용(土俑)명 지난날, 죽은 이를 묻을 때 시체와 함께 묻으려고 흙으로 빚어 만든 인물상(人物像).

토우(土芋)명 '새박뿌리'의 딴이름.

토우(土雨)명 흙비

토우(土偶)명 지난날, 흙으로 빚어 만든 사람이나 짐승 등의 상(像). 장난감, 주술적인 우상, 부장품(副葬品) 등으로 사용되었음. 토우인(土偶人)

토우-인(土偶人)명 토우(土偶)

토운-선(土運船)명 흙을 실어 나르는 배. 주로 항만의 준설이나 매립 작업 등에 쓰임.

토운-차(土運車)명 흙을 실어 나르는 차.

토원(土垣)명 토담

토원후불평(兎怨猴不平) 원진살(元嗔煞)의 하나. 궁합에서, 토끼띠는 원숭이띠를 꺼림을 이르는 말. ☞용혐저면흑(龍嫌猪面黑)

토:유(吐乳)명-하다자 젖먹이가 먹은 젖을 토하는 일.

토:유-병(吐乳病)[―뼝]명 한방에서, 젖먹이가 먹은 젖을 자꾸 토하는 병을 이르는 말.

토육(兎肉)명 토끼 고기.

토음(土音)명 그 지방 사람의 사투리.

토:의(討議)명-하다타 어떤 문제에 대하여 여러 사람이 각자 의견을 내놓고 검토하고 의논함. ☞토론(討論)

토이(討夷)명-하다자 오랑캐를 토벌함.

토이기(土耳其)명 '터키'의 한자 표기.

토-이:질(土痢疾)명 한방에서, 아메바성 이질(痢疾)을 이르는 말.

토익(TOEIC)명 외국인의 영어 능력을 측정하기 위하여 미국의 교육 기관에서 개발한 영어 능력 시험. 주로 일상 생활과 비즈니스에 관련된 문제임. [Test of English for International Communication]

토인명 통인(通引)

토인(土人)명 ①문명이 미치지 않는 곳에서 원시적인 생활을 하는 종족을 이르는 말. ②'흑인(黑人)'을 달리 이르는 말.

토장(土葬)명 송장을 땅 속에 묻는 장법(葬法). ☞수장(水葬). 풍장(風葬). 해장(海葬). 화장(火葬)

토장(土墻)명 토담

토장(土醬)명 된장

토장-국(土醬―)[―꾹]명 된장국

토재-관(土在官)명 지난날, 자기 소유의 땅이 있는 곳의 관아(官衙)를 이르던 말.

토적(討賊)명-하다자 도둑을 침. 역적을 토벌함.

토점(土店)명 토금(土金)이나 사금(砂金)이 나는 광산.

토정(土鼎)명 질흙으로 구워 만든 솥. 질솥

토:정(吐情)명-하다자타 사정이나 심정을 솔직히 털어놓음. 유토로(吐露)

토:정(吐精)명-하다자 남자의 생식기에서 정액(精液)을 내쏨. 사정(射精)

토정비:결(土亭祕訣)명 조선 명종(明宗) 때 사람 토정(土亭) 이지함(李之菡)이 지었다는 책. 사람의 태어난 해, 태어난 달, 태어난 날을 숫자로 풀이하여 그 해의 신수를 보는 데 쓰임.

토제(土製)명 흙으로 만듦, 또는 그런 물건.

토:제(吐劑)명 먹은 것을 토하게 하는 약. 토약(吐藥)

토족(土族)명 여러 대에 걸쳐서 그 고장에서만 살아온 양반의 겨레.

토종(土種)명 ①예로부터 그 고장에만 있어 온, 특유한 동식물의 품종. ¶진도의 ― 진돗개. ☞재래종(在來種) ②'토박이'·'본토박이'를 속되게 비유하여 이르는 말. ¶나야말로 대구 ―이지.

토종(土螽)명 '송장메뚜기'의 딴이름.

토종-꿀(土種―)명 토종벌이 친 꿀.

토종-닭(土種―)명 개량종의 닭에 상대하여, 재래종의 닭을 이르는 말.

토종-벌(土種―)명 서양종 꿀벌에 상대하여, 재래종의 꿀벌을 이르는 말.

토죄(討罪)명-하다타 지은 죄를 낱낱이 들어 엄하게 나무람.

토주(土主)명 '토주관(土主官)'의 준말.

토주(土朱)명 ①석간주(石間硃) ②대자석(代赭石)

토주(土柱)명 사력층(沙礫層)이 빗물에 침식되어 생긴 흙기둥. 대개 기둥 꼭대기에 큰 바윗돌이 있음.

토주(土酒)명 ①예로부터 빚어 오는, 그 지방 고유의 술. ②민간에서 전하여 오는 방법으로 빚은 술.

토:주(吐紬)명 바탕이 두껍고 빛깔이 누르스름한 명주.

토주(討酒)명-하다자 술을 억지로 달라고 하여 마심.

토주-관(土主官)명 지난날, 한 고을의 백성들이 그들의 원(員)을 이르던 말. 준토주(土主)

토:주-석(吐酒石)명 타르타르산수소칼륨과 산화안티몬으로 만든 희고 투명한 결정의 가루로, 의약품·살충제·매염제(媒染劑) 따위로 쓰임.

토-주자(土鑄字)명 흙으로 만든 활자.

E

토죽(菟竹)명 '둥굴레'의 딴이름.

토지(土地)명 ①사람의 생활이나 활동에 이용되는 지면(地面). ¶넓은 -에 지어 놓은 체육 시설./-가 딸린 집을 샀다. ②식물이나 농작물을 심어 가꾸는 땅의 흙. ¶기름진 -. ③법률에서 이르는, 물권(物權)의 객체가 되는 일정한 구획을 가진 땅. 그 곳에 있는 건물과 함께 부동산이 됨.

토지(土芝)명 '토란'의 딴이름.

토지=개:량(土地改良)명 땅의 성질을 좋게 바꾸거나 유지하는 일. 개간, 배수, 관개, 객토 넣기, 비료 주기, 농지 정리 등의 방법이 있음.

토지=개:혁(土地改革)명 토지의 소유 형태를 새롭게 바꾸는 일.

토지=공개념(土地公概念)명 토지의 소유와 처분은 공공의 이익을 위하여 적절히 제한할 수 있다는 개념.

토지=관할(土地管轄)명 법원이 지니고 있는 재판권을 행사할 수 있는 관할 구역.

토지=구획=정:리=사:업(土地區劃整理事業)명 도시 계획을 시행할 때, 공공 시설을 정비 개선하거나 택지(宅地)를 효율적으로 하기 위한 토지의 구획이나 형질의 변경, 공공 시설의 신설이나 변경 등에 관한 사업.

토지=대장(土地臺帳)명 토지의 현황을 명확하게 하기 위한 지적 공부(地籍公簿)의 한 가지. 토지의 소재, 지번(地番), 지목(地目), 지적(地籍) 및 소유자의 주소와 성명 따위를 적어 시·군 등에 비치해 둠. 지적 대장

토지-법(土地法)[-뻡]명 토지의 소유·이용·개량 등에 관해 규정한 법률을 통틀어 이르는 말. 일반적으로 헌법과 민법에서 규정함.

토지=사:용권(土地使用權)[-꿘]명 토지 수용법에 따라 국가나 지방 자치 단체가 공공 사업에 필요한 타인의 토지 사용을 인정받도록 한 공법상의 권리.

토지=소:유권(土地所有權)[-꿘]명 토지를 자유로이 사용하고 처분할 수 있는 권리.

토지=수용(土地收用)명 국가가 특정의 공공 사업을 위하여 법률이 정하는 바에 따라 보상을 하고 토지의 소유권 등을 소유자에게서 강제로 취득하는 일.

토지=수용법(土地收用法)[-뻡]명 토지 수용에 관한 사항을 규정한 법률.

토지-신(土地神)명 ①토지를 맡은 신령. ②불교에서, 절의 경내를 지킨다는 신을 이르는 말.

토지=이:용률(土地利用率)명 경지 면적에 대한 실지 경작 면적을 백분비로 나타낸 것.

토-직성(土直星)명 민속에서, 사람의 나이에 따라 그 운수를 맡아본다고 이르는 아홉 직성의 하나. 길하지도 흉하지도 않은 직성으로 남자는 열한 살, 여자는 열두 살에 처음 드는데 9년에 한 번씩 돌아온다고 함. ☞수직성(水直星)

토:진간:담(吐盡肝膽)성구 간과 쓸개를 다 토해 낸다는 뜻으로, 실정(實情)을 숨김없이 다 털어놓음을 이르는 말.

토질(土疾)명 '토질병(土疾病)'의 준말.

토질(土質)명 흙의 성질. 흙바탕 ☞토성(土性)

토질-병(土疾病)[-뼝]명 ①풍토병(風土病) 준토질(土疾) ②한방에서, '페디스토마병'을 달리 이르는 말.

토-찌끼명 재래식 간장에 가라앉은 된장 찌끼.

토착(土着)명-하다자 ①대대로 그 땅에서 자리잡고 삶. ②생물이 어떤 곳으로 옮아가서 그 곳에 눌러 삶.

토착-민(土着民)명 여러 대에 걸쳐 한곳에서 살고 있는 백성. 토민(土民) ☞본토박이

토착-화(土着化)명-하다자타 어떤 제도나 풍습 따위가 완전히 뿌리를 내려 그 곳에 맞게 동화됨, 또는 동화되게 함. ¶민주주의의 -.

토척(土瘠)어기 '토척(土瘠)하다'의 어기(語基).

토척-하다(土瘠-)형여 땅이 거름기가 없이 메마르다. ☞토옥하다

토청(土靑)명 청화 자기에 바르는 푸른색 물감. 우리 나라에서만 남.

토체(土體)명 골상학(骨相學)에서, 사람의 체격을 오행(五行)으로 나눌 때 토(土)에 해당하는 체격을 이르는 말. ☞금체(金體). 목체(木體)

토초(土炒)명-하다타 한방에서, 약재를 바람벽의 흙이나 아궁이 흙을 우린 물에 담갔다가 볶는 일을 이르는 말.

토총(土塚)명 큰 봉분으로 된 옛 무덤. ☞석총(石塚)

토:출(吐出)명-하다타 ①먹은 것을 토함. ②속에 품은 뜻을 털어놓음.

토충(土蟲)명 '지네'의 딴이름.

토:치카(tochka 러)명 두꺼운 철근 콘크리트 따위로 굳게 쌓아 올려, 기관총·대포 등의 화기를 갖춘 방어 진지.

토크(toque)[1]명 테가 없는, 둥글고 작은 여성용 모자.

토크(toque)[2]명 회전축에 작용하는 힘의 모멘트. 회전축에서 힘의 작용점까지의 거리와, 회전축과 작용점을 잇는 직선에 수직인 힘의 성분과의 곱을 이름.

토:크쇼:(talk show)명 라디오나 텔레비전 등에서, 유명 인사를 초대하여 대담하는 프로그램.

토:큰(token)명 버스를 타거나 할 때 화폐 대신으로 쓰는, 동전 모양의 주조물(鑄造物).

토:키(talkie)명 유성 영화(有聲映畫)

토:킥(toe kick)명 축구에서, 발끝으로 공을 차는 일.

토탄(土炭)명 땅 속에 묻힌 기간이 짧아 탄화 작용이 제대로 이루어지지 않은 석탄. 발열량이 적으며, 비료나 연탄의 원료로 씀. 이탄(泥炭)

토:털(total)명 총계(總計). 총액(總額)

토테미즘(totemism)명 토템 신앙에 따라 형성되는 사회 체제 및 종교 형태.

토:템(totem)명 미개 사회에서, 씨족 또는 부족과 특별한 혈연 관계가 있다고 믿어 신성하게 여기는 특정의 동식물이나 자연물.

토:템폴:(totem pole)명 토템인 동물이나 식물을 새겨 세운 기둥.

토:파(吐破)명-하다타 마음속에 있는 것을 다 털어놓고 말함. 토로(吐露) 유토정(吐情)

토파(討破)명-하다타 남의 말이나 글을 반박하여 깨뜨림.

토파즈(topaz)명 황옥(黃玉)

토퍼(topper)명 길이가 허리께까지 오는, 가볍고 헐렁한 여자용 반코트.

토평(討平)명-하다타 무력으로 쳐서 평정함.

토포(討捕)명-하다타 토벌하여 사로잡음.

토포-사(討捕使)명 조선 시대, 지방의 도둑을 잡는 일을 맡아보던 벼슬, 또는 그 관원을 이르던 말. 수령(守令)이나 진영장(鎭營將)이 겸직했음.

토:포악발(吐哺握髮)성구 주공(周公)이 먹던 것을 뱉고 감던 머리를 쥐고 찾아온 손을 맞았다는 데서, 현인을 얻기에 애씀을 이르는 말.

토포-영(討捕營)명 진영(鎭營)

토폴로지=심리학(topology心理學)명 위상 심리학

토표(土豹)명 '스라소니'의 딴이름.

토품(土品)명 논밭의 품질.

토풍(土風)명 지방 고유의 풍속.

토:플(TOEFL)명 미국 등 영어를 공용어로 사용하는 나라에 유학하려는 사람을 대상으로 하는 영어 시험. [Test of English as a Foreign Language]

토피(土皮)명 나무나 풀로 덮인 땅의 거죽.

토피(兎皮)명 토끼의 가죽.

토픽(topic)명 ①제목. 논제 ②화제(話題)

토필(土筆)명 '뱀밥'의 딴이름.

토하(土蝦)명 '생이'의 딴이름.

토:-하다(吐-)타여 ①몸 속에 있던 것을 입으로 쏟아 내다. ¶먹은 것을 -./피를 -. ②마음속에 있는 생각을 힘있게 말하다. ¶열변을 -./기염을 -. ③연기나 불길 따위를 내뿜는 것을 비유하여 이르는 말. ¶공장 굴뚝에서 토해 내는 검은 연기./기관총이 불을 -.

한자 **토할 토**(吐)〔口部 3획〕¶구토(嘔吐)/토기(吐氣)/토사(吐絲)/토혈(吐血)

토하-젓(土蝦-)명 생이젓

토-현삼(土玄蔘)명 현삼과의 여러해살이풀. 줄기 높이는 1.5m 안팎. 잎은 긴 달걀꼴이며, 마주 남. 7월경에 짙은 자줏빛의 꽃이 피고, 9~10월에 달걀꼴의 열매가 맺힘. 뿌리는 약재로 쓰임. 우리 나라 특산종으로, 전국에 분포함.

토:혈(吐血)명-하다자 위(胃)나 식도 등의 질환으로 피를 토함. 상혈(上血). 타혈(唾血)

토형(土型)명 흙으로 된 거푸집.

토호(土豪)명 ①그 지방의 토착민으로서 세력과 재산을 가진 사람. ②호족(豪族)

토호-반(兎毫斑)명 검은 잿물 위에 나타나는, 토끼털 같은 가느다란 무늬.

토호-질(土豪-)명-하다자 지난날, 지방의 양반이 세력을 믿고 무고한 백성에게 가혹한 행동을 일삼던 일.

토호-화(兎毫花)명 도자기 잿물의 토끼털과 같은 무늬. 토사문(兎絲紋)

토화(土花)명 ①습기로 말미암아 생기는 곰팡이. ②'가리맛'의 딴이름. ③'미네굴'의 딴이름.

토화(土話)명 사투리

토황-마(土黃馬)명 황부루

토황소격문(討黃巢檄文)명 신라 사람 최치원(崔致遠)이 당나라에서 관직을 지낼 때, 난(亂)을 일으킨 황소(黃巢)를 치기 위하여 지은 격문(檄文). '계원필경(桂苑筆耕)'에 실려 전함.

토효(土梟)명 '올빼미'의 딴이름.

토후-국(土侯國)명 부족의 우두머리가 다스리는 부족 국가. 지난날, 영국의 통치 아래 있던 인도에서 영국의 보호를 받던 부족 국가를 이르던 말.

톡[1] 명 골패로 하는 노름의 한 가지. 호패(胡牌)

톡[2] 부 ①작은 물체가 바닥에 떨어지는 소리, 또는 그 모양을 나타내는 말. ¶단추가 ― 떨어졌다. ②가늘고 긴 물체가 쉽게 끊어지거나 부러지는 모양을 나타내는 말. ¶실이 ― 끊어지다./성냥개비가 ― 부러지다. ③물체를 가볍게 치거나 두드리는 모양을 나타내는 말. ¶탁자를 ― 치다. ④작게 부풀어오른 것이 갑자기 가볍게 터지는 모양을 나타내는 말. ¶비눗방울이 ― 터지다./물집을 ― 터뜨리다. ⑤작고 탄력성 있는 것이 갑자기 튀어오르는 모양, 또는 그 소리를 나타내는 말. ¶탁구공이 ― 튀어오르다. ⑥물건의 한 부분이 작게 볼가져 나온 모양을 나타내는 말. ¶벌레 물린 데가 ― 볼가졌다. ⑦말을 퉁명스레 내뱉는 모양을 나타내는 말. ¶― 쏘아붙이다. ⑧맛이 매우 아릿하게 매운 느낌을 나타내는 말. ¶― 쏘는 겨자. ☞툭

톡-배다형 피륙의 짜임새가 톡톡하고 배다.

톡소이드(toxoid)명 병원균의 독성을 없애고 그 항원성만 남긴 것. 디프테리아나 파상풍의 백신에 쓰임.

톡탁부 작고 단단한 두 물체가 동안을 두고 세게 부딪칠 때 나는 소리를 나타내는 말. ¶아이들이 ― 주먹질을 하다. ☞똑딱. 툭탁

톡탁-거리다(대다)자타 자꾸 톡탁 소리가 나다, 또는 그런 소리를 내다. 톡탁이다 ☞똑딱거리다. 툭탁거리다[1]

톡탁-이다자타 톡탁거리다 ☞똑딱이다. 툭탁이다[1]

톡탁-치다타 '엇셈하다'를 속되게 이르는 말. 툭탁치다

톡탁-톡탁부 톡탁거리는 소리를 나타내는 말. ☞똑딱똑딱. 툭탁툭탁

톡토기명 ①톡토기목(目)에 딸린 곤충을 통틀어 이르는 말. ②'알톡토기'의 딴이름.

톡-톡부 ①작은 물체가 바닥에 자꾸 떨어지는 소리, 또는 그 모양을 나타내는 말. ②가늘고 긴 물체가 쉽게 자꾸 끊어지거나 부러지는 모양을 나타내는 말. ③물체를 자꾸 가볍게 치거나 두드리는 모양을 나타내는 말. ④작게 부풀어오른 것이 자꾸 가볍게 터지는 모양을 나타내는 말. ⑤작고 탄력성 있는 것이 자꾸 튀어오르는 모양, 또는 그 소리를 나타내는 말. ⑥물건의 여기저기가 작게 볼가져 나온 모양을 나타내는 말. ⑦말을 퉁명스럽게 자꾸 내뱉는 모양을 나타내는 말. ¶버릇처럼 ― 쏘아붙이다. ☞툭툭

톡톡-하다형여 ①피륙이 단단한 올로 고르고 촘촘하게 짜여 도톰하다. ¶감이 톡톡한 바지. ②국물이 묽지 않고 좀 바특하다. ¶톡톡하게 끓인 찌개. ☞톱톱하다. 툭툭하다 ③가진 것이나 벌이가 옹골차고 포실하다. ¶살림이 ―./벌이가 ―. ④비판·꾸중·망신 따위의 정도가 심하다. ¶아버지에게 꾸중을 톡톡하게 듣다. ⑤해야 할 일을 알뜰히 하여 흐뭇하다. ¶사례를 톡톡하게 하다./맏아들 노릇을 톡톡하게 하다. ☞탁탁하다

톡톡-히부 톡톡하게 ¶이익을 ― 남기다./주위 사람들에게 망신을 ― 당하다.

톤:(tone)명 ①소리 또는 음조(音調). ②일정한 높이의 악음(樂音). ③색조(色調) ④어조(語調)

톤(ton)의 ①미터법의 무게의 단위. 1톤은 1,000kg. 기호는 t ②용적(容積)의 단위. 선박의 총용적을 나타낼 경우에는 100입방 피트, 화물의 용적을 나타낼 경우에는 40입방 피트를 한 단위로 셈함. 기호는 t

톤-세(ton稅)명 외국 무역선이 입항할 때 그 톤수를 기준으로 하여 매기는 국세(國稅).

톤-수(ton數)명 톤을 단위로 하여 나타낸 중량이나 용적. ¶화물의 적재 ―.

톨명 곡식의 낟알이나 밤·도토리 따위의 낱개. ¶―이 굵다./―이 고르다.

의 곡식의 낟알이나 밤·도토리 따위를 세는 단위. ¶쌀 한 ―./밤 세 ―.

톨:게이트(tollgate)명 고속 도로나 유료 도로에서, 통행료를 받는 곳.

톨로이데(Tholoide 독)명 종상 화산(鐘狀火山)

톨루엔(toluene)명 방향족 탄화수소의 한 가지. 벤젠의 수소 원자 하나를 메틸기(基)로 치환한 투명한 휘발성 액체로, 악취가 나고 유독함. 공업용 화학 약품을 제조하는 데 널리 쓰임. 메틸벤젠

톨루이딘(toluidine)명 벤젠의 수소 원자 두 개를 메틸기(基)와 아미노기(基)로 치환한 화합물. 아조(azo) 염료의 원료로 쓰임.

톰방부 작고 목직한 물체가 폭이 좁고 깊은 물에 떨어져 잠길 때 나는 소리, 또는 그 모양을 나타내는 말. ¶물독에 돌멩이가 ― 빠지다. ☞툼벙

톰방-거리다(대다)자타 자꾸 톰방 하다. ☞툼벙거리다

톰방-톰방부 톰방거리는 소리, 또는 그 모양을 나타내는 말. ☞툼벙툼벙

톰백(tombac)명 구리와 아연의 합금. 구리가 70~92% 들어 있으며, 금빛을 띰. 금의 모조품이나 금박 대용품을 만드는 데 쓰임.

톱[1] 명 나무나 쇠붙이 따위를 자르거나 켜는 데 쓰는 연장. 강철로 된 얇은 톱양에 날카로운 이가 여럿 있음.

톱[2] 명 모시나 삼을 삼을 때에 그 끝을 긁어 훑는 데 쓰는 도구.

톱(top)명 ①꼭대기. 정상(頂上) ②수위(首位). 수석(首席) ③신문이나 잡지 지면에서 가장 눈에 잘 띄는 자리.

톱-기사(top記事)명 머릿기사

톱-날명 톱니의 날이 선 부분.

톱날-낫명 낫의 한 가지. 날이 톱날같이 생긴 것으로, 새끼 자를 때나 벼를 벨 때 등에 쓰임. ☞벌낫

톱뉴:스(top+news)명 신문의 일 면에서 가장 눈에 잘 띄는 자리에 실린 기사, 또는 뉴스 방송에서 맨 처음 다루는 보도(報道).

톱-니명 ①톱의 날을 이룬 뾰족뾰족한 이. 거치(鋸齒) ②가장자리가 톱날처럼 생긴 잎의, 그 가장자리 부분.

톱니-바퀴명 둘레에 일정한 간격으로 톱니를 낸 바퀴. 기계 장치의 한 가지로, 이와 이가 맞물려 돌아감으로써 한 축에서 다른 축으로 동력을 전달함. 기어(gear). 아륜(牙輪). 치륜(齒輪). 치차(齒車)

톱니-잎명 거치상엽(鋸齒狀葉)

톱라이트(top light)명 ①채광하기 위해 지붕에 낸 창. ②무대 등에서, 위에서 내리비치는 조명.

톱매니지먼트(top management)명 기업의 최상층부에

E

서 경영 계획의 의사 결정 및 경영의 전반적 통할, 경영 부문간의 조정 등을 수행하는 사람이나 기구, 또는 그 경영 관리 방식.

톱-밥 명 톱질할 때 쓸려 나오는 가루. 거설(鋸屑)

톱-상어 명 톱상엇과의 바닷물고기. 몸길이 1.5m 안팎. 몸은 긴 원통형이며, 톱처럼 생긴 주둥이를 가지고 있음. 바다 밑을 헤엄쳐 다니며 개펄 속에 사는 작은 동물을 주둥이로 파내어 잡아먹음.

톱-손 명 틀톱의 양쪽 가에 있는 손잡이 나무.

톱스타(top+star) 명 가장 인기 있는 연예인.

톱-양[-냥] 명 톱의 이가 서 있는 얇고 긴 쇳조각.

톱-자루 명 톱의 손잡이. ☞톱손

톱-장이 명 톱질을 직업으로 삼는 사람.

톱-질 명-하다 자 톱으로 나무나 쇠붙이 따위를 켜는 일.

톱-칼 명 자루를 한쪽에만 박은 톱. 거도(鋸刀)

톱코:트(topcoat) 명 봄이나 가을에 입는 얇은 외투.

톱톱-하다 형여 국물이 바특하여 맛이 좀 진하다. ☞톡톡하다. 탑탑하다

톱-풀 명 국화과의 여러해살이풀. 줄기 높이는 50~110 cm이며, 잎은 어긋맞게 나는데, 가늘고 길며 가장자리가 톱니처럼 갈라져 있음. 7~10월에 흰빛 또는 엷은 붉은빛의 작은 꽃들이 꽃대 끝에 모여 핌. 각지의 산과 들에 절로 자람. 애순은 먹을 수 있고, 다 자란 것은 약재로 씀. 가새풀

톱-하늘소[-쏘] 명 하늘솟과의 곤충. 몸길이는 2.3~4.7 cm이며, 윤이 나는 검은빛을 띰. 더듬이는 열두 마디인데 톱날처럼 날카로우며 길이가 짧음. 가슴의 양 옆에 톱니 모양의 돌기가 있음. 애벌레는 각종 침엽수의 뿌리에 기생함. 우리 나라와 일본, 중국 등지에 분포함.

톳[1] 명 ①김 마흔 장이나 백 장을 한 묶음으로 묶은 덩이. ¶김을 -으로 사다. ②이 말을 단위로 쓰는 말 아래 쓰이어 '얼마 안 되는 수의 톳'을 뜻함. ¶김 -이나 샀지. 의 김의 묶음을 세는 단위. 속(束) ¶김 한 -.

톳[2] 명 갈조류 모자반과의 바닷말. 바닷가 바윗돌에 붙어 자람. 몸은 섬유상의 뿌리로 지탱되며, 줄기는 원기둥 모양임. 늦여름부터 초가을 사이에 싹이 터서 이듬해 봄까지 자라고, 여름에 말라 죽음. 잎은 먹을 수 있음. 녹미채(鹿尾菜)

톳-나무[톤-] 명 큰 나무.

통[1] 명 ①소매나 바짓가랑이 따위의 속의 넓이. ¶-이 넓은 바지. ②허리나 다리 등의 굵기나 둘레. ③도량이나 씀씀이를 비유하여 이르는 말. ¶-이 큰 사람. ④광맥(鑛脈)의 넓이.

통[2] 명 노름에서, 패장(牌張) 석 장을 뽑았을 때의 끗수가 열 또는 스물이 되는 수효.

통[3] 명 ①속이 차게 자란 배추·수박·호박 같은 것의 몸피. ¶-이 굵다./-이 들다. ②〔의존 명사로도 쓰임〕 배추·수박·호박 따위를 세는 단위. ¶배추 세 -./수박 한 -.

통[4] 명 ①광목이나 옥양목 등을 셀 때 '필(疋)'과 같은 뜻으로 쓰는 말. ¶광목을 -으로 끊어 팔다. ②〔의존 명사로도 쓰임〕 ¶광목 한 -.

통[5] 명 여럿이 한속이 되어 이룬 무리. ¶-을 짜다.

통[6] 명 '옹근 것'의 뜻. ¶통마늘/통닭/통으로 튀긴 닭.

통[7] 의 명사나 어미 '-은'·'-는' 다음에서 원인, 근거 등을 나타내는 말. ¶난리 -에 가족과 헤어지다./아이들이 떠드는 -에 잠이 깨다.

통[8] 부 ①'온통'의 준말. ¶손이 - 주름투성이다./하늘이 - 먹구름으로 덮이다. ②주로 '않다·없다·못하다·모르다' 따위 부정의 말과 함께 쓰이어, '전혀', '도무지'의 뜻을 나타내는 말. ¶- 먹지를 않는다./공부에는 - 관심이 없다.

통[9] 부 속이 빈 나무통이나 작은북 따위를 칠 때 울리어 나는 소리를 나타내는 말. ☞퉁[3]

통(桶) 명 ①무엇을 담을 수 있도록 나무나 금속, 플라스틱 따위로 우묵하게 만든 물건. ¶-에 물을 받다. ②〔의존 명사로도 쓰임〕 ¶물 한 -을 다 마시다./분유 세 -.

통(通)[1] 명 조선 시대, 과거 시험이나 서당에서 성적을 매기던 등급의 하나. 대통(大通)·통·약통(略通)·조통(粗通)·불통(不通)의 다섯 등급 가운데서 둘째 등급, 또는 통·약통·조통·불통의 네 등급 가운데서 첫째 등급, 또는 순(純)·통·약(略)·조(粗)·불(不)의 다섯 등급 가운데서 둘째 등급, 또는 통·약·조·불의 네 등급 가운데서 첫째 등급.

통(筒) 명 대롱으로 된 물건을 통틀어 이르는 말.

통:(統) 명 ①조선 시대, 민가(民家)의 편제(編制)를 나타내던 말. 다섯 집 또는 열 집 등을 한 단위로 하였음. ☞오가작통법(五家作統法) ②시(市) 행정 구역의 한 가지. 동(洞)의 아래, 반(班)의 위.

통(通)[2] 의 편지·서류·전화 따위를 세는 단위. ¶한 -의 엽서를 받다./호적 등본 두 -./전화 한 -.

-통(通)《접미사처럼 쓰이어》'정통(精通)한 사람이나 기구'의 뜻을 나타냄. ¶경제통(經濟通)/정보통(情報通)/소식통(消息通)

통가(通家) 명 대대로 내외를 하지 않고 친하게 지내 오는 집안. ☞통내외(通內外)

통가리[1] 명 광석을 캐내는 도중에 갑자기 광맥이 끊어지면서 부닥치게 되는 모암(母岩).

통-가리[2] 명 쑥대나 싸리 등을 둥글게 둘러친 다음 새끼로 엮고 동이어, 그 안에 감자나 고구마 등을 갈무리한 것. ☞노적가리. 뜸[1]

통-가죽 명 ①통째로 벗긴 짐승의 가죽. ②여러 조각으로 잇지 아니한 온장의 가죽. ¶- 코트/- 허리띠

통각(洞角) 명 소나 물소 따위의 뿔처럼 가지가 없고 속이 빈 뿔.

통:각(痛覺) 명 피부 감각의 하나. 피부의 자극이나 몸 안의 자극으로 말미암아 아픔을 느끼는 감각. ☞압각(壓覺)

통:각(統覺) 명 ①철학에서, 자아(自我)가 온갖 경험을 종합하여 통일하는 작용을 이르는 말. ②심리학에서, 표상이 의식에 들어와서 또렷이 지각되는 작용을 이르는 말.

통간(通姦) 명-하다 자 간통(姦通)

통간(通間) 명 집 따위의 칸과 칸 사이가 막혀 있지 아니하고 하나로 통하게 된 것.

통:간(痛諫) 명-하다 타 통절히 간(諫)함.

통:감(痛感) 명-하다 타 마음에 사무치게 느낌. ¶책임을 -하다.

통:감(統監)[1] 명 정치나 군사 전반을 통솔하고 감독하는 일, 또는 그 사람.

통:감(統監)[2] 명 대한 제국 때, 통감부의 최고 책임자를 이르던 말.

통:감-부(統監府) 명 1905년 11월 을사조약이 체결된 다음 달부터 1910년 8월까지 일본이 대한 제국을 강점하려고 서울에 두었던 기관.

통:개(洞開) 명-하다 타 문짝 따위를 활짝 열어 놓음.

통:개옥문(洞開獄門) 성구 죄의 경중(輕重)을 가리지 않고 옥문을 활짝 열어 죄인을 모두 놓아줌을 이르는 말.

통:개중:문(洞開重門) 성구 겹겹이 닫힌 문을 활짝 연다는 뜻으로, 출입이 금지된 곳을 개방함을 이르는 말.

통-거리 부 어떤 사물을 가리지 않고 모두. ¶-로 사다. ☞도거리

통-것[-껏] 명 가르거나 덜거나 하지 않고 본디 그대로인 것. ☞통짜

통겨-주다 타 남이 모르는 것이나 비밀을 귀띔하다.

통겨-지다 자 ①버티어 놓은 물건이나 짜인 물건이 바그라져 틀어지다. ②숨겨진 일이나 물건이 뜻하지 않게 쑥 나타나다. ☞퉁겨지다

통:격(痛擊) 명-하다 타 상대편에게 심한 타격을 입힘.

통:견(洞見) 명-하다 타 ①앞일을 환히 내다봄. ②속까지 꿰뚫어 봄.

통견(通絹) 명 썩 설피고 얇은 비단.

통경(通經) 명-하다 자 ①처음으로 월경이 시작됨. ②월경이 없거나 고르지 않을 때 약 따위를 써서 월경을 고르게 하는 일.

통경-제(通經劑) 명 월경을 고르게 하는 약제.

통계(通計)명-하다타 통산(通算)
통-계(筒契)[-꼐]명 '산통계(算筒契)'의 준말.
통:계(統計)명 어떤 자료나 정보를 분석·정리하여 그 내용을 특징짓는 횟수나 빈도, 비율 등의 수치를 산출하는 일, 또는 그 수치. ¶지역별 인구 -를 내다.
통:계-도(統計圖)명 '통계 도표'의 준말.
통:계=도표(統計圖表)명 통계의 내용을 이해하기 쉽도록 그림으로 나타낸 표. ㊈통계도(統計圖)
통:계=역학(統計力學)명 원자·분자·소립자 등의 미시적 운동 법칙을 바탕으로 하여 물질의 거시적 성질이나 현상을 통계적·확률적으로 설명하는 물리학의 한 분야.
통:계=연감(統計年鑑)명 해마다 한 나라의 정치·경제·문화 등 갖가지 통계 가운데 중요한 것을 뽑아서, 그 나라의 국세(國勢)를 숫자상으로 밝힌 통계서.
통:계-적(統計的)명 통계로 표현되는 것, 또는 통계를 바탕으로 하는 것. ¶-인 수치(數値).
통계=전사(通計前仕)명 지난날, 관원의 근무한 햇수를 셈할 때 전직(前職)의 햇수도 더하여 셈하던 일.
통:계=집단(統計集團)명 통계학상 일정한 성질을 공통으로 가지고 있는 종류의 개체 모임.
통:계-표(統計表)명 여러 가지 일이나 물건의 종별(種別)·대소(大小)·다과(多寡)를 비교하거나 시간적으로 일어나는 숫자적 변동을 비교해 볼 수 있도록 나타낸 표.
통:계-학(統計學)명 사회의 여러 가지 현상을 통계적인 방법으로 연구하는 학문.
통고(通告)명-하다타 서면이나 말로 알림.
통:고(痛苦)명 고통(苦痛)
통고:금(通古今) ①'예나 이제나 한결같음'의 뜻. ②'예로부터 오늘에 이르기까지 모든 것을 환히 앎'의 뜻.
통고=처:분(通告處分)명 조세범, 교통 사범, 출입국 관리 사범 등에 대해 벌금·과료·몰수 또는 추징금에 상당하는 금액을 일정한 곳에 내도록 통고하는 행정 행위.
통-고추명 썰지 않은 통짜의 고추.
통:곡(痛哭)명-하다자 목놓아 큰 소리로 슬피 욺.
통:곡(慟哭)명-하다자 큰 소리로 섧게 욺.
통-곬명 여러 갈래의 물이 한 곬으로 모이는 곳.
통공(通功)[1]명-하다자 어떤 일을 분업으로 이룸.
통공(通功)[2]명 가톨릭에서, 기도나 선행의 대가는 본인에게만이 아니라 다른 이에게도 미칠 수 있는 것으로 믿어, 다른 이를 위해 기도하고 또 성인에게 자기를 위해 기도해 달라고 할 수 있는 일을 이르는 말.
통과(通過)명-하다자타 ①어떤 곳이나 때를 거쳐서 지나감. ¶열차가 터널을 -하다. ②검사나 시험 따위에서, 그 기준에 맞아 붙음. ¶졸업 논문이 -되다.
통과=무:역(通過貿易)명 두 나라 사이에 거래되는 무역 상품이 제삼국을 경유하는 경우, 제삼국의 처지에서 본 무역 형태.
통과-역(通過驛)명 급행 열차 따위가 정거하지 않고 지나가는 역.
통과=의례(通過儀禮)명 사람이 일생 동안 출생·성장·혼인·사망 등의 단계를 거칠 때 겪어야 하는 의식을 통틀어 이르는 말.
통과=화:물(通過貨物)명 수입되는 것이 아니고 단지 한 나라의 관세 지역을 경유하여 다른 나라로 나가는 화물.
통:관(洞觀)명-하다타 ①꿰뚫어 봄. ②추리나 사고(思考) 등에 따르지 않고 곧바로 진리를 깨달음.
통관(通貫)명-하다타 꿰뚫고 나감. 관통(貫通)
통관(通款)명-하다타 자기편의 형편을 적이나 상대편에게 몰래 알림.
통관(通關)명-하다자타 관세법의 규정에 따라서 수출입의 허가를 받고 세관을 통과하는 일.
통관(通觀)명-하다타 ①전체를 통하여 내다봄. ②전체에 걸쳐서 한 번 쭉 훑어봄.
통:관(統管)명-하다타 여러 부문을 통일적으로 관할함.
통관=베이스(通關base)명 '통관 베이스 무역액'의 준말.
통관=베이스=무:역액(通關base貿易額)명 세관을 통과한 화물량을 기준으로 집계한 무역액. ㊈통관 베이스
통관-업(通關業)명 상품의 세관 통과를 보조·중개·대리하는 영업.
통:괄(統括)명-하다타 낱낱의 일을 한데 묶어 관할함.
통교(通交)명-하다자 국가간에 서로 좋은 관계를 맺음.
통교(通敎)명 불교에서 이르는 사교(四敎)의 하나. 삼승(三乘)에 통한 대승 불교(大乘佛敎)로서 온갖 사물이 공하다는 이치에 따라서 인연(因緣)·사제(四諦)의 법을 살펴 알게 함.
통교=조약(通交條約)명 국가간의 경제·통상·교통 등에 관한 조약.
통구(通衢)명 사방으로 통하여 사람의 왕래가 잦은 큰 길.
통-구덩이[-꾸-]명 기초 공사를 위해 건축물의 밑바닥 전반에 걸쳐 판 구덩이.
통-구멍[-꾸-]명 한 목재의 옆면에 다른 목재의 머리 부분을 끼우기 위하여 파낸 구멍.
통구멩이[-꾸-]명 통구멍과의 바닷물고기. 몸길이 35 cm 안팎. 몸과 머리는 크고 원통형에 가까움. 몸빛은 어두운 잿빛이고, 옆구리에 두 개, 머리에 한 개의 큰 흑갈색 무늬가 있음. 우리 나라 남해와 제주도 연해, 일본 남부, 말레이 제도 등지의 근해에 분포함.
통권(通卷)명 잡지나 책 등의 전체에 걸친 권수.
통규(通規)명 일반에게 다 같이 적용되는 규칙. 통칙(通則) ☞통법(通法)
통-그물(桶-)명 유도 함정 그물의 한 가지. 한쪽만 트고 나머지는 둘러막은, 통 모양의 그물.
통:극(痛劇)어기 '통극(痛劇)하다'의 어기(語基).
통:극-하다(痛劇-)형여 몹시 극렬하다. 매우 지독하다. 통극-히부 통극하게
통근(通勤)명-하다자 집에서 직장에 일하러 다님.
통근-차(通勤車)명 통근하는 사람의 편의를 위하여 운행하는 차.
통-금[-끔]명 ①이것저것 한데 몰아친 값. ②물건을 통거리로 파는 값.
통금(通禁)명 '통행 금지(通行禁止)'의 준말.
통:금(痛禁)명-하다타 엄금(嚴禁)
통기(通氣)명 ①-하다자 공기가 통하게 함. ☞통풍(通風) ②조선 시대, '방귀'를 궁중에서 이르던 말.
통기(通寄)명-하다타 통지(通知)
통기-공(通氣孔)명 공기가 드나들도록 낸 구멍. 공기 구멍
통기-구(通氣口)명 공기가 드나들도록 낸 곳.
통기다타 ①버티어 놓은 물건이나 짜인 물건을 바그라져 틀어지게 건드리다. ②뼈마디를 어긋나게 하다. ☞퉁기다
통-기둥명 이음매 없이 하나의 재목으로 된 기둥.
통기-성(通氣性)[-썽]명 공기가 드나드는 성질. ¶-이 좋은 옷감.
통-기타:(筒guitar)명 공명(共鳴)하는 통(筒)이 있는 보통의 기타를 흔히 이르는 말.
통-김치명 배추를 통째로 절여 김치 속을 넣어 담근 김치. 통저 ☞쪽김치
통-깨명 빻지 아니한, 깨알 그대로의 깨.
통-꼭지(桶-)명 통젖
통-꽃명 꽃잎이 서로 붙어서 통꽃부리를 이룬 꽃. 진달래나 도라지꽃 따위. 합판화(合瓣花) ☞갈래꽃
통-꽃받침[-꼳-]명 서로 붙은 꽃받침. 진달래나 나팔꽃 따위의 꽃받침이 이에 딸림. 합판화악(合瓣花萼) ☞갈래꽃받침
통-꽃부리[-꼳-]명 꽃잎의 일부나 전부가 서로 붙은 꽃부리. 나팔꽃 따위의 꽃부리가 이에 딸림. 합판화관(合瓣花冠) ☞갈래꽃부리
통-끼움(筒-)명 한 목재의 옆면에 구멍을 파서 다른 목재의 머리 부분을 끼우는 일.
통-나무명 켜거나 짜개지 않은 통짜의 나무. ☞가린나무. 각재(角材)
통나무-배명 마상이
통-나무좀명 통나무좀과의 곤충. 몸길이는 1~1.7cm이며, 가는 원통 모양임. 몸 전체에 붉은 갈색 또는 누런

E

갈색의 털이 빽빽이 나 있는데, 머리와 날개 끝은 검은 빛임. 애벌레는 오리나무의 해충임.
통나무좀-과(一科)명 딱정벌레목(目)에 딸린 한 과. 몸은 원통 모양이며 연약하고 촉각은 톱날 모양임. 애벌레는 나무에 구멍을 파고 그 안에 삶. 전세계에 50여 종이 분포함.
통나무-집 명 통나무로 지은 집. ☞귀틀집
통-내:외(通內外)명-하다자 두 집 사이에서 여자가 남자와 내외하지 않고 지냄.
통:념(通念)명 일반에게 널리 통하는 개념. ¶사회적 ─
통:념(痛念)명-하다타 몹시 아프게 생각함.
통뇨(通尿)명-하다자 소변이 잘 통하여 나오게 함.
통-단 명 크게 묶은 곡식의 단.
통달(通達)명-하다자타 ①어떤 사물이나 일에 대하여 훤히 앎. ¶주역(周易)에 ─하다./풍수에 ─하다. ②말이나 문서로 알림. ☞통지(通知)

한자 **통달할 달**(達)〔辵部 9획〕¶달관(達觀)/달변(達辯)/달인(達人)/달재(達才)/달통(達通)

통-닭 명 ①잡아서 토막치거나 하지 아니한 통짜의 닭. ②통째로 익힌 닭. ¶─을 먹다.
통닭-구이[─닥─]명 통닭을 굽는 일, 또는 구운 통닭.
통닭-찜[─닥─]명 찜의 한 가지. 중간 정도의 닭 또는 영계를 내장만 빼고 통째로 찐 음식. ☞백숙(白熟)
통-대구(一大口)명 내장을 빼고 통째로 말린 대구.
통-대자(通帶子)명 전대처럼 속이 비게 짠 띠.
통도(通道)명 ①통로 ②사람이 마땅히 지켜야 할 도의.
통:도(痛悼)어기 '통도(痛悼)하다'의 어기(語基).
통:도-하다(痛悼─)형여 마음이 아프고 슬프다. ☞상도(傷悼). 상통하다
통독(通讀)명-하다타 ①책이나 글 따위를 처음부터 끝까지 내리읽음. ¶책을 ─하다. ②지난날, 성균관의 대사성(大司成)이 해마다 서울과 지방의 유생(儒生)에게 제술(製述)과 강서(講書)로 시험을 보이던 일.
통:독(統督)명-하다타 모두 관할하여 감독함.
통-돌:다(─돌고·─도니)자 여러 사람의 뜻이 맞아 그렇게 하는 것으로 알려지다.
통동(通洞)명 광산에서, 갱구(坑口)로부터 수평으로 파 들어간 주요 갱도.
통동(通同)부 사물 전체의 수효나 양을 한목에 쳐서. 모두 쳐서. ¶─ 몇 개나 남았느냐?
통람(通覽)명-하다타 처음부터 끝까지 훑어봄.
통래(通來)명-하다자타 왕래(往來)
통:량(統涼)명 경상 남도 통영(統營)에서 만든 갓양태.
통력(通力)명 보통 사람은 할 수 없는 일을 마음대로 할 수 있는 불가사의한 힘. 신통력(神通力)
통력(通歷)명-하다자 지내 온 햇수를 통틀어 셈함.
통:렬(痛烈)어기 '통렬(痛烈)하다'의 어기(語基).

통:렬-하다(痛烈─)형여 상대편에 대한 공격이나 말 따위가 세차고 날카롭다. ¶통렬한 비판. ☞맹렬하다
통렬-히부 통렬하게
통령(通靈)명-하다자 정신이 신령(神靈)과 서로 통함. 통신(通神)
통:령(統領)명-하다타 어떤 집단을 거느려 다스림, 또는 그 사람.
통령-초(通靈草)명 '인동덩굴'의 딴이름.
통례(通例)명 사회에서 일반적으로 통하는 전례. ¶사회의 ─에 따르다.
통례(通禮)명 조선 시대, 통례원(通禮院)의 정삼품 관직, 또는 그 관원을 이르던 말.
통례-원(通禮院)명 조선 시대, 조회(朝會)나 제사 등에 관한 의식을 맡아보던 관아.
통례-적(通例的)명 사회에서 일반적으로 통하는 전례인 것. ¶─인 행사.
통로(通路)명 통하여 다니는 길. 통도(通道)
통론(通論)명 ①사리(事理)에 통달한 이론. ②어떤 분야의 전반에 걸친 일반적이고 개괄적인 이론. ¶경제학 ─
통:론(痛論)명-하다타 매섭게 따지어 말함. ¶일관성 없는 정책을 ─하다.
통리(通理)명 ①-하다자 사물의 이치에 통달함. ②일반에 공통되는 도리. 투리(透理)
통:리(統理)명-하다타 도맡아 다스림.
통리-군자(通理君子)명 사물의 이치에 밝은 학자.
통:리=기무=아문(統理機務衙門)명 1880년(조선 고종 17)에 설치하였다가 1882년에 없앤, 정치·군사에 관한 사무를 총괄하여 맡아보던 관아.
통리-제(通利劑)명 한방에서, 대소변이 잘 나오게 하는 약제를 이르는 말.
통-마늘 명 쪼개지 않은 통짜의 마늘. ☞쪽마늘
통-마루 명 툇마루를 제외한, 안방과 건넌방 사이에 놓인 큰 마루.
통-만두(桶饅頭)명 찜통에 담은 채로 차려 내는 찐 만두.
통-말(桶─)명 둥근 통 모양으로 만든 말(斗).
통:매(痛罵)명-하다타 통렬히 꾸짖음, 또는 그런 꾸지람.
통-머름 명 재래식 한옥에서, 여러 조각으로 짜지 않고 두꺼운 널을 통째로 댄 머름. 합중방(合中枋)
통메-장이(桶─)명 지난날, 통(桶)을 메우거나 고치는 일을 직업으로 삼던 사람.
통명(通名)명 널리 알려져 일반에게 통하는 이름.
통명(通明)어기 '통명(通明)하다'의 어기(語基).
통명-하다(通明─)형여 사물의 이치에 훤히 밝다.
통모(通謀)명-하다타 ①남몰래 통하여 공모(共謀)함. ②민법상 상대편과 짜고 허위의 의사 표시를 하는 일.
통-모자(─帽子)명 운두와 위 뚜껑을 따로따로 만들어서 붙이지 않고 통으로 만든 갓모자.
통목 명 광산에서 광석을 나르는 일을 하는 사람.
통-무 명 자르거나 썰거나 하지 아니한 통짜의 무.
통문(通文)명 여러 사람에게 알리려고 돌리는 통지문.
통문(通門)명 가사(袈裟)를 지을 때 폭을 겹으로 하여 바느질한 사이로 이리저리 통하도록 낸 구멍. 콩알을 넣어 사방으로 굴려서 막히는 곳이 없어야 함. 통문불
통문-관(通文館)명 고려 시대, 번역과 통역 및 외국어 교육을 맡아보던 관아. ☞사역원(司譯院)
통문-불(通門佛)명 통문(通門)
통-밀다타 이것저것 가릴 것도 없이 똑같이 치다.
통-밀어부 모두를 똑같이 쳐서. ¶─ 얼마요?
통-바지 명 통이 넓은 바지.
통:박(痛駁)명-하다타 통렬하게 공박(攻駁)함.
통-반석(─盤石)명 한 덩어리로 된 넓고 평평한 바위.
통발 명 통발과의 여러해살이풀. 벌레잡이 식물로 연못이나 웅덩이 위에 떠서 삶. 줄기는 높이가 10~20cm이며, 가로 벋음. 잎은 어긋맞게 나고 깃처럼 깊게 갈라져 있음. 8~9월에 노란 꽃이 피고, 열매는 맺지 않음.
통-발(筒─)명 가는 댓가지나 싸리 따위로 엮어 통같이 만든 고기잡이 도구. 아가리로 들어간 고기가 나오지 못하고 뒤쪽 끝에서는 고기를 꺼낼 수 있게 되어 있음.
통방(通房)[1]명-하다자 교도소에서 이웃 감방의 수감자끼리 암호로 통하는 일.
통방(通房)[2]명 지방 관아의 통인(通引)이 있던 방.
통-배추 명 자르거나 썰지 아니한 온 포기 그대로의 배추.
통법(通法)[1][─뻡]명 일반에게 공통적으로 적용되는 법칙. 유통칙(通則)
통법(通法)[2][─뻡]명 '제등 통법(諸等通法)'의 준말. ☞명법(命法)
통변(通辯)명-하다타 지난날, '통역(通譯)'을 이르던 말.
통보(通報)명-하다타 정보나 소식 따위를 통지하여 보고함, 또는 그 보고. ¶심사 결과를 ─하다.
통-보리 명 타거나 누르지 아니한 통짜의 보리.
통:봉(痛棒)명 좌선할 때 스승이 마음의 안정을 잡지 못하는 사람을 벌하는 데 쓰는 방망이. ☞죽비(竹篦)
통부(通訃)명-하다자 사람의 죽음을 알림. ☞부고(訃告)
통부(通符)명-하다자 조선 시대, 의금부(義禁府)·병조(兵曹)·형조(刑曹)·한성부(漢城府)의 입직관(入直官)이나, 포도청(捕盜廳)의 종사관(從事官)과 군관(軍官)

이 범인을 잡는 증표로 차던 부표(附票).
통분(通分)명-하다타 분모가 다른 둘 이상의 분수를, 분모와 분자에 각각 같은 수를 곱하여 분모를 같게 만드는 일.
통:분(痛憤·痛忿)명-하다형 원통하고 분함.
통:비(通痹)명 한방에서, 팔다리의 뼈마디가 저리고 쑤시는 병을 이르는 말.
통비음(通鼻音)명 비음(鼻音)
통-뼈명 ①두 가닥으로 이루어지지 않고, 붙어서 하나로 된 팔뚝뼈를 이르는 말. ②힘이나 대가 센 사람을 비유하여 이르는 말. ③뱃속의 아이가 잘 나올 수 없는, 신축성이 없고 좁은 여자의 골반을 이르는 말.
통사(通士)명 사물의 이치에 통달한 사람. ☞통인(通人)
통사(通史)명 특정한 시대나 지역, 분야를 한정하지 않고 전시대·전지역·전분야에 걸쳐서 기술하는 역사.
통사(通事)명 ①고려 시대, 내시부(內侍府)에 딸렸던 종구품 관직, 또는 그 관원. ②조선 시대, 역과(譯科)에 합격하여 정식 통역관이 된 관원. ☞통사(通詞)
통사(通詞)명 조선 시대, 사역원(司譯院)에 딸리어 통역을 맡아보던 관원. ☞통사(通事)
통:사-론(統辭論)명〈어〉문법론의 한 부문. 문장을 이루는 성분의 기능, 배열, 상호 관계와 표현 형식 등을 연구 대상으로 함. 구문론(構文論) ☞문장론(文章論)
통-사:정(通事情)명-하다자 ①딱한 형편을 털어놓으며 몹시 사정함. ②남의 사정을 잘 알아줌. 준통정(通情)
통산(通算)명-하다타 전부를 통틀어서 계산함. 통계(通計) ¶－ 60호 홈런./－ 13승 2패.
통상(通常)명 여느 때와 같이 보통임. ¶－의 일과.
부 일상적으로. 보통 ¶－ 아침 8시에 출근한다.
통상(通商)명-하다자 나라와 나라 사이에 서로 물품을 사고파는 관계를 가짐. ¶－ 마찰/－ 협정
통상(筒狀)명 통처럼 생긴 모양.
통:상(痛傷)명-하다타 매우 슬퍼하며 마음 아파 함.
통상=대:표부(通商代表部)명 재외 공관(在外公館)의 한 가지. 국교를 맺지 않은 나라에 상주하면서 통상에 관한 업무를 맡아봄.
통상=백서(通商白書)명 무역 백서(貿易白書)
통상-복(通常服)명 평소에 입는 옷. 평복. 평상복
통상=엽서(通常葉書)[-넙-]명 특별한 용도나 모양을 갖지 않은 일반 우편 엽서.
통상=예복(通常禮服)[-네-]명 보통으로 입는 예복. 흔히 '연미복(燕尾服)'을 이름.
통상=우편(通常郵便)명 소포(小包) 우편에 상대하여, 편지와 서적·서류 등의 송달을 주로 하는 보통의 우편을 이르는 말.
통상=의회(通常議會)명 정기 국회(定期國會)
통상=전:보(通常電報)명 보통 전보(普通電報)
통상=조약(通商條約)명 국가간의 경제·통상 관계에 대하여 법적인 규제를 하기 위하여 체결하는 조약.
통상=총:회(通常總會)명 ①사단 법인(社團法人)이 적어도 일 년에 한 번 열도록 되어 있는 사원 총회. ②주식 회사나 유한 회사 등에서 여는 정기 총회.
통상=협정(通商協定)명 규정 사항이 특수하거나 임시적인 통상 조약.
통상-화(筒狀花)명 관상화(管狀花)
통상-환(通常換)명 우편환의 한 가지. 현금과 송금 청구서를 우체국에 내고 환증서를 발급 받아 수취인에게 부치면 수취인이 우체국에서 환금하도록 된 우편환. ☞전신환(電信換)
통:서(統緖)명 한 갈래로 이어 온 계통.
통석(通釋)명-하다타 통해(通解)
통:석(痛惜)어기 '통석(痛惜)하다'의 어기(語基).
통:석-하다(痛惜-)형여 몹시 애석하다.
통선(通船)명 강이나 바다를 왕래하는 선박.
통:설(洞泄)명 물똥을 매우 심하게 쌈, 또는 그런 설사.
통설(通說)명 ①어떤 사물이나 도리에 통달한 설. ②일반에 널리 알려지거나 인정되어 있는 학설. ③-하다타 전반에 걸쳐 해설함.
통섭(通涉)명-하다자 ①사물에 널리 통함. ②사귀어 서로 오고 감.
통성(通姓)명-하다자 '통성명(通姓名)'의 준말.
통성(通性)명 '통유성(通有性)'의 준말.
통:성(痛聲)명 ①병으로 앓는 소리. ②아픔을 못 견디어 지르는 소리.
통-성:명(通姓名)명-하다자 처음 만나는 사람끼리 서로 자기의 성과 이름을 알려 주는 일. 준통성(通姓)
통:세(痛勢)명 병이나 상처의 아픈 증세.
통-세:계(通世界)명 ①온 세계. ②-하다자 세계에 널리 통함.
통소(洞簫)명 '퉁소'의 원말.
통소(通宵)명-하다자 밤을 새움. 철야(徹夜)
통-소:로(通小櫨)명 재래식 한옥에서, 첨차(檐遮)와 첨차 사이에 끼우는 접시받침.
통소불매(通宵不寐)성구 밤새도록 잠을 이루지 못함.
통-속[-쏙]명 ①비밀리에 이루어진 모임. ¶같은 －. ②서로 몰래 통하는 속내. ¶무슨 －인지 모르겠다.
통속(通俗)명 ①일반 세상에 널리 통하는 풍속. ②전문적이 아니고 일반에게 쉽게 통할 수 있는 것. ¶－ 소설
통속-극(通俗劇)명 통속적인 내용의 연극이나 방송극.
통속=문학(通俗文學)명 문학적 소양이 비교적 낮은 일반 대중을 상대로 한 흥미 본위의 문학. ☞대중 문학. 순수 문학
통속-미(通俗味)명 통속적인 맛이나 느낌.
통속=소:설(通俗小說)명 일반 대중을 상대로 하여, 흥미 위주의 통속적인 소재를 다룬 소설. 주제나 성격 묘사보다는 사건의 전개를 중요시함. ☞대중 소설. 순수 소설
통속-적(通俗的)명 일반 대중에게 쉽게 이해될 수 있고, 대중의 기호에 맞는 것. ¶－인 멜로드라마.
통속-화(通俗化)명-하다자타 통속적으로 됨, 또는 그렇게 되게 함.
통-솔명 바느질할 감의 안을 맞대고 시접 0.5cm 정도를 남기고 박은 다음 뒤집어서 겉쪽의 시접이 보이지 않을 정도로 다시 박는 바느질법, 또는 그렇게 박은 솔기. 홑옷에 많이 쓰임. ☞가름솔. 곱솔[2]. 쌈솔
통:솔(統率)명-하다타 어떤 집단이나 조직체를 거느려 이끎. ¶군사를 －하다./부원들을 －하다.
통:솔-력(統率力)명 통솔하는 능력.
통-송:곳명 반원형(半圓形)으로 날이 있는 송곳.
통수(通水)명-하다타 ①물길이나 관 따위로 물을 흘려 보냄. ②상수도가 없는 지역에 물을 댐.
통:수(統首)명 조선 후기, 민가 조직의 하나인 통(統)의 가장 윗사람을 이르던 말. ☞통주(通主)
통:수(統帥)명-하다타 군대를 통솔하여 지휘함. ¶연합군을 －한 명장.
통:수-권(統帥權)[-꿘]명 한 나라의 병력을 지휘·통솔하는 권한. ☞병마지권(兵馬之權)
통-수수명 쓿지 않은 그대로의 수수.
통-술(桶-)[-쑬]명 ①나무통에 담긴 술. ②한 통 되는 술. 준주(樽酒)

통:시(洞視)명-하다타 사물이나 현상을 환히 꿰뚫어 봄. 통찰(洞察)
통시=언어학(通時言語學)명 시간적으로 하나의 상태에서 다음 상태로 옮겨 가는 언어의 양상을 연구하는 언어학. ☞공시 언어학(共時言語學)
통식(通式)명 일반적으로 널리 통하는 방식.
통신(通信)명-하다타 ①편지 따위로 남에게 소식을 전함. ②우편·전신·전화 등으로 정보를 전함. ③군대의 병과(兵科)의 하나. 군대에서 통신에 관한 일을 맡아봄.
통신(通神)명-하다자 통령(通靈)
통신=교:육(通信教育)명 우편·방송 등의 통신 수단을 이용하여 일정한 교육 과정을 이수하게 하는 교육 활동.
통신=기관(通信機關)명 우편·전신·전화 따위의 통신을 맡아보는 기관.
통신=기기(通信機器)명 통신에 쓰이는 여러 기계를 통틀어 이르는 말. 전화기, 교환기, 반송(搬送) 장치 따위.

통신-망(通信網)명 ①통신사나 신문사 등에서, 내외 각지에 통신원을 파견하여 본사와 연락하도록 짜 놓은 연락 체계. ②전화선이나 송신탑, 수신탑과 같은 통신 설비를 여러 곳에 설치해 두고 유·무선 전화기를 이용하여 정보나 의사 등을 주고받을 수 있게 한 연락 체계. ③통신 설비를 갖춘 컴퓨터를 이용하여 정보를 주고받을 수 있는 조직이나 체계.

통신-부(通信簿)명 '생활 통지표'의 구용어.

통신-사(通信士)명 통신 기관, 선박, 항공기 등에서 통신에 관한 일을 맡아보는 기술자.

통신-사(通信社)명 독자적인 취재 조직을 가지고 신문사·잡지사·방송사 등을 대신하여 뉴스와 기사 자료를 수집·배포하는 기구.

통신-사(通信使)명 조선 시대, 일본으로 보내던 사신. ☞수신사(修信使)

통신=사:업(通信事業)명 ①우편, 전신, 전화, 데이터 통신 등 의사 전달의 매개를 목적으로 하는 사업. ②신문사·잡지사·방송사 등에 뉴스를 공급하는 사업.

통신-원(通信員)명 신문사나 방송국 등에서 지방 또는 외국에 파견되어 그곳의 소식을 취재하여 본사에 보내는 사람.

통신=위성(通信衛星)명 원거리 사이의 전파 통신을 중계하는 데 이용되는 인공 위성.

통신=판매(通信販賣)명 통신으로 주문을 받아 주문 상품을 우편으로 보내는 판매 방법. 준통판(通販)

통신=회선(通信回線)명 통신용의 회로(回路).

통신=회:의(通信會議)명 서로 다른 지점을 통신 시스템으로 연결하여 하는 회의.

통:심(痛心)명 몹시 괴로워하고 아파하는 마음.

통심정(通心情) '서로 정의(情誼)를 주고받음'의 뜻. 준통정(通情)

통-싸리명 쪼개지 않은 통짜의 싸릿대.

통-썰:기명 당근이나 오이·호박·무 따위의 채소를 가로로 놓고 평행으로 써는 방법. 통째썰기 ☞어슷썰기

통:양(痛痒)명 ①아픔과 가려움. 양통(痒痛) ②자신에게 직접 관계된 이해 관계를 비유하여 이르는 말.

통:양상관(痛痒相關)성구 아픔과 가려움이 서로 관련된다는 뜻으로, 서로 썩 가까운 사이를 이르는 말.

통어(通語)명-하다자타 ①통변(通辯) ②외국 사람과 말이 서로 통함. ③일반에서 널리 쓰는 말.

통:어(統御)명-하다타 전체를 지배하여 뜻대로 다룸.

통:어-사(統禦使)명 ①'삼도 수군 통어사'의 준말. ②'삼도 육군 통어사'의 준말.

통:언(痛言)명-하다자타 아픈 데를 찔러서 따끔하게 말함, 또는 그 말.

통:업(統業)명 나라를 다스리는 일.

통역(通譯)명-하다타 서로 다른 언어를 쓰는 사람 사이에서, 서로의 말을 번역하여 그 뜻을 전함, 또는 그 일을 하는 사람. ☞통변(通辯). 통어(通語)

통역-관(通譯官)명 통역을 맡은 관리.

통역=정치(通譯政治)명 통역을 중간에 세워 정치를 할 때에 일어나는 행정상의 맹점을 비유하여 이르는 말.

통:연(洞然)어기 '통연(洞然)하다'의 어기(語基).

통:연-하다(洞然-)형여 막히지 않고 트여 밝고 환하다.
통연-히부 통연하게

통:영(統營)명 ①-하다타 통제하고 경영함. ②'통제영(統制營)'의 준말.

통용(通用)명-하다자 두루 쓰임. ¶여러 나라에 -하는 언어.

통용-문(通用門)명 대문 이외에 언제나 자유롭게 드나들도록 따로 낸 문.

통용-어(通用語)명 일반에서 널리 쓰이는 말.

통운(通運)[1]명-하다타 물건을 실어 옮김.

통운(通運)[2]명-하다자 운수가 트임, 또는 트인 운수.

통운(通韻)명-하다자 ①한자의 음운(音韻)에서 운이 서로 통함. ②한시(漢詩)에서 음이 서로 비슷하여 서로 통하여 쓸 수 있는 운(韻), 곧 동(東)·동(冬)·강(江)의 종성(終聲) 따위.

통운=회:사(通運會社)명 화물을 운반하는 일을 주된 업무로 삼는 회사.

통원(通院)명-하다자 병원에 치료를 받으러 다님. ¶-치료

통유(通有)명-하다형 두루 다 같이 지니고 있음. ¶예술가 -의 습성. ☞특유(特有)

통유(通儒)명 고금의 경전에 통달하여 학식이 넓고 깊은 유학자.

통유-성(通有性)[-썽]명 두루 다 같이 지니는 성질. 준통성(通性) ☞특유성(特有性)

통융(通融)명-하다타 융통(融通)

통-으로부 '온통으로'의 준말.

통:음(痛飮)명-하다타 즐겁게 술을 매우 많이 마심. ☞폭음(暴飮). 호음(豪飮)

통의(通義)명 세상에 널리 통하여 변하지 아니하는 도리(道理)와 정의(情義).

통-이불(筒-)[-니-]명 자루같이 만든 이불.

통인(通人)명 여러 사물에 대하여 두루 아는 사람. ☞통사(通士)

통인(通引)명 ①고려 시대, 중추원(中樞院)에 딸렸던 구실아치. ②조선 시대, 수령(守令)의 잔심부름을 맡아 하던 구실아치. 토인

통:일(統一)명-하다타 ①갈라진 둘 이상의 것들을 합쳐 하나로 만듦. ¶삼국 - ②서로 어울리거나 같게 맞춤. ¶가방과 구두 색깔을 -하다. ③흩어진 것들을 한곳으로 뭉치게 함. ¶의견을 -하다.

통:일=국가(統一國家)명 지방 분권적인 봉건제 국가에 상대하여 중앙 집권적인 근대 민족 국가를 이르는 말.

통:일-미(統一美)명 통일성에서 드러나는 아름다움.

통:일-성(統一性)[-썽]명 통일된 상태나 성질.

통:일-안(統一案)명 여럿을 통일하여 하나로 만든 안.

통:일=전:선(統一戰線)명 어떤 공동 목표에 대하여 여러 당파나 단체가 협동하여 공동으로 투쟁하는 형태.

통:입골수(痛入骨髓)[-쑤]성구 원통한 일이 뼈 속 깊이 사무침을 이르는 말.

통-자(-字)명 본디부터 옹근 하나로 된, 통짜인 활자를 '쪽자'에 상대하여 이르는 말.

통-잣명 송이에서 낱알을 빼내지 않은 통짜의 잣.

통장(通帳)명 금융 기관에서, 예금한 사람에게 출납의 상태를 기록하여 주는 장부.

통:장(統長)명 행정 구역의 단위인 통(統)을 대표하여 일을 맡아보는 사람.

통-장수(桶-)명 ①통을 파는 사람. ②통에 젓갈 따위를 담아 가지고 다니며 파는 사람.

통-장이(桶-)명 통을 메우는 장인(匠人).

통-장작명 패지 않은 통짜의 장작.

통재(通才)명 여러 가지 일에 능통한 재능, 또는 그런 재능을 가진 사람.

통저(-菹)명 통김치

통전(通典)명 일반적으로 적용되는 법칙. 공통의 법칙.

통전(通電)명-하다자 새로 또는 끊어졌던 전류를 통함.

통:절(痛切)어기 '통절(痛切)하다'의 어기(語基).

통:절-하다(痛切-)형여 ①뼈에 사무치게 간절하다. ②몹시 비통하다.
통절-히부 통절하게

통:점(痛點)[-쩜]명 피부 표면에 퍼져 있어 자극을 받으면 아픔을 느끼는 감각점.

통정(通情)명 ①세상 일반의 사정이나 인정. ②-하다자 부부가 아닌 남녀가 육체 관계를 가지는 일. ③-하다자 '통사정(通事情)'의 준말. ④-하다자 '통심정(通心情)'의 준말.

통정(通睛)명 한방에서, 어린아이가 경풍(驚風) 따위로 경련을 일으켜 눈을 흡뜨는 병을 이르는 말.

통정=대:부(通政大夫)명 조선 시대, 정삼품 당상관 문관에게 내린 품계의 하나. 서른 등급 중 아홉째 등급임. ☞통훈대부(通訓大夫)

E

통-젖(桶-)명 통의 바깥쪽에 달린 손잡이. 통꼭지
통:제(統制)명-하다타 일정한 방침에 따라 제한하거나 규제함. ¶출입 -
통:제=가격(統制價格)[-까-]명 정부가 국민 생활의 안정을 위하여 특정 상품의 가격을 규제하여 결정한 최고·최저 가격. ☞공정 가격(公定價格)
통:제=경제(統制經濟)명 자본주의 경제 체제에서, 국가가 일정한 목적을 가지고 고용·임금·가격·자재·자금 등을 통제함으로써 경제 활동을 간섭하는 경제 형태. ☞계획 경제, 자유 경제
통제-권(統制權)[-꿘]명 통제할 수 있는 권한.
통제-력(統制力)명 통제하는 힘.
통:제-사(統制使)명 '삼도 수군 통제사'의 준말.
통:제-영(統制營)명 조선 시대, 삼도 수군 통제사의 군영(軍營). 준통영(統營)
통:제-품(統制品)명 생산·배급·소비 등에서 국가가 통제하는 물품.
통:제=회:사(統制會社)명 지주 회사(持株會社)
통-조각명 여러 조각을 이은 것이 아닌 통짜의 조각.
통-조림(桶-)명 고기나 과일 따위를 가열·살균한 다음 작은 양철통에 넣고 밀봉하여 오래 보존할 수 있도록 가공한 식품.
통:주(統主)명 조선 전기, 민가 조직인 통(統)의 우두머리를 이르던 말. ☞통수(統首)
통-줄[-쭐]명 ①연을 날릴 때에 얼레 머리를 연 쪽으로 향하게 함으로써 갑자기 많이 풀리어 나가게 한 줄. ②낚시에서, 따로 목줄을 매지 않고 본줄에 바로 낚시를 매단 낚싯줄.
통줄(을) 주다관용 얼레 머리를 연이 떠 있는 쪽으로 향하게 하여 통줄이 나가게 하다.
통-줄(筒-)명 연장의 한 가지. 둥근 구멍의 안쪽을 쓰는 데 쓰이는 둥글게 생긴 줄.
통:증(痛症)[-쯩]명 아픈 증세.
통지(通知)명-하다타 기별하여 알림. 통기(通寄) ¶예비 소집 - ☞통달(通達)
통지기명 지난날, 서방질을 잘하는 계집종을 이르던 말.
통지-서(通知書)명 어떤 일을 기별하여 알리는 문서.
통지=예:금(通知預金)명 돈을 찾을 경우에 일정한 기간 전에 미리 은행에 알리고 찾도록 약정한 예금.
통지-표(通知表)명 '생활 통지표'의 준말.
통:징(痛懲)명-하다타 엄하게 징벌함. 엄징(嚴懲)
통짜명 나뉘거나 쪼개지거나 하지 않은 본디의 옹근 상태, 또는 그런 상태의 것.
통-짜다[1]자 여럿이 한 동아리가 되기로 약속하다.
통-짜다[2]타 어떤 물건의 각 부분을 모아 하나가 되도록 맞추다.
통-째부 가르거나 쪼개지거나 하지 않은 본디의 옹근 그대로. 통째로 ¶닭을 - 삶다.
통째-로부 통째
통째-썰기명 통썰기
통-차지명-하다타 통째로 다 차지함.
통:찰(洞察)명-하다타 사물이나 현상을 환히 꿰뚫어 봄. 통시(洞視)
통:찰-력(洞察力)명 사물이나 현상을 환히 꿰뚫어 보는 힘.
통창(通暢)어기 '통창(通暢)하다'의 어기(語基).
통창-하다(通暢-)형여 조리가 밝아 환하다.
통:책(痛責)명-하다타 엄하게 꾸짖음, 또는 그 꾸중. 엄견(嚴譴). 엄책(嚴責)
통:처(痛處)명 병이나 상처로 아픈 곳.
통천-건(通天巾)명 상제(喪制)가 상복을 입기 전에 쓰는 위가 터진 건.
통천-관(通天冠)명 지난날, 임금이 정무를 보거나 조칙(詔勅)을 내릴 때에 쓰던 관.
통천지수(通天之數)성구 하늘에 통하는 운수라는 뜻으로, 매우 좋은 운수를 이르는 말.
통천하(通天下) '천하에 두루 통함'의 뜻.
통:철(洞徹)명-하다타 깊이 살피어 환하게 깨달음.
통철(通徹)명-하다자 막힘이 없이 통함.
통철(通鐵)명 철통(鐵通)
통첩(通牒)명-하다타 ①서면으로 통지함, 또는 그 서면. ②행정법에서, 행정 관청이 산하 기관과 직원, 또는 지방 자치 단체 등에 어떤 사항을 통지하는 형식. ③국제법에서, 국가의 일방적 의사 표시를 내용으로 하는 문서.
통청(通淸)명 지난날, 학식과 문벌이 높은 사람을 청환(淸宦)의 후보자로 천거하던 일, 또는 그 후보자로 천거된 사람.
통초(通草)명 목통(木通)
통:초(痛楚)어기 '통초(痛楚)하다'의 어기(語基).
통:초-하다(痛楚-)형여 몹시 아프고 괴롭다.
통:촉(洞燭)명-하다타 아랫사람의 사정이나 형편을 깊이 헤아려 살핌.
통치(通治)명-하다타 한 가지 약이 여러 병에 다 잘 들음.
통:치(痛治)명-하다타 엄치(嚴治)
통:치(統治)명-하다타 나라의 주권을 가진 사람이 그 국토와 국민을 다스림.
통:치-권(統治權)[-꿘]명 국토와 국민을 지배하는 국가의 최고 권력. ☞주권(主權)
통:치=기관(統治機關)명 통치자가 국가를 통치하려고 설치한 기관. 국회·법원·행정부 따위.
×**통치다**타 →한통치다
통-치마명 여자의 재래식 한복에서, 양쪽 선단이 없이 통으로 지은 치마. ☞풀치마
통:치-자(統治者)명 통치하는 사람.
통칙(通則)명 일반에게 다 같이 적용되는 규칙. 통규(通規). 유통법(通法)[1]
통칭(通稱)명-하다타 ①공통으로 쓰이는 이름. ②일반적으로 널리 통하여 부름, 또는 그 이름. ¶이 거리를 - 대학로라고 한다.
통:쾌(痛快)어기 '통쾌(痛快)하다'의 어기(語基).
통:쾌-감(痛快感)명 통쾌한 느낌.
통:쾌-하다(痛快-)형여 아주 속이 후련하도록 유쾌하다. ¶통쾌한 승리를 거두다.
통쾌-히부 통쾌하게 ¶- 이기다./- 여기다.
통:타(痛打)명-하다타 맹렬히 공격하여 심한 타격을 줌, 또는 그 타격.
통:탄(痛歎)명-하다타 몹시 탄식함, 또는 그 탄식.
통탕부 탄탄한 물건을 요란하게 두드리거나 마룻바닥 따위를 세게 구를 때 울리어 나는 소리를 나타내는 말. ☞통탕
통탕-거리다(대다)자타 자꾸 통탕 소리가 나다, 또는 그런 소리를 내다. ¶아이들이 통탕거리며 뛰어다니다. ☞통탕거리다
통탕-통탕부 통탕거리는 소리를 나타내는 말. ¶양동이를 - 두드리다. ☞통탕통탕
통-터지다자 여럿이 한꺼번에 쏟아져 나오다.
통-통[1]부 속이 빈 나무통이나 작은북 따위를 자꾸 칠 때 울리어 나는 소리를 나타내는 말. ☞통통[1]
통통[2]부 ①작은 발동기 따위가 울리는 소리를 나타내는 말. ¶고깃배가 - 소리를 내며 바다로 나간다. ②탄력 있는 작은 물체가 가볍게 튀어 오르는 모양을 나타내는 말. ¶고무공이 - 튀다.
통통[3]부-하다형 ①야물게 살이 오른 모양을 나타내는 말. ¶-하게 살이 오르다. ②물체의 한 부분이 살이 찌거나 붓거나 부풀거나 하여 볼록한 모양을 나타내는 말. ¶얼굴이 - 붓다. ☞똥똥. 퉁퉁[2]
통통-거리다(대다)자 ①작은 발동기 따위가 자꾸 통통 울리는 소리가 나다. ②탄력 있는 물체가 가볍게 자꾸 튀어 오르다.
통통-걸음명 발을 통통 구르며 빨리 걷는 걸음. ☞통통걸음
통통-배명 발동기를 달아 통통 소리를 내는 작은 배. ☞똑딱선
통투(通透)명-하다타 분명하게 이해함.
통-틀다(-틀고·-트니)타 있는 대로 모두 한데 묶다.

E

통-틀어 부 있는 대로 모두 몰아서. 도틀어. 도파니 ¶ -반값에 넘기다. ☞몰밀어
통판(通判) 명 -하다 타 온갖 일을 판정함.
통판(通版) 명 책이나 신문에서, 도판 등을 펼친 양 면에 걸쳐 넣은 판면.
통판(通販) 명 '통신 판매'의 준말.
통팔도(通八道)[-또] 조선 시대에 전국의 행정 구역이 팔도(八道)였던 데서, '우리 나라 곳곳에 널리 통함'의 뜻. 통팔로(通八路)
통팔로(通八路) 통팔도(通八道)
통-팥 명 맷돌에 타지 않은 통짜의 팥.
통폐(通弊) 명 일반에 두루 있는 폐단.
통:-폐합(統廢合) 명 -하다 타 동일하거나 유사한 계통의 여러 기업이나 기구를 합치거나 없애어 하나로 만듦.
통표(通票) 명 단선 구간의 철도에서, 기차가 서로 충돌할 위험이 없을 때 다음 역으로 떠나도록 역장이 기관사에게 교부하는 통행 허가표. 패찰(牌札)
통풍(通風) 명 -하다 자 바람이 통하게 함. ☞통기(通氣)
통:풍(痛風) 명 체내에서 다량으로 만들어진 요산이 충분히 배설되지 않고 체내에 축적되어 염증을 일으키는 대사 이상 질환.
통풍-구(通風口) 명 공기 구멍.
통풍-기(通風機) 명 맑은 공기로 바꾸거나 기계 장치를 식히기 위하여 바람이 통하게 하는 기기.
통풍-창(通風窓) 명 바람이 잘 통하게 하려고 낸 작은 창.
통-하다(通-) 자타여 ①막힘이 없이 들고 나다. ¶바람이 -./피가 -. ②말이나 글 따위의 흐름이 걸리는 데 없이 이어지다. ¶문맥이 통하는 글./문장을 뜻이 통하도록 고치다. ③어떤 방면에 대하여 환히 알다. ¶한문학에 통한 사람. ④말이나 행동 따위가 받아들여지다. ¶그런 변명은 나에게 안 통한다. ⑤어떤 사람으로 알려지다. ¶그는 친구들 사이에서 척척박사로 통한다. ⑥맥락이 닿다. ¶종교는 철학과 통한다. ⑦어떤 곳으로 이어지다. ¶모든 길은 로마로 통한다./시장으로 통하는 길목. ⑧마음이나 생각 따위가 서로 잘 맞다. ¶마음이 통하는 친구./저 녀석하고는 말이 안 통해. ⑨전파 따위가 가 닿다. ¶전화가 잘 통하는 지역. ⑩남몰래 어떤 관계를 가지다. ¶적과 몰래 -. ⑪대소변 따위가 막히지 아니하고 잘 나오다. ¶대변이 잘 -. ⑫누구로부터 또는 어떤 일로부터 알게 되거나 깨치다. ¶동생을 통해 합격 소식을 듣다./실패를 통해 삶의 교훈을 배우다. ⑬어떤 기간에 걸치다. ¶일생을 통해 학문에 힘쓰다. ⑭무엇을 꿰뚫고 지나다. ¶창을 통해 바다가 보이다.

한자 통할 창(暢)〔日部 10획〕¶유창(流暢)/창달(暢達)
통할 철(徹)〔彳部 12획〕¶철저(徹底)/투철(透徹)
통할 통(通)〔辵部 7획〕¶관통(貫通)/소통(疏通)/통과(通過)/통로(通路)/통상(通商)/통신(通信)

통하:정(通下情) '아랫사람의 사정을 잘 알아줌'의 뜻.
통학(通學) 명 -하다 자 학생이 자기 집이나 유숙하는 집에서 학교에 다님. ¶자전거를 타고 -하다.
통학=구역(通學區域) 명 멀리서 통학하는 불편을 없애고 취학 학생 수를 고르게 하려고 구역을 제한할 때 통학을 허용하는 구역. ☞학구(學區)
통학-생(通學生) 명 통학하는 학생.
통:한(痛恨) 명 -하다 타 몹시 한탄함.
통:할(統轄) 명 -하다 타 여러 기관이나 조직 등을 모두 거느리어 관할함.
통:합(統合) 명 -하다 타 둘 이상의 조직이나 기구, 집단 등을 하나로 합침. ¶기구를 -하다.
통항(通航) 명 -하다 자 선박이 항로로 다님.
통항-권(通航權)[-꿘] 명 국제 조약에 따라 외국 영해를 통항할 수 있는 권리.
통해(通解) 명 -하다 타 책이나 문장의 전체를 해석함, 또는 그 해석. 통석(通釋)
통행(通行) 명 -하다 자타 어떤 곳을 지나다님. ¶왼쪽으로 -하다./-을 제한하다.
통행=금:지(通行禁止) 명 특정한 지역이나 시간에 사람과 차량을 강제로 못 다니게 하는 일. 준통금(通禁)
통행-료(通行料) 명 차량이 유료 도로를 지나다닐 때 내는 돈.
통행-세(通行稅)[-쎄] 명 일정한 곳을 지나다니는 사람에게서 받는 세금.
통행-인(通行人) 명 거리 등을 지나다니는 사람.
통-행전(筒行纏) 명 아래에 귀가 달리지 않은 예사 행전. ☞귀행전
통행-증(通行證)[-쯩] 명 특정 지역이나 금지된 시간에 자유롭게 다닐 수 있게 허가하는 증명서.
통현(通玄) 명 -하다 타 사물의 현묘한 이치를 깨달음.
통혈(通穴) 명 -하다 자 ①공기가 통하도록 구멍을 뚫음, 또는 뚫은 그 구멍. ②갱도와 갱도가 서로 통하도록 구멍을 뚫음, 또는 뚫은 그 구멍.
통:호(統戶) 명 통(統)과 호(戶)를 아울러 이르는 말.
통혼(通婚) 명 -하다 자 ①혼인할 뜻을 전함. ②두 집안이 서로 혼인을 맺음.
통화(通化) 명 -하다 타 불교에서, 부처의 가르침을 널리 펴서 중생을 교화하는 일.
통화(通貨) 명 한 나라 안에서 통용되는 화폐를 통틀어 이르는 말. 넓게는 수표나 신용 카드 따위도 포함시킴.
통화(通話) 명 -하다 자 ①전화로 말을 주고받음. ②〔의존 명사로도 쓰임〕전화로 이야기하는 일정 시간을 단위로 하여 그 횟수를 세는 말. ¶전화 한 -면 해결된다.
통화=개:혁(通貨改革) 명 화폐 개혁(貨幣改革)
통화-고(通貨高) 명 '통화 발행고(通貨發行高)'의 준말.
통화=관:리(通貨管理) 명 물가를 안정시키기 위하여 국가가 인위적으로 국내의 통화량을 관리·조절하는 일.
통화-량(通貨量) 명 금융 기관 이외의 민간 부분이 보유하는 현금 통화, 예금 통화, 준(準)통화 등을 통틀어 이르는 말.
통화-료(通話料) 명 전화를 사용하여 통화한 삯으로 통화 횟수와 시간에 따라 내는 요금.
통화=발행고(通貨發行高) 명 통화의 발행 액수. 준통화고(通貨高)
통화=수축(通貨收縮) 명 디플레이션(deflation) ☞통화 팽창(通貨膨脹)
통화=유통=속도(通貨流通速度) 명 통화의 한 단위가 일정 기간 각종 거래에 유통된 횟수를 나타내는 지표.
통화=정책(通貨政策) 명 금융 당국이 통화량, 또는 통화량과 관련된 여러 가지 변수를 조절하여 물가 안정, 국제 수지의 향상, 경제 성장의 촉진 등 정책 목표를 달성하려고 취하는 정책. ☞금융 정책
통화=조절(通貨調節) 명 주조 화폐, 지폐, 은행권의 수량을 적절히 늘리거나 줄여 물가를 적당한 수준으로 유지하는 일.
통화=통:제(通貨統制) 명 통화의 가치를 유지하고 안정시키려고 국가가 통화를 관리하고 조절하는 일.
통화=팽창(通貨膨脹) 명 인플레이션(inflation) ☞통화 수축
통환(通患) 명 여러 사람이 가지고 있는 근심이나 병통.
통:회(痛悔) 명 -하다 타 ①깊이 뉘우침. ②가톨릭에서, 하느님 앞에 자신을 죄지은 자로 인식하고, 자기 죄를 진심으로 뉘우치는 일. ☞성찰(省察)
통효(通曉) 명 -하다 자 어떤 사물에 대하여 매우 자세하게 앎. 효달(曉達) ¶노자의 도덕경에 -하다.
통-후추 명 가루로 만들지 않은, 낱알 그대로의 후추.
통훈=대:부(通訓大夫) 명 조선 시대, 정삼품 당하관 문관에게 내린 품계의 하나. 서른 등급 중 열째 등급임. ☞대광보국숭록대부
톭다[1] [톱-] 타 샅샅이 뒤지거나 더듬어 찾다. ¶며칠을 두고 톺아도 보이지 않는다.
톭다[2] [톱-] 타 삼을 삼을 때, 물에 불린 삼 껍질을 가늘게 째려고 삼톱으로 눌러 훑다.
톺아-보다 타 샅샅이 톺으면서 살피다.
퇴:(*退) 명 ①집채에 달아서 지은 작은 칸살. 물림[2]. 물림

칸 ☞툇간 ②'툇마루'의 준말.

퇴(堆)[명] 대륙붕 중에서 특히 얕은 부분. 고기 떼가 많이 모여듦.

퇴:각(退却)[명]-하다[자타] ①전투 따위에 져서 물러남. ②물품 따위를 받지 않고 물리침.

×**퇴간**(*退間)[명] →툇간

퇴:거(退去)[명]-하다[자] ①물러감. ②거주를 옮김.

퇴:거=불응죄(退去不應罪)[-쬐][명] 퇴거 요구를 받고 응하지 않음으로써 성립하는 죄. 불퇴거죄(不退去罪)

퇴:경(退京)[명]-하다[자] 서울에 머물다가 시골로 감.

퇴:경(退耕)[명]-하다[자] 관직에서 물러나 시골에 가서 농사를 지음.

퇴:경(退境)[명]-하다[자] 경계 밖으로 물러남.

퇴고(推敲)[명]-하다[타] 시문(詩文)을 지을 때, 여러 번 생각하여 고치고 다듬는 일. 추고(推敲)

퇴:골(腿骨)[명] 다리뼈

퇴:공(退供)[명]-하다[자] 부처 앞에 바쳤던 물건을 물림.

퇴:관(退官)[명]-하다[자] 관직에서 물러남.

퇴:관(退棺)[명]-하다[자] 나장(裸葬)을 하기 위하여 하관(下棺)할 때, 송장을 꺼내고 관을 치움.

퇴:교(退校)[명]-하다[자] 퇴학(退學)

퇴:군(退軍)[명]-하다[자] 전쟁터에서 군대가 물러남. ☞진군(進軍)

퇴:궐(退闕)[명]-하다[자] 대궐에서 물러 나옴. ☞입궐(入闕)

퇴:근(退勤)[명]-하다[자] 직장에서 근무를 마치고 나옴. ☞출근

퇴:기(退妓)[명] 기적(妓籍)에서 물러난 기생. ☞기생퇴물

퇴:기(退期)[명]-하다[자] 기한을 물림. 연기(延期). 퇴한

퇴기다[타] 엄지손가락 끝에 다른 손가락 끝을 살짝 걸었다가 탁 놓으면서 물체를 치다. ☞튀기다[2]

퇴김[명]-하다[타] 연을 날릴 때, 얼레 자루를 잦히며 통줄을 주어서 연의 머리를 그루박게 하는 일. ☞튀김[2]

퇴김(을) 주다[관용] 연을 날릴 때, 퇴김 재간을 부리다.

퇴:-내다[타] 먹는 일, 가지는 일, 누리는 일 따위를 물리도록 실컷 하다.

퇴:대(退待)[명]-하다[타] 물러가서 기다림.

퇴:-도지(退賭地)[-또-][명] 지난날, 땅 임자가 10년 동안을 한정하여 경작권을 남에게 팔아 넘기던 제도, 또는 그런 땅.

퇴락(頹落)[명]-하다[자] 무너지고 떨어짐. ¶건물이 -하다.

퇴:량(*退樑)[명] 툇보

퇴:령(退令)[명]-하다[자] 지난날, 지방 관아에서 이속(吏屬)이나 사령(使令) 등에게 물러감을 허락하던 명령.

퇴:로(退老)[명]-하다[자] 늙어서 관직에서 물러남.

퇴:로(退路)[명] 물러날 길. 후퇴할 길. ¶적의 -를 차단하다. ☞진로(進路)

퇴:리(退吏)[명] 관직에서 물러난 하급 관리.

퇴마냥[명] 아주 늦게 심은 모.

×**퇴-맞다**(退-)[자] →퇴박맞다

퇴:물(退物)[명] ①윗사람이 쓰던 것을 물려준 물건. ②퇴박맞은 물건. 퇴물림 ③어떤 직업에 딸려 일하다가 물러앉은 사람을 낮잡아 이르는 말. ☞지친것

퇴:-물림(退-)[명] ①큰상물림 ②퇴물(退物)

퇴:박(退-)[명]-하다[타] 어떤 일이나 물건이 마음에 들지 아니하여 거절하거나 받지 않음.

퇴:박-맞다(退-)[-맏-][자] 어떤 일이나 물건이 마음에 들지 않아 물리침을 당하다.

> ▶ **'퇴박맞다'와 준말**
> 표준어 규정에서 준말이 쓰이고 있더라도 본딧말이 널리 쓰이고 있는 경우에는, 본딧말을 표준어로 삼았다.
> ¶퇴박맞다(○)/퇴맞다(×)
> 수두룩하다(○)/수둑하다(×)
> 살얼음판(○)/살판(×)
> 낙인찍다(○)/낙치다(×)

퇴:보(退步)[명]-하다[자] 사물의 정도나 수준 따위가 이전보다 떨어짐. 뒷걸음 ☞진보(進步)

퇴:분(退盆)[명]-하다[타] 분(盆)에 심어 두었던 화초를 분에서 뽑아 냄. ☞등분(登盆)

퇴비(堆肥)[명] 두엄

퇴비(頹圮)[명]-하다[자] 퇴폐(頹廢) ▷頹의 속자는 頽

퇴:사(退仕)[명]-하다[자] ①지난날, 관원이 관직에서 물러나던 일. ②사퇴(仕退). 파사(罷仕)

퇴:사(退寺)[명]-하다[자] 퇴속(退俗)

퇴:사(退社)[명]-하다[자] ①회사를 그만두고 물러남. ☞입사(入社) ②회사에서 퇴근함.

퇴:사(退思)[명]-하다[타] 물러나서 생각함.

퇴:산(退散)[명]-하다[자] ①흩어져 물러감. ②뿔뿔이 흩어져 달아남. ¶오합지졸이 -하다.

퇴산(㿉疝·癩疝)[명] 한방에서, 불알이 붓는 병을 통틀어 이르는 말. 퇴산증(㿉疝症)

퇴산-증(㿉疝症·癩疝症)[-쯩][명] 퇴산(㿉疝)

퇴:상(退床)[명]-하다[자] ①음식상을 물림. ②큰상물림

퇴:상(退霜)[명]-하다[자] 첫서리가 상강(霜降)이 지나 늦게 내림, 또는 그 첫서리.

퇴:색(退色·褪色)[명]-하다[자] 빛이 바램. 투색(渝色) ¶-한 사진첩.

퇴:서(退暑)[명] 물러가는 더위.

퇴:석(退席)[명]-하다[자] 있던 자리에서 떠남. 퇴좌(退座) ¶회의 중에 -하다.

퇴석(堆石)[명] ①빙퇴석(氷堆石) ②-하다[자] 돌을 높이 쌓음, 또는 그 돌.

퇴석-층(堆石層)[명] 빙퇴석(氷堆石)이 모여 이루어진 지층(地層).

퇴:선(退膳)[명] ①'제퇴선(祭退膳)'의 준말. ②지난날, 임금의 수라상에서 물린 음식을 이르던 말.

퇴:섭(退慴)[명]-하다[자] 두려워서 뒤로 물러남.

퇴세(頹勢)[명] 기울어져 가는 형세.

퇴:속(退俗)[명]-하다[자] 중이 다시 속인(俗人)이 됨. 퇴사(退寺). 환속(還俗)

퇴속(頹俗)[명] 낡고 문란해진 풍속. 퇴풍(頹風)

퇴:송(退送)[명]-하다[타] 물품 따위를 물리쳐 도로 보냄.

퇴:송(退訟)[명]-하다[자] 소송을 받지 않고 물리침.

퇴:수(退守)[명]-하다[타] 후퇴하여 지킴. ☞진격(進擊)

퇴:수(退受)[명]-하다[타] 불교에서, 시주하는 가사(袈裟)를 받아 가지는 일.

퇴:식(退息)[명]-하다[자] 관계하던 일에서 물러나 쉼.

퇴:식-밥(退食-)[명] 부처 앞에 올렸다가 물린 밥. 불공밥

퇴:신(退身)[명]-하다[자] 관여하던 일에서 물러남.

퇴:실(退室)[명]-하다[자] 방에서 나감.

퇴:양(退讓)[명]-하다[타] 사양하고 물러남.

퇴:역(退役)[명]-하다[자] 현역에서 물러남. ¶- 군인

퇴:열(退熱)[명]-하다[자] 신열(身熱)이 내림.

퇴:염(退染)[명]-하다[타] 물들인 물건에서 빛깔을 빼냄.

퇴:영(退嬰)[명]-하다[자] ①뒤로 물러나 틀어박혀 있음. ②새로운 일을 하려는 의지가 없음. ☞진취(進取)

퇴:영-적(退嬰的)[명] 새로운 일을 하려는 의지가 없이 소극적인 것. ¶-인 태도. ☞진취적(進取的)

퇴운(頹運)[명] 쇠퇴한 기운.

퇴:원(退院)[명]-하다[자] 입원한 환자가 병원에서 나옴. ¶완쾌되어 -하다. ☞입원(入院)

퇴:위(退位)[명]-하다[자] ①임금의 자리에서 물러남. ②위치를 뒤로 물림. ☞즉위(卽位)

퇴:은(退隱)[명]-하다[자] 은퇴(隱退)

퇴:임(退任)[명]-하다[자] 직임(職任)에서 물러남.

퇴:자(退字)[-짜][명] ①지난날, 상납하는 베나 비단의 품질이 좋지 않을 때 받아들이지 않는 표시로 '退' 자의 도장을 찍던 일, 또는 그 물건. ②'퇴짜'의 원말.

퇴:잠(退潛)[명]-하다[자] 관직에서 물러나 숨어 지냄.

퇴:장(退場)[명]-하다[자] ①회의장이나 경기장 등에서 떠남. ¶회의 중에 -하다./반칙으로 - 당하다. ☞입장(入場) ②배우 등이 무대에서 물러감. ¶배우가 -한 뒤에도 박수가 끊이지 않았다. ☞등장(登場)

퇴:장(退藏)[명]-하다[자타] ①물러나서 자취를 감춤. ②물

건이나 돈 따위를 쓰지 아니하고 갈무리해 둠. ¶패물을 －하다.
퇴적(堆積)명-하다자타 많이 겹쳐 쌓음, 또는 많이 겹쳐 쌓임.
퇴적-도(堆積島)명 화산의 분출물이나 생물의 유해(遺骸) 등이 겹쳐 쌓여 이루어진 섬.
퇴적-물(堆積物)명 ①많이 겹쳐 쌓인 물건. ②암석의 작은 덩이나 생물의 유해 등이 물·빙하·바람 따위의 작용으로 분해, 운반되어 땅 위에 쌓인 것.
퇴적-암(堆積岩)명 암석의 작은 덩이나 생물의 유해 등이 수중이나 육상에 퇴적하여 이루어진 암석. 사암(砂岩)·역암(礫岩)·석회암 따위. 성층암(成層岩). 수성암(水成岩). 침적암(沈積岩). 침전암(沈澱岩)
퇴적-열(堆積熱)[－녈]명 쌓인 나뭇잎이나 마른풀, 또는 가축의 배설물 등이 발효·부패하며 내는 열.
퇴적=작용(堆積作用)명 암석의 작은 덩이나 생물의 유해 등이 물·빙하·바람 따위의 작용으로 운반되어 어떤 곳에 쌓이는 현상. ☞침적(沈積)
퇴적-층(堆積層)명 퇴적 작용으로 이루어진 지층.
퇴적=평야(堆積平野)명 퇴적 작용으로 이루어진 평야. ☞충적 평야(沖積平野)
퇴:전(退轉)명-하다자 불교에서, 수행하는 도중에 좌절하여 마음을 딴 데로 옮기는 일. ☞불퇴전(不退轉)
퇴:절(腿節)명 넓적다리마디
퇴:정(退廷)명-하다자 법정(法廷)에서 나옴. ☞입정(入廷)
퇴:정(退定)명-하다타 기한을 물리어 정함.
퇴:조(退朝)명-하다자 조정(朝廷)에서 물러 나옴.
퇴:조(退潮)명-하다자 ①조수(潮水)가 썸, 또는 썰물. ②성하던 기세가 쇠퇴함을 비유하여 이르는 말.
퇴:좌(退座)명-하다자 퇴석(退席)
퇴:주(*退柱)명 툇기둥
퇴:주(退酒)명-하다자 제사를 지낼 때에 올린 술을 물리는 일, 또는 그 물린 술.
퇴주(堆朱)명 칠공예 기법의 한 가지. 주칠(朱漆)을 여러 번 칠한 다음에 무늬를 새겨 나타내는 기법, 또는 그렇게 만든 물건. ☞퇴황(堆黃). 퇴흑(堆黑)
퇴:주-기(退酒器)명 퇴줏그릇
퇴:주-잔(退酒盞)[－짠]명 ①제사를 지낼 때에 퇴주한 술잔. ②권하거나 드리다가 퇴박맞은 술잔.
퇴:줏-그릇(退酒－)명 퇴주를 담는 그릇. 퇴주기(退酒器)
퇴:직(退職)명-하다자 직장을 그만둠. ¶정년 －/명예 －
퇴:직-금(退職金)명 상당 기간을 근무하고 퇴직하는 사람에게 근무처 등에서 일시에 지급하는 돈.
퇴:직=수당(退職手當)명 퇴직하는 사람에게 근무 연수에 따라 지급하는 수당.
퇴:진(退陣)명-하다자 ①진지(陣地)를 뒤로 물림. ②직위나 직무에서 물러남. ¶장관 －을 요구하다.
퇴짓-돌명 처마 밑에 돌려 놓은 장대석(長臺石).
퇴:짜(∠退字)명 주는 물건 따위를 받지 않는 일, 또는 그 물건. 원퇴자(退字)
퇴짜(를) 놓다관용 주는 물건 따위를 받지 않다.
퇴짜(를) 맞다관용 물리침을 당하다.
퇴창(推窓)명-하다자 창짝을 밀어서 엶.
퇴:척(退斥)명-하다타 주는 것이나 요구 따위를 물리침.
퇴첩(堆疊)명-하다타 우뚝하게 겹쳐 쌓음.
퇴:청(退廳)명-하다자 관청에서 근무를 마치고 물러 나옴. ☞등청(登廳)
퇴:촉(退鏃)명-하다자 화살이 과녁에 닿았다가 꽂히지 않고 튀어서 떨어짐.
퇴:촌(退村)명-하다타 지난날, 아전이 읍내에서 물러나 시골에서 지내게 되는 일을 이르던 말.
퇴:축(退逐)명-하다타 보낸 물건이나 사람 따위를 받아들이지 아니하고 쫓거나 돌려보냄.
퇴:축(退縮)명-하다자 움츠리어 물러감.
퇴:출(退出)명-하다자 물러나서 나감. ¶부실 기업 －
퇴:치(退治)명-하다타 물리쳐서 아주 없애버림. ¶문맹(文盲)을 －하다./마약 － 운동
퇴:침(退枕)명 서랍이 있는 목침(木枕).
퇴토(堆土)명 쌓인 흙.
퇴:-판명 마음에 흡족하게 퇴내는 판.
퇴:패(退敗)명-하다자 싸움에 져서 물러남. 패퇴(敗退)
퇴패(頹敗)명-하다자 퇴폐(頹廢)
퇴폐(頹廢)명-하다자 ①형세나 세력 따위가 쇠퇴함. ②도덕이나 건전한 풍속 따위가 쇠퇴하여 문란해짐. 퇴비(頹圮). 퇴패(頹敗)
퇴폐=문학(頹廢文學)명 19세기 말 유럽에 퍼진 회의 사상(懷疑思想)에서 비롯된 문학. 당시의 사회 도덕을 무시하고, 예술의 목적은 일시적·육체적 향락을 구하는 데 있다고 본 타락한 문학을 이름. 데카당 문학
퇴폐-적(頹廢的)명 도덕이나 기풍이 문란하고 건전하지 못한 것. 데카당 ¶－인 사회 풍조.
퇴폐-주의(頹廢主義)명 데카당스
퇴풍(頹風)명 낡고 문란해진 풍속. 퇴속(頹俗)
퇴:피(退避)명-하다자타 관직 등에서 물러나 피함.
퇴:필(退筆)명 모지랑붓
퇴:-하다(退－)타여 ①주는 물품을 받아들이지 아니하다. ¶뇌물을 －. ②다시 무르다. ¶혼약을 －.
퇴:학(退學)명-하다자 ①학생이 다니던 학교를 그만둠. ②학교에서 교칙을 어긴 학생에게 내리는 징계 처분으로 학적에서 제적시키는 일. 퇴교(退校) ¶－ 처분/－을 맞다. ☞방교(放校). 입학(入學)
퇴:학-생(退學生)명 퇴학한 학생.
퇴:한(退限)명-하다자 기한을 물림. 연기(延期). 퇴기(退期)
퇴:행(退行)명-하다자 ①뒤로 물러감. ②다른 날로 물려서 함. ③퇴화(退化) ④천체의 역행(逆行)을 뜻하는 말. ⑤심리학에서, 사람이 어떤 장애를 만나 현재의 정신 발달 수준의 이전 단계로 돌아가는 일.
퇴:행-기(退行期)명 병세(病勢)가 차츰 회복되는 시기.
퇴:혼(退婚)명-하다자 혼약을 어느 한쪽에서 물림.
퇴:화(退化)명-하다자 ①진보 이전의 상태로 되돌아감. 퇴행(退行) ②개체 발생이나 진화 과정에서, 어떤 기관이 오래도록 쓰이지 않음으로써 차차 작아지거나 기능을 잃게 됨. ☞진화(進化)
퇴:화=기관(退化器官)명 흔적 기관(痕迹器官)
퇴황(堆黃)명 칠공예 기법의 한 가지. 황칠(黃漆)을 여러 번 칠한 다음에 무늬를 새겨 나타내는 기법, 또는 그렇게 만든 물건. ☞퇴흑(堆黑)
퇴:회(退會)명-하다자 관계하고 있던 모임에서 관계를 끊고 나옴. 탈회(脫會) ☞입회(入會)
퇴흑(堆黑)명 칠공예 기법의 한 가지. 흑칠(黑漆)을 여러 번 칠한 다음에 무늬를 새겨 나타내는 기법, 또는 그렇게 만든 물건. ☞퇴주(堆朱)
툇:간(*退間)명 재래식 한옥에서, 집채의 원칸살 밖에 딴 기둥을 세워 붙여 지은 칸살. ☞퇴
툇:-기둥(*退－)명 툇간에 딸린 기둥. 퇴주(退柱)
툇:-도리(*退－)명 물림간에 얹히는 짧은 도리.
툇:-돌(*退－)명 댓돌
툇:-마루(*退－)명 원칸살 밖에 좁게 달아 낸 마루. 준퇴
툇:-보(*退－)명 툇기둥과 안기둥에 얹힌 짧은 보. 퇴량(退樑)
투(套)의 ①말하는 본새나 태도. ¶화난 －로 말하다. ②글 따위의, 일정한 틀. ¶한문 －의 글.
투각(透刻)명 조각 기법의 한 가지. 나무나 돌·금속 따위의 재료로 묘사 대상의 윤곽만을 남기고 나머지 부분은 파서 구멍이 나게 하거나, 또는 윤곽만을 파서 구멍이 나게 하는 방법.
투견(鬪犬)명 ①-하다자 개끼리 싸움을 붙이어 승패를 겨루는 일. ②싸움을 붙이기 위하여 기르는 개. 투구(鬪狗)
투계(鬪鷄)명 ①-하다자 닭끼리 싸움을 붙이어 승패를 겨루는 일. 닭싸움 ②싸움닭
투고(投稿)명-하다자 집필 의뢰를 받지 않은 사람이 신문사나 잡지사 따위에 원고를 써서 보냄. ☞기고(寄稿)
투고-란(投稿欄)명 신문이나 잡지에서, 독자가 투고한

ㅌ

글을 싣는 난.

▶ '투고란'의 '란(欄)'의 표기
'란(欄)'은 독립적으로 쓰이기도 하나, 한자어에 결합될 때에는 하나의 단어로 인식되지 않기 때문에 두음 법칙을 적용하지 아니하고 본디 음대로 적는다.
¶ 독자란(讀者欄)/비고란(備考欄)/투고란(投稿欄)
다만, 고유어나 외래어 다음에 결합될 경우에는 두음 법칙을 적용하여 적는다.
¶ 어린이난/어머니난/가십난

투과(透過)명-하다자 ①빛이나 방사선 등이 물체의 내부를 지나감. ②액체가 반투막 등을 지나감.
투과-성(透過性)[-썽]명 세포의 원형질막 등의 피막이 기체나 액체·용질·이온 등을 투과시키는 성질.
투관(套管)명 고전압(高電壓)의 도체가 건축물이나 전기 기기의 내부를 지나가는 경우에 절연을 위해 사용하는 유리 또는 사기로 만든 관.
투관-침(套管針)명 의료기의 한 가지. 복막강이나 늑막강에 괸 액체를 뽑아 내는 데 쓰임.
투광(投光)명-하다자 반사경이나 렌즈로 빛을 모아 비춤.
투광-기(投光器)명 빛을 한 가닥으로 모아서 비추는 장치. 반사경과 렌즈로 이루어짐. 헤드라이트나 스포트라이트 따위.
투구명 지난날, 전쟁 때에 머리를 보호하기 위하여 쓰던, 쇠로 만든 모자. ☞갑옷
투구(投球)명-하다타 야구에서, 투수가 공을 던지는 일, 또는 던진 그 공. ☞타구(打球)
투구(鬪狗)명 투견(鬪犬)
투구(鬪毆)명-하다타 서로 싸우며 때림.
투구-꽃명 '바꽃'의 딴이름.
투구-벌레명 '장수풍뎅이'의 딴이름.
투구-풍뎅이명 '장수풍뎅이'의 딴이름.
투그리다자 짐승이 싸우려고 으르대며 잔뜩 노리다.
투기(投寄)명-하다타 남에게 물건이나 편지 따위를 부침.
투기(投棄)명-하다타 내던져 버림.
투기(投機)명-하다자 ①확신도 없이 큰 이익을 노리고 어떤 일을 함, 또는 그 일. ¶ - 성향 ②시세 변동에 따른 차익을 노려서 매매 거래를 함, 또는 그러한 매매 거래. ¶ 부동산 - ☞투자(投資)
투기(妬忌)명-하다자 강샘
투기(鬪技)명 ①우열을 가리기 위하여 재주나 힘 따위를 겨루는 일. ②운동 경기 분류의 한 가지. 태권도·유도·레슬링·복싱 따위의 격투 경기를 이름.
투기=거:래(投機去來)명 시세 변동에 따른 차익만을 노리고 하는 매매 거래.
투기=공:황(投機恐慌)명 투기 활동으로 말미암아 생기는 경제 공황.
투기=구매(投機購買)명 뒷날에 비싸게 팔 목적으로 물품을 미리 싸게 사들이는 일.
투기-꾼(投機-)명 투기를 일삼는 사람.
투기=매매(投機賣買)명 투기적으로 사고 파는 행위.
투기-사:업(投機事業)명 ①확신도 없이 큰 이익을 노리고 하는 사업. ②시세 변동에서 생기는 이익을 노리고 하는 사업.
투기-상(投機商)명 시세 변동에 따른 차익을 노리고 매매를 하는 일, 또는 그런 일을 하는 사람. ㊞듣보기장사
투기=시:장(投機市場)명 투기 거래가 이루어지는 시장.
투기-심(妬忌心)명 강샘하는 마음.
투기업-자(投機業者)명 투기 사업을 하는 사람.
투깔-스럽다(-스럽고·-스러워)형ㅂ 일이나 물건 따위의 모양새가 투박스럽고 거칠다.
투깔-스레부 투깔스럽게
투덕-거리다(대다)타 물체를 투덕투덕 두드리다. 투덕이다 ¶ 솜이불을 손바닥으로 -. ☞두덕거리다. 토닥거리다[2]
투덕-이다타 투덕거리다 ☞두덕이다. 토닥이다[2]
투덕-투덕부 투실투실한 물체를 가볍게 자꾸 두드리는 소리, 또는 그 모양을 나타내는 말. ¶ 튼실한 어깨를 - 두드리다. /참깨 단을 - 두드리어 깨를 떨다. ☞두덕두덕. 토닥토닥[2]
투덜-거리다(대다)자 몹시 불평스러운 투로 혼잣말을 자꾸 하다. ☞두덜거리다. 뚜덜거리다
투덜-투덜부 투덜거리는 모양을 나타내는 말. ¶ 심부름을 시킬 때마다 - 한다. ☞두덜두덜. 뚜덜뚜덜
투도(偸盜)명-하다타 ①남의 물건을 몰래 훔침, 또는 그렇게 하는 사람. 투절(偸竊) ②불교의 오계(五戒)의 하나.
투득(透得)명-하다타 막힘이 없이 환하게 깨달음.
투:런홈:런(two-run homerun)명 야구에서, 누상(壘上)에 주자가 한 사람 있을 때에 친 홈런.
투레-질명-하다자 ①젖먹이가 입술을 떨며 '투루루' 소리를 내는 짓. ②말이나 나귀 따위가 코로 숨을 급히 내쉬며 '투루루' 소리를 내는 일.
투루루부 ①젖먹이가 투레질하는 소리를 나타내는 말. ②말이나 나귀 따위가 투레질하는 소리를 나타내는 말.
투리(透理)명-하다자 통리(通理)
투망(投網)명 좽이
투망-질(投網-)명-하다자 좽이질
투매(投賣)명-하다타 손해를 무릅쓰고 싼값으로 상품을 내다 파는 일.
투매(偸賣)명-하다타 도매(盜賣)
투명(投命)명-하다자 목숨을 버림.
투명(透明)명-하다형 ①빛이 잘 통하여 저쪽 편이 환히 보이는 상태. ¶ -한 유리. ②조금도 흐린 데가 없이 맑음, 또는 그런 상태. ¶ -한 하늘.
투명-도(透明度)명 ①호수나 바닷물 등의 투명한 정도. ②광물이 빛을 통과시키는 정도를 비율로 나타낸 값.
투명=수지(透明樹脂)명 요소 수지(尿素樹脂)
투명-체(透明體)명 빛을 잘 통과시키는 물체. 유리·물·공기 따위.
투묘(投錨)명-하다자 닻을 내림. 배가 정박함. ☞발묘(拔錨)
투문(透紋)명 비치어 보이도록 종이에 가공한 그림이나 무늬. ¶ 만 원권의 -.
투미-하다형여 어리석고 둔하다. ¶ 투미한 짓만 골라 하다. /투미하게 보이다.
투-밀이명-하다타 재래식 한옥에서, 창살의 등을 둥글게 모양을 내는 일, 또는 그런 문살. ☞테밀이
투박-스럽다(-스럽고·-스러워)형ㅂ 보거나 듣기에 투박한 데가 있다. ¶ 투박스러운 질그릇. /목탁 소리가 -.
투박-스레부 투박스럽게
투박-하다형여 ①생김생김이 맵시가 없이 선이 굵고 거칠다. ¶ 투박한 뚝배기. ②말이나 행동 따위가 세련되지 못하고 거칠다. ¶ 말씨가 -.
투:베로:즈(tuberose)명 월하향(月下香)
투베르쿨린(tuberculin)명 결핵균을 배양하여 가열·살균한 주사액. 결핵균의 감염 여부 또는 결핵균 예방 백신의 효과에 대한 반응을 진단하는 데 쓰임.
투베르쿨린=반:응(tuberculin反應)명 결핵균의 감염 여부를 알아보는 검사법. 투베르쿨린을 피부 안에 주사하여 48시간이 지난 뒤에 충혈되거나 부어 오른 상태를 보고 결핵균의 감염 여부를 알아냄. ☞망투 반응
투병(鬪病)명-하다자 병을 고치려고 병과 싸움. ¶ 오랜 - 끝에 자리에서 일어나다.
투병식과(投兵息戈)성구 병기를 던지고 창을 멈춘다는 뜻으로, 전쟁을 그만두거나 전쟁이 그침을 이르는 말.
투부(妬婦)명 강샘이 심한 여자.
투비(投畀)명-하다타 지난날, 왕명(王命)으로 죄인을 지정한 곳에 귀양보내던 일.
투사(投射)명 ①-하다타 광선이나 그림자를 비춤. ¶ 탐조등을 -하다. ②-하다자 입사(入射)[2]
투사(透寫)명-하다타 글씨나 그림 따위를 다른 종이 밑에 받쳐 놓고 베낌. 영사(影寫)
투사(鬪士)명 ①싸움터에 나가 싸우는 사람. ②주의나 주장을 관철시키기 위하여 싸우거나 활동하는 사람. ¶ 독

E

렵 -/정의의 -.
투사-각(投射角)명 입사각(入射角)
투사=광선(投射光線)명 입사 광선(入射光線)
투사=도법(投射圖法)[-뻡]명 투시 도법(透視圖法)
투사-선(投射線)명 입사 광선(入射光線)
투사-율(投射率)명 농구에서, 슈팅한 횟수와 성공한 횟수의 비율.
투사-점(投射點)[-쩜]명 입사점(入射點)
투사-지(透寫紙)명 설계도나 지도 따위를 본떠 그리는 데 쓰는 반투명의 얇은 종이. 복도지(複圖紙). 트레이싱페이퍼(tracing paper)
투사-형(鬪士型)명 ①골격이 크고 단단하며 근육이 발달한 체형. ☞세장형(細長型) ②투지가 강하고 사회 운동 등에 적극적인 성격.
투상-스럽다(-스럽고·-스러워)형ㅂ 툽상스럽다
투상-스레부 투상스럽게 ¶- 말하다.
투색(渝色)명-하다자 퇴색(退色)
투생(偸生)명-하다자 마땅히 죽어야 할 때 죽지 아니하고 욕되게 살기를 탐냄.
투서(投書)명-하다자 이름을 밝히지 아니하고 어떤 사실의 내막이나 남의 비행 등을 적어서 관계자나 관계 기관 따위에 보냄, 또는 그 글.
투서(套署·套書)명 도장(圖章)
투서-함(投書函)명 투서를 넣는 함.
투석(投石)명-하다자 돌을 던짐, 또는 그 돌.
투석(透析)명-하다타 반투막(半透膜)을 사용하여 콜로이드나 고분자 용액을 정제하는 일, 또는 그 방법. 정수(淨水)나 녹말·효소·왁친 등의 정제에 쓰임.
투-석고(透石膏)명 백색 또는 무색 투명한 결정질 석고. 광학 기기를 만드는 데 쓰임.
투석-구(投石具)명 옛 무기의 한 가지. 길이 2m 가량의 끈 또는 가죽끈의 중간을 넓게 하고, 거기에 돌을 싸서 끈의 양끝을 모아 잡고 돌리다가 한 끝을 놓아 돌을 날리도록 만들었음.
-투성이접미 '덮이거나 묻히거나 한 상태'의 뜻을 나타냄. ¶낙서투성이/먼지투성이/모래투성이/오자투성이
투수(投手)명 야구에서, 내야의 투수판에 서서 타자가 칠 공을 포수를 향하여 던지는 선수. ☞포수(捕手)
투수(套袖)명 '토시'의 원말.
투수(透水)명-하다자 물이 스며듦.
투수-층(透水層)명 모래나 자갈 따위로 이루어져 물이 잘 스며드는 지층. ☞불투수층(不透水層)
투수-판(投手板)명 야구에서, 투수가 타자가 칠 공을 던질 때 밟는 직사각형의 흰색 고무판. 마운드의 한가운데에 놓여 있음.
투숙(投宿)명-하다자 숙박 시설이 있는 곳에 들어서 묵음. ¶호텔에 -하다.
투:스텝(two-step)명 오른발과 왼발을 번갈아 반박과 한 박 반의 전진 스텝을 되풀이하는 두 박자의 사교춤.

투습(套習)명-하다타 본떠서 함.
투시(妬視)명-하다타 시기하여 봄. 질시(嫉視)
투시(透視)명-하다타 ①물체 저편의 것을 환히 봄. ②X선으로 신체 내부를 형광판이나 X선 텔레비전에 투영하여 살펴보는 일, 또는 그 방법. ③초감각적 지각의 한 가지. 보통 감각 기관으로는 볼 수 없는 것을 오관(五官) 이외의 특별한 감각으로 볼 수 있다는 능력.
투시-도(透視圖)명 어떤 시점(視點)에서 본 물체의 형태를 눈에 비치는 그대로 평면상에 나타낸 그림. 투시화(透視畫)
투시=도법(透視圖法)[-뻡]명 ①미술에서, 한 점을 시점(視點)으로 하여 물체를 원근법에 따라 사람의 눈에 비친 그대로 그리는 방법. 배경 화법(背景畫法). 투시화법(透視畫法). 원경법(遠景法) 준투시법 ☞투영 도법(投影圖法) ②지도 투영법의 한 가지. 무한대의 거리 또는 지구상의 한 점이나 지구의 중심을 시점으로 하여, 시선과 수직을 이룬 평면상에 경위선을 투영하는 방법. 정사 도법(正射圖法), 평사 도법(平射圖法), 심사 도법(心射圖法) 따위. 투사 도법(投射圖法)
투시-력(透視力)명 꿰뚫어 보는 힘.
투시-법(透視法)[-뻡]명 '투시 도법'의 준말.
투시-화(透視畫)명 투시도(透視圖)
투시=화:법(透視畫法)[-뻡]명 투시 도법(透視圖法)
투식(套式)명 일정하게 정해진 법식이나 양식.
투식(偸食)명-하다타 지난날, 나라나 관아의 돈이나 곡식 따위를 도둑질하여 가지던 일.
투신(投身)명-하다자 ①어떤 일에 몸을 던져 뛰어듦. ¶교육계에 -하다. ②죽으려고 높은 곳에서 아래로 몸을 던짐. ¶벼랑에서 -하다./- 자살
투실-투실부-하다형 보기 좋을 정도로 살진 모양을 나타내는 말. ¶- 살진 몸./-하게 살이 오르다. ☞토실토실
투심(妬心)명 질투하는 마음. 질투심(嫉妬心)
투심(偸心)명 도둑질하려는 마음.
투아(偸兒)명 도둑
투안(偸安)명-하다자 안일(安逸)을 탐냄.
투약(投藥)명-하다자타 의사가 병에 알맞은 약을 지어 주거나 환자에게 씀. ¶환자에게 안정제를 -하다.
투어(套語)명 '상투어(常套語)'의 준말.
투어(鬪魚)명 '버들붕어'의 딴이름.
투여(投與)명-하다타 환자에게 약을 줌.
투영(投映)명-하다타 상이 나타나게 슬라이드 따위에 빛을 비춤. ☞투영(投影)
투영(投影)명-하다자타 ①지면이나 수면 따위에 어떤 물체의 그림자가 비침, 또는 그 비친 그림자. ¶호수에 -된 숲. ②어떤 사실을 다른 것에 반영하여 나타내는 일을 비유하여 이르는 말. ¶작자의 사상이 -된 작품. ③평면 도형이나 입체에 평행 광선을 비추어 평면 위에 그 그림자가 비치게 함, 또는 그 비치게 한 그림자.
투영-도(投影圖)명 투영 도법에 따라 그린 그림. 투영화(投影畫)
투영=도법(投影圖法)[-뻡]명 공간에 있는 물체를 한 점 또는 무한 원점(無限遠點)에서 보아 평면 위에 나타내는 도법. 시점과 물체상의 모든 점을 잇는 직선을 평면과 만나게 하고, 이 교점(交點)으로 평면 위에 도형을 그림. 투영 화법 준투영법 ☞투시 도법(透視圖法)
투영=렌즈(投影lens)명 확대한 영상(映像)을 명확하게 하는 데 쓰는 렌즈.
투영-면(投影面)명 물체를 한 평면 위에 투영하는 경우의 그 표면.
투영-법(投影法)[-뻡]명 '투영 도법'의 준말.
투영-선(投影線)명 투영 도법에서, 시점과 물체 위의 점과 그 점의 투영을 이은 직선.
투영-화(投影畫)명 투영도(投影圖)
투영=화:법(投影畫法)[-뻡]명 투영 도법(投影圖法)
투옥(投獄)명-하다타 옥에 가둠. ☞출옥(出獄)
투우(鬪牛)명-하다자 ①소끼리 싸움을 붙여 승패를 겨루는 일. ☞소싸움 ②싸움을 붙이기 위하여 기르는 소. ③투우사와 소가 싸우는 경기, 또는 그 경기에 나온 소.
투우-사(鬪牛士)명 투우에서 소와 싸우는 사람.
투우-장(鬪牛場)명 투우를 하는 경기장.
투-원반(投圓盤)명 원반던지기
투입(投入)명-하다타 ①던져 넣음. 집어 넣음. ¶자판기에 동전을 -하다. ②사람이나 물자, 자본 따위를 들임. ¶재해 복구에 많은 인력을 -하다.
투자(投資)명-하다자타 이익을 얻기 위하여 어떤 일에 돈이나 시간, 정성 등을 들임. ¶가공 시설에 많은 자금을 -하다./주식에 -하다.
투자(骰子)명 주사위
투자=경기(投資景氣)명 공장 확장, 새로운 기계 설비 등에 대한 투자로 말미암아 조성되는 경기.
투자-골(骰子骨)명 주사위뼈
투자=금융(投資金融)명 은행이나 금융 회사 등이 증권을 사는 사람에게 필요한 자금을 빌려 주거나 신용 거래를 할 수 있도록 해 주는 일.
투자=승수(投資乘數)[-쑤]명 투자의 증가분에 대한 소

득의 증가 비율.

투자=시:장(投資市場)명 투자하는 사람 쪽에서 자본 시장을 이르는 말.

투자=신:탁(投資信託)명 증권 회사가 일반 투자자에게서 자금을 모아 유가 증권이나 부동산 등에 투자하고 그 수익을 투자자에게 분배하는 제도.

투자-율(透磁率)명 자기장(磁氣場) 안의 물질이 자화(磁化)하는 정도를 나타내는 상수(常數).

투자=자:산(投資資産)명 투자의 목적으로 가지고 있는 자산과 주식, 사채(社債) 등을 통틀어 이르는 말. 장기간 가지고 있음으로써 현금화할 수 있음.

투자=회:사(投資會社)명 지주 회사(持株會社)

투작(偸斫)명-하다타 도벌(盜伐)

투장(偸葬)명-하다타 남의 산이나 뫼자리에 몰래 장사지내는 일. 도장(盜葬). 암장(暗葬)

투쟁(鬪爭)명-하다자 ①어떤 대상을 이기거나 극복하기 위하여 싸움. ¶불의에 맞서 -하다. ②사회 운동이나 노동 운동 등에서 목적을 이루기 위하여 맞서 싸움. ¶계급 -/임금 인상을 위해 -하다.

투쟁=문학(鬪爭文學)명 사회주의적 계급 투쟁을 내용으로 하는 문학.

투전(投錢)명 돈치기

투전(鬪牋)명 노름 도구의 한 가지, 또는 그것을 가지고 하는 노름. 두꺼운 종이로 손가락 너비에 15cm 가량의 길이로 만들어, 갖가지 그림이나 글자를 넣어 끗수를 나타냄.

투전-꾼(鬪牋-)명 투전을 일삼는 사람.

투전-목(鬪牋-)명 한 벌로 되어 있는 투전.

투전-장(鬪牋張)[-짱]명 투전의 낱장.

투전-판(鬪牋-)명 투전을 벌여 놓은 판.

투절(偸竊)명-하다타 투도(偸盜)

투정명-하다자타 무엇이 마음에 맞갖지 않아 떼를 쓰며 조르는 일. ¶음식 -을 부리다.

투정-창(妬精瘡)명 하감(下疳)

투조(透彫)명 조각 기법의 한 가지. 판금(板金)이나 나무, 돌 따위를 도려내어 무늬를 나타냄. 누공(漏空) ☞ 섭새김

투-중:추(投重錘)명 해머던지기

투지(鬪志)명 싸우고자 하는 굳센 의지. ¶불굴의 -./-가 넘친다. ▷ 鬪의 속자는 閗

투창(投槍)명 창던지기

투채(鬪彩)명 도자기 위에 그린 무늬의 흐드러진 채색.

투처(妬妻)명 강샘이 심한 아내.

투척(投擲)명-하다타 물건을 던짐. ¶원반을 -하다.

투척=경:기(投擲競技)명 포환던지기·원반던지기·창던지기·해머던지기 따위를 통틀어 이르는 말. 던지기 운동

투철(透徹)어기 '투철(透徹)하다'의 어기(語基).

투-철퇴(投鐵槌)명 해머던지기

투철-하다(透徹-)형여 ①사리에 밝고 정확하다. ¶현실을 보는 눈이 -. ②어떤 일에 대한 자세나 신념 따위가 뚜렷하고 철저하다. ¶투철한 사명감.

투초(鬪草)명-하다자 풀싸움

투취(偸取)명-하다타 절취(竊取)

투침(偸鍼)명 다래끼

투타(投打)명 야구에서, 투구와 타격을 아울러 이르는 말. ¶-가 안정된 팀.

투탁(投託)명-하다자 ①남의 세력에 기댐. ②조상이 확실하지 않은 사람이 이름이 있는 남의 조상을 자기 조상이라고 함. 변두탁

투탄(投炭)명-하다자 기관(汽罐) 안에 석탄을 퍼 넣음.

투탄(投彈)명-하다자 수류탄이나 폭탄 따위를 던지거나 떨어뜨림.

투-포환(投砲丸)명 포환던지기

투표(投票)명-하다자 선거 때 또는 어떤 일의 가부를 결정할 때, 일정한 종이에 자기의 뜻을 나타내어 지정된 함 따위에 넣는 일.

투표-구(投票區)명 투표 관리를 위하여 편의상 구분한, 단위가 되는 구역. 한 선거구에 여러 개의 투표구를 둠.

투표-권(投票權)[-꿘]명 투표를 할 수 있는 권리.

투표-소(投票所)명 투표하는 곳.

투표-수(投票數)명 투표한 수효.

투표=용:지(投票用紙)명 투표에 쓰이는 일정한 양식의 종이. 준투표지(投票紙)

투표-율(投票率)명 유권자 전체와 투표자 수의 비율.

투표-자(投票者)명 투표를 하는 사람.

투표-지(投票紙)명 '투표 용지(投票用紙)'의 준말.

투표=참관인(投票參觀人)명 투표소에서 투표가 제대로 진행되는지를 지켜보는 사람. ☞개표 참관인

투표-함(投票函)명 투표 용지를 넣는 상자.

투:피:스(two-piece)명 같은 감으로 지은, 윗도리와 스커트로 한 벌을 이루는 여성복. ☞원피스(one-piece). 스리피스(three-piece)

투피크(tupik)명 에스키모의 여름철 집. 바다표범의 가죽으로 만든 천막임.

투필(投筆)명-하다자 붓을 던진다는 뜻으로, 문필 생활을 그만두고 다른 일을 함을 비유하여 이르는 말.

투필성자(投筆成字)성구 글씨를 잘 쓰는 사람은 정성을 들이지 않고 붓을 던져도 글씨가 잘 됨을 이르는 말.

투하(投下)명-하다타 ①높은 곳에서 아래로 떨어뜨림. ¶폭탄을 -하다. ②어떤 일에 물자나 자금, 노력 따위를 들임. ¶막대한 물자와 인력을 -하다.

투하(投荷)명-하다타 제하(除荷)

투하-탄(投下彈)명 비행기에서 발사하지 아니하고 지상 목표물에 떨어뜨리는 폭탄.

투한(偸閑)명-하다자 바쁜 가운데 틈을 냄.

투한(妬悍)어기 '투한(妬悍)하다'의 어기(語基).

투한-하다(妬悍-)형여 질투가 심하고 사납다.

투함(投函)명-하다타 편지나 투서, 투표 용지 따위를 우체통이나 투서함, 투표함 등에 넣음.

투합(投合)명-하다자 뜻이나 성격 따위가 서로 잘 맞음. ¶의기가 -하다.

투항(投降)명-하다자 적에게 항복함.

투-해머(投hammer)명 해머던지기

투향(投鄕)명-하다자 지난날, 시골 선비가 고을 향청의 관원이 되는 일을 이르던 말.

투헌(投獻)명-하다타 물건을 바침.

투현질능(妬賢嫉能)성구 어질고 능력 있는 사람을 시기하며 미워함을 이르는 말.

투호(投壺)명 편을 갈라 화살을 일정한 거리의 저편에 놓인 병 속에 던져 넣어 그 수효의 많고 적음에 따라 승패를 겨루는 놀이, 또는 그 놀이에 쓰이는 병.

투호-살(投壺-)명 투호에 쓰이는 화살.

투혼(鬪魂)명 끝까지 투쟁하려는 기백.

투화(透化)명-하다타 천천히 식히면 결정이 되는 물질을 녹인 다음 급히 식혀 무정형(無定形)의 고체로 만드는 일. 유리나 에나멜 따위를 만드는 데 쓰임.

툭부 ①물체가 바닥에 떨어지는 소리, 또는 그 모양을 나타내는 말. ¶감나무에서 감이 - 떨어지다. ②좀 굵고 긴 물체가 쉽게 끊어지거나 부러지는 모양을 나타내는 말. ¶밧줄이 - 끊어지다./나뭇가지가 - 부러지다. ③물체를 슬쩍 치거나 터는 모양을 나타내는 말. ¶팔을 - 치다. ④부풀어오른 것이 갑자기 가볍게 터지는 모양을 나타내는 말. ¶비눗방울이 - 터지다./박은 부분이 - 터지다. ⑤탄력성 있는 것이 갑자기 튀어오르는 모양, 또는 그 소리를 나타내는 말. ¶탁구공이 - 튀어오르다. ⑥물건의 한 부분이 불거져 나온 모양을 나타내는 말. ¶주머니가 - 불거져 나오다. ⑦말을 퉁명스레 내뱉는 모양을 나타내는 말. ¶- 쏘아붙이다. ⑧환하게 트인 모양을 나타내는 말. ¶- 트인 공간. ⑨마음 따위를 숨김없이 터놓는 모양을 나타내는 말. ¶마음을 - 터놓고 살다./- 터놓고 얘기하다. ☞톡[2]

툭박-지다형 툭툭하고 질박하다.

툭탁부 크고 단단한 두 물체가 동안을 두고 세게 부딪칠 때 나는 소리를 나타내는 말. ¶샌드백을 - 치며 권투

E

연습을 하다. /목검(木劍)이 한차례 — 하고 부딪치다. ☞뚝딱[1]. 톡탁
툭탁-거리다[1](대다)타 툭탁 하는 소리를 자꾸 내다. 툭탁이다[1] ☞뚝딱거리다. 톡탁거리다
툭탁-거리다[2](대다)자 서로 잘 지내지 못하고 자꾸 거칠게 다투다. 툭탁이다[2]
툭탁-이다[1] 타 툭탁거리다[1] ☞뚝딱이다. 톡탁이다
툭탁-이다[2]자 툭탁거리다[2]
툭탁-치다 타 '엇셈하다'를 속되게 이르는 말. 톡탁치다
툭탁-툭탁 부 자꾸 툭탁 하는 소리를 나타내는 말. ☞뚝딱뚝딱[1]. 톡탁톡탁
툭툭 부 ①물체가 바닥에 자꾸 떨어지는 소리, 또는 그 모양을 나타내는 말. ②좀 굵고 긴 물체가 쉽게 자꾸 끊어지거나 부러지는 모양을 나타내는 말. ③물체를 슬쩍슬쩍 치거나 자꾸 터는 모양을 나타내는 말. ¶어깨를 — 건드리다. ④부풀어오른 것이 자꾸 가볍게 터지는 모양을 나타내는 말. ⑤탄력성 있는 것이 자꾸 튀어오르는 모양, 또는 그 소리를 나타내는 말. ⑥물건의 여기저기가 불거져 나온 모양을 나타내는 말. ⑦말을 퉁명스럽게 자꾸 내뱉는 모양을 나타내는 말. ☞톡톡
툭툭-하다 형여 ①피륙이 단단한 올로 고르고 촘촘하게 짜여 두툼하다. ②국물이 묽지 않고 바특하다. ☞톡톡하다. 툽툽하다
툭-하면 부 무슨 일이 있기만 하면 버릇처럼 으레. 걸핏하면 ¶— 핀잔을 준다. /— 나무란다.
툰드라(tundra 러)명 사철 거의 눈과 얼음으로 뒤덮인 북극해 연안의 벌판. 여름 동안만 지표의 일부가 녹아서 선태류나 지의류가 자람. 동야(凍野). 동원(凍原). 동토대(凍土帶)
툰드라=기후(tundra氣候)명 한대 기후의 하나. 가장 따뜻한 달의 평균 기온이 0~10°C이며, 여름에만 지표의 일부가 녹아 선태류나 지의류 따위가 자람.
툴륨(Thulium 독)명 란탄족 원소의 하나. 모나즈석 따위에 들어 있음. 〔원소 기호 Tm/원자 번호 69/원자량 168.93〕
툴툴 부 마음에 차지 않아 몹시 투덜거리는 모양을 나타내는 말.
툴툴-거리다(대다)자 마음에 차지 않아 몹시 투덜거리다.
툼벙 부 크고 묵직한 물체가 폭이 좁고 깊은 물에 떨어져 잠길 때 나는 소리, 또는 그 모양을 나타내는 말. ¶옹달샘에 수박을 — 던져 넣다. ☞톰방
툼벙-거리다(대다)자타 자꾸 툼벙 소리가 나다, 또는 그런 소리를 내다. ¶아이들이 물 속에서 툼벙거리며 놀다. ☞톰방거리다
툼벙-툼벙 부 툼벙거리는 소리, 또는 그 모양을 나타내는 말. ☞톰방톰방
툽상-스럽다(—스럽고·—스러워)형ㅂ 투박하고 상스럽다. 투상스럽다 ¶툽상스러운 말씨.
툽상-스레 부 툽상스럽게 ¶— 생기다.
툽툽-하다 형여 국물이 바특하고 진하다. ☞텁텁하다. 톱톱하다. 툭툭하다
퉁[1]명 ①품질이 낮은 놋쇠. ②품질이 낮은 놋쇠로 만든 엽전(葉錢).
퉁[2]명 다른 사람이 하는 말이나 행동이 마뜩찮아 하는 퉁명스러운 핀잔. 퉁바리[2] ¶—을 놓다. /—을 주다.
퉁[3]부 속이 빈 큰 나무통이나 큰북 따위를 칠 때 울리어 나는 소리를 나타내는 말.
퉁가리 명 퉁가릿과의 민물고기. 몸길이 10cm 안팎. 주둥이 가에 네 쌍의 수염이 있음. 몸은 가늘고 긴데, 머리는 위아래로 납작함. 몸빛은 붉은 갈색임. 우리 나라 고유종으로, 중부 지방의 하천에 분포함.
퉁겨-지다 자 ①버티어 놓은 물건이나 짜인 물건이 버그러져 틀어지다. ②숨겨졌던 일이나 물건이 뜻하지 않게 쑥 나타나다. ☞통겨지다
퉁기다 타 ①버티어 놓은 물건이나 짜인 물건을 버그러져 틀어지게 건드리다. ②뼈마디를 몹시 어긋나게 하다. ☞통기다
퉁-노구 명 퉁으로 만든 작은 솥. 바닥이 평평하고, 위아래의 크기와 모양이 엇비슷함.
퉁-딴 명 지난날, 절도죄로 옥에 갇혔다가 나온 뒤 포도청의 딴꾼이 된 사람을 이르던 말.
퉁-때 명 엽전에 묻은 때.
퉁-맞다[—맏—] 자 어떤 말이나 행동을 하고 핀잔을 듣다. 퉁바리맞다
퉁명-스럽다(—스럽고·—스러워)형ㅂ 불쑥 하는 말이나 태도에 무뚝뚝한 데가 있다. ¶퉁명스러운 말투.
퉁명-스레 부 퉁명스럽게 ¶— 대답하다.
퉁-바리[1] 명 퉁으로 만든 바리.
퉁바리[2]명 퉁[2]
퉁바리-맞다[—맏—] 자 퉁맞다
퉁-방울 명 퉁으로 만든 방울.
퉁방울-눈 명 퉁방울처럼 불거진 눈.
퉁방울-이 명 눈이 퉁방울처럼 불거진 사람.
퉁-부처 명 퉁으로 만든 부처.
퉁사리 명 퉁가릿과의 민물고기. 몸길이는 10cm 안팎으로 모양과 몸빛은 같은 과의 자가사리나 퉁가리와 비슷하나 턱과 가슴지느러미의 차이로 구분함. 우리 나라 고유종으로 금강 중류와 영산강 상류에만 서식하며 멸종위기의 보호 야생 동물로 지정되어 있음.
퉁소(∠洞簫)명 국악기 죽부(竹部) 관악기의 한 가지. 대로 만들며, 부는 아귀가 있어 내리 붊. 지공(指孔)이 앞에 다섯 개, 뒤에 하나가 있음.
퉁어리-적다 형 잘잘못을 모르고 아무 생각 없이 행동하는 데가 있다.
퉁-주발(—*周鉢)명 퉁으로 만든 주발.
퉁탕 부 튼튼한 물건을 요란하게 두드리거나 마룻바닥 따위를 마구 구를 때 울리어 나는 소리를 나타내는 말. ☞통탕
퉁탕-거리다(대다)자타 자꾸 퉁탕 소리가 나다, 또는 그런 소리를 내다. ☞통탕거리다
퉁탕-퉁탕 부 퉁탕거리는 소리를 나타내는 말. ☞통탕통탕
퉁-퉁[1] 부 속이 빈 큰 나무통이나 큰북 따위를 잇달아 칠 때 울리어 나는 소리를 나타내는 말. ☞통통[1]
퉁퉁[2] 부 -하다 형 ①몸집이 크고 단단하게 살진 모양을 나타내는 말. ¶—한 몸집. ②붓거나 불거나 하여 불룩한 모양을 나타내는 말. ¶— 부은 눈. /국수가 — 불다. ☞뚱뚱. 통통[3]
퉁퉁-걸음 명 발을 퉁퉁 구르며 빨리 걷는 걸음. ☞통통걸음
퉁퉁-증(—症)[—쯩] 명 일이 뜻대로 되지 않을 때 갑갑해 하며 골을 내는 증세.
퉤 부 입 안의 것이나 침을 뱉는 소리, 또는 뱉는 모양을 나타내는 말.
퉤-퉤 부 자꾸 퉤 하는 소리, 또는 자꾸 뱉는 모양을 나타내는 말.
튀각 명 다시마나 죽순 따위를 알맞은 크기로 잘라 기름에 튀긴 반찬. ☞부각
튀각-산:자(—糤子)명 다시마를 넓게 잘라 편 다음, 한쪽에 질게 지은 찰밥을 발라 말려서 기름에 튀긴 반찬. 다시마산자
튀기 명 ①종(種)이 다른 두 동물 사이에서 난 새끼. 잡종(雜種) ②수나귀와 암소 사이에서 태어난 동물. 탁맥(駝駱) ③'혼혈아(混血兒)'를 속되게 이르는 말.
튀기다[1] 타 튀게 하다. ¶공을 바닥에 —.
튀기다[2] 타 ①엄지손가락 끝에 다른 손가락 끝을 걸었다가 턱 놓으면서 물체를 치다. ¶놀이에 진 사람의 이마를 —. ②건드리거나 소리를 질러 달아나게 하다. ¶도둑을 —. 튕기다 ☞퇴기다
튀기다[3] 타 ①끓는 기름에 넣어서 익게 하다. ¶튀긴 만두. /감자를 —. ②마른 낟알에 열을 주어 부풀어 터지게 하다. ¶튀긴 옥수수. /쌀을 —.
튀김[1] 명 식용유로 튀긴 요리를 통틀어 이르는 말.
튀김[2] 명 -하다 타 연을 날릴 때, 얼레 자루를 젖히며 통줄을 주어 연의 머리를 그루박게 하는 일. ☞퇴김

튀김(을) 주다 관용 연을 날릴 때, 튀김 재간을 부리다.

튀다 자 ①탄력 있는 물체가 무엇에 부딪혔다가 뛰어오르다. ¶축구공이 골대에 맞고 ―. ②어떤 힘을 받아 물방울이나 알갱이 따위가 갑자기 세게 흩어져 날아가다. ¶침이 ―./불똥이 ―. ③'급히 달아나다'를 속되게 이르는 말. ¶범인이 경찰이 오기 전에 튀었다. ④행동이나 차림새 따위가 두드러져 뭇사람의 눈길을 끌다. ¶튀는 행동./옷 빛깔이 너무 튄다.

튀밥 명 찹쌀을 밀폐된 용기에 넣고 볶아 튀긴 것. 유밀과(油蜜果) 따위에 묻히기도 함.

튀어-나오다 자 ①툭 불거지게 나오다. ¶튀어나온 이마. ②속의 생각 따위가 불쑥 말로 나오다. ¶해서는 안 될 말이 ―. ③난데없이 나타나다. ¶골목에서 오토바이가 불쑥 ―.

튀튀(tutu 프) 명 흰빛의 나일론이나 얇은 모슬린 따위를 여러 장 겹쳐서 만든 발레용 스커트.

튀-하다 타여 잡은 닭이나 오리 따위의 털을 뽑으려고 끓는 물에 잠깐 넣었다가 꺼내다. ¶닭을 ―.

튕기다 자타 ①무엇에 부딪히거나 힘을 받아 세게 튀다, 또는 튀게 하다. ②튀기다[2] ③어떤 제안이나 요구 따위를 바로 받아들이지 않고 짐짓 물리침을 흔히 이르는 말. ¶배짱을 ―. ☞뚱기다

튜:너(tuner) 명 동조기(同調器)

튜:니클(tunicle) 명 가톨릭에서, 부제(副祭)나 차부제(次副祭)가 입는 제복(祭服). 또는 주교의 제복 밑에 받쳐 입는 가벼운 명주 옷을 이르기도 함.

튜:닉(tunic) 명 오버블라우스나 재킷의 도련이 엉덩이, 또는 그보다 아래까지 내려오는 윗옷.

튜:바(tuba) 명 금관 악기의 한 가지. 밸브 장치가 있으며, 금관 악기 가운데 가장 낮은 소리를 냄. 관현악이나 취주악에 쓰임.

튜:브(tube) 명 ①연고나 치약, 물감 따위를 넣고 짜내어 쓰도록 된 용기(容器). ②자동차나 자전거 따위의 타이어 속에 있는, 공기를 넣는 바퀴 모양의 고무 관(管). ③헤엄이 서투른 사람이 안전을 위해 쓰는 공기 주머니.

튤:립(tulip) 명 백합과의 여러해살이풀. 줄기 높이는 40~60cm임. 잎은 넓고 어긋맞게 남. 4~5월에 빨간색·노란색·백색 따위의 뒤집은 종 모양의 꽃이 핌. 남동 유럽과 중앙 아시아 원산임. 울금향(鬱金香). 울초(鬱草)

×트기 명 →튀기

트다[1](트고·터) 자 ①물기나 기름기가 없어 갈라지다. ¶목재가 ―./손등이 ―./입술이 ―. ②식물의 눈이 갈라져 싹 따위가 돋다. ¶감자에 싹이 ―./봄보리에 움이 ―. ③날이 새면서 동녘이 훤해지다. ¶먼동이 ―.

트다[2](트고·터) 타 ①막힌 것을 뚫어 통하게 하다. ¶길을 ―./벽을 ―./물꼬를 ―. ②서로 스스럼없는 사이가 되다. ¶마음을 ―./속을 트고 지내는 사이. ③새로 거래 관계를 맺다. ¶거래를 ―./외상을 ―. ④나이 따위가 엇비슷한 사이에서 서로 말을 놓다. ¶옆집으로 이사 온 사람과 말을 트고 지내다.

트라이(try) 명 럭비에서, 공격 쪽의 선수가 상대편의 인골 안에 공을 찍는 일. 4점 득점과 동시에 골킥을 얻음.

트라이아스기(Trias紀) 명 지질 시대의 구분의 하나. 중생대를 셋으로 가른, 그 첫 시대. 약 2억 4700만 년 전부터 약 2억 1200만 년 전까지의 시기. 파충류나 암모나이트가 번성하였고 원시적인 포유류가 나타났음. 삼첩기(三疊紀) ☞페름기

트라이앵글(triangle) 명 타악기의 한 가지. 강철 막대를 정삼각형으로 구부려 만든 것으로, 한 구석이 열려 있음. 한쪽 끝을 끈으로 매달아 손으로 쥐고 같은 재료의 쇠막대기로 침. 매우 맑고 높은 소리를 냄.

트라코마(trachoma) 명 결막의 접촉성 전염병. 급성 결막염의 형태로 시작하여 눈꺼풀 안쪽에 좁쌀 크기의 투명한 것이 돋아나며, 만성기에는 각막이 흐려지고 시력이 떨어지는 경우가 많음. 트라홈

트라홈(Trachom 독) 명 트라코마

트란퀼로(tranquillo 이) 명 악보의 나타냄말의 한 가지. '조용히, 침착하게'의 뜻.

트랄리움(Tralium 독) 명 독일의 전자 악기의 한 가지. 피아노와 비슷한데, 건반에 전기를 통하면 음계가 자유로이 연주됨.

트래버스(traverse) 명 등산에서, 비탈면을 가로질러 나아가는 일을 이르는 말.

트래버스=측량(traverse測量) 명 다각 측량(多角測量)

트래지코미디(tragicomedy) 명 희극과 비극의 성격을 함께 가진 극. 희비극(喜悲劇)

트래핑(trapping) 명 ①축구나 하키에서, 패스되어 온 공을 효과적으로 멈추는 일. ②축구에서, 상대편을 속이거나 공격을 피하는 방법.

트랙(track) 명 육상 경기장이나 경마장의 경주로.

트랙=경:기(track競技) 명 육상 경기장의 경주로에서 하는 경기를 통틀어 이르는 말. 단거리 달리기나 이어달리기 따위. ☞필드 경기

트랙백(track back) 명 카메라를 대상으로부터 점점 멀리 하면서 찍는 이동 촬영법. ☞트랙업(track up)

트랙볼:(trackball) 명 컴퓨터 입력 장치의 한 가지. 고정된 위치에서 회전 가능한 공 모양의 입력 장치를 손으로 회전시켜 화면의 커서를 이동시킴. ☞마우스

트랙업(track up) 명 카메라를 대상에 점점 가까이 하면서 찍는 이동 촬영법. ☞트랙백(track back)

트랙터(tractor) 명 강력한 원동기를 갖추고 있어 끌어당기는 힘이 좋은 작업용 자동차. 짐을 실은 트레일러나 농기계를 끌며, 토목 건설에도 쓰임.

트랜스(∠transformer) 명 변압기(變壓器)

트랜스미션(transmission) 명 변속기(變速機)

트랜스미터(transmitter) 명 송신기나 송화기 따위의 음파나 전파를 방출하는 기기를 통틀어 이르는 말.

트랜스시:버(transceiver) 명 근거리 연락용인 휴대용 소형 무선 전화기.

트랜싯(transit) 명 망원경과 눈금판을 갖춘, 각을 재는 측량 기계의 한 가지. 주로 삼각 측량이나 다각 측량 등에 쓰임. 전경의(轉鏡儀)

트랜지스터(transistor) 명 ①규소나 게르마늄 등 반도체의 도전(導電) 작용을 이용하여 전기 신호를 증폭·발진(發振)시키는 소자(素子). 결정 삼극관(結晶三極管) ②'트랜지스터라디오'의 준말.

트랜지스터라디오(transistor radio) 명 진공관 대신에 트랜지스터를 증폭 소자(素子)로 사용한 라디오 수신기. ㊟트랜지스터

트램펄린(trampoline) 명 스프링이 달린 사각형 또는 육각형의 매트 위에서 뛰어오르거나 공중 회전 등을 하는 체조 경기, 또는 그 경기에 쓰이는 기구.

트랩[1](trap) 명 배나 항공기를 타고 내릴 때 쓰는 사다리.

트랩[2](trap) 명 ①배수관의 악취가 역류하는 것을 막기 위한 장치. 관의 일부를 'U' 자나 'S' 자 모양으로 구부려 물이 고이게 함. ②증기 난방에서, 배관의 응결수(凝結水)를 배출하기 위한 장치. ③클레이 사격에서, 표적인 피전(pigeon)을 발사하는 장치.

트러블(trouble) 명 '걱정거리·고장·문제점·분쟁' 등을 뜻하는 말. ¶―이 생기다./―을 일으키다.

트러스(truss) 명 부재(部材)가 휘지 않게 접합점을 핀으로 연결한 골조 구조. 곧은 강재나 목재를 삼각형·오각형 따위의 역학 구조로 얽어 짜서 하중을 지탱하며, 교량이나 지붕 등에 이용됨.

트러스-교(truss橋) 명 트러스 구조로 만든 다리.

트러스트(trust) 명 동일 산업 부문에서 자본의 결합을 축(軸)으로 한 독점적 기업 결합. 경쟁을 피하고 시장 독점에 따른 초과 이윤을 얻을 목적으로 이루어짐. 기업 합동(企業合同) ☞카르텔(Kartell). 콘체른(Konzern)

트럭(truck) 명 화물 자동차(貨物自動車)

트럭믹서(truck mixer) 명 배합된 콘크리트를 필요한 곳까지 굳지 않도록 개면서 실어 나르는, 콘크리트 믹서를 장치한 트럭. ☞레미콘

트럼펫(trumpet)명 지름이 작은 원통형 관으로 된 금관 악기. 음색이 밝고 명쾌하며 금관 악기 중 가장 높은 음역을 맡음. 관현악·취주악·재즈, 그 밖의 합주곡에 주로 쓰이며 독주곡에도 쓰임.

트럼프(trump)명 서양식 놀이 딱지, 또는 그것으로 하는 놀이. 스페이드(spade)·하트(heart)·다이아몬드(diamond)·클럽(club)의 네 가지 기호가 그려진 카드가 각각 13장씩에, 한 장의 조커(joker)를 더해 한 벌임.

트렁크(trunk)명 ①여행용 큰 가방. ②승용차 뒤쪽에 있는 짐을 넣는 곳.

트렁크스(trunks)명 남자용 짧은 운동 팬츠. 수영·권투 등을 할 때 입음.

트레-머리명 가르마를 타지 않고 꼭뒤에다 틀어 붙인 여자의 머리. ☞어여머리. 얹은머리

트레몰로(tremolo 이)명 음악에서, 같은 음 또는 다른 두 음을 빠르게 연주하는 방법.

트레-바리명 까닭 없이 남의 말에 반대하기를 좋아하는 성미, 또는 그러한 성미를 가진 사람.

트레-방석(-*方席)명 나선형으로 틀어서 만든 방석. 볏짚 따위로 만들며, 주로 김칫독 따위를 덮는 데 쓰임.

트레이너(trainer)명 ①운동 선수를 훈련시키고 지도하는 사람. ②말이나 개 따위의 조련사(調練師).

트레이닝(training)명 연습 또는 훈련.

트레이닝캠프(training camp)명 운동 선수들의 합숙 훈련, 또는 훈련하려고 마련한 합숙소.

트레이드(trade)명 프로팀 사이에서 선수를 교환하거나 이적시키는 일.

트레이드마:크(trademark)명 ①상표(商標) ②어떤 사람 또는 집단을 나타내는 특징 따위를 이르는 말.

트레이서(tracer)명 복잡한 화학 반응계나 생체 안에서 특정 물질의 행동을 추적하는 데 쓰이는 물질.

트레이스(trace)명 ①등산에서, 발자국을 따라가는 일, 또는 그 발자국. ②투사(透寫)

트레이싱페이퍼(tracing paper)명 복도지(複圖紙). 투사지(透寫紙)

트레일러(trailer)명 견인차에 연결하여 짐이나 사람을 실어 나르는 차.

트레일러트럭(trailer truck)명 트레일러를 끄는 트럭.

트레킹(trekking)명 심신을 단련하려고 자연을 찾아 떠나는 도보 여행.

트레-트레부-하다형 실이나 노끈 따위가 둥글게 사리어 있는 모양을 나타내는 말. ☞타래타래

트렌치코:트(trench coat)명 방수 외투의 한 가지. 품이 넉넉하고, 같은 천으로 된 벨트가 달렸으며, 흔히 단추가 두 줄로 달렸음.

트로이카(troika 러)명 말 세 마리가 끄는 러시아 특유의 마차나 썰매. ☞삼두마차

트로피(trophy)명 우승자나 입상자에게 주는 컵이나 상(像), 기(旗) 등의 기념품.

트로피컬(tropical)명 소모사(梳毛絲)로 짠 하복용 모직물의 한 가지. 얇고 부드러운 직물로 통기성이 좋음.

트롤(trawl)명 '트롤망'의 준말

트롤리(trolley)명 ①전차의 트롤리폴 끝에 있는 도르래. 가공선(架空線)에서 전력을 공급 받는 장치임. 촉륜(觸輪) ②'트롤리버스'의 준말.

트롤리버스(trolley bus)명 무궤도 전차(無軌道電車) 준 트롤리(trolley)

트롤리-선(trolley線)명 전기 철도에서 전차나 전기 기관차의 전동기에 전력을 공급하는 전선.

트롤리폴:(trolley pole)명 전차 따위의 지붕 위에 있는, 가공선에서 전기를 끌어 오는 쇠막대.

트롤-망(trawl網)명 쓰레그물 준 트롤(trawl)

트롤-선(trawl船)명 저인망 어선(底引網漁船)

트롤=어업(trawl漁業)명 저인망 어업(底引網漁業)

트롬본(trombone)명 금관 악기의 한 가지. 두 개의 'U'자 모양의 관을 맞추어 만들어, 슬라이드 부분을 뽑았다 넣었다 하여 음 높이를 조절함. 관현악·취주악에 쓰임. 포자우네(Posaune)

트롬빈(thrombin)명 혈액 응고에 관계하는 단백질 분해 효소. 혈액 속의 가용성 피브리노겐이 불용성의 피브린으로 변화하는 반응에서 촉매 구실을 함.

트롯(trot)명 '폭스트롯'의 준말.

트리니트로톨루엔(trinitrotoluene)명 ①톨루엔의 수소 세 개를 니트로기로 치환한 화합물을 통틀어 이르는 말. ②티엔티(TNT)

-트리다 접미 -뜨리다

트리밍(trimming)명 ①양재에서, 옷이나 모자 따위의 가장자리에 선을 두르는 장식품. ②-하다타 사진의 원판을 인화지에 밀착·확대를 할 때 불필요한 부분을 잘라 내어 구도를 조정하는 일.

트리비얼리즘(trivialism)명 문학 창작에서, 사물이나 현상의 본질을 탐구하지 않고 사소한 문제를 필요 이상으로 상세하게 서술하는 태도.

트리엔날레(triennale 이)명 3년마다 열리는 국제 미술 전람회. ☞비엔날레(biennale)

트리오(trio 이)명 ①세 사람이 한 조를 이룸, 또는 그 세 사람. 삼인조(三人組) ②삼중주(三重奏) 또는 삼중창(三重唱) ③삼성부(三聲部)로 쓰인 악곡. 트리오소나타 따위. ④스케르초·미뉴에트, 그 밖의 무곡(舞曲)·행진곡 등의 중간부.

트리오소나타(trio sonata 이)명 독립된 세 성부(聲部)로 이루어진 소나타. 바로크 시대의 실내악에서 가장 중요한 형식임. 삼중 주명곡(三重奏鳴曲)

트리코마이신(trichomycin)명 방선균(放線菌)에서 추출한 항생 물질. 곰팡이 등에 대한 억제력이 강하여 무좀·백선(白癬) 따위를 치료하는 데 쓰임.

트리톤(triton)명 삼중 양성자(三重陽性子)

트리튬(tritium)명 삼중 수소(三重水素)

트리파노소마(Trypanosoma 라)명 트리파노소맛과의 편모충류를 통틀어 이르는 말. 몸길이 10~80μm로, 방추형이며 한 개의 편모가 있음. 척추동물의 혈액 속에 기생하며 아프리카의 수면병, 그 밖의 악성 질환의 원인이 되는 것이 많음.

트리플렛(triplet)명 셋잇단음표

트리플플레이(triple play)명 야구에서, 세 주자를 한꺼번에 아웃시키는 일. 삼중살(三重殺)

트리핑(tripping)명-하다타 반칙의 한 가지. 축구·농구·아이스하키 따위에서, 발·손·스틱 등으로 상대편을 넘어뜨리거나 넘어뜨리려 하는 행위.

트릭(trick)명 속임수

트릭워:크(trick work)명 특수 촬영(特殊撮影)

트릴(trill)명 악곡 연주에서, 지정한 음과 그 2도 위의 음을 떨듯이 빠르게 반복하여 연주하는 일, 또는 그렇게 연주하는 음. 기호는 tr. 떤음. 전음(顫音)

트림명-하다자 먹은 음식이 잘 삭지 않아서 생긴 기체가 입 밖으로 나옴, 또는 그 기체. 애기(噯氣)

트립신(trypsin)명 이자액에 들어 있는 단백질 분해 효소. ☞펩신(pepsin)

트릿-하다[-린-]형여 ①먹은 음식이 잘 삭지 않아서 속이 거북하다. ¶속이 트릿해서 신트림이 나온다. ②성질이 맺고 끊는 데가 없이 투미하다. ¶그 사람 트릿해서 믿을 수가 없다.

트위:드(tweed)명 방모 직물의 한 가지. 비교적 굵은 양모(羊毛)로 짜서 가공을 하여 표면에 거친 감촉을 준 모직물, 또는 그와 유사한 모직물.

트위스트(twist)명 허리를 중심으로 몸을 비틀면서 추는 춤, 또는 그 리듬. 1960년대 미국에서 발생하여 전세계에 유행했음.

트윈(twin)명 ①쌍둥이 ②쌍을 이룬 것. ¶-베드 ③호텔 등에서 일인용 침대 두 개를 갖춘 객실. ¶-룸

트이다자 ①막힌 것이 뚫리거나 통하다. ¶물꼬가 -./목이 -. ②가리거나 막힌 것이 없어져 훤해지다. ¶확 트인 벌판./시야가 -. ③어떤 일이 잘 될 길이 열리다. ¶출세 길이 -./운(運)이 -. ④무엇을 깨달아 알게 되

다. ¶문리가 -. ⑤생각 따위가 밝고 시원스럽다. ¶생각이 트인 사람. ㊟틔다

트적지근-하다 형여 속이 좀 트릿하다.

트집 명 ①한 덩이가 되어야 할 물건이나 일이 벌어진 틈. ②공연히 조그만 흠을 들추어내어 불평을 하거나 말썽을 부리는 일, 또는 그 불평이나 말썽.

트집(을) 잡다 관용 조그만 흠을 들추어내거나 또는 없는 흠을 만들어 남을 괴롭히다. ¶사사건건 트집을 잡는다.

트집-바탈 명 무엇이고 트집만 부리는 일.

트집-쟁이 명 트집 잡기를 좋아하는 사람.

특가(特價) 명 특별히 싸게 매긴 값.

특감(特減) 명-하다 타 특별히 줄임.

특강(特講) 명 특별히 베푸는 강의.

특경(特磬) 명 국악기 석부(石部) 타악기의 한 가지. 한 가자(架子)에 하나의 경(磬)을 달며, 크기는 편경(編磬)보다 큼. 제례악(祭禮樂)에서, 음악을 그칠 때에 침.

특경-대(特警隊) 명 특별한 경비나 경호 등의 임무를 맡아보는 경찰 부대.

특공(特功) 명 특별한 공로.

특공-대(特攻隊) 명 적을 기습 공격하기 위하여 특별히 편성하여 훈련시킨 부대. ☞별동대(別動隊)

특교(特敎) 명 특지(特旨)

특권(特權) 명 ①특별히 누리는 권리. ②특정 직무에 있는 사람에게 주어지는 특별한 권리.

특권=계급(特權階級) 명 사회적으로 특권을 누리는 신분이나 계급, 또는 그런 사람들. 특권층

특권-층(特權層) 명 특권 계급(特權階級)

특근(特勤) 명-하다 자 근무 시간 외에 특별히 더 근무함, 또는 그렇게 하는 근무.

특근=수당(特勤手當) 명 특근에 대한 보수로 주는 수당.

특급(特急) 명 '특별 급행 열차'의 준말.

특급(特級) 명 특별한 계급이나 등급.

특급(特給) 명-하다 타 특별히 줌.

특급=열차(特急列車) [-녈-] 명 '특별 급행 열차'의 준말. ☞초특급 열차(超特急列車)

특기(特技) 명 남다른 특별한 기술이나 재간.

특기(特記) 명-하다 타 특별히 다루어 적음, 또는 그런 기록. ¶-할만 한 사항.

특기-병(特技兵) 명 특별한 기술을 가지고 입대한 사병.

특달(特達) 어기 '특달(特達)하다'의 어기(語基).

특달-하다(特達-) 형여 남달리 사리에 밝고 재주가 뛰어나다.

특대(特大) 명 특별히 큼, 또는 그 물건.

특대(特待) 명-하다 타 특별히 대우함, 또는 그 대우. 특우(特遇) ¶-를 받고 입사하다.

특동-대(特動隊) 명 특별한 경우에 동원하는 부대.

특등(特等) 명 특별히 높은 등급이라는 뜻으로, 1등 위의 등급을 이르는 말.

특등-실(特等室) 명 병원·기차·여객선·호텔 같은 곳에 마련된 가장 좋은 방. 특실(特室)

특례(特例) 명 ①특수한 예. ②특별한 관례나 규례.

특례-법(特例法) [-뻡] 명 특별법 ☞일반법(一般法)

특립(特立) 명-하다 자 남에게 의지하지 않음.

특매(特賣) 명-하다 타 ①특별히 싸게 팖. ②수의 계약에 따라 특정인에게 팖. ③여느 때에는 팔지 않는 물건을 특별히 팖.

특매-장(特賣場) 명 상점을 따로 정하거나 매장을 지정하여 물건을 특가(特價)로 파는 곳.

특면(特免) 명-하다 타 형벌이나 세금 따위를 특별히 용서하거나 면제해 줌.

특명(特命) 명 ①-하다 타 특별히 명령함, 또는 그 명령. ②-하다 타 특별히 임명함, 또는 그 임명. ③특지(特旨) ④'특별 명령(特別命令)'의 준말.

특명=전권=공사(特命全權公使) [-꿘-] 명 외무(外務) 공무원의 대외 직명의 하나. 제2급 외교 사절로, 특명 전권 대사와 같은 직무를 수행함. 공사(公使) ㊟전권 공사(全權公使)

특명=전권=대:사(特命全權大使) [-꿘-] 명 외무(外務) 공무원의 대외 직명의 하나. 최고 계급의 외교 사절로, 외국에 주재하여 본국 정부의 훈령에 따라 그 나라와 외교를 하고 그 나라에 사는 자국민을 보호함. 대사(大使) ㊟전권 대사(全權大使)

특무(特務) 명 특별한 임무.

특무-정(特務艇) 명 특수한 작전이나 임무를 맡은 해군 함정. 초계정·잠수정 따위.

특무-함(特務艦) 명 다른 군함의 활동을 도와 특수한 임무를 수행하는 군함. 공작함(工作艦)·운송함·쇄빙함(碎氷艦)·급유함 따위.

특발성=질환(特發性疾患) [-썽-] 명 원인을 알 수 없는 질환.

특배(特配) 명-하다 타 ①'특별 배당(特別配當)'의 준말. ②특별히 배급함.

특별(特別) 어기 '특별(特別)하다'의 어기(語基).

특별-하다(特別-) 형여 보통과 아주 다르다.

특별-히 부 특별하게 ¶- 아픈 곳은 없다.

한자 특별할 특(特) [牛部 6획] ¶특가(特價)/특기(特技)/특성(特性)/특실(特室)/특징(特徵)

특별=감시(特別監視) 명 가석방된 죄수를 그의 형기(刑期)가 찰 때까지 감시하는 일.

특별=감:형(特別減刑) 명 형법에서, 특별한 경우에 형기(刑期)를 줄여 주는 일.

특별=검:사제(特別檢事制) 명 검사가 아닌 사람이 검사의 구실을 하여 사건을 수사하는 제도. 고위 공직자의 비리나 위법 혐의가 발견되었을 때 주로 실시함.

특별=관리=해:역(特別管理海域) 명 국가에서 오염이 될 염려가 있거나 해양 자원을 보호할 필요가 있을 때 지정하여 관리하는 해역.

특별=규정(特別規定) 명 어떤 특정한 사항에만 적용하는 법규.

특별=급행(特別急行) 명 '특별 급행 열차'의 준말.

특별=급행=열차(特別急行列車) [-녈-] 명 특정 정거장에서만 정거하고 빠른 속도로 달리는 열차. ㊟특급. 특급 열차. 특별 급행

특별=다수(特別多數) 명 선거나 의결 등에서, 투표권자 또는 투표자의 찬성이 필요하여 특별히 비율을 정한 다수. 국회가 헌법 개정안을 의결할 때 재적 의원 3분의 2 이상의 찬성을 얻어야 하는 일 따위.

특별=담보(特別擔保) 명 특정 채권에 대하여 담보로 되어 있는 것. ☞일반 담보(一般擔保)

특별=대:리인(特別代理人) 명 ①민사 소송법에서, 소송무능력자에 대하여 법원에서 선임하는 법률상의 대리인. ②민법상의 대리인과 본인의 사이에 이익이 상반되는 경우에 특별히 선임되는 다른 대리인.

특별=대책=지역(特別對策地域) 명 국가에서 환경 보전을 위하여 선포하는, 인구 또는 산업의 집중으로 말미암아 환경 오염이 심각하거나 심화될 우려가 있는 지역.

특별=명:령(特別命令) 명 군대에서, 한 부대의 개인 또는 소집단에 대해 내리는 군사 명령을 이르는 말. 일반적으로 보직·전속·진급 등의 사항이 이에 해당됨. ㊟특명(特命) ☞일반 명령

특별=방:송(特別放送) 명 긴급하거나 중요한 성격을 띤 임시 방송.

특별=배:당(特別配當) 명 회사가 일정 기간에 예상한 것 이상의 이익을 본 경우, 보통 배당을 한 나머지 이익금을 일정한 비율로 주주에게 주는 배당. ㊟특배(特配)

특별=배:임죄(特別背任罪) [-쬐] 명 형법에 규정되어 있는 배임죄 외에 상법에 규정되어 있는 배임죄. 회사의 발기인, 이사(理事) 등이 임무에 위배되는 행위를 하여 회사에 재산적 손해를 끼친 경우 따위가 이에 해당됨.

특별-법(特別法) [-뻡] 명 특정한 지역이나 사람, 사항에 적용되는 법. 소년법·노동법 따위. 특례법(特例法)

특별=법원(特別法院) 명 일반 법원의 계통에 딸리지 않고 특수한 신분이나 사건에 관해서만 다루는 법원. 군사 법

원 따위.
특별=변:호인(特別辯護人)명 변호사의 자격은 없으나 대법원 이외의 법원에서 허가를 얻어 피고인을 변호하는 사람.
특별-비(特別費)명 특별한 경우에 쓰기 위해 별도로 계상된 비용.
특별=사:면(特別赦免)명 사면의 하나. 형(刑)의 선고를 받은 특정인에 대하여 형의 집행을 면제하거나, 이후 형의 선고의 효력을 상실시키는 조처. 준특사(特赦) ☞일반 사면(一般赦免)
특별-상(特別賞)명 특별한 부문이나 일에 대하여 주는 상.
특별-석(特別席)명 특별히 마련한 좌석. 특석(特席) ☞일반석(一般席)
특별-세(特別稅)[-쎄]명 특별한 목적을 위하여 매기는 세금. ☞목적세. 일반세
특별-소비세(特別消費稅)[-쎄]명 사치품의 소비 또는 사치 행위를 억제하고 세금의 공정성을 꾀하기 위하여 특정 물품이나 사업에 부과하는 세금.
특별-시(特別市)명 지방 자치 단체의 한 가지. 도(道)나 광역시와 같은 상급 지방 자치 단체로서 정부가 직접 관할함. 현재, 서울 특별시 뿐임.
특별시-도(特別市道)명 도로의 한 가지. 서울 특별시와 각 광역시의 구역 안의 도로로서, 서울 특별시장 또는 각 광역시장이 그 노선을 정하고 관리함. ☞시도(市道)
특별=예:금(特別預金)[-례-]명 정기 예금과 당좌 예금 이외의 특약에 따른 예금.
특별=위원(特別委員)명 국회에서, 상임 위원회의 소관에 딸리지 않거나 특히 필요하다고 인정되는 안건을 심사하기 위하여 선임한 위원. 각 교섭 단체의 소속 의원 수의 비율에 따라 의장이 선임함.
특별=위원회(特別委員會)명 국회에서, 특히 필요하다고 인정되는 안건을 심사하기 위하여 구성하는 위원회. 상임 위원회와 대비됨. 준특위(特委)
특별=은행(特別銀行)명 특수 은행(特殊銀行)
특별=재해=지역(特別災害地域)명 국가에서 복구 작업을 효과적으로 하기 위하여 선포하는, 자연 재해 등으로 큰 해를 입은 지역.
특별=전:보(特別電報)명 보통 전보 이외에 비상 사태나 긴급 사태에서 발신하는 전보. 비상 전보와 긴급 전보가 있음.
특별=참모(特別參謀)명 사단급 이상의 부대에서, 지휘관을 도와 기술·행정 등 특수 분야를 담당하는 참모 장교. ☞일반 참모
특별=핵물질(特別核物質)[-찔]명 플루토늄·우라늄 235·우라늄 238 등 핵분열성 물질과 삼중 수소·리튬 등 핵변환에 따라서 에너지를 복사(輻射)하는 물질을 통틀어 이르는 말.
특별=활동(特別活動)[-똥]명 학교 교육 과정에서 교과 학습 이외의 교육 활동. 학급 활동, 학생회 활동, 행사 활동, 클럽 활동 따위. 준특활(特活)
특별=회:계(特別會計)명 국가의 특별한 사정이나 필요에 따라 일반 회계와는 별도로 세입·세출 예산을 경리하는 회계. ☞일반 회계
특보(特報)명-하다타 특별히 보도함, 또는 그 보도. ¶뉴스 -/기상 -
특사(特使)명 ①특별히 보내는 사신(使臣). ②특별한 임무를 주어 파견하는 외교 사절. 전사(專使) ¶대통령 -
특사(特赦)명-하다타 '특별 사면(特別赦免)'의 준말.
특사(特賜)명-하다타 지난날, 임금이 신하에게 무엇을 특별히 내리던 일.
특산(特產)명 어떤 고장에서 특별히 남, 또는 그 산물. ¶- 작물/강화 - 화문석
특산-물(特產物)명 어떤 고장의 특별한 산물.
특상(特上)명 상등(上等) 중에서도 특별히 뛰어남, 또는 그런 것.
특상(特賞)명 특별한 상. 정해진 등급 외의 최고의 상.
특색(特色)명 다른 것과 견주어 두드러지게 다른 점. ¶그 지방의 -을 잘 살린 문화 행사. ☞특징(特徵)
특생(特牲)명 산 제물(祭物)로 바치는 소.
특석(特席)명 특별석(特別席)
특선(特選)명-하다타 ①특별히 골라 뽑음, 또는 그런 것. ②특별히 뛰어난 것을 골라 뽑음, 또는 그런 것. ¶-으로 입상한 작품.
특설(特設)명-하다타 특별히 설치함. ¶- 무대/- 경기장
특성(特性)명 그것만이 가진 특수한 성질. ¶유리는 잘 깨지는 -이 있다.
특세(特勢)명 특별히 다른 형세.
특수(特需)명 특별한 상황에서 생기는 수요.
특수(特秀)어기 '특수(特秀)하다'의 어기(語基).
특수(特殊)어기 '특수(特殊)하다'의 어기(語基).
특수-강(特殊鋼)명 탄소강에 크롬·니켈·규소·망간·몰리브덴·코발트 등의 합금 원소를 더한, 경도(硬度)가 높은 강철. 합금강(合金鋼) ☞보통강(普通鋼)
특수=강:도죄(特殊強盜罪)[-쬐]명 밤중에 사람의 주거(住居)에 침입하여 강도 행위를 하거나, 또는 흉기를 휴대하거나 두 사람 이상이 합동하여 강도 행위를 함으로써 성립하는 죄.
특수=경력직=공무원(特殊經歷職公務員)명 공무원 분야의 하나. 경력직 공무원 이외의 공무원을 이름. 정무직·별정직·계약직·고용직 공무원이 이에 딸림.
특수=교:육(特殊敎育)명 시청각 장애, 지체 부자유, 정신 박약 등의 학생을 위하여 특별한 학교와 학급을 마련하고, 각 장애의 특성에 맞는 교과 과정에 따라 실시하는 교육.
특수=문자(特殊文字)[-짜]명 컴퓨터에서, 숫자나 로마자 이외에 사용되는 특별한 문자. '+, -, ※, =, ₩' 따위.
특수=법인(特殊法人)명 특별법에 따라 설치되는 법인을 통틀어 이르는 말. 한국 은행, 한국 전력 공사 따위.
특수=상대성=이론(特殊相對性理論)[-썽-]명 시간과 공간의 절대성을 부정하고 등속(等速) 운동하는 좌표계의 상대성을 수립한 이론. 아인슈타인이 수립함. ☞일반 상대성 이론
특수-성(特殊性)[-썽]명 사물의 특수한 성질.
특수-아(特殊兒)명 심신의 발달이나 행동이 일반 어린아이와 다른 어린아이.
특수=우편(特殊郵便)명 우체국에서 등기나 내용 증명, 배달 증명 등과 같이 특수하게 다루는 우편.
특수=은행(特殊銀行)명 은행법의 적용을 받는 보통 은행에 상대하여 특별한 법령에 따라 설립된 금융 기관. 한국 은행, 한국 산업 은행 따위. 특별 은행(特別銀行) ☞일반 은행
특수=인쇄(特殊印刷)명 ①활판 인쇄나 오프셋 인쇄, 그라비어 인쇄 이외의 인쇄 방법. 콜로타이프 인쇄나 스크린 인쇄 따위. ②종이 외에 금속·유리·플라스틱 따위에 하는 인쇄.
특수=조:사(特殊助詞)명〈어〉보조 조사(補助助詞)
특수=창:조설(特殊創造說)명 하느님이 우주 만물을 낱낱이 다르게 창조하였다는 설.
특수-채(特殊債)명 특수 채권(特殊債權)
특수=채:권(特殊債權)[-꿘]명 특별법에 따라 설립된 법인이 발행하는 채권. 특수채
특수=촬영(特殊撮影)명 영화 등에서 특수한 기기나 기법으로 촬영하여 특수한 효과와 실제로 있을 수 없는 일을 화면에 나타내는 일, 또는 그러한 기술. 고속도 촬영, 저속도 촬영, 현미경 촬영 따위가 있음. 트릭워크
특수=특장차(特殊特裝車)명 특수한 장비를 갖추어 특수한 용도로 쓰이는 자동차. 소방차·제설차·탱크로리 따위. 준특장차(特裝車)
특수=폭탄(特殊爆彈)명 특수한 공격 목표와 용도에 쓰이는 폭탄. 소이탄·세균탄·조명탄·독가스탄 따위.
특수-하다(特秀-)형여 보통보다 빼어나다.
특수-하다(特殊-)형여 보통과 아주 다르다.
특수=학교(特殊學校)명 특수 교육을 하는 교육 기관. 정

신 장애나 청각 장애, 지체 부자유, 시각 장애, 정서 장애 따위의 학생을 가르침.
특수=학급(特殊學級)명 일반 초등 학교나 중학교에 심신 장애 학생을 위하여 편성한 학급.
특수-화(特殊化)명-하다자타 특수한 것으로 됨, 또는 그렇게 되게 함.
특수=회:사(特殊會社)명 특정한 목적을 위하여 특별법에 따라 설립된 회사. 한국 방송 공사, 한국 전력 공사, 한국 도로 공사 따위.
특실(特室)명 특등실(特等室)
특악(慝惡)어기 '특악(慝惡)하다'의 어기(語基).
특악-하다(慝惡─)형여 간사하고 악독하다. 사악하다
특애(特愛)명-하다타 특별히 사랑함, 또는 그 사랑.
특약(特約)명-하다타 ①특별한 조건을 붙인 약속. ②특별한 편의나 이익이 있는 계약.
특약-점(特約店)명 본점이나 제조 회사 또는 판매 회사와 취급 상품, 판매 지역, 거래 조건 등에 관하여 특별한 계약을 맺고 물건을 거래하는 상점.
특용(特用)명-하다타 특별하게 씀, 또는 그런 용도.
특용-림(特用林)명 수액이나 과실·수피(樹皮) 등을 채취할 수 있는 옻나무·밤나무·잣나무 따위의 특수한 품종의 나무들로 이루어진 삼림.
특용=작물(特用作物)명 담배나 차·삼·목화 따위와 같이, 식용 이외의 특별한 용도로 쓰려고 재배하는 농작물. ☞공예 작물. 보통 작물
특우(特遇)명-하다타 특대(特待)
특위(特委)명 '특별 위원회(特別委員會)'의 준말.
특유(特有)명-하다형 어떤 사물만이 특별히 가지고 있음. ¶어촌 ─의 풍경. ☞통유(通有)
특유-성(特有性)[─썽]명 그것만이 특별히 가지고 있는 성질. ¶한민족(韓民族)의 ─. ☞통유성(通有性)
특유=재산(特有財產)명 민법에서, 부부의 한편이 혼인하기 이전부터 가진 고유 재산과 혼인 중 자기 명의로 취득한 재산을 이르는 말.
특융(特融)명-하다타 금전 따위를 특별히 돌려 씀.
특은(特恩)명 특별한 은혜.
특이(特異)어기 '특이(特異)하다'의 어기(語基).
특이-성(特異性)[─썽]명 여느 것과 특별히 다른 성질. ¶곤충의 생물학적 ─.
특이=아동(特異兒童)명 심신 장애아나 지진아 등 교육할 때 특별히 배려해야 하는 아동.
특이-질(特異質)명 특이 체질(特異體質)
특이=체질(特異體質)명 어떤 물질에 대하여 보통 사람과는 달리 과민한 반응을 일으키는 체질. 특정한 종류의 약물이나 단백질, 특유한 이물질에 대한 반응이 이상적으로 민감하여 나타남. 이상 체질(異常體質). 특이질
특이-하다(特異─)형여 여느 것과 두드러지게 다르다. ¶특이한 재능./생김새가 ─.
특자(慝者)명 간사하고 악한 사람.
특작(特作)명 특별히 뛰어난 작품.
특장(特長)명 특별한 장점.
특장-차(特裝車)명 '특수 특장차(特殊特裝車)'의 준말.
특저(特著)명 ①-하다자 특별히 눈에 띄게 드러남. ②특별한 저술, 또는 그 책.
특전(特典)명 특별한 은전(恩典), 또는 특별한 대우. ¶─을 베풀다./─을 주다.
특전(特電)명 주로 해외 특파원의 보도에 따른 신문이나 통신 따위의 특수한 전보 통신.
특점(特點)명 여느 것과 특별히 다른 점.
특정(特定)명-하다타 특별히 지정함, 또는 특별한 지정.
특정=가격(特定價格)[─까─]명 물건의 성격으로 보아 정상 가격으로 감정(鑑定)하기가 부적당할 경우나 감정에서 특수한 조건이 따를 경우에 물건의 성격이나 조건에 알맞게 매기는 가격.
특정-물(特定物)명 상거래 따위에서, 구체적으로 지정하여 같은 종류의 다른 물건으로 바꾸는 것을 허용하지 아니하는 물건. ☞불특정물
특정=범죄=가중=처벌법(特定犯罪加重處罰法)[─뻡]명 건전한 사회 질서의 유지와 국민 경제에 기여할 목적으로 특정 범죄에 대하여 가중 처벌을 규정한 법률. 형법, 관세법, 조세범 처벌법, 산림법, 마약법 등에 규정함.
특정=승계(特定承繼)명 다른 사람의 권리나 의무를 낱낱이 승계하는 일. ☞포괄 승계(包括承繼)
특정=승계인(特定承繼人)명 다른 사람의 권리나 의무를 낱낱이 승계하는 사람. 상속(相續), 회사 합병, 포괄 유증(包括遺贈) 등의 경우를 제외한 보통의 매매에 따른 권리 승계인 따위. ☞포괄 승계인(包括承繼人)
특정=유증(特定遺贈)명 특정한 물건, 권리 또는 일정액의 금전과 같은 구체적인 재산을 유언(遺言)에 따라 남에게 주는 일. ☞포괄 유증(包括遺贈)
특정=유해=물질(特定有害物質)[─찔]명 환경법에 따라서 국가가 인체 또는 생물에 해롭다고 하여 지정한 물질. 카드뮴·납·석면·페놀류 따위.
특정-인(特定人)명 특별히 지정한 사람.
특정직=공무원(特定職公務員)명 경력직 공무원 분류의 하나. 법관, 검사, 외무 공무원, 경찰 공무원, 소방 공무원, 교육 공무원, 군인, 군무원, 국가 정보원의 직원과 특수 분야의 업무를 담당하는 공무원으로서 법률이 지정하는 공무원을 이름. ☞기능직 공무원
특제(特除)명-하다타 임금의 특별한 명으로 관직을 맡김.
특제(特製)명-하다타 보통 것보다 특별히 잘 만들거나 특수하게 만듦, 또는 그렇게 만든 제품. 별제(別製) ¶─ 만년필/─ 탁자를 사다. ☞상제(上製)
특종(特種)명 ①특별한 종류. ②'특종 기사'의 준말.
특종(特鐘)명 국악기 금부(金部) 타악기의 한 가지. 한 가자(架子)에 길이 45cm 안팎의 큰 종 하나를 걸어 놓고 뿔 망치로 쳐서 소리를 냄. 석전(釋奠)에서 주악(奏樂)의 시작을 알리는 신호로 쓰임. ☞특경(特磬)
특종=기사(特種記事)명 신문·잡지·방송사 등에서 특별히 취재하여 보도하는 중요한 기사. 준특종(特種)
특주(特酒)명 특별한 방법으로 빚은, 질이 좋은 술.
특중(特重)어기 '특중(特重)하다'의 어기(語基).
특중-하다(特重─)형여 특히 중요하다.
특지(特旨)명 ①지난날, 임금이 특별히 내리는 교지(敎旨)를 이르던 말. 특교(特敎). 특명(特命) ②조선 시대, 천망(薦望)의 절차를 거치지 아니하고 임금이 직접 관원을 임명하는 교지를 이르던 말.
특지(特志)명 ①좋은 일을 하려는 특별한 뜻. ②'특지가(特志家)'의 준말.
특지-가(特志家)명 좋은 일을 하려는 뜻이 있는 사람. 준특지(特志)
특진(特進)[1]명-하다자 뛰어난 공로에 따라 일반 규례를 벗어나 특별히 진급함, 또는 그 진급. ¶한 계급 ─하다.
특진(特進)[2]명 고려 시대, 문관의 정이품 품계.
특진-관(特進官)명 ①조선 시대, 경연(經筵)에 참석하여 임금의 고문(顧問)에 응하던 관직, 또는 그 관원. ②대한 제국 때, 궁내부(宮內府)의 칙임(勅任) 관직, 또는 그 관원. 왕실의 전례(典禮)나 의식(儀式)에 관한 일과 임금의 자문(諮問)에 응하는 일을 맡았음.

특질(特質)명 여느 것과 다른, 특별한 성질이나 기질. ¶한국 미술의 ─.
특집(特輯)명 신문이나 잡지·방송 따위에서 특정 문제를 특별히 다루어 편집하는 일, 또는 그 편집물. ¶올림픽 ─ 기사/─ 다큐멘터리
특징(特徵)명 ①다른 것과 비교하여 특별히 눈에 띄는 점. ¶─이 없는 생김새. ②-하다타 임금이 관직을 주려고 특별히 부름.
특징-적(特徵的)명 특징이 되는 것. ¶─인 말투.
특징-짓:다(特徵─)[─짇─](─짓고·─지어)자타ㅅ 특징을 이루다.
특차(特次)명 일정하게 정한 차례 외에 특별히 둔 차례. ¶─ 전형/─로 선발되다.
특채(特採)명-하다타 특별히 채용함.
특천(特薦)명-하다타 특별히 추천함.

특청(特請)명-하다타 특별히 청함.
특출(特出)어기 '특출(特出)하다'의 어기(語基).
특출-하다(特出-)형여 남보다 특별히 뛰어나다. ¶특출한 인물./재능이 -.
특칭(特稱)명 ①전체 가운데 특히 그것만을 가리켜서 일컫는 일, 또는 그 일컫는 이름. ②논리학에서, 주사(主辭)가 나타내는 사물의 한 부분을 한정하는 일. '어떤·그·이·한' 따위의 말이 쓰임. ☞전칭(全稱)
특칭=긍:정=명:제(特稱肯定命題)명 특칭 긍정 판단
특칭=긍:정=판단(特稱肯定判斷)명 정언적(定言的) 판단에서, '어떤 A는 B다'라는 형식으로 나타내는 특칭 판단. 특칭 긍정 명제 ☞특칭 부정 판단
특칭=명:제(特稱命題)명 논리학에서, 주사(主辭)의 일부분에 관한 판단을 나타내는 명제. 특칭 긍정 명제와 특칭 부정 명제가 있음.
특칭=부:정=명:제(特稱否定命題)명 특칭 부정 판단
특칭=부:정=판단(特稱否定判斷)명 정언적(定言的) 판단에서, '어떤 A는 B가 아니다'라는 형식으로 나타내는 특칭 판단. 특칭 부정 명제 ☞특칭 긍정 판단
특특-하다형여 피륙 따위의 발이 굵고 거칠다. ☞탁탁하다
특파(特派)명-하다타 특별히 파견함.
특파=공사(特派公使)명 '특파 전권 공사'의 준말.
특파=대:사(特派大使)명 '특파 전권 대사'의 준말.
특파=사:절(特派使節)명 특정 문제의 교섭과 특정 임무의 수행 목적을 가지고 외국에 파견되는 임시 외교 사절.
특파-원(特派員)명 ①특별히 파견한 사람. ②신문사·잡지사·방송국 등에서 뉴스의 취재와 보도를 위하여 외국에 파견한 사람.
특파=전권=공사(特派全權公使)[-꿘-]명 특정 문제의 교섭이나 해결을 위하여 일시적으로 외국에 특파되는 공사급의 사절. 전권 위임장을 지님. 준특파 공사
특파=전권=대:사(特派全權大使)[-꿘-]명 특정 문제의 교섭이나 해결을 위하여 일시적으로 외국에 특파되는 대사급의 사절. 전권 위임장을 지님. 준특파 대사
특품(特品)명 특별히 좋은 물품.
특필(特筆)명-하다타 신문 따위의 출판물에서, 어떤 기사를 특별히 다루어 실음, 또는 그 글.
특필=대:서(特筆大書)명 대서 특필(大書特筆)
특허(特許)명 ①-하다타 특별히 허가함. ②특정한 사람에게 특정한 권리를 행정적으로 설정하는 일. ③특허법에서, 어떤 사람의 발명품에 대하여 그 사람 또는 그 승계자에게 독점할 권리를 주는 일. ¶-를 얻다.
특허-권(特許權)[-꿘]명 공업 소유권의 하나. 특허를 받은 발명을 독점적으로 이용할 수 있는 권리.
특허=기업(特許企業)명 국가 또는 공공 단체에 유보(留保)된 사업 경영권을 얻어 설립, 경영하는 공기업(公企業). 한국 조폐 공사, 대한 주택 공사 따위.
특허=대:리업(特許代理業)명 특허, 실용 신안, 의장(意匠), 상표 등에 관한 대리업.
특허-법(特許法)[-뻡]명 발명을 보호, 장려하고 그 이용을 도모함으로써 기술의 발전을 꾀하고 국가 산업의 발전에 기여하게 함을 목적으로 하는 법률.
특허=변:리사(特許辨理士)명 변리사(辨理士)
특허=심:판(特許審判)명 산업 재산권의 발생·변경·소멸과 그 효력 범위에 관한 분쟁을 해결하기 위한 행정 심판. 특허청에 딸린 특허심판원에서 세 사람, 또는 다섯 사람의 심판관의 합의로 이루어짐.
특허-증(特許證)[-쯩]명 특허권 설정의 등록을 마친 특허권자에게 발부하는 증명서.
특허-품(特許品)명 특허를 얻은 제품.
특혜(特惠)명 특별히 베푸는 혜택. ¶-를 받다.
특혜=관세(特惠關稅)명 특정한 나라의 생산품 또는 선박에 대하여 부과하는 낮은 세율의 관세.
특혜=무:역(特惠貿易)명 특혜 관세를 적용하는 무역.
특혜=세:율(特惠稅率)명 특혜 관세의 세율.
특화(特化)명 한 나라의 산업 구조나 수출 구성에 특정 산업이나 상품이 상대적으로 큰 비중을 차지하는 상태.
특활(特活)명 '특별 활동'의 준말.
특효(特效)명 특별히 뛰어난 효험.
특효-약(特效藥)명 특별한 효능이 있는 약. 비약(祕藥)
특-히(特-)부 다른 것보다 더욱. ¶- 신경 써야 할 부분./- 중요하다.
튼실-하다형여 튼튼하고 실하다.
튼튼-하다형여 ①물품의 생김새나 만듦새가 단단하고 실하다. ¶튼튼하게 지은 집./해진 데를 튼튼하게 깁다. ②몸이 단단하고 야무지다. ¶몸이 -. ☞탄탄하다
튼튼-히부 튼튼하게 ¶아이가 - 자라다.

한자 **튼튼할 강**(康)〔广部 8획〕¶강건(康健)/강녕(康寧)
튼튼할 건(健)〔人部 9획〕¶강건(強健)/건전(健全)

틀명 ①어떤 물체의 모양을 만드는 데 밑바탕이 되는 몸체. ¶반죽을 -에 넣어 모양을 내다. ②물건을 끼우거나 받치거나 팽팽히 켕기게 하는 데 쓰는, 테두리만으로 된 물건. ¶수놓을 천을 -에 끼우다./그림을 -에 끼우다. ③간단한 얼개의 기계나 기구를 이르는 말. ④'재봉틀'의 준말. ¶-로 박다. ⑤일정한 형식이나 격식. ¶-에 박힌 인사말. ⑥틀거지 ¶-이 장군 감이다./-이 좋다. ⑦〔의존 명사로도 쓰임〕가마나 상여, 기계 따위를 세는 단위. ¶가마 두 -./상여 한 -.
틀에 맞추다관용 일정한 형식에 기계적으로 맞추다. ¶틀에 맞추어 모든 일을 처리하다.
틀에 박히다관용 새로운 데가 없이 케케묵은 상태에 머물다. ¶틀에 박힌 구성.
틀을 잡다관용 일정한 형태나 구성을 갖추다. ¶새로 시작한 사업이 제법 틀을 잡았다.
틀이 잡히다관용 몸가짐이나 행동거지 등이 격에 어울리게 되다. ¶군인다운 -.

한자 **틀 기**(機)〔木部 12획〕¶기계(機械)/기기(器機)/기선(機船)/직기(織機)/항공기(航空機)

틀-가락[-까-]명 무거운 물건을 목도하는 데 쓰는 긴 나무.
틀거지명 겉으로 드러나 보이는, 의젓하고 듬직한 생김새. 틀
틀-국수명 틀에 넣어 뽑은 국수. ☞칼국수
틀-누비명 재봉틀로 누빈 누비.
틀-니명 인공적으로 만들어 잇몸에 끼웠다 뺐다 할 수 있는 이. ☞가치(假齒). 의치(義齒)
틀다(틀고·트니)타 ①몸 또는 몸의 일부분을 다른 쪽을 향하도록 돌리다. ¶몸을 오른쪽으로 -./고개를 모로 -. ②물건을 어느 한쪽으로 돌리다. ¶나사를 틀어 풀다./수도꼭지를 -. ③라디오·텔레비전 따위의 기계 장치를 켜거나, 다른 채널로 돌리다. ¶라디오를 -./클래식 음악 방송을 -. ☞켜다[1] ④잘 되어 가던 일을 어그러지게 하다. ¶약속한 일을 일방적으로 -. ⑤머리털을 일정한 모양으로 가다듬어 올려 붙이다. ¶상투를 -. ⑥새가 깃들일 자리를 만들다. ¶새가 둥지를 -. ⑦솜틀로 솜을 피우다. ¶묵은 솜을 틀어 햇솜처럼 만들다. ☞타다[7] ⑧두 다리를 엇걸어 포개다. ¶가부좌를 -. ⑨길이가 긴 것을 사리어 둥글게 감다. ¶뱀이 똬리를 -.
틀리다자 ①셈이나 일 따위가 그르게 되거나 어긋나다. ¶계산이 -./네 예상이 틀렸다. ②어떤 일로 말미암아 마음이 비틀어지다. ¶비위가 -./심사(心思)가 -.
틀림-없:다[-업-]형 조금의 어긋남도 없이 꼭 맞다. ¶진품임에 -./그의 말이 사실임에 -.
틀림-없이부 조금의 어긋남도 없이 반드시. ¶그는 - 이길 것이다.
틀-바느질명 재봉틀로 하는 바느질.
틀수-하다형여 성질이 너그럽고 생각이 깊다.
틀-스럽다(-스럽고·-스러워)형ㅂ 보기에 의젓하고 듬직한 데가 있다.
틀-스레부 틀스럽게 ¶- 보이다.

ㅌ

틀어-넣다 [타] 구멍이나 틈 따위에 무엇을 들이밀어 넣다. ¶들뜬 틈새에 신문지를 접어 ㅡ.

틀어-막다 [타] ①억지로 틀어넣어 통하지 못하게 하다. ¶코를 솜으로 ㅡ./귀를 ㅡ. ②말이나 행동 따위를 함부로 하지 못하게 제지하다. ¶뇌물로 입을 ㅡ.

틀어-박다 [타] ①무엇에 대고 머리 따위를 억지로 쑤시고 들이밀다. ¶아이가 아빠의 가슴에 머리를 틀어박고 울다. ②무엇을 어떤 곳에 함부로 오래 넣어 두다. ¶새 책을 책장에 틀어박아 두다.

틀어-박히다 [자] ①어디에 단단히 박히다. ¶벽에 틀어박힌 못을 빼내다. ②한곳에 꼼짝하지 않고 오래 머물다. ¶휴가 내내 집에만 틀어박혀 지내다.

틀어-잡다 [타] ①단단히 움켜잡다. ②자기의 마음대로 다루거나 부릴 수 있도록 손아귀에 들게 하다.

틀어-쥐다 [타] ①단단히 움켜쥐다. ¶멱살을 ㅡ./갑자기 배를 틀어쥐고 뒹굴다. ②무엇을 완전히 자기 손아귀에 넣다. ¶권력을 틀어쥐고 전횡(專橫)을 일삼다.

틀어-지다 [자] ①곧바르게 나가지 않고 옆으로 굽어 나가다. ¶골목이 왼쪽으로 ㅡ. ②비비 꾀어서 비틀리다. ¶비바람에 심하게 틀어진 고목(古木). ③사귀는 사이가 벌어지다. ¶말다툼 끝에 친구와 사이가 ㅡ. ④꾀하는 일이 빗나가거나 어그러지다. ¶해외 진출 계획이 ㅡ.

틀-지다 [형] 틀거지가 있다.

틀-톱 [명] 톱에 틀이 붙어 있어 두 사람이 양쪽에서 밀고 당기며 켜는 톱.

틈 [명] ①벌어져 사이가 난 자리. ¶문 ㅡ으로 안을 엿보다./벽에 ㅡ이 생기다. ②여러 사람이나 여러 세력의 사이. ¶사람들 ㅡ에 끼어 빠져 나가다. ③겨를 또는 짬. 여가(餘暇) ¶쉴 ㅡ도 없다. ④서로 벌어진 사귐의 거리. ¶친구와 ㅡ이 생기다. ⑤허술한 점. ¶적에게 ㅡ을 보이다. ⑥어떤 일을 할 기회. ¶복수할 ㅡ을 노리다.
[속담] **틈 난 돌이 터지고 태 먹은 독이 깨진다** : 앞서 무슨 징조가 나타난 일은 결국 그대로 되고야 만다는 뜻.

틈-나다 [자] 겨를이 생기다. ¶틈나는 대로 책을 읽다.

틈-내:다 [자] 어떤 일을 할 겨를을 내다. ¶모처럼 틈내어 고향을 찾다.

틈-바구니 [명] '틈'의 속된말. [준] 틈바귀

틈-바귀 [명] '틈바구니'의 준말.

틈-새 [명] 아주 좁은 틈. 틈새기

틈-새기 [명] 틈새

틈-서리 [명] '틈'의 속된말.

틈입(闖入) [명] -하다 [자] 기회를 타서 함부로 들어감.

틈-타다 [타] 겨를이나 기회를 얻다. ¶밤을 틈타 달아나다.

틈틈-이 [부] ①틈이 난 곳마다. ¶담장 ㅡ 시멘트를 메우다. ②겨를이 있을 때마다. ¶ㅡ 털실로 장갑을 짜다.

틔:다 [자] '트이다'의 준말.

틔우다 [타] 트이게 하다.

티[1] [명] ①먼지처럼 아주 잔 부스러기. ¶눈에 ㅡ가 들어가다. ②조그마한 흠. ¶옥의 ㅡ./ㅡ 없이 맑은 하늘.
티(를) 뜯다 [관용] 공연히 흠을 찾아내어 시비하다.
티(를) 보다 [관용] 흠을 살피어 찾다.

티[2] [의] 어떠한 기색이나 태도. ¶돈 없는 ㅡ를 내다./처녀 ㅡ가 나다./학생 ㅡ를 벗지 못하다.

티:(T·t) [명] 영어 자모(字母)의 스무째 글자의 이름.

티:(tea) [명] 차(茶), 특히 홍차를 이르는 말.

티:(tee) [명] 골프에서, 공을 맨 처음 치기 위하여 올려 놓는 대(臺)를 이르는 말.

티격-나다 [자] 서로 뜻이 맞지 아니하여 사이가 벌어지다.

티격-태격 [부] 서로 뜻이 맞지 아니하여 시비하는 모양을 나타내는 말.

티끌 [명] ①티와 먼지를 통틀어 이르는 말. 분진(粉塵). 진애(塵埃) ②아주 작거나 적음을 비유하여 이르는 말. ¶ㅡ만큼의 배려도 없다./ㅡ만 한 먼지도 없이 닦다.
[속담] **티끌 모아 태산**(泰山) : 아무리 작은 것이라도 쌓이고 쌓이면 큰 덩어리가 된다는 말.

[한자] **티끌 진**(塵) 〔土部 11획〕 ¶분진(粉塵)/진개(塵芥)/진무(塵霧)/진애(塵埃)/진토(塵土)

티끌-세상(ㅡ世上) [명] 속세(俗世)를 이르는 말. 진경(塵境). 진계(塵界). 진세(塵世). 진속(塵俗)

티눈 [명] 손이나 발 따위에 생기는, 쐐기 모양의 굳은살. ¶ㅡ이 박이다. ☞계안창(鷄眼瘡). 육자(肉刺)

티록신(thyroxine) [명] 갑상선에서 분비되는 호르몬의 한 가지. 요오드가 들어 있으며 물질 대사를 왕성하게 함.

티몰(tymol) [명] 페놀의 한 가지. 꿀풀과 식물 정유(精油)의 성분으로, 특이한 향기가 있는 흰빛의 결정임. 방부제·살균제·구충제 등에 쓰임.

티-밀이 [명] 재래식 한옥에서, 겉창이나 분합의 창살을 겉쪽이 둥글게 되도록 밀어 만드는 일.

티:브이(TV) [명] 텔레비전(television)

티:샷(tee shot) [명] 골프에서, 티잉그라운드에서 시작하는 첫번째 타구를 이르는 말.

티석-티석 [부] -하다 [형] 거죽이나 면이 매우 거칠게 일어나서 번지럽지 못한 모양을 나타내는 말. ☞테석테석

티:-셔:츠(T-shirts) [명] 'T'자 모양의 반소매 셔츠.

티:스푼:(teaspoon) [명] 찻숟가락

티아민(thiamine) [명] 비타민비원(vitamin B_1)

티:에스에스(TSS) [명] 시분할 시스템
[time-sharing system]

티:엔티:(TNT) [명] 톨루엔에 질산과 황산의 혼합물을 작용시켜 만드는 화합물. 황색의 결정으로, 폭약으로 널리 쓰임. 트리니트로톨루엔(trinitrotoluene)

티:오:(TO) [명] 편제상의 정원(定員).
[table of organization]

티오-황산나트륨(Thio黃酸Natrium) [명] 아황산나트륨 용액에 황을 섞어 가열한 수용액을 농축, 여과하면 생기는 무색의 결정체. 분석 시약, 매염제, 사진 정착제 등으로 쓰임. 차아황산나트륨

티읕 [명] 〈어〉한글 자모(字母) 'ㅌ'의 이름.

티:잉그라운드(teeing ground) [명] 골프에서, 각 홀의 공을 치기 시작하는 구역.

티:-자(T-) [명] 제도기(製圖器)의 한 가지. 수평선이나 수직선을 긋는 데 쓰이며, 'T'자 모양임. 정자자. 정자정규(丁字定規)

티적-거리다(대다) [타] 남의 흠을 들추거나 트집을 잡으면서 자꾸 비위를 거스르다.

티적-티적 [부] 티적거리는 모양을 나타내는 말.

티:칭머신:(teaching machine) [명] 프로그램 학습 기계. 일정한 과목의 학습 지도와 시험, 채점까지 교사의 도움 없이 자동으로 할 수 있게 고안된 기계.

티커(ticker) [명] 증권 거래소에서 시시각각으로 변동하는 시세를 알리는 유선 인자식 전신기(有線印字式電信機).

티케(Tyche 그) [명] 그리스 신화에 나오는, 행복과 운명의 여신.

티:케이오:(TKO) [명] 프로 권투의 경기 판정의 한 가지. 선수간의 실력 차가 크게 나거나 한 선수가 부상을 입었을 때, 또는 어느 한편에서 기권을 신청했을 때, 주심이 경기를 중단하고 승패를 결정짓는 일. 테크니컬녹아웃(technical knockout) ☞아르에스시(RSC)

티켓(ticket) [명] ①입장권이나 승차권 따위의 표. ¶연극 ㅡ/왕복 ㅡ/할인 ㅡ ②무엇을 할 수 있는 자격 또는 자격증. ¶월드컵 출전 ㅡ을 따다.

티:큐:시:(TQC) [명] 제품 생산에서부터 영업·기획·개발·총무·경리 등 비제조 부문에 이르기까지의 종합적인 경영 관리 방식. [total quality control]

티:크(teak) [명] 마편초과의 낙엽 교목. 높이는 30m 안팎이고, 잎은 마주 나고 길둥글며 표면에 잿빛 털이 빽빽히 나 있음. 6~8월에 흰 꽃이 핌. 목재는 팽창과 수축이 적고 뒤틀리거나 갈라지지 않아 선박·건축·가구·조각의 재료로 쓰임. 인도·미얀마·타이·인도네시아 등지에 분포함.

티타늄(titanium) [명] 티탄(Titan)

티:타임(teatime) [명] 차를 마시는 시간.

티탄(Titan 독) [명] 금속 원소의 하나. 거의 모든 바위와

흙 속에 들어 있으며, 가열하면 강한 빛을 내면서 탐. 은백색으로 강도와 내식성이 크고 가벼워 항공기나 로켓 등의 몸체와 엔진 따위의 재료로 쓰임. 티타늄(titanium)〔원소 기호 Ti/원자 번호 22/원자량47.90〕

티:티:(TT)명 전신을 이용한 환·송금. [telegraphic transfer]

티:티:레이트(TT rate)명 외국환을 티티 방식으로 송금할 때 쓰이는 은행 매도 전신 환율.

티티-새명 '지빠귀'·'개똥지빠귀'의 딴이름.

티:티:티:(TTT)명 식품이 어느 정도의 온도에서 몇 시간 동안 신선하게 보존되는지를 나타내는 수치. [time temperature tolerance]

티푸스(typhus)명 장티푸스·파라티푸스·발진티푸스를 통틀어 이르는 말. 모두 법정 전염병이며, 고열·발진 등의 증세를 나타냄.

티푸스-균(typhus菌)명 티푸스의 병원균. 살모넬라 속(屬)의 균으로, 간상(桿狀)이며 편모(鞭毛)가 있고 운동성임.

티:형-강(T型鋼)명 단면이 'T' 자 모양인 강재(鋼材).

틴들=현:상(Tyndall現象)명 투명 물질 중에 많은 미립자가 흩어져 있는 경우, 투사한 광선이 사방으로 산란하여 광선의 통로가 흐리게 보이는 현상.

틸트다운(tilt down)명 카메라를 아래쪽으로 수직 이동하면서 찍는 영화 촬영 기법. ☞틸트업(tiltup)

틸트업(tilt up)명 카메라를 위쪽으로 수직 이동하면서 찍는 영화 촬영 기법. ☞틸트다운(tilt down)

팀:(team)명 ①같은 일을 하는 한 동아리의 사람. ②운동 경기에서, 둘 또는 그 이상의 패로 갈리어 승패를 겨룰 때에 그 각각의 패를 이르는 말.

팀:워:크(teamwork)명 팀 구성원 사이의 협동하는 능력이나 성향, 또는 그들 상호간의 연대(連帶).

팀파니(timpani 이)명 타악기의 한 가지. 구리로 된 반구형(半球形)의 통에 짐승의 가죽을 씌우고 이를 금속제 테로 조이는데, 이 테로 막(幕)의 장력(張力)을 조절하여 음을 변화시킴.

팀파니스트(timpanist)명 팀파니를 연주하는 사람.

팀:파울(team foul)명 농구에서, 한 팀의 선수들이 전·후반에 각각 범한 파울이 7회가 되는 경우를 이르는 말. 8회째부터는 파울을 범할 때마다 상대 팀에게 자유투를 주게 됨.

팁(tip)명 ①호텔이나 레스토랑 등에서, 손이 시중든 사람에게 감사의 뜻으로 요금 외에 따로 주는 돈. ☞손씻이. 행하(行下) ②야구나 테니스에서, 공이 배트나 라켓을 스치고 지나가는 일.

팃-검불명 짚이나 풀 따위의 부스러기.

팅크(∠tincture)명 생약(生藥)의 유효 성분을 에틸알코올 등에 우린 액체.

팅팅부**-하다**형 ①심하게 붓거나 불어 있는 모양을 나타내는 말. ¶ - 부은 얼굴. /국수가락이 -하게 붇다. ②줄이나 끈 따위가 매우 켕기어 있는 모양을 나타내는 말. ¶시위를 -하게 당기다. ☞딩딩. 띵띵. 탱탱

ㅍ

ㅍ 훈민정음 자모 ㅍ 훈몽자회 자모 ㅍ

파 명 백합과의 여러해살이풀. 줄기 높이는 60cm 안팎이며, 땅속줄기에는 수염뿌리가 많음. 잎은 둥근 기둥 모양으로 속이 비었으며 끝이 뾰족함. 6~7월에 꽃줄기 끝에 흰 꽃이 산형(繖形) 꽃차례로 핌. 독특한 향과 맛이 있어 채소로 재배됨.

파(派) 명 ①주의(主義)·사상·행동 등의 구별에 따라 갈라지는 사람들의 집단, 또는 그 갈래. ¶ -가 갈리다./학맥에 따라 -를 이루다. ②'파계(派系)'의 준말.

파:(破) 명 ①깨어지거나 상하거나 한 물건. ¶ 유통 과정에서 -가 나다. ②사람의 결점. ③풍수지리설에서, 득(得)이 흘러간 곳을 이르는 말.

파(를) 잡다 관용 결점을 들추어내다.

파(fa 이) 명 서양 음악의 장음계(長音階) 넷째(단음계의 여섯째)의 이탈리아 음계 이름. 우리 나라 음계 이름 '바'에 해당함. ☞에프(F)

파(par) 명 골프에서, 홀마다 정해져 있는 기본 타수(打數).

파(把) 의 줌²

-파(波) 《접미사처럼 쓰이어》 '파동(波動)'의 뜻을 나타냄. ¶ 물질파(物質波)/충격파(衝擊波)

파:가(破家) 명 -하다 자 파호(破戶)

파:가(罷家) 명 -하다 자 살림살이를 그만둠.

파:가-저택(破家瀦宅) 명 조선 시대, 인륜(人倫)에 어긋난 큰 죄를 지은 죄인에게 내리던 형벌. 죄인의 집을 헐어 없애고 그 터를 파서 물을 대어 못을 만들었음.

파:각(破却) 명 -하다 타 깨뜨림.

파-간장(-醬) 명 양념으로 파를 썰어 넣은 간장.

파:갑-탄(破甲彈) 명 철갑탄(徹甲彈)

파-강회(-膾) 명 강회의 한 가지. 살짝 데친 실파로 편육·고추·알반대기를 휘감아서 잣을 박아 초고추장에 찍어 먹는 음식.

파개 명 배에서 물을 퍼낼 때 쓰는 두레박. ☞파래박

파:건(破件) [-껀] 명 파치

파:겁(破怯) 명 -하다 자 익숙해져서 두려움이나 부끄러움이 없어짐.

파:격(破格) 명 -하다 자타 일정한 격식에서 벗어남, 또는 그리 된 격식. ¶ -의 예우를 하다.

파:격-적(破格的) 명 일정한 격식에서 벗어난 것. ¶ -인 형식의 시./-인 승진 발령.

파견(派遣) 명 -하다 타 일정한 임무를 맡겨 사람을 보냄. 차견(差遣). 파송(派送) ¶ 특파원을 -하다.

파견-군(派遣軍) 명 일정한 임무를 띠고 파견된 군대.

파견-단(派遣團) 명 일정한 임무를 띠고 파견된 단체.

파:경(破鏡) 명 ①깨진 거울. ②부부가 인연을 끊고 영원히 이별함을 비유하여 이르는 말. ③이지러진 달을 비유하여 이르는 말.

파계(派系) 명 같은 조상에서 갈라져 나온 계통. 준 파(派)

파:계(破戒) 명 -하다 자 불교에서, 계(戒)를 받은 사람이 계율을 깨뜨려 지키지 못하는 일. ☞지계(持戒)

파:계(破契) 명 -하다 자타 계(契)를 깨뜨림. ☞설계(設契)

파:계(罷繼) 명 -하다 타 양친(養親)과 양자(養子)의 관계를 끊음. 파양(罷養)

파:계-승(破戒僧) 명 계율을 깨뜨린 중.

파고(波高) 명 ①물결의 높이. 물결의 골에서 높은 데까지의 수직 거리. ②어떤 상황이 긴박함을 비유하여 이르는 말.

파고-계(波高計) 명 파도의 높이나 주기를 재는 계기.

파고다(pagoda) 명 동양의 불탑(佛塔)을 이르는 말.

파고-들다(-들고·-드니) 자타 ①안으로 헤집고 들어가다. ¶ 이불 속으로 -./아이가 엄마 품속을 -. ②속으로 깊이 스며들다. ¶ 싸늘한 밤 공기가 뼛속까지 -. ③발을 붙이기 위하여 비집고 들어가다. ¶ 국산 제품이 유럽 시장에 -. ④어떤 것을 알아내거나 밝히려고 깊이 캐거나 연구하다. ¶ 사물의 이치를 -.

파곡(波谷) 명 물결과 물결 사이의 골. 파미(波尾) ☞파구(波丘)

파:골(破骨) 명 -하다 자 뼈를 으스러뜨리거나 부러뜨림, 또는 그렇게 된 뼈.

파곳(Fagott 독) 명 바순(bassoon)

파:공(罷工) 명 -하다 자 가톨릭에서, 주일과 지정된 대축일(大祝日)에 육체 노동을 금하는 일.

파:과(破瓜) 명 ['瓜' 자를 파자(破字)하면 '八八'이 되는 데서] ①여자의 나이 '열여섯 살'을 달리 이르는 말. ②남자의 나이 '예순네 살'을 달리 이르는 말.

파:과-기(破瓜期) 명 여자가 월경을 처음 시작하는 시기.

파:과-병(破瓜病) [-뼝] 명 정신 분열증의 한 가지. 파과기의 여성에게서 흔히 일어나는 데서 생긴 이름. 망상·독백·환청이나 충동적인 행위 등의 증세가 나타남.

파광(波光) 명 물결이 번쩍이는 빛.

파:광(破壙) 명 ①무덤을 파 옮긴 이전 자리. ②-하다 자 무덤을 옮기려고 광중(壙中)을 파헤침.

파:광-터(破壙-) 명 파광한 자리.

파:괴(破壞) 명 -하다 타 ①건물이나 기물 따위를 부수거나 헐어 버림. ¶ 지진으로 -된 교량. ②체제나 질서·조직·관계 따위를 흩뜨리거나 무너뜨림. ¶ 사회 질서를 -하다./생태계가 -되다.

파:괴=강도(破壞強度) 명 물체가 외부로부터 어떤 힘을 받았을 때 파괴되지 않고 견딜 수 있는 강도. ☞응력

파:괴-력(破壞力) 명 파괴하는 힘. ¶ 핵무기의 -.

파:괴-적(破壞的) 명 파괴하는 성질을 띤 것. 피괴하려는 것. ¶ -인 행동./-인 성격. ☞건설적(建設的)

파:괴-주의(破壞主義) 명 ①남의 입론(立論)·계획·조직 등을 부인하고 파괴하는 태도, 또는 그러한 경향. ②철학에서, 확실한 진리나 선악의 표준 등의 존재를 부정하는 경향을 이르는 말.

파:괴=폭탄(破壞爆彈) 명 구조물 따위를 파괴하는 데 쓰이는 폭탄.

파구(波丘) 명 물결에서 가장 높은 부분. 파두(波頭) ☞파곡(波谷)

파:-구:분(破舊墳) 명 -하다 자 파묘(破墓)

파:국(破局) 명 ①무슨 일이나 사태가 결딴남, 또는 그런 판국. ¶ 과잉 투자로 -에 직면한 기업./결혼 생활이 -을 맞이하다. ②희곡에서, 비극적인 끝판을 이르는 말.

파:군(破軍) 명 파군성(破軍星)

파:군(罷君) 명 -하다 타 지난날, 왕가에서 5대 이후에는 종친(宗親)의 봉군(封君)을 폐하던 일.

파:군(罷軍) 명 -하다 자 군대의 진(陣)을 거두고 군사를 풀어헤침. 파진(罷陣)

파:군-성(破軍星) 명 ①구성(九星)의 일곱째 별. 파군(破軍) ☞좌보성(左補星) ②요광(搖光)

파:귀(罷歸) 명 -하다 자 일을 끝내고 돌아가거나 돌아옴.

파극-천(巴戟天) 명 한방에서, 부조초(不凋草)의 뿌리를 약재로 이르는 말. 강장제(強壯劑)로 쓰임.

파근파근-하다 형여 ①가루나 음식 따위가 보드랍고 팍팍한 느낌이 있다. ¶ 파근파근하게 삶은 감자. ②다리가 걸을 때마다 파근하다.

파근-하다 형여 몹시 지쳐서 다리에 힘이 없고 무겁다.
파근-히 부 파근하게
파급(波及) 명 -하다 자 영향이나 여파(餘波)가 차차 전하여 널리 퍼짐. ¶ – 효과를 기대하다./환경 운동이 전국적으로 –되다.
파기(破棄) 명 -하다 타 ①깨뜨리거나 찢어서 버림. ¶문서를 –하다. ②계약·조약·약속 따위를 일방적으로 무효로 함. ¶계약을 –하다./혼약을 –하다. ③소송법에서, 상소 법원에서 상소 이유가 있다고 인정하여 원심 판결을 취소하는 일.
파:기(破器) 명 깨어진 그릇.
파:기상접(破器相接) 성구 '깨진 그릇 이 맞추기'라는 말을 한문식으로 옮긴 구(句)로, 한 번 그릇된 일은 이전대로 되돌리려고 애쓴다 해도 그렇게 되지 않는다는 뜻.
파:기=이송(破棄移送) 명 소송법에서, 사후심(事後審) 법원이 원심 판결을 파기하고 원심 법원과 동등한 다른 법원에 사건을 이송하는 일.
파:기=자판(破棄自判) 명 소송법에서, 사후심(事後審) 법원이 상소(上訴) 이유가 있다고 인정하여 원심 판결을 파기하고 그 사건을 직접 재판하는 일.
파:기=환송(破棄還送) 명 소송법에서, 상소 법원이 종국 판결에서 원심 판결을 파기한 경우에, 다시 심판하게 하기 위하여 원심 법원으로 사건을 돌려보내는 일.
파-김치 명 쪽파를 소금으로 조금 절여 마늘·생강·고춧가루·젓국 따위로 버무려 국물을 붓지 않고 담근 김치. 총저(葱菹)
파김치(가) 되다 관용 몹시 피곤하여 몸이 노작지근하게 된 상태를 비유하여 이르는 말. ¶철야 작업으로 모두 파김치가 되었다.
파나마=모자(panama帽子) 명 파나마풀의 잎을 가늘게 찢어서 볕에 바랜 것으로 엮어 만든 여름 모자.
파나마-풀(panama–) 명 파나마풀과의 여러해살이풀. 줄기는 거의 자라지 않고, 잎은 뿌리에서 모여 나며 손바닥 모양으로 갈라짐. 꽃은 네 개의 수꽃이 암꽃을 둘러싸고 육수(肉穗) 꽃차례로 핌. 남아메리카 원산으로, 어린잎은 모자나 편물 따위의 세공 원료로 쓰임.
파-나물 명 파를 데쳐서 간장·기름·깨소금·후춧가루 따위의 양념을 넣고 무친 나물.
파-내:다 타 묻히거나 박힌 것을 파서 꺼내다. ¶칡 뿌리를 –./석탄을 –.
파노라마(panorama) 명 ①실지로 사방을 바라보는듯 한 느낌을 느낄 수 있도록 만든 그림 장치. ②영화나 소설 따위에서, 변화와 굴곡이 많고 규모가 큰 이야기를 비유하여 이르는 말.
파노라마=사진(panorama寫眞) 명 옆으로 길게 펼쳐진 경치 따위를 한눈에 볼 수 있도록 만든 사진.
파:니 부 하는 일 없이 밴둥밴둥 노는 모양을 나타내는 말. ¶ – 놀기만 하다./– 시간만 보내다. ☞퍼니
파니에(panier 프) 명 서양 복식(服飾)에서, 스커트가 넓게 퍼지도록 허리에 넣는 틀이나 페티코트 따위를 이르는 말.
파다 타 ①구멍이나 구덩이 따위를 만들다. ¶굴을 –./우물을 –. ②옷을 마름질할 때, 어떤 부분을 우묵하게 둥글리거나 도려내다. ¶목 둘레를 깊이 –./그 옷은 겨드랑이를 너무 팠다. ③글자나 그림 따위를 나타내기 위하여, 나무나 돌 따위의 어떤 부분을 쪼거나 깎거나 하여 떼어 내다. ¶도장을 –./새김칼로 나뭇조각에 이름을 –. ④드러나 있지 아니한 것을 헤집거나 긁거나 하여 꺼내다. ¶석탄을 –. ⑤어떤 사실을 알아내거나 밝히려고 깊이 연구하거나 궁리하다. ¶사건을 파 보면 배후가 드러날 것이다./문제의 본질을 파고 연구하다. ⑥오로지 한 가지 일에만 힘을 쏟다. ¶평생 책만 파던 사람./당분간은 영어만 팔 계획이다. ⑦문서나 서류 따위에서 어떤 부분을 삭제하다. ¶호적을 –.
속담 **파고 세운 장나무** : 땅을 깊이 파고 세운 장나무는 한층 탄탄하다는 뜻으로, 사람이나 일이 든든하여 믿음직스러움을 비유하여 이르는 말.

한자 **팔 굴**(掘) [手部 8획] ¶굴진(掘進)/굴착(掘鑿)/굴혈(掘穴)/발굴(發掘)/채굴(採掘)

파다(頗多) 어기 '파다(頗多)하다'의 어기(語基).
파다(播多) 어기 '파다(播多)하다'의 어기(語基).
파다-하다(頗多–) 형여 매우 많다.
파다-히 부 파다하게
파다-하다(播多–) 형여 소문 따위가 널리 퍼져 있다. ¶주가가 폭락할 것이라는 소문이 –. 유짜하다
파다-히 부 파다하게 ¶유언비어가 – 퍼지다.
파닥-거리다(대다) 자타 파닥파닥 하다. 파닥이다 ☞퍼덕거리다. 푸덕거리다
파닥-이다 자타 파닥거리다 ☞퍼덕이다. 푸덕이다
파닥-파닥 부 ①작은 새가 잇달아 빠르게 날갯짓하는 소리, 또는 그 모양을 나타내는 말. ②작은 물고기가 잇달아 빠르게 몸을 뒤척일 때 나는 소리, 또는 그 모양을 나타내는 말. ③작은 깃발 따위가 바람에 세게 휘날리는 소리, 또는 그 모양을 나타내는 말. ¶깃발이 바람에 – 날리다. ☞퍼덕퍼덕. 푸덕푸덕
파:담(破談) 명 -하다 자 상담·혼담·약속 따위가 깨짐.
파당(派黨) 명 당파(黨派)
파대가리 명 방동사닛과의 여러해살이풀. 줄기 높이 10~30cm. 뿌리줄기가 길게 옆으로 뻗으며, 줄기 밑 부분에서 긴 잎이 남. 6~10월에 연녹색 꽃이 줄기 끝에 두상(頭狀) 꽃차례로 핌. 들의 양지바른 습지에 자람.
파도(波濤) 명 큰 물결. ¶거친 –./–가 높다./–가 치다.
파도-타기(波濤–) 명 서핑(surfing)
파:독(破毒) 명 -하다 자 독기(毒氣)를 없앰. 유해독(解毒)
파동(波動) 명 ①물결의 움직임. ②공간이나 물체의 일부에서 생긴 진동 상태가 물질을 통하여 규칙적으로 퍼져 가는 현상. 물결·빛·음파(音波) 따위. ③사회적으로 커다란 영향을 끼치는 변동을 비유하여 이르는 말. ¶석유 –/정치 –
파동=광학(波動光學) 명 빛을 회절·간섭 등 파동의 관점에서 다루는 물리 광학의 한 부문. ☞기하 광학
파동-설(波動說) 명 ①물리학에서, 빛의 본질은 파동이라고 보는 학설. ②물리학에서, 입자의 파동성을 강조하는 학설. ③언어학에서, 언어의 지리적 변천은 파동적으로 생긴다고 주장하는 학설.
파두(巴豆) 명 ①대극과의 상록 관목. 높이는 6~10m. 달걀꼴의 잎은 어긋맞게 나며 가장자리에 톱니가 있음. 암수한그루로 3~5월에 초록빛 수꽃과 암꽃이 위아래로 핌. 열대 아시아 원산으로 중국 남부와 타이완 이남에 분포함. 씨는 독성이 있으며 한방에서 약재로 쓰임. ②한방에서, 파두의 씨를 약재로 이르는 말. 열성(熱性)으로 독이 있으며 준하제(峻下劑)로 쓰임.
파두(波頭) 명 ①파구(波丘) ②바다의 위.
파두-상(巴豆霜) 명 한방에서, 껍질을 벗기고 기름을 뺀 파두 씨의 가루를 약재로 이르는 말. 하제로 쓰임.
파두-유(巴豆油) 명 한방에서, 파두의 씨로 짠 기름을 약재로 이르는 말. 하제(下劑)나 피부의 자극제로 쓰임.
파드닥 부 ①작은 새가 세차게 날갯짓하는 소리, 또는 그 모양을 나타내는 말. ②작은 물고기가 세차게 꼬리로 물을 치거나 몸을 뒤척일 때 나는 소리, 또는 그 모양을 나타내는 말. ☞퍼드덕. 포드닥
파드닥-거리다(대다) 자타 자꾸 파드닥 하다. ☞퍼드덕거리다. 포드닥거리다
파드닥-파드닥 부 파드닥거리는 소리, 또는 그 모양을 나타내는 말. ☞퍼드덕퍼드덕. 포드닥포드닥
파드득 부 ①작은 새가 좀 세차게 날갯짓하는 소리, 또는 그 모양을 나타내는 말. ②작은 물고기가 좀 세차게 꼬리로 물을 치거나 몸을 뒤척일 때 나는 소리, 또는 그 모양을 나타내는 말. ☞퍼드득. 포드득
파드득-거리다(대다) 자타 자꾸 파드득 하다. ☞퍼드득거리다. 포드득거리다
파드득-나물 명 미나릿과의 여러해살이풀. 줄기 높이는 30~60cm. 잎은 어긋맞게 나고, 6~7월에 흰 꽃이 복산

형(複繖形) 꽃차례로 핌. 열매는 길둥글고 까맣게 익음. 어린잎은 먹을 수 있음. 반디나물

파드득-파드득 부 파드득거리는 소리, 또는 그 모양을 나타내는 말. ☞퍼드득퍼드득. 포드득포드득

파들-파들 부 몸이나 몸의 일부를 몹시 떠는 모양을 나타내는 말. ¶상처를 입고 ― 떠는 새./추위와 배고픔으로 몸을 ― 떨다. ☞바들바들. 푸들푸들

파딱-거리다 자타 파딱파딱 하다. 파딱이다 ☞퍼떡거리다. 푸떡거리다

파딱-이다 자타 파딱거리다 ☞퍼떡이다. 푸떡이다

파딱-파딱 부 ①작은 새가 잇달아 빠르고 세게 날갯짓하는 소리, 또는 그 모양을 나타내는 말. ②작은 물고기가 잇달아 빠르고 세게 몸을 뒤척일 때 나는 소리, 또는 그 모양을 나타내는 말. ☞퍼떡퍼떡. 푸떡푸떡

파뜩 부 ①어떤 물체나 빛이 갑작스레 나타났다가 사라지는 모양을 나타내는 말. ②생각 따위가 재빨리 떠오르는 모양을 나타내는 말. ③갑자기 정신이 드는 모양을 나타내는 말. ¶ ― 정신이 들다. ☞퍼뜩

파뜩-파뜩 부 잇달아 파뜩 하는 모양을 나타내는 말. ☞퍼뜩퍼뜩

파라-고무(Pará―) 명 ①파라고무나무에서 채취한 생고무. ②파라고무나무

파라-고무나무(Pará―) 명 대극과의 상록 교목. 높이 20~40m. 잎은 세 개의 작은 잎으로 된 겹잎임. 암수한 그루로 여름에 흰 단성화(單性花)가 원추(圓錐) 꽃차례로 핌. 나무껍질에 상처를 내어 흘러나오는 유액(乳液)으로 탄성 고무를 만듦. 파라고무

파라노이아(paranoia 라) 명 편집병(偏執病)

파라다이스(paradise) 명 ①아담과 이브가 살았다는 에덴의 동산. ②괴로움이나 근심 걱정 없이 행복을 누릴 수 있는 곳. 낙원(樂園)

파라디클로로벤젠(paradichlorobenzene) 명 철을 촉매로 하여 벤젠을 염소화하여 만드는 판(板) 모양의 무색 결정. 의류의 방충제로 널리 쓰임.

파라볼라안테나(parabola+antenna) 명 전파의 반사면에 포물면을 사용한 지향성(指向性) 안테나. 전파를 일정 방향으로 집중하여 송수신할 수 있으며, 극초단파 중계나 위성 방송 수신 등에 쓰임.

파라솔(parasol 프) 명 양산(陽傘)

파라척결(爬羅剔抉) 성구 〔손톱으로 긁거나 후비어 파낸다는 뜻으로〕 ①남의 비밀이나 결점 따위를 파헤침을 이르는 말. ②숨은 인재를 널리 찾아냄을 이르는 말.

파라티푸스(Paratyphus 독) 명 법정 전염병의 하나. 파라티푸스균의 감염으로 말미암아 일어나는 소화기계의 급성 전염병으로, 주로 여름에서 가을에 걸쳐 발생함.

파라핀(paraffin) 명 원유(原油)를 정제할 때 생기는, 희고 냄새가 없는 고체. 양초·연고·화장품 따위의 원료로 쓰임. 석랍(石蠟)

파라핀-지(paraffin紙) 명 모조지 따위에 파라핀을 먹여 방수성을 좋게 만든 종이. ☞납지(蠟紙)

파:락-호(破落戶) 명 지난날, 재산이나 권력이 있는 집안의 자손으로서 난봉이 나서 결딴난 사람을 이르던 말.

파:란 명 법랑(琺瑯)

파란(波瀾) 명 ①작은 물결과 큰 물결. ☞파랑(波浪) ②어수선하게 일어나는 여러 가지 사건이나 사고, 또는 세상일의 기복(起伏)과 변화를 비유하여 이르는 말. ¶집안에 ―이 일다./― 많은 일생.

파란(波蘭) 명 '폴란드'의 한자 표기.

파란-곡절(波瀾曲折) 명 생활이나 무슨 일을 해 나가는 과정에서 겪는 많은 어려움과 변화.

파란만:장(波瀾萬丈) 성구 사람의 생활이나 무슨 일을 해 나가는 과정에서 기복(起伏)과 변화가 심함을 이르는 말. ¶―한 삶을 살다.

파란-빛[―삗] 명 갠 날의 하늘 빛깔과 같은 빛. 파란색. 파랑

파란-색(―色) 명 갠 날의 하늘 빛깔과 같은 색. 파란빛. 파랑

파란-여로(―藜蘆)[―녀―] 명 백합과의 여러해살이풀. 줄기 높이 50~100cm. 잎은 길둥글고 줄기 밑 부분에 달림. 7월경에 녹색 바탕에 연한 자줏빛이 도는 꽃이 원추(圓錐) 꽃차례로 핌. 산지의 나무 밑에서 자라는데, 독성이 있는 뿌리는 한방에서 약재로 쓰임.

파란중첩(波瀾重疊) 성구 사람의 생활이나 무슨 일을 해 나가는 과정에서 변화와 난관이 거듭됨을 이르는 말.

파랄림픽(Paralympics) 명 국제 신체 장애인 체육 대회. 4년에 한 번 올림픽 개최지에서 열림.

파랑 명 삼원색(三原色)의 하나이며, 우리 나라의 기본색 이름의 하나. 갠 날의 하늘 빛깔과 같은 빛깔, 또는 그런 빛깔의 물감. 파란빛. 파란색. 청색 ☞노랑

파랑(波浪) 명 해면이나 호수 면에 이는, 바람으로 말미암은 물결. 물 위를 부는 바람으로 하여 이는 것과 다른 데서 인 것의 영향으로 이는 물결로 구별함. ¶ ― 경보/― 주의보 ☞파란(波瀾)

파랑-강충이 명 몸빛이 푸른 강충이를 통틀어 이르는 말.

파랑=경:보(波浪警報) 명 기상 경보의 하나. 폭풍이 없이 해면의 파도 높이가 6m 이상으로 예상될 때 발표함.

파랑-계(波浪計) 명 파도의 높이나 주기를 재는 계기.

파랑-돔 명 자리돔과의 바닷물고기. 몸길이 8cm 안팎으로 길둥글고, 몸빛은 파란데 꼬리와 배, 지느러미는 노란빛을 띰. 우리 나라의 제주도와 일본 중부 해안 등지에 분포함.

파랑-무지기 명 끝에 파랑 물을 들인 무지기.

파랑-물잠자리 명 '물잠자리'의 딴이름.

파랑-새 명 ①몸빛이 파랗고 작은 새. 길조(吉兆)를 상징함. 청조(青鳥) ②파랑샛과의 여름 철새. 몸길이 30cm 안팎. 몸빛은 선명한 청록색이고 머리와 꽁지는 검은빛, 부리와 다리는 붉은빛임.

파랑-쐐:기나방 명 쐐기나방과의 곤충. 편 날개 길이는 4cm 안팎이며 몸빛은 녹색. 애벌레는 황록색으로 알 모양의 갈색 고치를 지으며, 감나무·사과나무·버드나무 등의 잎을 갉아먹는 해충임. 우리 나라와 중국, 일본 등지에 분포함.

파랑-이 명 파란 빛깔의 물건. ☞퍼렁이

파랑=주:의보(波浪注意報) 명 기상 주의보의 하나. 폭풍이 없이 바다 위의 파도 높이가 3m 이상일 때 발표함.

파랑-쥐치 명 쥐치복과의 바닷물고기. 몸길이는 30cm 안팎. 몸빛은 흑갈색이며 주둥이 끝은 적황색임. 옆면의 중앙에서 배 부분으로 흰빛의 둥근 반점이 서너 줄로 늘어서 있음. 우리 나라 남해와 일본 연해, 인도양 등지에 분포함.

파랑-콩 명 파란 빛깔의 콩.

파:랗다(파랗고·파란) 형ㅎ ①빛깔이 짙고 산뜻한 하늘빛과 같다. ¶파란 하늘. ②놀라거나 두려워서 얼굴에 핏기 없이 질린 기색이 있다. ☞새파랗다. 퍼렇다

파랗게 질리다 관용 두렵거나 하여 얼굴이 창백해지다. ☞새파랗게 질리다.

파래 명 녹조류(綠藻類) 파랫과의 바닷말을 통틀어 이르는 말. 모양은 김처럼 넓고 긴 것도 있고 머리털처럼 가늘고 긴 것도 있는데, 빛깔은 모두 광택이 있는 푸른 빛임. 민물이 흘러 드는 바다에서 자라며, 무쳐 먹거나 튀각 따위를 만들어 먹음.

파래-무침 명 티를 골라낸 파래를 살짝 구워서 곱게 부순 다음, 간장·설탕·후춧가루 등을 넣고 무친 반찬.

파래-박 명 배 안으로 들어온 물을 퍼내는 데 쓰는 바가지. ☞파개

파:래-지다 자 ①빛깔이 파랗게 되다. ②놀라거나 두려워서 얼굴이 핏기 없이 질리다. ¶두려움으로 얼굴이 ―. ☞퍼레지다

파래-튀각 명 파래의 앞뒤에 찹쌀 풀을 발라서 말린 다음 기름에 튀긴 반찬.

파려(玻瓈) 명 파리(玻璃)

파려-괴(玻瓈塊) 명 파리모(玻璃母)

파력(波力) 명 파도의 힘.

파력=발전(波力發電)[―쩐] 명 파도의 움직임을 이용하여

발전기를 움직이는 발전 방식.

파:렴치(破廉恥)어기 '파렴치(破廉恥)하다'의 어기.

파:렴치-범(破廉恥犯)명 비도덕적인 동기나 원인으로 말미암아 저질러지는 범죄, 또는 그 범인. 살인·강도·사기·방화(放火) 따위.

파:렴치-죄(破廉恥罪)[-쬐]명 도덕적으로 비난을 받는 범죄를 통틀어 이르는 말. 살인죄·사기죄·방화죄(放火罪) 따위.

파:렴치-하다(破廉恥-)형여 인간으로서 지켜야 할 염치에서 벗어나 있다.

파:렴치-한(破廉恥漢)명 염치를 모르고 뻔뻔스러운 사람. ☞철면피(鐵面皮)

파로틴(parotin)명 침샘에서 분비되는 호르몬. 뼈나 물렁뼈의 형성을 촉진함.

파롱(簸弄)명-하다타 희롱함. 놀림. 조희(調戲)

파:루(罷漏)명 조선 시대, 큰 도시에서 종을 쳐서 인정(人定)의 해제를 알리던 제도. 새벽 네 시경에 종을 서른세 번 치면 성문을 열어 사람들이 자유로이 다니게 했음.

파:륜(破倫)명 패륜(悖倫)

파:륜-자(破倫者)명 사람으로서 마땅히 지켜야 할 도리에 어긋난 짓을 하는 사람. 패륜아(悖倫兒)

파르께-하다형여 새뜻하지도 짙지도 않게 파르스름하다. ☞푸르께하다

파르대대-하다형여 산뜻하지 못하게 파르스름하다. ☞푸르데데하다

파르댕댕-하다형여 빛깔이 고르지 않게 파르스름하다. ☞푸르뎅뎅하다

파르르부 ①작은 나뭇잎 따위가 바람결에 심하게 떨리는 모양을 나타내는 말. ¶나뭇잎이 - 떨리다. ②성미가 급하여 발끈 하는 모양을 나타내는 말. ¶- 화를 내면서 딱 잡아떼다. ③경련이 일듯 좀 심하게 떠는 모양을 나타내는 말. ¶눈 밑이 - 떨린다. ☞바르르

파르무레-하다형여 엷게 파르스름하다. ☞푸르무레하다

파르스레-하다형여 파르스름하다 ☞푸르스레하다

파르스름-하다형여 빛깔이 연하게 파랗다. 파르스레하다 ☞푸르스름하다

파르족족-하다형여 칙칙하게 파르스름하다. ☞푸르죽죽하다

파르티잔(partizan 러)명 빨치산

파릇-파릇[-른-]부-하다형 빛깔이 군데군데 파릇한 모양을 나타내는 말. ¶- 돋아난 새싹. ☞푸릇푸릇

파릇-하다[-른-]형여 빛깔이 엷고 산뜻하게 파르스름하다. ☞푸릇하다

파릇-이부 파릇하게

파릉-채(菠薐菜)명 '시금치'의 딴이름.

파:리명 ①파리목(目)의 곤충을 통틀어 이르는 말. 몸길이는 1cm 안팎이며 몸빛은 검은빛이나 청록빛이고 강모(剛毛)가 많이 나 있음. 한 쌍의 날개와 대롱 모양의 주둥이를 가졌음. 완전 변태를 하며 여름에 많이 생기는데, 장티푸스 따위의 병원균을 옮김. ②집파리

파리(를) 날리다관용 한가하여 파리나 쫓고 있다는 뜻으로, 영업이나 사무 따위가 잘 되지 아니함을 이르는 말. ¶장사가 안 되어 며칠째 파리만 날리고 있다.

파리 목숨관용 남에게 손쉽게 죽임을 당할 만큼 보잘것없는 목숨을 비유하여 이르는 말.

파리 발 드리다관용 파리가 발을 비비듯이, 손을 싹싹 비비며 애걸하는 모양을 비유하여 이르는 말.

파리(玻璃)명 ①유리(琉璃) ②수정(水晶) ③불교에서 이르는 칠보(七寶)의 하나. 파려(玻瓈)

파리(笆籬)명 ①울타리 ②'파리변물(笆籬邊物)'의 준말.

파:리똥-새명 광석 속에 들어 있는 새까맣고 자잘한 새. ☞구새. 새[2]

파:리-매명 파리맷과의 곤충. 몸길이는 2.5cm 안팎. 몸빛은 검고 갈색 가루와 갈색 털로 덮여 있으며 배 마디마다 황색의 가로 띠가 있음. 다른 벌레를 잡아먹고 살며, 우리 나라와 일본 등지에 분포함.

파:리-머리명 '평정건(平頂巾)'을 속되게 이르는 말.

파리-모(玻璃母)명 유리가 녹아 엉긴 덩어리. 파려괴

파:리목-동곳명 꼭지가 둥글고 목이 잘록한 동곳.

파리-변물(笆籬邊物)명 울타리 가에 있는 물건이라는 뜻으로, 쓸데없는 물건을 이르는 말. 준파리(笆籬)

파:리-지옥(-地獄)명 끈끈이주걱과의 여러해살이풀. 잎은 뿌리에서 모여 나는데 둥글고 끝이 오므라들며 가장자리에 긴 털과 세 쌍의 감각모(感覺毛)가 있음. 6월경에 흰 꽃이 꽃줄기 끝에 핌. 습지에서 자라는 식충 식물(食蟲植物)로 북아메리카 등지에 분포함.

파:리-채명 파리를 잡는 데 쓰는 채.

파:리-풀명 파리풀과의 여러해살이풀. 줄기 높이 70cm 안팎. 잎은 마주 나며 달걀꼴로 가장자리에 톱니가 있고, 7~9월에 흰빛 또는 연보라 꽃이 핌. 산이나 들의 습한 그늘에서 자람. 우리 나라와 일본, 중국 등지에 분포함. 뿌리의 즙액을 종이에 먹여서 파리를 잡았던 데서 붙은 이름임.

파리-하다형여 얼굴이 야위고 핏기가 없다. ☞해쓱하다

파:립(破笠)명 해어지거나 찢어져 못 쓰게 된 갓. 폐립

파:마(∠permanent wave)명 전열이나 화학 약품을 이용하여 머리털을 곱슬곱슬하게 만드는 일, 또는 그런 머리 모양.

파:망(破網)명 해어지거나 찢어져 못 쓰게 된 망건. 폐망

파-먹다타 ①속에 들어 있는 것을 파내어 먹다. ¶송편의 소를 -. ②겉에서부터 속으로 먹어 들어가다. ¶밤벌레가 파먹은 밤알. ③흙이나 땅 따위를 파거나 일구거나 하여 나오는 생산물이나 보수로 생활하다. ¶고향으로 내려가 땅이나 파먹고 살겠다. ④벌지 아니하고 있는 것만을 축내며 살다. ¶여러 해를 파먹으며 지낸다.

파면(波面)명 ①물결이 인 수면. ②파동이 전파될 때, 같은 시각에 같은 진동 상태인 점을 이어서 이루어진 면.

파:면(罷免)명-하다타 ①잘못을 저지른 사람에게 직무를 그만두게 하는 일. 파출(罷黜) ②징계 처분의 한 가지. 징계 절차에 따라 국가나 지방 공무원을 그 직위에서 물러나게 하는 일. ☞면직(免職). 해임(解任)

파:-면자(破綿子)명 헌솜

파:면-종(破眠鐘)명 경시종(警時鐘)

파:멸(破滅)명-하다자 개인이나 집안 또는 조직 따위가 완전히 망함. ¶-을 자초하다.

파:-명당(破明堂)명-하다자 명당에 있는 무덤을 파서 송장을 다른 곳으로 옮김.

파:묘(破墓)명-하다자 무덤을 파헤침. 파구분(破舊墳)

파:묘-축(破墓祝)명 파묘할 때에 읽는 축문(祝文).

파:묵(破墨)명 동양화에서, 먹의 바림으로 그림의 입체감이나 생동감을 나타내는 화법(畫法). ☞발묵(潑墨)

파문(波紋)명 ①수면(水面)에 이는 물결의 무늬. ¶잔잔한 호수에 -이 일다./-이 번지다. ②물결 모양의 무늬. 파상문(波狀紋) ③어떤 일이 주위에 미치는 영향을 비유하여 이르는 말. ¶사회에 큰 -을 던지다.

파:문(破門)[1]명-하다타 ①불교에서, 사제(師弟)의 의리를 끊고 문하(門下)에서 내쫓는 일. ②불교에서, 신도(信徒)의 자격을 빼앗고 종문(宗門)에서 내쫓는 일.

파:문(破門)[2]명 풍수지리설에서, 파수(破水)의 끝으로 바라보이는 지점을 이르는 말.

파-묻다[1]타 ①구덩이를 파고 그 속에 묻다. ¶쓰레기를 -./알뿌리를 -. ②가리어 보이지 않게 하다. ¶목도리에 얼굴을 파묻다./그의 가슴에 얼굴을 파묻고 흐느끼다. ③남몰래 감추어 두다. ¶말못할 사정을 가슴에 파묻어 두다.

파-묻다[2](-묻고·-물어)타ㄷ 모르는 것을 밝히거나 알아내기 위하여 자세하게 따지면서 묻다. ¶사건의 자초지종을 -.

파-묻히다[-무치-]자 파묻음을 당하다. ¶산사태로 집이 흙더미에 -./진실이 역사 속에 -.

파:물(破物)명 깨지거나 흠이 나서 못 쓰게 된 물건.

파미(波尾)명 파곡(波谷)

파미간(波彌干)명 '파진찬(波珍飡)'을 달리 이르는 말.

파:민(罷民)명 ①일정한 주거(住居)나 생업(生業)이 없이

떠돌아다니는 사람. ②-하다 자 백성을 피폐하게 함.

파반(把盤) 명 손잡이가 달린 목판.

파반(pavane 프) 명 16~17세기에 유럽에서 유행한 궁정 무곡(舞曲). 2박자 또는 4박자로 된 느린 곡으로, 17세기에 영국 작곡가들이 기악적 형식으로 완성하였음.

파발(擺撥) 명 ①조선 시대, 변방으로 가는 공문서를 빠른 시간에 전하기 위하여 두었던 역참. ②'파발꾼'의 준말. ③'파발마(擺撥馬)'의 준말. ¶ -을 놓다.

파발-꾼(擺撥-) 명 조선 시대, 역참 사이를 오가며 공문을 전하던 사람. 준 파발(擺撥)

파발-마(擺撥馬) 명 ①조선 시대, 공무로 급히 가는 사람이 타던 말. 준 파발(擺撥) ②급히 달아나는 사람을 놀리어 이르는 말.

파방(派房) 명-하다 타 조선 시대, 해마다 한 번씩 각 지방 관아에서 육방(六房)의 하급 관원들을 교체하던 일. 파임(派任). 환방(換房)

파:방(罷榜) 명-하다 타 조선 시대, 과거에 급제한 사람의 발표를 취소하던 일.

속담 **파방에 수수엿 장수** : 잔뜩 기대했던 일이 잘못되어서 더는 볼 것이 없게 된 경우를 비유하여 이르는 말.

파:방-치다(罷榜-) 타 살던 살림을 그만 집어치우다.

파:방-판(罷榜-) 명 일이 다 끝난 판.

파-밭 명 파를 심은 밭.

파밭 밟듯 하다 관용 조심스럽게 발을 옮기다.

파배(把杯) 명 손잡이가 달린 술잔.

파벌(派閥) 명 출신, 연고(緣故), 이해 관계 등에 따라 모인 사람들의 집단. ¶ - 정치/- 싸움

파벌-적(派閥的) [-쩍] 명 파벌을 이루는 것. ¶ - 양상을 띠다.

파벌-주의(派閥主義) 명 파벌을 이루어 행동하는 경향, 또는 파벌을 내세우는 주의.

파:벽(破僻) 명-하다 자 매우 드문 성(姓)의 집안이나 양반이 없는 시골에서 뛰어난 인재가 나서 본디의 미천한 처지를 벗어나게 됨을 이르는 말.

파:벽(破壁) 명 무너진 벽.

파:벽(破甓) 명 깨어지거나 헌 벽돌.

파:벽-토(破壁土) 명 고가(古家)의 흙벽을 헐어 낸 흙. 농작물을 가꾸는 데 거름으로 쓰임.

파별(派別) 명-하다 타 갈래를 나누어 가름, 또는 그 갈래.

파병(派兵) 명-하다 자 군대를 파견함.

파보(派譜) 명 씨족(氏族)의 계통을 기록한 책의 한 가지. 같은 씨족 중의 한 분파(分派)의 혈통을 나타낸 기록. ☞가보(家譜). 족보(族譜)

파복(波腹) 명 정상파(定常波)에서 진동이 가장 심한 부분.

파:복(罷伏) 명-하다 자 조선 시대, 파루(罷漏) 뒤에 순라(巡邏)가 집으로 돌아가던 일.

파:본(破本) 명 인쇄나 제책이 잘못되거나 공급 과정에서 파손되어 온전하지 못한 책.

파부-초(婆婦草) 명 백부과의 여러해살이풀. 줄기 높이는 60cm 이상. 잎은 끝이 길고 뾰족한 달걀꼴이며 돌려 남. 5~7월에 엷은 녹색 꽃이 잎겨드랑이에서 핌. 뿌리는 한방에서 '백부근(百部根)'이라 하여 약재로 쓰임.

파:부침선(破釜沈船) 성구 싸움터에 나가기 전에 병사들이 밥을 지을 솥을 깨뜨리고 병선(兵船)을 가라앉힌다는 뜻으로, 죽음을 각오하고 싸움에 임함을 이르는 말.

파:빈(破殯) 명-하다 자 계빈(啓殯)

파-뿌리 명 ①파의 뿌리. ②파의 뿌리가 흰 데서, '백발(白髮)'을 비유하여 이르는 말. ¶검은 머리가 -가 되도록 백년해로를 하다.

파:사(破寺) 명 허물어진 절.

파:사(破邪) 명-하다 자 그릇된 것을 깨뜨림.

파:사(罷仕) 명-하다 자 조선 시대, 관원이 그 날의 공무(公務)를 마치고 퇴근하던 일. 사퇴(仕退). 퇴사(退仕)

파:사(罷祀) 명-하다 자 '파제사(罷祭祀)'의 준말.

파사(婆娑) 어기 '파사(婆娑)하다'의 어기(語基).

파사칼리아(passacaglia 이) 명 17세기 초엽 에스파냐에서 발생한 춤곡. 느린 삼박자 계열의 변주곡 형식임.

파사-하다(婆娑-) 형여 ①춤추는 소매의 나부낌이 가볍다. ②몸이 가냘프다. ③초목의 잎이 떨어지고 가지가 성기다. ④거문고의 소리가 가냘프고 꺾임이 많다. ⑤힘이나 형세 따위가 쇠하여 약하다.

파:사-현:정(破邪顯正) 명 그릇된 생각을 깨뜨리고 바른 도리를 드러냄.

파삭-파삭 부-하다 형 ①단단하지 아니하여 바스러질듯 한 상태를 나타내는 말. ¶ - 바스러질듯 약한 흙벽돌. ②쉬이 바서질 정도로 바싹 마른 상태를 나타내는 말. ¶ - 마른 낙엽. ③차지지 아니하고 무른 상태를 나타내는 말. ¶삶아서 -한 감자. ④성기고 연하여 바스러지기 쉬운 상태를 나타내는 말. ¶ -한 산자. ☞바삭바삭². 퍼석퍼석. 포삭포삭

파삭-하다 형여 ①단단하지 아니하여 바스러질듯 하다. ②쉬이 바서질 정도로 바싹 말라 있다. ③차지지 아니하고 무르다. ④성기고 연하여 바스러지기 쉽다. ☞바삭하다. 퍼석하다. 포삭하다

파:산(破産) 명-하다 자 ①재산을 모두 잃고 망함. 도산(倒産)¹ ②법률에서, 채무자가 그 채무를 완전히 갚을 수 없는 상태에 놓였을 때 그 채무자의 총재산을 모든 채권자에게 공평히 갚도록 하는 것을 목적으로 하는 재판상의 절차를 이르는 말.

파:산(罷散) 어기 '파산(罷散)하다'의 어기(語基).

파:산=관재인(破産管財人) 명 파산 재단에 딸린 재산을 관리하는 절차상의 공공 기관.

파:산-법(破産法) [-뻡] 명 파산 절차를 규정한 법률.

파:산=법원(破産法院) 명 파산 절차의 정당한 진행에 관하여 책임을 지는 법원.

파:산=선고(破産宣告) 명 파산 법원이 신청에 따라 채무자의 파산 원인을 인증하고 그에게 파산의 결정을 내리는 선고.

파:산-자(破産者) 명 파산 선고를 받고 재산에 대하여 파산 절차가 진행되고 있는 사람.

파:산=재단(破産財團) 명 파산 절차에 따라 채권자에게 배당되어야 할 파산자의 총재산.

파-산:적(-散炙) 명 파를 쇠고기와 함께 길쭉길쭉하게 썰어서 갖은양념을 하여 대꼬챙이에 꿰어 구운 음식.

파:산=절차(破産節次) 명 파산 재단을 모든 채권자에게 공평하게 변제하는 것을 목적으로 하는 민사 소송상의 절차.

파:산-하다(罷散-) 형여 관직을 그만두어 한산하다.

파상(波狀) 명 ①물결과 같은 형상. ②어떤 일이 일정한 간격을 두고 되풀이되는 모양을 비유하여 이르는 말.

파:상(破傷) 명-하다 타 몸을 다쳐서 상함, 또는 그 상처.

파상=공:격(波狀攻擊) 명 일정한 동안을 두고 목표물을 되풀이하여 공격하는 일.

파상-문(波狀紋) 명 물결 모양의 무늬. 파문(波紋)

파상-운(波狀雲) 명 구름의 아래 부분이 물결 모양인 구름. 권적운·고적운·층적운 등에 나타남.

파상=파:업(波狀罷業) 명 동맹 파업 형태의 한 가지. 파업의 효과를 높이기 위하여 동일 산업의 여러 조합이나 동일 기업의 지역적 조합 조직이 잇달아서 하는 파업.

파상=평원(波狀平原) 명 준평원(準平原)

파:상-풍(破傷風) 명 파상풍균에 감염되어 일어나는 급성 전염병. 상처를 통하여 몸 안으로 침입한 파상풍균이 증식하여 말초 신경이나 척수 세포를 침범함.

파:상풍-균(破傷風菌) 명 파상풍의 병원균. 혐기성(嫌氣性)으로 흙 속에 있는데, 상처를 통하여 몸 안으로 침입함.

파:색(破色) 명 원색(原色)에 백색이나 회색을 조금 섞은 색. ☞탁색(濁色)

파생(派生) 명-하다 자 사물이 어떤 근원에서 갈려 나와 새로 생김. ¶한 가지 일을 해결하자 또 다른 문제가 -하다.

파생-법(派生法) [-뻡] 명 <어>단어 구성법의 한 가지. 실질 형태소에 형식 형태소를 붙여 파생어를 만드는 방법을 이름. '한+겨울, 손+질, 달리+기' 등이 이에 해당함. ☞합성법(合成法)

파생=수요(派生需要) 명 어떤 물건의 생산에서 파생적으

로 생긴 수요.
파생-어(派生語)명〈어〉독립적인 단어에 접사(接辭)가 붙거나 단어의 형태가 바뀌어 만들어진 단어. '한겨울·손질·먹이·달리기' 따위. ☞단일어(單一語). 복합어(複合語). 합성어(合成語)
파생-적(派生的)명 사물이 어떤 근원으로부터 갈려 나와 생기는 것. ¶ -으로 생긴 문제.
파생적=소:득(派生的所得)명 본원적 소득에서 갈라져 나오는 소득. 연금·공채·이자·증여 따위. ☞본원적 소득(本源的所得)
파생=접사(派生接辭)명〈어〉접사(接辭)
파생-체(派生體)명 근원인 주체로부터 갈려 나온 개체.
파:석(破石)명-하다자 돌이나 광석 따위를 잘게 깨뜨림.
파선(波線)명 ①물결 모양으로 구불구불한 선. ②드러냄표의 한 가지. 가로쓰기의 글귀 아래에 긋는 물결 모양의 줄로, 주의가 미쳐야 할 곳이나 중요한 부분을 특별히 드러내 보일 때 쓰임. ☞밑줄
파:선(破船)명-하다자 풍파를 만나거나 암초에 부딪치거나 하여 배가 부서짐, 또는 그 배. ☞난파선(難破船)
파:선(破線)명 짧은 선을 간격을 두고 벌여 놓은 선. 제도(製圖)에서 보이지 않는 부분의 형태를 나타낼 때 쓰임. ☞실선(實線). 쇄선(鎖線)
파설(播說)명-하다타 말을 퍼뜨림.
파:성-기(破成器)명 파쇠로 만든 그릇.
파:섹(parsec)의 천체간의 거리를 나타내는 단위의 하나. 1파섹은 연주 시차(年周視差)가 1초인 거리로 약 3.26광년에 해당함. 기호는 pc
파속(把束)명 지난날, 조세(租稅)를 계산하기 위한 토지 면적의 단위인 줌〔把〕과 뭇〔束〕을 아울러 이르던 말. ☞결복(結卜)
파속(波束)명 파형(波形)이 공간의 유한한 영역에만 한정되어 있는 파동.
파속(波速)명 파동이 전파되는 속도.
파:손(破損)명-하다자타 깨어져 못 쓰게 됨, 또는 깨뜨려 못 쓰게 함. ¶운반 중에 -된 물품.
파송(派送)명-하다타 임무를 맡겨 사람을 보냄. 파견(派遣)
파:쇄(破碎)명-하다자타 깨어져 부스러짐, 또는 깨뜨려 부숨.
파:-쇠(破-)명 ①쇠붙이 그릇의 깨어진 조각. 파철(破鐵) ②헌쇠
파쇼(fascio 이)명 ①이탈리아의 파시스트당. ②파시즘적인 운동·경향·단체나 지배 체제를 이르는 말.
파쇼나토(passionato 이)명 악보의 나타냄말의 한 가지. '열정적으로'의 뜻.
파수(把守)명-하다타 경계하여 지킴, 또는 그런 일을 하는 사람. ¶ -를 서다./성(城)을 -하는 군사.
　파수(를) 보다관용 일정한 곳을 경계하여 지키다.
파수(派收)명 ①닷새마다 팔고 산 물건 값을 치르는 일. ②장날에서 다음 장날까지의 동안. ③여러 번 있는 일에서의 어느 한 번, 또는 어느 한 동안.
파:수(破水)[1]명 해산할 때, 태아와 양수(羊水)가 들어 있는 난막(卵膜)이 찢어져서 양수가 쏟아져 나오는 일, 또는 그 양수.
파:수(破水)[2]명 풍수지리설에서, 한 지역 안의 물이 모여 흘러 산음(山陰) 등에서 자취 없이 빠져 나가는 곳을 이르는 말.
파수-꾼(把守-)명 파수 보는 사람.
파수-막(把守幕)명 파수를 보려고 만든 막.
파수-병(把守兵)명 파수를 보는 병사.
파순(波旬 ∠Pāpīyās 범)명 불교에서, 불도에 정진하는 사람의 수행을 방해하는 마왕(魔王). ☞천마(天魔)
파스(PAS)명 결핵 치료제의 한 가지. 백색의 결정 또는 분말로 쓴맛이 남. [para-aminosalicylic acid]
파스너(fastener)명 ①분리되어 있는 것을 잠그는 데 쓰는 기구. ②지퍼(zipper)
파스칼(PASCAL)명 알골(ALGOL) 계통의 고수준 만능 프로그래밍 언어. 다양한 제어 구조와 데이터 형태를 가지고 있으며, 프로그래밍 교육용으로 개발됨.
파스칼(pascal)의 압력의 단위. 1파스칼은 $1m^2$의 면적당 1뉴턴의 힘이 작용할 때 받는 압력임. 기호는 Pa
파스타(pasta 이)명 밀가루를 달걀에 반죽하여 만드는 이탈리아식 국수를 통틀어 이르는 말. 마카로니·스파게티 따위.
파스타(Pasta 독)명 약 가루를 많이 섞어 연고(軟膏)보다 굳고 기름기가 적게 만든 외용 의약품.
파스텔(pastel)명 화구(畫具)의 한 가지. 가루로 된 안료를 백점토에 섞어 막대 모양으로 굳혀 만든 것으로 입자가 곱고 불투명함.
파스텔컬러(pastel color)명 파스텔의 색채와 같은, 밝고 연한 빛깔. 부드러운 중간색.
파스토랄(pastoral 프)명 ①전원 생활이나 목가적인 정서를 주제로 한 시문학(詩文學). ②목가적인 기악곡이나 성악곡.
파스토랄레(pastorale 이)명 ①이탈리아 시칠리아 지방의 목동들이 부르는, 8분의 6박자 또는 8분의 12박자의 느린 음악. ②악보의 나타냄말의 한 가지. '목가적(牧歌的)으로'의 뜻.
파스파=문자('Phags-pa文字)[-짜]명 원(元)나라 세조 때 티베트의 라마승 파스파가 왕명으로 만든 몽고 글자.
파스피에(passepied 프)명 프랑스의 루이 14~15세 때 궁중에서 성행한 8분의 3박자 또는 8분의 6박자의 경쾌한 춤곡.
파:슬리(parsley)명 미나릿과의 두해살이풀. 줄기 높이는 20~50cm. 잎은 짙은 녹색의 겹잎으로 여러 갈래로 갈라져 있음. 황록색의 잔 꽃이 산형(繖形) 꽃차례로 핌. 독특한 향기가 있어 향미 채소로 쓰임. 유럽 남동부와 아프리카 북부 원산임.
파슬-파슬부-하다형 덩이진 물체가 맥없이 바스러지게 끈기가 없는 모양을 나타내는 말. ¶흙덩이가 - 바스러지다. ☞퍼슬퍼슬. 포슬포슬
파시(波市)명 고기가 한창 잡힐 때에 바다 위에서 열리는 생선 시장.
파시스트(fascist)명 파시즘을 받들거나 주장하는 사람.
파시즘(fascism)명 제1차 세계 대전 후에 나타난 반동적인 일당 독재의 전체주의적 정치 이념, 또는 그러한 정치 체제. 철저한 전체주의와 국수주의를 취함. 이탈리아의 무솔리니 정권에서 비롯됨.
파식(波蝕)명-하다타 바닷물의 파도로 말미암아 이루어지는 해안 등의 침식 작용. ☞해식(海蝕)
파식(播植)명-하다타 씨앗을 뿌리어 심음. ☞파종(播種)
파식=대지(波蝕臺地)명 파도의 침식과 풍화 작용으로 해안 근처의 해저에 생겨난, 평탄한 대지 모양의 지형. ☞해식대(海蝕臺)
파심(波心)명 물결의 한가운데.
파악(把握)명-하다타 〔손에 쥔다는 뜻으로〕 어떤 것을 잘 이해하여 확실하게 앎. ¶업무 -을 끝내다./신상(身上)을 -하다./쉽게 분위기가 -된다.
파:안-대소(破顔大笑)명 얼굴빛을 부드럽게 하여 크게 활짝 웃음.
파압(波壓)명 파도의 압력.
파:약(破約)명-하다타 약속이나 계약 따위를 깨뜨림. 해약
파양(爬癢)명-하다자 가려운 데를 긁음.
파:양(罷養)명-하다타 양친(養親)과 양자(養子)의 관계를 끊음. 파계(罷繼)
파:업(罷業)명 ①-하다자 하던 일을 중지함. ②'동맹 파업(同盟罷業)'의 준말.
파:업-권(罷業權)명 사용자와 근로자 사이에 임금이나 노동 조건에 관하여 의견의 차이가 있을 때, 근로자가 자신의 요구를 관철하기 위하여 파업할 수 있는 권리.
파:업=기금(罷業基金)명 동맹 파업 때에 사용하려고 노동 조합이 평상시에 준비하여 두는 기금.
파에톤(Phaëthon 그)명 그리스 신화에 나오는, 태양신 헬리오스의 아들. 〔아버지의 전차를 제대로 다루지 못하여 태양의 불로 지상을 불태웠기 때문에, 제우스가 벼락

을 쏘아 그를 떨어뜨렸다 함.]

파:연(罷宴)명 -하다자 연회나 잔치 따위를 마침.

파:연-곡(罷宴曲)명 연회나 잔치를 마칠 때 부르는 노래나 연주하는 음악.

파:연곡(罷筵曲)명 조선 인조 23년(1645)에 고산(孤山) 윤선도(尹善道)가 지은 연시조(連時調). 연회를 끝마칠 때 부르는 노래로, 연회를 즐기되 절제할 것과 술자리에서 예의를 갖출 것을 읊음. 모두 2수로 되어 있으며 '고산유고(孤山遺稿)' 권6에 전함.

파:열(破裂)명 -하다자 깨어지거나 갈라져 터짐. ¶ 내부 압력으로 가스관이 -하다. /장기(臟器) -

파:열-시(破裂矢)명 고래를 잡을 때 쓰는 작살의 한 가지. 발사되어 고래의 살 속에 박히면 끝이 여러 가닥으로 갈라지게 되어 있음.

파:열-음(破裂音)명 〈어〉발음 방법에 따라 구별한 한글 자음의 한 갈래. 발음 자리에서 일단 막았다가 터뜨리는 음. 'ㄱ·ㅋ·ㄲ : ㄷ·ㅌ·ㄸ : ㅂ·ㅍ·ㅃ'과 같은 음. 폐쇄음(閉鎖音) ☞마찰음(摩擦音)

파오(包 중)명 몽골인의 천막 가옥. 나무로 뼈대를 만들고 그 위에 펠트를 덮어씌운 구조로, 옮아갈 때 쉽게 걷거나 짜 맞출 수 있게 되어 있음.

파:옥(破屋)명 무너지거나 허물어진 집.

파:와(破瓦)명 깨어진 기와.

파우더(powder)명 ①가루 ②화장용의 분.

파우치(pouch)명 행낭(行囊) ¶ 외교 문서 -

파운데이션(foundation)명 ①기초 화장에 쓰는 화장품의 한 가지. 가루분을 유지(油脂)에 개어 만듦. ②체형을 바로잡거나 맵시를 내려고 입는 여성용 속옷을 통틀어 이르는 말. 거들·브래지어·코르셋 따위.

파운드(pound)의 ①야드파운드법에 따른 무게의 단위. 1파운드는 16온스로, 약 453.59g에 해당함. 기호는 lb ②영국의 화폐 단위. 1파운드는 100펜스. 기호는 £

파운드케이크(pound cake)명 달걀·버터·우유·설탕·밀가루 따위를 섞어서 반죽한 것에 건포도나 호두 따위를 넣어 구운 케이크. 재료를 1파운드씩 섞는다는 데서 온 이름임.

파울(foul)명 ①규칙을 위반하는 일. 반칙(反則) ②'파울볼'의 준말.

파울라인(foul line)명 야구에서, 본루와 일루 및 본루와 삼루를 연결한, 외야 담장까지의 직선.

파울볼:(foul ball)명 야구에서, 타자가 친 공이 파울라인 밖으로 나가는 일, 또는 그 공. 준파울 ☞페어볼

파울=지역(foul地域)명 야구장의 파울라인 바깥쪽의 지역. ☞페어 지역

파울팁(foul tip)명 야구에서, 투수가 던진 공이 타자의 배트를 스쳐 직접 포수의 미트 속에 들어가는 일, 또는 그 공.

파울플라이(foul fly)명 야구에서, 타자가 친 공이 파울 지역 위로 높이 떠오르는 일.

파워(power)명 ①힘. 완력(腕力) ¶ 펀치에 -가 있다. / 목소리는 좋은데 -가 없다. ②역량(力量) ¶ 시민 단체의 -. ③권력 ¶ -게임

파워도플러=검사법(powerdoppler檢査法)[-뻡]명 종양 진단법의 한 가지. 초음파와 컴퓨터를 이용하여 혈관의 미세한 변화까지 포착할 수 있는 방법으로 종양을 깨끗이 제거하는 데 도움을 줌. 주로 간 종양에 이용함.

파워셔블(power shovel)명 토목·건설 기계의 한 가지. 동력으로 움직이는 큰 삽으로 흙을 파기도 하고 깎아 내기도 하며, 토사나 부수어 놓은 암석 등을 운반차에 싣기도 함. 동력삽

파원(派員)명 파견된 사람.

파월(播越)명 -하다자 파천(播遷)

파:의(罷意)명 -하다타 하고자 하던 생각을 버림.

파:의(罷議)명 -하다자타 의논을 그만둠.

파이(pi)명 ①그리스어 자모의 열여섯째 글자인 '$\Pi \cdot \pi$'의 이름. ②수학에서, 원주율을 나타내는 기호인 'π'의 이름.

파이(pie)명 서양 과자의 한 가지. 밀가루와 버터를 섞은 반죽을 얇게 밀어서 그 위에 과일·잼·고기 따위를 얹어서 구워 만듦. 두 장의 반죽 사이에 소를 넣고 굽기도 함. 애플파이와 레몬파이 따위가 있음.

파이널세트(final set)명 배구·테니스·탁구 따위의 경기에서, 승패를 가름하는 마지막 세트를 이르는 말.

파이렉스=유리(Pyrex琉璃)명 내열(耐熱) 유리의 한 가지. 이화학용(理化學用) 용기나 특수 진공관, 내열 조리 기구 따위를 만드는 데 쓰임.

파이버(fiber)명 ①섬유로 만들어 철모 밑에 받쳐 쓰는 모자. ②'스테이플파이버'의 준말. ③'벌커나이즈드파이버'의 준말.

파이버보:드(fiberboard)명 펄프 섬유, 석면, 유리 섬유 등의 섬유질 재료를 압축 성형한 널빤지를 통틀어 이르는 말. 방음·방화용 내장(內裝) 재료로 쓰임.

파이버스코프(fiberscope)명 유리 섬유를 이용한 내시경의 한 가지. 위·장·폐 따위의 진단에 쓰임. 매우 유연하여 환자에게 주는 고통이 적고, 몸 속을 광범위하게 관찰할 수 있음.

파이트머니(fight+money)명 프로 권투나 프로레슬링 따위의 경기에서, 선수에게 경기의 대가로 주는 돈.

파이프(pipe)명 ①주로 액체나 기체 따위를 수송하는 데 쓰는 관(管). ¶ 가스-/수도 - ②살담배를 담아 피우는 데 쓰는 서양식 담뱃대. ③궐련을 끼워 피우는 데 쓰는 물부리를 흔히 이르는 말.

파이프라인(pipeline)명 석유나 천연 가스 따위를 목적지까지 보내기 위하여 지하나 지상에 설치한 원거리 수송관. ☞송유관(送油管)

파이프렌치(pipe wrench)명 수도관 등을 부설할 때 관에 물리어 관의 나사를 죄거나 틀어 돌리는 공구.

파이프오르간(pipe organ)명 건반 악기의 한 가지. 음계에 따라 배열된 크고 작은 여러 개의 관에 바람을 보내어 소리를 내며, 장엄하고 신비한 음색이 특징임.

파인더(finder)명 ①카메라의 부속 장치의 한 가지. 촬영 범위나 초점의 조정 상태 따위를 보기 위하여 눈으로 들여다보는 장치. ②큰 망원경에 딸려 있는 소형 보조 망원경. 관찰하려는 천체를 찾는 데 쓰임.

파인애플(pineapple)명 파인애플과의 상록 여러해살이 풀. 줄기 높이는 50~120cm. 칼 모양의 잎이 짧은 줄기 위에 뭉쳐 나며, 엷은 자홍색의 꽃이 핌. 열매는 길둥근 모양으로 황색으로 익으며, 과육에 즙이 많고 향기가 있으며 단맛이 남. 중앙 아메리카와 남아메리카 북부 원산으로, 열대와 아열대 지방에서 재배함. 봉리(鳳梨)

파인트(pint)의 야드파운드법에 따른 부피의 단위. 1파인트는 8분의 1갤런으로, 약 0.57L에 해당함. 기호는 pt

파인플레이(fine play)명 운동 경기에서, 선수가 보여 주는 멋지고 훌륭한 기술. ☞미기(美技). 묘기(妙技)

파:일(∠八日)명 석가모니의 탄생일인, 음력 사월 초여드렛날. 초파일

파:일(破日)명 민속에서, 음력으로 매월 초닷샛날·열나흗날·스무사흗날을 이르는 말. 이 날에 일을 하면 불길하다고 하여 꺼림.

파일(file)명 ①서류철(書類綴) ②컴퓨터에서, 서로 관련된 데이터들을 하나의 단위로 묶을 때, 레코드가 모여서 구성되는 단위.

파일(pile)명 ①벨벳, 융단, 타월 따위 직물의 표면에 만들어 놓은 부드러운 털이나 보풀보풀한 실 코. ②건축이나 토목의 기초 공사에서 땅에 박는 말뚝.

파:일-등(∠八日燈)명 석가모니의 탄생을 기념하기 위하여, 파일에 다는 등.

파일럿(pilot)명 ①항공기의 조종사. ②항만이나 강에서 뱃길을 안내하는 사람. ☞도선사(導船士)

파일럿램프(pilot lamp)명 전기 회로나 기기(器機)의 작동 상태 등을 나타내는 작은 등. 표시등(表示燈)

파일럿숍(pilot shop)명 상품의 판매 동향을 알아보기 위하여 생산 기업이나 도매상에서 직영하는 소매 점포. 주로 의류 등 유행에 민감한 상품을 취급함.

파일럿플랜트(pilot plant)명 기초 연구를 거친 제품을 본격적으로 생산하기 전에, 제품이나 생산 방법에 대한 자료를 얻으려고 시험용으로 세우는 시설이나 공장.
파일북(file+book)명 종이나 서류 따위를 자유로이 끼우고 뺄 수 있도록 만든 공책.
파일=직물(pile織物)명 천의 한 면 또는 양면에 부드러운 털이나 보풀보풀한 실 코를 만들어 놓은 직물. 벨벳이나 타월 따위. 첨모직(添毛織)
파:임 명 한자 자획(字畫)의 한 가지. '乂'·'久' 등에서 '㇏'의 이름. ☞점
파임(派任)명-하다타 파방(派房)
파:임-내:다타 서로 의논하여 결정된 일에 대해 나중에 딴소리를 하여 그르치다.
파자(笆子)명 바자
파:자(破字)명 ①-하다자타 한자의 자획(字畫)을 가르거나 어우르거나 하는 일. '李' 자를 갈라서 '木子'라 하는 따위. 해자(解字) ②파자점(破字占)
파자마(pajamas)명 ①낙낙하게 지은, 윗옷과 바지로 된 잠옷. ②인도나 페르시아 사람들이 입는 통 넓은 바지.
파:자-쟁이(破字-)명 해자쟁이
파:자-점(破字占)명 파자(破字)하여 길흉을 점치는 일, 또는 그렇게 나온 점괘. 파자(破字)
파장(把掌)명-하다타 지난날, 결세액(結稅額)과 납세자를 양안(量案)에서 뽑아 장부에 옮겨 적던 일.
파장(波長)명 파동에서, 같은 위상(位相)을 가진 서로 이웃한 두 점 사이의 거리. 곧 파동의 마루에서 다음 마루까지의, 또는 골에서 다음 골까지의 거리.
파:장(罷場)명-하다자 ①지난날, 과장(科場)이나 백일장이 파하던 일. ②시장이 파함, 또는 그러한 때. ¶ - 무렵이라 물건이 별로 없다. ③여러 사람이 모여 벌이던 판이 거의 끝남, 또는 그 무렵. ¶ 도착했을 때는 동창회가 이미 - 분위기였다. ☞초장(初場)
파장-계(波長計)명 교류 전류나 전자파 따위의 파장이나 주파수를 측정하는 계기.
파장-기(把掌記)[-끼]명 지난날, 결세액(結稅額)과 납세자를 양안(量案)에서 뽑아 적던 장부.
파:장-머리(罷場-)명 파장이 될 무렵. 일이 끝날 때. ¶ -에서야 마수를 했다.
파-장아찌명 장아찌의 한 가지. 가는 파를 토막 내어 진장을 붓고 기름·깨소금·고춧가루 따위로 양념을 하여 담금. ☞무장아찌
파:재(破齋)명-하다자 불교에서, 팔계(八戒) 가운데 '때 아닐 적에 먹지 말라'는 계행을 깨뜨리는 일을 이르는 말.
파:재(罷齋)명-하다자 불교에서, 법회(法會)나 재회(齋會)를 모두 마치는 일을 이르는 말.
파쟁(派爭)명 파벌끼리의 다툼.
파저(波底)명 물결의 밑.
파:적(破寂)명-하다자 ①적적함을 면함. ②심심풀이
파:적(破敵)명-하다자 적을 쳐부숨.
파:적(破積)명-하다타 한방에서, 오래 묵은 체증(滯症)을 고치는 일을 이르는 말.
파-전(-煎)명 전의 한 가지. 밀가루를 갠 것에 쪽파와 쇠고기·조갯살·생굴·미나리 따위를 넣어 번철에 넓적하게 지진 전.
파:전(破錢)명 찢어지거나 깨어진 돈.
파전(播傳)명-하다타 전파(傳播)
파:전(罷戰)명-하다자 싸움을 그침.
파절(波節)명 정상파에서 진동하지 아니하는 부분.
파:절(破節)명-하다자 절개를 깨뜨림.
파:접(罷接)명-하다타 지난날, 시를 짓고 글을 읽는 모임을 파하던 일.
파:접-례(罷接禮)명 지난날, 파접할 때에 베풀던 잔치.
파:정(破精)명-하다자 사정(射精)
파:제(破堤)명 홍수 따위로 둑이 무너짐.
파:제(破題)명 ①한시(漢詩)의 팔고문(八股文)에서 첫 두 구(句)를 이르는 말. ②지난날, 과거를 볼 때 시(詩)의 첫머리에 그 글제의 뜻을 밝히던 일.
파:제(罷祭)명-하다자 '파제사'의 준말.
파:-제:사(罷祭祀)명-하다자 제사를 마침. 준파사(罷祀). 파제(罷祭)
파:제삿-날(罷祭祀-)명 제사를 마친 날. 준파젯날
파:젯-날(罷祭-)명 '파제삿날'의 준말.
파족(派族)명 나뉘어 갈라진 종족(宗族).
파:종(破腫)명-하다자타 한방에서, 종기가 터지는 일, 또는 침으로 종기를 따는 일.
파종(播種)명-하다자 논밭에 작물의 씨앗을 뿌림. 낙종(落種). 부종(付種). 종파(種播) ☞파식(播植)
파종-기(播種期)명 씨를 뿌리는 시기.
파종-기(播種機)명 씨를 뿌리는 기계.
파주(把住)명 ①-하다타 마음속에 잘 간직함. ②파지(把持)
파:죽지세(破竹之勢)성구 대나무를 쪼개는 기세라는 뜻으로, 막을 수 없이 세찬 기세를 비유하여 이르는 말. ¶ -로 쳐들어가다.
파지(把持)명 ①-하다타 움키어 쥠. ②심리학에서, 경험으로 얻은 정보를 의식 속에 오래 간직하고 있는 작용. 파주(把住)
파:지(破紙)명 ①찢어져 온전하지 못한 종이. ②제지 공정이나 인쇄 과정에서, 구겨지거나 찢어지거나 하여 못 쓰게 된 종이. ☞폐지(廢紙)
파직(罷職)명-하다타 관직에서 물러나게 함.
파:진(破陣)명-하다자 적의 진지를 쳐부숨.
파:진(罷陣)명-하다자 군대의 진(陣)을 거두고 군사를 풀어헤침. 파군(罷軍)
파진찬(波珍飡)명 신라 때, 17관등의 넷째 등급. 파미간(波彌干) ☞대아찬. 잡찬
파-짠지명 파·들깻잎·풋고추 따위를 소금물에 절여 삭혔다가 건져서 젓국·고춧가루·마늘·생강 따위에 버무려 담근 김치. ☞무짠지
파착(把捉)명-하다타 ①포착(捕捉) ②마음을 단단히 다잡아 늦추지 아니함.
파찰-음(破擦音)명 〈어〉발음 방법에 따라 구별한 한글 자음의 한 갈래. 파열에 이어 마찰이 뒤따르는 음으로, 'ㅈ·ㅊ·ㅉ'과 같은 음. ☞마찰음(摩擦音)
파천(播遷)명-하다자 지난날, 임금이 도성(都城)을 떠나 난을 피하던 일. 파월(播越) ☞몽진(蒙塵)
파:천황(破天荒)명 천지개벽 이전의 혼돈한 상태를 깨뜨린다는 뜻으로, 이전에 아무도 한 적이 없는 일을 처음으로 함을 이르는 말. ¶ -의 대역사(大役事).
파:철(破鐵)명 쇠붙이 그릇의 깨어진 조각. 파쇠
파:체(破砌)명 ①깨어진 섬돌. ②파손된 문지방.
파:체(破涕)명-하다자 〔눈물을 거둔다는 뜻으로〕 슬픔을 기쁨으로 돌리어 생각함.
파초(芭椒)명 천초(川椒)
파초(芭蕉)명 파초과의 여러해살이풀. 줄기 높이 5m 안팎. 잎은 길둥글며 길이는 2m 안팎으로 자람. 여름에 황백색의 단성화(單性花)가 핌. 중국 원산으로 관상용으로 재배함. 잎과 잎자루, 뿌리는 민간에서 이뇨·해열·진통 따위에 약으로 쓰임.
파초-선(芭蕉扇)명 파초의 잎 모양으로 만든 부채. 지난날, 의정(議政)이 나들이할 때 햇볕을 가리는 데 썼음.
파초-일엽(芭蕉一葉)명 꼬리고사릿과의 상록 여러해살이풀. 뿌리에서 모여 나는 잎의 길이는 40~120cm임. 관엽 식물(觀葉植物)로 제주도 서귀포의 자생지는 천연기념물 제18호임.
파총(把摠)명 조선 시대, 각 군영(軍營)에 딸리어 있던 종사품의 무관 관직, 또는 그 관원을 이르던 말.
파출(派出)명-하다타 임무를 맡겨서 사람을 파견함.
파:출(罷黜)명-하다타 잘못을 저지른 사람에게 직무를 그만두게 함. 파면(罷免)
파출-부(派出婦)명 일정한 보수를 받고 정해진 시간에 남의 집안일 따위를 해 주는 여자.
파출-소(派出所)[-쏘]명 ①파견된 사람이 사무를 보는 곳. ②'경찰관 파출소'의 준말.
파충-류(爬蟲類)명 척추동물의 한 강(綱). 피부는 각질

의 표피로 덮여 있으며, 폐로 호흡함. 변온 동물로 대부분이 난생(卵生) 또는 난태생(卵胎生)임. 남극을 제외한 각 대륙에 분포하는데, 특히 열대나 아열대 지방에 많이 분포함. 현재 거북·악어·뱀 등 약 6천 종이 있음. ☞포유류

파:-치(破-) 명 부서지거나 깨지거나 흠이 생기어 못 쓰게 된 물건. 파건(破件)

파치니=소:체(Pacini小體) 명 지각 신경의 말단 장치의 한 가지. 대체로 달걀꼴이며 길이는 0.5~4.5mm, 너비는 1~2mm임. 손바닥과 발바닥의 피부나 장간막(腸間膜)·췌장·골막 속의 관절 가까이에 있으며, 압각(壓覺)을 지배함.

파:침(破鍼) 명 바소

파:카(parka) 명 ①에스키모가 입는, 후드가 달린 모피 웃옷. ②후드가 달린 짧은 외투. 겨울옷으로 솜이나 털을 넣어 두껍게 만듦.

파:커라이징(parkerizing) 명 철강의 겉면에 인산염(燐酸塩)의 막을 입혀 녹이 슬지 않도록 처리하는 일.

파:킨슨-병(Parkinson病) [-뼝] 명 간뇌의 변성, 동맥 경화적인 변화로 말미암은 중추 신경계의 퇴행성 질환. 팔다리와 몸이 떨리고 근육이 굳어져 운동 장애가 생김. 50세 이상의 연령층에서 발병률이 높음.

파:탄(破綻) 명 -하다 자 ①찢어지고 터짐. ②일이 잘 이루어지지 못하고 그릇됨. ¶십 년 간의 결혼 생활이 -에 이르다. ③상점·회사 등이 지급 정지 상태가 됨. ¶재정 -

파:탈(擺脫) 명 -하다 자 예절이나 구속에서 벗어남.

파:토(破土) 명 -하다 자 '참파토(斬破土)'의 준말.

파토스(pathos 그) 명 철학에서, 수동(受動)의 뜻으로, 감정·감동·정열 등 일시적이고 지속성이 없는 정념(情念)의 작용을 이르는 말. ☞로고스

파:투(破鬪) 명 화투 놀이에서, 장수가 비거나 차례가 어긋나서 그 판이 무효로 되는 일. ¶-가 나다./-를 놓다.

파:트(part) 명 ①전체를 이루는 한 부분. ②일을 맡는 구실이나 부서. ¶영업 -에 근무하다. ③성악곡의 성부(聲部). ¶알토 -/테너 -

파:트너(partner) 명 ①춤이나 경기 따위에서, 두 사람이 한 짝이 될 경우의 상대. ②사업 따위를 같이 하는 사람.

파트로:네(Patrone 독) 명 밝은 곳에서도 카메라에 넣을 수 있도록 만든, 롤필름의 금속 케이스.

파트롱(patron 프) 명 후원자 또는 보호자.

파:트타임(part-time) 명 어떤 직장에, 정규의 근로 시간보다 짧게 근로 시간을 정하여 근무하는 방식. ¶대학원에 다니면서 -으로 도서관 사서 일을 하다.

파:티(party) 명 사교나 친목, 또는 무엇을 기념하기 위한 모임이나 잔치. ¶귀국 환영 -/댄스 -

파파(派派) 명 동종(同宗)에서 갈려 나온 여러 갈래.

파파노인(皤皤老人) 명 머리털이 하얗게 센 늙은이.

파파라치(paparazzi 이) 명 연예인이나 운동 선수, 정치가 등 유명 인사를 쫓아다니면서 그들의 사생활을 사진으로 찍어 파는 일을 직업으로 삼는 사람.

파파야(papaya) 명 파파야과의 상록 초본상 교목. 높이 6m 안팎. 잎은 어긋맞게 나고 잎자루가 길며 손바닥 모양으로 갈라짐. 암수딴그루이며 열매는 길둥글며 과육이 두껍고 씨가 많이 들어 있음. 열매와 잎 따위는 먹을 수 있고 약으로도 쓰임. 아메리카 열대 지역 원산.

파파-이(派派-) 부 파마다 모두.

파파인(papain) 명 파파야의 과즙에 들어 있는 단백질 분해 효소.

파:편(破片) 명 깨어진 물건의 조각. 쇄편 ¶유리 -

파프리카(paprika 헝) 명 향신료의 한 가지. 헝가리에서 많이 재배되고 있는 특별한 품종의 고추를 말려서 빻은 가루. 샐러드드레싱 따위에 쓰임.

파피루스(papyrus) 명 ①방동사닛과의 여러해살이풀. 줄기 높이 1~2m, 짙은 녹색에 마디가 없음. 잎은 퇴화하여 비늘과 같고, 줄기 끝의 포엽(苞葉) 사이에 엷은 갈색의 이삭이 달림. 뿌리와 줄기는 먹을 수 있으며, 관상용으로 재배함. ②파피루스의 줄기로 만든 일종의 종이. 이집트와 지중해 연안 지방을 중심으로, 10세기경까지 필사 재료로 쓰였음. ③파피루스에 적힌 고대 문서.

파-피리 명 파의 잎으로 만든 장난감 피리. 총적(葱笛)

파필(把筆) 명 -하다 자 붓을 잡는다는 뜻으로, 글이나 글씨를 쓰는 일.

파:하(破夏) 명 -하다 자 불교에서, 하안거(夏安居) 동안에 규칙을 지키지 못하고 중도에 물러나는 일을 이름.

파:-하다(罷-) 자타 여 ①어떤 모임이나 하던 일 따위가 끝나서 다 헤어지다. ¶학교가 -./모임이 파할 무렵. ②어떤 일을 마치거나 그만두다. ¶일과(日課)를 -.

한자 파할 파(罷) 〔网部 10획〕 ¶파업(罷業)/파장(罷場)

파:-하다(破-) 타 여 《文》적을 쳐부수다.

파:한(破閑) 명 -하다 자 한가(閑暇)를 깨뜨린다는 뜻으로, '심심풀이'를 이르는 말.

파:한집(破閑集) 명 고려 명종 때의 문인 이인로(李仁老)가 지은 시문집(詩文集). 시화(詩話)·문담(文談)·기사(記事) 등과 풍속·풍물도 수록되어, 고려사 연구에 귀중한 자료가 됨. 원종 원년(1260)에 그의 아들 이세황(李世黃)이 펴냄. 3권 1책.

파행(爬行) 명 -하다 자 벌레나 짐승 따위가 기어다님.

파행(跛行) 명 -하다 자 ①절뚝거리며 걸음. ②어떤 일이 균형이 잘 잡히지 않은 상태로 진행됨. ¶정국(政局)이 -을 계속하다./- 상태

파행=본위제(跛行本位制) 명 금화와 은화의 두 가지 본위 화폐를 인정하면서도 그 중 한쪽 법화(法貨)의 발행을 제한하는 화폐 제도.

파행-적(跛行的) [-쩍] 명 어떤 일이 균형이 잘 잡히지 않은 상태로 진행되는 것. ¶-인 경제 성장.

파-헤치다 타 ①속에 있는 것이 드러나도록 파서 젖히다. ¶길을 내느라고 산허리까지 -./도굴꾼들이 고분을 -. ②비밀이나 진상(眞相), 문제의 핵심 따위를 알아내거나 밝히어 드러내다. ¶배후를 -.

파:혈(破穴) 명 -하다 타 민속에서, 묏자리로 좋지 못한 땅에 썼던 무덤을 파헤침.

파:혈(破血) 명 -하다 타 한방에서, 몸 안에 뭉치어 있는 나쁜 피를 약을 써서 없어지게 하는 일.

파:혈-제(破血劑) [-쩨] 명 한방에서, 몸 안에 뭉치어 있는 나쁜 피를 없애는 데 쓰이는 약제.

파형(波形) 명 ①물결의 모양. ②음파나 전파의 모양.

파:호(破戶) 명 -하다 자 바둑을 둘 때, 상대편의 말을 잡으려고 상대편이 한 수를 두면 완전히 살 급소에 돌을 놓는 일. 파가(破家)

파:혹(破惑) 명 -하다 자 의심쩍은 것을 풀어 없앰. 해혹(解惑)

파:혼(破婚) 명 -하다 자 약혼을 취소하고 결혼하지 않기로 함.

파:회(罷會) 명 -하다 자 불교에서, 법회(法會)를 마침.

파:훼(破毁) 명 -하다 타 깨뜨리어 헐어 버림.

파:흥(破興) 명 -하다 자타 흥이 깨어짐, 또는 흥을 깨뜨림. 패흥(敗興)

팍 부 ①세게 냅다 내지르는 모양, 또는 그 소리를 나타내는 말. ¶정강이를 - 걷어차다. ②갑자기 쓰러지는 모양, 또는 그 소리를 나타내는 말. ☞퍽[2]

팍삭 부 ①작은 물체가 맥없이 내려앉는 모양을 나타내는 말. ②몸집이 작은 사람이 기운이 빠져 힘없이 주저앉는 모양을 나타내는 말. ¶- 주저앉다. ③기력이 없이 매우 늙은 모양을 나타내는 말. ☞퍽석. 폭삭

팍삭-팍삭[1] 부 자꾸 팍삭 하는 모양을 나타내는 말. ☞퍽석퍽석[1]. 폭삭폭삭

팍삭-팍삭[2] 부 -하다 형 매우 팍삭한 상태를 나타내는 말. ☞퍽석퍽석[2]

팍삭-하다 형 여 매우 파삭하다. ☞퍽석하다

팍신-팍신 부 -하다 형 매우 팍신한 모양을 나타내는 말. ☞퍽신퍽신. 폭신폭신

팍신-하다 형 여 무르고 포슬포슬한 느낌이 있다. ¶감자가 팍신하게 익다. ☞퍽신하다

팍-팍 부 자꾸 세게 냅다 내지르는 모양, 또는 그 소리를 나타내는 말. ☞퍽퍽

팍팍-하다 형여 ①음식이 목이 멜 정도로 메지고 물기가 적다. ②몹시 지쳐서 걸음을 내딛기가 힘들 정도로 다리가 무겁다. ☞퍽퍽하다

판[1] 명 ①일이 벌어진 자리나 장면. ¶아무 —에나 끼어들다./—이 크게 벌어지다./—을 깨다. ②'처지'나 '형편'의 뜻을 나타내는 말. ¶한푼이 아쉬운 —이다.

판(을) 들다 관용 가지고 있던 재산을 다 써 없애다. ¶그나마 있던 집마저 판 들어 오갈 데 없이 되었다.

판(을) 막다 관용 마지막 승부에 이겨서 그 판을 끝내다. ¶접전 끝에 홍팀이 판을 막았다.

판(을) 주다 관용 그 판에서 가장 뛰어난 사람으로 인정하여 내세우다. ¶판 줄만 한 사람이 없다.

판을 치다 관용 ①어떤 판에서 가장 잘하다. ¶학급 대항 장기 자랑에서 —. ②제멋대로 행동하며 세력을 부리다. ¶불량배가 —./기회주의가 판을 치는 세상. 판치다

판(이) 나다 관용 ①판이 끝나다. 끝장이 나다. ②재산이나 물건 따위가 모조리 없어지다.

판이 설다 관용 전체의 사정에 익숙하지 못하고 서투르다. ¶처음에는 판이 설겠지만 곧 익숙해질 것이다. ☞판수익다

한자 **판 국**(局) 〔尸部 4획〕 ¶국면(局面)/난국(難局)/대국(對局)/정국(政局)/형국(形局)

판[2] 의 승패를 겨루는 일이 벌어진 자리나 장면을 세는 단위. ¶장기 한 — 두자./씨름에서 두 —을 내리 이기다.

판(板) 명 ①널빤지 ②표면을 반반하게 다듬어 사용하는 기구. 바둑판·장기판 따위. ③음반(音盤) ④판(版) ⑤플레이트(plate)

판(版) 명 ①인쇄하는 데 쓰려고 글씨·그림 따위를 새긴 나무나 쇠 따위로 된 널빤지 모양의 물건. 판(板) ②활판(活版)이나 인쇄판을 두루 이르는 말. ¶—을 짜다. ③인쇄한 면의 크기. ④인쇄하여 책을 만드는 일. ¶—을 거듭하다./1990년도 —을 구하다. ⑤〔의존 명사로도 쓰임〕 책을 개정하거나 증보하여 출간한 횟수를 세는 단위. ¶삼 —을 내다./2— 5쇄. ⑥《접미사처럼 쓰이어》 ㉠책이나 종이 따위의 크기나 규격을 나타냄. ¶사륙판/명함판/타블로이드판 ㉡책이나 신문 따위를 인쇄하여 펴낸 것이라는 뜻을 나타냄. ¶개정판/증보판

판에 박은 것 같다 관용 사물이 같은 판에서 박아낸 것처럼 다 똑같다. 판에 박은듯 하다. ¶큰딸의 얼굴 모습이 꼭 제 어머니를 —.

판에 박은듯 하다 관용 판에 박은 것 같다. ¶판에 박은 듯 한 나날을 보내다./판에 박은듯 한 말만 하다.

판(瓣) 명 ①꽃잎 ②관(管)이나 용기 따위에 붙어 유체(流體)의 출입을 제어함으로써 유량(流量)이나 압력 등을 조절하는 장치. 밸브(valve) ③판막(瓣膜)

판(Pan 그) 명 그리스 신화에 나오는 목신(牧神).

판가(販價) [—까] 명 '판매 가격(販賣價格)'의 준말.

판-가름 명-하다 타 옳고 그름이나 낫고 못함을 판단하여 가름. ¶쉽게 —이 나다./당장 —을 짓자.

한자 **판가름할 판**(判) 〔刀部 5획〕 ¶판결(判決)/판단(判斷)/판명(判明)/판별(判別)/판정(判定)

판각(板刻) 명-하다 타 글씨나 그림 등을 널조각에 새김, 또는 새긴 글씨나 그림. 각판(刻板)

판각(板閣·版閣) 명 절 안의 경판을 쌓아 두는 전각. 판전각(版殿閣)

판각-본(板刻本) 명 목판으로 인쇄한 책. 각판본(刻版本). 목판본 준 판본(板本)

판-검:사(判檢事) 명 판사와 검사를 아울러 이르는 말.

판결(判決) 명 ①-하다 타 일의 옳고 그름이나 좋고 나쁨을 판단하여 결정함. ②법원이 변론을 거쳐서 소송 사건에 대하여 판단하고 결정하는 재판.

판결-례(判決例) 명 판례(判例)

판결-문(判決文) 명 법원이 판결을 내린 사실·이유 및 판결 주문 따위를 적은 문서. 판결서(判決書)

판결-사(判決事) [—싸] 명 조선 시대, 장례원(掌隸院)의 으뜸 관직. 품계는 당상(堂上) 정삼품.

판결-서(判決書) [—써] 명 판결문(判決文)

판결=원본(判決原本) 명 법률에서, 판결을 표시하기 위하여 확정적으로 작성한 최초의 문서.

판결=주문(判決主文) 명 판결의 결론적 부분. 준 주문

판겸(判歉) 명-하다 타 흉년이 들 것으로 미리 판단함.

판계(板桂) 명 육계(肉桂)

판공(辦公) 명-하다 자 공무를 맡아 처리함.

판-공론(—公論) 명 사람들 사이에 떠도는 공통된 의견.

판공-비(辦公費) 명 공무를 처리하는 데 드는 비용.

판:관(判官) 명 ①조선 시대, 돈녕부(敦寧府)·한성부(漢城府)·상서원(尙書院)·봉상시(奉常寺)·사옹원(司饔院)·내의원(內醫院) 등 여러 관아의 종오품 관직. ②조선 시대, 감영(監營)·유수영(留守營) 및 큰 고을에 두었던 종오품 관직. ③지난날, 구나(驅儺) 때 녹의(綠衣)를 입고 탈과 화립(畫笠)을 쓰던 나자(儺者).

판:관-사:령(判官使令) 명 판관에 딸린 사령과 같다는 뜻으로, 아내가 시키는 대로 잘 따르는 사람을 놀리어 이르는 말. ☞엄처시하(嚴妻侍下)

판교(判校) 명 조선 시대, 교서관(校書館)·승문원(承文院)의 당하(堂下) 정삼품 관직.

판교(板橋) 명 널빤지를 깔아서 놓은 다리. 널다리

판=구조론(板構造論) 명 지질학에서, 지각은 여러 개의 두꺼운 판으로 이루어져 있으며, 그것들의 상대적인 움직임으로 여러 가지 지질 현상이 일어난다고 보는 학설.

판-국(—局) 명 ①일이 벌어져 있는 사태의 형편이나 국면. ¶모두가 힘든 —이니 조금씩 양보하게. ②민속에서, 집터나 묏자리 따위의 위치와 형국.

판권(版權) [—꿘] 명 ①저작권법에 따라 인정된 재산권의 하나. 출판에 관한 이익을 독점하는 권리로 저작권자가 출판물을 맡은 사람에게 설정함. ②판권장(版權張)

판권-장(版權張) [—꿘짱] 명 출판물에서, 그 출판물의 인쇄 및 발행 날짜, 저작자·발행자의 주소 및 성명 따위가 인쇄되어 있는 책장. 판권(版權)

판금(板金) 명 금속판을 얇게 눌러 펴거나 늘리거나 두들기거나 하여 넓게 조각을 낸 것.

판:금(販禁) 명 '판매 금지(販賣禁止)'의 준말.

판-꽂이 명 나뭇가지를 묘포에 꽂아 길렀다가 다른 곳으로 옮겨 심는 꺾꽂이법.

판납(辦納) 명-하다 타 지난날, 돈이나 물품을 이리저리 변통해서 바치던 일을 이르는 말.

판다(panda) 명 아메리카너구릿과의 동물. 레서판다와 자이언트판다를 통틀어 이르는 말. 레서판다는 몸길이 60cm 안팎이며, 몸 윗면은 붉은 갈색, 아랫면과 네 다리는 백색이며 머리의 폭이 넓고 귀가 큼. 야행성으로 나뭇잎·과일·새·쥐 따위를 먹는데 히말라야에서 중국 북서부에 이르는 높이 2,000m 정도의 높은 산에 삶. 자이언트판다는 몸길이가 1.2~1.5m이며, 몸빛은 백색이고 어깨에서 목·가슴 및 귀와 네 다리는 흑색임. 버섯·죽순·풀·새 따위를 먹는데 중국 북서부, 티베트 등지의 고산 지대에 삶.

판-다르다(—다르고·—달라) 형르 판이하다

판단(判斷) 명 ①-하다 타 사물을 논리나 기준에 따라 판정함, 또는 그 내용. ¶스스로 —하다./—한 대로 처리하다. ②논리학에서, 개개의 사실이나 의문에 대하여 단정하는 사유 작용.

판단-력(判斷力) 명 판단을 내릴 수 있는 능력.

판단=중지(判斷中止) 명 철학에서, 현상에 대한 판단을 유보하는 태도. 고대 그리스의 회의론자들이 독단적 주장에 반대하여 내세운 철학 태도임. 에포케(epochē)

판당(判堂) 명 ①조선 시대, '판서(判書)'를 달리 이르던 말. ②조선 시대, '판윤(判尹)'을 달리 이르던 말.

판당고(fandango 에) 명 에스파냐 안달루시아 지방의 민속 무곡(舞曲), 또는 거기에 맞추어 추는 춤. 3박자나 6박자의 빠른 곡으로, 두 사람이 한 쌍이 되어 춤을 춤.

판도(版圖) 명 ①한 나라의 영토. ¶국가의 —를 넓히다. ②어떤 세력이 미치는 영역이나 범위. ¶재계의 —가 달

라지다. /업계의 ―를 바꿔 놓을만 한 제품.

판도라(Pandora)명 그리스 신화에서, 제우스가 인간을 벌하기 위하여 불의 신 헤파이스토스에게 흙으로 빚어 만들게 하였다는 인류 최초의 여성.

판도-방(判道房)명 ①경상도 일부 지역에서, 절에서 고승(高僧)이 혼자 거처하는 방을 이르는 말. ②경기도·강원도 지역에서, 절에서 부목(負木)이나 속객(俗客)들이 함께 쓰는 방을 이르는 말. ③절에서 여러 중들이 함께 거처하는 큰 방.

판독(判讀)명-하다타 알아보기 어려운 글자나 이해할 수 없는 문장·기호 등을 미루어 헤아리거나 알아내어 읽음. ¶고대 비문(碑文)을 ―하다. /향찰(鄕札)을 ―하다. /난수표(亂數表)를 ―하다. ☞해독(解讀)

판-돈[―돈]명 노름판에서, 그 판에 태운 돈, 또는 그 판에 나온 전부의 돈. ¶―이 커지다. /―을 긁어 가다.

판돈(을) 떼다관용 노름판을 벌여 놓고 돈을 딴 사람에게서 얼마씩 떼어 가지다.

판둥-거리다(대다)자 판둥판둥 놀다. ☞반둥거리다. 펀둥거리다

판둥-판둥부 마땅히 해야 할 일을 아니 하고 요리조리 피하면서 놀기만 하는 모양을 나타내는 말. ☞반둥반둥. 펀둥펀둥

판득(辨得)명-하다타 변통하여 얻음.

판들-거리다(대다)자 판들판들 게으름을 피우다. ☞반들거리다. 펀들거리다

판들-판들부 매우 반드러운 태도로 늘 게으름을 피우는 모양을 나타내는 말. ☞반들반들. 펀들펀들

판-때기(板―)명 '널빤지'를 속되게 이르는 말.

판례(判例)명 법원에서, 같거나 비슷한 소송 사건을 재판한 전례. 판결례(判決例)

판례-법(判例法)[―뻡]명 판례의 누적에 따라 법적인 효력을 가지게 된 성문화(成文化)되지 아니한 법.

판로(販路)명 상품이 팔리는 방면이나 길. ¶― 개척/―가 뚫리다.

판로=협정(販路協定)명 경쟁을 피하려고 상품 판매자들끼리 판로를 협의하여 결정하는 일.

판리(辦理)명-하다타 일을 맡아 처리함. ☞변리(辨理)

판막(瓣膜)명 심장·정맥·림프절 따위의 속에서 혈액이나 림프액의 역류를 막는 막. 날름막. 판(瓣)

판-막음명-하다자 그 판에서의 마지막 승리, 또는 마지막 승패를 가리는 일.

판매(販賣)명-하다타 상품 따위를 팖. ☞구매(購買)

판매-가(販賣價)[―까]명 '판매 가격'의 준말.

판매=가격(販賣價格)[―까―]명 상품을 파는 값. 준판가. 판매가

판매-고(販賣高)명 판매액

판매-권(販賣權)[―꿘]명 판매할 수 있는 권리.

판매=금:지(販賣禁止)명 법률상 또는 경제상의 이유로 어떤 상품의 판매를 금지하는 일. 준판금(販禁)

판매-량(販賣量)명 일정한 기간에 판매한 양.

판매-망(販賣網)명 상품 따위를 팔려고, 여기저기에 널리 치밀하게 짜 놓은 조직이나 체계.

판매-비(販賣費)명 상품 따위를 파는 데에 드는 비용. 판매 수수료, 운송비, 광고 선전비 따위.

판매-소(販賣所)명 상품을 판매하는 곳. 매장(賣場)

판매=시점=정보=관:리=시스템(販賣時點情報管理sytem)명 포스(POS)

판매-액(販賣額)명 상품을 판매한 금액, 또는 그 총액. 매상고(賣上高). 판매고

판매-업(販賣業)명 상품을 판매하는 영업.

판매-인(販賣人)명 상품을 파는 사람.

판매-자(販賣者)명 상품을 파는 사람, 또는 그 기관. ☞구매자(購買者)

판매-점(販賣店)명 상품을 판매하는 가게.

판매=조합(販賣組合)명 조합원의 생산품을 협동하여 유리하게 판매하는 일을 목적으로 삼는 조합.

판매-처(販賣處)명 상품을 판매하는 곳, 또는 그 기관.

판매=카르텔(販賣Kartell)명 카르텔의 한 가지. 동업자간의 경쟁에 따른 가격 하락을 막고 이윤을 늘리려고 기업간에 맺는 판매상의 협정.

판매=회:사(販賣會社)명 생산된 상품의 판매를 전문으로 하는 회사.

판면(板面)명 널빤지의 겉면.

판면(版面)명 인쇄판의 글자나 그림이 있는 면.

판명(判明)명-하다타 어떤 사실을 판단하여 명백하게 밝힘. ¶사건의 진상을 ―하다.

판목(板木)명 두께가 6cm 이상, 너비가 두께의 3배 이상 되는 재목.

판목(版木)명 인쇄하려고 글자나 그림을 새긴 나무.

한자 판목 판(版) 〔片部 4획〕 ¶판권(版權)/판면(版面)/판본(版本)/판형(版型)/판화(版畫)

판-몰이명 노름판의 돈을 한 사람이 모두 따서 몰아 가지는 일.

판무(辦務)명-하다타 맡은 사무를 처리함.

판무(判無)어기 '판무(判無)하다'의 어기(語基).

판무-관(辦務官)명 보호국이나 식민지로 파견되어, 정치·외교 등에 관한 사무를 맡아 처리하는 관리. ¶유엔 난민 고등 ―

판-무식(判無識)명-하다형 아주 무식함, 또는 그런 사람. 전무식(全無識) ☞일자무식(一字無識)

판무-하다(判無―)형여 아주 없다. 전혀 없다. ¶경제에 관한 지식이 ―.

판문(板門)명 널빤지로 만든 문. 널문

판-박이(版―)명 ①판으로 박는 일, 또는 판으로 박아낸 책. ②판에 박은듯이 똑같아 변화가 없는 것. ③판에 박은듯이 닮은 모양, 또는 그런 사람. ¶부자(父子)의 얼굴 모습이 ―이다. ④바탕 종이에 어떤 형상을 인쇄하여, 물을 묻히거나 문지른 뒤에 바탕 종이를 떼어 내면 인쇄한 형상만 따로 남도록 만든 종이. 금속·유리·도자기 따위의 인쇄에 이용되고 장난감으로도 쓰임.

판-밖명 일이 벌어진 자리의 바깥. ☞테밖

판밖의 사람관용 그 일에 관계가 없는 사람.

판법(判法)[―뻡]명 판단하는 방법.

판벽(板壁)명 널빤지로 만든 벽.

판별(判別)명-하다타 판단하여 구별함. 분명하게 구별함. ¶진위를 ―하다.

판별-력(判別力)명 판단하여 구별하는 능력.

판별-방(判別房)명 조선 시대, 호조(戶曹)의 한 부서. 임시로 물건을 사들이는 일을 맡았음.

판본(板本·版本)명 '판각본(板刻本)'의 준말.

판부(判付)명-하다타 조선 시대, 신하가 상주한 안을 임금이 허가하던 일. 판하(判下)

판불(板佛)명 널빤지나 동판에 새기고 채색한 불상.

판비(辦備)명-하다타 마련하여 준비함. 변통하여 준비함.

판사(判事)[1]명 대법원을 제외한 각급 법원의 법관. 고등 법원, 지방 법원, 가정 법원 등에서 재판에 관한 일을 맡아봄. 대법원장이 임명하고 임기는 10년이며 연임(連任)할 수 있음.

판사(判事)[2]명 ①고려 시대, 문하부(門下府)·삼사(三司)·상서 육부(尙書六部) 등의 으뜸 관직. 품계는 종일품에서 종삼품임. ②조선 시대, 의금부(義禁府)·돈령부(敦寧府)·중추부(中樞府) 등의 종일품 관직.

판-상(―上)명 그 판에 있는 여럿 가운데서 가장 나은 것. ☞판장원

판상(板狀)명 널빤지처럼 생긴 모양. ¶―으로 갈라진 암석의 틈.

판상(辦償)명-하다타 ①빚을 갚음. 판제(辦濟) ②남에게 입힌 손해를 돈이나 물건 따위로 물어 줌. 변상(辨償) ③지은 죄과를 재물로써 갚음.

판-상놈(―常―)명 아주 못된 상놈이라는 뜻으로, 남을 욕하여 이르는 말.

판상=절리(板狀節理)명 암석 표면이 널빤지를 포개어 놓은 것처럼 평행으로 갈라져 있는 결. 화산암(火山岩) 등

에서 볼 수 있음.
판새-류(板鰓類)명 척추동물문 연골어강의 한 아강(亞綱)에 딸린 바닷물고기를 통틀어 이르는 말. 상어나 가오리 따위가 이에 딸림. 횡구류(橫口類)
판새-류(瓣鰓類)명 부족류(斧足類)
판서(判書)명 ①고려 시대, 육사(六司)와 육조(六曹)의 정삼품 관직. ②조선 시대, 육조의 으뜸 관직. 품계는 정이품.
판서(板書)명-하다자타 분필로 칠판에 글씨를 씀, 또는 그 써 놓은 글.
판-설:다(-설고·-서니)형 어떤 일의 사정에 익숙하지 못하고 서투르다. ¶처음 하는 일이라 아주 -. ☞판수익다
판-세(-勢)[-쎄]명 어떤 일의 돌아가는 형세. ¶이미 -는 한쪽으로 기울었다.
판-셈[-쎔]명-하다타 지난날, 빚진 사람이 빚을 갚을 수 없게 되었을 때, 빚을 준 사람들에게 자기의 모든 재산을 내어 놓고 그들이 나누어 가지도록 하던 일.
판-소리[-쏘-]명-하다자 소리꾼이 혼자서 고수(鼓手)의 북 장단에 맞추어 사설을 소리와 아니리로 엮어 발림을 곁들이며 부르는 우리 나라 전래의 음악.
판-쇠[-쐬]명 어느 한쪽에만 몰려 있지 않고 골고루 널리 퍼져 있는 사금(砂金)의 층(層).
판수명 ①점치는 일을 직업으로 삼는 소경을 이르는 말. ②'소경'을 달리 이르는 말.
판수-익다[-쑤-]형 어떤 일의 모든 사정에 익숙하다. ☞판설다
판시(判示)명-하다타 재판에서, 법률에 따라 옳고 그름을 가려 보이는 일. ¶선거 사범에 대한 -가 나오다.
판-시세(-時勢)[-씨-]명 어떤 일이 벌어진 형세.
판심(版心)명 지난날 제책(製冊)에서, 책장을 접어 양면으로 나눈, 그 접힌 가운데 부분을 이르던 말.
판야(panja 포)명 케이폭(kapok)
판연(判然)어기 '판연(判然)하다'의 어기(語基).
판연-하다(判然-)형여 ①알아볼 수 있게 또렷하다. ¶멀리서 보아도 그이의 모습이 -. ②드러난 상태가 확실하고 분명하다. ¶갖가지 증거로써 그가 저지른 일이 판연하게 드러났다.
판연-히부 판연하게 ¶- 다르다.
판열(瓣裂)명-하다자 꽃가루를 날리기 위하여 꽃밥이 터짐, 또는 그 현상.
판옥-선(板屋船)명 조선 시대, 군선(軍船)의 한 가지. 널빤지로 지붕을 덮고 그 가운데에 누각(樓閣) 모양의 집을 지은 전선(戰船).
판-유리(板琉璃)[-뉴-]명 널빤지 모양으로 평평하게 만든 유리. 판초자(板硝子) ¶-를 얹어 놓은 식탁.
판윤(判尹)명 조선 시대, 한성부(漢城府)의 으뜸 관직. 품계는 정이품.
판이(判異)어기 '판이(判異)하다'의 어기(語基).
판이-하다(判異-)형여 아주 다르다. ¶부부의 식성이 -./쌍둥이의 얼굴 모습이 서로 -.
판자명 넓게 만든 밭이랑.
판자(板子)명 ①널빤지 ②송판(松板)
판자-문(板子門)명 널빤지로 만든 문. 널문
판자-집(板子-)명 널빤지로 지은 허술한 집.
판잣-집(板子-)명 판자를 파는 가게.
판장(板墻)명 '널판장'의 준말.
판-장:원(-壯元)[-짱-]명 그 판에서 재주가 가장 뛰어난 사람. ☞판조사
판재(板材)명 ①널빤지로 된 재목. ②관(棺)을 만드는 데 쓸 재목. 관재(棺材)
판적(版籍)명 ①대한 제국 때, 인구와 가구의 수를 기록하던 책. ②'책(冊)'을 달리 이르는 말.
판적-사(版籍司)명 조선 시대, 토지·호구(戶口)·조세 등의 사무를 맡아보던 호조(戶曹)의 한 부서.
판-전:각(版殿閣)명 판각(板閣)
판정(判定)명-하다자타 ①어떤 일을 판별하여 결정함. ¶검사 결과, 양성으로 -되다. ②레슬링이나 권투 따위의 경기에서, 규정 시간 안에 승패가 판가름나지 않을 때, 심판이 우열을 가리어 승패를 결정하는 일. ¶심판의 -에 따르다.
판정-승(判定勝)명 레슬링이나 권투 따위의 경기에서, 심판의 판정에 따라 이기는 일.
판정-패(判定敗)명 레슬링이나 권투 따위의 경기에서, 심판의 판정에 따라 지는 일.
판제(辦濟)명-하다타 판상(辦償)
판-조사(-曹司)명 그 판에서 재주가 가장 뒤떨어진 사람. ☞판장원
판-주다타 그 판에서 가장 뛰어난 사람으로 인정하여 내세우다.
판-중(-中)명 판을 이룬 여러 사람 가운데. ¶-에서 빼어난 사람.
판지(板紙)명 널빤지 모양으로 단단하고 두껍게 만든 종이. 마분지(馬糞紙). 카턴(carton)
판-짜기(版-)명-하다자 조판(組版)
판책(版冊)명 판(版)으로 박아낸 책.
판초(poncho)명 ①라틴아메리카의 민족 의상의 한 가지. 소매가 없는 겉옷으로, 천 한가운데에 구멍을 내어 그곳으로 머리를 내밀고 앞뒤로 드리워 입음. ②소매 없이 만든 비옷.
판-초자(板硝子)명 판유리(板琉璃)
판촉(販促)명 고객의 흥미와 관심을 불러일으켜 효과적으로 수요를 늘려 가는 판매 활동.
판-치다자 ①어떤 일을 그 판에서 가장 잘하다. ¶그는 씨름판에서 늘 판친다. ②남의 일은 아랑곳없이 제 마음대로 행동하거나 세력을 부리다.
판타지(Phantasie 독)명 환상곡(幻想曲)
판타지아(fantasia 이)명 환상곡(幻想曲)
판탈롱(pantalon 프)명 바짓가랑이 아래 부분의 통이 넓은 여성용 바지.
판탕(板蕩)명-하다타 ①나라의 정사(政事)가 어지러워짐. ②탕진(蕩盡)
판토텐-산(∠pantothenic酸)명 비타민 비(B) 복합체(複合體)의 하나. 동물의 간장(肝臟)이나 달걀, 효모(酵母) 등에 많이 들어 있음. 생체 안에서 이 성분이 모자라면 성장이 멈추고 피부염 등이 생김.
판판부 아주. 전혀 ¶체력이 청년 시절과는 - 다르다.
판판-이부 판마다 번번이. ¶내기에서 - 이기다.
판판-하다형여 물체의 바닥이 올통볼통하지 않고 매우 반반하다. ¶땅바닥을 판판하게 고르다. ☞반반하다. 펀펀하다
판판-히부 판판하게
판하(判下)명-하다타 조선 시대, 신하가 상주한 안을 임금이 허가하던 일. 판부(判付)
판:-하다형여 어떤 바닥이 판판하게 너르다. ¶길이 -. ☞펀하다
판-히부 판하게
판행(版行)명-하다타 책 따위를 찍어 펴냄. ¶조선 세종 때 -한 용비어천가.
판형(版型)명 책 크기의 규격(規格). A5판·B6판 따위.
판화(版畫)명 목판(木版)·동판(銅版)·석판(石版) 따위에 그림을 새기어 잉크나 물감을 칠하여 종이에 찍어낸 그림. 목판화·동판화 따위.
팔명 ①사람이나 원숭이류의 어깨에서 손목까지의 부분. 손까지 포함해서 이르기도 함. ②로봇 등에서 물건을 잡는 구실을 하는 부분.
팔을 걷고 나서다관용 어떤 일에 적극적으로 나서다. 팔을 걷어붙이다.
팔을 걷어붙이다관용 팔을 걷고 나서다.
속담 **팔이 들이굽지 내굽나**: 사람은 누구나 자기와 가까운 사람에게 정(情)이 더 쏠린다는 말.
팔(八)수 수의 한자말 이름의 하나. 칠(七)에 일(一)을 더한 수. ☞여덟
관 단위를 나타내는 말 앞에 쓰이어 ①수량이 여덟임을

ㅍ

나타냄. ②차례가 여덟째임을, 또는 횟수가 여덟 번째임을 나타냄.

팔-가락지 명 팔찌

팔각(八角) 명 팔모

팔각-기둥(八角－) 명 밑면이 팔각형인 각기둥. 팔각도(八角壔). 팔각주(八角柱)

팔각-도(八角壔) 명 팔각기둥

팔각-뿔(八角－) 명 밑면이 팔각형인 각뿔. 팔각추(八角錐) ☞오각뿔

팔각-시(八角詩) 명 지난날, 한시(漢詩)를 짓는 모임에서, 한자 여덟 자를 정해 두고 거기에 모인 사람들이 그 가운데서 한 자씩을 골라 그 자를 첫 글자로 하는 넉 자 구(句)와 석 자 구를 지은 다음, 각 사람이 지은 시구를 맞추어 칠언 절구(七言絶句)를 만드는 놀이, 또는 그 놀이에서 이루어진 절구(絕句). ☞팔족시(八足詩)

팔각-정(八角亭) 명 팔모정

팔각-주(八角柱) 명 팔각기둥

팔각-집(八角－) 명 지붕의 모양이 팔모 꼴로 된 집.

팔각-추(八角錐) 명 팔각뿔

팔각-형(八角形) 명 여덟 선분으로 에워싸인 평면 도형.

팔각-회향(八角茴香) 명 '붓순나무'의 딴이름.

팔-걸이 명 ①팔걸이 의자에서 팔을 올려 놓게 된 부분. ②수영에서, 발을 놀려 몸을 뜨게 하고 두 팔을 섞바꾸어 물을 헤치는 기술. ③소구무에서, 한 손을 반대편 겨드랑이에 끼고 다른 한 손은 팔꿈치를 꺾어 위로 세우는 춤사위.

팔걸이-의자(－椅子) 명 팔걸이가 있는 의자.

팔결 명 팔팔결

팔경(八景) 명 어느 지방에서 뛰어나게 아름다운 여덟 경치. 관동 팔경(關東八景) 따위.

팔고(八苦) 명 불교에서 이르는, 인생에서 겪는 여덟 가지 괴로운 일. 곧 생로병사(生老病死)의 사고(四苦)와 애별리고(愛別離苦)·원증회고(怨憎會苦)·구부득고(求不得苦)·오음성고(五陰盛苦)를 아울러 이르는 말.

팔고조-도(八高祖圖) 명 사대(四代)까지의 할아버지와 할머니, 외할아버지와 외할머니의 계열을 그림으로 나타낸 것.

팔곡(八穀) 명 여덟 가지의 곡식. 곧 벼·보리·기장·조·밀·콩·팥·깨, 또는 벼·보리·기장·피·수수·조·깨·콩을 이르는 말.

팔관보(八關寶) 명 고려 시대, 전곡(錢穀)을 빌려 주고 받은 이자로 팔관회(八關會)의 비용을 마련하던 기관.

팔관-회(八關會) 명 고려 시대, 해마다 중경(中京)과 서경(西京)에서 천제(天帝)와 용왕(龍王)에게 제사지내던 국가적인 의식.

팔괘(八卦) 명 중국 상고 시대에 복희씨(伏羲氏)가 '--〔음(陰)〕'과 '—〔양(陽)〕'의 효(爻)를 짝지어 만들었다는 여덟 가지 괘. 곧 ☰〔건(乾)〕·☱〔태(兌)〕·☲〔이(離)〕·☳〔진(震)〕·☴〔손(巽)〕·☵〔감(坎)〕·☶〔간(艮)〕·☷〔곤(坤)〕을 이르는 말.

▶ **팔괘(八卦)**

태극	태 극(太極)							
음양	음(陰)				양(陽)			
계절	겨 울		가 을		여 름		봄	
팔괘	곤(坤) ☷	간(艮) ☶	감(坎) ☵	손(巽) ☴	진(震) ☳	이(離) ☲	태(兌) ☱	건(乾) ☰
뜻	땅	산	물	바람	우레	불	못	하늘
방위	서남	동북	북	동남	동	남	서	서북

팔굉(八紘) 명 팔방(八方)의 멀고 너른 범위라는 뜻으로, 온 세상을 이르는 말. 팔극(八極). 팔황(八荒)

팔구(八區) 명 팔방(八方)의 구역. 곧 온 천하.

팔구(八九) 수 ①여덟이나 아홉. 엳아홉 ②〔관형사처럼 쓰임〕 ¶ － 명.

팔구-분(八九分) 명 열로 나눈 것에서 여덟이나 아홉쯤 되는 정도.

팔구-월(八九月) 명 ①팔월과 구월. ②팔월이나 구월.

팔-굽혀펴기 명 손바닥과 양 발끝을 땅에 대고 엎드린 자세에서 짚은 팔을 굽혔다 폈다 하는 운동.

팔극(八極) 명 팔굉(八紘)

팔-꿈치 명 팔의 위아래 관절이 연결된 곳의 바깥쪽.

팔난(八難) 명 ①여덟 가지의 재난(災難). 곧 배고픔·목마름·추위·더위·물·불·칼·병란(兵亂). ②불교에서 이르는, 부처를 만날 수 없고 불법(佛法)을 들을 수 없는 여덟 가지 경계(境界).

팔-난봉 명 온갖 난봉을 부리는 사람.

팔년병화(八年兵火) 성구 중국 전한(前漢)의 유방(劉邦)과 초(楚)나라의 항우(項羽) 사이에 벌어진 전쟁이 8년이나 계속된 데서 나온 말로, 전쟁이 오래 계속되고 승패가 가려지지 않음을 이르는 말.

팔년풍진(八年風塵) 성구 중국 전한(前漢)의 유방(劉邦)이 초(楚)나라 항우(項羽)를 멸하는데 8년이나 걸린 데서 나온 말로, 여러 해 동안 고생하게 됨을 이르는 말.

팔-놀림 명 팔을 움직이는 일, 또는 그 모양. ☞손놀림

팔다(팔고·파니) 타 ①값을 받고 물건이나 권리 따위를 남에게 건네다. ¶ 상품을 －./살던 집을 －./논밭을 －. ②품삯을 받고 일을 해 주다. ¶ 품을 －. ③삯을 받고 남에게 몸을 내맡기다. ¶ 환락가에서 몸을 －. ④이득을 보려고 속이는 짓을 하다. ¶ 재물을 모으려고 양심을 －. ⑤명성을 얻으려고 자기의 일을 세상에 퍼뜨리다. ¶ 모임이 있는 데라면 으레 얼굴을 팔고 다닌다./잘난듯이 이름을 팔고 다니다. ⑥제게 이롭게 하려고 남을 끌어대어 이용하다. ¶ 높은 지위에 있는 이의 이름을 팔아 자금을 마련하다. ⑦관심을 다른 데로 돌리다. ¶ 엉뚱한 일에 정신을 －./한눈을 －. ⑧값을 치르고 곡식을 사다. ¶ 쌀을 팔아 오다.

한자 **팔 매**(賣) 〔貝部 8획〕 ¶ 매각(賣却)/매물(賣物)/매장(賣場)/매진(賣盡)/방매(放賣) ▷ 속자는 売
팔 판(販) 〔貝部 4획〕 ¶ 시판(市販)/판금(販禁)/판로(販路)/판매(販賣)/판촉(販促)

팔-다리 명 팔과 다리. ¶ － 운동

팔달(八達) [－딸] 명-하다 자 ①길이 팔방(八方)으로 통함. ②모든 일에 정통(精通)함.

팔-대:가(八大家) [－때－] 명 ①'당송 팔대가(唐宋八大家)'의 준말. ②수투전(數鬪牋)

팔대=명왕(八大明王) [－때－] 명 불교에서, 팔방(八方)을 지킨다는 명왕을 이르는 말.

팔-대문(八大門) [－때－] 명 서울에 있는 여덟 성문(城門). 곧 동에 있는 흥인지문(興仁之門), 서에 있는 돈의문(敦義門), 남에 있는 숭례문(崇禮門), 북에 있는 숙정문(肅靖門)의 사대문(四大門)과 동북에 있는 혜화문(惠化門), 동남에 있는 광희문(光熙門), 서남에 있는 소의문(昭義門), 서북에 있는 창의문(彰義門)의 네 소문(小門)을 아울러 이름.

팔대=야:차(八大夜叉) [－때－] 명 불교에서, 불법(佛法)을 수호한다는 여덟 야차 신장(夜叉神將)을 이르는 말.

팔대=용왕(八大龍王) [－때－] 명 불교에서, 불법(佛法)을 수호한다는 선신(善神)으로 존경 받는 여덟 용왕을 이르는 말.

팔대=지옥(八大地獄) [－때－] 명 팔열 지옥(八熱地獄)

팔덕(八德) [－떡] 명 유가(儒家)에서, 인(仁)·의(義)·예(禮)·지(智)·충(忠)·신(信)·효(孝)·제(悌)의 여덟 가지 덕을 이르는 말.

팔도(八道) [－또] 명 조선 시대, 전국을 여덟 도(道)로 나눈 행정 구역. 곧 경기도·충청도·경상도·전라도·강원도·황해도·평안도·함경도를 이름. 팔로(八路)

속담 **팔도를 무른 메주 밟듯** : 우리 나라의 방방곡곡을 두루 돌아다님을 이르는 말.

팔도=강산(八道江山) [－또－] 명 우리 나라 전국의 산수(山水)를 이르는 말.

팔도=음정(八度音程) [－또－] 명 옥타브(octave)

팔-두신(八頭身) [－뚜－] 명 팔등신(八等身)

팔두=작미(八斗作米) [－뚜－] 명 지난날, 벼 한 섬을 찧

어 쌀 여덟 말을 받고 그 나머지는 방아 삯으로 주는 일을 이르던 말.

팔-등신(八等身)[-뜽-] 명 키가 두부(頭部) 길이의 여덟 배가 되는 몸매, 또는 그런 몸매의 사람을 이르는 말. 흔히 여성의 이상적인 몸매로 삼음. 팔두신(八頭身)

팔딱 부 ①작은 몸을 오므렸다가 뛰어오르는 모양을 나타내는 말. ¶개구리가 - 뛰어오르다. ②앉았거나 누웠다가 갑자기 힘있게 일어나는 모양을 나타내는 말. ¶자리에서 - 일어나다. ③맥박이나 심장이 뛰는 모양을 나타내는 말. ☞펄떡. 폴딱

팔딱-거리다(대다) 자 ①맥박이나 심장이 팔딱팔딱 뛰다. ②작은 물고기 따위가 빠르게 엎치락뒤치락 하면서 뛰다. ☞펄떡거리다. 폴딱거리다

팔딱-팔딱 부 자꾸 팔딱 하는 모양을 나타내는 말. ☞펄떡펄떡. 폴딱폴딱

팔뚝 명 팔꿈치로부터 손목까지의 부분. 하박(下膊)

×**팔뚝-시계**(-時計) 명 →손목시계

팔라듐(palladium) 명 백금족 원소의 하나. 은백색의 금속 원소로, 질산과 진한 황산에 녹음. 백금보다 값이 싸고 가볍고 단단하기 때문에 전기 접점(接點), 치과 재료, 장식품 따위로 이용됨. 〔원소 기호 Pd/원자 번호 46/원자량 106.42〕

팔락-거리다(대다) 자타 팔락팔락 나부끼다, 또는 그리 되게 하다. 팔락이다 ☞펄럭거리다. 폴락거리다

팔락-이다 자타 팔락거리다 ☞펄럭이다. 폴락이다

팔락-팔락 부 넓은 천 따위가 바람에 세차게 나부끼는 모양을 나타내는 말. ☞펄럭펄럭. 폴락폴락

팔랑-거리다(대다) 자타 팔랑팔랑 나부끼다, 또는 그리 되게 하다. 팔랑이다 ☞펄렁거리다. 폴랑거리다

팔랑-개비 명 ①어린이 장난감의 한 가지. 빳빳한 색종이 따위를 여러 갈래로 잘라 그 귀를 구부려 한데 모아 철사 같은 것의 꼭지에 꿰어 자루에 꽂아서 바람을 받아 뱅뱅 돌도록 만듦. 바람개비. 풍차(風車) ②성미가 진득하지 못하고 가볍게 잘 돌아다니는 사람을 비유하여 이르는 말. ¶약한 몸으로 -처럼 잘도 돌아다니는군.

팔랑-이다 자타 팔랑거리다 ☞펄렁이다. 폴랑이다

팔랑-팔랑 부 넓은 천 따위가 바람에 부드럽게 나부끼는 모양을 나타내는 말. ☞펄렁펄렁. 폴랑폴랑

팔레오세(∠Paleocene世) 명 신생대(新生代) 제삼기를 다섯으로 나눈 최초의 지질 시대. 효신세(曉新世) ☞충적세(沖積世)

팔레트(palette 프) 명 수채화(水彩畫)나 유화(油畫)를 그릴 때, 그림 물감을 짜내어 덜어 놓고 풀거나 섞어 쓸 수 있도록 만든 도구. 조색판(調色板)

팔레트나이프(palette knife) 명 팔레트에 있는 그림 물감을 섞거나 긁어 내는 데 쓰는 칼 모양의 도구.

팔로(八路) 명 팔도(八道)

팔리다 자 ①물건이나 권리 따위를 다른 사람이 사 가게 되다. ¶집이 비싼 값으로 -./상품이 잘 -. ②정신이 한쪽으로 쏠리다. ¶구경에 정신이 -. ③얼굴이나 이름이 널리 알려지다. ¶연예계에서 얼굴이 잘 팔리는 배우./명강연으로 이름이 -.

팔림-새 명 상품이 팔리는 형편. ¶-가 좋다.

팔만=나락(八萬奈落) 명 팔만 지옥(八萬地獄)

팔만=장안(八萬長安) 명 지난날, 사람이 많이 사는 곳이라는 뜻으로, '서울'을 달리 이르던 말.

팔만=지옥(八萬地獄) 명 불교에서, 중생(衆生)이 번뇌로 말미암아 겪게 되는 수많은 괴로움을 지옥에 비유하여 이르는 말. 팔만 나락(八萬奈落)

팔매 명 돌 따위의 작고 단단한 물건을 힘껏 멀리 던지는 일. ¶-를 치다.

팔매-질 명-하다 자 팔매를 치는 짓.

팔매-치기 명-하다 자 팔매를 치는 일.

팔매-치다 타 돌 따위의 작고 단단한 물건을 힘껏 멀리 던지다.

팔면(八面) 명 ①여덟 개의 평면. ②여덟 방면이나 방향. ③모든 방면을 뜻하는 말.

팔면-고(八面鼓) 명 국악기 혁부(革部) 타악기 중에서 북면이 여덟 개인 북을 통틀어 이르는 말.

팔면-부지(八面不知) 명 어느 모로 보나 전혀 알지 못하는 사람.

팔면영롱(八面玲瓏)[-녕-] 성구 ①어느 모로 보아도 아름답고 환함을 이르는 말. ②마음이 맑아서 무슨 일에나 거리낌이 없는 일, 또는 그런 상태를 이르는 말.

팔면육비(八面六臂)[-뉵-] 성구 ①불상(佛像)이 여덟 얼굴과 여섯 팔을 가진 것을 이르는 말. ②여러 방면에서 수완이나 능력을 훌륭하게 발휘함을 이르는 말.

팔면-체(八面體) 명 여덟 개의 평면으로 둘러싸인 입체.

팔-모(八-) 명 여덟 모. 팔각(八角)

팔모(八母) 명 복제(服制)에서 실모(實母) 외에 구별하는 여덟 어머니. 곧 적모(嫡母)·계모(繼母)·양모(養母)·자모(慈母)·가모(嫁母)·출모(黜母)·서모(庶母)·유모(乳母)를 이름. ☞삼부(三父)

팔-모가지 명 '팔목'의 속된말.

팔모-귀(八-) 명 네모진 것을 여덟 모가 되게 만들고 남은, 네 쪽의 삼각형.

팔모=기둥(八-) 명 여덟 모가 진 기둥.

팔모-살(八-) 명 여덟 모가 지게 댄 문살.

팔모-정(八-亭) 명 여덟 개의 기둥을 세워 지붕이 팔모가 지게 지은 정자. 팔각정(八角亭) ☞사모정. 육모정

팔목 명 팔 아래쪽에 손이 이어지는 부분. 손목 ☞발목

팔목(八目) 명 수투전(數鬪牋)

×**팔목-시계**(-時計) 명 →손목시계

팔문(八門) 명 음양가가 구궁(九宮)에 맞추어서 길흉을 점치는 여덟 문. 곧 휴(休)·생(生)·상(傷)·두(杜)·경(景)·사(死)·경(驚)·개(開)의 여덟 문을 이름.

팔문=둔:갑(八門遁甲) 명 음양가가 귀신을 부리는 술법.

팔물-탕(八物湯) 명 사물탕과 사군자탕(四君子湯)을 합한 탕약. 원기와 혈기를 돕는 데 쓰임. 팔진탕(八珍湯)

팔미트-산(Palmitic酸) 명 냄새가 없는 백색 밀랍 모양의 포화 지방산. 동식물에 널리 분포하는데 특히 목랍(木蠟)에 많이 들어 있음. 비누·페인트·화장품 등의 원료로 쓰임.

팔미-환(八味丸) 명 육미환(六味丸)에 부자(附子)와 육계(肉桂)를 더하여 만든 환약. 양기가 허약할 때 씀.

팔-밀이 명-하다 자타 ①재래식 혼례에서, 혼인 날 신랑이 신부 집에 도착하였을 때 신부 집 사람이 읍(揖)하며 맞이하여 행례청(行禮廳)까지 팔을 밀어 인도하는 일, 또는 그 일을 맡아 하는 사람을 이르는 말. ②마땅히 자기가 해야 할 일을 남에게 미루는 일.

팔방(八方) 명 ①사방(四方)과 사우(四隅). 곧 동·서·남·북과 북동·남동·남서·북서의 여덟 방위. 팔진(八鎭) ②건(乾)·감(坎)·간(艮)·진(震)·손(巽)·이(離)·곤(坤)·태(兌)의 여덟 방향. ③이곳 저곳. 모든 방면. ¶-으로 사람을 보내어 찾아 보다. ☞팔굉(八紘). 팔극(八極)

팔방-돌이(八方-) 명-하다 자 윷놀이에서, 말이 윷판의 앞밭, 뒷밭, 쨀밭, 날밭을 거쳐 돌아가는 일을 이르는 말.

팔-방망이(八-) 명 앞뒤로 방망이 여덟 개를 대어 열여섯 사람이 메도록 되어 있는 상여(喪輿). ☞육방망이

팔방미:인(八方美人) 성구 ①어느 모로 보나 흠잡을 데 없는 미인이라는 뜻에서, 누구에게나 흠잡힘이 없이 요령있게 처세하는 사람을 두고 이르는 말. ¶-이라, 그의 정체를 알 수가 없다. ②여러 방면의 일에 능숙한 사람을 흔히 이르는 말. ¶그 사람, 못하는 게 없는 -이지. ☞두루춘풍

팔방-천(八方天) 명 불교에서, 사방(四方)과 사유(四維)의 여덟 방위를 지키는 하늘을 이르는 말. 곧 동방의 제석천(帝釋天), 서방의 수천(水天), 남방의 염마천(焰摩天), 북방의 비사문천(毘沙門天), 북동방의 이사나천(伊舍那天), 남동방의 화천(火天), 남서방의 나찰천(羅刹天), 북서방의 풍천(風天).

팔-배태 명 저고리의 소매 밑 솔기를 따라서 겨드랑이 끝까지 두 편으로 좁게 댄 헝겊.

ㅍ

팔백(八白)[명] 음양설(陰陽說)에서 이르는 구성(九星)의 하나. 별은 토성(土星), 방위(方位)는 북동쪽임.

팔-베개[명] 팔을 베개 삼아 베는 일.

팔복(八福)[명] 가톨릭에서, '참 행복' 또는 '행복 선언'의 구용어.

팔복-전(八福田)[명] ①불교에서, 공경하고 공양하여 자비로써 베풀면 복이 생기게 한다는 여덟 대상을 밭에 비유한 말. 곧 사람이 공덕(功德)을 심어 행복을 가꾸는 여덟 가지 밭이라는 말. 그 대상은 부처·성인(聖人)·승려·화상(和尙)·아사리(阿闍梨)·아버지·어머니·병든 사람임. ②불교에서 이르는, 복받을 원인이 되는 여덟 가지의 좋은 일. 곧 길가에 우물을 파는 일, 강에 다리를 놓는 일, 험한 땅에 길을 닦는 일, 부모에게 효도하는 일, 삼보(三寶)를 공경하는 일, 병든 사람을 구원하는 일, 가난한 사람에게 밥을 주는 일, 누구에게나 공양하고 보시하는 큰 법회를 베푸는 일.

팔부-중(八部衆)[명] 불교에서 이르는, 불법(佛法)을 수호하는 여덟 신장(神將). 곧 천(天)·용(龍)·야차(夜叉)·건달바(乾闥婆)·아수라(阿修羅)·가루라(迦樓羅)·긴나라(緊那羅)·마후라가(摩喉羅伽)를 이름.

팔분(八分)[명] 한자의 여섯 가지 서체 중의 하나. 예서(隷書)에 장식적인 요소를 더하여 전자(篆字) 팔분(八分)과 예서 이분(二分)의 비율로 섞어 만들었다고 함.

팔분=쉼:표(八分-標)[명] 온쉼표의 8분의 1에 해당하는 쉼표. 기호는 𝄾

팔분=음표(八分音標)[명] 온음표의 8분의 1에 해당하는 음표. 기호는 ♪

팔분-의(八分儀)[명] 옥탄트(octant)

팔-불용(八不用)[명] 아무 데도 쓸모가 없다는 뜻으로, 몹시 어리석은 사람을 두고 이르는 말. 팔불출(八不出). 팔불취(八不取)

팔-불출(八不出)[명] 팔불용(八不用)

팔-불취(八不取)[명] 팔불용(八不用)

팔-뼈[명] 어깨와 손 사이의 뼈.

팔사(八絲)[-싸][명] 여덟 가닥의 실로 꼰 노끈.

팔삭(八朔)[-싹][명] 음력 팔월 초하룻날. 농가에서는 이날 처음으로 햇곡식을 거두는 풍속이 있음.

팔삭-둥이(八朔-)[-싹-][명] ①임신한 지 여덟 달 만에 낳은 아이. ②똑똑하지 못한 사람을 놀리어 이르는 말.

팔상(八相)[-쌍][명] 석가모니가 중생을 제도하기 위하여 이 세상에 나타나 보인 여덟 가지 변상(變相). 일반적으로, 하천(下天)·탁태(託胎)·강탄(降誕)·출가(出家)·항마(降魔)·성도(成道)·전법륜(轉法輪)·입열반(入涅槃)을 이름.

팔상=성도(八相成道)[-쌍-][명] 부처의 일생에 일어난 여덟 가지 중요한 일 가운데서 특히 성도(成道)가 중요한 데서 이르는 말. 팔상 작불

팔상=작불(八相作佛)[-쌍-][명] 팔상 성도(八相成道)

팔상-전(八相殿)[-쌍-][명] 석가모니의 팔상(八相)의 그림과 존상(尊像)을 봉안한 법당.

팔색-조(八色鳥)[-쌕-][명] 팔색조과의 여름 철새. 몸길이 20cm 안팎이고, 꼬리가 짧음. 깃털은 초록·남·노랑·빨강·검정·하양·밤색 등 여러 빛깔로 배색된 것이 특징임. 여름철에 제주도·거제도·진도 등지로 날아와서 5~7월에 번식하여 겨울에 동남 아시아로 돌아감. 천연 기념물 제204호임.

팔서(八書)[-써][명] '팔체서(八體書)'의 준말.

팔선=교자(八仙交子)[-썬-][명] 팔선상

팔선-상(八仙床)[-썬-][명] 여덟 사람이 둘러앉을만 하게 크고 네모가 반듯한 상. 팔선 교자(八仙交子)

팔선-화(八仙花)[-썬-][명] '수국(水菊)'의 딴이름.

팔성(八成)[-썽][명] 황금의 품질을 열 등급으로 나눈 그 셋째 등급. ☞구성(九成)

팔-성:도(八聖道)[-썽-][명] 팔정도(八正道)

팔세-보(八世譜)[-쎄-][명] 지난날, 문무관(文武官)과 음관(蔭官)의 문벌을 알기 위하여 팔대조(八代祖)까지 기록한 보첩(譜牒).

팔세아(八歲兒)[-쎄-][명] 조선 정조 1년(1777)에 김진하(金振夏) 등이 엮은 만주어 학습서. 내용은 여덟 살의 소년이 황제의 물음에 대답하는 형식임. 1권 1책.

팔손이-나무(八-)[-쏜-][명] 두릅나뭇과의 상록 관목. 높이는 2~3m이며 따뜻한 지방의 바닷가 숲에서 자람. 가지 끝에 짙은 초록의 잎이 어긋맞게 나는데 잎자루가 길고 손바닥 모양으로 일곱 내지 아홉 갈래로 갈라져 있음. 늦가을에 흰 꽃이 피고 둥근 열매는 이듬해 4월경에 익음. 관상용으로도 심으며, 잎은 민간에서 거담제로 쓰기도 함.

팔순(八旬)[-쑨][명] 나이 '여든 살'을 이르는 말. 중수(中壽). 팔질(八耋)

팔-심[-씸][명] 팔뚝의 힘.

팔십(八十·八拾)[-씹][수] 수의 한자말 이름의 하나. 십(十)의 여덟 곱절. ☞여든

[관]〔단위를 나타내는 말 앞에 쓰이어〕 ①수량이 여든임을 나타냄. ②차례가 여든째임을, 또는 횟수가 여든 번째임을 나타냄.

[속담] **팔십 노인도 세 살 먹은 아이한테 배울 것이 있다**: 비록 나이가 많은 어른일지라도 어린아이의 말을 무시하지 말고 귀담아들으라는 말.

팔싹[부] 먼지 따위가 갑자기 일어나는 모양을 나타내는 말. ☞펄썩. 폴싹

팔싹-팔싹[부] 자꾸 팔싹 하는 모양을 나타내는 말. ☞펄썩펄썩. 폴싹폴싹

팔-씨름[명]**-하다**[자] 두 사람이 마주 앉아 팔꿈치를 바닥에 댄 다음, 손바닥을 마주 잡고, 상대편의 팔뚝을 그의 몸 바깥쪽으로 젖히기를 겨루는 놀이.

팔아-먹다[타] '팔다'의 속된말.

팔열=지옥(八熱地獄)[명] 불교에서 이르는, 뜨거운 불길로 말미암아 고통을 받는다는 여덟 지옥. 곧 등활(等活)·흑승(黑繩)·중합(衆合)·규환(叫喚)·대규환(大叫喚)·초열(焦熱)·대초열(大焦熱)·무간(無間)의 지옥을 이름. 팔대 지옥(八大地獄) ☞팔한 지옥(八寒地獄)

팔-오금[명] 팔꿈치를 오그린 안쪽. [준]오금

팔월(八月)[명] 한 해의 여덟째 달. ☞계월(桂月). 중추(仲秋)

팔월-선(八月仙)[-썬][명] 음력 8월에 농사일을 끝내고 가을걷이하기 전까지의 한가한 농부를 신선(神仙) 같다는 뜻으로 이르는 말.

팔음(八音)[명] ①국악기를 발음체(發音體)의 재료에 따라 분류한 여덟 가지 악기. 곧 금부(金部)·목부(木部)·사부(絲部)·석부(石部)·죽부(竹部)·토부(土部)·포부(匏部)·혁부(革部)의 악기를 이름. ②불교에서 이르는, 석가모니의 설법(說法)의 음성에 갖추어진 여덟 가지 좋은 특징. 곧 극호음(極好音)·유연음(柔軟音)·화적음(和適音)·존혜음(尊慧音)·불녀음(不女音)·불오음(不誤音)·심원음(深遠音)·불갈음(不竭音)을 이름.

-팔이《접미사처럼 쓰이어》'팔다'의 전성형으로 '파는 사람'임을 나타냄. ¶신문팔이

팔인-교(八人轎)[명] 여덟 사람이 메는 교자(轎子). ☞사인교(四人轎)

팔일-무(八佾舞)[명] 종묘(宗廟)나 문묘(文廟) 제향 등의 큰 제사 때에 가로세로 여덟 사람씩 모두 예순네 사람이 늘어서서 추는 춤.

팔자(八字)[-짜][명] 사람은 태어난 해〔年〕·달〔月〕·날〔日〕·때〔時〕의 사주(四柱)의 좋고 나쁨에 따라 그 사람의 운명이 결정된다고 믿는 데서, 사람의 평생 운수를 이르는 말. ¶-가 좋다. /-를 잘 타고났다. /- 탓을 하다.

팔자가 늘어지다[관용] 팔자가 좋아 아주 편하게 지낼 수 있게 되었다.

팔자(가) 세다[관용] 운명이 기구하다.

팔자(를) 고치다[관용] ①여자가 개가(改嫁)하게 되다. ②가난하게 살던 사람이 가난에서 벗어나 잘살게 되다.

팔자에 없다[관용] ①타고난 운수에 없다. ②분수에 넘치는 뜻밖의 복록이 겹다.

[속담] **팔자가 좋으면 동이 장수 맏며느리 됐으랴**: 남에게

서 팔자가 좋다는 말을 듣고는, 자기의 비참한 처지를 반문 투로 한탄하며 이르는 말./**팔자는 독에 들어가서도 못 피한다**: 타고난 운명은 피할 수가 없다는 말.〔팔자 도망은 독 안에 들어도 못 한다〕

팔자-걸음(八字一)[一짜一] 명 발끝을 바깥쪽으로 벌리고 느릿느릿 걷는 걸음. 여덟팔자걸음

팔자-땜(八字一)[一짜一] 명-하다자 몹시 험한 일을 겪었을 때 흔히 하는 말로, 사나운 팔자로 겪게 될 일을 어떤 어려운 일을 함으로써 대신 때움을 이르는 말.

팔자-소관(八字所關)[一짜一] 명 타고난 운수로 겪게 되는 일. ¶잘살고 못사는 일이 一이지.

팔자청산(八字青山)[一짜一] 성구 팔자춘산

팔자춘산(八字春山)[一짜一] 성구 미인의 고운 눈썹을 비유하여 이르는 말. 팔자청산(八字青山)

팔자=타:령(八字*打令)[一짜一] 명 자신의 기구한 신세를 한탄하거나 원망하는 일. ☞신세 타령

팔작-가(八作家)[一짝一] 명 팔작집

팔작-지붕(八作一)[一짝一] 명 합각지붕 ☞맞배지붕

팔작-집(八作一)[一짝一] 명 재래식 한옥에서, 네 귀에 모두 추녀를 달아 지은 집을 이르는 말. 팔작가

팔-잡가(八雜歌) 명 십이 잡가(十二雜歌) 가운데서, 유산가(遊山歌)·적벽가(赤壁歌)·제비가·소춘향가(小春香歌)·집장가(執杖歌)·형장가(刑杖歌)·평양가(平壤歌)·선유가(船遊歌)의 여덟 가지를 이르는 말. ☞경기잡가(京畿雜歌). 잡잡가(雜雜歌)

팔잡아-돌리기 명 씨름의 손 기술의 한 가지. 왼손으로 상대편의 오른쪽 위팔을 잡아당기면서 오른 손바닥으로 오른 무릎 바깥쪽을 치면서 회전시켜 넘어뜨리는 공격 재간. ☞업어던지기

팔재(八災)[一째] 명 불교에서 이르는, 참선 수행에 방해되는 여덟 장애. 곧 희(喜)·우(憂)·고(苦)·낙(樂)·심(尋)·사(伺)·출식(出息)·입식(入息)을 이름.

팔-재간(一才幹)[一째一] 명 씨름에서, 팔을 쓰는 기술.

팔전(八專)[一쩐] 명 임자(壬子)에서 계해(癸亥)까지 열이틀 중에 축(丑)·진(辰)·오(午)·술(戌)의 나흘을 뺀 나머지 여드레 동안을 이르는 말. 한 해에 여섯 차례가 있는데 이 동안에 비가 많이 내린다고 함.

팔절(八節)[一쩔] 명 입춘(立春)·춘분(春分)·입하(立夏)·하지(夏至)·입추(立秋)·추분(秋分)·입동(立冬)·동지(冬至)의 여덟 절기(節氣).

팔절-일(八節日)[一쩔一] 명 팔절에 해당하는 날.

팔-정:도(八正道)[一쩡一] 명 불교에서 이르는, 수행의 기본이 되는 여덟 가지 실천 덕목(德目). 곧 정견(正見)·정어(正語)·정업(正業)·정명(正命)·정념(正念)·정정(正定)·정사유(正思惟)·정정진(正精進)을 이름. 팔성도(八聖道)

팔조지교(八條之教)[一쪼一] 명 고조선 때에 시행된 여덟 가지 법금(法禁). 팔조지금법

팔조지금:법(八條之禁法)[一쪼一뻡] 명 팔조지교

팔족-시(八足詩)[一쪽一] 명 팔각시(八角詩)에서 머리 글자로 쓴 것을 끝 글자로 하여 한시(漢詩)를 짓는 시작(詩作) 놀이.

팔종성가:족용(八終聲可足用)[一쫑一] 훈민정음(訓民正音) 해례(解例)의 종성해(終聲解)에서, 당시의 우리말을 적는데 'ㄱ·ㄴ·ㄷ·ㄹ·ㅁ·ㅂ·ㅅ·ㆁ'의 여덟 글자만 받침으로 써도 모든 말을 다 적을 수 있다고 한 말. 곧 곳〔花〕·놉다〔高〕 따위.

팔-주비전(八注比廛)[一쭈一] 명 조선 시대, 서울에 있는 백각전(百各廛) 중에서 선전(縇廛)·면포전(綿布廛)·면주전(綿紬廛)·지전(紙廛)·저포전(苧布廛)·포전(布廛)·내어물전(內魚物廛)·외어물전(外魚物廛)의 여덟 시전(市廛)을 이르던 말.

팔-죽지[一쭉一] 명 팔꿈치에서 어깻죽지 사이의 부분.

팔중-주(八重奏)[一쭝一] 명 여덟 가지의 독주 악기로 구성된 실내악 중주. 현악 팔중주, 관악 팔중주, 관현악 팔중주 따위. 옥텟(octet)

팔진(八鎭)[一찐] 명 사방(四方)과 사우(四隅). 팔방(八方) ☞팔황(八荒)

팔진-탕(八珍湯)[一찐一] 명 팔물탕(八物湯)

팔질(八耋)[一찔] 명 나이 '여든 살'을 이르는 말. 중수(中壽). 팔순(八旬)

팔-짓[一찟] 명-하다자 팔을 움직이는 짓.

팔짝 부 몸집이 작은 것이 힘있게 한 번 뛰어오르는 모양을 나타내는 말. ☞펄쩍. 폴짝

팔짝 뛰다 관용 ①어떤 일을 당하여 그 일을 받아들이지 아니하고 매우 못마땅해 하거나 억울해 하다. ②뜻밖의 기쁘거나 반가운 일이 생기어 매우 좋아하다. ☞펄쩍 뛰다.

팔짝-팔짝 부 몸집이 작은 것이 힘있게 자꾸 뛰어오르는 모양을 나타내는 말. ☞펄쩍펄쩍. 폴짝폴짝

팔짱 명 ①두 팔을 가슴 앞에 엇결은 모양. ②나란히 있는 두 사람이 옆 사람의 팔에 자기의 팔을 엇결은 모양.

팔짱(을) 지르다 관용 두 팔을 가슴 앞에서 좌우 소매 속에 마주 넣다.

팔찌 명 ①팔목에 끼는, 금이나 은 따위로 만든 고리 모양의 장식품. 비환(臂環). 팔가락지 ②활을 쏠 때에 활을 쥐는 쪽의 소매를 걷어 매는 띠.

팔찌-동 명 조선 시대, 활쏘기에서 지키던 예법. 음관(蔭官), 무과(武科) 출신의 사람 등 신분에 따라서 서는 자리, 활쏘기의 순(巡), 화살의 대수 등에 일정한 규정이 있었음.

팔척-장신(八尺長身) 명 키가 매우 큰 사람을 과장하여 이르는 말.

팔천(八賤) 명 조선 시대, 천한 일을 하는, 사노비(私奴婢)·중·백장·무당·광대·상여꾼·기생(妓生)·공장(工匠)의 여덟 천민(賤民)을 이르던 말.

팔체(八體) 명 팔체서

팔체-서(八體書) 명 중국 진(秦)나라 때에 쓰인, 대전(大篆)·소전(小篆)·각부(刻符)·충서(蟲書)·모인(摹印)·서서(署書)·수서(殳書)·예서(隸書)의 여덟 서체. 준 팔서(八書). 팔체(八體)

팔초-어(八稍魚) 명 '문어'의 딴이름.

팔초-하다 형여 얼굴이 좁고 턱이 뾰족하다.

팔촌(八寸) 명 육촌의 아들딸, 곧 삼종(三從)간의 촌수. ☞십촌(十寸)

팔팔 부 ①적은 양의 물이 넓은 그릇 따위에서 세차게 끓는 모양을 나타내는 말. ¶一 끓는 물에 국수를 넣다. ②가루나 먼지 따위가 바람에 조금씩 흩날리는 모양을 나타내는 말. ③매우 기운차게 날거나 뛰는 모양을 나타내는 말. ¶一 날다./一 뛰다. ④몸에 신열이 많은 상태를 나타내는 말. ¶몸이 一 끓다. ☞펄펄. 폴폴

팔팔 뛰다 관용 분하거나 억울한 일을 당했을 때, 몹시 화를 내거나 세차게 부인하다. ☞펄펄 뛰다.

팔팔-결[一껼] 명 ①엄청나게 어긋난 일. 팔결 ¶사실 그대로라니, 아주 一인데도. ②〔부사처럼 쓰임〕 ¶사실과는 一 다른 말을 늘어놓다.

팔팔-하다 형여 ①성질이 참을성이 없고 괄괄하다. ¶천성이 팔팔한 사람. ②생기가 있고 힘차다. ¶팔팔한 젊은이. ☞펄펄하다

팔포(八包) 명 '팔포대상(八包大商)'의 준말.

팔포-대:상(八包大商) 명 ①조선 시대, 청나라로 가는 사신을 수행하면서 홍삼(紅蔘)을 팔 수 있게 허가를 얻은 의주(義州) 상인을 이르던 말. 준 팔포. 팔포상 ②지난날, 생활하는 데 걱정이 없는 사람을 이르던 말.

팔포-상(八包商) 명 '팔포대상(八包大商)'의 준말.

팔표(八表) 명 팔방(八方)의 먼 끝.

팔푼-이(八一) 명 생각이 좀 모자라고 하는 짓이 어설픈 사람을 이르는 말.

팔풍(八風) 명 팔방(八方)의 바람. 곧 북동 염풍(炎風), 동방 조풍(條風), 남동 혜풍(惠風), 남방 거풍(巨風), 남서 양풍(涼風), 서방 유풍(飂風), 북서 여풍(麗風), 북방 한풍(寒風)을 이름.

팔풍-받이(八風一)[一바지] 명 팔풍을 다 받는 곳.

팔한=지옥(八寒地獄) 명 불교에서, 심한 추위로 고통을 받

는다는 여덟 지옥을 이르는 말. ☞팔열 지옥(八熱地獄)
팔황(八荒)명 팔방(八方)의 멀고 너른 범위라는 뜻으로, 온 세상을 이르는 말. 팔굉(八紘). 팔극(八極)
팔-회목명 팔목의 잘록한 부분. 손회목
팝뮤:직(pop music)명 포퓰러뮤직(popular music)
팝송(pop song)명 포퓰러송(popular song)
팝콘(popcorn)명 옥수수를 밀폐된 그릇에 넣고 볶아 튀긴 다음 소금으로 간을 한 식품. 낟알이 잔 품종을 씀.
팟-종명 다 자란 파의 꽃줄기, 또는 그 끝에 생긴 꽃망울. ☞마늘종
팡부 ①갑자기 세게 터지거나 튀는 소리를 나타내는 말. ¶풍선이 ─ 터지다. ②작은 구멍이 시원스레 뚫어져 있거나 뚫어지는 모양을 나타내는 말. ☞빵[1]. 펑[1]
팡개명 지난날, 논밭에 모여드는 새를 쫓는 데 쓰던 도구. 길이 50~60cm의 대나무 한 끝을 네 갈래로 짜개어 작은 막대를 +자 모양으로 물려 동여맨 것임. ☞팡개질
팡개-질명 팡개 끝에 돌멩이나 흙덩이를 꽂아 내둘러 멀리 던지는 짓.
팡개-치다타 '팽개치다'의 원말.
팡당부 작고 묵직한 물체가 깊은 물에 떨어질 때 울리어 나는 소리를 나타내는 말. ☞펑덩. 퐁당
팡당-팡당부 잇달아 팡당 하는 소리를 나타내는 말. ☞펑덩펑덩. 퐁당퐁당
팡이명 균류에 딸린 버섯이나 곰팡이 따위를 흔히 이르는 말.
팡이-갓명 버섯의 줄기 위에 있는, 우산을 편 모양의 부분. 균산(菌傘)
팡이-무리명 균계(菌界)에 딸린 생물을 통틀어 이르는 말. 곰팡이·버섯·효모 따위. 균류(菌類)
팡이-실명 곰팡이나 버섯 등 균류(菌類)의 몸을 이루고 있는 실 모양의 부분. 흰빛으로 엽록소가 없음. 균사(菌絲)
팡파:르(fanfare 프)명 운동회나 의식 등에서, 트럼펫을 주로 한 금관 악기로 연주되는 삼화음(三和音)의 짧은 곡. ¶─가 울리다.
팡파지다형 모양이 평평하고 옆으로 너르다. ¶넓고 팡파진 바위. ☞펑퍼지다
팡파짐-하다형여 꽤 팡파지다. ¶팡파짐한 엉덩이. ☞펑퍼짐하다
팡-팡[1]부 ①잇달아 팡 하는 소리를 나타내는 말. ②작은 구멍이 여러 군데 시원스레 뚫어져 있거나 잇달아 뚫어지는 모양을 나타내는 말. ☞빵빵. 펑펑[1]
팡팡[2]부 ①액체가 좁은 구멍으로 힘있게 쏟아져 나오는 소리를 나타내는 말. ②함박눈이 썩 많이 내리는 모양을 나타내는 말. ☞펑펑[2]
팥명 ①콩과의 한해살이풀. 줄기 높이는 30~60cm. 잎은 석 장의 작은 잎으로 된 겹잎이며, 줄기와 잎에 털이 있음. 8월경에 나비 모양의 노란 꽃이 피고, 가늘고 긴 원통형 꼬투리 속에 적갈색의 씨가 자람. ②팥의 씨. 적갈색·담황색·회백색 등 여러 품종이 있음. 소두(小豆) ☞적두(赤豆)
속담 **팥으로 메주를 쑨대도 곧이듣는다**: 남의 말을 지나치게 잘 믿는다는 말.〔팥을 콩이라 해도 곧이듣는다〕/**팥이 풀어져도 솥 안에 있다**: 손해를 본듯 하지만 실제로 손해를 보지 않았다는 말.〔죽이 풀려도 솥 안에 있다〕
팥-고물[팓-]명 삶은 팥을 으깬 고물. ☞콩고물. 팥소
팥-고추장(-醬)[팓-]명 콩과 팥을 함께 삶아 찧은 다음, 흰무리를 섞어 버무려 만든 메주가루로 담근 고추장.
팥-꼬투리[팓-]명 알맹이가 든 팥의 열매.
팥-꽃[팓-]명 팥의 꽃. 팥노굿
팥꽃-나무[팓꼳-]명 팥꽃나뭇과의 낙엽 관목. 높이는 1m 안팎. 잎은 마주 나는데, 길둥글고 끝이 뾰족함. 4월경 잎이 나기 전에 엷은 자줏빛 꽃이 피고, 열매는 장과(漿果)로 가을에 익음. 한방에서 꽃봉오리 말린 것을 완화(芫花)라 하여 이뇨·수종·신장염 등에 약재로 씀.
팥-노굿[팓-]명 '팥꽃'의 딴이름.
팥노굿(이) 일다관용 팥꽃이 피다.
팥-눈[팓-]명 팥알에 박힌 하얀 점.
팥-단자(-團子)[팓-]명 팥고물을 묻힌 단자.
팥-떡[팓-]명 팥고물을 묻힌 떡. 적두병(赤豆餠)
팥-매[팓-]명 팥을 타는 커다란 맷돌.
팥-물[팓-]명 팥을 삶아서 짜 거른 걸쭉한 물.
팥물-밥[팓-]명 팥물에 쌀을 안쳐 지은 밥. ☞팥수라
팥-밥[팓-]명 붉은팥을 삶아 쌀과 섞어 지은 밥. 적두반(赤豆飯) ☞팥수라
팥배[팓-]명 팥배나무의 열매. 당리(棠梨)
팥배-나무[팓-]명 장미과의 낙엽 교목. 높이는 15m 안팎이고, 5월경에 흰 꽃이 피며 9~10월에 팥알 모양의 붉은 열매가 익음. 열매는 먹을 수 있고, 한방에서 빈혈 등에 약으로도 쓰임. 우리 나라와 중국 동북 지방, 일본 등지에 분포함.
팥-비누[팓-]명 예전에, 껍질을 벗긴 팥을 곱게 갈아 비누 대신으로 쓰던 가루.
팥-소[팓-]명 삶은 팥을 으깨어 만든 소. 적두함(赤豆餡) ☞팥고물
팥-수라(∠-水剌)[팓-]명 지난날, 수라상에 올리던 팥물밥이나 팥밥을 이르던 말.
팥-시루떡[팓-]명 떡의 한 가지. 멥쌀가루에 팥고물을 켜켜이 뿌려 시루에 찐 떡. 팥고물은 거피팥 고물이나 붉은팥 고물을 씀.
팥-장(-醬)[팓-]명 껍질을 벗긴 팥과 밀가루로 메주를 쑤어 담근 장. 소두장(小豆醬)
팥-죽(-粥)[팓-]명 붉은팥과 멥쌀로 쑨 죽. 팥을 삶아 체에 으깨어 밭여서 가라앉힌 웃물에 멥쌀을 넣어 죽을 쑤다가 팥 앙금과 새알심을 넣고 끓임. 동지(冬至)의 절식(節食)임. 두죽(豆粥)
팥죽=동옷(-粥-)[팓-]명 어린아이가 동지 빔으로 입는 자줏빛 또는 보랏빛 동옷.
팥-편[팓-]명 팥물의 앙금에 밀가루를 섞고 꿀을 쳐서 익힌 음식.
패명 한데 어울려 이룬 사람의 무리. ¶─를 지어 다니다.
패(牌)명 ①무슨 사물을 적는 데 쓰는 자그마한 나뭇조각 따위. ¶직위와 이름이 적힌 ─./업무 분담을 적어 놓은 ─. ②놀이에 쓰이는, 그림이나 글씨가 적힌 딱지. 트럼프나 화투 딱지 따위. ¶─를 돌리다.
패를 잡다관용 노름판에서 물주가 되다. 패잡다
패:(霸)명 ①남을 교묘하게 속이는 꾀. ②바둑에서, 서로 한 수씩 걸러 가면서 잡고자 하는 한 개의 집, 또는 그리된 경우.
패가 나다관용 바둑에서, 패가 생기다. 패나다
패를 쓰다관용 ①바둑에서, 패를 만들어 이용하다. ②교묘한 꾀를 써서 위기를 벗어나다. 패쓰다
패:가(敗家)명-하다자 집안의 재산을 함부로 써서 없앰.
패:가망신(敗家亡身)성구 집안의 재산을 다 써서 없애고, 마침내 몸까지 망침을 이르는 말.
패:각(貝殼)명 조가비
패:각-충(貝殼蟲)명 '깍지벌레'의 딴이름.
패:갑(貝甲)명 조가비
패-거리명 '패'를 낮잡아 이르는 말.
패:검(佩劍)[1]명 찰쇠
패:검(佩劍)[2]명-하다자 칼을 참, 또는 찬 그 칼. 대검(帶劍). 패도(佩刀)
패:관(稗官)명 ①중국 한(漢)나라 때, 임금이 백성들의 풍속이나 인심을 알아보기 위하여 민간에 떠도는 소문이나 이야기들을 모아 기록하는 일을 맡겼던 하급 관원. ②지난날, 이야기를 짓는 사람을 이르던 말. ☞패관 문학(稗官文學). 패관 소설(稗官小說)
패:관=기서(稗官奇書)명 패관 문학(稗官文學)
패:관=문학(稗官文學)명 지난날, 민간에 떠도는 소문이나 이야기들을 모은 것을 제재(題材)로 하여 꾸민 일종의 설화. 뒷날의 산문 문학의 바탕이 됨. 패관 기서
패:관=소:설(稗官小說)명 지난날, 민간에 떠도는 이야기들을 제재(題材)로 하여 엮은 소설. 준 패설(稗說) ☞언패(言稗)
패:관잡기(稗官雜記)명 조선 명종(明宗) 때, 어숙권(魚

叔權)이 지은 수필집. 정사(政事)·인물·풍속·일화(逸話)·시화(詩話)·민속(民俗)·문물 제도 등을 모아 해설한 내용임.

패:괴(敗壞)명 -하다 자타 ①헐어서 부서지고 무너짐. ②부수어 무너뜨림.

패:국(敗局)명 형세가 쇠퇴한 국면.

패:군(敗軍)명 전쟁에서 진 군대.

패:군지장(敗軍之將)명 전쟁에서 진 군대를 통솔했던 장수. 준 패장(敗將)

패:권(霸權)[-꿘]명 ①패자(霸者)로서 누리는 권력. ②군사·정치·경제적으로 세력을 확장하여 지배하는 일. ¶강대국이 ―을 다투다. ③경기 등에서 우승하여 얻게 되는 빛나는 명예.

패권(을) **잡다** 관용 ①패자(霸者)가 되다. ②경기에서 우승하다.

패:기(霸氣)명 ①어떤 어려운 일이라도 능히 해낼만 한 대단한 기백. ②남의 위에 서려 하는 굳센 의지.

패:-나다(霸-)자 바둑에서, 패가 생기다.

패널(panel)명 ①일정한 치수로 만든 건축용 널빤지. ②콘크리트를 부어 굳히는 데 쓰는 형틀 널빤지. ③화포(畫布) 대신으로 쓰는 화판(畫板), 또는 그것에 그린 그림. 패널화 ④전시용 그림이나 사진 등을 붙이는 널빤지. ⑤전기의 배전반(配電盤).

패널디스커션(panel discussion)명 공개 토의 방식의 한 가지. 사회자의 진행으로 각 분야의 전문가로 구성된 2~8명의 연사가 청중 앞에서 각자의 견해를 발표하는 공개 토론 회의로, 청중도 자신의 의견을 발표할 수 있음. ☞포럼

패널리스트(panelist)명 공개 토론이나 회의 등에 참석하여 토론하는 사람.

패널-화(panel畫)명 패널(panel)

패:다[1] 자 ①곡식의 이삭이 생겨 나오다. ¶보리 이삭이 ―. ②사내아이의 목소리가 변성기에 접어들어 웅숭깊게 굵어지다.

속담 **패는 곡식 이삭 빼기** : 매우 심술 사나운 경우를 이르는 말. [고추 밭에 말 달리기/불붙는 데 부채질하기]

패:다[2] 자 팜을 당하다. ¶빗방울에 팬 땅.

패다[3] 타 사정없이 마구 때리다.

패:다[4] 타 도끼로 장작 따위를 찍어 쪼개다.

패:다[5] 타 파게 하다. ¶장정들에게 우물을 ―.

패:담(悖談)명 -하다 자 사리에 어긋나게 말함, 또는 그런 말. 패설(悖說)

패대기-치다 타 바닥에다 거칠고 세차게 메어치다.

패:덕(悖德)명 -하다 자 도덕이나 의리, 올바른 도리에 어긋남, 또는 그런 행동.

패:덕(敗德)명 -하다 자 도덕과 의리를 그르침.

패:도(佩刀)명 -하다 자 패검(佩劍)[2]

패:도(霸道)명 유가(儒家)에서, 인의(仁義)를 무시하고 무력이나 권모로써 지배하고 다스리는 일. ☞왕도(王道)

패:독-산(敗毒散)명 감기와 몸살을 다스리는 한약의 한 가지.

속담 **패독산에 승검초** : 패독산에는 승검초가 꼭 들어간다는 데서, 반드시 있어야 할 물건이라는 말.

패:-동개(佩-)명 -하다 자 허리에 동개를 참.

패-두(-頭)명 ①어떤 패의 우두머리. ②지난날, 죄인의 볼기를 치던 형조(刑曹)의 사령(使令)을 이르던 말.

패드(pad)명 ①양복의 어깨 부위 등에 넣는 심. ②상처에 대고 붕대를 감는 흡습성이 있는 천. ③생리대(生理帶)

패랭이 명 ①평량자(平涼子) ②패랭이꽃

패랭이-꽃 명 석죽과의 여러해살이풀. 줄기 높이는 30cm 안팎. 선 모양의 잎이 마주 나고, 여름에 희거나 붉은 꽃이 핌. 산이나 들에 절로 자람. 꽃은 한방에서 '구맥(瞿麥)'이라 하여 약재로 씀. 석죽(石竹). 석죽화(石竹花). 패랭이. 핑크(pink)

패러다임(paradigm)명 어떤 한 시대의 사람들의 견해나 사고를 근본적으로 규정하는 테두리로서의 인식 체계, 또는 사물에 대한 이론적인 틀이나 체계.

패러독스(paradox)명 역설(逆說)

패러디(parody)명 문학 등에서, 널리 알려진 작품의 문체나 작풍(作風) 등을 재간 있게 모방하여 조소(嘲笑)나 과장·풍자 등으로 익살스레 개작한 작품을 이름. ☞모작(模作)

패러프레이즈(paraphrase)명 ①글 중의 어떤 표현을 알기 쉽게 하기 위해 다른 말로 바꾸거나 설명하거나 하는 일. ②음악에서, 어떤 악곡을 다른 악기로 연주할 수 있도록 고치는 일, 또는 고친 그 곡.

패럴렐리즘(parallelism)명 희곡에서, 둘 이상의 줄거리나 인물, 대사 따위를 조응(照應)·병행시켜 전개하는 기법.

패럴렐액션(parallel action)명 영화 몽타주의 한 가지. 같은 시각에 다른 곳에서 일어나는 서로 관련된 사건을 번갈아 보여 주는 기법.

패럿(farad)의 정전기 용량의 단위. 1패럿은 전위(電位)를 1볼트 높이는 데 1쿨롱의 전기량이 필요한 도체의 정전(靜電) 용량. 기호는 F

패:려(悖戾)어기 '패려(悖戾)하다'의 어기(語基).

패:려-궂다(悖戾-)[-굳-]형 매우 패려하다.

패:려-하다(悖戾-)형여 말이나 행동이 도리에 어긋나고 사납다.

패:례(悖禮)명 -하다 자 예의에 어긋남, 또는 그러한 예절.

패:류(悖謬)명 -하다 타 사리에 어긋나 일을 그르침.

패:류(貝類)명 연체동물 중 조가비를 가진 동물을 통틀어 이르는 말. 쌍패류(雙貝類)와 권패류(卷貝類)로 나뉨.

패:류(悖類)명 패려한 무리.

패:륜(悖倫)명 -하다 형 사람으로서 마땅히 지켜야 할 도리에 어긋남. 파륜(破倫)

패:륜-아(悖倫兒)명 사람으로서 마땅히 지켜야 할 도리에 어긋난 짓을 하는 사람. 파륜자(破倫者)

패:리(悖理)명 -하다 형 사람의 도리에 어긋남. ☞배리(背理)

패리티=가격(parity價格)명 관련 물가의 변동에 비례하여 산출하는 농산물 가격.

패리티=계:산(parity計算)명 공공 요금이나 특정 상품의 가격을 생산비에 따르지 아니하고 일반 물가 수준과 균형되게 결정하는 방법. 흔히 농산물의 가격 산정에 쓰임.

패:만(悖慢)어기 '패만(悖慢)하다'의 어기(語基).

패:만-하다(悖慢-)형여 도리에 어긋나고 거만하다.

패:망(敗亡)명 -하다 자 전쟁에 져서 멸망함. 패멸(敗滅). 패몰(敗沒). 패상(敗喪)

패:멸(敗滅)명 -하다 자 패망(敗亡)

패:모(貝母)명 ①백합과의 여러해살이풀. 줄기 높이는 50cm 안팎. 잎은 좁고 길며 두세 잎씩 돌려 남. 5월경에 종 모양의 황록색 꽃이 핌. 땅속줄기는 두꺼운 인편(鱗片)으로 되어 있음. 중국 원산으로 관상용이나 약용으로 재배됨. ②한방에서, 패모의 비늘줄기를 약재로 이르는 말. 기침과 담을 다스리는 데 쓰임.

패목(牌木)명 팻말

패:몰(敗沒)명 -하다 자 ①패망(敗亡) ②패사(敗死)

패:물(貝物)명 산호(珊瑚)·호박(琥珀)·수정(水晶)·대모(玳瑁) 따위로 만든 값진 물건.

패:물(佩物)명 ①여성이 몸에 차는 장식물. ②노리개

패:물-삼건(佩物三件)[-껀]명 산호(珊瑚)·호박(琥珀)·밀화(蜜花) 따위로 꾸민 패물. 패물삼작

패:물-삼작(佩物三作)명 패물삼건(佩物三件)

패:배(敗北)명 -하다 자 ①전쟁이나 겨루기에서 짐. 패전(敗戰) ☞승리(勝利) ②전쟁에 져서 달아남. 패주(敗走)

패:배-주의(敗北主義)명 이기거나 성공할 수 있는 방도는 생각하지 않고 아예 패배와 실패를 예상하면서 일을 하는 사고 방식이나 태도.

패:병(敗兵)명 전쟁에서 진 병사. 패졸(敗卒)

패:보(敗報)명 전쟁에서 졌다는 소식. ☞승보(勝報)

패:-보다(敗-)자 실패하다. 낭패를 보다. 낭패를 당하다. 지다

패:복(佩服)명 -하다 자 ①몸에 지님. ②마음 깊이 새기어 잊지 아니함.

패:부(佩符)명-하다자 병부(兵符)를 찬다는 뜻으로, 고을 원의 지위에 있음을 이르는 말.
패-부진(牌不進)명-하다자 지난날, 임금의 부름을 받고도 병이나 사고로 말미암아 나아가지 못함을 이르던 말.
패:분(貝粉)명 조가비 가루, 또는 자개의 가루.
패:사(敗死)명-하다자 싸움에 져서 죽음. 패몰(敗沒)
패:사(敗事)명 실패로 끝난 일.
패:사(稗史)명 지난날, 패관이나 사관이 아닌 사람이 이야기 형식으로 꾸며 쓴 역사 기록. ☞정사(正史)
패:산(敗散)명-하다자 전쟁에 져서 흩어짐.
패:상(敗喪)명-하다자 패망(敗亡)
패:색(敗色)명 패배할듯 한 기미나 조짐.
패색이 짙다관용 패배할 조짐이 뚜렷하다.
패:석(貝石)명 ①조개의 화석(化石). ②조가비가 달라붙은 돌.
패:-석회(貝石灰)명 조가비를 불에 태워서 만든 가루.
패:설(悖說)명-하다자 패담(悖談)
패:설(稗說)명 ①민간에 전하는 설화나 전설, 기이한 이야기들. ②'패관 소설(稗官小說)'의 준말.
패:세(敗勢)명 전쟁이나 겨루기 등에서 질듯 한 형세, 또는 어떤 일에 실패할듯 한 기미. ☞승세(勝勢)
패션(fashion)명 ①유행을 따른 옷차림이나 머리 모양. ②새로운 양식(樣式).
패션모델(fashion model)명 패션쇼 등에서 새로 디자인한 옷이나 최신 유행의 옷을 입고 관객에게 선보이는 일을 직업으로 삼는 사람. 준모델(model)
패션북(fashion book)명 유행하는 옷 따위의 모양을 그림이나 사진으로 나타낸 책. 스타일북(style book)
패션쇼:(fashion show)명 새로 디자인한 옷들을 모델들에게 입히어 관객에게 선보이는 발표회.
패:소(敗訴)명-하다자 소송에 짐. ☞승소(勝訴)
패:속(敗俗)명 쇠퇴하여 사라진 풍속.
패:쇠(敗衰)명-하다자 전쟁에 져서 세력이 약해짐.
패:수(敗數)명 패운(敗運)
패:수-살(敗數煞)[-쌀]명 패운살(敗運煞)
패스(pass)[1]명 무료 입장권. 승차권(乘車券). 통행증
패스(pass)[2]명-하다자타 ①시험이나 심사 등에서 합격함. ②축구나 농구 등 구기에서, 공을 자기편 선수에게 넘겨줌. ③카드 놀이에서, 자기의 차례를 거르고 다음 사람에게 넘기는 일.
패스워:드(password)명 비밀 번호(祕密番號)
패스트푸:드(fast food)명 햄버거·프라이드치킨·샌드위치 따위와 같이 주문하는 대로 그 자리에서 만들어 주는 음식.
패스포:트(passport)명 여권(旅券)
패:습(悖習)명 ①못된 버릇. ②못된 풍습.
패시미:터(passimeter)명 공작물의 안지름을 정밀하게 재는 계기.
패시지(passage)명 독주 기악곡에서, 곡의 중요부 사이에 일종의 중계 구실을 하는 악구(樂句). 선율적 본음의 장식으로, 위아래로 진행하는 같은 꼴의 가락이 되풀이되는 경과적(經過的)인 부분.
패-싸움명-하다자 패끼리 싸우는 일. ¶세력권 다툼으로 -이 벌어지다. 준패쌈
패:-싸움(霸-)명 바둑에서, 패가 났을 때, 서로 양보하지 않고 패를 쓰면서 겨루는 일.
패-쌈명-하다자 '패싸움'의 준말.
패:-쓰다(霸-)(-쓰고·-써)자 ①바둑에서, 패를 만들어 이용하다. ②교묘한 꾀로 위기를 벗어나다.
패:악(悖惡)어기 '패악(悖惡)하다'의 어기(語基).
패:악-하다(悖惡-)형여 도리에 어긋나고 흉악하다.
패암명 곡식의 이삭이 패어 나옴. ¶보리의 -이 고르다.
패:업(敗業)명-하다자 사업에 실패함.
패:업(霸業)명 패자(霸者)가 되기 위한 사업, 곧 무력으로 천하를 지배하는 일. ▷霸의 속자는 覇
패:역(悖逆)어기 '패역(悖逆)하다'의 어기(語基).
패:역무도(悖逆無道)성구 도리에 어긋나고 불순하여 사람다운 데가 없음을 이르는 말.
패:역-하다(悖逆-)형여 도리에 어긋나고 불순하다.
패:연(沛然)어기 '패연(沛然)하다'의 어기(語基).
패:연-하다(沛然-)형여 비가 내리는 기세가 세차다.
패연-히부 패연하게
패:영(貝纓)명 산호(珊瑚)·호박(琥珀)·밀화(蜜花)·수정(水晶) 따위로 만든 갓끈.
패:옥(佩玉)명 지난날, 조복(朝服) 따위의 양 옆에 늘이어 차던 옥으로 만든 장식품.
패:옥(敗屋)명 허물어진 집.
패:왕(霸王)명 ①패자(霸者)와 왕자(王者), 또는 패도(霸道)와 왕도(王道). ②중국의 춘추 전국 시대에 제후를 거느리고 천하를 다스리던 사람.
패:왕-수(霸王樹)명 '선인장(仙人掌)'의 딴이름.
패:용(佩用)명-하다타 명패나 훈장 따위를 몸에 달거나 참.
패:운(敗運)명 기울어져 가는 운수. 패수(敗數)
패:운-살(敗運煞)[-쌀]명 운수가 기울어질 살. 패수살
패:은(佩恩)명-하다자 은혜를 입음.
패:의(敗衣)명 ①옷이 해어짐, 또는 해어진 옷. ②남루한 옷차림.
패:인(敗因)명 싸움이나 경기 따위에서 진 원인, 또는 어떤 일에 실패한 원인. ☞승인(勝因)
패:일(敗日)명 민속에서, 음력 정월 초여드렛날을 이르는 말. 예부터 기일(忌日)로 여기어 남자는 문밖 출입을 금하고, 여자들은 밖에 나가 놀았음.
패:자(悖子)명 인륜에 어긋나게 행동하는 자식. ☞패륜아
패:자(敗子)명 가산(家産)을 탕진한 자식.
패:자(敗者)명 싸움이나 경기 따위에서 진 사람, 또는 단체. ¶승자도 -도 없는 전쟁. ☞승자(勝者)
패자(牌子)명 패지(牌旨)
패:자(霸者)명 ①무력과 권력으로 천하를 다스리는 사람. ②어느 부문에서 으뜸이 되는 사람, 또는 단체. ¶마라톤의 -. ☞왕자(王者)
패:자=부:활전(敗者復活戰)[-쩐]명 토너먼트 경기에서, 패배한 사람이나 단체에게 다시 참여할 기회를 주기 위하여 하는 경기.
패:자역손(悖子逆孫)성구 인륜(人倫)에 어긋나고 순리를 거스른 자손을 이르는 말.
패:자-전(敗者戰)명 운동 경기나 바둑 따위에서 패자끼리 승패를 겨루는 경기.
패:잔(敗殘)명 싸움에 지고 살아남은 나머지.
패:잔-병(敗殘兵)명 싸움에 지고 살아남은 병사.
패-잡다(牌-)자 노름판에서 물주가 되다.
패:장(敗將)명 '패군지장(敗軍之將)'의 준말로, 전쟁에 진 군대를 통솔했던 장수를 이르는 말.
패:장(敗醬)명 '마타리'의 딴이름.
패장(牌將)명 ①지난날, 관아나 일터의 일꾼을 부리던 사람. ②지난날, 전례(典禮) 때에 여령(女伶)을 거느리던 사람. ③지난날, 공사(公事)에서 장인(匠人)을 거느리던 사람. ④지난날, 군사 조직인 패를 거느리던 장수.
패-장(牌張)[-짱]명 투전이나 화투 따위에서 패의 짝이 되는 낱장.
패:적(敗敵)명 싸움에 진 적.
패:적(敗績)명 공적(功績)을 잃는다는 뜻으로, 자기 나라의 패전(敗戰)을 이르는 말.
패:전(敗戰)명-하다자 전쟁이나 경기에 짐. 전패(戰敗). 패배(敗北) ¶- 투수 ☞승전(勝戰). 패적(敗績)
패전(牌錢)명 팻돈
패:전-국(敗戰國)명 전쟁에 진 나라. ☞승전국(勝戰國)
패전트(pageant)명 ①중세 영국에서 마차나 수레의 위, 또는 길거리에서 하던 연극 공연. ②야외극(野外劇), 또는 호화로운 야외 행사.
패:정(悖政)명 순리를 벗어난 포악한 정치. 가정(苛政). 폭정(暴政). 학정(虐政)
패:조(敗兆)명 전쟁이나 경기에 질 조짐.
패:졸(敗卒)명 패병(敗兵)
패:주(貝柱)명 조개관자

패:주(敗走)명-하다자 전쟁에 져서 달아남. ☞패망(敗亡)
패지(牌旨)명 지난날, 지위가 높은 사람이 낮은 사람에게 권한을 위임하던 공문서. 양반이 노비에게 금전 거래 등을 대신하도록 한 위임장 따위. 패자(牌子) 변 배지
패:진(敗陣)명 ①전쟁에 진 진영(陣營). ②싸움에 짐.
패-차다(牌-)자 좋지 못한 일로 별명이 붙게 되다. ¶구두쇠라고 -.
패:착(敗着)명 바둑에서, 어떤 곳에 돌을 잘못 놓아 그 판을 지게 된 악수(惡手), 또는 그러한 수를 두는 일.
패찰(牌札)명-하다자 ①다른 사람이 볼 수 있도록 소속 부서와 성명 등을 써서 가슴에 달거나 목에 거는 딱지. ②통표(通票)
패-채우다(牌-)타 좋지 못한 일로 남에게 별명을 붙이다. ¶그를 아첨꾼이라고 -.
패:철(佩鐵)명-하다자 ①지관(地官)이 몸에 지남철을 지님, 또는 그 지남철. ②찰쇠
패초(牌招)명-하다타 지난날, 승지를 시켜 왕명으로 신하를 부르던 일.
패:촌(敗村)명 쇠락하여 황폐해진 마을.
패:총(貝塚)명 조개더미
패:출패:입(悖出悖入)성구 도리에 어긋나는 일을 하면 그와 같은 일이 되돌아옴을 이르는 말.
패치(patch)명 옷 따위를 기울 때, 헝겊 대신에 대는 가죽.
패치워:크(patchwork)명 크고 작은 천을 이어 붙이는 수예(手藝)의 한 가지.
패키지(package)명 ①소포 우편물. ②물건을 보호하거나 운송하는 데 쓰는 포장 용기.
패키지=여행(package旅行)명 정해진 관광 여정에 맞추어 교통 수단과 숙박 시설, 그 밖의 편의 시설과 비용 따위를 여행사에서 일괄하여 관장하는 여행.
패키지프로그램(package program)명 특정한 업무나 업종의 내용을 예상하여 편리하게 처리할 수 있도록 만든 컴퓨터프로그램.
패킹(packing)명 ①-하다자타 짐을 꾸림. 포장(包裝) ②관(管)의 이음매나 용기의 접합 면 등에 내용물이 새지 않도록 끼워 넣는 물건. ¶고무 - ③운송 화물이 상하지 않도록 포장 용기 안에 채워 넣는 물건.
패:택(沛澤)명 ①우택(雨澤) ②죄수에게 대사(大赦)를 내리는 특전을 비유하여 이르는 말. ③들짐승이 숨어 살 수 있도록 숲이 우거진 곳.
패턴(pattern)명 사고·행동·글·복식(服飾) 따위의 모범적인 유형(類型)이나 양식. ¶소비 -
패-통 명 교도소에서, 재소자가 용무로 담당 교도관을 부를 때 쓰도록 마련한 장치.
패:퇴(敗退)명-하다자 전쟁에 지고 물러남. 퇴패(退敗)
패:퇴(敗頹)명-하다자 세력이나 풍속 따위가 점점 쇠약해져 몰락함. ¶-한 왕조.
패트롤카:(patrol car)명 순찰차
패-패 명 여러 패, 또는 여러 무리. ¶-가 모이다.
패패-이 부 여러 패가 다 각각.
패:표(佩瓢)명-하다자 쪽박을 찬다는 뜻으로, 빌어먹음을 비유하여 이르는 말.
패:하(敗荷)명 가을이 되어 시들어 마르거나 찢어진 연(蓮)의 잎.
패:-하다(敗-)자여 ①전쟁이나 겨루기에 지다. ¶결승전에서 아깝게도 -. ②살림이 거덜나다. ¶노름과 방탕으로 가산이 -. ③몸이나 얼굴이 수척해지다.

한자 패할 패(敗) 〔攴部 7획〕 ¶승패(勝敗)/완패(完敗)/패망(敗亡)/패배(敗北)/패소(敗訴)

패:항(敗降)명-하다자 전쟁에 져서 항복함.
패:행(悖行)명 도리에 어긋나는 행위.
패:향(佩香)명 몸에 지니거나 차고 다니는 향.
패:향(悖鄕)명 패륜(悖倫)을 저지르는 사람이 많이 살아서 풍기가 문란한 마을.
패:혈-증(敗血症)[-쯩]명 화농균이 혈액 속에 들어가 번식하면서 생겨난 독소로 말미암아 중독 현상이나 전신 염증을 일으키는 병.
패호(牌號)명 남들이 붙여 부르는 좋지 못한 별명.
패:화(貝貨)명 원시 사회에서 쓰던 조가비로 만든 화폐.
패:환(珮環)명 옥(玉)으로 만든 고리.
패:흥(敗興)명-하다자타 파흥(破興)
팩 부 ①몸집이 작은 것이 힘없이 쓰러지는 모양을 나타내는 말. ②가늘고 약한 줄 따위가 힘없이 끊어지는 모양을 나타내는 말. ¶실이 - 끊어지다. ☞팍. 픽
팩(pack)명 ①비닐이나 종이 따위로 만든 작은 용기. ¶우유 - ②미용법의 한 가지. 피부에 오이나 달걀 노른자, 진흙, 영양제 등을 발라 인공적으로 막을 만들어 외기를 차단하는 일. 털구멍을 깨끗이 하고 피부의 신진 대사를 좋게 하여 노화를 방지하는 효과가 있음.
팩스(fax)명 팩시밀리
팩시밀리(facsimile)명 문자·도표·사진 따위의 정지 영상을 전기 신호로 바꾸어 통신 채널로 전송하여 수신한 쪽에서 그것을 재생하는 통신 방식. 모사 전송(模寫電送). 복사 전송. 텔레팩스. 팩스
팩시밀리=신문(facsimile新聞)명 팩시밀리 기술을 응용하여 각 가정을 비롯한 원격지에 전송하는 신문. 전송 신문(電送新聞)
팩터리숍(factory shop)명 그 자리에서 물건을 만들어 직접 파는 가게를 통틀어 이르는 말. 작업장을 공개하여 제조 공정을 보여 주기도 함.
팩터링(factoring)명 기업의 외상 매출 채권이나 어음을 사들여 관리하고 회수하는 일, 또는 그런 업무를 전문으로 하는 기업.
팩-팩 부 ①몸집이 작은 것이 자꾸 힘없이 쓰러지는 모양을 나타내는 말. ②가늘고 약한 줄 따위가 자꾸 힘없이 끊어지는 모양을 나타내는 말. ☞팍팍. 픽픽
팩-하다 형여 팍하다
팬(fan)명 ①날개를 돌려 환기·냉각·송풍 따위의 일을 하는 기계 장치. ¶주방에 -을 달다. ②운동 경기, 영화, 연극, 텔레비전 프로그램 따위에 대한 열렬한 애호가, 또는 특정 인물에 대한 열렬한 지지자. ¶농구 -
팬(pan)명 ①손잡이가 달리고 운두가 낮은 냄비. ¶프라이- ②촬영기를 좌우로 돌려 전경(全景)을 찍는 촬영 기법의 한 가지. ☞이동 촬영
×**팬더**(panda)명 →판다
팬둥-거리다(대다)자 팬둥팬둥 놀다. ☞밴둥거리다. 뺀둥거리다. 판둥거리다. 팬들거리다. 펀둥거리다
팬둥-팬둥 부 할 일을 피하여 배돌며 놀기만 하는 모양을 나타내는 말. ☞밴둥밴둥. 뺀둥뺀둥. 판둥판둥. 팬들팬들. 펀둥펀둥
팬들-거리다(대다)자 팬들팬들 놀다. ☞밴들거리다. 뺀들거리다. 판들거리다. 팬둥거리다. 펀들거리다
팬들-팬들 부 하는 일 없이 맵살스레 마냥 노는 모양을 나타내는 말. ☞밴들밴들. 뺀들뺀들. 판들판들. 팬둥팬둥. 펀들펀들
팬레터(fan letter)명 배우, 가수, 운동 선수 등의 인기인에게 그들의 열렬한 지지자가 보내는 편지.
팬시=산:업(fancy産業)명 디자인과 패션에 중점을 두어, 제품의 실용적인 면보다 장식적인 면을 위주로 제품을 만들어 파는 산업.
팬잔-례(-禮)명-하다자 첫딸을 낳은 사람이 친구들에게 졸리어 한턱냄, 또는 그런 일. ☞생남례(生男禮)
팬지(pansy)명 제비꽃과의 한해살이풀 또는 두해살이풀. 줄기 높이는 20cm 안팎. 잎은 길둥글며 둔한 톱니가 있고, 봄에 자줏빛·흰빛·노란빛의 꽃이 피는 관상용 식물. 유럽 원산으로 추위에 잘 견딤. 화단이나 화분에 많이 심는데, 개량 품종이 많음.
팬츠(pants)명 ①아랫도리에 입는 짧은 속옷. ②육상 경기와 일부 구기 운동에서 입는 짧은 바지. ③반바지
팬케이크(pancake)명 밀가루에 달걀·우유·설탕 따위를 넣고 반죽하여 프라이팬이나 번철에 말랑하게 구운 둥근 서양 과자. 핫케이크
팬크로매틱(panchromatic)명 브롬화은(Brom化銀) 건

판보다 색채가 잘 감광하도록 만든 사진 건판, 또는 그 필름.
팬태스틱-하다(fantastic－)형여 환상적이거나 공상적인 분위기가 넘치다. ¶팬태스틱한 영화.
팬터그래프(pantagraph)명 ①전차나 전기 기관차 등의 지붕에 설치하여 가선(架線)으로부터 전기를 공급 받는 장치. ②축도기(縮圖器)
팬터마임(pantomime)명 대사가 없이 표정과 몸짓으로만 표현하는 연극, 또는 그 연기. 마임(mime). 무언극(無言劇)
팬티(panties)명 다리 부분이 거의 없고 엉덩이와 샅에 달라붙는, 아랫도리에 입는 속옷의 한 가지.
팬티스타킹(panty stocking)명 팬티와 스타킹이 이어진 속옷. 긴 양말을 겸한 것임.
팬파이프(panpipe)명 고대 그리스에서 사용하기 시작한 원시 악기로, 길이가 다른 관을 길이 차례대로 묶어 만든 관악기. 반수신(半獸神) 판(Pan)이 불었다는 데서 붙여진 이름임.
팬포:커스(pan-focus)명 화면에 원경(遠景)과 근경(近景)이 모두 선명하게 나오게 찍는 촬영 기법의 한 가지.
팬히:터(fan heater)명 송풍 장치가 장착된 난방기.
팰리스크레이프(palace crape)명 바탕에 오글오글한 주름이 있는 천.
팰리시즘(phallicism)명 남근(男根) 숭배
팸플릿(pamphlet)명 ①설명·광고·선전 따위를 위해 엮은 작은 책자. 부클릿 ②시사 문제에 대한 소논문.
팻:-감(覇－)명 바둑에서, 패를 쓸만 한 자리.
팻-돈(牌－)명 놀음판에서 걸어 놓은 돈. 패전(牌錢)
팻-말(牌－)명 패를 붙였거나 그 자체에 글 따위가 새겨진 나뭇조각 또는 말뚝. 패목(牌木)
팻-술(牌－)명 지난날, 관원이 호패(號牌)를 차던 술 달린 긴 끈. 당상관은 자주색, 당하관은 남색이었음.
팽[1] 명 굵은 팥알만 하고, 등황색으로 익으면 맛이 달콤한 팽나무의 열매.
팽[2] 부 ①갑자기 정신이 아찔해지는 모양을 나타내는 말. ¶머리가 － 돌다. ②갑자기 눈에 눈물이 아른아른 도는 모양을 나타내는 말. ¶－ 도는 눈물. ☞뱅. 뺑. 핑
팽개-질 명 -하다 자 팽개치는 짓.
팽개-치다 타 ①집어 던지다. ¶가방을 방바닥에 팽개치고 놀러 나가다. ②기분이 상하거나 다른 일에 마음이 팔려, 해야 할 일이나 살림 따위를 등한히 하거나 그만두다. 원팡개치다
팽그르르 부 매끄럽게 빨리 작은 둘레로 한 바퀴 도는 모양을 나타내는 말. ☞뱅그르르. 뺑그르르. 핑그르르
팽글-팽글 부 작은 물체가 제자리에서 잇달아 빠르게 돌아가는 모양을 나타내는 말. ¶팽이가 － 돌다. ☞뱅글뱅글[2]. 뺑글뺑글[2]. 핑글핑글
팽-나무 명 느릅나뭇과의 낙엽 교목. 높이는 20m, 지름은 1m 안팎임. 껍질은 회색이고 5월경에 연한 황갈색 꽃이 피며, 10월 전에 등황색 열매가 익음. 잎의 빛깔이나 모양이 각기 다른 자주팽나무·섬팽나무·둥근잎팽나무 등이 있음.
팽나무-버섯 명 송이과의 버섯. 갓 지름이 2～8cm이고 밤색 또는 황갈색이며, 자루는 황갈색임. 늦가을에서 이른봄에 걸쳐 뽕나무·팽나무·버드나무 따위의 등걸이나 고목에서 자라며 먹을 수 있음. 팽이버섯
팽다(烹茶)명 엽차를 다관(茶罐)에 담고 끓인 물을 부어 우리는 일, 또는 우린 그 차. 전다(煎茶)
팽대(膨大)명 -하다 자 부풀어 올라 커짐.
팽두이숙(烹頭耳熟)성구 '대가리를 삶으면 귀까지 익는다'는 말을 한문식으로 옮긴 구(句)로, 한 가지 일이 잘 되면 다른 일도 따라서 잘 된다는 뜻.
팽란(烹卵)명 삶은 달걀. 돌알[2]. 숙란(熟卵)
팽만(膨滿)명 -하다 형 ①음식을 너무 많이 먹어 배가 부풀어 터질듯 함. ¶배가 －하여 숨이 차다. ②기운·기세·감정 따위가 너무 부풀어 터질듯 함.
팽만-히 부 팽만하게
팽배(澎湃)명 -하다 자 ①물결이 맞부딪쳐 솟구침. ②어떤 사조(思潮)나 기세 따위가 거세게 일어남. ¶금전 만능 주의가 －하다.
팽압(膨壓)명 식물 세포 안에 침투한 물이 세포의 안팎에서 평형 상태일 때 밖으로 부푸는 압력. 침투하는 양보다 증발하는 양이 많을 때에는 그 압력이 줄어들고 식물은 시듦.
팽윤(膨潤)명 -하다 자 용매(溶媒) 속에 담근 고분자 화합물이 용매를 흡수하여 차차 부피가 늘어나는 현상. 팽화(膨化) ☞용해(溶解)
팽윤-압(膨潤壓)명 팽윤이 진행될 때에 부피가 늘어나는 것을 방해하면 생기는 압력.
팽이 명 둥글고 짧은 나무의 한쪽 끝을 뾰족하게 깎아 쇠구슬 따위의 심을 박아 만든 장난감. 채로 치거나 끈을 몸체에 감았다가 던져 풀면서 돌리게 되어 있음.
팽이-버섯 명 '팽나무버섯'의 딴이름.
팽이-채 명 팽이를 돌리는 채.
팽이-치기 명 -하다 자 팽이를 채로 쳐서 돌림, 또는 그 놀이.
팽이-토기(－土器)명 바닥이 좁고 윗부분이 넓게 벌어져 쇠뿔과 비슷한 팽이 모양을 한 청동기 시대의 토기. 각형 토기(角形土器)
팽임(烹飪)명 -하다 자 삶고 지져서 음식을 만듦.
팽잇-심 명 팽이 한가운데 박힌 쇠구슬 등의 심.
팽잇-줄 명 팽이를 돌리기 위하여 몸체에 감는 줄.
팽창(膨脹)명 -하다 자 ①온도·습도·압력 따위의 영향으로 부피가 부풀어서 커짐. ②어떤 것의 규모·수량·세력 따위가 늘어남. ¶통화 －/인구 － ☞수축(收縮)
팽창=계:수(膨脹係數)명 온도가 1℃ 올라갈 때마다 늘어나는 물체의 길이 또는 부피와, 원래의 길이 또는 부피와의 비(比). 팽창률
팽창-률(膨脹率)명 팽창 계수
팽창-색(膨脹色)명 같은 거리에서 다른 색보다 가깝게 보이는, 적색·황색 따위의 난색(暖色) 계통의 색. 진출색(進出色). ☞수축색
팽창-주의(膨脹主義)명 ①자국의 영토를 확장하기 위한 정책이나 이념. ②파산 선고 당시의 파산자의 재산뿐만 아니라, 파산 절차 중에 취득한 재산도 파산 재단(財團) 속에 흡수시키는 주의.
팽-총(－銃)명 팽나무 열매를 탄알로 쓰는 장난감 총.
팽패-롭다(－로워)형ㅂ 성질이 까다롭고 괴상하다.
팽패-로이 부 팽패롭게
팽패리 명 팽패로운 사람을 놀리어 이르는 말.
팽팽 부 ①제자리에서 작은 둘레로 잇달아 매우 빨리 도는 모양을 나타내는 말. ②정신이 몹시 아찔아찔해지는 모양을 나타내는 말. ¶고층 건물 위에서 내려다보니까 머리가 － 돈다. ☞뱅뱅. 뺑뺑. 핑핑
팽팽(膨膨)어기 '팽팽(膨膨)하다'의 어기(語基).
팽팽-이 명 열목어의 어린 새끼. ☞산치
팽팽-하다 형여 ①줄이나 천 따위가 몹시 켕기어 있다. ¶기타의 줄을 팽팽하게 고르다. ②분위기 따위가 매우 긴장되어 있다. ¶팽팽한 긴장감이 감돌다. ③서로 겨루거나 버티는 상태가 비슷비슷하다. ¶팽팽하게 맞서다./팽팽한 대결. ☞핑핑하다
팽팽-히 부 팽팽하게 ☞핑핑히

한자 **팽팽할 긴**(緊) [糸部 8획] ¶긴급(緊急)/긴장(緊張)

팽팽-하다(膨膨－)형여 한껏 부풀어 탄력이 있다. ¶터질듯이 팽팽한 풍선. ☞핑핑하다
팽팽-히 부 팽팽하게
팽:하다 형여 모자라지도 남지도 않고 알맞다. ¶식구 수대로 팽하게 차린 음식.
팽-하다(烹－)타여 《文》죄인을 끓는 물에 삶아 죽이는 형벌에 처하다.
팽화(膨化)명 -하다 자 팽윤(膨潤)
퍅 부 가냘픈 몸이 갑자기 쓰러지는 모양을 나타내는 말. ☞팩. 픽
퍅성(愎性)명 퍅한 성질.

팍-팍 [부] ①가냘픈 몸이 여럿이 또는 잇달아 갑자기 쓰러지는 모양을 나타내는 말. ②가냘픈 몸으로 지지 않으려고 자꾸 대드는 모양을 나타내는 말.

팍팍-쏘다 [자] 입바른 말을 잘하다.

퍅-하다(愎-)[형][여] 성질이 너그럽지 못하고 까다로워 걸핏하면 성을 내다.

퍼걸러(pergola)[명] 기둥을 세우고 그 위에 가로와 세로로 목재 따위를 엮어 놓아, 등나무·담쟁이·덩굴장미 따위의 덩굴성 식물이 타고 올라가게 하여 햇빛을 막도록 한 서양식 정자(亭子), 또는 그러한 오솔길.

퍼그(pug)[명] 개의 한 품종. 몸이 작고, 코가 짧고 납작하며 이마에 깊은 주름이 있음. 애완용으로 기르는데 중국 원산임.

퍼-내:다 [타] 담기거나 고인 것을 떠내거나 길어 내다. ¶뒤주에서 쌀을 ―./장독에서 간장을 ―.

퍼:니 [부] 하는 일 없이 빈둥빈둥 노는 모양을 나타내는 말. ¶그저 ― 놀고만 있다. ☞파니

퍼더-버리다 [타] 팔다리를 마음대로 뻗고 편히 앉아 버리다. 퍼지르다 ¶땅바닥에 ―.

퍼덕-거리다(대다)[자][타] 퍼덕퍼덕 하다. 퍼덕이다 ☞파닥거리다. 퍼떡거리다

퍼덕-이다 [자][타] 퍼덕거리다 ☞파닥이다. 퍼떡이다

퍼덕-퍼덕 [부] ①새가 잇달아 빠르게 날갯짓하는 소리, 또는 그 모양을 나타내는 말. ②물고기가 잇달아 빠르게 몸을 뒤척일 때 나는 소리, 또는 그 모양을 나타내는 말. ③큰 깃발 따위가 바람에 세게 휘날리는 소리, 또는 그 모양을 나타내는 말. ¶태극기가 ― 날리다. ☞파닥파닥. 퍼떡퍼떡

퍼드덕 [부] ①새가 세차게 날갯짓하는 소리, 또는 그 모양을 나타내는 말. ②물고기가 세차게 꼬리로 물을 치거나 몸을 뒤척일 때 나는 소리, 또는 그 모양을 나타내는 말. ☞파드닥. 푸드덕

퍼드덕-거리다(대다)[자][타] 자꾸 퍼드덕 하다. ☞파드닥거리다. 푸드덕거리다

퍼드덕-퍼드덕 [부] 퍼드덕거리는 소리, 또는 그 모양을 나타내는 말. ☞파드닥파드닥. 푸드덕푸드덕

퍼드득 [부] ①새가 좀 세차게 날갯짓하는 소리, 또는 그 모양을 나타내는 말. ②물고기가 좀 세차게 꼬리로 물을 치거나 몸을 뒤척일 때 나는 소리, 또는 그 모양을 나타내는 말. ☞파드득. 푸드득

퍼드득-거리다(대다)[자][타] 자꾸 퍼드득 하다. ☞파드득거리다. 푸드득거리다

퍼드득-퍼드득 [부] 퍼드득거리는 소리, 또는 그 모양을 나타내는 말. ☞파드득파드득. 푸드득푸드득

퍼떡-거리다(대다)[자][타] 퍼떡퍼떡 하다. 퍼떡이다 ☞파딱거리다. 퍼덕거리다

퍼떡-이다 [자][타] 퍼떡거리다 ☞파딱이다. 퍼덕이다

퍼떡-퍼떡 [부] ①새가 잇달아 빠르고 세게 날갯짓하는 소리, 또는 그 모양을 나타내는 말. ②물고기가 잇달아 빠르고 세게 몸을 뒤척일 때 나는 소리, 또는 그 모양을 나타내는 말. ☞파딱파딱. 퍼덕퍼덕

퍼:-뜨리다(트리다)[타] ①널리 퍼지게 하다. ¶전염병을 ―. ②여러 사람이 알도록 하다. ¶소문을 ―.

퍼뜩 [부] ①어떤 물체나 빛이 갑작스레 나타났다가 사라지는 모양을 나타내는 말. ¶창가에 사람의 그림자가 ― 비치는가 싶더니 사라졌다. ②생각 따위가 빨리 떠오르는 모양을 나타내는 말. ¶생각이 ― 떠오르다./― 떠오르는 의문. ③급자기 정신이 드는 모양을 나타내는 말. ¶― 정신을 차리다. ☞파뜩

퍼뜩-퍼뜩 [부] 잇달아 퍼뜩 하는 모양을 나타내는 말. ☞파뜩파뜩. 피뜩피뜩

퍼렁 [명] ①퍼런 빛깔. ②퍼런 물감. ☞파랑

퍼렁-이 [명] 퍼렁 빛깔을 띤 물건. ☞파랑이

퍼:렇다(퍼렇고·퍼런)[형][ㅎ] ①빛깔이 짙고 산뜻하지 않게 파랗다. ¶퍼렇게 멍이 들다. ②기세가 등등하다. ¶서슬이 ―. ☞시퍼렇다. 파랗다

퍼레이드(parade)[명] 축제나 경축 행사 따위로 많은 사람들이 활기차게 거리를 행진하는 일, 또는 그 행렬.

퍼레-지다 [자] 빛깔이 퍼렇게 되다. ¶추워서 입술이 ―. ☞시퍼레지다. 파래지다

퍼:머넌트프레스=가공(permanent press加工)[명] 천에 수지(樹脂)를 먹여 옷을 만들고 고온·고압으로 다려서 주름이나 형태를 고정시키는 가공법. 피피 가공

퍼-먹다 [타] ①퍼서 먹다. ②욕심 내서 마구 먹다.

퍼:멀로이(permalloy)[명] 자성(磁性)이 높고 마멸이 적어 자기 헤드나 전기 통신 기구 따위에 쓰이는 철과 니켈의 합금. 상품명임.

퍼:밀(permill)[의] ①천분율(千分率)을 나타내는 단위. 1퍼밀은 1,000분의 1임. ②바닷물의 염분 농도를 나타내는 단위. 바닷물 1kg에 용해되어 있는 염류의 g수임. 기호는 ‰

퍼벌-하다 [자][여] 겉모양을 꾸미지 아니하다.

퍼-붓:다[―붇―](―붓고·―부어)[자][타][ㅅ] ①비나 눈 따위가 한꺼번에 많이 내리다. ¶눈이 퍼붓는 바람에 길이 막혔다. ②졸음 따위가 심하게 오다. ¶잠이 퍼부어 차를 세웠다. ③욕설이나 비난 따위를 마구 하다. ¶욕을 ―. ④총이나 포 따위로 맹렬히 사격하다. ¶적함에 폭탄을 ―.

퍼블릭캐리어(public carrier)[명] 일반인의 수요에 응하여 운송 서비스를 하는 철도·자동차·선박·항공기 따위의 운송업자.

퍼석-퍼석 [부]-하다[형] ①차지지 아니하여 부스러지기 쉬운 상태를 나타내는 말. ¶― 부스러지는 눈덩이. ②쉬이 부서질 정도로 버썩 말라 있는 상태를 나타내는 말. ¶― 마른 지푸라기. ③속이 들떠 힘없이 꺼질듯 한 상태를 나타내는 말. ¶무가 바람이 들어 ―하다. ☞버석버석[2]. 파삭파삭. 푸석푸석

퍼석-하다 [형][여] ①차지지 아니하여 부스러지기 쉽다. ②쉬이 부서질 정도로 버썩 말라 있다. ③속이 들떠 힘없이 꺼질듯 하다. ☞버석하다. 파삭하다. 푸석하다

퍼센트(percent)[의] 백분율(百分率)을 나타내는 단위. 1퍼센트는 100분의 1임. 프로센토. 기호는 %

퍼:센티지(percentage)[명] 백분율(百分率)

퍼:스널리티(personality)[명] 개인의 능력이나 기질·태도·흥미·요구·생리 및 체질적 특징을 통틀어 이르는 말. ¶―를 강조하는 시대.

퍼:스널컴퓨:터(personal computer)[명] 개인용 컴퓨터

퍼:스트레이디(first lady)[명] 대통령·총리·수상 등의 부인을 일컫는 말. ☞영부인

퍼:스트클래스(first class)[명] 여객기·여객선·열차 따위의 1등급 객실이나 좌석.

퍼슬-퍼슬 [부]-하다[형] 덩이진 물체가 맥없이 부스러지게 끈기가 없는 모양을 나타내는 말. ☞파슬파슬. 푸슬푸슬

퍼즐(puzzle)[명] 낱말·숫자·도형 등을 이용하여 만든 문제를 풀면서 두뇌를 훈련시키는 놀이, 또는 그 문제. 수수께끼

퍼:지다 [자] ①바깥쪽으로 가면서 넓거나 굵게 벌어지다. ¶위로 퍼진 나팔꽃. ②널리 미치다. ¶온 동네에 소문이 ―. ③곡식이나 음식 따위가 물에 불어서 부피가 커지다. ¶라면이 ―./잘 퍼진 눌은밥. ④힘이 없거나 지쳐서 몸이 늘어지다. ¶울던 아이가 퍼져 잠이 들었다. ⑤수효가 늘어나거나 불어나다. ¶전국에 퍼진 김씨 자손. ⑥살이 쪄서 몸의 한 부분이 가로 벌어지다. ¶나이 들수록 허리가 퍼져 갔다.

퍼-지르다(―지르고·―질러)[타][르] ①퍼더버리다 ②말이나 욕설을 마구 하다. ③함부로 마구 먹다. ④마구 낳거나 싸다.

퍼지=이론(fuzzy理論)[명] 판단의 각 대상이 어떤 모임에 딸리는지 아닌지의 이진법 논리에서 벗어나, 모임에 딸리는 정도를 소속 함수로 나타냄으로써 애매하고 불분명한 문제의 판단을 수학적으로 접근하려는 이론. 시스템 제어나 컴퓨터, 가전 제품 따위에 응용됨.

퍼진-고사리 [명] 면마과의 여러해살이풀. 뿌리줄기는 짧고 무더기로 나며, 잎자루는 길이 20~40cm이고 잎몸은

끝이 뾰족한 긴 달걀꼴임. 지리산·오대산 및 북부 지방의 침엽수림에서 자람.

퍼:짐 명 농도가 서로 다른 물질이 섞일 경우, 시간이 지남에 따라 같은 농도로 되는 현상.

퍼:짐=길이 명 반도체에서 기본 전자(電子)가 생긴 뒤 그것이 재결합할 때까지 확산하여 이동하는 평균 거리.

퍼:컬레이터(percolator) 명 ①여과 장치가 달린, 커피를 끓이는 기구. ②여과기(濾過器)

퍼터(putter) 명 그린(green)에 있는 구멍을 향하여 공을 칠 때 쓰는 골프채.

퍼텐셜(potential) 명 물리학에서, 벡터의 장(場)에서 벡터의 공간 분포를 이끌어 내기 위한 함수를 이르는 말. 물질 입자의 위치만으로 결정되고, 물질 입자가 그 위치에서 기준점에 대하여 가지는 위치 에너지와 같음.

퍼텐쇼미터(potentiometer) 명 전기 회로에서 어떤 두 지점 사이의 전위차(電位差)나 기전력(起電力) 따위를 측정하는 계기.

퍼티(putty) 명 탄산칼슘 가루나 산화아연을 아마인유 같은 건성유로 이긴 말랑한 물질. 창유리의 장착, 판자의 도장(塗裝), 철관의 이음매 고정 따위에 쓰임.

퍼팅그린(putting green) 명 골프에서, 홀(hole)을 중심으로 하여 잔디를 짧게 깎아 정비해 놓은 구역.

퍼:펙트게임(perfect game) 명 ①야구에서, 투수가 상대편 선수를 한 사람도 진루(進壘)시키지 않고 완투(完投)하여 마친 경기. ☞노히트노런 ②볼링에서, 모든 프레임을 스트라이크로 처리하여 300점을 얻은 경기.

퍽[1] 부 아주. 매우. 몹시 ¶ - 덥다./- 좋다.

퍽[2] 부 ①힘 있게 냅다 내지르는 모양, 또는 그 소리를 나타내는 말. ¶주먹으로 - 갈기다. ②느닷없이 쓰러지는 모양, 또는 그 소리를 나타내는 말. ¶달리던 말이 - 고꾸라지다. ☞팍

퍽(puck) 명 아이스하키에서, 다른 구기(球技)의 공처럼 쓰는, 고무로 만든 작고 납작한 원반.

퍽석 부 ①물체가 맥없이 내려앉는 모양을 나타내는 말. ¶흙담이 - 내려앉다. ②힘없이 주저앉는 모양을 나타내는 말. ¶땅바닥에 - 주저앉다. ☞팍삭. 푹석

퍽석-퍽석[1] 부 잇달아 퍽석 하는 모양을 나타내는 말. ☞팍삭팍삭[1]. 푹석푹석

퍽석-퍽석[2] 부-하다 형 매우 퍽석한 상태를 나타내는 말. ☞팍삭팍삭[2]

퍽석-하다 형여 매우 퍼석하다. ☞팍삭하다

퍽신-퍽신 부-하다 형 매우 퍽신한 모양을 나타내는 말. ☞팍신팍신. 푹신푹신

퍽신-하다 형여 무르고 푸슬푸슬한 느낌이 있다. ☞팍신하다

퍽-퍽 부 자꾸 힘 있게 냅다 내지르는 모양, 또는 그 소리를 나타내는 말. ☞팍팍

퍽퍽-하다 형여 음식이 목이 멜 정도로 메지고 부슬부슬하다. ☞팍팍하다

펀더기 명 넓따란 들.

펀둥-거리다(대다) 자 펀둥펀둥 놀다. ☞번둥거리다. 뻔둥거리다. 판둥거리다. 펀들거리다. 핀둥거리다

펀둥-펀둥 부 아무 일도 하지 않고 마냥 놀기만 하는 모양을 나타내는 말. ☞번둥번둥. 뻔둥뻔둥. 판둥판둥. 펀들펀들. 핀둥핀둥

펀드(fund) 명 투자 신탁의 신탁 재산, 또는 기관 투자가가 관리하는 운용 재산.

펀드매니저(fund manager) 명 투자 자문 회사, 증권 회사, 보험 회사, 은행 따위의 기관에서 자산을 운용하는 전문가.

펀들-거리다(대다) 자 펀들펀들 게으름을 피우다. ☞번들거리다. 판들거리다. 펀둥거리다. 핀들거리다

펀들-펀들 부 매우 번드러운 태도로 늘 게으름을 피우는 모양을 나타내는 말. ☞번들번들. 뻔들뻔들[2]. 판들판들. 펀둥펀둥. 핀들핀들

×**펀뜻** 부 →언뜻

펀치(punch) 명 ①권투에서, 상대 선수를 주먹으로 치는 일, 또는 그 주먹. ②럭비에서, 발끝으로 공을 튀겨 차는 일. ③종이·공작물·철판 따위에 구멍을 뚫는 공구를 통틀어 이르는 말. ④과실즙에 설탕이나 양주 따위를 섞은 음료.

펀칭(punching) 명 축구에서, 골키퍼가 공을 주먹으로 쳐내어 막는 일.

펀칭백(punching bag) 명 모래나 톱밥 따위를 넣어, 주먹으로 치는 연습을 하는 데 쓰는 원통형 자루.

펀칭볼:(punching ball) 명 권투에서, 정확하고 빠르게 주먹으로 때리는 훈련을 하는 데 쓰는 가죽 공.

펀펀-하다 형여 물체의 바닥이 울퉁불퉁하지 않고 매우 번번하다. ¶땅을 펀펀하게 고르다. ☞번번하다. 판판하다. 평평하다

펀펀-히 부 펀펀하게

펀:-하다 형여 어떤 바닥이 펀펀하게 너르다. ☞판하다

펀-히 부 펀하게

펄 명 ①'개펄'의 준말. ②아주 넓고 평평한 땅. ☞벌[1]

펄-꾼 명 겉모양을 꾸미지 않아 모양새가 사나운 사람.

펄떡 부 ①몸을 우므렸다가 힘차게 뛰어오르는 모양을 나타내는 말. ¶장애물을 - 뛰어넘다./붕어가 - 뛰다. ②앉았거나 누웠다가 갑자기 힘 있게 일어나는 모양을 나타내는 말. ¶자리에서 - 일어나다. ③맥박이나 심장이 크게 뛰는 모양을 나타내는 말. ☞팔딱. 풀떡

펄떡-거리다(대다) 자 ①맥박이나 심장이 펄떡펄떡 뛰다. ②물고기 따위가 빠르고 세차게 엎치락뒤치락 하며 뛰다. ☞팔딱거리다. 풀떡거리다

펄떡-펄떡 부 자꾸 펄떡 하는 모양을 나타내는 말. ☞팔딱팔딱. 풀떡풀떡

펄럭-거리다(대다) 자타 펄럭펄럭 나부끼다, 또는 그리되게 하다. 펄럭이다 ¶줄에 널어 놓은 빨래가 바람에 -. ☞팔락거리다. 풀럭거리다

펄럭-이다 자타 펄럭거리다 ¶태극기가 바람에 -./망토를 펄럭이며 걸어가다. ☞팔락이다. 풀럭이다

펄럭-펄럭 부 크고 긴 천 따위가 바람에 세차게 나부끼는 모양을 나타내는 말. ☞팔락팔락. 풀럭풀럭

펄렁-거리다(대다) 자타 펄렁펄렁 나부끼다, 또는 그리되게 하다. 펄렁이다 ☞팔랑거리다. 풀렁거리다

펄렁-이다 자타 펄렁거리다 ☞팔랑이다. 풀렁이다

펄렁-펄렁 부 크고 긴 천 따위가 바람에 부드럽게 나부끼는 모양을 나타내는 말. ☞팔랑팔랑. 풀렁풀렁

펄서(pulsar) 명 강한 자기장을 가지고 빠르게 자전(自轉)을 하며, 주기적으로 전파나 엑스선을 방출하는 천체. 1967년 영국의 천문학자 휴이시와 벨이 발견함.

펄스(pulse) 명 순간적으로 흐르는, 아주 짧은 지속 시간을 가지는 전류. 무선 통신, 전화 교환기, 전자 계산기 따위에 쓰임.

펄스=부호=변조(pulse符號變調) 명 음성 신호와 같이 연속으로 변화하는 신호의 진폭값을 양자화(量子化)하여 펄스로 변환시켜 아날로그 신호를 디지털 신호로 바꾸는 펄스 통신 방식의 한 가지. ☞피시엠(PCM)

펄스=통신(pulse通信) 명 펄스를 변조하여 정보를 전달하는 통신 방식. 레이더나 데이터 통신, 다중 통신 따위에 쓰임.

펄스=회로(pulse回路) 명 펄스의 발생·증폭·정형(整形)·변환 따위에 쓰이는 전자 회로.

펄썩 부 많은 먼지 따위가 급자기 일어나는 모양을 나타내는 말. ☞팔싹. 풀썩

펄썩-펄썩 부 잇달아 펄썩 하는 모양을 나타내는 말. ☞팔싹팔싹. 풀썩풀썩

펄-조개 명 '씹조개'의 딴이름.

펄쩍 부 힘 있게 한 번 뛰어오르는 모양을 나타내는 말. ☞팔짝. 풀쩍

펄쩍 뛰다 관용 ①어떤 일을 당하여 그 일을 받아들이지 아니하고 몹시 못마땅해 하거나 억울해 하다. ¶친구의 제안을 펄쩍 뛰며 거절하다./돈을 꾸고도 잡아떼니, 펄쩍 뛸 일이다. ②뜻밖의 기쁘거나 반가운 일이 생기어 몹시 좋아하다. ¶합격 소식에 펄쩍 뛰며 기뻐하다. ☞팔

짝 뛰다.

펄쩍-펄쩍 부 자꾸 힘 있게 뛰어오르는 모양을 나타내는 말. ☞팔짝팔짝. 풀쩍풀쩍

펄펄 부 ①많은 양의 액체가 넓은 면적에서 세차게 끓는 모양을 나타내는 말. ¶— 끓는 기름. ②가루나 먼지 따위가 바람에 세차게 흩날리는 모양을 나타내는 말. ¶눈이 — 내리다. ③매우 기운차게 날거나 뛰는 모양을 나타내는 말. ¶— 날다./— 뛰다. ④몸에 신열이 심한 상태를 나타내는 말. ¶몸이 — 끓는다. ☞팔팔. 풀풀

펄펄 날다 관용 ①어떤 일에 대하여 매우 뛰어난 기량을 발휘하다. ¶경기에 들어가자마자 종횡무진 운동장을 누비며 —. ②몸놀림이 매우 날쌔고 재다. ¶비탈을 오르는데도 펄펄 날듯 한다.

펄펄 뛰다 관용 몹시 성이 나서 어쩔 줄을 모르고 야단을 하다. ¶속은 것을 알고는 —. ☞팔팔 뛰다.

펄펄-하다 형여 ①성질이 누긋하지 않고 괄괄하다. ②생기가 있고 기운차다. ¶펄펄한 기운. ☞팔팔하다

펄프(pulp) 명 기계적·화학적 처리를 하여 목재나 섬유 식물에서 뽑아 낸 섬유소의 집합체. 종이나 인견 따위를 만드는 데 쓰임.

펌:뱅킹(firm banking) 명 기업과 은행이 컴퓨터시스템을 이용하여 물품 대금 결제, 자금 관리, 신용장 결제 등의 금융 업무를 처리하거나 각종 금융 서비스를 사용할 수 있는 법인용 금융 시스템.

펌블(fumble) 명-하다 타 야구에서, 수비수가 공을 잡으려다 놓치는 일.

펌프(pump) 명 ①압력 작용으로 액체나 기체 따위를 관(管)을 통하여 자아올리거나 이동시키는 기계를 통틀어 이르는 말. ¶진공 —/급수 — ②양수기(揚水機)

펑[1] 부 ①갑자기 세게 터지거나 튈 때 크게 나는 소리를 나타내는 말. ¶풍선이 — 터지다. ②구멍이 크게 뚫어져 있거나 뚫어지는 모양을 나타내는 말. ¶벽에 구멍이 — 나다. ☞뻥[2]. 팡[1]

펑[2] 감 마작을 할 때, 패가 다 맞아떨어졌다는 뜻을 나타내는 말.

펑덩 부 크고 묵직한 물체가 깊은 물에 떨어질 때 나는 소리를 나타내는 말. ☞팡당. 풍덩

펑덩-펑덩 부 잇달아 펑덩 하는 소리를 나타내는 말. ☞팡당팡당. 풍덩풍덩

펑크(∠puncture) 명 ①고무 튜브나 공 따위에 구멍이 나는 일, 또는 그 구멍. ¶타이어에 —가 나다./—를 때우다. ②계획이나 약속 따위가 도중에 틀어져 잘못되는 일. ¶주연 배우가 오지 않아 촬영 계획에 —가 났다. ③비밀이 드러나는 일.

펑퍼지다 형 모양이 펀펀하고 옆으로 너르다. ¶숲 속의 펑퍼진 곳에서 쉬었다. ☞팡파지다

펑퍼짐-하다 형여 꽤 펑퍼지다. ¶펑퍼짐한 둔덕./펑퍼짐하게 살이 오른 소의 엉덩이. ☞팡파짐하다

펑-펑[1] 부 ①잇달아 펑 하는 소리를 나타내는 말. ¶폭죽이 — 터지다. ②구멍이 여러 군데 크게 뚫어져 있거나 잇달아 뚫어지는 모양을 나타내는 말. ☞뻥뻥[1]. 팡팡[1]

펑펑[2] 부 ①액체가 구멍으로 세차게 쏟아져 나오는 소리, 또는 그 모양을 나타내는 말. ¶지하수가 — 솟아오르다./눈물이 — 쏟아지다. ②거짓말이나 희떠운 소리를 함부로 떠벌리는 모양을 나타내는 말. ¶— 큰소리를 치다. ③함박 눈이 많이 내리는 모양을 나타내는 말. ¶눈이 — 쏟아지다. ☞팡팡[2]

페가수스(Pegasus) 명 그리스 신화에 나오는 날개 돋친 천마(天馬). 페르세우스가 메두사의 목을 자를 때 떨어지는 핏방울에서 생겼다고 함.

페가수스-자리(Pegasus—) 명 가을철 북쪽 하늘에 보이는 사각형 모양의 큰 별자리. 안드로메다자리의 남서쪽, 백조자리의 남동쪽에 있음. 10월 하순에 자오선(子午線)을 통과하며, 가을 별자리를 찾는 지표임.

페그마타이트(pegmatite) 명 마그마(magma)의 분화(分化) 생성물로서 석영·장석·운모 따위의 거친 입자가 거대한 결정을 이루고 있는 화성암.

페그마타이트=광:상(pegmatite鑛床) 명 마그마의 굳다가 남은 액이 주위의 암석 틈새로 스며들어가서 석영·장석·운모·리튬·우라늄 따위의 여러 가지 광물을 지니게 된 광상.

페넌트(pennant) 명 ①학교나 단체 따위를 상징하는 그림이 그려진, 폭이 좁고 길다란 삼각형 기(旗). ②우승기

페넌트레이스(pennant race) 명 장기간에 걸쳐 우승을 겨루는 경기.

페널티(penalty) 명 ①벌금. 위약금 ②경기 중에 심판이 규칙을 어긴 선수에게 주는 벌.

페널티골:(penalty goal) 명 페널티킥을 하여 얻은 득점.

페널티에어리어(penalty area) 명 축구에서, 반칙을 하면 상대편에게 페널티킥을 줄 수 있는 구역.

페널티킥(penalty kick) 명-하다 자 ①축구에서, 방어하는 쪽이 페널티에어리어 안에서 반칙을 하였을 때 상대편에게 주어지는 킥, 또는 결승전 따위에서 승패가 나지 않았을 때 승자를 가리기 위해 상대편과 번갈아 차는 킥. 골라인에서 11m 떨어진 페널티킥마크에 공을 놓고 골키퍼와 일 대 일의 상황에서 차게 됨. ②럭비에서, 경기자가 반칙하였을 때 상대편이 그 자리에 공을 놓고 차게 하는 일.

페놀(phenol) 명 ①방향족(芳香族) 알코올의 한 가지. 특유한 냄새가 나는 무색의 결정으로, 염료·살리실산·피크르산, 페놀 수지, 에폭시 수지, 카보네이트 수지 따위의 원료로 쓰임. 석탄산(石炭酸) ②페놀류

페놀-류(phenol類) 명 방향족(芳香族) 탄화수소의 수소 원자를 수산기(水酸基)로 치환한 화합물을 통틀어 이르는 말. 페놀·크레졸·나프톨 따위가 있음. 페놀

페놀=수지(phenol樹脂) 명 페놀류와 포름알데히드류를 축합하여 만드는 열경화성(熱硬化性) 수지. 내열성(耐熱性)과 내수성(耐水性)이 뛰어나고 단단하여 전기 부품, 접착제, 전화기 따위의 재료로 쓰임.

페놀프탈레인(phenolphthalein) 명 페놀과 무수(無水) 프탈산을 가열·축합하여 만드는 황색을 띤 하얀 가루. 산성 용액에서는 무색이나, 수소 이온 농도 지수(pH) 9 이상에서는 황적색을 나타냄. 염기성 지시약, 염색제, 완하제(緩下劑)로 쓰임.

페니(penny) 의 영국 화폐 단위의 한 가지. 펜스의 단수임. 1페니는 1파운드의 100분의 1임.

페니실린(penicillin) 명 푸른곰팡이류를 배양하여 만드는 항생 물질의 한 가지. 폐렴·단독(丹毒)·패혈증·매독 등의 치료에 쓰임.

페니실린쇼크(penicillin shock) 명 약제 알레르기로, 페니실린계 항생 물질을 투여할 때 생기는 쇼크. 발열, 발진(發疹), 혈압 저하, 호흡 곤란 따위의 증세가 계속되어 의식을 잃으며 죽을 수도 있음.

페닐알라닌(phenylalanine) 명 필수 아미노산의 한 가지. 여러 단백질 속에 들어 있고, 알코올이나 물에 잘 녹지 않으며 약간 쓴맛이 있음. 콩과 식물의 씨나 어린눈 속에 유리(遊離) 상태로 있는데, 단백질로부터 분리하기는 어려움.

페달(pedal) 명 발로 밟거나 눌러서 악기나 기계류 따위를 움직이도록 만들어진 부품. 자전거의 발걸이나 재봉틀·피아노·풍금의 발판 따위.

페더-급(feather級) 명 권투나 레슬링 따위에서, 선수의 몸무게에 따라 나눈 체급의 하나. 권투의 경우 아마추어는 55～57kg이고, 프로는 55.4～57.1kg임.

페디오니테(Pedionite 독) 명 용암 대지(鎔岩臺地)

페디큐어(pedicure) 명 발과 발톱을 곱게 다듬는 화장술. ☞매니큐어(manicure)

페레스트로이카(perestroika 러) 명 구 소련의 고르바초프 정권이 정치·경제·사회·문화 등에서 추진한 개혁 정책.

페로몬(pheromone) 명 동물, 특히 곤충이 동류(同類)에게 어떤 행위를 일으키게 하거나 의사를 전달하기 위해 몸 밖으로 분비하는 물질. 위험을 알리는 경보 페로몬, 이성(異性)을 꾀는 성 페로몬 따위가 있음.

ㅍ

페로체(feroce 이)명 악보의 나타냄말의 한 가지. '거칠게' 또는 '격렬하게'의 뜻.

페로타이프(ferrotype)명 사진에서, 주로 크롬을 도금한 철판에 인화지를 밀착시키고 전기의 열로 말려 반작이는 양화(陽畫)를 만드는 인화 방법.

페르덴도시(perdendosi 이)명 악보의 빠르기말의 한 가지. '점점 느리면서 약하게'의 뜻.

페르마:타(fermata 이)명 늘임표

페르뮴(fermium)명 악티늄족 원소의 하나. 플루토늄에 중성자를 오랫동안 쬐어서 만듦. 〔원소 기호 Fm/원자 번호 100/원자량 257〕

페르미-상(Fermi賞)명 이탈리아 태생의 물리학자 페르미를 기념하여, 원자 과학에 공로가 큰 사람에게 주는 상. 1955년부터 해마다 미국에서 수여함.

페르세우스-자리(Perseus－)명 겨울의 북쪽 하늘에 은하수를 따라서 마차부자리 사이에 있는 별자리.

페르소나(persona 라)명 ①미술에서, 사람·인체(人體)의 뜻으로 '인체상(人體像)'을 이르는 말. ②철학에서, 이성적인 본성을 가진 개별적인 존재자로 사람·천사·신(神)을 이르는 말. ③크리스트교에서, 의지와 이성을 갖춘 독립된 실체인 삼위 일체의 신, 곧 제1페르소나인 성부(聖父), 제2페르소나인 성자, 제3페르소나인 성령을 이르는 말.

페름기(∠Permian紀)명 지질 시대 구분의 하나. 고생대(古生代) 최후의 시대로, 석탄기(石炭紀)의 다음 시대. 약 5억 8900만 년 전부터 약 5억 4700만 년 전까지의 시기. 양서류가 번성하고 겉씨식물이 발전하기 시작함. 남반구에는 널리 빙하가 발달하였음. 이첩기(二疊紀) ☞석탄기(石炭紀). 트라이아스기

페리보:트(ferryboat)명 가까운 거리의 수로(水路)를 오가며 화물·여객·차량을 운송하는 대형 연락선.

페미나-상(Fémina賞)명 프랑스 문학상의 한 가지. 해마다 12월에 12명의 여류 작가로 구성된 심사 위원이 그 해에 발표된 최우수 작품을 선정하여 시상함.

페미니니티테스트(femininity test)명 올림픽이나 세계 선수권 대회 따위에서 실시하는, 여자 선수에 대한 성 검사(性檢査).

페미니스트(feminist)명 ①여권 신장(女權伸張)과 남녀 평등 따위를 주장하는 사람. ②여성 숭배자, 또는 여성에게 친절한 남자.

페미니즘(feminism)명 정치·사회·경제·문화 따위에서, 여성의 지위 향상과 권리 확장을 주장하는 주의. 남녀 동등주의

페미컨(pemmican)명 쇠고기 따위를 말린 다음에 가루로 만들어 과일즙이나 기름을 섞어 빵처럼 굳힌 식품. 원래는 북미 인디언들이 만든 것으로, 등산가나 탐험가들이 휴대 식량으로 이용함.

페서리(pessary)명 잘못된 자궁의 위치를 바로잡는 데 쓰는 고무로 된 기구. 피임용으로도 쓰임.

페소(peso 에)의 ①지난날, 에스파냐의 은화(銀貨), 또는 화폐 단위를 이르던 말. ②필리핀·아르헨티나·쿠바·멕시코 등지의 화폐 단위의 한 가지.

페스트(pest)명 페스트균으로 말미암은 급성 전염병. 고열·두통·구토 따위의 증세가 나타나고, 피부가 흑자색으로 변하며, 사망률이 높음. 흑사병(黑死病)

페스티벌(festival)명 축제(祝祭). 축전(祝典)

페시미스트(pessimist)명 비관론자. 염세주의자 ☞옵티미스트

페시미즘(pessimism)명 염세주의(厭世主義) ☞옵티미즘(optimism)

페어볼:(fair ball)명 ①야구에서, 타자가 친 공이 페어 지역에 떨어진 것. ②테니스 따위에서, 규정 라인 안에 떨어진 공. ☞파울볼(foul ball)

페어스케이팅(pair skating)명 남녀가 한 쌍을 이루어 하는 피겨스케이팅. ☞아이스댄싱(ice dancing)

페어웨이(fairway)명 골프에서, 정상적으로 티샷을 하였을 때 타구가 낙하하는, 티에서 퍼팅그린까지의 잔디가 깔린 구역. ☞러프(rough)

페어=지역(fair地域)명 야구장의, 파울라인 안쪽 지역. ☞파울 지역

페어플레이(fair play)명 운동 경기 따위에서 정정당당한 겨루기, 또는 공명 정대한 행동.

페이(pay)명 급료(給料). 보수(報酬). 봉급(俸給). 삯

페이드아웃(fade-out)명 ①연극이나 영화·텔레비전 따위에서 무대나 화면이 점차 어두워지다 사라지는 일, 또는 그 기법. 용암(溶暗) ②방송 따위에서, 음악이나 효과음이 점차 작아지다 사라지는 일, 또는 그 기법. 에프오(FO) ☞페이드인

페이드인(fade-in)명 ①연극이나 영화·텔레비전 따위에서, 무대나 화면이 어두웠다가 점차 밝아지는 일, 또는 그 기법. 용명(溶明) ②방송 따위에서 조용하다가 음악이나 효과음이 점차 커지는 일, 또는 그 기법. 에프아이(FI) ☞페이드아웃

페이소스(pathos)명 애수(哀愁)·비애(悲哀) 등 일시적인 정념의 작용. ☞에토스(ethos)

페이스(pace)명 ①걸음걸이. 보조(步調) ②운동 경기나 마라톤 따위에서, 진행을 조절하는 힘이나 속도. ¶－를 유지하다. ③야구에서, 투수가 던진 공의 속도. ④일의 진행 상황이나 생활의 리듬을 비유하여 이르는 말. ¶제 －를 찾다./－가 흐트러지다.

페이스가:딩(face guarding)명 농구에서, 상대편 선수 앞에 서서 그 사람의 움직임에 따라 진행을 방해하는 일.

페이스메이커(pacemaker)명 ①중거리 이상의 경주나 자전거 경기 따위에서, 선두를 달리면서 페이스의 기준이 되는 선수. ②심장에 주기적으로 전기 자극을 주어 심장 박동을 정상적으로 유지시키는 장치.

페이스트(paste)명 ①식품 재료를 으깨거나 이기어 풀처럼 만든 식품. 육류·토마토 따위를 갈거나 개어서 조미한 것으로, 샌드위치나 카나페에 발라 먹거나 소스를 만드는 재료로 쓰임. ②납땜에 쓰이는 연고(軟膏) 상태의 물질. 땜납과 납땜 재료의 접착을 촉진함.

페이지(page)명 ①책이나 장부 따위의 낱장의 어느 한 면, 또는 낱장마다 매겨진 일련 번호. 쪽[3] ¶－를 넘기다. ②〔의존 명사로도 쓰임〕 책이나 장부 따위의 면 수를 세는 단위.

페이퍼(paper)명 ①종이 ②'샌드페이퍼(sandpaper)'의 준말.

페이퍼백(paperback)명 낱장의 종이 표지와 질 낮은 본문 용지로 만들어 값싸게 파는 작은 판형의 책. 문고판(文庫版)이나 신서판(新書版) 따위.

페이퍼스컬프처(paper sculpture)명 한 장의 종이를 오리거나 접어서 입체적인 물건으로 만드는 기법. 종이 학이나 종이 배 따위의 종이 접기.

페이퍼=전지(paper電池)명 용액의 전해질(電解質)을 사용하지 않고 얇은 종이 위에 붙은 고체 전해질을 사용한 전지.

페인텍스(paintex)명 유성(油性)의 특수 그림 물감, 또는 그것으로 천이나 가죽 따위에 무늬를 그리는 수예.

페인트(feint)명 운동 경기에서, 상대 선수를 속이려고 거짓으로 시늉하는 동작. ¶－ 모션으로 수비를 뚫다.

페인트(paint)명 안료를 함유한 유색(有色)의 불투명한 도료를 통틀어 이르는 말. 유성 페인트, 에나멜페인트, 수성 페인트 등이 있으나 보통 유성 페인트를 이름.

페인팅나이프(painting knife)명 유화(油畫)를 그릴 때 쓰는 쇠칼. 유화 물감을 화포(畫布)에 바르는 데 쓰는 용구로, 긴 것, 짧은 것, 넓은 것, 좁은 것 등 여러 모양이 있음.

페치카(pechka 러)명 러시아와 중국 동북 지역을 비롯한 극한(極寒) 지방의 난방·취사 장치의 한 가지. 실내의 벽 한쪽에 돌·벽돌·진흙 따위로 만듦.

페키니:즈(Pekinese)명 개의 한 품종. 어깨 높이 20cm 안팎. 털이 길고 털빛은 붉은 갈색, 흰빛, 검은빛 따위 여러 가지임. 중국 원산임.

페:타(peta)관 미터법의 여러 단위 앞에 붙어 10^{15}배, 곧 1,000조 배의 크기를 나타내는 말. 기호 P ☞펨토

페트-병(pet病)명 애완 동물을 매개로 하여 사람에게 전염되는 병을 통틀어 이르는 말. 앵무병·특소플라스마증 따위가 있음.

페트-병(PET甁)명 음료 따위를 담는 일회용 병. 폴리에틸렌을 원료로 하여 만든 플라스틱 병으로, 가벼우며 잘 깨지지 않는 특성이 있음.

페티시즘(fetishism)명 ①물신 숭배(物神崇拜) ②정신 분석학에서, 이성(異性)의 신체 일부 또는 옷이나 소지품 등에 비정상적으로 집착하여 성적(性的) 만족을 느끼려고 하는 성적 도착증을 이르는 말.

페티코:트(petticoat)명 서양식 여자 속옷의 한 가지. 스커트의 모양을 다듬기 위하여 받쳐 입는 속치마임.

페팅(petting)명 남녀 사이의 성교(性交)가 따르지 않는 관능적인 애무(愛撫).

페퍼가스(pepper gas)명 폭도(暴徒)들의 목이나 눈·코 따위를 맵게 자극하여 해산시키는 폭동 진압용 가스.

페퍼민트(peppermint)명 ①'박하(薄荷)'의 딴이름. 박하유(薄荷油) ②박하유에 정향유(丁香油) 시럽을 조금 섞어 만든 알코올 음료.

페:하(PH·pH 독)명 용액 속의 수소 이온 농도를 나타내는 지수(指數). pH가 7이면 중성, pH가 7 이하이면 산성, pH가 7 이상이면 알카리성 용액임. 피에이치(pH)

펙틴-질(pectin質)명 고등 식물의 세포 사이의 결합 물질로, 주로 세포벽을 형성하는 다당류(多糖類)의 한 무리. 겔(gel)을 만드는 성질은 잼이나 젤리를 만드는 데 이용되고, 유화성(乳化性)은 식품의 유화제(乳化劑)나 과자의 피막제(皮膜劑)를 비롯하여 화장품·호료(糊料)·의약품 따위에 이용됨.

펜(pen)명 ①먹이나 잉크 따위를 찍어서 글씨를 쓰거나 그림을 그릴 때 사용하는 필기구의 한 가지. 펜촉과 펜대로 이루어짐. 경필(硬筆). 철필(鐵筆) ¶ — 글씨 교본 ②글을 쓰는 일, 또는 문필 활동을 비유하여 이르는 말. ¶이만 —을 놓겠습니다./—을 든 지 어언 20년.

펜네임(pen name)명 작가나 시인 등 문인들이 문필 활동을 하면서 쓰는 본명 이외의 이름. 필명(筆名)

펜-대(pen—)명 펜촉을 끼워서 쓰는 자루. 철필대

펜더(fender)명 ①자동차나 자전거 바퀴가 구를 때 튀어 오르는 흙탕물 따위를 막는 흙받이. ②기관차나 전동차 앞 부분에 붙이는 완충 장치, 또는 자동차의 범퍼.

펜던트(pendant)명 ①장신구의 한 가지. 보석이나 금속 따위를 줄에 달아 목에서 가슴으로 늘어뜨리게 된 목걸이. ②조명 기구의 한 가지. 천장에 매달아 적당히 늘어뜨려 놓은 장식용 전등. ☞상들리에(chandelier)

펜맨십(penmanship)명 영어 글자 쓰기. 습자(習字)

펜스(fence)명 야구장의 내야와 외야를 둘러싼 울타리.

펜스(pence)의 영국 화폐 단위의 한 가지. 페니(penny)의 복수(複數)임.

펜싱(fencing)명 유럽의 전통적인 검술(劍術)로, 올림픽 경기 종목의 한 가지. 가늘고 긴 검으로 상대편을 찌르거나 베거나 하는 방법으로 점수를 얻어 승패를 겨룸. 에페, 사브르, 플뢰레의 세 종목이 있음.

펜-촉(pen鏃)명 펜대에 꽂아 잉크 따위를 찍어 글씨를 쓰는 데 사용하는 쇠촉. 철필촉

펜치(∠pincers)명 철사 따위를 끊거나 구부리는 데 쓰는 집게 모양의 연장.

펜컴퓨터(pen computer)명 키보드 대신에 펜으로 직접 모니터 화면에 입력하는 휴대용 컴퓨터의 한 가지.

펜클럽(PEN Club)명 국제 펜클럽 [International Association of Poets, Playwrights, Editors, Essayists and Novelists]

펜탄(pentane)명 메탄계 탄화수소의 한 가지. 향기가 나는 무색의 휘발성·가연성(可燃性) 액체. 추출 용제(抽出溶劑), 마취제, 저온 온도계 따위에 쓰임.

펜탄=온도계(pentane溫度計)명 펜탄을 이용하여 낮은 온도를 재는 온도계. −200℃까지 잴 수 있음.

펜토오스(pentose)명 탄소 원자 다섯 개로 이루어진 단당류(單糖類)를 통틀어 이르는 말. 펜토산(pentosan)을 가수 분해하여 만듦. 오탄당(五炭糖)

펜팔(pen pal)명 편지를 주고받으며 우정을 쌓는 일, 또는 그리하여 생긴 벗. 편지 친구

펜홀더그립(penholder grip)명 탁구에서, 라켓을 잡는 방식의 한 가지. 펜대를 잡듯이 엄지손가락과 집게손가락으로 그립(grip)을 쥐고, 나머지 손가락은 라켓 뒷면에 댐. ☞셰이크핸드그립

펜-화(pen畫)명 잉크가 묻은 펜으로 그린 그림. 데생의 한 가지로, 만화·극화(劇畫)·일러스트레이션 등의 분야에 활용함.

펠라그라(pellagra)명 니코틴산의 결핍으로 말미암아 생기는 질병. 피부에 붉은 반점이 생기며 가렵고, 경련·설사나 시력 장애를 일으키기도 함.

펠리컨(pelican)명 '사다새'의 딴이름.

펠턴=수차(Pelton水車)명 수력 발전용의 충동형(衝動形) 수차의 한 가지. 노즐에서 내뿜은 세찬 물의 힘으로 수차를 돌려 전력을 일으키는 것으로, 낙차가 크고 수량이 적을 경우에 쓰임. 1870년 미국의 펠턴이 발명함.

펠트(felt)명 양털이나 그 밖의 짐승 털에 습기와 열을 쐬어서 눌러 천과 같이 만든 것. 합성 섬유 따위의 다른 섬유를 섞어 넣은 것도 있음. 보온재·방음재, 모자나 양탄자의 재료 등에 쓰임.

펠트펜(felt pen)명 펠트로 된 심에 배인 잉크로 글씨를 쓰는 펜. ☞매직펜(magic pen)

펠티에=효:과(Peltier效果)명 두 종류의 금속을 접속하여 전류를 흘려 보낼 때, 접속 면에서 열이 발생하거나 흡수되는 현상. 전자 냉동 따위에 이용함. 1834년 프랑스의 물리학자 펠티에가 발견함.

펨토(femto)관 미터법의 여러 단위 앞에 붙어 10^{-15}배, 곧 1,000조 분의 1을 나타내는 말. 기호는 f ☞페타

펩신(pepsin)명 척추동물의 위액 속에 들어 있는 단백질의 가수 분해 효소의 한 가지. 강산성(強酸性)으로, 단백질을 펩톤으로 분해하여 장벽(腸壁)에서 흡수가 잘 되는 물질로 만듦. ☞트립신

펩톤(peptone)명 천연 단백질이 중간 분해된 물질. 단백질이 효소나 산·알칼리 등으로 말미암아 부분적으로 가수 분해되어 생김. 수용성이며 가열하여도 굳지 않음. 환자의 인공 영양제, 미생물 배양 등에 이용됨.

펭귄(penguin)명 펭귄과의 바닷새를 통틀어 이르는 말. 바로 선 키는 40~120cm. 등은 검은빛, 배는 흰빛이며, 날개는 짧고 지느러미 모양인데 전혀 날지 못하고 곧추 서서 걸음. 발에는 물갈퀴가 있어 헤엄을 잘 치고, 물고기·낙지·새우 따위를 잡아먹으며, 남극 지방에서 떼지어 삶. 6속 17종이 있음.

펴-내:다타 책이나 신문 따위를 발행하다. ¶시집을 —.

펴낸-이명 발행인(發行人)

펴널명 상투의 맨 아래 돌림. 위의 다른 돌림보다 크고 넓게 함.

펴다타 ①접혀 겹쳐진 것을 젖히거나 벌리다. ¶접은 손수건을 —./날개를 —. ②바닥에 넓게 깔다. ¶아랫목에 이불을 —./마당에 멍석을 —. ③굽은 것을 곧게 하다. ¶휜 못을 —. ④덮인 것을 펼치다. ¶책을 —. ⑤오므리거나 오므라든 것을 벌리다. ¶주먹을 —./어깨를 활짝 —. ⑥구김살이나 주름살을 없애어 판판하게 하다. ¶이마의 주름살을 —./다리미로 옷의 구김살을 —. ⑦꾸리거나 싼 것을 풀다. 헤치다 ¶보자기를 —. ⑧마음이나 감정 따위를 자유롭게 가지거나 드러내다. ¶자기의 뜻을 —. ⑨힘이나 세력 따위를 쓰거나 그 범위를 넓히다. ¶세력권을 —. ⑩세상에 널리 공표하거나 알리다. ¶법령을 —. ⑪어떤 일이나 조직 따위를 벌이거나 늘이다. ¶수사망을 —. ⑫어떤 일을 시행하다. ¶평화 통일 정책을 —.

한자 **펼 서**(敍)〔攴部 7획〕¶서사(敍事)/서술(敍述)/서정(敍情)/자서(自敍) ▷ 속자는 叙
펼 선(宣)〔宀部 6획〕¶선교(宣敎)/선언(宣言)
펼 술(述)〔辵部 5획〕¶논술(論述)/술회(述懷)

ㅍ

×**펴락-쥐락** 부 → 쥐락펴락

펴-묻기 명 송장 매장법(埋葬法)의 한 가지. 송장의 팔다리를 곧게 쭉 펴서 매장함. 오늘날까지 가장 오래되고 보편화된 매장 양식임. 신전장(伸展葬) ☞굽혀묻기

펴이다 자 ①접어 겹쳐진 것이 젖혀지거나 벌어지다. ¶책이 ―. ②구김살이나 주름살이 없어져 판판하게 되다. ¶옷의 구김살이 ―. ③옭히었던 일이 제대로 되다. ¶사업이 ―./형편이 ―. 살림이 ―. 준 폐다

펴:-지다 자 펴이게 되다. ¶우산이 펴지지 않다./주름살이 ―./살림이 ―.

편[1] 명 '떡'을 점잖게 이르는 말.
속담 **편보다 떡이 낫다** : 같은 물건인데도 이것보다 저것이 낫게 보인다는 말.

편[2] 명 ①여럿으로 가른 하나하나의 패. ¶―을 갈라 줄다리기를 하다./―이 갈리어 다투다. ②〔의존 명사로도 쓰임〕 ㉠편짝 ¶세력이 센 ―에 붙다. ㉡쪽〔방향〕 ¶바람이 불어 오는 ―을 향하여 서다. ㉢여러 경우를 생각해 본 어느 한 경우. ¶오늘도 쉬는 ―이 낫겠다.

편[3] 명 떡의 한 가지. 앵두・모과・오미자 등 과일을 찌거나 삶아 끓여 체에 밭쳐서 꿀을 치고 조리다가, 다시 녹말을 넣고 되직하게 조려서 통에 부어 익힌 음식. 감으로 쓴 과일 이름을 붙여 앵두편, 모과편 등으로 이름.

편(編) 명 ①국악의 가곡 중에서 '편락(編樂)', '편수대엽(編數大葉)', '언편(言編)', '우편(羽編)' 등 편의 형태를 가진 곡조를 통틀어 이르는 말. ②사람이나 단체 이름 뒤에 쓰이어, 책 따위를 '엮음'을 나타내는 말. ¶국문학회 ―.

편:(片) 의 ①인삼의 낱개를 세는 단위. ¶인삼 열 ―을 사다. ②〔명사처럼 쓰임〕 인삼의 낱개.

편(便) 의 어느 곳에 사람을 실어 보내거나 물건을 날라 가는 수단. ¶짐을 선박 ―으로 보내다./오후에 비행기 ―으로 떠났다.

편(篇) 의 ①시문(詩文)의 수효를 세는 단위. ¶시 한 ―./한 ―의 소설. ②형식이나 내용 따위가 서로 다른 글을 구별하여 부를 때, 그 이름의 뒤에 붙여 쓰는 말. ¶응용 ―./문법 ―. ③책의 내용을 일정한 분량으로 크게 가른 단락의 뒤에 붙여 쓰는 말. ¶제1―.

편:각(片刻) 명 매우 짧은 동안. 삽시간(霎時間) ¶―을 다투는 절박한 상황.

편각(偏角) 명 ①자침(磁針)이 가리키는 방향과 지리학적 자오선(子午線) 사이의 각도. 편차(偏差) ②일정한 기준 방향에 대한 기울기를 나타내는 각도. 경각(傾角) ③프리즘 따위에서, 광선이 굴절할 때의 입사 광선과 투과 광선이 이루는 각도. ☞복각(伏角)

편간(編刊) 명-하다 타 책을 편찬하여 발간함.

편:갑(片甲) 명 갑옷 조각이라는 뜻으로, 전쟁에 패한 군사를 이르는 말.

편:강(片薑) 명 얇게 저민 새앙을 설탕에 조리어 말린 것.

편:-거리(片―) 의 인삼을 한 근씩 골라 맞출 때, 그 낱개의 수를 세는 말.

편격(偏格) 명 ①한쪽으로 치우친 규칙이나 격식. ②한시의 율시(律詩)나 절구(絕句)에서, 오언(五言)에서는 첫 구의 둘째 자가 평자(平字)로 시작되고, 칠언(七言)에서는 첫 구의 둘째 자가 측자(仄字)로 시작되는 것. ☞정격(正格)

편견(偏見) 명 공정하지 못하고 한쪽으로 치우친 생각. 벽견(僻見) ¶―에 사로잡히다.

편경(編磬) 명 국악기 석부(石部) 타악기의 한 가지. 두 층으로 된 걸이에 두께가 각각 다른 석경(石磬) 여덟 개를 매달아 각퇴(角槌)로 쳐서 소리를 냄. 추위와 더위에도 음색과 음정이 변하지 않아 모든 국악기 조율(調律)의 기준이 됨. ☞경쇠

편:-계피(片桂皮) 명 얇은 조각의 계피.

편고(偏枯) 명 탄탄(癱瘓)

편고(偏孤) 명 아버지나 어머니를 여읜 어린아이.

편곡(編曲) 명-하다 타 어떤 악곡을 다른 악기로 연주하거나 다른 형식으로 연주할 수 있도록 고쳐 씀, 또는 그 곡. ¶실내악으로 ―하다.

편곡(偏曲) 어기 '편곡(偏曲)하다'의 어기(語基).

편곡-하다(偏曲―) 형여 성격이 편벽되고 바르지 못하다.

편곤(鞭棍) 명 ①쇠도리깨와 곤봉. ②무예 이십사반의 하나. 두 사람의 무사가, 한 사람은 쇠도리깨를 가지고 다른 한 사람은 곤봉을 가지고 겨룸.

편관(扁罐) 명 배가 볼록한 주전자.

편광(偏光) 명 어느 특정한 방향으로만 진동하는 빛의 파동. ¶― 렌즈 ☞자연광(自然光)

편광-경(偏光鏡) 명 니콜프리즘을 쓰지 않고 두 개의 평면 유리 거울을 써서 편광을 검출하는 장치.

편광-계(偏光計) 명 니콜프리즘 따위를 써서 선광성(旋光性) 물질의 선광도(旋光度)를 재는 계기.

편광-기(偏光器) 명 자연광을 직선 편광으로 바꾸는 장치. 전기석(電氣石)이나 니콜프리즘 따위가 있음. 편광자(偏光子)

편광-자(偏光子) 명 편광기(偏光器)

편광=프리즘(偏光prism) 명 편광을 발생시키거나 검출하는 프리즘. 니콜프리즘 따위가 있음.

편광=현:미경(偏光顯微鏡) 명 편광을 이용한 특수 현미경. 주로 광물이나 암석의 구조를 분석하는 데 쓰임.

편굴(偏屈) 어기 '편굴(偏屈)하다'의 어기(語基).

편굴-하다(偏屈―) 형여 성격이 비뚤어지고 비굴하다.

편근(便近) 어기 '편근(便近)하다'의 어기(語基).

편근-하다(便近―) 형여 가깝고 편리하다.
편근-히 부 편근하게

편급(褊急・偏急) 어기 '편급(褊急)하다'의 어기(語基).

편급-하다(褊急―) 형여 속이 좁고 성질이 급하다. ¶편급한 사람은 벗이 적다.
편급-히 부 편급하게

편기(偏嗜) 명-하다 타 어떤 일이나 사물 중에서 어느 하나만 지나치게 좋아하거나 즐김.

편기(褊忌) 명-하다 타 소견이 좁아 남을 시기함. ¶그는 남을 ―하는 편이다.

편년(編年) 명-하다 타 역사를 연대순으로 편찬하는 일.

편년-사(編年史) 명 편년체(編年體)로 엮은 역사.

편년-체(編年體) 명 역사를 연대순으로 기술하는 체제. ☞기전체(紀傳體)

편녕(便佞) 어기 '편녕(便佞)하다'의 어기(語基).

편녕-하다(便佞―) 형여 말만 그럴싸하고 실속이 없다.

편-놈 명 산디놀음을 하는 사람을 얕잡아 이르는 말.

편:뇌(片腦) 명 용뇌향(龍腦香)

편단(偏斷) 명-하다 타 공정하지 못하고 편벽되게 결정함.

편단-우:견(偏袒右肩) 명 불교에서, 중이 법의를 왼쪽 어깨에 걸치고 오른쪽 어깨를 드러내어 입는 예법. 자진하여 시중을 들겠다는 상대편에 대한 공경의 표시임.

편달(鞭撻) 명-하다 타 채찍으로 때린다는 뜻으로, 엄하게 일깨워 격려하여 줌. 채찍질. 편복(鞭扑) ¶여러분의 지도와 ―을 바랍니다.

편:답(遍踏) 명-하다 자타 편력(遍歷)

편당(偏黨) 명-하다 자 한 당파에 치우침, 또는 편파적인 당파.

편대(編隊) 명 비행기 따위가 대형(隊形)을 짓는 일, 또는 그 대형. 준 대(隊)

편대=비행(編隊飛行) 명 비행기가 편대를 지어 나는 일.

편:도(片道) 명 오고 가는 길 중에 어느 한쪽, 또는 그 길. ¶― 승차권 /― 2차선. ☞왕복(往復)

편도(扁桃) 명 장미과의 낙엽 교목. 줄기 높이는 6m 안팎. 봄에 담홍색 꽃이 핌. 열매는 복숭아 비슷한 모양인데 익어 터지면 그 속에 든 씨를 먹을 수 있음. 터키 원산임. 아몬드(almond)

편도(便道) 명 ①지름길, 또는 곧장 가는 길. ②지난날, 관직에 임명된 관원이 조정에 들러 사은숙배(謝恩肅拜)하지 않고 곧바로 부임함을 이르던 말. ③다니기에 편리한 길. 편로(便路)

편도-선(扁桃腺) 명 사람의 입 안 깊숙한 곳의 양쪽에 발달한 림프 조직의 집합체.

편도선-염(扁桃腺炎)[-념]명 편도염(扁桃炎)

편도-염(扁桃炎)명 편도선에 생기는 염증. 편도선이 벌겋게 부어 음식을 삼키기 어렵고, 고열(高熱)과 통증이 따르며, 숨쉬기가 거북함. 감기·과로 따위로 생기는데 급성과 만성이 있음. 편도선염(扁桃腺炎)

편도-유(扁桃油)명 편도의 씨에서 짜낸 담황색의 기름. 약제나 향유·비누·윤활유 따위를 만드는 데 쓰임.

편:독(偏讀)명-하다타 어떤 한 분야에만 치우쳐 책을 읽음. ¶공상 과학 소설을 ―하다.

편독(遍讀)명-하다자 모든 분야에 걸쳐 두루 책을 읽음.

편동-풍(偏東風)명 지구의 위도(緯度) 위를 따라 동쪽에서 서쪽으로 부는 바람. 극 지방의 지상 부근에서 나타나는 것을 극편동풍(極偏東風), 적도를 사이에 두고 남북 저위도(低緯度)에서 나타나는 것을 적도 편동풍이라 함. ☞편서풍(偏西風)

편두(扁豆)명 '까치콩'의 딴이름.

편두-통(偏頭痛)명 갑자기 일어나는 발작성의 두통. 주로 한쪽 머리가 아프다가 심하면 반대쪽으로도 퍼지고 주기성을 나타냄. 전신 권태, 식욕 부진, 오심(惡心), 구토 따위의 증세가 따름. 변두통(邊頭痛)

편-들다(―들고·―드니)타 ①어느 한쪽을 두둔하고 도와 주다. ②가담하여 힘을 북돋우다.

편락(編樂)명 국악의 가곡 곡조의 한 가지. 우조(羽調)로 시작하여 계면조로 변조되는 곡으로, 우조인 언락(言樂)과 계면조인 편삭대엽(編數大葉) 사이에 불림. 남창(男唱)에만 있음.

편람(便覽)명 편리하게 볼 수 있도록 간추린 책.

편:력(遍歷)명-하다자타 ①널리 돌아다님. 편답(遍踏) ¶전국의 사찰을 ―하다. ②여러 가지를 경험함을 비유하여 이르는 말.

편로(便路)명 편도(便道)

편론(偏論)명-하다타 남이나 다른 당파를 비난함.

편류(偏流)명-하다자 항공기 따위가 기류의 영향을 받아 수평으로 밀리어 항로에서 벗어나는 일.

편리(便利)명-하다형 어떤 일을 하는 데 편하고 쓰기 쉬움. ¶―를 보아주다./지하철은 ―하다. ☞불편(不便)

편:리=공:생(片利共生)명 생물의 공생 관계에서 한편만 이익을 받고, 다른 편은 이익도 해도 없는 관계를 이르는 말. 나무와 지의류의 관계 따위. ☞상리 공생(相利共生)

편:린(片鱗)명 한 조각의 비늘이라는 뜻으로, 사물의 극히 작은 일부분을 비유하여 이르는 말. ☞일단(一端)

편:마-암(片麻岩)명 석영·장석·운모·각섬석 따위로 이루어진 변성암(變成岩)의 한 가지. 운모가 조각 모양으로 섞이고, 석영·장석·각섬석 등이 줄무늬를 이루고 있음. 생긴 지가 가장 오랜 것으로 가장 널리 분포되어 있음. ☞화강암(花崗岩)

편:만(遍滿)어기 '편만(遍滿)하다'의 어기(語基).

편:만-하다(遍滿―)형여 이곳저곳 어디에나 가득하다.

편:면(片面)명 사물의 한쪽 면.

편:모(片貌)명 연결되지 않은 어느 한 면의 모습, 또는 일부분의 모습.

편모(偏母)명 아버지를 여의고 홀로 된 어머니. 홀어머니

편모(鞭毛)명 편모류가 운동과 영양 섭취를 하는 세포 기관. 긴 털 모양이며, 동물의 정자, 세균이나 각종 식물의 세포에서 볼 수 있음. ☞섬모(纖毛)

편모-류(鞭毛類)명 원생생물계의 한 문(門). 보통 1~2개의 편모로 운동하고 분열법으로 번식함. 동식물의 특징을 모두 지니고 있는 중간 단계의 생물로 여겨지고 있음. 유글레나 따위. ☞포자류(胞子類)

편모=운:동(鞭毛運動)명 편모류나 정자(精子) 따위가 이동, 먹이 섭취, 소화, 배설을 위하여 물결 모양으로 움직이는 운동.

편:무(片務)명 계약한 당사자 중 한쪽만 지는 의무. ☞쌍무(雙務)

편:무=계:약(片務契約)명 계약하는 당사자 중에서 한쪽만이 채무(債務)를 부담하는 계약. 증여, 소비 대차(消費貸借), 사용 대차, 현상 광고 따위가 이에 딸림. ☞쌍무 계약

편:-무:역(片貿易)명 두 나라 사이의 무역에서 수출 또는 수입 중 어느 한쪽으로 치우쳐서 하는 거래.

편물(編物)명 실로 스웨터·목도리·장갑 따위를 짜는 일, 또는 그 물건. 뜨갯것

편발(編髮)명 ①지난날, 관례(冠禮)를 하기 전에 머리를 땋아 늘이던 일, 또는 그 머리. ②변발(辮髮)

편방(偏旁)명 한자의 구성에서 왼쪽인 '편(偏)'과 오른쪽인 '방(旁)'을 아울러 이르는 말.

편배(編配)명-하다타 지난날, 귀양보낼 사람의 이름을 도류안(徒流案)에 적어 넣던 일.

편백(扁柏)명 '노송나무'의 딴이름.

편벌(編筏)명 통나무로 뗏목을 엮는 일.

편범(片帆)명 한 척의 돛배.

편법(便法)[―뻡]명 손쉬운 방법. ¶―을 쓰다.

편법(篇法)[―뻡]명 시문(詩文) 따위를 편을 지어 짓는 방법.

편벽(便辟)명-하다자 남의 비위를 잘 맞추어 아첨함, 또는 그런 사람.

편벽(偏僻)어기 '편벽(偏僻)하다'의 어기(語基).

편벽-되다(偏僻―)형 생각 따위가 공정하지 못하고 한쪽으로 치우치기 쉽다.

편벽-되이부 편벽되게

편벽-하다(偏僻―)형여 ①생각 따위가 한쪽으로 치우쳐 있다. ②도시에서 멀리 떨어져 외지다. ¶편벽한 산골.

편복(便服)명 평상시에 입는 간편한 옷. 편의(便衣)

편복(蝙蝠)명 '박쥐'의 딴이름.

편복(鞭扑)명-하다타 ①채찍과 몽둥이로 때리는 일, 또는 그 채찍과 몽둥이. ②편달(鞭撻)

편비내명 방죽이 무너지지 않도록, 대나 갈대를 엮어 둘러치거나 철사 따위로 엮은 바구니에 돌을 넣어 쌓는 일.

편사(便私)명-하다자 자기만이 편하도록 꾀함.

편사(便射)명-하다자 지난날, 사원(射員)끼리 편을 갈라 활 쏘기를 겨루던 일.

편사(偏私)명-하다자 특정한 사람에게만 호의를 보임.

편사(編絲)명 수(繡)를 놓거나 여러 가지 무늬를 겯는 데 쓰는 실.

편삭대엽(編數大葉)명 국악기의 가곡 곡조의 한 가지. 처음은 높지도 낮지도 않은 소리로 시작하여, 처음 시작을 높은 소리로 질러 내는 언편(言編)과 상대가 됨. 음계는 계면조이고 남창(男唱)과 여창(女唱)으로 두루 불림. 편수대엽 ☞이삭대엽. 삼삭대엽. 초삭대엽

편산(偏産)명-하다자 어린아이가 태어날 때 이마부터 나오는 일.

편산(遍散)어기 '편산(遍散)하다'의 어기(語基).

편산-하다(遍散―)형여 곳곳에 널리 흩어져 있다.

편삼(偏衫)명 중이 입는 옷의 한 가지. 상반신을 덮고 왼쪽 어깨에서 오른쪽 옆구리에 걸침.

편서(便書)명 오고 가는 사람 편에 부치는 편지.

편서-풍(偏西風)명 중위도(中緯度) 지방의 상공을 서쪽에서 동쪽으로 일 년 내내 부는 바람. 북반구에서는 계절풍 때문에 육지가 적은 남반구보다 많이 불지 않음. ☞편동풍(偏東風)

편성(偏性)명 원만하지 못하고 한쪽으로 치우친 성질.

편성(編成)명-하다타 ①흩어져 있는 자료 등을 엮어서 책·신문·영화·텔레비전프로그램 따위로 만듦. ¶탐험가의 일생을 영화로 ―하다. ②예산이나 조직 따위를 짜서 이룸. ¶학급을 새롭게 ―하다.

편소(褊小)어기 '편소(褊小)하다'의 어기(語基).

편소-하다(褊小―)형여 땅이나 자리 따위가 작고 좁다.

편수[1]명 공장(工匠)의 우두머리. ☞도편수

편수[2]명 만두의 한 가지. 만두피를 얇고 모나게 빚어서, 쇠고기·오이·호박·버섯 등을 볶은 소와 실백을 넣어, 네 귀가 나도록 빚어 찐 여름철 음식. 맑은장국에 삶아 건져 찬 장국에 띄우기도 함. 변씨만두

편수(篇首)명 시문(詩文)이나 책 편(篇)의 첫머리.

편수(編修)명-하다타 여러 가지 자료를 모아 책으로 지어 냄. ¶교과서 ― 지침
편수(鞭穗)명 챗열
편수-관(編修官)명 ①조선 시대, 역사를 기록하던 춘추관의 정삼품에서 종사품까지의 관직, 또는 그 관원. ②교과용 도서의 편수를 맡아보는 공무원.
편수대엽(編數大葉)명 편삭대엽
편술(編述)명-하다타 책 따위를 엮어서 지어냄.
편승(便乘)명-하다자 ①남이 모는 차 따위의 빈 자리에 같이 탐. ¶선생님 차에 ―하여 등교한다. ②자기에게 유리한 기회를 잡아 잘 이용함. ¶유행에 ―하다.
편:시(片時)명 매우 짧은 동안. 잠시(暫時)
편식(偏食)명-하다자 음식을 가리며 제 식성에 맞는 음식만을 골라 먹음.
편신(偏信)명-하다타 한편만을 편벽되게 믿음, 또는 그러한 믿음.
편:신(遍身)명 온몸, 또는 온몸에 두루 퍼지는 일.
편:심(片心)명 좁은 마음, 또는 한편으로 치우친 마음.
편심(偏心)명 한쪽으로 쏠려 편벽된 마음. 편의(偏意)
편심=바퀴(偏心―)명 회전 운동을 왕복 운동으로 바꾸는 장치. 바퀴의 중심점 바깥쪽에 회전 중심이 있음. 가정용 재봉틀의 바늘을 오르내리는 기구, 증기 기관의 밸브 장치, 왕복 펌프 따위에 쓰임.
편-싸움명-하다자 ①편을 갈라서 하는 싸움. ②지난날, 음력 정월에 마을과 마을이 편을 갈라서 돌과 방망이로 승패를 겨루던 놀이. 준편쌈
편-쌈명-하다자 '편싸움'의 준말.
편쑤기명 음력 정월 초하룻날에 차례(茶禮)를 지내는 데 쓰는 떡국.
편안(偏安)명-하다자 시골에서 평안하고 만족한 마음으로 사는 일.
편안(便安)어기 '편안(便安)하다'의 어기(語基).
편안-하다(便安―)형여 ①몸과 마음이 거북하거나 위태롭지 않고 편하다. ¶편안한 전원 생활. ②아무 일 없이 무사하다. ¶편안한 휴일.
　편안-히부 편안하게 ¶― 주무시다.

한자 **편안할 녕**(寧)〔宀部 11획〕¶강녕(康寧)/안녕(安寧)/영일(寧日) ▷동자는 寗
편안할 태(泰)〔水部 5획〕¶태안(泰安)/태운(泰運)

편:암(片岩)명 석영·운모 따위가 얇은 층을 이룬 변성암의 한 가지. 흔히 나뭇잎 모양이며 연한 회색이나 연한 갈색을 띠고 있음.
편:암(片庵)명 ①엉성하게 지은 작은 집. ②자기 집을 낮추어 이르는 말. ☞누옥(陋屋)
편애(偏愛)명-하다타 어느 한 사람이나 한쪽만을 유달리 사랑함. ¶막내딸을 ―하다.
편애(偏隘)어기 '편애(偏隘)하다'의 어기(語基).
편애-하다(偏隘―)형여 성질이 한쪽에 치우치고 속이 좁다. ¶성격이 편애하여 벗이 적다. 유편협하다
편액(扁額)명 방 안의 한쪽 벽이나 문 위 등에 거는 가로로 긴 액자. 비단·종이·널빤지 따위에 그림을 그리거나 글씨를 써 넣음. 편제(扁題) 준액(額)
편:언(片言)명 ①짤막한 한마디 말. ②한쪽 사람의 말.
편:언절옥(片言折獄)성구 한마디 말로 송사(訟事)의 판결을 내림을 이르는 말.
편:언:척구(片言隻句)명 한마디 말이나 짧은 글. 편언척자(片言隻字) ☞일언반구(一言半句)
편:언:척자(片言隻字)명 편언척구(片言隻句)
×편역-들다타 →역성들다
편:-연지(片臙脂)[―년―]명 지난날, 중국에서 들여오던 물감의 한 가지. 솜에 붉은 물감을 먹여 말린 것으로, 끓는 물에 담갔다가 짜서 썼음.
편:영(片影)명 ①한 조각의 그림자라는 뜻으로, 외롭고 쓸쓸함을 비유하여 이르는 말. ②성격 따위의 한 면.
편:운(片雲)명 조각구름
편:월(片月)명 조각달
편:육(片肉)명 양지머리·사태 등을 삶아서 식힌 다음, 눌렀다가 얇게 저민 수육.
편-윷[―늇]명 편을 갈라서 하는 윷놀이.
편의(便衣)명 편복(便服)
편의(便宜)명 ①사용하거나 이용하는 데 편하고 좋은 것. ¶― 시설/―를 제공하다. ②그때의 사정에 알맞은 조처. ¶직원의 ―를 봐주다.
편의(偏倚)[1]명 편차(偏差)
편의(偏意)명 편심(偏心)
편의(偏倚)[2]어기 '편의(偏倚)하다'의 어기(語基).
편의=도법(便宜圖法)[―뻡]명 지도 투영법에서, 투시도법을 기초로 하여 일정한 규정대로 연구한 도법. 방위도법, 원추 도법, 원통 도법을 변형시킨 것과 그 밖의 도법을 통틀어 이르는 말.
편의=재량(便宜裁量)명 법이 충분히 규정할 수 없는 법규에 대해, 가장 적합하다고 판단되는 것을 할 수 있는 행정 관청의 재량. ☞법규 재량
편의-점(便宜店)명 고객의 편의를 위하여 일 년 내내 24시간 영업하는 소규모 소매점.
편의=종사(便宜從事)명 지난날, 임금이 사신을 보내면서 어떤 결정적인 지시를 내리지 않고, 가서 형편에 따라 하도록 맡기던 일.
편의-주의(便宜主義)명 어떤 일을 근본적으로 처리하지 않고 그 순간만 넘기려고 적당히 처리하는 태도.
편의-하다(偏倚―)형여 한쪽으로 기울어져 있다.
편이(便易)어기 '편이(便易)하다'의 어기(語基).
편이-하다(便易―)형여 편리하고 쉽다.
편익(便益)명-하다형 편리하고 유익함. ¶주민의 ―을 추구한다./―한 시설.
편:일(片日)명 ①육갑(六甲)의 십간(十干)이 갑(甲)·병(丙)·무(戊)·경(庚)·임(壬)인 날. ②홀수의 날. ☞쌍일(雙日)
편입(編入)명-하다자 ①얽거나 짜서 넣음. ②이미 짜여진 동아리나 단체 따위에 끼여듦. ¶수학과 3학년에 ―하다.
편자명 ①말굽에 대어 붙이는 쇳조각. 예전에는 짚이나 가죽을 사용하였음. 말편자. 제철(蹄鐵). 철제(鐵蹄) ②'망건편자'의 준말.
편자(編者)명 책을 엮는 사람. 엮은이
편자-고래명 편자 모양으로 만든 방고래.
편장(偏長)명 당파의 어른. 편짝의 우두머리.
편재(偏在)명-하다자 한곳에 치우쳐 있음. ¶부(富)의 ―. ☞편재(遍在)
편재(遍在)명-하다자 두루 퍼져 있음. ☞편재(偏在)
편재(騙財)명-하다타 남을 속이어 재물을 빼앗음.
편저(編著)명-하다타 책 따위를 엮어 지음, 또는 그 책.
편:-적운(片積雲)명 하나하나 떨어진 조각으로 된 작은 뭉게구름.
편:전(片箭)명 ①아기살 ②총통(銃筒)에 넣어서 쏘는, 하나로 된 화전(火箭).
편전(便殿)명 지난날, 임금이 평상시에 백관(百官)과 정치를 의논하던 곳. ☞정전(正殿)
편정(偏情)명-하다자 감정에 치우침.
편제(扁題)명 편액(扁額)
편제(編制)명-하다타 어떤 조직이나 기구 따위를 편성하여 조직함, 또는 그 기구나 체제.
편제-표(編制表)명 군 부대, 행정 기관, 운영 기관, 시설 따위의 편제를 나타내는 도표.
편조(扁爪)명 포유동물의 손톱과 발톱의 한 형태. 바닥이 발달하여 편평함. 영장류 동물에서만 볼 수 있음.
편조(遍照)명-하다타 두루 비춤.
편조(編造)명-하다타 ①엮어서 만듦. ②자료를 모아서 법령이나 규칙 따위를 만듦.
편조-식(偏條植)명 가로나 세로의 어느 한쪽으로만 줄이 서도록 심는 모. ☞정조식(正條植)
편종(編鐘)명 국악기 금부(金部) 타악기의 한 가지. 두 층의 걸이에 십이율로 조율된 종을 한 층에 여덟 개씩 매달아 각퇴(角槌)로 두드려서 소리를 냄.

편좌(便坐) 명 -하다 자 ①편하게 앉음. ②쉬는 방.
편:주(片舟·扁舟) 명 작은 배. 조각배 ¶강에 뜬 일엽-.
편:죽(片竹) 명 대나무를 쪼갠 조각.
편죽(扁竹) 명 '마디풀'의 딴이름.
편중(偏重) 명 -하다 타 어느 한쪽만을 중히 여김. ¶사회면에 -된 기사.
편증(偏憎) 명 -하다 타 편벽되게 미워함.
편:지(片紙·便紙) 명 상대편에게 전하고 싶은 안부·소식·용건 따위를 적어 보내는 글. 서간(書簡). 서신(書信). 서한(書翰). 서함(書函). 찰한(札翰)

한자 **편지 찰**(札) 〔木部 1획〕 ¶서찰(書札)/찰한(札翰)
편지 한(翰) 〔羽部 10획〕 ¶사한(私翰)/서한(書翰)

편:지-지(片紙紙) 명 편지를 쓰는 종이. 서한지(書翰紙)
편:지-질(片紙-) 명 -하다 자 ①편지를 주고받는 일. ②자꾸 편지를 써서 보내는 짓.
편:지-투(片紙套) 명 ①편지에서 쓰는 글투. ¶-로 글을 쓰다. ②편지틀
편:지-틀(片紙-) 명 편지의 격식이나 본보기 따위를 적어 놓은 책. 간독(簡牘). 편지투(片紙套)
편직-물(編織物) 명 실로 뜨개질한 것처럼 짠 천을 통틀어 이르는 말.
편질(篇帙) 명 책의 편(篇)과 질(帙)을 아울러 이르는 말.
편집(偏執) 명 -하다 타 어떤 일에 끝까지 집착함, 또는 편견을 고집하여 남의 의견을 받아들이지 아니함. ¶-에 사로잡혀 사람들과 불편하게 지내다.
편집(編輯) 명 -하다 타 일정한 기획 아래 정보를 모아 정리하고 구성하여 책이나 신문, 잡지 따위를 만듦, 또는 그 일. 영화 필름이나 녹음 테이프 따위를 정리하여 하나의 작품으로 완성하는 일을 이르기도 함.
편집-광(偏執狂) 명 어떤 일에 집착하여 엉뚱한 짓을 예사로 하는 정신병자. 모노마니아(monomania)
편집-병(偏執病) 명 늘 어떤 망상에 사로잡혀 있는 정신병. 파라노이아(paranoia)
편집-인(編輯人) 명 ①편집의 책임자. ②편집을 맡아 하는 사람. ☞저작자(著作者)
편집=후:기(編輯後記) 명 편집을 마치고 나서 그 과정이나 감상 등을 짧게 적은 글.
편:-짓다(片-) [-짇-] (-짓고·-지어) 타 ㅅ ①인삼을 한 근씩 달아 묶을 때, 편(片)을 일정한 수효로 골라 넣다. ②목재를 쓰임새에 따라 여러 몫으로 나누어 두다.
편-짜다 자 승패를 겨루기 위하여 편을 갈라 조직하다. ¶편짜서 기마전을 하다.
편-짝 의 상대하는 두 편 가운데 어느 한편을 이르는 말. 편[2] ¶이 - 사람들이 더 빠르다./그 -이 이겼다.
편차(便車) 명 짐을 실어 나르는 손수레.
편차(偏差) 명 ①수치나 위치, 방향 따위가 표준에서 벗어난 정도나 크기. 편의(偏倚)[1] ¶-가 생기다./-를 없애다. ②편각(偏角) ③정확하게 겨냥하여 쏜 탄환의 탄착점과 표적 사이의 거리. ¶-를 수정하다.
편차(編次) 명 -하다 타 차례에 따라 편찬함, 또는 그 차례.
편찬(編纂) 명 -하다 타 여러 자료를 모아 정리하여 책을 펴냄. ¶국사 사전을 -하다.
편찮다(便-) 형 ①'편하지 아니하다'가 줄어든 말. ¶마음이 -. ②'병을 앓고 있다'의 존경어.
편책(鞭策) 명 말채찍
편:철(片鐵) 명 ①쇳조각 ②가락지
편-청(-淸) 명 떡을 찍어 먹는 꿀.
편충(鞭蟲) 명 선충류 편충과에 딸린 선형동물의 한 가지. 몸길이가 3~5cm이고, 몸의 앞쪽은 실같이 가늘고 뒤쪽은 굵어 그 속에 생식기가 있음. 사람의 입으로 옮겨 들어와서 장, 특히 맹장에 기생하여 빈혈이나 신경증, 설사 따위를 일으킴.
편취(騙取) 명 -하다 타 남을 속여 금품 따위를 빼앗음. 사취(詐取) ¶노인의 돈을 -하다.
편:측(片側) 명 한쪽 ☞양측(兩側)
편:측=마비(片側痲痹) 명 몸의 한쪽에 일어나는 마비.
편:-층운(片層雲) 명 조각조각으로 층을 이루어 떠 있는 구름.
편친(偏親) 명 홀어버이 ☞편모(偏母)
편친-시:하(偏親侍下) 명 홀어버이를 모시고 있는 처지.
편:토(片土) 명 한 조각의 땅. 작은 토지.
편-틀 명 떡을 괴어 올리는, 굽이 높은 나무 그릇.
편파(偏頗) 어기 '편파(偏頗)하다'의 어기(語基).
편파-성(偏頗性) [-썽] 명 한쪽으로 치우쳐 공정함을 잃는 성질. ¶방송의 -.
편파-적(偏頗的) 명 공평하지 못하고 한쪽으로 치우친 것. ¶-인 언론 보도.
편파-하다(偏頗-) 형여 한쪽으로 치우쳐 공평하지 못하다. ¶편파한 판정.
편편(便便) 어기 '편편(便便)하다'의 어기(語基).
편편(翩翩) 어기 '편편(翩翩)하다'의 어기(語基).
편:편-금(片片金) 명 조각조각이 다 금이라는 뜻으로, 물건이나 시문(詩文)의 글귀 따위가 다 보배 같고 아름다움을 이르는 말.
편:편옥토(片片沃土) 성구 어느 논밭이나 모두 다 기름진 논밭임을 이르는 말.
편:편-이(片片-) 부 조각조각마다. 조각조각으로 ¶꽃잎이 바람에 날려 - 흩어지다.
편편-이(便便-) 부 편이 있을 때마다. ¶- 반찬이며 옷가지를 보낸다.
편편찮다(便便-) 형 편하지 아니하고 거북살스럽다. ¶잠자리를 옮기니 -.
편편-하다(便便-) 형여 궂은일이 없이 편안하다. ¶편편한 생활을 하다.
편편-히 부 편편하게
편편-하다(翩翩-) 형여 ①나는 모양이 가볍고 날렵하다. ②풍채가 멋지고 보기에 좋다.
편편-히 부 편편하게
편평(扁平) 어기 '편평(扁平)하다'의 어기(語基).
편평-족(扁平足) 명 발바닥이 오목하게 들어간 데 없이 밋밋한 발. 평발
편평-체(扁平體) 명 전엽체(前葉體)
편평-하다(扁平-) 형여 넓고 평평하다. ¶편평한 들판./편평한 운동장.
편평-히 부 편평하게
편폐(偏嬖) 명 -하다 타 편벽되게 특별히 사랑함. ☞편애(偏愛)
편폐(偏廢) 명 ①-하다 자 한쪽만을 버림, 또는 한쪽만이 없어짐. ②한방에서, '반신불수(半身不隨)'를 이르는 말.
편:포(片脯) 명 ①쇠고기를 곱게 다져서 갖은양념을 하여 반대기를 지어 참기름을 바르고 채반에 펴서 말린 포. ②오징어의 배를 갈라 내장을 빼고 말린 포.
편-하다(便-) 형여 ①마음이나 몸이 괴롭거나 거북하지 않고 좋다. ¶편한 자세로 앉다. ②쉽고 편리하다. ¶편한 운전석./쓰기 편한 만년필.
편-히 부 편하게 ¶- 쉬다./- 모시다.

한자 **편할 안**(安) 〔宀部 3획〕 ¶안녕(安寧)/안락(安樂)/안부(安否)/안심(安心)/안정(安靜)
편할 편(便) 〔人部 7획〕 ¶편도(便道)/편리(便利)/편법(便法)/편안(便安)/편의(便宜)

편향(偏向) 명 -하다 자 어떤 사물이나 생각 따위가 한쪽으로 치우침, 또는 그런 경향. ¶-된 사관(史觀).
편협(偏狹) 어기 '편협(偏狹)하다'의 어기(語基).
편협-하다(偏狹-) 형여 생각이나 도량이 좁고 치우쳐 있다. ¶성격이 -. 유 편애하다
편형(扁形) 명 편평한 모양.
편형-동:물(扁形動物) 명 동물계의 한 문(門). 등과 배가 편평하고 환절(環節)이 없음. 소화관이 제대로 발달하지 않았고, 대개 항문이 없음. 일반적으로 암수한몸이며 독립하거나 기생함. 디스토마나 촌충 따위. ☞해면동물(海綿動物)
편혹(偏惑) 명 -하다 자 지나치게 한쪽에 마음을 쏟아 정신

을 잃음.

펼치다 타 ①넓게 펴다. ¶신문을 —./사진첩을 펼쳐 보이다. ②어떤 판을 사람들 앞에 벌이다. ¶무용단이 펼치는 환상적인 무대.

폄:(貶)명-하다타 남을 헐뜯어 말함. ¶—을 당하다./—하는 글.

폄:강(貶降)명-하다타 관직의 등급을 낮춤.

폄:격(貶格)명-하다타 품격을 떨어뜨림.

폄:론(貶論)명-하다타 남을 헐뜯음, 또는 그 말.

폄:류(貶流)명-하다타 관직을 낮추고 귀양보냄.

폄:박(貶薄)명-하다타 남을 헐뜯고 낮잡음.

폄:사(貶辭)명 남을 헐뜯는 말.

폄:적(貶謫)명-하다타 관직을 낮추거나 귀양보냄.

폄:직(貶職)명-하다타 관직이 낮아지거나 면직(免職)을 당함.

폄:척(貶斥)명-하다타 ①관직을 낮추고 물리침. 폄출(貶黜) ②남의 인망을 깎아내려 배척함.

폄:천(貶遷)명-하다타 관직을 낮추고 좌천(左遷)함.

폄:출(貶黜)명-하다타 폄척(貶斥)

폄:하(貶下)명-하다타 ①지난날, 치적(治績)이 좋지 못한 원(員)을 폄척하던 일. ②가치를 떨어뜨림. ¶예술적 가치를 —하다.

폄:훼(貶毁)명-하다타 남을 헐뜯고 깎아내림.

평:(評)명-하다타 사물의 옳고 그름, 좋고 나쁨, 잘 되고 못 됨 따위를 평가함, 또는 그 평가. ¶그 영화에 대한 —이 좋다.

한자 평할 평(評)〔言部 5획〕¶비평(批評)/평가(評價)/평론(評論)/평점(評點)/혹평(酷評)

평(坪)의 ①척관법의 넓이 단위의 하나. 1평은 10홉으로 약 3.3m^2임. 보(步)[1] ②재래의 넓이 단위의 한 가지. 천이나 유리·벽지·동판 따위의 넓이를 잴 때 씀. 1평은 1자 제곱으로 약 0.092m^2임. ③재래의 부피 단위의 한 가지. 1평은 6자 세제곱으로 약 6m^3임. 흙 따위의 양을 잴 때 씀. ④조짐

한자 평 평(坪)〔土部 5획〕¶건평(建坪)/평수(坪數)

평(平)-《접두사처럼 쓰이어》'일반', '보통'의 뜻을 나타냄. ¶평사원(平社員)/평신도(平信徒)

평가(平家)명 평집

평가(平價)[-까]명 ①싸지도 비싸지도 않은 보통의 값. ②한 나라의 통화(通貨)의 대외(對外) 가치 기준. 그 나라의 통화 단위와 특정 금속 또는 그에 준하는 외화의 비율로써 나타냄. ③유가 증권 시장의 가격이 액면 금액과 같은 것.

평:가(評價)[-까]명-하다타 ①물건의 값을 돈으로 따짐, 또는 그 값. ¶감정(鑑定) — ②사람이나 사물의 가치나 수준을 평함, 또는 그 가치나 수준. ¶실력을 높이 —하다./가치에 관한 —를 내리다.

평-가락지(平-)명 밋밋하게 생긴 띠쇠. 기둥머리에 둘러 감아 화통가지가 쪼개지지 않도록 보강함.

평가락지-매듭(平-)명 가락지 매듭을 응용한 납작한 매듭. ☞매화매듭

평가=발행(平價發行)[-까-]명 공채나 주식 따위의 증권을 액면 가격과 같은 값으로 발행하는 일. ☞할인 발행(割引發行)

평:가=이:자(評價利子)[-까-]명 원금(元金)이 물건일 때, 이를 돈으로 따져 나온 값에 대하여 일정한 비율로 주는 이자.

평가=절상(平價切上)[-까-쌍]명 한 나라의 통화(通貨)의 대외(對外) 가치를 높이는 일. 통화의 대외 구매력이 커지고 수출품의 외화(外貨) 표시 가격이 오름. ☞평가 절하(平價切下)

평가=절하(平價切下)[-까-]명 한 나라의 통화(通貨)의 대외 가치를 내리는 일. ☞평가 절상(平價切上)

평각(平角)명 두 직선이나 두 면이 서로 만나 180°를 이루는 각. ☞둔각(鈍角). 직각(直角)

평강(平康)어기 '평강(平康)하다'의 어기(語基).

평강-하다(平康-)형여 걱정이나 탈이 없다. 평안하다

평거(平擧)명 전통 성악곡인 가곡의 한 가지. 이삭대엽(二數大葉)에서 파생한 곡으로, 이삭대엽과 비교하여 초장을 높지도 낮지도 않게 노래하는 것이 특징임. 남창(男唱)과 여창(女唱), 우조(羽調)와 계면조(界面調)에 각각 한 곡씩 있음. ☞두거(頭擧). 중거(中擧)

평견(平絹)명 씨실과 날실을 모두 생사를 사용한 직물.

평:결(評決)명-하다타 여럿이 의논하여 결정함, 또는 그 내용. ¶배심(陪審)의 —. 유평정(評定)

평경(平鏡)명 도수가 없는 안경. 맞보기

평:고(評估)명-하다타 재판할 때 장물(贓物)의 값을 평가하여 정하는 일.

평고-대(平高臺)명 재래식 한옥에서, 처마끝에 가로놓은 오리목. 평고자(平高子). 평교대(平交臺). 평교자

평고자(平高子)명 평고대(平高臺)

평-골(平-)명 가죽신 신골의 한 가지. 앞이 조금 들리고 밑바닥이 평평함.

평과(苹果)명 사과나무의 열매. 사과(沙果)

평관(平關)명 지난날, 동등한 관아 사이에 오가는 공문서를 이르던 말.

평교(平交)명 나이가 서로 비슷한 벗.

평교(平郊)명 들 밖, 또는 교외의 널찍한 들.

평교-간(平交間)명 나이가 서로 비슷한 벗 사이.

평교-대(平交臺)명 평고대(平高臺)

평교-배(平交輩)명 나이가 비슷한 벗들.

평교-자(平交子)명 평고대(平高臺)

평-교자(平轎子)명 조선 시대, 종일품 이상의 관원이나 기로소(耆老所)의 당상관이 타던 가마. 앞뒤 두 사람씩 네 사람이 낮게 어깨에 메고 가도록 되어 있었음.

평균(平均)명-하다타 ①물건의 수나 양의 많고 적음을 고르게 함. 연등(連等) ¶소득 수준을 —하다./수확물을 —하여 분배하다. ②몇 개의 수나 양의 중간 수치를 구함, 또는 그 수치. 일반적으로 산술 평균을 이름. ¶한 해의 — 기온./한 달의 — 수입.

평균-값(平均-)[-깝]명 수치들의 합을 그 수치의 개수로 나눈 값. 고른값. 고른수. 평균수(平均數)

평균=고조=간:극(平均高潮間隙)명 달이 자오선(子午線)을 지난 다음부터 만조(滿潮)가 되기까지의 평균 시간. 조후차(潮候差)

평균-곤(平均棍)명 파리나 모기 따위 파리목(目) 곤충에서, 날 때에 몸의 평형을 유지하는 구실을 하는, 끝이 주머니 모양으로 불룩하게 변화한 뒷날개.

평균=과세(平均課稅)명 부동산의 권리금 따위나 변동 소득에 대하여, 누진 세율을 낮추기 위하여 5년에 걸쳐 소득을 분산·평균하여 과세하는 제도.

평균=기온(平均氣溫)명 일정 기간에 오르내린 기온의 평균값.

평균-대(平均臺)명 기계 체조 용구의 한 가지, 또는 그 위에서 하는 여자 체조 경기. 높이 1.2m, 길이 5m, 너비 10cm의 나무로 만듦. 그 위에서 회전이나 점프, 걷기 따위의 연기를 함. 평형대(平衡臺)

평균=물가=지수(平均物價指數)[-까-]명 한 나라의 주요 품목 몇 가지를 골라 일정 기간의 각 품목의 평균 가격을 100으로 하고, 같은 기간의 변동 가격을 100에 대한 비례로 나타낸 수치.

평균=배:당률(平均配當率)명 여러 회사 배당률의 평균. 대상 회사 배당률의 합계를 회사 수로 나누거나 대상 회사의 배당금의 합계를 불입 자본금의 합계로 나누어 셈함.

평균-수(平均數)[-쑤]명 평균값

평균=수면(平均水面)명 평균 해면(平均海面)

평균=수명(平均壽命)명 한 지역 주민이나 한 나라 국민의 수명을 평균한 것. 한 해 동안 죽은 사람의 나이 합계를 죽은 사람의 수로 나누어 셈함.

평균=수준(平均水準)명 어떤 집단이나 동류(同類) 가운데 대부분을 차지하고 있는 정도. ¶키가 —보다 크다.

평균-시(平均時)명 '평균 태양시(平均太陽時)'의 준말.

ㅍ

평균=여명(平均餘命)[-녀-] 명 어떤 시기를 기점으로 그 뒤 생존할 수 있는 평균 연수. 같은 조건의 사람들이 어떤 시점 이후로 산 햇수를 모두 합하여 그 사람 수로 나누어서 구함.

평균=연교차(平均年較差)[-년-] 명 월 평균 기온이 한 해 중 가장 높은 달과 가장 낮은 달의 차.

평균=연령(平均年齡)[-년-] 명 어떤 사회나 조직 따위를 이루고 있는 사람들 나이의 평균값.

평균-율(平均律)[-뉼] 명 음악에서, 음정을 실용적으로 균등하게 나눈 음률 체계의 한 가지. 주로 옥타브를 12 등분하여 한 단위를 반음, 두 단위를 온음으로 함.

평균-율(平均率)[-뉼] 명 평균한 비율.

평균-인(平均人) 명 개개인이 가진 여러 요소들을 통계학적으로 처리하여, 평균적 능력을 가진 사람으로 설정한 가상적 인물.

평균=임:금(平均賃金) 명 ①근로 기준법에 따른 퇴직금이나 휴업 수당, 각종 재해 보상금 따위를 산정하는 데 기준이 되는 임금. 최근 석 달 동안의 총임금을 그 기간의 날수로 나누어 셈함. ②기본급을 산정하기 위하여 산업별·연령별·성별로 평균을 낸 임금.

평균=자유=행로(平均自由行路) 명 중성자나 기체 분자 등이 다른 입자와 부딪칠 때까지 움직인 거리의 평균값.

평균-점(平均點)[-쩜] 명 주로 학업 성적에서, 각 과목의 점수 총계를 과목 수로 나눈 수를 이르는 말.

평균=정:오(平均正午) 명 평균 태양이 표준 자오선을 지나는 시각. 평균 태양시의 낮 열두 시.

평균=정:자(平均正子) 명 평균 태양이 지평선 아래에서 자오선을 지나는 시각. 평균 태양시의 밤 열두 시.

평균=태양(平均太陽) 명 천구의 적도(赤道) 위를 1년을 주기로 서에서 동으로 같은 속도로 돈다고 가상한 태양. ☞시태양(視太陽). 진태양(眞太陽)

평균=태양시(平均太陽時) 명 평균 태양의 남중(南中) 시각을 기초로 한 시간. 평균 태양일의 24분의 1에 해당하며, 오늘날 우리가 쓰는 시간임. 준 평균시(平均時) ☞시태양시(視太陽時)

평균=태양일(平均太陽日) 명 평균 태양의 중심이 남중(南中)하여 다음 남중할 때까지의 시간. 오늘날 우리가 이르는 하루임. ☞진태양일(眞太陽日)

평균=편차(平均偏差) 명 통계에서, 각 자료와 평균값의 차의 절대값을 평균한 값. 계량적인 성질에 관한 집단의 불균일성을 나타내는 도수(度數) 특성 값의 한 가지임. ☞표준 편차(標準偏差)

평균=풍속(平均風速) 명 10분 동안 관측한 풍속을 평균으로 나타낸 풍속.

평균=해:면(平均海面) 명 바람이나 간만(干滿) 따위에 따른 수위(水位)의 변동이 없다고 가정했을 때, 해면의 높이를 일정 기간에 재서 평균한 해면. 평균 수면

평균-화(平均化) 명 -하다 타 물건의 수나 양 따위를 고르게 함. ☞평준화(平準化)

평-극자(平屐子) 명 평나막신

평기(平氣) 명 태음 태양력에서 이십사 절기를 정할 때, 동지(冬至)로부터 시작되는 1년간을 시간에 따라 같은 간격으로 나누는 방법.

평기(平起) 명 한시를 지을 때, 기구(起句)의 둘째 자에 '평(平)' 자를 쓰는 일, 또는 그 한시.

평길(平吉) 어기 '평길(平吉)하다'의 어기(語基).

평길-하다(平吉-) 형여 별다른 근심이나 걱정이 없이 편안하다. ¶평길한 노후 생활.

평-나막신(平-) 명 굽이 없이 들메끈으로 동여매게 만든 평바닥의 나막신. 평극자(平屐子)

평년(平年) 명 ①윤년(閏年)이 아닌 해. ②농사가 보통으로 된 해. ¶작황이 -을 웃돌다. ③일기 예보에서, 지난 30년 동안의 기후의 평균적 상태를 이르는 말. ¶평균 강수량이 -보다 많다.

평년-값(平年-)[-깞] 명 지난 30년 동안의 기온이나 강수량 따위의 기상 요소를 평균한 값. 10년마다 다시 새롭게 함. ¶-보다 낮은 기온.

평년-작(平年作) 명 풍작도 흉작도 아닌, 보통 정도의 수확량인 농사. ¶-을 밑돌다. 준 평작(平作)

평다리-치다(平-) 자 꿇어앉지 않고 편하게 앉아 다리를 마음대로 하다.

평단(平旦) 명 동이 틀 때. ☞갓밝이. 개동(開東). 새벽

평:단(評壇) 명 평론가의 사회. 평론계(評論界) ¶-의 주목을 받는 신인.

평담(平澹) 어기 '평담(平澹)하다'의 어기(語基).

평담-하다(平澹-) 형여 마음이 고요하고 깨끗하여 욕심이 없다.

평-대:문(平大門) 명 ①재래식 한옥에서, 행랑채와 높이가 같은 대문. ②재래식 한옥에서, 정문과 협문의 높이가 같은 대문. ☞솟을대문

평-두량(平斗量) 명 평말

평-두정(平頭釘) 명 대가리가 평평하게 생긴 못.

평등(平等) 명 -하다 형 차별 없이 고르고 한결같음. ¶남녀 -/우리는 모두 법 앞에 -하다. ☞동등(同等)[2]

평등-관(平等觀) 명 ①모든 것에 높낮이나 좋고 나쁨을 두지 않는 견해. ②불교에서, 만물은 본디 공(空)이어서 평등하다고 보는 관법(觀法)을 이르는 말.

평등-권(平等權)[-꿘] 명 ①국제법에서, 모든 국가가 평등한 권리와 의무를 가지는 일을 이르는 말. ②헌법에서, 모든 국민이 법 앞에서 평등한 권리를 이르는 말.

평등=배:당주의(平等配當主義) 명 강제 집행의 배당 절차에서 압류 채권자와 모든 채권자를 똑같이 상대하여 그 채권액에 비례하여 변제를 받을 수 있도록 하는 주의. 현행 민사 소송법에서 채택하고 있음.

평등=선:거제(平等選擧制) 명 모든 선거권의 가치가 평등한, 한 사람 한 표의 선거 제도. ☞불평등 선거제

평등-심(平等心) 명 모든 것을 차별하지 않고 한결같이 사랑하는 마음.

평-뜨기(坪-) 명 ①한 평의 땅에서 거둔 곡식으로 전체 수확량을 미루어 셈하는 일. ②한 평의 흙을 파내는 데 일정한 단가를 정해 주는 도급 형식의 한 가지.

평란(平亂) 명 -하다 자 난리를 평정함. 감란(戡亂). 감정

평량-립(平涼笠) 명 평량자

평량-자(平涼子) 명 굵은 죽사(竹絲)로 성글게 결어 만든 갓의 한 가지. 양태가 좁고 모자의 윗부분이 둥긂. 지난날, 상주가 나들이할 때 두건 위에 썼고, 역졸(驛卒)이나 보부상(褓負商) 등 신분이 낮은 사람이 썼음. 패랭이. 평량립(平涼笠)

평로(平爐) 명 강철 제조용 반사로(反射爐)의 한 가지. 내화 벽돌로 만들며 주로 가스로 가열함. ☞전로(轉爐)

평로-강(平爐鋼) 명 평로로 만들어 낸 강철.

평:론(評論) 명 -하다 타 사물의 질이나 가치 따위를 평하여 논함, 또는 그런 글. ¶정치 -

평:론-가(評論家) 명 평론을 전문으로 하는 사람. 비평가(批評家) ¶회화 -

평:론-계(評論界) 명 평론가의 사회. 평단(評壇)

평롱(平弄) 명 국악의 가곡의 한 가지. 처음을 보통의 음높이로 불러, 처음을 높이 질러 내는 언롱(言弄)과 상대가 됨. 음계는 계면조(界面調)이고 남창(男唱)과 여창(女唱)으로 두루 불림. ☞농(弄)[2]

평리-원(平理院) 명 대한 제국 때의 사법 기관. 융희 1년(1907)에 없앰.

평-말(平-) 명 곡식을 될 때 평미레로 고르게 밀어 된 말. 평두량(平斗量)

평맥(平脈) 명 건강할 때의 정상적인 맥박. 일반적으로 성인은 1분 동안 60~75번 뜀.

평면(平面) 명 ①높낮이가 없이 고른 표면. ☞곡면(曲面) ②한 면 위의 어떤 두 점을 잇는 직선이 항상 그 면 위에 놓이게 되는 면.

평면-각(平面角) 명 서로 교차하는 두 평면 사이의 각. ☞입체각(立體角)

평면-경(平面鏡) 명 ①반사면이 평면을 이룬 거울. ②도수가 없는 안경. 맞보기

평면=곡선(平面曲線) 명 한 평면 위에 있는 곡선. 원이나

이차 곡선 따위.

평면=기하학(平面幾何學)명 평면 위에 있는 도형에 대해서 연구하는 기하학의 한 분야.

평면=대:칭(平面對稱)명 면대칭

평면-도(平面圖)명 ①물체 따위를 위에서 수직 방향으로 본 그림. 곧 투영법에 따라 입체를 수평면상에 투영하여 그린 그림. ②건물 따위를 수평으로 절단하여 위에서 수직 방향으로 본 그림. 건물의 내부, 곧 방·출입구·현관 따위의 배치를 나타내기 위한 것임. ☞입면도

평면=도형(平面圖形)명 한 평면 위에 그려진 도형. 준 평면형 ☞입체 도형

평면=묘:사(平面描寫)명 글쓰는 이의 주관을 배제하고, 눈에 비친 사건의 표면만을 있는 그대로 묘사하는 문예 창작의 한 기법.

평면-미(平面美)명 그림의 외형에 나타난 아름다움.

평면=삼각법(平面三角法)명 삼각 함수를 써서 평면 위 삼각형의 변과 각을 기초로 하는, 각종 기하학의 관계 및 응용을 연구하는 삼각법의 한 분야. ☞구면 삼각법

평면=시야계(平面視野計)명 시야의 중심부를 측정하는 시야계의 한 가지.

평면=측량(平面測量)명 ①지표면을 평면으로 보고 하는 측량. 좁은 지역을 측량할 때 쓰임. ②평면도를 만들기 위한 측량. ☞대지 측량

평면-파(平面波)명 일정한 진행 방향으로 파장이 고른 파. 파면이 평면인 파동. ☞파동(波動)

평면=항법(平面航法)[-뻡]명 지구를 평면체로 여기고 평면 삼각법을 써서 계산하는 항법. ☞추측 항법

평면-형(平面形)명 '평면 도형'의 준말.

평명(平明)어기 '평명(平明)하다'의 어기(語基).

평명-체(平明體)명 꾸미는 말이 적고 알기 쉬운 실용적인 문체. ☞건조체. 화려체

평명-하다(平明-)형여 알기 쉽고 분명하다.

평목(平木)명 '평미레'의 딴이름.

평문(平問)명-하다타 지난날, 형구(刑具)를 쓰지 않고 죄인을 신문하던 일.

평-미레(平-)명 말이나 되에 곡식을 담고 그 위를 밀어 고르게 하는 데에 쓰는 방망이 모양의 기구. 평목(平木)

평미레-질(平-)명-하다타 곡식을 될 때 평미레로 말이나 되 위를 미는 일.

평미리-치다(平-)타 고르게 하다, 또는 평등하게 하다.

평민(平民)명 ①관직이 없는 보통 사람. 서민(庶民). 평인(平人) ②상사람. 상민(常民) ☞귀족(貴族)

평민-적(平民的)명 신분이나 지위에 구애를 받지 않고 격식을 차리지 않는 것. ☞귀족적(貴族的)

평민-주의(平民主義)명 모든 사람을 평등하게 보고, 모든 일을 평등하게 처리하면서 평민의 권리와 지위를 주장하는 사상.

평-밀이(平-)명 목재의 겉면을 대패로 밀어 고르게 하는 일, 또는 그러한 대패.

평-바닥(平-)명 ①언덕이나 웅덩이가 있지 않고 평평한 땅바닥. ②-하다타 광산에서, 갱을 수평으로 파들어가는 일, 또는 그 바닥.

평반(平盤)명 다리가 달리지 않은 둥근 예반.

평반에 물 담은듯 관용 평온하고 안정된 상태를 비유하여 이르는 말.

평-반자(平-)명 오리목을 가로세로로 드문드문 건너지르고 종이로 평평하게 바른 반자. ☞우물 반자

평-발(平-)명 발바닥이 오목하게 들어간 데 없이 밋밋한 발. 편평족(扁平足)

평방(平方)명 '제곱'의 구용어.

평방(平枋)명 기둥 위에 초방(初枋)을 짜고 그 위에 수평으로 올려 놓는 넓적한 나무.

평방-근(平方根)명 '제곱근'의 구용어.

평방근-표(平方根表)명 '제곱근표'의 구용어.

평방-수(平方數)명 '제곱수'의 구용어.

평방-형(平方形)명 정사각형

평범(平凡)어기 '평범(平凡)하다'의 어기(語基).

평범-하다(平凡-)형여 뛰어나거나 드러나게 다른 점이 없다. ¶ 평범한 시민. ☞비범하다

평범-히부 평범하게 ¶ - 자라나다.

평보(平步)명 보통 걸음. ¶ -로 걷다./학교까지는 -로 10분 정도 걸린다.

평복(平服)명 ①평상시에 입는 옷. 상복(常服). 상의(常衣). 설의(褻衣). 통상복. 평상복 ②제복(制服)이나 관복(官服) 등이 아닌 보통의 옷. ☞예복(禮服)

평복(平復)명-하다자 병이 나아 몸이 회복됨. 평유(平癒)

평분(平分)명-하다타 많고 적음이 없이 똑같은 비율로 나눔.

평분-년(平分年)명 태양년(太陽年)

평분-시(平分時)명 진태양(眞太陽)의 남중(南中)을 기준 시각으로 하여 진태양일을 24등분하는 시법(時法).

평사(平沙)명 평평하고 넓은 모래펄.

평사(平射)명-하다자타 ①평면에 투영함. ②포(砲)의 앙각(仰角)을 좁혀 탄알이 거의 직선으로 날아가도록 쏘는 일. ☞곡사(曲射). 직사(直射)

평사낙안(平沙落雁)성구 펀펀한 모래펄에 내려앉는 기러기라는 뜻으로, 글씨의 잘 쓴 솜씨를 비유하여 이르는 말.

평사=도법(平射圖法)[-뻡]명 지도 투영법의 한 가지. 지구를 투명체로 가정하여 지구 지름의 한 점에 시점(視點)을 두고 그 반대쪽의 반구(半球)를 평면상에 나타내는 방법. 천문학·광물학·지리학 등에 두루 쓰임. ☞정사 도법(正射圖法)

평-사량(平四樑)명 보 네 개를 쓰고 용마루가 그리 높지 않게 지은 재래식 한옥. ☞평오량(平五樑)

평-사원(平社員)명 특별한 직책을 맡지 않거나 지위가 높지 않은 보통의 사원. ☞간부

평사-포(平射砲)명 45도 이하의 앙각(仰角)에서 거의 직선 탄도(彈道)로 탄알을 쏘는 대포. ☞곡사포(曲射砲). 직사포(直射砲)

평삭(平削)명-하다자타 셰이퍼 따위로 공작물의 표면을 평평하게 깎는 일, 또는 그러한 공정.

평삭(平朔)명 한 달의 평균 날수를 달이 차고 기욺에 따라 큰달과 작은달을 안배하는 역법(曆法). ☞정삭(定朔)

평상(平床·平牀)명 나무로 만든 침상(寢床)의 한 가지. 살평상과 널평상이 있음.

한자 **평상 상**(床)〔广部 4획〕¶ 병상(病床)/와상(臥床)/침상(寢床)/평상(平床) ▷ 본자는 牀

평상(平常)명 '평상시(平常時)'의 준말. ¶ -의 일과./-으로 돌아오다.

평상-복(平常服)명 평복(平服)

평상-시(平常時)명 특별한 일이 없는 보통 때. 거상(居常). 평소(平素) ¶ -의 옷차림./-와 같이 일하다. 준 상시. 평상. 평시 ☞비상시(非常時)

평생(平生)명 ①사람이 나서 죽을 때까지의 동안. 일생 ¶ -의 소원./-을 함께 살아오다. ②〔부사처럼 쓰임〕¶ - 간직하고 싶은 추억.

평생을 맡기다 관용 여자가 결혼을 하다.

속담 **평생을 살아도 임의 속은 모른다** : 아무리 가까운 사이로 오래 지내도 사람의 마음은 헤아리기 어렵다는 말.

▶ **'평생'의 쓰임**

'평생'이란 말이 어떤 햇수 다음에 쓰일 때는 그러한 세월을 살아온 생애를 뜻한다. 그래서, 생애를 뜻할 때는 으레 짧은 햇수가 아닌 오랜 햇수 다음에 쓰게 마련이다. ¶ 팔십 평생에 처음 보는 참사다.

평생=교육(平生敎育)명 사람에 대한 교육은 가정 교육, 학교 교육, 사회 교육이 합쳐서 한평생에 걸친 교육으로 이루어져야 한다는 교육관. 생애 교육

평생-도(平生圖)명 사람이 일생 동안에 겪는 여러 가지 일들을 차례대로 이어 그린 그림.

평생-소원(平生所願)명 평생을 두고 바라는 소원.

평생-토록(平生-)부 일생이 다하도록. 일생토록. 종신토록 ¶ - 잊지 못할 은혜.

ㅍ

평생=회원(平生會員)명 종신 회원(終身會員)
평서(平敍)명 지난날, 임기가 차서 관직이 갈릴 때에 등급이 오르지 않고 같은 등급의 다른 관직에 머무르던 일.
평서(平書)명 평신(平信)
평서-문(平敍文)명〈어〉사실로 단정하거나 추측하는 형식의 문장. '산이 험하다.', '내일 비가 내리겠다.' 따위.
평서-형(平敍形)명〈어〉용언의 활용형의 한 형태로, 있는 사실을 그대로 서술하는 종결 어미. '-다, -ㄴ다' 따위. ☞평서문(平敍文)
평서형=어:미(平敍形語尾)명〈어〉있는 사실을 그대로 서술하는 종결 어미. '넓다, 읽는다'에서 '-다, -ㄴ다' 따위.
평석(平石)명 지난날, 곡식 열닷 말을 되는 데 쓰던 그릇. 소곡
의 지난날, 곡식 열닷 말 되는 분량을 나타내던 단위. 소곡 ¶보리 두 −. ☞대곡. 전석(全石)
평:석(評釋)명-하다타 문장이나 시가(詩歌)를 비평하고 주석(註釋)함, 또는 그 비평이나 주석.
평:설(評說)명-하다타 ①비평을 하면서 설명함, 또는 그 설명. ¶한국 현대사의 −. ②세상의 평판.
평성(平聲)명 ①사성의 하나. 낮고 순평(順平)한 소리. ②15세기 국어의 사성(四聲)의 하나. 훈민정음 등에서 글자 왼쪽에 점이 없는 것이 평성임. ¶中듕國·귁·에 달·아(訓諺). ☞방점(傍點)
평소(平素)명 평상시 ¶−의 습관.
평수(平水)명 '평수위(平水位)'의 준말.
평수(坪數)[−쑤]명 평(坪)으로 따진 넓이. ¶대지(垈地)의 −.
평-수위(平水位)명 평상시의 강물이나 냇물 따위의 높이. 준평수(平水)
평순(平順)어기 '평순(平順)하다'의 어기(語基).
평순=모:음(平脣母音)명〈어〉입술을 둥글게 오므려 내는 'ㅗ·ㅜ' 계열에 들지 않은 모음. 'ㅏ·ㅓ·ㅡ·ㅣ·ㅐ·ㅔ' 와 같은 음을 이름. 비원순 모음(非圓脣母音) ☞원순 모음(圓脣母音)
평순-하다(平順−)형여 ①성질이 온순하다. ②몸에 병이 없다. 유순평하다
　평순-히부 평순하게
평시(平時)명 ①'평상시'의 준말. ¶−보다 일찍 집을 나서다. ②평화시(平和時) ☞전시(戰時)
평시=공법(平時公法)[−뻡]명 평시 국제법
평시=국제=공법(平時國際公法)[−뻡]명 평시 국제법
평시=국제법(平時國際法)[−뻡]명 평화시에 적용되는 국제법. 전쟁 중이라도 중립국 상호간, 또는 중립국과 교전국 사이에서는 이 법이 적용됨. 평시 공법. 평시 국제 공법 ☞전시 국제법(戰時國際法)
평시=봉쇄(平時封鎖)명 평시에 한 국가가 해군력 등을 이용하여 다른 나라의 해안을 봉쇄하여 선박 출입을 막는 행위.
평시-서(平市署)명 조선 시대, 시전(市廛)에서 쓰는 자·말·저울 따위와 물가의 등락을 검사하던 관아.
평-시조(平時調)명 ①시조 형식의 한 가지. 가장 기본적이고 대표적인 것으로, 3장에 총 자수가 45자 안팎임. 단시조(短時調) ②시조 창법의 한 가지. 전체를 대체로 순평(順平)하게 부름. ☞사설시조. 엇시조
평시=징발(平時徵發)명 평상시에 훈련 따위를 위하여 강제로 사람 또는 물자를 징발하는 일. ☞전시 징발
평시=편제(平時編制)명 평상시의 군대 편제. ☞전시 편제
평식-원(平式院)명 대한 제국 때, 궁내부(宮內府)에 딸리어 도량형(度量衡)에 관한 일들을 맡아보던 관아.
평신(平身)명-하다자 엎드려 절하고 나서 몸을 바로 하여 섬.
평신(平信)명 ①탈없이 무사하다는 소식, 또는 특별한 소식이나 사고 소식이 아닌 보통의 편지. 평서(平書) ②등기나 속달이 아닌 보통의 편지.
평-신도(平信徒)명 종교 단체에서 교직(敎職)을 가지지 않은 일반 신자를 이르는 말.
평신저두(平身低頭)성구 저두평신(低頭平身)
평심(平心)명-하다자 ①마음을 평온하게 가짐. ②'평심서기(平心舒氣)'의 준말.
평심서기(平心舒氣)성구 마음을 평온하고 순화롭게 하는 일을 이르는 말. 준평심
평안(平安)명-하다형 무사하여 아무 걱정이나 탈이 없음. ¶마음의 −을 되찾다./모두들 −하다./마음이 −해지다.
　평안-히부 평안하게 ¶일생을 − 지내다.
평야(平野)명 넓게 펼쳐진 들. ¶호남 −/기름진 −.
평양가(平壤歌)명 경기 십이잡가(十二雜歌)의 하나. 평양 기생 월선네 집에 놀러 가자는 내용임.
평:어(評語)명 ①비평하는 말. 평언(評言) ②학과 따위의 성적을 나타내는 짧은 말. 수(秀)·우(優)·미(美)·양(良)·가(可) 따위.
평:언(評言)명 평어(評語)
평-여장(平女牆)명 위가 편평한 성가퀴.
평연(平椽)명 재래식 한옥에서, 오량(五樑)에서 도리로 걸친 서까래. 들연
평열(平熱)명 건강할 때의 사람의 체온. 성인의 경우에 36~37°C임.
평영(平泳)명 수영법의 한 가지. 개구리처럼 수면에 수평으로 엎드려 팔과 다리를 오므렸다 폈다 하면서 헤엄침. 개구리헤엄 ☞배영(背泳)
평예-법(坪刈法)[−뻡]명 농작물, 특히 벼·보리·밀 따위의 수확량을 추정하는 방법의 한 가지. 평균작으로 된 곳의 한 평 또는 몇 평을 베어 그 양으로 전체의 수확량을 헤아림.
평-오량(平五樑)명 재래식 한옥에서, 도리 다섯 개를 얹고 용마루를 그리 높지 않게 지은 집. ☞평사량
평온(平溫)명 ①평상시의 온도. ②평균 온도.
평온(平穩)명-하다형 고요하고 안온함. ¶마음의 −을 되찾다./바닷가의 −한 마을. 유안온
　평온-히부 평온하게 ¶일생을 − 지내다.

한자 평온할 온(穩) 〔禾部 14획〕 ¶안온(安穩)/온건(穩健)/온화(穩和)/평온(平穩) ▷속자는 穏

평요=렌즈(平凹lens)명 한쪽 면은 평평하고 다른 한쪽 면은 오목한 렌즈. ☞평철 렌즈
평요-판(平凹版)명 평판의 한 가지. 선을 강하게 나타내기 위하여 선 부분을 약간 오목하게 만든 인쇄판. 정밀도와 내구력이 뛰어남.
평운(平韻)명 한자의 사성(四聲) 중에서, 평성(平聲)에 딸린 상평(上平) 15운(韻), 하평(下平) 15운의 30개의 운(韻). ☞측운(仄韻)
평원(平原)명 평평하고 넓은 들판. ¶끝없이 펼쳐진 −.
평원(平遠)[1]명 삼원(三遠)의 하나. 산수화에서, 높은 산에서 먼 산을 바라보는 시각(視覺)으로 대상을 그리는 방법을 이름. ☞고원(高遠). 심원(深遠)[1]
평원(平圓)어기 '평원(平圓)하다'의 어기(語基).
평원(平遠)[2]어기 '평원(平遠)하다'의 어기(語基).
평원-하다(平圓−)형여 평평하고 둥글다.
평원-하다(平遠−)형여 탁 트여 넓고 아득히 평평하다. ¶평원한 벌판.
평유(平癒)명-하다자 병이 다 나아 몸이 회복됨. 평복(平復) ☞쾌유(快癒)
평음(平音)명 예사소리
평:의(評議)명-하다타 ①서로 의견을 교환하여 의논함. ②의논하여 평정(評定)함.
평:의-원(評議員)명 평의회에 참여하는 사람.
평:의-회(評議會)명 어떤 일을 평의하는 모임.
평이(平易)어기 '평이(平易)하다'의 어기(語基).
평이-하다(平易−)형여 까다롭지 않고 쉽다. ¶평이한 문제./평이한 문장.
평인(平人)명 ①평민 ②병이 없는 사람. ③탈이나 죄가 없는 보통 사람. ④상제(喪制)에 상대하여, 상제 아닌 사람.
평-인사(平人事)명-하다자 특별한 격식을 차리지 않고 인사함, 또는 그러한 인사. ¶−를 나누다.
평일(平日)명 ①평상시. 평소 ¶−과 다름없이 출근하다.

②휴일이나 국경일 따위가 아닌 보통 날. 상일(常日) ¶이 거리는 휴일보다 －에 더 붐빈다.

평:자(評者)명 비평하는 사람.

평작명 길지도 짧지도 않은 보통의 화살.

평작(平作)명 ①'평년작(平年作)'의 준말. ②논과 밭에 고랑을 타지 않고 작물을 재배하는 법.

평장(平葬)명-하다타 '평토장(平土葬)'의 준말.

평장-사(平章事)명 고려 시대, 중서문하성(中書門下省)의 정이품 관직.

평저(平底)명 평평한 밑바닥.

평저선(平底船)명 밑바닥이 평평한 구조로 된 배. 우리나라 재래식 배의 대부분이 이 배임.

평전(平田)명 ①평평한 지역에 있는 좋은 밭. ②높은 곳에 있는 평평한 땅. ¶산 중턱의 －에 감자를 심다.

평:전(評傳)명 평론을 곁들이어 쓴 전기(傳記). ¶김소월 －/요절한 화가의 －을 쓰다.

평-절(平－)명 우리 나라 전래의 앉은절의 한 가지. 웃어른이나 연배끼리 하는 절로서, 남자는 큰절처럼 절하되 손등에 이마를 가벼이 댄 다음 곧 일어남. 여자는 공수한 손을 풀어 내리며 무릎을 꿇고 앉아 윗몸을 굽혀 절하면서 손바닥을 바닥에 대었다가 몸을 일으켜 일어남. ☞반절. 큰절

평:점(評點)[－쩜]명 ①학력(學力)을 평가하여 매기는 점수. ¶－에 따라 장학생을 선발하다. ②사물의 가치를 평가하여 매긴 점수. ¶높은 －을 받다. ③시문(詩文)의 중요한 곳에 찍는 점.

평정(平正)명-하다형 공평하고 올바름. ¶－한 판결.
평정-히부 평정하게

평정(平定)명-하다타 난리를 평온하게 진정시킴. ¶난리가 －되다./천하를 －하다.

평정(平靜)명-하다형 평안하고 고요함. ¶마음의 －./－을 되찾다./－한 마음으로 임하다.

평:정(評定)명-하다타 평가하여 결정함. ㊌평결(評決)
평정-히부 평정하게

평정-건(平頂巾)명 조선 시대, 각 사(司)의 서리(書吏)가 쓰던 건. 앞이 낮고 뒤가 높게 턱이 졌음.

평:정=기준(評定基準)명 학습 결과나 태도·행실 따위를 평가할 때 사용하는 기준. 숫자나 알파벳, 또는 수(秀)·우(優)·미(美)·양(良)·가(可)의 문자 따위로 나타냄. 평정 척도(評定尺度)

평:정-법(評定法)[－뻡]명 객관적으로 측정하기 어려운 여러 가지 사항을 평정 기준에 따라 평정하는 방법. 도시적(圖示的) 방법, 분류법, 선택법, 평어(評語), 품등법(品等法), 평정 척도법 따위가 있음.

평:정=척도(評定尺度)명 평정 기준(評定基準)

평조(平調)명 국악 선법(旋法)의 한 가지. 오음으로 되어 있으며 서양 음악의 장조(長調)와 비슷함. 원래는 일곱 조(調)가 있었으나 현재는 임종(林鐘) 평조와 황종(黃鐘) 평조의 두 가지가 쓰임. ☞계면조(界面調)

평좌(平坐)명-하다자 ①편히 앉음. ②땅바닥이나 방바닥 따위에 궁둥이를 대고 앉음. ③보통의 좌석.

평준(平準)명-하다타 ①사물을 균일하도록 조정함. ②수준기(水準器)를 써서 위치 따위를 수평이 되도록 하는 일. ③수준기

평준-법(平準法)[－뻡]명 ①수준기(水準器)를 써서 수평으로 만드는 방법. ②중국 한(漢)나라 무제(武帝)가 쓴 물가 조정책으로, 풍년에 물자를 사들여 평준창(平準倉)에 저장하여 두었다가, 흉년에 방출(放出)하여 물가를 조정하고, 그 이윤을 세입으로 하던 정책.

평준-점(平準點)[－쩜]명 사물이 고루 안정되는 점.

평준-창(平準倉)명 중국 한(漢)나라 무제(武帝) 때, 풍년에 물자를 사들여 저장하던 창고. ☞평준법(平準法)

평준-화(平準化)명-하다자타 수준이 서로 차이 나지 않도록 고르게 됨, 또는 그렇게 되게 함. ¶학군(學群) －/각 지방 자치 단체의 재정을 －하다. ☞평균화(平均化)

평지명 '유채(油菜)'의 딴이름.

평지(平地)명 바닥이 펀펀한 땅. 평탄지(平坦地)

평지낙상(平地落傷)성구 평지에서 넘어져 다친다는 뜻으로, 뜻밖에 당하게 되는 불행을 비유하여 이르는 말.

평지돌출(平地突出)성구 평지에 산이 우뚝 솟는다는 뜻으로, 보잘것없는 집안에서 뛰어난 인물이 나타남을 비유하여 이르는 말.

평지-림(平地林)명 평지에 이루어진 숲. ☞산악림

평지-목(平地木)명 육십갑자의 무술(戊戌)과 기해(己亥)에 붙이는 납음(納音). ☞벽상토(壁上土)

평-지붕(平－)명 물매가 매우 떠서 수평에 가까운 지붕.

평지풍파(平地風波)성구 평지에서 일어나는 풍파라는 뜻으로, 뜻밖에 분쟁이 일어남을 비유하여 이르는 말.

평직(平織)명 ①천을 짤 때, 날실과 씨실을 한 올씩 엇바꾸어 짜는 방법, 또는 그렇게 짠 천. ②천을 한 가지 실로만 짜는 방법, 또는 그렇게 짠 천. ☞교직(交織). 능직(綾織)

평-집(平－)[－찝]명 도리를 셋이나 넷을 얹어서 지은 집. 평가(平家)

평찌명 나지막하고 평평하게 날아가는 화살.

평차(平車)명 작은 짐을 실어 나르는 데 쓰는 작은 수레.

평천-관(平天冠)명 지난날, 임금이 쓰던 위가 판판한 관.

평천하(平天下) '천하를 평정함'의 뜻.

평철=렌즈(平凸lens)명 한쪽 면은 평평하고 다른 쪽 면은 볼록한 렌즈. ☞평요 렌즈

평체(平體)명 글자 모양을 가로로 평평하게 변형시킨 서체(書體). ☞사체(斜體). 장체(長體)

평취(平吹)명-하다타 국악에서, 보통 세기의 입김으로 관악기를 연주하는 일, 또는 그런 연주법. ☞역취(力吹). 저취(低吹)

평측(平仄)명 ①한자의 평성(平聲)과 측성(仄聲). ②한시(漢詩)에서, 운(韻)을 고르기 위해 평성인 글자와 측성인 글자를 규칙적으로 배열하는 법.

평측-식(平仄式)명 한시(漢詩)의 평성(平聲)과 측성(仄聲)에 관한 법식.

평측-자(平仄字)명 한자의 사성(四聲)에서 평자(平字)와 측자(仄字)를 아울러 이르는 말. 고저자(高低字). 고하자(高下字)

평치(平治)명-하다타 나라를 태평하게 다스림.

평-치차(平齒車)명 스퍼기어(spur gear)

평칭(平稱)명 높이거나 낮잡지 않고 예사롭게 일컫는 말.

평탄(平坦)어기 '평탄(平坦)하다'의 어기(語基).

평탄-지(平坦地)명 평지(平地)

평탄-하다(平坦－)형여 ①지면(地面)이 평평하다. ¶땅을 평탄하게 고르다. ②마음이 편안하고 고요하다. ¶심사(心思)가 평탄하지 않다. ③일의 진행이 거침없이 순조롭다. ¶평탄한 공직 생활.

평토(平土)명-하다자 관(棺)을 땅에 묻은 뒤에 광중(壙中)에 흙을 쳐서 평지같이 평평하게 메우는 일.

평토-깍두기(平土－)명 짜게 담가 땅에 묻어 두었다가 이듬해 여름에 꺼내 먹는 깍두기.

평토-장(平土葬)명 봉분을 만들지 않고 평평하게 매장하는 일, 또는 그런 장사(葬事). ㊟평장(平葬)

평토-제(平土祭)명 ①장례 의식에서, 평토한 다음에 지내는 제사. ②봉분제(封墳祭)

평판(平板)명 ①평평한 판. 펀펀한 널조각. ②씨를 뿌릴 때 땅을 고르게 하는 농기구. ③측판(測板) ④시문(詩文)의 내용이나 흐름에 변화가 없고 밋밋함.

평판(平版)명 인쇄판의 한 양식. 판면이 거의 평평하고, 잉크의 기름 성분과 물의 반발성을 이용한 인쇄판.

평:판(評判)명 ①세상 사람들이 하는 비평. ¶－이 좋은 학교. ②-하다타 비평하여 판정함, 또는 그 판정. ¶남의 일을 옳다 그르다 －하기 좋아하는 사람들.

평판=인쇄(平版印刷)명 평판을 써서 하는 인쇄를 통틀어 이르는 말. 오프셋 인쇄, 석판 인쇄 따위.

평판=측량(平板測量)명 삼각대 위에 수평으로 고정시킨 평판 제도지에 일정한 기준점으로부터 지형도를 그려 가는 측량법.

평편(平便)어기 '평편(平便)하다'의 어기(語基).

평편-하다(平便-)형여 바닥이 고르고 펀펀하다.
평평(平平)어기 '평평(平平)하다'의 어기(語基).
평평범범-하다(平平凡凡-)형여 아주 평범하다.
평평탄탄-하다(平平坦坦-)형여 매우 평탄하다.
평평-하다(平平-)형여 ①바닥이 고르고 넓적하다. ¶ 평평한 땅. ②예사롭고 평범하다.
평평-히부 평평하게

한자 평평할 평(平) 〔干部 2획〕¶ 평면(平面)/평야(平野)/평원(平原)/평지(平地)/평탄(平坦)

평포(平鋪)명-하다타 평평하게 폄.
평풍명 '병풍(屛風)'의 변한말.
평행(平行)명-하다자 ①두 직선이나 평면이 무한히 연장하여도 만나지 않는 것. ②글씨를 쓸 때, 각 줄의 머리글자를 꼭 같은 높이로 씀.
평행-력(平行力)명 물리에서, 임의의 기준 직선과 평행으로 작용하는 힘을 이르는 말.
평행-맥(平行脈)명 나란히맥
평행-면(平行面)명 한 공간 안에서 서로 평행하는 둘 또는 그 이상의 평면. 평행 평면(平行平面)
평행-봉(平行棒)명 ①기계 체조 용구의 한 가지. 두 쌍의 버팀목 위에 두 개의 가로대를 평행으로 고정시켜, 그 위에서 여러 가지 형태의 체조를 할 수 있도록 만든 용구. 수평봉(水平棒) ②기계 체조 종목의 한 가지. 지정된 용구 위에서, 흔들기·오르기·돌기·틀기·버티기·내리기 등의 동작을 하는 운동.
평행=사:변형(平行四邊形)명 두 쌍의 대변이 각각 평행인 사변형. 나란히꼴
평행-선(平行線)명 ①하나의 평면 위에서 각각을 무한히 연장하여도 만나지 않는 둘 이상의 직선. 평행 직선(平行直線) ②서로 대립하는 둘 사이의 의견 따위가 팽팽하게 맞서 있는 상태를 비유하여 이르는 말. ¶노사(勞使)의 상반된 주장이 지금껏 -을 달리고 있다.
평행=육면체(平行六面體)[-뉵-]명 각각 마주 대하는 세 쌍의 면이 평행을 이루는 육면체.
평행=이동(平行移動)명 물체 또는 도형상의 임의의 각 점을 일정한 방향으로 일정한 거리만큼 움직이는 일.
평행-자(平行-)명 평행선을 긋는 데 쓰이는 자. 두 개의 자가 평행하게 움직이도록 되어 있음. 평행정규
평행-정:규(平行定規)명 평행자
평행=직선(平行直線)명 평행선(平行線)
평행=투영(平行投影)명 평면 도형 또는 입체에 평행 광선을 비추어 일으키는 투영. ☞사투영(斜投影). 정투영(正投影)
평행=평면(平行平面)명 평행면(平行面)
평행-호(平行壕)명 전선(戰線)을 따라 평행으로 파는 참호. 횡적 연락과 사격에 쓰임.
평허(平虛)어기 '평허(平虛)하다'의 어기(語基).
평허-하다(平虛-)형여 아무런 걱정이 없고 마음이 편안하다.
평형(平衡)명-하다형 ①사물이 한쪽으로 기울거나 하지 않고 균형을 이루고 있는 상태. ¶-을 잃고 쓰러지다. ②사물의 상태가 변화하지 않고 안정된 상태로 있음. ¶-을 유지하다. ③힘이 균형을 이룬 상태.
평형=감:각(平衡感覺)명 ①중력(重力)의 방향에 대한 몸의 위치나 자세 등을 느끼는 감각. ②어떤 일에 대하여 치우침이 없이 판단하여 처리하는 감각.
평형=교부금(平衡交付金)명 지방 자치 단체의 재정 불균형을 조정하기 위하여 국가가 내어 주는 보조금.
평형-기(平衡器)명 평형 기관(平衡器官)
평형=기관(平衡器官)명 지구의 중력(重力)에 대응하여 평형을 유지하도록 반응하는 기관. 평형기(平衡器)
평형=기능(平衡機能)명 평형 기관이 체위(體位)와 운동 방향을 정상으로 조절하고 유지하는 능력.
평형-낭(平衡囊)명 무척추동물의 평형 기관. 평형포
평형-대(平衡臺)명 평균대(平均臺)
평형-석(平衡石)명 척추동물의 내이(內耳)나 무척추동물의 평형낭 속에 든 고형물(固形物). 동물은 이것의 움직임에 따라 평형 감각을 유지함. 이석(耳石)
평형-세(平衡稅)[-쎄]명 조세(租稅)를 균등히 부담하게 하려고 매기는 세금.
평형-포(平衡胞)명 평형낭(平衡囊)
평형=하천(平衡河川)명 하류의 침식 작용과 퇴적 작용이 평형을 유지하고 있는 하천.
평화(平和)명-하다형 ①평온하고 화목함. ¶가정의 -를 지키다. ②전쟁 따위의 불안이 없이 세상이 평온함. ¶인류의 -를 위해 노력하다.
평화=공:세(平和攻勢)명 냉전 상태의 국제 관계에서 한쪽 진영의 갑작스러운 평화적 태도를 또 다른 전략(戰略)으로 보아 이르는 말.
평화=공:존(平和共存)명 이념과 체제를 달리하는 국가간에 무력을 쓰지 않고 평화적으로 공존하는 상태, 또는 그러한 정책 기조(基調).
평화-롭다(平和-)(-롭고·-로워)형ㅂ 평온하고 화목한 데가 있다. ¶평화로운 시골 풍경.
평화-로이부 평화롭게 ¶- 살아가다.
평-화:면(平畫面)명 정투영(正投影)에서, 직각으로 교차하는 두 화면 중 수평의 위치에 있는 화면. ☞입화면(立畫面). 측화면(側畫面)
평화=산:업(平和產業)명 군수 산업에 상대하여 일반적인 상품의 생산이 목적인 산업을 이르는 말.
평화-스럽다(平和-)(-스럽고·-스러워)형ㅂ 보기에 평온하고 화목한 데가 있다. ¶평화스러운 광경.
평화-스레부 평화스럽게
평화-적(平和的)명 평화로운 태도나 방법으로 하는 것. ¶-인 통일./분쟁을 -으로 해결하다.
평화=조약(平和條約)명 전쟁 상태를 끝내고 정상적인 관계를 회복하기 위하여 교전국 사이에 체결하는 조약. 강화 조약(講和條約) 준 화약(和約)
평화=통:일(平和統一)명 무력이나 강압적인 방법이 아닌, 평화적인 방법으로 이루는 통일.
평-활(平-)명 연습할 때 쓰는 활.
평활(平滑)어기 '평활(平滑)하다'의 어기(語基).
평활(平闊)어기 '평활(平闊)하다'의 어기(語基).
평활-근(平滑筋)명 민무늬근
평활-하다(平滑-)형여 평평하고 미끄럽다.
평활-하다(平闊-)형여 평평하고 넓다.
폐:(肺)명 '폐장(肺臟)'의 준말.
폐:(弊)명 ①'폐단(弊端)'의 준말. ②남에게 끼치는 부담이나 괴로움. ¶그 동안 -가 많았습니다.
폐:가(廢家)명 ①사람이 살지 않고 버려 두어 낡은 집. 폐옥(廢屋) ②-하다자 호주(戶主)가 죽고 상속인이 없어서 그 집의 뒤가 끊김, 또는 그러한 집. ③-하다자 호주가 타가(他家)에 입적(入籍)하기 위하여 스스로 그 일가(一家)를 폐하고 이를 소멸함, 또는 그러한 법률 행위.
폐:가-제(閉架制)명 도서관에서 서가(書架)를 공개하지 않고 일정한 절차에 따라 도서를 출납하는 제도. ☞개가제(開架制)
폐:각-근(閉殼筋)명 조개관자
폐:-간(肺肝)명 폐장(肺臟)과 간장(肝臟).
폐:간(廢刊)명-하다타 신문·잡지 따위 정기 간행물의 간행을 폐지함. ¶경영난으로 잡지를 -하다.
폐:감(肺疳)명 한방에서, 어린아이의 폐경(肺經)에 일어나는 감병(疳病)을 이르는 말. 기감(氣疳)
폐:강(閉講)명-하다자타 이제까지 해 오던 강의나 강좌를 없앰. ☞개강(開講)
폐:객(弊客)명 폐꾼
폐:갱(廢坑)명-하다자타 광산이나 탄갱을 폐기함, 또는 그러한 광산이나 탄갱.
폐:거(閉居)명-하다자 나가서 활동하지 아니하고 집 안에만 틀어박혀 있음. 칩거(蟄居)
폐:건(敝件)[-껀]명 낡고 더러워져 못 쓰게 된 옷이나 그릇 따위 물건.
폐:-결핵(肺結核)명 폐에 결핵균이 침입하여 생기는 질

병. 폐환(肺患). 허손(虛損) ☞ 폐병(肺病)
폐:경(肺經)명 폐장에 딸린 경락(經絡).
폐:경-기(閉經期)명 여성의 월경이 아주 끊어지게 되는 갱년기를 이르는 말. 경폐기(經閉期). 단경기(斷經期). 월경 폐쇄기(月經閉鎖期)
폐:-곡선(閉曲線)명 한 곡선상에서, 한 점이 한 방향으로 움직여 출발점으로 다시 돌아오게 되는 곡선.
폐:공(幣貢)명 공물(貢物)
폐:공(廢工)명-하다타 공부나 하던 일을 그만둠.
폐:공(蔽空)명-하다자 하늘을 뒤덮어 가림.
폐:-공동(肺空洞)명 폐장(肺臟)에 생긴 결핵성의 결절(結節)이 고름이 되어 배출되고 그 자리에 생긴 구멍.
폐:과(閉果)명 건조과(乾燥果)의 한 가지. 익어도 껍질이 터지지 않는 열매. 밤·벼 따위. 건조 폐과(乾燥閉果) ☞열과(裂果). 개과(蓋果)
폐:과(廢科)명-하다자 지난날, 과거를 보러 다니는 일을 그만두는 일을 이르던 말.
폐:관(閉管)명 한쪽 끝이 닫힌 관.
폐:관(閉館)명-하다자타 일정한 시간에 도서관·박물관·영화관 따위의 문을 닫음. ☞개관(開館)
폐:관(廢館)명-하다자타 도서관·박물관·영화관 따위의 시설을 운영하지 않고 폐쇄함. ☞개관(開館)
폐:관(廢關·閉關)명-하다타 외국과의 조약을 무효로 함.
폐:광(廢鑛)명-하다자 광산이나 탄광의 채굴을 폐지함, 또는 그러한 광산이나 탄광.
폐:교(閉校)명-하다자타 학교의 문을 닫고 수업을 폐지함. ☞개교(開校)
폐:교(廢校)명-하다자타 학교 운영을 폐지함, 또는 그 학교. ☞개교(開校)
폐:국(弊局)명 폐단(弊端)으로 일이 결딴나게 된 판국.
폐:국(弊國·敝國)명 자기 나라를 겸손하게 이르는 말. 폐방(弊邦) ☞귀국(貴國)
폐:군(廢君)명 폐위된 임금. 폐주(廢主)
폐:군(廢郡)명-하다자 군(郡)이나 고을을 없앰, 또는 없앤 군이나 고을.
폐:기(閉氣·肺氣)명-하다자 딸꾹질
폐:기(廢棄)명-하다타 ①못 쓰게 된 것을 내버림. ¶보존 기한이 지난 문서를 – 처분하다. ②조약·법령 따위를 무효로 함. ¶조약을 일방적으로 –하다.
폐:기-량(肺氣量)명 폐활량(肺活量)
폐:기-물(廢棄物)명 못 쓰게 되어 내버리는 물건이나 물질. ¶음식 –/–의 재활용.
폐:-기종(肺氣腫)명 폐포(肺胞)가 비정상적으로 커지고 폐장의 용적이 지속적으로 확장되는 병증(病症). 호흡 곤란, 기침 따위의 증세가 나타남.
폐:기-판(廢氣瓣)명 배기판(排氣瓣)
폐:꾼(弊–)명 남에게 두루 폐를 끼치는 사람. 폐객
폐:농(廢農)명-하다자 ①농사를 그만둠. ②농사에 실패함.
폐:다자 '펴이다'의 준말.
폐:단(弊端)명 어떤 일이나 행동에서 나타나는 옳지 못한 경향이나 해로운 요소. ¶–을 막다. 준폐(弊)
폐:답(廢畓)명 농사를 짓지 않고 버려 둔 논.
폐:동(廢洞)명-하다자 ①동네가 결딴나서 없어짐, 또는 그 동네. ②합병(合併) 따위의 목적으로 동네를 없앰, 또는 없앤 동네.
폐:-동:맥(肺動脈)명 심장에서 폐로 정맥혈을 보내는 혈관. 허파 동맥 ☞폐정맥(肺靜脈)
폐:등(廢燈)명-하다자타 전등을 떼어 없앰, 또는 그 전등.
폐:-디스토마(肺distoma)명 ①폐흡충과(肺吸蟲科)의 편형동물. 몸길이 1cm, 너비 8mm 안팎. 몸은 길둥글고 몸빛은 붉은빛을 띤 갈색임. 사람과 가축 등의 폐에 기생하며, 애벌레는 다슬기·참게·가재 등에 기생함. 폐장디스토마. 폐흡충 ②폐디스토마병
폐:디스토마-병(肺distoma病)[–뼝]명 폐디스토마의 기생으로 일어나는 병. 기침과 혈담(血痰)이 나오며, 드물게 간질이나 뇌종양 증세를 일으키기도 함. 토질병(土疾病). 폐디스토마. 폐장디스토마병
폐:려(弊廬·敝廬)명 남에게 자기의 집을 겸손하게 이르는 말. 비제(鄙第). 폐사(弊舍)
폐:렴(肺^炎)명 폐렴균의 침입으로 일어나는 폐장의 염증. 가슴을 찌르는 아픔과 오한·고열·기침·호흡 곤란 등을 일으킴.
폐:렴-균(肺^炎菌)명 폐렴을 일으키는 병원균을 통틀어 이르는 말.
폐:로(肺癆)명 노점(癆漸)
폐:론(廢論)명-하다자 논의를 그만둠.
폐:-롭다(弊–)(–롭고·–로워)형ㅂ 귀찮고 성가시다. ¶남에게 폐로운 짓을 하지 않다.
폐-로이부 폐롭게
폐:륜(廢倫)명-하다자 혼인을 하지 않거나 못함.
폐:리(敝履)명 헌 신발.
폐:립(敝笠)명 못 쓰게 된 갓. 파립(破笠)
폐:립(廢立)명 ①-하다타 임금을 폐위시키고 새로운 임금을 세움. ②남겨 두는 일과 없애는 일. 존폐(存廢)
폐:막(閉幕)명-하다자타 ①연극이나 음악회 등의 공연을 다 끝내고 막을 내림. ②어떤 대회나 행사 따위가 끝남. ¶올림픽 경기의 –. ☞개막(開幕)
폐:막(弊瘼)명 ①없애기 어려운 폐단. ②못된 병통.
폐:망(敝網)명 찢어져 못 쓰게 된 망건. 파망(破網)
폐:맹(廢盲)명-하다자 눈이 멀어 소경이 됨.
폐:멸(廢滅)명-하다자 폐하여 없어짐. ☞폐절(廢絕)
폐:-모:음(閉母音)명〈어〉발음할 때 입을 벌리는 각도에 따라 구별한 모음의 한 갈래. 발음할 때에 입을 조금 벌리고 혀의 위치를 높여 소리 내는 모음. 'ㅣ·ㅟ·ㅡ·ㅜ' 따위. 고모음(高母音) ☞개모음(開母音)
폐:목(廢目)명 시력이 몹시 나쁜 눈. 폐안(廢眼)
폐:무(廢務)명-하다자 사무를 보지 않음.
폐:문(肺門)명 좌·우 폐의 안쪽 중앙에 있는 폐의 출입구. 혈관·기관지·신경 따위가 출입하는 곳. 림프절이 많이 몰려 있음.
폐:문(閉門)명-하다자 문을 닫음. 엄문(掩門). 폐호(閉戶) ☞개문(開門)[2]
폐:물(幣物)명 선사하는 물건.
폐:물(廢物)명 못 쓰게 된 물건. ¶– 이용
폐:방(弊邦·敝邦)명 폐국(弊國)
폐:방(廢房)명-하다자 방을 쓰지 않고 버려 둠, 또는 그 방.
폐:백(幣帛)명 ①신부가 처음으로 시부모를 뵐 때 예로써 올리는 대추나 포 따위. ②혼인을 앞두고 신랑이 신부에게 보내는 채단(采緞). ③예를 갖추어서 보내거나 가지고 가는 예물.

한자 폐백 폐(幣)〔巾部 12획〕¶납폐(納幣)/폐물(幣物)/폐백(幣帛)

폐:백-반(幣帛盤)명 신부가 처음으로 시부모를 뵐 때 예폐(禮幣)를 얹는 예반.
폐:병(肺病)[–뼝]명 ①폐장의 질병을 통틀어 이르는 말. ②'폐결핵'을 흔히 이르는 말.
폐:병(廢兵)명 전쟁에서 다쳐 불구가 된 병사.
폐:부(肺腑)명 ①폐장(肺臟) ②마음의 깊은 속. ¶–에서 우러나오는 말. ③일의 요긴한 점, 또는 급소(急所).
폐부를 찌르다관용 ①깊은 감명을 주다. ②급소를 찌르다. ¶폐부를 찌르는 예리한 비평.
폐부에 새기다관용 마음속 깊이 새기어 잊지 않다. ¶참담한 실패의 교훈을 –.
폐:부지언(肺腑之言)명 마음속 깊은 데서 우러나오는 진실한 말.
폐:부지친(肺腑之親)명 왕실(王室)의 가까운 친족.
폐:비(廢妃)명-하다타 왕비의 자리를 물러나게 함, 또는 그 왕비.
폐:빙(幣聘)명-하다타 예물을 갖추어 초빙함.
폐:사(吠舍 ∠Vaisya 범)명 바이샤
폐:사(弊社·敝社)명 남에게 자기 회사를 겸손하게 이르는 말.
폐:사(弊舍·敝舍)명 폐려(弊廬)

ㅍ

폐:사 (廢寺)명 폐지되어 중이 없는 절.
폐:사 (斃死)명 -하다 자 쓰러져 죽음. ¶전염병으로 가축들이 —했다.
폐:색 (閉塞)명 -하다 자타 ①닫아서 막음, 또는 닫혀서 막힘. ¶장(腸)이 —되다. ②운수가 막힘. ③겨울에 천지가 얼어붙어 생기가 막힘.
폐:색-기 (閉塞器)명 철도에서, 일정한 구간에 한 열차가 있을 때에는 다른 열차가 그 구간에 들어가지 못하도록 제어하는 장치.
폐:색-선 (閉塞船)명 적의 항구를 폐쇄하거나 적 함대가 침입하는 것을 막으려고 적이나 아군의 항구 입구에 가라앉히는 배.
폐:색=전선 (閉塞前線)명 온대 저기압이 발달할 때, 한랭 전선이 온난 전선을 뒤따라서 따뜻한 기운을 지표로부터 밀어 올리면서 이루어지는 전선.
폐:색-호 (閉塞湖)명 언색호(堰塞湖)
폐:석 (廢石)명 ①광산에서, 쓸모 있는 광석을 선별한 뒤에 남는 쓸모 없는 돌. ②바둑에서, 쓸모 없게 된 돌.
폐:선 (廢船)명 ①낡아서 못 쓰게 된 배. ②선적(船籍)에서 없앤 배.
폐:성-심 (肺性心)명 폐기종이나 폐결핵 등의 폐질환으로 말미암아 일어난 심장 장애. 우심실이 기능 부전 상태로 되어 호흡 곤란 등의 증세가 나타남.
폐:쇄 (閉鎖)명 -하다 타 ①드나들지 못하도록 입구를 막음. ¶도로를 —하다. ②학교나 공장 따위 조직체의 기능을 정지함. ¶생산 라인을 —하다. /정보망을 —하다. ③외부와 교류하지 아니함. ¶—된 국가. ☞개방(開放)
폐:쇄-기 (閉鎖機)명 탄약을 장전할 때마다 여닫는, 포신(砲身)의 약실 뒤쪽에 있는 장치.
폐:쇄성=결핵 (閉鎖性結核)[—썽—]명 병소(病巢)가 갇혀 있어서 전염될 위험이 적은 결핵. 환자의 배설물에 결핵균이 섞여 나오지 않음. ☞개방성 결핵(開放性結核)
폐:쇄-음 (閉鎖音)명〈어〉①막았다가 터뜨리는 소리. 파열음(破裂音)이라고도 함. ②끝소리로 발음되는 [ㄱ], [ㄷ], [ㅂ]의 소리.
폐:쇄-적 (閉鎖的)명 외부와 교류하기를 싫어하는 경향인 것. ☞개방적(開放的)
폐:쇄=혈관계 (閉鎖血管系)명 척추동물이나 환형동물 등의 혈액 순환의 경로. 심장에서 나간 혈액이 하나의 동맥에서 모세 혈관으로 갈렸다가 다시 하나의 정맥을 통해 심장으로 돌아오는 혈관계. ☞개방 혈관계
폐:쇄=회로=텔레비전 (閉鎖回路television)명 방송 텔레비전 이외의 분야에서 사용되는 유선 및 특수 무선 텔레비전. 교육·교통, 그 밖의 각종 산업 분야에 사용되는 국지성(局地性) 통신망임. 시시티브이(CCTV)
폐:수 (廢水)명 써서 더러워져 버리는 물. ¶공장 —
폐:수-종 (肺水腫)명 심부전(心不全) 등의 원인으로 폐포(肺胞) 속에 물이 고인 상태.
폐:수=처:리 (廢水處理)명 환경 오염을 막기 위해 공장 등에서 버리는 폐수를 일정한 곳에 모아 약품 등으로 유해 물질을 없애는 일.
폐:-순환 (肺循環)명 심장의 우심실(右心室)에서 나온 혈액이 폐동맥을 거쳐 폐에 이르러 이산화탄소를 내주고 산소를 받아들인 뒤 폐정맥을 거쳐 좌심방으로 되돌아오는 혈액 순환. 소순환(小循環) ☞체순환(體循環)
폐:-스럽다 (弊—)(—스럽고·—스러워)형ㅂ 남에게 괴로움이나 수고로움을 끼치는듯 하다.
　폐-스레 부 폐스럽게
폐:슬 (蔽膝)명 지난날, 조복(朝服)이나 제복(祭服)을 입을 때에 허리 아래로 늘이어 무릎 앞을 가리던 네모난 헝겊.
폐:습 (弊習)명 ①나쁜 버릇. ②폐해가 되는 풍습. 폐풍
폐:시 (閉市)명 -하다 자 시장의 가게를 닫음. ☞개시(開市)
폐:식 (閉式)명 -하다 자 의식이 끝남. ☞개식(開式)
폐:식 (廢食)명 -하다 자 음식을 먹지 아니함. ☞단식(斷食)
폐:식-사 (閉式辭)명 의식이 끝날 때 하는 인사말. ☞개식사(開式辭)

폐:신 (嬖臣)명 아첨하여 임금의 신임을 받는 신하.
폐:안 (廢案)명 토의하지 않고 버려 둔 의안이나 안건.
폐:안 (廢眼)명 폐목(廢目)
폐:암 (肺癌)명 폐에 생기는 암. 대개 기관지 점막에 생기는데, 심한 기침과 혈담, 가슴의 통증 등의 증세가 나타남. 폐장암
폐:애 (嬖愛)명 폐행(嬖幸)
폐:어 (廢語)명 지난날에는 쓰였으나 오늘날에는 쓰이지 않게 된 말. 사어(死語)
폐:업 (閉業)명 -하다 자타 ①가게의 문을 닫고 영업을 하지 아니함. ②폐점(閉店) ☞개업(開業)
폐:업 (廢業)명 -하다 자타 직업이나 영업을 아주 그만둠. ☞개업(開業)
폐:열 (肺熱)명 한방에서, 폐장의 열기를 이르는 말.
폐:열 (廢熱)명 어떤 목적으로 쓰인 뒤 버려지는 열.
폐:염 (肺炎)명 '폐렴'의 원말.
폐:엽 (肺葉)명 포유류의 폐를 크게 구분할 때의 각 부분을 이르는 말. 사람의 경우에 왼쪽 폐는 상폐엽·하폐엽, 오른쪽 폐는 상폐엽·중폐엽·하폐엽으로 나뉘어 있음.
폐:옥 (弊屋·敝屋)명 비제(鄙第)
폐:옥 (廢屋)명 폐가(廢家)
폐:왕 (廢王)명 폐위(廢位)된 왕.
폐:원 (閉院)명 -하다 자타 ①학원이나 병원 등 '원(院)' 자가 붙은 시설이나 기관이 운영을 멈추고 폐업함. ②이름에 '원(院)' 자가 붙은 시설이나 기관이 그 날의 업무를 마침. ③국회가 회기(會期)가 다 되어 회의를 끝냄. ☞개원(開院)
폐:위 (廢位)명 -하다 타 왕이나 왕비 등을 그 신분에서 물러나게 함. ☞옹립(擁立)
폐:유 (廢油)명 못 쓰게 된 기름. ▷廢의 속자는 廃
폐:-음절 (閉音節)명〈어〉음절 가운데서, 자음으로 끝나는 음절. '책, 밥, 눈' 따위. ☞개음절(開音節)
폐:읍 (弊邑)명 ①폐습(弊習)이 많은 고을. ②다른 고을에 상대하여, 자기가 사는 고을을 겸손하게 이르는 말.
폐:의파:관 (弊衣破冠)성구 해진 옷과 부서진 갓이라는 뜻으로, 너절하고 구차한 차림새를 이르는 말. 폐포파립(弊袍破笠)
폐:인 (廢人)명 ①병이나 잘못된 습관 따위로 몸과 마음이 망가진 사람. ②기인(棄人)
폐:인 (嬖人)명 남의 비위를 잘 맞추어 귀염을 받는 사람.
폐:일언 (蔽一言) '이러니저러니 할 것 없이 한마디로 뭉뚱그리어말함'의 뜻. 주로 '폐일언하고'의 꼴로 쓰임. ¶—하고, 진실은 이러합니다.
폐:장 (肺臟)명 ①척추동물의 호흡 기관. 사람의 경우 흉강에 좌우 한 쌍으로 이루어져 있음. 기관(氣管)에서 갈라진 기관지가 다시 여러 가닥으로 갈라져 끝 부분은 폐포(肺胞)로 되어 모세 혈관에 에워싸여 있음. 모세 혈관 사이에서 이산화탄소와 산소의 교환이 이루어짐. 부아. 폐부(肺腑). 허파 준 폐(肺) ☞신장(腎臟) ②한방에서 이르는 오장(五臟)의 하나.
폐:장 (閉場)명 -하다 자타 ①집회나 행사 따위를 끝내고 회장(會場)을 닫음. ②거래소 따위의 업무를 마감함. ☞개장(開場)
폐:장 (閉藏)명 -하다 타 ①닫아 감춤. ②물건 따위를 드러나지 않게 감추어 둠.
폐:장 (廢庄)명 버려 둔 논밭.
폐:장-디스토마 (肺臟distoma)명 폐디스토마
폐:장디스토마-병 (肺臟distoma病)[—뼝]명 폐디스토마병. 폐장디스토마
폐:장-암 (肺臟癌)명 폐암(肺癌)
폐:저 (肺底)명 폐의 아래 바닥을 이루는, 오목하고 넓은 면. ☞폐첨(肺尖)
폐:적 (廢嫡)명 -하다 타 적자(嫡子)로서 가진 신분이나 권리 따위를 폐함.
폐:전 (廢典)명 ①폐지된 법(法). ②-하다 타 의식(儀式)을 없앰, 또는 그 의식.
폐:절 (廢絶)명 -하다 자 폐하여 없어지거나 없앰. ☞폐멸(廢滅)

폐:절-가(廢絶家)명 상속인이 없어 대(代)가 끊어진 집.
폐:점(閉店)명-하다자타 ①장사를 그만둠. 폐업(閉業) ②그 날의 장사를 마치고 가게 문을 닫음. ¶ — 시간 ☞개점(開店)
폐:점(弊店·敝店)명 남에게 자기의 상점을 겸손하게 이르는 말.
폐:정(閉廷)명-하다자타 ①법정을 닫음. ②심리(審理)나 재판 등을 마침. ¶ —을 선언하다. ☞개정(開廷)
폐:정(廢井)명 쓰지 않고 버려 둔 우물.
폐:정(弊政)명 폐해가 심한 그릇된 정치. ☞실정(失政)
폐:-정맥(肺靜脈)명 폐에서 산소를 받아들이고 이산화탄소를 배출하여 깨끗해진 동맥혈을 심장으로 보내는 혈관. 허파 정맥 ☞폐동맥
폐:제(幣制)명 '화폐 제도(貨幣制度)'의 준말.
폐:제(廢帝)명 폐위된 황제.
폐:제(廢除)명-하다타 ①폐하여 없애 버림. ②법정 원인이나 피상속인의 청구로, 추정 호주 상속인 또는 유산 상속인의 자격을 법원의 판결에 따라 박탈하는 일.
폐:조(幣棗)명 폐백에 쓰이는 대추.
폐:조(廢朝)명-하다자 임금이 조회를 폐하던 일. 철조(輟朝)
폐:족(廢族)명 지난날, 조상이 큰 죄를 짓고 죽어서 그 자손이 관직에 나아갈 수 없게 된 가문.
폐:주(廢主)명 폐군(廢君)
폐:지(廢止)명-하다타 이제까지 해 오던 일이나 풍습·제도 따위를 그만두게 하거나 없앰. ¶호주제를 —하다.
폐:지(廢址)명 집이 헐린 채 버려진 빈터.
폐:지(廢紙)명 쓰고 버린 종이. ☞파지(破紙)
폐:지-안(廢止案)명 이제까지 해 오던 일이나 법규·제도 따위를 그만두거나 없애자는 의안(議案).
폐:-진애증(肺塵埃症)[-쯩]명 진폐(塵肺)
폐:질(廢疾)명 고칠 수 없는 병.
폐:차(廢車)명 ①-하다자타 낡거나 쓸모 없이 된 차를 버림, 또는 그런 차. ②차량의 등록이 말소된 차.
폐:차(蔽遮)명-하다타 덮개를 씌우거나 하여 사람의 시선이나 광선 따위를 가림. 차폐(遮蔽)
폐:창(肺脹)명 천식(喘息)
폐:첨(肺尖)명 폐의 위쪽에 동그스름하게 솟아 있는 부분. ☞폐저(肺底)
폐:첨=카타르(肺尖catarrh)명 폐첨 부위에 생기는 염증. 주로 폐결핵 초기에 생김.
폐:첩(嬖妾)명 아양을 부리어 귀염을 받는 첩.
폐:출(廢黜)명-하다타 관직을 해임하고 내쫓음.
폐:-출혈(肺出血)명 ①폐 조직이 손상되거나 폐충혈 따위로 폐 혈관에서 출혈이 일어나는 증세. ②-하다자 객혈(喀血)
폐:-충혈(肺充血)명 폐의 염증으로 생기는 충혈.
폐:치(廢置)명 ①-하다타 폐지한 채 버려 둠. ②폐지와 설치.
폐:침망찬(廢寢忘餐)성구 침식(寢食)을 잊고 일에 몰두함을 이르는 말.
폐:칩(廢蟄)명-하다자 외출하지 않고 집 안에만 틀어박힘.
폐:퇴(廢頹)명-하다자 기강이나 도덕 등이 황폐하여 무너짐.
폐:포(肺胞)명 폐로 들어가 잘게 갈라진 기관지의 맨 끝에 붙은 포도 송이 모양의 주머니. 공기와 혈액 사이의 기체 교환이 일어나는 곳임. 기포(氣胞). 허파꽈리
폐:포파:립(弊袍破笠)성구 폐의파관(弊衣破冠)
폐:품(廢品)명 쓸 수 없게 되어 버린 물품. ¶ — 활용
폐:풍(弊風)명 폐습(弊習)
폐:하(陛下)명 지난날, 황제나 황후를 높이어 일컫던 말.
폐:-하다(廢—)타여 ①있던 제도나 기관·풍습 따위를 버리거나 없애다. ¶통행 금지법을 —. ②하던 일을 중도에서 그만두다. ¶양식업을 폐하고 요식업을 시작하다. ③쓰지 않고 버려 두다. ¶실기실을 —. ④어떤 지위에서 몰아내다. ¶세자를 —. ⑤습관적으로 하던 일 따위를 멈추거나 끊다. ¶식음(食飮)을 —.
폐:학(廢學)명-하다자타 학업을 중도에서 그만둠.
폐:함(廢艦)명 ①낡거나 부서져 못 쓰게 된 군함. ②함정의 등록이 말소된 군함.
폐:합(廢合)명 ①-하다타 어떤 것을 폐지하여 다른 것에다 합침. ②폐지와 합병을 아울러 이르는 말.
폐:해(弊害)명 폐단으로 생기는 해. ☞병폐(病弊)
폐:행(嬖幸)명 남에게 아첨하여 사랑을 받는 일. 폐애
폐:허(廢墟)명 파괴되어 황폐하게 된 터.
폐:현(陛見)명-하다자 황제나 황후를 알현함.
폐:호(閉戶)명-하다자 폐문(閉門)
폐:-호흡(肺呼吸)명 외호흡(外呼吸)의 한 가지. 호흡기계(呼吸器系)를 통한 공기의 출입과, 폐를 통한 흡기와 혈액 사이의 산소와 이산화탄소의 교환을 이름.
폐:환(肺患)명 폐결핵 ☞폐병(肺病)
폐:-활량(肺活量)명 폐가 공기를 들이쉬고 내쉴 수 있는 최대량. 폐기량(肺氣量)
폐:활량-계(肺活量計)명 폐활량을 재는 계기.
폐:회(閉會)명-하다자타 집회 또는 회의를 마침. ¶정기 국회를 —하다. ☞개회(開會)
폐:회-사(閉會辭)명 폐회를 선언하는 인사말. ☞개회사(開會辭)
폐:회-식(閉會式)명 폐회하는 의식. ☞개회식(開會式)
폐:후(廢后)명 폐위된 왕후.
폐:-흡충(肺吸蟲)명 폐디스토마
포(包)[1]명 장기에서, '包' 자로 나타낸 장기짝의 하나. 한 편에 둘씩 네 개가 있으며, 포 이외의 다른 장기짝 하나를 넘어 선을 따라 움직임.
포(包)[2]명 촛가지
포(包)[3]명 조선 시대, 동학(東學)의 교단 조직인 여러 접(接)을 통괄하여 설치한 기구. 종래의 접은 그 하부 조직으로 바뀜. ☞접소(接所)
포(包)[4]의 '포대(包袋)'를 세는 단위. ¶설탕 한 —.
포(苞)명 꽃턱잎. 화포(花苞)
포(炮)명-하다타 한방에서, 부자(附子) 등의 독한 약재를 물에 적신 한지로 겹겹이 싸서 잿불에 묻어 독기를 빼는 일.
포(砲)명 ①'대포(大砲)'의 준말. ②돌멩이를 튀겨 내쏘는 옛 무기의 한 가지.
포(袍)명 옛 옷의 한 가지. 아래위가 하나로 된 겉옷. 홍포·백포 따위.
포(脯)명 '포육(脯肉)'의 준말. ¶ —를 뜨다. ☞노루포. 민어포. 생치포(生雉脯). 어포(魚脯). 우육포(牛肉脯). 육포(肉脯). 전복포(全鰒脯)
-포 접미 '남짓의 동안'의 뜻을 나타냄. ¶달포/해포
포가(砲架)명 포신(砲身)을 얹는 받침.
포:간(飽看)명-하다타 실컷 봄.
포강(砲腔)명 포신(砲身) 속의 빈 부분.
포개다 타 무엇이 놓인 위에다 겹치어 놓다. ¶몇 채의 이불을 포개어 놓다./서로의 손과 손을 포개었다.
포갬-포갬 부 여러 번 거듭 포개거나 포개져 있는 모양을 나타내는 말. ¶빨래를 걷어 — 개켜 놓다.
포:거(抛車)명 지난날, 군중(軍中)에서 투석용(投石用)으로 쓰이던 수레.
포건(布巾)명 베로 만든 건.
포격(砲擊)명-하다타 대포를 쏨, 또는 대포로 하는 공격. ¶적진에 —을 가하다.
포:경(包莖)명 어른의 자지의 귀두(龜頭)가 포피(包皮)에 싸여 있는 상태. 우멍거지 ¶ — 수술
포경(砲徑)명 포의 구경(口徑).
포:경(捕鯨)명-하다자 고래를 잡는 일. 고래잡이
포:경-선(捕鯨船)명 고래잡이 배. 경선(鯨船)
포:계(捕繫)명-하다타 잡아 묶어 둠, 또는 묶어서 옥에 가두어 둠.
포계(褒啓)명 지난날, 관찰사나 어사 등이 고을 원의 선정(善政)을 치하하여 상주(上奏)하던 계문(啓聞).
포:고(布告·佈告)명-하다타 ①일반에게 널리 알림. ②국가의 결정 의사를 공식으로 널리 알리는 일. ③국제법에서, 한 나라가 상대 국가에 대하여 전쟁을 한다고 통고하고 그 사실을 내외에 알리는 일. ¶선전(宣戰) —
포:고-령(布告令)명 어떤 내용을 포고하는 명령이나 법령.

포:곡-조(布穀鳥)명 '뻐꾸기'의 딴이름.
포공영(蒲公英)명 ①'민들레'의 딴이름. ②한방에서, 민들레 뿌리를 약재로 이르는 말. 젖을 잘 나게 하는 약으로, 또는 늑막염 따위의 치료에 쓰임.
포:과(包裹)명-하다자 물건을 꾸리어 쌈.
포과(胞果)명 삭과(蒴果)의 한 가지. 얇고 마른 껍질 속에 씨가 들어 있는 과실.
포관(布棺)명 베를 여러 겹 덧발라 만든 관. ☞목관(木棺)
포:괄(包括)명-하다타 어떤 사물이나 현상 따위를 온통 휩싸서 하나의 테두리 안에 묶음. ¶광범한 문제를 ─한 책.
포:괄=수유자(包括受遺者)명 포괄 유증(包括遺贈)을 받아 상속인과 동일한 권리나 의무를 가지는 사람.
포:괄=승계(包括承繼)명 상속 등으로 다른 사람의 권리나 의무를 일괄하여 승계하는 일. 상속이나 회사의 합병 따위. ☞특정 승계(特定承繼)
포:괄=승계인(包括承繼人)명 다른 사람의 권리나 의무를 일괄하여 승계하는 사람. ☞특정 승계인(特定承繼人)
포:괄=유증(包括遺贈)[─류─]명 유산의 전체 또는 특정 비율액으로써 이루어지는 유증. ☞특정 유증
포:괄-적(包括的)[─쩍]명 온통 휩싸서 묶는 것, 또는 그러한 방식인 것.
포:교(布教)명-하다타 종교를 널리 폄. 유선교(宣教)
포:교(捕校)명 '포도부장(捕盜部將)'을 달리 이르던 말.
포:교-당(布教堂)명 포교를 목적으로 세운 교당.
포:교-사(布教師)명 불교에서, 교리(教理)를 널리 펴는 중이나 신도(信徒)를 이르는 말.
포구(匍球)명 야구에서, 배트에 맞아 땅 위를 굴러가는 공. 땅볼
포구(浦口)명 배가 드나드는 개어귀.
포구(砲口)명 포문(砲門)
포군(砲軍)명 총군(銃軍)
포궁(胞宮)명 자궁(子宮)
포-권척(布卷尺)명 지난날, 나비가 좁은 헝겊을 길이 50 m 정도로 하여 둥근 가죽 갑 속에 넣어 풀었다 감았다 하며 쓰던 줄자의 한 가지.
포근-하다형여 ①날씨가 바람기 없이 따사롭다. ¶포근한 봄날. /날씨가 ─. ②물체의 감촉이 보드랍고 따뜻하다. ¶양털 옷이 ─. /포근한 이불. ③마음이나 분위기 따위가 다정하고 따뜻하다. ¶언제나 포근하게 맞아 주는 고향. ☞푸근하다
포근-히부 포근하게 ¶─ 감싸 안다. ☞푸근히
포기명 ①뿌리를 단위로 하는 초목(草木)의 낱개. ¶배추 ─가 크다. /─를 나누다. ②〔의존 명사로도 쓰임〕초목을 세는 단위. ¶시금치 두 ─. ☞그루. 떨기
포기(泡起)명-하다자 거품과 같이 부풀어오름.
포:기(抛棄)명-하다타 ①하던 일을 중도에 그만둠. ¶학업을 ─하다. ②자기의 권리나 자격을 버리고 쓰지 아니함. ¶올림픽 출전권을 ─하다.
포:기(暴棄)명 '자포자기(自暴自棄)'의 준말.
포기-가름명 포기나누기
포기-나누기명 초목의 영양 번식의 한 가지. 한 포기의 식물에서, 포기의 일부를 뿌리와 함께 갈라 내어 따로 옮겨 심는 일. 분주(分株). 포기가름
포:끽(飽喫)명 포식(飽食)
포:난(飽煖)명 '포식난의(飽食煖衣)'의 준말.
포:노스코:프(phonoscope)명 소리의 진동을 전기적 진동으로 바꿔 브라운관에 영상으로 나타나게 하는 기계.
포단(蒲團)명 ①부들로 둥글게 틀어 만든 방석. ②이불
포달명 암상이 나서 함부로 악을 쓰고 욕을 하며 대드는 짓. ¶─을 부리다.
포:달(布達)명-하다타 조선 시대, 관아에서 일반에게 널리 알리는 통지를 이르던 말.
포달-부리다자 포달스러운 짓을 하다.
포달-스럽다(─스럽고·─스러워)형ㅂ 야멸차고 암상스러운 데가 있다.
포달-스레부 포달스럽게 ¶─ 떠들다.
포달-지다형 악을 쓰고 욕을 하며 함부로 대드는 품이 몹시 사납고 다라지다.
포대(布袋)명 무명이나 삼베 따위로 만든 자루.
포대(布帶)명 베로 만든 띠.
포대(包袋)명 ①종이·피륙·가죽 따위로 만든 큰 자루. ¶─에 넣다. ②〔의존 명사로도 쓰임〕¶밀가루 한 ─. 부대(負袋)
포대(袍帶)명 도포와 띠를 아울러 이르는 말.
포대(砲臺)명 적탄을 막고 아군의 포탄 사격에 편리하도록 견고하게 쌓아 만든 화포 진지. 포루(砲樓)
포대-경(砲臺鏡)명 적군의 정세를 살피고 감시하는 데 쓰는 큰 쌍안경.
포대기명 어린아이를 업거나 덮어 줄 때 쓰는 작은 이불. 강보(襁褓) ¶─에 싸인 채 방긋 웃는 아기. ☞처네
포:덕(布德)명 천도교에서, 한울님의 덕을 세상에 편다는 뜻으로, 곧 '전도(傳道)'를 이르는 말.
포:도(捕盜)명-하다자 도둑을 잡음.
포:도(逋逃)명-하다자 죄를 저지르고 달아남.
포도(葡萄)명 포도나무의 열매.
포도(鋪道)명 '포장 도로(鋪裝道路)'의 준말.
포:도-군사(捕盜軍士)명 조선 시대, 포도청의 군졸을 이르던 말. 포졸(捕卒)
포도-나무(葡萄─)명 포도과의 낙엽 덩굴나무. 잎은 어긋맞게 나고 손바닥 모양임. 초여름에 옮은 초록 꽃이 피며, 늦여름에 잘고 둥글둥글한 열매가 송이를 이루어 주렁주렁 달림. 열매는 '포도'라 하여 먹을 수 있으며, 술을 담거나 말리어 건포도를 만들기도 함.
포도-당(葡萄糖)명 단당류(單糖類)의 한 가지. 단맛 나는 과실이나 벌꿀에 많이 들어 있고, 사람의 혈액 속에도 일정량 들어 있음. 글루코오스(glucose)
포:도-대:장(捕盜大將)명 조선 시대, 포도청의 으뜸 관직. 품계는 종이품임. 준포장(捕將)
포도동부 작은 새가 날개를 가볍게 치며 날아가는 소리, 또는 그 모양을 나타내는 말. ☞푸두둥
포도동-포도동부 잇달아 포도동 하는 소리, 또는 그 모양을 나타내는 말. ☞푸두둥푸두둥
포:도-부장(捕盜部將)명 조선 시대, 포도청의 한 관직. 범죄자를 잡아들이거나 다스리는 일을 맡아보았음. 포교(捕校)
포도상=구균(葡萄狀球菌)명 대표적인 화농균의 한 가지. 공 모양의 세포가 다소 불규칙하게 모여 포도 송이 모양의 배열을 나타냄.
포도-색(葡萄色)명 붉은빛이 도는 자홍색(紫紅色).
포도-석(葡萄石)명 사방정계(斜方晶系)에 딸리는 광물의 한 가지. 널빤지나 기둥 모양이며 포도 모양을 이루기도 함. 백색·회색·담녹색 등을 띠며 반투명함.
포도아(葡萄牙)명 '포르투갈'의 한자 표기.
포도-원(葡萄園)명 포도를 재배하는 과수원.
포도-주(葡萄酒)명 포도의 과즙을 발효시켜 빚은 술.
포도-즙(葡萄汁)명 포도를 짜서 만든 즙.
포:도-청(捕盜廳)명 조선 시대, 도둑이나 그 밖의 범죄자를 잡기 위하여 설치한 관아를 이르던 말. 우포도청과 좌포도청이 있었음. 준포청(捕廳)
포동-포동부-하다형 몸이 매우 토실토실 살지고 귀여운 모양을 나타내는 말. ¶─ 살진 처녀. /얼굴이 ─하다. ☞보동보동. 푸둥푸둥
포두(鋪頭)명 ①과시(科詩)의 넷째 구. ②과시의 부(賦)의 다섯째 구.
포:두서:찬(抱頭鼠竄)성구 머리를 싸 쥐고 쥐처럼 숨는다는 뜻으로, 두려워 몰골 사납게 얼른 숨음을 이르는 말.
포드닥부 ①아주 작은 새가 세차게 날갯짓하는 소리, 또는 그 모양을 나타내는 말. ②아주 작은 물고기가 세차게 꼬리로 물을 치거나 몸을 되착일 때 나는 소리, 또는 그 모양을 나타내는 말. ☞파드닥. 푸드덕
포드닥-거리다자타 자꾸 포드닥 하다. ☞푸드덕거리다
포드닥-포드닥부 포드닥거리는 소리, 또는 그 모양을 나타내는 말. ☞파드닥파드닥. 푸드덕푸드덕

포드득 [부] ①아주 작은 새가 좀 세차게 날갯짓하는 소리, 또는 그 모양을 나타내는 말. ②아주 작은 물고기가 좀 세차게 꼬리로 물을 치거나 몸을 되착일 때 나는 소리, 또는 그 모양을 나타내는 말. ☞파드득. 푸드득
포드득-거리다 [자타] 자꾸 포드득 하다. ☞파드득거리다. 푸드득거리다
포드득-포드득 [부] 포드득거리는 소리, 또는 그 모양을 나타내는 말. ☞파드득파드득. 푸드득푸드득
포락(炮烙)[명] '포락지형(炮烙之刑)'의 준말.
포락(浦落)[명]-하다[자] 논밭이 강물이나 냇물에 침식되어 무너져 떨어짐.
포락지형(炮烙之刑)[명] ①중국 은(殷)나라의 주왕(紂王)이 쓰던 가혹한 형벌의 한 가지. 숯불 위에 기름칠한 구리 기둥을 걸쳐 놓고 그 기둥 위로 죄인을 걷게 하여 숯불에 떨어지면 타 죽게 하였음. ②지난날, 단근질하는 형벌을 이르던 말. [준]포락(炮烙)
포:란(抱卵)[명]-하다[자] 어미 새나 닭이 알을 품음.
포:럴(poral)[명] 소모사로 짠 모직물의 한 가지. 감촉이 약간 거칠고 통기성이 좋음.
포:럼(forum)[명] 토의 방식의 한 가지. 사회자의 진행으로 하나의 주제에 대하여 서로 다른 견해를 가진 동일 분야의 전문가들이 청중 앞에서 공개적으로 토론하며 청중들이 자유롭게 질의하기도 함. ☞심포지엄
포렴(布簾)[명] 지난날, 복덕방이나 술집 따위의 문 앞에 발 모양으로 늘이던 베 조각.
포:로(捕虜)[명] ①사로잡은 적군. 부로(俘虜). 부수(俘囚) ¶ - 교환/국제법상 -의 인권(人權)은 존중되어야 한다. ②어떤 사물이나 사람에게 정신이 팔리거나 매여서 꼼짝 못하는 상태. ¶사랑의 -.
포로(匏蘆)[명] 박[1]
포:로-감(哺露疳)[명] 두개골이 서로 잘 아물어 붙지 못하는 어린아이의 병.
포:로-병(捕虜兵)[명] 포로가 된 병사.
포:로=수용소(捕虜收容所)[명] 포로를 가두어 놓는 시설.
포:룡-환(抱龍丸)[명] 한방에서, 열로 말미암은 경풍(驚風)을 치료하는 데 쓰는 환약을 이르는 말.
포루(砲樓)[명] 포대(砲臺)
포:룸(forum 라)[명] 고대 로마 시대의 도심에 있던 집회용 광장. 이곳에서 하던 연설이나 토론 방식에서 '포럼'이 유래함.
포류지자(蒲柳之姿)[성구] 갯버들 같은 모습이라는 뜻으로, 연약한 체질을 비유하여 이르는 말.
포르노(porno)[명] '포르노그라피'의 준말.
포르노그라피(pornography)[명] 인간의 성적(性的) 행위의 묘사를 위주로 하는 선정적(煽情的)이고 도색적(桃色的)인 영화·회화·사진·소설 따위를 통틀어 이르는 말. [준]포르노
포르르 [부] ①작은 새가 갑자기 날아오르는 모양, 또는 그 소리를 나타내는 말. ¶숲에서 작은 새가 - 날아오르다. ②적은 양의 액체가 갑자기 심하게 끓어오르는 모양을 나타내는 말. ¶찻물이 - 끓다. ☞푸르르
포르말린(Formalin 독)[명] 포름알데히드 35~38% 수용액. 사진 필름이나 건판(乾板) 제조 및 살균제·소독제·방부제로 쓰임. 상표명임.
포르타멘토(portamento 이)[명] 악곡 연주나 성악에서, 한 음에서 다른 음으로 옮겨 갈 때 미끄러지듯이 연주하거나 부르는 일.
포르테(forte 이)[명] 악보의 셈여림말의 한 가지. '세게'의 뜻. 기호는 *f* ☞피아노[2]
포르테냐=음악(porteña音樂)[명] 아르헨티나의 수도 부에노스아이레스를 중심으로 발달한 음악을 통틀어 이르는 말. 탱고·밀롱가 따위.
포르테피아노(forte-piano 이)[명] 악보의 셈여림말의 한 가지. '세게, 바로 여리게'의 뜻. 기호는 *fp*
포르티시모(fortissimo 이)[명] 악보의 셈여림말의 한 가지. '포르테보다 세게'의 뜻. 기호는 *ff* ☞피아니시모
포르티시시모(fortississimo 이)[명] 악보의 셈여림말의 한 가지. '포르티시모보다 세게'의 뜻. 기호는 *fff* ☞피아니시시모
포름-산(∠formic酸)[명] 개미나 벌 따위의 독선(毒腺) 속에 있는 지방산의 한 가지. 무색의 자극적인 냄새가 나는 산성 액체로, 피부에 닿으면 염증을 일으킴. 여러 가지 유기 약품의 합성 원료나 가죽의 무두질에 쓰임. 개미산. 의산(蟻酸)
포름알데히드(formaldehyde)[명] 메탄올을 산화하여 만드는, 자극적인 냄새가 짙은 무색의 기체. 물과 알코올에 녹는데, 그 수용액은 포르말린이라 하여 방부제나 소독제로 쓰임.
포:리(捕吏)[명] 지난날, 포도청이나 지방 관아에 딸려 죄인을 잡아들이던 이속(吏屬).
포:리(逋吏)[명] 지난날, 관아의 물품을 사사로이 쓴 이속(吏屬)을 이르던 말.
포립(布笠)[명] 베나 모시 따위로 싸개를 한 갓.
포마:드(pomade)[명] 머리털에 바르는 반고체의 기름. 주로 남자용임.
포:마이카(Formica)[명] 약품이나 열에 강한 합성 수지 도료, 또는 그것을 칠한 널빤지의 상표명.
포마토(pomato ; potato+tomato)[명] 감자와 토마토의 세포를 융합시켜 만든 재배 식물. 줄기에는 토마토가 열리고 뿌리에는 감자가 열림.
포막(鋪幕)[명] 병정이나 순검(巡檢)이 파수보는 막(幕).
포:만(飽滿)[명]-하다[형] 일정한 용량에 넘치도록 가득 참.
포:만(暴慢)[명]-하다[형] 사납고 거만함. 포횡(暴橫)
포:만-감(飽滿感)[명] 배가 그득하게 부른 느낌.
포말(布襪)[명] 광중(壙中)을 다듬을 때, 사토장이가 신는 베로 만든 버선.
포말(泡沫)[명] 물거품 ¶ - 소화제
포망(布網)[명] 상제(喪制)가 쓰는, 베로 만든 망건.
포:망(捕亡)[명]-하다[자] 달아난 사람을 잡음.
포:맷(format)[명] ①일정한 모양이나 형식. ②컴퓨터에서, 디스크 등의 기억 매체(媒體)에 기록되는 자료의 배열이나 형식.
포메라니안(Pomeranian)[명] 개의 한 품종. 입이 짧고 뾰족하며 귀가 작음. 온몸이 긴 털로 덮여 있는데, 목 부위 털이 유난히 길. 독일 포메라니아 지방 원산임.
포면(布面)[명] 피륙의 표면.
포:명(佈明)[명]-하다[타] 어떤 사실을 널리 밝힘.
포목(布木)[명] 베와 무명을 아울러 이르는 말. 목포(木布)
포목-상(布木商)[명] 베나 무명 따위를 파는 장사, 또는 그 장수.
포목-점(布木店)[명] 베와 무명 따위를 파는 가게.
포문(胞門)[명] 산문(産門)
포문(砲門)[명] 대포의 탄알이 나가는 구멍. 포구(砲口)
포문을 열다 [관용] ①전투에서, 공격을 개시하다. ②상대편을 비난하거나 공격하는 발언을 시작하다. ¶반대파에서 비난의 포문을 열었다.
포:문(飽聞)[명]-하다[타] 지겹도록 많이 들음.
포:물면=거울(抛物面-)[명] 오목거울의 한 가지. 반사면이 회전 포물면으로 되어 있어 빛이 초점에 모임. 탐조등이나 반사 망원경의 대물 거울 등에 쓰임. 포물면경
포:물면-경(抛物面鏡)[명] 포물면 거울
포:물-선(抛物線)[-썬][명] 원뿔곡선 또는 이차 곡선의 한 가지. 평면 위 한 정점(定點)과 한 정직선(定直線)에 이르는 거리가 같은 점의 자취. 직원뿔의 원뿔면을 평면으로 자를 때에도 얻을 수 있으며, 공중으로 던져 올린 물체가 그리는 자취와 같은 곡선임.
포:물선=운:동(抛物線運動)[-썬-][명] 포물선의 궤도 위를 움직이는 운동.
포:물-체(抛物體)[명] 공중으로 던져 올린 물체.
포민(浦民)[명] 갯가에 사는 백성.
포:박(捕縛)[명]-하다[타] 잡아서 묶음. ¶죄인을 -하다.
포-배기 [명] 자꾸 거듭하는 짓.
포배-장(包背裝)[명] 책의 장정(裝幀)의 한 가지. 인쇄된 면이 겉으로 되게 절반으로 접은 책장을 겹겹이 포개어

등 쪽을 꿰맨 다음, 한 장의 표지로 책의 앞면·등·뒷면을 풀로 붙여 싸는 방법.
포백(布帛)명 베와 비단을 아울러 이르는 말.
포백-척(布帛尺)명 바느질자
포범(布帆)명 베로 만든 돛.
포변(浦邊)명 갯가
포:병(抱病)명-하다자 몸에 병을 지님, 또는 그 병.
포병(砲兵)명 육군 병과의 하나. 대포 종류로 장비된 군대, 또는 그에 딸린 군인.
포:병-객(抱病客)명 늘 병을 앓는 사람. 병객(病客)
포병-대(砲兵隊)명 포병으로 조직된 부대.
포복(怖伏)명-하다자 무서워서 엎드림.
포복(匍匐)명-하다자 배를 땅에 대고 김.
포복-경(匍匐莖)명 기는줄기
포:복절도(抱腹絶倒)[-또]성구 배를 잡고 넘어질듯이 심하게 웃음, 또는 그렇게 웃는 모양을 이르는 말. 봉복절도(捧腹絶倒) 준 절도(絶倒)
포:볼(four+balls)명 야구에서, 투수가 타자에게 스트라이크 아닌 볼을 네 번 던지는 일. 타자는 일루로 진루하게 됨. 미국에서는 베이스온볼(base on balls)이라 함. 사구(四球)
포:부(抱負)명 마음속에 지닌 앞날에 대한 계획이나 희망. ¶청소년의 원대한 ―.
포부(匏部)명 국악기의 만든 재료에 따른 분류의 하나. 바가지로 만든 국악기를 통틀어 이르는 말로, 생황(笙簧) 등이 있음. ☞토부(土部)
포비(脬痹)명 한방에서, 방광(膀胱)에 생기는 급성 또는 만성의 염증을 이르는 말.
포비슴(fauvisme 프)명 야수파(野獸派)
포사(布絲)명 베실. 삼실
포사(庖肆)명 푸주
포삭-포삭부-하다형 단단하거나 차지지 아니하여 바스러질듯 한 상태를 나타내는 말. ¶흙덩이가 ― 바스러질 듯 하다. ☞파삭파삭. 푸석푸석
포삭-하다형여 단단하거나 차지지 아니하여 바스러질듯하다. ☞파삭하다. 푸석하다
포살(砲殺)명-하다타 총포로 쏘아 죽임. 총살(銃殺)
포-살미(包―)명-하다타 촛가지를 꾸밈.
포삼(包蔘)명 포장한 홍삼(紅蔘).
포삼(圃蔘)명 삼포(蔘圃)에서 기른 인삼. ☞가삼(家蔘). 산양삼(山養蔘)
포상(褒賞)명-하다타 칭찬하고 장려하여 상을 줌. ¶용감한 시민을 ―하다.
포색(蒲色)명 부들의 이삭과 같은, 붉은빛에 누른빛을 띤 빛깔.
포:석(布石)명-하다자 ①바둑에서, 초반에 진(陣)을 치듯 서로 돌을 벌여 두어 가는 일. ②장래를 위하여 미리 손을 씀. ¶정권 장악을 위한 장기적인 ―.
포석(蒲席)명 부들자리
포석(鋪石)명 도로 포장에 쓰이는 돌.
포선(布扇)명 지난날, 상제(喪制)가 외출할 때 얼굴을 가리기 위해 지니고 다니던 물건. 네모난 베 조각 양쪽 끝에 대나무 손잡이가 달렸음. 상선(喪扇) ☞모선(毛扇). 사선(紗扇)
포설(鮑屑)명 대팻밥
포:섭(包攝)명-하다타 ①상대를 설득하여 자기 편으로 끌어들임. ¶무소속 의원들을 ―하다. ②어떤 개념이 일반적인 개념에 포괄되는 종속 관계를 이름. ¶사람은 척추동물에 ―된다.
포성(布城)명 포장(布帳)을 둘러친 곳.
포성(砲聲)명 대포를 쏠 때 나는 소리.
포:세(逋稅)명-하다타 세금을 물지 않고 부정하게 면함.
포속(布屬)명 베붙이
포:손(抱孫)명-하다자 손자를 봄. 손자가 생김.
포:손-례(抱孫禮)[-녜]명-하다자 손자를 보았을 때 한턱내는 일.

ㅍ

포수(泡水)명-하다자 종이나 헝겊에 어떤 액체를 먹이거나 바름.
포:수(捕手)명 야구에서, 본루(本壘)를 지키며 투수가 던지는 공을 받는 선수. 캐처(catcher)
포:수(砲手)명 ①총으로 짐승을 잡는 사냥꾼. ②군대에서, 대포를 다루거나 쏘는 사병. ③총군(銃軍)
포:수-막(砲手幕)명 총사냥하는 사람들이 휴식하기 위하여 지은 산막(山幕).
포스(POS)명 컴퓨터와 접속된 금전 등록기나 단말기에 상품을 팔 때마다 등록함으로써 현재 시점에서 전체 매장별·상품별로 판매고와 재고 따위를 파악, 관리하는 시스템. 판매 시점 정보 관리 시스템 [point of sales]
포:스아웃(force out)명 야구에서, 후속 주자가 생겨 반드시 진루해야 할 앞 주자가 미처 베이스에 닿기 전에 공을 가진 수비수의 베이스터치만으로 아웃되는 일. 봉살(封殺) ☞터치아웃
포스터(poster)명 광고나 선전 따위의 대중 전달을 위한 그림이나 도표. ¶영화 ―
포스터컬러(poster color)명 포스터 따위를 그리는 데 쓰는 그림 물감.
포스트(post)명 ①우편(郵便) ②지위. 직위 ¶정책 결정의 막중한 ―. ③기둥 ¶골―
포스트모더니즘(postmodernism)명 모더니즘에 대한 거부와 반작용으로 생겨난 문학과 예술상의 한 경향. 모더니즘이 비교적 단순한 요소로 이루어진 데 비하여 포스트모더니즘은 이질적인 요소가 결합되거나 실험적·전위적인 정신이 더하여졌음. 후기 모더니즘
포슬-포슬부-하다형 덩이진 물체가 쉬이 바스러지게 약하거나 바싹 말라 있는 상태를 나타내는 말. ☞파슬파슬. 푸슬푸슬
포:승(捕繩)명 죄인을 묶는 끈. 박승(縛繩) ☞오라
포:시(布施)명-하다타 '보시'의 원말.
포:식(捕食)명-하다타 생물이 다른 생물을 잡아먹음.
포:식(飽食)명-하다자타 배부르게 먹음. 포끽(飽喫)
포:식난:의(飽食煖衣)성구 난의포식 준 포난(飽煖)
포:식-자(捕食者)명 생물의 먹이 연쇄에서, 잡아먹는 쪽의 동물. ¶사자는 ―의 정점에 있다. ☞피식자
포신(砲身)명 대포에서, 포탄을 쏘는 원통상의 부분.
포실-하다형여 살림이 넉넉하고 오붓하다.
포아-풀(poa―)명 볏과의 여러해살이풀. 속이 빈 줄기는 둥글며 마디가 있고, 그 마디마다 잎이 하나씩 어긋맞게 남.
포악(暴惡)어기 '포악(暴惡)하다'의 어기(語基).
포악-스럽다(暴惡―)(―스럽고·―스러워)형ㅂ 성질이나 태도가 사납고 악한 데가 있다. ¶포악스런 언행.
포악-스레부 포악스럽게
포악-질(暴惡―)명 사납고 악한 짓.
포악-하다(暴惡―)형여 성질이나 태도가 사납고 고약하다. ¶포악한 강도범.

한자 포악할 포(暴)〔日部 11획〕¶포만(暴慢)/포악(暴惡)/포학(暴虐)/포횡(暴橫)/횡포(橫暴)

포안(砲眼)명 성벽이나 함선 등에서 밖으로 포를 쏘기 위해 만들어 놓은 구멍. ☞총안(銃眼)
포양(褒揚)명-하다타 포장(褒奬)
포어핸드(forehand)명 포어핸드스트로크 ☞백핸드
포어핸드스트로:크(forehand stroke)명 테니스나 탁구 따위에서, 라켓을 쥔 손의 바닥이 상대편을 향하도록 하여 공을 치는 일. 포어핸드 ☞백핸드스트로크
포연(砲煙)명 총포를 쏠 때 나는 연기.
포연탄:우(砲煙彈雨)성구 자욱한 총포의 연기와 빗발치는 탄환이라는 뜻으로, 격렬한 전투를 이르는 말.
포열(砲列)명 사격을 위한 대포의 배열 대형.
포엽(苞葉)명 싹이나 꽃봉오리를 싸서 보호하는 작은 잎. 잎이 변형된 것임.
포영(泡影)명 물거품과 그림자라는 뜻으로, 사물의 덧없음을 이르는 말.
포:옹(抱擁)명-하다타 품에 껴안음. ¶연인끼리의 ―.

포:완(捕腕)명 오징어 무리의 유난히 긴 한 쌍의 발. 감각기(感覺器)로서, 먹이를 잡는 구실을 함.
포외(怖畏)어기 '포외(怖畏)하다'의 어기(語基).
포외-하다(怖畏—)형여 무섭고 두렵다.
포:용(包容)명-하다타 ①휩싸서 들임. ②남을 아량 있고 너그럽게 감싸 받아들임. ¶북한에 대한 — 정책.
포:워드(forward)명 농구나 축구 등에서, 전방에서 공격하거나 수비하는 선수, 또는 그런 위치.
포:원(抱冤)명-하다타 원한을 품음.
포월(蒲月)명 '음력 오월'을 달리 이르는 말. 미음(微陰). 우월(雨月)
포:위(包圍)명-하다타 둘레를 에워쌈. ¶성(城)을 —하다./적군을 —하다.
포:위-망(包圍網)명 빈틈없이 둘레를 에워싼 체계를 이르는 말. ¶물샐틈없는 —.
포:유(包有)명-하다타 싸서 가지고 있음.
포:유(布諭)명-하다타 지난날, 나라에서 할 일을 백성에게 널리 펴서 알리던 일.
포:유(哺乳)명-하다타 어미가 제 젖으로 새끼를 먹여 기름.
포:유-기(哺乳期)명 젖을 먹여 기르는 유아기(乳兒期).
포:유-동:물(哺乳動物)명 포유류
포:유-류(哺乳類)명 척추동물의 한 강(綱). 새끼를 낳아서 젖을 먹여 기르며, 동물 가운데 가장 발달된 무리로, 원숭이·개·소·말·고래 따위가 이에 딸림. 포유동물 ☞원구류(圓口類)
포:육(哺育)명-하다타 동물이 새끼를 먹여 기름.
포육(脯肉)명 물고기나 고기 따위를 얇게 떠서 말린 음식. 준포(脯) ☞배포(焙脯). 산포(散脯). 약포(藥脯). 염포(塩脯). 장포(醬脯). 편포(片脯)
포의(布衣)명 ①베옷 ②관직이 없는 선비를 이르는 말. 백의(白衣)
포의(胞衣)명 태아를 싸고 있는 막과 태반. 태의(胎衣). 혼돈피(混沌皮)
포의=불하증(胞衣不下症)[—쯩]명 한방에서, 해산 뒤에 태(胎)가 나오지 않는 병을 이르는 말.
포의-수(胞衣水)명 양수(羊水)
포의지교(布衣之交)명 선비 시절에 사귄 벗.
포의-한사(布衣寒士)명 관직이 없는 가난한 선비.
포인세티아(poinsettia)명 대극과의 상록 활엽 관목. 멕시코 원산의 관상 식물로 온실에서 기름. 가지와 원줄기 끝에 달린 주홍색 잎은 돌려난 것처럼 보임. 12월경에 황록색 꽃이 피는데, 크리스마스트리의 장식에 쓰임.
포인터(pointer)명 개의 한 품종. 털이 짧고, 몸빛은 흰 바탕에 검거나 누른빛의 반점이 있음. 온순·용감·영리하고 후각과 지구력이 뛰어나 사냥개로 쓰임.
포인트(point)명 ①운동 경기 따위의 득점. ②소수점 ③전철기(轉轍機) ④중요한 사항이나 핵심.
의 포인트 활자의 크기를 나타내는 단위. 1포인트는 1인치의 1/72, 곧 0.3514mm임.
포인트=활자(point活字)[—짜]명 1포인트를 단위로 하여 그 정수배(整數倍)의 길이를 한 변으로 하는 활자의 계열. ☞호수 활자(號數活字)
포일(foil)명 ①금·은·알루미늄 따위의 금속을 종이와 같이 얇고 판판하게 늘인 것. ②'알루미늄박'을 흔히 이르는 말.
포자(胞子)명 ①포자식물의 무성 생식 세포. 다른 것과 합체하는 일 없이 단독으로 발아하여 새 개체가 됨. 홀씨 ②포자류(胞子類)에서 모체(母體)를 떠나 포자를 형성하는 개개의 세포.
포자(炮煮)명 불에 굽고 끓이는 일.
포자-낭(胞子囊)명 생물체에서 포자를 형성하여 싸고 있는 주머니 모양의 기관(器官). 자낭. 홀씨주머니
포자-류(胞子類)명 원생생물계의 한 문(門). 세포 기관의 발달이 미약하고 기생 생활을 함. 보통 두 종류 이상의 숙주(宿主)에서 유성 생식과 무성 생식 단계를 거침. 말라리아 원충 따위. ☞섬모류(纖毛類)
포자=생식(胞子生殖)명 포자로 이루어지는 무성 생식의 한 가지. 균류·선태류·양치류·포자류 따위에서 볼 수 있음. ☞영양 생식(營養生殖)
포자-식물(胞子植物)명 포자로 번식하는 식물. 선태식물·양치식물 등이 이에 딸림. 은화식물(隱花植物) ☞종자식물
포자-엽(胞子葉)명 조류(藻類)·양치식물 따위의 포자가 생기는 잎. 실엽(實葉) ☞나엽(裸葉). 영양엽
포자우네(Posaune 독)명 트롬본(trombone)
포자-체(胞子體)명 세대 교번을 하는 생물체에서, 포자를 만드는 무성 세대의 개체. 조포체(造胞體)
포장(布帳)명 베나 무명 따위로 만든 휘장.
포장(包裝)명-하다타 물건을 싸서 꾸림.
포장(包藏)명-하다타 ①물건을 겉으로 드러나지 않게 싸서 간직함. ②마음속에 품고 있음.
포:장(捕將)명 '포도 대장(捕盜大將)'의 준말.
포장(褒章)명 국가나 사회에 공이 있는 사람에게 주는 휘장(徽章). 건국 포장, 국민 포장, 무공 포장, 근정 포장, 보국 포장, 예비군 포장, 수교 포장, 산업 포장, 새마을 포장, 문화 포장, 체육 포장의 열한 가지. 상훈법에서 훈장에 버금가는 것으로, 그 효력은 훈장과 같음. ☞훈장(勳章)
포장(褒奬)명-하다타 칭찬하여 장려함. 포양(褒揚)
포장(鋪裝)명-하다타 길바닥에 돌·콘크리트·아스팔트 따위를 깔아 단단히 다져 꾸미는 일.
포장=도:로(鋪裝道路)명 콘크리트나 아스팔트 따위를 깔고 다져 판판하게 꾸민 도로. 준포도(鋪道)
포장-마차(布帳馬車)명 햇빛을 가리거나 비바람, 먼지 등을 막을 수 있게 천 따위를 둘러쳐 씌운 마차.
포장-지(包裝紙)명 물건을 싸거나 꾸리는 데 쓰는 종이. 과지(裹紙) 준포지(包紙)
포장화심(包藏禍心)성구 남을 해칠 마음을 품음을 이르는 말.
포:재(抱才)명 드러내지 않고 지니고 있는 재주.
포저(苞苴)명 지난날, 뇌물로 보내는 물건을 이르던 말.
포전(布廛)명 조선 시대, 육주비전(六注比廛)의 하나. 베를 팔던 가게. 베전
포전(圃田)명 남새밭. 채마밭
포전(浦田)명 갯가에 있는 밭.
포정(庖丁)명 백장
포정:해우(庖丁解牛)성구 '포정'이라는 요리사가 소를 잡아 고기를 바르듯 한다는 뜻으로, 기술이 매우 뛰어남을 비유하여 이르는 말. 〔'포정'은 중국 양나라 때 이름난 요리사.〕
포:족(飽足)어기 '포족(飽足)하다'의 어기(語基).
포:족-하다(飽足—)형여 ①배부르고 만족하다. ②풍족하여 모자람이 없다.
포:졸(捕卒)명 포도 군사(捕盜軍士)
포좌(砲座)명 대포를 올려 놓는 대좌(臺座).
포주(包主)명 동학(東學)의 교구(敎區) 조직인 포(包)의 책임자. ☞접주(接主)
포:주(抱主)명 창녀를 두고 매춘을 영업 삼아 하는 사람.
포주(庖廚)명 '푸주'의 원말.
포:즈(pose)명 ①그림·사진·조각 따위에 표현된 인물의 자태, 또는 배우·모델이 표현하는 자세나 몸짓. ②의식적으로 그럴듯하게 가지는 몸의 자세. ¶우호적인 —를 취하다.
포지(包紙)명 '포장지'의 준말.
포지션(position)명 ①지위 또는 위상. ②현악기의 지판(指板) 위의 손가락의 위치. ③축구·배구·야구 따위에서, 선수들이 배치된 각각의 자리.
포지트론(positron)명 양전자(陽電子)
포지티브(positive)명 ①긍정적인 것. 적극적인 것. ②양화(陽畫)로 된 사진, 또는 그 필름. ③전기의 양극(陽極). ☞네거티브(negative)
포:진(布陣)명-하다자 전쟁이나 경기를 하기 위하여 진을 침. ¶실전에 대비하여 정위치로 —하다.
포:진(布陳)명-하다타 상점 따위에서, 진열대에 물건을

늘어놓음.

포진(鋪陳)명 ①바닥에 까는 방석·요·돗자리 따위를 통틀어 이르는 말. ②-하다타 예식이나 잔치 때에 앉을 자리를 마련하여 까는 일.

포진-장병(鋪陳障屛)명 방석·요·병풍 등 깔거나 둘러치는 물건을 통틀어 이르는 말.

포-진지(砲陣地)명 대포를 설치해 놓은 진지.

포:진천물(暴殄天物)성구 물건을 아까운 줄 모르고 마구 써 버리거나 아끼지 않고 함부로 버림을 이르는 말.

포집다타 ①거듭 집다. ②그릇을 포개어 놓다.

포차(砲車)명 ①화포를 옮길 수 있도록 바퀴를 단 포가(砲架). ②대포를 끄는 견인 자동차.

포:착(捕捉)명-하다타 ①꼭 붙잡음. ¶절호의 기회를 -하다. ②일의 요점이나 요령을 깨침. 파착(把捉)

포척(布尺)명 측량에 쓰는, 베로 만든 띠 모양의 자.

포:척(抛擲)명-하다타 내던짐.

포척(鮑尺)명 물 속에 들어가 전복 따는 일을 직업으로 삼는 사람. ☞보자기[1]

포:철(抛撤)명-하다타 내던져 여러 군데로 흩어지게 함.

포:청(捕廳)명 '포도청'의 준말.

포촉(脯燭)명 포육과 초.

포촌(浦村)명 갯가에 있는 마을. ☞갯마을

포총(砲銃)명 대포와 총을 아울러 이르는 말. 총포(銃砲)

포:충-망(捕蟲網)명 곤충을 잡는 데 쓰는, 긴 막대 끝에 그물 주머니를 단 것. 벌레그물 ☞잠자리채

포:충=식물(捕蟲植物)명 잎이나 특별히 발달한 기관으로 곤충 등을 잡아 소화하여 양분의 일부를 얻는 식물. 끈끈이주걱·벌레잡이제비꽃 따위. 벌레잡이 식물. 식충식물(食蟲植物)

포:충-엽(捕蟲葉)명 포충 식물의 잎. 잎 표면에 끈끈한 액체를 분비하여, 달라붙는 벌레를 잡아 소화하여 양분의 일부를 얻음. 벌레잡이잎. 식충엽(食蟲葉)

포:치(布置·鋪置)명-하다타 배치(排置)

포:치(抛置)명-하다타 내버려둠.

포:치(捕治)명-하다타 죄인을 잡아다 다스림.

포:치(porch)명 건물의 입구에 지붕을 갖추어 차를 대도록 만든 곳.

포:커(poker)명 미국에서 비롯된 대표적인 카드 놀이.

포켓(pocket)명 양복에 달린 호주머니.

포켓볼:(pocket ball)명 당구 경기의 한 가지. 당구대에 있는 여섯 개의 구멍에 공을 큐로 쳐서 집어넣어 승패를 가림. 기본 경기로 에이트볼(eight ball)과 나인볼(nine ball)이 있음.

포켓북(pocketbook)명 ①수첩 ②호주머니에 들어갈만 한 작은 책.

포켓-판(pocket版)명 가지고 다니기 쉽게 호주머니에 들어갈만 한 크기의 책, 또는 그 판형. 문고본(文庫本)·신서판(新書版)·삼오판(三五版) 따위를 이름.

포코(poco 이)명 악보의 빠르기말의 한 가지. 다른 말에 덧붙어 '조금'의 뜻. poco largo(좀 느리게) 따위.

포:크(fork)명 서양 음식을 먹을 때, 고기·생선·과일 등을 찍어 먹거나 얹어 먹는 식탁 용구.

포:크(pork)명 돼지고기

포:크댄스(folk dance)명 ①각 민족이나 각 지방에 전하여 오는 민속춤. ②학교나 직장 등에서 레크리에이션으로 즐기는 경쾌한 춤.

포:크리프트(forklift)명 지게차

포:크볼(fork ball)명 야구에서, 투수가 던지는 변화구의 한 가지. 집게손가락과 가운뎃손가락 사이에 공을 끼어 던지는데, 공의 회전이 적으며 타자 앞에서 갑자기 떨어짐.

포:크송(folk song)명 미국에서 발생한 민요풍의 노래.

포:크커틀릿(pork cutlet)명 얇고 넓적하게 썬 돼지고기에 밀가루와 빵가루를 묻혀 기름에 튀겨 낸 음식.

포타슘(potassium)명 칼륨

포탄(砲彈)명 대포의 탄환.

포:탈(逋脫)명-하다타 ①달아나 피함. ②부과된 세금을 피하여 물지 않음. ¶세금을 -하다. ☞탈세(脫稅)

포탑(砲塔)명 군함이나 전차 또는 요새 등에서, 적의 화기나 공중 폭격으로부터 대포·사수(射手) 등을 지키려고 만든 두꺼운 강철 구조물.

포탕(匏湯)명 박국

포태(胞胎)명-하다자 아이를 뱀.

포:털사이트(portal site)명 '인터넷포털사이트(internet portal site)'의 준말.

포트란(FORTRAN)명 수식(數式) 계산을 목적으로 개발된 프로그래밍 언어. 수학·과학·공학 등과 같은 수리 계산 분야에서 널리 쓰임. [formula translation]

포:트와인(port wine)명 단맛이 나는 암자색의 포도주의 한 가지. 발효 도중에 브랜디를 섞어 알코올 농도를 높인 것으로, 본디는 포르투갈 특산을 이르는 말이었음.

포폄(褒貶)명-하다타 옳고 그름이나 선하고 악함을 평가하여 결정함.

포:풍착영(捕風捉影)성구 바람을 잡고 그림자를 붙든다는 뜻으로, 허망한 언행을 이르는 말.

포퓰러뮤:직(popular music)명 재즈, 샹송, 영화 음악 등 대중 음악을 통틀어 이르는 말. 팝뮤직

포퓰러송(popular song)명 통속적인 가요곡. 주로 영미(英美)의 대중 가요를 이름. 팝송

포퓰리즘(populism)명 대중의 인기에 영합하는 주의. ☞영합주의(迎合主義)

포플러(poplar)명 ①버드나뭇과 사시나무속의 식물을 통틀어 이르는 말. 양버들·미루나무·캐나다포플러·이태리포플러 따위. ②'미루나무'를 흔히 이르는 말.

포플린(poplin)명 직물의 한 가지. 가는 날실과 굵은 씨실을 평직으로 짠 직물. 질감이 부드럽고 광택이 있어 옷감으로 널리 쓰임.

포피(包皮)명 ①표면을 싼 가죽. ②자지의 귀두를 싼 피부.

포피-염(包皮炎)명 포피에 생기는 염증.

포학(暴虐)명-하다형 성질이나 행동이 몹시 잔인하고 난폭함. ¶-을 부리다./-한 행패.

포학-무도(暴虐無道)명 성질이 포학하고 도리에 어긋남.

포한(庖漢)명 백장

포:한(抱恨)명-하다자 한을 품음.

포함명-하다자 무당이 귀신의 말을 받아서 한다는 신의 명령, 또는 그 말을 하는 일.

포함(을) 주다관용 무당이 귀신의 말을 받아 호령하다.

포함(包含)명-하다타 속에 들어 있거나 함께 넣음. ¶모든 비용을 -한 요금./과장을 -해서 다섯 사람의 회식.

포함(砲艦)명 해안이나 강을 경비하는, 경포(輕砲)를 갖춘 소형 군함.

포:합-어(抱合語)명 언어의 형태에 따라 분류한 한 갈래. 말 안에 여러 문법적 요소가 결합되어 한 말을 이루며, 한 말이 문(文)의 형식을 이루는 말. 에스키모 어, 아이누 어 따위가 이에 딸림. ☞고립어. 교착어. 굴절어

포항(浦港)명 포구와 항구를 아울러 이르는 말.

포향(砲響)명 대포를 쏠 때 울리는 소리.

포:향(飽享)명-하다타 흡족하게 누림.

포혈(砲穴)명 대포를 쏠 수 있게 참호나 성벽에 뚫어 놓은 구멍.

포혜(脯醯)명 포육과 식혜를 아울러 이르는 말.

포호빙하(暴虎馮河)성구 범을 맨손으로 때려 잡고 황하를 걸어서 건너려 한다는 뜻으로, 용기는 있으나 꾀가 없음을 비유하여 이르는 말.

포호함:포(咆虎陷浦)성구 으르렁대기만 하는 범이 개펄에 빠진다는 뜻으로, 큰소리만 치고 일은 이루지 못함을 이르는 말.

포화(布靴)명 헝겊신

포화(泡花)명 물거품

포화(砲火)명 총포를 쏠 때 일어나는 불.

포:화(飽和)명 ①일정한 조건에서, 작용이나 변화가 더 이상 진행되지 못하는 극도의 상태. ②어떤 것이 최대 한도까지 가득 차 있는 상태.

포:화=상태(飽和狀態)명 더할 수 없는 양(量)에 이른 상

태. ¶인구가 ―에 이르다.

포:화=용액(飽和溶液)명 일정한 온도에서 일정량의 용매에 녹을 수 있는 최대량의 용질을 녹인 용액.

포:화=인구(飽和人口)명 어느 지역에서 더 이상 수용할 수 없는 극한 상태에 이른 인구.

포:화=증기(飽和蒸氣)명 일정한 온도의 공간에서 액체 또는 고체와 평형 상태에 있는 증기. 곧 증발을 계속하던 액체가 어느 한도에 이르러 그치게 된 때의 증기. ☞불포화 증기

포:화=증기압(飽和蒸氣壓)명 포화 증기 상태의 압력. 최대 압력(最大壓力). 최대 장력(最大張力)

포:화=지방산(飽和脂肪酸)명 분자 속에 이중 결합이 없는 지방산. 버터나 돼지기름 등의 동물성 지방에 들어 있으며 상온에서는 고체임.

포:화=화:합물(飽和化合物)명 각 원자의 원자가(原子價)가 모두 채워져 포화 상태의 구조식을 가진 유기 화합물을 통틀어 이르는 말. 포화 탄화수소 따위.

포환(砲丸)명 ①대포의 탄환. ②포환던지기에 쓰이는, 쇠로 만든 공.

포환-던지기(砲丸―)명 육상 경기에서, 던지기 운동의 한 가지. 지름이 2.135m인 원 안에서 일정한 무게의 포환을 한 손으로 던지어, 멀리 나간 거리로써 승패를 겨루는 경기. 투포환(投砲丸) ☞필드 경기

포황(蒲黃)명 한방에서, 부들의 꽃가루를 약재로 이르는 말. 지혈제 따위로 쓰임.

포:획(捕獲)명-하다타 ①적병을 사로잡음. ②짐승이나 물고기를 잡음. ¶수달의 ―을 금지하다. ③국제법상 전시(戰時)에 적의 선박이나 범법한 중립국의 선박을 정지·임검·수색하고 나포하는 일.

포:횡(暴橫)명-하다형 포만(暴慢)

포효(咆哮)명-하다자 ①사나운 짐승이 크게 울부짖음, 또는 그 소리. ¶사자의 ―. ②사람이 크게 외침.

포:흠(逋欠)명-하다타 관청의 물품을 사사로이 씀. 흠포

포흠(이) 나다관용 포흠이 생기다.

포흠(을) 내다관용 포흠이 생기게 하다.

폭[1]의 ①가정(假定)이나 처지, 형편을 나타내는 '셈'의 뜻으로 쓰이는 말. ¶꾸어 준 돈을 받은 ― 치다./상황을 두고 보는 ―이 현명하다. ②분량이나 비교를 나타내는 '정도'의 뜻으로 쓰이는 말. ¶값은 팥 한 되가 쌀 두 되 ―이다.

폭[2]부 ①작고 긴 물체로 좀 깊이 박거나 찌르는 모양을 나타내는 말. ¶손가락으로 옆구리를 ― 찌르다. ②작은 물체를 드러나지 않게 덮거나 싸는 모양을 나타내는 말. ¶아기를 포대기로 ― 싸다. ③작은 물체가 좀 깊이 빠지거나 잠기는 모양을 나타내는 말. ¶눈이 많이 쌓여서 발이 ― 빠지다. ④좁고 또렷하게 팬 모양을 나타내는 말. ¶― 들어간 보조개. ⑤잠이 꽤 깊이 든 모양을 나타내는 말. ¶잠이 ― 들다. ⑥고개를 좀 깊이 숙이는 모양을 나타내는 말. ¶고개를 ― 숙이다. ⑦작은 물체가 맥없이 쓰러지는 모양을 나타내는 말. ¶― 고꾸라지다./― 엎어지다. ⑧깊고 동그스름하게 파내는 모양을 나타내는 말. ¶밥 한술을 ― 뜨다. ⑨함씬 익게 끓이거나 삶는 모양을 나타내는 말. ¶뼈를 ― 고다./암탉을 ― 삶다. ⑩좀 심하게 썩거나 삭은 모양을 나타내는 말. ¶새우젓이 ― 삭다. ⑪함씬 젖은 모양을 나타내는 말. ¶땀으로 속옷이 ― 젖다. ⑫수나 분량이 갑자기 꽤 주는 모양을 나타내는 말. ¶관객 수가 ― 줄다. ☞푹[1]

폭[3]부 한숨을 작게 내쉬는 모양을 나타내는 말. ☞푹[2]

폭(幅)[1]명 ①가로의 길이. 너비 ¶도로의 ―이 좁다. ②하나로 이어 붙이기 위해 같은 길이로 잘라 놓은 종이·널·천 따위의 조각. ③도량이나 포용성, 지식 등의 크기. ¶이해의 ―이 넓다. ④사회적 세력이나 덕망 등의 크기. ¶그는 교제의 ―이 넓은 사람이다.

한자 폭 폭(幅) 〔巾部 9획〕 ¶광폭(廣幅)/노폭(路幅)/증폭(增幅)/폭광(幅廣)

폭(幅)[2]의 ①피륙이나 종이 따위의 접혀진 조각이나 하나로 이어 붙이기 위해 같은 길이로 잘라 놓은 조각을 세는 때 쓰는 말. ¶열두 ― 치마. ②그림이나 족자를 셀 때 쓰이는 말. ¶여덟 ― 병풍.

폭객(暴客)명 폭한(暴漢)

폭거(暴擧)명 난폭한 행동거지.

폭격(爆擊)명-하다타 군용 비행기에서 폭탄 등을 떨어뜨려 적의 군대나 시설을 파괴하는 일.

폭격-기(爆擊機)명 적의 진지나 시설을 폭격하는 일을 임무로 하는 군용 비행기.

폭광(幅廣)명 한 폭 너비.

폭군(暴君)명 포악한 군주. ☞난군(亂君)

폭-넓다(幅―)[―널따]형 ①포괄하고 있는 범위가 넓고 크다. ¶폭넓은 식견(識見). ②생각이나 행동 반경이 크고, 아량이 있다. ¶폭넓은 대인 관계.

폭도(暴徒)명 폭동을 일으키는 무리.

폭동(暴動)명 어떤 집단이 폭력으로 소동을 일으켜 사회의 질서와 안녕을 어지럽히는 일. ¶―을 진압하다.

폭등(暴騰)명-하다자 물가나 주가(株價) 등이 갑자기 크게 오름. ¶기름 값이 ―하다. ☞폭락(暴落)

폭락(暴落)명-하다자 물가나 주가 등이 갑자기 크게 떨어짐. 붕락(崩落) ¶아파트 시세가 하루가 다르게 ―하다. ☞참락(慘落). 폭등(暴騰)

폭려(暴戾)어기 '폭려(暴戾)하다'의 어기(語基).

폭려-하다(暴戾―)형여 사람의 도리에 어그러질 정도로 모질고 사납다.

폭력(暴力)명 ①거칠고 사나운 힘. ②육체적 손상을 가져오거나, 정신적·심리적 압박을 주는 물리적인 힘. ¶―을 휘두르다./―으로 위협하다.

폭력-단(暴力團)명 ①폭력을 함부로 휘두르는 무리. ②폭력을 써서 사사로운 목적을 이루려는 불법 단체.

폭력-배(暴力輩)명 걸핏하면 폭력을 휘두르는 불량배.

폭력-적(暴力的)명 폭력의 성향을 띠는 것. ¶― 수단

폭력-주의(暴力主義)명 테러리즘(terrorism)

폭력주의-자(暴力主義者)명 테러리스트(terrorist)

폭력=혁명(暴力革命)명 무력으로 지배 계급이나 국가 권력을 넘어뜨리려는 혁명.

폭렬(爆裂)명-하다자 폭발하여 산산이 흩어짐.

폭로(暴露)명-하다자타 ①물건이 드러나 비바람에 바래짐, 또는 그렇게 되게 함. ②부정이나 음모·비밀 따위가 죄다 드러남, 또는 들추어냄. ¶비밀을 ―하다.

폭로=전:술(暴露戰術)명 반대파나 반대자의 알려지지 않은 부정(不正)이나 결함 따위를 폭로하여 상대를 궁지에 빠뜨리려는 전술.

폭론(暴論)명 거칠고 사나운 언론.

폭뢰(爆雷)명 잠수함을 공격하기 위한 수중 폭탄의 한 가지. 일정한 깊이에 이르면 자동으로 폭발함.

폭리(暴吏)명 백성에게 포악한 짓을 하고 도리에 어긋나는 짓을 하는 관리.

폭리(暴利)명 ①부당한 방법으로 얻는 많은 이익. ¶매점 매석을 하여 ―를 얻다. ②한도를 넘는 많은 이익. ☞박리(薄利)

폭리=행위(暴利行爲)명 상대편의 궁핍·무지(無知)·무경험 등의 약점을 노려 부당한 이익을 꾀하는 행위.

폭명(爆鳴)명-하다자 폭발할 때 소리가 남, 또는 그 소리.

폭명=가스(爆鳴gas)명 산소 1과 수소 2 비율의 혼합 기체. 불을 붙이면 요란한 소리를 내면서 폭발하며 수증기가 생김. 폭명기(爆鳴氣)

폭명-기(爆鳴氣)명 폭명 가스

폭민(暴民)명 폭동을 일으킨 민중.

폭발(暴發)명-하다자 ①감정 따위가 갑자기 터짐. ¶울분이 ―하다. ②어떤 일이 별안간 벌어짐. ¶시민 운동의 ―. ③분위기나 열기 따위가 갑작스럽게 높아지거나 번져 나감. ¶인기 ―

폭발(爆發)명-하다자 ①불이 일어나며 갑작스럽게 터짐. ②급속히 일어나는 화학 반응으로 많은 가스와 열량이 생기고 부피가 급격히 커지며 폭음과 화염, 파열 작용을 일으키는 현상.

한자 폭발할 폭(爆)〔火部 15획〕¶폭발(爆發)/폭약(爆藥)/폭음(爆音)/폭탄(爆彈)/폭파(爆破)

폭발=가스(爆發gas)명 공기와 일정 비율로 혼합되었을 때, 열이나 압력을 받으면 연소하면서 폭발하는 가연성 가스. 광산의 갱내에서 발생하는 메탄가스 따위.
폭발-물(爆發物)명 폭발하는 성질이 있는 물질을 통틀어 이르는 말.
폭발-약(爆發藥)[-략]명 폭발을 일으키는 화약류를 통틀어 이르는 말. 준폭약
폭발-적(爆發的)[-쩍]명 폭발하듯이 갑자기 굉장한 기세로 일어나거나 퍼지는 것. ¶-인 관심.
폭발-탄(爆發彈)명 폭탄(爆彈)
폭백(暴白)명-하다타 ①억울하고 분한 처지를 하소연하며 변명함. ②발명(發明)²
폭백(曝白)명-하다타 베 따위를 삶거나 빨아서 바램. 마전¹
폭부(暴富)명 벼락부자
폭사(暴死)명-하다자 갑자기 참혹하게 죽음. 폭졸(暴卒) ¶산사태로 일가족이 -하다.
폭사(爆死)명-하다자 폭발물의 폭발로 말미암아 죽음. ¶지뢰가 터져 -하다.
폭삭부 ①작은 물체가 아주 맥없이 내려앉는 모양을 나타내는 말. ¶- 허물어지다. ②몸집이 작은 사람이 기운이 빠져 허물어지듯 주저앉는 모양을 나타내는 말. ③몹시 심하게 썩거나 삭은 모양을 나타내는 말. ④몹시 기력이 약해지고 늙은 모양을 나타내는 말. ¶- 늙어서 운신도 못하다. ☞팍삭. 푹석
폭삭-폭삭부 잇달아 폭삭 하는 모양을 나타내는 말. ☞팍삭팍삭¹. 푹석푹석
폭살(爆殺)명-하다타 폭발물을 터뜨리어 죽임.
폭서(暴暑)명 더할 나위 없이 심한 더위. ☞폭염(暴炎). 혹서(酷暑)
폭서(曝書)명-하다자타 좀이나 곰팡이를 막기 위하여, 책에 볕을 쪼이고 바람을 쏘임. 쇄서(曬書)
폭설(暴泄)명-하다자 한방에서, 갑자기 나는 심한 설사를 이르는 말. 폭주(暴注)
폭설(暴雪)명 갑자기 많이 내리는 눈.
폭설(暴說)명 난폭한 말. ☞폭언(暴言)
폭소(爆笑)명-하다자 웃음이 갑자기 터져 나옴, 또는 그 웃음. ¶-를 터뜨리다.
폭쇄(曝曬)명-하다타 젖은 것이나 축축한 것을 바람을 쏘이고 바램. ☞폭서(暴暑)
폭쇠(暴衰)명-하다자 정력이나 세력이 갑작스럽게 줄어듦.
폭스테리어(fox terrier)명 테리어종의 개. 영국 원산으로, 본디는 여우 사냥개였으나 현재는 애완용으로 많이 기름.
폭스트롯(fox trot)명 미국에서 생겨난 사교 댄스의 한 가지, 또는 그런 스텝이나 리듬. 2분의 2박자나 4분의 4박자로, 비교적 빠른 템포임. 준트롯(trot)
폭식(暴食)명-하다자타 ①음식을 한꺼번에 많이 먹음. ②가리지 않고 아무 것이나 마구 먹음.
폭신-폭신부-하다형 매우 폭신한 모양을 나타내는 말. ☞팍신팍신. 푹신푹신
폭신-하다형여 살갗에 닿는 감촉이 보드랍고 탄력성이 있다. ¶폭신한 이불. ☞푹신하다
폭심(爆心)명 폭격이나 폭발의 중심점.
×**폭악**(暴惡)명-하다형 →포악(暴惡)
폭암(暴暗)명 한방에서, 혈기 부족으로 갑자기 정신이 아뜩해지거나 눈앞이 캄캄해지는 병을 이르는 말.
폭압(暴壓)명-하다타 폭력으로 억압함, 또는 그 억압.
폭약(爆藥)명 '폭발약(爆發藥)'의 준말.
폭양(暴陽·曝陽)명 ①몹시 뜨겁게 내리쬐는 햇볕. 뙤약볕 ②-하다타 뜨거운 햇볕을 쪼임.
폭언(暴言)명-하다자 거칠고 사납게 말함, 또는 그런 말. ¶-을 퍼붓다. ☞폭설(暴說)
폭염(暴炎)명 불이 내리쬐는듯 한 심한 더위. ☞폭서(暴暑). 혹한(酷寒)
폭우(暴雨)명 갑자기 세차게 내리는 비. ☞장대비
폭원(幅員)명 땅이나 도로 따위의 너비. 원복원(幅員)
폭위(暴威)명 거칠고 사나운 위세.
폭음(暴淫)명-하다자 방사(房事)를 지나치게 함.
폭음(暴飮)명-하다자 ①술을 한꺼번에 많이 마심. 폭주(暴酒) ②가리지 않고 아무 것이나 마구 마심.
폭음(暴瘖)명 한방에서, 갑자기 혀가 굳어 말을 하지 못하는 풍병(風病)을 이르는 말.
폭음(爆音)명 폭발물이 터지는 소리.
폭정(暴政)명 포악한 정치. 가정(苛政). 패정(悖政)
폭졸(暴卒)명-하다자 폭사(暴死)
폭주(暴走)명-하다자 빠른 속도로 난폭하게 달림. ¶오토바이로 -하다.
폭주(暴注)명-하다자 ①비가 갑자기 쏟아지듯이 내림. ☞폭우 ②폭설(暴泄)
폭주(暴酒)명-하다자 폭음(暴飮)
폭주(∠輻輳·輻湊)명-하다자 ①'폭주병진(輻輳幷臻)'의 준말. ¶기사(記事)의 -./-하는 민원. 원복주(輻輳) ②두 눈의 주시선(注視線)이 눈앞의 한 점으로 모이는 일.
폭주병:진(∠輻輳幷臻·輻湊幷臻)성구 수레바퀴의 살이 바퀴통에 모이듯 한다는 뜻으로, 한곳으로 많이 몰려듦을 이르는 말. 준폭주
폭주-족(暴走族)명 오토바이 따위를 타고 떼를 지어 거리를 난폭하고 빠르게 달리면서 사람들을 놀라게 하고 괴롭히는 불량배들.
폭죽(爆竹)명 불놀이 제구의 한 가지. 화약을 종이로 싸거나 대롱 같은 것의 속에 넣고, 그 끝에 달린 심지에 불을 댕겨 터뜨려서 소리나 불꽃이 나게 함. 딱총. 화포(花砲) ☞줄불
폭질(暴疾)명 갑작스럽게 앓는 급한 병.
폭취(暴醉)명-하다자 술이 갑작스레 몹시 취함.
폭침(爆沈)명-하다타 폭발시켜 물 속으로 가라앉힘.
폭탄(爆彈)명 금속 용기에 폭약을 채워 만든 병기(兵器). 던지거나 쏘거나 하여 인명을 살상하거나 시설물을 파괴함. 폭발탄(爆發彈)
폭탄=선언(爆彈宣言)명 큰 반향(反響)이나 작용을 불러일으키는, 예상하지 못하였던 중대 선언.
폭투(暴投)명-하다타 야구에서, 포수가 받을 수 없을 정도로 나쁘게 던진, 투수의 투구(投球)를 이르는 말. ☞악송구(惡送球)
폭파(爆破)명-하다타 폭발시켜 부숨.
폭포(瀑布)명 '폭포수(瀑布水)'의 준말.
폭포-선(瀑布線)명 산지의 사면(斜面)을 따라 나란히 흘러내리는 여러 개의 급류가 산지와 평야의 경계에서 거의 가지런히 이어지며 선을 이루는 지형.
폭포-수(瀑布水)명 낭떠러지에서 곧장 흘러 떨어지는 물. 준폭포 ☞비천(飛泉). 현천(懸泉)
폭-폭¹부 ①작고 긴 물체로 잇달아 좀 깊이 박거나 찌르는 모양을 나타내는 말. ②작은 물체가 잇달아 좀 깊이 빠지거나 잠기는 모양을 나타내는 말. ③작은 물체가 맥없이 잇달아 쓰러지는 모양을 나타내는 말. ④깊고 동그스름하게 잇달아 파내는 모양을 나타내는 말. ⑤함씬 익게 몹시 끓이거나 삶는 모양을 나타내는 말. ⑥심하게 썩거나 삭은 모양을 나타내는 말. ⑦수나 분량이 잇달아 꽤 줄어드는 모양을 나타내는 말. ☞푹푹¹
폭-폭²부 한숨을 잇달아 작게 내쉬는 모양을 나타내는 말. ☞푹푹²
폭풍(暴風)명 ①몹시 세차게 부는 바람. ②풍력 계급의 '왕바람'의 구용어. ☞태풍(颱風)
폭풍 전의 고요관용 어떤 변고가 일어나기 전, 한동안의 불안스런 정적(靜寂)을 비유하여 이르는 말.
폭풍(爆風)명 폭발물이 터질 때 일어나는 센 바람.
폭풍=경:보(暴風警報)명 기상 경보의 하나. 폭풍·폭풍우·폭풍설 등의 우려가 있음을 미리 알리는 경보로서, 최대 평균 풍속이 초당 21m 이상일 때에 냄.
폭풍-설(暴風雪)명 폭풍과 함께 갑자기 많이 내리는 눈. 사나운 눈보라. ¶때아닌 -로 교통이 두절되다.

폭풍설=경:보(暴風雪警報)명 기상 경보의 하나. 최대 평균 풍속이 초당 21m 이상인 강풍이 시간당 10cm 이상의 강설량을 동반할 때 냄.

폭풍-우(暴風雨)명 폭풍과 함께 세차게 내리는 비. 사나운 비바람.

폭풍우=경:보(暴風雨警報)명 기상 경보의 하나. 최대 평균 풍속이 초당 21m 이상인 강풍이 시간당 30mm 이상의 강우량을 동반할 때 냄.

폭풍우=주:의보(暴風雨注意報)명 기상 주의보의 하나. 폭풍 주의보를 낼만 한 폭풍에다, 시간당 강우량이 20 mm 이상일 때 냄.

폭풍=주:의보(暴風注意報)명 기상 주의보의 하나. 최대 평균 풍속이 14m 이상일 때 풍향과 함께 발표함.

폭-하다(曝-)타여《文》①햇볕에 쬐다. ②한데에 두어 비바람을 맞게 하다.

폭한(暴寒)명 갑자기 닥치는 심한 추위. ☞혹한(酷寒)

폭한(暴漢)명 난폭한 짓을 하는 사람. 폭객(暴客)

폭행(暴行)명-하다자 ①난폭한 짓을 함, 또는 그런 짓. ②'강간(強姦)'을 에둘러 이르는 말.

폭행-죄(暴行罪)[-쬐]명 남에게 폭행을 하거나 협박을 함으로써 성립하는 죄. ☞상해죄(傷害罪)

폰:(phon)의 소리의 크기를 나타내는 단위. 소음의 표시에 흔히 쓰임. ☞데시벨(decibel)

폴:(fall)명 레슬링에서, 상대편의 두 어깨를 매트에 닿게 하는 일. 아마추어 경기에서는 1초, 프로 경기에서는 3초 동안 닿게 하면 이김.

폴:(pole)[1]명 ①장대높이뛰기에 쓰이는 장대. ②측량에 쓰이는 긴 막대.

폴:(pole)[2]의 야드파운드법에 따른 길이의 단위. 1폴은 5.5야드(약 5.03m)임.

폴:더(folder)명 윈도나 매킨토시 운영 체제에서 관련 있는 프로그램이나 파일을 묶어서 아이콘으로 나타낸 것.

폴:더(polder 네)명 네덜란드의 연안 지방에 발달한, 해면보다 낮은 간척지.

폴딱부 작은 몸을 살짝 오무렸다가 뛰어오르는 모양을 나타내는 말. ☞팔딱. 풀떡

폴딱-거리다(대다)자 힘을 모아 가볍게 자꾸 뛰다. ☞팔딱거리다

폴딱-폴딱부 자꾸 폴딱 하는 모양을 나타내는 말. ☞팔딱팔딱. 풀떡풀떡

폴라로그래피(polarography)명 전해 분석(電解分析)의 한 가지. 수은 적하(滴下) 전극을 써서 전해 반응을 분석 측정하는 전기 화학적 방식임.

폴라로이드랜드카메라(Polaroid Land camera)명 카메라 안에서 현상과 정착이 이루어져 촬영 뒤 곧바로 사진이 나오게 된 즉석 카메라. 준폴라로이드카메라

폴라로이드카메라(Polaroid camera)명 '폴라로이드랜드카메라'의 준말.

폴라리스(Polaris)명 작은곰자리의 알파성, 곧 북극성(北極星)을 이르는 말.

폴락-거리다(대다)자타 폴락폴락 나부끼다, 또는 그리 되게 하다. 폴락이다 ☞팔락거리다. 풀럭거리다

폴락-이다자타 폴락거리다 ☞팔락이다. 풀럭이다

폴락-폴락부 천 따위가 바람에 가볍게 나부끼는 모양을 나타내는 말. ☞팔락팔락. 풀럭풀럭

폴랑-거리다(대다)자타 폴랑폴랑 나부끼다, 또는 그리 되게 하다. 폴랑이다 ☞팔랑거리다. 풀렁거리다

폴랑-이다자타 폴랑거리다 ☞팔랑이다. 풀렁이다

폴랑-폴랑부 천 따위가 바람에 가볍고 부드럽게 나부끼는 모양을 나타내는 말. ☞팔랑팔랑. 풀렁풀렁

폴:로(polo)명 말을 타고 하는 경기의 한 가지. 각각 네 사람으로 된 두 편이 말을 타고 막대로 공을 쳐서 상대편의 골에 넣어 승패를 겨룸.

폴로네:즈(polonaise 프)명 폴란드의 대표적인 민속 무용, 또는 그 춤곡. 4분의 3박자로, 비교적 느린 템포임.

폴로늄(polonium)명 방사성 원소의 하나. 우라늄 광석에 들어 있는 회백색의 금속으로, 물리 측정의 재료로 쓰임. 〔원소 기호 Po/원자 번호 84/원자량 210〕

폴로:신:(follow scene)명 영화에서, 이동 촬영으로 만든 장면을 이르는 말.

폴리돌(Folidol 독)명 파라티온계 유기 인산제의 살충 농약. 상품명임.

폴리머(polymer)명 중합체(重合體) ☞모노머(monomer)

폴리스(polis)명 고대 그리스의 도시 국가.

폴리스티렌(polystyrene)명 스티롤의 중합체, 곧 '스티롤 수지(樹脂)'를 달리 이르는 말. 폴리스티롤

폴리스티롤(Polystyrol 독)명 폴리스티렌

폴리에스테르(polyester)명 다가(多價) 알코올과 다염기산의 축합(縮合)으로 이루어지는 고분자 화합물을 통틀어 이르는 말. 내약품성과 내열성이 뛰어나 가구, 건재, 합성 섬유 따위에 쓰임.

폴리에틸렌(polyethylene)명 에틸렌으로 만드는 합성 수지. 내수성과 내약품성이 있어 그릇, 포장 재료, 전기 절연체, 공업용 부품 따위에 쓰임.

폴리엔(polyene)명 이중 결합을 여러 개 가진 유기 화합물을 통틀어 이르는 말. 탄성 고무 따위에 널리 쓰임.

폴리-염화비닐(poly塩化vinyl)명 염화비닐의 중합체(重合體). 탄력이 있고 약품에 강하여 파이프나 용기, 합성 섬유 따위에 쓰임. 피브이시(PVC)

폴리포니(polyphony)명 다성부 음악(多聲部音樂)

폴립(polyp)명 ①강장동물의 기본적인 체형의 한 가지. 몸은 원통형이며 입 주위에 많은 촉수가 있고, 아래쪽에는 족반(足盤)이 있어 다른 물체에 들러붙음. 몸 안은 강장(腔腸)으로 되어 있음. ②피부나 점막 등의 겉면에 줄기를 가지고 돋아나온 원형·타원형·달걀꼴의 종기를 통틀어 이르는 말.

폴싹부 먼지 따위가 갑자기 조금 일어나는 모양을 나타내는 말. ☞팔싹. 풀썩

폴싹-폴싹부 자꾸 폴싹 하는 모양을 나타내는 말. ☞팔싹팔싹. 풀썩풀썩

폴짝부 몸집이 작은 것이 가볍게 한 번 뛰어오르는 모양을 나타내는 말. ☞팔짝. 풀쩍

폴짝-폴짝부 몸집이 작은 것이 가볍게 자꾸 뛰어오르는 모양을 나타내는 말. ☞팔짝팔짝. 풀쩍풀쩍

폴카(polka)명 1830년경에 보헤미아에서 생겨나 전 유럽으로 퍼진, 4분의 2박자의 경쾌한 춤곡.

폴:트(fault)명 테니스·탁구·배구 따위에서, 서브의 실패를 이르는 말.

폴폴부 ①작은 기포가 조금씩 생기면서 끓기 시작하는 모양을 나타내는 말. ②가루나 먼지 따위가 바람에 가볍게 흩날리는 모양을 나타내는 말. ¶눈가루가 - 날리다./재가 - 날리다. ③냄새 따위가 은근히 풍기는 상태를 나타내는 말. ¶냄새를 - 풍기다. ☞팔팔. 풀풀

폼:(form)명 ①형식. 양식(樣式) ②몸의 자세. ¶공을 던지는 -. ③컴퓨터로 작성하는 서류의 양식.

폼(을) 잡다관용 ①무엇을 시작하려는 자세를 취하다. ②'젠체하다', '뻐기다'를 속되게 이르는 말.

폼포소(pomposo 이)명 악보의 나타냄말의 한 가지. '화려하게' 또는 '호탕하게'의 뜻.

폿-집(包-)명 전각(殿閣)이나 궁궐과 같이 포살미하여 지은 집.

퐁부 ①갇혀 있던 기체가 좁은 구멍으로 빠져 나오는 소리를 나타내는 말. ②작은 구멍이 환히 뚫어져 있거나 뚫어지는 모양을 나타내는 말. ☞풍

퐁당부 작고 목직한 물건이 좁고 깊은 물에 떨어질 때 울리어 나는 소리를 나타내는 말. ☞팡당. 풍덩

퐁당-퐁당부 잇달아 퐁당 하는 소리를 나타내는 말. ☞팡당팡당. 풍덩풍덩

퐁-퐁[1]부 ①갇혀 있던 기체가 여러 번에 걸쳐 잇달아 좁은 구멍으로 빠져 나오는 소리를 나타내는 말. ②작은 구멍이 여러 군데 환히 뚫어져 있거나 잇달아 뚫어지는 모양을 나타내는 말. ☞풍풍[1]

퐁퐁[2]부 액체가 좁은 구멍으로 쏟아지거나 솟아나는 소리, 또는 그 모양을 나타내는 말. ¶샘물이 - 솟다. ☞

ㅍ

평평². 풍풍²

푄(Föhn 독)명 산을 넘어서 불어 내리는 건조한 열풍. 풍염(風炎)

표(杓)명 북두칠성의 자루 모양에 해당하는 세 개의 별. 두병(斗柄) ☞괴(魁)

표(表)명 ①겉. 바깥 ②어떤 내용을 성질이나 순서에 따라 보기 쉽게 나타낸 것. ¶부서별 업무 실적을 ─로 만들다. ③지난날, 마음에 품은 뜻을 적어 임금에게 올리던 글. ④과문육체(科文六體)의 하나. ⑤'표적(表迹)'의 준말. ⑥'표시(表示)'의 준말.

표(票)명 ①증거가 될만 한 쪽지. 입장권이나 승차권 따위. ¶─를 받고 상품을 주다. ②선거 또는 의결에서 자기 의사를 나타내는 쪽지. ¶민주 시민으로서 한 ─를 행사하다. ③〔의존 명사로도 쓰임〕 투표한 쪽지의 수를 세는 단위를 나타내는 말. ¶300─ 차로 낙선하다.

표(를) 끊다 관용 정해진 돈을 내고 차표·배표·입장권 따위를 사다.

표(標)명 ①증거가 될만 한 필적이나 형적(形迹). ¶달력 위에 기념일을 ─로 남기다./참석자의 명단에 ─를 해 두다. ②두드러지게 나타나 보이는 특징. ¶그의 작품은 어딘가 ─가 난다. ③특징이 되게 하는 어떠한 지점(指點). ④'표지(標紙)'의 준말.

한자 표 표(標) 〔木部 11획〕 ¶표시(標示)/상표(商標)

표-가라(驃─)명 몸은 검고 갈기가 흰 말.

×표견=대:리(表見代理)명 → 표현 대리(表見代理)

표결(表決)명-하다타 합의체(合意體)의 구성원이 의안(議案)에 대하여 가부(可否)의 의사를 나타내어 결정하는 일. ¶새해 예산안을 ─에 부치다.

표결(票決)명-하다타 투표로써 결정함. ¶시급한 안건을 올해 안에 ─키로 했다.

표결-권(表決權)[─꿘]명 회의에 참석하여 표결할 수 있는 권리.

표고명 느타리버섯과의 버섯. 갓의 길이는 6~10cm로, 육질이며 겉면은 다갈색, 속은 백색임. 봄부터 가을까지 밤나무나 떡갈나무 따위의 고목(枯木)에 자라는데, 먹을 수 있으며 인공 재배도 함. 마고(蘑菰). 표고버섯. 추이(椎栮)

표고(標高)명 평균 해면에서 땅 위의 어느 지점까지의 수직 높이를 이르는 말. 해발(海拔) ¶─ 500m 이하의 산. ☞고도(高度)

표고-버섯명 표고

표고-점(標高點)[─쩜]명 표고를 숫자로 나타낸 지점.

표구(表具)명-하다타 족자(簇子)나 병풍, 서책(書册) 따위를 꾸며 만드는 일.

표구-사(表具師)명 표구를 직업으로 삼는 사람.

표기(表記)명-하다타 ①책·문서·봉투 등의 거죽에 적음, 또는 그 기록. ¶한글로 ─하다. ②문자나 부호를 써서 말을 적음. ¶소리 나는 대로 ─하다.

표기(標記)명-하다타 어떤 표로 적음, 또는 그 적은 것.

표기(標旗)명 ①목표물로 세운 기. ②조선 시대, 병조(兵曹)의 푯대가 되는 깃발을 이르던 말.

표기-법(表記法)[─뻡]명 언어를 문자나 부호를 써서 나타내는 규칙을 통틀어 이르는 말. ¶외국어 한글 ─

표-나다(標─)자 여럿 가운데서 특히 두드러질만 한 점이 보이다. ¶그의 차림새는 어디서나 표난다.

표녀(漂女)명 빨래하는 여자. ☞표모(漂母)

표대(表對)[─때]명 시문(詩文)을 짓는 데 썩 잘 맞게 짝을 맞춘 글귀.

표독(慓毒)어기 '표독(慓毒)하다'의 어기(語基).

표독-스럽다(慓毒─)(─스럽고·─스러워)형ㅂ 성질이 사납고 독살스러운 데가 있다.

표독-스레부 표독스럽게

표독-하다(慓毒─)형여 성질이 사납고 독살스럽다.

표등(標燈)명 신호를 보내거나 목표로 삼기 위해 켜 놓은 등불.

표랑(漂浪)명-하다자 ①물 위에 떠돌아다님. ②정처 없이 떠돌아다님. 방랑(放浪)

표략(剽掠)명-하다타 위협하여 빼앗음. 표탈(剽奪)

표령(飄零)명-하다자 ①나뭇잎이 바람에 흩날려 떨어짐. ②신세가 기박하여 이리저리 떠돎.

표로(表露)명-하다자타 겉에 나타남, 또는 겉으로 나타냄.

표류(漂流)명-하다자 ①물에 떠서 흘러감. ②정처 없이 떠돌아다님.

표리(表裏)명 ①겉과 속. 안과 밖. ②지난날, 임금이 신하에게 내리거나 신하가 임금에게 바치던, 옷의 겉감과 안감.

표리부동(表裏不同)성구 마음이 음충맞아서 겉과 속이 다름을 이르는 말.

표리상응(表裏相應)성구 안팎에서 서로 손이 맞음을 이르는 말.

표리일체(表裏一體)성구 안팎이 한 덩어리가 됨을 이르는 말.

표마(驃馬)명 표절따

표막(表膜)명 겉막

표말(標末)명 푯말

표면(表面)명 겉. 겉면 ☞이면(裏面)

표면=장력(表面張力)명 액체가 스스로 수축하여 겉넓이를 가장 작게 가지려고 하는 힘. 계면 장력

표면-적(表面的)명 겉으로 드러난 것.

표-면적(表面積)명 겉넓이

표면-파(表面波)명 ①액체의 표면에 일어나는 물결. 풍랑(風浪) 따위. ②매질(媒質)의 표면이나 경계 면을 따라 전해지는 파동. 지표로 퍼지는 지진파(地震波) 따위. ☞실체파(實體波)

표면-화(表面化)명-하다자 감추어 있거나 알려지지 않았던 사실이 겉으로 드러남. ¶그의 야심이 ─하다.

표면=활성제(表面活性劑)[─썽─]명 계면 활성제

표명(表明)명-하다타 태도나 결의 등을 분명히 나타냄. ¶사퇴 의사를 ─하다.

표모(漂母)명 빨래하는 늙은 여자. ☞표녀(漂女)

표목(標木)명 푯말

표몰(漂沒)명-하다자 물에 떠돌다 가라앉음.

표묘(縹緲·縹渺)어기 '표묘(縹緲)하다'의 어기(語基).

표묘-하다(縹緲─)형여 아득하게 넓고 멀다.

표문(表文)명 지난날, 임금에게 표(表)로 올리던 글.

표문(豹紋)명 표범의 털가죽에 있는 얼룩무늬.

표미(豹尾)명 표범의 꼬리.

표박(漂泊)명-하다자 ①물 위에 흘러 떠돎. ②정처 없이 떠돌아다니며 지냄. 표우(漂寓)

표방(標榜)명-하다타 ①주의나 주장 따위를 어떠한 명목을 붙여 내세움. ¶그 후보는 도덕 정치를 ─하고 나섰다. ②남의 착한 행실을 사회에 알림.

표-밭(票─)명 선거 투표에서, 어떤 입후보자에 대한 지지도가 특히 높아 무더기로 득표할 수 있는 구역을 흔히 이르는 말.

표백(表白)명-하다타 생각이나 태도 등을 말이나 글로 나타내어 밝힘.

표백(漂白)명-하다타 종이나 피륙 따위를 바래거나 화학 약품을 써서 희게 함.

표백-분(漂白粉)명 수산화칼슘에 염소를 흡수시켜 만든 흰 가루. 무명 따위를 표백하며 소독제로도 쓰임. 클로르칼크(chlorkalk)

표백-제(漂白劑)명 섬유, 식품 또는 염색 재료 속의 색소(色素)를 표백하는 약제. 표백분이나 과산화수소, 이산화황 따위.

표범(豹─)명 고양잇과의 포유동물. 몸길이 1.5m 안팎. 옅은 황갈색 바탕에 검은 얼룩점이 온몸에 빽빽함. 다리는 짧고 몸통과 꼬리가 길. 날쌔고 사나우며 나무에 잘 오름. 아시아·아프리카 등지의 삼림이나 평원에 삶.

표변(豹變)명-하다자타 ①표범의 털이 가을 털갈이로 무늬가 아름다워진다는 데서, 허물을 고쳐 말이나 태도 등이 전과 뚜렷이 달라짐을 이르는 말. ②마음이나 행동이 갑자기 달라지거나 갑자기 바꿈을 비유하여 이르는 말.

표본(標本)명 ①본보기가 되거나 표준으로 삼을만 한 물건. 샘플. 표품(標品) ②생물학·의학·광물학 등에서, 연구·교재용으로 보존할 수 있게 처리한 것을 이르는 말. 박제 표본 따위.
표본-실(標本室)명 표본을 간수·진열하여 놓은 방.
표본=조사(標本調査)명 통계에서, 대상이 되는 집단에서 몇몇 표본을 뽑아 조사하여, 그 결과로써 모집단(母集團)의 성질을 헤아리는 방법. ☞전수 조사(全數調査)
표본-지(標本紙)명 식물의 표본을 붙이는 종이.
표본=추출(標本抽出)명 통계의 목적으로, 모집단(母集團)에서 표본을 골라내는 일.
표사유피(豹死留皮)성구 표범은 죽어서 털가죽을 남긴다는 뜻으로, 사람은 죽은 뒤에 이름을 남김을 비유하여 이르는 말. 유호사유피(虎死留皮)
표상(表象)명 ①상징적으로 나타내는 것. ¶자유의 -인 조형물. ②철학이나 심리학에서, 직관적으로 마음에 떠오르는 외계의 사물이나 현상의 모습을 이르는 말.
표상-주의(表象主義)명 상징주의(象徵主義)
표상-형(表象型)명 심리학에서, 표상의 성질과 지적(知的) 기능에 따라 가른 인간의 유형을 이르는 말. 시각형·청각형·운동형·혼합형의 네 가지가 있음.
표서(表書)명-하다자 겉면에 글씨를 씀, 또는 그 글씨.
표석(表石)명 묘표(墓表)
표석(漂石)명 ①빙하를 따라 움직이다가 빙하가 녹은 뒤에 그대로 남아 있는 바윗돌. ②풍화 작용으로 떨어져 나가 하천을 따라 하류로 흘러 내려간 암석 조각.
표석(標石)명 푯돌
표선(漂船)명 정처 없이 떠돌아다니는 배.
표설(漂說)명 부설(浮說)
표송(標松)명 나뭇갓에서 베어 내지 않고 표가 나게 남겨 둔 소나무.
표숙(表叔)명 외삼촌(外三寸)
표시(表示)명-하다타 겉으로 드러내어 보임. ¶고마운 마음을 -하다./반대 의사를 -하다. 준표(表)
표시(標示)명-하다타 표를 하여 나타내 보임. ¶도로 공사 현장에 교통 안내 -를 하다.
표시-기(標示器)명 도로 안내나 교통 정리 따위를 위하여 글자나 그림, 색깔 따위로 어떻게 하라는 뜻을 가리켜 보이는 푯대.
표시-등(表示燈)명 ①전기 회로나 기기(器機)의 작동 상태 등을 나타내는 작은 등. 파일럿램프 ②수로(水路)를 안내하는 선박에 다는 등.
표시-주의(表示主義)명 법률에서, 행위자의 의사와 행위가 일치하지 않을 때, 외부에 나타난 행위의 표시에 중요성을 두는 주의. ☞의사주의(意思主義)
×표식(標識)명 →표지(標識)
표신(標信)명 조선 시대, 궁중에 급변(急變)을 전하거나 궁궐 문을 드나들 때 지니고 다니던 문표(門標).
표실(漂失)명-하다타 물에 떠내려가서 잃어버림.
표어(標語)명 어떤 강령(綱領)이나 주장 따위를 호소하거나 알리기 위하여 간결하게 표현한 짧은 어구(語句).
표연(飄然)어기 '표연(飄然)하다'의 어기(語基).
표연-하다(飄然-)형여 ①바람에 나부껴 팔랑거리는 모양이 가볍다. ②훌쩍 떠나는 모습이 홀가분하고 거침없다. ¶그는 표연하게 먼길을 떠났다.
표연-히부 표연하게
표요(飄颻)어기 '표요(飄颻)하다'의 어기(語基).
표요-하다(飄颻-)형여 표표(飄飄)하다
표우(漂寓)명-하다자 표박(漂泊)
표음(表音)명-하다자 글자나 음성 기호 등으로 소리를 나타냄. 사음(寫音) ☞표의(表意)
표음=기호(表音記號)명 발음 기호(發音記號)
표음=문자(表音文字)명 문자 분류의 한 가지. 글자 하나하나가 뜻과는 관계없이 소리만을 나타내는 글자. 한글이나 로마자가 이에 해당함. 기음 문자(記音文字). 사음 문자(寫音文字). 소리글자 ☞표의 문자(表意文字)
표의(表衣)명 겉에 입는 옷. 웃옷
표의(表意)명-하다자 뜻을 나타냄. ☞표음(表音)
표의=문자(表意文字)명 문자 분류의 한 가지. 글자 하나하나가 일정한 뜻을 지니고 있는 글자. 한자(漢字)나 이집트의 상형 문자(象形文字)가 이에 해당함. 뜻글자 ☞표음 문자(表音文字)
표일(飄逸)어기 '표일(飄逸)하다'의 어기(語基).
표일-하다(飄逸-)형여 ①남다르게 뛰어나다. ②세속에 얽매이지 않고 태평하다.
표자(瓢子)명 표주박
표-장(標-)명 서표(書標)
표장(表裝)명-하다타 장황(裝潢)
표장(標章)명 어떤 표지(標識)로 나타내어 보이는 부호나 그림. 휘장(徽章)이나 문장(紋章) 따위.
표재(俵災)명-하다타 지난날, 흉년이 든 때에 조세를 줄여 주던 일.
표재-사(表才士)명 ①한문의 사륙문(四六文)을 재빨리 잘 짓는 사람. ②한시(漢詩)의 대구(對句)를 잘 지어 맞추는 재주가 있는 사람.
표저(表著)어기 '표저(表著)하다'의 어기(語基).
표저-하다(表著-)형여 현저하다
표적(表迹)명 겉으로 나타난 형적. ¶죽을힘을 다해 일했건만 -이 없다. 준표(表)
표적(標的)명 목표로 삼는 물건. 표점(標點) ¶빗발치는 비난의 -이 되다.
표전(表箋)명 표문(表文)과 전문(箋文).
표전(飄轉)명-하다자 정처 없이 떠돌아다님.
표절(剽竊)명-하다타 남의 시나 글, 학설 따위를 몰래 따다 자기 것으로 발표하는 일. ☞도록(盜錄). 도작(盜作). 초습(剿襲)
표-절따(驃-)명 갈기와 꼬리는 희고 몸은 누른 바탕에 흰털이 섞인 말. 표마(驃馬)
표점(標點)명 표적(標的)
표정(表情)명 마음속의 감정이나 정서 따위가 얼굴에 나타난 상태. ¶아무 걱정도 없는 -./서글픈 -을 짓다./해맑은 -.
표정(表旌)명-하다타 지난날, 충신·효자·열녀를 표창하여 정문(旌門)을 세우던 일.
표정-근(表情筋)명 표정을 나타내는 작용을 하는 얼굴의 근육. 안면근(顔面筋)
표정-술(表情術)명 마음속의 감정을 겉으로 나타내는 기술. 연기(演技)의 중요한 요소가 됨.
표정=예:술(表情藝術)[-녜-]명 표정을 중요시하는 예술. 연극·영화·무용 따위.
표제(表題)[-쩨]명 표(表)를 짓는 글제.
표제(標題·表題)명 ①책자의 겉에 쓰는 그 책의 이름. ②연설이나 강연 따위의 제목. ③음악이나 미술 따위 예술 작품의 제목. ④신문이나 잡지 기사의 제목. ⑤서적이나 장부 가운데 어떤 항목을 찾기 쉽도록 정해 놓은 제목.
표제-어(標題語)명 ①제목(題目)이나 제명(題名)의 말. ②사전 등에서, 하나하나 따로 내세워 그 말뜻이나 어법상(語法上)의 구실을 밝히는 표제가 되는 말.
표제=음악(標題音樂)명 일정한 관념이나 사물을 묘사하고 서술하기 위하여 곡명(曲名)으로 표제를 붙이는 음악. ☞절대 음악(絕對音樂)
표조(漂鳥)명 철새
표종(表從)명 외사촌(外四寸)
표주(標主)명 남에게서 빚을 쓰고 수표(手標)를 써 낸 사람, 곧 채무자를 이르는 말.
표주(標柱)명 푯대
표주(標註)명 서책의 난외(欄外)에 적는 주해(註解).
표주-박명 조롱박이나 둥근 박을 반으로 쪼개어 만든 작은 바가지. 표자(瓢子)
표주박면=대:패(-面-)명 표주박과 같이 오목하게 팬 면을 미는 대패.
표준(標準)명 ①사물의 정도를 가늠하는 기준이나 목표. ②다른 것의 규범이 되는 준칙이나 규격.
표준=기압(標準氣壓)명 실제 대기의 평균에 가까운 기

압. 기온 0°C, 표준 중력일 때의 수은주 760mm의 높이, 곧 1013.25헥토파스칼로, 이를 1기압으로 침.
표준-말(標準-)명 표준어(標準語)
표준=상태(標準狀態)명 상태에 따라 바뀌는 물질의 성질을 규정하기 위하여 기준으로 삼은 상태. 기체는 0°C, 1기압의 조건임.
표준-시(標準時)명 한 나라나 한 지방의 일정한 지역에서만 공통으로 쓰는 지방시(地方時). ☞세계시
표준-액(標準液)명 노르말액
표준-어(標準語)명 한 나라가 표준으로 삼아 규범화한 말. 나라의 공용 문서(公用文書), 교육·방송 등에 쓰이는 공통어임. 우리말 표준어 규정에는 '표준어는 교양 있는 사람들이 두루 쓰는 현대 서울말로 정함을 원칙으로 한다'고 규정되어 있음. 대중말. 표준말

> ▶표준어
> 단어의 뜻이 같으면서 몇 가지 형태로 쓰일 경우, 그 가운데서 널리 쓰이는 한 단어를 표준어로 삼은 단수 표준어가 있고, 둘 이상의 형태를 표준으로 삼은 복수 표준어가 있다. 복수 표준어에는 다음과 같은 단어가 있다.
> ¶가물, 가뭄/가엾다, 가엽다/서럽다, 섧다/신, 신발/여쭈다, 여쭙다/옥수수, 강냉이

표준=임:금(標準賃金)명 실지로 지급하고 있는 임금을 통계적으로 조사하여 산출한 평균 임금. 직업별·경력별·남녀별·지방별·산업별·기능별 따위로 가름.
표준=중:력(標準重力)명 지구를 가상적인 회전 타원체로 생각했을 때, 지구의 각 위도의 계산상의 중력. 실측한 수치와는 다름.
표준=체온(標準體溫)명 동물의 소화 기관이나 근육의 활동이 멈추고, 쉬고 있을 때의 체온.
표준=편차(標準偏差)명 자료의 분산 정도를 나타내는 수치. 편차(통계 값과 평균값의 차이)를 제곱하여 이것을 산술 평균한 뒤에 제곱근풀이를 하면 표준 편차를 얻을 수 있음. 기상(氣象)이나 평가(評價), 그 밖의 변동이 많은 현상의 변동률을 알아보는 데 씀. ☞평균 편차
표준=항성(標準恒星)명 천체를 관측하는 데 표준이 되는 항성.
표준-화(標準化)명-하다타 ①표준에 맞도록 함. ②관리의 능률 증진을 위하여 자재 따위의 종류나 규격을 제한하고 통일하는 일.
표준=화:석(標準化石)명 지질 시대의 어느 일정한 시기에만 살았고, 어떤 일정한 지층에서만 발견되어 그 지층의 형성 시대를 나타내는 화석. 시준 화석(示準化石)
표증(表證)[1]명 한방에서, 겉으로 드러나는 병의 증세(症勢)를 이르는 말. ☞이증(裏證)
표증(表證)[2]명 드러난 표적(表迹).
표지(表紙)명 ①책의 겉장. 책의(册衣) ②서표(書標)
표지(標紙)명 증거의 표로 글을 적은 종이. 준표(標)
표지(標識)명 다른 것과 구별하여 알게 하는 데 필요한 표시나 특징. 표치(標幟)
표지-등(標識燈)명 밤에 항행하거나 정박 중인 선박, 또는 비행 중인 항공기 등이 그 위치를 나타내기 위해 켜 놓는 등불.
표직(豹直)명 지난날, 여러 날 잇대어 드는 번(番)을 이르던 말.
표징(表徵)명 ①겉으로 드러난 특징. ②상징(象徵)
표징(標徵)명 다른 것과 다름을 나타내는 뚜렷한 특징.
표차-롭다(表-)(-롭고·-로워)형ㅂ 여럿 가운데서 두드러지게 겉보기가 번듯하다.
　표차-로이부 표차롭게
표착(漂着)명-하다자 물에 떠서 흘러다니다가 어떤 곳에 닿음. ¶미지(未知)의 땅에 -하다.
표찰(標札)명 이름이나 번호와 같은 글을 적은 패.
표창(表彰)명-하다타 남의 공적이나 선행을 사회에 드러내어 밝힘.
표창(鏢槍)명 조선 말에 무기로 쓰던 창의 한 가지. 쇠로 만든 창 끝의 가운데가 호리병 모양으로 잘록하며, 던져서 적을 맞힘.
표창-장(表彰狀)[-짱]명 표창하는 내용을 적은 종이.
표출(表出)명-하다타 ①겉으로 드러냄. ②표현
표층(表層)명 여러 켜로 된 것의 맨 겉의 켜. 겉켜. 피층(皮層)
표치(標幟)명 표지(標識)
표치(標致)[1]명-하다자 취지(趣旨)를 드러내어 보임.
표치(標致)[2]어기 '표치(標致)하다'의 어기(語基).
표치-하다(標致-)형여 얼굴이 매우 아름답다.
표탈(剽奪)명-하다타 표략(剽掠)
표탑(標塔)명 표지(標識)로 삼으려고 세운 탑.
표탕(飄蕩)명-하다자 정처 없이 떠돌아다님.
표토(表土)명 ①겉흙 ②경토(耕土)
표폭(表幅)명 변폭(邊幅)
표표(表表)어기 '표표(表表)하다'의 어기(語基).
표표(飄飄)어기 '표표(飄飄)하다'의 어기(語基).
표표-하다(表表-)형여 눈에 띄게 두드러지다.
　표표-히부 표표하게
표표-하다(飄飄-)형여 ①날아오르거나 나부낌이 가볍다. ②떠도는 것이 정처 없다. 표요하다
　표표-히부 표표하게
표품(標品)명 표본(標本)
표풍(漂風)명-하다자 바람결에 떠서 흘러감.
표풍(飄風·飆風)명 ①회오리바람 ②-하다자 바람에 나부낌.
표피(表皮)명 ①고등 식물체 각부의 겉면을 덮고 있는 조직. 겉껍질 ②동물체의 겉면을 덮고 있는 피부의 상피 조직. ☞진피(眞皮)
표피(豹皮)명 표범의 털가죽.
표-하다(表-)타여 감정이나 의견 따위를 나타내다. 드러내다 ¶유감(遺憾)의 뜻을 -.
표-하다(標-)타여 표지(標識)로 삼다. ¶잊지 않도록 달력의 날짜 위에 표해 두다.
표한(慓悍)어기 '표한(慓悍)하다'의 어기(語基).
표한-하다(慓悍-)형여 성질이 급하며 사납고 날쌔다.
표현(表現)명-하다타 ①의견이나 감정 따위를 드러내어 나타냄. ②어떤 대상에 대한 생각이나 느낌 따위를 말이나 몸짓 등으로 형상화함. 표출(表出)
표현=대:리(表見代理)명 대리권이 없는 사람이 대리 행위를 해도, 그 사람과 본인 사이에 특수한 관계가 있고, 상대편이 그 사람을 정당한 대리인으로 잘못 알고 거래한 경우에, 상대편을 보호하기 위해 그 대리 행위를 유효로 하는 제도.
표현-주의(表現主義)명 20세기 초, 독일을 중심으로 전개된 문예 사조의 한 갈래. 자연주의와 인상주의에 대한 반동으로 일어났으며, 강력한 주관을 통해 작가 개인의 내적 생명의 표현을 추구하는 것이 특징임.
표현-파(表現派)명 예술에서, 표현주의를 주장하는 파를 이르는 말.
표현-형(表現型)명 유전학상 외형으로 나타나는 형질(形質). 현형(顯型) ☞유전자형(遺傳子型)
표홀(飄忽)어기 '표홀(飄忽)하다'의 어기(語基).
표홀-하다(飄忽-)형여 홀연히 나타났다 사라지는 모양이 매우 빠르다.
　표홀-히부 표홀하게
표훈-원(表勳院)명 대한 제국 때, 훈장이나 상여(賞與) 따위의 상전(賞典)에 관한 일을 맡아보던 관아.
푯-대(標-)명 목표나 표지로 세우는 대. 표주(標柱)
푯-돌(標-)명 목표나 표지로 세우는 돌. 표석(標石)
푯-말(標-)명 목표나 표지로 박아 세우는 말뚝. 표말(標杙). 표목(標木)
푸:부 ①다문 입을 조금 벌리며 입김을 내뿜는 소리, 또는 그 모양을 나타내는 말. ②갇혀 있던 공기가 힘없이 새는 소리를 나타내는 말.
푸가(fuga 이)명 악곡 형식의 한 가지. 하나의 주제 음조(音調) 다른 성부나 악기들이 차례로 반복하여 모방하면

ㅍ

서 전개되는 대위법적(對位法的) 악곡. 둔주곡(遁走曲)

푸근-하다 형여 ①겨울 날씨가 바람기 없이 꽤 따뜻하다. ¶푸근한 날씨. ②물체의 감촉이 부드럽고 따뜻하다. ¶푸근한 털옷. ③마음이나 분위기 따위가 정겹고 따뜻하다. ¶가족간의 푸근한 정. ☞포근하다

푸근-히 부 푸근하게 ☞포근히

푸-나무 명 풀과 나무.

푸나무-서리 명 풀과 나무가 우거진 사이.

푸네기 명 가까운 제살붙이를 이르는 말.

푸념 명-하다자 ①마음에 품은 회한(悔恨)이나 불만을 드러내어 말하는 일. 넋두리 ②굿을 할 때, 무당이 귀신의 뜻을 받아, 정성을 들이는 사람을 꾸짖는 일.

푸다(푸고·퍼)타우 ①물 따위의 액체나 가루로 된 물질을 자아올리거나 떠내다. ¶지하실에 고인 물을 -./항아리 속의 소금을 -. ②그릇 속에 든 곡식이나 밥 따위를 떠내다. ¶주걱으로 밥을 -.

푸다꺼리 명-하다자 부정이나 살을 풀기 위하여 무당이 음식을 차려 놓고 하는 굿.

푸닥-지다 형 꽤 많다.〔흔히 적은 것을 비꼬아 이를 때 쓰는 말.〕☞푸지다

푸-대:접(-待接)명-하다타 정성을 들이지 않고 아무렇게나 하는 대접. 냉대(冷待). 냉우(冷遇). 박대(薄待). 소대(疏待) ¶손님을 -하다.

푸덕-거리다(대다) 자타 푸덕푸덕 하다. 푸덕이다 ☞파닥거리다. 퍼덕거리다. 푸떡거리다

푸덕-이다 자타 푸덕거리다 ☞파닥이다. 퍼덕이다. 푸떡이다

푸덕-푸덕 부 ①큰 새가 잇달아 빠르게 날갯짓하는 소리, 또는 그 모양을 나타내는 말. ②큰 물고기가 잇달아 세차게 몸을 뒤척일 때 나는 소리, 또는 그 모양을 나타내는 말. ☞파닥파닥. 퍼덕퍼덕. 푸떡푸떡

푸두둥 부 큰 새가 날개를 가볍게 치며 날아가는 소리, 또는 그 모양을 나타내는 말. ☞포도동

푸두둥-푸두둥 부 잇달아 푸두둥 날아가는 소리, 또는 그 모양을 나타내는 말.

푸둥-푸둥 부-하다형 몸이 매우 투실투실하게 살진 모양을 나타내는 말. ¶- 살진 아이. ☞부둥부둥. 포동포동

푸드덕 부 ①큰 새가 세차게 날갯짓하는 소리, 또는 그 모양을 나타내는 말. ②큰 물고기가 세차게 꼬리로 물을 치거나 몸을 뒤척일 때 나는 소리, 또는 그 모양을 나타내는 말. ☞퍼드덕. 포드닥

푸드덕-거리다(대다) 자타 자꾸 푸드덕 하다. ☞퍼드덕거리다. 포드닥거리다

푸드덕-푸드덕 부 푸드덕거리는 소리, 또는 그 모양을 나타내는 말. ☞퍼드덕퍼드덕. 포드닥포드닥

푸드득 부 ①큰 새가 좀 세차게 날갯짓하는 소리, 또는 그 모양을 나타내는 말. ②큰 물고기가 좀 세차게 꼬리로 물을 치거나 몸을 뒤척일 때 나는 소리, 또는 그 모양을 나타내는 말. ☞퍼드득. 포드득

푸드득-거리다(대다) 자타 자꾸 푸드득 하다. ☞퍼드득거리다. 포드득거리다

푸드득-푸드득 부 푸드득거리는 소리, 또는 그 모양을 나타내는 말. ☞퍼드득퍼드득. 포드득포드득

푸:들(poodle)명 애완용 개의 한 품종. 유럽 원산으로 털이 길고 양털 모양으로 복슬복슬함.

푸들-푸들 부 몸이나 몸의 일부를 심하게 떠는 모양을 나타내는 말. ¶겁에 질려 - 떨다./화가 나서 몸을 - 떨다. ☞부들부들. 파들파들

푸딩(pudding)명 후식으로 쓰이는 서양식 생과자. 밀가루에 달걀·우유·크림·설탕 등을 섞고 과일이나 채소를 더해 구운 과자.

푸떡-거리다(대다) 자타 푸떡푸떡 하다. 푸떡이다 ☞파딱거리다. 퍼떡거리다. 푸덕거리다

푸떡-이다 자타 푸떡거리다 ☞파딱이다. 푸덕이다

푸떡-푸떡 부 ①큰 새가 잇달아 빠르고 세게 날갯짓하는 소리, 또는 그 모양을 나타내는 말. ②큰 물고기가 잇달아 빠르고 세게 몸을 뒤척일 때 나는 소리, 또는 그 모양을 나타내는 말. ☞파딱파딱. 퍼떡퍼떡. 푸덕푸덕

푸뜩 부 ①어떤 모습이 잠깐 나타났다가 사라지는 모양을 나타내는 말. ②생각 따위가 문득 떠오르는 모양을 나타내는 말. ☞퍼뜩

푸뜩-푸뜩 부 잇달아 푸뜩 하는 모양을 나타내는 말. ☞퍼뜩퍼뜩

푸렁 명 푸른 빛깔이나 물감.

푸렁-이 명 푸른 빛깔의 물건이나 동물을 이르는 말.

푸르께-하다 형여 새뜻하지도 짙지도 않게 푸르스름하다. ☞파르께하다

푸르다(푸르니·푸르러)형러 ①풀이나 잎의 빛깔과 같다. ¶늘 푸른 소나무. ②기세가 대단하다. ¶푸른 양반./서슬이 -. ③과실 따위가 덜 익은 상태에 있다. ¶덜 익은, 푸른 사과. ☞파랗다. 퍼렇다

> 한자 **푸를 록**(綠)〔糸部 8획〕¶녹두(綠豆)/녹색(綠色)/녹음(綠陰)/녹지(綠地)/녹차(綠茶)
> **푸를 벽**(碧)〔石部 9획〕¶벽옥(碧玉)/벽해(碧海)
> **푸를 창**(蒼)〔艸部 10획〕¶창공(蒼空)/창백(蒼白)
> **푸를 청**(靑)〔靑部〕¶청색(靑色) ▷靑과 青은 동자

푸르대-콩 명 콩의 한 품종. 열매의 껍질과 속이 모두 푸름. 청대콩. 청태(靑太)

푸르데데-하다 형여 산뜻하지 못하게 푸르스름하다. ☞파르대대하다

푸르뎅뎅-하다 형여 빛깔이 고르지 않게 푸르스름하다. ☞파르댕댕하다

푸르디-푸르다(-푸르니·-푸르러)형러 더할 나위 없이 푸르다. ¶푸르디푸른 숲.

푸르락-누르락 부 몹시 화가 나서 얼굴빛이 푸르게 변했다 누레졌다 하는 모양을 나타내는 말. ☞붉으락푸르락

×푸르락-붉으락 부 →붉으락푸르락

푸르르 부 새가 갑자기 날아오르는 모양, 또는 그 소리를 나타내는 말. ¶새들이 무엇에 놀랐는지 - 날아간다. ☞포르르

푸르무레-하다 형여 엷게 푸르스름하다.

푸르스레-하다 형여 푸르스름하다 ☞파르스레하다

푸르스름-하다 형여 빛깔이 연하게 푸르다. 푸르스레하다 ☞파르스름하다

푸르죽죽-하다 형여 칙칙하게 푸르스름하다. ☞파르족족하다

푸르퉁퉁-하다 형여 부은 것이 좀 칙칙하게 푸르스름하다. ¶눈자위가 푸르퉁퉁하게 붓다.

푸른-곰:팡이 명 자낭균류(子囊菌類)에 딸린, 빗자루 모양의 포자낭(胞子囊)을 가진 곰팡이를 통틀어 이르는 말. 빛깔은 녹색이나 청록색, 또는 황록색 등이며 빵이나 떡 같은 유기물이 많은 곳에 잘 생김. 부패 작용이나 독을 가진 유해균이 많으나 페니실린과 같은 항생 물질을 생성하는 균도 있음. ☞누룩곰팡이

푸른-도요 명 '댕기물떼새'의 딴이름.

×푸른-콩 명 →청대콩

푸를-청(-靑)명 한자 부수(部首)의 한 가지. '靖'·'靜' 등에서 '靑'의 이름.

푸릇-푸릇[-른-]부-하다형 빛깔이 군데군데 푸릇한 모양을 나타내는 말. ¶- 돋아난 새싹. ☞파릇파릇

푸릇-하다[-른-]형여 빛깔이 엷고 산뜻하게 푸르스름하다. ☞파릇하다

푸만-하다(∠飽滿-)형여 뱃속이 그득하여 거북스런 느낌이 있다.

푸새[1] 명 산이나 들에 저절로 나서 자라는 풀.

푸새[2] 명-하다타 옷 따위에 풀을 먹이는 일.

푸새-김치 명 절이지 않고 담가서 바로 먹는 김치.

푸서 명 피륙의 벤 자리에서 풀어지는 올.

푸서리 명 잡초가 무성한 거친 땅.

푸석-돌 명 화강암 따위가 오랜 풍화 작용으로 물러져 푸석푸석하게 된 돌. 준석돌

푸석-이 명 ①푸석푸석 부스러지기 쉬운 물건. ②옹골차지 못하고 성질이 무른 사람을 놀리어 이르는 말.

푸석-푸석 부 -하다 형 ①단단하거나 차지지 아니하여 부스러질듯 한 상태를 나타내는 말. ¶ ― 부스러지는 푸석돌. ☞부석부석[1] ②부피만 크고 여물지 못한 상태를 나타내는 말. ¶이른봄에 ―한 보리밭을 밟다. ③핏기 없이 부은듯 하고 거칠한 상태를 나타내는 말. ¶밤을 새워 얼굴이 ―하다. ☞부석부석[2]. 퍼석퍼석. 포삭포삭

푸석-하다 형여 ①단단하거나 차지지 아니하여 부스러질듯 하다. ②부피만 크고 여물지 못하다. ③핏기 없이 부은듯 하고 거칠하다. ¶왠지 얼굴이 푸석해 보인다. ☞부석하다. 퍼석하다. 포삭하다

푸성귀 명 가꾸어 기르거나 저절로 나는 나물을 통틀어 이르는 말.

속담 **푸성귀는 떡잎부터 알고 사람은 어렸을 때부터 안다**: 크게 될 사람은 어려서부터 남다른 데가 있어 알아볼 수 있다는 말.

푸-솜 명 타지 않은 날솜.

푸스스[1] 부 물건이 부스러져 허물어지거나 어지러이 흩어지는 모양을 나타내는 말. ¶수북이 쌓인 떡가루가 ― 무너져 내리다. ☞부스스[1]

푸스스[2] 부 -하다 형 털 따위가 어지러이 일어나거나 흐트러져 더부룩한 모양을 나타내는 말. ¶ ― 흐트러진 머리털./자고 일어났더니 머리털이 ―하다. ☞부스스[2]

푸슬-푸슬 부 -하다 형 덩이진 물체가 쉬이 부스러지게 약하거나 버썩 말라 있는 상태를 나타내는 말. ¶흙담이 ― 부스러지다. ☞부슬부슬[2]. 퍼슬퍼슬. 포슬포슬

푸시시[1] 부 ①물체가 갑작스레 부스러져 허물어지거나 흩어지는 모양을 나타내는 말. ②불기가 있는 재 따위에 물을 부을 때 나는 소리를 나타내는 말.

푸시시[2] 부 -하다 형 털 따위가 몹시 거칠게 나거나 헝클어져 몹시 터부룩한 모양을 나타내는 말. ¶ ― 일어난 머리.

푸싱(pushing) 명 축구나 농구 따위의 경기에서, 상대편을 떠미는 반칙.

푸잿 명 -하다 타 모시나 베 따위로 지은 옷에 풀을 먹여 발로 밟거나 다듬이질을 하고 다리미로 다리는 일.

푸접 명 인정미나 붙임성을 이르는 말. ¶워낙 ―이 없는 사람이다./―이 좋은 후배다.

푸-조기 명 조기의 한 가지. 보통 조기보다 머리가 작고 몸빛이 희며 살이 단단함.

푸조-나무 명 느릅나뭇과의 낙엽 활엽 교목. 높이 20m 안팎. 달걀꼴의 잎은 어긋맞게 나고 톱니가 있음. 4월경에 녹색 꽃이 취산(聚繖) 꽃차례로 핌. 열매는 핵과(核果)로 9월경에 검게 익는데 먹을 수 있음. 목재는 가구재와 건축재로 쓰임. 경기도 이남에 절로 자람.

푸주(∠庖廚) 명 쇠고기나 돼지고기 따위를 파는 가게. 고깃간. 포사(庖肆). 푸줏간 ☞도사(屠肆). 정육점(精肉店). 찬포(饌庖)

속담 **푸주에 들어가는 소 걸음**: 내키지 않는 일을 어쩔 수 없이 하는 모습을 비유하여 이르는 말.

푸주-한(∠庖廚漢) 명 지난날, 쇠고기나 돼지고기 따위를 파는 일을 직업으로 삼는 사람을 이르던 말.

푸줏-간(∠庖廚間) 명 푸주

푸지다 형 매우 많고 넉넉하다. ¶잔치 음식이 ―. ☞푸닥지다

ㅍ

푸-지위(―知委) 명 -하다 타 지난날, 명령했던 일을 취소하고 중지시킴을 이르던 말.

푸짐-하다 형여 푸지고 소담하다. ¶저녁상이 ―.

푸짐-히 부 푸짐하게

푸짓-잇[―닏] 명 조선 시대, 궁중에서 '이불잇'을 이르던 말. ☞침닛

푸코=전:류(Foucault電流) 명 맴돌이 전류

푸코=진:자(Foucault振子) 명 지구 자전(自轉)의 영향을 알아보는 단진자(單振子). 오래 진동시키는 동안 지구 자전의 영향으로 진동 면이 북반구에서는 시계 방향으로, 남반구에서는 시계 반대 방향으로 돎.

푸:-푸 부 다물었던 입술을 조금 벌려 내밀며 입김을 잇달아 내뿜는 소리, 또는 그 모양을 나타내는 말.

푸-하다 형여 속이 꽉 차지 못하고 들떠서 불룩하다. ¶푸한 머리 모양.

푹[1] 부 ①깊이 박거나 찌르는 모양을 나타내는 말. ¶고추를 된장에 ― 찍어 먹다./돈을 주머니에 ― 찔러 넣다. ②안의 물체가 보이지 않게 덮거나 싸는 모양을 나타내는 말. ¶모자를 ― 눌러쓰다. ③물체가 깊이 빠지거나 잠기는 모양을 나타내는 말. ¶음식 재료가 ― 잠기도록 물을 붓다. ④뚜렷하게 패거나 들어간 모양을 나타내는 말. ¶ ― 꺼진 눈. ⑤충분히 자거나 쉰 모양을 나타내는 말. ¶ ― 자다./― 쉬다. ⑥고개를 깊이 숙이는 모양을 나타내는 말. ¶고개를 ― 숙이다. ⑦물체가 맥없이 쓰러지는 모양을 나타내는 말. ¶ ― 쓰러지다. ⑧깊고 둥그스름하게 파내는 모양을 나타내는 말. ¶삽으로 흙을 ― 떠내다. ⑨흠씬 익히거나 절이는 모양을 나타내는 말. ¶물러질 때까지 ― 삶다./배추를 ― 절이다. ⑩심하게 썩거나 삭은 모양을 나타내는 말. ¶두엄이 ― 썩다. ⑪흠씬 젖은 모양을 나타내는 말. ¶온몸이 비에 ― 젖다. ⑫수나 분량이 갑자기 많이 주는 모양을 나타내는 말. ¶쌀통의 쌀이 ― 줄다. ⑬목소리나 분위기 따위가 몹시 가라앉은 상태를 나타내는 말. ¶ ― 가라앉은 목소리로 말했다./분위기가 ― 가라앉다. ⑭마음이 놓이는 상태를 나타내는 말. ¶마음이 ― 놓이다. ⑮어떤 대상에 마음이 몹시 쏠린 상태를 나타내는 말. ¶영화에 ― 빠지다. ☞폭[2]

푹[2] 부 한숨을 크게 내쉬는 모양을 나타내는 말. ☞폭[3]

푹석 부 ①물체가 아주 맥없이 내려앉는 모양을 나타내는 말. ¶집이 ― 내려앉다. ②기운이 빠져 허물어지듯 주저앉는 모양을 나타내는 말. ¶정신을 잃고 ― 주저앉다. ③두껍게 쌓인 먼지 따위가 한꺼번에 일어나는 모양을 나타내는 말. ☞퍽석. 폭삭

푹석-푹석 부 잇달아 푹석 하는 모양을 나타내는 말. ☞퍽석퍽석[1]. 폭삭폭삭

푹신-푹신 부 -하다 형 매우 푹신한 모양을 나타내는 말. ☞퍽신퍽신. 폭신폭신

푹신-하다 형여 살갗에 닿는 감촉이 매우 부드럽고 탄력성이 있다. ¶푹신한 소파. ☞퍽신하다. 폭신하다

푹-푹[1] 부 ①잇달아 깊이 박거나 찌르는 모양을 나타내는 말. ②물체가 잇달아 깊이 빠지거나 잠기는 모양을 나타내는 말. ¶진창에 발이 ― 빠지다. ③물체가 맥없이 잇달아 쓰러지는 모양을 나타내는 말. ④깊고 둥그스름하게 잇달아 파내는 모양을 나타내는 말. ⑤속속들이 흠씬 익히거나 절이는 모양을 나타내는 말. ⑥매우 심하게 썩거나 삭는 모양을 나타내는 말. ⑦수나 분량이 잇달아 많이 주는 모양을 나타내는 말. ☞폭폭[1]

푹-푹[2] 부 잇달아 한숨을 크게 내쉬는 모양을 나타내는 말. ☞폭폭[2]

푹푹[3] 부 날씨가 찌는듯이 몹시 더운 모양을 나타내는 말. ¶ ― 찌는 더위./― 찌는 한낮.

푹푹-하다 형여 피륙 따위가 두툼하고 해어지기 쉽게 약하다.

푹-하다 형여 겨울 날씨가 춥지 아니하고 따뜻하다.

푼:(∠分) 의 ①지난날, 화폐 단위의 한 가지. 곧 엽전(葉錢) 한 닢의 단위. 전(錢)의 10분의 1. ②척관법의 길이 단위의 하나. 1푼은 1치의 10분의 1, 1리(厘)의 열 곱절. 약 3mm임. ③척관법의 무게 단위의 하나. 1푼은 1돈의 10분의 1, 1리(厘)의 열 곱절. 0.375g임. ④적은 액수로 가늠하는 단위. ¶몇 ― 안 되는 퇴직금. ⑤백분율의 단위. 1할의 10분의 1. 분(分)[2] ¶오 할 삼 ―.

푼:-거리 명 땔나무나 다른 물건 따위를 몇 푼어치씩 팔고 사는 일. 푼내기

푼:거리-나무 명 푼거리로 팔고 사는 땔나무. 준 푼나무

푼:거리-질 명 -하다 자 땔나무나 물건을 몇 푼어치씩 사서 쓰는 일. 대푼거리질

푼:-끌 명 날의 너비가 한 푼 또는 두 푼쯤 되는 작은 끌.

푼:-나무 명 '푼거리나무'의 준말.

푼:-내기 명 ①몇 푼의 돈을 걸고 하는 조그만 내기. ②푼거리

푼:내기-흥정 명 -하다 자 푼돈을 가지고 하는 잔 흥정.

푼더분-하다 형여 ①생김새가 투실투실하여 복스럽다. ②여유가 있고 넉넉하다. ¶살림살이가 -.
푼더분-히 부 푼더분하게
푼:-돈[-똔] 명 ①몇 푼의 적은 돈. ¶-을 모아 목돈을 만들다. ②푼푼이 나뉜 돈. 분문(分文) ☞모갯돈

> ▶ '푼돈'과 '푼전'
> 고유어가 널리 쓰이고, 그에 대응되는 한자어가 잘 쓰이지 않는 경우 고유어를 표준어로 삼았다.
> ¶푼돈(○) : 푼전(×)/가루약(○) : 말약(×)
> 마른빨래(○) : 건빨래(×)

푼:리(∠分厘)[-니] 명 돈이나 저울, 자 따위의 단위인 푼과 리. 원분리(分厘)
푼:-물 명 지난날, 물장수에게 대어 놓고 사지 않고 어쩌다 한두 지게씩 사던 물.
푼:-빵 명 흙을 파거나 나르는 일 따위에서, 나르는 짐의 수에 따라 품삯을 주는 일.
푼사(-絲) 명 여러 색을 물들여 수(繡)를 놓는 데 쓰는, 꼬지 않은 명주실. 푼사실
푼:사(∠分-) 의 돈을 몇 돈이라고 셀 때, 한 돈이 못 되는 나머지 몇 푼. ¶다섯 돈 -.
푼사-실(-絲-) 명 푼사
푼:수(-數) 명 ①얼마에 상당한 정도 또는 능력. ¶두 사람 -는 너끈히 해낼 것이다. ②상태나 형편. ¶그이는 그 일을 감당할 -가 못 된다. ③지능이 낮은 사람을 놀리어 이르는 말.
×**푼전**(∠分錢) 명 →푼돈
푼:주 명 아가리가 넓고 밑이 좁은 사기그릇.
푼:-치 명 길이의 '푼과 치 사이'의 뜻으로, '얼마 되지 않는 차이'를 이르는 말.
×**푼침**(∠分針) 명 →분침(分針)
×**푼칭**(∠分秤) 명 →분칭(分秤)
푼:푼-이 부 한 푼씩 한 푼씩. ¶- 모은 돈.
푼푼-하다 형여 ①여유가 있고 넉넉하다. ¶살림살이가 -. ②옹졸하지 않고 너그럽다. ¶마음씀이 -.
푼푼-히 부 푼푼하게
풀…소 명 여름에 생풀만 먹고 지낸 소.
풀[1] 명 ①전분질로 만든, 물건을 붙이거나 피륙에 먹여 빳빳하게 하는 데 쓰이는 끈끈한 물질. ②접착제(接着劑)를 흔히 이르는 말.
풀(을) 먹이다 관용 피륙이나 종이 따위에 풀이 배어들게 하다. ¶광목 홑청에 -.
풀(을) 쑤다 관용 ①밀가루 따위를 물에 개어 끓여 익히다. ②풀젓개로 휘젓듯이 재산을 이리저리 탕진함을 비유하여 이르는 말.
풀이 서다 관용 풀을 먹이어 피륙이 빳빳해지다.
속담 **풀 방구리에 쥐 드나들듯 한다** : 자주 들락날락 함을 비유하여 이르는 말.
풀[2] 명 '풀기'의 준말.
풀이 죽다 관용 활기나 기세가 꺾이어 맥이 없다.
풀[3] 명 ①식물 가운데서 목질부가 발달되지 않고, 땅위줄기가 연한 식물. 꽃이 피거나 열매를 맺은 뒤에는 줄기가 말라 죽는 것이 많음. 한해살이풀·여러해살이풀 등이 있음. 초본(草本) ②'갈풀'의 준말. ☞나무
속담 **풀 끝에 앉은 새** : 안심이 안 되고 불안한 처지에 있음을 비유하여 이르는 말./**풀 베기 싫은 놈이 단 수만 센다** : 하는 일이 싫증나서 해 놓은 성과만 헤아리고 있음을 비꼬아 이르는 말.

한자 **풀 초**(草) 〔艸部 6획〕 ¶초목(草木)/초식(草食)/초옥(草屋)/초원(草原)/화초(花草)

풀:(pool) 명 ①수영장(水泳場) ②여러 기업체가 과당 경쟁을 막고 이해를 조정하기 위해 구성한 연합체.
풀-가사리[-까-] 명 홍조류(紅藻類)에 딸린 바닷말. 겨울철에 밀물과 썰물이 드나드는 바위에 붙어 번식함. 속은 비어 있고 겉은 끈끈하고 누르스름하며, 길이는 6~10cm임. 먹을 수 있으며, 삶은 물은 명주나 비단에 풀을 먹이는 데 쓰임. 풀가시 준가사리
풀-가시[-까-] 명 '풀가사리'의 딴이름.
풀-갓[1] 명 초립(草笠)
풀-갓[2] [-깟] 명 풀이나 갈풀 따위를 가꾸는 말림갓.
풀-기(-氣)[-끼] 명 ①풀을 먹여 빳빳해진 기운. ②사람의 씩씩하고 활발한 기운을 이르는 말. ¶- 없는 목소리. 준풀[2]
풀-꺾다[-꺽-] 자 모낼 논에 거름할 갈풀을 베다.
풀-꺾이 명-하다자 모낼 논에 거름할 갈풀을 꺾는 일.
풀-꽃 명 ①초본(草本) 식물의 꽃. ②산이나 들에 저절로 자라는 풀의 꽃.
풀다(풀고·푸니) 타 ①매이거나 얽히거나 묶인 것, 또는 잠기거나 채워지거나 죈 것을 끄르다. ¶매듭을 -./머리를 -./밧줄을 -./이삿짐을 -./선물 포장을 -./자물쇠를 -./죄수의 수갑을 풀어 주다./나사를 -./단추를 -. ☞맺다 ②제한하거나 금지하던 일을 없애거나 자유롭게 하다. ¶수입 규제 조처를 -./통금(通禁)을 -./개발 제한을 -. ③물질 따위를 액체 속에 넣어 섞거나 젓다. ¶가루비누를 물에 -./국물에 달걀을 -./찌개에 고추장을 -. ④어떤 느낌이나 기운 따위를 가시게 하다. ¶쌓인 피로를 -./숙취(宿醉)를 -. ⑤감정이나 표정 따위를 가라앉게 하거나 누그러뜨리다. ¶노여움을 -./오래 묵은 오해를 -./노기(怒氣) 띤 낯빛을 -. ⑥어떤 문제나 궁금한 것을 답을 내거나 밝히다. ¶방정식을 -./수수께끼를 -./점괘를 -./생명의 비밀을 -. ⑦바라는 바나 맺힌 한 따위를 이루거나 사라지게 하다. ¶소원을 -./천추(千秋)의 한을 -./쌓인 회포를 -. ⑧어려운 것을 알기 쉽게 나타내다. ¶전문 용어를 풀어 쓰다./어려운 문장의 의미를 -. ⑨모여 있는 것을 따로따로 흩어지게 하다. ¶낙오자를 찾기 위해 사람을 -./검문 검색을 위해 군견(軍犬)까지 풀었다. ⑩콧구멍으로 숨을 세게 내뿜어 코 속의 이물질이나 액체를 밖으로 내보내다. ¶킁 하고 코를 -. ⑪생땅이나 밭을 일구어 논을 만들다. ¶벌판에 물을 대어 논을 -. ⑫돈이나 자금 따위를 방출하다. ¶경기 침체를 벗어나기 위해 나라에서 돈을 -. ☞몸[1]

한자 **풀 석**(釋) 〔釆部 13획〕 ¶강석(講釋)/석방(釋放)/주석(註釋)/해석(解釋) ▷ 속자는 釈
풀 해(解) 〔角部 6획〕 ¶해금(解禁)/해답(解答)/해명(解明)/해몽(解夢)/해방(解放) ▷ 속자는 觧

풀-대님[-때-] 명-하다자 한복 바지나 고의(袴衣)를 입고 대님을 매지 않은 채 그대로 터놓는 일.
풀등[-뜽] 명 강물 속에 모래가 쌓이고 그 위에 풀이 우부룩하게 난 곳. 초서(草嶼)
풀떡 부 몸을 한껏 우므렸다가 뛰어오르는 모양을 나타내는 말. ☞펄떡. 폴딱
풀떡-풀떡 부 자꾸 풀떡 하는 모양을 나타내는 말. ☞펄떡펄떡. 폴딱폴딱
풀-떨기 명 풀이 우거져 이룬 떨기.
풀떼기 명 잡곡의 가루로 풀처럼 쑨 죽.
풀럭-거리다(대다) 자타 풀럭풀럭 나부끼다, 또는 그리되게 하다. 풀럭이다 ☞펄럭거리다. 폴락거리다
풀럭-이다 자타 풀럭거리다 ☞펄럭이다. 폴락이다
풀럭-풀럭 부 크고 넓은 천 따위가 바람에 세차게 나부끼는 모양을 나타내는 말. ☞펄럭펄럭. 폴락폴락
풀렁-거리다(대다) 자타 풀렁풀렁 나부끼다, 또는 그리되게 하다. 풀렁이다 ☞펄렁거리다. 폴랑거리다
풀렁-이다 자타 풀렁거리다 ☞펄렁이다. 폴랑이다
풀렁-풀렁 부 크고 넓은 천 따위가 바람에 부드럽게 나부끼는 모양을 나타내는 말. ☞펄렁펄렁. 폴랑폴랑
풀리다 자 ①매이거나 얽히거나 묶인 것, 또는 잠기거나 채워지거나 죈 것이 끌러지다. ¶매듭이 -./묶은 머리가 -./밧줄이 -./자물쇠가 -./죄수의 수갑이 -./나사가 -. ②제한하거나 금지하던 일이 없어지거나 자유롭게 되다. ¶금수(禁輸) 조처가 -./통금(通禁)이 -./개발 제한이 -. ③물질 따위가 액체 속에서 저어지거나

ㅍ

섞이다. ¶가루비누가 물에 잘 ―. ④어떤 느낌이나 기운 따위가 가시다. ¶피로가 ―. ⑤감정이나 표정 따위가 가라앉거나 누그러지다. ¶노여움이 ―./오해가 ―./굳었던 낯빛이 ―. ⑥어떤 문제나 궁금한 것이 밝혀지거나 답이 나오다. ¶생명의 비밀이 ―./수수께끼가 ―./점괘가 ―. ⑦바라는 바나 맺힌 한 따위가 이루어지거나 사라지다. ¶오랜 염원이 ―./민족 분단의 한이 ―./묵은 회포가 ―. ⑧어려운 것이 알기 쉽게 밝혀지다. ¶난제(難題)가 ―./암호가 ―. ⑨얼었던 것이 녹거나 추위가 누그러지다. ¶얼었던 강이 ―./날씨가 풀리자 꽃망울이 터졌다. ⑩기운이나 상태가 느슨해지다. ¶맥이 ―./충격적인 소식에 다리가 풀렸다./눈동자가 ―. ⑪몸에 맺힌 멍 따위가 사라지다. ¶멍이 ―./담(痰)이 ―. ⑫돈이나 자금 따위가 방출되다. ¶설을 맞아 시중에 돈이 ―. 풀어지다

풀-막(―幕) [명] 산기슭이나 물가에 뜸집처럼 지은 막.

풀매 [명] 풀쌀을 가는 작은 맷돌.

풀-매기 [명]-하다 [자] 잡초를 뽑아 없애는 일. ☞김매기

풀-매듭 [명] 풀기 쉽게 맨 매듭. ☞옭매듭

풀-머리 [명]-하다 [자] 머리털을 땋거나 걷어 올리지 않고 풂, 또는 그렇게 풀어헤친 머리털.

풀-멸구 [명] 멸굿과의 곤충. 몸길이 6mm 안팎으로 가늘고 긺. 몸빛은 누른빛을 띤 녹색임. 벼의 대표적인 해충임.

풀-모 [명] 모풀로 거름한 못자리.

풀무 [명] 불을 피울 때 바람을 일으키는 기구. 야로(冶爐). 풍구. 풍상(風箱)

풀무-질 [명]-하다 [자] 풀무로 바람을 일으키는 일.

풀-무치 [명] 메뚜깃과의 곤충. 몸길이 4~6cm. 몸빛은 황갈색 또는 녹색이며 앞날개에 불규칙한 흑갈색 무늬가 있음. 풀을 먹고 사는데, 농작물에 해를 끼치기도 함.

풀-밭 [명] 잡풀이 많이 난 땅.

풀백(fullback) [명] 축구에서, 골키퍼 앞에서 수비를 맡은 선수, 또는 그 수비 위치.

풀-벌 [명] 풀이 많이 난 벌판. 초원(草原)

풀-벌레 [명] 풀숲에서 사는 벌레.

풀-보기 [명]-하다 [자] 혼인한 며칠 뒤에 신부가 간단한 예장(禮裝)으로 시부모를 뵈러 가는 일, 또는 그 예식.

풀-비[―삐] [명] 귀얄 대신 쓰는, 짚 이삭으로 맨 작은 비.

풀-빛[―삧] [명] 연한 노란 빛깔을 띤 녹색. 초색(草色). 풀색

풀-빵 [명] 모양이 새겨진 우묵한 쇠 틀에 묽은 밀가루 반죽을 붓고 팥소 따위를 넣어 구워 먹는 군음식.

풀-색(―色)[―쌕] [명] 연한 노란 빛깔을 띤 녹색, 또는 그런 색의 물감. 풀빛 ☞쑥색. 초록(草綠)

풀-솜[―쏨] [명] 실을 뽑을 수 없는 허드레 고치를 삶아 늘여 만든 솜. 설면자(雪綿子)

풀솜-할머니[―쏨―] [명] 외할머니를 친근하게 이르는 말. 외손에 대한 애정이 따뜻하고 두터운 데서 이름.

풀-숲 [명] 풀이 우거진 수풀.

풀스위치(pull switch) [명] 늘어뜨린 끈을 당겨서 회로를 여닫는 장치.

풀스피:드(full speed) [명] 전속력(全速力)

풀-싸움 [명]-하다 [자] ①여러 가지 풀을 많이 뜯는 것을 겨루는 아이들의 놀이. 투초(鬪草) ②거름 감으로 쓸 풀을 다른 동네의 풀밭에서 벰으로써 일어나는 싸움.

풀-쌀 [명] ①무리풀을 갈기 위하여 물에 불린 쌀. ②풀을 쑬 멥쌀.

풀썩 [부] 켜켜이 쌓인 두꺼운 먼지 따위가 한꺼번에 일어나는 모양을 나타내는 말. ☞펄썩. 폴싹

풀썩-풀썩 [부] 잇달아 풀썩 하는 모양을 나타내는 말. ☞펄썩펄썩. 폴싹폴싹

풀-쐐:기 [명] 불나방의 애벌레. 누에와 비슷한데, 온몸에 거친 털이 빽빽이 나 있음. 몸빛은 검푸르며, 잡초 잎을 갉아먹고 삶. [준] 쐐기²

풀어-내:다 [타] ①얽힌 것을 끌러 내다. ¶매듭을 ―. ②어떤 일이나 문제를 깊이 연구하여 밝혀 내다. ¶암호를 ―. ③풀어먹이다

풀어-놓다 [타] ①묶거나 맨 것을 끌러 놓다. ¶이삿짐을 ―./사냥개를 ―. ②여러 곳에 비밀히 사람을 배치하여 두다. ¶곳곳에 사복 경찰을 ―.

풀어-먹이다 [타] ①음식이나 재물 따위를 사람들에게 나누어 주다. ②무속에서, 귀책(鬼責)이 있는 병에 죽을 쑤어서 버리거나 무당이나 판수를 시켜 푸다꺼리를 하여 풀다. 풀어내다

풀어-지다 [자] 풀리다

풀어-헤치다 [타] 매였거나 뭉쳐 있던 것을 끌러서 흐트러뜨리다. ¶옷고름을 ―./짐 꾸러미를 ―.

풀오:버(pullover) [명] 머리로부터 입는 방식으로 된 소매가 달린 스웨터.

풀이 [명]-하다 [타] ①어떤 문제를 알기 쉬운 말로 밝히는 일. ¶낱말 ―/속담 ― ②어떤 문제가 요구하는 답을 얻어내는 일, 또는 그 답. ¶문제를 ―하다.

[한자] **풀이할 강**(講) 〔言部 10획〕 ¶강석(講釋)/강설(講說)

-풀이¹ 《접미사처럼 쓰이어》 '풀다'의 전성형으로 '어떤 감정이나 기운을 풀어 버림'의 뜻을 나타냄. ¶골풀이/살풀이/한풀이

-풀이² 《접미사처럼 쓰이어》 ①'길이나 무게, 양을 일정한 단위로 재서 팖'의 뜻을 나타냄. ¶되풀이/근풀이/자풀이 ②'단위 당 값이 얼마씩 치이나를 셈함'의 뜻을 나타냄. ¶되풀이/근풀이/자풀이

풀-잎[―립] [명] 풀의 잎.

풀잎-피리[―립―] [명] 풀잎으로 만든 피리. 입술 사이에 대거나 물고 불어서 소리를 냄. 초금(草琴). 초적(草笛). 풀피리. 호가(胡笳)

풀-젓:개[―젇―] [명] 풀을 쑬 때에 휘젓는 막대.

풀-질 [명]-하다 [자] 무엇을 붙이거나 바를 때, 풀을 바르는 일. ☞풀칠

풀-집[―찝] [명] 지난날, 풀을 쑤어 덩이로 팔던 집.

풀쩍 [부] 높이 한 번 뛰어오르는 모양을 나타내는 말. ☞펄쩍. 폴짝

풀쩍-풀쩍 [부] 자꾸 높이 뛰어오르는 모양을 나타내는 말. ☞펄쩍펄쩍. 폴짝폴짝

풀-초(―艸) [명] 한자 부수(部首)의 한 가지. '芻' 등에서 '艸'의 이름. ☞초두

풀치 [명] 갈치의 새끼.

풀-치다 [타] 맺혔던 마음을 돌려 너그럽게 용서하다.

풀-치마 [명] 양쪽으로 선단이 있어 둘러 입게 된 치마. ☞통치마

풀-칠 [명]-하다 [자] ①무엇을 붙이려고 풀을 바르는 일. ¶봉투에 ―을 하다. ②근근히 먹고 삶을 이르는 말. ¶겨우 입에 ―이나 하는 형편이다.

풀-칼 [명] 된풀질을 할 때 쓰는, 대오리나 얇은 나무 오리로 만든 칼 모양의 물건.

풀-판(―板) [명] 풀을 개어 놓는 널조각.

풀-포수(―泡水) [명]-하다 [자] 갈모·쌈지·유삼(油衫) 따위를 만들 때, 기름으로 겯기 전에 묽은 풀을 먼저 바르는 일.

풀풀 [부] ①많은 양의 먼지 따위가 바람에 흩날리는 모양을 나타내는 말. ¶먼지를 ― 날리다./먼지가 ― 난다. ②냄새 따위가 많이 풍기는 상태를 나타내는 말. ¶술 냄새가 ― 나다. ☞펄펄. 폴폴

풀풀-하다 [형여] 참을성이 적고 괄괄하다.

풀-피리 [명] 풀잎피리

풀-하다 [자여] ①옷이나 피륙에 풀을 먹이는 일을 하다. ②'갈풀하다'의 준말.

풀-해:마(―海馬) [명] 실고깃과의 바닷물고기. 몸길이 130cm 안팎. 몸은 가늘고 긴데, 목에 두 개의 가느다란 촉수가 있음. 배 한가운데에 검은 세로띠가 있으며 몸빛은 어두운 녹갈색임. 만(灣) 안의 바닷말 사이에 삶.

풀-협죽도(―夾竹桃) [명] 꽃고빗과의 여러해살이풀. 줄기 높이는 1m 안팎이며, 잎은 마주 나거나 세 잎씩 돌려남. 여름에 붉은빛·자줏빛·흰빛의 꽃이 핌.

품¹ [명] 어떤 일을 하는 데 드는 노력이나 수고. ¶―이 많

이 드는 일.

품(을) 갚다 관용 자기가 받은 품만큼 상대에게 품을 베풀다.

품(을) 앗다 관용 자기가 베푼 품만큼 상대의 품을 되받다.

품(을) 팔다 관용 삯을 받고 일을 하다.

한자 **품 살 고**(雇) 〔隹部 4획〕 ¶고용(雇用)/해고(解雇)

품[2] 명 ①윗옷의 겨드랑이 밑의 가슴과 등을 두르는 부분의 너비. ¶ -이 크다./-을 재다. ②윗옷을 입었을 때, 가슴과 옷 사이의 틈. ¶편지를 -에 숨기다. ③두 팔을 벌려 안는 가슴. ¶엄마 -에 안기다. ④따뜻이 감싸 주거나 위안을 받을 수 있는 환경을 비유하여 이르는 말. ¶가족의 -으로 돌아가다.

품:[3] 의 용언의 관형사형 어미 '-ㄴ(은)·-는' 다음에 쓰이어, 동작이나 됨됨이, 태도 따위의 뜻을 나타내는 말. ¶말하는 -이 어른 같다.

품:(品) 명 ①'품질(品質)'의 준말. ②'품격(品格)'의 준말. ③'품위(品位)[1]'의 준말. ④'직품(職品)'·'품계(品階)'의 준말.

-품(品) 《접미사처럼 쓰이어》 '물품(物品)'의 뜻을 나타냄. ¶기념품(記念品)/예술품(藝術品)/학용품(學用品)/휴대품(携帶品)

품-값[-깞] 명 품삯

품-갚음 명 -하다 자 남에게 도움 받은 것을 그대로 갚는 일.

품:건(品件)[-껀] 명 품질이 좋은 물건.

품:격(品格)[-껵] 명 사람이나 물건에서 느껴지는 품위. ¶ -이 높은 명화(名畫). 준 품(品)

품:결(稟決) 명 -하다 타 웃어른이나 상급 기관에 말하여 처결함.

품:계(品階) 명 고려·조선 시대의 관직의 등급. 일품(一品)에서 구품(九品)까지 아홉 등급으로 가르고, 각 등급을 정(正)·종(從)의 두 가지로 갈라서 모두 열 여덟 등급으로 구분했음. 준 품(品)

품:고(稟告) 명 -하다 타 웃어른이나 상사(上司)에게 말함. 품달(稟達) ▷ 稟의 속자는 禀

품:관(品官) 명 품계를 가진 관원을 통틀어 이르는 말.

품:관(品冠) 명 지난날, 관직 품계에 따라 쓰던 관.

품:귀(品貴) 명 -하다 형 상품이 귀하여 구하기 어려움. ¶갑자기 주문이 폭주해 - 현상이 일어나다.

품:급(品級) 명 ①관직의 등급. ②상품(商品)의 등급.

품-길게밟기[-밥-] 명 택견에서, 품밟기의 한 가지. 원품으로 서서 왼발과 오른발을 번갈아 가며 계속 앞으로 멀리 내디디거나 들여디디는 동작.

품-꾼 명 '품팔이꾼'의 준말.

품-내밟기[-밥-] 명 택견에서, 품밟기의 한 가지. 원품으로 서서 왼발과 오른발을 번갈아 가며 계속 발을 내디디거나 들여디디는 동작.

품다[1][-따] 타 ①품속에 넣거나 가슴에 대어 안다. ¶아기를 포근히 품고 있는 엄마./선물을 가슴에 -. ②새가 알이나 새끼를 날개나 깃털 아래 두어 감싸다. ¶거위가 알을 -. ③남이 알아채지 못하도록 몸에 지니다. ¶호신(護身)을 위해 칼을 품고 다니다. ④어떤 생각이나 감정을 마음속에 지니다. ¶원대한 야망(野望)을 -./원한을 -./의심을 -.

한자 **품을 회**(懷) 〔心部 16획〕 ¶소회(所懷)/회모(懷慕)/회의(懷疑)/회포(懷抱) ▷ 속자는 懐

품다[2][-따] 타 모시풀의 껍질을 품칼로 벗기다.

품다[3][-따] 타 괴어 있는 물을 연거푸 푸다. ¶양수기로 지하수를 품어 내다.

품:달(稟達) 명 -하다 타 품고(稟告)

품:대(品帶) 명 지난날, 관원이 품계에 따라 공복(公服)에 갖추어 두르던 띠. 서대(犀帶)나 흑각띠 따위.

품-돈[-똔] 명 품삯으로 받는 돈.

품:등(品等) 명 품질과 등급.

품:등(品燈)[-뜽] 명 조선 시대, 관원이 밤에 나들이할 때 하인에게 들리어 다니던 사등롱(紗燈籠). 관직의 품계에 따라 사(紗)의 빛깔이 달랐음.

품:렬(品劣) 어기 '품렬(品劣)하다'의 어기(語基).

품:렬-하다(品劣-) 형 여 품성이나 품질이 낮다.

품:령(稟令) 명 왕세자가 임금을 대신하여 나라를 다스릴 때 내리는 명령.

품:류(品類) 명 물품의 여러 가지 종류.

품:명(品名) 명 물품의 이름.

품:목(品目) 명 물품의 종류 이름, 또는 그 이름을 쓴 목록. ¶월별(月別) 사용 -을 분류하다.

품:반(品班) 명 지난날, 대궐 정전(正殿)의 앞뜰에 백관(百官)이 줄지어 늘어서던 차례.

품-밟기[-밥-] 명 택견에서, 삼박자에 맞추어 발을 내디디거나 들여디디거나 하는, 가장 기본적인 발 동작.

품:별(品別) 명 -하다 타 품질이나 품종에 따라 구별함, 또는 그 구별.

품:부(稟賦) 명 -하다 타 선척적으로 타고남. 품수(稟受)

품:사(品詞) 명 〈어〉 문법과 관련하여 가른 단어의 구분이나 분류. 명사(名詞), 대명사(代名詞), 수사(數詞), 동사(動詞), 형용사(形容詞), 관형사(冠形詞), 부사(副詞), 감탄사(感歎詞), 조사(助詞) 등. 씨[3]

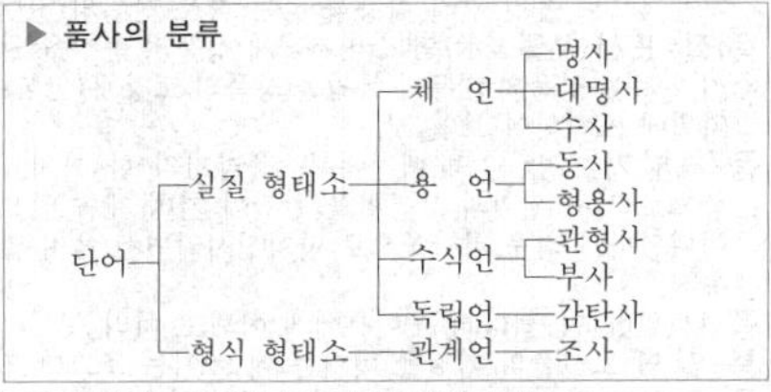

품:사-론(品詞論) 명 〈어〉 형태론(形態論)

품:사=전:성(品詞轉成) 명 〈어〉 한 품사가 다른 품사로 바뀌는 일. 결합이나 형태 변화로 이루어짐. '밤낮', '참으로', '길이', '모내기', '되도록' 따위. 준 전성(轉成)

품-삯[-싹] 명 품을 판 대가로 받거나 품을 산 대가로 주는 돈. 삯. 품값

한자 **품삯 임**(賃) 〔貝部 6획〕 ¶공임(工賃)/노임(勞賃)/선임(船賃)/운임(運賃)/임금(賃金)

품:석(品石) 명 조선 시대, 대궐의 정전(正殿) 앞뜰에 품계를 새겨 세웠던, 돌로 만든 표(標).

품:석(品席) 명 지난날, 관원이 품계에 따라 깔던 방석.

품:성(品性) 명 사람된 바탕과 성질. ¶진실하고 고매(高邁)한 -. ☞성격(性格). 인격(人格). 인품(人品)

품:성(稟性) 명 타고난 성품(性品). 부성(賦性)

품세 명 태권도에서, 공격과 방어의 기술을 익힐 수 있도록 연결한 연속 동작 형식.

품-셈 명 무엇을 인력이나 기계로 만드는 데 드는, 단위당 노력과 능률·재료를 수량으로 나타낸 것.

품-속[-쏙] 명 품의 속, 또는 품고 있는 속내.

품:수(品數)[-쑤] 명 품계의 차례.

품:수(稟受) 명 -하다 타 품부(稟賦)

품:신(稟申) 명 -하다 타 윗사람에게 말함.

품-안 명 두 팔로 감싸 안을 수 있는 품속.

속담 **품안에 있어야 자식이라** : 자식이 어려서는 부모를 따르지만 장성하면 차츰 부모로부터 멀어진다는 말.

품:안(品案) 명 지난날, 관원의 이름을 그 품계의 차례대로 기록하던 문서.

품-앗이 명 -하다 자 힘든 일을 서로 거들면서 품을 지고 갚고 하는 일. ¶이웃끼리 -로 모를 심다.

품:위(品位)[1] 명 ①직품(職品)과 직위(職位). ②사람이 갖추어야 할 위엄이나 기품. ③사물이 지닌 가치나 고상한 정도. ¶ - 있는 의상(衣裳). 준 품(品)

품:위(品位)[2] 명 ①금화(金貨)나 은화(銀貨)에 들어 있는 금 또는 은의 비율. ¶ - 보증서 ②광석에 섞여 있는 광물의 정도에 따라 매겨지는 광석의 등급. 특히, 다이아몬드의 품질을 나타냄.

ㅍ

품:의(稟議)명-하다타 웃어른이나 상사(上司)에게 말하여 의논함. ☞상신(上申)
품:의-서(稟議書)명 품의 사항을 적은 문서. ☞상신서
품:재(品才)명 성품과 재질.
품:재(稟才)명 타고난 재주.
품:절(品切)명-하다자 물건이 다 팔리어 떨어짐. 매절(賣切). 절품(切品)
품:정(稟定)명-하다타 웃어른에게 의논하여 결정함.
품:제(品題)명 제품(題品)
품:종(品種)명 ①물품의 종류. ②생물 분류상의 한 단계. 종(種)의 아래 계급으로, 기본적으로는 같은 종이지만 한두 가지 형질이 다른 경우에 쓰임. ③같은 종의 농작물이나 가축 가운데서 특징이 유전적으로 분리·고정되어 다른 것과 구별되는 무리를 이름. ☞변종(變種)
품:질(品質)명 물품의 성질과 바탕. 준품(品)
품:질=관:리(品質管理)명 기업에서, 제품의 품질 유지와 불량품 발생의 방지를 위해 검사를 통하여 불량품이 생기는 요인을 분석하는 생산 관리 방식.
품:질=관:리=분임조(品質管理分任組)명 기업체 내에서, 자율적으로 품질 관리 활동을 하는 작은 단위의 집단.
품:질=표시(品質表示)명 소비자에게 상품의 품질을 알리기 위하여 상품의 내용과 특징을 상품의 포장재(包裝材) 따위에 표시하여 보인 것.
품-째밟기[-밥-]명 택견에서, 품밟기의 한 가지. 원품으로 서서 왼발과 오른발을 번갈아 가며 계속 앞으로 내디뎠다가 좌우 바깥쪽으로 반회전시키면서 옮겨 밟는 동작.
품:처(稟處)명-하다타 웃어른에게 아뢰고 처리함.
품-칼명 모시풀의 껍질을 벗기는 데 쓰이는 조그만 칼.
품-팔이명 ①-하다자 품삯을 받고 남의 일을 해 주는 일. 고공(雇工) ②'품팔이꾼'의 준말. 삯팔이

한자 품팔이 용(傭) 〔人部 11획〕 ¶고용(雇傭)/용인(傭人)

품팔이-꾼명 품팔이로 살아가는 사람. 삯팔이꾼. 용원(傭員) 준품꾼. 품팔이
품:평(品評)명-하다타 물품이나 작품의 품질이나 값어치 등에 대해 평가함.
품:평-회(品評會)명 물품이나 작품을 모아 품질이나 값어치 등을 평가하는 모임.
품:-하다(稟-)타여《文》웃어른이나 상사에게 어떤 일에 대한 의견을 듣기 위해 글이나 말로 묻다.
품:행(品行)명 성품과 행실(行實). ¶-이 방정하다. ☞조행(操行). 행장(行狀)[1]
풋-접두 '덜 익은', '미숙한'의 뜻을 나타냄. ¶풋고추/풋곡식/풋나물/풋사랑
풋-감[푿-]명 빛이 푸르고 덜 익은 감.
풋-거름[푿-]명 ①생풀이나 생나뭇잎으로 하는 거름. 녹비(綠肥) ②충분히 썩지 않은 거름.
풋-것[푿-]명 ①그해 들어 처음으로 익은 곡식·과실·나물 따위를 통틀어 이르는 말. ②덜 익은 곡식·과실·나물 따위를 이르는 말.
풋-게[푿-]명 초가을에 아직 장이 제대로 들지 않은 게.
풋-고추[푿-]명 덜 익은 푸른 고추. 청고초(青苦草)
속담 풋고추 절이김치 : 절이김치에는 풋고추가 가장 알맞다는 데서, 사이가 매우 좋아 언제나 어울려 다니는 사람 사이를 비유하여 이르는 말.
풋고추-볶음[푿-]명 볶음의 한 가지. 연한 풋고추를 끓는 소금물에 살짝 데쳐 물기를 없애고 간장·참기름·깨소금 따위로 양념하여 볶은 음식.
풋고추-전(-煎)[푿-]명 전의 한 가지. 씨를 털어 낸 풋고추 속에 다져서 양념한 고기를 소로 넣고, 밀가루를 묻힌 다음 달걀을 풀어 씌워 지진 음식.
풋고추-조림[푿-]명 조림의 한 가지. 풋고추를 간장·설탕·다진 파와 버무린 다음, 쇠고기나 돼지고기, 마른 어물 따위를 섞어서 조린 반찬.
풋-곡[푿-]명 '풋곡식'의 준말.

ㅍ

풋-곡식[푿-]명 덜 익은 곡식. 준풋곡
풋-과:실(-果實)[푿-]명 덜 익은 과실. 풋과일
풋-과:일[푿-]명 풋과실
풋-김치[푿-]명 봄가을에 새로 나온 열무나 어린 배추로 담근 김치.
×풋-나기명 →풋내기
풋-나무[푿-]명 새나무·갈잎나무·풋장 따위를 통틀어 이르는 말.
풋-나물[푿-]명 봄철에 새로 나온 나물, 또는 그것을 여러 가지 양념으로 무친 반찬. 청채(青菜)
풋-내[푿-]명 ①풋나물이나 푸성귀 따위에서 나는 풀 냄새. ②'서투른 티', '어린 티'를 비유하여 이르는 말. ¶아직은 - 나는 초보 운전자./-도 가시지 않은 소년.
풋-내기[푿-]명 ①경험이 없어서 일에 서투른 사람을 얕잡아 이르는 말. ¶- 직장인(職場人) ☞하릅강아지. 햇병아리 ②성품이 차분하지 못하여 툭하면 객기를 부리는 사람을 얕잡아 이르는 말.
풋-담:배[푿-]명 ①짙푸른 잎을 썰어 바로 말린 담배. 청초(青草) ②배운 지 오래지 않아 아직 맛도 제대로 모르고 피우는 담배질.
풋-대:추[푿-]명 ①덜 익은 대추. ②말리지 않은 대추.
풋-마늘[푿-]명 덜 여문 마늘.
풋-머리[푿-]명 아직 제철이 되지 않아 곡식이나 과실 따위의 햇것이나 만물이 겨우 나올 무렵. ¶- 사과/아직 -라 먹을만 한 과일이 없다.
×풋-머슴명 →선머슴
풋-바둑[푿-]명 배운 지 얼마 되지 않아 서투른 바둑 솜씨. ☞보리바둑
풋-바심[푿-]명-하다타 익기 전의 곡식을 지레 베어 떨거나 훑는 일. 준바심[1]
풋-밤[푿-]명 덜 익은 밤.
풋-밭[푿-]명 윷판의 돗밭으로부터 윷밭까지의 말밭을 이름. ☞꽂은밭
풋-벼[푿-]명 덜 익은 벼.
풋벼-바심[푿-]명-하다자 익지 않은 벼를 조금 베어서 떠는 일.
풋-보리[푿-]명 덜 익은 보리.
풋보리-죽(-粥)[푿-]명 풋보리를 갈아 쌀을 넣고 쑨 죽.
풋볼:(football)명 축구(蹴球)·럭비·아메리칸풋볼을 통틀어 이르는 말. 일반적으로 축구와 그 경기에 쓰는 공을 이름.
풋-사과(-沙果)[푿-]명 덜 익은 사과.
풋-사랑[푿-]명 ①철없는 나이에 이성(異性)에 대해 느끼는 사랑. ②아직 정이 덜 들어 깊지 못한 사랑.
풋-사위[푿-]명 윷놀이에서, 풋윷으로 나오는 큰사위. ¶-가 판도를 뒤엎다.
풋-솜씨[푿-]명 서투른 솜씨.
풋-술[푿-]명 술맛을 제대로 모르면서 마시는 술.
풋워:크(footwork)명 구기(球技)·권투 따위에서, 발을 놀리는 재간.
풋-윷[푿늇]명 서투른 윷 솜씨.
풋-잠[푿-]명 잠든 지 얼마 안 되어 얕이 든 잠.
풋-장[푿-]명 가을에 잡풀이나 잡목의 가지를 베어 말린 땔나무.
풋-장:기(-將棋)[푿-]명 배운 지 얼마 되지 않아 서투른 장기 솜씨.
풋-콩[푿-]명 덜 여문 콩.
풋풋-하다[푿푿-]형여 푸르고 싱그럽다.
풍부 ①간혀 있던 기체가 세차게 구멍으로 터져 나오는 소리를 나타내는 말. ②구멍이 훤히 뚫어져 있거나 뚫어지는 모양을 나타내는 말. ③깊은 물에 매우 묵직한 물체가 떨어져 잠기는 소리, 또는 그 모양을 나타내는 말. ¶물 속에 - 빠졌다. ☞퐁
풍(風)[1]명 '허풍(虛風)'의 준말.
풍(을) 떨다관용 사실과 달리 꾸미거나 과장하여 말하다.
풍(風)[2]명 ①한방에서, 정신 작용이나 근육 신축, 감각에 탈이 생긴 병을 이르는 말. 중풍이나 경풍 따위. ②한방에서, 원인 모르게 생기는 살갗의 질환을 이르는 말. 두

풍(頭風)·피풍(皮風) 따위. ③'풍병(風病)'의 준말.

풍(豊)명 '풍괘(豊卦)'의 준말. ▷ 豊의 정자는 豐

-풍(風)《접미사처럼 쓰이어》'양식', '방식', '경향'의 뜻을 나타냄. ¶서양풍(西洋風)/몽고풍(蒙古風) ☞풍모(風貌). 풍조(風潮)

풍각(風角)명 팔방(八方)의 바람을 궁(宮)·상(商)·각(角)·치(徵)·우(羽)의 오음(五音)으로 구별하여 길흉을 점치는 방술(方術).

풍각-쟁이(風角—)명 지난날, 장거리 같은 데서 해금을 켜거나 노래를 부르며 돈을 구걸하는 사람을 이르던 말.

풍간(諷諫)명-하다타 나무라는 뜻을 에둘러 말하여 깨우침. ☞직간(直諫)

풍감(風鑑)명-하다타 용모와 풍채를 보고서 그 사람의 성질을 감정함.

풍객(風客)명 바람둥이

풍건(風乾)명-하다타 바람에 쐬어 말림.

풍걸(豊乞)명 풍년거지

풍격(風格)[—껵]명 풍채와 품격. ¶지도자다운 —.

풍겸(豊歉)명 풍흉(豊凶)

풍경(風景)명 산이나 들 따위 자연의 모습. 경치(景致) ¶한가로운 시골 —./—이 아름답다.

풍경(風磬)명 처마끝에 달아 바람에 흔들려 소리가 나게 만든 작은 종 모양의 것. ¶산사(山寺)의 — 소리.

풍경-화(風景畫)명 자연의 경치를 그린 그림.

풍계(風系)명 어떤 넓은 지역에 걸쳐서 거의 규칙적으로 부는 일단의 바람. 무역풍(貿易風)·편서풍(偏西風) 따위.

풍계-묻이[—무지]명-하다자 어린아이들 놀이의 한 가지. 무슨 물건을 감추어 두고 찾아내는 내기를 하는 놀이. ☞보물찾기

풍고풍하(風高風下)성구 봄과 여름은 바람이 낮고, 가을과 겨울은 바람이 높다는 뜻으로, 한 해 동안의 기후를 이르는 말.

풍골(風骨)명 풍채와 골격. ¶신선의 —.

풍공(豊功)명 매우 큰 공.

풍광(風光)명 경치(景致)

풍광명미(風光明媚)성구 자연의 경치가 매우 맑고 아름다움을 이르는 말.

풍-괘(豊卦)[—꽤]명 육십사괘(六十四卦)의 하나. 진괘(震卦) 아래 이괘(離卦)가 놓인 괘로 우레와 번개를 상징함. 준풍(豊) ☞여괘(旅卦)

풍교(風敎)명 풍화(風化)²

풍구(風—)명 ①바람을 일으켜 곡물에 섞인 겨·먼지·쭉정이 등을 날려 보내는 농기구. 풍차(風車) ②풀무

풍구-질(風—)명-하다자 풍구로 곡물에 섞인 겨·먼지·쭉정이 따위를 날려 보내는 짓.

풍금(風琴)명 오르간

풍기(風紀)명 풍속이나 도덕의 기율(紀律). ¶—가 문란하다./—를 바로잡다.

풍기(風氣)¹명 ①풍속(風俗) ②풍도(風度)와 기상(氣像). ¶제왕의 —를 지니다.

풍기(風氣)²[—끼]명 풍병(風病)

풍기다자타 ①냄새가 퍼지다, 또는 퍼지게 하다. ¶꽃 향기가 —./악취를 —. ②어떤 기미가 느껴지다, 또는 느껴지게 하다. ¶중후한 멋이 —./따스한 인간미가 —./남국의 정취를 —. ③곡식에 섞인 겨·먼지·쭉정이 따위를 날리다. ¶풍구로 검불을 —. ④몰려 있던 사람이나 짐승이 놀라서 흩어지다, 또는 흩어지게 하다. ¶총소리에 새들이 사방으로 풍겼다.

풍년(豊年)명 ①농사가 잘 된 해. 세풍(歲豊). 유년(有年) ¶—이 들다. ②무엇이 많이 생기거나 수확이 많은 경우를 비유하여 이르는 말. ¶바지락 —/오징어 —을 맞다. ☞흉년(凶年)

속담 **풍년 개 팔자** : 걱정 없이 편안한 처지를 비유하여 이르는 말.〔음지(陰地)의 개 팔자〕

한자 **풍년 풍**(豊)〔豆部 11획〕¶대풍(大豊)/연풍(年豊)/풍년(豊年)/풍어(豊漁)/풍작(豊作) ▷ 속자는 豊

풍년가(豊年歌)명 경기 민요의 한 가지. 굿거리장단에 맞추어 풍년을 맞은 기쁨과 풍년을 바라는 마음을 노래함.

풍년-거:지(豊年—)명 여러 사람이 모두 이익을 보는데 혼자만 빠진 경우를 비유하여 이르는 말. 풍걸(豊乞)

속담 **풍년거지 더 섧다** : 평소에도 서러운 신세인데 남들이 잘 되는 것을 보니 제 처지가 한층 더 서러워진다는 말./**풍년거지 쪽박 깨뜨린 형상** : 남들은 다 넉넉하게 잘 지내는데 자기만이 낭패를 보고 있는 딱한 처지를 비유하여 이르는 말.

풍년-기근(豊年飢饉)명 풍년이 들었으나 곡물 값이 폭락하여 농가에 타격이 심한 현상.

풍단(風丹)명 단독(丹毒)

풍담(風痰)명 한방에서, 풍증을 일으키는 담병, 또는 풍증으로 말미암아 생기는 담병을 이르는 말.

풍대(風大)명 불교에서, 사대종(四大種)의 하나인 '바람'을 이르는 말. 움직임을 본질로 하고 만물이 자라게 하는 작용을 함. ☞수대(水大)

풍덩부 크고 묵직한 물건이 넓고 깊은 물에 떨어질 때 울리어 나는 소리를 나타내는 말. ¶물에 — 빠지다. ☞펑덩. 퐁당

풍덩-풍덩부 잇달아 풍덩 하는 소리를 나타내는 말. ¶— 물 속으로 뛰어들다. ☞펑덩펑덩. 퐁당퐁당

풍뎅이¹명 머리에 쓰는 방한구(防寒具)의 한 가지. 남바위와 같은 모양이나 가에 모피를 좁게 대었음.

풍뎅이²명 ①풍뎅잇과에 딸린 곤충을 통틀어 이르는 말. 금귀자(金龜子). 금귀충(金龜蟲). 황병(蟥蛢) ②풍뎅잇과의 곤충. 몸길이 2cm 안팎. 몸은 둥글넓적하고 몸빛은 거무스름한 초록이며 금속 광택이 있음. 6~7월에 나타나며 각종 활엽수의 잎을 해침. 우리 나라와 중국, 일본 등지에 분포함.

풍도(風度)명 풍채와 태도를 아울러 이르는 말.

풍독(風毒)명 중풍(中風)

풍독(諷讀)명-하다타 시가(詩歌)나 문장을 욈.

풍동(風洞)명 인공적으로 기류를 일으키는 터널 모양의 장치. 항공기 따위의 공기 역학적인 성질을 실험하는 데 쓰임.

풍동(風動)명-하다자 ①바람이 불어 움직임. ②스스로 붙좇아 감화(感化)됨.

풍두선(風頭旋)명 체머리

풍등(豊登)명-하다자 풍년이 듦.

풍락-목(風落木)명 바람에 꺾이거나 절로 죽은 나무. 풍절목(風折木)

풍란(風蘭)명 난초과의 상록 여러해살이풀. 바위나 고목 줄기에 붙어 자라는데, 관상용으로 심기도 함. 짧은 줄기는 몇 개가 모여 자라며, 잎은 좌우 두 줄로 남. 7월경에 향기가 있는 백색 또는 황색 꽃이 핌.

풍랑(風浪)명 ①바람과 물결. 풍파(風波) ②수면 위를 부는 바람으로 말미암아 일어나는 물결. ¶거센 —./—이 일다.

풍랭-통(風冷痛)명 한방에서, 충치가 있거나 잇몸이 붓거나 하지도 않고, 이가 흔들리면서 아픈 잇병을 이르는 말.

풍력(風力)명 ①바람의 세기. 풍세(風勢) ☞바람세 ②바람이 가진 힘. ¶—을 이용한 발전 장치. ③바람의 힘.

풍력-계(風力計)명 풍속계(風速計)

풍력=계급(風力階級)명 바람의 세기를 눈어림으로 알 수 있도록 정한 등급. 0~12의 열세 계급으로 가름.

▶ **풍력 계급의 바람의 이름**

⓪ 고요〔靜穩〕	⑦ 센바람〔強風〕
① 실바람〔至輕風〕	⑧ 큰바람〔疾強風〕
② 남실바람〔輕風〕	⑨ 큰센바람〔大強風〕
③ 산들바람〔軟風〕	⑩ 노대바람〔全強風〕
④ 건들바람〔和風〕	⑪ 왕바람〔暴風〕
⑤ 흔들바람〔疾風〕	⑫ 싹쓸바람〔颱風〕
⑥ 된바람〔雄風〕	

풍로(風爐)명 ①바람이 통하도록 아래에 옆으로 구멍을

ㅍ

낸, 작은 화로(火爐). ②석유나 가스 등을 쓰는 주방용 가열 기구를 두루 이르는 말.
풍뢰(風籟)명 바람이 숲을 스치며 내는 소리.
풍루(風淚)명 ①바람을 눈에 받을 때 나는 눈물. ②춧농
풍류(風流)명 ①멋스럽고 운치가 있는 것. ¶ ―를 알다. ②풍치를 찾아 즐기며 멋스럽게 노니는 일. 화조풍월(花鳥風月) ¶ ―를 즐기다. ③'음악(音樂)'을 예스럽게 이르는 말. ¶ ―에 맞추어 춤을 추다.

한자 풍류 악(樂) 〔木部 11획〕 ¶ 악곡(樂曲)/음악(音樂)/주악(奏樂)/풍악(風樂) ▷ 속자는 楽

풍류-랑(風流郎)명 풍류스러운 젊은 남자.
풍류-스럽다(風流―)(―스럽고·―스러워)형ㅂ 보기에 풍치 있고 멋스러운 데가 있다.
풍류-스레부 풍류스럽게
풍륜(風輪)[1]명 ①바람을 다스리는 신(神). ②불교에서 이르는 삼륜(三輪)의 하나. 수륜(水輪)의 아래에서 이 세상을 떠받치고 있다는 원륜(圓輪). ☞금륜(金輪)
풍륜(風輪)[2]명 눈알의 각막과 수정체 사이에 있는 검은 고리 모양의 빈 곳.
풍림(風林)명 ①바람받이 숲. ②풍치가 있는 숲.
풍림(風霖)명 비바람. 풍우(風雨)
풍림(楓林)명 단풍나무 숲, 또는 단풍이 든 숲.
풍마우:세(風磨雨洗)성구 오랜 세월을 바람에 갈리고 비에 씻김을 이르는 말.
풍만(豊滿)어기 '풍만(豊滿)하다'의 어기(語基).
풍만-하다(豊滿―)형여 ①그득하고 넉넉하다. ②몸매가 보기 좋게 포동포동하다. ¶몸집이 ―.
풍매(風媒)명 꽃가루가 바람에 날려 옮겨져 가루받이가 이루어지는 일. ☞수매(水媒). 충매(蟲媒)
풍매-화(風媒花)명 꽃가루가 바람에 날려 옮겨져 가루받이가 이루어지는 꽃. 벼·소나무·은행나무 따위의 꽃. ☞수매화(水媒花). 충매화(蟲媒花)
풍모(風貌)명 풍채와 용모. 풍재(風裁) ¶위엄이 있는 ―./빼어난 ―.
풍문(風聞)명 근거 없이 떠도는 소문. ¶ ―이 나돌다./―으로 듣다. ☞풍설(風說)
풍물(風物)[1]명 경치(景致)
풍물(風物)[2]명 ①농악(農樂)에 쓰는 꽹과리·소고·날라리·북·징·장구 따위의 악기를 통틀어 이르는 말. ¶―을 울리다. ②남사당패의 여섯 가지 놀이 중에서 첫째인 '농악(農樂)'을 이르는 말.
풍물-놀이(風物―)명 농악(農樂)
풍물-잡이(風物―)명 농악을 연주하는 사람.
풍물-장(風物匠)명 풍물장이
풍물-장이(風物―)명 농악에 쓰는 악기들을 만드는 공인(工人). 풍물장(風物匠)
풍미(風味)명 ①음식의 좋은 맛. ¶이 고장 전래의 ―를 맛보다. ②사람 됨됨이의 멋스러움.
풍미(風靡)명-하다자타 〔풀이 바람결에 쏠리듯이〕 많은 사람을 쏠리듯이 따르게 함. 많은 사람들을 어떠한 경향으로 따르게 함. ¶한 시대를 ―한 사조.
풍미(豊美)어기 '풍미(豊美)하다'의 어기(語基).
풍미-하다(豊美―)형여 풍만하고 아름답다.
풍박(豊薄)명 풍성함과 약소함.
풍배(風杯)명 회전 풍속계에서, 바람을 받아 돌아가는 세 개 또는 네 개의 반구형으로 된 물체.
풍배-도(風配圖)명 바람의 풍향별 관측 횟수를 한눈에 볼 수 있도록 나타낸 그림.
풍백(風伯)명 바람을 맡아 다스린다는 신(神). 비렴(飛廉). 풍사(風師). 풍신(風神) ☞우사(雨師)
풍범-선(風帆船)명 돛을 달아 바람을 받아서 가는 배.
풍병(風病)[―뼝]명 한방에서, 신경의 탈로 생기는 병을 통틀어 이르는 말. 풍기(風氣)[2]. 풍증(風症). 풍질(風疾) 준풍(風)[2]
풍부(豊富)어기 '풍부(豊富)하다'의 어기(語基).
풍부-하다(豊富―)형여 넉넉하고 많다. ¶지하 자원이 ―./풍부한 물자.
풍부-히부 풍부하게
풍비(風痱)명 한방에서, 신경의 탈로 몸의 반쪽을 잘 쓰지 못하는 병을 이르는 말.
풍비(風痹)명 한방에서, 뇌척수(腦脊髓)의 탈로 몸과 팔다리가 마비되고 감각과 동작에 장애를 일으키는 병을 이르는 말.
풍비(豊備)명-하다타 풍부하게 갖춤.
풍비박산(風飛雹散)성구 바람에 날린 우박처럼 흩어진다는 뜻으로, 사방으로 뿔뿔이 흩어짐을 이르는 말. ¶유리 파편이 ―으로 흩어지다. 준풍산(風散)
풍사(風師)명 풍백(風伯)
풍산(風散)명-하다자 '풍비박산(風飛雹散)'의 준말.
풍산(豊産)명-하다자 풍부하게 남, 또는 그 산물.
풍산-개(豊山―)명 개의 한 품종. 함경 북도 풍산에서 나는 우리 나라 재래종임. 어깨 높이 55~60cm, 몸길이 60~65cm, 몸무게 20~30kg임. 털빛은 대체로 희지만 잿빛 털이 고루 섞인 것도 있음. 머리는 둥글고 아래턱이 약간 나왔으며, 꼬리는 둥글게 말려 있음. 영리하면서도 빠르고 용맹하여 사냥개로 기름.
풍상(風箱)명 풀무
풍상(風霜)명 ①바람과 서리. ②살면서 겪는 온갖 어려움과 괴로움을 비유하여 이르는 말. ¶온갖 ―을 겪다. ③흐르는 세월.
풍상-우:로(風霜雨露)명 바람과 서리와 비와 이슬을 아울러 이르는 말.
풍생-암(風生岩)명 풍성암(風成岩)
풍생-층(風生層)명 풍성층(風成層)
풍-서란(風―欄)명 문얼굴의 아래위나 좌우에 바람을 막기 위하여 대는, 좁은 나무 오리.
풍석(風席)명 ①돛을 만드는 데 쓰는 돗자리. ②부뚜 ③무엇을 널어 놓고 말리는 데 쓰는 거적·멍석·맷방석 따위를 통틀어 이르는 말.
풍석-질(風席―)명-하다타 부뚜질
풍선(風扇)명 ①바람을 일으키는 갖가지 기구. 선풍기 따위. ②바람을 내어 곡물에 섞인 검불이나 티끌을 날리는 농기구.
풍선(風船)명 ①종이·고무·비닐 따위로 만든 얇은 주머니 속에 공기 따위 기체를 넣어 부풀려 공중으로 떠오르게 만든 물건이나 장난감. ②기구(氣球)
풍선(風癬)명 마른버짐
풍설(風泄)명 한방에서, 감기로 말미암아 급하게 나는 설사 증세를 이르는 말.
풍설(風屑)명 비듬
풍설(風雪)명 ①바람과 눈. ②눈보라 ¶ ―이 몰아치다.
풍설(風說)명 근거 없이 떠도는 말. ¶ ―이 나돌다. ☞풍문(風聞)
풍성(風聲)명 ①바람소리 ②들리는 명성(名聲).
풍성(豊盛)어기 '풍성(豊盛)하다'의 어기(語基).
풍성-암(風成岩)명 바람에 날려와 쌓인 모래와 흙이 굳어서 이루어진 바위. 풍생암(風生岩)
풍성-층(風成層)명 바람에 날려와 모인 모래나 흙이 쌓여서 이루어진 지층. 사구(砂丘)나 사막을 이룬 모래 층 따위. 풍생층(風生層)
풍성-토(風成土)명 바위 부스러기나 모래 따위가 바람에 불려 와 쌓여 이루어진 땅. 풍적토(風積土)
풍성풍성-하다(豊盛豊盛―)형여 매우 풍성하다. ¶먹을 것과 입을 것이 ―.
풍성풍성-히부 풍성풍성하게
풍성-하다(豊盛―)형여 매우 넉넉하게 많다. ¶오곡백과가 ―./풍성한 결실.
풍성-히부 풍성하게 ¶ ― 마련한 음식상.
풍성학려(風聲鶴唳)성구 바람소리와 학의 울음소리란 뜻으로, 겁먹은 사람이 하찮은 일에도 놀람을 비유하여 이르는 말.
풍세(風勢)명 바람의 세기. 풍력(風力) ¶ ―가 차차 거세어진다. ☞바람세

ㅍ

풍세대:작(風勢大作)성구 바람이 세차게 붊을 이르는 말.
풍속(風俗)명 예로부터 한 사회에 이어져 내려오는 생활상의 습관. 풍기(風氣)[1]

한자 풍속 속(俗)〔人部 7획〕¶미속(美俗)/민속(民俗)/속기(俗忌)/속신(俗信)/토속(土俗)

풍속(風速)명 바람의 속도.
풍속-계(風速計)명 풍속을 재는 계기. 풍력계
풍속-도(風俗圖)명 사람들의 일상 생활이나 풍속을 그린 그림. 풍속화(風俗畫)
풍속-범(風俗犯)명 미풍양속이나 성도덕을 어긴 범죄, 또는 그 범인.
풍속=소:설(風俗小說)명 한 시대나 한 사회의 풍속·세태 등을 현실적으로 그려 낸 소설.
풍속-화(風俗畫)명 풍속도(風俗圖)
풍손(風損)명 강한 바람으로 말미암아 입는 손해.
풍송(諷誦)명-하다타 ①글을 읽고 시를 읊음. ②중에게 세상을 떠난 사람을 위하여 경(經)을 읽어 줄 것을 청하는 글. ③불교에서, 소리를 높이어 경문·계문(戒文)·주문 따위를 읽는 일.
풍수(風水)명 ①음양 오행설을 바탕으로 하여 민속으로 지켜 내려오는 지술(地術). ☞풍수지리설(風水地理說) ②지관(地官)
풍수(豐水)명 하천 등의 수량이 많음. ☞갈수(渴水)
풍수-기(豐水期)명 비가 많이 내리어 하천·저수지·댐 등의 수량이 많은 시기. ☞갈수기(渴水期)
풍수-설(風水說)명 풍수에 관한 학설.
풍수-쟁이(風水-)명 '지관(地官)'을 속되게 이르는 말.
풍수-증(風水症)[-쯩]명 한방에서, 심장병이나 신장병 따위로 갈증이 나고 팔다리가 붓는 병을 이르는 말.
풍수-지리(風水地理)명 땅의 형세나 방위를 인간의 길흉화복에 관련시켜 설명하는 학설. 풍수지리설
풍수-지리설(風水地理說)명 풍수지리
풍수지탄(風樹之歎)성구 어버이가 세상을 떠난 뒤라서 효도를 하고자 해도 할 수 없는 슬픔을 이르는 말.
풍수-학(風水學)명 풍수에 관한 학문.
풍수-해(風水害)명 폭풍우와 홍수로 말미암아 입는 피해. ☞수해(水害). 풍손(風損)
풍습(風習)명 풍속과 습관을 아울러 이르는 말.
풍습(風濕)명 한방에서, 습한 기운으로 말미암아 뼈마디가 저리고 아픈 병을 이르는 말.
풍식(風蝕)명 바람으로 말미암아 암석이나 지면이 깎이는 일.
풍신(風神)명 ①풍백(風伯) ②풍채(風采)
풍신-기(風信旗)명 바람의 방향과 세기를 나타내는, 여러 빛깔의 기상 신호기(信號旗).
풍아(風雅)[1] 명 풍류(風流)와 문아(文雅).
풍아(風雅)[2] 어기 '풍아(風雅)하다'의 어기(語基).
풍아-롭다(風雅-)(-롭고·-로워)형ㅂ 풍치가 있고 조촐한 맛이 있다.
풍아-로이부 풍아롭게
풍아-스럽다(風雅-)(-스럽고·-스러워)형ㅂ 풍치가 있고 조촐한 데가 있다.
풍아-스레부 풍아스럽게
풍아-하다(風雅-)형여 풍치가 있고 조촐하다.
풍악(風樂)명 우리 나라 고유의 옛 음악. 주로 기악을 이름. ¶-을 울리다.
풍악(을) 잡히다관용 풍악을 연주하게 하다.
풍악(楓嶽)명 '풍악산(楓嶽山)'의 준말.
풍악산(楓嶽山)명 '금강산(金剛山)'의 딴이름. 가을철의 금강산을 이르는 이름임. 준풍악(楓嶽) ☞봉래산(蓬萊山). 개골산(皆骨山)
풍안(風眼)[1]명 바람이나 티끌을 막기 위하여 쓰는 안경.
풍안(風眼)[2]명 한방에서, 띠끌이 들어가 곪는 눈병을 이르는 말.
풍압(風壓)명 물체에 미치는 바람의 압력.
풍압-계(風壓計)명 풍압을 재는 계기.
풍약(楓-)명 화투 놀이에서, 시월의 단풍 딱지 넉 장을 모두 차지한 경우를 이르는 말. 놀이에 참가한 다른 사람들로부터 스무 끗씩을 받게 됨. ☞비약. 초약
풍양(風陽)명 바람과 볕의 뜻으로, 날씨를 이르는 말. 풍일(風日)
풍어(豐漁)명 물고기가 많이 잡힘. 대어(大漁) ☞흉어
풍어-제(豐漁祭)명 어촌에서, 풍어를 기원하며 베푸는 제사. 음력 정월 초하루에서 보름 사이에 지냄.
풍연(風煙)명 멀리 보이는 공중에 서린 흐릿한 기운.
풍연(風鳶)명 연(鳶)
풍열-통(風熱痛)명 한방에서, 잇몸이 붓고 고름이 나며 몹시 아픈 증세를 이르는 말.
풍염(風炎)명 산을 넘어 불어 내리는 건조한 열풍. 푄(Föhn)
풍염(豐艶)어기 '풍염(豐艶)하다'의 어기(語基).
풍염-하다(豐艶-)형여 포동포동하고 아름답다.
풍영(諷詠)명-하다타 시가(詩歌) 따위를 읊조림.
풍요(風謠)명 ①그 지방 풍속을 읊은 노래. ②신라 선덕여왕(善德女王) 때의 향가. 영묘사(靈廟寺) 장륙존상(丈六尊像)을 주조할 때, 성안 사람들이 진흙을 나르면서 불렀다는 노동요. 4구체로 되어 있으며, '삼국유사(三國遺事)'에 실려 전함.
풍요(豐饒)명-하다형 매우 넉넉함. 풍유(豐裕) ¶-를 누리다./- 속의 빈곤./-한 사회.
풍요-롭다(豐饒-)(-롭고·-로워)형ㅂ 매우 넉넉하고 여유가 있다. ¶풍요로운 세상.
풍요-로이부 풍요롭게 ¶노후를 - 지내다.
풍우(風雨)명 비바람. 풍림(風霖) ¶-가 몰아치다.
풍우-계(風雨計)명 청우계(晴雨計)
풍우대:작(風雨大作)성구 바람이 몹시 불고 비가 많이 내림을 이르는 말.
풍운(風雲)명 ①바람과 구름. ②영웅 호걸이 세상에 두각을 나타내는 좋은 기회와 운수. ¶-을 타고나다. ③세상이 크게 변할듯 한 형세나 기운. ¶-이 감돌다./-을 일으키다.
풍운(風韻)명 풍류와 운치를 아울러 이르는 말.
풍운-아(風雲兒)명 좋은 기운을 타서 세상에 이름을 들날리는 사람. ¶난세(亂世)의 -.
풍운조:화(風雲造化)성구 바람이나 구름의 예측하기 어려운 변화를 이르는 말.
풍운지회(風雲之會)성구 ①영명한 임금과 어진 신하가 만남을 비유하여 이르는 말. ②영웅 호걸이 때를 얻어 뜻을 이룰 좋은 기회를 비유하여 이르는 말.
풍월(風月)명 ①바람과 달이라는 뜻으로, 아름다운 자연을 이르는 말. ②-하다자 아름다운 자연에 관한 시문을 지음, 또는 그 시문. ¶-을 읊다. ☞음풍농월(吟風弄月)
풍월-객(風月客)명 풍월을 일삼는 사람.
풍월주인(風月主人)성구 바람과 달의 주인이란 뜻으로, 자연을 즐기는 풍류스러운 사람을 이르는 말.
풍위(風位)명 바람이 불어오는 방위.
풍유(豐裕)명-하다형 풍요(豐饒)
풍유(諷喩·諷諭)명-하다타 에둘러서 나무라거나 깨우쳐 타이름, 또는 그러한 비유.
풍유-법(諷喩法)[-뻡]명 수사법의 한 가지. 바로 대어 말하지 않고 에둘러서 말함으로써 본뜻을 헤아리게 하는 표현 방법. '참새가 죽어도 짹 한다.' '작은 고추가 맵다.'와 같은 표현법임. 우화법(寓話法)
풍의(風儀)명 풍채(風采)
풍의(風懿)명 한방에서, 뇌에 탈이 나서 혀와 목구멍이 마비되고 말을 잘 하지 못하는 병증을 이르는 말.
풍이(風異)명 나무가 꺾이고 집이 무너질 정도의 거센 바람의 상태.
풍인(風人)명 ①나환자(癩患者) ②시부(詩賦)에 능한 사람.
풍일(風日)명 풍양(風陽)
풍자(風姿)명 풍채(風采)
풍자(諷刺)명-하다타 모순이나 결함 따위를 무엇에 빗대어 재치 있게 일깨우거나 비판함. ¶세태를 -한 시.

풍자-극(諷刺劇)명 사회나 인간의 모순이나 결함 따위를 풍자하는 내용의 연극이나 희곡(戱曲).
풍자=문학(諷刺文學)명 사회나 인간의 모순이나 결함 따위를 풍자하는 내용의 문학.
풍자=소:설(諷刺小說)명 사회나 인간의 모순이나 결함 따위를 은근히 빗대어 꼬집은 소설. '양반전' 따위.
풍자-시(諷刺詩)명 사회나 인간의 모순이나 결함 따위를 풍자하는 내용의 시. 김삿갓의 시 따위.
풍작(豐作)명 풍년이 들어 잘 된 농사. ☞흉작(凶作)
풍잠(風簪)명 망건 앞에 다는 반달 모양의 장식품. 갓이 뒤로 넘어가지 않도록 하는 구실을 함. 원산(遠山)
풍장 명 농악에 쓰는 풍물을 흔히 이르는 말.
풍장(風葬)명 송장을 한데다 두어 비바람에 풍화되게 하는 원시적인 장사 방법. ☞토장(土葬)
풍재(風災)명 심한 바람으로 말미암은 재해. ☞풍해
풍재(風裁)명 ①풍모(風貌) ②풍치(風致)
풍쟁(風箏)명 연(鳶)
풍적-토(風積土)명 바위 부스러기나 모래 따위가 바람에 불려 와 쌓여 이루어진 땅. 풍성토(風成土)
풍전(風前)명 바람이 불어오는 앞.
풍전(風顚·瘋癲)명 한방에서, 후천적으로 미친 병자를 이르는 말.
풍전등촉(風前燈燭)성구 풍전등화(風前燈火)
풍전등화(風前燈火)성구 바람 앞의 등불이라는 뜻으로, 매우 위급한 처지를 비유하여 이르는 말. 풍전등촉
풍전세:류(風前細柳)성구 바람에 나부끼는 세버들이라는 뜻으로, 부드럽고 영리한 성격을 비유하여 이르는 말. ☞경중미인(鏡中美人)
풍전지진(風前之塵)성구 바람 앞의 먼지라는 뜻으로, 사물의 변화가 덧없음을 비유하여 이르는 말.
풍절-목(風折木)명 풍락목(風落木)
풍정(風情)명 ①풍치(風致)가 있는 정회(情懷). 풍회(風懷) ¶가을 벌판의 -. ②물정(物情) ¶세상 -을 모르다. ③남녀 사이의 애정.
풍정낭:식(風定浪息)성구 바람이 자고 물결이 잔잔해진다는 뜻으로, 들떠서 어수선하거나 어지럽던 것이 가라앉아 조용해짐을 비유하여 이르는 말.
풍조(風鳥)명 '극락조(極樂鳥)'의 딴이름.
풍조(風潮)명 ①바람 따라 흐르는 조수(潮水). ②세상이 되어가는 추세. ¶시대의 -./사치 -
풍족(豐足)어기 '풍족(豐足)하다'의 어기(語基).
풍족-하다(豐足-)형여 모자람이 없이 매우 넉넉하다. ¶풍족한 지하 자원.
　풍족-히부 풍족하게
풍증(風症)[-쯩]명 풍병(風病)
풍지(風紙)명 '문풍지(門風紙)'의 준말.
×**풍지박산**(風-雹散) →풍비박산(風飛雹散)
풍진(風疹)명 급성 전염병의 한 가지. 좁쌀만 한 뾰루지가 얼굴과 팔다리에 났다가 3~4일 만에 나음. 3~10살 어린아이에게 많이 발생함.
풍진(風塵)명 ①바람에 날리는 티끌. ②속세의 어지러움을 비유하여 이르는 말. ¶- 세상을 만나다. ③전진(戰塵)
풍진-세:계(風塵世界)명 편안하지 못한 어지러운 세상.
풍질(風疾)명 풍병(風病)
풍차(風車)명 ①바람의 힘을 이용하여 동력을 일으키는 기계 장치. ②팔랑개비 ③풍구
풍차(風遮)명 ①추위를 막기 위해 모피로 만들어 쓰던 쓰개의 한 가지. 주로 털가죽으로 만드는데 볼끼가 달려 있음. ②뒤를 트는 어린아이의 바지나 여자 속곳의 마루폭에 좌우로 길게 대는 헝겊 조각.
풍차-바지(風遮-)명 마루폭에 풍차를 단, 뒤가 트인 어린아이의 바지. ☞개구멍바지
풍찬노:숙(風餐露宿)성구 바람과 이슬을 맞으며 한데에서 먹고 잔다는 뜻으로, 모진 고생을 비유하여 이르는 말.
풍창(風窓)명 바람이 잘 통하도록 만들어 놓은 창.
풍창파:벽(風窓破壁)성구 뚫어진 창과 허물어진 담벼락이란 뜻으로, 돌보지 않아 허술한 집을 이르는 말.
풍채(風采)명 드러나 보이는, 사람의 의젓한 모습. 풍신(風神). 풍의(風儀). 풍자(風姿). 풍표(風標). 허우대 ¶-가 좋다.
풍취(風趣)명 ①풍경에서 느끼게 되는 멋이나 정취. ¶이국적인 -가 감도는 거리./그윽한 -를 자아내다. ②풍치(風致)
풍치(風致)명 ①훌륭하고 멋스러운 경치. ¶자연의 -./아름다운 -. ②격에 어울리는 멋. 풍재(風裁). 풍취(風趣) ☞운치(韻致)
풍치(風齒)명 ①한방에서, 썩거나 상하지 않고 풍병으로 일어나는 치통을 이르는 말. ②'치주염'을 달리 이르는 말.
풍치-림(風致林)명 경관이 뛰어난 곳을 보전하기 위하여 보호하고 가꾸는 나무숲.
풍치=지구(風致地區)명 도시의 자연 경관을 보전하기 위하여 도시 계획에서 지정하여 보호하는 구역.
풍침(風枕)명 공기를 불어넣어서 부풀린 베개.
풍타낭:타(風打浪打)성구 바람 부는 대로 물결치는 대로 행동한다는 뜻으로, 확고한 주견이 없이 그저 대세에 따라 행동함을 이르는 말.
풍토(風土)명 ①기후와 토지의 상태. ¶-에 알맞은 작물을 재배하다. ②인간의 의식이나 문화에 영향을 끼치는 제도나 환경 따위. ¶건전한 -를 조성하다.
풍토-기(風土記)명 어느 고장의 풍토를 적은 기록.
풍토-병(風土病)[-뼝]명 어떤 지방의 독특한 자연 환경으로 말미암아 생기는 특이한 병. 지방병(地方病). 토질병(土疾病)
풍토-색(風土色)명 풍토의 차이에 따라 생기는 고장마다의 특색. ¶-이 짙은 해산물 요리.
풍파(風波)명 ①바람과 물결. 풍랑(風浪) ¶-가 일다./거센 -에 배가 요동을 치다. ②살면서 겪는 어려움이나 괴로움. ¶세상 -/온갖 -를 다 겪다. ③분규나 분란을 비유하여 이르는 말. ¶집안에 -를 일으키다.
풍판(風板)명 비바람을 막기 위하여 박공 아래에 길이로 잇대는 널빤지.
풍편(風便)명 바람결 ¶-에 들은 소문.
풍표(風標)명 풍채(風采)
풍-풍[1] 부 ①갇혀 있던 기체가 여러 번에 걸쳐 잇달아 세차게 구멍으로 터져 나오는 소리를 나타내는 말. ②구멍이 여러 군데 훤히 뚫어져 있거나 잇달아 뚫어지는 모양을 나타내는 말. ¶구멍이 - 뚫리다. ③깊은 물에 매우 묵직한 물체가 잇달아 떨어져 잠기는 소리, 또는 그 모양을 나타내는 말. ☞퐁퐁[1]
풍풍[2] 부 액체가 구멍으로 많이 쏟아지거나 솟아나는 소리, 또는 그 모양을 나타내는 말. ¶수돗물이 - 쏟아지다. ☞퐁퐁[2]
풍한서:습(風寒暑濕)명 바람과 추위와 더위와 습기를 아울러 이르는 말.
풍한-천(風寒喘)명 한방에서, 감기로 숨이 차고 숨쉬기가 힘든 증세를 이르는 말.
풍해(風害)명 강풍이나 회오리바람 등으로 말미암은 피해. ☞풍재(風災)
풍해(風解)명-하다자 풍화(風化)[1]
풍향(風向)명 바람이 불어오는 방향.
풍향-계(風向計)명 바람이 불어오는 방향을 관측하는 기계. 바람개비[1]
풍헌(風憲)명 ①풍교(風敎)와 헌장(憲章). ②조선 시대, 유향소(留鄕所)에서 면(面)이나 이(里)의 일을 맡아보던 한 직책. ③지난날, 관원을 규찰하며 기율과 풍속을 바로잡는 일을 맡아보던 관직.
풍혈(風穴)명 ①산허리나 계곡 같은 데 있는, 늘 시원한 바람이 불어 나오는 구멍이나 바위 틈. ②나무그릇 따위에 가로 돌아가며 잘게 새긴 꾸밈새.
풍협(豐頰)명 두둑하게 살진 뺨.
풍화(風化)[1] 명-하다자 ①지표나 바위 등이 바람·공기·물 따위의 작용으로 깎이거나 부서지는 현상. ②결정수(結晶水)가 있는 결정 따위가 공기 중에서 수분이 날아가 가루로 변하는 현상. 풍해(風解)

풍화(風化)²명 가르치고 다스려 풍습을 잘 교화하는 일. 풍교(風敎)
풍화(風火)명 한방에서, 병의 원인이 되는 풍기(風氣)와 화기(火氣)를 이르는 말.
풍화-석회(風化石灰)명 생석회가 공기 중의 수분을 흡수하여 소석회(消石灰)로 변한 것.
풍화=작용(風化作用)명 지표나 바위 등이 바람·공기·물 따위의 작용으로 차츰 깎이거나 부서지는 일, 또는 그 작용.
풍회(風懷)명 풍정(風情)
풍후(豊厚)어기 '풍후(豊厚)하다'의 어기(語基).
풍후-하다(豊厚-)형여 ①넉넉하여 모자람이 없다. ②몸집이 살져 두툼하다.
풍훈(風暈)명 한방에서, 감기가 들어 어지럽고 오한(惡寒)이 나며 땀을 몹시 흘리는 증세를 이르는 말.
풍흉(豊凶)명 풍년과 흉년, 또는 풍작과 흉작. 풍겸
퓌레(purée 프)명 서양 요리에서, 육류나 채소 등을 삶거나 데쳐서 으깨어 체로 걸러 낸 걸쭉한 음식. 요리에 맛을 내는 재료로 쓰임.
퓨:마(puma)명 고양잇과의 동물. 표범과 비슷하나 얼룩무늬가 없으며, 등은 갈색이고 배는 백색이며 볼에 검은 반점이 있음. 나무에 잘 오르고 평원이나 사막, 열대 우림 등에 살면서 사슴·토끼 따위 작은 짐승을 잡아먹고 삶. 남북아메리카에 분포함.
퓨:전(fusion)명 ①여러 이질적인 것들을 혼합하거나 조합하거나 하는 일. ¶ - 요리 ②여러 기업이 한 대기업에 합병하는 일, 또는 그 합병 기업체.
퓨:전=음악(fusion音樂)명 하나의 장르에 이질적인 다른 장르의 요소를 조합하여 만든 음악. 재즈에 팝이나 블루스 또는 클래식 음악의 장점을 섞어 만든 퓨전재즈 따위.
퓨:젤-유(fusel油)명 알코올이 발효할 때에 생기는 아밀알코올을 주성분으로 하는, 비등점이 높은 여러 가지 고급 알코올의 혼합물. 휘발성·유독성이어서 술 마신 뒤의 두통이나 현기증의 원인이 됨.
퓨:즈(fuse)명 안전 개폐기 속에서 전기 회로를 잇는 납과 주석의 합금 선. 전류가 과다하게 흐르면 녹아 끊어져 위험을 미리 막음.
프라세오디뮴(praseodymium)명 란탄족 원소의 하나. 은백색의 금속으로 전성(展性)과 연성(延性)이 있고 아연보다 단단하며 무기산에 잘 녹음. 〔원소 기호 Pr/원자 번호 59/원자량 140.91〕
프라스코(frasco 포)명 플라스크(flask)
프라운호:퍼-선(Fraunhofer線)명 태양 광선의 연속 스펙트럼 속에 나타나는 수많은 암선(暗線). 1814년에 독일의 물리학자 프라운호퍼가 발견함.
프라이(fry)명-하다타 고기·생선·채소 따위를 기름에 튀기거나 지지는 일, 또는 그러한 음식. ¶달걀 -
프라이드(pride)명 자랑. 긍지. 자존심. 자부심
프라이드치킨(fried chicken)명 기름에 튀긴 닭고기. 서양식의 닭튀김.
프라이버시(privacy)명 사생활이나 사적인 일, 또는 그것이 공개되거나 간섭받지 않을 개인의 자유. ¶-를 침해하다.
프라이팬(frypan)명 프라이하는 데 쓰는, 자루가 달리고 운두가 낮은 냄비.
프락치(∠fraktsiya 러)명 특수한 사명을 띠고 어떤 조직체 같은 데에 들어가 신분을 속이고 몰래 활동하는 사람.
프랑(franc 프)의 스위스의 화폐 단위.
프랑슘(francium 프)명 알칼리 금속 원소의 하나. 수명이 짧은 방사성 원소로 천연으로는 아주 조금 존재하며 인공적으로도 만듦. 〔원소 기호 Fr/원자 번호 87/원자량 223〕
프래그머티즘(pragmatism)명 실용주의
프랜차이즈(franchise)명 상품의 제조업자나 판매업자가 체인 본부를 만들고 독립 소매점을 가맹시켜 소매 영업을 하는 일. ¶ - 계약/- 사업
프러포:즈(propose)명-하다자타 ①청혼하는 일. ②제안하거나 발의(發議)하는 일.
프런트(front)명 ①정면(正面). 전면(前面) ②호텔 현관의 계산대. ¶ -에서 체크아웃하다.
프런트코:트(front court)명 농구에서, 경기장 중앙선을 중심으로 하여 상대편 쪽의 코트를 이르는 말.
프레스(press)명 ①인쇄. 출판. 신문. 정기 간행물 ②판금(板金) 등에 압력을 주어 일정한 모양을 찍어 내는 일, 또는 그 기계. ¶ - 가공
프레스센터(press center)명 국제 회의 등 큰 행사가 있을 때, 회장이나 그 근처에 마련되는 보도 기관 전용의 건물이나 방.
프레스코(fresco)명 석회 반죽을 칠한 벽이 마르기 전에 그 위에 그림을 그리는 일, 또는 그러한 벽화.
프레스토(presto 이)명 악보의 빠르기말의 한 가지. '아주 빠르게'의 뜻.
프레스티시모(prestissimo 이)명 악보의 빠르기말의 한 가지. '프레스토보다 빠르게'의 뜻.
프레싱(pressing)명-하다자 옷이나 피륙 위에 젖은 천을 대고 다리미질하여 주름살을 펴는 일.
프레올림픽(Pre-Olympic)명 올림픽 개최 전 해에 그 개최 예정지에서 경기 시설이나 운영 등을 시험하기 위한 목적으로 열리는 비공식 국제 경기 대회.
프레임(frame)명 ①틀. 뼈대 ②구조. 짜임새
프레파라:트(Präparat 독)명 현미경으로 관찰하는 생물 및 광물의 표본.
프렌치드레싱(French dressing)명 올리브유(油)·식초·후추·소금 등을 섞어 만든 샐러드용 조미료.
프렌치토:스트(French toast)명 얇은 식빵 조각을 달걀과 우유 따위를 섞은 액체에 담갔다가 프라이팬에 지진 서양 음식.
프렐류:드(prelude)명 전주곡(前奏曲)
프로(∠procento 포)명 '프로센토'의 준말. 퍼센트 ¶임금이 십 - 올랐다.
프로(∠professional)명 '프로페셔널'의 준말. ¶ - 권투/- 야구 ☞아마
프로(∠program)명 '프로그램'의 준말. ¶방송 -
프로(∠prolétariat 프)명 '프롤레타리아'의 준말.
프로그래머(programmer)명 컴퓨터의 프로그램을 전문적으로 만드는 사람.
프로그래밍(programming)명-하다자타 컴퓨터의 프로그램을 작성하는 일, 또는 그 과정. ¶도서 전산 관리 시스템을 -하다.
프로그래밍=언어(programming言語)명 컴퓨터의 프로그램을 만들기 위해 사용하는 인공 언어(人工言語). 어셈블리어·베이식·코볼·포트란 따위.
프로그램(program)명 ①어떤 일의 진행에 대한 예정, 계획, 또는 계획표. ②방송, 연극, 음악회 등의 종목이나 차례, 또는 그 내용을 소개한 인쇄물. ㊟프로 ③컴퓨터가 문제를 처리하는 과정에서 어떤 순서와 방법으로 처리해야 할지를 알려 주는 명령어들의 집합. 프로그래밍 언어로 기술(記述)됨.
프로덕션(production)명 ①영화의 제작소. ②예능인 등을 모아 흥행이나 사업을 하는 조직.
프로듀:서(producer)명 연극·영화·방송 등에서 기획·제작을 맡아보는 사람.
프로메튬(promethium)명 란탄족 금속 원소의 하나. 우라늄의 핵분열이나 그 밖의 핵반응으로 생기는 인공 원소임. 〔원소 기호 Pm/원자 번호 61/원자량 145〕

프로모:터(promoter)명 연예인이나 프로 선수 등의 흥행(興行)을 기획하는 사람.
프로=문학(∠prolétariat文學)명 '프롤레타리아 문학'의 준말.
프로미넌스(prominence)명 홍염(紅焰)
프로세서(processor)명 ①컴퓨터에서, 명령을 해독하여 독자적으로 실행할 수 있는 장치인 중앙 처리 장치를 이르는 말. ②프로그래밍 언어로 작성된 프로그램을 컴퓨터가 이해할 수 있는 기계어로 번역하는 프로그램.

프로센토(procento 포)[명] 퍼센트 [준]프로
프로젝트(project)[명] ①연구나 개발, 또는 그 계획. ¶신도시 개발 ─ ②연구 과제
프로테스탄트(Protestant)[명] 개신교(改新敎)
프로테스탄티즘(Protestantism)[명] 16세기의 종교 개혁자 루터와 칼뱅 등이 주도하여 성립한 중심 사상, 또는 그것을 모든 교회의 주된 신조로 삼는 교의(敎義).
프로텍터(protector)[명] 야구의 포수나 심판, 또는 아이스하키 선수 등이 어깨·가슴·머리 따위를 보호하기 위해 갖추어 입는 용구.
프로토콜(protocol)[명] 컴퓨터 사이에서 데이터를 원활하게 주고받기 위해 사용되는 규칙을 통틀어 이르는 말.
프로톤(proton)[명] 양성자(陽性子)
프로트악티늄(protactinium)[명] 악티늄족 원소의 하나. 천연 방사성 원소로 우라늄광 속에 매우 적게 들어 있음. 〔원소 기호 Pa/원자 번호 91/원자량 231〕
프로파간다(propaganda)[명] 사상이나 교의(敎義) 따위의 선전(宣傳), 또는 그 운동.
프로판(propane)[명] 메탄계 탄화수소의 한 가지. 약한 자극성 냄새가 나는 무색의 기체로 가연성(可燃性)이며, 압축·냉각하여 쉽게 액화(液化)시킬 수 있음. 천연 가스 속에 들어 있음.
프로판가스(propane gas)[명] 액화 석유 가스
프로페셔널(professional)[명] ①어떤 일의 전문가. ②직업 선수 [준]프로 ☞아마추어(amateur)
프로펠러(propeller)[명] ①항공기나 선박에서, 발동기의 힘으로 날개의 회전력을 추진력(推進力)으로 바꾸는 장치. 추진기(推進機) ②전동기 등의 힘으로 날개를 돌려 바람을 일으키거나 동력을 얻는 장치. ¶─ 송풍기/─ 수차(水車)
프로필(profile)[명] ①측면에서 본 얼굴의 모습이나 윤곽. ②인물에 대한 간략한 소개. ¶새 장관의 ─.
프록코:트(frock coat)[명] 서양식 신사용 예복의 한 가지. 무릎까지 내려오는 긴 윗옷과 줄무늬가 있는 바지가 한 벌을 이룸. 19세기 전후에 유행함. ☞모닝코트
프론토질(Prontosil 독)[명] 화농균 질환을 치료하는 화학요법제. 1932년 독일의 G.도마크가 발견함.
프롤레타리아(prolétariat 프)[명] 자본주의 사회에서, 생산 수단을 가지지 않고 노동력을 제공한 대가로 받는 임금으로 살아가는 노동자. [준]프로 ☞부르주아
프롤레타리아=문학(prolétariat文學)[명] 프롤레타리아트의 계급 의식을 바탕으로 하여 사회주의 리얼리즘의 처지에서 그들의 감정이나 이데올로기 등을 내용으로 하는 문학. 사회주의 문학 [준]프로 문학
프롤레타리아=예:술(prolétariat藝術)[명] 프롤레타리아트의 사상을 표방하는 예술.
프롤레타리아트(Proletariat 독)[명] 무산 계급. 노동자 계급. 제사 계급 ☞부르주아지
프롤로그(prologue)[명] ①서곡(序曲). 서시(序詩). 서언(序言) ②연극에서 개막 전에 하는 해설. ☞에필로그
프롬프터(prompter)[명] 관객이 볼 수 없는 곳에서 무대 위의 배우가 대사나 동작을 잊었을 때 대사를 알려 주거나 동작을 지시해 주는 사람.
프롬프트(prompt)[명] 컴퓨터 사용자의 명령을 받아들일 준비가 되었음을 알려 주기 위하여 사용되는 문자.
프루:트펀치(fruit punch)[명] 여러 가지 과일을 잘게 썰어 과즙, 양주(洋酒), 조각 얼음 따위를 섞은 음료.
프루:프=주화(proof 鑄貨)[명] 유통하기 위한 것이 아니라 증정용이나 수집용으로 특수하게 만든 주화. 기념 주화 따위.
프리깃(frigate)[명] ①지난날, 정찰·경계·호위 등의 임무를 맡던 목조 쾌속 범선. ②주로 항공 모함의 호위를 맡는 경순양함(輕巡洋艦). 구축함보다 크고 순양함보다 작음.
프리:랜서(free-lancer)[명] 어떤 회사 따위에 전속하거나 상근하지 않는 작가, 방송·언론인, 배우 등 자유 계약 직업인을 두루 이르는 말.
프리리코:딩(prerecording)[명] 영화나 텔레비전에서, 화면을 촬영하기 전에 음악이나 대사를 먼저 녹음하는 일. 프리스코어링(prescoring) ☞애프터리코딩
프리마돈나(prima donna 이)[명] 오페라에서, 주역을 맡은 여가수.
프리마발레리나(prima ballerina 이)[명] 발레에서, 주역을 맡은 여자 무용수.
프리미엄(premium)[명] ①주식·채권 따위의 시가가 액면 가격을 상회할 때의 그 초과액. ②외국환에서, 현물환보다 선물환(先物換)의 가치가 클 때의 그 차액. ③구하기 힘든 물건이나 권리를 취득할 때에 붙는 할증금. ④판매 촉진을 위하여 상품에 붙이는 경품(景品).
프리:배팅(free+batting)[명] 야구에서, 타자가 원하는 공을 던지게 하여 자유롭게 타격 연습을 하는 일.
프리뷰:(preview)[명] 영화나 연극 따위의 시연(試演) 또는 시사회(試寫會).
프리:섹스(free+sex)[명] 성(性)에 대하여 사회·도덕적 관습에 거리끼지 않는 자유로운 사고방식, 또는 그런 행동.
프리:스로:(free throw)[명] 자유투(自由投)
프리스코어링(prescoring)[명] 프리리코딩
프리:웨어(freeware)[명] 저작자가 무료로 배포하는 소프트웨어. ☞셰어웨어(shareware)
프리즘(prism)[명] 빛을 분산시키거나 굴절시키거나 할 때 쓰는, 유리나 수정 따위로 된 다면체의 광학 기구. 삼릉경(三稜鏡)
프리즘스펙트럼(prism spectrum)[명] 프리즘을 쓴 분광기로 관측한 스펙트럼.
프리즘=쌍안경(prism雙眼鏡)[명] 대물 렌즈와 접안 렌즈 사이에 두 개의 직각 프리즘을 끼워 넣어 네 번 전반사시켜 상(像)이 바로 보이도록 한 쌍안경.
프리:지어(freesia)[명] 붓꽃과의 여러해살이풀. 줄기 높이 40~50cm이고, 알뿌리는 길둥긂. 5~7월에 꽃줄기 끝에 하양·노랑 등의 꽃이 깔때기 모양으로 핌. 남아프리카 원산의 관상용 식물임.
프리:킥(free kick)[명] 축구나 럭비에서, 상대편이 반칙을 범한 지점에 공을 놓고 자유롭게 차는 일.
프리:토:킹(free talking)[명] 주제나 형식에 구애를 받지 않고, 원고 없이 하는 자유 토론.
프리:패스(free pass)[명] 무임 승차하거나 무료 입장하는 일, 또는 그 표.
프린터(printer)[명] ①인쇄기 ②컴퓨터의 처리 결과를 종이에 인쇄하는 출력 장치.
프린트(print)[명]-하다[타] ①인쇄하거나 등사함, 또는 그 인쇄물이나 등사물. ②사진에서, 음화(陰畫)로 양화(陽畫)를 박아냄, 또는 그 필름. ③판화에서, 물감을 묻혀 종이나 헝겊에 찍음, 또는 그 그림.
프릴(frill)[명] 옷깃이나 소매 끝 등에 대어 물결 모양으로 주름을 잡은 장식.
프시케(Psychē 그)[명] 그리스 신화에 나오는 사랑의 신 에로스(Eros)의 연인. 영혼을 신격화한 것임. 사이키
프탈-산(∠phthalic酸)[명] 나프탈렌이 산화할 때 생기는 연노랑의 투명한 기둥 꼴 결정. 가열하면 녹아 무수(無水) 프탈산이 됨. 합성 수지나 물감 등의 원료로 쓰임.
프토마인(Ptomain 독)[명] 동물성 단백질이 썩을 때 생기는 유독성 분해물. 식중독의 원인이 됨.
프티부르주아(petit bourgeois 프)[명] 소시민(小市民)
프티알린(ptyalin)[명] 고등 동물의 침 속에 들어 있는 아밀라아제의 한 가지. 녹말을 분해하여 덱스트린·맥아당으로 만듦.
플라네타륨(Planetarium 독)[명] 천구(天球)에서의 천체의 위치와 운동을 설명하기 위한 장치.
플라멩코(flamenco 에)[명] 에스파냐 남부 안달루시아 지방에서 발달한 민요와 춤. 집시에서 비롯되었으며 격렬한 리듬과 동작이 특징임.
플라빈(flavin)[명] 동식물체에 있는 황색의 결정성(結晶性) 색소. 비타민 B_2의 작용을 함.
플라세보(placebo)[명] 의약품의 임상 실험에서, 약효를

입증하기 위하여 투여하는 약물, 또는 환자를 심리적으로 안정시키기 위하여 투여하는, 생리 작용이 없는 물질로 만든 약. 가약(假藥). 위약(僞藥)

플라스마(plasma)명 ①혈장(血漿) ②자유롭게 운동하는 음·양의 대전(帶電) 입자가 섞이어 전기적으로 중성이 된 물질 상태. 성간 물질(星間物質)이나 별의 내부, 아크등의 불빛, 태양의 코로나 따위에서 볼 수 있음.

플라스마=세:포(plasma細胞)명 장(腸) 점막이나 림프절 따위에 밀집한 림프구가 변형된 특수 세포. 면역 항체를 생산함. 형질 세포(形質細胞)

플라스크(flask)명 이화학 실험용 기구의 한 가지. 가는 대롱 모양의 목 부분과 여러 가지 모양의 몸통 부분으로 된 유리 용기. 프라스코(frasco)

플라스틱(plastic)명 외부의 압력이나 열로 말미암아 변형되기 쉬우나 원래의 모습으로는 잘 돌아가지 않는 고분자 화합물을 통틀어 이르는 말. 천연 수지와 합성 수지가 있는데, 흔히 합성 수지를 이름.

플라이-급(fly級)명 권투나 레슬링 따위에서, 선수의 몸무게에 따라 가른 체급의 하나. 권투의 경우 아마추어는 48~51kg이고, 프로는 48.99~50.8kg임.

플라이볼:(fly ball)명 야구나 소프트볼 경기에서, 타자가 정확하게 치지 않아 높이 뜬 공. 비구(飛球)

플라이스토세(∠Pleistocene世)명 홍적세(洪積世)

플라이오세(∠Pliocene世)명 신생대 제삼기를 다섯으로 가른 최후의 지질 시대. 선신세(鮮新世) ☞마이오세

플라이트(flight)명-하다자 ①스키에서, 비약대를 뛰어넘는 일. ②육상 경기의 장애물달리기에서, 장애물을 뛰어넘는 일.

플라이휠:(flywheel)명 회전하는 물체의 속도를 고르게 하기 위하여 크랭크축에 달아 놓는 바퀴 모양의 틀. 자동차의 경우, 그 위에 타이어를 끼우도록 되어 있음.

플라잉스타:트(flying start)명 경주나 경영(競泳)에서, 선수가 출발 신호가 나기 전에 출발하는 일. 반칙의 하나로, 거듭되는 횟수에 따라 실격이 될 수도 있음.

플라잉폴:(flying fall)명 레슬링에서, 폴의 한 가지. 상대편 선수를 메어침과 동시에 양어깨를 바닥에 닿게 하는 일. ☞롤링폴

플라자(plaza 에)명 광장(廣場)

플라타너스(platanus 라)명 버즘나뭇과 플라타너스속의 낙엽 활엽 교목을 통틀어 이르는 말. 세계 각지에서 가로수나 관상용으로 널리 심음.

플라토닉러브(platonic love)명 육체적·관능적이 아닌, 순수한 정신적인 사랑.

플란넬(flannel)명 평직으로 짠, 털이 보풀보풀하고 부드러운 모직물.

플랑크톤(plankton)명 물 위나 물 속에 떠다니며 사는 생물을 통틀어 이르는 말. 규조류(硅藻類)와 같은 식물성 플랑크톤과 물벼룩·해파리 따위의 동물성 플랑크톤이 있음. 부유 생물(浮遊生物)

플래시(flash)명 ①손전등 ②사진용 섬광 전구, 또는 그 전구에 빛을 내는 장치. ¶ —를 터뜨리다.

플래시메모리(flash memory)명 전원이 나가도 저장된 내용이 지워지지 않는 비휘발성 메모리의 한 가지. 비트 단위로 저장 내용이 처리되는 다른 메모리와 달리 한 블록 단위로 처리되므로 속도가 빠름. 작고 가벼운 디지털 사진기, 휴대 전화 등에 많이 쓰임.

플래시백(flashback)명 영화나 텔레비전에서, 장면의 순간적인 변환을 거듭하는 기법.

플래시벌브(flash bulb)명 사진 섬광 전구

플래카:드(placard)명 길다란 천에 슬로건 따위를 써서 양쪽 끝을 장대에 매어 높이 들거나 길 위에 건너 달거나 하는 광고 표지물.

플랜(plan)명 ①계획 ②설계도

플랜테이션(plantation)명 열대 또는 아열대 지방에서, 외국인이 자본과 기술을 제공하고 원주민의 값싼 노동력으로 경영하는 대규모 농업 형태. 재식 농업(栽植農業)

플랜트(plant)명 기계 장치 및 전기·통신 설비 등 종합 체로서의 생산 시설이나 공장.

플랜트=수출(plant輸出)명 어떤 물품을 만드는 데 필요한 종합체로서의 생산 시설이나 공장, 기술 등을 한꺼번에 하는 수출.

플랫(flat)명 음악에서, 본래의 음을 반음 내리라는 표시. 기호 '♭'로 나타냄. 내림표 ☞샤프(sharp)

플랫폼:(platform)명 역에서, 승객이 열차에 타고 내리기 쉽도록 철로 옆에 설치한 승강장.

플러그(plug)명 ①전기 회로를 잇거나 끊을 수 있도록 도선의 끝에 다는 접속 기구. 콘센트에 꽂도록 되어 있음. ②'점화 플러그'의 준말.

플러스(plus)명 ①-하다타 더하기 ②양수(陽數) 또는 덧셈의 기호 '+'를 이르는 말. 덧셈표 ③음(陰)·양(陽)으로 가른 것 가운데서 양을 이르는 말. ¶ —극 ④병독(病毒)의 반응 검사 등에서, 양성 반응이 나타나는 일. ¶ — 반응 ⑤이익·흑자 등을 이르는 말. ☞마이너스(minus)

플런저(plunger)명 유체(流體)를 압축하거나 내보내기 위하여 왕복 운동을 하는 기계 부분을 통틀어 이르는 말. 피스톤 따위.

플레어(flare)명 태양 표면에 밝은 반점이 나타나 수 초에서 수 시간에 걸쳐 대량의 하전 입자를 방출하는 현상. 때로는 강한 태양풍을 일으킴.

플레어스커트(∠flared skirt)명 밑이 넓게 퍼져 자연히 주름이 잡히게 만든 스커트.

플레이(play)명 ①경기에서 선수들이 펼치는 기량, 또는 경기 내용. ②'플레이볼'의 준말.

플레이보이(playboy)명 유달리 바람기가 많은 남자를 일컫는 말. ☞바람둥이

플레이볼:(play ball)명 야구나 테니스 따위의 구기(球技)에서, 심판이 경기의 시작을 알리는 말. 준플레이

플레이스킥(placekick)명 축구나 럭비에서, 공을 땅에 놓고 차는 일.

플레이어(player)명 '레코드플레이어'의 준말.

플레이오프(play-off)명 ①동점 또는 무승부일 때의 결승 경기, 또는 연장전. ②야구나 농구 따위에서, 정규 리그가 끝난 뒤 우승팀을 가리기 위해 따로 여는 경기.

플레이트(plate)명 ①금속판 ②진공관 따위에서 양극(陽極)으로 쓰이는 금속판. ③사진의 감광판. ④야구에서, 본루나 투수판을 이르는 말. ¶ 홈— ⑤판 구조론(板構造論)에서, 지표를 형성하고 있다고 보는 두께 100km 안팎의 암반층. 판(板)

플로어(floor)명 스튜디오나 무도장(舞蹈場) 등에서, 쇼를 해 보이거나 춤을 출 수 있도록 마련해 놓은 마루.

플로어링(flooring)명 마루를 까는 널빤지.

플로어쇼:(floor show)명 객석 사이에 만들어 놓은 무대에서 벌이는 쇼. 패션쇼 따위.

플로:차:트(flow chart)명 시스템 안에서 발생하는 원재료, 정보, 인간의 움직임 등에 관한 문제 해결의 순서를 나타내는 도표.

플로피디스크(floppy disk)명 구형 컴퓨터에서 쓴 5.25인치 디스켓의 껍데기가 유연하기 때문에 나온 말. 3.5인치 디스켓은 단단함에도 습관처럼 플로피라고 부름. ☞하드디스크(hard disk)

플롯(plot)명 문학 작품에서, 여러 가지 사건을 얽어 짜서 만든 줄거리, 또는 그 줄거리를 만드는 일이나 수법. 결구(結構). 구성(構成)

플뢰레(fleuret 프)명 펜싱에서, 몸통을 찌르는 것만이 유효한 경기, 또는 그 경기에 쓰이는 가늘고 유연한 검. ☞사브르

플루오르(Fluor 독)명 불소(弗素)

플루오르화-물(Fluor化物)명 플루오르와 다른 원소의 화합물. 불화물(弗化物)

플루오르화-수소(Fluor化水素)명 수소의 플루오르화물. 발연성(發煙性)이 강한 무색의 액체로 물에 잘 녹음. 무기·유기 화합물을 녹이는 용매 따위로 쓰임. 불화수소(弗化水素)

플루오르화-칼슘(Fluor化calcium)명 칼슘의 플루오르화물. 무색의 결정(結晶)으로 가열하면 인광(燐光)을 발함. 광학 장치 따위에 쓰임. 불화칼슘

플루토(Pluto)명 ①그리스 신화에 나오는, 저승의 왕. ②명왕성(冥王星)

플루토늄(plutonium)명 악티늄족 원소의 하나. 백색의 금속으로 우라늄 원광에 미량이 들어 있음. 중성자로써 핵분열을 일으키므로 원자 폭탄이나 수소 폭탄에 쓰임. 〔원소 기호 Pu/원자 번호 94/원자량 244〕

플루:트(flute)명 관악기의 한 가지. 가로로 쥐고서 불며 맑고 깨끗한 음색을 지녔고, 독주나 관현악에 많이 쓰임. 예전에는 흑단 따위의 목재로 만들었으나 최근에는 주로 금속으로 만듦.

플린트=유리(flint琉璃)명 납유리

피[1] 명 ①사람이나 동물의 혈관 속을 도는 붉은빛의 액체. 생체 조직에 산소와 영양분을 공급하고 노폐물을 옮겨 걸러냄. 혈액(血液) ¶-가 솟구치다./-로써 맹세하다. ②'혈연' 또는 '겨레'의 뜻을 비유하여 이르는 말. ¶우리는 -를 나눈 형제이다. ③'혈기'의 뜻을 비유하여 이르는 말. ¶젊음의 끓는 -.

피(가) 끓다관용 혈기나 감정 따위가 북받치다.

피가 마르다관용 몹시 애타다. ¶합격자 발표를 기다리느라 피가 마를 지경이다.

피가 켕기다관용 혈연의 사이에는 남다르게 당기는 힘이 있다. ¶먼 친척 사이인데도 어쩐지 피가 켕긴다.

피는 물보다 진하다관용 혈연으로 맺어진 관계는 남보다 정이 깊다.

피도 눈물도 없다관용 인정이나 동정 따위가 조금도 없다. ¶피도 눈물도 없는 사람.

피로 피를 씻다관용 ①혈족끼리 서로 죽이고 다투다. ②악은 악으로 갚다.

피를 나누다관용 혈연 관계가 있다. ¶피를 나눈 형제.

피(를) 말리다관용 몹시 애를 태우다. ¶피 말리는 접전.

피를 받다관용 혈통을 이어받다.

피를 보다관용 ①사람이 다치거나 죽다. ②크게 봉변을 당하거나 손해를 보다.

피를 빨다관용 남의 재산이나 노동력 따위를 착취하다.

피에 주리다관용 죽이거나 크게 다치게 하려는 악한 마음이 솟아오르다.

한자 피 혈(血) 〔血部〕 ¶수혈(輸血)/헌혈(獻血)/혈관(血管)/혈색(血色)/혈압(血壓)/혈액(血液)

피[2] 명 볏과의 한해살이풀. 논밭이나 습한 곳에 자라며, 높이는 1m 안팎. 잎은 좁고 길며, 여름에 연한 녹색 또는 자갈색 꽃이 이삭 모양으로 핌. 열매는 주로 애완용 새의 모이로 쓰임.

피:[3] 부 ①비웃는 태도로 입술을 비죽 내밀며 입김을 내뿜는 소리, 또는 그 모양을 나타내는 말. ¶-, 꾸며 낸 얘기 아니야? ②풍선 따위의 속에 차 있던 공기가 힘없이 새어 나오는 소리를 나타내는 말.

피(皮)명 ①물건을 담거나 싸는 가마니·마대·상자 따위를 통틀어 이르는 말. ②껍질 ¶만두 소를 -로 싸다. ③껍데기 ¶화투 놀이에서 -만 모으다.

피(P·p)명 영어 자모(字母)의 열여섯째 글자의 이름.

피:(被)-《접두사처럼 쓰이어》'그것을 받거나 입는 자리'의 뜻을 나타냄. ¶피선거권(被選擧權)/피보험자(被保險者)/피지배층(被支配層)

피:-가수(被加數)[-쑤]명 덧셈에서 더하여지는 수. 4+6=10에서 '4' 따위. ☞가수(加數)

피각(皮角)명 피부에 생기는 각질(角質)의 돌기물.

피:-감수(被減數)[-쑤]명 뺄셈에서 덜리는 수. 10-6=4에서 '10' 따위. ☞감수(減數)

피갑(皮甲)명 돼지의 날가죽으로 미늘을 만들어 검은 녹비로 얽어 맨 갑옷.

피:검(被檢)명 ①수사 기관에 잡혀 가는 일. ¶범인이 -되다. ②검사(檢査)를 받는 일.

피겨(figure)명 '피겨스케이팅'의 준말.

피겨스케이팅(figure skating)명 빙상 경기의 한 가지. 얼음판 위에서 스케이트를 타고 여러 가지 동작을 해 보여 정확성과 예술성을 겨루는 경기. 준피겨

피:격(被擊)명 습격 또는 사격을 받음. ¶괴한에게 -되다.

피견(披見)명-하다타 피람(披覽)

피:고(被告)명 ①민사 소송에서, 소송을 당한 사람. ☞원고 ②'피고인'의 준말.

피-고름명 피가 섞인 고름. 농혈(膿血). 혈농(血膿)

피:고-인(被告人)명 형사 소송에서, 검사가 형사 책임을 져야 할 사람으로 공소를 제기한 사람. 준피고

피곡(皮穀)명 겉곡식

피곤(疲困)명-하다형 몸이나 마음이 지쳐서 고단함.

피골(皮骨)명 살가죽과 뼈.

피골상련(皮骨相連)성구 피골상접(皮骨相接)

피골상접(皮骨相接)성구 살가죽과 뼈가 맞붙을 정도로 몹시 여윔을 이르는 말. 피골상련(皮骨相連)

피공(皮工)명 피색장(皮色匠)

피공(皮孔)명 피목(皮目)

피:-교:육자(被敎育者)명 교육을 받는 사람.

피:구(避球)명 놀이의 한 가지. 여러 사람을 두 편으로 갈라 한 편은 일정한 구역 안으로 들어가고 다른 한 편은 그 둘레를 둘러싸서, 바깥에 있는 편이 공을 던져서 구역 안에 있는 편 사람의 몸을 맞히는 놀이. 도지볼(dodge ball)

피그(pig)명 방사성 물질을 운반하거나 저장하는 데 쓰이는, 납으로 만든 용기.

피근-피근부-하다형 밉살스러울 정도로 고집이 세고 검질긴 모양을 나타내는 말.

피끈부 퍼뜩

피-나다자 몹시 고생하거나 힘들여서 함을 비유하여 이르는 말.〔주로 '피나게' 또는 '피나는'의 꼴로 쓰임.〕¶피나게 모은 재산./피나는 노력.

피-나무명 피나뭇과의 낙엽 활엽 교목. 산허리나 골짜기 등에서 자라는데 높이는 20m 안팎. 잎은 어긋맞게 나며 넓은 달걀꼴임. 6월경에 담황색 꽃이 취산(聚繖) 꽃차례로 피고, 9~10월에 둥근 열매가 익음. 재목은 가구재로, 나무껍질은 섬유 원료로 쓰임. 단목(椴木). 달피나무

피:난(避難)명-하다자 ①재난을 피함. ②재난을 피하여 다른 곳으로 옮아감. 피재(避災) ☞피란(避亂)

피:난-민(避難民)명 재난을 피하여 딴 곳으로 가는 사람. 난민(難民) ☞피란민(避亂民)

피:난-살이(避難-)명-하다자 재난을 피하여 딴 곳으로 가서 삶, 또는 그런 살림살이. ☞피란살이

피:난-지(避難地)명 재난을 피해 옮긴 지역.

피:난-처(避難處)명 ①재난을 피해 옮아가서 사는 곳. ②재난이 있을 때 옮기어 살 수 있도록 마련한 곳. ☞피란처

피날레(finale 이)명 ①교향곡이나 소나타 등 여러 악장으로 된 음악에서 마지막 악장. 종곡(終曲) ②연극 따위의 마지막 막. 얽힌 사건이 결말을 짓는 부분. 대단원(大團圓)

피내=주:사(皮內注射)명 피부의 진피(眞皮) 안에 놓는 주사. 백신이나 혈청의 국소(局所) 반응 주사 따위.

피넨(Pinen 독)명 테레빈유(油)의 주성분을 이루는, 방향(芳香)이 있는 무색의 액체. 합성 장뇌나 인공 향료 따위의 원료로 쓰임.

피-눈물명 몹시 슬프거나 분할 때 흘리는 눈물. 혈루(血淚). 홍루(紅淚)

피눈물이 나다관용 ①몹시 슬프거나 분하다. ②몹시 고생스럽다.

피닉스(Phoenix)명 이집트 신화에 나오는 신비한 새. 500~600년마다 스스로 불에 타 죽었다가 그 재 속에서 되살아난다고 함. 불사조(不死鳥). 불새

피다자 ①꽃봉오리나 잎 따위가 자라나면서 벌어지다. ¶무궁화꽃이 활짝 -. ②불이 일다. ¶화롯불이 조금씩 -. ③구름이나 연기 따위가 부풀거나 일어나다. ¶하늘에 뭉게구름이 -. ④낯빛이 밝아져 건강해 보이다. ¶좋은 일이 있다더니, 자네 요즘 얼굴이 피는구먼. ⑤

형편이 나아지다. ¶고생 끝에 살림이 ㅡ. ⑥버짐이나 열꽃 따위가 피부에 나타나다. ¶검버섯이 핀 얼굴./감기 기운으로 얼굴에 열꽃이 ㅡ. ⑦곰팡이가 슬다. ¶책에 곰팡이가 ㅡ. ⑧피륙이나 종이 따위에 보푸라기가 일다. ¶오래 묵혀 둔 종이가 ㅡ.

피대(皮袋)명 짐승의 가죽으로 만든 손가방.

피대(皮帶)명 기계 장치에서 두 개의 바퀴에 걸어 동력을 전달하는 띠. 벨트(belt)

피:동(被動)명 ①스스로 움직이지 못하고 남의 힘으로 움직이는 일. ¶ㅡ적인 태도. ②주체가 남의 힘에 따라서 움직이는 동사(動詞)의 성질. ☞능동(能動). 수동(受動)

피:동-문(被動文)명〈어〉문장의 서술어가 피동사로 된 문장. '약자는 강자에게 먹힌다.'와 같은 형식이 이에 해당함. ☞능동문(能動文). 사동문(使動文)

피:동사(被動詞)명〈어〉피동 접미사(被動接尾辭)와 결합하여 피동의 뜻을 나타내는 동사. '잡히다, 먹히다, 웃기다' 따위. ☞능동사(能動詞). 사동사(使動詞)

▶ **피동사를 만드는 법**
① 동사 어간+피동 접미사+어미
¶잡히다/먹히다/밟히다
② 동사 어간+되다
¶구속되다/채용되다
③ 동사 어미 '-아(-어)'+지다
¶찍어지다/만들어지다

피:동=접미사(被動接尾辭)명〈어〉타동사에 붙어 피동의 뜻을 나타내는 '-이-', '-히-', '-리-', '-기-' 따위의 접사를 이름. '꺾이다, 닫히다, 들리다, 빼앗기다, 쫓기다' 따위. ☞사동 접미사(使動接尾辭)

피둥-피둥부-하다형 ①매우 통통하게 살이 올라 있는 모양을 나타내는 말. ¶ㅡ 살진 암퇘지. ②남의 말을 잘 듣지 않고 엇나가는 모양을 나타내는 말. ¶도와 달라고 해도 ㅡ 놀기만 한다.

피:드백(feedback)명 ①시스템 등에서 출력의 제어나 오류의 조절을 위해 출력된 일부 또는 전부를 입력 쪽으로 돌려보내는 일. ②어떤 행위의 결과에 대한 정보를 참고하여 다음 행위를 결정하는 일.

피:디(PD)명 방송·영화 따위에서 제작이나 연출을 맡아 보는 사람. [program director]

피:디:에이(PDA)명 개인 휴대 단말기(個人携帶端末機) [personal digital assistant]

피-딱지[1]명 닥나무 껍질의 찌끼로 뜬, 품질이 낮은 종이. 피지(皮紙)

피-딱지[2]명 상처 따위에 피가 말라붙어 생기는 딱지.

피-땀명 ①피와 땀을 아울러 이르는 말. ②온갖 힘과 정성을 들이는 수고를 비유하여 이르는 말. ¶ㅡ 어린 열매./ㅡ 흘려 가꾼 땅. 혈한(血汗)

피-똥명 피가 섞여 나오는 똥. 혈변(血便)

피뜩부 ①어떤 모습이 언뜻 나타났다가 사라지는 모양을 나타내는 말. ②생각 따위가 스치듯 떠오르는 모양을 나타내는 말. ¶언젠가 그가 했던 다짐의 말이 ㅡ 떠올랐다. ☞퍼뜩

피뜩-피뜩부 잇달아 피뜩 하는 모양을 나타내는 말. ☞퍼뜩퍼뜩

피라미명 ①피라미아과의 민물고기. 몸길이 12~15cm. 몸은 길고 납작하며, 몸빛은 등이 파랗고 배와 옆구리는 은백색임. 산란기가 되면 수컷은 연한 청색과 밝은 적색이 섞인 혼인색(婚姻色)을 띰. 우리 나라와 중국, 일본 등지의 하천에 널리 분포함. ②힘이나 세력 따위가 없는 하찮은 사람을 비유하여 이르는 말.

피라미드(pyramid)명 고대에 이집트·수단·에티오피아, 라틴아메리카 등지에서 돌이나 벽돌 따위를 사각뿔 모양으로 쌓아 올린 거대한 건조물. 주로 왕이나 왕족의 무덤, 신전 등으로 쓰였음. 금자탑(金字塔)

피:란(避亂)명-하다자 난리를 피하여 다른 곳으로 옮김. ☞피난(避難)

피:란-민(避亂民)명 난리를 피하여 다른 곳으로 가는 사람. ☞피난민(避難民)

피:란-살이(避亂-)명-하다자 난리를 피해 가서 삶, 또는 그런 살림살이. ☞피난살이

피:란-지(避亂地)명 피란처

피:란-처(避亂處)명 ①난리를 피해 가서 사는 곳. ②난리를 피할 수 있는 곳. 피란지 ☞피난처

피람(披覽)명-하다타 문서·책·편지 등을 펴서 봄. 피견

피:랍(被拉)명 납치를 당함. ¶ㅡ된 어선.

피력(披瀝)명-하다타 마음속의 생각을 숨김없이 털어놓음. ¶소감을 ㅡ하다.

피로(披露)명-하다타 ①문서 따위를 펴 보임. ②일반에게 널리 알림.

피로(疲勞)명-하다형 몸이나 정신을 지나치게 써서 지쳐 고단함, 또는 그런 상태.

피로-연(披露宴)명 결혼 때나 개업(開業) 따위의 기쁜 날에 베푸는 잔치. ¶결혼 ㅡ

피로-회(披露會)명 결혼이나 개업(開業) 따위의 기쁜 일을 널리 알리기 위한 모임.

피롱(皮籠)명 짐승의 가죽으로 만든 큰 함(函). ☞칠롱

피:뢰(避雷)명-하다자 벼락을 피함.

피:뢰-기(避雷器)명 전기 회로의 이상(異常) 고전압을 안전하게 방전시켜 기계의 파손을 막는 장치.

피:뢰-주(避雷柱)명 피뢰침(避雷針)

피:뢰-침(避雷針)명 벼락의 피해를 막기 위하여 높은 건물의 꼭대기에 세우는 쇠꼬챙이. 피뢰주

피륙명 ①실로 짠 새 베. ②아직 끊지 아니한, 필로 된 천을 통틀어 이르는 말.

▶ **'피륙'의 날실을 세는 단위**
피륙의 날실 여든 올을 한 '새'라 한다. 모시나 무명은 보통 일곱 새에서 보름새까지 있는데, 새 수가 많을수록 피륙의 결이 곱다. ☞석새삼베

피륭(疲癃)명 한방에서, 기력이 쇠하여 생기는 노인의 병을 이르는 말. 소변 줄기가 힘없이 방울방울 떨어짐.

피리명 ①국악기 죽부(竹部) 관악기를 통틀어 이르는 말. 여덟 개의 구멍이 있으며 서를 꽂아서 붊. 향피리·당피리·세피리 따위가 있음. ②속이 빈 대롱에 구멍을 뚫고 불어서 소리 내는 악기를 통틀어 이르는 말.

한자 **피리 적**(笛)〔竹部 5획〕¶목적(牧笛)/적성(笛聲)/초적(草笛)/호적(胡笛)/횡적(橫笛)

피리딘(pyridine)명 콜타르를 분류(分溜)하여 만드는 무색의 휘발성 액체. 냄새가 짙고 독성이 있음. 고무·도료의 용해제나 염료의 합성 원료 따위로 쓰임.

피리-새명 '멋쟁이새'의 딴이름.

피리-약(ㅡ龠)명 한자 부수(部首)의 한 가지. '龡'·'龢' 등에서 '龠'의 이름.

피리어드(period)명 ①문장이 끝남을 나타내는 부호 '.'의 이름. 온점 ②〔의존 명사로도 쓰임〕 농구나 아이스하키 따위에서, 경기 시간을 가르는 한 구분.

피리춘추(皮裏春秋)성구 '피리(皮裏)'는 살갗 속, 곧 마음을 뜻하고 '춘추(春秋)'는 역사, 곧 옳고 그름에 대한 판단을 뜻하는 말로, 누구든지 말은 하지 않아도 저마다 셈속과 분별력이 있음을 이르는 말.

피린계=약제(pyrene系藥劑)명 아스피린·아미노피린·설피린 따위의 약제. 주로 해열제·진통제로 쓰임.

피:립(跛立)명-하다자 한쪽 다리로만 섬.

피-마(ㅡ馬)명 다 자란 암말. 빈마(牝馬) ☞상마

피마-자(蓖麻子)명 ①아주까리 ②아주까리씨

피마자-유(蓖麻子油)명 아주까리기름

피막(皮膜)명 ①피부와 점막(粘膜). ②겉껍질과 속껍질. ③껍질과 같은 막.

피:막(被膜)명 겉을 덮어 싸고 있는 막.

피:막(避幕)명 지난날, 죽기 직전의 사람을 잠시 두던, 마을에서 떨어진 외딴집. ☞출막(出幕)

피막이-풀명 미나릿과의 여러해살이풀. 줄기 높이는 5~15cm. 줄기는 땅 위를 기며 마디에서 수염뿌리가

남. 잎은 심장 모양이며 5~9갈래로 얕게 갈라져 있고, 여름에 연두색 꽃이 산형(繖形) 꽃차례로 핌. 잎은 한방에서 피를 멈추게 하는 데 쓰임. 아불식초(鵝不食草)
피말(皮襪)명 다로기
피망(piment 프)명 가짓과의 한해살이풀. 줄기 높이는 60cm 안팎. 10월경에 익는 열매는 단맛이 나며 짧은 원통형에 세로로 홈이 져 있음. 샐러드·피자 등 서양 요리에 많이 쓰임. 서양고추
피맥(皮麥)명 겉보리
피-맺히다 자 ①피하(皮下)의 출혈로 말미암아 피가 피부에 모이다. ②슬픔이나 원한이 사무치다.
피:명(被命)명 명령을 받는 일.
피:모(被毛)명 몸을 덮은 털.
피목(皮目)명 나무줄기나 뿌리에 코르크 조직이 만들어진 후 내부와 외계 사이의 가스 교환의 출입구가 되는 조직. 껍질눈. 피공(皮孔)
피물(皮物)명 짐승의 가죽.
피미(披靡)명-하다 자 ①늘어선 나무나 풀이 바람에 쓰러지거나 쏠림. ②권세나 위력에 눌려 여러 사람이 굴복함.
피-바다 명 사방에 피가 온통 낭자한 곳을 과장하여 이르는 말. ¶치열한 전투로 ―를 이루다.
피발(被髮·披髮)명-하다 자 ①머리를 풀어헤침. ②부모상을 당하여 머리를 푸는 일.
피발-도선(被髮徒跣)명 지난날, 부모상을 당했을 때, 딸이나 며느리가 머리를 풀고 버선을 벗던 일.
피발-좌:임(被髮左衽)명 머리를 풀고 옷깃을 왼쪽으로 여민다는 뜻으로, 미개한 나라의 풍속을 이르는 말.
피-밥 명 피로 지은 밥. ☞피[2]
피:벌(被罰)명 벌을 받는 일.
피벗(pivot)명 ①농구나 핸드볼 따위에서, 공을 가진 선수가 한 발을 마루에 대고 몸을 돌리는 동작. ②댄스에서, 한 발을 축으로 하여 회전하는 동작.
피:변(彼邊)명 저편. 저쪽
피:병(避病)명-하다 자 전염병을 피해 거처를 옮김.
피:-병원(避病院)명 법정 전염병 환자를 격리하여 수용·치료하는 병원.
피:-보:험물(被保險物)명 손해 보험 계약의 목적물.
피:-보:험자(被保險者)명 손해 보험에서, 사고가 발생했을 때 보험금을 지급 받을 권리를 가진 사람. ☞보험자
피복(被服)명 옷
피:복(被覆)명-하다 타 거죽을 덮어 쌈, 또는 덮어 싼 물건.
피:복-선(被覆線)명 절연물(絶緣物)로 거죽을 덮어 싼 전선. 절연선(絶緣線)
피복-창(被服廠)명 공공 기관이나 단체의 제복 따위를 만들거나 수선하는 공장.
피봉(皮封)명 겉봉
피부(皮膚)명 동물의 몸 표면을 싸고 있는 조직. 살가죽. 살갗
피부=감:각(皮膚感覺)명 피부 겉면이 자극을 받음으로써 일어나는 감각을 통틀어 이르는 말. 냉각·온각·촉각·통각 따위.
피부-과(皮膚科)[―꽈]명 의학의 한 분과. 피부에 관한 모든 질병을 연구·치료함.
피부-병(皮膚病)[―뼝]명 피부에 생기는 병.
피부-암(皮膚癌)명 피부에 생기는 악성 종양. 햇볕을 많이 받는 부위에 생기기 쉬우며, 백인에게 많음.
피부-염(皮膚炎)명 피부에 생기는 염증.
피부=호흡(皮膚呼吸)명 피부를 통하여 하는 외호흡(外呼吸). 호흡기가 없는 동물의 호흡 방법이지만, 사람을 비롯한 호흡기 동물도 부분적으로 이 호흡을 함.
피-붙이[―부치]명 ①겨레붙이. 혈족(血族) ②자신이 직접 낳은 자식이나 직계 자손. 혈육(血肉) ☞살붙이
피브로인(fibroin)명 명주실이나 거미줄 따위의 주성분을 이루는 경단백질(硬蛋白質)의 한 가지.
피브리노겐(Fibrinogen 독)명 척추동물의 혈장 및 림프액 속에 있는 글로불린의 한 가지. 섬유소원(原)으로 혈액 응고의 중심 구실을 하며 간세포에서 만들어짐.
피브린(fibrin)명 출혈 때에 혈액 속의 피브리노겐에 트롬빈이 작용하여 생기는 불용성 단백질. 섬유상을 이루어 혈구를 싸서 피를 응고시킴. 섬유소
피:브이시:(PVC)명 폴리염화비닐 [polyvinyl chloride]
피비(皮痹)명 피부의 감각이 마비되는 증세.
피-비린내 명 ①선지피에서 풍기는 비린 냄새. ②살상 따위로 생기는 매우 살벌한 기운. ¶― 나는 싸움.
피-사리 명-하다 자 농작물에 섞여 자란 피를 뽑아 내는 일.
피:사-체(被寫體)명 사진을 찍는 대상이 되는 물체.
피:살(被殺)명 죽임을 당하는 일. ¶괴한에게 ―되다.
피상(皮相)명 사물이나 현상 따위의, 겉으로 드러나 보이는 모양.
피상(皮箱)명 짐승의 가죽으로 만든 상자. ☞피롱(皮籠)
피:-상속인(被相續人)명 상속 재산이나 권리의 전(前) 소유자. 곧 재산이나 권리를 물려주는 사람. ☞상속인
피상-적(皮相的)명 겉으로 드러나 보이는 현상에만 관계하는 것. ¶―인 견해.
피새 명 조급하고 날카로워 걸핏하면 화를 내는 성질.
　피새(가) 여물다 관용 걸핏하면 화를 내는 성질이 있다.
　피새(를) 내다 관용 걸핏하면 화를 잘 내다.
피새-나다 자 은밀한 일이 발각되다. ¶남모르게 꾸몄던 일이 피새나고 말았다.
피새-놓다 자 요긴한체 하면서 훼방을 놓다.
피색-장(皮色匠)명 가죽을 다루어 물건을 만드는 사람. 피공(皮工) 준 피장(皮匠)
피:서(避暑)명-하다 자 시원한 곳으로 옮기거나 하여 더위를 피함. ¶―를 가다. ☞피한(避寒)
피:석(避席)명-하다 자 ①자리를 피해 물러남. ②웃어른에 대한 공경의 뜻으로, 앉았던 자리에서 일어나 비켜 섬. 피좌(避座)
피:선(被選)명 선거에서 뽑히는 일. ¶의장에 ―되다.
피:선거-권(被選擧權)[―꿘]명 선거에 입후보하여 당선될 수 있는 권리. ☞선거권(選擧權)
피:세정념(避世靜念)성구 일상 생활에서 떠나서 조용히 생각에 잠긴다는 뜻으로, 가톨릭에서 성직자나 신도 등이 일정한 기간 일상 생활에서 떠나 조용히 자신을 돌이켜 살펴보며 수련하는 일을 이르는 말. 준 피정(避靜)
피:소(被訴)명 소송을 제기 당하는 일. ¶뇌물 수수 혐의로 ―되다.
피:수(被囚)명 옥에 갇히는 일, 또는 그 죄수.
피:-수식어(被修飾語)명 〈어〉수식어의 꾸밈을 받는 말. '바른 말 고운 말'에서 '말'이 이에 해당함. ☞수식어
피스톤(piston)명 ①증기 기관 따위의 실린더 안에서 유체(流體)의 압력으로 왕복 운동을 하는, 원판형 또는 원통형의 부품. 활색(活塞) ②금관 악기에서, 반음계 연주를 할 수 있도록 관의 길이를 조절하는 장치. 밸브
피스톨(pistol)명 권총(拳銃)
피:습(被襲)명 습격을 당하는 일. ¶괴한에게 ―되다.
피:-승수(被乘數)[―쑤]명 곱셈에서 곱함을 당하는 수. 5×2=10에서의 '5'. ☞승수(乘數). 피제수(被除數)
피:시(被弑)명 임금이 신하에게 죽임을 당하는 일.
피:시:(PC)명 사무실이나 가정 등에서 개인이 사무 처리 등에 이용하기에 편리하게 만든 소형 컴퓨터. 개인용 컴퓨터 [personal computer]
피:시:엠(PCM)명 펄스 부호 변조 [pulse code modulation]
피:시:=통신(PC通信)명 통신 서비스센터와 다수의 개인용 컴퓨터를 통신 회선 등으로 연결하여, 개인용 컴퓨터 사이에 정보를 주고받는 일. 이용 형태로는 전자 게시판, 이메일, 정보 검색 등이 있음. 컴퓨터 통신
피식 부 입에서 입김을 터트리며 싱겁게 웃는 소리, 또는 그 모양을 나타내는 말.
피식-거리다(대다) 자 피식피식 웃다.
피:식-자(被食者)명 생물의 먹이 연쇄에서, 잡아먹히는 쪽의 생물. ☞포식자(捕食者)
피식-피식 부 자꾸 피식 웃는 소리, 또는 그 모양을 나타내는 말.

피:신(避身) 명 -하다 자 몸을 숨겨 피함. ¶재난을 피하여 안전한 곳으로 -하다. 유 은신(隱身)

피:아(彼我) 명 저와 나. 저편과 이편.

피아노(piano 이)[1] 명 건반 악기의 한 가지. 큰 공명 상자 안에 85줄 이상의 금속 현이 쳐져 있으며 건반을 누르면 작은 망치가 현을 때려 소리가 남. 양금(洋琴)

피아노(piano 이)[2] 명 악보의 셈여림말의 한 가지. '여리게'의 뜻. 기호는 p ☞포르테

피아니시모(pianissimo 이) 명 악보의 셈여림말의 한 가지. '피아노보다 여리게'의 뜻. 기호는 pp ☞포르티시모

피아니시시모(pianississimo 이) 명 악보의 셈여림말의 한 가지. '피아니시모보다 여리게'의 뜻. 기호는 ppp ☞포르티시시모

피:아:르(P.R.) 명 -하다 타 관청·단체·기업 따위가, 시책이나 사업 내용, 주의나 주장, 제품 따위에 대해 대중의 이해와 협조를 얻기 위하여 널리 알리고자 하는 선전 활동. [public relations]

피:안(彼岸) 명 불교에서, 이승의 번뇌를 해탈하여 열반의 세계에 이르는 일, 또는 그 경지. ☞차안(此岸). 바라밀다(波羅蜜多)

피안다미-조개 명 피조개

피어-나다 자 ①꽃이나 잎 따위가 피다. ¶살구꽃이 -. ②구름이나 안개 따위가 부풀어오르다. ¶뭉게구름이 -./김이 모락모락 -. ③꺼져 가던 불이 다시 일어나다. ¶화롯불이 -. ④해쓱하던 얼굴에 화색이 돌다. ¶모처럼의 반가운 소식에 얼굴이 활짝 -. ⑤어렵던 형편이 좋아지다. ¶한껏 기울었던 가세(家勢)가 -.

피에로(pierrot 프) 명 무언극(無言劇)이나 서커스 등에 나오는 어릿광대.

피:에스(P.S.) 명 추신(追伸) [postscript]

피:에이치(pH) 명 '이온 농도 지수'의 기호. 페하

피:엑스(P.X.) 명 군대 내의 면세 매점. [post exchange]

피:엘오:(PLO) 명 팔레스타인 해방 기구 [Palestine Liberation Organization]

피:엠(P.M.·p.m.) 명 시각(時刻)을 나타내는 숫자 뒤에 쓰이어, '오후 시간'임을 나타내는 약호(略號). 오후(午後) [post meridiem] ☞에이엠(A.M.)

피연(疲軟) 어기 '피연(疲軟)하다'의 어기(語基).

피연-하다(疲軟-) 형 여 기운이 없고 느른하다.

피오르드(fjord 노) 명 빙하의 침식으로 만들어진 골짜기에 바닷물이 들어와서 생긴, 굴곡이 심하고 좁은 긴 만(灣). 협만(峽灣)

피우(più 이) 명 악보의 빠르기말의 한 가지. 다른 말에 덧붙어 '좀더'의 뜻으로 쓰임. 피우알레그로 따위.

피우다[1] 타 불이 피게 하다. ¶모깃불을 -. ☞끄다[1]

피우다[2] 타 ①담배 등에 불을 붙여 연기를 빨아들였다가 코나 입으로 내보내다. ¶공공 장소에서는 담배를 피울 수 없다. ②어떤 태도나 행동 따위를 나타내다. ¶게으름을 -./재롱을 -./바람을 -. ③먼지나 냄새 따위를 일으키거나 퍼뜨리다. ¶고기 굽는 냄새를 -.

피우렌토(più lento 이) 명 악보의 빠르기말의 한 가지. '좀더 느리게'의 뜻.

피우알레그로(più allegro 이) 명 악보의 빠르기말의 한 가지. '좀더 빠르게'의 뜻.

피육(皮肉) 명 가죽과 살을 아울러 이르는 말.

피육불관(皮肉不關) 성구 가죽과 살은 관계하지 아니한다는 뜻으로, 아무 관련이 없음을 이르는 말.

피율(皮栗) 명 겉밤

피읖 명 〈어〉한글 자모(字母) 'ㅍ'의 이름.

피:의(被疑) 명 의심이나 혐의를 받는 일.

피:의(跛倚) 명 -하다 자 한쪽 다리로 서서 몸을 다른 것에 기댐.

피:의-자(被疑者) 명 형사 사건에서, 범죄를 저지른 혐의가 인정되어 정식으로 입건되었으나 아직 공소 제기가 되지 않은 사람. ☞용의자(容疑者)

피:인(彼人) 명 저 사람.

피:임(被任) 명 어떠한 자리에 임명됨. ¶회장에 -되다.

피:임(避妊·避姙) 명 -하다 자 인위적으로 임신을 피함.

피:임-법(避妊法)[-뻡] 명 인위적으로 임신을 피하는 방법. ☞불임법(不妊法)

피:임-약(避妊藥)[-냑] 명 피임을 목적으로 쓰는 약제. ☞살정제(殺精劑)

피자(pizza 이) 명 서양 음식의 한 가지. 밀가루를 둥글넓적하게 반죽하여 그 위에 치즈·고기·피망·토마토 따위를 썰어 얹어서 구운 파이.

피:자-식물(被子植物) 명 속씨식물

피-잣(皮-) 명 껍데기를 까지 않은 잣. 겉잣

피장(皮匠) 명 '피색장(皮色匠)'의 준말.

피장-파장 명 서로 같은 처지라, 낫고 못함이 없음을 이르는 말. ¶성미가 까다롭기로야 서로 -이지. ☞피차일반(彼此一般)

피:재(避災) 명 -하다 자 피난(避難)

피:접(避接) 명 -하다 자 '비접'의 본딧말.

피:정(避靜) 명 '피세정념(避世靜念)'의 준말.

피:-제수(被除數)[-쑤] 명 나누기에서, 어떤 수를 다른 수로 나눌 때, 그 나뉘는 수. 10÷2=5에서의 '10'. 나뉨수 ☞제수(除數)

피-조개 명 꼬막조갯과의 조개. 조가비는 길둥글며 길이 12cm, 너비 7cm, 높이 9cm 안팎. 조가비 겉면에는 부챗살 모양의 줄이 있으며, 살은 붉음. 우리 나라의 황해와 남해, 일본과 중국 등지의 근해에 분포함. 피안다미조개

피:조-물(被造物) 명 조물주에 의하여 창조된 존재라는 뜻으로, '삼라만상(森羅萬象)'을 이르는 말.

피:좌(避座) 명 -하다 자 피석(避席)

피:죄(被罪) 명 죄를 입는 일.

×**피-죽** 명 →죽데기

피-죽(-粥) 명 피로 쑨 죽.

피죽(皮竹) 명 대의 겉껍질.

피죽-바람(-粥-) 명 피죽도 먹기 어렵게 흉년이 들 바람이라는 뜻으로, 모낼 무렵에 오랫동안 부는 아침 동풍과 저녁 북서풍을 이르는 말.

피지(皮脂) 명 피지선에서 나오는, 기름 같은 분비물.

피지(皮紙) 명 피딱지[1]

피지-루(皮脂漏) 명 지루(脂漏)

피지-선(皮脂腺) 명 진피(眞皮) 속에 있는 작은 분비선(分泌腺). 모낭(毛囊)의 옆에 있으며 피지를 분비함. 지방선(脂肪腺). 지선(脂腺)

피질(皮質) 명 생체 기관에서, 그 겉 층과 안쪽 층의 구조나 기능이 서로 다를 경우에 이르는 겉 층. 그 조직의 이름 앞에 붙여 대뇌 피질, 부신(副腎) 피질, 신장(腎臟) 피질 따위로 부름. ☞수질(髓質)

피:집불굴(被執不屈) 성구 자기의 주장을 고집하고 굽히지 아니함을 이르는 말.

피:차(彼此) 명 ①저것과 이것. 저편과 이편. ¶-의 처지를 이해하다. ②〔부사처럼 쓰임〕 서로 ¶- 어려운 처지이니 도우며 삽시다.

피:차-없:다(彼此-)[-업-] 형 서로 낫거나 못할 것이 없다. ¶피차없이 바쁘다 보니 한동안 만나지 못했구려.

피:차일반(彼此一般) '서로가 마찬가지임'의 뜻. ¶염치없기는 -이다. ☞피장파장

피:착(被捉) 명 피체(被逮)

피:처(彼處) 명 저곳

피처(pitcher) 명 야구의 투수(投手). ☞캐처(catcher)

피:척(彼隻) 명 소송 당사자가 서로 상대편을 이르는 말.

피천 명 아주 적은 액수의 돈. 노린동전

피천 한 닢 없다 관용 가진 돈이 한 푼도 없다.

피:천(被薦) 명 추천을 받는 일. ¶회장으로 -되다.

피:체(被逮) 명 남에게 잡히는 일. 피착(被捉)

피층(皮層) 명 ①겉켜. 표층(表層) ②식물의 조직계의 한 가지. 표피 중심주(中心柱) 사이의 세포 층.

피치(pitch)[1] 명 ①일정한 시간 안에 일을 해내는 속도, 또는 작업 능률. ¶원고 마감 시간을 앞두고 -를 올리다. ②보트에서, 1분간 젓는 노의 횟수. ③수영에서, 팔과

다리를 움직이는 횟수. ④톱니바퀴의 톱니와 톱니 사이의 거리. ⑤나사를 한 바퀴 돌렸을 때 나아가는 거리. ⑥음높이

피치(pitch)[2]명 아스팔트

피치블렌드(pitchblende)명 섬(閃)우라늄광의 한 가지. 라듐과 우라늄의 중요 광석으로 결정도가 낮고 덩어리 모양임. 역청 우라늄광

피치카토(pizzicato 이)명 바이올린이나 첼로와 같이 활을 사용하는 현악기의 현(絃)을 손끝으로 뚱겨 연주하는 주법, 또는 그렇게 하는 연주.

피치코:크스(pitch cokes)명 콜타르피치를 500～600°C로 건류(乾溜)하여 얻는 코크스. 흑색의 다공질 물질로서 탄소 제품의 원료로 쓰임.

피침(披針·鈹鍼)명 바소

피:침(被侵)명 침범을 당하는 일.

피칭(pitching)명-하다자 ①야구에서, 투수가 공을 던지는 일. ②배나 비행기 따위의 앞뒤가 위아래로 흔들리는 일. 앞뒷질 ☞롤링(rolling)

피카레스크=소:설(picaresque小說)명 ①16～17세기에 에스파냐에서 유행한, 악한들의 모험을 내용으로 한 소설 양식, 또는 그러한 소설. ②독립된 몇 개의 이야기를 모아 어떤 계통을 세운 소설.

피컬(picul)의 중국과 동남 아시아 등에서 쓰는 무게의 단위. 보통 1피컬은 60kg임.

피케팅(picketing)명 쟁의 행위의 한 가지. 노동 쟁의 때, 조합원들이 파업에 참가하지 않은 근로 희망자나 파업 방해자들이 사업장 또는 공장을 출입하는 것을 막고, 파업에 참여하도록 요구하는 행위.

피켈(pickel)명 등산 용구의 한 가지. 나무 자루에 'T' 자 모양의 금속제 날이 달려 있음. 빙설(氷雪)로 뒤덮인 경사면을 오를 때 쓰임.

피켓(picket)명 ①팻말. 주로 시위할 때 드는 것으로, 자루가 달린 널빤지 위에 주장 따위를 적음. ②노동 쟁의 때, 방해 행위나 변절자를 막기 위하여 감시하는 노동 조합원.

피콜로(piccolo)명 목관 악기의 한 가지. 관의 길이가 플루트의 반이며, 음정은 한 옥타브 높음. 관현악이나 취주악에서 가장 높은 음역을 맡음.

피:크(peak)명 정점(頂點). 절정(絕頂) ¶여름 휴가 인파가 ─를 이루다.

피크닉(picnic)명 소풍. 야유회

피크르-산(∠picric酸)명 유기산의 한 가지. 황색의 결정으로, 급격히 가열하거나 충격을 주면 폭발함. 폭약, 분석 시약(分析試藥), 의약품 따위에 쓰임.

피클(pickle)명 오이·토마토·양배추 등의 채소나 과일을, 설탕과 소금을 섞은 조미 식초에 절이거나 향신료를 섞은 소금물에 절인 식품.

피:타(被打)명 매를 맞음.

피:탈(被奪)명 빼앗김.

피:탈(避脫)명-하다자타 피해서 벗어남.

피테칸트로푸스에렉투스(Pithecanthropus erectus)명 직립 원인(直立猿人)

피튜니아(petunia)명 가짓과의 여러해살이풀. 잎은 달걀꼴이며 마주 남. 6～10월에 꽃이 피는데, 꽃은 크기와 빛깔이 다양함. 관상용으로 심음.

피:트(feet)의 야드파운드법에 따른 길이의 단위. 1피트는 12인치, 곧 30.48cm임. 기호는 ft

피파(FIFA)명 국제 축구 연맹(國際蹴球聯盟) [Fédération Internationale de Football Association]

피펫(pipette)명 화학 실험 기구의 한 가지. 일정한 용적의 액체를 정확히 재는 데 쓰는, 가는 유리관.

피폐(疲弊)명-하다자 지치고 쇠약해짐. ¶오랜 전쟁으로 ─한 민심.

피폐(疲斃)명-하다자 기운이 지쳐 죽음.

피:폭(被爆)명 폭격을 받는 일. ¶─ 지역

피:폭(被曝)명 인체가 방사능을 쬐는 일.

피풍(皮風)명 한방에서, 피부가 가려운 풍병(風病)을 이르는 말.

피:피:=가공(PP加工)명 퍼머넌트프레스 가공

피:피:엠(PPM·ppm)의 용적 등을 나타내는 비율의 단위. 100만분율. 1ppm=10^{-6} [parts per million]

피하(皮下)명 살가죽 밑.

피하=기종(皮下氣腫)명 살가죽 밑으로 기체가 들어가서 종기같이 된 상태.

피:-하다(避─)타여 ①무엇에 부딪거나 맞지 않도록 몸을 옮기다. ¶주먹을 ─./차를 ─. ②원치 않거나 어려운 자리에서 떠나다. ¶거북한 자리를 피해 밖으로 나오다. ③꺼리어 마주치지 않으려고 하다. ¶그녀는 나를 피하는 눈치이다. ④비나 눈 등을 맞지 않도록 어떤 곳에 들다. ¶비를 피해 처마 밑으로 들어가다. ⑤불길한 날을 택하지 아니하다. ¶손 있는 날을 ─.

한자 **피할 피**(避)〔辵部 13획〕¶피난(避難)/피뢰(避雷)/피서(避暑)/피신(避身)/피임(避妊)

피하=일혈(皮下溢血)명 심한 타박이나 충돌 따위로 혈관이 터져 살가죽 밑에서 피가 나오는 일.

피하=조직(皮下組織)명 피부의 진피(眞皮)와 뼈 또는 근육 사이에 있는 조직.

피하=주:사(皮下注射)명 피하의 결체(結體) 조직 안에 놓는 주사. ☞근육 주사. 혈관 주사

피하=지방(皮下脂肪)명 포유류의 피하 조직에 많이 들어 있는 지방 조직. 영양분을 저장하고 체온을 유지함.

피하=출혈(皮下出血)명 내출혈(內出血)

피:학-증(被虐症)명 마조히즘(masochism)

피:한(避寒)명-하다자 추위를 피하여 따뜻한 곳으로 옮아감. ☞피서(避暑)

피:해(被害)명 신체·재물·명예 따위에 해를 입는 일, 또는 그 해. ¶─가 많다. ☞가해(加害)

피:해(避害)명-하다자 재해(災害)를 피함.

피:해=망:상(被害妄想)명 남이 자기에게 해를 입힌다고 공연히 생각하는 일. 정신 분열증이나 편집증 환자에게서 흔히 나타남.

피:해-자(被害者)명 ①해를 입은 사람. ②남의 불법 행위나 범죄로 말미암아 법익을 침해 당하거나 손해를 보는 사람. ☞가해자(加害者)

피:핵(被劾)명 탄핵을 받는 일.

피혁(皮革)명 날가죽 또는 무두질한 가죽을 통틀어 이르는 말. 가죽

피-혈(─血)명 한자 부수(部首)의 한 가지. '衅'·'衆' 등에서 '血'의 이름.

피:혐(避嫌)명-하다자 혐의를 피함.

피혜(皮鞋)명 조선 시대에 널리 사용된, 가죽으로 만든 운두가 낮은 신.

피:화(被禍)명 재화(災禍)를 당함.

피:화(避禍)명-하다자 재화(災禍)를 피함, 또는 혐의에서 벗어남.

피황-희(皮黃戲)명 중국의 고전극인 경극(京劇)의 기초가 된 지방극.

피:회(避廻·避回)명-하다타 피하여 돌아다님.

피:휘(避諱)명-하다타 ①회피함. ②대화나 글에서 임금이나 어른의 이름을 직접 말하거나 쓰는 것을 피하는 일. ☞결획(缺畫)

피:흉추길(避凶趨吉)성구 흉한 일을 피하고 길한 일에 나아감을 이르는 말.

픽부 ①지쳐서 힘없이 쓰러지는 모양을 나타내는 말. ②약한 줄 따위가 힘없이 끊어지는 모양을 나타내는 말. ¶삭은 새끼줄이 ─ 끊어지다. ③시큰둥하게 잠깐 웃는 모양을 나타내는 말. ☞팩

픽(pick)명 기타나 만돌린 따위를 칠 때 쓰는 작은 채. 삼각형이나 사각형 모양임.

픽션(fiction)명 ①허구(虛構) ②실제의 이야기가 아닌, 작자가 상상력으로써 만들어 낸 가공적인 이야기나 소설. ☞논픽션(nonfiction)

픽업(pickup)명-하다타 여럿 가운데서 골라 뽑음. ¶연

극의 주인공으로 ―하다.
픽토그램(pictogram)명 대중(大衆)의 이해를 돕고 쉽게 기억할 수 있도록 상징적인 그림이나 디자인으로 나타낸 안내 표지(標識). 올림픽 경기 등 국제 행사의 행사장이나 경기장 안내 표지 따위가 있음.
픽-픽부 ①지쳐서 자꾸 힘없이 쓰러지는 모양을 나타내는 말. ②약한 줄 따위가 자꾸 힘없이 끊어지는 모양을 나타내는 말. ③시큰둥하게 자꾸 웃는 모양을 나타내는 말. ☞팩팩
핀(pin)명 ①쇠붙이 따위로 바늘처럼 가늘고 길게 만든 물건을 통틀어 이르는 말. 안전핀·머리핀 따위. ②볼링에서, 공으로 쓰러뜨리는 병 모양으로 생긴 표적물.
핀둥-거리다(대다)자 핀둥핀둥 놀다. ☞빈둥거리다. 뻔둥거리다. 팬둥거리다. 펀둥거리다. 핀들거리다
핀둥-핀둥부 할 일을 거들떠보지도 않고 놀기만 하는 모양을 나타내는 말. ☞빈둥빈둥. 뻔둥뻔둥. 팬둥팬둥. 펀둥펀둥. 핀들핀들
핀들-거리다(대다)자 핀들핀들 놀다. ☞빈들거리다. 뻔들거리다. 팬들거리다. 펀들거리다. 핀둥거리다
핀들-핀들부 하는 일 없이 밉살스레 마냥 노는 모양을 나타내는 말. ☞빈들빈들. 뻔들뻔들. 팬들팬들. 펀들펀들. 핀둥핀둥
핀셋(pincette)명 물건을 집는 데 쓰는 족집게 모양의 기구. 손으로 집기 어려운 작은 물건을 집을 때나 의료 등에 씀.
핀잔명-하다타 맞대 놓고 언짢게 꾸짖거나 비꼬아 꾸짖음, 또는 그 말.
핀잔(을) 맞다관용 핀잔을 당하다.
핀잔(을) 먹다관용 핀잔을 당하다. 핀잔(을) 맞다.
핀잔(을) 주다관용 핀잔을 하다.
핀치(pinch)명 절박한 상태. 궁지(窮地). 위기 ¶―에서 벗어나다./―에 몰리다.
핀치러너(pinch runner)명 대주자(代走者)
핀치히터(pinch hitter)명 대타자(代打者)
핀트(∠brandpunt 네)명 ①사진기 따위의 렌즈의 초점. ¶카메라의 ―를 맞추다. ②어떤 말이나 행동의 요점. 겨냥 ¶―가 빗나간 대답.
필(畢)명 '필수(畢宿)'의 준말.
필(疋)의 ①일정한 길이로 짠 피륙을 세는 단위. ¶비단 한 ―. ☞통[4] ②필(匹)
필(匹)의 마소를 세는 단위. 필(疋) ¶소 한 ―./말 열 ―. ☞두(頭). 마리
필(筆)의 논·밭·대지·임야 따위를 구획하여 세는 단위. 필지(筆地) ¶논 열 ―.
-필(畢)《접미사처럼 쓰이어》'마침'의 뜻을 나타냄. ¶검사필(檢査畢)/검정필(檢定畢)
필가(筆架)명 붓을 걸어 놓는 기구.
필가(筆家)명 ①글씨를 잘 쓰는 사람. ②글씨 쓰는 일을 직업으로 하는 사람.
필간(筆諫)명-하다타 글로써 간함.
필갑(筆匣)명 붓을 넣어 두는 갑.
필경(筆耕)명-하다자 ①직업으로 글씨를 쓰는 일. ②등사 원지(原紙)에 철필로 글씨를 쓰는 일.
필경(畢竟)부 마침내. 결국에는 ¶누구의 짓인지는 ― 드러나고 말 것이다.
필공(筆工)명 붓을 만드는 일을 직업으로 하는 사람.
필관(筆管)명 붓의 자루. 붓대
필광(弼匡)명-하다타 도와서 바로잡음.
필기(筆記)명-하다타 ①글씨를 씀. ②강의나 연설 따위에서, 말을 받아씀.
필기=시험(筆記試驗)명 답안을 글로 써서 치르는 시험. 필답 시험(筆答試驗) ☞구두 시험(口頭試驗)
필기-장(筆記帳)[―짱]명 필기하는 데 쓰는 공책.
필기-체(筆記體)명 활자체(活字體)가 아닌, 손으로 쓴 글씨체. ☞인쇄체(印刷體)
필납(必納)명-하다타 반드시 납부함.
필납(畢納)명-하다타 납세나 납품 따위를 끝냄.
필낭(筆囊)명 붓을 넣어서 차는 주머니.
필-누비(疋―)명 누비 모양으로 짠 피륙. ☞손누비
필단(疋緞)[―딴]명 필(疋)로 된 비단.
필단(筆端)[―딴]명 붓끝
필담(筆談)[―땀]명-하다자타 말이 서로 통하지 않거나 말로 하기 어려운 경우에 글로 써서 의사를 통함.
필답(筆答)[―땁]명-하다자타 글로 써서 대답함. ☞구답(口答)
필답=시험(筆答試驗)[―땁―]명 필기 시험(筆記試驗)
필대(匹對)[―때]명-하다자 필적(匹敵)
필:더(fielder)명 야구에서, 내야수와 외야수를 통틀어 이르는 말. 야수(野手)
필도(弼導)[―또]명-하다타 돌보아 이끎.
필독(必讀)[―똑]명-하다타 반드시 읽음, 또는 읽어야 함.
필독-서(必讀書)[―똑―]명 반드시 읽어야 하는 책.
필두(筆頭)[―뚜]명 ①붓끝 ②여럿을 들어 말할 때나 이름을 순서대로 적을 때의 맨 처음 차례, 또는 맨 처음의 사람. ¶주장을 ―로 입장하다.
필두-채(筆頭菜)[―뚜―]명 쇠뜨기
필드(field)명 ①운동 경기용으로 잘 닦아 놓은 지면. 육상 경기장의 경우는 트랙 안쪽의 구역. ☞코트(court) ②야구장의 내야와 외야. ③컴퓨터에서, 서로 관련된 데이터들을 하나의 단위로 묶을 때, 레코드(record)를 구성하는 요소. 필드가 모여 한 개의 레코드를 이룸. ④연구실이나 사무실 등에서 하는 내근(內勤)에 상대하여, 사외(社外) 또는 실외의 현장을 이르는 말.
필:드=경:기(field競技)명 육상 경기 중 필드에서 하는 경기. 높이뛰기·멀리뛰기 따위의 도약 경기와 원반던지기·창던지기 따위의 투척 경기가 있음. ☞트랙 경기
필:드하키(field hockey)명 구기의 한 가지. 각각 열한 사람으로 이루어진 두 팀이 직사각형 경기장에서 스틱으로 공을 쳐서 상대편 골에 넣은 득점으로 승패를 겨루는 경기. 하키 ☞아이스하키
필라멘트(filament)명 백열 전구나 진공관 속에서 전류를 통하게 하고 열전자를 방출하는 가는 선. 섬조(纖條)
필력(筆力)명 ①글씨의 획에 드러난 힘. 필세(筆勢) ②글을 쓰는 능력. ¶뛰어난 ―의 작가.
필로(筆路)명 ①붓의 놀림새. ②글을 지을 때 드러나는 사상(思想).
필로(蹕路)명 지난날, 거둥 때에 임금의 수레가 지나가던 길. 일반인의 통행을 막았음.
필로소피(philosophy)명 철학(哲學). 철리(哲理)
필로폰(Philopon)명 메탄페타민 계열의 각성제. 무색 또는 백색의 결정성 가루로, 상용(常用)하면 환각·정신 분열 따위의 만성 중독을 일으키는 마약임. 히로뽕
필름(film)명 투명한 셀룰로이드나 폴리에스테르 등에 감광제를 칠한 것, 또는 그것을 노출·현상한 음화(陰畫)나 양화(陽畫). 사진용 필름, 영화용 필름 등이 있음.
필마(匹馬)명 한 필의 말.
필멸(必滅)명-하다자 반드시 멸망함, 또는 반드시 죽음.
필명(筆名)명 ①글이나 글씨로 떨친 명성. ②작가가 예술 활동을 할 때 쓰는, 본명 이외의 이름.
필목(疋木)명 필로 된 무명·당목·광목 따위를 통틀어 이르는 말.
필묵(筆墨)명 붓과 먹. 묵필(墨筆)
필묵지연(筆墨紙硯)명 붓·먹·종이·벼루를 아울러 이르는 말. ☞문방사우(文房四友)
필문-필답(筆問筆答)[―땁]명 글로 묻고 글로 답함.
필-반자(匹―)명 '필반자지'의 준말.
필-반자지(匹―紙)명 필로 된, 반자를 바르는 종이. 준 필반자
필발-머리(―癶―)명 한자 부수(部首)의 한 가지. '發'·'登' 등에서 '癶'의 이름. 걸음발머리
필방(筆房)명 붓을 만들어 파는 가게.
필배(畢杯)명 종배(終杯)
필백(疋帛)명 비단 피륙.
필벌(必罰)명 죄 지은 사람을 반드시 벌하는 일. ☞신상

필벌(信賞必罰)
필법(筆法)[-뻡] 명 ①붓글씨를 쓸 때 붓을 다루는 법. ☞운필(運筆) ②글씨를 쓰는 법. ☞획법(畫法) ③글을 쓰는 법.
필봉(筆鋒)명 ①붓끝 ②문장이나 글씨, 그림 따위에서 느껴지는 힘. 붓의 위세. ¶예리한 -.
필부(匹夫)명 ①한 사람의 남자. ②평범한 남자.
필부(匹婦)명 ①한 사람의 여자. ②평범한 여자.
필부지용(匹夫之勇)성구 혈기(血氣)에서 나오는 필부(匹夫)의 용기를 이르는 말. 소인지용(小人之勇)
필부필부(匹夫匹婦)성구 그저 평범한 남녀를 이르는 말. ☞갑남을녀(甲男乙女)
필사(必死)[-싸] 명 ①-하다 자 반드시 죽음. ②죽을힘을 다 씀. 죽음을 각오함. ¶-의 탈출.
필사(筆寫)[-싸] 명 -하다 타 베껴 씀.
필사-본(筆寫本)[-싸-] 명 베껴 쓴 책. 수사본(手寫本) ☞간행본(刊行本)
필사-적(必死的)[-싸-] 명 죽을힘을 다 쓰는 것. 죽음을 각오하는 것. ¶-으로 저항하다.
필삭(筆削)[-싹] 명 -하다 타 이미 쓴 글에서, 더 쓸 것은 쓰고 지울 것은 지워 버림. ¶-을 거듭하다.
필산(筆算)[-싼] 명 -하다 타 종이 따위에 숫자를 써서 셈함, 또는 그렇게 하는 셈. 붓셈 ☞암산
필살(必殺)[-쌀] 명 -하다 타 반드시 죽임.
필상(筆商)[-쌍] 명 붓 장수.
필생(畢生)[-쌩] 명 생을 마칠 때까지의 기간. 한평생 동안. ¶-의 대업(大業).
필설(筆舌)[-썰] 명 붓과 혀라는 뜻으로, 글과 말을 이르는 말. ¶-로는 형용할 수 없는 장엄한 광경.
필성(畢星)[-썽] 명 필수(畢宿)
필성(弼成)[-썽] 명 -하다 타 도와서 이루게 함.
필세(筆洗)[-쎄] 명 붓을 빠는 그릇.
필세(筆勢)[-쎄] 명 글씨의 획에 드러난 힘. 필력(筆力)
필수(必修)[-쑤] 명 반드시 배워야 함. ¶- 교과
필수(必須)[-쑤] 명 반드시 있어야 하거나 해야 함. ¶-의 조건.
필수(畢宿)[-쑤] 명 이십팔수(二十八宿)의 하나. 서쪽의 다섯째 별자리. 필성(畢星) 준 필(畢)
필수(必需)[-쑤] 앞말 어떤 물건이 없어서는 아니됨을 뜻하는 말. ¶생활 - 용품
필수=과목(必須科目)[-쑤-] 명 반드시 이수하여야 하는 과목. ☞선택 과목
필수=아미노산(必須amino酸)[-쑤-] 명 동물이 생명을 유지하는 데 꼭 필요한 아미노산 가운데, 체내에서 합성되지 않거나 합성이 어려워서 음식물로 섭취해야 하는 아미노산.
필수-적(必須的)[-쑤-] 명 반드시 있어야 하거나 해야 하는 것. ¶배우가 되려면 연기 공부가 -이다.
필수-품(必需品)[-쑤-] 명 반드시 필요한 물품.
필순(筆順)[-쑨] 명 글씨를 쓸 때 붓을 놀리는 자획(字畫)의 차례.

> ▶ 한자(漢字)의 필순
> ① 위에서 아래로 — 工·客·主
> ② 왼쪽에서 오른쪽으로 — 仁·和·脈·休
> ③ 가로획 다음에 세로획 — 十·木·七
> ④ 가로획을 나중에 — 田·由·男·異·生
> ⑤ 가운데를 먼저 — 小·水·山·出
> ⑥ 꿰뚫는 획은 나중에 — 中·事·車·牛·申
> ⑦ 삐침을 먼저 — 右·有·丸(刀·力은 나중에)
> ⑧ 몸을 먼저 — 同·內·周

ㅍ

필승(必勝)[-쑹] 명 -하다 자 반드시 이김.
필시(必是)[-씨] 부 틀림없이. 어김없이 ¶그는 - 살아 있을 것이다.
필업(畢業)명 -하다 타 사업이나 학업 따위를 마침.
필역(畢役)명 -하다 타 역사(役事)를 마침. 요역(了役)
필연(必然)명 ①반드시 그렇게 될 수밖에 없는 일. ¶-의 결과. ☞우연(偶然) ②〔부사처럼 쓰임〕 꼭. 반드시 ¶역사는 - 진실의 편에 설 것이다. 필정(必定)
필연(筆硯)명 붓과 벼루.
필연-론(必然論)[-논] 명 결정론(決定論)
필연-성(必然性)[-썽] 명 그렇게 될 수밖에 없는 성질. ☞우연성(偶然性)
필연-적(必然的)명 반드시 그렇게 되는 것. 반드시 그렇게 되는 수밖에 없는 것. ¶-인 운명.
필연적=판단(必然的判斷)명 논리학에서, 판단의 주어(主語)와 술어(述語)의 관계가 필연적인 것임을 나타내는 판단. 'A는 반드시 B이어야 한다', 'A는 B가 아닐 수 없다'의 형식을 취함.
필연-코(必然-)부 '필연(必然)'의 힘줌말. ¶올해에는 - 합격하고야 말 테다.
필요(必要)명 -하다 형 꼭 소용되는 바가 있음. ¶성공을 위해서는 남다른 노력이 -하다./-한 물건을 사다.
필요-비(必要費)명 물건 또는 권리를 보관하거나 관리하는 데 필요한 비용.
필요-악(必要惡)명 본시 없는 것이 바람직하나, 조직의 운영이나 사회적인 상황에서 어쩔 수 없이 필요한 것으로 여겨지는 악.
필요적=변:호(必要的辯護)명 강제 변호(強制辯護)
필요=조건(必要條件)[-껀] 명 어떤 명제가 성립하는 데 필요한 조건. 'A이면 B이다'라는 형식의 명제가 성립할 때 A에 대한 B를 이름. 이 경우, A는 B가 되기 위한 충분 조건(充分條件)이라 이름. ☞필요 충분 조건
필요=충분=조건(必要充分條件)[-껀] 명 어떤 명제가 성립하는 데 필요하고 충분한 조건. 'A이면 B이다', 'B이면 A이다'라는 형식의 명제가 동시에 성립할 때 A에 대한 B, B에 대한 A를 이름. 곧 명제 A와 명제 B가 근본적으로 같음을 이름. ☞충분 조건. 필요 조건
필욕감심(必欲甘心)성구 품은 원한(怨恨)을 반드시 풀고자 함을 이르는 말.
필용(必用)어기 '필용(必用)하다'의 어기(語基).
필용-하다(必用-)형여 반드시 쓰임새가 있다.
필원(筆苑)명 ①문필가(文筆家)들의 사회. ②옛날 명필들의 이름을 모아 적은 책.
필유곡절(必有曲折)성구 반드시 무슨 사연이나 까닭이 있음을 이르는 말. 필유사단(必有事端)
필유사:단(必有事端)성구 필유곡절(必有曲折)
필자(筆者)[-짜] 명 글이나 글씨를 쓴 사람. ☞저자
필재(筆才)[-째] 명 글이나 글씨 쓰는 재주.
필적(匹敵)[-쩍] 명 -하다 자 재주나 힘 따위가 엇비슷하여 서로 견줄만 함. 필대(匹對) ¶문장(文章)에 관한 한 그에 -할 사람이 없다.
필적(筆跡·筆蹟)[-쩍] 명 어떤 사람이 쓴 글씨의 모양이나 솜씨. ¶- 조사 ☞수적(手跡)
필적-학(筆跡學)명 서상학(書相學)
필전(筆戰)[-쩐] 명 글로써 서로 시비(是非)를 다투는 일. 글로 하는 논쟁. ☞설전(舌戰)
필점(筆占)[-쩜] 명 -하다 타 필력이나 필세로 운수의 길흉을 점침, 또는 그 점.
필정(必定)[-쩡] 명 ①반드시 그렇게 될 수밖에 없는 일. ②〔부사처럼 쓰임〕 꼭. 반드시. 틀림없이. 필연(必然)
필주(筆誅)[-쭈] 명 -하다 타 남의 죄나 잘못 따위를 글로 써서 꾸짖음.
필지(必至)[-찌] 명 -하다 자 앞으로 반드시 그에 이름. 일이 필연적으로 그렇게 됨.
필지(必知)[-찌] 명 -하다 타 반드시 알아야 함.
필지(筆紙)[-찌] 명 붓과 종이.
필지(筆地)[-찌] 명 ①토지 등기부상에 독립된 토지로 등기된 단위 면적의 땅. ②〔의존 명사로도 쓰임〕 필(筆) ¶한 -의 땅.
필지어서(筆之於書)[-찌-] 성구 다짐을 두기 위하여 글로 써 둠을 이르는 말.
필진(筆陣)[-찐] 명 ①정기 간행물 따위의 집필 진용. ¶학계(學界)의 권위자들로 -을 구성하다. ②필전(筆戰)

에 대응하는 채비. ¶ －을 치다.

필집(筆執)[－찝] 명 증인으로서 증서를 쓴 사람.

필착(必着) 명 -하다 자 반드시 도착함.

필채 명 지난날, 엽전을 꿰기 위하여 노끈으로 만든 꿰미.

필채(筆債) 명 지난날, 이속(吏屬)이 백성들에게 문서를 필사(筆寫)해 준 삯으로 받던 돈.

필첩(筆帖) 명 ①옛 사람의 필적을 모아서 엮은 서첩. ②수첩(手帖)

필체(筆體) 명 글씨의 모양. 글씨체

필치(筆致) 명 ①글이나 글씨를 쓰는 솜씨. ¶예리한 －./섬세한 －. ②글의 운치. ¶호방한 －.

필터(filter) 명 ①액체나 기체 속의 불순물을 걸러 내는 얇은 막. ②빛을 선택적으로 투과시키거나 색채 효과를 더하는 유리막. 사진 촬영, 광학 실험 등에 쓰임. 여광판(濾光板) ③특정 주파수의 진동 전류를 통과시키는 전기 통신 장치. ④담배 끝에 붙은, 담뱃진을 거르는 부분.

필통(筆筒) 명 ①연필이나 지우개 등 필기 도구를 넣어 가지고 다니는 기구. ②붓을 꽂아 두는 통.

필-필(－疋) 명 한자 부수(部首)의 한 가지. '疑' 등에서 '疋', '疎'·'疏' 등에서 '⺪'의 이름.

필필-이(疋疋－) 부 ①필마다 ②여러 필로 연이어.

필-하다(畢－) 타여 끝내다. 어떤 일을 마치다. ¶병역을 －./학업을 －.

필하:모니(philharmonie 독) 명 '음악 애호(愛好)'의 뜻으로, 교향악단의 명칭에 쓰이는 말. ¶서울 －/런던 －

필혼(畢婚) 명 -하다 자 ①아들딸을 모두 혼인시킴. ②여러 자녀 중 맨 마지막으로 시키는 혼인. ☞개혼(開婚)

필화(筆華) 명 시가(詩歌)나 문장의 문채(文彩).

필화(筆禍) 명 발표한 글이 사회적으로나 법률적으로 문제가 되어 입는 화. ☞설화(舌禍)

필획(筆畫) 명 자획(字畫)

필휴(必携) 명 꼭 지녀야 함, 또는 그런 물건.

필흔(筆痕) 명 글씨의 흔적.

필흥(筆興) 명 글씨를 쓰거나 그림을 그릴 때에 일어나는 흥취.

필-히(必－) 부《文》꼭. 반드시 ¶－ 우승하고야 말겠다.

핍근(逼近) 명 -하다 자 매우 가까이 다가옴.

핍박(逼迫) 명 -하다 자타 ①바싹 죄어서 괴롭게 함. ¶잔혹한 － 속에서 살아남다. ②형세가 매우 절박함.

한자 **핍박할 박**(迫)〔辵部 5획〕¶강박(強迫)/구박(驅迫)/박해(迫害)/압박(壓迫)/협박(脅迫)

핍색(逼塞) 명 -하다 자타 꽉 막히어 몹시 군색함.

핍-쌀 명 찧어서 겉겨를 벗겨 낸 쌀.

핍월(乏月) 명 양식이 떨어져 궁핍한 달이라는 뜻으로, '음력 사월'을 달리 이르는 말. ☞보릿고개. 칠궁(七窮)

핍인(乏人) 명 -하다 자 핍재(乏材)

핍재(乏材) 명 -하다 자 인재가 모자라고 달림. 핍인(乏人)

핍재(乏財) 명 -하다 자 재산이 떨어짐.

핍전(乏錢) 명 -하다 자 돈이 모자라고 달림.

핍절(乏絕) 명 -하다 자 절핍(絕乏)

핍진(乏盡) 명 -하다 자 죄다 없어짐.

핍축(逼逐) 명 -하다 타 ①핍박하여 쫓음. ②바싹 가까이 쫓음.

핍-하다(乏－) 형여《文》①모자라다 ②다하여 없다.

핏골-집[－찝] 명 돼지의 창자 속에 돼지 피를 채워 넣고 삶은 음식. 혈장탕(血臟湯)

핏-기(－氣) 명 사람의 피부에 드러난 불그레한 피의 빛깔. 혈색(血色) ¶－가 돌다.

핏기(가) 가시다 관용 놀라거나 두려워서 얼굴이 하얘지다. 핏기(를) 잃다. ¶핏기가 가신 얼굴.

핏기(를) 잃다 관용 핏기(가) 가시다.

핏-대[1] 명 피의 줄기. ☞피[2]

핏-대[2] 명 큰 혈관(血管).

핏대(를) 세우다 관용 핏대(를) 올리다.

핏대(를) 올리다 관용 얼굴을 붉히며 성을 내다. 핏대(를) 세우다. ¶사소한 문제에도 핏대를 올린다.

핏-덩어리 명 ①피의 덩어리. ②'갓난아이'를 비유하여 이르는 말. 핏덩이 ¶포대기에 싸인 －.

핏-덩이 명 핏덩어리

핏-발 명 몸의 어느 부분에 충혈되어 붉게 서린 결.

핏발(이) 삭다 관용 핏발이 없어지다.

핏발(이) 서다 관용 핏발이 생기다. ¶수면 부족으로 핏발이 선 눈.

핏-빛 명 ①피의 빛깔. ②피처럼 붉은빛. ¶－으로 물든 저녁놀.

핏-자국 명 피가 묻거나 물든 자취.

핏-줄 명 ①혈관(血管) ②한 조상의 피를 이은 겨레붙이의 계통. 혈통(血統) ¶왕가의 －.

핏줄(이) 쓰이다 관용 혈연적인 친밀감을 느끼다.

한자 **핏줄 계**(系)〔糸部 1획〕¶계보(系譜)/계통(系統)

핑 부 ①제자리에서 매우 빨리 한 바퀴 도는 모양을 나타내는 말. ¶급회전으로 차가 － 돌았다. ②갑자기 정신이 어찔해지는 모양을 나타내는 말. ¶머리가 － 돌다./눈앞이 － 돌다. ③급자기 눈에 눈물이 어른어른 도는 모양을 나타내는 말. ¶눈물이 － 돌다. ☞빙. 삥. 팽[2]

핑계 명 -하다 타 ①어떤 일을 정당화하기 위해 내세우는 구실. ¶아프다는 －로 결근을 하다./－하는 것도 자주 거듭하면 버릇이 된다. ②잘못된 일에 대해 다른 것의 탓으로 둘러대는 변명. ¶불합격의 －를 가정 환경에 두다./이번 일에는 둘러댈 －가 없다.

핑계(를) 삼다 관용 핑계로 내세우다.

속담 **핑계 없는 무덤이 없다** : 무슨 일이나 핑곗거리를 찾으면 다 있다는 말.

핑곗-거리 명 핑계 삼을만 한 거리. 자구지단(藉口之端)

핑구 명 위에 꼭지가 달린 팽이.

핑그르르 부 ①미끄러지듯이 빨리 큰 둘레로 한 바퀴 도는 모양을 나타내는 말. ¶새 옷을 입고 － 돌다. ②갑자기 눈에 눈물이 어리는 모양을 나타내는 말. ¶눈물이 － 돌다. ☞빙그르르. 삥그르르. 팽그르르

핑글-핑글 부 ①물체가 제자리에서 잇달아 빠르게 돌아가는 모양을 나타내는 말. ②정신을 차릴 수 없게 몹시 어지러워지는 느낌을 나타내는 말. ¶주위가 － 돈다./땅이 － 도는듯 하다. ☞빙글빙글[2]. 삥글삥글[2]. 팽글팽글

핑크(pink) 명 ①'패랭이꽃'의 딴이름. ②분홍빛 ③'색정적(色情的)'의 뜻으로 쓰이는 말. ¶－ 영화/－무드

핑킹(pinking) 명 톱니 모양으로 자를 수 있는 날을 가진 가위.

핑퐁(ping-pong) 명 탁구(卓球)

핑-핑 부 ①제자리에서 잇달아 몹시 빨리 도는 모양을 나타내는 말. ¶팽이가 － 돌다./바퀴가 － 돌다. ②정신이 몹시 어찔어찔해지는 모양을 나타내는 말. ¶머리가 － 돌다./눈앞이 － 돌다. ③총알 따위가 빠르게 지나가는 소리를 나타내는 말. ☞빙빙. 삥삥. 팽팽

핑핑-하다 형여 ①꽤 켕기어 있다. ②살져서 피둥피둥하다. ③서로 겨루거나 버티는 상태가 어슷비슷하다. ☞팽팽하다

핑핑-히 부 핑핑하게 ☞팽팽히

ㅎ

ㅎ 훈민정음 자모 · 훈몽자회 자모 ㅎ

ㅎ불규칙=용:언(-不規則用言)[-뇽-] 명 〈어〉ㅎ불규칙 활용을 하는 용언. 형용사에만 있는 것으로, '노랗다'·'말갛다'·'파랗다' 따위.

ㅎ불규칙=활용(-不規則活用) 명 〈어〉어간의 끝 음절 받침이 'ㅎ'인 형용사의 활용에서 어간의 끝소리 'ㅎ'이 빠지는 형태 변화를 이름. '말갛다'가 '말가니, 말간'으로 되는 따위. '좋다'를 제외한 나머지 형용사들이 모두 이에 해당함.

하[1] 부 아주. 많이. 크게. 매우. 대단히 ¶ - 놀라워서 할 말을 잊었다. ☞하도

하:[2] 부 입을 크게 벌리어 입김을 내부는 소리를 나타내는 말. ¶ - 하고 유리창에 입김을 내불다. ☞허[1]. 호

하:[3] 감 기쁨·놀라움·노여움·안타까움·염려스러움 따위의 느낌을 가볍게 나타내는 말. ¶ -, 세상에 이럴 수가…. ☞허[2]

하:(下) 명 차례·등급·정도 등을 '상·하'나 '상·중·하'로 구별했을 경우의 아래 또는 맨 끝. ¶ 상·중·-로써 한 벌인 책./등급이 -인 농산물. ☞상(上). 중(中)

-하(下)《접미사처럼 쓰이어》'범위 아래'의 뜻을 나타냄. ¶ 지배하(支配下)/책임하(責任下)/감시하(監視下)/지도하(指導下)

하:가(下嫁) 명 -하다 자 지난날, 공주나 옹주(翁主)가 귀족이나 신하의 집안으로 시집가는 일을 이르던 말. 하강(下降) ☞강혼(降婚). 낙혼(落婚)

하가-에(何暇-) 부 '어느 겨를에'의 뜻으로 쓰는 한문 투의 말. 해가(奚暇)에 ¶ 이 많은 짐을 - 다 나른담.

하간(何間) '어느 겨를', '어느 때', '어느 틈'의 뜻으로 쓰는 한문 투의 말. ¶ 그 먼 길을 -에 다녀왔느냐?/-을 막론하고 책 읽기에 열중하다.

하:간(夏間) 명 여름 동안.

하:갈동구(夏葛冬裘) 성구 여름의 베옷과 겨울의 가죽옷이라는 뜻으로, 격(格)에 맞음을 비유하여 이르는 말.

하:감(下疳) 명 한방에서, 성교(性交)로 말미암아 생기는 전염성 궤양(潰瘍)을 이르는 말. 음부(陰部)에 주로 생기나, 입술이나 손가락에도 생김. 연성 하감(軟性下疳), 경성 하감(硬性下疳), 혼합 하감(混合下疳)의 세 가지가 있음. 변독(便毒). 음식창(陰蝕瘡). 투정창(妬情瘡). 하감창(下疳瘡)

하:감(下瞰) 명 -하다 타 높은 곳에서 내려다봄. 부감(俯瞰)

하:감(下鑑) 명 -하다 타 편지 글에서, 자기가 올린 글을 윗사람이 읽어 보는 일을 높이어 이르는 한문 투의 말.

하:감-창(下疳瘡) 명 하감(下疳)

하:강(下降) 명 -하다 자 ①아래로 내려감. ¶ 기온이 -하다./암벽에서 밧줄을 이용하여 -하다./주가(株價)가 -하다. ☞강하(降下). 상등(上騰). 상승(上昇) ②어른이 옴을 높이어 이르던 말. ③하가(下嫁) ④신선이 속계(俗界)에 옴을 이르는 말.

하:강=기류(下降氣流) 명 상공에서 지표면으로 내려오는 공기의 흐름. ☞상승 기류(上昇氣流)

하:강-선(下降線) 명 위에서 아래로 내려가는 선. 통계표 등에서, 감소나 쇠퇴, 하락(下落)을 나타내는 선. ☞상승선(上昇線)

하:객(賀客) 명 축하하는 손. 축객(祝客)

하:거(下去) 명 -하다 자 ①위에서 아래로 내려감. ②서울에서 시골로 내려감. ☞하래(下來)

하:거(下車) 명 -하다 자 ①수레에서 내림. ②지난날, 고을 원이 부임함을 이르던 말.

하거(河渠) 명 강과 개천을 통틀어 이르는 말.

하:게(下揭) 명 -하다 타 아래에 싣거나 들어 보임, 또는 그 내용. ¶ -의 도표를 참조하시오. ☞상게(上揭)

하:견(夏繭) 명 여름누에의 고치. ☞추견(秋繭)

하:경(夏耕) 명 -하다 타 여름철에 논밭을 갊. ☞가을갈이. 봄갈이. 추경(秋耕). 춘경(春耕)

하:경(夏景) 명 여름의 경치. ¶ 금강의 -을 그린 산수화.

하:계(下計) 명 가장 좋지 않은 계책. 졸렬한 계책. 하책(下策) ☞상계(上計)

하:계(下界) 명 ①천상계(天上界)에 대하여, 사람이 사는 세상을 이르는 말. 인간계(人間界). 하지(下地) ☞상계(上界). 천상계(天上界) ②높은 곳에서 내려다본 땅 위를 이르는 말. 하토(下土)

하계(河系) 명 하천의 본류(本流)와 지류(支流)를 통틀어 이르는 말. ☞수계(水系)

하:계(夏季) 명 여름철. 하절(夏節) ☞추계(秋季)

하고(何故) '무슨 까닭'의 뜻으로 쓰는 한문 투의 말. ¶ -로 답장이 없는지.

하고(河鼓) 명 '견우성(牽牛星)'의 딴이름.

-하고 조 '하다'에서 바뀌어, 체언에 붙어 '-과(-와)'의 뜻을 나타내는 조사. '-과(-와)'처럼 명사구를 이루지 못하고 용언구를 이룸. ¶ 아빠하고 나하고 만든 꽃밭./너하고 나하고 친하다./콩하고 팥을 심었다./너는 나하고 다르다.

하고-많다 형 '하고많은'의 꼴로 쓰이어, 일일이 헤아리기 어려울 만큼 많고 많음을 뜻하는 말. 하고하다 ¶ 하고많은 사람 가운데서 하필 그가 뽑히다니.

하고-성(河鼓星) 명 '견우성(牽牛星)'의 딴이름.

하:고-초(夏枯草) 명 ①'제비꿀'의 딴이름. ②한방에서, 제비꿀의 줄기와 잎을 약재로 이르는 말. 피부병이나 자궁병, 월경 불순 등에 쓰임.

하고-하다 형여 '하고한'의 꼴로 쓰이어, 일일이 헤아리기 어려울 만큼 많고 많음을 뜻하는 말. 하고많다 ¶ 하고한 날을 눈물로 지새우다.

하:곡(夏穀) 명 여름에 익어서 거두는 곡식. 보리나 밀 따위. ☞맥곡(麥穀). 추곡(秋穀)

하:관(下官) 명 지난날, 직위가 낮은 관원이 상관에 대하여 자기를 낮추어 이르던 말.

하:관(下棺) 명 -하다 자 관을 무덤 구덩이에 내려놓음.

하:관(下顴) 명 사람의 얼굴의 아래턱 부분을 이르는 말.

하관(이) 빨다 관용 턱 부분이 좁고 뾰족하다.

하:관-포(下棺布) 명 관을 무덤의 구덩이에 내려놓을 때 붙잡도록 관의 네 귀에 거는 베.

하:괘(下卦) 명 ①주역(周易)의 육효(六爻)에서 아래의 세 괘를 이르는 말. ②길하지 아니한 점괘. 흉괘(凶卦) ☞상괘(上卦)

하괴-성(河魁星) 명 음양가(陰陽家)들이 북두칠성의 둘째 별을 이르는 말. 천선(天璇). 장성(將星)[2]

하:교(下校) 명 -하다 자 학교에서 공부를 마치고 집으로 돌아옴. ☞등교(登校)

하:교(下敎) 명 -하다 자 ①편지 글에서, 윗사람이 아랫사람에게 무슨 일에 관하여 일러 주는 일을 높이어 이르는 한문 투의 말. ②지난날, 임금이 명령을 내리는 일이나 그 명령을 이르던 말. 전교(傳敎)[1]

하:구(下矩) 명 외행성(外行星)이 해가 돋을 무렵에 남중(南中)하는 일. 서구(西矩) ☞상구(上矩)

하구(河口) 명 강물이 바다나 호수로 흘러들어가는 어귀. 강구(江口). 강어귀 ☞하원(河源)

하구-언(河口堰) 명 강어귀에 설치해 놓은, 물의 흐름을 조절하는 시설. 바닷물이 강으로 거슬러 들어오는 것을 막기도 하고, 강물을 가두어서 수자원으로 이용하기 위한 것임.

하:국(夏菊) 명 '금불초(金佛草)'의 딴이름.

하:권(下卷) 명 한 벌이 '상·하' 두 권, 또는 '상·중·하' 세 권으로 된 책의 끝 권. ☞상권(上卷)

하:극상(下剋上) 명 조직체에서 계급이나 신분이 아래인 사람이 예의나 규율을 어기고 윗사람을 꺾어 누르거나 없애는 일.

하:근(下根) 명 불교에서, 불도를 수행할 자질이나 능력이 미약한 사람을 이르는 말. ☞상근(上根)

하:급(下級) 명 학년이나 계급, 직위 등이 아래인 등급. ¶ － 학년/－ 장교/－ 관리 ☞상급. 중급

하:급=법원(下級法院) 명 상하 관계에 있는 법원 중 등급이 아래인 법원. 고등 법원에 대해서는 지방 법원, 대법원에 대해서는 고등 법원을 이름. ☞상급 법원

하:급-생(下級生) 명 학년이 낮은 학생. ☞상급생

하:급-심(下級審) 명 하급 법원에서 하는 소송의 심리(審理). ☞상급심(上級審)

하:급-자(下級者) 명 계급이나 직위가 아래인 사람. ☞상급자(上級者)

하:기(下技) 명 서투른 기술. ☞말기(末技)

하:기(下記) 명 -하다 타 ①어떤 공문이나 기사 끝에 적음, 또는 적은 그 기록. ¶자세한 내용은 －와 같다./－ 사항을 준수할 것. ☞상기(上記) ②지난날, 돈이나 물건을 내어 준 내용을 적은 장부를 이르던 말.

하:기(下氣) 명 -하다 자 ①한방에서, 위로 치미는 기운을 가라앉게 하는 일이나 그런 치료법을 이르는 말. ②하초(下焦)의 기운.

하:기(下旗) 명 -하다 자 기를 내림. ☞게양(揭揚)

하:기(夏期) 명 여름의 기간. ☞추기(秋期)

하기는 부 '사실을 말하자면'의 뜻으로, 이미 말이 있었던 사실을 긍정하기 위한 접속의 말. ¶ － 그의 말이 모두 틀린 말은 아니야. 준 하긴

하:기=방:학(夏期放學) 명 여름 방학

하:기-식(下旗式) 명 공공 기관이나 단체에서 국기, 또는 단체의 기를 내릴 때에 하는 의식.

하기야 부 '사실을 말하자면야'의 뜻으로, 이미 말이 있었던 사실을 긍정하면서, 다음에 무슨 조건을 붙이기 위한 접속의 말. ¶ － 그의 말에도 일리가 있어.

하:기=학교(夏期學校) 명 여름 학교

하:기=휴가(夏期休暇) 명 여름 휴가

하긴 부 '하기는'의 준말.

하나[1] 명 ①생각이나 뜻을 한가지로 하는 일을 나타내는 말. ¶구성원이 마음을 －로 하여 경기를 승리로 이끌었다. ②오직 그것 뿐임을 강조할 때 쓰는 말. ¶어머니의 손 －로 길러 낸 일곱 남매./자식 －만을 생각하며 살아온 노모(老母)./몸 －로 갖은 어려운 고비를 이겨 내며 살았다. ③〔대명사처럼 쓰임〕 ¶ －는 키가 크고, 다른 －는 작달막하다./셋 가운데 －가 다가와서 물었다. ④〔부사처럼 쓰임〕 '하나도'의 꼴로 쓰이어, '조금도', '도무지', '전혀' 등의 뜻을 나타냄. ¶얼룩 －도 없이 맑은 유리창./티끌 －도 없는 깨끗한 마루./버려도 아까울 것이 －도 없다. ⑤'하나의'의 꼴로 쓰이어, '일종의'의 뜻을 나타냄. ¶질서도 －의 약속이다.

하나[2] 수 ①수의 고유어 이름의 하나. 수의 처음. ¶ －를 들으면 열을 깨친다./－부터 열까지 세다. ②물건 따위를 셀 때의 한 개. ☞일(一)

하나 가득 관용 분량이나 수량이 한도에 차게 가득. ¶바구니에 사과가 － 담겨 있다.

속담 **하나를 보면 열을 안다** : 한 부분만 보아도 전체를 미루어 헤아릴 수 있음을 뜻하는 말./**하나만 알고 둘은 모른다** : 사물을 두루 보지 못하고 융통성 없이 어느 한 면만 봄을 이르는 말.

한자 **하나 필**(匹) 〔匸部 2획〕 ¶필마(匹馬)/필부(匹夫)/필부(匹婦)

하나[3] 부 '그러하나'의 준말. ¶ －, 꼭 그렇게 부정적으로만 생각할 일은 아니니다.

하나-같다[－갇－] 형 서로 다름없이 모두 똑같다.

하나-같이 부 하나같게 ¶ － 부지런한 사람만 모였다.

하나님 명 개신교에서, '하느님'을 일컫는 말.

하나-하나 명 하나씩 ¶부속 －를 점검하다.

부 빠짐없이 모두. 일일이 ¶도구를 － 챙기다.

하:납(下納) 명 -하다 타 조선 시대, 세곡(稅穀) 따위를 나라에 바치지 않고 지방 관아에 바치는 일을 이르던 말.

하냥-다짐 명 -하다 자 일이 잘 되지 않았을 때에는 목을 베는 형벌이라도 받겠다는 다짐을 이르는 말.

하:녀(下女) 명 여자 하인. 계집종. 하비(下婢)

한자 **하녀 비**(婢) 〔女部 8획〕 ¶비녀(婢女)/비복(婢僕)

하년(何年) '어느 해'의 뜻으로 쓰는 한문 투의 말.

하:념(下念) 명 -하다 타 편지 글에서, 윗사람이 아랫사람에 대하여 염려하는 일, 또는 그 염려를 높이어 이르는 한문 투의 말. 하려(下慮)

하눌타리 명 박과의 여러해살이 덩굴풀. 산이나 들에 절로 자라며, 뿌리는 고구마처럼 굵고, 줄기는 덩굴손으로 다른 물체를 감으면서 올라감. 잎은 어긋맞게 나고 손바닥처럼 갈라져 있음. 7~8월에 황색 꽃이 피고, 10월경에 동근 열매가 등황색으로 익음. 씨와 뿌리는 한방에서 약재로 쓰임. 과루(瓜蔞)

하:늄(hahnium) 명 질소 $_{7}N^{15}$의 이온을 8,400만 전자 볼트의 속도로 칼리포르늄 249에 충돌시켜 얻는 원소. 새로운 원소로, 원자 번호는 105임.

하느님 명 ①만물을 다스리는 초자연적인 절대자. 종교적 신앙의 대상이 됨. 상제(上帝). 상천(上天). 신(神). 천공(天公). 천제(天帝). 하늘. 황천(皇天) ②가톨릭에서 신봉하는 유일신(唯一神)을 이르는 말. 천주(天主) ☞하나님

하느작-거리다(대다) 자타 하느작하느작 흔들리다, 또는 하느작하느작 흔들다. 하느작이다 ¶버들가지가 바람에 －./팔을 －. ☞하늑거리다. 흐느적거리다

하느작-이다 자타 하느작거리다 ☞하늑이다. 흐느적이다

하느작-하느작 부 얇거나 기름한 물체가 가볍고 느리게 움직이는 모양을 나타내는 말. ¶나비가 － 날개를 팔랑이다. ☞하늑하늑. 흐느적흐느적

하늑-거리다(대다) 자타 하늑하늑 흔들리다, 또는 하늑하늑 흔들다. 하늑이다 ☞하느작거리다. 흐늑거리다

하늑-이다 자타 하늑거리다 ☞하느작이다. 흐늑이다

하늑-하늑 부 얇거나 기름한 물체가 약하게 움직이는 모양을 나타내는 말. ☞하느작하느작. 흐늑흐늑

하늘 명 ①땅이나 바다 위에 펼쳐져 있는 한없이 넓고 높은 공간. 상천(上天). 천(天). 천공(天空). 태허(太虛) ☞허공(虛空) ②만물을 지배하는 절대자(絕對者). 하느님 ¶ －은 스스로 돕는 자를 돕는다. ③하느님, 천사, 사람의 영혼 등이 산다는 곳.

하늘과 땅 관용 두 사물의 정도의 차이가 매우 큼을 비유하여 이르는 말. ¶기술의 차이가 －이지.

하늘 높은 줄 모른다 관용 제 분수를 모르고 겁없이 함부로 설쳐 댐을 두고 이르는 말.

하늘 아래 첫 동네 관용 매우 높은 지대에 있는 외딴 동네를 이르는 말.

하늘에 맡기다 관용 운명에 맡긴다는 뜻의 말.

하늘을 지붕 삼다 관용 ①한데서 자게 된 경우를 이르는 말. ②정처없이 떠돌아다니는 처지를 이르는 말.

하늘이 노랗다 관용 ①몹시 지쳐서 있을 때 흔히 이르는 말. ②큰 충격을 받아 정신이 아찔한 경우에 흔히 이르는 말.

속담 **하늘 높은 줄만 알고 땅 넓은 줄은 모른다** : 야위고 키만 큰 사람을 두고 이르는 말./**하늘 높은 줄은 모르고 땅 넓은 줄만 안다** : 키는 작고 똥똥한 사람을 두고 이르는 말./**하늘 보고 주먹질한다** : 당치 않은 짓을 함을 이르는 말.〔하늘 보고 손가락질한다〕/**하늘 보고 침 뱉기** :

①남을 해치려다가 도리어 자기에게 해가 돌아옴을 비유하여 이르는 말. ②자기 스스로가 자기를 욕되게 함을 비유하여 이르는 말. 〔누워서 침 뱉기〕/**하늘을 보아야 별을 따지** : 어떤 일이 이루어질 수 있는 기회가 아주 없음을 비유하여 이르는 말./**하늘의 별 따기** : 무엇을 이루거나 차지할 가망이 없는 경우를 비유하여 이르는 말./**하늘이 무너져도 솟아날 구멍이 있다** : 아무리 어려운 경우를 당하더라도 그것을 벗어날 수 있는 방도는 있다는 말.

한자 **하늘 건**(乾) 〔乙部 10획〕 ¶ 건곤(乾坤)/건괘(乾卦)
하늘 주(宙) 〔宀部 5획〕 ¶ 우주(宇宙)
하늘 천(天) 〔大部 1획〕 ¶ 천국(天國)/천벌(天罰)/천상(天上)/천지(天地)/천하(天下)

하늘-가[-까] 명 하늘의 끝.
하늘-가재 명 '사슴벌레'의 딴이름.
하늘-같다[-갇-] 형 ①그지없이 크다. ¶ 하늘같은 은혜를 입다. ②더할 수 없이 귀하고 소중하다. ¶ 하늘같은 우리 낭군.
하늘-거리다(대다) 자타 ①얇은 천 따위가 바람에 가볍게 나부끼다, 또는 나부끼게 하다. ¶ 하늘거리는 치마./머플러가 바람에 ―. ②김이나 연기 따위가 가볍게 피어오르다. ¶ 아지랑이가 ―. ☞흐늘거리다
하늘-나라 명 천국(天國)
하늘-나리 명 백합과의 여러해살이풀. 산에 흔히 자라는데, 줄기 높이는 30~80cm이며, 흰 비늘줄기가 있음. 잎은 어긋맞게 나고, 6~7월에 황적색 꽃이 핌. 비늘줄기는 먹을 수 있고 한방에서 약재로 쓰임. 산단(山丹)
하늘-다람쥐 명 날다람쥣과의 포유동물. 생김새는 다람쥐와 비슷한데 몸길이는 16cm, 꼬리 길이는 13cm 안팎임. 털빛은, 등은 다갈색 또는 잿빛이고 배는 흰빛임. 앞발과 뒷발 사이의 피부가 늘어져서 된 비막(飛膜)을 펴서 나무 사이를 날아다님. 깊은 산의 숲 속에서 열매・싹・새알 따위를 먹고 삶. 천연 기념물 제328호임.
하늘-땅 명 하늘과 땅. 천지(天地)
하늘-바라기 명 천수답(天水畓)
하늘-밥도둑 명 '땅강아지'의 딴이름.
하늘-빛[-삗] 명 맑게 갠 하늘의 빛과 같은 파란 빛.
하늘-소[-쏘] 명 하늘솟과의 갑충(甲蟲)을 통틀어 이르는 말. 대개 몸이 가늘고 촉각(觸角)이 길며 딱지날개는 단단함. 입 좌우에는 날카로운 큰 턱이 있어서 작은 가지 따위를 자를 수 있음. 천우(天牛)
하늘소-붙이[-쏘부치] 명 '어리하늘소'의 딴이름.
하늘-지기 명 방동사닛과의 한해살이풀. 논둑이나 물가에서 자라는데, 줄기 높이는 30cm 안팎임. 꽃줄기가 여러 대이며 잎은 좁고 가름한 모양임. 7~10월에 다갈색 꽃이 산형(繖形) 꽃차례로 핌.
하늘-코 명 짐승이 건드리면 목이나 다리 따위를 옭아 공중에 달아 올리게 만든 올무. 챌목매
하늘-하늘 부 하늘거리는 모양을 나타내는 말. ☞흐늘흐늘
하늘하늘-하다 형여 천 따위가 매우 얇고 가볍다. ¶ 잠자리 날개처럼 하늘하늘한 옷감. ☞흐늘흐늘하다
하늬 명 하늬바람
하늬-바람 명 '북서풍'의 뱃사람말. 지방에 따라서는 '서풍'을 뜻하기도 함. 하늬 ☞샛바람
하늬-쪽 명 '북쪽'의 뱃사람말. 지방에 따라서는 '서쪽'을 뜻하기도 함.
하님 명 지난날, 여자 종을 대접하여 이르거나, 또는 여자 종끼리 서로 높이어 부르던 말. 하전(下典)
하님=여령(-女伶)[-녀-] 명 조선 시대, 정재(呈才) 때 의장(儀仗)을 드는 일을 맡아 하던 여자 종.
하다[1] 자여 ①머리를 쓰거나 몸을 움직이어 일하다. ¶ 하는 일마다 결과가 좋다./누구나 할 수 있는 일이어서 하면 된다. ②사물을 다루거나 다스리다. ¶ 야구는 남자가 하는 운동이다./뒤탈이 없도록 해 놓다./밀린 일부터 하고 쉬다./그 일은 일단 비밀로 해 두자. ③구별하여 말하다. ¶ 수해 복구 작업에 남녀노소 할 것 없이 모두 나섰다./누구누구라 할 것 없네, 모두 다 내 탓일세. ④이르다. 말하다 ¶ 그는 '적어도 내일이면 된다.'고 했다./그는 분명히 눈으로 보았다고 했다./그의 태도를 지켜보겠다고 했지. ⑤그렇게 여기다. 미루어 생각하다. ¶ 언젠가는 돌아오겠거니 해서 기다린다./그가 나타나지 않으면 어쩌나 하고 마음을 졸였다./그에게서 무슨 소식이라도 있었나 해서 물어 보다. ⑥값을 나타내는 말 다음에 쓰이어, '그만한 값이 나가다'의 뜻을 나타냄. ¶ 삼십만 원이나 하는 자전거./이 그림 값은 얼마나 하는지. ⑦때를 나타내는 말 다음에 '하여', '해서' 꼴로 쓰이어, '그 시기나 때에 이르다'의 뜻을 나타냄. ¶ 대략 일 년 정도 하여 겨우 기술을 터득했다./오전 일곱 시쯤 해서 집을 나섰지. ⑧'-으면' 다음에 쓰이어, 바라는 뜻을 나타냄. ¶ 제발 돌아왔으면 하고 기도하는 마음으로 기다렸다. ⑨'-고 하여', '-고 해서' 꼴로 쓰이어, 까닭을 나타냄. ¶ 날씨도 덥고 하여 집에서 쉰다./볼일도 있고 하여 들렀지./남의 눈도 있고 해서 참고 있었다. ⑩조사 '-로', '-으로' 다음에 '-하여' 꼴로 쓰이어, 일의 원인을 나타냄. ¶ 과로로 하여 몸져눕다./부상으로 하여 출전을 포기하다./그를 다시 만나게 된다는 기쁨으로 하여 잠을 이룰 수가 없었다. ⑪명사나 명사구 다음에 '하면', '-라 하면'의 꼴로 쓰이어, 그 대상을 이야깃거리로 삼음을 나타냄. ¶ 굴비 하면 영광 굴비가 으뜸이었지./화문석이라 하면 강화산이 제일이지. ⑫'-로 하여', '-로 해서' 꼴로 쓰이어, 어디를 거침을 나타냄. ¶ 대구를 떠나 경주 불국사로 해서 석굴암까지 갔다. ⑬의성어(擬聲語)나 의태어(擬態語) 다음에 쓰이어, 그러한 소리 또는 그러한 상태나 일이 일어남을 나타냄. ¶ 개구리가 웅덩이로 퐁당 하고 뛰어들었다./와르르 하고 돌덩이가 무너져 내리다. ⑭'하니, 하면, 하여, 해서'의 꼴로 '그러니, 그러면, 그리하여, 그래서'의 뜻으로 말이나 글을 잇는 구실을 함. ¶ 오늘은 몹시 바쁘다. 하니, 내일 만나자.
속담 **하던 지랄도 멍석 펴 놓으면 안 한다** : 여느 때에는 시키지 않아도 곧잘 하던 일을 정작 남이 하라고 권하면 아니한다는 뜻의 말./**하지도 못할 놈이 잠방이 벗는다** : 무슨 일을 해낼 능력도 없는 사람이 그 일을 하려고 덤비는 경우를 두고 이르는 말./**할 일이 없으면 낮잠이나 자라** : 무엇 때문에 자신과 상관없는 일에 쓸데없이 참견하느냐고 핀잔을 주는 말.
하다[2] 타여 ①어떤 일을 이루거나 나타내기 위하여 몸을 움직이거나 마음을 쓰다. ¶ 일을 ―./실험을 ―./경기를 ―./사랑을 ―./장사를 ―. ②표정을 짓거나 태도를 나타내다. ¶ 염려스러운 얼굴을 하고 바라보다. ③무엇을 몸에 갖추거나 꾸미거나 차리다. ¶ 대님을 ―./가발을 한 배우./얼굴에 복면을 ―. ④무엇을 마련하거나 장만하다. ¶ 땔나무를 ―./한복을 한 벌 ―. ⑤어떤 구실을 맡아 하다. ¶ 사회를 ―./중개를 ―. ⑥어떤 일을 직업으로 삼아 일하다. ¶ 장사를 ―./선생을 ―./수위를 ―. ⑦사업체 따위를 경영하다. ¶ 통닭집을 ―./미장원을 ―. ⑧무엇으로 삼다. ¶ 팔을 베개로 하여 잠이 들다./튼튼한 몸을 밑천으로 하여 일으킨 사업이다./제자를 사위로 ―. ⑨어떤 쪽으로 두거나 향하다. ¶ 머리를 남으로 하여 눕다./뱃머리를 동으로 하여 항행하다. ⑩일컫다 ¶ 그를 해동공자(海東孔子)라 ―. ⑪다루거나 다스리다의 뜻을 나타냄. ¶ 이 문제를 어떻게 하면 좋을까? ⑫어떤 일이 일어나거나 나타나다. ¶ 몸살을 ―./설사를 ―./성공을 한 사업가. ⑬일부 명사에 으레 딸려 쓰이는 동사를 대신하여 두루 쓰임. ¶ 현미로 밥을 ―./그는 담배를 한다./자네는 글을 하는가?/그는 매일 술을 한다./점심을 하러 가세.

한자 **할 위**(爲) 〔爪部 8획〕 ¶ 영위(營爲)/위업(爲業)/위정(爲政)/행위(行爲) ▷ 속자는 為

조동 여 〔본용언(本用言) 다음에 쓰이어〕 ①무엇을 시키거나 그런 상태가 되도록 함을 나타냄. ¶ 그를 그곳으로 가게 ―./실제 상황을 보게 ―./일이 되게 ―./머리는 차게 하고 발은 따뜻하게 ―. ②마땅히 그리 해야 함을 나타냄. ¶ 오늘은 꼭 가야 한다./약은 제때에 먹어야 한

ㅎ

다. /그를 위로해 주어야 한다. /기록 내용을 보여야 한다. ③사실을 시인하거나 힘주어 말하는 뜻을 나타내되, 같은 동사의 반복을 피하여 쓰임. ¶애를 쓰기는 한다. /그를 만나기는 했지. /걷다가 달리기도 한다. /그 사람의 모습을 알기야 한다. ④하려 하거나 하고자 하는 뜻을 나타냄. ¶학이 날아오르려 한다. /물을 마시고자 ㅡ. ⑤그런 일이나 상태가 되풀이되거나 자주 일어남을 나타냄. ¶두 사람은 자주 만나곤 하였다. /휴일에는 가까운 산에 오르곤 한다.

조형여 〔본용언(本用言) 다음에 쓰이어〕 ①앞의 말이 뜻하는 바를 시인하거나 강조함을 나타냄. ¶아름답기는 ㅡ. /호수가 넓기는 ㅡ. /마음씨가 곱기도 ㅡ. /샘물이 차서 이가 시리기까지 ㅡ. ②앞말의 사실이 뒷말의 까닭이 됨을 나타냄. ¶거리가 멀고 하니 일찍 떠나세. /다리도 아프고 하여 잠시 쉬었지. /시간도 넉넉하고 한데 서두르기는.

> ▶ '하다'는 여불규칙 용언
> '하다'가 활용될 때는 '하아'로 되지 않고 '하여'로 되므로 '여불규칙 용언'이라 한다. '하여'가 한 음절로 줄어진 형태는 '해'이다.
> ¶하여 → 해/하여라 → 해라/하였다 →했다

-하다 《접미사처럼 쓰이어》 ①일부 명사에 붙어 동사가 되게 함. ¶말하다/공부하다/노력하다 ②일부 명사에 붙어 형용사가 되게 함. ¶정직하다/근면하다/성실하다 ③부사에 붙어 형용사가 되게 함. ¶산득산득하다/말랑말랑하다 ④형용사의 활용형과 어울려 동사가 되게 함. ¶슬퍼하다/기뻐하다/좋아하다

하다-못해 [ㅡ몯ㅡ] 부 '비록 가장 나쁜 경우라 하더라도', 또는 '비록 어찌할 길이 없는 상태에 놓였다 하더라도'의 뜻을 나타내는 말. ¶잘못을 저질렀으면, ㅡ 사과라도 해야지. /모임에 참석할 수 없으면, ㅡ 미리 알리기라도 해야지. ☞최소한(最小限)

하:단(下段) 명 여러 단으로 이루어져 있는 것의 맨 아래 단, 또는 아래쪽 단. ¶책꽂이의 ㅡ에 꽂힌 책. /신문 지면의 ㅡ에 실린 광고. ☞상단(上段)

하:단(下端) 명 아래쪽의 끝. ☞상단(上端)

하:단(下壇) 명-하다 자 단에서 내려옴. 강단(降壇) ☞등단

하:-단전(下丹田) 명 도가(道家)에서 이르는 삼단전(三丹田)의 하나. 일반적으로 하복부의 기해(氣海) 부근을 이름. 단전(丹田) ☞상단전(上丹田). 중단전(中丹田)

하:달(下達) 명-하다 자타 상부나 윗사람의 뜻·지시·명령 따위를 하부나 아랫사람에게 알림. ¶명령을 ㅡ하다. ☞상달(上達)

하:달지리(下達地理) 성구 풍수지리에 밝음을 이르는 말. ☞상통천문(上通天文)

하담(荷擔) 명-하다 자타 어깨에 짐을 멤.

하:답(下畓) 명 토질이나 관개(灌漑) 사정이 좋지 않아서 벼농사가 잘 되지 않는 논. 하등답(下等畓) ☞상답(上畓)

하:답(下答) 명-하다 자 윗사람이 아랫사람에게 대답이나 회답을 함, 또는 그 대답이나 회답을 아랫사람이 높여 이르는 말. 하회(下回) ☞상답(上答)

하:당영지(下堂迎之) [ㅡ녕ㅡ] 성구 윗사람이나 반가운 사람이 올 때에 마당으로 내려와서 맞이함을 이르는 말.

하:당지우(下堂之憂) 성구 낙상(落傷)으로 말미암아 앓음을 이르는 말.

하:대(下待) 명-하다 타 ①상대편을 업신여기어 소홀히 대우함. ②상대편에게 낮춤말을 씀. ☞공대(恭待). 존대

하:대(下隊) 명 하띠

하대명년(何待明年) 성구 어떻게 명년을 기다리느냐는 뜻으로, 기다리기가 매우 지루함을 이르는 말.

하:-대석(下臺石) 명 탑이나 석등(石燈) 등의 아래쪽 받침돌. ☞대석(臺石)

하도 부 '하'의 힘줌말. ¶ㅡ 기막혀서 말을 잇지 못하다. /ㅡ 반가워서 와락 껴안다.

하:도(下道) 명 하삼도(下三道)

하도(河道) 명 강물이 흐르는 길. 둑이 있는 경우에는 둑 사이의 물길을 이름. ☞범람원(氾濫原)

하도(河圖) 명 옛날 중국 복희씨(伏羲氏) 때 황하에 나타난 용마(龍馬)의 등에 그려 있었다는 그림. 주역(周易)의 팔괘는 이를 본떠 만든 것이라 함. ☞낙서(洛書)

하:도(夏道) 명 등산에서, 눈이 쌓이는 시기가 아닐 때의 등산길을 이르는 말.

하:-도급(下都給) 명 어떤 사람이 도급을 맡은 일의 전부나 일부를 다시 다른 사람이 도급을 맡는 일. 하청(下請). 하청부(下請負)

하:도급-자(下都給者) 명 하도급을 맡아 하는 사람. 하청인(下請人)

하도롱-지(ㅡ紙 ∠Patronenpapier 독) 명 화학 펄프로 만든 다갈색의 질긴 종이. 포장지나 봉투 용지로 쓰임.

하돈(河豚) 명 '복'의 딴이름.

하:동(夏冬) 명 여름과 겨울을 아울러 이르는 말. ☞춘추(春秋)[1]

하동-거리다(대다) 자 당황하여 어찌할 바를 모르고 갈팡질팡하다. ☞허둥거리다

하동-지동 부 갑작스러운 일을 당하여 몹시 서두르는 모양을 나타내는 말. ☞허둥지둥

하동-하동 부 하동거리는 모양을 나타내는 말. ¶다급하여 ㅡ 하다. ☞허둥허둥

하:드디스크(hard disk) 명 단단한 금속 원반에 자기 물질을 얇게 입힌 보조 기억 장치. 보통 컴퓨터 내부에 고정되어 있으며, 플로피디스크에 비하여 기억 용량이 크고 처리 속도가 빠름. ☞플로피디스크

하드론(hardron) 명 강입자(強粒子)

하:드보:드(hardboard) 명 가구나 건축 등의 재료로 쓰이는 인공 판자. 펄프에 접착제를 섞어 높은 온도에서 압축하여 만듦.

하:드보일드(hard-boiled) 명 문학이나 영화 등에서, 정서(情緖) 표현을 억제하고 냉혹하고 비정하게 묘사하는 수법, 또는 그러한 작품을 이르는 말.

하:드에너지(hard energy) 명 환경을 오염시키는 에너지. 석탄, 석유, 핵 연료, 가스 따위.

하:드웨어(hardware) 명 컴퓨터시스템을 구성하는 중앙 처리 장치, 입출력 장치, 기억 장치, 기기(機器)를 통틀어 이르는 말. ☞소프트웨어(software)

하:드카피(hard copy) 명 종이나 필름 따위의 장시간 보존이 가능한 기록 매체에 출력되어 인쇄 또는 저장된 정보. ☞소프트카피(soft copy)

하:드커버(hard-cover) 명 단단하고 두꺼운 표지로 된 책.

하:드트레이닝(hard training) 명 강도 높은 연습 또는 훈련.

하:등(下等) 명 ①낮은 등급, 또는 품질이나 품성(品性)이 뒤떨어진 것. ☞상등(上等). 중등 ②같은 종류 가운데서 진화의 정도나 단계가 낮은 것. ¶ㅡ의 동물. ☞고등(高等)

하등(을) 맞다 관용 관원이 도목 정사(都目政事)에서 하등의 성적을 맞다. 〔이 등급을 맞으면 관직에서 쫓겨났음.〕 ☞중등(을) 맞다.

하:등(夏等) 명 ①사물의 등급을 춘하추동(春夏秋冬)의 넷으로 가른 것의 둘째 등급을 이르던 말. ②지난날, 세금을 봄·여름·가을·겨울로 나누어 낼 때 여름에 내는 세금을 이르던 말. ☞추등(秋等)

하등(何等) 명 ①'아무·아무런·조금도'의 뜻을 나타내는 말. 〔주로 '하등의'의 꼴로, '없다', '않다' 따위의 부정하는 용언과 함께 쓰임.〕 ¶나는 그 일에 ㅡ의 관심도 없다. ②〔부사처럼 쓰임〕 ¶그는 나와 ㅡ 상관없는 사람이다.

하:등=감:각(下等感覺) 명 미분화(未分化) 상태에 있어 고도화되지 못한 감각. 후각, 미각, 피부 감각, 운동 감각, 평형 감각 따위. ☞고등 감각

하:등-답(下等畓) 명 하답(下畓) ☞상등답(上等畓)

하:등=동:물(下等動物) 명 몸의 구조나 기능이 간단한 동물. 고등 동물에 상대하여 이르는 말임. ☞고등 동물

하:등=식물(下等植物) 명 진화 정도가 낮고 체제가 간단한 식물. 선태식물 따위. ☞고등 식물

하:등-전(下等田)명 고려·조선 시대, 토질에 따라 분류한 밭의 상·중·하의 세 등급 중에서 셋째 등급을 이르던 말. 하전(下田) ☞상등전(上等田). 중등전

하:-띠(下-)명 지난날, 연전(揀箭)띠내기에서 화살을 가장 적게 맞힌 띠를 이르던 말. 하대(下隊) ☞상띠

하:락(下落)명-하다자 물건의 값이나 등급(等級), 가치 따위가 떨어짐. ¶주가(株價)가 -하다./인기가 -하다. ☞등귀(騰貴). 상등(上騰). 상승(上昇)

하:락-세(下落勢)명 인기의 정도나 물가 등이 떨어지는 기세. ¶부동산 값이 -를 보이다. ☞상승세(上昇勢)

하:란(下欄)명 인쇄물 따위의 지면에서 아래의 난. ☞상란(上欄)

하:란(夏卵)명 물벼룩 따위의 암컷이 봄철에서 여름철에 걸쳐서 단위 생식(單爲生殖)으로 낳는 알.

하란(蝦卵)명 새우의 알.

하:래(下來)명-하다자 ①높은 곳에서 낮은 곳으로 내려옴. ②서울에서 시골로 옴. ☞하거(下去)

하:략(下略)명-하다자타 글을 쓸 때, 뒤에 이어지는 부분을 줄이는 일. ☞상략(上略). 중략(中略)

하:량(下諒)명-하다타 편지 글에서, 윗사람이 아랫사람의 마음을 헤아려 알아줌을 높이어 이르는 말.

하량(河梁)명 하천에 놓인 다리.

하량(荷量)명 짐의 분량.

하렘(harem)명 이슬람 국가에서 부인이 거처하는 방을 이르는 말. 가까운 친척 이외의 일반 남자들의 출입이 금지되었음.

하:려(下慮)명-하다타 하념(下念)

하:련(下輦)명-하다자 임금이 연(輦)에서 내림.

하:렴(下簾)명-하다자 발을 내림.

하:령(下令)명-하다타 ①명령을 내림. 하명(下命) ②조선 시대, 왕세자가 정사(政事)를 대신할 때, 영지(令旨)를 내리는 일을 이르던 말.

하령(遐齡)명-하다자 오래 삶. 장수(長壽). 하수(遐壽)

하:례(下隷)명 하인(下人)

하:례(賀禮)명-하다자 축하하여 예를 차림. 하의(賀儀)

한자 **하례할 하**(賀)〔貝部 5획〕¶경하(慶賀)/축하(祝賀)/하객(賀客)/하례(賀禮)/하사(賀詞)

하:로-교(下路橋)명 사람이 다니는 길이 다리의 들보 아래에 있는 형식의 다리. ☞상로교(上路橋)

하:로동:선(夏爐冬扇)성구 여름철의 화로와 겨울철의 부채라는 뜻으로, 철에 맞지 않는 물건, 또는 격에 어울리지 않는 물건을 비유하여 이르는 말. 동선하로

하롱-거리다(대다)자 야무지지 못하고 경망하게 굴다. ☞허롱거리다

하롱-하롱부 하롱거리는 모양을 나타내는 말.

하:료(下僚)명 ①아래 직위에 있는 동료. ②지위가 낮은 관리.

하루명 ①한 날. 자정(子正)에서 다음날 자정까지의 24시간 동안. ¶산장에서 -를 더 묵다. ②아침부터 저녁까지의 동안. ¶-의 일과를 마치다. ③막연히 '어느 날'의 뜻으로 이르는 말. ¶언제 - 날을 정해서 만나자. ④주로 '하루는'의 꼴로 쓰이어, '어느 날', '어느 한 날'의 뜻으로 이르는 말. ¶-는 음악회에서 우연히 그를 만났지. ⑤'하룻날'의 준말. ¶다음달 -가 내 생일이다.

하루가 멀다고관용 때를 가리지 않고 거의 날마다. ¶- 찾아와서 독촉이다.

속담 **하루 굶은 것은 몰라도 헐벗은 것은 안다**: 가난하여 끼니를 굶고 지내는 것은 남의 눈에 띄지 않으나 옷을 잘입지 못하고 있는 것은 곧 나타나는 것이어서, 옷차림이나마 남에게 가난하게 보이지 말라고 하는 말./**하루 물림이 열흘 간다**: 무슨 일이나 미루기 시작하면 자꾸 미루게 된다는 뜻으로, 일을 미루는 것을 경계하는 말.

하루-갈이명 일소가 하루 낮 동안에 갈 수 있는 논밭의 넓이.

하루-거리명 한방에서, 하루씩 걸러서 높은 신열(身熱)이 나는 학질(瘧疾)을 이르는 말. 간일학(間日瘧)

하루-바삐부 하루라도 바삐.

하루-빨리부 하루라도 빨리.

하루-살이명 ①하루살잇과의 곤충. 몸길이는 1.3~1.7 cm. 머리와 배는 황백색, 앞가슴은 황색인데 끝의 세 마디는 갈색임. 애벌레는 물 속에서 여러 해 동안 살다가 허물을 벗고 성충(成蟲)이 됨. 부유(蜉蝣) ②앞일을 헤아림이 없이, 그날그날 닥치는 대로 살아가는 사람, 또는 그런 생활을 비유하여 이르는 말. ③'생명의 짧음'이나 '덧없음'을 비유하여 이르는 말. ¶- 인생

하루-아침명 매우 짧은 동안. ¶화산 폭발로 -에 도시가 폐허로 변하다.

하루-치명 하루의 몫이나 분량. ¶-의 식량.

하루-하루부 하루가 지날 때마다. ¶- 적는 일기.
명 그날그날 ¶-를 열심히 살다.

×**하룻-강아지**명 →하릅강아지

하룻-길명 걸어서 하루에 갈 수 있는 거리. ¶그곳까지 -은 된다.

하룻-날명 한 달의 첫째 날. 본초하룻날 준하루

하룻-밤명 ①해가 지고 나서 다음날 아침까지의 동안. 한밤. 일야(一夜) ¶뜬눈으로 -을 새우다. ②어느 날 밤. ¶-, 그가 예고도 없이 찾아왔다.

속담 **하룻밤을 자도 만리장성을 쌓는다**: 짧은 동안 사귀어도 깊은 정을 맺을 수 있음을 이르는 말.

하:류(下流)명 ①강물 따위가 흘러내리는 아래쪽. ¶낙동강 - ②사회적 신분이나 지위, 생활 수준, 교양 등이 낮은 계층. ¶- 계급의 사람./- 생활 ☞상류(上流). 중류(中流)

하류(河流)명 강의 흐름. 강류(江流)

하:류=계급(下流階級)명 사회 구성원 중에 신분이나 생활 수준 등이 상대적으로 낮은 사람들로 이루어진 계급. ☞상류 계급. 중류 계급

하:류=사:회(下流社會)명 하류 계급의 사람들로 이루어진 사회. 하층 사회(下層社會) ☞상류 사회(上流社會)

하:류-층(下流層)명 하류 계급의 사람들로 이루어진 사회 계층.

하:륙(下陸)명-하다자타 ①배에서 육지로 내림. ②선박이나 항공기 등에서 실었던 짐을 육지에 부림.

하르르-하다형여 옷감 따위가 하늘하늘하고 보드랍다. ☞흐르르하다

하릅명 말이나 소, 개 따위의 한 살을 이르는 말. 한습 ☞두습. 이듭

하릅-강아지명 ①한 살 된 강아지. ②경험이 적어 세상 물정을 잘 모르는 사람을 얕잡아 이르는 말. ☞풋내기

속담 **하릅강아지 범 무서운 줄 모른다**: 철모르고 겁없이 덤빔을 비유하여 이르는 말.

하릅-망아지명 한 살 된 망아지.

속담 **하릅망아지 서울 다녀오듯**: 무엇을 보기는 보았으나 무엇을 보았는지, 어떻게 된 내용인지도 모르는 경우를 비유하여 이르는 말.

하리명 윗사람에게 남을 헐뜯어 일러바치는 일.

하:리(下吏)명 아전(衙前)

하:리(下里)명 아랫마을 ☞상리(上里)

하:리(下痢)명 이질(痢疾)

하리-놀다(-놀고·-노니)타 윗사람에게 남을 헐뜯어 일러바치다.

하리다[1]자 마음껏 사치하다.

하리다[2]형 ①의식이나 기억 따위가 또렷하지 않고 아렴풋하다. ②사물을 판단하는 힘이 분명하지 않다. ③일의 마무리가 똑똑하지 않다. ☞흐리다[2]

하리-들다(-들고·-드니)자 일이 되어가는 중간에 방해가 생기다.

하리망당-하다형여 ①기억 따위가 또렷하지 아니하고 아슴푸레하다. ¶기억이 -. ②정신이 아리아리하고 좀 흐릿하다. ¶판단력이 -. ③일의 마무리가 깔끔하거나 똑똑하지 아니하다. ¶뒤끝을 하리망당하게 마무르다. ☞흐리멍덩하다

하리망당-히부 하리망당하게 ☞흐리멍덩히

ㅎ

하리아드랫-날 명 지난날, 농가에서 음력 이월 초하룻날을 이르던 말. 이 날 한 해 농사일의 시작을 앞두고 머슴들을 위로하는 뜻에서 음식을 장만하여 대접하고 즐기게 했음.

하리-쟁이 명 윗사람에게 남을 헐뜯어 일러바치기를 일삼는 사람.

하리타분-하다 형여 ①하는 짓이 시원스럽지 못하고 답답하다. ②성질이 맺고 끊음이 없이 흐릿하다. ☞흐리터분하다

하리타분-히 부 하리타분하게 ☞흐리터분히

하:릴-없:다[-업-] 형 ①달리 어떻게 할 도리가 없다. ②조금도 틀림이 없다.

하릴-없이 부 하릴없게 ¶ - 손만 만지작거리고 있다.

하:림(下臨) 명 -하다 자 ①편지 글에서, 윗사람이 아랫사람에게 오는 일을 높이어 이르는 한문 투의 말. ②강림(降臨)

하:마(下馬) 명 -하다 자 말에서 내림. ☞상마(上馬)

하마(河馬) 명 하마과의 포유동물. 몸길이 4m 안팎, 어깨 높이 1.5m 안팎이며, 몸무게는 3～4.5톤에 이름. 머리가 크고 주둥이가 넓적하며, 네 다리는 굵고 짧음. 몸에는 털이 거의 없으며, 피부는 두꺼움. 아프리카의 대표적인 동물로서, 사하라 사막 이남의 강이나 호수, 늪에 무리지어 삶.

하:마-비(下馬碑) 명 조선 시대, 말을 탄 사람이 그 앞을 지날 때에는 누구든지 말에서 내리라는 뜻으로 '大小人員皆下馬'라 새기어 세운 푯돌을 이르던 말. 대궐 앞이나 종묘 앞 등에 세웠음.

하:마-석(下馬石) 명 노둣돌

하마터면 부 〔'-ㄹ 뻔 하다'와 함께 쓰이어〕 '자칫 잘못하였더라면'의 뜻으로, 어려움이나 낭패 따위에서 가까스로 벗어났을 때 쓰는 말. ¶ - 다칠뻔 하였다.

하:마-평(下馬評) 명 관직에 임명될 후보자에 관하여 사람들끼리 주고받는 평판, 또는 소문. ¶개각(改閣)을 앞두고 -이 무성하다.

하마-하마 부 ①어떤 기회가 자꾸 닥쳐옴을 나타내는 말. ②어떤 기회를 마음졸이며 기다리는 모양을 나타내는 말. ¶합격자 발표를 - 기다리다. ☞이제나저제나

하머-도법(Hammer圖法)[-뻡] 명 지도 투영법의 한 가지. 적도와 중앙 경선만 직선으로 교차하고, 그 밖의 경선과 위선은 타원의 호(弧)를 이룸. 방위는 조금 어긋나지만 면적이 정확히 표시되므로, 세계 전도를 만들 때 많이 쓰임. 1892년에 독일의 하머가 고안함.

하:면(下面) 명 아래쪽의 겉면. 아랫면 ☞상면(上面)

하:면(夏眠) 명 -하다 자 열대 지방 등에서, 일부 동물이 기온이 높고 건조한 시기에 활동을 멈추고 잠을 자는 상태로 있는 현상. 여름잠 ☞동면(冬眠)

하면목(何面目) '무슨 면목'의 뜻으로, '볼 낯이 없음'을 이르는 말. ¶ -으로 당신들 앞에 설 수 있겠소.

하:명(下命) 명 -하다 자타 ①명령을 내림. 하령(下令) ②윗사람이 내리는 명령을 높이어 이르는 말.

하:모(夏毛) 명 여름털 ☞동모(冬毛)

하모(何某) '아무'의 뜻으로 쓰는 한문 투의 말.

하:모늄(harmonium) 명 오르간의 한 가지. 연주자가 송풍 장치에 연결된 페달을 두 발로 밟아 발생하는 공기로 리드를 진동시켜서 연주함.

하:모니(harmony) 명 ①조화(調和) ②음악의 화성(和聲)을 이르는 말.

하:모니카(harmonica) 명 작은 리드 악기. 여러 칸으로 된 직사각형의 틀에 음계(音階)에 따른 혀를 배열한 것으로, 옆으로 나 있는 격자(格子) 모양의 구멍에 입을 대어 숨을 내쉬거나 들이쉬면서 연주함.

하:모닉스(harmonics) 명 ①물리학에서, 배음(倍音)을 이르는 말. ②음악에서, 현악기의 현에 특수한 기교를 써서 내는, 피리와 같은 음색의 배음을 이르는 말.

하:묘(下錨) 명 -하다 자 ①배가 닻을 내림. ②배가 닻을 내리고 항구에 머무름.

하무 명 지난날, 병사들이 떠들어 적에게 알려지는 것을 막으려고 병사들의 입에 물리던 가는 막대기.

하:문(下門) 명 '보지'를 달리 이르는 말. 소문(小門). 옥문(玉門). 음문(陰門). 음호(陰戶)

하:문(下問) 명 -하다 타 ①윗사람이 아랫사람에게 물음. ②윗사람이 묻는 물음을 높이어 이르는 말.

하물(何物) '무슨 물건', '어떤 물건', '어떤 것'의 뜻.

하물며 부 '더군다나'의 뜻으로 쓰는 접속 부사. 앞의 사실을 전제로 할 때, 뒤의 사실은 더 말할 나위가 없음을 나타내는 말. 하황(何況). 황차(況且) ¶어른도 하기 힘든 일인데, - 아이가 할 수 있으랴.

하물-하물 부 -하다 형 푹 익거나 곯거나 하여 물크러질듯이 무른 모양을 나타내는 말. ☞흐물흐물

하:미(下米) 명 품질이 좋지 않은 쌀. ☞상미. 중미

하:민(下民) 명 지난날, 사대부(士大夫)가 아닌 서민을 이르던 말.

하:박(下膊) 명 아래팔. 팔뚝 ☞상박(上膊)

하:박-골(下膊骨) 명 전완골(前腕骨) ☞상박골

하박국서(Habakkuk書) 명 구약성서의 한 편. 예언자 하박국의 저작으로 모두 3장으로 이루어졌는데, 1～2장은 예언이고 3장은 시가(詩歌)임.

하:박-근(下膊筋) 명 전완근(前腕筋) ☞상박근

하:-박석(下薄石) 명 비(碑)나 탑 따위의 맨 아래에 까는 넓적하고 얇은 돌.

하박하박-하다 형여 끈기 없이 무르고 물기가 적어 포삭포삭하다. ☞허벅허벅하다

하:반(下半) 명 하나를 위아래 절반으로 가른 것의 아래쪽 부분. ☞상반(上半)

하:반(下盤) 명 광맥(鑛脈)이나 탄층의 아래쪽에 있는 암반(岩盤). ☞상반(上盤)

하반(河畔) 명 강가. 강변(江邊)

하:-반:기(下半期) 명 한 해를 두 기간으로 가른, 그 나중의 절반 기간. ¶ -의 사업 계획. ☞상반기

하:-반:부(下半部) 명 물체를 위아래 둘로 가른 것의 아래쪽 절반 부분. ☞상반부

하:-반:신(下半身) 명 사람의 몸의 허리 아래 부분. 아랫도리. 아랫몸. 하체(下體) ☞상반신

하:방(下方) 명 아래쪽 ☞상방(上方)

하:방(下枋) 명 '하인방(下引枋)'의 준말.

하방(遐方) 명 지난날, 서울에서 멀리 떨어진 고장을 이르던 말. 하토(遐土). 하향(遐鄕)

하:방=침식(下方浸蝕) 명 흐르는 강물이 강바닥을 침식하는 작용. 강바닥이 차츰차츰 낮아져 감. ☞측방 침식(側方浸蝕)

하:배(下輩) 명 '하인배(下人輩)'의 준말.

하백(河伯) 명 ①중국 고대 신화에 나오는 물의 신. ②고구려의 시조(始祖)인 동명왕(東明王)의 외할아버지. 전설 속의 인물임. ☞수신(水神)

하:번(下番) 명 ①순번이 아래인 것, 또는 순번이 아래인 사람. ②숙직(宿直)이나 일직(日直) 근무를 마친 번(番), 또는 그 사람. 난번 ③조선 시대, 군인이 번(番)을 든 임무를 마치고 영문(營門)에서 나오는 일을 이르던 말. ☞상번(上番)

하변(河邊) 명 하천의 가.

하:복(下腹) 명 아랫배

하:복(夏服) 명 여름옷 ☞동복(冬服). 춘추복(春秋服)

하:복-부(下腹部) 명 사람이나 척추동물의 아랫배 부분. ☞소복(小腹)

하:부(下府) 명 하사(下司) ☞상부(上府)

하:부(下部) 명 ①물체의 아래쪽 부분. ¶교각(橋脚)의 - 구조. ②조직 등의 아래 기관. ¶ - 조직 ☞상부

하:부=구조(下部構造) 명 ①구조물 등의 아래 부분의 구조. ¶교량의 -. ②유물사관(唯物史觀)에서, 일정한 발전 단계에 있는 사회 구성의 기초가 되는 여러 생산 관계의 총체를 이르는 말. 정치·법률·도덕·예술 등을 상부 구조라 이르는 데 대하여 그것들의 바탕이 되는 경제 구조를 이름. 하층 구조 ☞상부 구조(上部構造)

하분하분-하다 형여 물기가 적으면서 부드럽고 무르다.

ㅎ

¶하분하분한 쑥버무리. ☞허분허분하다
하:비(下婢)명 하녀(下女)
하비다타 ①끝이 날카로운 것으로 살살 긁거나 갉아 파다. ¶손톱으로 —. ②남의 결점을 좀스럽게 들추거나 들추어 헐뜯다. ☞허비다. 호비다
하비작-거리다(대다)타 자꾸 하비다. ☞허비적거리다. 호비작거리다
하비작-하비작부 하비작거리는 모양을 나타내는 말. ☞허비적허비적. 호비작호비작
하뿔싸감 미처 생각하지 못한 일이나, 일이 잘못되었음을 매우 뉘우치면서 하는 말. ☞아뿔싸. 허뿔싸
하:사(下士)명 군대 계급의 하나. 부사관급(副士官級)으로 중사의 아래, 병장의 위.
하:사(下司)명 하부(下府) ☞상사(上司)
하:사(下賜)명-하다타 왕이 신하에게, 또는 윗사람이 아랫사람에게 금품(金品)을 줌.
하사(何事) '무슨 일', '어떠한 일'의 뜻.
하:사(賀詞)명 축하하는 말이나 글. 축사(祝辭)
하:사-관(下士官)명 군대의 직위에서, '부사관(副士官)'의 이전 명칭.
하:사-금(下賜金)명 하사하는 돈.
하:사-품(下賜品)명 하사하는 물품.
하:산(下山)명-하다자타 ①산에서 내려가거나 내려옴. 낙산(落山) ☞등산(登山). 입산(入山) ②나무나 물건 등을 산에서 날라 내려가거나 내려옴.
하:-삼도(下三道)명 조선 시대, 경기(京畿) 아래 지방인 충청도·경상도·전라도의 세 도를 아울러 이르던 말. 하도(下道) ☞삼남(三南). 상사도(上四道)
하:-삼삭(夏三朔)명 여름의 석 달, 곧 음력 사월·오월·유월을 아울러 이르는 말. ☞동삼삭(冬三朔)
하:상(下殤)명-하다자 삼상(三殤)의 하나. 여덟 살에서 열한 살의 어린 나이로 죽음, 또는 그 사람. ☞상상(上殤). 중상(中殤)
하:상(下霜)명 첫서리가 내림.
하상(河床)명 하천의 바닥. 강바닥
하상(何嘗)부 의문문이나 부정하는 말의 앞에 쓰이어, '따지고 보면', '도대체'의 뜻을 나타내는 말. ¶당신이 — 무엇이기에 남의 일에 참견이시오.
하:-상:갑(夏上甲)명 입하(立夏) 뒤에 처음으로 드는 갑자일(甲子日). 이 날 비가 내리면, 그 해에 큰 장마가 진다고 함.
하:생(下生)대 ①웃어른에 대하여 자기를 낮추어 일컫는 말. ②지난날, 정일품의 관원끼리 서로 자기를 낮추어 일컫던 말.
하:서(下書)명 웃어른이 보낸 편지를 아랫사람이 높이어 이르는 한문 투의 말. ☞상서(上書)
하:석상:대(下石上臺)성구 '아랫돌 빼서 윗돌 괴기'라는 말을 한문식으로 옮긴 구(句)로, 임시 변통으로 이리저리 둘러맞추어서 겨우 유지하여 간다는 뜻.
하:선(下船)명-하다자 배에 타고 있던 선원(船員)이나 승객이 배에서 내림. ☞상선(上船). 승선(乘船)
하선(荷船)명 짐을 실어 나르는 배. 짐배
하:선동:력(夏扇冬曆)성구 여름의 부채와 겨울의 책력이라는 뜻으로, 선물이 철에 맞음을 이르는 말. ☞동선하로
속담 **하선동력(夏扇冬曆)으로 시골에서 생색 낸다** : 별로 값지지 아니한 물건을 선사하면서 생색을 내는 경우를 이르는 말.
하:성(下誠)명 편지 글에서, 웃어른에 대하여 자기의 정성을 낮추어 이르는 한문 투의 말.
하:세(下世)명-하다자 기세(棄世) ☞별세(別世)
하소명-하다타 '하소연'의 준말.
하소(煆燒)명-하다타 어떤 물질을 공기 중에서 태워 그 물질 속에 들어 있는 수분이나 황, 비소 따위의 휘발 성분을 없애고 재로 만드는 일.
하소연명-하다타 억울하고 딱한 사정을 털어놓고 말하거나 간곡히 호소하는 일. ¶딱한 처지를 —하다. 준하소

ㅎ

하:속(下屬)명 하인배(下人輩)
하:속-음(下屬音)명 음악의 '버금딸림음'을 이르는 말.
하:솔(下率)명 하인배(下人輩)
하:송(下送)명-하다타 편지 글에서, 윗사람이 자기에게 물품이나 편지를 보내어 준 일을 높이어 이르는 한문 투의 말. ¶—하신 글월과 꿀은 잘 받자왔습니다.
하:수(下水)명 가정이나 공장 등에서 쓰고 버리는 더러운 물. ☞상수(上水)
하:수(下手)[1]명 바둑이나 장기 따위에서, 수가 아래인 것, 또는 그러한 사람. ☞상수(上手)
하:수(下手)[2]명-하다자타 ①착수(着手) ②손을 대어 직접 사람을 죽임.
하:수(下壽)명 나이 '예순 살'을 이르는 말. 이순(耳順) ☞상수(上壽). 중수(中壽)
하수(河水)명 하천의 물.
하:수(賀壽)명-하다자 장수(長壽)를 축하함.
하수(遐壽)명-하다자 오래 삶. 장수(長壽). 하령(遐齡)
하:수=가스(下水gas)명 하수가 분해되면서 생긴 가스와 섞여 더러워진 하수도 안의 공기.
하:수-관(下水管)명 수채통. 하수통
하:수-구(下水溝)명 하수가 흘러가도록 만든 도랑.
하:수-도(下水道)명 하수가 흘러가도록 만든 도랑이나 설비. ☞상수도(上水道)
하수오(何首烏)명 한방에서, 박주가리의 뿌리를 약재로 이르는 말. 새박뿌리
하:수-인(下手人)명 ①손을 대어 직접 사람을 죽인 사람. ②남의 밑에서 졸개 노릇을 하는 사람. 하수자
하:수-자(下手者)명 하수인(下手人)
하:수=처:리(下水處理)명 하수(下水)를 인공적으로 정화(淨化)하는 일.
하:수-통(下水筩)명 수채통. 하수관
하:숙(下宿)명-하다자 남의 집의 방을 빌려 방세와 끼니값을 치르면서 머물러 삶, 또는 그 집.
하:숙-방(下宿房)명 하숙하는 방.
하:숙-비(下宿費)명 하숙하는 대가로 내는 돈.
하:숙-생(下宿生)명 하숙하는 학생.
하:숙-인(下宿人)명 하숙하는 사람.
하:숙-집(下宿—)명 ①하숙하는 집. ②하숙시키는 일을 영업으로 하는 집.
하:숙-촌(下宿村)명 하숙집이 많이 몰려 있는 동네.
하:순(下旬)명 한 달 가운데서 스무하룻날부터 그믐날까지의 동안. 하완(下浣). 하한(下澣) ☞상순(上旬)
하:순(下脣)명 아랫입술 ☞상순(上脣)
하:순(下詢)명-하다타 임금이 신하나 백성에게 물음. 순문(詢問). 자순(諮詢)
하스-돔(has—)명 하스돔과의 바닷물고기. 몸은 좌우가 납작한데, 길이는 35cm 안팎임. 몸빛은 등 쪽이 엷은 잿빛이고 배는 흼. 입은 아래쪽에 있고, 몸 옆에 검은 반점이 있음. 우리 나라 남해와 일본 남부의 연해 등지에 분포함.
하:습(下習)명 하인들이나 신분이 낮은 사람들의 풍습(風習).
하:습(下濕)어기 '하습(下濕)하다'의 어기(語基).
하:습-하다(下濕—)형여 땅이 낮고 습기가 많다.
하:시(下視)명-하다타 ①내려다봄. ②남을 낮잡아 봄.
하시(何時) '언제', '어느 때'의 뜻. ¶—라도 찾아오게.
하식(河蝕)명 강물이 땅을 침식하는 일.
하식-애(河蝕崖)명 하식 작용으로 생긴 언덕.
하:식-일(下食日)명 음양가에서, 천구성(天狗星)이 인간 세상에 내려와서 먹이를 구한다는 날. 이 날 머리를 감으면 머리카락이 빠진다고 함.
하신(河身)명 강의 본줄기가 흐르는 부분.
하심(河心)명 강의 한가운데. 강심(江心)
하:아(夏芽)명 여름눈
하:악(下顎)명 아래턱 ☞상악(上顎)
하:악-골(下顎骨)명 아래턱뼈 ☞상악골(上顎骨)

하안(河岸)명 강기슭. 강안(江岸)
하:-안거(夏安居)명-하다자 불교에서, 중들이 해마다 음력 사월 보름날부터 칠월 보름날까지 일정한 곳에 모여 수행하는 일. 하좌(夏坐). 하행(夏行) ☞결제(結制). 동안거(冬安居). 안거(安居). 해제(解制)
하안=단구(河岸段丘)명 물줄기를 따라 강기슭에 생긴 층계 모양의 지형. 물의 침식 작용이나 지반 운동 따위로 이루어짐. ☞해안 단구(海岸段丘)
하:야(下野)명-하다자 시골로 내려간다는 뜻으로, 관직에서 물러남을 이르는 말.
하야-말갛다(―말갛고·―말간)형ㅎ 살빛이 탐스럽게 희고 말갛다. ¶하야말간 얼굴에 초롱초롱한 눈동자. ☞해말갛다. 허여멀겋다
하야-말쑥하다형여 살빛이 하얗고 생김새가 말쑥하다. ☞해말쑥하다. 허여멀쑥하다.
하야말쑥-히부 하야말쑥하게
하양명 ①우리 나라 기본색 이름의 하나. 눈[雪]과 같이 하얀 빛깔. ☞무채색(無彩色). 회색(灰色) ②하얀 물감.
하:얗다(하얗고·하얀)형ㅎ ①새뜻하게 희다. ¶하얀 치아./얼굴이 하얗게 질리다. ☞새하얗다. 허옇다 ②'하얗게'의 꼴로 쓰이어, '뜬눈으로', '꼬박'의 뜻을 나타냄. ¶걱정으로 밤을 하얗게 지새우다.
하:얘-지다자 빛깔이 하얗게 되다. ☞허예지다
하여가(何如歌)명 고려 후기에 이방원(李芳遠)이 지은 시조. 정몽주(鄭夢周)의 마음을 떠보고 회유(懷柔)하기 위해 읊은 것이라고 함. ☞단심가(丹心歌)
하여-간(何如間)부 하여튼 ¶될지 안 될지 모르지만 ― 시작이나 해 보세.
하여금부 체언에 조사 '-로', '-으로'가 붙은 말에 이어 쓰이어, '시키어', '하게 하여'의 뜻을 나타내는 말. ¶젊은이들로 ― 올바른 길로 나아가게 이끌다.
하여-튼(何如―)부 어쨌든. 하여간. 하여튼지 ¶― 얘기나 한번 꺼내 보자.
하여-튼지(何如―)부 하여튼
하역(荷役)명 배나 기차 따위에 짐을 싣고 부리는 일. ¶부두에서는 ― 작업이 한창이다.
하역-부(荷役夫)명 하역을 하는 인부.
하:연(下椽)명 들연 ☞상연(上椽). 중연(中椽)
하:연(賀宴)명 축하하는 잔치. 하연(賀筵)
하:연(賀筵)명 축하하는 잔치. 하연(賀宴)
하:열(下劣)어기 '하열(下劣)하다'의 어기(語基).
하:열-하다(下劣―)형여 인품이나 행동이 천하고 비열(卑劣)하다.
하염-없:다[―업―]형 ①이렇다 할만 한 아무 생각이 없이 멍하다. ¶하염없는 시선으로 아내의 뒷모습만 바라보다. ②공허하여 그침이 없다. ¶하염없는 그리움.
하염-없이부 하염없게 ¶― 흐르는 눈물.
하염직-하다형여 할만 하다. 할 가치가 있다. ¶자연 보호는 인간으로서 하염직한 일이다.
하엽(荷葉)명 연잎
×하엿든부 →하여튼
하:오(下午)명 오후(午後) ☞상오(上午)
하:옥(下獄)명-하다타 죄인을 감옥에 가둠.
하와(Hawwāh 그)명 이브(Eve)
하와이안기타:(Hawaiian guitar)명 스틸 기타의 한 가지. 하와이 음악의 중심 악기로 경음악에 많이 쓰임. ☞우쿨렐레(ukulele)
하:완(下浣)명 하순(下旬)
하:우(下愚)명 매우 어리석고 못난 사람. ☞상지(上智)
하:우(夏雨)명 여름비
하:우불이(下愚不移)성구 매우 어리석고 못난 사람의 기질은 바뀌지 않는다는 뜻으로, 본바탕이 워낙 못난 사람은 변함이 없음을 이르는 말.
하우스-병(house病)명 비닐하우스 안에서 일하는 사람들이 흔히 걸리는 병. 일사병과 비슷한 증세를 보임.
하우스=재:배(house栽培)명 비닐하우스에서 채소나 화초 따위를 심어 가꾸는 일.
하:운(夏雲)명 여름철의 구름.
하:원(下元)명 삼원(三元)의 하나. 음력 시월 보름날. ☞상원(上元). 중원(中元)
하:원(下院)명 양원제(兩院制) 의회의 하나. 국민이 직접 뽑은 의원으로 이루어짐. ☞상원(上院)
하원(河源)명 하천의 수원(水源). ☞하구(河口)
하위명-하다자 '화해(和解)'를 속되게 이르는 말.
하:위(下位)명 낮은 위치나 지위. ¶성적이 ―에 머물다./― 그룹 ☞상위(上位). 중위(中位)
하:위=개:념(下位概念)명 논리학에서, 다른 개념보다 작은 외연(外延)을 가진 개념. 저급 개념 ☞상위 개념
하:위-권(下位圈)[―꿘]명 낮은 위치나 지위에 딸리는 범위. ☞상위권(上位圈). 중위권(中位圈)
하:유(下諭)명 지난날, 지방 관원에게 상경(上京)하라고 내리던 왕명(王命).
하:육처자(下育妻子)성구 아내와 자식을 거느리어 먹여 살림을 이르는 말. ☞앙사부모(仰事父母)
하:-읍례(下揖禮)명 읍례(揖禮)의 한 가지. 어른이 아랫사람의 읍례에 답할 때 하는 예법. 읍을 한 뒤에 공수(拱手)한 손을 가슴 높이로 올렸다가 본디 자리로 내림. ☞상읍례(上揖禮). 중읍례(中揖禮)
하:의(下衣)명 아래옷 ☞상의(上衣)
하:의(下意)명 ①아랫사람의 뜻. ②국민의 뜻. ☞상의(上意)
하:의(夏衣)명 여름옷
하:의(賀意)명 축하하는 뜻.
하:의(賀儀)명-하다자 축하하여 예를 차림. 하례(賀禮)
하:의-상:달(下意上達)명 아랫사람의 뜻을 윗사람에게 전달함을 이르는 말. ☞상의하달(上意下達)
하이넥(∠high necked collar)명 목까지 높이 올라온, 뒤집어 꺾지 않은 양복 깃, 또는 그런 옷.
하이다이빙(high diving)명 다이빙 경기의 하나. 높이 5m, 7.5m, 10m의 다이빙보드에서 물 위로 뛰어내릴 때의 자세와 정확도 따위로 우열을 겨룸.
하이델베르크-인(Heidellberg人)명 1907년 독일의 하이델베르크 근처에서 아래턱뼈가 발견된 화석 인류(化石人類). 유일한 원인(原人)으로 분류되어 있음.
하이드로미터(hydrometer)명 비중계(比重計)
하이라이트(highlight)명 ①그림이나 사진 따위에서 광선을 가장 많이 받아 가장 밝게 보이는 부분. ②방송이나 연극, 스포츠 따위에서 가장 두드러지거나 흥미 있는 장면. ¶축구 경기의 ―.
하이볼:(highball)명 위스키 따위에 소다수나 물을 타고 얼음을 띄운 음료.
×하이얗다형 →하얗다
하이에나(hyena)명 하이에나과의 포유동물을 통틀어 이르는 말. 몸통은 개와 비슷하나 계통적으로는 사향고양이에 가까움. 몸길이는 70cm 안팎임. 앞다리가 뒷다리보다 길고, 어깨에 갈기털이 있음. 야행성으로 죽은 짐승의 고기를 먹음. 얼룩점이 있는 것, 줄무늬가 있는 것, 갈색 털을 가진 것의 세 종류가 있음.
하이웨이(highway)명 자동차만 다닐 수 있는 고속 도로. ☞간선 도로(幹線道路)
하이재킹(hijacking)명 운항 중인 항공기나 배 따위를 납치하거나 강탈하는 행위.
하이클래스(high class)명 신분이나 품위, 품질 따위가 높거나 우수한 등급에 딸리는 것.
하이킹(hiking)명-하다자 몸과 마음의 단련 따위를 위해 산이나 들, 바닷가 같은 곳을 걸어서 여행하는 일.
하이테크(high tech)명 고도로 발달한 과학 기술.
하이틴:(highteen)명 십대(十代)의 후반, 또는 그 나이의 사람. 흔히 17～19세를 이름. ☞로틴(lowteen)
하이파이(hi-fi)명 오디오 기기에서 재생되는 음이 원음에 가까운 것, 또는 원음에 가깝게 재생하는 장치. [high fidelity]
하이패션(high fashion)명 최첨단 유행.
하이퍼미:디어(hypermedia)명 컴퓨터를 중심으로 하여

문자·화상(畫像)·음성 등의 여러 가지 정보를 통합적으로 제시하는 정보 수단. ☞하이퍼텍스트
하이퍼텍스트(hypertext)명 정보를 특정한 키워드로 연결시켜 네트워크 상태로 구성·관리하여 정보를 제공하는 방법. 이용자가 키워드로 그에 관련된 정보를 검색할 수 있음. ☞하이퍼미디어
하이퍼텍스트=생성=언어(hypertext生成言語)명 월드와이드웹(WWW)에서 홈페이지를 만드는 데 쓰이는 프로그래밍 언어의 한 가지. 글자 크기, 글자 색, 글자 모양, 그래픽, 하이퍼링크 등을 정의하는 명령어임. 에이치티엠엘(HTML)
하이포(hypo)명 '티오황산나트륨'을 흔히 이르는 말.
하이픈(hyphen)명 붙임표
하이힐:(∠high-heeled shoes)명 굽이 높은 여자용 구두. ☞로힐
하:인(下人)명 사내종과 계집종을 통틀어 이르는 말.
하인(何人) '누구', '어떠한 사람'의 뜻.
하:-인방(下引枋)명 인방 가운데 땅바닥 가까이 나직하게 가로지르는 나무. 아랫중방. 지방(地枋) 준 하방(下枋) ☞상인방(上引枋)
하:인-배(下人輩)명 하인의 무리. 하속(下屬). 하솔(下率) 준 하배(下輩)
하:인-청(下人廳)명 지난날, 양반의 집에서 하인들이 거처하던 방.
하일(何日) '어느 날', '무슨 날'의 뜻.
하:일(夏日)명 여름날 ☞추일(秋日)
하자(何者) '어떤 사람', '어떤 것'의 뜻.
하자(瑕疵)명 ①흠[1] ¶아무런 -가 없다./- 보수 ②법률 또는 당사자가 예기한 상태나 조건 따위가 결여되어 있는 일. ¶- 있는 의사 표시.
하자=담보(瑕疵擔保)명 매매 계약에서, 목적물에 숨은 흠이 있을 때 파는 사람이 지는 담보 책임을 이르는 말.
하작-거리다(대다)타 ①쌓인 물건을 요리조리 들추어 헤치다. ②일에 싫증이 나서 요리조리 헤치기만 하다. 하작이다 ☞허적거리다
하작-이다타 하작거리다 ☞허적이다
하작-하작부 하작거리는 모양을 나타내는 말. ☞허적허적
하잘것-없:다[-걷업-]형 시시하다. 대수롭지 않다. ¶하잘것없는 일로 밤잠을 설치다. ☞보잘것없다
하잘것-없이부 하잘것없게
하:잠(夏蠶)명 여름에 치는 누에. ☞추잠(秋蠶). 춘잠
하:장(下裝)명 가마나 상여 따위의 아래 부분.
하:장(賀狀)명 경사를 축하하는 편지.
하:장(賀章)명 경사를 축하하는 시나 글.
하:저(下箸)명-하다자 젓가락을 댄다는 뜻으로, 음식을 먹음을 한문 투로 이르는 말.
하저(河底)명 하천의 밑바닥. 강바닥
하적-호(河跡湖)명 구부러져 흐르던 강의 일부가 침식 작용으로 본디의 물줄기에서 떨어져 생긴 호수. 대개 길쭉하고 구부러진 모양임.
하:전(下田)명 ①땅이 메말라 농작물을 많이 수확할 수 없는 밭. ②하등전(下等田) ☞상전(上田)
하:전(下典)명 ①하님 ②아전(衙前)
하:전(廈氈)명 ①지난날, 임금이 거처하는 곳을 이르던 말. ②경연청(經筵廳)
하전-하다형여 ①마음을 주거나 기대던 것을 잃은 때와 같이 좀 서운한 느낌이 있다. ②있던 것이 없어져서 뭔가 좀 빠뜨린듯 한 느낌이 있다. ☞허전하다
하전하전-하다형여 ①다리에 힘이 없어서 쓰러질듯 한 느낌이 있다. ②매우 하전하다. ☞허전허전하다
하:절(夏節)명 여름철. 하계(夏季) ☞추절(秋節)
하:정(下丁)명 음력으로 다달이 하순에 드는 정(丁)의 날. 흔히, 연제사(練祭祀)나 담제(禫祭) 따위를 이 날에 지냄. ☞상정(上丁)
하:정(下情)명 ①윗사람 앞에서 자기의 심정을 낮추어 이르는 말. 하회(下懷) ②아랫사람의 처지.
하:정(賀正)명 새해를 축하하는 일.
하:정-배(下庭拜)명 지난날, 신분이 낮은 사람이 신분이 높은 사람을 만나볼 때 뜰에서 절하던 일, 또는 그 절. ☞청상배(廳上拜)
하:제(下第)명-하다자 과거(科擧)에 떨어짐. ☞급제(及第). 상제(上第)
하:제(下劑)명 배변(排便)을 촉진하는 약. 사약(瀉藥). 사제(瀉劑) ☞지사제(止瀉劑)
하제(河堤)명 하천에 쌓은 둑.
하:종(下從)명-하다자 아내가 죽은 남편의 뒤를 따라 스스로 목숨을 끊음.
하:-종가(下終價)[-까]명 하한가(下限價)
하:좌(下座)명 아랫자리 ☞상좌(上座)
하:좌(夏坐)명 하안거(夏安居)
하중(荷重)명 ①짐의 무게. ②구조물 따위에 미치는 외력(外力), 또는 무게.
하:지(下地)명 하계(下界)
하:지(下肢)명 사람의 다리, 또는 네발짐승의 뒷다리. ☞상지(上肢)
하:지(夏至)명 이십사 절기(二十四節氣)의 하나. 망종(芒種)과 소서(小暑) 사이의 절기로, 양력 6월 22일께. 북반구에서는 낮이 가장 긴 날. ☞동지(冬至)
하:지-골(下肢骨)명 하지를 이루고 있는 뼈를 통틀어 이르는 말. 대퇴골(大腿骨)·비골(髀骨)·경골(脛骨)·슬개골(膝蓋骨) 등으로 구분됨. ☞상지골(上肢骨)
하:지-근(下肢筋)명 하지를 이루는 근육을 통틀어 이르는 말. 관부근(臗部筋)·대퇴근(大腿筋)·하퇴근(下腿筋)·족근(足筋)으로 구분됨. ☞상지근(上肢筋)
하:지-대(下肢帶)명 넓적다리뼈와 몸통뼈를 잇는 뼈대. 좌우 한 쌍의 치골(恥骨)과 좌골(坐骨), 장골(腸骨)로 이루어져 있음. ☞상지대(上肢帶)
하지만부 그러나. 그렇지만 〔앞의 말을 일단 시인한 뒤에 부정이나 반대의 뜻으로 쓰는 접속 부사.〕 ¶너의 말에도 일리는 있어. - 상대편의 주장에도 귀기울일 필요가 있잖아.
하:지-목(下地木)명 품질이 가장 낮은 무명.
하:지-상(下之上)명 상·중·하의 세 층 중에서 하의 상을 이르는 말. ☞하지중(下之中). 하지하(下之下)
하:지-선(夏至線)명 '북회귀선(北回歸線)'을 달리 이르는 말.
하:지-점(夏至點)[-쩜]명 적도에서 북반구(北半球) 쪽으로 가장 먼 점. 황도(黃道) 위의 춘분점에서 동쪽으로 90° 떨어져 있고, 태양이 이 점을 지날 때에 하지가 됨. ☞동지점(冬至點)
하:지-중(下之中)명 상·중·하의 세 층 중에서 하의 중을 이르는 말. ☞하지상(下之上). 하지하(下之下)
하:지-하(下之下)명 상·중·하의 세 층 중에서 하의 하를 이르는 말. ☞하지상(下之上). 하지중(下之中)
하:직(下直)명-하다자타 ①먼 길을 떠날 때 웃어른에게 작별을 아뢰는 일. ¶스승님께 - 인사를 올리다. ②지난날, 서울을 떠나 임지(任地)로 향하는 관원이 임금에게 작별을 아뢰던 일. 숙배(肅拜) ③사람이 세상을 떠나는 일을 에둘러 이르는 말. ¶세상을 -하다.
하:질(下秩)[-찔]명 핫길 ☞상질(上秩). 중질(中秩)
하:짓-날(夏至-)명 하지가 되는 날.
하:차(下車)명-하다자타 ①승객이 기차나 자동차 따위에서 내림. ☞승차(乘車) ②차에 실려 있는 짐을 내림. ☞상차(上車)
하차묵지-않다형 ①품질이 다소 좋다. ②성질이 좀 착하다.
하찮다형 ①별로 훌륭하지 않다. ¶하찮은 기술로 큰돈을 벌어들이다. ②대수롭지 않다. ¶하찮은 문제로 고민하다./남의 성의를 하찮게 여기지 말게. 본 하치않다
하:책(下策)명 가장 좋지 않은 계책. 졸렬한 계책. 하계(下計) ☞상책
하:처(下處)명 '사처'의 원말.
하처(何處) '어디', '어느 곳'의 뜻.
하:처-방(下處房)[-빵]명 '사첫방'의 원말.

ㅎ

하:천(下賤)명 ①'하천인(下賤人)'의 준말. ②-하다형 신분이 낮고 천함.
하천(河川)명 강과 시내를 아울러 이르는 말.
하천=부지(河川敷地)명 하천과 그에 딸린 여러 시설물인 댐·하구언·제방 등이 차지하는 땅.
하:천-인(下賤人)명 신분이 낮은 사람. 준하천(下賤)
하:첨(下籤)명 민속에서, 신묘(神廟) 같은 데서 산가지를 뽑아 길흉을 점칠 때 점괘가 흉한 산가지. ☞상첨. 중첨
하:첩(下帖)명-하다자 하체(下帖)
하:청(下請)명-하다타 하도급(下都給)
하:청(下廳)명 지난날, 윗사람을 섬기고 있는 사람이 따로 머무는 곳을 이르던 말. 아래청 ☞상청(上廳)
하:-청부(下請負)명-하다타 하도급(下都給)
하:청-인(下請人)명 하도급자(下都給者)
하청-치다자 절에서, 재(齋)가 끝난 뒤에 여흥(餘興)을 벌이다.
하:체(下帖)명-하다자 지난날, 고을을 수령이 향교의 유생들에게 체문(帖文)을 내리던 일. 하첩(下帖)
하:체(下體)명 ①몸의 허리 아래의 부분. 아랫도리. 아랫몸. 하반신 ☞상체(上體) ②남녀의 음부(陰部)를 달리 이르는 말.
하:초(下焦)명 한방에서 이르는 삼초(三焦)의 하나. 신·방광 등을 중심으로 하는 하복부로, 몸의 노폐물 배설을 다스리는 곳이라 함. ☞상초. 중초
하:초-열(下焦熱)명 한방에서, 하초에 열이 생겨 소변에 피가 섞여 나오거나 변비가 생기는 증세. ☞상초열
하:측(下側)명 아래쪽 ☞상측(上側)
하:층(下層)명 ①아래층 ¶건물의 -. ②계급·신분·지위 따위가 낮은 계층. ¶- 사회 ☞상층(上層)
하:층=계급(下層階級)명 사회적 신분과 생활 수준이 낮은 계층, 또는 그런 계층의 사람들. ☞상층 계급
하:층=구조(下層構造)명 하부 구조
하:층=사:회(下層社會)명 하류 사회 ☞상층 사회
하:층-운(下層雲)명 대류권의 하층에 생기는 구름. 온대 지방에서는 지표(地表)로부터 높이 2km 이하에 생김. 층적운(層積雲)·적운(積雲) 따위. ☞상층운. 중층운
하:-치(下-)명 같은 종류의 물건 중에서 가장 품질이 낮은 것. 하품(下品) ☞상치. 중치
하:치(下齒)명 아랫니 ☞상치(上齒)
하치-않다형 '하찮다'의 본딧말.
하:-치은(下齒齦)명 아랫잇몸 ☞상치은(上齒齦)
하치-장(荷置場)명 ①쓰레기 따위를 거두어 두는 곳. ②실었던 짐 따위를 내려놓는 곳.
하:침(下沈)명-하다자 밑으로 가라앉음.
하:침(下鍼)명-하다자 침을 놓음.
하:켄(Haken 독)명 등산 용구의 한 가지. 바위 틈 같은 곳에 박아 카라비너(Karabiner)를 거는 쇠못. 마우어하켄(Mauerhaken)
하키(hockey)명 ①필드하키 ②아이스하키
하:탁(下託)명-하다타 편지 글에서, 윗사람이 아랫사람에게 하는 부탁을 아랫사람이 높여 이르는 한문 투의 말.
하:탑(下榻)명-하다타 손을 맞아 극진하게 대접함.
하:탕(下湯)명 온천에서 물의 온도가 가장 낮은 탕. ☞상탕(上湯). 중탕(中湯)
하:토(下土)명 ①농사짓기에 썩 좋지 않은 땅. ☞상토. 중토 ②상천(上天)에 상대하여, 땅을 이르는 말. 하계
하토(遐土)명 하방(遐方)
하:퇴(下腿)명 종아리 ☞상퇴(上腿)
하:퇴-골(下腿骨)명 정강이뼈와 종아리뼈를 통틀어 이르는 말.
하:트(heart)명 ①심장 ②마음. 애정(愛情) ③트럼프 패의 하나. 붉은 빛깔로 심장 모양을 그린 패.
하:파(夏播)명 여름에 씨를 뿌리는 일. ¶- 작물
하:-판(下-)명 마지막 판. ☞상판
하:판(下版)[1]명 절의 큰방의 아랫목. ☞상판
하:판(下版)[2]명-하다자 인쇄에서, 교료(校了)된 조판을 다음 공정인 제판(製版)이나 인쇄로 넘기는 일.
하:편(下篇)명 세 편 또는 두 편으로 이루어진 책의 마지막 편. ☞상편. 중편
하:평(下平)명 '하평성(下平聲)'의 준말. ☞상평(上平)
하:-평성(下平聲)명 한자(漢字)의 사성(四聲)의 하나인 평성(平聲) 중의 하나. 처음이 낮다가 약간 높아져서 지속되며, 음의 길이가 상평성보다 김. 서른 운(韻)을 상하로 가른 아래의 열다섯 운이 이에 딸림. 준하평(下平) ☞상평성(上平聲)
하폭(河幅)명 하천의 너비.
하:표(賀表)명 지난날, 나라나 조정(朝廷)에 경사가 있을 때에 신하가 임금에게 바치던 축하의 글.
하품명-하다자 졸리거나 싫증이 나거나 할 때에 저절로 입이 크게 벌어지면서 하게 되는 깊은 호흡.
속담 **하품에 딸꾹질**: ①어려운 일이 겹쳤음을 이르는 말. ②공교롭게도 일이 잘 안 됨을 이르는 말. [기침에 재채기]
하:품(下品)명 ①하치 ②불교에서, 극락 정토의 아홉 계층 중 아랫자리의 세 품을 이르는 말. ☞상품. 중품
하품-흠(-欠)명 한자 부수(部首)의 한 가지. '次'·'欲' 등에서 '欠'의 이름.
하:풍(下風)명 다른 사람의 지배를 받는 낮은 지위.
하:프(half)명 '하프백(halfback)'의 준말.
하:프(harp)명 현악기의 한 가지. 위쪽이 굽은 삼각형의 틀에 세로로 건 여러 개의 현을 두 손의 손가락으로 퉁기어 연주함. 악기 중에서 그 기원이 가장 오랜 것으로 현의 수와 구조에 따라 여러 종류가 있음. 수금(豎琴)
하프늄(hafnium)명 금속 원소의 하나. 은백색으로 지르코늄과 비슷하며, 원자로의 제어에 쓰임. [원소 기호 Hf/원자 번호 72/원자량 178.49]
하:프라인(half line)명 구기 종목 경기장의 중앙에 그어 놓은 선. 중앙선(中央線)
하:프백(halfback)명 축구나 하키 따위에서, 전위(前衛)의 뒤쪽 자리, 또는 그 자리에 있는 선수. 준하프
하:프타임(half time)명 ①축구 따위의 시간제 운동 경기에서, 경기 시간의 전반과 후반 사이의 쉬는 시간. ②정해진 시간의 절반.
하:프톤:(half tone)명 그림이나 사진 따위에서 화면의 밝기가 중간 정도인 색조.
하:필(下筆)명-하다자 붓을 대어 쓴다는 뜻으로, 시문(詩文)을 짓는 일을 이르는 말.
하필(何必)부 어찌하여 꼭. 어째서 반드시. 해필(奚必) ¶- 이사가는 날 비가 올 게 뭐람.
하하[1]부 입을 크게 벌리고 거리낌없이 웃는 소리, 또는 그 모양을 나타내는 말. ¶호탕하게 - 웃다. ☞허허[1]
하하[2]감 ①기가 막혀 탄식하여 하는 말. ¶-, 일이 참 곤란하게 되었구나. ②못마땅한 일을 당하였을 때, 가볍게 근심하거나 나무라는 뜻으로 하는 말. ¶-, 친구끼리 그렇게 다투면 되나. ③무엇을 비로소 깨달았을 때 하는 말. ¶-, 역시 그랬었군. ☞허허[2]
하:학(下學)명-하다자 학교에서 그 날의 수업을 마침. ☞상학(上學)
하학상달(下學上達)성구 아래 것부터 배워서 위에 이른다는 뜻으로, 쉬운 것부터 배워 깊은 이치를 깨달음을 이르는 말.
하:학-종(下學鐘)명 학교에서 그 날의 수업을 마치는 시간이 되었음을 알리는 종, 또는 그 소리. ☞상학종(上學鐘)
하:한(下限)명 수와 값 등의 아래쪽의 한계. ¶각자의 몫에 -을 정하다. ☞상한(上限)
하:한(下澣)명 하순(下旬)
하한(河漢)명 '은하수(銀河水)'를 달리 이르는 말.
하:한-가(下限價)[-까]명 증권 시장에서, 하루에 내릴 수 있는 최저 한도까지 내려간 주가를 이르는 말. 하종가(下終價) ☞상한가
하:한-선(下限線)명 더 이상 내려갈 수 없는 한계선. ¶주가(株價)가 -까지 내려가다. ☞상한선(上限線)
하:합(下合)명 내합(內合)

하항(河港)명 하구(河口)나 하안(河岸)에 있는 항구. ☞해항(海港)
하해(河海)명 큰 강과 바다. ☞강해(江海)
하해(와) 같다 관용 끝없이 넓고 크다. ¶어버이의 하해와 같은 은덕(恩德).
하:해(夏解)명 해하(解夏)
하해지택(河海之澤)명 하해와 같이 넓고 큰 은택(恩澤).
하:행(下行)명-하다자 ①아래쪽으로 내려감. ②서울에서 지방으로 내려감. ③'하행 열차(下行列車)'의 준말. ④'하행차(下行車)'의 준말. ☞상행(上行)
하:행(夏行)명 하안거(夏安居)
하:행-선(下行線)명 서울에서 지방으로 내려가는 철도나 도로, 또는 기차나 버스. ☞상행선(上行線)
하:행=열차(下行列車)[-녈-]명 서울에서 지방으로 내려가는 열차. 준하행(下行) ☞상행 열차(上行列車)
하:행-차(下行車)명 서울에서 지방으로 향하는 차량. 준하행. 상행차(上行車)
하:향(下向)명-하다자 ①윗쪽에서 아래쪽을 향함. ¶- 곡선 ②형세(形勢) 등이 쇠퇴해 감. ¶토지의 생산력이 차차 - 곡선을 그리다./그 대단하던 인기가 만년에는 - 상태였지. ③시세가 내림새를 나타냄. ¶정부 비축미의 출고가를 - 조정하다. ☞상향(上向)
하:향(下鄕)명-하다자 ①도시에서 시골로 내려감. ☞상경(上京) ②고향으로 내려감.
하향(遐鄕)명 하방(遐方)
하:향-식(下向式)명 의견이나 건의 따위가 상부에서 결정되어 아래로 내려가는 방식. ☞상향식
하허인(何許人) '어떠한 사람', '그 누구'의 뜻.
하:현(下弦)명 음력 매월 22, 23일경에 뜨는 달. 보름달에서 그믐달 사이에 보이는 반달로 활시위 모양이 아래로 향하고 있음. 하현달 ☞상현(上弦)
하:현-달(下弦-)[-딸]명 하현 ☞상현달
하:혈(下血)명-하다자 항문이나 하문(下門)으로 피를 쏟음, 또는 그 피. ☞상혈(上血)
하:화중:생(下化衆生)성구 불교에서, 보살이 중생을 교화하여 제도함을 이르는 말. ☞상구보리(上求菩提)
하:-활(下-)명 돛의 맨 밑에 대는 활죽.
하황(何況)부 하물며. 황차(況且)
하:회(下回)명 ①다음 차례. 차회(次回) ②하답(下答) ¶스승님의 -를 기다리다. ③어떤 일의 결과로서 빚어진 상황이나 결정.
하:회(下廻)명-하다타 어떤 수량이나 기준을 밑돎. ¶작황이 평년작을 -하다. ☞상회(上廻)
하:회(下懷)명 하정(下情)
하회별신굿탈놀이(河回別神-)[-썬굳-]명 경상 북도 안동시 풍천면 하회동에 전해 내려오는 가면극. 음력 정초에, 10년에 한 번씩 열리는 특별 부락제인 별신굿의 일부로 공연됨. 이 가면극에 쓰이는 하회탈은 국보 제121호로 지정되어 있음. 무형 문화재 제69호.
하:후상:박(下厚上薄)성구 아랫사람에게는 후하게 대우하고 윗사람에게는 박하게 대우함을 이르는 말. ☞상후하박(上厚下薄)
하후하박(何厚何薄)성구 어느 쪽은 후하게 하고 어느 쪽은 박하게 한다는 뜻으로, 사람에 따라 차별하여 대우함을 이르는 말.
하:휼(下恤)명-하다자 아랫사람의 어려운 형편을 딱하게 여기어 도와 줌.
학 부 입을 벌리고 내뱉듯이 내쉬는 숨소리를 나타내는 말.
학(學)명 '학문(學問)'의 준말.
학(鶴)명 '두루미'의 딴이름.
-학(學)《접미사처럼 쓰이어》'그 분야의 학문'의 뜻을 나타냄. ¶사회학(社會學)/언어학(言語學)/경제학(經濟學)/윤리학(倫理學)
학가(鶴駕)명 지난날, 왕세자가 대궐 밖으로 나들이하는 일을 이르던 말.
학감(學監)명 지난날, 학교에서 학무(學務) 및 학생을 감독하는 직원을 이르던 말.
학개서(Haggai書)명 구약성서 중의 한 편. 예언자 학개가 이스라엘 백성들에게 성전 건축을 독려한 내용이 기록되어 있음.
학계(學界)명 ①학문을 연구하는 사회. ②학자들의 사회. ¶-의 이목을 끌다.
학계(學契)명 지난날, 교육비를 마련하려고 모으던 계.
학계(學階)명 불교에서, 그 학식 정도에 따라 중에게 주는 칭호를 이르는 말. 강사·학사(學師)·법사(法師) 따위.
학과(學科)명 ①학과목 ②교수나 연구의 내용에 따라 구별한 학문의 전문 분야. ¶영문 -/국문 -
학과(學課)명 ①학업의 과정. ②교육상의 수학 과정.
학과=과정(學科課程)명 교육 과정(教育課程) 준과정(課程)
학과-목(學科目)명 학교 등의 교육 기관에서 학습하는 과목. 학과(學科)
학과=배:당표(學科配當表)명 학과목과 시간 수를 배정하여 짠 표. 과정표(課程表)
학교(學校)명 교육과 학습에 필요한 설비를 갖추고 학생을 모아 일정한 교육 목적 아래 교사가 지속적으로 교육을 하는 기관. 초등 학교, 중학교, 고등 학교 따위.

> 한자 학교 교(校) 〔木部 6획〕 ¶개교(開校)/교가(校歌)/교문(校門)/교사(校舍)/교정(校庭)

학교=관:리(學校管理)명 학교의 교육 활동을 효과적으로 하기 위하여, 시설을 베풀고 인사·재정·법규 따위를 적절히 운영하는 일.
학교=교:육(學校教育)명 가정 교육, 사회 교육 등에 상대하여 학교에서 받는 교육을 이르는 말.
학교군=제:도(學校群制度)명 중등 학교의 통학 구역을 지정하여 그 통학 구역 내의 학생은 그 구역 안의 학교에 취학하도록 정한 제도. 학교 격차를 평준화하기 위한 것임. 준학군제(學群制)
학교=급식(學校給食)명 학교에서, 학생들에게 끼니의 전부나 일부를 마련해 주는 일, 또는 그 끼니.
학교-림(學校林)명 ①학교에서, 시험·실습·연구용으로 관리하고 있는 임야. ②학교 법인의 이름으로 등기되어 있는 임야.
학교=문법(學校文法)[-뻡]명 규범 문법(規範文法)
학교=방:송(學校放送)명 학교에서, 교육 효과를 높이려고 일정한 시간에 학생들을 상대로 하는 방송.
학교=법인(學校法人)명 사립 학교법에 따라 사립 학교의 설치와 경영의 주체로 인정된 법인.
학교=보건법(學校保健法)[-뻡]명 학교의 보건 관리와 환경 위생 정화에 필요한 사항을 규정한 법률. 학생과 교직원의 건강을 보호함으로써 학교 교육을 능률화할 목적으로 제정되었음.
학-교수(學教授)명 지난날, '사학(四學)'에 딸린 교수를 이르던 말.
학교-원(學校園)명 학교 안에 만들어 놓은 정원이나 논밭. 학생들에게 자연 관찰, 정서 교육, 근로 체험 등을 할 수 있도록 만듦.
학교-의(學校醫)명 학교의 위탁을 받아 학생의 신체 검사나 교내의 위생 업무 등을 맡아보는 의사. 준교의
학교-장(學校長)명 교장(校長)
학구(學究)명 ①학문을 깊이 연구하는 일. ¶-에 전념하다. ②학문에만 몰두하여 세상 물정에 어두운 사람을 비유하여 이르는 말. 학궁(學窮) ③지난날, 글방의 '훈장(訓長)'을 달리 이르던 말.
학구(學區)명 교육 행정상의 필요에 따라 학생이 취학할 학교를 지정하여 놓은 구역.
학구-적(學究的)명 학문 연구에만 전념하는 것. ¶-인 태도. ▷學의 속자는 学
학구-제(學區制)명 교육 행정상 학구를 정하여 그 학구 안의 학생을 일정한 학교에 취학하게 하는 제도.
학군(學群)명 중등 학교의 통학 구역을 지정하여, 그 구역 안의 몇 개 학교를 하나의 단위로 규정한 것.
학군-제(學群制)명 '학교군 제도'의 준말.
학궁(學宮)명 '성균관(成均館)'을 달리 이르는 말.

ㅎ

학궁(學窮)명 ①학구(學究) ②가난한 학자, 또는 학자가 겪는 곤궁. ③어리석은 학자. ④학자가 스스로를 겸손하게 일컫는 말.
학규(學規)명 ①학과(學課)의 규칙. ②교칙(校則)
학금(鶴禁)명 왕세자가 사는 궁전.
학급(學級)명 학교 교육에서, 한 교실에서 교육을 받도록 편성된 학생의 단위 집단. 학반(學班)
학급=담임(學級擔任)명 한 학급의 관리와 그 학급 학생의 생활 지도를 맡는 직책, 또는 그 교사.
학기(學期)명 한 학년의 수업 기간을 교육적 필요에 따라 구분한 기간. 보통 두 학기로 나눔.
학기-말(學期末)명 학기의 끝 무렵.
학기-초(學期初)명 학기의 시작 무렵.
학-꽁치(鶴—)명 학꽁칫과의 바닷물고기. 몸길이는 40 cm 안팎으로 가늘고 길며, 아래턱이 길게 튀어나와 있음. 등은 청록색이고 배는 은백색임. 떼를 지어 다니며, 수면 위로 뛰어오르는 습성이 있음. 우리 나라와 일본, 타이완 근해에 분포함. 공미리
학내(學內)명 학교, 특히 대학의 내부.
학년(學年)명 ①한 해를 단위로 한 학습 기간의 구분. ②한 해의 학습을 단위로 하여 구분한 학교 교육 단계.
학년-말(學年末)명 학년의 끝 무렵.
학년-초(學年初)명 학년의 시작 무렵.
학당(學堂)명 ①글방 ②지난날, 지금의 '학교'와 같은 교육 기관을 이르던 말. ☞학사(學舍)
학대(虐待)명-하다타 사람이나 동물을 괴롭히거나 모질게 다룸. ☞구박
학대(鶴帶)명 조선 시대, 문관(文官)이 띠던, 학을 수놓은 허리띠.
학덕(學德)명 학식과 덕행을 아울러 이르는 말.
학도(學徒)명 ①학생 ②학문을 닦는 사람. ③'학자'나 '연구가'가 스스로를 겸손하게 일컫는 말.
학도-병(學徒兵)명 전쟁이 일어났을 때, 학업을 중단하고 자진하여 전쟁에 참가한 병사. 학도 의용병(學徒義勇兵) 준학병(學兵)
학-도요(鶴—)명 도욧과의 나그네새. 날개 길이 16cm 안팎. 여름 깃은 흑청색이며 겨울에는 회색을 띤 갈색으로 변함. 봄과 가을에 우리 나라를 거쳐감.
학도=의:용병(學徒義勇兵)명 학도병(學徒兵)
학동(學童)명 ①글방에서 글을 배우는 아이. 서동(書童) ②초등 학교의 아동.
학려(學侶)명 ①불법(佛法) 연구에 전념하는 중. ②학문상의 벗, 또는 같은 학생 신분의 벗. 학우(學友)
학력(學力)명 학교 교육을 통하여 터득한 지식이나 능력.
학력(學歷)명 학업을 닦은 경력.
학력=고:사(學力考査)명 초·중등 학교에서 일정한 기간에 학생들이 익힌 학습 능력을 평가하기 위하여 실시하는 시험.
학령(學齡)명 ①초등 학교에 들어가서 의무 교육을 받기 시작할 나이. 곧 만 6세를 이름. 취학 연령 ②의무 교육을 받는 기간. 곧 만 6세부터 만 12세까지를 이름.
학령-부(學齡簿)명 학령 아동에 관한 장부. 시·읍·면장이 작성함.
학령=아동(學齡兒童)명 '학령'에 해당하는 아이.
학록(學錄)명 ①조선 시대, 성균관(成均館)의 정구품 관직. ②고려 시대, 국자감(國子監)의 정구품 관직. ☞학정(學正)
학류(學流)명 학파(學派)
학리(學理)명 학문의 이론이나 원리.
학림(鶴林)명 사라쌍수(沙羅雙樹)의 숲을 달리 이르는 말. 석가모니의 입멸(入滅)을 슬퍼한 사라쌍수의 잎이 말라 학과 같이 희게 되었다는 데서 붙여진 이름.
학망(鶴望)명-하다타 학처럼 목을 길게 빼고 바라본다는 뜻으로, 무슨 일을 간절히 바람을 비유하여 이르는 말. ☞학수고대(鶴首苦待)
학맥(學脈)명 학문의 주의나 주장을 함께하는 사람들끼리 이룬 유파(流派).
학명(學名)[1]명 생물 분류에 쓰이는 국제 공통의 이름. 국제 명명 규약에 따라 속(屬)을 나타내는 명사와 종(種)을 나타내는 형용사로 이루어지는 이명법(二名法)으로 표기함. 생물학자 린네의 제안에서 비롯됨.
학명(學名)[2]명 학자로서 떨친 명성.
학모(瘧母)명 한방에서, 학질에 걸린 아이의 지라가 커지고 뱃속에 덩어리가 생기는 증세를 이르는 말.
학모(學帽)명 학교의 제모(制帽). 교모. 학생모
학무(學務)명 학교와 교육에 관한 일반 사무.
학무(鶴舞)명 학춤
학무-아문(學務衙門)명 1894년(조선 고종 31)에 신설한 관아. 교육에 관한 일을 맡아보았음.
학문(學問)명 ①-하다자타 지식을 체계적으로 배워서 익힘, 또는 그 일. ¶ —에 정진하다. ②일정한 이론에 따라 체계화한 지식. 인문 과학, 사회 과학, 자연 과학 따위. ③학식(學識) ¶ —을 넓히다. 준학(學)
학민(虐民)명-하다자 백성을 가혹하게 다룸. ☞학정(虐政)
학반(學班)명 학급(學級)
학반(鶴班)명 조선 시대, '동반(東班)'을 달리 이르던 말. ☞호반(虎班)
학발(鶴髮)명 두루미의 깃털처럼 희다는 뜻으로, 하얗게 센 머리, 또는 그런 사람을 비유하여 이르는 말. ¶ —의 노인. ☞백발(白髮)
학발동:안(鶴髮童顔)성구 머리털은 하얗게 세었으나 얼굴은 아이와 같다는 뜻으로, 전설 등에 나오는 신선(神仙)의 얼굴을 이르는 말.
학방(學房)명 글방
학배기명 잠자리의 애벌레.
학-버섯명 '삿갓버섯'의 딴이름.
학벌(學閥)명 ①학력이나 출신 학교의 지체. ②출신 학교나 학파(學派)에 따라 이루어지는 파벌.
학병(學兵)명 '학도병(學徒兵)'의 준말.
학보(學報)명 대학에서, 학술 논문, 교내 소식 따위를 실어 펴내는 신문이나 잡지.
학부(學府)명 ①학문을 하는 사람들이 모이는 곳이라는 뜻으로, 흔히 '대학'을 이르는 말. ②학문에 해박한 사람을 비유하여 이르는 말.
학부(學部)[1]명 ①대학에서 전공 영역에 따라 한 개 또는 몇 개의 학과를 묶어 나눈 부(部). ¶ 외국어 —/미술 — ②지난날의 대학 제도에서, 예과(豫科)에 상대하여 '본과(本科)'를 달리 이르던 말.
학부(學部)[2]명 1895년(조선 고종 32)에 '학무아문(學務衙門)'을 고친 이름.
학부간-본(學部刊本)명 갑오개혁 이후 내각 관제의 개혁에 따라 새로운 지식을 보급하기 위하여 학부에서 국민 교육용으로 간행한 책을 이르는 말.
학-부모(學父母)명 학생의 아버지와 어머니.
학-부형(學父兄)명 학교에서, 학생의 보호자를 이르는 말. 부형
학비(學費)명 학교 등에서 교육을 받는 데 드는 비용. 등록금, 교과서 값 따위. 학자(學資)
학사(學士)[1]명 ①4년제 대학의 학부 및 사관 학교의 졸업생에게 주는 학위. ②학문을 하는 사람.
학사(學士)[2]명 ①고려 시대, 문신 가운데서 뽑힌 뛰어난 학자로서 한림원(翰林院)·수문전(修文殿) 등의 종삼품·정사품 관직. ②조선 시대, 중추원(中樞院)의 종이품 관직. ③갑오개혁 이후, 경연청(經筵廳)·규장각(奎章閣)·홍문관(弘文館)의 칙임(勅任) 관직.
학사(學舍)명 학문을 하는 곳, 또는 그 건물. ☞학당
학사(學事)명 ①학교의 교육과 경영에 관한 모든 일. ②학문에 관계되는 일.
학사=보:고(學事報告)명 학교의 교육과 경영에 관한 것을 보고하는 일.
학사=시:찰(學事視察)명 교육 감독 기관에서 각급 학교의 교육과 경영의 상황을 살펴보는 일.
학살(虐殺)명-하다타 참혹하게 죽임.
학생(學生)명 ①학교에서 공부하는 사람. 학도 ②학예(學

藝)를 배우는 사람. ③생전에 관직을 지내지 못하고 세상을 떠난 사람을 높여 일컫는 말. 명정(銘旌)·지방(紙榜)·신주 등에 씀. ¶ — 부군(府君) 신위(神位).

학생-모(學生帽)명 학생이 학교에 다닐 때 쓰는 모자. 교모(校帽). 학모(學帽)

학생=문예(學生文藝)명 학생이 창작한 문예 작품. 또는 학생을 위하여 쓴 문예 작품.

학생-복(學生服)명 학생이 입는 제복.

학생=신문(學生新聞)명 학생이 기사를 쓰고 편집하여 펴내는 신문. 대학 신문, 학급 신문 따위.

학생=운:동(學生運動)명 학생들이 교내 문제나 정치·사회·문화 등에 관해 조직적으로 펴는 운동.

학생-증(學生證)[-쯩]명 학생 신분을 밝히는 증명서.

학설(學說)명 학문적으로 주장하는 이론.

학세(學稅)명 강미(講米)

학수(鶴壽)명 오래 사는 동물인 학의 나이라는 뜻으로, 장수(長壽)를 기리어 이르는 말.

학수고대(鶴首苦待)성구 학처럼 목을 빼고 기다린다는 뜻으로, 무슨 일을 간절히 기다림을 이르는 말. ¶그에게서 연락이 오기를 —한다. ☞학망(鶴望)

학술(學術)명 ①학문의 방법이나 이론. ¶ — 회의 ②학문과 기술 또는 예술.

학술-어(學術語)명 학술 연구에 쓰이는 전문적인 용어. 준술어(術語) ☞전문어(專門語)

학술-원(學術院)명 학술 연구 발전을 위하여, 권위 있는 학자로 구성된 학술 기관. ☞예술원(藝術院)

학술=잡지(學術雜誌)명 학술지(學術誌)

학술-적(學術的)[-쩍]명 학술에 관한 것.

학술=조사(學術調査)명 학술적인 연구나 확인 따위를 하기 위하여 실지로 하는 조사.

학술-지(學術誌)명 학문이나 예술 등에 관한 전문적인 글을 싣는 잡지. 학술 잡지

학슬(鶴膝)명 ①한시(漢詩)의 평측법(平仄法)의 한 가지. 오언(五言)에서는 셋째 글자, 칠언(七言)에서는 다섯째 글자에 측성(仄聲)을 쓰는 일. ②한시를 지을 때의 팔병(八病)의 하나. 오언에서 제1구와 제3구의 다섯째 글자를 같은 성조(聲調)의 글자로 쓰는 일. ③가운데를 접을 수 있게 만든 안경다리. ☞학슬 안경(鶴膝眼鏡)

학슬=안:경(鶴膝眼鏡)명 안경의 두 다리 한가운데를 접었다 폈다 할 수 있게 만든 안경. ☞학슬(鶴膝)

학습(學習)명 ①-하다타 학문이나 기술 따위를 배워서 익힘, 또는 그 일. ②인간이나 동물이 태어난 뒤에 경험을 통하여 환경에 적응하는 태도나 행동 등을 터득해 가는 과정을 이르는 말. ③심리학에서, 거듭되는 경험으로 새로운 습관이 형성되는 일을 이르는 말. ④개신교에서, 새 신자에게 세례 전에 교리(敎理)의 기본을 가르치는 과정을 이르는 말.

학습=곡선(學習曲線)명 심리학에서, 학습의 진행 과정을 나타내는 곡선.

학습=단원(學習單元)명 단원(單元)

학습-란(學習欄)명 신문·잡지·교지(校誌) 등에서 학습에 도움이 될 내용을 싣는 난.

학습=발표회(學習發表會)명 학생들의 학습 결과나 재능 등을 학부모나 일반에게 발표하는 특별 교육 활동. 예능 발표, 학예품 전시 따위. 학예회

학습-서(學習書)명 학생들의 학습에 도움이 되도록 엮은 책. ☞참고서(參考書)

학습-장(學習帳)명 ①학습에 필요한 내용을 적는 공책. ②학생 스스로 공부하는 데 도움이 되게 만든 지도서.

학습=지도(學習指導)명 교과의 학습 활동을 지도하는 일. ☞생활 지도(生活指導)

학승(學僧)명 ①학문이 뛰어난 중. ②학업을 닦는 과정에 있는 중. ☞학인(學人)

학식(學識)명 ①학문과 지식을 아울러 이르는 말. ②학문을 함으로써 터득한 높은 식견(識見).

학업(學業)명 학문을 닦는 일. ¶—에 열중하다.

학예(學藝)명 학문과 기예를 아울러 이르는 말.

학예-란(學藝欄)명 신문이나 잡지 등에서, 학예에 관한 기사나 작품을 싣는 난.

학예-품(學藝品)명 아동이나 학생의 솜씨로 만든 작품.

학예-회(學藝會)명 학습 발표회

학용-품(學用品)명 아동이나 학생들의 학습에 필요한 물품. 연필·필기장 따위.

학우(學友)명 ①같은 학교에서 함께 공부하는 벗. 글동무. ②학문상의 벗, 또는 같은 학생 신분의 벗. 학려(學侶)

학우-회(學友會)명 같은 학교나 같은 고장의 학우들로 조직된 모임.

학원(學院)명 학교 설립 기준의 조건을 갖추지 못한 사설 교육 기관을 통틀어 이르는 말. 미술 학원, 입시 학원, 자동차 학원 따위.

학원(學園)명 학교와 교육 기관을 통틀어 이르는 말.

학위(學位)명 대학 졸업 예정자나 대학원 과정 수료자가 학술 논문을 대학이나 대학원에 제출하여 심사에 합격한 사람에게 주는 칭호. 학사·석사·박사의 세 가지가 있음.

학위=논문(學位論文)명 학위를 얻기 위하여 제출하는 학술 논문.

학이지지(學而知之)성구 삼지(三知)의 하나. 배워서 사물의 이치를 깨달아 앎을 이르는 말. 준학지(學知) ☞곤이지지(困而知之). 생이지지(生而知之)

학익-진(鶴翼陣)명 병법의 진형(陣形)의 한 가지. 학이 날개를 펼친듯 한 진(陣)의 형태. ☞어린진(魚鱗陣)

학인(學人)명 ①배우는 사람. 흔히 문필가의 아호(雅號)에 쓰이는 말. ②불가(佛家)에서, 도를 학습하는 과정에 있는 중을 이르는 말. ☞학승(學僧)

학자(學者)명 ①학문과 연구를 전문으로 하는 사람. ②학문이 뛰어난 사람.

학자(學資)명 학비(學費)

학자-금(學資金)명 학비(學費)로 쓰는 돈.

학장(學長)명 단과 대학의 책임자.

학적(學籍)명 ①교육 관리에 필요하여 작성한 학생에 관한 기록. 성명·생연월일·본적·주소·보호자·성적 따위. ②그 학교에 재학 중인 학생임을 나타내는 기록.

학적(學的)명 학문의 요건을 갖춘 것. 학문에 관한 것.

학적-부(學籍簿)명 학적을 기록한 장부. ☞생활 기록부

학점(學點)명 ①대학이나 대학원에서, 학생이 학과 과정을 규정대로 이수함을 계산하는 단위. ¶ — 미달 ②대학이나 대학원에서, 학과의 성적을 평가하는 등급의 단위. ¶전공 과목에서 모두 A —을 받다.

학점=은행제(學點銀行制)명 대학에서 일정한 학점만 따면 학위를 받을 수 있는 제도. 여러 가지 형편으로 학업을 중단했던 사람이 언제라도 다시 수강하여 일정한 학점을 따면 졸업할 수 있음.

학점-제(學點制)명 학교 등의 교육 기관에서, 학생이 이수하여야 할 과목이나 과정에 일정한 점수를 배정하고, 그 점수의 획득 여부에 따라 성취도를 평가하는 제도.

학정(虐政)명 포학한 정치. 가정(苛政) ☞학민(虐民)

학정(學正)명 ①고려 시대, 국자감(國子監)에 딸렸던 정구품 관직, 또는 그 관원. ②조선 시대, 성균관(成均館)에 딸렸던 정팔품 관직, 또는 그 관원. ☞학록(學錄)

학정(鶴頂)명 탕건(宕巾)의 이마 윗부분.

학제(學制)명 학교 또는 교육에 관한 제도.

학제(學製)명 조선 시대, 서울의 사학(四學)에서 유생(儒生)에게 시부(詩賦)로 보이는 시험을 이르던 말.

학지(學知)명 '학이지지(學而知之)'의 준말.

학질(瘧疾)명 말라리아(malaria)

학질(을) 떼다관용 ①학질을 고쳐 그 병에서 벗어나다. ②괴로운 일이나 처지를 간신히 모면하느라 몹시 혼나다.

학질-모기(瘧疾-)명 모깃과 학질모기속의 곤충을 통틀어 이르는 말. 학질의 병원충을 매개하는 모기로, 앉아 있을 때 꽁무니 끝을 위로 쳐드는 특성이 있음. 날개에 검은빛과 흰빛의 얼룩무늬가 있음. 말라리아모기

학창(學窓)명 〔학교의 창문이라는 뜻으로〕 '교실'이나 '학교'를 달리 이르는 말. ¶ — 시절/— 생활

ㅎ

학-창의(鶴氅衣)명 지난날, 지체 높은 사람이 입던 웃옷의 한 가지. 흰 창의의 가를 돌아가며 검은 헝겊으로 넓게 꾸몄음. ☞창의(氅衣)

학채(學債)명 강미(講米)

학철부:어(涸轍鮒魚)성구 마른 땅의 수레바퀴 자국에 괸 물에 있는 붕어라는 뜻으로, 몹시 어려운 처지에 놓여 있는 사람을 비유하여 이르는 말.

학-춤(鶴-)명 ①조선 시대, 정재(呈才) 때나 구나(驅儺)한 뒤에 향악(鄕樂)에 맞추어 추던 궁중 무용의 한 가지. 청학(靑鶴)과 백학(白鶴)의 탈을 쓴 두 무동(舞童)이 좌우로 갈라 서서 춤을 춤. ②학처럼 차리고 학의 동작을 흉내내어 추는 춤. 학무(鶴舞)

학치명 '정강이'를 속되게 이르는 말.

학치-뼈명 '정강이뼈'를 속되게 이르는 말.

학치-지르기명 택견에서, 발질의 한 가지. 발 장심으로 상대편의 무릎 바로 아래를 내질러 중심을 잃게 하는 공격 기술.

학칙(學則)명 학교의 기구와 교육 과정 및 그 운영과 관리 따위에 관한 규칙.

학통(學統)명 학문의 계통이나 계보. ¶퇴계의 -.

학파(學派)명 학문의 유파. 학류(學流) ☞학벌(學閥)

학풍(學風)명 ①학문의 경향. ¶율곡(栗谷)의 -을 이어받다. ②학교의 기풍. 교풍(校風)

학항-초(鶴項草)명 '명아주'의 딴이름.

학해(學海)명 ①학문의 깊이나 세계가 바다와 같이 넓고 끝이 없음을 비유하여 이르는 말. ②냇물이 쉬지 않고 흘러 바다에 들어간다는 뜻으로, 학문에 꾸준히 힘써 마침내 대성(大成)함을 비유하여 이르는 말.

학행(學行)명 ①학문과 덕행(德行) 또는 실행(實行). ②학문과 불도의 수행.

학형(學兄)명 편지글 등에서, 학우나 학문상의 선후배끼리 서로 높이어 이르는 말. ☞아형(雅兄)

학회(學會)명 학술의 연구와 장려를 목적으로 조직된 단체. ¶한글 -/역사 -

학-흉배(鶴胸背)명 지난날, 문관 관복에 띠던 흉배의 한 가지. 당상관은 쌍학(雙鶴)을, 당하관은 단학(單鶴)을 수놓았음. ☞호흉배(虎胸背)

한 관 ①'하나'의 뜻으로 쓰이는 말. ¶- 개./- 사람. ☞일(一) ②'같은'의 뜻으로 쓰이는 말. ¶- 고향 사람./- 회사에 다니다. ③'어떤', '어느'의 뜻으로 쓰이는 말. ¶그곳에서 - 노인을 만났지. ④수량을 나타내는 말 앞에서, '대략'의 뜻으로 쓰이는 말. ¶걸어서 - 삼십 분 가야 할 거리이다.

한 손 놓다 관용 겪어야 할 일의 어려운 고비를 넘기고 나서 여유가 생기다. ¶가을걷이도 끝나고 겨울을 날 준비도 했으니 한 손 놓게 되었다.

한 손 접다 관용 겨루기 등에서, 나은 편이 스스로 힘이나 재간을 덜 쓰다. ¶한 손 접어서 짐짓 아우에게 져 주었지.

한 수 더 뜨다 관용 남의 속마음을 헤아려 알아차리고, 그보다 앞지르는 방책을 내놓다.

속담 **한 가랑이에 두 다리 넣는다** : 정신없이 서두르는 모양을 두고 이르는 말./**한 갯물이 열 갯물 흐린다** : 나쁜 사람 하나가 많은 사람에게 나쁜 영향을 끼친다는 말.〔한 마리 고기가 온 강물을 흐린다〕/**한 귀로 듣고 한 귀로 흘린다** : 남의 말을 귀담아듣지 아니한다는 말./**한 냥짜리 굿하다가 백 냥짜리 징 깨뜨린다** : 쓸데없이 일을 벌였다가 아주 큰 손해를 보게 된 경우에 이르는 말./**한 냥 추렴에 닷 돈 냈다** : 한 냥을 내야 할 추렴에 절반밖에 내지 않았다는 뜻으로, 제 몫을 제대로 치르지 아니하고 여럿 사이에 끼여 염치없이 이득을 얻게 된 경우에 이르는 말./**한 노래로 긴 밤 새울까** : ①한 가지 일로만 헛되이 세월을 보내는 것을 경계하는 말. ②무슨 일이든지 그만둘 때가 되면 그만두고 새 일을 시작해야 한다는 뜻의 말./**한 다리가 천 리** : 친척 사이의 친분은 한 촌수 차이라도 매우 큰 차이가 있다는 말.〔한 치 걸러 두 치〕/**한 달이 크면 한 달이 작다** : 한 번 좋은 일이 있으면 그 다음에는 궂은일이 있듯이, 세상일은 변하여 돌아가게 마련이라는 뜻.〔달도 차면 기운다/열흘 붉은 꽃 없다〕/**한 달 잡고 보름은 못 본다** : 큰 것은 알고 알만 한 작은 것은 모른다는 말./**한 되 주고 한 섬 받는다** : 조금 주고 그 대가로 몇 곱절이나 많이 받게 된 경우를 비유하여 이르는 말.〔되로 주고 말로 받는다〕/**한 말 등에 두 안장을 지울까** : 한 사람에게 한꺼번에 두 가지 일을 시킬 수 없다는 말.〔한 말 등에 두 길마를 지울까〕/**한 밥에 오르고 한 밥에 내린다** : 젊은 사람은 먹으면 먹는 대로 살로 가고 먹지 않으면 그만큼 축난다는 말./**한 부모는 열 자식 거느려도 열 자식은 한 부모를 못 거느린다** : 자식이 아무리 많아도 부모는 잘 거느리고 살아가지만, 부모가 늙은 다음에는 자식이 아무리 많더라도 잘 모시지 못하게 되어 마침내는 자식 많은 부모도 의지할 데 없이 되고 만다는 말.〔하나는 열을 꾸려도 열은 하나를 못 꾸린다〕/**한 사람의 덕을 열이 본다** : 한 사람이 잘 되면 가족, 일가친척, 친구 등 여러 사람이 그 덕을 보게 된다는 말./**한 손뼉이 울지 못한다** : 상대가 없이 혼자서는 싸움이 되지 않는다는 말.〔두 손뼉이 맞아야 소리가 난다〕/**한 수렁에 두 바퀴 끼듯** : 좁은 데서 서로 밀치며 다투는 경우를 두고 이르는 말./**한 외양간에 암소가 두 마리** : 같은 것끼리만 있어서는 서로 도움이 되지 못한다는 말./**한 잔 술에 눈물이 난다** : 사람은 하찮은 일로 섭섭한 생각이 들 수도 있는 일이어서, 남을 대접할 때 차별을 두지 말고 고르게 하라는 말.

한자 **한 일**(一)〔一部〕¶일가(一家)/일념(一念)/일면(一面)/일치(一致) ▷ 갖은자는 壹
한 일(壹)〔士部 9획〕¶일만(壹萬) ▷ 속자는 壱

한(干·汗·翰·韓)명 고조선(古朝鮮) 때 군장(君長)을 일컫던 말.

한:(汗)명 지난날, 돌궐·몽고·회흘(回紇) 따위의 민족에서 족장이나 군주를 일컫던 말. ☞칸(Khan)

한:(限)명 ①주로 '없다'·'있다'와 같이 쓰이어, 시간·공간·수량·정도 따위의 끝을 나타내는 말. ¶평계를 대려면 -이 없다./참는 데에도 -이 있다. ②'-기(가) 한이 없다'의 꼴로 쓰이어, 앞에 쓰인 형용사의 정도가 매우 심함을 나타내는 말. ¶배는 고프고 날씨까지 추워지니 서글프기 -이 없다. ③주로 '-는 한'의 꼴로 쓰이어, 조건의 뜻을 나타내는 말. ¶내가 끝까지 버티는 - 그도 어쩔 수 없을 것이다. ④'-는 한이 있더라도(있어도)'의 꼴로 쓰이어, 앞의 말이 나타내는 것과 같이 극단적 상황을 뜻하는 말. ¶죽는 -이 있더라도 당신을 따르겠소. ⑤'기한(期限)'의 준말. ⑥'계한(界限)'의 준말.

한:(恨)명 일이 마음먹은 대로 되지 아니하여 원통하거나 억울하거나 원망스럽거나 하여 맺힌 마음. ¶-을 풀다./-을 삭이다./-이 맺히다./-이 서리다.

한을 하다 관용 원통해 하거나 억울해 하다. ¶대성(大成)하지 못함을 -.

한(이) 되다 관용 원통하거나 억울한 생각이 가시지 아니하고 마음에 맺히다. ¶효도하지 못한 일이 -.

한자 **한 한**(恨)〔心部 6획〕¶다한(多恨)/여한(餘恨)/원한(怨恨)/정한(情恨)/한사(恨事)

한:(漢)명 장기에서, '漢' 자로 나타낸 장(將)의 한 짝. 주로 붉은 빛깔로 나타냄. ☞초(楚)

한:(韓)명 '대한 민국(大韓民國)', '한국(韓國)', '대한 제국(大韓帝國)'의 준말.

한-[1] 접두 ①'큰'의 뜻을 나타냄. ¶한시름/한길 ②'한복판'의 뜻을 나타냄. ¶한낮/한가운데 ③'한창'의 뜻을 나타냄. ¶한여름/한더위/한철

한-[2] 접두 ①'바깥'의 뜻을 나타냄. ¶한데 ②'때늦은'의 뜻을 나타냄. ¶한저녁/한점심

-한(限)《접미사처럼 쓰이어》'범위의 한도(限度)'의 뜻을 나타냄. ¶25일한 마감./최소한/최대한

한가(寒家)명 ①빈가(貧家) ②가난하고 세력이 없는 집안. 단가(單家)

한가(閑暇)어기 '한가(閑暇)하다'의 어기(語基).
한-가락 명 -하다 자 ①노래나 소리 따위의 한 곡조. ¶소리나 ―해 보세. ②어떤 방면의 녹녹하지 않은 솜씨나 재주. ¶그 사람도 자기 분야에서는 ―하는 인물이지.
한가락 뽑다 관용 노래나 소리 따위를 한바탕 멋지게 해 보이다.
한가-롭다(閑暇―)(―롭고·―로워) 형ㅂ 한가한 느낌이 있다. ¶오솔길을 한가롭게 거닐다.
한가-로이 부 한가롭게
한-가운데 명 바로 가운데. 정중(正中). 중심(中心) ☞중간(中間). 한복판. 한중간
한-가위 명 음력 팔월 보름날. 가배절(嘉俳節). 가위². 중추(中秋). 중추절(仲秋節). 추석(秋夕). 한가윗날
한가윗-날 명 한가위. 가윗날
한-가을 명 ①가을이 한창인 때. 성추(盛秋) ②농사일이 한창 바쁜 가을철.
한-가지 명 사물의 모양·성질·동작 등이 서로 같은 것.
한가-하다(閑暇―) 형여 바쁘지 않아 여유가 있다. ¶오랜만에 한가한 하루를 보내다.
한가-히 부 한가하게 ¶― 떠 있는 나룻배.

한자 **한가할 한**(閑)〔門部 4획〕¶한가(閑暇)/한거(閑居)/한만(閑漫)/한산(閑散)/한적(閑寂)

한각(閑却) 명 -하다 타 무심하게 내버려둠.
한감(寒感) 명 추위를 무릅써서 든 감기.
한갓 부 그것만으로. 다만. 단지 ¶― 돈 몇 푼에 친구를 저버리다니…. ☞한낱
한갓-지다[―갇―] 형 한가하고 조용하다.
한:강(漢江) 명 ①우리 나라의 중부를 흐르는 강. 길이 514 km. 한수(漢水) ②어떤 곳에 물이 많이 괸 것을 과장하여 이르는 말. ¶비가 새서 방이 ―이다.
속담 **한강 가서 목욕한다**: 일부러 먼 곳까지 가서 해 보아야 별로 신통할 것이 없음을 이르는 말./**한강 물 다 먹어야 짜냐**: 무슨 일이나 처음에 조금만 시험해 보면 짐작이 간다는 말./**한강 물이 제 곬으로 흐른다**: 죄를 지은 사람은 반드시 벌을 받게 마련이라는 말./**한강에 그물 놓기**: ①이미 준비는 되었으니 기다리면 언젠가 일이 이루어질 것이라는 말. ②막연한 일을 어느 세월에 기다리고 있겠느냐는 말./**한강에 돌 던지기**: 아무리 애를 쓰거나 투자를 하여도 미미하여 효과나 영향이 거의 없음을 이르는 말. ☞한강투석(漢江投石)/**한강이 녹두죽이라도 쪽박이 없어 못 먹겠다**: 사람이 몹시 게으르고 무심함을 놀리어 이르는 말.
한강-납줄개(漢江―) 명 납자루아과의 민물고기. 몸길이는 5~9cm임. 몸통이 납작하고 체고가 높아 긴 마름모꼴로 보임. 우리 나라 고유종으로 남한강 상류에만 분포함.
한:강투석(漢江投石) 성구 '한강에 돌 던지기'라는 말을 한문식으로 옮긴 구(句)로, 아무리 애를 써도 효과나 영향을 기대할 수 없다는 뜻.
한객(閑客) 명 할 일이 없거나 심심해서 놀러 오는 한가한 손. ☞한인(閑人)
한거(閑居) 명 -하다 자 한가히 지냄. 연거(燕居)
한거십팔곡(閑居十八曲) 명 조선 선조 때의 학자인 권호문(權好文)이 지은 열여덟 수의 연시조. 속세에서 떠나 자연을 벗삼아 한가히 지내는 즐거움과 결백한 심성 등을 읊은 내용임. '송암속집(松巖續集)'에 실려 전함.
한-걱정 명 -하다 타 큰 걱정. 한시름
한:건(旱乾) 어기 '한건(旱乾)하다'의 어기(語基).
한:건-하다(旱乾―) 형여 ①오래 가물어 땅이 물기가 없이 바싹 말라 있다. ②논밭이 가물을 잘 타는 성질이 있다. 준 건하다
한걸음-에 부 한숨에 내처 걷는 걸음으로. ¶기쁜 소식을 듣고 ― 달려왔다.
한-것기[―걷―] 명 조수(潮水)의 밀물과 썰물의 차를 헤아릴 때, 음력 닷새와 스무날을 이르는 말.
한-겨울 명 추위가 한창인 겨울. 성동(盛冬). 심동(深冬) ☞한여름
한:격(限隔) 명 -하다 형 한계나 경계가 막힘.
한결 부 보다 더. 훨씬. 꽤 ¶운동을 하고 나니 몸이 ― 가벼워졌다.
한결-같다[―갇―] 형 ①처음부터 끝까지 똑같다. ¶한결같은 마음으로 사랑하다. ②여럿이 모두 하나와 같다. ¶아이들은 한결같은 기대로 들떠 있었다.
한결-같이 부 한결같게
한곗 명 하루 낮의 4분의 1쯤 되는 동안. 반나절
한:계(限界) 명 ①땅의 경계. ②사물의 정해진 범위. 계한(界限) ¶인간 능력의 ―를 넘어섰다.
한:계-각(限界角) 명 임계각(臨界角)
한:계=기업(限界企業) 명 임금 상승 등 여러 가지 경제 여건의 악화로 말미암아 경쟁력을 잃어 더 이상의 성장이 어렵게 된 기업.
한:계-량(限界量) 명 한계가 되는 분량.
한:계=상황(限界狀況) 명 죽음 따위와 같이 사람의 힘으로는 어찌할 수 없는 막다른 상황. 극한 상황(極限狀況)
한:계=생산력(限界生産力) 명 생산 요소가 한 단위 증가할 때 더 늘어나는 생산량.
한:계=생산비(限界生産費) 명 생산량이 한 단위 증가할 때 더 늘어나는 생산비.
한:계-선(限界線) 명 한계가 되는 선.
한:계=소비=성:향(限界消費性向) 명 새로 늘어난 소득에 대한 늘어난 소비의 비율. 일반적으로, 저소득층일수록 높음. ☞한계 저축 성향(限界貯蓄性向)
한:계=속도(限界速度) 명 어떤 구조물을 회전시킬 때, 그 회전 속도를 넘으면 재료가 파괴되는 것과 같은 극한의 속도.
한:계=저:축=성:향(限界貯蓄性向) 명 새로 늘어난 소득에 대한 늘어난 저축의 비율. 일반적으로 고소득층일수록 높음. ☞한계 소비 성향(限界消費性向)
한:계-점(限界點)[―쩜] 명 한계가 되는 점.
한:계=효:용(限界效用) 명 어떤 종류의 재화(財貨)가 잇달아 소비될 때, 마지막 한 단위의 재화에서 얻게 되는 심리적 만족도. 욕망의 정도에 정비례하고, 재화의 존재량에 반비례함. 최종 효용(最終效用)
한고(寒苦) 명 추위로 겪는 괴로움. ☞서고(暑苦)
한:고(罕古) 어기 '한고(罕古)하다'의 어기(語基).
한-고비 명 어떤 과정에서 가장 중요하거나 어려운 때. ¶병은 이제 ―를 넘겼다./더위도 ― 지나고….
한고-조(寒苦鳥) 명 ①인도의 설산(雪山)에 산다는 상상의 새. 몹시 게을러 집을 짓지 않는다고 함. ②불교에서, 게을러 도를 닦지 않는 중생을 비유하여 이르는 말.
한:고-하다(罕古―) 형여 예로부터 드물다.
한-골(―骨) 명 썩 좋은 지체를 이르는 말. 신라 시대에 임금과 같은 성씨의 귀족을 이르던 풍속에서 나옴.
한골 나가다 관용 썩 좋은 지체를 드러내다.
한-곳 명 일정한 장소. 한군데. 한데 ¶이제 곧 식사 시간이니, ―에 모여 앉아라.
한공(寒空) 명 추운 겨울의 하늘. 한천(寒天)
한-공중(―空中) 명 하늘의 가운데.
한:과(韓果) 명 우리 나라에서 전통적으로 만들어 온 과자류를 통틀어 이르는 말. 유과·유밀과·강정·다식·정과 따위.
한관(閑官) 명 한가한 관직, 또는 그 자리에 있는 사람. ☞한직(閑職)
한:교(韓僑) 명 해외에 살고 있는 한국 교포.
한-구석 명 한쪽 구석. ¶병아리를 ―에 몰아넣다.
한구-자(韓構字)[―짜] 명 조선 정조(1787년) 때 한구(韓構)의 필체를 본보기로 삼아 주조한 구리 활자.
한국(寒國) 명 몹시 추운 나라.
한국(寒菊) 명 국화과의 여러해살이풀. 감국(甘菊)의 변종으로 12~1월에 걸쳐 꽃이 핌.
한:국(韓國) 명 ①'대한 민국(大韓民國)'의 준말. ②'대한 제국(大韓帝國)'의 준말. 준 한(韓)
한:국-동박새(韓國―) 명 동박샛과의 나그네새. 몸길이

12cm 안팎. 눈 주위의 흰 깃털이 고리 모양을 이루며 몸은 녹색임. 턱밑과 아랫배, 아래꼬리의 빛깔은 노란빛임. 우리 나라와 중국 동북 지방, 시베리아의 아무르 지방 등에서 번식하며 동남 아시아에서 겨울을 남.

한:국-뜸부기(韓國-)명 뜸부깃과의 나그네새. 몸길이 20cm 안팎. 머리 꼭대기는 갈색이며 그 아래는 엷은 적갈색임. 뜸부기 중에서 부리가 가장 강하고 큼.

한:국-말(韓國-)명 한국어(韓國語). 조선말

한:국-밭종다리(韓國-)[-받-]명 할미샛과의 새. 몸길이 15cm 안팎. 밭종다리와 비슷하나 멱과 가슴의 연한 분홍빛과 두드러진 눈썹 선이 특징임. 동부 아시아, 중국, 티벳 등지에서 겨울을 나는 새임.

한:국=산업=규격(韓國產業規格)명 산업 표준화법에 따라 제정된 국가 규격. 우리 나라 생산품의 품질 개선과 판매, 사용 등에 관한 기술적인 사항을 통일하고 단순화하기 위한 것임. 약호는 KS

한:국-어(韓國語)명 ①한반도 일대에 널리 쓰이고 있는 한국 민족 고유의 언어. 계통상으로 알타이 어족에 딸리며 형태상으로는 교착어(膠着語)임. 말소리가 풍부하며 표현이 발달되어 있음. 조선어(朝鮮語) ②대한 민국의 국어. 현대 서울말을 표준어로 삼고 있음. 한국말 준한어(韓語)

한국-얼룩날개모기(韓國-)명 모깃과의 곤충. 학질모기와 비슷한데 몸길이는 5.5mm 안팎. 몸과 더듬이는 어두운 갈색이고 가슴과 배에 흰 얼룩무늬가 있음. 야행성으로 습지에서 살며 학질을 옮김. 우리 나라와 일본, 중국 등지에 분포함. 진학질모기

한:국=요리(韓國料理)[-뇨-]명 한국에서 발달하여 전래되는 고유의 요리. ☞한식(韓食)

한:국-적(韓國的)명 한국 고유의 특색을 지닌 것.

한:국-학(韓國學)명 한국과 관련된 역사·지리·언어·문화 등 각 분야의 고유한 것을 연구하는 학문.

한:국-화(韓國畫)명 한국의 전통적 기법과 양식으로 그려진 그림. ☞동양화

한-군데명 한곳 ¶가랑잎을 -로 모으다.

한:귀(旱鬼)명 가물을 맡고 있다는 귀신. 한발(旱魃)

한-그루명 한 땅에서, 한 해에 한 번만 작물을 거두는 일. 일모작(一毛作)

한극(寒極)명 지구상에서 가장 기온이 낮은 지점.

한-근심명 큰 근심. 큰 걱정. ¶집 문제가 해결되어서 그나마 - 덜었다.

한글명 한국어의 말소리를 바르게 적는 글자 체계인, 우리 고유의 문자 '훈민정음(訓民正音)'을 달리 이르게 된 이름. 1910년대부터 보편화되었음. 세계에서 가장 과학적인 문자로 평가되고 있음. ☞언문(諺文)

> ▶ **'한글'의 명칭**
> '한글'이란 이름이 처음 나타난 것은 1913년 신문관(新文館)에서 펴낸 '아이들 보이'에서이다. 그러다가 1927년에 조선어 연구회(뒤 조선어 학회)가 '한글'이란 이름으로 동인지(同人誌)를 내고, 1928년에 '가갸날'을 '한글날'로 고쳐 부름으로써 일반화되었다. 이 이름은 '한(韓) 글', '큰 글'의 깊은 뜻을 지니고 있는데 주시경(周時經) 지음, 또는 권덕규(權悳奎) 지음이라는 두 설이 있다.

한글-날명 세종 대왕이 '훈민정음(訓民正音)'을 지어 반포한 날을 기리기 위하여 정한 날. 10월 9일임.

한금(寒禽)명 겨울새

한:-금정(限金井)명 무덤 구덩이에 관(棺)을 내리고 금정 틀까지 흙을 덮는 일.

한금-줍다(-金-)(-줍고·-주워)자ㅂ 큰 금덩이를 캐내다.

한:기(旱氣)명 가물. 가뭄

한기(寒氣)명 ①서늘하거나 추운 기운. 유추위 ☞서기(暑氣) ②병적으로 몸에 느껴지는 으스스한 기운. ¶감기 때문인지 오후부터 -가 들었다. ☞열기(熱氣). 오한(惡寒)

한-길명 사람이 많이 다니는 큰길. 행로(行路)

한꺼번-에부 몰아서 한 번에. ¶빨랫감을 모아 두었다가 - 빨다. 준한껍에

한껍-에부 '한꺼번에'의 준말.

한:-껏(限-)부 할 수 있는 데까지. 한도에 이르는 데까지. ¶아이들은 모두 - 기대에 부푼 모습이다.

한-꽃명 불교에서, 한 송이의 꽃을 이르는 말.

한-끝명 한쪽의 맨 끝. ¶밧줄 -을 기둥에 묶다.

한-나절명 하루 낮의 반. 반날. 반일(半日) ¶어느새 -이 훌쩍 지나갔다. ☞반나절

한난(寒暖)명 '한란'의 원말.

한난-계(寒暖計)명 '한란계'의 원말.

한-날명 같은 날. ¶- 한시에 입학한 친구. ☞한시

한:남(漢南)명 한강 남쪽 유역의 땅. ☞한북(漢北)

한-낮명 낮의 한가운데. 낮 열두 시를 전후한 때. 오천(午天). 정양(正陽) 준낮

한낱부 ①오직. 단지 하나의. ②하잘것없는 ¶이제까지의 희망은 - 물거품이 되고 말았다. ☞한갓

한:내(限內)명 기한 안. 한정한 범위의 안.

한-눈[1]명 [주로 '한눈에'의 꼴로 쓰이어] ①한 번 봄. 잠깐 봄. ¶나는 그가 누구인지 -에 알아보았다. ②한 번에 바라보이는 범위. ¶산에 오르자, 시가지가 -에 들어왔다. ☞시야(視野)

한:눈[2]명 정작 보아야 할 데는 보지 않고 엉뚱한 데를 보는 눈.

한눈(을) 팔다관용 보아야 할 데는 보지 않고 엉뚱한 데를 보다. 곁눈(을) 팔다. 먼눈(을) 팔다. ¶그는 한눈 팔지 않고 오로지 체력 단련에만 힘을 쏟았다.

한다-는준 '한다고 하는'이 줄어든 말. 수준이나 실력이 남이 우러러볼만 한. 남이 알아줄만 한. ¶전국의 - 수재(秀才)들이 다 모였다.

한닥-거리다(대다)자타 한닥한닥 흔들리다, 또는 한닥한닥 흔들다. 한닥이다 ☞흔덕거리다

한닥-이다자타 한닥거리다 ☞흔덕이다

한닥-한닥부 작은 물체가 둔하게 흔들리는 모양을 나타내는 말. ☞간닥간닥. 흔덕흔덕

한:단(漢緞)명 대단(大緞)

한단지몽(邯鄲之夢)성구 중국 당나라의 노생(盧生)이 한단에서 도사 여옹(呂翁)의 베개를 베고 자며 영화(榮華)를 꿈꾸었는데, 깨어 보니 아까 여관 주인이 짓던 조밥이 채 익지 않았더라는 고사에서, 세상의 부귀영화가 덧없음을 비유하여 이르는 말. 노생지몽(盧生之夢). 일취지몽(一炊之夢). 황량몽(黃粱夢)

한단지보(邯鄲之步)성구 중국 연나라 청년이 한단 사람의 걸음걸이를 배우려다가 원래의 걸음걸이도 잊고 기어서 돌아왔다는 고사에서, 자기 본분을 잊고 함부로 남의 흉내를 내면 두 가지를 다 잃음을 비유하여 이르는 말.

한달음-에부 중도에 쉬지 않고 줄곧 달음질하여. ¶먼 거리를 - 달려왔다.

한담(寒痰)명 한방에서, 사지(四肢)가 차고 마비되어서 근육이 군데군데 뭉치어 쑤시고 아픈 증세를 이르는 말. 냉담(冷痰)

한담(閑談)명-하다자 ①심심풀이로 이야기를 주고받음, 또는 그 이야기. ②그다지 긴요하지 않은 이야기. 한화(閑話) ¶-을 나누다.

한담-설화(閑談屑話)명 심심풀이로 하는 군이야기.

한대명 팔작집의 추녀 모퉁이의 춧가지에 모로 나온 나무토막.

한대(寒帶)명 기후대(氣候帶)의 한 가지. 위도상 남북으로 각각 66.33°에서 양 극점까지의 지대, 또는 가장 기온이 높은 달의 평균 기온이 10°C 이하인 지대. 전체 육지의 약 17%를 차지함. ☞열대. 온대

한대=기후(寒帶氣候)명 한대 지방에서 나타나는 기후. 일년의 평균 기온이 빙점 이하이며, 추운 계절이 길. ☞열대 기후. 온대 기후

한대-림(寒帶林)명 아한대(亞寒帶)의 삼림. 침엽수가 위주이며, 아한대와 아고산대 이상에 형성됨. ☞열대림.

ㅎ

온대림

한대=식물(寒帶植物)명 한대 지방에서 자라는 식물. 선태식물(蘚苔植物) 따위. ☞열대 식물. 온대 식물

한대=전선(寒帶前線)명 한대 기단과 열대 기단 사이에 이루어지는 전선. 이 전선 위에 흔히 온대 저기압이 발생하여 통과함.

한-대중 명 전과 다름이 없는 같은 정도.

한댕-거리다(대다) 자타 한댕한댕 흔들리다, 또는 한댕한댕 흔들다. 한댕이다 ☞간댕거리다. 흔뎅거리다

한댕-이다 자타 한댕거리다 ☞간댕이다. 흔뎅이다

한댕-한댕 부 작은 물체가 위태롭게 흔들리는 모양을 나타내는 말. ☞간댕간댕. 흔뎅흔뎅

한-더위 명 한창 심한 더위. 성서(盛暑). 성열(盛熱). 성염(盛炎) ☞한추위

한-데[1] 명 한곳 ¶ -에 모아 놓다.

한:-데[2] 명 사방과 하늘을 가리지 않은 곳. 집채의 바깥. 노천(露天) ¶ 이틀 밤을 -에서 지냈다.

속담 **한데 앉아서 음지(陰地) 걱정한다** : 제 일도 못 꾸려 나가면서 남의 걱정을 하는 경우를 이르는 말.

한데[3] 부 '그러한데'의 뜻으로 쓰이는 접속 부사. ¶ 이번 주말에는 바람이나 쐬지. -, 어디가 좋을까?

한:데-아궁이 명 한뎃솥의 아궁이.

한:데-우물 명 집의 울 밖에 있는 우물.

한:뎃-금점(-金店)명 땅 거죽의 모래흙에 섞여 있는 사금(砂金)을 캐는 금광.

한:뎃-뒷간(-間)명 집의 울 밖에 있는 뒷간.

한:뎃-부엌 명 한데에 솥을 걸어 놓고 쓰는 부엌.

한:뎃-솥 명 한뎃부엌에 걸어 놓은 솥.

한:뎃-잠 명 한데에서 자는 잠. ☞노숙(露宿). 한둔

한:도(旱稻)명 밭에 심는 벼. 밭벼

한:도(限度)명 ①한정된 정도. ¶ 홍수로 댐의 저수량이 -를 넘다. ②일정한 정도. ¶ 참는 데도 -가 있다.

한:독(旱毒)명 가물로 말미암아 생기는 병독(病毒).

한:독(狠毒)어기 '한독(狠毒)하다'의 어기(語基).

한:독-하다(狠毒-)형여 성질이 사납고 독살스럽다.

한-돌 명 처음 돌아오는 돌. 만 일 년이 되는 날.

한-돌림 명 ①차례로 돌아가는 한 바퀴. ¶ 장기(長技) 자랑이 - 끝났다. ②끈과 같은 긴 물건을 사리거나 둥글게 감을 때의 한 바퀴.

한-동갑(-*同甲)명 같은 나이.

한-동기(-同氣)명 같은 부모에게서 태어난 형제 자매.

한-동안 명 ①꽤 오랜 동안. ¶ 만나서 -의 사정을 늘어놓았다. ②〔부사처럼 쓰임〕 ¶ - 바라보기만 하였다.

한-동자 명 끼니를 마친 뒤에 새로 밥을 짓는 일. ¶ 나중에 온 손님 때문에 -를 해야 했다. ☞동자

한:-되다(恨-)자 원통하거나 억울한 생각이 가시지 아니하고 마음에 맺히다. ¶ 우승을 놓친 일이 두고두고 -. ☞한(恨). 한(恨)하다

한-두 관 하나나 둘의. 한둘의 ¶ 그 일은 - 사람의 힘으로 될 일이 아니다. ☞두세

한두-째 수 첫째나 둘째.

한:둔 명-하다 자 한데에서 밤을 지냄. 노숙(露宿). 야숙(野宿) ☞한뎃잠

한-둘 수 하나나 둘. ¶ 모자라는 것이 -이 아니다. ☞두셋. 한두

한드랑-거리다(대다) 자타 한드랑한드랑 흔들리다, 또는 한드랑한드랑 흔들다. ☞흔드렁거리다

한드랑-한드랑 부 작은 물체가 힘없이 흔들리는 모양을 나타내는 말. ☞간드랑간드랑. 흔드렁흔드렁

한드작-거리다(대다) 자타 한드작한드작 흔들리다, 또는 한드작한드작 흔들다. ☞흔드적거리다

한드작-한드작 부 작은 물체가 천천히 흔들리는 모양을 나타내는 말. ☞간드작간드작. 흔드적흔드적

한들-거리다(대다) 자타 한들한들 흔들리다, 또는 한들한들 흔들다. ☞간들거리다. 흔들거리다

한들-한들 부 작은 물체가 가볍게 흔들리는 모양을 나타내는 말. ¶ 바람에 잎이 - 흔들리다. ☞간들간들. 흔들흔들

한등(寒燈)명 ①추운 밤에 비치는 등불. ②쓸쓸히 비치는 등불.

한등-누르다(-누르고·-눌러)자르 관원이 임기가 끝난 뒤에도 갈리지 않고 그 자리에 다시 눌러 있다.

한-때 명 ①얼마 동안의 시기. ¶ 즐거운 -를 함께 보내다. ②지나간 어느 때. ¶ -의 실수. ③같은 때. ¶ 여러 사람이 -에 몰려오다.

한때-모판(-板)명 모종 따위를 제자리에 심을 때까지 임시로 심어 가꾸는 모판. 가식상(假植床)

한때-심기[-끼]명 모종 따위를 제자리에 심을 때까지 임시로 모판 등에 심는 일. 가식(假植) ☞아주심기

한-뜻 명 같은 뜻. ¶ 여러 사람이 -으로 힘을 모으다.

한:라-산(漢^拏山)명 제주도 한가운데 있는 명산. 정상에 지름 500m의 화구호인 백록담(白鹿潭)이 있음. 높이는 1,950m.

한란(寒^暖)명 추움과 따뜻함. ¶ -의 차이가 심한 고장. 원한난(寒暖)

한란(寒蘭)명 난초과의 상록 여러해살이풀. 줄기 높이는 30~70cm. 잎은 가늘고 길며 무더기로 남. 겨울에 잎보다 짧은 꽃줄기가 나와 연두색이나 홍자색 꽃이 핌. 제주도 남부와 일본 남부 등지에 분포함.

한란-계(寒^暖計)명 기온의 높고 낮음을 재는 온도계. 수은 온도계와 알코올 온도계, 섭씨 온도계와 화씨 온도계 등의 구별이 있음. 원한난계

한랭(寒冷)어기 '한랭(寒冷)하다'의 어기(語基).

한랭=고기압(寒冷高氣壓)명 기온이 주위보다 낮은 고기압. ☞온난 고기압

한랭-대(寒冷帶)명 ①한랭한 지대, 또는 그 언저리. ②한랭 전선의 언저리.

한랭=전선(寒冷前線)명 찬 기단(氣團)이 따뜻한 기단을 밀어올리듯 하면서 나아가는 곳에 나타나는 전선. 북반구에서는 소나기나 뇌우(雷雨)가 내리는 경우가 많으며, 통과하면 기온이 갑자기 내려감. ☞온난 전선(溫暖前線)

한랭지=농업(寒冷地農業)명 한랭한 지대에서 하는 농업. ☞고랭지 농업(高冷地農業)

한랭-하다(寒冷-)형여 몹시 춥고 차다. ¶ 한랭한 기후. ☞온난하다

한:량(限量)명 한정된 양. ¶ 보약일지라도 -을 넘게 써서는 안 된다./반가운 느낌이 -이 없다.

한량(閑良)명 ①돈 잘 쓰고 놀기 좋아하는 사람을 두고 흔히 이르는 말. ②지난날, 일정하게 하는 일이 없이 놀며 지내는 양반 계급을 이르던 말. ③조선 시대, 무과(武科)에 급제하지 못한 무인을 이르던 말. ☞유수(遊手)

한량(寒涼)명 찬 기운과 서늘한 기운.

한:량-없다(限量-)[-업-]형 그지없다

한량-없이 부 한량없게 ¶ 그의 마음씨는 - 너그럽다.

한량-음:식(閑良飮食)명 한량들이 음식을 먹듯이, 시장하여 음식을 마구 먹어 대는 짓.

한:련(旱蓮)명 한련과의 한해살이 덩굴풀. 길이는 1.5m 안팎. 잎은 방패 모양인데, 잎자루가 긺. 6월경에 황색이나 적색, 또는 황백색의 다섯잎꽃이 핌. 어린잎과 씨는 향미료로 쓰임.

한:련-초(旱蓮草)명 국화과의 한해살이풀. 줄기 높이 10~60cm. 전체에 짧고 거친 털이 있으며, 잎은 마주 나고 고춧잎과 비슷한 모양임. 8~9월에 줄기와 가지 끝에 흰 두상화(頭狀花)가 핌. 우리 나라 남부의 따뜻한 지역에 분포하는데, 길가나 밭둑에 자람. 민간에서 지혈제나 이질 약으로 쓰임.

한:례(罕例)명 드문 전례(前例).

한:로(旱路)명 육로(陸路)

한로(寒露)명 ①늦가을에서 초겨울 무렵까지 내리는 이슬. ②이십사 절기(二十四節氣)의 하나. 추분(秋分)과 상강(霜降) 사이로, 양력 10월 9일께. ☞입동(立冬)

한:뢰(旱雷)명 마른하늘에서 치는 천둥. 마른천둥

한뢰(寒雷)명 겨울에 한랭 전선이 지날 때 생기는 우레.

한료(閑寥)[어기] '한료(閑寥)하다'의 어기(語基).
한료-하다(閑寥-)[형][여] 한가하고 고요하다.
한류(寒流)[명] 고위도 해역에서 적도 방면으로 흐르는, 수온이 주변 바닷물보다 낮은 해류. 찬무대 ☞난류(暖流)
한림(寒林)[명] 낙엽이 진 겨울철 숲.
한:림(翰林)[명] ①신라 때, 임금의 말과 명령을 글로 기록하는 일을 맡아보는 관직을 이르던 말. ②조선 시대, 예문관(藝文館)의 검열(檢閱)을 달리 이르던 말.
한:림-뚜에(翰林-)[명] 가마 뚜껑의 한 가지. 모양이 선자(扇子)추녀를 뽑은 지붕과 비슷하며 가운데는 기와를 엎어놓은듯 함.
한:림별곡(翰林別曲)[명] 고려 고종(高宗) 때 한림의 여러 선비가 같이 지었다는 경기체가. 현실 도피적이고 향락적인 풍류 생활을 읊은 내용임.
한:림-원(翰林院)[명] 고려 시대, 임금의 명령을 받아 문서를 꾸미는 일을 맡아보던 관아.
한:림-탕:건(翰林宕巾)[명] 탕건의 한 가지. 위는 그물 모양이고 아래는 빗살 모양이 나게 만들었음.
한:마(悍馬)[명] 성질이 사나운 말.
한-마루[명] 쟁기의 성에와 술을 꿰뚫어 곧게 선 긴 나무.
한마루-공사(-公事)[명] 일의 처리를 전과 다름없이 해 나가는 일을 이르는 말.
한-마음[명] ①하나로 합친 마음. ¶-으로 뭉칩시다. ②변함없는 마음. ¶-으로 그리워하다. 일심(一心)
　한마음 한뜻[관용] 모든 사람이 꼭 같은 생각을 가짐을 이르는 말.
한:마지로(汗馬之勞)[성구] ①싸움터에서 말을 타고 달리면서 활약한 공로를 이르는 말. ②물자를 먼 곳으로 실어 나르는 데 겪는 노고를 이르는 말.
한:만(限滿)[명]-하다[자] 기한(期限)이 다 참.
한:만(汗漫)[어기] '한만(汗漫)하다'의 어기(語基).
한만(閑漫)[어기] '한만(閑漫)하다'의 어기(語基).
한만-스럽다(閑漫-)(-스럽고·-스러워)[형][ㅂ] 아주 한가롭고 느긋한 데가 있다.
　한만-스레[부] 한만스럽게
한:만-하다(汗漫-)[형][여] 등한하다
　한만-히[부] 한만하게
한만-하다(閑漫-)[형][여] 아주 한가하고 느긋하다.
　한만-히[부] 한만하게
한망(閑忙)[명] 한가함과 바쁨.
한:명(限命)[명] 하늘이 정한 한정된 목숨.
한:모(翰毛)[명] 붓의 털.
한-목[부] 한꺼번에 다. ¶짐을 -에 실어 나르다./미루었던 일을 -에 하다.
한-몫[명] 한 사람 앞에 돌아가는 분량이나 구실. ¶아이들도 -을 거들다.
　한몫 끼다[관용] 여럿 사이에 어울리다. ¶놀이판에 -.
　한몫(을) 보다[관용] 단단히 이득을 보다. 한몫(을) 잡다.
　한몫(을) 잡다[관용] 한몫(을) 보다.
　한몫(을) 하다[관용] 자기에게 맡겨진 구실을 제대로 해내다.
한-무날[명] 무수기를 볼 때, 음력 열흘과 스무닷새를 아울러 이르는 말. ☞무날
한무릎-공부(-工夫)[-릅-][명] 한때 착실히 하는 공부.
한:묵(翰墨)[명] ①붓과 먹. ②시문(詩文)이나 서화(書畫).
한문(寒門)[명] 가난하고 지체가 낮은 집안. 한족(寒族)
한:문(漢文)[명] ①한어(漢語)의 옛 어법에 따라 한자로 표기한 문어체(文語體) 문장. ②한자로 표기한 문장.
한:문-체(漢文體)[명] 한문의 문체(文體).
한:문-학(漢文學)[명] ①중국의 전통적인 문어체로 쓴 시문(詩文). ②중국의 고전을 연구하는 학문. [준] 한학(漢學) ③한문으로 된 문학 작품.
한-물[1][명] 과일이나 채소, 어물 따위가 한창 생산되고 수확되는 때. ¶참외도 -이 지났다./오징어가 -이다.
　한물(이) 가다[관용] ①한물이 지나다. ¶한물 간 딸기. ②생선 등의 신선한 정도가 떨어지다. ¶한물 간 갈치. ③한창때가 지나다. ¶처서가 지나자 더위도 한물 갔다./그 대단하던 인기가 -.
　한물(이) 지다[관용] 한물이 되다.
한-물[2][명] ①큰물 ②음력 9, 10일과 24, 25일의 미세기.
　한물(이) 지다[관용] 비가 많이 내려 강물 등이 붇다.
한미(寒微)[어기] '한미(寒微)하다'의 어기(語基).
한미-하다(寒微-)[형][여] 구차하고 지체가 변변하지 못하다. ¶한미한 집안.
한:-민족(漢民族)[명] 한족(漢族)
한:-민족(韓民族)[명] 예로부터 한반도와 중국 동북 지방에 걸쳐 공동 문화권을 이루어 살고 있는 민족. 곧 우리 나라의 민족을 이르는 말. 황색 인종으로 퉁구스계에 딸리며, 민족 고유어인 한국어를 사용함. 한족(韓族) ☞배달겨레. 배달민족
한-밑천[-믿-][명] 일을 이루는 데 큰 도움이 될만 한 많은 돈이나 물건. ¶-을 잡다.
한-바닥[명] 번화한 곳의 중심이 되는 땅.
한-바탕[명] ①크게 벌어진 한 판. ¶뒤숭숭하더니 급기야 -의 소동이 일어났다. ②〔부사처럼 쓰임〕 ¶실랑이질을 - 벌이다.
한:-반도(韓半島)[명] 우리 나라의 국토를 지형의 특징에 따라 달리 이르는 말. 아시아 대륙의 동쪽 끝에 남북으로 길게 뻗어 있는 반도임.
한-발[부] 동안이나 상태가 '조금'임을 뜻하는 말. ¶- 앞서 결승점에 다다랐다./부지런히 달렸지만 그보다 - 늦었어./목표에 - 다가서다.
한:발(旱魃)[명] ①가물. 가뭄 ②가물을 맡고 있다는 귀신. 한귀(旱鬼)
한-밤[명] 깊은 밤.
한-밤중(-中)[-쭝][명] ①밤 열두 시를 전후한 때. 깊은 밤중. 반야(半夜). 야밤중. 오밤중. 중야(中夜) ②어떤 일에 대하여 전혀 모르고 있는 상태를 비유하여 이르는 말. ¶그는 세상 물정에는 -이다.
한-밥[1][명] 누에의 마지막 잡힌 밥.
한:-밥[2][명] 끼니때가 지나서 차리는 밥. ¶- 차리지 않게 일찍 돌아오너라.
한:방(漢方)[명] ①중국에서 생겨나서 발달한 의술(醫術). ②한의(漢醫)의 처방(處方).
한:방(韓方)[명] ①중국에서 전해져 우리 나라에서 발달한 의술. ②한의(韓醫)의 처방(處方).
한:방-약(漢方藥)[-냑][명] 한방(漢方)에서 쓰는 약. [준] 한약(漢藥)
한:방-약(韓方藥)[-냑][명] 한방(韓方)에서 쓰는 약. [준] 한약(韓藥)
한:방-의(漢方醫)[명] ①한방(漢方)의 의사(醫師). ②한방(漢方)의 의술. [준] 한의(漢醫)
한:방-의(韓方醫)[명] ①한의사(韓醫師) ②한방(韓方)의 의술. [준] 한의(韓醫)
한-배[1][명] ①한 태(胎)에서 태어나거나 한 무렵에 여러 알에서 깬 새끼. ②'동복(同腹)'을 속되게 이르는 말. ☞각배
한:-배[2][명] 국악에서, 곡조의 장단을 이르는 말.
한:-배[3][명] 쏜 화살이 미치어 가는 한도.
한배-검[명] 대종교에서, '단군(檀君)'을 높이어 일컫는 말. 대황신(大皇神)
한번[명] ①어떤 일을 시험 삼아 해봄을 나타내는 말. ¶이 돌덩이 - 들어 봐./값이나 - 물어 보자. ②기회 있는 어떤 때. ¶언제 - 만나자. ③주로 '한번은'의 꼴로 쓰이어, 지난 어느 때나 기회. ¶-은 우연히 그를 만난 적이 있다. ④일단(一旦) ¶- 넋두리를 늘어놓기 시작하면 끝이 없다.
　[부] 참으로 ¶노래 - 잘 부른다.
　[속담] **한번 검으면 흴 줄 모른다**: 한번 나쁜 버릇이 들면 좀처럼 고치기 어렵다는 말./**한번 엎지른 물은 다시 주워 담지 못한다**: 한번 저지른 일은 돌이키지 못한다는 말./**한번 쥐면 펼 줄 모른다**: 무엇이든지 한번 손에 들어오면 놓지 않는다는 뜻으로, 아주 인색하거나 완고하다는 말./**한번 한 말은 어디든지 날아간다**: 일단 한 말

은 으레 널리 퍼지게 마련이라는 말.
한벽-처(閑僻處)명 조용하고 외진 곳.
한보(閑步)명-하다자 한가로이 거닒. 또는 그렇게 걷는 걸음걸이. 만보(漫步)
한:복(韓服)명 우리 겨레의 고유 양식의 옷. ☞양복(洋服)
한-복판명 복판의 한가운데. 중앙(中央). 한중간 ¶서울의 ―./과녁의 ―을 꿰뚫다.
한:부(悍婦)명 거칠고 사나운 여자.
한:북(漢北)명 한강 북쪽의 땅. ☞한남(漢南)
한비(寒肥)명 겨울에 주는 거름.
한빈(寒貧)어기 '한빈(寒貧)하다'의 어기(語基).
한빈-하다(寒貧―)형여 매우 가난하다.
한:사(限死)명-하다자타 죽기까지 한정함. 죽음을 각오함.
한:사(恨死)명-하다자 원한을 품고 죽음.
한:사(恨事)명 원통하거나 한스러운 일.
한사(寒士)명 가난한 선비.
한:사-결단(限死決斷)[―딴]명 죽음을 무릅쓰고 결단함.
한:-사군(漢四郡)명 기원전 108년에 중국 전한(前漢)의 무제가 위만 조선을 멸망시키고 그 지역에 두었던 네 행정 구역. 곧 낙랑군(樂浪郡)·진번군(眞蕃郡)·임둔군(臨屯郡)·현도군(玄菟郡)을 이름.
한-사리명 간조와 만조 때의 해수면의 높이 차가 가장 클 때, 또는 그때의 밀물과 썰물. 매월 음력 보름과 그믐 무렵에 일어남. 대조(大潮). 사리[1] ☞조금
한사-만직(閑司漫職)명 일이 많지 아니한 한가한 관직.
한:사-코(限死―)부 몹시 기를 쓰고. 기어코 ¶잡은 손을 ― 뿌리치고 떠나다./악쓰며 ― 덤벼들다.
한산(寒疝)명 한방에서 이르는 산증(疝症)의 한 가지. 불알이 차갑고 부으며 몹시 아픔.
한산(閑散)[1]명 한량(閑良)과 산관(散官).
한산(閑散)[2]어기 '한산(閑散)하다'의 어기(語基).
한산(寒酸)어기 '한산(寒酸)하다'의 어기(語基).
한산=모시(韓山―)명 충청 남도 서천군(舒川郡) 한산에서 나는 모시. 한산저(韓山苧)
한산=세:모시(韓山細―)명 충청 남도 서천군(舒川郡) 한산에서 나는, 올이 가늘고 바닥이 고운 모시. 한산 세저
한산=세:저(韓山細苧)명 한산 세모시
한산-저(韓山苧)명 한산 모시
한산-하다(閑散―)형여 ①고요하고 쓸쓸하다. ¶철이 지나 한산한 해수욕장. ②일이 없어 한가하다. ¶농한기라 한산한 나날을 보내다. ③매매나 거래 따위가 뜸하다. ¶불경기로 매장이 ―.
한산-하다(寒酸―)형여 가난하여 살아가기가 괴롭다.
한:살(恨殺)명-하다타 원한을 품고 죽임.
한살-되다자 ①두 물건이 한데 붙어 한 물건처럼 되다. ②남녀가 결합하여 부부가 되다.
한-살이명 곤충 따위가 알에서 깨어 애벌레, 번데기, 성충으로 바뀌면서 자라는 변태(變態) 과정의 한 차례.
한:삼(汗衫)명 ①여자의 예복인 원삼(圓衫)이나 활옷 등의 소매 끝에 손을 가리도록 길게 덧댄 흰 천. ②지난날, 궁중 무용을 할 때 무동이나 여기(女妓)가 손목에 묶던 긴 소매. ③조선 시대, 궁중에서 '속적삼'을 이르던 말.
한색(寒色)명 파란색이나 남색 따위와 같이 찬 느낌을 주는 빛깔. ☞난색(暖色)
한:생전(限生前) '살아 있는 동안까지'의 뜻. 한평생(限平生) ¶― 갚을 길이 없는 큰 은혜.
한서(寒暑)명 ①추위와 더위. ¶―의 차이가 심한 고장. ②한기(寒氣)와 서기(暑氣). ③겨울과 여름. 서한
한:서(漢書)명 ①중국의 책. 중국 사람이 쓴 한문 책. 한적(漢籍) ②중국 정사(正史)의 한 가지. 전한(前漢)의 역사를 기전체(紀傳體)로 쓴 책. 120권.
한:선(汗腺)명 땀샘
한선(寒蟬)명 '쓰르라미'의 딴이름.
한설(寒雪)명 찬 눈. ¶북풍 ―
한:성(漢城)명 ①조선 시대, '서울'을 이르던 말. ②'한성부(漢城府)'의 준말.

한:성-부(漢城府)명 조선 시대에 서울의 행정과 사법을 맡아보던 관아. 준한성
한:성순보(漢城旬報)명 우리 나라에서 최초로 발간된 신문. 조선 고종 20년(1883)에 순한문으로 인쇄됨. 일종의 관보(官報) 형식이었음.
한성-시(漢城試)명 조선 시대, 서울에서 삼 년마다 보이던 생원·진사의 초시(初試)와 문과(文科)의 초시. 경시(京試)
한-세상(―世上)명 ①한평생 사는 동안. ¶벼의 품종 개량 연구로 ―을 보내다. ②한창 잘사는 한때. ¶하는 일마다 번성하니 ― 만났구먼.
한-세월(閑歲月)명 한가하게 보내는 세월. 한일월(閑日月) ¶―로 여생(餘生)을 보내다.
한센-병(Hansen病)[―뼝]명 '나병(癩病)'을 달리 이르는 말. 나균(癩菌)을 발견한 한센의 이름에서 연유함.
한소(寒素)어기 '한소(寒素)하다'의 어기(語基).
한-소끔부 한 번 부르르 끓어오름을 나타내는 말. ¶나물을 ― 끓여 데치다.
한소-하다(寒素―)형여 가난하나 마음이 깨끗하고 생활이 검소하다. ☞청빈(淸貧)하다
한-속명 ①서로 같은 생각을 지닌 마음. ¶우리는 ―이라서 무슨 일을 하든지 손발이 잘 맞는다. ②같은 셈속. ¶너희 모두 ―이 되어 나를 모함하는구나.
한속(寒粟)명 추울 때 살갗에 돋는 소름.
한손-잡이명 외손잡이
한솔(扞率)명 백제의 16관등 중 다섯째 등급. ☞나솔(奈率)
한솥-밥[―솓―]명 같은 솥에서 푼 밥. 한솥엣밥
속담 **한솥밥 먹고 송사(訟事)한다** : 아무리 정분이 두터운 사이라도 하찮은 일로 서로 송사까지 하기에 이르는 경우가 있다는 말.
한솥엣-밥[―솓―]명 한솥밥
한:수(漢水)명 ①큰 강. ②'한강(漢江)'을 달리 이르는 말. ¶― 이남의 시가지.
한수-석(寒水石)명 ①대리석의 한 가지. 단단한 결정질 석회암으로, 빛깔은 희거나 검푸르며, 광택이 있음. 건축재나 장식재 따위로 쓰임. ②한방에서, 소금의 간수를 굳힌 것을 약재로 이르는 말. 해열·이뇨·갈증이나 눈병의 치료에 쓰임.
한-순(―巡)명 한 차례에 화살 다섯 대를 쏘는 일.
한-순간(―瞬間)명 매우 짧은 동안. ¶―도 마음을 놓지 못하다.
한-술명 숟가락으로 한 번 뜬 음식이라는 뜻으로, 매우 적은 양의 음식을 이르는 말.
속담 **한술 밥에 배 부르랴** : ①무슨 일이나 단번에 만족한 결과를 얻을 수 없다는 말. ②힘을 조금 들이고 많은 이득을 볼 수 없다는 말.
한-숨[1]명 숨 한 번 쉴 동안이라는 뜻으로, '짧은 동안'을 이르는 말. ¶― 곤히 자고 일어나다./잠을 ―도 못 자다.
한숨(을) 돌리다관용 힘겨운 일이나 어려운 고비를 넘기고 잠시 여유를 가지다.
한-숨[2]명 근심이나 설움이 있을 때, 또는 긴장했던 마음을 놓을 때 길게 내쉬는 숨. 태식(太息)
한숨(을) 짓다관용 한숨을 쉬다.

한자 **한숨 쉴 탄**(歎)〔欠部 11획〕¶개탄(慨歎)/비탄(悲歎)/탄식(歎息)/한탄(恨歎) ▷ 歎과 嘆은 통용자

한숨-에부 쉬지 아니하고 곧장. 단숨에 ¶먼 거리를 ― 달려오다.
한:-스럽다(恨―)(―스럽고·―스러워)형ㅂ 한이 되는 느낌이 있다. ¶자식된 도리를 다하지 못한 것이 ―.
한-스레부 한스럽게
한-습명 말이나 소, 개 따위의 한 살을 이르는 말. 하릅 ☞두습. 이듭
한습(寒濕)명 한방에서, 습기로 말미암아 속이 차가워지는 증세를 이르는 말. 습랭(濕冷)
한-시(―時)명 ①같은 시각. ¶한날 ―에 태어나다. ②짧은 동안. ¶그를 ―도 잊은 날이 없다.
한시가 바쁘다관용 시각을 다툴 만큼 매우 바쁘다.

한:시(漢詩)명 ①한문으로 지은 시. ②중국의 시.

한-시름 명 큰 시름. 한걱정

한시름(을) 놓다 관용 큰 걱정이 덜리어 일단 마음을 놓다. ¶ 태풍이 지나가서 ―.

한식(寒食)명 명절(名節)의 한 가지. 동지(冬至)로부터 105일째 되는 날로서 양력 4월 5일이나 6일쯤 됨. 이 날 성묘(省墓)도 하고 무덤에 떼를 갈아 입히기도 함.

속담 **한식에 죽으나 청명**(淸明)**에 죽으나** : 한식과 청명은 하루 사이이므로, 하루 먼저 죽으나 뒤에 죽으나 별로 차이가 없다는 말.

한:식(韓式)명 우리 나라 고유의 양식. ¶ ― 가옥

한:식(韓食)명 우리 나라 전래의 음식. ☞양식(洋食). 한국 요리(韓國料理)

한-식경(―食頃)명 한 끼의 밥을 먹을만 한 동안이라는 뜻으로, 그리 오래지 않은 짧은 동안을 이르는 말. 일식경

한식-사리(寒食―)명 한식 무렵에 잡히는 조기.

한심(寒心)어기 '한심(寒心)하다'의 어기(語基).

한심-스럽다(寒心―)(―스럽고·―스러워)형ㅂ 한심한 데가 있다. ¶ 아무리 가르쳐도 모르니 참으로 ―.

한심-스레 부 한심스럽게

한심-하다(寒心―)형여 생각이나 하는 짓이 모자라거나 지나쳐 어이없다. ¶ 행동하는 꼴이 ―.

한아(寒鴉)명 '까마귀'의 딴이름.

한아(閑雅)어기 '한아(閑雅)하다'의 어기(語基).

한아-스럽다(閑雅―)(―스럽고·―스러워)형ㅂ 보기에 한아한 데가 있다.

한아-스레 부 한아스럽게

한아-하다(閑雅―)형여 ①한가롭고 아취(雅趣)가 있다. ②조용하고 품위가 있다.

한:악(悍惡)어기 '한악(悍惡)하다'의 어기(語基).

한:악-스럽다(悍惡―)(―스럽고·―스러워)형ㅂ 보기에 한악한 데가 있다.

한악-스레 부 한악스럽게

한:악-하다(悍惡―)형여 성질이 사납고 악하다.

한야(寒夜)명 추운 겨울 밤.

한:약(漢藥)명 '한방약(漢方藥)'의 준말.

한:약(韓藥)명 '한방약(韓方藥)'의 준말. 한의약(韓醫藥) ☞양약(洋藥)

한:약-국(韓藥局)명 한약방(韓藥房)

한:약-방(韓藥房)명 한약업사(韓藥業士)가 경영하는 가게를 이르는 말. 한약국(韓藥局)

한:약업-사(韓藥業士)명 일정한 자격 시험에 합격하여, 허가된 지역 안에서 개업하여 환자의 요구가 있을 때, 또는 한의사의 처방전이나 한의서의 처방에 따라 한약을 지어 파는 사람.

한:-약재(韓藥材)명 한약의 재료.

한:약종-상(韓藥種商)명 '한약업사(韓藥業士)'를 이전에 이르던 말.

한양(閑養)명-하다타 한가로이 몸을 보양(保養)함.

한:양(漢陽)명 조선 시대, '서울'의 이름.

한:양-가(漢陽歌)명 조선 헌종 10년(1844)에 한산 거사(漢山居士)가 지은 장편 가사. 한양의 승경(勝景), 임금의 행차, 과거 급제의 영화 따위를 읊은 내용임.

한:어(漢語)명 한족(漢族)의 언어. 중국어(中國語)

한:어(韓語)명 '한국어(韓國語)'의 준말.

한:언(罕言)어기 '한언(罕言)하다'의 어기(語基).

한:언-하다(罕言―)형여 말수가 적다.

한-얼 명 대종교에서, '한'은 '큰', '얼'은 '혼(魂)'의 뜻으로, 우주 또는 신(神)을 이르는 말.

한얼-님 명 대종교에서, 하느님 곧 단군(檀君)을 높이어 일컫는 말.

한:-없:다(限―)[―업―]형 끝이 없다. ¶ 한없는 그리움. / 한없는 사랑. ☞한(限)

한-없이 부 한없게 ¶ ― 넓은 바다.

한-여름[―녀―]명 더위가 한창인 여름. 성하(盛夏) ☞ 한겨울

한:역(漢譯)명-하다타 한문(漢文)으로 번역함, 또는 그런 글이나 책.

한:역(韓譯)명-하다타 한국어로 번역함, 또는 그런 글이나 책.

한:열(旱熱)명 가물 때의 심한 더위. ☞한염(旱炎)

한열(寒熱)명 한방에서, 오한(惡寒)과 신열(身熱)을 아울러 이르는 말. ¶ ― 왕래

한열-상박(寒熱相搏)명 한방에서, 한기와 열기가 마주친다는 뜻으로, 오한(惡寒)과 신열(身熱)이 함께 일어나는 증세를 이르는 말.

한:염(旱炎)명 가물 때의 불 같은 더위. ☞한열(旱熱)

한-옆[―녑]명 한쪽 옆. 한갓진 곳.

한-오금 명 활의 먼오금과 밭은오금의 사이. 준오금

한:옥(韓屋)명 우리 나라의 재래식 건축 양식으로 지은 집. 조선집 ☞양옥(洋屋)

한온(寒溫)명 ①날씨의 참과 따뜻함. ②날씨를 말하며 서로 주고받는 안부 인사. ☞한훤(寒暄)

한:외(限外)명 한계의 밖, 또는 한도 이상.

한:외=마약(限外麻藥)명 약에 마약이 섞여 있으나 그 약에서 마약 성분만을 따로 재추출할 수 없으며, 습관성도 없는 약임을 뜻하는 말.

한:용(悍勇)어기 '한용(悍勇)하다'의 어기(語基).

한:용-스럽다(悍勇―)(―스럽고·―스러워)형ㅂ 보기에 사납고 용맹한 데가 있다.

한용-스레 부 한용스럽게

한:용-하다(悍勇―)형여 사납고 용맹하다.

한우(寒雨)명 ①찬비 ②겨울에 내리는 비.

한:우(韓牛)명 소의 한 품종. 우리 나라 재래종으로, 몸무게는 암소는 300kg, 황소는 420kg 안팎이며, 몸빛은 갈색임. 체질이 강하고 성질이 온순함. 지난날, 주로 농사일이나 짐을 실어 나르는 일 등에 이용하였음.

한:우충동(汗牛充棟)성구 짐으로 실으면 소가 땀을 흘리고, 쌓으면 들보에까지 찬다는 뜻으로, 장서(藏書)가 매우 많음을 이르는 말.

한운(閑雲)명 한가히 떠도는 구름.

한운야:학(閑雲野鶴)[―냐―]성구 한가히 떠도는 구름과 들에 노니는 학과 같이, 속세를 떠나 아무 데도 매인 데 없이 한가로운 생활을 하며 마음 편히 사는 경지를 비유하여 이르는 말.

한-울 명 천도교에서, 우주의 본체를 가리키는 말. '한'은 '큰', '울'은 '우리'의 준말로, '큰 나' 또는 '온 세상'이라는 뜻임.

한울-님 명 천도교의 신앙 대상. 유일신으로 사람의 육체를 영도하고 우주를 섭리하는 존재를 이름.

한월(寒月)명 겨울 밤의 달, 또는 차가워 보이는 달.

한위(寒威)명 겨울철의 몹시 추운 기운. ☞서위(暑威)

한유(閑遊)명-하다자 한가하게 노님.

한유(閑裕)어기 '한유(閑裕)하다'의 어기(語基).

한유-하다(閑裕―)형여 한가하고 여유가 있다. ¶ 한유한 산촌 생활.

한음(閑吟)명-하다타 한가로이 시가(詩歌)를 읊음.

한:음(漢音)명 한자의 중국 음. 화음(華音)

한:-음식(―飮食)명 끼니때가 아닌 때에 차린 음식.

한:의(汗衣)명 ①땀이 밴 옷. ②땀받이

한:의(漢醫)명 '한방의(漢方醫)'의 준말.

한:의(韓醫)명 ①'한방의(韓方醫)'의 준말. ②한의사(韓醫師)'의 준말. ☞양의(洋醫)

한:-의사(韓醫師)명 한의학을 전공한 의사. 한방의(韓方醫) 준한의(韓醫)

한:-의서(韓醫書)명 한의학과 한약에 관한 책.

한:-의술(韓醫術)명 우리 나라의 전래 의술.

한:-의약(韓醫藥)명 한방(韓方)에서 쓰는 약. 한방약(韓方藥) 준한약(韓藥)

한:-의원(韓醫院)명 한의술로 치료하는 의원.

한:-의학(韓醫學)명 우리 나라의 전래 의학.

한-이레[―니―]명 첫이레

한인(閑人)명 ①할 일이 없는 한가한 사람. ☞한객(閑客) ②토호(土豪) 출신의 무인(武人). 고려 시대에는 보

충병 구실을 하였고, 조선 시대에는 문무 삼품관 이하의 퇴직자로서 무예를 연마하여 일정 기간 서울에서 숙위(宿衛)의 의무를 담당하였음.
한:인(漢人)명 중국 한족(漢族)의 사람.
한:인(韓人)명 한국 사람.
한인물입(閑人勿入)성구 '볼일이 없는 사람은 들어오지 말라'는 말.
한-일(一一)명 한자 부수(部首)의 한 가지. '丁'·'七'·'上'·'下' 등에서 '一'의 이름.
한:일(限日)명 기한으로 정한 날.
한일(閑日)명 한가한 날.
한:일모(限日暮) 한종일(限終日)
한:일=병합(韓日倂合)명 1910년 8월 29일 일제(日帝)가 우리 나라의 통치권을 빼앗고 식민지로 삼은 일. 우리 나라는 1945년 8월 15일까지 일제에 강점(強占)되었음.
한-일월(閑日月)명 한세월(閑歲月)
한:일=합방(韓日合邦)명 '한일 병합'의 구용어.
한-입[-닙]명 ①한 번 벌린 입. ¶ -에 삼켜 버리다./쌈을 -에 쏙 넣다. ②입에 한 번 넣을만 한 분량. ¶새로 담근 김치 - 먹어 보아라. ③입에 음식물이 가득 찬 상태. ¶상추쌈이 -이나 된다. ④식구(食口) 한 사람.
한:입골수(恨入骨髓)[-쑤]성구 원한이 뼈에 사무침을 이르는 말.
한:자(漢字)[-짜]명 중국에서 만든 표의 문자(表意文字). 한 글자가 한 음절로 한 단어를 나타냄. 은허(殷墟)에서 출토된 기원전 15세기경의 갑골 문자(甲骨文字)가 오늘날 전하는 가장 오래된 것임. 우리 나라와 일본에서도 쓰임.
한-자리명 ①같은 자리. ②도예(陶藝)에서, '외손'을 달리 이르는 말.
속담 **한자리 누워서 서로 딴 꿈을 꾼다** : 겉으로는 같은 행동을 하면서도 속으로는 서로 딴생각을 한다는 말. ☞동상이몽(同床異夢)
한:자-말(漢字一)[-짜-]명 한자로 된 말. 한자어
한:자-어(漢字語)[-짜-]명 한자말
한-잠명 ①깊이 든 잠. ¶ - 푹 자야겠다. ②잠시 자는 잠. ¶쉬는 시간에 - 잤더니 몸이 개운하다.
한장-치명 누에 알을 받아 붙인 종이 한 장분. 여기에서 고치가 10~13말 나옴.
한:재(旱災)명 가물로 말미암아 생기는 재앙(災殃). ☞한해(旱害)
한:-저녁명 끼니때가 지난 다음에 간단히 차리는 저녁.
한:적(漢籍)명 한서(漢書)
한적(閑寂)어기 '한적(閑寂)하다'의 어기(語基).
한적(閑適)어기 '한적(閑適)하다'의 어기(語基).
한적-하다(閑寂一)형여 한가하고 고요하다. 한료하다 ¶한적한 산사(山寺)에서 하루를 지내다.
한적-히부 한적하게
한적-하다(閑適一)형여 한가하고 얽매인 데가 없어 마음에 맞갖다.
한적-히부 한적하게
한:전(旱田)명 '밭'을 달리 이르는 말. ☞수전(水田)
한:전(限前)명 기한(期限)이 되기 전.
한전(寒戰)명 한방에서, 오한(惡寒)이 심하여 몸이 후들후들 떨리는 증세를 이르는 말.
한전-나다(寒戰一)자 한전이 일어나다.
한절(寒節)명 추운 겨울철. 한천(寒天)[1]
한:정(限定)명-하다타 ①수량이나 범위 따위를 제한하여 정함, 또는 그 한도. ②논리학에서, 개념에 속성을 붙이고 한계를 정해 성질을 명확히 하거나 범위를 확실히 하는 일. 개념의 내포(內包)를 넓히고 외연(外延)을 좁힘. ☞개괄(槪括)
한정(閑靜)어기 '한정(閑靜)하다'의 어기(語基).
한:정=능력(限定能力)명 법률에 따라 한정된 사람의 행위 능력. 미성년자, 금치산자 등의 행위 능력 따위.
한:정=승인(限定承認)명 상속인이 상속한 재산의 한도 안에서 피상속인의 채무와 유증(遺贈)을 갚을 것을 조건으로 하는 상속의 승인. ☞단순 승인(單純承認)
한:정=전:쟁(限定戰爭)명 목적이나 수단, 지역, 무기 따위에 일정한 제한을 두고 벌이는 전쟁. 제한 전쟁
한:정=출판(限定出版)명 책의 부수를 한정하여 출판하는 일. ☞한정판(限定版)
한:정=치산(限定治産)명 심신 박약자나 낭비벽이 있는 사람 등 의사 능력이 불충분한 사람이 자기 재산을 단독으로 관리하고 처분하는 일을 법률로 금지하는 처분. 법원이 판결·선고함.
한:정=치산자(限定治產者)명 가정 법원에서 한정 치산의 선고를 받은 사람. ☞심신 박약자(心神薄弱者)
한:정-판(限定版)명 부수를 제한하여 내는 출판물이나 음반. ☞한정 출판(限定出版)
한정-하다(閑靜一)형여 한가하고 조용하다. 정한하다
한정-히부 한정하게
한제(寒劑)명 냉각제로 쓰는, 두 가지 이상의 물질의 혼합물. 얼음과 소금의 혼합물 따위. 기한제(起寒劑)
한조(寒鳥)명 겨울철의 새.
한족(寒族)명 한문(寒門)
한:족(漢族)명 중국 본토에서 예로부터 살아온 민족. 중국 인구의 약 90%를 차지하는 황색 인종으로 한어(漢語)를 사용함. 황허 강 유역을 근거지로 하여 수천 년의 역사를 통해 독자적인 문화를 이룩함. 한민족(漢民族)
한:족(韓族)명 한민족(韓民族)
한:종신(限終身) '죽을 때까지'의 뜻. ☞한생전(限生前) ¶이 은혜는 - 잊지 않겠습니다.
한:종일(限終日) '해가 질 때까지'의 뜻. 한일모(限日暮) ¶어머니는 딸을 - 애타게 기다렸다.
한:주국종-체(漢主國從體)명 한문이 주가 되고 국문이 보조적으로 쓰인 문체. ☞국주한종체(國主漢從體)
한죽(寒竹)명 자죽(紫竹)
한준(寒畯)명 가난하나 문벌이 좋은 선비.
한-줄기명 같은 계통. ¶ -로 면면히 이어 온 겨레.
한중(閑中)명 한가한 동안.
한중(寒中)명 ①소한(小寒)부터 대한(大寒)까지의 사이. ②겨울철의 가장 추운 동안. ③한방에서, 속에 한기(寒氣)가 서리어 여름에도 설사를 잘하는 병을 이르는 말.
한-중간(一中間)명 한가운데. 한복판
한중록(閑中錄)명 조선 영조 때, 사도 세자(思悼世子)의 빈(嬪) 혜경궁 홍씨(惠慶宮洪氏)가 지은 자전적 회고록. '인현왕후전(仁顯王后傳)'과 함께 궁중 문학의 쌍벽을 이룸. 한중만록
한중만록(閑中漫錄)명 한중록(閑中錄)
한즉부 ①'그러한즉'의 준말. ¶ - 그에게 상을 줌이 마땅하다. ②'그리한즉'의 준말.
한:증(汗蒸)명-하다자 물리 요법의 한 가지. 높은 온도로 몸을 덥게 하여, 땀을 내어 병을 다스리는 일. ☞찜질
한증(寒證)명 한방에서, 건강의 이상으로 한기(寒氣)를 느끼며 얼굴이 창백하고 손발이 찬 증세를 이르는 말. ☞열증(熱證). 표증(表證)
한:증-막(汗蒸幕)명 한증하기 위하여 만든 시설. 사방을 둘러막아 굴처럼 만들고 밖에서 불을 때어 안의 공기를 뜨겁게 함.
한:증-탕(汗蒸湯)명 한증 시설을 갖춘 목욕탕.
한지(寒地)명 추운 고장. ☞난지(暖地)
한:지(韓紙)명 닥나무 껍질의 섬유를 써서 우리 나라 전래의 제조법으로 뜬 종이. 창호지 따위. 조선종이
한:지(限地)앞말 지역을 제한함을 뜻하는 말. ¶ - 의사
한지성=작물(寒地性作物)[-썽-]명 추운 지방에서 재배하기에 알맞은 작물. 보리·밀·귀리·옥수수 따위.
한:지=의사(限地醫師)명 일정한 지역에서만 개업하도록 허가된 의사. 무의촌(無醫村) 문제를 해결하기 위한 보건 정책으로, 특정 지역에 한정하여 실시함.
한직(閑職)명 ①한가한 관직이나 직무. ②중요하지 않은 관직이나 직무. ¶ -으로 밀려나다. ☞한관(閑官)
한:진(汗疹)명 한방에서, '땀띠'를 이르는 말.
한-집명 ①같은 집. ¶내 짝과 나는 -에 산다. ②한집안

속담 **한집 살아 보고 한 배 타 보아야 속 안다** : 사람의 마음은 오래 같이 지내 보아야 알며, 특히 어려운 일을 겪어 보아야 잘 알 수 있다는 말. /**한집에 감투쟁이 셋이 변**(變) : 무슨 일에 나서서 주장하는 사람이 많으면, 도리어 일이 안 되고 탈이 생긴다는 말.

한-집안 명 ①같은 집에서 함께 사는 가족. ②일가 친척(一家親戚). 한집

속담 **한집안에 김 별감(金別監) 성을 모른다** : 흔히 가까운 일이나 쉬운 일은 대강 보아 넘기므로 잘 모를 수 있다는 말. [삼 년 남의 집 살고 주인 성 묻는다]

한:징(旱徵) 명 가물의 조짐.

한-쪽 명 어느 하나의 쪽. 어느 한 방향. ¶ - 손만 들어라. /-으로 쏠리다.

한-차례 명 어떤 일을 한바탕 겪음을 나타내는 말. ¶ - 곤욕을 치르다. /아침에 - 폭우가 쏟아졌다.

한-참 명 ①시간이 꽤 지나는 동안. ¶마주앉은 채로 시간이 -이나 흘러서야 그는 입을 열었다. ②일을 하거나 쉬는 동안의 한차례. ③지난날, 두 역참(驛站) 사이의 거리를 이르던 말. ④[부사처럼 쓰임] ¶ - 기다렸으나 아무도 오지 않았다.

한창 명 가장 성하고 활기가 있는 상태, 또는 그러한 때. ¶앞산에는 진달래가 -이다. /아파트 공사가 -이다. 부 가장 활기가 있게. 가장 성하게. ¶ - 아름다운 나이. /- 흥겨운 판이다.

한창(寒窓) 명 객지(客地)

한창(寒脹) 명 한방에서, 배가 붓고 토사(吐瀉)가 나며 손발이 싸늘해지는 증세를 이르는 말.

한창-나이 명 기운이 한창인 젊은 나이. ¶ -라 무엇이든지 잘 먹고 힘도 잘 쓴다.

한창-때 명 기운이나 의욕이 가장 왕성한 때. ¶나도 -는 힘 좀 썼지.

한:천(旱天) 명 ①몹시 가문 여름의 하늘. ②몹시 가문 날씨. ¶ -의 단비.

한천(寒天)[1] 명 ①싸늘한 겨울 하늘. 동천(冬天). 한공(寒空) ②한절(寒節) ☞서천(暑天)

한천(寒天)[2] 명 우무

한천(寒泉) 명 찬물이 솟는 샘.

한-철 명 한창인 때. ¶군밤 장수도 -을 만났구나.

한:청문감(漢淸文鑑) 명 조선 정조 3년(1779)에, 역관(譯官) 이수(李洙)가 엮은 중국어·만주어의 한국어 대역(對譯) 사전. 15권의 목판본.

한:초(旱草) 명 가물을 잘 견디는 풀.

한촌(寒村) 명 가난하고 쓸쓸한 마을.

한-추위 명 한창 심한 추위. ☞엄한(嚴寒). 한더위

한축(寒縮) 명 -하다 자 추워서 몸이 움츠러듦.

한:출첨배(汗出沾背) 성구 부끄럽거나 무서워서 땀이 흘러 등을 적심을 이르는 말.

한:충-향(漢沖香) 명 지난날, 여자들이 노리개로 차던 향. 온갖 향과 약가루를 섞어 반죽하여 금실로 엮어 흰 말총으로 만든 집에 넣은 것으로, 부채 고리에 매달거나 몸에 차기도 하며, 곽란 같은 급한 병의 약으로도 썼음.

한-층(一層) 부 일정한 정도에서 한 단계 더. 일층(一層) ¶ - 보기에 좋다. /고향 생각이 - 간절하다.

한칩(寒蟄) 명 -하다 자 추위를 타서 집 안에만 있음.

한-카래 명 '한카래꾼'의 준말.

한카래-꾼 명 가래질할 때, 한 가래에 붙는 세 사람의 한패. 준 한카래

한-칼 명 ①[주로 '한칼에'의 꼴로 쓰이어] 한 번 휘둘러 베는 칼질. ¶ -에 베어 버리다. ②쇠고기 따위를 한 번에 베어 낸 덩이. ¶고기 - 제대로 먹지 못하던 때.

한:탄(恨歎) 명 -하다 타 원통해 하거나 뉘우칠 때 한숨을 짓는 일, 또는 그 한숨.

한:탄-스럽다(恨歎一) (-스럽고·-스러워) 형ㅂ 한탄할 만 한 데가 있다. ¶끝내 그를 잡지 못한 것이 -.
한탄-스레 부 한탄스럽게

한태 명 쟁기 따위의 봇줄을 잡아매는 줄.

한-턱 명 -하다 자 좋은 일로 남에게 음식을 대접하는 일. ¶취직했으니 -하라고 다들 야단이다.

한턱-거리 명 한턱낼만 한 거리.

한턱-내:다 자 좋은 일로 남에게 음식을 대접하다. 한턱하다 ¶오늘은 내가 한턱내지.

한턱-먹다 자 남이 좋은 일로 베푼 음식을 대접받다. ¶자네 덕에 한턱먹네그려.

-한테 조 체언에 붙어, '-에게'와 같은 뜻으로 쓰이는 부사격 조사. 입말에 많이 쓰임. ¶부처님한테 설법하는 셈. /소한테 물렸다.

-한테로 조 체언에 붙어, '-에게로'와 같은 뜻으로 쓰이는 부사격 조사. 입말에 많이 쓰임. ¶모든 책임은 나한테로 돌아올 것이다.

-한테서 조 체언에 붙어, '-에게서'와 같은 뜻으로 쓰이는 부사격 조사. 입말에 많이 쓰임. ¶영어를 영국 사람한테서 배웠다.

한토(寒土) 명 ①추운 곳. ②쓸쓸하고 외진 곳.

한:토하(汗吐下) 명 -하다 자 한방에서, 병을 고치기 위하여 땀이 나게 하거나 토하게 하거나 설사를 하게 하는 일.

한통[1] 명 활의 한가운데.

한-통[2] 명 '한통속'의 준말.

한-통속[-쏙] 명 서로 마음이 통하여 같이 모인 동아리. ¶ -이니 서로 뜻이 맞을 수밖에. 준 한통[2]

한통-치다 타 나누지 않고 한곳에 합치다. ¶한통쳐서 저녁 값을 셈하다.

한퇴(寒退) 명 -하다 자 오한이 멈춤, 또는 한기가 물러감.

한파(寒波) 명 겨울철에 기온이 갑자기 내려가는 현상, 또는 이때 들이닥치는 모진 추위. ☞온파(溫波)

한-판 명 ①한 번 벌이는 판. ¶장기 - 두세. /- 겨루어 보겠나? ②유도에서, 판정 용어의 하나. 상대를 상당한 힘과 속도로 메쳤을 때, 30초 이상 누르기를 성공하였을 때, 꺾기나 조르기로 상대를 제압했을 때, 상대가 기권했을 때, 절반이 두 번 나오는 때 선언됨. ☞절반(折半)

한팔-접이 명 적수가 되지 않아 한 팔을 접어 줄 수 있다는 뜻으로, 씨름 따위의 경기나 내기에서 힘과 기술이 모자라는 사람을 이르는 말.

한-패 명 같은 동아리, 또는 같은 패.

한-편(一便) 명 ①목적을 같이 하는 편. ¶그와 나는 -이다. ②어느 한 편짝. 일편(一便) ¶ -으로 비켜 서다. 부 다른 방면으로. ¶바쁜 가운데 - 한가한 겨를도 있다네.

속담 **한편 말만 듣고 송사 못한다** : 한편의 말만 들어서는 잘잘못을 가리기가 어렵다는 말.

한-평생(一平生) 명 태어나서 죽을 때까지의 동안. 살아 있는 동안. 일생(一生). 일평생 ¶그는 -을 고향에서 살았다.

한:평생(限平生) '살아 있는 동안까지'의 뜻. 한생전(限生前) ¶이 은혜는 - 잊지 않겠습니다.

한-포(一布) 명 파초(芭蕉)의 섬유로 짠 굵은 베.

한:포국-하다 타여 흐뭇하리만큼 가지다.

한-푼 명 돈 한 닢의 뜻으로, 적은 돈을 비유하여 이르는 말. ¶자기 돈은 -도 없이 장사를 시작하다. ☞샐닢

한-풀 명 한창때의 활발한 기운.

한풀 꺾이다 관용 한창이던 기세나 활기가 얼마간 수그러지다. ¶기승을 부리던 추위가 -.

한풀 죽다 관용 한창 세차던 기세나 활기가 눈에 띄게 약해지다. ¶꾸중을 듣더니 한풀 죽은 기색이다.

한:-풀이(恨一) 명 -하다 자 마음에 맺힌 한을 푸는 일.

한:품(限品) 명 -하다 타 지난날, 신분에 따라 관원의 품계를 제한하던 일.

한풍(寒風) 명 ①찬바람 ②팔풍(八風)의 하나. '북풍(北風)'을 달리 이르는 말.

한-풍류(一風流) 명 대종교에서, 단군의 공덕을 기리는 노래. 첫번째 도사교(都司教)인 나철(羅喆)이 지음. 천악(天樂)

한필(閑筆) 명 한가한 마음으로 여유 있게 쓴 글씨나 글.

한:-하다(限一) 자타여 사물이 어떤 범위에 제한되다, 또는 사물을 어떤 범위로 제한하다. ¶이 문제는 젊은이에

게만 한한 것이 아니다. /오후에 한하여 입장할 수 있다.

한자 한할 한(限) [阜部 6획] ¶ 한계(限界)/한도(限度)/한량(限量)/한정(限定)

한:-하다(恨-) 타여 원통해 하거나 억울해 하다. ¶부모님에게 효도하지 못한 일을 -. ☞한(恨). 한되다

한:학(漢學) 명 ①중국의 한(漢)나라와 당(唐)나라의 훈고학(訓詁學)을 송(宋)나라와 명(明)나라의 성리학(性理學)에 상대하여 이르는 말. ②'한문학(漢文學)'의 준말. ☞양학(洋學)

한:해(旱害) 명 가물로 말미암아 입는 피해. ☞한재(旱災)

한해(寒害) 명 추위로 말미암아 입는 피해.

한해-살이 명 '한해살이풀'의 준말. 일년생 ☞두해살이

한해살이=식물(-植物) 명 한해살이풀

한해살이-풀 명 한 해 동안에 싹이 트고 자라서, 꽃이 피고 열매를 맺고서 시들어 죽는 풀. 나팔꽃이나 벼, 호박 따위. 당년초(當年草). 일년생 식물(一年生植物). 일년생 초본. 일년초 준 한해살이 ☞두해살이풀

한행(寒行) 명 불교에서, 대한(大寒) 무렵의 30일 동안 추위를 견디며 수행하는 일을 이르는 말.

한-허리 명 길이의 한중간. ¶-를 꺾다.

한:혈(汗血) 명 ①피와 땀. ②피와 같은 땀이란 뜻으로, 몹시 노력함을 이르는 말. 피땀

한:혈-마(汗血馬) 명 중국 한나라 때, 서역(西域)에서 들여왔다는 명마(名馬). 피와 같은 땀을 흘리면서 하루에 천리를 달렸다 함.

한호충(寒號蟲) 명 '산박쥐'의 딴이름.

한화(寒花) 명 ①늦가을이나 겨울에 피는 꽃. ②나뭇가지에 쌓인 눈을 꽃에 비유하여 이르는 말.

한화(閑話) 명 -하다 자 한담(閑談)

한:화(韓貨) 명 한국의 돈. ☞외화(外貨)

한화휴제(閑話休題) 성구 쓸데없는 이야기는 그만둔다는 뜻으로, 글을 써 내려갈 때 한동안 다른 내용을 쓰다가 다시 본 내용으로 돌아갈 때 쓰는 말.

한훤(寒暄) 명 ①날씨의 춥고 더움을 말하며 하는 인사. ☞한온(寒溫) ②편지 첫머리에 쓰는 절후(節候)의 문안. 한훤문(寒暄問)

한훤-문(寒暄問) 명 한훤(寒暄)

할(喝) 명 ①불교에서, 선승(禪僧)이 말이나 글로 나타낼 수 없는 도리를 보일 때 하는 말. ②불교에서, 수행자의 사견(邪見)을 꾸짖어 반성하게 할 때 하는 말.

할(割) 의 수량을 열로 나눈 것의 비율을 나타내는 단위. ¶1- 5푼. /3-의 타율. ☞리(厘). 푼

할갑다(할갑고·할가워) 형ㅂ 들어갈 물체보다 담긴 자리가 좀 너르다. ¶신은 신이 -. /암나사가 -. ☞헐겁다

할거(割去) 명 -하다 타 베어 버림. 찢어 버림.

할거(割據) 명 -하다 자 저마다 자기의 영토를 근거지로 삼아 세력을 폄. ¶여러 영웅들이 -한 난세.

할경 명 ①-하다 타 남에게 말로써 업신여기는 뜻을 나타내는 일. ¶사람을 이렇게 -하다니. ②남의 떳떳하지 못한 신분(身分)을 드러내는 말.

할경(割耕) 명 -하다 타 이웃한 남의 논밭을 침범해 경작함.

할구(割球) 명 다세포 동물의 발생 초기에 수정란의 세포 분열로 생기는 미분화 상태의 세포. ☞난할(卵割)

할근-거리다(대다) 자 할근할근 숨을 쉬다. ☞헐근거리다

할근-할근 부 숨이 차서 할딱거리며 갈그랑거리는 모양을 나타내는 말. ☞헐근헐근

할금 부 훔쳐보듯이 잠깐 한 번 보는 모양을 나타내는 말. ☞할끔. 핼금. 흘금

할금-거리다(대다) 자 할금할금 보다. ☞할끔거리다. 핼금거리다. 흘금거리다

할금-할금 부 훔쳐보듯이 잠깐씩 자꾸 보는 모양을 나타내는 말. ☞할끔할끔. 핼금핼금. 흘금흘금

할긋 부 훔쳐보듯이 재빨리 한 번 보는 모양을 나타내는 말. ☞할깃. 할끗. 핼긋. 흘긋

할긋-거리다(대다)[-귿-] 자 할긋할긋 보다. ☞할깃거리다. 할끗거리다. 핼긋거리다. 흘긋거리다

할긋-할긋[-귿-] 부 훔쳐보듯이 재빨리 자꾸 보는 모양을 나타내는 말. ☞할깃할깃. 할끗할끗. 핼긋핼긋. 흘긋흘긋

할기다 타 '흘기다'를 좀더 작은 어감으로 이르는 말.

할기시 부 은근히 한 번 할겨 보는 모양을 나타내는 말.

할기-족족 부 할겨 보는 눈에 못마땅한 마음이 드러나는 모양을 나타내는 말. ☞흘기죽죽

할깃 부 무심한듯이 재빨리 한 번 보는 모양을 나타내는 말. ☞할긋. 할낏. 흘깃

할깃-거리다(대다)[-긷-] 자 할깃할깃 보다. ☞할긋거리다. 할낏거리다. 흘깃거리다

할깃-할깃[-긷-] 부 무심한듯이 재빨리 자꾸 보는 모양을 나타내는 말. ☞할긋할긋. 할낏할낏. 흘깃흘깃

할끔 부 훔쳐보듯이 얼른 한 번 보는 모양을 나타내는 말. ☞할금. 핼끔. 흘끔

할끔-거리다(대다) 자 할끔할끔 보다. ☞할금거리다. 핼끔거리다. 흘끔거리다

할끔-하다 형여 몸이 고단하거나 불편하여, 얼굴이 까칠하고 눈이 때꾼하다. ☞흘끔하다

할끔-할끔 부 훔쳐보듯이 얼른 자꾸 보는 모양을 나타내는 말. ☞할금할금. 핼끔핼끔. 흘끔흘끔

할끗 부 훔쳐보듯이 언뜻 한 번 보는 모양을 나타내는 말. ☞할긋. 할낏. 핼끗. 흘끗

할끗-거리다(대다)[-끋-] 자 할끗할끗 보다. ☞할긋거리다. 할낏거리다. 핼끗거리다. 흘끗거리다

할끗-할끗[-끋-] 부 훔쳐보듯이 언뜻 자꾸 보는 모양을 나타내는 말. ☞할긋할긋. 할낏할낏. 핼끗핼끗. 흘끗흘끗

할낏 부 무심한듯이 언뜻 한 번 보는 모양을 나타내는 말. ☞할깃. 할끗. 흘낏

할낏-거리다(대다)[-낃-] 자 할낏할낏 보다. ☞할깃거리다. 할끗거리다. 흘낏거리다

할낏-할낏[-낃-] 부 무심한듯이 언뜻 자꾸 보는 모양을 나타내는 말. ☞할깃할깃. 할끗할끗. 흘낏흘낏

할-날 명 하루의 날.

할단(割斷)[-딴] 명 -하다 타 베어서 끊음.

할당(割當)[-땅] 명 -하다 타 몫을 갈라 맡음, 또는 그 맡은 몫. ¶일을 부서별로 -하다. ☞벼름. 부별(賦別)

할당-제(割當制)[-땅-] 명 몫을 갈라 맡기거나 책임을 지우는 제도.

할딱-거리다(대다) 자타 ①숨을 가쁘게 몰아쉬다. ②꿰거나 박은 것이 할가워서 자꾸 요리조리 움직이다. 할딱이다 ☞헐떡거리다. 훌떡거리다

할딱-이다 자타 할딱거리다 ☞헐떡이다

할딱-할딱 부 할딱거리는 모양을 나타내는 말. ☞헐떡헐떡. 훌떡훌떡[2]

할랑-거리다(대다) 자 ①꿰거나 박은 것이 할가워서 자꾸 요리조리 움직이다. ②실답지 않게 행동하다. ☞헐렁거리다. 훌랑거리다

할랑-하다 형여 ①꿰거나 박은 것이 자리가 널러 할가운 느낌이 있다. ¶할랑한 바지. ②하는 짓이 실답지 아니하다. ☞헐렁하다. 훌랑하다

할랑-할랑 부 할랑거리는 모양을 나타내는 말. ☞헐렁헐렁. 훌랑훌랑[2]

할랑할랑-하다 형여 매우 할랑하다. ☞헐렁헐렁하다. 훌랑훌랑하다

할래-발딱 부 숨을 조금 가쁘게 몰아쉬며 할딱이는 모양을 나타내는 말. ☞헐레벌떡

할래발딱-거리다(대다) 자타 잇달아 할래발딱 숨을 쉬다. ☞헐레벌떡거리다

할래발딱-할래발딱 부 할래발딱거리는 모양을 나타내는 말. ☞헐레벌떡헐레벌떡

할렐루야(hallelujah 히) 명 크리스트교에서 '하느님을 찬양하라'의 뜻으로, 기쁨이나 감사를 나타내는 말. 알렐루야(alleluia)

할례(割禮) 명 음경의 포피(包皮)나 음핵(陰核)을 째거나 일부를 잘라 버리는 풍습. 할손례(割損禮)

할로겐(Halogen 독) 명 할로겐 원소

ㅎ

할로겐=전:구(Halogen電球)명 아르곤이나 크립톤 같은 비활성 가스를 넣고 할로겐 원소인 염소나 요오드 따위를 미량 넣은 백열 전구.

할로겐=원소(Halogen元素)명 플루오르·염소·브롬·요오드·아스타틴을 통틀어 이르는 말. 모두 전형적인 비금속 원소로 주기율표 제17족에 딸림. 염소족 원소(塩素族元素). 할로겐

할로겐화-물(Halogen化物)명 할로겐 원소와 다른 원소의 화합물. 플루오르화물·염화물·브롬화물·요오드화물·아스타틴화물 따위.

할리파(khalifa 아)명 마호메트의 후계자로서 군주 겸 교주인 이슬람 교단의 지배자를 일컫는 말. 칼리프

할-말명 하고 싶은 말이나 해야 할 말. ¶네게 —이 있다./윗사람이지만 —은 해야겠다.

할말(이) 없다관용 ①변명할 여지가 없다. ¶입이 열 개라도 할말이 없소. ②면목이 없다.

할망구명 늙은 여자를 놀리거나 낮잡아 이르는 말.

할맥(割麥)명 통보리를 세로로 타서 쓿은 보리쌀.

할머니명 ①아버지의 어머니. 조모(祖母) ②부모의 어머니와 같은 항렬의 여자를 두루 일컫는 말. ③늙은 여자를 친근하게 일컫는 말. 높할머님 ☞왕모(王母)

할머님명 '할머니'의 높임말.

할멈명 ①늙은 여자를 얕잡아 이르는 말. ②지난날, 늙은 여자 하인을 이르던 말. ③지난날, 신분이 낮은 사람의 할머니를 이르던 말. ④지난날, 지체가 높은 사람에게 제 할머니를 이르던 말. ⑤늙은 부부 사이에서 남편이 아내를 부르는 말. 노구(老嫗) ☞할아범

할명(割名)명-하다타 구성원 명부에서 이름을 빼 버림, 곧 구성원 자격을 박탈함. 제명(除名)

할미명 '할머니'나 '할멈'을 낮추어 이르는 말. 노고(老姑). 노온(老媼) ☞할아비

할미-꽃명 미나리아재빗과의 여러해살이풀. 줄기 높이는 40cm 안팎이며, 온몸에 흰 털이 나 있음. 4~5월에 자줏빛 꽃이 줄기 끝에서 밑을 향해 핌. 들이나 산의 양지에 자람. 뿌리는 한방에서, 이질이나 학질, 신경통 따위에 약으로 쓰임. 노고초(老姑草). 백두옹(白頭翁)

할미-새명 할미샛과의 새를 통틀어 이르는 말. 벌레를 잡아먹는 이로운 새로, 부리는 가늘고, 긴 꼬리를 아래위로 쉴새없이 흔드는 습성이 있음.

할미새-사:촌(—四寸)명 할미새사촌과의 나그네새. 몸길이 18cm, 날개 길이와 꽁지 길이 10cm 안팎. 얼굴과 몸의 아래쪽은 흰빛, 등은 잿빛, 머리와 꽁지깃은 검음. 꼬리를 흔들며 울고, 곤충류를 잡아먹음. 시베리아 동부에 분포하는데, 봄과 가을에 우리 나라를 지나가며 동남아시아에서 겨울을 남.

할미-질빵명 미나리아재빗과의 낙엽 활엽 덩굴나무. 덩굴 길이 5m 안팎. 잎은 마주 나고, 깃꼴 겹잎은 잎자루가 길고 작은 잎은 달걀꼴임. 6~8월에 꽃이 한 대에 세 개씩 취산(聚繖) 꽃차례로 핌. 전국 각지의 숲에서 자라며, 어린잎은 나물로 먹을 수 있음.

할박(割剝)명-하다타 ①가죽을 벗기고 살을 베어냄. ②지난날, 탐관오리가 가혹하게 세금을 거두고 재물을 빼앗는 일을 비유하여 이르던 말. 박할(剝割)

할반지통(割半之痛)성구 몸의 반쪽을 베어내는 아픔이란 뜻으로, 형제나 자매가 죽은 슬픔을 이르는 말.

할보(割譜)명-하다타 족보에서 이름을 지워 친족 관계를 끊는 일. ▷割의 속자는 割

할복(割腹)명-하다자 배를 가름. ¶— 자살

할부(割賦)명-하다타 돈을 여러 번으로 나누어 냄. 연부(年賦)나 월부 따위. ¶12개월 무이자 —로 냉장고를 사다. ☞일시불(一時拂)

할부-금(割賦金)명 여러 번으로 나누어 내는 돈.

할부=상환(割賦償還)명 빚의 원금과 이자를 여러 번으로 나누어 갚는 일.

할부=판매(割賦販賣)명 물건 값을 여러 번으로 나누어 받는 조건으로 판매하는 방식.

할선(割線)[—썬]명 원이나 곡선을 둘 이상의 점을 지나며 자르는 직선. ☞접선(接線)

할손-례(割損禮)[—쏜네]명 할례(割禮)

할쑥-하다형여 얼굴이 해쓱하게 야위다. ☞헐쑥하다

할식(喝食)[—씩]명 절에서, 대중이 끼니 음식을 먹을 때 심부름하는 행자(行者)를 이르는 말.

할아버님명 '할아버지'의 높임말.

할아버지명 ①아버지의 아버지. 조부(祖父) ②부모의 아버지와 같은 항렬(行列)의 남자를 두루 일컫는 말. ③늙은 남자를 친근하게 일컫는 말. ¶옆집 — 높할아버님 ☞왕부(王父)

한자 **할아버지 조**(祖) 〔示部 5획〕 ¶외조부(外祖父)/조부(祖父)/조상(祖上)/조손(祖孫)

할아범명 ①늙은 남자를 낮잡아 이르는 말. ②지난날, 늙은 남자 하인을 이르던 말. ③지난날, 지체가 낮은 사람의 할아버지를 이르던 말. ④지난날, 지체가 높은 사람에게 제 할아버지를 이르던 말. ☞할멈

할아비명 '할아버지'나 '할아범'을 낮추어 이르는 말. ☞할미

속담 **할아비 감투를 손자가 쓴 것 같다** : 크기가 맞지 않아 보기에 우스운 경우를 비유하여 이르는 말.

할애(割愛)명-하다타 아깝게 여기는 것을 선뜻 내어 주거나 떼어 줌. ¶바쁜 중에도 시간을 —하다.

할양(割讓)명-하다타 ①땅이나 물건의 일부를 떼어 남에게 넘겨줌. ②국가 사이의 합의에 따라 자기 나라 영토의 일부를 다른 나라에 넘겨줌. ¶홍콩은 영국에 —되었다가 1997년 중국에 반환되었다.

할여(割與)명-하다타 베어 주거나 쪼개어 줌.

할육충복(割肉充腹)성구 제 살을 베어 배를 채운다는 뜻으로, 혈족의 재물을 빼앗는 짓을 비유하여 이르는 말.

할인(割引)명 ①-하다타 일정한 값에서 얼마를 덞. ¶옷을 정가에서 20% —한 가격으로 사다. ☞할증(割增) ②'어음 할인'의 준말.

할인(割印)명-하다자 서로 관련된 사실을 증명하기 위해 하나의 도장을 두 쪽의 서류에 걸쳐 찍음, 또는 그렇게 찍은 도장. 유계인(契印)

할인-권(割引券)[—꿘]명 할인을 증명하는 표.

할인-료(割引料)[—뇨]명 어음의 액면 가격과 사는 값의 차, 곧 어음을 할인한 날부터 만기일까지의 날수에 따라 떼어 내는 이자.

할인=모집법(割引募集法)명 공채나 주식 따위를 액면 가격에서 값을 깎을 것을 내세우고 모집하는 방법.

할인=발행(割引發行)명 공채나 주식 따위를 액면 가격보다 싼값으로 발행하는 일. ☞할증 발행

할인=시:장(割引市場)명 어음 할인으로 단기 융자가 이루어지는 금융 시장. ☞단자 시장(短資市場)

할인=어음(割引—)명 은행이 할인하여 사들인 어음.

할인-율(割引率)[—뉼]명 할인하는 비율.

할인-채(割引債)명 액면 가격에서 상환 기일까지의 이자에 상당하는 금액을 할인하여 매출하는 채권. 만기 1년 미만의 단기채가 대부분임. 할인 채권

할인=채:권(割引債券)명 할인채(割引債)

할접(割椄)[—쩝]명 쪼개접

할주(割註)[—쭈]명 본문 사이에 잔 글자로 단 주.

할증(割增)[—쯩]명-하다타 일정한 값에 얼마를 더함. ¶심야에는 택시 요금이 —된다. ☞덤. 할인(割引)

할증-금(割增金)[—쯩—]명 ①일정한 가격이나 급료 등에 여분을 더하여 주는 금액. ②채권 따위의 상환에서 추첨 등의 방법에 따라 여분으로 주는 돈. ☞웃돈

할증-료(割增料)[—쯩—]명 일정한 값에 더 주는 돈.

할증=발행(割增發行)[—쯩—]명 공채나 주식 따위를 액면 가격보다 비싼 값으로 발행하는 일. ☞할인 발행

할증=임:금(割增賃金)명 보통의 경우보다 높은 임금 비율로 지급되는 임금 부분. 초과 근무 수당 따위.

할짝-거리다(대다)타 할짝할짝 핥다. ☞할쭉거리다

할짝-할짝부 혓바닥으로 자꾸 부드럽게 핥는 모양을 나타내는 말. ¶강아지가 주인의 손을 — 핥다. ☞할쭉할쭉

할쭉-거리다(대다) 타 할쭉할쭉 핥다. ☞할짝거리다

할쭉-하다 형여 살이 빠져 몸이 홀쭉하다. ☞헐쭉하다

할쭉-할쭉 부 혀끝으로 자꾸 가볍게 핥는 모양을 나타내는 말. ¶고양이가 우유를 ― 핥아먹다. ☞할짝할짝

할취(割取) 명 -하다 타 남의 것에서 일부를 빼앗아 가짐.

할퀴다 타 ①손톱 따위로 긁어서 생채기를 내다. ¶얼굴을 ―. ②휩쓸고 지나치다. ¶수마(水魔)가 할퀴고 가다.

할팽(割烹) 명 -하다 타 〔고기를 베어 삶는다는 뜻으로〕 음식을 조리하는 일, 또는 그 음식.

할할 부 숨이 차서 숨을 고르게 쉬지 못하는 모양을 나타내는 말. ☞헐헐

핥다[할따] 타 ①혀를 물체에 대고 스치다. ¶개가 빈 접시를 핥고 있다. ②물이나 불, 빛 따위가 물체의 겉을 스치어 지나다. ¶이미 불길이 너울너울 지붕을 핥고 있었다./탐조등 빛이 담벼락을 핥으며 지나갔다.

핥아-먹다 타 ①혓바닥으로 쓸어 들여서 먹다. ¶아이스크림을 핥아먹는 꼬마. ②옳지 못한 수단으로 남의 재물을 야금야금 빼앗다.

핥아-세:다 타 옳지 못한 수단으로 남의 재물을 단번에 빼앗아 가지다.

핥이다[1][할치-] 자 핥음을 당하다. ¶그는 제 강아지에게 얼굴을 핥이며 즐거워했다.

핥이다[2][할치-] 타 핥게 하다.

함:(函) 명 ①옷이나 물건 따위를 넣어 두는 상자. ②재래식 혼례에서 신랑 집에서 채단(采緞)과 혼서(婚書)를 넣어서 신부 집으로 보내는 나무 그릇. 예장함(禮狀函)

함(咸) 명 '함괘(咸卦)'의 준말.

함(銜) 명 자기의 이름자를 변형하여 만든 수결(手決).

 함(을) 두다 관용 문서의 자기 이름 밑에 수결을 쓰다.

함(緘) 명 봉한다는 뜻으로, 편지 따위의 겉의 봉한 자리에 쓰거나 찍는 글자.

함:(艦) 명 '군함(軍艦)'의 준말.

함감(含憾) 명 -하다 자 원망의 뜻을 품음. 협감(挾憾)

함:거(轞車·檻車) 명 지난날, 죄인을 호송하던 수레.

함고(咸告) 명 -하다 타 죄다 일러바침.

함-괘(咸卦) 명 육십사괘(六十四卦)의 하나. 태괘(兌卦) 아래 간괘(艮卦)가 놓인 괘로 산 위에 못이 있음을 상징함. 준 함(咸) ☞항괘(恒卦)

함:교(艦橋) 명 군함의 상갑판보다 높게 만들어 놓은 갑판. 함장이 항해나 전투를 지휘하는 곳임. ☞선교(船橋)

함구(含垢) 명 -하다 자 욕된 일을 참고 견딤.

함구(緘口) 명 -하다 자 입을 다물고 말하지 아니함. 겸구(箝口). 함묵(緘默) ☞개구(開口)

함구-령(緘口令) 명 무슨 일에 관하여 말하는 것을 금지하는 명령.

함구무언(緘口無言) 성구 입을 다물고 아무 말도 하지 않음을 이르는 말. 함구불언(緘口不言)

함구물설(緘口勿說)[―썰] 성구 입을 다물고 말하지 말라는 말. 겸구물설(箝口勿說)

함구불언(緘口不言) 성구 함구무언(咸口無言)

함께 부 서로 더불어. 한데 어울려. 같이. 거의 동시에. ¶― 살자./번갯불과 ― 천둥 소리가 울린다./사진과 ― 편지를 부치다.

> 한자 **함께 공**(共) 〔八部 4획〕 ¶공동(共同)/공모(共謀)/공생(共生)/공용(共用)/공학(共學)
> **함께 구**(俱) 〔人部 8획〕 ¶구몰(俱沒)/구존(俱存)

함께-하다 타여 더불어 하다. 같이하다 ¶생사 고락을 ―./자리를 ―./너와 행동을 함께하겠다.

함:-농(函―) 명 ①함과 농을 아울러 이르는 말. ②옷을 넣는, 큰 함처럼 된 농. ☞장농

함:닉(陷溺) 명 -하다 자 ①물 속에 빠져 들어감. ②주색 따위 못된 일에 빠짐.

함:담(菡萏) 명 연꽃의 봉오리.

함당-률(含糖率) 명 어떤 물질에 들어 있는 당분의 비율.

함:대(艦隊) 명 군함 두 척 이상으로 짜인 해군 부대.

함:대=사령관(艦隊司令官) 명 함대의 최고 지휘관.

함도(鹹度) 명 염분(塩分) ▷鹹의 속자는 醎

함독(含毒) 명 -하다 자 독기나 독한 마음을 품음.

함:락(陷落) 명 -하다 자타 ①꺼져서 내려앉음. 함몰(陷沒) ¶지반(地盤)이 ―하다. ②공격을 받아 점령당함, 또는 공격하여 점령함. ¶적의 요새를 ―하다.

함:락-호(陷落湖) 명 함몰호(陷沒湖)

함량(含量) 명 어떤 물질 속에 성분으로 들어 있는 분량. 함유량(含有量) ¶수분 ―이 많은 과일.

함련(頷聯) 명 한시(漢詩)에서 율시(律詩)의 제 3, 4의 두 구. 전련(前聯) ☞경련(頸聯). 수련(首聯)

함:령(艦齡) 명 ①군함의 나이, 곧 군함이 사용된 햇수. ②군함을 만든 해로부터 사용하지 못하게 될 때까지의 햇수. ☞선령(船齡)

함루(含淚) 명 -하다 자 눈물을 머금음.

함:루(陷壘) 명 -하다 자타 ①진루(陣壘)가 함락됨. ②진루를 함락함.

함:몰(陷沒) 명 -하다 자 꺼져서 내려앉음. 함락(陷落) ¶지진으로 도로가 ―하다./두개골의 일부가 ―하다.

함:몰-만(陷沒灣) 명 지층이 가라앉아 생긴 만. ☞계단만(階段灣) ▷陷의 속자는 陥

함:몰-호(陷沒湖) 명 지층이 꺼져 내려앉은 자리에 생긴 호수. 함락호(陷落湖) ☞구조호(構造湖)

함묵(緘默) 명 -하다 자 함구(緘口)

함:미(艦尾) 명 군함의 뒤 끝. ☞함수(艦首)

함미(鹹味) 명 짠맛

함박 명 '함지박'의 준말. ¶좋아서 입이 ―만 하다.

 속담 **함박 시키면 바가지 시키고 바가지 시키면 쪽박 시킨다** : 윗사람이 아랫사람에게 무슨 일을 시키면, 그는 또 자기의 아랫사람에게 그 일을 시킨다는 말.

함박-꽃 명 ①함박꽃나무의 꽃. ②작약(芍藥)의 꽃.

함박꽃-나무[―꼰―] 명 목련과의 낙엽 소교목. 높이는 7m 안팎. 잎은 어긋맞게 나고 길둥글며, 뒷면에 털이 있음. 5~6월에 향기로운 흰 꽃이 밑을 향해 핌. 전국 각지의 산골짜기에서 자라는데, 관상수로도 심음.

함박-눈 명 송이가 크고 탐스럽게 내리는 눈을 함박꽃에 비유하여 이르는 말.

함박-삭모(―槊毛) 명 말의 머리를 꾸미는 삭모. 붉은 물을 들인 털로 함박꽃 모양으로 만듦.

함박-송이 명 ①함박꽃의 송이. ②다보록한 삭모(槊毛).

함박-웃음 명 크고 환하게 웃는 웃음.

함박이 명 새모래덩굴과의 낙엽 덩굴나무. 넓은 달걀 모양의 잎이 어긋맞게 남. 6~7월에 엷은 녹색의 꽃이 피며, 둥근 핵과(核果)가 주홍빛으로 익음. 제주도와 홍도 바닷가의 산기슭에서 자람. 뿌리는 약으로 쓰고, 줄기로는 광주리 따위를 만듦.

함박-조개 명 개량조갯과의 바닷물조개. 조가비는 길이 9.5cm, 너비 5cm 안팎으로 함지박 모양임. 강어귀의 수심 10m 안팎의 모래땅에 살며, 통조림 따위를 만드는 데 쓰임. 우리 나라의 동해안과 남해안, 일본의 홋카이도 등지의 연안에 분포함.

함:-보(函―)[―뽀] 명 함을 싸는 보자기.

함봉(緘封) 명 -하다 타 편지나 문서 따위의 겉봉을 봉하는 일. ☞개봉(開封)

함부로 부 ①조심성 없이 마음대로 마구. 생각 없이 되는 대로 마구. ¶쓰레기를 ― 버리다./기계를 ― 다루다. ②버릇없이 ¶― 행동하지 마라.

> 한자 **함부로 람**(濫) 〔水部 14획〕 ¶남발(濫發)/남벌(濫伐)/남용(濫用)/남획(濫獲)

함부로-덤부로 부 '함부로'를 강조하여 이르는 말.

함분(含憤) 명 -하다 자 분한 마음을 품음.

함분축원(含憤蓄怨) 성구 분을 품고, 원한을 쌓음을 이르는 말.

함빡 부 ①물 따위에 호졸근하게 젖은 모양을 나타내는 말. ¶비에 ― 젖다. ②얼굴 가득 웃음을 띤 모양을 나타내는 말. ¶― 웃다. ☞흠뻑

함:상(艦上) 명 군함의 위.

함:상-기(艦上機)명 항공 모함에 실려 갑판에서 뜨고 내려앉는 항공기. ☞함재기(艦載機)

함서(緘書)명 봉투에 넣어 봉한 편지. 봉서(封書)

함석명 아연을 입힌 얇은 철판. 아연철(亞鉛鐵) ☞양철

함석-공(—工)명 함석 따위 얇은 금속을 가지고 물건을 만드는 사람. 함석장이

함석-꽃명 놋쇠 따위를 녹일 때, 도가니에서 연기 같은 것이 빠져 나가서 굴뚝 따위에 서려 엉겨 붙은 것. 긁어모은 가루를 약으로 씀. 연화분(鉛華粉)

함석-장이명 함석공

함석-지붕명 함석으로 이은 지붕.

함석-집명 함석으로 지붕을 이은 집.

함석-판(—板)명 함석으로 된 판.

함:선(艦船)명 군함과 선박(船舶)을 통틀어 이르는 말.

함:성(陷城)명-하다자타 공격을 받아 성이 함락됨, 또는 성을 공격하여 함락함.

함:성(喊聲)명 여럿이 함께 지르는 고함소리. ¶ —을 지르다./—이 터지다.

함셈=어:족(Ham-Sem語族)명 세계 언어 분류의 한 가지. 함어족과 셈어족을 아울러 이르는 말.

함소(含笑)명-하다자 ①웃음을 머금음. ②꽃이 피기 시작함을 비유하여 이르는 말.

함수(含羞)명-하다자 부끄러운 빛을 띰.

함수(含漱)명-하다자 양치질을 함.

함:수(函數)[—쑤]명 두 변수 x와 y 사이에, x의 값이 정해짐에 따라 y값이 결정되는 관계가 있을 때, x에 대하여 y를 이르는 말.

함수(鹹水)명 짠물 ☞담수(淡水) ▷鹹의 속자는 醎

함:수(艦首)명 군함의 앞머리. ☞함미(艦尾)

함수(含水)앞말 화합물 따위에 수분이 들어 있음을 뜻하는 말. ¶ — 규산(含水硅酸)

함수=결정(含水結晶)[—쩡]명 수분이 들어 있는 결정.

함:수=관계(函數關係)[—쑤—]명 두 개의 양(量) 또는 몇 개의 변수 사이에서 한쪽 값의 결정에 따라 다른 쪽 값이 결정될 때, 그 양이나 변수 사이의 관계.

함:수-론(函數論)[—쑤—]명 수학의 한 분과. 변수(變數)와 함수의 값이 복소수(複素數)인 함수에 대하여 연구하는 학문. ▷函의 속자는 凾

함:수=방정식(函數方程式)[—쑤—]명 미지(未知) 함수가 들어 있는 방정식. 미분 방정식 따위.

함수-어(鹹水魚)명 짠물고기 ☞담수어(淡水魚)

함수-제(含漱劑)명 입 안이나 목구멍의 세균을 없애거나 염증을 치료할 때, 입에 머금어서 씻어 내는 물약.

함수-초(含羞草)명 '미모사(mimosa)'의 딴이름.

함수=탄:소(含水炭素)명 탄수화물(炭水化物)

함:수-표(函數表)[—쑤—]명 함수에 관하여 그 독립 변수의 여러 값에 대한 함수의 값을 적어 놓아, 실제 계산에 쓰도록 만든 표. 로그표나 삼각 함수표 따위.

함수-호(鹹水湖)명 물 1L당 0.5g 이상의 염분이 들어 있어 물맛이 짠 호수. 카스피 해, 사해(死海) 따위. 염호(塩湖) 준함호(鹹湖) ☞담수호(淡水湖)

함수=화:합물(含水化合物)명 수화물(水化物)

함:실명 부넘기가 없이 불길이 그냥 곧게 고래로 들어가게 된 아궁이의 구조.

함:실-구들명 함실로 된 구들.

함:실-방(—房)[—빵]명 함실구들을 놓은 방.

함:실-아궁이명 함실로 된 아궁이.

함:실-코명 푹 빠져서 입천장과 맞뚫린 코, 또는 그런 코를 가진 사람. ☞들창코. 말코[2]

함실-함실부-하다형 함씬 익거나 삶기어 물크러질 정도로 무른 모양을 나타내는 말. ☞흠실흠실

함씨(咸氏)명 남을 높이어 그의 조카를 이르는 말. 영질

함씬부 ①물 따위가 물체에 폭 배어든 모양을 나타내는 말. ¶물이 — 들다. ②물체가 흐물흐물하도록 푹 익은 모양을 나타내는 말. ☞흠씬

함양(涵養)명-하다타 능력이나 품성을 기르고 닦음. 함육(涵育) ¶지도자의 자질을 —하다.

함양훈도(涵養薰陶)성구 가르치고 이끌어 재주와 덕을 갖추게 함을 이르는 말.

함-어족(Ham語族)명 주로 북아프리카에서 쓰는 어족. 이집트어·리비아어·베르베르어·쿠시어·콥트어 따위.

함영(涵泳)명-하다자 무자맥질

함원(含怨)명-하다자 원한을 품음.

함유(含有)명-하다타 성분이나 내용물의 일부로서 가지고 있음. ¶철분을 —한 광석./자외선 차단 성분을 —한 화장품.

함유(含油)명-하다자 기름이 들어 있음.

함유-량(含有量)명 어떤 물질 속에 성분으로 들어 있는 분량. 함량(含量)

함유-층(含油層)명 석유가 들어 있는 지층.

함유=혈암(含油頁岩)명 석유 혈암(石油頁岩)

함육(涵育)명-하다타 함양(涵養)

함의(含意)명 말이나 글 가운데에 어떤 뜻이 들어 있는 일, 또는 그 들어 있는 뜻.

함인(含忍)명-하다타 참고 견딤.

함:입(陷入)명-하다자 꺼져 들어감. ¶땅바닥이 —하다.

함자(銜字)[—짜]명 남을 높이어 그의 이름을 이르는 말. ☞성함(姓銜)

함:장(艦長)명 군함의 승무원을 지휘하고 통솔하는 최고 직위, 또는 그 직위에 있는 사람.

함:재(艦載)명-하다타 군함에 실음.

함:재-기(艦載機)명 항공 모함을 제외한 여러 가지 군함에 실린 군용기(軍用機). ☞함상기(艦上機)

함:적(艦籍)명 군항에 등록된 군함의 적(籍).

함:정(陷穽)명 ①짐승 따위를 잡으려고 땅을 파고 그 위에 약한 너스레를 쳐서 땅바닥처럼 만든 구덩이. 허방다리 ②빠져 나올 수 없는 곤경, 또는 남을 해치려는 계략. ¶ —에 빠뜨리다./—에 걸리다.

속담 **함정에 든 범**: 마지막 운명만을 기다리는 처지를 이르는 말./**함정에서 뛰어 난 범**: 거의 죽게 된 위험한 고비에서 빠져 나와 다시 살게 된 경우를 이르는 말.

함:정(艦艇)명 군함·구축함·어뢰정 등 군사용 배를 통틀어 이르는 말.

함:정=수사(陷穽搜査)명 범죄를 유도한 다음에 그 실행 현장에서 범인을 체포하는 수사 방법. 일반적으로, 범인을 체포하기 힘든 지능적 범죄를 수사할 때 쓰임. 우리나라의 경우, 마약 단속법에서 이를 허용함.

함:중(陷中)명 죽은 이의 관직이나 이름을 쓰기 위해 신주(神主)의 뒷면에 긴 네모꼴로 얕게 파낸 부분.

함지명 ①나무로 네모지게 짜서 만든 그릇. 운두가 좀 깊으며 밑은 좁고 위가 넓음. ②'함지박'의 준말. ③광산에서, 복대기나 감흙을 물에 일어서 금을 채취하는 그릇. 모양이 함지박 비슷함.

함지(咸池)명 옛날 중국에서, 양곡(暘谷)에서 돋은 해가 그곳으로 진다고 상상한 서쪽의 큰 못으로, 곧 해가 지는 곳을 이르는 말.

함:지(陷地)명 움푹 꺼져 들어간 땅.

함지-박명 통나무를 파서 큰 바가지같이 만든, 전이 없는 그릇. 준함박. 함지

함:지사지(陷之死地)성구 목숨이 위태로운 지경에 빠짐을 이르는 말.

함지-질명-하다자 광산에서, 함지로 복대기나 감흙을 물에 일어서 금을 채취하는 일.

함지-탕명 함지질을 하고 난 복대기.

함:진-아비(函—)명 혼인 때, 신랑 집에서 신부 집으로 보내는 함을 지고 가는 사람. 중방(中房)

함:창(艦倉)명 해군에서, 법을 어긴 군인을 가두기 위해 함선에 만든 감옥. ☞영창(營倉)

함채(鹹菜)명 소금에 절인 채소.

함:척(函尺)명 토목에서, 높낮이를 재는 자의 한 가지.

함철(含鐵)명-하다자 철분이 들어 있음.

함초롬-하다형여 촉촉이 젖은 모양이 가지런하고 곱다.

함초롬-히부 함초롬하게 ¶ — 이슬을 머금은 달맞이꽃.

함축(含蓄)명-하다타 ①속에 간직하여 있음. ②말이나

ㅎ

글에 깊은 뜻을 간직하고 있음. ¶시어에 -된 깊은 뜻을 음미하다.

함축-미(含蓄美)명 겉으로 드러내지 않고 속에 지니고 있는 아름다움.

함치르르부-하다형 깨끗하고 윤이 반드르르 흐르는 모양을 나타내는 말. ¶윤이 - 흐르는 머리채. ☞흠치르르

함탄(含炭)명-하다자 석탄이 들어 있음.

함:포(艦砲)명 군함에 장치한 포.

함포고복(含哺鼓腹)성구 배불리 먹고 배를 두드린다는 뜻으로, 먹을 것이 풍족하여 좋아하고 즐기는 모양을 이르는 말. [‘고복(鼓腹)’의 ‘고(鼓)’는 ‘두드릴 고’]

함:-하다(陷-)형여《文》①바닥이 우묵하다. ②기운이 빠져서 축 늘어지다.

함하-물(頷下物)명 남이 먹다 남긴 찌꺼기. ☞턱찌꺼기

함함(顑頷)어기 ‘함함(顑頷)하다’의 어기(語基).

함함-하다형여 ①털 따위가 보드랍고 반지르르하다. ¶고슴도치도 제 새끼는 -고 한다. ②소담하고 탐스럽다.
함함-히부 함함하게

함함-하다(顑頷-)형여 몹시 굶주려 부황이 나서 누르퉁퉁하다.

함:해(陷害)명-하다타 남을 모함하여 해를 입힘.

함혐(含嫌)명-하다타 싫어하거나 꺼리는 마음을 품음.

함:형(艦型)명 군함의 형태.

함호(含糊)명-하다자 말이나 태도를 분명하지 않게 함.

함호(鹹湖)명 ‘함수호(鹹水湖)’의 준말.

함흥차사(咸興差使)성구 조선 태조가 함흥에 있을 때, 태종(太宗)이 보낸 차사를 돌려보내지 아니한 고사(故事)에서 유래한 말로, 심부름을 간 사람이 돌아오지 않거나 아무 소식이 없을 때 이르는 말.

합(合)[1]명 ①여럿을 한데 아울러 셈한 수. ¶2와 3의 -은 5이다. ②천문학에서, 태양과 행성(行星)이 지구에서 보아서 같은 방향에 일직선으로 늘어선 현상, 또는 그 시각(時刻)을 이르는 말. 회합(會合) ☞내합(內合). 외합(外合). 충(衝)

합(合)[2]명 변증법(辨證法)에서, 서로 모순(矛盾)되는, 정립(定立)인 정(正)과 반정립(反定立)인 반(反)을 지양(止揚)·통합하는 일을 뜻하는 말. 종합(綜合) ☞정반합(正反合)

합(盒)명 음식을 담는 놋그릇의 한 가지. 운두가 그리 높지 않고 둥글넓적하며, 뚜껑이 있음.

합가(闔家)명 온 집안 식구.

합각(合刻)명-하다타 두 권 이상의 책을 합하여 한 권의 책으로 펴내는 일, 또는 그 책.

합각(合閣)명 지붕의 위쪽 양옆에 박공(牔栱)으로 ‘人’ 자 모양을 이룬 각.

합각(蛤殼)명 조가비

합각-마루(合閣-)명 박공(牔栱)의 위에 있는 마루.

합각-머리(合閣-)명 합각이 있는 지붕의 옆면.

합각-지붕(合閣-)명 위 절반은 박공(牔栱)으로 되어 있고, 아래 절반은 네모꼴로 된 지붕. 팔작지붕

합격(合格)명-하다자 ①정하여진 격식이나 조건에 맞음. ☞실격(失格) ②시험이나 검사, 심사 따위에 자격을 얻어 통과함. ¶채용 시험에 -하다. ☞낙방(落榜). 불합격(不合格). 입격(入格)

합격-권(合格圈)명 시험이나 검사, 심사 따위에서 합격할 수 있는 점수의 범위. ¶-에 들다.

합격-선(合格線)명 시험이나 검사, 심사 따위에서 합격할 수 있는 최소한의 점수나 수치적인 선.

합경(合慶)명-하다자 경사스러운 일이 겹쳐 듦.

합계(合計)명-하다타 합하여 셈함, 또는 그 수. ¶점수를 -하다. 준계(計) ☞총계(總計). 합산(合算)

합계(合啓)명-하다타 조선 시대, 사간원이나 사헌부, 홍문관 중 두세 군데에서 연명(連名)으로 계사(啓辭)를 올리던 일, 또는 그 계사.

합곡(合谷)명 한방에서, 침을 놓는 자리의 하나. 엄지손가락과 집게손가락 사이의 오목한 부분.

합국(合局)명 풍수지리설에서, 혈(穴)과 사(砂)가 합하여 이루어진 썩 좋은 묏자리나 집터를 이르는 말.

합궁(合宮)명-하다자 부부 사이의 성교(性交).

합근(合巹)명-하다자 ①재래식 혼례 절차의 하나. 신랑과 신부가 잔을 주고받는 일. ②혼례식을 치름.

합금(合金)명 하나의 금속에 한 가지 이상의 다른 원소를 섞어서 만든 금속. 강철이나 놋쇠 따위. 합성금(合成金)

합금(合衾)명-하다자 남녀가 한 이불 속에서 함께 잠. 흔히 남녀의 정사를 이름.

합금-강(合金鋼)명 탄소강에 규소·망간·니켈·크롬 따위의 합금 원소를 섞어 특수한 성질을 가지게 만든 강(鋼). 특수강(特殊鋼)

합기-도(合氣道)명 무술의 한 가지. 공격보다는 방어를 중시하는 무술로, 기술에는 꺾기·던지기·치기·찌르기·차기 따위가 있음.

합내(閤內)명 주로 편지 글에서, 상대편을 높이어 그의 가족을 이르는 말.

합다리-나무명 나도밤나뭇과의 낙엽 교목. 높이는 10m 안팎으로 자라고 가지가 굵으며, 어릴 때는 황갈색의 털이 있음. 9~15개의 작은 잎이 어긋맞게 나며, 6~7월에 잘고 많은 흰 꽃이 원추(圓錐) 꽃차례로 핌. 9월경에 핵과(核果)가 익음. 산기슭의 양지에 자라며, 우리 나라 중부 이남과 일본 남부, 타이완 등지에 분포함.

합당(合當)어기 ‘합당(合當)하다’의 어기(語基).

합당-하다(合當-)형여 꼭 알맞다. ☞적당하다
합당-히부 합당하게

합독(合櫝)명-하다타 부부의 신주(神主)를 한 주독(主櫝) 안에 모심, 또는 그 주독. ☞외독

합동(合同)명-하다자타 ①둘 이상의 조직이나 사람이 모여 하나를 이루거나 행동이나 일을 함께함. ¶- 연설/- 시화전 ②수학에서, 두 도형의 크기와 모양이 같아 서로 포개었을 때 꼭 맞는 일.

합동=결혼식(合同結婚式)명 여러 쌍의 신랑과 신부가 한 사람의 주례로 한 자리에서 치르는 결혼식.

합동=방:송(合同放送)명 서로 다른 방송국을 중계선으로 연결하여 그 내용을 하나의 프로그램으로 편성하여 방송하는 일.

합동=법률=사:무소(合同法律事務所)명 법무부 장관의 인가를 얻어, 3~5명 이상의 변호사가 합동하여 세운 법률 사무소.

합동=작전(合同作戰)명 육해공군 중 둘 이상의 군이 참가하는 작전.

합-뜨리다(合-)타 아주 합치다.

합력(合力)명-하다자타 ①흩어진 힘을 한데 모음, 또는 그 힘. ¶주민들이 -하여 수해 복구 작업에 나섰다. ②물리에서, 동시에 작용하는 둘 이상의 힘과 똑같은 효과를 나타내는 하나의 힘. 합성력(合成力) ☞분력(分力)

합례(合禮)명-하다자 ①신랑과 신부가 첫날밤을 지냄, 또는 그 절차. 정례(正禮) ②예절에 맞음.

합로(合路)명-하다자 둘 이상의 길이 한데 합함, 또는 그 합한 길.

합류(合流)명-하다자 ①둘 이상의 흐름이 한데 합하여 흐름. ¶북한강과 남한강이 -하다. ②일정한 목적을 위하여 여럿이 합쳐 행동을 같이함. ¶선발대와 -하다./대열에 -하다./팀에 -하다.

합류식=하:수도(合流式下水道)명 빗물과 하수를 같은 하수관으로 함께 흘려 보내는 하수도.

합류-점(合流點)[-쩜]명 ①합류하는 지점. ②합류하는 경위나 계기.

합리(合理)명-하다형 이치에 맞음. ☞불합리(不合理)

합리-론(合理論)명 합리주의(合理主義)

합리-성(合理性)[-썽]명 이치와 논리에 맞는 성질.

합리-적(合理的)명 이치와 논리에 맞는 것. ¶-인 경영 방침/그는 모든 일에 -이다. ☞비합리적(非合理的)

합리-주의(合理主義)명 비합리주의와 우연적인 것이 배제되고 도리나 이성(理性), 논리가 일체를 지배한다는 주의. 사물을 합리적으로 분별하려는 태도임. 유리론(唯理論). 이성주의. 합리론 ☞감상주의

합리-화(合理化)명-하다타 ①조직이나 체계 따위에서 불합리를 없애고 능률적인 것이 되게 함. ¶생산 공정의 －를 꾀하다. ②변명이나 정당화를 위하여 그럴듯한 이유를 붙여 둘러맞춤. ¶자기 －

합명(合名)명-하다자타 ①이름을 모아서 죽 씀. ②공동으로 책임을 지기 위하여 이름을 함께 씀. ☞연명(連名)

합명=회:사(合名會社)명 모든 사원이 회사의 채무에 대하여 직접 연대하여 무한 책임을 지는 회사.

합목(合木)명-하다타 목재로 세공물 따위를 만들 때, 나뭇조각을 마주 붙이는 일.

합-목적(合目的)명 목적에 맞음.

합목적-성(合目的性)명 목적을 이루는 데에 알맞은 성질, 또는 어떤 사물이 일정한 목적에 알맞은 방법으로 존재하는 성질.

합문(閤門)명 ①편전(便殿)의 앞문. ②조선 초기, '통례원(通禮院)'을 이르던 말. ③고려 시대, 조회와 의례를 맡아보던 관아. 각문(閣門)

합문(闔門)명 ①온 집안, 또는 가족 전체. 거가(擧家). 전가(全家) ②-하다자 제례에서, 신이 편안히 흠향(歆饗)하도록 주인과 참사(參祀)한 사람이 자리를 비우는 절차. 제상 앞에서 밖으로 나오면서 문을 닫거나 병풍을 둘러침. ☞계문(啓門)

합반(合班)명-하다자타 둘 이상의 학급을 하나로 합침, 또는 그 합친 반. ¶－ 수업

합반(蛤飯)명 멥쌀에 조갯살을 두어 간장을 쳐서 지은 밥. 조개밥

합방(合邦)명-하다자타 둘 이상의 나라를 한 나라로 합침, 또는 그 합친 나라. ☞합병(合倂)

합방(合房)명-하다자 남녀가 한 방에서 함께 잠. 흔히 남녀의 정사(情事)를 이름. ☞합금(合衾)

합-배뚜리명 덮개가 딸린 작은 바탱이.

합번(合番)명-하다자 지난날, 큰일이 있을 때 관원들이 모여 숙직하던 일. 합직(合直)

합법(合法)명-하다형 법규나 법률에 맞음. 적법(適法) ☞불법(不法). 위법(違法)

합법-성(合法性)명 ①행위 따위가 법규나 법령에 어긋나지 않은 성질. 적법성(適法性) ②자연·역사·사회 현상이 일정한 법칙에 따라 일어나는 일.

합법=운:동(合法運動)명 합법적으로 하는 사회 운동.

합법-적(合法的)명 법령이나 법식 따위에 맞는 것. ☞비합법적(非合法的)

합벽(合壁)명 맞벽

합병(合倂)명-하다자타 둘 이상의 기구나 단체, 나라 따위를 하나로 합침. 병합(倂合) ☞합방(合邦)

합병-증(合倂症)[－쯩]명 어떠한 병으로 말미암아 일어나는 다른 병. 객증(客症). 여병(餘病) ¶그는 당뇨병에 －까지 생겨 고생하고 있다.

합-보(合－)명 밥상을 덮는 겹보자기의 한 가지. 한쪽 면에 기름종이를 시쳤음.

합-보시기(盒－)명 뚜껑이 있는 보시기.

합본(合本)명-하다자타 ①합책(合冊) ②합자(合資)

합부(合祔)명-하다타 합장(合葬)

합-부인(閤夫人)명 남을 높이어 그의 아내를 이르는 말. 부인(夫人). 현합(賢閤)

합사(合沙)명-하다타 인삼을 재배할 때, 모종을 심을 삼밭의 밑거름으로 쓰려고 약토(藥土)를 황토(黃土)와 섞는 일.

합사(合祀)명-하다타 둘 이상의 죽은 사람의 넋을 한곳에 모아 제사지내는 일.

합사(合絲)명-하다타 여러 가닥의 실을 합쳐서 드림, 또는 여러 가닥을 합쳐서 드린 실.

합사-묘(合祀廟)명 ①합사하는 묘당(廟堂). ②'문묘(文廟)'를 달리 이르는 말.

합-사발(盒*沙鉢)명 뚜껑이 있는 사발.

합-사주(合四柱)명-하다자 혼인하기에 앞서 신랑과 신부가 될 사람의 사주를 맞추어 보는 일.

합사-주(合絲紬)명 명주실과 무명실의 합사로 짠 비단.

합삭(合朔)명 달이 지구와 해 사이에 들어가 일직선을 이루는 때. 준삭(朔)[1]

합산(合算)명-하다타 합하여 셈함. ☞합계(合計)

합-산:적(合散炙)명 산적의 한 가지. 닭·꿩·쇠고기 따위를 다져서 양념을 치고 반대기를 지어 구운 산적.

합살-머리명 소의 벌집위에 붙은 고기. 횟감으로 쓰임.

합생=웅예(合生雄蕊)명 여럿이 한데 엉기어 한 덩이가 된 수꽃술.

합생=자예(合生雌蕊)명 여러 개의 심피(心皮)가 서로 붙은 암꽃술.

합석(合席)명-하다자 자리를 함께 하여 앉음.

합선(合線)명-하다자타 ①전기 회로의 두 점 사이를 전기 저항이 0이나 0에 가깝게 접속하는 일. ②전기 회로의 두 점 사이의 절연(絶緣)이 잘 안 되어서, 두 점 사이가 접속되는 일. 단락(短落). 쇼트서킷

합설(合設)명 ①-하다타 한곳에 합치어 설치함. ②제례에서, 고위(考位)와 비위(妣位)를 함께 모시는 일. ☞단설(單設)

합섬(合纖)명 '합성 섬유(合成纖維)'의 준말.

합성(合成)명-하다자타 ①둘 이상을 합하여 하나를 이룸. ¶사진을 －하다. ②화학에서, 둘 이상의 원소로 화합물을 만들거나 간단한 화합물에서 복잡한 화합물을 만드는 일. ③물리에서, 벡터나 힘 따위와 같이 방향성이 있는 양(量)을 둘 이상 합치는 일. ④생물이 이산화탄소에서 유기 화합물을 만드는 일. ☞분해(分解)

합성=고무(合成－)명 여러 가지 화학 물질을 합성하여 생고무와 비슷한 성질의 것으로 만든 고무. 실리콘, 폴리이소프렌 고무, 폴리클로로프렌 고무 따위. 인조 고무

합성=국가(合成國家)명 둘 이상의 국가, 또는 자치 정부를 가진 둘 이상의 주(州) 따위가 합쳐서 이루어진 국가. 연방이나 합중국 따위.

합성-금(合成金)명 합금(合金)

합성=담:배(合成－)명 셀룰로오스 유도체와 칼슘·마그네슘·진흙 등을 담배 잎에 섞어서 만든 담배. 니코틴이 없고, 질소 화합물이나 일산화탄소의 발생량이 적음.

합성-력(合成力)명 ①둘 이상의 힘이 합하여진 힘. ②합력(合力)

합성=물감(合成－)[－깜]명 콜타르와 아닐린을 주원료로 하여 인공적으로 합성하여 만든 물감. 인조 물감. 합성 염료

합성-법(合成法)[－뻡]명〈어〉단어 구성법의 하나. 곧 실질 형태소끼리 붙여 합성어를 만드는 방법을 이름. '배나무·길들다·큰집·안팎·나오다' 등이 이에 해당함. ☞파생법(派生法)

합성=사진(合成寫眞)명 몽타주 사진

합성=석유(合成石油)명 석유 원유 이외의 원료를 가공하여 만드는 액체 연료. 석탄의 액화, 석탄의 저온 건류 따위의 방법으로 만듦. 인조 석유

합성=섬유(合成纖維)명 석탄이나 석유, 천연 가스 따위를 원료로 하여 화학적으로 합성하여 만든 섬유. 나일론이나 비닐론·폴리에스테르 따위. 준합섬(合纖) ☞화학 섬유(化學纖維)

합성=세:제(合成洗劑)명 석유계 탄화수소 따위를 화학적으로 합성하여 만든 세제. 용액이 중성이므로 중성 세제라고도 함.

합성-수(合成數)명 비소수(非素數)

합성=수지(合成樹脂)명 유기 화합물을 합성하여 만든, 수지 모양의 고분자 화합물을 통틀어 이르는 말. 페놀 수지, 요소 수지, 폴리에틸렌 따위.

합성-어(合成語)명〈어〉둘 이상의 단어가 어울리어 이루어진 단어. '배나무·길들다·큰집·안팎·나오다' 따위. 복합어(複合語) ☞단일어(單一語). 파생어(派生語)

합성=염:료(合成染料)[－념－]명 합성 물감

합성-음(合成音)명 전자 음향 장치 등으로 만들어 낸 소리. 여러 가지 진동수의 파를 전기적으로 합성하여 소리로 변환한 것임.

합성-주(合成酒)명 양조 과정을 거치지 않고 알코올에 여

러 가지 성분을 섞어 만든 술. ☞양조주

합성-지 (合成紙) 명 합성 수지를 가공하여 표면을 종이처럼 인쇄할 수 있게 처리한 것. 물과 열에 잘 견딤.

합성=진:자 (合成振子) 명 복진자(複振子)

합성-초 (合成醋) 명 발효를 거치지 않고, 아세트산에 물엿·설탕·지게미 따위를 섞어 인공적으로 만든 식초.

합성=품:종 (合成品種) 명 잡종 강세(雜種強勢)를 이용하여 기른 농작물의 품종. 복성종(複成種)

합성=향료 (合成香料) 명 화학적으로 합성하여 만든 향료. 동식물의 정유(精油) 성분에서 합성하는 것과 타르계 원료에서 합성하는 것이 있음. ☞천연 향료(天然香料)

합세 (合勢) 명 -하다 자 세력을 한데 모음.

합-속도 (合速度) 명 물체에 한꺼번에 두 속도가 주어질 때 그 물체가 움직이는 속도.

합솔 (合率) 명 -하다 자 따로 살던 집안 식구나 친족이 한집에서 같이 삶.

합수 (合水) 명 -하다 자 두 갈래 이상의 물줄기가 한데 모여 흐름, 또는 그 물. ¶남한강과 북한강이 -하는 곳.

합수-머리 (合水-) 명 두 갈래 이상의 물줄기가 한데 모이는 곳의 가장자리.

합수-목 (合水-) 명 두 갈래 이상의 물줄기가 한데 모여 아우러지는 물목.

합수-치다 (合水-) 자 여러 갈래로 흐르는 물줄기가 한데 모이다. ¶두 골짜기의 물이 합수쳐 흐르다.

합숙 (合宿) 명 -하다 자 여러 사람이 한곳에서 묵음. ¶선수들이 올림픽을 앞두고 -하며 맹훈련하고 있다.

합숙-소 (合宿所) 명 여러 사람이 한데 묵는 곳.

합승 (合乘) 명 -하다 타 차 따위를 여러 사람이 함께 탐.

합심 (合心) 명 -하다 자 두 사람 이상이 마음을 한가지로 함. ¶모두가 -하여 일을 합시다. ☞협심(協心)

합안 (闔眼) 명 -하다 자 남의 잘못을 보고도 모르는체 함.

합연 (合演) 명 -하다 타 합동하여 연출하거나 연주함.

합연 (合緣) 명 -하다 자 인연이 잘 맞음, 또는 그런 인연.

합용-병서 (合用並書) 명 〈어〉훈민정음 합자해(合字解)에서 '다른 자음을 가로로 나란히 쓴 것'을 이르는 말. 'ㅄ', 'ㅳ'의 'ㅅ', 'ㅂ' 따위. ☞각자병서(各自並書)

합위 (合圍) 명 -하다 타 빙 둘러 에워쌈.

합유 (合有) 명 공동 소유의 한 형태. 공동 소유자는 각각 소유물에 대하여 일정한 몫을 차지하나 공동 목적을 위한 통제에 따라야 하며, 단독으로 처분할 수 없음.

합의 (合意) 명 -하다 자 ①서로의 뜻이나 의견이 일치함, 또는 일치된 의견. ¶-에 이르다./-를 보다./-를 이끌어 내다. ②법에서, 두 사람 이상의 당사자의 의사가 합치하는 일. ¶사고 보상을 -로 처리하다.

합의 (合議) 명 -하다 타 ①두 사람 이상이 모여서 의논함. ¶여러 차례의 - 끝에 두 회사의 합병이 결정되었다. ②합의 기관이나 합의제 법원에서 어떤 일을 토의하여 의견을 종합하는 일. ☞협의(協議)

합의=관:할 (合意管轄) 명 민사 소송법에서, 소송 당사자의 합의로 설정된 법원의 관할.

합의=기관 (合議機關) 명 여러 구성원의 합의에 따라 의사가 결정되는 기관. 국회나 국회 안의 위원회 따위. ☞단독 기관(單獨機關)

합의-부 (合議部) 명 세 사람 이상의 법관으로 구성되고, 그 법관들의 합의로 재판의 내용을 결정하는 재판부.

합의=재판 (合議裁判) 명 두 사람 이상의 법관의 합의에 따라 성립되는 재판. ☞단독 재판(單獨裁判)

합의-제 (合議制) 명 ①합의에 따라 결정하는 제도. ②법원에서, 합의 재판을 하는 제도. ☞단독제(單獨制)

합의제=관청 (合議制官廳) 명 합의제를 따르는 관청. 국무 회의나 감사원, 각종 행정 위원회 따위.

합의제=법원 (合議制法院) 명 합의체를 구성하여 재판을 하는 법원. ☞단독 법원(單獨法院)

합의-체 (合議體) 명 세 사람 이상의 법관으로 구성되는 재판 기관. 대법원에서는 다섯 명, 그 밖의 법원은 세 명으로 구성됨.

합일 (合一) 명 -하다 자타 합하여 하나가 됨, 또는 하나가 되게 함. ¶서로의 뜻이 -되다.

합일=문자 (合一文字) [-짜] 명 모노그램(monogram)

합자 (合字) 명 -하다 타 둘 이상의 글자를 합하여 한 글자를 만듦, 또는 그 글자.

합자 (合資) 명 -하다 자타 두 사람 이상이 자본을 한데 모음. 합본(合本)

합자 (蛤子) 명 섭조개나 홍합을 말린 어물.

합자-보 (合字譜) 명 거문고·비파·가야금 따위 국악의 현악기 연주에 쓰인 옛 악보. 손가락과 줄과 괘의 위치, 그리고 연주법을 약자로 표시하였음. 현재, 거문고의 합자보만 전해짐.

합자-산 (合資算) 명 돈을 같이 내어 경영한 사업에서 생기는 이익의 배당이나 손실 분담의 액수를 계산하는 일.

합자-죽 (蛤子粥) 명 죽의 한 가지. 대합이나 모시조개의 살 등 조갯살을 푹 고다가 쌀을 넣고 쑨 죽.

합자=회:사 (合資會社) 명 두 사람 이상의 자본 투자로 설립되어, 무한 책임 사원과 유한 책임 사원으로 조직된 회사. 유한 책임 사원은 금전과 그 밖의 재산에 대한 한정된 권한과 감독권을 가지고, 무한 책임 사원은 업무의 집행에 관한 권리와 의무를 가짐.

합작 (合作) 명 -하다 자타 ①두 사람 이상이 힘을 합하여 만듦, 또는 만든 그것. ¶세 사람이 -으로 신제품 기획안을 마련하다. ②공동 목표를 위하여 서로 힘을 합함. ¶남북이 -하여 경의선을 복구하다. ③둘 이상의 기업체가 공동으로 자금을 대어 기업을 경영하는 일.

합작=영화 (合作映畫) [-녕-] 명 둘 이상의 제작자나 제작 회사가 함께 계획하고 자금을 대어 만든 영화.

합장 (合掌) 명 -하다 자 두 손바닥을 가슴 앞에서 마주 대어, 마음이 한결같음을 나타내는 일. ☞읍(揖)

합장 (合葬) 명 -하다 타 둘 이상의 시체를 한 무덤에 묻는 일. 흔히 부부의 시체를 한 무덤에 묻는 경우를 이름. 부장(附葬). 합부(合祔) ☞각장(各葬). 순장(殉葬)

합-장단 (合長短) 명 장구의 북편과 채편을 한꺼번에 치는 장단.

합장-매듭 (合掌-) 명 두 개의 가닥이 아래위로 엇물린 모양의 매듭.

합장=배:례 (合掌拜禮) 명 두 손바닥을 마주 대고 하는 절.

합저 (合著) 명 공저(共著)

합제 (合劑) 명 두 가지 이상의 약을 섞어서 만든 약제.

합조 (合調) 명 -하다 자 라디오 수신기를 조정하여 방송국에서 송출하는 파장과 맞추는 일.

합졸 (合卒) 명 -하다 자 장기를 둘 때, 병(兵)이나 졸을 가로로 잇대어 모으는 일. ☞산졸(散卒)

합종 (合從·合縱) 명 ① -하다 타 굳게 맹세하여 서로 응함. ②중국 전국 시대에 소진(蘇秦)이 주장했던 외교 정책. 남북으로 벌여 있는 여섯 나라가 동맹하여 강국인 서쪽의 진(秦)나라에 대항해야 한다는 일종의 공수 동맹(攻守同盟)이었음. ☞연횡(連衡)

합주 (合奏) 명 -하다 타 두 가지 이상의 악기로 동시에 연주함, 또는 그 연주. ☞독주(獨奏). 중주(重奏)

합주 (合酒) 명 찹쌀로 빚어 여름에 마시는 막걸리의 한 가지. 누룩가루를 찹쌀밥과 섞어서 물을 붓고 하룻밤을 재운 다음, 꿀이나 설탕을 타서 마심.

합주-곡 (合奏曲) 명 두 가지 이상의 악기로 동시에 연주할 수 있도록 작곡한 곡.

합주-단 (合奏團) 명 합주하기 위하여 두 사람 이상으로 구성한 단체.

합죽 (合竹) 명 -하다 자 얇은 댓조각을 맞붙임.

합죽-거리다(대다) 타 입을 합죽합죽 놀리다.

합죽-선 (合竹扇) 명 얇게 다듬은 겉대를 맞붙여서 살을 만든 쥘부채.

합죽-이 명 이가 빠지거나 하여 볼과 입이 우므러진 사람을 놀림조로 이르는 말.

합죽-하다 형여 이가 빠지거나 하여 볼과 입이 우므러져 있다.

합죽-할미 명 이가 빠지거나 하여 볼과 입이 우므러진 늙은 여자.

합죽-합죽 부 합죽한 입을 놀리는 모양을 나타내는 말.
합준(合蹲)명 두 개 이상의 준시(蹲柹)를 모아 붙여서 크게 만든 감.
합중-국(合衆國)명 합성 국가의 한 가지. 둘 이상의 국가 또는 자치 정부를 가진 둘 이상의 주(州)가 결합하여, 독립된 법 체계와 제도를 유지하면서 대외적으로는 단일한 외교권을 행사하는 나라.
합-중력(合衆力)명-하다자 여러 사람의 힘을 한데 합침, 또는 그 힘.
합-중방(合中枋)명 통머름
합중=왕국(合衆王國)명 통치권을 왕이 가진 합성 국가. 영국 연방의 여러 나라가 이에 해당함.
합지-증(合指症)[-쯩]명 손가락이나 발가락의 일부 또는 전부가 붙어 있는 기형(畸形).
합직(合直)명-하다자 합번(合番)
합집(合集)명-하다자타 합쳐서 모이거나 모음.
합착(合着)명-하다자 한데 합하여 붙음.
합창(合唱)명-하다타 ①여러 사람이 소리를 맞추어 노래함, 또는 그 노래. ②여러 사람이 2부·3부·4부 따위로 나뉘어 서로 화성을 이루면서 각각 다른 선율로 노래함, 또는 그 노래. 코러스(chorus) ☞독창(獨唱). 제창(齊唱). 중창(重唱)
합창(合瘡)명-하다자 종기나 상처에 새살이 나서 아묾.
합창-곡(合唱曲)명 합창을 할 수 있도록 작곡된 곡.
합창-단(合唱團)명 합창을 주로 하는 단체. 합창대
합창-대(合唱隊)명 합창단
합책(合冊)명-하다자타 낱낱의 책을 한 권으로 제책하는 일, 또는 그 책. 합본(合本)
합체(合體)명-하다자타 ①둘 이상이 합쳐서 하나가 됨, 또는 둘을 합쳐 하나로 만듦. ②두 사람 이상이 마음을 같이하여 하나가 됨.
합취(合聚)명-하다타 한데 모음.
합치(合致)명-하다자 서로 꼭 들어맞음.
합-치다(合-)자타 '합하다'를 강조하여 이르는 말.
합치-점(合致點)[-쩜]명 둘 이상의 것이 서로 합치하는 점. 일치점(一致點)
합판(合板)명 얇게 켠 홑 널빤지를 석 장 또는 그 이상의 홀수 장으로 결이 엇갈리게 겹쳐 붙여서 만든 널빤지. 베니어합판
합판(合版)명-하다타 두 사람 이상이 함께 책을 출판함.
합판(合辦)명-하다타 두 사람 이상이 함께 사업을 경영함.
합판=유리(合板琉璃)[-뉴-]명 두 장의 판유리를 맞붙여서 만든 유리. 유리판 사이에 투명한 유기질 막을 끼워 열과 압력을 주어 만듦. 깨져도 조각이 튀지 않음.
합판-화(合瓣花)명 꽃잎이 서로 붙어서 통꽃부리를 이룬 꽃. 진달래나 도라지꽃 따위. 통꽃 ☞이판화(離瓣花)
합판-화관(合瓣花冠)명 꽃잎의 일부나 전부가 서로 붙은 꽃부리. 나팔꽃 따위의 꽃부리가 이에 딸림. 통꽃부리 ☞이판화관(離瓣花冠)
합판-화악(合瓣花萼)명 서로 붙은 꽃받침. 진달래나 나팔꽃 따위의 꽃받침이 이에 딸림. 통꽃받침 ☞이판화악(離瓣花萼)
합편(合編)명-하다타 두 편 이상의 글이나 책을 합쳐서 한데 엮음, 또는 그 책.
합평(合評)명-하다타 어떤 문제나 작품에 대하여 여럿이 모여 비평함, 또는 그 평.
합평-회(合評會)명 어떤 문제나 작품을 대상으로 여럿이 한자리에 모여서 비평하는 모임.
합포-체(合胞體)명 한 세포에 핵이 둘 이상인 세포체.
합필(合筆)명-하다타 둘 이상의 필지(筆地)로 나뉘어 있는 토지를 합치어 한 필지로 하는 일. ☞분필(分筆)
합하(閤下)명 지난날, 정일품 관원을 높이어 일컫던 말.
합-하다(合-)자타여 둘 이상이 하나가 되다, 또는 둘 이상을 하나로 만들다. ¶여러 약재를 합하여 약을 짓다./여러 사람의 힘을 합하여 이룩한 성과.

한자 합할 합(合)〔口部 3획〕¶결합(結合)/연합(聯合)/합계(合計)/합금(合金)/합성(合成)

합핵(合核)명 생물이 수정할 때 난핵과 정자핵이 하나로 합쳐 생긴, 배수(倍數)의 염색체를 가지는 핵. 양쪽 배우자의 유전자를 모두 가짐.
합헌(合憲)명 헌법의 취지에 맞는 일. ☞위헌(違憲)
합헌-성(合憲性)[-썽]명 어떤 법률 행위가 헌법의 조문이나 정신에 일치하는 일. ☞위헌성(違憲性)
합혈(合血)명-하다자타 서로 다른 피가 한데 어우러지는 일. 지난날, 아버지와 아들의 피를 물에 떨어뜨리면 반드시 한데 어우러진다 하여, 재판에서 부자간인지 아닌지를 확인할 때 쓰던 방법임.
합화(合和)명-하다자 합하여 잘 어울림.
합환(合歡)명-하다자 ①기쁨을 함께함. ②남녀가 잠자리를 같이하여 즐김.
합환(閤患)명 남을 높이어, 그의 아내의 병을 이르는 말.
합환목(合歡木)명 '자귀나무'의 딴이름.
합환-주(合歡酒)명 ①우리 나라의 재래식 혼례에서 신랑과 신부가 서로 잔을 바꾸어 마시는 술. ②남녀가 합환하기 전에 마시는 술.
핫-접두 ①'솜을 둔'의 뜻을 나타냄. ¶핫옷/핫이불 ②'짝이 갖추어져 있음'의 뜻을 나타냄. ¶핫아비/핫어미
핫-것[한-]명 솜을 두어 지은 이불이나 옷 따위를 통틀어 이르는 말.
핫:-길(下-)명 여럿 가운데서 가장 낮은 품질, 또는 그런 물건. 아랫길. 하질(下秩) ☞상길. 중길
핫도그(hot dog)명 ①길쭉한 빵을 세로로 갈라 뜨거운 소시지를 끼우고 겨자 기름이나 버터를 바른 서양 음식. ②기다란 소시지에 막대기를 꽂고 튀김옷을 입혀 기름에 튀긴 음식.
핫-두루마기[한-]명 솜을 두어 지은 두루마기.
핫라인(hot line)명 ①사고나 오해로 말미암은 뜻밖의 충돌을 막기 위한 국가간의 비상용 직통 통신선. 미국의 워싱턴 백악관과 러시아의 모스크바 크렘린 간의 직통 회선 따위. ②긴급 비상용 직통 전화.
핫머니(hot money)명 국제 금융 시장에 나도는 투기성의 단기 자금.
핫-바지[한-]명 ①솜을 두어 지은 바지. ☞겹바지 ②시골 사람, 또는 무식하고 어리석은 사람을 얕잡아 이르는 말.
핫-반[한-]명 두 겹으로 된 솜반.
핫벨트(hot belt)명 지구 표면을 둘러싸고 있는, 연평균 기온 20°C 이상의 온난대.
핫-아비[한-]명 아내가 있는 남자. 유부남(有夫男) ☞홀아비
핫-어머니[한-]명 '핫어미'를 높이어 이르는 말.
핫-어미[한-]명 남편이 있는 여자. 유부녀(有夫女) ☞홀어미
핫-옷[한-]명 솜을 두어 지은 옷. 솜옷 ☞겹옷
핫-이불[한니-]명 솜을 두어 지은 이불. ☞겹이불
핫-저고리[한-]명 솜을 두어 지은 저고리.
핫케이크(hot cake)명 밀가루에 달걀·우유·설탕 따위를 넣어 반죽하여 프라이팬이나 번철에 말랑하게 구운 둥근 서양 과자. 팬케이크
핫-퉁이[한-]명 ①솜을 많이 두어 지은 퉁퉁한 옷, 또는 그런 옷을 입은 사람. ②철이 지난 뒤에 입는 솜옷.
핫팬츠(hot pants)명 가랑이가 아주 짧고 몸에 꼭 맞는 여성용 바지.
항:(亢)명 '항수(亢宿)'의 준말.
항(行)명 '행(行)''의 원말.
항(恒)명 '항괘(恒卦)'의 준말.
항:(項)명 ①법률이나 문장 따위에서 내용을 구분하는 단위의 한 가지. ¶헌법 제11조 1-. ②예산 편성의 분류의 하나. 관(款)의 아래, 목(目)의 위임. ③다항식(多項式)에서, 하나하나의 단항식(單項式). ④분수에서, 분모나 분자. ⑤비례식에서, 하나하나의 양. ⑥급수(級數)를 이루는 하나하나의 수.
항:(抗)-《접두사처럼 쓰이어》'저항성을 지닌 그것'의 뜻

ㅎ

을 나타냄. ¶ 항효소(抗酵素)/항히스타민제
-항(港)《접미사처럼 쓰이어》'항구(港口)'의 뜻을 나타냄. ¶ 부산항(釜山港)/인천항(仁川港)
항:가(巷歌)명 거리에서 노래하는 일, 또는 그 노래.
항:간(巷間)명 일반 사람들 사이. 여항간(閭巷間) ¶ -에 듣자 하니, 이곳에 아파트가 들어선다고 하더군.
항:강(項強)명 '항강증'의 준말.
항:강-증(項強症)[-쯩]명 한방에서, 목 뒤의 힘줄이 뻣뻣하고 아파서 목을 잘 움직일 수 없는 증세를 이르는 말. 흔히 신경 계통의 질환으로 일어남. 준항강
항:거(抗拒)명-하다자 순종하지 않고 맞서 버팀. ¶ 독재 정치에 -하다.
항견-권(恒見圈)[-꿘]명 지구상의 일정한 지점에서 늘 보이는 천구(天球)의 부분. 항시권(恒視圈). 항현권(恒顯圈) ☞항은권(恒隱圈)
항:계(港界)명 항만의 경계.
항:고(抗告)명-하다자 상소의 한 가지. 당사자나 제삼자가 하급 법원의 결정이나 명령에 불복(不服)하여 그것의 취소 또는 변경을 상급 법원에 신청하는 일. ☞상고(上告). 항소(抗訴)
항:고-심(抗告審)명 항고에 대한 상급 법원의 심리(審理).
항:공(航空)명-하다자 항공기 따위로 공중을 날아다님.
항:공=계:기(航空計器)명 항공기의 조종에 쓰이는 여러 가지 계기. 고도계, 속도계, 방향 지시용 계기 따위.
항:공=관제(航空管制)명 '항공 교통 관제'의 준말.
항:공=관제탑(航空管制塔)명 관제탑(管制塔)
항:공=교통=관제(航空交通管制)명 항공기를 안전하고 능률적으로 운항하기 위하여 항공 교통을 관리하고 규제하는 일. 준항공 관제
항:공-기(航空機)명 공중을 비행하는 탈것을 통틀어 이르는 말. 기구, 글라이더, 비행기, 비행선, 헬리콥터 따위.
항:공=기상학(航空氣象學)명 항공기의 안전한 비행이나 경제적인 운항 따위에 관계되는 기상 상태를 관측하고 연구하는 학문.
항:공=기호(航空記號)명 항공기의 기체(機體)에 표시하는 여러 가지 기호.
항:공-대(航空隊)명 ①공군에 딸리지 않은 육·해군의 항공기 부대. ②지난날, 공군이 하나의 군으로 독립하기 전에 항공기를 주력으로 조직된 부대를 이르던 말.
항:공-도(航空圖)명 항공 지도(航空地圖)
항:공=등대(航空燈臺)명 밤이나 짙은 안개 등의 악천후에 비행하는 항공기의 안전과 지점 인식의 편의를 위하여 공항이나 항공로의 중요 지점에 설치하는 등대.
항:공=등화(航空燈火)명 밤이나 악천후에 등을 켜서 항공기가 안전하게 운항하도록 하는 땅 위의 보안 시설. 활주로등, 유도등, 항공 등대 따위.
항:공-력(航空力)명 ①항공의 능력이나 역량(力量). ②공군의 병력.
항:공-로(航空路)명 항공기가 안전하게 운항하도록 공중에 지정된 정기적인 통로. 준공로(空路)
항:공=모:함(航空母艦)명 군함의 한 가지. 비행기를 싣고 다니면서 뜨고 내리게 할 수 있는 설비를 갖추고 있어 해상에서 이동 비행 기지 구실을 함. 준항모. 모함
항:공=무선(航空無線)명 항공기의 운항과 관련된 무선 통신 설비를 통틀어 이르는 말.
항:공-법(航空法)[-뻡]명 국제 민간 항공 조약의 규정과 그에 딸린 표준과 방식에 따라 제정된 법률. 항공기의 등록, 항공 종사자의 자격 증명과 업무 범위, 항공로의 지정, 비행 금지, 항공 운송 사업, 항공 보안 시설 등에 관하여 규정함.
항:공-병(航空兵)명 항공대에 딸린 병사.
항:공-병(航空病)[-뼝]명 항공기에 타거나 그와 비슷한 환경으로 말미암아 일어나는 여러 가지 신체 이상. 현기증, 호흡 곤란, 구토 따위. ☞고공병. 고산병
항:공=보:험(航空保險)명 항공과 관련된 사고로 생긴 손해를 보상하기 위한 보험.

ㅎ

항:공-사(航空士)명 ①조종사(操縱士) ②항공기에 타고서 항공기의 위치와 방향, 날씨 따위를 관측하여 조종을 돕는 사람.
항:공=사진(航空寫眞)명 비행 중인 항공기에서 고성능 사진기로 지상을 찍은 사진. 공중 사진(空中寫眞)
항:공=서간(航空書簡)명 국제 항공 우편용 봉함 엽서. 에어러그램(aerogram)
항:공-선(航空船)명 비행선(飛行船)
항:공=세:관(航空稅關)명 공항에 설치한 세관.
항:공=소음(航空騷音)명 항공기가 운항할 때에 내는 소음. 공항 주변에 사는 사람들이 피해를 받지 않도록 소음의 환경 기준이 정해져 있음.
항:공=수송(航空輸送)명 항공기로 사람이나 우편물, 화물 따위를 실어 나르는 일. 공중 수송 준공수(空輸)
항:공-술(航空術)명 항공에 관한 기술.
항:공=역학(航空力學)[-녀-]명 유체 역학의 한 분야. 항공기가 비행할 때 공기로부터 받는 힘, 기체 각부의 기류 상황 따위를 연구함.
항:공=연료(航空燃料)[-녈-]명 항공기의 엔진에 쓰이는 연료. 가솔린과 제트 연료가 있음.
항:공=우편(航空郵便)명 항공기로 우편물을 실어 나르는 제도, 또는 그 우편물. 에어메일 준항공편
항:공=장애등(航空障礙燈)명 야간 항행에 장애가 될 염려가 있는 높은 건축물이나 위험물에 설치하여, 그 높이와 위치 따위를 알리는 등. 붉은빛의 점멸등을 켬.
항:공-전(航空戰)명 공중전(空中戰)
항:공=정찰(航空偵察)명 공중 정찰(空中偵察)
항:공=지도(航空地圖)명 하늘을 항행하는 데 쓰이는 지도. 항공도(航空圖)
항:공=측량(航空測量)명 공중에서 사진 촬영을 하거나 전자 장치를 써서 하는 측량.
항:공-편(航空便)명 ①항공기가 다니는 그 편. ¶ -으로 출국하다. ②'항공 우편(航空郵便)'의 준말.
항:공=표지(航空標識)명 ①비행장이나 항공로에 설치하는 표지. 이착륙 표지, 항공 금지 구역 표지, 항공 등대 따위. ②항공기의 날개와 동체에 표시하는 국적 기호와 등록 기호.
항:공-항(航空港)명 공항(空港)
항-괘(恒卦)명 육십사괘(六十四卦)의 하나. 진괘(震卦) 아래 손괘(巽卦)가 놓인 괘로 우레와 바람을 상징함. 준항(恒) ☞둔괘(遯卦)
항구명 염밭에서 판에 댈 바닷물을 받는 웅덩이.
항:구(港口)명 선박이 드나들거나 머물 수 있도록 바닷가에 부두 따위를 설비한 곳.

한자 항구 항(港) 〔水部 9획〕 ¶ 귀항(歸港)/출항(出港)/항구(港口)/항도(港都)/항등(港燈)/항만(港灣)

항구(恒久)어기 '항구(恒久)하다'의 어기(語基).
항:구=도시(港口都市)명 항구가 있는 바닷가의 도시. 준항도(港都). 항시(港市)
항구-적(恒久的)명 오래도록 변함이 없는 것.
항구-하다(恒久-)형여 오래도록 변함이 없다.
항구-히부 항구하게
항:균-성(抗菌性)[-썽]명 항생 물질이 세균의 발육이나 증식을 저지하는 성질.
항:균성=물질(抗菌性物質)[-썽-찔]명 항생 물질
항기(降旗)명 항복의 의사를 상대편에게 알리는 흰 기. 백기(白旗). 항복기(降伏旗)
항:내(港內)명 항구의 안.
항다반(恒茶飯)명 '늘 있는 일이어서 이상할 것이 없이 예사로움'의 뜻. ¶ 그는 -으로 너스레를 떨지. 준다반(茶飯)
항다반-사(恒茶飯事)명 '늘 있는 일이어서 이상할 것이 없는 일'의 뜻. ¶ 그가 변덕을 부리는 일은 -지. 준다반사 ☞항사(恒事)
항:담(巷談)명 항설(巷說)
항덕(恒德)명 사람이 지닌 변함없는 덕.
항도(恒道)명 오래도록 변함이 없는 바른 도리.
항:도(港都)명 '항구 도시'의 준말.

항:도(港圖)명 선박이 항만(港灣)을 드나들거나 정박하는 데에 이용하도록 만든 항구 안팎의 해도(海圖).

항:-독소(抗毒素)명 생체(生體) 내부에 침입하는 독소를 중화하여 없애는 작용을 하는 항체.

항:등(港燈)명 선박의 야간 출입을 돕기 위하여 항구에 설치한 등.

항-등:식(恒等式)명 식 가운데 들어 있는 문자에 어떤 값을 넣어도 언제나 성립하는 등식. ☞방정식(方程式)

항:라(亢羅)명 명주실이나 모시실, 무명실 따위로 짜는 피륙의 한 가지. 씨를 세 올이나 다섯 올씩 걸러서 한 올씩 비우고 짜는데, 구멍이 송송 뚫려서 여름 옷감으로 알맞음. ☞오족(五足)

항:려(伉儷)명 부부(夫婦)로 맺어진 짝. 배필(配匹)

항:력(抗力)명 ①버티는 힘. ②유체(流體) 속에서 운동하는 물체의 운동 방향의 반대쪽에서 물체에 작용하는 유체의 저항력. ③접촉 면에 물체의 힘이 미칠 때, 면으로부터 물체가 받는 힘.

항렬(行列)명 혈족의 방계(傍系)에 대한 대수(代數) 관계를 나타내는 말. 돌림 ¶-이 높다. ☞촌수(寸數)

한자 항렬 항(行) 〔行部〕 ¶동항(同行)/숙항(叔行)

항렬-자(行列字)[-짜]명 항렬을 나타내기 위하여 이름자 속에 넣어 쓰는 글자. 돌림자

▶ '항렬자'는 공통으로 쓰는 글자
우리 나라 사람의 이름자에서 항렬을 나타내는 글자는 이름자 두 자 가운데서 한 글자를 공통으로 쓰는 글자이다.
항렬자가 '誠' 자라면, '誠完', 誠延, 誠孝' 등으로 이름을 짓게 된다. 이름자의 '誠' 자를 보고 같은 항렬임을 알 수 있다.

항:례(抗禮)명-하다자 대등한 예로 대함, 또는 그러한 예.

항례(恒例)명 상례(常例)

항:로(航路)명 ①선박이 항행하는 해로(海路). ②항공기가 항행하는 항공로(航空路).

항:로=고:시(航路告示)명 해로상 위험물의 발견이나 수심(水深)의 변화, 표지(標識)의 신설 따위 정보를 항해자에게 알리기 위해서 행하는 고시.

항:로=신:호(航路信號)명 항해 중인 선박이 다른 선박과 충돌하는 일을 피하기 위하여 자기 선박의 침로(針路) 변경을 알리는 음향 신호.

항:로=표지(航路標識)명 연안을 항행하는 선박의 안전 운항을 위해 설치한 표지. 등대나 부표, 음향 표지, 무선 표지 따위.

항:론(抗論)명-하다자타 상대편의 주장에 맞서서 자기의 의견을 말함.

항:룡(亢龍)명 하늘에 오른 용이라는 뜻으로, 매우 높은 지위를 이르는 말.

항마(降魔)명-하다자 불교에서, 도를 깨치는 데 방해가 되는 것을 물리침을 뜻하는 말.

항마-검(降魔劍)명 불교에서, 부동명왕(不動明王)이 손에 쥐고 있는, 악마를 물리쳐 항복시킨다는 칼을 이름.

항:만(港灣)명 선박이 정박하고, 승객이 오르고 내리며, 화물을 싣거나 부릴 수 있게 시설한 수역(水域).

항:명(抗命)명-하다자 명령이나 제지(制止)에 따르지 않고 항거함. 명령을 어김.

항:명-죄(抗命罪)[-쬐]명 군법에서, 상관의 정당한 명령에 반항하거나 복종하지 않음으로써 성립하는 죄.

항:모(航母)명 '항공 모함(航空母艦)'의 준말.

항:목(項目)명 기록 등의 내용을 자세히 구별한 각각의 사항. ☞조목(條目)

항:무(港務)명 항만의 운영과 관리, 시설의 유지 등에 관한 여러 가지 사무.

항문(肛門)명 포유동물의 직장(直腸)의 끝에 있는, 대변을 배설하는 구멍. 똥구멍. 분문(糞門)

항문=괄약근(肛門括約筋)명 똥을 눌 때 항문을 열었다 오므렸다 하는, 항문 주위의 근육.

항문기(肛門期)명 정신 분석학에서, 생후 18개월부터 4세까지의 시기를 아기의 성 본능 발달의 제2단계로 보아 이르는 말. 배설할 때 항문의 자극으로 쾌감을 느끼게 된다고 함. ☞구순기(口脣期)

항:법(航法)[-뻡]명 선박이나 항공기가 안전하고 정확하게 항행하는 기술, 또는 그것을 규정한 방법.

항:법-사(航法士)[-뻡-]명 항공기에서, 항공기의 위치와 침로(針路) 등을 측정하여 조종사에게 알리는 일을 맡은 사람.

항:변(抗卞)명-하다자 항의(抗議)

항:변(抗辯)명-하다자타 ①상대편의 주장에 대하여 자기의 주장을 내세워 반론함. ②민사 소송에서, 소송 상대편의 신청이나 주장을 배척하기 위하여 다른 사항을 내세워 주장하는 일.

항병(降兵)명 항복한 병사. 항졸(降卒)

항복(降伏·降服)명-하다자 ①전쟁에 져서 적에게 굴복함. ②조복(調伏)

한자 항복할 항(降) 〔阜部 6획〕 ¶투항(投降)/항복(降伏)/항서(降書)/항장(降將)

항복-기(降伏旗)명 항기(降旗)

항:비(亢鼻)명 높은 코.

항사(恒沙)명 '만항하사(萬恒河沙)'의 준말.

항사(恒事)명 늘 있는 일. ☞항다반사(恒茶飯事)

항산(恒産)명 살아갈 수 있는 일정한 재산이나 생업.

항:산성-균(抗酸性菌)[-썽-]명 산에 대하여 저항력이 있는 세균. 결핵균·나병균 따위.

항상(恒常)부 늘 ¶- 활기 있게 지낸다.

항상-성(恒常性)[-썽]명 생체(生體)가 환경의 변화에 대응하여 생리 상태를 일정하게 조절하여 살아갈 수 있도록 유지하는 현상, 또는 그 상태.

항상=현:상(恒常現象)명 감각 기관이 받는 자극이 변해도 물체의 크기나 형태, 성질 등이 변하지 않은 것처럼 느끼는 현상. 어두운 곳에서도 흰 종이가 희게 보이는 따위.

항:생=물질(抗生物質)[-찔]명 세균 따위의 미생물로 만들어져, 다른 미생물이나 생물 세포의 발육이나 기능을 저해하는 물질. 스트렙토마이신이나 페니실린 따위. 항균성 물질

항:생-제(抗生劑)명 항생 물질로 된 약제.

항서(降書)명 항복의 의사를 적은 글.

항:설(巷說)명 항간에서 사람들 사이에 떠도는 소문. 항담(巷談). 항어(巷語) 유가설(街說)

항설-선(恒雪線)[-썬]명 설선(雪線)

항:성(亢星)명 항수(亢宿)

항성(恒性)명 ①언제나 변하지 않는 성질. ②누구에게나 있는 공통적인 성품.

항성(恒星)명 천구(天球)에서 위치를 바꾸지 않은 채 스스로 열과 빛을 내는 별을 통틀어 이르는 말. 붙박이별. 정성(定星) ☞행성(行星)

항성-년(恒星年)명 태양이 천구(天球)를 한 바퀴 도는 데 걸리는 시간. 365.256360일로 평균 태양년보다 약 20분 더 길.

항성-도(恒星圖)명 천구상의 항성의 위치·등급 등을 평면적으로 그린 그림. 성도(星圖)

항성-시(恒星時)명 1항성일을 24로 나눈 시각. 천문대에서 정확한 시간을 측정하는 데 이용함.

항성-월(恒星月)명 천구상의 춘분점을 기준으로 하여 달이 지구 주위를 한 바퀴 도는 데에 걸리는 시간. 약 27.32166일인데 250만 년마다 1일씩 짧아짐.

항성-일(恒星日)명 지구의 자전에 따라 춘분점이 자오선을 지나 다시 같은 자오선상에 오는 데 걸리는 시간. 약 23시간 56분 4.0905초로 평균 태양일보다 조금 짧음.

항성=주기(恒星週期)명 위성이나 행성이 항성을 중심으로 하여 한 바퀴 도는 공전 주기.

항성-표(恒星表)명 성위표(星位表)

항:소(抗訴)명-하다자 상소의 한 가지. 하급 법원에서 받은 제일심의 판결에 불복할 때, 그 파기 또는 변경을 직

접 상급 법원인 지방 법원 합의부 또는 고등 법원에 신청하는 일. ☞상고(上告). 항고(抗告)

항:소-권(抗訴權)[-꿘] 명 상소권의 한 가지로, 항소를 할 수 있는 권리.

항:소=기각(抗訴棄却) 명 항소 법원이 제일심 판결이 정당하다고 인정하여 항소 사건의 소송 절차를 종결시키고자 내리는 판결 또는 결정.

항:소=법원(抗訴法院) 명 항소 사건을 심리하는 법원.

항:소-심(抗訴審) 명 항소 사건에 대한 항소 법원의 심리.

항:소-인(抗訴人) 명 항소한 사람.

항:소-장(抗訴狀)[-짱] 명 항소할 때에 제일심 법원에 내는 문서.

항속(恒速) 명 변동이 없는 일정한 속도.

항:속(航速) 명 선박이나 항공기가 항행하는 속도.

항:속(航續) 명 -하다 자 항공기나 선박이 새로 연료를 보급하지 않고 항행을 계속함.

항:속=거:리(航續距離) 명 선박이나 항공기가 한 번 실은 연료만으로 항행할 수 있는 거리. 속도·탑재량 등과 함께 성능을 나타내는 항목의 한 가지임.

항:송(航送) 명 -하다 타 선박이나 항공기로 실어 나름.

항:쇄(項鎖) 명 지난날, 죄인의 목에 씌우던 형틀인 '칼'을 이르는 말.

항:쇄-족쇄(項鎖足鎖) 명 ①지난날, 죄수의 목에 씌우던 칼과 발에 채우던 쇠사슬이나 차꼬를 아울러 이르는 말. ②-하다 타 죄인을 단단히 잡죔.

항:수(亢宿) 명 이십팔수(二十八宿)의 하나. 동쪽의 둘째 별자리. 항성(亢星) 준 항(亢)

항수(行數)[-쑤] 명 '행수(行數)'의 원말.

항수(恒數)[-쑤] 명 상수(常數) ☞변수(變數)

항습(恒習) 명 늘 하는 버릇.

항시(恒時) 명 ①보통 때. ②[부사처럼 쓰임] 늘. 언제나. 상시(常時) ¶그이는 - 환한 표정을 짓고 있다.

항:시(港市) 명 '항구 도시'의 준말.

항시-권(恒視圈)[-꿘] 명 항견권(恒見圈)

항신-풍(恒信風) 명 무역풍(貿易風)

항:심(抗心) 명 반항하는 마음.

항심(恒心) 명 늘 변함이 없는 올곧은 마음.

항아(姮娥) 명 ①중국 신화에 나오는, 달에 산다는 선녀. 상아(嫦娥) ②지난날, 궁중에서 '상궁이 되기 전의 어린 궁녀'를 이르던 말.

항아리 명 아가리가 좁고 배가 부른 질그릇.

항아리-손님 명 민간에서, 유행성 이하선염(耳下腺炎)을 이르는 말.

항:암-제(抗癌劑) 명 암(癌)이나 육종(肉腫) 따위 악성 종양 세포의 증식을 억제하는 약제.

항:양(航洋) 명 -하다 자 배를 타고 바다를 항해함.

항:어(巷語) 명 항설(巷說)

항:언(抗言) 명 -하다 자타 맞서 말함, 또는 맞서 하는 말.

항언(恒言) 명 늘 하는 말.

항업(恒業) 명 늘 하고 있는 일정한 직업.

항:역(抗逆) 명 -하다 자타 맞서서 거역함.

항:연(項軟) 명 한방에서, 목등뼈가 약해져 목을 가누지 못하는 증세를 이르는 말. 주로 어린아이에게 생김.

항오(行伍) 명 군대에서 병사가 정렬해 있는 그 한 줄.

항온(恒溫) 명 상온(常溫)

항온-기(恒溫器) 명 정온기(定溫器)

항온-대(恒溫帶) 명 상온층(常溫層)

항온=동:물(恒溫動物) 명 정온 동물(定溫動物)

항온=장치(恒溫裝置) 명 온도를 일정하게 유지하도록 자동으로 조절하는 장치.

항온-조(恒溫槽) 명 내부의 온도를 외부 온도의 영향을 받지 않고 항상 일정하게 유지하도록 만든 용기.

항온-층(恒溫層) 명 상온층(常溫層)

항:요(巷謠) 명 항간에서 부르는 세속적인 노래. ☞속요

항용(恒用) 부 늘. 항상 ¶그런 일은 - 있을 수 있다.

항:운(航運) 명 -하다 타 배로 짐을 실어 나름.

항:원(抗原) 명 생체에 침입하여 항체를 만들어 그 항체끼리만 결합하여 반응하는 물질. 세균과 독소가 이에 해당됨. 면역원(免疫原)

항:원=항:체=반:응(抗原抗體反應) 명 항원을 체내에 넣었을 때 항원과 항체 사이에 일어나는 반응. 응집 반응, 용혈 반응, 알레르기 반응 따위.

항은-권(恒隱圈)[-꿘] 명 지구상의 일정한 지점에서 눈으로 볼 수 없는 하늘의 부분. ☞항견권(恒見圈)

항:의(抗議) 명 -하다 자타 상대편의 말이나 결정 등을 부당하다고 여기어 따지거나 아니라고 주장함, 또는 그 주장. 항변(抗卞) ¶심판의 판정에 -하다.

항의(恒儀) 명 으레 하던 대로 하는 의식.

항의(降意) 명 항복하겠다는 의사.

항:의(巷議) 명 항간에 떠도는 평판이나 소문.

항:일(抗日) 명 -하다 자 일제 강점기에 일본 제국주의에 항쟁함. ¶- 투사(鬪士)

항자(降者) 명 항복한 사람.

항자불살(降者不殺)[-쌀] 성구 항복한 사람은 죽이지 아니함을 이르는 말.

항장(降將) 명 항복한 장수(將帥).

항:장-력(抗張力) 명 어떤 물체를 잡아당겼을 때 파괴되기까지 견디는 극한의 응력(應力). 항장 응력

항:장=응:력(抗張應力) 명 항장력(抗張力)

항:쟁(抗爭) 명 -하다 자 맞서 싸움, 또는 그 싸움.

항:적(抗敵) 명 -하다 자 적에게 대항함.

항:적(航跡) 명 ①선박이 지나간 뒤에 수면에 남는 물결 자취. ②항공기가 날아간 자취. 비행기구름 따위.

항:적-운(航跡雲) 명 비행기구름

항:적필사(抗敵必死)[-싸] 성구 목숨을 걸고 적에게 대항함을 이르는 말.

항:전(抗戰) 명 -하다 자 저항하여 싸움. ☞거전(拒戰)

항:정 명 ①개나 돼지의 목덜미. ②소의 양지머리 위에 붙은 살. 편육으로 많이 쓰임.

항:정(航程) 명 선박이나 항공기로 가는 항행 거리.

항:정-선(航程線) 명 항공기의 항로가 각 자오선과 동일한 각도로 교차하는 선.

항:조(亢燥) 어기 '항조(亢燥)하다'의 어기(語基).

항:조-하다(亢燥-) 형여 지대가 높아 땅이 메마르다.

항졸(降卒) 명 항병(降兵)

항:종(項腫) 명 한방에서, 목덜미에 나는 큰 종기를 이르는 말.

항:주(航走) 명 배로 물 위를 달리는 일.

항:진(亢進) 명 -하다 자 ①위세 좋게 나아감. ②기세나 병세 따위가 높아지거나 심하여짐. ¶병세가 -하다./심계(心悸) -

항:진(航進) 명 -하다 자 함정(艦艇)이 나아감.

항:차 부 '황차(況且)'의 변한말.

항:차(航差) 명 ①항행 중인 선박이 풍파 등으로 말미암아 예정된 침로(針路)와 선박의 방향 사이에 생기는 차. ②선박 고유의 속력과 실지 항속력의 차.

항:철-목(項鐵木) 명 물방아의 굴대를 떠받치는 나무.

항:체(抗體) 명 생체에 침입한 항원에 맞서 생기어 항원에만 반응하는 단백질. 면역체

항:타-기(杭打機) 명 무거운 쇠달구로 말뚝을 땅 속에 박는 기계.

항:타=기초(杭打基礎) 명 땅에 박은 말뚝 위에 다른 물건을 올릴 수 있도록 다진 기초.

항태(缸胎) 명 ①토기와 비슷한 오지그릇의 한 가지. ②잿물을 올리기 전의 도자기의 덩치. 몸[2]

항:통(缿筒·缿筩) 명 ①지난날, 관아에 놓아 두어 백성의 투서를 받던 통. ②벙어리[2]

항풍(恒風) 명 늘 일정한 방향으로 부는 바람. 무역풍(貿易風) 따위. 탁월풍(卓越風)

항하(恒河) 명 '갠지스 강'의 한자 이름.

항하-사(恒河沙) 주 수의 단위. 극(極)의 억(億) 곱절. ☞아승기(阿僧祇)

항:한(亢旱) 명 매우 심한 가물.

항:해(航海) 명 -하다 자 배를 타고 바다를 다님.

항:해-도(航海圖)명 ①항해용의 해도(海圖). ②연안(沿岸) 항해에 사용하는 해도. 등대·암초·수심(水深)이나 조류의 방향 등이 나타나 있음. ☞항해도
항:해-등(航海燈)명 밤에 항해 중인 선박이 진행 방향을 나타내기 위하여 켜는 등불. 현등(舷燈)·선미등(船尾燈) 따위.
항:해-력(航海曆)명 천문 항법(天文航法)에 필요한 사항을 적어 놓은 책력. 그날그날의 해·달·행성·항성 등의 위치를 적어 놓았음.
항:해=보:험(航海保險)명 일정한 항해 기간을 보험 기간으로 계약하는 해상 보험.
항:해-사(航海士)명 항해사 면허를 받고, 선박에서 선장을 도와 선박 운항의 일반 업무를 맡아보는 선박 직원.
항:해-술(航海術)명 선박을 안전하고 능률적으로 항행하는 데 필요한 기술.
항:해=위성(航海衛星)명 항행 중인 선박이나 항공기에 지금의 위치를 정확히 알 수 있도록 하기 위해 전파를 보내는 인공 위성.
항:해=일지(航海日誌)[-찌]명 선장이 배의 운항 상황과 항해 중에 일어난 일들을 기록하는 선박용 일지.
항:해-장(航海長)명 선박에서 선장의 지시에 따라 항로·수로·기상(氣象)에 관한 일과 물품 간수 등을 맡아보는 선박 직원.
항:해=증서(航海證書)명 선박의 항해를 허가하는 증서.
항:해=천문학(航海天文學)명 천문학의 한 분야. 항해 중인 선박이 천체의 고도와 방위를 측정함으로써 선박의 위치를 알아내는 일을 연구함.
항:해-표(航海表)명 항해 중인 선박이 천체의 관측, 선박의 위치, 나침반의 오차 등을 측정하는 데 쓰는 수치를 적은 표.
항:행(航行)명-하다자 선박이나 항공기가 항로(航路)를 따라 나아감.
항:행=구역(航行區域)명 선박의 크기나 구조·설비 따위 등급에 따라 항행할 수 있는 한도를 정해 놓은 수역.
항:행-도(航行圖)명 선박이나 항공기를 조종할 때 쓰는 지도. ☞항해도(航海圖)
항:행=차:단(航行遮斷)명 해군력으로 적대국의 항만이나 연안의 선박 항행을 막는 일.
항현-권(恒顯圈)[-꿘]명 항견권(恒見圈)
항:-혈청(抗血淸)명 동물의 몸 안에 항원(抗原)을 접종하여 채취한, 항체를 가진 혈청.
항:형(抗衡)명-하다자 서로 맞서서 지지 않음.
항:-효소(抗酵素)명 효소 작용을 억제하는 물질.
항:히스타민-제(抗histamine劑)명 몸 안에 생기는 히스타민의 작용을 억제하거나 분해하는 약제. 알레르기성 질환의 치료에 쓰임.
해[1] 명 ①태양 ②햇빛 ③햇볕
  해가 기울다 관용 해가 차차 져 가다.
  해가 나다 관용 구름에 가리어졌던 해가 다시 비치다. ¶장마 끝에 해가 났다.
  해가 떨어지다 관용 해가 지다.
  해가 서쪽에서 뜨다 관용 ①생각지도 않던 사람이 대견한 일을 해냈을 때, 장하다는 뜻으로 이르는 말. ¶잠꾸러기가 새벽부터 일어나 공부하다니, 해가 서쪽에서 뜨겠구나. ②당치 않은 일을 하려고 할 때, 절대로 될 수 없다는 뜻으로 비꼬아 이르는 말. ¶네 실력으로 그 대학에 합격한다면, 해가 서쪽에서 뜨겠다.
  해가 지다 관용 해가 서쪽으로 넘어가다.
해[2] 명 ①지구가 태양을 한 바퀴 도는 동안. 연(年) ②낮 동안. ¶-가 짧다.

> 한자 해 년(年) 〔干部 3획〕 ¶금년(今年)/내년(來年)/연간(年間)/연말(年末)/연중(年中)/작년(昨年)
> 해 세(歲) 〔止部 9획〕 ¶세공(歲功)/세모(歲暮)/세시(歲時)/세여(歲餘)/세차(歲次) ▷속자는 歳

해[3] 의 주로 '내'·'네'·'뉘(누구)'·'우리' 아래에 쓰이어, 누구의 '것'임을 나타냄. ¶저것이 내 -다./우리 -는 어디 있을까?
해[4] 의 열두 달을 한 단위로 세는 말. ¶한 - 두 -.
해:[5] 부 ①입을 힘없이 가로 조금 벌리고 있는 모양을 나타내는 말. ②입을 조금 벌리고 웃는 모양을 나타내는 말. ☞헤
해:[6] 준 ①'하여'의 준말. ¶그렇게 -도 되느냐? ②'하이'의 준말. ¶그만 해.(명령)/뭘 해?(물음)/누나는 지금 숙제를 해.(진술)/이 일을 함께 해.(청유)/멀기도 해.(감탄)
해:(亥)명 ①십이지(十二支)의 열두째. ②'해방(亥方)'의 준말. ③'해시(亥時)'의 준말.

> 한자 열두째 지지 해(亥) 〔亠部 4획〕 ¶계해(癸亥)/신해(辛亥)/해방(亥方)/해시(亥時)

해:(害)명-하다타 ①상하게 하거나 나쁜 영향을 끼침. ¶-를 끼치다./-를 입다./건강에 -가 되는 식품. ☞이(利) ②죽임. ¶인명을 -하는 살상 무기.

> 한자 해할 해(害) 〔宀部 7획〕 ¶공해(公害)/손해(損害)/수해(水害)/재해(災害)/피해(被害)

해:(解)[1] 명 방정식이나 부등식의 미지수의 값.
해:(解)[2] 명 '해괘(解卦)'의 준말.
해(垓)수 수의 단위. 경(京)의 만 곱절. 자(秭)의 1만분의 1.
해- 접두 '그 해에 새로 난'의 뜻을 나타냄. ¶해깍두기/해콩/해팥 ☞햇-
해(該)-《접두사처럼 쓰이어》'해당(該當)'의 뜻을 나타냄. ¶해구역(該區域)/해법안(該法案)/해지방(該地方)/해토지(該土地)
해:가(海歌)명 작자와 연대를 알 수 없는 신라 시대의 노래. 내용은 '구지가(龜旨歌)'와 비슷함. 신라 성덕왕 때 순정공(純貞公)의 아내 수로 부인이 해룡(海龍)에게 잡히어 가자 사람들이 이 노래를 불러 구출했다 함. '삼국유사'에 실려 전함. 해가사
해:가사(海歌詞)명 해가(海歌)
해가-에(奚暇-)부 어느 겨를에. 하가(何暇)에
해:각(海角)명 ①육지가 바다 쪽으로 뿔처럼 내밀어 있는 끝 부분. ②멀리 떨어져 있는 곳.
해:각(解角)명-하다자 사슴이나 노루 따위의 새 뿔이 나려고 묵은 뿔이 빠짐.
해:갈(解渴)명-하다자 ①갈증을 풂. ②비가 내리거나 하여 가물을 겨우 면함. ③말랐던 자금이 융통이 조금 됨을 비유하여 이르는 말. ¶자금 사정이 -되다.
해감 명 유기 물질이 썩어서 물 속에 가라앉은 앙금.
해감-내 명 해감의 냄새.
해:갑(蟹甲)명 게의 껍데기.
해거(駭擧)명 매우 괴상한 짓.
해-거름 명 해가 질 무렵. 준 해름
해-거리 명 ①한 해씩 거르는 일. 격년(隔年) ②과실 나무의 열매가 해를 걸러 많이 열렸다 적게 열렸다 하는 현상. 격년결과(隔年結果)
해:결(解決)명-하다타 ①사건이나 문제 따위를 잘 처리하여 마무름. ¶분규를 -하다. ②의문이 있는 일을 잘 풀어 나가서 이해가 되게 함. ¶의문이 -되다.
해:고(解雇)명-하다타 사용자가 고용한 사람을 내보냄.
해:고=수당(解雇手當)명 사용자가 고용한 사람을 내보낼 때 주는 급여 이외의 보수. ▷解의 속자는 觧
해:-곡(海谷)명 해저곡(海底谷)
해골(骸骨)명 ①몸을 이루고 있는 뼈. ②죽은 뒤에 살이 썩고 남은 뼈, 또는 그 머리뼈. 촉루(髑髏)
해골-바가지(骸骨-)[-빠-]명 '해골'의 속된말. 준 해골박
해골-박(骸骨-)[-빡]명 '해골바가지'의 준말.
해골산(骸骨山)[-싼]명 크리스트교에서, 골고다의 언덕을 달리 이르는 말. 예수가 십자가에 못 박혀 죽은 곳으로, 바위로 된 산인 데서 붙여진 이름.
해골-지킴(骸骨-)명 '묘지기'를 속되게 이르는 말.
해:공(害工)명-하다자 힘써서 하는 일을 방해하는 짓.

해:공(海工)명 항만(港灣)이나 해안에서 하는 공사를 통틀어 이르는 말.
해:공(海空)명 ①바다와 하늘. ②해군과 공군.
해:관(海關)명 중국 청나라 때, 개항장(開港場)에 설치한 세관을 이르던 말.
해:관(解官)명-하다자타 관직에서 물러남, 또는 물러나게 함.
해:-괘(解卦)명 육십사괘(六十四卦)의 하나. 진괘(震卦) 아래 감괘(坎卦)가 놓인 괘로 우레와 비를 상징함. 준해(解)² ☞손괘(損卦)
해괴(駭怪)어기 '해괴(駭怪)하다'의 어기(語基).
해괴망측-하다(駭怪罔測—)형여 이루 말할 수 없이 괴상야릇하다. 괴괴망측하다
해괴-하다(駭怪—)형여 괴상야릇하다. 괴괴하다
해괴-히부 해괴하게
해:교(解膠)명-하다자타 엉긴 콜로이드 침전물이나 고체에 약품을 섞어 콜로이드 용액으로 되돌아가게 하는 일.
해:구(海口)명 바다의 후미진 곳, 또는 항만으로 들어가는 어귀.
해:구(海丘)명 바다 밑에 솟아 있는 높이 1,000m 이하의 언덕. ☞해산(海山)
해:구(海狗)명 '물개'의 딴이름.
해:구(海區)명 어업이나 연구를 하기 위하여 바다에 설정한 구획.
해:구(海寇)명 바다로부터 쳐들어오는 외적. ☞해적(海賊)
해:구(海溝)명 큰 바다의 밑바닥에 좁고 길게 팬 곳. 깊은 데가 보통 깊이 6,000m 이상임.
해:구(海鷗)명 바닷가에 있는 갈매기.
해:구-신(海狗腎)명 한방에서, 물개 수컷의 생식기를 이르는 말. 강정제(強精劑)로 쓰임.
해:국(海國)명 섬나라
해:국(海菊)명 국화과의 여러해살이풀. 줄기는 목질(木質)로 줄기 높이 30~60cm임. 주걱 모양의 두꺼운 잎이 어긋맞게 나는데, 털이 촘촘하게 나 있어 희게 보임. 7~11월에 연한 자줏빛의 꽃이 두상(頭狀) 꽃차례로 핌. 중부 이남의 바닷가에 자람.
해:군(海軍)명 해상의 방위와 전투를 주된 임무로 삼는 군대. ☞공군. 육군
해:군(解軍)명-하다자 군대를 해산함.
해:군=공창(海軍工廠)명 해군의 함선이나 병기 따위를 제조하거나 수리하는 기관.
해:군-기(海軍機)명 해군에 딸린 항공기.
해:군=기장(海軍旗章)명 해군 함정의 돛대 끝이나 깃대에 다는, 해군을 상징하는 기.
해:군=기지(海軍基地)명 해군 부대와 그에 딸린 함정의 근거지로서 특수 시설을 해 놓은 항구.
해:군=대학(海軍大學)명 해군의 고급 장교를 양성하는 해군의 고급 군사 학교.
해:군=본부(海軍本部)명 해군의 최고 통수 기관. 준해본
해:군=사:관=학교(海軍士官學校)명 해군 장교를 양성하는 군사 학교. 준해사(海士)
해:군=신:호(海軍信號)명 해군에서 쓰는 여러 가지 신호. 기적, 무선 전신, 수기 신호, 신호등, 호포 따위.
해굽-성(—性)명 향일성(向日性)
해:권(海權)[—꿘]명 '해상권(海上權)'의 준말.
해:권-국(海權國)[—꿘—]명 제해권(制海權)을 장악하고 있는 나라.
해:귀당신명 얼굴이 해바라지고 복성스럽지 못하게 생긴 사람을 얕잡아 이르는 말.

해금(奚琴)명 중국에서 전래한 현악기의 한 가지. 둥근 나무통에 긴 나무를 박고 두 가닥의 명주실을 맨 악기인데, 말총으로 만든 활로 켜서 연주함. 깡깡이
해:금(海禁)명-하다자 외국의 배가 자기 나라 해역에 들어오거나 고기잡이하는 것을 금함.
해:금(解禁)명-하다타 금지하였던 것을 풂.
해:-금사(海金砂)명 한방에서, 실고사리의 포자를 약재로 이르는 말.
해기(咳氣)명 기침 기운.
해:기(海技)명 선원(船員)으로서 필요한 기술.
해:기(海氣)명 바닷가의 공기.
해:기-사(海技士)명 선박 직원의 자격을 갖춘 사람. 국가에서 시행하는 해기사 면허 시험에 합격한 선장·항해사·기관사 등을 이름. 해기원(海技員)
해:기-욕(海氣浴)명 바닷가에서 맑은 공기를 마시면서 병을 다스리는 요양법.
해:기-원(海技員)명 해기사(海技士)
해-깍두기명 봄에 새로 담근 깍두기.
해-껏부 해가 넘어갈 때까지. ¶ — 기다리다.
×해꼬지명-하다타 →해코지
해끄무레-하다형여 빛깔이 좀 하얀듯 하다. ☞희끄무레하다
해끔-하다형여 빛깔이 하얗고 깨끗하다. ¶해끔한 얼굴. ☞희끔하다
해끔-해끔부-하다형 여러 군데가 다 해끔한 모양을 나타내는 말. ☞희끔희끔
해끗-해끗[—끋—]부-하다형 하얀 빛깔이 군데군데 섞이어 있는 모양을 나타내는 말. ☞희끗희끗²
해낙낙-하다형여 마음이 흐뭇해 기꺼운 느낌이 있다.
해:난(海難)명 선박이 항해 중에 일어난 재난. 침몰·좌초·충돌·표류·화재 따위.
해:난=구:조(海難救助)명 해난을 당한 선박이나 선원, 승객, 화물 따위를 구조하는 일. 계약에 따라 하는 경우와 그렇지 않은 경우가 있다.
해:난=심:판(海難審判)명 해난의 원인을 규명한 뒤에 관련자들의 직무상 고의 또는 과실이 인정되었을 때, 관련자들을 징계 또는 권고하는 심판.
해납작-하다형여 얼굴이 하얗고 납작하다. ¶해납작한 얼굴의 미인. ☞희넓적하다
해낭(奚囊)명 지난날, 여행할 때 시초(詩草)를 써 넣으려고 가지고 다니던 주머니.
해:내(海內)명 바다로 둘러싸인 육지, 곧 국내(國內) ☞해외(海外)
해:-내:다타 ①맡은 일이나 어려운 일 따위를 잘 처리하다. ②상대편을 거뜬히 이기다.
해-넘이명 해가 지는 일, 또는 그 무렵. 일몰(日沒) ☞해돋이
해:녀(海女)명 바다에 잠수하여 해산물을 채취하는 일을 생업으로 하는 여자. 잠녀(潛女). 해인(海人) ☞보자기
해:년(亥年)명 간지(干支)의 지지(地支)가 해(亥)인 해. 신해년(辛亥年). 정해년(丁亥年) 따위. 돼지해
해-님명 '해'를 의인화(擬人化)하여 이르는 말.

> ▶ '해님'과 '햇님'
> '-님'은 접미사로서 어떤 독립적인 말에 덧붙게 되어 있다. '-님' 때문에 독립적인 말에 사잇소리를 덧붙이는 일이 있을 수 없다. 그러므로 '해님, 부처님' 처럼 적는다. '어머니+님 → 어머님'은 같은 음의 거듭됨을 피한 경우이고, '딸님 → 따님'은 받침 자음이 줄어든 예이다.

해:단(解團)명-하다자타 '단(團)' 자가 붙은 단체를 해산함. ¶대표 선수단을 —하다. ☞결단. 창단
해:달(海獺)명 족제빗과의 바다 짐승. 족제비와 비슷하며 몸길이 1m 안팎. 꼬리가 아래위로 납작하고 뒷다리가 길며 발가락이 물갈퀴로 이어져 있음. 촘촘한 털가죽으로 보온을 함. 전복·게·성게 따위를 잡아먹고 삶. 알래스카 반도 남방에 수천 마리가 삶. ☞수달(水獺)
해담(咳痰)명 기침할 때 나오는 가래.
해:답(解答)명-하다자 문제를 풀어서 답을 밝힘, 또는 그 답. 준답(答)
해:답-란(解答欄)명 문제의 해답을 적을 수 있도록 비워 둔 난.
해당(該當)명-하다자 ①일정한 조건이나 자격 등에 들어맞음. ¶너는 미성년자에 —한다. ②어떤 일에 관계되는 바로 그것. ¶ — 사항/— 부서(部署)/— 기관

해:당(解黨)명-하다자타 당이 해산함, 또는 당을 해산함.
해:당(解糖)명 몸 안에 글리코겐이나 포도당이 분해되어 젖산이 되는 과정. 이 반응으로 근육 수축에 필요한 에너지가 공급됨.
해:당-화(海棠花)명 장미과의 낙엽 관목. 높이 1~1.5m. 가시와 톱니가 있는 달걀꼴의 두꺼운 잎은 어긋맞게 남. 5~7월에 자홍색 다섯잎꽃이 피고, 8월경에 둥근 열매가 익음. 바닷가의 모래땅이나 산기슭에 자라며, 열매는 먹을 수 있고 약으로도 쓰임. 꽃은 향수 원료로, 뿌리는 물감 원료로 쓰임. 때찔레. 때찔레꽃. 매괴(玫瑰)
해:대(海帶)명 '다시마'의 딴이름.
해:대(海臺)명 위가 평평하고 측면이 비탈진 바다 밑의 대지(臺地). ☞해팽(海膨)
해:도(海圖)명 바다의 깊이, 암초의 위치, 조류(潮流), 항해 표지 등 바다의 상태를 적어 놓은 항해용의 지도.
해:도(海濤)명 바다의 큰 물결.
해:독(害毒)명 사람의 몸이나 정신을 상하게 하는 것, 또는 사회에 나쁜 영향을 끼치는 것. 준독(毒)
해:독(解毒)명-하다자타 몸에 들어간 독기를 풀어서 없앰. 유파독(破毒)
해:독(解讀)명-하다타 ①옛 글 등 어려운 글을 읽어서 이해하거나 해석함. ¶고전(古典)을 -하다. ②암호 따위를 풀어서 알아냄. ¶숫자로 이루어진 암호 전문(電文)을 -하게 되었다. ☞판독(判讀)
해:독-약(解毒藥)[-냑]명 해독제 준해약(解藥)
해:독-제(解毒劑)명 몸에 들어간 독기를 풀어 없애는 데 쓰는 약제. 해독약
해-돋이[-도지]명 해가 돋는 일, 또는 그 무렵. 일출(日出). 해뜨기 ☞해넘이
해동(孩童)명 어린아이
해:동(海東)명 지난날 '우리 나라'를 발해(渤海)의 동쪽에 있는 나라라는 뜻으로 이르던 말.
해:동(海桐)명 '엄나무'의 딴이름.
해:동(解凍)명-하다자 얼었던 것이 녹아서 풀림.
해:동가요(海東歌謠)명 조선 영조 39년(1763)에 김수장(金壽長)이 엮은 시조집. 883수의 시조를 작자(作者)에 따라 배열해 놓았음. '청구영언(靑丘永言)', '가곡원류(歌曲源流)'와 더불어 삼대 가집(歌集)으로 꼽힘. 2권 1책의 사본(寫本).
해-동갑(-*同甲)명 어떤 일을 해가 질 때까지 쉬지 않고 계속함을 이르는 말. ¶셋이서 -을 해도 일이 남았다.
해:동고승전(海東高僧傳)명 고려 고종 때 각훈(覺訓)이 왕명에 따라 지은, 우리 나라 고승의 전기. 2권 1책.
해:동악장(海東樂章)명 '가곡원류(歌曲源流)'의 이본.
해:동역사(海東繹史)[-녁-]명 조선 영조 때 한치윤(韓致奫)이 엮은 한국 통사(韓國通史). 본편 70권은 한치윤이 편찬하였고, 속편 15권은 조카 한진서(韓鎭書)가 증보하였음.
해:동-종(海東宗)명 법성종(法性宗)
해:동-중:보(海東重寶)명 고려 시대에 통용되었던 주화의 한 가지. 우리 나라 최초의 철전(鐵錢)임.
해:동-청(海東靑)명 지난날 중국에서, 우리 나라의 송골매 중 참매를 길들인 '옥송골(玉松鶻)'을 특별히 이르던 말. ☞보라응(甫羅鷹)
해:동-통보(海東通寶)명 고려 숙종(肅宗) 때 통용되었던 동전. 우리 나라에서 처음 사용한 엽전임.
해:동-피(海桐皮)명 한방에서, 엄나무 껍질을 약재로 이르는 말. 팔다리가 저리거나 허리가 아픈 데 씀.
해:득(解得)명-하다타 깨우쳐 앎.
해-뜨기명 해돋이
해:-뜨리다(트리다)타 '해어뜨리다'의 준말.
해뜩-발긋부-하다형 빛깔이 해끔하고 발긋한 모양을 나타내는 말.
해뜩-해뜩부-하다형 하얀 빛깔이 다른 빛깔에 군데군데 두드러지게 섞여 있는 모양을 나타내는 말. ☞희뜩희뜩[2]
해락(偕樂)명-하다자 여러 사람이 함께 즐김.
해:란(蟹卵)명 게의 알.
해:람(解纜)명-하다자 뱃줄을 푼다는 뜻으로, '출범(出帆)'을 이르는 말. ☞긴람(緊纜)
해:량(海諒)명-하다자타 넓은 도량으로 너그럽게 헤아림이라는 뜻으로, 주로 편지 글에서 정중하게 용서를 빌 때에 쓰는 한문 투의 말. ¶-하여 주시기 바랍니다. ☞해서(海恕)
해:려(海驢)명 '강치'의 딴이름.
해:령(海嶺)명 해저 산맥(海底山脈)
해:례(解例)명-하다타 보기를 보이어 풂, 또는 그렇게 풀어 보인 것.
해:로(海路)명 배가 바다에서 다니는 일정한 길. 바닷길
해로(偕老)명-하다자 부부가 한평생 함께 살며 늙음.
해:로(解顱)명 한방에서, 어린아이의 머리뼈가 합친 곳이 벌어지는 병을 이르는 말.
해로:(harrow)명 흙덩이를 쳐서 잘게 부수는 서양 농구(農具)의 한 가지.
해로가(薤露歌)명 사람의 목숨이란 부추 위의 이슬처럼 덧없다는 뜻의 노래로, '상엿소리'를 달리 이르는 말. 만가(挽歌)
해로동혈(偕老同穴)[1]명 해면동물 해로동굴해면과에 딸린 동물을 통틀어 이르는 말. 지름이 2~6cm, 길이는 10~40cm의 긴 원통형이며, 뿌리 모양의 골편(骨片)으로 된 밑부분을 모래 속에 박고 있음. 위강(胃腔) 속에 해로새우 한 쌍이 들어 있는 데서 이름이 유래함.
해로동혈(偕老同穴)[2]성구 살아서는 함께 늙고 죽어서는 한 무덤에 묻힌다는 뜻으로, 생사를 같이하자는 부부의 사랑의 맹세를 이르는 말.
해:록-석(海綠石)명 단사 정계(單斜晶系)에 딸린 규산염 광물. 철·칼륨 따위가 들어 있고, 운모와 비슷한 구조를 가짐. 칼륨 비료 따위에 이용됨.
해:-롭다(害-)(-롭고·-로워)형ㅂ 몸이나 정신을 상하게 하거나 나쁜 영향을 끼칠만 한 데가 있다. ☞이롭다
해-로이부 해롭게
해롱-거리다(대다)자 ①실없이 까불다. ②취하거나 하여 정신이 좀 흐리마리하고 몸을 가누지 못하다. ☞희롱거리다
해롱-해롱부 해롱거리는 모양을 나타내는 말. ☞희룽희룽
해:룡(海龍)명 '강치'의 딴이름.
해:룡-피(海龍皮)명 강치의 가죽. 방수 용구 등을 만드는 데에 쓰임.
해:류(海柳)명 '갯버들[2]'의 딴이름.
해:류(海流)명 바다에서, 일정한 방향으로 띠 모양으로 흐르는 바닷물의 흐름. 무대[1]
해:류-도(海流圖)명 해류의 종류나 방향·속도 따위를 나타낸 그림.
해:류-병(海流甁)명 해류의 방향과 속도를 알기 위하여, 날짜와 곳 등을 종이에 적어 넣어서 바다에 띄우는 병.
해:륙(海陸)명 바다와 육지.
해:륙-풍(海陸風)명 해안 지방에서, 낮에는 바다에서 육지로, 밤에는 육지에서 바다로 부는 바람.
해름명 '해거름'의 준말.
해:리(海狸)명 '비버(beaver)'의 딴이름.
해:리(解離)명-하다자타 ①풀려서 떨어짐, 또는 떨어지게 함. ②분자나 결정이 열이나 전기 등의 작용으로 작은 분자나 원자단(原子團), 이온 따위로 분해되고, 상황에 따라서는 도로 화합하여 본디로 돌아가는 현상. 열해리, 전기 해리 따위.
해:리(海里)의 해면이나 항해상의 거리를 나타내는 단위. 1해리는 자오선(子午線)의 위도 1분에 해당하는 거리로 약 1,852m임.

해:리-도(解離度)명 해리된 분자 수와 해리되기 이전의 분자 총수의 비(比).
해:리-열(解離熱)명 해리를 일으키는 데 필요한 열량.
해:마(海馬)명 ①실고깃과의 가시해마·산호해마·복해마·점해마 따위를 통틀어 이르는 말. ②실고깃과의 바닷물고기. 몸길이는 5~15cm로 온몸이 골판(骨板)으로 덮여 있고, 머리가 말 대가리와 비슷함. 등지느러미로

헤엄치는데 부드럽고 긴 꼬리로 해초를 감음. 수컷의 아랫배에 육아낭(育兒囊)이 있어 알을 부화시킴. 우리 나라와 일본의 연해에 분포하는데, 한방에서 소화제의 원료로 씀. 수마(水馬) ③바다코끼리

해-마다 뷔 그 해 그 해. 매년(每年). 세세(歲歲)

해:마-아(海馬牙) 명 바다코끼리의 송곳니.

해:만(海鰻) 명 ①갯장어 ②붕장어

해:만(海灣) 명 ①바다가 육지로 굽어 들어간 곳. 만(灣) ②바다와 만.

해:만(解娩) 명 -하다 타 해산(解産)

해:만(懈慢) 어기 '해만(懈慢)하다'의 어기(語基).

해:만-하다(懈慢-) 형여 게으르고 방자하다.

해:말(亥末) 명 십이시(十二時)의 해시(亥時)의 끝 무렵. 오후 열한 시가 되기 바로 전.

해-말:갛다(-말갛고·-말간) 형ㅎ 매우 희고 말갛다. ¶ 해말간 얼굴. ☞하야말갛다. 희멀겋다

해말쑥-하다 형여 매우 희고 말쑥하다. ☞하야말쑥하다. 희멀쑥하다

해말쑥-이 뷔 해말쑥하게

해-맑다[-막-] 형 매우 희고 맑다. ¶ 소녀의 해맑은 얼굴.

해망(駭妄) 어기 '해망(駭妄)하다'의 어기(語基).

해:망구실(蟹網俱失) 성구 '게도 구럭도 다 잃었다'는 말을 한문식으로 옮긴 구(句)로, 욕심을 내어 일을 꾀하다가 밑천까지 다 잃었다는 뜻.

해망-쩍다 형 영리하지 못하고 아둔하다.

해망-하다(駭妄-) 형여 해괴하고 요망스럽다.

해-맞이 명 -하다 자타 ①새해를 맞이하는 일. ②산이나 바다에서 아침에 떠오르는 해를 바라보는 일.

해매 명 요사스럽고 간악한 기운.

해:매(海霾) 명 해미

해머(hammer) 명 ①쇠로 만든 큰 망치 ②피아노 따위 건반 악기의 현(弦)을 쳐서 소리를 내는 작은 망치. ③해머던지기에 쓰이는 둥근 쇠뭉치.

해머-던지기(hammer-) 명 육상 경기의 던지기 운동의 한 가지. 지름이 2.135m인 원 안에서 고리 쇠줄 끝에 달린 무게 7.26kg의 둥근 쇠뭉치를 휘돌려 멀리 던져 그 거리를 겨루는 경기. 투중추(投重錘). 투철퇴(投鐵槌). 투해머

해먹(hammock) 명 두 기둥이나 나무에 양끝을 매달아 침상으로 쓰는, 그물 모양의 물건. 그물침대

해:-먹다 타 ①음식을 만들어 먹다. ¶ 해물 요리를 ─. ②부정한 방법으로 재물을 모으다. ¶ 공금을 ─. ③어떤 일을 직업으로 삼다. ¶ 식품 가게도 해먹기 어렵다. ④남에게 해를 끼치다. ⑤'하다'의 속된말. ¶ 일이 힘겨워서 해먹을 수가 없다.

해먼드오르간(Hammond organ) 명 전기 진동으로 파이프오르간과 비슷한 음을 내는 전자 건반 악기. 상표명임. ☞전자 오르간

해:면(海面) 명 해수면(海水面)

해:면(海綿) 명 ①'해면동물'의 준말. ②해면동물의 섬유 모양의 뼈. 갯솜

해:면(解免) 명 -하다 타 ①관직 등에서 물러나게 함. ②책임을 벗어서 면함. 해제(解除)

해:면-동:물(海綿動物) 명 동물계의 한 문(門). 다세포 동물 가운데서 가장 하등의 것으로 근육이나 신경, 감각 세포가 없음. 나뭇가지 모양, 단지 모양 등 여러 가지인데 대부분 바다의 바위나 해초에 붙어 삶. 준 해면 ☞환형동물(環形動物)

해:면상=조직(海綿狀組織) 명 식물의 잎살을 구성하는 동화 조직의 한 가지. 세포의 성긴 조직으로 물질 이동이나 통기(通氣)의 통로가 됨. 갯솜 조직

해:면-질(海綿質) 명 해면과 같은 섬유 모양의 골격을 이루는 단백질.

해:면-체(海綿體) 명 포유동물의 음경(陰莖)이나 음핵(陰核)의 주체를 이루는 조직. 해면상의 구조로 속에 혈액이 충만하면 크기가 커지고 발기(勃起)하게 됨.

해:면-치레(海綿-) 명 해면치렛과의 게. 갑각의 길이 53mm, 너비 61mm 안팎임. 갑각의 등은 볼록하고 털이 촘촘히 나 있음. 진흙이 묻은 등딱지에 해면이나 멍게 따위를 얹어 몸을 위장함.

해:명(海鳴) 명 태풍이나 해일이 있을 전조(前兆)로 바다에서 들려 오는 우레와 같은 소리. 해소(海嘯)

해:명(解明) 명 -하다 타 분명하지 않은 점을 조사하여 밝힘. ¶ 사고의 원인을 ─하다.

해:명=신화(解明神話) 명 자연이나 문화적 사상(事象)의 기원과 유래, 성립 과정 등을 설명하는 신화.

해:몽(解蒙) 명 -하다 타 사리에 어둡고 어리석음을 일깨워 줌.

해:몽(解夢) 명 -하다 자타 꿈에 나타난 일을 풀어서 좋고 나쁨을 판단함. ¶ 꿈보다 ─이 좋다. 유 점몽(占夢)

해:무(海霧) 명 바다에 끼는 안개.

해-묵다 자 ①물건이 만들어진 지 한 해가 지나다. ¶ 해묵은 월간지./해묵은 감자. ②하려던 일 따위가 제대로 되지 않아, 여러 해를 넘기거나 지나다. ¶ 해묵은 염원.

해-묵히다 타 해묵게 하다.

해:물(海物) 명 '해산물(海產物)'의 준말.

해:미 명 바다에 낀 매우 짙은 안개. 분침(氛祲). 해매(海霾)

해:미(海味) 명 해산물로 만든 맛있는 반찬.

해-바라기[1] 명 -하다 자 ①추울 때에 양지바른 곳에서 햇볕을 쬐는 일. ¶ 흙담에 기대어 ─하는 아이들.

해-바라기[2] 명 국화과의 한해살이풀. 중앙 아메리카 원산으로 줄기 높이는 2m 안팎. 잎은 자루가 길고 넓은 달걀 모양이며, 여름에 노란빛의 큰 꽃이 핌. 씨는 먹을 수 있고, 식용유를 짜기도 함. 규화(葵花)

해-바라지다 자 모양새 없이 넓게 바라지다. ¶ 좋아서 입이 ─. ☞헤벌어지다

형 모양새 없이 넓게 바라져 있다. ¶ 해바라진 그릇. ☞헤벌어지다

해-바르다(-바르고·-발라) 형르 양지바르다

해박(該博) 어기 '해박(該博)하다'의 어기(語基).

해박-하다(該博-) 형여 학식(學識)이 넓어 여러 방면에 걸쳐 아는 것이 많다. ¶ 해박한 지식.

해:-반구(海半球) 명 수반구(水半球)

해반닥-거리다(대다) 자타 ①크게 뜬 눈의 흰자위가 반득이다, 또는 그리 되게 하다. ②물체의 해반드르르한 면이 잦혀지며 반득이다, 또는 그리 되게 하다. 해반닥이다 ☞희번덕거리다

해반닥-이다 자타 해반닥거리다 ☞희번덕이다

해반닥-해반닥 뷔 해반닥거리는 모양을 나타내는 말. ☞희번덕희번덕

해반드르르-하다 형여 얼굴이 해말쑥하고 반드르르하다. ☞해반들하다. 희번드르르하다

해반들-하다 형여 얼굴이 해말쑥하고 반들반들하다. ☞해반드르르하다. 희번들하다

해반주그레-하다 형여 얼굴이 해말갛고 반주그레하다. ☞희번주그레하다

해반지르르-하다 형여 얼굴이 해말갛고 반지르르하다. ☞희번지르르하다

해:발(海拔) 명 평균 해면에서 땅 위의 어느 지점까지의 수직 높이를 이르는 말. 표고(標高) ¶ 한라산의 높이는 ─1,950m이다. ☞고도(高度)

해발쭉-하다 형여 입이나 구멍 따위가 넓게 벌어져서 발쭉하다. ☞헤벌쭉하다

해발쭉-이 뷔 해발쭉하게 ☞헤벌쭉이

해:방(亥方) 명 이십사 방위(二十四方位)의 하나. 북서(北西)로부터 북쪽으로 15도 되는 방위를 중심으로 한 15도 범위 안의 방위. 건방(乾方)과 임방(壬方)의 사이. 준 해(亥) ☞사방(巳方)

해:방(解放) 명 -하다 타 속박이나 억압 따위를 풀어서 자유롭게 함. ¶ 노예 ─

해:방-감(解放感) 명 속박이나 부담스럽던 상태에서 벗어나 맛보는 자유로운 느낌. ¶ ─을 맛보다.

해:방-사(海防使) 명 조선 시대, 경기·충청·황해의 수군(水軍)을 통할하는 해방영(海防營)을 맡아 지휘하던 장수.

해:방=운:동(解放運動) 명 속박이나 억압 상태에서 벗어나

ㅎ

려고 벌이는 운동.
해:배 (解配) 명 -하다 타 귀양을 풀어 줌.
해백 (楷白) 어기 '해백(楷白)하다'의 어기(語基).
해백-하다 (楷白-) 형여 정확하고 분명하다.
해:벌 (解罰) 명 -하다 타 형벌을 풀어 줌.
해:법 (海法) [-뻡] 명 '해상법(海商法)'의 준말.
해:변 (海邊) 명 바닷가. 해빈(海濱)
해:변=식물 (海邊植物) 명 바닷가의 모래땅에서 자라는 식물. 대체로 잎이 두껍고 뿌리나 땅속줄기가 깊이 뻗음.
해:병 (海兵) 명 해병대에 딸린 병사.
해:병-대 (海兵隊) 명 육지나 바다 어디에서도 전투할 수 있도록 특별히 훈련되고 편성된 해군의 전투 부대.
해:보 (海堡) 명 해안의 보루(堡壘)나 포대(砲臺).
해:-보다 타 ①겨루어 보다. ¶ 누구가 이기든지 끝까지 -. ②시험 삼아서 하다. ¶ 하는 데까지 -.
해:복 (解腹) 명 -하다 타 해산(解産)
해:본 (海本) 명 '해군 본부'의 준말.
해:부 (解剖) 명 -하다 타 ①생물체의 일부 또는 전부를 갈라서 내부의 구조나 병의 상태 등을 관찰하는 일. 해체(解體) ②사물의 내용이나 구성을 분석하여 연구함.
해:부-도 (解剖刀) 명 수술이나 해부를 할 때 쓰는 작고 날카로운 칼. 메스(mes)
해:부-도 (解剖圖) 명 생물체의 내부 구조를 자세하게 나타낸 그림.
해:부-제 (解剖祭) 명 해부에 쓴 시체의 영혼을 위로하기 위하여 지내는 제사.
해:부=표본 (解剖標本) 명 생물체의 골격·근육·장기 등의 모양이나 상호 관계를 보기 쉽게 만든 표본.
해:부-학 (解剖學) 명 생물체의 형태·구조·기능 등을 연구하는 학문.
해:분 (海盆) 명 해심(海深) 3,000~6,000m의 바다에 있는 분지(盆地) 모양의 지형.
해:분 (海粉) 명 '해합분(海蛤粉)'의 준말.
해:분 (解紛) 명 -하다 자타 다투던 일을 해결함.
해:빈 (海濱) 명 바닷가. 해변(海邊)
해:빙 (海氷) 명 바다에 떠 있는 얼음. 바닷물이 얼어서 된 얼음 외에 빙하의 얼음, 육지의 얼음 등이 있음.
해:빙 (解氷) 명 -하다 자 봄이 되어 호수나 못, 강 등의 얼음이 풀리는 일. ☞결빙(結氷)
해:빙-기 (解氷期) 명 얼음이 풀리는 시기. ☞결빙기
해:사 (海士) 명 '해군 사관 학교'의 준말.
해:사 (海事) 명 바다에서 일어나는 모든 일.
해:사 (解事) 명 -하다 자 사리(事理)를 환히 앎.
해:사 (海砂) 명 바닷모래
해:사=공법 (海事公法) [-뻡] 명 바다에서 일어나는 모든 일에 관한 공법. 국내 공법과 국제 공법이 있음.
해:사=금융 (海事金融) [-늉] 명 선박을 저당으로 하는 장기 금융.
해사-하다 형여 얼굴이 희고 말쑥하다.
해:산 (海山) 명 깊은 해저로부터 1,000m 이상의 높이로 산처럼 솟은 지형. ☞해구(海丘)
해:산 (海産) 명 '해산물(海産物)'의 준말.
해:산 (解産) 명 -하다 타 아기를 낳음. 분만(分娩). 해만(解娩). 해복(解腹)
해:산 (解散) 명 -하다 자타 ①모였던 사람이 흩어짐, 또는 모인 사람을 흩어지게 함. ②단체나 조직 따위가 해체하여 없어짐. ③의회에서, 모든 의원에 대해 임기가 끝나기 전에 그 자격을 없애는 일.
해:산-구완 (解産-) 명 -하다 자 해산바라지
해:산-달 (解産-) [-딸] 명 아기가 태어날 예정인 달. 산달. 산월(産月). 산삭(産朔)
해:산=동:물 (海産動物) 명 수생 동물(水生動物)의 한 가지. 바다에서 사는 동물을 통틀어 이르는 말. ☞기수 동물(汽水動物). 담수 동물(淡水動物)
해:산-등 (解散燈) 명 문이 없이 바닥의 구멍으로 초를 넣고 빼도록 만든 작은 등.
해:산=명:령 (解産命令) 명 법령에 위반되는 행위를 하는 집회나 결사를 국가의 감독권의 발동으로 해산시키기 위한 명령.
해:산-물 (海産物) 명 바다에서 나는 산물. 어패류나 해조 따위. 준 해물(海物). 해산(海産)
해:산=미역 (解産-) 명 해산어미가 먹을 미역. 산곽
속담 **해산 미역 같다** : 허리가 굽은 사람을 놀리어 이르는 말.
해:산-바라지 (解産-) [-빠-] 명 -하다 자 해산을 돕는 일. 해산구완
해:산=비:료 (海産肥料) 명 해산물을 원료로 하여 만든 비료. 어비(魚肥)나 해초 따위.
해:산-쌀 (解産-) 명 해산어미가 먹을 밥을 짓는 쌀. 산미
해:산-어미 (解産-) 명 아기를 낳은 지 얼마 되지 않은 부인. 산모(産母)
해:삼 (海蔘) 명 극피동물 해삼류에 딸린 동물을 통틀어 이르는 말. 몸은 긴 원통형이고 등 쪽에 혹 모양의 돌기가 여럿 있음. 앞쪽의 입 둘레에는 여러 개의 촉수가 있고 뒤쪽 끝에는 항문이 있음. 세계에 약 1,500종이 분포함. 사손(沙噀)
해:삼-초 (海蔘炒) 명 마른 해삼을 물에 불려서 갖은 양념을 하여 볶은 음식.
해:삼-탕 (海蔘湯) 명 ①마른 해삼과 쇠고기를 넣어서 끓인 음식. ②중국 요리의 한 가지. 마른 해삼과 돼지 고기를 삶아 죽순·송이버섯·풋고추 따위를 썰어 넣고 기름에 볶은 다음에 물에 푼 녹말을 끼얹어서 만든 음식.
해:삼-회 (海蔘膾) 명 날해삼을 내장을 빼고 썰어서 초고추장이나 진장에 찍어 먹는 회.
해:상 (海上) 명 바다 위. ☞해면(海面)
해:상 (海床) 명 바다의 밑바닥.
해:상 (海商) 명 해상에서 하는 기업 활동. 해운업 따위.
해:상 (海象) 명 '바다코끼리'의 딴이름.
해:상 (解喪) 명 -하다 자 어버이의 삼년상(三年喪)을 마침. 결복(闋服). 종상(終喪). 종제(終制). 탈상(脫喪)
해:상=경:찰 (海上警察) 명 수상 경찰(水上警察)
해:상-권 (海上權) [-꿘] 명 해군력으로 일정한 해역을 지배하여 군사·통상·항해 등을 확보하는 권력. 제해권(制海權) 준 해권(海權)
해:상=급유 (海上給油) 명 항해 중인 선박에 급유선이 바다 위에서 연료를 보급하는 일. 양상 급유(洋上給油)
해:상-도 (解像度) 명 ①텔레비전이나 렌즈에서 피사체의 세부의 재현 능력을 이르는 말. ②컴퓨터의 영상(映像) 표시나 프린터의 인쇄 등의 정밀한 정도를 이르는 말.
해:상-력 (解像力) 명 ①사진에서, 피사체의 미세한 상(像)을 재현할 수 있는 렌즈나 필름의 능력. ②현미경 등에서, 대상물의 미세한 부분을 식별할 수 있는 렌즈의 능력.
해:상=무:역 (海上貿易) 명 선박으로 바다를 거쳐 상품 등을 실어나르는 무역.
해:상-법 (海商法) [-뻡] 명 해상 운송을 중심으로 하는 기업의 조직과 해상 거래에 관한 법. 준 해법(海法)
해:상=보:험 (海上保險) 명 손해 보험의 한 가지. 항해 중에 일어난 사고로 입는 선박이나 화물 따위의 손해를 보전(補塡)하기 위한 보험.
해:상=봉쇄 (海上封鎖) 명 해군력으로 다른 나라의 항만을 드나드는 선박의 해상 교통을 막는 일.
해:상=예식 (海上禮式) [-녜-] 명 해군 함정이 해상에서 다른 나라의 함선을 만나거나, 다른 나라의 군항(軍港)에 들어갔을 때 예포(禮砲)나 기장(旗章)으로 상대편에게 경의를 나타내는 예식.
해:상=용왕 (海上龍王) [-농-] 명 관세음보살의 오른쪽에 있는 보처(補處).
해:상=운:송 (海上運送) 명 선박으로 바다를 거쳐 하는 운송. 해운(海運)
해:상=트럭 (海上truck) 명 한 사람의 선원이 조종하여 다니는 소형 화물선.
해:상=포:획 (海上捕獲) 명 교전국이 공해(公海)나 영해(領海)에서, 적국의 함선이나 화물, 또는 중립을 위반한 혐의가 있는 제삼국의 함선이나 화물을 잡는 일.

해:색(海色)명 바다의 경치.
해:생(亥生)명 간지(干支)의 지지(地支)가 해(亥)인 해에 태어난 일, 또는 그 해에 태어난 사람. 기해생(己亥生)·계해생(癸亥生) 따위. ☞돼지띠
해:-생물(海生物)명 바다에 사는 동식물.
해:서(海西)명 '황해도(黃海道)'를 달리 이르는 말.
해:서(海恕)명-하다타 넓은 마음으로 너그럽게 용서하는 일, 또는 그 용서. 흔히, 편지 글에 쓰는 말임. 해용(海容) ☞해량(海諒)
해:서(海棲)명-하다자 바다 속에서 삶.
해서(楷書)명 한자 서체(書體)의 한 가지. 예서(隸書)에서 발달한 서체로, 글자 모양이 가장 반듯하고 흘림이 없음. 정서(正書). 진서(眞書)
해:서산맹(海誓山盟)성구 산과 바다처럼 변치 않을 굳은 맹세를 이르는 말.
해:석(海石)명 속돌
해:석(解析)명 ①-하다타 사물을 자세히 연구하여 논리적으로 분석함. ②'해석학(解析學)'의 준말.
해:석(解釋)명-하다타 ①어구나 사물의 뜻·내용 등을 이해하여 설명함, 또는 풀어서 밝힘. ②사물이나 행위 등을 판단하여 이해함. ¶그가 한 일을 좋게 ―하다.
해:석=기하학(解析幾何學)명 기하학적 도형을 좌표상의 방정식으로 나타내어, 대수적 방법으로 도형의 성질을 연구하는 기하학의 한 부문. 좌표 기하학
해:석=법규(解釋法規)명 법률 행위에서, 당사자의 의사 표시가 있는 경우에 불분명한 부분을 해석하여 적용하는 임의(任意) 법규.
해:석-학(解析學)명 미분학·적분학에서 발전한 수학을 통틀어 이르는 말. 준해석(解析)
해:석-학(解釋學)명 문헌이나 예술 작품 등에 대한 해석의 방법과 이론을 다루는 학문.
해:선(海扇)명 '가리비'의 딴이름.
해:설(解雪)명-하다자 눈이 녹음.
해:설(解說)명-하다타 사물의 내용이나 뜻, 배경 등을 알기 쉽게 풀어서 설명함, 또는 그 설명. ¶뉴스 ―
해:성(海星)명 '불가사리'의 딴이름.
해성(諧聲)명 한자의 육서(六書)의 하나인 '형성(形聲)'을 달리 이르는 말.
해:성-층(海成層)명 바다 밑에 퇴적하여 이루어진 지층.
해:성-토(海成土)명 풍화한 암석이 바닷물에 실려 도태(淘汰)되고 퇴적하여 이루어진 흙.
× **해소**(咳嗽)명 → 해수(咳嗽)
해:소(海嘯)명 ①밀물 때, 나발 모양의 하구(河口)로 바닷물의 앞 면이 높은 벽처럼 되어 강 상류로 나아가는 현상. ②해명(海鳴)
해:소(解消)명-하다타 이제까지의 좋지 않은 일이나 상태 등을 풀어 없앰. ¶스트레스를 ―하다./교통난을 ―하다.
해:소(解訴)명-하다타 원고가 소송을 취하함. 해송(解訟)
해-소수명 한 해가 좀 지나는 동안.
해-소일(―消日)명-하다자 쓸데없는 일로 헛되이 날을 보냄. 날소일
해속(駭俗)어기 '해속(駭俗)하다'의 어기(語基).
해속-하다(駭俗―)형여 세상 사람들이 놀랄 정도로 풍속이 어긋나고 해괴하다.
해:손(海損)명 항해 중에 사고 등으로 선체나 화물 등이 입은 손해.
해:손=계:약서(海損契約書)명 공동(共同) 해손이 일어났을 경우에 관계자가 부담할 손해액의 분담 조건에 대해서 적어 둔 계약서.
해:송(海松)명 ①바닷가에 자라는 소나무를 통틀어 이르는 말. ②'곰솔'의 딴이름. ③'잣나무'의 딴이름.
해:송(解訟)명-하다타 해소(解訴)
해:송-자(海松子)명 ①잣 ②한방에서, '잣'을 약재로 이르는 말. 영양을 돕고 변을 부드럽게 함.
해:송자-유(海松子油)명 잣기름
해:송자-죽(海松子粥)명 잣죽
해:송-판(海松板)명 잣나무를 켜서 만든 널빤지.
해수(咳嗽)명 기침
해:수(海水)명 바닷물
해:수(海獸)명 바다에 사는 포유류를 통틀어 이르는 말. 고래·물개·바다표범 따위.
해:수-면(海水面)명 바닷물의 수면. 해면 ☞내수면
해수-병(咳嗽病)[―뼝]명 한방에서, 기침을 심하게 하는 병을 이르는 말.
해:수-욕(海水浴)명-하다자 바다에서 헤엄치거나 놂. 조욕
해:수욕-장(海水浴場)명 해수욕을 할 수 있도록 환경과 시설이 갖추어진 바닷가.
해:시(亥時)명 ①십이시(十二時)의 열두째 시(時). 지금의 오후 아홉 시부터 열한 시까지의 동안. ②하루를 스물넷으로 가른, 스물셋째 시(時). 지금의 오후 아홉 시 삼십 분부터 열 시 삼십 분까지의 동안. 준해(亥) ☞임시(壬時). 자시(子時)
해:시(海市)명 '신기루(蜃氣樓)'를 달리 이르는 말.
해시(駭視)명-하다타 놀라서 쳐다봄.
해:식(海蝕)명 바닷물의 파도나 조류(潮流)로 말미암아 해안이나 해저가 침식되는 일. ☞파식(波蝕)
해:식(解式)명 수학에서, 운산(運算)의 순서를 일정한 기호와 방법으로 기록하는 식.
해:식=단:구(海蝕段丘)명 해식으로 말미암아 해안에 생긴 층계 모양의 지형.
해:식-대(海蝕臺)명 해안의 바위가 해식으로 말미암아 깎여 나가고, 그 앞 수면 아래에 이루어진 평탄한 암초 면. 썰물 때는 드러나고 밀물 때는 물에 잠김.
해:식-동(海蝕洞)명 해식으로 말미암아 해식애(海蝕崖)의 아래 부분에 생긴 동굴.
해:식-애(海蝕崖)명 해식으로 말미암아 이루어진 해안의 벼랑. ☞해식동(海蝕洞)
해:신(海神)명 바다를 다스린다는 신.
해:신(解信)명-하다타 불교에서, 교법(敎法)을 배우고 도리를 연구한 뒤에 비로소 믿는 일.
해심(垓心)명 겹겹이 에워싸인 한가운데.
해:심(害心)명 해치려는 마음. 해의(害意)
해:심(海心)명 바다의 한가운데.
해:심(海深)명 바다의 깊이.
해쓱-하다형여 얼굴에 핏기가 없이 야위어 있다. ☞파리하다. 핼쑥하다
해아(孩兒)명 어린아이
해:악(海嶽)명 바다와 산.
해악(駭愕)명-하다자 몹시 놀람.
해:안(海岸)명 바닷물과 땅이 서로 잇닿은 곳, 또는 바다와 가까운 곳. 바닷가
해:안(解顔)명-하다자 얼굴에 웃음을 띰을 이르는 말.
해:안=기후(海岸氣候)명 바닷가의 온화하고 습기 찬 기후. ☞해양성 기후(海洋性氣候)
해:안=단구(海岸段丘)명 해안선을 따라서 층계 모양으로 이루어져 있는 지형. ☞하안 단구(河岸段丘)
해:안-도(海岸島)명 해안의 육지의 한 부분이 떨어져 나가서 된 섬.
해:안=방풍림(海岸防風林)명 바닷바람과 염분의 피해를 막기 위하여 해안에 가꾸어 놓은 숲.
해:안=사구(海岸砂丘)명 바람에 날려 온 모래가 해안에 쌓여 이루어진 둔덕.
해:안-선(海岸線)명 ①바다와 육지가 맞닿은 선. ②해안을 따라 놓은 철도의 선로. 연해선(沿海線)
해:안=지형(海岸地形)명 직접 또는 간접적으로 바닷물의 영향을 받아 이루어진 지형.
해:안-태(海岸太)명 동해안 등지의 연안에서 잡히는 명태. ☞원양태(遠洋太)
해:안=평야(海岸平野)명 ①해수면이 내려가거나 해저(海底)의 지반이 솟아올라 이루어진 평평한 지역. ②해안선을 따라 펼쳐져 있는 평평한 땅.
해:애(海艾)명 섬에서 자라는 쑥.
해:약(解約)명-하다타 ①해지(解止) ②약속이나 계약 따위를 깨뜨림. 파약(破約)

해:약(解藥)명 '해독약(解毒藥)'의 준말.
해:양(海洋)명 넓은 바다. 태평양·대서양·인도양을 비롯한 모든 바다를 아우르는 말.
해:양=개발(海洋開發)명 해양과 해저에 있는 생물·광물·에너지 따위 자원을 개발하는 일.
해:양=관측(海洋觀測)명 바다에서 일어나는 온갖 현상이나 상태 등을 알아보기 위한 관측.
해:양-국(海洋國)명 국토의 전체 또는 대부분이 바다로 에워싸인 나라. ☞내륙국(內陸國)
해:양=기단(海洋氣團)명 해양에서 발생한 습기가 많은 기단. ☞대륙성 기단(大陸性氣團)
해:양=기상대(海洋氣象臺)명 해양 기상의 관측과 예보 등을 맡아 하는 기상대.
해:양=대학(海洋大學)명 해양에 관한 학술과 그 응용을 연구하고 가르치는 단과 대학.
해:양성=기후(海洋性氣候)[-썽-]명 섬이나 연안 등 해양의 영향을 많이 받는 지방에 나타나는 기후. 연중 또는 하루의 기온차가 작고, 늘 온난하고 습도가 높으며 강수량이 많음. 대양적 기후(大洋的氣候) ☞대륙성 기후
해:양=회유성(海洋回游性)[-썽]명 어류(魚類)가 바닷물의 흐름을 따라 이동하는 성질.
해:어(海魚)명 바닷물고기
해:어(解語)명-하다자 말의 뜻을 이해함.
해어-뜨리다(트리다)타 해어지게 하다. 준해뜨리다
해어-지다자 옷 따위가 닳아서 구멍이 나거나 갈라지다. 떨어지다 ¶바지가 -. 준해지다
해:어-화(解語花)명 말을 알아듣는 꽃이란 뜻으로, '미인(美人)'을 달리 이르는 말. 중국 당(唐)나라 현종(玄宗)이 양귀비(楊貴妃)를 그렇게 불렀다는 데서 유래함.
해:엄(解嚴)명-하다자 경계나 단속을 풂.
해역(咳逆)명 한방에서, 횡격막이 갑자기 줄어들면서 목구멍이 막히어 숨을 들이쉴 때 소리가 나는 증세를 이르는 말. 위장병이나 히스테리 따위로 일어남.
해:역(海域)명 바다 위의 일정한 구역.
해:연(海淵)명 해구(海溝) 가운데 있는 가장 깊은 곳.
해:연(海燕)명 ①극피동물 성게류의 한 가지. 몸은 지름 10cm 안팎의 둥그스름하고 긴 오각형으로 입이 오목함. 우리 나라의 얕은 바다에 삶. ②'바다제비'의 딴이름.
해:연-풍(海軟風)명 해풍(海風)
해:열(解熱)명-하다자타 신열(身熱)이 내림, 또는 신열을 내림.
해:열-약(解熱藥)[-냑]명 해열제
해:열-제(解熱劑)[-쩨]명 신열(身熱)을 내리게 하는 약제. 해열약(解熱藥)
해:오(解悟)명-하다자 도리를 깨달음. ☞개오(開悟). 오입(悟入). 증오(證悟)
해오라기명 백로과의 여름 철새. 몸길이 57cm 안팎. 부리는 검고, 다리는 노란빛인데 몸빛은 암수가 다름. 암컷은 온몸이 옅은 갈색이며, 수컷은 회색 바탕에 머리와 등은 청록색을 띤 흑색이고 뺨·목·가슴·배와 두 가닥의 머리 깃은 백색임. 숲이 있는 물가에 살면서 주로 밤에 쥐·개구리·뱀·물고기·물벌레 따위를 잡아먹고 삶. 창로(蒼鷺). 해오리
해오리명 '해오라기'의 딴이름.
해:옥(解玉)명-하다자 해합(解合)
해왕(偕往)명-하다자 함께 감.
해:왕성(海王星)명 태양계의 여덟째 행성. 태양까지의 평균 거리는 약 45억 km. 공전 주기는 약 165년. 자전 주기는 0.671일. 적도 반경은 24,800km. 질량은 지구의 약 17배. 네 개의 고리와 여덟 개의 위성이 있음. 넵튠(Neptune) ☞명왕성(冥王星)
해:외(海外)명 바다 저편에 있는 나라, 곧 외국(外國). ¶- 유학/- 동포/-로 수출하다. ☞해내(海內)
해:외=무:역(海外貿易)명 외국 무역(外國貿易)
해:외=방:송(海外放送)명 외국에서 수신할 것을 목적으로 하는 방송. 국제 방송(國際放送)
해:외=시:장(海外市場)명 국제 무역에서, 다른 나라를 시장 대상으로 이르는 말. ☞세계 시장(世界市場)
해:외=시:황(海外市況)명 주식이나 공채(公債)·환(換)·상품 따위에 관한 외국의 주요 시장의 상황.
해:외=여행(海外旅行)명 다른 나라로 여행하는 일.
해:외=이민(海外移民)명 생활하는 터전을 외국으로 옮기는 일, 또는 옮아간 그 사람.
해:외=투자(海外投資)명 외국에 대한 자본의 투자. 외국에서 공장을 짓거나 그 나라의 기업을 사들이기 위한 투자 따위. 대외 투자(對外投資)
해:요-어(海鰩魚)명 '가오리'의 딴이름.
해:용(海容)명-하다타 해서(海恕)
해:우(海牛)명 바다솟과의 포유류. 몸길이 3m 안팎에 몸무게가 300~400kg에 이름. 모양이 고래 비슷한데 앞다리와 꼬리는 지느러미 모양이고, 살갗에 붉은 털이 드물게 나 있음. 몸빛은 황색 또는 청회색임. 주로 해초를 먹고 살며, 인도양·남태평양 등지에 분포함.
해:우(海隅)명 바닷가의 후미진 곳.
해:우(解憂)명-하다자타 근심을 풂, 또는 근심이 풀림.
해:우-소(解憂所)명 근심을 푸는 곳이라는 뜻으로, 절에서 화장실을 이르는 말.
×해우-차명 →해웃값
해-운(-運)명 그 해의 운수. 연운(年運)
해:운(海運)명 선박으로 여객이나 화물 등을 실어 나르는 일. 해상 운송 ☞공운(空運). 육운(陸運)
해:운=동맹(海運同盟)명 해운업자끼리 지나친 경쟁을 피할 목적으로 운임이나 운송 조건 등 여러 사항을 협정한 동맹.
해:운=시:장(海運市場)명 해운과 관련된 여러 가지 거래가 이루어지는 시장.
해:운-업(海運業)명 선박으로 여객이나 화물을 실어나르는 영업. ☞해상(海商)
해:운=협정(海運協定)명 국가간의 해운에 관한 협정.
해웃-값[-운-]명 기생이나 창녀와 육체적 관계를 하고 그 대가로 주는 값. 화채(花債) ☞놀음차. 해웃돈
해웃-돈[-운-]명 해웃값으로 주는 돈.
해:원(海員)명 선박에서 일하는, 선장 이외의 사람. ☞선원(船員). 수부(水夫)
해:원(解寃)명-하다자 분한 마음을 풂. 분풀이
해:월(亥月)명 '음력 시월'을 달리 이르는 말. 월건(月建)의 지지(地支)가 을해(乙亥)·신해(辛亥)처럼 해(亥)인 데서 이름. ☞일진(日辰). 태세(太歲)
해:위(解圍)명-하다타 ①포위해 있던 것을 풀어 줌. ②지난날, 위리(圍籬)를 풀어 주던 일.
해:유(解由)명-하다자타 지난날, 관원이 갈리면서 후임자에게 사무를 인계하고 호조(戶曹)에 보고하여 책임을 벗어나던 일.
해:읍(海邑)명 바닷가에 있는 고을.
해읍스레-하다형여 해읍스름하다 ☞희읍스레하다
해읍스름-하다형여 썩 깨끗하지 않게 해끄무레하다. 해읍스레하다 ☞희읍스름하다
해읍스름-히부 해읍스름하게
해:의(海衣)명 '김²'의 딴이름.
해:의(害意)명 해치려는 마음. 해심(害心)
해:의(解義)명-하다타 글이나 글자의 뜻을 풀이함.
해:이(解弛)명-하다자 마음이나 규율이 풀리어 느즈러짐. ¶마음이 -해지다.
해:이(解頤)명-하다자 턱이 빠진다는 뜻으로, 입을 크게 벌리고 웃음을 이르는 말.
해:인(海人)명 ①해녀(海女) ②남자 보자기.
해:인(海印)명 고요하고 맑은 바다가 만상(萬象)을 비추듯이, 부처의 지혜는 우주의 모든 것을 깨달아 알고 있다는 뜻.
해인(該人)명 그 사람.
해:인삼매(海印三昧)성구 석가모니가 '화엄경(華嚴經)'을 설법하려 할 때 들어간 삼매의 경지. 과거·현재·미래의 모든 것이 마음속에 나타나는 경지라 함.
해인이목(駭人耳目)성구 해괴한 짓을 하여 남을 놀라게 함

을 이르는 말.

해:일 (亥日) 명 간지(干支)의 지지(地支)가 해(亥)인 날. 정해(丁亥)·기해(己亥) 등. ☞돼지날. 월건(月建). 일진(日辰). 태세(太歲)

해:일 (海日) 명 바다 위에 돋은 해.

해:일 (海溢) 명 지진이나 해저 화산의 분화, 폭풍우 따위로 말미암아 매우 큰 물결이 일어 해안을 덮치는 현상. 양일(洋溢) ☞해소(海嘯)

해:일=경:보 (海溢警報) 명 기상 경보의 하나. 해일의 큰 피해가 예상될 때 기상청에서 발표함.

해:일=주:의보 (海溢注意報) 명 기상 주의보의 하나. 해일의 피해가 예상될 때 기상청에서 발표함.

해:임 (解任) 명 -하다 타 ①어떤 업무를 맡고 있는 사람을 그 직책이나 직무에서 물러나게 함. ②공무원의 징계 처분의 한 가지. 공무원의 신분을 박탈하되, 연금은 지급하는 일. ☞파면(罷免)

해:임-장 (解任狀) [-짱] 명 ①해임하는 내용을 적은 글. ②외교관을 해임하기 위해 본국으로 불러들일 때, 본국의 국가 원수가 그 외교관을 통하여 주재국의 원수에게 제출하는 해임 내용을 적은 문서. ☞신임장(信任狀)

해자 (垓子) 명 ①능원(陵園)이나 묘(墓)의 경계. ②성(城) 둘레에 파 놓은 못. 성호(城壕). 외호(外壕)

해자 (楷字) 명 해서(楷書)로 쓴 글자.

해:자 (解字) 명 -하다 자타 파자(破字)

해:자-쟁이 (解字-) 명 해자(解字)로 점을 치는 점쟁이. 파자쟁이

해작-거리다(대다) 타 탐탁하지 않은 태도로 무엇을 좀 스럽게 들추거나 헤치어 놓다. 해작이다 ¶먹지도 않을 음식을 -. ☞헤적거리다[2]

해작-이다 타 해작거리다 ☞헤적이다

해작-질 명 -하다 자타 해작이는 짓. ☞헤적질

해작-해작 부 해작거리는 모양을 나타내는 말.

해:장 (海葬) 명 송장을 바다에 던져 지내는 장사법(葬事法). ☞수장(水葬). 토장(土葬). 화장(火葬)

해:장 (海瘴) 명 바다의 열기와 습기로 말미암아 생기는 독한 기운. ☞장기(瘴氣)

해:장 (∠解酲) 명 -하다 자 술을 마신 다음날 술 기운을 푸는 일. 또는 술을 마신 다음날 아침을 먹기 전에 국과 함께 술을 조금 마시는 일. 원 해정(解酲)

해:장-국 (∠解酲-) [-꾹] 명 해장으로 먹는 국. 소 뼈다귀를 곤 국물에 된장을 걸러 넣고 우거지·콩나물·무·파 등을 넣어 끓인 토장국. 성주탕(醒酒湯). 해장탕

해:장-술 (∠解酲-) [-쑬] 명 해장으로 마시는 술.

해:장-탕 (∠解酲湯) 명 해장국

해장-품 (醢醬品) 명 고기나 조개의 살, 알, 내장 따위를 소금에 절여 발효시킨 식품.

해:저 (海底) 명 바다의 밑바닥.

해:저-곡 (海底谷) 명 대륙 사면이나 대륙붕에 있는 골짜기. 해곡(海谷)

해:저=목장 (海底牧場) 명 성게나 전복 따위의 해저 생물을 양식하는 곳.

해:저=산맥 (海底山脈) 명 바다 밑에 산맥 모양으로 솟아 있는 지형. 해령(海嶺)

해:저=유전 (海底油田) 명 바다 밑에 있는 유전. 주로 대륙붕에 개발함.

해:저=전:선 (海底電線) 명 바다를 사이에 둔 두 육지 사이에 전신·전화 등을 하기 위하여 바다 밑에 까는 전선. 해저 케이블

해:저=전:신 (海底電信) 명 해저 전선으로 하는 전신.

해:저=전:화 (海底電話) 명 해저 전선으로 하는 전화.

해:저=지진 (海底地震) 명 바다 밑에 진앙(震央)이 있는 지진. 해일을 동반하는 경우가 많음.

해:저=침식 (海底浸蝕) 명 파도나 해일, 바다 밑 해류의 흐름 따위로 해저가 침식되는 현상.

해:저=케이블 (海底cable) 명 해저 전선(海底電線)

해:저=터널 (海底tunnel) 명 바다를 사이에 둔 두 육지 사이를, 바다 밑을 뚫어서 잇는 터널.

해:저=화산 (海底火山) 명 바다 밑에 생긴 화산. 해중 화산

해:적 (海賊) 명 배를 타고 다니면서 선박이나 해안 지방을 습격하여 재물을 강탈하는 도둑. ☞마적(馬賊). 산적(山賊). 해구(海寇)

해:적-선 (海賊船) 명 해적이 타고 다니는 배.

해:적=수단 (害敵手段) 명 나라 사이에 무력 분쟁이 일어났을 때 어느 한 편이 상대국을 굴복시키기 위해서 쓰는 군사적 수단.

해:적-판 (海賊版) 명 책이나 음반 따위를 저작권자(著作權者)의 승낙 없이 복제하여 펴낸 것.

해:적-호 (海跡湖) 명 후미진 바다의 일부에 모래톱이 발달하여 외해(外海)와 분리되어 생긴 호수. ☞석호(潟湖)

해-전 (-前) 명 해가 지기 전. ¶-에 밭일을 마치다.

해:전 (海戰) 명 -하다 자 바다에서 벌이는 전투. ☞공중전(空中戰). 수전(水戰). 지상전(地上戰)

해:정 (亥正) 명 십이시(十二時)의 해시(亥時)의 중간. 지금의 오후 열 시. ☞축정(丑正)

해:정 (海程) 명 바다의 뱃길.

해:정 (解停) 명 -하다 타 신문이나 잡지 따위의 발행 정지 처분을 풀어 줌.

해:정 (解酲) 명 -하다 자 '해장'의 원말.

해정 (楷正) 어기 '해정(楷正)하다'의 어기(語基).

해정-하다 (楷正-) 형여 글씨가 바르고 똑똑하다.

해:제 (解制) 명 -하다 자타 불교에서, 안거(安居)를 마침을 이르는 말. ☞결제(結制). 해하(解夏)

해:제 (解除) 명 -하다 타 ①이제까지 정해져 있던 제한이나 금지, 조건 등을 풀어 본디의 상태로 되돌려 놓음. ¶출입 규제를 -하다. ②해면(解免) ③어떤 법률 관계를 없앰. ¶출판권 계약을 -하다. ☞해지(解止)

해:제 (解題) 명 -하다 타 책이나 작품의 저자·내용·체재 따위에 관하여 해설함, 또는 그 글.

해:제-권 (解除權) [-꿘] 명 계약 당사자인 한쪽이 계약을 해제할 수 있는 권리.

해:제=조건 (解除條件) [-껀] 명 법률 행위의 효력을 소멸시키는 조건. ☞정지 조건(停止條件)

해:조 (害鳥) 명 농작물 등에 해를 끼치는 조류(鳥類). ☞익조(益鳥)

해:조 (海鳥) 명 바닷새

해:조 (海潮) 명 조수(潮水)

해:조 (海藻) 명 바다에서 자라는 조류(藻類)를 통틀어 이르는 말. 마풀. 바닷말. 해초(海草)

해조 (諧調) 명 ①색채 등이 잘 조화된 상태. ¶단풍의 찬란한 -. ②잘 조화된 음이나 가락.

해:조-문 (蟹爪紋) 명 잿물을 입힌 도자기 표면에 게의 발처럼 잘게 갈라진 금.

해:조-분 (海鳥糞) 명 바닷새의 똥. 열대의 섬이나 바닷가에 많이 쌓이는데, 질소·인산 등이 주성분이어서 거름으로 쓰임.

해:조-음 (海潮音) 명 ①밀물과 썰물이 흐르는 소리. 조음(潮音) ②불교에서, 부처의 크고 넓은 자비의 음성이 널리 들림을 파도 소리에 비유하여 이르는 말.

해:좌 (亥坐) 명 묏자리나 집터 등이 해방(亥方)을 등진 좌향(坐向).

해:좌-사향 (亥坐巳向) 명 묏자리나 집터 등이 해방(亥方)을 등지고 사방(巳方)을 향한 좌향.

해죽 부 해낙낙한 얼굴로 귀염성스럽게 웃는 모양을 나타내는 말. 해죽이 ☞해쭉. 히죽

해죽-거리다(대다)[1] 자 해죽해죽 웃다. ☞해쭉거리다. 히죽거리다

해죽-거리다(대다)[2] 자 두 팔을 가볍게 내젓다. ☞헤적거리다[1]. 헤죽거리다

해죽-이 부 해죽 ☞해쭉이. 히죽이

> ▶ '해죽-이' — '-이'가 붙어서 된 부사
> 부사에 '-이'가 붙어서 된 부사는 부사의 원형을 밝혀 적는다.
> ¶곰곰이/더욱이/생긋이/오뚝이/일찍이/해죽이

해죽-해죽[1] 부 해낙낙한 얼굴로 귀염성스럽게 자꾸 웃는 모양을 나타내는 말. ☞해쭉해쭉. 히죽히죽
해죽-해죽[2] 부 두 팔을 가볍게 내젓는 모양을 나타내는 말. ☞헤적헤적[1]. 헤죽헤죽
해:중(海中) 명 바다의 속. 바다 가운데.
해:중-고혼(海中孤魂) 명 바다에서 죽은 외로운 넋.
해:중-금(海中金) 명 육십갑자의 갑자(甲子)와 을축(乙丑)에 붙이는 납음(納音). ☞노중화(爐中火)
해:중=대원(海中臺原) 명 해안에서 바다 속으로 비스듬히 내려가다가 급경사를 이루어 턱이 진 곳.
해:-중합(解重合) 명 중합체가 분해하여 작은 단위 분자로 나뉘는, 중합의 역반응(逆反應).
해:중=화:산(海中火山) 명 해저 화산(海底火山)
해:지(解止) 명 -하다 타 채권 관계에서 계약의 당사자 중 한쪽의 의사 표시로 계약의 효력을 장래에 대하여 소멸시키는 일. 해약(解約) ☞해제(解除)
해:-지다 자 '해어지다'의 준말.
해:직(解職) 명 -하다 타 어떤 직책을 내어 놓고 물러나게 함. ¶부정 사실의 책임을 물어 －하다.
해:진(海進) 명 육지가 가라앉거나 바다의 수면이 올라가, 해안선이 육지 쪽으로 옮아가는 현상. 해침(海浸) ☞해퇴(海退)
해:진(海震) 명 바다 밑에서 일어나는 지진.
해쭉 부 매우 해낙낙한 얼굴로 귀염성스럽게 웃는 모양을 나타내는 말. 해쭉이 ☞해죽. 히쭉
해쭉-거리다(대다) 자 해쭉해쭉 웃다. ☞해죽거리다. 히쭉거리다
해쭉-이 부 해쭉 ☞해죽이. 히쭉이
해쭉-해쭉 부 매우 해낙낙한 얼굴로 귀염성스럽게 자꾸 웃는 모양을 나타내는 말. ☞해죽해죽[1]. 히쭉히쭉
해:착(海錯) 명 먹을 수 있는 여러 가지 해산물.
해:찰 명 -하다 타 ①이도 저도 탐탁지 않아 물건을 부질없이 집적이어 해치는 짓. ②일에는 마음을 두지 않고 쓸데없는 짓만 함.
해:찰-궂다[－굳－] 형 해찰을 부리는 버릇이 있다.
해:찰-스럽다(－스럽고·－스러워) 형ㅂ 해찰궂은 데가 있다.
해찰-스레 부 해찰스럽게
해:채(海菜) 명 '미역'의 딴이름.
해:척(海尺) 명 지난날, 바다에서 고기잡이하는 일을 직업으로 삼는 사람을 이르던 말.
해천(咳喘) 명 기침과 천식을 아울러 이르는 말.
해천-증(咳喘症)[－쯩] 명 한방에서, 기침과 천식으로 앓는 증세를 이르는 말.
해청(駭聽) 명 아주 이상하여서 놀랍게 들리는 일.
해체(楷體) 명 ①해서(楷書)로 쓰는 글씨체. ②수묵화의 삼체(三體)의 하나. 그릴 대상을 가장 상세하게 묘사함. ☞초체(草體). 행체(行體)
해:체(解體) 명 -하다 자타 ①흩어지거나 없어짐, 또는 헤치거나 없앰. ②해부(解剖)
해:초(亥初) 명 십이시(十二時)의 해시(亥時)의 처음. 오후 아홉 시가 막 지난 무렵.
해:초(海草) 명 해조(海藻)
해:-초월(海初月) 명 '섣달'을 달리 이르는 말. 가평(嘉平)
해:춘(解春) 명 -하다 자 봄이 되어 눈과 얼음이 녹음, 또는 그런 봄.
해:충(害蟲) 명 사람이나 농작물에 해가 되는 벌레를 통틀어 이르는 말. 악충(惡蟲) ☞익충(益蟲)
해치(hatch) 명 창구(艙口)
해:-치다(害－) 타 ①해롭게 하다. ¶건강을 －. ②남을 다치게 하거나 죽이다. ¶인명을 －.
해:-치우다 타 ①어떤 일을 시원스럽게 끝내다. ¶이틀이 걸릴 일을 하루 만에 －. ②방해가 되는 대상을 없애다.
해:침(海浸) 명 해진(海進)
해캄 명 녹조류(綠藻類)에 딸린 민물말. 실 모양의 여러 가닥이 헝클어진 머리카락처럼 뿌리 없이 떠 있음. 연못에 흔하나 흐르는 물에서도 자람. 먹을 수 있고 약재로도 쓰임. 수면(水綿). 수의(水衣). 수태(水苔)
해커(hacker) 명 남의 컴퓨터 시스템에 무단(無斷)으로 침입하여 정보를 이용하거나 프로그램을 수정·파괴하는 사람. ☞스니커(sneaker)
해:-코지(害－) 명 -하다 타 남을 해롭게 하는 짓.
해킹(hacking) 명 ①농구나 핸드볼 등에서, 손으로 상대편의 팔을 치거나 잡는 반칙. ②컴퓨터 시스템에 무단으로 침입하여 고유 정보를 훔치거나, 그 시스템의 운용(運用) 자체를 훼방하거나 불가능하게 망가뜨리는 짓.
해:타(懈惰) 명 -하다 형 해태(懈怠)
해탄(骸炭) 명 코크스(cokes)
해탄(駭歎) 명 -하다 타 놀라서 탄식함.
해탄-로(骸炭爐) 명 석탄을 넣고 가열(加熱)하여 코크스를 만드는 가마.
해:탈(解脫) 명 -하다 자타 불교에서, 속세의 번뇌와 속박에서 벗어나 편안하고 자유로운 깨달음의 경지에 이르는 일. 열반(涅槃)
해:탈-문(解脫門) 명 ①불교에서, 미망(迷妄)으로부터 벗어나는 선정(禪定)의 세 방법으로, 공(空)·무상(無相)·무원(無願)을 아울러 이르는 말. ②산문(山門)
해:탈-영산(解脫靈散)[－령－] 명 아이를 낳은 빌미로 죽은 여자의 귀신이라는 뜻으로, 무당이 쓰는 말.
해:태(∠海豸) 명 선악(善惡)과 시비(是非)를 헤아려 안다고 하는 상상의 동물. 사자와 비슷하나 머리 가운데에 뿔이 있다고 함. 화재나 재앙을 물리친다고 믿어 궁궐 등에 석상(石像)으로 만들어서 세웠음.
해:태(海苔) 명 '김[2]'의 딴이름.
해:태(懈怠) 명 -하다 형 몹시 게으름. 태타(怠惰). 해타(懈惰) ☞나태(懶怠)
해:토(解土) 명 -하다 자 언 땅이 풀림.
해:토-머리(解土－) 명 언 땅이 풀릴 무렵. 따지기
해:퇴(海退) 명 육지가 솟아오르거나 바다의 수면이 내려감으로써 육지가 넓어져 해안선이 바다 쪽으로 물러가는 현상. ☞해진(海進)
해-트리다 타 '헤어트리다'의 준말.
해트트릭(hat trick) 명 축구나 아이스하키에서, 한 선수가 한 게임에서 3득점(得點)을 하는 일.
해:파(海波) 명 바다의 물결.
해파리 명 히드로충류와 해파리류의 강장동물을 통틀어 이르는 말. 몸은 삿갓 모양인데 온몸이 흐물흐물함. 물 위에 떠서 살며 몸의 아래쪽에 여러 개의 촉수가 있음. 촉수 속에는 자세포(刺細胞)가 있는데 센 독을 가진 것도 있음. ☞플랑크톤(plankton)
해패(駭悖) 어기 '해패(駭悖)하다'의 어기(語基).
해패-하다(駭悖－) 형여 몹시 막되고 패악(悖惡)하다.
해:팽(海膨) 명 깊은 바다 밑에 솟아오른 길고 폭이 넓은 지형. ☞해대(海臺)
해-포 명 한 해가 조금 넘는 동안. ¶떠난 지 －가 지났는데 아무 소식이 없다. ☞날포. 달포
해:포-석(海泡石) 명 마그네슘·규산·결정수 등으로 이루어진 흰 빛깔의 광물. 구멍이 송송 뚫려 있고 불투명하며 마르면 물에 뜰 만큼 가벼움.
해:표(海豹) 명 '바다표범'의 딴이름.
해:-표초(海螵蛸) 명 한방에서, 오징어의 뼈를 약재로 이르는 말. 지혈제, 위장약, 안약 등에 쓰임.
해:풍(海風) 명 ①바다에서 부는 바람. ②낮 동안 바다에서 뭍으로 부는 바람. 바닷바람. 해연풍(海軟風) ☞육풍
해프닝(happening) 명 ①예기치 않게 일어나는 일 또는 사건. ②연극·미술·음악 등의 예술에서, 우발적인 일이나 일상적인 현상을 기이하게 연출함으로써 감상자를 예술 활동 안으로 끌어들이려는 시도. 예술과 일상 생활 사이의 벽을 허물려는 실험 정신에서 비롯됨.
해필(奚必) 부 하필(何必)
해:하(解夏) 명 불교에서, 음력 7월 15일에 하안거(夏安居)를 끝내는 일. 하해(夏解) ☞파하(破夏). 해제(解制)
해학(痎瘧) 명 이틀거리
해학(諧謔) 명 ①익살스러우면서 풍자적인 말이나 행동.

②문학 등에서 사회의 부정이나 부패 따위를 악의 없는 웃음으로 비판하는 일, 또는 그 기법. ☞유머. 익살

해학-곡(諧謔曲)명 스케르초(scherzo)

해학-극(諧謔劇)명 해학적인 내용을 담고 있거나 해학적인 기법으로 연출한 연극.

해학=문학(諧謔文學)명 해학적인 내용을 담고 있거나 해학적인 기법으로 쓴 문학.

해학=소:설(諧謔小說)명 해학적인 내용을 담고 있거나 해학적인 기법으로 쓴 소설.

해학-적(諧謔的)명 해학의 성질을 가진 것.

해:합(解合)명 증권 거래에서, 시세의 급변으로 말미암아 정상적인 결제를 할 수 없게 되었을 때, 매매의 쌍방이 협의해 일정한 값을 정하여 매매 계약을 원상으로 회복하는 일. 해옥(解玉)

해:합-분(海蛤粉)명 한방에서, 바닷조개의 껍데기 가루를 약재로 이르는 말. 담(痰)과 대하증의 치료에 쓰임. 준해분(海粉)

해:항(海港)명 바닷가에 있는 항구. ☞하항(河港)

해해부 남을 놀리듯이 경망스레 웃는 소리, 또는 그 모양을 나타내는 말. ☞헤헤. 히히

해해-거리다(대다)자 자꾸 해해 웃다. ☞헤헤거리다. 히히거리다

해행(偕行)명-하다자 ①같이 감. ②일 따위가 함께 이루어짐.

해:행(蟹行)명-하다자 게처럼 옆으로 걸음.

해혈(咳血)명 한방에서, 가래에 피가 섞여 나오는 증세를 이르는 말.

해:협(海峽)명 뭍과 뭍 사이의 좁고 긴 바다. ¶대한 —

해:혹(解惑)명-하다자 파혹(破惑)

해화(諧和)명-하다형 ①조화(調和) ②음악의 곡조가 잘 어울려 아름다움.

해:화-석(海花石)명 아관석(鵝管石)

해:황(海況)명 바닷물의 흐름과 물결·온도·염분, 플랑크톤의 분포 상태 등 모든 바다의 상태.

해:황(蟹黃)명 '게장'을 달리 이르는 말.

해:후(邂逅)명-하다자 뜻밖에 만남. 우연히 만남.

핵(核)명 ①사물의 중심. ¶조직의 —으로서 활동하다. ☞중핵(中核). 핵심(核心) ②식물의 씨를 싸고 있는 딱딱한 부분. ③대기 중의 수증기가 엉기어 물방울이 되는 계기가 된 미립자(微粒子). ④진주조개 양식에서 모패(母貝)의 몸 속에 넣는 작은 구슬. ⑤세포핵(細胞核) ⑥원자핵(原子核) ⑦핵무기(核武器)

핵-가족(核家族)명 부부와 그들의 미혼 자녀만으로 이루어진 가족. ☞대가족. 직계 가족

핵강(核腔)명 핵이 차 있는 핵막 안의 빈 곳.

핵-겨울(核—)명 지구에서 핵전쟁이 일어날 경우에 예상되는 오랜 혹한(酷寒)의 상태.

핵과(核果)명 액과(液果)의 한 가지. 중과피(中果皮)는 다육질(多肉質)이고, 단단한 내과피(內果皮) 속에 하나의 씨가 든 과실. 자두·복숭아 따위.

핵-단백질(核蛋白質)명 핵산과 단백질의 복합체를 통틀어 이르는 말. 염색체와 바이러스 따위의 구성 물질로 세포의 발육·증식에 꼭 필요함.

핵득(覈得)명-하다타 실상을 살펴 사실을 밝힘.

핵력(核力)명 양자와 중성자를 결합시켜 원자핵을 이루고 있는 힘.

핵론(劾論)명-하다타 허물을 들어 논박함.

핵막(核膜)명 세포의 핵을 싸고 있는 막. 핵의 형태를 유지하고 핵과 세포질 사이의 물질을 교환하는 구실을 함.

핵-무기(核武器)명 핵반응으로 말미암은 핵에너지를 이용한 무기를 통틀어 이르는 말. 원자 폭탄, 수소 폭탄, 핵탄두를 단 미사일 따위. 원자 무기(原子武器). 핵(核). 핵병기(核兵器)

핵-무장(核武裝)명 핵무기를 지니거나 배치하는 일.

핵-물리학(核物理學)명 원자의 성질이나 구조를 연구하는 물리학의 한 부문. 원자 물리학

핵-반응(核反應)명 원자핵이 다른 입자와 충돌하여 성질이 다른 원자핵으로 변하는 현상. 핵분열·핵융합 따위. 원자핵 반응(原子核反應)

핵-발전(核發電)[—쩐]명 원자력 발전(原子力發電)

핵-발전소(核發電所)[—쩐—]명 원자력 발전소

핵변(覈辨)명-하다타 실상을 살펴 밝힘.

핵-변환(核變換)명 핵반응으로, 어떤 원자핵이 다른 원자핵으로 변하는 현상.

핵-병기(核兵器)명 핵무기(核武器)

핵-분열(核分裂)명 ①생물의 세포 분열 과정에서, 세포질의 분열에 앞서 핵이 둘로 갈라지는 현상. ②우라늄·플루토늄 등 무거운 원자핵이 양자·중성자 등의 충돌로 거의 같은 질량의 두 원자핵으로 갈라지는 현상. 원자핵 분열 ☞핵융합

핵-붕괴(核崩壞)명 하나의 원자핵이 방사선을 내어 다른 원소의 원자핵으로 변화하는 일. 원자핵 붕괴(原子核崩壞)

핵사(核絲)명 염색사(染色絲)

핵산(核酸)명 생물의 세포핵 속에 들어 있는, 인산·염기·당(糖)으로 이루어진 쇠사슬 모양의 고분자 물질. 생물의 증식과 생명 활동 유지에 중요한 구실을 함.

핵상(核相)명 유성 생식을 하는 생물의 상태를 세포핵 속의 염색체 수의 구성으로 나타낸 말. 한 쌍의 염색체를 가진 상태를 단상(單相), 두 쌍의 염색체를 가진 상태를 복상(複相)이라 이름.

핵상=교번(核相交番)명 유성 생식을 하는 생물에서, 핵상이 단상인 개체와 복상인 개체로 번갈아 나타나는 현상.

핵-실험(核實驗)명-하다자 핵분열이나 핵융합에 관한 실험, 특히 원자 폭탄이나 수소 폭탄 등 핵무기의 성능이나 파괴력을 확인하기 위해서 하는 실험을 이름.

핵심(核心)명 사물의 중심이 되는 중요한 부분. 알맹이. 알속 ¶문제의 —을 찌르다. ☞고갱이

핵심-적(核心的)명 핵심이 되는 것. ¶—인 구실.

핵심-체(核心體)명 핵심이 되는 부분.

핵-에너지(核energy)명 원자핵이 분열하거나 융합할 때 방출되는 에너지.

핵-연료(核燃料)[—년—]명 원자로 속에서 핵반응을 일으켜서 에너지를 발생하는 물질. 우라늄 235, 플루토늄 239 따위. 원자핵 연료

핵외=전:자(核外電子)명 원자 속에서 원자핵 주위를 돌고 있는 전자. 궤도 전자(軌道電子)

핵-우산(核雨傘)명 핵무기를 가지지 못한 나라가 가상 적국(敵國)의 핵 공격에 대하여, 동맹 또는 우방인 핵무기 보유국으로부터 보호를 받을 수 있는 범위를 비유하여 이르는 말.

핵-융합(核融合)[—늉—]명 수소나 중수소 따위 가벼운 원자핵간의 반응으로 무거운 원자핵이 되는 현상. 이때 엄청난 에너지가 방출됨. 열핵 반응(熱核反應). 원자핵 융합 ☞핵분열(核分裂)

핵-이성(核異性)[—니—]명 원자 번호와 질량수가 같은 핵 가운데에서 에너지 상태 등이 다른 현상.

핵자(核子)명 ①알맹이 ②원자핵을 구성하는 소립자(素粒子)인 양성자와 중성자를 아울러 이르는 말.

핵장(劾狀)명 탄핵하는 글.

핵-전:력(核戰力)명 핵무기를 가지고 전쟁을 할 수 있는 군사력.

핵주(劾奏)명-하다타 지난날, 관원의 죄과를 임금에게 탄핵하여 아뢰던 일.

핵질(核質)명 세포핵의 핵막에 싸여 있는 원형질.

핵-탄:두(核彈頭)명 미사일에 장착한 핵 폭발 장치.

핵-폭발(核暴發)명 핵분열이나 핵융합에 따른 폭발.

핵-폭탄(核暴彈)명 핵폭발을 일으키는 원자 폭탄과 수소 폭탄을 이르는 말.

핸드백(handbag)명 여성용의 손가방.

핸드볼:(handball)명 구기의 한 가지. 7명 또는 11명으로 이루어진 두 팀이 일정한 코트 안에서 공을 손으로 주고받거나 튀기면서 상대편의 골에 던져 넣어 그 득점으로 승패를 겨루는 경기. 송구(送球)

핸드북(handbook)명 ①수첩(手帖) ②간단한 안내나 참

고 정보 등을 수록한 작은 책. ☞편람(便覽)

핸드오르간(hand organ)명 아코디언

핸들(handle)명 ①손잡이 ②기계나 자동차 따위를 움직이거나 방향을 조정하는 장치.

핸들링(handling)명 ①럭비나 핸드볼 따위에서, 공을 다루는 솜씨. ②축구에서, 골키퍼 이외의 선수가 손끝에서 팔꿈치까지의 부위에 공이 닿는 반칙. 상대편은 프리킥을 얻게 됨.

핸디(∠handicap)명 '핸디캡'의 준말.

핸디캡(handicap)명 ①골프 경기 따위에서, 실력의 차이가 있는 경우에 실력이 모자라는 경기자에게도 이길 기회를 공평하게 주기 위하여 실력이 나은 경기자에게 지우는 불리한 조건. ②불리한 조건. 준 핸디

핸디-하다(handy-)형여 ①간단하고 편리하다. ②들고 다니기에 알맞다. ③조작하기에 편하다.

핸섬-하다(handsome-)형여 풍채가 좋거나 말쑥하게 잘생기다. 주로 남자의 용모를 이를 때 씀.

핼금부 살피려는듯이 잠깐 한 번 보는 모양을 나타내는 말. ☞할금. 힐금

핼금-거리다(대다)자 핼금핼금 보다. ☞할금거리다. 힐금거리다

핼금-핼금부 살피려는듯이 잠깐씩 잇달아 보는 모양을 나타내는 말. ☞할금할금. 힐금힐금

핼긋부 살피려는듯이 재빨리 한 번 보는 모양을 나타내는 말. ☞할긋. 핼끗. 힐긋

핼긋-거리다(대다)[-귿-]자 핼긋핼긋 보다. ☞할긋거리다. 핼끗거리다. 힐긋거리다

핼긋-핼긋[-귿-]부 살피려는듯이 재빨리 자꾸 보는 모양을 나타내는 말. ☞할긋할긋. 핼끗핼끗. 힐긋힐긋

핼끔부 살피려는듯이 얼른 한 번 보는 모양을 나타내는 말. ☞할끔. 핼금. 힐끔

핼끔-거리다(대다)자 핼끔핼끔 보다. ☞할끔거리다. 핼금거리다. 힐끔거리다

핼끔-핼끔부 살피려는듯이 얼른 잇달아 보는 모양을 나타내는 말. ☞할끔할끔. 핼금핼금. 힐끔힐끔

핼끗부 살피려는듯이 언뜻 한 번 보는 모양을 나타내는 말. ☞할끗. 핼긋. 힐끗

핼끗-거리다(대다)[-끋-]자 핼끗핼끗 보다. ☞할끗거리다. 핼긋거리다. 힐끗거리다

핼끗-핼끗[-끋-]부 살피려는듯이 언뜻 자꾸 보는 모양을 나타내는 말. ☞할끗할끗. 핼긋핼긋. 힐끗힐끗

핼리=혜:성(Halley彗星)명 태양의 주위를 76.03년의 주기로 도는 해왕성속(海王星屬)의 혜성. 긴 꼬리를 가지고 있음. 영국의 천문학자 핼리가 그 주기성을 입증함.

핼쑥-하다형여 눈이 때꾼할 정도로 몹시 야위어 있다. ☞해쓱하다

햄(ham)¹명 돼지고기를 소금에 절여 훈제(燻製)한 가공식품. 훈퇴(燻腿)

햄(ham)²명 아마추어 무선사

햄릿-형(Hamlet型)명 사색적이며 회의적인 경향이 강하고 결단력과 실행력이 약한 성격의 인물형. 셰익스피어의 비극 '햄릿'에서 유래함. ☞돈키호테형

햄버거(hamburger)명 ①햄버그스테이크 ②둥근 빵을 가로로 가르고 그 사이에 햄버그스테이크와 채소 등을 끼워 만든 음식.

햄버그스테이크(hamburg steak)명 서양 요리의 한 가지. 쇠고기나 돼지고기를 잘게 다져 빵가루와 양파, 달걀 따위를 섞어 둥글넓적하게 뭉쳐 프라이팬에 구운 음식. 햄버거

햄스터(hamster)명 비단털쥣과의 포유동물. 몸길이 15 cm 안팎. 꼬리와 다리가 짧고 귓바퀴는 둥글며 털은 부드러움. 몸 위쪽은 주황색, 아래쪽은 회백색이나 순백색, 앞가슴은 어두운 갈색 점 무늬가 있는 것이 가장 흔함. 시리아 원산으로 유럽 중부 등지에 삶. 실험에 쓰이거나 애완용으로 기름.

햄프셔-종(Hampshire種)명 돼지의 한 품종. 19세기 초에 미국이 영국에서 들여와 개량함. 얼굴은 길고 몸빛은 검은데 어깨와 앞다리 부분에 걸쳐 흰 띠가 둘려져 있음. 고기의 질이 좋아 육용종(肉用種)으로 기름.

햅-쌀명 햇벼로 찧은 쌀. ☞묵은쌀

> ▶ '햅쌀' —— '해+ㅂ+쌀'
> 단어와 단어, 접두사와 단어가 어울릴 때 'ㅂ' 소리가 덧나는 단어는 'ㅂ' 소리를 적는다.
> ¶댑싸리(대ㅂ싸리)/멥쌀(메ㅂ쌀)/볍씨(벼ㅂ씨)/입때(이ㅂ때)/입쌀(이ㅂ쌀)/접때(저ㅂ때)/좁쌀(조ㅂ쌀)/햅쌀(해ㅂ쌀)
> 위와 같은 구조의 단어는 뒤의 단어가 주장이 되므로, 뒤의 단어를 그대로 두고 덧나는 'ㅂ'을 앞의 형태소의 받침으로 적는다.

햇-접두 '그 해 새로 난'의 뜻을 나타냄. ¶햇보리/햇곡식 ☞해-

햇-것[핻-]명 해마다 새로 나는 것으로서, 그 해에 처음 난 것.

햇-곡[핻-]명 '햇곡식'의 준말.

햇-곡식[핻-]명 그 해에 새로 거둔 곡식. 신곡(新穀) 준 햇곡

햇-과:실(-果實)[핻-]명 햇과일

햇-과:일[핻-]명 그 해에 새로 난 과일. 햇과실. 햇실과

햇-귀명 ①해가 처음 솟을 때의 빛. ②햇발

햇-김치[핻-]명 봄철에 새로 나온 배추로 담근 김치.

햇-나물[핻-]명 그 해에 새로 난 나물.

×**햇-내기**[핻-]명 → 풋내기

햇-누룩[핻-]명 그 해에 새로 난 밀로 빚은 누룩. 신국(新麴)

×**햇-님**명 → 해님

햇-닭[핻-]명 그 해에 나서 자란 닭. ☞묵은닭

햇-무리명 해의 둘레에 나타나는 엷은 빛깔의 테. 권층운(卷層雲)의 얼음 조각에 빛이 반사하여 생김. 일훈(日暈) 준 햇물 ☞달무리

햇-물명 ①'햇무리'의 준말. ②장마 뒤에 잠깐 솟다가 없어지는 샘물.

햇-발명 사방으로 뻗친 햇살. 일각(日脚). 햇귀

햇-벼[핻-]명 그 해에 새로 거둔 벼.

햇-병아리[핻-]명 ①알에서 깬 지 얼마 되지 않은 병아리. ②풋내기를 비유하여 이르는 말. ¶ - 사원

햇-볕명 해에서 내쏘는 뜨거운 기운. 해¹ ¶ -을 쬐다./-에 그을리다. 준 볕

햇-보리[핻-]명 그 해에 처음 난 보리.

햇-빛명 해의 빛. 일광(日光). 해¹ ¶ -이 비치다./-이 잘 드는 방.

햇-살명 해가 내쏘는 빛의 가닥. ¶ -이 따갑다./얼굴을 어루만지는 다사로운 -.

햇-솜[핻-]명 그 해에 거둔 목화를 탄 솜. ☞묵솜

햇-수(-數)명 해의 수. 연수(年數)

햇-순(-筍)[핻-]명 그 해에 새로 돋은 줄기나 가지. ☞애순. 어린순

햇-실과(-實果)[핻-]명 햇과일

햇-일[핸닐]명 그 해에 하는 일, 또는 그 해에 하도록 정해진 일.

햇-잎[핸닙]명 그 해에 새로 돋아 나온 잎.

행(行)¹명 ①글의 가로나 세로의 줄. ¶ -과 - 사이를 넓히다. ②한시(漢詩)의 체(體)의 한 가지. 악부(樂府)에서 나온 형식으로 거침없는 표현이 특징임. 원 항(行)

행(行)²명 ①불교에서, 스스로 수행하여 부처의 가르침을 실천하는 일. ②중이 부처가 되려고 수행하는 일. ③불교에서, 생멸(生滅)의 변화, 곧 모든 현상 세계를 이르는 말.

행:(幸)명 '다행(多幸)'의 준말.

-행(行)《접미사처럼 쓰이어》'가는 방향', '가는 곳'의 뜻을 나타냄. ¶부산행(釜山行) 열차./제주행(濟州行) 여객기. ☞-발(發)

행각(行脚)명 -하다 자 ①불교에서, 여기저기 돌아다니며 수행하는 일. 유행(遊行) ②어떤 목적을 가지고 여기저

기 돌아다님. 주로 부정적인 의미로 쓰임. ¶도피 ―/사기 ―/애정 ―
행각(行閣)명 궁전이나 사원 등의 주요 건물 앞이나 좌우에 길게 지은 건물. 상방(廂房)
행각-승(行脚僧)명 여기저기 다니며 수행하는 중.
행간(行姦)명-하다자 간음을 함. 행음(行淫)
행간(行間)명 글줄과 글줄의 사이. 행과 행의 사이. ☞자간(字間)
행간을 읽다관용 글에 직접적으로 나타나 있지 않은, 글쓴이의 참뜻을 헤아리다.
행-갈이(行―)명 글의 줄을 바꾸는 일.
행객(行客)명 나그네
행건(行巾)명 복인(服人)이나 상제가 쓰는 건.
행고(行苦)명 불교에서 이르는 삼고(三苦)의 하나. 세상의 모든 현상과 사물이 끊임없이 나고 없어지는 데서 받는 괴로움. ☞고고(苦苦)
행고(行賈)명 도붓장수
행고(行鼓)명 행군(行軍)할 때 치는 북.
행공(行公)명-하다자 공무를 집행함.
행괴(行怪)명-하다자 괴상한 짓을 함.
행구(行具)명 행장(行裝)
행군(行軍)명-하다자 군대가 대열을 지어 먼 거리를 걸어가는 일.
행군악(行軍樂)명 조선 시대, 십이가사(十二歌詞)의 하나. 작자와 연대는 알려져 있지 않고, 민요적인 색채를 띠며 중간에 입타령이 끼어 있음. '청구영언(青丘永言)'에 실려 전함. 길군악
행궁(行宮)명 지난날, 임금이 거둥할 때에 묵던 별궁(別宮). 이궁(離宮)
행근(行殣)명 길을 가다 굶어 죽은 송장.
행글라이더(hang glider)명 알루미늄이나 두랄루민 따위 금속제의 틀에 천을 입혀서 만든 활공기(滑空機)의 한 가지. 주로 사람이 매달린 채 높은 곳에서 뛰어내려 기류(氣流)를 이용하여 활공함.
행글라이딩(hang gliding)명 행글라이더를 이용한 스포츠. 하늘에 머무는 시간이나 목표 지점에 정확히 착륙하는 것으로 승패를 겨룸.
행기(行氣)명-하다자 ①기운을 차려 몸을 움직임. ②호기(豪氣)를 부림.
행:기(幸冀)명-하다자 행여나 하고 무엇을 바라는 일.
행낭(行囊)명 우편물 따위를 넣어 보내는 주머니. ¶우편 ―/외교 ―
×**행내기**명 →보통내기
행년(行年)명 그 해까지 먹은 나이.
행년=신수(行年身數)명 그 해의 좋고 나쁜 신수.
행년-점(行年占)[―쩜]명 그 해 신수의 좋고 나쁨을 알아보려고 치는 점.
행다(行茶)명 전래된 법도에 따라 차를 대접하여 마시는 일.
행:단(杏壇)명 공자(孔子)가 은행나무 단에서 학문을 가르쳤다는 데에서, 학문을 닦는 곳을 이르는 말.
행담(行擔)명 길을 갈 때 가지고 다니는 작은 상자. 흔히 싸리나 버들로 결어 만듦.
행덕(行德)명 불법(佛法)을 닦아 쌓은 공덕.
행도(行道)명-하다자 ①돌아다님. ②도(道)를 행함. ③불도를 닦는 일. 경행(經行) ④중이 경문을 외면서 걷는 일. ⑤여러 중이 경을 읽으면서 불상이나 불당 주위를 도는 의식.
행동(行動)명-하다자 ①몸을 움직임, 또는 그 동작. 행작(行作) ¶―이 둔하다./―으로 옮기다. ②행위(行爲)
행동-거:지(行動擧止)명 몸을 움직여서 하는 모든 짓. 거조(擧措) 준거지(擧止). 동지(動止). 행지(行止)
행동=과학(行動科學)명 인간 행동의 일반 원리를 실증적으로 연구하여 그 법칙성을 밝힘으로써 사회의 계획적인 제어나 관리에 필요한 기술을 개발하고자 하는, 사회 과학과 인문 과학의 새로운 분야.
행동-대(行動隊)명 어떤 목적이나 계획을 이루기 위해 직접 행동을 하는 무리.
행동=반:경(行動半徑)명 ①군함이나 군용기 따위가 기지를 떠나 연료의 보급 없이 임무를 마치고 다시 기지로 돌아올 수 있는 최대의 거리. ②사람이나 동물이 행동 또는 활동할 수 있는 범위.
행동-주의(行動主義)명 ①행동으로써 사회에 직접 참여하거나 그러한 행동을 중시하는 태도. ②심리학에서, 자극에 대한 반응으로 일어나는 행동에서 인간의 심리를 객관적으로 연구하려는 처지.
행동-파(行動派)명 말이나 이론보다 행동이 앞서는 사람.
행동-폭(行動幅)명 행동하는 범위.
행동=환경(行動環境)명 행동을 규정하고 있는 환경. 행동은 물리적 환경에 대응하여 일어나는 것이 아니라 심리적 환경에 대응하여 전개된다는 이론임. 심리학자 코프카가 제창함. 심리 환경(心理環境)
행락(行樂)명-하다자 잘 놀고 즐겁게 지냄.
행랑(行廊)명 ①대문간에 붙어 있는 방. ②지난날, 대문 양쪽으로 죽 벌여 있는, 주로 하인이 거처하던 방. 낭저(廊底). 낭하(廊下). 행랑방 ③공랑(公廊)
속담 **행랑 빌리면 안방까지 든다** : 처음에는 조심스럽게 시작하였던 일도 재미를 붙이면 차차 도가 넘게 됨을 비유하는 말.

한자 **행랑 랑**(廊)〔广部 10획〕¶사랑(舍廊)/행랑(行廊)/화랑(畫廊)/회랑(回廊)

행랑-것(行廊―)[―껏]명 지난날, 행랑살이하는 하인을 낮추어 이르던 말.
행랑=뒷:골(行廊―)명 지난날, 서울 종로의 양쪽에 있던 전방(廛房)들 뒤의 좁은 골목.
행랑-방(行廊房)[―빵]명 행랑(行廊)
행랑-살이(行廊―)명-하다자 남의 행랑을 빌려 살며 그 대가(代價)로 그 집 일을 도와 주며 사는 일.
행랑-아범(行廊―)명 지난날, 행랑살이하는 나이 든 남자 하인을 이르던 말.
행랑-어멈(行廊―)명 지난날, 행랑살이하는 나이 든 여자 하인을 이르던 말.
행랑-채(行廊―)명 대문 양쪽으로 있는 집채. 문간채
행려(行旅)명-하다자 나그네가 되어 다님, 또는 그 사람.
행려-병:사자(行旅病死者)명 나그네로 떠돌아다니다가 병이 들어 죽은 사람.
행려-병:자(行旅病者)명 나그네로 떠돌아다니다가 병이 든 사람.
행려-시(行旅屍)명 나그네로 떠돌아다니다가 죽은 사람의 주검.
행력(行力)명 불도(佛道)를 닦는 힘.
행력(行歷)명 ①지내 온 경력. ②-하다타 어떤 곳을 지나감, 또는 그 여정(旅程).
행렬(行列)명 ①-하다타 여럿이 줄을 지어 감, 또는 그 줄. ②수학에서, 다수의 문자나 숫자를 사각형으로 배열한 것. ☞항렬(行列)
행령(行令)명-하다자타 명령을 시행함.
행례(行禮)명-하다자타 예식을 올림, 또는 그 예식.
행로(行路)명 ①다니는 길. 한길 ②세상을 살아가는 과정. 세로(世路) ¶인생 ―
행로-난(行路難)명 길이 험난하다는 뜻으로, 세상살이의 어려움을 비유하여 이르는 말.
행로지인(行路之人)명 길에서 만난 사람이라는 뜻으로, 아무 상관이 없는 사람을 이르는 말.
행록(行錄)명 사람의 말과 행동을 적은 글.
행뢰(行賂)명-하다자타 뇌물을 줌.
행리(行李)명 행장(行裝)
행:림(杏林)명 ①살구나무의 숲. ②'의원(醫員)'을 달리 이르는 말. 중국 오(吳)나라의 의원 동봉(董奉)이 환자들에게 치료비를 받는 대신 살구나무를 심도록 하여 몇 년 뒤 울창한 숲을 이루었다는 고사에서 유래함.
행마(行馬)명-하다자 바둑이나 장기, 쌍륙 등에서 말을 씀.
행:망(倖望)명-하다자 요행을 바람.
행:망-쩍다형 주의력이 없고 아둔하다.

ㅎ

행매(行媒)명 -하다 자타 중매를 섬.
행매(行賣)명 -하다 타 ①팔기 시작함. ②물건을 가지고 다니면서 팖.
행모(行暮)명 길을 가다가 날이 저무는 일.
행문(行文)명 -하다 자 ①글을 지음, 또는 그 글. 작문(作文) ②관공서의 문서가 오고 감, 또는 그 문서.
행문-이첩(行文移牒)명 지난날, 관아에서 공문서를 보내 조회(照會)하던 일. 준 행이(行移)
행방(行方)명 간 곳, 또는 간 방향. 종적(蹤迹). 자취 ¶ -이 묘연하다. ☞거처(去處)
행방(行房)명 -하다 자 방사(房事)를 함. 남녀가 성적(性的)으로 관계를 맺음.
행방-불명(行方不明)명 간 곳을 모름, 또는 가서 있는 곳을 모름.
행배(行杯)명 -하다 자 행주(行酒)
행법(行法)[-뻡] 명 ①불교에서 이르는 사법(四法)의 하나. 부처의 경지에 이르려고 하는 수행을 이름. ②불도(佛道)를 닦는 방법.
행보(行步)명 -하다 자 ①걸음을 걷는 일, 또는 그 걸음. ¶ -가 빠르다. ②일정한 목적지에 걸어서 가거나 다녀옴. ③어떤 곳으로 장사하러 다님.
행보-석(行步席)명 귀한 손이나 신랑 신부를 맞을 때, 마당에 깔아 그 위로 걸어 들어오게 하는 긴 돗자리. 장보석(長步席)
행:복(幸福)명 -하다 형 ①복된 좋은 운수. ②삶이 기쁘고 즐거워 만족스러움, 또는 그러한 상태.
행:복-감(幸福感)명 행복한 느낌.
행:복-설(幸福說)명 행복을 인생의 최고 가치로 삼고, 그것의 실현을 도덕적 이상으로 하는 윤리설. 물적·감각적 쾌락이 아닌, 이성적·정신적 만족을 추구함.
행복-스럽다(幸福-)(-스럽고·-스러워)형ㅂ 기쁘고 즐거워 만족스러운 느낌이 있다. ¶행복스러운 삶.
행복-스레 부 행복스럽게
행:복=추구권(幸福追求權)[-꿘] 명 헌법에 보장된 생존권적 기본권의 한 가지. 국민이 인간으로서의 행복을 추구할 수 있는 권리를 이름.
행-불성(行佛性)[-썽] 명 불교에서 이르는 이불성(二佛性)의 하나. 중생의 팔식(八識) 속에 갖추어진, 번뇌를 벗어나 성불(成佛)할 수 있는 마음의 씨앗. ☞이불성(理佛性)
행:-불행(幸不幸)명 행복과 불행을 아울러 이르는 말.
행비(行比)명 -하다 자 불교에서, 수행하여 닦은 힘을 견주어 보는 일.
행비(行費)명 노자(路資)
행사(行使)명 -하다 타 ①권력이나 권리 따위를 실제로 부리거나 씀. ¶권력의 -./권리를 -하다./거부권을 -하다. ②몸가짐이나 하는 짓. ¶ -가 눈에 거슬린다.
행사가 개차반 같다 관용 하는 짓이나 몸가짐이 바르지 못하고 꼴불견이다.
행사(行事)명 무슨 일을 시행함, 또는 시행하는 그 일. ¶제헌절 기념 -/체육 -
행사(行祀)명 -하다 자 제사를 지냄.
행사(行詐)명 -하다 자 속임수를 씀.
행상(行商)명 -하다 자 ①상품을 가지고 이곳 저곳을 다니면서 파는 장사. 도붓장사. 여상(旅商) ②'행상인(行商人)'의 준말.
행상(行喪)명 ①상여(喪輿) ②-하다 자 상여가 나감, 또는 그 행렬.
행상(行賞)명 -하다 자 상을 줌. ☞논공행상(論功行賞)
행상-인(行商人)명 도붓장수 준 행상(行商)
행색(行色)명 차림새 또는 모습. ¶초라한 -.
행서(行書)명 한자 서체의 한 가지. 해서(楷書)와 초서(草書)의 중간쯤 되는 서체로, 획을 약간 흘려 씀.
행선(行船)명 -하다 자 배가 감, 또는 그 배.
행선(行禪)명 -하다 자 걸어다니면서 선(禪)을 하는 일.
행선-축원(行禪祝願)명 불교에서, 나라와 백성을 위하여 아침저녁으로 드리는 예불을 이르는 말.
행성(行星)명 인력이 강한 중심 별의 둘레를 공전하며, 스스로는 빛을 내지 않는 별을 통틀어 이르는 말. 태양계에서는 태양에서 가까운 거리에 따라 수성·금성·지구·화성·목성·토성·천왕성·해왕성·명왕성의 아홉 개가 알려져 있음. 떠돌이별. 유성(遊星). 혹성(惑星) ☞항성(恒星)
행세(行世)명 -하다 자 ①사회에서 사람의 도리를 함, 또는 그 태도. ¶떳떳하게 -하다. ②거짓 처신을 함, 또는 그 태도. ¶유명인 -를 하다./공주 같은 -를 하다.
행세(行勢)명 -하다 자 세도를 부림, 또는 그 태도. ¶ -깨나 하는 집안.
행세-꾼(行世-)명 행세하기를 좋아하거나 잘하는 사람을 낮잡아 이르는 말.
행세-본(行世本)[-뽄] 명 행세하는 본새.
행셋-경(行世-)명 행세를 잘못하여 남에게 맞는 매.
행소(行訴)명 '행정 소송(行政訴訟)'의 준말.
행수(行首)명 ①한 무리의 우두머리. ②지난날, 한 활터를 대표하는 한량의 우두머리를 이르던 말.
행수(行數)[-쑤] 명 글줄의 수, 또는 그 차례. 원 항수
행수=기:생(行首妓生)명 조선 시대, 관아에 딸린 기생의 우두머리를 이르던 말. 도기(都妓) ☞코머리
행수-목(行需木)명 지난날, 사신(使臣)의 행차(行次)에 쓰던 무명을 이르던 말.
행순(行巡)명 -하다 자 돌아다니며 살핌.
행술(行術)명 -하다 자 의술이나 복술(卜術)·지술(地術) 따위로 행세함.
행습(行習)명 -하다 타 ①버릇이 되도록 행동함. ②몸에 밴 버릇.
행시(行時)명 -하다 자 때를 맞추어 옴.
행신(行身)명 -하다 자 처신(處身)
행신(行神)명 ①길을 지키는 신령. ②길 가다가 죽은 사람의 귀신.
행:신(幸臣)명 총애를 받는 신하. 총신(寵臣)
행:실(行實)명 일상 생활에서 실지로 드러나는 행동. ¶ -이 나쁘다./-이 바르다. ☞품행
속담 **행실을 배우라 하니까 포도청 문고리를 뺀다** : 품행을 바르게 하라고 타일렀더니 도리어 위험하고 못된 짓을 한다는 말.
행:심(幸甚)어기 '행심(幸甚)하다'의 어기(語基).
행:심-하다(幸甚-)형여 퍽 다행하다.
행악(行惡)명 -하다 자 못된 짓을 함, 또는 그런 행동.
행어(行魚)명 '멸치'의 딴이름.
행어(hanger)명 옷걸이
행업(行業)명 -하다 자 불교에서, 고락(苦樂)의 과보(果報)를 받을 행위를 이르는 말. 몸·입·뜻으로 나타내는 동작·말·생각을 이름.
행:여(幸-)부 어쩌다가. 다행히. 혹시라도 ¶ - 소식이라도 전해 올까?/어머니가 - 허락하시겠다.
행:여-나(幸-)부 '행여'를 강조하여 이르는 말.
행역(行役)명 여행을 하면서 겪는 괴로움.
행연(行硯)명 여행할 때 가지고 다니는 작은 벼루.
행용(行用)명 -하다 타 두루 씀. 널리 씀.
행운(行雲)명 떠가는 구름. 열구름
행:운(幸運)명 좋은 운수, 또는 행복한 운수. 복운(福運)
행:운-아(幸運兒)명 좋은 운수를 만난 사람.
행운유수(行雲流水)[-뉴-] 성구 〔떠가는 구름과 흐르는 물이란 뜻으로〕 ①일을 해 나가는 데 거침이 없이 잘 되어 감을 이르는 말. ②글을 짓거나 말을 하는 것이 막힘이 없음을 이르는 말. ③마음씨가 구애됨이 없이 시원시원함을 이르는 말.
행원(行員)명 '은행원(銀行員)'의 준말.
행위(行爲)명 ①사람으로서 하는 짓. ¶ -가 괘씸하다. ②무슨 목적을 가지고 의식적으로 행하는 행동. ③법률상의 효과를 발생하는 원인이 되는, 사람의 자발적인 의사 활동. ¶범법 -
행음(行吟)명 -하다 자 ①거닐면서 글을 읊음. ②지난날, 귀양살이에서 글을 읊던 일.

행음(行淫) 명 -하다 자 행간(行姦)
행의(行衣) 명 조선 시대, 유생(儒生)이 입던 두루마기. 소매가 넓고, 검은 천으로 깃·도련·소매의 가장자리를 둘러 꾸몄음.
행의(行義) 명 -하다 자 의로운 일을 함.
행의(行誼) 명 ①행실이 올바른 일, 또는 그 행위. ②올바른 품행과 도의.
행의(行醫) 명 의술을 베풀면서 세상을 살아감.
행이(行移) 명 '행문이첩(行文移牒)'의 준말.
행인(行人) 명 ①길을 가는 사람. ②불도(佛道)를 닦는 사람. 행자(行者)
행자(行者) 명 ①불도(佛道)를 닦는 사람. 상좌(上佐). 행인(行人) ②속가(俗家)를 떠나 절에 있으면서 아직 계(戒)를 받지 않은 사람. ③성지(聖地)를 찾아다니면서 참배하며 수행(修行)하는 사람. ④지난날, 장례 때에 상제의 시중을 들던 사내 하인.
행자(行資) 명 노자(路資)
행:자(杏子) 명 '행자목(杏子木)'의 준말.
행:자-목(杏子木) 명 은행나무의 목재. 준 행자(杏子)
행:자-반(杏子盤) 명 은행나무로 만든 소반.
행작(行作) 명 -하다 자 행동(行動)
행장(行狀)[1] 명 ①행동이나 몸가짐. ②한문 문체의 한 가지. 죽은 사람의 세계(世系)·본적·생몰 연월일과 평생의 행적 따위를 적은 글. ③교도소에서 죄수의 복역 태도에 대하여 매긴 점수.
행장(行狀)[2] 명 조선 초기에, 우리 나라에 드나들던 왜인(倭人)에게 내주던 여행 증명서. 대마도주(對馬島主)가 발행하였음.
행장(行長) 명 '은행장(銀行長)'의 준말.
행장(行裝) 명 여행하는 데 쓰는 물건과 차림. 행구(行具). 행리(行李) ¶ -을 꾸리다./-을 차리다./초라한 -.
행장-기(行狀記) 명 사람이 죽은 다음에 그의 일생의 행적을 적은 글.
행재-소(行在所) 명 임금이 거둥할 때 임시로 머물던 곳.
행적(行跡·行蹟·行績) 명 ①평생에 한 일이나 업적. ②행위의 실적이나 자취. ¶ -을 감추다.
행전(行錢) 명 -하다 자타 노름판에서 돈을 주고받음.
행전(行纏) 명 한복 바지나 고의를 입을 때, 발목에서 장딴지 위까지 바짓가랑이를 가든하게 둘러싸는 물건. 위에 달린 끈으로 무릎 아래를 졸라맴. ☞각반(脚絆)
행정(行政) 명 ①국가나 공공 단체의 집행 기관이 법에 따라 실행하는 업무. ②국가 통치 작용 가운데서 입법(立法)·사법(司法)을 제외한 국가 작용. ③내각을 비롯한 행정 기관의 권한에 딸린 국가 작용.
행정(行程) 명 ①멀리 가는 길, 또는 그 길의 거리. ¶여기서 서울까지는 이틀 -이다. ②일이 진행되어 가는 과정. ③실린더 속에서 피스톤이 왕복 운동을 하는 거리.
행정=고등=고:시(行政高等考試) 명 5급 공무원 공개 채용 시험의 하나. 외무 고등 고시, 기술 고등 고시와 함께 공무원 임용 시험령에 따라 실시함.
행정-관(行政官) 명 국가의 행정에 관한 사무를 맡아보는 관리를 통틀어 이르는 말.
행정=관청(行政官廳) 명 행정에 관한 국가의 의사를 결정하고 그 의사를 표시·집행하는 권한을 가진 기관.
행정=구역(行政區域) 명 행정 기관의 목적에 따라 일정한 범위로 정한 구역. 특별시, 광역시, 도, 시, 군, 읍, 면 따위.
행정-권(行政權)[-꿘] 명 삼권(三權)의 하나. 국가가 통치권을 바탕으로 하여 일반 행정을 펴는 권능(權能). 대통령과 그에 딸린 정부에 있음. 집행권(執行權) ☞사법권(司法權). 입법권(立法權)
행정=기관(行政機關) 명 국가와 지방 자치 단체의 행정 사무를 담당하는 국가 기관을 통틀어 이르는 말.
행정=명:령(行政命令) 명 행정 기관이 행정 목적을 위하여 직권으로 내리는 모든 명령. ☞법규 명령
행정-벌(行政罰) 명 행정법에서, 의무의 위반에 대하여 그 제재(制裁)로 가해지는 벌. 질서벌(秩序罰)
행정-범(行政犯) 명 행정상의 법규를 위반함으로써 범죄가 되는 행위. 법정범(法定犯) ☞형사범(刑事犯)
행정-부(行政府) 명 삼권 분립에 따라 행정을 맡아보는 '정부'를 이르는 말. ☞사법부. 입법부
행정=사:무(行政事務) 명 국가 통치 작용에 관한 사무.
행정=서사(行政書士) 명 행정 관청에 내는 서류 또는 주민의 권리·의무나 사실 증명에 관한 서류 따위를 작성해 주는 일을 직업으로 삼는 사람.
행정=소송(行政訴訟) 명 행정 관청의 위법 처분으로 말미암아 권리를 침해당한 사람이 관할 고등 법원에 그 처분의 취소나 변경을 요구하는 소송. 준 행소(行訴)
행정=지도(行政指導) 명 행정 기관이 행정 목적을 이루기 위하여 업계나 단체 등에 대하여 법적인 강제 수단을 쓰지 않고, 일정한 행정 목적을 실현할 수 있도록 협조를 구하는 일.
행정-직(行政職) 명 일반직 공무원 직군의 하나. 일반 행정과, 재경(財經)·홍보·세무·운수·전산·통계·감사(監査)·사서(司書)와 관련된 직군을 통틀어 이름. ☞기술직(技術職)
행정=처:분(行政處分) 명 행정 기관이 법규에 따라서, 특정 사건에 관하여 권리를 설정하거나 의무를 명하는 권력적 단독 행위. 영업 면허, 조세의 부과 따위.
행정=협정(行政協定) 명 국회의 승인 없이 행정부가 체결하는 국가간의 협정.
행주 명 그릇 따위를 씻거나 훔치는 데 쓰는 헝겊.
　행주(를) 치다 관용 행주질을 하다.
행주(行酒) 명 -하다 자 술을 잔에 부어 돌림. 행배(行杯)
행주(行廚) 명 ①음식을 다른 곳으로 옮기는 일. ②지난날, 임금이 거둥할 때에 음식을 마련하던 임시 주방.
행주좌와(行住坐臥) 명 불교에서, 일상의 동작인 다니고, 머무르고, 앉고, 눕는 네 위의(威儀)를 아울러 이르는 말.
행주-질 명 -하다 자타 행주로 그릇 따위를 씻거나 훔치는 일.
　행주질(을) 치다 관용 행주로 그릇 따위를 씻거나 훔치다.
행주-치마 명 부엌일을 할 때 옷을 더럽히지 않도록 몸의 앞 부분을 가리는 짧은 치마. 앞치마
행중(行中) 명 ①길을 함께 가는 모든 사람. ②중도(中道)를 행하는 일.
행지(行止) 명 ①'행동거지'의 준말. ②다니는 일과 머무는 일, 또는 행동하는 일.
행지(行持) 명 불도(佛道)를 닦아 늘 지니는 일.
행지-증(行遲症)[-쯩] 명 각연증(脚軟症)
행직(行直) 명 -하다 형 성질이 굳세고 곧음.
행진(行進) 명 -하다 자 여러 사람이 줄을 지어 앞으로 나아가는 일. ¶학생들의 시가(市街) -.
행진-곡(行進曲) 명 ①행진할 때 쓰는 반주용 음악. 마치(march) ②대열의 행진을 묘사한 악곡.
행:짜 명 심술을 부려 남을 해롭게 하는 짓. ¶ - 부리다.
행차(行次) 명 -하다 자 웃어른이 길을 나서는 일을 높이어 이르는 말. ¶일찍부터 어디로 -하십니까?
　속담 **행차 뒤에 나팔** : 일이 끝난 다음에 하는 보람 없는 말이나 행동을 이르는 말.
행차=명정(行次銘旌) 명 상여가 나갈 때, 상여 앞에 들고 가는 명정.
행차-소(行次所) 명 웃어른이 여행하다 머무는 곳을 높이어 이르는 말.
행차-칼(行次-) 명 지난날, 죄인을 다른 곳으로 옮길 때 죄인의 목에 씌우던 형구(刑具). 도리칼
행찬(行饌) 명 여행할 때 가지고 가는 음식.
행창(行娼) 명 -하다 자 지난날, 드러내 놓고 창기(娼妓) 노릇하는 일을 이르던 말.
행처(行處) 명 간 곳, 또는 가는 곳.
행체(行體) 명 ①행서(行書)로 쓰는 글씨체. ②수묵화(水墨畫)의 삼체(三體)의 하나. 대상을 초체(草體)와 해체(楷體)의 중간 정도로 묘사함.

행초(行草)명 행초서(行草書)
행초-서(行草書)명 행서(行書)와 초서(草書)를 아울러 이르는 말. 행초(行草)
행탁(行橐)명 지난날, 여행할 때 노자를 넣던 전대나 여러 가지 물품을 넣던 자루.
행탕이 명 광산의 구덩이 안의 물밑에 가라앉은 철분, 흙, 모래 따위가 엉긴 것.
행태(行態)명 하는 짓과 몸가짐. 행동하는 모양. 주로 부정적인 의미로 쓰임. ¶사재기 −/비도덕적인 −.
행:티 명 행짜를 부리는 버릇.
행패(行悖)명-하다자 무례하게 덤비어 난폭한 짓을 함, 또는 그런 짓.
행포(行暴)명-하다자 난폭한 짓을 함, 또는 그런 짓.
행하(行下)명-하다타 ①지난날, 품삯 이외에 더 주던 돈. ②지난날, 집안에 경사가 있을 때 상전이나 주인이 하인에게 주던 돈이나 물품. ③지난날, 놀이나 놀음이 끝난 뒤에 기생이나 광대에게 주던 보수.
행하-건(行下件)[−껀]명 품질이나 등급이 낮은 물건.
행-하다(行−)타여 하려던 일을 실지로 하여 나가다.
행하-조(行下調)[−쪼]명 말막음으로 하는 일.
행행(行幸)명-하다자 임금이 궁궐 밖으로 거둥함.
행혈(行血)명-하다자타 한방에서, 약을 써서 혈액의 순환을 좋게 하는 일.
행형(行刑)명-하다타 자유형을 집행하는 일.
행:화(杏花)명 살구나무의 꽃. 살구꽃
행흉(行凶)명-하다자 사람을 죽이는 짓.
행:희(幸姬)명 유달리 사랑을 받는 여자.
향:(向)명 뫼자리나 집터의 앞쪽 방향. ☞좌(坐)
향(香)명 ①주로 제사 때 불에 태워서 향냄새를 피우는 물건. ②향냄새를 풍기는 노리개의 한 가지. ③'향기(香氣)'의 준말.
향(鄕)명 신라 때부터 조선 전기까지 있었던 특별 행정 구역. 천민이 집단으로 거주하였음. ☞부곡(部曲). 소(所)
향가(鄕歌)명 삼국 시대 말엽에 생겨나 통일 신라를 거쳐 고려 초엽까지 유행하던, 향찰(鄕札)로 기록된 우리 나라 고유의 정형 시가. '삼국유사'에 14수, '균여전(均如傳)'에 11수, 모두 25수가 전함. 4구체·8구체·10구체의 세 가지 형식이 있음. 사뇌가(詞腦歌)
향갑(香匣)[−깝]명 향을 담는 작은 상자.
향객(鄕客)명 시골에서 온 손.
향경(香境)명 불교에서 이르는 육경(六境)의 하나. 코로 냄새를 맡을 수 있는 대상을 이름.
향:고(饗告)명-하다자 조상의 영전(靈前)에 공양물을 바쳐 제사함.
향-고양(∠香供養)명-하다자 부처 앞에 향을 피우는 일. 원향공양
향곡(鄕曲)명 후미진 시골 구석.
향:곡(餉穀)명 지난날, 군량(軍糧)으로 쓰던 곡식.
향-공양(香供養)명 '향고양'의 원말.
향:관(享官)명 제관(祭官)
향관(鄕貫)명 관향(貫鄕)
향관(鄕關)명 '고향'을 달리 이르는 말.
향:광-성(向光性)[−썽]명 식물의 줄기 등이 빛의 자극이 센 쪽으로 향하여 굽는 성질. 굴광성(屈光性) ☞배광성(背光性)
향교(鄕校)명 지난날, 지방에 두었던 문묘(文廟)와 그에 딸린 관립(官立) 교육 기관.
향국(鄕國)명 고국(故國) 또는 고향.
향:국지성(向國之誠)명 나라를 생각하는 지극한 마음.
향군(鄕軍)명 ①'재향 군인(在鄕軍人)'의 준말. ②'향토 예비군(鄕土豫備軍)'의 준말.
향궤(香櫃)[−궤]명 향을 넣어 두는 궤.
향:궤(餉饋)명 군사가 먹을 양식. 군량(軍糧)
향긋-하다[−귿−]형여 향기로운 느낌이 조금 있다. ¶향긋한 냉이 냄새.
　향긋-이부 향긋하게
향기(香氣)명 꽃이나 향 따위에서 나는 좋은 냄새. 향냄새. 향취(香臭) 준향(香)

한자 향기 향(香)〔香部〕¶향기(香氣)/향료(香料)/향미(香味)/향수(香水)/향연(香煙)/향유(香油)

향기-롭다(香氣−)(−롭고·−로워)형ㅂ 향기가 있다.
　향기-로이부 향기롭게
향기-향(香氣香)명 한자 부수(部首)의 한 가지. '馥'·'馨' 등에서 '香'의 이름.
향-꽂이(香−)명 향을 피워 꽂아 두는 기구.
향-나무(香−)명 측백나뭇과의 상록 침엽 교목. 높이는 20m 안팎. 잎은 마주 나거나 돌려 나는데, 어린 잎은 바늘 모양이나 자라면서 비늘 모양으로 바뀜. 나무는 향내가 나며 조각재·가구재·연필·향료 등으로 쓰임. 산기슭이나 평지에서 자라며 우리 나라, 일본, 만주 등지에 분포함. 향목(香木)
향:남(向南)명-하다자 남쪽을 향함. ☞향북(向北)
향낭(香囊)명 ①'사향낭(麝香囊)'의 준말. ②향을 넣어서 몸에 차는 주머니.
향-내(香−)명 '향냄새'의 준말.
향-냄새(香−)명 ①향기(香氣) ②향을 피울 때 나는 냄새. 준향내
향:년(享年)명 죽은 이의 한평생 누린 나이를 이르는 말. ¶− 88세로 타계하시다. ☞몰년(歿年)
향:념(向念)명-하다자 향의(向意)
향다(香茶)명 향기로운 차.
향:당(享堂)명 불교에서, 조사(祖師)의 화상이나 위패를 모셔 놓고 제사를 지내는 당집.
향당(鄕黨)명 자기가 태어났거나 살고 있는 시골 마을, 또는 그곳의 사람들.
　향당에 막여치(莫如齒)관용 향당에서는 나이의 차례를 중히 여긴다는 뜻.
향도(香徒)명 ①화랑도(花郞徒) ②상여꾼
향:도(嚮導)명-하다타 길을 인도함, 또는 그 사람.
향:도-관(嚮導官)명 지난날, 군사들을 인솔할 때 길 안내를 하던 관직, 또는 그 관원.
×향도-꾼(香徒−)명 →상두꾼
향:동(向東)명-하다자 동쪽을 향함. ☞향서(向西)
향:동(響胴)명 기타나 바이올린 따위에서, 공기를 울려 소리를 크게 하는 부분.
향두가(香頭歌)명 상여가 나갈 때, 선소리꾼이 상여 앞에서 엮는 사설조의 노래. ☞상엿소리
향:락(享樂)명-하다타 즐거움을 누림. 뜻이 변하여, '관능적인 쾌락을 추구함'을 이르는 말.
향:락-주의(享樂主義)명 인생의 목적은 향락을 추구하는 데 있다고 하는 주의. ☞관능주의(官能主義)
향랑-각시(香娘−)명 '노래기'의 딴이름.
향랑-자(香娘子)명 '바퀴[2]'의 딴이름.
향:례(饗禮)명 손을 초대하여 지성껏 접대하는 의식(儀式) 또는 예의.
향:로(向路)명 향하여 가는 길.
향로(香爐)명 향을 피우는 화로. 향정(香鼎)
향로-석(香爐石)명 무덤 앞에 만들어 놓은, 향로를 올려놓는 네모반듯한 돌. 향안석(香案石)
향론(鄕論)명 지난날, 왕실이나 중앙 관아의 정책 등에 대한 각 지방 사람들의 여론을 이르던 말.
향료(香料)명 ①식품이나 화장품 등에 넣어 향기를 나게 하는 물질. 천연 향료와 합성 향료가 있음. ②죽은 사람의 영전(靈前)에 향을 사는 데 보태라고 놓는 돈. ☞부의(賻儀)
향료=식물(香料植物)명 향수나 향유(香油)의 원료가 되는 식물. 레몬·박하·장미·재스민 따위.
향:류(向流)명 기체나 액체가 서로 반대 방향으로 흐르는 일. ☞병류(竝流)
향리(鄕吏)명 지난날, 한 고을에서 대물림으로 내려오는 아전을 이르던 말. ☞가리(假吏)
향리(鄕里)명 ①고향. 고향 마을. 전리(田里) ②향촌(鄕村)
향망(鄕望)명 한 마을에서의 덕망(德望), 또는 그 덕망이

높은 사람.
향맹(鄕氓)명 시골에 사는 백성. 촌맹(村氓)
향:모(向慕)명-하다타 마음으로 간절히 그리워함.
향목(香木)명 '향나무'의 딴이름.
향몽(香夢)명 향기로운 꿈이라는 뜻으로, 봄철에 꽃이 필 무렵에 꾸는 꿈을 이르는 말.
향미(香味)명 음식물의 향기로운 맛.
향미-료(香味料)명 약품이나 음식물 따위에 넣어 향기로운 맛과 냄새가 나게 하는 물질.
향민(鄕民)명 시골에 사는 백성. 촌맹(村氓)
향반(鄕班)명 지난날, 시골에 살면서 여러 대에 걸쳐 관직에 오르지 못한 양반을 이르던 말.
향:발(向發)명-하다자 목적지를 향해 떠남.
향:발(響鈸)명 국악기 금부(金部) 타악기의 한 가지. 자바라와 비슷한 모양이며 동발(銅鈸)보다 작음. 조선 초기에서 말기까지 향발무(響鈸舞)에 무용 도구로 쓰였음. ☞자바라
향:발-무(響鈸舞)명 조선 시대, 대궐 안 잔치 때에 향발을 양손의 엄지손가락과 가운뎃손가락에 끼고 장단에 맞추어 추던 춤.
향:방(向方)명 향하여 가는 방향.
향:방부지(向方不知)성구 어디가 어디인지 방향을 분간할 수 없음을 이르는 말.
향:배(向背)명 따름과 등짐. 배향(背向) ¶이해(利害)에 따라 -를 달리하다./민심(民心)의 -를 지켜보다.
향:배(向拜)명-하다자 향하여 절함.
향배(香陪)명 제향(祭享) 때, 헌관(獻官)이 향과 축문을 가지고 나갈 때에 향궤를 받들고 앞서가는 사람.
향병(鄕兵)명 그 고장 사람으로 조직한 병정.
향:복(享福)명-하다자 복을 누림.
향:복무강(享福無疆)성구 그지없이 많은 복을 누림을 이르는 말.
향-부자(香附子)명 방동사닛과의 여러해살이풀. 줄기 높이 15~40cm, 뿌리줄기는 옆으로 뻗고 줄기는 가늚. 덩이줄기는 흰빛이며 갈색 섬유에 덮여 있고 향기가 남. 여름에 다갈색 꽃이 산형(繖形) 꽃차례로 20~30송이씩 핌. 덩이줄기는 한방에서 부인병과 정신 신경성 질환에 약재로 쓰임. 바닷가의 모래땅이나 물가의 풀숲에서 자람. 사초(莎草). 작두향(雀頭香)
향:북(向北)명-하다자 북쪽을 향함. ☞향동(向東)
향-불(香-)[-뿔]명 향을 태우는 불. 향화(香火)
향-비파(鄕琵琶)명 국악기 사부(絲部) 현악기의 한 가지. 신라 시대 만들어진 비파의 한 종류로, 다섯 현(絃)과 열 개의 주(柱)로 되어 있음.
향:사(向斜)명 물결 모양으로 주름진 습곡(褶曲) 지형에서 오목하게 내려가 낮은 부분. ☞배사(背斜)
향:사(享祀)명 제사(祭祀)
향사(鄕士)명 시골 선비. 향유(鄕儒)
향사(鄕思)명 고향 생각.
향사(鄕射)명-하다자 지난날, 시골 한량들이 편을 갈라 활 솜씨를 겨루고 술자리를 벌이던 일.
향사(鄕絲)명 지난날, 우리 나라에서 나는 명주실을 이르던 말. ☞당사(唐絲)
향:사-곡(向斜谷)명 향사축을 따라서 발달한 골짜기.
향:사-축(向斜軸)명 향사의 골짜기 바닥 부분.
향:상(向上)명-하다자 기능이나 실력, 정도 따위가 높아지거나 나아짐. ¶실력 -/생활 수준이 - 되다. 유진보(進步) ☞저하(低下)
향상(香床)[-쌍]명 향로나 향합(香盒) 따위를 올려 놓는 상. 향안(香案)
향:서(向西)명-하다자 서쪽을 향함. ☞향남(向南)
향:서(向暑)명-하다자 더운 쪽을 향한다는 뜻으로, 차차 더워짐을 이르는 말.
향서(鄕書)명 고향에서 온 편지.
향-선생(鄕先生)명 지난날, 그 지방에서 명망이 높은 선비를 이르던 말.
향설(香雪)명 향기로운 눈이라는 뜻으로, '흰 꽃'을 눈에 비유하여 이르는 말.
향:설(饗設)명-하다자 잔치를 베풂.
향설-고(香雪膏)명 껍질을 벗긴 문배에 통후추를 드문드문 박고, 얇게 저민 생강을 꿀물에 넣고 끓여서 계핏가루와 실백을 띄워 먹는 음료(飮料)임.
향:성(向性)[-썽]명 ①사람의 성격의 경향. 흥미나 관심이 다른 사람이나 외계에 있는 경우를 외향성(外向性), 자기 자신에게 있는 경우를 내향성(內向性)이라 함. ②식물의 굴성(屈性)을 달리 이르는 말.
향:성=검:사(向性檢査)[-썽-]명 사람의 성격의 유형이 내향성인가 외향성인가를 측정하는 검사. 흔히 질문지를 써서 향성의 지수를 측정함.
향소(香蔬)명 '참취'의 딴이름.
향소(鄕所)명 유향소(留鄕所)
향속(鄕俗)명 시골의 풍속. 향풍(鄕風)
향:수(享受)명-하다타 ①복이나 혜택 따위를 받아서 누림. ¶풍요로운 삶을 -하다. ②예술적인 아름다움 따위를 음미(吟味)하고 즐김.
향:수(享壽)명-하다자 오래 사는 복을 누림.
향수(香水)명 ①향료를 알코올 따위에 풀어서 만든 화장품의 한 가지. 향기가 좋으며, 몸이나 의복 따위에 뿌림. ②불교에서, 향 또는 꽃을 넣어 부처에게 공양하는 물.
향수(鄕愁)명 고향을 그리워하는 마음. ¶-에 젖다./-를 달래다.
향수-병(鄕愁病)[-뼝]명 가정이나 고향을 멀리 떠나 있는 사람이 못 견딜 만큼 고향을 그리워하는 병적인 상태를 이르는 말. 회향병(懷鄕病)
향:수-성(向水性)[-썽]명 식물의 뿌리가 수분이 있는 쪽으로 뻗는 성질. 굴습성(屈濕性). 향습성(向濕性) ☞향광성(向光性)
향숙(鄕塾)명 시골 또는 고향의 서당.
향:습-성(向濕性)명 향수성(向水性)
향시(鄕試)명 고려·조선 시대, 지방의 각 고을에서 그 관내에 사는 선비들에게 보이던 과거의 초시(初試).
향:식(饗食)명-하다자 지난날, 대뢰(大牢)를 마치고 음식을 나누어 먹던 일.
향신(鄕信)명 고향 소식.
향신-료(香辛料)명 음식물에 매운맛이나 향기를 더하는 양념. 겨자·파·생강·깨·고추·마늘·후추 따위.
향:심-력(向心力)명 구심력(求心力)
향악(鄕樂)명 중국의 당악(唐樂)에 상대하여 우리 나라 전래의 음악을 이르던 말.
향악-기(鄕樂器)명 향악을 연주하는 데 쓰이는 악기. 가야금·거문고·장구·대금·비파 따위.
향악-보(鄕樂譜)명 조선 시대의 향악을 적은 악보. 16정간(井間)으로 되어 있으며, 선율·장단·가사 등을 적었음. ☞정간보(井間譜)
향안(香案)명 향상(香床)
향안-석(香案石)명 향로석(香爐石)
향암(鄕闇)명 시골에서 살아 사리에 어둡고 어리석음, 또는 그런 사람.
향약(鄕約)명 조선 시대, 권선징악과 상부상조를 목적으로 마련하였던 시골 마을의 자치 규약.
향약(鄕藥)명 지난날, 중국에서 나는 약재에 상대하여 우리 나라에서 나는 약재를 이르던 말.
향약=본초(鄕藥本草)명 지난날, 우리 나라에서 나는 약으로 쓰는 식물이나 동물·광물을 통틀어 이르던 말.
향약채:취월령(鄕藥採取月令)명 조선 세종 13년(1431)에 유효통(兪孝通), 노중례(盧重禮) 등이 왕명에 따라 우리 나라의 약용 식물을 정리한 의서(醫書). 수백 종에 이르는 약재의 이름을 우리말로 적고, 채취하는 달과 방법을 적어 놓았음. 1권 1책의 사본.
향:양(向陽)명-하다자 햇볕을 마주 받음.
향:양지지(向陽之地)명 남쪽을 향하고 있어 햇볕이 잘 드는 땅.
향:양화목(向陽花木)성구 볕을 받은 꽃나무라는 뜻으로, 여건이 좋아 크게 잘 될 사람을 비유하여 이르는 말.

ㅎ

향어(香魚)[명] 잉엇과의 민물고기. 몸길이는 60cm 안팎임. 몸빛은 흑갈색이며 비늘이 거의 없이 드문드문함. 독일산 잉어와 이스라엘 토착 잉어의 교잡 개량종으로 성장이 빠름. 우리 나라에서는 양식 어종으로 들여온 것이 토착화함. 이스라엘잉어
향어(鄕語)[명] 제 고장의 말.
향연(香煙)[명] ①향이 타면서 내는 연기. ②향기가 나는 담배.
향:연(饗宴)[명] 융숭하게 베푸는 잔치.
향:왕(嚮往·向往)[명]-하다[자] 마음이 늘 어떤 사람이나 고장으로 향함.
향우(鄕友)[명] 고향 벗, 또는 고향 사람.
향우-회(鄕友會)[명] 객지에서 같은 고향의 벗이나 사람들이 친목을 위하여 가지는 모임. ¶재경(在京) 춘천 —.
향운(香雲)[명] ①향기로운 구름이라는 뜻으로, 한창 만발한 흰 꽃을 비유하여 이르는 말. ②구름처럼 피어 오르는 향불의 연기.
향원(鄕員)[명] 조선 시대, 유향소(留鄕所)에 딸린 관원을 이르던 말. 좌수(座首)나 별감(別監) 등이 있음. 향임(鄕任). 향정(鄕正)
향원(鄕園)[명] 고향의 전원(田園).
향:유(享有)[명]-하다[타] 복이나 혜택을 누림.
향유(香油)[명] ①향기가 나는 물기름. 몸에 바르는 것과 머리에 바르는 것이 있음. ②참기름
향유(香薷)[명] 꿀풀과의 한해살이풀. 줄기 높이는 30~60cm이며, 잎은 마주 나고 가장자리에 톱니가 있음. 8~9월에 수상(穗狀) 꽃차례로 이삭 모양의 연한 자줏빛 꽃이 핌. 산이나 들에서 자라는데, 한방에서 온 포기를 설사, 소변 불통 등에 약재로 씀. 노야기
향유(鄕儒)[명] 시골 선비. 향사(鄕士)
향유-고래(香油-)[명] 향유고랫과의 포유동물. 몸길이는 수컷이 20m, 암컷이 15m 안팎임. 머리 앞은 뭉툭하고 꼬리지느러미는 큼. 머리에서 고래 기름을, 장(腸)에서는 향료로 쓰이는 용연향(龍涎香)을 채취함. 전세계의 난류에 분포함. 말향경(抹香鯨). 말향고래
향-유:사(鄕有司)[명] 지난날, 지방에 주재하는 유사(有司)를 서울에 주재하는 유사에 상대하여 이르던 말.
향-음주례(鄕飮酒禮)[명] 지난날, 향촌에서 선비와 유생들이 학덕이 높은 사람과 노인들을 모시고 술을 마시며 잔치를 벌이던 행사. 어진 이를 존중하고 노인을 봉양하는데 뜻을 둔 일이었음.
향:응(響應)[명]-하다[자] 울림이 말소리에 따라 바로 울리듯이 다른 사람의 언동(言動)에 따라 바로 행동함.
향:응(饗應)[명]-하다[타] 술과 음식을 차려 잘 대접하는 일. ¶—을 베풀다.
향:의(向意)[명]-하다[자] 마음을 기울임, 또는 그 마음. 향념(向念)
향이(香餌)[명] 향기로운 미끼라는 뜻으로, 사람의 마음을 유혹하는 재물이나 이익 따위를 비유하여 이르는 말.
향:일(向日)[명]-하다[자] 햇빛 쪽으로 향함.
향:일-성(向日性)[—썽][명] 식물의 잎이나 줄기가 햇빛이 센 쪽을 향하여 굽는 성질. 굴일성(屈日性). 해굽성 ☞굴광성(屈光性). 배일성(背日性). 향광성(向光性)
향임(鄕任)[명] 향원(鄕員)
향전(香奠)[명] 향료(香料) ☞부의(賻儀)
향:점(向點)[—쩜][명] 한 천체의 운동 방향을 나타낸 천구(天球) 위의 점. ☞배점(背點)
향정(香鼎)[명] 향로(香爐)
향정(鄕正)[명] 향원(鄕員)
향:정신성=의약품(向精神性醫藥品)[—썽—][명] 중추 신경계에 작용하여 정신 기능에 영향을 미치는 약물을 통틀어 이르는 말. 정신 치료약, 각성제, 환각제 따위.
향제(鄕第)[명] 고향에 있는 집.
향족(鄕族)[명] 조선 시대, 향원(鄕員)이 아니면서 유향소를 차지한 사람들을 이르던 말.
향중(鄕中)[명] 조선 시대, 향원(鄕員)의 동아리를 이르던 말.
향지(香脂)[명] 향기가 나는 화장용의 굳은 기름. 흔히 머릿기름으로 씀.
향:지-성(向地性)[—썽][명] 식물의 뿌리가 아래쪽으로 향하여 뻗는 성질. ☞굴지성(屈地性). 배지성(背地性)
향:진(向進)[명]-하다[자] 향하여 나아감.
향찰(鄕札)[명] 신라 때, 우리말을 한자의 음과 새김[뜻]을 빌려서 표음식(表音式)으로 적던 표기법. 주로 향가(鄕歌)의 표기에 쓰였음. ☞이두(吏讀)
향채(香菜)[명] 향기로운 나물.
향천(鄕薦)[명]-하다[타] 고을 안의 인재를 천거함.
향:첩(享帖)[명] 지난날, 제관(祭官)을 임명하던 글발.
향청(鄕廳)[명] 유향소(留鄕所)
향초(香草)[명] ①향기로운 풀. 방초(芳草) ②향기 나는 담배.
향촉(香燭)[명] 제사나 불공 때에 쓰는 향과 초.
향:촉-성(向觸性)[명] 굴촉성(屈觸性)
향촌(鄕村)[명] 시골의 마을. 향리(鄕里)
향축(香祝)[명] 제사에 쓰는 향과 축문.
향:춘-객(享春客)[명] 봄을 맞이하여 즐기는 사람. [유]상춘객(賞春客)
향취(香臭)[명] 향기(香氣)
향탁(香卓)[명] 향로를 올려 놓는 탁자.
향탕(香湯)[명] 향을 넣어서 달인 물. 주로 염습(殮襲)을 하기 전에 송장을 씻는 데 씀.
향토(鄕土)[명] 시골. 고향 땅.
향토-색(鄕土色)[명] 그 지방 특유의 자연 정취나 풍속. 지방색(地方色)
향토=예:비군(鄕土豫備軍)[명] 향토를 방위하기 위하여 예비역 장병으로 편성한 비정규군. [준]향군(鄕軍)
향토=요리(鄕土料理)[명] 그 지방 특유의 전통적인 요리.
향토-지(鄕土誌)[명] 그 지방의 지리·역사·풍토·민속·문화·산업 등을 기록한 책.
향폐(鄕弊)[명] 시골의 나쁜 풍습.
향포(香蒲)[명] '부들[2]'의 딴이름.
향풍(鄕風)[명] 향속(鄕俗)
향-피리(鄕-)[명] 국악기 죽부(竹部) 관악기의 한 가지. 당피리보다 가늘며, 여덟 구멍 중 둘째 구멍이 아래로 나 있음.
향:-하다(向-)[자][타][여] ①어느 쪽으로 방향을 잡다. ¶태극기를 향하여 서다. ②마주 하다. ¶벽을 —. ③마음을 기울이다. ¶조국을 향한 충정. ④어느 쪽으로 방향을 정하여 가다. ¶서울을 —.

[한자] 향할 향(向) 〔口部 3획〕 ¶남향(南向)/방향(方向)/향로(向路)/향방(向方)/향일(向日)

향:학(向學)[명]-하다[자] 배움에 뜻을 두고 그 길로 나아감.
향:학-열(向學熱)[—녈][명] 배우고자 하는 열의.
향함(香函)[명] 향을 담는 함.
향합(香盒)[명] 제사에 쓰는 향을 담는 합.
향혼(香魂)[명] ①꽃의 향기, 또는 정기(精氣). ②향기로운 넋이라는 뜻으로, '미인의 넋'을 이르는 말.
향:화(向化)[명]-하다[자] 귀화(歸化)함.
향화(香火)[명] ①향불 ②향을 피운다는 뜻으로, '제사(祭祀)'를 이르는 말.
향화(香花)[명] ①향화(香華) ②향기로운 꽃.
향화(香華)[명] 부처 앞에 올리는 향과 꽃. 향화(香花)
향:화-성(向化性)[—썽][명] 식물의 일부가 화학적 자극이 있는 쪽으로 굽는 성질. ☞굴화성(屈化性)
향회(鄕會)[명] 고을의 일을 의논하기 위한 모임.
향:후(向後)[명] 이 다음. 차후(此後) ¶— 대책
향훈(香薰)[명] 향기로운 냄새.
허:[1][부] 입을 조금 크게 벌리어 입김을 내부는 소리를 나타내는 말. ☞하[2]. 후
허[2][감] 기쁨·놀라움·안타까움·염려스러움 따위의 느낌을 나타내는 말. ¶— 그것 참, 무얼 그리 염려하시오?/—, 과연 아름답구나! ☞하[3]
허(虛)[1][명] 허술한 구석. 허점(虛點) ¶—를 찌르다.
허(虛)[2][명] '허수(虛宿)'의 준말.
허가(許可)[명]-하다[타] ①허락(許諾) ②법령으로 금지 또

ㅎ

는 제한되어 있는 일을 행정 기관이 특별한 경우에 법에 따라 그 일을 할 수 있도록 해 주는 일. ¶건축 -/영업을 -하다. ☞불허(不許). 인가(認可)
허가-제(許可制)명 법령으로 금지 또는 제한되어 있는 일에 대하여, 특별한 경우에 법에 따라 그 일을 할 수 있도록 해 주는 행정 제도.
허가-증(許可證)[-쯩]명 허가 사실을 적은 증서.
허갈(虛喝)명-하다타 거짓으로 꾸미어 공갈함.
허겁(虛怯)어기 '허겁(虛怯)하다'의 어기(語基).
허겁-증(虛怯症)명 한방에서, 몸이 허약하여 무서움을 잘 타는 증세를 이르는 말.
허겁-지겁부 조급한 마음으로 몹시 허둥거리는 모양을 나타내는 말. ¶ - 서두르다.
허겁-하다(虛怯-)형여 야무지지 못하여 겁이 많다.
허결(虛結)명 허복(虛卜)
허경(虛驚)명-하다자 공연히 놀람.
허공(虛空)명 텅 빈 공중. ¶ -만 바라보다. ☞거지중천(居之中天)
수 소수(小數) 단위의 하나. 육덕(六德)의 10분의 1, 청정(淸淨)의 열 곱절.
허과(虛誇)명-하다타 허풍을 떨며 자랑함.
허교(許交)명-하다자타 ①서로 벗하기를 허락하고 사귐. ②허물없이 사귀어 서로 '하게' 투나 '해라' 투의 말씨를 씀. ¶처음 만난 그 날로 -하기로 하다.
허구(虛構)명-하다타 ①사실이 아닌 일을 사실처럼 꾸며 만듦. ¶그의 이야기는 -로 드러났다. ②소설이나 희곡 등에서, 실제로는 없는 이야기를 상상력으로 창작해 냄, 또는 그 이야기. 픽션(fiction) ☞가공(架空)
허구(許久)어기 '허구(許久)하다'의 어기(語基).
허-구렁(虛-)명 텅 빈 구렁.
허구리명 허리 좌우 양쪽의 잘쏙한 부위.
×**허구-많다**형 →하고많다
허구-성(虛構性)[-썽]명 사실과 다르게 꾸며 만든 성질이나 요소. ¶소설의 특징은 -에 있다.
허구-하다(許久-)형여 〔주로 '허구한'의 꼴로 쓰이어〕 시간이나 날 따위가 매우 오래다. ¶허구한 세월./허구한 날 책만 읽는다.
허국(許國)명-하다자 나라를 위하여 몸을 돌보지 아니하고 온 힘을 다함.
허근(虛根)명 방정식에서 허수인 근. ☞실근(實根)
허급(許給)명-하다타 허락하여 줌.
허기(虛氣)명 ①기운을 가라앉힘, 또는 그 기운. ②속이 비어 허전한 기운.
허기(虛飢)명 몹시 배가 고픈 느낌. ¶ -를 느끼다./-를 면하다.
허기(虛器)명 쓸모 없는 그릇이라는 뜻으로, 실권이 없는 관직을 이르는 말.
허기-증(虛飢症)[-쯩]명 ①허기진 느낌. ②한방에서, 속이 허하여 늘 허기를 느끼는 증세를 이르는 말.
허기-지다(虛飢-)자 몹시 배가 고프고 기운이 빠지다. ¶허기진 배를 물로 채우다.
허기평심(虛氣平心)성구 기(氣)를 가라앉히고 마음을 편안히 가짐을 이르는 말.
허깨비명 ①마음이 허(虛)하여 어떤 물건이 다른 물건으로 보이거나 없는 것이 있는 것처럼 보이는 착각 현상. ¶몇 끼를 굶고 나니 -가 다 보인다. ②생각한 것보다 무게가 아주 가벼운 물건. ¶부피만 컸지, 들어 보니 -야.
허니문:(honeymoon)명 ①신혼기(新婚期). 밀월(蜜月) ②신혼 여행(新婚旅行)
허다(許多)어기 '허다(許多)하다'의 어기(語基).
허다-하다(許多-)형여 매우 많다. ¶작은 것을 탐하다가 도리어 큰 손해를 입는 경우가 -.
허다-히부 허다하게
허:닥-하다타여 모아 둔 물건이나 돈 따위를 헐어서 쓰기 시작하다.
허덕-거리다(대다)자 힘들거나 숨이 차서 괴로워하다. 허덕이다 ¶허덕거리며 달려오다.
허덕-이다자 ①허덕거리다 ②어려운 처지에서 벗어나려고 애를 쓰며 활동하다. ¶가난에 -./경영난에 -.
허덕-지덕부 몹시 허덕이는 모양을 나타내는 말.
허덕-허덕부 ①힘들거나 숨이 차서 괴로워하는 모양을 나타내는 말. ¶ - 오르막을 오르다. ②아기가 팔다리를 마구 움직이는 모양을 나타내는 말.
허도(虛度)명-하다타 허송(虛送)
허두(虛頭)명 글이나 말의 첫머리. ☞모두(冒頭)
허두-가(虛頭歌)명 단가(短歌)
허둥-거리다(대다)자 어찌할 바를 몰라서 갈팡질팡 하다. ¶위급한 일을 당하여 -. ☞하동거리다
허둥-지둥부 급작스러운 일을 당하여 급히 서두르는 모양을 나타내는 말. ¶폭음 소리에 - 몸을 숨기다./- 떠날 채비를 하다. ☞하동지동
허둥-허둥부 허둥거리는 모양을 나타내는 말. ☞하동하동
×**허드래**명 →허드레
허드레명 함부로 쓸 수 있는 허름한 것.
허드레-꾼명 허드렛일을 하는 사람. ☞잡역부(雜役夫)
허드렛-물명 허드레로 쓰려고 모아 둔 물, 또는 그렇게 쓰이는 물. ¶빗물을 받아 -로 쓰다. ☞용수(用水)
허드렛-일[-닐]명 중요하지 않은 일. ☞잡역(雜役)
허드재비명 허드레로 쓰는 물건이나 허드레로 하는 일.
허든-거리다(대다)자 기운이 없어 자꾸 발을 헛디디다.
허든-허든부 기운이 없어 자꾸 발을 헛디디는 모양을 나타내는 말.
허:들(hurdle)명 ①장애물달리기에서 쓰이는, 나무나 금속으로 만든 장애물. ②'허들레이스'의 준말.
허:들레이스(hurdle race)명 장애물달리기 준 허들
허락(許^諾)명-하다타 청하고 바라는 바를 들어줌. 승낙(承諾). 허가(許可) ☞불허(不許)

한자 허락할 긍(肯)〔肉部 4획〕¶긍정(肯定)/수긍(首肯)
허락할 낙(諾)〔言部 9획〕¶수락(受諾)/승낙(承諾)
허락할 허(許)〔言部 4획〕¶허가(許可)/허락(許諾)

허랑(虛浪)어기 '허랑(虛浪)하다'의 어기(語基).
허랑방:탕-하다(虛浪放蕩-)형여 말이나 하는 짓이 거짓되고 미덥지 못하며, 노는 것이 추잡하다.
허랑-하다(虛浪-)형여 말이나 하는 짓이 거짓되고 미덥지 못하다.
허랑-히부 허랑하게
허랭(虛冷)명-하다형 한방에서, 양기가 부족하고 몸이 찬 증세를 이르는 말.
허령(虛靈)어기 '허령(虛靈)하다'의 어기(語基).
허령불매(虛靈不昧)성구 잡념이 없이 영묘하여 모르는 것이 없음을 이르는 말.
허령-하다(虛靈-)형여 잡념이 사라져 마음이 영묘(靈妙)하다.
허례(虛禮)명 정성이 없이 겉으로만 꾸미는 예절.
허례허식(虛禮虛飾)성구 예절이나 법식 따위를 형편에 맞지 않게 겉으로만 번드레하게 꾸밈을 이르는 말.
허로(虛老)명-하다자 아무 것도 해 놓은 것 없이 헛되이 늙음. 공로(空老)
허로(虛勞)명 ①몸과 마음이 피로하고 쇠약함. ②한방에서, '폐결핵'을 이르는 말. 노점(癆漸)
허록(虛錄)명-하다타 거짓으로 꾸며 기록함, 또는 그 기록.
허론(虛論)명-하다자 헛되이 논의함, 또는 그 논의. ☞공론(空論)
허룩-하다형여 없어지거나 줄어들어서 적다. ¶쌀독이 허룩해졌다.
허룽-거리다(대다)자 여무지지 못하고 경망하게 굴다. ☞하롱거리다
허룽-허룽부 여무지지 못하고 몹시 경망하게 구는 모양을 나타내는 말. ☞하롱하롱
허름-하다형여 ①값이 좀 싼듯 하다. ¶시장에서 양복을 허름한 값에 사다. ②좀 모자라거나 헌듯 하다. ¶허름한 여인숙./허름한 옷차림.
허릅-숭이명 일을 맡기기에 미덥지 못한 사람.

ㅎ

허리[1] 명 ①사람이나 짐승의 갈비뼈 아래에서 엉덩이 위까지의 부분. ②길이나 높이를 가진 물건의 가운데 부분. ¶조롱박의 －. ③고의나 바지·치마 따위의 맨 위에 대는 헝겊. ¶바지 －가 크다.

허리가 부러지다 관용 ①일이 벅차서 해내기 어렵게 되다. ¶가난한 살림에 자식들을 가르치느라 허리가 부러질 지경이다. ②매우 우습다. ¶하도 우스워서 허리가 부러질 지경이다.

허리를 못 펴다 관용 남에게 굽죄어 지내다.

허리를 잡다 관용 참을 수 없이 자지러지게 웃다.

허리(를) 펴다 관용 어렵던 형편이 나아지다.

한자 허리 요(腰) 〔肉部 9획〕 ¶요부(腰部)/요통(腰痛)

허리[2] 의 씨름에서, 상대편 선수를 이겨낸 수효를 세는 단위. ¶한 －./두 －.

허리(虛痢) 명 한방에서, 심한 '허설(虛泄)'을 이르는 말.

허리-기술(－技術) 명 ①씨름에서, 주로 허리를 이용하여 상대편의 몸을 들어올리거나 좌우로 돌리거나 하여 넘어뜨리는 공격 재간. 들어놓기·배지기·허리꺾기 따위가 있음. ②유도(柔道)의 메치기 기술의 한 가지. 상대편의 자세를 무너뜨린 다음에 허리를 써서 넘어뜨림.

허리-꺾기 명 씨름의 허리 기술의 한 가지. 상대편을 끌어당기어 허리샅바를 깊숙이 잡고 허리를 꺾어 당기어 넘어뜨리는 공격 재간. ☞들안아놓기

허리-끈 명 허리띠로 쓰는 끈.

허리-나무 명 골풀무 드릴 널의 아래쪽에 놓은 나무.

허리-동이 명 허리의 좌우쪽에 색동 띠나 검은 띠를 두른 연(鳶). ☞동이연. 머리동이

허리-돛 명 세대박이 배의 돛 중에서 고물 쪽의 돛을 이르는 말.

허리-등뼈 명 가슴등뼈와 엉치등뼈 사이에 있는 다섯 개의 등골뼈. 요골(腰骨). 요추(腰椎). 허리뼈

허리-띠 명 바지나 치마 따위가 흘러내리지 않도록 옷의 허리 부분에 둘러매는 띠. 요대(腰帶) 준 띠[1]

허리띠를 늦추다 관용 ①생활에 여유가 생기다. ②긴장을 풀고 편안하게 마음을 놓다.

허리띠를 졸라매다 관용 ①검소한 생활을 하다. ②다부진 각오로 일을 시작하다. ③배고픔을 참다.

허리띠-쇠 명 허리띠의 양끝에 달려 서로 끼워 맞출 수 있게 된 쇠붙이 조각.

허리-맥(虛里脈) 명 한방에서, 왼쪽 젖가슴 밑에서 뛰는 맥을 이르는 말.

허리-뼈 명 허리 등뼈

허리-샅바[－산－] 명 씨름할 때, 허리에 동여매어 상대편의 손잡이로 쓰는 샅바.

허리-선(－線) 명 사람의 몸이나 옷에서 허리를 이루는 선. ¶－을 살린 옷./잘록한 －.

허리-세장 명 지게의 밑세장 위에 가로 댄 나무.

허리-씨름 명-하다 자 상대의 허리샅바를 잡고 하는 씨름.

허리-앓이[－알－] 명 허리가 아픈 병증. 요통(腰痛)

허리-질러 부 '절반 되는 곳에', '절반을 타서'의 뜻으로 쓰는 말. ¶학교 가는 길 － 꽃집이 있다.

허리-춤 명 바지나 치마 따위의 허리 부분과 살 또는 속옷과의 사이. 요하(腰下) ¶－을 추키다. 준 춤[3]

속담 **허리춤에서 뱀 집어 던지듯** : 다시는 보지 않을듯이 내버림을 비유하여 이르는 말.

허리케인(hurricane) 명 대서양 서부, 멕시코 만이나 북태평양 동부에 발생하는, 폭풍우를 동반한 강한 열대성 저기압.

허리-통 명 허리의 둘레. 요위(腰圍) ¶－이 굵다.

허릿-단 명 바지나 치마 따위의 허리 부분에 대는 단.

허릿-달 명 연(鳶)의 허리에 붙이는 대.

허릿-매 명 주로 여자의 잘록하고 날씬한 허리의 맵시.

허릿-심 명 ①허리의 힘. ②화살의 중간이 단단한 정도를 이르는 말.

허망(虛妄) 어기 '허망(虛妄)하다'의 어기(語基).

허망-스럽다(虛妄－) (－스럽고·－스러워) 형ㅂ 허망한 느낌이 있다.

허망-스레 부 허망스럽게

허망-하다(虛妄－) 형여 ①어이없고 허무하다. ¶허망하게 지나간 세월. ②거짓이 많아 미덥지 못하다. 허탄하다 ¶허망한 말로 사람들을 현혹시키다.

허맥(虛脈) 명 한방에서, 속이 허하여 아주 느리고 약하게 뛰는 맥을 이르는 말. ☞속맥(速脈)

허명(虛名) 명 실속이 없거나 사실 이상으로 부풀려진 명성. 공명(空名). 허문(虛聞). 허성(虛聲)

허명무실(虛名無實) 성구 헛된 이름뿐 실상이 없음을 이르는 말. ▷ 虛의 속자는 虚

허무(虛無) 명-하다 형 ①텅 비어 실상이 없음. ②매우 허전하고 쓸쓸함. ¶－에 빠지다./－한 인생. ③어이없음. ¶－하게 패배하고 말았다.

허무-감(虛無感) 명 허무한 느낌. ☞공허감(空虛感)

허무맹랑(虛無孟浪) 성구 터무니없이 거짓되고 실속이 없음을 이르는 말.

허무-주의(虛無主義) 명 진리나 객관적인 가치를 부정하고 모든 존재를 무의미한 것이라고 하는 사상이나 태도. 니힐리즘(nihilism)

허문(許文) 명 허락하는 뜻을 적은 문서.

허문(虛文) 명 겉만 꾸미어 실속 없는 글이나 법제(法制).

허문(虛聞) 명 ①헛소문 ②허명(虛名)

허물[1] 명 ①살갗에서 저절로 일어나는 꺼풀. ②매미나 뱀 따위가 자라면서 벗는 껍질.

허물(을) 벗다 관용 ①살갗의 꺼풀이 벗어지다. ②매미나 뱀 따위가 껍질을 벗다.

속담 **허물이 커야 고름이 많다** : 물건이 커야 속에 든 것이 많다는 말.

허물[2] 명 ①저지른 잘못이나 흠이 되는 점. 건과(愆過) ¶그에게는 아무런 －도 없다. ②흉

허물(을) 벗다 관용 죄명이나 누명 등을 씻다.

한자 허물 죄(罪) 〔网部 8획〕 ¶범죄(犯罪)/죄과(罪科)/죄상(罪狀)/죄수(罪囚)/죄업(罪業)

허물다[1] 자 헌데가 생기다.

허물다[2] 타 짜이거나 쌓인 물건을 헐어서 무너지게 하다. ¶낡은 건물을 허물고 새 건물을 짓다.

허물어-뜨리다(트리다) 타 허물어지게 하다.

허물어-지다 자 짜이거나 쌓인 물건이 흩어져 무너지다. ¶홍수로 제방이 －.

허물-없:다[－업－] 형 서로 친하여 체면 따위를 살피지 아니하다. ¶허물없는 사이.

허물-없이 부 허물없게 ¶－ 지내다.

허물-하다 타여 허물을 들어 꾸짖다. ¶모르고 한 짓이니 허물하지 않겠다.

허밍(humming) 명 콧소리로 발성하는 창법(唱法).

허발 명-하다 자 몹시 주리거나 궁하여 체면 없이 먹거나 덤비는 일.

허발(虛發) 명-하다 자 ①쏜 총이나 활이 표적에서 벗어남. ②목적을 이루지 못할 공연한 짓이나 걸음을 함.

허발-치다(虛發－) 자 목적을 이루지 못할 공연한 짓이나 걸음을 하고 말다.

허방 명 움푹 팬 땅.

허방(을) 짚다 관용 잘못 알거나 잘못 예산하여 실패하다.

허방(을) 치다 관용 바라던 일이 실패로 돌아가다.

허방-다리 명 함정(陷穽)

허배(虛拜) 명-하다 자 신위(神位)에 절함, 또는 그 절.

허배-일(虛拜日) 명 허배하는 날이라는 뜻으로, 음력 매월 초하루와 보름, 절일(節日), 죽은 이의 생일을 이르는 말.

허벅-다리 명 넓적다리의 위쪽 부분.

허벅-살 명 허벅지의 살.

허벅지 명 허벅다리의 안쪽에 살이 많은 부분.

허벅-치기 명 택견에서, 발질의 한 가지. 발 장심으로 상대편의 허벅지를 차는 공격 기술.

허벅허벅-하다 형여 끈기 없이 무르고 물기가 적어 푸석

푸석하다. ¶허벅허벅한 사과. ☞하박하박하다

허번(虛煩)명 한방에서, 기력이 쇠약한 데다 가슴에 열이 있고 쉽게 흥분하며 불안해 하는 증세를 이르는 말.

허법(虛法)[-뻡]명 실속이 없는 이름 뿐인 법.

허병(虛屛)명 넓게 터진 골목 어귀의 길가.

허병(虛病)명 꾀병

허보(虛報)명-하다타 ①거짓 보고. ②거짓 보도.

허복(許卜)명-하다타 지난날, 추천된 후보자 가운데서 정승을 가려 뽑아 임명하던 일.

허복(虛卜)명 지난날, 땅도 없는 사람에게 공연히 물리던 세금. 허결(虛結)

허부(許否)명 허락하는 일과 허락하지 않는 일.

허분허분-하다형여 물기가 적으면서 부드럽고 좀 무르다. ☞하분하분하다

허:브(herb)명 약재나 향료로 쓰는, 라벤더·박하·로즈메리 따위의 식물을 이르는 말.

허브(hub)명 여러 대의 컴퓨터를 근거리 통신망으로 연결할 때 쓰는 중계 장치.

허브사이트(hub site)명 '인터넷허브사이트'의 준말.

허비(虛費)명-하다타 ①헛되이 씀, 또는 그 비용. ②헛되이 보냄. ¶시간을 -하다. ☞낭비(浪費)

허비(虛憊)어기 '허비(虛憊)하다'의 어기(語基).

허비다타 ①끝이 날카로운 것으로 긁거나 긁어 파다. ②남의 결점을 들추거나 들추어 헐뜯다. ☞하비다. 후비다

허비적-거리다(대다)타 자꾸 허비다. ☞하비작거리다. 후비적거리다

허비적-허비적부 허비적거리는 모양을 나타내는 말.

허비-하다(虛憊-)형여 기운이 다하여 피곤하고 고달프다. ☞곤비하다

허뿔싸감 미처 생각지 못한 것을 깨닫거나 실수로 일이 잘못되었을 때 하는 말. ☞어뿔싸. 하뿔싸

허사(虛事)명 헛일

허사(虛詞)명 빈말

허사(虛辭)명 ①실제에 맞지 않는 과장된 말. ②〈어〉뜻을 지닌 단어가 아니고 말과 말 사이의 문법적 관계를 나타내는 조사나 어미를 이르는 말. 형식 형태소(形式形態素) ☞실사(實辭)

허사비명 '허수아비'의 준말.

허상(許上)명 지위가 높은 사람에게 무엇을 바치는 일.

허상(虛想)명 헛된 생각.

허상(虛像)명 ①실체가 없는데도 있는 것처럼 보이는 것. ②물체에서 나온 광선이 거울이나 렌즈 따위로 말미암아 발산되어 그 반대 방향으로 연장하였을 때 이루어지는 상(像). ③참모습이 아닌, 거짓으로 꾸며진 모습. ¶조기 유학의 -./사이버 시대의 -. ☞실상(實像)

허생전(許生傳)명 조선 영·정조 때 연암(燕巖) 박지원(朴趾源)이 지은 한문 소설. 허생이라는 선비가 가난을 못 이겨, 하던 공부를 그만두고 장사를 하여 거부(巨富)가 된다는 줄거리로, 작자의 실학 사상이 잘 드러남. '열하일기(熱河日記)'에 실려 전함.

허설(虛泄)명 한방에서, 기력이 쇠약하여 음식을 먹으면 복통(腹痛)도 없이 설사를 하는 병증을 이르는 말. ☞허리(虛痢)

허설(虛說)명 거짓말, 또는 헛된 소리.

허섭스레기명 좋은 것을 고르고 남은 허름한 물건. ☞잡동사니

허성(虛星)명 허수(虛宿)

허성(虛聲)명 ①헛소리 ②허명(虛名)

허세(虛勢)명 실속이 없이 겉으로만 드러내는 기세. 허위(虛威) ¶-를 부리다.

허소(虛疎)어기 '허소(虛疎)하다'의 어기(語基).

허소-하다(虛疎-)형여 비어서 허술하고 허전하다.

허소-히부 허소하게

허손(虛損)[1]명 한방에서, '폐결핵(肺結核)'을 이르는 말.

허손(虛損)[2]명-하다자 욕심이 많아 줄 때까지 기다리지 못하고 가지려고 덤빔.

허송(虛送)명-하다타 시간이나 세월을 하는 일 없이 헛되이 보냄. 허도(虛度)

허송세:월(虛送歲月)성구 하는 일 없이 세월을 헛되이 보냄을 이르는 말.

허수(虛宿)명 이십팔수(二十八宿)의 하나. 북쪽의 넷째 별자리. 허성(虛星) 준 허(虛)[2]

허수(虛數)명 실수(實數)가 아닌 복소수(複素數). 제곱하여 음수(陰數)가 되는 수를 이름. ☞실수(實數)

허수아비명 ①곡식을 쪼아먹는 참새 등을 쫓기 위하여, 막대기와 짚 따위로 사람 모양을 만들어 논밭에 세운 것. ②주관이 없이 남이 시키는 대로 하거나 실권(實權)이 없는 사람을 비유하여 이르는 말. 괴뢰(傀儡). 준 허사비. 허아비

한자 허수아비 괴(傀) [人部 10획] ¶괴뢰(傀儡)

허수-하다형여 허전하고 서운하다.

허수-히부 허수하게

허술-하다형여 ①오래되거나 헐어서 보잘것없다. ¶허술한 초가집. ②차림새나 모양이 초라하다. ¶옷차림이 -. ③매거나 꾸린 것이 느슨하다. ¶허술하게 묶인 끈을 다시 단단히 묶다. ④어떤 일이 엉성하여 빈틈이 있다. ¶전산망의 보안이 -. ⑤무심하고 소홀하다. ¶손님 대접이 -.

허술-히부 허술하게 ¶문단속을 - 하다.

허스키(husky)명-하다형 쉰 목소리, 또는 그런 목소리를 내는 사람.

허시(許施)명-하다타 요구하는 대로 베풂.

허식(虛飾)명-하다자 실속이 없이 겉만 꾸밈. 겉치레

허신(許身)명-하다자 여자가 남자에게 몸을 허락함.

허실(虛實)명 ①거짓과 참. ¶-을 가리다. ②허(虛)한 것과 실(實)한 것. ¶상대편의 -을 살피다.

허심(許心)명-하다자 마음을 터놓음.

허심(虛心)명-하다형 ①마음에 다른 생각이 없음. ¶-하게 털어놓는 말. ②아는체 함이 없이 겸손한 데가 있음.

허심-히부 허심하게

허심탄:회(虛心坦懷)성구 솔직하게 품은 생각을 터놓고 말함을 이르는 말.

허아비명 '허수아비'의 준말.

허약(許約)명-하다타 허락하여 약속함.

허약(虛弱)어기 '허약(虛弱)하다'의 어기(語基).

허약-하다(虛弱-)형여 힘이나 기운이 약하다. ¶몸이 허약해지다./허약한 체질.

허어(虛語)명 빈말

허언(虛言)명 빈말

허여(許與)명-하다타 ①권한이나 자격 따위를 허락함. ②마음속으로 허락함.

허여-멀겋다(-멀겋고·-멀건)형ㅎ 살빛이 허옇고 멀겋다. ¶허여멀건 얼굴. ☞하야말갛다. 희멀겋다

허여-멀쑥하다형여 살빛이 허옇고 생김새가 멀쑥하다. ☞하야말쑥하다. 희멀쑥하다

허여-멀쑥히부 허여멀쑥하게

허열(虛熱)명 한방에서, 신열(身熱)이 높고 땀이 많이 나며, 입맛이 없고 기력이 쇠약해지는 병증을 이르는 말. 허화(虛火)

허영(虛榮)명 ①실질이 없는 겉보기만의 영예. ②실질 이상의 겉치레. ¶-을 부리다.

허영-거리다(대다)자 기운이 없어 걸음걸이가 몹시 위태하게 비슬거리다.

허영-심(虛榮心)명 허영에 들뜬 마음.

허영-주머니(虛榮-)[-쭈-]명 허영심이 많은 사람을 놀리어 이르는 말.

허영-청(虛影廳)명 그림자 뿐인 집이라는 뜻으로, 실제로 있는 곳이 분명하지 않음을 이르는 말. 준 허청(虛廳)

속담 허영청에 단자(單子) 걸기 : 분명한 계획이나 목적이 없이 덮어놓고 일을 하는 어리석음을 이르는 말.

허영-허영부 허영거리는 모양을 나타내는 말.

허:옇다(허옇고·허연)형ㅎ 좀 하얗다. ¶허옇게 센 수염. ☞시허옇다. 하얗다

허예(虛譽)명 실속이 없는 명예.
허:예-지다 자 빛깔이 허옇게 되다. ☞시허예지다. 하얘지다
허욕(虛慾)명 헛된 욕심. ¶ ―을 부리다.
허용(許容)명 -하다 타 허락하고 받아들임. 용허(容許) ¶ 출입을 ―하다.
허용-량(許容量)명 유해 물질이나 방사선 등에 대해서 이 이하라면 생물이나 인체에 안전할 것이라고 규정한 양. ¶ 식품 첨가물의 ―.
허용=법규(許容法規)명 명령이나 확정을 내용으로 하지 않고, '…할 수 있다.', '…할 수도 있다.' 등의 허용을 내용으로 하는 법규.
허용-치(許容値)명 허용한 분량이나 한도를 나타낸 수치. ¶ ―를 초과하다.
허우대 명 보기에 좋은 건장한 체격. ¶ ―도 좋거니와 마음도 넓지.
허우룩-하다 형여 가까이 지내던 사람과 헤어져 서운하고 허전하다.
허우적-거리다(대다) 자 위험한 지경에서 헤어나려고 손발을 내두르며 버둥거리다. 허우적이다
허우적-이다 자 허우적거리다
허우적-허우적 부 허우적거리는 모양을 나타내는 말.
허울 명 겉모양. ¶ ―만 좋지 실속은 없다.
허울-좋:다 형 실속이 없이 겉모양만 번드르르하다.
속담 **허울좋은 하눌타리**: 겉모양만 번드르르하고 실속은 없는 사람이나 물건을 두고 이르는 말.〔빛 좋은 개살구〕
허위(虛位)명 ①실권이 없는 지위. ②공위(空位)
허위(虛威)명 허세(虛勢)
허위(虛僞)명 사실이 아닌 것을 사실처럼 꾸민 일. 거짓 ¶ ― 보도/― 증언
허위-넘다[-따] 타 허위단심으로 넘어가다.
허위-단심 명 ①〔주로 '허위단심으로' 꼴로 쓰이어〕 허우적거리며 무척 애를 씀. ¶ 사고 소식을 듣고 ―으로 밤길을 달려갔다. ②〔부사처럼 쓰임〕 ¶ 먼 길을 ― 달려왔다.
×**허위대** 명 → 허우대
허위=배:설(虛位排設)명 신위(神位) 없이 제사를 지내는 일.
×**허위적-거리다** 자 → 허우적거리다
×**허위적-허위적** 부 → 허우적허우적
허위-허위 부 힘겨운 걸음걸이로 애써 걷는 모양을 나타내는 말. ¶ 지친 몸으로 ― 이백 리를 걷다./약도만 보고 ― 찾아가다.
허유(許由)명 -하다 타 말미를 허락함, 또는 그 말미.
허의(虛儀)명 겉으로만 그럴싸하게 꾸미는 의식.
허일(虛日)명 일이 없는 날.
허입(許入)명 -하다 타 들어가거나 들어옴을 허락함.
허장(虛葬)명 -하다 타 ①오랫동안 생사를 모르거나 시체를 찾지 못한 경우에 그 사람의 옷가지 따위의 유품으로 장사지내는 일, 또는 그렇게 지내는 장사. ②지난날, 민간에서 병을 낫게 한다고 하여 앓는 사람을 죽은 사람처럼 꾸미어 거짓 장사지내던 일. ③지난날, 땅 임자를 떠보기 위하여 남의 땅에 거짓으로 장사지내던 일, 또는 그렇게 지내던 장사.
허장성세(虛張聲勢)성구 실속은 없으면서 허세로 떠벌림을 이르는 말.
허적-거리다(대다) 타 ①쌓인 물건을 들추어 헤치다. ②일에 싫증이 나서 헤치기만 하다. 허적이다 ☞하작거리다
허적-이다 타 허적거리다 ☞하작이다
허적-허적 부 허적거리는 모양을 나타내는 말.
허전(虛傳)명 -하다 자타 거짓으로 전함, 또는 그러한 말.
허전-하다 형여 ①마음을 주거나 기대던 것을 잃은 때와 같이 아쉽고 서운한 느낌이 있다. ¶ 허전한 마음. ②있던 것이 없어져 뭔가 빠뜨린듯 한 느낌이 있다. ¶ 가구를 치우니 방이 ―./늘 끼고 다니던 반지가 없으니 손이 ―. ③배가 좀 출출한 느낌이 있다. ¶ 뱃속이 ―. ☞하전하다
허전허전-하다 형여 ①다리에 힘이 없어서 쓰러질듯 하다. ②매우 허전하다. ☞하전하전하다
허점(虛點)[-쩜]명 허술한 구석. 허(虛)[1] ¶ ―이 많은 수비. ☞약점(弱點)
×**허접쓰레기** 명 → 허섭스레기
허정 명 -하다 형 겉으로 보기에는 속이 충실한듯이 보이지만 실속은 없음.
허정-거리다(대다) 자 힘없이 어정어정 걷다. ☞어정거리다. 허청거리다
허정-허정 부 허정거리는 모양을 나타내는 말. ☞어정어정. 허청허청
허족(虛足)명 위족(僞足)
허주(虛舟)명 사람을 태우거나 짐을 싣지 않은 빈 배.
허줏-굿 명 -하다 자 민속에서, 무당이 되려고 할 때 처음으로 신(神)을 맞아들인다고 하여 벌이는 굿.
허증(虛證)[-쯩]명 한방에서, 원기가 부족하고 질병에 대한 저항력이 약한 체질을 이르는 말. ☞보사(補瀉). 실증(實證)
허참(許參)명 〔공사(公事)에 참여함을 허락 받는 뜻으로〕 지난날, 새로 부임한 관원이 전부터 있던 관원에게 음식을 대접하던 일. 허참례(許參禮) ☞면신(免新)
허참-례(許參禮)명 허참(許參) ☞면신례(免新禮)
허채(許採)명 -하다 타 광주(鑛主)가 덕대에게 채광(採鑛)을 허락함.
허청(虛廳)명 ①헛청 ②'허영청(虛影廳)'의 준말.
허청-거리다(대다) 자 힘없이 어청어청 걷다. ☞어청거리다. 허정거리다
허청-허청 부 허청거리는 모양을 나타내는 말. ☞어청어청. 허정허정
허-초점(虛焦點)[-쩜]명 평행 광선이 볼록거울이나 오목렌즈 따위로 말미암아 발산되었을 때, 그 광선의 연장선이 거울이나 렌즈의 뒷면에서 모이는 가상의 초점.
허출-하다 형여 허기가 지게 출출하다. ☞후출하다
허탄(虛誕)어기 '허탄(虛誕)하다'의 어기(語基).
허탄-하다(虛誕―)형여 허망하다
허탈(虛脫)명 ①-하다 형 온몸에 힘이 빠지고 정신이 멍함. ②의학에서, 심장 쇠약으로 말미암은 빈사 상태를 이르는 말.
허탈-감(虛脫感)명 온몸에 힘이 빠지고 정신이 멍한 느낌. ¶ ―에 빠지다.
허탕 명 아무 소득이 없이 되고 만 일.
허탕(을) 짚다 관용 아무 소득이 없는 일을 잘못 판단하여 하게 되다. ¶ 일확천금을 노리고 한 짓이 ―.
허탕(을) 치다 관용 틀림이 없다고 여겨서 한 일이 소득이 없이 되다. ¶ 범인이 숨은 곳을 덮쳤지만 허탕을 쳤다.
허투(虛套)명 남을 속이려고 꾸미는 겉치레.
허투루 부 ①대수롭지 않게. ¶ 연약한 사람이라 해서 ― 대해서는 안 된다. ②아무렇게나 되는 대로. ¶ 소중한 물건이니 ― 다루지 않도록 해라.
허튼 관 쓸데없는 ¶ 그는 ― 말을 할 사람이 아니다.
허튼-계집 명 아무 남자건 가리지 않고 관계하는, 몸가짐이 헤픈 여자를 욕하여 이르는 말.
허튼-고래 명 불길이 이리저리 들어가도록 굄돌을 벌이어 구들장을 놓은 방고래.
허튼-구들 명 골을 켜지 않고 잔돌로 괴어 놓은 구들. ☞연좌구들
허튼-모 명 못줄을 써서 줄을 맞추지 않고 손짐작대로 심은 모. 벌모. 산식(散植) ☞줄모
허튼-뱅이 명 허랑하고 실속이 없는 사람을 낮잡아 이르는 말.
허튼-소리 명 함부로 헤프게 하는 말. ☞헛소리
허튼-수작(―酬酌)명 함부로 헤프게 하는 수작. ¶ ―으로 사람을 욕보이다.
허튼-짓 명 쓸데없이 함부로 하는 짓.
허튼-톱 명 나무를 켜기도 하고 자르기도 하는 톱. 톱니가 동가리톱과 내릴톱의 중간 정도임.
허파 명 폐장(肺臟)

허파에 바람(이) 들다 관용 '실없이 자꾸 웃거나 마음이 달떠 행동하는 사람'을 두고 이르는 말.

한자 **허파 폐**(肺) 〔肉部 4획〕 ¶ 심폐(心肺)/폐결핵(肺結核)/폐렴(肺炎)/폐장(肺臟)/폐활량(肺活量)

허파=꽈리 명 폐포(肺胞)
허파=동맥(一動脈) 명 폐동맥(肺動脈)
허파=정맥(一靜脈) 명 폐정맥(肺靜脈)
허풍(虛風) 명 지나치게 과장하는, 미덥지 않은 말이나 행동. ㊀풍(風)[1]
허풍(을) 떨다 관용 사실과 달리 꾸미거나 부풀리어 말하다. 허풍(을) 치다.
허풍(을) 치다 관용 허풍(을) 떨다.
허풍(이) 세다 관용 허풍을 떠는 정도가 심하다.
허풍-선(噓風扇) 명 ①바람을 일으키어 숯불을 피우는 손풀무의 한 가지. ②허풍선이
허풍선-이(噓風扇一) 명 허풍을 잘 치는 사람. 허풍선
허핍(虛乏) 어기 '허핍(虛乏)하다'의 어기(語基).
허핍-하다(虛乏一) 형여 굶주려서 몹시 기운이 없다.
허-하다(許一) 타여 《文》①허가하다 ②허락하다
허-하다(虛一) 형여 ①옹골차지 못하고 약하다. ¶ 몸이 허하여 힘을 못 쓰다. ②속이 비다. ③원기가 부실하다. ¶ 몸이 ㅡ./기(氣)가 ㅡ.
허한(虛汗) 명 한방에서, 원기가 부실하여 흘리는 땀을 이르는 말.
허행(虛行) 명 -하다 자 헛걸음
허허[1] 부 입을 조금 벌리고 점잖게 웃는 소리, 또는 그 모양을 나타내는 말. ¶ 너그러이 ㅡ 웃어 넘기다. ☞하하[1]
허-허[2] 감 ①놀랍거나 기가 막힌 일 따위를 당했을 때 탄식하여 하는 말. ¶ ㅡ, 어이가 없군. ②일이 틀어지거나 못마땅한 일을 당했을 때 하는 말. ¶ ㅡ, 이거 큰일났군. ☞하하[2]
허허-바다 명 끝없이 넓은 바다.
허허-벌판 명 끝없이 넓은 벌판.
허허실실(虛虛實實) 성구 ①서로가 계략이나 수단을 다하여 싸움을 이르는 말. ②허실의 계략을 써서 상대의 속셈을 알아냄을 이르는 말.
허허실실-로(虛虛實實一) 부 〔되면 좋고 안 되어도 어쩔 수 없다는 식으로〕 되어 가는 대로.
허혈(虛血) 명 몸의 한 부분에 일어나는 빈혈.
허호(虛戶) 명 실제로는 없는 호수(戶數).
허혼(許婚) 명 -하다 자 혼인을 허락함.
허화(虛火) 명 허열(虛熱)
허화(虛華) 어기 '허화(虛華)하다'의 어기(語基).
허화-하다(虛華一) 형여 실속 없이 겉으로만 화려하다.
허확(虛廓) 어기 '허확(虛廓)하다'의 어기(語基).
허확-하다(虛廓一) 형여 마음이 서운하고 허전하다.
허황(虛荒) 어기 '허황(虛荒)하다'의 어기(語基).
허황-하다(虛荒一) 형여 거짓되고 황당하여 미덥지 못하다. ¶ 허황한 이야기를 늘어놓다. ▷ 虛의 속자는 虚
허황-히 부 허황하게
허훈(虛暈) 명 한방에서, 원기가 부실하여 머리가 어지러운 증세를 이르는 말.
허희-탄:식(歔欷歎息) 명 한숨지으며 탄식함.
헉 부 ①몹시 지쳐서 힘겹게 내쉬는 숨소리를 나타내는 말. ②몹시 놀라거나 두려워 순간적으로 내쉬는 숨소리를 나타내는 말.
헌: 관 오래된. 낡은 ¶ ㅡ 책./ㅡ 옷가지. ☞새
헌 체로 술 거르듯 관용 말을 막힘 없이 술술 하는 모양을 비유하여 이르는 말.
속담 **헌 갓 쓰고 똥 누기** : 이미 체면은 잃었으니 염치없는 짓을 해도 상관없다는 말./**헌 집 고치기** : 낡은 집은 한 군데 손을 보면 여기저기 고칠 곳이 많이 나온다는 뜻으로, 일을 아무리 해도 뚜렷한 보람이 없음을 비유하여 이르는 말./**헌 짚신도 짝이 있다** : 아무리 못난 사람도 배필은 있게 마련이라는 말.

ㅎ

헌가(軒架) 명 -하다 타 ①편종·편경·북 따위를 틀에 겲, 또는 그 틀. ②시렁과 같은 높은 곳에 겲, 또는 거는 그곳.
헌거(軒擧) 어기 '헌거(軒擧)하다'의 어기(語基).
헌거-롭다(軒擧一) (-롭고·-로워) 형ㅂ 풍채가 좋고 의기가 당당한 데가 있다. ¶ 헌거로운 풍채.
헌거-로이 부 헌거롭게
헌거-하다(軒擧一) 형여 풍채가 좋고 의기가 당당하다. 헌앙하다
헌걸-스럽다(-스럽고·-스러워) 형ㅂ 풍채가 좋고 의젓한 데가 있다.
헌걸-스레 부 헌걸스럽게
헌걸-차다 형 ①매우 풍채가 좋고 의젓한 데가 있다. ②기운이 매우 장하다. ③키가 썩 크다.
헌:-것 명 오래되어서 낡고 허술한 물건. ☞새것
헌:-계집 명 ①한 번 시집갔다가 홀로 된 여자를 낮잡아 이르는 말. ②행실이 부정한 여자를 낮잡아 이르는 말.
헌:관(獻官) 명 지난날, 나라에서 제사를 지낼 때 임시로 임명하던 제관(祭官).
헌:근(獻芹) 명 변변치 못한 미나리를 바친다는 뜻으로, 남에게 선물을 보내거나 자기의 의견을 적어 보냄을 겸손하게 이르는 말.
헌:근지성(獻芹之誠) 성구 옛날 햇미나리를 임금에게 바쳤다는 데서, 정성을 다하여 올리는 마음을 이르는 말.
헌:금(獻金) 명 -하다 자타 돈을 바침, 또는 그 돈.
헌:납(獻納)[1] 명 -하다 타 돈이나 물품을 바침. ¶ 사재(私財)를 ㅡ하다.
헌:납(獻納)[2] 명 ①고려 시대, 문하부(門下府)의 정오품 관직. ②조선 시대, 사간원(司諫院)의 정오품 관직.
헌:다(獻茶) 명 -하다 자 신불에게 차를 올림.
헌:답(獻畓) 명 -하다 자 절에 조상의 제사를 맡기고 그 비용으로 쓰도록 절에 바친 논.
헌:당(獻堂) 명 -하다 자 크리스트교에서, 교회당을 새로 지어 하느님에게 바치는 일.
헌:-데 명 살갗이 헐어서 상한 자리.
헌:동일세(掀動一世) [-쎄] 성구 '흔동일세'의 원말.
헌등(軒燈) 명 처마에 다는 등.
헌:등(獻燈) 명 절에 달아 신불에게 바치는 등.
헌:-머리 명 상처가 나서 헌데가 생긴 머리.
헌:미(獻米) 명 신불에게 바치는 쌀.
헌:-민수(獻民數) [-쑤] 명 조선 시대, 한성부(漢城府)에서 삼 년마다 전국의 호구(戶口)를 조사하여 임금에게 아뢰던 일.
헌:배(獻杯·獻盃) 명 -하다 자 술잔을 올림.
헌:법(憲法) [-뻡] 명 국가의 통치 체제에 관한 근본 원칙과 국민의 기본적 권리와 의무 등을 규정한 근본법. 국가의 법 체계 중 최상위의 법임.
헌:법=기관(憲法機關) [-뻡-] 명 헌법의 규정에 따라 설치된 국가의 기관. 대통령·국회·법원 따위를 통틀어 이르는 말.
헌:법-비(憲法費) [-뻡-] 명 국가의 통치권을 유지하는 데 드는 경비. 대통령·국회·법원 따위에 관련된 경비임.
헌:법=소원(憲法訴願) [-뻡-] 명 헌법 정신에 위반된 법률로 말미암아 기본권을 침해 당한 국민이 그 권리를 구제 받기 위하여 헌법 재판소에 내는 심판 청구. ㊀헌소
헌:법=재판(憲法裁判) [-뻡-] 명 헌법 재판소에서, 법률의 위헌 여부 심사, 탄핵 사건의 심판과 정당의 해산 심판, 기타 헌법 소원 등 헌법에 관한 쟁의를 사법적 절차에 따라 해결하는 법률 행위. ㊀헌재(憲裁)
헌:법=재판소(憲法裁判所) [-뻡-] 명 법원의 제청에 따라 법률의 위헌 여부 심사, 탄핵 사건의 심판과 정당의 해산심판, 기타 헌법 소원에 대한 심판 따위를 하기 위해 독립 기관으로 설치된 헌법 기관. 법관의 자격을 가진 아홉 사람의 재판관으로 구성됨. ㊀헌재(憲裁)
헌:병(憲兵) 명 군대의 병과(兵科)의 하나, 또는 그 병과에 딸린 군인. 군대의 경찰 업무를 맡아봄.
헌:병-대(憲兵隊) 명 헌병으로 편성된 부대.
헌:부(憲府) 명 '사헌부(司憲府)'의 준말.
헌:사(獻詞·獻辭) 명 무엇을 누구에게 바치는 뜻을 적은

글. 흔히 지은이나 발행인이 그 책을 다른 사람에게 바칠 때 씀.
헌:상(獻上)명-하다타 임금에게 물건 따위를 바침.
헌:생(獻牲)명-하다타 신에게 산 짐승을 제물로 바침.
헌:선도무(獻仙桃舞)명 고려 시대, 정재(呈才) 때에 추던 춤의 한 가지. 주악에 맞추어 일고여덟 사람이 선도(仙桃)를 올리면서 춤을 추는데, 장면이 바뀔 때마다 부르는 사(詞)가 있었음.
헌:소(憲訴)명 '헌법 소원(憲法所願)'의 준말.
헌:-솜명 솜옷이나 솜이불에서 빼낸 묵은 솜. 파면자
헌:-쇠명 못 쓰게 된 쇠붙이. 파쇠. 고철(古鐵). 설철(屑鐵)
헌:수(獻壽)명-하다자 환갑 잔치 따위에서, 오래 살기를 비는 뜻으로 술잔을 올리는 일. 상수(上壽). 칭상(稱觴)
헌:시(獻詩)명-하다자 축하하거나 업적 등을 기리는 뜻으로 시를 지어 바침, 또는 그 시.
헌:식(獻食)명-하다자 불교에서, 음식을 시식돌에 두어 잡귀(雜鬼)에게 베푸는 일.
헌:식-돌(獻食-)명 시식돌
헌:신(獻身)명-하다자 어떤 일이나 남을 위해 몸과 마음을 바쳐 있는 힘을 다함. ¶나환자의 치료를 위해 -하다.
헌:신-적(獻身的)명 어떤 일이나 남을 위해 몸과 마음을 바쳐 있는 힘을 다하는 것.
헌:-신짝명 오래 신어 낡은 신짝.
헌신짝 버리듯 하다관용 필요할 때는 요긴하게 쓰고 필요가 없을 때는 거리낌없이 버리다.
헌앙(軒昂)어기 '헌앙(軒昂)하다'의 어기(語基).
헌앙-하다(軒昂-)형여 헌거하다
헌연(軒然)어기 '헌연(軒然)하다'의 어기(語基).
헌연-하다(軒然-)형여 의기(意氣)가 당당하다.
헌:의(獻議)명-하다타 윗사람이나 상급 기관에 의견을 올림. ▷ 獻의 속자는 献
헌:작(獻爵)명-하다자 제사 때, 술잔을 올리는 일. 진작(進爵)
헌:장(憲章)명 ①헌법의 전장(典章). ②국가나 국가에 준하는 집단이 이상(理想)으로서 규정한 원칙적인 규범. ¶어린이 -
헌:재(憲裁)명 ①'헌법 재판'의 준말. ②'헌법 재판소'의 준말.
헌:정(憲政)명 '입헌 정치(立憲政治)'의 준말.
헌:정(獻呈)명-하다타 물품을 드림. 물품을 바침.
헌:찬(獻饌)명 제사를 지내기 위해 제물을 차려 놓음.
헌:책(獻策)명-하다자타 계책을 올림.
헌:천권지(掀天捲地)성구 '흔천권지'의 원말.
헌:천동:지(掀天動地)성구 '흔천동지'의 원말.
헌:춘(獻春)명 첫봄. 맹춘(孟春)
헌:충(掀衝)명 '흔충(掀衝)'의 원말.
헌칠민틋-하다[-튼-]형여 키와 몸집이 보기 좋게 크고 반듯하다.
헌칠-하다형여 키와 몸집이 보기 좋게 미끈하고 크다.
헌:털-뱅이명 '헌것'을 속되게 이르는 말.
헌함(軒檻)명 누각 등의 난간이 있는 좁은 마루.
헌헌-장:부(軒軒丈夫)명 겉모습이 빼어나고, 의기가 당당해 보이는 건장한 남자.
헌:혈(獻血)명-하다자 건강한 사람이 수혈이 필요한 환자를 위해서 자기의 피를 공으로 뽑아 줌. 공혈(供血)
헌호(軒號)명 불교에서, 남을 높이어 그의 당호(幢號)를 이르는 말.
헌:화(獻花)명-하다자 신불(神佛)이나 영전(靈前)에 꽃을 바침, 또는 그 꽃. ☞성화(聖花)
헌:화가(獻花歌)명 신라 성덕왕(聖德王) 때의 사구체 향가(鄕歌). 순정공(純貞公)의 부인인 수로(水路)를 위해 소를 몰고 가던 노인이 꽃을 꺾어 바치며 불렀다는 노래. '삼국유사(三國遺事)'에 실려 전함.
헌활(軒豁)어기 '헌활(軒豁)하다'의 어기(語基).
헌활-하다(軒豁-)형여 드넓게 탁 트여 있다.
헐가(歇價)[-까]명 헐값. 싼값
헐간(歇看)명-하다타 탐탁하지 않게 보아 넘김.
헐-값(歇-)[-깞]명 시세보다 헐한 값. 싼값. 헐가(歇價)
¶중고품을 -에 사다.
헐객(歇客)명 허랑방탕한 사람을 이르는 말.
헐겁다(헐겁고·헐거워)형ㅂ 들어간 물체보다 담긴 자리가 꽤 너르다. ¶신이 -. ☞할갑다
헐근-거리다(대다)자 헐근헐근 숨을 쉬다. ☞할근거리다
헐근-헐근부 숨이 차서 헐떡거리며 글그렁거리는 모양을 나타내는 말. ☞할근할근
헐:다[1]자 ①몸에 부스럼이나 상처 따위가 나서 짓무르다. ¶입 안이 -./위가 -. ②물건이 오래되거나 많이 써서 낡다. ¶차가 많이 헐었다./헌 창고.
헐:다[2]타 ①집 따위의 구조물이나 쌓아 놓은 것을 무너뜨리다. ¶담을 -. ②모아 둔 것을 꺼내거나 쓰기 시작하다. ¶김칫독을 -./적금을 -.

한자 헐 훼(毁) 〔殳部 9획〕 ¶훼괴(毁壞)/훼손(毁損)

헐:다[3]타 남의 흠을 들추어 말하다. ☞험담(險談)
헐떡-거리다(대다)자타 ①숨을 가쁘고 크게 몰아쉬다. ②꿰거나 박은 것이 좀 헐거워서 자꾸 이리저리 움직이다. 헐떡이다 ☞할딱거리다. 훌떡거리다
헐떡-이다자타 헐떡거리다 ☞할딱이다
헐떡-하다형여 ①얼굴에 핏기가 없다. ②기운이 없어 보이고 눈이 껄떡하다.
헐떡-헐떡부 헐떡거리는 모양을 나타내는 말. ☞할딱할딱. 훌떡훌떡[2]
헐:-뜯다타 남을 나쁘게 말하다. ¶뒷전에서 남을 -./서로가 헐뜯기를 일삼는다.
헐렁-거리다(대다)자 ①꿰거나 박은 것이 헐거워서 자꾸 이리저리 움직이다. ②매우 실답지 않게 행동하다. ☞할랑거리다. 훌렁거리다
헐렁-이명 실답지 않게 행동하는 사람을 이르는 말.
헐렁-하다형여 ①꿰거나 박은 것이 자리가 널러 헐거운 느낌이 있다. ¶헐렁한 셔츠./신발이 -. ②하는 짓이 아주 실답지 아니하다. ☞할랑하다. 훌렁하다
헐렁-헐렁부 헐렁거리는 모양을 나타내는 말. ☞할랑할랑. 훌렁훌렁[2]
헐렁헐렁-하다형여 매우 헐렁하다. ☞할랑할랑하다. 훌렁훌렁하다
헐레-벌떡부 바쁜 걸음으로 숨을 가쁘고 거칠게 몰아쉬는 모양을 나타내는 말. ☞할래발딱
헐레벌떡-거리다(대다)자타 잇달아 헐레벌떡 숨을 쉬다. ☞할래발딱거리다
헐레벌떡-헐레벌떡부 헐레벌떡거리는 모양을 나타내는 말. ☞할래발딱할래발딱
헐리다자 헒을 당하다. ¶재개발로 집이 -.
헐박(歇泊)명-하다자 어떤 곳에서 머물러 묵음. 지숙(止宿). 헐숙(歇宿)
헐:-벗다[-벋-]형 해진 옷을 입고 있다. ¶비록 헐벗었지만 정신은 올바르다.
헐변(歇邊)명 싼 이자. 저금리(低金利). 저리(低利). 저변(低邊)
헐복(歇福)어기 '헐복(歇福)하다'의 어기(語基).
헐복-하다(歇福-)형여 몹시도 복이 없다.
헐수할수-없:다[-쑤-쑤업-]형 ①어떻게 할 수가 없다. ②너무 가난하여 살아갈 길이 막막하다.
헐수할수-없이부 헐수할수없게
헐숙(歇宿)[-쑥]명-하다자 헐박(歇泊)
헐쑥-하다형여 얼굴이 해쓱하게 여위다. ☞할쑥하다
헐장(歇杖)[-짱]명-하다타 지난날, 장형(杖刑)에서 때리는 시늉만 하는 매질을 이르던 말.
헐쭉-하다형여 살이 빠져 몸이 홀쭉하다. ☞할쭉하다
헐치(歇治)명-하다타 ①가볍게 벌함. ②병을 대단치 않게 여기어 치료를 소홀히 함.
헐치(歇齒)명 닳아서 잘 맞지 않는 톱니바퀴의 이빨.
헐-치다타 ①가볍게 하다. ②허름하게 만들다.
헐-하다(歇-)형여 ①값이 시세보다 싸다. ②힘이 덜 들어 일하기가 수월하다. ¶일이 생각보다 헐하게 끝났다.

③엄하지 않다.
헐헐 부 매우 숨이 차서 숨을 고르게 쉬지 못하는 모양을 나타내는 말. ☞할할
헐후(歇后) 어기 '헐후(歇后)하다'의 어기(語基).
헐후-하다(歇后-) 형여 대수롭지 않다.
 헐후-히 부 헐후하게
험:객(險客) 명 ①성질이 험악한 사람. ②남의 흠을 들추어 헐뜯기를 잘하는 사람. ▷險의 속자는 険
험:구(險口) 명-하다 타 남의 흠을 들추어 헐뜯음, 또는 그러한 말. 악구(惡口)
험:난(險難) 어기 '험난(險難)하다'의 어기(語基).
험:난-하다(險難-) 형여 ①산세나 지세 따위가 오르거나 다니기에 위험하고 어렵다. ¶험난한 협곡. ②매우 고생스럽다. ¶험난한 인생 역정.
험:담(險談) 명-하다 타 남의 흠을 헐뜯어서 말함, 또는 그 말. 험언(險言). 흠구덕 ¶남의 -을 늘어놓다.
험:랑(嶮浪) 명 세차고 큰 파도.
험:로(險路) 명 다니기에 험한 길. 난로(難路)
험:산(險山) 명 오르내리기에 위험한 산. ☞악산(惡山)
험:산(驗算) 명-하다 타 셈이 맞고 안 맞음을 확인하기 위해 다시 셈함, 또는 그 셈. 검산(檢算)
험:상(險狀) 명 험악한 모양, 또는 그 상태.
험:상(險相) 명 험악한 인상(人相).
험:상-궂다(險狀-)[-굳-] 형 생김새가 험악하다.
험:상-스럽다(險狀-)(-스럽고·-스러워) 형ㅂ 생김새가 보기에 험상궂은 데가 있다.
 험상-스레 부 험상스럽게
험:악(險惡) 어기 '험악(險惡)하다'의 어기(語基).
험:악-하다(險惡-) 형여 ①길 따위가 다니기에 험하다. ¶산길이 -. ②분위기나 상황 따위가 매우 좋지 않다. ¶험악한 회의장 분위기. ③표정이나 성질·태도 따위가 험상궂고 고약하다. ¶인상이 -.
험:애(險隘) 어기 '험애(險隘)하다'의 어기(語基).
험:애-하다(險隘-) 형여 산세나 지세가 험하고 비좁다. 유 험조하다
험:어(險語) 명 어려워서 알아듣기 힘든 말.
험:언(險言) 명-하다 타 험담(險談)
험:요(險要) 명-하다 형 지세가 험하여 방어하기에 좋음, 또는 그러한 요충지(要衝地).
험:원(險遠) 어기 '험원(險遠)하다'의 어기(語基).
험:원-하다(險遠-) 형여 길이나 앞일이 험하고 멀다.
험:이(險易) 명 지형의 험준함과 평탄함.
험:전-기(驗電器) 명 검전기(檢電器)
험:조(險阻) 어기 '험조(險阻)하다'의 어기(語基).
험:조-하다(險阻-) 형여 산세나 지세가 가파르고 험하다. 유 험애하다
험:준(險峻) 어기 '험준(險峻)하다'의 어기(語基).
험:준-하다(險峻-) 형여 산세가 가파르고 험하다.
험:지(險地) 명 험난한 땅.
험:탄(險灘) 명 물살이 몹시 센 여울.
험:피(險詖) 어기 '험피(險詖)하다'의 어기(語基).
험:피-하다(險詖-) 형여 성질이 음험하고 바르지 않다.
험:-하다(險-) 형여 ①지형이 평탄하지 않아 다니거나 발붙이기 어렵다. ¶산의 형세가 -. ②생김새나 태도가 험상궂고 거칠다. ¶험한 표정. ③상태나 형세 따위가 위태롭다. ¶협상 분위기가 -. ④먹고 지내는 음식이 거칠다. ¶험한 음식도 달게 먹는다. ⑤입은 차림새가 허술하다. ¶비록 차림새는 험하나 몸가짐은 반듯하다. ⑥일이 거칠고 힘에 겹다. ¶험한 일을 당차게 해낸다. ⑦겪은 일이 매우 좋지 아니하다. ¶뜻하지 않은 험한 일을 당하다.

한자 험할 험(險)〔阜部 13획〕¶험난(險難)/험로(險路)/험산(險山)/험상(險狀)/험준(險峻) ▷속자는 険

협수룩-하다 형여 ①모습이 말쑥하지 않고 텁수룩하다. ②옷차림이 허름하다.
 협수룩-히 부 협수룩하게
협신-협신 부-하다 형 허분허분하고 물씬물씬한 모양을 나타내는 말.
협협-하다 형여 ①성질이 융통성이 있고 대범한 데가 있다. ②아끼지 않고 마구 써 대는 버릇이 있다.
 협협-히 부 협협하게
헛- 접두 ①'헛된', '실속이 없는'의 뜻을 나타냄. ¶헛걸음/헛소문 ②'헛되게', '보람없이'의 뜻을 나타냄. ¶헛읽다/헛살다 ③'잘못'의 뜻을 나타냄. ¶헛나가다
헛-가:게[헏-] 명 때에 따라 벌였다 걷었다 하는 가게.
헛-간(-間)[헏-] 명 문짝이 없는 광. 공청(空廳)
헛-갈리다[헏-] 자 뒤섞여 분간할 수가 없게 되다. ☞헷갈리다
헛-걸음[헏-] 명-하다 자 헛수고만 하고 돌아가거나 돌아오는 일. 공행(空行). 허행(虛行)
×**헛-것**[헏-] 명 →허깨비
헛-고생(-苦生)[헏-] 명-하다 자 보람도 없는 고생.
헛-구역(-嘔逆)[헏-] 명 개울 것도 없는데 나는 욕지기. 건구역(乾嘔逆)
헛-글[헏-] 명 배워도 뜻 있게 쓰지 못하는 글.
헛-기운[헏-] 명 실제로는 없는 것이 마치 있는 것처럼 보이는 것. ¶보는 사람의 안력이 황홀하여 도무지 -인 듯 싶은지라. ☞허깨비
헛-기침[헏-] 명-하다 자 인기척을 내거나 목청을 가다듬으려고 일부러 하는 기침. ☞마른기침
헛-김[헏-] 명 딴 데로 새는 김. ¶-이 나다.
헛-끌[헏-] 명 맞뚫는 구멍의 끌밥을 밀어내는 연장.
헛-노릇[헏-] 명-하다 자 보람도 없이 한 헛된 일. 헛일
헛-늙다[헏늑-] 자 이루어 놓은 일이나 삶의 보람도 없이 헛되이 늙다.
헛다리-짚다[헏-집-] 자 기대하고 한 일이 잘못되어 헛일을 하게 되다.
헛-돈[헏-] 명 보람없이 헛되게 쓰는 돈.
헛-돌다[헏-](-돌고·-도니) 자 ①바퀴나 나사 따위가 제구실을 못하고 제자리에서 헛되이 돌다. 공돌다 ¶나사못이 -./차 바퀴가 -. ②보람없이 되풀이되다. ¶회담이 성과 없이 -.
헛-동자(-童子)[헏-] 명 장농이나 찬장 따위 가구에서, 서랍과 서랍 사이에 앞만 동자목처럼 세운 얇은 나무.
헛-되다[헏-] 형 ①보람이나 실속이 없다. ¶헛되게 세월만 보낸다. ②미덥지 못하다. ¶헛된 야망.
 헛되-이 부 헛되게 ¶하루도 - 보낸 적이 없다.
헛-듣다[헏-](-듣고·-들어) 타ㄷ ①잘못 듣다. ②귀담아듣지 않고 예사로 들어 넘기다.
헛-들리다[헏-] 자 청각에 이상이 있거나 주의를 기울이지 않아서 실제와 다르게 들리다.
헛-디디다[헏-] 타 발을 엉뚱한 데 잘못 디디다. ¶층계에서 발을 헛디디어 넘어졌다. ☞헛짚다
헛-물관(-管)[헏-] 명 겉씨식물과 양치식물의 물관부를 이루는 주요 요소. 세포벽의 목질화(木質化)한 가느다란 세포가 서로 닿아 있는 조직. 수분의 통로이며 식물체를 지탱하는 구실도 함. 가도관(假導管) ☞물관
헛물-켜다[헏-] 자 이루어지지 않을 일에 헛되이 애를 쓰다. ¶어림없는 일에 헛물켜지 말게.
헛-바퀴[헏-] 명 제자리에서 헛도는 바퀴. ¶모래밭에서 차가 -만 돌리고 있다.
헛-발[헏-] 명 ①잘못 디디거나 내찬 발. ②위족(僞足)
헛발-질[헏-] 명-하다 자 겨냥이 빗나간 발길질.
헛-방(-房)[헏-] 명 허드레 세간을 넣어 두는 방.
헛-방(-放)[헏-] 명 ①쏘아서 표적을 맞히지 못한 총질. 유 헛불 ②실탄을 재지 않고 쏘는 총질. ☞헛총
헛-방귀[헏-] 명 소리도 냄새도 거의 없이 뀌는 방귀.
헛-배[헏-] 명 음식을 먹지 않았는데도 부른 배.
 헛배가 부르다 관용 ①음식을 먹지 않았는데도 배가 부르다. ②실속은 없이 마음만 느긋하다.
헛-보다[헏-] 타 사물을 사실과 다르게 잘못 보다, 또는 잘못 판단하다.
헛-보이다[헏-] 자 사실과 다르게 보이다.

㉮한자 헛보일 환(幻) 〔幺部 1획〕 ¶환각(幻覺)/환상(幻想)/환시(幻視)/환영(幻影)/환청(幻聽)

헛-부엌[헏-] 명 설비는 되어 있으나 평소에는 쓰지 않는 부엌.

헛-불[헏-] 명 사냥할 때 짐승을 맞히지 못한 총질. 유 헛방 ☞헛총

헛불(을) 놓다 관용 맞히지 못하는 총을 쏘다.

헛-뿌리[헏-] 명 가는 뿌리처럼 생겨 수분을 빨아들이고 식물을 물체에 달라붙게 하는 기관. 이끼류 따위에서 볼 수 있음. 가근(假根)

헛-삶이[헏-] 명-하다 타 모내기를 하기 위한 일이 아니고, 그저 논을 갈아 써레질하여 두는 일.

헛-소리[헏-] 명-하다 자 ①병을 앓는 사람이 정신을 잃고 중얼거리는 말. 섬어(譫語). 허성(虛聲) ②이치에 닿지 않거나 미덥지 않은 말. ¶-를 늘어놓다. ☞허튼소리

헛-소:문(-所聞)[헏-] 명 근거 없이 떠도는 소문. 뜬소문. 유언비어(流言蜚語). 허문(虛聞) ¶세간에 나도는 -.

헛-손질[헏-] 명-하다 자 ①정신없이 손을 휘젓는 짓. ②겨냥이 빗나간 손질. ¶결정타는 없고 -만 한다. ③쓸데없이 손을 대어 만지는 짓.

헛-수(-手)[헏-] 명 ①바둑이나 장기에서, 헛되이 두는 수. ②헛된 꾀.

헛-수:고[헏-] 명-하다 자 아무 이익됨이 없는 수고.

헛-수술[헏-] 명 가웅예(假雄蕊)

헛-심[헏-] 명 헛되이 쓰는 힘. 공력(空力) 원 헛힘

헛-애[헏-] 명 보람없이 쓴 애.

헛-열매[헏녈-] 명 꽃턱·꽃줄기·꽃받침 등이 씨방과 함께 붙어서 자란 과일. 배·사과·무화과 따위. 가과(假果). 부과(副果). 위과(僞果)

헛-웃음[헏-] 명 마음에 없이 거짓으로 웃는 웃음.

헛-일[헏닐] 명-하다 자 일껏 한 것이 보람없이 된 일. 공사(空事). 헛노릇. 허사(虛事) ☞공일

헛-잎[헏닙] 명 가엽(假葉)

헛-잠[헏-] 명 ①거짓으로 자는체 하는 잠. ②자는둥 마는둥 자는 잠.

헛-잡다[헏-] 타 잘못 잡다.

헛-장[헏-] 명 허풍을 치며 떠벌리는 큰소리. ¶그는 언제나 -만 치고 다닌다.

헛-짚다[헏집-] 타 ①손이나 발 따위를 엉뚱한 데 잘못 짚거나 허공에 짚다. ¶손을 헛짚어 엎어졌다. ☞헛디디다 ②일이나 대상을 잘못 판단하다. ¶그가 저지른 짓이라 헛짚고 있었지.

헛-청(-廳)[헏-] 명 헛간으로 된 집채. 허청(虛廳)

헛-총(-銃)[헏-] 명 ①실탄을 재지 않고 쏘는 총. ②위협하거나 신호를 위해 총을 공중에다 쏘는 일. 공포(空砲) ☞헛방

헛총(을) 놓다 관용 실탄을 재지 않고 소리만 나게 총을 쏘다.

헛총-질(-銃-)[헏-] 명-하다 자타 헛총을 놓는 짓.

헛-코[헏-] 명 자는체 하느라고 짐짓 고는 코.

헛코(를) 골다 관용 자는체 하느라고 짐짓 코를 골다.

헛헛-증(-症)[헏헏-] 명 헛헛한 증세. 복공증(腹空症)

헛헛-하다[헏헏-] 형여 몹시 출출해서 자꾸 먹고 싶다.

헛-힘[헏-] 명 '헛심'의 원말.

헝거스트라이크(hunger strike) 명 의지를 나타내는 수단으로 단식(斷食)을 하는 시위나 투쟁.

헝겁-지겁 부 좋아서 정신을 차리지 못하고 덤비는 모양을 나타내는 말.

헝:겊 명 피륙의 조각.

헝:겊-신[-겁-] 명 헝겊으로 울을 돌린 신. 포화(布靴)

헝클다 타 ①실이나 줄 따위를 풀기 어렵도록 얽히게 하다. ②물건을 한데 마구 뒤섞어 어지럽게 하다. ③어떤 일을 뒤얽어 갈피를 잡을 수 없게 하다. ☞엉클다

헝클리다 자 헝큶을 당하다. ☞엉클리다

헝클어-뜨리다(트리다) 타 헝클어지게 하다. ☞엉클어뜨리다

헝클어-지다 자 실이나 물건, 또는 무슨 일이 서로 마구 얽혀서 풀기 어렵게 되다. ¶그물이 헝클어졌다. ☞엉클어지다

헤: 부 ①입을 힘없이 가로 조금 크게 벌리고 있는 모양을 나타내는 말. ¶멍청히 입을 - 벌리고 바라보다. ②입을 조금 크게 벌리고 웃는 모양을 나타내는 말. ¶바보스레 - 웃다./좋아서 - 웃다. ☞해[5]

헤게모니(Hegemonie 독) 명 주도권(主導權) ¶-를 장악하다.

헤근-거리다(대다) 자 꼭 끼이지 않은 물건 따위가 자꾸 어근버근 흔들거리다.

헤근-헤근 부 헤근거리는 모양을 나타내는 말.

헤:-나다 자타 '헤어나다'의 준말.

헤:다[1] 자 ①물 위나 물 속에서 몸을 띄워 팔다리를 놀리어 앞으로 나아가다. ②어려운 고비를 벗어나려고 애쓰다.

헤:다[2] 타 '헹구다'의 준말.

헤-대:다 자 공연히 바쁘게 왔다갔다 하다.

헤-덤비다 자 ①분별없이 덤비다. ②공연히 바쁘게 서두르다. ¶헤덤벼서 일을 그르친다.

헤드(head) 명 ①테이프에 닿아서 전류(電流)를 자기(磁氣)로, 자기를 전류로 바꾸는 장치. 녹음·기록·재생이 가능하도록 해 줌. ②자기 디스크, 자기 테이프 등과 같이 자성(磁性)을 이용하는 기억 장치에서 정보를 기억 장치에 저장하거나, 기억 장치에 저장되어 있는 정보를 읽는 장치.

헤드기어(headgear) 명 권투나 레슬링 등에서 머리를 보호하려고 쓰는 쓰개.

헤드라이트(headlight) 명 ①기차나 자동차 등의 앞 부분에 달아 앞길을 비추는 등. 전조등(前照燈) ☞테일라이트 ②장등(檣燈)

헤드라인(headline) 명 신문 기사, 잡지 기사 등의 표제.

헤드슬라이딩(head sliding) 명 야구에서, 주자(走者)가 베이스를 향해 양손을 앞으로 뻗으면서 엎어져 미끄러져 들어가는 일.

헤드폰:(headphone) 명 ①머리에 걸치고 두 귀에 압착하여 쓰는 전화 수신기. ②라디오를 듣거나 녹음이나 방송을 할 때 쓰는, 머리에 걸치고 두 귀를 덮는 모양으로 된 작은 스피커.

헤드헌팅(head hunting) 명 기관장이나 최고 경영자, 고위 관리자, 전문가 등을 소개하는 전문 인력 중개업을 이르는 말.

헤딩(heading) 명-하다 타 축구에서, 공중으로 날아오는 공을 머리로 받는 일.

헤딩슛:(heading shoot) 명 축구에서, 공을 머리로 받아 상대편의 골에 넣는 일.

헤뜨다(헤뜨고·헤떠) 자 자다가 놀라다.

헤뜨러-지다 자 모여 있거나 쌓여 있던 물건이 흩어지다.

헤뜨리다 타 ①물건을 헤뜨러지게 하다. ②물건을 어수선하게 늘어놓다.

헤라(Hera) 명 그리스 신화에 나오는 여신. 제우스의 아내로 여신 가운데 최고의 여신이며, 여성의 결혼 생활을 지킨다고 함.

헤라클레스(Herakles) 명 그리스 신화에 나오는 가장 힘이 세고 위대한 영웅. 제우스와 알크메네 사이에 태어난 아들로 헤라의 미움을 받기도 함.

헤로인(heroin) 명 모르핀으로 만든 독약 또는 마약의 한 가지. 마취제·진통제·진해제로 쓰였으나 중독성이 매우 강하여 세계 각국에서 제조나 수입·사용을 금지함.

헤로인(heroine) 명 소설이나 연극 등의 여자 주인공. ☞히어로(hero)

헤르니아(hernia) 명 탈장(脫腸)

헤르츠(Hertz 독) 의 음파나 전자파 등에서 진동수의 단위. 1초에 n회의 진동을 n헤르츠의 진동이라 함. 기호는 Hz ☞주파수(周波數)

헤르츠-파(Hertz波) 명 전기적 장치로 말미암아 발생하는 전자기파.

헤르페스(herpes) 명 수포진(水疱疹)

ㅎ

헤매다 자타 ①무엇을 찾아 이리저리 돌아다니다. ¶더덕을 캐러 산 속을 ―. ②갈피를 잡지 못하다. ¶실무(實務)에 적응하지 못해 ―. ③어떤 환경이나 처지에서 벗어나지 못하다. ¶전쟁과 가난 속에서 ―.

× **헤매이다** 자타 → 헤매다

헤-먹다 형 들어 있는 것보다 공간이 넓어 어울리지 않다.

헤모글로빈(hemoglobin) 명 척추동물의 적혈구 속에 많이 들어 있는 색소 단백질. 생체 안에서 산소와 쉽게 결합하며 산소를 조직으로 나르는 구실을 함. 혈색소(血色素). 혈홍소(血紅素)

헤-무르다(―무르고·―물러) 형르 헤식고 무르다. ¶헤무른 사람은 손해보기 십상이다.

헤-묽다[―묵―] 형 헤식고 묽다.

헤-벌어지다 자 모양새 없이 넓게 벌어지다. ¶좋아서 입이 ―./저고리 앞섶이 ―. ☞해바라지다

형 모양새 없이 넓게 벌어져 있다. ¶헤벌어진 옹기. ☞해바라지다

헤벌쭉-하다 형여 입이나 구멍 따위가 넓게 벌어져서 벌쭉하다. ☞해발쪽하다

헤벌쭉-이 부 헤벌쭉하게 ☞해발쪽이

헤브라이즘(Hebraism) 명 고대 헤브라이 인들의 사상과 문화. 크리스트교를 통하여 헬레니즘과 함께 유럽 문화의 원류(源流)가 됨.

헤비-급(heavy級) 명 권투나 레슬링 따위에서, 선수의 몸무게에 따라 가른 체급의 하나. 권투의 경우 아마추어는 81~91kg이고, 프로는 86.16kg 이상임.

헤비메탈(heavy metal) 명 1960년대 말에 영국에서 일어난 대중 음악의 한 가지. 전자 기타 중심의 거칠고 요란한 반주 음과 날카로운 고음의 목소리가 특징임.

헤:살 명-하다 타 짓궂게 훼방하는 짓.

헤:살-꾼 명 헤살을 놓는 사람.

헤:살-놓다 자타 남의 일에 헤살하다.

헤:살-부리다 자 마구 헤살놓다.

헤:살-질 명-하다 자타 헤살을 놓거나 부리는 짓.

헤:-식다 형 ①차지거나 단단하지 못하여 푸슬푸슬 헤어지기 쉽다. ¶헤식은 수수밥. ②야무지거나 분명하지 못하고 싱겁다. ¶헤식은 웃음.

헤실-바실 부 ①모르는 사이에 흩어지거나 없어지는 모양을 나타내는 말. ¶구경꾼이 ― 흩어진다./모아 둔 돈이 ― 없어졌다. ②하려고 한 일 따위가 흐지부지 되는 모양을 나타내는 말. ¶여행 계획이 ― 취소되다.

헤싱헤싱-하다 형여 짜임새가 없어 헐겁고 허전한 느낌이 있다.

헤아리다 타 ①수량을 셈하다. ¶참석 인원의 수를 ―. ②어느 수량에 다다르다. ¶3만을 헤아리는 관중. ③미루어 가늠하거나 살피어 알다. ¶자식을 앞세워 장사지내는 어미의 심정을 어찌 헤아릴 수 있으랴.

한자 **헤아릴 량**(量) [里部 5획] ¶양지(量知)/재량(裁量)/추량(推量)/측량(測量)/칭량(稱量)
헤아릴 료(料) [斗部 6획] ¶요량(料量)/요탁(料度)
헤아릴 추(推) [手部 8획] ¶추계(推計)/추론(推論)/추리(推理)/추정(推定)/추측(推測)
헤아릴 측(測) [水部 9획] ¶측광(測光)/측량(測量)/측산(測算)/측정(測定)/측지(測地)
헤아릴 탁(度) [广部 6획] ¶촌탁(忖度)/탁지(度支)

헤어-나다 자타 헤쳐 벗어나다. ¶가난에서 ―. 준 헤나다

헤어네트(hairnet) 명 머리카락이 흐트러지지 않도록 여성들이 머리 위에 쓰는 그물 모양의 물건.

헤어드라이어(hair drier) 명 젖은 머리털을 말리거나 머리를 다듬을 때 쓰는 전열 기구. 준 드라이어

헤어스타일(hairstyle) 명 머리털의 모양을 낸 맵시.

헤어-지다 자 ①만나거나 모여 있던 사람들이 따로따로 흩어지다. ¶모두들 헤어져야 할 시간. ②사람끼리 맺은 어떤 관계를 끊고 갈라서다. ¶사소한 다툼으로 친구와 헤어졌다. ③살갗이 상하여 갈라지다. ¶얼어져 손바닥과 무릎이 헤어졌다. ④붙거나 뭉쳐 있던 것들이 따로따로 떨어지거나 흩어지다. ¶과일 상자가 부서지면서 사과들이 헤어져 굴렀다. 준 헤지다

한자 **헤어질 별**(別) [刀部 5획] ¶메별(袂別)/이별(離別)

헤엄 명-하다 자 ①사람이나 짐승이 물에서 팔다리를 놀려 떠다니는 짓. ②물고기가 지느러미를 움직여 물 속에서 나아가는 짓. 수영(水泳) 준 헴[1]

속담 **헤엄 잘 치는 놈 물에 빠져 죽고, 나무에 잘 오르는 놈 나무에서 떨어져 죽는다** : ①아무리 기술이나 재주가 좋아도 실수는 있게 마련이라는 말. ②자기가 즐겨 하는 일만 하다가 그로 말미암아 불행을 당하게 된다는 말.

헤엄-다리 명 유영 동물에 달린, 몸을 물 위에 떠다니게 하는 다리. 물개·거북 등의 앞다리, 고래의 앞지느러미 따위.

헤엄-치다 자 헤엄을 하다.

한자 **헤엄칠 영**(泳) [水部 5획] ¶배영(背泳)/수영(水泳)/영법(泳法)/원영(遠泳)/접영(蝶泳)/평영(平泳)

헤일로=효:과(halo效果) 명 사람이나 사물을 평가할 때, 어떤 하나의 특징에서 좋거나 나쁜 인상을 받아 실제와 차이가 나게 평가하는 현상을 이르는 말.

헤적-거리다(대다)[1] 자 두 팔을 가볍고 크게 자꾸 내젓다. ¶헤적거리며 걷다. ☞해죽거리다[2]. 헤죽거리다

헤적-거리다(대다)[2] 타 탐탁하지 않은 태도로 무엇을 자꾸 들추거나 헤치어 놓다. 헤적이다 ☞해작거리다

헤적-이다 타 헤적거리다[2] ☞해작이다

헤적-질 명-하다 자타 자꾸 헤적이는 짓.

헤적-헤적[1] 부 두 팔을 가볍고 크게 자꾸 내젓는 모양을 나타내는 말. ☞해죽해죽[2]. 헤죽헤죽

헤적-헤적[2] 부 탐탁하지 않은 태도로 무엇을 자꾸 들추거나 헤치어 놓는 모양을 나타내는 말. ☞해작해작

헤죽-거리다(대다) 자 두 팔을 부드럽게 자꾸 내젓다. ¶헤죽거리며 가다. ☞해죽거리다[2]. 헤적거리다[1]

헤죽-헤죽 부 두 팔을 부드럽게 자꾸 내젓는 모양을 나타내는 말. ☞해죽해죽[2]. 헤적헤적[1]

헤:-지다 자 '헤어지다'의 준말.

헤집다 타 긁어 파서 뒤집어 헤치다. ¶닭이 텃밭을 온통 헤집어 놓았다.

헤치다 타 ①속의 것이 드러나도록 거죽을 파거나 열어제치다. ¶쓰레기 더미를 헤치고 잃어버린 물건을 찾다. ②모인 것을 따로따로 흩어지게 하다. ¶모인 사람들을 헤쳐 돌아가게 하다. ③어떤 어려움을 물리치거나 이기다. ¶고난과 역경을 헤쳐 나아가다. ④앞을 가로막고 있는 대상을 밀어내거나 물리치다. ¶풀숲을 헤치고 전진하다./물결을 헤쳐 가는 돛단배.

헤파이스토스(Hephaestos) 명 그리스 신화에 나오는 불과 대장장이의 신. 미(美)의 여신 아프로디테의 남편으로, 올림포스 열두 신의 하나임.

헤:프다(헤프고·헤퍼) 형 ①쓰는 물건이 생각보다 더 빨리 닳거나 없어지다. ¶이 치약은 너무 헤퍼. ☞마디다 ②돈이나 물건 따위를 아끼지 않고 함부로 써 버리는 가락이 있다. ¶씀씀이가 헤픈 사람. ③말이나 몸가짐을 아끼거나 삼가는 태도가 없이 함부로 하다. ¶웃음이 ―./말이 ―.

헤:피 부 헤프게 ¶물을 ― 쓰다.

헤헤 부 ①입을 조금 크게 벌리고 경망스레 웃는 소리, 또는 그 모양을 나타내는 말. ②아첨하는 뜻으로 입을 조금 크게 벌리고 짐짓 웃는 소리, 또는 그 모양을 나타내는 말. ☞해해. 히히

헤헤-거리다(대다) 자 자꾸 헤헤 웃다. ☞해해거리다. 히히거리다

헥타:르(hectare) 의 미터법의 넓이 단위의 한 가지. 100아르. 1만 제곱 미터. 기호는 ha

헥토그램(hectogram) 의 미터법의 무게 단위의 한 가지. 100g. 기호는 hg

헥토리터(hectoliter) 의 미터법의 부피 단위의 한 가지. 100L. 기호는 hL

헥토미터(hectometer)의 미터법의 길이 단위의 한 가지. 100m. 기호는 hm

헥토파스칼(hectopascal)명 기상학에서 기압을 나타내는 단위의 한 가지. 1밀리바(mb)와 크기가 같음. 1979년부터 세계 기상 기구에서 쓰기 시작함. 기호는 hPa

헬-기(∠helicopter機)명 헬리콥터

헬드볼:(held ball)명 농구에서, 양편의 두 선수가 동시에 공을 잡고 놓지 않는 일을 이르는 말. 점프볼로 경기를 계속함.

헬레네(Helene)명 그리스 신화에 나오는 미녀. 제우스와 레다 사이에서 태어나 스파르타의 왕 메넬라오스의 아내가 됨. 트로이의 왕자 파리스가 유괴하여 트로이 전쟁이 일어났음.

헬레니즘(Hellenism)명 고대 그리스의 사상과 문화. 인간 중심적인 합리적 정신을 바탕으로 하여 헤브라이즘과 함께 유럽 문화의 원류(源流)가 됨.

헬렐레부 무엇에 취하거나 매우 지쳐서 마음이나 자세가 풀어진 모양을 나타내는 말.

헬륨(helium)명 비금속 원소의 하나. 공기 가운데 아주 적게 섞여 있는 무색 무취의 비활성 기체. 다른 원소와 화합하지 않고 불에도 타지 않음. 수소 다음으로 가볍고 끓는점이 낮아 기구용(氣球用) 기체나 초저온용 냉매 따위로 쓰임. [원소 기호 He/원자 번호 2/원자량 4.00]

헬리오스(Helios)명 그리스 신화에 나오는 태양신. 아침마다 동쪽 궁전에서 나와 사두 마차를 타고 서쪽 궁전으로 달린다 함.

헬리오스탯(heliostat)명 햇빛을 반사경으로 반사하여 일정한 방향으로 보내는 장치. 광학 실험에 쓰임. 일광반사경(日光反射鏡)

헬리콥터(helicopter)명 주익(主翼) 대신 위쪽에 회전 날개를 달아 거기서 생기는 양력(揚力)과 추진력으로 움직이는 항공기를 이르는 말. 곧게 뜨고 내리며 뒤와 옆으로도 나아갈 수 있고, 뜬 채로 멈출 수도 있음. 헬기

헬리포:트(heliport)명 헬리콥터가 뜨고 내릴 수 있게 만든 비행장. 좁은 장소에도 설치할 수 있음.

헬멧(helmet)명 머리를 보호하기 위하여 쓰는 모자. 쇠나 플라스틱 등으로 만들며 군인, 노동자, 운동 선수, 조종사 등이 사용함. 안전모(安全帽)

헬스클럽(health club)명 건강이나 미용 등을 위해 운동을 하도록 여러 가지 시설을 마련한 곳.

헴:[1] 명-하다자 '헤엄'의 준말.

헴[2] 감 점잔 빼거나 목청을 고를 때 내는 밭은기침 소리.

헷-갈리다[헫-] 자 ①정신을 차리지 못하다. ¶정신이 ㅡ. ②여러 가지가 뒤섞여 갈피를 잡지 못하다.

헹부 야무지게 코를 푸는 소리를 나타내는 말.

헹-가래명 여럿이 한 사람의 네 활개를 번쩍 들어 내밀었다 당겼다 하거나, 위로 던져 올렸다 받았다 하는 짓. 좋은 일이 있는 사람을 축하하거나 잘못을 저지른 사람을 벌줄 때 함.

헹가래(를) 치다관용 헹가래를 하다.

헹구다타 빨거나 씻은 것을 다시 깨끗한 물에 넣어서 흔들다. ¶비눗기가 가실 때까지 빨래를 ㅡ. 준헤다[2]

헹글-헹글부-하다형 입거나 끼우는 물건이 너무 커서 헐거운 모양을 나타내는 말.

혀명 동물의 입 안 아래쪽에 붙어 있는 살덩어리로 된 기관. 운동이 자유롭고, 맛을 느끼는 세포가 분포되어 있으며, 특히 사람의 경우에는 소리를 고르는 구실을 함.

혀(가) 꼬부라지다관용 병이 나거나 술에 취하여 발음이 분명하지 않다. ¶혀 꼬부라진 소리로 주정을 하다.

혀(가) 짧다관용 혀가 잘 돌지 않아 말을 더듬거나 발음이 부정확하다.

혀를 굴리다관용 혀를 놀리다.

혀를 내두르다관용 매우 놀라거나 감탄하여 말을 잇지 못하다. ¶어린아이의 글솜씨에 모두 혀를 내둘렀다.

혀를 놀리다관용 '말을 하다'를 낮잡아 이르는 말. ¶함부로 혀를 놀리다가는 큰코다친다. 혀를 굴리다.

혀를 차다관용 마음이 언짢거나 유감스러움을 나타내다. ¶버릇없는 아이의 행동에 모두들 혀를 찼다.

속담 **혀는 짧아도 침은 길게 뱉는다**: 제 분수에 넘치게 있는체 한다는 뜻. /**혀 밑에 죽을 말이 있다**: 말을 잘못하면 큰 불행을 겪을 수도 있으니, 말조심하라는 뜻. /**혀 아래 도끼 들었다**: 말을 잘못 하면 화를 입을 수도 있으니, 말조심하라는 뜻.

한자 **혀 설**(舌) 〔舌部〕 ¶설근(舌根)/설단(舌端)/설암(舌癌)/설음(舌音)/설첨(舌尖)/설태(舌苔)

혀-꼬부랑이명 서양 사람이나 반벙어리처럼 발음을 부정확하게 하는 사람을 놀리어 이르는 말.

혀-끝명 혀의 앞 부분. 설단(舌端). 설두(舌頭). 설첨(舌尖)

혀끝에 오르내리다관용 남의 입에 화제로 오르다.

혀밑-샘[-믿-]명 혀 아래에 있으면서 침을 분비하는 점막 기관. 설하선(舌下腺)

혀-뿌리명 목구멍에 가까운, 혀의 뒤 부분. 설근(舌根)

혀-설(-舌)명 한자 부수(部首)의 한 가지. '舍'·'舐' 등에서 '舌'의 이름.

혀옆-소리[-엽-]명〈어〉'설측음(舌側音)'을 달리 이르는 말. ☞잇몸소리

혀-접(-椄)명 식물의 접붙이기의 한 가지. 굵기가 비슷한 접가지와 대목(臺木)을 엇비슷하게 빗깎아 혀가 맞물리게 끼워 접붙이는 방법. 설접(舌椄)

혀-짜래기명 '혀짤배기'의 변한말.

혀짜래기-소리명-하다자 '혀짤배기소리'의 변한말.

혀-짤배기명 혀가 짧아 'ㄹ' 받침 소리를 똑똑하게 내지 못하는 사람을 놀리어 이르는 말. 변혀짜래기

혀짤배기-소리명-하다자 혀가 짧아 'ㄹ' 받침 소리를 똑똑하게 내지 못하는 말소리. 변혀짜래기소리

혁(革)명 ①'말혁'의 준말. ②'혁괘(革卦)'의 준말.

혁갑(革甲)명 갑옷

혁개(革改)명-하다타 개혁(改革)

혁거(革去)명-하다자 혁고(革故)

혁고(革故)명-하다자 법령이나 제도 따위의 낡은 것을 고침. 혁거(革去)

혁공(奕功)명 대공(大功)[1]

혁-괘(革卦)명 육십사괘(六十四卦)의 하나. 태괘(兌卦) 아래 이괘(離卦)가 놓인 괘로 못 가운데 불이 붙어 있음을 상징함. 준혁(革) ☞정괘(鼎卦)

혁기(奕棋·奕碁)명 바둑

혁낭(革囊)명 가죽으로 만든 주머니.

혁노(赫怒)명-하다타 버럭 성을 냄.

혁대(革代)명-하다자 혁세(革世)

혁대(革帶)명 가죽으로 만든 띠, 또는 허리띠. 가죽띠

혁대(奕代)명 여러 대.

혁명(革命)명-하다자타 ①이전의 왕통을 뒤집고 다른 왕통이 대신하여 통치하는 일. ②비합법적 수단으로 정치 권력을 잡고 제도나 조직 등을 급격하게 바꾸는 일. ☞쿠데타 ③사물의 상태나 사회 활동 따위에 급격한 변화가 일어나는 일. ¶산업 ㅡ

혁명-가(革命家)명 혁명을 위하여 활동하는 사람.

혁부(革部)명 국악기의 만든 재료에 따른 분류의 하나. 둥근 통에 가죽을 메워 만든 악기를 통틀어 이르는 말로, 장구와 좌고(座鼓) 등이 있음. ☞목부(木部)

혁세(革世)명-하다자 나라의 왕조가 바뀜. 역성(易姓). 혁대(革代)

혁-세:공(革細工)명 가죽으로 섬세한 물건을 만드는 세공.

혁세=공경(赫世公卿)명 대대로 지내는 높은 관직.

혁신(革新)명-하다타 낡은 제도나 방법, 조직이나 풍습 따위를 아주 새롭게 함. ¶ㅡ 정당/기술 ㅡ ☞보수(保守)

혁신-적(革新的)명 혁신하는 성질이나 경향을 띤 것. ¶ㅡ 성향/ㅡ인 개선책. ☞보수적(保守的)

혁신-주의(革新主義)명 낡은 제도나 방법, 조직이나 풍습 따위를 바꾸어 새롭게 하려는 주의. ☞보수주의

혁엽(奕葉)명 여러 대에 걸쳐 영화(榮華)를 누림.

혁작(赫灼)어기 '혁작(赫灼)하다'의 어기(語基).

ㅎ

혁작-하다(赫灼-)형여 빛나고 반짝이다.
혁장(鬩墻)명 한 담장 안에서 다툰다는 뜻으로, 형제끼리의 다툼질을 이르는 말.
혁정(革正)명-하다타 바르게 고침.
혁지(革砥)명 가죽숫돌
혁진(革進)명-하다자 낡은 습관이나 제도 따위를 고치어 새롭게 나아감.
혁질(革質)명 ①가죽의 본바탕. ②가죽처럼 질긴 성질.
혁파(革罷)명-하다타 낡은 제도 따위를 폐지함.
혁편(革鞭)명 가죽으로 만든 채찍.
혁폐(革弊)명-하다자타 낡은 제도나 습관 따위를 고치어 폐단을 없앰.
혁-하다(革-)[1] 자타여《文》변혁(變革)하다
× 혁-하다(革-)[2] 형여 →극(革)하다
혁혁(赫赫)어기 '혁혁(赫赫)하다'의 어기(語基).
혁혁-하다(赫赫-)형여 ①빛 따위가 밝고 뚜렷하다. ②업적이나 공로가 크고 뚜렷하다. ¶혁혁한 공로.
혁혁-히부 혁혁하게
현(弦)명 ①활시위 ②수학에서, 원이나 곡선의 호(弧)의 두 끝을 잇는 선분(線分). ③직각 삼각형의 빗변. ☞고(股) ④음력 7, 8일께와 22, 23일께의 반달, 곧 상현(上弦)과 하현(下弦). ⑤한 되들이 됫박 위에 돌린 쇠로 만든 테두리.
현(絃)명 ①현악기에 매어 소리를 내는 줄. ②'현악기'의 준말.
현(舷)명 뱃전
현:(縣)명 지난날, 지방 행정 구역의 하나. 목(牧)
현:(現)《관형사처럼 쓰이어》'현재의', '지금의'의 뜻을 나타냄. ¶- 시세/- 정부/- 의원 ☞전(前)
현가(絃歌)명 거문고 따위 현악기의 연주에 맞추어서 부르는 노래.
현:가(現價)[-까]명 현재의 가격.
현:감(縣監)명 조선 시대, 지방 행정 구역의 하나인 현(縣)을 맡아 다스리는 관원을 이르던 말. 품계는 종육품이며, 주로 작은 현에 두었음. ☞현령(縣令)
현:거(懸車)명 수레를 매단다는 뜻으로, 늙어서 관직에서 물러남을 뜻하는 말.
현:격(懸隔)어기 '현격(懸隔)하다'의 어기(語基).
현:격-하다(懸隔-)형여 사이가 많이 벌어지거나 동떨어지게 차이가 크다. ¶현격한 차이.
현격-히부 현격하게
현:경(懸磬)명 경쇠를 매달아 놓은 것과 같다는 뜻으로, 집이 가난하여 아무 것도 없음을 비유하여 이르는 말.
현:계(顯界)명 현세(現世) ☞유계(幽界)
현:고(顯考)명 신주나 축문의 첫머리에 쓰는 말로, '돌아가신 아버지'를 뜻하는 말.
현:-고조고(顯高祖考)명 신주나 축문의 첫머리에 쓰는 말로, '돌아가신 고조부'를 뜻하는 말.
현:-고조비(顯高祖妣)명 신주나 축문의 첫머리에 쓰는 말로, '돌아가신 고조모'를 뜻하는 말.
현:곡(懸谷)명 하천의 지류가 폭포나 급류를 이루어 본류로 흘러 드는 골짜기.
현:공(顯功)명 뛰어난 공로.
현:과(現果)명 불교에서, 과거의 업인(業因)에 따라 현세에서 받는 과보(果報)를 이르는 말.
현관(玄關)명 ①서양식 건물의 정면에 나 있는 문간. ②불교에서, 깊고 묘한 참선으로 드는 관문(關門)을 이르는 말.
현:관(現官)명 현직에 있는 관리.
현:관(顯官)명 ①높은 관직, 또는 그 관직에 있는 관원. ②널리 알려진 관원.
현교(祆教)명 조로아스터교를 중국에서 이르던 말.
현:교(顯教)명 ①불교에서, 분명하고 알기 쉽도록 설법한 가르침, 또는 그 경전(經典)을 이르는 말. ②밀교(密教)에 상대하여, 석가모니가 방편(方便)으로 설법한 경전을 따르는 모든 종파를 통틀어 이르는 말. 법상종·정토종·천태종·화엄종 따위.
현:교(懸橋)명 현수교(懸垂橋)
현:-구고(見舅姑)명-하다자 재래식 혼례에서, 신부가 폐백을 가지고 처음으로 시부모를 뵙는 일.
현군(賢君)명 어진 임금. 현왕(賢王). 현주(賢主)
현:군(懸軍)명-하다자 적지(敵地) 깊숙이 들어간 군대.
현궁(玄宮)명 왕의 관을 묻은 광중(壙中).
현:귀(顯貴)어기 '현귀(顯貴)하다'의 어기(語基).
현:귀-하다(顯貴-)형여 지위가 드높고 귀하다.
현:금(現今)명 바로 지금.
현:금(現金)명 ①현재 가진 돈. ②맞돈 ③부기에서, 화폐나 화폐로 교환할 수 있는 수표 및 우편환 증서 따위를 통틀어 이르는 말. ④어음·증서·채권 따위에 상대하여, 정부나 중앙 은행에서 발행한 지폐나 주화 따위와 같이 실지로 통용되는 화폐. 현찰(現札)
현:금(懸金)명-하다자 지난날, 종이품 이상의 품계를 나타내기 위하여 망건에 금관자(金貫子)를 붙이던 일.
현:금-가(現金價)[-까]명 현금으로 거래할 때의 값.
현:금=자동=지급기(現金自動支給機)명 현금 카드를 이용하여 일정한 한도 내에서 현금을 찾아 쓸 수 있도록 만든 기계.
현:금-주의(現金主義)명 ①현금으로만 장사하려는 주의. ②눈앞의 이익만 탐하는 일, 또는 그러한 사고 방식.
현:금=카:드(現金card)명 금융 기관이 예금자에게 발행하는, 비밀 번호 따위를 기억시킨 자기(磁氣) 카드. 현금의 자동 인출에 주로 쓰이며 신용 카드가 이 기능을 겸하는 것도 있음. 캐시카드(cash card) ☞신용 카드
현:금=통화(現金通貨)명 은행권과 보조 화폐를 통틀어 이르는 말. ☞예금 통화(預金通貨)
현기(玄機)명 깊고 묘한 이치.
현:기(眩氣)명 어지러운 기운. 유현훈(眩暈)
현:기-증(眩氣症)[-쯩]명 어지러운 증세.
현녀(賢女)명 어진 여자.
현:념(懸念)명-하다타 늘 마음에 두고 생각함.
현:능(衒能)명-하다자 자기의 재주를 드러내어 자랑함.
현능(賢能)명-하다형 현명하고 재간이 있음, 또는 그런 사람.
현:-단계(現段階)명 지금의 단계.
현달(賢達)명-하다형 현명하고 사물의 이치에 통달하여 있음, 또는 그런 사람.
현:달(顯達)명-하다자 관직이나 덕망이 높아서 이름이 세상에 알려짐.
현담(玄談)명 ①깊고 오묘한 이치에 관한 이야기. ②불교에서, 경론(經論)을 강의하기에 앞서 그 유래와 대의(大意) 따위를 설명하는 말.
현답(賢答)명 현명한 대답.
현:당(現當)명 불교에서, 현세(現世)와 내세(來世)를 아울러 이르는 말.
현:대(現代)명 ①오늘날의 시대. ②역사의 시대 구분의 한 가지. 근대(近代) 이후의 시대로, 국사(國史)에서는 1945년 광복 이후 현재까지를 이름.
현:대=무:용(現代舞踊)명 모던댄스(modern dance)
현:대-문(現代文)명 오늘날 쓰는 언어와 문체로 쓴 문장. ☞고문(古文)
현:대=문학(現代文學)명 근대 문학을 이어받아 현대에 이루어진 문학.
현:대=미:술(現代美術)명 20세기 들어 전개된 새로운 경향의 미술. 다다이즘이나 초현실주의 따위.
현:대=시조(現代時調)명 현대에 창작된 시조. 1919년 전후부터 오늘날까지 발표된 작품들을 이르는데, 고시조(古時調)에 비해 정형적 율격에서 한층 자유로운 점이 특징임.
현:대-식(現代式)명 현대에 맞는 형식이나 방식. ¶- 주택/- 전자 장비
현:대-어(現代語)명 현대에 쓰이는 말. ☞고어(古語)
현:대=음악(現代音樂)명 고전 음악에 상대하여, 제일차 세계 대전 이후에 나타난 새로운 경향의 음악을 이르는 말. 넓은 뜻으로는 드뷔시 이후의 20세기 음악을 말하

며, 좁은 뜻으로는 제이차 세계 대전 이후에 등장한 전위 음악을 가리킴.

현:대-인(現代人) 명 ①현대에 살고 있는 사람. ②현대적인 사고 방식으로 현대식 생활을 하는 사람.

현:대-적(現代的) 명 현대의 사상이나 유행, 풍조 등에 어울리거나 걸맞은 것. ¶ -인 감각./- 건축 양식

현:대-판(現代版) 명 고전(古典)이나 역사에 남은 사건 또는 인물이 오늘날의 풍조나 감각으로 재현(再現)되었다고 할만 한 것. ¶ - 사색 당파/- 효녀 심청

현:대-화(現代化) 명 -하다 자타 시대에 뒤떨어진 체계·기구·설비·방법 등이 현대에 알맞게 새로운 것으로 됨, 또는 그렇게 되도록 함. ¶건설 장비의 -./영농의 -.

현덕(賢德) 명 어진 덕행.

현등(舷燈) 명 밤에 항해 중인 배가 그 진로를 다른 배에 알리기 위하여 양쪽 뱃전에 다는 등.

현:등(懸燈) 명 ①-하다 자 등불을 높이 매닮, 또는 그 등. ②지난날, 밤에 행군할 때 깃대에 매달던 등.

현:란(懸欄) 명 소란 반자

현:란(眩亂) 어기 '현란(眩亂)하다'의 어기(語基).

현:란(絢爛) 어기 '현란(絢爛)하다'의 어기(語基).

현:란-하다(眩亂-) 형여 정신이 어수선하여 어지럽다.

현:란-하다(絢爛-) 형여 눈이 부시도록 빛나고 아름답다. ¶도심(都心)의 현란한 야경(夜景)./현란한 옷차림.

현:량(現量) 명 불교에서 이르는 삼량(三量)의 하나. 사실을 있는 그대로 받아들여 느끼는 일. ☞삼량(三量)

현량(賢良) 명 -하다 형 어질고 착함, 또는 어진 사람과 착한 사람.

현량-과(賢良科)[-꽈] 명 조선 중종 때, 조광조(趙光祖)의 건의로 실시되었던 혁신적인 관리 등용 제도. 이론과 실천을 겸비한 관원을 뽑기 위한 제도였으나, 첫 회 실시 후에 훈구파(勳舊派)의 반발로 조광조의 실각과 함께 폐지되었음.

현려(賢慮) 명 ①현명한 생각. ②남을 높이어 그의 생각을 이르는 말.

현:령(縣令) 명 ①조선 시대, 지방 행정 구역의 하나인 현(縣)을 맡아 다스리는 관원을 이르던 말. 품계는 종오품이며, 주로 큰 현에 두었음. ☞현감(縣監) ②신라·고려 시대, 현의 으뜸 관직을 이르던 말.

현:령(懸鈴) 명 -하다 자 ①방울을 닮, 또는 그 방울. ②지난날, 관아에서 통신을 보낼 때 급한 정도에 따라 봉투에 동그라미를 찍던 일. 일현령·이현령·삼현령이 있었음.

현:령(顯靈) 명 -하다 자 신령(神靈)이 형상을 나타냄.

현:로(現露) 명 -하다 자 비밀 따위가 드러남. 탄로(綻露)

현로(賢勞) 명 -하다 자 여럿 가운데서 특별히 홀로 수고를 많이 함, 또는 그 사람.

현:로(顯露) 명 -하다 자타 겉으로 드러나 알려짐, 또는 겉으로 드러내어 보임. 노현(露顯)

현:록(懸錄) 명 -하다 타 장부에 올림.

현:록-대:부(顯祿大夫) 명 조선 시대, 정일품 종친(宗親)에게 내린 품계의 하나. 스물두 등급 중 첫째 등급임. ☞흥록대부(興祿大夫)

현:리(現利) 명 현재의 이익, 또는 눈앞의 이익.

현맥(玄麥) 명 쓿지 아니한 보리.

현명(賢命) 명 남을 높이어 그의 명령을 이르는 말.

현:명(懸命) 명 -하다 자 어떤 일을 위하여 목숨을 내걺.

현:명(顯名) 명 -하다 자 이름이 세상에 드러남.

현명(賢明) 어기 '현명(賢明)하다'의 어기(語基).

현명-하다(賢明-) 형여 어질고 슬기롭다. ¶현명한 판단을 기대한다.

현명-히 부 현명하게

현모(賢母) 명 어질고 슬기로운 어머니.

현모-양처(賢母良妻) 명 자식에게는 자상한 어머니요, 남편에게는 어진 아내를 이르는 말. 양처현모(良妻賢母)

현목(玄木) 명 누이지 않아 누르고 거무스름한 무명.

현:목(眩目) 명 -하다 자 어지러울 정도로 눈이 빙빙 돎.

현:몽(現夢) 명 -하다 자 죽은 이나 신령 등이 꿈에 나타남.

현묘(玄妙) 어기 '현묘(玄妙)하다'의 어기(語基).

현묘-하다(玄妙-) 형여 기예(技藝)나 도리 따위가 깊고 오묘하다.

현무(玄武) 명 ①사신(四神)의 하나. 하늘의 북쪽을 지킨다는 신으로, 거북의 등딱지에 뱀이 휘감은 형상으로 나타냄. ②이십팔수(二十八宿) 가운데 북쪽에 있는 두(斗)·우(牛)·여(女)·허(虛)·위(危)·실(室)·벽(壁)의 일곱 별을 통틀어 이르는 말. ☞주작(朱雀)

현무-암(玄武岩) 명 화산암의 한 가지. 사장석(斜長石)과 석영·감람석(橄欖石)이 주성분이고, 빛깔은 대부분 흑색이나 짙은 회색을 띠는데 변질되어 녹색·적색·갈색을 띠는 것도 있으며, 자연 상태에서 기둥 모양인 것이 많음. 질이 매우 단단하여 건축 재료로 쓰임.

현문(玄門) 명 ①깊고 묘한 법문(法門)이라는 뜻으로, 불교를 이르는 말. ②도교(道教)

현문(舷門) 명 뱃전에 만들어 놓은 출입구.

현문(賢問) 명 현명한 물음. ☞우문(愚問)

현:물(現物) 명 ①현재 있는 물품. ②현금에 상대하여, '물품'을 이르는 말. ¶ - 거래 ③주식이나 채권, 상품 따위의 현품. 실물(實物)[2] ☞선물(先物)[2]

현:물=거:래(現物去來) 명 주식의 매매 계약이 이루어지면, 결제일에 증권과 대금을 주고받는 거래. 실물 거래(實物去來) ☞선물 거래. 청산 거래

현:물=시:장(現物市場) 명 거래 성립 시점과 대금 결제 시점이 동일한 시장. 외환 현물 시장 외에 원유(原油)를 포함한 일차 상품의 현물 시장 등이 있음.

현:물-환(現物換) 명 무역에서, 상품의 매매 계약과 동시, 또는 며칠 뒤에 자기 나라 화폐와 외국 화폐를 교환하여 환결제(換決濟)를 하는 일.

현미(玄米) 명 벼의 왕겨만 벗기고 쓿지 아니한 쌀. 매조미쌀 ☞백미(白米)

현:미-경(顯微鏡) 명 눈으로는 볼 수 없을 만큼 작은 물체를 확대하여 보는 기구. 렌즈를 쓰는 광학 현미경과 전자선을 쓰는 전자 현미경이 있음.

현:밀(顯密) 명 ①뚜렷함과 은밀함. ②불교에서, 현교(顯教)와 밀교(密教)를 아울러 이르는 말.

현:벌(懸罰) 명 지난날, 형벌의 한 가지. 대궐 안에서 허물이 있는 사람을 징계하기 위하여 두 손을 묶어 나무에 매달았음.

현:보(現報) 명 순현보(順現報)

현보(賢輔) 명 -하다 타 현명하게 보좌함, 또는 그 사람.

현:보(顯保) 명 -하다 타 보증을 함.

현부(賢婦) 명 ①현명한 부인. ②어진 며느리.

현-부인(賢夫人) 명 ①어진 부인. ②남의 부인을 높이어 이르는 말.

현:-부인(縣夫人) 명 조선 시대, 외명부(外命婦) 품계의 하나. 정이품과 종이품 종친(宗親)의 아내에게 내린 봉작. ☞정부인(貞夫人)

현:비(顯妣) 명 신주나 축문의 첫머리에 쓰는 말로, '돌아가신 어머니'를 뜻하는 말. ▷顯의 속자는 顕

현:빙(懸氷) 명 고드름

현사(賢士) 명 어진 선비.

현:-사당(見祠堂) 명 -하다 자 예전에 신부가 처음으로 시댁의 사당에 절하던 일.

현삼(玄蔘) 명 ①현삼과의 여러해살이풀. 산지에 절로 자라는데, 줄기는 네모지고 줄기 높이는 80~150cm. 잎은 마주 나고 끝이 뾰족한 달걀꼴이며 톱니가 있음. 늦여름에 누르스름한 녹색 꽃이 원추(圓錐) 꽃차례로 핌. 원삼(元蔘) ②한방에서, 현삼의 뿌리를 약재로 이르는 말. 해열제나 소염제 따위로 쓰임.

현:상(現狀) 명 현재의 상태나 형편. ¶ -을 유지하다.

현:상(現象) 명 ①인간이 지각(知覺)할 수 있는 모든 사물. 자연계나 인간계에 어떤 모습을 가지고 나타나는 것. ¶불가사의한 -./자연 -/사회 - ②철학에서, 시간·공간 속에 나타나는 대상. 본체나 본질이 의식에 나타난 모습을 이름.

현:상(現像) 명 -하다 타 ①어떠한 형상(形象)으로 나타냄,

또는 그 형상. ②사진술에서, 촬영한 필름이나 인화지 따위를 약품으로 처리하여 피사체의 모습이 나타나도록 하는 일.
현상(賢相)명 어진 재상. 양상(良相). 현재상(賢宰相)
현:상(懸賞)명-하다타 무엇을 모집하거나 사람을 찾는 일 따위에 상금이나 상품을 내거는 일. ¶ − 모집
현:상-계(現象界)명 인간의 감각으로 지각(知覺)할 수 있는 세계. 경험의 세계. ☞본체계(本體界)
현:상-금(懸賞金)명 무엇을 모집하거나 사람을 찾는 일 따위에 내거는 돈, 또는 그 금액.
현:상=모집(懸賞募集)명 상금이나 상품을 걸고 작품 따위를 널리 모집하는 일. ¶신춘 문예 −
현:상-액(現像液)명 사진을 현상할 때에 쓰는 약액.
현상-양좌(賢相良佐)[−냥−]명 어질고 유능하여 임금을 잘 보필(輔弼)하는 신하를 이르는 말.
현:상-학(現象學)명 순수한 의식 체험에 따른 현상이나 사실을 통하여 사물의 본질적인 의미나 구조를 밝히려 하는 학문.
현:생(現生)명 현세(現世)
현:생=인류(現生人類)명 현재 살고 있는 인류와 같은 종(種)에 딸리는 인류. 약 이백만 년 전의 홍적세(洪積世)에 처음으로 나타났음.
현선(絃線)명 ①가야금이나 거문고 따위 현악기의 현(絃)으로 친 줄. ②장선(腸線)
현성(玄聖)명 ①가장 뛰어난 성인. ②'공자(孔子)'를 높이어 이르는 말.
현:성(現成)명-하다자 불교의 선종(禪宗)에서, '현전 성취(現前成就)'의 뜻으로, 현재 이루어져 있는 사실이나 자연 그대로를 뜻하는 말.
현성(賢聖)명 ①현인과 성인을 아울러 이르는 말. ②불교에서, 성자(聖者)를 이르는 말.
현:성(顯聖)명-하다자 거룩하고 고귀한 사람의 신령이 그 모습을 나타냄.
현성-지군(賢聖之君)명 어질고 거룩한 임금.
현:세(現世)명 ①이 세상. 이승. 현계(顯界). 현생(現生) ②불교에서 이르는 삼세(三世)의 하나. 지금 살고 있는 세상. 금세(今世). 현재세(現在世) ☞내세(來世). 전세(前世) ③충적세(沖積世)
현:세(現勢)명 현재의 정세, 또는 그 세력.
현:세-주의(現世主義)명 ①현세만을 인정하고 내세나 전세를 부정하는 사고 방식. ②현세의 명예나 눈앞의 이익만을 좇는 생활 태도.
현손(玄孫)명 손자의 손자.
현손-녀(玄孫女)명 손자의 손녀.
현손-부(玄孫婦)명 현손의 아내.
현손-서(玄孫壻)명 현손녀의 남편.
현:송(現送)명-하다타 ①현물을 실어 보냄. ②현금, 곧 정화(正貨)를 보냄.
현송(絃誦)명-하다타 거문고를 타며 시를 읊음.
현수(絃首)명 코머리
현:수(懸垂)앞말 아래로 곧게 드리워짐을 뜻하는 말. ¶ − 운동(懸垂運動)
현:수(懸殊)어기 '현수(懸殊)하다'의 어기(語基).
현:수-교(懸垂橋)명 양쪽 언덕에 쇠사슬을 건너질러 놓고 거기에 매달아 놓은 다리. 조교(弔橋). 출렁다리. 현교(懸橋) ☞사장교(斜張橋)
현:수-막(懸垂幕)명 ①극장 따위의 내부에 드리운 막. ②선전문이나 광고문 따위를 적어 드리운 막.
현:수-선(懸垂線)명 수곡선(垂曲線)
현:수-하다(懸殊−)형여 판이하게 다르다.
현숙(賢淑)어기 '현숙(賢淑)하다'의 어기(語基).
현숙-하다(賢淑−)형여 여자의 마음이나 몸가짐이 어질고 정숙하다. ¶현숙한 부인.
현:순(懸鶉)명 메추라기의 모지라진 꽁지깃과 같이 너덜너덜하다는 뜻으로, 해진 옷을 이르는 말.
현:순백결(懸鶉百結)성구 옷이 해어져 백 군데나 꿰매었다는 뜻으로, 남루한 옷차림을 이르는 말.
현:시(現示)명-하다타 깨우쳐 보여 줌. 계시(啓示)
현:시(現時)명 지금. 이때
현:시(顯示)명-하다타 나타내어 보임.
현:-시점(現時點)[−쩜]명 지금 이 시점. ¶ −에서 가장 시급한 문제.
현:신(現身)명 ①현세에 살아 있는 몸. ②-하다자 지난날, 아랫사람이 윗사람을 처음 뵙는 일을 이르던 말. ③현신불(現身佛)
현신(賢臣)명 어진 신하.
현:신-불(現身佛)명 중생을 제도하기 위하여 육신(肉身)을 가지고 이 세상에 나타난 부처. 현신(現身). 응신불
현실(玄室)명 ①왕세자의 관(棺)을 묻은 광중(壙中). ②횡혈식(橫穴式) 고분(古墳) 안의 관을 둔 방. ☞널방
현:실(現實)명 바로 눈앞에 사실로서 나타나 있는 일이나 상태. ¶꿈이 아닌 −로 나타난 성과.
현:실=도피(現實逃避)명 ①현실에 참여하기를 싫어하여 피하는 일. ②소극적이고 퇴폐적인 태도나 처세.
현:실-성(現實性)[−썽]명 실제로 일어날 수 있거나 현실에 있을 수 있는 가능성.
현:실-적(現實的)[−쩍]명 ①현실성을 띤 것. ¶ −으로 가능한 계획./−인 문제. ☞관념적(觀念的) ②실제의 이해에 밝은 것. ¶ −인 인물.
현:실-주의(現實主義)명 ①실제의 조건이나 상태를 중요시하는 태도. ②이상(理想)에 치우치지 않고 현실에 적응하여 일을 처리하는 태도. ☞이상주의
현:실-화(現實化)명-하다자타 ①실제의 사실이나 상태가 됨, 또는 되게 함. ②제도나 규칙 따위를 현실에 맞게 조정함. ¶농산물 가격의 −.
현악(絃樂)명 현악기로 타거나 켜는 음악.
현-악기(絃樂器)명 현을 타거나 켜서 소리를 내는 악기. 가야금이나 거문고, 바이올린 따위. 탄주 악기(彈奏樂器) 준 현(絃)
현악=사:중주(絃樂四重奏)명 바이올린 둘과 비올라, 첼로가 한데 어울리어 연주하는 실내악 사중주.
현악=삼중주(絃樂三重奏)명 세 개의 현악기가 한데 어울리어 연주하는 실내악. 주로, 바이올린과 비올라, 첼로가 한데 어울림.
현악=오:중주(絃樂五重奏)명 다섯 개의 현악기가 한데 어울리어 연주하는 실내악. 주로, 바이올린과 비올라가 각 두 대에, 첼로가 한데 어울림.
현:안(懸案)명 이전부터 논의되어 왔으나 아직 해결이 나 있지 않은 문제나 의안(議案).
현:알(見謁)명-하다타 알현(謁見)
현:애(懸崖)명 ①낭떠러지 ②분재(盆栽)나 화초의 재배에서, 줄기나 가지가 뿌리보다 낮게 처지도록 가꾸는 일, 또는 그렇게 가꾼 분재나 화초.
현:양(顯揚)명-하다타 이름이나 지위 따위를 세상에 드러내어 들날림.
현어(玄魚)명 '올챙이'의 딴이름.
현:업(現業)명 현재 가지고 있는 직업이나 벌인 사업.
현:역(現役)명 ①상비 병역의 한 가지. 부대에 편입되어 실지의 군무에 종사하는 병역, 또는 그 군인. ☞예비역 ②어떠한 분야에서 현재 활동하고 있는 일, 또는 그 사람. ¶ − 교사/− 선수
현:연(眩然)어기 '현연(眩然)하다'의 어기(語基).
현:연(現然)어기 '현연(現然)하다'의 어기(語基).
현:연(顯然)어기 '현연(顯然)하다'의 어기(語基).
현:연-하다(眩然−)형여 ①눈앞이 캄캄하다. ②눈부시다
현연-히부 현연하게
현:연-하다(現然−)형여 눈앞에 드러나서 뚜렷하다.
현연-히부 현연하게
현:연-하다(顯然−)형여 나타남이 뚜렷하다. 분명하다
현연-히부 현연하게
현:영(現影)명-하다자 형체를 드러냄, 또는 그 형체. 현형
현:영(顯榮)어기 '현영(顯榮)하다'의 어기(語基).
현:영-하다(顯榮−)형여 이름이 드높고 영화롭다.
현:예(顯裔)명 화주(華胄)

현오(玄奧)[어기] '현오(玄奧)하다'의 어기(語基).

현오-하다(玄奧−)[형여] 학문이나 기예 등이 헤아릴 수 없이 깊다.

현:옹(懸壅)[명] 목젖

현:옹(懸癰)[명] 한방에서, 항문과 음부 사이에 나는 악창(惡瘡)을 이르는 말.

현:옹-수(懸壅垂)[명] 목젖

현:완-직필(懸腕直筆)[명] 붓글씨를 쓸 때, 팔을 바닥에 대지 않고 붓을 곧게 세워 쓰는 자세. ☞제완(提腕)

현왕(賢王)[명] 어진 임금. 현명한 임금. 현군(賢君)

현:요(顯要)[1] [명] 현관(顯官)과 요직(要職)을 아울러 이르는 말, 또는 그 자리에 있는 사람.

현:요(眩耀)[어기] '현요(眩耀)하다'의 어기(語基).

현:요(顯要)[2] [어기] '현요(顯要)하다'의 어기(語基).

현:요-하다(眩耀−)[형여] 눈부시게 빛나고 찬란하다.

현:요-하다(顯要−)[형여] 지위가 높고 직책이 중요하다.

현우(賢友)[명] 어진 벗.

현우(賢愚)[명] ①현명함과 어리석음. ②현명한 사람과 어리석은 사람.

현:운(眩暈)[명] '현훈(眩暈)'의 원말.

현원(玄遠)[어기] '현원(玄遠)하다'의 어기(語基).

현원-하다(玄遠−)[형여] ①깊숙하고 멀다. ②언론 따위가 깊이가 있어 천박하지 않다.

현월(玄月)[명] '음력 구월'을 달리 이르는 말. 중양(重陽)

현월(弦月)[명] 초승달

현:위(顯位)[명] 명망이 높은 지위.

현이(賢異)[어기] '현이(賢異)하다'의 어기(語基).

현이-하다(賢異−)[형여] 어질고 뛰어나다.

현인(賢人)[명] 어질고 슬기로운 사람. 덕행의 뛰어남이 성인(聖人) 다음가는 사람. 현자(賢者)

현인-군자(賢人君子)[명] ①현인과 군자. ②어진 사람을 두루 이르는 말.

현:인안:목(眩人眼目)[성구] 남의 눈을 어지럽히고 정신을 아뜩하게 함을 이르는 말.

현:임(現任)[명] 현재의 직임(職任). 시임(時任)

현자(賢者)[명] 현인(賢人)

현:자(顯者)[명] 세상에 이름을 들날리는 사람.

현:장(現場)[명] ①사물이 현재 있는 곳. ②어떤 일이나 사건이 일어난 곳, 또는 그 장면. ¶교통 사고 − ③일을 실제로 진행하거나 작업하는 곳. ¶공사 −/실습 −/− 경험. 현지(現地)

현장(舷墻)[명] 파도가 갑판 위로 덮쳐 오는 것을 막거나 사람이나 짐이 배 밖으로 떨어지는 것을 막기 위해 뱃전에 설치한 울타리.

현:장(懸章)[명] 오른쪽 어깨에서 왼쪽 겨드랑이에 걸쳐서 매는 띠. 흔히 군의 주번 사령이나 사관 등이 매어 임무 수행 중임을 나타냄.

현:장-감(現場感)[명] 어떤 일이 이루어지고 있는 그 자리에 있는듯 한 느낌. ¶−을 살리기 위해 생방송으로 중계하다.

현:장=감독(現場監督)[명] 토목이나 건축 공사 현장을 감독하는 일, 또는 그 사람.

현:장=검:증(現場檢證)[명] 사건의 현장이나 법원 밖의 어떤 곳에서 직접 실시하는 검증.

현:장-도(現場渡)[명] 매매 계약이 성립한 장소, 또는 거래 상품의 소재지에서 곧바로 상품을 인도하는 일.

현:장=부재=증명(現場不在證明)[명] 알리바이(alibi)

현:재(現在)[명] ①과거와 미래를 잇는 시간의 한 경계. 바로. 지금의 시간. 시재(時在) ②현세(現世) ☞이승
[부] ①지금 이 시점에. ¶그곳에는 − 공사가 진행 중이다. ②기준으로 잡은 그 시점에. ¶전국 투표율은 오후 세 시 − 77%를 기록하고 있다.

현재(賢才)[명] 뛰어난 재능, 또는 그런 재능을 가진 사람.

현:재(顯在)[명][-하다][자] 겉으로 드러나 있음. ☞잠재(潛在)

현:재-법(現在法)[−뻡][명] 수사법(修辭法)의 한 가지. 현실감을 주기 위하여 현재의 사실이 아닌 것을 현재 시제로 나타내는 표현 방법. '충무공은 살아 있다.', '내일도 해는 뜬다.'와 같은 표현법임.

현:재-부(顯在符)[명] 드러냄표 ☞잠재부(潛在符)

현:재-불(現在佛)[명] 불교에서, 현세에 나타나 있는 부처를 이르는 말.

현-재:상(賢宰相)[명] 어진 재상. 현상(賢相)

현:재-세(現在世)[명] 현세(現世)

현:재=시제(現在時制)[명]〈어〉시제(時制)의 하나. 현재 시점(時點)의 동작이나 상태를 나타냄. '그래도 지구는 돈다.', '지구는 둥글다.', '공자(孔子)는 성인(聖人)이다.' 따위가 이에 해당함. ☞과거 시제(過去時制)

현:재=진:행(現在進行)[명]〈어〉현재 진행 중임을 나타내는 말. '-고 있다'로 표현됨.

현:저(顯著)[어기] '현저(顯著)하다'의 어기(語基).

현:저-하다(顯著−)[형여] 드러나게 두드러지다. 표저하다 ¶현저한 변화.
 현저-히[부] 현저하게 ¶− 차이가 난다.

현:전(現前)[명] 눈앞

현:절(懸絕)[어기] '현절(懸絕)하다'의 어기(語基).

현:절-하다(懸絕−)[형여] 두드러지게 다르다.

현정-석(玄精石)[명] 간수가 땅 속에 스며들어 오랜 시간이 지나 이루어진 돌. 흰빛에 푸른 기가 돌고 반듯함. 한방에서 풍(風)이나 냉(冷)을 다스리는 약재로 쓰임.

현제(賢弟)[명] 아우 뻘 되는 사람이나 남의 아우를 대접하여 이르는 말.

현:제(懸蹄)[명] 밤눈[1]

현:제(懸題)[명][-하다][자] 과거를 보일 때, 과장(科場)에 글제를 내걸던 일.

현:조(顯祖)[명] ①이름난 조상. ②조상을 빛냄.

현:-조고(顯祖考)[명] 신주나 축문의 첫머리에 쓰는 말로, '돌아가신 할아버지'를 뜻하는 말.

현:-조비(顯祖妣)[명] 신주나 축문의 첫머리에 쓰는 말로, '돌아가신 할머니'를 뜻하는 말.

현:존(現存)[명][-하다][자] ①현재 살아 있음. ¶−하는 인물. ②현재 있음. ¶−하는 고생대 유적.

현주(玄酒)[명] 무술

현:주(現住)[명] ①[-하다][자] 현재 머물러 삶. ②'현주소(現住所)'의 준말. ¶− 인구

현주(賢主)[명] 어진 군주. 현군(賢君)

현:주(縣主)[명] 조선 시대, 외명부(外命婦) 품계의 하나. 왕세자의 서녀(庶女)에게 내린 봉작(封爵)으로, 정삼품임. ☞신부인(愼夫人)

현:주(懸肘)[명] 팔꿈치를 책상에 대지 않고 붓글씨를 씀.

현:주(懸註)[명][-하다][타] 글에 주석(註釋)을 닮.

현:-주소(現住所)[명] 현재 살고 있는 곳의 주소. [준]현주(現住) ☞원주소(原住所)

현:주-지(現住地)[명] 현재 거주하고 있는 곳. ☞원주지(原住地)

현준(賢俊)[명] 어질고 뛰어난 사람.

현준(賢俊)[어기] '현준(賢俊)하다'의 어기(語基).

현준-하다(賢俊−)[형여] 어질고 뛰어나다.

현:증(現症)[명] 겉으로 드러나 보이는 병의 증세.

현:증(顯證)[명] 뚜렷한 증거.

현:-증조고(顯曾祖考)[명] 신주나 축문의 첫머리에 쓰는 말로, '돌아가신 증조부'를 뜻하는 말.

현:-증조비(顯曾祖妣)[명] 신주나 축문의 첫머리에 쓰는 말로, '돌아가신 증조모'를 뜻하는 말.

현:지(現地)[명] 현장(現場)

현지(賢智)[어기] '현지(賢智)하다'의 어기(語基).

현:지=금융(現地金融)[−늉][명] 해외에 진출한 기업이, 그곳의 금융 기관에서 융자를 받아 자금을 조달하는 일.

현:지=답사(現地踏查)[명] 현장에 가서 조사하는 일.

현:지=법인(現地法人)[명] 자기 나라의 자본만으로 외국법에 따라 외국에 세운 외국 국적의 영리 법인.

현:지-인(現地人)[명] 그곳에 터전을 두고 살고 있는 사람.

현:지=입대(現地入隊)[명] 공무원이나 군무원 등이 근무하고 있는 부대에서 바로 현역으로 편입되는 일.

현지-하다(賢智−)[형여] 어질고 슬기롭다.

현:직(現職)명 현재의 직업이나 직임(職任). ¶- 장관 ☞전직(前職)
현:직(顯職)명 높고 중요한 직위.
현:질(顯秩)명 높은 관직.
현:찰(現札)명 현금(現金)
현찰(賢察)명-하다타 남을 높이어, 그가 미루어 살핌을 이르는 말.
현창(舷窓)명 뱃전에 낸 창문.
현:창(顯彰)명-하다자타 공적 따위가 뚜렷이 드러남, 또는 그렇게 나타냄.
현처(賢妻)명 어진 아내. ☞양처(良妻)
현:척(現尺)명 있는 그대로 나타낸 치수. ☞축척(縮尺)
현천(玄天)명 구천(九天)의 하나. 북쪽 하늘.
현:천(懸泉)명 현폭(懸瀑)
현철(賢哲)[1]명 어질고 사리에 밝은 사람.
현철(賢哲)[2]어기 '현철(賢哲)하다'의 어기(語基).
현철-하다(賢哲-)형여 어질고 사리에 밝다.
현:출(顯出)명-하다자타 두드러지게 드러남, 또는 드러냄.
현:충(顯忠)명-하다자 충렬을 드러내어 기림, 또는 그 충렬.
현:충-사(顯忠祠)명 충절을 추모·기념하기 위하여 세운 사당.
현:충-일(顯忠日)명 목숨을 바쳐 나라를 지킨 사람들의 충절을 기념하는 날. 6월 6일.
현:충-탑(顯忠塔)명 목숨을 바쳐 나라를 지킨 사람들의 충절을 기리기 위하여 세운 탑.
현측(舷側)명 뱃전
현:탁-액(懸濁液)명 고체의 미립자가 고루 퍼져 섞인 흐린 액체. 칠감이나 먹물 따위.
현:탈(現^頉)명-하다자 일에 탈이 남.
현:탈(懸^頉)명-하다타 사고로 참석하지 못했을 때 그 까닭을 기록함.
현:태(現態)명 현재의 상태 또는 형편.
현:-토(懸-)명-하다자 한문에 단 토, 또는 토를 닮.
현:판(現版)명 활판 인쇄에서, 연판을 뜨지 않고 활판을 직접 기계에 올려 박아내는 인쇄판. ¶- 인쇄
현:판(懸板)명 글씨나 그림을 새기거나 써서 문 위나 벽 따위에 다는 널조각.

한자 현판 액(額)〔頁部 9획〕¶액자(額子)/편액(扁額)

현:판-식(懸板式)명 관청이나 회사, 단체 등의 간판을 처음으로 거는 일을 기념하는 식.
현:폭(懸瀑)명 아주 높은 데서 떨어지는 폭포. 현천(懸泉) ☞비폭(飛瀑)
현:품(現品)명 현재 있는 물품.
현:하(現下)명 현재의 형편 아래.
현:하(懸河)명 ①경사가 급하여 세차게 흐르는 하천. ②말솜씨가 거침없음을 비유하여 이르는 말.
현:하-구:변(懸河口辯)명 물이 세차게 흐르듯 거침없이 쏟아 놓는 말솜씨를 이르는 말. 현하지변(懸河之辯)
현:하지변(懸河之辯)명 현하구변(懸河口辯)
현학(玄學)명 헤아릴 수 없이 깊은 학문이란 뜻으로, 도가(道家)의 사변적(思辨的) 학문을 이르는 말.
현학(玄鶴)명 학이 오래 살면 검어진다는 데서, 늙은 학 또는 검은 학을 이르는 말.
현학-금(玄鶴琴)명 '거문고'를 이전에 이르던 말.
현:학-적(衒學的)명 학문이나 지식을 자랑하여 뽐내는 것. ¶논조(論調)가 -이다.
현합(賢閤)명 남을 높이어 그의 아내를 이르는 말. ☞합부인(閤夫人)
현:행(現行)명-하다자타 현재 행함, 또는 행하여짐. ¶- 법규/- 인사 제도
현:행-범(現行犯)명 범죄를 저지르는 현장에서 발각된 범죄, 또는 그 범죄자.
현:행-법(現行法)[-뻡]명 현재 시행되고 있는 법률.
현:혁(顯赫)어기 '현혁(顯赫)하다'의 어기(語基).
현:혁-하다(顯赫-)형여 이름이 높이 드러나 빛나다.
현:현(顯現)명-하다자타 명백히 드러나거나 드러냄.
현:현(顯顯)어기 '현현(顯顯)하다'의 어기(語基).
현:현-하다(顯顯-)형여 환하고 명백하다.
현:형(現形)명 ①-하다자 형체를 드러냄, 또는 그 형체. 현영(現影) ②현재의 모양.
현:형(賢兄)명 어진 형이란 뜻으로, 편지글 등에서 '벗'을 대접하여 이르는 말.
현:형(顯型)명 표현형(表現型)
현호(弦壺)명 활등 모양으로 굽은 손잡이가 달린 항아리.
현:호(懸弧)명 지난날, 사내아이가 태어나면 활을 문에 걸어 축하하던 관습에서, 사내아이의 출생을 이르는 말.
현:혹(眩惑)명-하다자타 제정신을 못 차리고 홀림, 또는 홀리게 함. ¶미모에 -되다./소비자를 -하다.
현:화(現化)명-하다자 ①현실에 나타남. ②부처나 신령이 형체를 바꾸어 세상에 나타남.
현:화-식물(顯花植物)명 종자식물(種子植物) ☞은화식물(隱花植物)
현:황(現況)명 현재의 상황. ¶서민 주택 보급 -. ☞현상(現狀)
현:황(眩慌·炫慌)어기 '현황(眩慌)하다'의 어기(語基).
현:황-하다(眩慌-)형여 정신이 아뜩하고 황홀하다.
현:효(現效)명-하다자 효험이 나타남.
현:효(顯效)명 두드러진 효험.
현훈(玄纁)명 장사지낼 때, 산신령(山神靈)에게 바치는 폐백. 검은 헝겊과 붉은 헝겊으로, 무덤에 묻음.
현:훈(眩暈)명 정신이 어찔어찔하여 어지러운 증세. 원현운(眩暈) ☞현기(眩氣)
현:훈-증(眩暈症)[-쯩]명 어질증
혈(穴)명 ①풍수지리설에서, 땅의 정기가 모여 묏자리로서 좋은 자리를 이르는 말. ②'경혈(經穴)'의 준말.
혈가(血瘕)명 한방에서, 아랫배에 피가 뭉쳐 월경이 그치고 배가 아픈 증세를 이르는 말.
혈거(穴居)명-하다자 굴 속에서 삶. 혈처(穴處)
혈거-야:처(穴居野處)명 굴 속이나 한데에서 지냄
혈고(血枯)명 혈폐(血閉)
혈관(血管)명 몸 속의 혈액이 흐르는 관. 동맥, 정맥, 모세 혈관으로 나뉨. 핏줄
혈관-계(血管系)명 혈액을 순환시키는 통로가 되는 맥관계(脈管系).
혈관=주:사(血管注射)명 혈관에 놓는 주사. ☞근육 주사(筋肉注射). 피하 주사(皮下注射)
혈괴(血塊)명 혈액의 덩어리.
혈구(血球)명 혈액의 고체 성분으로 혈장(血漿) 속에 떠다니는 세포. 적혈구와 백혈구, 혈소판이 있음.
혈기(血氣)명 ①목숨을 유지하는 기력. ②두려움이 없는 왕성한 의기(意氣). ¶젊은이의 -.
혈기지용(血氣之勇)명 한때의 혈기로, 앞일을 헤아림이 없이 불끈 일으키는 용기.
혈농(穴農)명 구메농사
혈농(血膿)명 피고름
혈뇨(血尿·血溺)명 요혈(尿血)
혈담(血痰)[-땀]명 피가 섞인 가래. 주로 폐나 기관지 질환 따위에서 나타남.
혈당(血糖)[-땅]명 혈액 속에 들어 있는 포도당. 뇌나 적혈구의 에너지원이 됨.
혈당(血黨)[-땅]명 생사를 같이하는 무리.
혈로(血路)명 ①적의 포위망을 뚫어 헤치고 빠져나가는 길. ②어려운 경지를 이겨내는 길.
혈루(血淚)명 피눈물
혈루(血漏)명 한방에서, 여자의 음부에서 피가 조금씩 계속 나오는 병을 이르는 말.
혈류(血流)명 피의 흐름.
혈류(血瘤)명 혈혹
혈륜(血輪)명 양쪽 눈시울의 끝.
혈리(血痢)명 이질(痢疾)
혈림(血痲·血淋)명 오줌에 피가 섞여 나오는 임질.
혈맥(血脈)명 ①혈액이 도는 줄기. 준맥(脈) ②혈통(血

ㅎ

統) ③불교에서, 교리나 계율 따위가 스승에서 제자로 계속 이어짐을 이르는 말.
혈맥상통(血脈相通)성구 혈맥이 서로 통한다는 뜻으로, 혈육의 관계가 있음을 이르는 말.
혈맹(血盟)명-하다자 ①혈판(血判)을 찍어서 하는 맹세. ②굳은 맹세.
혈반(血斑)명 피하(皮下)의 출혈로 피부나 점막에 생기는 검붉은 반점.
혈변(血便)명 피똥
혈병(血餠)명 피가 굳어서 된 덩어리. 피가 엉길 때 섬유소가 혈구를 싸고 가라앉아 검붉은 덩이가 됨.
혈분(血分)명 영양 상태로 보는 피의 분량.
혈분(血粉)명 짐승의 피를 말려 부순 가루. 비료나 사료로 씀. 건혈(乾血)
혈붕(血崩)명 한방에서, 해산 뒤 자궁의 출혈이 멎지 않는 병을 이르는 말.
혈사(血師)[-싸]명 대자석(代赭石)
혈사(血嗣)[-싸]명 혈손(血孫)
혈산(血疝)[-싼]명 변옹(便癰)
혈상(血相)[-쌍]명 관상에서, 얼굴에 나타나는 혈색(血色)의 상격(相格)을 이르는 말.
혈색(血色)[-쌕]명 얼굴의 윤기. ¶-이 좋다.
혈색-소(血色素)[-쌕-]명 헤모글로빈(hemoglobin)
혈서(血書)[-써]명 제 몸에서 낸 피로 쓴 글자나 글. ¶-로써 굳은 결의를 나타내다.
혈성(血性)[-썽]명 혈기(血氣)와 의협심이 있는 성질.
혈성(血誠)[-썽]명 진심에서 우러나는 정성. 혈심
혈성-남자(血誠男子)[-썽-]명 용감하고 의협심이 강하여 죽음을 두려워하지 않는 사나이.
혈세(血稅)[-쎄]명 가혹한 조세.
혈소-판(血小板)[-쏘-]명 혈액을 이루는 혈구(血球)의 한 가지. 불규칙한 모양으로 핵이 없고 지름이 2~3μ이며, 출혈 때 혈액의 응고에 중요한 구실을 함.
혈속(血速)[-쏙]명 혈액이 순환하는 속도.
혈속(血屬)[-쏙]명 혈통을 이어 가는 살붙이.
혈손(血孫)[-쏜]명 혈통을 이어 가는 자손. 혈사(血嗣)
혈수(血讐)[-쑤]명 죽기를 각오하고 앙갚음할 원수.
혈수(血髓)[-쑤]명 혈액과 골수를 아울러 이르는 말.
혈식(血食)[-씩]명-하다자 희생을 바쳐 종묘에 제사지냄.
혈심(穴深)[-씸]명 무덤 구덩이의 깊이.
혈심(血心)[-씸]명 혈성(血誠)
혈심고독(血心苦篤)[-씸-]성구 정성을 다하여 일을 함을 이르는 말.
혈안(血眼)명 ①기를 쓰고 덤벼서 핏발이 선 눈. ②어떤 일에 열중하여 바쁘게 몰아침을 비유하여 이르는 말. ¶범인을 잡으려고 -이 되다.
혈암(頁岩)명 이판암(泥板岩)
혈압(血壓)명 피가 혈관 속을 흐를 때 생기는 압력. 심장의 수축력과 혈관 벽의 탄성(彈性) 따위로 정하여짐.
혈압-계(血壓計)명 혈압을 재는 계기. 맥압계(脈壓計)
혈액(血液)명 사람이나 동물의 혈관 속을 도는 붉은빛의 액체. 생체 조직에 산소와 영양분을 공급하고 노폐물을 옮겨 걸러 냄. 피
혈액=검:사(血液檢査)명 피를 뽑아서 질병이나 혈액형 따위를 알아보는 검사법.
혈액=순환(血液循環)명 심장의 수축에 따라, 혈액이 몸속을 일정한 방향으로 흘러서 도는 일.
혈액-원(血液院)명 혈액을 혈액형에 따라 분류, 저장해 두었다가 필요할 때 공급하는 기관. 혈액 은행
혈액=은행(血液銀行)명 혈액원(血液院)
혈액-형(血液型)명 혈구(血球)와 혈청(血清)의 응집 반응을 기초로 하여 혈액을 분류한 유형. 일반적으로 O·A·B·AB형과 Rh 인자(因子)가 있고 없음에 따라 Rh(-)·Rh(+)형으로 분류함.
혈연(血緣)명 같은 핏줄로 이어진 인연. ☞지연(地緣)
혈연=단체(血緣團體)명 혈연 관계를 바탕으로 이루어진 단체. 혈연 집단(血緣集團)
혈연=사:회(血緣社會)명 같은 혈연을 바탕으로 이루어진 사회. ☞혈연 집단
혈연=집단(血緣集團)명 혈연 단체(血緣團體)
혈영(血癭)명 혈혹
혈온(血溫)명 피의 온도.
혈우(血雨)명 살상(殺傷)으로 말미암아 심하게 흐르는 피를 이르는 말.
혈우-병(血友病)[-뼝]명 작은 상처에도 피가 쉽게 나며, 한 번 피가 나면 잘 멈추지 않는 병. 여자의 유전자가 자녀에게 전해지며 거의 남자에게 나타남.
혈원골수(血怨骨讐)[-쑤]성구 뼈에 사무치는 깊은 원수를 이르는 말.
혈유(孑遺)명 ①전쟁이나 재난에서 살아남은 사람. ②쓰고 남은 나머지.
혈육(血肉)명 ①피와 살. ②골육(骨肉) ③피붙이
혈육-애(血肉愛)명 혈육에 대한 사랑.
혈장(血漿)[-짱]명 혈액의 액상(液狀) 성분. 혈청과 피브리노겐으로 구성되어 있는데, 수분과 단백질 외에 지방·염류(塩類)·당류(糖類) 등이 들어 있음.
혈장-탕(血臟湯)[-짱-]명 핏골집
혈쟁(血爭)[-쨍]명 죽음을 각오하고 격렬하게 싸우는 다툼. ☞혈전(血戰)
혈적(血積)[-쩍]명 한방에서, 피가 엉기고 뭉쳐서 생기는 적취(積聚)를 이르는 말. 얼굴이 누렇게 되고 검은 빛의 똥을 눔.
혈전(血栓)[-쩐]명 혈관 안에서 피가 엉겨 굳은 덩어리.
혈전(血戰)[-쩐]명 생사를 가리지 않고 격렬하게 싸우는 전투. ☞혈쟁(血爭)
혈족(血族)[-쪽]명 ①같은 조상으로부터 갈라져 나온 친족(親族). 겨레붙이. 피붙이 ②자연 혈족과 법정 혈족을 통틀어 이르는 말.
혈족=결혼(血族結婚)[-쪽-]명 같은 혈족 사이에 이루어지는 결혼.
혈족-친(血族親)[-쪽-]명 육촌(六寸) 이내의 혈족.
혈종(血腫)[-쫑]명 내출혈(內出血)로 말미암아 피가 한곳에 모여 혹처럼 된 것.
혈증(血症)[-쯩]명 피로 말미암은 병을 통틀어 이르는 말. ☞실혈증(失血症)
혈징(血癥)[-찡]명 한방에서, 뱃속의 피가 한곳에 몰리어 뭉치는 병을 이르는 말.
혈처(穴處)명-하다자 굴 속에서 삶. 혈거(穴居)
혈청(血清)명 혈액이 엉겨 굳을 때 혈병(血餠)에서 분리되는 엷은 황색의 투명한 액체. 면역 항체를 포함하고 있어, 혈청 요법 따위에 쓰임.
혈청=검:사(血清檢査)명 사람의 건강 상태를 측정하기 위하여 혈청을 분리하여 검사하는 일.
혈청-병(血清病)[-뼝]명 사람의 몸에 다른 종(種)의 혈청을 주사하였을 때 일어나는 알레르기성 질환.
혈청=요법(血清療法)[-뇨뻡]명 환자의 몸에 항체(抗體)를 포함하는 동물의 혈청을 주사하여 병독을 중화(中和)시키는 일. ☞면역 혈청(免疫血清)
혈청=진:단(血清診斷)명 환자의 혈청을 검사하여 병의 상태를 진단하는 일.
혈충(血忠)명 정성을 다하는 충성.
혈치(血痔)명 피가 나오는 치질. 우치(疣痔)
혈침(血沈)명 적혈구 침강 반응. 굳지 않도록 처리한 피를 유리관에 넣은 뒤, 일정 시간 동안 적혈구가 침강하는 속도를 측정하는 일. 여러 질병과 그 정도에 따라 속도가 다름. 질병의 감별 등에 쓰임.
혈통(血統)명 한 조상의 피를 이은 겨레붙이의 계통. 핏줄. 혈맥(血脈)
혈통-주의(血統主義)명 출생 당시의 부모 국적에 따라 국적을 결정하는 주의. 속인주의(屬人主義) ☞출생지주의(出生地主義)
혈투(血鬪)명 목숨을 걸고 피투성이가 되어 싸우는 다툼. ☞혈쟁(血爭)
혈-판(穴-)명 묏자리에 혈(穴)이 잡혀 광중(壙中)을 파

기에 알맞은 곳.
혈판(血判)명-하다자 손가락을 베어 그 피로 손도장을 찍는 일, 또는 그 손도장.
혈판-장(血判狀)[-짱]명 혈판을 찍은 종이.
혈폐(血閉)명 한방에서, 월경이 있을 나이의 여자가 월경이 멎는 병을 이르는 말. 혈고(血枯)
혈풍혈우(血風血雨)성구 피의 바람과 피의 비라는 뜻으로, 격렬한 전투를 비유하여 이르는 말.
혈한(血汗)명 피와 땀을 아울러 이르는 말. 피땀
혈한하(血汗下)명 한방에서, 열병을 앓을 때 열이 내리려고 코피가 나거나 땀을 흘리거나 똥을 싸거나 하는 일을 이르는 말.
혈행(血行)명 몸 속에서 피가 도는 일.
혈허(血虛)명-하다형 한방에서, '빈혈증(貧血症)'을 혈분(血分)이 부족한 증세라 하여 이르는 말.
혈혈(孑孑)어기 '혈혈(孑孑)하다'의 어기(語基).
혈혈고종(孑孑孤蹤)성구 외로운 나그네가 낯선 객지를 헤매는 자취를 이르는 말.
혈혈단신(孑孑單身)성구 기댈 곳 없는 홀몸을 이르는 말.
혈혈무의(孑孑無依)성구 홀몸으로 기댈 곳이 없음을 이르는 말.
혈혈-하다(孑孑-)형여 외롭고 쓸쓸하다.
　혈혈-히부 혈혈하게
혈-혹(血-)명 한방에서, 피가 엉겨 뭉쳐서 된 혹을 이르는 말. 혈류(血瘤). 혈영(血癭)
혈홍-색(血紅色)명 피의 빛깔처럼 붉은 색.
혈홍-소(血紅素)명 헤모글로빈(hemoglobin)
혈훈(血暈)명 한방에서, 해산(解産) 따위로 피를 많이 흘려 정신이 흐리고 어지러운 증세를 이르는 말.
혈흔(血痕)명 피가 묻은 자국.
혐가(嫌家)명 서로 꺼리고 미워하는 집안.
혐극(嫌隙)명 서로 꺼리고 미워하여 벌어진 틈.
혐기(嫌忌)명-하다타 무엇을 싫어하여 꺼림.
혐기(嫌棄)명-하다타 무엇을 싫어하여 버림.
혐기-성(嫌氣性)[-썽]명 산소를 싫어하여 공기 속에서 잘 자라지 못하는 성질. ☞호기성(好氣性)
혐노(嫌怒)명-하다자 싫어서 화를 냄.
혐시(嫌猜)명-하다타 꺼리고 샘을 냄.
혐염(嫌厭)명-하다타 미워하여 꺼림. 혐질(嫌嫉)
혐오(嫌惡)명-하다타 싫어하고 미워함. 염오(厭惡)
혐오-감(嫌惡感)명 싫어하고 미워하는 감정. 혐오증
혐오-증(嫌惡症)[-쯩]명 혐오감(嫌惡感)
혐원(嫌怨)명-하다타 싫어하고 원망함.
혐의(嫌疑)명 ①-하다자타 꺼리고 싫어함. ②범죄를 저질렀으리라는 의심. ¶ -를 두다./-가 짙다.
혐의-스럽다(嫌疑-)(-스럽고·-스러워)형ㅂ 혐의쩍다 ¶어딘가 혐의스러운 데가 있다.
　혐의-스레부 혐의스럽게
혐의-자(嫌疑者)명 혐의를 받는 사람.
혐의-쩍다(嫌疑-)형 ①범죄를 저질렀으리라고 의심을 받을만 한 점이 있다. ②꺼리고 싫어할만 한 데가 있다. 혐의스럽다
혐점(嫌點)[-쩜]명 혐의를 받을만 한 점.
혐질(嫌嫉)명-하다타 혐염(嫌厭)
혐피(嫌避)명-하다타 꺼리고 싫어하여 서로 피함.
혐핍(嫌逼)명-하다타 매우 혐의쩍어 함.
협각(夾角)명 '끼인각'의 구용어.
협감(挾感)명-하다자 감기에 걸림.
협감(挾憾)명-하다자 함감(含憾)
협객(俠客)명 의협심이 강한 사람. 유협(遊俠). 협사(俠士)
협격(挾擊)명-하다타 협공(挾攻)
협곡(峽谷)명 ①좁고 험한 골짜기. ②양쪽이 낭떠러지로 이루어진, 폭이 좁고 깊은 골짜기.
협골(俠骨)명 장부다운 기골(氣骨).
협골(頰骨)명 광대뼈
협공(挾攻)명-하다타 사이에 끼워 놓고 양쪽에서 들이침. 협격(挾擊)
협과(莢果)명 꼬투리로 맺히는 열매. 콩이나 팥 따위.
협괴(俠魁)명 협객(俠客)의 두목.
협궤(狹軌)명 철도의 레일 사이의 너비가 표준인 1.435m보다 좁은 선로. ☞광궤(廣軌)
협근(頰筋)명 아래위 두 턱뼈의 뒤쪽에서 두 입술에 이르는 볼을 이루는 근육.
협기(俠氣)명 호탕하고 의협심이 강한 기상.
협기(頰鰭)명 가슴지느러미
협낭(夾囊)명 '염낭'의 원말.
협낭(頰囊)명 다람쥐나 원숭이 따위의 볼 안에 있는, 먹이를 한동안 넣어 두는 주머니 같은 부분.
협녀(俠女)명 호탕하고 의협심이 강한 여자.
협농(峽農)명 두메에서 짓는 농사.
협대(夾袋)명 귀중품을 넣어 다니는 조그마한 전대.
협도(夾刀·挾刀)명 ①무기의 한 가지. 끝이 조금 뒤로 젖혀져서 눈썹 모양을 한 칼로 칼등에 상모를 달았으며, 둥근 곳등이 있음. ②십팔기 또는 무예 이십사반의 하나. 보졸(步卒)이 익히던 검술로 여러 가지 자세가 있음.
협도(俠盜)명 호탕하고 의협심이 강한 도둑.
협도(鋏刀)명 ①한약재를 써는, 작두와 비슷한 연장. ②가위[1]
협동(協同)명-하다자 어떠한 일을 하는 데에 서로 마음과 힘을 합함. ¶ - 정신이 강하다.
협동=작전(協同作戰)명 보병·포병·기갑 등 둘 이상의 군부대들이 협동하여 펼치는 작전.
협동=조합(協同組合)명 농·어민이나 소비자 또는 중소 기업자 등이 경제적 편의와 상호 협력을 위하여 조직한 단체. 농업 협동 조합, 중소 기업 협동 조합 따위.
협량(狹量)명 좁은 도량.
협력(協力)명-하다자 서로 돕는 마음으로 힘을 모음.
협로(夾路)명 큰길에서 갈려 나간 좁은 길.
협로(峽路)명 산 속의 길.
협로(狹路)명 소로(小路)
협록(夾錄)명 편지 속에 따로 넣은 작은 쪽지에 적은 글.
협륵(脅勒)명-하다타 협박하여 우겨 댐.
협만(峽灣)명 빙하의 침식으로 생긴 골짜기에 바닷물이 들어와서 이루어진 좁고 긴 만(灣). 피오르드(fjord)
협맹(峽氓)명 두메에서 농사짓는 백성.
협무(挾舞)명 춤을 출 때, 주연자(主演者) 옆에서 함께 춤을 추는 일, 또는 그 사람.
협문(夾門)명 ①정문(正門) 옆에 있는 작은 문. 액문(掖門) ②삼문(三門) 좌우의 작은 문.
협박(脅迫)명-하다타 ①남에게 무슨 일을 억지로 시키기 위하여 으르고 괴롭힘. ②남을 두렵게 할 목적으로 해를 끼치겠다는 말을 하거나 그러한 태도를 지어 보이는 일.
협박(狹薄)어기 '협박(狹薄)하다'의 어기(語基).
협박-장(脅迫狀)명 협박하는 뜻을 적은 글.
협박-하다(狹薄-)형여 땅이 좁고 척박하다.
협방(夾房)명 곁방
협보(挾輔)명-하다타 ①좌우에서 붙잡아 도와 줌. ②지난날, 신하가 임금을 보필(輔弼)함을 이르던 말.
협부(挾扶)명-하다타 곁에서 부축하여 도와 줌.
협사(俠士)명 협객(俠客)
협사(脇士)명 불상(佛像)에서, 본존(本尊)을 좌우에서 모시고 있는 보살. 관세음보살과 대세지보살, 문수보살과 보현보살 등이 있음. 협시(夾侍). 협시(脇侍)
협사(挾私)명-하다자 사사로운 정(情)을 둠.
협사(挾詐)명-하다자 간사한 마음을 품음.
협살(挾殺)명-하다타 야구에서, 누(壘)와 누 사이에 있는 주자(走者)를 협공하여 아웃시키는 일. ☞병살(倂殺)
협상(協商)명-하다타 ①협의(協議) ②두 나라 이상이 어떤 일을 해결하거나 조정하기 위한 외교적 방법이나 회담. ¶한·미간의 -./휴전(休戰) -
협상=가격차(鋏狀價格差)명 독점 가격과 비독점 가격의 지수를 도표로 나타냈을 때 가위를 벌린 모양으로 나타나는 가격의 차이. 흔히, 농산물 가격과 공산품 가격간의 차이에서 나타남.

ㅎ

협서(夾書)명-하다타 글줄과 글줄 사이나 글줄의 옆에 따로 글을 적음, 또는 그 글.
협서(挾書)명-하다자 ①책을 몰래 간수함. ②지난날, 과장(科場)에 몰래 책을 가지고 가던 일.
협성(協成)명-하다타 힘을 모아서 일을 이룸.
협세(挾勢)명-하다자 남의 힘을 믿고 의지함.
협소(狹小)어기 '협소(狹小)하다'의 어기(語基).
협소-하다(狹小-)형여 ①작고 좁다. ¶경기장이 너무 -. ②사물에 대한 아량이 좁다. ¶안목이 -.
협수(夾袖)명 동달이[1]
협순(挾旬·浹旬)명 열흘 동안.
협시(夾侍)명 ①좌우에서 가까이 모시는 일, 또는 그런 사람. ②임금을 곁에서 모시는 내시(內侍). ③협사(脇士)
협시(脇侍)명 협사(脇士)
협식(挾食)명-하다자 협체(挾滯)
협실(夾室)명 곁방
협심(協心)명-하다자 여러 사람이 마음을 하나로 모음.
협심-증(狹心症)[-쯩]명 심장부에 갑자기 일어나는 심한 아픔과 발작 증세. 관상 동맥(冠狀動脈)의 경화나 경련 따위로 심장 근육에 필요한 혈액과 산소량을 충분히 보급하지 못해 일어나는데, 심장 마비의 원인이 되기도 함.
협애(狹隘)어기 '협애(狹隘)하다'의 어기(語基).
협애-하다(狹隘-)형여 ①지세(地勢)가 좁고 험하다. ②마음이 너그럽지 못하고 그릇이 좁다.
협약(協約)명-하다타 협의하여 약속함, 또는 그 약속. 특히, 국가와 국가, 단체와 단체, 단체와 개인 사이의 일에 대하여 이름. ¶노동 -/단체 -
협약(脅約)명 위협으로써 이루어진 약속이나 조약.
협약=헌:법(協約憲法)[-뻡]명 협정 헌법(協定憲法)
협업(協業)명-하다자 많은 사람이 조직적으로 노동을 분담하고 협동적으로 일함, 또는 그 일.
협연(協演)명-하다자타 ①협력하여 출연함. ②음악에서, 한 독주자(獨奏者)가 다른 독주자나 악단과 함께 연주함, 또는 그러한 연주. ¶관현악단과 -하다.
협위(脅威)명-하다타 위협(威脅)
협읍(峽邑)명 산골에 있는 고을. 산군(山郡). 산읍(山邑)
협의(協議)명-하다타 여럿이 모여 의논함. 서로 논의함. 협상(協商) ¶분쟁 해결 방안을 -하다.
협의(狹義)명 어떤 말의 뜻을 해석했을 때의 좁은 뜻. ☞광의(廣義)
협잡(挾雜)명-하다타 자기의 이익을 얻으려고 옳지 않은 방법으로 남을 속임, 또는 그 짓.
협잡-꾼(挾雜-)명 협잡질을 일삼는 사람.
협잡-물(挾雜物)명 ①협잡질로 얻은 물건. ②어떠한 물질에 섞여 그 물질을 불순하게 만드는 물질.
협잡-배(挾雜輩)명 협잡을 일삼는 무리.
협잡-질(挾雜-)명-하다자타 옳지 않은 방법으로 남을 속이는 짓.
협장(脇杖)명 다리가 온전하지 못한 사람이 걸을 때 겨드랑이에 끼고 짚는 지팡이. 목다리. 목발[1] ☞좌장
협장(狹長)어기 '협장(狹長)하다'의 어기(語基).
협장-하다(狹長-)형여 좁고 길다.
협접(蛺蝶)명 '나비[1]'의 딴이름.
협정(協定)명-하다타 ①협의하여 결정함, 또는 그 결정의 내용. ¶동업자간에 가격을 -하다. ②조약의 한 가지. 나라 사이에 문서로서 합의(合議)하는 일. ¶한·일간 어업에 관한 -. ☞협상(協商)
협정=가격(協定價格)[-까-]명 ①동업자끼리 협정한 상품의 가격. ②국제간에 협정으로 정한 무역품의 가격.
협정=세계시(協定世界時)명 통신 분야에서 사용하는 세계 표준시. 세슘 원자의 진동 수에 따른 초(秒)의 길이를 기준으로 삼음.
협정=세:율(協定稅率)명 국제간에 조약에 따라 협정한 관세율(關稅率). ☞국정 세율(國定稅率)
협정=헌:법(協定憲法)[-뻡]명 군주(君主)와 국민 사이에 협의에 따라 제정한 헌법. 의정 헌법(議定憲法). 협약 헌법(協約憲法) ☞흠정 헌법(欽定憲法)

협제(脅制)명-하다타 으르대고 억누름.
협조(協助)명-하다타 거들어 줌. 도와 줌.
협조(協調)명-하다자타 ①무슨 일을 이루는 데 서로 힘을 합하여 함. ¶생태계 보존에 각국이 -하다. ②이해 관계나 처지가 다른 상대끼리 서로 협력함. ¶핵 확산 저지를 위한 국제간의 -.
협조=융자(協助融資)명 둘 이상의 융자 기관이 동일 융자 대상 사업에 하는 융자 방식. 주로 자금 부담이 클 경우에 함.
협종(夾鐘)명 십이율(十二律)의 넷째 음. ☞육려(六呂). 육률(六律)
협종(脅從)명-하다자 위협에 눌려 복종함.
협주(協奏)명-하다자 독주 악기와 오케스트라가 함께 연주하는 일, 또는 그 연주. ☞합주(合奏)
협주-곡(協奏曲)명 피아노나 바이올린 따위 독주 악기가 중심이 되어 관현악과 합주하는 형식의 악곡. 콘체르토
협죽-도(夾竹桃)명 협죽도과의 상록 관목. 높이는 3m 안팎. 잎은 두껍고 세 개씩 돌려 남. 여름에 붉은 꽃 또는 흰 꽃이 취산(聚散) 꽃차례로 핌. 나무껍질과 뿌리는 한방에서 약재로 쓰임. 인도 원산의 관상용 식물임. 유엽도(有葉桃)
협지(夾紙)명 편지 속에 따로 적어 넣는 종이. 태지(胎紙)
협착(狹窄)어기 '협착(狹窄)하다'의 어기(語基).
협착-하다(狹窄-)형여 몹시 좁다.
협찬(協贊)명-하다타 무슨 행사 등의 취지(趣旨)에 찬동하여 돕는 일. ☞후원(後援)
협창(挾娼)명-하다자 창녀를 데리고 놂.
협채(夾彩)명-하다자타 ①채색 바탕에 채화(彩畫)를 그림. ②경채(硬彩)와 연채(軟彩)를 아울러 씀.
협체(挾滯)명-하다자 한방에서, 체증에 다른 병이 겹침을 이르는 말. 협식(挾食)
협촌(峽村)명 산골 마을.
협탈(脅奪)명-하다타 으르대어 빼앗음.
협통(脇痛)명 한방에서, 갈비뼈 부위가 결리고 아픈 증세를 이르는 말.
협판(協辦)명 ①대한 제국 때, 각부(各部)와 궁내부(宮內府)의 둘째 관직. ②조선 말, 외교·통상 관계 업무를 맡아보던 통리 교섭 통상 사무 아문(統理交涉通商事務衙門)의 한 관직.
협포(狹布)명 나비가 좁은 베.
협포(脅鉋)명 변탕
협-하다(狹-)형여《文》①지대나 지역이 좁다. ②마음이 너그럽지 못하고 좁다.
협호(夾戶)명 한 집에서 딴살림을 할 수 있도록 본채와 떨어져 있는 집채.
협호-살림(夾戶-)명-하다타 남의 집의 협호(夾戶)에 들어 사는 살림.
협화(協和)명 ①-하다자 협력하여 화합함. ②음악에서, 동시에 울린 여러 소리가 잘 조화되는 상태.
협화-음(協和音)명 어울림음 ☞불협화음
협화=음정(協和音程)명 어울림 음정 ☞불협화 음정
협회(協會)명 뜻을 같이하는 사람들이 협력하여 설립하여 이끌어 가는 단체.
혓-밑명 '섯밑'의 원말.
혓-바늘명 혓바닥에 좁쌀 모양으로 돋아 오르는 붉은 살. 보통 과로(過勞)나 열성(熱性) 질환으로 말미암아 나타남. ¶-이 돋다.
혓-바닥명 ①혀의 윗면. ②'혀'를 속되게 이르는 말.
혓-소리명〈어〉훈민정음(訓民正音)에서 이른 설음(舌音)의 고유어. 'ㄴ·ㄷ·ㄸ·ㅌ'을 가리킴.

혓-줄기명 혀의 밑동.
혓-줄때기명 '혓줄기'를 속되게 이르는 말.
형(兄)명 ①동기간(同氣間)이나 같은 항렬인 남자들 사이에서, 나이가 많은 사람을 이르는 말, 또는 나이 어린 사람이 그를 부르는 말. ②친근한 남자 사이에서, 나이가 적은 남자가 나이 많은 남자를 대접하여 이르거나 부르

는 말. ③나이가 비슷한 또래의 남자 사이에서, 서로를 존중하는 뜻으로 이르는 말. 성씨(姓氏) 아래 붙여 부르기도 함.

속담 **형만 한 아우 없다** : 경험을 많이 쌓은 형이 아무래도 아우보다는 낫게 마련이라는 말.

한자 형 형(兄) 〔儿部 3획〕 ¶가형(家兄)/장형(長兄)/친형(親兄)/형부(兄夫)/형수(兄嫂)/형제(兄弟)

형(刑)명 '형벌(刑罰)'의 준말.

형(形)명 겉으로 나타나 있는 모양.

형(型)명 ①다른 것과는 구별되며, 그것들에만 공통되는 특징을 나타내고 있는 형태. ¶같은 ―의 혈액을 구한다. ②'모형(模型)'의 준말. ③거푸집

형(桁)명 도리

-형(型)《접미사처럼 쓰이어》①'본이 되는 틀'의 뜻을 나타냄. ¶인간형(人間型)/노력형(努力型) ②'형식', '종류'의 뜻을 나타냄. ¶자유형(自由型)/혈액형(血液型)/최신형(最新型)

형각(形殼)명 겉으로 드러나 보이는 모양과 형체.

형강(型鋼)명 절단면의 모양이 일정하게 압연(壓延)한 강재(鋼材). 아이빔이나 티형강(T型鋼) 따위.

형개(荊芥)명 ①'정가'의 딴이름. ②한방에서, 정가의 말린 온 포기를 약재로 이르는 말.

형개-수(荊芥穗)명 한방에서, 말린 정가의 꽃이 달린 이삭을 약재로 이르는 말. 풍병이나 산후(産後) 감기 등에 약으로 쓰임.

형관(荊冠)명 가시 면류관

형광(螢光)명 ①'반딧불'의 딴이름. ②어떤 물질이 빛이나 엑스선 등의 방사선을 받았을 때 그 빛과는 다른 고유의 빛을 내는 현상.

형광=도료(螢光塗料)명 형광 물질이 들어 있는 도료.

형광-등(螢光燈)명 ①진공 유리관 안쪽에 형광 물질을 칠하여, 수은의 방전으로 생기는 자외선을 가시 광선으로 바꾸어 불을 밝히는 조명 장치. ②형광등이 켜지기까지 시간이 걸리는 데서, 감각이 느리거나 둔한 사람을 비유하여 이르는 말.

형광=물질(螢光物質)[―찔]명 형광을 내는 물질을 통틀어 이르는 말. 석유·납유리 따위. 형광체(螢光體)

형광-체(螢光體)명 형광 물질(螢光物質)

형광-판(螢光板)명 형광 물질을 칠한 판. 자외선이나 방사선이 닿으면 눈에 보이게 빛을 냄. 엑스선의 투과 여부 따위를 검사하는 데 쓰임.

형교(桁橋)명 철강·콘크리트 따위로 만든 도리를 수평으로 건너질러 놓은 다리. ☞현수교(懸垂橋)

형구(刑具)명 죄인의 처형이나 고문 등에 쓰이는 도구.

형국(形局)명 ①어떤 일이 벌어진 때의 형편이나 판국. ¶불리한 ―에서 벗어났다. ②관상이나 풍수지리설에서, 얼굴이나 묏자리, 집터 따위의 겉모양과 그 생김새를 이르는 말. 체국(體局)

형극(荊棘)명 ①나무의 가시. ②'고난'이나 '장애' 따위를 비유하여 이르는 말. ¶―으로 점철된 인생 역정.

형기(刑期)명 형벌의 집행 기간.

형기(形氣)명 형상과 기운.

형기(衡器)명 무게를 다는 기기.

형단영:척(形單影隻)성구 형체도 하나이고 그림자도 하나라는 뜻으로, 아무 데도 의지할 곳이 없이 몹시 외로움을 이르는 말.

형도(刑徒)명 형벌을 받는 사람, 또는 그런 무리.

형랍(型蠟)명 조각을 할 때, 형상의 본을 뜨는 데에 쓰는 송진이나 밀랍(蜜蠟) 따위의 재료.

형량(刑量)명 형벌(刑罰)의 정도. 보통 죄인이 복역해야 할 기간을 이름.

형례(刑例)명 형벌에 관한 규정.

형륙(刑戮)명-하다타 죄인을 형법에 따라 죽임.

형률(刑律)명 형법(刑法)

형리(刑吏)명 조선 시대, 지방 관아의 형방(刑房)에 딸린 아전을 이르던 말.

형림(形臨)명 본으로 삼은 글씨의 운필(運筆)이나 구성법 등을 보고 그 기법(技法)을 익히는 일.

형망제급(兄亡弟及)성구 형이 아들 없이 세상을 떠났을 때 아우가 혈통을 잇는 일을 이르는 말.

형명(刑名)명 법에서 규정한 형벌의 이름. 사형·징역·금고·구류·벌금 따위.

형명(形名)명 지난날, 군대를 지휘하거나 통신을 위하여 이용하던 여러 가지 도구. '형(形)'은 천으로 만든 깃발, '명(名)'은 징·북·방울 등을 이름.

형모(形貌)명 ①생긴 모양. ②용모(容貌)

형무(刑務)명 형벌의 집행에 관한 업무.

형무-소(刑務所)명 '교도소(矯導所)'의 이전 이름.

형문(刑問)명-하다타 ①지난날, 죄인의 정강이를 형장(刑杖)으로 치던 형벌. ②지난날, 죄인을 형장으로 치면서 저지른 죄를 캐어묻던 일. 형신(刑訊). 형추(刑推)

형방(刑房)명 ①조선 시대, 승정원과 지방 관아에 딸렸던 육방(六房)의 하나. 형전(刑典)에 관한 일을 맡아보았음. ②형방아전(刑房衙前)

형방-아전(刑房衙前)명 조선 시대, 지방 관아에 딸리어 형전(刑典)을 맡아보는 아전을 이르던 말. 형방

형배(刑配)명-하다타 지난날, 죄인을 형장으로 다스린 다음 귀양 보내는 일을 이르던 말.

형벌(刑罰)명-하다타 국가가 죄를 저지른 사람에게 제재(制裁)로써 다스림, 또는 그 제재.

한자 형벌 형(刑) 〔刀部 4획〕 ¶교수형(絞首刑)/사형(死刑)/형기(刑期)/형량(刑量)/형법(刑法)/형장(刑場)

형법(刑法)[―뻡]명 범죄와 형벌의 내용을 규정한 법률. 형률(刑律)

형부(兄夫)명 언니의 남편. ☞제부(弟夫)

형부(刑部)명 고려 시대, 육부(六部)의 하나. 법률·소송·재판 등에 관한 일을 맡아보던 관아임.

형사(刑死)명-하다자 극형(極刑)을 받아 죽음. 사형에 처해져 죽는 일을 이름.

형사(刑事)명 ①형법의 적용을 받는 일. ☞민사(民事) ②'사법 경찰(司法警察)'을 일반적으로 이르는 말.

형사(形寫)명-하다타 모양을 본떠서 베낌.

형사=미:성년자(刑事未成年者)명 형법에서, 나이 만 14세 이하의 사람을 형법상 책임 능력이 없는 것으로 보아 이르는 말.

형사-범(刑事犯)명 그 행위에 대한 법의 규정이 없다 하더라도 행위 자체가 반사회적·반도덕적 성질인 범죄. 살인·강도·방화(放火) 따위. 자연범(自然犯) ☞행정범(行政犯)

형사-법(刑事法)[―뻡]명 형사에 관한 법률을 통틀어 이르는 말. 형법, 형사 소송법, 행형법(行刑法) 따위. ☞민사법(民事法)

형사=보:상(刑事補償)명 죄가 없는 사람이 범죄 수사나 형사 재판 따위로 피해를 입은 사실이 판명되었을 때 그 손해를 국가가 보상하는 일.

형사=사:건(刑事事件)[―껀]명 형법의 적용을 받게 되는 사건. ☞민사 사건(民事事件)

형사=소송(刑事訴訟)명 형법을 위반한 사람에게 형벌을 지우기 위해 하는 소송 절차. 준형소 ☞민사 소송

형사=소송법(刑事訴訟法)[―뻡]명 형사 소송의 절차를 규율하는 법률. ☞민사 소송법(民事訴訟法)

형사=소추(刑事訴追)명 검사가 피고인을 기소하여 그 형사 책임을 추궁하는 일.

형사=시효(刑事時效)명 형사에 관한 시효. 일정 기간의 경과로 공소권(公訴權)이 소멸되는 '공소 시효'와 형의 집행권이 소멸되는 '형의 시효'로 구별됨.

형사=재판(刑事裁判)명 형사 사건에 관한 재판. ☞민사 재판(民事裁判)

형사=책임(刑事責任)명 불법 행위로 말미암아 형벌을 받아야 할 법률적인 책임. ☞민사 책임(民事責任)

형사=처:분(刑事處分)명 범죄에 대하여 형벌을 지우는 처분.

형사=특별법(刑事特別法)[-뻡] 명 형법과 형사 소송법에 관한 특별법. 국가 보안법, 부정 수표 단속법 따위. ☞민사 특별법(民事特別法)

형사=피:고인(刑事被告人) 명 범죄의 혐의를 받아, 검사로부터 기소되었으나 재판이 확정되지 않은 사람.

형살(刑殺) 명 -하다 타 사형을 집행함.

형상(形狀·形相) 명 겉으로 본 모습이나 모양. 형상(形象)

> 한자 형상 상(狀) 〔犬部 4획〕 ¶상태(狀態)/상황(狀況)/실상(實狀)/원상(原狀)/참상(慘狀)

형상(形象) 명 ①형상(形狀) ②관조(觀照)를 통하여 마음에 떠오른 대상의 모습.

형상=기억=합금(形狀記憶合金) 명 변형·가공시켜도 일정한 온도에 이르면 본래의 모습을 되찾는 합금. 니켈-티탄 합금, 구리-아연 합금, 니켈-알루미늄 합금 따위가 있으며, 인공 장기의 부품이나 항공 산업 등에 쓰임.

형상=예:술(形狀藝術)[-네-] 명 시각적인 형태를 갖춘 예술. 조각·회화 따위.

형상-화(形象化) 명 -하다 타 관념으로 있는 것을, 어떤 수단으로써 구체적인 모습으로 나타내는 일. ¶마음에 떠오른 관념을 그림으로 -한 작품.

형색(形色) 명 ①생긴 모양과 빛깔. ②얼굴 모습과 표정.

형석(螢石) 명 불화칼슘으로 이루어진 광물. 유리 광택이 나는 결정(結晶)으로 가열하면 인광(燐光)을, 자외선을 쬐면 형광(螢光)을 냄.

형석-채(螢石彩) 명 도자기에 입히는, 홍채가 나는 잿물.

형설(螢雪) 명 반딧불과 눈빛으로 공부했다는 차윤(車胤)과 손강(孫康)의 고사에서, 갖은 고생을 하면서도 꾸준히 학문을 닦음을 이르는 말.

형설지공(螢雪之功) 성구 고생을 하면서도 꾸준히 공부하여 보람 있는 결과를 얻음을 이르는 말.

형성(形成) 명 -하다 자타 어떤 모양을 이룸, 또는 어떤 모양으로 이루어짐. ¶새 주택지가 -되다.

형성(形聲) 명 한자(漢字)의 구성을 설명하는 여섯 가지 분류의 하나. 음성(音聲)을 나타내는 한자와 뜻을 나타내는 한자를 결합하여 새로운 뜻을 나타내는 하나의 한자를 이루는 방법. '河', 銅', '簡', '草' 따위. ☞육서(六書). 전주(轉注)

형성=가격(形成價格)[-까-] 명 가격을 구성하는 요소에 이윤을 더하여 국가가 인위적으로 정한 가격.

형성-권(形成權)[-꿘] 명 권리자의 일방적 의사 표시에 따라 일정한 법률 효과를 발생시키거나 소멸시키거나 하는 권리. 인지권·추인권·취소권·해제권 따위.

형성-층(形成層) 명 식물의 줄기나 뿌리의 물관부와 체관부 사이에 있는 분열 조직. 세포 분열을 하여 안쪽에 물관부, 바깥쪽에 체관부를 만듦. 부름켜 ☞관다발

형세(形勢) 명 ①생활의 경제적인 형편. ¶오랜 고생 끝에 -가 좀 나아졌다. ②어떠한 일의 형편이나 상태. ¶축대가 곧 무너질듯 한 -다. ③풍수지리설에서, 산의 모양과 지세(地勢)를 이르는 말.

> 한자 형세 세(勢) 〔力部 11획〕 ¶기세(氣勢)/대세(大勢)/시세(時勢)/정세(情勢)/형세(形勢)

형소(刑訴) 명 '형사 소송(刑事訴訟)'의 준말.

형수(兄嫂) 명 형의 아내.

형승(形勝) 어기 '형승(形勝)하다'의 어기(語基).

형승지지(形勝之地) 명 경치가 뛰어나게 아름다운 땅.

형승-하다(形勝-) 형여 지세나 경관이 뛰어나다.

형식(形式) 명 ①사물의 겉에 나타나 있는 모양. 겉모양. 외형(外形) ¶-이 일정하게 정해진 시. ②격식이나 절차. ¶전래된 -에 따른 제례(祭禮). ③여러 가지 요소를 내용으로 담고 있는, 바탕이 되는 틀. ☞내용

형식=논리학(形式論理學) 명 개념이나 판단·추론(推論) 따위, 사유의 형식적인 면을 연구하는 논리학.

형식-론(形式論) 명 형식을 중시하는 이론.

형식-미(形式美) 명 예술 작품에서, 조화나 균형·통일 따위와 같이 형식적인 면에 나타난 아름다움. ☞내용미(內容美)

형식-범(形式犯) 명 거동범(擧動犯)

형식-법(形式法) 명 절차법(節次法)

형식-어(形式語) 명 〈어〉단어로서 실질적인 뜻을 지니고 있지 않은 말. 곧 조사를 가리킴.

형식-적(形式的) 명 형식일 뿐 내용이 없는 것. ¶-인 인사말. ☞실질적(實質的)

형식-주의(形式主義) 명 ①사물의 내용 면을 가벼이 여기고 형식을 중히 여기는 태도. ¶-에 빠지다. ②미학(美學)에서, 감각적인 내용미를 부정하고 표현의 형식에서 미(美)의 원리를 구하려 하는 태도.

형식=형태소(形式形態素) 명 〈어〉단어로 분류되는 뜻을 지닌 말이 아니고, 실질 형태소(實質形態素)에 붙어 말과 말 사이의 문법적 관계를 나타내는 말. 조사나 어미를 이름. 허사(虛辭) ☞실질 형태소

형신(刑訊) 명 -하다 타 형문(刑問)

형안(炯眼) 명 ①날카롭게 빛나는 눈. ②사물의 본질을 꿰뚫어 보는 날카로운 관찰력.

형:안(螢案) 명 공부하는 데 쓰는 책상.

형언(形言) 명 -하다 타 형용해 말함. ¶-할 수 없는 감동.

형역(形役) 명 몸이 마음을 부린다는 뜻으로, 정신이 물질의 지배를 받음을 이르는 말.

형영(形影) 명 형체와 그림자라는 뜻으로, 늘 함께 있으며 떠나지 않음을 비유하여 이르는 말.

형영:상동(形影相同) 성구 형체의 곧고 굽음에 따라 그림자도 곧고 굽는다는 뜻으로, 마음먹은 바가 그대로 행동으로 드러남을 이르는 말.

형영:상조(形影相弔) 성구 자기의 몸과 그림자가 서로 딱하게 여기고 위로한다는 뜻으로, 찾아오는 이가 없이 고독하고 쓸쓸한 처지를 이르는 말.

형옥(刑獄) 명 형벌과 감옥을 아울러 이르는 말.

형용(形容) 명 ①생긴 모양. ②-하다 타 사물의 어떠함을 몸짓이나 말·글 따위의 표현 수단으로 나타냄.

형용사(形容詞) 명 〈어〉품사(品詞)의 하나. 활용(活用)이 있는 말로 사물의 성질이나 상태 등을 나타내는 단어. '어질다, 위태롭다, 둥글다' 등과 같은 말. 그림씨 ☞관형사(冠形詞). 용언(用言)

> ▶ **형용사에 없는 활용형**(活用形)
> ○ 명령형 — 착하라(×)/착하게(×)
> ○ 청유형 — 예쁘자(×)/예쁘세(×)
> ○ 부사형 — '-고': 맑고 있다. (×)/예쁘고 싶다. (×)/기쁘고 싶다. (×)
> ○ 목적형 — 몸이 검으러 왔다. (×)
> ○ 의도형 — 몸을 튼튼하려 달린다. (×)

형용사-구(形容詞句) 명 〈어〉형용사가 중심이 되는 말로 이루어진 구(句). '물이 아주 맑다.'나 '아주 맑은 물'에서 '아주 맑-'과 같은 구성의 말.

형우제:공(兄友弟恭) 성구 형은 아우를 사랑하고, 아우는 형을 공경한다는 뜻으로, 형제간에 우애 있게 지냄을 이르는 말.

형이상(形而上) 명 형체가 없어, 보통의 사물처럼 감각적으로는 그 존재를 알 수 없는 것. 곧 시간이나 공간을 초월한 관념적인 것. ☞형이하(形而下)

형이상-학(形而上學) 명 사물의 본질이나 존재의 근본 원리 따위를 사유(思惟)나 직관으로 연구하는 학문. ☞형이하학

형이하(形而下) 명 형체를 갖추고 있어서, 감각적으로 그 존재를 알 수 있는 것. 곧 시간이나 공간 속에 있는 물질적인 것. ☞형이상(形而上)

형이하-학(形而下學) 명 형체가 있는 사물에 관한 학문. 물리학·동물학·식물학 따위의 자연 과학을 이름. ☞형이상학

형장(刑杖) 명 곤장(棍杖)

형장(刑場) 명 사형을 집행하는 곳. 사형장(死刑場)

형장(兄丈) 대 나이가 엇비슷한 벗 사이에서 상대편을 높이어 일컫는 말.

형적(形迹)명 사물의 남은 흔적. ¶ -조차 찾을 길 없다.
형전(刑典)명 지난날, 육전(六典) 가운데서 형조(刑曹)의 소관 사항을 규정한 법전(法典)을 이르던 말.
형정(刑政)명 형사(刑事)에 관한 행정.
형제(兄弟)명 ①형과 아우. 곤계(昆季). 곤제(昆弟). 동근(同根) ②동기(同氣)

> ▶ **형제 자매의 배우자의 호칭(呼稱)과 지칭(指稱)**
> ○ 아주머니(형수님)— 시동생이 형의 아내를 부를 때.
> ○ 형수씨 — 남에게 자기의 형수를 가리켜 말할 때.
> ○ 제수씨 — 동생의 아내를 부를 때.
> ○ 제수 — 집안 어른에게 동생의 아내를 말할 때.
> ○ 언니 — 시누이가 오라비의 아내를 부를 때.
> ○ 올캐(새댁)— 시누이가 남동생의 아내를 부를 때.
> ○ 매부(妹夫)— 누이동생의 남편을 부를 때.
> ○ 자형(姉兄)— 손위 누이의 남편을 부를 때.
> ○ 매제(妹弟)— 누이동생의 남편을 남에게 말할 때.
> ○ 형부(兄夫)— 누이동생이 언니의 남편을 부를 때.

형제지국(兄弟之國)명 국교가 매우 두터운 나라, 또는 혼인 관계가 있는 나라.
형제지의(兄弟之誼)명 형제간처럼 지내는 벗 사이의 깊은 우의.
형조(刑曹)명 고려·조선 시대, 육조(六曹)의 하나. 법률·사송(詞訟)·형옥(刑獄) 등의 일을 맡아보았음.
형조=판서(刑曹判書)명 조선 시대, 형조의 으뜸 관직. 품계는 정이품임. 준 형판(刑判)
형죄(刑罪)명 형벌을 받아야 할 죄.
형지(形止)명 ①어떤 일이 일어나서 진행되어 온 과정. ②일이 되어 가는 형편.
형지(型紙)명 본
형질(形質)명 ①사물의 생긴 모양과 본바탕. ②생물을 분류하는 기준이 되는 여러 가지 형태상의 특질. 특히 표현형으로서 다음 세대에 나타나는 유전적 성질.
형질=세:포(形質細胞)명 장(腸) 점막이나 림프절 따위에 밀집한 림프구가 변형된 특수 세포. 면역 항체를 생산함. 플라스마 세포
형질=인류학(形質人類學)명 인간을 생물학적 대상으로 삼아 연구하는 학문. 인간의 진화·변이·적응 따위를 연구하는 분야임. 자연 인류학 ☞문화 인류학
형징(刑懲)명-하다타 형벌로써 징계함.
형:찰(詗察)명-하다타 넌지시 엿보며 살핌.
형:창(螢窓)명 ①공부하는 방의 창. ②학문을 닦는 곳.
형처(荊妻)명 편지 글에서, 남에게 자기의 아내를 낮추어 이르는 말. 우처(愚妻)
형체(形體)명 사물의 겉모양과 바탕.
형추(刑推)명-하다타 형문(刑問)
형:탐(詗探)명-하다타 엿보아 가면서 샅샅이 찾음.
형태(形態)명 ①사물의 생긴 모양. 생김새 ¶여러 가지의 -. ②심리학에서, 대상을 여러 요소의 집합체가 아닌, 전체적으로 통합된 하나의 유기체로 본 것.
형태-론(形態論)명〈어〉언어학의 한 분야. 단어의 구성이나 단어의 형태 변화 등을 연구하는 학문. 어형론(語形論). 품사론(品詞論)
형태-소(形態素)명〈어〉일정한 음과 뜻을 지닌 말의 가장 작은 단위. '해, 달, 물, 불'이나 '잊다, 높다'의 '잊-, 높-, -다' 따위. '-다'는 형식 형태소이고 그 밖의 것은 실질 형태소임.
형태-학(形態學)명 생물학의 한 분야. 생물체의 형태 구조를 연구하는 학문. 연구 대상이나 목적에 따라 조직학·세포학·발생학 등으로 나뉨. ☞생리학(生理學)
형통(亨通)명-하다자 모든 일이 뜻대로 잘 되어 감.

> 한자 **형통할 형**(亨)〔亠部 5획〕¶만사형통(萬事亨通)

형-틀(刑-)명 지난날, 죄인을 신문할 때 앉히던 형구.
　속담 **형틀 지고 와서 볼기 맞는다** : 가만히 있으면 탈이 없을텐데 제가 서둘러서 화를 부르고 고생한다는 말.

ㅎ

형-틀(型-)명 거푸집
형판(刑判)명 '형조 판서(刑曹判書)'의 준말.
형편(形便)명 ①일이 되어 가는 모양이나 결과. ¶사태의 -을 지켜보다. ②살림살이의 형세. ¶-이 날로 펴이다. ③땅의 평형.

> 한자 **형편 황**(況)〔水部 5획〕¶개황(槪況)/근황(近況)/상황(狀況)/실황(實況) ▷ 속자는 况

형편-없:다(形便-)[-업-]형 ①일의 경과나 결과 따위가 매우 좋지 못하다. ¶노력은 했건만 결과는 -. ②견줄 바 없이 나쁘다. ¶인간성이 -.
　형편-없이부 형편없게
형평(衡平)명 균형이 잡혀 있는 일. ☞수평(水平)
형해(形骸)명 ①사람이나 동물의 몸. ②건물 따위의 뼈대. ¶-도 알아볼 수 없이 파괴되다. ③송장 ④실질적인 내용은 없이 형식만 남아 있는 것. ¶낡은 제도의 -.
형향(馨香)명 꽃다운 향기.
형형(炯炯)어기 '형형(炯炯)하다'의 어기(語基).
형형(熒熒)어기 '형형(熒熒)하다'의 어기(語基).
형형-색색(形形色色)명 모양과 종류가 다른 가지가지. ¶-의 조명등. ☞가지각색
형형-하다(炯炯-)형여 눈빛이 빛나면서도 날카롭다. ¶그의 형형한 눈빛에 모두 압도되다.
　형형-히부 형형하게
형형-하다(熒熒-)형여 빛이 반짝반짝 빛나면서 밝다. ¶밤하늘의 형형한 별빛.
　형형-히부 형형하게
형:화(螢火)명 '반딧불'의 딴이름.
혜:(慧)명 불교에서, 사리를 분별하는 지혜를 이르는 말.
혜:감(惠鑑)명 자기의 저서나 작품을 남에게 보낼 때에 '잘 보아 주십시오'라는 뜻으로, 받는 이 이름 다음에 쓰는 한문 투의 말. 유 혜존(惠存)
혜:검(慧劍)명 불교에서, 일체의 번뇌를 끊어 버리는 지혜를 날카로운 검에 비유하여 이르는 말.
혜:고(惠顧)명-하다자타 ①잘 보살펴 줌. ②남을 높이어, 그가 찾아옴을 이르는 말. 왕림(枉臨). 혜래. 혜림
혜:교(慧巧)명 밝은 지혜와 교묘한 재주.
혜:근(慧根)명 불교에서 이르는 오근(五根)의 하나. 진리를 깨닫게 하는 힘이 있다는 뜻으로, 지혜(智慧)를 이름.
혜:념(惠念)명-하다자타 주로 편지 글에서, 상대편이 나를 돌보아 주는 생각이라는 뜻으로 쓰는 한문 투의 말.
혜:당(惠堂)명 '선혜 당상(宣惠堂上)'의 준말.
혜:란(惠蘭)명 난초과의 여러해살이풀. 잎은 길고 빳빳하며, 꽃은 부연 빛깔인데 늦은 봄에 한 줄기에 열 개 가량씩 핌.
혜:래(惠來)명-하다자타 혜고(惠顧)
혜:량(惠諒)명-하다타 '널리 살펴서 헤아림'의 뜻으로, 편지 글 따위에 쓰는 한문 투의 말.
혜:력(慧力)명 ①불교에서 이르는 오력(五力)의 하나. 번뇌를 끊을 수 있다는 지혜의 힘을 이르는 말. ☞신력(信力) ②불교에서, 욕계(欲界)·색계(色界)·무색계(無色界)의 유혹을 물리치고 번뇌가 없는 순수한 무루(無漏) 지혜를 내는 힘을 이르는 말. ③불교에서, 사제(四諦)의 이치를 깨닫게 되는 일을 이르는 말.
혜:림(惠臨)명-하다자타 혜고(惠顧)
혜:명(慧命)명 ①지혜를 생명에 비유하여 이르는 말. ②불법의 맥을 이어 가는 중을 높여 이르는 말.
혜:무(惠撫)명-하다타 은혜를 베풀고 위로함.
혜:민(慧敏)어기 '혜민(慧敏)하다'의 어기(語基).
혜:민-국(惠民局)명 고려·조선 시대, 가난한 백성의 병을 고쳐 주는 관아를 이르던 말.
혜:민-서(惠民署)명 조선 시대, '혜민국(惠民局)'을 고친 이름.
혜:민-원(惠民院)명 대한 제국 때, 가난한 백성을 구호하고 병을 고쳐 주는 관아를 이르던 말.
혜:민-하다(慧敏-)형여 슬기롭고 총명하다.
혜:분난비(蕙焚蘭悲)성구 혜란(蕙蘭)이 불에 타니 난초가 슬퍼한다는 뜻으로, 벗의 불행을 슬퍼함을 비유하여

이르는 말. ☞송무백열(松茂柏悅)
혜:사(惠賜)명-하다타 은혜로 무엇을 베풀어 줌. 혜여(惠與)
혜:서(惠書)명 남을 높이어, 그의 편지를 이르는 말. 혜음(惠音). 혜찰(惠札). 혜한(惠翰). 혜함(惠函)
혜:성(彗星)명 ①태양계에 딸린 작은 천체(天體). 포물선 또는 쌍곡선의 궤도를 그리며 운동함. 꼬리별. 살별. 미성(尾星). 추성(帚星) ②어떤 분야에서 갑자기 나타나 뛰어나게 드러남을 비유하여 이르는 말. ¶ －처럼 등장한 신예 작가.
혜:성(慧性)명 슬기롭고 총명한 성품.
혜:성가(彗星歌)명 신라 진평왕 때, 융천사(融天師)가 지은 십구체 향가. 혜성(彗星)이 나타나 심대성(心大星)을 범(犯)하므로 이 노래를 지어 불렀더니 그 괴변(怪變)이 없어졌다 함. '삼국유사(三國遺事)'에 실려 전함.
혜:시(惠示)명-하다타 상대편이 알려 주기를 부탁하는 뜻으로, 주로 편지 글에 쓰는 한문 투의 말.
혜:시(惠施)명-하다타 은혜를 베풀어 줌.
혜:심(慧心)명 슬기로운 마음.
혜:안(慧眼)명 ①사물의 실상을 식별하는 슬기로운 눈. ②불교에서 이르는 오안(五眼)의 하나. 차별이나 망집(妄執)을 버리고 진리를 통찰하는 눈.
혜:애(惠愛)명-하다타 은혜롭게 사랑을 베풂.
혜:여(惠與)명-하다타 혜사(惠賜)
혜:오(慧悟)명-하다타 슬기롭게 깨달음.
혜:육(惠育)명-하다타 은혜로써 기름.
혜:음(惠音)명 혜서(惠書)
혜:인(惠人)명 조선 시대, 외명부 품계의 하나. 정사품과 종사품 종친(宗親)의 아내에게 내린 봉작. ☞영인(令人)
혜:전(惠展)명 '펴서 읽어 주십시오'의 뜻으로, 주로 편지 겉봉에 쓰는 한문 투의 말.
혜:존(惠存)명 자기의 저서나 작품을 남에게 보낼 때에 '받아 간직하여 주십시오'의 뜻으로, 받는 이의 이름 밑에 쓰는 한문 투의 말. 유 혜감(惠鑑)
혜:지(慧智)명 뛰어난 지혜.
혜:찰(惠札)명 혜서(惠書)
혜:택(惠澤)명 은혜와 덕택을 아울러 이르는 말.
혜:풍(惠風)명 ①화창한 봄바람. ②팔풍(八風)의 하나. '남동풍(南東風)'을 달리 이르는 말. ③'음력 삼월'을 달리 이르는 말. 앵월(櫻月)
혜:한(惠翰)명 혜서(惠書)
혜:함(惠函)명 혜서(惠書)
혜:화(惠化)명-하다타 은혜를 베풀어 교화함.
혜:화문(惠化門)명 홍화문(弘化門)의 바뀐 이름. 동소문(東小門)이라고도 함.
혜:휼(惠恤)명-하다타 자비심으로써 돌보아 줌.
호:부 입을 오므리어 입김을 내부는 소리를 나타내는 말. ☞하[2]. 후
호:(戶)명 호적상의 가족으로 구성된 '집'을 이르는 말. 의 ①집을 세는 단위. ¶한옥 22－. ②바둑에서, 집을 세는 단위. ¶4－ 반 공제.
호(弧)명 원주(圓周), 또는 곡선상에 있는 두 점 사이의 부분.
호(胡)명 ①고대 중국에서 북방과 서방의 이민족(異民族)을 이르던 말. ②지난날, 우리 나라에서 여진족(女眞族)을 이르던 말.
호(毫)[1]명 붓의 털끝.
호:(號)명 ①'아호(雅號)'의 준말. 별호(別號) ☞자(字)[1] ②세상에 널리 드러난 이름. ¶효자로 －가 나다.
호(壕)명 '참호(塹壕)'의 준말.
호(濠)명 성벽 둘레에 도랑을 파서 물을 실어 놓은 곳.
호(毫)[2]의 ①척관법의 길이 단위의 하나. 1호는 1리(厘)의 10분의 1로 약 0.03mm임. ②척관법의 무게 단위의 하나. 1호는 1리(厘)의 10분의 1로 3.75mg임. 모(毛)[2]
호:(號)의 ①어떠한 사물의 차례를 나타내는 말. ¶305－강의실./204번지 3－. ②활자의 크기를 나타내는 단위. ¶5－ 활자. ③화포(畫布)의 크기를 나타내는 단위. ¶200－짜리의 산수화(山水畫).
호:(毫)[3]수 모(毛)[3]

호:(好)-《접두사처럼 쓰이어》'좋은', '알맞은'의 뜻을 나타냄. ¶호경기(好景氣)/호조건(好條件)/호시절(好時節)/호적수(好敵手)
호:가(好價)[－까]명 좋은 값.
호가(呼價)[－까]명-하다타 팔거나 사려는 물건의 값을 부름. ¶천만 원을 －하는 도자기.
호가(胡笳)명 풀잎피리
호가(扈駕)명-하다자 지난날, 임금이 탄 수레를 호위하여 따르는 일을 이르던 말.
호가호:위(狐假虎威)성구 여우가 범의 위세를 빌려 호기를 부린다는 뜻으로, 남의 권세에 의지하여 위세를 부림을 비유하여 이르는 말.
호:각(互角)명 〔소의 양쪽 뿔이 길이나 크기의 차가 없듯이〕 양편의 역량이 낫고 못함의 차가 없음을 뜻하는 말.
호:각(號角)명 불어서 소리를 내어 신호용으로 쓰는 작은 물건. 뿔·쇠붙이 따위로 만듦. ☞호루라기
호:각지세(互角之勢)명 서로 엇비슷한 형세.
호:감(好感)명 '호감정(好感情)'의 준말. ¶ －이 가는 인물. ☞악감(惡感)
호:-감정(好感情)명 좋게 여기는 감정. 준 호감(好感) ☞악감정(惡感情)
호강명-하다자 호화롭고 편안한 삶을 누림, 또는 그 삶. ¶아들 덕에 －한다./말년에 －을 누리다. ☞호사(豪奢)
호강(豪強)어기 '호강(豪強)하다'의 어기(語基).
호강-스럽다(－스럽고·－스러워)형ㅂ 호화롭고 편안한 삶을 누리는듯 하다.
호강-스레부 호강스럽게
호강-첩(－妾)명 부잣집에 들어가 호화롭고 편안하게 지내는 첩.
호강-하다(豪強－)형여 세력 따위가 뛰어나게 세다.
호객(呼客)명-하다자 물건 따위를 팔기 위하여 손을 끌어들임, 또는 그런 짓. ¶－ 행위 금지
호객(豪客)명 ①씩씩하고 당당한 기상이 있는 사람. ②힘을 뽐내는 사람.
호:거(好居)명-하다자 살림이 넉넉하여 잘삶.
호:건(好件)[－껀]명 좋은 물건.
호건(豪健)어기 '호건(豪健)하다'의 어기(語基).
호건-하다(豪健－)형여 기상이 남다르게 굳세다.
호걸(豪傑)명 지혜와 용기가 뛰어나고 도량과 높은 기상을 가진 사람.

한자 호걸 호(豪) 〔豕部 7획〕 ¶호걸(豪傑)/호기(豪氣)/호방(豪放)/호탕(豪宕)

호걸-남자(豪傑男子)명 남다르게 호걸스러운 사나이.
호걸-스럽다(豪傑－)(－스럽고·－스러워)형ㅂ 호걸다운 데가 있다. ¶호걸스럽게 껄껄 웃다.
호걸-스레부 호걸스럽게
호걸-풍(豪傑風)명 호걸다운 기풍이나 풍모.
호격(呼格)[－껵]명〈어〉명사 자리의 하나. 부름 말의 자리를 이름. '어머니, 어디 계십니까?', '아가, 이리 오너라.'에서 '어머니', '아가'가 이에 해당함.
호격=조:사(呼格助詞)[－껵－]명〈어〉의미상으로 구별한 격조사(格助詞)의 한 가지. 부름의 자리에 있게 하는 조사. '사랑하는 아들아.', '새야 새야 파랑새야.'에서 '-아', '-야'가 이에 해당함.
호:경(好景)명 좋은 경치. 유 가경(佳景)
호:-경기(好景氣)명 ①경기가 좋음. ②매매나 거래 따위의 경제 활동이 활발한 상태. ☞불경기(不景氣)
호:고(好古)명-하다자 옛것을 좋아함.
호:고-가(好古家)명 옛것을 좋아하는 사람.
호-고추(胡－)명 중국 동북 지방에서 나는 고추.
호:곡(號哭)명-하다자 목놓아 슬피 욺, 또는 그 울음.
호:곡-성(號哭聲)명 목놓아 슬피 우는 울음소리.
호:골(虎骨)명 범의 뼈. 한방에서 근골(筋骨)을 튼튼하게 하는 데나 관절 신경통 등에 약재로 쓰임.
호:과(好果)명 좋은 결과.

호과(胡瓜)명 '오이'의 딴이름.
호과(瓠果)명 박과에 딸린 식물의 열매. 장과(漿果)와 비슷하나 껍질이 단단함. 오이·참외·수박 따위.
호:관(好官)명 좋은 관직. 미관(美官)
호광(弧光)명 두 전극(電極)을 접촉시켰다가 뗄 때, 두 전극 사이에 일어나는 활 모양의 빛. ☞전호(電弧)
호광-등(弧光燈)명 아크등
호광-로(弧光爐)명 호광에서 나는 열을 이용한 전기로.
×**호구**명 →괴통
호:구(戶口)명 호적상 집의 수와 식구 수.
호:구(虎口)명 ①범의 아가리라는 뜻으로, 매우 위태로운 처지나 형편을 비유하여 이르는 말. ¶-를 벗어나다. ②바둑에서, 석 점의 같은 빛깔의 돌로 둘러싸이고 한쪽만 트인 그 속을 이르는 말.
호구(糊口·餬口)명-하다자 입에 풀칠을 한다는 뜻으로, 겨우 끼니를 이으며 삶을 이르는 말.
호:구(護具)명 태권도나 검도 등의 경기에서, 몸을 보호하기 위하여 머리에 쓰거나 몸의 일부를 가리는 용구.
호:구-만:명(戶口萬明)명 민속에서, 천연두로 죽은 사람의 귀신을 이르는 말.
호:구-별성(戶口別星)[-썽]명 민속에서, 집집마다 찾아다니며 천연두를 앓게 한다는 여자 귀신을 이르는 말. 두신(痘神) 준별성(別星) 높별성마마
호:구=조사(戶口調査)명 호적상 집의 수와 가족의 실태 등을 조사하는 일.
호구지계(糊口之計)명 호구지책(糊口之策)
호구지책(糊口之策)명 끼니를 거르지 않고 살아갈 방책. 호구지계(糊口之計) ¶-을 마련하다. 준호구책
호구-책(糊口策)명 '호구지책(糊口之策)'의 준말.
호국(胡國)명 ①미개한 야만인의 나라. ②지난날, 중국의 북방 민족이 세운 오랑캐 나라를 이르던 말.
호:국(護國)명-하다자 나라를 지킴. ¶- 정신
호군(犒軍)명-하다타 호궤(犒饋)
호:군(護軍)명 ①조선 시대, 오위(五衛)에 딸린 정사품 무관 관직. ②고려 말기에, '장군(將軍)'을 고쳐 이르던 이름.
호:굴(虎窟)명 ①범이 사는 굴. ②매우 위험한 곳을 비유하여 이르는 말. 범굴. 호혈(虎穴)
호궁(胡弓)명 동양에서 쓰이는 현악기의 한 가지. 긴 자루가 달린 울림통에 둘 또는 네 가닥의 현을 매어 말총으로 맨 활로 켜서 연주함.
호궤(犒饋)명-하다타 음식물을 베풀어 군사들을 위로함. 호군(犒軍)
호:기(好奇)명-하다자 신기한 것을 좋아함.
호:기(好期)명 알맞은 좋은 시기. ¶-를 넘기다.
호:기(好機)명 무슨 일을 하는 데 좋은 기회. 호기회(好機會) ¶좀처럼 만나기 어려운 -이다.
호기(虎旗)명 조선 시대 군기(軍旗)의 한 가지. 오방(五方)에 따라 청(靑)·백(白)·적(赤)·북(北)·황(黃)의 오색을 취하여 한 방위에 두 개씩 열 개를 진문(陣門) 밖에 세워 두었음.
호기(呼氣)명 코나 입을 통해 내쉬는 숨. 날숨 ☞흡기(吸氣)
호:기(號旗)명 신호를 하는 데 쓰는 기.
호기(豪氣)명 ①호방한 기상. ②거드럭거리는 기운. ¶-를 부리다.
호기-롭다(豪氣-)(-롭고·-로워)형ㅂ ①기상이 호방한 데가 있다. ②거드럭거리며 뽐내는 티가 있다.
　호기-로이부 호기롭게
호기-상(呼氣像)명 찬 유리 따위에 입김을 불었을 때, 입김이 어리어 나타나는 상.
호:기-성(好氣性)[-썽]명 세균 따위 미생물이 산소를 좋아하여 공기 속에서 잘 자라는 성질. ¶- 세균 ☞혐기성(嫌氣性)
호기-스럽다(豪氣-)(-스럽고·-스러워)형ㅂ 보기에 호기로운듯 하다.
　호기-스레부 호기스럽게
호:기-심(好奇心)명 새롭거나 신기한 것에 끌리는 마음. ¶-을 자극하다./-에 찬 눈.
호:-기회(好機會)명 호기(好機)
호-나복(胡蘿蔔)명 '당근'의 딴이름.
호:남(好男)명 호남아(好男兒)
호남(湖南)명 김제(金堤) 벽골제(碧骨堤)의 남쪽이라는 뜻에서, 흔히 전라도 일대를 이르는 말. ☞호서(湖西)
호:-남아(好男兒)명 ①씩씩하고 쾌활하며 풍채가 좋은 남자. ②미남자(美男子). 호남(好男). 호남자(好男子)
호:-남자(好男子)명 호남아(好男兒)
호녀(胡女)명 ①만주족 여자. ②지난날, 중국 여자를 낮잡아 이르던 말.
호:념(護念)명 불교에서, 부처나 보살이 선행(善行)을 닦는 중생을 늘 잊지 않고 보살펴 줌을 이르는 말.
호노-자식(胡奴子息)명 호래자식
호노-한:복(豪奴悍僕)명 지난날, 고분고분하지 않고 몹시 드센 하인을 이르던 말.
호농(豪農)명 큰 규모로 짓는 농사, 또는 그렇게 농사를 짓는 농가. 대농(大農)
호:다타 헝겊을 여러 겹 겹쳐서 땀을 성기게 꿰매다.
호단(毫端)명 붓끝
호:담(虎膽)명 범의 쓸개. 한방에서, 식욕 부진이나 어린 아이의 경풍(驚風) 따위에 약재로 쓰임.
호담(豪膽)어기 '호담(豪膽)하다'의 어기(語基).
호:-담자(虎毯子)명 범의 가죽 무늬를 그려 넣은 담요.
호담-하다(豪膽-)형여 매우 담대하다.
호:당(戶當)명 집마다 배당된 몫.
호당(湖堂)명 '독서당(讀書堂)'을 달리 이르는 말.
호:대(戶大)명 술을 많이 마시는 사람. ☞술고래
호:대(浩大)어기 '호대(浩大)하다'의 어기(語基).
호:대-하다(浩大-)형여 매우 넓고 크다.
호도(胡桃)명 '호두'의 원말.
호도(弧度)명 '라디안(radian)'의 구용어.
호도(糊塗)명-하다타 풀을 바른다는 뜻으로, 일을 분명하게 처리하지 않고 일시적으로 얼버무려 넘김을 이르는 말. ¶국민에게 사건의 실상을 -하다.
호도깝-스럽다(-스럽고·-스러워)형ㅂ 말이나 행동이 경망하고 조급한 데가 있다.
　호도깝-스레부 호도깝스럽게
호도-법(弧度法)[-뻡]명 라디안을 단위로 하여 중심각을 나타내는 법.
호되다형 매우 심하다. ¶호된 비판./호되게 당하다.
호두(∠胡桃)명 호두나무의 열매. 속살은 맛이 고소하며 지방이 많음. 약으로 쓰기도 하고 기름을 짜기도 함. 당추자(唐楸子) 원호도(胡桃)
호:두-각(虎頭閣)명 지난날, 의금부(義禁府)에서 죄인을 신문(訊問)하던 곳.
　속담 **호두각 대청(大廳) 같다**: 속을 알아차릴 수 없을 정도로 마음이 음흉함을 이르는 말.
호:두각-집(虎頭閣-)명 대문의 지붕이 가로로 되지 않고 의금부의 호두각 모양을 본떠 용마루 머리빼기 밑에 문을 낸 집.
호두-나무(∠胡桃-)명 가래나뭇과의 낙엽 활엽 교목. 높이는 20m 안팎이며 가지는 굵고 사방으로 퍼짐. 껍질은 회백색이고 10월경에 열매인 호두가 익음. 열매는 먹을 수 있고, 나무는 가구재 따위로 쓰임. 중국 원산으로 우리 나라에서는 중부 이남에서 재배함.
호두-잠(∠胡桃簪)명 옥비녀의 한 가지. 흑각(黑角)·칠보(七寶) 따위로 대가리를 호두의 모양으로 깎아 만듦.
호두-죽(∠胡桃粥)명 죽의 한 가지. 속껍질을 벗긴 호두 속살을 쌀과 함께 물에 불린 다음 갈아서 쑨 죽.
호드기명 물오른 버들가지를 잘라 고루 돌리어 빼낸 껍질이나 밀짚 토막 따위로 만든 피리.
호드득부 ①콩이나 깨 따위를 볶을 때 작게 튀는 소리를 나타내는 말. ②검불 따위가 작은 불똥을 튀기며 타는 소리는 나타내는 말. ③가는 빗방울 따위가 한 차례 떨어지는 소리를 나타내는 말. ☞후드득

호드득-거리다(대다) 자 자꾸 호드득 소리가 나다. ☞ 후드득거리다

호드득-호드득 부 호드득거리는 소리를 나타내는 말. ☞후드득후드득

호들갑 명 방정맞고 경망스럽게 하는 말이나 행동.

호들갑(을) 떨다 관용 호들갑스러운 짓을 하다.

호들갑-스럽다(-스럽고·-스러워) 형ㅂ 말이나 하는 짓이 방정맞고 경망한 데가 있다. ¶호들갑스럽게 떠들어대다.

호들갑-스레 부 호들갑스럽게

호등(弧燈) 명 아크등

호-떡(胡-) 명 밀가루 반죽에 설탕 따위를 넣고 둥글넓적하게 만들어 구운 중국식 떡의 한 가지.

속담 **호떡 집에 불난 것 같다** : 질서 없이 마구 떠들어대는 모양을 이르는 말.

호:락(虎落) 명 ①지난날, 범의 침입을 막으려고 치던 대나무 울타리. ②옛 중국 외번(外藩)의 한 종족.

호락-질 명-하다 자 남의 힘을 빌리지 않고 가족끼리 또는 혼자 힘으로 짓는 농사.

호락-호락 부-하다 형 사람이 어설프거나 버티는 힘이 약하여 다루기가 만만함을 나타내는 말. ¶- 물러서지 않는다./- 넘어가지 않는다./-하지 않은 사람.

호란(胡亂)[1] 명 호인(胡人)들이 일으킨 병란(兵亂).

호란(胡亂)[2] 어기 '호란(胡亂)하다'의 어기(語基).

호란-하다(胡亂-) 형여 뒤섞이어 어수선하다.

호:랑(虎狼) 명 ①범과 이리를 아울러 이르는 말. ②욕심 많고 잔인한 사람을 비유하여 이르는 말.

호:랑-가시나무 명 감탕나뭇과의 상록 활엽 교목. 높이는 2~3m. 길둥근 잎은 두껍고 윤기가 있음. 4~5월에 흰 꽃이 산형(繖形) 꽃차례로 피고, 열매는 핵과(核果)로 가을에 붉게 익음. 산기슭이나 개울가에서 자람.

호:랑-나비 명 ①호랑나빗과의 나비를 통틀어 이르는 말. ②호랑나빗과의 곤충. 날개 길이 8~12cm. 암컷이 수컷보다 조금 큼. 날개는 검거나 짙은 황색의 얼룩얼룩한 점이 있음. 귀거(鬼車). 범나비. 봉접(鳳蝶)

호:랑나비-벌레 명 호랑나비의 애벌레. 귤나무·탱자나무·좀피나무·황경피나무 따위의 잎을 갉아먹는 해충임.

호:랑-연(-鳶)[-년] 명 한자(漢字)의 '虎'자 모양으로 만든 종이연.

호:랑이 명 ①'범'의 딴이름. ②성질이 사납고 무서운 사람을 비유하여 이르는 말. ¶- 선생님/- 영감

속담 **호랑이 굴에 가야 호랑이 새끼를 잡는다** : 뜻하는 바를 성취하려면 그에 마땅한 준비를 갖추어야 한다는 말./**호랑이 날고기 먹는 줄은 다 안다** : 그런 짓을 하고 있는 줄 다 아는데 굳이 숨기려고 할 까닭이 없다는 말./**호랑이는 죽어서 가죽을 남기고 사람은 죽어서 이름을 남긴다** : 사람은 살아 있는 동안에 마땅히 훌륭한 일을 하여 후세에 이름을 남겨야 한다는 말./**호랑이 담배 먹을 적** : 지금과는 경우가 다른, 아주 까마득한 옛날이라는 뜻./**호랑이도 자식 난 골에는 두남둔다** : 호랑이도 제 새끼는 소중히 여기는데 하물며 사람은 말할 것도 없다는 말.〔범도 새끼 둔 골을 두남둔다〕/**호랑이도 제 말 하면 온다** : 그 자리에 있지 않은 사람의 이야기를 하고 있는데 마침 그 사람이 나타나는 때에 쓰는 말.〔범도 제 말 하면 온다〕/**호랑이에게 물려 가도 정신만 차리면 산다** : 아무리 위급한 처지에 몰리어도 정신을 바짝 차리면 어려움을 면할 수 있다는 말.〔범에게 물려 가도 정신만 차리면 산다〕/**호랑이 잡고 볼기 맞는다** : 장한 일을 하고도 원망을 듣거나 벌을 받는 경우를 두고 이르는 말.

호:랑지심(虎狼之心) 명 호랑이나 이리와 같이 사납고 잔인한 마음.

호래-아들 명 '본데없이 막되게 자라 버릇이 없는 놈'이라는 뜻으로, 욕으로 이르는 말. 호래자식 원홀의아들 ☞ 후레아들

호래-자식 명 호노자식. 호래아들 ☞후레자식

호래척거(呼來斥去) 성구 사람을 오라고 불러 놓고 이내 내침을 이르는 말.

호렴(∠胡塩) 명 ①중국에서 나는 굵고 거친 소금. 청염(淸塩) ②알이 굵은 천일염(天日塩). 원호염(胡塩)

호:렴(戶斂) 명 지난날, 집집마다 물리던 갖가지 세금.

호:령(號令) 명-하다 타 ①사람이 어떤 일을 하도록 명령함, 또는 그 명령. ②큰 소리로 꾸짖음. ¶할아버지의 추상 같은 -. ③'구령(口令)'의 구용어.

호:령-바람(號令-)[-빠-] 명 큰 소리로 꾸짖는 서슬. ¶-에 가슴이 철렁 내려앉다.

호:령-질(號令-) 명-하다 자 큰 소리로 꾸짖는 짓.

호:령-호:령(號令號令) 명-하다 타 정신을 차릴 틈도 주지 않고 큰 소리로 잇달아 꾸짖음, 또는 그 호령.

호:례(好例) 명 좋은 예. 적절한 예.

호로 명 분합문 아래에 박는 쇠 장식.

호로(胡虜) 명 ①지난날, 중국 북방의 흉노를 이르던 말. ②지난날, '외국인'을 얕잡아 이르던 말.

호로로 부 ①호루라기나 호각 따위를 불 때 나는 소리를 나타내는 말. ②바싹 마른 나뭇잎이나 종이 따위가 가볍게 타오르는 모양을 나타내는 말. ☞후루루

호로록 부 ①작은 새가 갑작스레 날갯짓하며 날아오르는 소리를 나타내는 말. ②죽이나 국수 따위를 야단스레 들이마시거나 빨아들이는 소리를 나타내는 말. ☞후루룩

호로록-호로록 부 잇달아 호로록 하는 소리를 나타내는 말. ☞호록호록. 후루룩후루룩

호로-병(葫蘆瓶·壺蘆瓶) 명 '호리병'의 원말.

호록 부 죽이나 국수 따위를 급히 들이마시거나 빨아들이는 소리를 나타내는 말. ☞호로록. 후룩

호록-호록 부 잇달아 호록 하는 소리를 나타내는 말. ☞ 호로록호로록. 후룩후룩

호롱 명 석유등의 석유를 담는 그릇.

호롱-불[-뿔] 명 호롱에 켠 불.

호료(糊料) 명 식품의 형태를 유지하거나 씹는 느낌을 좋게 하기 위하여 사용하는 식품 첨가물. 천연 호료와 합성 호료가 있음.

호루라기 명 ①살구 씨나 복숭아 씨 양쪽에 구멍을 뚫어 속을 파내고 호각처럼 부는 것. ②호각이나 우레 따위를 통틀어 이르는 말. 휘슬(whistle) ☞우레[2]. 호각

호루루 부 호루라기나 호각 따위를 불 때 나는 소리를 나타내는 말. ☞후루루

×**호루루기** 명 → 호루라기

호:류(互流) 명-하다 타 서로 바꾸거나 교류(交流)함.

호:륜=레일(護輪rail) 명 기차가 탈선하는 것을 막기 위하여 설치하는 바퀴 보호용 레일. 교량이나 건널목 따위에 설치함.

호르르 부 ①작은 새가 가볍게 날개를 치며 날아오르는 소리를 나타내는 말. ②바싹 마른 나뭇잎이나 종이 따위가 쉬이 타오르는 모양을 나타내는 말. ③묽은 액체나 국수 따위를 가볍게 빨아들이는 소리를 나타내는 말. ☞후르르

호르몬(Hormon 독) 명 내분비물(內分泌物)

호르몬-샘(Hormon-) 명 내분비샘

호르몬-선(Hormon腺) 명 내분비샘

호른(Horn 독) 명 금관 악기의 한 가지. 끝이 나팔꽃 모양이고, 관은 둥글게 감겨 있음. 부드러운 음색이 특징이고 관현악과 취주악에 쓰임.

호리 명 한 마리의 소가 끄는 작은 쟁기. ☞겨리

호:리(戶裏) 명 뒤란

호리(狐狸) 명 ①여우와 살쾡이. ②도량이 좁고 간사한 사람을 비유하여 이르는 말.

호리(毫釐) 명 ①자나 저울의 눈인 호(毫)와 이(釐). ②매우 적은 분량을 비유하여 이르는 말.

호리건곤(壺裏乾坤) 성구 술항아리 속의 세상이라는 뜻으로, 늘 술에 취하여 있음을 이르는 말.

호리다 타 ①매력으로 남의 정신을 어지럽게 하여 빼앗다. ¶멀쩡한 사람을 -. ☞후리다 ②그럴듯한 말로 속이다. ¶순진한 친구를 호려서 등을 치다.

호리-병(葫-瓶) 명 호리병박같이 생긴 병. 술이나 약 따위를 담아 가지고 다니는 데 씀. 원호로병(葫蘆瓶)

ㅎ

호리병-박(葫－甁－)명 박과의 한해살이 덩굴풀. 재배 식물로, 7월경에 깔대기 모양의 흰 다섯잎꽃이 핌. 열매는 길둥글고 가운데가 잘록함. 껍질은 단단하여 말려서 그릇으로 씀. 조롱박

호리불차(毫釐不差)성구 털끝만큼도 틀림이 없음을 이르는 말.

호리지차(毫釐之差)명 아주 작은 차이.

호리-질 명-하다타 호리로 논밭을 가는 일.

호리천리(毫釐千里)성구 티끌만큼의 차이가 천 리의 차이라는 뜻으로, 처음의 작은 차이가 나중에 큰 차이가 됨을 이르는 말.

호리촌트(Horizont 독)명 하늘이나 원경(遠景) 따위를 조명 효과로 나타내기 위하여 무대 안쪽에 'U'자 모양으로 설치한 벽이나 막 따위의 장치.

호리호리-하다 형여 몸이 가늘고 키가 좀 크다. ¶호리호리한 몸매. ☞후리후리하다

호림 명 남을 호리는 일, 또는 그 솜씨나 수단. ☞후림

호마(胡麻)명 참깨와 검은깨를 통틀어 이르는 말. 지마

호:마(護摩·homa 범)명 불교에서, 불을 피우고 그 불 속에 공양물을 던져 넣으며 기원하는 일.

호마-유(胡麻油)명 참기름

×**호마이카** 명 →포마이커(Formica)

호마-인(胡麻仁)명 한방에서, 참깨나 검은깨를 약재로 이르는 말. 부스럼을 다스리는 데나, 폐병의 보약 등으로 쓰임.

호말(毫末)명 ①털끝 ②아주 작은 것이나 아주 적은 것을 비유하여 이르는 말.

호:망(虎網)명 지난날, 범의 침입을 막으려고 집 주위에 치던 굵은 올의 그물.

호망(狐網)명 여우를 잡으려고 친 그물.

호매(豪邁)어기 '호매(豪邁)하다'의 어기(語基).

호매-하다(豪邁－)형여 인품이 뛰어나고 품성이 호탕하다.

호맥(胡麥)명 '호밀'의 딴이름.

호면(胡綿)명 품질이 썩 좋은 풀솜.

호면(胡麵)명 당면(唐麵)

호면(湖面)명 호수의 수면(水面).

호:명(好名)명-하다자 이름이 나는 것을 좋아함.

호명(呼名)명-하다자타 이름을 부름. ¶－하는 사람은 앞으로 나오시오./선생님은 나를 －하셨다.

호명(糊名)명-하다자 지난날, 과거 때 답안지에 쓴 응시자의 이름을 풀칠하여 봉하던 일.

호모(呼母)명-하다타 어머니라고 부름.

호모(毫毛)명 ①가는 털. ②아주 작은 것을 비유하여 이르는 말. 유 호발(毫髮)

호모(Homo 라)명 현생 인류까지 포함하여 종(種)으로서 이르는 사람.

호모(homo)명 남성 동성애자를 속되게 이르는 말.

호모사피엔스(Homo sapiens 라)명 슬기를 지닌 사람이라는 뜻으로, 동물 분류에서 현생 인류가 딸린 종(種)을 학명(學名)으로 이르는 말.

호모에렉투스(Homo erectus 라)명 직립인(直立人)이라는 뜻으로, 화석 인류 가운데서 '원인(原人)'을 이르는 말.

호모에코노미쿠스(Homo economicus 라)명 경제인(經濟人)이라는 뜻으로, 자기의 이익을 최대한 늘릴 수 있도록 합리적으로 행동하는 인간 유형을 이르는 말.

호모파:베르(Homo faber 라)명 공작(工作)하는 사람이라는 뜻으로, 인간은 물건을 만들며 또 그 물건을 만드는 연모도 만들 줄 아는 점이 동물과 다르다고 보아서 이르는 말.

호모포니(homophony)명 어떤 한 성부(聲部)가 주선율을 맡고, 다른 성부는 그것을 화성적으로 반주하는 음악 형식.

호모하빌리스(Homo habilis 라)명 능력이 있는 사람이라는 뜻으로, 동아프리카에서 발굴된 200~150만 년 전의 인류 화석을 이르는 말. 원인(猿人)에서 원인(原人)으로 변해 가는 모습으로 보고 있음.

호무(毫無)어기 '호무(毫無)하다'의 어기(語基).

호무-하다(毫無－)형여 전혀 없다. 조금도 없다.

호:문(虎紋)명 범의 몸의 줄무늬처럼 생긴 무늬.

호:물(好物)명 ①좋은 물건. ②즐기는 물건.

호물-거리다(대다)자 자꾸 호물호물 하다. ☞후물거리다

호물-호물 부 ①이가 없는 입으로 음식을 가볍게 자꾸 씹는 모양을 나타내는 말. ②음식을 야무지게 씹지 않고 그저 오물거리는 모양을 나타내는 말. ☞후물후물

호미 명 김매는 데 쓰는 농구(農具). 쇠로 된 세모꼴의 날이 있고 굽은 목에 둥근 나무 자루가 끼어 있음.

속담 **호미로 막을 것을 가래로 막는다** : 적은 힘으로 쉽게 해결할 일을, 때를 놓쳐 큰 힘을 들여 하게 되는 경우를 이르는 말.〔기와 한 장 아끼다가 대들보 썩힌다〕

호미(狐媚)명 여우가 사람을 호리듯이 아양을 떨거나 아첨을 하여 사람을 미혹시키는 일.

호미-걸이 명 씨름의 다리 기술의 한 가지. 상대편을 무릎 위로 들어올려 아래로 놓는 순간에 상대편의 발목 뒷부분을 발꿈치로 걸어서 젖혀 넘어뜨리는 공격 재간. ☞낚시걸이

호:미난방(虎尾難放)성구 한번 잡은 범의 꼬리는 놓기도 어렵지만 안 놓을 수도 없다는 뜻으로, 위험한 지경에서 이러지도 저러지도 못할 처지에 놓임을 이르는 말.

호미-모 명 물이 적은 논에 호미로 파서 심는 모. ☞강모

호미-씻이 명-하다자 농가에서, 김매기를 끝낸 음력 7월경에 날을 받아 하루를 즐겁게 노는 일.

호미-자락[－짜－]명 호미의 끝 부분, 또는 그 길이.〔가물에 빗물이 스민 땅의 깊이를 나타낼 때 쓰는 말.〕¶비가 －도 못 내렸다.

호민(豪民)명 재물이 넉넉하고 세력이 있는 백성.

호-밀(胡－)명 볏과의 두해살이풀. 줄기 높이는 2m 안팎. 보리와 비슷하나 잎이 더 가늘고 길며 끝이 뾰족함. 5~6월에 원기둥 모양의 꽃이 피고, 열매는 영과(穎果)로 7월경에 익음. 열매는 먹을 수 있고 사료로도 쓰임. 유럽 남부와 아시아 서남부 원산으로 우리 나라에서는 북부 지방에서 재배함. 호맥(胡麥)

호:박 명 박과의 한해살이 덩굴풀. 암수한그루로, 잎은 넓은 심장 모양을 하고 어긋맞게 나며 여름에 누런 꽃이 핌. 열매는 여러 가지 요리 재료로 쓰이며, 잎과 순도 먹을 수 있음. 열대 아메리카 원산의 재배 식물임. 남과(南瓜)

속담 **호박나물에 힘쓴다** : ①원기가 약한 사람이 가벼운 것을 들고도 쩔쩔매는 일을 이르는 말. ②사소한 일에 혼자 기를 쓰며 화내는 일을 뜻하는 말./**호박에 말뚝 박기** : ①심술궂고 못된 짓을 비유하여 이르는 말. ②아무리 말하여도 전혀 반응이 없을 경우를 두고 이르는 말./**호박에 침 주기** : ①어떤 자극에도 반응이 없는 경우를 두고 이르는 말. ②아주 쉬운 일을 비유하여 이르는 말./**호박이 넝쿨째로 굴러 떨어졌다** : 뜻밖의 횡재나 행운을 얻게 되었을 때 이르는 말.〔호박이 굴렀다〕

호:박(琥珀)명 지질 시대의 나무에서 나온 진 따위가 땅속에 파묻혀서 수소·산소·탄소 등과 화합하여 돌처럼 굳어진 광물. 빛깔이 누렇고 투명하거나 반투명하여 장식용 따위에 귀하게 쓰임.

호박-고누 명 각각 말을 세 개씩 가지고 하는 고누 놀이의 한 가지. ☞네밭고누. 우물고누

호:박-고지 명 ①애호박을 얄팍하게 썰어서 말린 것. 물에 불리어 볶아 먹거나 함. ②청둥호박을 얇게 오리로 썰어 말린 것. 호박떡 따위에 쓰임.

호:박고지-적(－炙)명 적의 한 가지. 늙은 호박고지와 파, 쇠고기를 같은 크기로 잘라 대꼬챙이에 꿰어 찹쌀가루를 물에 풀어 씌워서 부친 음식.

호:박-김치 명 ①애호박과 호박순을 썰어서 양념을 넣고 버무려 담근 김치. ②늙은 호박을 큼직하게 썰어 살짝 찐 다음에 갖은양념을 넣어 버무려 담근 김치.

호:박-꽃 명 ①호박의 꽃. ②여자의 예쁘지 않은 얼굴을 비유하여 이르는 말.

호:박-나물 명 애호박을 통썰기로 얇게 썰어서 파와 새우

젓 등을 다져 넣고 간하여 볶은 나물.
호:박-단(琥珀緞)명 평직(平織)으로 짠 비단의 한 가지.
호:박-떡명 말린 청둥호박 오가리나 청둥호박 날것을 얇게 썰어 떡가루에 넣고서 찐 시루떡.
호:박-무름명 애호박 속에 양념하여 다진 쇠고기를 넣어 찐 음식.
호:박-벌명 '어리호박벌'의 딴이름.
호:박-범벅명 청둥호박을 삶아 으깨고, 삶은 팥과 콩을 함께 넣어 끓이다가 찹쌀가루를 넣어 쑨 범벅.
호:박-산(琥珀酸)명 호박을 건류(乾溜)하거나 또는 주석산(酒石酸)을 발효시켜서 만든 무색 결정의 유기산. 신맛이 나며 조미료 따위에 쓰임.
호:박-색(琥珀色)명 호박의 빛깔과 같이 투명한 누런 색.
호:박-씨명 호박의 씨.
속담 **호박씨 까서 한 입에 털어 넣는다** : 애써 푼푼이 모은 것을 한꺼번에 써서 없애는 일을 비유하여 이르는 말.
호:박-오가리명 호박을 가늘고 기다랗게 오려서 말린 것. 떡·찌개 따위에 쓰임.
호:박오가리-찌개명 찌개의 한 가지. 호박오가리를, 알맞은 크기로 자른 고기, 파, 생강과 함께 고추장을 푼 물에 넣고 끓인 찌개.
호:박-유(琥珀油)[-뉴] 명 호박을 건류하여 만든 기름. 누르스름하며 독한 냄새가 남. 셸락 제조에 쓰임.
호:박-저:냐명 호박전
호:박-적(-炙)명 채로 썬 청둥호박을 소금에 절여 물기를 짜서 밀가루 갠 것에 버무려 번철에 지진 음식.
호:박-전(-煎)명 애호박을 통썰기로 얇게 썰어 밀가루를 묻히고 달걀을 풀어 씌워 지진 음식. 호박저냐
호:박-주추(-柱-)명 원기둥 모양으로 다듬어 만든 주춧돌. 두리기둥을 받치기 위하여 씀. 호박주춧돌
호:박-주춧돌(-柱-)명 호박주추
호:박-죽(-粥)명 ①늙은 호박을 삶아 짓이겨 팥을 넣고 쌀가루를 풀어 쑨 죽. ②된장을 거른 물에 쌀과 쇠고기 따위를 넣고 끓이다가 애호박을 썰어 넣고 쑨 죽.
호:박-지짐이명 얇게 저민 애호박과 파를 썰어 넣고 된장이나 고추장을 풀어서 끓인 지짐이.
호:박-풍잠(琥珀風簪)명 호박으로 만든 풍잠.
호:반(虎班)명 지난날, '서반(西班)'을 달리 이르던 말. 무반(武班) ☞학반(鶴班)

한자 **호반 무**(武) 〔止部 4획〕 ¶무가(武家)/무관(武官)/무덕(武德)/무도(武道)/문무(文武)

호반(湖畔)명 호숫가 ¶-의 도시.
호반-새(湖畔-)명 물총샛과의 황새. 몸길이 28cm 안팎. 등은 적색에 자줏빛을 띠고, 등의 아래 부분과 허리는 황색임. 부리는 붉고 굵으며 다리도 붉음. 계곡, 호숫가, 숲 속 등의 나무 구멍 속에 살면서 물고기나 가재 따위를 잡아먹음. 적비취(赤翡翠)
호:반-석(虎斑石)명 검은 바탕에 흰 점이 아롱진 돌. 벼루를 만드는 데 씀.
호:반-유(虎斑釉)[-뉴] 명 도자기에 범의 몸의 줄무늬와 같은 무늬를 내는 데 쓰는 잿물.
호발(毫髮)명 ①아주 잔 털. ②아주 잔 물건을 비유하여 이르는 말. 유호모(毫毛)
호발부동(毫髮不動)성구 털끝만큼도 움직이지 아니함을 이르는 말.
호:방(戶房)명 ①조선 시대, 승정원과 지방 관아에 딸린 육방(六房)의 하나. 호전(戶典)에 관한 일을 맡아보았음. ②조선 시대, 지방 관아의 호방에 딸린 아전.
호방(豪放)어기 '호방(豪放)하다'의 어기(語基).
호방-하다(豪放-)형여 도량이 커서 작은 일에 거리낌이 없다. 호종하다 ¶자상하면서도 호방한 성품.
호-배추(胡-)명 ①중국 종(種)의 배추. ②재래종 배추에 상대하여 개량한 결구배추를 이르는 말.
호백-구(狐白裘)명 여우 겨드랑이의 흰털이 있는 가죽으로 만든 갖옷.
호버크라프트(Hovercraft)명 배의 바다에서 압축 공기를 뿜어 내어 지면이나 수면과 선체 사이에 에어쿠션을 만들어 달리는 수륙 양용 배. 상표명임.
호:법(護法)명-하다자 ①불법(佛法)을 지키는 일. ②염불이나 기도로 요괴(妖怪)나 질병을 물리침, 또는 그 법력(法力). ③법을 수호함.
호:변(好辯)명 ①아주 뛰어난 말솜씨. ☞능변(能辯) ②사리를 밝혀 옳고 그름을 말하기를 좋아하는 일.
호:별(戶別)명 집집마다
호:병(虎兵)명 매우 용맹스러운 병사.
호복(胡服)명 ①중국 동북 지방에 사는 사람의 옷. ②오랑캐의 옷차림.
호:봉(號俸)명 직계(職階)·연공(年功) 따위를 기초로 하여 정해진 급여(給與) 체계의 등급. ¶4급 8-.
호:부(戶部)명 고려 시대, 육부(六部)의 하나. 호구(戶口)·공부(貢賦)·전량(錢糧) 등의 일을 맡아보던 관아임.
호:부(好否) '좋음과 좋지 않음'의 뜻. 호불호
호부(呼父)명-하다타 아버지라고 부름.
호부(豪富)명 세력이 있는 부자.
호:부(護符)명 재액(災厄)으로부터 지켜 준다는 부적. 문이나 벽에 붙이거나 몸에 지니고 다님.
호:부견자(虎父犬子)성구 아비는 범인데 자식은 개라는 뜻으로, 훌륭한 아버지에 못난 자식을 이르는 말.
호부-장(糊附裝)명-하다타 제책(製冊) 방법의 한 가지. 책의 낱장들을 철사로 맨 다음 표지를 씌워 마무리하는 방식임. ☞양장(洋裝)
호부호모(呼父呼母) '아버지라고 부르고 어머니라고 부름'의 뜻. 곧 부모로 받들어 모심을 뜻함.
호부호형(呼父呼兄) '아버지라고 부르고 형이라고 부름'의 뜻.
호분(胡粉)명 조가비를 태워서 만든 흰 가루. 안료·도료 따위에 쓰임. 백분(白粉)
호:불호(好不好) 호부(好否)
호비다타 ①끝이 뾰족한 것으로 구멍을 내듯이 자꾸 갉다. ②좁은 구멍에 들어 있거나 달라붙은 것을 살살 긁어 파내다. ¶귀지를 -. ③감추어진 일의 속내를 새삼스레 들추어 캐다. ¶지난날의 실책을 또 -. ☞오비다. 하비다. 후비다
호비작-거리다(대다)타 자꾸 호비다. ☞오비작거리다. 하비작거리다. 후비적거리다
호비작-호비작부 호비작거리는 모양을 나타내는 말. ☞오비작오비작. 하비작하비작. 후비적후비적
호비-칼명 나무 따위의 속을 호벼서 깎아 내는 칼.
호:사(好事)명 ①좋은 일. ☞악사(惡事) ②-하다자 일을 벌이기를 좋아함.
호사(豪士)명 호방한 사람.
호사(豪奢)명-하다자타 매우 호화롭게 사치함, 또는 그런 사치. ¶-를 누리다./-를 부리다. ☞호강
호:사다마(好事多魔)성구 좋은 일에는 흔히 방해되는 일이 생김을 이르는 말.
호사-바치(豪奢-)명 몸치장을 호화롭고 사치스럽게 하는 사람을 이르는 말.
호사수구(狐死首丘)성구 여우가 죽을 때는 제가 살던 굴이 있는 언덕 쪽으로 고개를 돌리고 죽는다는 뜻으로, '근본을 잊지 않음', 또는 '고향을 그리워함'을 비유하여 이르는 말. ☞수구초심(首丘初心)
호사-스럽다(豪奢-)(-스럽고·-스러워)형ㅂ 호화롭고 사치스러운 데가 있다. ¶호사스러운 생활.
호사-스레부 호사스럽게
호:사유피(虎死留皮)성구 범은 죽어서 가죽을 남긴다는 뜻으로, 사람은 죽은 뒤에 이름을 남김을 비유하여 이르는 말. 유표사유피(豹死留皮)
호사토읍(狐死兔泣)성구 여우의 죽음에 토끼가 운다는 뜻으로, 같은 무리의 불행에 슬퍼함을 이르는 말. ☞토사호비(兔死狐悲)
호산(胡算)명 조선 말기에 상인들이 수효를 나타내는 데 쓰던 기호. 중국에서 유래된 것으로 '〡·〢·〣·〤·〥' 따위로 적었음.

ㅎ

호산(胡蒜)명 '마늘'의 딴이름.
호:산=꽃차례(互繖-)[-꼳-]명 유한(有限) 꽃차례의 한 가지. 꽃줄기의 좌우로 꽃대가 직각으로 갈라져 꽃이 피는 것. 호산 화서(互繖花序) ☞은두 꽃차례
호:산=화서(互繖花序)명 호산 꽃차례
호:상(互相)명 상호(相互)
호:상(好喪)명 오래 살고 복을 많이 누리다가 죽은 사람의 상사(喪事). ☞악상(惡喪). 참상(慘喪)
호상(弧狀)명 활의 등처럼 굽은 모양.
호상(胡牀)명 중국식 의자의 한 가지.
호상(湖上)명 호수 위.
호상(壺狀)명 항아리처럼, 배가 불룩하고 아가리가 벌어진 모양.
호상(豪商)명 밑천이 많고 큰 규모로 장사하는 상인.
호:상(護喪)명-하다자 ①초상 치르는 데 관한 모든 일을 맡아 보살핌. ②'호상차지(護喪次知)'의 준말.
호상(豪爽)어기 '호상(豪爽)하다'의 어기(語基).
호:상=감:응(互相感應)명 상호 유도(相互誘導)
호:상-소(護喪所)명 초상 치르는 데 관한 모든 일을 맡아 보는 곳.
호:상=입장(互相入葬)명 ①한 겨레붙이를 같은 묘지에 장사지내는 일. ②임자 없는 산에 아무나 제 마음대로 장사하는 일.
호:상-차지(護喪次知)명 초상 치르는 데 관한 모든 일을 주관하는 사람. 준 호상(護喪)
호상-하다(豪爽-)형여 성격이나 행동이 호방하고 시원시원하다.
호상=화관(壺狀花冠)명 꽃부리가 항아리처럼 배가 볼록하고 주둥이가 벌어진 모양으로 생긴 통꽃부리의 한 가지.
호:색(好色)명-하다자 여색을 좋아하고 즐김. 탐색(貪色). 탐음(貪淫)
호:색-꾼(好色-)명 호색한(好色漢)
호:색-한(好色漢)명 여색을 특히 좋아하는 사람을 낮잡아 이르는 말. 색한(色漢). 호색꾼
호:생(互生)명-하다자 식물의 잎이나 눈 따위가 줄기나 가지의 각 마디에 하나씩 어긋맞게 나는 일. 어긋나기 ☞윤생(輪生)
호:생오사(好生惡死)성구 생물이 살기를 좋아하고 죽기를 싫어함을 이르는 말.
호:생지물(好生之物)명 함부로 다루어도 죽지 않고 잘사는 식물.
호서(湖西)명 제천(堤川) 의림지(義林池)의 서쪽이라는 뜻에서, 흔히 충청도 일대를 이르는 말. 호중(湖中) ☞관동(關東). 호남(湖南)
호서(瓠犀)명 ①박의 씨. ②여자의 희고 깨끗한 이〔齒〕를 비유하여 이르는 말.
호서-배(狐鼠輩)명 여우와 쥐의 무리라는 뜻으로, 간사하고 못된 무리를 이르는 말.
호:석(虎石)명 왕릉 따위의 둘레에 돌로 만들어 세운 범 모양의 조각물. 석호(石虎)
호:석(護石)명 능묘의 봉토 주위를 둘러서 쌓은 돌. 둘레돌
호:선(互先)명 맞바둑 ☞정선(定先)
호:선(互選)명-하다타 어떤 조직의 구성원들이 자기들 가운데 어떠한 사람을 투표로 뽑음, 또는 그런 선거.
호선(弧線)명 활등처럼 휘움한 선.
호선(胡船)명 호인(胡人)의 배.
호설(胡說)명 함부로 지껄이는 말.
호설(皓雪)명 흰 눈.
호성(豪姓)명 어느 지방에서 세력이 있는 성씨(姓氏).
호성-토(湖成土)명 호수의 퇴적물로 된 토양.
호세(豪勢)명 강대한 세력. 대단한 세력.
호세아서(Hosea書)명 구약성서 중의 한 편. 호세아의 예언서로, 그의 가정적 비극과 회개한 사람에 대한 속죄의 약속 따위를 담고 있음.
호소(呼訴)명-하다타 억울하거나 딱한 사정을 남에게 하소연함. ¶피해를 보상해 달라고 -하다.

ㅎ

호:소(虎嘯)명 ①범이 으르렁거림. ②영웅이나 호걸이 세상에 나와 활약함을 비유하여 이르는 말.
호소(湖沼)명 호수와 늪. 소호(沼湖)
호소-력(呼訴力)명 호소하여 상대의 마음을 사로잡거나 동정심을 불러일으키는 힘.
호소-문(呼訴文)명 억울하거나 딱한 사정을 호소하는 글.
호:-소식(好消息)명 좋은 소식. 반가운 소식.
호:송(互送)명-하다타 서로 보냄.
호:송(護送)명-하다타 ①옆에서 지키면서 나름. ¶현금 - 차량 ②죄인을 감시하면서 데려감. 압송(押送) ¶피고인을 -하다.
호:송-원(護送員)명 호송의 임무를 맡은 사람.
호:수(戶首)명 ①조선 시대, 호적상의 호주(戶主)를 이르던 말. ②조선 시대, 전지(田地) 여덟 결(結)을 단위로 하여 선발한 전부(佃夫)의 대표자. 전조(田租)를 거두어 내는 일을 맡아보았음.
호:수(戶數)[-쑤]명 ①집의 수효. ②세대의 수효.
호:수(好手)명 ①기예 따위에서, 기술이 뛰어난 것, 또는 그런 사람을 이르는 말. ②바둑이나 장기 따위에서, 잘 둔 수를 이르는 말.
호:수(虎鬚)명 ①범의 수염. ②거칠고 꿋꿋한 수염. ③조선 시대, 갓에 달던 장식품의 한 가지. 흰 빛깔의 새의 깃으로 주립(朱笠)이나 초립(草笠)의 앞과 좌우에 수직으로 꽂았음. ☞입식(笠飾)
호수(湖水)명 육지의 내부에 우묵하게 패어, 못이나 늪보다 넓고 깊게 물이 괴어 있는 곳.

한자 **호수 호**(湖) 〔水部 9획〕 ¶호반(湖畔)/호소(湖沼)/호수(湖水)/호심(湖心)

호:수(號數)[-쑤]명 ①번호 수. ¶병실의 -. ②활자나 그림 따위의 크기를 나타내는 수.
호:수=활자(號數活字)[-쑤-짜]명 크기를 호수에 따라 정한 활자. 초호(初號)와 1호에서 8호까지 아홉 가지가 있음. ☞포인트 활자
호숫-가(湖水-)명 호수의 언저리. 호반(湖畔)
호:스(hose)명 고무나 비닐로 만든 관(管).
호스텔(hostel)명 여행하는 청소년을 위하여 마련해 놓은 간이 숙박 시설. ☞유스호스텔(youth hostel)
호스트컴퓨:터(host computer)명 여러 대의 컴퓨터를 연결한 시스템에서, 시스템 전체를 제어하고 각각의 컴퓨터를 통해 입력되는 명령을 처리하는, 중핵(中核)이 되는 컴퓨터.
호스티스(hostess)명 카페나 바 등에서 손을 접대하는 여자. ☞웨이트리스(waitress)
호스피스(hospice)명 ①죽음을 앞둔 사람에게 심리적·육체적 고통을 덜어 주고, 임종 때까지의 삶을 안락하게 지내도록 베푸는 시설. ②죽음을 앞둔 사람에게 베푸는 봉사 활동, 또는 그런 일을 하는 사람.
호:승(好勝)어기 '호승(好勝)하다'의 어기(語基).
호:승지벽(好勝之癖)명 겨루어 이기기를 좋아하는 성벽(性癖). 준 승벽(勝癖)
호:승-하다(好勝-)형여 겨루어 이기고자 하는 마음이 강하다.
호:시(互市)명 지난날, 나라 사이에 이루어지는 교역을 이르던 말. ☞무역(貿易)
호시(弧矢)명 활과 화살.
호:시(怙恃)명 믿고 의지한다는 뜻으로, '부모(父母)'를 이르는 말.
호:시(虎視)명-하다타 날카로운 눈으로 가만히 기회를 노림.
호시-성(弧矢星)명 남극성의 북쪽에 있는 아홉 별. 시위에 화살을 먹인 꼴로 벌여 있음.
호:-시절(好時節)명 좋은 때. 좋은 철.
호:시탐탐(虎視眈眈)성구 범이 날카로운 눈초리로 먹이를 노린다는 뜻으로, 눈을 부릅뜨고 기회를 노리며 형세를 살핌을 비유하여 이르는 말.
호:식(好食)명-하다자 ①좋은 음식을 먹음, 또는 좋은 음식. ☞악식(惡食) ②음식을 좋아하여 잘 먹음.
호:신(虎臣)명 용맹한 신하.

호:신(護身)명 위험으로부터 자기의 몸을 보호하는 일.
호:신-법(護身法)[-뻡]명 ①위험으로부터 자기의 몸을 보호하는 방법. ②밀교(密敎)에서, 모든 마장(魔障)을 없애고 몸과 마음을 보호하기 위하여 인(印)을 맺고 다라니를 외는 일을 이르는 말.
호:신-부(護身符)명 질병이나 재액(災厄)으로부터 자기의 몸을 보호하기 위하여 지니는 부적. 수호부(守護符)
호:신-불(護身佛)명 재액으로부터 자기의 몸을 보호하기 위하여 지니어 모시는 부처.
호:신-술(護身術)명 위험으로부터 자기의 몸을 보호하기 위하여 쓰는 무술. 보신술(保身術)
호:신-용(護身用)[-뇽]명 몸을 보호하는 데 쓰는 것.
호심(湖心)명 호수의 한가운데.
호:심-경(護心鏡)명 지난날, 몸을 보호하기 위해 갑옷의 가슴 부분에 붙이던 구리 조각.
호아곡(呼兒曲)명 조선 선조 때의 문신(文臣) 조존성(趙存性)이 지은 연시조(連時調). 동·서·남·북의 사방에 각 한 수씩 읊었으며, 모든 초장의 첫머리가 '아희야'로 시작되기에 이 이름이 붙었음. '해동가요(海東歌謠)'에 실려 전함.
호:안(好顔)명 기쁜 빛을 띤 얼굴.
호:안(護岸)명 강이나 바다, 호수 따위의 기슭이나 둑을 무너지지 않도록 보호하는 일, 또는 그 시설.
호:안-림(護岸林)[-님]명 강기슭이나 하천 부지를 보호하기 위하여 강둑에 조성한 숲.
호:안-석(虎眼石)명 푸른 돌솜이 풍화하고 변질되어 된 돌. 장식용으로 쓰임.
호:양(互讓)명-하다타 서로 사양하고 양보함.
호언(豪言)명 의기양양하게 하는 말. 호기로운 말.
호언장:담(豪言壯談)성구 호기롭고 자신 있게 희떱게 지껄이는 일을 이르는 말. ☞대언장담(大言壯談)
호:역(戶役)명 지난날, 집집이 다 하던 부역(賦役).
호:역(戶疫)명 천연두(天然痘)
호:역(虎疫)명 콜레라(cholera)
호:연(好演)명 매우 훌륭한 연기나 연주.
호연(弧宴)명 생일 잔치.
호:연(浩然)어기 '호연(浩然)하다'의 어기(語基).
호연(皓然)어기 '호연(皓然)하다'의 어기(語基).
호:연지기(浩然之氣)성구 ①천지에 가득한, 만물의 생명이나 활력의 원천이 되는 기(氣)를 이르는 말. ②속된 일에 사로잡히지 않는 넓고 큰 마음을 이르는 말.
호:연-하다(浩然-)형여 마음이 넓고 크다.
호연-히부 호연하게
호연-하다(皓然-)형여 ①아주 희다. ②아주 명백하다.
호연-히부 호연하게
호:열자(虎列刺)[-짜]명 콜레라(cholera)

> ▶ 호열자(虎列刺)
> 지난날, 중국에서 '콜레라'를 한자로 '虎列剌'이라 적었는데, 그 말을 우리 나라에서 '호열랄'의 '랄(剌)'자를 '찌를 자(刺)' 자로 잘못 적음으로써 '호열자(虎列刺)'로 굳어지고 말았다.

호염(胡塩)명 '호렴'의 원말.
호:염(虎髯)명 ①범의 수염. ②무인(武人)의 무섭게 보이는 수염을 비유하여 이르는 말.
호:염-성(好塩性)[-썽]명 짠 것을 좋아하는 성질.
호:염성-세균(好塩性細菌)[-썽-]명 비교적 높은 농도의 소금기가 있는 곳에서 발육하고 번식하는 세균. 식중독을 일으키는 장염 비브리오 따위가 있음.
호:오(好惡)명 좋아하는 일과 싫어하는 일. ¶-의 감정을 나타내지 않는 사람.
호:왈백만(號曰百萬)성구 실상은 얼마 되지 않는데 많은 것처럼 과장하여 떠들어댐을 이르는 말.
호:외(戶外)명 집의 바깥. ☞옥외(屋外)
호:외(號外)명 신문사 등에서 중대한 일이나 돌발적인 사건이 일어났을 때, 그 사실을 사람들에게 빨리 알리기 위해서 임시로 찍어 내는 인쇄물.
호:용(互用)명-하다타 번갈아 씀.
호:우(好友)명 좋은 벗.
호:우(好雨)명 때맞추어 알맞게 내리는 비. 영우(靈雨) ☞감우(甘雨)
호우(豪雨)명 짧은 시간에 줄기차게 많이 내리는 비. 극우(劇雨) ¶집중 - ☞대우(大雨). 큰비
호우=경:보(豪雨警報)명 기상 특보의 하나. 24시간의 강우량이 150mm 이상인 경우와 이로 말미암아 상당한 피해가 예상될 때 기상청에서 발표함.
호우=주:의보(豪雨注意報)명 기상 특보의 하나. 24시간의 강우량이 80mm 이상인 경우와 이로 말미암아 다소의 피해가 예상될 때 기상청에서 발표함.
호:운(好運)명 좋은 운수. ☞악운(惡運)
호웅(豪雄)명 뛰어나게 강한 사람.
호원(呼冤)명-하다자 억울하고 원통한 일을 하소연함. ☞칭원(稱冤)
호:원(護援)명-하다타 일이 잘 이루어지도록 보호하고 도와 줌. ¶정의(正義)의 군(軍)과 인도(人道)의 간과(干戈)로써 -하는 금일.
호월(胡越)명 옛 중국의 북쪽의 호(胡)나라와 남쪽의 월(越)나라라는 뜻으로, 서로 멀리 떨어져 있음 또는 소원함을 비유하여 이르는 말.
호월(皓月)명 매우 맑고 밝은 달.
호월일가(胡越一家)성구 멀리 떨어져 있던 사람들이 한 집에 모인다는 뜻으로, 천하가 한집안 같음을 이르는 말.
호:위(虎威)명 범의 위세라는 뜻으로, 권세 있는 사람의 위력을 비유하여 이르는 말.
호:위(扈衞)명-하다타 지난날, 궁궐을 지키던 일.
호:위(護衞)명-하다타 몸 가까이 따라다니며 경호함, 또는 그런 일을 하는 사람. ¶- 경찰/- 부대
호:유(互有)명-하다타 한 가지 물건을 공동으로 가짐.
호유(豪遊)명-하다자 돈을 아낌없이 쓰면서 호화롭게 놂, 또는 그런 놀이.
호:음(好音)명 ①좋은 소식. 반가운 소식. ②듣기 좋은 소리. 듣기 좋은 음성.
호음(豪飮)명-하다자 술을 아주 많이 마심. ☞통음(痛飮). 폭음(暴飮)
호:읍(號泣)명-하다자 목놓아 욺, 또는 그런 울음.
호응(呼應)명-하다자 ①부르고 대답함. ②서로 기맥(氣脈)이 통함. ③〈어〉한 문장 안에서 앞에 놓인 말이 뒤에 오는 말에 대하여 서로 어울리는 말이어야 하는 성분 사이의 관계. '여간 나쁘지 않다.', '학생은 모름지기 공부에 힘써야 한다.', '할머님이 연세가 높으시다.'에서 '여간 ~지 않다', '모름지기 ~어야 한다', '연세가 높으시다'가 이에 해당함.
호:의(好衣)명 좋은 옷. ☞악의(惡衣)
호:의(好意)명 남에게 보이는 친절한 마음씨. 선의(善意) ☞악의(惡意)
호:의(好誼)명 좋은 정의(情誼). 가까운 정분.
호의(狐疑)명 의심 많은 여우에 비유하여, 무슨 일에나 남을 의심함을 이르는 말.
호:의(號衣)명 더그레 ▷號의 속자는 号
호:의-적(好意的)명 호의를 나타내어 보이는 것. ¶-인 반응./-인 태도.
호의현상(縞衣玄裳)성구 ①흰 저고리와 검은 치마. ②두루미의 모습을 비유하여 이르는 말. 〔소동파(蘇東坡)의 '적벽부(赤壁賦)'에서 유래함.〕
호:의호:식(好衣好食)성구 좋은 옷을 입고 맛있는 음식을 먹는다는 뜻으로, 잘입고 잘사는 형편을 이르는 말. ☞조의조식(粗衣粗食)

호:이(好餌)명 ①좋은 먹이. 좋은 미끼. ②손쉽게 남에게 희생이 되는 일. ③남을 꾀는 수단.
호:이-초(虎耳草)명 '범의귀'의 딴이름.
호:인(好人)명 품성이 좋은 사람.
호인(胡人)명 지난날, 만주족(滿洲族)을 이르던 말.
호:일(好日)명 좋은 날.
호:자(虎子)명 범의 새끼.

호:장(戶長)명 지난날, 고을 구실아치의 맨 윗자리, 또는 그 사람을 이르던 말.
호:장(虎將)명 범같이 용맹스러운 장수.
호:장(護葬)명-하다자 행상(行喪)을 호위함.
호장(豪壯)어기 '호장(豪壯)하다'의 어기(語基).
호:장-근(虎杖根)명 여뀟과의 여러해살이풀. 줄기 높이 1~1.5m, 잎은 어긋맞게 나며 넓은 창 모양임. 6~8월에 흰 꽃이 수상(穗狀) 꽃차례로 피고, 9~10월에 암갈색 열매가 수과(瘦果)로 열림. 어린 줄기는 먹을 수 있고, 뿌리는 한방에서 약재로 쓰임. 감제풀
호장-하다(豪壯-)형여 ①세력이 강하고 왕성하다. ②호화롭고 웅장하다. ③호탕하고 씩씩하다.
호:재(好材)명 ①증권 거래에서, 시세를 올리는 요인이 되는 조건. ②좋은 결과를 가져오는 요인. ¶우리 나라의 수출에 -로 작용하다. 호재료(好材料) ☞악재(惡材)
호:-재료(好材料)명 호재(好材)
호:저(好著)명 좋은 저서(著書).
호:적(戶籍)명 ①호수(戶數)와 가족 단위로 적은 장부. ②한집안의 호주를 중심으로 그 가족들의 본적지·이름·생년월일 따위 신분에 관한 사실을 적은 공문서. ☞장적(帳籍)
호:적(號笛)명 군호나 신호로 부는 피리.
호:적(好適)어기 '호적(好適)하다'의 어기(語基).
호:적=등:본(戶籍謄本)명 호적의 원본 전부를 복사한 공인 문서.
호:적-색(戶籍色)명 지난날, 고을의 군아(郡衙)에서 호적에 관한 일을 맡아보던 부서, 또는 그 사람.
호:-적수(好敵手)명 알맞은 상대. ☞맞적수
호:적=초본(戶籍抄本)명 호적의 원본 가운데서 청구하는 사람이 원하는 부분만 복사한 공인 문서.
호:적-하다(好適-)형여 꼭 알맞다.
호:전(好戰)명 싸우기를 좋아하는 일.
호:전(好轉)명-하다자 일이 잘 되어 가거나 병이 나아감. ¶병세(病勢)가 -되다. ☞악화(惡化)
호:전(護全)명-하다타 온전하게 보호함.
호:전-적(好戰的)명 싸우기를 좋아하는 것.
호접(胡蝶·蝴蝶)명 '나비'의 딴이름.
호접-장(蝴蝶裝)명 책의 장정의 한 형식. 책장의 면이 안쪽으로 오도록 가운데서 반대로 접고, 그 접은 판심(版心)의 바깥쪽에 풀칠하여, 한 장의 표지를 가운데서 둘로 접은 책등 안쪽에 붙임. 한 장씩 펼치면 나비가 나는 모양 같다고 하여 붙인 이름임.
호접지몽(胡蝶之夢)성구 장주지몽(莊周之夢)
호젓-하다[-젇-]형여 ①외지고 후미진 곳이어서 매우 고요하다. ②쓸쓸하고 외롭다. ¶외딴집에서 호젓하게 살고 있다.
호젓-이부 호젓하게
호:정(戶庭)명 집 안의 뜰.
호정(糊精)명 녹말을 산이나 열 또는 효소로 가수 분해할 때 생기는 여러 가지 중간 생성물을 통틀어 이르는 말. 백색이나 엷은 황색 가루로, 물에 녹으면 점성(粘性)이 생기는데 풀의 재료로 쓰임. 덱스트린
호:정출입(戶庭出入)성구 앓는 이나 늙은이가 겨우 마당에나 드나듦을 이르는 말.
호제(呼弟)명-하다타 아우라고 부름. ☞호형(呼兄)
호:조(互助)명-하다자 서로 도움.
호:조(戶曹)명 고려·조선 시대, 육조(六曹)의 하나. 호구(戶口)나 공부(貢賦), 전량(錢糧), 식화(食貨) 따위의 일을 맡아보았음.

호:조(好調)명 일의 형편이 좋은 상태. ☞쾌조(快調)
호:-조건(好條件)[-껀]명 조건이 좋음, 또는 좋은 조건. ☞악조건(惡條件)
호:조=판서(戶曹判書)명 조선 시대, 호조의 으뜸 관직, 또는 그 관원. 품계는 정이품임. 준호판(戶判)
호족(豪族)명 재력과 권세를 누리는 집안. 토호(土豪)
호:족-반(虎足盤)명 상다리를 범의 다리 모양으로 만든 소반. 지난날, 수라상이나 궁중 제례용, 또는 상류 가정의 의례에 쓰였음. ☞개다리소반
호졸근-하다형여 ①옷이나 종이 따위가 좀 젖어서 풀기가 없고 초라하다. ②차림새가 볼품없이 초라하다. ③몸이 착 늘어지듯 고단하다. ☞후줄근하다
호졸근-히부 호졸근하게 ☞후줄근히
호종(胡種)명 지난날, 중국 동북 지방의 인종이나 그 지방에서 나는 물건을 이르던 말.
호:종(扈從)명-하다타 지난날, 왕가(王駕)를 호위하여 따르는 일, 또는 그 사람을 이르던 말.
호:종(護從)명-하다타 보호하며 뒤따름, 또는 그 사람.
호종(豪縱)어기 '호종(豪縱)하다'의 어기(語基).
호종-하다(豪縱-)형여 도량이 커서 작은 일에 거리낌이 없다. 호방하다
호:주(戶主)명 ①한 집안의 주장이 되는 사람. 집주인 ②한 집안의 호주권을 가지고 가족을 거느리며 부양하는 사람. ☞가구주(家口主)
호:주(好酒)명-하다자 술을 좋아함. ☞애주(愛酒)
호주(濠洲)명 '오스트레일리아'의 한자 표기.
호주(豪酒)명-하다자 술을 매우 많이 마심, 또는 그런 사람. 대주(大酒) ¶술을 가리지 않는 -다.
호:주-권(戶主權)[-꿘]명 호주에게 가족을 거느릴 수 있게 주어진 권리와 의무.
호-주머니명 옷에 헝겊을 덧대어 만든 주머니. 의낭
호죽(胡竹)명 ①중국에서 나는 대. ②담배통이 투박하고 너부죽하게 생긴 담뱃대.
호중(湖中)명 호서(湖西)
호중천지(壺中天地)성구 옛날 호공(壺公)이라는 사람이 살던 항아리 안에 술과 안주가 가득했다는 데서, 별천지(別天地) 또는 선경(仙境)을 이르는 말.
호:증계취:단(虎憎鷄嘴短) 원진살(元嗔煞)의 하나. 궁합에서, 범띠는 닭띠를 꺼림을 이르는 말. ☞토원후불평(兔怨猴不平)
호지(胡地)명 오랑캐의 땅.
호:지(護持)명-하다타 보호하여 지님.
호:질(虎叱)명 조선 정조 때, 박지원(朴趾源)이 지은 한문 단편 소설. 양반 계급의 위선(僞善)을 신랄하게 비판하고 야유한 작품임. '열하일기(熱河日記)'에 실려 전함.
호:차(戶車)명 창호바퀴
호창(呼唱)명-하다타 소리를 높여 부름.
호척(呼戚)명-하다타 성(姓)이 다른 친척 사이에 항렬을 가려 서로 부름.
호:천(互薦)명-하다타 서로 천거함.
호:천(昊天·顥天)명 ①넓은 하늘. ②사천(四天)의 하나. '여름 하늘'을 이름. ③구천(九天)의 하나. '서쪽 하늘'을 이름. ☞민천(旻天)
호천고지(呼天叩地)성구 너무나 애통하여 하늘을 우러러 부르짖고 땅을 침을 이르는 말.
호:천망극(昊天罔極)성구 어버이의 은혜가 넓고 끝없는 하늘과 같이 큼을 이르는 말.
호천통:곡(呼天痛哭)성구 너무나 애통하여 하늘을 우러러 부르짖으며 목놓아 울음을 이르는 말.
호:-천후(好天候)명 좋은 날씨. ☞악천후(惡天候)
×**호청**명 →홑청
호:청(好晴)명 활짝 갠 날씨.
호초(胡椒)명 ①후추 ②한방에서, 후추나무 열매의 껍질을 약재로 이르는 말. 구토·곽란 따위에 쓰임.
호:총(戶總)명 조선 시대, 가호(家戶)의 총 수효를 이르던 말. ☞민호(民戶)
호출(呼出)명-하다타 불러냄.
호출=부:호(呼出符號)명 방송국이나 무선국을 전파로 불러내는 부호. 콜사인(call sign)
호치(皓齒)명 희고 깨끗한 이.
호치(豪侈)명-하다형 호화(豪華)
호치단순(皓齒丹脣)성구 단순호치(丹脣皓齒)
호치키스(Hotchkiss)명 '스테이플러(stapler)'의 상표(商標) 이름.
호:칭(互稱)명-하다자 서로 이름을 부름, 또는 그 이름.

호칭(呼稱)명-하다타 이름지어 부르거나 불러 일컬음, 또는 그 이름. ☞명칭(名稱)

> ▶ **다른 사람에 대한 호칭**
> ㅇ노인 어른(노인장) — 처음 만난 노인에게 말을 건넬 때.
> ㅇ어르신 — 자기의 부모 정도의 나이의 어른에게 말을 건넬 때.
> ㅇ노형(老兄) — 친한 사이는 아니지만 상대편을 대접하여 부를 때.
> ㅇ형씨 — 서로 비슷한 나이 또래의 남자끼리 부를 때.
> ㅇ부인 — 기혼 여성을 대접하여 부를 때.
> ㅇ젊은이 — 자기보다 나이가 많이 젊은 청년을 부를 때.

호-콩(胡-)명 '땅콩'의 딴이름.
호쾌(豪快)어기 '호쾌(豪快)하다'의 어기(語基).
호쾌-하다(豪快-)형여 호탕하고 쾌활하다. ¶호쾌한 웃음 소리.
호:탄(浩歎)명-하다타 크게 탄식함, 또는 그런 탄식.
호:-탄자(虎-)명 호피 무늬를 놓아서 짠 담요.
호:탕(浩蕩)어기 '호탕(浩蕩)하다'의 어기(語基).
호탕(豪宕)어기 '호탕(豪宕)하다'의 어기(語基).
호탕불기(豪宕不羈)성구 기개가 당당하고 시원스러워 작은 일에 얽매이지 않음을 이르는 말.
호:탕-하다(浩蕩-)형여 '호호탕탕하다'의 준말.
호탕-하다(豪宕-)형여 기개가 당당하고 시원스럽다. ¶호탕한 기품.
호텔(hotel)명 규모가 큰 서양식 고급 여관.
호통명-하다자 큰 소리로 꾸짖음, 또는 그 소리.
호통(을) 치다관용 큰 소리로 꾸짖거나 나무라다.
호통-바람[-빠-]명 호통을 치는 서슬.
호:투(好投)명-하다자 야구에서, 투수가 공을 잘 던짐을 이르는 말.
호:판(戶判)명 '호조 판서(戶曹判書)'의 준말.
호:-팔자(好八字)[-짜]명 좋은 팔자.
호패(胡牌)명 골패로 하는 노름의 한 가지. 톡[1]
호:패(號牌)명 조선 시대, 열여섯 살 이상의 남자가 차던 길쭉한 패. 앞면에 이름과 나이, 태어난 해의 간지를 새기고, 뒷면에 관아의 낙인(烙印)을 찍었음.
호:평(好評)명-하다타 좋게 평가하거나 비평함, 또는 그 평가나 비평. ☞악평(惡評)
호:포(戶布)명 조선 시대, 봄과 가을에 집집마다 무명이나 모시 따위로 물리어 받던 조세. 호포전
호:포(號砲)명 조선 시대, 군대에서 암호(暗號)로 쏘던 총이나 대포.
호:포-전(戶布錢)명 호포(戶布)
호:품(好品)명 좋은 품질, 또는 그런 물건.
호풍(胡風)명 ①호인(胡人)의 풍속. ②오랑캐 땅에서 부는 바람이라는 뜻으로, 북쪽에서 세차게 불어오는 차가운 바람을 이르는 말.
호풍환:우(呼風喚雨)성구 술법을 써서 바람과 비를 불러일으킴을 이르는 말.
호:피(虎皮)명 범의 털가죽.
호:학(好學)명-하다자 학문을 좋아함.
호:한(好漢)명 잘생긴 사나이.
호한(冱寒)명 혹한(酷寒)
호:한(浩汗)어기 '호한(浩汗)하다'의 어기(語基).
호한(豪悍)어기 '호한(豪悍)하다'의 어기(語基).
호:한-하다(浩汗-)형여 넓고 커서 질펀하다.
호한-히부 호한하게
호한-하다(豪悍-)형여 호방하고 사납다.
호한-히부 호한하게
호:합(好合)명-하다자 서로 잘 만남.
호항(湖港)명 큰 호숫가에 있는 항구.
호해(湖海)명 ①호수와 바다. ②바다처럼 넓은 호수.
호:행(護行)명-하다타 호위하며 따라감.
호행난:주(胡行亂走)성구 함부로 날뛰며 돌아다니거나 어지러이 행동함을 이르는 말.
호:헌(護憲)명-하다자 헌법을 옹호함.
호:혈(虎穴)명 ①범이 사는 굴. ②매우 위험한 곳을 비유하여 이르는 말. 범굴. 호굴(虎窟) ③풍수지리설에서, 범의 혈로 된 묏자리를 이르는 말.
호협(豪俠)어기 '호협(豪俠)하다'의 어기(語基).
호협-하다(豪俠-)형여 호방하고 의협심이 강하다.
호형(呼兄)명-하다타 형이라고 부름. ☞호제(呼弟)
호형(弧形)명 활의 모양.
호형호제(呼兄呼弟)성구 형이라고 부르고 아우라고 부른다는 뜻으로, 벗끼리 친형제처럼 가깝게 지냄을 이르는 말. ¶-하는 사이다.
호:혜(互惠)명 서로 특별한 편의나 이익을 주고받는 혜택. ¶- 관세/- 무역/- 평등의 원칙.
호:혜=조약(互惠條約)명 두 나라가 통상 등에서 제삼국보다 유리한 조건을 서로 주고받기로 하고 맺은 조약. 상호 조약(相互條約)
호호부 여성이 입술을 동글게 하여 예쁘게 웃는 소리를 나타내는 말. ¶입을 가리고 - 웃다.
호:호(戶戶)명 ①매호(每戶). 집집 ¶가가- ②〔부사처럼 쓰임〕 집집마다 ¶- 경사가 나다.
호호(呼號)명-하다자 큰소리로 부르짖음.
호:호(浩浩)어기 '호호(浩浩)하다'의 어기(語基).
호호(皓皓)어기 '호호(皓皓)하다'의 어기(語基).
호:호막막-하다(浩浩漠漠-)형여 끝없이 넓고 멀어 아득하다. ¶호호막막한 사막.
호호백발(皓皓白髮)성구 온통 하얗게 센 머리털, 또는 그러한 노인을 이르는 말.
호:호-야(好好爺)명 마음씨가 좋은 노인.
호:호-인(好好人)명 마음씨가 좋은 사람.
호:호탕탕-하다(浩浩蕩蕩-)형여 매우 넓고 끝이 없다. 준호탕하다
호:호-하다(浩浩-)형여 끝없이 넓다.
호호-히부 호호하게
호호-하다(皓皓-)형여 ①하얗게 빛나고 맑다. ②깨끗하고 희다.
호호-히부 호호하게 ¶창문에 - 비치는 달빛.
호홀지간(毫忽之間)[-찌-]명 ①아주 짧은 동안. ②조금 어긋난 동안.
호화(豪華)명-하다형 사치스럽고 화려함. 호치(豪侈)
호화-롭다(豪華-)(-롭고·-로워)형ㅂ 사치스럽고 화려한 데가 있다. ¶호화로운 옷차림.
호화-로이부 호화롭게
호화-스럽다(豪華-)(-스럽고·-스러워)형ㅂ 사치스럽고 화려한듯 하다. ¶호화스러운 실내 장식.
호화-스레부 호화스럽게
호화찬란-하다(豪華燦爛-)형여 눈이 부시도록 빛나고 호화롭다. ¶호화찬란한 보석 전시장.
호화-판(豪華-)명 매우 호화롭고 대단한 상태. ¶-으로 갖춘 살림살이.
호화-판(豪華版)명 장정을 호화롭게 한 출판물.
호:환(互換)명-하다타 ①서로 교환함. ②부품·프로그램 따위를 서로 다른 종류의 기계나 컴퓨터에 공통으로 사용할 수 있는 일. ¶-이 가능한 프로그램.
호:환(虎患)명 범이 사람이나 가축에 끼치는 피해.
속담 **호환을 미리 알면 산에 갈 이 뉘 있으랴** : 일을 하기 전에 그 일이 위험하고 좋지 않을 줄 알면 그 일을 할 사람이 없다는 말.
호:환-성(互換性)[-썽]명 ①다른 종류의 기계 부품 등으로 갈아 쓸 수 있는 일. ②컴퓨터의 프로그램을 변경하지 않고 다른 기종(機種)의 컴퓨터로 쓸 수 있는 일.
호:황(好況)명 ①썩 좋은 상황. ②매우 좋은 경기. ¶부동산 중개업이 -을 누리다. ☞불황(不況)
호:-흉배(虎胸背)명 지난날, 무관 관복에 띠던 흉배의 한 가지. 당상관은 범 두 마리, 당하관은 범 한 마리를 수놓았음. ☞학흉배(鶴胸背)
호흡(呼吸)명 ①-하다자 숨을 내쉬고 들이마심, 또는 그

숨. 기식(氣息) ②생물이 몸 밖에서 산소를 들이마시고 신진 대사로 생긴 이산화탄소를 밖으로 내보내는 작용. ③두 사람 이상이 함께 일을 하거나 놀이를 할 때의 서로의 조화. ¶ -이 잘 맞는 팀.

호흡-근(呼吸根)명 산소가 모자라는 진흙이나 물에서 자라는 식물에 발달하는 기근(氣根)의 한 가지. 공중으로 곧게 뻗어 나와 신선한 공기를 각 부분으로 보냄. 홍수(紅樹)의 뿌리 따위. 숨뿌리 ☞기근(氣根)

호흡-기(呼吸器)명 생물의, 호흡 작용을 하는 기관. 고등 생물의 폐, 어류의 아가미, 곤충류의 기관(氣管) 따위. 호흡 기관

호흡=기관(呼吸器官)명 호흡기(呼吸器)

호흡-열(呼吸熱)[-녈]명 동물이 숨을 쉼으로써 생기는 열. 숨열

호흡=운:동(呼吸運動)명 ①폐가 호흡을 하기 위해 쉬지 않고 늘어났다 오므라졌다 하는 일. ②숨을 깊이 들이쉬었다가 내쉬는 운동.

혹[1]명 ①살가죽에 내민 기형의 살덩이. 영류(瘿瘤) ②타박상 따위로 근육이 부어 오른 것. ¶돌에 맞아 -이 생겼다. ③식물의 줄기나 뿌리에 툭 불거져 나온 덩어리. ④물건의 가죽에 도드라진 부분. ⑤짐스러운 사물을 비유하여 이르는 말. ¶그는 남에게 빌붙어 사는 - 같은 존재이다.

속담 **혹 떼러 갔다가 혹 붙여 온다**: 좋은 일을 바라고 갔다가 도리어 해를 입게 되었을 때 이르는 말.

혹[2]부 ①입을 오므리고 입김을 한 번 세게 내부는 소리를 나타내는 말. ②적은 양의 액체를 단숨에 들이마시는 소리, 또는 그 모양을 나타내는 말. ☞훅

혹(或)부 ①'혹시(或時)'의 준말. ②'혹시(或是)'의 준말. ¶ - 뜻대로 되지 않더라도 용기를 잃지 말게. ③'간혹(間或)'의 준말. ¶누구나 - 실수할 때도 있는 법이지.

한자 혹 혹(或) 〔戈部 4획〕 ¶혹간(或間)/혹시(或是)/혹여(或如)/혹왈(或曰)/혹자(或者)

혹간(或間)부 이따금. 어쩌다가. 간혹(間或)

혹-고니명 오릿과의 겨울 철새. 몸길이 150cm 안팎. 온몸의 털빛은 희고, 부리 위의 혹과 발은 검은빛, 부리는 붉은빛임. 새끼의 몸빛은 회갈색임. 주로 수생 식물을 먹음. 유라시아 북부에서 번식하고 남부에서 겨울을 남. 천연 기념물 제201호임.

혹-고래명 '혹등고래'의 딴이름.

혹닉(惑溺)명-하다자 정신없이 홀딱 빠져듦.

혹-대:패명 굽은 재목의 안쪽을 깎는 대패. 대팻집의 앞뒤 끝이 들려 배가 부르고 대팻날도 굽어 있음. 뒤대패

혹독(酷毒)어기 '혹독(酷毒)하다'의 어기(語基).

혹독-하다(酷毒-)형여 ①정도가 지나치다. ¶혹독한 추위. ②마음씨나 하는 짓 따위가 모질고 독하다. ¶혹독한 벌./혹독한 사람.

혹독-히부 혹독하게

한자 혹독할 혹(酷) 〔酉部 7획〕 ¶가혹(苛酷)/냉혹(冷酷)/잔혹(殘酷)/참혹(慘酷)/혹독(酷毒)/혹심(酷甚)/혹평(酷評)/혹한(酷寒)

혹등-고래명 긴수염고랫과의 바다에 사는 포유동물. 몸길이는 12~17m, 몸빛은 검은데 흰 얼룩점이 있고, 등지느러미에 낙타처럼 혹이 있음. 혹고래

혹란(惑亂)어기 '혹란(惑亂)하다'의 어기(語基).

혹란-하다(惑亂-)형여 미혹되어 정신이 어지럽다.

혹렬(酷烈)어기 '혹렬(酷烈)하다'의 어기(語基).

혹렬-하다(酷烈-)형여 매우 심하고 지독하다.

혹렬-히부 혹렬하게

혹령(酷令)명 가혹한 명령.

혹리(酷吏)명 가혹한 관리. 가리(苛吏)

혹박(酷薄)어기 '혹박(酷薄)하다'의 어기(語基).

혹박-하다(酷薄-)형여 모질고 박정하다.

혹법(酷法)명 가혹한 법.

혹-부리명 얼굴에 혹이 달린 사람을 이르는 말.

혹사(酷使)명-하다타 혹독하게 부림.

혹사(酷似)어기 '혹사(酷似)하다'의 어기(語基).

혹사-하다(酷似-)형여 생김새가 똑같다고 할 만큼 아주 비슷하다. ¶모습이 -. ☞혹초하다

혹-살명 소의 볼기 한복판에 붙은, 기름기가 많은 살. 국거리로 쓰임.

혹서(酷暑)명 견뎌 낼 수 없을 만큼 심한 더위. ☞폭서(暴暑). 혹열(酷熱). 혹염(酷炎). 혹한(酷寒)

혹설(惑說)명 사람을 호리는 말.

혹성(惑星)명 행성(行星)

혹세(惑世)명-하다자 ①세상을 어지럽게 함. ②어지러운 세상.

혹세(酷稅)명 가혹한 세금.

혹세무:민(惑世誣民)성구 세상 사람을 미혹하게 하여 속임을 이르는 말.

혹속혹지(或速或遲)성구 어떤 때는 빠르기도 하고 어떤 때에는 더디기도 함을 이르는 말.

혹술(惑術)명 사람을 호리는 술책.

혹시(或是)부 ①만일에. 혹야(或也). 혹여(或如). 혹자(或者) ¶ - 잘못된다 하더라도 남의 탓은 하지 말아라. ②혹시(或時) 준혹(或)

혹시(或時)부 어떠한 때에. 어쩌다가. 혹시(或是) 준혹(或)

혹시-나(或是-)부 '혹시'의 힘줌말. ¶ - 하고 기다렸으나 끝내 오지 않았다.

혹시혹비(或是或非)성구 옳기도 하고 그르기도 하여, 옳고 그름을 가릴 수 없음을 이르는 말.

혹신(惑信)명-하다타 홀려 믿음.

혹심(酷甚)어기 '혹심(酷甚)하다'의 어기(語基).

혹심-하다(酷甚-)형여 매우 심하다. ¶혹심한 가뭄./혹심한 폐해.

혹애(惑愛)명-하다타 끔찍이 사랑함. ☞익애(溺愛)

혹야(或也)부 혹시(或是)

혹여(或如)부 혹시(或是)

혹열(酷熱)[-녈]명 혹염(酷炎)

혹염(酷炎)명 견뎌 낼 수 없이 심한, 불 같은 더위. 혹열(酷熱) ☞폭서(暴暑)

혹왈(或曰)부 ①어떤 사람이 말하는 바에 따르면. ②혹은 말하기를. 혹운(或云)

혹운(或云)부 혹왈(或曰)

혹-위(-胃)명 반추위(反芻胃)의 첫째 위. 혹 모양으로 생겼는데, 삼킨 음식물을 섞고 박테리아 작용으로 먹이를 분해하여 벌집위로 보냄. 제일위(第一胃) ☞겹주름위. 벌집위. 주름위

혹-은(或-)부 ①그렇지 않으면. 또는 ②더러는

혹자(或者)명 ①어떤 사람. ¶ -는 이렇게 말했다. ②〖부사처럼 쓰임〗 혹시(或是) ¶ - 그렇다 하더라도 마음에 두지 마오.

혹장(酷杖)명 혹독한 장형(杖刑).

혹정(酷政)명 가혹한 정치.

혹초(酷肖)어기 '혹초(酷肖)하다'의 어기(語基).

혹초-하다(酷肖-)형여 서로 똑같다고 할 만큼 매우 닮은 데가 있다. ☞혹사하다

혹취(酷臭)명 고약한 냄새.

혹평(酷評)명-하다타 가혹하게 비평함, 또는 그 비평. 가평(苛評) 유냉평(冷評)

혹-하다(惑-)자여 제정신을 못 차릴 정도로 홀딱 반하거나 빠지다. ¶그를 보자 첫눈에 혹했다.

혹한(酷寒)명 견뎌 낼 수 없을 만큼 심한 추위. 호한(沍寒) ☞혹서(酷暑)

혹해(酷害)명 몹시 심한 재해(災害).

혹형(酷刑)명-하다타 가혹하게 벌함, 또는 그 형벌. 심형(深刑) ☞준형(峻刑)

혹-혹명 입을 오므리고 입김을 잇달아 세게 내부는 소리를 나타내는 말. ☞훅훅

혹화(酷禍)명 몹시 심한 재화(災禍).

혼명 '혼동'의 준말.

혼(魂)명 넋 ☞얼[2]

혼가(婚家)명 혼인집
혼가(婚嫁)명-하다자 혼인(婚姻)
혼:가(渾家)명 한집안의 온 식구. 혼권(渾眷)
혼간(婚簡)명 재래식 혼례 때, 사주단자나 택일 단자로 쓰이는 간지(簡紙).
혼:거(混居)명-하다자 잡거(雜居) ☞독거(獨居)
혼겁(魂怯)명-하다자 몹시 놀라거나 무서워서 혼이 빠지도록 겁을 냄.
혼계(昏季)어기 '혼계(昏季)하다'의 어기(語基).
혼:-계:영(混繼泳)명 경영(競泳) 종목의 한 가지. 네 사람의 선수가 배영·평영·접영·자유형의 차례로 한 종목씩 같은 거리를 이어서 헤엄침. 메들리릴레이
혼계-하다(昏季-)형여 나이가 젊고 세상 물정에 어둡다.
혼고(昏鼓)명 절에서 저녁 예불 때 치는 북.
혼곤(昏困)어기 '혼곤(昏困)하다'의 어기(語基).
혼곤-하다(昏困-)형여 정신이 흐릿하고 맥이 빠진듯 기운이 없다.
혼곤-히부 혼곤하게 ¶일을 마치고 - 잠들었다.
혼:공(渾恐)명-하다타 모두 두려워함.
혼교(魂轎)명 장사(葬事) 때, 죽은 사람이 생전에 입던 옷가지를 담아 가는 가마.
혼구(婚具)명 혼인 때 쓰이는 여러 가지 기구.
혼군(昏君)명 정사(政事)에 어둡고 어리석은 임금. 암군(暗君). 암주(暗主)
혼:권(渾眷)명 혼가(渾家)
혼금(閽禁)명-하다타 지난날, 관아에서 관계없는 사람들의 출입을 금하던 일.
혼기(婚期)명 혼인하기에 알맞은 나이, 또는 그 시기. 혼령(婚齡) ☞가기(嫁期)
혼기(魂氣)명 영혼의 기운.
혼-나다(魂-)자 ① 몹시 놀라거나 무서워서 정신이 빠지다. ②호되게 꾸지람을 듣다.
혼-내:다(魂-)타 혼나게 하다.
혼담(婚談)명 혼인을 결정하기 위한 의논, 또는 혼인에 대하여 오가는 말.
혼담(魂膽)명 혼백(魂魄)과 간담(肝膽).
혼도(昏倒)명-하다자 정신이 아뜩하여 넘어짐.
혼:돈(混沌·渾沌)명 ①태초에 하늘과 땅이 아직 나누어지지 않은 상태. ☞카오스 ②-하다형 갈피를 잡을 수 없음, 또는 그러한 상태.
혼:돈-피(混沌皮)명 포의(胞衣)
혼-동명 윷놀이에서, 말이 하나만 가는 것을 이르는 말. 준혼 ☞단동
혼:동(混同)명-하다타 ①여럿을 따로 구별하지 못하고 모두 같은 것으로 생각함. ¶공사(公私)를 -하지 말게. ②법률에서, 서로 대립하는 두 개의 법률적 지위가 같은 사람에게 귀속하는 일을 이르는 말.
혼-뜨다(魂-)(-뜨고·-떠)자 몹시 놀라거나 무서워 혼이 떠서 나갈 지경이 되다.
혼-띄:다(魂-)타 혼뜨게 하다.
혼:란(混亂)명-하다형 뒤죽박죽이 되어 어지러움. 혼잡(混雜). 혼효(混淆). 효란(淆亂)
혼란(昏亂)어기 '혼란(昏亂)하다'의 어기(語基).
혼:란-상(混亂相)명 어지럽고 질서가 없는 모양.
혼:란-스럽다(混亂-)(-스럽고·-스러워)형ㅂ 뒤죽박죽이어서 어지럽다.
혼란-스레부 혼란스럽게
혼란-하다(昏亂-)형여 정신이 흐릿하고 어지럽다.
혼령(婚齡)명 혼기(婚期)
혼령(魂靈)명 죽은 사람의 넋. 영혼(靈魂)
혼례(婚禮)명 ①혼인의 의례. 가취지례(嫁娶之禮). 빙례(聘禮) ②'혼례식(婚禮式)'의 준말. ¶-를 치르다.
혼례-식(婚禮式)명 결혼식(結婚式). 화촉지전(華燭之典) 준혼례(婚禮)
혼마(魂馬)명 장례에 쓰는 제구의 한 가지. 상여 앞에서 안장을 갖추고 가는 말을 이름.
혼망(昏忘)명 ①-하다자 정신이 흐릿하여 잘 잊어버림. ②-하다형 정신이 흐릿함.
혼매(昏昧)어기 '혼매(昏昧)하다'의 어기(語基).
혼매-하다(昏昧-)형여 어리석어서 사리(事理)나 세상 물정에 어둡다.
혼명(昏明)명 어두움과 밝음.
혼모(昏耗)어기 '혼모(昏耗)하다'의 어기(語基).
혼모-하다(昏耗-)형여 늙어서 정신이 흐리고 기력이 쇠약하다.
혼몽(昏懜)명-하다형 정신이 흐리고 가물가물함.
혼:문(混文)명〈어〉혼성문(混成文)
혼물(婚物)명 혼인에 쓰이는 물품을 통틀어 이르는 말. ☞혼비(婚費). 혼수(婚需)
혼미(昏迷)명-하다형 ①정신이 헛갈리고 흐리멍덩함. ②일이 뒤섞이거나 정세(情勢) 따위가 복잡하여 불안정하고 분명하지 못함. ¶-한 정국(政局).
혼반(婚班)명 지난날, 혼인할만 한 집안의 지체를 이르던 말.
혼:방(混紡)명-하다타 성질이 다른 섬유를 섞어서 잣는 방적, 또는 그 실로 짠 옷감.
혼:방-사(混紡絲)명 성질이 다른 섬유를 섞어서 드린 실.
혼백(魂帛)명 신주를 만들기 전에, 초상 때에만 쓰기 위하여 생명주나 모시를 접어서 임시로 만드는 신위.
혼백(魂魄)명 사람의 정신을 다스린다는 '넋[魂]'과 육체를 다스린다는 '얼[魄]'을 아울러 이르는 말.
혼백=상자(魂帛箱子)명 혼백을 담는 상자.
혼비(婚費)명 혼인에 드는 비용. ☞혼물. 혼수
혼비백산(魂飛魄散)성구 혼백이 날아 흩어진다는 뜻으로, 몹시 놀라 어찌할 바를 모름을 이르는 말. ¶모두들 -하여 달아나고 말았다.
혼사(婚事)명 혼인에 관한 일.
속담 **혼사 말 하는데 장사(葬事) 말 한다**: 화제와는 관련이 없는 엉뚱한 말을 한다는 말.
혼상(婚喪)명 혼사(婚事)와 상사(喪事).
혼:색(混色)명-하다타 색을 뒤섞음, 또는 그 색.
혼서(婚書)명 재례식 혼례에서, 신랑 집에서 예단과 함께 신부 집으로 보내는 편지. 예서(禮書). 예장(禮狀)
혼서-지(婚書紙)명 혼서를 쓰는 종이.
혼서지-보(婚書紙-)[-뽀]명 혼서를 싸는 보자기.
혼선(婚扇)명 재래식 혼례에서, 신부의 얼굴을 가리는 데 쓰는 둥근 부채.
혼:선(混線)명-하다자 ①전신이나 전화 따위에서, 신호나 통화가 뒤섞이어 엉클어지는 일. ②언행(言行)이나 계획 따위의 앞뒤가 맞지 않거나 다른 장애 때문에 실마리를 잡을 수 없게 된 상태를 비유하여 이르는 말. ¶수사에 -을 빚다./생산 계획에 -을 가져오다.
혼:성(混成)명-하다자타 섞여서 이루어짐, 또는 섞어서 만듦.
혼:성(混聲)명 ①뒤섞인 소리. ②남녀가 목소리를 합하여 노래하는 일. ¶- 사부 합창
혼:성-문(混成文)명〈어〉중문(重文)과 복문(複文)의 구성으로 얽힌 문장. '봄이 오면 꽃이 피고 새도 운다.', '달이 가고 해가 가면, 산천도 변하고 인심도 변한다.', '물이 맑으니 고기가 없고, 사람이 맑으니 따르는 이가 없다.'와 같은 구성의 말. 혼문(混文). 중복문(重複文)
혼:성=부대(混成部隊)명 ①보병을 주축으로 하고, 필요한 다른 병과(兵科)를 더하여 편성한 독립 부대. ②두 나라 이상의 병사로 구성한 단일 부대.
혼:성-암(混成岩)명 퇴적암이나 변성암이 화성암과 뒤섞여 이루어진 암석. 흔히 변성암에 화강암질의 마그마가 섞여 생김.
혼:성=재:배(混成栽培)명 한 밭에 두 가지 이상의 작물이나 과수를 심어 가꾸는 일. 혼식(混植)
혼:성-주(混成酒)명 ①증류주나 양조주에 향료나 감미료, 색소 따위를 섞어서 빚은 술. 재제주 ②두 가지 이상의 술을 섞어서 만든 술. 혼합주(混合酒) ☞칵테일
혼:성-팀:(混成team)명 남자와 여자, 또는 두 개 이상의 팀에서 뽑힌 선수로 이루어진 팀.
혼:성=합창(混聲合唱)명 남녀의 각 성부(聲部)를 혼합한

ㅎ

합창. 보통 소프라노, 알토, 테너, 베이스의 4부로 이루어짐. ☞단성 합창(單聲合唱)

혼소(魂銷)명-하다자 넋이 스러진다는 뜻으로 ①얼이 빠져 정신을 못 차림. ②몹시 놀람.

혼:-솔명 홈질한 옷의 솔기.

혼수(昏睡)명-하다자 ①정신없이 잠듦. ②의식이 없어짐. ¶ - 상태

혼수(婚需)명 혼인에 드는 물품, 또는 비용.

혼:숙(混宿)명-하다자 남녀가 한데 뒤섞여 잠.

혼:순환=소:수(混循環小數)명 소수점 아래에 하나 또는 몇 개의 숫자가 있고, 그 다음 숫자부터는 같은 숫자가 순환하는 소수. 0.5030303… 따위. ☞순순환 소수

혼승백강(魂昇魄降)성구 죽은 이의 영혼은 하늘로 올라가고 몸은 땅 속으로 들어감을 이르는 말.

혼:식(混食)명-하다자타 ①여러 가지 음식을 섞어서 먹음. ②쌀에 잡곡을 섞어서 밥을 지어 먹음.

혼:식(混植)명-하다타 혼성 재배(混成栽培)

혼:신(渾身)명 온몸 ¶ -의 노력을 다하다.

혼:아(混芽)명 혼합눈

혼암(昏闇)어기 '혼암(昏闇)하다'의 어기(語基).

혼암-하다(昏闇-)형여 어리석어 사리에 어둡다.

혼야(昏夜)명 어두운 밤.

혼야(婚夜)명 혼인한 신랑 신부가 처음으로 함께 자는 밤. 첫날밤

혼약(婚約)명-하다자 혼인하기로 약속함. 가약(佳約). 약혼(約婚) ☞부부지약(夫婦之約)

혼:연(渾然)부-하다형 ①다른 것이 조금도 섞이지 않고 고른 모양을 이르는 말. ②별개의 것들이 구별이나 차별이 없는 모양을 이르는 말. ③성질이 원만한 모양을 이르는 말.

 혼연-히부 혼연하게

혼:연일체(渾然一體)성구 사상이나 의지·행동 따위가 조금의 어긋남도 없이 한 덩어리가 됨을 이르는 말.

혼:연일치(渾然一致)성구 생각이나 주장 따위가 조그만 차이도 없이 하나로 합치함을 이르는 말.

혼:연천성(渾然天成)성구 아주 쉽게 저절로 이루어짐을 이르는 말.

혼:영(混泳)명 경영(競泳)의 한 가지. 200m 개인 혼영과 400m 개인 혼영이 있는데, 접영·배영·평영·자유형의 차례로 각각 50m와 100m씩 헤엄침.

혼외=정사(婚外情事)명 배우자 이외의 이성(異性)과 벌이는 정사.

혼:욕(混浴)명-하다자 한 목욕탕에서 남녀가 함께 목욕함.

혼:용(混用)명-하다타 ①한데 섞어서 씀. ¶국한문(國漢文) - ②잘못 혼동하여 씀.

혼우(昏愚)어기 '혼우(昏愚)하다'의 어기(語基).

혼우-하다(昏愚-)형여 정신이 흐리멍덩하고 어리석다.

혼:원(混元)명 ①천지가 개벽할 때. 아주 먼 옛날. ②천지의 원기, 또는 천지.

혼유-석(魂遊石)명 넋이 나와 놀도록 한 돌이라는 뜻으로, 상석(床石)의 뒤나 무덤 앞에 놓는 직사각형의 돌을 이르는 말. 석상(石床)

혼:융(渾融)명-하다자타 온전히 융합함.

혼:음(混淫)명-하다자 몇 쌍의 남녀가 뒤섞여서 간음(姦淫)함, 또는 그런 짓.

혼:음(混飮)명-하다타 종류가 다른 술을 섞어서 마심.

혼의(婚衣)명 조류의 몸에 번식기에 나타나는 아름다운 깃털. 주로 수컷에 두드러짐.

혼의(魂衣)명 혼교에 담는, 고인이 살았을 때에 입던 옷.

혼인(婚姻)명-하다자 남녀가 예를 갖추어서 부부 관계를 맺는 일. 결혼. 혼가(婚嫁). 혼취(婚娶)

 속담 **혼인 뒤에 병풍 친다** : 이미 때를 놓친 뒤에야 어떤 일을 서두르는 모양을 비유하여 이르는 말./**혼인에 트레바리** : 좋은 일까지도 덮어놓고 반대만 하는 것을 비유하여 이르는 말./**혼인 치레 말고 팔자 치레 하랬다** : 성대한 잔치를 베풀지 못할 때, 큰 잔치보다는 잘사는 것이 더 중요하다며 위로하는 말.

 한자 **혼인 인**(姻)〔女部 6획〕¶인가(姻家)/인척(姻戚)/혼인(婚姻)

 혼인할 혼(婚)〔女部 8획〕¶결혼(結婚)/신혼(新婚)/혼사(婚事)/혼약(婚約)/혼처(婚處)

혼인=비행(婚姻飛行)명 결혼 비행(結婚飛行)

혼인-색(婚姻色)명 동물의 번식기에 나타나는 몸의 빛깔. 양서류·파충류·어류 등에서 볼 수 있는데, 보통 수컷에 나타남. ☞혼의(婚衣)

혼인=성:사(婚姻聖事)명 가톨릭의 일곱 성사(聖事)의 하나. 교회법에 따라 성인 남녀가 혼인을 하는 의례.

혼인-식(婚姻式)명 결혼식(結婚式)

혼인=신고(婚姻申告)명 결혼한 사실 등을 관할 관청에 신고하는 일.

혼인-집(婚姻-)[-찝]명 혼례를 치르는 집. 혼인 잔치를 하는 집. 혼가(婚家)

 속담 **혼인집에서 신랑 잃어버렸다** : 어떤 일을 하는 데 가장 긴요한 것을 잃었을 경우를 비유하여 이르는 말.

혼:일(混一)명-하다타 섞어서 하나로 만듦.

혼일(婚日)명 혼인하는 날.

혼:입(混入)명-하다자타 어떤 것에 이질의 것이 한데 섞여 들어감, 또는 이질의 것을 한데 섞어 넣음.

혼자명 ①자기 한 몸. ¶ -만의 여행. ②〔부사처럼 쓰임〕저 하나만으로. ¶ - 해결해야 할 일.

×**혼자-말**명-하다자 →혼잣말

×**혼자-소리**명-하다자 →혼잣소리

혼:작(混作)명-하다타 섞어짓기

혼:잡(混雜)명-하다형 ①여럿이 뒤섞여서 어수선함. ¶교통이 -하다. ②혼란(混亂)

혼:잡-스럽다(混雜-)(-스럽고·-스러워)형ㅂ 질서 없이 마구 뒤섞여 어수선하다.

 혼잡-스레부 혼잡스럽게

혼잣-말명 남을 상대로 하지 않고 혼자서 하는 말. 혼잣소리. 독어(獨語)[1]. 독언(獨言) ☞독백(獨白)

혼잣-소리명 혼잣말

혼잣-손명 혼자 일을 하는 처지. 단손

혼재(婚材)명 혼인하기에 알맞은 남자와 여자.

혼전(婚前)명 혼인하기 전.

혼:전(混戰)명-하다자 ①전투에서 서로 뒤섞여 어지러이 싸우는 일, 또는 그러한 싸움. ②운동 경기 등에서 몹시 치열하게 겨룸, 또는 그러한 경기. 난전(亂戰)

혼절(昏絕)명-하다자 정신이 아뜩하여 까무러침. ☞기절

혼정신성(昏定晨省)성구 저녁에는 부모의 이부자리를 보아 드리고 아침에는 부모의 밤새 안부를 묻는다는 뜻으로, 자식이 아침저녁으로 부모를 잘 섬기어 효성을 다함을 이르는 말. ㊁정성(定省)

혼:직(混織)명-하다타 면사와 견사, 견사와 모사 등 서로 다른 종류의 실을 날실과 씨실로 하여 짜는 일, 또는 그 직물. 교직(交織) ☞혼방(混紡)

혼질(昏窒)명-하다자 정신이 혼미해질 정도로 숨이 막힘.

혼쭐-나다(魂-)자 ①몹시 혼나다. ②몹시 황홀하여 정신이 아뜩할 지경이 되다.

혼처(婚處)명 혼인하기에 알맞은 자리. 보통 혼인의 상대가 될 인물이나 집안을 이름. ¶마땅한 -가 나타나다.

혼척(婚戚)명 인척(姻戚)

혼:천-의(渾天儀)명 지난날, 천체의 운행과 위치를 관측하던 기계.

혼취(昏醉)명-하다자 정신을 못 차릴 정도로 술에 취함. ☞만취(滿醉). 이취(泥醉)

혼취(婚娶)명-하다자 혼인(婚姻)

혼침(昏沈)어기 '혼침(昏沈)하다'의 어기(語基).

혼침-하다(昏沈-)형여 정신이 아주 혼미하다.

혼:탁(混濁)명-하다형 ①불순물이 섞여 흐림. ②정치나 사회 현상 따위가 어지럽고 흐림. ¶-한 선거 풍토.

혼:탁-액(混濁液)명 고체의 작은 알갱이가 분산되어 있는 액체.

혼:탕(混湯)명 남녀 구별 없이 함께 쓰는 목욕탕.

ㅎ

혼택(婚擇)명-하다자 혼인하기에 좋은 날을 가림.

혼:합(混合)명-하다자타 ①뒤섞어 한데 합함. ¶쌀과 보리를 ―. ②두 가지 이상의 물질이 제각기 고유한 성질을 잃지 않은 채 섞임, 또는 섞음. ¶질소와 산소를 ―하다. ☞화합(化合)

혼:합-기술(混合技術)명 씨름에서, 손·다리·허리를 모두 이용하여 상대편을 넘어뜨리는 공격 재간. 등채기·자반뒤집기·잡채기·차돌리기 따위가 있음.

혼:합=농업(混合農業)명 가축의 사육과 농작물의 재배를 아울러 하는 농업.

혼:합-눈(混合―)명 꽃이 될 눈과 잎이 될 눈을 함께 지닌 싹눈. 혼아(混芽). 혼합아(混合芽).

혼:합-물(混合物)명 ①여러 가지가 뒤섞여서 이루어진 물건. ②둘 이상의 물질이 화학적으로 결합하지 않고 각각의 성질을 지니면서 뒤섞이어 있는 것. ☞화합물

혼:합-비(混合比)명 ①두 가지 이상의 서로 다른 물질을 혼합하는 비율. ②내연 기관에서, 연료와 공기가 혼합하여 혼합 기체를 이룰 때 둘 사이의 비율.

혼:합=비:료(混合肥料)명 배합 비료(配合肥料)

혼:합=신경(混合神經)명 운동성과 지각성을 함께 가지고 있는 신경.

혼:합-아(混合芽)명 혼합눈

혼:합-주(混合酒)명 혼성주(混成酒)

혼:합=하:감(混合下疳)명 성병의 한 가지. 연성 하감(軟性下疳)의 병원균과 매독의 병원균에 동시에 감염되어 음부 등이 헐다가 궤양으로 진행함. ☞경성 하감(硬性下疳)

혼행(婚行)명-하다자 혼인 때, 신랑이 신부 집으로 가거나 신부가 신랑 집으로 가는 일. 신행(新行)

혼:혈(混血)명 ①-하다자 서로 다른 종족이 결혼하여 그 후손에게 두 계통의 특징이 섞임, 또는 그 혈통. ☞순혈(純血) ②'혼혈아'의 준말.

혼:혈-아(混血兒)명 서로 다른 종족의 남녀 사이에서 태어난 아이. 준혼혈 ☞튀기

혼혐(婚嫌)명 파혼이 되거나 또는 혼인이 이루어질 수 없을만 한 혐의.

혼혼(昏昏)어기 '혼혼(昏昏)하다'의 어기(語基).

혼혼-하다(昏昏―)형여 ①어둡고 침침하다. ②정신이 흐리고 가물가물하다.
 혼혼-히부 혼혼하게

혼:화(混化)명-하다자 뒤섞여서 딴 물건이 됨.

혼:화(混和)명-하다자타 ①한데 섞어서 합하거나 한데 섞이어 융화됨. ②법률에서, 소유자가 각각 다른 물건이 섞이어 본디 물건을 구별할 수 없게 되는 일을 이르는 말. 주로 곡물이나 주류(酒類) 따위에서 일어남.

혼:화(渾和)명 혼연한 화기(和氣).

혼:화-제(混和劑)명 두 가지 이상의 재료를 고루 섞어 만든 약제.

혼:효(混淆)명 ①-하다자타 여러 가지를 뒤섞거나 여러 가지가 뒤섞임. ②-하다형 혼란(混亂)

혼:효-림(混淆林)명 침엽수와 활엽수가 뒤섞여 있는 숲. 어느 한쪽이 75%를 넘지 않을 경우에 이름. ☞단순림(單純林). 잡림(雜林)

혼:후(渾厚)어기 '혼후(渾厚)하다'의 어기(語基).

혼:후-하다(渾厚―)형여 화기가 있고 인정이 두텁다.
 혼후-히부 혼후하게

혼흑(昏黑)어기 '혼흑(昏黑)하다'의 어기(語基).

혼흑-하다(昏黑―)형여 어둡고 캄캄하다.

홀(笏)명 ①지난날, 관원이 임금을 알현할 때 조복(朝服)에 갖추어 손에 쥐던 패. ②'홀기(笏記)'의 준말.

홀(忽)수 소수(小數) 단위의 하나. 사(絲)의 10분의 1, 미(微)의 열 곱절.

홀:(hall)명 건물 안의 여러 사람이 모일 수 있는 넓은 방.

홀:(hole)명 ①골프에서, 티잉그라운드에서 퍼팅그린까지의 구역으로 경기의 한 코스. 기본적인 경기는 주로 18홀로 이루어짐. ②골프 공을 쳐넣는, 목표 지점의 구멍. 지름 약 10.8cm로 퍼팅그린의 한가운데 있으며 보통 금속제의 원통이 박혀 있어 컵(cup)이라고도 함.

홀-접두 '짝이 없이 하나 뿐'의 뜻을 나타냄. ¶홀몸/홀아비/홀어미

홀가분-하다형여 ①마음이 가뿐하고 산뜻하다. ¶자수할 것을 결심하니 차라리 ―. ②짐스러운 것이 없어 가뜬하다. ¶배낭 하나 메고 홀가분하게 여행을 떠났다. ③다루기가 만만하여 대수롭지 않다. ¶그는 그리 홀가분한 상대가 아니다.
 홀가분-히부 홀가분하게

홀기(笏記)명 제례(祭禮)나 혼례에서, 의식의 순서를 적은 글. 준홀(笏)

홀대(忽待)[―때]명-하다타 소홀히 대접함, 또는 탐탁하지 않은 대접. ☞괄대(恝待)

홀:드(hold)명 암벽 등반에서, 손으로 잡거나 발로 디딜 수 있는 바위 모서리.

홀:딩(holding)명 ①축구나 농구, 핸드볼 따위에서, 손이나 몸으로 상대편의 행동을 방해하는 반칙. ②배구에서, 공이 경기자의 손 또는 팔에 일시적으로 머무는 반칙. ③권투에서, 상대편의 몸을 껴안는 일.

홀딱부 ①가린 것을 남김없이 벗거나 벗기는 모양을 나타내는 말. ¶― 벗은 몸. ②머리털 따위가 몹시 벗어진 모양을 나타내는 말. ③덮은 것이 잦혀지거나 뒤집히는 모양을 나타내는 말. ④좀 높은 곳을 힘차게 뛰어넘는 모양을 나타내는 말. ⑤몹시 반하거나 여지없이 속는 모양을 나타내는 말. ¶― 반하다./― 속아 넘어가다. ☞홀랑. 훌떡

홀딱-홀딱부 자꾸 홀딱 하는 모양을 나타내는 말. ☞홀랑홀랑[1]. 훌떡훌떡[1]

홀라-들이다타 함부로 힘주어 자꾸 쑤시거나 훑다. ☞훌라들이다

홀랑부 ①속의 것이 드러나도록 가벼운 몸놀림으로 벗는 모양을 나타내는 말. ¶옷을 ― 벗다. ②털 따위가 빠지어 속의 것이 맨송하게 드러나는 모양을 나타내는 말. ¶― 벗어진 이마. ③속이 다 보이도록 뒤집히는 모양을 나타내는 말. ¶주머니를 ― 뒤집다. ☞홀딱. 훌렁

홀랑-거리다(대다)자 꼭 맞추거나 끼우는 것이 할가워져서 자꾸 드나들다. ¶살이 빠져 반지가 ―. ☞할랑거리다. 훌렁거리다

홀랑이-질명-하다타 자꾸 홀라들이는 짓. ☞훌렁이질

홀랑이-치다타 홀랑이질을 잇달아 하다. ☞훌렁이치다

홀랑-하다형여 꼭 맞추거나 끼우는 것이 커서 매우 할가운 느낌이 있다. ☞할랑하다. 훌렁하다

홀랑-홀랑[1]부 자꾸 홀랑 하는 모양을 나타내는 말. ☞홀딱홀딱. 훌렁훌렁[1]

홀랑-홀랑[2]부 홀랑거리는 모양을 나타내는 말. ☞할랑할랑. 훌렁훌렁[2]

홀랑홀랑-하다형여 매우 홀랑하다. ☞할랑할랑하다. 훌렁훌렁하다

홀략(忽略)어기 '홀략(忽略)하다'의 어기(語基).

홀략-하다(忽略―)형여 허술하고 간략하다.
 홀략-히부 홀략하게 ¶시간에 쫓겨 ― 일을 끝내다.

홀로부 혼자서만 ¶― 걷다./― 먹다./― 지내다.

> 한자 홀로 독(獨) [犬部 13획] ¶독단(獨斷)/독백(獨白)/독신(獨身)/독창(獨唱) ▷ 속자는 独

홀로그래피(holography)명 빛의 간섭을 이용하여 필름 따위의 기록 매체에 삼차원의 입체상을 재생하는 방법, 또는 그것을 응용한 광학 기술.

홀로-되다자 ①남편 또는 아내가 죽거나 떠나 홀로 지내게 되다. ¶젊어서 홀로되신 어머니. ②함께 있던 사람들이 떠나고 혼자만 남게 되다.

홀리다자 유혹되거나 반하여 정신을 못 차리다. ¶귀신에게 ―./몹쓸 여자에게 ―.

홀-맺다[―맫―]타 풀리지 않게 옭아 단단히 맺다.

홀-몸명 배우자나 형제가 없는 혼자인 사람. 독신(獨身). 척신(隻身) ☞홑몸

홀뮴(holmium)명 란탄족 원소의 하나. 상자성(常磁性)

금속으로, 순수한 것을 얻기는 어려움.〔원소 기호 Ho/원자 번호 67/원자량 164.93〕
홀보드르르-하다 형여 옷감 따위가 하르르하고 보드레하다. ☞홀보들하다
홀보들-하다 형여 옷감 따위가 하르르하고 보들보들하다. ☞홀보드르르하다
홀-소리 명 〈어〉모음(母音)
홀소리-어울림 명 〈어〉모음 조화(母音調和)
홀-수(一數)[-쑤] 명 2로 완전히 나누어지지 않는 정수(整數). 1·3·5·7·9·11 따위. 기수(奇數) ☞우수(偶數). 짝수
홀스타인(Holstein 네) 명 네덜란드 원산인 젖소의 한 품종. 몸이 크고 털빛은 검은 바탕에 흰 얼룩이 있으며 성질이 온순함.
홀시(忽視)[-씨] 명-하다 타 ①눈여겨보지 않고 건성으로 보아 넘김. ②남을 깔봄.
홀-씨 명 포자(胞子)
홀씨-주머니 명 포자낭(胞子囊)
홀-아버니 명 '홀아비'를 높여 이르는 말.
홀-아버지 명 어머니를 여의고 홀로 된 아버지.
홀-아비 명 아내를 여의고 홀몸이 된 남자. 광부(曠夫). 환부(鰥夫) 높 홀아버니 ☞핫아비. 홀어미
속담 **홀아비 굿 날 물려 가듯** : 홀아비가 굿하는 것이 거추장스러워 자꾸 미루듯이 예정한 일을 훗날로 미루는 것을 이르는 말.〔홀아비 법사(法事) 끌듯〕/**홀아비는 이가 서 말이고, 홀어미는 은(銀)이 서 말이라** : 여자는 혼자 살 수 있지만, 남자는 돌보아 줄 사람이 없으면 군색해진다는 말./**홀아비 집 앞은 길이 보얗고, 홀어미 집 앞은 큰길 난다** : 홀아비는 찾는 사람이 거의 없지만, 홀어미는 많은 사람이 자주 찾아든다는 말.
홀아비-김치 명 무나 배추 한 가지로만 담근 김치. 환저
홀아비-좆 명 쟁기의 한마루 위에 가로 꿰어 아래덧방을 누르는 작은 나무.
홀-알 명 무정란(無精卵)
홀앗이 명 거들어 줄 사람이 없어 혼자 살림살이를 꾸리는 처지.
홀-어머니 명 ①'홀어미'를 높여 이르는 말. ②아버지를 여의고 홀로 된 어머니. 편모(偏母) ☞홀아버지
홀-어미 명 남편을 여의고 홀몸이 된 여자. 높 홀어머니 ☞핫어미. 홀아비
속담 **홀어미 유복자 위하듯** : 홀어미는 유복자를 끔찍히 위한다는 뜻에서, 무엇을 아주 소중히 여기고 위함을 비유하여 이르는 말.
홀-어버이 명 아버지나 어머니 중 어느 한쪽을 여의고 홀로 된 어버이. 편친(偏親) ☞외쪽어버이
홀연(忽然)[1] 부 뜻하지 않게 갑자기. 홀연히 ¶ - 나타나다.
홀연(忽然)[2] 어기 '홀연(忽然)하다'의 어기(語基).
홀연-하다(忽然-) 형여 뜻하지 않게 갑자기 나타나거나 사라지다.
홀연-히 부 홀연하게. 홀연[1] ¶ - 종적을 감추다.
홀왕홀래(忽往忽來) 성구 갑자기 가고 갑자기 옴을 이르는 말. ☞홀현홀몰
홀의-아들 명 '호래아들'의 원말.
홀:인(hole in) 명 골프에서, 그린(green) 위의 공을 퍼터로 홀 안에 집어넣는 일.
홀:인원(hole in one) 명 골프에서, 첫 번째로 친 공이 그대로 홀 안에 들어가는 일.
홀저(忽諸)[-쩌] 어기 '홀저(忽諸)하다'의 어기(語基).
홀저-하다(忽諸-)[-쩌-] 형여 급작스럽고 소홀하다.
홀저-히 부 홀저하게
홀지풍파(忽地風波)[-찌-] 성구 갑작스레 일어나는 풍파라는 뜻으로, 갑자기 분란이 일어남을 이르는 말. ☞평지풍파(平地風波)
홀짝 부 ①콧물을 조금 들이마시는 모양, 또는 그 소리를 나타내는 말. ②적은 양의 액체를 단숨에 다 마시는 모양을 나타내는 말. ¶술 한 잔을 - 비우다. ③단번에 가뿐히 뛰어넘거나 뛰어내리는 모양을 나타내는 말. ¶계단에서 - 뛰어내리다. ☞훌쩍[1]
홀짝-거리다(대다) 타 자꾸 홀짝 하다. 홀짝이다
홀짝-이다 타 홀짝거리다 ☞훌쩍이다
홀짝-홀짝 부 홀짝거리는 모양을 나타내는 말.
홀쭉-이 명 말라서 홀쭉한 사람. ☞뚱뚱이
홀쭉-하다 형여 ①몸피가 가늘고 길다. ¶홀쭉하게 생기다./홀쭉한 몸매. ②속이 비어 안으로 오므라져 있다. ¶자루가 -./배가-. ③앓거나 하여 몸이 야위어 가늘다. ¶홀쭉하게 야위다. ☞훌쭉하다
홀쭉-히 부 홀쭉하게
홀치다 타 풀리지 않도록 단단히 동이다. ☞훌치다[2]
홀치어-매다 타 풀리지 않도록 단단히 동여매다. ¶소의 고삐를 나무에 -.
홀태 명 ①뱃속에 알이나 이리가 들지 않아 홀쭉한 생선. ☞알배기 ②좁은 물건.
홀태-바지 명 통이 좁은 바지.
홀태-버선 명 볼이 좁은 버선.
홀태-부리 명 홀쭉하게 생긴 물건의 앞부리.
홀태-질 명-하다 타 곡식을 훑어서 떠는 일.
홀-하다(忽-) 형여 조심성이 없어 거칠고 가볍다.
홀현홀몰(忽顯忽沒) 성구 갑자기 나타났다가 갑자기 사라짐을 이르는 말. ☞홀왕홀래
홀홀 부 ①작은 것이 가볍게 날아가거나 날리는 모양을 나타내는 말. ②나는듯이 가뿐하게 뛰어넘는 모양을 나타내는 말. ③가루 따위를 가볍게 조금 뿌리는 모양을 나타내는 말. ¶설렁탕에 후춧가루를 - 뿌리다. ④가볍게 떨어버리는 모양을 나타내는 말. ⑤몸에 걸친 것을 빠르게 벗는 모양을 나타내는 말. ⑥적은 양의 묽은 액체나 죽 따위를 들이마시는 모양을 나타내는 말. ⑦입김으로 가볍게 부는 모양을 나타내는 말. ¶뜨거운 숭늉을 - 불어 식히다. ☞활활. 훌훌
홀홀(忽忽) 어기 '홀홀(忽忽)하다'의 어기(語基).
홀홀-하다 형여 죽이나 미음 따위가 잘 퍼져서 부드럽고 묽다. ☞훌훌하다
홀홀-하다(忽忽-) 형여 ①조심성이 없어 거칠고 가볍다. ②갑작스럽다 ¶홀홀한 방문에 당황하다.
홀홀-히 부 홀홀하게
홀:=효:과(Hall效果) 명 전류가 흐르고 있는 가느다란 금속판에 자기장을 수직으로 걸면 전류와 자기장의 수직 방향으로 전위차가 생기는 현상. 자유 전자의 농도나 움직이는 정도의 측정 따위에 쓰임.
홅다[홀따] 타 ①붙어 있는 알갱이 따위를 떼어 내기 위하여 다른 것 틈에 끼워 잡아당기다. ¶참깨를 -. ②속에 붙은 것을 깨끗이 씻어 내다. ¶닭의 뱃속을 -. ③일정한 범위를 한쪽에서부터 샅샅이 더듬거나 살펴보다. ¶바늘을 찾으려고 방안을 죄다 홅았다. ☞훑다
홅이다[홀치-] 자 ①부풋하고 많던 것이 다 빠져서 줄어들다. ②홅음을 당하여 헝클어지다. ③홅음을 당하다. ☞훑이다
홈 명 ①거죽에 오목하고 길게 팬 자리. ②개탕
홈:(home) 명 야구에서, '홈베이스(home base)'의 준말.
홈:게임(home game) 명 운동 경기에서, 자기편의 본거지 구장에서 하는 경기. ☞로드게임(road game)
홈:그라운드(home ground) 명 운동 경기에서, 선수나 팀의 본거지나 본국의 경기장. ¶-의 이점을 살리다.
홈-끌 명 속에 홈이 파인 조각용 끌.
홈:드라마(home+drama) 명 가정의 일상 생활을 소재로 꾸민 극이나 영화. 텔레비전 드라마에서 많이 다룸. 가정극(家庭劇)
홈:드레스(home+dress) 명 주로 가정 주부가 가정에서 입는 간편한 양장(洋裝).
홈:런(home run) 명 야구에서, 타자가 홈베이스까지 돌아올 수 있도록 친 안타. 주로 타구(打球)가 외야석으로 넘어 들어간 경우임. 본루타(本壘打)
홈:런더:비(home run+Derby) 명 야구에서, 한 시즌 중의 홈런 수를 경쟁하는 일.
홈:런-왕(home run王) 명 야구에서, 홈런을 가장 많이 친

ㅎ

사람.

홈:룸: (homeroom) 명 초·중등 학교에서, 학생의 생활 지도를 위하여 실시하는 특별한 교육 계획. 교사의 지도 아래 가정적 분위기를 살려 자치 활동을 함.

홈:뱅킹 (home banking) 명 개인용 컴퓨터를 이용하여 집에서 은행 업무를 처리할 수 있는 컴퓨터 통신 서비스.

홈:베이스 (home base) 명 야구에서, 포수가 맡은 자리. 본루(本壘) 준 홈(home)

홈:서:비스 (home service) 명 가정에서 상품·관람권·열차표 따위를 구입하거나 은행 업무를 할 수 있도록 한 편의 제도.

홈:쇼핑 (home shopping) 명 텔레비전이나 인터넷 통신 등에서 판매하는 상품을 집에서 사고, 대금은 지로나 신용 카드, 디지털 현금 등으로 내는 통신 판매 방식.

홈:스트레치 (homestretch) 명 달리기나 경마 따위의 경기에서, 결승점이 있는 쪽의 직선 주로(走路).

홈:스틸: (home+steal) 명 야구에서, 홈베이스로 도루(盜壘)하는 일.

홈:스펀 (homespun) 명 손으로 자은 굵은 털실로 짠 양복감, 또는 이와 유사하게 기계 방적사로 짠 옷감.

홈:웨어 (home+wear) 명 집에서 입는 평상복.

홈:인 (home+in) 명 -하다 자 야구에서, 주자가 홈베이스에 살아서 들어오는 일. 점수가 올라감.

홈:-질 명 -하다 타 가장 기본적인 손바느질법. 옷감 두 장을 포개어 바늘땀을 위아래로 고르게 호는 바느질.

홈착-거리다(대다) 타 ①보이지 않는 데 있는 것을 찾으려고 다듬다듬하여 뒤지다. ②눈물을 손으로 자꾸 훔치다. ☞훔치작거리다. 홈척거리다

홈착-홈착 부 홈착거리는 모양을 나타내는 말. ☞훔치작훔치작. 홈척홈척

홈쳐-때리다 타 덤벼들어 야무지게 때리다. 홈치다 ☞훔쳐때리다

홈치다 타 ①물기나 먼지 따위를 말끔하게 닦아 내다. ②남의 눈을 속이어 물건을 후무리어 가지다. ③보이지 않는 데 있는 것을 찾으려고 손으로 더듬어 만지다. ④홈쳐때리다 ☞훔치다

홈치작-거리다(대다) 타 느릿느릿 홈착거리다. ☞훔치적거리다. 홈착거리다

홈치작-홈치작 부 느릿느릿 홈착거리는 모양을 나타내는 말. ☞홈착홈착. 홈치적홈치적

홈켜-잡다 타 빠르고 세게 옴켜잡다. ☞훔켜잡다

홈켜-쥐다 타 ①빠르고 세게 옴켜쥐다. ☞훔켜쥐다 ②일이나 물건 따위를 자기 마음대로 다루다.

홈키다 타 ①빠르고 세게 옴키다. ②새나 짐승 따위가 발가락으로 물건을 옴키다. ☞훔키다

홈타기 명 움푹하게 팬 자리나 물건이 갈라진 샅.

홈:터:미널 (home terminal) 명 여러 가지 정보 서비스를 받기 위하여 가정에 설치한 컴퓨터 단말기.

홈-통 (-桶) 명 ①물을 이끌기 위해 만든 물건. 나무·대·쇠붙이 따위로 긴 통을 만들거나 골을 내어 씀. ¶ -으로 쏟아져 내려오는 빗물. ②미세기나 미닫이 등을 끼우기 위하여 창틀이나 문틀의 위아래에 파 놓은 홈. 물홈 ¶ 창문을 떼어 내고 -의 먼지를 떨어냈다.

속담 **홈통은 썩지 않는다** : ①홈통은 미세기나 미닫이가 왔다갔다 하여 썩을 새가 없다는 뜻으로, 무슨 일이든지 쉬지 않고 열심히 해야 실수가 없고 탈이 안 생긴다는 말. ②물건이나 재능 따위를 묵혀 두어 썩히지 말고 늘 활용하라는 말. [부지런한 물방아는 얼 새도 없다/돌쩌귀에 녹이 슬지 않는다]

홈:팀: (home team) 명 운동 경기에서, 자기 팀의 근거지에서 상대 팀을 맞아들여 싸우는 팀.

홈-파다 타 속을 오목하게 호비어 파다. ¶ 박을 홈파서 만든 바가지. ☞옴파다. 홈파다

홈-패:다 자 홈팜을 당하다.

홈:패션 (home+fashion) 명 ①집을 주인의 취향에 따라 꾸미는 일. 집치레 ②집에서 주로 입는 옷.

홈:페이지 (home page) 명 인터넷을 통하여 특정한 사이트에 접속했을 때, 처음 나타나는 화면.

홈홈-하다 형여 얼굴에 흐뭇한 표정이 나타나 있다. ¶ 황금 벌판을 바라보는 농부의 홈홈한 모습. ☞훔훔하다

홉 (hop) 명 뽕나뭇과의 여러해살이 덩굴풀. 유럽과 아시아 온대 지방 원산으로, 덩굴 길이는 6~12m이고, 잎은 3~5개씩 마주 달림. 여름에 황록색 꽃이 암수 따로 피고, 열매는 향기와 쓴맛이 있어 맥주의 원료로 쓰임.

홉 (∠合) 의 ①척관법의 넓이 단위의 하나. 1홉은 1평(平)의 10분의 1, 1작(勺)의 열 곱절. 약 0.33m²임. ②척관법의 부피 단위의 하나. 1홉은 1되의 10분 1, 1작(勺)의 열 곱절. 약 180mL임.

홉-되 (∠合-) 명 홉의 용량을 되는 그릇.

홉-뜨다 (-뜨고·-떠) 타 눈동자를 위로 향하고 눈시울을 치뜨다.

홉사 (∠合勺) 명 ①부피의 작은 단위인 홉과 사를 아울러 이르는 말. ②되나 평의 단위로 셀 때의 남는 분량.

홋홋-하다 [혼혼-] 형여 딸린 사람이 적어서 아주 홀가분하다. 단출하다 ¶ 신혼 살림이어서 -.

홋홋-이 부 홋홋하게

홍 (紅) 명 '홍색(紅色)'의 준말.

홍-가시나무 (紅-) 명 장미과의 상록 소교목. 높이는 7~8m이고, 잎은 어긋맞게 나고 길둥근데 끝이 뾰족하고 톱니가 있음. 5~6월에 흰 꽃이 원추(圓錐) 꽃차례로 가지 끝에 피고, 9월경에 붉은 열매가 익음. 일본 원산으로 우리 나라 남부 지방에서 관상용으로 심음.

홍각 (紅殼) 명 붉은빛이 나는 채색감의 한 가지. 도료의 재료로 쓰임.

홍-강정 (紅-) 명 강정의 한 가지. 멥쌀을 불려 붉은 물을 들인 후 가루를 내어 묻힘.

홍개 (紅蓋) 명 지난날, 의장(儀仗)의 한 가지. 붉은 비단으로 만든 양산 모양인데, 문과에 장원 급제를 한 사람에게 내려 유가(遊街)할 때 앞에 세우고 다니게 했음.

홍건-적 (紅巾賊) 명 중국 원(元)나라 말엽에 허베이[河北]에서 일어났던 도둑의 무리. 붉은 수건을 머리에 둘렀기 때문에 이런 이름이 붙었으며, 두 차례나 고려를 침범했음.

홍경 (弘經) 명 -하다 자 불교에서, 불경(佛經)에 관한 논저와 주석서를 지어 불법을 세상에 널리 퍼뜨리는 일을 이르는 말.

홍경=대:사 (弘經大師) 명 불교에서, 불경(佛經)에 관한 논저와 주석서를 지어 불법을 세상에 널리 전하는 고승을 이르는 말.

홍계월전 (洪桂月傳) 명 조선 시대의 작가·연대 미상의 영웅 소설. 중국 명나라를 배경으로 여장군 홍계월의 고행과 무용담을 엮음.

홍-고랑 (紅姑娘) 명 '꽈리'의 딴이름.

홍곡 (紅穀) 명 중국에서 나는, 붉은빛으로 물들인 쌀. 백소주(白燒酒)에 담가 우려서 홍소주를 만드는 데 쓰임.

홍곡 (鴻鵠) 명 큰 기러기와 고니라는 뜻으로, '큰 인물'을 비유하여 이르는 말.

홍곡지지 (鴻鵠之志) 성구 큰 인물의 뜻, 또는 크고 높게 품은 뜻을 비유하여 이르는 말.

홍국 (紅麴) 명 약술을 담그는 데 쓰는 누룩의 한 가지. 멥쌀로 밥을 지어 누룩을 섞어 뜬 다음에 볕에 말려 씀.

홍군 (紅軍) 명 운동 경기 등에서, 여러 편으로 갈라 겨룰 때 붉은빛의 운동복·응원기 따위를 사용하는 편.

홍군 (紅裙) 명 붉은 치마라는 뜻으로, '미인'이나 '예기(藝妓)'를 이르는 말.

홍규 (紅閨) 명 ①젊은 여인이 거처하는, 화려하게 꾸민 방. ②창기(娼妓)와 노는 집. 기루(妓樓)

홍귤-나무 (紅橘-) 명 '감자(柑子)나무'의 딴이름.

홍금 (紅錦) 명 붉은빛의 명주.

홍금-포 (紅錦袍) 명 붉은 비단으로 만든 웃옷.

홍기 (弘基·鴻基) 명 큰 사업을 이루는 기초.

홍길동전 (洪吉童傳) [-똥-] 명 조선 광해군 때 허균(許筠)이 지은 최초의 한글 소설. 서자로 태어나서 천대 받던 홍길동이 활빈당(活貧黨)을 만들어, 양반 계급을 괴

롭히며 비천한 사람들을 돕다가 율도국(硉島國)에 이상적인 국가를 건설한다는 내용임.
홍-꼭지(紅-)명 붉은 종이로 둥근 꼭지를 만들어 붙인 연(鳶).
홍-나복(紅蘿蔔)명 '당근'의 딴이름.
홍단(紅短)명 화투 놀이에서, 솔·매화·벚꽃으로 된 다섯 끗짜리 석 장을 모두 차지한 경우를 이르는 말. 놀이에 참가한 다른 사람들로부터 서른 끗씩을 받게 됨. ☞청단(青短). 초단(草短). 약
홍-단령(紅團領)명 조선 시대, 관원이 공복(公服)으로 입던 붉은 빛깔의 단령.
홍당-무(紅唐-)명 ①'당근'의 딴이름. ②껍과 뿌리의 겉껍질은 붉으나 뿌리 속은 하얀 무의 한 가지. ③수줍거나 무안하여 '붉어진 얼굴'을 비유하여 이르는 말.
홍당무가 되다 관용 술에 취하거나 부끄러워서 얼굴이 붉어지다.
홍대(弘大)어기 '홍대(弘大)하다'의 어기(語基).
홍대(鴻大)어기 '홍대(鴻大)하다'의 어기(語基).
홍대-하다(弘大-)형여 범위가 넓고 크다.
홍대-하다(鴻大-)형여 ①규모 따위가 아주 크다. ②한방에서, 맥(脈)이 보통보다 크게 뛰다.
홍덕(鴻德)명 큰 덕. 대덕(大德)
홍도(紅桃)명 ①'홍도화'의 준말. ②'홍도나무'의 준말.
홍도(鴻圖)명 ①넓고 큰 계획. ②지난날, 임금의 계획을 이르던 말. ③매우 넓은 판도(版圖).
홍도-나무(紅桃-)명 복숭아나무의 한 품종. 열매는 없고 진홍색 꽃이 여러 겹으로 핌. 관상용으로 재배함. 준홍도
홍도-화(紅桃花)명 홍도나무의 꽃. 준홍도
홍동(紅銅)명 적동(赤銅)
홍동(哄動)명-하다자 여러 사람이 지껄이며 떠듦.
홍동(澒洞·鴻洞)명 하늘과 땅이 아직 나누어지지 않았을 때의 혼돈된 상태.
홍동백서(紅東白西) 제상(祭床)에 제물을 차리는 격식의 하나. 붉은빛의 과실은 동쪽에, 흰빛의 과실은 서쪽에 차림을 이르는 말. ☞동조서율(東棗西栗). 동두서미(東頭西尾)
홍-동지(洪同知)명 꼭두각시놀음에 나오는 인형의 하나. 박첨지의 조카로, 온몸이 붉은빛이며 벌거벗은 모양임.
홍동지-놀음(洪同知-)명 '꼭두각시놀음'의 딴이름.
홍두(紅豆)명 껍질 빛이 검붉은 팥. 붉은팥
홍두깨 명 ①옷감을 감아 다듬이질하는 굵고 둥근 몽둥이. 박달나무 따위의 단단한 나무로 만듦. ②소의 볼기에 붙은 고기의 한 가지. 산적·육회·조림 따위에 쓰임. 홍두깨살 ☞우둔살 ③쟁기질이 서툴러 갈리지 않고 남은 거웃 사이의 생땅.
홍두깨에 올리다 관용 다듬잇감을 홍두깨에 감다.
속담 **홍두깨 같은 자랑**: 크게 드러내 놓을만 한 자랑을 비유하여 이르는 말. /**홍두깨로 소를 몬다**: 몹시 급하거나 적합한 것이 없어서 무리한 일을 억지로 함을 비유하여 이르는 말. /**홍두깨 세 번 맞아 담 안 뛰어넘는 소가 없다**: 인내심이 아무리 강한 사람이라도 혹독한 처우에는 저항하게 마련이라는 말. /**홍두깨에 꽃이 핀다**: 뜻밖에 좋은 일을 만남을 이르는 말.
홍두깨-다듬이 명-하다타 홍두깨에 감아서 하는 다듬이. ☞넓다듬이
홍두깨-떡 명 홍두깨같이 굵게 빼낸 가래떡.
홍두깨-살 명 홍두깨
홍두깨-생갈이 명-하다타 쟁기질이 서투른 일꾼이 잘 갈리지 않은 거웃 사이를 억지로 가는 일. 준생갈이
홍두깨-춤 명 탈춤 따위에서, 뻣뻣이 서서 손을 위로 올리면서 추는 춤사위.
홍두깨-틀 명 홍두깨다듬이할 때 홍두깨를 걸쳐 버텨 놓는 나무 틀.
홍두깨-흙 명 기와를 이을 때, 수키와가 붙어 있도록 그 밑에 괴는 진흙.
홍두념시(紅頭念詩)명 육화대무(六花隊舞)를 추면서 붉은 옷을 입은 무기(舞妓)가 부르는, 세 악장으로 된 가사(歌辭).
홍등(紅燈)명 붉은 등불. ¶어둠 속에서 빛나는 -.
홍등-가(紅燈街)명 술집이나 유곽 따위가 늘어선 거리. ☞주사청루(酒肆青樓). 환락가
홍등녹주(紅燈綠酒)성구 붉은 등불과 푸른 술이라는 뜻으로, 홍등가의 홍청거리는 분위기를 이르는 말.
홍-등롱(紅燈籠)명 '홍사 등롱(紅紗燈籠)'의 준말.
홍람-화(紅藍花)명 '잇꽃'의 딴이름.
홍량(弘量)명 ①넓고 큰 도량. ②주량(酒量)이 큼, 또는 주량이 큰 술꾼.
홍련=지옥(紅蓮地獄)명 불교에서, 팔한 지옥(八寒地獄)의 하나. 사람이 죽어 여기에 떨어지면 매우 차가운 바람에 살갗이 터져 붉은 연꽃처럼 된다고 함.
홍로점설(紅爐點雪)성구 〔벌겋게 달아오른 화로 위에 떨어진 한 점의 눈이라는 뜻으로〕 ①크나큰 힘 앞에 전혀 맥을 못 추는 아주 작은 힘을 이르는 말. ②의혹이나 욕심이 일시에 사라짐을 비유하여 이르는 말.
홍록=색맹(紅綠色盲)명 적록 색맹(赤綠色盲)
홍료(紅料)명 '양지니'의 딴이름.
홍료(紅蓼)명 단풍이 들어 빨갛게 된 여뀌.
홍루(紅淚)명 ①아름다운 여자의 눈물. ②피눈물
홍루(紅樓)명 ①붉은 칠을 한 누각이라는 뜻으로, 부유한 집의 여자가 거처하는 곳. ②지난날, '기생집'을 달리 이르던 말. ☞녹창(綠窓)
홍마(紅馬)명 장기나 쌍륙 따위에서 쓰는, 붉은빛을 칠한 말. ☞청마(青馬)
홍-마목(紅馬木)명 지난날, 궁문 밖 좌우에 세워져 있던 네 발 달린 나무 받침틀. 가마 등을 올려 놓을 때 썼음.
홍-머리동이(紅-)명 머리에 붉은 종이를 붙인 연(鳶).
홍모(鴻毛)명 큰 기러기의 털이라는 뜻으로, 매우 가벼운 사물을 비유하여 이르는 말.
홍목-당혜(紅目唐鞋)명 지난날, 아이들이나 젊은 여자가 신던, 푸른 바탕에 붉은 눈을 수놓은 가죽신.
홍몽(鴻濛)명 ①하늘과 땅이 아직 갈리지 아니한 모양, 또는 그러한 혼란의 상태. ②천지 자연의 원기(元氣).
홍-몽둥이(紅-)명 붉은 칠을 한 몽둥이. 지난날, 주릿대나 신장(訊杖), 무기 따위로 썼음. 주장(朱杖)
×**홍문**(肛門)명 → 항문(肛門)
홍문(紅門)명 ①'홍살문'의 준말. ②지난날, 충신·효자·열녀 등을 드러내어 기리기 위하여 그의 집 앞이나 마을 앞에 세우던 붉은 문. 정문(旌門)
홍문-관(弘文館)명 조선 시대, 삼사(三司)의 하나. 궁중의 경서(經書)·사적(史籍)·문서 따위를 관리하고 임금의 자문에 응하는 일을 맡아보던 관아. 옥당(玉堂) 준관(館)
홍문연가(鴻門宴歌)명 판소리의 단가(短歌)의 한 가지. 중국의 고사(古事) 중 초나라 항우(項羽)가 한나라 유방(劉邦)을 잡기 위해 홍문(鴻門)에서 베푼 잔치에 얽힌 이야기를 사설로 엮음.
홍반(紅斑)명 ①붉은 빛깔의 얼룩점. ②모세 혈관의 확장 따위로 피부에 생기는 붉은 얼룩점.
홍-반달(紅半-)명 머리에 붉은 종이를 반달 모양으로 오려 붙인 연(鳶).
홍범(弘範)명 대종교에서 시행하고 있는 규범의 총칙.
홍범(洪範)명 모범이 되는 큰 규범.
홍범-구주(洪範九疇)명 '서경(書經)'의 홍범(洪範)에 기록되어 있는 것으로, 하(夏)의 우(禹)가 요순(堯舜) 이래의 정치 대법을 집대성한 아홉 가지의 법칙. 준구주
홍법(弘法)명-하다자 부처의 가르침을 널리 폄.
홍벽(紅甓)명 붉은 빛깔의 벽돌.
홍-벽도(紅碧桃)명 복숭아나무의 한 변종(變種). 홍도나무와 벽도나무를 접붙인 것으로, 분홍빛의 꽃이 피며 열매는 없음. 관상용으로 재배함.
홍보(弘報)명-하다타 일반에게 널리 알림, 또는 그 보도나 소식. ¶신제품을 -하다.
홍-보(紅-)명 붉은 보자기.

홍-보석(紅寶石)[명] 루비(ruby)
홍복(洪福)[명] 큰 행복. ¶ －을 누리다.
홍분(汞粉)[명] 한방에서, '염화제일 수은'을 약재로 이르는 말. 매독이나 변비 따위에 쓰임. 경분(輕粉)
홍불감-장(紅不甘醬)[명] ①빛깔은 붉게 고우나 맛이 쓴 간장을 이르는 말. ②겉은 좋아 보이나 속이 실하지 않은 것을 비유하여 이르는 말.
홍사(紅絲)[명] ①붉은 빛깔의 실. 홍실 ②지난날, 도둑이나 죄인을 묶던 붉고 굵은 줄. 오라 ③붉은발
홍사-등롱(紅紗燈籠)[명] ①붉은 운문사(雲紋紗)로 둘러치고 위아래에 푸른 운문사로 동을 달아 옷을 한 등. 궁중에서 썼음. ②조선 시대, 정일품이나 종일품 관원이 밤 나들이에 들리고 다니던, 붉은 사(紗)로 옷을 한 품등(品燈)의 한 가지. [준]홍등롱(紅燈籠)
홍사-마(紅紗馬)[명] '적부루마'의 딴이름.
홍사-면(紅絲麵)[명] 국수의 한 가지. 큰 새우를 짓이겨 삶아서 메밀가루·밀가루·녹말 등을 섞어 한데 반죽한 것을 잘게 썰어 만듦. 익혀 먹을 때에 돼지고기는 피함.
홍사-정(紅絲疔)[명] 한방에서, 주로 다리 안쪽이나 팔에 붉은 핏발이 실처럼 뻗치는 병을 이르는 말. 심하면 오한과 열을 동반한 두통이 심함.
홍살-문(紅－門)[명] 궁궐이나 관아 또는 능원(陵園) 따위의 앞에 세운, 붉은 칠을 한 문. 둥근 기둥 두 개를 세우고 지붕이 없이 위에 붉은 살을 박았음. [준]홍문(紅門)
홍삼(紅衫)[명] 지난날, 조복(朝服)에 딸린 웃옷의 한 가지. 붉은 바탕에 검은 선을 둘렀음.
홍삼(紅蔘)[명] 4~6년근 수삼(水蔘)의 껍질을 벗기지 않고 증기로 찐 다음 화력으로 말린 황갈색 인삼. 찌는 과정에서 인체에 유익한 성분이 새로 생김. ☞백삼
홍상(紅裳)[명] ①지난날, 조복(朝服)에 딸린 아래옷의 한 가지. 붉은 바탕에 검은 선을 둘렀음. ②붉은 빛깔의 치마. 다홍치마 ¶녹의(綠衣) －
홍색(紅色)[명] ①붉은 빛깔. [준]홍 ②'홍색짜리'의 준말.
홍색-백어해(紅色白魚醢)[명] 어리뱅어젓
홍색=인종(紅色人種)[명] 얼굴빛이 붉은 인종. 곧 아메리카인디언을 이름. [준]홍인종(紅人種)
홍색=조류(紅色藻類)[명] 홍조류(紅藻類)
홍색-짜리(紅色－)[명] 큰 낭자에 족두리를 쓰고 다홍치마를 입은, 갓 결혼한 색시를 이르는 말. [준]홍색(紅色) ☞남색짜리
홍서(弘誓)[명] '사홍서원(四弘誓願)'의 준말.
홍-석영(紅石英)[명] 붉은차돌
홍-석화해(紅石花醢)[명] 어리굴젓
홍섬(洪纖)[명] 넓고 큰 것과 가늘고 작은 것을 통틀어 이르는 말. ☞거세(巨細)
홍소(哄笑)[명]-하다[자] 입을 크게 벌리고 크게 웃는 일, 또는 그 웃음.
홍-소주(紅燒酒)[명] 홍곡(紅穀)을 우려서 붉은 빛깔을 띠게 한 소주. ☞백소주(白燒酒)
홍송(紅松)[명] 몸이 무르고 결이 고운 소나무의 한 가지. 질이 좋은 재목으로 쓰임.
홍수(洪水)[명] ①비가 많이 내려 강물이 넘쳐흐르거나 하여 땅이나 도로, 건물 따위가 물에 잠기는 일, 또는 그러한 물. 대수(大水). 시위[1]. 큰물 ¶ －로 농사를 망치다. ☞창수(漲水) ②사람이나 물건이 아주 많이 쏟아져 나옴을 비유하여 이르는 말. ¶정보의 －.
　홍수를 이루다[관용] 한꺼번에 몰려 나와 넘쳐 흐를 지경이 되다. ¶경기장이 관중들로 －.
홍수(紅袖)[명] ①지난날의 군복(軍服)의 붉은 소매. ②지난날, '나인'을 달리 이르던 말.
홍수(紅樹)[명] 홍수과의 상록 교목. 높이는 4m 안팎이며, 길둥근 잎은 마주 남. 흰 꽃이 피고 열매는 붉게 익음. 나무껍질에서 붉은 빛깔의 염료를 채취함. 주로 바닷가 진흙땅에서 자람.
홍수=경:보(洪水警報)[명] 기상 경보의 한 가지. 장마나 폭우로 어느 지역에 홍수가 날 것이 예상될 때 발표함.
홍수-막이(洪水－)[명]-하다[자타] 홍수를 막기 위하여 미리 여러 가지 시설을 하는 일.
홍수-피(紅樹皮)[명] 홍수(紅樹)의 껍질. 빛깔이 붉고 타닌산이 많아 붉은 물감의 재료나 가죽 정제용, 설사약 등에 쓰임. 단각(丹殼)
홍순(紅脣)[명] ①여자의 붉은 입술. ②반쯤 핀 꽃송이를 비유하여 이르는 말.
홍-스란치마(紅－)[명] 아랫자락에 금실로 봉황이나 꽃 따위의 무늬를 화려하게 수놓은 천을 두른 붉은 비단 치마.
홍시(紅柿)[명] 붉고 말랑말랑하게 무르익은 감. 연감. 연시(軟柿) [유]숙시(熟柿)
　[속담] **홍시 떨어지면 먹으려고 감나무 밑에 가서 입 벌리고 누웠다** : 노력하지 않고 공짜로 얻으려 함을 비유하여 이르는 말. / **홍시 먹다가 이 빠진다** : ①틀림없는 일이 틀어짐을 이르는 말. ②쉽게 여겼던 일이 뜻밖에 어려워지거나 실패한 경우를 이르는 말. ③마음을 놓으면 생각지 않던 실수가 생기니 늘 조심하라는 말. [두부 먹다 이 빠진다/방바닥에서 낙상한다/장판방에서 자빠진다/평지에서 낙상한다]

> ▶ '감'의 여러 가지 이름
> ○ 모양에 따라 — 뾰주리감/대접감/고추감/골감/납작감/동주리감/왕감
> ○ 맛에 따라 — 땡감/연시(軟柿). 홍시(紅柿). 연감/침시(沈柿). 침감/단감
> ○ 그 밖의 이름들 — 곶감. 관시(串柿). 건시(乾柿)/준시(蹲柿)

홍-실(紅－)[명] 붉은 빛깔의 실. 홍사(紅絲) ☞청실
홍-심(紅心)[명] 과녁에서 붉은 칠을 한 동그란 부분.
홍-싸리(紅－)[명] 화투 딱지의 한 가지. 7월을 상징하여 붉은 싸리를 그린 딱지. 열, 붉은 띠, 껍데기 두 장으로 이루어짐. ☞공산(空山)
홍아리(洪牙利)[명] '헝가리'의 한자 표기.
홍안(紅顔)[명] ①젊어서 혈색이 좋은 얼굴. ¶ －의 소년. ②젊고 아름다운 여자. 미녀(美女) ☞동안(童顔)
홍안(鴻雁)[명] '기러기'의 딴이름.
홍안박명(紅顔薄命)[성구] 얼굴이 예쁜 여자는 팔자가 사납다는 뜻으로 쓰이는 말. ☞미인박명(美人薄命)
홍안지례(鴻雁之禮)[명] 재래식 혼례 때, 신랑이 신부 집에 기러기를 가지고 가서 상 위에 놓고 절하는 의식.
홍어(洪魚·鯕魚)[명] 가오릿과의 바닷물고기. 몸길이 1.5 m 안팎. 몸은 마름모꼴로 넓적하며 빛깔은 등이 갈색, 배는 희거나 회색임. 수심이 깊은 곳에 살며 봄에 산란함. 고동무치
홍어-회(洪魚膾)[명] 홍어를 회 쳐서 갖은양념을 하여 무친 회.
홍업(洪業·鴻業)[명] 나라를 세우는 큰일. 대업(大業). 비업(丕業)
홍-여새(紅－)[명] 여샛과의 겨울 철새. 몸길이 18cm 안팎. 몸빛은 등이 적갈색, 꼬리깃의 끝은 홍색임. 도가머리는 다소 짧고 부드러우며 눈가에 검은 선이 있음. 야산이나 평지의 숲에 살며 열매를 먹음. 시베리아에서 번식하고 우리 나라와 중국, 일본 등지에서 겨울을 남.
홍역(紅疫)[명] 어린이들이 많이 앓는 급성 전염성 질환. 열이 나며 온몸에 좁쌀 같은 붉은 발진이 돋음. 잠복기는 약 열흘이고, 병원체는 홍역 바이러스임. 봄철에 많이 전염되는데, 한 번 앓은 사람은 평생 면역이 됨. 제2종 법정 전염병임. 마진(痲疹)
　홍역을 치르다[관용] 몹시 애를 먹거나 어려운 일을 겪다. ¶이삿짐을 정리하느라고 홍역을 치렀다.
홍연(紅鉛)[명] 첫 월경(月經). 초경(初經)
홍연(紅鳶)[명] 붉은 방패연.
홍연대소(哄然大笑)[성구] 입을 크게 벌리고 웃는 일, 또는 그 웃음 소리를 이르는 말.
홍염(紅染)[명] 잇꽃·다목·꼭두서니 등을 이용하여 천 따위를 붉게 물들이는 염색 방법.
홍염(紅焰)[명] ①붉은 불꽃. ②태양의 가장자리에 소용돌이치며 일어나는 붉은 불꽃 모양의 가스. 주성분은 수소

가스로 추정되며 개기 일식 때 볼 수 있음. 프로미넌스
홍염(紅艶)어기 '홍염(紅艶)하다'의 어기(語基).
홍염-하다(紅艶－)형여 빛깔이 붉고 아름답다.
홍염-히부 홍염하게
홍엽(紅葉)명 ①붉게 물든 단풍잎, 또는 단풍이 든 나뭇잎. ②가을에 낙엽이 지기 전에 잎이 붉은 빛깔로 물드는 현상. ☞녹엽(綠葉)
홍영(紅纓)명 ①말이나 소 따위에 거는 붉은 빛깔의 가슴걸이. ②붉은 빛깔의 갓끈.
홍-영조(紅楞棗)[－녕－]명 '고욤'의 딴이름.
홍예(虹霓·虹蜺)명 ①무지개 ②'홍예문'의 준말.
홍예(를) 틀다관용 문이나 다리 따위를 무지개 모양으로 만들다. ¶홍예 튼 돌다리.
홍예-다리(虹霓－)명 두 끝이 처지고 가운데가 둥글게 솟아올라 무지개처럼 굽은 다리.
홍예-문(虹霓門)명 문얼굴의 윗머리가 무지개 모양으로 둥글게 굽은 문. 공문(拱門) 준홍예 ☞반달문
홍예-석(虹霓石)명 홍예다리나 홍예문을 만드는 데 쓰이는 쐐기 모양의 돌.
홍옥(紅玉)명 강옥석(鋼玉石)의 한 가지. 붉은빛을 띤 투명한 보석. 루비(ruby)
홍우(紅雨)명 비내리듯이 많이 떨어지는 붉은 꽃잎을 비유하여 이르는 말.
홍원(弘願)명 불교에서, 아미타불의 사십팔원(四十八願)을 이르는 말.
홍원(弘遠)어기 '홍원(弘遠)하다'의 어기(語基).
홍원-하다(弘遠－)형여 넓고도 멀다.
홍원-히부 홍원하게
홍유(鴻儒)명 ①거유(巨儒) ②학식이 많은 선비.
홍육-재(紅肉材)명 나무 중심 부분의 붉은빛이 도는 곳을 켜 낸 목재.
홍윤(紅潤)어기 '홍윤(紅潤)하다'의 어기(語基).
홍윤-하다(紅潤－)형여 얼굴이 화색이 돌고 보드랍다.
홍윤-히부 홍윤하게
홍은(鴻恩)명 넓고 큰 은덕. 고은(高恩). 대은(大恩)
홍의(紅衣)명 ①붉은 옷. ②지난날, 각 궁전의 별감(別監)과 묘사(廟社)와 능원(陵園)의 제사를 맡아보던 구실아치가 입던 붉은 웃옷.
홍의(弘毅)어기 '홍의(弘毅)하다'의 어기(語基).
홍의-하다(弘毅－)형여 뜻이 넓고 굳세다.
홍익인간(弘益人間)성구 널리 인간(人間)을 이롭게 함을 이르는 말.
홍-인종(紅人種)명 '홍색 인종(紅色人種)'의 준말.
홍일(紅日)명 붉은빛을 띤 해.
홍-일점(紅一點)[－쩜]명 ①많은 남자들 사이에 하나 뿐인 여자를 이르는 말. ②여럿 중에서 오직 하나의 이채로운 것을 이르는 말. 일점홍(一點紅)
홍잔(虹棧)명 높은 벼랑 따위에 나무로 무지개처럼 내매어 만든 길.
홍장(紅帳)명 ①붉은 휘장이나 장막. ②지난날, 과거(科擧)를 보일 때, 어제(御題)를 붙인 판을 붉은 삼끈으로 높이 매달던 장막.
홍장(紅粧)명 ①연지 따위로 붉게 하는 화장. ②미인의 화장을 이르는 말. ③붉게 피어 있는 꽃을 이르는 말.
홍장(紅*欌)명 붉은 칠을 한 장(欌).
홍재전서(弘齋全書)명 조선 정조(正祖) 23년(1799)에 규장각에서 정조의 시문(詩文)·행록(行錄)·윤음(綸音)·교유(敎諭) 등을 모아 엮은 전집. 184권 100책.
홍쟁(訌爭)명 나라나 단체, 집안 따위의 내부에서 일어나는 다툼. 내분(內紛). 내홍(內訌)
홍저(紅菹)명 깍두기
홍적-대지(洪積臺地)명 홍적층으로 이루어진 넓은 땅. 홍적세 이후 저지(低地)가 융기하여 생긴 것으로, 주로 찰흙 및 자갈과 모래로 구성되었으며 산지(山地)와 충적 평야 사이에 있음. 미국의 미시시피 강 하류와 인도의 히말라야 산맥 등지에 발달함.
홍적세(洪積世)명 신생대(新生代) 제4기의 전반(前半)을 이르는 말로, 약 250만 년 전부터 1만 년 전까지의 시기. 빙하가 지구를 뒤덮고 매머드 따위 포유류가 번성하였으며 인류가 처음으로 나타남. 갱신세(更新世). 플라이스토세 ☞플라이오세
홍적-층(洪積層)명 홍적세에 퇴적하여 이루어진 지층. 해성층(海成層), 담수 성층(淡水成層), 빙하 성층(氷河成層)으로 이루어졌음. 우리 나라 전국의 하안 단구층, 제주도의 사구층과 고산 지층이 여기에 딸림.
홍전(紅箭)명 투호(投壺)에 쓰이는 붉은 화살.
홍전(紅氈)명 붉은 빛깔의 모직물.
홍점지익(鴻漸之翼)성구 낮은 데서 차차 높이 날아오르는 기러기의 날개라는 뜻으로, 차차 높은 지위에 오를 재능이 있음을 비유하여 이르는 말.
홍제-원(洪濟院)명 조선 시대, 중국 사신들이 성안에 들어오기 전에 임시로 묵던 국영 여관. 현재의 서울시 서대문구 홍제동에 있었음.
속담 **홍제원 나무 장사 잔디 뿌리 뜯듯**: 무엇을 바드득 바드득 쥐어뜯음을 비유하여 이르는 말./**홍제원 인절미**: 성질이 눅고 차진 사람을 비유하여 이르는 말.
홍조(紅潮)명 ①아침 햇살에 붉게 물든 바다 물결. ②부끄럽거나 취하여 붉어진 얼굴. ¶－ 띤 얼굴. ③'월경(月經)'을 점잖게 이르는 말.
홍조(鴻爪)명 ①기러기가 눈이나 진흙 위에 남긴 발자국. ②행적이 묘연하거나 자취를 찾기가 어려움을 비유하여 이르는 말.
홍조-류(紅藻類)명 원생생물계의 한 문(門). 바다에서 널리 자라는 다세포 조류(藻類)로, 엽록소 외에 남색 또는 홍색 색소를 가지고 있음. 무성 생식과 유성 생식을 하며, 생식 세포에 편모(鞭毛)가 없는 것이 특징임. 김·우뭇가사리·풀가사리 따위. 붉은말. 홍색 조류 ☞갈조류(褐藻類). 황적조류(黃赤藻類)
홍조-소(紅藻素)명 홍조류의 색소체 안에 엽록소와 같이 들어 있는 붉은 색소. 조홍소
홍주(紅酒)명 전라 남도 진도의 특산 술. 소줏고리에서 내린 술을 지치 뿌리를 통과시켜 붉은빛과 독특한 향기를 내게 한 것임.
홍주-석(紅柱石)명 알루미늄의 규산염 광물. 사각기둥 모양의 결정(結晶)으로, 장밋빛·자줏빛·녹회색 따위를 띠고 윤이 남. 높은 열에 잘 견디어 고급 내화재(耐火材)로 쓰임. 우리 나라 특산물임.
홍지(鴻志)명 원대한 뜻. 큰 뜻. 대지(大志)
홍진(紅塵)명 ①붉게 일어나는 먼지. ②번거롭고 속된 세상을 비유하여 이르는 말.
홍진만장(紅塵萬丈)성구 햇빛에 비치어 붉게 보이는 먼지가 하늘 높이 솟아오르는 모양을 나타내는 말.
홍차(紅茶)명 차나무의 어린잎을 발효시켜서 만든 차. 뜨거운 물에 우리면 맑은 홍색을 띠고 특유의 향기가 남. ☞녹차(綠茶)
홍채(虹彩)명 눈알의 각막과 수정체 사이에서 동공을 둘러싸고 있는 고리 모양의 얇은 막. 눈의 조리개 구실을 함. 눈조리개
홍-초(紅－)[1]명 붉은 물감을 들인 밀초. 홍촉(紅燭)
홍초(紅－)[2]명 연의 머리 외에는 모두가 붉은 연.
홍초(紅草)명 붉은빛의 살담배. 불겅이
홍촉(紅燭)명 홍초[1]
홍-치마(紅－)명 다홍치마
홍칠(紅漆)명 붉은 칠.
홍탕(紅*糖)명 붉은 사탕.
홍탕(洪蕩)어기 '홍탕(洪蕩)하다'의 어기(語基).
홍탕-하다(洪蕩－)형여 수면이 넓다.
홍토(紅土)명 기후가 건조할 때 열대나 아열대 지방에 생기는 붉은 흙. 지표의 풍화물로 이루어지며, 철과 알루미늄을 주성분으로 함.
홍패(紅牌)명 지난날, 문과의 회시(會試)에 급제한 사람에게 주던 증서. 붉은 빛깔의 종이에 성적과 등급, 이름 따위를 적었음. ☞백패(白牌)
홍포(紅袍)명 ①지난날, 임금이 조하(朝賀) 때 입던 붉은

빛의 예복. 강사포(絳紗袍) ②조선 시대, 왕세자나 정삼품 이상의 당상관이 공복(公服)으로 입던 붉은 겉옷.

홍피(紅皮)명 귤홍(橘紅)

홍피-증(紅皮症)[-쯩]명 온몸의 피부가 붉게 되어 오래 계속되다가 비늘처럼 자잘하게 벗겨지는 증세.

홍하(紅霞)명 태양 주위에 보이는 붉은 노을.

홍하(紅蝦)명 '대하(大蝦)'의 딴이름.

홍학(紅鶴)명 홍학과에 딸린 새를 통틀어 이르는 말. 키는 90~120cm이고 몸무게는 2.5~3kg임. 다리와 목이 매우 길고 날개는 크지만 꽁지는 짧음. 부리는 갈고리처럼 굽었으며 깃털은 백색에서 진한 분홍색까지 변화가 있는데 날개 끝은 검음. 무리를 지어 물가에서 삶.

홍함-지(洪涵地)명 범람원(氾濫原)

홍합(紅蛤)명 홍합과의 바닷조개. 길이 13cm 안팎이고, 삼각형에 가까운 긴 타원형이며 두꺼움. 겉은 윤이 나는 흑갈색이고 안은 진주 빛깔이며, 살은 갈색을 띤 붉은빛으로 맛이 좋음. 살을 삶아 말린 것을 담채(淡菜)라고 하는데, 한방에서는 자양(滋養)·양혈(養血)·보간(補肝)의 효능이 있다고 함. 담치. 참담치

홍합-죽(紅蛤粥)명 말린 홍합을 잘게 썰어 간장·참기름·다진 마늘로 양념하여 장국을 끓이다가 홍합 맛이 우러났을 때 쌀을 넣고 쑨 죽.

홍합-초(紅蛤炒)명 밑반찬의 한 가지. 간장·마늘·생강·파를 넣고 끓인 물에 홍합을 넣어 국물이 잦아들 때까지 조린 다음, 녹말을 풀어 걸쭉하게 익힌 것에 참기름을 넣고 향을 냄.

홍협(紅頰)명 ①붉은 빛깔을 띤 뺨. ②연지를 바른 뺨.

홍홍부 코찡찡이가 말을 할 때 헛김이 섞여 나오는 소리를 나타내는 말.

홍화(洪化)명 크나큰 덕으로 가르쳐 감화시키는 일.

홍화(紅花)명 ①붉은 꽃. ②'잇꽃'의 딴이름. ③한방에서, 잇꽃의 꽃과 씨를 어혈(瘀血)과 통경(通經)의 약재로 이르는 말.

홍화문(弘化門)명 조선 시대, 서울 도성(都城)의 북동에 세운 사소문(四小門)의 하나. 뒷날 혜화문(惠化門)으로 이름이 바뀌었음. 달리 동소문(東小門)이라고도 이름. ☞광희문(光熙門)

홑 명 짝을 이루지 않거나 겹이 아닌 것. ¶ -으로 지은 여름 옷.

> 한자 홑 단(單) 〔口部 9획〕 ¶단독(單獨)/단막(單幕)/단발(單發)/단색(單色)/단일(單一) ▷ 속자는 单

홑-거리[혿-]명 투전 놀음에서, 일·이에 돈을 태울 때 일에 태우는 돈.

홑-것[혿-]명 ①하나만으로 된 물건. ②홑옷

홑-겹[혿-]명 여러 겹이 아닌 한 겹. ¶ -으로 싸다.

× **홑겹-실** 명 → 외겹실

홑-고깔[혿-]명 농악대원이 쓰는 고깔. 한지(韓紙) 또는 흰 종이를 홑으로 접어서 만듦.

홑-그루[혿-]명 한 경작지에 한 가지 작물만 심어 거두는 일. 단일 경작. 홑짓기 ☞사이짓기

홑-껍데기[혿-]명 ①한 겹으로 된 껍데기. ②겹으로 지을 옷감의 안감을 안 갖춘 겉감.

홑-꽃[혿-]명 하나의 꽃잎으로 이루어진 꽃. 단판화(單瓣花) ☞겹꽃

홑-꽃잎[혿꼰닙]명 한 겹으로 된 꽃잎. 단엽(單葉). 단판(單瓣) ☞겹꽃잎

홑-눈[혿-]명 ①혼합눈에 상대하여, 꽃눈이나 잎눈 따위가 따로 있는 눈. 단아(單芽) ②갑각류나 곤충류 따위의, 겹눈 앞쪽에 있는 홍색이나 감색의 작은 점. 빛을 감지하는 정도의 구실을 함. 단안(單眼)

홑-단[혿-]명 한 겹으로 된 옷단. ☞겹단

홑단-치마[혿-]명 옷단을 한 겹으로 지은 치마.

홑-담[혿-]명 한 겹으로 쌓은 담. ☞맞담

홑-닿소리[혿-]명〈어〉단자음(單子音) ☞겹닿소리

홑-대패[혿-]명 대패의 한 가지. 덧날을 끼우지 않은 외날의 대패. ☞겹대패

홑-몸[혿-]명 ①혼자의 몸. 단신(單身) ②아이를 배지 않은 몸. ¶ -이 아니니 무리하지 마라. ☞홀몸

홑-문장(-文章)[혿-]명〈어〉단문(單文) ☞겹문장

홑-바지[혿-]명 한 겹으로 된 바지. 홑중의 ☞겹바지

홑-박자(-拍子)[혿-]명 겹박자가 아닌 박자. 2박자, 3박자처럼 셈여림의 배치가 가장 단순한 박자를 이르다가 현재는 4박자도 포함함. 단순 박자

홑-반[혿-]명 한 겹으로 넓게 펴서 반반하게 한 솜반.

홑반-뿌리[혿-]명 홑반을 두어 지은 옷.

홑-받침[혿-]명〈어〉한글에서, 한 음절(音節)의 끝소리가 하나의 자음으로 된 받침을 이름. '하늘'의 'ㄹ', '산'의 'ㄴ' 따위. ☞겹받침. 쌍받침

홑-버선[혿-]명 한 겹으로 된 버선. ☞겹버선

홑-벌[혿-]명 ①한 겹으로 된 물건. ②단벌

홑벌=사:람[혿-]명 속이 얕고 소견이 좁은 사람. 준홑사람

홑-벽(-壁)[혿-]명 한쪽만 흙을 바른 얇은 벽.

홑-볏[혿-]명 홑으로 된 닭의 볏. 단관(單冠)

홑-사람[혿-]명 '홑벌 사람'의 준말.

홑-성(-性)[혿-]명 단성(單性)

홑-셈[혿-]명 단수(單數)

홑-소리[혿-]명〈어〉단음(單音) ☞겹소리

홑-솔[혿-]명 시접을 한쪽으로 꺾은 솔기.

홑-수[혿-]명 단수(單數)

홑-실[혿-]명 단 한 올로 된 실. 외올실 ☞겹실

홑-씨방(-房)[혿-]명 칸막이가 없이 하나로 된 씨방. 콩·완두 따위의 씨방. 단실 자방 ☞겹씨방

홑-암술[혿-]명 한 개의 심피(心皮)로 된 암술. 복숭아·완두 따위의 암술. 단자예(單子蕊) ☞겹암술

홑-열매[혿-]명 꽃 하나에서 생긴 열매. 대부분의 열매가 이에 딸림. 단과(單果). 단화과(單花果) ☞겹열매

홑-옷[혿-]명 한 겹으로 지은 옷. 단의(單衣). 홑것 ¶ 한겨울에도 -으로 지낸다. ☞겹옷

홑원소=물질(-元素物質)[혿-찔]명 단일한 원소로 되어 있으면서 고유한 화학적 성질을 가진 물질. 수소·산소·금·은 따위가 있음. 단체(單體) ☞화합물

홑-월명〈어〉단문(單文) ☞거듭월

홑-으로부 헤아리기 쉬운 적은 수효로. ¶ - 서너 개만 가지다.

홑으로 보다관용 대수롭지 않게 보다, 또는 얕잡아 보다. ¶어느 사람이든 홑으로 보아서는 안 된다.

홑-이불[혿니-]명 ①안을 두지 않은 홑겹 이불. ☞겹이불 ②이불이나 요에 덧시치는 넓은 천. ☞이불잇

> ▶ '홑이불'〔ㄴ 소리가 덧나는 말〕
> 복합어나 파생어에서, 앞 단어의 끝이나 접두사의 끝이 받침이고 뒤 단어나 접미사의 첫 음절이 '이·야·여·요·유'인 경우에는 'ㄴ' 소리가 덧나서 '니·냐·녀·뇨·뉴'로 발음된다.
> ¶홑이불[-니-]/내복약[-냑]/한여름[-녀-]/담요[-뇨]/식용유[-뉴]

× **홑이불-덩이** 명 → 맹꽁이덩이

홑-잎[혿닙]명 한 잎꼭지에 하나씩 붙은 잎. 강낭콩의 떡잎이나 배나무·벚나무 따위의 잎. 단엽 ☞겹잎

홑잎새-겹잎[혿닙-닙]명 겹잎의 한 가지. 잎사귀는 하나이나 잎꼭지에 마디가 있음. 귤잎 따위. 단신 복엽(單身複葉)

홑-자락[혿-]명 저고리의 섶을 조금만 겹치게 하여 단추를 외줄로 단 양복 윗옷 또는 외투. ☞겹자락

홑-중의(-中衣)[혿-]명 홑바지

속담 **홑중의에 겹말**: 격에 맞지 않고 지나침을 이르는 말. 〔개 발에 편자〕

홑-지다[혿-]형 ①복잡하지 않고 단순하다. ②성격이 옹졸한 데가 있다.

홑-집[혿-]명 ①한 채만으로 된, 구조가 간단한 집. ②방을 한 줄로만 들인, 폭이 좁은 집. ☞겹집

홑-짓기[혿짇-]명-하다 자타 홑그루 ☞사이짓기

홀-창(-窓)[홀-] 명 갑창(甲窓)이나 덧창이 달려 있지 않은 미닫이. ☞겹창
홀-처마[홀-] 명 재래식 한옥에서, 부연(附椽)을 달지 않고 처마 서까래 하나만으로 된 처마. ☞겹처마
홑-청[혼-] 명 이불이나 요 따위에 덧씌우는 홑겹의 천.
홑-체[혼-] 명 한 올씩으로 짠 쳇불로 메운 체. ☞겹체
홑-치마[혼-] 명 ①홑겹으로 만든 치마. ②속치마 따위를 입지 않고 입은 치마. ☞겹치마
홑-판(-板)[혼-] 명 원목(原木)을 얇게 켜낸 나무 판.
홑-홀소리[혼-쏘-] 명〈어〉단모음(單母音)
화: 명 언짢거나 못마땅하여 생기는 불쾌한 감정. ¶그의 태도에 은근히 -가 났다./눈을 감고 -를 가라앉혔다. ☞성
화를 끓이다 관용 화를 가라앉히지 못하여 몹시 답답해하다.
화를 풀다 관용 화를 가라앉히다.
속담 **화가 홀아비 동심(動心)하듯 한다** : 화가 불끈불끈 치밀어 오름을 비유하여 이르는 말.
화:(火) 명 ①'화기(火氣)'의 준말. ②오행(五行)의 하나. 방위로는 남쪽, 계절은 여름, 빛깔은 빨강을 상징함. ③'화요일(火曜日)'의 준말.
화(和) 명 국악기 포부(匏部) 관악기의 한 가지. 모양이 생황과 같이 생기고 열세 개의 관(管)으로 되어 있음. 아악(雅樂) 연주에 쓰임.
화:(禍) 명 재앙이나 액화. ¶-가 미치다./-를 부르다./-를 입다.
속담 **화가 복(福) 된다** : 처음에는 재앙으로 여긴 것이 원인이 되어 후에 다행스런 결과를 가져옴을 이르는 말.
-화(化)《접미사처럼 쓰이어》'다른 상황으로 바뀜〔變化〕'의 뜻을 나타냄. ¶현대화(現代化)/기계화(機械化)/공업화(工業化)/보편화(普遍化)/정보화(情報化)
-화(畫)《접미사처럼 쓰이어》'그림'의 뜻을 나타냄. ¶동양화(東洋畫)/산수화(山水畫)/인물화(人物畫)
-화(靴)《접미사처럼 쓰이어》'신발'의 뜻을 나타냄. ¶운동화(運動靴)/축구화(蹴球靴)/등산화(登山靴)
화가(花歌) 명 조선 말기의 작자·연대 미상의 가사(歌辭). 갖가지 꽃들을 비유와 풍자로 나열하며 중국의 고사(故事)와 시구(詩句)를 인용, 김찰방(金察坊)과 그의 부인 대화댁(大化宅)의 해로(偕老)를 축복한 내용임. 총 84구, 4·4조나 3·4조로 됨.
화:가(畫架) 명 그림을 그릴 때 화판을 세워 올려놓는, 세 발 달린 받침대. 이젤(easel)
화:가(畫家) 명 그림을 그리는 일을 전문으로 하는 사람. ☞화공(畫工) ▷畫의 속자는 畵·画
화-가래 명 자루에 직각이 되게 박힌 가랫바닥 끝에 쇠날을 붙인 농기구. 괭이의 원시형임.
화:가-여생(禍家餘生) 명 죄화를 입은 집안의 자손.
화-가투(花歌鬪) 명 시조나 노래를 적은 딱지, 또는 그것을 가지고 하는 놀이. 가투(歌鬪)
화:각(火角) 명 세공(細工)을 하기 위하여 불에 구워서 무르게 만든 짐승의 뿔.
화:각(火脚) 명 위에서 내리 덮치는 불길.
화:각(畫角) 명 ①쇠뿔 따위를 이용한 우리 나라 고유의 각질(角質) 공예 기법, 또는 그 제품. 투명도가 높은 쇠뿔이나 상아 따위를 얇게 잘라 종이처럼 펴고 그 뒤에 채색 그림을 그려, 만들려는 목물(木物) 위에 오려 붙여 장식함. ②악기의 한 가지. 겉에 그림이 그려진 쇠뿔 같은 것으로, 불어서 소리를 냄.

화:각(畫閣) 명 단청(丹青)을 한 누각. 화루(畫樓)
화간(和姦) 명-하다 자 부부가 아닌 남녀가 서로 눈이 맞아 육체적으로 관계하는 일.
화간(花間) 명 꽃과 꽃의 사이.
화간(華簡) 명 편지 글에서, 상대편을 높이어 그의 '편지'를 이르는 한문 투의 말. 화한(華翰)
화-감청(花紺青) 명 인공으로 만든 감청빛의 물감. ☞석감청(石紺青)
화갑(華甲) 명 '華'자를 풀어 쓰면 '十'자 여섯과 '一'자 하나가 되는 데서, '환갑(還甲)'을 달리 이르는 말.
화-갑자(花甲子) 명 납음(納音)으로 '육십갑자(六十甲子)'를 이르는 말.
화강-석(花崗石) 명 화강암의 조각돌.
화강-암(花崗岩) 명 석영과 운모, 장석 따위를 주성분으로 하는 화성암의 한 가지. 빛깔은 백색 또는 엷은 회색이고 닦으면 윤이 남. 단단하고 결이 고와 건축·토목의 자재나 비석 따위의 석재(石材)로 쓰임. ☞편마암
화개(花蓋) 명 꽃뚜껑
화:객(化客) 명 시주를 구하러 다니는 객승(客僧).
화객(華客) 명 단골 손. 고객(顧客)
화갱(和羹) 명 여러 가지 재료를 넣어 맛있게 끓인 국이라는 뜻으로, 대신들이 임금을 도와 국정(國政)을 돌봄을 비유하여 이르는 말.
화:거(化去) 명-하다 자 다른 것으로 변하여 간다는 뜻으로, '죽음'을 이르는 말.
화:격(畫格) 명 ①그림 그리는 방법. 화법(畫法) ②그림이 지닌 품격. 화품(畫品)
화:경(火耕) 명 화전(火田)을 일구는 일.
화:경(火鏡) 명 불을 일으키는 거울이라는 뜻으로, '볼록렌즈'를 달리 이르는 말.
화경(花莖) 명 땅속줄기나 비늘줄기에서 바로 갈라져 나와 잎을 달지 않고 꽃을 피우는 줄기. 꽃줄기
화경(花梗) 명 꽃대나 가지에서 갈라져 나와 꽃이 달리는 작은 자루. 꽃자루
화경(華景) 명 '음력 이월'을 달리 이르는 말. ☞여월(如月). 화월(花月)
화:경(畫境) 명 그림처럼 경치가 아름다운 곳.
화계(花階) 명 화단(花壇)
화:고(畫稿) 명 본 그림의 준비 작업으로서 초벌로 그려 보는 그림.
화고(禾藁) 명 볏짚
화곡(禾穀) 명 벼에 딸린 곡식을 통틀어 이르는 말.
화:곤(火棍) 명 부지깽이
화:골(化骨) 명-하다 자 뼈 또는 그와 비슷한 물질로 변함, 또는 변한 그것. 골화(骨化)
화:공(化工) 명 ①하늘의 조화로 자연히 이루어진 묘한 재주. 천공(天工) ②'화학 공업'의 준말. ¶- 기술 ③'화학 공학'의 준말. ¶- 약품
화:공(火攻) 명-하다 타 전쟁 때, 적을 불로 공격함.
화:공(畫工) 명 지난날, 그림을 그리는 일을 전문으로 하던 사람. 도공(圖工). 화사(畫師) ☞화가(畫家)
화공(靴工) 명 구두를 만드는 기능공.
화:과(畫科) 명 동양화의 주제(主題)의 종류. 인물화(人物畫)·화훼화(花卉畫)·영모도(翎毛圖)·산수화(山水畫)·화조도(花鳥圖)·기명도(器皿圖) 등.
×**화곽** 명 →성냥
화관(花冠) 명 ①한 송이 꽃의 꽃잎 전체를 이르는 말. 꽃부리 ②지난날의 예장(禮裝)의 한 가지로 여자들이 쓰던 칠보로 꾸민 관. 화관족두리 ③지난날, 궁궐의 잔치 때 기녀(妓女)나 여령(女伶) 따위가 쓰던 관.
화관=문화=훈장(花冠文化勳章) 명 문화 훈장(文化勳章)의 다섯째 등급.
화관-족두리(花冠-) 명 화관(花冠)
화:광(火光) 명 불빛
화광동진(和光同塵) 성구 ①빛을 감추고 속세간(俗世間)에 섞여 지낸다는 뜻으로, 자기의 재능을 감추고 세속의 사람들과 섞여 지냄을 이르는 말. ②부처나 보살이 중생을 제도하기 위하여 본디의 지혜의 빛을 감추고 인간 세상에 사람의 모습으로 나타남을 이르는 말.
화:광충천(火光衝天) 성구 불길이 하늘 높이 치솟는다는 뜻으로, 형세가 아주 맹렬함을 비유하여 이르는 말.
화괴(花魁) 명 꽃 중의 으뜸이라는 뜻으로, 매화(梅花)나 난초(蘭草)를 달리 이르는 말.
화교(華僑) 명 다른 나라에 이주해 사는 중국인.
화:구(火口) 명 ①불을 때는 아궁이의 아가리. ②불을 내뿜는 아가리. ③분화구(噴火口)

화:구(畫具)명 그림을 그리는 데 쓰는 여러 가지 도구.
화:구-구(火口丘)명 '중앙 화구구(中央火口丘)'의 준말.
화:구-벽(火口壁)명 화구를 둘러싼 벽. 안쪽은 깎아지른 듯한 절벽이고, 바깥쪽은 완만한 경사지임.
화:구-상(畫具商)명 그림을 그리는 데 쓰는 여러 가지 도구를 파는 장사, 또는 그 장수.
화:구-원(火口原)명 복성 화산(複成火山)에서, 중앙의 화구구(火口丘)와 화구벽 또는 칼데라 벽 사이에 있는 평평한 땅.
화:구-항(火口港)명 섬이나 바닷가에서, 옛 분화구의 바깥쪽 벽이 무너져 바닷물이 들어와서 생긴 항구.
화:구-호(火口湖)명 화산의 분화구에 물이 괴어 생긴 호수. 기슭은 급경사를 이루고 바닥은 평평하며, 수심이 깊음. 백두산의 천지(天池) 따위.
화극(話劇)명 대화를 중심으로 하는 중국의 신극(新劇).
화:극금(火剋金)성구 오행설(五行說)에서 이르는 상극(相剋) 관계의 하나. '불〔火〕이 쇠〔金〕를 이김'을 이름. ☞금극목(金剋木). 상생(相生)
화:근(禍根)명 재앙의 근원. 화원(禍源). 화태(禍胎) ¶담뱃불이 —이 되어 화재가 일어났다.
화:금(火金)명 광석을 빻아 수은(水銀)으로 금을 잡은 다음, 불에 달구어 수은을 없앤 금.
화금(靴金)명 대문짝 아래의 돌쩌귀에 덧씌우는 쇠.
화:급(火急)어기 '화급(火急)하다'의 어기(語基).
화:급-하다(火急—)형여 매우 급하다.
화급-히부 화급하게 ¶소방차가 — 출동한다.
화:기(—氣)명 ①가슴이 답답하여지는 기운. ¶—가 가시지 않는다. ②몹시 노한 기운. ¶—를 가라앉히다.
화:기(火氣)명 ①불기운 ¶— 조심/불길은 잡았지만 아직 —가 남아 있다. 준화(火) ②불에 덴 자리에서 나는 독기. ¶—로 화끈댄다.
화:기(火器)명 ①화약의 힘으로 탄알을 쏘는 병기를 통틀어 이르는 말. 소총이나 대포 따위. ②화로 따위 불을 담는 그릇을 통틀어 이르는 말.
화기(和氣)명 ①따뜻하고 화창한 날씨. ②온화한 기색. ③화목한 분위기. ④생기가 도는 기색. ¶약효가 좋았던지 얼굴에 —가 돈다.
화기(花期)명 ①꽃이 피는 시절. 화시(花時) ②꽃이 피어 있는 기간.
화기(花器)명 꽃을 꽂거나 담아 두는 그릇. 꽃병·수반·꽃바구니 따위.
화:기(禍機)명 재난(災難)이 일어날 계기나 조짐.
화기애애(和氣靄靄)성구 여러 사람이 모여 있는 자리가 화목하고 즐거운 분위기로 가득함을 이르는 말.
화길(和吉)어기 '화길(和吉)하다'의 어기(語基).
화길-하다(和吉—)형여 부드럽고 복스레 보이다.
화끈부 ①뜨거운 기운이나 김 따위가 갑자기 끼쳐 오는 상태를 나타내는 말. ¶화덕 앞에 서니 열이 — 끼친다. ②다치거나 하여 쓰리고 뜨거운 느낌을 나타내는 말. ¶상처 부위가 — 한다. ③부끄럽거나 당황하거나 하여 얼굴이 달아오르는 느낌을 나타내는 말. ¶부끄러움으로 얼굴이 — 달아오르다. ☞후끈
화끈-거리다(대다)자 ①다치거나 약을 바른 부위가 화끈화끈 달아오르다. ¶햇볕에 탄 살갗이 화끈거린다. ②얼굴이 화끈화끈 달다. ¶얼굴이 —. ☞후끈거리다
화끈-하다형여 ①좀 뜨거운 기운이 끼쳐 오는듯 하다. ②성격 따위가 맺고 끊음이 분명하고 시원시원하다. ☞후끈하다
화끈-화끈부 자꾸 화끈 하는 느낌을 나타내는 말. ☞후끈후끈
화끈화끈-하다형여 좀 뜨거운 기운이 잇달아 끼쳐 오는 듯 하다. ¶까진 무릎이 —. ☞후끈후끈하다
화:-나다자 몹시 노엽거나 뜻대로 되지 않거나 하여 성이 나다. ¶화난 얼굴.
속담 **화난 김에 돌부리 찬다** : 아무에게나 함부로 화풀이 하다가 손해를 봄을 비유하여 이르는 말.
화:난(火難)명 화재(火災)
화:난(禍難)명 재앙(災殃)과 환난(患難). 화환(禍患)
화난(和暖)어기 '화난(和暖)하다'의 어기(語基).
화난-하다(和暖—)형여 날씨가 화창하고 따뜻하다.
화:-내다자 몹시 노엽거나 뜻대로 되지 않거나 하여 성을 내다. ¶화내는 것도 버릇이 된다.
화냥-년명 서방질을 하는 여자를 욕으로 이르는 말.
화냥-질명-하다자 여자가 제 남편이 아닌 남자와 몰래 정을 통하는 짓. 서방질
화년(華年)명 ①나이 예순한 살을 이르는 말. 화갑(華甲) ②꽃다운 젊은 시절의 나이. ☞방년(芳年)
화:농(化膿)명-하다자 상처 등에 화농균이 들어가서 염증을 일으켜 곪음.
화:농-균(化膿菌)명 화농을 일으키는 세균. 연쇄상구균이나 포도상구균 따위가 있음.
화닥닥부 ①일을 서둘러 하는 모양을 나타내는 말. ②갑자기 일어나거나 뛰어가는 모양을 나타내는 말. ☞와닥닥. 후닥닥
화닥닥-화닥닥부 잇달아 화닥닥 하는 모양을 나타내는 말. ☞후닥닥후닥닥
화단(花壇)명 마당이나 공원 등의 일정한 땅에 화초를 심어 가꾸어 놓은 곳. 화계(花階) ☞꽃밭
화:단(畫壇)명 화가들끼리 교류하는 사회.
화:단(禍端)명 화(禍)를 불러일으킬 실마리. ☞화근
화:담(火痰)명 열담(熱痰)
화담(和談)명 ①다툼질을 그치고 서로 마음을 풀기 위해 하는 말. ②정답게 주고받는 말.
화답(和答)명-하다자타 시나 노래로 맞받아 답함.
화:대(火大)명 불교에서, 사대종(四大種)의 하나인 '불'을 이르는 말. 따뜻함을 본질로 하고 만물을 성숙시키는 작용을 함. ☞풍대(風大)
화대(花臺)명 화분을 올려 놓는 받침.
화-대:모(華玳瑁)명 바다거북의 등딱지의 한 가지. 누런 바탕에 검은 점이 있고 투명함. 공예품의 재료로 쓰임.
화:덕(火—)명 ①솥을 걸어 놓고 쓸 수 있도록 쇠나 흙으로 아궁이처럼 만든 것. ②숯불을 피워서 쓰게 만든 큰 화로.
화:덕-진군(火德眞君)명 민속에서, 불을 맡아 다스린다는 신령. ☞축융(祝融)
화:도(火刀)명 부싯돌을 쳐서 부싯깃에 불을 댕길 불똥을 튀게 하는 쇳조각. 부시
화:도(化導)명-하다타 덕으로 교화하여 이끎.
화:도(畫圖)명 여러 종류의 그림을 통틀어 이르는 말.
화도-끝(華—)명 피륙의 양쪽 끝에 상표(商標)를 넣어 짠 부분. 화두(華頭) ☞토끝
화:독(火毒)명 불의 독한 기운.
화:독-내(火毒—)명 음식이 눋다가 탈 때 나는 냄새.
화동(和同)명-하다자 서로 사이가 벌어졌다가 다시 뜻이 잘 맞게 됨.
화동(花童)명 의식 등에서 행사의 주인공에게 꽃다발을 선사하는 어린아이.
화:동(畫棟)명 ①단청(丹靑)한 마룻대. ②아름답게 색칠한 건물. ▷畫의 속자는 畵·画
화:두(火斗)명 다리미
화두(話頭)명 ①이야기의 말머리. ②불교에서, 참선하는 수행자에게 불도를 깨치게 하기 위해서 종사(宗師)가 내는 참구(參究) 문제. 공안(公案)
화두(華頭)명 화도끝
화두-와(花頭瓦)명 막새
화:둔(火遁)명 불을 이용하여 몸을 숨기는 술법.
화드득부 ①큰 새가 갑자기 날아오르는 소리를 나타내는 말. ②갑작스레 달아나거나 몸을 숨기는 모양을 나타내는 말.
화드득-화드득부 잇달아 화드득 하는 소리, 또는 그 모양을 나타내는 말.
화:-등잔(火燈盞)명 ①기름을 담아 등불을 켤 수 있게 만든 기구. ②몹시 앓거나 하여 퀭한 눈을 비유하여 이르는 말. ¶—만 한 눈.

화:-딱지 명 '화'를 속되게 이르는 말. ¶ －가 나다.
화라지 명 옆으로 길게 벋어 있는 나뭇가지를 땔나무로 이르는 말.
화락(和樂) 어기 '화락(和樂)하다'의 어기(語基).
화:락-천(化樂天) 명 욕계 육천(欲界六天)의 다섯째 하늘. 도솔천의 위에 있는데, 이곳에 태어나면 자기가 원하는 대로 모든 것을 변화시켜 즐겁게 할 수 있다고 함. 인간 세계의 8백 년을 하루로 삼아 8천 년을 산다고 함.
화락-하다(和樂－) 형여 마음이 평안하고 즐겁다.
화란(和蘭) 명 '네덜란드'의 한자 표기.
화:란(禍亂) 명 재앙과 난리를 아울러 이르는 말.
화랑(花郞) 명 신라 시대, 청소년의 수련 단체, 또는 그 수련 단체의 청소년. 심신의 단련과 사회 선도를 이념으로 많은 인재를 배출하였으며, 신라의 삼국 통일에 이바지하였음. 국선(國仙)
화:랑(畫廊) 명 그림 따위 미술품을 진열·전시하는 곳.
화랑-도(花郞徒) 명 신라 시대, 화랑의 무리를 이르던 말. 향도(香徒). 국선도(國仙徒) 준 낭도(郞徒)
화랑-도(花郞道) 명 신라 시대, 화랑이 지켜야 했던 도리. 세속오계(世俗五戒)를 신조로 삼았고, 유(儒)·불(佛)·선(仙) 삼교(三敎)의 정신 세계가 그것을 뒷받침하였음.
화랑-이(花郞－) 명 조선 시대, 옷을 잘 차려 입고 가무(歌舞)와 행락(行樂)을 주로 하던 놀이꾼.
화려(華麗) 어기 '화려(華麗)하다'의 어기(語基).
화려-체(華麗體) 명 문장의 수식 정도에 따라 구별한 문체의 한 가지. 문장을 아름답게 표현하기 위하여 여러 가지 수사법(修辭法)을 쓴 문체. ☞건조체(乾燥體). 우유체(優柔體)
화려-하다(華麗－) 형여 눈부시게 곱고 아름답다. ¶화려한 옷차림./화려한 무늬.
화려-히 부 화려하게
화:력(火力) 명 ①불이 타면서 내는 열의 힘. ②총포 따위의 화기(火器)의 위력.
화:력=발전(火力發電)[－쩐] 명 석탄·석유·천연 가스 따위를 태워서 생긴 열을 이용하여 발전기를 돌려 전기를 일으키는 발전. ☞수력 발전. 핵발전
화:렴(火廉) 명 땅에 묻은 시체가 까맣게 변하는 일.
화렴(이) 들다 관용 땅에 묻은 시체가 까맣게 변하다.
화:로(火爐) 명 재를 담고 그 속에 숯불을 묻어 놓는 그릇. 방 안을 따뜻하게 하거나 차를 달이거나 하는 데 씀.

한자 화로 로(爐) 〔火部 16획〕 ¶ 난로(煖爐)/노변(爐邊)/풍로(風爐)/화로(火爐) ▷ 속자는 炉

화로-수(花露水) 명 꽃의 즙을 짜서 만든 향수.
화:롯-가(火爐－) 명 ①화로의 옆. 노변(爐邊) ¶ －에 둘러앉다. ②화로의 가장자리.
속담 화롯가에 엿을 붙이고 왔나 : 손이 왔다가 바삐 돌아가려고 할 때에 그를 붙잡기 위해 하는 말. 〔노굿전에 엿을 붙였나/이불 밑에 엿 묻어 두었나〕
화:롯-불(火爐－) 명 화로에 담아 놓은 불.
화뢰(花蕾) 명 꽃봉오리
화:룡점정(畫龍點睛) 성구 무슨 일을 하는 데 가장 중요한 부분을 마치어 일을 끝냄을 비유하여 이르는 말. 벽에 용을 그려 놓고, 마지막으로 눈동자를 그려 넣었더니 갑자기 천둥과 번개가 치며 용이 구름을 타고 하늘로 올라갔다는 중국 고사에서 유래함. 준 점정(點睛)
화:룡-초(畫龍－) 명 용틀임이 그려져 있는 밀초.
화:루(畫樓) 명 화각(畫閣)
화류(樺榴) 명 자단(紫檀)의 목재. 붉고 결이 고운 데다 단단하여 건축·가구·공예품 등의 재료로 씀. ¶ － 경대(鏡臺)/－ 장농
화류-계(花柳界) 명 기생(妓生)이나 논다니의 사회. 청등홍가(靑燈紅街)
화류-병(花柳病)[－뼝] 명 화류계에서 전염하는 일이 많은 데서 '성병(性病)'을 달리 이르는 말.
화:륜(火輪) 명 '태양(太陽)'을 달리 이르는 말. ¶황금빛 －/불타는 －.
화륜(花輪) 명 생화(生花)나 조화(造花)로 만든 화환.
화:륜-선(火輪船) 명 지난날, 기선(汽船)인 외륜선(外輪船)을 이르던 말. 준 윤선(輪船)
화릉(花綾) 명 꽃무늬를 놓아서 짠 능직(綾織)의 천.
화리(禾利) 명 ①조선 후기에, 전라 북도 지방에서 '논의 경작권'을 사고 파는 대상으로 이르던 말. ②'수확이 예상되는 벼'를 사고 파는 대상으로 이르는 말.
화리(를) 끼다 관용 토지 특히 논을 사고 팔 때 화리를 매매 조건에 포함하다.
화림(花林) 명 꽃나무의 숲.
화:립(畫笠) 명 지난날 궁중에서, 세밑에 역귀(疫鬼)를 쫓는 의식 때에 판관(判官) 등이 쓰던 갓.
화:마(火魔) 명 '화재'를 마귀에 비유하여 이르는 말. ¶ －는 예고 없이 찾아온다.
화마(花馬) 명 '얼룩말'의 딴이름.
화만(華鬘) 명 승방(僧房)이나 불상을 장식하는, 생화나 조화로 만든 꽃다발.
화:망(火網) 명 그물처럼 짜인 화기(火器)들의 배치 체계, 또는 사격의 범위.
화매(和賣) 명 -하다 타 팔 사람과 살 사람이 아무런 군말이 없이 팔고 삼.
화:면(火綿) 명 정제한 솜을 황산과 질산의 혼합액에 담가서 만든 화약. 다이너마이트의 원료가 됨. 솜화약
화면(花麵) 명 ①진달래꽃을 녹말로 반죽하여 만든 국수. ②녹말을 반죽하여 익힌 다음 가늘게 썰어 오미잣국에 넣고 꿀을 타고 실백을 띄운 화채.
화:면(畫面) 명 ①그림이 그려져 있는 면. ②영화나 텔레비전·모니터 따위의 영상(映像). ③필름이나 인화지에 찍힌 영상.
화명(花名) 명 꽃 이름.
화명(和鳴) 명 -하다 자 ①새들이 호응하며 지저귐, 또는 그 소리. ②여러 가지 악기가 조화되어 울림. ③부부가 화목함을 비유하여 이르는 말.
화:명(畫名) 명 ①영화의 제목. ②그림의 이름이나 제목. 화제(畫題) ③화가로서의 명성(名聲). ¶ －을 떨치다.
화:목(火木) 명 땔나무
화목(花木) 명 꽃나무
화목(和睦) 명 -하다 형 서로 뜻이 맞고 정다움. 집목(輯睦)

한자 화목할 목(睦) 〔目部 8획〕 ¶ 친목(親睦)/화목(和睦)

화목-제(和睦祭) 명 크리스트교에서, 구약 시대(舊約時代)에 하느님에게 동물을 희생 제물로 바쳐 하느님과 사람 사이를 화목하게 하려고 베풀던 제사.
화묘(禾苗) 명 볏모
화무십일홍(花無十日紅) 성구 열흘 붉은 꽃이 없다는 뜻으로, 한 번 성하면 반드시 쇠퇴할 날이 있음을 비유하여 이르는 말. ☞권불십년(權不十年)
화묵(華墨) 명 상대편을 높이어, 그의 편지를 이르는 말. 귀함(貴函)
화:문(火門) 명 총포(銃砲)의 탄알이 나가는 총열이나 포신(砲身)의 아가리.
화문-갑사(花紋甲紗) 명 꽃무늬를 넣어서 짠, 얇고 성긴 비단.
화문록(花門錄) 명 조선 시대, 작자·연대 미상의 고대 소설. 화씨(花氏) 집안의 처첩(妻妾) 사이에 빚어지는 갈등을 한글로 쓴 가정 소설.
화문-석(花紋席) 명 꽃돗자리
화문-쌓기(花紋－) 명 벽돌이나 돌로 꽃무늬를 만들며 담을 쌓는 일.
화:물(貨物) 명 화물 열차나 선박·자동차 등으로 실어 나르는 '짐'을 이르는 말.
화:물=상환증(貨物相換證)[－쯩] 명 운송 계약에서, 운송인이 운송품을 맡음을 증명하고, 그것을 권리자에게 넘겨줄 것을 약속한 유가 증권. 준 화물 환증
화:물-선(貨物船)[－썬] 명 짐을 실어 나르는 배. 짐배 준 화선(貨船)

ㅎ

화:물=열차(貨物列車)[-렬-] 명 짐을 실어 나르기 위해 화차(貨車)만으로 편성한 열차. ☞여객 열차

화:물=자동차(貨物自動車) 명 짐을 실어 나르는 자동차. 짐차. 트럭 준 화물차

화:물-차(貨物車) 명 '화물 자동차'의 준말.

화:물=환:증(貨物換證)[-쯩] 명 '화물 상환증(貨物相換證)'의 준말.

화:미(畫眉) 명 눈썹을 그리는 일, 또는 그린 눈썹.

화미(華美) 어기 '화미(華美)하다'의 어기(語基).

화미-하다(華美-) 형여 화려하고 아름답다.

화:민(化民) 명 지난날, 조상의 산소가 있는 자기 고향의 원에 대하여 자신을 낮추어 일컫던 말.

화:민성속(化民成俗) 성구 백성을 교화하여 아름다운 풍속을 이룸을 이르는 말.

화:밀(火蜜) 명 화청(火淸)

화밀(花蜜) 명 꽃의 꿀샘에서 분비되는 단맛이 나는 액체.

화밀-화(花蜜花) 명 꽃의 화밀을 먹으러 오는 나비나 벌 따위를 통해 가루받이를 하는 충매화(蟲媒花)의 한 가지. ☞풍매화(風媒花)

화반(花盤) 명 ①자기(瓷器)로 만든, 꽃을 담는 반(盤). ②건축에서, 초방 위에 장여를 받치기 위하여 끼우는 널조각. 사자·연꽃·화분 따위를 새김.

화반-석(花斑石) 명 붉고 흰 무늬가 있는 돌. 바탕이 매우 곱고 물러서 도장·그릇 따위의 재료로 쓰임.

화:반-창(火斑瘡) 명 한방에서, 불에 데어서 불긋불긋하게 생기는 피부염을 이르는 말.

화발허통-하다(-虛通-) 형여 막힌 곳이 없이 사방이 탁 트여 있다.

화:방(火防) 명 돌을 섞은 흙으로 땅에서부터 중방 밑까지 쌓아 올린 벽.

화방(花房) 명 꽃가게

화:방(畫房) 명 ①화가나 조각가 등이 작품을 만드는 방. 화실(畫室) ②그림을 그리는 데 필요한 도구나 물감 따위를 파는 가게.

화:방(畫舫) 명 그림을 그려 꾸민 놀잇배. 그림배

화방-수(-水) 명 소용돌이치며 흐르는 물.

화:배-공(畫坯工) 명 도자기의 몸에 그림을 그리는 일을 전문으로 하는 사람.

화백(和白) 명 신라 때의 회의 제도. 처음에는 육촌(六村)의 사람들이 모여 나랏일을 의논했으나, 뒤에는 진골(眞骨) 이상의 귀족 회의로 바뀌었으며 만장일치제였음.

화백(花柏) 명 측백나뭇과의 상록 침엽 교목. 높이는 30m 안팎까지 자라고 잎 모양은 갸름함. 암수한그루의 꽃이 피고 열매는 동근데 황갈색으로 익음. 재목은 건축재·가구재 등으로 쓰임. 일본 원산으로 우리 나라 남부 지방에 자람.

화:백(畫伯) 명 '화가(畫家)'를 높이어 이르는 말.

화벌(華閥) 명 세상에 드러난 높은 문벌.

화법(化法)[-뻡] 명 불교에서, 부처가 중생(衆生)을 교화하기 위해 설법한 가르침을 이르는 말.

화:법(畫法)[-뻡] 명 그림 그리는 방법. 화격(畫格)

화법(話法)[-뻡] 명 ①말하는 방법. ②문장이나 말에서, 남의 글이나 말을 인용하여 표현하는 방법.

화:변(火變) 명 화재(火災)

화변(花邊) 명 인쇄물의 가장자리 따위를 꾸미는 무늬나 그림.

화:변(禍變) 명 재화(災禍)와 변고(變故).

화:병(-病)[-뼝] 명 ①한방에서, 울화(鬱火)를 삭이지 못하여 생기는 병을 이르는 말. 본 울화병(鬱火病) ②불안증·우울증·화증 등이 복합적으로 나타나는 질환. ¶-으로 몸져눕다.

화:병(火兵) 명 ①지난날, 군중(軍中)에서 밥짓는 일을 맡던 군사. ②화약을 폭발시켜 탄알을 발사하는 병기(兵器). 소총·대포 따위.

화:병(火餠) 명 밀가루나 메밀가루를 반죽하여 불에 구워 낸 떡. 꿀을 찍어 먹음.

화병(花柄) 명 꽃대나 가지에서 갈라져 나와, 꽃을 받치는 작은 자루. 꽃자루

화병(花瓶) 명 꽃을 꽂는 병. 꽃병

화:병(畫屛) 명 그림으로 꾸민 병풍.

화:병(畫瓶) 명 겉면에 그림을 그려 놓은 병.

화:병(畫餠) 명 '화중지병(畫中之餠)'의 준말.

화보 명 얼굴의 생김새가 너부데데하고 살이 두툼한 여자를 이르는 말.

화보(花譜) 명 꽃을 종류에 따라 분류하여 꽃 이름, 특징, 피는 시기 따위를 적은 책.

화:보(畫報) 명 ①그림이나 사진 등을 주로 하여 편집한 책이나 인쇄물, 또는 그 그림이나 사진. ②세상에서 일어난 일을 보도하는 사진이나 그림, 또는 그 인쇄물.

화:보(畫譜) 명 여러 가지 그림을 모아 편집한 책.

화복(華服) 명 ①물들인 천으로 지은 옷. 무색옷 ②-하다 자 무색옷을 입음. ☞소복(素服)

화:복(禍福) 명 재화(災禍)와 복록(福祿).

화:복무문(禍福無門) 성구 화복이 들어오는 문은 정해져 있지 않다는 뜻으로, 저마다 행한 선악(善惡)에 따라 화나 복을 받게 된다는 말.

화:본(畫本) 명 그림을 그리는 데 바탕으로 쓰는 종이나 감 따위를 이르는 말.

화봉(花峰) 명 꽃봉오리

화봉-초(花峰草) 명 한쪽 끝을 꽃봉오리처럼 뾰족하게 말아서 만든 잎담배.

화:부(火夫) 명 ①기관(汽罐)이나 난로 등에 불을 때거나 조절하는 사람. ②절에서, 불때는 일을 맡아 하는 사람.

화분(花盆) 명 화초를 심어 가꾸는 그릇. 꽃분. 분(盆). 화초분(花草盆)

화분(花粉) 명 꽃가루

화분-증(花粉症)[-쯩] 명 꽃가루가 점막(粘膜)을 자극하여 일어나는 알레르기. 결막염·비염·천식 따위의 증세가 나타남.

화분-화(花粉花) 명 꽃가루가 많아서 벌레나 바람을 매개로 가루받이를 하는 꽃.

화:불단행(禍不單行) 성구 재앙은 번번이 겹쳐서 오게 됨을 이르는 말.

화사(花史) 명 조선 선조 때 임제(林悌)가 지은 가전체(假傳體)의 한문 소설. 계절에 따른 여러 꽃을 중신(重臣)·간신(奸臣)·역신(逆臣) 등에 비유하여 국가의 흥망성쇠를 그리며 정치를 비판한 작품임.

화사(花蛇) 명 한방에서 '산무애뱀'을 약재로 이르는 말. 풍병(風病)·문둥병 등에 쓰임.

화사(花詞) 명 꽃말

화사(花絲) 명 꽃실

화:사(畫師) 명 화공(畫工)

화사(華奢) 어기 '화사(華奢)하다'의 어기(語基).

화:사-석(火舍石) 명 석등(石燈)의 중대석 위에 있는, 불을 밝히는 부분.

화사-주(花蛇酒) 명 멥쌀 지에밥과 누룩을 버무려 담은 술 항아리에 산무애뱀을 넣고 찰밥으로 위를 덮었다가 21일 만에 뜨는 술. 풍병이나 악창(惡瘡) 등에 약으로 쓰임.

화:사첨족(畫蛇添足) 성구 뱀을 그리고 나서 있지도 않은 발을 그려 넣는다는 뜻으로, 하지 않아도 될 일을 덧붙여 하다가 도리어 일을 그르침을 비유하여 이르는 말. 준 사족(蛇足)

화사-하다(華奢-) 형여 ①화려하고 곱다. ¶화사한 외출복. ②아주 밝고 환하다. ¶화사한 봄 햇살.

화:산(火山) 명 땅 속의 가스와 마그마 따위가 지표(地表)를 뚫고 터져 나와 퇴적하여 이루어진 산. 사화산·활화산·휴화산으로 구분됨.

화:산-대(火山帶) 명 화산이 분포되어 있는 띠 모양의 지대. 환태평양 화산대와 지중해 화산대 따위가 있음.

화:산-도(火山島) 명 화산섬

화:산-력(火山礫)[-녁] 명 화산 폭발 때 바위가 부서져서 생긴 자갈.

화산별곡(華山別曲) 명 조선 세종 때, 문신(文臣) 변계량(卞季良)이 지은 경기체가(景幾體歌). 조선의 창업을

칭송한 내용으로, 8장으로 되어 있음. 악장가사(樂章歌詞)에 실려 전함.

화:산-섬(火山―)명 바다 밑의 화산이 폭발하여 그 분출물이 쌓여서 생긴 섬. 울릉도·제주도 따위. 화산도

화:산-암(火山岩)명 화성암의 한 가지. 지표로 분출된 마그마가 지표 또는 지표 가까이에서 급히 식으면서 이루어진 바위. 안산암이나 현무암 따위. 분출암(噴出岩)

화:산=유리(火山琉璃)[―뉴―] 명 용암과 함께 굳어지기 전에 냉각되어 생긴 천연 유리. 시멘트 첨가제, 가벼운 골재, 보온재, 연마재 따위로 쓰임.

화:산=작용(火山作用)명 지구 내부에서 분출한 마그마가 지표 또는 지표 가까이에서 일으키는 여러 가지 작용. 분화(噴火), 분기(噴氣), 분출물의 유출과 퇴적, 지각의 변동 따위가 있음. 화산 활동(火山活動)

화:산-재(火山―)명 화산 분출물의 한 가지. 용암의 부스러기 가운데 크기가 4mm보다 작은 알갱이. 화산회(火山灰)

화:산-진(火山塵)명 화산재 가운데서 크기가 0.25mm보다 작은 먼지 부스러기.

화:산-탄(火山彈)명 화산 분출물의 한 가지. 화구(火口)에서 분출된 용암이 공중에서 흩어지면서 지름 32mm 이상의 크기로 굳어진 것.

화:산-호(火山湖)명 화산 작용으로 생긴 화구(火口) 속에 물이 괸 호수. 화구호·칼데라호 따위.

화:산=활동(火山活動)[―똥] 명 화산 작용(火山作用)

화:산-회(火山灰)명 화산재

화살 명 활시위에 오늬를 메워 당겼다가 놓아 쏘는 기구. 가는 대로 줄기를 삼고, 한쪽 끝에는 쇠로 만든 촉을 꽂고 다른 쪽 끝에는 세 줄로 새의 깃을 붙임. 시(矢) 준 살[2]

화살을 돌리다 관용 공격이나 나무람 따위를 다른 쪽으로 돌리다. ¶형을 나무라시던 아버지께서 갑자기 나에게 화살을 돌리셨다.

한자 화살 시(矢) 〔矢部〕 ¶궁시(弓矢)/독시(毒矢)

화살-기도(―祈禱)명 가톨릭에서, 일상 생활 중에 순간적으로 느끼는 감정과 바라는 생각을 하느님에게 바치는 기도를 이르는 말. 때와 곳의 제약을 받지 않음.

화살-나무 명 화살나뭇과의 낙엽 활엽 관목. 높이 3m 안팎이며 5월경에 연두색 꽃이 취산(聚散) 꽃차례로 피고, 열매는 10월경에 삭과(蒴果)로 붉게 익음. 줄기로는 지팡이·화살 따위를 만들고, 어린잎은 나물로 먹을 수 있음. 잔가지에 달린 코르크질의 날개 모양의 것은 귀전우(鬼箭羽)라고 하여 한방에서 지혈·통경 따위에 약으로 쓰임. 산이나 들에 흔히 자람. 위모(衞矛)

화살-대[―때] 명 화살의 몸체가 되는 대. 전죽(箭竹) 준 살대

화살-벌레 명 모악동물(毛顎動物)에 딸린 동물을 통틀어 이르는 말. 바다에서 살며 암수한몸임. 몸길이 1～2cm로 가는 대롱 모양이며, 옆쪽과 꼬리 부분에 삼각형의 지느러미가 있어 화살 깃처럼 보임. 머리의 아래쪽에 입이 있고, 몸의 표면과 지느러미에 감각 기관인 촉모반(觸毛斑)이 있으며, 등 쪽에는 섬모가 나 있음.

화살-사초(―莎草)명 사초과의 여러해살이풀. 줄기 높이는 50cm 안팎이며, 잎은 어긋맞게 나고 긴 칼 모양임. 5～6월에 작은 이삭이 서너 개 피는데, 줄기 끝의 것은 수꽃, 옆의 것은 암꽃임. 열매는 수과(瘦果)를 맺음. 들의 습지에서 자라며, 우리 나라의 경기도 이남 지방과 일본, 중국 등지에 분포함.

화살-시(―矢)명 한자 부수(部首)의 한 가지. '知'·'短' 등에서 '矢'의 이름.

화살-촉(―鏃)명 화살 한쪽 끝에 박은 뾰족한 쇠. 살밑. 살촉. 전촉(箭鏃) 준 활촉

화살-표(―標)명 화살 모양의 표지나 부호인 →나 ⇒ 따위의 이름.

화:삽(火―)명 아궁이의 재를 치거나 불을 담아 옮기는 데 쓰는 작은 삽. 부삽

화:상(火床)명 보일러의 불을 때는 곳.

화:상(火傷)명 온도가 높은 고체·액체·기체 따위에 데었을 때 일어나는 피부의 손상. 덴 정도에 따라 4단계로 나눔. ¶2도 ―.

화상(花床)명 꽃턱

화상(和尙)명 ①불교에서, 수행(修行)을 많이 한 중을 이르는 말. ②'중'의 높임말.

화상(華商)명 중국 이외의 나라에 사는, 중국인 장수.

화:상(畫商)명 그림을 파는 장사, 또는 그 장수.

화:상(畫像)명 ①그림으로 그린 사람의 얼굴. ②'얼굴'의 속된말. ③어떠한 사람을 낮잡아 이르는 말. ¶이 ―아, 잠 좀 그만 자라. ④텔레비전 수상기의 화면에 나타나는 상(像). ¶―이 선명하다.

화:상-석(畫像石)명 신선·새·짐승 따위를 장식으로 새긴 돌. 중국 후한(後漢) 때에 성행한 것으로, 궁궐·사당·묘 따위의 석주(石柱)나 벽면 따위에서 볼 수 있음.

화:상-찬(畫像讚)명 화상에 쓴 찬사.

화:상=회:의(畫像會議)명 멀리 떨어진 곳에 있는 사람끼리 통신 회선(通信回線)으로 영상(映像)과 음성을 전송하여 서로 얼굴을 보면서 하는 회의. 텔레비전 회의

화색(和色)명 얼굴에 드러나는 온화하고 환한 빛. ¶―이 도는 얼굴.

화:색(貨色)명 재색(財色)

화:색(禍色)명 재앙이 일어날 징조.

화:생(化生)명 ①-하다 자 생물의 조직이나 기관이 형태나 기능을 바꾸어 달리 되는 일. 잎이 덩굴손이나 비늘로 되는 경우 또는 곤충의 변태 따위. ②불교에서 이르는 사생(四生)의 하나. 의탁할 곳도 없이 홀연히 생겨나는 것. 귀신이나 요괴 따위.

화:생방-전(化生放戰)명 화학전·생물학전·방사능전을 아울러 이르는 말. ☞에이비시 전쟁(ABC戰爭)

화:생토(火生土)성구 오행설(五行說)에서 이르는 상생(相生) 관계의 하나. '불〔火〕이 나면 흙〔土〕이 생김'을 이름. ☞상극(相剋). 토생금(土生金)

화서(禾黍)명 벼와 기장을 아울러 이르는 말.

화서(花序)명 꽃대에 달린 꽃의 배열 상태. 꽃차례 ☞무한화서. 유한화서

화서지몽(華胥之夢)성구 고대 중국의 황제(黃帝)가 낮잠을 자다가 꿈에 화서라는 나라의 선정(善政)을 보고 깊이 깨달았다는 데서, 낮잠 또는 좋은 꿈을 이르는 말.

화:석(火石)명 부싯돌

화:석(化石)명 퇴적암 따위의 바위 속에 남아 있는, 지질 시대에 살던 동식물의 유해와 흔적들.

화석(花席)명 무늬를 놓은 돗자리.

화:석=연료(化石燃料)[―년―] 명 지질 시대에 살던 생물이 땅 속에 파묻혀 생성된 것으로, 오늘날 연료로 사용할 수 있는 물질. 석유·석탄·천연 가스 따위.

화:석=인류(化石人類)명 화석으로 그 존재를 알 수 있는 과거의 인류. 발달 단계에 따라 원인(猿人)·원인(原人)·구인(舊人)·신인(新人)으로 구분함.

화:선(火扇)명 ①불이 잘 피도록 바람을 일으키는 데 쓰는 부채. 불부채 ②초꽂이 옆에 꽂아 이리저리 돌려서 촛불의 밝기를 조절하거나 바람을 막는 쇳조각.

화:선(火船)명 ①지난날의 수전(水戰)에서, 적의 배를 불지르기 위하여 쓰던 배. 땔감을 가득 실은 배에 불을 질러 적의 배 쪽으로 띄워 보냈음. ②밤에 여러 척의 배가 함께 고기잡이할 때, 불을 밝혀 불빛을 따르는 물고기를 모이게 하는 배. 보통 지휘자가 탐.

화:선(火線)명 ①전투에서, 적군과 직접 포화를 주고받는 최전선. ②볼록렌즈 따위로 햇빛을 모아 비칠 때, 초점에 모이는 빛줄기.

화선(花仙)명 '화중신선(花中神仙)'의 준말.

화:선(貨船)명 '화물선(貨物船)'의 준말.

화:선(畫仙)명 그림을 그리는 재주가 신선(神仙)의 경지에 이르렀다는 뜻으로, 그림 솜씨가 아주 뛰어난 화가를 이르는 말.

화:선(畫船)명 지난날, 대궐에서 잔치할 때 선유락(船遊樂)에 쓰던 배. 채선(彩船)

화:-선지(畫宣紙)명 선지(宣紙)의 한 가지. 옥판 선지(玉版宣紙)보다 약간 크고 질이 좀 낮은 선지.
화:설(火泄)명 열설(熱泄)
화설(話說)명 고대 소설에서, 이야기의 첫머리에 쓰던 말. ☞각설(却說). 차설(且說)
화:섬(化纖)명 '화학 섬유(化學纖維)'의 준말.
화섬(華贍)어기 '화섬(華贍)하다'의 어기(語基).
화:섬-사(化纖絲)명 화학 섬유로 만든 실. ☞견사(絹絲). 면사(綿絲)
화섬-하다(華贍-)형여 문장이 아름답고 내용이 풍부하다.
화:성(化成)명-하다자타 ①길러서 자라게 함. ②덕화(德化)되어 착해짐. ③화학에서, 다른 물질이나 원소가 화합하여 새 물질이 됨을 이르는 말.
화:성(化性)명 곤충이 한 해에 세대(世代)를 몇 차례 되풀이하는 성질. 그 세대 수에 따라서 일화성(一化性)·이화성(二化性)·다화성(多化性)으로 구별함.
화:성(火姓)명 오행(五行)의 화(火)에 해당하는 성(姓). 남(南)·도(都)·탁(卓) 등. ☞토성(土姓)
화:성(火星)명 태양계의 넷째 행성. 지구 궤도의 바로 바깥쪽에 있는 붉은 별로, 태양까지의 평균 거리는 2억 2790만 km. 공전 주기는 1.88년, 자전 주기는 약 24시간 37분임. 적도 반지름은 3,397km. 질량은 지구의 0.107배. 두 개의 위성이 있음. ☞목성(木星)
화:성(火聲)명 오행(五行)의 화(火)에 해당하는 음성. 급하고 거세어 여운이 없는 음성을 이름. ☞토성(土聲)
화성(和聲)명 높낮이가 서로 다른 여러 음(音)이 동시에 울리면서 만들어 내는 화음의 연결을 이르는 말.
화:성(畫聖)명 그림을 그리는 재주가 성인(聖人)의 경지에 이르렀다는 뜻으로, 그림 솜씨가 매우 뛰어난 화가를 이르는 말.
화성-법(和聲法)[-뻡]명 화음을 기초로 하여 악곡을 짜는 방법. ☞대위법(對位法)
화:성=비:료(化成肥料)명 무기질 비료를 화학적으로 처리하여 비료의 복합적인 효과를 얻을 수 있게 한 제품. 질소·인산·칼륨 중 두 성분 이상이 들어 있음.
화:성-암(火成岩)명 마그마가 식어서 굳은 바위를 통틀어 이르는 말. 지표나 지표 가까이의 것은 화산암, 지하 깊은 곳의 것은 심성암, 이 둘의 중간 지점의 것은 반심성암이라 함.
화:세(火洗)명 가톨릭에서, 세례 성사를 받지 않았더라도 하느님에 대한 믿음과 사랑을 가지고 세례 받기를 원하는 사람에게 세례 받은 신자와 같은 은총을 내려 주는 성신(聖神)의 세례. 불세례. 열세(熱洗)
화:세(火勢)명 힘차게 타오르는 불의 기세.
화세(花洗)명 화초에 물을 주는 기구.
화:소(火巢)명 산불을 막기 위하여 능원이나 묘 따위의 해자(垓字) 밖에 있는 풀과 나무를 불살라 버린 곳.
화:소(畫素)명 텔레비전이나 전송 사진 따위에서, 화면을 구성하는 최소 단위의 명암의 점(點). 화소 수가 많을수록 화면이 정밀하고 상세함.
화소(話素)명 소설이나 설화 따위에서 이야기를 구성하는 최소의 단위.
화:-소첩(畫梳貼)명 그림을 그려 꾸민 빗접.
화:소-청(畫燒靑)명 중국에서 생산되는 도자기용의 푸른 물감. 무명자(無名子) ☞흑자석(黑赭石)
화:속(火贖)명 지난날, 대장(臺帳)에 오르지 않은 토지에 물리던 세금.
화:속(火速)어기 '화속(火速)하다'의 어기(語基).
화:속-하다(火速-)형여 걷잡을 수 없이 타오르는 불처럼 몹시 빠르다.
화속-히부 화속하게
화-솥명 배에 돌아가며 전이 달려 있고 갓과 모양이 비슷한 솥.
화:수(火嗽)명 한방에서, 가래는 많지 않으나 기침이 심하게 나고 얼굴이 붉어지며 갈증이 나는 병을 이르는 말.
화수(禾穗)명 벼의 이삭.
화수(和酬)명-하다타 남이 보낸 시나 노래에 화답하여 시나 노래를 지어 갚음.
화수(花樹)명 꽃나무
화수(花穗)명 하나의 꽃대에 이삭 모양으로 피는 꽃.
화수(花鬚)명 꽃술
화:수(禍祟)명 재앙의 빌미.
화수분명 넣어 둔 물건이 새끼를 쳐서 끝없이 나오는 보물 단지라는 뜻으로, 재물이 자꾸 생겨서 아무리 써도 줄지 않음을 비유하여 이르는 말.
속담 화수분을 얻었나 : 돈을 물쓰듯이 쓰는 사람을 탓하여 이르는 말.
화수-회(花樹會)명 같은 성(姓)을 가진 사람들의 친목을 위한 모임이나 잔치.
×화:숙(火-)명 → 화전(火田)
화순(花脣)명 ①꽃잎 ②미인의 아름다운 입술을 비유하여 이르는 말.
화순(和順)어기 '화순(和順)하다'의 어기(語基).
화순-하다(和順-)형여 ①온화하고 양순하다. ②기후가 따뜻하고 고르다.
화-술명 휘우듬하게 생긴 쟁기의 술.
화술(話術)명 자기의 생각이나 감정, 의사 따위를 말로 명확하게 나타내는 기술. 말재주 ¶능란한 -.
화:승(火繩)명 지난날, 화약 따위를 터뜨리기 위하여 불을 붙이는 데 쓰던 노끈. 화약심지 ☞도화선(導火線)
화:승-작(火繩作)명-하다자 지난날, 일정한 길이의 화승에 불을 붙여 달아 놓고, 다 타기 전에 글을 짓던 일.
화:승-총(火繩銃)명 지난날, 화승으로 화약에 불을 붙여 쏘던 총. ☞조총(鳥銃)
화시(花時)명 꽃이 피는 시절. 화기(花期)
화시(和詩)명 한시(漢詩)의 한 가지. 남의 시를 읽고 감흥이 일어나 그 주제나 제재를 따라서 다른 관점으로 지은 시. ☞화운(和韻)
화:식(火食)명-하다타 불에 익힌 음식을 먹음, 또는 그 음식. ☞생식(生食)
화식(花式)명 꽃을 이루는 꽃받침·꽃잎·꽃술·꽃부리 따위의 수나 배열 상태를 기호와 숫자로 나타낸 식.
화식(和食)명 일본식 요리. 왜식(倭食). 일식(日食)
화:식(貨殖)명-하다자 재물(財物)을 늘림.
화식-도(花式圖)명 꽃의 가로 단면을 바탕으로 하여, 꽃을 이루는 꽃받침·꽃잎·꽃술·꽃부리 따위의 수나 위치 관계를 모형적으로 나타낸 도식(圖式).
화:신(化身)명-하다자 ①불교에서, 부처가 중생을 구하기 위하여 사람의 모습을 빌려 이 세상에 나타나는 일, 또는 그 몸을 이르는 말. ☞변화신(變化身) ②어떤 추상적인 특질(特質)이 구체화 또는 유형화되는 일. ¶사랑의 -./악의 -.
화:신(火神)명 불을 맡아 다스린다는 신.
화신(花信)명 꽃이 피었음을 알리는 소식.
화신(花神)명 ①꽃을 맡아 다스린다는 신. ②꽃의 정신, 또는 꽃의 정기.
화신(花晨)명 꽃이 핀 아침.
화신-풍(花信風)명 ①꽃이 필 무렵임을 알리는 바람이라는 뜻으로, 초봄에서 초여름에 걸쳐 부는 바람을 이르는 말. ②'이십사번 화신풍(二十四番花信風)'의 준말.
화:실(火室)명 기관(汽罐)에서, 땔감을 때어 증기를 일으키는 곳.
화:실(畫室)명 화가나 조각가 등이 작품을 만드는 방. 아틀리에(atelier). 화방(畫房)
화심(花心)명 ①꽃의 한가운데 꽃술이 있는 부분. ②미인의 마음을 비유하여 이르는 말.
화:심(禍心)명 ①남을 해치려는 마음. ②재앙의 근원.
화씨(華氏)명 화씨 온도 ☞섭씨(攝氏)
화씨=온도(華氏溫度)명 온도를 재는 단위의 한 가지. 물의 어는점을 32°F, 끓는점을 212°F로 정하여 그 사이를 180등분한 온도 단위. '華氏'는 독일 사람인 파렌하이트의 중국어 표기의 머리 글자임. 화씨. 기호는 °F ☞섭씨 온도(攝氏溫度). 절대 온도(絕對溫度)
화씨=온도계(華氏溫度計)명 화씨 온도를 표시하도록 만

든 온도계. ☞섭씨 온도계(攝氏溫度計)
화씨지벽(和氏之璧)[성구] 중국 초나라의 변화씨(卞和氏)라는 사람이 옥돌을 여왕과 무왕에게 바쳤는데, 그것을 돌이라 하여 월형(刖刑)에 처했다 뒷날 문왕이 옥장이를 시켜 옥돌을 다듬어 보게 한 뒤에야 그 진가가 밝혀졌다는 데서, 천하의 보배를 이르는 말.
화아(花芽)[명] 꽃눈
화아=분화(花芽分化)[명] 식물이 자라는 중에 영양 조건이나 생장 기간, 기온 따위의 필요한 조건이 다 갖추어져 꽃눈을 형성하는 일. 품종에 따라 그 시기가 다르나, 대개 여름에 분화함.
화악(花萼)[명] 꽃받침
화안(花顔)[명] 꽃같이 아름다운 여자의 얼굴. 화용(花容)
화안(和顔)[명] 부드럽고 온화한 얼굴.
화압(花押)[명] 수결(手決)과 함자(銜字). [준] 압(押)
화:압(畫押)[명]-하다[자] 수결(手決)을 두는 일.
화:액(禍厄)[명] 재앙과 액운(厄運).
화:약(火藥)[명] 열·전기·충격 따위의 자극으로 말미암아 순간적으로 연소 또는 분해되면서 다량의 열과 기체를 발생시켜 파괴와 추진 따위의 작용을 하는 물질을 통틀어 이르는 말. 다이너마이트·면화약·흑색 화약 따위가 있음. ¶ ―을 터뜨리다. [준] 약(藥)
[속담] **화약을 지고 불로 들어간다** : 스스로 위험한 곳에 들어가거나 화를 불러들임을 이르는 말. 〔섶을 지고 불로 들어가려 한다〕
화약(和約)[명] ①화목하게 지내자는 약속. ②'평화 조약(平和條約)'의 준말.
화:약-고(火藥庫)[명] ①화약을 저장하는 창고. ②분쟁이나 전쟁 따위가 일어날 위험이 많은 지역을 비유하여 이르는 말.
화:약-심지(火藥心―)[명] 화승(火繩)
화양-누르미(華陽―)[명] 삶은 도라지를 짤막하게 썰어, 쇠고기·버섯과 섞어서 양념하여 볶아 꼬챙이에 꿰어 낸 음식. 제사나 잔치 때에는 꼬챙이 끝에 세 가지 색의 사지(絲紙)를 감음. 삶은 도라지와 소의 양·허파, 꿩고기·닭고기 등을 백숙하여 쓰기도 함. 화양적(華陽炙). 화향적(花香炙)
화양-적(華陽炙)[명] 화양누르미
화어유:초(華語類抄)[명] 조선 고종 20년(1883)에, 일상에서 자주 쓰이는 중국어를 모아 우리말로 발음과 뜻을 달아 펴낸 책. 1권 1책의 활자본임.
화:언(禍言)[명] 불길한 말.
화엄(華嚴)[명] ①불교에서, 여러 가지 수행을 하고 만덕(萬德)을 쌓아 덕과(德果)를 장엄하게 하는 일. ②'화엄경(華嚴經)'의 준말. ③'화엄종(華嚴宗)'의 준말.
화엄-경(華嚴經)[명] 석가모니가 도(道)를 깨친 뒤 깨달음의 내용을 그대로 설법한 경전. 화엄종의 근본 경전으로, 불교 경전 가운데 가장 중요한 경전으로 알려짐. 본래 이름은 '대방광불화엄경(大方廣佛華嚴經)'임. 대교(大敎) [준] 화엄(華嚴)
화엄-신장(華嚴神將)[명] 불교에서, 화엄경을 보호하는 신장. 곧 불법을 지키는 신장을 이름. [준] 신장(神將)
화엄-종(華嚴宗)[명] 화엄경을 근본 경전으로 하는, 불교 교종(敎宗)의 한 파. 우리 나라에서는 신라 신문왕(神文王) 때 의상 대사(義湘大師)가 개종(開宗)하였음. [준] 화엄(華嚴)
화엄-회(華嚴會)[명] 불교에서 화엄경을 설(說)하기 위하여 갖는 법회.
화연(花宴)[명] 환갑 잔치
화연(譁然)[어기] '화연(譁然)하다'의 어기(語基).
화연-하다(譁然―)[형][여] 여러 사람이 떠들어서 시끄럽다. 떠들썩하다
화연-히[부] 화연하게
화열(和悅)[어기] '화열(和悅)하다'의 어기(語基).
화열-하다(和悅―)[형][여] 마음이 화평하여 기쁘다.
화:염(火焰)[명] 불꽃

ㅎ

화:염-검(火焰劍)[명] 크리스트교에서, 하느님이 아담과 이브를 에덴 동산에서 내쫓고, 선악과나무를 지키도록 한 불칼을 이르는 말.
화:염=방:사기(火焰放射器)[명] 액체 연료를 압축 공기로 분사하면서 불을 댕기어 적을 공격하는 병기.
화:염-병(火焰甁)[―뼝][명] 유리병에 가솔린 등을 담아서 심지에 불을 붙여 적이나 목표물을 향하여 던지는 것. 지난날 전차 공격용 병기로 쓰기도 했음.
화엽(花葉)[명] ①꽃잎 ②속씨식물의 꽃을 이루는 꽃받침·꽃잎·꽃술·꽃부리 따위를 통틀어 이르는 말. ③선태식물의 생식 기관을 보호하는 잎.
화영(花影)[명] 꽃의 그림자, 또는 꽃의 그늘.
화예(花翳)[명] 한방에서, 각막(角膜) 한가운데에 흰 점이 생기는 눈병을 이르는 말.
화예(花蕊)[명] 꽃술
화예-석(花蕊石)[명] ①화유석(花乳石) ②한방에서, '화유석'을 지혈제의 약재로 이르는 말.
화옥(華屋)[명] 화려하게 지은 집.
화왕(花王)[명] '화중왕(花中王)'의 준말.
화왕계(花王戒)[명] 신라 신문왕 때, 설총(薛聰)이 왕을 깨우치기 위해 지은 우화(寓話). 꽃의 왕인 모란이 간신인 장미를 가까이하고 충신인 할미꽃을 멀리하여 정사(政事)를 그르쳤다는 내용임. '삼국사기(三國史記)'와 '동문선(東文選)'에 실려 전함.
화:왕지절(火旺之節)[명] 오행(五行)에서 화기(火氣)가 왕성한 절기라는 뜻으로, '여름'을 이르는 말. ☞금왕지절(金旺之節)
화:외(化外)[명] ①불교에서, 부처의 교화(敎化)가 미치지 못하는 곳을 이르는 말. ②지난날, 임금의 덕화(德化)가 미치지 못하는 곳을 이르던 말.
화:외지맹(化外之氓)[명] 교화가 미치지 못하는 지방의 백성.
화요(火曜)[명] '화요일'의 준말.
화요-일(火曜日)[명] 요일(曜日)의 하나. 한 주의 셋째 날로, 월요일의 다음날임. [준] 화(火). 화요(火曜) ☞칠요일(七曜日)
화용(花容)[명] 꽃같이 아름다운 여자의 얼굴. 화안(花顔)
화용월태(花容月態)[성구] 꽃처럼 아름다운 얼굴과 달같이 고운 자태라는 뜻으로, 미인의 아름다운 모습을 비유하여 이르는 말.
화:우(化雨)[명] 사람에게 교화(敎化)가 미치는 일을 철에 맞추어 내리는 비에 비유하여 이르는 말.
화우(花雨)[명] 비가 내리듯이 흩날려 떨어지는 꽃잎.
화:운(火雲)[명] 여름철의 구름.
화운(和韻)[명]-하다[타] 한시(漢詩) 작법의 한 가지. 남이 지은 시의 운자(韻字)를 빌려와 화답하는 시를 짓는 일. ☞화시(和詩)
화:원(火源)[명] 불이 난 근원. ☞화인(火因)
화원(花園)[명] ①꽃이 많이 피어 있는 동산. 꽃동산 ②꽃을 파는 가게. 꽃가게
화:원(畫員)[명] 조선 시대, 도화원(圖畫院)·도화서(圖畫署)·규장각(奎章閣) 등에 딸리어 그림 그리는 일을 하던 사람들을 통틀어 이르는 말.
화:원(禍源)[명] 재앙의 근원. 화근(禍根)
화원악보(花源樂譜)[명] 조선 후기의 가집(歌集). 고구려 때부터 조선 후기까지에 이르는 651수의 시조가 곡조별로 수록되었는데, 277수만이 지은이의 이름이 있음.
화월(花月)[명] ①꽃과 달, 또는 꽃 위에 비치는 달빛을 이르는 말. ②꽃이 피고 달이 밝은 그윽한 정취. ③'음력 이월'을 달리 이르는 말. ☞여월(如月). 화경(華景)
화월-잠(花月簪)[명] 비녀 머리 부분에 꽃과 달의 모양을 새긴 비녀.
화유(花遊)[명]-하다[자] 꽃놀이
화유(和誘)[명]-하다[타] 부드럽게 구슬리어 남을 꾐.
화유-석(花乳石)[명] 누런 바탕에 흰 점이 아롱진 돌. 도장의 재료로 쓰임. 화예석(花蕊石)
화:육(化育)[명]-하다[타] 자연의 이치로 만물을 낳아서 기름.
화:-육법(畫六法)[명]-하다[타] 동양화를 그리는 여섯 가지 기법. 곧 기운생동(氣韻生動), 골법용필(骨法用筆), 응

물상형(應物象形), 수류부채(隨類賦彩), 경영위치(經營位置), 전이모사(轉移模寫)를 이름. 육법(六法)

화:융(火絨)명 부싯깃

화음(和音)명 높낮이가 다른 둘 이상의 음(音)이 어울려 나는 소리.

화음(花陰)명 꽃의 그늘.

화음(華音)명 한자의 중국음. 한음(漢音)

화응(和應)명 -하다 자 화답하여 응함.

화의(和議)명 -하다 자타 ①화해를 위한 협의. 화목을 위한 협의. ②파산을 방지할 목적으로 채권자와 채무자 사이에 맺는 강제 계약.

화:의(畫意)명 ①그림을 그리고 싶은 마음. ②그림의 의장(意匠). ③그림에서 나타내고자 한 화가의 뜻.

화이부동(和而不同)성구 남과 사이 좋게 지내지만 무턱대고 한데 어울리지는 않음을 이르는 말.

화이역어(華夷譯語)명 중국 명나라에서 만든 어학 서적. 중국어와 조선·일본·여진·페르시아 등의 열세 나라 말의 대역(對譯) 어휘집. 13권.

화이트골:드(white gold)명 금 75%, 니켈 15%, 아연 10%로 이루어진 흰빛의 합금. 백금(白金) 대신 장식용으로 씀.

화이트메탈(white metal)명 주석·납·아연 따위를 주성분으로 하여 구리·안티몬 따위를 섞어서 만드는 흰빛의 합금. 활자·땜납·축받이 따위에 쓰임.

화이트보:드(white board)명 매직펜 따위로 글씨를 쓰거나 그림을 그리도록 만든 흰 널빤지.

화이트칼라(white collar)명 흰 와이셔츠의 깃이라는 뜻으로, 생산 현장에서 일하는 근로자에 상대하여 사무직 근로자를 이르는 말. ☞블루칼라(blue collar)

화:인(火印)명 ①낙인(烙印) ②지난날, 장에서 쓰던 공인된 되. 장되

화:인(火因)명 불이 난 원인. ☞화원(火源)

화:인(禍因)명 재앙과 환난이 닥친 원인. ☞복인(福因)

화자(花瓷)명 무늬가 있는 도자기.

화자(話者)명 말하는 사람, 또는 이야기하는 사람. ☞청자(聽者)

화자(靴子)명 목화(木靴)

화잠(花簪)명 지난날, 새색시가 머리를 꾸밀 때 쓰던 비녀의 한 가지. 금·은·구슬 따위를 박아 꾸미고 떨새를 달았음. 화전(華鈿). 화채(花釵)

화장(-長)명 한복 저고리의 옷깃의 뒷부분 중심에서 소매 끝까지의 길이.

화장(化粧)명 -하다 자타 얼굴 등에 화장품을 발라 아름답게 꾸미는 일. ☞단장(丹粧)

화:장(火匠)명 ①배에서 밥짓는 일을 맡아 하는 사람. ②도자기 가마에 불을 때는 사람.

화:장(火杖)명 부지깽이

화:장(火葬)명 시체를 불에 살라, 그 남은 뼈를 모아서 장사지내는 장법(葬法). 뼈를 항아리나 상자에 담아 땅에 묻기도 하고, 가루를 내어 산이나 강에 뿌리기도 함. ☞다비(茶毘). 토장(土葬)

화장-걸음(-長-)명 두 팔을 옆으로 넓게 벌리고 뚜벅뚜벅 걷는 걸음.

화장-기(化粧氣)[-끼]명 화장을 한 흔적.

화장-대(化粧臺)명 화장하는 데 쓰이는 가구. 대개 거울이 달리고, 화장품을 올려 놓거나 넣어 두게 되어 있음. ☞경가(鏡架). 경대(鏡臺). 장경(粧鏡)

화장-독(化粧毒)[-똑]명 화장품을 잘못 써서 살갗에 생기는 여러 가지 부작용을 통틀어 이르는 말.

화장-수(化粧水)명 피부를 윤기 있고 부드럽게 하거나 화장품이 잘 받도록 하기 위하여 본 화장에 앞서 바르는 액체 화장품을 통틀어 이르는 말.

화장-술(化粧術)명 화장하는 여러 가지 기술.

화장-실(化粧室)명 ①화장이나 몸단장을 하는 방. ②대소변을 보거나 세수를 하는 곳. ☞변소

화장-지(化粧紙)명 ①화장할 때 쓰는, 부드럽고 흡수성이 강한 종이. ②휴지(休紙)

화:장-터(火葬-)명 시체를 화장하여 처리할 수 있도록 필요한 시설을 갖추어 놓은 곳.

화장-품(化粧品)명 화장할 때 쓰는 물품. 분·크림·립스틱·매니큐어 따위.

화:재(火災)명 불이 나는 재앙. 불로 말미암은 재난. 불. 화난(火難). 화변(火變) ¶ - 예방/ - 신고 ☞수재(水災)

속담 **화재 난 데 도둑질**: 남이 불행한 일을 당했을 때 도와 주지는 않고 그것을 이용하여 자기의 이익을 삼음을 비유하여 이르는 말.

화:재(畫才)명 그림을 그리는 재능.

화:재(畫材)명 그림으로 그릴 대상이나 소재.

화:재=경:보기(火災警報器)명 불이 나면 불이 났음을 사람들에게 자동적으로 알려 주게 되어 있는 장치.

화:재=보:험(火災保險)명 손해 보험의 한 가지. 화재로 말미암은 손해에 대한 보상을 목적으로 함.

화:저(火箸)명 부젓가락

화:적(火賊)명 지난날, 떼를 지어 다니며 남의 재물을 마구 빼앗는 무리를 이르던 말. 불한당

속담 **화적 봇짐 털어먹는다**: 나쁜 짓을 한 수 더 떠서 함을 비유하여 이르는 말.

화:적(畫籍)명 화주역(畫周易)

화:적-질(火賊-)명 -하다 자타 떼를 지어 다니며 남의 재물을 마구 빼앗는 짓. ☞도둑질

화:전(火田)명 주로 산간 지대에서 풀이나 나무에 불을 지른 다음 그 자리를 일구어 농사를 짓는 밭.

화:전(火箭)명 지난날, 화살 끝에 기름 먹인 솜이나 화약 주머니를 매달아 불을 붙여 쏘던 화살.

화전(花煎)명 ①찹쌀가루를 익반죽하여 반대기를 만들고 대추·진달래 꽃·장미꽃·국화잎 등을 위에 놓아 가며 기름에 지진 떡. ②여러 색깔로 물들인 찹쌀가루를 꽃 모양으로 만들어 기름에 지진 떡. ③찹쌀가루에 진달래·장미·국화 따위를 섞어 찧어서 삶아 조금씩 떼어 꿀에 섞은 밤을 소로 해서 빚어 기름에 지진 떡. 꽃전

화전(花戰)명 -하다 자 꽃싸움

화전(花甎)명 꽃무늬가 새겨져 있는 벽돌.

화전(和戰)명 ①화친하는 일과 싸우는 일. ②-하다 자 전쟁을 끝내고 화친함.

화전(華鈿)명 화잠(花簪)

화전-놀이(花煎-)명 봄날에 부녀자가 경치 좋은 곳을 찾아가 꽃잎을 따서 전을 부쳐 먹으며 노는 놀이.

화전-벽(花甎碧)명 꽃무늬를 새기어 만든 파란 빛깔의 벽돌. 지난날, 대궐의 전각 따위를 장식하는 데 썼음.

화전별곡(花田別曲)명 조선 중종 때, 김구(金絿)가 지은 경기체가. 기묘사화(己卯士禍)로 유배되어 간 경상도 남해(南海)의 아름다운 풍경을 노래한 작품임. 모두 6장으로 이루어졌고, '자암집(自菴集)'에 실려 전함.

화전-지(花箋紙)명 시전지(詩箋紙)

화전충화(花田衝火)성구 〔'꽃밭에 불을 지른다'라는 말을 한문식으로 옮긴 구(句)로〕 ①도무지 풍류를 모르는 짓을 한다는 말. ②가혹한 짓을 한다는 말. ③한창 행복할 때 재액(災厄)이 닥친다는 말.

화:점(火點)[-쩜]명 -하다 타 ①쇠붙이를 불에 달구어 시험해 보는 일. ②아말감을 화금(火金)으로 만들기 위하여 가열하는 일. ③기관총과 같은 자동 화기를 배치한 개개의 진지.

화점(花點)[-쩜]명 바둑판에 찍힌 아홉 군데의 기본 점.

화접(花蝶)명 꽃과 나비.

화:접(畫楪)명 ①도자기에 그림을 그릴 때 물감을 푸는 접시. ②그림이 그려진 접시.

화:정(火定)명 -하다 자 불도를 닦은 이가 열반할 때 스스로 불 속에 들어가 입정(入定)하는 일.

화:제(火帝)명 ①민속에서, 오방(五方)을 맡은 다섯 신(神)의 하나. 남쪽을 맡고 불과 여름을 관장하는 적제(赤帝). ②중국 태고 시대의 오제(五帝)의 하나. 화덕(火德)의 왕인 신농씨(神農氏). 염제(炎帝)

화제(花製)명 조선 시대, 음력 삼월 초사흗날에 보이던 과거. 삼일제(三日製)

화제(和劑)명 ①한방에서, 위(胃)를 편안하게 해 주는 약제를 이르는 말. ②'약화제(藥和劑)'의 준말.
화제(를) 내다 관용 약방문(藥方文)을 쓰다.
화:제(畫題)명 ①그림의 이름이나 제목. 화명(畫名) ②그림 위에 쓰는 시문. 화찬(畫讚)
화제(話題)명 ①이야기의 제목. ②이야깃거리
화제에 오르다 관용 이야깃거리가 되다.
화조(花鳥)명 ①꽃과 새. ②꽃을 찾아다니는 새. ③꽃과 새를 함께 그린 그림이나 조각. ☞초충(草蟲)
화조(花朝)명 ①꽃이 핀 아침. ②음력 이월 보름을 달리 이르는 말. 지난날의 명절임.
화조-문(花鳥紋)명 꽃과 새를 어울려 넣은 무늬.
화조-사(花鳥使)명 남녀 사이의 사랑에 관련된 일을 심부름하는 사람.
화조월석(花朝月夕)[-썩] 성구 ①꽃이 피는 아침과 달 밝은 밤이라는 뜻으로, 경치가 아름다운 때를 비유하여 이르는 말. ②음력 이월 보름과 팔월 보름 밤을 아울러 이르는 말.
화조풍월(花鳥風月) 성구 ①꽃과 새와 바람과 달이라는 뜻으로, 자연의 아름다운 경치를 이르는 말. ②풍치(風致)를 찾아 즐기며 멋스럽게 노는 일을 이르는 말. 풍류
화조-화(花鳥畫)명 꽃과 새를 소재로 한 동양화를 통틀어 이르는 말. 흔히 개나 고양이 따위를 같이 그리기도 함.
화:종(火鐘)명 불이 난 것을 알리기 위해 치는 종. 불종
화:종구생(禍從口生) 성구 화가 되는 것은 모두 입으로부터 나오는 것이므로, 말을 삼가라는 뜻의 말.
화좌(華座)명 연꽃 모양으로 만든, 불상(佛像)의 자리. 연화좌(蓮花座)
화:주(火主)명 화재(火災)를 일으킨 집.
화:주(火酒)명 소주나 위스키 따위 주정분(酒精分)이 강한 술. ☞증류주(蒸溜酒)
화:주(化主)명 ①중생(衆生)을 교화하는 교주(敎主)로서, 부처를 이르는 말. ②화주승 ③시주(施主)
화:주(花柱)명 암술대
화:주(貨主)명 재물이나 돈의 임자.
화주(華胄)명 지난날, 왕족 또는 귀족의 자손(子孫)을 이르던 말. 현예(顯裔)
화:주-걸립(貨主乞粒)명 무당이 모시는 걸립의 하나. 대개, 자기 집 뒷문에 모시고 위함.
화주-계(華胄界)명 귀족의 사회.
화:주-승(化主僧)명 민간에서 시물(施物)을 얻어 절의 양식을 대는 중. 화주
화:-주역(畫周易)명 주역의 점괘 풀이를 그림으로 나타낸 책. 화적(畫籍)
화:주역-쟁이(畫周易-)명 화주역으로 남의 사주(四柱)를 풀이해 주는 일을 직업으로 삼는 사람.
화:중(火中)명 불속
화중(話中)명 말하고 있는 도중.
화중-군자(花中君子)명 여러 가지 꽃 가운데 군자란 뜻으로, '연꽃'을 달리 이르는 말.
화중-신선(花中神仙)명 여러 가지 꽃 가운데 신선이라는 뜻으로, '해당화'를 달리 이르는 말. 준 화선(花仙)
화중-왕(花中王)명 '모란꽃'의 딴이름. 준 화왕(花王)
화:중지병(畫中之餠) 성구 '그림의 떡'이라는 말을 한문식으로 옮긴 구(句)로, 아무리 마음에 들어도 차지하거나 이용할 수 없는 것을 이르는 말. 준 화병(畫餠)
화중-화(花中花)명 ①꽃 중의 꽃, 곧 가장 아름다운 꽃. ②뛰어나게 아름다운 여자를 비유하여 이르는 말.

화:증(-症)[-쯩] 명 화를 벌컥 내는 증세. ¶ -을 내다. / -을 가라앉히다.
화:지(火紙)명 담뱃불 따위를 붙이는 데 쓰는 종이. 얇은 종이를 길게 말아 노처럼 만들어 씀.
화지(花枝)명 잎은 달리지 않고, 꽃과 포자엽(胞子葉)만 달린 가지.
화:지(畫紙)명 그림을 그리는 데 쓰이는 질 좋은 종이.
화직(華職)명 높고 화려한 관직.
화:-직성(火直星)명 우리 나라 민속에서, 사람의 나이에 따라 그 운수를 맡아본다고 이르는 아홉 직성의 하나. 흉한 직성으로 남자는 열다섯 살, 여자는 열여섯 살에 처음 드는데, 9년에 한 번씩 돌아온다고 함. ☞계도직성
화:질(畫質)명 텔레비전이나 컴퓨터 화면의 색조·밝기·선명도 따위 화상(畫像)의 질. ¶ -이 고르다.
화:집(畫集)명 그림을 모아서 엮은 책. 화첩(畫帖)
화:차(火車)명 ①지난날 전쟁에서, 화공(火攻)에 쓰던 병거(兵車)를 통틀어 이르는 말. ②조선 시대, 총통기(銃筒機)나 신기전기(神機箭機) 따위의 화포(火砲)를 장치한 수레. 태종(太宗) 9년(1409) 최해산(崔海山)이 처음 만들었음. ③불교에서, 지옥에서 죄인을 실어 나른다는 수레. 늘 불길이 일고 있다고 함. ④증기 기관이나 디젤 기관의 힘으로 움직이는 철도 차량. 기차(汽車)
화차(花茶)명 찻잎에 국화·말리화(茉莉花)·계화(桂花) 따위의 꽃잎을 섞어 향기를 더한 차.
화:차(貨車)명 화물을 실어 나르는 철도 차량. ☞객차
화:찬(畫讚)명 그림 위에 쓰는 시문(詩文). 화제(畫題)
화:창(火窓)명 ①석등(石燈)의 화사석(火舍石)에 나 있는 창. ②등잔불이나 촛불 따위가 바람에 꺼지지 않도록 사면 또는 한쪽을 가로막아 놓은 붙박이창.
화:창(火瘡)명 한방에서, 불에 데어 생긴 상처를 이르는 말.
화창(話唱)명 가극 따위에서, 대화하듯이 노래하는 부분.
화창(和暢)어기 '화창(和暢)하다'의 어기(語基).
화창-하다(和暢-)형여 날씨 따위가 온화하고 맑다.
화채(花釵)명 화잠(花簪)
화채(花菜)명 과일을 얇게 저며서 꿀이나 설탕을 탄 물이나 오미자 즙에 넣고 잣을 띄운 음료.
화채(花債)명 해웃값
화척(禾尺)명 고려, 조선 초기에 사냥이나 고리를 결어 파는 일을 직업으로 삼던 천민. 세종 5년(1423)에 백정(白丁)으로 이름이 바뀜. 무자리
화:천(禍泉)명 술[1]
화천월지(花天月地)[-찌] 성구 꽃이 피고 달이 밝은 봄밤의 좋은 경치를 이르는 말.
화:첩(畫帖)명 ①그림을 모아서 엮은 책. 화집 ②그림을 그리기 위하여 종이를 여러 장 모아 묶은 책.
화:청(火淸)명 벌집에 든 꿀을 중탕으로 녹여 낸 꿀. 화밀(火蜜) ☞숙청(熟淸)
화청-소(花靑素)명 식물의 꽃이나 잎·열매 따위의 세포액(細胞液) 속에 있는 수용성 색소. 안토시안
화:체(火體)명 오행설(五行說)에서 이르는 사람의 상격(相格)의 하나. 화(火)에 딸린 상격.
화초(華-)명 그림을 그릴 때 쓰는 밀초. 화촉(華燭)
화초(花草)명 ①꽃이 피는 풀과 나무, 또는 관상용 식물을 통틀어 이르는 말. 화훼(花卉) ②〔일부 명사 앞에 접두사처럼 쓰이어〕 그것이 노리개나 장식품임을 나타내는 말. ¶ -말/-첩
화초-담(花草-)명 죽담이나 벽돌담의 면을 고르게 하여 무늬나 그림을 그려 넣은 담. 조장(彫墻)
화초-말(花草-)명 지난날, 부귀한 집에서 실용할 목적보다는 호사로 기르던 살진 말.
화초-문(花草紋)명 화초 모양의 무늬.
화초-방(花草房)명 여러 가지 꽃을 구경하며 즐기기 위하여 차려 놓은 방.
화초-밭(花草-)명 화초를 심어 가꾸는 밭.
속담 **화초밭에 괴석** : 쓸모없이 보이는 것이라도 제자리에 놓이면 가치가 드러나 보임을 비유하여 이르는 말.
화초-분(花草盆)명 화초를 심어 가꾸는 그릇. 화분
화초-장(花草*欌)명 재래식 가구의 한 가지. 유리로 문짝을 하고 꽃무늬를 화려하게 채색하여 꾸민 옷장.
화초-집(花草-)명 꽃을 가꾸고 파는 집.
화초-첩(花草妾)명 지난날, 젊고 아름다워서 귀엽게 데리고 노는 첩을 이르던 말. 노리개첩
화촉(華燭)명 ①물을 들인 밀초. 주로 혼례 때 씀. ②화초
화촉을 밝히다 관용 남녀가 결혼을 하다.
화촉-동방(華燭洞房)명 신랑 신부가 첫날밤에 같이 자는 방.
화촉지전(華燭之典)명 결혼식(結婚式)

화축(花軸)명 식물의 꽃자루가 달린 줄기. 꽃대

화충(和沖)어기 '화충(和沖)하다'의 어기(語基).

화충-하다(和沖—)형여 마음 깊이 화목하다.

화충-협의(和沖協議)명 일 따위를 화목한 마음으로 협의함.

화:취(火毳)명 석면으로 만들어 불에 타지 않는 직물.

화치(華侈)어기 '화치(華侈)하다'의 어기(語基).

화치다자 배가 좌우로 흔들리다.

화치-하다(華侈—)형여 화려하고 사치스럽다.

화친(和親)명-하다자 ①서로 의좋게 지냄, 또는 그 정분. ②나라와 나라 사이에 다투지 않고 지냄, 또는 우호적인 관계. ¶— 조약/—을 맺다.

화:침(火鍼·火針)명 종기를 따기 위하여 불에 달구어 소독한 침.

화:침-질(火鍼—)명-하다자 화침으로 종기를 따는 일.

화:타(化他)명-하다자 불교에서, 남을 교화하여 이끄는 일을 이르는 말. 타화(他化)

화탁(花托)명 꽃턱

화:태(禍胎)명 재앙의 근원. 화근(禍根)

화:택(火宅)명 불교에서, 불타는 집이라는 뜻으로, 번뇌와 고통이 가득한 '속세'를 이르는 말.

화:택-승(火宅僧)명 아내를 두고 살림을 하는 중. 대처승(帶妻僧)

화톳-불명 장작 따위를 한군데에 수북하게 모으고 질러 놓은 불. ¶—에 언 손을 녹이다. ☞모닥불

화통[1]명 목조 건축에서, 기둥의 윗부분을 네 갈래로 파서 다듬은 부분. 도리나 장여를 받는 부분임.

화:통[2]명 속이 답답하여 나는 심화(心火). 울화통 ¶—이 터지다.

화:통(火筒)명 ①기차나 기선 따위의 굴뚝. ②'화통간(火筒間)'의 준말.

화통-가지명 목조 건축에서, 기둥머리에 도리 따위를 맞물리기 위하여 낸 네 귀의 촉. 사개촉

화:통-간(火筒間)[—깐]명 '증기 기관차'를 속되게 이르는 말. (준)화통(火筒)

화:통-도감(火㷁都監)명 고려 말기, 화약(火藥)과 화기(火器)를 연구하고 제조하는 일을 맡아 하던 관아. 1377년(우왕(禑王) 3)에 설치하여 1388년(창왕(昌王) 원년)에 군기시(軍器寺)에 흡수됨.

화투(花鬪)명 놀이 딱지의 한 가지. 일 년 열두 달의 각 달을 상징하는 그림이 그려져 있는데, 한 달에 열 끗(또는 스무 끗)짜리, 다섯 끗짜리, 그리고 끗수로 치지 않는 홑껍데기 두 장, 모두 넉 장씩으로 마흔여덟 장이 한 벌을 이룸. ☞단(短). 약

화:파(畫派)명 그림의 유파. 회화(繪畫)의 유파.

화판(花瓣)명 꽃잎

화:판(畫板)명 ①그림을 그릴 때 종이나 천을 받치는 판. ②유화를 그리는 널빤지.

화:패(禍敗)명 재화로 말미암아 겪는 실패.

화편(花片)명 하나하나의 꽃잎.

화평(和平)어기 '화평(和平)하다'의 어기(語基).

화평-하다(和平—)형여 ①화목하고 평온하다. ②나라와 나라 사이가 화목하고 평화스럽다.
 화평-히부 화평하게

화:폐(貨幣)명 교환 경제 사회에서 상품 가치의 척도, 교환 수단, 지급 수단, 가치의 보장 수단으로서 유통되는, 정부나 중앙 은행에서 발행한 지폐와 주화. 넓은 뜻으로는 수표나 어음도 포함됨. 돈[1] ☞통화(通貨)

화:폐=가치(貨幣價値)명 화폐가 지닌 구매력. 곧 한 단위 화폐가 지닌, 재화와 용역을 살 수 있는 힘. 물가 지수의 역수(逆數)로 나타냄.

화:폐=개:혁(貨幣改革)명 물가와 경기(景氣)를 안정시키기 위하여 정부가 인위적으로 화폐를 통제하여 그 가치를 조절하는 조치. 평가 절하나 예치(預置) 따위를 골자로 함. 통화 개혁(通貨改革)

화:폐=경제(貨幣經濟)명 화폐를 통해서만 상품을 유통·구매할 수 있는 경제 양식. ☞신용 경제. 자연 경제

화:폐=동맹(貨幣同盟)명 화폐 가치의 변동에 따른 국제 무역의 불편을 없애기 위하여 두 나라 이상의 관계국이 조약·협정을 통하여 화폐 제도나 유통 기구 따위에서 공통의 형태를 취하는 동맹.

화:폐=본위(貨幣本位)명 한 나라의 화폐 단위를 규정하는 근거. 금·은 등의 일정량으로 규정하는 금속 본위, 지폐로 규정하는 지폐 본위 따위가 있음.

화:폐=소:득(貨幣所得)명 명목 소득(名目所得)

화:폐=시:장(貨幣市場)명 장기 자금 거래의 자본 시장에 상대하여 단기 자금의 거래 시장을 이르는 말.

화:폐=임:금(貨幣賃金)명 ①화폐로 지급되는 임금. ②명목 임금(名目賃金)

화:폐=제:도(貨幣制度)명 화폐의 발행이나 종류, 유통 등에 관해 국가가 베푸는 제도. (준)폐제(幣制)

화:폐=증권(貨幣證券)[—꿘]명 일정한 액수의 화폐로 바꿀 수 있어서 화폐 대용으로 유통되는 유가 증권. 환어음, 약속 어음, 수표 따위.

화:포(火砲)명 ①화약의 힘으로 탄환을 내쏘는 대포 따위의 대형 무기. ②지난날, 대포를 이르던 말.

화포(花布)명 짙은 남색 바탕에 흰 꽃무늬를 새긴 무명. 흔히 혼례 때 욧잇으로 쓰임.

화포(花苞)명 꽃턱잎. 포(苞)

화포(花砲)명 '폭죽(爆竹)'을 달리 이르는 말. 연화(煙花)

화포(花圃)명 꽃을 심어 가꾸는 밭. ☞화단(花壇)

화:포(畫布)명 유화(油畫)를 그리는 바탕 천. 캔버스

화:포-전(火砲箭)명 지난날, 굵고 긴 화살에 불을 붙여 화포로 내쏘던 무기.

화:폭(畫幅)명 그림을 그리는 데 쓰이는 천이나 종이 따위를 이르는 말. ¶그녀의 얼굴을 —에 담다.

화표-주(華表柱)명 무덤 앞 양쪽에 세우는 여덟 모로 된 한 쌍의 돌기둥. 망주석(望柱石)

화:-풀이명-하다자 화를 엉뚱한 사람이나 딴 일에 대고 푸는 일. ¶애꿎은 강아지에게 —하다.

화품(花品)명 꽃의 품격.

화:품(畫品)명 그림이 지닌 품격. 화격(畫格)

화풍(和風)명 ①부드럽고 산뜻하게 솔솔 부는 바람. ②풍력 계급의 '건들바람'의 구용어. ☞질풍(疾風)

화:풍(畫風)명 그림 속에 나타난 화가 또는 유파(流派)의 특색이나 경향. ¶인상주의 —/혜원(蕙園) —

화풍감우(和風甘雨)성구 부드러운 바람과 알맞게 내리는 비라는 뜻으로, 농사짓기에 좋은 날씨가 계속됨을 이르는 말. ☞희우(喜雨)

화풍난양(和風暖陽)성구 부드러운 바람과 따스한 햇볕이라는 뜻으로, 화창한 봄 날씨를 이르는 말.

화풍-병(花風病)[—뼝]명 상사병(相思病)

화피(花被)명 꽃덮이

화피(樺皮)명 ①벚나무의 껍질. 활을 만드는 데 쓰임. ②한방에서, 벚나무 껍질을 약재로 이르는 말. 유종(乳腫)이나 두진(痘疹) 따위에 쓰임.

화피-전(樺皮廛)명 지난날, 채색(彩色)과 물감을 팔던 가게를 이르던 말.

화:필(畫筆)명 그림을 그리는 데 쓰는 붓.

화:-하다형여 입 안이 얼얼하면서 시원하다. ¶은단을 입에 넣었더니 —.

화:-하다(化—)자여 ①익숙하게 되다. ¶줄타기에 화한 사람. ②다른 모습이나 상태로 변하다. ¶부처가 인간으로 화해 나타나다./산신령은 연기로 화해 사라졌다.

화-하다(和—)[1]타여《文》무엇을 타거나 섞다.

화-하다(和—)[2]형여《文》따뜻하고 부드럽다.

화:학(化學)명 자연 과학의 한 분야. 물질의 성분 조성(組成)과 구조, 생성과 분해, 제법(製法)과 응용 따위를 연구함. 유기 화학, 무기 화학, 생화학, 분석 화학, 응용 화학 등으로 가름.

화:학(畫學)명 회화에 관한 학문.

화:학=결합(化學結合)명 분자를 구성하는 원자 또는 이온의 결합. 결합하는 힘의 성질에 따라서 공유 결합, 금속 결합, 배위 결합 따위로 구분함.

화:학=공업(化學工業)명 화학적 처리를 주요 공정으로 하여 여러 가지 새로운 물질을 만들어 내는 공업. ¶석유 ―/고분자 ― ㈜화공(化工)

화:학=공학(化學工學)명 화학 공업의 여러 가지 공정(工程)과 기계·기구·설비의 설계와 운용 따위를 연구하는 공학. ㈜화공(化工)

화:학=기호(化學記號)명 원소 기호(元素記號)

화:학=당량(化學當量)명 화학 변화를 일으킬 수 있는 원자 또는 화합물의 양. ☞당량(當量)

화:학=무:기(化學武器)명 유독성 화학 물질을 이용하여 인명을 살상하거나 초목을 말려 죽이고, 소이(燒夷)·발연(發煙) 효과를 내는 무기를 통틀어 이르는 말. 화염 방사기·독가스·고엽제·조명탄 따위. 화학 병기(化學兵器) ☞화학전(化學戰)

화:학=물질(化學物質)명 화학의 연구 대상이 되는 물질, 또는 화학 반응으로 생긴 물질.

화:학=반:응(化學反應)명 두 가지 이상의 물질 사이에 화학 변화가 일어나서 다른 물질이 되는 과정.

화:학=반:응식(化學反應式)명 분자식으로써 화학 반응을 나타내는 식. ㈜반응식

화:학=변:화(化學變化)명 물질이 그 자체의 작용 또는 다른 물질과의 상호 작용으로 화학 결합의 재결합이 일어나 새로운 물질로 되는 변화. ☞물리 변화

화:학=병기(化學兵器)명 화학 무기(化學武器)

화:학=분석(化學分析)명 화학 반응을 이용하여 물질을 감식하고 성분을 검출하며 화학적 조성을 알아내는 일. 정량 분석과 정성 분석이 있음.

화:학=비:료(化學肥料)명 화학 처리 공정을 거쳐 생산하는 인공 비료. 질소 비료나 인산 비료 따위. ☞금비

화:학-선(化學線)명 자외선(紫外線)〔자외선이 감광 작용 등 화학 작용이 강한 데서 붙은 말.〕

화:학=섬유(化學纖維)명 화학 처리 공정을 거쳐 생산하는 인공 섬유를 통틀어 이르는 말. 인조 섬유 ㈜화섬(化纖) ☞합성 섬유

화:학-식(化學式)명 물질의 조성이나 성질 따위를 나타내기 위하여 원소 기호를 조합한 식. 분자식·구조식·실험식 따위가 있음.

화:학-에너지(化學energy)명 화학 결합으로 물질 안에 저장되는 에너지.

화:학=요법(化學療法)[―뇨뻡]명 화학적으로 합성한 약품이나 항생 물질을 이용하는 치료법.

화:학=원자량(化學原子量)명 산소의 원자량 16을 기준으로 한, 각 원자의 상대 질량. ☞물리 원자량

화:학적=산소=요구량(化學的酸素要求量)명 물의 오염도를 나타내는 지표(指標)의 한 가지. 물 속의 오염 물질을 산화제로 산화시키는 데 필요한 산소의 양으로, 물 1리터당 밀리그램수로 나타냄. 수치가 클수록 오염이 심함. 단위는 ppm

화:학적=소화(化學的消化)명 음식물을 소화 효소의 작용으로 분해하는 일. ☞기계적 소화

화:학적=풍화(化學的風化)명 암석이나 광물이 이산화탄소·산소 등으로 말미암아 산화와 환원, 가수 분해 등의 화학 반응을 일으켜 새로운 화학 물질로 삭는 현상.

화:학-전(化學戰)명 살상이나 연막, 자극 등의 효과를 내는 화학 물질을 무기로 쓰는 전쟁. ☞화학 무기

화:학=조미료(化學調味料)명 화학적 합성으로 만든, 단맛·짠맛·신맛·쓴맛의 기본 맛에 딸리지 않는 감칠맛의 성분. 아미노산 조미료, 핵산 조미료 따위가 있음.

화:학=합성(化學合成)명 ①화학 반응에 따른 합성. ②아질산 세균, 황산 세균, 수소 세균 따위의 미생물 무기 물질을 산화시킬 때 생기는 에너지로 이산화탄소나 그 밖의 무기물에서 유기물을 합성하는 일.

화한(華翰)명 편지 글에서, 상대편을 높이어 그의 편지를 이르는 한문 투의 말. 화간(華簡)

화:합(化合)명-하다자 화학에서, 둘 이상의 물질 또는 원소가 결합하여 본래의 성질을 잃고 새로운 성질을 가진 물질이 되는 일. ☞분해(分解)

화합(和合)명-하다자 화목하게 어울림. ¶우리 동네 사람들은 ―이 잘 된다.

한자 **화합할 화**(和)〔口部 5획〕¶불화(不和)/융화(融和)/인화(人和)/화동(和同)/화합(和合)

화합(花盒)명 거북·학·꽃무늬 따위를 그리거나 아로새겨서 만든 그릇의 한 가지.

화:합-물(化合物)명 둘 이상의 원소(元素)의 원자가 화합하여 생긴 물질. 어느 부분이나 성분이 일정하며, 원래의 성분과는 성질이 다름. 물·소금 따위. ☞혼합물(混合物). 홑원소 물질

화:합-열(化合熱)[―녈]명 둘 이상의 물질 또는 원소가 화합할 때 발생하거나 흡수되는 열.

화:해(火海)명 불바다

화해(和解)명-하다자 ①다툼을 멈추고 서로의 나쁜 감정을 풀어 없앰. ¶―의 악수. ②법률에서, 분쟁 당사자가 서로 양보하여 분쟁을 끝내는 일을 이르는 말. 계약으로 효력이 생김. ③한방에서, 화제(和劑)를 써서 위장을 편하게 하며 원기(元氣)를 사(瀉)하지 않고 몸 속의 사기(邪氣)를 풀어 내는 일.

화해를 붙이다 관용 중간에서 서로의 화해가 이루어지도록 힘쓰다.

화:해(禍害)명 뜻밖에 일어난 불행한 일로 겪게 되는 괴로움. 재난(災難)

화:해=전:술(火海戰術)명 우세한 화력으로써 적군을 무찌르는 전술. ☞인해 전술(人海戰術)

화:행(化行)명-하다자 중이 집집마다 찾아다니면서 화주(化主) 노릇을 하는 일.

화향(花香)명 ①꽃의 향기. ②부처 앞에 올리는 꽃과 향.

화향-적(花香炙)명 화양누르미

화:험-초(火杴草)명 '진득찰'의 딴이름.

화혈(和血)명-하다자 한방에서, 병 따위로 몸이 허해진 때, 몸 안의 피를 고르게 해 주는 일.

화협(和協)명-하다자 서로 마음을 툭 터놓고 협의함.

화:형(火刑)명 지난날, 무거운 죄를 지은 사람을 불에 태워 죽이던 형벌. 분형(焚刑)

화형(花形)명 꽃의 모양, 또는 꽃처럼 생긴 모양.

화형(靴型)명 구두를 만들기 위하여 그 모양을 잡는 틀. 구두의 골. ☞신골

화형-관(花形冠)명 꽃 모양처럼 생긴 닭의 볏. ☞단관

화호(和好)어기 '화호(和好)하다'의 어기(語基).

화:호유구(畫虎類狗)성구 범을 그리려다가 강아지를 그렸다는 뜻으로, 모자라는 실력으로 호기를 부리거나 분수에 넘치는 일을 하다가 일을 그르침을 비유하여 이르는 말.

화호-하다(和好―)형여 서로 사이가 좋고 친하다.

화혼(華婚)명 남의 혼인을 아름답게 이르는 말.

화환(花環)명 조화나 생화를 모아 고리 모양으로 둥글게 만든 것. 축하나 조상(弔喪)의 뜻으로 쓰임.

화:환(禍患)명 재앙(災殃)과 환난(患難). 화난(禍難)

화:-환어음(貨換―)명 먼 곳에 있는 사람과 매매 거래를 할 때, 매도인이 매수인에게 주권이나 상품을 보내면서, 그것을 담보로 하여 발행하는 환어음.

화훼(花卉)명 ①꽃이 피는 풀. 화초(花草) ②관상용으로 재배하는 식물. ③화초를 주제로 하여 그린 그림.

화훼=원예(花卉園藝)명 관상용 식물을 가꾸는 일.

화:희(火戲)명 불놀이

확:[1] 명 ①방아확 ②절구의 아가리로부터 밑바닥까지 움푹 팬 부분.

속담 **확 깊은 집에 주둥이 긴 개가 들어온다** : 일이 되느라고 우연히 잘 들어맞아 가는 것을 이르는 말.

확[2] 부 ①바람이나 냄새 따위가 갑자기 세게 일거나 끼치는 모양을 나타내는 말. ¶바람이 ― 불다./뜨거운 김이 ― 끼치다./술 냄새가 ― 나다. ②불길이 갑자기 일어나는 모양을 나타내는 말. ¶불길이 ― 치솟다. ③갑자기 빠르게 움직이는 모양을 나타내는 말. ¶등을 ― 떠밀다./물을 ― 끼얹다. ④갑자기 뜨거운 기운이 오르는 모양을

ㅎ

나타내는 말. ¶얼굴이 – 달아오르다. ⑤묶였던 것이나 막혔던 것이 갑자기 풀리는 모양을 나타내는 말. ¶동여맨 끈이 – 풀어지다. /긴장이 – 풀리다. /답답한 속이 – 트이다.

확거(確據)명-하다타 확증(確證)

확견(確見)명 명확한 의견.

확고(確固)어기 '확고(確固)하다'의 어기(語基).

확고부동(確固不動)성구 생각이나 태도가 확실하고 굳건하여 흔들림이 없음을 이르는 말. 확고불발

확고불발(確固不拔)성구 확고부동

확고-하다(確固–)형여 마음이나 태도가 확실하고 굳다.

확고-히부 확고하게

확단(確斷)명-하다타 확실하게 결단함.

확답(確答)명-하다타 확실히 대답함.

확대(廓大)명-하다타 넓혀서 크게 함. ¶규모를 –하다. /영토를 –하다.

확대(擴大)명-하다타 늘여서 크게 함. ¶사진을 –하다. /조직을 –하다. ☞축소(縮小)

확대=가족(擴大家族)명 어버이와 결혼한 자식의 가족이 함께 사는 형태.

확대-경(擴大鏡)명 볼록렌즈로써 물체를 확대하여 보는 도구. 돋보기

확대-비(擴大比)명 확대율

확대-율(擴大率)명 확대한 비율. 배율(倍率). 확대비

확대=재:생산(擴大再生産)명 이윤의 일부를 자본에 추가함으로써 생산의 규모나 구조가 늘어나는 상태로 재생산하는 일. ☞단순 재생산. 축소 재생산

확대=조:림(擴大造林)명 경제성이 낮은 나무들을 베어 내고, 경제성이 높은 나무를 심어 가꾸는 일.

확대=해:석(擴大解釋)명 단어나 문장의 뜻을 일반적인 뜻보다 넓게 해석하는 일. 확장 해석 ¶계약 내용을 자기에게 유리하게 –하다. ☞축소 해석(縮小解釋)

확론(確論)명 근거가 있는 확실한 이론.

확률(確率)명 일정한 조건 아래에서 어떤 사상(事象)이 일어날 확실성의 정도, 또는 그것을 나타내는 수치. 개연율(蓋然率). 공산(公算)

확률-론(確率論)명 확률의 이론과 응용을 연구하는 수학의 한 부문.

확률=예:보(確率豫報)명 예상되는 기상(氣象) 상태가 어느 정도의 확률로 나타나는지를 알리는 예보. 강수(降水) 확률 따위.

확립(確立)명-하다자타 확고하게 섬, 또는 확고하게 세움. ¶기강이 –되다. /방침을 –하다.

확문(確聞)명-하다타 확실하게 들음.

확보(確保)명-하다타 ①확실하게 가지고 있음. ¶건축 자재를 –하다. /필요한 인력을 –하다. /증거물을 –하다. ②암벽 등을 오를 때, 자일과 하켄으로 자신이나 함께 오르는 사람의 몸을 안전하게 유지하는 일.

확보(確報)명-하다타 확실하게 알림, 또는 그러한 보도(報道)나 소식.

확산(擴散)명-하다자 ①흩어져 번짐. ②농도가 서로 다른 물질이 혼합될 때, 시간이 흐름에 따라 서서히 농도가 같게 되는 현상.

확설(確說)명 확실한 근거가 있는 말이나 이야기.

확성-기(擴聲器)명 소리를 증폭하여 멀리까지 들리도록 한 기구. 라우드스피커

확:-쇠명 문장부가 들어가는 데 끼는 확 모양의 쇠.

확수(確守)명-하다타 굳게 지킴.

확신(確信)명-하다타 굳게 믿음, 또는 확실히 믿음. ¶–이 서다. /–을 가지다.

확신-범(確信犯)명 도덕적·종교적·정치적 확신이 결정적인 동기가 되어 저지르는 범죄, 또는 그런 범인. 사상범·정치범·국사범 따위.

확실(確實)어기 '확실(確實)하다'의 어기(語基).

확실-성(確實性)[–썽]명 ①틀림이 없어 의심할 여지가 없는 성질. ②논리학에서, 어떤 명제가 참인 것으로 여겨질 수 있는 정도를 이르는 말.

확실-시(確實視)[–씨]명-하다타 틀림없이 그러하다고 봄. ¶우승이 –된다.

확실-하다(確實–)형여 틀림없이 그러하다.

확실-히부 확실하게

확약(確約)명-하다타 확실하게 약속함, 또는 굳은 약속. ¶월말까지 자재를 부쳐 주겠다는 –을 받았다.

확언(確言)명-하다타 확실하게 말함, 또는 확실한 말. ¶그는 내일 반드시 오겠다고 –했다.

확연(廓然)어기 '확연(廓然)하다'의 어기(語基).

확연(確然)어기 '확연(確然)하다'의 어기(語基).

확연-하다(廓然–)형여 넓고 텅 비어 있다.

확연-히부 확연하게

확연-하다(確然–)형여 아주 확실하다. ¶확연하게 드러나다. /놀라는 기색이 –.

확연-히부 확연하게 ¶– 깨닫다.

확인(確因)명 확실한 원인.

확인(確認)명-하다타 ①확실히 알아봄, 또는 확실히 인정함. ¶사실인지 아닌지 –하다. /진품임을 –하다. ②법률에서, 특정한 사실 또는 법률 관계의 존속·폐지를 판단하여 인정하는 일.

확인-서(確認書)명 어떤 사실이 틀림없음을 인정하는 뜻으로 쓴 글이나 서류.

확인=소송(確認訴訟)명 특정한 사실, 또는 법률 관계의 존속·폐지를 주장하며, 그에 대한 판결을 구하는 소송.

확인=판결(確認判決)명 ①민사 소송법에서, 확인 소송에 대하여 내리는 본안(本案) 판결. ②행정 소송법에서, 일정한 권리 관계의 존속과 폐지를 확정하는 본안 판결.

확장(擴張)명-하다타 범위나 세력·규모 따위를 늘려서 넓힘. ¶도로를 –하다. ☞축소(縮小). 확대(擴大)

확장-자(擴張字)명 컴퓨터에서, 파일의 종류를 구분하기 위하여 파일명 뒤에 붙여 쓰는 문자. 흔히 세 글자를 사용하며 파일명과의 사이에 마침표(.)를 찍음.

확장=해:석(擴張解釋)명 확대 해석(擴大解釋)

확적(確的)어기 '확적(確的)하다'의 어기(語基).

확적-하다(確的–)형여 확실하여 틀림이 없다.

확적-히부 확적하게

확정(廓正)명-하다타 잘못을 바로잡아 고침. 유광정(匡正)

확정(確定)명-하다타 어떤 일을 확실하게 정함. ¶시험 일자를 –하다. /야유회 장소는 강화도로 –되었다.

확정=공채(確定公債)명 발행액이나 이자, 상환 기한 따위가 확실하게 정해진 공채. 주로 국고(國庫)의 부족을 메우기 위해 발행함. ☞유동 공채(流動公債)

확정=재판(確定裁判)명 확정 판결

확정-적(確定的)명 확정된 상태인 것. ¶사업의 실행은 –이다.

확정=판결(確定判決)명 확정의 효력을 가진 판결. 곧 확정 기간이 지나 보통의 불복 신청 방법으로는 취소할 수 없는 판결. 확정 재판

확증(確證)명-하다타 확실히 증명함, 또는 확실한 증거. 확거(確據) ¶–을 얻다. /–을 잡다. /–이 없다.

확지(確知)명-하다타 확실히 앎.

확집(確執)명-하다타 자기 주장을 고집하여 조금도 양보하지 아니함.

확청(廓清)명-하다타 더러운 것이나 어지럽게 널려 있는 것을 없애거나 치워 깨끗하게 함.

확충(擴充)명-하다타 늘리고 넓혀서 충실하게 함. ¶인원을 –하다. /시설을 –하다.

확탈(攫奪)명-하다타 움켜잡아 빼앗음.

확호(確乎)어기 '확호(確乎)하다'의 어기(語基).

확호불발(確乎不拔)성구 아주 든든하고 굳세어 흔들리지 아니함을 이르는 말.

확호-하다(確乎–)형여 아주 든든하고 굳세다.

확호-히부 확호하게

확-확부 ①바람이나 냄새 따위가 잇달아 세게 일거나 끼치는 모양을 나타내는 말. ¶그의 입에서는 술 냄새가 – 났다. ②불길이 잇달아 세차게 일어나는 모양을 나타내는 말. ¶풀무질을 할 때마다 불길이 – 일었다. ③잇달

아 빠르게 움직이는 모양을 나타내는 말. ¶자동차가 — 지나간다. ④뜨거운 기운이 잇달아 오르는 모양을 나타내는 말. ¶부끄러워 얼굴이 — 달아올랐다. ⑤묶였던 것이 잇달아 힘차게 풀리는 모양을 나타내는 말.

환[1] 명 줄처럼 쓰는 연장의 한 가지. 납작하고 기름한 쇳조각 양면에 잘게 이를 새기거나 나뭇조각에 상어 껍질을 붙여 만듦. 쇠붙이가 아닌 나무 따위를 쓸어서 깎는 데 쓰임.

환:[2] 명 아무렇게나 마구 그린 그림.

환(을) 치다 관용 아무렇게나 마구 그리다. 환치다

환(丸) 명 ①'환약(丸藥)'의 준말. ②〔의존 명사로도 쓰임〕 환약을 세는 단위. ¶우황청심환 두 —. ☞알[2]

환:(換) 명 ①먼 곳에 있는 채권자에게 현금 대신에 어음·수표·증서 등을 보내어 결재하는 방식. 우편환·은행환·전신환, 내국환·외국환 따위. ②현금으로 바꿀 수 있는 표. 수표·어음 따위. ③'환전(換錢)'의 준말.

환:(渙) 명 '환괘(渙卦)'의 준말.

환(環) 명 고리 모양으로 결합된 원자의 집단.

환(圜) 의 ①1953년부터 1962년까지 통용된 우리 나라의 화폐 단위. ②대한 제국 때의 화폐 단위.

환:가(患家) 명 병을 앓는 사람이 있는 집. 병가(病家)

환:가(換家) 명-하다 자 집을 서로 바꿔 삶.

환:가(換價)[—까] 명 ①집이나 토지 따위를 바꿀 때 치르는 값. ②-하다 타 값으로 환산함, 또는 그 값.

환:각(幻覺) 명 실제로는 아무 것도 없는데도, 그것이 있는 것처럼 느끼거나 있다고 믿는 일. ¶—에 사로잡히다./—에 빠지다.

환각(還却) 명-하다 타 받은 물건을 도로 돌려보냄.

환:각-범(幻覺犯) 명 법률에서, 죄가 되지 않는 행위를 죄가 된다고 믿고서 한 행위. 죄가 되지 않음. 착각범

환:각-제(幻覺劑) 명 환각을 일으키게 하는 약제. 엘에스디(LSD)나 대마초 따위.

환:각-증(幻覺症) 명 실제로는 들리지 않는 불쾌한 소리가 계속 들리며 그에 따라 망상에 사로잡히는 증세. 알코올 중독이나 코카인 중독 따위에서 나타남.

환:갑(還甲) 명 나이 '예순한 살'을 이르는 말. 주갑(周甲). 화갑(華甲). 화년(華年). 회갑(回甲) ¶— 잔치를 하다./—을 넘긴 지 오래다.

환갑 진갑 다 지내다 관용 세상을 살 만큼 살다.

환:갑-날(還甲—) 명 환갑을 맞은 해의 생일. 갑일

환:갑=노:인(還甲老人) 명 나이가 예순한 살 된 노인.

환:갑-연(還甲宴) 명 환갑 잔치

환:갑=잔치(還甲—) 명 환갑날에 베푸는 잔치. 화연(花宴). 환갑연(還甲宴). 회갑연(回甲宴)

환강(丸鋼) 명 자른 면이 둥근 강재(鋼材).

환거(還去) 명-하다 자 떠나온 곳으로 되돌아감.

환거(鰥居) 명-하다 자 홀아비로 삶.

환:-거래(換去來) 명 ①지역 채권이나 채무 관계를 환으로 결재하는 일. ②은행이 고객의 의뢰에 따라 환을 취결(就結)하는 일. ③은행 사이에 환어음을 팔고 사는 일.

환경(環境) 명 인간이나 동식물의 주위에 있으면서 서로 관계하며 직접·간접으로 영향을 미치는 외계, 또는 그 상황. 자연 환경, 문화적·사회적 환경 등.

환경-권(環境權)[—꿘] 명 기본적 인권의 하나. 깨끗하고 쾌적한 환경에서 건강하고 인간답게 생활할 수 있는 권리. 환경의 침해를 배제할 수 있는 배타적 권리이며 생존권적 기본권임.

환경=변:이(環境變異) 명 나서 자란 환경의 차이 등으로 말미암아 같은 생물 집단의 개체 사이에 생기는 후천적인 변이. 방황 변이(彷徨變異)

환경=오염(環境汚染) 명 인간의 생활이나 산업 활동 등으로 말미암아 대기나 토양·물 등의 환경이 더러워지는 상태. 대기 오염, 수질 오염 등.

환경=호르몬(環境hormone) 명 환경 오염 물질 가운데서 인간이나 동물의 몸에 들어갔을 때 호르몬과 같은 작용을 하는 합성 화학 물질. 인간이나 동물의 생식 기능이 나 대사 기능에 나쁜 영향을 끼침. 다이옥신, 플라스틱 분해물 등 수십 가지가 있음.

환계락(還界樂) 명 전통 성악곡(聲樂曲)인 가곡의 한 가지. 우조(羽調)로 시작하여 계면조(界面調)로 변조되는 곡으로, 보통 우락(羽樂)과 계락(界樂) 사이에 불림. 여창(女唱)에만 있음.

환:고(患苦) 명 ①근심으로 말미암은 고통. ②병으로 말미암은 고통. 병고(病苦)

환고일세(環顧一世)[—쎄] 성구 세상을 둘러본다는 뜻으로, 세상에 쓸만 한 인물이 없음을 탄식하는 말.

환고향(還故鄕) '고향으로 돌아가거나 돌아옴'의 뜻.

환:곡(換穀) 명 곡식을 서로 바꿈.

환곡(還穀) 명 조선 시대, 삼정(三政)의 하나. 나라에서 백성들에게 춘궁기에 곡식을 꾸어 주었다가 가을의 추수 때 이자를 붙여 거두어들이던 일, 또는 그 곡식. ☞환상(還上). 환자(還子)

환:골우:화(換骨羽化) 성구 도가(道家)에서, 사람이 속골(俗骨)을 선골(仙骨)로 바꾸어 몸에 깃이 난다는 뜻으로, 신선(神仙)이 됨을 이르는 말.

환:골탈태(換骨奪胎) 성구 ①뼈대를 바꾸고 태(胎)를 앗아 내 것으로 쓴다는 뜻으로, 선인(先人)의 글을 본떠 지었으나 짜임새나 솜씨가 딴판으로 잘 된 것을 비유하여 이르는 말. ②얼굴 모습이 몰라볼 정도로 좋게 변하여 딴사람처럼 된 것을 비유하여 이르는 말.

환공(環攻) 명-하다 타 사방을 포위하여 공격함.

환과고독(鰥寡孤獨) 성구 홀아비, 과부, 고아와 늙어서 자식 없는 노인을 아울러 이르는 말로, 의지할 곳 없는 외로운 사람을 뜻하는 말.

환:관(宦官) 명 지난날, 내시부(內侍府)의 관원을 통틀어 이르던 말. 내시(內侍)

환관(還官) 명-하다 자 지난날, 지방관이 자기의 근무지로 돌아가거나 돌아옴을 이르던 말.

환:-관리(換管理) 명 국제 수지의 균형을 유지하고 시세를 안정시키기 위하여 정부가 외국환의 거래를 직접 관리하여 규제하는 일.

환:-괘(渙卦) 명 육십사괘(六十四卦)의 하나. 손괘(巽卦) 아래 감괘(坎卦)가 놓인 괘로, 바람이 물 위로 감을 상징함. 준 환(渙) ☞절괘(節卦)

환:국(換國) 명-하다 자 시국(時局)이나 판국이 바뀜.

환국(還國) 명-하다 자 자기 나라로 돌아가거나 돌아옴. 귀국(歸國) ¶오랜 망명 생활을 마치고 —하다.

환군(還軍) 명-하다 자 회군(回軍)

환궁(還宮) 명-하다 자 임금이 거둥하였다가 궁궐로 돌아가거나 돌아옴. 환어(還御). 환행(還幸)

환:권(換券)[—꿘] 명-하다 자 지난날, 묵은 돈이나 문권(文券)을 관아에 내고 새것으로 바꾸어 받던 일.

환귀본종(還歸本宗) 성구 다른 집에 양자로 갔던 사람이 생가(生家)의 후사가 끊어지게 되자, 도로 돌아오거나 그의 아들이나 손자를 다시 생가로 보내어 대를 잇게 하는 일을 이르는 말.

환귀본주(還歸本主) 성구 물건이 본디 임자에게 도로 돌아감을 이르는 말.

환:규(喚叫) 명-하다 자 소리쳐 부르짖음.

환:금(換金) 명-하다 타 ①물건을 팔아서 돈으로 바꿈. 환은(換銀) ☞환물(換物) ②한 나라의 돈을 다른 나라의 돈으로 바꾸는 일. ☞환전(換錢)

환금(環金) 명 지난날, 정이품의 관원이 붙이던 금관자(金貫子). 도리금

환:금-성(換金性)[—썽] 명 물건을 팔아서 돈으로 바꿀 수 있는 성질. ¶쌀보다는 금이 —이 높다.

환:금=작물(換金作物) 명 집에서 쓰기 위해서가 아니라, 현금 수입을 목적으로 재배하는 농작물. ☞상품 작물

환급(還給) 명-하다 타 돈 따위를 도로 돌려줌. 환부(還付). 환불(還拂)

환:기(喚起) 명-하다 타 주의나 관심 등을 불러일으킴. ¶주의를 —하다./여론을 —하다.

환:기(換氣) 명-하다 자 건물 안 등의 탁한 공기를 밖으로 내보내고 밖의 맑은 공기로 바꿈. ¶—가 잘 되다.

환:기-구(換氣口)명 환기를 하거나 내부의 온도 조절을 위하여 벽이나 천장 등에 만든 구멍. ☞환기창. 환기탑
환:기=장치(換氣裝置)명 내부의 탁한 공기와 밖의 맑은 공기를 바꾸는 장치.
환:기-창(換氣窓)명 환기를 목적으로 벽이나 천장에 만들어 놓은 창.
환:기-탑(換氣塔)명 환기를 목적으로 건물 지붕 위에 만들어 놓은 탑 모양의 장치.
환:-끝(換-)명 환거래에서, 채권과 채무의 잔액.
환낙(歡諾)명-하다타 기꺼이 승낙함.
환:난(患難)명 근심과 재난을 아울러 이르는 말.
환:난상구(患難相救)성구 근심거리와 재난이 생겼을 때 서로 구하여 줌을 이르는 말. ☞환난상휼
환:난상휼(患難相恤)성구 향약(鄕約)의 네 덕목 중의 하나. 근심거리나 재난이 생겼을 때 서로 도와야 함을 이르는 말. ☞과실상규. 덕업상권
환납(還納)명-하다타 도로 내거나 되돌려 줌.
환내(寰內)명 ①천자가 다스리는 영토 안의 세계. ②온 세계를 이르는 말.
환:녀(宦女)명 ①지난날, 궁중에서 일을 하던 여자. ②지난날, 관가(官家)에 딸렸던 계집종.
환담(歡談)명-하다자 정답고 즐겁게 이야기함, 또는 그 이야기. ¶ -이 오고 가다.
환대(環帶)명 ①성숙한 지렁이나 거머리 따위의 몸에 생긴 고리 모양의 띠. 체절(體節)이 변한 것으로 보통 2~3개임. ②양치식물의 홀씨주머니 위를 고리 모양으로 둘러싼 막으로 된 세포의 열. 성숙한 홀씨주머니 안의 홀씨를 밖으로 뿌리는 작용을 함.
환대(歡待)명-하다타 반갑게 맞아 정성껏 넉넉히 대접함. ☞간대(懇待). 관대(款待)
환:덕(宦德)명 지난날, 관원 생활을 함으로써 생기는 소득을 이르던 말.
환:도(宦途)명 관원이 되는 길. 환로(宦路)
환도(環刀)명 지난날, 군복을 입고 차던 군도(軍刀).
환도(還都)명-하다자 전쟁 따위 국난으로 말미암아 다른 데로 옮겼던 정부가 수도(首都)로 되돌아옴.
환도-상어(環刀-)명 환도상엇과의 바닷물고기. 몸길이 6m 안팎으로 가늘고 길며, 몸빛은 등이 검푸르고 배는 흼. 꼬리는 몸길이와 같거나 더 길며 환도 모양으로 뒤로 젖혀져 있는데, 꼬리로 작은 물고기들을 쳐서 잡아먹음.
환:득환:실(患得患失)성구 물건이나 지위 따위를 얻기 전에는 얻기 위해 근심하고, 얻은 뒤에는 그것을 잃게 될까 하여 근심하는 일을 이르는 말.
환:등(幻燈)명 '환등기'의 준말.
환:등-기(幻燈機)명 사진 필름이나 그림, 실물 등을 강한 불빛과 렌즈를 이용하여 영사막 등에 확대 투영하여 보여 주는 광학 기기. 준 환등
환락(歡樂)명-하다자 기뻐하고 즐거워함.
환락-가(歡樂街)명 술집·요릿집·도박장 따위가 많이 늘어선 거리. ☞홍등가(紅燈街)
환래(還來)명-하다자 갔다가 다시 돌아옴. 회환(回還)
환:로(宦路)명 관원이 되는 길. 환도(宦途)
환:롱(幻弄)명-하다타 교묘하고 못된 꾀로 남을 속여 놀리거나 이용함. ☞환롱질
　환롱(을) 치다 관용 교묘한 속임수로 물건을 바꾸는 농간을 부리다.
환:롱-질(幻弄-)명-하다타 교묘하고 못된 꾀로 남을 속여 이용하거나 놀리는 짓.
환류(還流)[1]명 가열하여 생긴 증기를 냉각하고 응결시켜 다시 액체 상태로 되돌려 놓는 일.
환류(還流)[2]명 ①돌아 흐르는 일, 또는 그 흐름. ¶피가 온몸을 -하다. ②대기(大氣)나 바닷물의, 지구 전체에 걸친 큰 흐름.
환:매(換買)명-하다타 돈을 주고받지 않고 물건과 물건을 직접 서로 바꿈. 물물 교환
환매(還買)명-하다타 ①남에게 팔았던 물건을 다시 사들이는 일. ¶ - 채권 ②증권 회사에서 투자 신탁의 중도 해약을 이르는 말.
환매(還賣)명-하다타 사들인 물건을 도로 파는 일.
환:멸(幻滅)명 품어 온 기대나 동경이 환상이었음을 깨닫고 느끼는 실망과 허무함.
환멸(還滅)명 불교에서, 수행을 쌓아 번뇌를 끊고 깨달음의 세계로 돌아감을 이르는 말. ☞유전(流轉)
환:명(換名)명-하다자 남의 이름을 자기의 이름인체 하여 거짓 행세를 함.
환:모(換毛)명 털갈이
환모(還耗)명 지난날, 짐승이나 새 따위가 먹어치워 축난 곡식을 채우기 위하여 환곡을 타 간 사람으로부터 그 이자로 곡식을 더 거두어들이던 일.
환:몽(幻夢)명 허황한 꿈.
환:문(宦門)명 지난날, 관원의 집안을 이르던 말.
환:문(喚問)명-하다타 불러서 신문(訊問)함.
환문(環紋)명 고리 모양의 무늬. 환상문(環狀紋)
환:물(換物)명-하다자 돈을 물건으로 바꿈. ☞환금
환미(還米)명 지난날, 환곡하는 쌀을 이르던 말.
환:발(渙發)명-하다타 임금의 명령을 세상에 널리 알림.
환:방(換房)명-하다타 ①물건을 바꿈. ②파방(派房)
　환방(을) 치다 관용 물건을 바꿈질하다.
환:법(幻法)[-뻡]명 손재간 등으로 사람의 눈을 어리어 속게 하는 야릇한 기술. 환술(幻術) ☞마술(魔術). 요술(妖術)
환벽(環壁)명 빙 둘러 에워싸고 있는 벽.
환:복(宦福)명 관직 생활이 순조로운 복. ☞관복(官福)
환본(還本)명-하다자 ①본디대로 돌아오거나 돌아감. ②지난날, 떠도는 백성이나 도망간 노비들을 붙잡아 본디 있던 곳으로 돌려보내던 일.
환봉(還奉)명-하다타 다른 곳에 옮겨 놓았던 신주(神主)를 도로 제자리에 모심. 환안(還安)
환봉(還封)명-하다타 ①이장(移葬)하려고 파헤쳤던 무덤을 도로 흙을 쌓아 제대로 만듦. ②사표 따위를 받아들이지 않고 봉한 채 돌려보냄. 봉환(封還)
환:부(患部)명 병이 난 자리. 병소(病所). 병처(病處). 환처(患處)
환부(還付)명-하다타 ①환급(還給) ②법원 또는 행정 기관 따위의 처분으로 압수한 물건을 본디의 소유자·소지자·보관자에게 돌려줌.
환부(鰥夫)명 홀아비
환:부역조(換父易祖)성구 아버지와 할아버지를 바꾼다는 뜻으로, 지체가 낮은 사람이 부정한 방법으로 자손 없는 양반 가문의 뒤를 이어 양반 행세를 함을 이르는 말.
환:불(換拂)명-하다타 돈 따위를 환산하여 치름.
환불(還拂)명-하다타 환급(還給)
환:비(換費)명 지난날, 환전(換錢)을 부치는 데 들던 비용. 환표(換標)를 해 주는 사람에게 요금을 주었음.
환:-비봉(換祕封)명 지난날, 과거(科擧)를 볼 때에 남의 글을 훔쳐 봉해 둔 성명을 도려내고 제 성명을 써넣던 부정 행위.
환삭(還削)명 환속한 사람이 다시 중이 되는 일, 또는 그 중. 되깎이
환:산(渙散)명-하다자 ①군중이나 단체가 흩어짐. ②높던 신열이 차차 내림.
환:산(換算)명-하다타 어떤 단위 수를 다른 단위 수로 고쳐 계산함. ¶마일을 킬로미터로 -하다.
환산별곡(還山別曲)명 조선 시대의 작자와 연대 미상의 가사(歌辭). 관직에서 물러나 산림 속에 들어가서 자연을 벗삼아 지내는 즐거움을 읊은 내용임.
환:산-표(換算表)명 단위가 다른 수량을 대조·열거하여 환산하기에 편리하도록 만든 표.
환:상(幻相)명 불교에서, 실체가 없는 무상(無相)한 형상을 이르는 말.
환:상(幻想)명 현실로는 가능성이 없는 일을 헛되이 생각하거나 상상하는 일, 또는 그런 생각이나 상상. ¶ -에 사로잡히다. / -이 깨지다.

환:상(幻像)명 현실로는 없는 것이 있는 것처럼 보이는 모습이나 모양. 환영(幻影) ¶이 세상을 떠난 할아버지의 ―. ☞곡두
환:상(喚想)명-하다타 지난 일을 생각해 냄. 상기(想起)
환상(還上)명 환자(還子) ☞환곡(還穀)
환상(環狀)명 고리처럼 둥근 모양. 환형(環形)
환상(環象)명 주위를 둘러싸고 있는 모든 현상.
환:상-곡(幻想曲)명 악상(樂想)이 전개되는 대로 자유로운 형식으로 작곡한 기악곡. 판타지. 판타지아
환상-문(環狀紋)명 고리 모양의 무늬. 환문(環紋)
환:상-미(幻想美)명 예술 작품에 나타나 있는 환상적인 아름다움.
환상=연:골(環狀軟骨)[―년―]명 후두(喉頭) 아래에 있는 발성 기관의 한 부분. 위의 갑상 연골과 잇닿아 있는 고리 모양의 연골.
환:색(換色)명-하다타 어떤 물건을 다른 물건과 바꿈. 환품
환:생(幻生)명-하다자 ①실제로는 없으나 환상처럼 나타남. ②불교에서, 죽은 사람이 형상을 바꾸어서 다시 태어남을 이르는 말. 환퇴(幻退)
환생(還生)명-하다자 ①죽었다가 다시 살아남. ②불교에서, 죽은 사람이 모습을 바꾸어 이 세상에 다시 태어남을 이르는 말.
환석(丸石)명 오랜 세월 물살에 깎이어서 모양이 동글고 매끈매끈하게 된 돌.
환선(紈扇)명 얇은 깁으로 만든 부채.
환:성(喚醒)명-하다타 ①잠자는 사람을 깨움. ②어리석은 사람을 깨우쳐 줌.
환:성(喚聲)명 고함치는 소리.
환성(歡聲)명 기쁘거나 즐거워서 지르는 소리. ¶우승한 선수들이 ―을 지르다.
환:세(幻世)명 ①바뀌고 변하는 덧없는 세상. ②불교에서, 환영(幻影)처럼 덧없는 세상이라는 뜻으로, 이 세상을 이르는 말.
환:세(換歲)명-하다자 해가 바뀜. 설을 쇰. 개력(改曆). 개세(改歲)
환속(還俗)명-하다자 중이 다시 속인(俗人)이 됨. 퇴속(退俗). 환퇴(還退) ☞중속환이
환속(還屬)명-하다타 이전의 소속으로 다시 돌려보냄.
환송(還送)명-하다타 물건 따위를 도로 돌려보냄. 반송(返送). 회송(回送)
환송(歡送)명-하다타 떠나는 사람을 축복하며 기쁜 마음으로 보냄. ¶친구를 공항에서 ―하다. ☞환영
환-송금(換送金)명 현금으로 보내지 않고 환(換)으로 돈을 부치는 일.
환송-연(歡送宴)명 떠나는 사람을 기쁜 마음으로 보내는 뜻으로 베푸는 잔치. ☞환영연
환송-회(歡送會)명 떠나는 사람을 기쁜 마음으로 보내기 위해 가지는 모임. ☞환영회
환:수(宦數)명 관원이 되는 운수. ☞관운(官運)
환:수(換手)명-하다타 여럿이 어떤 일을 할 때, 자기가 잘하는 일로 서로 바꾸어 일함. 손바꿈
환수(還收)명-하다타 주었던 것을 도로 거두어들임.
환:술(幻術)명 환법(幻法)
환:시(幻視)명 실제로는 있지 않은 것을 보이는 것처럼 느끼는 환각 현상. ☞환각(幻覺). 환청(幻聽)
환:시(宦侍)명 내시(內侍)
환시(環視)명-하다자타 ①여러 사람이 둘러서서 봄. ②사방을 둘러봄.
환:-시세(換時勢)명 한 나라의 화폐와 다른 나라 화폐의 교환 비율. 외국환 시장에서 이루어짐. 외국환 시세(外國換時勢). 외환율(外換率). 환율(換率)
환:-시장(換市場)명 외국환이 거래되고 환시세가 이루어지는 시장. 외국환 시장(外國換市場). 외환 시장
환:시-화(幻視畫)명 원근법(遠近法)을 이용한 배경 그림 앞에 인물이나 동물 등 입체 모형을 놓고 조명하여 실제 광경처럼 보이게 만든 장치. 디오라마(diorama)

환식=화:합물(環式化合物)명 분자를 이루고 있는 원자가 고리 모양으로 결합된 화합물. 고리 모양 화합물
환심(歡心)명 기뻐하며 즐거워하는 마음. 환정(歡情)
환심(을) 사다관용 남의 비위를 맞추어 자기에게 호감을 가지게 하다.
환:-심장(換心腸)명-하다자 '환장(換腸)'의 본딧말.
환안(還安)명-하다타 다른 곳에 옮겨 놓았던 신주(神主)를 도로 제자리에 모심. 환봉(還奉)
환안(環眼)명 눈동자 둘레에 흰 테가 둘린 눈. 고리눈
환:액(宦厄)명 관원이 되어 재난을 입는 불운.
환약(丸藥)명 약재를 빻은 가루로 작고 동글동글하게 빚은 약. 환제(丸劑) 준환(丸) ☞탕약(湯藥)
환어(還御)명-하다자 환궁(還宮)
환:-어음(換―)명 발행인이 일정한 날짜에 일정한 금액의 지급을 제삼자에게 위탁하는 어음. ☞약속 어음
환:언(換言)명-하다자타 앞서 한 말을, 표현을 달리하여 더 적절하게 말함.
환여평석(歡如平昔)성구 원한을 생각지 않고 옛 정을 회복함을 이르는 말.
환:연(渙然)어기 '환연(渙然)하다'의 어기(語基).
환:연빙석(渙然氷釋)성구 의심스럽던 일이 얼음 녹듯이 풀려 없어짐을 이르는 말.
환:연-하다(渙然―)형여 의심 따위가 풀려 가뭇없다.
환연-히부 환연하게
환열(歡悅)명-하다형 즐겁고 기쁨. 환희(歡喜)
환:영(幻影)명 ①환상(幻像). 곡두 ②마치 현실로 있는 것처럼 마음속에 그려지는 것.
환영(歡迎)명-하다타 오는 사람을 기쁜 마음으로 반갑게 맞이함. ¶― 인파/― 준비 ☞환송(歡送)
환영-연(歡迎宴)명 오는 사람을 반갑게 맞이하는 뜻으로 베푸는 연회. ☞환송연(歡送宴)
환영-회(歡迎會)명 오는 사람을 반갑게 맞이하기 위해 가지는 모임. ☞환송회(歡送會)
환옥(丸玉)명 옛날 장신구로 쓰인 둥근 옥.
환옥(環玉)명 도리옥
환요(環繞)명-하다타 빙 둘러 에워쌈. 환위(環圍)
환:욕(宦慾)명 관직에 대한 욕심. 환정(宦情)
환:용(換用)명-하다타 바꾸어 씀.
환:우(患憂)명 집안에 좋지 않은 일이나 환자가 생겨서 겪는 근심. 우환(憂患)
환:우-기(換羽期)명 날짐승이 깃을 가는 시기.
환웅(桓雄)명 단군 신화에서, 천제(天帝)인 환인(桓因)의 아들. 환인으로부터 천부인(天符印) 세 개를 받고, 무리 삼천을 거느리어 태백산 신단수(神壇樹) 아래로 내려와 신시(神市)를 베풀고, 웅녀(熊女)를 맞아 단군을 낳았다고 함. 천왕(天王)
환원(還元)명-하다자타 ①본디의 상태로 되돌아감, 또는 되돌림. ¶유산을 사회에 ―하다. ②어떤 물질이 산소의 일부 또는 전부를 잃거나 수소를 흡수하는 화학 변화. ☞산화(酸化) ③천도교에서, 사람의 죽음을 이르는 말.
환원-법(還元法)[―뻡]명 정언적(定言的) 삼단 논법에서, 제이·제삼·제사 격(格)을 제일 격으로 고치는 방법. 직접 환원법과 간접 환원법이 있음.
환원-염(還元焰)[―념]명 속불꽃
환원-제(還元劑)명 다른 물질을 환원시키고 자신은 산화되는 물질. 수소·탄소·나트륨 따위. ☞산화제
환원-지(還元地)명 개간되었던 경작지가 농사를 짓지 않아 다시 황무지로 되돌아간 땅.
환원-철(還元鐵)명 산화철을 수소로 환원시켜 만든 회색 또는 회흑색의 쇳가루. 빈혈 치료제의 원료로 쓰임.
환원-탕(還元湯)명 한방에서, 사람의 오줌을 약으로 이르는 말.
환위(環圍)명-하다타 빙 둘러 에워쌈. 환요(環繞)
환위(環衛)명-하다타 대궐의 주위를 둘러싸서 호위함.
환:위-법(換位法)[―뻡]명 주어진 판단의 주사(主辭)와 빈사(賓辭)의 위치를 바꾸어 새 판단을 끌어내는 직접 추리. '서울은 한국의 수도이다.'를 '한국의 수도는 서울이다.'로 하는 따위. ☞환질법(換質法)

환:위=환:질법(換位換質法)[-뻡]명 환위법으로 추론한 판단을 다시 환질법으로 추론하는 직접 추리. '모든 생물은 무기물이 아니다.'를 우선 환위법을 써서 '모든 무기물은 생물이 아니다.'로 하고, 이를 다시 환질법을 써서 '모든 무기물은 무생물이다.'로 하는 따위. ☞환질 환위법

환유(歡遊)명-하다자 즐겁게 놂.

환:유-법(換喩法)[-뻡]명 수사법(修辭法)의 한 가지. 표현하려는 대상과 밀접한 관계에 있는 다른 사물이나 그것의 속성으로 대신하는 표현 방법. '왕관을 준다 해도 싫다.', '핫바지 취급을 하지 마라.'와 같은 표현법임. ☞대유법(代喩法). 제유법(提喩法)

환:율(換率)명 한 나라의 통화와 다른 나라 통화의 교환 비율. 외국환 시세. 환시세(換時勢)

환:은(換銀)명-하다타 물건을 팔아서 돈으로 바꿈. 환금(換金) ☞환물(換物)

환:의(換衣)명-하다자 옷을 갈아입음.

환:의(換意)명-하다자 생각이나 뜻을 바꿈.

환인(桓因)명 단군 신화(檀君神話)의 천제(天帝). 인간 세상에 내려가기를 원하는 아들 환웅(桓雄)에게 천부인(天符印) 세 개를 주어 세상에 내려보내어 다스리게 하였다고 함.

환:-인플레이션(換inflation)명 외국환(外國換) 시세의 하락으로 물가가 오르는 현상. 금본위(金本位) 제도가 정지된 나라에서 일어남.

환임(還任)명-하다타 본디의 직책으로 다시 임명함.

환:입(換入)명-하다타 바꾸어 넣음.

환입(還入)[1]명-하다자 임금의 교지(敎旨)를 거두어들임.

환입(還入)[2]명 도드리

환:자(宦者)명 지난날, 내시부(內侍府)의 관원을 통틀어 이르던 말. 내시(內侍)

환:자(患者)명 병이 나거나 다쳐서 치료를 받거나 받아야 할 사람. ☞병자(病者). 부상자

환자(還子)명 지난날, 각 고을의 사창(社倉)에서 봄에 백성들에게 꾸어 준 곡식을 가을에 받아들이던 일. 환상(還上)

환:장(換腸)명-하다자 ①마음이나 행동이 정상 상태에서 벗어나 아주 달라짐. ¶-하여 날뛰다. ②지나치게 좋아하거나 탐하여 정신을 못 차릴 지경이 됨을 속되게 이르는 말. ¶돈이라면 -을 한다./놀음에 -하다. 본환심장(換心腸)

환:-쟁이명 그림 그리는 일을 전문으로 하는 사람을 얕잡아 이르는 말.

환저(鰥菹)명 홀아비김치

환:적(宦蹟)명 관직에 있을 때의 행적.

환:전(換錢)명-하다타 ①환표(換標)로 보내는 돈. 준환(換) ②서로 종류가 다른 화폐와 화폐, 또는 화폐와 지금(地金)을 교환하는 일. ☞환금(換金)

환전(環田)명 고리 모양으로 둥글게 생긴 밭.

환:절(患節)명 주로 편지글에서, 상대편을 높이어 그의 병의 상태를 이르는 말. ☞병환(病患)

환:절(換節)명-하다자 ①철이 바뀜. ②절조(節操)를 바꿈. ☞변절(變節)

환절(環節)명 환형동물이나 절지동물 따위의, 고리 모양으로 된 몸의 마디. 고리마디 ☞복절(腹節)

환:절-기(換節期)명 철이 바뀌는 시기. 변절기(變節期) ¶-이니, 감기를 조심해라.

환절-기(環節器)명 거머리나 지렁이 따위 환형동물의 각 체절(體節)에 있는 배설기(排泄器). 신관(腎管)

환절-동물(環節動物)명 환형동물(環形動物)

환:절-머리(換節-)명 철이 바뀔 무렵.

환:정(宦情)명 관직에 대한 욕심. 환욕(宦慾)

환정(歡情)명 기뻐하고 즐거워하는 마음. 환심(歡心)

환제(丸劑)명 약재를 빻은 가루로 작고 동글동글하게 빚은 약. 환약(丸藥)

환제(還第)명-하다자 웃어른이 집으로 돌아가거나 돌아옴을 높이어 이르는 말.

환조(丸彫)명 한 덩어리의 재료에서 물체의 형상을 완전히 입체적으로 조각하는 일, 또는 그러한 조각물.

환조방예(圜鑿方枘)성구 둥근 구멍에 모난 자루를 넣는다는 뜻으로, 두 일이 서로 맞지 않음을 비유하여 이르는 말. 방예원조(方枘圓鑿)

환:족(宦族)명 대대로 관직에 오르는 집안.

환좌(環坐)명-하다자 여러 사람이 둥글게 빙 둘러앉음.

환주(還住)명-하다자 다시 돌아와 삶.

환:-중매인(換仲買人)명 외국환 어음의 매매를 주선하거나 매개하는 일을 직업으로 삼는 사람.

환:-증서(換證書)명 우편환의 증서.

환:-지(-紙)명 막치의 그림을 그리는 데 쓰이는 종이.

환:지(換地)명-하다자타 ①땅을 서로 바꿈, 또는 그 바꾼 땅. ②땅을 팔고 대신 다른 땅을 마련함, 또는 그 땅. 대토(代土). 환토(換土)

환지(還紙)명 폐지(廢紙)로 재생한 종이.

환:지=처:분(換地處分)명 토지 개량이나 개발, 도시 계획 등의 사업 결과로 그 토지의 소유권과 그 밖의 권리를 변동시켜야 할 때, 종전의 토지 소유자에게 다른 토지나 금전을 주어 청산하는 행정 처분.

환질(環絰)명 성복(成服) 때 상제가 사각건에 덧씌워 쓰는, 삼으로 꼰 한 가닥의 둥근 테두리.

환:질법(換質法)[-뻡]명 주어진 판단의 질(質)을 바꾸어 새 판단을 이끌어 내는 직접 추리. 곧 긍정은 부정으로, 부정은 긍정으로 바꿈. '이것은 큰 건물이다.'를 '이것은 크지 않은 건물이 아니다.'로 바꾸는 따위. ☞환위법(換位法)

환:질=환:위법(換質換位法)[-뻡]명 환질법으로 추론한 판단을 다시 환위법으로 추론하는 직접 추리. '모든 꽃은 식물이다.'를 우선 환질법을 써서, '모든 꽃은 비식물이 아니다.'로 하고, 이를 다시 환위법을 써서 '모든 비식물은 꽃이 아니다.'로 하는 따위. ☞환위 환질법

환차(還次)명-하다자 길 떠난 웃어른이 집으로 돌아옴을 높이어 이르는 말.

환-차하(還差下)명-하다타 지난날, 사직 또는 면직되었던 관원에게 임금의 특별 명령으로 다시 관직을 주던 일.

환창(環窓)명 둥근 모양의 창문. 주로 배 따위에 냄.

환:처(患處)명 병이 난 자리. 환부(患部)

환천희지(歡天喜地)성구 하늘도 즐거워하고 땅도 기뻐한다는 뜻으로, 아주 기쁘고 즐거운 일을 이르는 말.

환:청(幻聽)명 실제로 나지 않는 소리가 들리는 것처럼 느끼는 현상. 청각(聽覺)의 환각 증세로, 알코올 중독이나 정신 분열증 등으로 말미암아 나타날 수 있음.

환초(環礁)명 바다에 커다란 고리 모양을 이룬 산호초.

환촌(環村)명 가운데에 광장이나 목초지가 있고, 그 주위를 집들이 고리 모양으로 둘러싼 마을.

환-출급(還出給)명-하다타 주는 것을 받지 않고 되돌려 줌.

환충(還充)명-하다타 본디대로 도로 채움.

환:치(換置)명-하다타 바꾸어 놓음.

환:-치다자 아무렇게나 마구 그림을 그리다.

환:-칠명-하다자 되는대로 얼룩덜룩하게 칠함, 또는 그런 칠. ¶담벼락에 -을 하다.

환택(還宅)명 웃어른이 자기의 집으로 돌아감을 높이어 이르는 말.

환:토(換土)명-하다자타 환지(換地)

환:퇴(幻退)명-하다자 환생(幻生)

환퇴(還退)명-하다자타 ①사들였던 땅이나 집 따위를 도로 무름. ②중이 다시 속인(俗人)이 됨. 환속(還俗)

환:-투기(換投機)명 외환 시세의 변동에 따른 차익(差益)을 얻기 위하여 환을 사고 파는 일.

환:-평가(換評價)[-까]명 국제 통화 기금 협정의 가맹국이 금이나 미국 달러로 나타낸 한 나라의 통화 가치의 기준. 환시세의 표준이 됨.

환포(環抱)명-하다타 사방으로 둘러쌈.

환:표(換票)명-하다자 ①표를 바꿈, 또는 바꾼 표. ②선거에서, 특정 후보를 당선시키기 위하여 부정한 방법으로 표를 바꿔치는 일.

환:표(換標)명 지난날, 멀리 떨어진 사람끼리 하는 거래에서 제삼자에게 돈을 주라는 증표로 쓰던 편지.

환:품(換品)명-하다타 어떤 물건을 다른 물건과 바꿈. 환색

환:풍-기(換風機)명 실내의 더러워진 공기를 바깥의 맑은 공기와 바꾸는 기기.

환피(貛皮)명 오소리의 가죽. 지난날, 주로 방석이나 요의 거죽으로 쓰였음.

환:-하다형여 ①빛이 비치어 맑고 밝다. ¶전등이 ─./환한 방 안. ②앞이 넓고 멀리 탁 트이어서 시원하다. ¶전망이 ─./앞날이 ─. ③일의 조리나 속내가 또렷하다. ¶환한 내용./속셈이 ─. ④얼굴이 잘생겨 보기에 시원스럽다. ¶보름달처럼 환하게 생긴 얼굴. ⑤표정이나 성격이 구김살없이 밝다. ¶아이의 환한 웃음./환한 얼굴로 인사하다. ⑥맛이 얼얼한듯 하며 시원한 느낌이 있다. ¶입 안을 환하게 하는 박하사탕. ☞훤하다

환:-하다(換─)타여《文》무엇과 무엇을 바꾸다.

환-하송(還下送)명-하다타 지방에서 서울로 온 것을 다시 그 지방으로 되돌려 보냄.

환:해(宦海)명 관리의 사회를 바다에 비유하여 이르는 말. 관해(官海)

환:해(患害)명 근심과 재난으로 생기는 피해.

환해(環海)명 사방을 고리처럼 에워싸고 있는 바다.

환해-고윤(桓解古胤)명 개국 시조(開國始祖)들의 혈통을 이어 내려온 유서 깊은 자손. 환해(桓解)는 환인(桓因)·환웅(桓雄)과 해모수(解慕漱)·해부루(解夫婁)를 이르는 말로, 곧 개국 시조들을 뜻하는 말임.

환:해풍파(宦海風波)성구 관직 생활에서 겪는 온갖 험한 일을 비유하여 이르는 말.

환행(還幸)명-하다자 임금이 거둥하였다가 궁궐로 돌아가거나 돌아옴. 환궁(還宮)

환향(還鄕)명-하다자 고향으로 돌아가거나 돌아옴. 귀향

환:형(幻形)명-하다자 병이 들거나 늙어서 얼굴 모양이 몰라보게 달라짐.

환:형(換刑)명-하다타 일정한 형벌 대신에 다른 형벌을 집행하는 일. 벌금이나 과태료를 물지 못한 사람을 노역장(勞役場)에 유치시키는 일 따위.

환:형(換形)명-하다자 모양이 아주 변함.

환형(環形)명 고리처럼 둥근 모양. 환상(環狀)

환형(轘刑)명 지난날, 두 발을 각각 다른 수레에 묶고 수레를 끌어서 죄인을 찢어 죽이던 형벌.

환형-동물(環形動物)명 동물계의 한 문(門). 몸이 가늘고 길며 편평하거나 원통형임. 여러 개의 고리 모양의 마디가 앞뒤로 연결되어 있고, 대부분 다리가 없음. 지렁이·거머리·갯지네 따위. 환절동물(環節動物) ☞강장동물(腔腸動物)

환:호(喚呼)명-하다타 소리를 높여 부름.

환호(歡呼)명-하다자 기뻐서 부르짖음. ¶─를 보내다./─를 받다./─하는 군중.

환호-성(歡呼聲)명 기뻐서 부르짖는 소리.

환호작약(歡呼雀躍)성구 기뻐서 소리치며 날뜀을 이르는 말. ¶우승 소식을 듣고 ─하는 국민들.

환:혹(幻惑)명-하다타 사람의 눈을 어리게 하고 마음을 어지럽힘.

환혼(還魂)명-하다자 죽은 이의 넋이 살아 돌아옴.

환:후(患候)명 남을 높이어 그의 '병(病)'을 이르는 말. 병환(病患) ¶할아버지의 ─가 걱정이 된다.

환흡(歡洽)어기 '환흡(歡洽)하다'의 어기(語基).

환흡-하다(歡洽─)형여 즐겁고 흡족하다.

환희(歡喜)명 ①즐겁고 기쁨. 환열(歡悅). 흔희(欣喜) ②불교에서, 불법(佛法)을 듣고 신심(信心)이 생김으로써 얻는 마음의 기쁨을 이르는 말.

환희-천(歡喜天)명 밀교(密敎)에서, 삼천 세계와 삼보(三寶)를 수호한다는 신. 코끼리 머리에 사람의 몸을 하고 있는 모습인데, 두 몸으로 된 것도 있음. 병과 재난을 막고, 부부가 화합하게 하며, 자식을 점지하는 능력을 가졌다고 함.

ㅎ

활명 ①화살을 메워서 쏘는 무기. 궁(弓) ②'무명활'의 준말. ③바이올린이나 첼로 따위 찰현(擦絃) 악기의 현(絃)을 켜는 기구.

활이야 살이야관용 본래는 활 쏘기를 배울 때 잘못하여 남이 다칠까 경계하기 위해 하던 말로, 큰 소리로 오래 꾸짖어서 야단침을 비유하여 이르는 말.

속담 **활과 과녁이 서로 맞는다** : 하려는 일과 닥친 기회가 꼭 들어맞음을 이르는 말./**활을 당기어 콧물을 씻는다** : 꼭 하고 싶던 일이 있던 차에 좋은 핑계가 생겨 그 기회를 타서 그 일을 함을 이르는 말.〔떡 본 김에 제사 지낸다/엎어진 김에 쉬어 간다〕

한자 활 궁(弓)〔弓部〕¶궁도(弓道)/궁수(弓手)/궁술(弓術)/궁시(弓矢)/양궁(洋弓)

활강(滑降)명-하다자타 미끄러져 내림.

활강=경:기(滑降競技)명 스키에서, 비탈에 설치된 코스를 미끄러져 내려오면서 속도를 겨루는 알파인 경기. 활강 경주

활강=경:주(滑降競走)명 활강 경기

활개명 ①펴거나 벌린 양 팔이나 양 다리. ¶네 활개를 펴고 눕다. ②새의 펴진 두 날개.

활개(를) 젓다관용 걸을 때 두 팔을 서로 어긋나게 번갈아 앞뒤로 흔들다. ¶활개를 저으며 빨리 걸어가다.

활개(를) 치다관용 ①걸을 때 두 팔을 번갈아 앞뒤로 힘차게 흔들다. ¶활개를 치며 걷다. ②떳떳하고 의기양양하게 행동하다. ¶활개를 치며 돌아다니다. ③해로운 것이 성행하다. ¶폭력배가 ─./전염병이 ─./음란 서적이 ─. ④새가 날개를 펼쳐서 퍼덕이다. ¶독수리가 활개를 치며 날아오른다.

활개(를) 펴다관용 ①팔다리를 쫙 펴다. ②당당하게 기를 펴다. ¶활개를 펴고 살다.

활개-똥명 세차게 내깔기는 물똥.

활개장-마루명 추녀마루

활갯-짓명-하다자 ①걸을 때 두 팔을 앞뒤로 힘차게 젓는 짓. ②새가 날개를 펼쳐 퍼덕이는 짓. ③택견에서, 팔을 휘젓거나 휘둘러 상대편을 공격하거나 방어하는, 가장 기본적인 팔 동작.

활갯짓-두손크게긁기[─짇─극─]명 택견에서, 활갯짓의 한 가지. 좌품이나 우품으로 서서 두 손을 번갈아 가며 높이 들어 아래로 긁어 내리며 굼실거리는 동작.

활갯짓-맞돌리기[─짇맏─]명 택견에서, 활갯짓의 한 가지. 좌품이나 우품으로 서서 두 손을 머리 위에서 마주 돌리며 굼실거리는 동작.

활갯짓-맞쳐들기[─짇맏─]명 택견에서, 활갯짓의 한 가지. 좌품이나 우품으로 서서 두 손을 머리 위로 마주 쳐들며 굼실거리는 동작.

활계(活計)명 살아갈 방도. 생계(生計)

활-고자명 활의 양 끝 머리의 시위를 메는 부분. 준고자 ☞양냥고자

활고자(∠活紐子)명 올가미

활공(滑空)명-하다자 ①항공기가 공중에서 발동기를 끄고 중력과 부력으로 비행하는 일. ②새가 날개를 편 상태로 날갯짓을 하지 않고 나는 일. 공중 활주

활공-기(滑空機)명 글라이더(glider)

활구(活句)명 ①살아 있는 글귀라는 뜻으로, 시문(詩文) 따위에서 함축성이 있고 생동감이 느껴지는 글귀. ②불교 선종(禪宗)에서, 깊은 의미가 함축되어 알기 어려운 글귀를 이르는 말. ☞사구(死句)

활-궁(─弓)명 한자 부수(部首)의 한 가지. '弘'·'弟' 등에서 '弓'의 이름.

활극(活劇)명 ①격투(格鬪)·총격·모험 따위를 주로 하여 연출한 영화나 연극, 또는 텔레비전드라마. ②떠들썩하고 격렬한 사건이나 장면을 비유하여 이르는 말.

활기(活氣)명 힘차게 솟아나는 기운이나 기개. ¶─가 넘치다./─를 되찾다./─를 띠다.

활-꼭지명 무명활로 목화를 탈 때, 시위를 튀기는 짧고 모가 진 나무 가락.

활-꼴명 ①활의 모양. 궁형(弓形) ②수학에서, 원의 호

(弧)와 그 두 끝을 잇는 현(弦)으로 이루어지는 평면 도형. 결원(缺圓)
활달(豁達)[-딸] 어기 '활달(豁達)하다'의 어기(語基).
활달-하다(豁達-)[-딸-] 형여 도량(度量)이 넓고 크다. ¶성격이 -.
활대[-때] 명 돛 위에 가로 댄 나무.
활동(活東)[-똥] 명 한방에서, 올챙이를 약재로 이르는 말. 열상(裂傷)이나 옴 따위를 치료하는 데 쓰임.
활동(活動)[-똥] 명-하다 자 ①활발하게 움직임. ¶-이 자유롭다./부엉이는 밤에 -한다. ②어떤 일의 성과를 거두기 위하여 애쓰거나 무엇을 이루려고 돌아다님. ¶봉사 -/문예부에서 -하다.
활동-가(活動家)[-똥-] 명 주변성이 많고 적극적으로 일하는 사람.
활동-력(活動力)[-똥-] 명 기운차게 움직이는 힘, 또는 일을 위하여 운동하는 힘.
활동-물(活動物)[-똥-] 명 살아 움직이는 물체. ¶-은 없고 달빛과 눈빛 뿐이다.
활동-사진(活動寫眞)[-똥-] 명 지난날, '영화(映畫)'를 이르던 말.
활동-적(活動的)[-똥-] 명 ①활발하게 움직이는 것. ¶-인 여성. ②활동하기에 좋은 것. 활동하기에 알맞은 것. ¶-인 옷차림.
활동-주의(活動主義)[-똥-] 명 ①어린아이가 직관적이고 창조적으로 생각하고 자발적으로 작업할 수 있는 신체적·정신적 활동을 학습 과정의 기본 원리로 삼는 교육 사상. ②도덕의 최고 목표인 지선(至善)에 이르기 위하여 의지 활동이 중요함을 강조하는 윤리 사상.
활-등[-뜽] 명 활짱의 등. ¶-처럼 휘어진 허리.
활등-코[-뜽-] 명 콧등이 활등처럼 휘우듬한 코.
활딱 부 ①몸집이 작은 것이 걸친 것을 몽땅 벗거나 벗기는 모양을 나타내는 말. ¶매미가 허물을 - 벗다. ②작은 것이 속의 것이 보이도록 몹시 뒤집거나 뒤집히는 모양을 나타내는 말. ¶주머니를 - 뒤집다. ③액체가 갑작스레 끓어 넘치는 모양을 나타내는 말. ¶국물이 - 넘치다. ☞홀딱. 훨떡
활딱-활딱 부 자꾸 활딱 하는 모양을 나타내는 말. ☞홀딱홀딱. 훨떡훨떡
활량 명 ①'한량(閑良)'의 변한말. ¶돈 잘 쓰고 놀기 좋아하는 -. ②활을 쏘는 사람.
활력(活力) 명 살아 움직이는 힘. ¶-이 넘치다./-을 불어넣다./-을 되찾다.
활력-설(活力說) 명 생기론(生氣論)
활력-소(活力素) 명 활력을 키우는 본바탕. ¶-가 되다./-를 찾다./-가 필요하다.
×**활련**(-蓮) 명 → 한련(旱蓮)
활로(活路) 명 살아 나가거나 빠져 나갈 길. ¶-가 열리다./-를 찾다./-가 보이다.
활리(猾吏) 명 교활한 아전(衙前)이나 관리.
활-머리 명 조선 시대, 여성이 어여머리의 맨 위에 얹어 치장하던 물건. 나무로 다리를 튼 것처럼 새겨 만들고 검은 칠을 하였음.
활-메우다 자 화살을 시위에 얹다.
활-무대(活舞臺) 명 마음껏 활동할 수 있는 곳이나 분야. ¶-를 얻다.
활물(活物) 명 살아 있는 동식물. ☞사물(死物)
활물=기생(活物寄生) 명 살아 있는 다른 동식물에 기생하여 영양분을 빨아먹고 사는 일. ☞사물 기생(死物寄生)
활발(活潑) 어기 '활발(活潑)하다'의 어기(語基).
활발-하다(活潑-) 형여 생기 있고 힘차며 시원스럽다. ¶동작이 -./성격이 -./활발한 무역 활동.
　활발-히 부 활발하게 ¶토론이 - 진행되다.
활배-근(闊背筋) 명 등의 하반부와 상박골(上膊骨) 사이에 걸쳐 붙어 있는 좌우 한 쌍의 근육. 등뒤의 안쪽으로 팔을 당기는 일 따위를 함.
활-벌이줄 명 종이 연의 머릿달에 활시위 모양과 같이 잡아매는 줄.
활법(活法)[-뻡] 명 활용하거나 응용하는 방법.
활변(滑便) 명 한방에서, '물찌똥'을 이르는 말.
활보(闊步) 명-하다 자타 ①활개를 치고 거드럭거리며 걷는 일, 또는 그런 걸음. ¶대로(大路)를 -하다. ②아무 거리낌 없이 멋대로 하는 행동.
×**활복**(割腹) 명 → 할복(割腹)
×**활부**(割賦) 명 → 할부(割賦)
활-부리다 자 활시위를 벗기다.
활불(活佛) 명 ①불교에서, 덕행이 뛰어나 살아 있는 부처로 숭앙을 받는 중을 높이어 이르는 말. 생불(生佛) ②티베트 불교에서, 전생(轉生)에 따라서 출현한다는 화신(化身) 라마를 이르는 말. 고승이 죽고 백일이 지난 뒤 49일 사이에 태어난 어린아이 중에서 선정함.
활-비비 명 송곳의 한 가지. 활처럼 굽은 나무 따위에 시위를 메고, 그 시위로 송곳 자루를 곱걸어서 돌리며 구멍을 뚫음. 무추(舞錐)
활빙(滑氷) 명-하다 자 얼음지치기
활빙-장(滑氷場) 명 얼음을 지치기 위하여 물을 얼려 놓은 장소. ☞스케이트장
활살(活殺)[-쌀] 명-하다 타 살리고 죽이는 일. 생살
활살자재(活殺自在)[-쌀-] 성구 살리고 죽이는 일을 마음대로 할 수 있음을 이르는 말.
활새-머리[-쌔-] 명 아래만 돌려 깎는 더벅머리.
활색(活塞)[-쌕] 명 피스톤(piston)
활석(滑石)[-썩] 명 규산마그네슘을 주성분으로 하고 단사 정계(單斜晶系)에 딸린 광물. 백색·회색·연녹색을 띠며 아주 무르고 겉이 반질반질함. 화장품, 종이, 전기 절연재, 보온재, 내화재(耐火材) 따위 재료로 쓰임. 탤컴(talcum). 탤크(talc)
활석=편암(滑石片岩)[-썩-] 명 활석을 주성분으로 하는 변성암의 한 가지. 백색을 띠고 미끌미끌하며 얇게 떨어져 나가는 성질이 있음.
활-선어(活鮮魚)[-썬-] 명 살아 있는 신선한 물고기.
활성(活性)[-썽] 명 물질의 어떤 기능이 활발해지는 성질. 원자나 분자 등의 에너지 양이 늘어 화학 반응 등이 일어나기 쉽게 되는 성질.
활성-탄(活性炭)[-썽-] 명 흡착성이 강한 탄소 물질. 목탄 등을 활성화하여 만드는데, 다공질이어서 냄새나 색소 등을 잘 빨아들임. 탈색·탈취(脫臭)·정수(淨水)·정제(精製) 등에 쓰임.
활성-화(活性化)[-썽-] 명-하다 타 ①분자나 원자 따위가 빛이나 열 에너지를 받아 반응이 활발해지는 일. ②사회나 조직 등의 기능을 활발하게 하는 일. ¶환경 운동을 -하다.
×**활소**(滑-) 명-하다 형 → 활수(滑手)
활수(活水)[-쑤] 명 흐르거나 솟아오르는 물. ☞사수(死水). 생수(生水)
활수(滑水)[-쑤] 명-하다 자타 수상 비행기나 비행정이 물 위를 미끄러져 나아가는 일.
활수(滑手)[-쑤] 명 ①자기의 것을 아끼지 않고 시원스럽게 잘 쓰는 씀씀이, 또는 그런 사람. ¶- 좋게 돈을 쓴다. ②-하다 형 자기의 것을 아끼지 않고 쓰는 솜씨가 시원스럽다. ¶보기보다 통이 크고 -한 데가 있다.
활수(闊袖)[-쑤] 명 통이 너른 소매. 광수(廣袖)
활승=안개(滑昇-) 명 산의 비탈면을 따라 올라가던 공기가 단열 팽창으로 냉각되어 안개로 변한 것. ☞복사 안개
활-시위[-씨-] 명 활에 걸어서 켕기는 줄. 그 줄에 화살을 메기어 잡아당겼다가 놓으면서 쏨. 궁현(弓弦). 현(弦). 활줄 준 시위[2]
　활시위(를) 얹다 관용 활짱에 활시위를 메우다.
활-신덕(活信德)[-씬-] 명 가톨릭에서, 실행과 믿음이 아울러 갖추어진 덕(德)을 이르는 말.
활싹 부 썩 넓게 벌어지거나 열린 모양을 나타내는 말. ☞훨썩
활안(活眼) 명 사리를 밝게 보는 눈.
활액(滑液) 명 관절의 운동을 원활하게 해 주는 미끄럽고 끈끈한 액체. 활액막(滑液膜)에서 분비됨.

활액-막(滑液膜)명 가동 관절의 뼈끝을 싸서 연결하는 막(膜). 그 안에서 활액이 분비됨.
활약(活躍)명-하다자 활발하게 활동함.
활어(活魚)명 살아 있는 물고기. 생어(生魚) ¶-로 회를 뜨다. ☞생선(生鮮). 활선어(活鮮魚)
활어(活語)명 ①현재 쓰이고 있는 말. ☞사어(死語) ②용언(用言)
활어-조(活魚槽)명 살아 있는 물고기나 조개 따위를 넣어 살려 두는 큰 물통.
활여(豁如)어기 '활여(豁如)하다'의 어기(語基).
활여-하다(豁如-)형여 자질구레한 일에 거리끼지 아니하고 도량이 넓고 크다.
활연(豁然)어기 '활연(豁然)하다'의 어기(語基).
활연-하다(豁然-)형여 ①앞이 환하게 트여 시원하다. ②의심 등이 풀리거나 사리를 깨달아 환하다.
활연-히부 활연하게
활엽(闊葉)명 넓고 큰 잎사귀.
활엽-수(闊葉樹)명 잎이 넓은 나무를 통틀어 이르는 말. 떡갈나무·오동나무 따위. 넓은잎나무 ☞침엽수(針葉樹)
활-옷명 조선 시대에 공주(公主)나 옹주(翁主) 등이 대례복으로 입던 소매가 넓은 옷. 오늘날은 혼례 때 새색시가 입음. 무가 없이 옆이 트이고 앞은 두 자락, 뒤는 한 자락으로 되어 있음. 붉은 비단에 장수(長壽)와 길복(吉福)을 기원하는 뜻으로 십장생을 수놓음.
활용(活用)명-하다타 ①그것이 지닌 능력이나 기능을 잘 살려 씀. 잘 변통하여 씀. ②〈어〉동사나 형용사 따위가 그 쓰임에 따라 단어의 형태가 바뀌는 일, 또는 그 바뀌는 체계. 어미 변화. 끝바꿈
활용-어(活用語)명〈어〉활용의 기능이 있는 단어. 곧 동사와 형용사 및 서술격 조사(敍述格助詞) '-이다'가 이에 해당함.
활용=어:미(活用語尾)명〈어〉활용의 범위 안에 있는 여러 형태의 어미. '높은, 높게, 높으니, 높구려' 등에서 '-은, -게, -으니, -구려' 따위. ☞기본 어미
활용-형(活用形)명〈어〉활용에 따라 나타나는 단어의 바뀐 형태. '길을 묻고 또 물어 찾아갔다.', '볼수록 아름답고 아름다워.'에서 '묻고', '물어', '아름답고', '아름다워'가 이에 해당함. ☞기본형(基本形)
활유-법(活喩法)[-뻡]명 의인법(擬人法)
활-음조(滑音調)명〈어〉발음의 편의에 따른 음운의 변화 현상. '불삽→부삽', '곤난→곤란', '허낙→허락'과 같은 말이 이 현상의 결과로 바뀐 말임. 음편(音便). 유포니(euphony)
활인(活人)명-하다자 사람의 목숨을 살림.
활인-서(活人署)명 조선 시대, 서울에서 의료(醫療)에 관한 일을 맡아보던 관아.
활인적덕(活人積德)성구 사람의 목숨을 살려 음덕(陰德)을 쌓음을 이르는 말.
활인지방(活人之方)명 ①사람의 목숨을 살려 돕는 방법. ②목숨을 구할 수 있는 곳이나 방위(方位).
활인-화(活人畫)명 지난날, 적당히 꾸며진 배경 앞에 분장을 한 사람이 서서 그림의 주인공처럼 보이도록 한 구경거리.
활자(活字)[-짜]명 활판 인쇄에 쓰는, 돋을새김으로 된 글자나 부호 따위. 납 합금 따위로 만든 네모 기둥 모양의 한 끝에 글자나 부호를 좌우 반대 되게 새긴 것임.
활자-금(活字金)[-짜-]명 활자를 주조하는 데 쓰는 합금. 주자쇠
활자-본(活字本)[-짜-]명 활판으로 인쇄하여 만든 책. 활판본(活版本)
활자-체(活字體)[-짜-]명 활자로 된 글자의 모양. 명조체(明朝體)·청조체(淸朝體)·고딕체 따위 여러 가지가 있음.
활자-판(活字版)[-짜-]명 활판(活版)
활자-화(活字化)[-짜-]명-하다자타 원고가 인쇄되어 나옴, 또는 원고를 인쇄하여 냄. ¶논문이 -하다./전래 민요를 -하다.
활-잡이명 ①활을 잘 쏘는 사람. ②궁사(弓師)
활-주(-柱)[-쭈]명 무엇을 받치거나 버티는 데 쓰는 굽은 기둥.
활주(滑走)[-쭈]명-하다자타 ①미끄러져 나아감, 또는 미끄러지듯이 나아감. ¶얼음판 위를 -하다. ②항공기 따위가 뜨거나 내릴 때에 땅이나 물 위를 미끄러지듯이 달리는 일. 슬라이딩(sliding)
활주(滑奏)[-쭈]명 피아노나 하프 등의 연주에서, 건반이나 현을 손가락이 미끄러지듯이 재빨리 짚어 내려가며 연주하는 방법. 글리산도(glissando)
활주-로(滑走路)[-쭈-]명 비행기가 뜨거나 내릴 때 활주할 수 있도록 설치한 포장 도로.
활-죽[-쭉]명 돛을 버티는 살.
활-줄[-쭐]명 활시위
활-줌통[-쭘-]명 줌통
활지(猾智)[-찌]명 교활한 지혜.
활-집[-찝]명 활을 넣어 두는 자루. 궁대(弓袋). 궁의
활짝부 ①시원스럽게 열거나 열린 모양을 나타내는 말. ¶창문을 - 열다. ②넓고 시원스럽게 트인 모양을 나타내는 말. ¶눈앞에 - 펼쳐진 들판. ③안개나 구름 따위가 말끔히 걷히고 날이 맑게 갠 상태를 나타내는 말. ¶날이 - 개다./구름이 - 걷히다. ④접히거나 오므라진 것을 넓게 펴는 모양을 나타내는 말. ¶어깨를 - 펴다./공작이 깃을 - 펼치다./쥘부채를 - 펼치다. ⑤꽃 따위가 한껏 탐스럽게 핀 모양을 나타내는 말. ¶- 핀 모란꽃. ⑥환하게 웃는 모양을 나타내는 말. ¶- 웃다. ☞훨쩍
활찐부 들 따위가 매우 시원스럽게 펼쳐진 모양을 나타내는 말. ☞훨찐
활-짱명 활의 몸.
활차(滑車)명 도르래
활착(活着)명-하다자 접을 붙이거나 옮겨 심은 식물이 서로 붙거나 뿌리를 내려 자람.
활착(滑着)명-하다자 활주하여 착륙함.
활-촉(-鏃)명 '화살촉'의 준말.
활택(滑澤)어기 '활택(滑澤)하다'의 어기(語基).
활택-하다(滑澤-)형여 반드럽고 윤기가 있다.
활-터명 활을 쏠 수 있도록 설비를 갖추어 놓은 곳. 사장(射場). 살터
활투(活套)명 올가미
활판(活版)명 활자로 짜 맞춘 인쇄판, 또는 그것으로 하는 인쇄. 식자판(植字版). 활자판(活字版)
활판(滑瓣)명 증기 기관의 기통(汽筒) 속에 장치하여 앞뒤로 움직이게 한 판.
활판-본(活版本)명 활자본(活字本)
활판=인쇄(活版印刷)명 볼록판 인쇄의 한 가지. 활판으로 인쇄함, 또는 그 인쇄물.
활-하다(滑-)형여《文》①반들반들하고 미끄럽다. ②빡빡하지 않고 헐겁다. ③똥이 묽어서 누기가 수월하다.
활화(活畫)명 생동하는 그림이란 뜻으로, 그림같이 아름다운 경치를 이르는 말.
활-화산(活火山)명 지금 화산 활동이 진행되고 있는 화산. ☞사화산(死火山). 휴화산(休火山)
활활부 ①작은 날짐승이 빠르고 가볍게 날갯짓을 하며 나는 모양을 나타내는 말. ②불길 따위가 세차게 타오르는 모양을 나타내는 말. ¶불길이 - 타오르다./두 눈에 정열이 - 타오르다. ③잰 손놀림으로 세차게 부채질을 하는 모양을 나타내는 말. ④잰 손놀림으로 가루 따위를 뿌리는 모양을 나타내는 말. ⑤잰 손놀림으로 옷을 거침없이 다 벗는 모양을 나타내는 말. ⑥잰 손놀림으로 먼지를 털거나 빨래를 헹구는 모양을 나타내는 말. ☞훌훌. 훨훨
활황(活況)명 활기를 띤 상황. 특히 소비 시장이나 주식 시장 따위의 경우를 이름.
활훈(活訓)명 산 교훈 또는 실천적인 교훈.
홧:-김명〔주로 '홧김에'의 꼴로 쓰이어〕화가 나는 서슬. 열김 ¶-에 일을 그르치다.

속담 홧김에 서방질한다 : 울분을 참지 못하여 차마 못할 짓을 한다는 말.

홧홧[환-] 부-하다 형 불에 달듯이 화끈한 기운이 도는 모양을 나타내는 말. ¶얼굴이 ― 달아오르다.

황 명 ①패가 맞지 않는 골패의 짝. ②어떤 일을 이루는 데 알맞지 않은 것.

황(을) 그리다 관용 욕되리만큼 낭패를 보다.

황(을) 잡다 관용 ①골패 따위에서 패가 맞지 않는 짝을 잡다. ②일이 엇나가거나 뜻밖의 낭패를 보다.

황(凰) 명 봉황의 암컷. ☞봉(鳳)

황(黃)[1] 명 ①'황색(黃色)'의 준말. ②한방에서, 우황(牛黃)이나 구보(狗寶) 따위가 들어 있는 한약을 이르는 말. ③보리나 밀에 병이 들어 줄기에 내리는 누런 가루. ④인삼에 병이 들어 거죽에 누렇게 끼는 흠.

황(黃)[2] 명 비금속 원소의 하나. 냄새가 없고 파삭파삭한 수지(樹脂) 광택이 있는 황색의 결정임. 화약이나 성냥 따위를 만드는 데 쓰임. 석유황(石硫黃). 유황(硫黃) 〔원소 기호 S/원자 번호 16/원자량 32.07〕

황각(黃角) 명 '황각채(黃角菜)'의 준말.

황각-나물(黃角―) 명 황각채를 살짝 데쳐 낸 다음, 짤막하게 썰어 기름과 소금에 무친 나물. 황각채

황각-채(黃角菜) 명 ①청각(靑角)의 한 가지. 청각과 같으나 빛깔이 누름. 준 황각(黃角) ②황각나물

황갈-색(黃褐色)[-쌕] 명 검은빛을 띤 누른빛. 검누른빛. ☞고동색(古銅色)

황-감(黃―) 명 황화물(黃化物)이 산화하여 붉은빛을 띤 감돌. ▷ 黃의 속자는 黄

황감(黃柑) 명 잘 익어 빛이 누른 감자(柑子).

황감(惶感) 어기 '황감(惶感)하다'의 어기(語基).

황감-하다(惶感―) 형여 황송하고 감격스럽다.

황감-히 부 황감하게

황-강달이(黃江達―) 명 민어과의 바닷물고기. 몸길이는 20cm 안팎. 대가리가 크고 꼬리 부분이 매우 가늚. 몸빛은 누런빛인데 꼬리지느러미 끝 부분이 검은빛임. 주로 젓갈을 담가 먹음. 황석어(黃石魚)

황-강홍(黃降汞) 명 황색 산화수은(黃色酸化水銀)

황객(荒客) 명 '황당객(荒唐客)'의 준말.

황겁(惶怯) 어기 '황겁(惶怯)하다'의 어기(語基).

황겁-하다(惶怯―) 형여 겁이 나고 두렵다.

황겁-히 부 황겁하게

황견(黃繭) 명 병적으로 누렇게 된 고치.

황경(皇京) 명 황성(皇城)

황경(黃經) 명 춘분점으로부터 황도(黃道)를 따라 잰 천체의 각거리(角距離). ☞황위(黃緯)

황계사(黃鷄詞) 명 조선 시대, 십이가사(十二歌詞)의 하나. 작자와 연대는 알려져 있지 않으며, 임과 이별한 뒤의 외로운 회포를 읊은 노래임. 모두 여든 구(句)로, '청구영언(靑丘永言)'에 실려 전함. 황계 타령

황계=타령(黃鷄*打令) 명 황계사(黃鷄詞)

황고(皇考) 명 '선고(先考)'의 높임말.

황-고랑(黃―) 명 털빛이 누른 말.

황-고집(黃固執) 명 몹시 센 고집, 또는 고집이 몹시 센 사람.

황곡(黃麯) 명 누르스름한 종곡(種麯)의 한 가지. 주로 간장이나 약주, 청주 따위를 만드는 데 쓰임.

황곡(黃鵠) 명 '고니'의 딴이름.

황공(惶恐) 어기 '황공(惶恐)하다'의 어기(語基).

황공무지(惶恐無地) 성구 황공하여 몸 둘 바를 모르는 상태를 이르는 말.

황공-하다(惶恐―) 형여 위엄이나 지위 따위에 눌려 두렵다. ☞황송하다

황공-히 부 황공하게

황관(黃冠) 명 ①누른빛의 관. ②풀로 만든 평민의 관으로, 관직에 오르지 못한 사람, 곧 야인(野人)을 이르는 말. ③도사(道士)의 관, 또는 도사를 이르는 말.

황괴(惶愧) 어기 '황괴(惶愧)하다'의 어기(語基).

황괴-하다(惶愧―) 형여 황송하고 부끄럽다.

황구(黃口) 명 부리가 노란 새 새끼라는 뜻으로, 어린아이 또는 미숙한 사람을 이르는 말.

황구(黃狗) 명 털빛이 누른 개. 누렁개. 누렁이

황구(黃耉) 명 나이가 썩 많은 늙은이.

황-구렁이(黃―) 명 몸빛이 누른 구렁이.

황-구새(黃―) 명 구새의 한 가지. 광석 속에 들어 있는 황화물이 산화한, 붉은빛을 띤 누른빛의 구새.

황구-신(黃狗腎) 명 한방에서, 누런 수캐의 생식기를 이르는 말. 양기(陽氣)를 돕는 데 쓰임.

황구유취(黃口乳臭) 성구 어려서 아직 젖비린내가 난다는 뜻으로, 남을 어리고 하잘것없다고 낮잡아 이르는 말. ☞구상유취(口尙乳臭)

황구-피(黃狗皮) 명 누렁개의 털가죽.

황국(皇國) 명 삼황(三皇)이 다스리던 나라를 이르는 말. ☞오제(五帝)

황국(黃菊) 명 빛이 누른 국화. 황화(黃花)

황궁(皇宮) 명 황제의 궁궐. 제궐(帝闕)

황권(黃卷) 명 옛날, 책이 좀먹는 것을 막으려고 황벽나무 잎으로 종이를 누르게 물들인 데서, '책'을 이르는 말.

황권-적축(黃卷赤軸) 명 누른 종이와 붉은 책갑이란 뜻으로, '불경(佛經)'을 달리 이르는 말.

황귤-피(黃橘皮) 명 한방에서, 밀감이 익은 뒤에 껍질을 벗겨 말린 것을 약재로 이르는 말. 위(胃)를 보호하고 기침을 멎게 하며 가래를 삭이는 데 쓰임. 진피(陳皮). 준 황피(黃皮) ☞청귤피(靑橘皮)

황금(黃芩) 명 꿀풀과의 여러해살이풀. 줄기 높이는 60cm 안팎이며, 잎은 마주 남. 7~8월에 자줏빛 종 모양의 꽃이 총상(總狀) 꽃차례로 핌. 어린잎은 먹을 수 있고, 뿌리는 한방에서 약재로 쓰임. 우리 나라 각처의 산지에 자람. ☞숙금(宿芩)

황금(黃金) 명 ①빛이 누른 데서, '금'을 달리 이르는 말. 별은(別銀) ②'돈' 또는 '재물'의 뜻으로 쓰이는 말. ¶― 에 눈이 어둡다.

속담 **황금 천 냥이 자식 교육만 못하다** : 부모가 자식에게 주는 가장 크고 좋은 유산(遺産)은 공부를 시키는 일이라는 말.

황금-률(黃金律) 명 뜻이 심오하여 인생에 유익한 잠언(箴言)을 이르는 말.

황금만:능(黃金萬能) 성구 돈만 있으면 무슨 일이든지 뜻대로 할 수 있음을 이르는 말. ☞금권만능

황금-보:관(黃金寶冠) 명 삼국 시대, 왕공(王公)들이 쓰던 관. 외관과 내관을 정착(定着)하여 만들었는데, 황금테에 나뭇가지 모양의 장식을 세우고 곡옥(曲玉) 따위를 달았음. 준 금관(金冠)

황금=분할(黃金分割) 명 한 선분을 두 부분으로 나눌 때, 전체에 대한 큰 부분의 비와 큰 부분에 대한 작은 부분의 비가 같도록 나눈 것. 그 비는 약 1.618 : 1임.

황금-불(黃金佛) 명 금부처

황금-비(黃金比) 명 한 선분을 두 부분으로 나눌 때, 전체에 대한 큰 부분의 비와 큰 부분에 대한 작은 부분의 비가 같게 한 비. 약 1.618 : 1임. 외중비(外中比). 중외비(中外比)

황금-새(黃金―) 명 딱샛과의 나그네새. 몸길이 14cm 안팎. 수컷의 등은 검은빛이고 멱과 눈썹 선은 짙은 황색, 가슴은 노란빛임. 우리 나라에는 봄과 가을에 지나가는 나그네새임.

황금-색(黃金色) 명 황금과 같이 누런빛. 금빛

황금-시대(黃金時代) 명 ①사회의 진보가 절정에 이른, 행복하고 평화로운 시대. ②개인의 일생에서 가장 한창인 시절. ¶청춘은 인생의 ―이다.

황급(遑急) 어기 '황급(遑急)하다'의 어기(語基).

황급-하다(遑急―) 형여 허둥대도록 마음이 급박하다.

황급-히 부 황급하게

황기(皇基) 명 황국(皇國)의 기초.

황기(荒饑) 명-하다 자 흉년이 들어 배를 곯음.

황기(黃芪) 명 ①콩과의 여러해살이풀. 뿌리는 길고 줄기는 1m 안팎. 잎은 깃꼴 겹잎이며 8~9월에 연노랑 꽃이 핌. 산지에 자라기도 하고 재배하기도 함. 단너삼 ②한

방에서, 황기의 뿌리를 약재로 이르는 말. 원기를 돕는 데 쓰임.

황기(黃旗)명 누른 빛깔의 기.

황기-끼다(-氣-)[-끼-]자 겁을 내어 두려워하는 마음이 생기다.

황-끼다(黃-)자 인삼에 황(黃)이 생기다.

황나(黃糯)명 차좁쌀

황낭(黃囊)명 재래식 혼례 때에 신랑이 차는 누른 빛깔의 두루주머니.

황-내리다(黃-)자 ①보리나 밀의 줄기에 황이 생기다. ②소의 목덜미와 다리에 병이 들어, 속으로 누런 물이 생기며 붓다.

황녀(皇女)명 황제의 딸. ☞황자(皇子)

황년(荒年)명 흉년(凶年)

황단(荒壇)명 거칠어진 뜰.

황달(黃疸)명 쓸개즙의 색소가 피 속으로 흘러 들어 살갗과 눈, 오줌이 누렇게 되는 병. 주로 간장에 탈이 나서 생기는 부차적 병증임. 달기(疸氣). 달병(疸病). 달증(疸症) ☞흑달(黑疸)

황달(이) 들다관용 풀이나 곡식 등이 누런빛을 띠다.

황답(荒畓)명 거칠어서 못 쓰게 된 논.

황당(荒唐)어기 '황당(荒唐)하다'의 어기(語基).

황당-객(荒唐客)명 말과 행동이 터무니없고 허황한 사람. 준황객(荒客)

황당무계(荒唐無稽)성구 말과 행동이 터무니없고 허황함을 이르는 말. 황탄무계(荒誕無稽)

황당-선(荒唐船)명 조선 중기 이후, 우리 나라 연해(沿海)에 출몰하던 국적 불명(國籍不明)의 배를 이르던 말. ☞이양선(異樣船)

황당-하다(荒唐-)형여 말이나 행동이 터무니없고 허황하다. 황탄하다 ¶황당한 이야기.

황당-히부 황당하게

황-대구(黃大口)명 배를 갈라서 소금을 치지 않고 말린 대구.

황도(皇都)명 ①황성(皇城) ②960년(고려 광종 11)에 '개경(開京)'을 고친 이름.

황도(黃桃)명 복숭아의 한 품종. 과육(果肉)이 노랗고 치밀함. 통조림용으로 많이 쓰임.

황도(黃道)명 지구에서 보아, 태양이 지구를 중심으로 도는 것처럼 보이는 천구(天球)상의 커다랗고 둥근 궤도. 천구의 적도에 대하여 23° 27'쯤 기울어져 있으며, 태양이 적도를 가로지르는 두 점이 각각 춘분점과 추분점임.

황도-광(黃道光)명 먼동이 트기 전의 동쪽 하늘이나 해가 진 뒤의 놀이 끝난 서쪽 하늘에, 지평선으로부터 하늘의 황도를 따라 원뿔 모양으로 퍼지는 어스름한 빛의 띠.

황도-대(黃道帶)명 황도를 중심으로 하여 남북으로 각각 약 8°의 폭을 가진 띠 모양의 천구(天球) 영역. 이를 열두 개로 나눈 별자리가 대부분 동물의 이름으로 되어 있음. 수대(獸帶)

황도=십이궁(黃道十二宮)명 춘분점(春分點)을 기점(起點)으로 하여 30°씩 십이 등분하여 붙인 이름. 각 구획의 백양궁(白羊宮)·금우궁(金牛宮)·쌍자궁(雙子宮)·거해궁(巨蟹宮)·사자궁(獅子宮)·처녀궁(處女宮)·천칭궁(天秤宮)·천갈궁(天蠍宮)·인마궁(人馬宮)·마갈궁(磨羯宮)·보병궁(寶瓶宮)·쌍어궁(雙魚宮)의 십이궁을 이름. 지금은 세차(歲差)에 따라 춘분점이 쌍어궁으로 옮아 있어 십이궁도 거의 한 구획씩 서쪽으로 옮아가 있음. 십이궁(十二宮) ☞십이 성좌(十二星座)

ㅎ

황동(黃銅)명 놋쇠

황동-광(黃銅鑛)명 구리와 철의 황화(黃化) 광물. 구리의 원료로서 중요한 광석임.

황두(黃豆)명 누른빛이 나는 콩의 한 가지.

황-등롱(黃燈籠)명 '황사등롱(黃紗燈籠)'의 준말.

황락(荒落)어기 '황락(荒落)하다'의 어기(語基).

황락-하다(荒落-)형여 거칠고 쓸쓸하다.

황랍(黃蠟)명 밀랍(蜜蠟)

황량(黃粱)명 '메조'의 딴이름.

황량(荒涼)어기 '황량(荒涼)하다'의 어기(語基).

황량-몽(黃粱夢)명 한단지몽(邯鄲之夢)

황량-하다(荒涼-)형여 황폐하여 쓸쓸하다.

황련(黃連)명 한방에서, 깽깽이풀의 뿌리를 약재로 이르는 말. 장염·설사 따위의 치료에 쓰임.

황로(荒路)명 몹시 거친 길.

황로(黃鷺)명 백로과의 여름 철새. 몸길이 50cm 안팎. 연한 적갈색인 머리와 가슴을 제외하고 온몸이 백색임. 부리는 황색, 다리는 암갈색임. 생태는 백로와 같음.

황로-학(黃老學)명 황제(黃帝)와 노자(老子)의 학문이라는 뜻으로, '도교(道敎)'를 달리 이르는 말.

황록-색(黃綠色)명 누른빛을 띤 녹색.

황료(荒寥)어기 '황료(荒寥)하다'의 어기(語基).

황료-하다(荒寥-)형여 거칠어서 쓸쓸하다.

황료-히부 황료하게

황룡(黃龍)명 누른 빛깔의 용. ▷黃의 속자는 黄

황룡-포(黃龍袍)명 대한 제국 때, 황제가 사무를 볼 때 입던 황색 포(袍).

황률(黃栗)명 황밤

황릉(皇陵)명 황제의 능.

황리(黃梨)명 황술레

황린(黃燐)명 인(燐)의 동소체(同素體)의 하나. 무색의 등축 정계(等軸晶系)의 결정인데, 습한 공기에 닿으면 산화하여 엷은 노란빛을 띠고 어두운 데서는 인광을 발함. 공기 속에서 발화하며 독성이 강하므로 물 속에 보존함. 백린(白燐) ☞적린(赤燐)

황림(荒林)명 황폐한 수풀.

황마(黃麻)명 벽오동과의 한해살이풀. 인도 원산의 재배식물로 줄기 높이는 2~4m임. 잎은 어긋맞게 나고 끝이 뾰족하고 톱니가 있는 길둥근 모양이며, 8~9월에 노란 꽃이 대여섯 송이씩 모여서 핌. 온 포기에서 채취한 섬유는 황저포(黃紵布)를 만드는 데 쓰임.

황막(荒漠)어기 '황막(荒漠)하다'의 어기(語基).

황막-하다(荒漠-)형여 거칠고 아득하게 넓다.

황망(慌忙)어기 '황망(慌忙)하다'의 어기(語基).

황망-하다(慌忙-)형여 마음이 급하거나 바빠서 어리둥절하다.

황망-히부 황망하게 ¶사고 소식을 듣고 - 달려가다.

황매(黃梅)명 ①누렇게 익은 매실(梅實). ②황매화(黃梅花) ③한방에서, 생강나무의 열매를 약재로 이르는 말. 배앓이 따위를 치료하는 데 쓰임.

황-매화(黃梅花)명 ①장미과의 낙엽 관목. 줄기 높이는 2m 안팎. 잎은 어긋맞게 나고 길둥글며 톱니가 있음. 4~5월에 가지 끝에 노란 꽃이 한 송이씩 피며, 열매는 견과(堅果)로 가을에 익음. 흔히 관상용 식물로 재배함. 황매(黃梅) ②황매화의 꽃.

황면(黃面)명 석가모니의 얼굴.

황면-노:자(黃面老子)명 불교의 선종(禪宗)에서, 몸이 황금빛이라는 뜻으로 '석가모니'를 이르는 말.

황명(皇命)명 황제의 명령.

황모(黃毛)명 족제비의 꼬리털. 붓을 매는 데 쓰임.

황모(黃麰)명 황증(黃蒸)이 든 보리나 밀.

황모(가) 들다관용 보리나 밀이 황증에 걸려 누렇게 되어 썩다.

황모-필(黃毛筆)명 족제비 꼬리털로 맨 붓.

황무(荒蕪)어기 '황무(荒蕪)하다'의 어기(語基).

황무-지(荒蕪地)명 손을 대지 않고 버려 두어 거칠어진 땅. ☞황지(荒地)

황무-하다(荒蕪-)형여 논밭 따위를 거두지 아니하여 매우 거칠다.

황문(荒文)명 거칠고 너저분한 글.

황문(黃門)명 내시(內侍)

황민(荒民)명 흉년을 만난 백성.

황-밤(黃-)명 말려서 껍질과 보늬를 벗긴 밤. 황률

황백(黃白)명 황금과 백은(白銀)이라는 뜻으로 '돈'을 달리 이르는 말.

황백(黃柏)명 한방에서, 황벽나무의 껍질을 약재로 이르

는 말. 황달·이질 따위의 치료에 쓰임.

황벽-나무(黃蘗-)명 운향과의 낙엽 활엽 교목. 높이는 10～15m. 껍질에 코르크가 발달하여 깊은 홈이 지고, 잎은 깃꼴 겹잎으로 마주 남. 노란 꽃이 5～6월에 원추(圓錐) 꽃차례로 피며, 암수딴그루임. 열매는 9～10월에 핵과(核果)로 익음. 산 속의 기름진 땅에 자람. 줄기는 목재와 염료로, 껍질과 열매는 한약재로 쓰임.

황벽-색(黃蘗色)명 황벽나무의 껍질로 물들인 누른빛.

황변(黃變)명 담배 잎을 건조실(乾燥室)에 넣고 불을 때어 노랗게 만드는 일, 또는 그렇게 한 담배 잎.

황변(을) 보다 관용 아궁이에 불을 때면서 건조실의 담배 잎이 노랗게 되도록 살피다.

황병(蟥蛢)명 '풍뎅이'의 딴이름.

황-복(黃-)명 참복과의 바닷물고기. 몸길이는 45cm 안팎. 몸은 유선형인데 머리는 뭉툭하고 꼬리는 원통형임. 몸빛은 등은 노란 바탕에 검은빛이고, 배는 흰빛임. 3～5월에 황해로 흐르는 강에 올라와 산란함.

황-부루(黃-)명 흰빛이 섞인 누른 말. 새고라. 토황마

황비(皇妃)명 황제의 아내.

황비(荒肥)명 마소의 똥과 짚을 섞어 만든 거름.

황비철-광(黃砒鐵鑛)명 누른빛을 띤 은백색 금속 광택이 나는 기둥 모양의 결정. 겉꼴은 사방 정계(斜方晶系)이며 아비산의 주요 원료임. 독사(毒砂)

황사(皇嗣)명 황태자(皇太子)

황사(黃砂)명 ①누른빛의 모래. ②중국 대륙이나 몽골 지방의 황토 지대의 잔모래가 강한 바람으로 하늘로 날아올랐다가 천천히 내려오는 현상. 봄이나 초여름에 우리나라에도 날아옴.

황사(黃紗)명 누른 빛깔의 깁.

황사(黃絲)명 누른 빛깔의 실.

황사-등롱(黃紗燈籠)명 ①누른 운문사(雲紋紗) 바탕에 붉은 운문사로 위아래에 동을 단 등롱. ②누른 운문사로 옷을 한 품등(品燈)의 한 가지. 조선 시대, 당하관(堂下官)이 밤 나들이에 들리고 다녔음. 준 황등롱(黃燈籠)

황산(黃酸)명 무기산(無機酸)의 한 가지. 빛깔도 냄새도 없는 끈끈한 액체. 강산(強酸)으로, 금과 백금을 제외한 거의 모든 금속을 녹임. 여러 가지 약품을 만드는 원료로서 화학 공업에 널리 쓰임.

황산-구리(黃酸-)명 구리의 황산염. 구리를 묽은 황산과 함께 가열하여 만든 파란 결정. 천연으로는 담반(膽礬)으로 산출됨. 도금액이나 안료, 구충제 따위를 만드는 데 쓰임. 황산동(黃酸銅)

황산-나트륨(黃酸Natrium)명 나트륨의 황산염. 무수물(無水物)은 빛깔이 없으며, 알코올에 녹지 않는 성질이 있음. 유리나 군청(群青) 따위를 만드는 데 쓰임. 망초(芒硝). 황산소다

황산-니코틴(黃酸nicotine)명 니코틴의 황산염. 농업용 살충제로 쓰이는데, 특히 진딧물 제거에 유효함.

황산-동(黃酸銅)명 황산구리

황산-마그네슘(黃酸Magnesium)명 마그네슘의 황산염. 물에 녹고 알코올에는 조금 녹음. 설사약이나 매염제, 공업용 원료로 쓰임. 사리염(瀉利塩)

황산-바륨(黃酸Barium)명 바륨의 황산염. 바륨염 용액에 황산 또는 황산나트륨 따위를 넣을 때 침전하는 흰빛의 결정성 가루. 천연으로는 중정석(重晶石)으로 산출됨. 흰빛의 안료(顔料)나, 엑스선 사진 촬영의 조영제(造影劑) 따위를 만드는 데 쓰임.

황산-소:다(黃酸soda)명 황산나트륨

황산-아연(黃酸亞鉛)명 아연의 황산염. 무색의 결정이나 가루로 공기 속에서 풍화함. 농약이나 방부제, 안약(眼藥) 따위를 만드는 데 쓰임.

황산-알루미늄(黃酸aluminium)명 알루미늄의 황산염. 수산화알루미늄에 진한 황산을 넣어 만드는 무색 결정. 물에 잘 녹고, 수용액은 약산성(弱酸性)임. 매염제(媒染劑)나 정수제(淨水劑), 의약품 따위를 만드는 데 쓰임.

황산-암모늄(黃酸ammonium)명 황산에 암모니아를 흡수시켜서 만드는 결정. 물에 잘 녹으며, 질소 비료로서 많이 쓰임. 유안(硫安)

황산-염(黃酸塩)[-념]명 황산 속에 들어 있는 수소 원자의 일부 또는 모두를 금속 원자로 바꾸어 놓은 화합물을 통틀어 이르는 말. 황산바륨이나 황산칼슘 따위.

황산-제:이철(黃酸第二鐵)명 철의 황산염의 한 가지. 매염제나 안료(顔料), 의약품 따위를 만드는 데 쓰임.

황산-제:일철(黃酸第一鐵)명 철의 황산염의 한 가지. 철을 묽은 황산에 녹여 만드는 초록의 결정. 잉크나 안료(顔料), 의약품 따위를 만드는 데 쓰임. 녹반(綠礬). 청반(青礬)

황산-지(黃酸紙)명 황산 용액으로 처리한 반투명의 종이. 물과 기름에 잘 젖지 않음. 버터·치즈 따위의 식품이나 약품을 포장하는 데 쓰임. 유산지(硫酸紙)

황산-칼륨(黃酸Kalium)명 칼륨의 황산염. 빛깔도 냄새도 없는 사방 정계(斜方晶系)의 결정. 비료나 유리, 의약품을 만드는 데 쓰임. 황산칼리

황산-칼리(黃酸Kali)명 황산칼륨

황산-칼슘(黃酸calcium)명 칼슘의 황산염. 천연으로는 석고(石膏)나 경석고(硬石膏)로서 산출됨. 모형이나 소상(塑像)의 제작, 또는 고착제(固着劑)로 널리 쓰임.

황상(皇上)명 현재 나라를 다스리고 있는 '황제(皇帝)'를 일컫는 말.

황:-새명 황새과의 겨울 철새. 백로와 비슷하나 더 큼. 몸길이 110cm 안팎. 온몸이 흰빛이며 날개 끝의 깃털과 부리는 검고 눈의 언저리와 다리는 붉은빛임. 물가에서 살며 민물고기나 가재·개구리·뒤쥐 따위를 잡아먹음. 천연 기념물 제199호이며 국제 보호조임. 부금(負金)

속담 **황새 여울목 넘어다보듯** : 목을 빼어 무엇 먹을 것 없나 기웃거림을 이르는 말. [황새 논두렁 넘어다보듯]/ **황새 조알 까먹은 것 같다** : 너무 적어서 양에 차지 않음을 이르는 말.

황:새-걸음명 긴 다리로 성큼성큼 걷는 걸음.

황:새-목명 등롱대의 꼭대기에 있는, 등롱을 거는 쇠. 옴츠린 황새 모가지처럼 구부스름하게 생김.

황-새치(黃-)명 황새칫과의 바닷물고기. 몸길이 4.5m 안팎. 몸은 길고 양쪽 옆이 두꺼우며, 위 주둥이가 새의 부리처럼 앞으로 길게 뻗어 있음. 배지느러미는 없음. 몸빛은 등은 암갈색이고 배는 회백색임. 작은 물고기와 오징어 따위를 잡아먹으며 온대와 열대의 외양 표층을 유영하며 삶. ☞기어(旗魚)

황색(黃色)명 누른빛 준 황(黃)[1]

황색=산화수은(黃色酸化水銀)명 산화제이수은의 한 가지. 독이 있는 귤색의 가루로 도포제(塗布劑)나 연고(軟膏) 따위의 의약품을 만드는 데 쓰임. 황강홍(黃降汞)

황색=신문(黃色新聞)명 옐로페이퍼(yellow paper)

황색=인종(黃色人種)명 살빛이 누르고, 머리털이 검고 곧은 인종. 주로 아시아 대륙에 사는 한국인·중국인·일본인 등이 이에 딸림. 준 황인종(黃人種)

황색=조합(黃色組合)명 근로자의 편에 서지 않고 자본가에게 협조적인 회사 조합 또는 우익 조합을 이르는 말.

황색편모조-류(黃色鞭毛藻類)명 원생생물계의 한 문(門). 황갈색 또는 황록색 단세포 조류(藻類)로, 엽록소 외에 황갈색 색소를 가지고 있음. 바닷물과 민물에 널리 분포하는 플랑크톤을 이름. 규조류(硅藻類). 돌말 ☞ 황적조류(黃赤藻類)

황석(黃石)명 빛이 누른 방해석(方解石).

황-석어(黃石魚)명 ①참조기 ②황강달이

황석어-젓(黃石魚-)명 황강달이로 담근 젓.

황설(荒說)명 터무니없고 허황한 말.

황성(皇城)명 황제가 다스리는 나라의 서울. 제도(帝都). 제성(帝城). 제향(帝鄉). 황경(皇京). 황도(皇都)

황성(荒城)명 황폐한 성.

황세(荒歲)명 흉년(凶年)

황소명 ①큰 수소. 황우(黃牛) ②기운이 세거나, 많이 먹거나, 미련한 사람을 비유하여 이르는 말.

속담 **황소 뒷걸음질 치다가 쥐 잡는다** : ①어리숙한 사람이 미련하게 행동하다가 뜻밖에 좋은 성과를 얻음을 이

르는 말. ②어쩌다 우연히 이루거나 알아맞힘을 이르는 말. 〔황소 뒷걸음에 잡힌 개구리〕/**황소 제 이불 뜯어먹기** : 우선 둘러대서 일을 해냈지만, 알고 보면 제 손해였다는 말.

황소-개구리 명 개구릿과에 딸린 대형 개구리. 몸길이 20 cm 안팎에 몸무게가 400g에 이름. 수컷의 등은 초록에 검은 얼룩점이 있으며, 암컷의 등은 갈색에 검은 얼룩무늬가 있음. 아메리카 원산으로 양식용으로 들여옴. 현재는 토착화하여 전국의 수계에 서식함.

황소-걸음 명 ①황소처럼 느린 걸음. ②느리지만 착실하게 해 나가는 행동을 비유하여 이르는 말.

황소-고집(-固執) 명 몹시 센 고집. 쇠고집

황소고집을 세우다 관용 절대 꺾이지 않으려는 기세로 제 의견이나 주장을 고집하다.

황소-바람 명 좁은 틈이나 구멍으로 들어오는 몹시 세고 찬 바람.

황소-자리 명 십이 성좌(十二星座)의 하나. 겨울에 남쪽 하늘에 보이는 별자리인데, 1월 하순 오후 여덟 시 무렵에 자오선(子午線)을 통과함. ☞황도 십이궁(黃道十二宮). 쌍둥이자리

황손(皇孫) 명 ①황제의 손자. ②황제의 후손.

황솔(荒率) 어기 '황솔(荒率)하다'의 어기(語基).

황솔-하다(荒率-) 형여 거칠고 경솔하다.

황솔-히 부 황솔하게

황송(黃松) 명 나무를 벤 뒤 5~6년이 지나 땅 속의 뿌리에 복령(茯苓)이 생기는 소나무의 한 가지. 복령은 이뇨제(利尿劑) 따위로 쓰임.

황송(惶悚) 어기 '황송(惶悚)하다'의 어기(語基).

황송-하다(惶悚-) 형여 분에 넘치어 고맙고 송구하다. ☞황공하다

황송-히 부 황송하게

황수-증(黃水症)[-쯩] 명 한방에서 이르는 수종(水腫)의 한 가지. 비장(脾臟)에 탈이 나서 허리와 배가 퉁퉁 붓는 병.

황숙(黃熟) 명-하다 자 곡식이나 과실이 누렇게 익음.

황-술레(黃-) 명 배의 한 품종. 누르고 크며 맛이 좋음. 황리(黃梨) ☞청술레

황실(皇室) 명 황제의 집안. 제실(帝室)

황:아(荒-) 명 지난날, 담배 쌈지나 바늘·실 따위의 잡화(雜貨)를 이르던 말. 원 황화(荒貨)

황:아-장수(荒--) 명 지난날, 집집을 찾아 다니며 온갖 잡화를 팔던 사람.

속담 **황아장수 망신은 고불통이 시킨다** : 못난 것이 제가 딸린 단체의 여러 사람에게 명예롭지 않은 일을 하고 다님을 이르는 말. 〔어물전 망신은 꼴뚜기가 시킨다〕/**황아장수 잠자리 옮듯** : 한곳에 오래 머물지 않고 여기저기 돌아다님을 비유하여 이르는 말.

황앵(黃鶯) 명 '꾀꼬리'의 딴이름.

황야(荒野) 명 거친 들판. 황원(荒原)

황양-목(黃楊木) 명 '회양목'의 딴이름.

황어(黃魚) 명 잉엇과의 물고기. 몸길이 40cm 안팎. 몸빛은 등은 감파랗거나 누렇고, 배는 흼. 동해나 남해로 흐르는 하천에서 사는데 잡식성임.

황-여새(黃-) 명 여샛과의 겨울 철새. 몸길이 20cm 안팎. 머리에 긴 뿔털이 있고, 몸빛은 분홍색을 띤 밤색이며 꽁지 끝은 누른빛임. 노랑연새

황연(荒宴) 명-하다 자 주연(酒宴)에 빠짐.

황연(黃鉛) 명 크롬산납을 주성분으로 하는 누른빛의 안료(顔料). 칠감이나 인쇄 잉크, 유화 물감 따위를 만드는 데 쓰임.

황:연(晃然) 어기 '황연(晃然)하다'의 어기(語基).

황:연-하다(晃然-) 형여 ①환하게 밝다. ②환히 깨달아 분명하다.

황연-히 부 황연하게

황열(黃熱) 명 바이러스로 말미암아 발병하는 열대성 전염병의 한 가지. 갑자기 열이 많이 오르고 황달과 토혈(吐血) 따위가 일어나며 사망률이 높음.

황엽(黃葉) 명 엽록소가 분해되어 누렇게 물든 잎.

황예(荒穢) 어기 '황예(荒穢)하다'의 어기(語基).

황예-하다(荒穢-) 형여 몹시 거칠고 더럽다.

황-오리(黃-) 명 오릿과의 겨울 철새. 몸길이 65cm 안팎. 몸빛은 주황빛이 도는 밤색으로 흰 날개깃을 가짐.

황옥(黃玉) 명 사방 정계(斜方晶系)의 광물로, 기둥 꼴의 결정. 유리 모양의 광택이 있고 투명하거나 반투명임. 보석 따위로 쓰임. 토파즈(topaz)

황우(黃牛) 명 황소

황운(皇運) 명 황실 또는 황제의 운.

황운(黃雲) 명 ①누른빛의 구름. ②벼가 누렇게 익은 넓은 벌판을 비유하여 이르는 말.

황원(荒原) 명 황야(荒野)

황원(荒遠) 명 멀고 먼 변경(邊境).

황위(皇位) 명 황제의 지위. 황조(皇祚)

황위(皇威) 명 황제의 위엄.

황위(黃緯) 명 황도(黃道)에서 남북의 양극(兩極)으로 향하여 잰 천체의 각거리(角距離). ☞황경(黃經)

황유(皇猷) 명 나라를 다스리기 위한 황제의 계책.

황유(荒遊) 명-하다 자 술과 여자에 빠져 함부로 놂.

황육(黃肉) 명 쇠고기

황은(皇恩) 명 황제의 은혜.

황음(荒淫) 명-하다 자 함부로 음탕한 짓을 함. ☞과음(過淫)

황의(黃衣) 명 ①빛깔이 누른 옷. ②보리를 띄워 만든 누룩.

황-인종(黃人種) 명 '황색 인종(黃色人種)'의 준말.

황자(皇子) 명 황제의 아들. ☞황녀(皇女)

황자-장(皇子醬) 명 생황장(生黃醬)

황작(黃雀) 명 ①'꾀꼬리'의 딴이름. ②'참새'의 딴이름.

황잡(荒雜) 어기 '황잡(荒雜)하다'의 어기(語基).

황잡-하다(荒雜-) 형여 거칠고 잡되다.

황장(荒莊) 명 황폐한 농가(農家).

황장(黃腸) 명 ①나무의 심에 가까운, 누르고 단단한 부분. ☞백변(白邊) ②황장목(黃腸木)

황장-갓(黃腸-)[-깟] 명 지난날, 황장목을 베지 못하게 하던 산림.

황장-목(黃腸木) 명 임금의 관을 만드는 데 쓰던, 몸통 속 부분이 누렇고 재질(材質)이 좋은 소나무. 황장(黃腸)

황장-판(黃腸板) 명 황장목을 켜서 만든 널빤지.

황재(蝗災) 명 누리나 메뚜기 떼로 말미암아 입는 농작물의 피해. 황해(蝗害)

황-저포(黃紵布) 명 삼의 겉껍질을 긁어 내고 만든 실로 짠 삼베. 계추리

황적(黃炙) 명 누름적

황-적색(黃赤色) 명 누른빛을 띤 적색.

황적조-류(黃赤藻類) 명 원생생물계의 한 문(門). 두 개의 편모(鞭毛)를 가진 단세포 조류(藻類)로, 엽록소 외에 황적색 색소를 가지고 있음. 바닷물의 적조(赤潮) 현상은 이 조류의 한 종이 이상 증식(異常增殖)한 때문임. 쌍편모조류(雙鞭毛藻類) ☞홍조류(紅藻類)

황전(荒田) 명 거두지 아니하여 황폐한 논밭.

황제(皇帝) 명 제국(帝國)의 군주. 〔중국에서는 진(秦)나라의 시황제(始皇帝) 이후 청나라까지, 우리 나라에서는 대한 제국 때 처음으로 이 칭호를 썼음.〕

속담 **황제 무덤에 신하 도깨비 모여들듯** : 사람이나 벌레가 한곳으로 어수선하게 많이 모여드는 모양을 비유하여 이르는 말.

황제(黃帝) 명 ①민속에서 이르는 오방 신장(五方神將)의 하나. 중앙의 신(神)을 이름. ☞흑제(黑帝) ②중국 고대 전설상의 황제(皇帝). 삼황(三皇) 또는 오제(五帝)의 한 사람으로, 곡물 재배법을 가르치고 도량형·음률(音律) 따위를 정하였다고 함. ☞복희(伏羲)

황조(皇祚) 명 ①황제의 지위. 황위(皇位) ②황제가 제위에 있던 동안.

황조(皇祖) 명 ①황제의 조상. ②황제를 지낸 선조(先祖). ③세상을 떠난 자기 할아버지를 높이어 이르는 말.

황조(皇朝) 명 황제가 다스리는 나라의 조정.

황조(黃鳥) 명 '꾀꼬리'의 딴이름.

황조가(黃鳥歌) 명 고구려 유리왕이 지었다는 고대 가요. 후실(後室)인 치희(雉姬)와 화희(禾姬)의 다툼 끝에 치희가 중국으로 돌아간 것을 슬퍼하여 지었다고 함. '삼국사기'에 한시(漢詩)로 번역되어 전함.

황-조롱이(黃-) 명 맷과의 텃새. 몸길이 30~33cm. 수컷은 등 쪽이 밤색에 갈색 반점이 있으며, 배 쪽은 황갈색에 큰 흑색 반점이 흩어져 있고, 머리는 회색임. 암컷은 등 쪽이 짙은 회갈색에 암갈색의 세로 얼룩무늬가 있음. 산에서 들쥐나 곤충류·파충류 등을 잡아먹고 삶. 천연 기념물 제323호임.

황족(皇族) 명 황제의 가까운 친족.

황종(黃鐘) 명 십이율(十二律)의 첫째 음. ☞육려(六呂). 육률(六律)

황종-척(黃鐘尺) 명 조선 시대, 율관(律管)의 길이를 재던 자의 한 가지.

황증(黃蒸) 명 보리나 밀 따위에 황이 내려 누렇게 되는 병. 맥황(麥黃)

황지(荒地) 명 개간하지 않았거나 개간하였다가 묵혀서 거칠어진 땅. ☞황무지(荒蕪地)

황지(黃紙) 명 ①빛이 누른 종이. ②고정지(藁精紙)

황지(潢池) 명 물이 괴어 흐르지 않는 못.

황진(黃塵) 명 ①누른빛의 흙먼지. ②속진(俗塵)

황진만:장(黃塵萬丈) 성구 누른빛의 흙먼지가 바람을 타고 하늘 높이 날아오르는 모양을 이르는 말.

황:차(況且) 부 '하물며'의 뜻으로 쓰는 한문 투의 말. 하황(何況) 변 항차

황척(荒瘠) 어기 '황척(荒瘠)하다'의 어기(語基).

황척-하다(荒瘠-) 형여 땅이 거칠고 메마르다.

황천(皇天) 명 ①크고 넓은 하늘. ②하느님

황천(荒天) 명 비바람이 심한 날씨.

황천(黃泉) 명 저승

황천-객(黃泉客) 명 저승으로 가는 길손이라는 뜻으로, 죽은 사람을 이르는 말.

황천객이 되다 관용 죽다.

황천-길(黃泉-)[-낄] 명 죽어서 저승으로 가는 길.

황천-후토(皇天后土) 명 하늘의 신령과 땅의 신령. 천신지기(天神地祇)

황철-나무 명 '백양(白楊)'의 딴이름.

황철-석(黃鐵鑛)[-썩] 명 철과 황 따위가 섞인 노란빛의 광물. 황산이나 유황을 만드는 데 쓰임.

황청(黃淸) 명 꿀의 한 가지. 빛깔이 누르스름하고 품질이 좋음. ☞백청(白淸)

황체(黃體) 명 척추동물의 난소(卵巢)에서 배란(排卵)이 된 뒤에 난소 여포(濾胞)가 변한 것. 내분비선과 같은 구실을 하여 황체 호르몬을 분비함.

황체=호르몬(黃體Hormon) 명 황체에서 분비되는 호르몬. 발정(發情)을 억제하고 자궁(子宮)을 수태(受胎)가 가능한 상태로 조절하여 유지하는 작용을 함.

황-초(黃-) 명 ①꼭지만 빼고 전체가 누른빛의 연(鳶). ②밀초

황초(荒草) 명 ①거칠게 자라 무성한 풀. ②알아보기 어렵게 흘려 쓴 초서(草書).

황초-절(黃草節) 명 목장에서 마른풀로 마소를 먹이는 때. 곧 음력 10월에서 4월까지의 일곱 달 동안을 이름. ☞청초절(靑草節)

황촉(荒燭) 명 밀초

황-촉규(黃蜀葵) 명 ①'닥풀'의 딴이름. ②한방에서 닥풀의 뿌리를 약재로 이르는 말. 내장의 염증 따위를 치료하는 데 쓰임.

황촌(荒村) 명 황폐하여 쓸쓸한 마을.

황추(荒麤) 어기 '황추(荒麤)하다'의 어기(語基).

황추-하다(荒麤-) 형여 몹시 궁색하다.

황축(惶蹙) 명 -하다 자 황공하여 몸을 움츠림. 유 공축(恐縮)

황취(荒醉) 명 -하다 자 술에 몹시 취한 상태를 이르는 말.

황-치마(黃-) 명 위쪽은 희고, 아래쪽은 누른 연(鳶).

황칙(皇勅) 명 황제의 조칙(詔勅).

황칠(黃漆) 명 ①황칠나무의 진으로 만든 누른 빛깔의 칠. ②누런 빛깔의 옻, 또는 누런 빛깔의 옻을 칠하는 일. ☞주칠(朱漆). 퇴황(堆黃). 흑칠(黑漆)

황칠-나무(黃漆-) 명 두릅나뭇과의 상록 활엽 교목. 줄기 높이는 15m 안팎. 잎은 길둥글며 어긋맞게 남. 꽃은 6월경에 산형(繖形) 꽃차례로 피고, 열매는 핵과(核果)로 10월경에 검게 익음. 나무의 진액인 황칠은 가구의 칠감으로 쓰임. 우리 나라의 특산종으로 남쪽 섬에서 자람.

황탄(荒誕) 어기 '황탄(荒誕)하다'의 어기(語基).

황탄무계(荒誕無稽) 성구 황당무계(荒唐無稽)

황탄-하다(荒誕-) 형여 황당하다

황태(黃太) 명 더덕북어

황태(黃苔) 명 한방에서, 누런빛의 설태(舌苔), 또는 그것이 생기는 병을 이르는 말.

황-태손(皇太孫) 명 황제의 자리를 이을 황손(皇孫). 준 태손(太孫)

황-태자(皇太子) 명 황제의 자리를 이을 황제의 아들. 국저(國儲). 저군(儲君). 저궁(儲宮). 황사(皇嗣) 준 태자(太子) 높 태자궁(太子宮)

황태자-비(皇太子妃) 명 황태자의 아내.

황-태제(皇太弟) 명 황제의 자리를 이을, 황제의 동생.

황-태후(皇太后) 명 ①황제의 살아 있는 모후(母后). ②선제(先帝)의 살아 있는 황후. 준 태후(太后)

황토(黃土) 명 황갈색의 흙.

황토-수(黃土水) 명 ①황토가 풀려 누렇게 흐린 물. ②지장(地漿)

황토-층(黃土層) 명 황토가 퇴적하여 이루어진 지층.

황톳-길(黃土-) 명 황토 땅에 난 길. 황토가 깔린 길.

황통(皇統) 명 황제의 계통이나 혈통. ☞대통(大統)

황파(荒波) 명 거친 물결.

황평-양:서(黃平兩西)[-냥-] 명 황해도와 평안도, 곧 해서(海西)와 관서(關西) 일대를 아울러 이르는 말. 양서(兩西)

황폐(荒廢) 명 -하다 자 집이나 땅, 산림 따위를 돌보지 않고 그냥 버려 두어 거칠고 못 쓰게 됨. ¶황폐한 들.

황폐-화(荒廢化) 명 -하다 자타 황폐하게 되거나 황폐하게 만듦. ¶논밭이 -하다.

황포(黃布) 명 누른빛의 포목.

황포(黃袍) 명 대한 제국 때, 황제가 예복으로 입던 황색의 곤룡포(袞龍袍).

황피(黃皮) 명 '황귤피(黃橘皮)'의 준말. ☞청피(靑皮)

황-하다(荒-) 형여 《文》성질이나 행동이 거칠다.

황한(惶汗) 명 몹시 두려워서 나는 땀.

황한(黃汗) 명 한방에서 이르는 황달(黃疸)의 한 가지. 신열이 높고 몸이 부으며 누런 땀이 나는 병.

황합(黃蛤) 명 '가무락조개'의 딴이름.

황해(蝗害) 명 황재(蝗災)

황해(黃海) 명 한반도(韓半島) 서쪽의 바다. 서해(西海)

황허(荒墟) 명 버려 두어서 못 쓰게 된 성터.

황협-어(黃頰魚) 명 '자가사리'의 딴이름.

황-호접(黃蝴蝶) 명 '노랑나비'의 딴이름.

황혼(黃昏) 명 ①해가 지고 어스름할 무렵. ¶-에 집으로 돌아가는 발걸음이 재다. ②한창때를 지나 쇠퇴하여 종말에 가까워지는 때를 비유하여 이르는 말. ¶인생의 -에 접어들다.

황혼-기(黃昏期) 명 한창때를 지나 쇠퇴하여 종말에 가까워지는 시기. ¶인생의 -를 맞이하다.

황혼-시(黃昏時) 명 해가 지고 어스름한 때. 땅거미가 질 때. ¶-에 목적지에 다다르다.

황혼-연:설(黃昏演說)[-년-] 명 '노인의 잔소리'를 뜻하는 변말.

황홀(恍惚·慌惚) 어기 '황홀(恍惚)하다'의 어기(語基).

황홀-경(恍惚境) 명 황홀한 경지나 지경.

황홀난측(恍惚難測) 성구 황홀하여 분별하기 어려움을 이르는 말.

황홀-하다(恍惚-) 형여 ①눈부시게 화려하거나 찬란하여 정신이 어찔하다. ¶황홀한 경지에 빠지다./황홀한 눈으로 바라보다. ②몹시 감격스러운 일 따위에 마음이

팔리어 정신이 멍하다. ¶그의 다정한 속삭임을 황홀한 마음으로 듣기만 하다.

황홀-히 부 황홀하게

황화(荒貨) 명 '황아'의 원말.

황화(黃化) 명 -하다 자 ①화학에서, 어떤 물질이 황과 화합하는 일. 유화(硫化) ②식물이 햇빛을 받지 못하여 엽록소를 형성하지 못하고 누렇게 변하는 현상.

황화(黃花) 명 ①누른빛의 꽃. ②황국(黃菊)

황화-동(黃化銅) 명 황과 동의 화합물. 황화제일동은 천연적으로는 휘동광(輝銅鑛)으로서 산출되고, 황화제이동은 육방 정계의 검은 가루 또는 짙푸른 결정임. 두 가지 다 전기의 양도체(良導體)임.

황화-물(黃化物) 명 황과 양성(陽性)의 원자의 화합물. 천연으로는 광물로서 널리 분포함.

황화-수소(黃化水素) 명 황산 가스나 광천(鑛泉) 속에 들어 있는, 썩은 달걀 냄새가 나는 빛깔이 없는 독한 기체. 인공적으로는 황화철에 희염산(稀塩酸)을 작용시켜 만드는데 화학 분석용 시약(試藥)으로 쓰임.

황화-식물(黃化植物) 명 햇빛을 쬐지 못하여 자라기는 빨리 자라나 몸이 무르고 누렇게 된 식물. 콩나물이나 숙주나물 따위.

황화-아연(黃化亞鉛) 명 황과 아연의 화합물. 흰빛의 결정 또는 가루. 천연으로는 섬아연광(閃亞鉛鑛)으로 산출되는데 흰빛 안료의 원료로 쓰임.

황화-은(黃化銀) 명 황과 은의 화합물. 질산은의 용액에 암모늄을 섞으면 가라앉는 흑갈색의 가루로, 도자기의 안료 등으로 쓰임.

황화-제:이수은(黃化第二水銀) 명 황과 수은의 화합물. 검은빛과 붉은빛 두 가지가 있는데, 천연적으로는 붉은 결정인 진사(辰砂)로서 산출됨. 의약이나 안료(顏料)로 쓰임.

황화-주석(黃化朱錫) 명 황과 주석의 화합물. 황화제일주석과 황화제이주석이 있는데, 주로 금빛을 착색하는 가루로 쓰임.

황화-철(黃化鐵) 명 황과 철의 화합물. 황화제일철과 황화제이철이 있는데, 물에 녹지 않으나 산(酸)에 녹아 황화수소를 발생함.

황화-카드뮴(黃化cadmium) 명 황과 카드뮴의 화합물. 담황색 또는 짙은 등황색의 결정성 고체, 황색 안료로 쓰임.

황황(皇皇) 어기 '황황(皇皇)하다'의 어기(語基).

황황(煌煌) 어기 '황황(煌煌)하다'의 어기(語基).

황황(遑遑) 어기 '황황(遑遑)하다'의 어기(語基).

황황망조(遑遑罔措) 성구 마음이 급하여 허둥지둥 하며 어찌할 바를 모름을 이르는 말.

황황-하다(皇皇─) 형여 ①아름답고 성하다. ②장중하고 엄숙하다. ③황황(遑遑)하다

황황-히 부 황황하게

황황-하다(煌煌─) 형여 번쩍이어 밝고 환하다.

황황-히 부 황황하게

황황-하다(遑遑─) 형여 허둥지둥 어찌할 바를 모르게 급하다. 황황(皇皇)하다

황황-히 부 황황하게

황후(皇后) 명 황제의 정실(正室).

홰[1] 명 닭이나 새가 앉을 수 있도록 닭장이나 새장 속에 가로질러 놓는 나무 막대.

홰(를) 치다 관용 닭이나 새 따위가 날개를 크게 벌려 퍼덕이며 날갯짓을 하다. ¶솔개 새끼가 홰를 치며 날아오르려 한다./새벽에 수탉이 툭툭 홰를 치며 운다.

홰[2] 명 갈대나 싸리 따위를 묶어, 밤길을 밝히거나 제사 때 화톳불을 놓는 데 쓰는 물건.

홰[3] 명 '횃대'의 준말.

홰[4] 의 새벽에 닭이 홰를 치며 우는 번수를 세는 말. ¶닭이 세 ─째 울다.

홰-꾼 명 ①횃불을 든 사람. ②지난날, 관원이 밤길을 갈 때 횃불을 들고 인도하는 사람을 이르던 말.

홰:-나무 명 '회화나무'의 딴이름.

홰-뿔 명 좌우의 뿔이 다 가로로 곧게 뻗은 짐승의 뿔 모양을 이르는 말.

홰-잡이 명 횃불잡이

홰홰 부 ①가볍게 내두르거나 휘젓는 모양을 나타내는 말. ¶엉덩이를 ─ 내두르며 걷다. ②가볍게 휘감거나 휘감기는 모양을 나타내는 말. ¶명주 수건을 목에 ─ 감다. ☞회회. 휘휘

홱[1] 부 무슨 일을 정성 들여 하지 아니하고 얼른 해치우는 태도를 나타내는 말. ¶일을 꼼꼼히 하지 않고 대충 ─ 해치우다.

홱[2] 부 ①날쌔게 돌거나 돌리는 모양을 나타내는 말. ¶갑자기 몸을 ─ 돌려 돌아서다. ②재빨리 뿌리치는 태도를 나타내는 말. ¶붙잡힌 소매를 ─ 뿌리치고 걸어가다. ③무엇을 힘껏 던지는 모양을 나타내는 말. ¶공을 세게 ─ 던지다. ④문 따위가 갑자기 열리거나 닫히는 모양을 나타내는 말. ¶갑자기 문을 ─ 열고 뛰쳐나가다. ⑤무엇이 빠르게 스치는 느낌을 나타내는 말. ¶무엇이 눈을 깜박 하는 사이에 ─ 지나가다. ☞휙

홱-홱 부 ①잇달아 날쌔게 돌거나 돌리는 모양을 나타내는 말. ②무엇이 빠르게 잇달아 스치는 느낌을 나타내는 말. ☞휙휙

횃-대 명 옷을 걸쳐 둘 수 있도록 방 안의 벽에 가로로 매달아 두는 막대. 의항(衣桁) 준 홰[3] ☞횃줄

속담 **횃대에 동저고리 넘어가듯** : 횃대에 걸어 둔 동저고리가 미끄러지듯이 쉽게 넘어가듯 무엇이 거침새 없이 넘어가는 상태를 비유하여 이르는 말.

횃댓-보 명 횃대에 걸어 둔 옷을 덮는 큰 보.

횃-불 명 홰에 켠 불. 거화(炬火). 수화(燧火)

횃불-잡이 명 ①횃불을 잡는 사람. 홰잡이 ②'선구자' 또는 '선도자(先導者)'를 비유하여 이르는 말.

횃-줄 명 옷을 걸쳐 둘 수 있도록 방 안의 벽에 건너질러 매어 둔 줄. ☞횃대

횅댕그렁-하다 형여 ①텅 비고 사람의 온기가 없어 좀 썰렁하다. ¶아내가 없는, 횅댕그렁한 방. ②넓은 곳에 물건이 얼마 없어 빈듯 하다. ☞휑뎅그렁하다

횅-하다 형여 ①막힘 없이 두루 통하여 환하다. ¶천자문을 횅하게 외다. ②구멍 따위가 환히 뚫리어 속이 드러나 있다. ¶벽이 횅하게 뚫리다. ③속이 비고 넓기만 하여 좀 허전하다. ¶방 안이 ─. ④넓은 곳에 물건이 얼마 없어 빈듯 하다. ☞휑하다

회:[1] 명 '회두리'의 준말.

회:[2] 명 머리초 끝에 한 모양으로 칠한 오색의 무늬.

회(灰) 명 ①'석회(石灰)'의 준말. ②'산화칼슘'을 흔히 이르는 말.

회(蛔) 명 '회충(蛔蟲)'의 준말.

회가 동(動)하다 관용 ①구미가 당기다. 먹고 싶은 생각이 나다. ②가지고 싶은 마음이 생기다.

회:(會) 명 여러 사람이 무슨 일을 하기 위하여 모이는 일, 또는 그 모임. ¶─를 마련하다./─를 열다./야생화 관찰을 위한 ─./환경 보전을 위한 ─를 조직하다.

회(膾) 명 생선이나 조갯살, 쇠고기의 살·간·처녑 등을 날것으로 먹게 만든 요리. 재료를 가늘게 썰거나 얇게 저며서 초고추장이나 겨자장 등에 찍어 먹음. ☞강회. 무침. 숙회(熟膾). 초회(醋膾)

회를 치다 관용 생선 따위를 저며서 횟감을 만들다.

회(回) 의 한자말 수사(數詞) 다음에 쓰이어, 돌림 차례를 나타내는 말. ¶제 5 ─ 대회./제 32 ─ 졸업생.

-회(會) 《접미사처럼 쓰이어》 '모임'의 뜻을 나타냄. ¶운동회(運動會)/강연회(講演會)/추모회(追慕會)

회간(回看) 명 -하다 타 ①문서나 알리는 글 따위를 관계가 있는 여러 사람이 돌려 가며 봄, 또는 그 문서나 글. 회람(回覽) ②돌이켜봄. ☞회고(回顧)

회:간(晦間) 명 그믐께쯤.

회갈-색(灰褐色) [─쌕] 명 회색을 띤 갈색.

회감(蛔疳) 명 한방에서, 어린아이가 단것을 많이 먹어서 회충(蛔蟲)이 성하여 일어나는 배앓이를 이르는 말.

회:감(會減) 명 -하다 타 줄 것과 받을 것을 서로 비겨 에낌,

또는 그런 셈. 엇셈

회갑(回甲)명 나이 '예순한 살'을 이르는 말. 환갑(還甲)

회갑-연(回甲宴)명 회갑날에 베푸는 잔치. 환갑 잔치 준 갑연(甲宴)

회:강(會講)명 ①조선 시대, 초시(初試)에 급제한 사람에게 다시 보이던 강경(講經) 시험. ②조선 시대, 왕세자(王世子)가 달마다 두 차례 사부(師傅)와 여러 관원들 앞에서 경사(經史)와 진강(進講)한 글을 복습하던 일.

회:개(悔改)명-하다타 ①잘못을 뉘우치고 고침. 개회(改悔) ②크리스트교에서, 죄를 고백하여 하느님의 용서를 비는 일. ☞참회(懺悔). 회오(悔悟)

회격(灰隔)명-하다타 관(棺)을 구덩이에 내려놓고 관과 구덩이 사이에 석회를 채워 다짐. 회다짐

회:견(會見)명-하다자 특별히 시간과 자리를 정하여 공식적으로 남과 만남. ¶기자단과 -하다.

회계(回啓)명-하다타 지난날, 임금의 물음에 대하여 신하들이 심의하여 글로써 아뢰을 이르던 말. 회주(回奏)

회:계(會計)명-하다타 ①물건 값 등을 치르거나 받음. ¶상품의 대금을 -하다. ②수입과 지출에 대한 계산을 함, 또는 그 일에 관한 사무나 그 사무를 맡은 사람. ¶-를 정확히 하다./단체 여행에서 -를 맡기다.

회:계=감사(會計監査)명 기업의 재산이나 영업 상황을 적은 서류의 내용이 기업의 재정 상태를 정확히 나타내고 있는지 어떠한지를 제삼자가 감사하는 일.

회:계-기(會計機)명 회계 장부와 통계표 따위에 회계에 관한 기록을 자동적으로 기록하는 기계 장치.

회:계=연도(會計年度)명 ①국가나 지방 자치 단체가 재정 수지의 회계의 편의에 따라 정해 놓은 일정한 기간. 우리 나라의 경우는 1월 1일부터 12월 31일까지임. ②사업자가 경영 상태를 알아보기 위하여 회계의 단위로 삼는 일정한 기간. ▷會의 속자는 会

회:계지치(會稽之恥)성구 중국 춘추 시대에 월(越)의 구천(句踐)이 회계에서 오(吳)의 부차(夫差)에게 패하여 갖은 치욕을 당한 고사(故事)에서, 전쟁에 패한 치욕 또는 남으로부터 당한 뼈에 사무치는 치욕을 이르는 말.

회:계-학(會計學)명 기업 등의 회계에 관한 이론과 법칙, 방법과 기술 등을 연구하는 학문.

회고(回顧)명-하다타 ①뒤를 돌아다봄. ②지난 일을 돌이켜 생각함. ¶소년 시절을 -하다.

회고(懷古)명-하다자 옛일을 그리워하며 돌이켜 생각함. 회구(懷舊) ¶병영 생활을 -하다.

회고-담(懷古談)명 옛일을 그리워하며 돌이켜 생각하여 하는 이야기. ▷懷의 속자는 懐

회고-록(回顧錄)명 지난 일을 회고하여 적은 기록.

회곡(回曲)어기 '회곡(回曲)하다'의 어기(語基).

회곡-하다(回曲-)형여 휘어져서 굽다.

회공명-하다자 물건의 속이 두려빠져서 텅 비게 됨.

회공(恢公)명-하다타 일을 결정하기 위하여 여러 사람의 의논에 부침.

회:과(悔過)명-하다자 허물을 뉘우침.

회:과자책(悔過自責)성구 허물을 뉘우쳐 스스로를 꾸짖음을 이르는 말.

회:관(會館)명 집회나 회의 등을 위해 지은 건물. 회당(會堂) ¶시민 -/동창회 -

회교(回教)명 이슬람교

회교-도(回教徒)명 이슬람교를 믿는 사람.

회교-력(回教曆)명 이슬람력

회구(懷舊)명-하다자 회고(懷古)

회국(回國)명-하다자 귀국(歸國)

회군(回軍)명-하다자 싸움터로 나아가던 군대가 되돌아오거나 되돌아감. 환군(還軍) ¶위화도 -

회귀(回歸)명-하다자 떠났던 자리로 도로 돌아오거나 돌아감. ¶모천으로 -하는 연어 떼.

회귀-년(回歸年)명 태양년(太陽年)

회귀=무풍대(回歸無風帶)명 무역풍이 반대로 오는 무역풍과 만나서 무풍(無風)으로 되는 지역. 남북으로 위도 30° 근처임. 준 무풍대(無風帶)

회귀-선(回歸線)명 지구상의 북위(北緯) 23° 26′과 남위(南緯) 23° 26′을 지나는 위선. 각각 북회귀선과 남회귀선이라 이르는데, 태양이 하지(夏至) 때 북회귀선 위에, 동지(冬至) 때 남회귀선 위에 있음.

회귀-성(回歸性)[-썽]명 동물 특히 물고기 따위가 태어난 곳에서 다른 곳으로 가서 자란 뒤, 산란을 위해 다시 태어난 곳으로 돌아오는 습성. ☞귀소성(歸巢性)

회귀-열(回歸熱)명 재귀열(再歸熱)

회:규(會規)명 회(會)의 규칙. 회칙(會則)

회기(回期)명 돌아올 시기.

회:기(會期)명 ①집회나 회의 따위가 열리는 시기나 기간. ②국회나 지방 의회 등의 개회부터 폐회까지의 기간.

회:-깟(膾-)명 소의 간이나 양·처녑·콩팥 따위 회를 만들 감, 또는 그 횟감을 잘게 썰어 갖은양념을 하여 버무린 회.

회-나무명 화살나뭇과의 낙엽 활엽 교목. 잎은 길둥글고 잔 톱니가 있으며 마주 남. 6~7월에 흑자색 꽃이 잎겨드랑이에 피며 열매는 10월경에 익음. 산 중턱 이상에 자라는데 정원수로도 심음.

회납(回納)명-하다타 ①도로 돌려줌. ②답장 겉봉에 받을 사람의 택호(宅號) 다음에, 회답으로 부치는 편지라는 뜻으로 쓰는 말. ¶金生員宅回納

회-다짐(灰-)명-하다자 ①회격(灰隔) ②콘크리트나 회삼물(灰三物) 따위로 바닥을 다지는 일.

회:담(會談)명-하다자타 서로 다른 단체나 조직의 대표자가 공적(公的)인 처지에서 만나, 어떤 문제에 대한 의견을 내놓고 이야기하거나 의논함, 또는 그런 만남. ¶양국의 수뇌(首腦)가 -하다.

회답(回答)명-하다자타 어떤 물음이나 요구에 대하여 자기의 의견이나 태도를 나타내어 대답함, 또는 그런 대답. ¶상대편의 분명한 -을 바라다.

회:당(會堂)명 ①회관(會館) ②개신교에서, '예배당(禮拜堂)'을 달리 이르는 말.

회도(回棹)명-하다자 나아가던 배가 돛대를 돌린다는 뜻으로, 병이 차차 나음을 비유하여 이르는 말.

회독(回讀)명-하다타 책 따위를 돌려 가며 읽음.

회:동(會同)명-하다자 어떤 목적으로 여러 사람이 한곳에 모임. ¶각부 장관이 -하다.

회동그라-지다자 갑자기 휘둘리어 동그라지다. ☞휘둥그러지다

회동그랗다(회동그랗고·회동그란)형ㅎ ①놀라거나 두려워 크게 뜬 눈이 아주 동그랗다. ②옷의 매무새나 짐을 싼 모양이 가치작거리는 것이 없이 매우 가든하다. ☞휘둥그렇다

회동그래-지다자 눈이 회동그랗게 되다.

회:동-좌:기(會同坐起)명 조선 시대, 해마다 음력 12월 25일부터 이듬해 1월 15일 사이에, 형조(刑曹)와 한성부(漢城府)의 관원들이 모여, 금령(禁令)을 풀어 죄가 가벼운 죄수를 놓아 주던 일.

회두(回頭)명-하다자 뒤돌아보려고 고개를 돌림. 회수(回首)

회:두리명 여럿 가운데서 맨 끝. 맨 나중에 돌아오는 차례. 준 회[1]

회:두리-판명 맨 나중의 판. 준 회판

회똑-거리다(대다)자 회똑회똑 흔들리다. ☞되똑거리다. 휘뚝거리다

회똑-회똑부 작은 것이 요리조리 위태하게 흔들리거나 쏠리는 모양을 나타내는 말. ☞되똑되똑. 휘뚝휘뚝

회똘-회똘부-하다형 요리조리 휘어져 고불고불한 모양을 나타내는 말. ☞휘뚤휘뚤

회람(回覽)명-하다타 문서나 알리는 글 따위를 관계가 있는 여러 사람이 돌려 가며 봄, 또는 그 문서나 글. 전조(轉照). 회간(回看) ¶협의 사항을 -하다. ☞공람

회랑(回廊)명 궁궐(宮闕)이나 사원(寺院) 등의 주요 건물 둘레에 둘러 지어 놓은 지붕이 있는 복도(複道).

회랑-퇴(回廊退)명 건물 둘레에 빙 둘러 있는 툇마루.

회래(回來)명-하다자 회환(回還)

ㅎ

회량(回糧)명 어떤 곳에 갔다가 돌아오는 데 드는 여비(旅費)를 뜻하는 예스러운 말.
회:렵(會獵)명-하다자 여러 사람이 함께 사냥을 하며 즐김.
회례(回禮)명-하다자 남으로부터 입은 도움이나 받은 선물에 대하여 사례의 말을 하거나 예물을 보냄.
회례(廻禮)명-하다자 차례로 돌아다니며 인사를 치름, 또는 그 인사.
회:례-연(會禮宴)명 조선 시대, 해마다 동짓날이나 설날 아침에 문무 백관의 조하(朝賀)가 끝난 뒤에, 임금이 정무에 힘쓴 신하들을 치하하여 베풀던 잔치.
회로(回路)명 ①돌아오는 길. 반로(返路) ②'전기 회로(電氣回路)'의 준말.
회:록(會錄)명 '회의록(會議錄)'의 준말.
회:뢰(賄賂)명 ①-하다자 뇌물을 주거나 받음. ②뇌물
회:루(悔淚)명 잘못을 뉘우쳐 흘리는 눈물.
회류(回流)명-하다타 어떤 곳을 돌아서 흐름, 또는 그 흐름.
회:류(會流)명-하다자 두 물줄기가 합하여 흐름.
회:리-바람명 '회오리바람'의 준말.
회:리-밤명 '회오리밤'의 준말.
회:리-봉(-峰)명 '회오리봉'의 준말.
회마(回馬)명-하다자 ①말을 타고 가다가 말머리를 돌려 되돌아감. ②말을 돌려보냄.
회마수(回馬首)명-하다자 ①지난날, 말을 타고 가다가 관직이 높은 사람과 마주쳤을 때 관직이 낮은 사람이 말머리를 돌리며 길을 비켜서던 일. ②지난날, 고을의 원이 부임 도중이나 부임한 지 얼마 안 되어 면직되어 돌아가는 일을 이르던 말.
회매-하다형여 옷을 입은 차림새가 가든하다.
회:맹(會盟)명-하다자타 ①여러 사람이 모여서 맹세함. ②조선 시대, 녹훈(錄勳)된 공신들이 한자리에 모여 임금에게 충성을 맹세하던 일. ③고대 중국의 제후들이 모여 맹약을 맺던 일, 또는 그 의식.
회:명(晦明)명 어두운 것과 밝은 것.
회:명(晦冥)어기 '회명(晦冥)하다'의 어기(語基).
회:명-하다(晦冥-)형여 어두컴컴하다.
회모(懷慕)명-하다타 마음에 두고 못내 그리워함.
회목명 손목이나 발목의 잘록한 부분.
회:목(檜木)명 '노송나무'의 딴이름.
회목-잽이명 택견에서, 손질의 한 가지. 공격해 오는 상대편의 발 회목을 손으로 잡는 방어 기술.
회:무(會務)명 회(會)에 관한 여러 가지 사무.
회무(懷撫)명-하다타 달래어 안심시킴.
회문(回文)명 ①여러 사람이 차례로 돌려보도록 쓴 글. 회장(回章) ②회문시(回文詩)
회문-례(回門禮)[-녜]명 조선 시대, 새로 과거에 급제한 사람이 선배를 찾아다니면서 지도를 청하는 행례(行禮)를 이르던 말.
회문-시(回文詩)명 한시체(漢詩體)의 한 가지. 앞에서 내리읽으나 뒤에서 치읽으나 뜻이 통하고, 평측(平仄)과 운(韻)이 맞음. 회문(回文)
회반(回斑)명 한방에서, 홍역 따위로 몸에 돋았던 것이 없어지는 일을 이르는 말.
회-반죽(灰-)명 횟가루에 물을 섞어 이긴 것.
회방(回榜)명 지난날, 과거에 급제한 지 예순 돌 되는 해를 이르던 말.
회백-색(灰白色)명 잿빛을 띤 흰빛.
회백-질(灰白質)명 척추동물의 뇌나 척수(脊髓)에서, 신경 세포가 모인 회백색을 띤 부분.
회벽(灰壁)명 석회를 반죽하여 바른 벽.
회벽-질(灰壁-)명-하다자타 벽에 반죽한 석회를 바르는 일.
회보(回步)명-하다자 어디를 갔다가 돌아오는 걸음.
회보(回報)명-하다자 ①회답하여 보고함, 또는 그 보고. 답보(答報) ②돌아와서 보고함, 또는 그 보고.
회:보(會報)명 회(會)에 관한 일을 회원이나 회원 이외의 사람에게 알리는 간행물.

ㅎ

회복(回復)명-하다자타 ①나쁜 상태로 되었던 것이 본디 상태로 되돌아옴, 또는 본디 상태로 돌이킴. ¶기력이 -되다. ②한번 잃었던 것을 되찾음. ¶명예를 -하다./의식을 -하다.

한자 회복할 복(復) [彳部 9획] ¶복고(復古)/복구(復舊)/복권(復權)/복원(復元)/회복(回復)/회복(恢復)

회복(恢復)명-하다자타 쇠퇴한 국세나 경기, 병세 따위가 이전의 상태로 되돌아옴, 또는 이전 상태로 되돌림. ¶경기가 -되다.
회복-기(恢復期)명 ①병이 차차 나아가고 있는 시기. ②경기(景氣)가 차차 나아져서 정상 상태로 되돌아오기까지의 기간.
회복=등기(回復登記)명 부당하게 소멸된 등기를 회복시키기 위하여 하는 등기.
회부(回附)명-하다타 서류 따위를 손을 거쳐 관계 기관이나 부서에 넘김. ¶문서를 해당 부서에 -하다.
회분(灰分)명 석회(石灰)의 성분.
회:비(悔非)명-하다자 그릇된 것을 뉘우침.
회:비(會費)명 회(會)를 운영하거나 유지하기 위하여 그 구성원에게 걷는 돈.
회빈작주(回賓作主)성구 손으로 온 사람이 도리어 주인 행세를 한다는 뜻으로, 주되는 사람을 제쳐놓고 주제넘게 나서서 함부로 행동함을 이르는 말.
회사(回謝)명-하다자타 사례하는 뜻을 나타냄.
회:사(悔謝)명-하다자타 잘못을 뉘우치고 사과함.
회:사(會社)명 영리를 목적으로 하여 상법(商法)에 따라 설립한 사단 법인. 주식 회사(株式會社), 합자 회사(合資會社), 합명 회사(合名會社), 유한 회사(有限會社)의 네 가지가 있음. 준사(社)
회사(壞死)명-하다자 생체(生體)의 조직이나 세포의 한 부분이 죽는 일, 또는 그런 상태.
회사-벽(灰沙壁)명-하다타 석회와 백토(白土), 가는모래를 섞어서 반죽하여 벽에 바름, 또는 그런 벽.
회:사-원(會社員)명 회사에서 일하는 사람. 사원
회:사-채(會社債)명 사채(社債)
회사후:소(繪事後素)성구 그림 그리는 일은 흰 바탕이 마련된 뒤에 한다는 뜻으로, 본질이 이루어진 뒤에야 꾸밈을 더할 수 있음을 이르는 말.
회:삭(晦朔)명 그믐과 초하루.
회-삼물(灰三物)명 석회와 가는모래, 황토를 섞어 반죽한 것. 준삼물(三物)
회:삽(晦澁)어기 '회삽(晦澁)하다'의 어기(語基).
회:삽-하다(晦澁-)형여 말이나 문장이 어려워 뜻을 잘 알 수가 없다. ¶표현이 회삽한 문장. ☞난삽하다
회상(回翔)명-하다자 ①새가 빙빙 돌면서 날아다님. ②새가 날아서 돌아오거나 돌아감.
회상(回想)명-하다타 지난 일을 돌이켜 생각함, 또는 그러한 생각. ¶잠시 -에 잠기다.
회:상(會上)명 불교에서, 대중(大衆)이 모인 법회(法會)를 이르는 말.
회상-록(回想錄)명 지난 일을 돌이켜 생각하여 적은 기록. ☞회고록(回顧錄)
회색(灰色)명 우리 나라의 기본색 이름의 하나. 재와 같은 빛깔. 잿빛 ☞무채색(無彩色). 검정. 하양
회:색(悔色)명 뉘우치는 기색.
회:색(晦塞)명-하다타 깜깜하게 꽉 막힘.
회색-분자(灰色分子)명 주의(主義)나 사상적 경향 등이 뚜렷하지 아니한 사람.
회생(回生)명-하다자 소생(蘇生) ¶-할 가능성이 있다.
회생-산(回生散)명 한방에서, 곽향(藿香)과 진피(陳皮)로 짓는 탕약을 이르는 말. 곽란(癨亂)에 쓰임.
회생-탕(回生湯)명 쇠꼬리와 콩팥·양지머리·사태를 함께 고아서 기름기를 걷어 낸 국물. 흔히 중병을 앓고 난 뒤 원기를 돕는 음식으로 먹음.
회서(回書)명-하다자 회답하는 편지. 답장(答狀)
회:석(會席)명 여러 사람이 모인 자리.
회:석(會釋)명-하다타 불교에서, 보기에 서로 모순된 것

처럼 여겨지는 이설(異說)의 서로 다른 점을 대조하여 그 근본에 있는, 사실은 서로 모순되지 않은 참뜻을 밝히는 일을 이르는 말.

회선(回船)명-하다자 ①뱃머리를 돌림. ②배를 돌리어 돌아가거나 돌아옴. ③돌아가거나 돌아오는 배편.

회선(回旋·廻旋)명-하다자타 ①빙빙 돎, 또는 빙빙 돌림. 선회(旋回) ②식물의 줄기가 지주(支柱) 등을 감으면서 뻗어 감. 나팔꽃이나 강낭콩의 줄기가 자라는 상태에서 볼 수 있음.

회선(回線)명 전화나 전신(電信) 등의 신호가 통하는 선로(線路).

회선-곡(回旋曲)명 론도(rondo)

회선-교(回旋橋)명 가동교(可動橋)의 한 가지. 배가 지나갈 수 있도록 교각을 축으로 하여 다리의 전체나 일부를 수평으로 회전하도록 만든 다리. 선개교(旋開橋)

회선=운:동(回旋運動)명 덩굴성 식물의 생장 운동의 한 가지. 식물의 줄기나 뿌리의 끝 부분이 원이나 타원에 가까운 선을 그리면서 다른 물체를 감으며 뻗어 가는 상태를 이름. 나팔꽃의 줄기나 오이의 덩굴손 따위에서 볼 수 있음. 회전 운동(回轉運動)

회-성석(灰成石)명 반죽한 석회가 단단하게 굳은 것.

회소(回蘇)명-하다자 다시 살아남. 소생(蘇生)

회:소(會所)명 ①여러 사람이 모이는 곳. ②여러 사람이 모이기 위해 마련된 건물.

회:소곡(會蘇曲)명 신라 제3대 유리왕 때의 가요. '회악(會樂)'이라고도 함. 팔월 보름의 가배(嘉俳) 때, 길쌈 내기에서 진 편의 한 여자가 일어나 춤추며 '회소, 회소' 하고 탄식하는 음조가 매우 구슬프고 아름다웠으므로 후세의 사람들이 그 소리에 맞추어 노래를 지어 불렀는데, 이를 '회소곡'이라 하였다고 함. 가사는 전하지 않고 유래만 '삼국사기(三國史記)'에 수록되어 있음.

회송(回送)명-하다타 환송(還送)

회수(回收)명-하다타 도로 거두어들임. ¶시험지를 -하다./물품 대금을 -하다.

회수(回首)명 회두(回頭)

×**회수**(回數)명 → 횟수(回數)

회수-권(回數券)[-꿘]명 버스 따위를 탈 때마다 한 장씩 주고 탈 수 있게 만든 차표.

회:순(會順)명 회의를 진행하는 순서.

회-술레(回-)명-하다타 ①사람을 끌고 돌아다니며 우세를 시키는 일. ②남의 비밀을 들추어내어 널리 퍼뜨리는 일.

회시(回示)명-하다자타 ①남을 높이어 그의 회답을 이르는 말. ②지난날, 죄인을 끌고 다니며 여러 사람에게 보이던 일.

회:시(會試)명 고려·조선 시대, 초시(初試)에 급제한 사람에게 다시 보이던 과거. 복시(覆試) ☞전시(殿試)

회:식(會食)명-하다자 여러 사람이 모여 함께 음식을 먹음, 또는 그 모임.

회신(回信)명-하다자 편지나 전신 따위의 회답. 답신(答信) ¶편지를 부친 지 여러 날이 지나도록 -이 없다. 유 반신(返信)

회신(灰燼)명 불타고 남은 재와 끄트러기.

회신-료(回信料)[-뇨]명 편지나 전보 따위 회답하는 통신에 드는 우편 요금이나 전신 요금.

회신멸지(灰身滅智)성구 불교에서, 몸을 불살라 재로 만들고 마음을 없앤다는 뜻으로, 몸과 마음이 무(無)로 돌아가 번뇌를 끊은 경지를 이르는 말. 소승 불교(小乘佛教)에서 이상으로 삼는 경지임.

회심(灰心)명 ①욕심도 없고 유혹에 이끌리지도 않는, 찬 재처럼 사그라진 고요한 마음. ②의기가 꺾이어 재처럼 사그라진 마음.

회심(回心)명 ①-하다자 마음을 돌이킴. ②불교에서, 나쁜 데 빠져 있다가 착하고 바른 길로 돌아온 마음.

회:심(悔心)명 잘못을 뉘우치는 마음.

회:심(會心)명 바라던 대로 되어 마음에 흐뭇한 상태, 또는 그러한 마음. ¶-의 미소를 짓다.

회심-곡(回心曲)명 ①불교에서, 착한 일을 하도록 권하려고 만든 노래. 권선가(勸善歌) ②조선 시대, 서산 대사(西山大師)가 착한 행실을 권장하려고 지었다는 불교 가사. 목판본인 '보권염불문(普勸念佛文)'에 실려 전함.

회:심-작(會心作)명 자기의 작품 가운데서 썩 마음에 들게 잘 지은 작품. 쾌심작(快心作)

회:심-처(會心處)명 마음에 드는 부분.

회심향:도(回心向道)성구 불교에서, 마음을 돌리어 바른 길로 들어섬을 이르는 말.

회안(回雁)명 ①봄이 되어 북쪽으로 돌아가는 기러기. 귀안(歸雁) ②답장의 편지.

회:안(悔顔)명 잘못을 뉘우치는 기색을 띤 얼굴.

회약(蛔藥)명 회충(蛔蟲)을 없애는 데 쓰는 약.

회양(回陽)명-하다자타 한방에서, 양기(陽氣)를 회복시키는 일을 이르는 말.

회양목(-楊木)명 회양목과의 상록 관목. 우리 나라의 산이나 석회암 지대에 절로 자라는데, 높이가 7m에 이르는 것도 있음. 잎은 두껍고 길둥글며 마주 남. 봄에 노란 꽃이 잎겨드랑이에 핌. 관상용으로 심기도 하는데, 나무는 단단하여 조각이나 도장 등의 재료로 쓰임. 황양목

회어(鮰魚)명 '민어'의 딴이름.

회:언(悔言)명 잘못을 뉘우치어 하는 말.

회:언(誨言)명 가르침의 말.

회:연(會宴)명 여러 사람이 모여 즐기는 술잔치.

회:염=연:골(會厭軟骨)[-년-]명 후두개 연골

회:오(悔悟)명-하다타 잘못을 뉘우치고 깨달음. 오회(悟悔) ☞회개(悔改)

회:오(會悟)명-하다타 깨달음.

회오리-바람명 지면 가까이의 대기가 불안정할 때, 주변 공기가 한데 몰려 공기의 소용돌이를 이루어 먼지와 함께 기둥처럼 돌면서 높이 올라가는 바람. 돌개바람. 선풍(旋風). 소소리바람. 양각(羊角). 양각풍(羊角風). 용숫바람. 표풍(飄風). 회풍(回風) 준회리바람

회오리-밤명 ①밤송이 속에 외톨로 들어 있는 동근 밤. ②아이들 장난감의 한 가지. 동근 외톨밤을 삶아 위쪽 부리에 구멍을 내고 속을 파낸 다음, 실에 매달아 휘두르면 횡횡 소리가 남. 준회리밤

회오리-봉(-峰)명 작고 둥글며 뾰족하게 생긴 산봉우리. 준회리봉

회오리-치다자 ①바람 같은 것이 소용돌이처럼 세차게 휘돌다. ②온갖 감정이나 생각 따위가 세차게 일어 설레다. ¶슬픔과 고통이 -.

회:우(會友)명 같은 회의 회원을 친근하게 일컫는 말.

회:우(會遇)명-하다자타 ①한데 모여서 만남. ②우연히 마주침.

회:원(會員)명 ①어떤 회(會)를 구성하는 사람들. ¶-이 늘다. ②어떤 회에 들어 있는 개인이나 법인. ¶새 -으로 맞아들이다.

회:원-국(會員國)명 국제적인 조직체에 가입되어 있는 국가. ¶유엔 -

회유(灰釉)명 나무의 재 또는 석회로 만든 잿물. 질그릇을 만들 때 겉에 덧씌우고 다시 구워 냄.

회유(回游·洄游)명-하다자 물고기가 알을 낳거나 먹이를 찾기 위하여 계절에 따라 정기적으로 떼를 지어 헤엄쳐 옮아 다니는 일.

회유(回遊)명-하다자타 여기저기 구경하며 돌아다님.

회:유(誨諭)명-하다타 가르쳐 깨우침.

회유(懷柔)명-하다타 잘 구슬려 자기가 뜻한 대로 따르게 함. ¶- 정책

회:음(會陰)명 사람의 외음부와 항문 사이의 부분.

회:음(會飮)명-하다타 여럿이 함께 술을 마심.

회:의(會意)명 한자(漢字)의 구성을 설명하는 여섯 가지 분류의 하나. 이미 만들어진 한자와 한자를 결합하여 하나의 새 한자를 이루는 방법. '人'과 '言'을 결합하여 '信'으로, '木'과 '木'을 결합하여 '林'으로 하는 따위. ☞육서(六書). 형성(形聲)

회:의(會議)명 ①-하다타 몇 사람이 모여 어떤 문제에 대하여 의논하거나 토론함, 또는 그 모임. ②어떤 일에 대

하여 의논하여 결정하기 위한 기관. ¶법관 -
회의(懷疑)[명]-하다[타] ①사물에 대하여 그 가치 등이 참으로 올바르고 확실한지 어떤지 의심을 품음. ¶자신의 생활 태도에 대해 새삼스레 -를 품다. ②철학에서, 사유(思惟)를 결정할만 한 충분한 근거가 없어서 판단을 내리지 못하고 망설이며 동요하는 마음의 상태를 이르는 말.
회:의-록(會議錄)[명] 회의의 진행 과정이나 내용 따위를 적은 기록. [준]회록(會錄) ☞의사록(議事錄)
회의-론(懷疑論)[명] 철학에서, 인간의 인식(認識) 능력을 주관적·상대적인 것으로 보고, 객관적·보편적인 진리의 인식 가능성에 회의를 품어 단정적인 판단을 내리지 않는 태도를 이르는 말.
회:의-소(會議所)[명] ①회의를 하는 곳. ②어떤 일에 관하여 회의하기 위한 단체나 기관. ¶상공(商工) -
회인(懷人)[명]-하다[자] 마음에 두고 있는 사람을 그리워함.
회:일(晦日)[명] 그믐날
회임(懷妊)[명]-하다[자] 임신(妊娠). 잉태(孕胎)
회:자(膾炙)[명]-하다[자] 회와 구운 고기라는 뜻으로, 어느 것이나 다 맛이 좋아 많은 사람들이 좋아하는 데서, 널리 세상 사람들에게 칭찬 받으며 입에 오르내림을 이르는 말. ¶인구(人口)에 -되다.
회자-수(劊子手)[명] 지난날, 군문(軍門)에서 사형을 집행하던 사람.
회:자정:리(會者定離)[성구] 불교에서, 만난 사람은 반드시 또 헤어지게 된다는 뜻으로, 인생의 무상(無常)함을 이르는 말.
회장(回章)[명] 회문(回文)
회장(回裝)[명] ①병풍이나 족자 따위의 가장자리를 다른 빛깔로 돌아가며 대어 꾸미는 일, 또는 그 꾸미개. ②한복의 여자 저고리의 깃과 끝동, 겨드랑이와 고름 따위를 빛깔 있는 헝겊으로 꾸미는 일, 또는 그 꾸밈새. 반회장과 삼회장이 있음.
회장(回腸)[명] 공장(空腸)에 이어지는 소장(小腸)의 마지막 부분. 맹장과 이어짐.
회:장(會長)[명] ①회(會)의 일을 통괄하고 회를 대표하는 사람. ¶동창회 -/-으로 선출되다. ②주식 회사 등에서 이사회의 장을 맡고 있는 사람.
회:장(會場)[명] 모임이나 회의가 열리는 곳.
회:장(會葬)[명]-하다[자] 장사지내는 데 참여함.
회장-저고리(回裝-)[명] 회장을 댄 저고리. 반회장저고리와 삼회장저고리가 있음. ☞민저고리
회저(壞疽)[명] 회사(壞死) 상태의 조직이 부패균(腐敗菌) 감염 등으로 겉면이 갈색 또는 흑색으로 변한 상태를 이르는 말. 탈저(脫疽)
회:적(晦迹)[명] 속세를 떠나 자취를 감춤. ☞잠적(潛跡)
회적(蛔積)[명] 한방에서, 회충이 뱃속에서 뭉쳐서 나타낸다는 여러 증세를 이르는 말.
회전(回傳)[명]-하다[타] 빌려 쓴 물건을 빌려 준 사람에게 되돌려 줌.
회전(回電)[명]-하다[자] 회답의 전보를 보냄, 또는 그 전보. 답전(答電)
회전(回轉·廻轉)[명]-하다[자타] ①물체가 어떤 점이나 축(軸)을 중심으로 하여 빙 돎. 전회(轉回) ¶지구가 자체의 축을 중심으로 하여 -하다./지구가 태양의 둘레를 -하다./물레방아가 느리게 -하다. ②몸을 바닥에서 굴리거나 공중제비를 하거나 함. ¶몸을 날려 공중에서 세 번 -하다. ③상품이 팔리고, 투자와 자금의 회수가 되풀이됨. ¶자금의 -이 빠른 사업. ④지능이 작용하는 상태를 비유하여 이르는 말. ¶그는 두뇌의 -이 빠르다.
회:전(悔悛)[명]-하다[자] 자기가 저지른 잘못을 뉘우치고 바르게 고침. ¶-의 기색이 뚜렷하다. [유]개전(改悛)
회:전(會戰)[명]-하다[자] 양편의 군대가 많은 병력을 움직이어 벌이는, 큰 규모의 육상 전투.
회전-계(回轉計)[명] 회전체의 일정 시간의 회전 수를 재는 계기. ☞회전 속도계(回轉速度計)
회전=곡면(回轉曲面)[명] 회전면(回轉面)
회전=날개(回轉-)[명] 수직인 회전축에 장치한 프로펠러 모양의 날개. 헬리콥터의 날개처럼 회전함으로써 양력(揚力)과 추력(推力)이 생김. 회전익(回轉翼)
회전-로(回轉爐)[명] 원통형의 큰 통을 가로로, 또는 기울게 장치하여 회전시키면서 계속하여 가열할 수 있게 만든 노(爐). 통 속에 담긴 것이 고루 섞이면서 가열되는 구조로서, 시멘트 제조 등에 쓰임.
회전=마찰(回轉摩擦)[명] 구름 마찰 [준]전마찰(轉摩擦)
회전-면(回轉面)[명] 평면 곡선을 그 평면 위의 한 직선을 축(軸)으로 하여 한 번 회전시켰을 때 생기는 곡면. 회전 곡면
회전-목마(回轉木馬)[명] 유원지 등에서 볼 수 있는 놀이 기구의 한 가지. 큰 원반 위에 설치해 놓은 목마들이 원반의 회전에 따라 축(軸) 둘레를 돌면서 오르내리게 만든 장치. 메리고라운드(merry-go-round)
회전=무:대(回轉舞臺)[명] 수평으로 회전할 수 있게 만든 무대.
회전-문(回轉門)[명] 큰 건물의 출입구에 설치하는 회전식 문. 수직축을 중심으로 十자 꼴로 네 개의 문짝을 달아 한 방향으로 밀면서 사람이 드나들게 만든 것임.
회전=속도(回轉速度)[명] ①회전하는 속도. ②영사기나 녹음기 등에서 필름이나 테이프 따위를 돌리는 속도.
회전=속도계(回轉速度計)[명] 회전체의 순간 회전 속도를 회전 수로써 연속적으로 나타내는 계기. 태코미터 ☞회전계
회전=운:동(回轉運動)[명] ①물체가 회전축의 둘레를 일정한 거리를 두고 도는 운동. ②맨몸으로 공중제비를 하거나 철봉을 축으로 하여 몸을 회전하는 운동. ③회선 운동
회전-의(回轉儀)[명] 자이로스코프(gyroscope)
회전-의자(回轉椅子)[명] 앉는 자리의 방향을 이리저리 돌릴 수 있게 만든 의자.
회전-익(回轉翼)[명] 회전 날개
회전-자(回轉子)[명] 발전기나 전동기, 터빈 따위 회전 기계에서 축을 따라 회전하는 부분을 통틀어 이르는 말. ☞고정자(固定子)
회전=자:금(回轉資金)[명] 운전 자금
회전-창(回轉窓)[명] 문틀 중앙에 가로나 세로로 축을 장치하여 아래위나 좌우로 회전시켜서 여닫게 만든 창.
회전-체(回轉體)[명] ①회전하는 물체. ②평면 도형을 같은 평면 안에 있는 한 직선을 축으로 하여 한 번 회전시켰을 때 생기는 입체. 맴돌이
회전-축(回轉軸)[명] ①기계 따위가 회전할 때, 회전하는 부분의 축(軸). 돌대 ②도형이나 물체가 회전할 때, 회전의 축이 되는 직선.
회절(回折)[명] 음파나 전파, 또는 빛 등의 파동(波動)이 장애물로 가로막혔을 때, 그 뒤쪽의 그늘 부분에도 파동이 미치는 현상.
회절=격자(回折格子)[명] 빛의 회절을 이용하여 스펙트럼이 생기게 하는 장치. 격자(格子)
회정(回程)[명]-하다[자] 돌아가거나 돌아오는 길에 오름, 또는 그런 길이나 과정.
회조(回漕)[명]-하다[타] 배로 짐을 실어 나름.
회조(詼嘲)[명]-하다[타] 놀리면서 비웃음.
회:좌(會座)[명]-하다[자] ①무슨 일을 의논하기 위해 여러 사람이 한자리에 모임, 또는 그 자리. ②불교에서, 설법(說法)을 들으려고 많은 사람이 모인 자리를 이르는 말.
회:죄(悔罪)[명]-하다[자] 자기가 지은 죄를 뉘우침.
회주(回奏)[명]-하다[타] 지난날, 임금의 물음에 대하여 신하들이 심의하여 글로써 아뢰던 일. 회계(回啓)
회:주(會主)[명] 불교에서, 법회(法會)를 주장하는 사람이라는 뜻으로 '법사(法師)'를 달리 이르는 말.
회:중(會衆)[명] 어떤 곳이나 모임 등에 모인 뭇사람.
회중(懷中)[명] ①품속 ②마음속
회중-시계(懷中時計)[명] 주머니에 넣고 다니게 만든 작은 시계. 몸시계
회중-전등(懷中電燈)[명] 건전지(乾電池)를 넣고 손에 쥐고 다니며 불을 켤 수 있게 만든 전등. 손전등

ㅎ

회중-품(懷中品)명 몸에 지니는 물건.

회증(蛔症)[-쯩]명 '회충증(蛔蟲症)'의 준말.

회:지(會誌)명 무슨 회(會)로 나타내는 단체나 조직에서 정기적으로 펴내는 기관지(機關誌).

회-지석(灰誌石)명 석회와 가는모래, 백토(白土) 따위를 반죽하여 반듯한 조각을 만들어 조각마다 글자 하나씩을 새긴 지석(誌石).

회진(回診)명-하다자타 병원에서 의사가 병실을 돌아다니며 환자를 진찰함.

회진(灰塵)명 ①재와 먼지. ②보잘것없는 것, 또는 아무 값어치도 없는 것을 비유하여 이르는 말. ③아주 멸망함을 비유하여 이르는 말.

회:집(會集)명-하다자타 많은 사람이 한곳에 모임, 또는 많은 사람을 한곳에 모음.

회:차(回車)명-하다자 ①노선 버스 따위가 일정한 곳까지 갔다가 다시 되돌아옴, 또는 그 차. ¶시내 버스가 시 경계에서 -하다. ②일정한 목적지로 떠났던 차가 도착한 곳에서 다시 떠난 곳으로 되돌아옴, 또는 그 차. ¶관광 버스가 빈 차로 -하다.

회창-거리다(대다)자 회창회창 흔들리다. ☞휘청거리다

회창-회창부 ①탄력 있는 가늘고 긴 물건이 자꾸 휘어지며 흔들리는 모양을 나타내는 말. ②기운이 빠지거나 중심을 잃어 갸우뚱갸우뚱 하는 모양을 나타내는 말. ☞휘청휘청

회천(回天)명-하다타 나라의 형세나 국면을 크게 바꾸어 쇠퇴한 세력을 회복함.

회:첨(會檐)명 처마가 ㄱ자 모양으로 꺾인 곳. 변회침

회첩(回帖·回牒)명 회답의 글.

회청-색(灰青色)명 잿빛을 띤 파란 빛깔.

회:초-간(晦初間)명 음력 그믐께부터 다음달 초승까지의 사이. 그믐초승

회초리명 매로 쓰는 가는 나뭇가지. 채[1] ¶-를 들다./-로 말을 다루다. ☞휘추리

회춘(回春)명-하다자 ①철이 바뀌어 다시 봄철이 돌아옴. ②노인의 원기(元氣)가 젊음을 되찾음. ¶-하는 묘약(妙藥). ③어른의 대단하던 병이 나아서 다시 건강한 상태로 됨. ☞쾌복(快復). 쾌유(快癒)

회춘(懷春)명-하다자 혼기(婚期)에 이른 여성이 이성(異性)을 그리워하게 됨.

회충(蛔蟲)명 회충과의 기생충. 생김새는 지렁이와 비슷한데, 몸길이는 암컷이 20~40cm, 수컷이 15~25cm. 채소나 과일에 붙어 있던 알이 사람의 입을 거쳐 장으로 들어가서 부화하여 소장(小腸)에서 기생함. 거위[2] 준회(蛔). 충(蟲)

회충-증(蛔蟲症)[-쯩]명 회충의 기생으로 말미암아 생기는 여러 가지 병증을 이르는 말. 준회증(蛔症) ☞거위배. 회통(蛔痛). 횟배

회:치(悔恥)명-하다타 뉘우치어 부끄럽게 여김.

회칙(回勅)명 가톨릭에서, 로마 교황이 온 세계의 주교(主教)에게 보내는, 교회 전체에 관계되는 중요한 지침의 서신(書信)을 이르는 말.

회:칙(會則)명 회(會)의 규칙. 회규(會規)

회침명 '회첨(會檐)'의 변한말.

회침-기둥명 도리와 인방, 중방이 사방으로 걸리게 세운 기둥.

회:-칼(膾-)명 회를 치는 데 쓰는 칼.

회태(懷胎)명-하다자타 임신(妊娠). 잉태(孕胎)

회통(回通)명-하다자 통문(通文)에 대한 회답.

회통(蛔痛)명 한방에서, 회충으로 말미암아 배가 아픈 증세를 이르는 말. 거위배

회:-판명 '회두리판'의 준말.

회포(懷抱)명 마음속에 품은 생각. ¶-를 풀다.

회풍(回風·廻風)명 회오리바람

회피(回避)명-하다타 ①만나서 거북한 경우나 귀찮은 일 등을 꺼리어 피함. ②법관이나 법원의 사무관 등이 사건에 관하여 제척(除斥) 또는 기피의 원인이 있을 때, 스스로 그 사건을 다루기를 피하는 일.

회:하(會下)명 불교에서, 사승(師僧) 아래에서 참선(參禪)과 수도를 하는 학인(學人)을 이르는 말.

회:-하다(會-)자여《文》여럿이 모이다.

회:-하다(膾-)타여 회를 만들다.

회:-하다(晦-)형여《文》어둡다

회한(回翰)명 회답의 편지. 답장(答狀). 반한(返翰)

회:한(悔恨)명-하다타 뉘우치고 한탄함. 오한(懊恨)

회:합(會合)명-하다자 ①여러 사람이 어떤 목적을 가지고 한곳에 모임. ②같은 종류의 분자가 화학 결합을 하지 않고 둘 이상이 모여 분자 사이의 힘에 따라 한 개의 분자처럼 움직이는 현상. ③천문학에서, 태양과 행성(行星)이 지구에서 보아서 같은 방향에 일직선으로 늘어선 현상, 또는 그 시각(時刻)을 이르는 말. 합(合)[1] ☞내합(內合). 외합

회항(回航)명-하다자 ①선박이 정해진 여러 항구에 들르면서 운항(運航)함. ②선박이 처음 떠났던 항구로 돌아가기 위해 항행(航行)함.

회향(回向)명-하다자 ①불교에서, 자기가 닦은 수행이나 선행(善行)의 결과를 다른 사람이나 생물에게 베풀어 극락왕생(極樂往生)에 이바지하고자 바라는 일. ②불교에서, 죽은 이의 영혼이 성불(成佛)할 것을 기원하며 공양(供養)하는 일.

회향(茴香)명 ①미나릿과의 여러해살이풀. 남유럽 원산으로 줄기 높이는 2m 안팎. 독특한 향기가 있으며 여름에 노란 꽃이 핌. 열매는 길동글고 향기가 짙은데, 기름을 짜기도 하고, 향신료나 약재로도 쓰임. 회향풀 ②한방에서, 회향의 익은 열매를 약재로 이르는 말. 산증(疝症)·각기(脚氣)·위장병 등에 쓰임. 대회향(大茴香)

회향(懷鄕)명-하다자 고향을 그리워함.

회향=발원심(回向發願心)명 불교에서, 자기가 닦은 수행이나 선행(善行)의 결과를 남에게도 베풀어 함께 극락정토(極樂淨土)에 왕생(往生)하고자 하는 마음.

회향-병(懷鄕病)[-뼝]명 가정이나 고향을 멀리 떠나 있는 사람이 못 견딜 만큼 고향을 그리워하는 병적인 상태를 이르는 말. 향수병(鄕愁病)

회향-유(茴香油)[-뉴]명 회향풀의 열매를 증류하여 짠 방향유(芳香油). 향료나 의약품의 원료로 쓰임.

회향-풀(茴香-)명 회향(茴香)

회혼(回婚)명 부부가 함께 맞이하는, 혼인한 지 예순 돌을 이르는 말.

회혼-례(回婚禮)[-녜]명 회혼을 축하하는 잔치. ☞결혼 기념식. 다이아몬드혼식

회:화(會話)명-하다자 사람이 서로 이야기함, 또는 그 이야기. ¶영어로 -하다.

회:화(繪畫)명 그림

회:화-과(繪畫科)[-꽈]명 대학에서, 회화를 전문적으로 연구하는 학과.

회화-나무명 콩과의 낙엽 교목. 높이는 25m 안팎. 가는 가지는 초록인데 자르면 냄새가 남. 잎은 깃꼴 겹잎이며, 뒷면에는 누운 털이 있음. 8월경에 연노랑 꽃이 피고, 열매는 길이 5~8cm의 꼬투리에 들어 있음. 꽃봉오리와 열매는 약재로, 목재는 가구재로 쓰임. 괴목(槐木). 홰나무

회:화=문자(繪畫文字)[-짜]명 그림 문자

회:화-체(會話體)명 사람이 서로 이야기를 주고받는 형식으로 된 문장. 대화체(對話體)

회환(回還)명-하다자 갔다가 다시 돌아옴. 환래(還來). 회래(回來)

회회부 ①가볍게 젓는 모양을 나타내는 말. ¶고개를 - 젓다./물에 설탕을 넣고 - 젓다. ②작은 물체를 휘감는 모양을 나타내는 말. ¶나팔꽃 줄기가 나뭇가지를 - 감으며 올라가다. ☞홰홰. 휘휘

회회-교(回回教)명 이슬람교

회회-찬찬부 회회 감고 찬찬 감는 모양을 나타내는 말. ☞휘휘친친

회회-청(回回青)명 자기(瓷器)를 만들 때, 파란빛을 올리는 물감의 한 가지. 아라비아에서 수입한 데서 붙은 이

ㅎ

름임.
회흑-색(灰黑色)명 잿빛을 띤 검은 빛깔.
획(畫)명 ①글자를 이루는 요소로서, 한 번에 긋는 선(線)이나 점(點)을 이르는 말. 자획(字畫) ¶ -을 바르게 긋다. /-의 수가 많은 한자. ②주역(周易)의 괘(卦)를 나타내는 가로줄. ☞효(爻) ③〔의존 명사로도 쓰임〕 글자의 선이나 점을 세는 데 쓰임. ¶글자를 쓸 때는 한 - 한 - 정성을 들여 쓴다. /열다섯 -으로 된 한자.

한자 획 획(畫) 〔田部 7획〕 ¶자획(字畫)/필획(筆畫)/획수(畫數)/획순(畫順) ▷ 속자는 畵·画

획기-적(劃期的)명 어떤 분야에서 새로운 시대를 열어 놓을 만큼 매우 두드러진 것. 획시대적(劃時代的) ¶ -인 발명. /-인 연구.
획단(劃斷)명-하다타 둘로 자름.
획득(獲得)명-하다타 자기의 것으로 가지게 됨. ¶기능사 자격을 -하다. /메달을 -하다.
획득=형질(獲得形質)명 생물이 환경의 영향이나 훈련 등에 따라서 가지게 된 변화한 형질. 습득 형질(習得形質). 후천 형질(後天形質)
획력(畫力)명 글씨나 그림의 획에서 느껴지는 힘있는 붓놀림의 흔적.
획리(獲利)명-하다자 이익을 얻음. 득리(得利)
획법(畫法)명 글씨나 그림의 획을 긋는 법. ☞필법
획수(畫數)명 한자(漢字)를 이루고 있는 선이나 점의 수. ¶'東' 자의 -는 여덟 획이다.
획순(畫順)명 한글이나 한자를 쓸 때, 선을 긋거나 점을 찍는 순서.
획시대-적(劃時代的)명 획기적(劃期的) ¶ - 미술 작품/-인 사건.
획연(劃然)어기 '획연(劃然)하다'의 어기(語基).
획연-하다(劃然-)형여 구별이 매우 분명하다. ¶둘 사이에 획연한 차이를 느낄 수 있다.
획연-히부 획연하게 ¶ - 구별되다.
획인(畫引)명 자전(字典)에서, 한자(漢字)를 그 획수(畫數)에 따라 찾아볼 수 있도록 배열해 놓은 찾아보기의 한 가지. 총획 색인(總畫索引) ☞자음 색인(字音索引)
획일(畫一)어기 '획일(畫一)하다'의 어기(語基).
획일=교:육(畫一教育)명 개개인의 개성은 고려함이 없이 모든 사람을 똑같이 다루어서 하는 교육. ☞개성 교육
획일-적(畫一的)[-쩍]명 모두가 하나같이 똑같고 개성이나 특징이 없는 것. ¶ - 건축 양식/-인 교육. /-인 옷차림.
획일-하다(畫一-)형여 ①일(一) 자를 그은 것처럼 가지런하게 바르다. ②모두가 하나같이 똑같다.
획자(獲者)명 조선 시대, 활터에서 과녁 주변에 떨어진 화살을 줍는 일을 하는 사람을 이르던 말.
획정(劃定)명-하다타 명확히 구별하여 정함. ¶어로 수역(漁撈水域)을 -하다.
획지(劃地)명 건물을 짓는 데 쓸 땅을 나눈 구획에서, 확정된 한 단위의 건축 대지.
획창(獲唱)명 조선 시대, 활터에서 활을 쏠 때 과녁을 맞힌 것을 외쳐 알리던 일, 또는 그 일을 맡아 하는 사람을 이르던 말.
획책(畫策)명-하다타 어떤 계획을 세워 그 일이 이루어지도록 힘씀. 흔히 좋지 않은 계획을 이를 때 쓰임. ¶조직의 와해를 -하다. ☞책동(策動)
획출(畫出)명-하다타 꾀를 생각해 냄.
획화(劃花)명 도자기의 몸에 칼로 음각(陰刻)한 그림.
횟-가루(灰-)명 석회 가루. 생석회(生石灰)를 흔히 이르는 말. ☞산화칼슘
횟:-감(膾-)명 회를 만드는 거리가 되는 고기나 생선.
횟-돌(灰-)명 석회암(石灰岩)
횟-물(灰-)명 석회수(石灰水)
횟-반(灰-)명 뭉치어 굳은 석회의 조각.
횟-배(蛔-)명 회충으로 말미암아 일어나는 배앓이를 흔히 이르는 말. 거위배
횟수(回數)명 같은 일이 되풀이된 수. ¶시계추의 흔들림의 -. /실험의 -를 거듭하다.
횟:-집(膾-)명 생선회를 파는 음식점.
횡(橫)명 '가로'의 뜻을 나타내는 한자 말. ¶여러 사람이 -으로 죽 늘어서다. ☞종(縱)
횡가(橫柯)명 가로 벋은 나뭇가지.
횡각(橫閣)명 불교에서, 절의 큰방에 잇대어 지어 놓은 '누각(樓閣)'을 이르는 말.
횡간(橫看)명 조선 시대, 중앙 관아의 경상비(經常費) 지급 내용을 적은 장부를 이르던 말. 가로로 단(段)을 지어 적은 데서 생긴 말임.
횡강-목(橫杠木)명 입관(入棺) 때 관 위에 가로 걸쳐 놓는 세 개의 가는 막대기.
횡갱(橫坑)명 땅 속에서 수평으로 파 들어간 갱도(坑道). ☞수갱(竪坑)
횡격(橫擊)명-하다타 적을 측면에서 공격함.
횡격-막(橫膈膜)명 흉강(胸腔)과 복강(腹腔) 사이에 있는 근육성의 막. 폐의 호흡 작용을 도움. 가로막 준 격막
횡견(橫見)명-하다타 비껴 보거나 곁눈질함.
횡경(橫經)명 경서(經書)를 끼고 다닌다는 말로, 열심히 학문을 함을 이르는 말.
횡경문:난(橫經問難)성구 경서(經書)를 끼고 다니면서 어려운 것을 물음을 이르는 말.
횡관(橫貫)명-하다타 땅을 가로로 꿰뚫거나 동서로 가로지름. ☞종관(縱貫)
횡구(橫句)[-꾸]명 거짓된 문구(文句).
횡구-류(橫口類)명 판새류(板鰓類)
횡단(橫斷)명-하다타 ①가로 끊거나 자름. ②도로나 하천 따위를 가로질러 건너감. ③대륙이나 대양(大洋)을 동서의 방향으로 가로질러 감. ☞종단(縱斷)
횡단-로(橫斷路)[-노]명 ①도로를 가로질러 다니는 길. ②대륙이나 대양(大洋)을 가로질러 가는 항로(航路).
횡단-면(橫斷面)명 물체를 길이에 직각으로 가로 잘랐을 때 생긴 면. ☞종단면(縱斷面)
횡단-보:도(橫斷步道)명 걸어다니는 사람이 차도를 가로질러 걸어갈 수 있도록 정해 놓은 일정한 구역. 신호등이나 도로 표지 등으로 나타냄.
횡단=비행(橫斷飛行)명 대륙이나 해양을 가로질러 가는 장거리 비행. ¶유럽 -/대서양 -
횡단=조합(橫斷組合)명 기업별 노동 조합과 관계없이, 직업별·산업별로 지역 또는 전국적 규모로 조직된 노동 조합. ☞종단 조합(縱斷組合)
횡담(橫談)명-하다자 함부로 지껄임, 또는 그런 말.
횡대(橫帶)명 ①가로 맨 띠. ②관(棺)을 묻은 뒤 광중(壙中) 위를 덮는 널.
횡대(橫隊)명 가로로 줄을 지어 늘어선 대형. ¶삼렬(三列) -로 도열하다. ☞종대(縱隊)
횡도(橫道)명 ①가로로 난 길. 횡로(橫路) ②정도에서 벗어난 옳지 못한 길.
횡득(橫得)명-하다타 뜻밖에 이득을 봄.
횡-듣다(橫-)(-듣고·-들어)타ㄷ 말을 잘못 듣다. 빗듣다
횡래지액(橫來之厄)명 뜻밖에 닥친 재액(災厄). 준 횡액(橫厄)
횡렬(橫列)명 가로로 늘어선 줄. ☞종렬(縱列)
횡렬(橫裂)명-하다자 ①가로로 찢어지거나 벌어짐. ②꽃밥의 열개법(裂開法)의 한 가지. 꽃밥이 익으면 가로로 벌어져 꽃가루가 날림. 무궁화 따위가 있음.
횡렴(橫斂)명-하다타 무법하게 조세를 거둠.
횡령(橫領)명-하다타 남의 재물을 불법으로 가로챔. ¶공금(公金) - ☞착복(着服)
횡로(橫路)명 횡도(橫道)
횡류(橫流)명-하다자 ①물이 제 곬으로 흐르지 아니하고 옆으로 꿰져 흐름. ②어떤 물품 따위가 부정(不正)하거나 비정상적인 경로로 유통됨.
횡리(橫罹)명-하다자 뜻밖의 재앙을 당함.
횡면(橫面)명 옆면. 측면

ㅎ

횡목(橫木)명 가로질러 놓은 나무.
횡문(橫紋)명 가로무늬
횡문(橫聞)명-하다타 잘못 들음.
횡문-근(橫紋筋)명 가로무늬근
횡보(橫步)명-하다자 모로 걷는 걸음. ☞게걸음
횡-보다(橫-)타 똑바로 보지 못하고 잘못 보다. 빗보다
횡부가(橫負歌)명 가루지기타령
횡사(橫死)명-하다자 뜻밖의 재앙을 당해 죽음. ¶비명(非命) — ☞변사(變死)
횡사(橫斜)명-하다자 가로 비낌.
횡사(橫肆)어기 '횡사(橫肆)하다'의 어기(語基).
횡사-하다(橫肆-)형여 횡자(橫恣)하다
횡산(橫產)명-하다타 아이를 가로 낳음. 곧 태아의 팔부터 나옴.
횡서(橫書)명-하다타 가로쓰기 ☞종서
횡선(橫線)명 가로 그은 줄. 가로금. 가로줄 ☞종선
횡선=수표(橫線手票)명 수표의 겉면 위쪽에 두 줄의 평행선을 그은, 결제가 제한되는 수표. 소지인이 자기의 거래 은행에 일단 예입(預入)한 뒤에야 현금으로 결제받을 수 있음.
횡설수설(橫說豎說)성구 조리가 없이 말을 함부로 지껄임을 이르는 말. ☞선소리
횡수(橫手)명 장기·바둑 따위에서, 잘못 보고 둔 수. ☞악수(惡手)
횡수(橫豎)명 ①가로와 세로. ②공간과 시간. ③불교에서, 수행(修行)에 필요한 자력(自力)과 타력(他力)을 이르는 말. 가로길이
횡수(橫數)명 뜻밖의 운수.
횡수-막이(橫數-)명 민속에서, 그 해의 액운을 막으려고 정월에 하는 무당굿.
횡-십자(橫十字)명 가위표
횡-압력(橫壓力)명 지각(地殼)에 가로 방향으로 작용하는 압력.
횡액(橫厄)명 '횡래지액(橫來之厄)'의 준말.
횡역(橫逆)명-하다형 떳떳한 이치에서 벗어남.
횡와(橫臥)명-하다자 가로 눕거나 모로 누움.
횡의(橫議)명-하다자 제멋대로 마구 논의하거나 비평함.
횡일(橫逸)명-하다자 제멋대로 놂.
횡일(橫溢)명-하다자 물이 경계를 넘쳐 흐름.
횡일-성(橫日性)[-썽]명 식물의 일부 기관이 빛의 자극 방향과 직각을 이루며 굴곡하는 성질.
횡자(橫恣)어기 '횡자(橫恣)하다'의 어기(語基).
횡자-하다(橫恣-)형여 삼가는 기색 없이 막되고 방자하다. 횡사(橫肆)하다
횡-장지(∠橫障子)명 방 안의 외풍을 막기 위하여, 네 벽에 나무 오리를 덧대어 종이로 싸서 바른 장지.
횡재(橫災)명-하다자 뜻밖에 재난을 당함, 또는 그 재난.
횡재(橫財)명-하다자 뜻밖에 재물을 얻음, 또는 그 재물.
횡적(橫的)[-쩍]명 어떤 사물이나 현상에 횡(橫)으로 관계되는 것. ¶인간 사회에서는 -인 유대 관계가 매우 중요하다. ☞종적(縱的)
횡적(橫笛)명 저[1]
횡적=사:회(橫的社會)[-쩍-]명 근대 자유 민주주의 사회와 같이, 사회 구성원 사이의 자유로운 의사에 따른 계약으로 맺어진 평등한 사회.
횡절(橫截)명-하다타 가로로 자름.
횡정(橫政)명 못된 정치. 포악한 정치.
횡제(橫堤)명 강물의 흐름에 대하여 직각으로 쌓은 제방. 홍수 때 물의 흐름을 더디게 하여 주변의 논밭을 보호함.
횡조(橫組)명 가로짜기 ☞종조(縱組)
횡주(橫走)명-하다자 ①가로질러 달림. ②함부로 날뛰며 다님. ③옳지 못한 짓을 함. 횡치(橫馳)
횡죽(橫竹)명-하다자 담뱃대를 뻗치어 묾, 또는 그 담뱃대.
횡지-성(橫地性)[-썽]명 식물의 굴지성(屈地性)의 한 가지. 식물의 곁뿌리·곁가지·땅속줄기 따위가 중력의 방향에 대하여 거의 직각으로 굴곡하는 성질.
횡징(橫徵)명-하다타 세금·빚 등을 부당하게 물리어 받음.
횡창(橫窓)명 교창(交窓)

횡철(橫綴)명 ①-하다타 가로 꿰맴. ②자모(字母)를 가로 풀어서 쓰는 철자.
횡초지공(橫草之功)성구 싸움터에서 풀을 밟아 쓰러뜨리며 세운 공이란 뜻으로, 전장에 나가 산과 들을 누비며 싸운 공을 이르는 말.
횡축(橫軸)명 ①가로 걸도록 꾸민 족자. ②가로축 ☞종축(縱軸)
횡출(橫出)명-하다자 바르지 못한 짓을 저지름.
횡치(橫馳)명-하다자 횡주(橫走)
횡침(橫侵)명-하다타 함부로 침범함.
횡탈(橫奪)명-하다타 함부로 빼앗음.
횡파(橫波)명 ①배의 진행 방향에서 보아, 옆으로 밀려드는 파도. ②물리학에서, 파동의 진행 방향과 매질(媒質)의 진동 방향이 직각을 이루는 파동. 고저파(高低波) ☞종파(縱波)
횡판(橫板)명 가로 걸쳐 놓은 널빤지.
횡포(橫暴)명-하다형 남의 처지를 헤아리지 않고 제멋대로 굴며 난폭함. ¶-를 부리다.
횡-해:안(橫海岸)명 산맥의 축(軸)과 직각을 이루는 해안. ☞종해안(縱海岸)
횡행(橫行)명-하다자 ①모로 감. ②아무 거리낌없이 제멋대로 행동함.
횡향(橫向)명-하다타 얼굴을 모로 돌려 향함.
횡화(橫禍)명 뜻하지 않은 재난.
효(爻)명 주역(周易)의 괘(卦)를 나타내는 가로 그은 획. '—'을 양(陽), '--'을 음(陰)으로 하여 밑에서부터 초효(初爻), 이효(二爻)… 상효(上爻)라 함.
효:(孝)명 어버이를 잘 섬기는 일. ☞불효(不孝)
효:감(孝感)명 지극한 효성에 하늘과 사람이 감동하는 일.
효:건(孝巾)명 두건(頭巾)
효:경(孝經)명 유교 경전의 한 가지. 공자(孔子)와 그의 제자인 증자(曾子)가 효도에 대하여 논한 것을 제자들이 기록한 책.
효:경언:해(孝經諺解)명 조선 선조(宣祖) 때, 최세진(崔世珍)이 '효경(孝經)'을 한글로 번역한 책. 1권 1책. 철종 14년(1863)에 중간(重刊)됨.
효:계(曉鷄)명 새벽에 울어 때를 알리는 닭.
효:과(效果)명 ①보람 있는 결과. ¶열심히 공부한 -가 나타나다. ②연극이나 영화·방송극 등에서, 분위기를 살리거나 실감을 자아내기 위하여 사용하는 소리·영상·조명 따위. ¶무대 -/조명 - ③유도에서, 판정 용어의 한 가지. 메치기나 누르기가 '유효(有效)'에 미치지 못한 경우에 선언됨.
효:과-음(效果音)명 연극이나 영화·방송극 등에서, 분위기를 살리거나 실감을 자아내기 위하여 사용하는 소리.
효:과-적(效果的)명 보람 있는 결과가 있는 것. ¶-인 대책을 마련하다. ▷效의 속자는 効
효:기(曉起)명-하다자 새벽에 일찍 일어남.
효기(驍騎)명 사납고 날랜 기병(騎兵).
효:녀(孝女)명 효성스러운 딸.
효:능(效能)명 효험을 나타내는 능력.
효:달(曉達)명-하다타 사물의 이치 따위를 환히 깨달아서 앎. 통효(通曉) ☞통달(通達)
효대(絞帶)명 상복(喪服)에 띠는 삼띠.
효:덕(孝德)명 어버이를 잘 섬기는 마음.
효:도(孝道)명-하다자 어버이를 잘 섬김, 또는 그 도리.
효도를 보다관용 자손에게서 효도로 섬김을 받다.

한자 효도 효(孝) 〔子部 4획〕 ¶효녀(孝女)/효도(孝道)/효성(孝誠)/효심(孝心)/효자(孝子)

효:두(曉頭)명 이른 새벽. 먼동이 틀 무렵.
효:두-발인(曉頭發靷)명 이른 새벽에 상여가 집에서 묘지로 떠나는 일.
효:득(曉得)명-하다타 깨달아서 앎. 효해(曉解)
효란(淆亂)명-하다형 혼란(混亂)
효:려(孝廬)명 상제(喪制)가 거처하는 곳.

효:력(效力)명 ①어떤 사물에 대하여 원하는 결과를 나타내는 힘. 보람. 효험(效驗) ¶투약(投藥)의 ―. ②법률이나 규칙 따위의 작용. ¶선고일부터 ―이 발생하다./―을 상실하다.
효:렴(孝廉)명 효도하는 사람과 청렴한 사람.
효:로(效勞)명 힘들인 보람.
효맹(梟猛)어기 '효맹(梟猛)하다'의 어기(語基).
효맹-하다(梟猛―)형여 건장하고 날래다.
효모(酵母)명 효모균(酵母菌)
효모-균(酵母菌)명 자낭균류(子囊菌類)에 딸린 미생물. 엽록소가 없는 단세포 균류(菌類)로 원형 또는 타원형이며 대개는 출아(出芽)로 번식함. 당분을 알코올과 이산화탄소로 분해하는 발효 작용을 하므로 빵이나 술 따위의 제조에 널리 쓰임. 뜸팡이. 발효균. 이스트(yeast). 효모
효목(梟木)명 지난날, 죄인을 처형하여 목을 매달던 나무. 옥문대(獄門臺)
효:무(曉霧)명 새벽에 끼는 안개.
효박(淆薄)어기 '효박(淆薄)하다'의 어기(語基).
효박-하다(淆薄―)형여 인정이나 풍속 따위가 어지럽고 각박하다.
효:복(孝服)명 상복(喪服)
효:부(孝婦)명 효성스러운 며느리.
효:빈(效顰)명 덩달아 남의 흉내를 내거나 남의 결점을 장점인 줄 알고 본뜨는 일. 고대 중국 월(越)나라의 미인 서시(西施)는 속병이 있어 항상 눈을 찡그리고 있었는데, 어느 못생긴 여자가 눈만 찡그리면 아름답게 보이는 줄 알고 자기도 눈을 찡그렸다는 데서 유래함.
효사(爻辭)명 주역(周易)에서, 괘(卦)를 이루는 각 효(爻)의 뜻을 풀이한 글.
효상(爻象)명 ①좋지 못한 몰골. 좋지 않은 상태. 경광(景光). 경상(景狀) ②괘상(卦象)
효:상(曉霜)명 새벽에 내리는 서리.
효:색(曉色)명 ①먼동이 트는 빛. ②새벽 경치.
효:성(孝誠)명 마음을 다하여 어버이를 섬기는 정성. ¶―이 지극하다./―을 다하다.
효:성(曉星)명 ①샛별 ②새벽에 드문드문 남아 있는 별.
효:성-스럽다(孝誠―)(―스럽고·―스러워)형ㅂ 어버이를 섬기는 태도가 정성스럽다.
  효성-스레부 효성스럽게
효소(酵素)명 생물의 세포 안에서 만들어지는 단백질을 중심으로 한 고분자 화합물. 생체의 거의 모든 화학 반응의 매체 구실을 함. 술·간장·치즈 따위의 식품과 소화제 따위의 의약품을 만드는 데 쓰임. 뜸씨. 뜸팡이
효:손(孝孫)명 ①효성스러운 손자. ②손자가 제주(祭主)가 되어 지내는 제사 축문(祝文)에서, 조부모의 혼령에 상대하여 손자인 자기를 이르는 말. ☞효자(孝子)
효수(梟首)명-하다자타 지난날, 죄인의 목을 베어 높이 매달던 일. ☞효시(梟示)
효:순(孝順)어기 '효순(孝順)하다'의 어기(語基).
효:순-하다(孝順―)형여 효성스럽고 유순하다.
효:습(曉習)명-하다자 깨달아 익숙하게 됨.
효시(梟示)명-하다타 지난날, 죄인의 목을 베어 높이 매닮으로써 뭇사람을 경계하던 일.
효시(嚆矢)명 ①우는살 ②지난날, 중국에서 전쟁을 시작하는 신호로 우는살을 쏘았다는 데서, 사물이나 현상이 비롯된 '맨 처음'을 비유하여 이르는 말. ¶홍길동전은 국문 소설의 ―이다.
효:신세(曉新世)명 팔레오세
효:심(孝心)명 효성스러운 마음.
효:양(孝養)명-하다타 어버이를 효성스럽게 받들어 섬김.
효:연(曉然)어기 '효연(曉然)하다'의 어기(語基).
효:연-하다(曉然―)형여 똑똑하고 분명하다. 요연하다
  효연-히부 효연하게
효:오(曉悟)명-하다타 밝게 깨달음.
효:용(效用)명 ①효력(效力) ②이용할만 한 쓰임새. ¶컴퓨터의 ― 가치는 매우 크다. ③사람의 욕망을 만족시킬 수 있는 재화의 능력.
효용(驍勇·梟勇)어기 '효용(驍勇)하다'의 어기(語基).
효용-하다(驍勇―)형여 사납고 날쌔다.
효:우(孝友)명 어버이에 대한 효도와 동기(同氣)에 대한 우애. 효제(孝悌)
효:우(曉雨)명 새벽녘에 내리는 비. ☞모우(暮雨)
효웅(梟雄)명 사납고 용맹스러운 영웅.
효:유(曉諭·曉喩)명-하다타 알아듣도록 타이름.
효:율(效率)명 ①힘들인 노력에 대하여 얻어진 결과의 정도. ¶생산 ―을 높이다. ②기계가 한 일의 양과 소요된 에너지와의 비율. ¶냉·난방 ―이 나쁘다.
효:자(孝子)명 ①효성스러운 아들. ②부모의 제사 축문(祝文)에서, 제주(祭主)가 부모의 혼령에 대하여 아들인 자기를 이르는 말. ☞애자(哀子). 효손(孝孫)

> ▶ **축문에서 이르는 '효자(孝子)'**
> 축문에서는 부모의 혼령에 대하여 아들인 자기를 '효자'라 한다. 이 경우의 효자의 뜻은 자기를 높이는 말이 아니라 [孝 : 상복 입을 효'자로] '상복을 입은 아들'이라는 뜻이다. 승중(承重)하는 손자가 '효손(孝孫)'이라 하는 경우도 마찬가지이다.

효:자(孝慈)명 어버이에 대한 효도와 자식에 대한 사랑.
효:자-문(孝子門)명 효자를 표창하고 세상에 널리 알려 기리기 위하여 세운 정문(旌門). ☞열녀문(烈女門)
효장(驍將·梟將)명 사납고 날쌘 장수.
효:정(效情)명-하다자 정성을 다함.
효:제(孝悌)명 효우(孝友)
효:제충신(孝悌忠信)명 효도·우애·충성·신의를 아울러 이르는 말.
효:조(孝鳥)명 어미에게 먹이를 물어다 주는 효성스러운 새라는 뜻으로, '까마귀'를 달리 이르는 말.
효:종(曉鐘)명 절이나 교회에서 새벽에 치는 종소리. ☞만종(晩鐘)
효:죽(孝竹)명 솟대
효:중(孝中)명 남을 높이어 그의 상중(喪中)을 이르는 말.
효증(哮症)[―쯩]명 백일해(百日咳)
효:천(曉天)명 ①새벽 하늘. ②새벽녘
효:충(效忠)명-하다자 충성을 다함.
효:칙(效則)명-하다타 본받아 법으로 삼음.
효:칙(曉飭)명-하다타 타일러 경계함.
효:친(孝親)명-하다자 어버이에게 효도함.
효포(絞布)명 염포(殮布)
효한(梟悍)어기 '효한(梟悍)하다'의 어기(語基).
효한-하다(梟悍―)형여 날쌔고 사납다.
효:해(曉解)명-하다타 효득(曉得)
효:행(孝行)명 어버이를 잘 섬기는 행실.
효:험(效驗)명 효력(效力)
  효험(을) 보다관용 좋은 보람을 얻다.

한자 **효험 효**(效)〔攴部 6획〕¶약효(藥效)/특효(特效)/효능(效能)/효용(效用)/효험(效驗) ▷ 속자는 効

후:[1] 부 입을 우므리어 입김을 내부는 소리를 나타내는 말. ☞허[1]. 호
후:[2] 감 '후유'의 준말.
후(后)명 '후비(后妃)'의 준말.
후:(後)명 ①뒤. 다음 ¶졸업 ―에도 연락하자./헤어진 ―. ☞전(前) ②'추후(追後)'의 준말.
후(侯)명 '후작(侯爵)'의 준말.
후:(後)-《접두사처럼 쓰이어》'나중의'의 뜻을 나타냄. ¶후더침/후보름 ☞선(先)-
후:가(後家)명 뒷집
후:가(後嫁)명-하다자 개가(改嫁). 후살이
후:가(厚價)[―까]명 후한 값.
후:각(後脚)명 뒷다리 ☞전각(前脚)
후:각(後覺)명-하다타 도(道) 따위를 남보다 뒤늦게 깨달음. ☞선각(先覺)
후각(嗅覺)명 오감(五感)의 하나. 냄새를 맡는 감각. 척

ㅎ

추동물은 코, 곤충은 촉각에 있음. 후감(嗅感)
후각-기(嗅覺器)명 냄새를 느끼는 감각 기관. 척추동물은 코, 곤충류는 촉각임. 후관(嗅官)
후:각-본(後刻本)명 중간본(重刊本)
후:감(後勘)명-하다 타 ①뒤처리 ②뒷일을 미루어 헤아림.
후:감(後鑑)명 뒷날의 사람들이 본받을만 한 모범.
후감(嗅感)명 후각(嗅覺)
후:-걸이(後-)명 안장에 걸어 말 궁둥이를 꾸미는 제구.
후:견(後見)명 친권자가 없는 미성년자나 한정 치산자, 금치산자를 보호하며, 그들의 재산 관리와 법률 행위를 대리하는 일.
후:견-인(後見人)명 후견의 직무를 맡은 사람.
후:경(後頸)명 목의 뒤쪽. 목 뒤.
후:계(後繼)명-하다 자타 뒤를 이음.
후:계-자(後繼者)명 뒤를 받아 잇는 사람.
후:고(後考)명 ①-하다 타 나중에 자세히 검토함. ②뒷날의 증거.
후:고(後顧)명 ①-하다 자 지난 일을 돌아보아 살핌. ②뒷날의 근심.
후골(喉骨)명 울대뼈
후관(嗅官)명 후각기(嗅覺器)
후:광(後光)명 ①불교에서, 부처의 몸에서 내비친다는 빛. ②부처의 몸에서 내비치는 광명(光明)을 상징적으로 나타낸, 불상 배후의 장식. 광배(光背). 배광(背光). 원광(圓光) ③크리스트교에서, 성화(聖畫) 중의 인물을 감싸는 금빛. ④어떤 인물 또는 사물을 더욱 빛나게 하거나 두드러지게 하는 배경. ¶아버지의 -을 업고 출마하다.
후:군(後軍)명 ①뒤에 있는 군대. ☞전군(前軍) ②지난날, 임금의 거둥 때 뒤를 호위하던 군대. 후진(後陣)
후:굴(後屈)명-하다 형 뒤쪽으로 굽어 있음.
후:궁(後宮)명 비빈(妃嬪)이 사는 뒤쪽의 궁전이라는 뜻으로, 제왕(帝王)의 첩을 이르던 말. ☞정비(正妃)
후:궁(弲弓)명 삼사미로부터 도고지까지 뽕나무를 댄 활. ☞장궁(長弓)
후금(喉衿)명 목구멍과 옷깃이라는 뜻으로, '요해처(要害處)나 요소(要所)'를 이르는 말.
후:급(後給)명-하다 타 값이나 삯을 나중에 치름. ☞선급
후:기(後記)명 ①뒷날의 기록. ②-하다 자타 본문 뒤에 덧붙여 기록함, 또는 그 글. ☞전기(前記)
후:기(後氣)명 버티어 나가는 힘.
후:기(後期)명 ①어떤 기간을 둘이나 셋으로 갈랐을 때 맨 뒤의 기간. ②'후반기'의 준말. ☞전기(前期) ③뒷날의 기약(期約).
후기(候騎)명 적의 형편이나 지형 등을 살피는 기병.
후:기=모더니즘(後期modernism)명 포스트모더니즘
후:기=인상파(後期印象派)명 19세기 말 프랑스에서 일어난 미술 운동 유파. 인상주의에 대한 반동으로 인상파의 화풍을 한층 더 개성적으로 발전시켰으며, 대표적인 화가로는 세잔과 고흐, 고갱 등이 있음.
후끈 부 ①뜨거운 기운이나 김 따위가 급자기 끼쳐 오는 상태를 나타내는 말. ¶뜨거운 기운이 - 끼쳤다. ②부끄럽거나 당황하거나 하여 얼굴이 몹시 달아오르는 느낌을 나타내는 말. ¶얼굴이 - 달다. ☞화끈
후끈 달다 관용 '어떤 일을 하고 싶어 참을 수 없이 몹시 달다'를 속되게 이르는 말.
후끈-거리다(대다) 자 ①뜨거운 기운이나 김 따위가 후끈후끈 끼치다. ②얼굴이 후끈후끈 달다. ☞화끈거리다
후끈-하다 형여 뜨거운 기운이 끼쳐 오는듯 하다. ¶후끈한 방. ☞화끈하다
후끈-후끈 부 자꾸 후끈 하는 느낌을 나타내는 말. ☞화끈화끈
후끈후끈-하다 형여 매우 후끈하다. ¶탕 안이 -./약을 바른 자리가 -./뜨거운 국물을 마셨더니 속이 -. ☞화끈화끈하다
후:난(後難)명 ①뒷날의 재난. ②뒷날에 있을 비난.
후:년(後年)명 ①올해의 다음다음 해. ②몇 해가 지난 뒤. ¶그는 -을 기약하고 길을 떠났다. ☞전년(前年)
후:념(後念)명 ①후렴(後斂) ②뒷날의 염려.
후:뇌(後腦)명 대뇌 아래에 있는 뇌의 한 부분.
후닥닥 부 ①일을 매우 서둘러 하는 모양을 나타내는 말. ¶방을 - 치우다. ②갑자기 날쌔게 일어나거나 뛰어나가는 모양을 나타내는 말. ¶- 자리에서 일어나다./- 뛰어나가다. ☞화닥닥
후닥닥-후닥닥 부 잇달아 후닥닥 하는 모양을 나타내는 말. ☞화닥닥화닥닥
후:담(後談)명 그 뒤의 이야기.
후:당(後堂)명 정당(正堂) 뒤에 있는 별당.
후:대(後代)명 뒤의 세대(世代)나 시대(時代). ☞선대(先代). 전대(前代)
후:대(後隊)명 ①뒤에 있는 대오(隊伍). ②후방의 부대.
후:대(厚待)명-하다 타 후하게 대접함, 또는 그러한 대접. ☞박대(薄待)
후:-더침(後-)명 아이를 낳은 뒤에 조리를 못 하여 일어나는 잡병. ☞후탈
후:덕(厚德)명-하다 형 언행이 어질고 두터움, 또는 그러한 덕행. ☞박덕(薄德)
후:덕-스럽다(厚德-)(-스럽고·-스러워)형ㅂ 보기에 언행이 어질고 두터운 데가 있다.
후덕-스레 부 후덕스럽게
후덥지근-하다 형여 공기가 좀 끈끈하면서 무덥다. ¶후덥지근한 날씨. ☞후텁지근하다
후:독(後毒)명 여독(餘毒)
후:두(後頭)명 뒤통수 ☞전두(前頭)
후두(喉頭)명 위쪽은 인두(咽頭)에, 아래쪽은 기관(氣管)에 이어져 있는 호흡기의 한 부분. 공기가 통하고 소리를 내는 기관임. ☞성대(聲帶)
후두개=연:골(喉頭蓋軟骨)명 후두의 입구에 있는, 탄력성이 있는 뚜껑 모양의 연골. 음식물을 삼킬 때 자동적으로 후두를 막아 식도(食道)로 넘어가게 함. 회염 연골
후두=결절(喉頭結節)[-쩔]명 갑상 연골(甲狀軟骨)
후:-두골(後頭骨)명 머리 뒤쪽 두개골을 이루는 뼈.
후두두 부 빗방울 따위가 갑자기 떨어지는 소리를 나타내는 말. ¶- 하고 굵은 빗방울이 떨어지다.
후두-염(喉頭炎)명 후두에 생기는 염증. 목이 아프고 가래가 나옴. 후두 카타르
후두-음(喉頭音)명〈어〉성문음(聲門音)
후두=카타르(喉頭catarrh)명 후두염(喉頭炎)
후:-둥이(後-)명 쌍둥이 중에서 나중에 태어난 아이. ☞선둥이
후드(hood)명 방한복 따위에 붙어 있는, 두건 모양의 머리쓰개.
후드득 부 ①콩이나 깨 따위를 볶을 때 튀는 소리를 나타내는 말. ②검불 따위가 불똥을 튀기며 타는 소리를 나타내는 말. ③빗방울 따위가 한차례 떨어지는 소리를 나타내는 말. ☞호드득
후드득-거리다(대다) 자 자꾸 후드득 소리가 나다. ☞호드득거리다
후드득-후드득 부 후드득거리는 소리를 나타내는 말. ☞호드득호드득
후들-거리다(대다) 자 몸이나 팔다리가 후들후들 떨리다. ☞부들거리다
후들-후들 부 지치거나 두렵거나 하여 몸이나 팔다리가 몹시 떨리는 모양을 나타내는 말. ¶몸이 - 떨리다.
후딱 부 날래게 움직이는 모양을 나타내는 말. ¶청소를 - 해치우다.
후딱-후딱 부 잇달아 날래게 움직이는 모양을 나타내는 말. ¶무슨 일이든지 - 해치우다.
후락(朽落)명-하다 자 ①낡고 썩어서 못 쓰게 됨. ¶-한 지붕을 고치다. ②오래되어 빛깔이 변함.
후:래(後來)명-하다 자 뒤에 오거나 늦게 옴.
후:래삼배(後來三杯) 술자리에서, 뒤늦게 온 사람에게 벌술로 거푸 석 잔의 술을 권하면서 하는 말.
후:래선배(後來先杯) 술자리에서, 뒤늦게 온 사람에게

ㅎ

먼저 술을 권하면서 하는 말.

후:략(後略)명-하다자 글을 쓸 때, 뒷부분을 줄이는 일. ☞전략(前略). 중략(中略)

후량(餱糧)명 예전에, 먼 길을 가는 사람이 가지고 다니는, 익혀 말린 양식을 이르던 말.

후레-아들명 '호래아들'을 큰 어감(語感)으로 이르는 말. 후레자식 ☞호래아들

후레-자식(-子息)명 '호래자식'을 큰 어감(語感)으로 이르는 말. 후레아들 ☞호래자식

후:려(後慮)명 뒷날의 염려. 뒷일에 대한 근심 걱정.

후려-갈기다타 손이나 채찍 따위로 힘껏 후려치다. ¶ 홧김에 너석의 뺨을 후려갈겼지.

후려-치다타 손이나 채찍 따위로 힘껏 때리다. ¶ 밤톨을 떨어뜨리려고 장대로 가지를 ─.

후:련(後聯)명 한시(漢詩)에서, 율시(律詩)의 제5, 6의 두 구. 경련(頸聯) ☞전련(前聯)

후련-하다형여 ①가슴에 더부룩하던 것이 내려 시원하다. ②마음에 맺혔던 일이 풀리어서 시원하다. ¶ 눈엣가시 같은 인물이 떠나고 나니 속이 ─.

후련-히부 후련하게

후:렴(∠後染)명-하다타 빛깔이 바랬거나 물이 잘 들지 못한 옷감 등에 다시 물을 들임. 원후염(後染)

후:렴(後斂)명 둘 이상의 절(節)로 이루어진 시나 악곡에서, 각 절의 끝에 반복되는 부분. 후념(後念)

후:렴(厚斂)명 무겁게 매긴 세금.

후로(朽老)명 나이가 많아 기력이 쇠약해짐, 또는 그러한 사람.

후:록(厚祿)명 후한 녹봉(祿俸). 많은 녹봉. 유고록(高祿)

후:록(後錄)명 어떤 글 끝에 덧붙여 쓰는 기록.

후:료(厚料)명 후한 급료(給料). 많은 급료.

후:료-아문(厚料衙門)명 조선 시대, 호조(戶曹)·선혜청(宣惠廳) 등과 같이 돈과 곡식에 관한 일을 맡아보는 관아를 이르던 말.

후:룡(後龍)명 풍수지리설에서, 집터·묏자리 등의 뒤쪽으로 내려 벋은 주된 산줄기를 이르는 말.

후루루부 ①호루라기나 호각 따위를 불 때 나는 소리를 나타내는 말. ②버썩 마른 나뭇잎이나 종이 따위가 가볍게 타오르는 모양을 나타내는 말. ☞호로로

후루룩부 ①새가 갑작스레 날갯짓하며 날아오르는 소리를 나타내는 말. ②많은 양의 죽이나 국수 따위를 야단스레 들이마시거나 빨아들이는 소리를 나타내는 말. ☞호로록. 후룩

후루룩-후루룩부 잇달아 후루룩 하는 소리를 나타내는 말. ☞호로록호로록. 후룩후룩

후룩부 많은 양의 죽이나 국수 따위를 급히 들이마시거나 빨아들이는 소리를 나타내는 말. ☞호록. 후루룩

후룩-후룩부 잇달아 후룩 하는 소리를 나타내는 말. ☞호록호록. 후루룩후루룩

후:륜(後輪)명 자동차나 자전거 따위의 뒷바퀴. ¶ ─ 구동(驅動) ☞전륜(前輪)

후르르부 ①새가 가볍게 날개를 치며 날아오르는 소리를 나타내는 말. ②버썩 마른 나뭇잎이나 종이 따위가 쉬이 타오르는 모양을 나타내는 말. ③많은 양의 묽은 액체나 국수 따위를 가볍게 빨아들이는 소리를 나타내는 말. ☞호르르

후리명 '후릿그물'의 준말.

후:리(厚利)명 ①큰 이익. ②비싼 이자.

후리-기명 ①유도의 메치기의 다리 기술. 상대편의 다리 사이에 다리를 넣어 후리면서 메치는 안다리후리기와 오른발로 상대의 오른다리를 뒤에서 후리면서 메치는 밭다리후리기가 있음. ②유도의 메치기의 허리 기술. 상대편을 기울게 하여 허리를 틀어 메치는 기술.

후리다타 ①휘둘러 몰다. ②모난 곳을 깎거나 베어 버리다. ③남의 것을 갑자기 잡아채서 빼앗거나 슬쩍 가지다. ④그럴듯한 수단으로 남의 정신을 어지럽게 하여 빼앗다. ☞호리다

후리-질명-하다자 ①후릿그물로 물고기를 잡는 일. ②모조리 후려 들이는 짓.

후리-채명 날벌레 따위를 후려 사로잡는 데 쓰는 물건. 코가 듬성듬성한 그물에 자루가 달려 있음.

후리후리-하다형여 늘씬하게 키가 크다. ¶ 후리후리한 몸매. ☞호리호리하다

후림명 남을 후리는 일, 또는 그런 수단. ☞호림

후림대-수작(-酬酌)[-때-]명 남을 후리기 위하여 늘어놓는 말, 또는 그런 짓.

후림-불[-뿔]명 ①갑작스레 정신없이 휩쓸리는 서슬. ②남의 일에 아무 까닭 없이 얽혀 드는 일.

후릿-가래질명-하다자 논둑이나 밭둑을 후려 깎는 가래질.

후릿-고삐명 말이나 소를 후려 몰기 위해 길게 단 고삐.

후릿-그물명 강이나 바다에 그물을 둘러쳐 두었다가 벼리의 두 끝을 끌어당기어 물고기를 잡는 그물. 준후리

후:망(後望)명 후보름 ☞선망(先望)

후망(堠望)명-하다타 높은 곳에 올라서서 멀리 내려다보며 경계함.

후매(詬罵)명-하다타 후욕(詬辱)

후:-머리(後-)명 ①차례대로 계속해 가는 일의 끝머리. ②행렬의 뒷부분. ☞선머리

후:면(後面)명 ①뒤쪽의 면. 뒷면 ☞전면(前面) ②절의 큰방의 뒤쪽. 어린 사미(沙彌)들이 앉는 자리임.

후:명(後命)명 지난날, 귀양살이를 하는 죄인에게 사약(賜藥)을 내리던 일.

후:모(後母)명 계모(繼母) ☞전모(前母)

후목분장(朽木糞墻)성구 썩은 나무에는 새김질을 할 수 없고, 푸석푸석 떨어져 나가는 흙담에는 덧칠을 할 수 없다는 뜻으로, 무슨 일을 하고자 하는 의지가 없고 게으른 사람은 가르칠 수가 없음을 비유하여 이르는 말.

후무리다타 남의 물건을 슬그머니 훔치어 가지다.

후:문(後門)명 뒷문 ☞전문(前門). 정문(正門)

후:문(後聞)명 뒷소문

후:문(厚問)명-하다타 남의 슬픈 일이나 기쁜 일에 정중한 인사의 뜻으로 부조(扶助)를 두터이 함.

후문(喉門)명 목구멍

후물-거리다(대다)자 자꾸 후물후물 하다.

후:-물림(後-)명 다른 사람이 쓰던 물건을 물려받는 일, 또는 그 물건.

후물-후물부 ①이가 빠진 입으로 음식을 우물거리며 씹는 모양을 나타내는 말. ②입 안에 든 음식을 잘 씹지 않고 대강대강 씹는 모양을 나타내는 말.

후미명 바닷가나 물길이 뭍으로 굽어 든 곳. ☞만(灣)

후:미(後尾)명 ①뒤쪽의 끝. ②대열(隊列)의 맨 끝.

후:미(後味)명 뒷맛

후:미(厚味)명 ①음식물의 진한 맛. ②맛이 썩 좋고 먹음직스러운 음식.

후미-지다형 ①바닷가나 산길이 굽어 들어간 굽이가 매우 깊다. ¶ 후미진 바닷가. ②매우 구석지고 으슥하다. ¶ 후미진 산골에 터를 잡다.

후:박(厚朴)[1]명 한방에서, 후박나무의 껍질을 약재로 이르는 말. 구토·곽란·복통·설사 등에 쓰임.

후:박(厚薄)명 ①두꺼움과 얇음. ②두텁게 대함과 박하게 대함. ③많음과 적음.

후:박(厚朴)[2]어기 '후박(厚朴)하다'의 어기(語基).

후:박-나무(厚朴-)명 녹나뭇과의 상록 교목. 바닷가나 산기슭에 자라는데 높이 20m, 지름 1m 안팎. 잎은 두껍고 길둥긂. 늦봄에 황록색 꽃이 핌. 나무껍질은 한방에서 약재로 쓰이고, 나무는 가구재 따위로 쓰임.

후:박-하다(厚朴-)형여 인정이 두텁고 꾸밈이 없다. ¶ 후박한 성품.

후:반(後半)명 둘로 가른 것의 뒤쪽 절반. ¶ 육십대 ─인데도 기력이 대단하다./경기 ─이라서 다들 지쳤다. ☞전반(前半)

후반(候班)명 신하가 임금을 뵐 때의 품계의 차례.

후:반-기(後半期)명 어떤 기간을 둘로 가른 것의 뒤 기간. 준후기(後期) ☞전반기(前半期)

후:반-부(後半部)명 앞뒤 둘로 가른 것의 뒤의 절반 부분. ¶그 책의 -는 아직 읽지 않았다. ☞전반부
후:-반생(後半生)명 사람의 한평생에서 뒤의 절반. ☞전반생(前半生)
후:반-전(後半戰)명 경기에서, 전체 경기 시간을 둘로 가른 뒤 절반의 경기를 이르는 말. ☞전반전(前半戰)
후:발(後發)명-하다자타 남보다 나중에 떠남. ☞선발
후:발-대(後發隊)[-때]명 다른 무리보다 나중에 떠나는 무리. ☞선발대(先發隊)
후:발적=불능(後發的不能)[-쩍-]명 계약이 성립될 때에는 이행할 수 있었던 일이 나중에 이행할 수 없게 된 상태.
후:방(後方)명 ①뒤쪽. 뒤쪽에 있는 곳. ②적과 마주해 있는 지역의 뒤에 있는 모든 지역. ☞전방(前方)
후:방(後房)명 뒷방
후:배(後配)명 ①후실(後室) ☞전배 ②죽은 후실.
후:배(後陪)명 ①재래식 혼례에서, 가족 중에서 신랑이나 신부를 데리고 가는 사람을 이르는 말. 요객(繞客). 위요(圍繞)[1] ②지난날, 관원이 거느리고 다니는 하인을 이르던 말.
후:배(後輩)명 ①나이나 지위·경력 등이 아래인 사람. ②같은 학교나 직장 등에 나중에 들어온 사람. ③같은 학교를 나중에 졸업한 사람. 후진(後進) ¶고등 학교 -. ☞선배(先輩). 전배(前輩)
후:-백제(後百濟)명 후삼국(後三國)의 하나. 892년에 견훤(甄萱)이 완산주(完山州 ; 지금의 전주 지방)에 세운 나라로 건국 45년 만에 고려에 패망함.
후:번(後番)[-뻔]명 다음 차례. 나중 번.
후벼-내기명 끌밥을 후비어 내는 연장.
후:보(後報)[1]명 뒤에 전해진 소식. ☞속보(速報)
후:보(後報)[2]명 순후보(順後報)
후:보(厚報)명 두둑한 보수. 후수(厚酬)
후보(候補)명 ①어떤 신분이나 지위에 오를 자격이 있고, 가능성이 있는 처지, 또는 그러한 사람. ¶차기 회장 -로 물망에 오른 사람. ②선거로 사람을 뽑을 때, 일정한 자격을 갖춘 사람으로서 스스로 뽑히기를 바라서 나선 사람. ¶국회 의원 -로 출마하다. ③일정한 수로 구성된 단체에서, 결원이 생길 때 그 자리를 채울 자격을 가진 사람. ¶국가 대표 팀의 - 선수.
후:-보름(後-)명 음력에서, 한 달의 열엿새부터 그믐날까지의 보름 동안. 후망(後望) ☞선보름
후보-생(候補生)명 일정한 과정을 마침으로써 어떤 직위에 오를 수 있는 자격을 갖춘 생도.
후보-자(候補者)명 선거에서, 후보로 나선 사람.
후:부(後夫)명 후살이의 남편. 계부(繼夫). 후서방
후:부(後部)명 ①뒤의 부분. ☞전부(前部) ②대오(隊伍)나 행렬의 뒤의 부분.
후:분(後分)명 한평생을 셋으로 가를 때의 마지막 부분, 또는 늘그막의 운수. ☞중분(中分). 초분(初分)
후:불(後佛)명 ①불교에서, 미래에 나타난다는 '미륵불(彌勒佛)'을 이르는 말. ☞전불(前佛) ②불상 뒤에 천이나 종이에 그려 붙인 부처의 그림.
후:불(後拂)명-하다타 후급(後給)
후:비(后妃)명 임금의 아내. 준후(后)
후비다타 ①끝이 뾰족한 것으로 돌려 파거나 긁어 내다. ¶통나무 속을 후비어 파서 만든 절구. ②구멍에 들어 있거나 들러붙은 것을 슬슬 긁어 파내다. ¶막힌 대롱 속을 -. ③일의 속내를 들추어 캐다. ☞우비다. 허비다. 호비다
후비적-거리다(대다)타 자꾸 후비다. ☞우비적거리다. 허비적거리다. 호비작거리다
후비적-후비적부 후비적거리는 모양을 나타내는 말. ☞우비적우비적. 허비적허비적. 호비작호비작
후:사(後事)명 ①뒷일 ②죽은 뒤의 일.
후:사(後嗣)명 대(代)를 잇는 자식. 후승(後承)
후:사(厚賜)명-하다자타 윗사람이 아랫사람에게 물품 따위를 후하게 내려 줌.
후:사(厚謝)명-하다자 후하게 사례함, 또는 그 사례. ¶범죄 신고자에게 -하다. ☞박사(薄謝)
후:산(後山)명 풍수지리설에서, 도읍지·집터·묏자리 따위의 뒤에 있는 큰 산을 이르는 말. 진산(鎭山) ☞주산(主山)
후:산(後産)명-하다자 산모가 아기를 낳은 뒤에 태반이나 난막(卵膜)이 나오는 일.
후:-살이(後-)명-하다자 여자가 다시 시집가서 사는 일. 후가(後嫁)
후:-삼국(後三國)명 신라 말기의 신라·후백제·태봉의 삼국을 아울러 이르는 말.
후:상(厚賞)명-하다자타 후하게 상을 줌, 또는 그러한 상.
후:생(厚生)명 생활이 안정되게 하거나 넉넉해지도록 돕는 일. ¶복리 - 사업
후:생(後生)명 ①자기보다 뒤에 태어난 사람. 후대의 사람. ②자기보다 뒤에 배우는 사람. ☞후배(後輩). 후진(後進) ③내세(來世)
후:생가:외(後生可畏)성구 후배를 두려워할만 하다는 뜻으로, 젊은 후학(後學)들 가운데는 선배를 능가할 어떤 인물이 나타날지 모르는 일이므로 그들을 두려워할만 함을 이르는 말.
후:생=광:상(後生鑛床)명 광물이 들어 있는 바위가 생겨난 뒤에 생긴 광상.
후:생-동:물(後生動物)명 단세포인 원생동물에 상대하여 다른 모든 동물을 통틀어 이르는 말.
후:생-비(厚生費)명 후생을 위해 쓰이는 돈.
후:-서방(後-)[-써-]명 후부(後夫)
후설(喉舌)명 ①목구멍과 혀. ②'후설지신(喉舌之臣)'의 준말.
후:설=모:음(後舌母音)명〈어〉입천장의 중간 부위를 기준으로 하여 혀가 그 뒷자리에 있을 때에 발음되는 모음. 'ㅡ·ㅓ·ㅏ·ㅜ·ㅗ'가 이에 해당함. ☞전설 모음
후설지신(喉舌之臣)[-찌-]명 후설지임(喉舌之任)을 맡은 신하, 곧 승지(承旨)를 이르던 말. 준후설
후설지임(喉舌之任)[-찌-]명 지난날, 임금의 명령과 나라의 중대한 언론을 맡았다는 뜻으로, 승지(承旨)의 직임을 이르던 말.
후:성(後聖)명 뒷세대에 나타난 성인.
후성(喉聲)명 목소리
후:세(後世)명 ①뒤에 올 세상. 뒷세상 ¶-에 길이 남을 업적. ②다음에 올 시대의 사람들. ☞후손(後孫) ③내세(來世) ☞전세(前世)
후:속(後續)명-하다타 뒤를 이음.
후:속(後屬)명 후손(後孫)
후손(朽損)명-하다자 나무 따위가 썩어서 상함.
후:손(後孫)명 여러 대(代)가 지난 뒤의 자손. 뒷자손. 성손(姓孫). 세사(世嗣). 여예(餘裔). 예손(裔孫). 후예(後裔) 준손(孫)
후:송(後送)명-하다타 ①후방으로 보냄. ¶부상으로 -되다. ②나중에 보냄. ¶나머지 물품은 -하겠소.
후:쇄-본(後刷本)명 후인본(後印本)
후:수(後手)명 바둑이나 장기 등을 둘 때, 상대편에게 선수(先手)를 빼앗기어 이끌려 따라 두는 일.
후:수(後綬)명 지난날, 예복이나 제복을 입을 때, 뒤에서 띠 아래로 늘어뜨리는 수놓은 천을 이르던 말.
후:수(厚酬)명 두둑한 보수. 후보(厚報)
후:술(後述)명-하다자타 뒤에 기술함. ¶근대 이후의 역사는 -하기로 한다. ☞전술(前述)
후:승(後承)명 대(代)를 잇는 자식. 후사(後嗣)
후:식(後食)명 양식(洋食)에서, 끼니 음식을 먹은 뒤에 차려 내는 과일·과자·아이스크림·커피 따위. 디저트
후:신(後身)명 ①다시 태어난 몸. ②어떤 물체나 단체 따위가 바뀐 뒤의 것. ☞전신(前身)
후-신경(嗅神經)명 콧구멍 속의 점막(粘膜)에 퍼져 있어 냄새를 맡는 감각 신경.
후:실(後室)명 '후처(後妻)'를 높이어 이르는 말. 계실(繼室). 재실(再室). 후실댁

후:실-댁(後室宅)[-땍] 명 '후실(後室)'을 점잖게 이르는 말.
후:안(厚顔)명 낯가죽이 두껍다는 뜻으로, 뻔뻔스러움을 이르는 말.
후안(候雁)명 철 따라 사는 곳을 달리한다 하여 '기러기'를 달리 이르는 말.
후:안무치(厚顔無恥)성구 부끄러운 줄을 모르고 뻔뻔스러움을 이르는 말.
후:약(後約)명 뒷날에 하기로 한 약속.
후약(嗅藥)명 냄새를 맡게 하여 정신을 차리게 하거나 진정시키는 약.
후:열(後列)명 뒤로 늘어선 줄. ☞전열(前列)
후:염(後染)명 '후렴'의 원말.
후:예(後裔)명 후손(後孫)
후욕(詬辱)명-하다 타 꾸짖고 욕함. 후매(詬罵)
후:원(後苑)명 대궐 안의 뒤쪽에 있는 동산.
후:원(後援)명-하다 타 남이 하는 일을 뒤에서 도움. ¶신문사가 -하는 미술 전람회. ☞협찬(協贊)
후:원(後園)명 집 뒤에 만들어 놓은 뜰이나 작은 동산.
후:원-회(後援會)명 어떤 개인이나 단체의 활동을 돕기 위하여 조직된 모임.
후:위(後衛)명 테니스나 배구 경기 등에서, 주로 경기장의 뒤쪽 지역에서 수비를 하는 선수. ☞전위(前衛)
후:위-대(後衛隊)명 본대(本隊)의 뒤쪽을 지키는 부대. ☞전위대(前衛隊)
후유 감 ①일이 몹시 고되고 힘에 부칠 때 숨을 크게 내쉬는 소리. ②어려운 일을 끝내거나 고비를 넘기고 마음을 놓게 될 때 숨을 크게 내쉬는 소리. 준 후²
후:유-증(後遺症)[-쯩] 명 ①병을 앓고 난 뒤에도 남아 있는 병적 증세. ②어떤 일을 치르고 난 뒤에 생긴 부작용. ¶전쟁의 -.
후:은(厚恩)명 두터운 은혜.
후음(喉音)명〈어〉훈민정음(訓民正音)에서 성문음(聲門音)인 'ㅇ·ㅎ·ㆆ'을 이르는 말. 언해본(諺解本)에서는 '목소리'라 하였음.
후:의(厚意)명 ①남을 헤아리는 도타운 마음. ②남이 자기에게 베풀어 준 도타운 마음. ¶-에 감사하다.
후:의(厚誼)명 두텁게 사귄 정. 후정(厚情)
후:인(後人)명 다음 세대의 사람. 후세의 사람. 뒷사람. 훗사람 ☞선인(先人)¹. 전인(前人)
후:인-본(後印本)명 같은 목판본에서 뒤에 박아낸 책을 이르는 말. 후쇄본(後刷本) ☞초인본(初印本)
후:일(後日)명 뒷날. 훗날 ☞전일(前日)
후:일-담(後日譚)[-땀] 명 어떤 사실과 관련하여, 그 뒤에 벌어진 일에 대하여 덧붙이는 이야기.
후:임(後任)명 ①어떤 지위나 직책 따위를 앞 사람에 뒤이어 맡는 일. ②'후임자'의 준말. ☞선임(先任). 전임
후:임-자(後任者)명 후임으로 들어선 사람. 준 후임 ☞전임자(前任者)
후:자(後者)명 둘을 들어 말한 가운데서 뒤의 것이나 사람. ¶-가 낫다. /-를 택하다. ☞전자(前者)
후작(侯爵)명 오등작(五等爵)의 둘째 작위. 공작의 아래, 백작의 위. 준 후(侯)
후:작(後作)명 뒷그루 ☞전작(前作)²
후:장(後場)¹명 다음 번에 서는 장.
속담 **후장 떡이 클지 작을지 누가 아나** : 앞날의 일은 짐작하기 어렵다는 말.
후:장(後場)²명 증권 거래소에서 오후에 이루어지는 거래를 이르는 말. ☞전장(前場)
후:장(後裝)명-하다 타 총신이나 포신의 뒤쪽에 있는 폐쇄기를 열고 탄약을 잼, 또는 그런 장치. ☞전장(前裝)
후:장(厚葬)명-하다 타 후하게 장례를 치름, 또는 그 장례.
후:정(後庭)명 뒤곁
후:정(厚情)명 후의(厚誼)
후:-제(後-)명 뒷날의 어느 때.
후조(候鳥)명 철새 ☞유조(留鳥)

ㅎ

후:주(後主)명 ①나중의 주인. ②뒤를 이은 군주(君主). ☞선주(先主). 전주(前主)
후:주(後酒)명 술의 웃국을 떠내고 재강에 물을 부어 다시 떠낸 술.
후줄근-하다 형여 ①옷이나 종이 따위가 꽤 젖어서 풀기가 없고 추레하다. ¶옷이 비에 젖어 -. ②차림새가 볼품없이 추레하다. ¶후줄근한 옷차림. ③몸이 축 늘어지게 고단하다. ¶일과를 마치고 후줄근한 몸을 쉬다. ☞호졸근하다
후줄근-히 부 후줄근하게 ☞호졸근히
후:중 명 품질이 좋은 소나무로 짠 널.
후:중(後重)명-하다 형 똥을 눌 때 시원하게 나오지 않고 뒤가 무지근한 느낌이 있음, 또는 그런 증세.
후:중-기(後重氣)[-끼] 명 뒤가 무지근한 느낌.
후:증(後證)명 뒷날의 증거.
후증(喉症)[-쯩] 명 인후병(咽喉病)
후:지(厚志)명 남을 헤아리는 친절한 마음씨.
후:지(厚紙)명 두꺼운 종이. ☞박지(薄紙)
후:지(後肢)명 뒷다리
후직(后稷)명 중국 주(周)나라의 시조라고 여겨지는 전설상의 인물. 고대 중국의 순(舜) 임금 때, 농사일을 맡아 잘 다스렸다 함.
후:진(後陣)명 ①여러 진을 쳤을 때, 맨 뒤에 친 진. ②후군(後軍)
후:진(後進)명 ①후배(後輩) ¶-을 양성하다. ☞후생(後生) ②문화나 경제 등의 발전 정도가 다른 지역이나 다른 나라보다 뒤떨어진 상태. ¶문화적인 -을 벗어나다. ☞선진(先進) ③-하다 자 뒤쪽으로 나아감. ¶차가 -하다. ☞전진(前進). 후퇴(後退)
후:진-국(後進國)명 문화나 경제 등의 발전 정도가 다른 나라보다 뒤떨어진 나라. ☞선진국(先進國)
후:진-성(後進性)[-썽] 명 발전 정도가 뒤떨어진 상태의 특성.
후:집(後集)명 시집이나 문집(文集) 따위를 낸 뒤에 계속 잇달아 내거나 다시 추려서 만든 책. ☞전집(前集)
후:처(後妻)명 아내를 여의었거나 아내와 이혼한 남자가 다시 장가들어 얻은 아내. ☞전처(前妻)
후:천(後天)¹명 ①천운(天運)에 뒤짐. 천기(天氣)가 나타난 뒤에 알게 되고 그것에 응하여 행동하게 됨을 이름. ②천도교에서, 천도교가 창건된 이후의 세상을 이르는 말.
후:천(後天)²앞말 '태어난 뒤에 지니게 됨', 또는 '태어난 뒤 배우거나 겪어 보아서 터득하게 됨'을 뜻하는 말. ¶- 형질 ☞선천(先天)
후:천=개벽(後天開闢)명 천도교에서, 인문 개벽(人文開闢)을 이르는 말. 1860년 4월 5일, 교조 최제우(崔濟愚)가 종교적으로 구세계와 신세계를 구분하고 동학(東學), 곧 천도교를 창건한 일을 이름.
후:천-론(後天論)명 ①온갖 사상이나 사실은 모두 경험에 따라 이루어진다는 학설. ②모든 도덕적 의식은 경험에서 나온다는 학설.
후:천-병(後天病)[-뼝] 명 유전이 아니고 후천적으로 생기는 병. ☞선천병(先天病)
후:천-사(後天事)명 현실의 일이 아닌, 먼 뒷날의 일.
후:천성=면:역=결핍증(後天性免疫缺乏症)[-썽-] 명 면역 결핍 바이러스에 감염되어 걸리는 병. 바이러스가 면역 세포를 파괴하여, 인체가 여러 가지 병원균에 대하여 저항력을 잃은 상태로, 사망률이 매우 높음. 에이즈(AIDS). 후천성 면역 부전 증후군
후:천성=면:역=부전=증후군(後天性免疫不全症候群)[-썽-] 명 후천성 면역 결핍증
후:천-적(後天的)명 태어난 뒤에 지니게 된 것. ☞선천적(先天的)
후:천=형질(後天形質)명 획득 형질(獲得形質)
후추 명 후추나무의 열매. 조미료로 쓰임. 호초(胡椒)
후추-나무 명 후춧과의 상록 관목. 높이는 5m 안팎. 잎은 마주 나며 두껍고 넓은 달걀꼴임. 암수딴그루로 5~6월에 작고 흰 꽃이 수상(穗狀) 꽃차례로 피고, 열매는 둥글고 붉게 익는데, 맵고 향기로워 조미료로 쓰임. 인

도 남부 원산의 재배 식물임.
후출-하다 형여 뱃속이 비어 출출하다. ☞허출하다
후춧-가루 명 후추를 곱게 갈아서 만든 가루. 맵고 향기로워 조미료로 쓰임.
후충(候蟲) 명 철 따라 나오는 벌레. 봄철의 나비, 여름철의 매미, 가을철의 귀뚜라미 따위. 철벌레
후:취(後娶) 명 -하다 타 재취(再娶) ☞전취(前娶)
후킹(hooking) 명 럭비풋볼에서, 스크럼에 들어간 공을 발로 끄집어내는 일을 이르는 말.
후:탈(後^頉) 명 ①병을 앓고 난 뒤나 아이를 낳은 뒤에 일어나는 몸의 병증. ②일을 치르고 난 뒤에 생기는 탈. 뒤탈 ☞후더침
후터분-하다 형여 무더운 기운이 있다. ¶후터분한 날씨. ☞후텁지근하다
후텁지근-하다 형여 매우 후터분하다. ☞후덥지근하다
후토(后土) 명 민속에서 토지의 신(神)을 이르는 말.
후:퇴(後退) 명 -하다 자 뒤로 물러남. ¶전략적(戰略的) ─ ☞전진(前進). 퇴각(退却). 후진(後進)
후:퇴(後*退) 명 재래식 한옥에서, 집채의 뒤쪽에 딴 기둥을 세워 붙여 지은 칸살, 곧 마루를 이루고 있는 부분. ☞툇간. 전퇴
후투티 명 후투팃과의 여름 철새. 몸길이 28cm 안팎. 날개와 꽁지에 검은빛과 흰빛의 줄무늬가 있고, 등은 분홍빛을 띤 갈색이며, 배는 흰. 머리꼭지에 부채꼴로 펼쳐지는 깃털이 나 있으며, 부리는 길고 갈고리처럼 굽어 있음. 농경지 부근이나 야산에서 암수가 함께 살며, 주로 곤충이나 지렁이 따위를 잡아먹음. 오디새
후파문-하다 형여 많고 푸지다는 뜻으로, 생각한 것보다 너무 적음을 비꼬아 이르는 말.
후패(朽敗) 명 -하다 자 썩어서 쓸모가 없게 됨.
후:편(後便) 명 ①뒤쪽 ②나중에 가는 인편이나 차편(車便). 뒤편 ③나중에 보내는 편지.
후:편(後篇) 명 두 편으로 된 책이나 영화 따위의 뒤의 편. ☞전편(前篇)
후:폐(後弊) 명 뒷날의 폐단.
후:폐(厚幣) 명 공경이나 고마움의 뜻으로 후하게 보내는 물품. ☞후사(厚賜)
후:폭(後幅) 명 뒤폭
후:풍(厚風) 명 순박하고 인정이 두터운 풍속.
후풍(候風) 명 -하다 자 배가 떠날 무렵에 순풍을 기다림.
후:필(後筆) 명 문필가의 후진(後進)을 이르는 말.
후:-하다(厚─) 형여 ①인심이 두텁다. ¶시골의 인심이 ─. ②얇지 않고 두껍다. ③인색하지 않고 푼푼하다. ¶후한 점수./가족에겐 박한 그가 남에겐 ─. ☞박하다
후-히 부 후하게 ¶─ 대접하다.
후:학(後學) 명 ①후진(後進)의 학자. 말학(末學) ☞선학(先學) ②앞날에 도움이 될 학문. ③학자가 자기를 낮추어 이르는 말.
후:항(後項) 명 ①뒤에 적힌 조항. ②수학에서, 둘 이상의 항 가운데 뒤의 항을 이르는 말. ☞전항(前項)
후:행(後行) 명 ①-하다 자 뒤에 처져 감, 또는 뒤에 오는 대열. ②재래식 혼례에서, 가족 중에서 신부나 신랑을 데리고 가는 사람. 위요(圍繞)[1] ☞초행(初行)
후:-형질(後形質) 명 원형질의 생활 작용으로 말미암아 생긴 배설물이나 저장물.
후:환(後患) 명 어떤 일로 말미암아 뒷날에 생기는 걱정이나 근심. ¶─이 두렵다./─을 남기다.
후:황(厚況) 명 넉넉하게 받는 녹봉(祿俸).
후:회(後悔) 명 -하다 타 잘못을 뉘우침.
후:회막급(後悔莫及) 성구 일이 잘못된 뒤라 아무리 뉘우쳐도 어찌할 수 없음을 이르는 말.
후:-후:년(後後年) 명 내후년(來後年)
훅 부 ①입을 우므리고 입김을 한 번 세게 내부는 소리를 나타내는 말. ②냄새나 더운 김 따위가 갑자기 끼치는 상태를 나타내는 말. ¶술 냄새가 ─ 끼치다./창문을 열자, 뜨거운 기운이 ─ 끼친다. ☞혹[2]
훅(hook) 명 ①권투에서, 팔을 구부리고 허리를 돌려 상대편을 치는 일. ②골프나 야구에서, 공을 비껴 쳐서 왼쪽으로 휘어져 날아가게 하는 일. ☞슬라이스(slice)
훅-하다 자여 날쌔게 덤비다.
훅-훅 부 잇달아 훅 하는 소리나 상태를 나타내는 말. ☞혹혹
훈:(訓) 명 새김[2]
훈(暈) 명 ①어떤 물체의 중심을 향하여 색다른 빛으로 고리처럼 둘린 테. 햇무리나 달무리 따위. ②부스럼의 둘레로 번져 있는 독기(毒氣). ③그림이나 글씨의 획에서 번지는 먹이나 물감의 흔적.
훈(勳) 명 ①'훈공(勳功)'의 준말. ②'훈위(勳位)'의 준말.
훈(壎·塤) 명 국악기 토부(土部) 악기의 한 가지. 질로 구워 저울추처럼 만들었으며, 앞에 세 개, 뒤에 두 개의 구멍이 있음. 꼭지에 있는 구멍으로 불어 소리를 냄.
훈(薰) 명 -하다 타 한방에서, 약재를 태우거나 약재에 높은 열을 가하여 거기에서 나오는 기운을 쐬어 병을 다스리는 일을 이르는 말. ▷薰의 속자는 薫
훈감-하다 형여 ①맛이 진하고 냄새가 좋다. ②푸짐하고 호화스럽다.
훈:계(訓戒) 명 -하다 타 타일러 경계함, 또는 그런 말.
훈:계=방:면(訓戒放免) 명 가벼운 죄를 범한 사람을 훈계하여 놓아주는 일. 준 훈방(訓放)
훈:고(訓告) 명 -하다 타 알아듣도록 깨우치고 타이름.
훈:고(訓詁) 명 경서(經書)의 고증(考證)이나 해명, 주석(註釋) 따위를 통틀어 이르는 말.
훈:고-학(訓詁學) 명 경서의 어려운 낱말이나 어구(語句)를 해석함으로써 그 본래의 사상을 연구하는 학문.
훈공(勳功) 명 나라를 위하여 드러나게 세운 공로. 공훈(功勳). 훈로(勳勞) 준 훈(勳)
훈관(勳官) 명 작호(爵號)만 있고, 직분은 없는 관직.
훈구-파(勳舊派) 명 ①대(代)를 이어 훈공을 세우면서 세도를 누리는 사람들의 파. ②조선 초기에 갖가지 정변(政變)에서 공을 세워 높은 관직을 지내던 관료층을 이르는 말.
훈기(勳記) 명 훈장과 더불어 주는 증서, 또는 그 기록.
훈기(薰氣) 명 ①훈훈한 기운. ②훈김
훈-김(薰─) 명 ①김이나 연기 따위로 말미암아 생기는 훈훈한 기운. 훈기(薰氣) ②권세 있는 사람의 세력이나 영향을 비유하여 이르는 말.
훈도(薰陶) 명 -하다 자 덕(德)으로써 남을 감화하며 교육함.
훈:독(訓讀) 명 -하다 타 한문의 뜻을 새겨 읽는 일. ☞음독(音讀)
훈등(勳等) 명 훈공의 등급. ▷勳의 속자는 勲
훈:련(訓鍊·訓練) 명 -하다 타 ①무예나 기술 따위를 되풀이하여 익힘. ②가르쳐 익히도록 함.
훈:련=대:장(訓鍊大將) 명 조선 시대, 훈련 도감의 종이품으뜸 관직.
훈:련=도감(訓鍊都監) 명 조선 시대, 오군영(五軍營)의 하나. 서울을 경비하고 포수(砲手)·살수(殺手)·사수(射手)의 삼수(三手)를 양성하였음.
훈:련도감-본(訓鍊都監本) 명 조선 시대, 훈련 도감에서 간행한 책. 주로 목활자본(木活字本)임.
훈:련-병(訓鍊兵) 명 훈련 기관에서 훈련을 받고 있는 병사. 준 훈병(訓兵)
훈:련-소(訓鍊所) 명 훈련을 하기 위하여 마련한 곳, 또는 그 기관.
훈:련-원(訓鍊院) 명 조선 시대, 병사의 시재(試才), 무예의 연습, 병서(兵書)의 강습 따위를 맡아보던 관아.
훈:령(訓令) 명 -하다 자타 상급 관청이 하급 관청을 지휘하고 감독하기 위하여 명령을 내림, 또는 그 명령.
훈로(勳勞) 명 훈공(勳功)
훈륜(暈輪) 명 훈위(暈圍)
훈명(勳名) 명 훈호(勳號)
훈:몽(訓蒙) 명 -하다 자 어린아이나 초학자(初學者)에게 글을 가르침.
훈:몽자회(訓蒙字會) 명 조선 중종 22년(1527)에 최세진(崔世珍)이 지은 한자 학습서. 3,360자의 한자를 사물에

따라 33항목으로 갈라 한글로 음과 뜻을 달았음. 중세 국어의 어휘 연구에 귀중한 자료임. 3권 1책.

훈문(薰門)명 권세 있는 집안.

훈:민(訓民)명-하다자 백성을 가르침.

훈:민가(訓民歌)명 조선 선조 때, 정철(鄭澈)이 지은 16수의 연시조. 강원도 관찰사로 가 있을 때, 백성들을 가르치기 위하여 지었음. 경민가(警民歌)

훈:민정:음(訓民正音)명 ①조선 세종 25년(1443)에 세종이 집현전 학자들의 도움을 얻어 만든 우리 나라 글자. 자음(子音) 열일곱 자, 모음(母音) 열한 자로 이루어져 있음. 정음(正音) ☞한글 ②조선 세종 28년(1446)에 훈민정음 스물여덟 자를 반포(頒布)하기 위하여 펴낸 책. 세종의 서문인 '예의(例義)', 정인지(鄭麟趾) 등의 '해례(解例)', 정인지의 '발문(跋文)'으로 이루어져 있음. 국보 제70호.

훈:방(訓放)명-하다타 '훈계 방면(訓戒放免)'의 준말.

훈벌(勳閥)명 나라를 위하여 드러나게 세운 공로가 있는 문벌.

훈:병(訓兵)명 '훈련병(訓鍊兵)'의 준말.

훈봉(勳封)명 지난날, 봉작(封爵)과 증직(贈職)을 아울러 이르던 말.

훈:사(訓辭)명 가르쳐 타이르는 말.

훈상(勳賞)명 나라를 위하여 드러나게 세운 공로에 대하여 주는 상. ☞훈장(勳章)

훈색(暈色)명 무지개 따위처럼 선이 뚜렷하지 않고 우련한 빛깔. 원운색(暈色)

훈:수(訓手)명-하다자타 바둑이나 장기 따위에서, 옆에서 구경하던 사람이 수를 가르쳐 주는 일.

훈습(薰習)명-하다타 불교에서, 우리가 하는 선악이 없어지지 않고 반드시 어떤 인상이나 힘을 마음속에 남김을 이르는 말. ▷ 薰의 속자는 薫

훈:시(訓示)명-하다자타 ①가르쳐 보이거나 타이름. ②상관이 집무상의 주의 사항을 하관에게 일러 보임.

훈신(勳臣)명 나라를 위하여 공로(功勞)를 세운 신하.

훈약(薰藥)명 한방에서, 불에 태워서 나오는 기운을 쐬어 병을 다스리는 약을 이르는 말.

훈업(勳業)명 공업(功業)

훈연(燻煙)명-하다타 연기를 피워서 그슬림, 또는 그 연기.

훈연(薰煙)명 좋은 냄새가 나는 연기.

훈연-법(燻煙法)[-뻡]명 식품 저장법의 한 가지. 식품에 연기를 쐬어 맛을 좋게 하고 저장성을 높이는 방법임. ☞훈제(燻製)

훈열(薰熱)어기 '훈열(薰熱)하다'의 어기(語基).

훈열-하다(薰熱-)형여 찌는듯이 무덥다. 훈증하다

훈영(暈影)명 반사 광선에 따라 생기는 사진면의 테두리. 원운영(暈影)

훈위(暈圍)명 달무리나 햇무리 따위의 둥근 테두리. 훈륜(暈輪) 원운위(暈圍)

훈위(勳位)명 ①공훈과 위계. ②공훈에 따라 주어진 위계. 준훈(勳)

훈:유(訓諭·訓喩)명-하다타 가르쳐 타이름.

훈유(薰蕕)명 향내 나는 풀과 악취 나는 풀이라는 뜻으로, 착한 사람과 못된 사람을 비유하여 이르는 말.

훈:육(訓育)명 ①-하다타 품성이나 도덕성을 일깨우고 가르침. ②의지와 감성을 갈고 닦아 원만한 인격을 이루도록 북돋우는 교육.

훈육(燻肉)명 훈제한 짐승의 고기나 물고기.

훈작(勳爵)명 훈등(勳等)과 작위(爵位).

훈:장(訓長)명 지난날, 글방의 선생을 이르던 말. 학구
속담 **훈장 똥은 개도 안 먹는다** : 애탄 사람의 똥은 쓰다는 데서, 선생 노릇이 매우 힘듦을 비유하여 이르는 말.

훈장(勳章)명 훈공이 있는 사람에게 국가에서 그 공로를 기리기 위하여 내리는 휘장. 무궁화 대훈장, 건국 훈장, 국민 훈장, 무공 훈장, 근정 훈장, 보국 훈장, 수교 훈장, 산업 훈장, 새마을 훈장, 문화 훈장, 체육 훈장의 열한 가지가 있음. ☞포장(褒章)

훈적(勳籍)명 훈공이 있는 사람의 업적을 적은 기록.

훈:전(訓電)명 전보로 내려 보내는 훈령.

훈제(燻製)명 ①-하다타 소금에 절인 짐승의 고기나 물고기 따위를 연기에 그슬려 말리는 일. ②'훈제품'의 준말. ☞훈연법(燻煙法). 훈육(燻肉)

훈제-품(燻製品)명 훈제하여 만든 식품. 준훈제

훈조-계(燻造契)명 지난날, 메주를 관아에 공물로 바치기 위하여 조직하였던 계.

훈-족(Hun族)명 중앙 아시아에 거주했던 투르크 계(系)의 유목 기마 민족. 4세기에 유럽으로 이동하여 게르만의 여러 부족을 흡수하고, 한때 큰 제국을 세우기도 하였는데, 이를 게르만 민족 대이동의 발단으로 보는 설도 있음.

훈증(燻蒸)명-하다타 더운 연기에 쐬이어 찜.

훈증(薰蒸)어기 '훈증(薰蒸)하다'의 어기(語基).

훈증-제(燻蒸劑)명 독이 있는 기체를 발생하여 병균이나 해충을 죽이는 약제. 모기향 따위.

훈증-하다(薰蒸-)형여 찌는듯이 무덥다. 훈열하다

훈채(葷菜)명 파나 마늘처럼 특이한 냄새가 나는 채소.

훈:칙(訓飭)명-하다타 훈령으로 경계하여 단속함.

훈패(勳牌)명 '훈장(勳章)'을 속되게 이르는 말.

훈풍(薰風)명 초여름에 부는 훈훈한 바람. ☞훤풍(暄風)

훈:학(訓學)명-하다자타 글방에서 아이들에게 글을 가르침.

훈호(勳號)명 공훈을 세운 사람에게 주는 칭호. 훈명(勳名)

훈:화(訓化)명-하다타 가르치고 타일러서 착하게 되도록 이끎.

훈:화(訓話)명 교훈이나 훈시를 하는 말.

훈화(薰化)명-하다타 학문이나 덕으로써 감화하여 좋은 길로 이끎. ☞훈도(薰陶)

훈:회(訓誨)명-하다타 가르치고 일깨워 줌. 교훈(教訓)

훈훈(薰薰)어기 '훈훈(薰薰)하다'의 어기(語基).

훈훈(醺醺)어기 '훈훈(醺醺)하다'의 어기(語基).

훈훈-하다(薰薰-)형여 ①날씨나 온도가 견디기에 좋을 만큼 덥다. ¶훈훈한 봄바람이 불어오다. ②마음을 부드럽게 하는 따스함이 있다. ¶훈훈한 인정.
훈훈-히부 훈훈하게

훈훈-하다(醺醺-)형여 술에 취한 기운이 얼근하다.
훈훈-히부 훈훈하게

훌-닦다[-닥-]타 ①휘몰아서 대강 훔치어 닦다. ¶비에 젖은 머리털과 몸을 -. ②남의 약점이나 허물을 들어 몰아세우다. 준닦다

훌-닦이다자 훌닦음을 당하다. 준닦이다

훌떡부 ①가린 것을 죄다 벗거나 벗기는 모양을 나타내는 말. ¶옷을 - 벗다. ②머리털 따위가 드러나게 벗어진 모양을 나타내는 말. ③덮은 것이 젖혀지거나 뒤집히는 모양을 나타내는 말. ¶차에 씌운 덮개가 바람에 - 뒤집히다. ④높은 곳을 힘차게 뛰어넘는 모양을 나타내는 말. ¶담을 - 뛰어넘다. ☞홀딱. 훌렁

훌떡-거리다(대다)자 꿰거나 박은 것이 매우 헐거워서 자꾸 이리저리 움직이다. ☞할딱거리다. 헐떡거리다

훌떡-훌떡[1]부 자꾸 훌떡 하는 모양을 나타내는 말. ☞홀딱홀딱. 훌렁훌렁[1]

훌떡-훌떡[2]부 훌떡거리는 모양을 나타내는 말. ¶신발이 - 벗어지다./호미 손잡이가 - 빠지려고 하다. ☞할딱할딱. 헐떡헐떡

훌:라감 마작(麻雀)에서, 장원(壯元)이 났다는 뜻으로 외치는 말.

훌라댄스(hula dance)명 하와이의 민속 춤. 잔걸음질을 하면서 손과 팔을 유연하게 움직이고, 허리 부분을 떨면서 엉덩이를 내두르는 것이 특징임.

훌라-들이다타 함부로 힘주어 자꾸 쑤시거나 훑다. ☞홀라들이다

훌라후:프(Hula-Hoop)명 플라스틱 등으로 만든 둥근 테를 훌라댄스를 하듯이 허리로 빙빙 돌리는 놀이, 또는 그 테.

훌렁부 ①속의 것이 드러나도록 가벼운 몸놀림으로 벗는 모양을 나타내는 말. ¶윗도리를 - 벗다. ②털 따위가 빠지어 속의 것이 민숭하게 드러나는 모양을 나타내는

말. ③속이 다 보이도록 뒤집히는 모양을 나타내는 말. ¶바람에 우산이 ― 뒤집히다. ☞홀랑. 훌떡
훌렁-거리다(대다) 자 꼭 맞추거나 끼우는 것이 헐거워져서 자꾸 드나들다. ¶반지가 커서 ―. ☞헐렁거리다. 홀랑거리다
훌렁이-질 명 -하다 타 자꾸 훌라들이는 짓. ☞홀랑이질
훌렁이-치다 타 훌렁이질을 계속하다. ☞홀랑이치다
훌렁-하다 형여 꼭 맞추거나 끼우는 것이 커서 매우 헐거운 느낌이 있다. ☞헐렁하다. 홀랑하다
훌렁-훌렁[1] 부 자꾸 훌렁 하는 모양을 나타내는 말. ☞홀랑홀랑[1]. 훌떡훌떡[1]
훌렁-훌렁[2] 부 훌렁거리는 모양을 나타내는 말. ☞헐렁헐렁. 홀랑홀랑[2]
훌렁훌렁-하다 형여 매우 훌렁하다. ☞헐렁헐렁하다. 홀랑홀랑하다
훌륭-하다 형여 썩 좋아서 나무랄 데가 없다. 칭찬할만하게 잘 되었거나 대단하다. ¶훌륭한 사람./훌륭한 솜씨./훌륭한 옷차림./자식을 훌륭하게 키우다.
훌륭-히 부 훌륭하게

한자 훌륭할 위(偉) 〔人部 9획〕 ¶위거(偉擧)/위관(偉觀)/위략(偉略)/위업(偉業)/위용(偉容)

훌부드르르-하다 형여 옷감 따위가 흐르르하고 부드레하다. ¶훌부드르르한 비단. ☞훌보드르르하다. 훌부들하다
훌부들-하다 형여 옷감 따위가 흐르르하고 부들부들하다. ☞홀보들하다. 훌부드르르하다
훌-부시다 타 ①그릇 따위를 한꺼번에 몰아 씻다. ②찌끼를 남기지 않고 깨끗이 씻어 내다. ③그릇에 담긴 음식을 남기지 아니하고 부신듯이 죄다 먹다.
훌-뿌리다 자타 ①눈비 따위가 마구 날려 뿌리다. ②업신여겨 함부로 냉정하게 뿌리치다.
훌쩍[1] 부 ①콧물을 들이마시는 모양, 또는 그 소리를 나타내는 말. ②단번에 거뿐히 뛰어넘거나 뛰어내리는 모양을 나타내는 말. ¶개울을 ― 뛰어넘다. ☞홀짝
훌쩍[2] 부 거리낌없이 갑작스레 떠나는 모양을 나타내는 말. ¶아무 말도 없이 ― 떠나다.
훌쩍-거리다(대다) 타 콧물을 자꾸 들이마시다. 훌쩍이다 ¶콧물을 훌쩍거리며 울다./감기가 들어 자꾸 코를 ―. ☞홀짝거리다
훌쩍-이다 타 훌쩍거리다 ☞홀짝이다
훌쩍-훌쩍 부 ①콧물을 자꾸 들이마시는 모양, 또는 그 소리를 나타내는 말. ②자꾸 거뿐하게 뛰어넘거나 뛰어내리는 모양을 나타내는 말. ☞홀짝홀짝
훌쭉-하다 형여 ①몸피가 가늘고 매우 길다. ¶몸매가 ―. ②속이 비어 안으로 우므러져 있다. ③앓거나 하여 몸이 여위어 가늘다. ☞홀쭉하다
훌쭉-히 부 훌쭉하게
훌치다[1] 자 등잔불이나 촛불 등의 불꽃이 바람에 쏠리다.
훌치다[2] 타 세게 훌라들이다. ☞홀치다
훌:훌(∠倏忽·儵忽) 어기 '훌훌하다'의 어기(語基).
훌훌-하다(∠倏忽―) 형여 재빨라서 붙잡을 수가 없다, 또는 걷잡을 사이 없이 갑작스럽다.
훌훌 부 ①가볍게 날아가거나 날리는 모양을 나타내는 말. ¶비둘기 떼가 ― 날아가다./깃털이 ― 날리다. ②나는 듯이 거뿐하게 뛰어넘는 모양을 나타내는 말. ¶장애물을 ― 뛰어넘으며 달리다. ③가루 따위를 가볍게 뿌리는 모양을 나타내는 말. ¶볍씨를 ― 뿌리다./비료를 ― 뿌리다. ④말끔히 떨어버리는 모양을 나타내는 말. ¶먼지를 ― 털다./복잡한 생각을 ― 떨어버리고 떠나다. ⑤몸에 걸친 것을 거침없이 벗는 모양을 나타내는 말. ⑥묽은 액체나 죽 따위를 들이마시는 모양을 나타내는 말. ¶국물을 ― 마시다. ⑦입김으로 부는 모양을 나타내는 말. ¶죽을 ― 불어 식히다. ☞훌훌. 훨훨
훌훌-하다 형여 죽이나 미음 따위가 잘 퍼져서 매우 부드럽고 묽다. ☞홀홀하다
훑다[훌따] 타 ①붙어 있는 알갱이 따위를 떼어 내기 위하여, 다른 물건의 틈에 끼워 죽 잡아당기다. ¶벼를 ―. ②속에 붙은 것을 깨끗이 부시어 내다. ¶생선 배알을 ―. ③일정한 범위를 한쪽에서 시작하여 죽 더듬거나 살피다. ¶서류를 차근차근 ―. ☞홅다
훑어-보다 타 위아래로 빈틈없이 눈여겨보다.
훑이[훌치] 명 새끼 따위를 훌라들여 겉의 험한 것을 훑어 내는 집게처럼 생긴 기구.
훑이다[훌치―] 자 ①부픗하고 많던 것이 다 빠져서 적어지다. ②훑음을 당하다. ☞홅이다
훔척-거리다(대다) 타 ①보이지 않는 데 있는 것을 찾으려고 더듬더듬 하여 뒤지다. ②눈물을 손으로 자꾸 훔치다. ☞홈착거리다. 훔치적거리다
훔척-훔척 부 훔척거리는 모양을 나타내는 말. ☞홈착홈착. 훔치적훔치적
훔쳐-내:다 타 ①묻어 있는 먼지나 물기 따위를 깨끗하게 닦아 내다. ②남몰래 물건을 후무려 내다. ③보이지 않는 데 있는 물건을 손으로 더듬어 잡아내다.
훔쳐-때리다 자 느닷없이 때리다. 훔치다 ☞홈쳐때리다
훔쳐-먹다 타 남의 물건을 몰래 먹다.
훔쳐-보다 타 남몰래 보다. ¶커튼 뒤에 숨어 무용 연습을 ―./옆에 앉은 아가씨의 얼굴을 ―.
훔치개-질 명 ①물기나 때가 묻은 것을 말끔하게 닦는 짓. ②남의 물건을 몰래 가져가는 짓.
훔치다 타 ①물기 따위를 닦다. ¶행주로 밥상을 ―./손등으로 눈물을 ―. ②남의 물건을 몰래 가지다. ¶돈을 ―. ③보이지 않는 데 있는 것을 찾으려고 더듬어 만지다. ④훔쳐때리다 ⑤논이나 밭을 맨 뒤 얼마 있다가 잡풀을 뜯어내다. ☞홈치다

한자 훔칠 절(竊) 〔穴部 17획〕 ¶절도(竊盜)/절청(竊聽)/절취(竊取)/표절(剽竊) ▷ 속자는 窃

훔치적-거리다(대다) 타 느릿느릿 훔척거리다. ☞홈치작거리다. 훔척거리다
훔치적-훔치적 부 느릿느릿 훔척거리는 모양을 나타내는 말. ☞홈치작홈치작. 훔척훔척
훔켜-잡다 타 세게 움켜잡다. ¶손목을 ―. ☞움켜잡다. 홈켜잡다
훔켜-쥐다 타 세게 움켜쥐다. ☞움켜쥐다. 홈켜쥐다
훔키다 타 ①빠르고 세게 움키다. ②새나 짐승 따위가 발가락으로 물건을 움키다. ☞홈키다
훔-파다 타 속을 우묵하게 후벼 파다. ☞움파다. 홈파다
훔-패:다 자 훔팜을 당하다. ☞움패다. 홈패다
훔훔-하다 형여 얼굴에 매우 흐뭇한 표정이 나타나 있다. ☞홈홈하다
훗:-국(後―) 명 진국을 우려낸 건더기로 다시 끓인 국.
훗:-그루(後―) 명 뒤에 남겨 둔 그루.
훗:-날(後―) 명 다음에 올 어느 날. 다음날. 뒷날. 후일
훗:-달(後―) 명 다음에 오는 달.
훗:배-앓이(後―) 명 아기를 낳은 뒤에 생기는 배앓이.
훗:-사람(後―) 명 후인(後人)
훗:-일(後―)[―닐] 명 뒷일
훗훗-하다[훋훋―] 형여 ①좀 갑갑할 정도로 덥다. ②마음을 부드럽게 녹여 주는듯 한 따스한 느낌이 많다. ¶마음을 훗훗하게 하는 이야기.
훗훗-이 부 훗훗하게
훙거(薨去) 명 -하다 자 훙서(薨逝)
훙서(薨逝) 명 -하다 자 임금이나 왕족, 귀인(貴人) 등을 높이어 그의 죽음을 이르는 말. 훙거(薨去). 훙어(薨御)
훙어(薨御) 명 -하다 자 훙서(薨逝)
훤뇨(喧鬧) 명 -하다 자 여러 사람이 왁자하게 떠듦.
훤당(萱堂) 명 편지 글에서 남의 어머니를 높이어 이르는 말. ☞자당(慈堂)
훤소(喧騷) 어기 '훤소(喧騷)하다'의 어기(語基).
훤소-하다(喧騷―) 형여 왁자하게 떠들어 소란하다.
훤요(喧擾) 명 -하다 자 시끄럽게 떠듦.
훤일(暄日) 명 따뜻한 날씨.
훤자(喧藉) 명 -하다 자 여러 사람의 입으로 퍼져서 왁자하

게 됨. 훤전(喧傳)

훤쟁(喧爭)명-하다자 왁자하게 떠들면서 다툼.

훤전(喧傳)명-하다자 훤자(喧藉)

훤조(喧噪)명-하다자 훤화(喧譁)

훤천(暄天)명 따뜻한 천기(天氣).

훤칠-하다형여 ①길고 미끈하다. ¶훤칠한 젊은이. ②막힘 없이 트이어 깨끗하고도 시원스럽다.
훤칠-히부 훤칠하게

훤풍(暄風)명 따뜻한 바람. ☞훈풍(薰風)

훤:-하다형여 ①좀 흐릿하게 밝다. ¶달빛이 ―. ②앞이 탁 트이어서 넓고 시원스럽다. ¶훤하게 펼쳐진 들판. ③일의 조리나 속내가 매우 뚜렷하다. ¶보지 않아도 ―. ④얼굴이 잘생겨 보기에 시원스럽다. ☞환하다
훤-히부 훤하게

훤호(喧呼)명-하다타 떠들며 부름.

훤화(喧譁)명-하다자 지껄이며 떠듦. 훤조(喧噪)

훨떡부 ①걸친 것을 몽땅 벗는 모양을 나타내는 말. ②속의 것이 보이도록 아주 뒤집거나 뒤집히는 모양을 나타내는 말. ③많은 양의 액체가 급작스레 끓어 넘치는 모양을 나타내는 말. ☞활딱. 훌떡

훨떡-훨떡부 자꾸 훨떡 하는 모양을 나타내는 말. ☞활딱활딱. 훌떡훌떡[1]

훨썩부 매우 넓게 벌어지거나 열린 모양을 나타내는 말. ☞활싹

훨씬부 ①어떤 비교 대상이나 경우에 비하여 정도가 매우 더하게. ¶― 크다./― 힘들다. ②〔관형사처럼 쓰임〕 ¶― 뒤의 일.

훨쩍부 ①매우 시원스레 열거나 열린 모양을 나타내는 말. ¶― 열린 대문. ②매우 넓고 시원스레 트인 모양을 나타내는 말. ☞활짝

훨찐부 들 따위가 넓고 시원스레 트인 모양을 나타내는 말. ☞활찐

훨훨부 ①날짐승이 천천히 가벼운 날갯짓을 하며 나는 모양을 나타내는 말. ¶― 나는 기러기. ②불길 따위가 시원스레 타오르는 모양을 나타내는 말. ¶쌓아 놓은 짚더미가 ― 타오르다. ③천천히 부채질을 하는 모양을 나타내는 말. ¶― 부채질을 하다. ④천천히 옷을 다 벗는 모양을 나타내는 말. ☞활활. 훌훌

훼:가-출송(毁家黜送)[―쏭]명 지난날, 고을이나 마을에서 풍속을 어지럽힌 사람의 집을 헐어 없애고 마을 밖으로 내쫓던 일.

훼:괴(毁壞)명-하다타 훼파(毁破)

훼:기(毁棄)명 헐거나 깨뜨려 버림.

훼:기-죄(毁棄罪)[―쬐]명 손괴죄(損壞罪)

훼:단(毁短)명-하다자 남의 단점을 헐뜯음.

훼:모(毁慕)명-하다타 몸이 상하도록 간곡하게 죽은 어버이를 그리워함. ▷毁의 속자는 毀

훼:방(毁謗)명-하다타 ①남을 헐뜯어 비방함. ②남의 일을 방해함. ¶남의 장사를 ―하지 마라.
훼방(을) 놓다관용 남의 일을 방해하다. 훼방(을) 치다. ¶격려는 못해 줄망정 훼방을 놓다니!
훼방(을) 치다관용 훼방(을) 놓다.

훼:방-꾼(毁謗―)명 훼방을 놓는 사람.

훼:사(毁事)명-하다타 남의 일을 훼방함. 변 훼살

훼:살명-하다타 '훼사(毁事)'의 변한말.

훼:상(毁傷)명-하다타 헐어 상하게 함.

훼:손(毁損)명-하다자타 ①체면이나 명예를 손상함. ¶명예를 ―하다. ②헐거나 깨뜨려 못 쓰게 함. ¶공공 시설을 ―하다. 괴손(壞損)

훼:쇄(毁碎)명-하다타 깨뜨려 부숨.

훼:언(毁言)명-하다자 남을 비방함, 또는 그 말.

훼:예(毁譽)명-하다타 훼방함과 칭찬함.

훼:와획만(毁瓦畫墁)성구 지붕의 기와를 헐고 흙손질한 벽에 금을 긋는다는 뜻으로, 남의 집에 해를 끼침을 이르는 말.

훼:욕(毁辱)명-하다타 헐뜯어 욕함.

훼:자(毁訾)명-하다타 꾸짖는 말로 남을 헐뜯음.

훼장삼척(喙長三尺)성구 주둥이가 석 자라도 변명할 수가 없다는 뜻으로, 허물이 드러나서 감출 수가 없음을 이르는 말.

훼:절(毁折)명-하다자 부딪쳐서 꺾임.

훼:절(毁節)명-하다자 절개나 절조(節操)를 깨뜨림.

훼:척(毁瘠)명-하다자 너무 슬퍼하여 몸이 마르고 쇠약해짐.

훼:척골립(毁瘠骨立)성구 너무 슬퍼하여 몸이 말라 뼈가 앙상하게 드러남을 이르는 말. 준 척골(瘠骨)

훼:철(毁撤)명-하다타 헐어서 치움.

훼:치(毁齒)명-하다자 어린아이가 젖니를 갊.

훼:파(毁破)명-하다타 헐어 깨뜨림. 훼괴(毁壞)

휑뎅그렁-하다형여 ①텅 비고 사람의 온기가 없어 설렁하다. ②넓은 곳에 물건이 얼마 없어 텅 빈듯 하다. ☞횅댕그렁하다

휑-하다형여 ①막힘 없이 두루 통하여 훤하다. ②구멍 따위가 훤히 뚫리어 속이 드러나 있다. ③속이 비고 넓기만 하여 허전하다. ④넓은 곳에 물건이 얼마 없어 텅 빈듯 하다. ☞횅하다

휘[1]명 곡식을 되는 그릇의 한 가지. 스무 말들이와 열닷 말들이가 있음. 곡(斛)

휘[2]명 보나 도리 따위의 단청(丹靑)에서 비늘이나 물결, 또는 그물의 모양으로 그려 나가는 띠.

휘:[3]부 ①센 바람이 거칠게 스쳐 지나가는 소리를 나타내는 말. ②한꺼번에 세게 내쉬는 숨소리를 나타내는 말. ¶한숨을 ― 내쉬다. ③한번 대충 살피거나 둘러보는 모양을 나타내는 말. ¶주위를 ― 둘러보다.

휘(麾)명 ①아악(雅樂)을 연주할 때, 연주의 시작과 끝을 알리는 기(旗). ②지난날, 장수가 병졸을 지휘할 때 쓰는 기를 통틀어 이르던 말. 대장기(大將旗)나 교룡기(蛟龍旗) 따위.

휘(諱)명 세상을 떠난 어른의 생전(生前)의 이름을 이르는 말. ☞휘자(諱字)

휘(徽)명 거문고의 줄을 고르는 자리를 나타내기 위하여 거문고의 앞판에 둥근 모양으로 박은 크고 작은 열세 개의 자개 조각.

휘-접두 ①'두르거나 돌아'의 뜻을 나타냄. ¶휘감기다/휘돌다 ②'세게', '힘차게'의 뜻을 나타냄. ¶휘날리다/휘달리다/휘몰아치다 ③'마구', '함부로'의 뜻을 나타냄. ¶휘젓시다/휘젓다/휘갈기다 ④'눈에 확 띌 만큼 크게'의 뜻을 나타냄. ¶휘둥그렇다/휘둥그레지다

휘각(揮却)명-하다타 물리쳐 버리고 돌아보지 않음.

휘갈(揮喝)명-하다타 큰 소리로 외치며 지휘함.

휘-갈기다타 ①세차게 때리다. ¶뺨을 ―. ②붓이나 펜 따위를 휘둘러 함부로 글씨를 쓰다. ¶휘갈긴 글씨.

휘-감기다자 ①휘둘러 감기다. ¶연줄이 전봇대에 ―. ②정신이 휘둘리다.

휘-감다[―따]타 ①휘둘러 감거나 친친 둘러 감다. ¶상처 난 팔을 붕대로 ―. ②어떤 기운이나 느낌이 분위기를 사로잡다. ¶공포가 온몸을 휘감았다.

휘갑-쇠명 물건의 가장자리나 끝 부분을 보강하기 위하여 빙 둘러싼 쇠.

휘갑-치다타 ①피륙이나 멍석, 돗자리 따위의 가장자리가 풀리지 않게 둘러 얽어서 꿰매다. ②휘갑하다 ③다시는 더 말하지 못하도록 말막음하다. ④어려운 일을 임시 변통으로 꾸며 피하다.

휘갑-하다타여 너더분한 일을 잘 마무르다. 휘갑치다

휘건(揮巾)명 ①지난날, 새색시가 음식을 먹을 때나 세수할 때 앞에 두르던 행주치마의 한 가지. ②지난날, 궁중에서 음식을 먹을 때 무릎 위에 펴는 수건을 이르던 말.

휘검(揮劍)명-하다자 칼을 휘두름.

휘금(徽琴)명 '금(琴)'을 달리 이르는 말.

휘기(諱忌)명-하다타 숨기어 드러내기를 꺼림.

휘-날리다[1]자 ①깃발 따위가 바람에 힘차게 나부끼다. ¶태극기가 바람에 ―. ②마구 흩어져 펄펄 날다. ¶눈보라가 휘날리는 벌판.

휘-날리다[2]타 ①마구 나부끼게 하다. ②마구 흩어져 펄

펄 날게 하다. ¶자동차가 흙먼지를 휘날리며 지나가다. ③이름 따위를 널리 떨치다. ¶그는 한때 축구 선수로 명성을 휘날렸다.

휘-늘어지다 자 풀기가 없이 아래로 축 휘어져 처지다. ¶버들가지가 ー.

휘다¹ 자 '휘어지다'의 준말.

휘다² 타 곧은 물건을 구부러지게 하다. ¶댓줄기를 휘어 활을 만들다.

휘-달리다 자 ①여러 가지 일에 정신을 차릴 수 없이 시달리다. ②급한 걸음으로 빨리 달아나다.

휘담(諱談)명 꺼리어 세상에 드러내 놓고 하기 어려운 이야기. 휘언(諱言)

휘-덮다[ー덥ー] 타 휘몰아 덮다. ¶며칠 동안 안개가 계속 마을을 휘덮었다.

휘-돌다(ー돌고·ー도니)자 ①마구 돌다. ②어떤 물체를 중심으로 휘어서 돌다. ¶강줄기가 산을 휘돌아 흘러간다. ③여러 곳을 순서대로 한차례 돌다. ④어떤 기운이나 느낌이 일정한 공간에 가득 차 움직이다. ¶한순간 엄숙한 기운이 방 안에 휘돌았다.

휘-돌리다 타 휘돌게 하다.

휘동(麾動)명-하다 타 지휘하여 움직임.

휘-동석(輝銅石)명 구리가 들어 있는 광석의 한 가지. 황화제일동(黃化第一銅)으로 이루어져 있으며, 구리의 주요 원광(原鑛)임.

휘-두들기다 타 무엇을 휘둘러서 마구 때리다.

휘-두르다(ー두르고·ー둘러)타르 ①이리저리 함부로 내두르다. ¶주먹을 ー./몽둥이를 ー. ②남을 괴롭혀 얼을 빼놓다. ③어떤 사람이나 일을 제멋대로 마구 다루다. ¶돈과 권력으로 사람들을 ー.

한자 휘두를 휘(揮) 〔手部 9획〕 ¶휘검(揮劍)/휘호(揮毫)

휘-둘리다 자 휘두름을 당하다.

휘둥그러-지다 자 갑자기 휘둘리어 둥그러지다. ☞회동그라지다

휘-둥그렇다(ー둥그렇고·ー둥그런)형ㅎ 놀라거나 두려워 크게 뜬 눈이 아주 둥그렇다. ☞회동그랗다

휘둥그레-지다 자 눈이 휘둥그렇게 되다. ☞회동그래지다

휘뚜루 부 무엇에든지 맞게 쓰일만 하게.

휘뚜루-마뚜루 부 이것저것 가리지 않고 닥치는 대로 마구 해치우는 모양을 나타내는 말.

휘뚝-거리다(대다) 자 휘뚝휘뚝 흔들리다. ☞뒤뚝거리다. 회똑거리다

휘뚝-휘뚝 부 이리저리 위태하게 흔들리거나 쏠리는 모양을 나타내는 말. ☞뒤뚝뒤뚝. 회똑회똑

휘뚤-휘뚤 부-하다 형 이리저리 휘어져 구불구불한 모양을 나타내는 말. ☞회똘회똘

휘루(揮淚)명-하다 자 눈물을 뿌림.

휘류(彙類)명 같은 내용이나 갈래에 따라 모은 종류.

휘-말다 타 ①마구 휘휘 감아 말다. ¶멍석을 ー. ②옷 따위를 적시어 더럽히다.

휘모리=잡가(ー雜歌)명 경기 잡가(京畿雜歌) 가운데서 마지막으로 불리는 잡가. 장단이 매우 빠르고 휘몰아치는듯 함. 해학적인 내용을 길게 엮은 것으로, 곰보타령·병정타령·맹꽁이타령 따위가 있음. ☞십이 잡가

휘모리-장단 명 국악의 민속악 장단의 한 가지. 가장 빠르며 4분의 4박자임. 산조와 무가(巫歌), 판소리의 매우 분주한 장면 등에 쓰임. ☞단모리장단

휘-몰다(ー몰고·ー모니)타 ①절차나 격식에 따르지 않고 급히 서둘러 하다. ②함부로 내몰다. ③휩쓸어서 한 방향으로 내몰다.

휘-몰아치다 자 비바람 따위가 한곳으로 세차게 몰아쳐 불다. ¶태풍이 ー.

휘몰이-판 명 휘모는 판국, 또는 그 형세.

휘묵(徽纆)명 지난날, 죄인을 묶는 데 쓰던 오라의 한 가지. 세 가닥으로 꼰 노와 두 가닥으로 꼰 노가 있음.

휘-묻이[ー무지] 명 나무의 가지를 휘어서 그 한 끝을 땅속에 묻은 다음, 그 부분에서 뿌리가 내리면 본디의 가지 쪽을 잘라 새 그루를 만드는 인공 번식법. 취목

휘발(揮發)앞말 보통 온도에서 액체가 기체로 변하여 날아 흩어짐, 또는 그 작용을 뜻하는 말. ¶ー 성분

휘발-성(揮發性)[ー썽] 명 보통 온도에서 액체가 기체로 되어 날아 흩어지는 성질.

휘발-유(揮發油)[ー류] 명 석유의 휘발 성분을 이루는 무색의 투명한 액체. 석유의 원유를 증류하거나 화학 처리를 하여 얻으며, 자동차나 비행기 따위의 연료로 쓰임. 가솔린(gasoline) ☞경유(輕油)

휘병(諱病)명-하다 자 휘질(諱疾)

휘보(彙報)명 ①여러 가지 내용을 종류에 따라 모아서 알리는 기록. ②잡지(雜誌)

휘-비석(輝沸石)명 판상(板狀) 결정 비석의 한 가지. 단사 정계 광물로, 백색·홍색·회색·갈색 따위가 있음.

휘석(輝石)명 조암(造岩) 광물의 한 가지. 철·칼슘·마그네슘 따위로 이루어진 규산염 광물로, 사방 정계 또는 단사 정계에 딸리며 유리 광택이 있음.

휘석=안산암(輝石安山岩)명 휘석이나 사장석(斜長石)을 주성분으로 하는 안산암. 녹색을 띠며 토목이나 건축용 석재로 쓰임.

휘선(輝線)명 선 스펙트럼에서 밝게 빛나는 선. 물질에 따라 일정한 파장을 가지며 원소를 감정하는 데 쓰임.

휘쇄(揮灑)명-하다 타 ①물에 넣고 흔들어 깨끗이 빪. ②휘호(揮毫)

휘수(揮手)명-하다 타 ①손짓하여 거절하는 뜻을 보임. ②손짓하여 어떤 낌새를 차리게 함.

휘슬(whistle)명 호루라기

휘안-석(輝安石)명 안티몬이 들어 있는 광물의 한 가지. 사방 정계의 광물로, 엷은 잿빛을 띠고 있으며 금속 광택이 있음. 안티몬의 원광(原鑛)임.

휘암(輝岩)명 화성암의 한 가지. 주성분은 휘석이며, 장석과 석영이 조금 들어 있음. 빛깔은 엷은 녹색 또는 짙은 녹색임.

휘양 명 지난날, 추울 때 머리에 쓰던 방한구의 한 가지. 모양은 남바위와 비슷하나 뒤가 훨씬 길고 목덜미와 뺨까지 싸이게 만들어졌음. 볼끼는 뒤로 잦혀 매기도 함.

휘어-가다 자 굽이쳐 흘러가다.

휘어-넘어가다 자 남의 꾐에 빠져 속아넘어가다.

휘어-대:다 타 어떤 테두리 안으로 억지로 우겨 넣다.

휘어-들다(ー들고·ー드니)자 어떤 테두리 안으로 끌려 들어오다.

휘어-박다 타 ①높은 곳에서 되게 넘어뜨리다. ②남을 함부로 다루어 굴복하게 하다.

휘어-박히다 자 휘어박음을 당하다.

휘어-잡다 타 ①어떤 물건을 구부리어 거머잡다. ¶멱살을 ー./나뭇가지를 ー. ②손아귀에 넣고 마음대로 부리다. ¶그의 연설은 청중을 휘어잡는 힘이 있다.

휘어-지다 자 곧은 물체가 어떤 힘을 받아 구부러지다. ¶대못이 ー. 준 휘다¹

휘언(諱言)명 휘담(諱談)

휘영청 부 크고 둥근 달이 밝게 떠 있는 모양을 나타내는 말. ¶ー 달 밝은 밤./ー 달이 뜨다.

휘우듬-하다 형여 좀 휘움한듯 하다. ☞휘움하다

휘우듬-히 부 휘우듬하게

휘우뚱 부 물체가 중심을 잃고 한쪽으로 크게 기우는 모양을 나타내는 말. ☞기우뚱

휘우뚱-거리다(대다) 자 이쪽저쪽으로 휘우뚱휘우뚱 기울다. ☞기우뚱거리다

휘우뚱-휘우뚱 부 물체가 중심을 잃고 이쪽저쪽으로 자꾸 기우는 모양을 나타내는 말. ☞기우뚱기우뚱

휘움-하다 형여 좀 휘어 있다. ¶휘움한 고갯길./휘움하게 돌아가는 강줄기. ☞휘우듬하다

휘움-히 부 휘움하게

휘-은석(輝銀石)명 은이 들어 있는 광석의 한 가지. 황화은으로 이루어져 있으며, 등축 정계로 금속 광택이 있는 검은 잿빛임.

휘음(諱音)명 부음(訃音)

휘음(徽音)명 ①좋은 말, 또는 좋은 평판. ②아름다운 음악 소리. ③좋은 소식.
휘일(諱日)명 조상의 제삿날.
휘자(諱字)[-짜]명 돌아가신 높은 어른의 생전의 이름자. ☞휘(諱)
휘장(揮帳)명 여러 폭의 피륙을 이어 만든, 둘러치는 장막.
휘장(揮場)명 지난날, 금방(金榜)을 들고 과장(科場) 가운데를 돌아다니며 과거에 합격하였다고 외치던 일.
휘장(徽章)명 신분이나 직무, 명예 따위를 나타내기 위하여 옷이나 모자 따위에 붙이는 표.
휘장-걸음(揮帳-)명 ①말을 똑바로 몰지 않고 둥그렇게 돌아서 달리게 하는 걸음. ②두 사람이 양쪽에서 한 사람의 허리와 팔죽지를 움켜잡고 휘몰아 걸리는 걸음.
휘적-거리다(대다)타 팔을 휘적휘적 젓다. ¶휘적거리며 걸어가다.
휘-적시다타 마구 적시다.
휘적-휘적부 걸을 때 두 팔을 앞뒤로 흔들어 젓는 모양을 나타내는 말.
휘-젓다[-젇-](-젓고·-저어)타ㅅ ①골고루 섞이도록 마구 젓다. ¶설탕을 탄 물을 찻숟가락으로 -. ②이리저리 마구 뒤흔들다. ¶팔을 -. ③마구 뒤흔들어서 어지럽게 만들다. ¶동네를 휘젓고 다니는 무리들.
휘정-거리다(대다)타 물 따위를 자꾸 휘저어 흐리게 만들다.
휘정-휘정부 물 따위를 자꾸 휘저어 흐리게 만드는 모양을 나타내는 말.
휘주근-하다형여 ①옷 따위가 풀기가 빠져서 축 늘어지다. ②몹시 지쳐서 도무지 기운이 없다. ☞후줄근하다
　휘주근-히부 휘주근하게
휘-주무르다(-주무르고·-주물러)타르 아무 데나 마구 주무르다.
휘지(徽旨)명 ①지난날, 왕세자가 내리는 궁궐 출입용 문표(門標)를 이르던 말. ②지난날, 왕세자가 임금을 대신하여 내린 명령을 이르던 말.
휘지다자 무엇에 시달리어 기운이 빠지다.
휘-지르다(-지르고·-질러)타르 옷을 몹시 구기거나 더럽히다. ¶아이가 하루에도 몇 벌씩이나 옷을 휘질러 놓는다.
휘지비지(諱之祕之)성구 말하기를 꺼리어 우물쭈물 얼버무려 넘김을 이르는 말.
휘질(諱疾)명-하다자 병을 감추고 드러내지 않음. 휘병(諱病)
휘집(彙集)명-하다타 유취(類聚)
휘-차기명 택견에서, 발질의 한 가지. 몸을 크게 회전시키면서 발 장심으로 상대편의 상체를 차는 공격 기술.
휘철-석(輝鐵石)명 적철석의 한 가지. 금속 광택이 있는 엽편(葉片) 또는 운모 모양의 연한 잿빛 결정을 이룸. 가공하여 장식물로도 쓰임. 경철석(鏡鐵石)
휘청부 기운이 빠지거나 중심을 잃어 잠깐 기우뚱 하는 모양을 나타내는 말. ¶발을 헛디뎌 몸이 - 하다.
휘청-거리다(대다)자 휘청휘청 흔들리다. ¶나뭇가지가 -./다리가 -. ☞회창거리다
휘청-휘청부 ①탄력 있는 긴 물건이 자꾸 휘어지며 흔들리는 모양을 나타내는 말. ②기운이 빠지거나 중심을 잃어 기우뚱기우뚱 하는 모양을 나타내는 말. ¶- 발걸음을 옮기다. ☞회창회창
휘추리명 가늘고 곧은 긴 나뭇가지. ☞회초리
휘테(Hütte 독)명 스키나 등산하는 사람을 위하여 산에 지은 오두막.
휘파람명 입술을 동그랗게 오므리고 그 사이로 입김을 불어서 내는 소리, 또는 그런 일.
　휘파람(을) 불다관용 휘파람 소리를 내다.
휘파람-새명 딱샛과의 여름 철새. 몸길이 16cm 안팎. 등은 갈색이고, 배는 회색을 띤 백색임. 우거진 숲 속에서 높고 맑은 소리로 욺. 5~8월에 4~6개의 알을 낳음.
휘필(揮筆)명-하다타 휘호(揮毫)

휘하(麾下)명 장군의 지휘 아래, 또는 그 아래 딸린 군사. ¶용맹한 장군 -에 약한 병사는 없다.
휘-하다형여 '휘휘하다'의 준말.
휘-하다(諱-)자여 어떤 말을 입 밖에 내기를 꺼리다.
휘한(揮汗)명-하다자 흐르는 땀을 털어 뿌림.
휘호(揮毫)명-하다타 붓을 휘두른다는 뜻으로, 글씨를 쓰거나 그림을 그림, 또는 그 글씨나 그림을 이르는 말. 휘필(揮筆). 휘쇄(揮灑)
휘호(徽號)명 지난날, 왕비가 죽은 뒤에 시호와 함께 내리는 존호(尊號)를 이르던 말.
휘황(輝煌)어기 '휘황(輝煌)하다'의 어기(語基).
휘황찬란-하다(輝煌燦爛-)형여 ①광채가 눈부시게 빛나고 화려하다. ¶휘황찬란한 보석./조명이 -. ②행동이 야단스럽고 못된 꾀가 많아 믿을 수 없다. 준휘황하다
휘황-하다(輝煌-)형여 '휘황찬란하다'의 준말.
휘휘부 ①이리저리 휘두르거나 휘젓는 모양을 나타내는 말. ¶소가 꼬리를 - 휘둘러 파리를 쫓다. ②큰 물체를 휘감는 모양을 나타내는 말. ¶나무 밑동을 새끼로 - 감다. ☞홰홰. 회회
휘휘-친친부 휘휘 감고 친친 감는 모양을 나타내는 말. ☞회회찬찬
휘휘-하다형여 무서우리만큼 쓸쓸하고 적막하다. 준휘하다 ¶낙엽이 쌓인 휘휘한 오솔길.
휙부 ①갑자기 세차게 돌리는 모양을 나타내는 말. ¶팔을 크게 - 돌리다. ②무엇을 멀리 힘껏 던지는 모양을 나타내는 말. ¶막대기를 - 던지다. ③무엇이 갑자기 스치는 느낌을 나타내는 말. ¶고양이가 앞을 스치듯이 - 달아나다. ☞홱[2]
휙-휙부 ①잇달아 세차게 돌리는 모양을 나타내는 말. ②무엇이 잇달아 세차게 스치는 느낌을 나타내는 말. ☞홱홱
휠:체어(wheelchair)명 다리를 마음대로 쓰지 못하는 사람이 앉은 채로 이동할 수 있도록 바퀴를 단 의자.
휩-싸다타 ①휘휘 둘러 감아서 싸다. ②어떤 것이 다른 것을 온통 뒤덮다. ¶불길이 집을 -. ③어떤 생각이나 감정이 마음속을 가득 채우다. ¶알지 못할 공포가 그를 휩쌌다.
휩-싸이다자 휩쌈을 당하다. ¶온 가족이 두려움에 -. 준휩쌔다
휩-쌔다자 '휩싸이다'의 준말.
휩-쓸다(-쓸고·-쓰니)타 ①불이나 물, 바람 따위가 모조리 휘몰아 쓸다. ¶바람이 벌판을 -./홍수가 논을 -. ②병이나 풍조 따위가 널리 퍼지다. ¶전염병이 도시를 -./주식 열풍이 전국을 -. ③거침없이 행동을 제멋대로 하다. ¶폭주족이 심야의 도심을 휩쓸고 다닌다.
휩-쓸리다자 휩쓺을 당하다. ¶홍수에 휩쓸려 떠내려간 축사(畜舍).
휫-손[휜-]명 ①남을 휘어잡아 잘 부리는 솜씨. ②일을 잘 처리할만 한 솜씨.
휴가(休暇)명 학교나 직장, 군대 따위에서 일정한 기간 쉬는 일, 또는 그 겨를. 방가(放暇)
휴간(休刊)명-하다타 신문이나 잡지 따위의 정기 간행물의 간행을 한동안 쉼.
휴강(休講)명-하다자 계속해 오던 강의를 쉼.
휴게(休憩)명-하다자 일을 하거나 길을 가다가 잠깐 쉼. 게휴(憩休) ☞휴식(休息)
휴게-소(休憩所)명 길을 가는 사람들이 잠깐 동안 머물러 쉴 수 있도록 마련한 장소.
휴게-실(休憩室)명 잠깐 동안 쉴 수 있도록 마련한 방.
휴경(休耕)명-하다자타 농사짓던 땅을 갈지 않고 얼마 동안 묵힘.
휴경-지(休耕地)명 농사를 짓다가 갈지 않고 묵힌 땅. 유묵정밭
휴관(休館)명-하다자타 도서관이나 영화관·박물관 따위가 한동안 영업이나 업무를 쉼.
휴교(休校)명-하다자 학교에서 수업과 업무를 한동안 쉼.
휴대(携帶)명-하다타 손에 들거나 몸에 지니고 다님. 휴지(携持) ¶- 식량/- 전화기

휴대=식량(携帶食糧) 명 등산 등을 할 때, 지니고 다니기에 간편하게 만든 식량.
휴대=전:류(携帶電流) 명 대류 전류(對流電流)
휴대=전:화(携帶電話) 명 지니고 다니면서 통화할 수 있게 만든 무선 통신 전화기. 셀폰(cell phone)
휴대-증(携帶證)[-쯩] 명 무기 등을 지니고 다닐 수 있도록 허가한 증명서.
휴대-폰(携帶phone) 명 휴대 전화(携帶電話)
휴대-품(携帶品) 명 손에 들거나 몸에 지니고 다니는 물건.
휴등(休燈) 명 -하다 타 전등을 한동안 켜지 않음.
휴:머니스트(humanist) 명 ①인도주의자 ②인문주의자
휴:머니즘(humanism) 명 ①인도주의(人道主義) ②인문주의(人文主義)
휴면(休眠) 명 -하다 자 ①동물이나 식물이 일정한 동안 생활 기능을 활발히 하지 않거나 발육을 멈추거나 하는 일. 동물의 동면(冬眠), 식물의 씨앗 상태가 이에 해당함. ☞하면(夏眠) ②활동을 멈춤. ¶생산 공장이 - 상태이다. ☞수면(睡眠)
휴무(休務) 명 -하다 자 사무를 보지 않고 쉼. ¶금요일 오후를 -로 정하다./오늘 오후는 -한다.
휴문(休門) 명 음양가(陰陽家)가 이르는 팔문(八門) 가운데 길하다는 문의 하나.
휴반(畦畔) 명 밭두둑
휴서(休書) 명 '수세'의 원말.
휴수(携手) 명 -하다 자 손을 마주 잡는다는 뜻으로, '함께 감'을 이르는 말.
휴식(休息) 명 -하다 자 하던 일이나 운동 등을 그만두고 쉼. ¶-을 취하다. ☞휴게(休憩)
휴양(休養) 명 -하다 자타 하던 일을 그만두고 편히 쉬면서 기력을 기름.
휴양-지(休養地) 명 휴양하기에 알맞은 곳, 또는 휴양 시설이 마련되어 있는 곳. 휴양처(休養處)
휴양=지대(休養地帶) 명 기후와 환경 등이 휴양하기에 알맞은 지대.
휴양-처(休養處) 명 휴양지(休養地)
휴업(休業) 명 -하다 자 업무나 영업을 한동안 쉼.
휴월(虧月) 명 이지러진 달. ☞만월(滿月)
휴이(携貳) 명 -하다 자 딴마음을 가짐. 두 마음을 가짐.
휴일(休日) 명 일을 하지 않고 쉬는 날.
휴재(休載) 명 -하다 타 신문이나 잡지 등에 연재(連載)하던 글을 한동안 싣지 않음.
휴전(休電) 명 -하다 자 한동안 송전(送電)을 멈춤.
휴전(休戰) 명 -하다 자 교전국(交戰國)이 협의하여 전투 행위를 한동안 멈춤. ☞정전(停戰)
휴전-선(休戰線) 명 휴전 협정에 따라 결정되는 쌍방의 군사 경계선.
휴정(休廷) 명 -하다 자 법정에서, 재판 도중 재판장의 선언에 따라 재판을 한동안 쉬는 일. ☞개정(開廷)
휴조(休兆) 명 좋은 징조. 휴징(休徵) 유 길조(吉兆)
휴주(携酒) 명 -하다 자 술병을 몸에 지니고 다님.
휴지(休止) 명 -하다 자 움직임이 멈춤.
휴지(休紙) 명 ①쓸모 없는 종이. 못 쓰게 된 종이. ②밑을 닦거나 허드레로 쓰는 종이. 화장지(化粧紙)
휴지(携持) 명 -하다 타 휴대(携帶)
휴지-부(休止符) 명 쉼표
휴지-시:행(休紙施行) 명 이미 결정된 안건을 폐지함.
휴지-통(休紙桶) 명 못 쓰게 된 종이나 쓰레기 따위를 담는 그릇.
휴지-화(休紙化) 명 -하다 자타 휴지가 된다는 뜻으로, 어떤 계획이나 약속 따위가 이행되지 않아서 쓸모 없게 됨, 또는 그렇게 되게 함. ¶댐 건설 계획을 -하다. ☞백지화(白紙化)
휴직(休職) 명 -하다 자 공무원이나 일반 회사원이 그 신분을 유지하면서 일정한 기간 직무를 쉼.
휴직-급(休職給) 명 휴직 중인 직원에게 주는 급여금.
휴진(休診) 명 -하다 자 의료 기관에서 진료를 쉼.
휴징(休徵) 명 휴조(休兆)
휴처(休妻) 명 지난날, 수세를 써 주고 아내와 갈라서던 일.
휴척(休戚) 명 평안함과 근심 걱정.
휴퇴(休退) 명 -하다 자 관직에서 물러나 쉼.
휴학(休學) 명 -하다 자 학생이 질병이나 그 밖의 사정으로 학적(學籍)을 두고 일정한 기간 학업을 쉼.
휴한(休閑) 명 -하다 자 땅심을 높이려고 한동안 경작을 하지 않고 묵힘.
휴한-지(休閑地) 명 한동안 경작을 하지 않고 묵히는 땅. ☞검은그루
휴항(休航) 명 -하다 자 배나 비행기가 운항을 쉼.
휴행(携行) 명 -하다 타 무엇을 늘 가지고 다님.
휴-화산(休火山) 명 한때 분화한 일이 있으나 지금은 분화하지 않는 화산. ☞사화산(死火山). 활화산(活火山)
휴회(休會) 명 -하다 자 ①회의 도중에 잠깐 쉼. ②국회나 지방 의회가 일정 기간 활동을 쉼. ③거래소에서 입회(立會)를 쉼.
휴흠(虧欠) 명 -하다 자 일정한 수나 양에서 부족이 생김. 흠축(欠縮)
휼계(譎計) 명 간사하고 능청스러운 꾀.
휼금(恤金) 명 정부에서 이재민을 구제하기 위해 주는 돈.
휼미(恤米) 명 정부에서 이재민을 구제하기 위해 주는 쌀.
휼민(恤民) 명 -하다 자 이재민을 구제함.
휼병(恤兵) 명 -하다 자 싸움터의 병사에게 물품이나 돈을 보내어 위로함.
휼병-금(恤兵金) 명 휼병하는 데 쓰는 돈.
휼사(譎詐)[-싸] 명 -하다 자 남을 속이느라고 간사한 꾀를 부리는 짓.
휼전(恤典)[-쩐] 명 정부에서 이재민을 구제하기 위하여 내리는 은전(恩典).
흄:-관(Hume管) 명 철근을 넣어 만든 콘크리트관. 하수관이나 배수관 따위로 쓰임.
흉 명 ①헌데나 다친 곳의 아문 자리에 남은 자국. ¶상처에 흉이 남다. ☞흉터 ②남에게서 비웃음을 받을만 한 거리. 허물[2] ¶-이 많다.
속담 **흉 각각 정 각각** : 잘못한 점은 나무라고 좋은 점은 칭찬한다는 뜻으로, 상벌이 분명함을 이르는 말.
흉가(凶家) 명 들어 사는 사람마다 궂은 일을 당하는 불길한 집.
흉간(胸間) 명 ①가슴 부분. ②가슴속. 속내
흉강(胸腔) 명 흉곽의 내부. 폐장이나 심장 따위가 있음. 가슴속
흉격(胸膈) 명 심장과 비장(脾臟) 사이의 가슴 부분.
흉계(凶計) 명 흉악한 꾀. 유 흉모(凶謀)
흉곡(胸曲) 명 흉중(胸中)
흉골(胸骨) 명 가슴의 한가운데 있는 평평하고 갸름한 뼈. 좌우 늑골이 연결되어 있음.
흉곽(胸廓) 명 가슴을 둘러싸고 있는 골격. 흉추·흉골·늑골·늑연골로 이루어져 있는데, 심장·폐·식도 등을 보호하며 흉근으로 호흡을 도움.
흉곽=성형술(胸廓成形術) 명 폐결핵을 치료하기 위하여 갈비뼈의 일부를 잘라 내고 흉곽을 좁히어 결핵의 공동(空洞)을 압축하는 수술.
흉괘(凶卦)[-꽤] 명 언짢은 점괘. 하괘(下卦) ☞길괘
흉구(凶具) 명 흉기(凶器)
흉근(胸筋) 명 가슴 부분을 이루고 있는 근육.
흉금(胸襟) 명 ①가슴 부분의 옷깃. ②가슴속에 품은 생각. 흉차(胸次)
흉금을 털어놓다 관용 가슴속에 품은 생각이나 감정을 스스럼없이 다 이야기하다.
흉기(凶器·兇器) 명 ①사람을 살상하는 데 쓰는 기구, 또는 사람을 살상했을 때 쓴 도구. 칼·총·몽둥이 따위. 흉구(凶具) ②상사(喪事)에 쓰는 여러 가지 기구.
흉내 명 남이 하는 말이나 짓을 그대로 본떠 하는 짓.
흉내(를) 내다 관용 남이 하는 말이나 짓을 그대로 본떠서 하다.
흉내-말 명 ①흉내 내는 말. ②시늉말
흉내-쟁이 명 남의 흉내를 잘 내는 사람. ☞임내쟁이

흉년(凶年)명 농작물이 잘 되지 않은 해. 기년(饑年). 기세(饑歲). 재년(災年). 흉세(凶歲) ☞풍년(豐年)
속담 **흉년에 밥 빌어먹겠다** : 흉년에 밥을 빌어먹기란 여간 힘든 일이 아니라는 뜻으로, 게으르고 굼뜬 사람을 두고, 그런 재간으로 어떻게 밥을 빌어먹겠냐고 비꼬아 이르는 말. /**흉년에 윤달** : 빨리 지나가야 할 흉년에 윤달이 끼어 더디게 간다는 말로, 어려운 처지에 또 다른 어려움이 겹치는 일을 이르는 말. /**흉년에 한 농토 벌지 말고 한 입 덜라** : 어려울 때에는 더 벌려고 애쓰기보다는 조금이라도 덜 쓰는 편이 낫다는 말. /**흉년의 곡식이다** : 어려울 때에는 무엇이든지 귀하게 여겨진다는 말. /**흉년의 떡도 많이 나면 싸다** : 무엇이든지 흔해지면 값어치가 떨어진다는 말.
흉년-거지(凶年－)명 얻어먹기조차 어렵게 된 처지를 비유하여 이르는 말.
흉녕(凶獰)어기 '흉녕(凶獰)하다'의 어기(語基).
흉녕-하다(凶獰－)형여 성질이 흉악하고 모질다.
흉노(匈奴)명 기원전 3～기원후 1세기경에 몽골 지방에서 세력을 떨치던 유목 민족. ☞훈족
흉당(凶黨·兇黨)명 흉악한 역적의 무리.
흉당(胸膛)명 가슴의 한복판. 복장
흉덕(凶德)명 흉악한 성질.
흉도(凶徒·兇徒)명 ①흉악하고 사나운 무리. ☞악당(惡黨) ②모반인(謀叛人) 또는 폭도(暴徒).
흉례(凶禮)명 상제로 있는 동안에 하는 모든 예절. 상례
흉리(胸裏)명 흉중(胸中)
흉막(胸膜)명 늑막(肋膜)
흉막-강(胸膜腔)명 늑막강(肋膜腔)
흉막-염(胸膜炎)[－념]명 늑막염(肋膜炎)
흉모(凶謀)명 음흉한 모략(謀略). 흉악한 모략. 유 역모(逆謀). 흉계(凶計)
흉몽(凶夢)명 불길한 꿈. ☞길몽(吉夢)
흉문(凶聞)명 ①사람의 죽음을 알리는 기별. 부음(訃音) ②불길한 소식.
흉물(凶物)명 ①성질이 음흉한 사람. ②보기에 끔찍하게 생긴 사람이나 동물.
 흉물(을) 떨다 관용 짐짓 흉물스러운 짓을 하다.
흉물-스럽다(凶物－)(－스럽고·－스러워)형ㅂ 성질이 음흉한 데가 있다.
 흉물-스레부 흉물스럽게
흉배(胸背)명 ①가슴과 등. ②조선 시대, 관복의 가슴과 등에 붙이던, 수놓은 천. ☞보(補)[1]
흉범(凶犯)명 끔찍한 죄를 저지른 범인. 흉악범
흉벽(胸壁)명 ①흉장(胸牆) ②흉곽의 외벽.
흉변(凶變)명 사람이 죽는 일과 같은 불길한 사고.
흉보(凶報)명 ①불길한 기별. ☞길보(吉報) ②사람이 죽었다는 기별. ☞비보(悲報). 흉음(凶音)
흉-보다타 남의 흠을 들어 말하다.
흉복(凶服)명 상중(喪中)에 입는 예복. 상복(喪服)
흉복(胸腹)명 가슴과 배.
흉부(胸部)명 가슴 부위.
흉비(胸痞)명 한방에서, 가슴이 갑갑한 병을 이르는 말.
흉사(凶事)명 ①불길한 일. ☞길사 ②사람이 죽는 일.
흉사(凶邪)어기 '흉사(凶邪)하다'의 어기(語基).
흉사-하다(凶邪－)형여 모질고 간사하다.
흉산(胸算)명 속셈
흉살(凶煞)명 ①불길한 운수. ②흉한 귀신.
흉상(凶狀)명 흉한 상태.
흉상(凶相)명 ①좋지 아니한 상격(相格). ☞길상(吉相) ②흉악한 얼굴 모습.
흉상(胸像)명 인체의 머리에서 가슴 부위까지를 나타낸 조각상이나 초상화. ☞두상(頭像). 전신상(全身像)
흉선(胸腺)명 척추동물의 림프 조직의 하나. 사람은 가슴뼈 윗부분 뒤쪽에 있는데, 림프구와 그물 모양의 상피 세포로 이루어진 기관임. 어릴 때에 발달하다가 사춘기 이후에는 퇴화하여 지방 조직으로 바뀜.
흉설(凶說)명 음흉하고 괴악한 말.
흉성(凶星)명 불길하고 꺼림칙한 별. ☞길성(吉星)
흉세(凶歲)명 흉년(凶年)
흉쇄=관절(胸鎖關節)명 흉골과 쇄골 사이의 관절.
흉수(凶手·兇手)명 남을 살상하려 하는 사람.
흉수(胸水)명 늑막염으로 말미암아 늑막강에 이상 상태로 괸 수분. ¶－를 뽑아 내다.
흉식=호흡(胸式呼吸)명 흉근과 횡격막의 운동으로 이루어지는 호흡. 흉호흡(胸呼吸) ☞복식 호흡(腹式呼吸)
흉신(凶神)명 불길한 귀신.
흉악(凶惡)어기 '흉악(凶惡)하다'의 어기(語基).
흉악-스럽다(凶惡－)(－스럽고·－스러워)형ㅂ 성질이 악하거나 겉모습이 험상궂은 데가 있다.
 흉악-스레부 흉악스럽게
흉악망측(凶惡罔測)성구 몹시 흉악함을 이르는 말.
흉악무도(凶惡無道)성구 성질이 사납고 악하며 도리에 어그러짐을 이르는 말.
흉악-범(凶惡犯)명 끔찍한 죄를 저지른 범인. 흉범
흉악-하다(凶惡－)형여 ①성질이 악하고 모질다. ¶흉악한 범죄자. ②겉모습이 험상궂고 고약하다.
 흉악-히부 흉악하게
흉액(胸液)명 늑막강에 있는 장액(漿液). 두 층으로 된 늑막 사이의 마찰을 줄이는 구실을 함.
흉어(凶漁)명 물고기가 평상시보다 매우 적게 잡히는 일. 불어(不漁) ☞풍어(豐漁)
흉억(胸臆)명 가슴속의 생각.
흉-업다(凶－)(－업고·－어워)형ㅂ 말이나 행동이 불쾌할 정도로 거칠다.
흉역(凶逆)명 임금에게 불충하고 부모에게 불효한 흉악한 짓, 또는 그러한 짓을 한 사람.
흉역(胸疫)명 말의 폐장과 늑막에 생기는 전염병.
흉오(胸奧)명 흉중(胸中)
흉완(凶頑)어기 '흉완(凶頑)하다'의 어기(語基).
흉완-하다(凶頑－)형여 흉악하고 모질다.
흉용(洶湧)명-하다자 물결이 크고 세차게 일어남.
흉위(胸圍)명 가슴둘레
흉음(凶音)명 ①사람의 죽음을 알리는 기별. 부음(訃音) ☞흉보(凶報) ②좋지 않은 일을 알리는 기별.
흉일(凶日)명 민속에서, 무슨 일을 하기에 불길하다고 하는 날. 악일(惡日) ☞길일(吉日)
흉작(凶作)명 흉년이 들어 수확량이 적음. ☞상작(上作). 풍작(豐作)
흉잡(凶雜)어기 '흉잡(凶雜)하다'의 어기(語基).
흉-잡다타 남의 흠을 꼬집어서 들추어내다.
흉잡-하다(凶雜－)형여 흉악하고 난잡하다.
흉-잡히다자 흉잡음을 당하다. ¶형제끼리 흉잡힐 일이 없으니 털어놓고 얘기하자.
흉장(胸章)명 가슴에 다는 표장(標章).
흉장(胸牆)명 성곽이나 포대 따위에 사람의 가슴 높이만 하게 쌓은 담. 흉벽(胸壁)
흉적(凶賊·兇賊)명 흉악한 도둑.
흉조(凶兆)명 불길한 조짐. 흉증(凶證) ☞가조(佳兆). 길조(吉兆)
흉조(凶鳥)명 흉한 조짐을 알린다는 새. ☞길조(吉鳥)
흉종(凶終)명-하다자 재난이나 사고 따위로 죽음.
흉중(胸中)명 ①가슴속 ¶－에 묻어 둔 사연. ②마음에 품고 있는 생각. ¶상대편의 －을 헤아리다. 흉곡(胸曲). 흉리(胸裏). 흉오(胸奧)
흉즉대길(凶則大吉)성구 점괘나 토정비결(土亭祕訣) 따위에서, 신수가 아주 나쁘게 나타났을 때, 실제로는 오히려 매우 좋다는 말.
흉증(凶證)명 ①흉조(凶兆) ②음흉한 성벽(性癖).
흉증-스럽다(凶證－)(－스럽고·－스러워)형ㅂ 성질이나 버릇이 음흉한 데가 있다.
 흉증-스레부 흉증스럽게
흉지(凶地)명 지덕(地德)이 좋지 않은 집터나 묏자리. ☞길지(吉地)
흉차(胸次)명 가슴속에 품은 생각. 흉금(胸襟)

흉참(凶慘)어기 '흉참(凶慘)하다'의 어기(語基).
흉참-하다(凶慘—)형여 흉악하고 참혹하다.
흉추(胸椎)명 목등뼈와 허리등뼈 사이에 있는 열두 개의 등골뼈. 가슴등뼈
흉측(凶測)어기 '흉측(凶測)하다'의 어기(語基).
흉측-스럽다(凶測—)(—스럽고·—스러워)형ㅂ 보기에 흉측한 데가 있다.
　흉측-스레부 흉측스럽게
흉측-하다(凶測—)형여 몹시 흉악하다. ¶흉측한 범죄 행위./흉측한 표정.
흉탄(凶彈·兇彈)명 흉한(兇漢)이 쏜 총탄.
흉-터명 상처가 아문 자리. ☞자흔(疵痕)
흉통(胸痛)명 병으로 가슴이 아픈 증세.
흉특(凶慝)어기 '흉특(凶慝)하다'의 어기(語基).
흉특-하다(凶慝—)형여 성질이 사납고 음흉하다.
흉패(胸牌)명 크리스트교에서, 대제사장의 가슴에 차는, 수놓은 헝겊 표장을 이르는 말.
흉패(凶悖)어기 '흉패(凶悖)하다'의 어기(語基).
흉패-하다(凶悖—)형여 성질이 흉악하고 하는 짓이 도리에 어그러진 데가 있다.
흉포(凶暴)어기 '흉포(凶暴)하다'의 어기(語基).
흉포-하다(凶暴—)형여 매우 흉악하고 난폭하다.
흉풍(凶風)명 ①몹시 사나운 바람. ②음흉스러운 기운이나 풍조(風潮).
흉풍(凶豐)명 흉년과 풍년, 또는 흉작과 풍작.
흉-하다(凶—)형여 ①어떤 일의 결과가 좋지 않다. ②어떤 일의 예감이 불길하다. ③얼굴이나 태도 따위가 보기에 나쁘다. ¶너무 짙은 화장으로 흉한 얼굴이 되었다. ④생김새가 험상궂고 징그럽다. ☞길하다

한자 **흉할 흉**(凶)〔凵部 2획〕¶길흉(吉凶)/흉가(凶家)/흉계(凶計)/흉몽(凶夢)/흉조(凶兆)

흉-하적명-하다타 남의 결점을 들어 말하는 짓.
흉학(凶虐)어기 '흉학(凶虐)하다'의 어기(語基).
흉학-하다(凶虐—)형여 성질이 몹시 모질고 사납다.
흉한(兇漢)명 흉악한 짓을 하는 사람. ☞악한(惡漢)
흉해(兇害)명-하다타 모질게 사람을 죽임.
흉행(兇行)명 사람을 해치는 흉악한 행동.
흉-허물명 흉이나 허물이 될만 한 일. ¶—이 없다.
×**흉-헙다**(凶—)형ㅂ →흉업다
흉-호흡(胸呼吸)명 흉식 호흡(胸式呼吸)
흉화(凶禍)명 ①흉한 재화(災禍). ②부모의 상사(喪事).
흉황(凶荒)명 농사가 재앙으로 말미암아 결딴남.
흉흉(洶洶)어기 '흉흉(洶洶)하다'의 어기(語基).
흉흉-하다(洶洶—)형여 ①물결이 세차게 일어나 물소리가 요란하다. ②혼란하여 인심이 뒤숭숭하다.
흐너-뜨리다(대다)타 흐너지게 하다. ¶오래 묵은 돌담을 —.
흐너-지다자 포개져 있던 작은 물건들이 헐리다.
흐놀다(흐놀고·흐노니)타 무엇을 몹시 그리워하다.
흐-느끼다자 몹시 서럽거나 감격에 겨워 흑흑 느끼어 울다. ¶소복 입은 여인이 —.

한자 **흐느껴 울 오**(嗚)〔口部 10획〕¶오열(嗚咽)

흐느적-거리다(대다)자타 흐느적흐느적 흔들리다, 또는 흐느적흐느적 흔들다. 흐느적이다 ¶바닷말이 물살에 따라 —./몸을 —. ☞하느작거리다. 흐늑거리다.
흐느적-이다자타 흐느적거리다 ☞하느작이다. 흐늑이다
흐느적-흐느적부 얇거나 기름한 물체가 느리게 움직이는 모양을 나타내는 말. ¶수양버들이 — 흔들리다./몸을 — 흔들다. ☞하느작하느작. 흐늑흐늑
흐늑-거리다(대다)자타 흐늑흐늑 흔들리다, 또는 흐늑흐늑 흔들다. 흐늑이다 ☞하늑거리다. 흐느적거리다.
흐늑-이다자타 흐늑거리다 ☞하늑이다. 흐느적이다
흐늑-흐늑부 얇거나 기름한 물체가 부드럽게 움직이는 모양을 나타내는 말. ☞하늑하늑. 흐느적흐느적
흐늘-거리다(대다)자타 ①얇은 천 따위가 거볍게 나부끼다, 또는 나부끼게 하다. ②김이나 연기 따위가 거볍게 피어 오르다. ☞하늘거리다
흐늘-흐늘부 흐늘거리는 모양을 나타내는 말. ☞하늘하늘
흐늘흐늘-하다형여 ①천 따위가 해어질듯이 매우 얇고 약하다. ¶낡아서 흐늘흐늘한 옷. ②지나치게 물러서 뭉크러질듯 하다. ☞하늘하늘하다
흐드러-지다형 ①썩 탐스럽다. ¶온 산에 흐드러지게 핀 철쭉. ②넘치도록 넉넉하다. ¶가을걷이 철이라 먹을 것은 흐드러지게 널려 있다.
흐들갑-스럽다(—스럽고·—스러워)형ㅂ 경망스럽게 떠벌이는 태도가 있다. ☞호들갑스럽다
　흐들갑-스레부 흐들갑스럽게
흐락명 진지하지 못하고 장난스러운 짓.
흐려-지다자 흐리게 되다.
흐르다[1](흐르고·흘러)자르 ①물 따위 액체가 낮은 곳으로 내려가다. ¶바다로 흐르는 강물. ②눈물이나 피 따위가 몸 밖으로 나오다. ¶눈물이 —./상처에서 피가 —./땀이 —. ③공중이나 물 위에 떠서 움직여 가다. ¶밤하늘을 흐르는 별똥별. ④시간이나 세월이 지나가다. ¶삼 년의 세월이 흘러 학교를 졸업하다. ⑤어느 방향으로 쏠리다. ¶토론이 주제를 벗어나 흑백 논리로만 —./외곬으로 흐르는 성격. ⑥가루 따위가 작은 구멍을 통해 밖으로 떨어지다. ¶자루에서 밀가루가 —. ⑦윤기나 광택 따위가 나다. ¶윤기가 흐르는 얼굴. ⑧소리나 향기, 빛 따위가 어떤 범위 안에 번져서 점점 퍼지다. ¶아름다운 음악이 흐르는 카페. ⑨어떤 상태나 현상, 기운 따위가 겉으로 드러나다. ¶시골티가 —./패기가 흘러 넘치다. ⑩전기 따위가 선이나 관을 따라 일정한 방향으로 옮겨 가다. ¶고압 전류가 —.

한자 **흐를 류**(流)〔水部 7획〕¶격류(激流)/급류(急流)/역류(逆流)/유동(流動)/유수(流水)

흐르다[2](흐르고·흘러)자르 짐승이 흘레를 하다.
흐르르-하다형여 옷감 따위가 매우 얇고 부드럽다. ☞하르르하다
흐름명 ①일정한 방향으로 나아가는 물체의 움직임. ¶전파의 —./물결의 —. ②유행이나 역사 따위의 치우치는 모양새. ¶패션의 새로운 —./근대 문학의 —을 고찰하다. ③물매 따위의 기울기. ¶지붕의 —을 조절하다./어깨 선의 —이 양복의 멋을 좌우한다.
흐리눅진-하다형여 묽게 눅진하다. ¶반죽이 —./흐리눅진한 성미./흐리눅진한 태도.
흐리다[1]타 ①맑은 물이나 공기 따위에 잡것을 섞어서 흐탁하게 하다. ¶미꾸라지 한 마리가 온 웅덩이를 흐린다./자동차의 배기 가스가 공기를 흐린다. ②어렴풋하거나 모호하게 하다. ¶말꼬리를 —./주제를 —. ③김 따위가 앞을 가려 보이지 않게 하다. ¶짙은 안개가 시야를 흐려 운전하기가 힘들다. ④집안이나 단체의 명예를 더럽히다. ¶작은 실수 하나가 가문을 —. ⑤욕심 따위가 바른 마음이나 생각을 비틀리게 하거나 그릇되게 하다. ¶탐욕이 눈을 흐려 큰 잘못을 저지르다.
흐리다[2]형 ①투명한 물질에 다른 것이 섞이거나 끼어서 맑지 아니하다. ¶물이 —./부옇게 흐려 있는 유리창. ②물체의 모양이나 빛깔 따위가 뚜렷하지 아니하고 희미하다. ¶윤곽이 —./빛깔이 —./시야가 —. ③불빛 따위가 밝지 못하고 약하다. ¶손전등 빛이 —. ④구름이나 안개가 끼어 날씨가 맑지 아니하다. ¶흐린 날씨./흐려 있는 하늘. ⑤의식이나 기억 따위가 뚜렷하지 아니하고 어렴풋하다. ¶의식이 —./흐린 기억을 더듬다. ⑥사물을 판단하는 힘이 똑똑하고 바르지 아니하다. ¶판단력이 흐려져 일을 그르치다. ☞하리다[2]

한자 **흐릴 탁**(濁)〔水部 13획〕¶오탁(汚濁)/탁류(濁流)/탁수(濁水)/탁음(濁音)/혼탁(混濁)

흐리디-흐리다형 매우 흐리다.

흐리마리 부 -하다 형 ①대답 따위가 또렷하지 아니하고 아리송한 모양을 나타내는 말. ¶ - 대답하다./난처한 대목을 - 넘어가다. ②기억 따위가 뚜렷하지 아니하고 흐릿한 모양을 나타내는 말. ¶기억이 -하다.

흐리멍덩-하다 형여 ①기억 따위가 뚜렷하지 아니하고 어슴푸레하다. ¶기억이 -. ②정신이 어리어리하고 좀 흐릿하다. ¶의식이 -. ③일의 마무리가 똑똑하지 아니하다. ¶일을 흐리멍덩하게 처리하다. ④눈이 빛이 없고 멍하다. ¶눈동자가 -. ☞하리망당하다

흐리멍덩-히 부 흐리멍덩하게 ☞하리망당히

흐리터분-하다 형여 ①하는 짓이 시원스럽지 못하고 매우 답답하다. ②성질이 맺고 끊음이 없이 매우 흐릿하다. ☞하리타분하다

흐리터분-히 부 흐리터분하게 ☞하리타분히

흐릿-하다[-릳-] 형여 조금 흐리다. ¶날씨가 -./불빛이 -./눈앞이 -.

흐무러-지다 형 ①잘 익어서 무르녹아 있다. ¶홍시가 흐무러지게 익었다. ②물에 불어서 매우 무르다. ③엉길 힘이 없어 뭉그러져 있다. ¶밤새 푹 고았더니 살코기가 흐무러질 정도로 익었다. 준 흐무지다

흐무뭇-하다[-묻-] 형여 매우 흐뭇하다.

흐무-지다 형 '흐무러지다'의 준말.

흐물-흐물 부 -하다 형 푹 익거나 곯거나 하여 물크러질듯이 무른 모양을 나타내는 말. ¶살코기가 -하도록 익다. ☞하물하물

흐뭇-하다[-묻-] 형여 마음에 모자람이 없어 기분이 좋다. ¶손주 재롱을 흐뭇한 표정으로 보신다.

흐뭇-이 부 흐뭇하게

흐벅-지다 형 탐스럽게 두껍고 부드럽다. ¶박속처럼 하얗고 흐벅진 허벅다리.

흐슬-부슬 부 -하다 형 차진 기가 없어 헤질듯 한 모양을 나타내는 말. ¶ -한 꽁보리밥.

흐지부지 부 끝이 분명치 않고 흐리멍덩한 모양을 나타내는 말. ¶모임이 - 무산되다.

흐트러-뜨리다(트리다) 타 흐트러지게 하다. ¶바람이 불어 머리털을 -./자세를 -.

흐트러-지다 자 ①가지런한 것이 이리저리 엉키거나 질서 없이 흩어지다. ¶홍수가 지나간 자리에는 온갖 가재도구가 흐트러져 있었다. ②차림새나 자세 따위가 평소와 다르게 비뚤어지거나 볼품없이 되다. ¶술에 취해 자세가 -./옷매무새가 -. ③정신이 흐리멍덩해지거나 판단력이 바르지 못한 상태가 되다. ¶정신이 -./주의력이 흐트러져 실수를 하다.

흐흐 부 흐뭇하여 입을 조금 벌리고 음침하게 웃는 소리, 또는 그 모양을 나타내는 말.

흑 부 참았던 울음이 터지는 소리를 나타내는 말. ¶ -, 하고 흐느끼다.

흑(黑) 명 ①'흑색(黑色)'의 준말. ②'흑지'의 준말. ☞백

흑각(黑角) 명 물소의 검은 뿔.

흑-각띠(黑角-) 명 지난날, 종삼품 이하의 관원과 향리의 공복(公服)이나 오품 이하의 조복(朝服)·제복(祭服)·상복(常服)에 두르던 검은빛의 각띠.

흑-갈색(黑褐色)[-쌕] 명 검은빛이 도는 짙은 갈색.

흑건(黑鍵) 명 피아노나 풍금 등의 검은 건반. ☞백건

흑곡(黑麯) 명 누룩의 한 가지. 거무스름한 빛을 띠며, 주로 소주 따위를 만드는 데 쓰임.

흑-귀:자(黑鬼子) 명 '살빛이 검은 사람' 또는 '흑인'을 놀리어 이르는 말.

흑기(黑氣) 명 ①검은 기운. ②불길하고 음산한 기운.

흑기(黑旗) 명 검은 기폭을 단 기.

흑-기러기(黑-) 명 오릿과의 겨울 철새. 몸길이 60cm 안팎으로 기러기보다 작음. 몸빛은 대체로 남빛이 도는 잿빛이고 머리와 등, 가슴은 검은빛이며 턱밑과 꽁지깃은 흰빛임. 습한 이끼로 덮인 툰드라 지대의 호수나 갯벌에서 번식하고, 우리 나라 남해 연안에서 겨울을 남. 천연 기념물 제325호임.

ㅎ

흑-내:장(黑內障) 명 겉으로 보기에는 별 이상이 없으나 실제로는 시력을 상실하는 병. 선천성, 요독성, 히스테리성 따위가 있음.

흑노(黑奴) 명 흑인 노예

흑단(黑檀) 명 감나뭇과의 상록 교목. 높이는 6m 안팎. 잎은 두껍고 길둥근 꼴이며 마주 남. 초여름에 연한 노란색 꽃이 피고, 열매는 장과(漿果)로 작은 감과 비슷함. 심재(心材)는 '오목(烏木)'이라 하여 여러 가지 악기나 기구를 만드는 데 쓰임.

흑-단령(黑團領) 명 지난날, 관원이 공복(公服)으로 입던 검은 빛깔의 단령. 당상관은 무늬가 있는 검은 사(紗), 당하관은 무늬가 없는 검은 사를 썼음.

흑달(黑疸) 명 여로달(女勞疸)

흑-담즙질(黑膽汁質) 명 우울질(憂鬱質)

흑당(黑糖) 명 ①검은엿 ②'흑설탕'의 준말.

흑-대:두(黑大豆) 명 검은콩

흑도(黑道) 명 태음(太陰)의 궤도.

흑두(黑豆) 명 검은팥

흑두-병(黑痘病)[-뼝] 명 한방에서, 피부에 검은 반점이 생기고 목이 잠기는 전염병을 이르는 말.

흑로(黑鷺) 명 백로과의 텃새. 몸길이 62cm 안팎. 몸빛은 검은빛을 띤 회색이고, 부리와 다리는 노란색임. 우리 나라 서해와 남해의 절벽 등에 살며 물고기와 조개, 갑각류 등을 잡아먹음. 온대와 열대의 태평양 연안과 섬에 분포함. ▷ 黑의 속자는 黒

흑룡(黑龍) 명 몸 빛깔이 검다는 용. 이룡(驪龍)

흑린(黑燐) 명 황린을 1만 2000기압에 200°C로 가열해서 만드는 인의 동소체. 열이나 전기의 도체로 쓰임.

흑마(黑馬) 명 털 빛깔이 검은 말. 검정말

흑막(黑幕) 명 ①검은 장막. ②겉으로 드러나지 않은 음흉한 내막. ¶정경 유착(政經癒着)의 -을 파헤치다.

흑-맥주(黑麥酒) 명 맥주보리의 맥아(麥芽)를 까맣게 볶아 양조한 짙은 갈색의 맥주.

흑반(黑斑) 명 검은 반점(斑點).

흑발(黑髮) 명 검은 머리털. ☞금발. 백발(白髮). 은발

흑백(黑白) 명 ①검은빛과 흰빛. ②색조가 흰빛과 검은빛의 조화로 이루어진 것. ¶ - 사진/- 영화 ③선(善)과 악(惡), 또는 참과 거짓 따위의 뜻으로 쓰이는 말. 백흑(白黑) ¶ -을 가리다. ④바둑의 흑지와 백지.

흑백=논리(黑白論理) 명 모든 사상(事象)을 흑과 백, 선과 악이라는 양 극단으로만 규정하고, 그 밖의 어떤 것도 인정하지 않으려는 편협한 사고 방식이나 논리.

흑백불분(黑白不分) 성구 ①검은 것과 흰 것이 뒤섞여 있는 상태를 이르는 말. ②잘잘못이 분명하지 아니한 상태를 이르는 말.

흑백=사진(黑白寫眞) 명 사진의 화면이 흰빛과 검은빛으로 나타난 사진. ☞천연색 사진

흑백=영화(黑白映畫)[-녕-] 명 영사막에 흰빛과 검은빛으로 영상이 나타나는 영화. ☞천연색 영화

흑-보기 명 눈동자가 한쪽으로 몰려서 늘 흘겨보는듯이 보이는 사람을 이르는 말.

흑-비둘기(黑-) 명 비둘깃과의 텃새. 몸길이 40cm 안팎. 몸빛은 녹색과 적자색 광택을 띤 검은빛에 다리는 붉은빛임. 우리 나라 섬의 후박나무 숲에서 살며 주로 식물성 먹이를 먹음. 천연 기념물 제215호임.

흑-빵(黑-) 명 호밀 가루로 만든 검은빛을 띤 빵.

흑사(黑砂) 명 자철석·휘석·각섬석 따위의 검은빛 광물이 많이 들어 있는 모래.

흑사-병(黑死病)[-뼝] 명 페스트(pest)

흑-사탕(黑砂^糖) 명 흑설탕

흑삼(黑衫) 명 지난날, 제향(祭享) 때에 제관이 입던 소매가 검은 예복.

흑-삼릉(黑三稜) 명 흑삼릉과의 여러해살이풀. 줄기 높이는 1m 안팎이고, 잎은 뿌리에서 무더기로 나며 가늘고 길. 6~7월에 꽃줄기의 밑 부분에 암꽃, 윗부분에 수꽃이 피는 암수한그루임. 열매는 삭과(蒴果)로 8월경에 익으며, 뿌리는 한방에서 학질 따위에 약재로 쓰임. 연못이나 도랑의 가장자리에서 자람.

흑색(黑色)명 ①검은빛. 검정빛 ②무정부주의를 상징하는 빛깔. 준흑(黑)
흑색-산화동(黑色酸化銅)명 산화제이구리
흑색=선전(黑色宣傳)명 근거 없는 사실을 만들어 내어 상대편을 모략하거나 그 내부를 교란시키기 위하여 하는 정치적 술책.
흑색=인종(黑色人種)명 살빛이 검은 인종을 통틀어 이르는 말. 준흑인종
흑색=조합(黑色組合)명 무정부주의 계통의 노동 조합.
흑색=화:약(黑色火藥)명 질산칼륨 75%, 황 10%, 숯가루 15%를 섞어서 만든 흑색 또는 갈색 화약. 불꽃놀이의 화약이나 엽총의 탄약 따위에 쓰임.
흑석(黑石)명 ①검은 빛깔의 돌. ②흑요암(黑曜岩) ③바둑돌의 검은 돌. 흑지
흑-석영(黑石英)명 검은 빛깔의 석영.
흑선(黑線)명 ①검은빛의 선. ②빛의 흡수 스펙트럼에 나타나는 검은빛의 선. 빛이 물질에 흡수되면서 생김.
흑-설탕(黑雪^糖)명 정제하지 않은 흑갈색의 가루 설탕. 흑사탕 준흑당 ☞백설탕
흑송(黑松)명 '곰솔'의 딴이름.
흑수(黑手)명 ①검은 손. ②나쁜 짓을 하는 수단.
흑수(黑穗)명 깜부기
흑수-병(黑穗病)[-뼝]명 깜부깃병
흑-수정(黑水晶)명 빛깔이 검은 수정.
흑수-증(黑水症)[-쯩]명 한방에서, 신장염 따위로 허리가 아프고 외음부가 붓는 증세를 이르는 말.
흑승-지옥(黑繩地獄)명 불교에서 이르는 팔열(八熱) 지옥의 하나. 사람을 죽이거나 도둑질을 한 사람이 가게 된다는 지옥으로, 온몸을 벌겋게 달군 쇠사슬로 묶어 놓고 톱이나 도끼 따위로 베거나 자른다고 함.
흑시(黑柿)명 먹감
흑심(黑心)명 음흉하고 부정한 마음. ¶ -을 품다.
흑-싸리(黑-)명 ①화투 딱지의 한 가지. 4월을 상징하여 검은 싸리를 그린 딱지. 열, 붉은 띠, 껍데기 두 장으로 이루어짐. ☞난초(蘭草) ②남의 일에 훼방놓는 사람을 얕잡아 이르는 말.
흑암(黑岩)명 검은 빛깔의 바위.
흑암(黑暗)어기 '흑암(黑暗)하다'의 어기(語基).
흑암-하다(黑暗-)형여 아주 캄캄하게 어둡다.
흑야(黑夜)명 아주 캄캄한 밤. 칠야(漆夜)
흑양-피(黑羊皮)명 털빛이 검은 양의 가죽.
흑어(黑魚)명 '가물치'의 딴이름.
흑연(黑煙)명 ①시꺼먼 연기. ②화공(畫工)이 쓰는 먹줄. 먹물 대신 숯가루를 봉지에 싸서 줄에 칠하여 씀.
흑연(黑鉛)명 순수한 탄소로만 이루어진 광물의 한 가지. 육방 정계이며 검은빛을 띠고 금속 광택이 있음. 연필심·도가니·감마제 따위로 쓰임. 석묵(石墨)
흑연-광(黑鉛鑛)명 흑연을 파내는 광산.
흑연-색(黑鳶色)명 검은 다갈색(茶褐色).
흑연-석(黑鉛石)명 흑연을 주성분으로 하고, 석영·장석 따위가 들어 있는 광석.
흑영(黑影)명 검은 그림자.
흑예(黑瞖)명 각막에 팥알만 한 돌기가 생기는 눈병의 한 가지.
흑요-석(黑曜石)명 흑요암(黑曜岩)
흑요-암(黑曜岩)명 규산이 많이 들어 있는 유리질의 화산암. 흑색·회색·적색·갈색을 띠며, 유리 광택이 있음. 장식품이나 단열재 따위의 공업용 원료로 쓰임. 오석(烏石). 흑석(黑石). 흑요석
흑우(黑牛)명 털빛이 검은 소.
흑운(黑雲)명 검은 구름. ☞백운(白雲)[1]
흑-운모(黑雲母)명 운모의 한 가지. 철·칼리·반토·수분 따위가 결합한 규산염으로 유리 광택이 나며, 흑색·청회색·갈색 등의 빛깔을 띰. 검은돌비늘
흑월(黑月)명 불교에서, 한 달을 두 기간으로 가르어 계명(戒命)을 설법할 때, 후보름을 이르는 말. ☞백월[2]
흑유(黑釉)명 검은빛의 도자기 잿물.
흑의(黑衣)명 조선 시대, 궁중이나 양반 집에서 부리는 노복(奴僕)이 입는 검은 웃옷을 이르던 말. 두루마기와 비슷하나 겨드랑이에 무와 섶이 없음.
흑의-재:상(黑衣宰相)명 지난날, 정치에 참여하여 큰 영향력을 끼치는 승려를 이르던 말.
흑인(黑人)명 흑색 인종인 사람. 토인(土人)
흑인=영가(黑人靈歌)[-녕-]명 미국에 노예로 끌려온 흑인들이 구약성서에서 제재(題材)를 얻어 노래한 종교적인 민요. 영가(靈歌)
흑-인종(黑人種)명 '흑색 인종'의 준말.
흑-임:자(黑荏子)명 검은깨
흑임자-죽(黑荏子粥)명 검은깨와 쌀무리로 쑨 죽. 검은깨를 쌀과 함께 물에 불렸다가 매에 갈아 체로 밭아서 솥에 붓고 쑴.
흑자(黑子)명 ①'흑지'의 원말. ②사마귀[1]
흑자(黑字)명 ①먹 따위로 쓴 검은 글자. ②수입이 지출보다 많은 상태, 또는 그 이익. ☞적자(赤字)
흑자=도:산(黑字倒産)명 기업이 재무 제표에서는 흑자를 이루고 있으면서 자금이 회전되지 않아 도산하는 일. 과도하게 설비를 투자하거나 많은 불량 채권을 지니는 따위가 주요 원인이 됨.
흑-자색(黑紫色)명 검은빛이 도는, 짙은 자주. ☞자흑색(紫黑色)
흑자-석(黑赭石)명 중국에서 나는 파란 물감의 한 가지. 화소청(畫燒靑)과 비슷한 것으로 도자기에 쓰임. 무명자(無名子)
흑자=재정(黑字財政)명 수입이 지출보다 많은 재정.
흑자체=활자(黑字體活字)[-짜]명 고딕
흑-적색(黑赤色)명 검붉은 색.
흑점(黑點)명 ①검은 점. ②'태양 흑점'의 준말.
흑정(黑睛)명 검은자위
흑제(黑帝)명 민속에서 이르는 오방 신장(五方神將)의 하나. 겨울을 맡은 북쪽의 신(神)을 이름. ☞적제(赤帝)
흑죽-학죽부 일을 정성껏 마무르지 않고 어름어름 넘기는 모양을 나타내는 말.
흑-쥐(黑-)명 쥣과의 동물. 우리 나라 특산으로 귀와 꼬리가 짧고 털도 매우 짧으며 등은 검고 배는 흼.
흑지(∠黑子)명 바둑돌의 검은 돌. 흑석(黑石) 준흑(黑) 원흑자(黑子) ☞백지
흑-채:문(黑彩紋)명 검은 선으로 꾸며진 채문. ☞백채문(白彩紋)
흑책-질명-하다타 남의 일을 교활한 꾀로 방해하는 짓.
흑청(黑淸)명 검은 빛깔의 꿀.
흑체(黑體)명 모든 파장의 전자파(電磁波)를 완전히 흡수하는 물체.
흑축(黑丑)명 한방에서, 푸르거나 붉은 나팔꽃의 씨를 약재로 이르는 말. ☞백축(白丑)
흑칠(黑漆)명 검은 빛깔의 옻, 또는 검은 빛깔의 옻을 칠하는 일. ☞퇴흑(堆黑). 주칠(朱漆). 황칠(黃漆)
흑탄(黑炭)명 석탄의 한 가지. 검은 빛깔에 광택이 있고, 탄소의 함유량이 무연탄에 버금감. 탈 때에 검은 연기와 냄새가 남. 역청탄(瀝靑炭)
흑태(黑太)명 검은콩
흑태(黑苔)명 한방에서, 신열이 높은 환자의 혓바닥에 생기는 검은 설태를 이르는 말.
흑토(黑土)명 온대의 반건조 기후 지대의 초원에 발달하는 검고 기름진 흙.
흑판(黑板)명 칠판
흑폐-증(黑肺症)[-쯩]명 석탄 가루를 많이 들이마신 탓으로 폐 조직이 검어진 진폐증. 탄광의 광부들에게서 흔히 볼 수 있음.
흑-포도(黑葡萄)명 열매의 빛깔이 검은 포도.
흑풍(黑風)[1]명 모래나 먼지 따위를 휘말아 올려 햇빛을 가리는 회오리바람.
흑풍(黑風)[2]명 한방에서 이르는 눈병의 한 가지. 시력이 약해지고 콧마루가 아프며, 두통이 나고 때때로 섬화(閃火)가 어른거리는 병.

흑풍-백우(黑風白雨)명 흑풍이 심하게 부는 가운데 소나기가 내리는 현상.
흑피(黑皮)명 검은 가죽. 검게 염색한 가죽.
흑피-화(黑皮靴)명 조선 시대, 악사(樂師)와 가동(歌童)이 신던 목이 긴 신. 검은 가죽으로 목화(木靴)와 비슷하게 만들었음.
흑-호마(黑胡麻)명 검은깨
흑-화사(黑花蛇)명 '먹구렁이'의 딴이름.
흑-화예(黑花瞖)명 한방에서 이르는 눈병의 한 가지. 몹시 아프고 푸른 예막(瞖膜)이 눈동자를 덮음.
흑훈(黑暈)명 검은빛의 햇무리.
흑-흑부 참았던 설움이 북받치어 느끼어 우는 소리를 나타내는 말.
흔감(欣感)명-하다타 기쁘게 느끼어 감동함.
흔구(欣求)명-하다타 기꺼이 원하며 구함.
흔구정토(欣求淨土)성구 불교에서, 극락 정토에 다시 태어나기를 기꺼이 바람을 이르는 말.
흔단(釁端)명 ①사이가 벌어져 틈이 생기는 실마리. ②서로 달라지는 시초.
흔덕-거리다(대다)자타 흔덕흔덕 흔들리다, 또는 흔덕흔덕 흔들다. 흔덕이다 ☞한닥거리다
흔덕-이다자타 흔덕거리다 ☞근덕이다. 한닥이다
흔덕-흔덕부 큰 물체가 둔하게 흔들리는 모양을 나타내는 말. ☞근덕근덕. 한닥한닥
흔뎅-거리다(대다)자타 흔뎅흔뎅 흔들리다, 또는 흔뎅흔뎅 흔들다. 흔뎅이다 ☞근뎅거리다. 한댕거리다
흔뎅-이다자타 흔뎅거리다 ☞근뎅이다. 한댕이다
흔뎅-흔뎅부 큰 물체가 위태롭게 흔들리는 모양을 나타내는 말. ☞근뎅근뎅. 한댕한댕
흔동일세(掀動一世)[-쎄]성구 위세가 대단하여 세상을 뒤흔듦을 이르는 말.
흔드렁-거리다(대다)자타 흔드렁흔드렁 흔들리다, 또는 흔드렁흔드렁 흔들다. ☞한드랑거리다
흔드렁-흔드렁부 큰 물체가 힘없이 흔들리는 모양을 나타내는 말. ☞근드렁근드렁. 한드랑한드랑
흔드적-거리다(대다)자타 흔드적흔드적 흔들리다, 또는 흔드적흔드적 흔들다. ☞한드작거리다
흔드적-흔드적부 큰 물체가 천천히 흔들리는 모양을 나타내는 말. ☞근드적근드적. 한드작한드작
흔들-거리다(대다)자타 흔들흔들 흔들리다, 또는 흔들흔들 흔들다. ☞근들거리다. 한들거리다
흔들다타 ①몸의 일부나 손으로 잡은 물체 따위를 앞뒤나 좌우로 잇달아 움직이게 하다. ¶손을 흔들며 떠났다./깃발을 흔들어 신호를 보내다./강아지가 꼬리를 -. ②큰 소리나 기운이 주위에 영향을 미치다. ¶폭발 소리가 천지를 흔들었다./엄청난 규모의 지진이 산을 흔들었다. ③어떤 상황이나 일 따위가 마음에 감동을 주거나 변화의 빌미를 주다. ¶그의 열변이 청중의 마음을 흔들어 놓았다./은근하고 끈질긴 설득이 마침내 그의 결심을 흔들어 놓고 말았다. ④어떤 힘 따위를 함부로 써서 남을 제 마음대로 움직이다. ¶권력을 함부로 -.

한자 흔들 요(搖)〔手部 10획〕¶동요(動搖)/요동(搖動)/요람(搖籃)/요령(搖鈴) ▷ 속자는 揺

흔들리다자 흔듦을 당하다. ¶마음이 -./바람에 나뭇가지가 -.
흔들-말명 남조류(藍藻類)에 딸린 원핵생물(原核生物)의 한 가지. 짙은 녹색의 세포들이 한 줄로 길게 이어져 있음. 주로 온천이나 민물에서 자람. ☞염주말
흔들-바람명 풍력 계급(風力階級) 5급에 해당하는 바람. 풍속(風速)은 매초 8.0~10.7m. 잎이 무성한 작은 나무 전체가 흔들리고, 강물에 잔물결이 임. 해상은 파도의 폭이 넓어지고, 온 해면에 흰 파도가 임. ☞된바람
흔들-비쭉이명 변덕이 심하고 걸핏하면 성을 잘 내는 사람을 비꼬아 이르는 말.
흔들-의자(-椅子)명 앉아서 앞뒤로 흔들면서 쉴 수 있도록 만든 의자.
흔들-이명 고정된 한 축이나 점의 둘레를 일정한 주기로 움직이는 물체. 진자(振子)
흔들-흔들부 큰 물체가 가볍게 흔들리는 모양을 나타내는 말. ¶바람의 영향으로 도로 표지판이 - 흔들리다./팔을 - 흔들며 걸어가다. ☞한들한들
흔모(欣慕)명-하다타 흠모(欽慕)
흔연(欣然)어기 '흔연(欣然)하다'의 어기(語基).
흔연대:접(欣然待接)성구 기쁜 마음으로 대접함을 이르는 말.
흔연-스럽다(欣然-)(-스럽고·-스러워)형ㅂ 기쁘고 흐뭇한 느낌이 있다.
  흔연-스레부 흔연스럽게
흔연-하다(欣然-)형여 기쁘고 흐뭇하다.
  흔연-히부 흔연하게
흔적(痕迹·痕跡)명 뒤에 남은 자취나 자국. ☞형적
흔적=기관(痕迹器官)명 생물의 진화 과정에서, 본디는 쓸모가 있는 것이었으나 지금은 퇴화하여 흔적만 남아 있는 기관. 사람의 꼬리뼈 따위. 퇴화 기관(退化器官)
흔전-만전부-하다형 ①아무리 써도 남을 만큼 매우 흔하고 넉넉한 모양을 나타내는 말. ¶큰 잔치라서 먹을 것이 -하다. ②넉넉하여 아끼지 아니하고 마구 쓰는 모양. ¶물을 아끼지 않고 - 쓰다.
흔전-하다형여 흔하고 넉넉하다.
흔전-흔전부 넉넉하여 아쉬움이 없이 쓰는 모양. ¶많던 재산을 - 다 써 버리다.
흔천권지(掀天捲地)성구 하늘 높이 나부끼고 땅을 말아 감는다는 뜻으로, 세력을 크게 떨침을 이르는 말. 원 헌천권지 ☞흔천동지(掀天動地)
흔천동:지(掀天動地)성구 소리가 커서 천지를 뒤흔들만 하다는 뜻으로, 세력을 크게 떨침을 이르는 말. 원 헌천동지 ☞흔천권지
흔충(掀衝)명 피부나 근육이 화끈거리며 아픈 증세. 원 헌충(掀衝)
흔쾌(欣快)어기 '흔쾌(欣快)하다'의 어기(語基).
흔쾌-하다(欣快-)형여 마음에 기쁘고 유쾌하다.
  흔쾌-히부 흔쾌하게 ¶제안을 - 받아들이다.
흔타형 '흔하다'의 준말.
흔-하다형여 귀하지 않고 매우 많이 있다. ¶이 고장은 감이 -./흔한 게 사람이다. 준 흔타
  흔-히부 흔하게 ¶- 있는 일.

> ▶ '흔하다' → '흔타'
> 용언의 어간 끝 음절 '-하-'의 'ㅏ'가 줄고 'ㅎ' 음이 다음 음절의 첫소리와 어울려 거센소리로 될 적에는 거센소리로 적는다.
> ¶ 간편하게 → 간편케/다정하다 → 다정타
> ¶ 연구하도록 → 연구토록/정결하다 → 정결타
> ¶ 가하다 → 가타/흔하다 → 흔타
> ¶ 무능하다 → 무능타/부지런하다 → 부지런타
> ¶ 감탄하게 → 감탄케/실망하게 → 실망케

흔해-빠지다자 아주 흔하다.
흔흔(欣欣)어기 '흔흔(欣欣)하다'의 어기(語基).
흔흔-하다(欣欣-)형여 매우 기쁘고 흡족하다.
  흔흔-히부 흔흔하게 ¶- 승낙하다.
흔희(欣喜)명 환희(歡喜)
흔희작약(欣喜雀躍)성구 너무나 좋아서 뛰며 기뻐함을 이르는 말.
×**흖다**형 → 흔타
흘가:휴의(迄可休矣)성구 알맞은 정도에서 그만두라는 뜻으로, 정도를 넘어섬을 경계하여 이르는 말.
흘게명 매듭·사개·고동·사북 따위의 죈 정도나, 무엇을 맞추어서 짠 자리.
  흘게(가) 늦다관용 ①흘게가 느슨하다. ②하는 짓이 야무지지 못하다.
  흘게(가) 빠지다관용 정신이 똑똑하지 못하고 흐릿한 데가 있다.
흘겨-보다타 흘기는 눈으로 보다.

흘근-거리다(대다) 자 게으르게 꾸물꾸물 행동하다.

흘근-흘근 부 꿈뜨게 느릿느릿 행동하는 모양을 나타내는 말. ¶ − 일을 하다. / − 걸어가다.

흘금 부 훔쳐보듯이 곁눈으로 잠깐 한 번 보는 모양을 나타내는 말. ☞할금. 흘끔. 힐금

흘금-거리다(대다) 자 흘금흘금 보다. ☞할금거리다. 흘끔거리다. 힐금거리다

흘금-흘금 부 훔쳐보듯이 곁눈으로 자꾸 보는 모양을 나타내는 말. ☞할금할금. 흘끔흘끔. 힐금힐금

흘긋 부 훔쳐보듯이 곁눈으로 재빨리 한 번 보는 모양을 나타내는 말. ☞할긋. 흘깃. 흘끗. 힐긋

흘긋-거리다(대다)[−귿−] 자 흘긋흘긋 보다. ☞할긋거리다. 흘깃거리다. 흘끗거리다. 힐긋거리다

흘긋-흘긋[−귿−] 부 훔쳐보듯이 곁눈으로 재빨리 자꾸 보는 모양을 나타내는 말. ☞할긋할긋. 흘깃흘깃. 흘끗흘끗. 힐긋힐긋

흘기다 타 눈알을 옆으로 굴리어 노려보다. ☞할기다

흘기-죽죽 부 흘겨보는 눈에 못마땅한 마음이 드러나는 모양을 나타내는 말. ☞할기족족

흘깃 부 무심한듯이 곁눈으로 재빨리 한 번 보는 모양을 나타내는 말. ☞할깃. 흘긋. 흘낏

흘깃-거리다(대다)[−긷−] 자 흘깃흘깃 보다. ☞할깃거리다. 흘긋거리다. 흘낏거리다

흘깃-흘깃[−긷−] 부 무심한듯이 곁눈으로 재빨리 자꾸 보는 모양을 나타내는 말. ☞할깃할깃. 흘긋흘긋. 흘낏흘낏

흘끔 부 훔쳐보듯이 곁눈으로 얼른 한 번 보는 모양을 나타내는 말. ¶ − 쳐다보다. ☞할끔. 흘금. 힐끔

흘끔-거리다(대다) 자 흘끔흘끔 보다. ☞할끔거리다. 흘금거리다. 힐끔거리다

흘끔-하다 형여 몸이 고단하거나 불편하여, 얼굴이 꺼칠하고 눈이 떼꾼하다. ☞할끔하다

흘끔-흘끔 부 훔쳐보듯이 곁눈으로 자꾸 보는 모양을 나타내는 말. ☞할끔할끔. 흘금흘금. 힐끔힐끔

흘끗 부 훔쳐보듯이 곁눈으로 언뜻 한 번 보는 모양을 나타내는 말. ☞할끗. 흘긋. 흘낏. 힐끗

흘끗-거리다(대다)[−끋−] 자 흘끗흘끗 보다. ☞할끗거리다. 흘긋거리다. 흘낏거리다. 힐끗거리다

흘끗-흘끗[−끋−] 부 훔쳐보듯이 곁눈으로 언뜻 자꾸 보는 모양을 나타내는 말. ☞할끗할끗. 흘긋흘긋. 흘낏흘낏. 힐끗힐끗

흘낏 부 무심한듯이 곁눈으로 언뜻 한 번 보는 모양을 나타내는 말. ¶ − 보다. ☞할낏. 흘깃. 흘끗

흘낏-거리다(대다)[−낃−] 자 흘낏흘낏 보다. ☞할낏거리다. 흘깃거리다. 흘끗거리다

흘낏-흘낏[−낃−] 부 무심한듯이 곁눈으로 언뜻 자꾸 보는 모양을 나타내는 말. ¶ − 눈치를 보다. ☞할낏할낏. 흘깃흘깃. 흘끗흘끗

흘떼기 명 짐승의 힘살이나 힘줄 사이의 질긴 고기.

흘떼기-장:기(−將棋) 명 질 것이 뻔한 것을, 안 지려고 떼를 써 가며 검질기게 두는 장기.

흘러-가다 자타 ①물 따위 액체가 흘러서 나아가다. ¶계곡 물이 세차게 −. /강물이 바다로 −. ②공중이나 물 위에 떠서 나아가다. ¶파란 하늘에 엷은 구름이 −. ③시간이나 세월이 앞으로 나아가다. ¶세월이 흘러가면 저절로 잊히느니라. ④어느 방향으로 바뀌어 가다. ¶이야기가 엉뚱한 데로 −.

속담 **흘러가는 물 퍼 주기** : 주는 이는 아까울 것 없으나 받는 이는 매우 고맙게 받는 경우를 이르는 말.

흘러-나오다 자 ①물이나 가루·빛 따위가 새거나 빠져서 밖으로 나오다. ¶물통에 담긴 물이 −. /문틈으로 불빛이 −. ②어떤 소리나 음악 따위가 밖으로 퍼져 나오다. ¶두런거리는 이야기 소리가 창 밖으로 −. /라디오에서 귀에 익은 성악곡이 −.

흘러-내리다 자타 ①위에서 아래로 타고 내리다. ¶식은 땀이 −. /하염없이 흘러내리는 눈물. ②걸치거나 매어 놓은 것이 느슨해져 아래로 처지다. ¶양말이 −.

흘러-보다 타 남의 속을 슬그머니 떠보다. ¶넌지시 이야기를 돌리어 그의 속마음을 흘러보았다.

흘레 명−하다 자 짐승의 암수가 생식을 위해 교접(交接)하는 일. 교미(交尾)

흘레-붙다[−붇−] 자 '흘레하다'의 속된말.

흘레-붙이다[−부치−] 타 흘레하게 하다. ¶암퇘지를 씨돼지와 −.

흘리다 타 ①물이나 알갱이·가루 따위를 새게 하거나 떨어지게 하다. ¶커피를 탁자에 −. ②땀·눈물 따위를 몸 밖으로 내보내다. ¶감격의 눈물을 −. /일이 고되어서 비지땀을 −. ③실수나 부주의로 물건 따위를 엉뚱한 곳에 두거나 떨어뜨리다. ¶버스 안에서 지갑을 −. ④소식이나 정보 따위를 넌지시 남에게 알리다. ¶상대편에게 거짓 정보를 −. ⑤다른 사람의 말을 귀담아듣지 않고 예사로이 지나치다. ¶말을 한쪽 귀로 흘려서는 안 된다. ⑥글씨를 또박또박 쓰지 않고 획을 거칠게 이어서 쓰다. ¶흘려 쓴 글이라 알아볼 수가 없다. ⑦동양화에서, 담채(淡彩)로 붓 자국을 흐리게 하다.

흘리어 주다 관용 주거나 갚아야 할 것을 한목에 주지 않고 여러 차례로 나누어 주거나 갚다.

흘림[1] 명 글자의 획을 또박또박 새기어 쓰지 않고 거칠게 잇대어 쓴 글씨. ☞초서(草書)

흘림[2] 명 기둥몸·기둥뿌리·기둥머리의 굵기를 다르게 하는 일. 민흘림과 배흘림이 있음.

흘림-걸:그물 명 걸그물의 한 가지. 배와 함께 떠다니다가 물고기가 그물코에 걸리거나 그물에 감싸이게 하여 잡는 방식의 그물. 유자망(流刺網)

흘림-기둥[−끼−] 명 흘림으로 한 기둥. 민흘림기둥과 배흘림기둥이 있음.

흘림-낚시[−낙−] 명 강 등에서, 견지나 릴을 이용하여 낚싯줄이 흘러 내려가게 하여 고기를 낚는 낚시질.

흘림-체(−體) 명 흘림으로 쓴 글씨의 체.

흘림-흘림 부 돈이나 물건을 조금씩 여러 번에 나누어 주거나 받는 꼴을 이르는 말.

흘립(屹立) 어기 '흘립(屹立)하다'의 어기(語基).

흘립-하다(屹立−) 형여 산이나 바위·나무·건물 등이 깎아지른 듯이 높이 솟아 있다. ¶흘립한 고층 건물들.

흘미죽죽 부−하다 형 일의 마무리가 야무지지 못하고 흐리멍덩한 모양을 나타내는 말. ¶일을 − 마무르다. /일의 뒤끝이 −하다.

흘수(吃水)[−쑤] 명 선박이 물에 떠 있을 때, 수면에서 선체(船體)의 맨 아래 부분까지의 수직 거리.

흘수-선(吃水線)[−쑤−] 명 선박이 잔잔한 물에 떠 있을 때, 선체(船體)가 물에 잠긴 선.

흘연(屹然) 부 흘연히

흘연독립(屹然獨立) 성구 홀로 우뚝하게 따로 선 모양을 이르는 말.

흘연-하다(屹然−) 형여 우뚝 솟은 모양이 위엄이 있다.

흘연-히 부 흘연하게. 흘연

흘쩍-거리다(대다) 타 일을 다잡아 하지 않고 일부러 미루적거리다. ☞흘쭉거리다

흘쩍-흘쩍 부 일을 다잡아 하지 않고 일부러 미루적미루적 하는 모양을 나타내는 말. ☞흘쭉흘쭉

흘쭉-거리다(대다) 타 일을 다잡아 하지 않고 일부러 질질 끌다. ☞흘쩍거리다

흘쭉-흘쭉 부 일을 다잡아 하지 않고 일부러 질질 끄는 모양을 나타내는 말. ☞흘쩍흘쩍

흘출(屹出) 어기 '흘출(屹出)하다'의 어기(語基).

흘출-하다(屹出−) 형여 산이나 바위가 험준하게 우뚝 솟아 있다.

흙 명 바위나 돌이 비바람에 분해되어 거친 가루로 된 것. ☞토양(土壤)

흙이 되다 관용 〔흙으로 변한다는 뜻으로〕 죽어서 땅에 묻히다. ¶고향 땅에 돌아오지 못하고 객지의 −.

한자 **흙 양**(壤) 〔土部 17획〕 ¶양토(壤土)/토양(土壤)
흙 토(土) 〔土部〕 ¶객토(客土)/백토(白土)/사토(砂土)/점토(粘土)/토기(土器)/토성(土城)/토질(土質)

흙-감태기[흑-] 명 흙을 온몸에 뒤집어쓴 모양, 또는 그러한 사람이나 물건. ¶개펄에 뒹굴어 -가 되다.
흙-격지[흑-] 명 지층과 지층 사이의 켜.
흙-구덩이[흑-] 명 흙을 파낸 우묵한 자리.
흙-깎기[흑깍-] 명-하다 자 평지나 경사면을 만들기 위하여 흙을 깎아 내는 일. 절토(切土)
흙-내[흑-] 명 흙의 냄새.
흙내(를) 맡다 관용 옮겨 심은 식물이 새 땅에 뿌리를 내리고 생기가 나다.
흙-다리[흑-] 명 긴 나무를 걸쳐 놓고 그 위에 흙을 덮어 만든 다리. 토교(土橋)
흙-다짐[흑-] 명 바닥을 단단하게 하려고 흙바닥을 눌러 다지는 일.
흙-담[흑-] 명 흙으로 쌓아 친 담. 토담
흙담-집[흑-찝] 명 토담집
흙-더미[흑-] 명 흙을 한데 모아 쌓은 더미.
흙-더버기[흑-] 명 진흙이 튀어 올라 붙은 작은 덩이.
흙-덩어리[흑-] 명 크게 뭉쳐진 흙덩이.
흙-덩이[흑-] 명 흙이 엉기어서 된 덩이. 토괴(土塊)

한자 흙덩이 괴(塊) [土部 10획] ¶괴토(塊土)/토괴(土塊)

흙-덮기[흑덥-] 명-하다 타 씨를 뿌리고 나서 그 위에 흙을 덮는 일. 복토(覆土)
흙-도배(-*塗褙)[흑-] 명 토담집의 벽 같은 데에 찰흙을 개어 바르는 일.
흙-뒤[흑-] 명 발뒤꿈치 바로 윗부분을 이르는 말.
흙-들이다[흑-] 자 땅심을 높이기 위하여, 다른 곳의 좋은 흙을 가져와서 섞다. ☞객토(客土)
흙-막이[흑-] 명 흙이 무너져 내리는 일을 막기 위해, 통나무·널 따위로 벽처럼 만든 것.
흙-먼지[흑-] 명 흙가루가 먼지처럼 일어나는 것. ☞토연(土煙)
흙-메[흑-] 명 흙으로만 이루어진 산. 토산(土山)
흙-물[흑-] 명 흙이 풀려 흐려진 물.
흙-바닥[흑-] 명 흙으로 된 맨바닥. ¶다리가 아파 -에 털썩 주저앉다.
흙-바람[흑-] 명 흙먼지가 섞여 부는 바람.
흙-바탕[흑-] 명 ①흙으로 된 밑바탕. 토대(土臺) ②흙의 성질. 토질(土質)
흙-받기[흑-] 명 ①흙손질할 때, 이긴 흙을 받쳐 드는 도구. ②자전거나 자동차 따위의 바퀴에서 튀는 흙을 막기 위하여, 바퀴 위나 뒤에 대는 장치.
흙-밥[흑-] 명 가래나 쟁기 따위로 한 번 떠내는 흙. ¶땅이 차져서 -이 크다.
흙-방(-房)[흑-] 명 방바닥과 벽에 장판이나 도배를 하지 않은, 흙바닥과 흙벽 그대로인 방.
흙-벽(-壁)[흑-] 명 ①흙으로 만든 벽. ②흙으로 된 벽에 종이를 바르지 않아 흙이 드러나 있는 벽. 토벽(土壁)
흙-벽돌(-甓-)[흑-] 명 흙을 다져서 만든 벽돌.
흙-부처[흑-] 명 흙으로 만든 불상(佛像). 토불(土佛)
흙-비[흑-] 명 ①센바람에 날리어 높이 날아 올랐다가 흩어져 내리는 모래흙. 토우(土雨) ②공중에 떠 있던 흙먼지 따위가 한데 섞이어 내리는 비.
흙-빛[흑-] 명 ①흙의 빛깔. ¶기름진 토양은 -만 보아도 알 수 있다. ②검푸른 빛. ¶얼굴빛이 -으로 변했다. 토색(土色)
흙-빨래[흑-] 명 옷에 온통 흙물이 묻어 있는 상태를 비유하여 이르는 말. ¶-를 했구먼.
흙-손[흑-] 명 바닥이나 벽 따위에 시멘트·흙 따위를 바르고 반반하게 마무르는 연장.
흙손-끌[흑-] 명 홈통의 바닥 따위를 바르고 다듬는 데 쓰는 흙손 모양의 끌.
흙손-질[흑-] 명-하다 타 흙손으로 흙 따위를 바르고 반반하게 마무르는 일.
흙-일[흑닐] 명-하다 자 흙을 이기거나 바르는 따위의 흙을 다루는 일. 토역(土役). 토역일 ☞흙질

흙-장난[흑-] 명-하다 자 흙을 가지고 노는 장난.
흙-주접[흑-] 명 한 가지 농작물만 잇달아 지어서 땅이 메마르는 일. ¶-이 들어 객토라도 해야겠다.
흙-질[흑-] 명-하다 자 흙을 이기거나 바르는 일. ☞흙일
흙-창(-窓)[흑-] 명 창살에 안팎으로 종이를 발라 방 안을 컴컴하게 만든 창.
흙-체[흑-] 명 흙을 곱게 치는 데 쓰는 체.
흙-칠[흑-] 명-하다 자 ①흙이 묻는 일, 또는 흙을 묻히는 일. ¶장난기 심한 아이라 허구한 날 -이다. ②이름이나 명예 따위를 욕되게 하는 일.
흙-탕[흑-] 명 '흙탕물'의 준말.
흙탕-길[흑-낄] 명 흙탕물이 질펀하게 깔려 질척한 길.
흙탕-물[흑-] 명 흙이 섞여 흐린 물. 이수(泥水) 준 흙탕
흙탕-치다 자 물장난을 하거나 물을 휘저어 물 밑의 흙이 일어 흙탕물이 되게 하다.
흙-토(-土)[흑-] 명 한자 부수(部首)의 한 가지. '地'·'型' 등에서 '土'의 이름.
흙톨-볍씨[흑-] 명 못자리나 모심기의 절차를 생략하고 볍씨를 흙덩어리 속에 넣어 논에 직파하는 농사 방법의 한 가지.
흙-투성이[흑-] 명 흙이 잔뜩 묻은 모양.
흙-풍로(-風爐)[흑-] 명 흙으로 빚어 구워 만든 풍로.
흙-화:덕(-火-)[흑-] 명 흙으로 만든 화덕.
흠:[1] 명 ①어떤 사물이나 일의 모자라거나 잘못된 부분. ¶이 구두는 비싼 게 -이다. ②어떤 물건의 이지러지거나 깨어지거나 상한 부분. 하자(瑕疵) ¶접시가 떨어져 -이 가다. ③사람의 말이나 행동 따위에 나타나는 잘못된 점이나 흉. ¶- 없는 사람이 누가 있으랴.
흠을 잡다 관용 흠이 되는 점을 들추어내다. 흠잡다
흠(이) 되다 관용 흠이 지다.

한자 흠 결(缺) [缶部 4획] ¶결손(缺損)/결함(缺陷)

흠[2] 감 ①마음에 흡족하거나 흥겨울 때, 또는 동의하면서 남의 말을 들을 때 내는 소리를 나타내는 말. ②아니꼽거나 언짢을 때 입을 다물고 콧숨을 내쉬며 내는 소리를 나타내는 말.
흠:-가다 자 흠지다
흠격(歆格) 명-하다 자 하늘과 땅의 신령이 감응함.
흠:결(欠缺) 명-하다 자 흠축(欠縮)
흠:-구덕 명-하다 타 남의 흠을 헐뜯어서 말함, 또는 그 말. 험담(險談)
흠:-나다 자 흠지다
흠:-내:다 타 흠지게 하다.
흠:-뜯다 타 남의 흠을 들추어 말하다.
흠명(欽命) 명 황제의 명령. ☞어명(御命)
흠모(欽慕) 명-하다 타 기쁜 마음으로 우러러 받들어 따름. 흔모(欣慕) ¶만인(萬人)이 -해 마지않는 성인(聖人).
흠복(欽服) 명-하다 타 진심으로 존경하고 따름.
흠-빨다 타 깊이 물고 빨다. ¶송아지가 어미 젖을 -.
흠빨며 감빨다 관용 입으로 검쳐 물고 탐스럽게 빨다.
흠뻑 부 ①물 따위에 후줄근하게 젖은 모양을 나타내는 말. ¶붓에 먹을 - 묻히다./땀으로 - 젖다. ②얼굴에 웃음을 그득 띤 모양을 나타내는 말. ¶- 웃음을 띠다. ③분위기나 감정 따위에 푹 잠긴 모양을 나타내는 말. ¶응원 열기에 - 빠지다./해방감을 - 맛보다. ☞함빡
흠:사(欠事) 명 흠이 되는 일.
흠선(欽羨) 명-하다 타 공경하고 부러워함.
흠숭지례(欽崇之禮) 명 가톨릭에서, 천주(天主)에게 드리는 흠모와 공경의 예를 이르는 말. ☞공경지례(恭敬之禮). 상경지례(上敬之禮)
흠:신(欠伸) 명 하품과 기지개.
흠:신(欠身) 명-하다 자 공경하는 뜻을 나타내기 위하여 몸을 굽힘.
흠:신-답례(欠身答禮) 명 몸을 굽혀 답례하는 일, 또는 그 답례.
흠실-흠실 부-하다 형 흠씬 익거나 삶기어 물크러질 정도로 무른 모양을 나타내는 말. ☞함실함실
흠씬 부 ①물 따위가 물체에 푹 배어든 모양을 나타내는

말. ¶바짓가랑이가 비에 — 젖다. ②물체가 흐물흐물하도록 푹 익은 모양을 나타내는 말. ☞함씬
흠앙(欽仰)명-하다타 공경하고 우러러 사모함.
흠:-잡다타 흠이 되는 점을 들추어내다. ¶흠잡을 데 없는 솜씨.
흠:절(欠節)명 모자라거나 잘못된 점. 흠점. 흠처
흠:점(欠點)명 흠절(欠節)
흠정(欽定)명-하다타 황제가 친히 제도나 법률 따위를 제정함, 또는 그의 명령으로 제정된 것.
흠정=헌:법(欽定憲法)[—뻡]명 군주의 단독 의사로 제정한 헌법. 1814년 프랑스 헌법 등이 있음. ☞협정 헌법(協定憲法). 민정 헌법(民定憲法)
흠준(欽遵)명-하다타 황제의 명령을 받들어 지킴.
흠:-지다자 흠이 생기다. 흠가다. 흠나다
흠지러기명 살코기에 흐늘흐늘하게 달린 잡살뱅이 주저리 고기.
흠:-집[—찝]명 흠이 있는 자리, 또는 그 흔적. ¶— 하나 없이 고운 얼굴./티도 —도 없다.
흠차(欽差)명 지난날, 황제의 명령으로 사신이 되어 떠나는 일, 또는 그 사람을 이르던 말.
흠:처(欠處)명 흠절
흠:축(欠縮)명-하다자 일정한 수나 양에서 부족이 생김. 축(縮). 휴흠(虧欠). 흠결(欠缺)
흠:축-나다(欠縮—)자 흠축이 생기다.
흠:축-내:다(欠縮—)타 흠축이 생기게 하다.
흠치르르부-하다형 깨끗하고 윤이 번드르르 흐르는 모양을 나타내는 말. ¶윤이 — 흐르는 말갈기./바닥에 윤기가 —하게 흐르다. ☞함치르르
흠칫부 갑자기 크게 놀라 목이나 몸을 움츠리는 모양을 나타내는 말. ¶— 놀라 뒤를 돌아보다.
흠칫-거리다(대다)[—칟—]자타 자꾸 흠칫 하는 모양을 나타내는 말.
흠칫-흠칫[—칟—]부 흠칫거리는 모양을 나타내는 말. ¶조그만 일에도 — 놀란다.
흠쾌(欽快)어기 '흠쾌(欽快)하다'의 어기(語基).
흠쾌-하다(欽快—)형여 기쁘고 상쾌하다.
흠탄(欽歎)명-하다타 아름다움을 크게 감탄함.
흠:포(欠逋)명-하다타 포흠(逋欠)
흠:핍(欠乏)어기 '흠핍(欠乏)하다'의 어기(語基).
흠:핍-하다(欠乏—)형여 빠지거나 이지러져 모자라다.
흠향(歆饗)명-하다타 신령이 제사의 제물(祭物)을 받음.
흠휼지전(欽恤之典)[—찌—]명 지난날, 죄수를 신중하게 심의(審議)하라는 은전(恩典)을 이르던 말.
흡기(吸氣)명 ①코나 입을 통해 들이마시는 숨. 들숨 ☞호기(呼氣) ②기운을 빨아들임, 또는 그 기운.
흡기(吸器)명 기생 식물이 숙주(宿主)로부터 영양분을 빨아들이는 기관.
흡람(洽覽)명-하다타 ①많은 책을 두루 읽음. ②널리 돌아다니며 여러 가지 일을 보고 들어 경험함.
흡력(吸力)명 빨아들이는 힘.
흡묵-지(吸墨紙)명 먹물이나 잉크 등으로 쓴 것이 번지거나 묻어 나지 않도록 눌러서 물기를 빨아들이는 종이.
흡반(吸盤)명 빨판
흡사(恰似)[1]부 마치. 흡사히 ¶흩날리는 벚꽃 잎이 — 함박눈이 내리는 것 같다.
흡사(恰似)[2]어기 '흡사(恰似)하다'의 어기(語基).
흡사-하다(恰似—)형여 거의 같을 정도로 비슷하다. ¶두 사람은 쌍둥이로 보일 만큼 생김새나 말투가 —.
흡사-히부 흡사하게. 흡사
흡상(吸上)명-하다타 물 따위를 빨아올림.
흡수(吸水)명-하다자 식물 따위가 물을 빨아들임.
흡수(吸收)명-하다타 ①빨아들임. ¶스펀지가 물기를 —하다. ②외부로부터 필요한 것을 받아들임. ¶서양 문물을 —하다./새 지식을 —하다. ③생물체가 생체 막을 통하여 수분이나 영양소를 들여놓는 일. 식물은 뿌리로 수분을 빨아들임. ④소리나 빛, 입자선(粒子線) 등이 물질을 통과할 때, 그 에너지나 입자가 물질 속으로 빨려 들어가서 사라지는 일.
흡수-구(吸收口)명 ①흡수하는 곳. ②곤충 따위가 먹이를 빨아들이는 입.
흡수-제(吸收劑)명 어떤 물질 속의 기체나 액체를 빨아들이는 데 쓰이는 약제.
흡수=합병(吸收合併)명 회사의 합병 방식의 한 가지. 합병 회사 가운데 한 회사가 다른 회사를 흡수하는 방식. 병탄 합병(併呑合併)
흡습(吸濕)명-하다자 습기를 빨아들임.
흡습-성(吸濕性)명 물질이 습기를 빨아들이는 성질.
흡습-제(吸濕劑)명 섬유가 지나치게 건조하여 굳어지는 것을 막는 약제. 주로 글리세린·포도당 등이 쓰임.
흡연(吸煙)명-하다자 담배를 피움. 끽연(喫煙)
흡연(洽然)어기 '흡연(洽然)하다'의 어기(語基).
흡연-실(吸煙室)명 담배를 피우며 쉴 수 있도록 마련한 방. 끽연실(喫煙室)
흡연-하다(洽然—)형여 흡족한듯 하다.
흡연-히부 흡연하게
흡열=반:응(吸熱反應)명 주위에서 열을 흡수하여 일어나는 화학 반응. 질소가 산소와 화합하여 산화질소를 생성하는 반응 따위. ☞발열 반응(發熱反應)
흡유-기(吸乳期)명 포유동물이 새끼에게 젖을 빨리는 기간. ☞수유기(授乳期)
흡음(吸音)명-하다자 음파가 매질(媒質)을 통과하거나 표면에 닿을 때, 소리가 작아지는 일.
흡음-재(吸音材)명 소리를 빨아들이는 성질을 가진 건축 재료. 텍스나 유리 섬유, 펠트 따위.
흡의(洽意)어기 '흡의(洽意)하다'의 어기(語基).
흡의-하다(洽意—)형여 마음에 흡족하다.
흡인(吸引)명-하다타 ①기체나 액체 따위를 빨아들임. ②사람의 마음을 끌어들임.
흡인-력(吸引力)[—녁]명 ①기체나 액체를 빨아들이는 힘. ②사람의 마음을 끌어들이는 힘. ¶그에게는 사람을 끄는 —이 있다.
흡인=요법(吸引療法)[—뇨뻡]명 몸 안의 지방이나 체액 따위를 주사기 등으로 빼내는 치료법.
흡입(吸入)명-하다타 빨아들임.
흡입-기(吸入器)명 약물을 기체나 안개 상태로 하여 호흡기로 들어가게 하는 치료 기구.
흡입=요법(吸入療法)[—뇨뻡]명 약물을 기체나 안개 상태로 하여 입이나 코로 들이마시게 하는 치료법.
흡장(吸藏)명-하다자 기체 또는 액체가 고체에 흡수되어 고체 안으로 스며드는 현상.
흡족(洽足)어기 '흡족(洽足)하다'의 어기(語基).
흡족-하다(洽足—)형여 모자람이 없이 아주 넉넉하다. ¶흡족한 미소를 짓다./마음에 —.
흡족-히부 흡족하게
흡착(吸着)명-하다자타 ①달라붙음. ②기체 또는 액체의 분자나 원자, 이온 따위가 다른 물질의 표면에 달라붙는 현상. 암모니아가 숯의 표면에 달라붙는 일 따위.
흡착-수(吸着水)명 지표(地表) 가까이에 있는 흙 알갱이 표면에 엷게 달라붙어 있는 물기. ☞모관수(毛管水)
흡착-제(吸着劑)명 다른 물질을 흡착하는 힘이 강한 물질. 액체나 기체의 탈습·탈취·탈색, 물질의 분리·농축 따위에 쓰임. 규조토나 산성 백토, 활성탄 따위.
흡착-질(吸着質)명 흡착제에 흡착하여 농도 변화를 일으키는 물질.
흡출(吸出)명-하다타 빨아냄.
흡혈(吸血)명-하다자 피를 빪.
흡혈-귀(吸血鬼)명 ①사람의 피를 빨아먹는다는 귀신. ②남을 착취하거나 몹시 괴롭히는 사람을 비유하여 이르는 말.
흡혈=동:물(吸血動物)명 다른 동물의 피를 빨아먹고 사는 동물. 모기·벼룩·이 따위.
흣대[흗—]명 질그릇의 모양을 잡는 데 쓰이는 나무쪽.
흥[1]부 코를 풀거나 콧김을 내는 소리를 나타내는 말. ¶코를 — 풀다. ☞힝

흥[2] 감 ①비웃거나 아니꼬울 때 내는 콧소리를 나타내는 말. ¶ -, 웃기고 있네. ②신이 날 때 내는 소리를 나타내는 말. ¶흥겨운 잔치 분위기에 - 소리가 절로 나다.
흥:(興) 명 즐겁고 좋아서 일어나는 감정. ¶ -이 나다.
흥에 띄다 관용 흥에 겨워 마음이 들뜨다.
흥감 명 -하다 자 실지보다 지나치게 늘려 떠벌이는 짓. ¶ -을 부리다. / -을 피우다.
흥감-스럽다(-스럽고·-스러워) 형ㅂ 실지보다 지나치게 늘려 떠벌이는 태도가 있다.
흥감-스레 부 흥감스럽게
흥건-하다 형여 물 따위가 고이거나 잠길 정도로 많다. ¶마당에 빗물이 -. / 눈에 눈물이 -. ㊈건하다
흥건-히 부 흥건하게 ¶등이 땀으로 - 젖다.
흥:-겹다(興-)(-겹고·-겨워) 형ㅂ 크게 흥이 나서 마음이 들뜨고 재미가 있다. ¶흥겨운 판소리 한마당.
흥-겨이 부 흥겹게
흥국(興國) 명 -하다 자 나라를 흥하게 함, 또는 흥한 나라.
흥글방망이-놀다 타 남의 일이 잘못되게 훼방하다.
흥기(興起) 명 -하다 자 ①떨치고 일어남. ②의기(義氣)가 분발하여 일어남. ③세력이 왕성해짐.
흥:-김(興-)[-낌] 명 흥이 일어나는 바람. ¶ -에 노래를 부르다.
흥:-나다(興-) 자 흥이 일어나다. 흥취가 생기다. ¶그는 흥나면 춤을 추는 버릇이 있다.
흥덩-흥덩 부 -하다 형 ①물 따위가 넘칠 만큼 많은 모양을 나타내는 말. ②국물은 많고 건더기는 적은 모양을 나타내는 말.
흥:도(興到) 명 -하다 자 흥이 남. 흥취가 생김.
흥뚱-항뚱 부 -하다 형 일에 정신을 온전히 쏟지 않고 꾀를 부리거나 들뜨게 행동하는 모양을 나타내는 말.
흥록-대:부(興祿大夫) 명 조선 시대, 정일품 종친(宗親)에게 내린 품계의 하나. 스물두 등급 중 둘째 등급임. ☞소덕대부(昭德大夫)
흥륭(興隆) 명 -하다 자 흥하여 번성함.
흥리(興利) 명 -하다 자 식리(殖利)
흥망(興亡) 명 흥하는 일과 망하는 일. 흥패(興敗)
흥망-성:쇠(興亡盛衰) 명 흥하고 망하고 성하고 쇠함을 이르는 말.
흥:미(興味) 명 ①흥을 느끼는 재미. ②대상에 이끌려 절로 생기는 관심.
흥:미-롭다(興味-)(-롭고·-로워) 형ㅂ 흥을 느끼는 재미가 있다. 마음이 이끌리는 데가 있다.
흥미-로이 부 흥미롭게
흥:미진진-하다(興味津津-) 형여 흥취가 넘칠 만큼 재미 있다. ¶흥미진진한 이야기.
흥복(興復) 명 -하다 자타 부흥(復興)
흥부가(興夫歌) 명 판소리 열두 마당의 하나. '흥부전'을 판소리로 엮은 것임.
흥부전(興夫傳) 명 작자와 연대가 알려지지 않은 조선 시대 고대 소설. 인색한 형 놀부와 착한 아우 흥부 사이에서 벌어지는 이야기를 담고 있으며, 권선징악(勸善懲惡)을 강조한 내용임. ☞흥부가(興夫歌)
흥분(興奮) 명 -하다 자 ①자극을 받아 감정이 북받쳐 일어남, 또는 그 감정. ¶ -의 도가니. ②자극을 받아 생물체의 기능이나 활동 상태가 활발하게 됨, 또는 그 변화. ☞진정(鎭靜)
흥분-제(興奮劑) 명 중추 신경을 자극하여 뇌와 심장 기능을 활발하게 하는 약. ☞진정제(鎭靜劑)
흥사(興師) 명 -하다 자 기병(起兵)
흥성(興盛) 명 -하다 자 매우 왕성하게 일어남.

한자 **흥성할 흥**(興) 〔臼部 9획〕 ¶발흥(發興) / 부흥(復興) / 흥국(興國) / 흥망(興亡) / 흥성(興盛) ▷ 속자는 兴

흥성-흥성(興盛興盛) 부 -하다 형 ①매우 번성한 모양을 나타내는 말. ¶경제 부흥으로 사회가 날로 - 활기를 띠다. ②넉넉하고 질번질번한 모양을 나타내는 말. ¶시장에는 온갖 상품이 - 쌓여 있다. ③시끌시끌하고 활기찬 모양을 나타내는 말. ¶ -한 잔칫집.
흥신-소(興信所) 명 고객의 부탁에 따라 대가를 받고 기업이나 개인의 신용, 재산 상황, 개인의 비행 등을 몰래 조사하여 알려 주는 일을 하는 사설 기관.
흥야-항야 부 '흥이야항이야'의 준말.
흥얼-거리다(대다) 자타 자꾸 흥얼흥얼 하다.
흥얼-흥얼 부 ①흥에 겨워 입 속으로 노래를 부르는 소리나 모양을 나타내는 말. ¶ - 콧노래를 부르다. ②입속말로 자꾸 지껄이는 소리나 모양을 나타내는 말.
흥업(興業) 명 -하다 자 ①새로이 사업을 일으킴. ②학업을 힘써 일으킴.
흥와조:산(興訛造訕) 성구 있는 말 없는 말을 지어내어 남을 헐뜯고 비방함을 이르는 말.
흥왕(興旺) 어기 '흥왕(興旺)하다'의 어기(語基).
흥왕-하다(興旺-) 형여 번창하고 세력이 왕성하다.
흥융(興戎) 명 -하다 자 전쟁을 일으킴.
흥이야-항이야 부 상관없는 일에 이러니저러니 하며 쓸데없이 참견하는 모양을 나타내는 말. ¶남의 일에 - 참견하다. ㊈흥야항야
흥인지문(興仁之門) 명 조선 시대, 서울 도성(都城)의 정동(正東)에 세운 성문(城門). 달리 동대문(東大門)이라고도 이름. ☞돈의문(敦義門). 숭례문(崇禮門)
흥정 명 -하다 타 ①물건 따위를 팔고 삼. 매매(賣買) ②물건이나 권리 따위를 사고 팔기 위하여 가격이나 조건 따위를 따지고 의논함. ③교섭 따위에서, 자기에게 유리하도록 상대편과 말을 주고받음. ¶핵(核) 감축 문제는 -의 대상이 아니다.
흥정(을) 붙이다 관용 물건 따위가 매매되도록 중간에서 소개하다.
속담 **흥정은 붙이고 싸움은 말리랬다** : 좋은 일은 하도록 권하고 궂은일은 말려야 한다는 뜻.
흥정-거리[-꺼-] 명 흥정을 하는 물건이나 대상.
흥정-꾼 명 흥정을 붙이는 사람.
흥:진비래(興盡悲來) 성구 즐거운 일이 다하면 슬픈 일이 온다는 뜻으로, 세상일은 돌고 도는 것임을 이르는 말. ☞고진감래(苦盡甘來)
흥청-거리다(대다) 자 ①마음이 들뜨거나 흥에 겨워 거드럭거리다. ¶흥청거리는 분위기. ②나뭇가지나 줄 따위가 탄력 있게 흔들리다.
흥청-망청 부 돈이나 물자 따위를 아끼지 않고 함부로 많이 쓰는 모양을 나타내는 말. ¶돈을 - 쓰다.
흥청-흥청 부 ①마음이 들뜨거나 흥에 겨워 거드럭거리는 모양을 나타내는 말. ¶밤 깊은 줄 모르고 - 놀다. ②돈이나 물자 따위를 아끼지 않고 헤프게 쓰는 모양을 나타내는 말. ③나뭇가지나 줄 따위가 탄력 있게 흔들리는 모양을 나타내는 말.
흥체(興替) 명 성쇠(盛衰)
흥:취(興趣) 명 즐거운 멋과 취미.
흥:치(興致) 명 흥과 운치.
흥타:령(-*打令) 명 속요의 한 가지. 사설(辭說)의 구절 끝마다 '흥' 소리를 넣어 흥겹게 부름.
흥패(興敗) 명 흥망(興亡)
흥폐(興廢) 명 왕성하게 일어남과 잘못되어 쇠퇴하는 일.
흥-하다(興-) 자여 잘 되어 일어나다. ¶집안이 편안해야 사업도 흥한다. ☞망하다
흥행(興行) 명 -하다 타 영리를 목적으로 하여 관객으로부터 요금을 받고 연극·영화·곡예 등을 보여 주는 일.
흥행-권(興行權)[-꿘] 명 흥행을 주관하여 운영할 수 있는 독점적인 권리.
흥행-물(興行物) 명 관객으로부터 관람료나 입장료를 받고 보여 주는 구경 거리.
흥행-사(興行師) 명 흥행을 직업으로 삼는 사람.
흥:황(興況) 명 흥미를 느낄만 한 여유나 형편.
흥-흥[1] 부 잇달아 코를 푸는 소리를 나타내는 말.
흥-흥[2] 부 흥흥거리는 소리, 또는 그 모양을 나타내는 말.
흥흥-거리다(대다)[1] 자 흥흥 소리를 내면서 자꾸 세게 코를 풀다.

흥흥-거리다(대다)[2] 자 ①자꾸 비웃거나 아니꼬워하다. ②흥겨워서 자꾸 콧노래를 부르다. ③어린아이가 자꾸 보채며 우는 시늉을 하다.

흩-날리다[흔-] 자타 흩어져 날리다, 또는 흩어져 날게 하다. ¶눈발이 -./종이 조각을 -.

흩다[흔-] 타 한데 모였던 것을 따로 떨어지게 하다.

흩-뜨리다(트리다)[흔-] 타 흩어지게 하다.

흩어-뿌리기 명 논이나 밭에 씨앗을 뿌릴 때 여기저기 흩어지도록 뿌리는 일. 노가리[2]. 산파(散播)

흩어-지다 자 ①한데 모였던 사람들이 헤어지게 되다. ¶관중이 -. ②물건이 널리 퍼지다. ¶봉숭아 씨가 -.

한자 **흩어질 만**(漫)〔水部 11획〕¶산만(散漫)
흩어질 산(散)〔攴部 8획〕¶분산(分散)/산개(散開)/산광(散光)/산재(散在)/해산(解散)

▶ '흩어-지다'
두 용언이 어울려 하나의 용언으로 된 말에서 앞말의 본뜻이 살아 있는 말은 그 본디 꼴로 적고, 본뜻에서 멀어진 경우에는 본디 꼴을 밝히어 적지 아니한다.
① 본뜻이 살아 있는 경우 — 흩어지다/엎어지다/벌어지다/들어가다/돌아가다
② 본뜻에서 멀어진 경우 — 쓰러지다/사라지다/드러나다/나타나다/바라보다/부서지다

흩이다[1] 자 흩음을 당하다.

흩이다[2] 타 흩어지게 하다. ¶키질로 까끄라기를 -.

희-가극(喜歌劇) 명 희극적인 내용의 음악 극. 뮤지컬코미디(musical comedy). 코믹오페라(comic opera)

희-가스(稀gas) 명 희유 기체(稀有氣體)

희견-성(喜見城) 명 불교에서, 수미산 꼭대기에 제석천이 산다는 궁성을 이르는 말.

희견-천(喜見天) 명 불교에서, 희견성의 하늘, 곧 '삼십삼천(三十三天)'을 달리 이르는 말.

희곡(戲曲) 명 연극의 상연을 위하여 쓴 각본, 또는 그런 형식으로 쓴 문학 작품. 등장 인물의 대사와 행동, 무대 효과, 연출에 관한 지시 등으로 이루어짐.

희괴(稀怪) 어기 '희괴(稀怪)하다'의 어기(語基).

희괴-하다(稀怪-) 형여 매우 드물고 괴이하다.

희구(希求) 명 -하다 타 바라며 구함. 기구(冀求)

희구(戲具) 명 놀이에 쓰는 기구.

희귀(稀貴) 어기 '희귀(稀貴)하다'의 어기(語基).

희귀-하다(稀貴-) 형여 매우 드물고 진귀하다. ¶희귀한 고생대(古生代) 화석.

희극(喜劇) 명 ①익살과 풍자로 관객을 웃기면서 인생의 여러 모습과 진실을 나타내려고 하는 연극. ②사람을 웃길 만 한 사건이나 일을 비유하여 이르는 말. ☞비극(悲劇)

희극(戲劇) 명 ①익살로 웃기는 장면이 많은 연극. ②실없이 하는 행동을 비유하여 이르는 말.

희극=배우(喜劇俳優) 명 희극을 전문으로 연기하는 사람. 코미디언(comedian)

희-금속(稀金屬) 명 산출량은 적으나 매우 유용한 금속을 통틀어 이르는 말. 베릴륨·크롬·티탄 따위. 희유 금속

희기(希冀) 명 -하다 타 간절히 바람.

희끄무레-하다 형여 빛깔이 좀 허연듯 하다. ☞해끄무레하다

희끔-하다 형여 빛깔이 흰듯 하고 깨끗하다. 선뜻하게 허옇다. ☞해끔하다

희끔-희끔 부 -하다 형 여러 군데가 다 희끔한 모양을 나타내는 말. ☞해끔해끔

희끗-거리다(대다)[1][-끋-] 자 희끗희끗 어질증이 나다.

희끗-거리다(대다)[2][-끋-] 자 자꾸 희끗희끗 하다. ¶어둠 속에서 희끗거리는 바다의 물결.

희끗-희끗[1][-끋-] 부 어질증이 나서 어뜩어뜩해지는 상태를 나타내는 말.

희끗-희끗[2][-끋-] 부 -하다 형 허연 빛깔이 군데군데에 섞이어 있는 모양을 나타내는 말. ¶- 센 머리./산봉우리에는 잔설이 -하다. ☞해끗해끗

희나리 명 ①덜 말라 생나무 상태의 장작. ②희아리

희넓적-하다[-넙-] 형여 얼굴이 허옇고 넓적하다. ☞해납작하다

희년(稀年) 명 나이 '일흔 살'을 이르는 말. 고희(古稀). 희수(稀壽)

희년(禧年) 명 '성년(聖年)'을 달리 이르는 말.

희누르스레-하다 형여 희누르스름하다

희누르스름-하다 형여 흰빛을 조금 띠면서 누르스름하다. 희누르스레하다

희다 형 ①하늘에서 내리는 눈빛과 같다. ②스펙트럼의 모든 빛이 혼합되어 눈에 반사된 빛과 같다. ☞검다[2] ③'희떱다'의 준말.

속담 **희고 곰팡 슨 소리**: 희떱고 고리타분한 소리를 이르는 말./**희고도 곰팡 슨 놈**: 겉모양은 의젓하나 실속은 없는 사람을 이르는 말./**희기가 까치 뱃바닥 같다**: 흰소리를 잘하는 사람을 두고 이르는 말.

한자 **흰 백**(白)〔白部〕¶백구(白球)/백군(白軍)/백기(白旗)/백마(白馬)/백발(白髮)

희담(戲談) 명 ①우스개로 하는 말. ②실없이 하는 말. 희언(戲言) ▷戲의 속자는 戯

희대(稀代) 명 희세(稀世) ¶-의 수재(秀才).

희대미:문(稀代未聞) 성구 매우 드물어 들어 본 적이 없음을 이르는 말. 유 전대미문(前代未聞)

희동안색(喜動顔色) 성구 얼굴에 기쁨의 빛이 환하게 나타남을 이르는 말.

희디-희다 형 매우 희다.

희떱다(희떱고·희떠워) 형ㅂ ①말이나 하는 짓이 사실보다 떠벌리는 데가 있다. ¶희떱게 돈 자랑을 하다. ②아무 것도 가진 것이 없으나 마음이 넓고 손이 크다. 준 희다

희뜩-거리다(대다) 자 희뜩희뜩 어질증이 나다.

희뜩머룩-하다 형여 희떱고 싱거워 변변하지 못하다.

희뜩머룩-이 명 희뜩머룩한 사람.

희뜩-희뜩[1] 부 어질증이 나서 갑자기 어뜩어뜩해지는 상태를 나타내는 말.

희뜩-희뜩[2] 부 -하다 형 허연 빛깔이 다른 빛깔에 군데군데 두드러지게 섞이어 있는 모양을 나타내는 말. ☞해뜩해뜩

희-라(噫-) 감 '아아 슬프다'의 뜻으로 쓰는 문어 투의 말. ¶-, 구래(舊來)의 억울(抑鬱)을 선창(宣暢)하려 하면….

희락(喜樂) 명 기쁨과 즐거움. 희열(喜悅)

희랍(希臘) 명 '그리스'의 한자 표기.

희랍=정:교(希臘正教) 명 그리스 정교회

희렴(豨薟) 명 한방에서, '진득찰'을 약재로 이르는 말.

희로(喜怒) 명 기쁨과 노여움.

희로-애락(喜怒哀樂) 명 기쁨과 노여움과 슬픔과 즐거움, 곧 사람의 온갖 감정.

희:롱(戲弄) 명 ① -하다 자 장난하며 놂. ¶한 쌍의 원앙이 서로 -하며 떠다니다. ② -하다 타 장난 삼아 놀림. ¶남을 -하다. 유 기롱(譏弄)

한자 **희롱할 롱**(弄)〔廾部 4획〕¶농간(弄奸)/농담(弄談)/농조(弄調)/조롱(嘲弄)/희롱(戲弄)

희롱-거리다(대다) 자 ①실없이 경망스레 행동하다. ②취하거나 하여 정신이 흐리마리하고 몸을 가누지 못하다. ☞해롱거리다

희롱-해롱 부 희롱거리고 해롱거리는 모양을 나타내는 말. ☞희롱희롱

희롱-희롱 부 희롱거리는 모양을 나타내는 말. ☞해롱해롱

희:-맑다[-막-] 형 빛깔이 희고 맑다. ¶아이의 희맑은 살결. ☞해맑다. 희멀겋다

희망(希望) 명 ① -하다 타 어떤 일이 이루어지기를 바라는 일, 또는 그 바람. ¶당선되기를 -하다. 기망(冀望). 기원(冀願). 희원(希願) ②어떤 결과를 기대할 수 있는 가망. ¶-이 있는 일이다. ☞절망(絕望)

희망=매매(希望賣買) 명 장래에 이익을 얻을 수 있는 물건 따위를 사고 파는 일.

ㅎ

희망-적(希望的) 명 기대한 대로 될 가망이 있는 것. ¶ -인 예측. ☞절망적(絶望的)

희망-차다(希望-) 형 앞일에 대한 기대가 가득하다. ¶ 희망찬 미래를 향해 힘써 나아가자.

희-멀겋다(-멀겋고 · -멀건) 형ㅎ 빛깔이 희고 멀겋다. ☞해말갛다. 허여멀겋다

희멀쑥-하다 형여 빛깔이 희고 멀쑥하다. ¶ 희멀쑥한 소년의 얼굴. ☞해말쑥하다. 허여멀쑥하다

희멀쑥-이 부 희멀쑥하게

희모(稀毛) 명 성기게 난 털.

희묵(戲墨) 명 자기의 '그림'이나 '글씨'를 겸손하게 이르는 말. 희필(戲筆)

희문(戲文) 명 장난 삼아 지은 글.

희-묽다[-묵-] 형 살빛이 희고 보기에 단단하지 못하다.

희미(稀微) 어기 '희미(稀微)하다'의 어기(語基).

희미-하다(稀微-) 형여 또렷하지 못하고 어렴풋하다. ¶ 희미한 기억을 더듬다./희미하게 보이는 물체.

희박(稀薄) 어기 '희박(稀薄)하다'의 어기(語基).

희박-하다(稀薄-) 형여 ①기체나 액체 따위의 밀도가 엷거나 묽다. ②가망이 적다. ¶ 합격할 가능성이 -. ③약하거나 부족하다. ¶ 질서 의식이 -.

희번덕-거리다(대다) 자타 ①크게 뜬 눈의 흰자위가 번득이다, 또는 그리 되게 하다. ¶ 눈이 -./눈을 -. ②물체의 희번드르르한 면이 젖혀지며 번득이다, 또는 그리 되게 하다. 희번덕이다 ☞해반닥거리다

희번덕-이다 자타 희번덕거리다 ☞해반닥이다

희번덕-희번덕 부 희번덕거리는 모양을 나타내는 말. ☞해반닥해반닥

희번드르르-하다 형여 얼굴이 희멀쑥하고 번드르르하다. ☞해반드르르하다. 희번들하다

희번들-하다 형여 얼굴이 희멀쑥하고 번들번들하다. ☞해반들하다. 희번드르르하다

희번주그레-하다 형여 얼굴이 희멀겋고 번주그레하다. ☞해반주그레하다

희번지르르-하다 형여 얼굴이 희멀겋고 번지르르하다. ☞해반지르르하다

희번-하다 형여 동이 트면서 희끄무레한 빛이 비치어 번하다. ☞희붐하다

희보(喜報) 명 기쁜 소식. 낭보(朗報) ☞비보(悲報)

희-부옇다(-부옇고 · -부연) 형ㅎ 희끄무레하게 부옇다. ¶ 희부연 새벽 안개. ☞희뿌옇다

희불그레-하다 형여 흰빛을 조금 띠면서 불그레하다.

희불자승(喜不自勝) 성구 어찌할 바를 모를 만큼 기쁜 상태를 이르는 말.

희붐-하다 형여 날이 새려고 밝아 오는 기운이 희미하다. 준 붐하다 ☞희번하다

희비(喜悲) 명 기쁨과 슬픔. 비희(悲喜) ¶ -가 교차하다.

희-비극(喜悲劇) 명 ①희극과 비극을 아울러 이르는 말. ②희극과 비극의 두 요소를 아울러 가진 극. 트래지코미디(tragicomedy) ③기쁜 일과 슬픈 일이 겹쳐 일어난 사건을 이르는 말. ¶ 인생의 -을 보는 느낌이다.

희-뿌옇다(-뿌옇고 · -뿌연) 형ㅎ 희끄무레하게 뿌옇다. ¶ 희뿌연 공장 굴뚝의 연기. ☞희부옇다

희사(喜事) 명 기쁜 일.

희사(喜捨) 명-하다 타 남을 위하여 기꺼이 재물을 내놓음. ¶ 양로원 건립 기금으로 큰돈을 -하다.

희사-금(喜捨金) 명 희사하는 돈.

희사-함(喜捨函) 명 ①희사하는 돈을 받는 궤짝. ②부처 앞에 놓아 두고 예불(禮佛)하는 이의 보시를 받는 궤짝.

희살(戲殺) 명-하다 타 장난을 하다가 잘못하여 죽임.

희색(喜色) 명 기뻐하는 기색. ¶ -이 감돌다.

희색(이) 만면(滿面)하다 관용 얼굴에 기뻐하는 기색이 가득하다.

희생(犧牲) 명 ①신명(神明)에게 제물(祭物)로 바치는 산 짐승. 생뢰(牲牢) ②-하다 자 재난 따위로 말미암아 몸을 다치거나 목숨을 잃음. ¶ 홍수로 많은 사람이 -되다. ③-하다 타 남을 위하여 제 몸이나 재물 따위를 버리거나 바치는 일. ¶ 나라를 지키기 위해 목숨을 -하다.

희생-물(犧牲物) 명 ①희생이 된 물건, 또는 희생이 된 사람. ②제물로 바쳐지는 산 짐승. ☞제물(祭物)

희생-자(犧牲者) 명 ①사건이나 사고 등으로 목숨을 잃은 사람. ¶ 전쟁의 -. ②어떤 일로 손해를 입은 사람.

희생-타(犧牲打) 명 야구에서, 타자는 아웃되지만 주자는 다음 누(壘)로 진루하거나 득점할 수 있게 하는 타격. 번트 따위가 있음.

희서(稀書) 명 보기 드문 귀한 책.

희석(稀釋) 명-하다 타 용액에 물이나 용매(溶媒)를 섞어 농도를 묽게 하는 일.

희석-열(稀釋熱)[-녈] 명 용액에 용매를 섞어 농도를 묽게 할 때 생기는 열량.

희석-제(稀釋劑) 명 부피를 늘리거나 농도를 묽게 하기 위하여 물질이나 용액에 섞는 비활성 물질.

희선(希仙) 명 '진득찰'의 딴이름.

희성(稀姓) 명 매우 드문 성(姓). 벽성(僻姓)

희세(稀世) 명 세상에 드문 일. 희대(稀代) ¶ -의 영재(英才)/-의 미모(美貌).

희소(稀少) 명-하다 형 매우 드물고 적음.

희소(喜笑) 명-하다 자 기뻐서 웃음, 또는 기쁜 웃음.

희소(嬉笑) 명-하다 자 ①실없이 웃음, 또는 실없는 웃음. ②예쁘게 웃음, 또는 예쁜 웃음.

희소(稀疏) 어기 '희소(稀疏)하다'의 어기(語基).

희소=가격(稀少價格)[-까-] 명 진귀한 미술품이나 골동품처럼, 공급 수량이 제한되거나 고정되어 있기 때문에 완전 경쟁이 이루어지지 못하고 형성되는 가격.

희소=가치(稀少價值) 명 세상에 드물고 진귀하기 때문에 인정되는 가치.

희소-성(稀少性)[-썽] 명 사람들이 필요로 하는 데 비하여 그것을 충분히 공급할 만한 물량이 부족한 상태.

희-소식(喜消息) 명 기쁜 소식.

희소-하다(稀疏-) 형여 ①동안이 오래다. ②사이나 틈이 성기다. ③소식이 뜸하다. 희활하다

희수(稀壽) 명 나이 '일흔 살'을 이르는 말. 희년(稀年)

희수(喜壽) 명 나이 '일흔일곱 살'을 이르는 말. 〔'희(喜)' 자의 초서체(草書體)가 칠십칠(七十七)과 비슷한 데서 나온 말.〕

희아리 명 상한 상태에서 말라서 희끗희끗 얼룩이 진 고추.

희언(戲言) 명 희담(戲談)

희열(喜悅) 명 기쁨과 즐거움. 희락(喜樂)

희-염산(稀鹽酸) 명 물을 타서 농도를 묽게 한 염산. 약품 제조와 화학 공업에 쓰임.

희영-수(戲-) 명-하다 자 다른 사람과 더불어 실없는 말이나 행동을 하는 일.

희우(喜雨) 명 가뭄 끝에 내리는 반가운 비. ☞감우

희원(希願) 명-하다 타 희망(希望)

희-원소(稀元素) 명 지구상에 매우 적게 있는 원소를 통틀어 이르는 말. 희유 기체 따위. 희유 원소(稀有元素)

희월(喜月) 명 '음력 삼월'을 달리 이르는 말.

희유(嬉遊) 명-하다 자 즐겁게 놂.

희유(戲遊) 명-하다 자 실없는 짓을 하며 놂.

희유(稀有) 어기 '희유(稀有)하다'의 어기(語基).

희유-곡(嬉遊曲) 명 모음곡과 같이 많은 악장(樂章)으로 이루어진 기악곡(器樂曲).

희유=금속(稀有金屬) 명 희금속(稀金屬)

희유=기체(稀有氣體) 명 아르곤·라돈·헬륨·네온·크립톤·크세논의 여섯 기체 원소를 통틀어 이르는 말. 공기 중에 매우 작은 양이 있으며 보통의 조건에서는 다른 원소와 화합하지 않음. 희가스 ☞비활성 기체(非活性氣體)

희유=원소(稀有元素) 명 희원소(稀元素)

희유-하다(稀有-) 형여 흔하지 않고 드물다. ¶ 희유한 원소.

희읍스레-하다 형여 희읍스름하다

희읍스름-하다 형여 깨끗하지 않게 희끄무레하다. 희읍스레하다 ¶ 희읍스름하게 밝아 오는 새벽 하늘. ☞해읍스름하다

ㅎ

희읍스름-히 부 희읍스름하게

희작(喜鵲) 명 '까치'의 딴이름.

희작(戲作) 명 -하다 타 장난 삼아 글이나 작품을 지음, 또는 그 글이나 작품.

희종(稀種) 명 드문 종류. 드문 물건.

희준(犧罇·犧尊) 명 제례(祭禮) 때 쓰는 짐승 모양의 술 항아리.

희-질산(稀窒酸)[-싼] 명 물을 타서 농도를 묽게 한 질산. 화학 약품의 시약(試藥) 등으로 쓰임.

희-짓다(戲-)[-짇-](-짓고·-지어) 타ㅅ 남의 일에 방해가 되게 하다.

희짜-뽑다 자 실속은 없으면서 짐짓 희떱게 놀다.

희출망:외(喜出望外) 성구 바라지도 않았던 기쁜 일이 뜻밖에 생김을 이르는 말.

희치-희치 부 -하다 형 ①피륙이나 종이 따위가 군데군데 치이거나 미어진 모양을 나타내는 말. ②물건의 거죽이 드문드문 벗어진 모양을 나타내는 말.

희칭(戲稱) 명 놀리어 일컫는 이름.

희토류=원소(稀土類元素) 명 란탄족 원소

희토류=자석(稀土類磁石) 명 희토류 원소를 지닌 강자성체 재료로 만든 자석. 보통 자석보다 성능이 매우 높으며, 계산기나 통신 장치 등에 쓰임.

희필(戲筆) 명 희묵(戲墨)

희학(戲謔) 명 -하다 자 실없이 농을 지껄임, 또는 그 농지거리.

희학-질(戲謔-) 명 -하다 자 희학으로 하는 짓.

희한(稀罕) 어기 '희한(稀罕)하다'의 어기(語基).

희한-하다(稀罕-) 형여 썩 드물고 기이하다. ¶희한한 사건./희한한 물건./희한한 재주.

희행(喜幸) 어기 '희행(喜幸)하다'의 어기(語基).

희행-하다(喜幸-) 형여 기쁘고 다행하다.

희호(熙皞) 어기 '희호(熙皞)하다'의 어기(語基).

희호=세:계(熙皞世界) 명 백성이 화락하고 나라가 태평한 세상.

희호-하다(熙皞-) 형여 백성의 생활이 화락하다.

희화(戲畫) 명 장난 삼아 그린 그림, 또는 과장하여 그린 익살스러운 그림.

희활(稀闊) 어기 '희활(稀闊)하다'의 어기(語基).

희활-하다(稀闊-) 형여 ①동안이 오래다. ②사이나 틈이 성기다. ③소식이 뜸하다. 희소하다

희-황산(稀黃酸) 명 물을 타서 농도를 묽게 한 황산. 약품·도료(塗料)·시약(試藥) 등으로 쓰임.

희황-상:인(羲皇上人) 명 복희씨(伏羲氏) 이전의 사람이라는 뜻으로, 세상을 잊고 숨어 사는 사람을 이르는 말.

희희 부 바보처럼 웃는 모양이나 그 소리를 나타내는 말.

희희낙락(喜喜樂樂) 성구 매우 기뻐하고 즐거워함.

흰-개미 명 흰개밋과의 곤충. 보통 개미와 비슷하나 몸빛이 흼. 불완전 변태를 하며 몸길이는 4~7mm. 사회성 곤충의 한 가지로, 여왕개미·일개미·병정개미 등의 계급이 있음. 집은 땅 속이나 나무 속에 만들며 땅 위에 개미탑을 쌓기도 함.

흰-골무떡 명 고물을 묻히지 아니한 골무떡.

흰골-박 명 붉은 흙칠이나 다른 칠을 하지 않은 함지박.

흰-곰 명 곰과의 동물. 북극권과 그 주변에 삶. 목이 길고 몸길이는 2m가 넘으며, 몸무게는 750kg에 이름. 털빛은, 어릴 때는 새하얗다가 자람에 따라 누른빛을 띠게 됨. 백곰. 북극곰

흰-구름 명 빛이 흰 구름. 백운(白雲)

흰-그루 명 지난 겨울에 곡식을 심었던 땅.

흰긴수염-고래(-鬚髯-) 명 긴수염고랫과의 포유동물. 지구에서 가장 큰 동물로 몸길이는 30m에 이르며 몸빛은 청회색임. 수염은 흑색이며 입이 크고 새우만을 잡아먹고 삶.

흰-누룩 명 밀가루와 찹쌀가루를 섞어서 만든 누룩.

흰-담비 명 족제빗과의 산짐승. 검은담비와 비슷하나 몸빛은 잿빛을 띤 갈색이며, 가슴이 희고 꼬리가 매우 길. 백초서(白貂鼠)

흰-돌비늘 명 백운모(白雲母)

흰-둥이 명 ①털빛이 흰 동물. 특히 털이 흰 강아지를 이름. 센둥이 ②살빛이 흰 사람을 이르는 말. ☞검둥이

흰-떡 명 떡의 한 가지. 멥쌀가루를 고수레하여 시루에 쪄서 안반에 놓고 떡메로 친 떡. 가래떡, 절편 따위를 만듦. 백병(白餠)

흰-말 명 온몸의 털빛이 흰 말. 백마(白馬)

흰-매 명 두세 살이 되어 털이 희어진 매, 또는 다 자란 매. 백응(白鷹)

흰-머리 명 하얗게 센 머리. 백발(白髮)

흰-목 명 희떱게 으스대며 힘을 뽐내는 일.

흰-무리 명 곱게 빻은 멥쌀가루를 설탕 물로 내려서 찐 설기떡. 백설기

흰-물떼새 명 물떼샛과의 나그네새. 몸길이 18cm 안팎. 등은 연한 갈색이며 꽁지는 가운데의 두 깃털만 짙은 갈색이고 나머지는 흼. 강가에서 떼지어 살며 주로 곤충류를 잡아먹음.

흰-밥 명 흰쌀로만 지은 밥. 백반(白飯)

흰-백(-白) 명 한자 부수(部首)의 한 가지. '百'·'皓' 등에서 '白'의 이름.

흰-빛 명 눈〔雪〕과 같은 빛깔. 백색(白色) ☞검은빛

흰뺨-검둥오리 명 오릿과의 텃새. 몸길이 60cm 안팎. 몸빛은 검붉은 빛을 띤 갈색임. 부리는 흑색에 끝이 노란색임. 물가의 풀밭이나 갈대밭 속에 둥지를 틀고 삶. 동북 아시아에 널리 분포함.

흰-소리 명 -하다 자 터무니없이 자랑하거나 희떱게 지껄임, 또는 그 말. ☞신소리

흰소리(를) 치다 관용 기세 좋게 흰소리하다. ¶제 잘못을 반성하기는커녕 도리어 흰소리를 친다.

흰-수라(∠-水刺) 명 조선 시대, 궁중에서 수라상에 차리는 '흰밥'을 이르던 말.

흰-수마자 명 모래무지아과의 민물고기. 몸길이는 6~10cm이며 네 쌍의 흰 수염이 길고 굵게 나 있음. 우리 나라 고유종으로 금강·낙동강·임진강에만 드물게 서식하며 멸종 위기의 보호 야생 동물로 지정되어 있음.

희-수작(-酬酌) 명 -하다 자 실속은 없이 자랑으로 떠벌림, 또는 그러한 말이나 짓. ☞빈말

흰-쌀 명 희게 쓿은 멥쌀. 백미(白米)

흰-여뀌[-녀-] 명 마디풀과의 한해살이풀. 줄기 높이 30~60cm. 5~9월에 흰빛이나 연분홍 꽃이 가지 끝에 핌. 밭이나 밭 근처의 습한 곳에서 자람.

흰-엿[-녓] 명 검은엿을 켜서 빛이 희게 만든 엿. 백당

흰-옷 명 물을 들이지 않은 흰 빛깔의 옷. 백의(白衣)

흰-원미(-元味) 명 원미(元味)

흰-자 명 '흰자위'의 준말. ☞검은자. 노른자

흰-자위 명 ①달걀이나 새알 따위의 노른자위를 싸고 있는 단백질 부분. 난백(卵白). 단백(蛋白) ☞노른자위 ②눈알의 흰 부분. 백목 준 흰자 ☞검은자위

흰자-질(-質) 명 단백질(蛋白質)

흰-죽(-粥) 명 흰 쌀로 쑨 죽.

속담 **흰죽 먹다 사발 깬다** : 한 가지 일에 재미를 붙이다가 다른 일에 손해를 보는 경우를 이르는 말./**흰죽에 고춧가루** : 격에 맞지 않는다는 말./**흰죽에 코** : 옳고 그름을 분간하기 어려움을 이르는 말.

흰-죽지 명 오릿과의 겨울 철새. 몸길이 45cm 안팎. 몸빛은 회색에, 수컷은 머리가 적갈색, 가슴과 꼬리는 흑색이며, 암컷은 머리와 가슴이 엷은 밤색임. 유라시아의 북부에서 번식하며 남부에서 겨울을 남.

흰-쥐 명 쥣과의 동물. 몸길이 8cm 안팎, 꼬리 길이도 몸길이와 비슷함. 온몸의 털이 흰빛이고 눈알은 진홍색임. 주로, 실험 동물로 기르는 품종이나 애완용으로도 기름. 백서(白鼠)

흰-참꽃나무[-꼳-] 명 진달랫과의 낙엽 관목. 높이는 1m 안팎. 잎은 길둥글고 양면에 털이 있으며 가지 끝에 모여 남. 초여름에 종 모양의 흰 꽃이 가지 끝에 피고, 가을에 달걀 모양의 삭과(蒴果)가 익음. 산에서 자라는데, 관상용으로 심기도 함.

흰-콩 명 검은콩에 상대하여 누른 콩을 이르는 말.
흰-털 명 ①흰빛의 털. ②센 머리카락.
흰-팥 명 빛깔이 희읍스름한 팥.
흰-피톨 명 백혈구(白血球)
힁-하다 형여 머리가 아프거나 어지러우면서 띵하다.
힁허케 부 지체하지 않고 서둘러 빨리. ¶꾸물대지 말고 ─ 다녀오너라.
히[1] 부 마음에 흐뭇하여 어리석게 한 번 웃는 소리, 또는 그 모양을 나타내는 말.
히[2] 부 비웃을 때 내는 소리를 나타내는 말.
-히 접미 '-하다'에 갈음하여 부사가 되게 함. ¶조용히/고요히/쓸쓸히 ☞-이[3]
-히- 접미 활용하는 말의 어근(語根)에 붙어 ①'하게 함'의 뜻을 나타냄. ¶앉히다/묵히다 ②'함을 당함'의 뜻을 나타냄. ¶먹히다/잡히다 ☞-기-. -리-. -이-
히드라(hydra) 명 히드라과의 강장동물. 몸은 원통형이며 빛깔은 엷은 갈색임. 몸길이는 1cm 안팎으로 실 모양의 촉수가 예닐곱 개 있음. 암수딴몸으로 못이나 늪에 살면서 미생물을 잡아먹음.
히뜩 부 ①언뜻 돌아보는 모양을 나타내는 말. ¶─ 돌아보다. ②맥없이 넘어지거나 나동그라지는 모양을 나타내는 말. ¶─ 자빠지다.
히로뽕(∠ヒロポン 일. Philopon) 명 필로폰
히말라야-삼나무(Himalaya杉─) 명 소나뭇과의 상록 교목. 히말라야 원산으로 잎갈나무와 비슷하게 생겼음. 높이는 30m 안팎. 가지는 가로 퍼져 아래로 처짐. 나무껍질은 회갈색, 잎은 짙은 초록으로 끝이 뾰족하며 단면이 삼각형임.
히브리-서(∠Hebrew書) 명 신약성서 중의 한 편. 신앙을 권하고 신도들을 격려하는 내용임.
히비스커스(hibiscus) 명 아욱과의 히비스커스 속(屬)에 딸린 원예용(園藝用) 불상화(佛桑花)를 통틀어 이르는 말. 무궁화·부용 등이 있음.
히스타민(histamine) 명 동물의 조직에 있는 화학 물질. 보통 때는 불활성 상태로 있으나 상처나 약으로 말미암아 활성화하여 가려움이나 통증, 기관지 수축 등의 알레르기 증세의 원인이 됨.
히스테리(Hysterie 독) 명 ①신경증의 한 가지. 정신적인 원인으로 운동 마비와 경련 등 신체의 이상이나 건망(健忘) 등 정신 상태의 이상이 일어남. ②일시적인 병적 흥분 상태를 이르는 말.
히스테릭-하다(hysteric─) 형여 병적인 흥분 상태에 있다. ¶히스테릭한 반응을 나타내다.
히스토그램(histogram) 명 통계에서, 도수 분포(度數分布)를 나타내는 막대 모양의 그래프.
히스티딘(histidine) 명 아미노산의 한 가지. 여러 가지 단백질에 들어 있는데, 헤모글로빈에 가장 많이 들어 있음. 부패·발효하면 히스타민이 됨.
히아신스(∠hyacinth) 명 백합과의 여러해살이풀. 비늘줄기에서 다육질의 가늘고 긴 잎이 무더기로 나며, 초봄에 잎 사이에서 꽃줄기가 자라 보라·노랑·빨강 등 여러 빛깔의 꽃이 핌. 지중해 연안이 원산임.
히읗 명 〈어〉한글 자모(字母) 'ㅎ'의 이름.
히죽 부 흐뭇한 얼굴로 슬며시 웃는 모양을 나타내는 말. 히죽이 ☞해죽. 히쭉
히죽-거리다(대다) 자 히죽히죽 웃다. ☞해죽거리다[1]
히죽-이 부 히죽 ☞해죽이. 히쭉이
히죽-히죽 부 흐뭇한 얼굴로 슬며시 자꾸 웃는 모양을 나타내는 말. ☞해죽해죽. 히쭉히쭉
히쭉 부 매우 흐뭇한 얼굴로 슬며시 웃는 모양을 나타내는 말. 히쭉이 ☞해쭉. 히죽
히쭉-거리다(대다) 자 히쭉히쭉 웃다. ☞해쭉거리다. 히죽거리다
히쭉-이 부 히쭉 ☞해쭉이. 히죽이
히쭉-히쭉 부 매우 흐뭇한 얼굴로 슬며시 자꾸 웃는 모양을 나타내는 말. ☞해쭉해쭉. 히죽히죽

ㅎ

히:터(heater) 명 ①난방 장치 ②가열기. 발열기
히트(hit) 명 -하다 자 ①안타(安打) ②권투에서, 펀치가 명중하는 일. ③새로 내놓은 상품이나 영화·음반 등이 크게 인기를 얻는 일.
히트바이피치트(hit by pitched) 명 야구에서, 투수가 던진 공이 타자의 몸에 닿는 일. 사구(死球)
히트송(hit song) 명 크게 인기를 끈 노래. 흔히, 대중 가요 따위에서 이르는 말.
히트앤드런(hit-and-run) 명 야구에서, 타자와 주자가 미리 약속을 하여 투수가 투구 동작을 하자마자 주자는 다음 누(壘)로 달리고 타자는 공을 치는 공격법.
히포콘드리(Hypochondrie 독) 명 심기증(心氣症)
히피(hippie) 명 전통이나 제도 등 이전의 가치관에 얽매인 사회 생활을 부정하는 젊은이들. 1960년대에 미국에서 생겨나 온 세계에 번졌음.
히히 부 남을 놀리듯이 치신없이 웃는 소리를 나타내는 말. ☞해해. 헤헤
히히-거리다(대다) 자 자꾸 히히 웃다. ☞해해거리다. 헤헤거리다
히히히 부 ①쑥스러워 멋쩍게 웃는 소리를 나타내는 말. ②장난기 어린 웃음소리를 나타내는 말.
힌두-교(Hindu敎) 명 인도 전래의 신앙과 관습에 바라문교가 융합된 인도의 민족 종교. 브라마·비슈누·시바의 세 주신(主神)을 중심으로 하는 다신교로, 윤회의 세계로부터 해탈함을 이상으로 삼음. 인도교
힌디-어(Hindi語) 명 인도게르만 어족(語族) 인도 어파에 딸린 언어를 통틀어 이르는 말. 인도 공화국의 공용어(公用語)이며, 문자는 범자(梵字)를 사용함.
힌트(hint) 명 암시(暗示). 귀띔
힐거(詰拒) 명 -하다 자 비난하여 맞서 겨룸. 힐항(詰抗)
힐금 부 살피려는듯이 곁눈으로 잠깐 한 번 보는 모양을 나타내는 말. ☞핼금. 흘금
힐금-거리다(대다) 자 힐금힐금 보다. ☞핼금거리다. 흘금거리다
힐금-힐금 부 살피려는듯이 곁눈으로 잠깐씩 자꾸 보는 모양을 나타내는 말. ☞핼금핼금. 흘금흘금
힐긋 부 살피려는듯이 곁눈으로 재빨리 한 번 보는 모양을 나타내는 말. ☞핼긋. 흘긋. 힐끗
힐긋-거리다(대다) [─귿─] 자 힐긋힐긋 보다. ☞핼긋거리다. 흘긋거리다. 힐끗거리다
힐긋-힐긋 [─귿─] 부 살피려는듯이 곁눈으로 재빨리 자꾸 보는 모양을 나타내는 말. ☞핼긋핼긋. 흘긋흘긋. 힐끗힐끗
힐끔 부 살피려는듯이 곁눈으로 얼른 한 번 보는 모양을 나타내는 말. ☞핼끔. 흘끔. 힐금
힐끔-거리다(대다) 자 힐끔힐끔 보다. ☞핼끔거리다. 흘끔거리다. 힐금거리다
힐끔-힐끔 부 살피려는듯이 곁눈으로 얼른 자꾸 보는 모양을 나타내는 말. ☞핼끔핼끔. 힐금힐금
힐끗 부 살피려는듯이 곁눈으로 언뜻 한 번 보는 모양을 나타내는 말. ☞핼끗. 흘끗. 힐긋
힐끗-거리다(대다) [─끋─] 자 힐끗힐끗 보다. ☞핼끗거리다. 흘끗거리다. 힐긋거리다
힐끗-힐끗 [─끋─] 부 살피려는듯이 곁눈으로 언뜻 자꾸 보는 모양을 나타내는 말. ☞핼끗핼끗. 흘끗흘끗. 힐긋힐긋
힐난(詰難) 명 -하다 타 캐고 따져서 비난함.
힐단(詰旦) [─딴] 명 힐조(詰朝)
힐문(詰問) 명 -하다 타 꾸짖으며 따져 물음. 유 책문(責問)
힐조(詰朝) [─쪼] 명 ①이른 아침. ②이튿날 아침. 명조(明朝)[1]. 힐단(詰旦)
힐주(詰誅) [─쭈] 명 -하다 타 죄를 따져 처벌함.
힐책(詰責) 명 -하다 타 잘못을 따져서 꾸짖음.
힐척(詰斥) 명 -하다 타 꾸짖어 물리침.
힐항(詰抗) 명 -하다 자 힐거(詰拒)
힘 명 ①사람이나 동물이 스스로 움직이거나 또는 다른 물건을 움직일 수 있는 근육의 작용, 또는 그 세기. ¶─이 세다./─을 내다./─이 빠지다. ②스스로 움직이거나

다른 물건을 움직이거나 하는 원인이 되는 작용. ¶조수의 -을 이용한 발전 방식./바람의 -을 이용한 동력 장치. ③물체의 모양을 변형하거나 움직이고 있는 물체의 빠르기를 바꾸어 놓은 원인이 되는 작용. ④무슨 일을 하는 데 도움이 되거나 의지가 되는 것. ¶돈의 -으로 체면을 지키다니./학벌의 -을 빌려 취직을 하려 한다. ⑤어떤 사물에 대하여 보람을 나타내는 작용. 효력 ¶진통제의 -으로 통증을 잊고 있다./찬조 연설의 -으로 지지율이 높아졌다. ⑥ 무슨 일을 할 수 있는 작용. ¶아는 것이 -이다./그가 맡은 일이 -에 겨운듯 하다./어린아이에게는 -에 부치는 일이다. ⑦ 남을 다스리거나 복종하게 하는 작용. ¶군주의 막강한 -. ⑧난폭한 행동이나 주먹심. ¶대화보다 -으로 해결하려 한다.

속담 **힘 많은 소가 왕 노릇 하나** : 큰일을 이루는 것은 힘만으로는 안 되고, 지략(智略)도 있어야 한다는 말.

힘에 부치다 관용 무슨 일을 감당하기에 자기의 능력이 모자라다.

힘(을) 내다 관용 꾸준히 힘을 써서 일을 하다.

힘을 빌리다 관용 다른 사람의 도움을 얻다.

힘(을) 빼물다 관용 힘이 센체 하다. 짐짓 힘이 있는듯 한 태도를 나타내다.

힘(이) 닿다 관용 힘이 미치다. ¶힘이 닿는 데까지는 돌보아 주어야 한다.

한자 **힘 력**(力)〔力部〕¶국력(國力)/동력(動力)/압력(壓力)/재력(財力)/체력(體力)

힘-겨룸 명 -하다 자 힘이 세고 여림을 겨루는 일.

힘-겹다(-겹고·-겨워) 형ㅂ 무슨 일을 이루거나 이겨내기에 힘에 부치다. ¶힘겨운 일을 끈기로 해내다.

힘-껏 부 있는 힘을 다하여. 힘이 미치는 데까지. ¶바위를 - 밀어 보다./- 도와 주다.

힘-꼴 명 '힘'을 얕잡아 이르는 말.

힘꼴이나 쓰다 관용 힘깨나 쓰다. ¶힘꼴이나 쓴다고 으스대다.

힘-들다(-들고·-드니) 자 힘이 쓰이다. 마음이 쓰이다. ¶힘드는 일은 서로 도와서 한다.
형 해내기에 어렵다. ¶워낙 일의 양이 많아서 하루 동안에 끝내기는 힘들겠다.

힘-들이다 자 힘을 쓰다. 마음을 기울이다. ¶힘들여 가꾼 작물을 거두어들이다.

힘-력(-力) 명 한자 부수(部首)의 한 가지. '加'·'努'·'助' 등에서 '力'의 이름.

힘살[-쌀] 명 근육(筋肉)

힘-세다 형 힘이 많다. ¶힘센 황소.

힘-쓰다 타 ①힘을 들여서 하다. ②애를 쓰다. ¶지역 개발에 -. ③어떤 일에 도움을 주다. ¶이웃을 위해 -.

한자 **힘쓸 노**(努)〔力部 5획〕¶노력(努力)
힘쓸 려(勵)〔力部 15획〕¶면려(勉勵) ▷ 속자는 励
힘쓸 면(勉)〔力部 7획〕¶근면(勤勉)/면학(勉學)

힘-없:다[-업-] 형 ①무슨 일을 해낼 능력이 없다. ②권세나 재력 등이 없다. ¶힘없는 백성.

힘-입다[-닙-] 자 남의 도움을 받다. 혜택을 입다. ¶정부의 지원에 힘입어 수해 복구 작업이 순조롭다.

힘-주다 자 ①힘을 한곳으로 몰다. ¶밧줄을 힘주어 당기다. ②어떠한 일이나 말을 강조하다. ¶힘주어 말하다.

힘-줄[-쭐] 명 ①힘살의 바탕이 되는 질긴 살의 줄. 건(腱). 근(筋) ¶-이 늘어졌다. 변 심줄 ②'핏줄'을 달리 이르는 말.

한자 **힘줄 근**(筋)〔竹部 6획〕¶근골(筋骨)/근력(筋力)/근맥(筋脈)/근섬유(筋纖維)/근육(筋肉)

힘줌-말 명〈어〉강세어(強勢語)

힘-지다 형 ①힘이 실리다. ¶그의 힘진 호소에 청중은 한결같이 감동했다. ②힘이 들만 하다. ¶저 일은 어린아이에게 힘진 일이다.

힘-차다 형 ①힘이 세차다. ¶힘찬 걸음걸이. ②힘에 겹다. ¶오랜만의 산행(山行)이라 꽤 -.

힙합(hiphop) 명 새로운 문화를 창조하려는 젊은이들 사이에 유행하는 자유롭고 즉흥적인 춤과 음악을 통틀어 이르는 말. 1980년대 초 미국의 흑인 빈민들의 거리 음악에서 시작함.

힝[1] 부 코를 세게 푸는 소리를 나타내는 말. ☞흥[1]

힝[2] 감 아니꼬워서 코로 비웃는 소리.

힝그럭 명 유엽전(柳葉箭)의 살촉.

힝둥-새 명 할미샛과의 나그네새. 몸길이 15cm 안팎. 모양은 밭종다리와 비슷하며 가슴에서 옆구리까지 검은 세로무늬가 있음. 동북 아시아에 분포함.

자 모

ㄱ [기역] 자모 한글 기본 자모(字母) 스물넉 자 중의 첫째 글자. 음절(音節) 구성에서 첫소리나 끝소리로 쓰임. 자음(子音)으로서 그 음가(音價)는 음절 첫소리인 경우 '기'의 'ㄱ'과 같고, 음절 끝소리〔받침〕인 경우 '역'의 'ㄱ'과 같음. 발음할 때는 음절 첫소리인 경우 혀뿌리를 여린입천장에 대고 소리내기를 시작하기 때문에 연구개음(軟口蓋音)이라 하며, 음절 첫소리에서는 파열음(破裂音)이 되고, 받침에서는 폐쇄음(閉鎖音)이 됨.

ㄴ [니은] 자모 한글 기본 자모(字母) 스물넉 자 중의 둘째 글자. 음절(音節) 구성에서 첫소리나 끝소리로 쓰임. 자음(子音)으로서 그 음가(音價)는 음절 첫소리인 경우 '니'의 'ㄴ'과 같고, 음절 끝소리〔받침〕인 경우 '은'의 'ㄴ'과 같음. 발음할 때는 음절 첫소리인 경우 혀끝을 윗잇몸에 대고 소리내기를 시작하기 때문에 치조음(齒槽音)이라 함.

ㄷ [디귿] 자모 한글 기본 자모(字母) 스물넉 자 중의 셋째 글자. 음절(音節) 구성에서 첫소리나 끝소리로 쓰임. 자음(子音)으로서 그 음가(音價)는 음절 첫소리인 경우 '디'의 'ㄷ'과 같고, 음절 끝소리〔받침〕인 경우 '귿'의 'ㄷ'과 같음. 발음할 때는 음절 첫소리인 경우 혀끝을 윗잇몸에 대고 소리내기를 시작하기 때문에 치조음(齒槽音)이라 함. 음절 첫소리에서는 막은 상태에서 모음(母音)을 만나 터뜨리기 때문에 파열음(破裂音)이 되고, 받침에서는 폐쇄음(閉鎖音)이 됨.

ㄹ [리을] 자모 한글 기본 자모(字母) 스물넉 자 중의 넷째 글자. 음절(音節) 구성에서 첫소리나 끝소리로 쓰임. 자음(子音)으로서 그 음가(音價)는 음절 첫소리인 경우 '리'의 'ㄹ'과 같고, 음절 끝소리〔받침〕인 경우 '을'의 'ㄹ'과 같음. 발음할 때는 음절 첫소리인 경우 혀끝을 윗잇몸에 붙였다가 떼기 때문에 설전음(舌顫音)이라 하며, 받침에서는 혀끝을 윗잇몸에 대고 양 옆으로 소리를 내보내기 때문에 설측음(舌側音)이 됨.

ㅁ [미음] 자모 한글 기본 자모(字母) 스물넉 자 중의 다섯째 글자. 음절(音節) 구성에서 첫소리나 끝소리로 쓰임. 자음(子音)으로서 그 음가(音價)는 음절 첫소리인 경우 '미'의 'ㅁ'과 같고, 음절 끝소리〔받침〕인 경우 '음'의 'ㅁ'과 같음. 발음할 때는 음절 첫소리인 경우 두 입술을 붙이고 콧구멍으로 숨을 내보내기 때문에 양순 통비음(兩脣通鼻音)이라 함.

ㅂ [비읍] 자모 한글 기본 자모(字母) 스물넉 자 중의 여섯째 글자. 음절(音節) 구성에서 첫소리나 끝소리로 쓰임. 자음(子音)으로서 그 음가(音價)는 음절 첫소리인 경우 '비'의 'ㅂ'과 같고, 음절 끝소리〔받침〕인 경우 '읍'의 'ㅂ'과 같음. 발음할 때는 음절 첫소리인 경우 두 입술을 다물었다가 터뜨리는 소리이기 때문에 양순 파열음(兩脣破裂音)이라 하며, 받침에서는 양순 폐쇄음(兩脣閉鎖音)이 됨.

ㅅ [시옷] 자모 한글 기본 자모(字母) 스물넉 자 중의 일곱째 글자. 음절(音節) 구성에서 첫소리나 끝소리로 쓰임. 자음(子音)으로서 그 음가(音價)는 음절 첫소리인 경우 '시'의 'ㅅ'과 같고, 음절 끝소리〔받침〕인 경우 '옷'의 'ㅅ'과 같음. 발음할 때는 음절 첫소리인 경우 혀끝을 윗잇몸에 대고 좁은 사이로 숨을 내보내기 때문에 치조 마찰음(齒槽摩擦音)이라 하며, 받침에서는 폐쇄음(閉鎖音)이 됨.

ㅇ [이응] 자모 한글 기본 자모(字母) 스물넉 자 중의 여덟째 글자. 음절(音節) 구성에서 첫소리나 끝소리로 쓰임. 자음(子音)으로서 그 음가(音價)는 음절 첫소리인 경우 '이'의 'ㅇ'과 같고, 음절 끝소리〔받침〕인 경우 '응'의 받침 소리 'ㅇ'과 같음. 발음할 때는 음절 첫소리인 경우 입안에서 아무런 장애도 받지 않기 때문에 영자음(零子音)이라 하기도 함. 음절 구성을 위해서는 반드시 있어야 하는 자음임. 받침에서는 혀뿌리를 여린입천장에 대고 소리를 내어 코로 숨을 내보내기 때문에 연구개 통비음(軟口蓋通鼻音)〔ŋ〕이라 함.

ㅈ [지읒] 자모 한글 기본 자모(字母) 스물넉 자 중의 아홉째 글자. 음절(音節) 구성에서 첫소리나 끝소리로 쓰임. 자음(子音)으로서 그 음가(音價)는 음절 첫소리인 경우 '지'의 'ㅈ'과 같고, 음절 끝소리〔받침〕인 경우 '읒'의 'ㅈ'과 같음. 발음할 때는 음절 첫소리인 경우 혀의 앞부분을 센입천장에 대고 밀치는 소리이기 때문에 구개 파찰음(口蓋破擦音)이라 하며, 받침에서는 폐쇄음(閉鎖音)이 됨.

ㅊ [치읓] 자모 한글 기본 자모(字母) 스물넉 자 중의 열째 글자. 음절(音節) 구성에서 첫소리나 끝소리로 쓰임. 자음(子音)으로서 그 음가(音價)는 음절 첫소리인 경우 '치'의 'ㅊ'과 같고, 음절 끝소리〔받침〕인 경우 '읓'의 'ㅊ'과 같음. 발음할 때는 음절 첫소리인 경우 혀의 가운데 바닥을 입천장에 붙이고 목젖으로 콧길을 막았다가 숨을 불어 내면서 혓바닥을 뗄 때 나는 소리이기 때문에 구개 파찰음(口蓋破擦音)이라 하며, 받침에서는 폐쇄음(閉鎖音)이 됨.

ㅋ [키읔] 자모 한글 기본 자모(字母) 스물넉 자 중의 열한째 글자. 음절(音節) 구성에서 첫소리나 끝소리로 쓰임. 자음(子音)으로서 그 음가(音價)는 음절 첫소리인 경우 '키'의 'ㅋ'과 같고, 음절 끝소리〔받침〕인 경우 '읔'의 'ㅋ'과 같음. 발음할 때는 음절 첫소리인 경우 목젖으로 콧길을 막고 혀뿌리를 높여 여린입천장 뒤쪽에 붙였다 떼면서 거세게 숨을 내쉬면서 내는 소리이기 때문에 연구개 파열음(軟口蓋破裂音)이라 하며, 받침에서는 폐쇄음(閉鎖音)이 됨.

ㅌ [티읕] 자모 한글 기본 자모(字母) 스물넉 자 중의 열두째 글자. 음절(音節) 구성에서 첫소리나 끝소리로 쓰임. 자음(子音)으로서 그 음가(音價)는 음절 첫소리인 경우 '티'의 'ㅌ'과 같고, 음절 끝소리〔받침〕인 경우 '읕'의 'ㅌ'과 같음. 발음할 때는 음절 첫소리인 경우 목젖으로 콧길을 막고 혀끝을 윗잇몸에 대어 숨을 불어 내면서 거세게 터뜨려 내는 소리이기 때문에 치조 파열음(齒槽破裂音)이라 하며, 받침에서는 폐쇄음(閉鎖音)이 됨.

ㅍ [피읖] 자모 한글 기본 자모(字母) 스물넉 자 중의 열셋째 글자. 음절(音節) 구성에서 첫소리나 끝소리로 쓰임. 자음(子音)으로서 그 음가(音價)는 음절 첫소리인 경우

'피'의 'ㅍ'과 같고, 음절 끝소리[받침]인 경우 '읖'의 'ㅍ'과 같음. 발음할 때는 음절 첫소리인 경우 목젖으로 콧길을 막고 입술을 다물어 숨길을 막았다가 떼면서 거세게 터뜨려 내는 소리이기 때문에 양순 파열음(兩脣破裂音)이라 하며, 받침에서는 폐쇄음(閉鎖音)이 됨.

ㅎ [히읗] 자모 한글 기본 자모(字母) 스물넉 자 중의 열넷째 글자. 음절(音節) 구성에서 첫소리나 끝소리로 쓰임. 자음(子音)으로서 그 음가(音價)는 음절 첫소리인 경우 '히'의 'ㅎ'과 같고, 음절 끝소리[받침]인 경우 '읗'의 'ㅎ'과 같음. 발음할 때는 음절 첫소리인 경우 목청을 좁히어 숨을 내쉴 때 마찰되어 나오는 소리이기 때문에 마찰음(摩擦音)이라 하며, 받침에서는 폐쇄음(閉鎖音)이 됨.

ㅏ [아] 자모 한글 기본 자모(字母) 스물넉 자 중의 열다섯째 글자. 모음(母音)으로서 음절(音節) 구성에서 중심인 가운뎃소리가 됨. 따라서 홀로는 쓰이지 못하고 첫소리와 더불어 쓰임. 음가(音價)는 이름의 발음과 같음.

ㅑ [야] 자모 한글 기본 자모(字母) 스물넉 자 중의 열여섯째 글자. 모음(母音)으로서 음절(音節) 구성에서 중심인 가운뎃소리가 됨. 음가(音價)는 이름의 발음과 같음.

ㅓ [어] 자모 한글 기본 자모(字母) 스물넉 자 중의 열일곱째 글자. 모음(母音)으로서 음절(音節) 구성에서 중심인 가운뎃소리가 됨. 음가(音價)는 이름의 발음과 같음.

ㅕ [여] 자모 한글 기본 자모(字母) 스물넉 자 중의 열여덟째 글자. 모음(母音)으로서 음절(音節) 구성에서 중심인 가운뎃소리가 됨. 음가(音價)는 이름의 발음과 같음.

ㅗ [오] 자모 한글 기본 자모(字母) 스물넉 자 중의 열아홉째 글자. 모음(母音)으로서 음절(音節) 구성에서 중심인 가운뎃소리가 됨. 음가(音價)는 이름의 발음과 같음.

ㅛ [요] 자모 한글 기본 자모(字母) 스물넉 자 중의 스무째 글자. 모음(母音)으로서 음절(音節) 구성에서 중심인 가운뎃소리가 됨. 음가(音價)는 이름의 발음과 같음.

ㅜ [우] 자모 한글 기본 자모(字母) 스물넉 자 중의 스물한째 글자. 모음(母音)으로서 음절(音節) 구성에서 중심인 가운뎃소리가 됨. 음가(音價)는 이름의 발음과 같음.

ㅠ [유] 자모 한글 기본 자모(字母) 스물넉 자 중의 스물두째 글자. 모음(母音)으로서 음절(音節) 구성에서 중심인 가운뎃소리가 됨. 음가(音價)는 이름의 발음과 같음.

ㅡ [으] 자모 한글 기본 자모(字母) 스물넉 자 중의 스물셋째 글자. 모음(母音)으로서 음절(音節) 구성에서 중심인 가운뎃소리가 됨. 음가(音價)는 이름의 발음과 같음.

ㅣ [이] 자모 한글 기본 자모(字母) 스물넉 자 중의 스물넷째 글자. 모음(母音)으로서 음절(音節) 구성에서 중심인 가운뎃소리가 됨. 음가(音價)는 이름의 발음과 같음. 다른 모음(母音) 자모에 뒤따라 쓰일 경우에는 앞선 모음과 어울려 한 덩이를 이룸.

ㄲ [쌍기역] 자모 복합 자모(複合字母)의 하나. 'ㄱ'음의 된소리로, 음절(音節) 구성에서 첫소리나 끝소리로 쓰임. 발음할 때는 음절 첫소리인 경우 혀뿌리를 여린입천장에 대고 소리내기를 시작하기 때문에 연구개음(軟口蓋音)이라 하며, 음절 첫소리에서는 파열음(破裂音)이 되고 받침에서는 폐쇄음(閉鎖音)이 됨.

ㄸ [쌍디귿] 자모 복합 자모(複合字母)의 하나. 'ㄷ'음의 된소리로, 음절(音節) 구성에서 첫소리로만 쓰임. 발음은 혀끝을 윗잇몸에 대고 소리내기를 시작하기 때문에 치조음(齒槽音)이라 하며, 음절 첫소리에서 모음(母音)을 만나 막은 상태에서 터뜨리기 때문에 파열음(破裂音)이 됨.

ㅃ [쌍비읍] 자모 복합 자모(複合字母)의 하나. 'ㅂ'음의 된소리로, 음절(音節) 구성에서 첫소리로만 쓰임. 발음은 두 입술을 다물었다가 터뜨리는 소리이기 때문에 양순 파열음(兩脣破裂音)이라 함.

ㅆ [쌍시옷] 자모 복합 자모(複合字母)의 하나. 'ㅅ'음의 된소리로, 음절(音節) 구성에서 첫소리나 끝소리로 쓰임. 발음할 때는 음절 첫소리인 경우 혀끝을 윗잇몸에 대고 좁은 사이로 숨을 내보내기 때문에 치조 마찰음(齒槽摩擦音)이라 하며, 받침에서는 폐쇄음(閉鎖音)이 됨.

ㅉ [쌍지읒] 자모 복합 자모(複合字母)의 하나. 'ㅈ'음의 된소리로, 음절(音節) 구성에서 첫소리로만 쓰임. 발음은 혀의 앞부분을 센입천장에 대고 밀치는 소리이기 때문에 구개 파찰음(口蓋破擦音)이라 함.

ㅐ [애] 자모 복합 자모(複合字母)의 하나. 'ㅏ'와 'ㅣ'가 합하여 된 자모로 음가(音價)는 자모 이름의 발음과 같음. 글자 모양으로는 겹이지만 소리는 단모음(單母音)임.

ㅒ [얘] 자모 복합 자모(複合字母)의 하나. 'ㅑ'와 'ㅣ'가 합하여 된 자모로 음가(音價)는 자모 이름의 발음과 같음. 글자 모양이 겹인 것처럼 소리도 이중 모음임.

ㅔ [에] 자모 복합 자모(複合字母)의 하나. 'ㅓ'와 'ㅣ'가 합하여 된 자모로 음가(音價)는 자모 이름의 발음과 같음. 글자 모양으로는 겹이지만 소리는 단모음(單母音)임.

ㅖ [예] 자모 복합 자모(複合字母)의 하나. 'ㅕ'와 'ㅣ'가 합하여 된 자모로 음가(音價)는 자모 이름의 발음과 같음. 글자 모양이 겹인 것처럼 소리도 이중 모음임.

ㅘ [와] 자모 복합 자모(複合字母)의 하나. 'ㅗ'와 'ㅏ'가 합하여 된 자모로 음가(音價)는 자모 이름의 발음과 같음. 글자 모양이 겹인 것처럼 소리도 이중 모음임.

ㅙ [왜] 자모 복합 자모(複合字母)의 하나. 'ㅘ'와 'ㅣ'가 합하여 된 자모로 음가(音價)는 자모 이름의 발음과 같음. 삼중 모음(三重母音)이라 하기도 하나 결국 이중 모음(二重母音)임.

ㅚ [외] 자모 복합 자모(複合字母)의 하나. 'ㅗ'와 'ㅣ'가 합하여 된 자모로 음가(音價)는 자모 이름의 발음과 같음. 단모음(單母音)으로 발음함이 원칙이나 이중 모음(二重母音)으로도 발음됨.

ㅝ [워] 자모 복합 자모(複合字母)의 하나. 'ㅜ'와 'ㅓ'가 합하여 된 자모로 음가(音價)는 자모 이름의 발음과 같음. 글자 모양이 겹인 것처럼 소리도 이중 모음임.

ㅞ [웨] 자모 복합 자모(複合字母)의 하나. 'ㅝ'와 'ㅣ'가 합하여 된 자모로 음가(音價)는 자모 이름의 발음과 같음. 글자 모양이 겹인 것처럼 소리도 이중 모음임.

ㅟ [위] 자모 복합 자모(複合字母)의 하나. 'ㅜ'와 'ㅣ'가 합하여 된 자모로 음가(音價)는 자모 이름의 발음과 같음. 단모음(單母音)으로 발음함이 원칙이나 이중 모음(二重母音)으로도 발음됨.

ㅢ [의] 자모 복합 자모(複合字母)의 하나. 'ㅡ'와 'ㅣ'가 합하여 된 자모로 음가(音價)는 자모 이름의 발음과 같음. 글자 모양이 겹인 것처럼 소리도 이중 모음임.

고어(古語)

일러두기

일 러 두 기

1. 편찬 방침(編纂方針)

(1) 이 고어편(古語編)은 고등 학교의 고전 학습과 대학 과정의 고전 강독(講讀) 등에 필요한 고어들을 채록한 것이다.

(2) 구성은 표제어에 대한 뜻과 다양한 용례를 보이는 것으로 되어 있다.

(3) 표제어에 따른 용례는 되도록 연대(年代)의 폭을 넓게 잡아 여러 문헌에서 채록하였다.

2. 표제어(標題語)

(1) 이 고어편에는 순수한 고유어만 표제어로 삼되 실질어(實質語)만 가려 실었다.

(2) 표기가 현대어와 같거나 현대어와 유사한 단어는 싣지 않았다.

(3) 표제어의 배열은 옛 자모 배열 순서에 따랐다. 품사별로는 명사·대명사·수사·동사·형용사·관형사·부사·감탄사 순으로 정리하였다.

3. 자모(字母) 배열 순서

(1) **초성**(初聲): ㄱ ㄲ ㄴ ㅥ ㄷ ㄸ ㄹ ㅁ ㅂ ㅲ ㅳ ㅃ ㅄ ㅴ ㅵ ㅶ ㅷ ㅸ ㅅ ㅺ ㅼ ㅽ ㅆ ㅾ ㅿ ㆁ ㅇ ㆀ ㅈ ㅉ ㅊ ㅋ ㅌ ㅍ ㅎ ㆅ ㆆ

(2) **중성**(中聲): ㅏ ㅐ ㅑ ㅒ ㅓ ㅔ ㅕ ㅖ ㅗ ㅘ ㅙ ㅚ ㅛ ㆈ ㅜ ㅝ ㅞ ㅟ ㅠ ㆌ ㅡ ㅢ ㅣ ㆍ ㆎ

(3) **종성**(終聲): ㄱ ㄳ ㄴ ㅦ ㅧ ㅨ ㄷ ㄹ ㄺ ㅪ ㅫ ㄻ ㄼ ㄽ ㅭ ㄿ ㅀ ㅁ ㅮ ㅯ ㅰ ㅂ ㅄ ㅅ ㅿ ㆁ ㅇ ㆂ ㅈ ㅊ ㅌ ㅍ

4. 표제어의 표기(表記)

(1) 표제어(標題語)는 옛 전적(典籍)에 기록된 표기대로 실음을 원칙으로 삼았다.

[예] **가·ᄀᆞ기**[부] 갑자기 ¶가ᄀᆞ기 주거: 卒死(救急 上 24). 가ᄀᆞ기 비야미 가마: 卒爲蛇繞(救急 下 79).

가·그·기[부] 갑자기 ¶가그기 브레 ᄣᅬ면 즉재 주그리라: 便將火炙卽死(救簡 1: 77). ᄯᅩ 갓가이 가 가그기 브르디 마롤디니: 亦不得近前急喚(救簡 1: 82).

(2) **체언**(體言)

체언 표제어는 독립형(獨立形), 조사와 연철(連綴)된 어형, 첨용(添用)된 형태 등을 두루 실었다.

[예] **·ᄀᆞ·ᄆᆞᆯ**[명] 가물. 가뭄 ¶ᄀᆞᄆᆞ래 아니 그츨씨: 旱亦不竭(龍歌 2章). ᄀᆞᄆᆞᆳ 難이어나 ᄒᆞ거든(釋譜 9: 33).

놀[명] 노루 ¶죨애山 두 놀이 ᄒᆞᆫ 사래 ᄢᅦ니: 照浦二麞一箭俱徹(龍歌 43章).

남·ᄀᆞᆫ[명] 나무는 (독)나모 ¶불휘 기픈 남ᄀᆞᆫ: 根深之木(龍歌 2章).

아ᇫ·ᄋᆡ[명] 아우의 (독)아ᅀᆞ ¶平陰엣 音信이 갓가이 이시니 아ᇫᄋᆡ 사라슈믈 아ᅀᆞ라히 ᄃᆞᆺ노라: 近有平陰信遙憐舍弟存(初杜解 8: 35).

놀릐[명] 노루의 (독)놀 ¶놀릐 고기: 獐子肉(譯解 上 50). 놀릐 삿기: 獐羔(同文解 下 39).

:쇠[명] ①소가 (독)쇼 ¶소곰므를 ᄂᆞ치 ᄇᆞᄅᆞ면 쇠 할ᄒᆞ리라: 鹽汁塗面上牛卽肯舐(救簡 1: 43). ②소의 (독)쇼 ¶쇠 자곡과 큰 바ᄅᆞᆯ 엇데 마초아 혜리오 ᄒᆞ니라: 牛跡巨海何可校量(圓覺 下 二之一 64). ᄯᅩ 쇠소리 ᄒᆞ거든: 或作牛聲(救簡 1: 93).

(3) **용언**(用言)

용언 표제어는 기본형·활용형 등을 두루 실었다.

[예] **가ᄇᆡ얍다**[형] 가볍다 ¶ᄂᆞ려오디 아니ᄒᆞᄂᆞᆫ ᄀᆞᆯ며기ᄂᆞᆫ 가ᄇᆡ야오며 가ᄇᆡ얍도다: 輕輕不下鷗(重杜解 14: 8).

가싀다[동] ①가시다. 변하다 ¶님 向ᄒᆞᆫ 一片丹心이야 가실 줄이 이시랴(古時調. 鄭夢周. 이 몸이. 靑丘). ②씻다 ¶가싀다: 洗淨(漢淸 8: 52).

굽거신[형] 굽으신 ¶福智 俱足ᄒᆞ샤 브르거신 비예 紅鞓 계우샤 굽거신 허리예(樂範. 處容歌).

5. 방점(傍點)

(1) 원전(原典)에 방점이 있는 단어는 표제어에 방점을 찍었다.

예 **:간·ᄎᆞ랍·다**형 단출하다 ¶간ᄎᆞ라오며 므거우며 : 簡重(宣賜內訓 3 : 16).

가·린·길명 갈림길 ¶淸淨ᄒᆞᆫ 比丘와 모ᄃᆞᆫ 菩薩이 가린길헤 行ᄒᆞ매 生草ᄅᆞᆯ ᄇᆞᆲ디 아니커니(楞解 6 : 96).

(2) 방점이 있는 용언(用言)의 활용형(活用形)을 기본형(基本形)으로 고쳐 실을 경우에는 어미(語尾) '-다'에 거성점(去聲點)을 찍었다.

예 **가르ᄠᅳ·다**동 가로 타다. 두 갈래로 하다. ¶쏘 비단으로 드르 두 녁 가르ᄠᅡ ᄃᆞᆯ모기 ᄃᆞ론 갇애 : 又有紵絲剛叉帽兒(飜老 下 52).

가·ᄇᆡ얍·다형 가볍다 ¶가ᄇᆡ야온 듣틀이 보ᄃᆞ라온 플에 븓터슘 ᄀᆞᄐᆞ니 : 如輕塵棲弱草耳(飜小 9 : 63).

(3) 용례(用例)에는 방점을 찍지 않았다.

6. 용례와 출전(出典) 표시

(1) 표제어의 용례는 여러 전적(典籍)에서 채록하여 시대순으로 배열하였다.

(2) 용례는 원전(原典)대로 수록하되, 이용자의 편의를 고려하여 적절히 띄어 썼다.

(3) 언해본(諺解本)의 용례는 해당 한자 부분도 함께 인용하였다.

(4) 용례 끝에는 전적을 약어(略語)로 표시하였다. 경우에 따라서는 작품명을 밝혀 놓기도 하였다.

(5) 고시조(古時調)의 용례가 작품의 중장(中章)이나 종장(終章)인 경우 그 초장(初章) 첫 구절을 밝혀 놓았다.

예 **바잔이다**동 바장이다 ¶이 몸이 精衛鳥 갓타여 바잔일만 ᄒᆞ노라(古時調. 徐益. 이 뫼흘. 靑丘). 十二欄干 바잔이며 님 계신 듸 ᄇᆞᆯ아보니(古時調. 朴文郁. 갈 제는. 靑丘).

7. 음운 변천(音韻變遷)과 첨용(添用)

(1) 고어(古語)의 음운 변천(音韻變遷) 과정을 용례 끝에 보였다.

예 **받ᄌᆞᄫᅡ**동 받자와. 받드와. 바치와 ⑦받즙다 ¶부텨 威神ᄋᆞᆯ 받ᄌᆞᄫᅡ 이 經을 너비 불어(月釋 21 : 61).

※ 받ᄌᆞᄫᅡ>받ᄌᆞ와>받자와

가·ᅀᆞ멸·다형 가멸다. 부(富)하다. 부요(富饒)하다 ¶가ᅀᆞ며러 布施도 만히 ᄒᆞ더니(釋譜 6 : 12). …

※ 가ᅀᆞ멸다>가ᄋᆞ멸다>가멸다

(2) 용언(用言)의 활용형(活用形)을 용례 끝에 보였다.

예 **받ᄌᆞᆸ·다**동 ①받들어 바치다. ¶慶爵ᄋᆞᆯ 받ᄌᆞᄫᆞ니이다 : 共獻慶爵(龍歌 63章). … ②받잡다. 받들다 ¶부텨 威神ᄋᆞᆯ 받ᄌᆞᄫᅡ 이 經을 너비 불어(月釋 21 : 61).

※ '받ᄌᆞᆸ다'의 활용 [받ᄌᆞᆸ고/받ᄌᆞᆸᄂᆞ이다… / 받ᄌᆞᄫᅡ/받ᄌᆞᄫᆞ며…]

(3) 체언(體言)의 첨용 형태(添用形態)를 용례 끝에 보였다.

예 **나모**명 나무 ¶이븐 남ᄀᆡ 새닙 나니이다 : 時維枯樹茷焉復盛(龍歌 84 章). 나모 아래 안ᄌᆞ샤(月印 上 43). ᄊᆞᄒᆞᆫ 그딋 모ᄀᆡ 두고 남ᄀᆞ란 내 모ᄀᆡ 두어(釋譜 6 : 26). 보ᄇᆡ예 남기 느러니 셔며(月釋 2 : 29). 여러 가지 남긧 곳과(法華 6 : 46). 프를 브트며 남긔 브튼 精靈이리라 : 依草附木精靈(蒙法 8). 나모 버흄과 셔울 드롬괘라 : 伐木入都(圓覺 上一之一 112). 滄波와 늘근 나모ᄂᆞᆫ : 滄波老樹(初杜解 6 : 41). 나모 슈 : 樹. 나모 木(訓蒙 下3. 石千 6). …

※ '나모'의 첨용 [나모도/나모와… / 남기/남ᄀᆞᆫ/남ᄀᆞᆯ/남ᄀᆡ…]

녀느명 다른 사람. 여느 것. ¶四海ᄅᆞᆯ 년글 주리여 : 維彼四海肯他人錫(龍歌 20章). …

※ '녀느'의 첨용 [녀느… / 년기/년글…]

8. 약호(略號)

명사(名詞) 명
대명사(代名詞) 대
수사(數詞) 수
동사(動詞) 동
형용사(形容詞) 형
관형사(冠形詞) 관
부사(副詞) 부
감탄사(感歎詞) 감
조사(助詞) 조
구(句) 구
보조 동사(補助動詞) 조동
보조 형용사(補助形容詞) 조형
독립형(獨立形) 독
기본형(基本形) 기
인용례(引用例) ¶
활용(活用)·첨용(添用) ※
음운 변천(音韻變遷) >

9. 출전(出典) 약어(略語) 〈가나다순〉

〈약어〉	〈원전명〉
歌曲	歌曲源流
家禮	家禮諺解
家禮圖	家禮圖諺解
가시리	가시리
簡辟	簡易辟瘟方諺解
感君恩	感君恩
江村晩釣歌	江村晩釣歌
皆岩歌	皆岩歌
經國	經國大典
警民	警民編諺解
警民音	御製警民音
警民編	警民編
敬信	敬信錄諺解
經筵	經筵日記
誡初	誡初心學人文
癸丑	癸丑日記
古歌	古今歌曲
雇工歌	雇工歌
雇工答主人歌	雇工答主人歌
古時調	古時調
孤遺	孤山遺稿
觀經	觀經
關東別曲	關東別曲
關東續別曲	關東續別曲
光千	光州千字文
救簡	救急簡易方諺解
救急	救急方諺解

〈약어〉	〈원전명〉
救荒	救荒撮要
救荒補	救荒補遺方
龜鑑	龜鑑諺解
槿樂	槿花樂府
謹齋集	謹齋集
金剛	金剛經諺解
金三	金剛經三家解
洛城	洛城飛龍
落泉	落泉登雲
南明	南明集諺解
南薰	南薰太平歌
臘藥	諺解臘藥症治方
蘆溪	蘆溪集
老朴集	老朴集覽
老解	老乞大諺解
聾巖集	聾巖集
農月	農家月令歌
楞解	楞嚴經諺解
荅思鄕曲	荅思鄕曲
大東風雅	大東風雅
陶山別曲	陶山別曲
陶山六曲版本	陶山六曲版本
東歌選	東歌選
東國歌辭	東國歌辭
東國歲時	東國歲時記
同文解	同文類解
東三綱	東國三綱行實圖

東續三綱	東國續三綱行實圖
東新續三綱	東國新續三綱行實圖
東言解	東言解
東醫	東醫寶鑑
東韓	東韓譯語
痘要	諺解痘瘡集要
痘瘡方	痘瘡經驗方諺解
杜解	分類杜工部詩諺解
馬解	馬經諺解
萬憤歌	萬憤歌
萬言詞	萬言詞
滿殿春	滿殿春
滿殿春別詞	滿殿春別詞
梅湖別曲	梅湖別曲
俛仰亭歌	俛仰亭歌
明小	小學諺解(明宗版)
明皇	明皇誡鑑諺解
牧牛訣	牧牛子修心訣諺解
蒙老	蒙語老乞大
蒙法	蒙山和尙法語略錄諺解
蒙解	蒙語類解
蒙解補	蒙語類解補篇
武藝圖	武藝圖譜通志諺解
武藝諸	武藝諸譜
無寃錄	無寃錄諺解
武豪歌	武豪歌
物譜	物譜
美人別曲	美人別曲
朴新解	朴通事新釋諺解
朴解	朴通事諺解
方藥	方藥合編
百聯	百聯抄解
百祥樓別曲	百祥樓別曲
百行源	御製百行源
飜老	飜譯老乞大
飜朴	飜譯朴通事
飜小	飜譯小學
法語	法語(四法語)
辟新	辟瘟新方
別思美人曲	別思美人曲
甁歌	甁窩歌曲集
兵學	兵學指南
普勸文	普勸文
浮談	浮談
北關曲	北關曲
佛頂	佛頂心陀羅尼經諺解
思美人曲	思美人曲
思母曲	思母曲
四解	四聲通解
思鄕曲	思鄕曲
山城	山城日記
三綱	三綱行實圖
三略	三略直解
三譯	三譯總解
霜臺別曲	霜臺別曲
賞春曲	賞春曲
常訓	常訓諺解
西京別曲	西京別曲
西宮日記	西宮日記
書解	書傳諺解
釋譜	釋譜詳節
石千	石峯千字文
宣論	論語諺解(宣祖版)
宣孟	孟子諺解(宣祖版)
宣賜內訓	內訓(宣祖內賜本)
宣小	小學諺解(宣祖版)
善迂堂逸稿	善迂堂逸稿
星山別曲	星山別曲
續美人曲	續美人曲
續三綱	續三綱行實圖
松江	松江歌辭
松巖續集	松巖續集
松巖遺稿	松巖遺稿
愁州曲	愁州曲
修行章	發心修行章
詩謠	詩歌謠曲
時調類	時調類聚
詩解	詩經諺解
新救荒	新刊救荒撮要
新都歌	新都歌
新語	捷解新語
新編普勸	新編普勸文
心經	心經諺解
十九史略	十九史略諺解

雙花店	雙花店
阿彌	阿彌陀經諺解
雅言	雅言覺非
兒學	兒學編
樂範	樂學軌範
樂府	樂府
樂詞	樂章歌詞
野雲	野雲自警
語錄	語錄解
諺簡	李朝御筆諺簡集
與民樂	與民樂
女範	女範
女四解	女四書諺解
呂約	呂氏鄕約諺解
歷代時調選	歷代時調選
譯語	朝鮮館譯語
譯解	譯語類解
譯解補	譯語類解補
永嘉	永嘉集諺解
嶺南歌	嶺南歌
英小	御製小學諺解
睿宗實錄	睿宗實錄
五倫	五倫行實圖
瘟疫方	分門瘟疫易解方
王郎傳	王郎返魂傳
倭解	倭語類解
龍歌	龍飛御天歌
牛疫方	牛馬羊豬染疫病治療方
圓覺	圓覺經諺解
月釋	月印釋譜
月先軒十六景歌	月先軒十六景歌
月印	月印千江之曲
柳氏物名	柳氏物名考
類合	新增類合
六祖	六祖法寶壇經諺解
綸音	綸音諺解
恩重	恩重經諺解
意幽堂	意幽堂日記
二倫	二倫行實圖
履霜曲	履霜曲
引鳳簫	引鳳簫
隣語	隣語大方
仁祖行狀	仁祖大王行狀
自悼詞	自悼詞
將進酒辭	將進酒辭
正念解	正念解
鄭石歌	鄭石歌
煮硝方	煮硝方諺解
正俗	正俗諺解
註千	註解千字文
竹溪志	竹溪志
重內訓	內訓(御製內訓)
重杜解	重刊杜詩諺解
重三綱	重刊三綱行實圖
重新語	重刊捷解新語
重二倫	重刊二倫行實圖
中宗實錄	中宗實錄
芝峰類說	芝峰類說
眞言	眞言勸供
捷蒙	捷解蒙語
青丘	青丘永言
青山別曲	青山別曲
青詠	青丘詠言
青謠	青邱歌謠
草堂曲	草堂曲
初杜解	初刊杜詩諺解
春香傳	春香傳
出塞曲	出塞曲
七大	七大萬法
胎要	胎產集要
太平	太平廣記諺解
八歲兒	八歲兒
翰林別曲	翰林別曲
閑中錄	閑中錄
漢清	漢清文鑑
海謠	海東歌謠
鄕樂	時用鄕樂譜
華類	華語類抄
華方	華音方言字義解
花源	花源樂譜
華解	華音啓蒙諺解
訓蒙	訓蒙字會
訓註	訓民正音註解本
訓解	訓民正音解例本

ㄱ

가각ᄒᆞ다형 급하다 ¶급박ᄒᆞ며 가각ᄒᆞᄂᆞ니 : 急刻(三略 上31).

가개명 시렁. 나뭇가지 사이나 엇맨 작대기에 걸쳐 맨 시렁. ¶가개 : 涼棚(四解 下59棚字註). 가개 붕 : 棚(訓蒙 中5).

가·그·기부 갑자기 ¶가그기 브레 뙤면 즉재 주그리라 : 便將火炙卽死(救簡1 : 77). 또 잣가이 가 가그기 브르디 마롤디니 : 亦不得近前急喚(救簡1 : 82).

가·ᄀᆞ기부 갑자기 ¶가ᄀᆞ기 주거 : 卒死(救急 上24). 가ᄀᆞ기 비야미 가마 : 卒爲蛇繞(救急 下79). 또 딜실을 ᄂᆞ치 업고 가ᄀᆞ기 텨 ᄢᆞ려ᄇᆞ리라 : 又瓦甑覆面疾打破(救簡1 : 98).

가ᄀᆞ다형 급하다 ¶그 진짓 ᄆᆞᄋᆞ미 가ᄀᆞᆫ ᄉᆞ이예 미양 나ᄂᆞ니 : 其眞情之發每見於顚沛之頃(正俗4).

가·ᄀᆞᆨᄒᆞ·다형 급하다 ¶ᄒᆞ다가 ᄆᆞᅀᆞᆷ ᄡᅮ미 가ᄀᆞᆨᄒᆞ면 : 若用心急(蒙法7).

가ᄌᆞ오다동 거꾸로 세우다. ¶곳다온 酒樽을 가ᄌᆞ오리로다 : 倒芳樽(重杜解 21 : 24).

가난명 가난 ¶옰 가난이ᅀᅡ 實로 가난토다(南明 上8). 올히 니건힛 가난과 도ᄅᆞ혀 ᄀᆞᆮ도다 : 今年還似去年貧(南明 下11). 가난 구 : 窶(類合 下28).
※가난<간난

가난·ᄒᆞ·다형 가난하다 ¶主人이 가난ᄒᆞᄆᆞ로 辭緣ᄒᆞ며 : 主人辭以窶(宣賜內訓1 : 3). 가난ᄒᆞᆫ 사ᄅᆞᆷ : 貧人(初杜解 15 : 22).

가난ᄒᆞᆫ히명 흉년(凶年) ¶경뵉의 부체 가난ᄒᆞᆫ히예 후리여 먼 듸 폴려 갓써눌 : 敬伯夫妻荒年被略賣江北(二倫16達之贖弟).

·가·다동 ①가다 ¶내히 이러 바ᄅᆞ래 가ᄂᆞ니 : 流斯爲川于海必達(龍歌2章). 狄人ㅅ 서리예 가샤 狄人이 ᄀᆞᆯ외어늘 : 狄人與處狄人于侵. 野人ㅅ 서리예 가샤 野人이 ᄀᆞᆯ외어늘 : 野人與處野人不禮(龍歌4章). 耶輸ㅣ 가아 種種 方便으로 두서 번 니르시니(釋譜6 : 6). 내 孫子 조차 가게 ᄒᆞ라(釋譜6 : 9). 王ㅅ그엔 가리라(月釋7 : 26). 林淨寺로 가ᅀᆞᄫᆞᆫ 내로니(月釋8 : 92). 여러 아ᄌᆞ미 이제 바ᄅᆞᆺ ᄀᆞᇫ 갯고 : 諸姑今海畔(初杜解8 : 37). 가ᄇᆡ야온 ᄇᆡ를 제 갈조초 나소아 가리라 : 輕舟進所如(初杜解 10 : 39). 갈 지 : 之(類合 上10. 石千12). 갈 왕 : 往. 갈 거 : 去(類合 下19. 石千14. 倭解 上29). 雙花 사라 가고신ᄃᆡᆫ 回回아비 내 손모글 주여이다(樂詞. 雙花店). ②돌아가다 ¶ᄒᆞᆫ번 주거 하ᄂᆞᆯ해 갯다가 또 人間애 ᄂᆞ려오면(月釋2 : 19). 東녀그로 ᄃᆞ라 鶴 가던 ᄃᆡ 다 가곡 南녀그로 녀 쇠로기 ᄠᅳ듣ᄂᆞᆫ ᄃᆡ 다 가리라 : 東走窮歸鶴南征盡跕鳶(初杜解 20 : 13). 죽디 아니ᄒᆞ면 모로매 秦애 가리라 : 不死會歸秦(初杜解 23 : 6). ③죽다. 돌아가다 ¶갈 셔 : 逝(類合 下42).

가·다·드리·다동 걷어들이다. 거두어들이다 ¶封事를 가다드려든 : 收封事(初杜解 21 : 11).

가닭명 가닥〔縷〕 ¶실 ᄒᆞᆫ 가닭 : 線一縷(同文解 下24. 譯解補39).

가·도·다동 ①걷다. 거두다 ¶눉므를 ᄡᅥ려 能히 가도디 몯호니 : 涕灑不能收(初杜解 24 : 47). 펴며 가도미 사ᄅᆞᆷ을 조차 가ᄇᆡ얍도다 : 舒卷隨人輕(重杜解5 : 48). ②가두다 ¶獄애 가도아 罪니블 ᄆᆞᄃᆡ며(釋譜9 : 8). 慈悲心을 내야 가도앳던 사ᄅᆞᆷ 노코(釋譜9 : 33). 獄ᄋᆞᆫ 罪지ᅀᅳᆫ 사ᄅᆞᆷ 가도ᄂᆞᆫ ᄊᆞ히니(月釋1 : 28). 큰 구레 가도고(三綱. 忠6). 가돌 슈 : 囚(類合 下21). 왕이 노ᄒᆞ여 가도아 두니(東新續三綱. 忠1 : 17). 가도다 : 監囚(譯解 上66).

가·도·이·다동 갇히다 ¶有情이 나랏法에 자피여 미여 매마자 獄애 가도이거나(月釋9 : 25). 시급히 어려운 이레 븓ᄃᆞ라 잇다감 가도이매 ᄢᅥ디ᄂᆞ니 : 爲人赴急難往往陷囚繫(飜小6 : 52). 가도이며 숑ᄉᆞ홈이 더욱 하믄 : 獄訟益繁(宣小3 : 27). 다라파숨을 넓으면 가도인 일도 프러지고(癸丑125).

가·도·혀·다동 거두다〔'가도다'와 '혀다'의 복합형.〕 ¶ᄉᆞ랑혼ᄃᆡᆫ 그ᄃᆡᄂᆞᆫ 눌개를 앗겨 ᄒᆞ마 ᄇᆡ브르거든 또 가도혀몰 ᄉᆞ랑ᄒᆞ야 : 念君惜羽翮旣飽更思戢(初杜解22 : 51). ᄉᆞᄉᆞ로 ᄆᆞᅀᆞᆷ를 가도혀 ᄒᆞ면 나날 법다오매 나ᅀᅡ가ᄂᆞ니라 : 自檢束則日就規矩(飜小8 : 6).

가·되이·다동 갇히다 ¶梁애 가되유니 : 囚梁(初杜解24 : 6).

가·두·다동 ①걷다. 거두다 ¶가돌 슈 : 收(訓蒙 下5). ②가두다 ¶아의 子櫻롤 가두엇더니(女四解4 : 42).

가디명 가지〔枝〕 ¶蕭森ᄋᆞᆫ 니피 ᄠᅥ러디고 가디 설핀 시라(重杜解3 : 14). 촌 곳부리와 설핀 가디 半만 치우믈 이긔디 몯ᄒᆞ샷다 : 冷藥疎枝半不禁(重杜解 8 : 42). 가지 것고믄 쉽고 : 折枝易(重內訓 序7).

가디다동 가지다 ¶수를 댱샹 가듀리라 : 酒長携(重杜解8 : 34). 아모나 어더 가뎌셔 그려 보면 알리라(古時調. ᄋᆞ자내. 靑丘). 가딜 츄 : 取(註千12). 가딜 지 : 持(註千17). 가딜 쟝 : 將(註千21).

가디록부 갈수록. 점점 ¶어와 聖恩이야 가디록 罔極ᄒᆞ다(松江. 關東別曲). 엇디 ᄒᆞᆫ 江山을 가디록 나이녀겨(松江. 星山別曲). 창히 상뎐이 슬ᄏᆞ장 뒤눕ᄃᆞ록 가디록 새 비출 내여(古時調. 鄭澈. 남극 노인셩이. 松江).

가ᄃᆞ·샤동 거두시어 ㉠간다 ¶百千歲 ᄎᆞᆫ 後에ᅀᅡ 도로 舌相ᄋᆞᆯ 가ᄃᆞ샤(月釋18 : 6).

가돏다형 까다롭다 ¶횡ᄒᆞ게 밧고 가돏게 거두ᄂᆞᆫ 거술 공송ᄒᆞ여 막으며(敬信63).

가라치다동 ①가리키다 ¶天觀山 가라치고 達磨山 지나가니(萬言詞). 東南을 가라치니 텬셕 싯던 大中船(萬言詞). 손가락질 가라치며 귀향사리 온다 하니(萬言詞). ②가르치다 ¶모든 황ᄌᆞ와 공쥬를 가라쳐(女四解3 : 2).

가라침명 가르침 ¶이믜 장셩홈이 가라침이 ᄎᆞ례 잇실지니(女四解3 : 19).

가락명 손가락이나 발가락. ¶밧가라ᄀᆞ로 ᄯᅡ홀 누르시니(釋譜6 : 39). 指ᄂᆞᆫ 숀가라기오(月釋序22). 엄지 가락 모 : 拇(訓蒙 上29). 손가락 지 : 指(類合 上21).

가락톱명 손톱이나 발톱. ¶시혹 가락토ᄇᆞ로 그려 佛像 ᄆᆡᇰᄀᆞ로매 : 或以指爪甲而畫作佛像(法華1 : 219).

가래명 갈래 ¶믈가래 패 : 派(類合下59). 믈의 비컨대 근원이 ᄒᆞᆫ 가지오 가래 다롬이니 : 比如水同源而異派(警民6).

가레명 다리. 가랑이 ¶ᄒᆞᆫ 가레 추혀들고(古時調. 이제ᄂᆞᆫ. 靑丘).

가레명 가래 ¶나모 가레 : 木杴(譯解 下8).

가령가령ᄒᆞ다형 맑다 ¶가령가령ᄒᆞ다 : 淸楚(漢淸7 : 10).

가·로명 갈래. 가닥 ¶눉므를 여러 가로로 흐르게 우노라 : 萬行啼(杜解8 : 37).

가로다지명 가로닫이 ¶고모장ᄌᆞ 셰살장ᄌᆞ 가로다지 여다지에(古時調. 한숨아. 靑丘).

가뤼다동 가리다 ¶나믜 반다시 낫슬 가뤼며(女四解3 : 4).

가르ᄠᅳ·다동 가로 타다. 두 갈래로 하다. ¶또 비단으로 ᄃᆞᄅᆞ 두 녁 가르ᄠᅡ 돌ᄆᆞ기 ᄃᆞ론 갇애 : 又有紵絲剛叉帽兒(飜老 下52).

가르치다동 ①가르치다. 교사(敎唆)하다 ¶사ᄅᆞᆷ을 가르쳐 징숑ᄒᆞ야 사ᄅᆞᆷ의 집을 파사케 ᄒᆞ며(敬信16). 가르칠 교 : 敎(兒學 下4). ②가리키다 ¶텬디롤 가르쳐 더러온 회포롤 인증ᄒᆞ며(敬信5).

가·린·길명 갈림길 ¶淸淨ᄒᆞᆫ 比丘와 모든 菩薩이 가린길헤 行호매 生草롤 ᄇᆞᆲ디 아니커니(楞解6 : 96).

가림[명] 갈래 ¶가림 기 : 岐(類合下54).

가림자[명] 가리마. 머리털을 갈라 빗는 경계선. ¶가림자 : 分道子(譯解補21).

가·ᄅᆞ[명] 갈래 ¶그 보비…열네 가ᄅᆞ리니 가ᄅᆞ마다 七寶 비치오(月釋8 : 13). 세 가ᄅᆞ 돌ᄃᆞ리 잇ᄂᆞ니 : 有三叉石橋(飜朴 上68). 믈가ᄅᆞ 패 : 派(訓蒙上5). 如意珠王ᄋᆞᆯ 브터셔 갈아나ᄃᆡ 열네 가ᄅᆞ리니 가ᄅᆞ마다 칠보 비치오 : 從如意珠王生分爲十四支一一支作七寶色(觀經13).

가ᄅᆞ[부] 갈라. 따로 ¶六道애 가ᄅᆞ ᄃᆞᆫ녀 : 支離六道(法華1 : 189). 가ᄉᆞ 사ᄅᆞ미 부모ᄅᆞᆯ 두 엇게예 가ᄅᆞ 메오 : 假使有人左肩擔父右肩擔母(恩重18). 사겨 통티 몯ᄒᆞᆯ 곧이 잇거든 가ᄅᆞ 주 내여 사기니라(宣小 凡例1). 가ᄅᆞ ᄂᆞᄂᆞᆫ 鶴의 삿기ᄂᆞᆫ 구슬 ᄀᆞᄐᆞᆫ 고ᄌᆞᆯ ᄇᆞ리고 : 背飛鶴子遺瓊蘂(重杜解13 : 45). 總角은 머리 다하 가ᄅᆞ 조지미라(家禮2 : 26).

가·ᄅᆞ·다[동] 가르다 ¶兩分이 갈아 안ᄌᆞ시니(月印 上16). 空과 覺괘 갈아(楞解6 : 52). 죽사리ᄂᆞᆫ ᄆᆞᄉᆞᆷ 일로 갈아 ᄒᆞᆫ가지 아니오 : 死生何事不同岐(南明 下42).

가ᄅᆞ드듸다[동] 가로 건너 디디다. ¶노ᄑᆞᆫ 양지 하ᄂᆞᆯ해 가ᄅᆞ드듸옛ᄂᆞ니 : 高標跨蒼穹(重杜解9 : 32).

가ᄅᆞᄠᅳᆮ·다[동] 갈려 헐뜯다. 분할(分割)하다 ¶각각 제 ᄃᆞᆺᄂᆞᆫ 거슬 아롬도이 ᄒᆞ야 거슯저 화동티 아니ᄒᆞ야 각각 가ᄅᆞᄠᅳ더나 아쳐려 호ᄆᆞᆯ 도ᄌᆞᆨ과 원슈ᄀᆞ티 너기ᄂᆞ니 : 偏愛私藏以致背戾分門割戶患若賊讎(飜小7 : 41).

가·ᄅᆞᆯ[명] ①갈래〔派〕 ¶耶舍尊者ᄅᆞᆯ 命ᄒᆞ야 솑가라ᄅᆞᆯ 펴아 八萬四千 가ᄅᆞ래 放光케 ᄒᆞ고(釋譜24 : 24). 그 보비…열네 가ᄅᆞ리니 가ᄅᆞ마다 七寶 비치오(月釋8 : 13). 므리 몰리 이셔 가ᄅᆞᄅᆞᆯ 모도ᄃᆞᆺ ᄒᆞ니라(楞解1 : 16). 반ᄃᆞ기 알라 네 비록 네 가ᄅᆞᆯ로 : 當知昔雖四派(楞解9 : 120). 가ᄅᆞᄅᆞᆯ 모도ᄃᆞᆺ ᄒᆞ니 : 以會其支派(法華1 : 13). 湖ᄂᆞᆫ 므리니 다ᄉᆞᆺ 가ᄅᆞᆯ로 흐를ᄊᆡ 五湖ㅣ라 ᄒᆞ니라(金三2 : 18). ②가랑이. 다리 ¶ᄃᆞ러 내 자리ᄅᆞᆯ 보니 가ᄅᆞ리 네히로새라(樂範. 處容歌).

가·ᄅᆞᆺ길[명] 갈랫길 ¶세 가ᄅᆞᆺ길헤 가온ᄃᆡ ᄃᆞᆫ닐 거시라 : 三條路兒中間裏行着(飜老 下43).

가·ᄅᆞᆺ·톳[명] 가래톳 ¶가ᄅᆞᆺ톳 : 便毒(救簡目錄3). 가ᄅᆞᆺ토시 ᄀᆞᆺ 나거든 : 便毒初發(救簡3 : 55).

가ᄅᆡ[명] 갈래 ¶믈가ᄅᆡ : 水派(同文解 上8).

가·마[명] 가마. 가마솥 ¶기름 브ᅀᅳᆫ 가마애 녀코(釋譜24 : 16). 罪人ᄋᆞᆯ 글ᄂᆞᆫ 가마애 드리티ᄂᆞ니라(月釋1 : 29). 가마돌해 사ᄅᆞᄆᆞᆯ 녀허 두고 글효ᄃᆡ(月釋7 : 13). 金 ᄒᆞᆫ 가매 나니 : 見黃金一釜(三綱. 孝12). 鑊ᄋᆞᆫ 가매라(楞解8 : 97). 남진은 가마와 실을 지고 : 夫負釜甑(宣賜內訓3 : 70). 가마 믿 마촘 아랫 누런 ᄒᆞᆰ : 竈下黃土(救簡1 : 25). 가마와 노곳자리와 : 鍋竈(飜老 上68). 가마 부 : 釜. 가마 와 : 鍋. 가마 긔 : 錡(訓蒙中10). 가마 확 : 鑊(訓蒙 中10. 類合 上27). 가마 부 : 釜(類合 上27. 倭解 下14).

가·마[명] 가마. 선모(旋毛) ¶마리ㅅ 가마 : 頭旋(譯解 上32).

가마·괴[명] 까마귀 ¶다ᄉᆞᆺ 가마괴 디고 : 五鴉落兮(龍歌86章). 가마괸 거므믈 : 烏黑(楞解5 : 25). 가마괴 오 : 烏(訓蒙 上16. 類合 下11. 倭解 下21).

가마기[명] 까마귀 ¶가마기와 간치왜 구븐 가지예 ᄀᆞᄃᆞ기 안자셔 : 烏鵲滿樛枝(重杜解16 : 37).

가마니[부] ①가만히 ¶그으기션 하ᄂᆞ리 가마니셔 돕고 보ᄂᆞᆫ된 ᄆᆞᄋᆞᆯ히 깃거ᄒᆞ리니 : 陰則天道之默相陽則鄕曲之感恩(正俗28). ②아득히 ¶가마니 튱 : 冲. 가마니 막 : 漠(類合 下55).

가마어듭·다[형] 캄캄하다 〔'감다〈黑〉'와 '어듭다〈暗〉'의 복합어.〕 ¶누니 가마어듭거든 : 眼前暗黑(救急 下75). 누니 가마어듭거든 : 眼前暗黑(救簡6 : 48).

가만ᄒᆞ다[형] 조용하다. 은밀하다 ¶九月九日애 아으 藥이라 먹논 黃花 고지 안해 드니 새셔 가만ᄒᆞ애라 아으 動動다리(樂範. 動動). 임의 능히 ᄌᆞ지ᄅᆞᆯ 고셕ᄒᆞ엿거니 엇지 가만ᄒᆞᆫ 갑ᄒᆞ미 업스리오(敬信25).

가·볼오·다[동] 까부르다 ¶가볼올 파 : 簸(訓蒙 下6).

가뵈엽다[형] 가볍다 ¶농문지젹 龍紋之跡 가뵈엽고 옥경지슈 玉井之水 흐리오며(萬言詞).

가븨압다[형] 가볍다 ¶무름을 은근히 ᄒᆞ야 가븨압게 말ᄒᆞ고(女四解3 : 8).

가·븨야·이[부] 가벼이 ¶스스로 가븨야이 홈이 맛당티 아니ᄒᆞ니이다 : 不宜自輕(宣小6 : 104).

가·븨얍·다[형] 가볍다 ¶가븨야온 듣틀이 보ᄃᆞ라온 플에 븓터슘 ᄀᆞᄐᆞ니 : 如輕塵棲弱草耳(飜小9 : 63). 가븨야온 드틀이 : 輕塵(宣小6 : 58). 가븨야온 빗돗그로 됴히 가미 됴ᄒᆞ니 : 輕帆好去便(重杜解13 : 27).

가븨엽다[형] 가볍다 ¶녀이늬 ᄲᅧᄂᆞᆫ 검고 가븨여우니라 : 女人骨頭黑了又輕(恩重2).

가ᄇᆡ얍다[형] 가볍다 ¶ᄂᆞ려오디 아니ᄒᆞᄂᆞᆫ ᄀᆞᆯ며기ᄂᆞᆫ 가ᄇᆡ야오며 가ᄇᆡ얍도다 : 輕輕不下鷗(重杜解14 : 8).

가비아이[부] 가벼이. 가볍게 ¶右手로ᄡᅥ 가비아이 올흔 편 무룹흘 티고(武藝圖21).

가·비압·다[형] 가볍다 ¶가비아오미 그려긔 터리 ᄀᆞᆮ고 : 輕若鴻毛(永嘉 下67). 曹操의게 알욀 ᄉᆞ이예 비 가비압고 믈이 급ᄒᆞ여셔(三譯4 : 19). 그 義 가비압디 아니ᄒᆞ니 : 其義匪輕(女四解2 : 21).

가·비야·비[부] 가벼이 ¶네 미친 마ᄅᆞᆯ 가비야비 發하야 : 汝…輕發狂言(牧牛訣9).
※가비야비>가비야이>가벼이

가·비야·이[부] 가벼이 ¶敎法을 가비야이 ᄇᆞ려 : 輕損敎法(楞解3 : 116). 졀개ᄅᆞᆯ 가져 生ᄋᆞᆯ 가비야이 ᄒᆞ야 : 守節輕生(永嘉 下109). 나ᅀᅡ 비호ᄆᆞᆯ 가비야이 너기며 슬희여 ᄒᆞ리와 : 輕厭進習者(圓覺 上一之一90). ᄒᆡᄅᆞᆯ 비취여 가비야이 들여슈미 맛당ᄒᆞ도다 : 照日宜輕擧(初杜解25 : 50). 가비야이 니ᄅᆞ디 아니호리라(南明 上67). 잇다감 보기ᄅᆞᆯ 가비야이 ᄒᆞ야 : 往往視以爲輕(警民25).

가·비·얍·다[형] 가볍다 ¶비록 그 病이 가비얍고도(釋譜9 : 35). 輕은 가비야ᄫᆞᆯ 씨라. 입시울 가비야ᄫᆞᆫ 소리 : 脣輕音(訓註12). 가비야오닌 羽族이 ᄃᆞ외ᄂᆞ니라 : 輕爲羽族(楞解8 : 74). 一時에 가비야와 싁ᄂᆞ니(圓覺 上一之一115). 輕淸ᄋᆞᆫ 몸 가비얍고 ᄆᆞᅀᆞᆷ ᄆᆞᆯᄀᆞᆯ 씨라(蒙法39). 動ᄒᆞ며 靜호미 가비야오며 : 動靜輕脫(宣賜內訓2上12). ᄀᆞᄂᆞᆫ 밀흔 가비야온 고지 듣놋다 : 細麥落輕花(初杜解7 : 5). 빗난 오ᄉᆡ 가비야오ᄆᆞ란 얻디 말라(初杜解8 : 49). 가비야온 져비ᄂᆞᆫ ᄇᆞᄅᆞᄆᆞᆯ 바다 빗기 ᄂᆞ놋다 : 輕燕受風斜(初杜解10 : 3). 霏霏히 블근 곳과 힌 가야지 가비얍도다 : 霏霏紅素輕(初杜解10 : 5). 가비야올 경 : 輕(光千22. 類合 下48. 倭解 下31. 註千22). 가비야올 경 : 輕(石千22). 가비야올 유 : 輶(石千34. 註千34). 모미 비르수 가비얍ᄂᆞ니라 : 身始輕(重杜解5 : 40). 저울을 가비얍게 ᄒᆞ고 되ᄅᆞᆯ 젹게 ᄒᆞ며(敬信5).

가·ᄫᆞᆫ·ᄃᆡ[명] 가운데 ¶方便力으로 긼 가ᄫᆞᆫᄃᆡ 쉬우믈 爲ᄒᆞ야(月釋14 : 80). 긼 가ᄫᆞᆫᄃᆡᄂᆞᆫ 大小乘ㅅ ᄉᆞᅀᅵ라(月釋14 : 80).
※가ᄫᆞᆫᄃᆡ>가온ᄃᆡ>가온대>가운데

가삼[명] 가슴 ¶가삼이 막히거든 ᄃᆡ답이 나올소냐(萬言詞). ᄒᆡᆼ인도 낙누ᄒᆞ니 ᄂᆡ 가삼 뮈어진다(萬言詞).

·가샴:겨샴[구] 가심과 계심. ¶글발로 말이ᅀᆞᄫᆞᆫ돌 가샴겨샤매 오ᄂᆞᆯ 다ᄅᆞ리잇가 : 尼以巧詞載去載留豈異今時(龍歌26章).

가싀[명] 가시 ¶가싀 형 : 荊(倭解 下28). 가싀 걸리다 : 嗓子閣刺(同文解 上63). 가싀 : 刺(漢淸8 : 14). ᄒᆞᆫ 손에 막ᄃᆡ 잡고 또 ᄒᆞᆫ 손에 가싀 쥐고 늙ᄂᆞᆫ 길 가싀로 막고 오ᄂᆞᆫ 白髮 막ᄃᆡ로 치려터니(古時調. 禹倬. 靑丘).

가싀[명] 가위 ¶剪刀曰 가싀(東言解).

가싀다[동] ①가시다. 변하다 ¶님 向ᄒᆞᆫ 一片丹心이야가ᄉᆡᆯ 줄이 이시랴(古時調. 鄭夢周. 이 몸이. 靑丘). ②씻다 ¶가싀다 : 洗淨(漢淸8 : 52).

가ᄉᆞ나ᄒᆡ 명 계집아이 ¶少女는 ᄀᆞᆺ난 가ᄉᆞ나ᄒᆡ라 ᄀᆞᆺ난 가ᄉᆞ나ᄒᆡ는 그 소배셔 아모거시 나리라(七大15).

가·ᄉᆞ야 부 다시 ¶가ᄉᆞ야 어위큰 恩惠는 업고 : 更無寬大恩(初杜解25 : 37). ᄀᆞᄂᆞᆫ 비옌 가ᄉᆞ야 橙子ᄅᆞᆯ 옮겨 심교라 : 細雨更移橙(重杜解3 : 25).

가·ᄉᆞᆷ 명 가슴 ¶天人大衆돌히 가ᄉᆞᆷ 두드려 울며(釋譜23 : 25). 가ᄉᆞ미며 허리 우히 거여버(月釋2 : 41). 가ᄉᆞ매 ᄀᆡ운이 잇ᄂᆞᆫ디라 : 有胸中氣(宣賜內訓2上54). 처엄 깃거 가ᄉᆞ매 다맛ᄂᆞᆫ ᄆᆞᅀᆞᄆᆞᆯ 소다 내요라 : 初欣寫胸臆(初杜解9 : 17). 가ᄉᆞᇝ 가온ᄃᆡ : 胸中(金三2 : 46). 설믜 모도와 有德ᄒᆞ신 가ᄉᆞ매(樂範. 處容歌). 가ᄉᆞᆷ 흉 : 胸 . 가ᄉᆞᆷ 당 : 膛. 가ᄉᆞᆷ 응 : 膺. 가ᄉᆞᆷ 억 : 臆. 가ᄉᆞᆷ 격 : 膈(訓蒙 上27). 가ᄉᆞᆷ 응 : 膺(類合上21). 가ᄉᆞᆷ 흉 : 胸(類合 下32. 倭解 上17). 藥 든 가ᄉᆞᆷ을 맛초ᅀᆞᆸ사이다(樂詞. 滿殿春別詞). 가ᄉᆞᆷ 두ᄃᆞ리기ᄅᆞᆯ 그치디 아니ᄒᆞ야 : 叩膺不輟(東新續三綱. 孝6 : 25). ᄆᆞᆯ 가ᄉᆞᆷ : 馬胸(譯解 下29). 가ᄉᆞᆷ : 胸膛(同文解 上16).

가ᄉᆞᆷ알키 명 가슴앓이 ¶아홉 가지 가ᄉᆞᆷ알키와 : 九種心痛(臘藥14).

가ᄉᆞᆷ알피 명 가슴앓이 ¶과글이 가ᄉᆞᆷ알피ᄅᆞᆯ 어더 : 卒患心痛(佛頂7).

가·ᄉᆞᆷ알·히 명 가슴앓이 ¶아홉 가짓 가ᄉᆞᆷ알힐 고툐ᄃᆡ : 治九種心痛(救急 上30). 과ᄀᆞ론 가ᄉᆞᆷ알힐 조쳐 고티ᄂᆞ니 : 兼治急心痛(救急 上37). 마ᅀᆞᆫ ᄒᆡ 가ᄉᆞᆷ알히 됴티 몯거든 : 四十年心痛不差(救簡2 : 35).

가·ᄉᆡ 명 가시 ¶ᄆᆞ리어나 ᄇᆞ리어나 가ᄉᆡ남기어나(釋譜11 : 35). 소ᄅᆞᆫ 고ᄃᆞ며 가ᄉᆡᄂᆞᆫ 구브며 : 松直棘曲(楞解5 : 25). 두듥과 굳과 가ᄉᆡ와 몰애와 : 陵坑坎荊棘沙礫(圓覺 上二之二131). 橘木ㅅ 가ᄉᆡ와 藤蘿ㅅ 가지ᄅᆞᆯ : 橘刺藤梢(初杜解21 : 4). 가ᄉᆡ 수픐 가온ᄃᆡ : 荊棘林中(南明 上47). 가ᄉᆡ 형 : 荊. 가ᄉᆡ 극 : 棘(訓蒙 上10). 가ᄉᆡ 자 : 莿(訓蒙 下4).
※가ᄉᆡ>가싀>가시

가·ᄉᆡ·다 동 가시다. 변하다. 고치다 ¶金色잇ᄃᆞᆫ 가ᄉᆡ시리여(月印 上23). 如ᄂᆞᆫ ᄀᆞᄐᆞᆯ 씨니 本來ㅅ ᄆᆞᆯᄀᆞᆫ 性이 가ᄉᆡ디 아니ᄒᆞ야(月釋1 : 50). 貪ᄒᆞᆫ ᄆᆞᅀᆞᄆᆞᆯ 가ᄉᆡ디 몯ᄒᆞ야(月釋23 : 89). ᄲᅩᆼ바티 가ᄉᆡ요ᄃᆡ : 桑田改(永嘉 下78). 엇뎨 가ᄉᆡ며 올모ᄆᆡ : 豈爲改遷(永嘉 下78). 맛 가ᄉᆡ요매 : 變味(宣賜內訓1 : 52). 비 올 젠 묏 비치 가ᄉᆡ디 아니ᄒᆞ더니 : 雨時山不改(重杜解12 : 37). 가ᄉᆡᆯ 기 : 改(光千8). 가ᄉᆡᆯ 깅 : 更(光千24). 첫 ᄆᆞᄋᆞᆷ 가ᄉᆡ디옷 아니면 도라셜 법 인ᄂᆞ니(古時調. 鄭澈. 南山 뫼. 松江). 가ᄉᆡᆯ 줄이 이시랴(古時調. 鄭夢周. 이 몸이. 海謠).

가·ᄉᆡ·야 부 다시 ¶가ᄉᆡ야 어느 生ᄋᆞᆯ 기드려 : 更待何生(牧牛訣44). 가ᄉᆡ야 엇디 술 버리고 : 更安忍置酒(宣賜內訓1 : 58). 하ᄂᆞᆳ 비치 가ᄉᆡ야 ᄆᆞᆯ가 가ᄂᆞᆫ 줄을 울워러보고 : 仰看天色改(重杜解1 : 7). 두 비레 시스니 가ᄉᆡ야 프르도다 : 雙崖洗更靑(杜解3 : 4). 가ᄉᆡ야 幽深ᄒᆞᆫ ᄧᅡᄒᆞᆯ ᄉᆞ쳐 : 更想幽期處(杜解9 : 11). ᄒᆞᄆᆞᆯ며 ᄯᅩ 荊州ㅣ 賞玩호미 가ᄉᆡ야 새로외요미ᄯᆞ녀 : 況復荊州賞更新(杜解21 : 4). 이 녯 本鄕이라 호ᄆᆞᆫ 발 아래 이 家鄕이라 가ᄉᆡ야 갈 고디 업슬 시라(南明 上43). 가ᄉᆡ야 퍼러ᄒᆞ도다 : 更靑靑(南明 下72).

가·ᄉᆡ·여 부 다시 ¶뫼히 가ᄉᆡ여 프르도다 : 山更碧(初杜解7 : 24).

가ᄶᅡ·ᄫᅵ 부 가까이. 가깝게 ¶가ᄶᅡᄫᅵ 완 몯 보ᅀᆞᄫᆞ리러라(月釋7 : 55).

가·ᄰᅧᆯ·다 동 거꾸로 되다. ¶ᄆᆞᅀᆞ미 가ᄰᅧ디 아니ᄒᆞ야 : 心不顚倒(阿彌17).

가스·면집 명 부잣집 ¶少君이 가스면지븨셔 기러나 : 少君生富驕(飜小9 : 59).

가·스멸·다 형 가멸다. 부(富)하다. 부요(富饒)하다 ¶少君이 가스면지븨셔 기러나 : 少君生富驕(飜小9 : 59).

가·ᅀᆞ며·니 명 부요한 사람. 부자(富者) ¶가ᅀᆞ며니 艱難ᄒᆞ니 ᄀᆞᆯᄒᆡ디 아니ᄒᆞ야(月釋7 : 31). 飮光ᄋᆞᆫ 가ᅀᆞ며닐 ᄇᆞ리니 : 飮光捨富(楞解1 : 34). 가ᅀᆞ며닌 가ᅀᆞ며로ᄆᆞᆯ 警戒홀디니 : 富者戒其富(宣賜內訓1 : 27). 가ᅀᆞ며닌 츠기 너기고 : 富嫌(金三4 : 9).
※가ᅀᆞ며니>가ᄋᆞ며니

가·ᅀᆞ며·다 형 가멸다. 부(富)하다. 부요(富饒)하다 ¶百姓이 가ᅀᆞ며더라(釋譜11 : 36). 그저긔 閻浮提天下ㅣ 가ᅀᆞ며고(月釋1 : 46). 그제 가ᅀᆞ면 長者ㅣ 師子座애셔 아ᄃᆞᄅᆞᆯ 보고(月釋13 : 15). 가ᅀᆞ면 長者ᄋᆡ 艱難ᄒᆞᆫ 아ᄃᆞ리니 : 大富長者之窮子也(圓覺 上一之二101). 사ᄅᆞᆷ도 공ᄒᆞᆫ쳔 몯 어드면 가ᅀᆞ며디 몯ᄒᆞ고 : 人不得橫財不富(飜朴 上22). 사ᄅᆞ미 뼌쳔곳 몯 어드면 가ᅀᆞ며디 몯ᄒᆞᄂᆞ니라 : 人不得橫財不富(飜老 上32).
※가ᅀᆞ며다<가ᅀᆞ멸다

가ᅀᆞ·면짓 명 부요한 집의. 부잣집의 ¶가ᅀᆞ면짓 珊瑚 쎗돈과 : 豊屋珊瑚鉤(初杜解24 : 27).

가·ᅀᆞ멸·다 형 가멸다. 부(富)하다. 부요(富饒)하다 ¶가ᅀᆞ며러 布施도 만히 ᄒᆞ더니(釋譜6 : 12). 가ᅀᆞ멸오 發心ᄒᆞ더니(釋譜6 : 14). 벼슬도 노ᄑᆞ며 가ᅀᆞ멸며(月釋2 : 23). 衣食이 가ᅀᆞ멸리니(月釋21 : 99). ᄡᆞ히 가ᅀᆞ멸오(月釋21 : 150). 보니 그리 가ᅀᆞ멸며 ᄠᅳ디 너부믄 : 觀夫文富義博(圓覺 序79). 가ᅀᆞ며닌 가ᅀᆞ며로ᄆᆞᆯ 警戒홀디니 : 富者戒其富(宣賜內訓1 : 30). 집 가난ᄒᆞ며 가ᅀᆞ며로미 : 家貧富(宣賜內訓2下59). 나랏일 시름ᄒᆞ야 ᄒᆡ 가ᅀᆞ멸와뎌 願ᄒᆞᄂᆞ다 : 憂國願年豊(初杜解8 : 52). 가ᅀᆞ멸며 貴호ᄆᆞᆫ 내게 ᄠᅳᆫ구룸 ᄀᆞᆮᄒᆞ니라 너기놋다 : 富貴於我如浮雲(杜解16 : 25). 지비 ᄀᆞ장 가ᅀᆞ며러 : 家中大富(佛頂 下9). 가ᅀᆞ며루믈 구호믈 니ᄅᆞ디 말며 : 不言…求富(飜小8 : 21). 가ᅀᆞ멸 부 : 富(訓蒙 下26. 類合 下2. 光千22).
※가ᅀᆞ멸다>가ᄋᆞ멸다(가ᄋᆞᆷ열다)>가멸다

가ᅀᆞᆷ 명 가슴 ¶눈므리 가ᅀᆞᄆᆡ ᄀᆞ독ᄒᆞ엿도다 : 淚滿胸襟(恩重7). 이제ᅀᅡ 아ᅀᆞ오니 가ᅀᆞ미 ᄇᆞᄉᆞ디ᄂᆞᆫ ᄃᆞᆺᄒᆞ여이다 : 今悟知悲膽俱碎(恩重17). 갈로 가ᅀᆞ믈 버혀 피 흘려 : 以利刀割其心肝血流(恩重19).

가·ᅀᆞᆷ열·다 형 가멸다. 부(富)하다. 부요(富饒)하다 ¶비록 貴ᄒᆞ고 가ᅀᆞᆷ여나 : 雖貴富(宣小2 : 20). 敢히 貴ᄒᆞ며 가ᅀᆞᆷ여름으로ᄡᅥ : 敢以貴富(宣小2 : 20).

가야·미 명 개미 ¶가야ᄆᆡ 사리 오라고(月印 上62). 가야미며 벌에ᄅᆞᆯ 그지업시 주기던 사ᄅᆞ미니(月釋23 : 75). 가야미 머구믈 免ᄒᆞ야(月釋18 : 39. 法華 6 : 154). 가야믜 굼글 보고 : 看蟻穴(初杜解20 : 24). 아래로 가야미예 니르리 : 下至螻蟻(金三5 : 36). 가야미 의 : 蟻(訓蒙 上23).

가·온·대 명 가운데 ¶가온대 앉ᄂᆞᆫᄃᆡ 臨ᄒᆞ얏고 : 臨中座(初杜解16 : 42). 가온댓 듕 : 中(類合 上2). 가온대 앙 : 央(類合 下53). 가온대 듕 : 中(石千29). 안ᄶᅵᄅᆞᆯ 돗ᄭᅴ 가온대 아니ᄒᆞ며 : 坐不中席(宣小2 : 10). 새재 진 가온대 ᄃᆞ랏더니 : 懸於鳥嶺陣中(東新續三綱. 孝8 : 80). 뒤동산 디고 가온대 수멋거ᄂᆞᆯ(東新續三綱. 烈1 : 10). 아츤설날 밤의 대를 ᄠᅳᆯ 가온대 ᄐᆡ오면 됴ᄒᆞ니라(辟新15). 어두온 가온대 出入홈은(女四解2 : 38). 가온대 : 當中(同文解 上9). 비 믈 가온대 잇도다(女範3. 뎡녀 위공빅쳐). 가온대로 殺ᄒᆞ야(武藝圖19).

가온대치 명 둘째 아들. 형제 중 둘째로 태어난 사람. ¶가온대치 듕 : 仲(類合 下16).

가온ᄃᆡ 명 가운데 ¶각시 ᄯᅩ 가온ᄃᆡ 가히 엇게옌 ᄇᆞ얌 여ᅀᆞ(月印 上25). 가온ᄃᆡ 種種 고지 펫더니(釋譜 6 : 31). 中은 가온ᄃᆡ라(訓註9). 路中은 긼 가온ᄃᆡ라(月釋1 : 4). 迦毗羅國이 閻浮提ㅅ 가온ᄃᆡ며(月釋2 : 12). 가온ᄃᆡ 괴외ᄒᆞ야 : 中寂(蒙法64). 낤 가온ᄃᆡ 미처 : 及日中(宣賜內訓1 : 40). ᄇᆞᆰ게 수픐 가온ᄃᆡᆺ 서블 ᄃᆞᆮ고 : 明燃林中薪(杜解9 : 14). 가온ᄃᆡᆺ 듕 : 中(訓蒙 下34). 가온ᄃᆡ 듕 : 中(光千29. 兒學 上2). 가온ᄃᆡ

즁 : 中(倭解 上11). 님금 셤굠애 가온디오 : 中於事君(宣小2 : 29). 빗난 동산 가온딧 고ᄌᆞᆫ : 灼灼園中花(宣小5 : 26). 누릿 가온디 나곤(樂範. 動動). 관혁 가온디 구무 : 法口(漢淸5 : 20). 가온디로 殺ᄒᆞ야(武藝圖16). 사ᄅᆞᆷ의 몸 가온디 이셔(敬信1). 밧 가온디 시 날리는 졍의아비 모양이니(萬言詞 答).
※가온디>가운데

가온딧가락 명 가운뎃손가락. 중지(中指) ¶또 두 손 가온딧가락 손톱 아래 ᄒᆞᆫ 붓글 쓰면 : 又灸手中指爪下一壯(救簡2 : 41).

가·온·딧·ᄃᆞᆯ 명 가운뎃달. 중월(仲月) 〔봄·여름·가을·겨울의 가운뎃달. 곧 2월·5월·8월·11월〕 ¶시제ᄅᆞᆯ 가온딧ᄃᆞ래 ᄒᆞ며 : 時祭用仲月(飜小7 : 7).

가·온·딧소·리 명 가운뎃소리. 중성(中聲). 모음(母音) ¶·ᄂᆞᆫ 呑ᄐᆞᆫ字ᄍᆞᆼ 가온딧소리 ᄀᆞᄐᆞ니라(訓註9).

가옷 명 가웃〔半〕 ¶ᄒᆞᆫ 되 가옷 : 一盞半(胎要40). 두 말 가옷 : 二斗半(煮硝方3). 발 가옷 낙시디라 죠흔 품이 되리로다(萬言詞). ※가옷>가웃

가외 명 가위. 한가위. 추석(秋夕) ¶가외 : 中秋(譯解上4).

가을ᄒᆞ다 동 비유(譬喩)하다 ¶보아 쓸믜며 變態ᄅᆞᆯ 가을ᄒᆞᆯ가(靑友仁. 梅湖別曲). 너 님이 잇ᄲᅮᆫ이라 반갑기를 가을ᄒᆞᆯ가(靑友仁. 自悼詞).

가음열다 형 가멸다. 부(富)하다. 부요(富饒)하다 ¶집이 가음열고(太平1 : 30). 집이 가음열고 나라히 가난ᄒᆞ니(女範2. 현녀 도답ᄌᆞ쳐). 가음열믈 미더 궁곤ᄒᆞᆫ 이ᄅᆞᆯ 업수이 넉이지 말며(敬信10).

가이·다 동 개다 ¶ᄇᆞᆯ기 가야 氛이 가ᄃᆞ면 : 澄霽斂氛(楞解2 : 29). ᄇᆞᄅᆞ미 이어면 뮈오 가여 澄ᄒᆞ면 ᄆᆞᆰ고 : 風搖則動霽澄則淸(楞解4 : 40). 하ᄂᆞᆳ ᄀᆞᆺ 霜雪에 츤 하ᄂᆞᆯ히 가얏도다 : 天涯霜雪霽寒霄(重杜解14 : 19).

가이업다 형 가없다 ¶긴부기ᄂᆞᆫ 가이업ᄉᆞ외다(隣語8 : 5). 망극천은 가이업서(萬言詞).

가ᄋᆞ며니 명 부요한 사람. 부자(富者) ¶가ᄋᆞ며닐 업시 너기ᄂᆞᆫ디라 가난ᄒᆞ야도 또 足히 너기노라 : 無富貧亦足(重杜解2 : 58). ※가ᄋᆞ며니<가ᄉᆞ며니

가ᄋᆞ면짓 명 부요한 집의. 부잣집의 ¶아ᄎᆞᄆᆡ 가ᄋᆞ면짓 送葬ᄋᆞᆯ 맛보니 : 朝逢富家葬(重杜解2 : 70). 아ᄎᆞᄆᆡ 가ᄋᆞ면짓 門을 가 두드리고 : 朝扣富兒門(重杜解19 : 2). ※가ᄋᆞ면짓<가ᄉᆞ면짓

가ᄋᆞ면ᄒᆡ 명 넉넉한 해. 풍년(豐年) ¶가ᄋᆞ면ᄒᆡᄅᆞᆯ 뉘 닐오ᄃᆡ 더듸다 ᄒᆞᄂᆞ뇨 : 豐年孰云遲(重杜解5 : 34).

가·ᄋᆞ·멸·다 형 가멸다. 부(富)하다. 부요(富饒)하다 ¶그 가ᄋᆞ멸며 貴ᄒᆞᆷ을 : 其富貴(宣小5 : 64). 北녁 ᄆᆞ올핸 가ᄋᆞ며로미 하ᄂᆞᆯ해 뼤여 : 北里富薰天(重杜解2 : 68). 아ᄎᆞᄆᆡ 가ᄋᆞ면짓 送葬을 맛보니 : 朝逢富家葬(重杜解2 : 70). 가ᄋᆞ멸며 貴호ᄆᆞᆫ 내게 ᄠᅳᆫ구룸 ᄀᆞᆮᄒᆞ니라 너기놋다 : 富貴於我如浮雲(重杜解16 : 25). 가ᄋᆞ멸 부 : 富(石千22).
※가ᄋᆞ멸다<가ᄉᆞ멸다

가·옴열·다 형 가멸다. 부요(富饒)하다 ¶가옴여롬ᄋᆞᆫ 사ᄅᆞᆷ의 ᄒᆞ고져 ᄒᆞᄂᆞᆫ 배어늘 : 富人之所欲(宣小4 : 9). 가옴여롬과 貴ᄒᆞᆷ애 : 富貴(宣小4 : 9). 가옴여름을 닐위며 : 致富(宣小5 : 65). 少君이 가옴열어 교죵ᄒᆞᆫ ᄃᆡ 나셔 : 少君生富驕(宣小6 : 54). 가옴여롬으로ᄡᅥ 가난ᄒᆞᆫ 이ᄅᆞᆯ 믜호ᄃᆡ 말며 : 無以富呑貧(警民20). 사ᄅᆞᆷ이 ᄲᅳᆫ 財物을 엇디 못ᄒᆞ면 가옴여디 못ᄒᆞᆫ다 ᄒᆞᄂᆞ니 : 人不得橫財不富(老解 上29). 사ᄅᆞᆷ이 橫財ᄅᆞᆯ 엇디 못ᄒᆞ면 가옴여디 못ᄒᆞ고 : 人不得橫財不富(朴解 上21). 가옴열고 놉흠을 ᄉᆡᆼ각홈이오(三譯3 : 24). 가옴열며 가난ᄒᆞᆫ 이 물논ᄒᆞ고(八歲兒1).
※가옴열다<가ᄉᆞ멸다

가ᄋᆡ면집 명 부요한 집. 부잣집 ¶가ᄋᆡ면지븨 브어븨 고깃내어ᄂᆞᆯ : 富家廚肉臭(重杜解16 : 73).

가젼ᄒᆞ다 형 가지런하다 ¶의샹을 정제ᄒᆞ며 가젼히 딩기고(女四解3 : 8).

가·즈가·즛 명 가지가지의. 여러 가지의. ¶가즈가즛 業 짓거뇨 ᄒᆞ시다 : 造種種業(龜鑑下51).

가즉이 부 정제(整齊)하게. 가지런히 ¶禮義廉恥로 가즉이 네여시니(古時調. 朱義植. 仁心은. 靑丘).

가즉ᄒᆞ다 형 가지런하다. 같다 ¶그 죄 ᄉᆞᆯᄉᆡᆼ과 샤음으로 더브러 가즉ᄒᆞ니 너의 무리 삼갈지어다(敬信52).

가즌 관 갖은. 여러 ¶伽倻ㄱ고 검은고에 가즌 稽笛 섯겻는듸(古時調. 金壽長. 陽春이. 海謠).

가지록 부 갈수록. 점점 ¶가지록 새 빗츨 내여(古時調. 南極老人星이. 靑丘). 가지록 다 석ᄂᆞᆫ 肝腸이 일로 더욱 ᄉᆞᆺᄂᆞᆫ ᄃᆞᆺ(古時調. 가면 아니. 靑丘). 가지록 효도ᄅᆞᆯ 힘ᄡᅳ시면(閑中錄40). 어와 聖恩이야 가지록 罔極ᄒᆞ샤(陶山別曲).

가ᄌᆞ기 부 가까이 ¶南녁 가ᄌᆞ기 몬져 벽 ᄒᆞᆫ ᄀᆞᆯ폴 ᄭᆞᆯ고 : 近南先布磚一重(家禮8 : 14).

가죽다 형 갖다 ¶세변이 무궁ᄒᆞ고 인시 가죽기 어려우니(落泉).

가·ᄌᆞᆯ·비·다 동 비유(譬喩)하다 ¶無比身ᄋᆞᆫ 가ᄌᆞᆯ뵬 ᄯᅵ 업슨 모미니(釋譜6 : 41). 大乘은 큰 술위니 菩薩ᄋᆞᆯ 가ᄌᆞᆯ비고(月釋1 : 37). 저호리 업슬ᄊᆡ 부텻긔 가ᄌᆞᆯ비ᄂᆞ니(月釋2 : 38). 아랫 가ᄌᆞᆯ뷰미 어루 불기리라 : 下喩可明(楞解1 : 56). 져고ᄆᆞᆯ 구지즈샤 큰 게 나ᅀᆞ샤ᄆᆞᆯ 가ᄌᆞᆯ비ᅀᆞᆸ고 : 譬呵小進大(法華4 : 40). 海印에 가ᄌᆞᆯ비며 : 方之海印(圓覺 序39). ᄆᆞᅀᆞ미 聲色애 번드호ᄆᆞᆯ 가ᄌᆞᆯ비니라(蒙法43). 이 두 이ᄅᆞᆯ 가ᄌᆞᆯ비건댄 : 方斯二者(宣賜內訓2上6). 楊雄의 집과 가ᄌᆞᆯ비ᄂᆞ니 : 比楊雄宅(杜解7 : 1). 가ᄌᆞᆯ뵤ᄆᆞᆯ 보디 몯ᄒᆞ리로다 : 不見比(初杜解7 : 14).

가차이 부 가까이 ¶네 어믜 무덤 가차이 당슈ᄒᆞᆫ 지블 셰리라 : 近汝慈墳立壽堂(東新續三綱. 孝1 : 68).

가초 부 갖추 ¶노복 디졉ᄒᆞ믈 관셔이 ᄒᆞᆯ지니 엇지 가초 칙망ᄒᆞ며 ᄶᅡ돌니 구ᄒᆞ리오(敬信9).

가초다 동 갖추다 ¶션악부 즁에 일즉 공과 잇ᄂᆞᆫ 이ᄅᆞᆯ 략간 가초와(敬信13).

가치다 동 갇히다 ¶옥에 가친 쟈ᄅᆞᆯ 디신ᄒᆞ여 쇽죄ᄒᆞᆯ 은젼을 찾아주며(敬信78).

가티노올 명 까치놀. 백두파(白頭波) ¶가티노올 : 白頭波(物譜 舟車).

가티놀 명 까치놀. 백두파(白頭波) ¶天地寂寞 가티놀 ᄯᅥᆺᄂᆞᆫ듸(古時調. 나모도. 歌曲).

가티·다 동 갇히다 ¶저희 가티고 四兵을 니르왇디 아니ᄒᆞᆯᄊᆡ(釋譜11 : 36). 罪 업시 가티노라 ᄒᆞ니라(月釋13 : 17). 아비 셜본 罪로 가톗거늘(三綱. 孝23). 가틴 사ᄅᆞ미 甚히 하더니(宣賜內訓2上46). 고래ᄅᆞᆯ 碧海ㅅ 가온ᄃᆡ 가텨 잡디 몯ᄒᆞ리로다 : 未掣鯨魚碧海中(初杜解16 : 12). 崔浩ㅣ 史記 일로 가텨ᄂᆞᆯ : 及崔浩以史事被收(飜小9 : 44). 이제 그 도ᄌᆞ기 구읫 옥애 이셔 가텻ᄂᆞ니라 : 如今那賊現在官司牢裏禁着(飜老上30). 官司 옥에 번ᄃᆞ시 이셔 가텻ᄂᆞ니라 : 官司牢裏禁着(老解 上27).

가ᄑᆞᄅᆞ다 형 가파르다 ¶가ᄑᆞ론 두던 : 緊坡子(譯解上6).

가혀다 동 개다. 개키다 ¶옷 가혀다 : 疊衣裳. 옷 가혀 곰초다 : 疊藏了(譯解 上47). 가혀다 : 捲摞起(漢淸11 : 30).

가·흘오·다 동 거우르다 ¶굼글 여러 缾을 가흘오매 : 開孔倒缾(楞解2 : 122). 낫과 바미 곳다온 酒樽을 가흘오노라 : 日夜倒芳樽(初杜解8 : 25).

가·히 명 개 ¶狗ᄂᆞᆫ 가히라(月釋21 : 42). 가히 戒ᄅᆞᆯ 가져 : 持狗戒(楞解8 : 91). ᄃᆞᆯᄀᆡ 戒와 가히 戒ᄅᆞᆯ 디녀(楞解8 : 91). 가히 性은 苟且ᄒᆞ야 : 狗性苟且(法華2 : 113). 가히ᄂᆞᆫ 佛性이 잇ᄂᆞ니잇가 업스니잇가 : 狗子還有佛性也無(蒙法50). 가히ᄅᆞᆯ 주니(宣賜內訓序5). 가히 견 : 犬. 가히 구 : 狗(訓蒙上19). ᄃᆞᆰ 가히ᄅᆞᆯ 서르 노티 아니터니 : 鷄犬莫相放(重杜解1 : 35). 이제ᄂᆞᆫ 失所호미 집 일흔 가히 ᄀᆞᆮ호라 : 今如喪家狗(重杜解1 : 39). 뎌 가희ᄡᅥ 모로리로다 어듸 간디 :

那狗骨頭知他那裏去(朴解 上31).
※가히>가이>개

각금 부 가끔 ¶춤의 ᄀᆞ여 각금 ᄇᆞᄅᆞ시면(隣語9：12).

각다 동 깎다 ¶옥으로 각근 안ᄉᆡ 션형후데 ᄒᆞᄂᆞᆫ고야(쌍벽가).

각디 명 (과실의) 껍질 ¶과실 각디：果殼子(同文解 下5).

·각·별ᄒᆞ·다 형 각별하다 ¶父子 至親이 길히 各別ᄒᆞ며 비록 서르 맛나도(月釋21：78).

각·시 명 각시. 어린 계집. 젊은 계집. ¶婆羅門이 보고 깃거 이 각시ᅀᅡ 내 얻니논 ᄆᆞᅀᆞ매 맛도다 ᄒᆞ야(釋譜6：14). 각시 ᄯᅬ노라 ᄂᆞᆾ 고ᄫᅵ 빙여 드라(月印上18). 이 각시 당다이 轉輪聖王ᄋᆞᆯ 나ᄒᆞ시리로다 ᄒᆞ야ᄂᆞᆯ(月釋2：23). 綵女ᄂᆞᆫ ᄉᆡ문 각시라(月釋2：28). 青衣ᄂᆞᆫ 파란옷 니븐 각시내라(月釋2：43). 졈고 고ᄫᆞ니로 여듧 각시ᄅᆞᆯ ᄀᆞᆯᄒᆡ샤(月釋8：91). 각시 먹디 아니ᄒᆞ고(三綱. 烈8). 각시 희：姬(類合下21). 각시님：妳妳(譯解 上26).

간군ᄒᆞ다 형 어렵고 군색하다. ¶슉부의 간군ᄒᆞ시믈 ᄌᆞ뢰코져 ᄒᆞ나(落泉1：2).

간나희 명 ①여자 ¶간나희 가는 길흘(古時調. 鄭澈. 青丘). ②창녀(娼女) ¶간나희 창：娼(兒學 上1).

간나·히 명 계집아이. 여자 ¶ᄉᆞ나히가 간나히가：小廝兒那女孩兒(飜朴 上55). 간나히：女孩兒(訓蒙上32 孩字註). 머리 도ᄂᆞ니ᄂᆞᆫ 간나히라(胎要10). ᄉᆞ나히와 간나히 ᄀᆞᆯᄒᆡ요미 이시며：男女有別(警民26). 간나히 가ᄂᆞᆫ 길흘 ᄉᆞ나히 에도ᄃᆞ시(古時調. 鄭澈. 松江).

·간답·다 형 ①간동하다. 잘 정돈되어 단출하다. ¶ᄆᆞᆰ고 간다ᄫᆞᆫ 道理로(月釋1：18). 地獄앳 모딘 브리 간다ᄫᆞᆫ ᄇᆞᄅᆞ미 ᄃᆞ외야(月釋8：73). ②서늘하다 ¶프른 줄 닙 우희ᄂᆞᆫ 간다온 ᄇᆞᄅᆞ미 닐오：青菰葉上涼風起(百聯6). 간다올 량：涼(光千38). 〔石千38에는 '서늘 냥：涼', 註千38에는 '서늘 량：涼'으로 기록되어 있음.〕
※ '간답다'의 활용 ┌ 간답고/간답게/간답디…
└ 간다ᄫᆞᆫ/간다ᄫᆞᆯ…

간·대·로 부 함부로. 되는대로 ¶간대로 주디 아니ᄒᆞ샤ᄆᆞᆯ 가ᄌᆞᆯ비고(月釋13：16). 간대로 愛想애 미ᄋᆞᆫ다시니：妄纏愛想(楞解1：43). 내 샹녜 守護ᄒᆞ야 간대로 여러 뵈디 아니ᄒᆞ다니…오ᄂᆞᆯ 너희 爲ᄒᆞ야 니ᄅᆞ노라(法華5：68). 他ᄋᆡ 아디 몯ᄒᆞ야 간대로 苦惱ᄅᆞᆯ 受호ᄆᆞᆯ 슬피 너길ᄉᆡ：傷他未覺枉受苦惱故(圓覺 下二之一29). 엇데 간대로 드려 가리오：豈浪垂(初杜解16：8). 노롬 노리ᄅᆞᆯ 간대로 ᄒᆞ고：遊戲無度(呂約9). 香象ᄋᆞᆫ 간대로 ᄃᆞᆫ녀：香象奔波(南明上48). 간대로 ᄡᅳ디 마오(救簡1：39). ᄆᆡᆫ바블 간대로 머그라：淡飯胡亂喫些箇(飜老上40). 간대로 구：苟(類合下61). 내 불 ᄢᅵᆺ기 아지 못ᄒᆞ고 간대로 ᄇᆞ람을 마시랴(蒙老2：1).

간:대롭·다 형 등한(等閑)하다 ¶간대롭다：等閑(老朴集. 單字解7). 阮籍이 ᄌᆡ조 믿고 방탕ᄒᆞ고 간대로와 거상애 무례ᄒᆞ거늘(飜小7：12).

간·대·옛:말 명 망령된 말. 망언(妄言) ¶간대옛말 아니홈으로브터 비르슬디니라：自不妄語始(宣小6：123).

간딕ᄒᆞ다 동 간직하다 ¶홍젹이 죵시에 안고 간딕ᄒᆞ여：弘績終始抱持(東新續三綱. 孝6：30). 정셩을 다ᄒᆞ고 힘을 다 ᄡᅧ 구하여 간딕ᄒᆞ믈 게을리 아니 ᄒᆞ더니：盡誠竭力救護不怠(東新續三綱. 孝8：76).

간딕롭다 형 등한하다. 부질없다 ¶녀모도 알고 간딕롭지 아니ᄒᆞᆫ디라(閑中錄24).

간·방·ᄒᆞ·다 동 맞아 대접하다. ¶놈뵈여 청ᄒᆞ며 손돌 간방ᄒᆞ며 ᄌᆞ식 위ᄒᆞ야 벼슬ᄒᆞ기를 소청ᄒᆞ며：造請逢迎(飜小7：37). 〔宣小5：69에는 '나아가 뵈며 마자 디졉ᄒᆞ며'로 기록되어 있음.〕

간사이 부 간사하게 ¶간사이 구다：詭多啊(同文解上23).

간새롭다 형 간사롭다 ¶간새롭게 두루ᄂᆞᆫ 법을 다 아노니(三譯6：12).

간쇼ᄒᆞ다 동 간수하다 ¶손소 의복 ᄒᆞᆫ 볼을 지어 졔뎐ᄒᆞ고 간쇼ᄒᆞ더라：手製衣服一襲奠而藏之(東新續三綱. 烈3：80).

간슈·ᄒᆞ·다 동 간수하다 ¶病 간슈ᄒᆞ리 업거나(釋譜9：36). 保ᄒᆞ야 가지며 두퍼 간슈ᄒᆞ야：保持覆護(楞解9：8). 正ᄒᆞᆫ 보ᄆᆞᆯ 이대 간슈ᄒᆞ시고：善護正見(法華1：43). 一心ᄋᆞ로 간슈ᄒᆞ야(金剛83). 善을 간슈코 惡ᄋᆞᆯ 마ᄀᆞᆯᄉᆡ：護善遮惡故(圓覺 序3). 버리 ᄠᅳ를 간슈홀ᄉᆡ(圓覺 上一之二178). 保ᄂᆞᆫ 간슈홀 세라(三綱. 烈1). 간슈호ᄆᆞᆯ 조심 몯 호라 ᄒᆞ야(宣賜內訓2上55). 사발와 그릇 벼ᄅᆞᆯ 간슈ᄒᆞ고：椀子家具收拾了(飜老下46). 간슈ᄒᆞ다：收拾(老朴集. 累字解8). 삳과 돗ᄀᆞᆯ 집ᄶᅧ 둥히 녀겨 간슈홀디니：簟席襡器而藏之(宣小2：50). 쟝ᄎᆞᆺ 간슈ᄒᆞ리 이시리라：將有收護者(東新續三綱. 烈1：11). 기피 간슈ᄒᆞ야 허비티 아니ᄒᆞ야：深藏不費(警民12).

간츨ᄒᆞ다 동 덜다 ¶부역을 간츨케 ᄒᆞ시며(仁祖行狀36).

:간·ᄎᆞ랍·다 형 단출하다 ¶간ᄎᆞ라오며 므거우며：簡重(宣賜內訓3：16).

간티다 동 간치다. 간하다 ¶간틴 고기：醃魚(柳氏物名二 水族).

·갇 명 갓 ¶갇爲笠(訓解. 用字26). 이 ᄒᆞᆫ 갇은：這一箇帽子(飜老下52). 금으로 ᄉᆡ민 갇 우희：粧金大帽上(飜朴 上29). ᄌᆞ식이 갇 스며 아ᄃᆞᆯ 나ᄒᆞ며：初生子旣長而冠(呂約26). 갇 립：笠(訓蒙中15). 갇 모：帽(訓蒙中22). 갇 닙：笠(類合上31). 두 사ᄅᆞᆷ이 거믄 갇의 요뎔ᄒᆞ고(東新續三綱. 孝3：40).

갇나·히 명 계집아이 ¶ᄉᆞᆫ갇나히가 니믈리기가：女孩兒那後婚(飜朴 上45). 올히 ᄀᆞᆺ 열여스신 ᄉᆞᆫ갇나히라：今年纔十六歲的女孩兒(飜朴 上45).

갇·다 동 걷다. 거두다. 걷히다 ¶그 ᄢᅴ 부톄 神足 가ᄃᆞ시고(月釋7：54之1). 百千年이 ᄎᆞ거ᅀᅡ 廣長舌 가ᄃᆞ신대 八方分身이 ᄯᅩ 가ᄃᆞ시니(月釋18：1). 氣分 가도미라：收氣也(楞解8：107). 새 비 가ᄃᆞ니：收新雨(初杜解15：55). ᄀᆞᅀᆞᆯᄒᆡ 가ᄃᆞ며 겨ᅀᅳ레 갈ᄆᆞ며：秋收冬藏(金三2：6). 가돌 슈：收(光千2). 무루플 가다 ᄭᅮᆯ어안자：斂膝(宣小6：107). 블근 비치 將次 갇거ᄂᆞᆯ：紅將斂(重杜解9：39).
※ '갇다'의 활용 ┌ 갇디/갇거ᄂᆞᆯ/갇고…
└ 가ᄃᆞ니/가ᄃᆞ며/가ᄃᆞ시고…

갇다 동 깎다 ¶머리 갇가 즁 되여：剃髮爲僧(東新續三綱. 孝1：9).

갇다 형 같다 ¶邑內 다 이 갇ᄉᆞ오면(隣語1：14).

갇힐후다 동 마비(痲痺)되다 ¶놀라 두 활기ᄅᆞᆯ 갇힐훠 풍증이 ᄀᆞᆮ거나(痘疹方論8). 두 활기 갇힐훠 도돌라디며(痘疹方論9). 몬져 활기 갇힐훈 후에(痘疹方論12).

·갈 명 칼 ¶갈爲刀(訓解. 合字). 白帝 ᄒᆞᆫ 갈해 주그니：白帝劒戮(龍歌22章). 두 갈히 것그니：兩刀皆缺(龍歌36章). 갈爲刀(訓解). 믈블 갈 모딘 것과(釋譜9：24). 싸홂저긔 갈해 헌 ᄍᆞᆯ(月釋1：26). 갈ᄒᆞ로 多羅木 버히ᄃᆞᆺ ᄒᆞ니(楞解6：109). 열아홉 ᄒᆡᄅᆞᆯ ᄒᆞᆫ 갈로 쇼 다효ᄃᆡ(圓覺 下二之二10). 或 이 닐오ᄃᆡ 이ᄂᆞᆫ 목수믈 그츬 갈히며：或者謂是斷命刀子(蒙法53). 우러 흐르ᄂᆞᆫ 므레 갈ᄒᆞᆯ ᄀᆞ다니：磨刀嗚咽水(重杜解5：26). 갈콰 佩玉ㅅ 소리ᄂᆞᆫ 玉墀옛 거르믈 졷고(初杜解6：3). ᄒᆞᆫ 붓 갈흘 ᄆᆡᆼᄀᆞᆯ오져 ᄒᆞᄂᆞ니：要打一副刀子(飜朴 上16). 갈 도：刀(訓蒙中18. 類合上28). 갈 검：劍(石千3). 갈흐로ᄡᅥ 고ᄒᆞᆯ 버히고：以刀斷鼻(宣小6：57). ※갈>칼
※ '갈'의 첨용 ┌ 갈
└ 갈히/갈ᄒᆞᆯ/갈해…

갈기다 동 갈기다. 후려치다 ¶길에 방해로 온 가싀남글 갈기며 길을 당ᄒᆞᆫ 돌을 업시ᄒᆞ며(敬信10). 초가집을 ᄀᆞᆯ기디 아니ᄒᆞ고(女範2. 변녀 진중공쳐).

갈닙 명 갈잎. 떡갈잎 ¶갈닙：斛若(柳氏物名 四 木).

갈ᄂᆞᆯ 명 칼날 ¶갈ᄂᆞᆯ 봉 : 鋒(類合 下39). 찬션이 또 갈ᄂᆞᆯ해 다와다 드러가 몸으로 ᄀᆞ리운대 : 纘先亦冒刃直入以身蔽之(東新續三綱. 孝7 : 9).

갈마드리다 동 갈마들이다 ¶이 효유ᄒᆞᄂᆞᆫ 글을 보고 곳맛당히 갈마드려 서로 고게 ᄒᆞ야(敬信26).

갈맷다 동 간직하여 있다. 간직하였다. ㉮갊다 ¶ᄒᆞᆫ 두들기 曲折을 갈맷ᄂᆞ니 : 一丘藏曲折(重杜解10 : 15).

갈ᄆᆞ다 동 감추다. 간직하다 ㉮갊다 ¶갈ᄆᆞᆯ 장 : 藏(類合下37). 갈ᄆᆞᆯ 장 : 藏(石千2).

갈·아디·다 동 갈라지다 ¶ᄀᆞᄅᆞᆷ애 드르시니 믌결이 갈아디거늘(月印 上39). 반ᄃᆞ기 ᄆᆡᆫ 가온ᄃᆡ 그르면 곧 갈아디리이다 : 當於結心解卽分散(楞解5 : 24).

갈이다 동 가리다〔擇〕 ¶부모ㅣ 다시 그 사회를 갈이고쟈 ᄒᆞ니(女四解4 : 18).

갈희다 동 가리다 ¶광부의 말이라도 셩인이 갈희시니(萬言詞). 名區勝地를 ᄀᆞᆯ희곡 갈희여(古時調. 千古羲皇天과. 青丘).

갊·다 동 ①감추다. 간직하다 ¶妙애 갈ᄆᆞ니 : 藏乎妙(楞解4 : 10). 모ᄆᆞᆯ 갈모매 뵈야ᄒᆞ로 잇부믈 告ᄒᆞ도다 : 藏身方告勞(初杜解7 : 21). ᄒᆞᆫ 두들기 曲折을 갈맷ᄂᆞ니 : 一丘藏曲折(初杜解10 : 15). 堀에 드러 모ᄆᆞᆯ 갈마ᄂᆞᆫ ᄒᆞ오ᅀᅡ 妙ᄅᆞᆯ 得ᄒᆞ니. 堀에 드러 몸 갈모ᄆᆞᆫ 自受用三昧라(南明 下36). ᄀᆞᅀᆞᆯ히 가ᄃᆞ며 겨ᅀᅳ레 갈ᄆᆞ며 : 秋收冬藏(金三2 : 6). 사ᄅᆞ미 사오나온 고디 잇거든 ᄣᅥ려 갈믈디니라 : 人有歹處淹藏着(飜老下44). 갈ᄆᆞᆯ 장 : 藏(類合下37). 갈ᄆᆞᆯ 장 : 藏(石千2). 峽의 얼굴은 堂隍 ᄀᆞᆮᄒᆞᆫ ᄉᆞ이예 갈마 잇고 : 峽形藏堂隍(重杜解1 : 17). 내 엇디 갈무리(癸丑59). ②염습(殮襲)하다 ¶갈믈 렴 : 殮(訓蒙 中35).

감믈·다 동 꼭 다물다. ¶이블 감므러 내쉬디 마라 : 閉氣一口(瘟疫方17).

감·ᄯᆞᆯ·다 동 감돌다 ¶須彌山 허리예 ᄒᆡᄃᆞ리 감ᄯᆞᄂᆞ니 須彌山이 ᄀᆞ리면(月釋1 : 29).

감초다 동 감추다 ¶등블을 덥허 감초고(兵學1 : 15). 원긔ᄅᆞᆯ 감초고 졍신을 기를 줄을 아지 못ᄒᆞ니(敬信29). ᄉᆞᄉᆞ로이 감초미 업고(五倫4 : 57). 가ᄉᆞᆷ의 감초와시ᄆᆡ(三略上5). 嬌態ᄅᆞᆯ 못 감초아(曺友仁. 梅湖別曲).

감쵸다 동 감추다 ¶일홈ᄅᆞᆯ 감쵸고(三略下13).

감츄다 동 감추다 ¶밧글 보ᄆᆡ 반다시 얼골을 감츄며(女四解3 : 4). 감츌 장 : 藏(兒學下10).

값:돌·다 동 감돌다 ¶세 ᄇᆞᆯ 값도라ᄂᆞᆯ(月印 上55). 올ᄒᆞᆫ녀그로 세 ᄇᆞᆯ 값도ᅀᆞᆸ고(釋譜6 : 21). 닐굽 번 값돌라(釋譜11 : 26). 즈믄 디위 값도ᅀᆞᄫᆞ니라(月釋7 : 46). 올ᄒᆞᆫ녀그로 도라 세 번 값도ᄅᆞ시고 : 右繞三帀(圓覺 上二之三1). 세 번 값도ᅀᆞᆸ고 : 三帀(圓覺 下三之二8).

·갑 명 값. 삯 ¶갑 받디 말오 : 不要功錢(飜朴 上10). ᄂᆞ미 고공드러 갑 바다 어미를 닙피며 머규ᄃᆡ : 行傭以供母(飜小9 : 21). 네 간대로 갑ᄢᅬ오디 말라 : 你休胡討價錢(老解 下53).

갑갑 부 갑갑하게 ¶쇼됴의셔 엇디 ᄃᆞᆫ녀오실고 갑갑 조이더니(閑中錄234).

갑노다 형 값이 비싸다. ¶갑노다 : 價貴(同文解 下26).

갑·다 동 갚다 ¶恩惠ᄅᆞᆯ 갑ᄉᆞᄫᆞᅀᅡ ᄒᆞ리라(釋譜23 : 21). 邪曲ᄒᆞᆫ 마리 이셔도 받고 갑디 마라(月釋10 : 20). 하ᄂᆞᆯ히 나ᄅᆞᆯ ᄇᆞ려 빋 갑게 ᄒᆞ시니라(三綱. 孝11). 내 갑디 몯ᄒᆞ릴ᄊᆡ(圓覺 上一之二137). 잢간 몸 아ᄂᆞᆫ 義分을 갑곡 : 暫酬知己分(初杜解7 : 8). 살에 ᄒᆞ샤ᄆᆞᆯ 갑호ᄃᆡ 죽음을오ᄡᅥ ᄒᆞ며 : 報生以死(宣小2 : 73). 원슈 갑ᄒᆞ려 상복ᄒᆞ고 : 復讐喪服(東新續三綱. 孝6 : 51). 므스그로 ᄡᅥ 皇天을 갑ᄉᆞ옯고 : 何以報皇天(重杜解5 : 13). 하ᄂᆞᆯ ᄀᆞᄐᆞᆫ ᄀᆞ업ᄉᆞᆫ 은덕을 어ᄃᆡ 다혀 갑ᄉᆞ오리(古時調. 鄭澈. 아바님. 警民編).

갑ᄡᆞ다 형 값지다 ¶갑ᄡᆞ다 : 價直(蒙解 下21).

갑·새 부 대신 ¶다ᄅᆞᆫ 사ᄅᆞᄆᆞᆯ 갑새 보내니(釋譜24 : 51). 갑새 죽가지이다(三綱. 孝21). 갑새 죽거지라(續三綱. 孝29).

갓 명 아내. 여자 ¶가시 그리ᄫᅳᆯᄊᆡ(月印上65). 眷屬ᄋᆞᆫ 가시며 子息이며(釋譜6 : 5). 여슷 아ᄃᆞᆯ란 ᄒᆞ마 갓 얼이고(釋譜6 : 13). 그ᄃᆡᆺ 가시 ᄃᆞ외아지라(月釋1 : 11). 妻ᄂᆞᆫ 가시라(月釋 1 : 12). 가시며 子息이며 도라ᄒᆞ야도(月釋1 : 13). 八萬四千 婇女와 臣下ᄋᆡ 갓ᄃᆞᆯ히 다 모다 夫人 侍衛ᄒᆞᅀᆞᄫᅡ(月釋2 : 28). 가ᄉᆡ 樣 무르시고 눈먼 납 무러시ᄂᆞᆯ(月釋7 : 6). 겨지비 갓 ᄃᆞ외아지라(三綱. 孝9). 가시나 겨지븐 ᄆᆞᄎᆞ매 지비 잇도다 : 婦女終在家(重杜解12 : 21). ※갓>가시

갓 명 가죽 ¶갓과 ᄉᆞᆯ쾌 보ᄃᆞ랍고 ᄆᆡᆺᄆᆡᆺᄒᆞ샤(月釋2 : 40). 세 ᄒᆡᄅᆞᆯ 奔走ᄒᆞ야 ᄃᆞᆫ뇨매 ᄒᆞᆫ갓 갓과 ᄲᅧ왜로소니 : 三年奔走空皮骨(杜解21 : 5). 갓과 ᄉᆞᆯ쾌 주게라 : 皮肉死(杜解25 : 26). 갓 피 : 皮. 갓 혁 : 革. 갓 위 : 韋.(訓蒙 下9). 갓 잘에 : 革囊(龜鑑 下55).

갓 명 물건. 것 ¶그지업슨 풍륫가ᄉᆞ로 莊嚴ᄒᆞ얫거든(月釋8 : 8). 풍륫가ᄉᆞᆯ 부러 苦空無常無我ㅅ 소리ᄅᆞᆯ 너펴 니르ᄂᆞ니(月釋8 : 8). 또 풍륫가시 虛空애 ᄃᆞᆯ여(月釋8 : 14). 熱病神이아 膾ㅅ 가시로다(樂範. 處容歌). 갓 믈 : 物(訓蒙下2. 光千17).

갓가·ᄫᅵ 부 가까이 ¶和尙ᄋᆞᆫ 갓가ᄫᅵ 이셔 외오다 ᄒᆞᄂᆞᆫ 마리니 弟子ㅣ 샹녜 갓가ᄫᅵ 이셔 經 ᄇᆡ호아 외올 씨니(釋譜6 : 10). 王이 맛드러 갓가ᄫᅵ ᄒᆞ거시ᄂᆞᆯ(月釋2 : 5). ※갓가ᄫᅵ>가까이

갓가·이 부 가까이 ¶모ᄆᆞ로 갓가이 ᄒᆞ야 : 以身逼近(楞解1 : 37). 그 사ᄅᆞ미 갓가이 나 : 其人近出(法華2 : 124). 親히 갓가이 ᄒᆞ야 命을 다ᄋᆞ며 : 親近盡命(圓覺 上一之一15). 갓가이셔 드르니 : 近聽(金三3 : 18). 一切 邪神이 갓가이 오디 몯ᄒᆞᄂᆞ니라(簡辟4). 셕웅황을 사ᄅᆞᆷ이 ᄎᆞ면 귀신이 갓가이 오디 못ᄒᆞᄂᆞ니라(辟新14). 이예 믿븜애 갓가이 ᄒᆞ며 : 斯近信矣(宣小3 : 6). 갓가이 ᄒᆞᆯ 근 : 近(註千30). 갓가이 갑ᄒᆞ면 제 몸의 잇고(敬信10).

갓갑·다 형 가깝다 ¶하 갓가ᄫᆞ면 조티 몯ᄒᆞ리니(釋譜6 : 23). 近은 갓가ᄫᆞᆯ 씨라(釋譜13 : 15. 月釋序14). 蜀애셔 邛이 갓가ᄫᆞ니라(月釋2 : 50). 키 아로미 갓가ᄫᆞ리니 : 大悟近矣(蒙法28). 갓가이 모매 取ᄒᆞ샤 : 近取諸身(楞解3 : 62). 서르 親ᄒᆞ며 서르 갓갑ᄂᆞ닌 믌 가온ᄃᆡᆺ ᄀᆞᆯ며기로다 : 相親相近水中鷗(初杜解7 : 4). ᄆᆞᆯᄀᆞᆫ 詩ᄂᆞᆫ 道理ㅅ 宗要애 갓가오니 : 清詩近道要(杜解9 : 9). 갓가올 근 : 近(訓蒙 下34). 엇지 가히 갓가온 ᄃᆡᄅᆞᆯ ᄇᆞ리고 멀니 구ᄒᆞ리오(敬信23).

※ '갓갑다'의 활용 ⎡ 갓갑고/갓갑ᄂᆞ닌/갓갑게…
⎣ 갓가ᄫᆞ면/갓가ᄫᅡ…

갓갓 명 가지가지. 여러 가지. ¶갓갓 소리ᄅᆞᆯ 내야 닐오ᄃᆡ(釋譜23 : 18). 샹녜 갓갓 奇妙ᄒᆞᆫ 雜色鳥ㅣ(月釋7 : 66). 녜 갓갓 奇妙ᄒᆞᆫ 雜色새 : 常有種種奇妙雜色之鳥(阿彌10). 衣服 飮食 갓갓 物을 : 衣服飮食種種之物(圓覺 序79).

갓고다 동 가꾸다 ¶대 심거 울을 삼고 솔 갓고니 亭子ㅣ로다(古時調. 青丘). 田園이 거츨거든 松菊을 뉘 갓고며(辛啓榮. 月先軒十六景歌).

갓·고·로디다 동 거꾸러지다. 넘어지다 ¶네헨 구슬로 ᄭᅮ뮨 幢이 갓고로디며(釋譜23 : 26). 버미 갓고로딘 ᄃᆞᆺᄒᆞ며 龍이 업더딘 ᄃᆞᆺᄒᆞ야 : 虎倒龍顚(初杜解6 : 41). 서리옌 半모샛 蓮이 갓고로뎻도다 : 霜倒半池蓮(杜解9 : 24).

갓골다 동 거꾸로 되다. ¶어딘 사ᄅᆞᆷ 福 주ᄂᆞᆫ 理 갓고니 : 福善理顚倒(重杜解1 : 53). 어즈러이 펫ᄂᆞᆫ 긴 소리 갓골고 : 紛披長松倒(杜解6 : 2). 분디남ᄀᆞ로 갓곤 나ᄋᆞᆯ 盤잇 져다호라(樂範. 動動). 갓골 도 : 倒(類合下17). 다 갓곤 미ᄂᆞᄅᆞᆯ ᄡᅥ 그 그ᄐᆡ 스이라(武藝諸21).

갓·기·다 동 깎이다 ¶머리 갓기시니(釋譜6 : 10). 王室ᄋᆞᆫ 갓겨 보ᄃᆞ롭디 아니ᄒᆞ리라 : 王室無削弱(杜解3 : 66). 자최ᄅᆞᆯ 갓겨 : 削跡(初杜解21 : 30).

갓·ᄀᆞ·로부 거꾸로 ¶盂蘭盆은 갓ᄀᆞ로 ᄃᆞ요ᄃᆞᆯ요ᄆᆞᆯ 救ᄒᆞᄂᆞ다(月釋23：96). 갓ᄀᆞ로 아ᄂᆞᆫ 種애 나리라：生倒知種(楞解10：55). 이 ᄆᆞᅀᆞ멘 오히려 오ᄉᆞᆯ 갓ᄀᆞ로 닙놋다：此心猶倒衣(初杜解24：48). 라귀ᄅᆞᆯ 갓ᄀᆞ로 ᄐᆞ니라：倒騎驢(南明 下11).

갓ᄀᆞ로디다동 거꾸러지다 ¶업더디며 갓ᄀᆞ로디여 뎌른 오새 누비엿도다：顚倒在短褐(重杜解1：6).

갓·ᄀᆞ·리부 거꾸로 ¶오직 갓ᄀᆞ리 보ᄆᆞᆯ 브터：特依倒見(楞解2：12). 離婆ᄂᆞᆫ 갓ᄀᆞ리 어즈럽디 아니ᄒᆞ고：離婆不倒亂(法華1：32).

갓·ᄀᆞᆯ·다동 거꾸로 되다. ¶보미 갓ᄀᆞᆯ써 하ᄂᆞᆯ히 비 아니 오미라(月釋10：86). 갓ᄀᆞᆫ 거츠니ᄅᆞᆯ 힘ᄡᅥ 救ᄒᆞ샤：力救倒妄(楞解1：3). 안해 惑障이 갓ᄀᆞ로미 업스니(心經56). 西域ㅅ 마리 갓ᄀᆞᆯ어ᄂᆞᆯ：西域語倒(圓覺上一之二57). 豪貴ᄒᆞ더닌 도ᄅᆞ혀 갓ᄀᆞ랏고：豪貴反顚倒(初杜解25：42). ᄃᆞᆯ며 갓ᄀᆞ로ᄆᆞᆯ(金三5：48). 미친 말ᄉᆞᆷ ᄒᆞ며 갓ᄀᆞᆫ 말ᄉᆞᆷ ᄒᆞ며：顚言倒語(龜鑑下59).

갓나희명 계집아이. 여자 ¶갓나희들이 여러 層이 오레(古時調. 海謠). 海棠花 갓나회로다(古時調. 海謠).

갓나히명 ①계집아이. 여자 ¶남진 아니 어른 갓나히 월경슈 무든 거슬：童女月經衣(救簡2：54). 갓나히도：女孩兒(飜朴上45). ᄉᆞ나히와 갓나히 일ᄇᆡᆨ이러니：男女百口(宣小6：71). ②여자의 ¶ᄡᅡ히 소리 갓나히 소리(釋譜19：14).

갓·다동 깎다 ¶마리ᄅᆞᆯ 갓ᄀᆞ시고(月印上44). 손소 머리 갓고 뫼ᄀᆞ래 이셔(釋譜6：12). 집 ᄇᆞ리고 나가 머리 갓ᄀᆞᆯ 씨라(月釋1：17). 부텨 조ᄍᆞ와 머릴 갓고이다：從佛剃落(楞解1：42). 불휘ᄅᆞᆯ 버혀 거프를 갓ᄀᆞ니 블근 玉이 ᄀᆞᆮᄒᆞ니：斬根削皮如紫玉(杜解16：58). 갓ᄀᆞᆯ 텩：剔. 갓ᄀᆞᆯ 간：刊(類合下38). 갓ᄀᆞᆯ 탁：斲(類合下41). 갓ᄀᆞᆯ 산：刪. 갓ᄀᆞᆯ 샥：削(類合下43). 하ᄂᆞᆯ히 조ᄇᆞ니 石壁ㅅ 面ㅣ 갓ᄀᆞᆫ ᄃᆞᆺᄒᆞ도다：天窄壁面削(重杜解1：20). 머리 갓ᄂᆞᆫ 칼 일ᄇᆡᆨ ᄌᆞᄅᆞ：剃頭刀子一百把(老解 下62). 뎌 머리 갓ᄂᆞᆫ 이ᄅᆞᆯ 블러 오라：叫將那剃頭的來(朴解上39). 夫人이 ᄉᆞ랑ᄒᆞ야 손소 마리ᄅᆞᆯ 갓더니：夫人愛之自爲剪髮(重內訓2：60).

※ 갓다의 활용 ┌갓더니/갓ᄂᆞᆫ/갓고…
└갓ᄀᆞᆯ/갓ᄀᆞ니/갓ᄀᆞᆫ…

갓다형 갖다. 구존(俱存)하다 ¶구경：너뫼 갓단 말(敬信11).

갓득에부 가뜩이나 ¶갓득에 실음한듸(古時調. 梧桐성긘. 海謠).

갓망명 갓과 망건. ¶되롱 갓망 누역아(古時調. 鄭澈. 靑山의. 松江).

갓·붑명 가죽 북. ¶갓붑 소리 쇠붑 소리 바옰 소리 우숢 소리 말ᄊᆞᆷ 소리(釋譜19：14). 갓붑 고：鼓(類合上29). 갓붑 고：鼓(石千20). 갓붑 티며 쇠붑 울유믈 天下 애셔 듣ᄂᆞ다：椎鼓鳴鍾天下聞(重杜解4：26).

갓·옷명 갖옷. 가죽옷 ¶주근 ᄃᆞ시 자다가 헌 갓옷 두퍼셔 놀라오라：尸寢驚弊裘(初杜解22：1). 갓옷 구：裘(訓蒙 中22. 類合 上30).

갓초다동 갖추다 ¶익뎡의 셔ᄐᆡᆨ을 갓초와(女四解 序3). 차와 탕을 갓초와 오ᄂᆞᆫ 이를 맛고 가ᄂᆞᆫ 이를 보ᄂᆡ라(女四解3：8). 고모 창ᄌᆞ 세살 창ᄌᆞ 완ᄌᆞ창을 갓초니여(萬言詞).

갓티다동 갇히다 ¶므ᄉᆞ 일을 인ᄒᆞ여 갓텨ᄂᆞ뇨：因何監着(朴解 下16).

갓·플명 갖풀. 아교(阿膠) ¶쇠갓프를 ᄉᆞ라 ᄀᆞᄂᆞ리 ᄀᆞ라 ᄀᆞᄅᆞ ᄆᆡᆼᄀᆞ라 추메 ᄆᆞ라 ᄇᆞᄅᆞ라：牛皮膠燒細研爲末以唾和塗之(救急 上7). 갓플：阿膠(救簡2：13). 갓플 교：膠(類合上26).

강남콩명 강낭콩 ¶강남콩 완：豌(訓蒙上13). 강남콩：龍爪豆(柳氏物名 三 草).

강믈명 강물 ¶강므리 뵈아ᄒᆞ로 만ᄒᆞ여：江水方漲(東新續三綱. 烈4：10).

강ㅅ:ᄀᆞᆺ명 강가〔江邊〕 ¶江ㅅᄀᆞᇫ앤 위안히 ᄎᆞ디 몯ᄒᆞ얘라：江邊未滿園(初杜解15：24).

강술명 강한 술. ¶가다니 ᄇᆡ브른 도긔 설진 강수를 비조라(樂詞. 靑山別曲).

ᄀᆞᇰ믈명 강물 ¶ᄀᆞᇰ므리어나 또 ᄀᆞᆺ 기론 므리어나 모딘 피를 시서 ᄇᆞ리면：以河水或新水洗去毒血(救簡6：46).

갗명 가죽 ¶엿의 갗爲狐皮(訓解. 終聲). 鹿皮ᄂᆞᆫ 사ᄉᆞᄆᆡ 가치라(月釋1：16). 손밠가락 ᄉᆞᅀᅵ예 가치 니ᅀᅥ 그려긔 발 ᄀᆞᄐᆞ시며(月釋2：40). 生가ᄎᆞ로 머리ᄅᆞᆯ 얼그며(月釋21：45). ᄯᅡᆺ 가촌 조티 몯ᄒᆞᆫ 거시라：地皮未淨也(楞解7：11). 남진의 ᄯᅴᄂᆞᆫ 가치오：男鞶革(宣賜內訓3：2). ᄉᆞᆯ히 누르고 가치 설지고：肉黃皮皺(杜解3：50). 거믄 가ᄎᆞ로 ᄆᆡᆼᄀᆞ론 几 이실시：烏皮几在(杜解21：5).

개고리명 개구리 ¶개고리 와：蛙(類合上15). 개고리：蝦蟆(東醫 湯液二 蟲部). 개고리：蛙(物譜 水族). 개고리：蝦蟆(柳氏物名 二 昆蟲).

개골이명 개구리 ¶만일 ᄉᆡᆼ개골이를 얻디 몯ᄒᆞ면 가히 구티 몯ᄒᆞ리라：若不得生蛙不可救(東新續三綱. 孝1：12).

개돗명 개돼지 ¶나ᄂᆞᆫ 님군을 위ᄒᆞ여 죽거나와 너ᄂᆞᆫ 도적을 븟조ᄎᆞ나 이ᄂᆞᆫ 개돗과 ᄒᆞᆫ가지로다：犬彘(五倫2：33).

개아미명 개미 ¶개아미 의：蟻(類合 上15).

개야·미명 개미 ¶그듸 이 굼긧 개야미 보라…이 개야미 이에셔 살며(釋譜6：36). 마톨 다오매 굼긧 개야밀 어엿비 너기고：築場憐穴蟻(杜解7：18). 개야미 ᄠᅳᆫ 수른 臘月엣 마시 仍ᄒᆞ야 잇고：蟻浮仍臘味(杜解10：2). 개야미：螞蟻(譯解 下35). 개야미 불개야미 즌등 부러진 불개야미(古時調. 靑丘).

개오·다동 게우다 ¶개올 구：嘔(訓蒙 中32).

개올명 개울. 개천 ¶개올에 셧ᄂᆞᆫ 버들 므ᄉᆞ 일 조차(古時調. 재 우희. 靑丘).

개을·이부 게을리. 게으르게 ¶道애 나ᅀᅡ가딕 개을이 아니 ᄒᆞᄂᆞ니(月釋17：56).

:갸ᅀᆞ명 사발 접시 등 식기류(食器類). ¶갸ᅀᆞ를 몯다 서러 잇ᄂᆞᆫ ᄃᆞ시 ᄒᆞ얫더니…香니 섯버므러 잇고 즁님낸 다 나가시고 갸ᅀᆞ를 몯다 설어젯더이다(月釋23：74).

걈들다동 감겨 들다. ¶무슴 일 걈드러 흘긧할긧ᄒᆞᄂᆞᆫ손다(許坱. 雇工歌).

거녀내다동 건져내다 ¶제 오라비 거녀내니라：其兄援出(東續三綱. 烈10 梁氏抱棺).

거·느·리·다동 건지다. 구제하다 ¶도로 人間애 나아 輪王이 ᄃᆞ외야 四天下ᄅᆞᆯ 거느려 威嚴과 德괘 自在ᄒᆞ야(釋譜9：19). 天下를 거느렛더시니(釋譜13：30). 어느 ᄉᆞᅀᅵ예 ᄂᆞᄆᆞᆯ 거느리리오(宣賜內訓3：40). 時世 거느릴 지조ᄅᆞᆯ 기들워 ᄡᅳᆯ디니라：須濟世才(初杜解21：7). 거느릴 졔：濟(訓蒙 下32).

거·느리·치·다동 건져내다. 구제(救濟)하다 ¶엇뎨 時節 거느리츌 謀策이 업스리오마론：豈無濟時策(初杜解3：58). 믄득 다시 주어 거느리치더라：輒復賑給(飜小9：23). 사름이게 반ᄃᆞ시 거느리칠 배 이시리라：於人必有所濟(宣小5：58). 乾坤을 고텨 時世ㅣ 거느리츄믈 뭇도다：整頓乾坤濟時了(重杜解4：17).

거·늘이·치·다동 건져내다. 구제(救濟)하다 ¶가난ᄒᆞᆫ 이를 거늘이치며：濟貧(宣小6：113).

거니다동 건지다. 구제하다 ¶거닐 졔：濟(光千24). ᄉᆞᄉᆞ로 심 가온대 ᄲᅡ뎌더니 거녀셔 이튼날 다시 사라셔：自投井中拯出翌日乃甦(東新續三綱. 烈 1：68).

거ᄂᆞ리다동 거느리다 ¶아ᄎᆞᆷ나죄로 아ᄃᆞᆯ 거ᄂᆞ리고：朝夕率子(東新續三綱. 烈2：85). 거ᄂᆞ릴 솔：率(倭解 下33). ᄲᅳᆫ구름 거ᄂᆞ리고 눈조차 모라오니(松江. 星

山別曲). 몰 톤 이를 거ᄂᆞ리고(三譯2 : 10). 거ᄂᆞ리다 : 率領(同文解 下59). 거ᄂᆞ려 와셔 처 내더라(癸丑210). 다 모하 거ᄂᆞ려 細樂을 前導ᄒᆞ고(古時調. 長安 大道. 靑丘). 거ᄂᆞ릴 어 : 御(註千35).

거·도·다[동] 거두다 ¶婢 時急히 거도더니 : 婢遽收之(宣賜內訓1 : 18). 天地ㅅ긔 謝ᄒᆞ노니 그저 원컨대 잘 거도게 ᄒᆞ쇼셔 : 謝天地只願的好收着(朴解 中13).

거·두들·다[동] 걷어들다. 추어올리다 ¶攝衣는 옷 거두들 씨라(永嘉 序13). 오ᄉᆞᆯ 거두드러 츤 비를 ᄇᆞᆲᄂᆞ다 : 褰裳踏寒雨(杜解 9 : 9). 오ᄉᆞᆯ 거두드러 : 褰裳(初杜解15 : 35). 거두들 구 : 摳. 거두들 건 : 攓(訓蒙 下19). 옷기ᄉᆞᆯ을 거두들어 堂의 오ᄅᆞ실시 : 攝齋升堂(宣小2 : 39).

거·두잡·다[동] 걷어 잡다. 거두어 잡다. ¶衆生ᄋᆞᆯ 다 비취샤 거두자바 ᄇᆞ리디 아니ᄒᆞ시ᄂᆞ니(月釋8 : 27). 衆生ᄋᆞᆯ 거두자ᄇᆞ시ᄂᆞ니(月釋8 : 28). 얼굴와 ᄆᆞᅀᆞᆷ과 ᄅᆞᆯ 거두자바 寂靜호미 安이오(月釋21 : 4). 옷ᄉᆞᆯ 거두잡아 모흐로 낫ᄃᆞ라 : 摳衣趨隅(宣小3 : 11). 스스로 거두잡으면 : 自儉束(宣小5 : 87).

거·두:쥐·다[동] 죄어들다. 오그라들다 ¶우흐로 거두쥐디 아니ᄒᆞ며(月釋17 : 52). 또 거두쥐디 아니ᄒᆞ며 : 亦不褰縮(法華6 : 13). 큰 하ᄂᆞᆯ히 德澤을 ᄂᆞ리오니 몰라 거두쥐거시 사를 ᄯᅳ디 잇도다.: 皇天德澤降燋卷有生意(重杜解12 : 17).

거두추다[동] 거두어 추스르다. ¶옷 거두추다 : 撩衣(同文解 上57). ᄀᆞ바 몸 거두추지 못ᄒᆞ다 : 乏透身軟(漢淸7 : 38).

거두치다[동] 걷어치우다 ¶서리와 바람이 ᄀᆞ을 닙을 거두치고 화로블이 기럭의 털 술오기 ᄀᆞᆺ거ᄂᆞᆯ(山城143). 니영이 다 거두치니(古時調. 許珽. 靑丘). 거두치ᄂᆞᆫ ᄇᆞ람 : 倒捲風(漢淸1 : 16).

거·두혀·다[동] 걷어 당기다. ¶헌ᄃᆡ로 ᄇᆞ롬 드러 거두혀며 뷔트리혀미 이시락업스락ᄒᆞ거든 : 破損傷風搐搦潮作(救簡1 : 7).

거·듧[부] 거듭 ¶엿 홉이 ᄃᆞ외어든 머고ᄃᆡ 거듧 머그라 : 六合飮之至再服(救簡2 : 5). 거듧 신 : 申(類合 下20). 거듧 : 重重(同文解 下52). 거듧 무로니(三譯7 : 18). 거듧 : 重(漢淸11 : 47).

거디다[동] 걸치다 ¶히 山에 거디다 : 日頭壓山(譯解 上1).

거러안ㅅ다[동] 걸터앉다. 걸앉다 ¶거러안ㅅ다 : 踞坐(同文解 上26).

거러앉다[동] 걸터앉다. 걸앉다 ¶거러안즐 거 : 距(倭解 上31). 거러안질 거 : 踞(兒學 下4).

거록ᄒᆞ다[형] 거룩하다 ¶神通이 거록홀ᄲᅮᆫ 大鬧天宮ᄒᆞ고(古時調. 花果山. 海謠). 대비의 념불 공븨 하 거록ᄒᆞ시매 극낙국의 가 나시미로소이다 : 皇后業高神生彼國(普勸文15).

거르기[부] 매우. 거창하게. 대단히. 뜻밖에 ¶믄득 거르기 열ᄒᆞ니라 : 卒暴壯熱(痘要 上11). 어와어와 거르기 머흔ᄃᆡ(新語1 : 10). 두역 돗기ᄅᆞᆯ 거르기 만히 ᄒᆞ야 : 痘出太多(痘瘡方22). 그대도록 거르기 니ᄅᆞ지 아니셔도(重新語1 : 8).

거르뛰·다[동] 걸러뛰다 ¶또 ᄒᆞ나콤 거르뛰여 드르샤ᄃᆡ(釋譜23 : 15). 이ᄂᆞᆫ 半超順入이오 : 半超ᄂᆞᆫ 半만 거르뛸 씨라(釋譜23 : 15). ᄀᆞᄅᆞ치샤미 ᄆᆞᄃᆡᄅᆞᆯ 넘디 아니홀 ᄲᅮᆫ 아니라 또 비호미 等을 거르뛰디 아니콰뎌 ᄒᆞ시논 젼ᄎᆞ라(月釋14 : 41).

거륵[명] 거룩함 ¶거륵 위 : 偉(類合 下17).

거륵ᄒᆞ다[형] 거룩하다. 대단하다 ¶거륵ᄒᆞ다 : 穆穆(同文解 上18). 거륵ᄒᆞ다 : 大方(漢淸6 : 26). 거륵ᄒᆞᆫ 지조에 낫더라(三譯3 : 3). ᄌᆞ몬 거륵ᄒᆞᆫ 술을 ᄒᆞ고 나그ᄂᆡ 실음을 펴니(重新語6 : 6). 지물이 잇다도 ᄒᆞ려니와 션심이 장히 거륵ᄒᆞᆫ지라(敬信 序2).

거·름[명] 걸음 ¶부텨 거름 보ᅀᆞᄫᆞᆫ돌(月印 上46). 닐굽 거르믈 거르시고(釋譜6 : 17). 두어 거르메셔 너무 아니 걷다니(月釋8 : 93). 거름 보 : 步(訓蒙 下27. 石千41. 倭解 上29). 거름을 니어 ᄡᅧ 올오ᄃᆡ : 連步以上(宣小2 : 69). 감히 그 거름을 ᄯᆞ로ᄃᆡ 몯ᄒᆞ며 : 不敢隨行(女四解2 : 18). 거름마다 버러지를 보며 불을 금ᄒᆞ야(敬信9).

거·름거·리[명] 걸음걸이 ¶거름거리 더디 아니ᄒᆞ시며(月釋2 : 57). 거름거리 바ᄅᆞ 나ᅀᆞ샤ᄃᆡ(法華2 : 14). 거름거리며 ᄇᆞᆲ드듸기를 : 步履(飜小8 : 16).

거·리·ᄭᅵ·다[동] 거리끼다 ¶거리ᄶᅧ 著호ᄆᆞᆯ 더르샤미라 : 除去滯著者(楞解6 : 103). 오직 識性이 거리ᄶᅱ미 ᄃᆞ외니 : 唯識性爲滯(楞解9 : 30). 부텨 얼굴 거리ᄭᅵᆷ 겨시면 : 佛有形累(圓覺 上二之二160). 긴 길히 ᄆᆞᅀᆞ매 거리ᄶᅧ시니 : 長路關心(杜解7 : 3). 가ᄉᆞᆷ 가온ᄃᆡ 거리ᄭᅵᆯ 겨르리 업도다 : 無暇介於胸中(金三5 : 48). 거리ᄶᅧ ᄀᆞ룜 업스니(六祖 上41). 고집ᄒᆞ며 거리ᄭᅵᆫ 이 아니면 : 非固滯(宣小5 : 120). ᄢᅢ를 거리ᄭᅵ디 말고 : 不拘時(臘藥3).

거리츔[동] 건짐. 구제(救濟)함 ㉠거리츠다 ¶時節 거리츄믈 眞實로 잘ᄒᆞ니라 : 濟時信良哉(杜解3 : 57). 두 朝ᄅᆞᆯ 거리츄믄 늘근 臣下의 ᄆᆞᅀᆞ미니라 : 兩朝開濟老臣心(杜解6 : 33).

거·리·츠·다[동] 건지다. 구제(救濟)하다 ¶일 혼ᄃᆡ 호ᄆᆞ로 거리츠실 씨라(月釋13 : 21). 權으로 거리츠시ᄂᆞ니라(月釋14 : 79). 天下ㅅ 이를 經綸ᄒᆞ야 屯難ᄒᆞᆫ 時節을 거리츨 씨라(月釋17 : 18). ᄂᆞ미 주굼 거리추미 업스며(法華2 : 28). 時節 거리츄믈 일즉 ᄀᆞ다ᄃᆞ마 잇도다 : 濟時曾琢磨(初杜解23 : 18).

거·리·치·다[동] 건지다. 구제하다 ¶布施ᄒᆞ기를 즐겨 艱難ᄒᆞ며 어엿븐 사ᄅᆞᄆᆞᆯ 쥐주어 거리칠씨(釋譜6 : 13). 주으린 사ᄅᆞᄆᆞᆯ 거리치며(月釋2 : 31). 時節을 時世 거리칠 ᄢᅬᄅᆞᆯ 베프고져 ᄒᆞ나 : 欲陳濟世策(杜解7 : 15). 感激ᄒᆞ야 거리치디 몯ᄒᆞ논가 ᄉᆞ랑ᄒᆞ더라 : 感激懷未濟(杜解24 : 27). ᄀᆞ장 만히 뎌의 거리치믈 니부라 : 好生多得他濟(飜老 下6).

거·린·길[명] 갈림길 ¶또 두 가짓 거린길히 잇ᄂᆞ니 : 復有二種岐路(楞解9 : 24).

거롬[명] 걸음 ¶거롬 보 : 步(類合 下5. 註千41). 이 ᄆᆞᆯ도 거롬이 됴코나 : 這箇馬也行的好(老解 上11). 나도 ᄒᆞᆫ ᄲᅡᆼ 거롬 비호ᄂᆞᆫ 슈신을 지어 뎌를 주리라(朴解 中48). 즉시 발을 년ᄒᆞ야 ᄒᆞᆫ 거롬 나아가(武藝圖1).

·거머ᄒᆞ·다[형] 거멓다 ¶ᄂᆞᄎᆞᆯ 마조 보와셔 거머호ᄆᆞᆯ 슬코 : 會面嗟黧黑(初杜解20 : 27). 거머ᄒᆞ야 아디 몯홀시(南明 下70). 븟가 거머케 ᄒᆞ고 : 炒令褐色(救簡1 : 95). 終南山이 거머ᄒᆞ도다 : 終南黑(重杜解13 : 12).

거·믄·고[명] 거문고 ¶ᄒᆞᆯᄀᆞᆯ 므러 거믄고와 書冊 안해 더러이고 : 啣泥點汚琴書內(杜解7 : 10). 거믄고 노던 저근 보디 몯거니와 : 不見鼓瑟時(初杜解16 : 30). 거믄고 금 : 琴(石千39). 혹 글 의론ᄒᆞ며 혹 거믄고 듣다가 : 或論文或聽琴(宣小6 : 95). ᄆᆞᆯᄀᆞᆫ 거믄고애 좃고 : 逐淸瑟(重杜解2 : 36). 거믄고 大絃을 티니 ᄆᆞᄋᆞᆷ이 다 눅더니(古時調. 鄭澈. 松江). 거믄고 : 琴(同文解 上52). ※거믄고>거문고

거·믜[명] 거미 ¶거믜 : 蜘蛛(救簡6 : 59). 거믜줄이 얼것고 : 封蛛網(初杜解21 : 4). 거믜 : 蜘蛛(四解 上17 蜘字註). 거믜 디 : 蜘. 거믜 듀 : 蛛(訓蒙 上21. 類合 上16). 거믜 : 蜘蛛(譯解 下34). 거믜 쥬 : 蛛(倭解 下27). 줄에 조츤 거믜 고기 본 가마오지(古時調. 각시닉 내 妾이. 靑丘).

거믜양[명] 검댕 ¶거믜양 : 鍋煤(同文解 上63).

거믜영[명] 검댕 ¶가마 미틧 거믜영 : 釜底墨(救簡1 : 48). 가마 미틧 거믜영 : 竈中墨(救簡1 : 54). 솓 미틧 거믜영 : 鐺底墨(救簡2 : 27).

거복[명] 거북 ¶거복 귀 : 龜(詩解 物名17). 거복 : 烏龜(譯解 下38. 同文解 下41). 거복 귀 : 龜(倭解 下25). 거복 : 龜(漢淸14 : 44). 연고 업시 거복을 죽이고(敬信6).

거·붑[명] 거북 ¶고기와 새와 거붑과 비얌괘 : 魚鳥龜蛇

(楞解7：79). 나ᄂᆞᆫ 먼 거붑 ᄀᆞᆮ고 부텨ᄂᆞᆫ ᄠᅳᆫ 나못 구무 ᄀᆞᆮᄒᆞ시니：我如盲龜佛如浮木孔(圓覺 下三之二95). 고래와 거부블 타：乘鯨鼇(初杜解8：58). 거부븨 터리 ᄀᆞᆮᄒᆞ면(南明 上40). 體 거부븨 터리 ᄀᆞᆮ호ᄃᆡ(金三2：66). 거붑 귀：龜(訓蒙上20. 類合上14). 거붑 채：蔡(類合下23). ᄆᆞᄋᆡ여운 소리옌 큰 거부비 ᄆᆞ레 ᄃᆞᆷ놋다：威聲沒巨鼇(重杜解5：3).

거·스·다 동 거스르다 ¶아니 거스니：不自抗衡(龍歌75章). 당ᄋᆡ아지 벌에 술위ᄢᅵ 거스ᄂᆞᆫ 돌(月印 上61). 거스디 아니ᄒᆞ거든(釋譜6：8). 거스디 아니ᄒᆞ노니(月釋1：12). 覺이 거스논 디 아니며：非覺違拒(圓覺 序61). 忠言이 귀예 거스ᄂᆞ니：忠言逆耳(金三3：62). 사ᄅᆞ미 거스디 몯ᄒᆞ거늘：違(續三綱. 孝. 有文服衰). 거스다：驪辭(同文解 上31). 거슨 식뷔 나의 이 글을 보고 화ᄒᆞ야(敬信12).

거·스·리 부 거스르게. 거슬러. 거꾸로 ¶逆入ᄋᆞᆫ 거스리 들 씨라(釋譜23：14). 거스리 셰요미 갓ᄀᆞᆯ어늘：逆經爲倒(楞解2：12). 빗그며 거스리 나ᄒᆞ며：橫逆生(救急 下83). ᄇᆞᄅᆞ미 거스리 부니 깃과 터리왜 ᄒᆞ야디놋다：風逆羽毛傷(杜解7：15). 거스리 사ᄅᆞᄆᆞᆯ 건내욜디니라：逆渡人(金三2：58). 거스리 밧기면：倒脫(救簡6：49). 믈 거스릴 소：泝(類合 下38). 져 믈이 거스리 흐르과져 나도 우러 보니리라(古時調. 元昊. 간밤에 우던. 詩歌). 죽엄이 거스리 흘러(女四解4：34).

거·스·리·다 동 거스르다 ¶生死流를 거스려(月釋2：61). ᄠᅳ들 거스려：逆情(楞解2：72). 須陁洹ᄋᆞᆫ 梵語ㅣ니 唐 마랜 流에 거스류미니 生死애 거스려 六塵에 더럽디 아니ᄒᆞ야(金剛49). 次第 거스료ᄆᆞᆫ(圓覺 上二之一30). 믌겨를 거스려 빗돗 여러 가미 어렵도다：逆浪開帆難(初杜解22：56). 거스릴 역：逆(類合 下19). 거스릴 오：忤(類合 下36). 소기숩디 말오 거스릴디니라：勿欺也而犯之(宣小2：43). 거스리다：逆(同文解 上31). 거스릴 횡：橫(註千25). 거스릴 소：泝(兒學 下13). 부ᄃᆡ 거스리디 말으시고 아래사ᄅᆞᆷ들의게나 주실 양으로 ᄒᆞ쇼셔(重新語8：3). 곳 재 슌ᄒᆞ고 리ᄒᆞᆷ을 당ᄒᆞᆯ지라도 샹에 거스린 ᄉᆡᆼ각을 ᄒᆞ며(敬信32).

거·슬·다 동 거스르다 ¶天意를 小人이 거스러：小人逆天(龍歌74章). 내 命을 거스ᅀᆞᄫᆞᆯ：以拒我命(龍歌105章). 날 거슯 도ᄌᆞᄀᆞᆯ：拒我慓悍賊(龍歌115章). 님금 말ᄋᆞᆯ 거스ᅀᆞᄫᆞ니(月印 上14). 거스로미 愧오(釋譜11：43). 왼녀근 거슬오 올ᄒᆞᆫ녀근 順ᄒᆞ니：左逆右順(法華2：210). 거슬라 ᄒᆞ야시ᄂᆞᆯ(三綱. 忠31). 慈母의 拳拳을 거스로려 ᄒᆞᄂᆞ뇨：違慈母之拳拳乎(宣賜內訓2上54). 박시 구디 거슬고 좃디 아니ᄒᆞ니：朴氏牢拒不從(東新續三綱. 孝7：56 朴氏救父).

거·슬·ᄡᅳ·다 동 거스르다〔'거슬다'의 강세형(強勢形).〕¶너희돌히 거슬ᄡᅳᆫ 양 말라(釋譜24：12). 거슬ᄡᅳ디 아니케 ᄒᆞ실씨(月釋13：55). 서르 거슬ᄡᅮ메：相忤(楞解8：85). 逆은 거슬ᄡᅳᆯ 씨라(法華2：168). 구든 거슬ᄡᅳᆫ ᄆᆞᅀᆞᄆᆞᆯ 그치게 ᄒᆞᆯ씨：息剛戾心(金剛 上35). 곧 거슬ᄡᅮᆷ과 ᄀᆞᆮᄒᆞᆫ디라：卽同悖逆(宣賜內訓1：48). 하ᄂᆞᆯ콰 ᄯᅡ쾃 ᄉᆞ싀예 順ᄒᆞ며 거슬ᄡᅳᆫ 이리 잇도다：天地有順逆(初杜解7：25). 거슬ᄡᅳᆯ 패：悖(類合 下15). 거슬ᄡᅳ게 마롤디니(宣小 題辭3). 어미롤 효도호ᄃᆡ ᄠᅳ데 거슬ᄡᅳᆫ 일 업더니：奉母承順無闕(東三綱. 孝2). 節義에 거슬ᄡᅳᆫ 사ᄅᆞ미 가ᄂᆞᆫ 배 ᄒᆞᆫ가지로다：逆節同所歸(重杜解2：54).

거·슯·ᄡᅳ다 동 거스르다 ¶거슯ᄡᅳ며 막딜이여 이긔디 몯ᄒᆞᆯ 근심이 업과댜 홈이니라：而無扞格不勝之患也(宣小 書題2).

거ᄉᆞ리다 동 거스르다. 거역(拒逆)하다 ¶거ᄉᆞ릴 역：逆(倭解 下35). 옥녜 소릐 딜러 거ᄉᆞ려 주그믈 긔약ᄒᆞ더니 긔력이 곤ᄒᆞ야 ᄆᆞᄎᆞᆷ내 거ᄉᆞ디 못ᄒᆞ니(太平1：50). 나라 命令이 오라 거ᄉᆞ리든 몯ᄒᆞ여(隣語1：11).

거ᄉᆞᆯ다 동 거스르다 ¶엇뎨 거ᄉᆞᅀᆞᄫᆞ리잇고(重三綱. 烈30). 구디 거ᄉᆞ니 적이 딜러 주기다：牢拒賊刺殺之(東新續三綱. 烈3：41). 주그믈 긔약ᄒᆞ더니 긔력이 곤ᄒᆞ야 ᄆᆞᄎᆞᆷ내 거ᄉᆞ디 못ᄒᆞ니(太平1：50).

거·의 부 거의 ¶너비 濟渡호ᄆᆞᆯ 거의 ᄆᆞᄎᆞ면(釋譜11：10). 거의 光明이 盛大ᄒᆞ야：庶得光明盛大(蒙法46). 거의 停寢ᄒᆞ야(法華2：132). 거의 곧 이리 곧 ᄆᆞᅀᆞ미며：庶即事即心(圓覺 序84). 어미 죽거늘 三年을 피 나긔 우러 거의 죽게 ᄃᆞ외얫더니：喪母泣血三年幾至滅性(三綱. 孝19). 幽隱ᄒᆞᆫ 사ᄅᆞ미 占得호매 거의 갓갑도다：庶近幽人占(初杜解18：2). 거의 머리와 ᄲᅧᆯ왜 나토미오(南明 上1). 거의 最上宗乘 ᄇᆞᆯ교ᄆᆞᆯ：庶幾明得最上宗乘(金三5：47). 거의 그르디 아니ᄒᆞ리라：庶乎其不差矣(飜小8：31).

※거의>거의

거어지 명 거지. 걸인(乞人) ¶거어지：叫化子(譯解 上30).

:거엽·다 형 웅건(雄健)하다 ¶가ᄉᆞ미 허리 우히 거여버 獅子 ᄀᆞᆮᄒᆞ시며(月釋2：41). 光中에 金剛ㅅ 거여운 양ᄌᆞᄅᆞᆯ ᄀᆞᄃᆞ기 現ᄒᆞ샤ᄆᆞᆫ：光中徧現金剛威武之狀者(楞解7：29). 文忠公의게 손이 도이여셔 싁싁고 거여우며 方正ᄒᆞ거늘：客文忠公所嚴毅方正(飜小9：4). 嚴ᄒᆞ고 거여우며：嚴毅(宣小6：4).

※'거엽다'의 활용 ┌ 거엽게/거엽디… │ 거여ᄫᅳᆫ/거여버… └ >거여운/거여워…

거오다 동 겨루다. 대적하다 ¶나롤 거오지 아니리라 ᄒᆞ고(三譯2：8).

거올 명 거울 ¶거올 알플：鏡面(百聯13). 거올 집：鏡奩(譯解 下15).

거우·다 동 겨루다. 대적하다 ¶雜草木 것거다가 ᄂᆞᄎᆞᆯ 거우ᅀᆞᄫᆞᆫ돌 ᄆᆞᅀᆞᆷ잇ᄃᆞᆫ 뮈우시리여(月印 上23). 녕ᄒᆞᆫ 비라 거운 사ᄅᆞᄆᆞᆫ 지화를 니브리라(中宗 31年 丙申5月에 세운 楊州 靈碑文). 무덤의 흙을 거우랴 ᄒᆞ면(癸丑83). 앗가 일을 ᄶᅵ치지 못ᄒᆞᆷ으로 그릇ᄒᆞ여 놉흔 얼굴을 거워시니(三譯6：16). 놈 거우다：惹人(漢淸6：60). 제 털긋ᄎᆞᆯ 거워도 죽이는 셩품이오(閑中錄 422).

거·우·로 명 거울 ¶늘거 ᄇᆞᆰ굠ᄆᆞ란 ᄇᆞᆰ곤 거우로애 아노니：老罷知明鏡(初杜解21：41). 늘근 거우로ᄅᆞᆯ 글혀：古鏡煮(救簡1：111). 거우로 경：鏡. 거우로 감：鑑(訓蒙 中14). 거우로 경：鏡(類合 上25). 거우로 감：鑑(類合 下15. 光千30). 이에 가실이 와셔 ᄢᆡ린 거우로 ᄲᅧ 드리티니 드듸여 다른 날로 언약ᄒᆞ야 녜롤 일우니라：於是嘉實來以破鏡投之遂約異日成禮(東新續三綱. 烈1：2 薛氏貞信).

※거우로(거우루)>거울

거·우·루 명 거울 ¶ᄒᆞᆫ 각시 아ᄎᆞ미 粉 ᄇᆞᄅᆞ노라 ᄒᆞ야 거우룰 보거늘(釋譜24：20). ᄆᆞᆯᄀᆞᆫ 거우루 ᄀᆞᆮᄒᆞ야(月釋1：34). 거우루 밧긔 열여슷 蓮ㅅ고ᄌᆞᆯ 셰오：鏡外建立十六蓮華(楞解7：14). 믄득 새배기 거우루로 ᄂᆞᄎᆞᆯ 비취오：忽於晨朝以鏡照面(圓覺 序46). 거우뤼 뷔며 저우리 平홈 ᄀᆞᆮᄒᆞ야：如鑑空衡平(金三2：64). 眞과 妄괘 다 거우루 소뱃 듣글 ᄀᆞᆮᄒᆞ니라(南明 上3). ᄇᆞᆯᄀᆞᆫ 거우뤼 ᄆᆞᆰᄀᆞ며 ᄆᆞᆰᄀᆞ니：明鑑昭昭(宣賜內訓 序8). 잇비 거우루를 ᄃᆞ랫ᄂᆞᆫ ᄃᆞᆺᄒᆞ니：勞懸鏡(初杜解20：34). 거우루 감：鑑(石千30).

거죡 명 거죽 ¶니불 거죡과：被面(朴新解2：14). 옷 거죡：衣面(譯解補40).

:거·즈:말 명 거짓말 ¶내 반ᄃᆞ기 거즈마리 마즌 ᄃᆡ 업스니：予必誑言無當(永嘉 下128). 거즈말 니ᄅᆞ기：說謊(飜老 下43). 다ᄆᆞᆫ 거즈마를 잘 니ᄅᆞᄂᆞ니：只是快說謊(飜朴 上35). 거즈말 황：謊(訓蒙 下28).

거즌말 명 거짓말 ¶私照 업다 호미 거즌말 아니로다(辛啓榮. 月先軒十六景歌).

:거·즛 명 거짓 ¶眞實와 거즛 이를 ᄀᆞᆯᄒᆡ시고(月釋2：71). 곧 거즛 말ᄉᆞ미 ᄃᆞ외리라：便爲妄語(楞解7：60). 거즛 有를 허르샤：以破妄有(法華3：32). 거

즛것 셴 돌 아디 몯홀씨 : 不了假立(金剛77). 그럴시 頓과 漸괏 거즛 일후미 셔니라 : 所以立頓漸之假名(六祖 中7). 거즛 여러 적 브르지죠딕 : 假意兒叫幾聲(飜老 下54). 거즛 안 : 贗(訓蒙 下21). 거즛 무 : 誣(訓蒙 下29. 類合 下27). 갑ᄌᆞ년에 거즛 힝덕이라 ᄒᆞ야 : 至甲子以詭行(東續三綱. 孝30). 거즛것 : 假的(譯解 上69). 이에 거즛 요령언의 병부롤 ᄒᆞ여 : 乃詐爲姚令言符令(五倫2 : 38). 거즛 가 : 假(註千25). 거즛 교 : 矯(註千36).

:거즛:말[명] 거짓말 ¶거즛말 마롬과(釋譜6 : 10). ᄒᆞ다가 거즛말 가져 : 若將妄語(南明 上9). 거즛말 황 : 謊(訓蒙 叡山本 下12). 거즛말 탄 : 誕. 거즛말 만 : 謾(類合 下12). 도적ᄒᆞ기와 거즛말 니ᄅᆞ기 말매 : 休做賊說謊(老解 下39). 淳風이 죽다 ᄒᆞ니 眞實로 거즛말이(古時調. 李滉. 青丘).

거즏말[명] 거짓말 ¶이예 거즏말로 닐오딕 : 乃佯言曰(東新續三綱. 烈2 : 86).

거줏말[명] 거짓말 ¶아모리 어버이 듕하여 살오고져 흔들 거줏말을 ᄒᆞ여(癸丑59).

:거츠·리[부] 거칠게 ¶非量은 ᄆᆞᅀᆞ미 境을 緣홇 저긔 境에 錯亂ᄒᆞ야 거츠리 골히야 正히 아디 몯ᄒᆞ야(月釋9 : 8). 거츠리 緣塵올 아라 : 妄認緣塵(楞解1 : 3). 法法이 불휘 업거늘 거츠리 分別ᄒᆞᄂᆞ다 : 法法無根妄分別(南明 下52).

:거츨·다[형] 거칠다 ¶淤膿올 거츤 드르헤 누이며(月釋18 : 39). 미햇 힛비츤 거츤 딕 볼갯고 : 野日荒荒白(初杜解10 : 4). 눈섭 거츨오 머리 셰오 : 厖眉皓首(初杜解16 : 33). 天地 나날 거츠놋다 : 天地日榛蕪(初杜解24 : 60). 거츨 호 : 鬍(訓蒙 上29). 거츨 망 : 罔(光千8). 거츨 무 : 蕪(類合 下55). 거츨 황 : 荒(類合 下55. 倭解 下3. 兒學 下12). 거츨 황 : 荒(石千1). 거츨 무 : 茂(石千22). 니김애 수이 거츠는디라 : 習之易荒(宣小5 : 18). 거츤 길 : 荒路(譯解 上6). 거츠다 : 荒蕪(同文解 下2). 힘뻐 아이ᄒᆞ여 남의 밧츨 거츨게 말며(敬信65).

:거츨·다[형] 허황(虛荒)하다. 허망(虛妄)하다 ¶사ᄅᆞ미 ᄠᅳ디 漸漸 거츠러(釋譜9 : 19). 내 말옷 거츨린댄 닐웨로 몯 디나아 阿鼻地獄애 ᄠᅥ러디리라(月釋23 : 66). 거츠로ᄆᆞ로 生滅올 보니 : 妄見生滅(楞解4 : 36). 誠實은 거츠디 아니ᄒᆞ야 實홀 씨라(阿彌19). 거츠디 아니ᄒᆞ여 : 不妄(圓覺 上一之一3). 平ᄒᆞ고 實ᄒᆞ야 거츠롬 업슨 두려이 덛덛흔 體相 아로몰 니ᄅᆞ시니라(南明 上7). 아니시며 거츠르신돌 아ᄋᆞ 殘月曉星이 아ᄅᆞ시리이다(樂範. 鄭瓜亭).

거·출·다[형] 거칠다 ¶거출 황 : 荒(光千1). 그 거출고 기우러딘 이롤 가지며 : 取其荒頓者(宣小6 : 20). 田園이 거출거든 松菊을 뉘 갓고며(辛啓榮. 月先軒十六景歌).

거탈ᄒᆞ다[동] 남의 것을 함부로 빼앗다. ¶지믈을 거탈ᄒᆞ야 가지거나 모도 가지거나 하면(警民5).

거·텨디·다[동] 넘어지다 ¶거텨딜 딜 : 跌(訓蒙 下27).

거·티·다[동] ①넘어지다 ¶오직 앏 거티더라 : 只是前失(飜朴 上63). 거틸 궐 : 蹶(訓蒙 下27). 거즛 거텨 업더뎌 ᄡᅡ해 누어셔 : 詐跌仆臥地(宣小4 : 16). ②걸려 넘어지게 하다. ¶옷술 헤여디게 말며 발올 거티디 말며 : 衣毋撥足毋蹶(宣小2 : 59).

거·티·다[동] 거리끼다 ¶디혜는 두려워 거틸 딕 업고 져코 힝뎍은 모나 프러디디 말오져 싣븐 거시라 : 智欲圓而行欲方(飜小8 : 1). 손애 거티디 아닌ᄂᆞ니는 ᄠᅳ리과 쏨도 역이라 : 不碍指者麻疹痲瘡也(痘要 上15). 거티다 : 礙(語錄5).

거·티·다[동] 걷히다 ¶ᄇᆞᄅᆞᆷ 부는 帳은 어ᄂᆞ 제 거텻ᄂᆞ뇨 : 風幔何時卷(初杜解3 : 36).

거플[명] ①거푸집. 주형(鑄型) ¶模는 鑄物ᄒᆞ는 거플이오(龜鑑 上30). ②꺼풀. 껍질 ¶거프리 ᄢᅥ디며(釋譜23 : 18). 거플 잇는 果實와 씨 잇는 果實왜(月釋23 : 94). 댓 거프를 取ᄒᆞ야 : 取竹茹(救急 上66). 불휘를 버혀 거프를 갓ᄀᆞ니 : 斬根削皮(初杜解16 : 57). 버듨니피어나 거프리어나 : 柳葉若皮(救簡3 : 6). 거플 부 : 稃(訓蒙 下6). 것거플 : 硬皮(譯解補47). 거플 업슨 나모 : 木亮子(漢淸10 : 27). 등 거플로 얽고 : 藤蔑纒(武藝諸16). 차 빳던 됴희와 나무거플을 섯거 : 雜以茶紙樹皮(五倫2 : 30).

거호로다[동] 거우르다. 기울이다 ¶禮애 酒祭호믈 져기 ᄡᅡ히 거호로고 食을 변豆 ᄉᆞ이예 祭ᄒᆞ다 ᄒᆞ니(家禮10 : 17).

거후로다[동] 거우르다. 기울이다 ¶滄海水 부어내여 저 먹고 날 머겨늘 서너 잔 거후로니(松江. 關東別曲). 잡거니 밀거니 슬ᄏᆞ장 거후로니(松江. 星山別曲). 金樽에 가득흔 술을 슬커장 거후로고(古時調. 鄭斗卿. 青丘).

거훌우다[동] 거우르다. 기울이다 ¶東山 携妓ᄒᆞ고 北海罇을 거훌우랴(曺友仁. 出塞曲).

걱다[동] 꺾다 ¶齊는 걱거 홈이니 : 齊緝也(家禮1 : 44). 두 니 걱근 이상이어나(警民16). 네가 하사 더러지여 니가 하사 걱글소냐(答思鄕曲).

걱뎡[명] 걱정 ¶놈의 걱뎡 딕신ᄒᆞ다 : 替人耽憂(譯解補60). 걱뎡을 만히 ᄒᆞ오신가(隣語7 : 2).

걱졍[명] 걱정 ¶놈의 일은 걱졍 업다 : 隔壁心寬(譯解補60).

:건·나·가다[동] 건너가다 ¶믈 건나가 것ᄆᆞᄅᆞ주거 디옛다니(月釋10 : 24). 可히 건나가리로다 : 可超越(初杜解16 : 37). 江湖애 건나가놋다 : 渡江湖(重杜解2 : 18).

:건나·다[동] 건너다 ¶大水를 건나거나(月釋21 : 171). 生死 바ᄅᆞ래 건나몰 니ᄅᆞ시니(法華1 : 109). 보미 色애 건나디 몯거니와(永嘉 下85). 敎ㅣ 잢간 너브며 져거 緣올 조ᄎᆞ시나 말ᄊᆞ매 건난 宗은 : 超(心經8). 비 건나고 : 船渡(初杜解7 : 6). 촌 硤올 可히 건나디 몯ᄒᆞ리로소니 : 寒硤不可度(重杜解1 : 19).

:건너·우·다[동] 건너게 하다. ¶구버 것거가는 딕롤 뵈야ᄒᆞ로 ᄌᆞ조 건너우라 : 曲折方屢渡(初杜解9 : 13).

:건니다[동] 거닐다 ¶도라가몰 니저 돌 비쵠 臺예셔 건니놋다 : 忘歸步月臺(初杜解22 : 9). 두루 건니며 뛰놀아 오래 ᄠᅥ나디 아니ᄒᆞ고 : 彷徨躑躅久不去(宣小6 : 93). 다매 건뇨니 : 步檽(重杜解6 : 39). 달바조 밋트로 아장 밧삭 건니다가 쟈근쇼마 보신 後니(古時調. 이제는 못 보게도. 青丘).

건듯[부] 잠시. 잠깐 ¶東風이 건듯 부러 積雪을 다 녹이니(古時調. 金光煜. 青丘). 春山의 눈 녹인 ᄇᆞᄅᆞᆷ 건듯 불고 간듸업다(古時調. 禹倬. 海謠). 南風이 건듯 부러 綠陰을 헤텨내니(松江. 星山別曲).

건·디·다[동] 건지다 ¶衆生 ᄲᅡ혀 건뎌려 : 拔濟衆生(法華2 : 88). 버다 네 콩을 건뎌내여다가 : 火伴你將料撈出來(飜老 上24). 건딜 로 : 撈. 건딜 록 : 漉(訓蒙 下23). 손으로 뼈 건디고져 혼대 : 欲以手援之(東新續三綱. 烈2 : 88). 므르게 달힌 후에 덥흐란 건디고 : 濃煎後去稡(救荒7). 건뎌내여다가 : 撈出來(老解 上21). 블근 녀곳출 건뎌 : 拾得紅葉(太平1 : 2). 만일 ᄠᅳ디 못ᄒᆞ야 건뎌셔 보야ᄒᆞ로 나왓거든 : 如未浮打撈方出(無寃錄3 : 3). ᄒᆞ나홀 건디고 빅을 ᄡᅡ디오노라(閑中錄2).

:걷·나·다[동] 건너다 ¶病死롤 걷나아(釋譜19 : 27). 濟는 걷날 씨라(月釋序9). 度는 걷날 씨니 뎌 ᄀᆞᅀᅢ 걷나다 혼 ᄠᅳ디니(月釋2 : 25). 楚ㅅ 사ᄅᆞ미 믈 걷나노라 비 타 가다가(南明 上36). 瀟湘올 걷나아뇨 : 渡瀟湘(金三3 : 17).

:걷:내쀠·다[동] 건너뛰다 ¶아홉 큰 劫을 걷내쀠여 成佛ᄒᆞ시니라(月釋1 : 52). 生死重罪롤 걷내쀠러니(月釋21 : 131). 이대 걷내쀠유미라 : 善超(楞解1 : 26).

:걷너·다[동] 건너다 ¶橫江으로셔 걷너니 臺兵이 ᄌᆞ조

敗ᄒᆞ거늘(三綱. 忠11). 三界ᄅᆞᆯ 걷너 지븨 도라와(牧牛訣15). 큰 ᄆᆡᄒᆞᆯ 뼈 北녁 바ᄅᆞᆯ 걷너ᄆᆞᆫ 어려우니 : 挾太山超北海難(宣賜內訓 序7).

:걷니·다 통 걸어다니다. 거닐다 ¶안좀 걷뇨매 어마님 모ᄅᆞ시니(月釋2 : 24).

:걸 명 개천. 도랑 ¶수플와 걸와 殿堂과ᄅᆞᆯ 두르 보며 : 徧觀林渠及與殿堂(楞解2 : 48). ᄒᆞ다가 物에 觸ᄒᆞ며 거레 다와ᄃᆞ면 : 如其觸物衝渠(永嘉 下83). 그듸 能히 ᄀᆞᄂᆞᆫ 돌ᄒᆞ로 거를 ᄆᆡᆼᄀᆞᄂᆞ니 : 子能渠細石(初杜解7 : 17). ᄆᆞ리 다ᄃᆞ라 거리 이ᄂᆞ니라 : 水到渠成(金三2 : 37). 걸 거 : 渠(光千32).

걸리ᄢᅵ다 통 거리끼다 ¶므스 일 걸리ᄢᅵ리오 : 碍甚麽事(老解 上24). 역의 걸리ᄢᅵ디 아니ᄒᆞᆯ ᄶᅥ시니 년ᄒᆞ야 져젹 ᄡᅥ도 됴ᄒᆞ리라(痘瘡方30). 엇디 슈고로오매 걸리ᄢᅵ올고(新語6 : 20). 이밧의 碌碌ᄒᆞᆫ 營爲예 걸리ᄭᅵᆯ 줄 잇시랴(古時調. 金裕器. 丈夫로. 海謠).

:걸앉·다 통 걸앉다. 걸터앉다 ¶師子床이 걸앉고(月釋13 : 11). 흙무적에 걸앉다 니ᄅᆞ시고 : 言踞土埵(法華2 : 119).

걸·위·다 통 거리끼다 ¶解脫은 버슬 씨니 아모ᄃᆡ도 마군 ᄃᆡ 업서 드긇쁴 걸위디 몯ᄒᆞᆯ 씨라(月釋 序8). 四時와 八節에 도로혀 禮예 걸위여 : 四時八節還拘禮(初杜解8 : 28). 옷과 밥과 서르 나를 걸위옛고 : 衣食相拘閡(重杜解2 : 56).

걸·위:혀·다 통 걸어 당기다. ¶그르메ᄂᆞᆫ 프른 므릐 ᄀᆞ마니 걸위혀믈 맛낫ᄂᆞ니 : 影遭碧水潛句引(初杜解18 : 3).

:걸·티·다 통 걸치다 ¶ᄇᆡ롤 두려운 나모 우희 걸툠도 됴ᄒᆞ니 : 橫腹圓木上亦可(救簡1 : 69). 그 주근 사ᄅᆞ미 ᄇᆡ롤 쇠 둥의 서르 다혀 걸티고 : 令溺水之人將肚橫覆相抵在牛背上(救簡1 : 72). 걸틸 탑 : 搭(訓蒙下20). 朝服을 덥고 ᄯᅴ로 걸티더시다 : 加朝服拖紳(宣小2 : 41).

검듸양 명 검댕 ¶검듸양 : 鍋煤(譯解補32).

검·듸영 명 검댕 ¶가마 미틧 검듸영 : 釜底墨(救急上16). 브ᅀᅥᆸ빗 검듸영을 : 竈中墨(救急 上40).

검ᄃᆡ영 명 검댕 ¶오란 브억 어귀옛 검ᄃᆡ영 : 百草霜(東醫 湯液一 土部). 솓 미틔 검ᄃᆡ영 : 鐺墨(東醫 湯液一 土部).

:검븕·다 형 검붉다 ¶솔고ᄡᅵ 솝 검븕게 봇그닐 곱ᄀᆞ티 디허 : 熬杏仁令赤黑色搗如膏(救簡1 : 29).

:검어·듭·다 형 검고 어둡다. ¶鐵圍兩山 검어드ᄫᅳᆫ ᄉᆞᅀᅵ라(月釋14 : 18). 묏고리 검어듭도다 : 溪谷黑(初杜解25 : 44).

:검프르·다 형 검푸르다 ¶大便이 通티 아니ᄒᆞ야 ᄀᆞ장 브서 검프르러 알파 : 大便不通洪腫暗青疼痛(救急 下32).

검딜 명 껍질 ¶검딜 벗기다 : 剝皮(同文解 下5).

검질 명 껍질. 껍데기 ¶죠히와 나못 검질조쳐 먹다가 : 離以茶紙樹皮(三綱. 忠14 張許). 龍葵 불휘 ᄒᆞᆫ 줌 조히 시서 검질 밧기니와(救急 下2). 검질 벗겨 각 두 량(簡辟12). 느릅 검질을 늘근 남기나 져믄 남기나 혜지 말고 : 楡皮不計者嫩(救荒5). 검질이 열워 : 皮薄(痘瘡方44). 검질 갑 : 匣(倭解 下39). 굴 검질 : 牡蠣(物譜 介蟲). 검질 갑 : 甲(註千19). 양귀비 검질 : 粟殼(方藥18). 가죡나모 불휘 검질 : 樗根(方藥30).

검푸집 명 거푸집. 주형(鑄型) ¶검푸집 : 型(柳氏物名五 金).

·겁ᄒᆞ·다 통 겁내다. ¶본ᄃᆡ 겁ᄒᆞ고 잔약ᄒᆞᆫ 사ᄅᆞᄆᆞᆫ : 素怯懦者(飜小8 : 28). 본ᄃᆡ 怯ᄒᆞ고 나약ᄒᆞᆫ 이ᄂᆞᆫ : 素怯懦者(宣小5 : 107). 겁ᄒᆞᆯ 겁 : 刼(倭解 上39). ᄀᆞ올ᄇᆡ롤 겁ᄒᆞ거ᄂᆞᆯ(太平1 : 137).

것 명 겉〔表〕 ¶것 ᄭᅮ미다 : 外飾(同文解 上32). 옷 것 : 衣面(同文解 上56. 漢淸11 : 6). 것만 녹다 : 浮面微化(漢淸1 : 31). 것치 돌이연이 속 알 리 뉘 잇실이(古時調. 荊山 璞玉을. 海謠).

것 명 꺼풀. 겉껍질 ¶것과 빗보골 앗고 : 去皮臍(救急上38). 것바ᄉᆞᆫ 조ᄡᆞ롤 : 脫粟(初杜解15 : 5). 것밧기고 : 去皮(救簡1 : 10).

것고로 부 거꾸로. 꺼꾸로 ¶빅셩이 것고로 돌닌 듯ᄒᆞ니(警民音1). 것고로 믈너가고(武藝圖20).

것곶·다 통 꺾꽂이하다 ¶것고즐 천 : 攙 截取樹條揷地培養爲生(訓蒙 下5).

것니다 통 거닐다 ¶그 우흐로 것니며셔(古時調. 千秋前. 靑丘).

것다 통 걷다〔步〕 ¶잘 것디 못ᄒᆞ야(太平1 : 17). 것다 : 步走(同文解 上26). 것다 : 走(漢淸14 : 25). 것즈 ᄒᆞᆫ 두 다리ᄂᆞᆫ 움즉이도 아니ᄒᆞ닉(萬言詞). 비슥비슥 것ᄂᆞᆫ 거름 거름마다 눈물 난다(萬言詞).

것·다 통 ①꺾다 ¶雜草木 것거다가(月印 上23). 고ᄫᆞᆫ 곳 것고(釋譜11 : 41). 能히 것디 몯ᄒᆞ며 : 不能挫(法華5 : 8). 能히 樹下魔軍을 것그시며 : 能摧樹下魔軍(圓覺 序43). 가지 것구믈 사롬ᄃᆞ려 닐오ᄃᆡ : 折枝語人曰(宣賜內訓 序7). 長常 것것더니 : 常折(初杜解20 : 9). 것글 졀 : 折(類合 下46). 모 것거 돌오매 矩에 맛게 ᄒᆞ며 : 折還中矩(宣小3 : 18). 비 타 들면 것고리이다(樂詞. 西京別曲). ᄒᆞᆫ 니며 손발 ᄒᆞᆫ 가락 것거나 : 折一齒一指(警民10). 곳 것거 算노코 無盡無盡 먹새그려(松江. 將進酒辭). ②꺾이다. 꺾어지다 ¶두 갈히 것그니 : 兩刀皆缺(龍歌36章). 다 것거 滅ᄒᆞ도다(月釋18 : 56). 金채 것고 아홉 ᄆᆞ리 주그니 : 金鞭斷絶九馬死(杜解8 : 1). ᄇᆞ람이 부러도 나모 쓰치 것지 아니ᄒᆞ고(八歲兒11). 돗대도 것고 치도 빠지고(古時調. 나모도. 靑丘).
※것다>꺾다
※'것다'의 활용 [것고/것디…
것근/것그니/것거…

·것·다 통 걷다〔收. 斂〕 ¶발 것다 니ᄅᆞ시니(南明 上65). 구롬 것다 : 雲開了(譯解 上2). 지새 것다 : 揭起瓦(同文解 上36). 구룸 것다 : 收雲(漢淸1 : 9).

것ᄆᆞᄅᆞ죽·다 통 까무러치다. 기절(氣絶)하다 ¶어마니미 드르시고 안답ᄭᅵ샤 낫ᄃᆞ라 아ᄂᆞ샤 것ᄆᆞᄅᆞ죽거시ᄂᆞᆯ(釋譜11 : 20). 슬흐며 두리여 ᄡᅡ해 것ᄆᆞᄅᆞ주거(月釋10 : 24). 이 겨집으로 受苦ᄒᆞ야 셜워 우르며 블러 것ᄆᆞᄅᆞ주거 : 此女人苦痛叫喚悶絶(佛頂 中6).

것ᄭᅮ미다 통 겉을 꾸미다. 단장하다 ¶것ᄭᅮ미다 : 粧飾(漢淸8 : 23).

겇 명 ①겉. 거죽 ¶열ᄫᅳᆫ 쳑 ᄀᆞᄐᆞᆫ ᄡᅡ거치 나니(月釋1 : 42). 느릅나못 거츠로 더퍼 헌 ᄃᆡ ᄀᆞ리오ᄃᆡ : 以楡皮盖定掩於傷處(救急 下73). ②꺼풀 ¶또 복샹화 나못 ᄒᆡᆫ 거츨 글혀 : 又方桃白皮煮(救急 上28).

게어르다 형 게으르다 ¶어으름 새배 보기를 게얼리 아니ᄒᆞ며 : 定省不怠(東新續三綱. 孝8 : 28). 게어른 농뷔 : 惰農(警民11). 게어를 란 : 懶(倭解 上24). 農이 게어르면(女四解3 : 25). 시종이 게어르지 아니ᄂᆞᆫ 쟈ᄂᆞᆫ(敬信25). 그 님금의 맛지시믈 싱각ᄒᆞ면 뉘 감히 게어르며(百行源17). 게어를 권 : 倦(兒學下11).

게어리 부 게을리 ¶게어리 말고 : 休撒懶(朴解 下15).

게얼리ᄒᆞ다 통 게을리하다 ¶브즈런ᄒᆞ기롤 게얼리ᄒᆞ샤(明皇1 : 34). 막ᄌᆞᄅᆞ기롤 잠싼 게얼리ᄒᆞ거늘(女範4. 녈녀 뎡ᄌᆞ쳐).

게얼으다 형 게으르다 ¶게얼은 ᄆᆞᄋᆞᆷ 내야 거즛 걸노 ᄒᆞᄂᆞᆫ 체 말며(敬信65).

:게엽·다 형 큼직하고 너그럽고 꿋꿋하다. 웅건(雄健)하다 ¶丈夫ᄂᆞᆫ 게여ᄫᅳᆫ 남지니니 부텨 겨지블 調御ᄒᆞ시ᄂᆞ다 ᄒᆞ면 尊重티 아니ᄒᆞ시릴ᄊᆡ 丈夫를 調御ᄒᆞ시ᄂᆞ다 ᄒᆞ니라(釋譜9 : 3). 勇猛코 게여ᄫᅳ미 큰 力士 ᄀᆞᄐᆞ니도 이시며(釋譜9 : 20). 雄毅ᄂᆞᆫ 게엽고 눌날 씨라(楞解8 : 70). 톡 아래와 가ᄉᆞᆷ과 ᄆᆞᆷ 上半이 게여우신 양지 넙고 크샤미 師子王 ᄀᆞᆮᄒᆞ샤미 二十一이시고(法華2 : 13). ᄠᅳᆮ과 힘괘 게엽고 ᄆᆡ엽다 ᄒᆞ니라 : 志力雄猛(法華7 : 19). 般若 게여운 議論이 : 般若雄詮

(金剛下 跋2).

※ '게엽다'의 활용 [게엽고/게엽디… / 게여본/게여보며…

게을오·다[형] 게으르다 ¶게을오ᄆᆞᆯ 내디 아니ᄒᆞ딘댄 : 不生疲倦(楞解4 : 79). 慈悲 게을옴 업스샤 : 慈悲無倦(法華2 : 55). 져근 제브터 비호 性이 게을오니 늘근 時節에 게을오미 ᄀᆞ장 甚호라 : 小來習性嬾晩節慵轉劇(初杜解8 : 20). 공경이 게을옴ᄋᆞᆯ 이긔ᄂᆞᆫ 이ᄂᆞᆫ 吉ᄒᆞ고 : 敬勝怠者吉(宣小3 : 2).

겨ᄂᆡ다[동] 견디다. 참다 ¶사ᄅᆞ미 그 시르믈 겨ᄂᆡ디 몯거ᄂᆞᆯ : 人不堪其憂(宣賜內訓3 : 54). 겨ᄂᆡ디 몯ᄒᆞᄂᆞ니 : 不忍(胎要49). 알파 겨ᄂᆡ디 몯ᄒᆞ믄 : 痛不可忍(痘要下48).

겨딥[명] 계집 ¶겨딥 녀 : 女(註千7).

겨로다[동] 겨루다 ¶음담과 풍졍 겨로기ᄅᆞᆯ 죠하ᄒᆞ매(敬信83). ᄂᆞᆷ이 害ᄒᆞᆯ지라도 나ᄂᆞᆫ 아니 겨로리라(古時調. 靑丘).

겨·르ᄅᆞ텡·다[형] 한가롭다 ¶쥬의 坊이어나 뷘 겨르ᄅᆞ텡 짜히어나 자시어나(釋譜19 : 1).

겨·르ᄅᆞ외·다[형] 한가롭다 ¶겨르ᄅᆞ왼 고대 이셔 : 在於閑處(法華5 : 30). 훤히 뷔며 겨르ᄅᆞ욀시 : 曠然虛閑(金三2 : 54). 겨르ᄅᆞ외며 밧보미 다 ᄒᆞᆫ삐로다 : 閑忙共一時(金三5 : 34). 朝와 野왜 겨르ᄅᆞ왼 나리 젹도다 : 朝野少暇日(重杜解1 : 1).

겨·르롭·다[형] 한가롭다 ¶阿蘭若ᄂᆞᆫ 겨르롭고 寂靜ᄒᆞᆫ 處所ㅣ라 혼 ᄠᅳ디라(月釋7 : 4). 日月이 겨르롭도다 : 日月閑(金三5 : 49).

겨를ᄒᆞ다[형] 한가하다. 한가롭다 ¶겨를ᄒᆞ다 : 迭當(漢淸1 : 20). 그것ᄀᆡᄂᆞᆫ 겨를치 못ᄒᆞ다 ᄒᆞ쟈(捷蒙2 : 14). 그ᄃᆡ 화ᄅᆞᆯ 도망ᄒᆞᆯ 겨를치 못ᄒᆞ려든 엇지 오히려 복을 빌냐(敬信36).

겨·ᄅᆞᄅᆞ외·다[형] 한가하다. 한가롭다 ¶貔虎ᄂᆞᆫ 金甲이 겨ᄅᆞᄅᆞ외오 : 貔虎閑金甲(初杜解20 : 16). ᄒᆞ욤업슨 겨ᄅᆞᄅᆞ왼 道人ᄋᆞᆫ : 無爲閑道人(南明上3). 고온 노ᄂᆞᆫ 나비ᄂᆞᆫ 겨ᄅᆞᄅᆞ왼 帳ᄋᆞ로 디나가고 : 娟娟戲蝶過閑幔(杜解11 : 11).

겨슬[명] 겨울 ¶보ᄆᆡ 다 내야 녀르메 길어 ᄀᆞᄉᆞᆯ히 다 結實ᄒᆡ와 겨스레 다 ᄀᆞᆷ초와(七大17).

:겨시·다[동] 계시다 ¶도ᄌᆞ기 겨신 ᄃᆡᆯ 무러 : 賊問牙帳(龍歌62章). 忉利天에 겨시닷다(釋譜11 : 11). 中國은 皇帝 겨신 나라히니(訓註1). 弗沙佛ㅅ 時節에 두 菩薩이 겨샤ᄃᆡ(月釋1 : 51). 아비옷 겨시던댄(法華5 : 158). 뎌와 이와이 서르 겨시디 아니ᄒᆞ시며(圓覺上一之一62). 父母ㅣ 疾이 겨시거든(女四解2 : 14). 어딜고 덕이 겨샤 일이 녜 아니어든(女範1. 셩후 쥬션강후). ※겨시다>계시다

겨스[명] 겨울 ['겨슬'의 'ㄹ'이 'ㄷ' 앞에서 탈락(脫落)한 형태.] ¶겨스 동 : 冬(訓蒙上1). 겨스 동 : 冬(光千2).

겨·슬[명] 겨울 ¶모ᄆᆡ 겨스렌 덥고(月釋1 : 26). 겨스리면 제 모ᄆᆞ로 니브를 ᄃᆞ시 ᄒᆞ더니(三綱. 孝9). 녀름브터 겨스레 가니 : 自夏徂冬(楞解1 : 17). 겨슬헤 업고 보ᄆᆡ 퍼듀믈 보며 : 觀冬索而春敷(永嘉下44). 겨스레 錦 니브레 ᄌᆞ오로ᄆᆞᆯ 조ᄉᆞ로이 너기노라 : 冬要錦衾眠(初杜解23 : 11). 겨스렌 누니 잇ᄂᆞ니라 : 冬有雪(南明下57). ᄀᆞᄉᆞᆯ히 가ᄃᆞ며 겨스레 갈ᄆᆞ며 : 秋收冬藏(金三2 : 6). 겨슬이어든 제 몸으로 니블을 덥게 ᄒᆞ며 ᄀᆞ장 치운 겨슬에 제 몸맨 아ᄆᆞᆫ 오시 업수ᄃᆡ(飜小9 : 28). 겨슬흔 닷새 만의 : 冬則五日後(救荒補13). ※겨슬>겨을(겨울, 겨올)>겨울

겨·ᅀᆞᆯ[명] 겨울 ¶고ᄫᆞᆫ 病으로 겨ᅀᆞᆯ와 보ᄆᆞᆯ ᄆᆞ초라 : 瘧癘終冬春(初杜解19 : 31). 겨ᅀᆞ레 므레 디여 : 冬月落水(救簡1 : 76).

겨오[부] 겨우 ¶겨오 도쟝의 들매 미리 시리의 다쇼ᄅᆞᆯ 혜아려(敬信30).

겨오시다[동] 계시다 ¶아기 겨오시다 듯고(癸丑9).

겨요[부] 겨우 ¶겨요 뎐교ᄒᆞ오시고(癸丑11). 겨요 : 將將的(漢淸11 : 49). 겨요 근 : 僅(倭解下42). 겨요 지 : 才(註千8). 나히 겨요 십ᄉᆞ 셰라 : 年甫十四(五倫1 : 30).

겨·을[명] 겨울 ¶겨을 동 : 冬(類合上2. 訓蒙 光文會板上1. 註千2). 겨을와 녀름에ᄂᆞᆫ 모시와 샹셔로ᄡᅥ ᄀᆞᄅᆞ치더니라 : 冬夏教以詩書(宣小1 : 13). 홍무 긔ᄉᆞ 겨을희 주셔 길지 벼슬 ᄇᆞ리고 : 洪武己巳冬注書吉再棄官(東三綱. 忠5 吉再抗節). 겨으리 더우니 모기 모닷고 : 冬溫蚊蚋集(重杜解1 : 42). 겨을은 열흘 만의 때때로 마시라 : 冬十日時時飮之(臘藥6). 궁흔 사ᄅᆞᆷ을 겨을에 핫것과 여름에 홋것솔 시쥬ᄒᆞ며(敬信78). 엇그제 겨을 지나(丁克仁. 賞春曲).

※겨을<겨슬

겨올[명] 겨울 ¶겨올헤 모욕ᄒᆞ고 : 冬沐浴(東新續三綱. 孝5 : 2 彥器斷指). 겨올히 츤 딕 안잣던(癸丑37). 長安앳 겨ᅌᅩᆳ 디히ᄂᆞᆫ ᄉᆡ오 ᄯᅩ ᄑᆞᄅᆞ고 : 長安冬菹酸且綠(重杜解3 : 50). 겨올희ᄂᆞᆫ 쳉을 ᄡᅳ고 녀름의ᄂᆞᆫ 건티ᄅᆞᆯ ᄡᅳ라(家禮4 : 25). ᄀᆞ을과 겨올히 존졀ᄒᆞ며 뎌젹ᄒᆞ야 : 秋冬擲節儲積(警民19). 겨올이어든 금으로 보셕에 젼 메워 워전즈러니 ᄭᅮ민 ᄯᅴ를 ᄯᅴ며 : 冬裏繫金廂寶石鬧裝(老解下46). ᄒᆞᆫ 겨올은 뎌기ᄎᆞ기ᄒᆞ고 : 一冬裏踢建子(朴解上17). 겨올에 그 아비 손으로 ᄒᆞ여곰 술위를 몰ᄉᆡ : 父冬月令損御車(五倫1 : 2).

:겨집[명] ①계집. 여자(女子) ¶婢ᄂᆞᆫ 겨집죠이라(釋譜13 : 19). 女子ᄂᆞᆫ 겨지비라(月釋1 : 8). 마치 열다ᄉᆞᆺ 져믄 겨지븨 허리 ᄀᆞᆮ도다 : 恰似十五兒女腰(杜解10 : 9). 겨집 남진 얼이며 남진 겨집 얼이노라 : 嫁女婚男(佛頂上3). 겨집 녀 : 女(訓蒙上31. 類合上17. 石千7). 겨집 냥 : 娘(訓蒙上31). 겨집 희 : 姬. 겨집 강 : 姜(訓蒙下33). ᄉᆞ나희와 겨집이(宣小2 : 45). ②아내. 처(妻) ¶如來 太子ㅅ 時節에 나ᄅᆞᆯ 겨집사ᄆᆞ시니(釋譜6 : 4). 남진과 겨집괘 ᄀᆞᆯ히요미 이시며 : 夫婦有別(宣賜內訓序3). ᄯᅩᆫ 앙의 겨지블 절ᄒᆞ고 : 女拜弟妻(初杜解8 : 28). 겨집 쳐 : 妻. 겨집 냥 : 娘(訓蒙上31). 겨집 쳐 : 妻(類合上19). 겨집 부 : 婦(類合上20). 겨지비 ᄌᆞ식 비여실 제 : 婦人妊子(宣小1 : 2). 겨집 숑씨 몬져 주근 열ᄒᆞᆫ 힛 만애(桐華寺 王郎傳1). ③부인(婦人). 부녀(婦女) ¶비록 남지늬 어딜며 사오나오매 關係ᄒᆞ나 ᄯᅩ 겨지븨 어딜며 사오나오매 브튼디라(宣賜內訓序6). 다믄 겨지비 믈기리ᄒᆞᄂᆞ니 : 只是婦人打水(飜老上36). 겨지비 ᄒᆞ나ᄒᆞᆯ 조차 죵신ᄒᆞᆯ 거시니 : 婦人從一而終(東續三綱. 烈20). 디이산 겨집은 구례현 사ᄅᆞᆷ이니…지비 가난호ᄃᆡ 겨지븨 도ᄅᆞᆯ 다ᄒᆞ더니 : 智異山女求禮縣人…家貧盡婦道(東新續三綱. 烈1 : 1). 엇디 ᄒᆞᆫ 겨집을 이긔디 못ᄒᆞ리오 : 婦人(五倫 3 : 17).

격·지[명] 나막신 ¶稀疎ᄒᆞᆫ 져근 블근 곳과 프른 닙 서리에 격지ᄅᆞᆯ 머믈워 殘微ᄒᆞᆫ 香氣ᄅᆞᆯ 갓가이 호라 : 稀疎小紅翠駐屐近微香(初杜解10 : 32). 격지 극 : 屐(訓蒙中23. 類合上24. 倭解上46). 격지 : 木屐(譯解上47).

견·듸·다[동] 견디다 ¶ᄒᆞ마 伶俜ᄒᆞᆫ 열 힛엣 이ᄅᆞᆯ 견듸옛노니 : 已忍伶俜十年事(初杜解6 : 16). 비 ᄌᆞᄅᆞᄂᆞᆫ 돗 알파 견듸디 몯ᄒᆞ야도(救簡2 : 46). 견ᄃᆡᆯ 내 : 耐(類合下11. 倭解上21). 견ᄃᆡᆯ 감 : 堪(類合下22. 倭解下42). 견ᄃᆡᆯ 료 : 聊(類合下35). 견ᄃᆡᆯ 승 : 勝(類合下39). 근심을 견듸디 몯ᄒᆞ거ᄂᆞᆯ : 不堪其憂(重內訓3 : 45). 견듸다 : 耐得住(漢淸6 : 33). 나 계셔 진실노 견듸기 어렵거든(重新語2 : 4).

견·조·다[동] ①견주다 ¶노ᄒᆞ로 두 볼독 ᄆᆞᆮ 그틀 ᄀᆞᄅᆞ 견조고 : 對以繩度兩頭肘尖頭(救簡2 : 61). 아러치와 견조면 너므 굳다 : 比在前忒牢壯(飜老上39). 나 ᄒᆞ나 졈어 잇고 님 ᄒᆞ나 날 괴시니 이 ᄆᆞ옴 이 ᄉᆞ랑 견졸 ᄃᆡ 노여 업다(松江. 思美人曲). 견졸 비 : 比(倭解下41). 견조다 : 比比(同文解下52). 견조다 : 比竝(漢淸11 : 53). 빅 가지 복이 견조와 이르고 쳔 가지 샹셰 구름쳐로 모되리니(敬信10). 견졸 방 :

方(註千7). ②겨누다 ¶긔추관혁 견조다 : 指帽子(漢淸 4 : 44).

겯명 곁 ¶누는 앒과 겯과 보고 뒤흘 몯 보며(月釋17 : 57). 누는 앒과 겯과 보고 뒤흘 몯 미츠며 : 以眼見前傍而不及後(法華6 : 26). 겯 방 : 傍(石千19). 겯 방 : 傍(類合 下53. 倭解 上11). 겯 측 : 側(類合 下62). 올마 흑당 겯틔 가 집ᄒᆞ니 : 乃徙舍學宮之旁(宣小4 : 4).

※ '겯'의 첨용 [겯/겯과/겯도… / 겨트로/겨틀/겨틔…

겯아·래명 겨드랑이 ¶겯아래 쫌 나며 뎡바기옛 光明이 업스며(月釋2 : 13). 둘흔 겯아래 쫌 날 시오(南明 上62).

·결명 ①물결〔波〕 ¶바룴 므를 텨 겨를 니르왇ᄂᆞ니라(釋譜13 : 9). 겨롤 ᄀᆞᄅᆞ치나 오로 므리오 므를 ᄀᆞᄅᆞ치나 오로 겨리니 : 指波全水指水全波(永嘉 下103). 漣漣은 므리 ᄇᆞᄅᆞ매 결 잇ᄂᆞᆫ 양ᄌᆡ라(金三3 : 59). ②겨를 ¶어즙어 百萬億 蒼生을 언의 결에 믈으리(古時調. 尹善道. 픗즘에 쑴을. 海謠).

결에명 겨레 ¶결에 족 : 族(類合 上13). 일홈난 가문과 놉픈 결에 : 名門右族(宣小5 : 19).

결·우·다동 겨루다 ¶결울 항 : 抗(類合 下25. 石千30). 결울 경 : 競(類合 下36). 침노ᄒᆞ여도 결우디 아니홈올 : 犯而不校(宣小4 : 40).

결을ᄒᆞ다동 비교하다 ¶혜랑의게 경이 어이 결을ᄒᆞ여 미ᄎᆞ리오(落泉2 : 4).

겹말명 수수께끼 ¶겹말 : 謎話(譯解 下46).

겻명 ①곁 ¶靑燈 거른 겻틔 鈿箜篌 노하두고(松江. 思美人曲). 대군 겻 웃각시(癸丑71). 그 겻틔 댱ᄉᆞ 위싱이 큰 비롤 ᄐᆞ고 마촘 兄弟 둘히 겻히 잇더니(女四解4 : 19). 일노 조차 일언 일동과 일념 일시에 다 귀신이 겻틔 이슴 ᄀᆞᆺᄒᆞ야(敬信38). 겻 방 : 傍(註千19). ②편(便) ¶올ᄒᆞᆫ 겻히 도치 잡고 왼 겻히 홰롤 자바 : 右執斧左執炬(東新續三綱. 孝2 : 69). 이거시 대군 겻치오(癸丑75).

겻·고·다동 겨루다 ¶우리 모다 ᄌᆡ조롤 겻고아 뎌옷 이긔면 짓게 ᄒᆞ고(釋譜6 : 26). 므슷 이롤 겻고오려 ᄒᆞᄂᆞᆫ고(釋譜6 : 27). 므슴 쓱절업시 겻고료 : 要甚麽閑講(飜老 下63).

겻·고·아동 겨루어 ㉮겻고다 ¶우리 모다 ᄌᆡ조롤 겻고아 뎌옷 이긔면 짓게 ᄒᆞ고(釋譜6 : 26).

겻·구·다동 겨루다 ¶그ᄃᆡ 沙門弟子ᄃᆞ려 어루 겻굴따 무러 보라(釋譜6 : 26). 諍은 겻굴 씨라(月釋21 : 76). 엇데 足히 술며 무도몰 겻구리오 : 奚足爲焚瘞之競(法華6 : 155).

겻·기ᄒᆞ·다동 겪이하다. 음식을 대접하다. ¶겻기호몰 엇데 시름 아니 ᄒᆞ리오 : 供給豈不憂(初杜解25 : 36). 接待예 겻기ᄒᆞᄂᆞᆫ 냥반돌히(新語7 : 14).

겻다동 겪다. 음식 대접하다. ¶無量衆을 ᄌᆞ래 겻그니 天食올 먹ᄉᆞᄫᆞ니(月釋7 : 25).

겻자리명 곁자리 ¶겻자리 날 ᄀᆞᄐᆞᆫ 벗님네는(古時調. 金友奎. 아희들. 靑謠).

겻짓다동 동행(同行)하다 ¶동쇼제 화연을 겻지어 나아와(落泉1 : 2).

경ᄉᆞ명 풍수(風水). 지관(地官) ¶경ᄉᆞ : 山人(譯解 上28).

·경·ᄌᆞ명 경쇠 ¶경ᄌᆞᆺ 경 : 磬(訓蒙 中32).

경ᄌᆞ명 어리광. 애교(愛嬌) ¶경ᄌᆞ 밧다 : 嬌愛(同文解 上54).

·겿명 ①곁〔傍〕. 어조사 ¶乎ᄂᆞᆫ 아모그에 ᄒᆞᄂᆞᆫ 겨체 ᄡᅳᄂᆞᆫ 字ㅣ라(訓註1). 與ᄂᆞᆫ 이와 뎌와 ᄒᆞᄂᆞᆫ 겨체 ᄡᅳᄂᆞᆫ 字ㅣ라(訓註1). 夫ᄂᆞᆫ 말솜 始作ᄒᆞᄂᆞᆫ 겨체 ᄡᅳᄂᆞᆫ 字ㅣ라(月釋序1). 이러타 ᄒᆞᄂᆞᆫ 겨치라(月釋序3). ②곁. 기(氣) ¶紺ᄋᆞᆫ ᄀᆞ장 프른 거긔 블근 겨치 잇ᄂᆞᆫ 비치라(月釋10 : 52).

곁명 곁 ¶몰 겨틔 엇마ᄀᆞ시니 : 馬外橫防(龍歌44章). 太子ㅅ 겨틔 안ᄍᆞᄫᆞ시니(月印 上17). 히 돐 겨틔 사ᄂᆞ니라(釋譜13 : 10). 精舍 겨ᄐᆞ로 디나아가니(月釋1 : 6). 겨트로 미츠샤 : 傍及(楞解6 : 44). 겨틧 지비 ᄌᆞ모 淳朴ᄒᆞ니 : 傍舍頗淳朴(初杜解22 : 4).

:계·다동 지나다. 넘다 ¶낫 계어든 밥 아니 머구미 웃드미오(釋譜9 : 18). ᄒᆞᆫ 빼 계도록 긷다가 몯ᄒᆞ야(月釋7 : 9). 짐 시러 녀져 나리 낫 계어다 : 打了駝馱着行日頭後晌也(飜老 上66). 말솜ᄒᆞ기를 빼 계게 호ᄃᆡ : 談論踰時(宣小6 : 124). 날이 낫 계엇다 : 日頭後晌也(老解 上59). 낫 계어 정히 더울 때예 : 晌午劄正熱時(朴解 下1). 낫 계다 : 晌上劄(譯解 上 5). 히도 나지 계면(古時調. 靑丘).

계샹이다형 계시나이다 ¶딩아 돌하 當今에 계샹이다(樂詞. 鄭石歌).

계·오부 겨우 ¶계오 열 설 머거셔 : 甫十歲(飜小9 : 2). 계오 열 설에 : 甫十歲(宣小6 : 2). 계오 두어 설에(重內訓3 : 27). 계오 五六年도 못 ᄒᆞᆫᄃᆡ(新語9 : 21). 東州 밤 계오 새와 北寬亭의 올나ᄒᆞ니(松江. 關東別曲). 계오 십 년의 미처 화롤 만나(敬信17).

계오다동 못 이기다. 지다 ¶五逆 ᄆᆞᅀᆞᄆᆞᆯ 계와(月印 上47). 어와 아븨 즈ᅀᅵ여 處容 아븨 즈ᅀᅵ여 滿頭揷花 계오샤 기울어신 머리예(樂範. 處容歌).

계요부 겨우 ¶계요 몰 도로혐을 용납ᄒᆞᆯ 만ᄒᆞ더니 : 僅容旋馬(宣小6 : 127). 계요 면ᄒᆞ여 ᄃᆞ라나고 : 僅以身免(五倫3 : 26). 路次의 곧바 계요 이제야 守門ᄭᆞ지 완습ᄂᆡ(重新語1 : 1). 그날 밤 계요 새와 덕원을 들나ᄒᆞ야(宋疇錫. 北關曲).

계요계요부 겨우겨우 ¶ᄀᆞ장 醉ᄒᆞ엿ᄉᆞ오되 계요계요 氣向을 출혀(重新語3 : 23).

계·우부 겨우 ¶계우 안잣ᄂᆞᆫ 거셔 : 剛坐的(飜朴 上41). 계우 : 剛(四解 下34). 대령 알피 계우 몰 도라셜 만ᄒᆞ더니 : 廳事前僅容旋馬(飜小10 : 29). 계우 ᄌᆞ : 纔. 계우 근 : 僅(類合 下22). 나히 계우 열힌 제 : 年纔十歲(東新續三綱. 孝2 : 45). 계우 이루다 : 剛濟(語錄30). 계우 앗다 : 剛坐(老朴集. 單字解1).

계·우·다동 못 이기다. 지다 ¶藥이 하늘 계우니 : 藥不勝天(龍歌90章). ᄃᆞ토면 모로매 계우리 잇ᄂᆞ니(釋譜23 : 55). 그 後에ᅀᅡ 외니 올ᄒᆞ니 이긔니 계우니 ᄒᆞᆯ 이리 나니라(月釋1 : 42). 우리옷 계우면 큰 罪를 닙ᅀᆞᆸ고(月釋2 : 72). 이긔며 계우ᄂᆞᆫ ᄆᆞᅀᆞ미 업스며 : 無勝負心(金剛 下151). 이긔유믈 獻ᄒᆞᅀᆞᆸ고 계우므란 니ᄅᆞ디 아니ᄒᆞ더라 : 獻捷不云輸(重杜解2 : 47). 春鳥도 送春을 계워 百般啼를 ᄒᆞ더라(古時調. 琵琶를. 古歌). 夕陽에 醉興을 계워 나귀 등에 실려시니(古時調. 靑丘). 수풀에 우ᄂᆞᆫ 새ᄂᆞᆫ 春氣롤 못내 계워(丁克仁. 賞春曲).

계유부 겨우 ¶그 지비 무덤의 상게 계유 오 리ᄂᆞᆫ 호ᄃᆡ ᄒᆞᆫ 번도 왕니롤 아니ᄒᆞ다 : 其家距墓塋纔五里一不來往(東新續三綱. 孝3 : 3). 계유 ᄡᅳ다 : 裁給(語錄30). 一夜롤 계유 堪忍ᄒᆞ엿ᄉᆞ오니(新語1 : 24). 계유 : 剛剛(譯解 下46). 계유 : 剛剛的(同文解 下50). 醉ᄒᆞ여 계유 든 좀을 喚友鶯에 ᄭᆡ괘라(古時調. 곳 지고. 靑丘). 太公의 釣魚臺를 계유 구러 ᄎᆞ자 가니(古時調. 靑丘).

·고명 ①코 ¶고해 내 마톰과 이베 맛 머굼과(釋譜13 : 38). 香은 고ᄒᆞ로 맏ᄂᆞᆫ 거슬 다 니ᄅᆞ니라(釋譜13 : 39). 고히 平코 엷디 아니ᄒᆞ며(釋譜19 : 7). 鼻ᄂᆞᆫ 고히라(釋譜19 : 9). 눈과 귀와 고콰 혀와(月釋2 : 15). 고ᄒᆞᆫ 수미 나며 드로ᄃᆡ(月釋17 : 57). 시혹 입 고ᄒᆞᆯ 디ᄅᆞ며(月釋21 : 42). 고히 내욘 거시라 : 鼻之所生(楞解3 : 24). 고햇 수미 히에 ᄃᆞ외어늘 : 鼻息成白(楞解5 : 56). 고 비 : 鼻(訓蒙 上25. 類合 上20). 고 버힐 의 : 劓(訓蒙 下29). 고과 고 아래와(瘟疫方15). 고ᄒᆞᆯ ᄉᆡ여 아니리 업더라 : 莫不酸鼻(宣小6 : 57). 고롤 버히되 굴티 아녀 죽다 : 割鼻不屈而死(東新續三綱. 烈5 : 53). ②콧물 ¶뎌 고해 고 흐르ᄂᆞ니 고 내ᄂᆞᆫ ᄆᆞ리로고나(飜老 下19). 몰 고 내ᄂᆞᆫ 병(四

解 下38). ※고>코

※ '고'의 첨용 ⌈ 고…
⌊ 고히/고ᄒᆞᆫ/고ᄒᆞᆯ/고해/고콰…

·**고** 명 공이 ¶杵ᄂᆞᆫ 방핫괴니(釋譜6 : 31). 방핫고 디여 디ᄒᆞ니 : 落杵(初杜解7 : 18). 고 져 : 杵(訓蒙 中11). 방핫고 : 碓觜(訓蒙 中11杵字註). 방하고와 호왁과 ᄀᆞᆮ도다 : 如杵臼(重杜解6 : 2). 방하ㅅ고 : 碓嘴(同文解 下2).

·**고** 명 고. (그물의) 코 ¶咫尺ᄋᆞᆫ 고 ᄉᆞᅀᅵ 머디 아니ᄒᆞᆯ시니(初杜解20 : 17). 裙에 허리 업스며 ᄀᆞ외예 고히 업도다 : 裙無腰袴無口(金三5 : 6). ᄒᆞᆫ 쌍 훠예 다 블근 실로 고ᄃᆞ라 잇더라 : 一對靴上都有紅絨鴈爪(飜老 下53). 신의 絇 : 신 ᄲᅮ리예 고 ᄃᆞ라 긴 ᄢᅦ여 ᄆᆡᄂᆞᆫ 거시라(宣小3 : 22). 상토 고가 탁 풀리고(春香傳207).

고고이 부 굽이굽이. (그물 따위의) 코마다. ¶ᄉᆞ랑 ᄉᆞ랑 고고이 ᄆᆡ친 ᄉᆞ랑 웬 ᄇᆞ다흘 두루 덥는 그물것치(古時調. 歌曲).

고·곰 명 고금. 학질(瘧疾) ¶고곰 히 : 痎. 고곰 학 : 瘧. 고곰 졈 : 痁(訓蒙 中34). 잠간 굿브러 잇다가 도로 니러나미 ᄒᆞᄅᆞ거리 고곰 ᄀᆞ트니 : 暫伏還起如隔日瘧(野雲19). 고곰과 痢疾로 巴水ᄅᆞᆯ 먹고 : 瘧痢飡巴水(重杜解24 : 60). 고곰 : 瘧疾(譯解 上61). 바다ᄭᅴ 모딘 긔운으로 된 고곰이며 : 時氣瘴瘧(臘藥2). 모든 고곰이며 : 諸瘧(臘藥25).

고그·리 명 꼭지 ¶고그리 톄 : 蔕(訓蒙 東中本下4).

고긔양 명 고갱이 ¶고긔양 : 木心(同文解 下44). 나모 고긔양 : 木心(譯解補51). 고긔양 : 木心(柳氏物名 四 木).

고기 명 고개 ¶고기 령 : 嶺(兒學 上3).

고기양 명 고갱이 ¶팟 누른 고기양이어나 염교 누른 고기양이어나 : 葱黃心或韭黃(救簡1 : 42). 팟 누런 고기양으로 : 葱心黃(救簡1 : 48). 또 天門冬을 고기양 업게 ᄒᆞ고 : 又方天門冬去心(瘟疫方26).

고·노·다 동 꼬느다. 끊다 ¶試 : 글지여 고노단 말이라(宣小6 : 14. 英小6 : 16). 다시 놉프며 ᄂᆞᆽ가옴을 고노와 막키디 아니ᄒᆞ며 : 更不考定高下(宣小6 : 14).

고·대 부 고대. 곧. 즉시 ¶고대 아ᄅᆞ샤 눈믈로 여희시니(月印 上53).

고대셔 부 고대. 즉시 ¶고대셔 싀여딜 내 모미 내 님 두ᅀᆞᆸ고 년뫼ᄅᆞᆯ 거로리(樂詞. 履霜曲).

고·디 부 곧이 ¶너옷 고디 아니 듣거든 뒷東山 佛堂 알ᄑᆡ 僧齋ᄒᆞ던 ᄶᅡᄒᆞᆫ 보라 ᄒᆞ야ᄂᆞᆯ(月釋23 : 74).

고·디듣·다 동 곧이듣다 ¶舍利弗아 너희 부텻 마ᄅᆞᆯ 고디드르라 거츠디 아니ᄒᆞ니라(釋譜13 : 47). 倭王이 고디드러 잇거늘 : 倭王信之(三綱. 忠30).

고·ᄃᆞᆫ·말 명 곧은 말. 직언(直言). 직간(直諫) ¶ᄌᆞ조 고ᄃᆞᆫ말 ᄒᆞ요모로 : 以數直諫(飜小9 : 38). 고ᄃᆞᆫ말 악 : 諤(類合 下25).

고·돌·파 부 억지로. 애써 ¶父母ㅅ 顏色ᄋᆞᆯ 바다 손바ᄅᆞᆯ 부르게 ᄃᆞᆫ니고 안잿ᄂᆞᆫ 소ᄂᆡ게 盤飧ᄋᆞᆯ 고돌파 ᄒᆞᄂᆞᆺ다 : 承顏胝手足坐客強盤飧(初杜解21 : 33).

고·ᄃᆡ 부 고대. 곧. 즉시. 이제 막. ¶고ᄃᆡ 죽어 뵈야(癸丑96). 고ᄃᆡ 모라기ᄅᆞᆯ 관ᄃᆞ디 몯ᄒᆞᄂᆞᆫ 줄만 ᄒᆞᆫ이로다(閑中錄588). 다만 고ᄃᆡ 지내고 고ᄃᆡ 니즈니(敬信37).

고·라ᄆᆞᆯ 명 고라말. 등이 검은빛을 띤 누런 말. ¶고라ᄆᆞᆯ : 土黃馬(飜老 下9. 老解 下8). 고라ᄆᆞᆯ : 黃馬(譯解 下28. 同文解 下37). 갈기와 ᄭᅩ리 검은 고라ᄆᆞᆯ : 黑鬃黃馬(漢清14 : 22).

고라지 명 골마지 ¶고라지 ᄭᅵ다 : 白皮(譯解 上53).

고려ㅅ:말·ᄉᆞᆷ 명 고려말〔高麗語〕 ¶우리 이 高麗ㅅ말ᄉᆞᄆᆞᆫ : 我這高麗言語(飜老 上5).

고려ㅅ:사·ᄅᆞᆷ 명 고려 사람. 고려인(高麗人) ¶너ᄂᆞᆫ 高麗ㅅ사ᄅᆞ미어시니 : 你是高麗人(飜老 上5). 우리 高麗ㅅ사ᄅᆞᆷ이 아디 몯ᄒᆞ노니 : 我高麗人不識(飜老 下64).

고·로 부 고루 ¶그 지믈을 고로 ᄂᆞᆫ홀ᄉᆡ : 乃中分其財(宣小6 : 20). 이 술 가져다가 四海예 고로 ᄂᆞᆫ화(松江. 關東別曲). 역ᄉᆞ를 고로 ᄒᆞ야(女四解 4 : 32). 天下ㅣ 고로 되오믈 期約지 못ᄒᆞ리어다(小兒4).

고로로 부 골고루 ¶ᄒᆡ여곰 고로로 닉게 ᄒᆞ고 : 使之和熟(家禮1 : 43). 년노ᄒᆞᆫ 과부ᄅᆞᆯ 또ᄒᆞᆫ 여러 등의 ᄂᆞᆫ화 ᄉᆞ믈ᄒᆞ샤 고로로 은뎐을 닙긔 ᄒᆞ시니(仁祖行狀30). 嫡庶ᄅᆞᆯ ᄂᆞᆫ호디 아니ᄒᆞ고 고로로 ᄉᆞ랑ᄒᆞ미(女四解4 : 41).

고·로외·다 형 괴롭다 ¶가난코 賤호매 여희유미 가시야 苦로왼 ᄃᆞᆯ 아노니 : 乃知貧賤別更苦(初杜解8 : 32).

고로·이 부 고(苦)로이. 괴로이 ¶슬프다 너희 이젯 사ᄅᆞᄆᆞᆫ 苦로이 제 소가 니마ᄒᆞᆯ 다딜어 허루ᄃᆡ : 嗟你今人苦自欺撞破額頭(南明 上50). 세 큰 劫에 苦로이 ᄒᆞ뇨ᄆᆞᆫ(南明 下2). 곧 ᄆᆞᅀᆞ매 厄ᄒᆞ며 苦로이 ᄒᆞ노니 : 直爲心厄苦(初杜解8 : 35). 苦로이 鍛鍊ᄒᆞᄆᆞᆯ(金三4 : 4). 모ᄆᆞᆯ 법대로 호믈 ᄆᆞᆰ고 고로이 ᄒᆞ더라 : 律己清苦(東新續三綱. 孝6 : 26). 嘗膽ᄋᆞᆫ ᄆᆞᄋᆞᄆᆞᆯ 苦로이 ᄒᆞᆯ 시라(重杜解3 : 5).

·**고롭·다** 형 고(苦)롭다. 괴롭다 ¶잇브고 고로운 줄을 아디 몯ᄒᆞ시게 ᄒᆞᆯ디니(宣小5 : 37). 여러 가짓 고롭고 셜움을 받ᄂᆞ니라 ᄒᆞᄂᆞ니 : 受諸苦楚(宣小5 : 55). 평ᄉᆡᆼ애 고로온 졀을 사ᄅᆞᆷ이 밋디 몯ᄒᆞᆯ러라 : 平生苦節人不可及(東新續三綱. 忠1 : 36). 비록 ᄀᆞᆮ바 고로온 ᄃᆞᆺᄒᆞ나 : 雖似勞苦(警民11).

고ᄅᆞ·다 형 고르다〔調〕 ¶ᄒᆞ나ᄒᆞᆯ 바ᄃᆞ면 네 ᄆᆞᅀᆞ미 고ᄅᆞ디 몯ᄒᆞ리(月印 上32). 情想이 골아 ᄀᆞᆮᄒᆞ면 : 情想均等(楞解8 : 74). 定慧 ᄒᆞ마 고ᄅᆞ면 : 定慧旣均(永嘉 上10). 息이 고ᄅᆞ며 ᄆᆞᅀᆞ미 조호ᄆᆞᆯ 브틀ᄉᆡ : 息調心淨故(圓覺 下三之二51). 섯거디허 고ᄅᆞ게 ᄒᆞ야 : 和搗令匀(救簡6 : 23). 고ᄅᆞ고 正히 ᄒᆞ며 : 楷正(宣賜內訓1 : 26). 여러 가짓 役事ᄂᆞᆫ 고ᄅᆞ게 ᄒᆞᆯ디니라 : 萬役但平均(初杜解23 : 12). ᄇᆞᄅᆞᆷ도 고ᄅᆞ며 : 風調(飜朴 上1). 고ᄅᆞᆯ 됴 : 調(光千2). 고ᄅᆞᆯ 화 : 和. 고ᄅᆞᆯ 목 : 睦(光千14). 고ᄅᆞᆯ 화 : 和(類合 下49). 고ᄅᆞᆯ 됴 : 調(類合 下60. 石千2).

:**고ᄅᆞ외·다** 형 괴롭다 ¶쟝ᄎᆞ 苦ᄅᆞ왼 ᄆᆡᆼ가닐 더러 : 將除苦盲(法華3 : 100). 苦ᄅᆞ왼 曲調앳 뎌ᄅᆞ며 긴 이푸미로다 : 苦調短長吟(初杜解14 : 15).

고ᄅᆞ왼 형 괴로운 ㉎고ᄅᆞ외다 ¶苦ᄅᆞ왼 말ᄉᆞᄆᆞᆯ 베프노라 : 陳苦詞(重杜解2 : 55).

:**고ᄅᆞ·이** 부 괴로이 ¶苦ᄅᆞ이 닐오ᄃᆡ : 苦言(法華2 : 242).

고ᄅᆡ실 명 고래실. 바닥이 깊숙하고 물길이 좋아 기름진 논. ¶잔솔 밧 언덕 아ᄅᆡ 굴죽 갓튼 고ᄅᆡ실을(古時調. 青丘).

고·마 명 첩(妾) ¶臣下와 고마ᄅᆞᆯ ᄇᆞ리고 머리 가ᄶᅡ 法服ᄋᆞᆯ 니브리도 보며(釋譜13 : 20). 아ᄃᆞᄅᆡ 두 고마ᄅᆞᆯ : 子有二妾(宣賜內訓1 : 55). 고마ᄋᆡ 나ᄒᆞᆫ 子息을 네 이대 길어 : 前妾所生子汝善保護之(三綱. 烈26). 고마 쳡 : 妾(訓蒙 上31). 고마 : 小娘子(譯解 上27).

고·마ᄂᆞᄅᆞ 명 곰나루. 웅진(熊津) 〔지명(地名)〕 ¶고마ᄂᆞᄅᆞ : 熊津(龍歌3 : 15).

고마이 부 고맙게. 감사히 ¶고마이 너기오셔(癸丑43).

:**고·마·ᄒᆞ·다** 동 높이다. 공경하다 ¶부톄 마조 나아 마ᄌᆞ샤 서르 고마ᄒᆞ야 드르샤(釋譜6 : 12). 그 고마ᄒᆞ시던 바ᄅᆞᆯ 恭敬ᄒᆞ며 : 敬其所尊(宣賜內訓1 : 42). 고마ᄒᆞᆯ 지 : 祗(類合 下23). 그 고마ᄒᆞ야 례도홈을 봄이 : 其見敬禮(宣小6 : 38).

·**고·맙·다** 형 ①존(尊)하다. 존귀하다 ¶고마온 이리 잇디 아니커든 조널이 메왯디 말며 : 不有敬事不敢袒裼(宣賜內訓1 : 50). ②고맙다 ¶고마와 ᄒᆞ시도록 말을 음흉이 ᄒᆞ니(閑中錄202). 참괴 고맙단 말(敬信76).

고모 명 괴로움 ¶또 니 사ᄅᆞᆷ이 주거 영혼니 극낙 세계예 나면 틸보 모새 년화 고ᄎᆞ로 사ᄅᆞᆷ이 되여 나셔 졋도 먹지 아니ᄒᆞ고 절노 크고 한 고모 업고 즐거오믄 만만ᄒᆞ고(普勸文 海印板4).

고믈젓다 형 고명찍다. 고명이 맛깔지게 얹혀 있다. ¶朝鮮 ᄶᅥᆨ과 고믈저은 안쥬의 珍味를 ᄉᆡᆼ각ᄒᆞ매 인ᄉᆞ당도 아므 것도 ᄉᆞᆲ디 아니ᄒᆞ오니(新語9:8).

:고ᄆᆡ열 명 곰의 쓸개. 웅담(熊膽) ¶고ᄆᆡ열 콩낫만ᄒᆞ니를 ᄀᆞᄂᆞ리 가라 ᄃᆞᄉᆞᆫ 므레 프러 머그면 즉재 됴ᄒᆞ리라 : 熊膽如大豆許細研以溫水和服之立差(救簡2:38). 고ᄆᆡ열 : 熊膽(救簡3:38).

고·봄 명 고금. 학질(瘧疾) ¶나를 隔ᄒᆞᆫ 고봄 ᄀᆞᆮ도소이다 : 猶隔日瘧(楞解5:2). 세 ᄒᆡ를 오히려 고봀 病을 호니 : 三年猶瘧疾(初杜解20:37). 고봄 ᄒᆡ : 痎. 고봄 학 : 瘧. 고봄 졈 : 痁(訓蒙中34).

고·ᄫᅵ 명 굽이 ¶ᄆᆞᆯᄀᆞᆫ ᄀᆞᄅᆞᇝ ᄒᆞᆫ 고ᄫᅵ ᄆᆞᅀᆞᆯᄒᆞᆯ 아나 흐르ᄂᆞ니 : 淸江一曲抱村流(初杜解7:3). 녀름짓ᄂᆞᆫ 지븐 ᄆᆞᆯᄀᆞᆫ ᄀᆞᄅᆞᇝ 고ᄫᅵ오 : 田舍淸江曲(初杜解7:4). 九皐ᄂᆞᆫ 아홉 고ᄫᅵ옛 모시니 鶴이 앉ᄂᆞᆫ ᄃᆡ라(金三2:61). 네 繡 ᄯᅳᆫ 거시 고ᄫᅵ돌히 올마 잇ᄂᆞ니 : 舊繡移曲折(重杜解1:5).

고ᄫᅵ 명 골짜기 ¶陵寢은 뷘 고ᄫᅵ예 서리여시니 : 陵寢盤空谷(重杜解6:25).

:고·ᄫᅵ 부 고이. 곱게 ¶각시 ᄢᅬ노라 ᄂᆞᆾ 고ᄫᅵ 빗여 드라(月印上18). 곳 ᄀᆞᆮᄒᆞ야 고ᄫᅵ 너기면 당다이 제 모미 더러ᄫᅳ며(月釋7:18). ※고ᄫᅵ>고이

고소다 형 고소하다. 향기롭다 ¶고소다 : 香(譯解上53. 同文解上61). 고소다 : 香(漢淸12:58).

고ᄉᆞ·다 형 고소하다. 향기롭다 ¶고ᄉᆞᆫ 수리 ᄢᅮᆯ ᄀᆞ티 ᄃᆞᆯ 노티 아니호리라 : 不放香醪如蜜甛(初杜解10:9). ᄎᆞᆷᄢᆡ를 고ᄉᆞ게 봇가 : 熬胡麻令香(救簡2:42). ᄡᅳᆫ 우웡 ᄢᅵ 죠ᄒᆡ ᄭᆞᆯ오 봇가 고ᄉᆞ니 ᄒᆞᆫ 량과 : 惡實隔紙炒香一兩(救簡2:67).

:고온 형 고운 ㉠곱다 ¶고온 곳부리ᄂᆞᆫ 븕도다 : 娟娟花蘂紅(初杜解21:15). 合竹桃花 고온 두 분 위 相映ㅅ 景 긔 엇더ᄒᆞ니잇고(樂詞. 翰林別曲). 고온 님 괴기옷 괴면(古時調. 鄭澈. 기울계. 松江). 千萬里 먼아 먼 길히 고온 님 여희옵고(古時調. 王邦衍. 海謠). ※고온<고ᄫᆞᆫ

고올 명 고을〔郡. 邑. 縣. 州〕 ¶고올히셔 연ᄌᆞ바ᄂᆞᆯ(三綱. 孝28). 廣州ㅅ 고올 刺史ㅣ란 벼슬 ᄒᆞ엿더니 : 爲廣州刺史(飜小10:7). 고올 읍 : 邑(類合 上19. 石千18. 倭解 上34). 큰 고올 쥬 : 州(類合 上19). 그 고올히 드니 : 入其邑(宣小4:39). 고올 현 : 縣(註千21). 고올 쥬 : 州. 고올 군 : 郡(註千26).

고요ᄒᆞ다 형 고요하다 ¶고요ᄒᆞᆯ 졍 : 靜(石千17). 서ᄅᆞ 부ᄂᆞᆫ 추미 고요ᄒᆞ고 : 寂寥相煦沫(重杜解2:16). 남기 고요ᄒᆞ고져 ᄒᆞ여도 ᄇᆞ람이 그치디 아니ᄒᆞ고 : 樹欲靜而風不止(五倫1:5). 고요ᄒᆞᆯ 막 : 莫(註千8).

고외마른 동 사랑하지마는 ¶西京이 셔울히 마르는 닷곤 ᄃᆡ 쇼셩경 고외마른(樂詞. 西京別曲).

:고·ᄋᆞ·다 동 고다 ¶죠고맛 소티 녀허 고아 : 入小鐺內熬(救簡6:89). 후에 ᄲᅥᆨ ᄆᆡᆼᄀᆞᆯ며 양ᄋᆔᆨ 고ᄋᆞ며 : 然後打餠熬羊肉(飜老 下53). 고ᄋᆞᆯ 오 : 爊(訓蒙 下13). ᄆᆞᄅᆞ게 고아 : 烹爛(救荒8). 타락 고ᄋᆞ다 : 熬酪. 졋 고ᄋᆞ다 : 熬㚷子(譯解 上52).

고·이·다 동 사랑을 받다. 사랑하다 ¶고이고 교ᄐᆡ 아니ᄒᆞ며 : 夫寵而不驕(宣小4:48). 네 가지의 오ᄆᆞᆫ 고이며 : 四者之來寵(宣小4:48). 太武의게 고임이 잇더니 : 有寵於太武(宣小6:39). 고일 ᄎᆞᆼ : 寵(倭解 下33). 삼ᄃᆡ 말왕이야 고이ᄂᆞᆫ 겨집이 이시니(女範3. 문녀 한반쳡여).

고ᄌᆞ 명 먹통 ¶믓 지위 고ᄌᆞ 자 들고 헤ᄯᅳ다가 말려ᄂᆞ다(古時調. 鄭澈. 어와 동냥지. 松江).

·고ᄌᆞ·기 부 극진하게. 지극하게 ¶뎌 부텻 일후믈 고ᄌᆞ기 念ᄒᆞ야 恭敬ᄒᆞ야(釋譜9:25). 衆生ᄃᆞᆯ히 ᄆᆞᅀᆞᄆᆞᆯ 오ᄋᆞᆯ와 ᄒᆞᆫ 고대 고ᄌᆞ기 머거(月釋8:5). 고ᄌᆞ기 念ᄒᆞ야 恭敬ᄒᆞ야(月釋9:45).

·고·ᄌᆞᆨᄒᆞ·다 형 극진하다. 지극하다 ¶精誠이 고ᄌᆞᆨᄒᆞ니 밤누니 번ᄒᆞ거늘(釋譜6:19). 이제 와 ᄯᅩ ᄉᆡᆼ각ᄒᆞ야 고ᄌᆞᆨᄒᆞᆫ ᄆᆞᅀᆞᄆᆞ로 歸依ᄒᆞ면(釋譜9:16). 藥師如來ㅅ 일후믈 듣ᄌᆞᄫᅡ 고ᄌᆞᆨᄒᆞᆫ ᄆᆞᅀᆞᄆᆞ로 디니면(月釋9:38).

고·초 부 곧추. 곧게 ¶信ᄒᆞ며 恭敬ᄒᆞ샤 ᄒᆞᆫ ᄇᆞᆯ로 고초 드듸여 셔샤 부텨 向ᄒᆞᅀᆞᄫᅡ 손 고초샤(月釋1:52). 如來ㅅ긔 고초 드듸여 미츠시놋다 : 跋及如來也(法華5:194). 발 고초 드된 勢ㅣ 잇ᄂᆞ니 : 有翹足勢(金三2:61). 고초 드될 기 : 企(類合 下30). ᄃᆞ른 ᄒᆡ 수이 디여 긴 밤을 고초 안자(松江. 思美人曲).

고·초·다 동 ①곧추 세우다. ¶부텨 向ᄒᆞᅀᆞᄫᅡ 손 고초샤 밤낫 닐웨를 ᄀᆞᆷᄌᆞᆨ도 아니ᄒᆞ샤(月釋1:52). 諸天이 손 고초ᅀᆞᆸ고 空中에 侍衛ᄒᆞᅀᆞᄫᅡ 셋더니(月釋7:37). 渴望ᄒᆞ야 고초아 ᄇᆞ라ᅀᆞ와 : 渴翹佇(楞解1:77). ᄆᆞᅀᆞᄆᆞᆯ 고초아 듣더시니 : 注意聽之(宣賜內訓2下50). 손 고초며 : 拱手(金三5:44). ②지극히 하다. 한결같이 하다. ¶눉믈 흘려 精誠 고초아 : 雨淚翹誠(楞解5:3).

·고·춤 명 콧물과 침. ¶고춤 흘리고 오좀 ᄡᅵ니 니르리 ᄡᅳ며(釋譜3:p.100). 佛前에 고춤 받거나 ᄒᆞ면(龜鑑 下55).

고·티·다 동 ①고치다 ¶田制를 고티시니 : 大正田制(龍歌73章). 入定으로셔 니러 옷 고티고(釋譜6:30). 檃은 구븐 것 고틸 씨오 括은 方ᄒᆞᆫ 것 고틸 씨라(月釋序19). ᄀᆞᄅᆞ쳐 고텨시ᄂᆞᆯ(月釋1:9). 고툘 門을 묻ᄌᆞ오샤(圓覺 上二之一12). 새 그를 고툐ᄆᆞᆯ ᄆᆞᆺ고 : 新詩改罷(初杜解16:14). 고틸 ᄀᆡ : 改(類合 上4. 石千8). 이제 고텻ᄂᆞᆫ가 못 ᄒᆞ엿ᄂᆞᆫ가 : 如今修起了不曾(老解 上23). ②바꾸다 ¶ᄆᆞᅀᆞᄆᆞᆫ 수ᄫᅵ 고티려니와 모ᄃᆞᆫ ᄆᆞᅀᆞᄆᆞᆫ ᄲᆞᆯ리 몯 고티리라(月釋1:51). 고틸 광 : 匡(類合 下8). 고틸 ᄀᆡᆼ : 更(類合 下46). 고틸 광 : 匡(石千23). 고틸 ᄀᆡᆼ : 更(石千24). 아비 道애 고팀이 업세ᅀᅡ : 無改於父之道(宣小2:24). 官渡애 ᄯᅩ 술윗 자최를 고툐롸 : 官渡又改轍(重杜解2:36). 우리 나라ᄂᆞᆫ 禮 ᄃᆞᆫᄃᆞᆫᄒᆞ여 ᄒᆞᆫ번 뎡ᄒᆞᆫ 후ᄂᆞᆫ 고티ᄂᆞᆫ 일은 업ᄉᆞ오니(重新語3:30). ③낫게 하다. 다스리다 ¶ᄯᅩ 브레 데닐 고튜ᄃᆡ : 又方治湯潑火燒(救急 下13). 我執을 고티리니 : 治於我執(圓覺 上二之二84). 여러 가짓 방문에 뎝단병 고툘 법을 ᄡᅥ : 治(簡辟 序2). 병 고툐ᄃᆡ(瘟疫方8). 고틸 리 : 理(光千29). 병 고틸 료 : 療(類合 下18). 고텨다 : 醫了(朴解 上39). 병 고티다 : 醫病 醫治(譯解 上63). 허믈을 고텨 긴 거슬 조ᄎᆞᆯᄶᅵ니라 : 改過從長(女四解2:14). 온갓 병의 열나ᄂᆞᆫ 증들을 고티고 : 一切病發熱等症又治(臘藥1). ④거듭하다 ¶汲長孺 風彩를 고텨 아니 볼 게이고…眞歇臺 고텨 올나…十里 氷紈을 다리고 고텨 다려(松江. 關東別曲).

고·티힐·후·다 동 따지다 ¶믈러와 날마다 ᄒᆞᄂᆞᆫ 일와 믈읫 니ᄅᆞᄂᆞᆫ 말와를 견줍ᄧᅥ 고티힐훠 보니 : 及退而自檃括日之所行與凡所言(飜小10:25).

고히 부 곱게 ¶고히 죽고져 ᄒᆞ오시나(癸丑105).

곡갑다 형 고깝다 ¶곡가오신 마ᄋᆞᆷ으로 걱정을 ᄒᆞ실 적의(農月 十月令).

곡걸다 동 곱걸다. 곱쳐 걸다. 옭걸다 ¶승년은 듕놈의 샹토 플쳐 손에 츤츤 곡거러 잡고(古時調. 듕놈은. 靑丘).

곡독각시 명 꼭두각시 ¶곡독각시 : 傀儡伎(物譜 博戲).

곡ᄃᆡ 명 ①꼭대기〔頂〕 ¶뫼ㅅ곡ᄃᆡ : 頂(漢淸1:39). ②꼭뒤 ¶곡ᄃᆡ 뒤헤 ᄇᆞ리다 : 抛在腦後(譯解補60).

곡셕 명 곡식 ¶받가리를 브즈러니 ᄒᆞ면 가이 곡셔글 마니 두어 : 勤於耕稼則可以豊粟穀(正俗21). 社ᄂᆞᆫ ᄯᅡ 신이오 稷은 곡셕 신이니(宣小2:30). 곡셕 삼ᄇᆡᆨ 셕글 주시니라 : 賜租三百石(東新續三綱. 孝1:2). 곡셕 그테 귀 나고 : 禾頭生耳(重杜解12:15). ᄆᆡ기를 모로미 브즈런이 ᄒᆞᆯᄶᅵ니 플이 기으면 곡셕을 害ᄒᆞᄂᆞ

니라(警民11). 곡셕 이삭 : 穗(柳氏物名 三 草).

곤고다 통 돋우다 ¶젓줄 곤고노라 모양 우는 아희 골와(古時調. 鄭澈. 돈줌. 松江).

곤치다 통 고치다 ¶님 그려 기픠 든 病을 어이ᄒᆞ여 곤쳐 낼고(古時調. 靑丘).

·곧 명 ①곳 ¶이 곧 뎌 고대 : 於此於彼(龍歌26章). 현 고ᄃᆞᆯ 올마시뇨 : 幾處徙厥宅(龍歌110章). 處는 고디라(釋譜13 : 2). 사ᄅᆞ미게 믜이샨 고ᄃᆞᆯ : 人憎處(蒙法61). 李膺을 相對홀 고ᄃᆞᆯ 어느 알리오 : 何知對李膺(初杜解8 : 9). 이 고ᄃᆞᆫ 佛祖ㅣ 亂 앗고(南明 上2). 곧 쳐 : 處(類合 上24. 石千31). 싀부모 겨신 곧애 가되(宣小2 : 3). 尊 노ᄒᆞᆫ 곧이 가 절ᄒᆞ고 받오ᄃᆡ : 拜受於尊所(宣小2 : 62). 온갓 곧의 神을 求ᄒᆞ야(女四解2 : 22). 음식 먹는 곳과 왕닉ᄒᆞ는 고대(正念解2). 代宮中도 ᄒᆞᆫ 곧에 읻숩닉(重新語1 : 3). 이 곧은 존폐ᄒᆞᆫ 村이오라(隣語1 : 14). ②바. 것 ¶우리 父母ㅣ 듣디 아니ᄒᆞ샨 고ᄃᆞᆫ(釋譜6 : 7). 알퓌 현 곧 곧ᄒᆞ닌 : 如前所引(圓覺 上一之一26). 주구믜 저픈 고ᄃᆞᆯ 모롫 것 아니어니와(三綱. 孝23). 므슴 어려운 고디 이시리오 : 有甚麽難處(飜老 上21).

곧·티·다 통 고치다 ¶혜아리는 ᄆᆞᅀᆞ미 사오나온 이레 달애여 곧텨 도ᄋᆡ야 : 知誘物化(飜小8 : 9). 몸이 ᄆᆞᆺ도록 곧티디 아니ᄒᆞᄂᆞ니 : 終身不改(宣小4 : 36).

:골 명 ①골〔洞〕 ¶至 北泉洞 뒷심골…北泉洞 在松京北部五冠坊(龍歌2 : 32). ᄇᆡ얌골 : 蛇洞(龍歌6 : 43). 북녁 고래 : 北巷裏(飜老 上48). 골 호 : 衚. 골 동 : 衕(訓蒙 上6). 골 동 : 洞(類合 上5. 倭解 上8). 골 동 : 洞(石千27). 삼 년을 골 어귀예 나디 아니ᄒᆞ니라 : 三年不出洞口(東新續三綱. 孝3 : 21). ②고을〔州. 邑. 縣〕 ¶골히 이셔 일 업슨 저기어든 : 在州無事(飜小10 : 7). 남진 조차 다ᄅᆞᆫ 골히 가 : 隨夫壻外郡他鄕(恩重16). 조ᅀᆞᄅᆞ왼 일곳 아니어든 골희 가노니며(誡初11). 한나라 동히골 쟝시 과부ㅣ 시모를 효도로 길으거ᄂᆞᆯ(女四解4 : 12). 븕은 지게 십 니의 온 골희 빗나도다(女範4. 녈녀 셔군보쳐). ③골〔谷〕. 골짜기 ¶뫼 고래 수머 겨샤(釋譜6 : 4). 谷ᄋᆞᆫ 고리라(月釋13 : 45). 谷響 : 고랫 뫼사리라(楞解8 : 55). 고럭 ᄀᆞ독ᄒᆞᆫ 뫼햇 구루미 니렛고 : 滿谷山雲起(初杜解8 : 51). 桃源ㅅ 곬 소배 곳 펫는 고ᄃᆞᆫ : 桃源洞裏花開處(南明 上37). 그 도ᄌᆞ글 ᄒᆞᆫ 산고래 에워 : 把那賊圍在一箇山峪裏(飜老 上30). 골 곡 : 谷(訓蒙 上3. 類合 上5. 石千10. 倭解 上8). ᄆᆞ리 놀라도 기픈 고러 딜가 시름 아니커니와 : 馬驚不憂深谷墜(重杜解4 : 34). 가마귀 싸호는 골에 白鷺ㅣ야 가지 마라(古時調. 靑丘). 만막골 긴긴 골의 장쳥이 빗겨셰라(萬言詞).

골:업·다 형 상스럽다. 추하다 ¶골업슨 즁을 지ᅀᅡ(月印 上68). 골업슨 양ᄌᆞᄅᆞᆯ 지ᅀᅥ(月釋序35). 惡人은 양지 골업슨 사ᄅᆞ미라(法華2 : 28). 거우루는 고ᄋᆞ며 골업스며 됴ᄒᆞ며 구주믈 어루 ᄀᆞᆯᄒᆡᄂᆞ니 : 鏡者可辨姸媸好惡(圓覺 上一之二13). 들면 머리 허트며 양ᄌᆞ 골업시 ᄒᆞ고 : 入則亂髮壞形(宣賜內訓2上12). 이ᄃᆞ며 골업소ᄆᆞᆯ ᄀᆞᆯᄒᆡ리오 : 辨姸醜(南明 下28).

:골·오·다 통 고르다. 가리다 ¶제 무레 幻術 잘ᄒᆞ는 사ᄅᆞᄆᆞᆯ 골와(釋譜24 : 11). 이베 머검즉ᄒᆞ니로 골와 먹더라 : 揀口兒喫(飜老 下53). 다시 노프며 ᄂᆞᆽ가오믈 골와 막키디 마롤디니라 : 更不考定高下(飜小9 : 16).

·골·치 명 ①골〔髓〕 ¶골치 슈 : 髓 骨中脂(訓蒙 上28). ②머릿골 ¶골치 내여 죽거늘 : 打出腦漿來死了(飜老 上28). 골치 노 : 腦(訓蒙 上28). 내져기 골치 알ᄑᆞ고 : 我有些腦痛(老解 下36). 내 오ᄂᆞᆯ 골치 앏파 머리 어즐ᄒᆞ고 : 我今日腦疼頭旋(朴解 中14).

골프다 형 고프다 ¶倉卒에 스스로 ᄇᆡ골폼을 ᄎᆞᆷ으시고 : 倉卒自忍飢餓(重內訓2 : 80). ᄇᆡ ᄀᆞ장 골프다 : 肚裏好生飢了(老解 上35). ※골프다<골ᄑᆞ다

골ᄑᆞ·다 형 고프다 ¶머긂 제 ᄇᆡ골폼과 목몰롬과(月釋2 : 42). 골폰 ᄇᆡ 브르며(月釋8 : 100). ᄇᆡ골포ᄆᆞᆯ 맛나 곧 머그며(圓覺 下三之一102). 十二時中에 골폼 알며 渴홈 알며(牧牛訣5). ᄇᆡ골ᄑᆞ거든(南明 上10). ᄇᆡ골ᄑᆞ거든(金三3 : 43). 밥 먹고 골폰 블로ᄆᆞᆫ 다 아로ᄃᆡ : 共知喫食而慰食(野雲19). ᄇᆡ골ᄑᆞ며 ᄀᆞᆺᄇᆞᆫ 줄을 아디 몯호라 : 不知飢倦也(重內訓2 : 18). ᄇᆡ골ᄑᆞ며 ᄀᆞᆺᄇᆞ니잇가 : 飢倦(重內訓2 : 18).

※골ᄑᆞ다>골프다>고프다

골:회 명 고리 ¶目連아 내 네 열두 골회 가진 錫杖 잡고(月釋23 : 83). 連環ᄋᆞᆫ 두 골회 서르 니슬 씨라(楞解1 : 22). 釧은 ᄇᆞᆯ힛 골회라(永嘉 下45). 또 金銀 곳 골회 그르 숨씨닐 고툐ᄃᆡ : 又方治誤呑金銀釵環(救急 上53). 여슷 골회는 六度ᄅᆞᆯ 表ᄒᆞ고(南明 上69). 골회ᄀᆞ티 밍ᄀᆞ(飜朴 上54). 골회 환 : 環(訓蒙 中24. 類合 上3. 石千41). 귀엣 골회 : 耳環(漢淸11 : 22).

곪프다 형 고프다 ¶ᄇᆡ ᄀᆞ장 곪프다 : 肚裏好生飢了(飜老 上39).

곰뷔님뷔 부 곰비임비. 자꾸자꾸. 계속하여 ¶곰뷔님뷔 님뷔곰뷔 쳔방지방 지방쳔방 ᄒᆞᆫ 번도 쉬지 말고(古時調. 天寒코. 靑丘).

곰븨님븨 부 곰비임비. 자꾸자꾸. 계속하여 ¶보션 버서 품에 품고 신 버서 손에 쥐고 곰븨님븨 님븨곰븨 쳔방지방 지방쳔방 즌 듸 ᄆᆞ른 듸 ᄀᆞᆯ희지 말고(古時調. 님이 오마 ᄒᆞ거늘. 靑丘).

곰비 명 뒤 ¶德으란 곰비예 받줍고 福으란 림비예 받줍고 德이여 福이라 호ᄂᆞᆯ 나ᅀᆞ라 오소이다 아으 動動다리(樂範. 動動).

곰비님비 부 곰비임비. 자꾸자꾸. 계속하여 ¶날은 느져 가고 어셔 내라 곰비님비 지촉ᄒᆞ고(癸丑 上98).

곰·퓌·다 통 곰피다. 곰팡이가 피다. ¶곰퓔 부 : 殕 食上生白(訓蒙 下12).

곰픠다 통 곰피다. 곰팡이가 피다. ¶곰픠다 : 白殕(譯解 上53).

:곱·다 형 곱다〔麗〕 ¶七寶로 ᄭᆞ미실ᄊᆡ 고ᄫᆞ시고 쳔쳔ᄒᆞ더시니(月印 上43). 아기아ᄃᆞ리 양지 곱거늘 各別히 ᄉᆞ랑ᄒᆞ야(釋譜6 : 13). 고ᄫᆞᆫ ᄯᆞᆯ 얻니노라(釋譜6 : 13). 누네 고ᄫᆞᆫ 것 보고져 ᄒᆞ면 제 머굼 ᄠᅳ드로 고ᄫᆞᆫ 거시 ᄃᆞ외야 뵈며(月釋1 : 32). 貞婦ㅣ 고ᄫᆞᆯᄊᆡ(三綱. 烈21 貞婦淸風). 婥婥ᄋᆞᆫ 부드럽고 고아 ᄉᆞ랑ᄒᆞ올 씨라(楞解8 : 131). 얼구리 고오ᄆᆞᆫ : 形體姝好(法華2 : 74). 한 고ᄫᆞᆫ 고줄 다마 : 盛衆妙華(阿彌9). 거우루는 고ᄋᆞ며 골업스며 됴ᄒᆞ며 구주믈 어루 ᄀᆞᆯᄒᆡᄂᆞ니 : 鏡者可辨姸媸好惡(圓覺 上一之二13). 구틔여 顔色이 됴ᄒᆞ며 고오미 아니오 : 不必顔色美麗也(宣賜內訓1 : 14). 江漢앤 ᄃᆞᆯ비치 곱도다 : 江漢月娟娟(初杜解20 : 8). 고우닐 스싀옴 녈셔(樂範. 動動). 고을 염 : 艶. 고을 연 : 姸(訓蒙 下33). 고올 ᄌᆞ : 姿(光千40). 고올 연 : 姸(類合 下52). 合竹桃花 고온 두 분위 相映ㅅ景 긔 엇더ᄒᆞ니잇고(樂詞. 翰林別曲). 졈고 고온 이를 싱각ᄒᆞ고 : 慕少艾(宣小4 : 10). 고으믄 곱거니와(太平1 : 13). 업슝은 얼고리 ᄀᆞ장 곱고 : 業崇容姿絕美(東新續三綱. 烈3 : 40). 고을 연 : 姸(倭解 上19). 고은 계집 어린 ᄌᆞ식들과(三譯3 : 24). 곱다 : 姸(同文解 上18). 남의 식 고으믈 보고 ᄉᆞᄉᆞ로온 ᄆᆞᄋᆞᆷ을 일의혀며(敬信4). 고을 려 : 麗(註千2). 고을 연 : 姸(註千40).

※'곱다'의 활용
- 곱고/곱게…
- 고ᄫᆞᆫ/고ᄫᆞ니/고ᄫᆞᆯ…
- >고온/고오니…

곳 명 꽃 ¶가지와 닙과 곳과 여름괘(釋譜23 : 18). 곳 잇는 짜홀 곧가 가시다가(月釋1 : 9). 곳 바리ᄅᆞᆯ 圍繞호ᄆᆞᆫ : 圍繞華鉢者(楞解7 : 14). 江南 三二月에 곳 프고 ᄇᆞᄅᆞᆷ 덥거늘 : 江南三二月拆花風暖(南明 上7). 곳가지 제 뎌르며 기도다 : 花枝自短長(金三2 : 12). 곳 픈 ᄃᆞ래 : 花月(初杜解8 : 9). 곳 됴코 여름 하ᄂᆞ니(樂範5 : 6. 與民樂 불휘章). 보비로 ᄭᆞ민 수늙 노

픈 곳 곳고 : 寶粧高頂揷花(飜朴 上5). 곳 화 : 花(訓蒙下4). 곳 것거 算 노코 無盡無盡 먹새 그려(松江. 將進酒辭). 곳 디고 속닙 나니(古時調. 申欽. 靑丘). 곳 쏫다 : 戴花兒(譯解 上47). 곳 화 : 華(註千18).

곳감 명 곶감 ¶곳감 : 柹餠(譯解 上54. 同文解 下4). 곳감 : 柹餠(漢淸13 : 1). 곳감 : 乾柹(柳氏物名 四木).

곳나모 명 꽃나무 ¶곳나모 가지마다 간 ᄃᆡ 족족 안니다가 향 므틴 놀애로 님의 오ᄉᆡ 올므리라(松江. 思美人曲).

곳다 동 꽂다 ¶草不花蘆ᄅᆞᆯ 甁의 곳고(月釋10 : 120). 머리예 곳디 아니ᄒᆞ고 : 不揷髮(初杜解8 : 66). 곳 곳고 : 揷花(飜朴 上5). 열히오 또 다ᄉᆞᆺ 히어든 빈혀 곳고 : 十有五年而笄(宣小1 : 7). 寶粧高頂에 곳츨 곳고 : 寶粧高頂揷花(朴解 上5). 香爐에 香乙 곳고(草堂曲). ※곳다>꽂다

곳다 형 곧다 ¶간난ᄒᆞ고 신고ᄒᆞᆫ 절개를 곳다 이르고(女四解4 : 17). 곧다 : 直(同文解 下54). 고든 거ᄉᆞᆫ 굽다 ᄒᆞ고 굽은 거ᄉᆞ로 곳다 ᄒᆞ며(敬信3). 곳돌 직 : 直(註千29).

곳달힘ᄒᆞ다 동 꽃달임하다. 화전(花煎)놀이하다 ¶崔行首 쑥달힘ᄒᆞ새 趙同甲 곳달힘ᄒᆞ새(古時調. 金光煜. 靑丘).

·곳·믈 명 콧물 ¶ᄀᆞ래춤과 곳믈와 고롬과 : 唾涕膿(圓覺 上二之二27). 곳믈 농 : 齈. 곳믈 톄 : 涕(訓蒙上29). 곳믈 톄 : 涕(類合 上22).

곳불 명 고뿔. 감기 ¶곳불ᄒᆞ다 : 害鼻淵(同文解 下6).

곳블 명 고뿔. 감기 ¶그 ᄒᆡ 그ᄆᆞ도록 곳블도 만나디 아니ᄒᆞ며 : 竟年不遭傷寒(瘟疫方4). 곳블 : 鼻淵(譯解上61). 곳블ᄒᆞ다 : 傷風(漢淸8 : 2).

곳초 부 곧추 ¶네 면이 곳초 ᄂᆞ리게 ᄒᆞ고(家禮圖18). 啓明星 돗도록 곳초 안자 ᄇᆞ라보니(松江. 關東別曲).

곳초 부 곧장 ¶곳초 가다 : 徑直行(漢淸7 : 34).

곳쵸 부 곧추 ¶그제야 곳쵸 안져 瑤琴을 비겨 안고(陶山別曲).

공번되다 형 공변되다. 공평하다 ¶妾이 능히 私로ᄡᅧ 公번되욤을 蔽티 못ᄒᆞ야 : 妾不能以私蔽公(重內訓2 : 19). 진실노 텬하의 공번된 의린즉(經筵). 공번된 하ᄂᆞᆯ 아ᄅᆡ 넨들 언마 져머시리(古時調. 靑春 少年들아. 靑丘).

공번ᄃᆞ외·다 형 공변되다. 공평하다 ¶妾이 아ᄅᆞᆷ으로 ᄡᅧ 公反ᄃᆞ외요ᄆᆞᆯ 蔽티 몯ᄒᆞ야(宣賜內訓2上22).

곶 명 꽃 ¶빗곶爲梨花(訓解. 終聲). 곶 됴코 여름 하ᄂᆞ니 : 有灼其華有蕡其實(龍歌2章). 고ᄌᆞᆯ 받ᄌᆞᄫᆞ시니(月印 上3). 다ᄉᆞᆺ 곶 두 고지(月印 上3). 蓮ㅅ고지 안자 뵈실씨(月印 上50). 다 하ᄂᆞᆳ 貴ᄒᆞᆫ 고지라(釋譜13 : 12). 花ᄂᆞᆫ 고지라(月釋1 : 23). ᄲᅮ리 고지셔 이ᄂᆞ니 : 蜜成於花(楞解7 : 17). 世界ㅣ 虛空앳 고지며 : 世界虛華(圓覺 上一之二15). ᄒᆞ오ᅀᅡ 고ᄌᆞᆯ 곳디 아니호니 : 獨不戴花(宣賜內訓3 : 59). 묏고지 ᄒᆞ마 절로 펫도다 : 山花已自開(杜解18 : 5). 고지 더우니 ᄢᅮᆯ 짓ᄂᆞᆫ 버리 수수놋다 : 花暖蜜蜂喧(初杜解21 : 6). ᄀᆞᅀᆞᆳ 돌와 ᄇᆞᆷ 고지 : 秋月春花(金三2 : 6). 하ᄂᆞᆯ히 보ᄇᆡᆺ 고ᄌᆞᆯ 비허 : 天雨寶華繽紛亂下(佛頂 上2). 長松 亭션 속의 포기마다 고지 픠니(辛啓榮. 月先軒十六景歌). ※곶(곳)>꽃

곶 명 꼬치. 꼬챙이 ¶즁ᄉᆡᆼᄋᆞᆯ 고재 ᄢᅦ여 굽고 남진 겨지비 두루 안자 모다 머그며 맛날써 ᄒᆞ던 사ᄅᆞ미니(月釋23 : 79). ᄒᆞᆫ 고재 다 ᄢᅦ며 : 一串都穿(法語12).

곶 명 곶 ¶암림곶 : 暗林串(龍歌1 : 36).

곶 명 곳〔所〕 ¶구름이 깁허 간 고즐 아디 못게라(古時調. 歌曲).

곶·닢 명 꽃잎 ¶ᄒᆞᆫ 남ᄀᆞᆯ 내니 곶니피 퍼 衆人ᄋᆞᆯ 다 두프니(月印 上58).

곶 명 꽃 ¶져비ᄂᆞᆫ ᄂᆞᄂᆞᆫ 고ᄎᆞᆯ 박차 춤츠ᄂᆞᆫ 돗긔 디놋다 : 燕蹴飛花落舞筵(重杜解15 : 33).

과갈이 부 급자기 ¶과갈이 님자 엇기 어렵고 : 急且難着主兒(老解 下56).

과거리 부 급자기 ¶다ᄉᆞᆺ ᄉᆞᆯ엣 아ᄒᆡ 과거리 아직 어ᄃᆡ로 ᄃᆞ라나리오 : 五歲的小廝急且那裏走(朴解 中11).

과걸리 부 급자기 ¶과걸리 : 急且(譯解 下49).

과글·이 부 급자기. 문득 ¶과글이 ᄇᆡᄅᆞᆯ 알하 믄득 니러안자(月釋10 : 24). 暴流ᄂᆞᆫ 과글이 흐를 씨라(楞解5 : 13). 목져지 과글이 브ᅀᅳ닐 고툐ᄃᆡ : 治懸壅暴腫(救急 上42). 과글이 가ᄉᆞᆷ 알피ᄅᆞᆯ 어더 : 卒患心痛(佛頂 中7). 世俗의 弊를 可히 과글이 고티디 몯ᄒᆞᆯ 거시니 : 世俗之弊不可猝變(宣小5 : 43).

과즐 명 과줄 ¶과즐 : 油果子(同文解 上59). 과즐 : 高麗餠(漢淸12 : 45). 과즐 : 粔籹(物譜 飮食). 과즐 그 받긔 먹을 꺼술 다 먹엄 즉이 장만ᄒᆞ엿ᄉᆞ오니(重新語2 : 16).

과즐 명 과줄 ¶과즐 ᄯᅥᆨ 실과 ᄒᆞ고(癸丑142).

괘그르다 형 급작스럽다 ¶泰山 峻嶺으로 허위허위 너머가다가 괘그른 쇼낙기에 휜 동정 거머지고(古時調. 白髮에. 靑丘).

:괴 명 고양이 ¶사ᄅᆞ미게 질드ᄂᆞ니 곧 괴 가히 ᄃᆞᆰ 돋 類라 : 馴服於人卽猫犬雞豘類也(楞解8 : 22). 괴 쥐 자봄ᄀᆞ티 ᄒᆞ며 : 如猫捕鼠(法語3). 괴 묘 : 猫(訓蒙上18. 類合 上14. 倭解 下23). 괴 쥐 잡ᄃᆞᆺ ᄒᆞ며 : 如猫捕鼠(龜鑑 上13). 괴 : 猫兒(譯解 下32). 괴 모 : 貓(兒學 上7).

괴·다 동 사랑하다 ¶녜라와 괴쇼셔(鄕樂. 三城大王). 쳔인 괼 폐 : 嬖(類合 下16). 괼 툥 : 寵(類合 下22). 괼 통 : 寵(石千30). 나 ᄒᆞ나 졈어 잇고 님 ᄒᆞ나 날 괴시니(松江. 思美人曲). 비록 이 셰간 판탕ᄒᆞᆯ만졍 고온 님 괴기옷 괴면 그를 밋고 살리라(古時調. 鄭澈. 기울계. 松江). ᄆᆡ리도 괴리도 업시 마자셔 우니노라(樂詞. 靑山別曲). 아소 님하 어마님ᄀᆞ티 괴시리 업세라(樂詞. 思母曲). 耽耽이 괴던 ᄉᆞ랑 날 ᄇᆞ리고 어ᄃᆡ 간고(古時調. 朴孝寬. ᄭᅮᆷ에 왓던. 歌曲). 괼 줄 어이 긔필ᄒᆞᆯ고(曺友仁. 自悼詞). 평ᄉᆡᆼ의 괴던 님을 쳔리의 니별ᄒᆞ니(萬言詞).

괴오다 동 ①사랑하다 ¶아소 님하 도람 드르샤 괴오쇼셔(樂範. 鄭瓜亭). ②사랑을 받다. ¶그ᄉᆞ기 고온 양ᄒᆞ야 괴오ᄆᆞᆯ 取ᄒᆞᄂᆞ니 : 陰媚取寵(龜鑑 下51).

괴외·ᄒᆞ·다 형 고요하다 ¶괴외타 ᄒᆞ니라(釋譜6 : 28). 如來 三昧예 드러 괴외ᄒᆞ야 겨실씨(釋譜11 : 16). 寥ᄂᆞᆫ 괴외ᄒᆞᆯ 씨라. 寂은 괴외ᄒᆞᆯ 씨라(月釋 序1). 肅靜은 괴외ᄒᆞᆯ 씨라(蒙法40). 괴외호매 드니ᄂᆞᆫ(牧牛訣29). ᄆᆞᅀᆞ미 괴외ᄒᆞ고 아ᄂᆞ니 일후믈 圓覺이라 ᄒᆞᄂᆞ니 : 心寂而知目之圓覺(圓覺 序36). 괴외호ᄆᆞᆫ 당당이 버믜 굼긔 니셋도다 : 靜應連虎穴(初杜解7 : 30). ᄆᆞᅀᆞᄆᆞᆯ 두어 괴외호ᄆᆞᆯ 보면(南明 上18). 반ᄃᆞ기 괴외ᄒᆞᆫ 고대 ᄒᆞ오ᅀᅡ 안자 : 當獨坐靜處(佛頂5).

:괴이 부 사랑스럽게 ¶나면 괴이 양ᄌᆞᄅᆞᆯ 지ᅀᅳ며 : 出則窈窕作態(宣賜內訓2上12).

괴·이·다 동 ①사랑하다 ¶괴여 爲我愛人(訓解. 合字). 괴일 툥 : 寵(光千30). 괴일 ᄒᆡᆼ : 幸(註千31). 진실로 너 삼겨 ᄂᆡ오실 제 날만 괴이려 홈이라(古時調. 웃ᄂᆞᆫ 양은. 靑丘). 괴일 춍 : 寵(兒學 下7). ②사랑을 받다. ¶젼혀 괴이ᄆᆞ로(三綱. 烈2). 太姜과 太任괴 괴이샤 : 思媚太姜太任(重內訓3 : 11). 太武ㅣ란 님금ᄭᅴ 괴이더니 : 有寵於太武(飜小9 : 43). 갓가이 괴임을 어들이니 : 得近幸(宣小4 : 32).

구·경 명 구경 ¶구경 가ᄉᆞᆸ 제(月釋2 : 35). 바독 쟝긔 됴ᄒᆞᆫ 구경 : 博奕奇玩(飜小10 : 23). 구경 완 : 翫(石千33). 구경 완 : 翫(倭解 下35). 구경 샹 : 賞(註千29).

구·러디·다 동 거꾸러지다 ¶그 사ᄅᆞᆷ이 구러디거ᄂᆞᆯ : 那人倒了(老解 上26). 니마히 구러뎌 해야디니 : 額頭上跌破了(朴解 中48).

구러지다 동 거꾸러지다 ¶구러지다 : 傾倒(同文解 上30). 녈 번 ᄶᅵᆨ어 아니 구러질 나모 업다 말쳐로(閑中錄396).

구레 명 굴레 ¶구레 : 轡頭(老解 下27). 구레 : 轡頭. 구레 씨오다 : 帶轡頭. 구레 벗기다 : 摘轡頭. 구레 벗다 : 退轡頭(同文解 下19). 구레 벗다 : 退轡頭. 구레 씨다 : 帶轡頭(譯解補18). 구레 : 轡頭(柳氏物名 一 獸族). 綠草 晴江上에 구레 버슨 ᄆᆞᆯ이 되야 ᄯᅢᄯᅢ로 머리 드러 北向ᄒᆞ여 우는 ᄯᅳᆺ은 夕陽이 재 너머가매 님자 그려 우노라(古時調. 徐益. 靑丘).

·구롬 명 구름 ¶구롬과 비는 ᄆᆞᄎᆞ매 업도다 : 雲雨竟虛無(初杜解10 : 22). 五色 구롬 : 五色雲彩(譯解 上2). 武陵 어제 밤의 구롬이 머흐더니(古時調. 鄭澈. 松江). 막대로 흰 구롬 ᄀᆞᄅᆞ치고 도라 아니 보고 가노매라(古時調. 鄭澈. 믈 아래. 松江).

·구룸 명 구름 ¶구루미 비취여늘 : 赤氣照營(龍歌42章). 祥瑞ㅅ 구룸과 곳비도 ᄂᆞ리니(月印 上29). 비혼 거시 十方ᄋᆞ로셔 오니 구룸 지픠ᄃᆞᆺ ᄒᆞ야(釋譜19 : 41). 雲은 구루미라(月釋序18). 蛟龍이 구룸과 비와ᄅᆞᆯ 어든 ᄃᆞᆺᄒᆞ며 : 蛟龍得雲雨(初杜解21 : 7). 구룸 운 : 雲(訓蒙上2. 類合 上4. 石千2. 倭解 上2).

구리티다 동 거꾸러뜨리다 ¶믄득 도적의 멱 잡고 박차 구리틴대 : 遂扼賊吭蹴而倒之(東新續三綱. 孝1 : 57 辛氏扼賊).

구ᄅᆞᆷ 명 구름 ¶우는 소리 바ᄅᆞ 올아 구ᄅᆞᆷ ᄭᅵᆫ 하ᄂᆞᆯ해 干犯ᄒᆞᄂᆞ다 : 哭聲直上干雲霄(重杜解4 : 1). 山寺鐘聲은 구ᄅᆞᆷ 밧긔 들리ᄂᆞ다. 이러ᄒᆞᆫ 形勝 구ᄅᆞᆷ 밧긔 들리ᄂᆞ다(蘆溪. 獨樂堂). 구ᄅᆞᆷ 운 : 雲(註千2). 구ᄅᆞᆷ 운 : 云(註千27).

구메 명 구멍 ¶離別 나는 구메도 막히는가(古時調. 窓 밧게 가마솟. 靑丘).

구모 명 구멍 ¶왼녁 곳구모(救簡1 : 48). 구모 광 : 壙(訓蒙 叡山本 中17).

구무 명 구멍 ¶如來ㅅ 모매 터럭 구무마다 放光ᄒᆞ샤(釋譜11 : 1). 道理ㅅ 굼글 ᄀᆞ다ᄃᆞ마(月釋 序21). 굼근 밧긔 잇ᄂᆞ니 : 竅穴居外(楞解1 : 59). 괴외ᄒᆞᆫ 당당이 버믜 굼긔 니셋도다 : 靜應連虎穴(初杜解7 : 30). 댓굼그로 보ᄆᆞᆯ : 管見(南明 下74). 管見은 댓굼ᄀᆞ로 여ᅀᅥ볼 시니(金三2 : 65). 구무 : 鼻凹(訓蒙 上26. 鼻字註). 구무 공 : 孔. 구무 혈 : 穴. 구무 굴 : 窟. 구무 롱 : 竉(訓蒙 下18). 식구무 연 : 咽. 긔구무 후 : 喉(類合 上20). 구무 공 : 孔(類合 下24). 구무 규 : 竅(類合 下51). 구무 혈 : 穴(類合 下56. 倭解 上8).
※ '구무'의 첨용 [구무/구무도/구무와… 굼기/굼글/굼긔/굼기라…

구믿 명 구레나룻 ¶혜 길오 너브샤 구믿 니르리 ᄂᆞ출 다 두프시며(月釋2 : 41). 구믿과 머리왜 셰여 시리ᄃᆞ외도다 : 鬢髮白成絲(初杜解11 : 44). 구믿 빙 : 鬢(訓蒙 上25).

구부수이 부 구부정하게 ¶구부수이 셔다 : 探着身站立(漢淸7 : 28).

구뷔 명 굽이 ¶청산은 몃 겹이며 녹슈는 몃 구뷔고(萬言詞).

구븨 명 굽이 ¶뫼ㅅ 시냇 구븨예셔 녀름지ᅀᅵᄒᆞ고 : 爲農山澗曲(初杜解21 : 41). 긼 구븨예 건니노라 : 步道周(初杜解22 : 38). 구븨 위 : 委(註千33).

구비 명 굽이 ¶銀河水 한 구비를 촌촌이 버혀 내여 실ᄀᆞ티 플텨 이셔 뵈ᄀᆞ티 거러시니 圖經 열두 구비 내 보매는 여러히라(松江. 關東別曲). 일곱 구비 ᄒᆞᆫ되 움쳐 므득므득 버러는ᄃᆞᆺ(宋純. 俛仰亭歌).

구비구비 부 굽이굽이 ¶千年老龍이 구비구비 서려 이셔 晝夜의 흘녀 내여(松江. 關東別曲).

구·ᄈᆞᆯ·다 동 엎드리다 ¶妄識 더러ᄫᅮ메 ᄀᆞᄆᆞ니 구ᄈᆞᆯ써 사오나ᄫᅡ 어디디 몯ᄒᆞᄂᆞ니(月釋14 : 7).

:구숑 명 꾸중 ¶미리 구숑 니보ᄆᆞᆯ 젇ᄂᆞ니 : 預畏被呵(永嘉 下71).

:구숑ᄒᆞ·다 동 꾸중하다 ¶가ᄌᆞᆯ벼 구숑ᄒᆞ시니라 : 喩而讓之(永嘉 下126). 내 죵을 구숑ᄒᆞ야 ᄆᆞ욘 거슬 글우라 : 吾叱奴人解其縛(初杜解17 : 15).

구실 명 구실. 조세(租稅). 부역(賦役) ¶브즈러니 질삼ᄒᆞ야 구실 디답ᄒᆞ더니 : 勤績紝以供租賦(續三綱. 烈1).

구·실ᄒᆞ·다 동 벼슬하다 ¶나 구실ᄒᆞ며 隱處호미 제여곰 天機니라 : 出處各天機(初杜解15 : 5). 나ᄅᆞᆯ 구실ᄒᆞ노라 이셔 : 我爲官在(重杜解9 : 27).

구슬 명 구슬 ¶구슬 쥬 : 珠(石千3. 倭解 下8). 구은 구슬 됴ᄒᆞ니 잇ᄂᆞ냐 : 燒子珠兒好的有麽(朴解 下25). 구슬 션 : 璇. 구슬 긔 : 璣(註千40).

구·슈 명 구유 ¶ᄆᆞᆯ구슈 : 馬槽(訓蒙 光文會板 中12槽字註). 구슈 력 : 櫪(訓蒙 光文會板 中19).
※구ᅀᅵ(구슈)>귀유(귀요)>구유

구·ᅀᅵ 명 구유 ¶구ᅀᅵ예 주ᅀᅥ 바리예 다ᄆᆞ니 : 槽頭拾得鉢中盛(南明 下63). ᄆᆞᆯ구ᅀᅵ : 馬槽(訓蒙 中12 槽字註). 구ᅀᅵ 력 : 櫪(訓蒙 中19).

구위 명 관아(官衙) ¶이 구윗 威嚴에 逼迫ᄒᆞ애로다 : 迫此公家威(初杜解15 : 5).

구을·다 동 구르다 ¶누어 구을오 ᄒᆞᆫ숨도 딥 먹디 아니ᄒᆞᄂᆞ매라 : 臥倒打滾一宿不喫草(飜朴 上42). 구을 뎐 : 轉(石千20).

구조개 명 굴조개 ¶ᄂᆞᄆᆞ자기 구조개랑 먹고 바ᄅᆞ래 살어리랏다(樂詞. 靑山別曲).

·구즈기 부 우뚝이 ¶머리ᄅᆞᆯ 구즈기 셰오 : 頭腦卓竪(蒙法24). 구즈기 드렛는 : 矯矯(初杜解7 : 26). 부들 ᄂᆞᆯ이리 鸞이 구즈기 셧는 ᄃᆞᆺ고 : 筆飛鸞聳立(初杜解8 : 8).

구즉 부 우뚝. 우뚝이 ¶구즉 셜 탁 : 踔(類合 下55).

·구즉ᄒᆞ·다 형 우뚝하다 ¶구즉ᄒᆞᆫ 큰 賢人의 後에 : 嶷然大賢後(初杜解24 : 18).

구지 부 굳게 ¶寂寂重門 구지 닷다(萬言詞). 더옥 맛당이 ᄆᆞᄋᆞᆷ을 구지 ᄒᆞ야 음즐을 힘뻐 힝ᄒᆞ고 삼가(敬信55).

구지람 명 꾸지람. 야단 ¶샹녜 구지라ᄆᆞᆯ 드로ᄃᆡ(月釋17 : 85). 샹녜 구지라ᄆᆞᆯ 니부ᄃᆡ : 常被罵詈(法華6 : 80). ※구지람>꾸지람

구지럼 명 꾸지람. 야단 ¶이 야ᄋᆞ로 여러 ᄒᆡᄅᆞᆯ 샹녜 구지럼 드로ᄃᆡ 怒ᄒᆞᆫ ᄠᅳ들 아니 내야(釋譜19 : 30).

구·짇·다 동 꾸짖다. 야단치다 ¶구지돔 모ᄅᆞ시니(月印 上28). 法華經 디닗 사ᄅᆞᄆᆞᆯ ᄒᆞ다가 모딘 이브로 구지드며 비우ᅀᅳ면 큰 罪報 어두미 알ᄑᆡ 니ᄅᆞᄃᆞᆺ ᄒᆞ며(月釋17 : 78). 무렛 衆을 구지드며 : 罵詈徒衆(楞解9 : 108).

구·짓·다 동 꾸짖다. 야단치다 ¶그 아비 그 ᄯᆞ니ᄆᆞᆯ 구짓고(釋譜11 : 26). 산 것 주기며 허러 구짓는 두 業으로(月釋21 : 56). 개ᄅᆞᆯ 구짓디 아니ᄒᆞ며 : 不叱狗(宣小2 : 61). 도적을 구짓고 주그니라 : 罵賊而死(東新續三綱. 忠1 : 32).
※구짓다(구짖다)>꾸짖다

구·짖·다 동 꾸짖다. 야단치다 ¶이브로 구지저(釋譜19 : 26). 죠올 맛나니 자바 구지조ᄃᆡ(月釋8 : 98). 구지즐 마 : 罵. 구지즐 리 : 詈(訓蒙 下15). 구지즐 쵸 : 誚. 구지즐 칙 : 讀(訓蒙 下29). 구지즐 쵸 : 誚(石千42). ※구짖다(구짓다)>꾸짖다

구트나 부 구태여 ¶구트나 울고 가고 그리는 ᄃᆡᄅᆞᆯ 심어 무슴 ᄒᆞ리오(古時調. 百草ᄅᆞᆯ. 靑丘).

구·틔·여 부 구태여. 억지로. 강제로 ¶구틔여 뒷더시니(月印 上53). 太子ㅣ 구틔여 從티 아니ᄒᆞᆫ대(釋譜24 : 29). 구틔여 法身이라 일ᄏᆞᆮᄌᆞᄫᆞ니라(月釋序5). 求홈ᄋᆞᆯ 구틔여 말며 : 求毋固(宣小3 : 10). ᄉᆡ어마님이 만일 구틔여 ᄒᆞ면 : 姑若強之(東新續三綱. 烈1 : 85).

구·티·다 동 굳히다 ¶하ᄂᆞᆯ히 구티시니 : 天爲之堅(龍歌30章). 僞姓을 구튜리라 : 謀固僞姓(龍歌71章). 仙人은 제 몸 구텨 오래 사는 사ᄅᆞ미니(月釋1 : 8). 明을 구텨 마고ᄆᆞᆯ 셰니 : 堅明立礙(楞解4 : 22). 形을 구텨 : 固形(楞解8 : 129). 구틸 감 : 敢(石千7).

구ᄐᆞ야 부 구태여 ¶구ᄐᆞ야 六面은 므어슬 象톳던고(松江. 關東別曲). 구ᄐᆞ야 光明ᄒᆞᆫ 날 비출 ᄯᆞ라가며 덥ᄂᆞ

니(古時調. 李存吾. 구롬이 無心. 青詠). 듕신을 해티 말나 ᄒᆞ시고 구ᄐᆞ야 노ᄒᆞ라 ᄒᆞ신대(明皇1：32).

구ᄐᆞ여 부 구태여 ¶구ᄐᆞ여 버으리왓고 좃디 아니ᄒᆞ니：固拒不從(東新續三綱. 烈5：11). 제 구ᄐᆞ여 보내고 그리는 情을 나도 몰라 ᄒᆞ노라(古時調. 黃眞伊. 어져 내일. 海謠).

구틔여 부 구태여 ¶겨지븨 녁 아ᄋᆞ미 려를 블 브티고 구틔여 ᄡᅥ 오거늘：妻黨牽引登這仍焚其廬(東三綱. 孝2).

구피다 동 굽히다 ¶즘게남기 가지를 구피니(月印 上23). 그 八萬四千塔이 다 알퓌 와 벌오 ᄒᆞ나콤 王의와 구펴든 王이 손소 幡을 ᄃᆞ더니(釋譜24：32). 구필 유：揉(類合 下37). 구필 굴：屈(類合 下62).

국슈 명 국수 ¶즌 국슈 머기 닉디 몯ᄒᆞ얘라：不慣喫濕麵(飜老 上60). 한식날 밍근 밀ᄀᆞᄅᆞ 국슈：寒食麵(東醫 湯液一 土部). 국슈 미다：趕麵(漢淸10：13). 국슈 젹국：湯餠(物譜 飮食).

군ᄠᅳᆮ 명 잡생각 ¶나도 님을 미더 군ᄠᅳ디 젼혀 업서 이리야 교틱야 어ᄌᆞ러이 구돗썬디(松江. 續美人曲).

·굳 명 구덩이 ¶굳 ᄑᆞ고 블 퓌우니(月印 上22). 큰 어려본 구데 뻐러디긔 ᄒᆞᄂᆞ니(釋譜9：14). 구디며 두들기 업서(月釋13：63). 큰 구데 가도고 음식 아니주더니：乃幽武大窖中絶不飮食(三綱. 忠6蘇武). 굳 교：窖(訓蒙 中9). 굳 광：壙(訓蒙 中35). 굳 깅：坑. 굳 감：坎(訓蒙 下17).

굳ᄇᆞᄅᆞ·다 형 어삽(語澁)하다. (입놀림이) 부자유스럽다. 굳고 되다. ¶말ᄊᆞ미 굳ᄇᆞᄅᆞ며 모미 다 알ᄑᆞ거든：語澁渾身疼痛(救簡1：6).

:굴·근집 명 큰 집. ¶樓閣이 이쇼ᄃᆡ：閣ᄋᆞᆫ 굴근지비라(阿彌8).

:굴·다 동 ①입으로 불다. ¶사ᄅᆞᆷ으로 가ᄉᆞᄆᆞᆯ 구러 덥게 호ᄃᆡ：使人噓其心令煖(救簡1：34). 산 긔운을 구러：呵吐生氣(救簡1：65). 굴 허：噓(類合 下6). ②저주(詛呪)하다. 주문(呪文)을 외다. ¶굴 츅：呪(訓蒙 中3).

굴·다 조동 굴다. 행동하다 ¶五欲ᄋᆞᆯ 싱각고 그렁 구ᄂᆞ니(月釋7：5). 이리ᄃᆞ록 甚히 구는다(三綱. 烈34). 엇데 뻐 브즈러니 굴리오(南明 下2). 되기 어려이 폐로이 굴모로(新語4：24).

굴먹다 동 살찔 만큼은 못 먹다. ¶ᄌᆞᆺ득의 굴먹은 나귀를 모라 므슴 ᄒᆞ리오(古時調. 갈 길이 머다. 槿樂).

굴·헝 명 ①구렁 ¶峯ᄋᆞᆯ 逃亡ᄒᆞ야 굴허에 가미라：逃峯而赴壑(永嘉 下85). 굴헝에 몃귀여 주구리라 호매：欲塡溝壑(初杜解7：3). 기픈 굴헝에 ᄲᅡ디여(南明 下60). 굴헝 학：壑(訓蒙 上3). 굴헝 학：壑(類合 下32). 기픈 굴헝의 ᄠᅱ여 ᄂᆞ려뎌 죽다：臨絶壑投下而死(東新續三綱. 烈8：48). 져근덧 ᄃᆞ리혀 뎌 굴헝에 서고라쟈(古時調. 더긔 셧ᄂᆞᆫ. 松江). 굴헝：壑(同文解 上6). ②거리〔巷〕 ¶굴허에 ᄆᆞᄅᆞᆯ 디내샤：深巷過馬(龍歌48章). 기픈 굴허이 슬프고：窮巷悄然(初杜解21：41). 굴헝 항：巷(訓蒙 上6). 굴헝에 볍새 ᄎᆞᆷ새ᄂᆞᆫ 못내 즐겨 ᄒᆞᄂᆞ다(古時調. 얼일샤 져. 靑丘).

굼겁다 형 궁금하다 ¶그 간틱 보디 못ᄒᆞᄂᆞᆫ 일도 굼겁고 인정 밧 일인 줄 한심ᄒᆞ여(閑中錄232).

굼·긔 명 구멍에. ㊅구무 ¶괴외호ᄆᆞᆫ 당당이 버믜 굼긔 니셋도다：靜應連虎穴(初杜解7：31). 곳굼긔 불오：吹入鼻中(救簡1：85). ᄒᆞᆫ 굼긔 들기로ᄡᅥ 긔약ᄒᆞ더니：期以同穴(東新續三綱. 烈2：69).

굽거신 형 굽으신 ¶福智 俱足ᄒᆞ샤 브르거신 비예 紅鞓 계우샤 굽거신 허리예(樂範. 處容歌).

굽격지 명 진신. 굽 달린 나막신. ¶굽격지 보요 박은 잣딩이 무되ᄃᆞ록 든녀 보새(古時調. 鄭澈. 션 술 걸러. 松江). 처엄은 칼노 평격지를 ᄆᆡᆫᄃᆞ라 주엇더니 졈졈ᄒᆞ여 굽격지를 ᄆᆡᆫᄃᆞ라 주다(癸丑216). 굽격지：屐(物譜 衣服).

굽닐다 동 굼닐다 ¶白沙場 紅蓼邊에 구버기ᄂᆞᆫ 白鷺들아 口腹을 못 몌워 뎌다지 굽니ᄂᆞᆫ다(古時調. 靑丘). 우리도 구복이 웬슈라 굽니러 먹네(古時調. 빅사장. 南薰).

굽·슬·다 동 엎드리다 ¶믄득 가아 울며 굽스러 닐오ᄃᆡ：遽往救之涕泣伏地告於兵曰(三綱. 烈28). 벼개예 굽스러셔 지즈로 ᄲᅮᆯ리 오니：伏枕因超忽(杜解3：8).

·굽힐·후·다 동 굽혔다 폈다 하다. 굴신(屈伸)하다 ¶또 풀와 구브를 ᄡᅮ츠며 굽힐훠 보라：仍摩捋臂腿屈伸之(救簡1：60).

굿 명 구덩이 ¶굿의 녀코：納之坑中(救荒15). 굿에 불 딜너 屍를 안히 노코：當燒坑置屍於內(無寃錄1：42).

굿것 명 귀신. 도깨비 ¶굿것시 ᄇᆞᄅᆞᆷ애셔 됫ᄑᆞ람 부ᄂᆞ니：魑魅嘯有風(重杜解1：21).

굿보다 동 구경하다 ¶언덕의 굿보ᄂᆞᆫ 사ᄅᆞᆷ이 구름 못ᄃᆞᆺ ᄒᆞ엿더라(太平1：13). 데 굿보라 왓더니(癸丑123). 본턱들을 굿보게 ᄒᆞ라 ᄒᆞ오시고(閑中錄38).

굿·블·다 동 엎드리다. 구푸리다 ¶굿븐 꿩을 모ᄃᆡ 놀이시니：維伏之雉必令驚飛(龍歌88章). 굿브러 慈旨를 받ᄌᆞᆸ더라：伏受慈旨(楞解1：50). 모딘 즁ᄉᆡᆼ 毒ᄒᆞᆫ 벌에 굼긔 수머 굿블며：惡獸毒蟲藏竄孔穴(法華2：127). 굿브러 請ᄒᆞ노니：伏請(金三2：67). 굿블 복：伏(光千6. 類合 下5. 石千6).

굿ᄒᆞ여 부 구태여 ¶이 알프란 굿ᄒᆞ여 ᄉᆞᆲ거든(新語6：21). 굿ᄒᆞ여 칼노 디ᄅᆞ며(癸丑80). 굿ᄒᆞ여 光明ᄒᆞᆫ 날 빗츨 덥퍼 무슴 ᄒᆞ리요(古時調. 李存吾. 구름이 無心탄. 歌曲).

궁글·다 형 비다 ¶솝 궁근 남긔 ᄀᆞ온 믈：樹空中水(救簡6：85). 솝 궁근 남긔 고왓ᄂᆞᆫ 므레 계피를 시서：樹空中水洗桂(救簡6：85).

·궤·즉ᄒᆞ·다 형 유별나다. 분방(奔放)하다. 우뚝하다 ¶文身은 모매 文 도틸 씨오 惡服은 궤즉ᄒᆞᆫ 오시라(法華5：14). 궤즉ᄒᆞᆯ 뎍：倜. 궤즉ᄒᆞᆯ 당：儻(類合 下5). 궤즉ᄒᆞᆯ 흘：屹(類合 下54).

귀경ᄒᆞ다 동 구경하다 ¶빅셜과 쳔봉 향긔를 ᄒᆞᆫ 번 귀경ᄒᆞ야(洛城2). 오날날 ᄉᆞ향곡은 눈으로 귀경ᄒᆞ니(答思鄕曲).

귀글월 명 공문서(公文書) ¶귀글월：公案(語錄9).

·귀대·야 명 귀때. 액체(液體)를 담는 그릇에 부리처럼 내민 부분. ¶귀대야 이：匜柄中通水(訓蒙 中12).

귀믿터·리 명 구레나룻 ¶귀믿터리ᄂᆞᆫ 도로 당당이 누니 머리예 ᄀᆞ독ᄒᆞᆫ ᄃᆞᆺ거니라：鬢髮還應雪滿頭(初杜解21：33).

귀믿털 명 구레나룻 ¶귀믿털 슈：鬚(類合 上21).

귀ㅅ바회 명 귓바퀴 ¶귀ㅅ바회：耳輪(譯解 上33).

귀ㅅ밥 명 귓불 ¶귀ㅅ밥：耳垂(譯解 上33).

귀쌍알 명 '귀'의 상스러운 말. ¶눈콩알 귀쌍알리 업나(春香傳270).

귀·엿골·회 명 귀고리 ¶ᄒᆞᆫ 쌍 귀엿골회와 ᄒᆞᆫ 쌍 풀쇠다가 호리라：把一對八珠環兒一對釧兒(飜朴 上20). 귀엿골회 싀：珥(訓蒙 叡山本 中12). 귀엿골회 당：璫(訓蒙 叡山本 中12. 訓蒙 東中本 中24).

귀옛말 명 귓속말 ¶귀옛말ᄒᆞ다：耳邊低語(漢淸7：14).

귀찬ᄒᆞ다 형 귀찮다 ¶듯기의 즈즐ᄒᆞ고 보기의 귀찬ᄒᆞ다(萬言詞).

귀·향가·다 동 귀양가다 ¶남지니 머리 귀향가거늘(三綱. 烈14). 귀향가다：擺站去(譯解 上67).

귀향보내다 동 귀양보내다 ¶논박ᄒᆞ야 귀향보내고(東三綱. 忠4).

·귓바·회 명 귓바퀴 ¶넙고 기르시고 귓바회 세시며(月釋2：56).

귓밥 명 귓불 ¶귓밥：耳垂(訓蒙 上26耳字註).

그듸 대 그대 ¶이 나라해 그듸 ᄀᆞᄐᆞ니 ᄒᆞᆫ ᄉᆞ랑ᄒᆞᄂᆞᆫ 아기아ᄃᆞ리 양지며 지죄 ᄒᆞᆫ 그티니 그딧 ᄯᆞᄅᆞᆯ 맛고져 ᄒᆞ더이다(釋譜6：15). 그듸의 膽 크고 ᄯᅩ ᄆᆞᅀᆞᆷ 큰 돌 足히 너기노라(金三2：67). 그듸의 ᄒᆞ오사 주구믈(三

綱. 烈15). 다봇 門을 오ᄂᆞᆯ 비르서 그듸를 爲ᄒᆞ야 여노라 : 蓬門今始爲君開(初杜解22 : 6).

그디업다[형] 그지없다. 한(限)없다. 끝없다 ¶人生은 有限ᄒᆞᆫ듸 시름도 그디업다(松江. 思美人曲).

그듸[대] 그대 ¶그듸ᄂᆞᆫ 徐卿의 두 아ᄃᆞ리나 ᄀᆞ장 奇異호ᄆᆞᆯ 보디 아니ᄒᆞᄂᆞᆫ다 : 君不見徐卿二子生絶奇(初杜解8 : 24). 됴뎡이 그듸 일홈과 덕을 ᄉᆞ모ᄒᆞ여 : 朝廷貪慕名德(五倫2 : 20). 그듸 군 : 君(註千11). 그듸 ᄌᆞ : 子(註千15). 그듸 경 : 卿(註千21). 그듸 집의 근심ᄒᆞ고 탄식ᄒᆞᄆᆞᆯ 듯고(敬信34).

그르[명] 그루터기 ¶이운 그르히 잇거늘(月釋1 : 45). 벼 뷘 그르헤 게ᄂᆞᆫ 어이 ᄂᆞ리ᄂᆞᆫ고(古時調. 대쵸볼 블근. 靑丘). 그르 : 穀楂子(柳氏物名三 草).

그르[부] 그릇. 잘못 ¶그르 닐어 阿耨達이라 ᄒᆞᄂᆞ니(釋譜13 : 7). 그르 아논 이ᄅᆞᆯ ᄀᆞᄅᆞ쳐 고텨시ᄂᆞᆯ(月釋1 : 9). 馨香으로 祭호ᄆᆞᆯ 녜브터 그르 아니 ᄒᆞᄂᆞ니라 : 馨香舊不違(初杜解11 : 9). 발을 그르 드듸여 배뎌 ᄲᅡ디거ᄂᆞᆯ : 失足陷沒(東新續三綱. 孝3 : 56).

그르·다[동] 끄르다. 풀다 ¶글어ᅀᅡ ᄒᆞ리이다(釋譜9 : 40). ᄆᆡ요ᄆᆞᆯ 그르게 ᄒᆞᄂᆞ니라(月釋18 : 52). 父母ㅣ 病ᄒᆞ야 잇거늘 ᄯᅴ 그르디 아니ᄒᆞ며 : 父母有疾衣不解帶(三綱. 孝17). 글어 내여 보니 : 解下來看時(飜老上28). 그를 히 : 解(類合 下46). 그를 셕 : 釋(類合下60. 光千39). 그르 히 : 解(光千31).
※그르다>끄르다

그르되다[동] 그릇되다. 잘못되다 ¶그르될 와 : 訛(類合下60).

그르매[명] 그림자 ¶바래 드리비취ᄂᆞ닌 殘月ㅅ 그르매로소니 : 入簾殘月影(重杜解2 : 28).

그르·메[명] 그림자 ¶밧긧 그르메 瑠璃 ᄀᆞᆮ더시니(月印上6). 影은 그르메라(釋譜19 : 37). 솔 션 門엔 드믄 그르메 반도원도ᄒᆞ도다 : 松門耿疎影(初杜解9 : 14). 그르메 영 : 影(訓蒙上29). 그르메 영 : 影(類合下1). 발애 놈의 그르메ᄅᆞᆯ ᄇᆞᆲ디 아니ᄒᆞ며 : 足不履影(宣小4 : 42).

그르·ᄒᆞ·다[동] 그릇 하다. 잘못하다 ¶비록 그르ᄒᆞ야 지ᅀᅮᆫ 이리 이셔도 내 일후믈 드르면(釋譜9 : 6). 그르ᄒᆞᆫ 이ᄅᆞᆯ 좃ᄃᆞ듸여 말며 : 毋循枉(宣賜內訓1 : 9). 그르ᄒᆞ도다 : 錯(金三4 : 59). 글효ᄆᆞᆯ 그르ᄒᆞ얏거든 먹디 아니ᄒᆞ시며(宣小3 : 25).

그름재[명] 그림자 ¶혼자 뫼 그림재예 채 티ᄂᆞ니 : 獨鞭山影(百聯21).

그릇·다[동] 그르치다 ¶믈읫 잇ᄂᆞᆫ 香ᄃᆞᆯᄒᆞᆯ 다 마타 ᄀᆞᆯᄒᆞ야 그릇디 아니ᄒᆞ며(釋譜19 : 18).

·그리·다[동] 그리워하다 ¶내 님금 그리샤 : 我思我君(龍歌50章). 須達이 그리ᅀᆞᆸ더니(月印上64). 밤나ᄌᆞᆯ 그려 어믜 간 ᄯᅡ홀 무러(月釋21 : 22). 내 님믈 그리ᅀᆞ와 우니다니(樂範. 鄭瓜亭). 그릴 련 : 戀(類合下11. 倭解上21). 그리다 : 想慕(同文解上19).

그리·메[명] 그림자 ¶六塵의 그리메 像 브투믈 아라(月釋9 : 21). 燈 그리멜 보거든 : 見燈影(法華5 : 165). ᄒᆞ마 챗 그리메 뮈여니와 : 已搖鞭影(圓覺序58). 그리메와 뫼ᅀᆞ리 ᄀᆞᆮᄒᆞ면 : 如影響(宣賜內訓2上14).

그림애[명] 그림자 ¶절로 그린 石屛風 그림애ᄅᆞᆯ 버들 삼아(松江. 星山別曲).

그림·재[명] 그림자 ¶믈 아래 그림재 디니(古時調. 鄭澈. 松江). 五十川 ᄂᆞ린 믈이 太白山 그림재ᄅᆞᆯ 東海로 다마 가니(松江. 關東別曲).

그ᄅᆞ[부] 그릇. 그르게 ¶엇디 ᄒᆞᆫ 사ᄅᆞᆷ도 그ᄅᆞ 地獄의 드러가 十王을 보니 업스뇨 : 何故都無一人誤入地獄見所謂十王者耶(飜小7 : 22). 이 사ᄅᆞ미 病은 오직 見聞覺知ᄅᆞᆯ 그ᄅᆞ 아라(龜鑑上23).

그ᄅᆞ·다[동] 끄르다. 풀다 ¶그ᄅᆞᆯ 히 : 解(石千31). 그ᄅᆞᆯ 셕 : 釋(石千39). 오시 ᄯᅴᄅᆞᆯ 그ᄅᆞ디 아니ᄒᆞ고 : 衣不解帶(五倫1 : 25).

그릇[명] 그릇 ¶아비 ᄲᅧ와 술홀 가져 그르시 담고 : 取父骸肉安於器(東續三綱. 孝1). 술 븟ᄂᆞᆫ 큰 그ᄅᆞ슬 가디고(女範4. 녈녀 뎍됴부인). 그릇 비 : 匪(註千17). 그릇 쟉 : 爵. 그릇 반 : 盤(註千18). 그릇 죵 : 鍾(註千21).

그릇[부] 그릇. 잘못 ¶그릇 : 錯(語錄4). 黃庭經 一字ᄅᆞᆯ 엇디 그릇 닐거 두고(松江. 關東別曲).

그망업다[형] 아득하다 ¶그망업슬 막 : 漠(類合 下55).

·그·므·다[동] 저물다 ¶ᄃᆞᆯ이 커 그므다 : 大盡. ᄃᆞᆯ이 져거 그므다 : 小盡(譯解上3).

그·믈[명] 그물 ¶믈읫 有情을 魔 그므레 내야(釋譜9 : 8). 眞珠 그므리(月釋8 : 10). 이젠 그믌 소갯 톳기 ᄀᆞᆮ도다 : 今如罝中兎(初杜解21 : 38). 그믈 망 : 網. 그믈 고 : 罟. 그믈 증 : 罾. 그믈 져 : 罝(訓蒙中17). 그믈 망 : 網(類合上15). 小艇에 그믈 시러 흘리 ᄯᅴ여 더뎌 두고(古時調. 孟思誠. 江湖에. 靑丘). 江村에 그믈 멘 사람 기러기란 잡지 마라(古時調. 靑丘).
※그믈>그물

그믈다[동] ①저물다 ¶ᄒᆞ다가 그 ᄃᆞᆯ이 그믈거든 : 若月盡則(胎要64). 가디록 새비츨 내여 그믈 뉘ᄅᆞᆯ 모ᄅᆞᆫ다(古時調. 鄭澈. 남극 노인셩. 松江). ②가무러지다 ¶燈盞불 그므러 갈 제 窓턱 집고 드ᄂᆞᆫ 님과(古時調. 時調類).

·그·믐[명] 그믐 ¶그믐 회 : 晦(訓蒙上2. 註千41).

그ᅀᅳᆷ:업·다[형] 그지없다 ¶부텻 光明이 十方애 비취시며 壽命이 그ᅀᅳᆷ업스시니(月釋7 : 56).

그ᅀᅳ·다[동] ①끌다. 이끌다 ¶四天王이 술위 그ᅀᅳᆸ고 梵天이 길 자바(月釋2 : 35). ②긋다. 그리다 ¶ᄯᅡ 그ᅀᅥ 字 지ᅀᅮ메 : 畫地作字(永嘉下77).

그슥·다[형] 그윽하다 ¶그스근 ᄣᅳᆷ멧 드트른 ᄠᅥ러ᄇᆞ료미 어려우니 : 幽隙之塵拂之且難(楞解1 : 107).

그슥ᄒᆞ·다[형] 그윽하다 ¶그슥ᄒᆞᆫ ᄣᅳᆷ멧 드트를 가ᄌᆞᆯ비니라 : 譬幽隙之塵也(楞解1 : 107). ᄆᆡ햇 뎌리 노ᄑᆞᆫ 나모 서리예 그슥ᄒᆞ야 잇ᄂᆞ니 : 野寺隱喬木(初杜解9 : 17). ※그슥ᄒᆞ다>그윽하다

그·슴ᄒᆞ·다[동] 한정(限定)하다 ¶ᄯᅩ 열 ᄒᆡ옴 그슴ᄒᆞ야 : 且限十年(楞解2 : 7).

그·ᅀᅵ·다[동] 기이다. 속이다. 숨기다 ¶거즛 일로 소교ᄆᆞᆯ 그ᅀᅧ : 潛匿姦欺(楞解6 : 101). 올ᄒᆞᆫ 대로 엳ᄌᆞ와ᅀᅡ ᄒᆞ려 그ᅀᅧᅀᅡ ᄒᆞ려 : 當以實告爲當諱之(飜小9 : 43).

그어·긔[대] 거기에. 거기 ¶耳根이 그어긔 本來ㅅ 相이 ᄒᆞᆫ가질ᄊᆡ(釋譜19 : 16). 그어긔 受苦ᄒᆞᆯ ᄯᆞᄅᆞ미(月釋1 : 29).

그우·니·다[동] 굴러다니다 ¶모딘 길헤 ᄠᅥ러디여 그지업시 그우니ᄂᆞ니이다(釋譜9 : 27). 生死애 그우닐 시라(南明上36).

그우·리·다[동] 굴리다 ¶轉法은 法을 그우릴 씨니 부톄 說法ᄒᆞ샤 世間애 法이 펴디여 갈씨 그우리다 ᄒᆞᄂᆞ니(釋譜6 : 18). 輪은 것거 그우리논 ᄠᅳ디니(圓覺下二之二5). 평ᄒᆞᆫ ᄯᅡ해다가 그우료ᄃᆡ : 就平地上袞轉(救簡1 : 67).

그·위[명] 관아(官衙) ¶그위예 決ᄒᆞ라 가려 ᄒᆞ더니(釋譜6 : 24). 그윗거슬 일버ᅀᅥ(月釋1 : 6).

그윗글왈[명] 공안(公案). 공문서(公文書) ¶公案ᄋᆞᆫ 그윗글와리니 사ᄅᆞ미 다 從ᄒᆞᆯᄊᆡ 話頭ᄅᆞᆯ 公案이라 ᄒᆞ니라(蒙法6).

그으다[동] 끌다. 이끌다 ¶그 지아븨 시신을 그어 : 曳其夫屍(東新續三綱. 烈4 : 39).

그윽다[형] 그윽하다 ¶祕密ᄒᆞᆫ 말ᄉᆞᆷ과 그윽은 글워ᄅᆞᆯ 모로매 안ᄒᆞ로 ᄒᆞ게 ᄒᆞ야아 ᄒᆞ리언마ᄂᆞᆫ : 祕訣隱文須內敎(重杜解9 : 6). ※그윽다<그슥다

그윽ᄒᆞ·다[형] 그윽하다. 으슥하다 ¶ᄂᆞᆷ이 그윽ᄒᆞᆫ ᄃᆡᄅᆞᆯ 엿보디 아니ᄒᆞ며 : 不窺密(宣小3 : 12). 그윽 유 : 幽(倭解下37). 그윽 졀 : 竊(倭解下42). 그윽ᄒᆞ다 : 幽(同文解下55).

그음ᄒᆞ다[동] 한정하다. 한도로 하다. ¶모로미 여러 날 그음ᄒᆞ자 : 須要限幾日(老解下52). 부뷔 ᄒᆡ로ᄒᆞᆯ 날

은 빅 년을 그음ᄒᆞ고(落泉4：11).

그적명 그때 ¶그저귓 燈照王이 普光佛을 請ᄒᆞᅀᆞᄫᅡ(月釋1：9). 그저긔 臣下ㅣ며 百姓돌(月釋2：76). 은덕이 가히 등은 그적브터 ᄒᆞ되(癸丑53).

그제명 ①그때 ¶그제ᅀᅡ 須達이 설우ᅀᆞᄫᅡ 恭敬ᄒᆞᅀᆞᆸᄂᆞᆫ 法이 이러ᄒᆞᆫ 거시로다(釋譜6：21). 그제 부텨 올ᄒᆞᆫ녀그로 도ᄅᆞ샤 善宿ᄃᆞ려 니ᄅᆞ샤ᄃᆡ(月釋9：36). ②그제. 그저께 ¶그제：前日(譯解 上3). 空中 玉簫 소릐 어제런가 그제런가(松江. 關東別曲). 江湖의 四十年이 어제런 돗 그제런 돗(쌍벽가).

그·지명 끝. 한(限) ¶제 그지 마고미 ᄃᆞ외야：自爲限礙(法華1：61). 人生애 즐겨 會集호ᄆᆞᆫ 어느 그지이시리오：人生歡會豈有極(初杜解15：44).

그·지:업·다형 그지없다. 끝없다. 한없다 ¶그지업서 몯내 혜ᅀᆞᄫᆞᆯ 功과：無量功(釋譜 序1). 그지업슨 諸佛ㅅ道라 ᄒᆞ니(月釋10：24). 應身이 그지업서：應身無量(楞解1：24). 예셔 닐오맨 그지업슨 數ㅣ니(南明下11). 아ᅀᆞᆷ돌히 닐오ᄃᆡ 환란 그지업스리라 ᄒᆞ고：親戚皆言禍且不測(東續三綱. 孝31).

그·츠·다동 ①그치다. 끊어지다. 쉬다 ¶ᄀᆞᄆᆞ래 아니 그츨씨：旱亦不竭(龍歌2章). 句ᄂᆞᆫ 말ᄊᆞᆷ 그츤 ᄯᅡ히라(月釋序8). 究竟法은 곧 道ᄋᆡ 그츤 ᄀᆞᅀᅵ오：究竟法卽道之絶域(法華1：184). 고ᄋᆞᆫ 사ᄅᆞ미 代예 그ᄎᆞᆫ 놀애여：佳人絶代歌(初杜解16：49). 내 穆伯의 니ᅀᅳ리 그츨가 저허ᄒᆞ노라：予懼穆伯之絶嗣也(宣小4：46). ②끊다 ¶ᄲᅧ를 그처 骨髓 내오 두 눈ᄌᆞᅀᆞᄅᆞᆯ 우의여 내니라(釋譜11：21). 그츨 지：止(光千12). 그츨 졀：絶. 그츨 단：斷(類合下12). 그츨 졀：切(石千16). 손가락글 그처 약의 ᄲᅡ 뻐 나오니 병이 위연ᄒᆞ다：斷指和藥以進病愈(東新續三綱. 孝3：63).

그·치·다동 ①끊다 ¶寢食을 그쳐시니：爲之廢寢饍(龍歌116章). 恩愛ᄅᆞᆯ 그쳐 羅睺羅ᄅᆞᆯ 노하 보내야(釋譜6：1). 止ᄂᆞᆫ 그쳐 ᄇᆞ릴씨 解脫이오(月釋8：66). 機心 그츄믈 돌히 너기노라：甘息機(初杜解21：5). 그칠 뎡：停. 그칠 텰：輟(類合下42). 그칠 지：止(類合下47. 石千12. 倭解下40). 그칠 식：息(註千12). ②그치다 ¶한비ᄅᆞᆯ 아니 그치샤：不止霖雨(龍歌68章). 난편이 죽거ᄂᆞᆯ 우롬소릐 그치디 아니코：夫歿哭不絶聲(東新續三綱. 烈2：11).

근츠다동 끊다 ¶그 아비 사오나온 병을 어덧거ᄂᆞᆯ 손가락글 근처 수릐 ᄲᅡ 뻐 나오니 병이 됴ᄒᆞ니라：其父得惡疾斷指和酒以進疾愈(東新續三綱. 孝2：68). 모시를 이리저리 삼아 두로 삼아 감삼다가 가다가 한가온대 뚝 근처지거ᄂᆞᆯ(古時調. 靑丘).

·귿명 끝 ¶믿과 귿과ᄅᆞᆯ 술피실씨(月釋8：16). 처엄과 귿과ᄅᆞᆯ 다시곰 드듸면：始末覆躡(圓覺 上一之一69). 귿 쵸：梢(訓蒙下4). 나모 귿 표：標(類合下38). 나못 귿 쵸：杪(類合下57). 귿 말：末(類合下63). 귿 단：端(石千10). 터럭 귿만도 더으디 아니ᄒᆞ야도：不加毫末(宣小 題辭2).

글·란대 그것을랑. 그것은 ¶글란 ᄉᆞ랑티 아니코(月釋7：17). 글란 싱각 마오 미친 일이 이셔이다(松江. 續美人曲).

글·로대 그것으로. 그걸로 ¶부텻 거스란 글로 부텻 像과 부텻 옷과ᄅᆞᆯ ᄆᆡᆼᄀᆞᆯ오(釋譜23：3).

·글·발명 글월. 편지 ¶北道애 보내어시ᄂᆞᆯ 글발로 말이ᅀᆞᄫᆞᆯ 가삼겨샤매 오ᄂᆞᆯ 다ᄅᆞ리잇가：遣彼北道尼以巧詞載去載留豈異今時(龍歌26章).
※글발>글왈>글월

·글·왈명 ①글 ¶文은 글와리라(訓註1). 譜ᄂᆞᆫ 平生앳 처섬 乃終ㅅ 이ᄅᆞᆯ 다 ᄡᅳᆫ 글와리라(釋譜 序4). 箚ᄂᆞᆫ 글와ᄅᆞᆯ 表ㅣ라 ᄒᆞᄂᆞ니라(月釋2：69). ②편지 ¶封ᄋᆞᆯ 여로니 보내욘 글와리 빗나도다：開緘書札光(重杜解1：46). 두 번 가ᄂᆞᆫ 글와리 업스니(重內訓2：10).

·글·월명 ①글월. 글. 책 ¶編은 글월 ᄆᆡᆼᄀᆞᆯ 씨라(月釋序11). 가문 ᄀᆞᄅᆞ치ᄂᆞᆫ 글월의 닐어쇼ᄃᆡ：家訓曰(飜小8：25). 글월 문：文(訓蒙 上34. 類合 上25. 石千4. 倭解 上37). 글월 셔：書. 글월 쟝：章. 글월 편：篇(訓蒙 上34). 글월 ᄉᆞ：詞. 글월 쟝：章(類合下39). 져근 아히 비홀 글월의 쓴 거시라：小學書題(宣小 書題1). ②경전(經典). 전적(典籍) ¶經은 곧 能詮ᄒᆞᆫ 글월 ᄯᆞᄅᆞ미라：經卽能詮之文而已(楞解1：10). ③편지. 문서(文書). 문안(文案) ¶남진은 다시 娶ᄒᆞᄂᆞᆫ 義 잇고 겨지븐 두 번 가ᄂᆞᆫ 글월리 업스니：夫有再娶之義婦無二適之文(宣賜內訓2上11). 글월 간：簡(訓蒙 上35. 光千37). 글월 독：牘. 글월 소：疏. 글월 잡：箚(訓蒙 上35). 글월 텹：牒(訓蒙 上35. 類合 下39. 光千37. 石千37. 註千37).
※글월<글왈<글발

·글위명 그네 ¶萬里옛 글위ᄠᅳ긴 習俗이 ᄒᆞᆫ가지로다：萬里鞦韆習俗同(初杜解11：15). 글위 츄：鞦. 글위 쳔：韆(訓蒙 中19). 紅실로 紅글위 ᄆᆡ요이다(樂詞. 翰林別曲).

·글지·ᅀᅵ명 글짓기. 글을 짓는 일. ¶그 시졀 겨지비 글지ᅀᅵ와 글 수ᄆᆞ로 ᄂᆞᄆᆡ게 보내ᄂᆞ닐 보고 ᄀᆞ장 외오너겨 ᄒᆞ더라：見世之婦女以文章筆札傳於人者則深以爲非(宣賜內訓1：29). 글지ᅀᅵᄂᆞᆫ 國風을 닛놋다：詞場繼國風(初杜解21：1). 벼슬홀 사ᄅᆞᆷ이 글지ᅀᅵ만 숭샹ᄒᆞ고 실혹을 ᄇᆞ려：仕進尙文辭而遺經業(飜小9：9). ※글지ᅀᅵ>글지이

·글지·이명 글짓기. 글을 짓는 일. ¶시러곰 ᄒᆞ여곰 글지이ᄅᆞᆯ ᄒᆞ게 아니홀디니라：不得令作文字(宣小5：6).

·글ᄌᆞ긋명 글자의 획(畫). 자획(字畫) ¶글자그슬 반ᄃᆞ시 고르고 正히 ᄒᆞ며：字畫必楷正(重內訓1：24).

글탈타동 끓고 닳다. 끌탕하다. 애태우다 ¶杜曲애 애ᄅᆞᆯ 횟돌아 글탈노라：回腸杜曲煎(杜解20：4).

글픠명 글피 ¶글픠 와 가져 가라：外後日來取(朴解 中5).

글·히·다동 끓이다 ¶香湯ᄋᆞᆫ 香 글흔 므리라(釋譜11：28). 열 스믈 소솜 글혀 즈ᅀᅴ 앗고 ᄃᆞᄉᆞ닐 머교ᄃᆡ：一二十沸去柤溫服(救簡1：3). ᄀᆞᅌᆯ 아오글 글히니 또 새롭도다：秋葵煮復新(重杜解7：38).
※글히다>끓이다

글ᄒᆞ다동 글하다. 학문하다 ¶종실 쥬계군 심원은 글ᄒᆞ기 정코 깁ᄑᆞ며：宗室朱溪君深源學問精深(東續三綱. 忠3).

금을다동 저물다 ¶ᄃᆞᆯ 금을어 가다：月將盡(譯解補3).

금즈·기·다동 움직이다 ¶一點은 여듧 가짓 ᄇᆞᄅᆞ미 부러도 금즈기디 아니ᄒᆞ고：一點八風吹不動(眞言. 供養文43).

긋명 획(畫) ¶字ㅅ 그슬 모로매 고ᄅᆞ고 正히 ᄒᆞ며：字畫必楷正(宣賜內訓1：26). 글ᄌᆞ긋 그ᅀᅵᄅᆞᆯ 모로매 반ᄃᆞᆨ반ᄃᆞᆨ이 정히 ᄒᆞ며：字畫必楷正(飜小8：16).

긋·닛명 끊임과 이음. 단속(斷續) ¶긋닛이 업게 호리니：全無斷續(蒙法2). 긋닛이 업게 호리라：無令斷續(法語3).

긋·다동 ①그치다. 끊어지다. 쉬다 ¶닐웻 ᄉᆞᅀᅵᄅᆞᆯ 모다 울쏘리 긋디 아니ᄒᆞ더라(釋譜23：45). 긋디 아니ᄒᆞ야 니ᅀᆞ시며(月釋2：57). 긔우니 쟝ᄎᆞᆺ 긋게 되거늘：氣將絶(東新續三綱. 孝7：38). ②끊다 ¶머리 긋고 삼 년을 무덤 디킈여：斷髮守墳三年(東新續三綱. 烈1：21).

긋돋·다동 그치다. 끝이 달리다.〔'긋〈末·端〉'+'돋다〈走〉'의 복합 형태.〕¶入聲은 ᄲᆞᆯ리 긋돋ᄂᆞᆫ 소리라(訓註14).

긔똥관 그까짓 ¶긔똥 天下야 어드나 못 어드나(古時調. 부헙고. 靑丘). 긔똥 天下ᄂᆞᆫ 興盡커든 볼인 내오(古時調. 浮虛토. 槿樂).

긔ᄉᆡ다동 기이다. 속이다 ¶覇業엣 샹녯 體니 宗臣의 아쳐러 긔슈미 災害니라：覇業尋常體宗臣忌諱災(初杜解3：10).

긔이·다 동 기이다. 속이다. 꺼리다 ¶안즉 긔욤만 ᄀᆞᆮ디 몯ᄒᆞ니라 : 不如姑諱之(飜小9 : 43). 어버이ᄅᆞᆯ 긔이고 ᄃᆞ려 가니(癸丑23).

긔틀 명 기틀 ¶복의 징죄 아니오 화의 긔틀이니(閑中錄36).

긜벌어지 명 길벌레 ¶날즘싱 긜벌어지 오로 다 이 노니ᄂᆞᆫ듸(古時調. 鄭澈. 花灼灼 범나뷔. 歌曲).

긧긧ᄒᆞ다 형 끼끗하다. 깨끗하다 ¶곳 고기알ᄀᆞᆮ티 고로고 긧긧ᄒᆞ거니와 : 便是魚子兒也似匀淨的(老解 下56).

긧·발 명 깃발 ¶긧발 유 : 旂. 긧발 류 : 旒(訓蒙 下15). 긧발 : 旗幅(譯解補16).

:기·다 동 자라다. 크다 ¶므리 바ᄐᆞᆯ 저져 草木이 나기ᄃᆞᆺ ᄒᆞ니 : 如水浸田草木生長(楞解8 : 86). 根塵ᄋᆞᆯ 브터 나 기ᄂᆞ니라(月釋2 : 22之1). 뒷뫼헤 엄 기ᄂᆞᆫ 藥을(古時調. 田園에. 靑丘).

기·다 형 길다 ¶나그내로 밥 머고매 ᄇᆞᆯᄀᆞᆫ 나리 기니 : 旅食白日長(初杜解7 : 23). 긴 댱 : 長(類合 下48). 긴 댱 : 長(石千8). 긴 쟝 : 長(倭解 下31). ᄌᆞ득 시ᄅᆞᆷ 한ᄃᆡ 날은 엇디 기돗던고(松江. 思美人曲).

기동 명 기둥 ¶제 머리ᄅᆞᆯ 기도애 다텨 피와 ᄉᆞᆯ쾌 너르듣더니(月釋23 : 87). 이 ᄃᆞ릿보와 기동돌히 : 這橋梁橋柱(飜老 上39). 기동 영 : 楹. 기동 듀 : 柱(訓蒙 中6). 기동 듀 : 柱(類合 下23). 기동 영 : 楹(石千19). ᄃᆞ리에 올아 기동애 반ᄃᆞ기 스다라 : 登橋柱必題(重杜解3 : 21). ※기동<긷

기·드·리·다 동 기다리다 ¶我后를 기드리ᅀᆞᄫᅡ : 徯我后. 義旗를 기드리ᅀᆞᄫᅡ : 徯義旗(龍歌10章). 時節을 기드리ᄂᆞᆫ다 ᄒᆞ시고(釋譜6 : 11). 또 ᄆᆞᅀᆞᆷ 가져 아ᄅᆞᆷ 기드료미 몯ᄒᆞ리며 : 却不得將心待悟(蒙法14). 早晩 佳期ᄅᆞᆯ 손고펴 기드리니(曺友仁. 自悼詞).

기ᄃᆞ리다 동 기다리다 ¶기ᄃᆞ릴 ᄃᆡ : 待(類合下34). 이튼날 부ᄌᆡ 가지고 언덕의 가 기ᄃᆞ리더니(敬信16). 기ᄃᆞ릴 요 : 要(註千37).

기·러나·다 동 자라나다 ¶ᄒᆞᆫ 구룸 온 비 種性에 마자 기러나ᄆᆞᆯ 得ᄒᆞ야(月釋13 : 46).

기·릐 명 길이 ¶두 寸ㅅ 기릐와 : 二寸長(救急 下15).

기·리 명 길이 ¶몸기리 七百由旬이오(釋譜13 : 9). 度ᄂᆞᆫ 기리 견주ᄂᆞᆫ 거시오(月釋9 : 7).

기리 부 길이 ¶苦樂을 기리 여희리이다(釋譜11 : 3). 기리 여희노라(三綱. 烈14).

기·리·혀·다 동 ①길게 끌다. ¶기리혀 나죵 들티ᄂᆞᆫ 소리옛 字ᄂᆞᆫ 上聲이니(訓蒙 凡例). 놀애ᄂᆞᆫ 마ᄅᆞᆯ 기리혀ᄂᆞᆫ 거시오 : 歌永言(宣小1 : 10). ②길게 빼다. 늘어뜨리다 ¶목을 기리혀 칼ᄒᆞᆯ 바다 죽다 : 延頸受刃而死(東新續三綱. 忠1 : 73). ③늘이다. 연장하다 ¶다시 열다ᄉᆞᆺ ᄒᆡᄅᆞᆯ 기리혀 죽거ᄂᆞᆯ : 復甦延十五年而歿(東新續三綱. 孝5 : 87).

기ᄅᆞ·다 동 기르다 ¶后ᄅᆞᆯ 기ᄅᆞᅀᆞ오ᄃᆡ : 育后(宣賜內訓2下34). 이대 기ᄅᆞ다(三綱. 烈23). 아ᄃᆞᆯ 나하ᄃᆞᆫ 잘 기ᄅᆞ라 : 生男善保(東新續三綱. 烈2 : 26). 母ㅣ 날을 기ᄅᆞ샷다 ᄒᆞ고(警民21). 아바님 날 나ᄒᆞ시고 어마님 날 기ᄅᆞ시니(古時調. 鄭澈).

기우 부 기울게. 기웃이 ¶葛巾을 기우 쓰고 구브락비기락 보ᄂᆞᆫ 거시 고기로다(松江. 星山別曲).

기·우·다 형 기울다 ¶이저디디 아니ᄒᆞ며 기우디 아니ᄒᆞ며(釋譜19 : 7).

기치다 동 끼치다. 남기다 ¶은혜ᄅᆞᆯ 만히 기쳐 두고 각식 노ᄅᆞᄉᆞᆯ 다 ᄒᆞ엿거니와(癸丑125). 알 사ᄅᆞᄆᆡ 우우믈 기칠가 전노라 : 恐貽識者嗤(重杜解6 : 44). ※기치다<기티다

기·춤 명 기침 ¶기춤ᄒᆞ며 하외욤ᄒᆞ며 : 咳欠(宣小2 : 7). 큰 기춤 아함이를 良久토록 ᄒᆞ온 後에(蘆溪. 陋巷詞).

기·트·다 동 끼치다. 남기다 ¶목숨 기트리잇가 : 性命奚遺(龍歌51章). 遺ᄂᆞᆫ 기틀 씨라(月釋序19).

기·티·다 동 끼치다. 남기다 ¶부텻 기티ᄂᆞᆫ 긔걸이니(釋譜23 : 13). 遺ᄂᆞᆫ 기틸 씨라(釋譜24 : 2). 기틸 유 : 遺(類合 下31). 父母의 기티신 얼굴이니 : 父母之遺體也(宣小2 : 35). ᄇᆡ예 기틴 ᄌᆞ식이 나셔 여ᄉᆞᆺ 설이면 : 遺腹子生六歲(東新續三綱. 烈2 : 26).

기·픠 명 깊이 ¶세 가짓 즁ᄉᆡᆼ이 므를 건나ᄃᆡ 톳기와 ᄆᆞᆯ와ᄂᆞᆫ 기픠ᄅᆞᆯ 모ᄅᆞᆯᄊᆡ(月釋2 : 19). 기픠ᄅᆞᆯ 모ᄅᆞ거니 ᄀᆞ인들 엇디 알리(松江. 關東別曲). 江湖에 겨월이 드니 눈 기픠 자히 남다(古時調. 孟思誠. 靑丘).

·긴 명 ①끈 ¶綬ᄂᆞᆫ 印ㅅ긴히라(宣賜內訓2上47). 긴 슈 : 綬. 긴 영 : 纓(訓蒙 中23). 곳갈 긴 영 : 纓(類合 上31). 인긴 조 : 組(類合 上31). 긴 영 : 纓(石千22). 冠 쓰고 긴 ᄆᆡ고 나ᄆᆞᆫ 것 드리우며 : 冠緌纓(宣小2 : 2). ②끈. 한 조상으로부터 이어진 줄기. 가계(家系) ¶긴 계 : 系 宗派也(訓蒙 上32).

※'긴'의 첨용 [긴
긴히/긴헤/긴ᄒᆞᆯ/긴콰…

긷 명 깃. 새 날개에 달린 털. ¶희고 흰 긷헤 거믄 ᄯᅵ 무칠셰라(古時調. 李蒔. 가마괴 디디ᄂᆞᆫ. 善迂堂逸稿).

긷 명 기둥 ¶긷爲柱(訓解. 合字). 七寶盖와 네 긷 寶臺 가지고(釋譜23 : 24). 네 긷 寶幢이 잇고(月釋8 : 19). 구리 기들 ᄆᆡᆼᄀᆞ라 곱으로 블라(宣賜內訓 序4). ※긷>기동>기둥

긷브다 형 기쁘다 ¶긷븐 ᄃᆞ시 그 안해ᄃᆞ려 닐러 ᄀᆞ로ᄃᆡ : 怡然謂其妻曰(東新續三綱. 忠1 : 56).

길나다 동 길을 떠나다. ¶동당 갈 제 가난ᄒᆞ여 길나디 못ᄒᆞ엿써ᄂᆞᆯ : 赴擧貧不能上道(二倫40 査道傾橐).

·길녀·다 동 길을 가다. ¶길녏 사ᄅᆞᆷ과 ᄀᆞᄐᆡ 너기시니(釋譜6 : 4). 길녈 한 사ᄅᆞᄆᆞᆯ 보고(月釋10 : 25). 길녏 사ᄅᆞ미어나(月釋21 : 119).

길·오·다 동 기르다. 길게 하다. ¶목숨 길오져 ᄒᆞ다가(釋譜9 : 36).

길·우·다 동 기르다. 길게 하다. ¶罪業을 길워(釋譜9 : 17). 네흔 ᄒᆞ마 냇ᄂᆞᆫ 됴ᄒᆞᆫ 法을 길우리라 ᄒᆞ야(月釋7 : 44). ᄒᆞᆯᄀᆡ 苗 길움 ᄀᆞᆮᄒᆞ니 : 如土長苗(圓覺下二之一33).

길이다 동 기리다 ¶것흐로 길이다 : 面奬(譯解補51).

길표 명 길표〔道標〕 ¶길표 ᄒᆞ여 나모에 삭인 것 : 樹上砍的刻(漢淸13 : 30).

·긼:ᄀᆞᆺ 명 길가 ¶긼ᄀᆞᅀᆡᆺ 百姓이 큰 功ᄋᆞᆯ 일우ᅀᆞᄫᆞ니 : 路傍田叟大功斯立(龍歌57章). 서브로 ᄒᆞᆫ 門은 녯 긼ᄀᆞᅀᅵ로다 : 柴門古道傍(初杜解7 : 4). 이 긼ᄀᆞᅀᆡ 노하 : 這路傍邊放了(飜老 上39).

김츼 명 김치 ¶져리김칠망정 업다 말고 니여라(古時調. 다나 쓰나. 靑丘).

김치 명 김치 ¶김치 或曰細切曰虀全物曰葅(柳氏物名 三 草).

:깁누·비·다 동 깁고 누비다. ¶옷과 치마왜 ᄲᅡ디거든 바ᄂᆞᆯ애 실 소아 깁누뷰믈 請ᄒᆞᆯ디니 : 衣裳綻裂紉箴請補綴(宣賜內訓1 : 50).

:깁보·태·다 동 기워 보태다. ¶믈러와ᄂᆞᆫ 허믈 깁보태욤ᄋᆞᆯ ᄉᆡᆼ각ᄒᆞ야 : 退思補過(宣小2 : 42).

깁흐·다 형 깊다 ¶깁흔 모ᄉᆞᆯ 디늘어심 ᄀᆞᆮ티 ᄒᆞ며 : 如臨深淵(宣小4 : 24). 깁흘 심 : 深(倭解 上10).

깃·거·ᄒᆞ·다 동 기뻐하다 ¶놀애ᄅᆞᆯ 블러 깃거ᄒᆞ더니(月印 上9). 諸天이 듣ᄌᆞᆸ고 다 깃거ᄒᆞ더라(月釋2 : 17). 將士ㅣ 다 깃거ᄒᆞ고(女四解4 : 9). 깃거ᄒᆞ더니 졈고 닉외 표리ᄒᆞᆯ 사ᄅᆞᆷ이(癸丑22).

깃·기·다 동 기뻐하게 하다. ¶秦民을 깃기시니 : 悅秦民士(龍歌45章). 耶輸를 깃교리라 쉰 아히 出家ᄒᆞ니(月印 上53). 時節ㅅ 비로 物을 깃겨 : 以時雨喜物(法華1 : 47).

깃·다 동 기뻐하다 ¶모딘돌 아니 깃ᄉᆞᄫᆞ리(月印 上70). 듣ᄌᆞᆸ고 깃ᄉᆞᄫᅡ(釋譜6 : 21). 賀禮ᄂᆞᆫ 깃ᄉᆞᄫᅡ이다 ᄒᆞ야 禮數ᄒᆞᆯ 씨라(釋譜11 : 30). 道ᄅᆞᆯ 깃ᄉᆞᆸ고(月釋18 : 20). ᄀᆞ장 깃ᄉᆞ와(金剛152).

·깃·다 동 깃들이다 ¶기슬 셔 : 棲(訓蒙 下7).

깃다[동] 긷다〔汲〕 ¶내 믈 깃기 닉디 몯호라 : 我不慣打水(老解 上31). 두 시내 둘은 물은 人力으로 깃단 말가(草堂曲).

깃다[동] 불을 지피다. ¶香爐의 불 깃고(家禮9 : 2).

깃·다[형] 깃다. 무성하다 ¶東山이 淸淨ᄒᆞ고 남기 盛히 기ᄉᆞ니(釋譜11 : 37). 노내 기ᄉᆞ미 기셔 나돌 ᄒᆞ야ᄇᆞ리ᄃᆞᆺ ᄒᆞ니라(月釋10 : 19).

깃브·다[형] 기쁘다 ¶깃븐 ᄠᅳ디 이실ᄊᆡ(釋譜6 : 16). 흠는 깃블 써니(釋譜9 : 6). 깃븐 ᄆᆞᅀᆞᄆᆞᆯ 得디 아니호미 업스시며(宣賜內訓2下58). ᄯᅩ 깃븐 ᄆᆞᅀᆞᆷ 내디 마롤디어다 : 亦莫生喜心(蒙法18).

깃쓰다[동] 기뻐하다 ¶깃쓸 흔 : 欣(石千32). 깃쓸 열 : 悅(石千37).

깄어시다[형] 무성하게 자라 있다. ¶깄어신 눈섭에(樂範. 處容歌).

ᄀᆞ[명] 가〔邊〕 ¶우믌ᄀᆞ애 드레와 줄 다 잇ᄂᆞ니라 : 井邊頭洒子井繩都有(飜老 上32). ᄀᆞᄅᆞᆳ ᄀᆞ이와 늙노라 : 老江邊(重杜解2 : 1). 기피롤 모ᄅᆞ거니 ᄀᆞ인들 엇디 알리(松江. 關東別曲). 믈ᄀᆞ : 河沿(譯解 上7).
※ᄀᆞᆺ>ᄀᆞᇫ>ᄀᆞ>가

·ᄀᆞ·ᄂᆞᆫ·비[명] 가랑비 ¶ᄀᆞᄂᆞᆫ비옌 고기 므레 냇고 : 細雨魚兒出(初杜解7 : 7). ᄀᆞᄂᆞᆫ비 굴근눈 쇼쇼리ᄇᆞ롬 불 제(松江. 將進酒辭).

·ᄀᆞ·ᄂᆞᆯ[명] 그늘 ¶ᄀᆞᄂᆞᆯ해 이시면 : 處陰(圓覺 下一之二50). 긴 솘 ᄀᆞᄂᆞᆯ해 도ᄐᆞ랏 디퍼 ᄃᆞᆫ니고 : 杖藜長松陰(初杜解7 : 24). ᄀᆞᄂᆞᆯ 음 : 陰(訓蒙 上1. 光千11).
※ᄀᆞᄂᆞᆯ>그늘
※ 'ᄀᆞᄂᆞᆯ'의 첨용 [ᄀᆞᄂᆞᆯ / ᄀᆞᄂᆞᆯ히/ᄀᆞᄂᆞᆯᄒᆞᆫ/ᄀᆞᄂᆞᆯ해…

ᄀᆞᄃᆞᆨᄒᆞ·다[형] 가득하다 ¶道上애 ᄀᆞᄃᆞᆨᄒᆞ니 : 道上洋溢(龍歌41章). 드트리 ᄀᆞᄃᆞᆨᄒᆞ며(釋譜23 : 20). 滿은 ᄀᆞᄃᆞᆨᄒᆞᆯ 씨라(月釋2 : 53). ᄀᆞᄃᆞᆨᄒᆞ여도 넘ᄶᅵ디 아니ᄒᆞᄂᆞ니 : 滿而不溢(宣小2 : 30). 눈믈이 ᄢᅡ히 ᄀᆞᄃᆞᆨᄒᆞ니(癸丑104). ※ᄀᆞᄃᆞᆨᄒᆞ다>ᄀᆞ득ᄒᆞ다>가득하다

ᄀᆞ·람ᄒᆞ·다[동] 갈음하다 ¶사ᄅᆞᆷ ᄀᆞ람ᄒᆞ라 : 易人爲之(救急 上10).

ᄀᆞ래다[동] 가래다. 함부로 행동하다. 방탕하다 ¶개벼틀 만나셔 웃줄겨 ᄀᆞ래ᄂᆞ다(李俔. 百祥樓別曲). 날마다 힘힘이 ᄀᆞ래여 : 每日家閑浪蕩(朴解 中19).
※ᄀᆞ래다<ᄀᆞᆯ외다

ᄀᆞ·리·다[동] 가리다〔蔽〕 ¶더러븐 아래 ᄀᆞ린 거시 업게 ᄃᆞ외니(月印 上25). 迦葉의 弟子ᄃᆞᆯ히 귀롤 ᄀᆞ리여(釋譜23 : 42). 다ᄉᆞᆺ 길히 ᄀᆞ리여(佛頂 上5). ᄀᆞ릴 폐 : 蔽(類合 下31). ᄀᆞ릴 예 : 翳(石千33). ᄀᆞ릴 거시 알피와 섯그면 : 蔽交於前(宣小5 : 89).
※ᄀᆞ리다>가리다

ᄀᆞᄅᆞ[명] 가루〔粉〕 ¶모ᄆᆞᆯ ᄇᆞᅀᆞ며 命을 ᄀᆞᄅᆞᆯ히 ᄒᆞ야도 : 碎身粉命(法華1 : 223). ᄀᆞᄅᆞ 면 : 麵(類合 上26). ᄀᆞᄅᆞ 설 : 屑(類合 下61). 네 ᄃᆞ론 서 근 ᄀᆞᄅᆞᄂᆞᆫ(老解 上20). 콩ᄀᆞᄅᆞ롤 ᄒᆞ여 넝슈의 ᄑᆞ러 지령 종ᄌᆞ의 잡ᄉᆞ오면(癸丑110). ※ᄀᆞᄅᆞ<ᄀᆞᆯ

ᄀᆞᄅᆞ[명] 가로〔橫〕 ¶ᄀᆞᄅᆞ 횡 : 橫(類合 下62).

ᄀᆞᄅᆞ·촘[동] 가르침. 가리킴 ㉮ᄀᆞᄅᆞ치다 ¶ᄀᆞᄅᆞ쵸미 常이오(月釋8 : 24).

ᄀᆞᄅᆞ·치·다[동] ①가르치다 ¶子孫ᄋᆞᆯ ᄀᆞᄅᆞ치신ᄃᆞᆯ : 訓嗣(龍歌15章). 後世ㄹ ᄀᆞᄅᆞ치시니 : 以敎後人(龍歌105章). 訓은 ᄀᆞᄅᆞ칠 씨오(訓註1). 淫女를 ᄀᆞᄅᆞ쵸ᄃᆡ(月釋7 : 15). ᄀᆞᄅᆞ칠 교 : 敎. ᄀᆞᄅᆞ칠 훈 : 訓. ᄀᆞᄅᆞ칠 회 : 誨(訓蒙 下32). ᄀᆞᄅᆞ칠 훈 : 訓(石千15). 네 小學애 사ᄅᆞᆷᄋᆞᆯ ᄀᆞᄅᆞ츄ᄃᆡ(宣小 書題1). ②가리키다 ¶右手 左手로 天地 ᄀᆞᄅᆞ치샤(月印 上8). 잇ᄂᆞᆫ ᄃᆡ롤 ᄀᆞᄅᆞ쳐ᄂᆞᆯ(三綱. 烈24). 길흘 ᄀᆞᄅᆞ치라 ᄒᆞ거ᄂᆞᆯ : 使指路(東新續三綱. 忠1 : 51). 막대로 흰 구롬 ᄀᆞᄅᆞ치고 도라 아니 보고 가노매라(古時調. 鄭澈. 믈 아래. 松江). 길 ᄀᆞᄅᆞ치ᄂᆞᆫ 관원 : 鄕導官(同文解 上38).

ᄀᆞ·ᄅᆞᆷ[명] 강(江). 하천(河川). 호수(湖水) ¶ᄀᆞᄅᆞ매 ᄇᆡ 업거늘 : 河無舟矣(龍歌20章). ᄀᆞᄅᆞᆷᄀᆞ새 자거늘 : 宿于江沙(龍歌67章). ᄃᆞ리 즈믄 ᄀᆞᄅᆞ매 비취요미 ᄀᆞᆮᄒᆞ니라(月釋1 : 1). ᄀᆞᄅᆞᆷᄀᆞᅀᅴ셔 孫楚롤 보낼 저긔 : 江邊送孫楚(初杜解21 : 16). ᄀᆞᄅᆞᆷ 강 : 江. ᄀᆞᄅᆞᆷ 호 : 湖. ᄀᆞᄅᆞᆷ 하 : 河(訓蒙 上4). ᄀᆞᄅᆞᆷ 하 : 河(石千3).

ᄀᆞᄅᆞᆷ길[명] 갈림길 ¶ᄀᆞᄅᆞᆷ길 어귀 : 岔路口(漢淸9 : 23).

ᄀᆞ마니[부] ①가만히 ¶ᄀᆞ마니 몯이셔 自然히 니러(釋譜6 : 30). ᄀᆞ마니 잇거나 호매 : 靜中(蒙法8). ②남몰래. 은밀히 ¶독 안해 ᄀᆞ마니 ᄲᅧ를 ᄇᆞᄅᆞ니(釋譜23 : 56). 내 正法眼藏ᄋᆞ로 너를 ᄀᆞ마니 맛디노니(釋譜24 : 39). ᄀᆞ마니 사ᄅᆞᆷ을 브려 고ᄒᆞᄃᆡ : 密遣人告(東新續三綱. 忠1 : 4). ※ᄀᆞ마니>가만히

ᄀᆞ만ᄒᆞ·다[형] 가만하다. 은밀하다 ¶닐오ᄃᆡ ᄀᆞ만ᄒᆞ며 그ᅀᅳ다 ᄒᆞ니라 : 云潛密(圓覺 上一之二15).

ᄀᆞᄆᆞᆫᄒᆞ·다[형] 가만하다. 은밀하다 ¶ᄀᆞᄆᆞᆫᄒᆞᆫ ᄇᆞᄅᆞ미 부니(釋譜11 : 16). ᄀᆞᄆᆞᆫᄒᆞᆫ 소리로 무르샤ᄃᆡ(月釋21 : 218). ᄀᆞᄆᆞᆫᄒᆞᆫ 盜賊 ᄒᆞ거든 : 竊盜(宣賜內訓1 : 87).

ᄀᆞᄆᆞᆫᄒᆞᆫᄇᆞ·ᄅᆞᆷ[명] 미풍(微風) ¶ᄀᆞᄆᆞᆫᄒᆞᆫ ᄇᆞᄅᆞ미 부니 微妙ᄒᆞᆫ 소리 나더라(月釋21 : 209).

·ᄀᆞ·ᄆᆞᆯ[명] 가물. 가뭄 ¶ᄀᆞᄆᆞ래 아니 그츨ᄊᆡ : 旱亦不竭(龍歌2章). ᄀᆞᄆᆞᆳ 難이어나 ᄒᆞ거든(釋譜9 : 33). 魃ᄋᆞᆫ ᄀᆞᄆᆞᆳ 鬼라(楞解8 : 115). ᄀᆞᄆᆞᆯ 한 : 旱(訓蒙 上3. 類合 上4).

·ᄀᆞ·ᄆᆞᆯ·다[동] 가물다 ¶여러 ᄒᆡ 닛위여 ᄀᆞᄆᆞ니 모시ᄒᆞ기 ᄃᆞ외어늘(月釋2 : 50). 오래 ᄀᆞᄆᆞ다가 비 오미 ᄯᅩ 됴토다 : 久旱雨亦好(初杜解22 : 3). 하ᄂᆞᆯ히 ᄀᆞᄆᆞᆯ오 : 天旱了(飜老 上53). ᄀᆞᄆᆞᆯ 한 : 旱(訓蒙 上3).
※ᄀᆞᄆᆞᆯ다>ᄀᆞ믈다>가물다

ᄀᆞᄫᆞᆯ[명] 고을. 골 ¶조ᄏᆞᄫᆞᆯ : 栗村(龍歌2 : 22).
※ᄀᆞᄫᆞᆯ>ᄀᆞ올>골(고을)

ᄀᆞ·ᄉᆡ[명] 가위 ¶ᄀᆞᄉᆡ 젼 : 剪(訓蒙 中14).

ᄀᆞᅀᆞᆯ[명] 가을 ¶ᄀᆞᅀᆞᆯ히 霜露ㅣ와 草木이 이울어든 슬픈 ᄆᆞᅀᆞ미 나ᄂᆞ니(月釋 序16). ᄀᆞᅀᆞᆯ 거두우미오 : 秋穫(楞解1 : 19). ᄒᆞᆫ 양ᄌᆞ앳 ᄀᆞᅀᆞᆯ히로다 : 一樣秋(金三4 : 29). 녀름과 ᄀᆞᅀᆞᆯ왓 ᄉᆞᅀᅵ예 : 夏秋之交(救簡1 : 102). ᄀᆞᅀᆞᆯ히ᄂᆞᆫ 므리 채여 : 秋裏水滂了(飜老 上53). ᄀᆞᅀᆞᆯ 츄 : 秋(訓蒙 上1. 光千2).
※ᄀᆞᅀᆞᆯ>ᄀᆞ올>ᄀᆞ을>가을

ᄀᆞᅀᆞᆷ[명] 감. 재료(材料) ¶實로 블 닐위욜 ᄀᆞᅀᆞ미니 : 實致火之具也(法華2 : 89). ᄀᆞᅀᆞᆷ : 料(四解 下18). 치식 ᄀᆞᅀᆞᆷ : 顔料(訓蒙 中30碧字註). ᄀᆞᅀᆞᆷ 차 : 次(光千16). ᄀᆞᅀᆞᆷ ᄌᆞ : 資(類合 下28).
※ᄀᆞᅀᆞᆷ>ᄀᆞ옴>가음>감

ᄀᆞ올[명] 고을 ¶ᄀᆞ올히어나 나라히어나(釋譜9 : 40). 東녃 ᄀᆞ올셔 시혹 ᄇᆞᄅᆞ매 글 스고 : 東郡時題壁(初杜解20 : 7). 鄕ᄋᆞᆫ ᄀᆞ올히오(金三4 : 33). ᄀᆞ올 안히 九萬 지빗 : 邑中九萬家(重杜解2 : 45).

ᄀᆞ올[명] 가을 ¶ᄀᆞ올 츄 : 秋(類合 上2. 石千2). 봄과 ᄀᆞ올히ᄂᆞᆫ 례도와 음악으로ᄡᅥ ᄀᆞᄅᆞ치고 : 春秋敎以禮樂(宣小1 : 13). ᄀᆞ올히 믈ᄶᅴ여 : 秋裏水滂了(老解 上48). ᄀᆞ올 : 秋(譯解 上3). ᄀᆞ올 : 秋(同文解 上3. 漢淸1 : 23). ᄀᆞ올히 다 디나고 北風이 노피 부니(辛啓榮. 月先軒十六景歌). ᄀᆞ올은 닐웨오 : 秋七(臘藥6).
※ᄀᆞ올<ᄀᆞᅀᆞᆯ

ᄀᆞ·장[부] 가장. 자못. 매우. 크게 ¶하ᄂᆞᆯ ᄯᅡ히 ᄀᆞ장 震動ᄒᆞ니(月印 上8). 旋嵐風ᄋᆞᆫ ᄀᆞ장 미ᄫᆞᆫ ᄇᆞᄅᆞ미라(釋譜6 : 30). ᄀᆞ장 恭敬ᄒᆞ야(釋譜23 : 4). ᄀᆞ장 최 : 最(類合 下61. 倭解 上27). ᄀᆞ장 최 : 最(石千26). 버믈 티며 ᄀᆞ장 브르지지고 빅 보 나가니 : 撲虎大呼至百步許(東續三綱. 孝12 今之撲虎). ᄀᆞ장 극 : 極(註千30). ※ᄀᆞ장>가장

ᄀᆞ·장ᄒᆞ·다[동] 다하다. 마음대로 하다. 자의(恣意)로 하다. ¶究ᄂᆞᆫ ᄀᆞ장ᄒᆞᆯ 씨라(月釋 序21). 네 보미 根源을 ᄀᆞ장ᄒᆞ라 ᄒᆞ샤ᄆᆞᆫ : 極汝見源(楞解2 : 34).

ᄀᆞᄌᆞ기ᄒᆞ·다[동] 가지런히 하다. 정제(整齊)하다 ¶ᄂᆞᆺ비ᄎᆞᆯ ᄀᆞᄌᆞ기ᄒᆞ며 : 齊顔色(宣賜內訓1 : 20). 집을 ᄀᆞᄌᆞ기ᄒᆞ며 : 齊家(宣小 書題1).

ᄀᆞᄌᆞᆨ이ᄒᆞ·다[동] 가지런히 하다. 정제(整齊)하다 ¶ᄂᆞᆺ

빗츨 ᄀᆞᄌᆞ기ᄒᆞ며 : 齊顔色(宣小3 : 9).

ᄀᆞ·초㈜ 갖추 ¶다 ᄀᆞ초 잇더니(釋譜6 : 31). 詮은 ᄀᆞ초 니를 씨라(月釋序21). 또 ᄀᆞ초 ᄉᆞᄆᆞᄎᆞ니 : 亦乃該通(金三2 : 27). 어렵살ᄒᆞᆫ 뒤ᄅᆞᆯ ᄀᆞ초 디내여 : 備經險阻(宣小6 : 18). 南山 ᄂᆞ린 골에 五穀을 ᄀᆞ초 심거(古時調. 金天澤. 靑丘).

ᄀᆞ초·다통 ①갖추다 ¶棺ᄋᆞᆯ 둡ᄉᆞᆸ고 풍류 ᄀᆞ초아(釋譜23 : 24). 聘幣 ᄀᆞ초고(三綱. 烈17). ᄀᆞ촐 구 : 具(石千34. 倭解 下40). 긔구를 ᄀᆞ초라 ᄒᆞ더라 : 供具(宣小6 : 81). 쥬찬을 ᄀᆞ초아 아비 셤기ᄃᆞᆺ ᄒᆞ더니 : 具酒饌如事父(五倫1 : 65). ᄀᆞ초다 : 全備(漢淸12 : 17). ②간직하다. 감추다 ¶얻ᄌᆞᄫᆞ ᄀᆞ초ᅀᆞᄫᆞ : 得言藏之(龍歌27章). 마리ᄅᆞᆯ 塔애 ᄀᆞ초ᅀᆞᄫᆞ니(月印 上20). 庫ᄂᆞᆫ 쳔량 ᄀᆞ초아 뒷ᄂᆞᆫ 지비라(釋譜9 : 20). 甁ᄀᆞ 소배 ᄀᆞ초아 뒷더시니(月釋1 : 10). 날로 ᄒᆡ여 ᄀᆞ초더니 : 令我藏(初杜解8 : 67). 옷과 바리ᄅᆞᆯ ᄀᆞ초시고 : 收衣鉢(金三 序4).

·ᄀᆞ·ᄐᆞ·다형 같다 ¶始終이 ᄀᆞᄐᆞ실씨 : 始終如一(龍歌79章). 부텨 ᄀᆞᄐᆞ시과 ᄒᆞ리이다(釋譜6 : 4). 如ᄂᆞᆫ ᄀᆞᄐᆞᆯ 씨라(訓註3). ᄀᆞᄂᆞᆫ 엄쏘리니 君ㄷ字 처ᅀᅥᆷ 펴아나ᄂᆞᆫ 소리 ᄀᆞᄐᆞ니(訓註4). ᄀᆞᄐᆞᆯ 유 : 猶(類合 下27. 石千15). ᄀᆞᄐᆞᆯ ᄉᆞ : 似(類合 下49. 石千12. 倭解 下41). ᄀᆞᄐᆞᆯ 여 : 如(類合 下49. 倭解 下41). ᄀᆞᄐᆞᆯ 약 : 若(石千12).

ᄀᆞ흘ᄒᆞ다통 견주다. 경계(境界)짓다. 〔'ᄀᆞ'는 'ᄀᆞᆺ〈境界〉'의 뜻.〕 ¶엇그제 님 여흰 나의 안이야 엇ᄃᆡ가 ᄀᆞ흘ᄒᆞ리요(古時調. 나무도. 歌曲).

ᄀᆞᆫ저리·다통 간으로 저리다. ¶ᄀᆞᆫ저릴 엄 : 醃(訓蒙 下12).

·ᄀᆞᆮ·다형 같다 ¶瑠璃 ᄀᆞᆮ더시니(月印 上15). 나 ᄀᆞᆮ게 ᄒᆞ리라(釋譜6 : 1). 안ᄒᆞᆫ 이운 나모 ᄀᆞᆮ고 : 則內同枯木(永嘉 下19). 네 닐오미 내 ᄠᅳᆮ과 ᄀᆞᆮ다 : 你說的恰和我意同(飜老 上11). ※ᄀᆞᆮ다>같다

ᄀᆞᆮ·초·다통 갖추다 ¶쇼와 羊이며 창젹을 ᄀᆞᆮ초아 : 牛羊倉廩備(宣小4 : 8). ᄡᆞᆯ 을 비러 뻐 됴셕에 ᄀᆞᆮ초더라 : 乞米以供朝夕(東新續三綱. 孝8 : 13).

ᄀᆞᆮᄒᆞ·다형 같다 ¶東海ㅅ ᄀᆞᅀᅵ 져재 ᄀᆞᆮᄒᆞ니 : 東海之濱如市之從(龍歌6章). 瑠璃 ᄀᆞᆮᄒᆞ야 안팟기 몰가(釋譜9 : 4). 如來와 ᄀᆞᆮᄒᆞ릴씨(月釋17 : 33). 또 이 ᄀᆞᆮᄒᆞ더라 : 亦復如是(法華3 : 122). 진실로 문지두리 ᄀᆞᆮᄒᆞ며(飜小6 : 24). 수렛바퀴 ᄀᆞᆮᄒᆞ여 물속으로셔 치밀어(意幽堂).

ᄀᆞᆯ명 가루 ¶栴檀香ᄀᆞ ᄀᆞᆯᄋᆞ로 ᄇᆞᄅᆞ고(釋譜6 : 38). 두 山이 어우러 ᄀᆞ라 ᄀᆞᆯ리 ᄃᆞ외ᄂᆞ니라(月釋1 : 29).

·ᄀᆞᆯ명 갈대 ¶ᄀᆞᆯ爲蘆(訓解. 用字). ᄀᆞᆯ ᄉᆞᄎᆞ로 미야 무덤 서리예 곳어다가 두리라(月釋9 : 35下). ※ᄀᆞᆯ>갈

ᄀᆞᆯ마드리다통 갈마들이다 ¶두 발로 ᄀᆞᆯ마드려 뛰노타 : 雙腿換跳(漢淸6 : 60).

ᄀᆞᆯ·바·쓰·다통 나란히 쓰다. ¶並書는 ᄀᆞᆯ바ᄡᅳᆯ 씨라(訓註3).

ᄀᆞᆯ·외·다통 ①침범하다. 함부로 행동하다. 날뛰다 ¶狄人이 ᄀᆞᆯ외어늘 : 狄人于侵. 野人이 ᄀᆞᆯ외어늘 : 野人不禮(龍歌4章). 羅雲이 ᄀᆞᆯ외어시ᄂᆞᆯ(月印 上53). 도ᄌᆞ기 ᄀᆞᆯ외어나 ᄒᆞ야도(釋譜9 : 24). 豪族이 져기 뮈여 ᄀᆞᆯ외면 : 豪族小動搖(重杜解4 : 27). ②빈둥거리다 ¶거리로 ᄀᆞᆯ외디 말며 : 街上休遊蕩(飜朴 上50).

ᄀᆞᆯᄋᆞ·치·다통 가르치다 ¶져믄 아히ᄅᆞᆯ ᄀᆞᆯᄋᆞ치되 : 敎小兒(宣小5 : 2).

ᄀᆞᆯ희다통 가리다 ¶父母ㅣ 다시 ᄀᆞᆯ희고져 ᄒᆞ거ᄂᆞᆯ(女四解4 : 21). 名區勝地를 ᄀᆞᆯ희곡 갈희여(古時調. 千古義皇天과. 靑丘).

ᄀᆞᆯ·ᄒᆡ·다통 가래다. 가르다. 분별(分別)하다. 가리다 ¶하ᄂᆞᆯ히 ᄀᆞᆯᄒᆡ샤 : 維天擇兮(龍歌8章). 姓 ᄀᆞᆯᄒᆡ야 員이 오니 : 擇姓以尹(龍歌16章). ᄀᆞᆯᄒᆡ욤 업슨 法을(釋譜13 : 61). 五百女妓 ᄀᆞᆯᄒᆡ샤(月印 上13). 別은 ᄀᆞᆯᄒᆡᆯ 씨라(訓註14). 여듧 각시ᄅᆞᆯ ᄀᆞᆯᄒᆡ샤(月釋8 : 91). 프르며 누르닐 ᄀᆞᆯᄒᆡᄂᆞ니라 : 別靑黃(金三4 : 21). ᄀᆞᆯᄒᆡᆯ 별 : 別(類合 上17). ᄀᆞᆯᄒᆡᆯ 턱 : 擇(類合 下8). ᄀᆞᆯᄒᆡᆯ 션 : 選. ᄀᆞᆯᄒᆡᆯ 간 : 揀(類合 下10). ᄀᆞᆯᄒᆡᆯ 변 : 辨(類合 下8. 石千30). ᄀᆞᆯᄒᆡᆯ 륜 : 掄(類合 下26).

:ᄀᆞᆲ·다통 함께 나란히 하다. 맞서서 견주다. 가루다 ¶並書는 ᄀᆞᆯ바ᄡᅳᆯ 씨라(訓註3). 能히 須彌ᄅᆞᆯ ᄀᆞᆯᄫᆞ며(月釋21 : 78). 天人 世間애 ᄀᆞᆯᄫᆞ리 업스샷다 ᄒᆞ더라(月釋21 : 222). 圓覺애 ᄀᆞᆲ디 몯ᄒᆞ니 : 不偕圓覺(圓覺序79). ᄒᆞᆫ 字도 빗난 별와 ᄀᆞᆲ도다 : 一字偕華星(杜解25 : 34).

※ 'ᄀᆞᆲ다'의 활용 [ᄀᆞᆲ디/ᄀᆞᆲ건마ᄅᆞᆫ/ᄀᆞᆲ도다… / ᄀᆞᆯᄫᆞ며/ᄀᆞᆯᄫᆞ리/ᄀᆞᆯ바…

·ᄀᆞᆷ·다통 감다〔浴〕 ¶沐浴 ᄀᆞᆷ아 나니(月印 上57). 沐浴 ᄀᆞ마 香 ᄇᆞᄅᆞ고(釋譜9 : 22). 머리 ᄀᆞ몰 목 : 沐(訓蒙 下11). 아기네도 목욕 ᄀᆞᆷᄉᆞᆸᄂᆞᆫ가(癸丑1 : 109). ※ᄀᆞᆷ다>감다

ᄀᆞᆷ·초·다통 감추다 ¶後에 나니ᄅᆞᆯ 곧 ᄀᆞᆷ초아 民間애 기르더니 : 後生者輒隱祕養於人間(宣賜內訓2 下16). 구룸아 너ᄂᆞᆫ 어이 힛비츨 ᄀᆞᆷ초ᄂᆞᆫ다(古時調. 靑丘). ᄀᆞᆷ촐 장 : 藏(註千2).

ᄀᆞᆺ명 가〔邊〕 ¶그지 업스며 ᄀᆞᆺ 업스니(釋譜19 : 4). 岸은 ᄀᆞᅀᅵ라(月釋序26). 네 ᄀᆞᆺ 버텅길헤(月釋7 : 64). 稱讚ᄒᆞ리 ᄀᆞᆺ 업스며 : 稱讚者無邊(金剛 序5). 悠悠히 ᄀᆞᆺ 먼 ᄃᆡ 비취옛ᄂᆞ니 : 悠悠照塞遠(初杜解15 : 52). ᄀᆞᆺ 식 : 塞. ᄀᆞᆺ 계 : 界(訓蒙 上6). ᄀᆞᆺ 변 : 邊(訓蒙 中7. 類合 上2). ᄀᆞᆺ 비 : 鄙(訓蒙 中7). ᄀᆞᆺ 졔 : 際(類合 下49). ※ᄀᆞᆺ>ᄀᆞᇫ>ᄀᆞ>가

ᄀᆞᆺ㈜ 겨우. 갓. 처음. 방금 ¶그듸 精舍 지ᅀᅮ려 터흘 ᄀᆞᆺ 始作ᄒᆞ야 되어늘(釋譜6 : 35). 나못가지 ᄀᆞᆺ 자바시늘(月釋2 : 36). ᄀᆞᆺ 기론 므레 : 新汲水(救簡1 : 37). 자 나믄 보라매를 엇그제 ᄀᆞᆺ 손 ᄲᅧ혀(古時調. 靑丘).

ᄀᆞᆺ·가ᄒᆞ·다통 가빠하다. 겨워하다. 힘들어하다 ¶뎌른 나래 ᄀᆞᆺ가ᄒᆞ다니 : 倦日短(初杜解9 : 14). 기텻ᄂᆞᆫ 사ᄅᆞ미 진실로 ᄀᆞᆺ가ᄒᆞᄂᆞᆺ다 : 遺人實困疲(初杜解25 : 36).

ᄀᆞᆺ·다통 끊다 ¶牛頭栴檀 種種 香木ᄋᆞᆯ ᄀᆞᅀᅡ 오라(月釋10 : 13).

ᄀᆞᆺ·다통 가빠하다. 괴로워하다. 애쓰다 ¶그 ᄆᆞ리 ᄀᆞᆺ디 아니ᄒᆞ며(月釋1 : 28). 더욱 제 ᄀᆞᆺᄀᆞᆯ ᄲᅮ니언뎡 : 秖益自勞(楞解2 : 70).

※ 'ᄀᆞᆺ다'의 활용 [ᄀᆞᆺ디/ᄀᆞᆺᄂᆞ니/ᄀᆞᆺᄂᆞᆺ다… / ᄀᆞᆺᄀᆞ며/ᄀᆞᆺᄀᆞᆫ/ᄀᆞᆺᄀᆞᆯ/ᄀᆞᆺ고…

ᄀᆞᆺᄐᆞ·다형 같다 ¶飮食 ᄀᆞᆺᄐᆞᆫ 類에도 밥과 깅으란 다시 더음을 許ᄒᆞ고 : 如飮食之類飯羹許更益(宣小6 : 5). 뻐눌히 다 ᄀᆞᆺᄐᆞ여 : 經緯都一般(老解 下56).

:ᄀᆞᇫ명 가〔邊〕 ¶漆沮 ᄀᆞᆺ 움흘 : 漆沮陶穴(龍歌5章). 東海ㅅ ᄀᆞᅀᅵ : 東海之濱(龍歌6章). 邊은 ᄀᆞᅀᅵ라(月釋1 : 1). ᄀᆞᅀᆞᆫ 實로 옮디 아니호ᄃᆡ : 岸實不移(圓覺序56). 淸淨ᄒᆞ야 ᄀᆞᅀᅵ 업스며 : 淸淨無際(蒙法46). 날마다 ᄒᆡ 東녁 ᄀᆞᅀᆞᆯ 조차 나고 : 日從東畔出(南明 下22).

ᄀᆞᇫ·애명 가위 ¶치운 젯 오ᄉᆞᆯ 곧마다 ᄀᆞᇫ애와 자ᄅᆞ로 지소ᄆᆞᆯ 뵈아ᄂᆞ니 : 寒衣處處催刀尺(初杜解10 : 33).

:ᄀᆞᇫ·업·다형 가없다 ¶卜年이 ᄀᆞᇫ업스시니 : 卜年無疆(龍歌125章). 光明도 하시나 ᄀᆞᇫ업스실씨(月印 上10). ᄀᆞᇫ업슬씨(金剛145). ᄀᆞᇫ업슨 젼ᄎᆞ로(牧牛訣19).

ᄀᆞᆽ·다형 갖다. 구비되어 있다. ¶聽明ᄒᆞ고 神足이 ᄀᆞᄌᆞ니(釋譜6 : 22). 禮法이 ᄀᆞᄌᆞ며 님그미 恭敬ᄒᆞ시며(月釋2 : 23). 力量이 오ᄋᆞᆯ며 ᄀᆞ자 : 力量全備(蒙法46). 이 ᄠᅳ디 ᄀᆞᄌᆞᆯ뎬(南明 上7). ᄀᆞᄌᆞᆯ 구 : 具. ᄀᆞᄌᆞᆯ 비 : 備(類合 上9). ᄀᆞᄌᆞᆯ ᄒᆡ : 該(類合 下57). ᄀᆞᄌᆞᆫ 구 : 具(光千34). ※ᄀᆞᆽ다>갖다

ᄀᆡ천명 개천 ¶ᄀᆡ쳔 거 : 渠(石千32. 倭解 上9). ᄀᆡ쳔ᄀᆞ치 내내 ᄉᆞ랑(古時調. ᄉᆞ랑 ᄉᆞ랑. 靑丘). ᄀᆡ쳔 : 溝(同文解 上8). ᄀᆡ쳔 : 大溝(漢淸9 : 76). ᄀᆡ쳔에 ᄲᅡ뎌러뎌 : 落渠(無寃錄3 : 10).

ㄴ

나·다잇·다[동] 나타나 있다. ¶現在ᄂᆞᆫ 나다잇ᄂᆞᆫ 뉘오(月釋2：21之1).

나·랑일·훔[명] 나라 이름. 국호(國號) ¶나랑일훔 ᄀᆞᄅᆞ시니：聿改國號(龍歌85章).

나모[명] 나무 ¶이본 남ᄀᆡ 새닙 나니이다：時維枯樹茂焉復盛(龍歌84章). 남ᄀᆡ 빼여 性命을 ᄆᆞᄎᆞ시니(月印上2). 나모 아래 안ᄌᆞ샤(月印上43). ᄧᅡᄒᆞᆫ 그ᄅᆞᆺ 모ᄀᆡ 두고 남ᄀᆞ란 내 모ᄀᆡ 두어(釋譜6：26). 보비예 남기 느러니 셔며(月釋2：29). 여러 가짓 남긧 곳과(法華6：46). 프를 브트며 남긔 브튼 精靈이리라：依草附木精靈(蒙法8). 나모 버휴과 셔울 드롬괘라：伐木入都(圓覺上一之一112). 滄波와 늘근 나모ᄂᆞᆫ：滄波老樹(初杜解6：41). 나모 슈：樹. 나모 목：木(訓蒙下3. 石千6). 큰 나모 슈：樹(類合上5). 나모 목：木(類合上7. 註千6). 나모 환：桓(光千23). 나모 비：枇. 나모 파：杷(石千32). 나모도 아닌 거시 플도 아닌 거시(古時調. 尹善道).

※ '나모'의 [나모도/나모와… / 남기/남ᄀᆞᆫ/남ᄀᆞᆯ/남기/남긔셔…]

나·ᄆᆞ·라·다[동] 나무라다 ¶衰老ᄅᆞᆯ 나ᄆᆞ라고(月釋13：25). 三寶ᄅᆞᆯ 허러 나ᄆᆞ라거니와(月釋21：39).

나ᄆᆞ·티·다[동] 넘어뜨리다〔擊倒〕 ¶太子ᄂᆞᆫ ᄒᆞ오ᅀᅡ 象ᄋᆞᆯ 나ᄆᆞ티며 바ᄃᆞ시고(月印上15).

나:ᅀᆸ·다[동] 낳으시다 ¶如來ᄅᆞᆯ 나ᄉᆞᄫᆞ실쎠(釋譜11：24). ᄒᆞᆫ 겨지블 나ᄉᆞᄫᆞ니라(釋譜11：25). 太子ᄅᆞᆯ 나ᄉᆞᄫᆞ시니(月釋21：211).

나·ᅀᅡ·가·다[동] 나아가다 ¶ᄒᆞᄫᆞᅀᅡ 나ᅀᅡ가샤：輕騎獨詣(龍歌35章). 棺 알ᄑᆡ 나ᅀᅡ가 禮數ᄒᆞ시고(釋譜23：28). 머므러 이셔 나ᅀᅡ가디 아니ᄒᆞ며(月釋2：32). 믈와 묻과애 다 나ᅀᅡ가리라：水陸並進也(蒙法38). 나ᅀᅡ갈 취：就(類合下36). 나ᅀᅡ갈 제ᄂᆞᆫ 굽은ᄒᆞ고：進則揖之(宣小3：18). ※나ᅀᅡ가다>나아가다

나·ᅀᅩ·다[동] ①나아가다 ¶舍利ᄂᆞᆫ 몯 나ᅀᅩ리어다(釋譜23：54). 通커든 나ᅀᅩ고(月釋14：76). 쉬오져 願ᄒᆞᄂᆞᆫ 사ᄅᆞᄆᆞᆯ 거리처 나ᅀᅩ아：願息之人而進之(法華3：83). 어디닐 나ᅀᅩ고：進賢(宣賜內訓2上23). ②드리다. 진상(進上)하다 ¶如來ㅅ 舍利ᄂᆞᆫ 몯 나ᅀᅩ리어라(釋譜23：54). 날회여 잔 자바 나ᅀᅩ마：慢慢的把盞(飜朴上48).

나ᅀᆞ리[명] 나리 ¶進賜 나ᅀᆞ리 堂下官尊稱也(吏讀).

나·아·오·다[동] 나오다〔'나아〈進〉'+'오다〈來〉'〕 ¶아븨 번을 보아 나아오라 닐ᄋᆞ디 아니커든：見父之執不謂之進(宣小2：57).

나·오·다[동] 드리다. 진상(進上)하다 ¶고기란 다시 나오디 아니ᄒᆞ니：魚肉不更進也(宣小6：5). 다리 고기ᄅᆞᆯ 버혀 나오니：割股肉進之(東新續三綱. 孝1：11 尉貂割股). 나올 진：晋(註千24). 나올 고：皐(註千31). 나올 주：奏(註千32). 나올 어：御(註千35).

나조[명] 저녁 ¶나조ᄒᆡᆫ 므레 가(釋譜13：10). 그저긔 粳米ᄅᆞᆯ 아ᄎᆞᆷ 뷔여든 ᄯᅩ 나 나조ᄒᆡ 닉고 나조ᄒᆡ 뷔여든 ᄯᅩ 나 아ᄎᆞᄆᆡ 닉더니(月釋1：45). 나조ᄒᆡᆫ 므레 가 자ᄂᆞ니：暮歸水宿(楞解9：34). 처엄 歡樂ᄒᆞ던 나조ᄒᆞᆫ 노ᄑᆞᆫ ᄀᆞᄋᆞᆯᄒᆡ 서늘ᄒᆞᆫ 氣運이 ᄆᆞᆰ더라：初歡夕高秋爽氣澄(初杜解8：9). 아ᄎᆞᆷ에 採山ᄒᆞ고 나조ᄒᆡ 釣水ᄒᆞ새(丁克仁. 賞春曲).

※ '나조'의 첨용 [나조 / 나조ᄒᆡ/나조ᄒᆞᆫ/나조ᄒᆞᆯ…]

나죄[명] 저녁 ¶나죄 주그믈 둘히 너기니(月釋18：32. 法華6：145). 아ᄎᆞᆷ 나죄 뵈더니(三綱. 孝8). 기픈 수프 나죄히：深林晩(杜解15：56). 나죄 셕：夕(訓蒙上2. 類合上3. 石千34). 나죄 포：晡(訓蒙下2).

나죵내[부] 내내. 끝끝내 ¶나죵내 봉양 몯 ᄒᆞᆫ 일이 ᄒᆞᆫ홉다 ᄒᆞ고：恨不終養(東新續三綱. 烈2：26 張氏絶食).

나·토·다[동] 나타내다 ¶부텨 나샤ᄆᆞᆯ 나토아 金고지 퍼디ᅀᆞᄫᆞ니(月印上10). 더러본 거긔셔 微妙ᄒᆞᆫ 法을 나토며(釋譜13：33). 著 이쇼미 몯ᄒᆞᆯ 주를 나토아시ᄂᆞᆯ：顯(楞解1：73). ᅘᅧᆯᅘᅧᆯᄒᆞ야 話題ㅣ 알ᄑᆡ 나토ᄃᆡ：惺惺話頭現前(蒙法42). 顔色애 나토디 아니ᄒᆞ야：不見於色(宣賜內訓1：54). 나톨 뎡：呈(類合下32).

나·히·다[동] 낳게 하다. 조산(助産)하다 ¶ᄃᆞᆯ촌 나래 아기 나히던 어미 와：滿月日老娘來(飜朴上56). 나히ᄂᆞᆫ 사ᄅᆞᆷ이 날회여 아긔 발을 미러 ᄒᆞᆫ 겨트로 바ᄅᆞ티왇고：收生者徐徐推其足就一邊直上(胎要23).

낙대[명] 낚싯대 ¶낙대 간：竿(倭解下15). 기나긴 낙대에 미놀 업슨 낙시 ᄆᆡ야(古時調. 아희야. 靑丘).

낙ᄃᆡ[명] 낚싯대 ¶낙ᄃᆡ을 둘러메고 紅蓼을 헤혀 도러(蘆溪. 莎堤曲). 有斐君子들아 낙ᄃᆡ ᄒᆞ나 빌려ᄉᆞ라(蘆溪. 陋巷詞). 아희야 江湖에 봄이 드냐 낙ᄃᆡ 推尋ᄒᆞ리라(古時調. 安玟英. 笛 소릐. 時調類). 낙ᄃᆡ의 쥴 거두어 낙근 고기 ᄭᅦ여 들고(萬言詞). 어뷔 이 말 듯고 낙ᄃᆡ를 둘너메고(曺友仁. 出塞曲).

·낙·줄[명] 낚싯줄 ¶갠 하ᄂᆞᆯ해 낙주를 다ᄉᆞ리고져：晴天理釣絲(重杜解12：34).

·낛[명] 낚시. 갈고랑이 ¶낛爲釣(訓解. 合字). 鱗衆의 낙ᄉᆞᆯ 놀라：鱗衆驚鉤(永嘉下77). 낛 구：鉤(訓蒙中15).

·낛·대[명] 낚싯대 ¶ᄒᆞ올로 낛대ᄅᆞᆯ 자바 ᄆᆞᄎᆞ매 머리 가리니：獨把漁竿終遠去(初杜解21：17).

·낛·밥[명] 낚싯밥 ¶시ᄅᆞᆯ 니ᅀᅥ 곳다온 낛바ᄇᆞᆯ 드리우고：接縷垂芳餌(初杜解10：6). 낛밥：鉤餌(訓蒙中20. 餌字註).

·낛줄[명] 낚싯줄 ¶江漢애 낛줄 드리워 고기 낛ᄂᆞ니 잇더라 니ᄅᆞ디 말라：勿云江漢有垂綸(初杜解21：13).

난편[명] 남편 ¶그ᄃᆡ 난편이 어ᄃᆡ 잇ᄂᆞ뇨：汝前夫何在(太平1：16). ᄉᆡ아비와 난편이 ᄒᆞᆷᄭᅴ 죽거ᄂᆞᆯ：舅與夫俱歿(東新續三綱. 孝7：55).

난·호·다[동] 나누다 ¶이 ᄊᆞ자ᄋᆞᆫ 序品이니 品은 난호아 제여곰 낼 씨라(釋譜13：37). 난화 봉ᄒᆞ고：裂之(三略上10).

난·ᄒᆡ·ᄃᆞᆯ·날·ᄣᅢ[명] 생연월일시(生年月日時) ¶네 난ᄒᆡᄃᆞᆯ날ᄣᅢ 니ᄅᆞ라：你說將年月日生時來(飜老下71).

:낟[명] 낟. 곡식 ¶낟爲穀(訓解. 用字). 福田은 衆生ᄋᆡ 福이 쥬의그에셔 남과 나디 바티셔 남과 ᄀᆞᄐᆞᆯᄊᆡ(釋譜6：19). 나디라 ᄒᆞᆫ 거슨 人命에 根本이니(杜解7：34). 낟 곡：穀(訓蒙下3).

·낟[명] 낫〔鎌〕 ¶낟爲鎌(訓解. 用字). 나ᄃᆞᆯ 휫두루며：揮鎌(續三綱. 孝9). 낟 결：鍥. 낟 삼：釤. 낟 딜：銍(訓蒙中16). 낟 겸：鎌(類合上28). 호ᄆᆡ도 ᄂᆞᆯ히언마ᄅᆞᄂᆞᆫ 낟ᄀᆞ티 들 리도 업스니이다(樂詞. 思母曲).

낟·다[동] 나타나다 ¶妙行이 ᄀᆞᄃᆞᆨ기 나다나아(釋譜19：37). 現在ᄂᆞᆫ 나다 잇ᄂᆞᆫ 뉘오(月釋2：21之1).

낟ᄇᆞ·다[형] 나쁘다. 부족하다 ¶다 낟ᄇᆞᆫ 줄 업긔 호리라(釋譜9：5. 月釋9：15). 낟ᄇᆞᆯ 겸：慊(類合下15).

·날[명] ①날 ¶虐政이 날로 더을ᄊᆡ：虐政日深. 쳔나래 讒訴ᄅᆞᆯ 드러 兇謀ㅣ 날로 더을ᄊᆡ：始日聽讒兇謀日熾(龍歌12章). 날ᄃᆞᆯ이 ᄎᆞ거늘(月印上7). 日ᄋᆞᆫ 나리라(訓註3). 나리 져믈오 바미 ᄆᆞᆺᄃᆞ록：終日竟夜(法華2：7). ②해 ¶하ᄂᆞᆯ에 두 날이 업ᄂᆞ니 내 엇디 두 낭군이 이시리오 ᄒᆞ니(五倫2：42). ③날씨 ¶날이 져기 ᄎᆞ면：天少冷(宣小6：74).

날ᄃᆞ려[대] 나에게. 나더러 ¶桂殿 仙語를 날ᄃᆞ려 ᄒᆞ요ᄃᆡ(曺友仁. 關東續別曲).

날러는[대] 나더러는 ¶날러는 엇디 살라 ᄒᆞ고 ᄇᆞ리고 가시리잇고(樂詞. 가시리).

·날·로[부] 날로. 나날이. 날마다 ¶날로 ᄡᅮ메 便安킈 ᄒᆞ고져 ᄒᆞᇙ ᄯᆞᄅᆞ미니라(訓註3).

날·믈[명] 큰물. 홍수(洪水) ¶날므를 외오시니 : 迺回潢洋(龍歌68章).

날·호야[부] 더디게. 천천히 ¶날호야 거러 : 徐步(楞解1 : 34). 다 날호야 거러오니 : 盡徐步(杜解9 : 22).

날혹ᄌᆞᄂᆞ기[부] 찬찬히 ¶노하 날혹ᄌᆞᄂᆞ기 ᄒᆞ야 : 其可放緩(牧牛訣43). 날혹ᄌᆞᄂᆞ기 솜쪄 ᄂᆞ리오라 : 徐嚥下(救簡6 : 9).

날·회·야[부] 천천히. 더디게 ¶키 날회야 호미 외니 : 不可大緩(蒙法23). 버거 날회야 됴리ᄒᆞ고 : 次緩而調理(救簡1 : 6).

낤빛[명] 일광(日光) ¶거츤 뫼해 낤비츤 悠揚ᄒᆞ고 : 悠揚荒山日(重杜解3 : 64).

남·ᄀᆞ·로[명] 나무로 ¶模ᄂᆞᆫ 法이니 남ᄀᆞ로 본 ᄆᆡᇰᄀᆞᆯ 씨라(月釋17 : 54).

남·ᄀᆞᆫ[명] 나무는 [동]나모 ¶불휘 기픈 남ᄀᆞᆫ : 根深之木(龍歌2章).

남·ᄀᆞᆯ[명] 나무를 ¶빗근 남ᄀᆞᆯ : 于彼橫木(龍歌86章).

남다[동] 넘다〔越〕. 지나다 ¶빗근 남ᄀᆞᆯ ᄂᆞ라 나마시니 : 于彼橫木又飛越兮(龍歌86章). 城을 남아 山ᄋᆞᆯ 向ᄒᆞ시니(月印上20). 百年이 ᄒᆞ마 半이 나ᄆᆞ니 : 百年已過半(杜解21 : 19). 江湖에 겨월이 드니 눈 깁피 자히 남다(古時調. 海謠).

남져지[명] 나머지 ¶엄부렁ᄒᆞ던 거시 남져지 바히업다(農月 十一月令).

남즉[명] 남짓 ¶돌홀 더디며 ᄯᅩ차 오리 남즉 니ᄅᆞ니 : 投石追至五里許(東新續三綱. 孝2 : 70).

남즉ᄒᆞ·다[형] 남짓하다 ¶三十里 남즉ᄒᆞᆫ ᄯᅡ히 잇ᄂᆞᆫ 듯ᄒᆞ다 : 敢有三十里多地(老解上53).

남진[명] ①사내 ¶士ᄂᆞᆫ 어딘 남지니니(釋譜9 : 3). 남지늬 소리 겨지븨 소리(釋譜19 : 14). 男子ᄂᆞᆫ 남지니라(月釋1 : 8). 남진죵 노 : 奴(訓蒙上33). 남진 : 丈夫(譯解上58). ②남편 ¶寡婦ᄂᆞᆫ 남진 업슨 겨지비라(楞解6 : 111). 남진과 겨집괘 ᄀᆞᆯᄒᆡ요미 이시며 : 夫婦有別(宣賜內訓序3). 제 남진 제 계집 아니어든 일홈 뭇디 마오려(古時調. 鄭澈. 간나희. 警民編).

남진:겨집[명] 부부(夫婦) ¶남진겨지비 업고(月釋1 : 42). 남진겨지비 나니라(月釋1 : 43).

남진어르·다[동] 시집가다 ¶嫁ᄂᆞᆫ 겨지비 남진어를 시오 娶ᄂᆞᆫ 남진이 겨집어를 시라(宣賜內訓1 : 70).

남진:죵[명] 사내종 ¶奴ᄂᆞᆫ 남진죠이오 婢ᄂᆞᆫ 겨집죠이라(釋譜13 : 19).

납[명] 원숭이 ¶납爲猿(訓解. 用字). 눈먼 납 무러시ᄂᆞᆯ(月印上65. 月釋7 : 5). 납 원 : 猿. 납 호 : 猢. 납 후 : 猴(訓蒙上18). 납 원 : 猿. 납 후 : 猴(類合上13).

낫[명] 낮〔晝〕 ¶齋라 혼 거시 낫 계어든 밥 아니 머구미 읏드미오(釋譜9 : 18). 낫 듀 : 晝(訓蒙上1. 類合上3. 石千36).

낫계즉만[구] 한낮이 겨운 때쯤. ¶오뉴월 낫계즉만 살얼음 지픤 우희 즌서리 섯거티고 자최눈 디엿거ᄂᆞᆯ 보앗ᄂᆞᆫ다(古時調. 鄭澈. 심의산. 松江).

:낫다[동] 나아가다 ¶性에 기피 드러 오직 낫고 믈룸 업수미(楞解8 : 18). 能히 다시 낫디 몯ᄒᆞ리어늘사 : 不能復進(法華3 : 174).

낫다[동] 낚다 ¶飄零히 돈뇨매 ᄯᅩ 고기 낫ᄂᆞᆫ 낛주를 ᄆᆡᇰᄀᆞ노라 : 飄零且釣緡(杜解6 : 31). 낫글 됴 : 釣(類合下7).

낫다[동] 나타나다 ¶옷 ᄉᆞ미예 두 볼도기 낫도다 : 衣袖露兩肘(重杜解2 : 20).

낭[명] 낭떠러지 ¶낭의 ᄢᅥ러뎌 주그니라 : 投崖而死(東新續三綱. 烈6 : 31).

낱·다[동] 나타나다 ¶自然히 話頭ㅣ 나ᄐᆞ리라(蒙法8). 眞際 ᄒᆞ마 나ᄐᆞ면 : 眞際旣顯(楞解1 : 77).

내[명] 냄새〔臭〕 ¶香 내 머리 나ᄂᆞ니(釋譜6 : 44). 고해 됴ᄒᆞᆫ 내 맏고져 ᄒᆞ며(月釋1 : 32). 내 취 : 臭(訓蒙下13. 類合下12). 내 마톨 후 : 嗅(類合下12).

:내·왇·다[동] 내밀다 ¶두 바ᄅᆞᆯ 棺 밧긔 내바ᄃᆞ샤(釋譜23 : 43).

:내왇·다[동] 내밀다 ¶엄니 밧긔 내와ᄃᆞ니 놀카ᄫᆞᆫ 놀히 갈 ᄀᆞᄐᆞᆫ 것돌히(月釋21 : 23).

:내·티·다[동] 내치다 ¶迦葉이 여슷 가지 罪로 븟여 내텨늘(釋譜24 : 2). 내틸 쳑 : 斥(訓蒙下30. 類合下18).

너·기·다[동] 여기다. 생각하다 ¶내 百姓 어엿비 너기샤 : 我愛我民(龍歌50章). 내 이ᄅᆞᆯ 爲ᄒᆞ야 어엿비 너겨(訓註2). ᄀᆞ장 어엿비 너기시더니(宣賜內訓序5). 羲皇 盛時를 다시 본가 너기로라(蘆溪. 太平詞).

너러바회[명] 너럭바위. 반석(盤石) ¶圓通골 ᄀᆞᄂᆞᆫ 길로 獅子峯을 ᄎᆞ자가니 그 알픠 너러바회 化龍쇠 되여셰라(松江. 關東別曲).

너ᄅᆞ다[형] 너르다. 넓다 ¶하ᄂᆞᆯ히 길고 바다히 너ᄅᆞ니 ᄒᆞᆫ이 ᄀᆞ이 업도다 : 天長海闊恨無極只(東新續三綱. 烈1 : 92).

너모[부] 너무 ¶너모 슬허ᄒᆞ며(三綱. 烈26).

너·비[부] 널리. 넓게 ¶衆生ᄋᆞᆯ 너비 濟渡ᄒᆞ시ᄂᆞ니 : 弘濟衆生(釋譜序1).

너·출[명] 넌출 ¶너추렛 여르미 나니(月釋1 : 43). 너출 만 : 蔓(類合下54. 倭解下31). 너출 등 : 藤. 너출 류 : 虆(訓蒙下4).

넌즈시[부] 넌지시 ¶넌즈시 치혀시니 : 薄言挈之(龍歌87章).

:넘·ᄡᅵ·다[동] 넘치다 ¶넘ᄡᅵ미 ᄃᆞ외며 글호미 ᄃᆞ외오 : 爲洋爲沸(楞解8 : 101). 조티 아닌 거시 흘러 넘ᄡᅵ여 : 不淨流溢(永嘉上35).

:넘씨·다[동] 넘치다 ¶천랴이 有餘ᄒᆞ고 倉庫ㅣ ᄀᆞᄃᆞᆨ기 넘ᄶᅵ고(釋譜9 : 20). 넘ᄶᅵᆯ 람 : 濫(訓蒙下35. 類合下50). 믈 넘ᄶᅵᆯ 턍 : 漲(類合下51).

넙·다[형] 너르다. 넓다 ¶聲教ㅣ 너브실ᄊᆡ : 聲教普及(龍歌56章). 經을 너비 펴며(釋譜9 : 40). 너블 박 : 博(訓蒙下20. 類合下4). 너블 광 : 廣(類合下47). 너블 홍 : 洪(類合下51). 넙거나 넙은 天下 엇ᄶᅵᄒᆞ야 젹닷 말고(松江. 關東別曲). 江上山 ᄂᆞ린 긋히 솔 아릐 너분 돌해(古時調. 朴仁老. 蘆溪). 넙은 사미 국의질러 품속으로 너코 보미(萬言詞).

:네·발·ᄐᆞ·다[동] 네 발을 가지다. ¶두발ᄐᆞᆫ 것과 네발ᄐᆞᆫ 것과(釋譜19 : 3). 獸ᄂᆞᆫ 네발ᄐᆞᆫ 즁ᄉᆡᆼ이라(三綱. 孝18).

:녀·가·다[동] 가다. 다녀가다 ¶길 녀가ᄂᆞᆫ ᄆᆞ더라(蒙法38). 힌 옷 닙고 녀가놋다 : 白衣行(杜解23 : 2). 니믈 ᄒᆞᆫᄃᆡ 녀가져 願ᄋᆞᆯ 비ᅀᆞᆸ노이다(樂範. 動動).

녀·기·다[동] 여기다 ¶어엿비 녀기거시ᄂᆞᆯ(三綱. 烈7). 엇던디 날 보시고 네로다 녀기실ᄉᆡ(松江. 續美人曲). 엇디 ᄒᆞᆫ 江山을 가디록 나이 녀겨(松江. 星山別曲). 아ᄂᆞᆫ 사ᄅᆞᆷ이 긔트기 녀기더라 : 識者奇之(東新續三綱. 忠1 : 50).

녀나믄[관] 다른 남은. 그 밖의. 다른 ¶녀나믄 사ᄅᆞᄆᆞᆫ : 別人(飜朴上34). 그 밧긔 녀나믄 일이야 分別ᄒᆞᆯ 줄 이시랴(古時調. 尹善道. 슬프나. 孤遺).

·녀나·ᄆᆞᆫ[관] 다른 남은. 그 밖의. 다른 ¶罪 니블 ᄆᆞᄃᆡ어나 녀나ᄆᆞᆫ 그지업슨 어려ᄫᅳᆫ 이리 다와댓거든(月釋9 : 25).

녀느[명] 다른 사람. 여느 것. ¶四海ᄅᆞᆯ 년글 주리여 : 維彼四海肯他人錫(龍歌20章). 半길 노ᄑᆡᆫᄃᆞᆯ 년기 디나리잇가 : 雖半身高誰得能度(龍歌48章).

※ '녀느'의 첨용 [녀느… / 년기/년글/년그란…]

녀느[관] 여느. 다른 ¶녀느 쉰 아히도 다 出家ᄒᆞ니라(釋譜6 : 10).

·녀·다[동] 가다. 다니다 ¶流ᄂᆞᆫ 믈 흐를 씨오 行ᄋᆞᆫ 녈 씨니 法이 펴디여 가미 믈 흘러 녀미 ᄀᆞᄐᆞᆯᄊᆡ(釋譜9 : 21). 니믈 뫼셔 녀곤 오ᄂᆞᆳ날 嘉俳샷다(樂範. 動動). 넉시라도 님을 ᄒᆞᆫᄃᆡ 녀닛 景 너기다니 벼기더시니 뉘

러시니잇가(樂詞. 滿殿春). 녈 ᄒᆡᆼ : 行(訓蒙 下27. 石千9). 잠ᄭᆞᆫ 긴 녈 비예 道上 無源水을 반만ᄭᆞᆫ ᄃᆡ혀 두고(蘆溪. 陋巷詞).

녀·름명 여름 ¶ᄇᆞᄅᆞᆷ비 時節에 마초 ᄒᆞ야 녀르미 ᄃᆞ외야(釋譜9 : 34). 녀름 하 : 夏(訓蒙 上1). 녀름 : 夏(譯解上3. 同文解上3. 漢淸1 : 23). 江湖에 녀름이 드니 草堂에 일이 업다(古時調. 靑丘).
※녀름>여름

녀·름명 ①농사(農事) ¶時節이 便安ᄒᆞ고 녀르미 ᄃᆞ외며(月釋 序25). 녀름됴ᄒᆞᆯ 풍 : 豊(訓蒙下19). ②농작물(農作物) ¶沙門ᄋᆞᆫ ᄂᆞᄆᆡ 지ᅀᅮᆫ 녀르믈 먹ᄂᆞ니이다(釋譜24 : 22).

녀름디을아비명 농부(農夫) ¶녀름디을아비ᄂᆞᆫ 膠漆 바툐ᄆᆞᆯ 슬허코 : 田父嗟膠漆(重杜解3 : 3).

녀·름지·ᅀᅳᆯ아·비명 농부(農夫) ¶녀름지ᅀᅳᆯ아비ᄂᆞᆫ 膠漆 바툐ᄆᆞᆯ 슬허코 : 田父嗟膠漆(初杜解3 : 3).

녀·름지·ᅀᅵ명 농사짓기. 농사(農事) ¶뫼ㅅ 시냇 구븨예셔 녀름지ᅀᅵᄒᆞ고 : 爲農山澗曲(初杜解21 : 41).

녀·름:짓·다동 농사짓다 ¶戍陀羅ᄂᆞᆫ 녀름짓ᄂᆞᆫ 사ᄅᆞ미라(月釋10 : 21). 녀름짓ᄂᆞᆫ 지븐 몱ᄋᆞᆫ ᄀᆞᄅᆞᆷ 고비오 : 田舍淸江曲(杜解7 : 4). 녀름지을 농 : 農(訓蒙 中3). 녀름지을 롱 : 農(類合 下24). 녀름지을 가 : 稼(類合下32). 녀름지을 롱 : 農(石千28).

녀믜츠다동 여미다 ¶녀믜츠고 안잔ᄂᆞᆫ 듯(楊士彦. 美人別曲).

녀·토·다동 옅게 하다. ¶녀토시고 ᄯᅩ 기피시니 : 旣淺又深(龍歌20章).

녀편ᄂᆡ명 여편네. 아내. 여자 ¶식견이 범 녀편ᄂᆡ와 다ᄅᆞ셔(閑中錄352).

년·ᄃᆡ명 여느 데. 딴 데. 딴 곳. ¶내 이에 이셔 년ᄃᆡ 옮디 아니호리니(釋譜11 : 29). 년ᄃᆡᆫ 쇼화문ᄒᆞᆫ 비단(飜老下24). 이제야 도라오나니 년ᄃᆡ ᄆᆞᄋᆞᆷ 마로리(古時調. 李滉. 當時예. 靑丘).

년·ᄃᆡ명 여느 데. 딴 데. 딴 곳. ¶ᄂᆞ외 년ᄃᆡ 가디 말라 : 勿復餘去(法華2 : 211). 敬으로 丘隅를 사마 년ᄃᆡ 안ᄶᅵ 마옵새(竹溪志. 儼然曲).

녇갑·다형 옅다〔淺〕 ¶功이 녇가ᄫᅵ며 기푸믈 조차(月釋17 : 44).
※'녇갑다'의 ┌녇갑게/녇갑디…
활용 └녇가ᄫᅵ며/녇가ᄫᅳ닌…

녈구름명 떠가는 구름. 지나가는 구름〔行雲〕. ¶아마도 녈구름이 근쳐의 머믈세라(松江. 關東別曲).

녈다동 다니다 ¶全 져재 녀러신고요(樂範. 井邑詞).

녈손님명 지나가는 손님. 행객(行客) ¶새원 원쥐되여 녈손님 디내옵ᄂᆡ(古時調. 鄭澈. 松江).

념통명 염통. 심장(心臟) ¶념통 심 : 心(訓蒙 上27). 내 들오니 聖人ㅅ 념통애 닐굽 굼기 잇다 호니 : 吾聞聖人之心有七竅(宣小4 : 26).

녑명 옆. 옆구리 ¶녑爲脅(訓解. 合字). 右脇은 올ᄒᆞᆫ 녀비라(月釋2 : 17). 녑 익 : 腋(類合上21). 녑 협 : 脅(類合下28). 왼편 녑히 ᄭᅵ고(武藝圖 5). ※녑>옆

녕감명 영감 ¶가마기 ᄶᅡᆨᄶᅡᆨ 아모리 운들 내 가며 녕감 가며 들의 간 아들놈 가며 뵈틀의 안즌 ᄯᆞᆯ아기 가랴(古時調. 靑丘).

녙·다형 옅다 ¶功이 녀트며 기푸믈(釋譜19 : 8). 녀트며 기푸미 ᄀᆞᆮ디 아니커늘(月釋17 : 22). 기품과 녀투미 겨시니 : 有深淺(圓覺序6). ※녙다>옅다

:녜명 예. 옛적 ¶軍容이 녜와 다ᄅᆞ샤 : 軍容異昔(龍歌51章). 녜 업던 모ᄉᆞᆯ 帝釋이 일워 내니(月印 上38). 녜뉫 時節에(釋譜6 : 8). 녜 고 : 古. 녜 셕 : 昔(訓蒙下2). 녜 구 : 舊(石千35). 녜 : 古(同文解 上5).
※녜>예

:녜:뉫·글명 옛 글. 옛 세상의 글. ¶녜뉫글 아니라도 : 古書縱微(龍歌86章).

:녜·다동 가다〔行〕 ¶사ᄅᆞ미 바미 녤 제 : 人夜行(誡初16). 일 녜리오 : 早行(老解上27). 더위자바 녜매 : 扶行(重杜解20 : 2). ᄉᆞ나희 녜는 길흘 계집이 칙도ᄃᆞ시(古時調. 鄭澈. 간나희 가는. 松江). 녤 ᄒᆡᆼ : 行(倭解上28). 流蘇寶帳의 萬人이 우러 녜나(松江. 將進酒辭). 當時에 녜던 길을 몃 ᄒᆡ를 ᄇᆞ려 두고(古時調. 李滉. 海謠). 져 물도 내 안 ᄀᆞᆺ도다 우러 밤길 녜놋다(古時調. 王邦衍. 千萬里. 靑丘).

:녯·글명 옛 글. ¶녯그레 잇ᄂᆞ니 ᄀᆞ로ᄃᆡ : 傳有之曰(飜小6 : 31).

:녯ᄀᆞ올명 고향(故鄕) ¶녯ᄀᆞ올히라와 됴토다 : 勝故鄕(初杜解8 : 35).

:녯·날명 옛날 ¶녯낤 願을 일우ᅀᆞᄫᆞ니(月印 上32). 녯날애 바리를 어더(月印上32). 므슴다 錄事니ᄆᆞᆫ 녯나를 닛고신뎌 아으 動動다리(樂範. 動動).

노·기·다동 녹이다 ¶얼우시고 ᄯᅩ 노기시니 : 旣氷又釋(龍歌20章).

:노니·다동 노닐다. 돌아다니다 ¶請 드른 다대와 노니샤 : 受賂之胡與之遊行(龍歌52章). 東南門 노니샤매(月印上16). 노닐 유 : 遊(類合下7. 石千33). 先王 聖代예 노니ᅌᅡ와지이다(樂詞. 鄭石歌). 노닐 쇼 : 逍. 노닐 요 : 遙(類合下28. 石千32. 註千32).

노롬노리명 놀음놀이 ¶노롬노리(閑中錄358).

노·ᄅᆞᆺ명 놀이. 장난 ¶노ᄅᆞᆺ샛 바오리실ᄊᆡ : 嬉戲之毬(龍歌44章). 羅雲이 져머 노ᄅᆞᄉᆞᆯ 즐겨(釋譜6 : 10). 戱ᄂᆞᆫ 노ᄅᆞ시라(月釋13 : 4). 노ᄅᆞᆺ 희 : 戱(訓蒙 下15).

노야부 다시 ¶노야 돋디 아닌ᄂᆞ니라 : 再不出痘(痘要上17).

노여부 다시 ¶이 마ᄋᆞᆷ 이 ᄉᆞ랑 견졸 ᄃᆡ 노여 업다(松江. 思美人曲).

노외·야부 다시. 다시는 ¶亭主의 깃븜이 노외야 업서(新語9 : 7).

노코시라동 놓으십시오. 놓으셨으면 하노라. ¶어느이다 노코시라 어긔야 내 가논 ᄃᆡ 졈그롤셰라(樂範. 井邑詞).

노·타동 놓다〔置. 設〕 ¶열 銀鏡을 노ᄒᆞ시니이다 : 維十銀鏡用爲侯的(龍歌46章). 七寶平床座 노ᅀᆞᆸ고(月印上70). 어느이다 노코시라 어긔야 내 가논 ᄃᆡ 졈그롤셰라(樂範. 井邑詞). 松間에 綠罇을 녹코 벗 온양 보노라(古時調. 一曲은. 海謠).

노·타동 놓다〔放. 捨〕 ¶부러 노ᄒᆞ시니 : 迺故放之(龍歌64章). 소놀 노티 말라 : 莫放手(初杜解8 : 32). 노ᄒᆞᆯ 방 : 放(類合下3). 노흘 방 : 放(倭解上54). 노흘 셕 : 釋(註千39).

노·핀명 높이 ¶半 길 노핀ᄃᆞᆯ 년기 디나리잇가 : 雖半身高誰得能度(龍歌48章). 虛空애 ᄒᆞᆫ 多羅樹ㅅ 노ᄑᆡ를 오ᄅᆞ샤(釋譜23 : 10).

노홉다형 노엽다 ¶격ᄒᆞ고 노홉고(閑中錄118). 깃거도 크게 웃디 말며 노호와도 소릐롤 노피 말며(女四解2 : 2).

녹져동 녹고자. 녹으려 ¶正月ㅅ 나릿므른 아으 어져 녹져 ᄒᆞ논ᄃᆡ 누릿 가온ᄃᆡ 나곤 몸하 ᄒᆞ올로 녈셔 아으 動動다리(樂範. 動動).

놀명 노루 ¶쫄애山 두 놀이 ᄒᆞᆫ 사래 ᄢᅦ니 : 照浦二麞一箭俱徹(龍歌43章). ※놀>노ᄅᆞ>노로>노루

:놀·다동 연주하다 ¶琴 놀오 놀애 브르니(釋譜11 : 15). 七寶琴을 노더니(月釋21 : 207). 七寶琴 놀오 놀애 블러(月釋21 : 207).

놀릐명 노루의. 독놀 ¶놀릐 고기 : 獐子肉(譯解 上50). 놀릐 삿기 : 獐羔(同文解 下39).

놀·애명 노래 ¶놀애를 브르리 하ᄃᆡ : 謳歌雖衆(龍歌13章). 놀애예 일훔 미드니 : 信名於謳(龍歌16章). 頌은 놀애라(月釋序13). 놀애 요 : 謠(訓蒙 叡山本下14). 놀애 곡 : 曲. 놀애 가 : 歌(訓蒙下15). 놀애 가 : 歌(類合 下6. 石千36). 놀애와 춤을 ᄀᆞᄅᆞ칠디니라 : 敎之歌舞(宣小5 : 7).

놉ᄂᆞᆺ가·뵈명 높낮이 ¶ᄶᅡ히 놉ᄂᆞᆺ가뵈 업시 ᄒᆞᆫ가지로다 ᄒᆞ시며(月釋2 : 40). ※놉ᄂᆞᆺ가뵈>놉ᄂᆞᆺ가이

놉ᄂᆞᆺ가·이명 높낮이 ¶뎌와 나왓 相이 업스샤ᄆᆞᆫ 心地

롤 善히 平히 ᄒᆞ야 놉ᄂᆞ가이 업수믈 表ᄒᆞ시니라 : 無彼我相表善平心地無有高下也(楞解5 : 69). ※놉ᄂᆞ가이<놉ᄂᆞ가비

놉·다 형 높다 ¶巍巍ᄂᆞᆫ 놉고 클 씨라(月釋1 : 1). 놉흘 고 : 高(註千22). 놉흘 위 : 巍(註千25). 東山泰山이 어ᄂᆞ야 놉돗던고(松江. 關東別曲). 놉흔 지 반겨 올나 고향을 ᄇᆞ라보니(萬言詞).

·누 대 누구 ¶어느 누를 더브르시려뇨(月印 上19).

누·리 명 세상 ¶누리 셰 : 世(訓蒙 中1). 누릿 가온ᄃᆡ 나곤 몸하 ᄒᆞ올로 녈셔(樂範. 動動).

누·역 명 도롱이 ¶누역 사 : 簑(訓蒙 中15). 누역 : 簑衣(譯解 上45. 同文解 上55. 漢淸11 : 6). 비 온 날 니믜춘 누역이 볏귀 본돌 엇더리(古時調. 鄭澈. 인ᄂᆞ니. 松江). 삿갓 빗기 쓰고 누역으로 오슬 삼아(古時調. 孟思誠. 江湖에. 靑丘).

누위 명 누이 ¶그 누위 病커든 : 其姊病(宣賜內訓3 : 46).

누의 명 누이 ¶그 ᄢᅴ 波斯匿王ㅅ 누의 숭 ᄃᆞ외야(釋譜24 : 18).

눈두·베 명 눈두덩. 눈꺼풀 ¶곳 눈두베 므거븐 돌 아라든 : 纔覺眼皮重(松廣寺 蒙法2).

눈두에 명 눈두덩. 눈꺼풀 ¶兩眼胞 쇽명 눈두에(無寃錄1 : 62).

눈ᄌᆞᅀᆞ 명 눈자위 ¶갈로 눈ᄌᆞᅀᆞ롤 블아내여 : 手執利刀…割其眼睛(恩重19).

·눈ᄌᆞ·ᅀᆞ 명 눈자위 ¶눈ᄌᆞᅀᆞ 쳥 : 睛(訓蒙 東中本 上25).

·눈ᄌᆞ·ᅀᅵ 명 눈자위 ¶눈ᄌᆞᅀᅵ 쳥 : 睛(訓蒙 叡山本 上13). ※눈ᄌᆞᅀᅵ>눈ᄌᆞ이

눉ᄌᆞ·ᅀᆞ 명 눈자위 ¶사ᄅᆞ미 눉ᄌᆞᅀᆞ와 骨髓왜니이다(釋譜11 : 19).

·눉·믈 명 눈물 ¶이 말 듣ᄌᆞᆸ고 눉믈 흘리며(釋譜11 : 23). 無色界옛 눉므리 ᄀᆞᄅᆞ비ᄀᆞ티 ᄂᆞ리다(月釋1 : 36). ※눉믈(눖믈)>눈믈>눈물

·눖·믈 명 눈물 ¶어마님 그리신 눖므를 : 憶母悲涕(龍歌91章). ※눉믈(눖믈)>눈믈>눈물

:눌 대 누구. 누구를 ¶討賊之功올 눌 미르시리 : 討賊之功伊誰云推(龍歌99章). 눌ᄃᆞ려 말ᄒᆞ료 : 誰語(重杜解2 : 2).

눕닐다 동 누웠다 일어났다 하다. ¶다리며 허리롤 일하 눕닐기 어려워ᄒᆞ며 : 膀痛腰痛難臥難起(馬解 下74).

:뉘 명 ①세상 ¶千萬 뉘예 子孫이 니서가ᄆᆞᆯ 위ᄒᆞ시니(釋譜6 : 7). 우흐로 온 뉘짜히 鼓摩王이러시니(月釋2 : 2). ②적. 때 ¶過去는 디나건 뉘오(月釋2 : 21之1). 조코도 그칠 뉘 업기ᄂᆞᆫ 믈뿐인가 ᄒᆞ노라(古時調. 尹善道. 구룸 빗치. 孤遺). 가디록 새 비출 내여 그믈 뉘롤 모ᄅᆞ다(古時調. 鄭澈. 남극 노인셩. 松江). 이 天地 져 天地 즈음에 늙을 뉘를 모르리라(古時調. 李彦迪. 天覆 地載ᄒᆞ니. 海謠).

·뉘 대 ①누구 ¶뉘 슈 : 誰. 뉘 슉 : 孰(訓蒙 下24). 뉘 슈 : 誰(類合 下6). ②누구가 ¶뉘 마ᄀᆞ리잇가 : 誰能禦止(龍歌15章). 뉘 아니 ᄉᆞ랑ᄒᆞᅀᆞᄫᆞ리 : 孰不思懷(龍歌78章).

:뉘읏·다 동 뉘우치다 ¶須達이 뉘읏디 말라(釋譜6 : 19).

:뉘·읏브·다 형 후회스럽다 ¶그뒷 혼조초 ᄒᆞ야 뉘읏븐 ᄆᆞᅀᆞᄆᆞᆯ 아니호리라 ᄒᆞ더니(釋譜6 : 8).

ᄂᆞ·지 부 느직이. 늦게 ¶마초ᄢᅦ 됴ᄒᆞᆫ ᄡᅡ해 ᄂᆞ지 나게 ᄒᆞ리니(月釋21 : 106). 西施를 싯노라 ᄒᆞ야 ᄂᆞ지 도라 가니라(古時調. 越相國. 靑丘). 午睡를 ᄂᆞ지 ᄭᆡ야 醉眼을 여러보니(古時調. 靑丘).

늘·그·니 명 늙은이 ¶늘그니 病ᄒᆞ니롤 보시고 ᄆᆞᅀᆞᄆᆞᆯ 내시니(月印 上16). 늘그니 病ᄒᆞ니 주근 사ᄅᆞᆷ 보시고(釋譜6 : 17).

늦 명 늦. 조짐. 상서(祥瑞) ¶天下ㅣ 定홀 ᄂᆞ지르샷다 : 酒是天下始定之徵. 寶位ᄐᆞ실 ᄂᆞ지르샷다 : 酒是寶位將登之祥(龍歌100章). 이 됴ᄒᆞᆫ ᄂᆞ지 아니로다(釋譜23 : 26). 須彌山 베윤 이론 죽사리롤 버서날 ᄂᆞ지오(月釋1 : 17).

·니 명 이〔齒〕 ¶齒ᄂᆞᆫ 니라(訓註6). 입시울와 혀와 엄과 니왜 다 됴ᄒᆞ며(釋譜19 : 7). ※니>이

니건날 명 지난날. 지나간 날. ¶니건나랜 돈 ᄡᅳ믈 아ᄅᆞᆷ뎌 디릴 잡더니 : 往日用錢捉私鑄(重杜解4 : 29).

니·건·ᄒᆡ 명 지난해. 지나간 해〔去年〕. ¶빗갑슨 니건ᄒᆡᆺ 갑과 ᄒᆞᆫ가지라 ᄒᆞ더라 : 布價如往年的價錢一般(飜老上9).

니·기·다 동 익히다 ¶法을 닷가 니겨(月釋18 : 15). 習은 니길 씨라(訓註3). 사ᄅᆞᆷ마다 ᄒᆡᅇᅧ 수ᄫᅵ 니겨 : 欲使人人易習(訓註3). 니길 습 : 習(類合 下8. 石千10).

·니·다 동 ①가다 ¶東이 니거시든 西夷 ᄇᆞ라ᅀᆞᄫᆞ니 : 我東曰徂西夷苦徯(龍歌38章). 須達이 護彌 지븨 니거늘(釋譜6 : 15). 朴堤上이 니거지이다 ᄒᆞ야(三綱. 忠30堤上忠烈). 니거든 여러 두고 날인가 반기실가(松江. 思美人曲). ②지나다 ¶귀ᄂᆞᆫ 니건ᄃᆞᆯ브터 머구라 : 耳從前月聾(杜解3 : 54).

:니·다 동 일다. 일어나다 ¶믌결 니디 아니홈 ᄀᆞᆮᄒᆞ니라 : 如波不起(圓覺 下二之二17).

니·르·다 동 이르다〔至〕 ¶아래로 阿鼻地獄애 니르며(釋譜19 : 13). 우ᄒᆞ로 梵世예 니르게 ᄒᆞ시고(釋譜19 : 38). 언ᄉᆞᄶᅴ 니르러 : 至偃師(五倫2 : 33).

니르·다 동 이르다. 말하다 ¶聖經을 니르시니 : 聖經是說(龍歌92章). 諸天을 아니 다 니를뿐뎡 實엔 다 왜ᄶᅥ니라(釋譜13 : 7). 言은 니를 씨라(訓註2). 이런 젼ᄎᆞ로 어린 百姓이 니르고져 홇 배 이셔도 : 故愚民有所欲言(訓註2). 니를 셜 : 說(光千24). 니를 위 : 謂(類合 上10). 니를 운 : 云(類合 上29). 나히 어려신들 니르ᄂᆞᆫ 말을 아니 듯나니(古時調. 靑丘). ※니르다(니ᄅᆞ다)>이르다

니르받·다 동 ①일으키다 ¶四兵을 니르바다 와 香姓엣 婆羅門올 拘尸城에 브려(釋譜23 : 53). ②일어나다 ¶이슥고 거믄 구루미 니르바다 天動ᄒᆞ거늘 : 俄黑雲起日中天地冥暗雷聲闐闐然(三綱. 孝29).

니르왇·다 동 일으키다 ¶根源 니르와ᄃᆞ샨 몃 첫 根源을 닐온 終이라(釋譜6 : 42). 生ᄒᆞ면 體롤브터 用올 니르왇고(六祖中87). ※니르받다>니르왓다

니르혀·다 동 일으키다 ¶그 겨지비 밥 가져다가 머기고 자바 니르혀니(月釋1 : 44).

니ᄅᆞ·다 동 이르다. 말하다 ¶後聖이 니ᄅᆞ시니 : 後聖以矢(龍歌5章). 부톄 니ᄅᆞ샤ᄃᆡ(釋譜23 : 4). 謂ᄂᆞᆫ 니롤 씨라(月釋序10). 說은 니롤 씨라(月釋1 : 15). 니롤 셜 : 說(訓蒙 下28. 類合 下1. 石千24). 허믈 니롤 알 : 訐(訓蒙 下28). 니롤 위 : 謂(類合 上10). 니롤 위 : 謂(石千42). 니롤 운 : 云(石千27. 倭解 上28). ᄂᆞᆷ이 날 니ᄅᆞ기를 貞節 업다 ᄒᆞ건만은(古時調. 槿樂). ※니ᄅᆞ다(니르다)>이르다

니ᄅᆞ왇·다 동 일으키다 ¶須達이 이 말 듣고 부텻긔 發心올 니ᄅᆞ와다 언제 새어든 부텨를 가 보ᅀᆞᄫᆞ려뇨 ᄒᆞ더니(釋譜6 : 19).

니믜ᄎᆞ다 동 입다. 걸치다 ¶紅裳을 니믜ᄎᆞ고 翠袖롤 半만 거더(松江. 思美人曲). 麻衣롤 니믜ᄎᆞ고 葛巾을 기우 쓰고(松江. 星山別曲). 비온 날 니믜춘 누역이 볏귀 본돌 엇더리(古時調. 鄭澈. 인ᄂᆞ니. 松江). 鶴氅을 니믜ᄎᆞ고 江皐로 ᄂᆞ려 가니(古時調. 許橿. 西湖눈딘. 松湖遺稿). 簑衣를 니믜ᄎᆞ고(古時調. 人間을. 靑丘).

:니·ᄡᆞᆯ 명 입쌀. 멥쌀 ¶니ᄡᆞᆯ : 粳米(四解 下57). 니ᄡᆞ론 기르미 흐르ᄂᆞᆫ ᄃᆞᆺᄒᆞ고 : 稻米流脂(杜解3 : 61). ※니ᄡᆞᆯ>입쌀

:니쏘·리 명 잇소리. 치음(齒音) ¶ㅈᄂᆞᆫ 니쏘리니 卽즉字ᄍᆞᆼ 처엄 펴아나ᄂᆞᆫ 소리 ᄀᆞᄐᆞ니(訓註7). ※니쏘리>잇소리

니엄니어 부 이엄이엄. 잇달아 ¶다ᇝ업슨 긴 ᄀᆞᄅᆞᆷ은 니

엄니어 오놋다：不盡長江袞袞來(重杜解10：35).

니지 [부] 잊게 ¶四月 아니 니지 아으 오실셔 곳고리새여(樂範. 動動).

니·피·다 [동] 입히다 ¶ᄌᆞ걋긔 黃袍 니피ᅀᆞᄫᆞ니：迺於厥躬黃袍用被(龍歌25章). 袞服 니피ᅀᆞᄫᆞ니：袞服以御(龍歌25章).

닉·다 [형] 익다. 익숙하다 ¶佛子ᄃᆞᆯ히 根機 니군 고ᄃᆞᆯ 보시고(釋譜13：60). 나조ᄒᆡ 뷔여든 또 나 아ᄎᆞᄆᆡ 닉더니(月釋1：45). 니글 관：慣(類合下35).

:닐·다 [동] 일다. 일어나다 ¶御座애 니르시니：御座遽起(龍歌82章). 起ᄂᆞᆫ 닐 씨니(釋譜6：42). 닐 긔：起(訓蒙下27. 類合下5. 石千25). 닐 흥：興(類合下45). 日出을 보리라 밤듕만 니러ᄒᆞ니(松江. 關東別曲). ※닐다>일다

닐·오·다 [동] 이르다. 말해 주다. ¶닐오려 ᄒᆞ시ᄂᆞᆫ가(釋譜13：25). 經에 닐오ᄃᆡ(月釋1：36). 或이 닐오ᄃᆡ：或者謂(蒙法53). 잠간 닐오ᄆᆞᆫ：略言(蒙法66).

닑·다 [동] 읽다 ¶이 經을 닑고(釋譜9：30). 讀은 닐글 씨오(月釋序22). 글 닑기를 됴화ᄒᆞ샤(女範 1. 셩후 당문덕후). 글 닑다：讀書(同文解上42).
※닑다>읽다

님뷔곰뷔 [부] 자꾸자꾸. 연거푸 ¶곰뷔님뷔 님뷔곰뷔 천방지방 지방천방(古時調. 天寒코. 青丘).

님븨곰븨 [부] 자꾸자꾸. 연거푸 ¶보션 버서 품에 품고 신 버서 손에 쥐고 곰븨님븨 님븨곰븨 천방지방 지방천방 즌 듸 ᄆᆞ른 듸 ᄀᆞᆯ희지 말고(古時調. 님미 오마 ᄒᆞ거늘. 青丘).

닙·다 [동] ①입다 ¶ᄂᆞᆯ근 옷 니버 시름 ᄀᆞ장 ᄒᆞ니(月印上57). ᄠᅵ 무든 옷 닙고 시름ᄒᆞ야 잇더니(釋譜6：27). 禮服 니브시고(月釋8：90). 닙을 착：着(倭解上46). 닙을 복：服(倭解上52). ②입다〔被〕. 당하다 ¶善慧ㅅ德 닙ᄉᆞᄫᅡ(月印上2). 接引ᄒᆞ샤ᄆᆞᆯ 닙ᄉᆞᄫᅡ(釋譜11：8). 니블 몽：蒙. 니블 피：被(類合下46).

:닛·다 [동] 잇다 ¶ᄆᆞᆯ 우희 니ᅀᅥ티시나：馬上連擊(龍歌44章). 聖神이 니ᅀᆞ샤도：子子孫孫聖神雖繼(龍歌125章). 連은 니ᅀᅳᆯ 씨라(訓註11). 니ᅀᅳᆯ 승：承(類合下9). 니ᅀᆞᆯ 쇽：續. 니ᅀᆞᆯ 계：繼(類合下12).

닞·다 [동] 잊다 ¶天下 蒼生ᄋᆞᆯ 니ᄌᆞ시리잇가：天下蒼生其肯忘焉(龍歌21章). 忘은 니즐 씨오(月釋序17). 話頭 니주미 몯ᄒᆞ리라：不可忘話頭(蒙法18). 四月 아니 니저 오실셔 곳고리새여(樂範. 動動). 니즐 망：忘(類合下13. 光千8. 倭解上21). 니졸 망：忘(石千8).

ᄂᆞ래 [명] 날개 ¶ᄃᆞᆯ기 ᄂᆞ래ᄅᆞᆯ 두 녀글 다 ᄲᅮᄃᆡ：雞翅左右俱用(救急上57). 大鵬이 ᄂᆞ래 드로매 하ᄂᆞᆯᄒᆞᆯ ᄀᆞᆯ어니：大鵬擧翼摩霄漢(南明下40). 雲霄에 오로젼들 ᄂᆞ래 업시 어이 ᄒᆞ며(古時調. 金天澤. 青丘). ᄂᆞ래 도쳐 ᄂᆞ라 올라(古時調. 青丘).

ᄂᆞ·리·다 [동] 내리다 ¶帝命이 ᄂᆞ리어시ᄂᆞᆯ：帝命既降(龍歌8章). 天才ᄅᆞᆯ ᄂᆞ리오시니：天才是出(龍歌32章). ᄂᆞ릴 강：降(類合下5). 됴복으로 ᄆᆞᆯ게 ᄂᆞ려：朝服下馬(五倫2：23).

ᄂᆞᄅᆞ [명] 나루〔津〕 ¶麻屯津：머툰ᄂᆞᄅᆞ(龍歌1：39). ᄂᆞᄅᆞ 진：津(訓蒙上5). ᄂᆞᄅᆞ：渡口(漢淸9：23).

ᄂᆞᄆᆞ·새 [명] 남새. 채소 ¶아므란 니근 ᄂᆞᄆᆞ새 잇거든：有甚麽熟菜蔬(飜老上40).

ᄂᆞᄆᆞ자기 [명] 나문재 ¶ᄂᆞᄆᆞ자기 구조개랑 먹고 바ᄅᆞ래 살어리랏다(樂詞. 青山別曲).

ᄂᆞᄆᆞᆾ [명] 주머니 ¶五色 ᄂᆞᄆᆞ채 녀허(釋譜9：21). 순 거슬 보아 藥ㅅ ᄂᆞᄆᆞᄎᆞᆯ 더러 ᄇᆞ리노라：看題減藥囊(初杜解7：6).

ᄂᆞ외 [부] 다시 ¶ᄂᆞ외 죽사리 아니ᄒᆞ야(月釋1：31).

ᄂᆞ외·야 [부] 다시. 다시는 ¶ᄂᆞ외야 현마 모딘 罪業을 짓디 아니ᄒᆞ리니(釋譜9：31). ᄂᆞ외야 아니 ᄂᆞ려 오ᄂᆞ니라(月釋2：19). ᄂᆞ외야 업스리라(野雲45). 날이 져믈거ᄂᆞᆯ ᄂᆞ외야 ᄒᆞᆯ닐 업서(古時調. 權好文. 松巖遺稿).

·ᄂᆞᆯ [명] 날〔刃〕 ¶ᄂᆞᆯ히 蓮花ㅣ ᄃᆞ외니(月印上26). 毒이 害티디 몯ᄒᆞ며 ᄂᆞᆯ히 헐이디 몯ᄒᆞ며(月釋10：70). 刃은 ᄂᆞᆯ히라(月釋21：75). ᄂᆞᆯ 망：鋩. ᄂᆞᆯ 신：刃(訓蒙下15). ᄂᆞᆯ 봉：鋒. ᄂᆞᆯ 악：鍔(訓蒙中28). 호ᄆᆡ도 ᄂᆞᆯ히언마ᄅᆞᄂᆞᆫ(樂詞. 思母曲).
※'ᄂᆞᆯ'의 첨용 ┌ᄂᆞᆯ
└ᄂᆞᆯ히/ᄂᆞᆯᄒᆞᆫ/ᄂᆞᆯᄒᆞᆯ/ᄂᆞᆯ해…

ᄂᆞᆯ [명] 날〔經〕 ¶經은 ᄂᆞᆯ히라(楞解7：59).

·ᄂᆞᆯ·나·다 [형] ①날래다 ¶ᄂᆞᆯ난 羅刹 ᄃᆞᆯ히(釋譜23：47). 夜叉ᄂᆞᆫ ᄂᆞᆯ나고 모디다 ᄒᆞᆫ ᄠᅳ디니(月釋1：14). 勇猛코 ᄂᆞᆯ나(金剛序7). ②날카롭다 ¶그 그르슬 ᄂᆞᆯ나게 코ᅀᅡ：以利其器(圓覺序80).

ᄂᆞᆯ·다 [동] 날다 ¶海東 六龍이 ᄂᆞᄅᆞ샤：海東六龍飛(龍歌1章). 빗근 남ᄀᆞᆯ ᄂᆞ라 나마시니：于彼橫木又飛越兮(龍歌86章). 虛空ᄋᆞ로 ᄂᆞ라오ᄃᆡ 아니코(釋譜23：40). ᄀᆞ마니 부ᄂᆞᆫ ᄇᆞᄅᆞᄆᆡᆫ 져비 빗 ᄂᆞᄂᆞᆺ다：微風燕子斜(初杜解7：7). ᄂᆞᆯ 비：飛(訓蒙下3. 類合上13. 石千 19. 倭解下 22). ※ᄂᆞᆯ다>날다

ᄂᆞᆯ애 [명] 날개 ¶매 ᄂᆞᆯ애 티ᄃᆞ시 가ᄇᆡ얍고(月釋10：78). ᄂᆞᆯ애 익：翼(類合上13). 곳나모 가지마다 간 ᄃᆡ 족족 안니다가 향 므틴 ᄂᆞᆯ애로 님의 오ᄉᆡ 올므리라(松江. 思美人曲). 예셔 ᄂᆞᆯ애ᄅᆞᆯ 드러 두세 번만 붓츠면은(古時調. 鄭澈. 松江). 댱지치 다 디게야 ᄂᆞᆯ애ᄅᆞᆯ 고텨 드러(古時調. 鄭澈. 松江).

·ᄂᆞᆯ캅·다 [형] 날카롭다 ¶갈ᄀᆞᆫ ᄂᆞᆯ캅고(月印上59). 다리 굵고 ᄡᅧ리 ᄂᆞᆯ캅더니(釋譜6：32). 톱과 엄괘 ᄂᆞᆯ캅고(釋譜6：33). ᄂᆞᆯ카온 갈히 ᄀᆞᅀᆞᆳ 터리ᄅᆞᆯ 當ᄒᆞᆫ ᄃᆞᆺ도다：利器當秋毫(重杜解8：57). ᄂᆞᆯ카올 리：利(光千39).
※'ᄂᆞᆯ캅다'의 ┌ᄂᆞᆯ캅고/ᄂᆞᆯ캅게/ᄂᆞᆯ캅도다…
활용 └ᄂᆞᆯ카ᄫᆞᆫ/ᄂᆞᆯ카ᄫᅡ…

·ᄂᆞᆷ [명] ①남 ¶三韓ᄋᆞᆯ ᄂᆞᄆᆞᆯ 주리여：維此三韓肯他人任(龍歌20章). ᄂᆞᄆᆞᆫ ᄠᅳᆮ 다ᄅᆞ거늘：他則意異(龍歌24章). ②사람. 놈 ¶게으른 ᄒᆞᆫ ᄂᆞ미 서르 ᄀᆞᄅᆞ쳐(月釋1：45).

ᄂᆞᆽ·갑·다 [형] 낮다〔低〕 ¶上聲은 처ᅀᅥ미 ᄂᆞᆽ갑고 乃終이 노ᄑᆞᆫ 소리라(訓註13). 시혹 사ᄅᆞ미 ᄃᆞ외오도 ᄂᆞᆽ가ᄫᆞᆫ ᄂᆞ미 죠이 ᄃᆞ외야(釋譜9：16). ᄂᆞᆽ가올 비：卑(訓蒙下26).
※'ᄂᆞᆽ갑다'의 ┌ᄂᆞᆽ갑고/ᄂᆞᆽ갑도…
활용 └ᄂᆞᆽ가ᄫᆞᆫ/ᄂᆞᆽ가ᄫᆞ니/ᄂᆞᆽ가ᄫᅡ…

ᄂᆞᆽ곳 [명] 낯빛. 얼굴빛. 안색(顏色) ¶舍利弗이 측ᄒᆞᆫ ᄂᆞᆽ고지 잇거늘(釋譜6：36). 날 향ᄒᆞ야 호매 그딋 眞實ㅅ ᄂᆞᆽ고ᄌᆞᆯ 보노라：於我見子眞顏色(初杜解16：61).

ᄂᆞᆾ [명] 낯 ¶닐흐늬 ᄂᆞ치 맛거늘：中七十面(龍歌40章). 각시 ᄭᅬ노라 ᄂᆞᆾ 고ᄫᅵ 빗여드라(月印上18). 菩薩ㅅ ᄂᆞᄎᆞᆫ 金色이오(月釋8：35). ᄎᆞᆫ믈로 ᄂᆞᄎᆡ ᄲᅳ려 ᄭᆡ에 ᄒᆞ고(月釋13：18). 늘근 ᄂᆞᄎᆞ란：衰顏(初杜解21：5). ※ᄂᆞᆾ(ᄂᆞᆽ)>낯

·ᄂᆡ [명] 내. 연기(煙氣) ¶머리 ᄂᆡᄅᆞᆯ 보고 블 잇ᄂᆞᆫ ᄃᆞᆯ 아로ᄆᆡ ᄀᆞᆮᄒᆞ니(月釋9：7).

ᄂᆡ [명] 내〔川〕 ¶ᄂᆡ 천：川(兒學上3).

ᄂᆡ [명] 내. 냄새 ¶그어긔 수제 섯드러 잇고 香ᄂᆡ 섯버므러 잇고(月釋23：74). ᄂᆡ 츄：臭(兒學下2).

ᄂᆡ치다 [동] 내쫓다 ¶아ᄂᆡ를 ᄂᆡ치고쟈 ᄒᆞ거시ᄂᆞᆯ(女四解4：35). ᄂᆡ칠 츌：黜(兒學下7).

다디르·다 [동] 들이받다. 대지르다 ¶다딜어도 흗디 아니ᄒᆞ며 : 觸不散(蒙法43). 나조히 어듭거든 사ᄅᆞᄆᆞᆯ 다디르리라 : 昏黑搪突(重杜解25 : 2). 다디를 츙 : 衝(類合 下50). 能히 다딜너 디ᄅᆞ고(武藝圖17).

다디ᄅᆞ·다 [동] 들이받다. 대지르다 ¶뮈며 괴외호미 다디ᄅᆞᄂᆞᆫ 바ᄅᆞᆯ 좃ᄂᆞ다 : 動靜隨所激(初杜解7 : 24).

다돋·다 [동] 다다르다 ¶그날 다ᄃᆞ라(釋譜6 : 27). 研은 다돋게 알 씨라(月釋序18). 어미 병드러 죽기에 다돌앗거ᄂᆞᆯ : 母病垂死(東新續三綱. 孝6 : 50).

다ᄅᆞ·다 [형] 다르다 ¶ᄂᆞᄆᆞᆫ 쁟 다ᄅᆞ거늘 : 他則意異(龍歌24章). 이곧 뎌 고대 後ㅅ날 다ᄅᆞ리잇가 : 於此於彼寧殊後日(龍歌26章). 異ᄂᆞᆫ 다ᄅᆞᆯ 씨라(訓註1). 殊는 다ᄅᆞᆯ 씨라(月釋序14). 다ᄅᆞᆯ 이 : 異(類合 上14. 石千35). 다ᄅᆞᆯ 슈 : 殊(類合 下61). 다ᄅᆞᆯ 별 : 別(光千14). ※다ᄅᆞ다>다르다

다만단 [부] 다만 ¶다만단 四十 못 사는 人生 안이 놀고서 무엇을 하리(古時調. 歲月아 네월아. 樂府).

다만당 [부] 다만 ¶다만당 님그린 타ᄉᆞ로 시름계워 ᄒᆞ노라(古時調. 鄭澈. 쓴ᄂᆞ믈. 松江). 다만당 돗톨이 업쓴 江山을 직희라고 ᄒᆞ도다(古時調. 尹善道. 내 性情. 海謠).

다·므사·리 [명] 더부살이 ¶삭바돌 용 : 傭 初學字會云 다므사리 용(訓蒙 中2 傭字註). 삭 바돌 고 : 雇 初學字會云 다므사리 고(訓蒙 中2 雇字註).

다·ᄉᆞ리·다 [동] 다스리다 ¶四天下 다ᄉᆞ료미 아바님 ᄠᅳ디시니(月印 上17). 世間 다ᄉᆞ룔 마리며(釋譜19 : 24). 님금과 다뭇 다ᄉᆞ리고져 ᄒᆞᄂᆞ다 : 與君理(初杜解16 : 55). 다ᄉᆞ릴 리 : 理(訓蒙 下32. 石千29. 註千29). 다ᄉᆞ릴 티 : 治(類合 下10. 石千28).

다ᄉᆞᆷ [명] 거짓 것〔假〕. ¶親ᄒᆞ닐 親히 ᄒᆞ고 다ᄉᆞᆷ으란 기우로 ᄒᆞ면 : 親其親而偏其假(重內訓3 : 22).

다ᄉᆞᆷ아ᄃᆞᆯ [명] 의붓아들 ¶ᄒᆞ믈며 다ᄉᆞᆷ아ᄃᆞᆯ을 엇디 어미 업ᄉᆞ되 다ᄅᆞ게 ᄒᆞ리오(女範1. 부계모 위망ᄌᆞ모).

다ᄉᆞᆷ아비 [명] 의붓아비. 계부(繼父) ¶다ᄉᆞᆷ아비 브티디 아니ᄒᆞ야ᄂᆞᆯ : 繼父不容(二倫19 杜衍待兄).

다·ᄉᆞᆷ·어·미 [명] 의붓어미. 계모(繼母) ¶다ᄉᆞᆷ어미 : 繼母(三綱. 孝1)

다ᄉᆞᆷᄌᆞ식 [명] 의붓자식 ¶다ᄉᆞᆷᄌᆞ식 : 假子(重內訓3 : 22).

다잇·다 [동] 때리다. 치다 ¶槍을 들어 ᄒᆞᆫ 번 다잇고(武藝圖10).

다잋·다 [동] 때리다. 치다 ¶擊은 다이즐 씨라(月釋 2 : 14. 楞解5 : 4).

다ᄋᆞ·다 [동] 다하다. 없어지다 ¶天命이 다아 갈씨 : 將失天命(龍歌84章). 盡은 다ᄋᆞᆯ 씨라(釋譜序2). 窮은 다ᄋᆞᆯ 씨라(月釋序17). 다ᄋᆞᆯ 진 : 盡(石千11). 날이 다ᄋᆞ도록 : 盡日(宣小6 : 92).

다ᄋᆞᇝ:업·다 [형] 다함이 없다. ¶流布호ᄃᆡ 다ᄋᆞᇝ업시 ᄒᆞ리라 : 流布無窮(楞解1 : 4).

다짐글월 [명] 고백(告白)의 글. 자백(自白)의 글. ¶다짐글월 : 招狀(譯解補37).

다토다 [동] 다투다 ¶군ᄉᆡ 다토아 나아가 크게 이긘디라(五倫2 : 75).

다·히·다 [동] 대다 ¶香과 맛과 다흠과(月釋2 : 15). 혀에 맛보며 모매 다히며(月釋2 : 15). 대롱을 항문에 다히고(救簡1 : 46).

단쵸 [명] 단추 ¶단쵸 도적ᄒᆞᄂᆞᆫ 놈 : 剪紐的(譯解 上66). 단쵸 : 鈕子. 단쵸 ᄢᅦ오다 : 扣鈕(同文解 上57).

·닫 [부] 따로 ¶別은 닫 내야 ᄒᆞᆫ 돗 ᄒᆞᆫ ᄠᅳ디라(釋譜序 4). ᄂᆞᆷ과 닫 나몰 즐겨(釋譜9 : 16). 왼녁 피 닫 담고 올ᄒᆞᆫ녁 피 닫 다마(月釋1 : 7).

달·아 [형] 달라. 달라서 ¶나랏 말ᄊᆞ미 中國에 달아 : 國之語音異乎中國(訓註1). ᄒᆞ나히 ᄠᅩ로 달아(月釋2 : 46).

달·애·다 [동] 달래다 ¶하ᄂᆞᆯ히 달애시니 : 天實誘他(龍歌18章). 하ᄂᆞᆯ히 駙馬 달애샤 : 天誘駙馬(龍歌46章). 밤나조ᄒᆡ 달애더시니(月印 上13). 달앨 셰 : 說(類合 下1). 달앨 유 : 誘(類合 下34).
※달애다>달래다

달·이 [부] 달리 ¶德用ᄋᆞᆯ 조차 달이 일ᄏᆞᆯ ᄯᆞᄅᆞ미라(月釋18 : 17).

답사·타 [동] 첩첩이 쌓다. ¶石壁ㅅ 비츤 답사ᄒᆞᆫ 쇠 셋ᄂᆞᆫ 돗ᄒᆞ도다 : 壁色立積鐵(杜解1 : 17).

답사히다 [동] 첩첩이 쌓이다. ¶前後에 온 卷ㅅ 글워리 답사혀시니 : 前後百卷文枕藉(初杜解24 : 34).

·답·쌉·다 [형] 답답하다 ¶술히 덥고 안히 답쌉거늘(月釋2 : 51).

·답·씨·다 [동] 답답해지다 ¶王이 안ᄒᆞᆯ 답ᄶᅧ ᄒᆞ더니(釋譜24 : 20). 가ᄉᆞᆷ 닶겨 ᄶᅡᄒᆡ 그우더니(月釋17 : 16).

닷 [명] 탓. 까닭 ¶宮監ᄋᆡ 다시언마ᄅᆞᆫ : 宮監之尤. 官吏의 다시언마ᄅᆞᆫ : 官吏之失(龍歌17章). 이 다ᄉᆞ로 이제와 ᄯᅩ ᄉᆡᇰ각ᄒᆞ야(釋譜9 : 16). 遂는 브틀 씨니 아모 다ᄉᆞᆯ브터 이러타 ᄒᆞᄂᆞᆫ 겨치라(月釋序3). 이 다ᄉᆞ로 沈滯ᄒᆞ야 : 坐是沈滯(宣賜內訓1 : 61). ※닷>탓

닷·다 [동] 닦다 ¶몸 닷기 모ᄅᆞᄂᆞᆫ 돌 슬피 너기니(月印 上62). 前生애 닷곤 因緣으로(釋譜6 : 34). 됴ᄒᆞᆫ 法을 닷가(釋譜9 : 14). 나사 닷고미 : 進修(永嘉 下106). 忽然히 집터 닷다가(蒙法10). 닷ᄀᆞᆯ 슈 : 修(類合 下20). 몸 닷ᄀᆞ며 : 修身(宣小3 : 6).
※ '닷다'의 활용 ┌ 닷디/닷게/닷ᄂᆞᆫ/닷논… └ 닷가/닷ᄀᆞ니/닷ᄀᆞ며…

대되 [부] 모두. 통틀어 ¶밤마다 먹논 딥과 콩이 대되 언머만 쳔이 드ᄂᆞ고 : 每夜喫的草料通該多少錢(飜老 上11). ᄯᅩ 三年 侍墓ᄒᆞ니 대되 거상을 아홉 ᄒᆡ를 ᄒᆞ니라 : 又居三年前後居喪九年(續三綱. 孝24). 대되 언머나 잇ᄂᆞ뇨(三譯3 : 5). 이 술이 天香酒ㅣ라 모다 대되 슬타 마소(古時調. 朗原君. 靑丘). 일이 됴흔 世界 놈 대되 다 뵈고져(松江. 關東別曲). 놈 대되 근심을 제 혼자 맛다이셔(古時調. 鄭澈. 長沙王. 松江).

·대롱 [명] 대롱 ¶管見은 대롱ᄋᆞ로 하ᄂᆞᆯ 볼 씨니(楞解1 : 18). 管ᄋᆞᆫ 대로이니(心經67). 대로ᅌᅳ로 부러(救急 上42).

·대ᄲᅡ개 [명] 대쪽 ¶簡은 대ᄲᅡ개니 녜ᄂᆞᆫ 죠히 업서 대롤 엿겨 그를 쓰더니라 부톄 授記ᄒᆞ샤미 글 쑤미 ᄀᆞᆮ고 제여곰 달오미 대ᄲᅡ개 ᄀᆞᆮᄒᆞᆯᄊᆡ(月釋 8 : 96).

대:범 [명] 큰 범. ¶ᄆᆞᆯ 우흿 대버믈 ᄒᆞᆫ 소ᄂᆞ로 티시며 : 馬上大虎一手格之(龍歌87章).

·대·수 [명] 대숲 ¶林淨寺로 가ᄂᆞᆫ ᄆᆞᄃᆡ예 대수히 이쇼ᄃᆡ(月釋8 : 99).

대히다 [동] 대다 ¶제 머리를 퍼 어믜 머리에 대혀 : 散其髮承接母首(續三綱. 孝8). 깁젹삼 안셥히 되여 죤득죤득 대히고 지고(古時調. 각시님. 靑丘).

댜ᄅᆞ·다 [형] 짧다 ¶기픠 여틔 기니 댜ᄅᆞ니 : 深淺長短(飜朴 上67). 댜ᄅᆞᆫ 히 수이 디여 긴 밤을 고초 안자(松江. 思美人曲).

·댱·ᄉᆞ [명] 장사〔商業〕 ¶商估ᄂᆞᆫ 댱ᄉᆡ오(月釋13 : 8). 一千貫ᄋᆞ로 댱ᄉᆞ 나가더니(月釋23 : 64). 댱ᄉᆞᄒᆞ리 바ᄅᆞᆯ 어둠 ᄀᆞᆮᄒᆞ며 : 如賈客得海(法華6 : 170).
※댱ᄉᆞ>장사

더·느·기 [명] 내기〔賭〕 ¶博으로 더느기를 비호디 말며 : 無學賭博(宣小5 : 34). 博으로 더느기를 비호디 말며 : 無學賭博(警民20).

더느·다 [동] 내기하다 ¶더늘 도 : 賭(類合 下45).

더ᄂᆞ다 [동] 내기하다 ¶우리 므서슬 더ᄂᆞ료 : 咱賭甚麼(朴解 上22).

더·뎌두·다 [동] 던져 두다. 버려 두다. 맡겨 두다. ¶뉘 이긔며 뉘 몯 이긔니오 더뎌두고셔 네 보라 : 誰贏誰

輪由他你看(飜老下37). 鶴이 제 기술 더뎌두고 半空의 소소뜰 듯(松江. 星山別曲). 小艇에 그믈 시러 흘리 띄여 더뎌두고(古時調. 孟思誠. 江湖에 ᄀᆞ올. 青丘).

더두어리다[동] 말을 더듬거리다. ¶천천이 말ᄒᆞ면 썻썻이 더두어려 일오되(捷蒙1:5).

더·듸[부] 더디. 더디게. 늦게 ¶酒盃 자봄 더듸 호ᄆᆞᆯ : 執盃遲(初杜解8:6). 情 둔 오ᄂᆞᆳ 밤 더듸 새오시라(樂詞. 滿殿春). 北堂에 鶴髮 雙親을 더듸 늙게 ᄒᆞ리라(古時調. 朴仁老. 萬鈞을. 青丘).

더·디·다[동] 던지다 ¶보시고 더디시니 : 見焉擲之(龍歌27章). 粥을 좌시고 바리를 더뎌시ᄂᆞᆯ(月印上23). ᄂᆞᆾ 알ᄑᆞᆯ 向ᄒᆞ야 더됴니(南明下70). 어듸라 더디던 돌코(樂詞. 青山別曲). 어미 병이 듕ᄒᆞ거ᄂᆞᆯ 벼술을 더디고 ᄉᆡ골 돌아가(東新續三綱. 孝1:72). 더딜 텩 : 擲(訓蒙下22. 類合下47). 더딜 뎌 : 抵(類合下41). 더딜 투 : 投(類合下47. 石千16).

:더러·ᄫᅵ·다[동] 더럽히다 ¶能히 情識을 더러ᄫᅵᆯ씨(月釋2:22之1). ※더러ᄫᅵ다>더러이다

:더러·이·다[동] 더럽히다 ¶煩惱와 業이 더러이며 얽밀씨 塵累예 가줄비니라(楞解1:24). 더러일 류 : 累(石千32). 명졀을 더러이디 말며(女範2. 변녀 쥬시댁부).

더·뷔[명] 더위 ¶더뷔 치뷔로 셜버ᄒᆞ다가 내 일후믈 드러 닛디 아니ᄒᆞ야(釋譜9:9. 月釋9:26).

더으·다[동] 더하다 ¶虐政이 날로 더을씨 : 虐政日深. 兇謀ㅣ 날로 더을씨 : 兇謀日熾(龍歌12章). 增은 더을 씨오(釋譜9:13). 왼녀긔 ᄒᆞᆫ 點을 더으면 : 左加一點(訓註13). 益은 더을 씨라(月釋序11). 시르믈 더으리랏다 : 添愁(初杜解15:31). 더을 텸 : 添(訓蒙下11). 더을 가 : 加. 더을 익 : 益. 더을 텸 : 添(類合下45). 더을 증 : 增(類合下45). 더을 익 : 益(類合下45. 石千14). 더을 증 : 增(石千 30). 밥과 깅으란 다시 더음을 許ᄒᆞ고 : 飯羹許更益(宣小 6 : 6). 내의 근심을 더으미라(女範1. 모의 도간모).

더지다[동] 던지다 ¶더질 쳑 : 擲(倭解下38). 창을 미처 더지니(三譯1:21). 流水青山을 벗사마 더졋노라(古時調. 青丘). 그 아래 비를 띄워 갈대로 더져 두니(松江. 星山別曲). 海口에 더져 두고(蘆溪. 太平詞). 日月이 뵈북 더짐 ᄀᆞᆺᄒᆞ여(捷蒙2:8). 더질 투 : 投(註千16).

더·품[명] 거품 ¶더품 ᄀᆞᄐᆞᆫ 모ᄆᆞᆯ 아니 치시ᄂᆞ니라(月釋10:15). 이 모미 모ᄃᆞᆫ 더품 ᄀᆞᆮᄒᆞ야 : 是身如聚沫(圓覺上二之二24).

덛[명] 때. 동안 ¶밥 머긇 덛만뎡(月釋8:8). 밥 머글 덛만 ᄒᆞ여도(月釋21:87). 밥 머글 덛만 너기더니 : 謂如食頃(法華1:106). 잠깐 더디나 : 暫時間(飜老上62). 그 더듸 엇디ᄒᆞ야 下界예 ᄂᆞ려오니(松江. 思美人曲). 그 더듸 딘젹이 되도다 ᄉᆞᆷ이론듯 ᄒᆞ여라(古時調. 鄭澈. 광화문. 松江).

덛덛ᄒᆞ·다[형] ①떳떳하다 ¶應化ᄒᆞ시논 모미 나토미 덛덛ᄒᆞᆫ 法이 업스시니 : 應化之身現無常準(永嘉序3). ②한결같다 ¶얼의여 덛덛ᄒᆞ야 變티 아니커늘 : 凝常不變(法華1:109). 體 제 덛덛ᄒᆞ도다 : 體自常(南明下9). 덛덛ᄒᆞᆯ 홍 : 恒(類合下53). 덛덛ᄒᆞᆯ 샹 : 常(註千7). ※덛덛ᄒᆞ다>떳떳하다

:덞·다[동] 더러워지다. 물들다 ¶오직 덞디 아니ᄒᆞ며(月釋13:14). 心魂이 이대 아로매 덜머 : 心魂染於靈悟(楞解9:58). 내 ᄆᆞᄋᆞᆷ 뎌 ᄀᆞᄐᆞ야 덜믈 줄을 모ᄅᆞ고져(古時調. 鄭澈. 쇠나기. 松江). 엇그제 비단옷 버ᄉᆞ니 덜믈 거시 업서라(古時調. 鄭澈. 青山의. 松江).

덧[명] 때. 동안 ¶잠깐 덧이나 : 暫時間(老解上56). 혈마 님이야 그 덧에 이져시랴(古時調. 가더니. 瓶歌).

데면이[부] 데면데면히 ¶별장들을 딕희워시니 데면이 보고 일내디 말오(癸丑175).

데오다[동] 데우다 ¶쓴 ᄂᆞ믈 데온 믈이 고기도곤 마시이셰(古時調. 鄭澈. 松江).

뎌[명] 저(笛) ¶笛은 뎌히라(釋譜13:53). 笛은 뎌히라(月釋10:62). 簫와 뎌콰(法華1:221). ᄀᆞᆺ 뎟소리 드로ᄆᆞᆯ 正히 시름ᄒᆞ노니 : 正愁聞塞笛(初杜解7:4). 뎌 불라 : 吹笛兒着(飜朴上7). 뎌 관 : 管. 뎌 뎍 : 笛. 뎌 약 : 籥(訓蒙中32. 類合上24). ※뎌>저

※ '뎌'의 첨용 [뎌… / 뎌히/뎌히라/뎌홀…

·뎌[대] 저 ¶뎌 옷 이긔면 짓게 ᄒᆞ고(釋譜6:26). 與ᄂᆞᆫ 이와 뎌와 ᄒᆞᄂᆞᆫ 겨체 ᄡᅳᄂᆞᆫ 字ㅣ라(訓註2). 彼ᄂᆞᆫ 뎌오(月釋序26). 뎌에 緣應ᄒᆞ샤(月釋14:58). 뎌 타 : 他. 뎌 피 : 彼(訓蒙下24. 類合下6). 뎌 피 : 彼(石千8). ※뎌>저

·뎌[관] 저(彼) ¶이 곧 뎌 고대 後ㅿ날 다ᄅᆞ리잇가 : 於此於彼寧殊後日(龍歌26章). 調達이 몸이 뎌 넉시러니(月印上49).

뎌르다[형] 짧다 ¶뎌르고 더럽고 : 矬陋(法華2:167). 그 뎌른 돌 여서 求ᄒᆞ야도 : 伺求其短(法華7:112). 긔운이 뎔어 주글 ᄃᆞᆺ거니 : 氣短欲死(救簡2:39). 히 뎌르다 : 日短(同文解上3). ※뎌르다(뎌ᄅᆞ다)>짧다

뎌ᄅᆞ·다[형] 짧다 ¶길며 뎔옴ᄃᆞᆯᄒᆞᆯ 아ᄅᆞ실 씨오(法華1:42). 슬픈 놀애 時로 절로 뎌ᄅᆞ니 : 哀歌時自短(初杜解7:15). 뎌롤 단 : 短(石千8). ※뎌ᄅᆞ다(뎌르다)>짧다

·뎌주·숨·쁴[명] 저즈음께. 저번에 ¶뎌주숨쁴 님긊 禮數ㅣ 阻隔ᄒᆞ야 : 向時禮數隔(初杜解24:43). ※뎌주숨쁴(뎌주숨쯰)>뎌주움쁴>저즈음께

·뎌주움쁴[명] 저즈음께. 저번에 ¶뎌주움쁴 구슬 ᄀᆞᄐᆞᆫ 남기 섯거 안조니 : 昨者間瓊樹(重杜解1:55). ※뎌주움쁴<뎌주숨쁴

·뎔[명] 절 ¶뎔爲佛寺(訓解. 用字). 뎌레 드러 안ᅎᆞ(釋譜11:1). 城 밧긔 닐굽 뎔 닐어(月釋2:77). 僧伽藍ᄋᆞᆫ 뎌리니(月釋21:39). 그 ᄢᅴ 뎘 님자히 뫼이고 : 其時寺主接借(佛頂下12). 뎔 암 : 庵. 뎔 ᄉᆞ : 寺. 뎔 찰 : 刹(訓蒙中10). 뎔 ᄉᆞ : 寺(類合上18). 뇽봉 뎌릐 갈시(東新續三綱. 烈3:21). ※뎔>절

·뎡·바기[명] 정수리 ¶楞迦頂은 楞迦山 뎡바기라(釋譜6:43). 뎡바기를 ᄆᆞᆫ져 : 摩頂(佛頂上14). 뎡바기 뎡 : 頂(訓蒙上24). 뎡바기 뎡 : 頂(類合上20. 倭解上16).

:도니·다[동] 돌아다니다 ¶부텨 도녀 諸國올 敎化ᄒᆞ샤(釋譜9:1).

도·도·다[동] 돋우다 ¶벼스를 도도시니 : 聿陞官爵(龍歌85章). 壇은 짜홀 닷가 도도온 거시라(月釋2:72). ※도도다>돋우다

·도라[동] 달라 ¶迦葉이 도라 ᄒᆞ야(釋譜23:40). 가시며 子息이며 도라 ᄒᆞ야도(月釋1:13).

도람듣다[동] 돌려 듣다. 용서하다 ¶아소 님하 도람드르샤 괴오쇼셔(樂範. 鄭瓜亭).

도렷ᄒᆞ다[형] 둥글다 ¶개 우희 도렷ᄒᆞᆫ ᄒᆞᆫ 프른 蓋 ᄀᆞᆮ더니라 : 浦上童童一青蓋(重杜解6:41).

도로·혀[부] 도리어 ¶도로혀 禮에 걸위여 : 還拘禮(初杜解8:28). 조심홈이 도로혀 됴ᄒᆞ니라 : 小心些還好(老解上24). 도로혀 붓그럽ᄉᆞ왕이다(新語6:10).

도ᄅᆞ혀다[동] 돌이키다 ¶머리를 도ᄅᆞ혀 ᄇᆞ라오니 : 回首(杜解6:48).

도ᄅᆞ·혀[부] 도리어 ¶이제 도ᄅᆞ혀 ᄂᆞ미 어싀아ᄃᆞᆯ 여희에 ᄒᆞ시ᄂᆞ니(釋譜6:5). 니즈면 空애 디여 도ᄅᆞ혀 定의 어리요ᄆᆞᆯ 니버(蒙法25).

도ᄅᆞ·혀·다[동] 돌이키다 ¶모ᄀᆞᆯ 도ᄅᆞ혀 오좀 누는 ᄶᅡ홀 할ᄒᆞ니(釋譜11:25). 實際예 도ᄅᆞ혀 向ᄒᆞ야 一切 有情과 菩提彼岸애 ᄲᆞᆯ리 가고져 願ᄒᆞ노라(月釋序26).

도셔다[동] 돌아서다 ¶가시ᄂᆞᆫ ᄃᆞᆺ 도셔 오쇼셔(樂詞. 가시리). 深意山 모진 범도 경세ᄒᆞ면 도셔ᄂᆞ니(古時調.

靑丘).

도슮[명] 도시락. 동고리 ¶點心 도슮 부시이고 곰방뒤를 톡톡 ᄶᅥ러(古時調. 논밧 가라. 靑丘).

도외·다[동] 되다 ¶기름ᄀᆞ티 도외어든 : 如油者(救急 下38). ᄆᆞᄎᆞ매 도오미 도외디 몯호니 : 竟不爲所祐(宣賜內訓2 下14). 크게 도욀 사ᄅᆞ문(飜小10 : 11). 도욀 화 : 化(訓蒙 下1). 도욀 화 : 化(類合 下63). 그리 도외ᄂᆞ니라(野雲53).
※도외다<ᄃᆞ외다<ᄃᆞᄫᅵ다

:도·최[명] 도끼 ¶도최와 鉞와 鎗과 톱괘 잇ᄂᆞ니 : 斧鉞鎗鋸(楞解8 : 85). 갈과 도최에 헐여 : 刀斧傷損(救急 上82).

:도·치[명] 도끼 ¶묻노라 도치를 가졋ᄂᆞᆫ 한아빈 : 借問持斧翁(初杜解7 : 26). 쟈근 도치 가지고 : 持小斧(續三綱. 孝19). 도치 부 : 斧(訓蒙 中16). ᄉᆞᆺ 씌고 도치 멘 분내ᄂᆞᆫ 다 디그려 ᄒᆞᆫ다(古時調. 鄭澈. 뎌긔 셧ᄂᆞᆫ. 松江).

·독·벼·리[부] 유달리. 특별히 ¶네 독벼리 모ᄅᆞᄂᆞ고나 : 你偏不理會的(飜老 上27).

돋[명] 돼지 ¶사ᄅᆞ미게 질드ᄂᆞ니 곧 괴 가히 ᄃᆞᆰ 돋 類라 : 馴服於人卽猫犬雞豘類也(楞解8 : 122). 돋 뎨 : 豬. 돋 시 : 豕(訓蒙 上19). 돋 뎌 : 豬 猪(類合 上14).

돗[명] 돗자리 ¶돗ᄭᅴ 도로 누어 : 反席(三綱. 忠32). 돗 셕 : 席(倭解 下12). 넙ᄇᆞ람이 고이 부니 ᄃᆞ론 돗긔 도라와다(古時調. 尹善道. 孤遺).

:돌숫[명] 석탄(石炭) ¶돌숫 ᄆᆡ : 煤(訓蒙 中15).

:돌·쎌[명] 돌부리 ¶돌쎌은 오솔 걸위여 헐우고 : 石角鉤衣破(初杜解15 : 6).

:돓비·늘[명] 돌비늘. 운모(雲母) ¶雲母ᄂᆞᆫ 돓비느리니(月釋2 : 35).

돗[명] 돼지 ¶수돗 : 牙猪. 암돗 : 母猪(譯解 下31). 돗 : 猪(同文解 下39). 돗 : 豕(物譜 毛蟲). 돗 : 豕(柳氏物名 一 獸族).

동난지[명] 방게젓 ¶宅드레 동난지들 ᄉᆞ오 뎌 匠事ㅣ야…小아리 八足으로 前行後行ᄒᆞ다가 靑醬 黑醬 아스삭 ᄒᆞ난 동난지들 사오(古時調. 靑丘).

동싱형·뎨[명] 친형제(親兄弟) ¶동싱형뎨게 난 아ᄎᆞᆫ ᄯᆞᆯ : 姪女(飜老 下34).

되ᄑᆞ람[명] 휘파람 ¶ᄇᆞᄅᆞ미 ᄲᆞᄅᆞ며 하ᄂᆞᆯ히 놉고 나비 되ᄑᆞ라미 슬프니 : 風急天高猿嘯哀(重杜解10 : 35).

되혀다[동] 뒤집다 ¶홀연히 긔운이 ᄶᅳ라디고 눈을 되혀고 : 忽然氣痿目飜(胎要27).

:된목[명] 큰 소리. 큰 목소리. ¶매로 티ᅀᆞᄫᅡ도 머리 ᄃᆞ라가샤 된모ᄀᆞ로 니ᄅᆞ더시니(月釋17 : 77).

:된소·리[명] 높은 소리〔高聲〕. 큰 소리. ¶된소리로 經을 닐고ᄃᆡ 밤낫 그치디 아니ᄒᆞ면(月釋10 : 123). 諸天이 虛空中에 된소리로 닐오ᄃᆡ(月釋18 : 8).

:됴·타[형] 좋다 ¶곶 됴코 여름 하ᄂᆞ니 : 有灼其華有蕡其實(龍歌2章). 婆羅門 술ᄫᆞᆫ 말ᄋᆞᆯ 天神이 됴타 ᄒᆞᆯᄊᆡ(月印 上12). 됴커나 궂거나(釋譜19 : 20). 술이 됴토 아니ᄒᆞ오니(新語3 : 26). 滄江의 달이 ᄯᅳ니 夜色이 더옥 됴타(陶山別曲). ※됴타>좋다

:됴히[부] 좋게. 좋이 ¶부텻 功夫에 됴히 올아가샤(釋譜9 : 3). 경히 됴히 잡드롬디니 : 正好提撕(蒙法17). 빗난 거술 됴히 너기디 아니ᄒᆞ샤(女範1. 셩후 명덕마후). 됴히 너길 요 : 樂(註千14).
※됴히>좋이

:됴ᄒᆞ·다[동] 좋아지다. 낫다 ¶王이 좌시고 病이 됴ᄒᆞ샤(釋譜11 : 21).

:됴ᄒᆞ·다[형] 좋다 ¶어늬ᅀᅡ 뭇 됴ᄒᆞ니ᅌᅵᆺ가(釋譜6 : 35). 됴ᄒᆞᆫ 일 지ᅀᅳ면 됴ᄒᆞᆫ 몸 ᄃᆞ외오(月釋1 : 37). 됴ᄒᆞᆯ 호 : 好(訓蒙 下31. 類合 上26. 石千18). 됴ᄒᆞᆯ 션 : 善. 됴ᄒᆞᆯ 슉 : 淑(訓蒙 下31). 버곡댱이ᅀᅡ 난 됴해(鄕樂. 維鳩曲). 됴ᄒᆞᆯ 미 : 美(類合 上26). 됴ᄒᆞᆯ 가 : 嘉(類合 上30).

됴희[명] 종이〔紙〕 ¶칙에 됴희 심 박다 : 撚釘者(譯解 下50).

두·던[명] 두둑. 둔덕 ¶두던에 올이고 : 上岸(救簡1 : 71). 두던 구 : 丘. 두던 원 : 原. 두던 고 : 皐. 두던 부 : 阜(訓蒙 上3). 두던 우희 가 받가던 거ᄉᆞᆯ 그치고 : 釋耕於壟上(宣小6 : 84). 가ᄑᆞ른 두던 : 坡子(譯解 上6).

두·듥[명] 두둑. 둔덕 ¶松原 : 소두듥(龍歌5 : 36). 두들기 뫼히 아니라(月釋2 : 76).

·두·렫·다[형] 둥글다 ¶디혜ᄂᆞᆫ 두렫고져 ᄒᆞ며 힝실은 모나고져 홀디니라 : 智欲圓而行欲方(宣小5 : 82).

두렫ᄒᆞ·다[형] 둥글다 ¶모난 믿틔 두렫ᄒᆞᆫ 두에 곧ᄐᆞᆫ디라 : 猶方底而圓蓋(宣小5 : 71). 두렫ᄒᆞᆯ 단 : 團(類合 下51).

두·렵·다[형] 둥글다. 원만하다. 온전하다 ¶ᄂᆞ치 두렵고 ᄎᆞ며(釋譜19 : 7). ᄂᆞ치 두렵고 조ᄒᆞ미 보롮ᄃᆞᆯ ᄀᆞᄐᆞ시며(月釋2 : 56).
※ '두렵다'의 활용 ┌ 두렵고/두렵디/두렵게…
└ 두려ᄫᅥ/두려ᄫᅳᆯ/두려ᄫᅳ시며…

두루앉·다[동] 둘러앉다 ¶남진 겨지비 두루 안자셔 모다 머그며 맛날쎠 ᄒᆞ던 사ᄅᆞᆷ돌히니(月釋23 : 79).

·두·리·다[동] 두려워하다. 무섭게 여기다. 겁내다 ¶龍王이 두리ᅀᆞᄫᅡ 부텨하 救ᄒᆞ쇼셔 ᄒᆞ니(月印 上70). 두리여 몯 오ᄂᆞ이다(釋譜6 : 29). 어버이 두려 아니 얼이니라 : 父母懼而止(續三綱. 烈12). 내 엇디 죽기를 두리리오 : 妾豈復恪死(太平1 : 9). 두릴 외 : 畏(倭解 上21). 두리디 아니ᄒᆞ고(山城).

:두·ᅀᅥ[관] 두어 ¶種種 方便으로 두ᅀᅥ 번 니ᄅᆞ시니(釋譜6 : 6). 시믄 두ᅀᅥ 힛자히(月釋1 : 6). 기릐 두ᅀᅥ 자히로ᄃᆡ : 長數尺(楞解9 : 108). 두ᅀᅥ 날 : 兩日(飜朴 上33).

두:ᅀᅥ·열[수] 수십(數十) ¶ᄒᆞ다가 믈러가디 아니커든 믄득 ᄊᆞ해 ᄂᆞ려 두ᅀᅥ열 거르믈 거러 : 若不退便下地行數十步(蒙法3).

·두·어·열[수] 수십(數十) ¶또 두어열 됴건이러라 : 又數十條(宣小6 : 15).

두위티·다[동] 번드치다 ¶ᄂᆞ라오ᄅᆞ고져 ᄒᆞ야도 ᄂᆞ라 두위티디 몯ᄒᆞ리로다 : 陵厲不飛飜(初杜解21 : 10).
※두위티다>두위치다>뒤치다

두위혀·다[동] 번드치다. 뒤집다 ¶손ᄡᅥ당 두위혈 ᄉᆞᅀᅵ : 反掌間(宣賜內訓3 : 6).

·두·텁·다[형] 두껍다. 진하다 ¶두텁디 아니ᄒᆞ며 크디 아니ᄒᆞ며 검디 아니ᄒᆞ야(釋譜19 : 7). 우리 나랏 소리예셔 두터ᄫᅳ니(訓註15). 닐굽차힌 귀 두텁고 넙고 기르시고(月釋2 : 56). 밠드ᄫᅵ 두터ᄫᅳ시며(月釋2 : 57). 두터울 후 : 厚(類合 下48).
※ '두텁다'의 활용 ┌ 두텁고/두텁게…
└ 두터ᄫᅳ니/두터ᄫᅳ시며…

둗:겁·다[형] 두껍다. 짙다 ¶빗보기 길고 둗겁고 ᄇᆞ얌 서린 ᄃᆞᆺᄒᆞ야(月釋2 : 58). 기우디 아니ᄒᆞ며 둗겁디 아니ᄒᆞ며(月釋17 : 53). 봆비치 날마다 제 둗겁도다 : 春光日自濃(杜解10 : 9). ※둗겁다>두껍다
※ '둗겁다'의 활용 ┌ 둗겁고/둗겁게/둗겁디…
└ 둗거ᄫᅥ/둗거ᄫᅳᆫ/둗거ᄫᅳᆯ…

둘에[명] 둘레 ¶둘에 열두 由旬이오(月釋8 : 13). 하ᄂᆞᇗ 둘에 三百六十五度 ᄒᆞ고(楞解6 : 16). ※둘에>둘레

둘엿ᄒᆞ다[형] 둥글다 ¶竹이 둘엿ᄒᆞ니 ᄯᅩᄒᆞᆫ 天을 衆호미오(家禮6 : 14). 낫갓치 ᄀᆞ으다가 보름이 돌아오면 거울갓치 둘엿ᄒᆞ다(古時調. 金振泰. 初生에 빗친. 靑謠).

둡·다[동] 덮다 ¶如來를 둡ᅀᆞᆸ고(釋譜23 : 18). 金壜 우희 둡ᄉᆞᄫᆞ미(釋譜23 : 49). 둡다 니ᄅᆞ고 : 言覆(法華2 : 197).

둪·다[동] 덮다 ¶衆人ᄋᆞᆯ 다 두프니(月印 上58). 마리를 펴 두퍼시ᄂᆞᆯ(月釋1 : 16). 法界를 다 두프시ᄂᆞᆫ 體니라 : 周覆法界之體(楞解1 : 9). 露ᄂᆞᆫ 두푼 것 업슬 씨라(楞解1 : 94). 구루미 히를 두퍼든(六祖 上66). 두플 개 : 蓋(訓蒙 中13. 類合 上29. 石千7).

:뒤명 북쪽 ¶뒷심꼴 : 北泉洞(龍歌2 : 32). 뒤 븍 : 北(訓蒙 中4). 白鹽 노푼 묏 뒤콰 : 白鹽危嶠北(初杜解7 : 16).

뒤안명 뒤곁. 뒤터. 뒷동산 ¶날회야 거러 져근 뒤안ᄒᆞᆯ 보노라 : 徐步視小園(重杜解6 : 50). 뒤안 원 : 園(類合 下28).

뒤짐명 뒷짐 ¶뒤짐 : 背叉手(譯解 上39).

뒤짐지다동 뒷짐지다 ¶뒤짐지다 : 倒背手(漢淸7 : 28).

·뒷·다동 두었다 ¶門돌ᄒᆞᆯ 다 구디 좀겨 뒷더시니(釋譜6 : 2). 남기 모ᄅᆞᆯ ᄢᅦᅀᆞ바 뒷더니(月釋1 : 6). ᄠᅳᆮ 뒷ᄂᆞᆫ 사ᄅᆞ문 : 有志之士(蒙法68). 기피 ᄀᆞ초아 뒷다가 늘그니ᄅᆞᆯ 주ᄂᆞᆫ 거시어늘 : 深藏供老宿(重杜解9 : 23).

듕명 중 ¶믈 아래 그림재 디니 ᄃᆞ리 우희 듕이 간다(古時調. 鄭澈. 松江). 외나모 ᄃᆞ리에 혼자 가ᄂᆞᆫ 뎌 듕아(古時調. 鄭澈. 잘새ᄂᆞᆫ. 松江).

듕어리다동 중얼거리다 ¶듕어리다 : 絮叨(譯解補24).

·드·나ᄃᆞᆯ·다동 드나들다 ¶드나ᄃᆞ로ᄆᆞᆯ 어려이 아니ᄒᆞ나 : 出入無難(圓覺 序47).

드던지다동 들어 던지다. ¶셰간 그릇 드던지며 역졍 닉여 ᄒᆞᄂᆞᆫ 말이(萬言詞).

드ᄃᆡ다동 디디다 ¶즌 ᄃᆡᄅᆞᆯ 드ᄃᆡ욜셰라(樂範. 井邑詞). 셔매 ᄒᆞᆫ 발 츼드ᄃᆡ디 아니ᄒᆞ며 : 立不蹕(蹕ᄋᆞᆫ 當作跛)(宣小1 : 2). 발을 문 밧긔 드ᄃᆡ디 아니ᄒᆞ니(女範3. 뎡녀 동셩기녀).

드·러·치·다동 진동하다 ¶ᄯᅡ히 드러치니(月印 上24). 大千世界 드러치고 時節 아닌 곳도 프며(釋譜11 : 2).

드·레명 두레박 ¶드레 爲汲器(訓解. 用字). 네 드레와 줄 서러내여 오고려 : 你收拾洒子井繩出來(飜老上31). 물 둠복 ᄯᅥ내ᄂᆞᆫ 드레 곡지 쟝ᄉᆞ(古時調. 밋난편. 靑丘). 드레 : 桔槔(物譜 農耕). 드레 가르새 : 桶梁(柳氏物名 五 水).

드·르명 들. 벌판 ¶드르헤 龍이 싸호아 : 龍鬪野中(龍歌69章). 묏고리어나 뷘 드르히어나(釋譜19 : 43). 너븐 드르콰 : 曠野(楞解9 : 22). 먼 드르흘 咫尺만 ᄒᆞᆫ가 ᄉᆞ랑ᄒᆞ노라 : 曠野懷咫尺(杜解7 : 23). 드르 교 : 郊. 드르 뎐 : 甸. 드르 평 : 坪(訓蒙 上4). 八十 드르흐로 진동한동 거러 가거ᄂᆞᆯ(古時調. 人生 시른. 靑丘). ※드르>들

※ '드르'의 첨용 [드르 / 드르히/드르흘/드르헤]

드·리·다동 드리우다. 드리워지다 ¶우희 드린 구스리 이셔 거름 거를 쩌긔 뮐씨(月釋10 : 21). 垂ᄂᆞᆫ 드릴 씨니 垂瓔은 瓔珞ᄋᆞᆯ 드리울 씨라(月釋10 : 56). 아래ᄅᆞᆯ 向ᄒᆞ야 드리오 : 向下垂(金三2 : 11).

·드·리ᄃᆞᆮ·다동 들이닫다. 달려들다 ¶드리ᄃᆞ라 오더니(月印 上59). 아히 손ᄌᆞᄅᆞᆯ 업고 박연의 드리ᄃᆞ라 주그니라 : 負兒孫投朴淵而死(東新續三綱. 烈5 : 86 朴氏投淵). 드리ᄃᆞᄅᆞ며 손 내여 헤저으며(癸丑28). 주글번 살번 ᄒᆞ다가 와당탕 드리ᄃᆞ라 이리져리ᄒᆞ니(古時調. 半 여든. 靑丘). 延秋門 드리ᄃᆞ라 慶會南門 ᄇᆞ라보며(松江. 關東別曲).

드립더부 들입다. 무리하게. 마구 ¶날이 어두오니 힝혀 아닌가 드립더 손을 잡으며(癸丑122). 드립더 ᄇᆞ득 안으니(古時調. 靑丘). 영이 바드려 홀 제 드립더 영의 손을 좁으며(引鳳簫 2).

드무리부 드물게 ¶더 드무리 ᄒᆞ시고(閑中錄146).

·드믈·다형 드물다 ¶希ᄂᆞᆫ 드믈 씨오(釋譜13 : 15). 希ᄂᆞᆫ 드믈 씨라(金剛 上7). 音書ㅣ 일로브터 드믈리로다 : 音書從此稀(初杜解23 : 27). 드믈 희 : 稀. 드믈 한 : 罕(類合 下57). 별이 드믈고(三譯8 : 18).

드위·티·다동 뒤치다. 번드치다 ¶셜버 드위텨디게 ᄒᆞ고(月釋1 : 29). 地軸이 爲ᄒᆞ야 드위티고 : 地軸爲之飜(杜解22 : 2).

드위·혀·다동 뒤집다 ¶곳구무 데군케 드위혀고(釋譜3 : p.100). 숁바당 드위혀메셔 ᄲᆞᄅᆞ니 : 速於反掌(楞解1 : 16). 허므를 드위혀(心經17).

드틀명 티끌 ¶드틀에 소사나시니(月印 上39). 드틀을 가줄벼 니ᄅᆞ시니(月印 上45). 드트릐 얽미유미 아니ᄃᆞ욀 씨라(釋譜6 : 29). 塵ᄋᆞᆫ 드트리라(月釋2 : 15). 드틀 딘 : 塵(類合 上6).
※드틀>듣글>티끌

듣글명 티끌 ¶거즛 듣그릐 더러욤과 : 妄塵所染(法華1 : 180). 거우루 소뱃 듣글 곤ᄒᆞ니라(南明 上3). 듣글 딘 : 塵. 듣글 애 : 埃. 듣글 분 : 坌. 듣글 옹 : 塕(訓蒙 下18).

:듣·다동 떨어지다 ¶ᄀᆞᄂᆞᆫ 밀흔 가ᄇᆡ야온 고지 듣놋다 : 細麥落輕花(杜解7 : 5).

듣다동 듣다. 효험을 나타내다. ¶경ᄒᆞ니ᄂᆞᆫ 세 번의 듣고(痘要 上50).

듣·다동 냄새 맡다. ¶香ᄋᆞᆯ 드러 아디 몯ᄒᆞ니 업스며(月釋17 : 65).

듣·보·다동 듣고 보다. ¶善惡ᄋᆞᆯ ᄀᆞᆯᄒᆡ디 몯ᄒᆞ야 귀예 듣보미 업거든(月釋21 : 126).

들밥바라지명 들일에 음식 바라지하는 일. ¶방젹을 브즈런이 ᄒᆞ고 들밥바라지ᄅᆞᆯ 긋칠 적이 업시 ᄒᆞ니(女範4. 녈녀 뉴의인).

들·이·다동 들리다 ¶일후미 너비 들여(釋譜13 : 4). 多聞은 만히 들일 씨니(月釋1 : 30). 들이던 배 : 所聞(金三4 : 14).

들·이·다동 들리다[使聞]. 듣게 하다. ¶風流를 들이ᅀᆞᆸ더니(月印 上19). ᄒᆞᆫ 偈ᄅᆞᆯ 닐어 들여 제 스ᅌᅳᆼ을 곧닛긔 ᄒᆞ니(月印 上41).

들입쎠부 들입다 ¶들입쎠 ᄇᆞ드득 안은이(古時調. 海謠).

듯글명 티끌 ¶巾은 ᄲᅥ곰 듯글과 ᄑᆞ리ᄅᆞᆯ 辟ᄒᆞᄂᆞᆫ 거시라(家禮5 : 14).

듯듣다동 떨어지다 ¶대쵸볼 블근 골에 밤은 어이 듯드르며(古時調. 歌曲).

듯듯다동 떨어지다 ¶東風 細雨에 듯듯ᄂᆞ니 桃花ㅣ로다(古時調. 琵琶ᄅᆞᆯ. 靑丘).

듸듸다동 디디다 ¶셕국을 듸듸 발바 雲窓을 밧비 열고(皆岩歌).

:디·나건동 지난 ¶過去ᄂᆞᆫ 디나건 뉘오(月釋2 : 21之1).

:디나·다동 지나다 ¶년기 디나리잇가 : 誰得能度(龍歌48章). 後에 현 劫 디나 아모 世界예 부텨 ᄃᆞ외야(楞解1 : 17). 디날 력 : 歷(類合 上4). 디날 과 : 過(類合 下19). 디날 과 : 過(石千8). 디날 력 : 歷(石千32). ※디나다>지나다

디:내·다동 ①지나게 하다. ¶굴허에 ᄆᆞᄅᆞᆯ 디내샤 : 深巷過馬(龍歌48章). ②지내다. 겪다 ¶마ᅀᆞᆫ아ᄒᆞ래어나 디내오(釋譜9 : 31). 나즈란 디내와손뎌(樂詞. 靑山別曲). 됴히 디내다 : 過活(譯解 下44).

·디·다동 ①거꾸러지다 ¶현버늘 딘ᄃᆞᆯ : 雖則屢蹶(龍歌31章). 兄이 디여 뵈니 : 兄墜而示(龍歌36章). ②지다. 떨어지다 ¶雙鵲이 ᄒᆞᆫ 사래 디니 : 維彼雙鵲墮於一縱(龍歌23章). 곳츤 므ᄉᆞᆫ 일로 픠여서 수이 디고(古時調. 尹善道. 孤遺). 픠여 디ᄂᆞᆫ ᄃᆞᆺ 푸르러 이우ᄂᆞᆫ ᄃᆞᆺ(曺友仁. 梅湖別曲). 殘花ᄂᆞᆫ ᄇᆞᆯ셔 디고 白日이 漸漸 기니(辛啓榮. 月先軒十六景歌). ③뒤지다¶ᄂᆞᄆᆡ 딘 곧 웃디 말라 : 別人落處休笑(飜老 下43). ④빠지다 ¶그러나 文이 해 디며 월써 : 脫(金剛 後序14). ⑤(말이) 떨어지다. 끝나다 ¶말 디자 鶴을 ᄐᆞ고 九空에 올라가니(松江. 關東別曲). 말을 디지 아니홈으로(三譯2 : 18).

:디·다동 떨어뜨리다 ¶어분 아기ᄅᆞᆯ 조쳐 디오(月釋10 : 24). 빈 ᄌᆞ식을 디오거나 : 墮胎(警民10). 風雲을 언제 어더 三日雨를 디련ᄂᆞᆫ다(松江. 關東別曲).

:디·다동 ①쇠를 끓여 녹이다. ¶戈戟을 디여 農器를 ᄆᆡᆼᄀᆞ니 : 鑄戈戟爲農器(圓覺 下二之二24). ②쇠를 부

어 만들다. ¶銅鐵을 모도아 砲 디여(三綱. 忠28). 佛像을 디여 일움 ᄀᆞᄐᆞ니：如鑄成佛像(佛頂 中8). 므쇠로 한쇼를 디여다가(樂詞. 鄭石歌).

디·마니ᄒᆞ·다 [동] 소홀히 하다. ¶너희 디마니ᄒᆞᆫ 이리 잇ᄂᆞ니 ᄲᆞᆯ리 나가라(月釋2：6).

디방 [명] 문지방 ¶겨집이 그 허리롤 안고 디방을 의거코 크게 소리ᄒᆞ니：妻抱其腰據門限大叫(東新續三綱. 烈1：8).

디새 [명] 기와 ¶甓이며 디새며(釋譜13：51). 한 사ᄅᆞ미 막다히며 디새며(月釋17：85). 滅ᄒᆞ야 더로ᄃᆡ 디새 ᄇᆞᅀᆞ디ᄃᆞᆺ게 몯 호ᄆᆞᆯ 恨ᄒᆞᄂᆞ니：恨不滅除令瓦碎(南明 下32). 디새 와：瓦(訓蒙 中18. 類合 上23).

디새집 [명] 기와집 ¶디새집 우희셔 흘러ᄂᆞ린 믈 ：屋霤水(東醫 湯液一 水部). 디새집：瓦房(譯解 上16).

디우다 [동] 쇠를 녹여 부어 쇠그릇을 만들다. ¶쇠 디울 주：鑄(類合 下7).

디·위 [명] 번 ¶마ᅀᆞᆫ아홉 디위 닑고(釋譜9：32). 설흔여슷 디위를 오ᄅᆞᄂᆞ리시니(月釋1：20).

디위 [명] 경계(境界) ¶디위예 新都 形勝이샷다(樂詞. 新都歌). 어와 뎌 디위롤 어이ᄒᆞ면 알거이고(松江. 關東別曲).

디·킈·다 [동] 지키다 ¶供養ᄒᆞ며 디킈리이다(釋譜9：21). 墓롤 디킐 씨라(三綱. 孝18). 디킐 슈：守(類合 下43). 디킐 슈：守(石千17). 일홀 제 디킈ᄂᆞ니：守之於爲(宣小5：91). 強弓 勁弩로 要害롤 디킈ᄂᆞᆫ ᄃᆞᆺ(青友仁. 出塞曲). ※디킈다<딕ᄒᆞ다

딕먹·다 [동] 찍어 먹다. 쪼아 먹다. ¶가마괴 와 딕먹더니(釋譜3：p.62).

딛다 [형] 병이 대단하다. ¶지아비 병이 딛거놀(東新續三綱. 烈5：8). ※딛다>딭다>짙다

딜 [명] 질그릇 ¶ᄎᆞᆷ기름 半盞ᄋᆞᆯ 녀허 딜湯罐에 봇가 누르거든：香油半盞瓦銚炒黃(救急 下21). 딜 구을 도 ：陶(訓蒙 中9). 딜 부：缶(訓蒙 中18). 딜 밍ᄀᆞᆯ 견 ：甄(類合 下16). ※딜>질

딜것 [명] 질것. 질그릇 ¶딜것 도：陶(石千5). 딜것 굽다：陶了(同文解 下15).

딥 [명] 짚〔藁〕 ¶禾ᄂᆞᆫ 딥 조ᄎᆞᆫ 穀食이라(法華1：13). 밤마다 먹ᄂᆞᆫ 딥과 콩이：每夜喫的草料(老解 上10). ※딥>짚

딭다 [형] 병이 대단하다. ¶디튼 병 고：痼(類合 下18). 병이 디터 긔절ᄒᆞ거늘：疾革氣絕(東續三綱. 孝9).

ᄃᆞ·려·가·다 [동] 데려가다 ¶宗親ᄃᆞᆯ홀 ᄃᆞ려가시니(月印 上9). 내 아ᄃᆞᆯ롤 ᄃᆞ려가려 ᄒᆞ시ᄂᆞ니(釋譜6：5).

ᄃᆞ·려오·다 [동] 데려오다 ¶젼 사ᄅᆞᆷ 여러흘 ᄃᆞ려오라 ：引着幾箇鋪家來(飜老 下56).

ᄃᆞ리 [명] ①다리 ¶ᄃᆞ리爲橋(訓解. 用字). ᄃᆞ리예 ᄢᅥ딜 ᄆᆞᆯ：橋外隕馬(龍歌87章). 梁ᄋᆞᆫ ᄃᆞ리라(月釋21：77). 무지게 휘온ᄃᆞ시 어후루혀 ᄃᆞ리 노코(古時調. 고래물혀. 青丘). 그 ᄃᆞ리롤 도라보니 즉시 스러디더라(明皇1：37). ᄠᅳᄂᆞᆫ ᄃᆞ리：吊橋(同文解 上40). ᄃᆞ리：橋(同文解 上41). ᄃᆞ리 구무：橋洞(漢清9：23). ②징검다리 ¶ᄃᆞ리 강：矼 點石渡水者. ᄃᆞ리 긔：徛 列石爲渡(訓蒙 中7). ③사닥다리 ¶城 높고 ᄃᆞ리 업건마ᄅᆞᆫ：城之高矣雖無梯矣(龍歌34章). ᄃᆞ리와 사오리와：梯蹬(圓覺 下三之一118). ᄃᆞ리 뎨：梯(訓蒙 中7). ④층계(層階) ¶等覺妙覺애 ᄃᆞ리 디르며：遂階等妙(楞解6：89). ⑤등급. 품계 ¶ᄒᆞᆫ 資ㅣ나 半 ᄃᆞ리롤 비록 시혹 得ᄒᆞ야도：一資半級雖或得之(宣賜內訓1：33). ※ᄃᆞ리>다리

ᄃᆞᄫᆡ·다 [동] 되다 ¶山ᄋᆡ 草木이 軍馬ㅣ ᄃᆞᄫᆡ니이다：山上草木化爲兵衆(龍歌98章). ※ᄃᆞᄫᆡ다>ᄃᆞ외다>되다

ᄃᆞ·ᅀᆞ·리 [명] 사랑할 이. ¶我롤 ᄃᆞᅀᆞ리 잇거든：有愛我者(圓覺 下三之一20).

ᄃᆞ외·다 [동] 되다 ¶釋迦佛 ᄃᆞ외싫ᄃᆞᆯ 普光佛이 니르시니이다(月印 上2). 爲ᄂᆞᆫ ᄃᆞ욀 씨라(訓註12). 爲ᄂᆞᆫ ᄃᆞ외야 겨실 씨라(月釋序1). 죵 ᄃᆞ외어지라 ᄒᆞᄂᆞ다 ：乞爲奴(初杜解8：1). 男子ᄋᆡ 몸 ᄃᆞ외오져 ᄒᆞ리와 ：欲得成男子身者(佛頂 上4).

ᄃᆞᆫ·니·다 [동] 다니다 ¶有情을 어버 ᄃᆞᆫ녀(月釋9：61). 말와ᄆᆞᆯ 조차 ᄃᆞᆫ니로라：逐浮萍(初杜解8：13). 山嶺에 ᄃᆞᆫ니거니(金三2：23). ※ᄃᆞᆫ니다<ᄃᆞᆮ니다

ᄃᆞᆮ·니·다 [동] 다니다〔본디 'ᄃᆞᆮ'은 '走', '니다'는 '行'의 뜻.〕 ¶攻戰에 ᄃᆞᆮ니샤：攻戰日奔馳(龍歌113章). 손소 ᄃᆞᆮ녀 밍ᄀᆞ노닛가(釋譜6：16). 心外예 부텨롤 얻녀 ᄯᅩ절업시 ᄃᆞᆮ니다가(牧牛訣12). 모로매 너운너운 ᄃᆞᆮ뇨리니：須要活弄(法語5). 嶺 우희 ᄃᆞᆮ니ᄂᆞ니(金三2：23).

ᄃᆞᆮ·다 [동] 닫다〔走〕. 달리다 ¶내 ᄉᆞᅀᅵ에 나 ᄎᆞ림 몯ᄒᆞ야 간대로 ᄃᆞᆮ다니(月釋10：25). 날ᄃᆞ리 ᄃᆞᆮ놋다：日月奔(初杜解8：64). ᄃᆞᄅᆞᆯ 분：奔. ᄆᆞᆯ ᄃᆞᄅᆞᆯ 티：馳(類合 上14). ᄃᆞᄅᆞᆯ 주：走(類合 下5). ※ᄃᆞᆮ다>닫다

·ᄃᆞᆯ [명] 달 ¶ᄃᆞᆯ 爲月(訓解. 用字). 初生ㅅ ᄃᆞ리 누은 ᄃᆞᆺᄒᆞ니：初生之月偃然(楞解4：111). ※ᄃᆞᆯ>달

·ᄃᆞᆯ [명] 것을. 줄을 ¶不解甲이 현나리신 ᄃᆞᆯ 알리：幾日不解甲(龍歌112章). 현맨 ᄃᆞᆯ 알리오(月印 上19). 數 업슨 ᄃᆞᆯ 아ᄅᆞᇝ디니라(釋譜19：10). 아니시며 거츠르신 ᄃᆞᆯ(樂範. 鄭瓜亭). 네 어듸 나그낸 ᄃᆞᆯ 알리오(飜老 上 48).

·ᄃᆞᆯ:님 [명] 달님 ¶ᄃᆞᆯ닚긔 구룸 몯ᄃᆞᆺ더시니(月印 上30).

ᄃᆞᆯ·다 [형] 달다〔甘〕 ¶ᄡᅡᆺ 마시 ᄢᅮᆯ ᄀᆞ티 ᄃᆞᆯ오(月釋1：42). ※ᄃᆞᆯ다>달다

ᄃᆞᆯ마·기 [명] 단추 ¶ᄃᆞᆯ마기：紐子(樂範8：7). ᄃᆞᆯ마기(四解 下65). 수ᄃᆞᆯ마기 뉴：紐. ᄃᆞᆯ마기：紐子(訓蒙 中23紐子註).

ᄃᆞᆯ·이 [부] 달게 ¶ᄆᆞᆰ고 조홈을 ᄃᆞᆯ이 너기디 아니ᄒᆞ야：靡甘淡泊(宣小5：16).

ᄃᆞᇌ [명] 닭 ¶ᄃᆞᇌᄣᅢ 爲酉時(訓解. 合字). ᄆᆞᅀᆞᆯ히 盛ᄒᆞ야 ᄃᆞᆯᄀᆡ 소리 서르 들여(月釋1：46). ᄃᆞᇌ 가히 주거(楞解8：91). ᄃᆞᆯᄀᆡ 後ㅅ 우루메：雞後鳴(楞解10：43). ᄃᆞᇌ 계：鷄(訓蒙 上16). ᄃᆞᇌ 계：雞 · 鷄(類合 上12). ᄃᆞᇌ 계：雞(石千27). ᄃᆞᇌ이 처엄 울어든：雞初鳴(宣小2：2). 불근 긔 여물고 누른 ᄃᆞᇌ이 ᄉᆞᆯ져시니(辛啓榮. 月先軒十六景歌). ※ᄃᆞᇌ>닭

ᄃᆞᇌ·의알 [명] 달걀 ¶ᄃᆞᇌ의알만 ᄆᆡᆼᄀᆞ니：如雞子大(救簡1：56).

ᄃᆞᆺ·다 [동] 사랑하다 ¶션비롤 ᄃᆞᅀᆞ실씨：且愛儒士(龍歌80章). 아바닚 梓宮을 ᄃᆞᅀᆞ샤：守考梓宮(龍歌93章). 子息ᄋᆞᆯ ᄃᆞᅀᆞ샤 正法 모ᄅᆞ실씨(月印 上45). 五塵을 欲ᄒᆞ야 ᄃᆞᄉᆞ매(釋譜13：55). ᄃᆞᆺ올 ᄋᆡ：愛(光千5).

※ 'ᄃᆞᆺ다'의 활용 [ᄃᆞᆺ고/ᄃᆞᆺ디/ᄃᆞᆺᄂᆞᆫ/ᄃᆞᆺ노라… / ᄃᆞᅀᆞ며/ᄃᆞᅀᆞᄃᆡ/ᄃᆞᅀᆞ샤…

:ᄃᆞᆺ·오·다 [동] 사랑하다 ¶ᄃᆞᆺ온 ᄆᆞᅀᆞ미 믄득 ᄇᆞ료미 어려볼씨니라(月釋14：16). 즉재 ᄃᆞᆺ온 거슬 ᄇᆞ려(月釋21：54). ᄃᆞᆺ오니 여희ᄂᆞᆫ 苦와 믜우니 맛나ᄂᆞᆫ 苦와(法華2：84).

ᄃᆡ골 [명] 대갈. 머리통 ¶뎡바깃 ᄃᆡ고리 구드시며(月釋2：55).

ᄃᆡ되 [부] 모두. 통틀어 ¶十斤 여물에 ᄃᆡ되 두 돈 銀이오 ：十斤砍草共該二錢銀(華解 上17).

ᄃᆡᆨ들에 [명] 댁들이여 ¶ᄃᆡᆨ들에 동난지이 사오(古時調. 青丘). ᄃᆡᆨ들에 나모들 사오(古時調. 青丘).

ᄯᅡ [명] 땅. 곳 ¶ᄯᅡ 디：地(倭解 上7). 아비ᄂᆞᆫ 하ᄂᆞᆯ이오 어미ᄂᆞᆫ ᄯᅡ히라(女四解4：11).

ㅁ

마고[부] 마구. 되는대로. 함부로 ¶즈는 것 마고 ᄢᅥ허 쥐비저 괴아 내니(古時調. 金光煜. 뒷집에. 靑丘). 마고 ᄒᆞ다 : 沒高低(譯解補56).

마·긔오·다[동] 증거(證據) 대다. 증명(證明)하다 ¶證은 마긔와 알 씨라(月釋 序18). 처ᅀᅥᄆᆡ 時節와 곧과 主와 벋과를 버려 믿부믈 마긔오고 : 初陳時處主件以證信(楞解1 : 20).

마·기·오·다[동] ①증거 대다. 증명하다 ¶父子ᄋᆡ 明白호믈 마기오니라(月釋13 : 31). 밧 아닌 둘 마기오시니라 : 驗非外也(楞解1 : 55). ②따지다 ¶疑心ᄃᆞ왼 이롤 마기오디 마라 올ᄒᆞ야도 두믈 마롤디니라 : 疑事毋質直而勿有(宣賜內訓1 : 8).

-마·ᄂᆞᆫ[조] -마는 ¶아니ᄒᆞ리잇고마ᄂᆞᆫ(宣賜內訓2 上22). 사ᄅᆞᄆᆡ 누늘 놀래언마ᄂᆞᆫ : 驚人眼(重杜解25 : 17). 님 괴얌 즉ᄒᆞ냐마ᄂᆞᆫ(松江. 續美人曲).
※-마ᄂᆞᆫ<-마론

·마듸[명] 맨 위. ¶마듸 샹 : 上(訓蒙 下34). 마듸 샹 : 上(光千14).

마리[명] ①머리 ¶믈 이여 오나ᄂᆞᆯ 마리예 븟ᅀᆞᆸ고(月印 上13). 太子ㅅ 마리롤 塔애 ᄀᆞ초ᅀᆞᄫᆞ니(月印 上20). 마리예 放光ᄒᆞ샤(月釋7 : 34). 마리 두 : 頭. 마리 슈 : 首(訓蒙 上24). 마리 슈 : 首(光千5). 마리 슈 : 首(類合 上20). ②머리털 ¶옷과 마리롤 路中에 펴아시ᄂᆞᆯ(月印 上3). 부톄 마리와 손톱과롤 바혀 주신대(釋譜6 : 44). 옷과 마리롤 路中에 펴아시ᄂᆞᆯ(月釋1 : 4). 네 무슴 藥을 먹고 마리조차 검엇ᄂᆞ냐(古時調. 가마귀 너를. 歌曲). 져근덧 비러다가 마리 우희 ᄲᅳ리과져(古時調. 禹倬. 春山에. 歌曲).

마리터럭[명] 머리털 ¶마리터럭 : 頭髮(譯解 上32). 마리터럭 셰도록 貴히 사ᄅᆞ쇼셔(捷蒙5 : 6).

-마ᄅᆞᄂᆞᆫ[조] -마는 ¶호ᄆᆡ도 놀히언마ᄅᆞᄂᆞᆫ(樂詞. 思母曲). 아바님도 어이어신마ᄅᆞᄂᆞᆫ(樂詞. 思母曲). 泰山이 놉다컨마ᄅᆞᄂᆞᆫ 하ᄂᆞᆯ해 몬 밋거니와(樂詞. 感君恩).
※-마ᄅᆞᄂᆞᆫ>-마론>-마ᄂᆞᆫ>-마는

-마·론[조] -마는 ¶ᄇᆡ 업건마론 : 雖無舟矣. ᄃᆞ리 업건마론 : 雖無梯矣(龍歌34章). 님그미 賢커신마론 : 維帝雖賢(龍歌84章). 그듸 내 ᄀᆞ비사 오도다마론(釋譜23 : 53). 빗 업스니라 ᄒᆞ건마론(月釋1 : 37). 天子ㅣ 恩澤이 하거신마론 : 天子多恩澤(初杜解20 : 47). 八月ㅅ 보로매 아으 嘉俳나리마론(樂範. 動動).

마·슬[명] 마을. 관청(官廳) ¶開封府ㅣ랏 마슬 戶籍의 일훔 올여 동당보고자 ᄒᆞ노이다 : 貫開封戶籍取應(飜小9 : 49). 마슬 부 : 府(訓蒙 中7).

마ᅀᆞᆫ[수] 마흔 ¶마ᅀᆞᆫ 사ᄉᆞᄆᆡ 등과 도ᄌᆞ기 입과 눈과 : 麋脊四十與賊口目(龍歌88章). ᄒᆞᆫ 畝ㅣ 二百마ᅀᆞᆫ 步ㅣ라(釋譜6 : 25). 니 마ᅀᆞ니 ᄀᆞᄌᆞ고(月釋2 : 41). 요조솜 아자비 마ᅀᆞᆫ 사ᄅᆞᄆᆞᆯ 보니 : 比看伯叔四十人(初杜解8 : 16). 술고ᄢᅵ 마ᅀᆞᆫ 낫과(救簡2 : 12).

마·ᅀᆞᆯ[명] 관청(官廳) ¶宮中 ᄀᆞ솜안 마ᅀᆞ리라(宣賜內訓 2下53). 마ᅀᆞᆳ 이롤 正히 ᄒᆞ올로 守ᄒᆞ얫도다 : 官曹正獨守(初杜解8 : 3). 여러 마ᅀᆞᆳ 관원ᄃᆞᆯ홀 오ᄂᆞᆯ 다 청ᄒᆞ야 잇ᄂᆞ니라 : 各衙門官人們今日都請下了(飜朴 上65). 마ᅀᆞᆯ 셔 : 署. 마ᅀᆞᆯ 조 : 曺. 마ᅀᆞᆯ 국 : 局(訓蒙 中7). 마ᅀᆞᆯ 아 : 衙. 마ᅀᆞᆯ 부 : 府. 마ᅀᆞᆯ ᄉᆞ : 司. 마ᅀᆞᆯ 시 : 寺(類合 上18).

마ᅌᆞᆫ[수] 마흔 ¶마ᅌᆞᆫ애 비르소 벼슬ᄒᆞ야 : 四十始仕(宣小1 : 6). 요조ᅌᆞᆷ 아ᄌᆞ비 마ᅌᆞᆫ 사ᄅᆞᄆᆞᆯ 보니 : 比看伯叔四十人(重杜解8 : 16). ※마ᅌᆞᆫ<마ᅀᆞᆫ

마·ᅌᆞᆯ[명] 관청(官廳) ¶마ᅌᆞᆯ 부 : 府. 마ᅌᆞᆯ 사 : 司(類合 上18). 마ᅌᆞᆯ 부 : 府(石千21). 일즉 자 안히며 마ᅌᆞᆯ애 들어가디 아니ᄒᆞ고 : 未嘗入城府(宣小6 : 84).
※마ᅌᆞᆯ<마ᅀᆞᆯ

마·ᅀᆞᆷ[명] 마음 ¶그러나 朞年적 마ᅀᆞᆷ은 滅ᄒᆞᆫ 일이 업세라(古時調. 金三賢. 늙기 설운. 時調類). 마ᅀᆞᆷ아 너ᄂᆞᆫ 어이 미양에 졈엇ᄂᆞ니(古時調. 時調類). 터럭은 희엇서도 마ᅀᆞᆷ은 푸르럿다(古時調. 金壽長. 時調類). 님 그리는 마ᅀᆞᆷ이야 변ᄒᆞᆯ 길이 잇슬소냐(萬言詞).

마·조[부] 마주 ¶마조 줄을 자바 精舍 터흘 되더니(月印 上61). 부톄 마조 나아 마ᄌᆞ샤(釋譜6 : 12). 어미 마조 가 손자바(月釋23 : 66).

마·조·보·다[동] 마주보다. 만나 보다. ¶마조보아 무로ᄃᆡ(釋譜23 : 40). 正覺 나래 마조보리어다(月釋8 : 87). 서르 마조보아 人情의 됴호ᄆᆞᆯ 심히 아노라 : 相逢若覺人情好(初杜解25 : 31). 濂溪롤 마조보아 太極을 뭇 ᄌᆞᆸᄂᆞᆫ 듯(松江. 星山別曲).

마좀[부] 마침 ¶ᄯᅩᄒᆞᆫ 마좀 다롬으로ᄡᅥ니라(詩解11 : 6). 어시 마좀 무덤 아래로 디나 가더니 : 御史適過墓下(東新續三綱. 孝4 : 82 武毅豊祭). 건너신 날은 마좀 사오나온 ᄇᆞ람의(新語2 : 1).

마·초[부] 맞추어. 맞게 ¶ᄇᆞᄅᆞᆷ 비 時節에 마초 ᄒᆞ야(釋譜9 : 34). 七覺支예 마초 ᄒᆞ노라 닐굽 거름 거르시ᄂᆞᆫ(月釋2 : 37). 理예 마초 ᄒᆞ로ᄆᆞᆯ 자바(牧牛訣30). 나 마초 ᄯᅳ라 : 灸…隨年壯(救簡3 : 74). 재 마초 오ᄂᆞᆫ 비 : 時雨(譯解補2).

마·초·아[부] 마침 ¶마초아 홍졍바지 舍衛國으로 가리 잇더니(釋譜6 : 15). 강혁이 져머셔 아비 일코 마초아 텬해 어즈럽거늘 : 江革臨淄人少失父遭天下亂(三綱. 孝6江革). 노녀 돈녀 믿나라해 마초아 向ᄒᆞ니 : 遊行遇向本國(法華2 : 183). 마초아 서르 보아(六祖 上98). 마초아 집 앏 내해 믈 디엿더니 : 適家前川水方漲(東續三綱. 烈10). 淮陽 녜 일홈이 마초아 ᄀᆞᄐᆞᆯ시고 汲長孺 風彩를 고텨 아니 볼 게이고(松江. 關東別曲).

마·초·와[부] 마침 ¶마초와 내 아니 갈셔 : 遭是我不去(飜朴 上53). 밤ᄆᆞ을 녜 일홈이 마초와 ᄀᆞᄐᆞᆯ시고(古時調. 金光煜. 陶淵明 죽은. 靑丘).

마치ᄂᆞ손다[동] 맞이하는가 ㉮마치다 ¶네 ᄯᅩᆯ 셔방은 언제나 마치ᄂᆞ손다(古時調. 鄭澈. 네 집 상ᄉᆞ. 松江).

마·치·다[동] 맞이하게 하다. 맞게 하다. ¶가 보내여 마치신대 : 往聘迎之(宣賜內訓2下70). 블려 마치ᄂᆞᆫ 恩惠ㅣ ᄌᆞ조 니르니 : 招要恩屢至(初杜解8 : 9). 네 ᄯᆞᆯ 書房은 언제나 마치ᄂᆞ슨다(古時調. 鄭澈. 네 집 喪事. 靑丘).

마촘[부] 마침 ¶辛君望 校理 적의 내 마촘 修撰으로 上下番 ᄀᆞ초와 勤政門 밧긔러니(古時調. 鄭澈. 松江). 마촘 兄弟 둘히 겻히 잇더니(女四解4 : 10). 마촘 회 : 會(註千25). 마촘 셕 : 適(註千34).

마파롬[명] 마파람. 남풍(南風) ¶늣바롬의 한외바롬 마파롬의(萬言詞 答).

막다·히[명] 막대기 ¶杵는 방핫괴니 굴근 막다히 ᄀᆞᄐᆞᆫ 거시라(釋譜6 : 31). 罪器옛 막다히와(月釋21 : 45). 山僧의 막다히로 : 山僧杜杖子(蒙法52). 棒은 막다히라(金三4 : 7).

막듸[명] 막대기 ¶ᄒᆞᆫ 손에 막듸 잡고 ᄯᅩ ᄒᆞᆫ 손에 가싀 쥐고(古時調. 禹倬). 막듸 칙 : 策(兒學 上10).

막밧고다[동] 맞바꾸다 ¶우리 ᄒᆞᆫ 가짓 거시 이시니 막밧곰이 엇더ᄒᆞ뇨 : 咱有一件東西對換如何(朴解 上63). 막밧고다 : 對換(譯解 上68).

막ᄌᆞᄅᆞ·다[동] 막지르다 ¶門ᄋᆞᆯ 자펴 막ᄌᆞᄅᆞ시니(月印 上16). 안팟긔 막ᄌᆞᄅᆞᆯ씨 몯 나가노라(釋譜3 : p.100). 眞實로 너모 막ᄌᆞᄅᆞ니라 : 實過防(重杜解1 : 53). 이 녯 님금이 ᄡᅥ 술의 禍를 막ᄌᆞᄅᆞ신 배니라 : 此先王之所以備酒禍也(宣小3 : 30). 져근 칼 ᄎᆞ고 ᄡᅥ 스스로 막ᄌᆞᄅᆞ니 : 佩小刀以自防(東新續三綱. 烈2 : 30). ※막ᄌᆞᄅᆞ다>막즈르다>막지르다

-만ᄡᅡᆫ[조] -만큼 ¶道上無源水을 반만ᄡᅡᆫ 더혀 두고(蘆溪. 陋巷詞).

만졍[명] 망정 ¶모쳐라 밤일싀 만졍 ᄂᆞᆷ 우일 번ᄒᆞ괘라(古時調. 碧紗窓이 어른어른커ᄂᆞᆯ. 靑丘).

:만·히부 많이 ¶글도 만히 알며 가ᄉᆞ며러 布施도 만히 ᄒᆞ더니(釋譜6:12). 사ᄅᆞᆷ을 만히 보내야(釋譜23:23). 히 만히 도도ᄆᆞᆯ 니ᄅᆞ니라(月釋1:49). 栴檀沉水ᄅᆞᆯ 비허 盛히 만히 섯드르니(法華5:184). ᄆᆞᄎᆞ매 노ᄒᆞ샤ᄆᆞᆯ 만히 ᄒᆞ시니라:卒多有所降宥(宣賜內訓2 上46). 구호ᄅᆞᆯ 만히 ᄒᆞ며:救護多方(東新續三綱. 孝8:63).

:만·ᄒᆞ·다형 많다 ¶讒口ㅣ 만ᄒᆞ야:讒口旣噂沓(龍歌123章). 세 하ᄂᆞ른 煩惱ㅣ 만ᄒᆞ고(釋譜6:36). 百姓도 만ᄒᆞ며(月釋2:11). 모딘 뉘예 病이 만ᄒᆞ며(月釋10:84). 주어 보내ᄂᆞᆫ 거시 ᄀᆞ장 만ᄒᆞ더니(飜小9:59). 만ᄒᆞᆯ 은:殷(類合 下29. 石千5). 만ᄒᆞᆯ 화:夥(類合 下60). 우리 吳中 黃金이 만ᄒᆞ면 買賦나 ᄒᆞ련마ᄂᆞᆫ(靑友仁. 自悼詞). 도로여 生覺ᄒᆞ니 人間淸福 늬야 만타(草堂曲).

·맏나다형 맛나다〔味〕 ¶귀ᄒᆞᆫ 맏난 것과 盛ᄒᆞᆫ 차반을 방ᄌᆞ히 먹으며:恣食珍羞盛饌(宣小5:51). 어버이ᄂᆞᆫ 맏난 마ᄉᆞᆯ 極히 ᄒᆞ더라:親極滋味(宣小6:25).

말가ᄒᆞ다형 말갛다 ¶至匊忽 至匊忽 於思臥 말가ᄒᆞᆫ 기픈 소희 온갓 고기 뛰노ᄂᆞ다(古時調. 尹善道. 우ᄂᆞᆫ 거시 벅구기가. 孤遺).

:말굳·다동 말굳다. 말을 더듬다. ¶말구들 건:謇. 말구들 신:訒(訓蒙 下28). 말구들 눌:訥(倭解上26. 兒學下12).

말믜명 까닭. 사유(事由). 연유(緣由) ¶말믜 연:緣(光千10). 江漢ᄋᆞ로 나갈 말믜 업스니:無由出江漢(重杜解3:36).

말·믜삼·다동 말미암다 ¶다시곰 설으 외다 ᄒᆞ야 원망홈을 말믜삼아 드듸여 어긔여 된톰이 되ᄂᆞ니:更相責望遂爲乖爭(宣小6:90).

말·믜:암·다동 말미암다 ¶다 順코 正홈ᄋᆞᆯ 말믜암아 뻐 그 맛당ᄒᆞᆫ 일을 行ᄒᆞᆯ디니라:皆由順正以行其義(宣小3:7).

말·ᄆᆡ명 까닭. 사유(事由). 연유(緣由) ¶사호ᄆᆞᆫ 어느 말ᄆᆡ로 定ᄒᆞ리오:戰伐何由定(初杜解7:14). 말ᄆᆡ 유:由(類合 下11. 倭解 下40). 말ᄆᆡ 연:緣(類合 下29. 石千10).

말ᄆᆡ명 말미 ¶말ᄆᆡ 엳ᄌᆞᆸ고 천량 만히 시러(釋譜6:15). 上이 샹해 말ᄆᆡ 주심이 ᄌᆞ조ᄃᆡ:上常賜告者數(宣小6:37). ※말ᄆᆡ>말미

말·ᄆᆡ·암·다동 말미암다 ¶ᄉᆞ나히ᄂᆞᆫ 올ᄒᆞᆫ녁흐로 말ᄆᆡ암고:男子由右(宣小2:52). 일로 말ᄆᆡ암아 威神을 혜아리디 몯ᄒᆞ고:由是威神莫測(朴解 中23). 일로 말ᄆᆡ암아 두 아이 다 벼슬을 어드니:由是晏等俱得選擧(五倫4:7).

말삼명 말씀. 말 ¶말삼 언:言. 말삼 어:語(兒學下4).

:말·솜명 말씀. 말 ¶數萬 말ᄉᆞᄆᆞ로(圓覺 序11). 말솜 길히 그츠며(圓覺 序13). 말솜과 우숨괘 그ᄉᆞᆨ ᄒᆞ얫ᄂᆞ니:隱語笑(初杜解9:3). 말솜 몯ᄒᆞ거든 믄득 이 약을 머기면(救簡1:3). 말솜 담:談. 말솜 화:話. 말솜 언:言. 말솜 어:語(訓蒙 下28). 말솜 ᄉᆞ:詞(訓蒙 下32). 말솜 어:語. 말솜 언:言. 말솜 담:談(類合 下1). 말솜 ᄉᆞ:辭(類合 下9). 말솜 화:話(類合 下43). 말솜 담:談(石千8). 말솜 언:言. 말솜 ᄉᆞ:辭(石千13). 말솜 어:語(石千42). 아희 불너 ᄒᆞᄂᆞᆫ 말솜이(蘆溪. 蘆溪歌). 손 잡고 일은 말솜 죠히 가라 당부하니(萬言詞). 말솜 셜:說(註千24). 말솜 변:辨(註千30).

:말·ᄊᆞᆷ명 말씀. 말 ¶말ᄊᆞᄆᆞᆯ ᄉᆞᆯᄫᆞ리 하ᄃᆡ:獻言雖衆(龍歌13章). 님긊 말ᄊᆞ미:維王之言(龍歌39章). 말ᄊᆞᆷ ᄇᆞ려 아ᄆᆞ례 ᄒᆞ고라 請ᄒᆞᆯ 씨라(釋譜6:46). 나랏 말ᄊᆞ미 中國에 달아(訓註1). 語ᄂᆞᆫ 말ᄊᆞ미라(訓註1). 말ᄊᆞᆷ 업슨 道로 色ᄋᆞᆯ 體ᄒᆞ야(法華3:44). 말ᄊᆞᄆᆞᆯ 邪正ᄋᆞᆯ 아디 몯ᄒᆞ야:語不知正邪(蒙法47). ※말ᄊᆞᆷ(말솜)>말씀

말·이·다동 말리다 ¶말이ᅀᆞᆸ거늘 가샤:止之亦進(龍歌58章). ᄀᆞᄅᆞᆷ ᄀᆞᇫ 아니 말이샤:不禁江沙(龍歌 68章). 아바님 命엣 절을 天神이 말이ᅀᆞᄫᆞᆯ씨(月印 上12). 世尊이 좀좀ᄒᆞ샤 말이디 아니ᄒᆞ시니라(釋譜13:46). 사홈 말이라 ᄂᆞ라드니라(南明 上69). 말일 징:爭(類合 下19).

말·이ᅀᆞ·ᄫᆞᆫ·돌동 말리온들 ㉮말이다 ¶하리로 말이ᅀᆞᄫᆞᆫ돌 이곤 뎌고대 後ᅀᆞ날 다ᄅᆞ리잇가:沮以讒說於此於彼寧殊後日(龍歌26章). 글발로 말이ᅀᆞᄫᆞᆫ돌 가샤 겨샤매 오ᄂᆞᆯ 다ᄅᆞ리잇가:尼以巧詞載去載留豈異今時(龍歌26章). ※말이ᅀᆞᄫᆞᆫ돌>말리온들

·맛갑·다형 마땅하다. 알맞다 ¶하 갓가ᄫᆞ면 조티 몯ᄒᆞ리니 이 東山이 甚히 맛갑다(釋譜6:24). 이비 맛가ᄫᆞ샤 크디 아니ᄒᆞ고 기디 아니ᄒᆞ며(月釋2:56). ᄂᆞ치 길오 너부미 맛가오시고 조ᄒᆞ시고(法華2:17).
※ '맛갑다'의 활용 ┌ 맛갑고/맛갑게/맛갑디…
└ 맛가ᄫᆞ시며/맛가ᄫᆞ샤…

맛기다동 맡기다 ¶또 分外언마ᄅᆞᆫ 理에 맛기니(重杜解6:48). 造物이 許賜ᄒᆞ야 날을 맛겨 ᄇᆞ리시니(靑友仁. 梅湖別曲). 功名과 富貴으란 世上 사ᄅᆞᆷ 다 맛기고(古時調. 靑丘). 治兵 牧民을 날을 맛겨 보내시니(靑友仁. 出塞曲).

맛:굶·다동 응(應)하다. 대답하다 ¶應은 맛ᄀᆞᆯ몰 씨니(月釋9:10). 즈믄 디위 블러도 맛ᄀᆞᆲ 사ᄅᆞ미 업더이다(月釋23:83). 모로매 맛ᄀᆞᆯ모ᄆᆞᆯ 조심ᄒᆞᆯ디니라:必愼唯諾(宣賜內訓1:6). 檢察호미 時節ㅅ 求호ᄆᆞᆯ 맛ᄀᆞᆯ마 나도다:檢察應時須(杜解8:22). 소리 맛ᄀᆞᆯ몸 ᄀᆞᆮᄒᆞᆫ디라:應聲(金三5:4).

맛:굶·다동 응(應)하다. 대답하다 ¶響ᄋᆞᆫ 맛ᄀᆞᆲᄂᆞᆫ 소리라(楞解4:125).

맛닐다동 만나다 ¶巴山애 中使ᄅᆞᆯ 맛니니:巴山遇中使(杜解5:1). 時節이 됴ᄒᆞᆫ 運을 다시 맛니렛도다:時和運更遭(杜解5:3). ᄒᆞ마 긴 길헤 나ᅀᅡ가니 맛니로미 근업서 나가 餞送호ᄆᆞᆯ 더듸 호라:已就長途往邂逅無端出餞遲(初杜解23:39).

맛·다동 맞다〔迎〕. 맞이하다 ¶ᄒᆞᆫ ᄉᆞ랑ᄒᆞᄂᆞᆫ 아기 아ᄃᆞ리 양지며 지죄 ᄒᆞᆫ 그티니 그딋 ᄯᆞᆯ 맛고져 ᄒᆞ더이다(釋譜6:15). 셔방 맛치고져 ᄒᆞᆫ대(女四解4:24).

맛·다동 맞다. 적중하다 ¶城 아래 닐흔 살 쏘샤 닐흐늬 모미 맛거늘:維城之下矢七十發中七十人(龍歌40章).

맛·다동 맞다〔適〕. 알맞다 ¶이 각시ᅀᅡ 내 언니논 ᄆᆞᅀᆞ매 맛도다 ᄒᆞ야(釋譜6:14). ᄃᆞ소ᄆᆞᆫ 妙理예 그ᅀᅳ기 맛고져 호미라(楞解9:93). 理예 맛게 ᄒᆞ샤(宣賜內訓2 上47). ᄎᆞ며 더우미 맛거든:令相得適寒溫(救簡1:107).

·맛당ᄒᆞ·다형 마땅하다. 알맞다 ¶맛당ᄒᆞᆫ 고ᄃᆞᆯ 조차 니르논 마리 ᄠᅳᆮ 아로미 어려ᄫᅳ니라(釋譜13:37). 宜ᄂᆞᆫ 맛당ᄒᆞᆯ 씨라(月釋序10). 義ᄂᆞᆫ 맛당ᄒᆞᆯ 시라(宣賜內訓1:12). 수이 나를 주기미 맛당타 ᄒᆞ고:宜速殺我(東新續三綱. 烈8:5). 뎐곤 맛당ᄒᆞᄋᆞᆸ거니와 덕을 닙어 문을 수이 열고(癸丑126).

맛·디·다동 맡기다 ¶仁政을 맛됴리라:仁政將託(龍歌83章). 제 지순 罪며 福ᄋᆞᆯ 다 써 琰魔法王ᄋᆞᆯ 맛뎌든(釋譜9:30). 나라ᄒᆞᆯ 아ᅀᆞ 맛디시고(月釋1:5). 六通ᄋᆞᆯ 無爲예 ᄀᆞ장 맛뎌(楞解9:63). 太子ᄭᅴ 政事 맛디고:委政太子(法華4:154). 천량과 보ᄇᆡ를 맛디다 ᄒᆞ니라:付與財寶云(圓覺序47). 天命이 ᄲᆞᆯ리 맛디샤미 겨샤:天命早有所付(宣賜內訓2 下36). 맛딜 임:任(類合 下9). 맛딜 위:委(類合 下21). 關東 八百里에 方面을 맛디시니(松江. 關東別曲). 重兵으로ᄡᅥ 너를 맛뎌거ᄂᆞᆯ(女四解4:37). ※맛디다>맡기다

·맛보·다동 만나다 ¶뎌와 겨구아 맛보게 ᄒᆞ쇼셔(月釋2:70). 잠간 맛보ᄆᆞᆯ 得ᄒᆞ도다:得暫逢(南明 下63). 맛볼 사ᄅᆞᄆᆞᆫ 묻노라 몃 어디니오:逢人問幾賢(杜解7:32). 졍히 제 남지를 맛보와:正撞見他的漢子(飜朴 上35). 제 ᄆᆞᄋᆞᆯ 사ᄅᆞ미 길헤 맛보아 어로

려커늘 : 路遇里人欲汚之(東續三綱. 烈17).
※맛보다(마조보다)>만나보다

·맛·보·다 동 맛보다〔嘗〕 ¶ᄒᆞ다가 空애 낧딘댄 虛空이 제 맛보ᄂᆞᆫ디라 : 若於空出虛空自味(楞解3 : 10). 새롤 맛보고 : 嘗新(初杜解15 : 23). 맛볼 샹 : 嘗(訓蒙下13). 믄득 가져다가 맛보니 : 輒取嘗之(宣小6 : 28).

맛지다 동 맡기다 ¶襄陽을 夏侯惇으로 직희라 ᄒᆞ여 맛져 잇고(三譯9 : 18). 맛지다 : 委任(同文解 下55). 그 님금의 맛지시믈 싱각ᄒᆞ면(百行源17). 번 맛지다 : 交班(漢淸3 : 2). 군국 듕ᄉᆞ롤 다 맛지오시니(閑中錄50). 곳 앏희 셧ᄂᆞᆫ 態度 님의 情을 맛져셰라(古時調. 歌曲). 맛질 위 : 委(註千33).

맛초다 동 맞추다 ¶錦繡山 니블 안해 麝香 각시 아나 누어 藥 든 가슴을 맛초ᄋᆞᆸ사이다 맛초ᄋᆞᆸ사이다(樂詞. 滿殿春別詞).

망녕 명 망녕 ¶망녕 망 : 妄(類合下26). 어와 망녕이야 놈이 일정 우슬노다(古時調. 七十의. 古歌). 어딕셔 망녕의 꺼시 눈흘긔려 ᄒᆞᄂᆞ뇨(古時調. 鄭澈. ᄒᆞᆫ 몸 둘헤 ᄂᆞᆫ화. 松江).

:망·녕도외·다 형 망녕되다 ¶발호매 ᄲᆡᄅᆞ며 망녕도외유믈 금지ᄒᆞ면 : 發禁躁妄(飜小8 : 10).

맞·나·다 동 만나다 ¶世尊ᄋᆞᆯ 맞나ᅀᆞᄫᆞ며 즘게남기 들여늘(月印 上65). 아바님 맞나시니 두 허튀롤 안아 우르시니(月釋8 : 85).

머·굼·다 동 머금다 ¶含은 머구믈 씨라(月釋 序8). 十方ᄋᆞᆯ 머구므며 비와토ᄆᆞ로 ᄠᅳᆮ 사ᄆᆞᄂᆞ니 : 含吐十方爲義(楞解3 : 63). 뫼히 白雲ᄋᆞᆯ 머구모미 서르 맛당ᄒᆞ도다 : 山含白雲也相宜(金三3 : 3). 含靈은 靈을 머구믈 시니(南明 上9). 뵐 글힌 믈 닷 되예 글혀 서 되 ᄃᆞ외어든 머구모디 나지 다엿 번 바미 세 번 ᄒᆞ라(救簡2 : 119). 머구믈 ᄐᆞᆫ : 呑. 머구믈 함 : 含(訓蒙下14). 머구믈 함 : 含(類合下47). 비혼 것 니길 제 머굼어 : 習學含之(宣小6 : 99).

머·귀 명 머귀나무 ¶梧桐은 머귀니(月釋7 : 54). 머귀오 : 梧. 머귀 동 : 桐(訓蒙 上10. 石千33). 머귀오 : 梧. 머귀 동 : 桐(類合 上9). 머귀닙 디거야 알와다 ᄀᆞᄋᆞᆯ힌 줄을(古時調. 鄭澈. 松江). 머귀 성긘 비에 남은 肝腸 다 셕노라(古時調. 金天澤. 가을 밤 치. 瓶歌).

머·리 명 ①머리 ¶머리롤 조ᅀᆞᄫᆞ니 : 敬禮(龍歌95 章). 현맛 衆生이 머리 조ᅀᆞᄫᆞ니(月印 上11). 열 머리 龍ᄋᆞᆯ 내니(月印 上59). 龍ᄋᆞᆯ 지ᅀᅳ니 머리 열히러니(釋譜6 : 32). 頭는 머리라(訓註14). 머리 두 : 頭(類合 上20). 머리 원 : 元(類合 下23). 머리 슈 : 首(石千5). 적이 머리와 허리롤 버히고 가다 : 賊斫頭腰而去(東新續三綱. 烈7 : 39). ②머리〔髮〕. 머리털 ¶阿難일 시기샤 羅睺羅이 머리 갓기시니(釋譜6 : 10). 니마히 半만ᄒᆞᆫ 빗ᄂᆞᆫ 머리 셰니 : 半頂梳頭白(初杜解7 : 12). 머리 환 : 鬟(訓蒙 中25). 머리ᄀᆞᆷ올 목 : 沐(訓蒙下11. 類合下8).

머·리 부 멀리 ¶恩愛롤 머리 여희여 어즐코 아독ᄒᆞ야(釋譜6 : 3). 無色이 머리 좃다 ᄒᆞᆫ 말도 이시며(月釋1 : 37). 즁이 머리 나가딕 : 僧遠出(楞解1 : 33). 寒山ᄋᆞᆫ 머리 노뇨몰 즐겨 이제 온 길홀 니제라 : 寒山愛遠遊如今忘却來時路(南明 上28). 中間과 두 ᄀᆞᆺ과애 머리 나니라(金三2 : 43). 머리 볼 됴 : 眺(類合下32). 돌하 노피곰 도ᄃᆞ샤 어긔야 머리곰 비취오시라(樂範. 井邑詞). ※머리>멀리

머리곰 부 멀리〔'-곰'은 성조(聲調)를 부드럽게 하고, 뜻을 얼마간 강조(強調)하는 접미사.〕 ¶돌하 노피곰 도ᄃᆞ샤 어긔야 머리곰 비취오시라 어긔야 어강됴리(樂範. 井邑詞).

머·릿딕골 명 해골. 대가리. 대갈통 ¶사ᄅᆞ믜 머릿딕골 : 髑髏骨(救簡6 : 44). 머릿딕골 독 : 髑. 머릿딕골 루 : 髏(訓蒙 上28).

머·믈·다 동 ①머물다. 머무르다 ¶다ᄉᆞᆺ 곶 두 고지 空中에 머믈어늘(月印 上3). 七寶塔이 ᄯᅡ해셔 솟나아 虛空애 머므니(釋譜11 : 16). 住ᄂᆞᆫ 머므러 이실 씨라(月釋序1). 停은 머믈 씨라(月釋序4). 留ᄂᆞᆫ 머믈 씨오(月釋序22). 머믈 비 : 徘. 머믈 회 : 徊(石千42). 아직 군ᄉᆞ롤 머므러 기ᄃᆞ리라(五倫2 : 26). ② 체하다 ¶음식 머믄 것 고틸 거슬 머검즉ᄒᆞ니 : 堪服治飮食停滯(飜老 下40).

머·믈우·다 동 머무르게 하다. ¶목수믈 머믈우들 몯 ᄒᆞ시니(月釋10 : 15). 뉘 能히 너를 머믈워 解脫 몯게 ᄒᆞ료 : 誰能留汝使不解脫哉(楞解6 : 74). ᄆᆞ롤 머믈워셔 다시 머리 도ᄅᆞ혀 ᄇᆞ라노라 : 駐馬更回首(杜解6 : 3). 총명에 머믈우디 아니ᄒᆞ며 : 不留聰明(宣小3 : 7). 뎌 믈을 머믈워 : 養住那水(朴解 中40).

머·즌:일 명 궂은일. 흉한 일. 재화(災禍) ¶一切 머즌 이리 다 업고(釋譜9 : 34). 災禍ᄂᆞᆫ 머즌일 지ᅀᅮᆫ 因緣으로 後生애 머즌 몸 ᄃᆞ외야(月釋2 : 16).

머·흐·다 형 험하다. 궂다 ¶賢才의 길히 머흐디 아니ᄒᆞ더라 : 賢路不崎嶇(初杜解6 : 24). 앏픠 길히 머흐다 ᄒᆞ더라 : 前頭路澁(老解 上24). 天氣도 머흐디 아냐(新語5 : 19). 世事ᄂᆞᆫ 구롬이라 머흐도 머흘시고(松江. 星山別曲).

머·흘·다 형 험하다. 궂다 ¶象 술위ᄂᆞᆫ 머흘면 몯 가ᄂᆞ니(月印 上43). 머흘며 뮛뮛ᄒᆞ며 ᄎᆞ며 더운(楞解2 : 13). 믈근 므렌 돌히 머흐러 뵈오 : 水淸石礧礧(重杜解1 : 28). 머흘 험 : 險(類合 下11). 白雪이 ᄌᆞ자진 골에 구루미 머흐레라(古時調. 李穡. 靑丘). 구롬 머흘거든 처엄의 날 줄 엇디(古時調. 鄭澈. 풍파의. 松江). 머흔 일 구즌일 널로 ᄒᆞ야 다 닛거든(古時調. 鄭澈. 내 말 고디. 松江).

멀·우·다 동 눈을 멀게 하다. ¶智慧ㅅ 누늘 긴 劫에 멀워 : 瞽智眼於永劫(月釋序4). 엇뎨 五色이 能히 눈 멀우리오 : 奚五色之能盲(圓覺 序27).

멀·이·다 동 눈을 멀게 하다. ¶迷惑 즐교미 눈 멀유메 着ᄒᆞ얫ᄂᆞ니 : 著樂癡所盲(法華1 : 233).

멀즈시 부 멀찍이. 멀리 ¶ᄢᅴ우믈 멀즈시 미라 : 離的遠些兒絟(飜老 上38).

·멀텁·다 형 거칠다 ¶嚴飾엣 거슬 바사 ᄇᆞ리고 멀터본 헌 ᄠᅢ 무든 옷 닙고(月釋13 : 21). 欲氣ᄂᆞᆫ 멀텁고 흐리여 : 欲氣麤濁(楞解1 : 42). 幾ᄂᆞᆫ 져글 씨니 멀터운 데어치 아니라(法華 序21). 三毒現 行ᄒᆞᄂᆞᆫ 양지 멀텁고 골업서 사ᄅᆞ미 아쳐러 볼시 ᄯᅩᆼ 곧ᄒᆞ니라(圓覺 上一之二178). 멀터운 말솜과 微細ᄒᆞᆫ 말솜이 : 麤言細言(龜鑑 上4).

·멀·톄·로 부 대충. 대체로 ¶子細히 니ᄅᆞ건댄 十二因緣法이오 멀톄로 니ᄅᆞ건댄(月釋2 : 22之2止). 내 멀톄로 닐오리이다(月釋21 : 38).

멋다 동 멈추다 ¶구즌 비 머저 가고 시냇믈이 묽아 온다(古時調. 尹善道. 孤遺).

멎·다 형 궂다. 흉하다 ¶種種 머즌 보매 ᄢᅥ디옛거든 다 引導ᄒᆞ야(釋譜9 : 8). 災禍ᄂᆞᆫ 머즐 씨라(月釋1 : 49). 머즌 그르슬 : 凶器(三綱. 孝12). 아니옷 미시면 나리어다 머즌 말(樂範. 處容歌).

메오다 동 메우다〔駕〕 ¶멍에 메오다 : 套鞅子(譯解 下7). 멍에 메오다 : 駕轅子(譯解 下31). 술위 메오다 : 駕車(同文解 下19).

메·ᅇᅵ·다 동 메우다 ¶五通 메ᅇᅮᆫ 술위ᄂᆞᆫ 마ᄀᆞᆫ 길 업스니(月印 上43). 네 몰 메ᅇᅮᆫ 寶車와(釋譜13 : 19).

며ᄂᆞ리 명 며느리 ¶며ᄂᆞ리 부 : 婦(類合 上20. 石千15. 倭解 上13). 며ᄂᆞ리 싀아비 싀어미롤 셤교딕 父母 셤김ᄀᆞ티 ᄒᆞ야 : 婦事舅姑如事父母(宣小3 : 2). 며ᄂᆞ리 : 媳婦兒(譯解 上57). 모든 며ᄂᆞ리롤 블러 닐오딕(女範 1. 모의 노모ᄉᆞ). 며ᄂᆞ리 : 媳婦(同文解 上10).

몃덛 부 얼마 하여. 얼마 동안에. ¶來日이 또 없스랴 봄 밤이 몃덛 새리(古時調. 尹善道. 孤遺).

·몃·마 부 얼마. 몇 번. ¶劫火롤 몃마 디내야뇨마론 : 幾經劫火(南明 上31). 몃마 衡岳ᄋᆞᆯ 돌며 : 幾廻衡岳(金三3 : 17). 몃마 긔 : 幾(光千29).

메·다 동 메다 ¶모골 메여 셜버 주그니도 잇더라(釋譜24 : 51). 목메여 우르샤(月釋8 : 84). 모골 메여ᄒᆞ더라(三綱. 孝27). 목멜 열 : 咽(類合 上20). 烈志ㅣ 兩儀예 메이여(女四解4 : 30). 목이 메여 ᄒᆞ거늘(女範2. 효녀 고덕겸처).

모·도 부 모두 ¶攝은 모도 디닐 씨라(月釋序8). 總觀想은 모도 보ᄂᆞᆫ 想이라(月釋8 : 15). 空과 物와ᄂᆞᆫ 色과 空과 諸法을 모도 드러 니ᄅᆞ샤 : 若空若物摠擧色空諸法(楞解2 : 49). 해 듣고 能히 모도 디니며 : 多聞能摠持(法華5 : 194). 中에 모도 자ᄇᆞ니 이실ᄊᆡ : 中有所摠持者(金剛 上 序9). 炙을 ᄒᆞᆫ쁴 모도 먹디 마롤디니라 : 毋嘬炙(宣賜內訓1 : 4). 田園에 나믄 興을 젼 나귀예 모도 싯고(古時調. 靑丘).

모·도·다 동 모으다 ¶나랏 어비 몯내롤 모도아 니ᄅᆞ샤ᄃᆡ(釋譜6 : 9). 그 나랏 法에 붑 텨 사ᄅᆞᄆᆞᆯ 모도오ᄃᆡ(釋譜6 : 28). 蘊은 모돌 씨오(月釋1 : 35). 王ᄋᆞᆯ 다 모도시니(月釋10 : 34). 모도와ᅀᅡ 올토다 : 應當集(法華4 : 117). 經文을 結ᄒᆞ야 모도시니라 : 結會經文(永嘉 上54). 三ᄋᆞᆯ 모도오ᄆᆞᆯ 엇데 靈山會롤 기드리리오 : 會三何待靈山會(金三3 : 10). ᄒᆞᆫᄃᆡ 모도고져 ᄒᆞᄂᆞ니 : 待要一處(飜朴 上39). 이제 ᄌᆞ못 어더 모도와 : 今頗蒐輯(宣小 書題2). 모돌 도 : 都(倭解上28. 註千18). 불정ᄒᆞᆫ 거슬 모도와 졔ᄒᆞ야 경결ᄒᆞ고(女四解3 : 22).

모듬 명 모음 ¶공경은 덕의 모듬이라 각결이 능히 공경ᄒᆞ니 반ᄃᆞ시 덕이 잇ᄂᆞᆫ디라(女範2. 현녀 진각결쳐).

:모딜·다 형 모질다. 사납다. 나쁘다 ¶뒤헤는 모딘 즁싱 : 後有猛獸(龍歌30章). 앙이 모딜오도 : 弟雖傲矣(龍歌103章). 鬼兵 모딘 잠개 나ᅀᅡ 드디 몯게 ᄃᆞ외니(月印 上25). 本來 性이 모디라(月印 上46). 婆羅門이 모디러(釋譜6 : 22). 邪曲ᄒᆞ야 모딘 일 지ᅀᅮᆫ 다ᄉᆞ로(月釋1 : 46). 모디니란 마가(圓覺 上二之二106). 子孫의 모딜며(宣賜內訓1 : 34). 모딘 범이 내 알ᄑᆡ 셔이시니 : 猛虎立我前(重杜解1 : 3). 모딘 일 지ᅀᅳ면 모딘 ᄃᆡ 가ᄂᆞ니라(南明 上9). 모딜 포 : 暴(訓蒙 下26). 모딜 악 : 惡(訓蒙下31. 石千10). 모딜 학 : 虐(類合下3). 모딜 혹 : 酷(類合下55). 剛호ᄃᆡ 모디디 말게 ᄒᆞ며 : 剛而無虐(宣小1 : 10).
※모딜다>모질다

:모·ᄃᆡ 부 반드시 ¶굿븐 웡을 모ᄃᆡ 놀이시니 : 維伏之雉必令驚飛(龍歌88章). 瞿曇이롤 모ᄃᆡ 자ᄇᆞ라 터니(月印 上27). 모ᄃᆡ 서르 업디 몯ᄒᆞ야(釋譜9 : 18). 모ᄃᆡ 세 가지로 닐어ᅀᅡ ᄀᆞᄌᆞ리라(月釋2 : 14). 모ᄃᆡ 내 몸을 알며 모ᄃᆡ 趙州롤 알며 : 要識得自己要識得趙州(法語5). 모ᄃᆡ ᄇᆞ료미 몯ᄒᆞ리라 : 切不可放捨(蒙法38). 모ᄃᆡ 마롤디어다 : 切莫(野雲48).

모·로 명 무리 ¶모로 운 : 暈. 힛모로 : 日暈. ᄃᆞᆯ모로 : 月暈(訓蒙下1). 히ㅅ모로 : 暈(譯解 上1). 히ㅅ모로 ᄒᆞ다 : 日暈(同文解 上1).

모로기 부 문득 ¶거즛 님자홀 모로기 덜면 : 頓除妄宰(永嘉 上104). 虛空ᄋᆞᆯ 모로기 ᄌᆞ갯 모ᄆᆞᆯ 사ᄆᆞ시며 : 混虛空爲自身(金三2 : 3). 모로기 든 : 頓入(南明 下2). 모로기 아라(六祖 上85).

모·로·매 부 모름지기. 반드시 ¶모로매 모딘 ᄠᅳ들 그치고(釋譜6 : 2). 必은 모로매 ᄒᆞ논 ᄠᅳ디라(訓註). 모로매 몬져 圓妙ᄒᆞᆫ 道理롤 ᄉᆞᆯ펴(月釋2 : 60). 또 모로매 이 念을 護持ᄒᆞ야 : 却要護持(蒙法9). 모로매 몬져 道得고져 ᄒᆞ니라(法華1 : 240). 山陰을 向ᄒᆞ야 져근 비예 올오리라 : 須向山陰上小舟(杜解7 : 2).

·모·뢰 명 모레〔明後日〕 ¶모뢰ᄂᆞᆫ 天赦日이니 : 後日是天赦日(飜朴 上9). 오ᄂᆞᆯ브터 모뢰ᄭᆞ장 ᄒᆞ고 파ᄒᆞ리라 : 從今日起後日罷散(飜朴 上75). 닉일이나 모뢰나 연고 업ᄉᆞ신 날의(新語2 : 14). 來日 모뢰 ᄉᆞ이 져기 閑暇ᄒᆞᆫ 제(隣語1 : 25).

모롬이 부 모름지기 ¶모롬이 三千六百 낙씨는 손곱을 ᄶᅦ 어잇턴고(古時調. 尹善道. 滄洲에. 海謠).

모릐 명 모레 ¶來日은 山行가ᄉᆡ 곳다림 모릐 ᄒᆞ고(古時調. 金裕器. 오ᄂᆞᆯ은 川獵ᄒᆞ고. 靑丘). 두어라 來日도 일이 ᄒᆞ고 모릐도 일이 ᄒᆞ리라(古時調. 옷 우희. 海謠). 닉일은 모릐 미뤼니 : 明日推後日(朴新解1 : 35).

모·ᄅᆞ·다 동 모르다 ¶天命을 모ᄅᆞ실ᄊᆡ : 天命靡知(龍歌13章). 聖은 通達ᄒᆞ야 몰롤 이리 업슬 씨라(月釋1 : 19). 그 道ㅣ 眞正ᄒᆞ샤 모ᄅᆞ샬 法 업ᄉᆞ샤미 正遍知라(法華1 : 37). 또 幻身이 人間애 잇ᄂᆞᆫ 둘 모ᄅᆞ고 : 亦不知有幻身(蒙法41). 朝廷이 모ᄅᆞᄃᆡ 아니컨마론 : 朝廷非不知(杜解7 : 27). 千萬劫 디나ᄃᆞ록 구필 줄 모ᄅᆞᄂᆞᆫ다(松江. 關東別曲). 비루ᄒᆞᆫ 줄 모롤소냐(빅화당가). 得喪도 모ᄅᆞ거든(曺友仁. 梅湖別曲).
※모ᄅᆞ다>모르다

모릐 명 모레 ¶모릐 : 後日(譯解 上3). 모릐 : 後日(同文解 上3). 모릐 : 後日(漢淸1 : 26).

모쳐라 감 아차 ¶모쳐라 놀낸 낼싀만정 에헐질 번ᄒᆞ괘라(古時調. ᄒᆞᆫ눈. 靑丘). 모쳐라 밤일싀만졍(古時調. 님이. 靑丘).

모호다 동 모으다 ¶여러 관원들을 챠일 아릐 모호고(三譯4 : 5). 벗 모화 草堂에 드러가니(古時調. 대쵸볼 블글. 靑丘). ᄀᆞ을 打作 다ᄒᆞᆫ 後에 洞內 모화 講信홀 ᄶᅦ(古時調. 李鼎輔. 海謠). 문무 졔신을 모화(山城).

목구무 명 목구멍 ¶목 아래 목구무 마ᄌᆞᆫ ᄃᆡ : 喉下當咽管口(救簡2 : 72). 목구무 : 咽喉(譯解 上34. 同文解 上15. 漢淸5 : 51).

목굼기 명 목구멍이 ¶목굼기 브어 알ᄑᆞ며 : 咽喉腫痛(臘藥7).

목궁 명 목구멍 ¶手足이 답답ᄒᆞ며 목궁이 타올 적에(古時調. 靑丘).

목노타 동 목놓다 ¶八部大衆이 목노하 우더라(釋譜23 : 30). 어미 보고 문득 목노하 ᄀᆞ장 우러 : 母旣見之不覺放聲大哭(佛頂11).

목덧 명 목병. 목에 난 병. ¶纏喉風은 과ᄀᆞ론 목더시라(救急 上44).

목:메·다 동 목메다 ¶어마님이 드르샤 목메여 우르샤(月釋8 : 84). 과굴이 밥 먹다가 목메어든 긊 거플ᄒᆞᆫ 량을 더운 므레 둠가(救簡2 : 82). 목멜 열 : 咽(類合 上20).

목ᄆᆞᄅᆞ다 형 목마르다 ¶長常 채 맛고 주으룸과 목ᄆᆞᆯ로ᄆᆞ로 受苦ᄒᆞ며(釋譜9 : 15). 비골폼과 목ᄆᆞᆯ롬과 一切 옛 시르미 다 업스며(月釋2 : 42).

몬 명 물건 ¶몬 : 物(東言解).

몬저 부 먼저 ¶이 또 몬저 알오 後에 닷ᄂᆞᆫ 根機니 : 是亦先悟後修之機也(牧牛訣10). 몬저 ᄒᆞᆫ 사발만 ᄃᆞᄉᆞᆫ 믈 가져오라 : 先將一椀溫水來(飜老 上61).

몬져 명 먼저 ¶嘉祥이 몬졔시니 : 爰先嘉祥(龍歌7章). 先은 몬졔오(月釋序15).

몬져 부 먼저 ¶筋骨ᄋᆞᆯ 몬져 ᄀᆞᆺ고샤 : 迺先勞筋骨(龍歌114章). 몯 몬져 니ᄅᆞ시니(月印 上34). 몬져 됴ᄒᆞᆫ 차바ᄂᆞ로 비브르긔 ᄒᆞ고ᅀᅡ(釋譜9 : 9). 몬져 군녕을 범ᄒᆞ니(女範2. 변녀 졔샹괴녀). 그 中의 英雄豪傑으란 부듸 몬져 늙게 ᄒᆞ니(古時調. 天君衙門. 靑丘).
※몬져>먼저

몬지 명 먼지 ¶몬지 무티시고(釋譜11 : 21). ᄯᅩᆼ 몬지 무더 더럽거늘(月釋13 : 21). 몬지 : 灰塵(同文解 上63). 몬지 ᄠᅥᄂᆞᆫ 것 : 撣箒(譯解補43).

·몯ᄀᆞ·지 명 모꼬지. 잔치 ¶두어 ᄃᆞᆯ 마니 ᄯᅡ리 婚姻ᄒᆞᆫ 몯ᄀᆞ지예 녀러와셔 : 數月女自婚姻會歸(飜小10 : 17). 향도 무어니 신 이받노라 속졀업시 몯ᄀᆞ지 홀시(正俗20).

:몯:내 부 못내. 끝없이 ¶無量은 몯내 혤 씨라(釋譜 序1). 神奇ᄒᆞᆫ 變化ㅣ 몯내 알거시라(月釋1 : 14). 곡식애 몯내 염근 거슬 머거 모긔 부르터 나거든 : 咽喉生穀賊(救簡2 : 76).

몯·다 동 모이다 ¶四方 諸侯ㅣ 몯더니 : 諸侯四合. 西

夷 또 모ᄃᆞ니：西夷亦集(龍歌9章). 天人이 모ᄃᆞ릴써(月印 上5). 나랏사ᄅᆞᆷ 十八億이 다 모ᄃᆞ니(釋譜6：27). 會ᄂᆞᆫ 모ᄃᆞᆯ 씨니 브텨의 모도ᄆᆞᆯ 法會라 ᄒᆞᄂᆞ니라(月釋2：16). 十二諸國이 모다 지어 셰온(樂範. 處容歌). 모ᄃᆞᆯ 졔：諸(類合 上16. 石千15). 모ᄃᆞᆯ 도：都(類合 上19. 光千18). 모ᄃᆞᆯ 집：集(訓蒙 中8. 類合 上19. 石千20). 모ᄃᆞᆯ 회：會(類合 下35. 石千25). 모ᄃᆞᆯ 취：聚(類合 下43. 石千21). 모ᄃᆞᆯ 합：合(類合 下48. 石千23). 모ᄃᆞᆯ 췌：萃(類合 下56). 이보오 벗님ᄂᆡ냐 草堂으로 모ᄃᆞ소셔(古時調. 곳츤 밤의. 古歌).

몰골 명 몰골 ¶몰골：形樣(同文解 上17).

:몰·라듣·다 동 듣고도 모르다. ¶大法을 몰라드르릴써(月印 上31). 몰라드르면 여러 劫을 디내오：迷聞經累劫(六祖 上82).

몰속 부 몰수이. 몽땅 ¶柯枝란 다 몰속 무칫슬지라도 자로 드릴 구멍이나 남기옵소(古時調. 님 소시랑을. 時調類). 閻羅使者와 十王差使를 다 몰속 겻거 보와시나(古時調. 天地間 萬物. 靑丘).

몰쇽 부 몰수이. 몽땅 ¶몰쇽：盡數(同文解 下49). 압냇고기와 뒷냇고기를 다 몰쇽 자바 내(古時調. 綠楊芳草岸에. 靑丘). 몰쇽：普遍(漢淸8：55).

몸ᄡᅵ 명 몸매 ¶몸ᄡᅵ：身分(譯解補22). 몸ᄡᅵ 죠타：好身量(譯解補22). 몸ᄡᅵ 호미ᄒᆞ다：藐窕(漢淸6:2).

몸셰움 명 몸세움. 입신(立身) ¶ᄃᆡ범 녀ᄌᆞ되미 먼져 몸셰움을 비울지니(女四解3：4).

·몸소 부 몸소 ¶몸소 받 가다가 니러나ᄆᆞᆯ 더듸 아니ᄒᆞ도다：躬耕起未遲(初杜解6：34). 몸소 南陽 ᄶᅡ해셔 밧 가라：躬耕南陽(飜小8：19).

몸얼굴 명 몸 모양. 몸맵시. 외모(外貌) ¶ᄆᆞᅀᆞ믄 모로매 몸얼굴 안히 이실 거시니라：心要在腔子裏(飜小8：5).

·몺골 명 몸 모양. 몸맵시. 외모(外貌) ¶몺골 아라 우히 ᄲᅧᆫ디 아니ᄒᆞ샤 ᄒᆞᆫ 가지로 充實ᄒᆞ시며(月釋2：41).

·몺기·리 명 몸의 길이. 신장(身長) ¶羅睺阿脩羅王ᄋᆞᆫ 本來ㅅ 몺기리 七百由旬이오(釋譜13：9).

못ᄀᆞ지 명 모꼬지. 잔치 ¶남잡히 허비ᄒᆞ야 못ᄀᆞ지ᄒᆞ야 술머기홈이 또ᄒᆞᆫ 죄 잇ᄂᆞ니라：濫費會飮亦有罪焉(警民20). 靑樓에 杜陵豪 邯鄲娼과 큰 못ᄀᆞ지 ᄒᆞ리라(古時調. 東山 昨日. 靑丘). 못ᄀᆞ지의 참예치 아니ᄒᆞ더라(女範3. 뎡녀 위부지처).

못다 동 모이다 ¶ᄒᆞᆫ 됴ᄒᆞᆫ 음식이 잇거든 못지 아니면 먹디 아니터라：有一美味不集不食(二倫15楊氏義讓). 굿보ᄂᆞᆫ 사ᄅᆞᆷ이 구름 못듯 ᄒᆞ엿더라(太平1：13). 和ᄒᆞᆫ 긔운이 家庭의 못고：和氣萃於家庭(女四解4：45). 못다：會了(同文解 上27).

못ᄃᆞ라오다 동 모이어 오다. 모이어 달려오다. ¶서ᄅᆞ 못ᄃᆞ라오니가：相合來的(老解 上14).

뫼 명 메. 진지. 밥 ¶산것 주겨 眷屬 뫼 흘써(月釋21：125). 文王이 ᄒᆞᆫ 번 뫼 자셔든 또 ᄒᆞᆫ 번 뫼 자시며：文王一飯亦一飯(明小4：12).

:뫼 명 메. 산(山) ¶뫼爲山(訓解. 用字). 솓뫼：鼎山(龍歌7：9). 뫼해 살이 박거늘(月印 上15). 世間 ᄇᆞ리고 뫼해 드러(釋譜6：12). 深山ᄋᆞᆫ 기픈 뫼히라(月釋1：5). 나모와 뫼콰 내콰：樹木山川(楞解2：34). 뉘 人間과 뫼해 들에며 괴외호ᄆᆞᆯ 니ᄅᆞ리오(永嘉 下121). 뫼콰 ᄀᆞᄅᆞᆷᄋᆞ로 처엄과 ᄆᆞᄎᆞᄆᆞᆯ 盟誓ᄒᆞ시놋다：山河誓始終(杜解5：42). 뎌 조ᄒᆞᆫ 묏 암ᄌᆞ 골히여 가：揀那淸淨山庵裏(飜朴 上36). 묏 산：山. 뫼 쟝：嶂. 묏부리 악：嶽(訓蒙 上3). 내 님 두ᄋᆞᆸ고 년뫼ᄅᆞᆯ 거로리(樂詞. 履霜曲). 뫼 산：山(類合 上5). 뫼 노ᄑᆞᆯ 졸：崒(類合 下38). 뫼 노ᄑᆞᆯ 정：崢. 뫼 노ᄑᆞᆯ 영：嶸(類合 下51). 노ᄑᆞᆫ 뫼와 기픈 고릭셔：高峰幽谷(野雲51). 뫼 야：野(光千27). 뫼 곤：崑(石千3). 뫼 ᄃᆡ：岱(石千26). 블근 날이 뫼히 먹금어：紅日含山(女四解2：32). 계룡산 놉흔 뫼을 눈결을 지나거다(萬言詞). ※뫼>메

※ '뫼'의 첨용 ┌뫼 └뫼해/뫼히라/뫼히/뫼콰…

뫼 명 들(野) ¶뫼 야：野(光千27).

뫼골 명 산골 ¶무슐ᄒᆡ에 뫼골의 가 왜란을 피ᄒᆞ엿더니：戊戌避倭亂于山谷(東新續三綱. 烈6：44).

뫼ᄆᆞᄅᆞ 명 산마루 ¶뫼ᄆᆞᄅᆞ 진ᄒᆞᆫ 곳：山梁盡頭處(漢淸1：38).

뫼발 명 산기슭 ¶뫼발 록：麓(兒學 上3).

뫼부리 명 멧부리 ¶뫼부리 봉：峯. 뫼부리 만：巒(兒學 上3).

뫼ㅅ골 명 산골 ¶뫼ㅅ골 깁고 좁은 곳：山谷深窄處(漢淸1：38).

뫼ㅅ등 명 산등성이 ¶뫼ㅅ등：山脊(譯解補4).

뫼ㅅ비탈 명 산비탈 ¶뫼ㅅ비탈：山坡(漢淸1：37).

뫼ㅅ허리 명 산허리 ¶뫼ㅅ허리：山腰(譯解 上6).

:뫼시·다 동 모시다 ¶聖宗ᄋᆞᆯ 뫼셔：陪聖宗(龍歌109章). 大神ᄃᆞᆯ히 뫼시ᅀᆞᄫᆞ니(月印 上9. 月釋2：43). 브즈러니 供給ᄒᆞ야 뫼셔：精勤給侍(法華4：155). 君子의 아롬뎌 뫼셔 밥 머글 저기어든：侍燕於君子則(宣賜內訓1：8). 뫼실 ᄇᆡ：陪(類合 下14). 뫼실 시：侍(類合 下14. 石千35. 倭解 下33). 뫼실 ᄇᆡ：陪(石千22). 뫼실 어：御(石千35). 계집들의 환도 그르고 뫼신 ᄃᆡ 부리게 ᄒᆞ고(三譯10：2). 님군을 뫼셧더니：奉惠帝(五倫2：22).

:뫼·ᅀᆞ리 명 ①메아리 ¶듣ᄂᆞᆫ 소리 뫼ᅀᆞ리 ᄀᆞᆮᄒᆞ야(月釋2：53). 고랫 뫼ᅀᆞ리라：谷響(楞解8：55). 뫼ᅀᆞ리와 ᄀᆞᆮᄒᆞᆫ 젼ᄎᆞ로：爲與響等故(法華6：38). 標와 ᄉᆞᆫ가라군 그리메와 뫼ᅀᆞ리왓 ᄠᅳ디니：標指者影響之義(金剛 上48). ②산의 정령(精靈). ¶뫼ᅀᆞ리ᄂᆞᆫ 나지 갈맷도다：山精白日藏(初杜解15：9).

:뫼·ᅀᆞᆸ·다 동 모시다 ¶四天王이 뫼ᅀᆞᆸ고(月印 上20). 各各 뫼ᅀᆞᄫᆞ니 브리샤(釋譜11：4). 뫼ᅀᆞᄫᆞᆫ 사ᄅᆞᄆᆞᆫ 阿難陀ㅣ러니(月釋2：9). 各各 뫼ᅀᆞᄫᆞ니 보내샤(月釋21：9). ※뫼ᅀᆞᆸ다>뫼ᄋᆞᆸ다

※ '뫼ᅀᆞᆸ다'의 활용 ┌뫼ᅀᆞᆸ고/뫼ᅀᆞᆸᄃᆡ… └뫼ᅀᆞᄫᆞ니/뫼ᅀᆞᄫᆞᆫ…

뫼·호·다 동 모으다 ¶몸앳 필 뫼화(月印 上2). 부플텨 뫼호니(月印 上57). 쳔랴ᇰ올 만히 뫼호아 두고(釋譜9：12). 하ᄂᆞᆯ히며 사ᄅᆞᆷ 사ᄂᆞᆫ ᄯᅡ흘 다 뫼호아 世界라 ᄒᆞᄂᆞ니라(月釋1：8). 爲ᄒᆞ야 法 드롤 衆ᄋᆞᆯ 뫼호게 ᄒᆞ며：爲其集聽法衆(法華4：100). 般若ᄅᆞᆯ 뫼호며：採集般若(圓覺 序78). 보ᄇᆡᄅᆞᆯ 뫼호ᄃᆡ(金三5：47). 뫼홀 총：總(類合 上24). 뫼홀 부：裒. 뫼홀 즙：輯. 실 뫼홀 찬：纂(類合 下24). 廣濶ᄒᆞ온 白沙場의 벗 뫼화 ᄃᆞ로가셔(武豪歌).

묏:골 명 산골 ¶鹿皮옷 니브샤 묏골애 苦行ᄒᆞ샤(月印 上51). 미친 사ᄅᆞᆷᄀᆞᆮ티 묏고래 수머 겨샤(釋譜6：4). 殿堂이어나 묏고리어나(釋譜19：43). 기픈 묏고ᄅᆞᆯ 디러(三綱. 烈21). 谿ᄂᆞᆫ 믈 잇ᄂᆞᆫ 묏고리오(月釋13：45). 묏고리 양지 여러 가지로다：山谷勢多端(杜解1：18). 묏골 동：峒(訓蒙 上3).

:묏곶 명 산에 피는 꽃. ¶묏새와 묏고ᄌᆞᆫ 내 兄弟 ᄀᆞᆮ도다：山鳥山花吾友于(初杜解9：31).

묏긑 명 산꼭대기 ¶그 아비 노ᄑᆞᆫ 묏그테 올아 울며(釋譜11：29).

묏기·슭 명 산기슭 ¶蒼崖ᄂᆞᆫ 프른 묏기슬기오(杜解1：3).

묏길 명 산길 ¶시냇믈 뷘 묏길콰 섭나모 門 늘근 나모 셋ᄂᆞᆫ ᄆᆞᅀᆞᆯ해：澗水空山道柴門老樹村(初杜解8：47).

묏ᄂᆞ믈 명 멧나물. 산나물 ¶뫼흐로 치ᄃᆞᆯ야 싀엄취라 삽쥬 고살이 그런 묏ᄂᆞ믈과(古時調. 즁놈이. 海謠).

묏:부리 명 멧부리 ¶노ᄑᆞᆫ 묏부리 서르 枕帶ᄒᆞ옛ᄂᆞ니：崇岡相枕帶(初杜解7：23). 城郭애 나 ᄀᆞᄂᆞᆫ 묏부리ᄅᆞᆯ 보고：出郭眄細岑(杜解9：13). 묏부리 악：嶽. 묏부리 슈：岫. 묏부리 강：崗. 묏부리 뎐：巓(訓蒙 上3). 묏부리 강：岡(石千3). 묏부리 악：嶽(石千

26). 그 지비 층층인 뫼부리예 브텃도다 : 其室附層巓(重杜解22 : 53).

:뫼:새명 멧새 ¶뫼새와 뫼고즌 내 兄弟 ᄀᆞᆮ도다 : 山鳥山花吾友于(初杜解9 : 31).

무느·다동 늘이다. 늦추다. 연장하다 ¶ᄎᆞᆯᄒᆞ리 두어 ᄒᆡ롤 므늘 ᄲᅮᆫ니언뎡 가디 몯홀 거시라 : 寧遲緩數年不可行也(飜小9 : 50). ᄃᆞᆯ이 무너 나니ᄂᆞᆫ 부귀ᄒᆞ고 : 其有延月而生者富貴(胎要8).

무롭다동 ①무릅쓰다 ¶바ᄆᆞᆯ 무롭고 ᄎᆞ자가니 과연 주걷더라 : 冒夜尋之果死矣(東新續三綱. 烈3 : 21 王之抱屍). ②뒤집어쓰다. 입다 ¶니블 무롭고 누어셔 : 蒙被而臥(宣小6 : 57). 草衣를 무롭고 木實을 먹을망정(古時調. 崔冲. 一生에. 靑丘).

무룹스·다동 ①뒤집어쓰다 ¶또 고기 잡ᄂᆞᆫ 그므롤 가져다가 머리예 무룹스면 즉재 ᄂᆞ리리라 : 又取魚網覆頭立下(救簡6 : 4). ②무릅쓰다 ¶브롤 무룹스고 드러 어미롤 업어 계유 면ᄒᆞ고 : 冒火而入負母僅免(東新續三綱. 孝3 : 7).

·무뤼명 누리. 우박 ¶무뤼爲雹(訓解. 用字). 몸애 블 나고 무뤼롤 비ᄒᆞ니(月印 上6). 무뤼 오게 ᄒᆞ며(月釋7 : 27). 무뤼 박 : 雹(訓蒙 上2. 類合 上4). 무뤼 오다 : 下雹子(同文解 上2). 무뤼 오다 : 下雹(漢淸1 : 13).

무섯대 무엇 ¶주근들 무서시 뉘웃ᄡᅳ료 : 死復何憾(二倫14 棘薩爭死). 긔 무서시 貴홀소냐(古時調. 石崇의. 靑丘). 긔 무서시라 웨ᄂᆞᆫ다(古時調. 댁들에. 靑丘). 시방 즉시 收拾ᄒᆞ면 무서시 저프리오 : 眼前就收拾怕甚麽呢(朴新解1 : 10). 글닑기 ᄆᆞᆺ촌 후에 또 무서슬 工夫ᄒᆞᄂᆞᆫ다(蒙老1 : 4). ※무섯<므섯

무슴대 무엇 ¶ᄒᆞ믈며 泉石膏肓을 고텨 무슴 ᄒᆞ료(古時調. 李滉. 이런들. 靑丘). 허믈며 肉食者도 모로거든 무러 무슴 ᄒᆞ리오(古時調. 山上에 밧가는. 靑丘). 이後ㅣ야 닙 너른 남기야 심어 무슴 ᄒᆞ리오(古時調. 梧桐에. 靑丘). 구트나 울고 가고 그리는 대롤 심어 무슴 ᄒᆞ리오(古時調. 百草롤. 靑丘).

무ᄉᆞ관 무슨 ¶일운 일이 무ᄉᆞ 일고(古時調. 鄭澈. 우정워정ᄒᆞ며. 松江). ※무ᄉᆞ<므ᄉᆞ

무ᄉᆞᆷ대 무엇 ¶落花ㅣᆫ들 곳이 아니랴 쓰러 무ᄉᆞᆷ ᄒᆞ리요(古時調. 鄭敏僑. 간밤에. 歌曲). ᄒᆞ믈며 여나문 丈夫야 닐러 무ᄉᆞᆷ ᄒᆞ리오(古時調. 奇大升. 豪華코 富貴키야. 靑丘). 無心ᄒᆞᆫ 져 고기를 여어 무ᄉᆞᆷ ᄒᆞ려ᄂᆞᆫ다(古時調. 申欽. 냇ᄀᆞ에. 靑丘). 뉘우친들 무ᄉᆞᆷ ᄒᆞ리(萬言詞).

무ᄉᆞᆷ관 무슨 ¶무ᄉᆞᆷ 유익홀 배 이시리오 : 有何所益(警民16). 무ᄉᆞᆷ 말고 흥이 ᄀᆞᆯ오ᄃᆡ : 云何興曰(五倫2 : 35). 두 님군을 셰오니 무ᄉᆞᆷ 일을 ᄒᆞ엿ᄂᆞᆫ다 : 立二王做得甚事(五倫2 : 58). 무ᄉᆞᆷ 緣故로 그대지 失約을 ᄒᆞ시ᄋᆞᆸ던고(隣語1 : 22). 比干이 마ᄋᆞᆷ을 뵈엿시니 무ᄉᆞᆷ 恨이 이시랴(古時調. 朱義植. 忠臣 속마음. 靑丘). 胡風도 ᄎᆞᆷ도ᄎᆞᆯ샤 구즌비ᄂᆞᆫ 무ᄉᆞᆷ 일고(古時調. 孝宗. 靑石嶺. 槿樂). 외로운 天柱ᄂᆞᆫ 무ᄉᆞᆷ 긔운 타나이셔(靑友仁. 梅湖別曲). 슬푸다 져 ᄉᆡ 소ᄅᆡ 불녀귀ᄂᆞᆫ 무ᄉᆞᆷ 일고(萬言詞).

무·스·다동 뭇다. 쌓다 ¶이 다 젼ᄉᆡᆼ애 됴ᄒᆞᆫ 일 닷고 복을 무서 나오니 : 這的都是前世裏修善積福來(飜朴 上31). 주역에 닐어쇼ᄃᆡ 됴ᄒᆞᆫ 일 만히 무서 난 지븐 : 易經云積善之家(飜朴 上31).
※무스다>무으다

무으다동 뭇다. 쌓다 ¶이 우믈은 벽으로 무은 우믈이라 : 這井是塼砌的井(老解 上32). 다 돌로 무은 거시라 : 都是石頭疊的(老解 上32). 新羅 八百年의 놉ᄃᆞ록 무은 塔을(古時調. 鄭澈. 松江). 지혜로 비롤 무어 삼계 바다 건네리라(普勸文 海印板29). 長松으로 ᄇᆡ을 무어 大同江에 흘니 ᄯᅴ워(古時調. 靑丘).

무이·다동 흔들리다. 움직이다 ¶어즈러이 무유미 勞ㅣ오 : 擾動爲勞(楞解4 : 16). 兵戈ᄂᆞᆫ 무여 니엇도다 : 兵戈動接聯(初杜解20 : 20). 一二句ᄂᆞᆫ 골회 무여 소리 發호미(南明 上70).

무이다동 미워하다 ¶내 몸에 害 업고 ᄂᆞᆷ 아니 무이ᄂᆞ니(古時調. 靑丘). 뉘게 무이여 觸犯ᄒᆞ야 이 일을 만낫ᄂᆞᆫ다(落泉3 : 7).

무적명 무더기. 덩이 ¶丸ᄋᆞᆫ 무저기라(釋譜19 : 17). 모몰 즈믄 무저긔 ᄡᅢᄒᆞ라 피와 고기왜 너르듣더니(月釋23 : 78). ᄒᆞᆰ무저글 브터 子息을 사ᄆᆞ며 : 附塊爲兒(楞解7 : 92). 漸漸 ᄒᆞᆫ 무저기 ᄃᆞ외야 : 漸漸成片(蒙法27). ᄒᆞᆰ무적 베며 : 枕塊(宣賜內訓1 : 54). ᄒᆞᆰ무적ᄀᆞ티 ᄒᆞ올로 다봇 서리예 ᄇᆞ리여슈라 : 塊獨委蓬蒿(初杜解8 : 56). 가히ᄂᆞᆫ 사ᄅᆞ미 ᄒᆞᆰ 무저그로 텨든 ᄒᆞᆰ무저글 므너흐오(金三2 : 21).

묻고·기명 뭍짐승의 고기. ¶믌고기며 묻고기며 貴ᄒᆞᆫ 차바놀 사아 : 買魚肉珍羞(宣賜內訓1 : 66). 믈고기 므르니와 묻고기 서근이롤 먹디 아니ᄒᆞ시며 : 魚餒而肉敗不食(宣小3 : 25).

묻·다동 묻다〔染〕¶白氎 ᄠᅴ 무드리라(月印 上17). 피 무든 홀ᄀᆞᆯ 파 가져(月釋1 : 7). 곳갈와 ᄯᅴ왜 ᄣᅵ 묻거든 : 冠帶垢(宣賜內訓1 : 50). ᄒᆞᆰ 무든 도톤 : 泥豬(南明 上4). 무더 더럽다 : 霑汚了(同文解 上56).

묻·다동 방문(訪問)하다 ¶ᄒᆞ다가 衰ᄒᆞᆫ 하나빌 무러와 말ᄒᆞᆯ뎬 : 若訪衰翁語(初杜解7 : 16). 蒼梧앳 님금 묻ᄌᆞ왯ᄂᆞᆫ ᄣᅡ히 아ᄉᆞ라ᄒᆞ니 : 縹緲蒼梧帝(初杜解8 : 62).

묻·다동 뭇다〔構〕. 쌓다〔積〕¶움 무더 사ᄅᆞ시니이다 : 陶穴經艱難(龍歌111章). ᄒᆞᆰᄀᆞ로 무든 디븨 볃ᄀᆞᆫ 비치 머므럿고 : 土室延白光(重杜解9 : 14).

:묻·잡·다동 묻잡다. 여쭈어 보다. ¶부텨 뵈ᅀᆞᆸᄂᆞᆫ 禮數를 몰라 바로 드러 묻ᄌᆞᄫᆞᄃᆡ(釋譜6 : 20).
※'묻잡다'의 활용 ┌ 묻잡고/묻잡게…
└ 묻ᄌᆞᄫᆞ시더니/묻ᄌᆞᄫᆞ면…

·물명 무리〔群〕¶비록 사ᄅᆞ매 무레 사니고도 즁ᄉᆡᆼ마도 몯호이다(釋譜6 : 5). 三兄弟의 물 一千 사ᄅᆞᄆᆞᆯ 濟度ᄒᆞ시며(釋譜6 : 18). 群臣ᄋᆞᆫ 물 臣下ㅣ라(月釋2 : 49). 朱泚이 물ᄃᆞ려 닐오ᄃᆡ : 謂泚黨曰(三綱. 忠16 秀實條). 물 도 : 徒 衆也(訓蒙 上34). 물 조 : 曹 輩也(訓蒙 中7). 물 휘 : 彙(訓蒙 下2). 물 비 : 輩. 물 ᄆᆡ : 每 輩也(訓蒙 下24). 물 즁 : 衆(類合 上5). 물 군 : 羣(類合 上14. 石千21). 물 륜 : 倫(類合 上16. 石千39). 물 도 : 徒(類合 下38). 물 셔 : 庶(石千29). ᄃᆞᆰ과 ᄃᆞᆰ과 게유와 올히 隊 일고 무리 일면 : 雞豬鵝鴨成隊成羣(女四解2 : 30). 우리 물 념ᄒᆞ야 : 輩(王郞傳4). 물이 뉴롤 보면 감동ᄒᆞ기 샹졍이라(落泉1 : 1).

물러걷다동 뒷걸음질하여 걷다. ¶從容이 물러걸을씨니라(女四解2 : 26).

물언덕명 기슭 ¶물언덕 안 : 岸(倭解 上7).

물에구룸명 뭉게구름 ¶팔보 쎔 ᄒᆞ고 물에구룸 문을 직금ᄒᆞᆫ 노 비게예 : 嵌八寶骨朶雲織金羅比甲(飜朴 上29).

·물ᄒᆞ·다동 무리를 짓다. 동무하다 ¶당당이 너와 다ᄆᆞᆺᄒᆞ야 물ᄒᆞ야 이시리로다 : 應共爾爲羣(重杜解11 : 51). 飄然히 ᄠᅳ디 물ᄒᆞ리 업도다 : 飄然思不群(杜解21 : 42).

뭉·긔·다동 뭉치다 ¶올ᄒᆞᆫ 소ᄂᆞ로 바볼 뭉긔여 먹더니(月釋23 : 92). 現히 四大롤 뭉긔여 : 現摶四大(楞解4 : 85). 大地롤 뭉긔여 : 丸大地(永嘉 上35).

:뮈·다동 움직이다. 흔들리다 ¶ᄇᆞᄅᆞ매 아니 뮐ᄊᆡ : 風亦不扤(龍歌2章). 모미 뮈ᄂᆞᆫ 둘 몰라(釋譜11 : 15). 動ᄋᆞᆫ 뮐 씨라(月釋序2). ᄯᅡ히 열여듧 相ᄋᆞ로 뮈며 : ᄯᅡ히 ᄀᆞ장 뮈면(月釋2 : 13). 行ᄋᆞᆫ 뮐 씨라(月釋2 : 20). 뮈윰 업고 : 無動(楞解8 : 20). 구루미 ᄃᆞᄅᆞ면 ᄃᆞ리 뮈윰 ᄃᆞᆺ ᄒᆞ니라(圓覺 上一之一10). 힘ᄡᅮ미 져거 뮈여 ᄒᆞ니ᄂᆞᆫ 중에 : 省力於動中(蒙法39). ᄆᆞᆯᄀᆞᆫ 비치 잔가온ᄃᆡ 수레 뮈오 : 淸動盃中物(初杜解15 : 52). 브르 덥고 ᄇᆞᄅᆞᆷ 뮈오(金三4 : 39). 뮐 동 : 動(訓蒙 下3). 뮐 동 : 動(類合 下47). 뮐 동 : 動(石千

17). 禮 아니어든 뮈디 말올디니라：非禮勿動(宣小 3：4). 輪이 傾ᄒᆞ고 帷ㅣ 뮈여디니(女四解4：46).

뮈다[동] 미워하다 ¶뮈다가 괼지라도 괴다가 뮈지 마소(古時調. 가다가. 甁歌). 前前에 뮈시던 거시면 이ᄃᆡ도록 셜우랴(古時調. 님이 혜오시매. 歌曲).

뮈·우·다[동] 움직이게 하다. ¶하ᄂᆞᆯ히 ᄆᆞᅀᆞᄆᆞᆯ 뮈우시니：維皇上帝動我心曲(龍歌102章). 運은 뮈울 씨라(月釋序5). 感은 ᄆᆞᅀᆞᆷ 뮈울 씨라(月釋序14). ᄒᆞᆫ 소릿 울에 三千界를 뮈우도다：一聲雷震三千界(金三2：2). 뮈울 감：撼(類合下56).

므느·다[동] 늘이다. 늦추다. 연장하다 ¶玄覺이 時節 므노ᄆᆞᆯ 잢간 得ᄒᆞ야：玄覺粗得延時(永嘉下108). 므너 아ᄒᆞ내 니르로ᄆᆞᆯ 어드니：得延至九十(佛頂下10). 목숨 일ᄇᆡᆨ마은닐굽 ᄒᆡ을 므는 후에 ᄒᆞᆫᄃᆡ 극락국의 나다：延壽一百四十七歲後同生極樂也(王郎傳9).

므던·히[부] 소홀히. 대수롭지 않게. ¶蔑은 므던히 너길 씨라：蔑忽也(法華5：48). 므던히 너길 ᄆᆞᅀᆞᆷ 업슬써：無輕慢心(金剛上9). 대쵸 닉거든 사ᄅᆞ미 텨 머구믈 므던히 너기고：棗熟從人打(杜解10：31). 峽中엣 남진ᄃᆞᆯ히 ᄀᆞ장 주구믈 므던히 너겨：峽中丈夫絶輕死(杜解25：47).

므던ᄒᆞ·다[형] 무던하다. 괜찮다. 좋다 ¶그리ᄒᆞ야도 므던ᄒᆞ니(釋譜11：28). 주거도 므던커니와(三綱. 孝10). 다시 닐오미 므던ᄒᆞ니(牧牛訣24). 시쇽을 조차 저롤 ᄒᆞᆫ 번 ᄒᆞ야두 므던ᄒᆞ니라：今從俗一拜似可(呂約21). 몌조 너허 ᄃᆞᄆᆞ면 장이 ᄀᆞ장 됴코 몌죄 업서도 므던ᄒᆞ니(救荒 沈醬法).

므르·다[동] 물러나다 ¶ᄇᆞᆺ그러니 닷가 므르디 아니홀 씨오(月釋2：37). 善根을 永히 믈룸디라도：永退善根(楞解1：86). 게으른 믈롬 ᄲᅳᆫ 낼까 저흐샤：恐…遂生懈退(法華3：83). 므를 퇴：退(訓蒙下26. 類合下5. 石千16).

므르·다[동] 물려받다 ¶菩薩이 부텻 法 므르ᅀᆞᄫᅩ미 아ᄃᆞ리 아비 쳔량 믈러 가쥬미 ᄀᆞᆮ홀씨(釋譜13：18).

므르돋·다[동] 물러나 달리다. 달아나다 ¶悔ᄂᆞᆫ 뉘으츨 씨니 疑悔ᄂᆞᆫ 疑惑ᄒᆞ야 므르ᄃᆞ라 뉘으츨 씨라(楞解4：4). 삿기 범과 미햇 羊이 다 므르돋놋다：孩虎野羊俱辟易(初杜解17：10). 辟易은 므르ᄃᆞ롤 시라(初杜解17：10). 眞實ㅅ 범을 맛나면 놀라 저허 므르ᄃᆞ롤 시니(南明下37). 므르ᄃᆞ롤 각：却(類合下37).

므르십·다[동] 잘 씹다. ¶ᄒᆡᆫ 함박곳 불휘를 ᄀᆞᄂᆞ리 사ᄒᆞ라 므르시버 숨씨면 즉재 노가디리라：白芍藥細切爛嚼嚥之立消(救簡6：7).

므리므리·예[부] 때때로. 이따금 ¶므리므리예 볼기 夢寐예 得ᄒᆞᄂᆞ니：往往煥然得於夢寐(楞解9：56). 므리므리예 ᄆᆞᅀᆞ매 다딜어 뎛가와 사ᄅᆞᄆᆞᆯ 모ᄅᆞ거든：時時衝心悶絶不識人(救急下91).

므섯[대] 무엇 ¶므서스로 이 모롤 시스려뇨：何以洗此汚(重三綱. 烈20. 雍氏同死). ᄀᆞᄅᆞ치디 아니ᄒᆞ야셔 어디롬이 聖人 아니오 므서시며：不敎而善非聖而何(宣小5：27). 구으니 아니오 므섯고(朴解下25). 바다 밧근 하ᄂᆞᆯ히니 하ᄂᆞᆯ 밧근 므서신고(松江. 關東別曲). 어즈버 명당이 기울거든 므서ᄉᆞ로 바티려뇨(古時調. 鄭澈. 어와 버힐시고. 松江). 므서시 이시며 므서시 업ᄉᆞ리오：何有何亡(詩解2：16). ※므섯>무섯

므·스[대] 무엇 ¶그 닐온 거슨 므스고：其所詮者何也(圓覺 序2). 더위 가고 치위 오매 잇ᄂᆞᆫ 배 므스고：暑往寒來何所有(南明上59). 네 일후믄 므스고：什麼(六祖 中56).

므·스[관] 무슨 ¶므스 이롤 잘 ᄒᆞᄂᆞ뇨：何能(三綱. 孝11 董永貸錢). 네게 므스 일이 브트뇨：干你甚麼事(飜老下49). 므스 일 ᄒᆞ리오：做甚麽(飜朴上7). ᄇᆡ호ᄂᆞᆫ 거시 므스 이린고 ᄒᆞ여：爲學者何事(飜小8：33). 평일에 ᄇᆡ호던 배 므스 일고：平日所學何事(東新續三綱. 忠1：46). 城郭ㅅ 안해ᄂᆞᆫ ᄆᆞᄎᆞ매 므스 이리 이시리오：城郭終何事(重杜解15：6). 명관이 날 잡기ᄂᆞᆫ 므스일고(王郎傳2). 삼밧트로 드러가셔 므스 일 ᄒᆞ던지 ᄌᆞᆫ 삼은 ᄡᅳ러지고(古時調. 니ᄅᆞ랴. 青丘). 므스 일 이루리라 十年지이 너를 조차(古時調. 鄭澈. 青丘).

므·스것[대] 무엇 ¶므스거시 不足ᄒᆞ료(釋譜6：24). 얻논 藥이 므스것고(釋譜11：19). 므스거스로 조ᅀᆞᄅᆞᄫᆡ 거슬 사ᄆᆞ료(月釋2：22之2止). 두 손으로 붓잡고 부드드 셔ᄂᆞᆫ이 내 므스거시나 힝금코라쟈(古時調. 언덕 문희여. 青丘). 이제는 다 늙거다 므스거슬 ᄂᆡ 아든야(古時調. 金壽長. 海謠).

므·스그·라[부] 무슨 까닭으로. 무엇 때문에. ¶묻노라 ᄇᆡ ᄠᅴ워 가ᄂᆞᆫ 사ᄅᆞᄆᆞᆫ 므스그라 烟霧로 드러가ᄂᆞ뇨：借問泛舟人胡爲入烟霧(初杜解22：39). 므스그라 그듸 머리 녀가ᄂᆞ뇨：胡爲君遠行(初杜解23：51).

므·스기[대] 무엇이 ㉮므슥 ¶므스기 일후미 小法 즐기ᄂᆞ니오：何名樂小法者(金剛下97). 므스기 깃부미리오：何喜(永嘉下17). ᄌᆞᆼ과 므스기 다ᄅᆞ리오：廝養何殊(宣賜內訓1：33).

므·스ᄆᆞ·라[부] 무슨 까닭으로. 무엇 때문에. ¶世尊ㅅ 安否 묻ᄌᆞᆸ고 니ᄅᆞ샤ᄃᆡ 므스ᄆᆞ라 오시니잇고(釋譜6：3). 므스ᄆᆞ라 입힐후리오：要甚麼合口(飜老上65). 人間이 됴ᄐᆞ냐 므스ᄆᆞ라 ᄂᆞ려온다(古時調. 青天 구룸 밧긔. 青丘).

므·슥[대] 무엇 ¶아홉 橫死ᄂᆞᆫ 므스기잇고(釋譜9：35). 므스기 어려ᄫᅳ료(釋譜11：19). 므스게 ᄡᅳ시리(月釋1：10). 무로ᄃᆡ 므스글 얻ᄂᆞᆫ다(月釋1：36).

므·슴[대] 무엇 ¶世間ㅅ 드틀을 므슴만 너기시리(月印上45). 므슴 호려 ᄒᆞ시ᄂᆞ니(月釋1：10). 너를 어더 므슴 ᄒᆞ료：娶汝何爲(宣賜內訓1：47). 定慧ᄂᆞᆫ 므슴과 ᄀᆞᆮᄒᆞ뇨：何(六祖 中6).

므·슴[관] 무슨 ¶므슴 믈로 ᄢᅵ 시스시ᄂᆞᆫ가(月印上45). 므슴 慈悲 겨시거뇨(釋譜6：6). 므슴 病으로 命終ᄒᆞᆫ다(月釋9：36上). 내 또 므슴 시름 ᄒᆞ리오(月釋21：49). 므슴 利益 이시리오：有何利益(金剛上64). 므슴 奇特이 잇ᄂᆞ뇨：有甚奇特(蒙法61).

므슴아라[부] 무슨 까닭으로. 무엇 때문에. ¶므슴아라 일 녜리오：要甚麼早行(老解上27). 므슴아라 갑술 ᄡᅬ오리오：要甚麼討價錢(老解下26).

므·슷[관] 무슨 ¶므슷 이롤 겻고오려 ᄒᆞᄂᆞᆫ고(釋譜6：27). 네게 므슷 이롤 츠기 ᄒᆞ란ᄃᆡ 反ᄒᆞᄂᆞᆫ다(三綱. 忠13). 城郭ㅅ 안해ᄂᆞᆫ ᄆᆞᄎᆞ매 므슷 이리 이시리오：城郭終何事(初杜解15：6). 그나래 므슷 이롤 일우뇨：當日成何事(南明上21). 므슷 이리 잇ᄂᆞ뇨(金三3：21). ※므슷>므ᅀᅳᆺ>므읏

므ᄉᆞ[관] 무슨. 어떤 ¶하ᄂᆞᆯ의 추미러 므ᄉᆞ 일을 ᄉᆞ로리라. 五月長天의 白雪은 므ᄉᆞ 일고(松江. 關東別曲). 므ᄉᆞ 일 일우리라 십년지이 너롤 조차(古時調. 鄭澈. 松江). 초초ᄒᆞᆫ 부싱이 므ᄉᆞ 일을 ᄒᆞ랴 ᄒᆞ야(古時調. 鄭澈. 일뎡 ᄇᆡᆨ년. 松江). 곳촌 므ᄉᆞ 일로 사ᄅᆞᆷ의 ᄆᆞᄋᆞᆷ을 요란킈 ᄒᆞᄂᆞᆫ고(女範2. 변녀 니시옥영). ※므ᄉᆞ>무ᄉᆞ

므ᄉᆞ것[대] 무엇 ¶吉한 ᄭᅮᆷ이 므ᄉᆞ것고：吉夢維何(詩解11：8).

므ᄉᆞ므라[부] 무슨 까닭으로. 무엇 때문에. ¶인간이 됴터냐 므ᄉᆞ므라 ᄂᆞ려온다(古時調. 鄭澈. 청텬 구름. 松江).

므ᄉᆞᆷ[대] 무엇 ¶두어라 高士狂生을 므러 므ᄉᆞᆷ ᄒᆞ리(古時調. 鄭澈. 劉伶은 언제 사ᄅᆞᆷ고. 松江). ᄒᆞ다가 못ᄒᆞᄂᆞᆫ 일을 닐러 므ᄉᆞᆷ ᄒᆞ리(古時調. 鄭澈. 예셔 놀애. 松江). 무ᄉᆞᆷ 심：甚(註千13).

무ᄉᆞᆷ[관] 무슨 ¶므ᄉᆞᆷ 징그라온 화ᄒᆞᆫ 말이 이시리오(癸丑27).

므·싀엽·다[형] 무섭다 ¶엄이 길오 피 ᄀᆞᆮᄒᆞᆫ 눈이 므싀엽고도(月印上60). 바미 가다가 귓것과 모딘 즁싱이 므싀엽도소니(釋譜6：19). 더운 ᄯᅡ히 므싀여워 블 븐ᄂᆞᆫ ᄃᆞᆺ도다：炎方慘如燬(初杜解16：65).

※므싀엽다>므의엽다
※'므싀엽다'의 활용 [므싀엽도소니/므싀엽게… 므싀여보며/므싀여본…

므·엇 대 무엇 ¶또 므어슬 求ᄒᆞ여 얻디 몯ᄒᆞ며 : 亦何求不得(宣小5 : 99).

므흐다 형 험(險)하다 ¶그년들은 므흔 말을 쾌히 ᄒᆞ딕(癸丑96).

믄드시 부 문득. 갑자기 ¶너븐 믌겨리 믄드시 길을 ᄃᆞ토더니 : 洪波忽爭道(重杜解2 : 19).
※믄듯(믄드시)>문듯

·믈 명 물〔水〕 ¶믈爲水(訓解. 用字). ᄉᆡ미 기픈 므른 : 源遠之水(龍歌2章). 믈 깊고 ᄇᆡ 업건마른 : 江之深矣雖無舟矣(龍歌34章). 四海ㅅ 믈이여 오나ᄂᆞᆯ(月印 上13). ᄀᆞᄅᆞᆷ과 우믌 므리 다 넚디고(月釋2 : 48). ᄆᆞᆯᄀᆞᆫ ᄀᆞᅀᆞᆳ 미햇 므리 ᄀᆞᆮᄒᆞ며 : 如澄秋野水(蒙法41). 澹泊ᄋᆞᆫ 기픈 소햇 믈 ᄆᆞᆯᄀᆞᆫ 양지니(宣賜內訓1 : 32). 믌 가온ᄃᆡᆺ ᄀᆞᆯ며기로다 : 水中鷗(初杜解7 : 4). 믈 슈 : 水(訓蒙 下35. 類合 上6. 石千2). 안정ᄒᆞᆫ 믈 담 : 湛(類合下33). 믈ᄆᆞᆫ밥 : 水飯(譯解 上49). 못 믈의 ᄂᆞ려디거ᄂᆞᆯ(明皇1 : 33). 狐頭浦엔 구븨예 아젹 믈이 미러 오니(辛啓榮. 月先軒十六景歌). ※믈>물

믈·다 동 물다 ¶블근 새 그를 므러 : 赤爵銜書. ᄇᆡ얌이 가칠 므러 : 大蛇銜鵲(龍歌7章). ᄒᆞᆯᄀᆞᆯ 므라다가(月釋23 : 76). 사ᄅᆞᆷ 므ᄂᆞᆫ ᄂᆞᄂᆞᆫ 벌에라(圓覺 下三之二79). 믌돌ᄀᆞᆫ 고기ᄅᆞᆯ 므러 : 水鷄含魚(杜解13 : 32). 믈 잡 : 咂. 믈 교 : 咬(訓蒙 叡山本下4). 믈 잡 : 咂. 믈 혈 : 囓. 믈 셔 : 噬(訓蒙 東中本下8). 믈 혈 : 齧(類合 下25). 짐즛 독ᄒᆞᆫ 버러지와 비얌으로ᄡᅥ 사ᄅᆞᆷ을 믈려 죽게 ᄒᆞ니ᄂᆞᆫ : 故用毒蟲蛇咬人致死者(警民18).
※믈다>물다

믈리다 동 물리다. 미루다 ¶七年을 믈리져 ᄒᆞ야 出家ᄅᆞᆯ 일우니(月印 上64). 날ᄋᆞᆯ 몯 믈려 淨居에 가시니(月釋10 : 2).

믈·리조·치·다 동 물러나게 좇기다. 좇기어 물러나다. ¶ᄉᆞᄀᆞ뵳 軍馬ᄅᆞᆯ 이길써 ᄒᆞᄫᆞᅀᅡ 믈리조치샤 모딘 도ᄌᆞᄀᆞᆯ 자ᄇᆞ시니이다 : 克彼鄕兵挺身陽北維此兇賊遂能獲之(龍歌35章).

믈불휘 명 물의 근원(根源). ¶믈불휘 원 : 源(類合下50).

믈·어디·다 동 무너지다 ¶金剛杵를 자바 머리 견지니 고대 믈어디니(月印 上59). 그 뫼히 ᄒᆞᆫ 것도 업시 믈어디거ᄂᆞᆯ(釋譜6 : 31). 우리 道理의 닐며 믈어듀미(月釋2 : 74). 수이 스러 믈어듀믈 볼기시니라 : 以明易以銷殞也(楞解9 : 44). 믈어딜 붕 : 崩(訓蒙中35). 믈어딜 퇴 : 頹. 믈어딜 븨 : 圮.
믈어딜 단 : 坍. 믈어딜 탑 : 塌(訓蒙下17). 淸涼애ᅀᅡ 두스리 믈어디새라(鄕樂. 內堂).
※믈어디다>믈허디다>믄허디다>무너지다

믈읫 부 무릇 ¶믈읫 이리라(釋譜 序5). 믈읫 字ㅣ 모로매 어우러ᅀᅡ 소리 이ᄂᆞ니 : 凡字必合而成音(訓註13). 믈읫 보ᄂᆞᆫ 얼구리 ᄭᅮᆷ멧 얼굴 ᄀᆞᆮᄒᆞ며(月釋2 : 53). 믈읫 아ᄅᆞᆷ 잇ᄂᆞᆫ 거시 : 凡有知者(圓覺 序2). 믈읫 범 : 凡(類合 上29). ※믈읫>므릇>무릇

믉·다 형 묽다 ¶ᄀᆞᄅᆞ ᄆᆡᄃᆞ라 믈근 미음의 타 머기면 : 爲末白湯調下(痘瘡方24). 맛당히 믈근 쥭으로 몬져 됴보ᄒᆞ여 : 宜以稀粥調養胃氣(辟新20).

·믌·결 명 물결 ¶믌결이 갈아디거늘(月印上39). 바ᄅᆞᆳ 믌겴 소리라(釋譜13 : 9). 生死 믌겴 가온ᄃᆡ 기리 ᄇᆡ ᄃᆞ외요리라(月釋9 : 22). 浪ᄋᆞᆫ 믌겨리라(楞解1 : 64). ※믌결>물결

·믌:ᄀᆞᆺ 명 물가 ¶믌ᄀᆞᅀᅢ 平ᄒᆞᆫ 돌히 잇더라(釋譜11 : 25). 두어 나ᄅᆞᆯ ᄒᆞ오ᅀᅡ 믌ᄀᆞᅀᅢ 잇다니(月釋10 : 24). 沙苑은 횟돈 믌ᄀᆞᅀᅵ 섯것도다 : 沙苑交回汀(初杜解6 : 18).

믜근ᄒᆞ다 형 밍근하다. 미지근하다 ¶일빅 번 글흔 믈 붓고 두에 다다둣다가 믜근ᄒᆞ거든 : 百沸湯泡之以盖合定後溫(痘要 上66).

믜·다 동 미워하다 ¶ᄂᆞᆷ 믜며 새오ᄆᆞ로(釋譜13 : 56). 閔損이 다ᄉᆞᆷ어미 損이ᄅᆞᆯ 믜여(三綱. 孝1 閔損單衣). 衆生ᄋᆞᆯ 念호ᄃᆡ 믜디 아니ᄒᆞ며 ᄃᆞᆺ디 아니ᄒᆞ야(月釋9 : 42). ᄃᆞᅀᆞ며 믜샤미(法華2 : 19). 禁허닐 믜디 아니ᄒᆞ며 : 不憎毁禁(圓覺 上一之一101). 믤 혐 : 嫌(類合下31). 믜여ᄒᆞᄂᆞᆫ딗 그 어디롬을 알며 : 憎而知其善(宣小3 : 3).

믜리 명 미워할 이. 미워할 사람. ¶믜리도 괴리도 업시 마자셔 우니노라(樂詞. 靑山別曲).

믜워ᄒᆞ다 동 미워하다 ¶믜워ᄒᆞ기ᄂᆞᆫ 본ᄃᆡ 아ᄂᆞᆫ 배라(西宮日記上1). 서ᄅᆞ 믜워ᄒᆞ며 원티 말올찌니 : 無相疾怨(警民4). 더브러 믜워ᄒᆞ믈 알니러라(癸丑9).
※믜워ᄒᆞ다<믜여ᄒᆞ다<믜다

믜·ᅇᅵ·다 동 미움을 받다. ¶사ᄅᆞ미게 믜ᅇᅬᆫ 고ᄃᆞᆯ 올기자보리니 : 捉敗得人憎處(法語5). 趙州의 사ᄅᆞ미게 믜ᅇᅵᆫ 고ᄃᆞᆯ 긋아라 : 勘破趙州得人憎處(蒙法19).

믜치다 동 미치다 ¶門庭은 못 믜쳐도 江山은 咫尺이라(陶山別曲).

미 명 흙손 ¶흙 닉이다 泥 或作 미 : 和泥(譯解 上18). 〔오늘날에도 흙손질을 직업으로 하는 사람을 '미장이'라고 함.〕

미나다 동 밀어 나오다. 내밀다 ¶人讚福盛ᄒᆞ샤 미나거신 톡애(樂範. 處容歌).

미·르 명 용(龍) ¶미르 진 : 辰(訓蒙 上1. 光千1). 미르 룡 : 龍(訓蒙上20. 石千4).

미리 명 용(龍) ¶龍爲豫 미리 龍(雅言一 以辛爲苦).

미옥다 형 미욱하다. 매욱하다 ¶어리고 미옥다 : 獃獃(語錄12).

미조초 부 뒤미처. 곧 이어. ¶미조초 삼 년을 거상 닙다 : 追喪三年(東新續三綱. 孝8 : 32).

미좇·다 동 뒤미처 좇다. ¶로조ᄅᆞᆯ 라귀 모라 미조차 가라 ᄒᆞ야ᄃᆞᆫ : 命操策驢隨之(三綱. 孝27 盧操). 비록 이 願不思議ᄅᆞᆯ 혜여도 닐그며 미조차 니져(月釋21 : 174). 미조차 뎌와 ᄯᅩᇰ 츠거늘 : 尋與除糞(法華2 : 209). 妄心이 믄득 불쎠 디나 미조차 推尋ᄒᆞ야도(金剛121). 미조차 ᄉᆞ랑ᄒᆞ야 : 尋思(圓覺 下三之二97). 扈ᄂᆞᆫ 大駕ᄅᆞᆯ 미조차 侍從ᄒᆞᆯ 시라(杜解3 : 1). 버믈 저티고 미조차 ᄭᅴ이여 二三百步ㅣ 나가 : 劫虎追曳數百步許(續三綱. 孝9). 미조차 쥬상이 ᄯᅩ 셩두를 ᄒᆞ시니(閑中錄78).

미처 부 뒤미처 ¶太子ᄂᆞᆫ 象ᄋᆞᆯ 드러 城 나ᄆᆞ 티시고 미처 ᄃᆞ라가 바라 알피 아니 디게 ᄒᆞ시니라(釋譜3 : p.48).

미츠·다 동 미치다〔及〕 ¶주근 後에ᅀᅡ 뉘으츤ᄃᆞᆯ 미츠리여(釋譜24 : 28). 미처 가 보ᅀᆞᄫᅡ(月釋10 : 6). 愚의 미처 보닌 : 愚及見者(楞解1 : 16). 艱虞ᄅᆞᆯ 마고매 예셔 어늬 미츠리오 : 防虞此何及(重杜解1 : 22). 三千部에 미추이다(六祖 上64). 미츠면 현신이 되오 : 及則賢(飜小8 : 3). 미츨 딘 : 趁. 미츨 급 : 及(類合下42). 미츨 톄 : 逮(類合下43). 어이 미츠리오 : 何及(警民23). 그날의 미처 과연 탄강ᄒᆞ오시니(仁祖行狀1).

민빋 명 외상. 빚 ¶민빋 샤 : 賖(類合下44). 져 사ᄅᆞᆷ의게 민빋으로 주ᄂᆞᆫ 거시 아니라(隣語5 : 4).

믿:겨집 명 본처(本妻) ¶鮑蘇ㅣ 그위실 가아 다른 겨집 어러늘 믿겨집 女宗이 싀어미ᄅᆞᆯ 더욱 恭敬ᄒᆞ야 孝道ᄒᆞ며 : 蘇仕衛三年而娶外妻女宗養姑愈敬(三綱. 烈2女宗知禮).

믿곧 명 본고장 ¶ᄉᆞᆫ지 믿고대 잇더니(月釋13 : 26). ᄉᆞᆫ지 믿고대 잇더니 : 猶在本處(法華2 : 215).

믿나·라 명 본국(本國) ¶빌머거 사니다가 마초아 믿나라해 도라오니(釋譜24 : 52). 믿나라ᄒᆞᆯ 마초아 向ᄒᆞ니(月釋13 : 7). 믿나라해 마초아 向ᄒᆞ니 : 遇向本國(法華2 : 183). 믿나라해 도라와 : 還到本國(阿彌9). 漸漸 돈녀 믿나라해 오니 : 漸漸遊行遇向本國(圓覺 序46).

믿·디·다 동 밑지다 ¶돈 밧고와도 믿디디 아니면 ᄒᆞᆯ 거시니 : 換錢不折本(飜老 上65).

믿브·다 형 미쁘다〔信〕 ¶믿부믈 마긔오고 : 以證信(楞解1 : 20). 이 사ᄅᆞᄆᆡ 뒷논 마리 眞實ᄒᆞ야 믿브리라 : 此人所有言說眞實可信(金剛35). 天道ㅣ 어루 믿불딘댄 : 天道可信(宣賜內訓2下10). 믿블 량 : 亮(類合下25). 벋이 믿븜이 이슈미니라 : 朋友有信(宣小1 : 9).

믿·비 부 미쁘게 ¶이 이ᄅᆞᆯ 믿비 맛노니 : 保任此事(法華2 : 90). 엇뎨 사ᄅᆞᄆᆡ 付屬을 니저 그리 호려 호ᄆᆞᆯ 믿비 아니ᄒᆞ리잇고 : 豈可忘人之託而不信其諸邪(宣賜內訓3 : 21). 블근 新鮮ᄒᆞᆫ 고기ᄅᆞᆯ 雲霞 흗ᄃᆞᆺ 호ᄆᆞᆯ 믿비호리라 : 紅鮮任霞散(杜解7 : 37). 말ᄉᆞᄆᆞᆯ 모로매 튱후코 믿비 ᄒᆞ며 : 語必忠信(飜小8 : 16).

믿:쳔 명 밑천. 본전(本錢) ¶다믄 내 믿쳔만 갑고 : 只還我本錢(飜朴 上34).

:밀·믈 명 밀물 ¶밀므리 사ᄋᆞ리로ᄃᆡ : 不潮三日(龍歌67章). 밀므를 마ᄀᆞ시니 : 迺防潮濤(龍歌68章). 밀믈 됴 : 潮. 밀믈 셕 : 汐(訓蒙上5). 밀믈 됴 : 潮(類合上6). 밀믈 : 潮水(同文解 上8). 밀믈에 東湖 가고 혈믈에 西湖 가쟈(古時調. 白雲이. 海謠). 돈 ᄃᆞ라라 돈 ᄃᆞ라라 밀믈의 西湖ㅣ오 혈믈의 東湖 가쟈(古時調. 尹善道. 白雲이. 孤遺).

밋겨집 명 본처(本妻) ¶포쇠 구실 가 다른 겨집 어러늘 밋겨집 녀종이 싀어마님을 더옥 공경ᄒᆞ야 : 蘇仕衛三年而娶外妻女宗養姑愈敬(重三綱. 烈2).

밋남진 명 본남편 ¶밋남진 廣州ㅣ 싸리뷔 쟝ᄉᆞ 소ᄃᆡ남진 그놈 朔寧의 잇뷔 쟝ᄉᆞ(古時調. 青丘).

밋브다 형 미쁘다 ¶밋브게 ᄒᆞᄂᆞᆫ 글 쓰이고(三譯4 : 8). 족히 밋브디 아니ᄒᆞ니라 : 不足信也(太平1 : 31). 그 허락을 밋브게 아니 ᄒᆞ리요(女範1. 부계모 졔의계모). 놈의게 허락ᄒᆞ고 능히 밋브게 못 ᄒᆞ면 : 信(五倫1 : 7). 밋블 신 : 信(註千8).

밋짜 명 원산지(原産地) ¶밋짜해셔 언멋 갑소로 사 : 就地頭多少價錢買來(飜老 上13). 밋짜 썻 : 地頭的(譯解上99).

ᄆᆞ·니·다 동 만지다 ¶머리ᄅᆞᆯ ᄆᆞ니시며 니ᄅᆞ샤ᄃᆡ(釋譜11 : 5). 부톄 손 드르샤 아바님 머리 ᄆᆞ니샤(月釋10 : 2).

ᄆᆞᄃᆡ 명 마디. 경우. 고비 ¶獄애 가도아 罪니블 ᄆᆞᄃᆡ며(釋譜9 : 8). 머구려 ᄒᆞ시는 ᄆᆞᄃᆡ예(釋譜11 : 41). 日食ᄒᆞᆯ ᄆᆞᄃᆡ예 이 아ᄃᆞ리 나니라 ᄒᆞ야(月釋2 : 2). 흰 ᄆᆞᄃᆡ 서르 비취엿도다 : 素節相照燭(初杜解25 : 2). ᄆᆞᄃᆡ 절 : 節(訓蒙上1. 類合 上3. 石千16). ᄆᆞᄃᆡ 촌 : 寸(訓蒙下34. 類合下48. 石千11). ᄆᆞᄃᆡ를 지졔ᄒᆞ며 법도를 삼가면 : 制節謹度(宣小2 : 30). 마ᄃᆡ 졀 : 節(倭解 下39).

ᄆᆞ름 명 마름〔지주(地主)의 위임(委任)을 받아서 소작지를 관리하는 사람.〕 ¶ᄆᆞ름 : 莊頭(漢淸5 : 31).

ᄆᆞ리 명 머리 ¶네 무슴 약을 먹고 ᄆᆞ리좃차 검엇ᄂᆞ냐(古時調. 歌曲).

ᄆᆞᄅᆞ·다 동 마르다〔乾. 渴〕 ¶欲愛 ᄆᆞᆯ라 업고 ᄆᆞᅀᆞ미 ᄆᆞᆯ가(月釋2 : 60). ᄆᆞᆯ라 이우르시고 : 乾枯(楞解6 : 30). 欲愛 ᄆᆞᆯ라 이울오 : 欲愛乾枯(法華7 : 60). ᄀᆞ숤 洞庭엣 돌히 ᄆᆞᄅᆞ고 : 秋枯洞庭石(初杜解8 : 5). ᄆᆞᄅᆞᆯ 간 : 滍(訓蒙下12). ᄆᆞᄅᆞᆯ 조 : 燥(類合 下48).

ᄆᆞᄅᆞ·다 동 마르다〔裁〕 ¶샹녜 옷과 치마 ᄆᆞᄅᆞ시고(宣賜內訓2下51). ᄆᆞᄅᆞᆯ 지 : 裁(訓蒙下19. 倭解 上45). ᄆᆞ쇠로 텰릭을 ᄆᆞᆯ아 나는(樂詞. 鄭石歌). 칼로 ᄆᆞᆯ아 낸가 붓으로 그려 낸가(丁克仁. 賞春曲). 옷 ᄆᆞᄅᆞᆯ 지 : 裁(類合 下7). ᄆᆞᄅᆞᆯ 젼 : 剪(類合下41).
※ᄆᆞᄅᆞ다>마르다

ᄆᆞ·쇼 명 마소. 말과 소. ¶ᄒᆞ다가 어즈러이 ᄒᆞ면 ᄆᆞ쇼만도 ᄆᆞᆺᄃᆡ 몯ᄒᆞ니라 : 若是紛紜馬牛不如(宣賜內訓2上3). ᄆᆞ쇼 똥을 ᄶᅡ 즙 내야 머그라 : 牛馬屎絞取汁飮之(救簡1 : 43). 사롬 ᄆᆞ쇼 가지 금은 긔명을 : 人口頭匹家財金銀器皿(老解下49). ᄆᆞ쇼를 갓 곳갈 싀워 밥 머기나 다ᄅᆞ랴(古時調. 鄭澈. ᄆᆞ올 사롬. 松江). ※ᄆᆞ쇼>마소

ᄆᆞ슬 명 마을 ¶ᄆᆞ슬 길히 뫼해 둘어시니 : 村逕遶山(百聯20).

ᄆᆞ슴 명 머슴 ¶以丈夫爲宗 ᄆᆞ름 又 ᄆᆞ슴(華方).

ᄆᆞᅀᆞᆶ 명 마을 ¶ᄆᆞᅀᆞᆯ히 멀면 乞食ᄒᆞᄃᆡ 어렵고(釋譜6 : 23). ᄆᆞᅀᆞᆯ히 盛ᄒᆞ야 ᄃᆞᆯ기 소리 서르 들여(月釋1 : 46). 野干이 ᄃᆞ외면 ᄆᆞᅀᆞᆯ히 와 드러 모미 疥癩ᄒᆞ며(法華2 : 165). 城邑 ᄆᆞᅀᆞᆯᄒᆞᆯ 브터 : 依城邑聚落(圓覺上二之二16). ᄆᆞᆯᄀᆞᆫ ᄀᆞᄅᆞᆷ ᄒᆞᆫ 고비 ᄆᆞᅀᆞᆯᄒᆞᆯ 아나 흐르ᄂᆞ니 : 淸江一曲抱村流(初杜解7 : 3). ᄆᆞᅀᆞᆯ 집 문마다(飜老 上47). ᄆᆞᅀᆞᆯ 려 : 閭. ᄆᆞᅀᆞᆯ 염 : 閻. ᄆᆞᅀᆞᆯ 린 : 鄰. ᄆᆞᅀᆞᆯ 리 : 里. ᄆᆞᅀᆞᆯ 촌 : 村(訓蒙 中8).
※ᄆᆞᅀᆞᆯ>ᄆᆞᄋᆞᆯ>ᄆᆞ을>마을
※'ᄆᆞᅀᆞᆶ'의 첨용 ┌ ᄆᆞᅀᆞᆯ └ ᄆᆞᅀᆞᆯ히/ᄆᆞᅀᆞᆯᄒᆞᆯ/ᄆᆞᅀᆞᆯ히…

ᄆᆞᅀᆞᆷ 명 ①마음 ¶열희 ᄆᆞᅀᆞᄆᆞᆯ 하ᄂᆞᆯ히 달애시니 : 維十人心天實誘他(龍歌18章). 病ᄒᆞ니를 보시고 ᄆᆞᅀᆞᄆᆞᆯ 내시니(月印 上16). 그딋 혼조초 ᄒᆞ야 뉘읏븐 ᄆᆞᅀᆞᄆᆞᆯ 아니호리라(釋譜6 : 8). 感ᄋᆞᆫ ᄆᆞᅀᆞᆷ 뮈울 씨라(月釋序14). 몸과 ᄆᆞᅀᆞᆷ괘 : 身心(楞解2 : 1). 몸과 ᄆᆞᅀᆞᆷ : 身心(蒙法35). 輕淸ᄋᆞᆫ 몸 가비얍고 ᄆᆞᅀᆞᆷ ᄆᆞᆯᄀᆞᆯ 씨라(蒙法39). ᄆᆞᅀᆞᆷ 심 : 心(訓蒙 上27. 光千17). 셜이 ᄀᆞᆯ오ᄃᆡ 쳡이 이믜 ᄆᆞᅀᆞᆷ으로 ᄡᅧ 허ᄒᆞ여시니 : 薛曰妾旣以心許(東新續三綱. 烈1 : 2薛氏貞信). ②심장. 염통 ¶비ᄅᆞᆯ ᄠᅡᆫ고 ᄆᆞᅀᆞᄆᆞᆯ ᄲᅢ혀내야 鬼神올 이바ᄃᆞ며(月釋23 : 73). ③속 ¶미친 가히 믈인 도기 ᄆᆞᅀᆞ매 드러 : 狂犬咬毒入心(救簡6 : 39).
※ᄆᆞᅀᆞᆷ>ᄆᆞᄋᆞᆷ>ᄆᆞ음>마음

ᄆᆞᅀᆞᆷㅅ·장 부 마음껏 ¶져믄 저그란 안ᄌᆞᆨ ᄆᆞᅀᆞᆷㅅ장 노다가 ᄌᆞ라면 어루 法을 비호ᅀᆞᄫᆞ리이다(釋譜6 : 11).

ᄆᆞᅀᆞᆷ졉·다 동 용서하다 ¶브즈런ᄒᆞ며 검박ᄒᆞ며 온공ᄒᆞ며 내 ᄆᆞᅀᆞᆷ져버 ᄂᆞᄆᆡ ᄆᆞᅀᆞᆷ 혜아림으로 ᄒᆞ더라 : 勤儉恭恕(飜小9 : 95).

ᄆᆞᅀᆞᆷ조·초 부 마음대로 ¶어드본 ᄃᆡ 衆生도 다 불고ᄆᆞᆯ 어더 ᄆᆞᅀᆞᆷ조초 이ᄅᆞᆯ ᄒᆞ긔 호리라(釋譜9 : 5). 평상 우희 졋바뉘이고 ᄆᆞᅀᆞᆷ조초 머기라 : 床上仰臥隨意服(救簡1 : 16).

ᄆᆞ양 부 매양 ¶됴뎡이 ᄆᆞ양 보채여 업시ᄒᆞ여디라(癸丑89). 녜브터 텬하 국개 ᄆᆞ양 망티 아닐 재 이시리오(山城94). 졋줄 곤고노라 ᄆᆞ양 우는 아희 ᄀᆞᆯ와이 누고 뎌 누고 ᄒᆞ면 얼운답디 아녜라(古時調. 鄭澈. 돈좁 쩌디. 松江).

ᄆᆞ올약속 명 향약(鄕約) ¶藍田ㅅ呂氏 ᄆᆞ올약속애 ᄀᆞᆯ오ᄃᆡ : 藍田呂氏鄕約曰(宣小6 : 16).

ᄆᆞ·ᄎᆞ·다 동 마치다 ¶목숨 ᄆᆞᄎᆞ리잇가 : 性命奚戕(龍歌51章). 述은 니ᅀᅳ 씌오 事ᄂᆞᆫ 이리니 父母ㅅ 이ᄅᆞᆯ 니ᅀᅥ ᄆᆞᄎᆞᆯ 씨라(月釋序16). 舅姑의게 졀ᄒᆞ기를 ᄆᆞᄎᆞ매(女四解4 : 64). 삼 년을 ᄆᆞᄎᆞ니 : 終三年(五倫1 : 66). 일 ᄆᆞᄎᆞᆯ 쥰 : 竣. ᄆᆞᄎᆞᆯ 료 : 了. ᄆᆞᄎᆞᆯ 흘 : 訖(類合下43). ᄆᆞᄎᆞᆯ 필 : 畢(類合下61).

ᄆᆞ·ᄎᆞᆷ 명 마지막. 마침 ¶처엄 ᄆᆞᄎᆞᄆᆞᆯ 알리ᄂᆞ니(釋譜序2). 終은 ᄆᆞᄎᆞ미라(訓註2). 萬物의 처엄 일며 ᄆᆞᄎᆞᆷ이ᄂᆞᆫ ᄶᅡ히라(法華3 : 161). ᄆᆞᄎᆞᆷ 죵 : 終(訓蒙下35). ᄆᆞᄎᆞᆷ 경 : 竟(類合下29). ᄆᆞᄎᆞᆷ 죵 : 終(類合下63). ᄆᆞᄎᆞᆷ 죵 : 終. ᄆᆞᄎᆞᆷ 경 : 竟(光千13). ᄆᆞᄎᆞᆷ 죵 : 終. ᄆᆞᄎᆞᆷ 경(石千13). ᄆᆞᄎᆞᆷ 죵 : 終(倭解下34).

ᄆᆞᄎᆞᆷᄀᆞ올 명 늦가을. 계추(季秋) ¶立春에 조샹을 祭ᄒᆞ며 ᄆᆞᄎᆞᆷᄀᆞ올히 아비게 祭ᄒᆞ며(宣小5 : 40).

ᄆᆞᆮ 명 맏이 ¶내 아ᄃᆞ리 비록 ᄆᆞᄃᆡ라도 사오나ᄫᆞᆯ씨(月釋2 : 5). ᄆᆞᆮ 分 일훔이 智積이러시니(月釋14 : 4). ᄆᆞᄃᆡ 病 되얫거늘(三綱. 烈7). ᄆᆞᆮ 형 : 兄. ᄆᆞᆮ 곤 : 昆. ᄆᆞᆮ 가 : 哥(訓蒙 上32). ᄆᆞᆮ 형 : 兄(類合 上19). ᄆᆞᆮ 빅 : 伯. ᄆᆞᆮ 형 : 兄(石千15). ᄆᆞᆮ 윤 : 尹(石千23). ᄆᆞᆮ 곤 : 昆(石千27). ᄆᆞᆮ 밍 : 孟(石千29). ※ᄆᆞᆮ>맏

ᄆᆞᆮ·내 명 맏이 되는 사람들. 연장자(年長者)들. 우두머리들 ¶즉자히 나랏 어비 ᄆᆞᆮ내ᄅᆞᆯ 모도아 니ᄅᆞ샤ᄃᆡ(釋譜6 : 9).

ᄆᆞᆮ누의 명 맏누이. 큰누이 ¶姊ᄂᆞᆫ ᄆᆞᆮ누의오 妹ᄂᆞᆫ 아ᅀᆞ누

의라(月釋21：162). 아ᄌᆞ미와 몬누의와 아ᅀᆞ누의와 ᄯᅩᆯ왜 ᄒᆞ마 婚姻ᄒᆞ야 도라왯거든(宣賜內訓1：5). 몬누의 져：姐. 몬누의 ᄌᆞ：姉(訓蒙 上32). 몬누의 ᄌᆞ：姉(類合 上19). 과모 몬누의 셤기믈 어버이 셤김ᄀᆞ티 ᄒᆞ니：事寡姉如事其親(東新續三綱. 孝5：17). 몬누의 ᄌᆞ：姉(倭解 上12).

몬뜯 명 첫뜻. 뜻. 초지(初志) ¶몬뜯 지：志(類合 下1).

몬형 명 맏형. 큰형 ¶몬兄 눈섭 히니를 또 하ᄂᆞᆯ히 여러 내시도다：長兄白眉復天啓(初杜解8：17). 몬형 빅：伯(類合 下16).
※몬형>맏형

ᄆᆞᆯ·기 부 맑게 ¶性 하ᄂᆞ리 ᄆᆞᆯ기 개며：性天澄霽(楞解1：107). 이제 당당이 ᄆᆞᆯ기 손 시소ᄆᆞᆯ 뭇고：時應清盥罷(杜解9：37). 體와 用괘 서르 섯거 ᄆᆞᆯ기 ᄇᆞᆰ도다(南明 上65).

ᄆᆞᆯ보·기 명 ①대소변을 보는 일. 용변(用便) ¶차바ᄂᆞᆯ 머거도 自然히 스러 ᄆᆞᆯ보기를 아니ᄒᆞ며(月釋1：26). ᄆᆞᆯ보기를 ᄒᆞ니 남진 겨지비 나니라(月釋1：43). ②이질(痢疾) ¶내 요ᄉᆞ이 ᄆᆞᆯ보기 어더셔：我這幾日害痢疾(飜朴 上37).

ᄆᆞᆯ보·다 동 대소변을 보다. ¶옷 니브며 밥 머글 ᄣᅦ 오직 이리코 ᄆᆞᆯ보며 오좀 눌 ᄣᅦ 오직 이리코：著衣喫飯時但伊麽屙屎送尿時但伊麽(牧牛訣27). 〔여기서는 '대변보다'의 뜻으로 쓰였음.〕

ᄆᆞᆯ·외·다 동 말리다〔乾〕 ¶白殭蠶ᄋᆞᆯ 焙籠애 ᄆᆞᆯ외야 노라커든：用白殭蠶焙黃(救急 上3). ᄂᆞᆯ개 ᄆᆞᆯ외노라 고기 잡ᄂᆞᆫ 돌해 ᄀᆞ독ᄒᆞ얏도다：曬翅滿漁梁(杜解7：5). 츩불휘 ᄆᆞᆯ외야 ᄀᆞ론 ᄀᆞᄅᆞ：葛粉(救簡1：12).

ᄆᆞᆰ·다 형 맑다 ¶모미 瑠璃 ᄀᆞᆮᄒᆞ야 안팟기 ᄉᆞᄆᆞᆺ ᄆᆞᆯ가 허므리 업고(釋譜9：4). 湛ᄋᆞᆫ ᄆᆞᆯᄀᆞᆯ 씨오(月釋序1). 性이 本來 ᄆᆞᆺᄀᆞ티 ᄆᆞᆰ거늘：性本淵澄(法華1：189). 輕清ᄋᆞᆫ 몸 가비얍고 ᄆᆞᅀᆞᆷ ᄆᆞᆯᄀᆞᆯ 씨라(蒙法39). ᄇᆞᆯᄀᆞᆫ 거우뤼 ᄆᆞᆯᄀᆞ며 ᄆᆞᆯᄀᆞ니：明鑑昭昭(宣賜內訓 序8). 봆 ᄇᆞᄅᆞ매 江漢이 ᄆᆞᆰ도다：春風江漢清(初杜解8：16). 天下앳 ᄒᆞᆫ 輪ᄋᆞᆫ 샹녜 ᄆᆞᆯ가시며(金三2：25). ᄆᆞᆯ고미 갠 虛空애 ᄒᆞᆫ 點ㅅ 霞도 업소미 ᄀᆞᆮ도다：瑩若晴空絕點霞(南明 上5). ᄆᆞᆯᄀᆞᆯ 쳥：清(訓蒙 下1). ᄆᆞᆯᄀᆞᆯ 담：淡(訓蒙 下14). ᄆᆞᆯᄀᆞᆯ 딩：澄(類合 下9). ᄆᆞᆯᄀᆞᆯ 형：瑩. ᄆᆞᆯᄀᆞᆯ 담：澹. ᄆᆞᆯᄀᆞᆯ 박：泊(類合 下31). ᄆᆞᆯᄀᆞᆯ 텰：澈(類合 下37). ᄆᆞᆯᄀᆞᆯ 쳥：清(類合 下48). ᄆᆞᆯᄀᆞᆯ 담：淡(類合 下52). ᄆᆞᆯᄀᆞᆯ 담：淡(石千3). ᄆᆞᆯᄀᆞᆯ 딩：澄(石千12). ᄆᆞᆰ다：清(同文解 上8). 磬子 ᄆᆞᆯᄀᆞᆫ 소릐 ᄇᆞ람 셧거 다니가니(辛啓榮. 月先軒十六景歌).

ᄆᆞᆲ·다 형 슬프다. 애달프다 ¶도톨 동여 두고 매로 티니 ᄆᆞᆯᄫᆞᆫ 소리 긋디 아니ᄒᆞ얫거든：縛猪棒打哀聲未絕(月釋23：73). ᄀᆞ장 ᄆᆞᆯ아 너비 濟度ᄒᆞ시리 아니시면(法華序16). ᄆᆞᆯᄫᆞᆫ 父母ㅣ 나를 잇비 나ᄒᆞ시니라：哀哀父母生我劬勞(三綱. 孝15).

·ᄆᆞᆺ 부 가장 ¶世尊ᄋᆞᆫ 世界예 ᄆᆞᆺ 尊ᄒᆞ시닷 ᄠᅳ디라(釋譜序5). 왼녀긔 ᄒᆞᆫ 點을 더으면 ᄆᆞᆺ노ᄑᆞᆫ소리오(訓註13). 平聲은 ᄆᆞᆺᄂᆞᆺ가ᄫᆞᆫ소리라(訓註14). 힘 어두미 ᄆᆞᆺ 하니：得力最多(蒙法35). ᄆᆞᆺ 즐기노라：最好(南明 上7).

ᄆᆞᆺ 부 못 ¶녯 ᄉᆞ롬 風流를 미출가 ᄆᆞᆺ 미출가(丁克仁. 賞春曲).

ᄆᆞᆺ내 부 못내 ¶수풀에 우ᄂᆞᆫ 새ᄂᆞᆫ 春氣를 ᄆᆞᆺ내 계워(丁克仁. 賞春曲).

·ᄆᆞᆺ노·ᄑᆞᆫ소·리 명 가장 높은 소리. 거성(去聲) ¶去聲은 ᄆᆞᆺ노ᄑᆞᆫ소리라(訓註13).

·ᄆᆞᆺᄂᆞᆺ가·ᄫᆞᆫ소·리 명 가장 낮은 소리. 평성(平聲) ¶平聲은 ᄆᆞᆺᄂᆞᆺ가ᄫᆞᆫ소리라(訓註14).

ᄆᆞᆺ봄 명 초봄. 맹춘(孟春) ¶ᄆᆞᆺ봄으로ᄡᅥ 옷듬을 삼다：以孟春爲元(十九史略1：4).

·ᄆᆞᆺ·처섬 명 맨 처음. 최초(最初) ¶ᄆᆞᆺ처ᅀᅥᆷ 乾慧地오(月釋2：59). ᄆᆞᆺ처ᅀᅥᄆᆡ 形體 업스며(月釋2：69).

·ᄆᆡ 명 들 ¶얼윈 고로ᄆᆞᆯ 거츤 ᄆᆡ해 뉘이며：以臥淤膿於荒郊(法華6：154). ᄆᆞᆯᄀᆞᆫ ᄀᆞᅀᆞᆶ ᄆᆡ햇 므리 ᄀᆞᆮᄒᆞ며：如澄秋野水(蒙法41). ᄆᆡ햇 쥐ᄂᆞᆫ 어즈러운 굼긔셔 拱手ᄒᆞ얫도다：野鼠拱亂穴(重杜解1：4). ᄆᆡ햇 가마괴ᄂᆞᆫ ᄠᅳ디 업스니(杜解17：21). 西風이 수플 ᄆᆡ홀 뮈워(金三2：65). 山이여 ᄆᆡ히여(樂範. 處容歌). ᄆᆡ야：野(訓蒙 上4).
※'ᄆᆡ'의 첨용 [ᄆᆡ / ᄆᆡ히/ᄆᆡ혼/ᄆᆡ홀/ᄆᆡ해…

ᄆᆡ·ᄫᅵ 부 매. 매우. 강력하게 ¶諸天돌히 ᄆᆡᄫᅵ 닐오ᄃᆡ 沸星이 ᄒᆞ마 어우니 이제 時節이니 ᄲᆞᆯ리 나쇼셔(釋譜3：p.114). 엇뎨 ᄆᆡᄫᅵ 아니 티ᄂᆞ다：何不重乎(三綱. 烈9禮宗 罵卓).

:ᄆᆡ·양 부 매양 ¶ᄆᆡ양 ᄀᆞᅀᆞᆶ 외롤 보고 녜 사던 ᄯᅡ홀 ᄉᆞ랑ᄒᆞ노라：每見秋瓜憶故丘(初杜解15：20). ᄆᆡ양 나들 저긔：每出入(飜小10：12). ᄆᆡ양 ᄆᆡ：每(石千40). ᄆᆡ양 良朋이 이시나 기리 歎홀 만ᄒᆞ니라：每有良朋况也永歎(詩解9：7). 사ᄅᆞᆷ이 ᄆᆡ양 살냐(癸丑37). ᄆᆡ양 경신일이면 텬조의 올나가 사ᄅᆞᆷ의 허물을 알외며(敬信1). 고황뎨 ᄆᆡ양 분향ᄒᆞ고(女範1. 셩후 황명고후). 마히 ᄆᆡ양이랴 잠기 연장 다ᄉᆞ려라(古時調. 尹善道. 비 오ᄂᆞᆫᄃᆡ. 孤遺). ᄆᆡ양 셜턴을 만나면 반ᄃᆞ시 출류홀ᄉᆡ(引鳳簫1).

ᄆᆡ·ᅇᅵ·다 동 매이다 ¶싸호ᄆᆞᆯ 즐겨 제 軍 알ᄑᆡ 가다가 帝釋손ᄃᆡ ᄆᆡᅇᅵᄂᆞ니라(釋譜13：9). 長常 業報애 ᄆᆡᅇᅧ：恒繫業報(月釋序3). 아니 니거늘 ᄆᆡᅇᅧ 가 닐오ᄃᆡ(三綱. 忠29). 妄ᄋᆡ ᄆᆡ요미 절로 그르리라：妄纏自釋矣(楞解1：95).

ᄆᆡᆫ 관 맨. 가장 ¶塔 ᄆᆡᆫ 그테 올아：登浮屠絕頂(續三綱. 烈5). ᄆᆡᆫ 얼운 ᄒᆞᆫ나히 지아비 되여셔：一人最長者爲家長(二倫30陸氏義居). 金剛臺 ᄆᆡᆫ 우層의 仙鶴이 삿기 치니(松江. 關東別曲).

ᄆᆡᆫ글다 동 만들다 ¶닉 량 은을 드려 ᄆᆡᆫ그랏고：結裹四兩銀子(老解 下47). 명길이 히 둘흘 ᄆᆡᆫ글고져 ᄒᆞ고(山城95).

·ᄆᆡᆫ·믈 명 맹물 ¶ᄆᆡᆫ므레 글혀 머거도 또 됴ᄒᆞ니라：白煮亦佳(救簡3：105). ᄆᆡᆫ므레 炒ᄒᆞᆫ 猪肉(老朴集 上2). ᄆᆡᆫ믈에 ᄉᆞᆱ마：淡煮(痘要 下40). ᄆᆡᆫ믈에 ᄉᆞᆱ다：白煮(譯解 下46).

ᄆᆡᆫ·밥 명 ①공밥 ¶君子ㅣ 늘금애 거러ᄃᆞᆫ니디 아니ᄒᆞ고 샹인이 늘금애 ᄆᆡᆫ밥 먹디 아니ᄒᆞᄂᆞ니라：君子耆老不徒行庶人耆老不徒食(宣小2：65). ②맨밥 ¶ᄆᆡᆫ밥을 간대로 먹으라：淡飯胡亂喫些箇(老解 上36). ᄆᆡᆫ밥：空飯(譯解補30).

ᄆᆡᆼ·글·다 동 만들다 ¶글왈 ᄆᆡᆼ그라(三綱. 忠22). 勝ㅅ 소갯 金으로 ᄆᆡᆼ그론 고ᄌᆞᆫ 工巧히 치위를 견듸놋다：勝裏金花巧耐寒(重杜解11：8). 갈 잘 ᄆᆡᆼ글 쟝신이：快打刀子的匠人(飜朴 上15). 緇布冠을 烏紗의 漆ᄒᆞᆫ 거슬 ᄆᆡᆼ그로미 죠히의 더옥 굿셀만 ᄀᆞᆮ디 몯ᄒᆞ니라(家禮圖4). 이 술 가져다가 四海예 고로 ᄂᆞᆫ화 億萬蒼生을 다 醉케 ᄆᆡᆼ근 後의 그제야 고텨 만나 또 ᄒᆞᆫ 잔 ᄒᆞ쟛고야(松江. 關東別曲). 내 ᄆᆞᄋᆞᆷ 버혀 내여 뎌 ᄃᆞᆯ을 ᄆᆡᆼ글고져(古時調. 鄭澈. 松江). 남글 삭여 샹을 ᄆᆡᆼ그라 졔ᄒᆞ더니(女範4. 널녀 텬우빵졀).

ᄆᆡᆼ·ᄀᆞᆯ·다 명 만들다 ¶京觀ᄋᆞᆯ ᄆᆡᆼᄀᆞᄅᆞ시니：京觀以築(龍歌40章). 金像ᄋᆞᆯ ᄆᆡᆼᄀᆞᄅᆞ샤(月印 上14). 爲ᄂᆞᆫ ᄆᆡᆼᄀᆞᆯ 씨라(釋譜 序4). 制ᄂᆞᆫ ᄆᆡᆼᄀᆞᄅᆞ실 씨라(訓註). 새로 스믈여듧 字를 ᄆᆡᆼᄀᆞ노니：新制二十八字(訓註). 序ᄂᆞᆫ 글 ᄆᆡᆼᄀᆞ론 ᄠᅳ들 子細히 써 後ㅅ 사ᄅᆞᄆᆞᆯ 알의 ᄒᆞᄂᆞᆫ 거시라(釋譜 序1). 編은 글월 ᄆᆡᆼᄀᆞᆯ 씨라(月釋序11). 表ᄒᆞ야 中 ᄆᆡᆼᄀᆞᆶ 時節에：表爲中時(楞解1：70). 諸天이 座 ᄆᆡᆼᄀᆞᅀᆞ와：諸天設座(法華3：93). 션신이 ᄉᆞ지 탓게 ᄆᆡᆼᄀᆞᆫ 사탕을 노코：或是獅仙糖(飜朴 上4). ᄆᆡᆼᄀᆞᆯ 조：造(類合 下12).
※ᄆᆡᆼᄀᆞᆯ다>ᄆᆡᆫᄃᆞᆯ다>만들다

:바·니·다 통 바장이다 ¶나랏 ᄉᆞᅀᅵ예 큰 ᄀᆞᄅᆞ미 이쇼ᄃᆡ ᄇᆡ 업거늘 ᄀᆞᅀᆞᆯ 조차 바니다가(月釋8:99). 오ᄅᆞ며 ᄂᆞ리며 헤ᄯᅳ며 바니니(松江. 續美人曲).

바·당 명 바닥 ¶큰 빗바다ᄋᆞ로 ᄀᆡ여ᄒᆞᄂᆞ니ᄂᆞ다(月釋1:15). 合掌ᄋᆞᆫ 숀바당 마촐 씨라(月釋2:29). 숀바당 가온ᄃᆡᆺ:掌中(楞解2:32). 아기 발바당 가온ᄃᆡ:小兒脚心(救急 下82). 숀바당 ᄀᆞᄅᆞ치ᄃᆞᆺ:指掌(重杜解1:8). ᄯᅩ 숀바당이 ᄃᆞ외도다:復成掌(金三2:34). 메트릿 바당을 브레 ᄧᅬ여:麻鞋履底炙(救簡6:61).

바·당 명 마당. 터 ¶모미 ᄆᆞᆺᄃᆞ록 是非ㅅ 바당과 喜惡ㅅ 境에 이셔:終身處乎是非之場喜惡之境(法華1:222).

바드랍다 형 위태롭다 ¶바드라올 티:殆(石千30).
※바드랍다<바ᄃᆞ랍다

바디로이 부 공교로이. 공교히 ¶덕옥 먼 양ᄌᆞ롤 바디로이 ᄒᆞ야 녯 사ᄅᆞᆷ도 가졸비디 몯ᄒᆞ리로소니:尤工遠勢古莫比(重杜解16:31).

바·ᄃᆞ랍·다 형 위태롭다 ¶便安ᄒᆞ야 바ᄃᆞ랍디 아니ᄒᆞ시며(月釋2:56). 世間 實로 바ᄃᆞ라오며 보ᄃᆞ라와:世實危脆(楞解2:3). 몸이 바ᄃᆞ라와 다른 ᄀᆞ올ᄒᆞ로 가노니:身危適他州(重杜解1:19). 바ᄃᆞ라오몰 더위자바:扶危(金三5:49). 여슷 도ᄌᆞㄱ이 사ᄅᆞ몰 바ᄃᆞ랍게 ᄒᆞᄂᆞ니:六賊危人(南明 下33). 욕시믈 조초면 바ᄃᆞ랍ᄂᆞ니:從欲惟危(飜小8:11).
※ '바ᄃᆞ랍다'의 활용 ⌈바ᄃᆞ랍디/바ᄃᆞ랍더시니…
⌊바ᄃᆞ라ᄫᅵ니…

바·라 명 바다 ¶내 모매 죄쟝이 산과 바라 ᄀᆞᄐᆞᆫ 주롤 아라:須知自身罪障猶如山海(誡初9). 부텨와 祖師과의 世間에 나샤미 ᄇᆞᄅᆞᆷ 업슨 바라헤 믌결 릴우미로다:佛祖出世無風起浪(龜鑑 上2). 바라 ᄒᆡ:海(石千3). 돌 바회 바라ᄒᆡ ᄉᆞᄆᆞ차쇼ᄃᆡ:月輪穿海(百聯25).

바라나다 통 곁따라 나다. 덧좇아 나다. ¶ᄉᆞ나희와 겨집의 욕심이 바라나기 쉽고 막ᄌᆞᄅᆞ기 어려온디라:男女情欲易熾而難防(警民15). ᄆᆞ옴의 머근 말솜 슬ᄏᆞ장 ᄉᆞᆲ쟈 ᄒᆞ니 눈믈이 바라나니 말인들 어이ᄒᆞ며(松江. 續美人曲).

:바라·다 통 의지(依支)하다. 곁따르다 ¶실에롤 바라 書帙을 ᄀᆞᄌᆞ기 ᄒᆞ고:傍架齊書帙(初杜解7:6). 힛비ᄎᆞᆫ 阡陌애 바랫도다:日色傍阡陌(初杜解7:26).

바·라·다 통 배우다. 익히다 ¶ᄯᅩ 그러ᄒᆞ야 바라면 能히 시러 ᄃᆞ마 ᄲᅧ듀믈 免ᄒᆞᄂᆞ니라:亦如然習來能得免沈淪(金三3:50). 이제 仁智와 둘흘 바라디 아니홀시:如今仁智兩不習(金三3:50).

바·ᄅᆞ 명 바다 ¶노피 바ᄅᆞ 우흿 들구를 좃놋다:高隨海上槎(初杜解15:52).

바·ᄅᆞᆯ 명 바다 ¶바ᄅᆞ래 가ᄂᆞ니:于海必達(龍歌2章). 바ᄅᆞ롤 건너싫 제:爰涉于海(龍歌18章). 바ᄅᆞ래 ᄇᆡ 업거늘:海無舟矣(龍歌20章). 毗摩質多ᄂᆞᆫ 바ᄅᆞᆳ 믌겴 소리라 혼 마리니(釋譜13:9). 바ᄅᆞᆯ로 드러가리니(釋譜23:36). 海ᄂᆞᆫ 바ᄅᆞ리라(月釋 序8. 月釋2:45). 큰 바ᄅᆞᆯ ᄇᆞᆲᄃᆞᆺ ᄒᆞᄂᆞ니라:履於巨海(楞解8:93). 당ᄉᆞᄒᆞ리 바ᄅᆞᆯ 어둠 ᄀᆞᆮᄒᆞ며:如賈客得海(法華6:170). 道ㅣ 큰 바ᄅᆞ리 ᄀᆞᆮᄒᆞ야:道如大海(蒙法49). 믈 ᄀᆞᆮ고 ᄀᆞᆺ 업스며 밋 업슬시 바ᄅᆞᆯ ᄀᆞᆮᄒᆞ니라:如流無邊無底故如海(圓覺 序29). 銀으로 혼 바ᄅᆞ래 그려긔 ᄂᆞ로미 깁도다:銀海雁飛深(重杜解5:18). 千波萬浪이 바ᄅᆞ래 朝宗ᄒᆞ야(南明 上6). 네 바ᄅᆞ래 ᄇᆞᄅᆞ미 자고:四溟風息(金三2:9). 살어리 살어리랏다 바ᄅᆞ래 살어리랏다(樂詞. 青山別曲).

바·ᄅᆞᆳ:ᄀᆞᆺ 명 바닷가 ¶天下롤 바ᄅᆞᆳᄀᆞᆺ애 니르리(釋譜24:12). 너희 ᄲᆞᆯ리 바ᄅᆞᆳᄀᆞᆺ애 가아(月釋10:13).

바·ᄅᆞᆳ·믈 명 바닷물 ¶바ᄅᆞᆳ믈로 머리예 브숨 ᄀᆞᄐᆞ미 灌頂住ㅣ라. 바ᄅᆞᆳ믈 브ᅀᅮ믄 한 智慧롤 ᄡᅳ리라 혼 ᄠᅳ디라(月釋2:64). 봆 城은 바ᄅᆞᆳ믌 ᄀᆞᅀᆡ도다:春城海水邊(初杜解21:27).

바·올 명 방울 ¶노ᄅᆞ샛 바오리실ᄊᆡ:嬉戲之毬. 君命엣 바오리어늘:君命之毬(龍歌44章). 보ᄇᆡ옛 바오리 溫和히 울며(釋譜13:24). 바올 후늘오대 가져 보람ᄒᆞᄂᆞ니(月釋21:218). 보ᄇᆡ 바올 萬億이 그 우희 돌이고:寶鈴萬億而懸其上(法華4:109).

바자니다 통 바장이다 ¶엇디 홀로 이 ᄧᅡ히 와 바자니더뇨:何忽獨步悽惶如此(太平1:17). 오ᄅᆞ며 ᄂᆞ리며 헤ᄯᅳ며 바자니니(松江. 續美人曲). 님 그려 바자니다가 窓을 베고 좀을 드니(古時調. 古歌). 어와 져 白鷗ㅣ야 므솜 슈고 ᄒᆞᄂᆞᆫ슨다 골숍프로 바자니며 고기 엿기 ᄒᆞᄂᆞᆫ슨다(古時調. 金光煜. 靑丘). 門外예 바자니며 흘니ᄂᆞ니 눈믈이다(新編普勸17).

바작 명 발채 ¶바작:籧篨(物譜 舟車).

바잔이다 통 바장이다 ¶이 몸이 精衛鳥 갓타여 바잔일만 ᄒᆞ노라(古時調. 徐益. 이 뫼흘. 靑丘). 十二欄干 바잔이며 님 계신 ᄃᆡ 불아보니(古時調. 朴文郁. 갈제는. 靑丘).

바·지로·이 부 공교로이. 공교히 ¶詞賦ㅣ 바지로이ᄒᆞ야도:詞賦工(杜解15:8).

바·탕 명 ①밑바탕. 본질(本質) ¶바탕 질:質(兒學 下13). ②바탕 ¶감차할 믈졀 바탕애:茶褐水波浪地兒(飜老 下50). 믈졀 바탕에:水波浪地兒(老解 下45). ③마당. 자리 ¶본ᄃᆡ 이 노니논 바탕이니라:元是遊戲之場(金三2:19). 바탕 댱:場(類合 下39). ④본바닥. 일터 ¶져근덧 날 됴흔 제 바탕의 나가보쟈(古時調. 尹善道. 여튼 갠 고기들히. 孤遺).

바·퇴·다 통 버티다 ¶枝ᄂᆞᆫ 小柱ㅣ오 梧ᄂᆞᆫ 斜柱ㅣ니 서르 바퇴엿ᄂᆞᆫ 거시니(初杜解16:2). 바틸 듀:拄(訓蒙 下17). 日出을 보리라 밤듕만 니러ᄒᆞ니 祥雲이 집피ᄂᆞᆫ 동 六龍이 바퇴ᄂᆞᆫ 동(松江. 關東別曲).

바·티·다 통 바치다. 드리다 ¶보ᄇᆡ 어더 와 바티ᅀᆞᄫᆞ며(月釋2:45). 주구믈 바티ᅀᆞᆸ노니(三綱. 忠18). 疑心을 바티게 ᄒᆞ샤:呈疑(楞解4:1). 그 精誠을 바티니:以藉其誠(法華2:46). 바틸 뎡:呈(訓蒙 上35). 바틸 공:貢(訓蒙 下21. 石千28). 바틸 공:貢(類合 上19).

바·회 명 바위 ¶바횟방:巖房(龍歌1:46). 구무바회:孔巖(龍歌3:13). 巖ᄋᆞᆫ 바회라(釋譜6:44). ᄒᆡᆫ 믈 타 도로 돌여와 모미 바회 아래셔 사놋다:白馬却走身巖居(杜解7:31). 바횟 ᄀᆞᅀᆡ 모ᄃᆞᆫ 고지 제 프락디락ᄒᆞ놋다:巖畔群花自開落(南明 上3). 바회 암:巖(訓蒙 上3. 類合 上5. 石千28. 倭解 上7). 형이 몬져 깁흔 바회 아리 더디거ᄂᆞᆯ(女四解4:22). 사람도 이 바회 ᄀᆞᆺᄒᆞ면 大丈夫ㅣᆫ가 ᄒᆞ노라(古時調. 朴仁老. 江頭에. 蘆溪). 아마도 변티 아닐손 바회 쁜인가 ᄒᆞ노라(古時調. 尹善道. ᄀᆞᆺᄎᆞᆫ 므슨 일로. 孤遺). 덜가마 조히 싯고 바회 아래 심물 기러(古時調. 金光煜. 靑丘). ※바회>바위

바히 부 바이. 전혀. 아주 ¶죠곰도 바히 내지 아니ᄒᆞ고(三譯4:19). 말솜을 골희여 내면 결올 일이 바히 업고(古時調. 朗原君. 靑丘). 大丈夫ㅣ 天地間에 ᄒᆡ올 일이 바히 업다(古時調. 靑丘). 부모 효심 바히 업고 무상 복덕 ᄇᆞ라 보며(普勸文 海印板43).
※바히>바이

바·히·다 통 베다[斬] ¶손발올 바히ᅀᆞᄫᆞ나(月印 上34). 불휘롤 바히면(月印 上36). 제 모맷 고기롤 바혀내는 ᄃᆞ시 너겨 ᄒᆞ며(釋譜9:12). 더본 돗귀와 톱과로 바히ᄂᆞ니라(月釋1:29). 불휘롤 바혀사:截斷根(金三5:49).

박장긔 명 박장기. 바둑과 장기. ¶여나무 亭子 아릐 박장긔 버려 두고(古時調. ᄡᅵ 업슨. 靑丘). 아마도 박장긔 보리술이 틈 업슨가 ᄒᆞ노라(古時調. 헌 삿갓. 海謠).

·반·니쏘·리 명 반잇소리. 반치음(半齒音) 〔훈민정음의 초성(初聲) ㅿ의 이름.〕 ¶ㅿᄂᆞᆫ 半齒音이니 如穰ᅀᅣᇰㄱ字ᄍᆞᆼ 初發聲ᄒᆞ니라 : ㅿᄂᆞᆫ 半니쏘리니 穰ᅀᅣᇰㄱ字ᄍᆞᆼ 처ᅀᅥᆷ 펴아나ᄂᆞᆫ 소리 ᄀᆞᄐᆞ니라(訓註9).

·반·도 명 반디. 개똥벌레 ¶반도 형 : 螢(訓蒙上 21). 반도 형 : 螢(類合 安心寺板8. 倭解 下26). 반도 : 螢火蟲(同文解 下42. 漢淸10 : 24).

·반되 명 반디. 개똥벌레 ¶반되爲螢(訓解. 用字). 반되 須彌롤 ᄉᆞ롬 ᄀᆞᆮᄒᆞ니 : 如螢燒須彌(圓覺 下二之一52). ᄀᆞᅀᆞᆳ 반되롤 容納ᄒᆞ야 뒷다 : 容秋螢(初杜解6 : 20). 반되 형 : 螢(類合 上15). 반되 : 螢火(東醫 湯液二 蟲部).

반되블 명 반딧불 ¶반되블이 되다 반되지 웨 블일소냐(古時調. 申欽. 靑丘).

반듸 명 개똥벌레 ¶반듸 : 螢(物譜 飛蟲). 반듸 : 螢(柳氏物名 二 昆蟲).

반·ᄃᆞ기 부 반드시 ¶이 四生애 반ᄃᆞ기 三菩提롤 得ᄒᆞ며(月釋17 : 26). 반ᄃᆞ기 알라 : 當知(楞解1 : 43). 네 반ᄃᆞ기 奉持ᄒᆞ라 : 汝當奉持(金剛 序7). 반ᄃᆞ기 늘근 쥐 곽 글굼ᄀᆞ티 홇디언뎡 : 當如老鼠咬棺材相似(法語2). 반ᄃᆞ기 키 아로미 이시리니 : 必有大悟(蒙法33). 피와 氣分엣 類 반ᄃᆞ기 아로미 잇고 : 夫血氣之屬必有知(圓覺 序2). 반ᄃᆞ기 긔약호ᄃᆡ 邊塞에 비개오 : 當期塞雨乾(杜解9 : 16). 반ᄃᆞ기 너를 爲ᄒᆞ야 닐오리라 : 當爲汝說(金三2 : 7). 本來 두려이 이로몰 반ᄃᆞ기 보리라 : 方見本圓成(南明 上65). 반ᄃᆞ기 ᄢᅥ러디여(佛頂3). 쇠 할ᄒᆞ면 반ᄃᆞ기 됸ᄂᆞ니라 : 牛舐必瘥(救簡1 : 43).

반믈 명 반물 ¶쵸록 쟝옷 반믈 치마 쟝쇽ᄒᆞ고 다시 보니(農月. 八月令).

반믈 명 반물 ¶반믈 드리다 : 染藍(漢淸12 : 15).

·반·혀쏘리 명 반혓소리. 반설음(半舌音). 〔훈민정음의 초성(初聲) ㄹ의 이름.〕 ¶ㄹᄂᆞᆫ 半혀쏘리니 閭ᄅᆞᆼ ㆆ字ᄍᆞᆼ 처ᅀᅥᆷ 펴아나ᄂᆞᆫ 소리 ᄀᆞᄐᆞ니라 : ㄹᄂᆞᆫ 半舌音이니 如閭ᄅᆞᆼㆆ字ᄍᆞᆼ 初發聲ᄒᆞ니라(訓註8).

받 명 밭 ¶받도 제여곰 논호며(月釋1 : 45). 南陽애 손소 받 가라(宣賜內訓3 : 56). 받 이러미 東西ㅣ 업게 가랫도다 : 隴畝無東西(杜解4 : 2). 나모 버히고 받 밍ᄀᆞ더니 : 伐木爲田(續三綱. 孝9). 사오나온 받티 : 薄田(飜小8 : 20). 받톨 다ᄉᆞ리며 : 治田(呂約4). 받 뎐 : 田 水田 논 旱田 받(訓蒙上7). 받 뎐 : 田(類合 上6. 石千27. 倭解 下2). 몸이 뭇도록 받ᄀᆞ올 ᄉᆞ양ᄒᆞ야도 : 終身讓畔(宣小5 : 83). 郭 밧 뉘 지븨 城郭올 졋ᄂᆞᆫ받고 : 郭外誰家負郭田(重杜解23 : 25). 받촐 갈고 ᄡᅵ롤 ᄂᆞ리와 : 耕田下種(女四解2 : 29). ᄒᆡ마다 ᄀᆞᄂᆞᆫ 받 : 熟田. 묵인 받 : 廢田(漢淸10 : 2). ※받>밭

받·다 동 ①받다〔受〕 ¶南北珍羞와 流霞玉食 바ᄃᆞ샤 이ᄠᅳ들 닛디 마ᄅᆞ쇼셔 : 南北珍羞列流霞對玉食此意願毋忘(龍歌113章). 法 바담직홀씨 法師ㅣ라 ᄒᆞ야(釋譜19 : 25). 그제ᅀᅡ 낛 바도롤 ᄒᆞ니 그럴ᄊᆡ 일후믈 刹利라 ᄒᆞ니라(月釋1 : 46). ᄒᆞ나ᄒᆞᆫ 法 바돒 스ᄉᆞ이니 : 一軌範師(楞解1 : 33). 바돌 슈 : 受(訓蒙 下2. 石千15). 눈썹이 길에 당슈홈을 萬年을 ᄒᆞ야 먼 福을 기리 바ᄃᆞ리라 : 眉壽萬年永受胡福(宣小3 : 20). 바들 슈 : 受(倭解 下36. 註千15). ②받들다. 받들어 올리다. ¶몰발올 諸天이 바다(月印 上20). 蓮花ㅣ 바롤 받긔 ᄒᆞ쇼셔(釋譜11 : 41). 奉은 바돌 씨라(月釋 序13). 帝釋은 盖 받고 梵王은 白佛 자바 두 녀긔 셔ᅀᆞᄫᆞ며(月釋2 : 39).

받ᄌᆞᄫᅡ 동 받자와. 받드와. 바치와 ㉠받줍다 ¶부텨 威神올 받ᄌᆞ바 이 經을 너비 불어(月釋21 : 61).
※받ᄌᆞᄫᅡ>받ᄌᆞ와>받자와

받줍·다 동 ①받들어 바치다. ¶慶爵올 받ᄌᆞᄫᆞ니이다 : 共獻慶爵(龍歌63章). 銀돈 ᄒᆞᆫ 낟곰 받ᄌᆞᄫᆞ니라(月釋1 : 9). 菩薩올 받ᄌᆞᄫᆞ니라(月釋2 : 36). 佛菩薩ㅅ긔 받ᄌᆞ오라 : 享佛菩薩(楞解7 : 16). 풍류 받ᄌᆞ오며 바리 받ᄌᆞ오샤 : 獻樂奉鉢(法華7 : 2). 可히 ᄡᅥ 天子ᄭᅴ 받ᄌᆞ왐직ᄒᆞ니 : 可以獻天子(初杜解7 : 13). 德으란 곰ᄇᆡ예 받줍고 福으란 림ᄇᆡ예 받줍고(樂範. 動動). 즈믄 힐 長存ᄒᆞ샬 藥이라 받줍노이다(樂範. 動動). 받ᄌᆞ올 헌 : 獻(訓蒙 下15. 類合 下14). 받ᄌᆞ올 봉 : 捧(類合 下36). ②받잡다. 받들다 ¶부텨 威神올 받ᄌᆞ바 이 經을 너비 불어(月釋21 : 61).
※ '받줍다'의 활용 [받줍고/받줍노이다… 받ᄌᆞ바/받ᄌᆞ보며…]

발우다 동 바르게 하다. 바로잡다 ¶글로 간ᄒᆞ야 써 인군을 발우어 : 匡(女四解4 : 52).

밤다 동 밟다 ¶기더랴 져르더랴 밤고 나마 ᄌᆞ일너랴(古時調. ᄉᆞ랑이. 靑丘). 밤다 : 臂量(同文解 下22).

밤듕만 부 한밤중에. 밤중쯤 ¶日出을 보리라 밤듕만 니러ᄒᆞ니(松江. 關東別曲). 밤듕만 굴근 비 소릐 애긋ᄂᆞᆫ 듯ᄒᆞ여라(古時調. 뉘라셔. 古歌). 밤듕만 三台星 差使 노하 쉿별 업게 ᄒᆞ소셔(古時調. 北斗七星. 甁歌). 밤듕만 一片明月이 긔 벗인가 ᄒᆞ노라(古時調. 申欽. 山村에. 甁歌). 밤中만 술혀져 우러 님의 귀에 들니리라(古時調. 이 몸 쉬여져셔. 甁歌). 밤中만 외기러기 소릐에 좀 못 일워 ᄒᆞ노라(古時調. 李鼎輔. 꿈에 님을. 甁歌). 밤듕만 ᄌᆞ경ᄒᆞ여 죽으니(女範4. 널녀 디실널녀방시).

·밥:짓·다 동 밥짓다 ¶밥지을 취 : 炊(訓蒙 叡山本 下6). 밥지을 츄 : 炊(訓蒙 下12). 밥지을 츄 : 炊(類合 上30). 밥지을 찬 : 爨(類合下41).

밧 명 ①밖 ¶城 밧긔 브리 비취여 : 火照城外(龍歌69章). 밧긔 나아 걷니더시니(釋譜6 : 20). 萬里 밧기라 : 萬里外(月釋1 : 1). 밧 아닌돌 마기오시니라 : 驗非外也(楞解1 : 55). 밧 物에 제 迷커뇨 : 自迷於外物(法華2 : 226). 城 밧ᄀᆞ로브터 드르실 씨라(金剛4). 밧도 이어도 뮈디 아니ᄒᆞ리니 : 外撼不動矣(蒙法43). 錦里ᄂᆞᆫ 뇌와 드틂 밧기니 : 錦里烟塵外(杜解7 : 5). 밧 외 : 外(訓蒙 下34. 石千15). 몸 밧긔 向ᄒᆞ야 求티 마롤디어다 : 莫向身外求(龜鑑 上43). 밧 : 外頭(同文解 上9). 남문 밧 나가오면 광한누 오작교 영주각 좃삽고(春香傳17). 밧 사랑에 친히 나가 자는 죵놈 씨여 닉여(빅화당가). 밧그로부터 안흐로 ᄒᆞᆫ 번 磨ᄒᆞ고(武藝圖5). ②겉 ¶밧 표 : 表(訓蒙 上35. 類合 下60. 光千10). 반ᄃᆞ시 禮에 맛게 홀디니 안 ᄠᅳ디 正ᄒᆞ고 밧 얼굴이 고ᄃᆞᆫ 然後에 : 必中禮內志正外體直然後(宣小3 : 19). ※밧>밖

밧 명 밭 ¶밧 가라 ᄡᅥ 디ᄆᆞ로브터(野雲49). 밧 달호기롤 브즈런이 아니ᄒᆞ면 : 不勤服田(警民11). 죵쉬 밧 쉬ᄂᆞᆫ 엇기예 쉽거니와(古時調. 鄭澈. 강원도. 松江). ᄂᆞ믈 밧 : 菜田(譯解補41). 녁산의 밧 가ᄅᆞ시고(洛城1). 밧 뎐 : 田(兒學 上4).

밧겻 명 바깥 ¶밧겻티라 : 外間 外物也(語錄17).

밧·고·다 동 바꾸다 ¶머리와 ᄭᅩ리와롤 서르 밧고니 : 首尾相換(楞解2 : 13). 이 보비로 뿔 것 밧고면 : 此寶貿易(圓覺 序77). 能히 麤ᄒᆞᆫ 거슬 밧고아 ᄀᆞᄂᆞᆫ 거슬 사므며 : 能易麤爲細(蒙法48). 時節이 밧고와 가몰 놀라노니 : 驚節換(初杜解8 : 46). 밧고와 니ᄅᆞ샤몬(南明 上36). 내 앗가 ᄀᆞᆺ 빌 밧고라 갓다니(飜老 上45). 밧골 박 : 博. 밧골 환 : 換(訓蒙 下20). 밧골 역 : 易(類合 上4. 石千34). 밧골 무 : 貿(類合 下29). 밧골 환 : 換(類合 下45). 나가매 방소롤 밧고디 아니ᄒᆞ며 : 出不易方(宣小2 : 16). ᄆᆞᄋᆞᆷ을 밧고디 아닌ᄂᆞ다 ᄒᆞ고(女四解4 : 20).
※밧고다>바꾸다

밧기·다 동 벗기다 ¶투구 아니 밧기시면 : 若不脫冑(龍歌52章). 剝皮ᄂᆞᆫ 갓 밧길 시라(月釋21 : 76). 미해 수플 아래 馬鞍올 밧기다소라 : 野稅林下鞍(初杜解24 : 39). ※밧기다>벗기다

밧나라 명 외국(外國) ¶이제 曹操ㅣ 밧나라홀 업시코져 ᄒᆞ여(三譯3 : 10).

밧·다 동 벗다 ¶ᄂᆞᄆᆡ 밧ᄂᆞᆫ 오ᄉᆞᆯ 아니 바사 : 人脫之衣我獨不脫(龍歌92章). 寶冠올 바사(月印 上27). 梵志

돌히 仙人ㅅ 道理 닷노라 ᄒᆞ야 옷 바사도 이시며(釋譜24 : 26). ᄌᆞ갸 오ᄉᆞ론 밧고(月釋1 : 5). 그 모미 길오 크며 밧고 검고 여윈 거시 : 其身長大裸形黑瘦(法華2 : 120). 곳갈 ᄡᅳ롤 밧디 아니ᄒᆞ샤(宣賜內訓1 : 41). 거플 바손 조히 누네 이실시 : 脫粟在眼(初杜解6 : 47). 발 바ᄉᆞ시고 즌흘개 그스며 므를 ᄡᅵ샤 : 跣足拖泥帶水(金三4 : 37). 모딕 존댱이 바ᄉᆞ라 커든 즉재 바ᄉᆞ라(呂約19). 바숄 라 : 裸. 바숄 뎡 : 裎. 바숄 텩 : 裼(訓蒙下19). 곳갈을 밧디 말며 : 冠毋免(宣小3 : 10).

밧벼슬명 외직(外職) ¶노모를 위ᄒᆞ여 밧벼슬을 구ᄒᆞ거ᄂᆞᆯ(仁祖行狀27).

밧·비부 바삐. 바쁘게 ¶밧비 거러 닐웨어ᅀᅡ(釋譜23 : 40). 아ᅀᆞ라히 對屬올 밧비 호몰 아노라 : 遙知對屬忙(初杜解20 : 38). 병증에 마즌 약이라 ᄒᆞ야ᄂᆞᆯ 밧비 엇더니 : 爲對證藥蒼黃求(東新續三綱. 孝6 : 79). ᄇᆞ롬을 타 둣글 돌고 밧비 나가거ᄂᆞᆯ(太平1 : 3). 落葉을 밧비 쓸며(靑友仁. 梅湖別曲). 淸樽을 밧비 열고 큰 잔의 ᄀᆞ독 부어(辛啓榮. 月先軒十六景歌). 셕국을 되되 발바 운창을 밧비 열고(皆岩歌). 밧비ᄒᆞ다 : 上緊些(譯解補58). 밧비 문을 닷고 스ᄉᆞ로 들밧히 나가 기ᄃᆞ리더니(五倫1 : 54).

밧좁다동 받들어 바치다. ¶손가락을 버혀 약애 ᄲᅡ셔 밧ᄌᆞ오니 어믜 병이 즉시 됴ᄒᆞ니라 : 斷指和藥以進母病卽愈(東新續三綱. 孝7 : 42). 祭物 밧좁다 : 進饌(譯解 上13). 보리밥을 밧ᄌᆞ오니라(重內訓2 : 80).

방셕명 방석 ¶世尊이 방셕 주어 안치시니라(釋譜6 : 20). 두 방셕을 주어 안쳣더니 : 設二榻而坐(太平1 : 54).

방·하명 ①방아 ¶방하애 디어 주기더니(釋譜24 : 15). 방핫 소리롤 : 舂音(楞解4 : 130). 방하 오ᄅᆞᄂᆞ룜 ᄀᆞᆮ호미라 : 如碓上下(圓覺下三之二21). 오란 病에 믈 기르며 방하 디호몰 ᄀᆞᆮ노니 : 沈綿疲井臼(初杜解20 : 45). 방하 : 碓(四解上49). 방하 디 : 碓(訓蒙中11). 듥기동 방해나 디히 히얘(鄕樂. 相杵歌). 어미롤 조차 방하 디터니 : 隨母擣砧(東新續三綱. 孝2 : 70). 방하 ᄶᅵᆺ다 : 擣碓(譯解下8). 방하 : 碓子(同文解 下2. 漢淸10 : 8). 방하 : 碓(柳氏物名 三 草). ②다듬잇돌 ¶세 번 서리예 楚ㅅ 사ᄅᆞᄆᆡ 집 방핫 소릴 드로라 : 三霜楚戶砧(重杜解3 : 16).

:배·다동 ①망하다 ¶나라히 배디 아니터들 : 國不亡(重杜解6 : 2). ②망치다. 결딴내다. 없애다 ¶네 내 利益을 앗ᄂᆞ니 내 네 나라할 배요리라(月釋7 : 46). 災禍ᄂᆞᆫ 되 밸 ᄒᆡ예 올맷고 : 禍轉亡胡歲(重杜解 1 : 8). 勇猛ᄒᆞᆫ 士卒은 되 배요몰 ᄉᆞ랑ᄒᆞ고 : 猛士思滅胡(初杜解21 : 36). 샹뉵 쟝긔 ᄒᆞ디 마라 숑ᄉᆞ 글월 ᄒᆞ디 마라 집 배야 므슴ᄒᆞ며 ᄂᆞᄆᆡ 원슈 될 줄 엇디(古時調. 鄭澈. 松江). 크닌 나라를 배며 지블 亡ᄒᆞ고 : 大者則覆國亡家(重內訓1 : 1). 모몰 배리니 : 亡己(重內訓2 : 4). ③뒤집다. 뒤집어엎다 ¶두 버디 ᄇᆡ 배야마론 : 兩朋舟覆(龍歌90章).

뱜명 뺨 ¶피 두 뱜의 흘럿더라(女範3. 뎡녀 히뎡낭쳐).

버·거부 다음으로. 버금으로 ¶버거 舍利弗目揵連의 물 五百올 濟渡ᄒᆞ시니(釋譜6 : 18). 버거 너추렛 여르믜 나니(月釋1 : 43). 버거 몰쇼 句 펴샤미 둘히니 : 次陳辭句二(圓覺下二之一3). 大平에 버거 오시니라(宣賜內訓2下38). 버거 안직 少年ᄒᆞ닐 무르니 : 次問最少年(杜解8 : 55). 버거 사롬과 法과ᄋᆡ(金三3 : 2). 몬져 인을 해ᄒᆞ고 버거 그 아븨게 미ᄎᆞ니 : 先害忍次及其父(東新續三綱. 孝6 : 5).

버·그·다동 버금가다. 다음가다 ¶이 버근 童子ᄂᆞᆫ 그 나랏 大臣이 ᄃᆞ외야(釋譜24 : 9). 버근 氣韻은 닐굽 山이 ᄃᆞ외오(月釋1 : 41). 法 아로미 버그니 : 了法次之(楞解4 : 1). 衛律이 닐오되 버그늬 罪ᄅᆞ씨(三綱. 忠6). 버글 부 : 副(訓蒙 中1. 類合下61). 버글 ᅀᅵ : 貳(訓蒙 下33).

버금명 버금. 다음. 둘째 ¶버금 부 : 副(倭解 下40). 버금 ᄎᆞ : 次(倭解 下42). 버금 : 副(同文解 上38). 버금 슉 : 叔 少也(註千15). 버금 ᄎᆞ : 次 亞也(註千16). 버금 즁 : 仲(兒學上1).

버러·지명 벌레 ¶ᄇᆞ롬과 비와 버러지와 쥐의 : 風雨蟲鼠(宣小5 : 117). 짐즛 毒ᄒᆞᆫ 버러지와 ᄇᆡ얌으로ᄡᅥ 사ᄅᆞᆷ을 믈려 죽게 ᄒᆞ니ᄂᆞᆫ : 故用毒蟲蛇咬人致死者(警民18).

:버리·다동 벌이다[設] ¶차반 ᄆᆡᆼᄀᆞ라 버려(月釋 2 : 73). 버료미 비록 十方이나 : 設雖十方(楞解4 : 94). ᄀᆞ초 버리고 : 具設(法華4 : 43). 버릴 ᄇᆡ : 排(訓蒙下24. 類合 上30. 倭解下42). ᄉᆞ당을 짇고 삼시를 졔롤 버리고 : 作祠宇三時設奠(東新續三綱. 烈2 : 7).

:버·리·다동 벌리다[開] ¶수프리 더우니 새 이블 버리고 : 林熱鳥開口(杜解23 : 16). 밥 오나ᄃᆞᆫ 입 버리고 : 以至飯來開口(金三5 : 25). 이비 블라 입시우리 져거 버리디 몯ᄒᆞ야 : 口緊唇小不能開合(救簡3 : 5).

버·믈·다동 ①얽매이다. 걸리다 ¶얼구릐 버므로매 건내ᄠᅱ여(楞解1 : 102). 듣글 ᄢᅴ 시름 버므로몰 벗고져 求ᄒᆞᄂᆞᆫ 젼ᄎᆞ라 : 蘄脫乎塵垢患累故也(法華6 : 145). 緣은 六塵에 버믈 시니(金三2 : 34). 버믈리 : 罹(類合 下10). 버믄 사ᄅᆞᆷ : 連累人(譯解 上65). ②간섭하다. 관여하다 ¶더러운 이레 버므디 아니ᄒᆞ며 : 不涉穢濁(宣賜內訓1 : 2).

버·믈·다동 두르다 ¶繞ᄂᆞᆫ 버믈 씨라(月釋2 : 32). ᄀᆞᄅᆞᄆᆞᆯ 버므렛ᄂᆞᆫ 길히 니그니 프른 ᄆᆡ홀 디렛도다 : 緣江路熟俯靑郊(初杜解7 : 1). 버믈 요 : 繞(類合 下54).

버·히·다동 베다. 자르다 ¶버혀든 ᄡᆞᆯ ᄀᆞᄐᆞᆫ 지니 흐르더라(月釋1 : 43). ᄆᆞᅀᆞᆷ과 肝괘 버혀 갈아날 씨라 : 心肝屠裂(楞解8 : 105). 저즌 고기란 니로 버히고 : 濡肉齒決(宣賜內訓1 : 4). 아비롤 버히거ᄂᆞᆯ(三綱. 孝20). 브ᄉᆞ름 버훔 ᄀᆞᆮᄒᆞ니(金三5 : 31). 春風 버훔 ᄀᆞᆮ다(南明 上55). 버힐 벌 : 伐(光千5). 버힐 벌 : 伐(類合下15). 나모 버히ᄂᆞᆫ 소리 丁丁ᄒᆞ고 : 伐木丁丁(重杜解9 : 12). 冬至ㅅ돌 기나긴 밤을 한 허리를 버혀 내여(古時調. 黃眞伊. 靑丘). 寒松亭 자긴 솔 버혀 죠고만 ᄇᆡ 무어 ᄐᆞ고(古時調. 靑丘). 풀을 디ᄅᆞ며 손가락을 버혀(女四解4 : 15).

※버히다>베다

·번·드·기부 뚜렷이. 환하게 ¶번드기 수비 앓 時節은 正法이라 하고(釋譜9 : 2). 顯은 번드기 나다날 씨라(月釋10 : 12). 如來ㅅ 講堂애 번드기 안자 : 現坐如來講堂(楞解1 : 48). 번드기 서르 마ᄌᆞ니 : 宛然相契(法華1 : 115). 번드기 셤 : 閃(類合下53).

번·드·시부 뚜렷이 ¶번드시 아디 몯ᄒᆞᄂᆞ다 : 宛不知(楞解3 : 86). 인텬 글월을 번드시 가졋노라 : 現將印信文引(老解 上43). ᄒᆞᆫ 일을 번드시 ᄒᆞ야셔(癸丑84). 님 겨신 窓 안희 번드시 비최리라(松江. 續美人曲). 구만 리 댱텬의 번드시 걸려 이셔(古時調. 내ᄆᆞᄋᆞᆷ. 靑丘).

:벋명 벗 ¶두 버디 ᄇᆡ 배야마론 : 兩朋舟覆(龍歌90章). 버디 다시 알외니(月印 上55). 아래 제 버디 주거 하ᄂᆞᆯ해 갯다가(釋譜6 : 19). 友ᄂᆞᆫ 버디라(月釋8 : 75). 벋 ᄃᆞ외야 : 成其伴侶(楞解10 : 51). 이든 버듸 : 善友(圓覺 上一之二14). 버디 信이 이쇼미라(宣賜內訓 序3). 봆 뫼해 벋 업시 ᄒᆞ오ᅀᅡ 서르 求ᄒᆞ야 오니 : 春山無伴獨相求(初杜解9 : 12). 侶ᄂᆞᆫ 버디라(眞言). 벋 반 : 伴. 벋 려 : 侶. 벋 우 : 友. 벋 븡 : 朋(訓蒙 中3). 벋 졔 : 儕(訓蒙下24). 벋 븡 : 朋(類合 上17). 벋 듀 : 儔. 벋 녀 : 侶(類合下36). 벋 우 : 友(石千16). 녯 벋의 네일을 닐ᄋᆞ디 아니ᄒᆞ며 : 不道舊故(宣小3 : 12). 벋고져 ᄒᆞ리로다 : 欲伴(重杜解17 : 34). 벋 : 朋友(同文解 上12). 親ᄒᆞᆫ 벋이라도(隣語1 : 2). ※벋>벗

:벌·다동 벌이다. 늘어서다 ¶그 八萬四千 塔이 다 알핑 와 벌오 ᄒᆞ나콤 王의 와 구펴든(釋譜24：32). 地獄이 버러 잇ᄂᆞ니라(月釋1：28). 밥 알핑 열 잣 너븨 버륨과：食前方丈(宣賜內訓3：56). 빗주를 미요니 고기 잡는 그므리 버럿고：結纜排魚網(重杜解2：25). 벌 렬：列(石千1. 倭解 下37). 벌 솜：森. 벌널：列(類合 上2). 벌 라：羅(類合 上25. 石千21). 의연이 우리 사친 젼후좌우 버러 잇셔(思鄕曲).

벌·에명 벌레 ¶현맛 벌에 비늘을 ᄲᅡ라뇨(月印 上11). 모기 벌에며(釋譜9：9). 벌에 나비 ᄃᆞ외면：如蟲爲蝶(楞解7：83). 벌에 곤：昆 벌에 튱：蟲(訓蒙 下3). 벌에 머굴 식：蝕(訓蒙 下10). 벌에 튱：蟲. 벌에 티：豸(類合 上16). 벌에 긜 기：蚑(類合 上16). ᄀᆞᆺ난 벌에롤 죽이디 아니ᄒᆞ며：啓蟄不殺(宣小4：42). ※벌에>벌레

범·글·다동 둘리다. 얽히다. 걸리다 ¶모매 雜거시 범그룸과(釋譜13：38). 두루 둘어 범그러 이실씨 일후믈 極樂이라 ᄒᆞᄂᆞ니라(月釋7：64).

벗듯다동 벗겨져 떨어지다.〔'벗〈脫〉'+'듯다〈滴〉'의 복합 동사(複合動詞).〕 ¶모로미 긴홀 ᄃᆞ라야 뵈야흐로 벗듯디 아니ᄒᆞ리라(家禮圖11).

벙·글·다동 벌다 ¶벙글 돈：裓(訓蒙 下20). 벙그러진 柯枝 휘두드려 발나 주어 담고(古時調. 大棗 볼. 靑丘).

벙·으·리·다동 ①벌어지다 ¶셰신 골올 무텨 그스려 몰외욘 미핫 여름 술 조쳐 ᄌᆞ조니예 ᄲᅮᄎᆞ면 절로 벙으리리라：細辛末幷烏梅肉頻擦自開(救簡1：3).〔'ᄲᅮᄎᆞ면'은 'ᄲᅮᄎᆞ면'의 오기(誤記).〕 ②벌리다 ¶이블 벙으려 소리 나가게 ᄒᆞᄂᆞ니(七大12).

:베·티·다동 베어 버리다. ¶環刀 ᄲᅢ혀 손바롤 베티고(月釋10：25). 갈 ᄲᅢ혀 ᄯᅡ홀 베티고：拔劍斫地(初杜解25：53). 도적이 대로ᄒᆞ야 그 져즐 베텨놀：賊大怒斫其乳(東新續三綱. 烈4：1 李氏剚腹).

베퍼동 베풀어. 펴. 떨치어 ¶사ᄅᆞᄆᆡ 惡올 듣고 베퍼 기우러：聞人之惡揚之(宣賜內訓1：33). 일에 마초와 계교를 내며 ᄉᆞ려를 베퍼：方物出謀發慮(宣小 1：6).

베·히·다동 베다 ¶또 돌기 벼술 베혀：又方割雞冠(救急 下17). 뫼히며 ᄀᆞᄅᆞ몰 ᄀᆞᅀᆞ마라 베혀：宰割山河(宣賜內訓3：56). 처엄 솔와 잣과 베효몰 들다니：初聞伐松栢(初杜解22：41). 숌쏠 베히다：剪臍帶兒(譯解 上37). 베힐 참：斬(倭解 上54). 肝을 베혀 술마 뻐 나오니(女四解4：17). 머리롤 무지고 귀를 베혀 신을 삼더니(女範3. 뎡녀 조문슉쳐). 도든 扶桑 큰 도ᄎᆡ로 베혀내여(武豪歌).

벼·기·다동 우기다. 고집하다 ¶盟誓롤 벼기니이다(月釋23：66). 벼기더시니 뉘러시니잇가(樂範. 鄭瓜亭).

벼맛명 베갯머리. 머리맡 ¶님의 얼골을 그려 벼맛희 브쳐 두고 안ᄌᆞ며 닐며 ᄆᆞᆫ지며 니른 말이(古時調. 古歌).

벼맡명 베갯머리. 머리맡 ¶黃昏의 ᄃᆞᆯ이 조차 벼마틔 빗최니(松江. 關東別曲).

벼술명 벼슬〔官職〕 ¶벼술 사：仕(光千13. 倭解 上36). 벼술 직：職(石千 14. 倭解 上36). 벼술 ᄇᆞ리고 집의 도라오니：棄官歸家(宣小6：27). 벼술 위：位(倭解 上36). 네 벼술로써 養홈을 원티 아니ᄒᆞ노라(女四解4：11). 벼술 봉ᄒᆞ다：封爵(同文解 上38).

볃명 볕 ¶빗 소갯 글월란 幽深ᄒᆞᆫ ᄢᅴ볃 ᄢᅬ오：腹中書籍幽時曬(初杜解22：13). 볃 경：景(訓蒙 下1. 石千9). 볃 양：陽(訓蒙 上1. 石千2). 볃 양：陽(類合 上4. 倭解 上6). 볃 쬘 포：曝(類合 下7). 볃 경：景(類合 下51). ᄇᆞᄅᆞᆷ과 볃틀 ᄀᆞ리우디 몯ᄒᆞ거늘：不蔽風日(宣小6：30). 볃：太陽(同文解 上3).

별명 벼랑 ¶六月ㅅ 보로매 아으 별해 ᄇᆞ론 빗 다호라(樂範. 動動). 삭삭기 셰몰애 별헤 나는 구은 밤 닷 되를 심고이다(樂詞. 鄭石歌).

별해명 벼랑에〔ㅎ첨용어 '별'의 부사격(副詞格).〕 독 별 ¶六月ㅅ 보로매 아으 별해 ᄇᆞ론 빗 다호라(樂範. 動動).

별헤명 벼랑에〔ㅎ첨용어 '별'의 부사격(副詞格).〕 독 별 ¶삭삭기 셰몰애 별헤 나는 구은 밤 닷 되를 심고이다(樂詞. 鄭石歌).

볏뉘명 볕뉘 ¶北風이 술아져 블 제 볏뉘 몰라 ᄒᆞ노라(古時調. 구룸아 너는. 靑丘). 구름 ᄭᅵᆫ 볏뉘도 쬔젹이 업건ᄆᆞᆫ(古時調. 曺植. 三冬에 뵈옷. 靑丘). 後에 ᄯᅩ 다시 만나면 九年之水에 볏뉘 본 듯ᄒᆞ여라(古時調. 어와 보완제고. 靑丘).

보명 들보 ¶王ㄱ ᄭᅮ메 집 보히 것거늘(釋譜24：6). 보 ᄆᆞ리 기울어늘：梁棟傾危(法華2：56). 덠 ᄆᆞᄅᆞ와 보히 믈어뎌쇼몰 니ᄅᆞᄂᆞ다：告訴棟梁摧(杜解9：28). 보히 ᄀᆞ독ᄒᆞ며：充樑(金三4：35). 보 량：樑(訓蒙 中6). 지븨 도라와 붑을 보희 돌고 티니：還家懸鍾於樑撞之(東新續三綱. 孝 1：1).

·보·다동 보다. 만나 보다. ¶보리라 기드리시니：欲見以竢(龍歌19章). 도ᄌᆞ골 나ᅀᅡ가 보샤：馳詣虜陣(龍歌62章). 눈에 보논가(月印 上1). 迦荼龍이 보ᅀᆞ바(月印 上24). 내 보아져 ᄒᆞᄂᆞ다(釋譜6：14). 처ᅀᅥ메 成佛ᄒᆞ샤몰 보ᅀᆞ오니(楞解5：34). 滅度 봄 곧노라(法華3：89). 볼 간：看. 볼 견：見. 볼 시：視. 볼 쳠：瞻. 볼 딕：覿(訓蒙 下27). 볼 견：見. 볼 시：視(類合 下1). 볼 관：觀(類合 下12. 石千19).

보다동 자리를 보다. ¶어름 우희 댓닙자리 보와(樂詞. 滿殿春別詞).

보·다동 대소변을 보다. ¶큰몰 져근몰 다 몯 보거든：大小便不通(救簡3：61). 항문에 녀흐면 즉재 보리라：納下部立通(救簡3：70).

보도록부 볼수록 ¶人心이 ᄂᆞᆺ ᄀᆞᄐᆞ야 보도록 새롭거놀(松江. 星山別曲).

보·ᄃᆞ랍·다형 보드랍다 ¶보ᄃᆞ랍긔 ᄒᆞ더시니(釋譜11：30). 그 보비 믈어 보ᄃᆞ라바(月釋8：13). 世間은 實로 바ᄃᆞ라오며 보ᄃᆞ라와：世實危脆(楞解2：4). ᄒᆞ다가 사ᄅᆞᄆᆡ 이든 보ᄃᆞ라온 ᄆᆞᅀᆞᆷ 가지닌：若人善軟心(法華1：216). 王室은 갓겨 보ᄃᆞ랍디 아니ᄒᆞ니라：王室無削弱(重杜解3：66). ᄀᆞ놀오 보ᄃᆞ라온 프른 실로 밍ᄀᆞ론 신과：細軟靑絲履(初杜解9：23). 보ᄃᆞ라올 논：嫩(類合 上11).
※보ᄃᆞ랍다>보드랍다(부드럽다)
※'보ᄃᆞ랍다'의 활용 [보ᄃᆞ랍고/보ᄃᆞ랍게… 보ᄃᆞ라ᄫᅳᆫ/보ᄃᆞ라ᄫᅳ며…

보람두다동 표 두다. 표지(標識)를 삼다. 서명(署名)하다 ¶네 보람두라：你記認着(老解 下13). 보람두다：記認(譯解 下44). 창과 ᄇᆞᄅᆞ매 다 써 보람두니라：遍題窓壁以識其處(重三綱. 忠19 劉韜).

·보람·ᄒᆞ·다동 표(標)하다 ¶旃陁羅는 東土ㅅ마래 嚴幟니 모딘 일로 제 보람ᄒᆞ야 ᄒᆞᄂᆞᄂᆞ다 혼 마리라(釋譜11：21). 表는 物을 보람ᄒᆞ야 나톨 씨라：表標物以表顯也(楞解1：70). 昏姻 보람홀 시라(宣賜內訓1：74).

보뫼다동 녹슬다 ¶ᄃᆞᆺ는 몰 셔셔 늙고 드는 칼 보뫼거다(古時調. 柳赫然. 靑丘). 朝天路 보뫼닷 말가 玉何舘이 뷔닷 말가(古時調. 靑丘).

보믜명 녹 ¶壁上에 걸린 칼이 보믜가 낫다 말가 功 업시 늙어 거니(古時調. 金振泰. 靑謠).

보믜다동 녹슬다 ¶朝天路 보믜닷 말가 玉河關이 뷔닷 말가(古時調. 海謠).

보·미·다동 녹슬다 ¶風水ㅅ 氣運에 힌 놀히 보미엿도다：風水白刃澁(重杜解1：22). 쇠 보밀 싱：鉎 쇠 보밀 슈：銹(訓蒙 下15).

·보·ᅀᆞᆸ·다동 뵈옵다 ¶至今에 보ᅀᆞᆸᄂᆞ니：今人猶視(龍歌5章). 後人이 보ᅀᆞᄫᆞ니：後人相之(龍歌27章). 藥 키라 가 보ᅀᆞᄫᆞ시고(月釋1：52). 諸天이 뎌 두 相올 보ᅀᆞᆸ고(月釋2：15). 부텨 ᄂᆞ칫 金이 허렛거늘 보ᅀᆞᆸ고 金내야 ᄇᆞᄅᆞᅀᆞ오니(南明上1).

※ '보ᅀᆞᆸ다'의 활용 ┌ 보ᅀᆞᆸᄂᆞ니/보ᅀᆞᆸ고/보ᅀᆞᆸ디… └ 보ᅀᆞᄫᆞ며/보ᅀᆞᄫᆞ면…

보·차·다 동 보채다 ¶다ᄅᆞᆫ 나라히 와 보차거나(釋譜9:24). 衆生 보차디 아니호리라(月釋7:48). 사ᄅᆞᄆᆞᆯ 보차 어즈리다가 : 惱亂是人(楞解9:89). 그 身心을 보차 : 惱其身心(圓覺 下三之二86). ᄇᆞᄅᆞ미 ᄇᆡ예 드러 五臟ᄋᆞᆯ 보차 : 風入腹攻五臟(救急 上56). ᄆᆞᅀᆞᄆᆞᆯ 보차 : 攻心(救急 下18). 아모 사ᄅᆞᆷ이나 보차거든(呂約35). ※보차다>보채다

보·타·다 동 보태다 ¶補ᄂᆞᆫ 보탈 씨오(月釋2:8). 서르 보타실씨(月釋14:51). 補ᄂᆞᆫ 보탈 씨오(法華1:67). 몸 보타려 施ᄅᆞᆯ 受코져 커니 : 資身(永嘉 上24). 補ᄂᆞᆫ 보탈 씨오 處ᄂᆞᆫ 고디니 부텻 고대와 보탈 씨라(阿彌15). ※보타다>보태다

복다 동 볶다 ¶ᄒᆞᆫᄃᆡ 닉게 복가 부은 고ᄃᆡ 븟티라 : 同熬熟敷腫處(馬解 下111). 져기 고기 복가 : 炒些肉(老解 上55). 고기 복다 : 炒肉(譯解 上50). 복근 ᄡᅥᆨ : 焦餠(漢淸12:44). 나ᄂᆞᆫ 朝鮮 사ᄅᆞᆷ이라 고기 복기 아지 못ᄒᆞ노라(蒙老2:2). 복다 : 炒(柳氏物名 五 火).

본·ᄃᆡ 부 본디 ¶본ᄃᆡ 令을 조초미 올코 : 固宜從令(宣賜內訓2 上14). ᄂᆞᆫ 비치 본ᄃᆡ 고고리 업도다 : 飛櫓本無蔕(杜解2:63). 본ᄃᆡ 淸淨ᄒᆞ야(金三2:8). 본ᄃᆡ 着디 아니ᄒᆞ니 : 元不着(南明 下27). 본ᄃᆡ 이러ᄒᆞ니라 : 元來這般的(飜老 上45). 내 본ᄃᆡ 見코쟈 願ᄒᆞ다니 : 吾固願見(宣孟5:32). 더브러 미워ᄒᆞ기ᄂᆞᆫ 본ᄃᆡ 아ᄂᆞᆫ 배라(西宮日記 上1). 본ᄃᆡ 병든 사ᄅᆞᆷ이ᄋᆞᆸ더니(新語1:27). 네 본ᄃᆡ 영쥬에 양 먹이ᄂᆞᆫ 오랑캐로(五倫2:29).

본ᄃᆡ록 부 본디부터 ¶西江은 본ᄃᆡ록 蜀으로 나려가ᄂᆞ니 : 西江元下蜀(杜解11:1). 緜谷ᄋᆞᆫ 본ᄃᆡ록 漢애 ᄉᆞᄆᆞᆺ고 : 緜谷元通漢(杜解23:50).

볼골 명 모습 ¶사ᄅᆞᆷ의 볼골도 져티고(新語5:25).

봄:놀·다 동 뛰놀다 ¶믌겨리 드위부치니 거믄 龍ㅣ 봄놀오 ᄒᆡ 도ᄃᆞ니 누른 雲霞ㅣ 비취엿도다 : 濤翻黑蛟躍日出黃霞映(杜解1:49). 봄노라 깃거 : 踊躍(六祖 上79). 봄놀 고 : 翺. 봄놀 샹 : 翔(訓蒙 下6). 봄놀 등 : 騰. 봄놀 양 : 驤(訓蒙 下10). 봄놀 용 : 踴. 봄놀 약 : 躍(訓蒙 下27).

봇·다 동 볶다 ¶焦煎은 봇ᄀᆞᆯ 씨라(月釋 序4). 섯모다 어즈러이 봇가 : 交會煩煎(法華2:126). ᄌᆞᅀᆞ 아ᅀᅡ 봇고 : 去核炒(救急 上57). 솔고ᄡᅵ 솝 ᅀᅵᄇᆡᆨ 낫 봇그니와 : 杏仁二百枚熬(救簡2:19). 봇글 람 : 爁. 봇글 오 : 熬. 봇글 쵸 : 炒. 봇글 박 : 煿(訓蒙 下13).

·뵈 명 베 ¶옷과 뵈와로(釋譜13:52). 疊은 뵛 일후미라(楞解5:18). 齊衰ᄂᆞᆫ ᄀᆞ장 사오나온 뵈로 ᄒᆞᄂᆞ니(宣賜內訓1:64). 쇽졀업시 뵛 터럭 자바 부니라 : 空把布毛吹(南明 上13). 뵈예 소곰 탄ᄌᆞ만ᄒᆞ닐 ᄡᅡ : 布裹塩如彈丸(救簡1:49). ᄇᆡᆨ모시뵈 : 白毛施布(飜朴 上51). 뵈 포 : 布. ᄀᆞᄂᆞᆫ 뵈 티 : 絺. 굴근 뵈 격 : 綌(訓蒙 中30). 뵈 포 : 布(類合 上26. 石千39. 倭解 下10). 뵈 너븨 복 : 幅(類合 上31). 뵈 긴 : 巾(光千35). 뵈 시른 큰 ᄇᆡᄅᆞᆯ : 載布子的大船(朴解 中13). 뵈 ᄂᆞ다 : 撒布(譯解 下5). 긴 숩풀 찬 이슬에 뵈 잠방이 다 젓는다(古時調. 李在. 실별 디쟈. 歌曲). ᄆᆡᆼ뫼 칼로ᄡᅥ 그 뵈 ᄧᆞ던 거ᄉᆞᆯ 긋ᄎᆞ려 ᄒᆞ니(女範1. 모의 추ᄆᆡᆼ모). 이ᄂᆡ 몸 니븐 거슨 헌 뵈 中衣ᄲᅮᆫ이로다(愁州曲). ※뵈>베

:뵈·다 동 보이다. 보게 하다. ¶兄이 디여 뵈니 : 兄墜而示. ᄆᆞᄅᆞᆯ 채텨 뵈시니 : 策馬以示(龍歌36章). 名賢劫이 엻 제 後ㅅ일ᄋᆞᆯ 뵈요리라(月印 上4). 이런 變化ᄅᆞᆯ 뵈오ᅀᅡ 神足을 가다(釋譜6:34). 神力을 뵈야시ᄃᆞᆫ(月釋8:43). 브즈러늘 뵈야시ᄂᆞᆯ : 以示勸(法華6:125). 더러온 옷과 니블와ᄅᆞᆯ 안ᄒᆞᆯ 뵈디 말며 : 褻衣衾不見裏(宣賜內訓1:50). 뵐 시 : 示(類合 下39). 과거 뵈다 : 科試(同文解 上44). 뵐 현 : 見(註千31).

:뵈·다 동 보이다 ¶샹녜 供養ᄒᆞᅀᆞᆸᄂᆞᆫ 야이 다 뵈ᄂᆞ다(釋譜13:24). 여긔 事情이 극히 어려워 뵈오니(隣語1:11). 부운폐일 아니 뵌다(萬言詞).

:뵈·다 동 뵈다. 배알(拜謁)하다 ¶기픈 므른 夷陵으로 뵈라 가ᄂᆞᆫ ᄃᆞᆺ도다 : 深水謁夷陵(初杜解20:20). 두 奇異ᄒᆞᆫ 즁이 나ᅀᅡ 뵈오 : 有二異僧造謁(六祖 序10). 뵐 알 : 謁(類合 下42. 兒學 下4).

:뵈·다 형 배다. 꽉 차서 빈틈이 없다. ¶셔ᄫᅳᆯ 뷘 길헤 軍馬ㅣ 뵈니이다 : 城中街陌若塡騎士(龍歌98章). 四方읫 션비ᄃᆞᆯ히 모다 가니 館지비 뵈여 드디 몯ᄒᆞ더라 : 四方歸之庠舍不能容(飜小9:10).

뵈·아·다 동 재촉하다 ¶ᄭᅮ므로 뵈아시니 : 昭玆吉夢帝迺趣而(龍歌13章). 肇基朔方ᄋᆞᆯ 뵈아시니이다 : 肇基朔方實維趣只(龍歌17章). 歲月ㅣ 더옥 뵈아놋다 : 尤相催(杜解1:44). 비 녀ᄂᆞᆫ 소ᄂᆡ 길ᄒᆞᆯ 뵈아거ᄂᆞᆯ : 雨催行客路(金三3:23). 뵈알 최 : 催(石千40). 凄凉玉輦이 蜀中으로 뵈아 드니(蘆溪. 太平詞).

뵈야신다 동 죄어 신다. ¶芒鞋ᄅᆞᆯ 뵈야신고 竹杖을 흣더디니(松江. 星山別曲).

뵈옷 명 베옷 ¶뵈오시 다 ᄣᅥ러디고(南明 下8). 안직 뵈옷 자락으로 딥 가져가라 : 且着布衫襟兒抱些草去(飜老 上32). 三冬에 뵈옷 닙고 岩穴의 눈비 마자(古時調. 曺植. 海謠). 뵈옷과 집신으로 날마다 동향ᄒᆞ여 통곡ᄒᆞ니 : 麻衣(五倫2:60).

:뵈왓·브·다 형 바쁘다 ¶倉卒ᄋᆞᆫ 뵈왓ᄇᆞᆯ 시라(宣賜內訓1:17). 蘇耽의 우므레 셜운 ᄆᆞᅀᆞ미 뵈왓브더라 : 痛迫蘇耽井(初杜解24:41).

:뵈·왓ᄇᆞ·다 형 바쁘다 ¶悤悤ᄋᆞᆫ 뵈왓ᄇᆞᆯ 씨라(楞解 跋2). 形勢ㅣ 도로혀 뵈왓ᄇᆞ도다 : 形勢反蒼黃(初杜解8:68).

:뵈·ᄋᆞᆸ·다 동 뵈옵다. 배알(拜謁)하다 ¶부희여ᄇᆞᆯ기예 뵈ᄋᆞ와 : 昧爽而朝(宣小2:4). 盛服ᄒᆞ고 뵈ᄋᆞᆸ기ᄅᆞᆯ 기ᄃᆞ리거든(家禮4:21).

부ᄃᆡ 부 부디 ¶내 부ᄃᆡ 대군을 업시 ᄒᆞ고(癸丑35). 부ᄃᆡ 병개 아라 ᄒᆞᆯ ᄶᅥ시니라(痘瘡方10). 그리든 님 맛난 날 밤은 져 ᄃᆞᆰ아 부ᄃᆡ 우지 마라(古時調. 靑丘). 남의게 파지 말고 ᄂᆡ게 부ᄃᆡ 파로시쇼(古時調. 閣氏네. 靑丘). 부ᄃᆡ 내 ᄆᆞᄋᆞᆷ이 부톄 줄 알고(普勸文20). 그리 醉ᄒᆞᆫ 사ᄅᆞᆷᄃᆞ려 우격으로 부ᄃᆡ 권ᄒᆞ려 ᄒᆞ다가ᄂᆞᆫ(隣語1:4). ᄋᆡ연니 넉이소셔 부ᄃᆡ부ᄃᆡ 다려가오(思鄕曲).

부·러 부 부러. 일부러 ¶부러 노ᄒᆞ시니 : 迺故放之(龍歌64章). 하ᄂᆞᆯ히 부러 ᄂᆞᄆᆞᆯ 뵈시니 : 彼蒼者天示人孔昭(龍歌68章). 부러 아니 ᄑᆞ니(月印 上56). ᄯᅩ 부러 가 절ᄒᆞ고(釋譜19:30). ᄯᅩ 부러 가 절ᄒᆞ야(月釋17:84). 부러 ᄲᅢ혀디 아니ᄒᆞ야 : 不故拔(楞解6:96). ᄒᆞ다가 부러 僧坊애 가 : 若故詣僧坊(法華6:19). 네 부러 서르 携持홈 기들우믈 아ᄂᆞ니라 : 須汝故相携(初杜解8:51). 우리 부러 오소니 : 我特的來(飜老 上40). 부러 듣디 아닌ᄂᆞ니(野雲48). 酒饌을 부러 쟝만ᄒᆞ여(隣語1:22).

부러ᄒᆞ다 동 부러워하다 ¶부러ᄒᆞᆯ 션 : 羨(倭解 下35). ᄀᆞ장 부러ᄒᆞ다 : 狠愛(漢淸6:57). 오색의 영아희ᄂᆞᆫ 노래자를 부럴소냐(皆岩歌).

부르·다 동 불리다. 불어나게 하다. ¶業을 發ᄒᆞ며 生ᄋᆞᆯ 부르ᄂᆞ니 : 發業潤生(楞解4:91). 내며 드리며 부르며 利호미 : 出入息利(法華2:186).

부졀:업·다 형 부질없다 ¶부졀업다 : 等閑(訓蒙 下8 閑字註). 부졀업슨 허비를 짐쟉ᄒᆞ야 : 裁省穴費(英小5:65). 부졀업손 是과 부졀업손 非ᄂᆞᆫ : 閒是閒非(女四解2:36). 그런 부졀업손 일은 不須多言ᄒᆞ고(隣語3:11).

부치다 동 ①붙이다 ¶부칠 졉 : 接(倭解 下40). 고재 부치다 : 安弓弰. ᄲᅳᆯ 부치다 : 釘弓面(漢淸5:14). 부칠 졉 : 接(兒學 下11). ②맡기다. 부치다 ¶조퇴고라 부쳐 일칼음과 가틈이라 : 託(女四解3:3). ᄯᅩ 극의게 말을 부쳐 ᄀᆞᆯ오ᄃᆡ : 寄(五倫4:25). ③불을 붙

이다. ¶돌담비ᄃᆡ 넙난초를 쉬쫑불의 부쳐 물고(萬言詞).

부텨 [명] 부처 ¶八萬 부톄 안자(月印 上23). 佛은 부톄시니라(釋譜 序5). 부톄 目連이ᄃᆞ려 니ᄅᆞ샤ᄃᆡ(釋譜6：1). 부텨를 佛이시다 ᄒᆞᄂᆞ니라(月釋序8). 제 닐오ᄃᆡ 이 부톄로라 ᄒᆞ고：自言是佛(楞解9：108). 부텨와 祖師왜：佛祖(蒙法44). 부텻 ᄆᆞᅀᆞᄆᆞᆯ 아로ᄃᆡ：悟佛心宗(蒙法49). 부텨 블：佛(訓蒙 中2. 類合 下24). ※부텨>부쳐>부처

부·희·다 [형] 부옇다 ¶힌 믌겨리 부흰 ᄇᆞᄅᆞ매 불이고：白波吹粉壁(初杜解16：42). 뫼비둘기 부희니：斑鳩(東醫 湯液一 禽部). 青山의 부흰 빗발 긔 엇디 날소기ᄂᆞᆫ(古時調. 鄭澈. 松江).

분·별 [명] ①걱정. 근심 ¶舍利弗이 닐오ᄃᆡ 분별 말라(釋譜6：27). 世尊하 願ᄒᆞᆫᄃᆞᆫ 分別 마ᄅᆞ쇼셔(月釋21：62). 疑心 분별은 爲ᄒᆞᆫᄃᆡ 이셔 ᄒᆞ도다：疑慮有所爲而設矣(法華2：29). 한 잇븐 분벼리 그처：絕諸勞慮(圓覺 下一之二22). 思量 업스며 분별 업서 時流에 섯도다：無思無慮混時流(南明上19). 분별 아니 ᄒᆞᆯ 거시라：不患(飜小8：13). 분별 려：慮(類合下26). ②분별(分別). 가림 ¶分別ᄋᆞᆫ ᄀᆞᆯᄒᆡᆯ 씨니(楞解1：4). 妃 親愛홈이 분별이 업서(女四解4：41). 횡종ᄒᆞᆫ 밧이랑이 돌이 흙을 녀 노프며 ᄂᆞᄌᆞᆫ ᄃᆡ 분별이 업고(綸音76).

분·별ᄒᆞ·다 [동] ①걱정하다. 근심하다. 생각하다 ¶相師도 ᄉᆞᆯᄫᆞ며 仙人도 니ᄅᆞᆯ써 밤나ᄌᆞᆯ 分別ᄒᆞ더시니(月印 上13). ᄒᆞ녀ᄀᆞ론 분별ᄒᆞ시고 ᄒᆞ녀ᄀᆞ론 깃거(釋譜6：3). 六道輪迴ᄅᆞᆯ 분별ᄒᆞ며：患六道之輪迴(永嘉下40). 곧 이 生 이 性이 제 잇비 분별ᄒᆞ던 ᄃᆞᆯ 알리라：卽知此生性自勞慮(圓覺 序57). 慈母ㅣ 分別ᄒᆞ야 슬허 ᄯᅴ ᄒᆞᆫ 자히 주러：慈母憂戚悲哀帶圍減尺(宣賜內訓3：23). ②분별(分別)하다 ¶동봉의 ᄒᆡ빗치 오ᄅᆞ니 계유 동셔ᄅᆞᆯ 분별ᄒᆞᆯ네라(落泉2：4).

·붇 [명] 붓 ¶붇爲筆(訓解. 合字). 草木이어나 부디어나 손토보뢰어나(釋譜13：52). 주신 두 부들 논호미 맛당커늘：合分雙賜筆(初杜解3：55). ᄒᆞᆫ 부드로 에워 ᄇᆞ룔디며：一筆句下(金三5：38). 붇 가져다가 에우라：將筆來抹了着(飜朴上25). 붇 필：筆(訓蒙 上34. 類合 上25. 石千39. 倭解上38). 죠희와 붇을 請ᄒᆞ야：請紙筆(宣小6：90).

불무 [명] 풀무 ¶微妙ᄒᆞᆫ 불무로 한 像ᄋᆞᆯ 노기며：以玄爐陶於群像(圓覺 上一之二17). 큰 불무를 撫定ᄒᆞ시니라：撫洪鑪(杜解6：24). 불무 야：冶(訓蒙 下16. 類合 下41). 고븐 불무애 블붓ᄂᆞᆫ 거시라：爐鞴(語錄25). ※불무>풀무

※'불무'의 첨용 ┌ 불무/불무로/불무와/불무도…
└ 붊글/붊기/붊기라/붊긔…

불상ᄒᆞ다 [형] 불쌍하다 ¶불상ᄒᆞ다：可矜(同文解 下31). 져 나그ᄂᆡ 혜어 보소 쥬인 아니 불상ᄒᆞᆫ가(萬言詞). 눈물이 ᄲᅧ러지실 듯 불상불상ᄒᆞ야 ᄒᆞ시니(閑中錄414).

불·어니ᄅᆞ·다 [동] 늘여 말하다. 부연(敷衍)하여 말하다. ¶불어니ᄅᆞ샨 經典이 마리 비록 다ᄅᆞ며 ᄀᆞᆮᄒᆞ나 理ᄂᆞᆫ 實티 아니ᄒᆞ니 업스니라(月釋17：11). 城邑과 巷陌과 聚落과 田里예 드룬다비 父母 宗親 善友 知識 爲ᄒᆞ야 히믈 조차 불어닐어든 이 사ᄅᆞᆷ ᄃᆞᆯ히 듣고 隨喜ᄒᆞ야(月釋17：45). 반ᄃᆞ기 불어닐오미 이신가 疑心호대：疑必有所演說(金剛 序14).

불·우·다 [동] 불리다 ¶杏仁을 므르 ᄀᆞ라 사ᄅᆞ미 졋 汁에 불워 ᄌᆞ조 디그라：以杏仁爛研以人乳汁浸頻點(救急下40). 더운 므레 불워 거플 앗고：湯浸去皮(救簡3：65).

불워ᄒᆞ다 [동] 부러워하다 ¶人間에 離別을 모ᄅᆞ니 그ᄅᆞᆯ 불워ᄒᆞ노라(古時調. 鄭澈. 길우헤. 松江). 칠십 노부 어ᄃᆡ 두고 타인 노자 불워ᄒᆞ랴(萬言詞). 칠십 노부 어ᄃᆡ 두고 타인 노자 불워ᄒᆞ노(ᄇᆡᆨ화당가).

불위 [명] 뿌리 ¶돌 우희 긴 불위 버덧도다：石上走長根(重杜解1：27). ※불위<불휘

불·휘 [명] 뿌리 ¶불휘 기픈 남ᄀᆞᆫ：根深之木(龍歌2章). 根은 불휘라(月釋序21. 月釋2：15). 輪迴ᄂᆞᆫ 愛 불휘ᄃᆞ외니：輪迴愛爲根本(法華2：131). 그 불휘 반ᄃᆞ기 傷홈 ᄀᆞᆮᄒᆞ며：根(宣賜內訓2上53). ᄒᆡ 오라거늘 ᄒᆞᆫ갓 불휘 기펫도다：歲久空深根(杜解16：4). 靈ᄒᆞᆫ 불휘：靈根(金三2：21). 불휘 근：根. 불휘 ᄒᆡ：荄(訓蒙 下3. 類合 上8). 불휘 뎌：柢(類合下50). 불휘 근：根(石千33). ᄡᅧ 그 불휘ᄅᆞᆯ 붓도도며：以培其根(宣小 題辭2). 九泉의 불휘 고ᄃᆞᆫ 줄을 글로 ᄒᆞ야 아노라(古時調. 尹善道. 더우면. 孤遺). ※불휘>불위>뿌리

붊기라 [명] 풀무이라 (독)불무 ¶爐ᄂᆞᆫ 붊기라(金三2：28).

붑 [명] ①북〔鼓〕 ¶풍류히오 붑 티며(釋譜23：57). 붑 뎌 니로모로브터：自轉鼓起來(法語8). ᄀᆞ료ᄆᆞᆫ 이 붑 體와 樓오：礙是鍾體及樓(圓覺 下二之三10). 峽ㅅ 가온ᄃᆡ셔 숫워려 붑 치놋다：峽中喧擊鼓(杜解12：41). 붑 티ᄂᆞ니와 琵琶 노ᄂᆞ니왜 서르 맛나(金三4：5). 붑 티다：擂鼓(訓蒙 下12 擂字註). 붑 메울 만：鞔(訓蒙 下20). 붑 고：鼓. 붑 비：鼙(訓蒙 中28). 붑 고：鼓(光千20). 큰형은 山에셔 붑 티고：大哥山上擂鼓(朴解上36). 붑 ᄡᅵ오기ᄅᆞᆯ ᄆᆞᄎᆞ매：鼓(兵學1：4). ②종(鐘) ¶有時예 붑과 磬子ㅅ 소리 절로 나ᄂᆞ니：有時自發鍾磬響(杜解7：32). 붑 죵：鍾(光千21). ※붑>북

·붑소리 [명] 북소리 ¶그 붑소리예셔(釋譜24：1). 사호맷 붑소리 슬푸믈 아쳐러 듣노니：惡聞戰鼓悲(初杜解15：39).

붑소릐 [명] 종소리 ¶ᄇᆞᄅᆞᄆᆞᆫ 붑소릐ᄅᆞᆯ 혀 먼 골로셔 오고：風引鍾聲來遠洞(百聯17).

붓·그럽·다 [형] 부끄럽다 ¶붓그러우며 辱ᄃᆞ왼 일：羞辱(宣賜內訓1：58). 내 ᄆᆞᅀᆞ미 붓그럽거니：慊於心矣(飜小8：15). 향즁의 붓그럽게 홈을 뵈우지 말라：恥(女四解3：6). 보기 붓그럽다：愧見(漢淸8：32).

붓·그리·다 [동] 부끄러워하다 ¶英主△ 알ᄑᆡ 내내 붓그리리：英主之前曷勝其羞(龍歌16章). 사오나ᄫᆞᆯ 붓그려(釋譜11：43). 小ᄅᆞᆯ 붓그리고 大ᄅᆞᆯ ᄉᆞ랑ᄒᆞ니라(月釋14：63). 조호ᄆᆞᆯ 붓그리로다：慙潔(永嘉 序11). 제 붓그류미 慚이오(圓覺 上一之一30). 가난ᄋᆞᆯ 붓그려 너비 求ᄒᆞᄂᆞ니：恥貧而廣求(宣賜內訓1：30). 萬人과 다ᄆᆞᆺ ᄀᆞᆮ호ᄆᆞᆯ 붓그리놋다：恥與萬人同(杜解21：26). 붓그릴 참：慙. 붓그릴 괴：愧. 붓그릴 티：恥(類合下15). 붓그릴 티：恥(石千30). 그 어버이ᄅᆞᆯ 붓그리디 아니케 ᄒᆞ면：不羞其親(宣小4：19). 붓그려 좀좀ᄒᆞ엿더라(癸丑38). 님긊 恩私 닙ᄉᆞ오ᄆᆞᆯ 도로혀 붓그리ᅀᆞᆸ노니：顧慙恩私被(重杜解1：1). 붓그리다：害羞(同文解上20). 붓그리다：羞(漢淸8：32). 옥니와 ᄃᆡ변ᄒᆞ믈 붓그려 ᄒᆞ여 스ᄉᆞ로 죄ᄅᆞᆯ 당ᄒᆞ야(五倫1：39). ※붓그리다<붓그리다

붓도·도·다 [동] 북돋우다 ¶붓도돌 ᄌᆞ：耔. 붓도돌 비：培. 붓도돌 옹：壅(訓蒙 下5). 붓도돌 비：培. 붓도돌 ᄌᆞ：耔(類合下41). 그 불휘ᄅᆞᆯ 붓도도며：培其根(宣小 題辭2). 미거니 붓도도와 빗김에 달화내니(古時調. 울밋 陽地. 青丘). 붓도도다：培本(同文解 下1. 譯解補42).

붓좃다 [동] 붙좇다 ¶도라가 붓좃ᄎᆞᆯ ᄆᆞ옴이 더옥 ᄀᆞᆫ절ᄒᆞᄃᆡ(山城109). 붓좃다：附他(同文解上46). 붓좃게 ᄒᆞ다：招撫(同文解上46). 붓좃다：依附(漢淸6：45).

붓좇다 [동] 붙좇다 ¶다ᄉᆞᆺ 아ᄃᆞᆯ이 慈母ᄅᆞᆯ 親히 붓조차 화동홈이 ᄒᆞᆫᄀᆞᆯᄀᆞᆮ거ᄂᆞᆯ：五子親附慈母雍雍若一(重內訓3：21). 사오나온 류의게 붓조차 가면 오런 후에 사오나온 ᄃᆡ 잇ᄭᅳᆯ린다 ᄒᆞᄂᆞᆫ 거시 定論이라(捷蒙4：15). 그 시여홈을 만히 ᄒᆞ야 아래 붓조ᄎᆞᆯ가 위홈이라 ᄒᆞ니라(三略中4).

붓츠다동 부치다. 바람을 일으키다. ¶예셔 놀애롤 드러 두세 번만 붓츠면은(古時調. 鄭澈. 松江).

·붑명 ①북〔鼓〕 ¶세 낱 붑쑨 ᄢᅦ여디니(月印 上16). 부플 텨 닐오니(月印 上57). 鼓ᄂᆞᆫ 부피라(釋譜13 : 21). 하ᄂᆞᆳ 부피 절로 울머(月釋7 : 37). 하ᄂᆞᆳ 부피 自然히 울며(法華1 : 117). 防戍ᄒᆞᄂᆞᆫ 부픈 오히려 기리 티ᄂᆞ니 : 戍鼓猶長擊(杜解10 : 3). 毒 ᄇᆞ론 ᄒᆞᆫ 소릿 부페 누워셔 : 塗毒一聲鼓臥(南明 下54). ②종(鐘) ¶모ᄆᆞᆯ 虛케 ᄒᆞ샤 物應ᄒᆞ샤미 부픠 틈 기드리ᄃᆞᆺ ᄒᆞ실 씨라 : 虛己應物如鍾待扣也(法華5 : 38).

:뷔·다동 비비다. 꼬다 ¶뷜 차 : 搓. 뷜 나 : 挪(訓蒙 下23). 실 뷜 륜 : 綸(類合 下16). 실 뷔다 : 捻線(同文解 下25). 常絲라 白常絲를 넌즈시 뷔여 엇고(武豪歌). 뷔다 : 捻線(柳氏物名三草).

·뷔·다동 ①베다〔斬〕 ¶그 짓 ᄡᆞᆯ뵳 죠ᄋᆞᆯ 맛나니(月釋8 : 98). 조 뷔다가 버미 아비를 무러늘(三綱. 孝3). 고기 자ᄇᆞ며 나모 뷔여 오ᄂᆞᆫ 사ᄅᆞᄆᆞᆯ ᄯᅩ 보리로다 : 更見漁樵人(初杜解7 : 32). 프롤 다 뷔여(金三4 : 31). 가히 터리롤 뷔여 브티라 : 翦狗毛傅之(救簡6 : 46). 뷜 애 : 刈. 뷜 획 : 穫(訓蒙 下5). 바텃곡식 뷔다 : 割田(訓蒙 下5 割字註). 벼 뷜 쉭 : 穡(光千28). 고기 낙기 나모 뷔기(古時調. 男兒의. 青丘). 밧히셔 곡식을 뷔다가 아비 범에게 물니이니(五倫1 : 31). 章章히 뷔아 닉야 字字히 외온 후의(陶山別曲). 여기 ᄉᆞ롬 일을 비화 고기 낙기 나무 뷔기(萬言詞). ②쪼개다 ¶正性을 뷔우려 홇덴 : 欲剸…正性(楞解8 : 7).

:뷔·다형 비다〔虛〕 ¶뷔어사 ᄌᆞᄆᆞ니이다 : 治其空矣島嶼洒沒(龍歌67章). 셔봃 뷘 길헤 : 城中街陌(龍歌98章). 뷘 房ᄋᆞᆯ 딕ᄒᆞ라 ᄒᆞ시니(月印 上65). 뷔여 괴외ᄒᆞ고 : 廓寥(月釋序1). 色蘊은 뷔여 붉디 몯ᄒᆞ야 빗이쇼미오(月釋1 : 35). 法이 다 뷔면 根과 塵괘 本來 뷔니 : 法皆空則根塵本空(楞解5 : 10). 뷘 거슬 자보ᄃᆡ ᄀᆞ독ᄒᆞᆫ 것 자봄ᄀᆞᆮ히 ᄒᆞ며 : 執虛如執盈(宣賜內訓1 : 9). ᄂᆞᄆᆞᄎᆡ 뷔어늘 : 囊空(初杜解20 : 9). 道術이 뷔도다 : 道術空(杜解21 : 2). ᄀᆞ독ᄒᆞ며 뷔윰 잇ᄂᆞᆫ 거시 : 有盈虛者(金三2 : 6). 뎌 동녁 겨틔 ᄒᆞᆫ 간 뷘 방 잇ᄂᆞ니 : 那東邊有一間空房子(飜老 上67). 뷜 공 : 空(類合 下49). 뷜 공 : 空(石千10). 뷜 허 : 虛(類合 下49. 石千10). 뷘 것 잡오ᄃᆡ ᄀᆞ독ᄒᆞᆫ 것 잡음ᄀᆞᆮ티 ᄒᆞ며 : 執虛如執盈(宣小3 : 17). 뎌 동녁 겻틔 ᄒᆞᆫ 간 뷘 방이 이시니(老解 上16). 뷜 허 : 虛(倭解 下32). 뷔다 : 空(同文解 下54. 漢淸11 : 47). 樽中이 뷔엿거든 날ᄃᆞ려 알외여라(丁克仁. 賞春曲). 남초 업ᄂᆞᆫ 뷘 담ᄇᆡᄶᅥ 소일죠로 가지고셔(萬言詞). 뷜 궐 : 闕(註千3). 뷜 동 : 洞. 뷜 광 : 曠(註千27). 뷜 허 : 虛(兒學 下8). ※뷔다>비다

브ᄃᆡ부 부디 ¶브ᄃᆡ : 要(語錄1). 剛을 브ᄃᆡ ᄒᆞ고져 ᄒᆞ다 : 要得剛(語錄34). 브ᄃᆡ 사오시고(癸丑71). 아므의 히도 됴티 아니ᄒᆞ오니 브ᄃᆡ 내옵소(新語1 : 17). 브ᄃᆡ 우리 민망ᄒᆞ야 ᄒᆞᄂᆞᆫ 정을 싱각ᄒᆞ옵셔(諺簡43 肅宗諺簡). 眞實로 이즈음 生覺ᄒᆞ여 브ᄃᆡ 操心ᄒᆞ시소(古時調. 金天澤. 孔孟과. 海謠). 브ᄃᆡ 사ᄅᆞᄆᆡ 간을 어더야 ᄒᆞ리라(女範2. 효녀 댱이랑). 쇼제 의심ᄒᆞ야 브ᄃᆡ 죽으랴 ᄒᆞᄂᆞᆫ 말을 자셔히 니ᄅᆞ니(落泉1 : 2).

·브·르·다동 ①부르다〔呼〕 ¶아기롤 보니 버미 ᄡᅩ차 오거늘 브르노라 ᄒᆞ다가 치마옛 아기롤 ᄲᅡ디오(月釋10 : 24). 하ᄂᆞᆯ홀 브르며 ᄯᅡ 굴러(三綱. 孝33). 禽獸ㅣ 우러 서르 브르거든 : 禽獸鳴相呼(法華6 : 37). 十里예 도로와 브르니라 : 十里却呼號(初杜解8 : 57). 쇠라 블러도 : 呼牛(金三2 : 55). 브를 호 : 呼. 브를 쇼 : 召(類合 下6). 브를 툐 : 招(石千32). 업의 어딜믈 듯고 블러 : 素聞業賢徵之(五倫2 : 20). 고셩ᄒᆞ여 브르다 : 高聲叫喚(漢淸7 : 18). ②노래 부르다〔唱〕. ¶놀애롤 브르리 하ᄃᆡ : 謳歌雖衆(龍歌13章). 놀애롤 블러(月印 上9). 부텻 德을 놀애 지서 브르ᅀᆞᄫᅡ 비록 ᄒᆞᆫ 죠고맛 소리라도(釋譜13 : 53). 놀애 브르며 춤츠며(月釋1 : 44). 제 놀애 브르고 제 춤츠며 : 自歌自舞(楞解9 : 75). 노래 브르ᄂᆞ다 : 謳歌(初杜解7 : 9). 놀애 브르리란 블러 앒픠 나ᅀᅡ오라 ᄒᆞ야 : 叫將唱的根前來(飜朴 上6). 브를 챵 : 唱(訓蒙 下15. 石千15). 브를 챵 : 唱(類合 下6).
※브르다>부르다

·브·리·다동 부리다〔使〕 ¶하ᄂᆞᆯ히 브리시니 : 天之命兮(龍歌19章). 罪롤 니저 다시 브려시니 : 忘咎復任使(龍歌121章). 아바님 그리샤 梵志優陁耶롤 술ᄫᅡ라 브리시니(月印 上41). 煩惱이 브류미 ᄃᆞ욀 씨라(釋譜11 : 3). 王ㅅ 病이 되샤 사ᄅᆞᆷ 브려도 몯 미츠리니(月釋10 : 5). 御ᄂᆞᆫ 브릴 씨라(月釋18 : 37). 서르 브료ᄆᆞᆫ 想ᄋᆞᆯ브터 노고미라 : 相使者由想而融也(楞解10 : 81). 다와다 브릴가 저허 : 恐逼驅使(圓覺序47). 시혹 브료미 잇거든 : 或有指使(宣賜內訓1 : 48). ᄒᆞᄅᆞᆺ 나래 두 번 죵 브리고 : 一日兩遣僕(初杜解22 : 53). 나라히 군ᄉᆞ 청ᄒᆞ라 브려늘 : 使乞師於朝(續三綱. 忠3). 브릴 역 : 役(訓蒙 中2). 브릴 싀 : 厮(訓蒙 下24). 브릴 ᄉᆞ : 使(類合 上17. 石千8). 님금 더브러 말ᄉᆞᆷ홀 제ᄂᆞᆫ 신하 브림을 닐ᄋᆞ며 : 與君言言使臣(宣小3 : 15). 사ᄅᆞᆷ 브려 닐너 ᄀᆞᆯ오ᄃᆡ : 使人謂曰(東新續三綱. 烈2 : 89).
※브리다>부리다

브·리·다동 ①부리다. 짐 부리다. 내리다 ¶王이 술위 브리여(釋譜24 : 21). 제 탯ᄂᆞᆫ ᄆᆞ롤 브려 : 自下所騎馬(初杜解8 : 57). 조ᄒᆞᆫ 뎜 ᄀᆞᆯ히여 브려셔 : 尋箇好乾淨店裏下去來(飜老 上17). 구윗문의 디나갈 제 브리며 : 下公門(飜小10 : 4). 굿드리 ᄆᆞᆯ 브리디 아니ᄒᆞ야두 므던ᄒᆞ니라 : 不必下馬可也(呂約23). 禮예 대궐門을 브리며 : 禮下公門(宣小4 : 29). ②부리다. 놓다. 방념하다. 염려치 아니하다. ¶도로혀 념녀 브리옵디 못ᄒᆞ와 ᄒᆞ옵ᄂᆞ이다(諺簡51 肅宗諺簡).

브ᅀᅥᆨ명 부엌 ¶집 안애 각벼리 브ᅀᅥᆨ ᄆᆡᆼᄀᆞ라 두고 먹더니 : 於齋內別立廚帳(飜小7 : 13).

브ᅀᅥᆸ명 부엌 ¶브ᅀᅥᆸ 뇌예 庖廚의 머로ᄆᆞᆯ 알리로다 : 廚烟覺遠庖(重杜解14 : 19).

브ᅀᅥᆨ명 부엌 ¶안ᄒᆞ로 붓그료ᄃᆡ 브ᅀᅥᆨ 굼기 검디 몯ᄒᆞᆫ 나롤 : 內愧突不黔(初杜解22 : 50). 브ᅀᅥᆨ 포 : 庖. 브ᅀᅥᆨ 듀 : 廚. 브ᅀᅥᆨ 조 : 竈(訓蒙 中9). ※브ᅀᅥᆨ<브ᅀᅥᆸ

브ᅀᅥᆸ명 부엌 ¶브ᅀᅥᆸ爲竈(訓解. 用字). 촌 브ᅀᅥᆸ 앞 가온ᄃᆡᆺ 홀ᄀᆞᆯ : 冷竈內中心土(救急 下12). 곳다온 브ᅀᅥᆸ과 소나못 길ᄒᆞᆫ 서늘호미 ᄒᆞᆫ가지로다 : 香廚松道淸冷俱(初杜解9 : 30).
※브ᅀᅥᆸ>브ᅀᅥᆸ(브ᅀᅥᆨ)>부ᅀᅥᆨ>부엌

브어동 부어. ㉮붓다 ¶鸚鵡盞 琥珀盃예 ᄀᆞ득 브어(樂詞. 翰林別曲).

브즈런ᄒᆞ·다형 부지런하다 ¶두서 번 頂 ᄆᆞ니샤ᄆᆞᆫ 브즈런호ᄆᆞᆯ 뵈시니라(月釋18 : 16). 孝道ᄒᆞ며 브즈런ᄒᆞ며 : 孝勤(宣賜內訓1 : 34). 가ᅀᆞ멸며 貴호ᄆᆞᆫ 반ᄃᆞ기 브즈런ᄒᆞ며 辛苦호ᄆᆞᆯ브터 얻ᄂᆞ니 : 富貴必從勤苦得(初杜解7 : 31). 몃마 苦로외며 브즈런커시뇨마ᄅᆞᆫ : 幾辛勤(南明 下31). 힘ᄡᅥ 브즈런호미 다 이ᄀᆞᆮ더라 : 勸力皆此類也(飜小10 : 7). 브즈런ᄒᆞᆫ 계 : 誡(光千30). 일즉 새배 브즈런ᄒᆞ기롤 게얼리 ᄒᆞ샤(明皇1 : 34). 셩품이 유슌ᄒᆞ며 브즈런ᄒᆞ고(女範4. 널녀 텬우빵졀). 브즈런홀 로 : 勞(註千29).

브·텨·ᄡᅳ·다동 붙여 쓰다. ¶ · 와 ㅡ와 ㅗ와 ㅜ와 ㅛ와 ㅠ와란 첫소리 아래 브텨ᄡᅳ고 ㅣ와 ㅏ와 ㅓ와 ㅑ와 ㅕ와란 올ᄒᆞᆫ녀긔 브텨ᄡᅳ라(訓註12).

브·티·다동 붙이다 ¶付囑ᄋᆞᆫ 말ᄊᆞᆷ 브텨 아ᄆᆞ례 ᄒᆞ고라 請홀 씨라(釋譜6 : 46). 이 世界 이로매 아니 브텨 니ᄅᆞ니라(月釋1 : 39). 頭面으로 바래 브텨 절ᄒᆞ야 : 頭面接足禮(法華5 : 212). ᄆᆞᅀᆞ매 브티디 아니ᄒᆞ며 : 不接心術(宣賜內訓1 : 12). 뎌른 머리롤 簪纓에 브툐라 : 短髮寄簪纓(初杜解23 : 4). ᄂᆞᆷᄋᆞᆯ 브티거시놀 : 分付了也(金三2 : 2). 머리예 브티고 뵈로 ᄡᅡ 미요ᄃᆡ : 傅頭以布裹之(救簡1 : 15). ᄂᆞᆺ선 아니완ᄒᆞᆫ 사ᄅᆞᄆᆞᆯ 브티디 몯ᄒᆞ게 ᄒᆞᄂᆞ다 : 不得安下面生歹人

(飜老上49). 구틔여 골 브티기 말라：不須貼膏藥(飜朴上13). 브틸 텹：帖(訓蒙上15). 브틸 부：付. 브틸 긔：寄(類合下40). 브틸 우：寓. 브틸 쇽：屬(石千34). 심슐에 브티디 아니ᄒᆞ며：不接心術(宣小3：7). 혼을 어닉 고대 브틸고：屬(桐華寺 王郞傳). ※브티다>붙이다

븓·다 동 ①붙다 ¶모매 븓ᄂᆞᆫ 苦왜라(釋譜13：8). 衆이 親히 븓게 ᄒᆞ시니라：使衆親附也(法華3：151). ②붙다. 의지하다. 근거로 하다. ¶法을 븓고 사ᄅᆞᄆᆞᆯ 븓디 아니ᄒᆞ며：依法不依人(圓覺序11). 사ᄅᆞᆷ 일란 오직 黃閣老ᄅᆞᆯ 븓고：生理秖憑黃閣老(杜解21：5). 鶴이 하ᄂᆞᆯ해 ᄠᅥ 아라 우희 븓디 아니ᄒᆞᄂᆞ니(南明上3). ③불이 붙다. ¶브를 아니 븓게 ᄒᆞ시ᄂᆞ니라(釋譜23：39).

븓잡·다 동 붙잡다 ¶븓자ᄫᆞᆫ ᄆᆞᅀᆞᄆᆞᆯ 니ᄅᆞ와ᄃᆞ면(月釋13：41). 울워ᅀᆞ와 븓ᄌᆞᆸ고져：仰而依之(法華7：94). 津이 븓잡아 방의 도라와：津扶持還室(宣小6：69). 둘히 서ᄅᆞ 븓잡고 브ᄅᆞ며 우러：二人相持號泣(東新續三綱. 孝6：8).

븓좇·다 동 따르다. 좇다 ¶ᄂᆞᆷ의 말을 븓조차 ᄒᆞᆫ가지로 홈을 닐옴이라(宣小2：60). 엇디 히여곰 븓조차 아당ᄒᆞ며 ᄠᅳᆮ을 바다：寧令從諛承意(宣小6：36).

·블 명 불 ¶城 밧긔 브리 비취여：火照城外(龍歌69章). 굼 ᄑᆞ고 블 퓌우니(月印上22). 네차힌 브레 술여 橫死ᄒᆞᆯ 씨오(釋譜9：37). 煩惱ㅣ 블ᄀᆞᆮ티 다라나ᄂᆞᆫ 거실씨(月釋1：18). 炎火ᄂᆞᆫ 더ᄫᅳᆫ 브리라(月釋1：29). 블의 다와도미 ᄃᆞ외야(法華2：127). 브를 몯 보아도(圓覺序64). 新平公主ㅅ 집사ᄅᆞ미 브를 내야：新平主家御者失火(宣賜內訓2上55). 블 혀 여러 門 열오：張燈啓重門(重杜解1：13). 階砌엔 지예 丹砂 ᄉᆞ던 브리 주겟도다：階除灰死燒丹火(杜解9：5). 블 화：火(訓蒙下35. 類合上6. 石千4). 블 셩ᄒᆞᆯ 혁：赫(類合下55). 블 셩ᄒᆞᆯ 치：熾(類合下62). 블 ᄭᅥ딜 멸：滅(類合下62). 業 블레 섭 더 노호미로다(龜鑑上50). 블 부다：吹火. 블 급히 븟다：火忽着(漢淸10：51). ᄇᆞ람을 인ᄒᆞ여 블을 노화：因風縱火(五倫2：24). ※블>불

블곶 명 불꽃 ¶블곶 염：焰(類合下54). ※블곶>불꽃

블·다 동 부러워하다 ¶楊雄이 오래 사로ᄆᆞᆯ 브디 아니ᄒᆞ며 孔聖이 나죄 주구믈 둘히 너기니(月釋18：32). 지븨 ᄀᆞᄃᆞ기 안잿ᄂᆞᆫ 손ᄃᆞᆯ히 다 머리ᄅᆞᆯ 도ᄅᆞ혀 브ᄂᆞ다：滿堂賓客皆廻頭(初杜解8：24). ᄂᆞᄆᆡ 브롤 즈ᅀᆞᆯ 디녀 나샷다(樂範. 動動). 江湖에 노는 곡이 즑인다 블어 말아(古時調. 李鼎輔. 海謠). 아무려 風乎舞雩詠而歸ㅣᆫ들 블을 일이 이시랴(古時調. 朴仁老. 浴鶴潭. 蘆溪).

블빗 명 불빛 ¶블빗 황：煌(類合下54).

블샹ᄒᆞ다 형 불쌍하다 ¶대군이 이연이 블샹ᄒᆞ고 어엿브리오마ᄂᆞᆫ(癸丑24). 이제 급히 큰 일홈을 어드미 블샹ᄒᆞ니(女範1. 모의 단영모).

·블·혀·다 동 불켜다 ¶七層燈의 블혀고(釋譜9：30). 블현 알ᄑᆡ셔 춤츠던 이ᄅᆞᆯ 내 웃노니：自笑燈前舞(初杜解15：11). 블혀 오나ᄃᆞᆫ 子弟 ᄒᆞᆫ 사ᄅᆞᆷ을 命ᄒᆞ야：燭至則命一人子弟(宣小6：95). 블혀다：點火(漢淸10：51).

블희 명 뿌리 ¶남긔 比컨대 블희 ᄒᆞᆫ가지오 가지 다ᄅᆞᆷ이며：比如木同根而異枝(警民6). 곡식 블희 먹는 버레：蟊(漢淸14：50).

븕·다 형 붉다 ¶블근 새 그를 므러：赤爵御書(龍歌7章). 비치 ᄒᆡ오 블구미 ᄃᆞᆰ 頭腦ㅣ ᄀᆞᄐᆞ니라(月釋1：23). 손과 발왜 븕고 ᄒᆡ샤미 蓮고지 ᄀᆞᄐᆞ시며(月釋2：57). 뫼 나조ᄒᆡ 半만 하ᄂᆞᆯ히 븕도다：山晚半天赤(重杜解1：33). 복셩홧고지 븕거든：桃紅(初杜解7：13). 紅桃花ᄀᆞ티 븕거신 모야해(樂範. 處容歌). 블글 단：丹(訓蒙中30. 類合上7. 石千26). 블글 젹：赤(訓蒙中30. 類合上5. 石千27). 블글 쥬：朱(訓蒙中30. 類合上5). 블글 비：緋. 블글 홍：紅. 블글 강：絳(訓蒙中30). 블글 홍：紅(類合上5. 倭解下11). 블글 ᄌᆞ：紫(石千27). 블근 날이 뫼ᄒᆡ 먹금어：紅日含山(女四解2：32). ※븕다>붉다

븟·다 동 붓다〔注〕 ¶金罍ᄅᆞᆯ 브ᅀᅮ려 ᄒᆞ시니：金罍欲酌(龍歌109章). 四海ㅅ믈을 이여 오나ᄂᆞᆯ 마리예 븟ᄉᆞᆸ고(月印上13). 香油를 ᄀᆞᄃᆞ기 브ᅀᆞᆸ고(釋譜23：23). 바ᄅᆞᆳ믈 브ᅀᅮᆫ 한 智慧를 ᄡᅳ리라 혼 ᄡᅳ디라(月釋2：64). 구리 노겨 이베 브ᅀᅳ며(月釋21：44). 如來ㅅ 뎡바기예 다 브ᅀᆞ시고：徧灌…如來頂(楞解1：95). 여러 가짓 香油 브ᅀᆞ시고：灌諸香油(法華6：42). 朝廷이 偏히 ᄠᅳ들 네게 브ᅀᅥ：朝廷偏注意(初杜解23：13). 염교 디허 ᄧᅩᆫ 즙을 곳굼긔 브ᅀᅩᄃᆡ：灌(救簡1：85). 친히 수울 자바 븟고(呂約25). 브슬 주：注(訓蒙下11). 브슬 침：斟. 브슬 쟉：酌(訓蒙下14). 鸚鵡盞 琥珀盃예 ᄀᆞ득 브어(樂詞. 翰林別曲). 곳 알ᄑᆡ셔 수를 브스니：花前酌酒(百聯4). 敎海ㅣ란 阿難의 이베 브ᅀᅳ시다 ᄒᆞ시니라(龜鑑上4). 브을 주：注(類合下41). 내 부러 술을 다가 뎌의게 브으니：我特故裏把酒灌的他(朴解中47). 박으로 븟돗 오ᄂᆞᆫ 비：瓢倒雨(譯解上2). ※븟다>붓다

븥·다 동 ①붙다 ¶일훔 브튼 글와ᄅᆞᆯ(釋譜9：37). 附ᄂᆞᆫ 브틀 씨라(訓註12). 着은 브틀 씨라(月釋序3). ᄒᆞᆰ무적 브투ᄆᆞ로(楞解8：127). ᄯᅡ해 브터셔：地着(初杜解7:36). 브틀 졉：接(類合上6. 石千36). 브틀 탹：著(類合上10). 브틀 우：寓(類合下19. 光千34). 브틀 부：附(類合下36). 가ᄇᆡ야온 드틀이 弱ᄒᆞᆫ 플에 븓터슘 ᄀᆞᄐᆞ니：如輕塵棲弱草耳(宣小6：58). 브틀 리：麗(註千2). 브틀 리：離(註千16). ②의지하다. 근거로 하다. ¶狂生이 듣ᄌᆞᄫᅡ 同里ᄅᆞᆯ 브터 오니：狂生亦聞依人以謁(龍歌97章). 據ᄂᆞᆫ 브틀 씨라(釋譜序5). 依ᄂᆞᆫ 브틀 씨라(釋譜序6). 브틇 ᄃᆡ 업서：無所據依(楞解1：91). 다 이 經을 브트샤：皆依此經(金剛上46). 머므러 브터슈메：淹泊(初杜解7：10). ③속(屬)하다. 딸리다 ¶各各 前塵에 브트니：各屬前塵(楞解1：41). 브틀 쇽：屬(類合上20. 光千34). ④불이 붙다. ¶브를 아니 븓게 ᄒᆞ시ᄂᆞ니라(釋譜23：39). 브틀 분：焚(訓蒙下35). ※븥다>붙다

비겨 부 비스듬히 ¶그제야 곳쵸 안져 瑤琴을 비겨 안고(陶山別曲).

비·기·다 동 ①기대다. 의지하다 ¶다시 와 비기샤：再來凭倚(楞解9：41). 几案ᄋᆞᆫ 비겨 앉ᄂᆞᆫ 거시니(法華2：61). 軒檻을 비겨셔：憑軒(初杜解16：54). 집 기슬게 비긴 뫼 비촌：倚簷山色(南明上20). ᄆᆞᅀᆞ미 비균 배 업서：心無所倚(金三2：64). 비길 쟈：藉(類合下40). 비길 의：倚. 비길 빙：憑(類合下44). 낫밤을 주검을 비기고 울며 셜워ᄒᆞ고：日夜憑屍號慟(東新續三綱. 烈1：61). 턱 밧고 비겨시니 鴦衾도 ᄎᆞ도ᄎᆞᆯ샤(松江. 思美人曲). 비길 은：隱(註千16). ②견주다 ¶ᄌᆞᄉᆞ로 그 아비게 비기디 마롤디니라：不敢自擬於其父(家禮2：10). 權衡은 可히 ᄡᅥ 가뵈야오며 무거옴을 비기며：權衡可以擬輕重(女四解3：48). 西湖 梅鶴은 비기지 못ᄒᆞ여도(江村晩釣歌). 비길 쥰：準(兒學下13).

비기다 동 비끼다 ¶비길 횡：橫(光千25).

비뉘·ᄒᆞ·다 형 비리다. 비리고 누리다. ¶주거미 담사효매 플와 나모왜 비뉘ᄒᆞ고：積屍草木腥(重杜解4：10). 어제 바미 東녁 ᄇᆞᄅᆞ미 피를 부러 비뉘ᄒᆞ니：昨夜東風吹血腥(杜解8：2).

비두로기 명 비둘기 ¶비두로기 새ᄂᆞᆫ 비두로기 새ᄂᆞᆫ 우루믈 우르ᄃᆡ(鄕樂. 維鳩曲).

비롯·다 동 비롯하다 ¶거즛말 아니 호ᄆᆞ로브터 비로솔디니라：自不妄語始(宣賜內訓1：16). 賀昇平ᄋᆞᆫ 비롯ᄂᆞᆫ 大平이니(南明上4). 효도ᄂᆞᆫ 어버이 셤김애 비롯고：夫孝始於事親(宣小2：31). 비로술 시：始

(倭解 下34. 註千4). 어린이를 길으ᄂᆞᆫ 절ᄎᆞᆫ 가라침이 음식의 비롯ᄂᆞ니 : 始(女四解4 : 2). ᄌᆞ식 비롯다 : 轉胎(同文解 上53). 비로슬 시 : 始(兒學下10).

비·릇 명 시초(始初). 시작 ¶그 오미 비릇 업슨 젼ᄎᆞ로 : 其來無始故(金三3 : 59). 녯 양ᄌᆞᄂᆞᆫ 비릇 업시 오ᄆᆞ로(南明 上75).

비·릇 부 비로소 ¶이제ᅀᅡ 비릇 도라오니 : 今始歸(初杜解18 : 14). 여희엿던 ᄂᆞᄎᆞᆯ 비릇 ᄒᆞᆫ번 펴니라 : 別顏始一伸(杜解22 : 27). 비릇 成佛ᄒᆞ리라 ᄒᆞᄂᆞ니ᄂᆞᆫ : 方得成佛者(龜鑑 上10).

비·릇·다 동 비롯하다 ¶처엄 비릇ᄂᆞᆫ 거시 因이오(釋譜13 : 41). 次第로 올마 흘러 ᄆᆞᆺ고 ᄯᅩ 비릇ᄂᆞ니잇고 : 次第遷流終而復始(楞解4 : 5). ᄆᆞᄎᆞ몬 반ᄃᆞ기 비르소ᄆᆞᆯ 對ᄒᆞᆯᄊᆡ(法華1 : 5). 모르면 生死ㅣ 비릇고 : 迷之則生死始(圓覺 序4). 元은 비르슬 시오 : 元始也(圓覺 序18). 비르솜 업슨 廣大ᄒᆞᆫ 劫으로 오매 : 無始廣大劫來(牧牛訣24). 災害ᄅᆞ왼 厄이 이롤브터 비릇ᄂᆞ니 : 災厄從此始(宣賜內訓1 : 12). 처엄 비르슨 나래 고티ᄂᆞᆫ 법은 : 始得一日方(救簡1 : 107). 비르슬 됴 : 肇. 비르슬 방 : 昉(類合 下57). 비르슬 시 : 始(類合下63. 石千4). 네 비르숨 업슨 적브터 오ᄆᆞ로 : 汝自無始已來(野雲40). 비르솔 숙 : 俶(光千28). 효도ㅣ ᄆᆞᄎᆞᆷ이며 비르솜이 업고 : 孝無終始(宣小2 : 32).

비스·다 동 꾸미다. 단장하다 ¶粉과 燕脂와 고ᄌᆞ로 비슨 각시(月印 上18). ᄀᆞ장 비ᅀᅥ 됴ᄒᆞᆫ 양ᄒᆞ고 조심ᄒᆞ야 ᄃᆞᆫ녀(月釋2 : 5). 名利ᄅᆞᆯ ᄉᆞ랑ᄒᆞ야 모ᄆᆞᆯ 비스고 : 愛名利以榮身(永嘉 上26). 비스다 : 扮 打扮(四解 上77). 비슬 반 : 扮 俗稱打扮(訓蒙 叡山本 下9).

비왓다 동 뱉다 ¶銅盤애 미레 블브티니 비치 ᄒᆡᄅᆞᆯ 비왓ᄂᆞᆫ ᄃᆞᆺᄒᆞ니 : 銅盤燒蠟光吐日(重杜解25 : 30). 감히 실정을 비왓타 공경ᄒᆞ여 은혜를 기ᄃᆞ리노라(山城72). 밥이 입에 잇거시든 비왓고 ᄃᆞ롬으로 가고 ᄌᆞ조거름만 아니홀띠니라 : 食在口則吐之走而不趨(英小2 : 17).

빋 명 ①빗 ¶빋 갑게 ᄒᆞ시니(三綱. 孝9). 내 네 비들 가파 : 我還汝債(楞解4 : 31). 빋 逃亡홀 고디 업슬 시니 엇데 避홀 고디 업서 빋 가ᄑᆞ리오(南明下53). 빋 채 : 債(訓蒙 下22). 빋 채 : 債(類合 下45). ②값 ¶일훔 난 됴ᄒᆞᆫ 오시 비디 千萬이 ᄊᆞ며(釋譜13 : 22). 겨집죵이 비디 언메잇가(月釋8 : 81). 風流ㅣ 다 비디 됴토소니 : 風流俱善價(杜解20 : 6).

:빌먹·다 동 빌어먹다 ¶婆羅門이 그 말 듣고 고ᄫᆞᆫ ᄯᆞᆯ 얻니노라 ᄒᆞ야 빌머거(釋譜6 : 14). 나라해 빌머그라 오시니(月釋1 : 5).

빌·믜ᄒᆞ·다 동 빌미 짓다. ¶蛟와 鼉와ᄂᆞᆫ 빌미호ᄆᆞᆯ 즐겨ᄒᆞᄂᆞ니라 : 蛟鼉好爲祟(初杜解16 : 19).

빌·이·다 동 빌리다〔借〕 ¶자리ᄅᆞᆯ 빌이라 ᄒᆞ시니(月印 上36). 빌이쇼셔 ᄒᆞ야시ᄂᆞᆯ(釋譜11 : 26). 溫和ᄒᆞᆫ 말ᄉᆞᄆᆞ로 빌이샤 : 假借溫言(宣賜內訓2 上55). 너를 빌여 : 借汝(杜解7 : 20). 날 빌이건마ᄅᆞᆫ : 許借我(杜解25 : 41). 사ᄅᆞ미 빌이기를 아쳐러 아니ᄒᆞ더라(飜小8 : 39). 敢히 ᄉᆞᄉᆞ로이 빌이디 몯ᄒᆞ며 : 不敢私假(宣小2 : 13). 일흔 넉슬 너희 무를 빌여 두겨시니라 : 遊魂貸爾曹(重杜解5 : 2).

빗굴다 형 비뚤다 ¶或 빗굴고 或 ᄀᆞ르디고 : 或斜或橫(無寃錄3 : 16). 빗굴며 길며 모디며 둥굼을 ᄌᆞ셰히 알올디니 : 細認斜長方圓(無寃錄3 : 18).

빗·그·다 형 비뚤다 ¶빗근 남ᄀᆞᆯ ᄂᆞ라 나마시니 : 于彼橫木又飛越兮(龍歌86章). 邪曲ᄋᆞᆫ 빗그며 고바 正티 몯ᄒᆞᆯ 씨라(月釋1 : 25). 縱橫ᄋᆞᆫ 고ᄃᆞ며 빗글 씨라(蒙法66). 石門ㅅ 빗근 ᄒᆡ예 수픐 두들게 니르러 오라 : 石門斜日到林丘(杜解9 : 12). 빗글 횡 : 橫. 빗글 샤 : 斜(訓蒙 下17). 一枝紅의 빗근 笛吹 一枝紅의 빗근 笛吹(樂詞. 翰林別曲). 빗근 길 : 斜路(譯解 上6).

빗·기 부 ①가로 ¶빗기 건너미니 : 橫衝而度(楞解8 : 93). 빗기 자븐 뎌ᄒᆞᆯ 부루믈 마디 아니ᄒᆞᄂᆞ다 : 橫笛未休吹(杜解15 : 52). 모ᄆᆞᆯ 빗기 드르샤 : 橫身而入(金三4 : 38). ②비스듬히 ¶踈ᄒᆞᆯᄊᆡ 빗기 屬ᄒᆞ니(月釋2 : 22之1). 偏ᄋᆞᆫ 빗기 十方애 ᄲᅳ리유미니 : 偏則橫該十方(圓覺 上一之二14). 지혀며 빗기 보ᄆᆞᆯ(宣賜內訓1 : 50). 가비야온 져비ᄂᆞᆫ ᄇᆞᄅᆞᄆᆞᆯ 바다 빗기ᄂᆞᆺ다 : 輕燕受風斜(初杜解10 : 3). 빗기 서리여 ᄒᆞ마 자최 난도다(南明下28). 羊鬚筆 鼠鬚筆 빗기 드러(樂詞. 翰林別曲). 敢히 지혀며 빗기 보디 아니ᄒᆞ며(宣小2 : 7). 삿갓 빗기 ᄡᅳ고 누역으로 오슬 삼아(古時調. 孟思誠. 江湖에 겨월. 青丘). 青牛를 빗기 ᄐᆞ고 綠水를 흘니 건너(古時調. 歌曲). 빗기 딜너 가온대로 殺ᄒᆞ야(武藝圖19).

빙애 명 벼랑 ¶노ᄑᆞᆫ 빙애 볼오ᄆᆞᆯ ᄉᆞ랑ᄒᆞ면 : 思踴懸崖(楞解2 : 115). 노ᄑᆞᆫ 빙앳 想ᄋᆞᆯ 지ᅀᅥ : 作懸崖之想(牧牛訣11). 그츤 빙애ᄂᆞᆫ 白鹽을 當ᄒᆞ얫도다 : 斷崖當白鹽(杜解 7 : 11). 노ᄑᆞᆫ 빙애예 소ᄂᆞᆯ 펴 ᄇᆞ려ᅀᅡ : 懸崖撒手(金三2 : 36). 빙애 아래 ᄠᅥ디여 죽거ᄂᆞᆯ : 投崖下而死(飜小9 : 66). 빙애 아래 ᄠᅥ러뎌 : 投崖下(宣小6 : 61). 노ᄑᆞᆫ 빙애예 ᄂᆞ려뎌 주그니라 : 墜絕崖而死(東新續三綱. 烈3 : 6). 빙애 或云 벼로 : 地灘(譯解 上7).

·ᄇᆞ·라·다 동 바라보다 ¶길헤 ᄇᆞ라ᅀᆞᄫᆞ니 : 于路望來(龍歌10章). 東鄙 ᄇᆞ라ᅀᆞᄫᆞ니 : 東鄙佇望(龍歌38章). 須達이 ᄇᆞ라ᅀᆞᆸ고(釋譜6 : 20). 世界를 ᄇᆞ라ᅀᆞᆸ노이다(月釋8 : 4). 이ᄀᆞ티 밧ᄀᆞᆯ ᄇᆞ라ᅀᆞ 林園을 보노이다(楞解1 : 48). 西ㅅ녀크로 瑤池ᄅᆞᆯ ᄇᆞ라니 : 西望瑤池(杜解6 : 8). 이펴 ᄇᆞ라 라귀ᄅᆞᆯ 갓ᄀᆞ로 ᄐᆞ니라 : 吟望倒騎驢(南明 下11). 그 가ᄆᆞᆯ ᄇᆞ라 : 望其行(呂約22). 니문을 지혀셔 ᄇᆞ라다니 : 倚閭而望(宣小4 : 33). ᄇᆞ라다 : 指望(同文解 上33). 늣게야 오면 내 문을 의지ᄒᆞ여 ᄇᆞ라고(女範1. 모의 왕손가모). 왜국을 ᄇᆞ라며 울고 죽으니라 : 望倭國哭死(五倫2 : 73). 반겨셔 ᄇᆞ라니 황어 파ᄂᆞᆫ 쟝ᄉᆞ로다(萬言詞). ᄇᆞ랄 힝 : 幸(註千31). ᄇᆞ랄 됴 : 眺(註千42).
※ᄇᆞ라다>바라다

ᄇᆞ·리·다 동 버리다 ¶金刀ᄅᆞᆯ ᄇᆞ려시니 : 載捨金刀(龍歌54章). 날 ᄇᆞ리곡 머리 가디 말라(釋譜11 : 37). ᄇᆞ룔 것 업슨 ᄶᅡ히(月釋7 : 54). ᄶᅡ해 ᄇᆞ려 : 投地(楞解5 : 3). ᄇᆞ리ᅀᆞᆸ디 아니ᄒᆞᅀᆞ와(法華4 : 4). 목수믈 ᄇᆞ리고 : 棄命(蒙法59). 圓覺 ᄇᆞ리면 三乘 업고 : 捨圓覺無三乘(圓覺 序5). 다보ᄌᆞ로 니운 지븨 사던 ᄃᆡᄅᆞᆯ ᄇᆞ리고 : 棄絕蓬室居(重杜解4 : 10). 根源ᄋᆞᆯ ᄇᆞ리고 ᄇᆞᄅᆞᆷ 믌겨를 조ᄎᆞ면 : 棄本逐風波(金三2 : 71). 이 ᄒᆞᆫ 몸 ᄇᆞ리면 : 捨此一報身(佛頂 上3). 小人을 ᄇᆞ리디 아니커시든 : 不棄嫌小人時(飜老 上44). ᄇᆞ릴 포 : 抛. ᄇᆞ릴 기 : 棄(類合 下47. 倭解 下35). ᄇᆞ릴 위 : 委(石千33). 可히 ᄇᆞ리디 아닐디니라 : 不可棄也(宣小3 : 4). 쳐ᄌᆞ란 ᄇᆞ리고 어미를 업고 ᄃᆞᄅᆞ니 : 舍妻子負母而走(東新續三綱. 孝3 : 19). 江湖에 ᄇᆞ린 몸이 白鷗와 벗이 되야(古時調. 青丘). 션왕이 그 죄를 ᄇᆞ리고 그 어미를 샹 주니라(女範1. 모의 졔뎐직모). ᄇᆞ릴 리 : 離(註千16). ᄇᆞ릴 샤 : 舍(註千19).
※ᄇᆞ리다>버리다

ᄇᆞᄅᆞᆷ 명 바람 ¶ᄇᆞᄅᆞ매 아니 뮐ᄊᆡ : 風亦不扤(龍歌2章). 블이 도라디고 츤 ᄇᆞᄅᆞᆷ 블어늘(月印 上37). 거믄 ᄇᆞᄅᆞ미 부러(釋譜23 : 20). 風은 ᄇᆞᄅᆞ미라(月釋1 : 38). ᄇᆞᄅᆞ미 뮈면 : 風動(楞解1 : 64). ᄇᆞᄅᆞᆷ과 무뤼와(三綱. 孝25). 無明ㅅ ᄇᆞᄅᆞᇝ히믈(圓覺 上二之一27). ᄇᆞᄅᆞᆷ과 ᄒᆡᄅᆞᆯ ᄀᆞ리오디 몯ᄒᆞ거늘(宣賜內訓1 : 73). ᄇᆞᄅᆞᆷ 머근 프른 대ᄂᆞᆫ : 風含翠篠(杜解7 : 2). ᄃᆞᆯ기 울오 ᄇᆞᄅᆞᆷ과 비왜 섯그니(杜解22 : 3). 解脫홈ᄋᆞᆯ ᄇᆞᄅᆞᆷᄋᆞ로 가졸비시니라(南明 下63). 朔風은 北녁 ᄇᆞᄅᆞᆷ이라(金三4 : 18). ᄇᆞᄅᆞᆷ 풍 : 風(訓蒙 上2). ᄇᆞᄅᆞᆷ 풍 : 風(類合 上4). ※ᄇᆞᄅᆞᆷ>ᄇᆞ람>바람

ᄇᆞᄉᆞ·다 동 바수다. 부수다 ¶ᄯᅩ ᄀᆞᄂᆞ리 ᄇᆞᅀᆞᆫ 旃檀沈水香ᄃᆞᆯᄒᆞᆯ 비흐며(月釋17 : 29). 허러 ᄇᆞᅀᆞ올 조차 : 從

其毁碎(楞解9：77). 몸 ᄇᆞᅀᆞ며 뼈 두드리ᅀᆞ와도 佛祖大恩을 小分도 갑ᄉᆞᆸ디 몯ᄒᆞᅀᆞ오리로다(龜鑑 上3). ᄇᆞᅀᆞᆯ 쇄：碎(類合 下59).

ᄇᆞᅀᆞ·ᄎᆞ·다 형 자질구레하다. 보잘것없다 ¶ᄒᆞ물며 凡常이 ᄇᆞᅀᆞᄎᆞᆫ닐 엇데 足히 ᄡᅥ 니ᄅᆞ리오：況凡常之瑣瑣 何足以之云云(永嘉 下70). 우리 무른 ᄇᆞᅀᆞ차 밥 ᄇᆡ브로 먹고셔 ᄃᆞᆫ니노니：吾輩碌碌飽飯行(初杜解25：11). 翦翦은 ᄇᆞᅀᆞᄎᆞᆫ 양이오 規規ᄂᆞᆫ 브즐우즐ᄒᆞᆫ 양이니(南明 上19).

ᄇᆞ야다 동 재촉하다 ¶텬됴의 주쳥ᄒᆞᆯ 일 ᄇᆞ야니(西宮日記 上1). 주쳥을 ᄇᆞ야니(癸丑10). ᄇᆞ야더니 우히 니관ᄃᆞ려 니ᄅᆞ오시ᄃᆡ(癸丑102). 엇지 가기를 ᄇᆞ야ᄂᆞ뇨(落泉4：10).

ᄇᆞᆯ 명 팔 ¶ᄇᆞᆯ爲臂(訓解. 用字). ᄇᆞᆯᄒᆞᆯ 드르시니(月印 上71). 펴엣던 ᄇᆞᆯᄒᆞᆯ 구필 ᄉᆞᅀᅵ예(釋譜6：2). 肱ᄋᆞᆫ ᄇᆞᆯ히라(三綱. 忠17). 臂ᄂᆞᆫ ᄇᆞᆯ히라(楞解6：37). 두 ᄇᆞᆯ히 길오 고ᄃᆞ시고(法華2：12). ᄇᆞᆯ ᄉᆞᆯ며：煉臂(牧牛訣2). 掣肘는 ᄇᆞᆯᄒᆞᆯ 뮈오고져 호ᄃᆡ(宣賜內訓1：16). 올ᄒᆞᆫᄇᆞᆯ히 偏히 이울오 왼녁 귀 머구라：右臂偏枯左耳聾(初杜解11：14). ᄇᆞᆯ 구피락 펼 ᄉᆞᅀᅵ 곧ᄒᆞ야：臂(佛頂 上4). 허튀와 ᄇᆞᆯ콰 ᄀᆞᆮᄒᆞ니：猶股肱也(重內訓2：28). ※ᄇᆞᆯ>ᄑᆞᆯ>팔

※ 'ᄇᆞᆯ'의 첨용 [ᄇᆞᆯ / ᄇᆞᆯᄒᆞᆯ/ᄇᆞᆯ히/ᄇᆞᆯ히라…

ᄇᆞᆯ·기·다 동 밝히다 ¶하ᄂᆞᆯ히 ᄇᆞᆯ기시니：天爲之明(龍歌30章). 大義를 ᄇᆞᆯ기실ᄊᆡ：大義克明(龍歌66章). 大千世界 ᄇᆞᆯ교미(月印 上18). 權 잘ᄒᆞ샤미 다 이ᄀᆞᆮᄒᆞ샤ᄆᆞᆯ ᄇᆞᆯ기시니라(月釋17：15). ᄆᆞᅀᆞᆷ ᄇᆞᆯ굟 사ᄅᆞ미：明心之士(楞解1：2). 디니ᄂᆞᆫ 行이 더 깁디옷 功 어두미 더 勝ᄒᆞᆫ ᄃᆞᆯ ᄇᆞᆯ기시니라：明持行益深獲功益勝(法華7：109). 이에 姓과 나샨 ᄃᆡᆯ ᄇᆞᆯ기고：此明姓産(永嘉 序6). 내 모ᄆᆞᆯ 훤히 ᄇᆞᆯ겨：洞明自己(蒙法44). 말와ᄆᆞᆯ 薦ᄒᆞ요ᄆᆞᆫ 져근 情誠을 ᄇᆞᆯ규미니라：薦藻明區區(初杜解16：64). 正ᄒᆞᆫ 學業을 講論ᄒᆞ야 ᄇᆞᆯ필디니라(飜小9：13).

ᄇᆞᆯ·쎠 부 벌써 ¶그듸 가 들 찌비 ᄇᆞᆯ쎠 이도다(釋譜6：35). 城 안햇 사ᄅᆞ미 ᄇᆞᆯ쎠 匠人 브려(釋譜23：49). ᄇᆞᆯ쎠 命終ᄒᆞ니라(月釋9：36 上). 엇데 ᄇᆞᆯ쎠 맏ᄂᆞ뇨：云何已聞(楞解3：25). 구디 ᄇᆞᆯ쎠 좀좀히 아니라：固已默知(法華4：63). ᄇᆞᆯ쎠 디나 미조차(金剛121). 사ᄅᆞ미 ᄇᆞᆯ쎠 發願커나(佛頂26). 알앗노라 알앗노라 나는 ᄇᆞᆯ쎠 알앗노라(古時調. 海謠).

ᄇᆞᆯ·톡 명 팔뚝 ¶두 무룹과 두 ᄇᆞᆯ톡과 뎡바기(月釋21：7). 노ᄒᆞ로 두 ᄇᆞᆯ톡 그틀 견주고：以繩度兩肘尖頭(救急 上36).

ᄇᆞᆰ·다 형 ①밝다 ¶庸君이신ᄃᆞᆯ 天性은 ᄇᆞᆯᄀᆞ시니：雖是庸君天性則明(龍歌71章). 닛위여 ᄇᆞᆰ게 ᄒᆞ며(釋譜9：35). ᄒᆡ와 ᄃᆞᆯ와 별왜 다 ᄇᆞᆰ디 아니ᄒᆞ며(月釋2：15). 觸ᄒᆞᆫ 고대 ᄇᆞᆰ도다：觸處昭然矣(法華6：62). ᄇᆞᆯ고ᄆᆞᆯ 發ᄒᆞ야 ᄇᆞᆯ곰 더우미오：明(永嘉 上75). 큰 摩尼寶ㅣ 體性이 ᄇᆞᆰ고 조호ᄃᆡ：大摩尼寶體性明淨(圓覺 序58). 圓滿히 ᄇᆞᆯᄀᆞ란ᄃᆡ(蒙法13). ᄃᆞᆯ ᄇᆞᆰ거ᄂᆞᆯ 내 괴외ᄒᆞ야：月明遊子靜(初杜解21：39). ᄇᆞᆯ곰 업슨 實ᄒᆞᆫ 性이 곧 佛性이니(南明 上4). ᄇᆞᆯᄀᆞᆫ ᄃᆡ셔 ᄀᆞ오ᄂᆞᆯ여든：明中着魘(救簡1：81). 하ᄂᆞᆯ도 ᄒᆞ마 ᄇᆞᆯ가 가ᄂᆞ다：天道待明也(飜老 上58). ᄇᆞᆯᄀᆞᆯ 명：明(訓蒙 下1. 石千20). ᄇᆞᆯᄀᆞᆯ 랑：朗. ᄇᆞᆯᄀᆞᆯ 상：爽(類合 下9). ᄇᆞᆯᄀᆞᆯ 쇼：昭. ᄇᆞᆯ글 찬：粲(類合 下52). ᄇᆞᆯ글 형：炯(類合 下54). 구루미 흐투매 ᄃᆞᆯ이 ᄇᆞᆰᄂᆞ니：雲散月明(龜鑑 上39). 하ᄂᆞᆳ ᄇᆞᆯᄀᆞᆫ 거슬 법 바ᄃᆞ며：則天明(宣小1：1). ᄃᆞᆯ ᄇᆞᆰ다：明(譯解 上1). ᄇᆞᆯ글 랑：朗(倭解 上6. 註千40). ᄇᆞᆯ글 명：明(倭解 上6). ᄃᆞᆯ ᄇᆞᆰ다：月亮(同文解 上1). 太姒의 ᄇᆞᆯᄀᆞ샤매：太姒之明(重內訓 序3). 팔월의 ᄃᆞᆯ이 ᄀᆞ장 ᄇᆞᆰ거ᄂᆞᆯ(明皇1：36). 가을 밤 ᄇᆞᆰ은 달에 반만 픠온 蓮곳인 듯(古時調. 海謠). ᄇᆞᆯ글 장：章(註千5). ᄇᆞᆯ글 뎍：的(註千32). ※ᄇᆞᆰ다>밝다 ② 붉다 ¶브ᅀᅳ왠 저긔 ᄇᆞᆯᄀᆞᆫ ᄆᆞᅀᆞ미 허니：喪亂丹心破(初杜解7：15). ᄇᆞᆯ글 단：丹(光千26). ※ᄇᆞᆰ다>븕다

:ᄇᆞᆲ·다 동 밟다 ¶짜ᄒᆞᆯ ᄇᆞᆯ보ᄃᆡ 믈 ᄇᆞᆲ듯 ᄒᆞ고 므를 ᄇᆞᆯ보ᄃᆡ 짜 ᄇᆞᆲ듯 ᄒᆞ더니(釋譜6：34). 부텨 ᄇᆞᆯ바 디나시고(月釋1：16). 서리 ᄇᆞᆲᄂᆞᆫ 발 가진 千里 가ᄂᆞᆫ 駿馬ㅣ：霜蹄千里駿(初杜解8：8). 오ᄉᆞᆯ 거두드러 ᄎᆞᆫ비를 ᄇᆞᆲᄂᆞ다：褰裳踏寒雨(杜解9：9). 신을 ᄇᆞᆲ디 말며：毋踐屨(宣小3：11). ᄇᆞᆲ다：跐者(譯解 下47). ᄇᆞᆲ을 도：蹈(倭解 上31). 富貴를 貪치 마라 危機를 ᄇᆞᆲᄂᆞ니라(古時調. 功名을 즐겨 마라. 靑丘). ᄇᆞᆲ다：躧着(同文解 上26). ᄇᆞᆲ다：跴(漢淸7：29). 사ᄅᆞᆷ도 ᄇᆞᆲ으며：人踏(煮硝方2).

※ 'ᄇᆞᆲ다'의 활용 [ᄇᆞᆲ듯/ᄇᆞᆲ디/ᄇᆞᆲᄂᆞᆫ… / ᄇᆞᆯ보ᄃᆡ/ᄇᆞᆯᄇᆞ며/ᄇᆞᆯ바…

ᄇᆡ복 명 배꼽 ¶ᄇᆡ보글 셜흔 붓글 ᄯᅳ라(牛疫方8).

·ᄇᆡ브르·다 형 배부르다 ¶ᄇᆡ브르긔 ᄒᆞ고사(釋譜9：9). 먹고 ᄒᆞ마 ᄇᆡ블언 모딘 ᄆᆞᅀᆞ미 더 盛ᄒᆞ논：食之旣飽惡心轉熾(法華2：117). 굴므며 ᄇᆡ블오믈 엇디 可히 逃亡ᄒᆞ리오：飢飽豈可逃(重杜解1：30). 주으리며 ᄇᆡ블오ᄆᆞᆯ 제 아ᄂᆞ니：飢飽自知(金三3：62). ᄇᆡ브르다：飽了(飜朴 上7). ᄇᆡ브른 거슬 皆曰鼓兒(訓蒙 中28 鼓字註). ᄇᆡ브를 포：飽. ᄇᆡ브를 어：飫(訓蒙 下19). ᄇᆡ브를 포：飽(類合 下7. 倭解 上49). ᄇᆡ브를 어：飫(類合 下17). 菽粒을 ᄇᆡ블으디 몯ᄒᆞ니(女四解4：9).

ᄇᆡ아다 동 재촉하다 ¶多情歌管이 ᄇᆡ앗ᄂᆞ니 客愁ㅣ로다(古時調. 麟平大君. 主人이. 靑丘). ᄇᆡ알 최：催(註千40).

ᄇᆡ야다 동 재촉하다 ¶白髮이 公道ㅣ 쟉도다 날을 몬져 ᄇᆡ얀다(古時調. 희여 검을. 靑丘).

ᄇᆡ얏브다 형 바쁘다 ¶九萬里長天에 무스 일 ᄇᆡ얏바셔(古時調. 나의 未平ᄒᆞᆫ. 靑丘).

ᄇᆡᄎᆞ다 형 배부르다 ¶ᄇᆡᄎᆞᆯ 포：飽(光千34).

ᄇᆡ·호·다 동 배우다 ¶두 글을 ᄇᆡ화사 알써. 여쉰네 글을 아니 ᄇᆡ화 아ᄅᆞ실ᄊᆡ(月印 上13). 學ᄋᆞᆫ ᄇᆡ홀 씨라(釋譜 序2). 法 ᄇᆡ호ᅀᆞᄫᅳ리라 ᄒᆞ고(月釋2：24). 梵天法을 ᄇᆡ홀ᄊᆡ(月釋2：46). ᄇᆡ홇 사ᄅᆞ미 筌 자바 고기 사모ᄆᆞᆯ 삼가만(楞解1：10). 三卷을 일워 세우 ᄇᆡ홀게 傳ᄒᆞ노니：勒成三卷以傳強學(圓覺 序81). ᄉᆞ졀업슨 ᄇᆡ화 아로ᄆᆞᆯ 디녀셔：將閑學解(蒙法57). 져믄 나해 글스기와 갈ᄡᅳ기와 ᄇᆡ호니：壯年學書劍(杜解7：15). 녯 ᄒᆡ예 ᄇᆡ혼 배：昔年所學(金三2：32). 글 ᄇᆡ호라：令學(飜小10：6). ᄇᆡ홀 학：學(訓蒙 下31). ᄇᆡ홀 습：習(訓蒙 下32). ᄀᆞᆯᄋᆞ샤ᄃᆡ 詩를 ᄇᆡ환ᄂᆞᆫ다 ᄃᆡ답ᄒᆞ야 ᄀᆞᆯ오ᄃᆡ 아니 ᄒᆞ얀노이다：曰學詩乎對曰未也(宣小4：5). 오직 經을 ᄇᆡ화 글 외옴으로 ᄡᅥ ᄀᆞᄅᆞ치고：只敎以經學念書(宣小5：6). 내 漢ㅅ 사ᄅᆞᆷ의손ᄃᆡ 글 ᄇᆡ호니：我漢兒人上學文書(老解 上2). 글 ᄇᆡ호ᄂᆞᆫ ᄃᆡ：學堂(譯解 上15). ᄇᆡ호다：學了(同文解 上42).

·ᄇᆡᆺ·복 명 배꼽 ¶ᄇᆡᆺ보ᄀᆞ로 放光ᄒᆞ샤(月釋2：29). 臍ᄂᆞᆫ ᄇᆡᆺ보기라(楞解8：132). ᄇᆡᆺ복과 소리와애：臍響(永嘉 上50). ᄡᅮ그로 ᄇᆡᆺ복을 일ᄇᆡᆨ 붓만 ᄯᅳ라：以艾灸臍中百壯(救簡1：50). ᄇᆡᆺ복：臍(四解 上27). ᄇᆡᆺ복 졔：臍. ᄇᆡᆺ복 비：毗. ᄇᆡᆺ복 앙：胦. ᄇᆡᆺ복 볼：脖(訓蒙 上27). ᄇᆡᆺ복 졔：臍(類合 上21). ᄇᆡᆺ복 가온ᄃᆡ：臍中(牛疫方8).

뻐디다 동 꺼지다 ¶홰롤 자바 오륙 니나 ᄒᆞᆫ듸 블이 뻐디거ᄂᆞᆯ：執炬五六里許火滅(東新續三綱. 孝2：69).

뻬다 동 꿰다 ¶맛당이 고롬 소사 뻴 제：當貫膿之時(痘要 上32). 남그로ᄡᅥ 목글 뻬고 도치로ᄡᅥ 모글 버히니라：以木貫喉以斧斬頸(東新續三綱. 烈3：26). 솔닙피 바ᄂᆞᆯ ᄀᆞᆮ토ᄃᆡ 실 뻬디 몯ᄒᆞ놋다：松葉如針未貫絲(百聯9).

ᄇᆞᆺ 명 끝 ¶채 ᄇᆞᆺ：鞭稍(譯解補46). 반다시 ᄇᆞᆺ치 나ᄂᆞ니(捷蒙1：14). 굴근 삼대 ᄇᆞᆺ만 나마 우즑우즑ᄒᆞ더라 ᄒᆞ고 내 아니 니르랴(古時調. 니르랴. 靑丘).

삐 명 때에 ¶茶禮ᄂᆞᆫ 어ᄂᆡ 삐 ᄒᆞ올고(新語1：26).
※삐>삐

삐 명 끼. 때 ¶ᄒᆞᄅᆞ 세 삐 밥 먹고：一日三頓家飯(朴解 中19). 男兒의 功名 일우미 또 늘근 삐도 잇ᄂᆞ니라：男兒功名遂亦在老大時(重杜解22：30).

빼 명 때〔時〕 ¶빼를 혜디 말고 년ᄒᆞ여 머기라：不拘時連服之(痘要 上9). 그 빼예 바다 도적이 ᄇᆞ야ᄒᆞ로 치셩ᄒᆞ거ᄂᆞᆯ：時海寇方熾(東新續三綱. 孝1：34). 강학의 ᄃᆞᆫ녀 도라올 빼예(太平1：1). 將次 밥 빼어든(家禮2：6). ᄇᆡ 갈 빼예(新語4：9). 뎌 셔울셔 起身ᄒᆞᆯ 빼예 臨ᄒᆞ여：他京裏臨起身時節(朴解 上31). 八月 됴흔 빼니：八月好時節(朴解 中32).

·**뻐디·다** 동 ①떨어지다 ¶ᄃᆞ리예 뻐딜 ᄆᆞᄅᆞᆯ：橋外隕馬(龍歌87章). ᄒᆞᆫ 蓮花ㅣ 소사나아 ᄆᆞ레 뻐디니(釋譜11：31). ᄂᆞᄆᆡ 미리와다 뻐듀미 ᄃᆞ외야도：爲人所推墮(法華7：88). 疑心ㅅ 그므레 뻐디디 아니ᄒᆞ야：不墮疑網(金剛下 跋2). 誹謗이 비록 惡애 뻐디나：謗雖墮惡(圓覺 上一之一92). 뻐딜 믈도 업소ᄃᆡ 돌해 디여 潺潺ᄒᆞ고 ᄀᆞᄂᆞᆫ 터럭마도 업소ᄃᆡ(南明 上57). 반ᄃᆞ기 뻐듀미 업서：應無墜(金三4：12). ② 뒤떨어지다 ¶甚히 네 이우제 뻐디디 아니ᄒᆞ노라：未甚後四隣(杜解16：70). 내 ᄒᆞᆫ 벗이 이셔 뻐뎌오매：我有一箇火伴落後了來(老解 上1). ᄇᆡ ᄒᆞᆫ 척이 뻐뎟ᄉᆞ오니(新語1：11).

뻐·러·디·다 동 떨어지다 ¶아니 뻐러디게 호리라(釋譜9：6). 어려본 구데 뻐러디긔 ᄒᆞᄂᆞ니(釋譜9：14). 命終ᄒᆞ야 넉시 無間地獄애 뻐러디옛거늘(月釋21：20). 외오 ᄒᆞ야 뻐러딣가 저ᄒᆞ실씨：失錯墮落(楞解1：22). 다 疑惑에 뻐러디거이다：皆墮疑惑(法華2：50). 故園엣 버드리 이제 이어 뻐러디거시니：故園楊柳今搖落(杜解16：51). 네ᄀᆞ티 ᄶᅡ해 뻐러디릴시(南明 上3). 阿鼻無間地獄애 뻐러디여：墮落阿鼻無間地獄中(佛頂上3). 뻐러딜 됴：凋. 뻐러딜 락：落(類合 下55). 뻐러딜 운：隕. 뻐러딜 튜：墜(類合下56). 뻐러딜 됴:彫(石千33). 하ᄂᆞᆯ히 ᄆᆞᆺ도록 뻐러디미 업ᄉᆞ더라：極天罔墜(宣小 題辭4). 날로 ᄒᆞ여곰 히 치워도 아니 뻐러디고：使我歲寒不彫(東新續三綱. 忠1：9).

·**뻬** 명 떼. 뗏목 ¶筏은 뻬니(楞解1：3). 筏은 뻬라(金剛上39). 敎ㅣ 뻬 가ᄌᆞᆯ봄 ᄀᆞᆮᄒᆞ야(圓覺 上一之一66). 東녁크로 가 뻬 ᄐᆞ몰 스치노라：東逝想乘桴(重杜解2：16). 數 업슨 涪江앳 뻬여：無數涪江筏(杜解8：60). 또 뻬 보미니라：且猶筏見(金三2：38). 뻬 벌：筏(訓蒙 中25). 뻬：筏子(譯解 下20). 아비 뻬 ᄐᆞ고 건너고져 ᄒᆞ거늘(女範4. 녈녀 한조아).
※뻬>떼

뻬 명 떼. 무리〔群〕 ¶옥식 빗체 굴근 뻬구룸 문 ᄒᆞᆫ 비단：葱白骨朶雲(老解 下22). 뻬 만흔 ᄀᆞᆯ머기ᄂᆞᆫ 오명가명ᄒᆞ거든(古時調. 李滉. 山前에. 青丘).
※뻬>떼

ᄠᆞ·다 동 따다〔摘〕 ¶여르믈 다 ᄠᅡ 먹나니(月印 上36). 果實 ᄠᅡ 머겨(釋譜11：26). ᄲᅩᇰ ᄠᆞᄂᆞᆫ 겨지비니(宣賜內訓2 下68). 집 西ㅅ녀긧 보ᄃᆞ라온 ᄲᅩᇰ 니픈 어루 자바 ᄠᆞ리오：舍西柔桑葉可拈(杜解10：8). ᄠᆞᆯ 뎍：摘(類合 下46). 외롤 ᄠᅡ 지아븨 무덤에 가 울며 노코：摘苽哭奠于夫墳(東新續三綱. 烈2：13). 고티 ᄠᆞ다：摘繭(譯解 下2). 宿瘤ㅣ ᄲᅩᇰ ᄠᆞ몰 네ᄀᆞ티 ᄒᆞ거 늘：宿瘤採桑如故(重內訓2：104).

·**ᄠᆞ·로** 부 따로. 유다르게 ¶特은 ᄂᆞᄆᆡ ᄆᆞ리예 ᄠᆞ로 다ᄅᆞᆯ 씨라(釋譜6：7). ᄒᆞᆫ나히 ᄠᆞ로 달아(月釋2：46). ᄠᆞ로 다ᄅᆞ샤：殊絶(楞解1：42).
※ᄠᆞ로(ᄯᅩ로)>따로

·**ᄣᅵ** 명 때〔垢〕 ¶ᄣᅵ 무드리라(月印 上15). ᄣᅵ 무든 옷 닙고(釋譜6：27). 드긇 ᄣᅵ 걸위디 몯ᄒᆞᆯ 씨라(月釋序8). 더러본 ᄣᅵ 묻디 아니ᄒᆞᄂᆞ니(月釋8：11). 妄ᄒᆞᆫ ᄣᅵ：妄垢(楞解1：77). 우리 ᄃᆞ틀 ᄣᅵ를 시ᄉᆞ쇼셔：洗我塵垢(楞解4：76). 垢ᄂᆞᆫ ᄣᅵ라(楞解4：76). ᄣᅵ 구：垢. ᄣᅵ 갈：圿(訓蒙 下18). ᄣᅵ 류：累(光千32). ᄣᅵ 구：垢(石千38). ᄒᆞᆫ적곳 ᄣᅵ 시론 휘면 고텨 벗기 어려우리(古時調. 鄭澈. 비록. 松江). ᄃᆞ히 모맷 ᄣᅵ ᄃᆞ올만 ᄒᆞᄂᆞ니라：適足爲身累(重內訓1：11).
※ᄣᅵ>때

ᄣᅴ 명 때〔時〕 ¶도적ᄒᆞ여 갈 ᄣᅴ예：偸將去的時節(朴解上32).

ᄲᅡ호다 동 싸우다 ¶한과 최 서로 ᄲᅡ홀 제(馬解 上 45). 가마귀 ᄲᅡ호ᄂᆞᆫ 골에 白鷺ㅣ야 가지 마라(古時調. 青丘). 패려ᄒᆞᆫ 계집의 ᄲᅡ호고 들레기을 頻頻이 ᄒᆞ믈 비호디 말올씨니라：莫學潑婦鬪鬧頻頻(女四解2：22).

·**ᄲᅩ·다** 동 쏘다〔射〕 ¶莫徭ㅣ 그려기 ᄲᅩ노라:莫徭射鴈(杜解4:28). ᄒᆞᆫ 사를 ᄲᅩ니:射了一箭(飜老 上29). ᄲᅩᆯ 샤:射(訓蒙 下9. 石千39). 활 ᄲᅩᆯ 샤:射(類合下7).

ᄲᅩ아가ᄂᆞᆫ별 명 별똥별. 유성(流星) ¶ᄲᅩ아가ᄂᆞᆫ별：流星(譯解 上1).

ᄲᅮ·ᄎᆞ·다 동 비비다. 어루만지다. 스치다 ¶두 ᄉᆞᆫ바당ᄋᆞ로 虛空애 서르 ᄲᅮᄎᆞ면：以二手掌於空相摩(楞解2：113). 이비 왼녁으로 기울어든 올ᄒᆞᆫ녁 오목ᄒᆞᆫ ᄃᆡ ᄲᅮᆺ고 올ᄒᆞᆫ녀ᄀᆞ로 기울어든 왼녁 오목ᄒᆞᆫ ᄃᆡ ᄲᅮ초ᄃᆡ：口向左摩右穴向右摩左穴(救簡1：20). 또 ᄑᆞᆯ와 구브를 ᄲᅮᄎᆞ며 굽힐훠 보라：仍摩將臂腿屈伸之(救簡1：60).

·**ᄡᅳ·다** 동 쓰다〔用〕 ¶다시 ᄡᅳ샤 富庶를 보시니：迺復用之富庶斯見(龍歌77章). 有情의 ᄡᅮᇙ 거시 낟ᄇᆞᆫ 줄 업긔 호리라(釋譜9：5). 제 ᄡᅮᆷ도 오히려 아니ᄒᆞ거든(釋譜9：12). 用ᄋᆞᆫ ᄡᅳᆯ 씨라(訓註3). 날로 ᄡᅮ메 便安킈 ᄒᆞ고져 ᄒᆞᇙ ᄯᆞᄅᆞ미니라(訓註3). 어울워 ᄡᅮᇙ디면 ᄀᆞᆯ바ᄡᅳ라(訓註12). 與ᄂᆞᆫ 이와 뎌와 ᄒᆞᄂᆞᆫ 겨체 ᄡᅳᄂᆞᆫ 字ㅣ라(訓註1). ᄒᆞᆫ두 句ᄅᆞᆯ 더러 ᄇᆞ리며 ᄡᅮᄃᆡ(月釋序20). 네 法을 ᄡᅳ샤ᅀᅡ(圓覺 上二之二106). 이 양ᄋᆞ로 工夫ᄅᆞᆯ ᄡᅳ면：如是用功(蒙法70). 만일 다 本音을 ᄡᅳ면：若盡用本音(宣小 凡例3). 님금이 請컨댄 ᄡᅳ쇼셔：君請用之(宣小4：34). 웃뎐이 못 ᄡᅳ오시게 그리ᄒᆞᆫ다(癸丑42). 다시 아니 ᄡᅳᆯ 뜻을 ᄒᆞ시더니(明皇1：30). 군듕의 법을 ᄡᅳᆯ 작이면(明皇1：31). 그 빅셩을 슈고롭긔 ᄒᆞ야 ᄡᅳᆫ 고로(女範1. 모의 노희경강). 문득 ᄡᅳᆯ 빼예：遽用時(臘藥5). 먹고 ᄡᅳ기를(敬信83). 掃苦寫 用其訓同ᄡᅳᆯ(雅言 一). ᄡᅳᆯ 용：用(兒學下9).

ᄡᅳ다 동 쓰다〔書〕 ¶쇼명 ᄡᅥ 내다(癸丑71). 부들 잡아 다딤 ᄡᅳ되 ᄒᆞᆫ 字도 일우디 몯ᄒᆞ며：執筆書劾不能就一字(重內訓3：32). 崖上애 詩ᄅᆞᆯ ᄡᅥᆺ더니：崖上題詩(女四解4：30). 글 ᄡᅳ다：寫字(漢清4：11). 글 ᄡᅳᆫ 죠희ᄅᆞᆯ ᄇᆞ리지 말며(敬信9). ᄡᅳᆯ 셔：書(註千21). 편지 ᄡᅳ고 傳喝ᄒᆞ여(빅화당가).

·**ᄡᅳ·다** 형 쓰다〔苦〕 ¶차바ᄂᆞᆫ ᄡᅥ 몯 좌시며(月釋2：25). 입시우리 ᄡᅳ며 ᄃᆞᆫ거시 아니어늘(楞解3：9). ᄃᆞᆯ며 ᄡᅮ몰 ᄒᆞᆫᄃᆡ 하시며：同甘苦(宣賜內訓2 下39). ᄡᅳᆫ ᄂᆞ몰 데워 내여 ᄃᆞ도록 십어보새(古時調. 鄭澈. 션술 걸러내여. 松江). ※ᄡᅳ다>쓰다

·**ᄡᅳ설·다** 동 쓰레질하다 ¶아ᄎᆞ미어든 드러가 ᄡᅳ설어늘 아비 로ᄒᆞ여 또 내조차ᄂᆞᆯ：旦入而灑掃父怒又逐之(飜小9：22). 오래 ᄡᅳᆯ ᄡᅳ서르믈 게을이 호미오：不掃除門庭(呂約9). 아ᄎᆞᆷ이어든 들어가 ᄡᅳ설거ᄂᆞᆯ 아비 怒ᄒᆞ야 또 내ᄧᅩᄎᆞᆫ대：旦入而灑掃父怒又逐之(宣小6：19). 긔일날이면 젼긔 열흘의 집블 ᄡᅳ서럿고：忌日則前期十日洒掃房室(東新續三綱. 烈7：14).

ᄡᅳᆯ믜다 동 싫어 미워하다. ¶말이 ᄀᆞ장 휘악ᄒᆞ니 처음의 ᄡᅳᆯ믜더라(癸丑179).

ᄢᅢ·다 동 깨다. 쪼개다 ¶判은 ᄢᅢ야 ᄂᆞᆫ홀 씨오(楞解1：16). 그 ᄠᅳᆮ 사교미 端正호미 나모 ᄢᅢᆺ ᄒᆞ며(法華序22). 能히 ᄢᅢ디 몯ᄒᆞ며：不能劈(金三3：5). 가ᄇᆡ야이 ᄢᅢ니：輕輕劈破(金三5：22).

ᄢᅦ·다 동 꿰다. 꿰뚫다 ¶ᄒᆞᆫ 사래 ᄢᅦ니：貫於一發(龍歌23章). ᄒᆡᆫ ᄆᆞ지게 ᄒᆡ예 ᄢᅦ니이다：維時白虹橫貫于日(龍歌50章). 沸星 도ᄃᆞᆯ 제 白象올 ᄐᆞ시니 ᄒᆡᆺ 光明을

ᄢᅦ시니이다(月印 上5). 남기 모ᄆᆞᆯ ᄢᅦᅀᆞᄫᅡ 뒷더니(月釋1：6). 너비 ᄇᆡ화 ᄢᅦ며：又博學以貫之(楞解1：28). ᄢᅦ ᄉᆞᄆᆞᆺ고：貫通(法華5：194). 詮에 ᄢᅦ요ᄆᆞᆯ(圓覺 上一之一76). 그른 天人ㅅ ᄀᆞᅀᆞᆯ ᄢᅦ아놋다：學貫天人際(初杜解24：26). 니ᅀᅥ ᄢᅦ 닐거도：連通讀(飜小8：35). ᄢᅦᆯ 관：貫(類合 下46). 鹵莽호미 ᄒᆞᆫ ᄢᅦ유메 ᄀᆞᆮ도다：鹵莽同一貫(重杜解2：53).

·ᄢᅮᆯ 명 꿀 ¶ᄀᆞ마니 ᄢᅮ를 ᄇᆞᄅᆞ니(釋譜23：56). 그 저긔 ᄯᅡᆺ 마시 ᄢᅮᆯᄀᆞ티 ᄃᆞᆯ오 비치 ᄒᆡ더니(月釋1：42). ᄢᅮᆯ 半 되를 取ᄒᆞ야：取蜜半升(楞解7：16). 고지 더우니 ᄢᅮᆯ 짓ᄂᆞᆫ 버리 수스놋다：花暖蜜蜂喧(初杜解21：6). 도ᄐᆡ 기름과 ᄢᅮᆯ 각 닷 홉 밀 두 량과를 섯거(救簡6：63). ᄢᅮᆯ 밀：蜜(類合 上26).

·ᄣᅳ 명 때〔時〕 ¶밤낫 여슷 ᄣᅳ로 더 藥師瑠璃光如來를 저ᅀᆞᄫᅡ 供養ᄒᆞᅀᆞᆸ고(釋譜9：32. 月釋7：65). 그 ᄣᅴ 이 菩薩 므더니 너기던 四衆(釋譜19：35).

ᄣᅳ·리·다 동 꾸리다. 메우다. 싸다. 안다 ¶兜羅綿에 ᄣᅳ리ᅀᆞᄫᅡ(釋譜23：37). ᄣᅳ리여 棺애 녀ᅀᆞᆸ고(月釋1：7). 萬象ᄋᆞᆯ ᄣᅳ려 머구멧ᄂᆞᆫ돌：包呑萬象(楞解2：18). 옷보ᄒᆞ로 ᄣᅳ리여 드리더라(宣賜內訓1：67). 數百 고기를 ᄒᆞᆫ버네 ᄣᅳ려 내놋다(初杜解16：62). 핑노로 더브러 ᄒᆞᆫ가지로 ᄣᅳ려 가더니：與彭老共衛而行(東新續三綱. 忠1：46).

·ᄣᅳᆫ 명 때는 독ᄣᅳ ¶두 ᄣᅳᆫ 大食 小食 ᄢᅵ라(楞解3：26). 殿 알ᄑᆡᆺ 兵馬ㅣ 너를 破滅ᄒᆞᆯ ᄣᅳᆫ：殿前兵馬破汝時(重杜解4：24).

·ᄣᅳᆯ 명 때를 ¶세 ᄣᅳᆯ 說法ᄒᆞ더시다(月釋2：27). 그 ᄣᅳᆯ 當ᄒᆞ야 三千大千世界 六種 震動ᄒᆞ고(月釋18：43).

·ᄣᅳᆷ 명 틈 ¶ᄣᅳᆷ爲隙(訓解. 合字). 金으로 ᄶᅡ해 ᄉᆞ로ᄆᆞᆯ ᄣᅳᆷ 업게 ᄒᆞ면(釋譜6：24). 비치 ᄣᅳᆷ 안해 드러：光入隙中(楞解1：105). ᄣᅳ믈 엿와：伺隙(法華2：123). ᄣᅳ멧 드틀 ᄀᆞᆮᄒᆞ며：猶如隙塵(金剛 上11). 알ᄑᆡᆺ 事理를 노겨 ᄣᅳᆷ 업수믄：融前事理而無間然(永嘉 下82). ᄒᆞᆫ갓 ᄣᅳᆷ ᄶᅡ해 潛伏ᄒᆞ며：徒然潛隙地(杜解20：37). 다시 브즈러니 호온 ᄣᅳ믈 ᄎᆞᆺ디 마롤디어다(南明 上36).

·ᄣᅴ 명 ①때 ¶아ᄒᆡ ᄣᅴ브터 深山애 이셔(釋譜11：28). 날마다 세 ᄣᅴ로 十方諸佛이 드러와 安否ᄒᆞ시고(月釋2：26). ②때에 ¶그 ᄣᅴ 四衆이 圍繞ᄒᆞᅀᆞᄫᅢᆺ더니(月釋21：5). 내 그 ᄣᅴ 我相 업스며：於我爾時無我相(金剛 上79). 自然히 나든 ᄣᅴ：自然現前時(蒙法4).

·ᄣᅴᆫ 명 때에는 독ᄣᅳ ¶ᄒᆞ다가 히믈 ᄡᅥ 話頭를 擧호매 干涉ᄒᆞᆫ ᄣᅴᆫ：若涉用力擧話頭時(蒙法8).

·ᄢᅵ 명 ①끼. 때 ¶不進饍이 현 ᄢᅵ신돌 알리：絕饍知幾時(龍歌113章). 이 ᄢᅵ 부텻 나히 닐흔ᄒᆞ나히러시니(釋譜13：1). 두 ᄣᅳᆫ 大食 小食 ᄢᅵ라(楞解3：26). ②때가 ¶잢간도 ᄇᆞ릴 ᄢᅵ 업스니라 ᄒᆞ니라：無時暫捨(金剛 上83). ᄀᆞᅀᆞᆳ 하ᄂᆞ리 ᄀᆞᆮᄒᆞᆫ ᄢᅵ 이 第一 ᄆᆞ듸니：如秋天相似時是第一箇程節(蒙法40).

·ᄢᅵᆷ 명 틈 ¶門 ᄢᅵᄆᆞ로 들라 ᄒᆞ야ᄂᆞᆯ 阿難이 즉자히 ᄢᅵᄆᆞ로 드러(釋譜24：3). 믄득 보니 바횟 ᄢᅵ메 프른 너추레 두 외 여럿거늘：忽見巖石間青蔓離披有二瓜焉(三綱. 孝30).

·ᄣᅢ 명 때〔時〕 ¶ᄃᆞᇌᄣᅢ爲酉時(訓解. 合字). 出家ᄒᆞ싫 ᄣᅢ실ᄊᆡ 城 안ᄒᆞᆯ 재요리라(月印 上18). ᄒᆞᆫ ᄣᅢ 계도록 긷다가(月釋7：9). 合昏나모도 오히려 ᄣᅢ를 알오：合昏尙知時(杜解8：66). 더우니를 ᄣᅢ 혜디 말오 머그라(簡辟7). 吉ᄒᆞᆫ ᄃᆞᆯ 됴ᄒᆞᆫ ᄣᅢ예 네 服을 다시 ᄒᆞ노니：吉月令辰乃申爾服(宣小3：20). 氣象이 됴ᄒᆞᆫ ᄣᅢ옌：氣象好時(宣小5：94).

ᄣᅡ·리·다 동 때리다. 때려 깨뜨리다. ¶바리 ᄣᅡ리ᄂᆞᆫ 쇠 거츨언마ᄅᆞᆫ(月印 上28). 雪山애 몸 ᄇᆞ리샴과 香城에 ᄡᅧ ᄣᅡ리샨 類 ᄀᆞᆮᄒᆞ니라：如雪山捨身香城破骨之類(圓覺 下三之一87). 너의 어셔 漆桶ᄋᆞᆯ ᄣᅡ리고：汝早早打破漆桶(法語16).

ᄧᅡᆨ 명 짝 ¶ᄧᅡᆨ爲隻(訓解. 合字). 合은 對ᄒᆞ야 서르 ᄧᅡᆨ 마촐 씨니(月釋序7). 根과 境괘 ᄧᅡ기 아니실ᄊᆡ：根境不偶(楞解6：29). 술윗 두 ᄧᅡᆨ ᄀᆞᆮᄒᆞ야(牧牛訣25). 入寂ᄒᆞ신 後에 신 ᄒᆞᆫ ᄧᅡᆨ 가지시고 西로 가시니(南明 上42). 믈읫 겨집 어둠은 ᄡᅥ 몸ᄋᆞᆯ ᄧᅡᆨ 홈이니：凡取以配身也(宣小5：67). 夕陽에 ᄧᅡᆨ 일흔 ᄀᆞᆯ며기ᄂᆞᆫ 오락가락ᄒᆞ노매(古時調. 趙憲. 池塘에. 青丘). ※ᄧᅡᆨ>짝

ᄧᅩ·치·다 동 쫓기다 ¶ᄒᆞ다가 ᄧᅩ쳐 오거든(月釋10：25). 아비 더블오 도ᄌᆞᆨ ᄧᅩ쳐 가더니：與父驃共走避賊(三綱. 孝20). 녜 막던 ᄯᅡ히 敗ᄒᆞ야 ᄧᅩ치거든(重杜解4：26). 뎌 軍이 우리게 ᄧᅩ쵸미 ᄃᆞ외도다(重杜解5：29).

ᄧᅩᆺ·니·다 동 쫓아다니다 ¶東西로 ᄧᅩᆺ니거든(月釋21：23). 金烏玉兎들아 뉘 너를 ᄧᅩᆺ니관ᄃᆡ(古時調. 青丘).

사·기·다 동 새기다〔刻〕 ¶刻ᄋᆞᆫ 사길 씨라(月釋2：49). 이 사곤 거시어시니(蒙法60). 鍾鼎에 사교ᄆᆞᆯ ᄌᆞ조 보ᄂᆞ니：數見銘鍾鼎(杜解3：10). 骨애 사긴ᄃᆞᆯ 엇뎨 이 恩ᄋᆞᆯ 갑ᄉᆞ오리오：銘骨如何報此恩(南明 上41). 사길 됴：錭. 사길 루：鏤(訓蒙 下16). 사길 국：刻(光千23). 닐온 바 곤이를 사겨 이디 몯ᄒᆞ야도：所謂刻鵠不成(宣小5：14). 다 남그로 사긴 셩뎍 그ᄅᆞ슬 ᄡᅳ며：皆用刻木粧奩(宣小6：96). ※사기다>새기다

사·기·다 동 새기다〔釋〕 ¶法華經을 바다 디녀 닑거나 외오거나 사겨 니르거나(釋譜19：9). 飜譯ᄒᆞ야 사기노니：譯解(月釋序6). 이 章ᄋᆞᆯ 사겨ᄂᆞᆯ 或이 외다 ᄒᆞ니：用釋此章或者非之(法華3：156). 사길 강：講(類合 下8). ※사기다>새기다

:사·니·다 동 살아가다 ¶갓가ᄉᆞ로 사니노니 비록 사ᄅᆞ미 무레 사니고도 즁ᄉᆡᆼ마도 몯호이다(釋譜6：5). 네 어마니미 날 여희오 시르므로 사니다가(月釋8：102).

사·라·나·다 동 살아나다 ¶世尊ㅅ 그르메예 甘露를 ᄡᅳ리어늘 毒龍이 사라나ᅀᆞᄫᆞ니(月印 上69). 사라나다 ᄒᆞ논 마리 아니라(釋譜6：36). 아비 사라나니라(三綱. 孝3).

사롬ᄉᆞ리 명 살림살이〔生計〕 ¶처음의 한어버이 사롬ᄉᆞ리 ᄒᆞ려 ᄒᆞᆯ지(許㙉. 雇工歌).

사ᄅᆞ·다 동 살리다. 살게 하다. ¶오샤ᅀᅡ 사ᄅᆞ시릴ᄊᆡ：來則活已(龍歌38章). 救호ᄃᆡ 몯 사ᄅᆞ시니：救而莫活. 救ᄒᆞ야 사ᄅᆞ시니：救而獲生(龍歌104章). 사ᄅᆞ쇼셔 비니(釋譜6：33). 이 아ᄃᆞᄅᆞᆯ 사로리라(三綱. 孝20). 나라 사ᄅᆞᆯ 일훔난 公이 잇ᄂᆞ니：活國名公在(初杜解20：49). 사ᄅᆞ몰 주기며 사ᄅᆞ며 ᄒᆞᄂᆞᆫ(飜小10：17). 사ᄅᆞᆯ 활：活(類合 下10).

:사·ᄅᆞᆷ 명 사람 ¶如孔子ㅣ 魯ㅅ사ᄅᆞᆷ之類(訓解. 合字). 사ᄅᆞᇝ ᄠᅳ디리잇가：豈是人意(龍歌15章). 네 사ᄅᆞᆷ ᄃᆞ리샤：遂率四人(龍歌58章). 나랏 사ᄅᆞᄆᆞᆯ 다 뫼호시니(月印 上14). 人ᄋᆞᆫ 사ᄅᆞ미라(釋譜 序1). 안 後에 ᄒᆞ다가 사ᄅᆞᄆᆞᆯ 보디 몯ᄒᆞ면：悟後若不見人(蒙法45). 大凡ᄒᆞᆫ디 사ᄅᆞ미 나미：凡人之生(宣賜內訓 序2). 녯 사ᄅᆞ믜 ᄆᆞᅀᆞᆷ 조리혀 내 모믈 ᄂᆞᄌᆞ기ᄒᆞ며：古人之小心黜己(飜小8：28). 사ᄅᆞᆷ 인：人(訓蒙 下2. 類合 上16. 石千4. 倭解 上14). ※사ᄅᆞᆷ>사람

사ᄆᆡ 명 소매 ¶눈물이 두 사ᄆᆡ에 다 젓ᄂᆞ다(蘆溪. 莎堤曲). 넙은 사ᄆᆡ 국의질러 품속으로 너코보니(萬言詞).

사배 명 새벽 ¶漏刻 소리ᄂᆞᆫ 사뱃 사ᄅᆞᆯ 뵈아ᄂᆞ니：漏聲催曉箭(初杜解6：4). 사뱃 吹角ㅅ소리：曙角(重杜解8：44).

사·오납·다 형 ①사납다. 억세다. 나쁘다. 못나다 ¶사오나ᄫᆞᆫ 이리 이시리오(釋譜19：10). 사오나ᄫᆞᆫ 일 지ᅀᅳ면 사오나ᄫᆞᆫ 몸 ᄃᆞ외요미 業果ㅣ라(月釋1：

37). 鹵ᄂᆞᆫ 사오나온 ᄒᆞᆰ기오(楞解2：22). 어리오 사오나와：愚劣(法華2：242). ②약하다 ¶듕긔ᄒᆞ야 ᄆᆡ기 사오나와：中氣脈弱(救簡1：49). 사오나온 사ᄅᆞᆷ ᄀᆞᆮ더라：如懦夫然(宣賜內訓1：36).
※'사오납다'의 활용 ┌사오납고/사오납디… └사오나ᄫᆞᆫ/사오나ᄫᆞᆯᄊᆡ…

사외ᄒᆞ다 동 사위하다 ¶아희 처음 나실 제ᄂᆞᆫ 사외ᄒᆞ야 주시ᄂᆞᆫ 일이 업ᄉᆞ오셔 인견ᄒᆞ오신 의ᄃᆡ 닙으신 치 드러와 보시드니(閑中錄134).

사·ᄋᆞᆯ 명 사흘 ¶밀므리 사ᄋᆞ리로ᄃᆡ：不潮三日(龍歌67章). 오ᄂᆞᆯ 사ᄋᆞ리 디나니(月釋21：28). 粮食 긋건디 사ᄋᆞ리오(月釋21：106). 사ᄋᆞᄅᆞᆯ 업데엿거ᄂᆞᆯ(三綱. 孝33). 사ᄋᆞᄅᆞᆯ 길 녀ᄂᆞᆫ 사ᄅᆞ미 업스니：三日無行人(杜解12：10). 이틀 사ᄋᆞ리라도：二日三日(救簡1：103).

사·호·다 동 싸우다 ¶사호ᄂᆞᆫ ᄆᆞᅀᆞ미：鬪心(楞解9：19). 死魔와 사화(法華5：63). 믈애와 사화：爭(金剛 後序14). 서르 사화 ᄲᆞᄅᆞ면 곧 사디 몯ᄒᆞᄂᆞ니라：相搏急卽不活也(救急 上9). 길헤 사화 주그니 잇거ᄂᆞᆯ：鬪死於道者(宣賜內訓3：20). 바미 깁거ᄂᆞᆯ 사홈 사호던 ᄯᅡᄒᆞ로 디나오니：夜深經戰場(重杜解1：4). ᄒᆡᄃᆞ리 도ᄅᆞ혀 서르 사호며：日月還相鬪(杜解10：10). 두 범이 사호거늘 錫杖ᄋᆞ로 더뎌 사홈 말이시니라(南明 上69).

사·ᄒᆞᆯ·다 동 썰다 ¶사ᄒᆞᆯ며 버히며(月釋21：43). 膾ᄂᆞᆫ 고기 ᄀᆞᄂᆞ리 사ᄒᆞᆯ 씨라(法華5：27). 寸寸이 사ᄒᆞ라도(三綱. 忠27). 팟믿 힌 ᄃᆡ 사ᄒᆞ로니：切葱白(救簡1：91). 딥 사ᄒᆞ로믈 ᄀᆞᄂᆞ리 ᄒᆞ라：切的草細着(飜朴 上21). 이 약ᄃᆞᆯᄒᆞᆯ 굵게 사ᄒᆞ라(簡辟6). 도적기 노ᄒᆞ야 어즈러이 사ᄒᆞᆯ고 가다：賊怒亂斫而去(東新續三綱. 烈3：1).

삭삭기 부 바삭바삭 ¶삭삭기 셰몰애 별헤 나ᄂᆞᆫ 구은 밤 닷 되를 심고이다(樂詞. 鄭石歌).

삭ᄯᅡ리 명 삭정이 ¶삭ᄯᅡ리 마른 셥흘 뷔거니 버히거니(古時調. 논밧 가라. 靑丘).

삭이다 동 새기다〔刻〕 ¶그 詩를 바회예 삭이니라(女四解4：27). 삭이다：刻了(同文解 下18). 좀 삭이다：蟲鈒了(譯解補49). 삭이다：刻(漢淸12：7). 玉으로 白馬를 삭여 洞庭湖에 흘니 싯겨(古時調. 歌曲). 우히 운학이 넘노는 형상을 삭엿고(引鳳簫1). 이 ᄠᅳ를 밝히고져 石壁에 삭여 ᄂᆡ여(皆岩歌).

삳기 명 새끼 ¶삳기 추：雛(倭解 下21).

:살·다 동 ①살다〔居〕 ¶豳谷애 사ᄅᆞ샤：于豳斯依. 慶興에 사ᄅᆞ샤：慶興是宅(龍歌3章). 몃 間ㄷ 지븨 사ᄅᆞ시리잇고：幾間以爲屋(龍歌110章). 움 무더 사ᄅᆞ시니이다：陶穴經艱難(龍歌111章). 이 ᄯᅡ해 精舍 이르ᅀᆞᄫᆞᆯ 쩨도 이 개야미 이에셔 사더니(釋譜6：37). 妾이 陛下와 가난애 ᄒᆞᆫᄃᆡ 사ᄋᆞᆸ다가：妾與陛下同處窮約(宣賜內訓2 下46). ᄒᆞᆫ ᄒᆡ를 梓州ㅣ 사로라：一年居梓州(重杜解2：1). 살 거：居. 살 쳐：處(訓蒙 下19). 靑山의 살어리라ᄯᅡ(鄕樂. 靑山別曲). 살 거：居(類合 上24. 石千31. 倭解 上34). ②살다〔生活〕 ¶어버ᅀᅵ 여희ᅀᆞᆸ고 ᄂᆞᄆᆞᆯ 브터 이쇼ᄃᆡ 어ᅀᅵ 아ᄃᆞ리 입게 사노이다(月印 上52). 사로미 이러커늘ᅀᅡ 아ᄃᆞᄅᆞᆯ 여희리잇가(月印 上52). ③살다〔生存〕 ¶죽다가 살언 百姓이：其蘇黎庶(龍歌25章). 사도 아니ᄒᆞ며 죽도 아니 ᄒᆞᆯ 씨니(月釋2：16). 사라옷 도라니거든(三綱. 烈19). 산 사ᄅᆞ미 엇게 우희 엱고：生人肩上(救簡1：65). ᄎᆞᆫ 긔운이 블와로 서로 다이저 사디 몯ᄒᆞ리라：冷氣與火相搏急卽不活也(救簡1：88). 주근동 산동 몰라(續三綱. 烈9). 길게 살기를 願ᄒᆞᆯ ᄊᆡ니：願得長生(女四解2：22). 살 ᄉᆡᆼ：生(註千2).

살디다 동 주름살이 지다. ¶ᄂᆞᆺ치 살디다：面有紋(同文解 上18).

살ᄅᆞᆷ 명 사람 ¶살ᄅᆞᆷ이 勝地를 몰온이 알게 ᄒᆞᆫ들 엇더리(古時調. 李珥. 二曲은. 海謠).

살오·다 동 살리다 ¶오면 살오리라(三綱. 烈32). 사ᄅᆞᆷ 살오미 ᄀᆞ장 하니：活人甚多(救簡1：66). 남진이어나 겨지비어나 므레 디닐 살오ᄃᆡ：救男女墮水中者(救簡1：67). 원컨대 만민을 살오쇼셔(山城). ᄀᆞᄋᆞᆯ의 죽이고 봄의 살오기ᄂᆞᆫ 텬디 되오(山城57). 어버이를 살오며：活親(女四解4：19). 지아비를 살와 집의 도라가(女範2. 변녀 쥬시ᄃᆡ부). 복죵ᄒᆞᄂᆞᆫ 쟈를 살오고：服者活之(三略 上10).

살지·다 동 주름살지다 ¶갓과 ᄉᆞᆯ히 살쥬미오：皮膚之皺皺(法華2：104). ᄉᆞᆯ히 누르고 가치 살지고 목수미 실낫 ᄀᆞᆮ호라(初杜解3：50).

살·찌·다 동 주름살지다 ¶머리 셰며 ᄂᆞᆺ치 살찌여：髮白面皺(楞解2：5). 머리 셰오 ᄂᆞᆺ치 살찌닐 ᄂᆞᄆᆡ게 뵈요ᄃᆡ：示人髮白而面皺(法華5：120). 머리 셰오 ᄂᆞᆺ치 살찌여：髮白面皺(法華6：8).

삼기다 동 ①생기다. 태어나다 ¶하ᄂᆞᆯ 삼긴 ᄌᆡ질이 ᄆᆞᆰ고 아ᄅᆞᆷ다와：天資淑美(東新續三綱. 烈2：36). 이 몸이 삼기실 제 님을 조차 삼기시니(松江. 思美人曲). 天地 삼기실 졔 自然이 되연마ᄂᆞᆫ(松江. 關東別曲). ᄂᆞᆷ으로 삼긴 듕의 벗ᄀᆞᆺ티 유신ᄒᆞ랴(古時調. 鄭澈. 警民編). 天年：하ᄂᆞᆯ 삼긴 나히란 말이라(英小6：59). 삼긴 품：生性(同文解 上20). 제 삼긴 ᄧᅡᆨ：天生一對(譯解 補60). 삼긴 품：生相. 삼긴 모양：相貌(漢淸6：1). 有情 無情 삼긴 얼골 天眞面目 絶妙호ᄃᆡ(淸虛尊者 回心歌. 新編普勸文 海印板16). ᄂᆞᆷ으로 삼긴 거시 夫婦ᄀᆞᆺ치 重ᄒᆞᆯ넌가 사ᄅᆞᆷ의 百福이 夫婦에 가잣거든(蘆溪. 五倫歌). 네 父母 너 삼겨ᄂᆡ올 제 날만 괴게 ᄒᆞ도다(古時調. 金壽長. 눈섭은. 海謠). ②지어 내다. 만들어 내다. ¶사ᄅᆞ미 샹해 어딘 도리를 가져 이쇼미 하ᄂᆞᆯ 삼긴 셩오로브터 나니：人有秉彝本乎天性(飜小8：9). 뉘라셔 離別을 삼겨 사ᄅᆞᆷ 죽게 ᄒᆞᄂᆞᆫ고(古時調. 申欽. 내 가ᄉᆞᆷ. 靑丘). 노래 삼긴 사ᄅᆞᆷ 시름도 하도 할샤(古時調. 申欽. 靑丘). ᄒᆞᆫ 몸 둘헤 ᄂᆞᆫ화 부부를 삼기실샤(古時調. 鄭澈. 松江).

삼애 명 소매 ¶울며 잡은 삼애 ᄯᅥᆯ치고 가지 마라(古時調. 李明漢. 靑丘).

샷·기 명 새끼 ¶羊과 廐馬ㅣ 샷기 나ᄒᆞ며(月印 上9). 샷기 ᄇᆡ 골하 ᄒᆞ거든(釋譜11：41). 象과 쇼와 羊과 廐馬ㅣ 샷기 나ᄒᆞ며(月釋2：44). 샷길 나ᄒᆞ니 터리 다 븕ᄂᆞ니라：生子毛盡赤(杜解8：19). 師子ㅣ 샷기 오ᄋᆞᆫ 威를 니ᄅᆞ와다 ᄠᅥ니：師子兒奮振全威(南明 下36). 샷기 ᄇᆡᆫ ᄆᆞᆯ：懷駒馬(老解 下8). 샷기：雛(同文解 下36).

상긔 부 아직 ¶東窓이 밝앗ᄂᆞ냐 노구더리 우지진다 쇼치는 아희놈은 상긔 아니 이럿ᄂᆞ냐(古時調. 南九萬. 歌曲).

상기다 동 지어 내다. 만들어 내다. ¶노래 상긴 살ᄅᆞᆷ 실름도 하도 할ᄊᆞ(古時調. 申欽. 海謠).
※상기다<삼기다

·새 명 새것 ¶新ᄋᆞᆫ 새라(訓註3). 골픈 ᄇᆡ도 브르며 헌 옷도 새 ᄀᆞᆮᄒᆞ리니(月釋8：100). 일후미 새와 ᄂᆞᆯᄀᆞ니와 어즈러운 想이니：名新故亂想(楞解7：83). 香風이 時로 와 이운 곳부리 아ᅀᅡᄃᆞᆫ 다시 새를 비허：香風時來吹去萎華更雨新者(法華3：94). 새를 더으며：加新(圓覺 上一之二188). 새 업거든：無新者(救急 上24). 이 나래 새를 맛보고：此日嘗新(初杜解15：23). 새 신：新(類合 上11. 石千28. 倭解 下34). ᄉᆞ시 의복을 지어 새로ᄡᅥ ᄂᆞᆯ근니를 ᄀᆞ라：造四時衣服以新替舊(東新續三綱. 烈2：29).

·새 부 새로 ¶沙彌ᄂᆞᆫ 새 出家ᄒᆞᆫ 사ᄅᆞ미니 世間앳 ᄠᅳ들 그치고 慈悲ㅅ 힝뎌글 ᄒᆞ다 ᄒᆞ논 ᄠᅳ디니 처ᅀᅥᆷ 佛法에 드러 世俗앳 ᄠᅳ디 한 젼ᄎᆞ로 모로매 모딘 ᄠᅳ들 그치고 慈悲ㅅ 힝뎌글 ᄒᆞ야ᅀᅡ ᄒᆞ릴ᄊᆡ 沙彌라 ᄒᆞᄂᆞ니라(釋譜6：2). 새 ᄇᆡ호ᄂᆞᆫ ᄠᅳ들 어즈리디 말씨오(月釋10：20).

·새려 부 새로이 ¶비록 새려 더 修補호미 업스나：雖無新增修(杜解6：3). 서늘ᄒᆞᆫ ᄇᆞᄅᆞ맨 그려기 새려 디

나가고 : 凉風新過鴈(杜解8 : 48).

·새·로[부] 새로 ¶새로 스믈여듧 字를 밍ᄀᆞ노니 : 新制二十八字(訓註3). 果實와 飮食과 甁엣 므를 모로매 새로 호ᄃᆡ(月釋10 : 120).

·새·로외·다[형] 새롭다 ¶올마 사로미 새로외니 : 遷居新(初杜解7 : 13). 나콰 머리터리 새로외야 : 齒髮新(初杜解8 : 21).

새롭[부] 새롭게 ¶浩然眞趣 날로 새롭 ᄒᆞ노왜라(蘆溪. 蘆溪歌).

·새ᄅᆞ외·다[형] 새롭다 ¶소아 자본 사ᄉᆞ미 새ᄅᆞ외도다 : 射麋新(初杜解7 : 18). 엇데 ᄒᆞᆫ갓 粉과 먹 비치 새ᄅᆞ욀 ᄲᅮ니리오 : 豈唯粉墨新(初杜解16 : 34). 이런ᄃᆞ로 우수미 ᄀᆞ장 새ᄅᆞ외니라 : 所以笑轉新(金三5 : 27).

·새·롭·다[형] 새롭다 ¶서ᄅᆞ 보니 몃 디위를 새롭거뇨 : 相見幾回新(杜解11 : 2). 氣宇ㅣ 새롭도다 : 氣宇新(金三3 : 48).

새·배[명] 새벽 ¶새배 華 보다가 : 晨旦見華(圓覺上二之三27). 새배 새야 오몰 알오 : 曉知曙(杜解6 : 17). 바미 새배로라(南明上60). 새배 니러 의식 무덤 알ᄑᆡ 가 울오 : 晨興必哭于墳前(續三綱. 孝6). ᄆᆡ실 이른 새배 니러 : 每日清早晨起來(飜老上2). 새배 신 : 晨. 새배 효 : 曉(訓蒙上1. 類合上3). 새배 내여 : 曉出(瘟疫方10). 암ᄃᆞᆰ이 새배 울어 : 牝雞晨鳴(宣小5 : 68). 이월 초이일 새배 셩ᄂᆡ 사롬이 다 셩의 나니(山城129). 새배 돌 뎌 갈 적의(古時調. 燈盞불. 古歌). 새배마다 념불ᄒᆞ면(普勸文2).

새악시[명] 새색시 ¶새악시 : 女孩兒(譯解上41). 새악시 셔방 못 마자(古時調. 靑丘).

새·오·다[동] 새우다〔妬〕. 시기하다 ¶큰 德을 새오ᅀᆞ바 앉디 몯ᄒᆞ야 시름ᄒᆞ더니(月印上9). 大臣이 이쇼ᄃᆡ 性이 모디러 太子를 새와 ᄒᆞ더라(釋譜11 : 18). ᄆᆡ며 새오ᄆᆞ로 도티 몯ᄒᆞᆫ 根源을 일울씨(釋譜13 : 56). 夫人이 새와 네 아ᄃᆞ를 업게 호리라(月釋2 : 5). 戚夫人올 새와(宣賜內訓2下14). 셩낸 가마귀 흰 빗출 새올셰라(古時調. 가마귀 싸. 靑丘). 貧寒을 놈이 웃고 富貴를 새오ᄂᆞᆫ듸(古時調. 朱義植. 말ᄒᆞ면. 靑丘). 가노라 희짓ᄂᆞᆫ 봄을 새와 므슴 ᄒᆞ리오(古時調. 宋純. 곳이 진다 ᄒᆞ고. 靑丘). ᄒᆞ믈며 크나큰 수풀을 새와 므슴 ᄒᆞ리오(古時調. 히 다 져믄. 靑丘). 새오ᄂᆞᆫ 말 : 醋話兒(譯解補57). 사롬을 믜워ᄒᆞ야 새오나니라(女範2. 현녀 진빅종쳐).

새·옴[명] 샘〔妬〕 ¶이바딜 머구리라 새옴 ᄆᆞᅀᆞᆷ올 낸대 닐웨를 숨엣더시니(月印上39). 더 나아가릴 보고 ᄆᆞᅀᆞ매 새오몰 내ᄂᆞ니 : 見勝進者心生嫉妬(圓覺下三之一63). 새옴 투 : 妬(類合下26). 새옴 모 : 媢. 새옴 질 : 嫉(類合下31). 남진 ᄃᆞ토ᄂᆞᆫ 새옴 : 喫醋(譯解下48). 妾 새옴 甚히 ᄒᆞ시ᄂᆞᆫ 늘근 안히 님 몬져 죽ᄂᆞᆫ다데(古時調. 져 건너 월앙바희. 靑丘). 칠거지악에 새옴이 웃듬이라 : 七去之道妬正爲首(五倫3 : 4).

:새집[명] 띳집. 초가(草家). 모옥(茅屋) ¶菴은 새지비라(法華2 : 244). 지ᅀᅮ닌 오직 새지비니라 : 營葺但草屋(初杜解6 : 52). 새지블 지엣도다 : 結茅屋(重杜解9 : 8). 새지블 對ᄒᆞ얏도다 : 對茅屋(南明上1).

:샤옹[명] 남편 ¶夫는 샤오이오 妻는 가시라(月釋1 : 12). 샤옹이 열 가라깃 손토볼 各各 젹젹 버혀 : 取夫十指爪甲各少許(救急下84). 샤옹은 輕薄ᄒᆞᆫ 男兒ㅣ니 : 夫婿輕薄兒(初杜解8 : 66). 나히 마ᅀᆞᆫ 쉬네 샤옹의 지비 업도다 : 四十五十無夫家(初杜解25 : 45). 샤옹 부 : 夫(訓蒙上31).

샤티[명] 새치. 젊은이의 머리에 섞인 흰털. ¶샤티 : 雜頭髮(譯解上34).

샹긔[부] 아직 ¶소 치ᄂᆞᆫ 아희들은 샹긔 아니 이러ᄂᆞ냐(古時調. 南九萬. 東窓이 ᄇᆞᆰ가ᄂᆞ냐. 靑丘).

샹토[명] 상투 ¶깁을 ᄢᅥ여 샹토 믿톨 미고(宣小2 : 2). 관이 샹토애만 쓰이게 ᄒᆞᆫ 거시오(家禮1 : 45). 샹토 : 纘子(譯解上47. 同文解上14). 샹토 계 : 髻(倭解上44. 兒學上12). 샹토 ᄧᅡ다 : 綰頭髮(同文解上54). 계집의 샹토 : 匝髻(漢淸5 : 48). 샹토롤 푸러 터럭 기릐 언마 되옴을 자히고 : 開髻量髮長多少(無寃錄1 : 24).

서글타[동] 서글퍼하다. 걱정하다. 성내다 ¶ᄠᅳ데 어긔면 서글허 嗔心을 가지ᄂᆞ니 : 違意則小於小諸懷嗔(永嘉下74). 半만 웃고 半만 서글허 ᄠᅳ데 깃디 아니ᄒᆞᄂᆞ다 : 半笑半瞋情不悅(南明下31). 서글홈 업스며 깃봄 업스며 : 亦無嗔無喜(六祖上51).
※서글타>서글다

서·느럽·다[형] 서느렇다. 서늘하다 ¶부텻 그르메 서느러버 甘露를 ᄲᅳ리ᄂᆞᆫ ᄃᆞᆺᄒᆞᆫ대(月釋7 : 36). ᄀᆞᅀᆞᆶ 서느러우미 ᄃᆞ외논디라 : 爲秋之涼(金三2 : 29). 그늘 서느러운 ᄃᆡ ᄆᆡ여 두고 : 拴在陰凉處(飜朴上21). 녀름에 서느러온 가개예 ᄆᆡ여 : 夏繫凉棚(馬解下99).

서늘지다[동] 서늘하여지다 ¶서늘진 ᄃᆡ 안ᄉᆞ다 : 乘凉(同文解上27).

서ᄂᆞ럽다[형] 서느렇다. 서늘하다 ¶머귀닙 디거야 알와다 ᄀᆞ올힌 줄을 細雨淸江이 서ᄂᆞ럽다 밤 긔운이야(古時調. 鄭澈. 머귀닙. 松江).

·서ᄂᆞᆯᄒᆞ·다[형] 서늘하다 ¶시내히 서ᄂᆞᆯ커ᄂᆞᆯ 사ᄅᆞ미 니르러 가고져 ᄒᆞ니 : 澗寒人欲到(初杜解8 : 51). 하ᄂᆞᆯ히 서ᄂᆞᆯᄒᆞ고 새 ᄒᆞ마 잘 ᄃᆡ 가고 : 天寒鳥已歸(杜解9 : 14). 서ᄂᆞᆯᄒᆞ다 : 涼快. 젹이 서ᄂᆞᆯᄒᆞ다 : 涼爽(漢淸1 : 28).

서답[명] 빨래 ¶무명자를 가득이 두고 쁜개 서답을 ᄒᆞ여야 ᄒᆞ지(浮談).

서르[부] 서로 ¶서르 고마ᄒᆞ야 드르샤(釋譜6 : 12). 文字와로 서르 ᄉᆞᄆᆞᆺ디 아니ᄒᆞᆯᄊᆡ : 與文字不相流通(訓註1). 相ᄋᆞᆫ 서르 ᄒᆞ논 ᄠᅳ디라(訓註1). 게으른 ᄒᆞᆫ ᄂᆞ미 서르 ᄀᆞᄅᆞ쳐(月釋1 : 45). 連環은 두 골회 서르 니슬씨라(楞解1 : 22). 서르 외다 ᄒᆞ야 : 相非(法華3 : 244). 行과 解왜 서르 마자 : 行解相應(蒙法49). 嫂와 叔괘 무루믈 서르 말며 : 嫂叔不通問(宣賜內訓1 : 4). 서르 親ᄒᆞ며 서르 갓갑ᄂᆞ닌 믈 가온ᄃᆡᆺ ᄀᆞᆯ며기로다 : 相親相近水中鷗(初杜解7 : 3). 서르 맛나 : 相逢(金三2 : 2). 우리 사ᄅᆞ미 서르 둘우며 서르 더브사라 ᄃᆞ니면 됴커니ᄯᆞ나 : 咱們人廝將就廝附帶行時好(飜老下44). 서르 샹 : 相(訓蒙中1. 石千21). 서르 샹 : 相(類合上4). 서르 셔 : 胥(類合上17). 서르 호 : 互(類合下44). 서르 征티 몯ᄒᆞᄂᆞ니라 : 不相征也(宣孟14 : 2). 서르 倫을 奪홈이 업서사 : 無相奪倫(書解1 : 20). 서르 ᄢᅧ 穀디 아니ᄒᆞ놋다 : 不胥以穀(詩解18 : 18). 이우지 서르 도으며 : 隣保相助(警民19). 서르 두워라 ᄒᆞ여 : 廝將就(老解下40). 서르 멀리 안자시니(新語3 : 10). 서르 보다 : 廝見(朴解. 單字解2). ※서르>서로

·서리[명] 사이. 가운데 ¶狄人ㅅ 서리예 가샤 : 狄人與處(龍歌4章). 草本 서리예 겨샤(月印上45). 人間ᄋᆞᆫ 사ᄅᆞᆷ 서리라(月釋1 : 9). 우녀 주검 서리예 어미 얻녀(三綱. 孝24). 무덤 서리옛 이롤 ᄒᆞ야 : 爲墓間之事(宣賜內訓3 : 13). ᄆᆞᅀᆞᆯ히 ᄃᆞᆯ서리예 모댓도다 : 井邑聚雲根(初杜解7 : 10). 千崖ㅅ 서리예 사ᄅᆞ미 업고 萬壑이 괴외ᄒᆞ니 : 千崖無人萬壑靜(初杜解9 : 5). 돌서리예 난 숑의맛불휘 : 石菖蒲(救簡1 : 1).

서ᄅᆞ[부] 서로 ¶뫼토 서ᄅᆞ 맛볼 나리 잇ᄂᆞ니 : 山也有相逢的日頭(飜老下73). 두을재ᄂᆞᆫ ᄀᆞ론 허므를 서ᄅᆞ 경계호미오 : 二曰過失相規(呂約1). 서ᄅᆞ 뎐염ᄒᆞᄂᆞᆫ 병(牛疫方1). 서ᄅᆞ 뎐염티 아니ᄒᆞᄂᆞ니라 : 不致相染(瘟疫方19). 서ᄅᆞ 거스리고 : 相拗戾(恩重13).

서어ᄒᆞ다[형] 설피다. 소루(疎漏)하다 ¶서어ᄒᆞᆫ 거술 가지여(新語9 : 5). 서어ᄒᆞᆫ 하교를 셜게 번역ᄒᆞᆯ 제 엇지 ᄌᆞ셰ᄒᆞ며 ᄎᆞᄎᆞ 벗겨 뵐 제 ᄯᅩ 엇지 ᄲᅡ진 거시 업ᄉᆞ랴(警民音7). 서어ᄒᆞ다 : 扭別(漢淸7 : 50). 즁년에 눈멀고 귀먹으며 ᄌᆞ손이 서어ᄒᆞᄂᆞ니라(敬信18).

서운서운[부] 슬슬. 가볍게 ¶ᄀᆞᄂᆞᆫ 침으로 아기 밧바당을 ᄒᆞᆫ 푼 두 푼 들게 서너 곧 주고 소곰을 ᄇᆞᄅᆞ고 서

운서운 미러 들이라 : 用細鍼刺兒足心深一二分三四刺之以塩塗其上輕輕送入(胎要24).

·서의·ᄒᆞ·다 [형] ①쓸쓸하다 ¶드르흔 ᄀᆞ장 서의ᄒᆞ리로다 : 原野轉蕭瑟(重杜解4 : 14). ᄆᆡ양 주렛ᄂᆞᆫ 져믄 아ᄃᆞ른 ᄂᆞᆾ비치 서의ᄒᆞ도다 : 恒飢稚子色凄凉(初杜解7 : 2). 家業을 서의케호믄 ᄯᅩ 누를 브트뇨 : 荒涼家業更由誰(南明 上80). 계신 ᄃᆡ도 서의ᄒᆞ고 ᄌᆞᆺ 브트셔 ᄌᆞᆺ바도 ᄒᆞ옵시ᄂᆞᆫ가(新語5 : 20). ②성기다 ¶흐웍ᄒᆞ며 서의호믈 : 濃淡(蒙法16). 새려 블 브튼 棧道ᄂᆞᆫ 서의ᄒᆞ얫고 : 牢落新燒棧 : 牢落은 稀疎也ㅣ라(重杜解5 : 12). 인졍이 두터오면 도심 서의ᄒᆞᄂᆞ니 : 人情濃厚道心疎(野雲70).

서흐레 [명] 계급(階級). 층계(層階) ¶基ᄂᆞᆫ 집터히오 陛ᄂᆞᆫ 서흐레라(法華2 : 104). 等級은 서흐레 層이라 ᄒᆞ돗 ᄒᆞᆫ 마리라(金三3 : 63). 서흐레 : 階級(訓蒙 中6 階字註). 서흐레 급 : 級(訓蒙 下31).

석글ᄒᆞ다 [형] 시끄럽다 ¶골은 그윽ᄒᆞ다마는 시 소리도 석글ᄒᆞ다(古時調. 安玟英. 바회는 危殆. 歌曲).

석·다 [동] 썩다 ¶朽ᄂᆞᆫ 서글 씨라(月釋序24). 堂閣이 서거놀 : 堂閣朽故(法華2 : 56). 수욼 毒氣이 사ᄅᆞᄆᆡ 챵ᄌᆞ롤 석게 홀가 저헤니 : 恐酒毒腐人腸(救急 下77). ᄆᆞᄎᆞᆷ내 虛空이 서거 ᄒᆞ야디다 듣디 몯ᄒᆞ리니 : 終不聞爛壞虛空(楞解4 : 80). 수이 석놋다 : 易朽(初杜解18 : 17). 서글 부 : 腐(訓蒙 下13. 類合 下56). 서글 호 : 槁(類合 下52). 서글 후 : 朽(類合 下56. 倭解 下29). 서근 ᄃᆞ리와 ᄒᆞ야딘 비과 : 朽橋毁船(警民18). 믈고기 므르니와 묻고기 서근이롤 먹디 아니ᄒᆞ시며 : 魚餒而肉敗不食(宣小3 : 25). 석다(譯解 上53. 同文解 上62). 서근 져 션븨야 우리 아니 ᄉᆞ나희냐(古時調. 金宗瑞. 長白山. 青丘). 비 마즌 고양남게 석은 쥐 찬 져 소록이(古時調. 青丘). 가지록 다 석ᄂᆞᆫ 肝腸이 일로 더욱 슷ᄂᆞᆫ 듯(古時調. 가면 아니. 青丘). 죽어도 쟝ᄎᆞ 석디 아닐디라 : 朽(五倫2 : 84).

선말 [명] 선말. 익숙지 못한 말. ¶선말이 쎈으면 구름이 업고 어훈도 듯기 죠치 아니ᄒᆞ니라(捷蒙1 : 6).

선우음 [명] 선웃음 ¶선우음 춤노라 ᄒᆞ니 ᄌᆞ치옴의 코히 시예(古時調. 鄭澈. 松江).

선좀 [명] 선잠 ¶松壇에 선좀 ᄭᆡ야 醉眼을 드러 보니 夕陽 浦口에 나ᄃᆞᄂᆞ니 白鷗ㅣ로다(古時調. 青丘). 蓼花에 잠든 白鷗 선좀 ᄭᆡ야 ᄂᆞ지 마라(古時調. 青丘). 선좀을 ᄌᆞᆺ ᄭᆡ야 머리롤 안쳐시니(宋純. 俛仰亭歌). 어듸셔 술 실은 벗님ᄂᆡᆫ 선좀 ᄭᆡ와 노쟈ᄂᆞ니(古時調. 冠버서. 槿樂).

선ᄒᆞ다 [형] 서낙하다. 그악하다 ¶잡ᄉᆞ와 두어리 마ᄂᆞᄂᆞᆫ 선ᄒᆞ면 아니 올셰라(樂詞. 가시리).

:설아래 [명] 세밑. 세모(歲暮) ¶설아래 ᄲᅥ디니 : 臘前破(初杜解18 : 4).

설엊·다 [동] 서릊다. 설거지하다 ¶즁님낸 다 나가시고 갸ᄉᆞ롤 몯다 설어젯더이다(月釋23 : 74). 우리 ᄲᆞᆯ리 짐돌 설어즈라 : 咱急急的收拾了行李(飜老 上38).

설오르다 [형] 선부르다. 서투르다 ¶설오른 ᄶᅡ부를 눌 마조 잡으련요(古時調. 아희야. 海謠).

설·우르·다 [형] 선부르다. 서투르다 ¶아히 ᄢᅳ브터 深山애 이셔 사ᄅᆞᄆᆡ 이리 설우르고 플옷 닙고 나못 여름 먹ᄂᆞ니(釋譜11 : 28). 아희야 粥早飯 다고 南畝에 일이 하다 설우른 ᄶᅡ부를 눌 마조 잡으련요(古時調. 趙存性. 海謠).

설·피·다 [형] 설피다. 배지 않다. 성기다 ¶松竹이 가지 설픠며 : 松竹森梢(永嘉 下113). 츤 ᄇᆞᄅᆞ맨 플와 나모왜 설픠오 : 寒風疎草木(初杜解7 : 39). 수프리 설픠니 새 즘성이 드므도다 : 林疎鳥獸稀(重杜解13 : 37). 설퓐 춤빗 : 稀篦子(譯解 下19).

설피설피 [부] 설핏설핏 ¶측 업슨 집신에 설피설피 물러오니(蘆溪. 陋巷詞).

·섬 [명] 섬돌 ¶階砌ᄂᆞᆫ 서미라(月釋2 : 27). 새로 니시고 훍섬 ᄒᆞ시며 : 階(宣賜內訓2 下57). 섬 계 : 階(訓蒙 中6. 類合 上23. 註千20). 섬 폐 : 陛(石千20. 倭解 上33). 섬 알픠셔 그 浣洗ᄒᆞ시기롤 기ᄃᆞ려 : 堦前待其浣洗(女四解2 : 18). 섬 : 墧堦(同文解 上34). 섬 : 臺階(漢淸9 : 28). ᄲᆞᆯ니 섬에 오ᄅᆞ쇼셔(王郎傳5). ᄌᆞ질들은 섬 아릐 나렬ᄒᆞ고 : 階(五倫4 : 27).

섭 [명] 섶〔薪〕 ¶섭爲薪(訓解. 用字). 서븨 ᄢᅥ려 쉬구에 ᄇᆞ리며(月釋18 : 40). 大覺滅度롤 섭 브레 가줄비샤ᄆᆞᆫ(法華1 : 124). 서븐 智를 發ᄒᆞᄂᆞᆫ 한 境을 가줄비고 : 薪喩發智之多境(永嘉 上107). 섭 신 : 薪. 섭싀 : 柴(訓蒙 下4). 섭 신 : 薪(類合 下28. 石千4. 倭解 下29. 兒學 上4). 진짓 븟ᄂᆞᆫ 불의 섭 안아 감 ᄀᆞᄐᆞ니(癸丑66). 적이 이에 섭흘 ᄣᅡ코(女範4. 녈녀 셔윤양쳐). 青山애 섭을 캐여 月下烹茶 ᄒᆞᄂᆞᆫ 樣은(草堂曲). 섭 증 : 蒸(註千37). ※섭>섶

섯·다 [동] 섞이다. 섞다 ¶구슬 서근 帳이며 보비옛 바오리 溫和히 울며(釋譜13 : 24). 道理롤 술펴 섯근 것 업시 眞實ᄒᆞ야(月釋2 : 60). 고롬과 피왜 섯거 : 膿血雜亂(楞解1 : 42). 諸輪을 깁 섯ᄃᆞ시 : 諸輪綺互(圓覺序60). 남진과 겨집괘 섯거 안디 말며 : 男女不雜坐(宣賜內訓1 : 4). 籠竹이 니롤 섯거시니 : 籠竹和烟(杜解7 : 1). ᄃᆞᆯ기 울오 ᄇᆞᄅᆞᆷ과 비왜 섯그니 : 鷄鳴風雨交(杜解 22 : 3). 風과 聖괏 길히 달아 어루 시러 섯디 몯ᄒᆞᄂᆞ니라(金三4 : 40). 苦와 樂이 서르 섯거 : 苦樂相交(南明 上12). ᄃᆞᆰ의알 ᄒᆞᆫ 낟출 믈 반 되예 저서 섯고 : 雞子一枚着冷水半升攪與和(救簡1 : 107). 섯글 교 : 交. 섯글 착 : 錯(訓蒙 下15). 섯글 소 : 疏(光千31). 섯글 뉴 : 糅. 섯글 잡 : 雜(類合 下52). 약의 섯써 드리니 즉시 됴ᄒᆞ니라 : 和藥以進卽差(東新續三綱. 孝7 : 69). 장믈의 파와 교토를 ᄲᅡ노하 섯고 : 調上些醬水生葱料物拌了(老解 上19). 거즛 거스로 참 거시 섯거 간악ᄒᆞᆫ 리롤 취ᄒᆞ며(敬信5).

※ '섯다'의 활용 [섯디/섯고… / 섯근/섯거시니/섯글…

섯돌다 [동] 섞여 돌다. 마구 돌다. 세차게 돌다. ¶剛直ᄒᆞᆫ 心腸이 섯도노매라 : 回剛腸(重杜解1 : 54). 銀 ᄀᆞᄐᆞᆫ 무지게 玉 ᄀᆞᄐᆞᆫ 龍의 초리 섯돌며 뿜ᄂᆞᆫ 소리(松江. 關東別曲). 竹葉에 風動ᄒᆞ니 楚漢이 섯도ᄂᆞᆫ 듯(古時調. 梧桐에. 東國歌辭). 春風이 슌히 블고 白雲이 섯도ᄂᆞᆫ듸 人間을 싱각ᄒᆞ니 슬프고 셜운디라(江月尊者西往歌. 新編普勸 海印板16).

섯버·므르·다 [동] 섞어 버무리다. 뒤섞이다 ¶하ᄂᆞᆳ 香이 섯버므러 곧곧마다 붊비치 나더라(月釋2 : 52). 섯버므로미 업스니라 : 沒交涉(金三3 : 53). 섯버므러 : 滾得(語錄17).

섯불다 [동] 섞어 불다. 합주(合奏)하다 ¶鼓角을 섯브니 海雲이 다 것ᄂᆞᆫ 듯(松江. 關東別曲).

세오다 [동] 고집하다. 우기다 ¶네 세오디 말고 가디 말라 : 你休強不要去(朴解 下45). 세오디 말라 : 休強(譯解 下49). 놉흔 이롤 세오고 ᄂᆞᄌᆞᆫ 이롤 츰아 못 ᄒᆞ고(三譯9 : 8).

세윌·다 [형] 굳세다 ¶니 세워드며 : 牙關緊急(救急 上12). 英雄도 ᄒᆞᆫ갓 스싀로 세워들 ᄲᅮ니니라 : 英雄徒自強(初杜解17 : 24). 어귀 세워드며 : 牙關緊急(救簡1 : 38). 손바리 세윋고 가ᄉᆞᄆᆡ ᄃᆞᄉᆞ닌 어루 사ᄅᆞ려니와 : 手足強直心頭煖溫者可救(救簡1 : 64). 摠戎은 세워든 彼敵을 막ᄌᆞᄅᆞ놋다 : 摠戎備強敵(重杜解12 : 13).

·셔 [명] 서까래 ¶셔ᄂᆞᆫ ᄲᅧ를 가줄비시니 : 椽梠譬骸骨(法華2 : 105). 椽ᄋᆞᆫ 셔라(宣賜內訓2 下72). 새지브란 뎌른 셔롤 브티리라 : 茅茨寄短椽(重杜解2 : 14). 큰 지븨 오히려 긴 셔로다 : 大屋尙脩椽(杜解3 : 64). 셔 연 : 椽. 셔 각 : 桷(訓蒙 中6). 셔 연 : 椽(倭解 上32).

셔기다 [동] 에누리하다. 깎다 ¶비즌 술 다 머그니 먼 듸셔 벗이 왓다 술집은 제연마는 헌 옷세 언마 주리 아희야 셔기지 말고 주는 대로 바다라(古時調. 青丘).

여러들 셔기옵고(癸丑43).

셔방마치다[동] 시집보내다 ¶ᄢᅢ예 미처 셔방마치고 ᄐᆞᆨ의 조샹 졔ᄉᆞ를 ᄒᆞ야 : 及時而嫁軸之先祖祭祀行(東新續三綱. 忠1 : 78). 에엿비 너기오셔 기ᄅᆞ오시더니 ᄌᆞ라매 명ᄒᆞ야 셔방마치오시고(仁祖行狀13). 셔방마칠 가 : 嫁(倭解 上41).

셔방맛·다[동] 시집가다 ¶ᄃᆞᆼ가들며 셔방마조ᄆᆞᆯ 다 婚姻ᄒᆞ다 ᄒᆞᄂᆞ니라(釋譜6 : 16). 呂氏예 셔방마자 오나ᄂᆞᆫ : 嫁呂氏(宣小6 : 6). ᄃᆡ왈 나는 회음녕 냥쳔의 ᄯᆞᆯ이러니 동시의게 셔방마잔 디 닐굽 ᄒᆡ예 두 아ᄃᆞᆯ과 ᄯᆞᆯ을 나흐니(太平1 : 16). 태슈 풍보의게 셔방마ᄌᆞ니(女範3. 부무녀 셰부인). 나히 십뉵 셰예 셔방마자 : 年十六而嫁(五倫1 : 7). 셔방마질 가 : 嫁(兒學 下5).

:셔ᄫᅳᆯ[명] 서울 ¶셔ᄫᅳᆯ 使者ᄅᆞᆯ ᄭᅥ리샤 : 憚京使者(龍歌18章). 셔ᄫᅳᆯ ᄀᆡ벼를 알씨 : 詗此京耗(龍歌35章). 셔ᄫᅳᆯ 賊臣이 잇고 : 朝有賊臣(龍歌37章).
※셔ᄫᅳᆯ>셔울>서울

셔어ᄒᆞ다[형] 서운하다 ¶관셰ᄒᆞ야 평안ᄒᆞᆫ 조각을 타 회포ᄅᆞᆯ 도모코져 셔어ᄒᆞᆫ 의ᄉᆞᄅᆞᆯ 내엿더니(落泉4 : 9).

:셔울[명] 서울 ¶ᄯᅩ 읻힛자히ᅀᅡ 셔울 드러오니라(月釋2 : 66). 아바님 셔울 겨샤(月釋10 : 1). 셔울 오ᄅᆞᆯ 드르시고(宣賜內訓2下45). 아ᄉᆞ라히 녯 셔울히 머니 : 漢漢舊京遠(重杜解2 : 22). 두 셔욿 셜흔 사ᄅᆞ미 : 兩京三十口(初杜解8 : 36). 네 셔울 므슴 일 이셔 가ᄂᆞᆫ다 : 你京裏有甚麽勾當去(飜老 上8). 셔울 경 : 京(訓蒙 中7. 石千18). 셔울 경 : 京(類合 上19). 셔울에 모도와 : 萃於京師(宣小6 : 11). 셔울흔 녯 나라히 올맷도다 : 京華舊國移(重杜解11 : 2). 셔울 : 京城(同文解 上40). 손님 풀려 가오실 졔 셔울 구경 나도 가세(萬言詞答). 셔울 경 : 京(兒學 上4).

셔울히마르는[명] 서울이지마는. 서울이다마는 ¶西京이 아즐가 西京이 셔울히마르는 위 두어렁셩 두어렁셩 다링디리(樂詞. 西京別曲).

·셕[명] 고삐 ¶ᄆᆞᆯ 셕 굴에예 ᄒᆞ야딘 ᄃᆡ : 馬韁靽靷所傷(救急 下16). 셕 잡고 새뱃 ᄃᆞᆰ 소리ᄅᆞᆯ 드러 : 轡馬聽晨雞(初杜解8 : 27). ᄆᆞᆯ 셕 : 馬紲(四解 下40 紲字註). 셕 비 : 轡. 셕 파 : 靶(訓蒙 中27). 셕 다틸 송 : 騌(訓蒙 下9).

셕다[형] 작다 ¶이 몸이 셕은 션ᄇᆡ로 擊節悲歌ᄒᆞ노라(古時調. 唐虞는. 海謠). 날 ᄀᆞᆺ튼 셕은 션ᄇᆡ야 일너 무ᄉᆞᆷ ᄒᆞ리요(古時調. 金天澤. 古今에. 甁歌).

션믈[명] 뇌물(賂物) ¶션믈 션 : 膳(光千 34). 션믈 쓰다 : 行賄(漢淸 3 : 7).

션·ᄇᆡ[명] 선비 ¶션ᄇᆡᄅᆞᆯ 아ᄅᆞ실ᄊᆡ : 且識儒生. 션ᄇᆡᄅᆞᆯ ᄃᆞᄉᆞ실ᄊᆡ : 且愛儒生(龍歌80章). 두 션ᄇᆡ 주거믜 가(三綱. 烈20). 션ᄇᆡ의 術을 아디 몯ᄒᆞ며 : 不知儒術(宣賜內訓1 : 32). 한 士ㅣ 다 션ᄇᆡ오 : 多士盡儒冠(杜解16 : 3). 션ᄇᆡ ᄉᆞ : 士. 션ᄇᆡ 유 : 儒(類合 上17). 션ᄇᆡ ᄉᆞ : 士(石千24). 學에셔 션ᄇᆡ노타 : 放學(譯解 上15). 션ᄇᆡ : 秀才(譯解 上27). 송약쇼ᄂᆞᆫ 패쥬 사ᄅᆞᆷ이라 ᄃᆡᄃᆡ 션ᄇᆡ로 : 儒(女四解 3 : 2). 션ᄇᆡ : 士(同文解 上12). 션ᄇᆡᄂᆞᆫ 몸을 닥고 힝실을 조히 ᄒᆞ야(女範1. 모의 졔뎐직모). 션ᄇᆡ : 儒. 큰 션ᄇᆡ : 大儒(漢淸5 : 29). 여러 아ᄃᆞᆯ을 ᄀᆞᄅᆞ쳐 다 어딘 션ᄇᆡ 되니라 : 四子許以修革自後訓導愈明並爲良士(五倫3 : 13). 션비와 호반과 아젼들은 각각 그 지조를 니기고(綸音75). 션비 ᄉᆞ : 士(註千24. 兒學 上1).
※션ᄇᆡ>션비>선비

셜다[형] 섧다 ¶ᄀᆡ일을 만나거든 셔러 우는 눈물을 흘리라(女四解3 : 13). 희는 일이 셔로려든(古時調. 희여검을. 東國歌辭). 셔를 통 : 慟. 셔를 도 : 悼(兒學 下11).

:셜·다[동] 설다. 낯설다 ¶나ᄂᆞᆫ ᄌᆞᄅᆞ미니 ᄯᅩ 살 님자도 셔디 아니ᄒᆞ며 ᄑᆞᆯ 님자도 셔디 아니ᄒᆞ야 내 바른대로 닐오리라 : 我是箇牙家也不向買主也不向賣主我只依直說(飜老 下11).

:셜·버·ᄒᆞ·다[동] 괴로워하다 ¶須達이 長常 그리ᅀᆞᄫᅡ 셜버ᄒᆞ더니 부톄 오나시ᄂᆞᆯ(釋譜6 : 44). 有情이 오시 업서 모기 벌에며 더뷔 치뷔로 셜버ᄒᆞ다가(月釋9 : 26).

:셜·워ᄒᆞ·다[동] 서러워하다. 괴로워하다 ¶주거늘 天下ㅣ 셜워ᄒᆞ더라(三綱. 忠22). 아라 셜워호ᄆᆞᆫ 아로미 思ㅣ라 : 知苦覺思也(楞解8 : 108). 孟子ㅣ ᄀᆞᆯᄋᆞ샤ᄃᆡ 셜워ᄒᆞ야 ᄉᆞ모ᄒᆞ심이니라 : 孟子曰怨慕也(宣小4 : 7). 왕이 드르시고 셜워ᄒᆞ샤 급찬을 튜증ᄒᆞ시니라 : 王聞之悲慟追贈級湌(東新續三綱. 忠1 : 2). 죰조차 기ᄃᆞ리려 ᄒᆞ니 더욱 셜워ᄒᆞ노라(古時調. ᄀᆞᆺ득돈. 古歌). 셜워ᄒᆞ다 : 傷心(漢淸7 : 2).

:셟·다[형] 섧다. 괴롭다 ¶一生 셜ᄫᅳᆫ ᄠᅳᆮ ᄀᆞ장 니ᄅᆞ시니(月印 上51). 셟고 애완븐 ᄠᅳ들 머거 갓가ᄉᆞ로 사니노니…셜ᄫᅳᆫ 人生이 어듸던 이 ᄀᆞᄐᆞ니 이시리잇고…셜ᄫᅳᆫ 일도 이러훌쎠(釋譜6 : 5). 痛ᄋᆞᆫ 셜ᄫᅳᆯ 씨라(月釋序10). 惱ᄂᆞᆫ ᄆᆞᅀᆞᆷ 셜ᄫᅳᆯ 씨오(月釋2 : 22之1). ᄯᅩ 識神을 受苦ᄒᆞ야 셟게 호ᄆᆞᆯ 가졸비시니라 : 亦乃苦楚識神也(法華2 : 121). 갈거리ᄅᆞᆯ 臨ᄒᆞ야셔 ᄠᅳ디 ᄌᆞ모 셜울시 : 臨岐意頗切(杜解8 : 21). ᄯᅩ 아니 내게 셜우녀 : 不虧着我(飜朴 上11). 셜울 원 : 冤(訓蒙 下24. 倭解 上21). 셜온 님 보내옵노니 나는 가시는 ᄃᆞᆺ 도셔 오쇼셔(樂詞. 가시리). 사라셔 여희미 더옥 셜ᄯᅩ다 : 生離亦悲傷(恩重10). 셜울 통 : 痛(類合 下18). 셜울 쳑 : 慼(類合 下23). 셜울 도 : 悼(類合 下35). 셜울 참 : 慘(類合 下53). 나도 셟거든 ᄂᆞᆷ의게 밀워 어ᄃᆡ다가 굿틀 다히리오(癸丑59). 늙기도 셜웨라커든 짐을 조차 지실가(古時調. 鄭澈. 이고 진. 松江). 千秋後 寃痛ᄒᆞᆷ이 孟嘗君이 더욱 셟다(古時調. 千秋前. 靑丘). ᄂᆞ려져 죽기는 셟지 아녀 님 못 볼가 ᄒᆞ노라(古時調. 李陽元. 놉흐나 놉흔. 靑丘). 가노라 三角山아 보내노라 셜워 말아(古時調. 金兌瑞. 靑丘). ᄯᅩ 무어시 셜우리오(女四解4 : 32). 셟다 : 苦啊(同文解 下10. 漢淸7 : 2). 녀지 비록 셟기를 품어 ᄆᆞᄋᆞᆷ을 돌ᄌᆞ치 ᄒᆞ야도(落泉1 : 2).

※ '셟다'의 활용
셟고/셟게/셟디…
셜ᄫᅳᆫ/셜ᄫᅳᆯ/셜ᄫᅥ…
>셜운/셜울/셜워…

:셤[명] 섬 ¶셤爲島(訓解. 用字). 셤 안해 도ᄌᆞᆨ 니저니 : 島不警賊(龍歌53章). 大海 셤이 人境에 그츤 ᄃᆡ 쉬여 잇ᄂᆞ니 : 大海島絶於人境(楞解8 : 133). 셔미 퍼러ᄒᆞ도다 : 島嶼靑(初杜解21 : 40). 셤 도 : 島. 셤 셔 : 嶼(訓蒙 上4. 兒學 上4). 셤 도 : 島(類合 上6. 倭解 上9). 셤 : 海島子(譯解 上8. 同文解 上7).
※셤>섬

셤·기·다[동] 섬기다 ¶獨夫受ㄹ 셤기시니 : 事獨夫辛(龍歌11章). 太子ᄅᆞᆯ 셤기ᅀᆞᄫᅩᄃᆡ 하ᄂᆞᆯ 셤기ᅀᆞᆸ듯 ᄒᆞ야(釋譜6 : 4). 比丘尼 절ᄒᆞ야 셤기디ᄫᅵ 새 비호ᄂᆞᆫ ᄠᅳ들 어즈리디 말 씨오(月釋10 : 20). 諸佛을 받ᄌᆞ와 셤기ᅀᆞ옴도 : 承事諸佛(金三2 : 33). 우흿 사ᄅᆞᆷ 셤기며 : 事上(飜小10 : 21). 父母ᄅᆞᆯ 잘 셤겨 : 善事父母(警民 1). ※셤기다>섬기다

:셰·다[동] (머리가) 세다 ¶셴 하나비ᄅᆞᆯ : 皤皤老父. 셴 할미ᄅᆞᆯ : 皤皤老嫗(龍歌19章). 나히 八十이 디나 머리 셰오 ᄂᆞᄎᆞᆫ 디드러 아니 오라 ᄒᆞ마 주그리니(月釋17 : 47). 네 이제 머리 셰며 ᄂᆞᆺ 살쥬ᄆᆞᆯ 슬ᄂᆞ니 : 汝今自傷髮白面皺(楞解2 : 9). 머리 셰오 ᄂᆞᄎᆡ 살찌닐 ᄂᆞ믜게 뵈요ᄃᆡ : 示人髮白而面皺(法華5 : 120). 니마히 半만ᄒᆞᆫ 빗는 머리 셰니 : 半頂梳頭白(初杜解 7 : 12). 반만 셴 이 잡드럿디 아니ᄒᆞ며 : 斑白不提挈(宣小4 : 39). 어제 감던 머리 현마 오ᄂᆞᆯ 다 셸소냐(古時調. 靑丘). 귀밋치 셰여시니 ᄂᆞᆷ이 늙다 ᄒᆞ려니와(古時調. 靑丘). 검거니 셰거니 一便도 ᄒᆞᆫ져이고(古時調. 가마귀 검거라. 靑丘). 셰다 : 髮白(同文解 上19).

:셰·다[동] 세우다 ¶中興主ᄅᆞᆯ 셰시니 : 立中興主(龍歌11章). 平等王ᄋᆞᆯ 셰ᅀᆞᄫᆞ니 瞿曇氏 그 姓이시니(月印

上4). 獅子座ᄅᆞᆯ 셰ᅀᆞᄫᅡ(月印上24). 塔 셰오 堀 짓고(釋譜6：44). 有德ᄋᆞᆫ 사ᄅᆞᄆᆞᆯ 셰여(釋譜9：9). 塔寺 셰며 僧坊 지ᅀᅥ(月釋17：37). 마치ᄅᆞᆯ 자ᄇᆞ며 拂子ᄅᆞᆯ 셰야도：拈槌豎拂(金三3：48). 建立ᄋᆞᆫ 셰여 둘 시라(南明 上6). 실을 셰어나 ᄒᆞ야：立甑(救簡1：88). 몬져 無念을 셰여 宗 삼고：先立無念爲宗(六祖中8). 공경이 내 몸 셰ᄂᆞᆫ 터힌 주를 보고(飜小8：27). 셸 건：建(類合下13). 비홀 ᄃᆡᄅᆞᆯ 셰시고 스승을 셰샤：建學立師(宣小題辭2). 유ᄉᆞᄅᆞᆯ 명ᄒᆞ샤 돌ᄒᆞᆯ 셰여 이ᄅᆞᆯ 긔록ᄒᆞ다：命有司立石紀事(東新續三綱. 孝1：3).

셰다[동] 헤아리다 ¶人間萬事를 歷歷히 셰어 보니(武豪歌).

셰답ᄒᆞ다[동] 빨래하다 ¶에나거든 셰답ᄒᆞ며 바ᄂᆞ질호ᄃᆡ：得間則浣濯紉縫(家禮2：28). 셰답ᄒᆞ다：漿洗了(譯解補29).

셰몰애[명] 세모래. 세사(細砂) ¶삭삭기 셰몰애 별헤 나ᄂᆞᆫ 삭삭기 셰몰애 별헤 나ᄂᆞᆫ 구은 밤 닷 되를 심고이다(樂詞. 鄭石歌).

소·겨앗·다[동] 속여 빼앗다. ¶소겨아ᅀᆞᆯ 편：騙(訓蒙下20).

소·기·다[동] 속이다 ¶소기며 게으르며(月釋13：24). ᄂᆞᆷ 소교ᄆᆞᆯ 爲ᄒᆞ야 안해 다ᄅᆞᆫ 쇠 먹고(法華6：175). 소기디 아니ᄒᆞ며：不欺(金剛36). 소길 광：誑. 소길 잠：賺(訓蒙 下20). 소길 휼：譎(類合下5). 소길 궤：詭(類合下34). 소길 기：欺. 소길 광：誑(類合下36). ᄇᆡᆨ셩을 소기매 갓갑디 아니ᄒᆞ랴：不幾於罔民乎(警民2). ᄉᆞ졍 ᄡᅥ 구의 소김은 형의 다시라：用情欺官者兄也(東新續三綱. 孝7：32). 어우하 날 소겨고(古時調. 靑丘). ᄉᆞᆯ드리도 날 소겨다(古時調. 靑丘). 父ㅣ 이에 소겨 女ᄅᆞᆯ 잇글고(女四解4：22). ᄭᅬ와 소기다：誘騙(同文解 上32). ᄭᅬ와 소기다：欺詐. ᄀᆞ만이 소기다：暗欺哄(漢淸8：38).

소·다[동] 쏘다〔射〕 ¶彈ᄋᆞᆫ 솔 씨라(月釋14：62). 거우루 닷곰과 활소기 비홈괘라：磨鏡學射(圓覺 上一之一112). 화ᄅᆞᆯ 혀 西ㅅ녀그로 되ᄅᆞᆯ 소놋다：彎弓西射胡(初杜解23：21). 사ᄅᆞᆯ 虛空애 소아 極ᄒᆞ면 도로 ᄠᅥ러디ᄂᆞ니(金三4：52). ※소다>쏘다

소·ᄅᆡ[명] 소리. 음성(音聲). 운(韻) ¶音은 소ᄅᆡ니 光明에셔 말ᄒᆞᄂᆞ니라(月釋1：33). ᄑᆞᄅᆞᆷ 소ᄅᆡ ᄀᆞᆮ고：如嘯聲(救急上39). 소ᄅᆡᄅᆞᆯ 모로매 펴며：聲必揚(宣賜內訓1：5). 소ᄅᆡ 잇거늘(續三綱. 孝11). 소ᄅᆡᄅᆞᆯ ᄂᆞᆺ가이 ᄒᆞ며(飜小8：25). 소ᄅᆡ 음：音. 소ᄅᆡ 셩：聲(訓蒙上29). 소ᄅᆡ 셩：聲. 소ᄅᆡ 음：音(類合下1). 下ᄒᆞ며 上ᄒᆞᄂᆞᆫ 소ᄅᆡ로다：下上其音(詩解2：12). 蒼蠅의 소ᄅᆡ로다：蒼蠅之聲(詩解5：1). 空中 玉簫 소ᄅᆡ 어제런가 그제런가(松江. 關東別曲). 셩ᄂᆡ여도 소ᄅᆡ를 놉피 말라：聲(女四解3：4). 소ᄅᆡ 다ᄅᆞᆫ 풍뉴ᄅᆞᆯ(明皇1：38). 소ᄅᆡ마다 嬌態로다(丁克仁. 賞春曲). 소ᄅᆡ 셩：聲(兒學下2). 밤낫스로 우ᄂᆞᆫ 소ᄅᆡ 흔ᄉᆞᆷ 지고 슬픈 소ᄅᆡ(萬言詞). 놉히 ᄒᆞᆫ 소ᄅᆡᄅᆞᆯ ᄒᆞ고(武藝圖4).

소마[명] 소변 ¶쟈근 소마 보신 後에 이마 우희 손을 언고(古時調. 이제사. 甁歌).

소소ᄯᅳ다[동] 솟아 뜨다. 솟구쳐 오르다. ¶縞衣玄裳이 半空의 소소ᄯᅳ니(松江. 關東別曲). ᄂᆡᄭᅴ예 나온 鶴이 제 기ᄉᆞᆯ 더뎌 두고 半空의 소소ᄯᅳᆯ 듯(松江. 星山別曲). 댱지치 다 디게야 놀애ᄅᆞᆯ 고텨 드러 靑天 구름 속애 소소쳐 오ᄅᆞᆫ 말이 ᄉᆡ훤코 훤츨ᄒᆞᆫ 世界ᄅᆞᆯ 다시 보고 말와라(古時調. 鄭澈. 松江).

소옴[명] 솜 ¶兜羅綿은 어름ᄀᆞ티 흰 소오미오(月釋2：41). 겨ᅀᆞ레 소옴 둔 오ᄉᆞᆯ 닙디 아니ᄒᆞ고：冬不衣絮(宣賜內訓1：72). 제 아ᄃᆞᆯ란 소옴 두어 주고(三綱. 孝1). ᄂᆞᆯ근 소옴 온：縕. 소옴 광：纊. 소옴 셔：絮. 소옴 면：綿(訓蒙 中24). 소옴：涼花(同文解 下25). 소옴：棉花(漢淸10：62). 소옴 ᄐᆞ다：惲棉花(漢淸10：67). 소옴：冷花(柳氏物名 三 草).

속닙[명] 속잎 ¶곳 지쟈 속닙 퓌니 綠陰이 다 퍼진다 솔 柯枝 것거 ᄂᆡ여 柳絮ᄅᆞᆯ ᄡᅳ르치고(古時調. 靑丘). 속닙：嫩葉兒(譯解補51).

손바당[명] 손바닥 ¶손바당을 ᄢᅵ러 피를 내야：剖掌出血(東新續三綱. 孝6：71). 字ᄅᆞᆯ 그ᄅᆞᆺ ᄡᅳᄂᆞᆫ 이ᄂᆞᆫ 손바당을 세 번 젼반으로 티ᄂᆞ니라：寫差字的手心上打三戒方(朴解 上45). 손바당 쟝：掌(倭解 上17).

손벽티다[동] 손뼉치다 ¶손벽티고 닐오ᄃᆡ(癸丑202).

손씨[명] 솜씨 ¶저제 드러가 분 ᄑᆞᄂᆞᆫ ᄃᆡᄅᆞᆯ 두로 보니 그 겨집의 손ᄡᅵ과 ᄀᆞᆺ거ᄂᆞᆯ：入市遍買胡粉次此女此之手跡如先(太平1：9).

손소[부] 손수 ¶금과 비단과ᄅᆞᆯ 주고 옷ᄭᅪ 관과 졔ᄒᆞᆯ 거슬 손소 다ᄒᆞ야 두고 집사ᄅᆞᆷ과 여희여 닐오ᄃᆡ：且與之金幣親具衣棺祭物與家人訣曰(三綱. 烈23明秀). 렴이 벼슬 ᄇᆞ리고 시병ᄒᆞ야 손소 분지 반내ᄅᆞᆯ 네 ᄒᆡ도록 그치디 아니ᄒᆞ야：廉棄官侍疾手奉溺器四年不輟(東續三綱. 孝2姜廉鑿氷). 珠簾을 손소 것고(靑友仁. 自悼詞).

손ᄭᅡ락[명] 손가락 ¶소ᄂᆞᆯ 펴시니 손ᄭᅡ락 ᄉᆞᅀᅵ예셔 굴근 보비옛 곳비 오더니(月釋7：38). 손ᄭᅡ라고로 다가 그 헐므슨 부리 우희 추모로 나져 바며 머므디 말오 ᄇᆞᄅᆞ라：將指頭那瘡口上着唾沫白日黑夜不住的搽(飜朴 上13).

·손소[부] 손수 ¶손소 몯 주노이다(月印上52). 목수미 므거ᄫᅳᆫ 거실ᄊᆡ 손소 죽디 몯ᄒᆞ야(釋譜6：5). 손소 다 布施커나(月釋21：139). 손소：親(三綱. 孝26孝肅). 손소 桃李ᄅᆞᆯ 심구니 님재 업순 디 아니로다：手種桃李非無主(初杜解10：7). 侍病ᄒᆞ야 손소 분지 받내ᄅᆞᆯ 네 ᄒᆡ도록 그치디 아니ᄒᆞ야：侍疾手奉溺器四年不輟(續三綱. 孝5). 믄득 아ᄎᆞᄆᆡ 벽 일빅을 손소 드러 집 밧긔 옴기고：輒朝運百甓於齋外(飜小10：7). 손소 마리ᄅᆞᆯ 갓더니：自爲剪髮(宣賜內訓2下7).

손헤다[동] 손짓하다. 손을 내젓다. ¶손헤다：點手(四解 下82點字註). 安貧을 슬히 너여 손헤다 물러감며 富貴ᄅᆞᆯ 불어ᄒᆞ여 손치다 나아오랴(古時調. 金天澤. 海謠).

ᄉᆞᆫ바·당[명] 손바닥 ¶ᄒᆞᆫ 눈 ᄣᅢ혀 ᄉᆞᆫ바다ᅌᅢ 연자 두고(釋譜24：51). 合掌ᄋᆞᆫ ᄉᆞᆫ바당 마촐 씨라(月釋2：29). ᄉᆞᆫ바당 안ᄀᆞ티 ᄒᆞ니：猶如掌內(法華6：29). ᄉᆞᆫ바당 가온ᄃᆡ ᄒᆞᆫ 구스릐 새로외요ᄆᆞᆯ 貪히 보놋다：掌中貪見一珠新(初杜解8：14). ᄉᆞᆫ바당앳 果子 보ᄃᆞᆺ ᄒᆞ더시니라(南明 上25). ᄯᅩ ᄉᆞᆫ바당이 ᄃᆞ외도다：復成掌(金三2：34). 올ᄒᆞᆫ녁 ᄉᆞᆫ바당애 ᄇᆞᄅᆞ라：塗右手心(救簡1：20).

:솔·옷[명] 송곳 ¶집마다 솔옷 긋 ᄂᆡᄅᆞ리 ᄃᆞ토미 ᄲᆞᄅᆞ도다：家家急競錐(杜解3：5). ᄂᆡ건 ᄒᆡᄂᆞᆫ 솔옷 셸 ᄯᅡ토 업더니(南明上8). 오직 솔옷 그티 ᄂᆞᆯ카오ᄆᆞᆯ 보니라：只見錐頭利(南明上77). 속졀업시 것근 솔옷 자바 녀트며 기푸ᄆᆞᆯ 자히ᄠᅳᄂᆞ다：徒把折錐候淺深(南明下20). 아랜 솔옷 셰욜 ᄃᆡ 업스니：下無卓錐(金三4：6). 즈믄 솔옷ᄋᆞ로 ᄯᅡ 딜오미：千錐箚地(金三4：49). 솔옷 쵸：錐(訓蒙中14).

:솝[명] 속 ¶그 소배 거믄 벌에 기리 두ᅀᅥ츤 ᄒᆞ니 잇고(釋譜24：50). 甁ㄱ 소배 ᄀᆞᄎᆞ아 뒷더시니(月釋1：10). 시혹 ᄂᆞᄆᆞᆺ 소배 이시며：或處囊中(楞解9：108). 구뭇 소배 서르 머거 害호ᄆᆞᆫ：穴中共相啖害(法華2：128). 여스슨 庵羅ㅅ 솝 ᄌᆞᅀᅬ오：六庵羅內實(圓覺上 一之二180). 일 업슨 匣 소배：無事匣裏(法語11). 더ᄫᅳᆫ 氣韻이 소배 드러(蒙法44). 기픈 ᄉᆞᆺ 소ᄇᆞᆯ 니ᄅᆞ니라(宣賜內訓3：7). 새 니욘 菴子ㅣ 녜ᄅᆞᆯ 브터 白雲ㅅ 소비로다：茅菴依舊白雲裏(南明 上72). ᄲᅵ와 거플와 앗고 솝앳 거슬 므레 프로ᄃᆡ：去子皮用穰水調(救簡1：22). 솝 졍：精(訓蒙 上33). 솝 졍：精(光千26). 솝 리：裏. 솝 츙：衷(訓蒙下34). ※솝>속

:솝·옷[명] 속옷 ¶觸衣ᄂᆞᆫ 오래 니븐 솝오시라(救急上16). 샤옹이 솝오ᄉᆞᆯ ᄡᅳ라：用夫內衣(救急下92). 엿

쇄 아니어든 솝옷 싯디 말며 : 非六日不得洗浣內衣(誡初5).

솟·나·다동 솟아나다 ¶부텻 본중을 彈王이 묻ᄌᆞ바늘 堅牢地神이 솟나아 니ᄅᆞ니(月印上30). 七寶塔이 ᄯᅡ해셔 솟나아 虛空애 머므니(釋譜11 : 16). 世界예 솟나디 몯ᄒᆞ면 正覺 일우디 아니호리이다(月釋8 : 64). 二乘에 머리 솟나샤 : 逈超二乘(法華5 : 174). 西風 ᄒᆞᆫ 무릐 ᄠᅳᆫ구루믈 다 ᄠᅳ러 山河ㅣ ᄃᆞᄃᆞ와 솟나며(南明上6). 비치 六合애 솟나며 : 輝騰六合(金三3 : 26).

솟다동 쏟아지다 ¶쇠나기 한 줄기미 년닙페 솟ᄃᆞ로개 믈 무든 흔적은 젼혀 몰라 보리로다(古時調. 鄭澈. 松江).

·쇠명 쇠〔鍵〕. 열쇠. 자물쇠 ¶錫杖ᄋᆞᆯ 세 번 후늘면 獄門이 절로 열이고 뎌긔와 쇠왜 절로 글희여 디고(月釋23 : 83). 鉗은 쇠로 밀 씨라(楞解8 : 106). 公卿의 블근 門이 쇠로 여디 아니ᄒᆞ얏거늘 : 公卿朱門未開鎖(初杜解8 : 27). 네브터 寶所애 다다 쇠 좀고미 업거늘 : 從前寶所無關鑰(南明下1). 쇠로 마글 고 : 錮(類合下61).

쇠나·기명 소나기 ¶쇠나기에 흐르ᄂᆞᆫ 지니 듣ᄂᆞ니 ᄲᅨ 부ᄂᆞᆫ ᄇᆞᄅᆞ몬 아ᄅᆞᆷ다온 氣運을 앗놋다 : 涑雨落流膠衝風奪佳氣(初杜解18 : 19). 쇠나기 동 : 涑 俗稱驟雨(訓蒙上3). 쇠나기 : 過路雨(譯解上2). 쇠나기 한 줄기미 년닙페 솟ᄃᆞ로개 믈 무든 흔적은 젼혀 몰라 보리로다(古時調. 鄭澈. 松江). 과그른 쇠나기에 흰 동졍 거머지고(古時調. 白髮이. 青丘). 쇠나기 : 驟雨(同文解上2).

·쇠·붑명 종(鐘) ¶쇠붑 든 지비ᅀᅡ 一百스믈 고디러라(釋譜6 : 38). 쇠붑 죵 : 鐘(訓蒙中32). 쇠붑 죵 : 鐘(類合上29). 잉뷔 빅 소개서 쇠붑 우듯 ᄒᆞ거든 : 孕婦腹中作鍾鳴(胎要48). 千斤 든 쇠붑 소릐 티ᄃᆞ록 울힐시고(古時調. 鄭澈. 新羅 八百年. 松江). 中隱庵 쇠붑 소릐 谷風의 섯거 ᄂᆞ라(蘆溪. 莎堤曲).
※쇠붑>쇠북

·쇠·붚명 종(鐘) ¶鍾ᄋᆞᆫ 쇠부피오 鈴은 방오리라(月釋17 : 60).

쇠소리ᄇᆞᄅᆞᆷ명 소소리바람. 회오리바람. 회리바람 ¶누른 히 흰 달과 굵은 눈 가는 비에 쇠소리ᄇᆞᄅᆞᆷ 불 제 뉘 한 잔 먹ᄌᆞ ᄒᆞ리(古時調. 鄭澈. 한 잔 먹ᄉᆞ이다. 歌曲).

·쇼명 소 ¶쇼爲牛(訓解 用字). ᄡᅡ호ᄂᆞᆫ 한 쇼ᄅᆞᆯ 두 소내 자ᄇᆞ시며 : 方鬪巨牛兩手執之(龍歌87章). 象과 쇼와 羊과 廐馬ㅣ 삿기 나ᄒᆞ며(月印上9. 月釋2 : 44). ᄯᅩ ᄒᆞᆫ 쇼ᄅᆞᆯ 지ᅀᅥ내니 모미 ᄀᆞ장 크고(釋譜6 : 32). 눈ᄶᅡ리 쇼 ᄀᆞᄐᆞ시며(月釋2 : 41). ᄆᆞᆯ게 불이며 쇠게 ᄢᅦ여 가ᄉᆞᆷ 빅 ᄒᆞ야디며 : 馬踏牛觸胸腹破陷(救急下29). 三牲ᄋᆞᆫ 쇼와 羊과 돋괘라(宣賜內訓1 : 46). 吳國ㅅ 쇼 히미 쉬우니 골와 모니 뮈유믈 當ᄒᆞ리 업도다 : 吳牛力容易竝驅動莫當(初杜解7 : 35). 쇼와 ᄆᆞᆯ왜 터리 치워 움치혀 고솜돋 ᄀᆞᆮ더니라 : 牛馬毛寒縮如蝟(杜解10 : 40). 블 알며 쇼 아로미 : 知火知牛(金三2 : 3). 다ᄆᆞᆯ 隔ᄒᆞ야셔 ᄲᅳᆯ를 보고 곧 이 쇈 ᄃᆞᆯ 알며 : 隔墻見角便知是牛(金三2 : 3). 쇼 우 : 牛(訓蒙上19. 類合上13. 倭解下22). 쇼 특 : 特(光千38. 石千38). 님금이 연괴 업거든 쇼ᄅᆞᆯ 죽이디 아니ᄒᆞ며 : 君無故不殺牛(宣小3 : 26). 쇼 목 : 牧(註千25). 쇼 우 : 牛(兒學上7). 이바 아히들아 쇼 조히 머겨스라(辛啓榮. 月先軒十六景歌). 燕軍의 닷ᄂᆞᆫ 쇼ᄅᆞᆯ 잡ᄋᆞ다가 심을 ᄢᅦ여(武豪歌). ※쇼>소

쇼명 속인(俗人) ¶世尊이 니ᄅᆞ샤ᄃᆡ 出家ᄒᆞᆫ 사ᄅᆞᄆᆞᆫ 쇼히 ᄀᆞᆮ디 아니ᄒᆞ니(釋譜6 : 22). 쥬의 坊이어나 쇼히 지비어나(釋譜19 : 43). 門 알ᄑᆡ ᄒᆞᆫ 즁과 ᄒᆞᆫ 쇼쾌 고ᄫᆞᆫ 겨지블 ᄃᆞ려 왜셔 ᄑᆞᄂᆞ이다(月釋8 : 94). 俗子ᄂᆞᆫ 쇼히라(蒙法47). 즁은 이 즁이오 쇼ᄒᆞᆫ 이 쇼히며 : 僧是僧兮俗是俗(金三4 : 45). 네 粮 빌 즁이 쇼히 지븨 니거늘 쇼히 무로ᄃᆡ ᄆᆞᅀᆞᄆᆞᆯ 求ᄒᆞᄂᆞᆫ다(南明下63). 쇼콰 사괴여 놈으로 ᄆᆡ여 ᄢᅴ워게 ᄒᆞ야도 : 俗(誡初11).
※'쇼'의 첨용 [쇼 / 쇼히/쇼ᄒᆞᆫ/쇼ᄒᆞᆯ/쇼히라…

쇼근형 작은 ¶ᄌᆞ조 쇼근 나라해 가ᄆᆞᆯ 놀라노니 : 頻驚適小國(重杜解7 : 32).

쇼쇼리ᄇᆞ람명 소소리바람. 회오리바람 ¶누론 히 흰 ᄃᆞᆯ ᄀᆞᄂᆞᆫ비 굴근 눈 쇼쇼리ᄇᆞ람 불 제 뉘 ᄒᆞᆫ 盞 먹쟈 ᄒᆞᆯ고(松江. 將進酒辭).

·쇽·졀:업·다형 속절없다 ¶方攘앳 術이 쇽졀업더니(月印上66). 方攘앳 術이 쇽졀업더니(月釋7 : 19). 求ᄒᆞ야 ᄇᆞ라미 쇽졀업슨 잇ᄇᆞ미라 : 求冀謾勞(楞解6 : 90). 쇽졀업슨 ᄇᆡ화 아로ᄆᆞᆯ 디녀셔 : 莫將閑學解(蒙法57). 쇽졀업슨 허비ᄅᆞᆯ 짐쟉ᄒᆞ야 덜며 : 裁省冗費(宣小5 : 81). 쇽졀업다 : 閑(語錄1). 쇽졀업다 : 不齊事(譯解上69). 貴人도 쇽졀업니 등짐도 지시거고(萬言詞).

:쇠명 ①소가. 통쇼 ¶소곰므를 ᄂᆞᄎᆡ ᄇᆞᄅᆞ면 쇠 할ᄒᆞ리라 : 鹽汁塗面上牛卽肯舐(救簡1 : 43). ②소의. 통쇼 ¶쇠 자곡과 큰 바ᄅᆞᄅᆞᆯ 엇뎨 마초아 헤리오 ᄒᆞ니라 : 牛跡巨海何可校量(圓覺下二之一64). ᄯᅩ 쇠 소리 ᄒᆞ거든 : 或作牛聲(救簡1 : 93).

쇠아지명 송아지 ¶쇠아지 : 犢兒(譯解下30). ᄯᅩ 엇던 쇠게 쇠아지 업고 ᄯᅩ 엇던 ᄆᆞᆯ게 ᄆᆡ아지 업고(小兒6).

쇠야·지명 송아지 ¶健壯호미 누른 쇠야지 ᄃᆞᄅᆞ락 도로오락홈 ᄀᆞᆮ다라 : 健如黃犢走復來(初杜解25 : 51). 쇠야지 귀쳥 : 犢子耳中塞(救簡3 : 31). 쇠야지 독 : 犢(類合上13. 倭解下22. 石千38). 쇠야지 : 牛犢(同文解下38. 漢淸14 : 36).

:쇠·졋명 우유(牛乳) ¶쇠졋 좌샨이리라(楞解6 : 99). 쇠졋 : 牛乳(救簡1 : 94). 쇠졋 : 牛乳(東醫 湯液一 獸部).

:수·비부 쉬이 ¶隱密히 光ᄋᆞᆯ 두르혀 제 보면 수비 키 아로ᄆᆞᆯ 得ᄒᆞ야 : 密密迴光自看則易得大悟(松廣寺蒙法5). 수비 靈驗을 得ᄒᆞ리라 : 易得靈驗(法語2).

:수·ᄫᅵ부 쉬이. 쉽게 ¶사ᄅᆞᆷ마다 ᄒᆡᅇᅧ 수ᄫᅵ 니겨 : 欲使人人易習(訓註). 法이 처엄 盛히 行ᄒᆞ야 사ᄅᆞ미 번드기 수ᄫᅵ 알 時節은 正法이라 ᄒᆞ고(釋譜9 : 2). ᄒᆞ나히 ᄆᆞᅀᆞᄆᆞᆫ 수ᄫᅵ 고티려니와(月釋1 : 51). 災變 ᄠᅳ디 기퍼 수ᄫᅵ 모ᄅᆞ니(三綱. 忠7). 드르면 곧 수ᄫᅵ 알오 : 聞卽易會(牧牛訣14). 비ᄅᆞᆯ 뎨며 브티면 므르디 아니ᄒᆞ며 알ᄑᆞ디 아니ᄒᆞ며 수비 됴ᄒᆞᄂᆞ니라 : 用梨削貼不爛止痛易瘥(救急下15). 수비 키 아로ᄆᆞᆯ 得ᄒᆞ야(蒙法7). 비ᄒᆞ시 수비 거츠러 아라도 ᄒᆞ마 뉘으츠미 어려오니라 : 習之易荒覺已難悔(宣賜內訓1 : 33).
※수ᄫᅵ>수이

수수어·리·다동 떠들어대다. 수떨다 ¶엇뎨 져비 새 수수어리미 업스리오 : 寧無燕雀喧(初杜解21 : 10).

수수워·리·다동 떠들어대다. 수떨다 ¶수수워려 늘그니ᄅᆞᆯ 慰勞ᄒᆞᄂᆞ다(初杜解22 : 3).
※수수워리다>수우워리다

수스·다동 떠들다. 들레다. 수떨다 ¶ᄀᆞᄅᆞᆷ 개예 울엣소리 어젯바미 수스니 봆 자새 빗비체 져기 치우미 무옛도다 : 江浦雷聲喧昨夜春城雨色動微寒(初杜解3 : 47). ᄇᆞᄅᆞ미 가비야오니 힌나비 깃거ᄒᆞ고 고지 더우니 ᄢᅮᆯ 짓ᄂᆞᆫ 버리 수스놋다 : 風輕粉蝶喜花暖蜜蜂喧(初杜解21 : 6). ※수스다>수으다

수스워·리·다동 떠들어대다. 수떨다 ¶보ᄆᆡ 녀름지ᅀᅳᆯ 사ᄅᆞ미 오히려 수스워리놋다 : 春農尙嗷嗷(初杜解12 : 10).

수위부 쉬이. 쉽게 ¶어룸 궁긔 잉어 잡아 水陸膾ㅣ나 수위 ᄒᆞ며(쌍벽가).

:수·이부 ①쉬이. 쉽게 ¶ᄒᆞ나ᄒᆞᆫ 가ᅀᆞ멸며니ᅀᅡ 수이 布施ᄒᆞ리라 너기고 : 一謂富者易施(楞解1 : 34). 수이 알릴씨(法華1 : 9). ᄆᆞ거우미 수이 불기려니와(圓覺下三之一47). 劉公이 처ᅀᅥᆷ 甚히 수이 너기더니 : 劉公初甚易之(宣賜內訓1 : 16). 뉘 닐오ᄃᆡ 뭇뭇ᄒᆞ야

수이 ㅂㅣ브르ᄂᆞ다 ᄒᆞᄂᆞ뇨 : 誰云滑易飽(初杜解7 : 38). 수이 보디 몯호몰 모로매 아로리라 : 須知不易觀(南明下29). 수이 보딕 아로미 어렵도다 : 易見難曉(金三3 : 39). 또 수이 폴 거시어니와 : 又容易賣(飜老下62). 사ᄅᆞᆷ이 수이 알과댜 ᄒᆞ야 : 欲人易曉(宣小凡例1). 즈믄 문도 수이 열니고(癸丑125). 신령을 만나 이 노래와 춤 풍뉴를 수이 ㅂㅣ화(明皇1 : 38). ② 빨리 ¶수이 허ᄒᆞ오셔 사ᄅᆞᆷ의 목숨을 닛즈오쇼셔(癸丑 92). 언디 나를 수이 주기디 아니ᄒᆞᄂᆞ뇨 : 何不速殺我(東三綱. 烈3). 수이 : 快着(同文解 下52). 수이 : 急速(漢淸6 : 43).

수·플 몡 수풀 ¶수플에 나ᄂᆞᆫ 부테 거츨언마ᄅᆞᆫ(月印 上28). 叢林ᄋᆞᆫ 얼근 수프리라(釋譜19 : 17). 수플와 나모와 못괘 다 法音을 펴며 : 林木池沼皆演法音(楞解6 : 47). 나그내 눉므를 수프레 흘료라 : 客淚迸林藪(杜解6 : 2). 가시 수픐 가온딕 : 荊棘林中(南明 上47). 수플 미ㅎ : 林野(金三2 : 65). 어드흔 수프리 : 黑林子(飜老 上60). 수플 림 : 林(訓蒙 上7. 類合上5. 倭解 下29). 수플 아래 돌입ᄒᆞ여 도적을 항거ᄒᆞ니 : 突入林下抗賊(東新續三綱. 孝6 : 86).
※수플>수풀

수후좀 몡 수잠 ¶萬古興亡이 수후좀에 ᄭᅮᆷ이여ᄂᆞᆯ 어듸셔 망녕엣 거슨 노지 말라 ᄒᆞᄂᆞ니(古時調. 趙纘韓. 天地 몃. 青丘).

수후좀 자다 동 수잠자다 ¶방 알핀셔 수후좀자며 안부를 뭇더라 : 仍假寢閣前承候安否(二倫15 楊氏義讓).

숙보다 동 낮추보다 ¶長安 花柳 風流處에 안이 간 곳이 업는 날을 閣氏네 그다지 숙보와도 ᄒᆞ롯밤 격거보면(古時調. 折衝將軍. 海謠).

술·위 몡 수레 ¶술위 우희 천 시러 보내시니(月印 上22). 駕ᄂᆞᆫ 술위니(月釋序17). 술위와 ᄆᆞᆯ와를 ᄒᆞ야ᄇᆞ리거든 : 妨損車馬(楞解5 : 68). 세 술위 ᄒᆞᆫ 門 녇가오ᄆᆞᆯ 혀샤 : 引三車一門之淺(法華2 : 2). 님금이 술위와 ᄆᆞᆯ와 주어시든 : 君賜車馬(宣賜內訓1 : 11). 蜀都애 사호맷 술위 하니라 : 蜀都足戎軒(初杜解8 : 7). 술위에 ᄡᅵ이며 ᄆᆞᆯ게 ᄇᆞᆯ이며 : 車轢馬踏(救簡1 : 79). 靈駕ᄂᆞᆫ 神靈 술위라 ᄒᆞᆫ 마리니(眞言). 술위 거 : 車. 술위 량 : 輛. 술위 취 : 輜. 술위 병 : 軿. 술위 여 : 輿. 술위 로 : 輅. 술위 련 : 輦(訓蒙 中26). 술윗 자곡 텰 : 轍(類合下58). 뒤히 술위를 명ᄒᆞ여 시ᄅᆞ라(女範2. 현녀 졔슉슈녀). 황뎨 ᄐᆞ신 술위에 올라 : 登輦(五倫2 : 23). ※술위>수레

술풀집 몡 술을 파는 집. ¶술풀지븨 수를 사라 가고신딘(樂詞. 雙花店).

숨ᄸᅵ지 부 심술궂게 ¶놈이야 숨ᄸᅵ지 너긴들 눈화 볼 줄이시랴(古時調. 金光煜. 江山閑雅ᄒᆞᆫ. 青丘).

숨ᄸᅳᆯ다 형 심술궂다 ¶夕陽에 숨ᄸᅳ든 거뮈ᄂᆞᆫ 그믈 밋고 녓ᄂᆞᆫ다(古時調. 小園百花叢에. 青丘).

숫글다 동 두려워하다. 곤두서다 ¶숫그러 숑 : 悚(類合下15). 숫그러 숑 : 竦(類合下54). 이 말을 드르미 毛骨이 숫글고 冷汗이 遍身의 흘너(落泉2 : 5).

쉬·우·다 동 쉬게 하다. ¶놀라 것ᄆᆞ로 죽거ᄂᆞᆯ 보고 안죽 쉬우믄 頓을 ᄇᆞ리시고 勸 여르샤ᄆᆞᆯ 가줄비니라(月釋13 : 18). 涅槃城은 곧 길가온딕 쉬우시ᄂᆞᆫ 權엣 果ㅣ라 : 涅槃城卽中道上息之權果(法華5 : 61). 區區히 ᄃᆞᆫ녀셔 여러 볼 발 부루투믈 ᄃᆞᆯ히 너기다니 졈졈 ᄯᅩ 뵨 히믈 쉬우노라(初杜解20 : 30). 쇼ᄅᆞᆯ 잇거 고해 다혀 ᄉᆡᆨ빅 번을 숨 쉬울디니 : 牽牛臨鼻上二百息(救簡1 : 43).

·쉽·살·ᄒᆞ·다 형 쉽다. 만만하다 ¶어버이와 얼운을 봉양ᄒᆞ야 敢히 교만ᄒᆞ고 쉽살홈을 내디 말라 : 奉親長不敢生驕易(宣小5 : 20). 힘ᄡᅥ 簡략고 쉽살호믈 조ᄎᆞᆯ디니라 : 務從簡易(家禮3 : 17). 글이 쉽살코 빗나고도 유여ᄒᆞ니(女範3. 문녀 당셔츙용).

·슈·고ᄅᆞ외·다 형 수고(受苦)롭다 ¶能이 東山애 法得ᄒᆞ야 受苦ᄅᆞ외요몰 다 受ᄒᆞ야(六祖 上46). 내죵내 잇브며 受苦ᄅᆞ외도다 : 終勞苦(重杜解1 : 19).

:슈·고ᄅᆞᆸ·다 형 수고(受苦)롭다 ¶種種 受苦ᄅᆞᄫᆡᆫ 病ᄒᆞ얫다가(釋譜9 : 7). 福이 다아 衰ᄒᆞ면 受苦ᄅᆞᄫᆡ요미 地獄 두고 더으니(月釋1 : 21).

·슈·라 몡 수라 ¶王季ㅣ 水刺를 녜ᄀᆞ티 ᄒᆞ신 後에사 ᄯᅩ 처ᅀᅥᆷᄀᆞ티 ᄒᆞ더시다 水刺 셔실 제 모로매 시그며 더운 ᄆᆞ디를 솔펴 보시며 : 王季復膳然後亦復初食上必在視寒暖之節(宣賜內訓1 : 40). 大殿水刺間飯監(經國 一. 吏典雜職). 司饔院水剌 本蒙古語 華言湯味也(經國 註解後集 吏典雜職條). 水剌 : 卽進御膳之稱(中宗實錄25 : 55). 我國鄕語 最不可解者 謂御膳曰水刺(芝峰類說16). 水剌 슈라(五洲48 語錄辨證說). 슈라나 먹어도 마시 업술가 일ᄏᆞᄅᆞ며 ᄯᅩ 슈이블 일만 기ᄃᆞ리고 잇ᄂᆡ(諺簡57仁宣王后諺簡). 대뎐이 슈라를 못 자시니(癸丑35). 슈라 나오다 : 用膳(漢淸12 : 48).

:슈·질 몡 수놓기 ¶슈질 치지렛 셩녕 잘ᄒᆞ고 : 好刺綉生活(飜朴 上45). 슈질 슈 : 繡(訓蒙 下19). 슈질 슈 : 綉(倭解 下9).

:슈·질ᄒᆞ·다 동 수놓다 ¶이 다홍비체 다ᄉᆞᆺ 밧ᄀᆞ락 가진 ᄡᅳᆯ 업슨 룡을 슈질ᄒᆞ니ᄂᆞᆫ 놀와 씨를 실 어울워 ᄧᅡ시니 : 這的大紅綉五爪蟒龍經緯合線結織(飜朴 上14).

슈품 몡 솜씨 ¶手品은ᄏᆞ니와 制度도 ᄀᆞ졸시고(松江. 思美人曲). 世上衣服 手品制度(古時調. 青丘). 슈품을 볼시(落城1).

·스·골 몡 시골 ¶스골 ᄆᆞᅀᆞᆳ 서리예 약 살 ᄲᅡ히 업거든 병ᄒᆞᆫ 후에 : 村落間未有贖藥處得病後(救簡1 : 103). 스골 가셔 : 歸鄕里(飜小9 : 87).
※스골<스ᄀᆞ올<스ᄀᆞᄫᆞᆯ

·스·굴 몡 시골 ¶ᄆᆞᅀᆞᆯ 길히 通ᄒᆞ면 셔울 스굴히 엇뎨 다ᄅᆞ리오 : 心徑通而華野何殊(永嘉 下113). 스굴 향 : 鄕(訓蒙中8). ᄃᆞ리 외로오딕 두 스굸 ᄆᆞᅀᆞ매 서르 비취놋다 : 月孤相照兩鄕心(百聯5).

·스ᄀᆞᄫᆞᆯ 몡 시골 ¶스ᄀᆞᄫᆞᆳ 軍馬를 이길씨 ᄒᆞᄫᅡ사 믈리조치샤 모딘 도ᄌᆞᄀᆞᆯ 자ᄇᆞ시니이다 : 克彼鄕兵挺身陽北維此兇賊遂能獲之(龍歌35章).

·스·ᄀᆞ올 몡 시골 ¶辭狀ᄒᆞ고 스ᄀᆞ올 갯더니(三綱. 襲勝推印). 스ᄀᆞ올 노하 보내야시든 : 乞放歸田里(三綱. 忠34吉再抗節). 겨틔 먼 스ᄀᆞ올 소니 ᄭᅮ믈 ᄭᅮ엣거ᄂᆞᆯ : 傍有遠鄕客作夢(金三3 : 37).
※스ᄀᆞ올<스ᄀᆞᄫᆞᆯ

스승ᄒᆞ·다 동 스승으로 삼다. ¶虞秘監을 머리 스승ᄒᆞ다니 : 遠師虞秘監(初杜解8 : 24). 화담을 스승ᄒᆞ야 너비 ㅂㅣ화 : 師花潭博學(東新續三綱. 忠1 : 72). 녯 사ᄅᆞᆷ을 스승ᄒᆞ면 : 古爲師(女四解4 : 2).

스·싀로 부 스스로 ¶그 어미 이 ᄯᆞ니ᄆᆞᆯ 東山 딕희오고 스싀로 가 밥 어더 스싀로 먹고(釋譜11 : 40). 누위 닐오딕 죵이 하니 엇뎨 스싀로 受苦호미 이러ᄒᆞ뇨 : 姊曰僕妾多矣何爲自苦如此(宣賜內訓3 : 46). 스싀로 面勢의 구두믈 아노라 : 自覺面勢堅(初杜解6 : 36). 반ᄃᆞ시 스싀로 모믈 닷가 : 必自修(飜小10 : 3). 즈믄 바희 스싀로 업드러 ᄃᆞ라 오놋다 : 千巖自崩奔(重杜解1 : 27). ※스싀로>스스로

스싀옴 부 제각기. 저마다 ¶十一月ㅅ 봉당 자리예 아으 汗衫 두퍼 누워 슬홀 ᄉᆞ라온뎌 고우닐 스싀옴 녈셔 아으 動動다리(樂範. 動動).

스ᄉᆞ로 부 스스로 ¶네 스ᄉᆞ로 내 말대로 ᄒᆞ나흘 두어 방 보게 ᄒᆞ라 : 你自依着我留一箇看房子(老解上30). 淫ᄒᆞ며 戲ᄒᆞ야 ᄡᅥ 스ᄉᆞ로 絶홈이니이다 : 淫戲用自絶(書解2 : 70). 무디히 오직 옷과 밥의 ᄃᆞ라드러 스ᄉᆞ로 그 법에 범ᄒᆞᄂᆞᆫ 줄을 ᄭᆡ돗디 못ᄒᆞ야(警民序2).

·스치·다 동 생각하다 ¶想蘊은 여러 가짓 일 스칠 씨오(月釋1 : 35). 鳳凰村올 오히려 몯 니저 스치노라 : 尙想鳳凰村(杜解1 : 26). 스칠 샹 : 想(石千38).

스티다 동 생각하다 ¶옷곳ᄒᆞᆫ 누네 ᄀᆞ독ᄒᆞᆫ 香氣를 ᄀᆞᆫ히

스티노라 : 正想氤氳滿眼香(重杜解11 : 34).

슬겁·다 형 슬기롭다 ¶기르 크게 도욀 사ᄅᆞᄆᆞᆫ 도국과 슬거오미 몬져오 글지 조ᄂᆞᆫ 후엣 이리니 : 士之致遠先器識而後文藝(飜小10 : 11). 사ᄅᆞ미 슬거오니 어리니 이실ᄲᅮᆫ뎡 도ᄂᆞᆫ 셩쇠 업ᄉᆞ니라 : 人有愚智道無盛衰(野雲41). 요ᄉᆞ이ᄂᆞᆫ 슬겁은 ᄯᅩᆯ 네 업ᄉᆞ니 실로 답답ᄒᆞ고 섭섭ᄒᆞ니(諺簡67仁宣王后諺簡). 몬오라비 客卿인 민쳡ᄒᆞ고 슬겁더니 : 母兄客卿敏慧(重內訓2 : 34). 그 어질기 하ᄂᆞᆯ ᄀᆞᆮ고 그 슬겁기 귀신 ᄀᆞᄐᆞ니 : 其仁如天其智如神(十九史略1 : 10). 아히가 너모 슬거워도(隣語2 : 6). 東吳나라희 큰이 젹으니 슬거온이 미혹ᄒᆞᆫ 이 당치 못홈을 다 아ᄂᆞ니(三譯6 : 9). 후마의 말이 말마다 슬거오믈 보고 우이 니ᄅᆞ듸(落泉1 : 2).

슬긔 명 슬기 ¶여돏 ᄃᆞᆯ이면 그 ᄠᅳᆺ과 슬긔 나며 : 阿孃八箇月懷胎生其意智(恩重9). 슬긔ᄂᆞᆫ 글의셔 나ᄂᆞᆫ 일이오(癸丑38). 슬긔 혜 : 慧(倭解 上22). 태위 날을 슬긔 양ᄌᆞ ᄀᆞᆮ다 ᄒᆞ더라(女範2. 현녀 진뵉종쳐). 지조와 슬긔로ᄡᅥ 사ᄅᆞᆷ을 더푸며(敬信28). ※슬긔>슬기

슬뮙다 형 싫고 밉다. ¶보거든 슬뮙거나 못 보거든 잇치거나(古時調. 高敬文. 青丘). 제 얼굴 제 보아도 더럽고도 슬뮈웨라(古時調. 花源).

슬·믜·다 형 싫고 밉다. ¶여쉰여슷 차힌 보ᄉᆞᇦ 사ᄅᆞ미 슬ᄆᆡᆸ 뉘 모ᄅᆞ며(月釋2 : 59). 여스슨 貪이니 가지고져 ᄆᆞᅀᆞ미 슬믜욤 업수미오(法華1 : 25). 布施호ᄆᆞᆯ 한 劫을 디내요ᄃᆡ 오히려 슬믜욤 업소미 : 施經多劫尙無厭(金三3 : 44). 슬뮐 염 : 厭(類合 下17). 슬뮐 어 : 飫(石千34). 貧鄙ᄒᆞᆫ 사ᄅᆞᆷ을 可히 치와 슬믜게 몯홀디라(家禮4 : 10). 王程이 有限ᄒᆞ고 風景이 못 슬믜니 幽懷도 하도할샤(松江. 關東別曲). 보거든 슬믜거나 못 보거든 잇치거나(古時調. 高敬文. 瓶歌). 紅樹淸江이 슬믜디도 아니ᄒᆞᆫ다(古時調. 尹善道. 녑ᄇᆞ롬. 孤遺). 酒席에 못 슬믠 이 몸을 수이 늙게 ᄒᆞᄂᆞᆫ고(古時調. 나의 未平ᄒᆞᆫ. 青丘). ᄉᆞ랑이 슬믜던가 命薄ᄒᆞᆫ 타시런가(青友仁. 自悼詞). 슬믜게 구다 : 作厭惡事(漢淸 8 : 47).

슬ᄊᆞ·ᄫᅡ 동 슬퍼하와 ㉮슬타 ¶左右ㅣ 슬ᄊᆞᄫᅡ : 左右傷止(龍歌91章). 大衆이 다시 ᄀᆞ장 슬ᄊᆞᄫᅡ(釋譜23 : 37).

슬커시 부 실컷. 싫도록 ¶金樽에 가득ᄒᆞᆫ 술을 슬커시 거우로고(古時調. 鄭斗卿. 青丘). 萬水千山에 슬커시 노니다가(古時調. 功名도. 歌曲).

슬커장 부 실컷. 싫도록 ¶金樽에 ᄀᆞ득ᄒᆞᆫ 술을 슬커장 거후로고(古時調. 鄭斗卿. 海謠).

슬ᄏᆞ장 부 실컷. 싫도록 ¶長松 울ᄒᆞᆫ 소개 슬ᄏᆞ장 펴뎌시니(松江. 關東別曲). ᄆᆞᄋᆞᆷ의 머근 말ᄉᆞᆷ 슬ᄏᆞ장 ᄉᆞᆲ쟈 ᄒᆞ니(松江. 續美人曲). 잡거니 밀거니 슬ᄏᆞ장 거후로니(松江. 星山別曲). 창희상뎐이 슬ᄏᆞ장 뒤눕ᄃᆞ록(古時調. 鄭澈. 남극 노인셩이. 松江). 바회 ᄭᅳᆺ 믈ᄀᆞ의 슬ᄏᆞ장 노니노라(古時調. 尹善道. 보리밥. 海謠).

슬ᄏᆞ지 부 실컷. 싫도록 ¶보리밥 픗ᄂᆞᄆᆞᆯ을 알마초 머근 後에 바횟 긋 믉ᄀᆞ의 슬ᄏᆞ지 노니노라(古時調. 尹善道. 孤遺). 벼개예 히즈려 슬ᄏᆞ지 쉬여 보쟈(古時調. 尹善道. ᄇᆞ람 분다. 孤遺). 萬頃澄波의 슬ᄏᆞ지 容與ᄒᆞ쟈(古時調. 尹善道. 水國의. 孤遺). 千岩萬壑의 슬ᄏᆞ지 볼가시니(辛啓榮. 月先軒十六景歌).

슬·타 동 슬퍼하다 ¶어마님 여희신 눈므를 左右ㅣ 슬ᄊᆞᄫᅡ 아바님 일ᄏᆞᄅᆞ시니 : 戀母悲淚左右傷止父王稱謂(龍歌91章). 三分이 슬ᄒᆞ샤 술위 우희 천 시러 보내시니(月印 上22). 어우러 ᄒᆞᆫ 모미 ᄃᆞ외샤 울며 슬허 부텻긔 ᄉᆞᆯᄫᆞ샤ᄃᆡ(釋譜11:8). 셜버 슬ᄊᆞᄫᆞ매 이셔:痛言在疚(月釋序10). 哀慼은 슬홀 씨라(月釋序14). 네 이제 머리 세며 ᄂᆞᆺ 삻쥬ᄆᆞᆯ 슬ᄂᆞ니:汝今自傷髮白面皺(楞解2 : 9). 다봊 옮듯 호ᄆᆞᆯ 슬노니 : 傷蓬轉(初杜解7 : 16). 忉忉怛怛은 시름ᄒᆞ야 슬흘시라(南明上5). 汗衫 두퍼 누워 슬홀 ᄉᆞ라온뎌 고우닐 스싀옴 녈셔 아으 動動다리(樂範. 動動). 슬홀 비 : 悲(光千9). 슬흘 측 : 惻(光千16. 石千16). 슬흘 쳑 : 慼(光千32). 슬흘 비 : 悲. 슬흘 ᄋᆡ : 哀(類合下6). 슬흔 ᄌᆡ면 퇴뎡ᄒᆞ여(癸丑53). 두어라 物有盛衰ᄒᆞ니 슬흘 줄이 이시랴(古時調. 白日은. 古歌).

슬·허·ᄒᆞ·다 동 슬퍼하다 ¶須達이도 그 말 듣고 슬허ᄒᆞ더라(釋譜6 : 38). 疚ᄂᆞᆫ 슬허ᄒᆞᄂᆞᆫ 病이라(月釋序10). 悽愴은 슬허ᄒᆞᄂᆞᆫ 양지라(月釋序16). 반ᄃᆞ기 倍히 슬허홀디니 : 當倍悲痛(宣賜內訓1 : 58). 구틔여 이 말 듣고 ᄠᅳ들 슬허티 말오 : 不須聞此意慘愴(初杜解15 : 38). 오직 셩인이 이예 슬허ᄒᆞ샤 : 惟聖斯惻(宣小 題辭2). 상ᄉᆞ애ᄂᆞᆫ 그 슬허홈을 닐위며 : 喪則致其哀(警民33). 遠身金殿을 뉘 아니 슬허ᄒᆞ며(青友仁. 出塞曲). 뎨영이 슬허ᄒᆞ야 글을 올녀 몸이 관비 되고 : 悲之(女四解4 : 12). 상ᄉᆞ 보라 간 사ᄅᆞᆷ이 다 놀라 슬허ᄒᆞ더니(女範3. 뎡녀 위부지쳐). 엇더타 驪山風雨와 茂陵 松栢을 못내 슬허ᄒᆞ노라(古時調. 北邙山川이. 青丘). 우리ᄂᆞᆫ 百歲ㅅᄲᅮᆫ이매 그를 슬허ᄒᆞ노라(古時調. 桃花 梨花. 歌曲). 어즈버 古國 興廢를 못내 슬허ᄒᆞ노라(古時調. 煤山閣. 青丘). 眞實로 보오신 後면 님도 슬허ᄒᆞ리라(古時調. 落葉에 두 字만. 歌曲). 그려셔 걸니 업스니 그를 슬허ᄒᆞ노라(古時調. 네 얼골. 青丘). 숨길이 ᄌᆞ최 업스미 그롤 슬허ᄒᆞ노라(古時調. 李明漢. 숨에 단이는. 青丘).

슬홈 명 슬픔 ¶기리 이웃 사ᄅᆞᄆᆡ 슬후미 ᄃᆞ외얫거니라 : 永爲隣里憐(重杜解6 : 37).

슬·흐·다 형 슬프다 ¶悲ᄂᆞᆫ 슬흘 씨오(月釋2 : 22之1). 后ㅣ 舅姑를 미처 셤기ᅀᆞᆸ디 몯호ᄆᆞ로 슬흐샤 : 后以不逮事舅姑爲恨(宣賜內訓2下54). 시름ᄒᆞ야 슬흘시라(南明 上5). 슬흔 ᄌᆡ면 퇴뎡ᄒᆞ며(癸丑53).

·슬희·여ᄒᆞ·다 동 싫어하다 ¶나ᅀᅡ 비호ᄆᆞᆯ 가비야이 너기며 슬희여ᄒᆞ리와 : 輕厭進習者(圓覺 上一之一90). ᄡᅳᆫ 거슬 슬희여ᄒᆞ거든 : 厭苦者(救荒3). 진믈의 하며 젹음과 가난홈을 슬희여 ᄒᆞ고 가ᅀᆞ멸옴을 求홈을 닐으디 아니홈이오 : 不言財利多少厭貧求富(宣小5 : 100). 風塵을 슬희여홈이야 네오 너오 다르랴(古時調. 兪崇. 淸溪邊. 青丘).

슴슴ᄒᆞ·다 형 심심하다 ¶슴슴ᄒᆞᆫ 젼국 스믈ᄒᆞᆫ 낫과 : 淡豆豉二十粒(救簡3 : 64). 슴슴ᄒᆞᆫ 청쥬나 ᄌᆞ초 불운 믈에나 ᄒᆞᆫ 환을 플어 머기고 : 淡酒或紫草飮化下(痘要下28).

·ᄉᆞᆺ 명 사이 ¶하ᇗ 風流ㅣ 그츯 ᄉᆞᆺ 업스니. 諸佛 供養이 그츯 ᄉᆞᆺ 업스니(月釋7 : 58). ᄆᆞᅀᆞ매 그츨 ᄉᆞᆺ 업시 홇디니 : 心無間斷(楞解7 : 23). ᄉᆞᆺ 간 : 間(訓蒙下34).

·ᄉᆞᆾ 명 사이 ¶그츤 ᄉᆞ치 업거늘 : 無間斷(南明上13). 漁舟에 누어신들 니즌 ᄉᆞ치 이시랴(古時調. 李賢輔. 長安을. 青丘).

·싀·골 명 시골 ¶싀골 바틀 ᄒᆞᆫ들에 ᄒᆞ야 : 鄕田同井(正俗12). 두 싀고리 : 兩鄕(百聯22). 싀골셔 나 ᄌᆞ라되 : 生長草野(宣小6 : 60). 임진왜난의 싀골 군ᄉᆞ를 블러 뫼화 : 壬辰倭亂召募鄕兵(東新續三綱. 忠1 : 63). 또 드르니 싀골 풍쇽이 : 又聞鄕俗(警民36). 싀골 일이란ᄃᆡ 아므란 貴ᄒᆞᆫ 일도 업슨ᄃᆡ(新語7 : 5). 싀골 : 鄕村(同文解 上40. 譯解補10. 漢淸9 : 22).

싀새오다 동 시새우다. 시기(猜忌)하다 ¶힝혀 이리 ᄉᆞᆯ오믈 싀새와 너기실 ᄃᆡ도 겨실까 ᄀᆞ장 젓ᄉᆞᆸ거니와(新語9 : 5). 암아도 闇裡春光을 싀새올까 ᄒᆞ노라(古時調. 李鼎輔. 巡簷索. 海謠).

싀어디다 동 죽다. 없어지다 ¶어와 내 병이야 이 님의 타시로다 출하리 싀어디여 범나븨 되오리라(鄭澈. 思美人曲).

싀여디다 동 죽다. 없어지다 ¶고대셔 싀여딜 내 모미 내 님 두ᅀᆞᆸ고 년 뫼롤 거로리(樂詞. 履霜曲). 싀여딜 민 : 泯(類合下55). 출히 싀여뎌 듯디 말고져 ᄒᆞ오나(癸丑172). 출하리 내 믄져 싀여뎌 제 그리게 ᄒᆞ리

라(古時調. 보거든. 古歌). 그려 ᄉᆞ지 말고 출하리 싀여더셔(古時調. 安玟英. 歌曲).

싀여지다[동] 죽다. 없어지다 ¶이 몸이 싀여져셔 졉동새 넉시 되야 梨花 픤 柯枝 속닙헤(古時調. 靑丘). 이 몸 싀여져셔 님의 盞의 술이 되여(古時調. 槿樂). 이 몸이 싀여져셔 江界 甲山 졉이 되야(古時調. 海謠).

싀집[명] 시집 ¶宋氏 아기 업고 逃亡ᄒᆞ야 싀지븨 가 여러 히를 도라오디 아니ᄒᆞ더니 : 宋負兒逃歸姑氏累年不還(東續三綱. 烈2). 싀집의 가져갈 지물을 ᄎᆞᆺ고(女四解2 : 15). 싀집이 망ᄒᆞ여시니(五倫3 : 21).

싀틋·ᄒᆞ·다[형] 시틋하다 ¶ᄒᆞ다가 겨지비 겨지븨 온가짓 어려본 이리 다와다 ᄀᆞ장 싀틋ᄒᆞ야 겨지븨 모믈 ᄇᆞ리고져 ᄒᆞ거든(釋譜9 : 7. 月釋9 : 18). ᄃᆞ리라 오면 싀틋도 아녀(癸丑161).

·싀훤·ᄒᆞ·다[형] 시원하다 ¶暢ᄋᆞᆫ 싀훤ᄒᆞᆯ 씨오(釋譜24 : 20). 이를 맛나 싀훤ᄒᆞ야 샹녜 有餘ᄒᆞ더라 : 遇事坦然常有餘裕(宣賜內訓1 : 17). 여러 가짓 싀훤코 즐거움을 받게 ᄒᆞ노니 : 受諸快樂(宣小5 : 55). 싀훤쾌 : 快(類合下15). 비듬을 다가 업시 ᄒᆞ야 싀훤케 ᄒᆞ라 : 將風屑去的爽利着(朴解上40). 싀훤ᄒᆞᆯ 챵 : 暢(倭解上21). ᄆᆞᄋᆞᆷ 싀훤ᄒᆞ다 : 快心(同文解上20). 싀훤ᄒᆞ다 : 暢快. ᄀᆞ장 시훤ᄒᆞ다 : 狠爽快了(漢淸6 : 56). ᄠᅳᆺ과 ᄆᆞᄋᆞᆷ에 곳 일흔 거슬 어든 ᄃᆞ시 싀훤ᄒᆞ여(捷蒙1 : 3).

싁싀기[부] 엄하게. 엄숙하게. 장엄하게 ¶塔ᄋᆞᆯ 싁싀기 ᄭᅮ미니(釋譜13 : 24). 莊嚴은 싁싀기 ᄭᅮ밀 씨라(月釋2 : 29). 威儀를 ᄀᆞ장 싁싀기 ᄭᅮ미고(月釋2 : 73). 毗尼를 싁싀기 조히와 : 嚴淨毗尼(楞解1 : 24). 싁싀기 ᄭᅮᆷ엿ᄂᆞ니 : 而嚴飾之(阿彌8). 壇場ᄋᆞᆯ 싁싀기 디뇨미니 : 嚴持壇場也(圓覺 下三之二14). 孝道ᄒᆞ며 또 싁싀기 ᄒᆞ더시니 : 孝且嚴(宣賜內訓3 : 43). 여러 가짓 香이 기피 아ᄃᆞᆨᄒᆞ니 몃 ᄯᅡ히 싁싀기 기셋ᄂᆞ고 : 衆香深黯黯幾地肅芊芊(初杜解20 : 13).

싁싁ᄒᆞ·다[형] 엄하다. 엄숙하다. 장엄하다 ¶여슷 하ᄂᆞ래 宮殿이 싁싁ᄒᆞ더라(釋譜6 : 35). 가ᅀᆞ멸며 싁싁ᄒᆞ야 므싀여 보며 智慧 기프며 나틀며(月釋2 : 23). 양ᄌᆞ이 싁싁ᄒᆞ샤미 獅子ㅣ ᄀᆞᄐᆞ시며(月釋2 : 57). 싁싁ᄒᆞ샤미 師子 ᄀᆞᆮᄒᆞ샤미(法華2 : 14). 身相이 端正ᄒᆞ며 싁싁홈과 : 身相端嚴(金剛22). 豪英ᄒᆞᆫ 양ᄌᆡ 싁싁ᄒᆞ니 ᄒᆞ들히 사호다가 온 ᄃᆞᆺᄒᆞ도다 : 英姿颯爽來酣戰(初杜解16 : 26). 端正코 싁싁ᄒᆞ시니 : 端嚴(金三2 : 25). 싁싁ᄒᆞᆫ더 風憲所司(樂詞. 霜臺別曲). 싁싁ᄒᆞᆯ 엄 : 嚴(石千11). 오직 整齊ᄒᆞ고 싁싁ᄒᆞ면 ᄆᆞᄋᆞᆷ이 ᄆᆞᆫ득 젼일ᄒᆞᄂᆞ니 : 只整齊嚴肅則心便一(宣小5 : 86). 셩지 무ᄒᆞᆫ 엄하시고 싁싁ᄒᆞ야(癸丑10). 싁싁ᄒᆞᆯ 장 : 莊(倭解上19. 註千41). 싁싁ᄒᆞᆫ 아바니미 : 嚴父(重內訓 序8). 싁싁ᄒᆞ고 엄듕ᄒᆞ야(女範4. 녈녀 졀부뉴시).

시·기·다[동] 시키다 ¶阿難일 시기샤 羅睺羅이 머리 갓기시니(釋譜6 : 10). 제 ᄒᆞ거나 ᄂᆞᄆᆞᆯ 시겨 ᄒᆞ야도(釋譜13 : 52). 命은 시기논 마리라(月釋序11). 우리를 아못 이리나 시기쇼셔(月釋10 : 13). 아랫習의 시교미라 : 宿習之使也(楞解7 : 4). 이룰 시기고 사ᄅᆞᄆᆞ로 나를 ᄀᆞᆯ어시든 : 加之事人代之己(宣賜內訓1 : 51). 시길 명 : 命(類合下2). 일을 시기시고 : 加之事(宣小2 : 12). 뫼셔 안자심애 시기디 아니커시든 : 侍坐弗使(宣小2 : 63). ᄀᆞᄅᆞ치고 시기ᄂᆞᆫ 일을 듯디 아니ᄒᆞ며 : 不聽敎令(警民2).

시·러곰[부] 얻어. 능히 ¶마치 늘거 病호ᄆᆞᆯ 이긔디 몯ᄒᆞ리로소니 엇뎨 시러곰 ᄠᅳᆫ 일후믈 崇尙ᄒᆞ리오 : 不堪秪老病何得尙浮名(初杜解7 : 7).

시럼[명] 시름 ¶神仙을 못 보거든 수이나 도라오면 舟師 이 시럼은 젼혀 업게 삼길럿다(蘆溪. 船上嘆). 시럼이 업ᄉᆞ시니 分別인ᄃᆞᆯ 이슬소냐(江村晩釣歌).

시름[명] 시름 ¶두어라 내 시름 아니라 濟世賢이 업스랴(古時調. 李賢輔. 長安을. 聾巖集). 내 시름 어ᄃᆡ 두고 ᄂᆞᄆᆡ 우음 블리잇가(古時調. 鄭澈. 松江). 人生은 有限ᄒᆞᆫᄃᆡ 시름도 그지업다(松江. 思美人曲). 아ᄒᆡ야 盞 ᄀᆞ득 부어라 시름 餞送ᄒᆞ리라(古時調. 鄭太和. 술을 醉케. 靑丘).

시므·다[동] 심다 ¶여러 가짓 됴ᄒᆞᆫ 根源을 시므고 後에 ᄯᅩ 千萬億佛을 맛나ᅀᆞᄫᅡ(釋譜19 : 33). 植은 시믈 씨라(月釋序24). 德 열븐 사ᄅᆞ미 善根ᄋᆞᆯ 시므디 아니ᄒᆞ야(月釋17 : 13). 솔 시므고 名日이어든 사ᄒᆞᄅᆞᆯ 밥 아니 먹더라(三綱. 孝24). 善根을 시므게 ᄒᆞ야 : 種善根(法華4 : 41). 한 善根ᄋᆞᆯ 시므니 : 種諸善根(金剛上35). 오나 가나 다 새지븨 兼ᄒᆞ얫도소니 머무러 슈믄 벼 시므ᄂᆞᆫ 이러믈 爲ᄒᆞ얘니라 : 來往兼茅屋淹留爲稻畦(初杜解7 : 16). 菩提樹 ᄒᆞᆫ 株를 가져 이 壇ㅅ ᄀᆞ새 시므고 : 菩提樹一株植此壇畔(六祖 序14). 시믈 식 : 植(訓蒙下3. 石千30). 시믈 죵 : 種. 시믈 지 : 栽 시믈 가 : 稼(訓蒙下5). 시믈 죵 : 種(類合下7). 토란 시므기를 힘써 ᄒᆞ여 : 專力種芋(新救荒. 補遺方15). ᄂᆞ믈 시므쟈 : 種菜來(朴解中55). 드듸여 머무러 이셔 무덤을 일우고 나모 시므고 가니라(五倫5 : 4).

시보다[조형] 싶다 ¶是非 읻ᄂᆞᆫ가 시보외(隣語1 : 6). 卽時 茶禮를 設行ᄒᆞ고 시보오니(隣語1 : 22).

시브다[조형] 싶다 ¶음식 먹고 시븐 ᄆᆞᄋᆞᆷ이 업서 : 忘飮食(太平1 : 49). 셜워ᄒᆞ오시ᄂᆞᆫ가 시브다(癸丑60). 일뎡 二番 特送이 오ᄂᆞᆫ가 시브니(新語1 : 10). 슬퍼 아니 먹ᄂᆞᆫ 주리 아니라 먹고져 시브디 아니ᄒᆞ니 당당이 병이로소이다 : 非哀而不食自不思食耳應是疾也(重三綱. 烈35).

시여지다[동] 죽다. 없어지다 ¶그려 사지 말고 차하리 시여져셔 明月空山의 杜鵑ㅅ 넉시 되여(古時調. 靑丘).

식브·다[조형] 싶다 ¶죽고져 식브거든(三綱. 烈13). ᄯᅴ를 ᄯᅴ요니 미츄미 나 ᄀᆞ장 우르고져 식브니 : 束帶發狂欲大叫(初杜解10 : 28). 안즉 놀애며 춤과를 ᄀᆞᄅᆞ치고져 식브니라 : 且敎之歌舞(飜小6 : 7).

신발[명] 신 ¶보션 신발 다 업ᄉᆞ니 발이 슬여 어이ᄒᆞ리(萬言詞).

·실:낫[명] 실낱 ¶술히 누르고 가치 살지고 목수미 실낫 ᄀᆞᆮᄒᆞ라(初杜解3 : 50). 更點이 기프니 氣運이 실낫 ᄀᆞᆮ도다 : 更深氣如縷(初杜解25 : 13).

실업다[형] 실없다 ¶실업ᄉᆞᆫ 사ᄅᆞᆷ : 憨人(漢淸8 : 30). 실업ᄉᆞᆫ 앙해 밋츨말리이다 : 不實(正念解2). 興 업슨 一竿竹을 실업시 더져시니(萬言詞).

실홈ᄒᆞ·다[동] 씨름하다 ¶調達이와 難陁왜 서르 실홈ᄒᆞ니 둘희 히미 ᄀᆞᆮ거늘(釋譜3 : p.50). 실홈ᄒᆞ다 : 捽校(譯解 下23. 同文解 下33).

실·홈[명] 씨름 ¶相撲ᄋᆞᆫ 실홈이라 : 相撲抵角也(法華5 : 13).

심[명] 인삼(人蔘) ¶심과 ᄆᆞ론 싱앙 : 人蔘乾薑(救簡1 : 29). 심 ᄒᆞᆫ 량을 머리 업게 ᄒᆞ니와 : 人蔘一兩去蘆頭(救簡6 : 23). 이 심이 됴ᄒᆞ냐 : 這蔘是好麽(飜老下56. 老解 下51). 심 : 人蔘(東醫 湯液二 草部). 심 : 人蔘(柳氏物名三 草).

심[명] 힘 ¶졋 먹던 심이 다 들고나(古時調. 靑丘).

심·구·다[동] 심다 ¶됴ᄒᆞᆫ 根源 심구듸 不足ᄒᆞ면 正覺 일우디 아니호리이다(月釋8 : 63). 善根ᄋᆞᆯ 심군 디 아니라(金剛33). 한 福과 慧와를 심군 디 아니라 : 非…種諸福慧(圓覺 下三之二85). 臘月에 다시 모로매 심굴디니라 : 臘月更須栽(初杜解7 : 9). 손소 桃李를 심구니 : 手種桃李(初杜解10 : 7).

심쓰다[동] 힘쓰다 ¶ᄒᆞᆫ 집의 수한 일을 뉘라셔 심ᄡᅧ 홀고(李元翼. 雇工答主人歌).

심슝샹슝[부] 싱숭생숭 ¶功名도 어근버근 世事도 심슝샹슝(古時調. 이셩져셩. 靑丘).

심심ᄒᆞ다[형] 심란하다 ¶왜적도 ᄀᆞ올히 젼라도 티려ᄒᆞᆫ다 ᄒᆞᄂᆞᆫ 긔별도 이시니 더욱 심심ᄒᆞ야 ᄒᆞ노라(諺簡11宣祖諺簡). 그적의 曹操ㅣ 살 만이 아인가 ᄒᆞ여

속으로 심심ᄒᆞ여 이실 제(三譯5：2).

십·다 동 씹다 ¶哺ᄂᆞᆫ 시버 머길 씨라(月釋23：92). 啃ᄂᆞᆫ 吐ᄒᆞ야 시블 씨라(楞解4：117). ᄌᆞ조 시버 입 노ᄅᆞᆺᄒᆞ디 마롤디니라：數嚼毋爲口容(宣賜內訓1：8). 마ᄂᆞᆯ 큰 ᄒᆞᆫ 알ᄒᆞᆯ 십고 ᄎᆞᆫ므롤 머그라 ᄒᆞ다가 십디 몯게 ᄃᆞ외얫거든：嚼大蒜一大辦冷水送下如不能嚼(救簡1：35). 시블 작：嚼(類合下6). 시블 져：咀(類合下11). ᄲᅳᆫ ᄂᆞ물 데워 내여 ᄃᆞ도록 십어 보새(古時調. 鄭澈. 쉰 술 걸러. 松江). 혹 ᄀᆞᄂᆞᆯ게 십거나：或嚼細(臘藥5). ※십다>씹다

싯가싀다 동 씻고 가시다. ¶祭器를 싯가싀며 가마소톨 조케 ᄒᆞ고(家禮10：31).

싯가시다 동 씻고 가시다. ¶ᄉᆞᆯ히 오히려 연ᄒᆞ여실 제 싯가시기를 일즈기 말라：肌肉尙嫩不可澡浴太早(痘要下43). 主人이 모든 丈夫롤 거ᄂᆞ리고 믈 ᄲᅳ려 ᄡᅳᆯ며 싯가시고：主人率衆丈夫灑掃滌濯(家禮9：19).

싯그다 형 시끄럽다 ¶헛글고 싯근 文書 다 주어 후리치고(古時調. 金光煜. 靑丘).

싯·다 동 씻다 ¶香水예 沐浴더시니 草木 서리예 겨샤 므슴 믈로 ᄢᅴ 시스시ᄂᆞᆫ가(月印上45). 우리 드틀 ᄢᅴ를 시스쇼셔：洗我塵垢(楞解4：76). 손발 시수미 ᄆᆞᄎᆞᆷ 시솜 ᄀᆞᆮ디 몯ᄒᆞ니：洗(金剛5). 뻐곰 ᄆᆞᅀᆞᄆᆞᆯ 훤히 시슬 주리 업도소니：無以洗心胸(杜解1：34). 閑散ᄒᆞᆫ ᄯᅡ해 힌 비 ᄒᆞᆫ 번 시스니：散地白雨一洗(杜解7：28). 더운 므레 닐굽 번 시소니 여듧 돈과：湯泡七次八錢(救簡1：14). 더운 므레 닐굽 번 시소니와：湯洗七次(救簡1：115). 시슬 세：洗(訓蒙下11). 시슬 셰：洗(類合下21). 시슬 텩：滌(類合下23). 더러온 일홈을 싯고져 아니랴마ᄂᆞᆫ(癸丑106). 主人이 손 시서(家禮1：25). 마리 싯다：洗頭(譯解上47). ᄂᆞᆺ 싯다：洗臉(同文解上54). 드론 말이 업서시니 귀 시서 머엇ᄒᆞ리(古時調. 尹善道. 乾坤이. 孤遺). ※싯다>씻다

싯닷다 동 씻고 닦다. ¶뎌 煤爐롤 가져다가 싯닷기롤 잘 ᄒᆞ라：把那煤爐來掠飾的好着(朴解下44).

싯빗기다 동 씻고 빗기다. ¶每日에 싯빗겨 글게질ᄒᆞ기롤 乾乾淨淨히 ᄒᆞ고：每日洗刷鉋的乾乾淨淨地(朴解上20).

ᄉᆞ 명 것. 바. 이 ¶種種히 發明호ᇙ 술 일후미 妄想이니：種種發明名爲妄想(楞解2：61). 法을 업시우며 ᄂᆞ물 업시울 ᄊᆞᆯ 닐오ᄃᆡ 增上慢이라：以慢法慢人曰增上慢(法華1：172). 밧기 아닐 시니(金三5：18). 내 마ᄐᆞ면 그칠 ᄉᆞ라(痘要下43). 다토미 업슬 순 다문 인가 너기로라(蘆溪. 陋巷詞). 아마도 변티 아닐 손 바회뿐인가 ᄒᆞ노라(古時調. 尹善道. 고즌. 孤遺).

ᄉᆞ나ᄒᆡ 명 사나이. 사내 ¶ᄉᆞ나ᄒᆡ돌히 다 東녀크로 征伐가니라：兒童盡東征(杜解2：67). ᄉᆞ나ᄒᆡ가 간나ᄒᆡ가：小廝兒那女孩兒(飜朴上55). ᄉᆞ나ᄒᆡ：兒孩兒(訓蒙上32孩字註). 져믄 ᄉᆞ나ᄒᆡ 오좀(瘟疫方20). ᄉᆞ나ᄒᆡᄂᆞᆫ ᄲᅮᆯ리 ᄃᆡ답ᄒᆞ고 겨집은 느즈기 ᄃᆡ답게 ᄒᆞ며：男唯女兪(宣小1：3). ᄉᆞ나ᄒᆡ 겨집의 손애 죽디 아닌ᄂᆞ니라：男子不絶於婦人之手(東新續三綱. 孝6：20). 간나ᄒᆡ 가는 길흘 ᄉᆞ나ᄒᆡ 에도ᄃᆞ시(古時調. 鄭澈. 松江). ᄉᆞ나ᄒᆡ：漢子(同文解上13). ᄉᆞ나ᄒᆡ 아ᄒᆡ：童(臘藥3).

ᄉᆞ랑 명 ①생각 ¶어즈러운 ᄉᆞ랑ᄋᆞᆯ 닐오ᄃᆡ 想이오(楞解4：28). 말ᄉᆞᆷ과 ᄉᆞ라이 그츠니라：言思斷矣(圓覺上一之一59). 송씨 열ᄒᆞᆫ ᄒᆡ ᄉᆞ이예 다른 친을 ᄉᆞ랑 아니ᄒᆞ고：思(桐華寺 王郞傳9). ②사랑〔愛〕 ¶ᄉᆞ랑을 ᄆᆡ잣던 ᄃᆡ ᄒᆞ오ᅀᅡ 가싀남기 잇도다：結愛獨荊榛(初杜解20：29). ᄉᆞ랑 ᄋᆡ：愛(類合下3). ᄉᆞ랑 ᄋᆡ：愛(石千5). 가득히 무흘ᄒᆞ사 ᄉᆞ랑이 놉흐시니(萬言詞). ᄉᆞ랑 ᄌᆞ：慈(兒學下1).

ᄉᆞ랑ᄒᆞ·다 동 ①생각하다 ¶뉘 아니 ᄉᆞ랑ᄒᆞᅀᆞᄫᆞ리：孰不思懷(龍歌78章). 머리 갓고 뵛고래 이셔 道理 ᄉᆞ랑ᄒᆞ더니(釋譜6：12). 王이 이제 부텨 마롤 ᄉᆞ랑ᄒᆞ샤(釋譜24：17). 思ᄂᆞᆫ ᄉᆞ랑ᄒᆞᆯ 씨라(月釋序11). 네 子細히 ᄉᆞ랑ᄒᆞ약：汝諦思惟(楞解2：54). ᄆᆞᅀᆞ매 너기며 ᄉᆞ랑ᄒᆞ야：心想思惟(金剛上16). 輪廻ᄒᆞ던 業을 믈리 ᄉᆞ랑컨댄：追念輪廻之業(牧牛訣43). ᄉᆞ랑ᄒᆞᄂᆞᆫ ᄃᆞᆺᄒᆞ며：若思(宣賜內訓1：7). 桃源ㅅ 안홀 아ᅀᆞ라히 ᄉᆞ랑ᄒᆞ고：緬思桃源內(重杜解1：4). ᄒᆞᆫ번 사호고져 ᄉᆞ랑ᄒᆞᄂᆞ니：思一戰(初杜解8：23). 遊子ㅣ 本鄕 ᄉᆞ랑ᄒᆞ야：遊子思鄕(南明下26). 곧 밥먹고져 ᄒᆞ야 ᄉᆞ랑ᄒᆞ리라：便思量飯喫(飜老下41). ᄎᆞᆫᄎᆞ니 ᄉᆞ랑ᄒᆞ며：尋思(飜朴上24). ②사랑하다 ¶어버ᅀᅵ 子息 ᄉᆞ랑호ᄆᆞᆫ(釋譜6：3). ᄉᆞ랑ᄒᆞ며 恭敬ᄒᆞᇙ 相 잇ᄂᆞᆫ ᄯᆞᆯ롤：愛敬有相之女(楞解6：33). 賢聖 ᄉᆞ랑ᄐᆞᆺ ᄒᆞ며：如慕賢聖(法華5：70). 오직 내 ᄌᆡ조롤 ᄉᆞ랑ᄒᆞ놋다：只愛才(初杜解7：34). ᄉᆞ랑ᄒᆞᆯ 폐：嬖. ᄉᆞ랑ᄒᆞᆯ 통：寵. ᄉᆞ랑ᄒᆞᆯ 외：偎(訓蒙下33). 저픈 ᄃᆡ ᄉᆞ랑ᄒᆞ며：畏而愛之(宣小3：3). 녯 님금의 ᄇᆡᆨ셩 ᄉᆞ랑ᄒᆞ시ᄂᆞᆫ：先王愛民(警民2). ᄉᆞ랑ᄒᆞ고 화동ᄒᆞ여 ᄃᆞᆫ니면：親熱(老解下42). ᄉᆞ랑ᄒᆞ야：愛之(重內訓2：60). ᄉᆞ랑ᄒᆞ다：愛疼(譯解下45. 同文解上22). 무슈비롤 ᄉᆞ랑ᄒᆞ시더니(明皇1：34). ᄉᆞ랑ᄒᆞ시며 어ᄅᆞ문지시니：愛(百行源11).

ᄉᆞ랑ᄒᆞ이·다 동 사랑을 받다. ¶아비게 ᄉᆞ랑ᄒᆞ이디 몯ᄒᆞ야 ᄆᆡ양 쇠똥을 츠이거든：失愛於父每使掃除牛下(飜小9：24).

ᄉᆞ래 명 이랑 ¶재 너머 ᄉᆞ래 긴 밧출 언제 갈려 ᄒᆞᄂᆞ니(古時調. 南九萬. 東窓이. 靑丘).

ᄉᆞ로다 동 사뢰다. 여쭙다 ¶블 자바 하ᄂᆞᆯ ᄉᆞ로미라(南明上39). 하ᄂᆞᆯ의 추미러 므ᄉᆞᆷ 일을 ᄉᆞ로리라 千萬劫 디나ᄃᆞ록 구필 줄 모ᄅᆞᄂᆞᆫ다(松江. 關東別曲). 그 밧긔 또 셜운 이롤 ᄌᆞ세히 ᄉᆞ로리라(普勸文 海印板31). 내 말슴 드러다가 金尙書ㅅ게 ᄉᆞ롸 주렴(古時調. 北海上. 靑丘).

ᄉᆞ리 명 살림. 살림살이 ¶닉 ᄉᆞ리 淡薄ᄒᆞᆫ 中에 다만 깃쳐 잇는 것슨(古時調. 金壽長. 海謠). 닉 ᄉᆞ리 담박ᄒᆞᆫ 쥴 보시다야 아니 알가(萬言詞). 너희닉 ᄃᆞ리고 새 ᄉᆞ리 사쟈 ᄒᆞ니(許墺. 雇工歌).

ᄉᆞᄆᆞ·ᄎᆞ·다 동 사무치다 ¶通達은 ᄉᆞᄆᆞᄎᆞᆯ 씨라(釋譜13：4). 流通은 흘러 ᄉᆞᄆᆞᄎᆞᆯ 씨라(訓註1). ᄉᆞᄆᆞᄎᆞᆫ ᄠᅳᆮ과 몯 ᄉᆞᄆᆞᄎᆞᆫ ᄠᅳ들 잘 ᄀᆞᆯ힐 씨오(月釋2：37). 通은 知慧 ᄉᆞᄆᆞ차 마ᄀᆞᆫ ᄃᆡ 업슬 씨라(月釋2：54). 그 모미 안히 ᄉᆞᄆᆞᄎᆞ면：其身內徹(楞解9：54). 힝혀 님금 귀예 ᄉᆞᄆᆞ차 이 큰 布施 겨시니：幸徹宸聽有此布施(勸善文). 染과 淨과애 ᄉᆞᄆᆞᄎᆞ니(圓覺上一之一58). 關ᄋᆞᆯ ᄉᆞᄆᆞ차ᅀᅡ ᄒᆞ리며(蒙法10). 므레 ᄉᆞᄆᆞᄎᆞᆫ ᄃᆞᆯ비치 ᄀᆞᆮᄒᆞ야：如透水月華(蒙法43). 神明에 ᄉᆞᄆᆞᄎᆞ니：通達(宣賜內訓2上4). ᄑᆞ리 ᄑᆞ른 ᄃᆡ 므리 모새 ᄉᆞᄆᆞ차 가놋다：草碧水通池(杜解10：10). ᄉᆞᄆᆞᄎᆞᆯ 달：達(類合上1. 石千20). ᄉᆞᄆᆞᄎᆞᆯ 투：透(類合下4). ᄉᆞᄆᆞᄎᆞᆯ 텰：徹(類合下31). ᄉᆞᄆᆞᄎᆞᆯ 통：通(類合下62). ᄉᆞᄆᆞᄎᆞᆯ 통：通(石千20). 블로 ᄉᆞᆯ와 블긔운으로 ᄒᆡ여곰 ᄉᆞᄆᆞ차 속에 들게 ᄒᆞ면：以火燒之令火氣透入裏面(煮硝方4).

ᄉᆞᄆᆞᆺ·다 동 ①통(通)하다. 투철(透徹)하다. 사무치다 ¶서르 ᄉᆞᄆᆞᆺ디 아니ᄒᆞᆯᄊᆡ：不相流通(訓註1). 다 ᄉᆞᄆᆞᆺ디 몯ᄒᆞᄂᆞ니라：俱透不得(蒙法58). 드노하 소리 ᄉᆞᄆᆞᆺᄂᆞ니：激揚音韻徹(杜解23：9). 기프며 져근 ᄃᆡ 뮈워 ᄉᆞᄆᆞᆺ다 ᄒᆞ시니(南明上46). 佛眼도 ᄯᅩ ᄉᆞᄆᆞᆺ거신마ᄅᆞᆫ：佛眼亦乃通(金三4：29). 더운 긔운이 ᄉᆞᄆᆞᆺ게 ᄒᆞ고：熱透(救簡1：22). 등의 ᄯᆞᆷ이 ᄉᆞᄆᆞᆺ습더니(癸丑54). ᄉᆞᄆᆞᆺᄂᆞᆫ 골：活衚衕(譯解上6). ②새다 ¶바미 ᄉᆞᄆᆞᆺ도록 눈 우희 안잣다가 ᄒᆞᆫ가지로 어러 주그니라：達夜坐於雪上仍共凍死(東新續三綱. 烈3：21 玉之抱屍).

ᄉᆞ·싀 명 사이 ¶도ᄌᆞ기 ᄉᆞ싈 디나샤：賊間是度(龍歌60章). 世尊 나신 ᄉᆞ싀로(月印上65). 닐웻 ᄉᆞ싀롤 모다 울쏘리 긋디 아니ᄒᆞ더라(釋譜23：45). 兩舌은 두 가짓 혜니 ᄂᆞᄆᆡ ᄉᆞ싀예 싸호게 ᄒᆞᆯ 씨라(月釋21：60). ᄃᆡᆨᄒᆞᆫ 사ᄅᆞᄆᆡ 느ᄌᆞᆫ ᄉᆞ싀 어더：待守者少懈(三

綱. 貞婦淸風). 반ᄃᆞ기 根과 境괏 ᄉᆞᅀᅵ예 이시리로다 : 當在根境之中也(楞解1 : 69). 부톄 成道ᄒᆞ신 열두 힛 ᄉᆞᅀᅵ예(圓覺序49). 할아며 기리논 ᄉᆞᅀᅵ예 : 毁譽間(宣賜內訓1 : 12). 모미 곳 ᄉᆞᅀᅵ로 디나갈ᄊᆡ : 身過花間(初杜解21 : 22). 刹那ᄂᆞᆫ 힘센 사ᄅᆞ미 蓮ㅅ 줄기옛 실 그츨 ᄉᆞᅀᅵ라(南明上8). 삼복 ᄉᆞᅀᅵ예 : 三伏中(救簡1 : 36). 姑舅兩姨 ᄉᆞᅀᅵ예(飜老上17).
※ᄉᆞᅀᅵ>ᄉᆞ이>사이

ᄉᆞ외보·다 [동] 체관(諦觀)하다. 응시(凝視)하다 ¶正히 안자 디ᄂᆞᆫ ᄒᆡ를 ᄉᆞ외보아 ᄆᆞᅀᆞ몰 구디 머거(月釋8 : 6). ᄒᆞᆫ ᄆᆞᅀᆞ모로 뎌 부텨를 ᄉᆞ외보ᅀᆞᄫᆞ라(月釋8 : 22). 졍히 안자 디ᄂᆞᆫ ᄒᆡ를 ᄉᆞ외보아 ᄆᆞᅀᆞ몰 구디 머거 : 正坐西向諦觀於日令心堅住(觀經7).

ᄉᆞᆫ·지 [부] ①오히려 ¶ᄉᆞᆫ지 高聲으로 닐오ᄃᆡ(釋譜19 : 31). 供養이 ᄉᆞᆫ지 더으더라(釋譜23 : 22). 바비 이베 드러 ᄉᆞᆫ지 브리 ᄃᆞ외더라(月釋23 : 89). ᄉᆞᆫ지 如來ㅣ 慈音ᄋᆞ로 펴 뵈샤ᄆᆞᆯ ᄇᆞ라ᅀᆞ와(楞解1 : 102). 妄心을 더디 몯ᄒᆞ면 ᄉᆞᆫ지 이 衆生이어니와 : 妄心不除尤是衆生(金剛71). ᄉᆞᆫ지 일훔 사ᄅᆞ미로라 너길ᄊᆡ : 猶謂作人故(圓覺序47). 蔡姬ᄅᆞᆯ ᄉᆞᆫ지 親히 ᄉᆞ랑ᄒᆞ더시다 : 而猶親嬖蔡姬(宣賜內訓2上29). ᄃᆞᆯ ᄀᆞᆺ 벼ᄅᆞᆯ ᄉᆞᆫ지 보리라 : 猶看月邊星(金三4 : 63). ᄉᆞᆫ지 듣디 아니커늘 주기니라 : 猶不屈被害(東三綱. 烈4). ②아직도 ¶열헤 ᄒᆞᆫ둘히 ᄉᆞᆫ지 모딘 비ᄒᆞ시 이실ᄊᆡ(月釋21 : 32). 네 ᄉᆞᆫ지 아디 몯ᄒᆞᄂᆞᆺ다 : 汝尙不知(楞解3 : 81). 沙村앳 ᄒᆡᆫ 누ᄂᆞᆫ ᄉᆞᆫ지 어ᄅᆞ몰 머겟고 : 沙村白雪仍含凍(杜解9 : 26). ③이내 ¶이제 百千萬劫에 ᄉᆞᆫ지 菩薩이 ᄃᆞ외옛ᄂᆞ니라(月釋21 : 19).

ᄉᆞᆯ [명] 것을 (독)ᄉᆞ ¶아소 님하 遠代 平生애 여힐 ᄉᆞᆯ 모ᄅᆞᄋᆞᆸ새(樂詞. 滿殿春別詞).

·ᄉᆞᆯ·다 [동] 사르다 ¶七聖財ᄅᆞᆯ ᄉᆞᄂᆞ니라(釋譜11 : 43). 므슴 法을 브터 如來ᄅᆞᆯ ᄉᆞᅀᆞᄫᆞ리잇고(釋譜23 : 6). ᄉᆞᆫ 後에 天人 四衆이 舍利로 七寶塔 셰여(釋譜23 : 7). 모딘 노ᄆᆞᆯ ᄉᆞ라 주기고(釋譜24 : 18). 브레 들오도 브리 몯 ᄉᆞᆯ며(月釋1 : 26). 金剛ᄋᆞᆫ 쇠예셔 난 ᄆᆞᆺ 구든 거시니 현마 ᄉᆞ라도 ᄉᆞᆯ이디 아니ᄒᆞ고(月釋2 : 28). 燒ᄂᆞᆫ ᄉᆞᆯ 씨오(月釋21 : 76). 沈水香ᄋᆞᆯ ᄉᆞᆯ어놀 : 燒沈水香(楞解5 : 36). 모ᄆᆞᆯ ᄉᆞᆫ돌 엇뎨 求ᄒᆞ리오(法華6 : 145). 녯 風俗이 蛟龍ᄋᆞᆯ ᄉᆞ라 : 舊俗燒蛟龍(初杜解25 : 12). 터리 ᄉᆞ롬 ᄀᆞᆮᄒᆞ니 : 如燎毛(宣賜內訓1 : 34). 바ᄅᆞᆺ 죠개 ᄉᆞ로니 네 돈과ᄅᆞᆯ : 蛤粉四錢(救簡2 : 21). ᄉᆞᆯ 쇼 : 燒(訓蒙下35. 類合下41). 반ᄃᆞ시 地獄의 들어 싸홀며 ᄉᆞᆯ며 디흐며 ᄀᆞ라 : 必入地獄剉燒舂磨(宣小5 : 55). ᄉᆞᆯ을 쇼 : 燒(倭解上49). 至今의 在人間 ᄒᆞ여 ᄉᆞᆯ든 애를 슷ᄂᆞ니(古時調. 蒼頡이. 古歌).

ᄉᆞᆯ·오·다 [동] 사뢰다. 여쭙다 ¶左右ㅣ 또 ᄉᆞᆯ오ᄃᆡ 나쇼셔 ᄒᆞ야ᄂᆞᆯ(三綱. 烈1). 慈ᄂᆞᆫ 恩惠로 ᄉᆞᆲ고 嚴은 저프샤ᄆᆞ로 ᄉᆞᆯ오니라 : 慈以恩言嚴以威言(楞解1 : 29). 기피 아ᄅᆞ샤 아ᄅᆡ브터 마ᄌᆞ시다 어루 ᄉᆞᆯ오리샷다 : 可謂深知宿契矣(法華4 : 70). 왕긔 ᄉᆞᆯ온대(女範1. 부계모 졔의계모). 음식을 ᄀᆞ초아 드리고 ᄉᆞᆯ오ᄃᆡ : 具饌以進白云(五倫1 : 54). 王皇믜 ᄉᆞᆯ와 보쟈 ᄒᆞ더니 다 몯ᄒᆞ야 오나다(古時調. 尹善道. 하ᄂᆞᆯ히. 孤遺).
※ᄉᆞᆯ오-<ᄉᆞᆲ-

ᄉᆞᆯ읏브다 [형] 사라지고 싶다. 죽고 싶다. ¶ᄉᆞᆯ읏브뎌 아으 니미 나ᄅᆞᆯ ᄒᆞ마 니ᄌᆞ시니잇가(樂範. 鄭瓜亭).

·ᄉᆞᆯ지·다 [동] 살찌다 ¶肥ᄂᆞᆫ ᄉᆞᆯ질 씨라(楞解6 : 97). 블근 거시 ᄢᅥ뎨시니 비예 梅花ㅅ 여ᄅᆞ미 ᄉᆞᆯ졋도다 : 紅綻雨肥梅(初杜解15 : 9). ᄉᆞᆯ지디 아니ᄒᆞ고 : 不肥(飜老上32). ᄉᆞᆯ질 비 : 肥(訓蒙下7. 類合下2. 兒學下8). 노픈 ᄀᆞᅀᆞᆯ히 ᄆᆞ리 ᄉᆞᆯ지고 健壯ᄒᆞ거늘 : 高秋馬肥健(重杜解4 : 12). 江湖에 ᄀᆞ올이 드니 고기마다 ᄉᆞᆯ져 잇다(古時調. 孟思誠. 靑丘). 블근 긔 여물고 누른 ᄃᆞᆰ이 ᄉᆞᆯ져시니(辛啓榮. 月先軒十六景歌).

·ᄉᆞᆯ지·다 [형] 살지다 ¶내 ᄉᆞᆯ지고 거므니 : 吾肥且黑(三綱. 翠哥). ᄉᆞᆯ진 고기와 보육과 젓 : 肥肉脯鮓(宣賜內訓1 : 67). ᄉᆞᆯ진 아ᄃᆞ란 어미 이셔 보내리니와 : 肥男有母送(重杜解4 : 5). 가ᄇᆡ야온 옷과 ᄉᆞᆯ진 ᄆᆞᆯ ᄐᆞ러 호ᄆᆞ란 즐기디 아니ᄒᆞ노라 : 未肯羨輕肥(初杜解15 : 4). ᄉᆞᆯ질 팡 : 胖 ᄉᆞᆯ진 놈 : 胖漢子(訓蒙上29 胖字註). ᄉᆞᆯ진 ᄆᆞᆯ ᄐᆞ고 가ᄇᆡ야온 갓옷 닙어 : 肥馬衣輕裘(宣小5 : 24). ᄉᆞᆯ진 ᄆᆞᆯ란 서늘케 ᄒᆞ고 : 肥馬凉着(老解下40). 우린들 ᄉᆞᆯ진 미나리를 혼자 엇디 머그리(古時調. 鄭澈. 님금과 ᄇᆡᆨ셩. 松江). 봄 미나리 ᄉᆞᆯ진 마슬 님의게 드리고쟈(古時調. 겨월날 ᄃᆞ스ᄒᆞᆫ. 靑丘). 몸이 ᄉᆞᆯ지고 검고(女範2. 현녀 한냥홍쳐). ᄉᆞᆯ진 ᄆᆞᆯ을 ᄐᆞ고 : 肥(百行源).

ᄉᆞᆲᄉᆞᆲᄒᆞ·다 [동] 깨닫다 ¶샹녜 슬픈 ᄠᅳ들 머거 ᄆᆞᅀᆞ미 ᄉᆞᆲᄉᆞᆲᄒᆞ야(月釋17 : 21). ᄆᆞᅀᆞ미 ᄉᆞᆲᄉᆞᆲᄒᆞ야ᅀᅡ : 心遂醒悟(法華5 : 158). ᄉᆞᆲᄉᆞᆲᄒᆞ면 곧 寂靜에 들리니 : 惺惺便入靜(蒙法39). 모로매 ᄉᆞᆲᄉᆞᆲᄒᆞ야 : 須是惺惺(法語3).

ᄉᆞᆱ다 [동] 삶다 ¶에제ᄂᆞᆫ 새 고기 낫거니 낙가 ᄉᆞᆱ다 엇더리(古時調. 朱義植. 屈原忠魂. 靑丘). 楚江 漁父들아 고기 낙가 ᄉᆞᆱ지 마라(古時調. 靑丘). ᄉᆞᆱ다 : 煮了(同文解上60). 이 번아 네 콩 ᄉᆞᆱ기 모ᄅᆞᄂᆞᆫ ᄃᆞᆺᄒᆞ다(蒙老1 : 25).

ᄉᆞᆷ·ᄭᅵ·다 [동] 삼키다 ¶ᄉᆞᆫ지 ᄇᆡᄅᆞᆯ 몯 ᄎᆡ와 조ᄎᆞᆫ 귓거슬 次第로 다 ᄉᆞᆷᄭᅵ니(釋譜24 : 22). 혀기 머거 ᄲᆞᆯ리 ᄉᆞᆷᄭᅵ며 : 小飯而亟之(宣賜內訓1 : 8).

ᄉᆞᇝ·기·다 [동] 삼키다 ¶그 ᄉᆞᇝ긴 귓거시 다 祇洹애 가냇더라(釋譜24 : 23). 주으려 鐵丸 ᄉᆞᇝ기고 渴ᄒᆞ야 鐵汁 마시며(月釋21 : 45). 춤 ᄉᆞᇝ기라(救急上44). 소리ᄅᆞᆯ 내다가 너ᄅᆞᆯ 爲ᄒᆞ야 도로 ᄉᆞᇝ기노라 : 發聲爲爾呑(初杜解8 : 7).

ᄉᆞᆺ [명] 새끼. 새끼줄 ¶노히나 ᄉᆞᆺ츨 가져 : 將繩索(無冤錄2 : 17). ᄉᆞᆺ ᄡᅴ고 도ᄎᆡ 멘 분내ᄂᆞᆫ 다 디그려 ᄒᆞᆫ다(古時調. 鄭澈. 뎌긔 셧ᄂᆞᆫ. 松江). 그 궁게 그 ᄉᆞᆺ 너코(古時調. 가슴에 궁글. 靑丘). 비오ᄂᆞᆫ 늘 일 업ᄉᆞᆯ 지 ᄉᆞᆺ 꼬면셔 니ᄅᆞ리라(許墺. 雇工歌).

ᄉᆡ바람 [명] 샛바람. 동풍(東風) ¶ᄉᆡ바람 아니 불고 물결이 고요하여(萬言詞).

ᄉᆡ오다 [동] 새우다〔妬〕. 시기(猜忌)하다 ¶貧寒을 ᄂᆞᆷ이 웃고 富貴ᄅᆞᆯ ᄉᆡ오ᄂᆞᆫ듸(古時調. 朱義植. 말ᄒᆞ면. 靑丘).

:ᄉᆡᆷ [명] ①샘〔泉〕 ¶ᄉᆡᆷ爲泉(訓解. 用字). ᄉᆡ미 기픈 므른 : 源遠之水(龍歌2章). 竭川에 ᄉᆡᆷ이 나니 그 낤 祥瑞ᄅᆞᆯ 다ᄉᆞᆯᄫᆞ리잇가(月印上46). 樹林과 ᄉᆡᆷ과 못과는 : 樹林泉池(楞解3 : 18). 언 ᄉᆡ문 ᄀᆞᄂᆞᆫ 돌해 브텟고 : 凍泉依細石(杜解9 : 25). ᄉᆡᆷ 쳔 : 泉(訓蒙上5. 類合上5). 좀좀코 비니 ᄉᆡᆷ이 즉시 소사나고 : 默禱泉卽湧(東新續三綱. 孝3 : 77). 雙鯉 ᄉᆡᆷ에 소소며 : 雙鯉湧泉(女四解4 : 18). ᄉᆡᆷ : 泉(同文解上8). ②우물 ¶스스로 ᄉᆡᆷ 가온대 ᄲᅡ뎌더니 : 自投井中(東新續三綱. 烈1 : 68).

:ᄉᆡᆷ·다 [동] 샘솟다 ¶피믈 ᄉᆡᆷᄃᆺ ᄒᆞ야 : 血如湧泉(救急上59). 피 나미 믈 ᄉᆡᆷᄃᆺ ᄒᆞ야 : 血如湧泉(救簡2 : 111). 피 나ᄃᆡ 믈 ᄉᆡᆷᄃᆺ ᄒᆞ거든 : 出血如湧泉(救簡2 : 120). 옥 나ᄂᆞᆫ 듸셔 ᄉᆡᆷᄂᆞᆫ 믈 : 玉井水(東醫 湯液一 水部).

:ᄉᆡᆼ·각 [명] 생각 ¶ᄉᆡᆼ각 ᄉᆞ : 思(類合下11. 兒學下11). ᄉᆡᆼ각 념 : 念. ᄉᆡᆼ각 유 : 惟. ᄉᆡᆼ각 억 : 憶(類合下17). ᄉᆡᆼ각 지 : 識(類合下18). ᄉᆡᆼ각 ᄉᆞ : 思(石千12). 내 ᄉᆡᆼ각 애쉬온 젼ᄎᆞ로 님의 타슬 삼노라(古時調. 가더니 이즈양. 靑丘). ᄒᆞᆫ 盜賊이 거긔 밋ᄎᆞ와 보고 제 生覺에 허리에 ᄯᅴᆫ 纏帶옛 거시 됴ᄒᆞᆫ 財物인가 ᄒᆞ야 生覺ᄒᆞ고(蒙老2 : 12). 가을 밤 ᄎᆡ 긴 적의 님 生覺 더욱 깁다(古時調. 金天澤. 海謠). 孤客이 몬져 듯고 님 ᄉᆡᆼ각이 ᄉᆡ로와라(萬言詞).

·ᄉᆡᆼ·각·다 [동] 생각다. 생각하다 ¶五欲ᄋᆞᆯ ᄉᆡᆼ각고 그렁 구ᄂᆞ니(月釋7 : 6). ᄆᆞᅀᆞᆷ 어두워 能히 외와 ᄉᆡᆼ각디 몯거든(楞解7 : 46). 秋風落葉에 져도 날 生覺ᄂᆞᆫ가(古時調. 梨花雨. 靑丘).

:ᄉᆡᆼ·각ᄒᆞ·다 [동] 생각하다 ¶長常이 이ᄅᆞᆯ ᄉᆡᆼ각ᄒᆞ라(月釋8 : 8). 每常 아ᄃᆞᄅᆞᆯ ᄉᆡᆼ각ᄒᆞ야 ᄯᅩ 너교ᄃᆡ(月釋13 :

10). 그낤 이를 ᄉᆡᇰ각ᄒᆞ건댄(金三2：2). 져비는 기세 도라오ᄆᆞᆯ ᄉᆡᇰ각ᄒᆞᄂᆞ다：燕憶舊巢歸(金三2：6). 靈山ㅅ 그낤 이를 ᄉᆡᇰ각ᄒᆞ야：憶靈山當日事(南明 上5). 내 어제 그르 ᄉᆡᇰ각ᄒᆞ돗더라：我夜來錯記了(飜老上59). 블의예 ᄉᆡᇰ각ᄒᆞ여 ᄒᆞ노라(癸丑30). 어미 겨을희 고기 회를 먹고져 ᄉᆡᇰ각ᄒᆞ거놀：母冬月思食魚膾(東新續三綱. 孝7：15). 게우른 겨집의 ᄉᆡᇰ각ᄒᆞᆯ 쥴 몰라 황혼의 한 번 죱들미：思量(女四解3：10). ᄉᆡᇰ각ᄒᆞ다：思想(同文解 上19). ᄉᆡᇰ각건대：想是(漢淸8：20). 도로혀 ᄉᆡᇰ각ᄒᆞ니 어이업셔 우숩ᄂᆞᆫ다(萬言詞).

·써디·다 동 빠지다 ¶써딘 ᄆᆞ롤 하ᄂᆞᆯ히 내시니：墮溺之馬天使之迸(龍歌37章). ᄆᆞ를 볼바도 아니 써디여(月釋2：71). 想ᄋᆞᆯ 보샤도 想애 써디디 아니ᄒᆞ샤(月釋8：16).

쎄티다 동 꿰다 ¶이 시롬 닛쟈 ᄒᆞ니 ᄆᆞᄋᆞᆷ의 미쳐 이셔 骨髓의 쎄텨시니 扁鵲이 열히오나 이 병을 엇디ᄒᆞ리(松江. 思美人曲). 수플 속으로셔 쎄텨 나 ᄉᆞᆼ빅 ᄉᆞ이예셔 길흘 일흔 ᄃᆞᆺ(太平1：17). 딘을 쎄텨 두어：突陣(東新續三綱. 忠1：50). 쎄티다：衝突(同文解 上46).

ᄭᅳ스·다 동 끌다 ¶掣ᄂᆞᆫ ᄭᅳ슬 씨라(法華7：91). 掣은 ᄭᅳ슬 시오(宣賜內訓1：16). 사ᄅᆞ미 ᄭᅳ스면 能히 뮈우디 몯ᄒᆞᆯ 시오(宣賜內訓1：16). 薜蘿ᄅᆞᆯ ᄭᅳ서다가 새집 헌 ᄃᆡᄅᆞᆯ 깁노라：牽蘿補茅屋(初杜解8：66). ᄒᆞᆯ기 ᄭᅳ스며(南明 上42).

ᄭᅳ으다 동 끌다 ¶ᄭᅳ드러 ᄭᅳ으기를 두어 리를 호되：捽曳數里(東新續三綱. 烈3：22). 薜蘿를 ᄭᅳ어다가 새 집 헌 ᄃᆡ를 깁노라：牽蘿補茅屋(重杜解8：66). 先生의 머리를 다가 ᄭᅳ어 가져가니：把先生的頭拖將去(朴解 下24). 西의 거슬 ᄭᅳ어 東을 막을시(女四解1：5).

·ᄢᅳᆷ 명 틈 ¶ᄲᅧᆺᄆᆞ디 섯ᄆᆞ자 ᄢᅳᆷ 업스샤미 龍 서린 ᄃᆞᆺᄒᆞ샤미 第十三이시고(法華2：15). 넉시 ᄆᆞ리 ᄢᅳᆷ 디나가미 ᄀᆞᆮᄒᆞ니(初杜解14：9). ᄢᅳᆷ 아：阿(光千23). ᄢᅳᆷ 업슬 티：緻(類合下22).

·ᄢᅴ·다 동 꺼리다. 시새우다 ¶嫉ᄋᆞᆫ ᄂᆞᄆᆞᆯ ᄢᅴ여ᄒᆞᆯ 씨오(月釋9：17). 또 貪코 ᄢᅴᄂᆞᆫ ᄠᅳ디 업소니：亦無貪嫉意(法華1：204). 서르 ᄢᅴ며：相忌(法華2：244). 오히려 怨嘆ᄒᆞ야 ᄢᅴ리 하곤：猶多怨嫉(圓覺 上一之一44). 병을 앗겨 의원을 ᄢᅴ여：護疾而忌醫(飜小8：4). 모다 怒ᄒᆞ고 물져 ᄢᅴ여：衆怒群猜(宣小5：18). 두어라 언의 곳 青山이야 날 ᄢᅴᆯ 쑬이 잇시랴(古時調. 金天澤. 書劒을. 海謠). 功名을 ᄒᆞ려 ᄒᆞ니 사롬마다 다 ᄢᅴ더라(古時調. 古歌).

ᄢᅴ우다 동 꺼리다 ¶功名도 날 ᄢᅴ우고 富貴도 날 ᄢᅴ우니(丁克仁. 賞春曲).

ᄢᅵ 명 ①때[時] ¶다 져믄 ᄢᅵ 아니로다：都非小壯時(重杜解10：16). ②끼 [끼니를 세는 단위.] ¶ᄒᆞᆫ ᄢᅵ 밥 ᄡᆞᆯ과：一頓飯的米(老解 上47). ᄒᆞᄅᆞ 세 ᄢᅵ식 뎌를 주어 밥을 ᄇᆡ브리 먹이고：一日三頓家饋他飽飯喫(朴解 上10).

ᄢᅵᆫ 명 끈 ¶인ᄢᅵᆫ 슈：綬(類合下42). 인ᄢᅵᆫ 조：組(石千31). 신 ᄢᅵᆫᄒᆞᆯ 미욜디니라(宣小2：2). 치마 ᄢᅵᆫ호로(太平1：56). ᄢᅵᆫ 영：纓(倭解 上46. 註千22). ᄢᅵᆫ：纓子(同文解 上57). 채 ᄢᅵᆫ：挽手(同文解 下20). 치마ᄢᅵᆫ으로 목을 미여 옥듕에셔 죽으니라：解裙帶自經獄中死(五倫3：39). 치직 잡는 듸 ᄢᅵᆫ：挽手(柳氏物名一獸族).

ᄢᅵᆷ 명 틈 ¶볃 난 나래 창 ᄢᅵ메 히 드리비취어든 간돌완돌ᄒᆞᄂᆞᆫ 드트리라(七大3).

·ᄯᅡ 명 ①땅 ¶ᄯᅡ 爲地(訓解. 合字). 하ᄂᆞᆯ ᄯᅡ히 ᄀᆞ장 震動ᄒᆞ니(月印 上8). 하ᄂᆞᆯ토 뮈며 ᄯᅡ토 뮈더니(月印 上63). 世世예 난 ᄯᅡ마다(釋譜6：8). 하ᄂᆞᆯ 祭ᄒᆞ던 ᄯᅡᄒᆞᆯ 보고(釋譜6：19). 地ᄂᆞᆫ ᄯᅡ히라(月釋序18). 地ᄂᆞᆫ ᄯᅡ히니 ᄯᅡ해 자본 거시(月釋1：38). 坤ᄋᆞᆫ ᄯᅡ히오(楞解6：34). 반ᄃᆞ기 ᄯᅡ호로 圓覺ᄋᆞᆯ 가졸볼디니：應以地喩圓覺(圓覺 上二之一49). ᄯᅡ콰 믈와(牧牛訣5). 臺와 亭子왜 ᄯᅡ히 놉ᄂᆞᆺ가오ᄆᆞᆯ 조차 ᄒᆞ니：臺亭隨高下(初杜解6：36). 어느 ᄯᅡ호로 향ᄒᆞ야 가시ᄂᆞᆫ고：往那箇地面裏去(飜朴 上8). 두루 ᄒᆞ녀 下邳랏 ᄯᅡ애 나ᄀᆞ내 ᄃᆞ외여：轉客下邳(飜小9：21). ᄯᅡ 디：地. ᄯᅡ 샹：壤. ᄯᅡ 곤：坤(訓蒙 上1). ᄯᅡ 디：地(類合 上1. 石千1). ᄯᅡ 곤：坤(類合 上1). ᄇᆡᆨ셩이 하ᄂᆞᆯ와 ᄯᅡ희 듕졍ᄒᆞᆫ 거슬 받ᄌᆞ와：民受天地之中(宣小4：50). 올마 下邳 ᄯᅡ히 나그내 되야：轉客下邳(宣小6：18). 눈믈이 ᄯᅡ희 젓더라：淚下沾地(東新續三綱. 孝7：43). 濂洛群賢이 이 ᄯᅡ희 뫼왓ᄂᆞᆫ ᄃᆞᆺ(蘆溪. 獨樂堂). 뎡덕닌이란 사ᄅᆞᆷ이 댱사 ᄯᅡ히 이셔 결례돌히 강하의셔 만히 사ᄂᆞᆫ디라(太平1：1). ᄯᅡ 쓰다：掃地(譯解 上8). ᄯᅡ 디：地(兒學 上1). ②곳 ¶句ᄂᆞᆫ 말ᄊᆞᆷ 그츤 ᄯᅡ히라(月釋序8). 기픈 ᄯᅡ해 寂靜이 이셔(永嘉下44). 窮子ㅣ 조ᄒᆞᆫ ᄯᅡᄒᆞᆯ 일흐니：窮子失淨處(杜解9：29). 알ᄑᆞᆫ ᄯᅡ해：患處(救簡1：79). 學校ㅣ란 거슨 禮義로 서르 몬져 ᄒᆞᆯ ᄯᅡ히어늘(飜小9：16).

※ ᄯᅡ의 첨용 ┌ ᄯᅡ
ᄯᅡ히/ᄯᅡ히라/ᄯᅡᄒᆞᆯ/ᄯᅡᄒᆞ로/ᄯᅡ해/
└ ᄯᅡ콰/ᄯᅡ토…

ᄯᅡᆫ 관 다른 ¶니가 ᄯᅡᆫ 집의 잇더니 그 집의 ᄂᆞ려오오셔(閑中錄42).

ᄯᅨ 명 떼. 뗏목 ¶ᄯᅨ 별：筏(倭解 下18. 兒學 上10). ᄯᅨ：筏子(同文解 下18. 漢淸12：20).

ᄯᅩ기달 명 조각달 ¶無心ᄒᆞᆫ ᄯᅩ기달의 徘徊ᄒᆞᄂᆞᆫ ᄯᅳ젼(古時調. 鄭澈. 樓 밧 푸른. 松江).

ᄯᅴ·다 동 띠다. 띠를 두르다. ¶寶玉帶 ᄯᅴ샤：寶玉且橫腰(龍歌112章). 果를 ᄯᅴ여：帶果(法華2：39). 머리 허리예 ᄯᅴᄂᆞ니라(宣賜內訓1：61). ᄂᆞ치 드글와 ᄌᆡ를 ᄯᅴ오：面帶塵灰(南明 下18). ᄒᆡᆫ ᄯᅴ ᄯᅴ고(呂約27). 칼 ᄎᆞ고 노ᄒᆞᆯ ᄯᅴ여셔 ᄆᆡᆼ셰ᄒᆞ야 닐오ᄃᆡ：佩刀帶繩以自誓曰(東續三綱. 烈13). 녀름에는 옥으로 ᄯᅴ 긋테 갈구리 ᄒᆞ니를 ᄯᅴ오되：夏裏繫玉鉤子(老解 下46.) 가슴의 당ᄒᆞ여 ᄯᅴ면：當心帶(臘藥3). ᄯᅴᆯ ᄃᆡ：帶(註千41). ※ᄯᅴ다>띠다

ᄯᅵ타 동 찧다 ¶또 ᄯᅵ허 散 ᄆᆡᆼᄀᆞ라：及擣爲散(救急 下62). ᄯᅵ허 ᄀᆞ라：擣硏(救急 下67). ᄒᆞᆫᄃᆡ ᄯᅵ허 ᄇᆞ레 ᄆᆞᆯ외야：同擣爲劑焙乾(救簡1：10). 이 네 가지 약을 ᄯᅵ허 처：右四味擣節(瘟疫方15).

ᄯᆞ 명 땅 ¶너의가 여긔셔 二千餘里 ᄯᆞ히나 되ᄂᆞᆫᄃᆡ(釋譜6：23). 너의가 여긔셔 二千餘里 ᄯᆞ히나 되ᄂᆞᆫᄃᆡ：你們離這裏有二千多里地否咧(華解 上1).

ᄯᆞᄅᆞᆷ 명 따름. 뿐 ¶世間앳 數를 브터 어둘 니ᄅᆞᆯ ᄯᆞᄅᆞ미니(釋譜19：10). 耳ᄂᆞᆫ ᄯᆞᄅᆞ미라 ᄒᆞ논 ᄠᅳ디라(訓註3). 이 ᄀᆞᆮᄒᆞᆯ ᄯᆞᄅᆞ미라：如此而已(楞解1：28). 뎌 ᄢᅥ곰 글지ᅀᅵ ᄯᆞᄅᆞᆷ ᄒᆞᄂᆞ니ᄂᆞᆫ 더러오니라：彼以文辭而已者陋矣(飜小8：4). 폐 이실 ᄯᆞᄅᆞᆷ이오(癸丑30). 그 ᄆᆞᄋᆞᆷ을 극진이 ᄒᆞᆯ ᄯᆞᄅᆞᆷ이라：盡其心(五倫2：57). ※ᄯᆞᄅᆞᆷ>따름

·ᄲᅡ·디·다 동 빠지다[沒] ¶므레 ᄲᅡ디여 橫死ᄒᆞᆯ 씨오(釋譜9：37). 기픈 굴형에 ᄲᅡ디여 주그니(南明 下60). 南海예 ᄲᅡ디여 죽고：溺南海(飜小10：11). ᄲᅡ딜 릭：溺(類合下54). ᄲᅡ딜 륜：淪(類合下55). 天下를 더럽고 흐린 ᄃᆡ ᄲᅡ디게 ᄒᆞ니：溺天下於汚濁(宣小5：120). ᄲᅡ딜 멸：滅(註千25). ※ᄲᅡ디다>빠지다

·ᄲᅡ·혀·다 동 빼다. 빼내다 ¶블휘 ᄲᅡ혀 ᄯᅡ해 다 보아디니(月印 上58). 甲 닙고 갈 ᄲᅡ혀 들오(釋譜24：28). 두 눉ᄌᆞᅀᆞᄅᆞᆯ ᄲᅡ혀 보내라 ᄒᆞ고(釋譜24：51). 拔ᄋᆞᆫ ᄲᅡ혈 씨라(月釋 序10).

ᄲᅩ롯ᄒᆞ다 형 날카롭다. 뾰족하다 ¶長陵에 머리 ᄲᅩ롯ᄒᆞᆫ 男兒ㅣ：長陵銳頭兒(重杜解2：69). 머리 젹고 ᄲᅩ롯ᄒᆞ야(詩解 物名6).

ᄲᅮᆯ·휘 명 뿌리 ¶ᄡᅳᆫ너삼 ᄲᅮᆯ휘 두 량을 ᄯᅵ허 처：苦蔘二兩右擣篩(瘟疫方22). 病 ᄲᅮᆯ휘 샹해 이셔：病根常在(宣小5：3). ᄲᅮᆯ휘：根(柳氏物名 四 木).

쎄·타 동 뿌리다 ¶허닌 ᄆᆞᄅᆞᆫ닐 쎄후미 됴ᄒᆞ니라(救急

上7). ᄯᅩ 브ᅀᅥᆸ 더운 지ᄅᆞᆯ 헌 ᄃᆡ ᄢᅦ코 기브로 ᄢᅡ미라：又方取竈中熱灰以粉瘡中帛裹繫之(救急 下68). ᄡᅵ ᄢᅦ타：撒種(訓蒙 下5 種字註). 울밋 陽地편의 외씨ᄅᆞᆯ ᄢᅦ허 두고(松江. 星山別曲). 젼ᄀᆡᄒᆞ야 발슌ᄒᆞ야 ᄃᆡ 곡 ᄢᅦ흔 밧헤 더러 준 곳 외예(綸音89).

ᄲᆞᄅᆞ·다 형 빠르다 ¶ᄲᆞᆯ론 주를 니르니라(釋譜6：2). 入聲은 ᄲᆞᆯ리 긋ᄃᆞᆮᄂᆞᆫ 소리라 促急은 ᄲᆞᄅᆞᆯ 씨라(訓註14). 速ᄋᆞᆫ ᄲᆞᄅᆞᆯ 씨오(月釋序18). 길며 ᄲᆞᆯ롬과(法華3：189). 그리메도 ᄯᅩ ᄲᆞᆯ라(圓覺 下一之二50). 無常이 ᄲᆞᆯ라(牧牛訣43). ᄯᅩ ᄲᆞᄅᆞ도 아니ᄒᆞ며 늣도 아니ᄒᆞ야：却不急不緩(蒙法7). ᄲᆞᄅᆞᆫ 비는 오란 病을 저지ᄂᆞ다：涷雨裛沉綿(重杜解2：13). 妙旨 ᄲᆞᆯ라 눈 곰ᄌᆞᆨ홀 ᄉᆞᅀᅵ예 곧 디나가ᄂᆞᆫ ᄠᅳ디라(南明 上23). ᄲᆞᄅᆞᆯ 신：迅(類合 下20). ᄲᆞᄅᆞᆯ 속：速(類合 下57. 倭解 下34). ᄲᆞᄅᆞ게 나아게 홀터(武藝圖16).
※ᄲᆞᄅᆞ다>빠르다

ᄲᆞᆯ·리 부 빨리 ¶得道ᄅᆞᆯ ᄲᆞᆯ리 ᄒᆞ리니(釋譜6：40). ᄲᆞᆯ리 긋ᄃᆞᆮᄂᆞᆫ 소리라(訓註14). ᄲᆞᆯ리 몯 고티리로다(月釋1：51). ᄲᆞᆯ리 도라오시ᄂᆞᆫ 젼ᄎᆞ로：遽歸故(楞解1：38).

싸·호·다 동 싸우다 ¶請으로 온 예와 싸호샤：見請之倭與之戰鬪(龍歌52章). 드르헤 龍이 싸호아：龍鬪野中(龍歌69章). 싸호ᄂᆞᆫ 한쇼ᄅᆞᆯ：方鬪巨牛(龍歌87章). 서르 싸화 저와 ᄂᆞᆷ과ᄅᆞᆯ 어즈려(釋譜9：16). 싸홈 저긔 갈해 헌 ᄶᆞ홀 旃檀香 ᄇᆞᄅᆞ면(月釋1：26). 스므 디위 싸호더니(三綱. 忠14). 싸홀 젼：戰. 싸홀 투：鬪(倭解 上39). 싸화 죽어 무덤이 冶城의 잇더니(女四解4：31). 싸호다：攻戰(同文解 上45). 서ᄅᆞ 싸호다가 이긔디 못ᄒᆞᄂᆞᆫ 이(武藝圖10). 싸호다：攻伐. 죽도록 싸호다：血戰(漢淸4：34).

·쓰·다 동 쓰다〔書〕 ¶太子ㅣ 妃子ㅅ 金像ᄋᆞᆯ ᄆᆡᆼᄀᆞᄅᆞ샤 婦德을 쓰시니이다(月印 上14). 譜ᄂᆞᆫ 平生앳 처엄 乃終ㅅ 일ᄋᆞᆯ 다 쑨 글와리라(釋譜序4). 제 지순 罪며 福ᄋᆞᆯ 다 써 琰魔法王ᄋᆞᆯ 맛뎌든(釋譜9：30). 並書ᄂᆞᆫ ᄀᆞᆯᄫᅡ쓸 씨라(訓註3). 첫소리ᄅᆞᆯ 어울워 ᄡᅮᇙ디면 ᄀᆞᆯᄫᅡ쓰라：初聲合用則並書(訓註12). 브텨쓰라：附書(訓註13). 死活字ᄅᆞᆯ 써아 뵈야ᄂᆞᆯ(三綱. 忠21). 海墨으로 써도 다ᄋᆞ디 아니ᄒᆞ며：書海墨而不盡(楞解7：10). 사겨 니ᄅᆞ며 쑤ᄃᆡ：解說書寫(法華4：72). 史官 도라보샤 쓰라：顧謂史書之(宣賜內訓2 上28). 쓸 샤：寫(訓蒙 下20. 倭解 上37). 三月 초ᄒᆞᄅᆞᆫ날 晦菴은 쓰노라：三月朔旦晦菴題(宣小 書題3). 그 나ᄆᆞᆫ ᄆᆞᆯ 글월도 다 써다：其餘的馬契都寫了也(老解 下16). 이 글월 써다：這文契寫了(朴解 上54). 梁字로도 쓰ᄂᆞ니라(女四解2：13).

·쓰·다 동 쓰다〔用〕 ¶쓰다：需用(漢淸8：69). 쓸 용：用(註千26). 쓸 용：庸(註千29). 쓰자 ᄒᆞᄂᆞᆫ 열손가락 쏨즉이도 아니하고(萬言詞).

쓸믜다 동 싫어 미워하다. ¶쓸뮌 것：厭物(漢淸7：57). 보아 쓸믜며 變態ᄅᆞᆯ 가을ᄒᆞᆯ가(青友仁. 梅湖別曲).

쓸커시 부 실컷. 싫도록 ¶胸中의 싸힌 말숨 쓸커시 ᄉᆞ로리라(青偉. 萬憤歌).

씃·다 동 씻다. 닦다 ¶쓰슬 온：搵. 쓰쓸 기：揩(訓蒙 叡山本 下10). 슈건 잡아셔 눈믈 쓰스니(三譯1：6). 술병을 싯고 탁ᄌᆞᄅᆞᆯ 쓰셔：抹光(女四解3：24). 씃다：揩了(同文解 下16).

·ᄡᅡ·다 동 쌓다〔築〕 ¶轉輪聖王 ᄡᅡᄂᆞᆫ 法을 브터 ᄒᆞ고(釋譜23：7). 몬져 瞻婆城을 ᄡᅡ니 城ᄡᅡ사리ᄅᆞᆯ 始作ᄒᆞ니라(月釋1：44). 海水로 城을 ᄡᅡ고 雲山으로 문을 지어(萬言詞).

ᄡᅡ·ᅀᅵ 명 사이 ¶펴엣던 ᄇᆞᆯ홀 구필 ᄡᅡᅀᅵ예(釋譜6：2). 舍衛國에 올 ᄡᅡᅀᅵᆺ 길헤(釋譜6：23). 두 ᄂᆞᆯ개 ᄡᅡᅀᅵ 三百三十六萬里오(月釋1：14). 成은 일 씨니 처엄브터 다 일 ᄡᅡᅀᅵ 成劫이라(月釋1：47).

쇼 명 요 ¶지블 빙이샤ᄃᆡ 七寶로 ᄭᅮ미시며 錦繡 쇼ᄒᆞᆯ 펴고 안ᄃᆡ시니(月印 上42). 오시며 차바니며 니블 쇼히며(釋譜11：22). 手巾과 쇼ᄒᆞᆯ ᄆᆡᆼᄀᆞ라：爲巾褥(宣賜內訓2 下51).

ㅇ

아기시 명 아기씨 ¶우리 업서도 아기시 즐기시던 실과나 명일이어든 ᄉᆡᆼ각ᄒᆞ야 놋ᄌᆞ와라(癸丑1：121). 이 아기시ᄂᆞᆫ(閑中錄62). 少婦女曰 아기시(東言).

아·니머·리 부 멀지 않게. ¶城 아니머리 뫼히 이쇼ᄃᆡ(釋譜11：24). 法座 아니머리 八萬四千衆寶蓮華ᄅᆞᆯ 지ᅀᆞ시니(月釋18：73).

아·니한·덛 명 잠시(暫時) ¶ᄂᆞᆷ 爲ᄒᆞ야 닐오ᄆᆞᆯ 깃그며 ᄀᆞᄅᆞ쵸ᄆᆞᆯ 조차 아니한덛 드로ᄆᆞᆯ 깃거도(月釋17：44). 아니한덛 드르면 즉재 菩提ᄅᆞᆯ 得ᄒᆞ릴ᄊᆡ(法華4：84). 아니한더데 境界 自然히 ᄆᆞᆯᄀᆞ리라：倏忽境界自淸(蒙法26). 斯須ᄂᆞᆫ 아니한더디라(重杜解2：8). 목수미 아니한더데 이셔：命在須臾(佛頂 下9).

아·니한·ᄢᅵ 명 잠시(暫時) ¶모ᄃᆞ락 흐트락 호미 ᄯᅩ 아니한ᄢᅵ로다：聚散亦暫時(初杜解22：22).

아·니한·ᄉᆞ·ᅀᅵ 명 잠시(暫時) ¶어버ᅀᅵ 子息 ᄉᆞ랑호ᄆᆞᆫ 아니한ᄉᆞᅀᅵ어니와(釋譜6：3). 아니한ᄉᆞᅀᅵ예 다 일워내ᄂᆞ니(月釋1：27). 아니한ᄉᆞᅀᅵ예：少選之間(楞解9：53). ᄡᆞᆯ 글힌 므레 프러 머교ᄃᆡ 아니한ᄉᆞᅀᅵ예 서너 번 ᄒᆞ라：漿水和飮之須臾三四(救簡1：54). 아니한ᄉᆞᅀᅵ예：頃刻(眞言42).

아·당ᄒᆞ·다 동 아첨하다 ¶諂曲ᄒᆞ며 아당ᄒᆞ며(六祖 上72). 엇디 아당ᄒᆞ여 ᄠᅳᆮ을 받조아：寧令從諛承意(飜小9：39). 아당홀 텸：諂. 아당홀 유：諛(訓蒙 下29). 이제 아당ᄒᆞᄂᆞᆫ 신하의 훼호미 되야：今爲佞臣之毁(東新續三綱. 忠1：5). 벋이 아당ᄒᆞ기 잘ᄒᆞ며：友善柔(英小2：74). 잡은 거술 만히 주고 아당ᄒᆞ니(明皇1：32). 아당ᄒᆞ다：行諂(同文解 上25). 아당ᄒᆞ다：諂媚(漢淸8：41). 아당ᄒᆞᄂᆞᆫ 지 이셔 닐오ᄃᆡ(落泉1：1).

·아·ᄃᆞᆨᄒᆞ·다 형 아득하다 ¶아ᄃᆞᆨᄒᆞᆫ 後世예(月印 上2). 아ᄃᆞᆨ홀 막：漠(石千26).

:아·래 명 ①전일(前日). 예전 ¶아래브터 ᄆᆞᅀᆞᄆᆡ 아ᅀᆞ보ᄃᆡ(月印 上39). 아랫 恩惠ᄅᆞᆯ 니저 ᄇᆞ리샤(釋譜6：4). 이런 고지 아래 업더니라 ᄒᆞ시고(釋譜11：32). 아래 네 어미 나ᄅᆞᆯ 여희여(月釋8：86). 아래 나ᄅᆞᆯ 됴ᄒᆞᆫ ᄆᆞᄅᆞᆯ 줄 사ᄅᆞ미 잇거늘：昔人有與吾千里馬者(飜小10：1). ②뒤. 뒷날〔後日〕. 나중 ¶宗室에 鴻恩이시며 모딘 相ᄋᆞᆯ 니ᄌᆞ실ᄊᆡ 千載 아래 盛德을 ᄉᆞᆯᄫᆞ니：宗室鴻恩且忘反相故維千載盛德稱仰(龍歌76章).

아련 형 어리고 아름다운. ¶올하 올하 아련 비올하(樂詞. 滿殿春別詞).

아·ᄅᆞᆷ 명 ①아람치〔私有〕 ¶妾이 아ᄅᆞᆷᄋᆞ로 ᄡᅥ 公反ᄃᆞ외요ᄆᆞᆯ 蔽티 몯ᄒᆞ야：妾不能以私蔽公(宣賜內訓2上22). 그윗 門엔 아ᄅᆞᄆᆞᆯ 容納 몯거니와：公門不容私(金三4：33). 하ᄂᆞᆳ 큰 德ᄋᆞ로 아ᄅᆞᆷ 업슨 큰 道ᄅᆞᆯ 가ᄌᆞᆯ비시니라(南明 上39). 아ᄅᆞᆷ ᄉᆞ：私(類合 下4). ②백성(百姓) ¶이런 아ᄅᆞᄆᆞᆫ 불희 업슨 남기며：如此之民如無根之木(正俗21).

아·ᄅᆞᆷ·답·다 형 아름답다 ¶美ᄂᆞᆫ 아ᄅᆞᆷ다ᄫᆞᆯ 씨니(釋譜13：9). 嘉瑞ᄂᆞᆫ 아ᄅᆞᆷ다ᄫᆞᆫ 祥瑞라(月釋2：47). 겨지븐 弱호모로 ᄡᅥ 아ᄅᆞᆷ다오ᄆᆞᆯ 삼ᄂᆞ니：女以弱爲美(宣賜內訓2上8). 아ᄅᆞᆷ다온 일후믈 사ᄅᆞ미 밋디 몯ᄒᆞᄂᆞ니：美名人不及(初杜解21：23). 저히며 아ᄅᆞᆷ답도다：威美(南明 下14). 두 舍人의 비ᄉᆞ 이쇼미 ᄀᆞ장 아ᄅᆞᆷ다오니：兩箇舍人打扮的風風流流(飜朴 上30). 아ᄅᆞᆷ다올 언：彦(類合 下5). 아ᄅᆞᆷ다올 미：美(石千13). 아ᄅᆞᆷ다올 가：嘉(石千30). 아ᄅᆞᆷ다올 가：佳(石千40). 아ᄅᆞᆷ답ᄉᆞ와 여긔 오ᄅᆞᄋᆞᆸ소(新語1：2). 아ᄅᆞᆷ다오믈 못 춤아(明皇10：38). 신명이 완젼ᄒᆞ면 ᄯᅩ

ᄒᆞᆫ 아ᄅᆞᆷ답디 아니ᄒᆞ랴 : 身命俱全不亦優乎(五倫2 : 20). 부귀ᄅᆞᆯ 기리 누릴 거시니 ᄯᅩᄒᆞᆫ 아ᄅᆞᆷ답디 아니ᄒᆞ랴 : 長享富貴不亦美乎(五倫2 : 36).

아·ᄅᆞᆷᄃᆞ외·다 형 사사롭다 ¶괴외ᄒᆞᆫ 보미 將次ㅅ 나조ᄒᆡ 깃거ᄒᆞᄂᆞᆫ 萬物은 제여곰 아ᄅᆞᆷᄃᆞ외도다 : 寂寂春將晩欣欣物自私(初杜解14 : 38).

:아ᄅᆡ 명 전일(前日). 예전 ¶아ᄅᆡᆺ 殃報ᄅᆞᆯ 곧 ᄲᅥ서 安樂ᄒᆞ야(月釋21 : 97). 아ᄅᆡᆺ 因ᄋᆞᆯ 아라(楞解1 : 17). 아ᄅᆡ : 向來(圓覺 上一之二15). 아ᄅᆡ 오래 病ᄒᆞ얫거시ᄂᆞᆯ : 嘗久疾(宣賜內訓2上41). 아ᄅᆡ브터 바다 ᄡᅳᄂᆞᆫ 家風이며 : 依前受用家風(金三2 : 19). 涅槃會上애 아ᄅᆡ 親히 付屬ᄒᆞ시다(南明 上1). 아ᄅᆡ 萬年天子ㅅ 목수믈 비ᅀᆞᆸ고 : 曾祝萬年天子壽(眞言41). 아ᄅᆡ 치와 건조면 너므 굳다 : 比在前忒牢壯(飜老 上39). 네 아ᄅᆡ 일즉 셔울 녀러 오나시니 : 你在先也曾北京去來(飜老 上60). 아ᄅᆡ 낭 : 曩(訓蒙 下2). 아ᄅᆡ 소 : 素(類合 下29). 내 아ᄅᆡ 적딘의 드러가 능히 쟝수 버히며 긔 걷디 몯ᄒᆞ니 : 向吾入賊陣不能斬將搴旗(東新續三綱. 忠1 : 8). 아ᄅᆡᄂᆞᆫ 지달ᄊᆞ더니 : 我在前絆着來(老解 上41).

:아·ᄅᆡ 부 일찍이 ¶아ᄅᆡ ᄃᆞᆮ니던 險道ㅣ ᄂᆞᆯ 아디 몯ᄒᆞ야(月釋21 : 120). 아ᄅᆡ 묻ᄌᆞ온대 : 嘗問(楞解1 : 3). 仙源이 아ᄅᆡ 닐오ᄃᆡ : 仙源嘗言(宣賜內訓2 上19). 아ᄅᆡ 티매 아ᄃᆞᆯ이 일즉 우디 아니ᄒᆞ다가 : 他日笞子未嘗泣(宣小4 : 19).

아모가히 대 아무개 ¶죠흔 벗 가즌 嵆笛 아름다 아모가히 第一名들이 次例로 벌어 안ᄌᆞ(古時調. 노리갓치. 海謠).

:아·모·만 부 ①얼마큼 ¶아모만도 묻디 아니ᄒᆞ고 저를 져그나 주면 곧 ᄒᆞ리라 : 不問多少與他些箇便是(飜朴 上43). 아모만도 다 긴티 아니ᄒᆞ니라 : 多少不打緊(飜朴 上43). ②암만. 아무리 ¶이런 公木은 아모만 드려도 잘 잡디 못ᄒᆞᆯ 거시니(新語4 : 11). 冬셧달 바ᄅᆞᆷ 비 눈 셔리ᄅᆞᆯ 아모만 마즌들 푸러질 줄 이시랴(古時調. 李鼎輔. 님으란. 靑丘).

아므려나 부 아무렇든. 아무튼 ¶아므려나 져기 ᄡᆞᆯ 밧괴여 주어든 : 怎生糶與些米(老解 上36). 님다히 消息을 아므려나 아쟈 ᄒᆞ니 오ᄂᆞᆯ도 거의로다(松江. 續美人曲).

아·바:님 명 아버님 ¶아바님 뒤헤 셔샤 : 立在父後(龍歌28章). 아바님 일ᄏᆞᄅᆞ시니 : 父王稱謂(龍歌91章). 靑衣 긔별을 ᄉᆞᆯᄫᆞ놀 아바님 깃그시니(月印 上9). 그 ᄯᆞᆯᄃᆞ려 무로ᄃᆡ 그듸 아바니미 잇ᄂᆞ닛가(釋譜6 : 14). 아바님이 손 드르샤 부텻 발 ᄀᆞᄅᆞ치샤 셜본 ᄠᅳᆮ 업다 ᄒᆞ시니(月釋10 : 2). 아바님도 어이어신 마ᄅᆞᄂᆞᆫ(樂詞. 思母曲). 아바님이 할마님 ᄠᅥ나기ᄅᆞᆯ 몯ᄒᆞ시니 : 父不離祖母(東新續三綱. 孝6 : 8). 아바님 언졔 올고(萬言詞答).

아·비 명 ①아버지 ¶父는 아비오(月釋序14). 考ᄂᆞᆫ 아비라(月釋序15). 아비옷 이시면 우리ᄅᆞᆯ 어엿비 너겨 能히 救護ᄒᆞ려늘(月釋17 : 21). 아비 ᄆᆡ샹 아ᄃᆞᆯ 念호ᄃᆡ : 父每念子(法華2 : 189). 아비어미 날 기ᄅᆞᆯ 저긔 : 父母養我時(初杜解8 : 67). 아비 부 : 父(訓蒙 上31. 類合 上19). 혹 아비 구실 ᄃᆞᆫ니ᄂᆞᆫ 양을 보ᄃᆡ(癸丑116). 아비 : 父親(老解 下30). 제 아비 죽거ᄂᆞᆯ 어미 안가의 겨집이 되니(明皇1 : 32). 어려 아비 죽고 어미ᄅᆞᆯ 셤기되 : 幼喪父奉母(五倫1 : 62). ②남자의 범칭(汎稱). ¶받 가ᄂᆞᆫ 아비 眞實로 이우지 ᄃᆞ외옛도다 : 田父實爲隣(初杜解7 : 18). 그 아비ᄂᆞᆫ 올ᄒᆡ 나히 열아호비오 : 那官人是今年十九歲(飜朴 上46). 아비 야 : 爺(訓蒙 上31). 回回 아비 내 손모글 주여이다(樂詞. 雙花店).

아사가다 동 빼앗아 가다. ¶아사가다 : 搶去(譯解補36).

아소 감 아서. 아서라. 마오. 마시오. 마십시오〔금지의 감탄사〕 ¶니미 나ᄅᆞᆯ ᄒᆞ마 니ᄌᆞ시니잇가 아소 님하 도람 드르샤 괴오쇼셔(樂範. 鄭瓜亭). 아소 님하 어마님ᄀᆞ티 괴시리 업세라(樂詞. 思母曲). 아소 님하 ᄒᆞᆫᄃᆡ 녀졋 期約이이다(樂詞. 履霜曲).

아·ᅀᅵ 명 처음. 애벌〔初回〕 ¶아ᅀᅵ ᄲᅵᆯ 분 : 饙(訓蒙 下12). ※아ᅀᅵ>아이

아ᅀᆞ 명 아우 ¶아ᅀᆞ爲弟(訓解. 用字). 靈鷲山애 겨샤 아ᅀᆞ와 아ᄃᆞᆯ ᄃᆞ리샤(月釋10 : 1). 아ᅀᆞ 이바도ᄆᆞᆯ 난븐일 업더니 : 養弟勤劇無所不至(三綱. 孝24不害捧屍). 王이 卽時예 나라ᄒᆞ로 아ᅀᆞ 맛디고(法華7 : 144). 아ᅀᆞ와 겨집과 子息괘라(宣賜內訓1 : 2). 王의 아ᅀᆞ : 王弟(宣賜內訓 2上32). 아ᅀᆞ와 누의와ᄂᆞᆫ 各各 어드러 가니오 : 弟妹各何之(初杜解8 : 25). 제 아ᅀᆞ 云山이ᄂᆞᆫ 나히 여ᄃᆞᆲ이러니 其弟云山年八(續三綱. 孝19). 오나라 아ᅀᆡ여 : 來麼兄弟(飜朴 上24). 아ᅀᆞ 뎨 : 弟(訓蒙 上32). 아ᅀᆞ 뎨 : 弟(類合 上19). 아ᅀᆞ 사모리라 : 弟(誡初2).
※앗>아ᅀᆞ>아ᄋᆞ>아우

아ᅀᆞ누의 명 누이동생 ¶妹ᄂᆞᆫ 아ᅀᆞ누의라(月釋21 : 162). ᄆᆞᆮ누의와 아ᅀᆞ누의와 : 姉妹(宣賜內訓1 : 5). 아ᅀᆞ누의남진 : 妹夫(飜老 下34). 아ᅀᆞ누의 ᄆᆡ : 妹(訓蒙 上32. 類合 上19).

·아ᅀᆞ라·ᄒᆞ·다 형 아득하다. 까마아득하다 ¶消息은 둘히 다 아ᅀᆞ라ᄒᆞ더라 : 消息兩茫然(初杜解23 : 23).

아·ᅀᆞᆷ 명 겨레. 친족(親族). 친척(親戚) ¶아ᅀᆞ미 오나ᄃᆞᆫ 이바도려 ᄒᆞ노닛가(釋譜6 : 16). 戚ᄋᆞᆫ 아ᅀᆞ미오(月釋序24). 宗族ᄋᆞᆫ 아ᅀᆞ미라(月釋2 : 11). 아ᅀᆞᆷ돌히 孝道ᄅᆞᆯ 感動ᄒᆞ야 廬 도로 지ᅀᅥ 주어늘 : 姻戚感孝誠爲復結廬以與之(三綱. 孝33). 王ㅅ 아ᅀᆞ미오 : 王族(楞解1 : 33). 族ᄋᆞᆫ 아ᅀᆞ미라(楞解3 : 75). 아ᅀᆞ맷 兄弟오 : 族昆弟(宣賜內訓 2上23). 外戚은 어믜녁 아ᅀᆞ미라(宣賜內訓2上49). 이 骨肉 아ᅀᆞᄆᆡ게 더 ᄒᆞ더시니라 : 倍此骨肉親(初杜解24 : 23). 아ᅀᆞᆷ 眷屬이 命終ᄒᆞᆯ 제 니르러(佛頂7). 만이레 아ᅀᆞᆷ이 왯거든 각별이 ᄎᆞ셔ᄒᆞ야 안치고 : 若有親則別序(呂約9 : 24). 아ᅀᆞᆷ 족 : 族(訓蒙 上31). 아ᅀᆞᆷ 친 : 親. 아ᅀᆞᆷ 쳑 : 戚(訓蒙 上32). ※아ᅀᆞᆷ>아ᄋᆞᆷ

아야라 부 겨우 ¶아야라 ᄒᆞᆫ 盞ᄋᆞᆯ 기우리면 곳 사ᄅᆞ미 醉ᄒᆞᄂᆞ니라 : 纔傾一盞卽醺人(初杜解3 : 32).

아야로시 부 겨우 ¶니븐 누비오시 아야로시 무루페 디날만 ᄒᆞ도다. : 補綻纔過膝(重杜解1 : 5).

아·오·로 부 아울러 ¶國王과 刹利와 居士와 아오로 뫼화 다 ᄒᆞ마 몯거늘 : 國王刹利居士皆悉已集(法華2 : 222). 그 ᄃᆞ린 바 죵 아오로 주기다 : 幷其所率婢殺之(東新續三綱. 孝6 : 59). 홍공과 아오로 삼혹ᄉᆞ뎐을 지으니라(山城122). 隣人과 巡宿ᄒᆞᄂᆞᆫ 總甲人等을 아오로 블러 : 到隣人幷巡宿總甲人等(朴解 下52). 字 ᄠᅳᆮ 밧긔 註엣 말을 아오로 드려 사겨시모로 : 字義之外幷入註語爲解故(英小凡例1). 左手의 두 칼을 아오로 잡으되(武藝圖43).

아·올·다 동 아우르다 ¶兼은 아올 씨라(月釋序18). 아올 병 : 幷(類合 下48). 아올 병 : 幷(石千26). 아올나 귀ᄆᆡᄭᆞ지 엇고쟈 ᄒᆞ거ᄂᆞᆯ : 幷(女四解4 : 20).

아ᄋᆞ 명 아우 ¶아ᄋᆞ 뎨 : 弟(石千15). 兄은 ᄉᆞ랑ᄒᆞ고 아ᄋᆞᆫ 공슌ᄒᆞ며 : 兄友弟恭(宣小5 : 34). 어미 아ᄋᆞ로 극형ᄒᆞ고(癸丑144). 故鄕애 아ᄋᆞ와 누의왜 잇ᄂᆞ니 : 故鄕有弟妹(重杜解1 : 31). 노라치 졈졈 강셩ᄒᆞ야 제 아ᄋᆞ 속기합치ᄅᆞᆯ 죽이고(山城2). 아ᄋᆞ들히 : 兄弟們(老解 下3). 아ᄋᆞ 불령이 ᄯᅩᄒᆞᆫ 효ᄒᆡᆼ이 지극하여 : 弟不佞亦至孝(五倫1 : 42).

아ᄋᆞ라ᄒᆞ다 형 아득하다 ¶蒼茫은 荒寂皃ㅣ니 아ᄋᆞ라ᄒᆞᆯ시라(重杜解1 : 1). ※아ᄋᆞ라ᄒᆞ다<아ᅀᆞ라ᄒᆞ다

아ᄋᆞᆷ 명 겨레. 친척(親戚) ¶열 ᄒᆡᄅᆞᆯ 아ᄋᆞᄆᆡ 消息이 업도다 : 十年骨肉無消息(重杜解4 : 32). 아ᄋᆞᆷ 쳑 : 戚(石千35). ᄆᆞ올히며 아ᄋᆞᆷ돌히 닐오ᄃᆡ : 鄕中親戚皆言(東續三綱. 孝31). ※아ᄋᆞᆷ<아ᅀᆞᆷ

아즐가 감 감탄하는 소리. 악음(樂音)에 맞추기 위한 소리. ¶西京이 아즐가 西京이 셔울히 마르는…닷곤ᄃᆡ 아즐가 닷곤ᄃᆡ 쇼셩경 고외마른…여히므론 아즐

가 여히므논 질삼뵈 ᄇᆞ리시고…괴시란ᄃᆡ 아즐가 괴시란ᄃᆡ 우러곰 좃니노이다(樂詞. 西京別曲).

아지 명 유모(乳母) ¶대군 아지 네히니(癸丑74). 너드러올 적 유모로 아지와 시비 ᄒᆞ나흘 ᄃᆞ리고 드러오니(閑中錄44).

아·쳐ᄒᆞ·다 동 싫어하다 ¶아쳐티 아니ᄒᆞ며 가ᄉᆡ디 아니ᄒᆞ야：不厭不改(飜小6：10). 아니호ᄆᆞᆯ 아쳐ᄒᆞ거든(修行章32). ᄂᆞᄆᆡ 비홈 이심을 아쳐ᄒᆞᄂᆞ니라：惡人有學(宣小5：17). 그 ᄆᆞᅀᆞᆷ의 됴히 녀기시ᄂᆞᆫ 바와 아쳐ᄒᆞ시ᄂᆞᆫ 배 어듸 잇ᄂᆞᆫ고(家禮2：14). 젼민 샤급ᄒᆞᆫ 줄 아쳐ᄒᆞ야(落泉4：11).

아:쳗·다 동 싫어하다 ¶비호ᄃᆡ 아쳗디 아니호미：學之不厭(永嘉 上17). 몬져 드르샤 아쳗게 ᄒᆞ시고：先擧令厭(心經51). 아쳗ᄂᆞᆫ 사ᄅᆞᄆᆞ란 주기더니(宣賜內訓序3). 兵家ㅣ 間諜ᄒᆞ리ᄅᆞᆯ 아쳗ᄂᆞ니：兵家忌間諜(初杜解7：27). 女人 모ᄆᆞᆯ 아쳗고：厭其女人身(佛頂上4).

아·ᄎᆞᆷ 명 아침 ¶ᄒᆞᄅᆞᆺ 아ᄎᆞ미 命終ᄒᆞ야(釋譜6：3). ᄒᆡ 東녀긔 이시면 아ᄎᆞ미오(月釋2：50). 卯發이 아ᄎᆞᄆᆡ니러(三綱. 烈20). 날마다 아ᄎᆞᄆᆡ：每日於晨朝(佛頂上3). 아ᄎᆞᆷ에 採山ᄒᆞ고 나조ᄒᆡ 釣水ᄒᆞ새(丁克仁. 賞春曲). 이튼날 아ᄎᆞᄆᆡ：旦日(飜小10：6). 아ᄎᆞᆷ 단：旦. 아ᄎᆞᆷ 됴：朝(訓蒙 上2). 아ᄎᆞᆷ 흔：昕(訓蒙 下2). 아ᄎᆞᆷ 됴：朝. 아ᄎᆞᆷ 단：旦(類合 上3). ᄆᆡ일 아ᄎᆞᄆᆡ 머리 비서(宣小6：26). 인ᄉᆡᆼ이 아ᄎᆞᆷ 이슬 ᄀᆞᄐᆞ니：人生如朝露(五倫2：12). ※아ᄎᆞᆷ>아침

아·ᄎᆞᆷ나조 명 아침저녁. 조석(朝夕) ¶아ᄎᆞᆷ나조ᄒᆡ 守護ᄒᆞ야：晨夕守護(圓覺 下三之二88). 아ᄎᆞᆷ나조ᄒᆡ 보아 警戒ᄒᆞ노라：朝夕視爲警(宣賜內訓1：27). 아ᄎᆞᆷ나조ᄒᆡ：早起晩夕(飜老 下47). 아ᄎᆞᆷ나조ᄒᆞ로：朝夕(飜小9：13).

안니다 동 앉곤 하다. 〔'안〈坐〉'과 '니〈行〉'의 합성어(合成語)〕 ¶곳나모 가지마다 간ᄃᆡ 족족 안니다가(松江. 思美人曲).

안ᄆᆞᅀᆞᆷ 명 속마음 ¶合掌ᄒᆞ샤 안ᄆᆞᅀᆞᄆᆞ로 世尊ㅅ 바래 禮數ᄒᆞ더시니(月釋10：9).

안ᄆᆞ옴 명 속마음 ¶말만 곱게 ᄒᆞ고 안ᄆᆞ옴은 謀陷ᄒᆞ려 ᄒᆞᄂᆞᆫ ᄠᅳᆮ이 이시니(隣語3：4).

안·잿·더시·니 동 앉아 있으시더니. ¶님금 位ㄹ ᄇᆞ리샤 精舍애 안잿더시니(月印 上1).

·안·즉 부 아직. 또한 ¶안즉 ᄀᆡ욤만 ᄀᆞᆮ디 몯ᄒᆞ니라(飜小9：43). 안즉 내 닐온 대로 ᄒᆞ라：但依吾語(飜小9：44).

안·직 부 아직. 또한 ¶안직 가디 말라：且休去(飜老上26). 안직 삭슬 혜아리져：且商量脚錢着(飜朴 上11).

안·족 부 ①아직. 또한 ¶우리 이제 안족 出家 말오(月釋7：1). 다 안족 이ᄅᆞᆯ ᄲᅧ ᄀᆞᆯᄒᆡ야：皆且引事辯(楞解1：49). 안족 그리 호려 ᄒᆞ야 닐오ᄃᆡ：且(三綱. 烈5). ②잠시. 한동안 ¶안족 쉬에 호ᄆᆞᆫ：令姑息之(法華2：203). 안족으로 ᄆᆞᅀᆞᆷ을 노화：姑息放心(警民12).

·안팟 명 안팎 ¶大目犍連이 안자 瑠璃 ᄀᆞᆮᄒᆞ야 안팟기 비취니(月印 上67). 안팟기 ᄉᆞᄆᆞᆺ ᄆᆞᆯ가(釋譜9：4). 안팟긔 잇ᄂᆞᆫ 뫼히며(釋譜19：13). ᄆᆞᅀᆞ미 ᄆᆞᆯ가 안팟기 훤ᄒᆞ야(月釋2：64). 안팟기 다 조호ᄆᆞᆯ 表ᄒᆞ시고：表內外俱淨也(法華6：144). 안팟ᄀᆞᆯ 분변ᄒᆞ야：辨內外(宣小2：50). 독긔 안팟그로 두루 흘러：毒氣內外灌注(痘要上31).

안·해 명 아내 ¶蔡ㅅ 사ᄅᆞᄆᆡ 안해ᄂᆞᆫ 宋 사ᄅᆞᄆᆡ ᄯᆞᆯ이라：蔡人妻宋人之女也(宣小4：36). 안해 세 ᄯᆞᆯᄅᆞᆯ 거ᄂᆞ리고：妻率三娘(東三綱. 忠1 堤上忠烈). 뉴ᄌᆞ신 안해 뎡시(癸丑57). 안해：正娘子(譯解 上26). 슈왕의 안해 되엿더니(明皇1：34).

앉다 동 앉다 ¶큰 德을 새오ᅀᆞᄫᅡ 앉디 몯ᄒᆞ야 시름ᄒᆞ더니(月印 上9). 坊의 가 안ᄶᅥ나 셔거나(釋譜19：5). 座ᄅᆞᆯ ᄂᆞᆫ호아 앉긔 ᄒᆞ면(月釋17：51).

알괘라 동 알겠구나. 알겠노라 ¶風霜이 섯거친 날에 ᄀᆞᆺ 픠온 黃菊花를 金盆에 ᄀᆞ득 다마 玉堂에 보내오니 桃李야 곳이오냥 마라 님의 ᄠᅳᆺ을 알괘라(古時調. 稀本青丘). 長空 九萬里에 구름이 쓰러 예고 두려시 굴러올라 中央에 밝앗스니 알괘라 聖世上元은 이 밤인가 ᄒᆞ노라(古時調. 安玟英. 時調類). 東閣에 숨은 ᄭᅩᆺ치 躑躅인가 杜鵑花ㅣ가 乾坤이 눈이어늘 제 엇지 敢히 픠리 알괘라 白雪陽春이 梅花밧게 뉘 잇스리(古時調. 安玟英. 時調類).

:알·에 동 알게 ¶正音으로 飜譯ᄒᆞ야 사ᄅᆞᆷ마다 수ᄫᅵ 알에 ᄒᆞ야(月釋序12). 몬져 業因을 뵈샤 오ᄂᆞᆫ 報ᄅᆞᆯ 알에 ᄒᆞ시니：先示業因令來報(永嘉 上6).

알·외·다 동 ①알리다. 고(告)하다 ¶ᄭᅮ므로 알외시니：昭玆吉夢帝迺報之(龍歌13章). 天神이 ᄯᅩ 우희 알외니(月印 上30). 부텻 知見으로 衆生ᄋᆞᆯ 알외오져 ᄒᆞ시며(釋譜13：55). 터럭만 이ᄅᆞᆯ 모로매 알외욜디니：纖毫之事必當稟聞(宣賜內訓2上3). 이ᄂᆞᆫ 비밀ᄒᆞᆫ 방문이라 ᄂᆞᆷ 알외디 몯ᄒᆞ리니：此祕方不傳(救簡1：27). 알욀 유：諭. 알욀 고：誥(訓蒙 上35). 길 알욀 도：導(類合下8). 알욀 풍：諷. 알욀 유：諭(類合 下19). 天下애 알외시ᄂᆞᆫ 글월：詔書(譯解 上10). 아븨게 사회 ᄀᆞᆯᄒᆡ기ᄅᆞᆯ 알외야：喩父擇壻(女四解4：60). 외쳑이 방ᄌᆞᄒᆞᆫ 연고로ᄡᅥ 알외고(女範1. 셩후 명덕마후). 수루룩 소사올나 玉皇긔 알왼 말이(古時調. 君山을. 槿樂). ②아뢰다 ¶님군긔 알외며 그 아비ᄅᆞᆯ 노핫더니(五倫1：40).

알프·다 형 아프다 ¶ᄎᆞᆫ 긔운 ᄉᆞᆸ외 드러 ᄇᆡ 알프거든：中寒腹痛(救簡1：32). 알프며 ᄀᆞ랴오미 서루 관계ᄒᆞ야：痛痒相關(警民28). 긁빗기기ᄅᆞᆯ 만히 ᄒᆞ면 머리 알프ᄂᆞ니라：刮的多頭疼(朴解 上40). 가슴 알프다：胸痛(譯解 上61). 그 몸이 알픈 줄을 아디 못ᄒᆞ고(女範2. 변녀 됴진녀연).

알ᄑᆞ·다 형 아프다 ¶발ᄋᆞᆯ 바사매 아니 알ᄑᆞ시리(月印上43). 갈ᄒᆞ로 바히ᄂᆞᆫ ᄃᆞᆺ 알ᄑᆞ거시ᄂᆞᆯ(釋譜23：26). 苦ᄂᆞᆫ 몸 알ᄑᆞᆯ 씨오(月釋2：22之1). 니ᄅᆞ건댄 ᄆᆞᅀᆞ미 알ᄑᆞ니：言之痛心(宣賜內訓1：34). 피 안ᄒᆞ로 디여 얼의여 알ᄑᆞ거든：血瘀痛(救簡1：78). 알ᄑᆞᆯ 통：痛. 알ᄑᆞᆯ 동：疼(訓蒙 中32). 가슴 알ᄑᆞᆯ 달：怛(類合 下18). 兪ㅣ 罪ᄅᆞᆯ 어듬애 티심이 샹해 알ᄑᆞ더니：兪得罪笞常痛(宣小4：19). 내 져기 골치 알ᄑᆞ고 머리도 어즐ᄒᆞ니：我有些腦病頭眩(老解 下35). 가슴 ᄇᆡ 알ᄑᆞ면：心腹痛(臘藥2).

앒 명 ①앞 ¶앒 ᄆᆞᅀᆞᆯᄒᆡ 뫼길히 險컨마ᄅᆞᆫ：前村山路險(杜解9：13). 앒 젼：前(訓蒙 下34). 글 읇기 ᄆᆞᆺ고 스승 앒ᄑᆡ셔 글을 강ᄒᆞ노라：吟詩罷師傅前講書(老解上3). 門 앒ᄒᆡ 기ᄅᆞ마지은 白馬ᄅᆞᆯ ᄆᆡ엿더니：門前絟着帶鞍的白馬來(朴解 下55). 後ᄅᆞᆯ 혜아리며 앒을 ᄉᆡᆼ각홀씨어다：量後思前(女四解2：36). 앒：前(同文解 上9). 앒흐로 ᄒᆞᆫ 번 ᄃᆞᄅᆞ고(武藝圖4). 네 이 앒부터ᄂᆞᆫ 알며 아지 못ᄒᆞᆷ을 혜아리지 말고(捷蒙1：6). 허물며 端粧ᄒᆞ고 님의 앒ᄒᆡ 뵐 적이랴(古時調. 거울에 빗쳔. 歌曲). ②남쪽 ¶앒 남：南(訓蒙 下34).

앒 명 앞 ¶英主△ 알ᄑᆡ 내내 붓그리리：英主之前曷勝其羞(龍歌16章). 耶輸ㅅ 알ᄑᆡ 가 셔니(釋譜6：3). 알ᄑᆞᆫ 고ᄃᆞᆫ 말도 ᄒᆞ시며 雜말도 ᄒᆞ샤(月釋9：11). 네 와 눈 알ᄑᆡ셔 慰勞ᄒᆞᄂᆞ다：君來慰眼前(初杜解8：51). ᄀᆞ릴 거시 알ᄑᆡ 와 섯거시면：則蔽交於前(飜小8：9). ᄡᅳ어 내야 모라 ᄯᅩ차 ᄲᅧ 알ᄑᆞ로 갈시：曳出之驅迫以前(宣小6：61). ᄯᅩ 샹의 알ᄑᆡ ᄃᆞᆫ니ᄂᆞᆫ 사ᄅᆞᆷ들을 잡은 거슬(明皇1：32).

암·글·다 동 아물다 ¶몸 우희 암근 솔콰 갓괘 잇디 아니토다：身上無有完肌膚(初杜解8：2). 내 올 제 다 됴하 암그랏더라：我來時都完痊疴了(老解 下4). 암글 젼：痊(倭解 上51). 창 암그다：瘡口平(譯解補34).

암·ᄀᆞᆯ·다 동 아물다 ¶旃檀香 ᄇᆞ라면 즉자히 암ᄀᆞᄂᆞ니라(月釋1：27). 五百 사ᄅᆞ미 法 듣줍고 깃거ᄒᆞ니 모

미 암ᄀᆞᆯ오(月釋10：31). 萬姓의 헐므수미 암ᄀᆞ라 가ᄂᆞ니：萬姓瘡痍合(初杜解24：49).

앗명 아우 ¶伽耶迦葉과 那提迦葉과ᄂᆞᆫ 優樓頻羅迦葉의 앗이라(釋譜13：2). 飛燕의 앗이 양지 됴커ᄂᆞᆯ(宣賜內訓序5).

:앗·다동 빼앗다 ¶東寧을 ᄒᆞ마 아ᅀᆞ샤：東寧旣取(龍歌42章). 귓거시 精氣를 아ᅀᅡ 橫死ᄒᆞᆯ 씨오(釋譜9：37). ᄂᆞ미 지ᅀᅩᆫ 거슬 아ᅀᅡ 제 즐기ᄂᆞ니(月釋1：32). 中原ᄊᆞ홀 히믈 드려 도로 앗고져 ᄒᆞ노니：方致力中原(飜小10：7). ᄋᆞᄉᆞᆯ 탈：奪(訓蒙下25). 아ᄋᆞᆯ 취：取(石千12). 父母ㅣ 아사(ᄠᅳ들 앗단 말이라) 남진 븓티고져 ᄒᆞ거늘：父母欲奪而嫁之(宣小4：36).

앙명 아우 ¶앙ᄋᆞᆫ ᄠᅳᆮ 다ᄅᆞ거늘：弟則意異(龍歌24章). 부텻 親ᄒᆞᆫ 앙이라：佛親弟也(楞解5：57). 平陰엣 音信이 ᄀᆞᆺ가이 이시니 앙이 사라슈믈 아ᅀᆞ라히 됴노라：近有平陰信遙憐舍弟存(初杜解8：35).

앙·이명 아우의 독아ᅀᆞ ¶平陰엣 音信이 ᄀᆞᆺ가이 이시니 앙이 사라슈믈 아ᅀᆞ라히 됴노라：近有平陰信遙憐舍弟存(初杜解8：35).

애긋브다형 애끊는듯 하다. ¶애긋븐 소리를 므더니 너기고져 ᄒᆞ간마ᄂᆞᆫ：欲輕腸斷聲(重杜解5：26).

:애ᄃᆞᆯ·다동 애달파하다 ¶그 아비 애ᄃᆞ라 닐오ᄃᆡ(釋譜11：29). 道力ᄋᆞᆯ 올오ᄃᆡ 몯 호ᄆᆞᆯ 애ᄃᆞ라：恨…未全道力(楞解1：39). 方寸을 다ᄋᆞᄃᆡ 몯ᄒᆞ야셔 ᄲᆞᆯ리 京畿예 가ᄆᆞᆯ 애ᄃᆞ로니：恨未盡於方寸俄赴京畿(永嘉序13). ᄉᆞᆷ네 애ᄃᆞ라 天下애 ᄠᅳ들 둣더니：而慨然有志於天下(飜小10：20). 애ᄃᆞᆯ 앙：怏(類合下15). 애ᄃᆞᆯ 흔：恨(類合下35). 애ᄃᆞᆯ고 能히 ᄌᆞ듕ᄒᆞ리 젹으니이다：憾而能眕者鮮矣(宣小4：48). 홀로 애ᄃᆞ라 밍셰호ᄃᆡ：獨慨然誓(東新續三綱. 烈6：80).

애야로시부 겨우. 애오라지 ¶애야로시 子로 더브러 ᄒᆞᆫ가지로 歸호리라：聊與子同歸兮(詩解7：11).

애야ᄅᆞ시부 겨우. 애오라지 ¶ᄀᆞᅀᆞᆳ 므른 애야ᄅᆞ시 너덧 자ᄒᆞᆫ 깁고：秋水纔深四五尺(初杜解7：22).

:애왇브·다형 슬프다. 원통하다. 한탄스럽다 ¶손소 죽디 몯ᄒᆞ야 셟고 애왇븐 ᄠᅳ들 머거(釋譜6：5). 南녀귓 한아비 애왇븐 ᄆᆞᅀᆞᄆᆞᆯ 비릇 펴도다：南翁憤始攄(初杜解20：44).

:양명 모양 ¶가시 樣 무르시고(月印上65). 王이 罪ᄋᆡ 야ᄋᆞ로 詳考ᄒᆞ야(釋譜9：38). 行ᄒᆞ시논 양도 보며(釋譜13：14). 네 죽사릿 바ᄅᆞ래 잇논 야이오(月釋1：17). 샹녯 양ᄋᆞ로 안조미 맛당ᄒᆞ니라：可如常坐(蒙法3). 또 迦葉의 녜 ᄢᅴ 양ᄋᆞᆯ 보라：更看迦葉古時樣(南明上70). 엇던 양ᄋᆞᆯ 지ᅀᅥᆺᄂᆞ뇨(金三3：19). 열세헤 어미 죽거늘 또 그 양오로 ᄒᆞ더니：十三歲母歿亦如之(續三綱. 孝16). 문득 눈을 드러 젼치의 우ᄂᆞᆫ 양을 보고 눈물을 먹음으믜(落泉1：2).

양치믈ᄒᆞ다동 양치질하다 ¶양치믈ᄒᆞ다：漱口(譯解上47. 同文解上54).

양치질ᄒᆞ다동 양치질하다 ¶양치질ᄒᆞᆯ 수：漱(倭解上44). 양치질ᄒᆞ다：漱口(漢淸11：21).

어귀명 ①입아귀. 아관(牙關) ¶어귀 굳ᄇᆞᄅᆞ고 누늘 티ᄠᅳ고：牙關緊急眼目上視(救簡1：7). ②어귀 ¶삼 년을 골 어귀예 나디 아니ᄒᆞ니라：三年不出洞口(東新續三綱. 孝3：21). 강 어귀예 니ᄅᆞ러셔(三譯5：5).

어그럽·다형 ①너그럽다 ¶어그러오ᄃᆡ 싁싁게 ᄒᆞ며：寬嚴(宣小1：10). 順ᄋᆞᆫ 달은 거시 아니라 어그러오며 넉넉호ᄆᆞᆯ 니ᄅᆞᆷ이니：夫順非他寬裕之謂也(重內訓2：7). 형벌을 어그러히 ᄒᆞ고 衆을 살으니：寬刑活衆(女四解4：12). ②널찍하다 ¶하ᄂᆞᆯ ᄯᅡ히 어그러워도 다 虛空애 모도 자펴 잇ᄂᆞ니(七大14). 그 뵈를 어그러이 ᄒᆞ야 뻐곰 바ᄂᆞᆯ로 홀 ᄃᆡ ᄡᅳᆯ 삼을디니라(家禮6：8).

어그르츠·다동 어기다. 어긋나게 하다. ¶政化ㅣ 어그러처 큰 옷드메 외어든：政化錯迕失大體(初杜解3：70).

어그릇·다동 어기다. 어긋나게 하다. ¶아니한덛 서르 賞玩호ᄆᆞᆯ 서르 어그릇디 마롤디니라：暫時相賞莫相違(初杜解11：20). 의를 어그릇고 사ᄂᆞᆫ 거ᄉᆞᆫ：越義而生(五倫3：2).

어·긔·다동 어기다 ¶ᄢᅥ러디디 아니ᄒᆞ며 어긔디 아니ᄒᆞ며(月釋17：52). 念念이 어긔욤 업수미 곧 이 그 ᄆᆞᅀᆞᆷ 降伏히요미라：念念無差卽是降伏其心也(金剛15). 어긜 위：違(類合下19). 어긜 천：舛(類合下22). 어긜 위：違(兒學下9).

어·긔르츠·다동 어기다. 어긋나게 하다. ¶녀ᄃᆞᆫ 뇨매 ᄆᆞᅀᆞ매 어긔르추미 하니：行邁心多違(初杜解7：27).

어긔야감 아아 ¶어긔야 머리곰 비취오시라(樂範. 井邑詞). 어긔야 즌 ᄃᆡ롤 드ᄃᆡ욜셰라(樂範. 井邑詞).

어·느제대 어느 때. 언제 ¶어느제 다시 山河大地롤 냈다 ᄒᆞ던다：何當更出山河大地(楞解4：37). 어느제 太夫人ㅅ 堂 우희 아ᅀᆞᆷ돌ᄒᆞᆯ 뫼호다：何時太夫人堂上會親戚(初杜解8：20).

어·늘대 어느 것을. 〔'어느'＋목적격 '-ㄹ'〕 ¶國王ᄋᆞᆫ 오쇼셔 龍王ᄋᆞᆫ 겨쇼셔 이 두 말ᄋᆞᆯ 어늘 從ᄒᆞ시려뇨(月釋7：26).

어·늬대 어느 것이. 무엇이〔'어느'＋주격 조사 '-이'〕 ¶어늬 구더 兵不碎ᄒᆞ리잇고：何敵之堅而兵不碎(龍歌47章). 어늬 뎌의 바ᄃᆞ며 누르논 곧고：那裏是他擡搦處(蒙法32)

어·늬관 어느. 무슨. 어떤 ¶또 어늬 이 브리며 어늬 지비며 어늬 왼ᄃᆞᆯ 아디 몯고：亦復不知何者是火何者爲舍云何爲失(法華2：64). 어늬 代예 賢人이 업거뇨 ᄒᆞ니：何代無賢(宣賜內訓1：68). 어늬 時節에 시름과 受苦롤 免ᄒᆞ려뇨：何時免愁苦(重杜解1：44). 어늬 歡陽의 ᄯᆞᆯ년이(古時調. 고ᄉᆞ리. 歌曲).

어·늬부 어찌 ¶어늬 오로 通達ᄒᆞ리오：豈專達(重杜解1：37). 이졔 누어신들 어늬 잠이 ᄒᆞ마 오리(古時調. 누은들 잠이 오며. 海謠).

어ᄂᆞ대 어느 것. ¶東山 泰山이 어ᄂᆞ야 놉돗던고(松江. 關東別曲).

어ᄂᆞ관 어느 ¶어ᄂᆞ 后ㅣ 뭇 어딜며：何后最賢(宣賜內訓2下42). 어ᄂᆞ 나래 비 개야：何日雨晴(重杜解12：34).

어·ᄂᆞ부 어찌 ¶聖人 神力을 어ᄂᆞ 다 ᄉᆞᆯᄫᆞ리：聖人神力奚罄說之(龍歌87章)

어·ᄂᆞ관 어느. 무슨 ¶어늬 거시 精티 아니료(龜鑑上4). 어늬 ᄯᅡ홀 향ᄒᆞ여 가ᄂᆞ뇨：往那箇地面裏去(朴解上8). 막대 멘 늘근 즁이 어늬 뎔로 간닷 말고(松江. 星山別曲). 뎌놈아 어늬 안흐로 계집되라 ᄒᆞᄂᆞᆫ다(古時調. 鄭澈. 남진 죽고. 松江). 一般 淸意味롤 어늬 分이 아ᄅᆞ실고(古時調. 李賢輔. 靑荷에. 靑丘). 鄕黨은 禮 ᄇᆞ르니 어늬 사롬 無禮ᄒᆞ리(古時調. 朗原君. 靑丘).

어늬제대 어느 때. 언제 ¶어늬제 이 두 글 비화 어딜거든 보려뇨(古時調. 鄭澈. 네 아들. 松江).

어드러로부 어디로. 어느 곳으로. ¶형아 네 어드러로셔브터 온다：大哥你從那裏來(老解上1). 昭陽江 ᄂᆞ린 믈이 어드러로 든단 말고(松江. 關東別曲). 어드러로 가쟈 말고 잡거니 밀거니 놉픈 뫼히 올라가니(松江. 續美人曲). 風波의 일니던 비 어드러로 가단 말고(古時調. 鄭澈. 松江).

어드매대 어느 곳. 어디 ¶桃源은 어드매오 武陵이 여긔로다(松江. 星山別曲).

어·드·메대 어느 곳. 어디 ¶이 ᄯᅡ히 어드메잇고(月釋8：94).

어·드붐형 어두움. 어둠 ¶日光 낤 저긔 어드붐과 어우디 아니ᄒᆞᄂᆞ니 사ᄅᆞ미 正智롤 得ᄒᆞ면 어드ᄫᅮ미 절로 덜리라(月釋18：48).

·어·득·ᄒᆞ·다형 어둑하다 ¶어득ᄒᆞ야 보디 몯ᄒᆞ야(釋譜13：57). 어득ᄒᆞᆫ 人事를 義理로 ᄇᆞᆰ키신이(古時調. 金壽長. 孔夫子. 海謠). 私欲에 ᄀᆞ리여 ᄆᆞ음이 어득ᄒᆞᆫ지라(捷蒙1：7). 졍신이 어득ᄒᆞ니 운무의 ᄊᆞ혀

ᄂᆞᆫ가(萬言詞).

어·듭·다 형 어둡다 ¶알ᄑᆡᄂᆞᆫ 어드ᄫᅳᆫ 길헤 : 前有暗程(龍歌30章). 祭壇ᄋᆞᆯ 보다가 제 눈이 어듭거늘(月印上55). 누니 도로 어듭거늘(釋譜6 : 19). 昧ᄂᆞᆫ 어드볼 씨라(月釋序3). 漸漸 어드워 검도다(南明上15). 燈 업스면 곧 어듭ᄂᆞ니(六祖上6).

어·듸 대 어디 ¶어듸 머러 威不及ᄒᆞ리잇고 : 何地之遨而威不及(龍歌47章). 네 여희요ᄆᆞᆫ 이 어듸러뇨 : 昔別是何處(初杜解21 : 30). 어듸라 더디던 돌코 누리라 마치던 돌코(樂範. 靑山別曲).

어듸메 대 어디 ¶蟾江은 어듸메오 雉岳은 여긔로다(松江. 關東別曲). 一曲 어듸메오 冠巖에 ᄒᆡ 비쵠다(古時調. 李珥. 靑丘).

어·듸·던 부 어찌 ¶人生이 어듸던 이 ᄀᆞᄐᆞ니 이시리잇고(釋譜6 : 5). 癡愛病이 덜면 生死緣이 그처 眞常ᄋᆞᆯ 頓證ᄒᆞ면 어듸던 또 늘거 주그리오(月釋18 : 59)

·어딜·다 형 어질다 ¶士ᄂᆞᆫ 어딘 남지니니(釋譜9 : 3). 네 아ᄃᆞ론 어딜어늘(月釋2 : 5). 어딜 현 : 賢. 어딜 션 : 善(類合下2). 上品엣 사ᄅᆞᆷᄋᆞᆫ ᄀᆞᄅᆞ치디 아니ᄒᆞ야셔 어딜고 : 上品之人不敎而善(宣小5 : 26).

·어딜·이 부 어질게 ¶了翁이 듣고 어딜이 너겨 닐오ᄃᆡ : 了翁聞而善之曰(飜小7 : 5).

어·리·다 형 어리석다 ¶님금 ᄆᆞᅀᆞ미 긔 아니 어리시니 : 維君之心不其爲癡(龍歌39章). 이런 젼ᄎᆞ로 어린 百姓이 니르고져 홇 배 이셔도 : 故愚民有所欲言(訓註2). 愚는 어릴 씨라(訓註2). 어류므로 어디니 ᄢᅴ며 : 以愚嫉賢(法華4 : 196). 어린 거시 아니라 엇더니리오 : 非愚而何(宣賜內訓1 : 24). 녜ᄂᆞᆫ 엇뎨 ᄂᆞᆯ나더니 이제ᄂᆞᆫ 엇뎨 어리뇨 : 昔何勇銳今何愚(重杜解8 : 2). 어릴 우 : 愚. 어릴 애 : 騃. 어릴 티 : 癡. 어릴 함 : 憨(訓蒙下30). 어릴 우 : 愚(類合下2). 무디ᄒᆞ고 어린 ᄇᆡᆨ셩 : 蠢愚之民(警民2).

어리롭다 형 철없다. 어리다 ¶ᄯᅩᄂᆞᆫ 어리로온 아희돌의 ᄢᅴ노ᄂᆞᆫ 양과 놀래 ᄠᅳᆺ은 모로거니와(新語6 : 8).

어리쳑쳑ᄒᆞ다 형 어리칙칙하다. 어리석다 ¶쑴아 쑴아 어리쳑쳑ᄒᆞᆫ 쑴아 왓ᄂᆞᆫ 님을 보너넌 것가(古時調. 靑丘).

어린이 명 어런이 ¶늙은이를 공경ᄒᆞ고 어린이를 ᄉᆞ랑ᄒᆞ며(敬信1).

·어마:님 명 어머님 ¶어마님 드르신 말 엇더ᄒᆞ시니 : 維母所聞果如何焉(龍歌90章). 안좀 걷뇨매 어마님 모ᄅᆞ시니(月印上6). 菩薩ㅅ 어마니미 姓이 므스기러니잇고(月釋21 : 28). 어마님ᄀᆞᄐᆡ 괴시리 업세라 아소 님하 어마님ᄀᆞᄐᆡ 괴시리 업세라(樂詞. 思母曲). 太任은 文王 어마님이시니 : 太任文王之母(宣小4 : 2).

어버·ᅀᅵ 명 어버이 ¶어버ᅀᅵ 여희ᅀᆞᆸ고 ᄂᆞᆷᄋᆞᆯ 브터 이쇼ᄃᆡ 어ᅀᅵ아ᄃᆞᆯ이 입게 사노이다(月印上52). 어버ᅀᅵ 子息 ᄉᆞ랑호ᄆᆞᆫ 아니ᄒᆞᆫᄉᆞ시어니와(釋譜6 : 3). 네 아래 어버ᅀᅵ 孝道ᄒᆞ며 님금긔 忠貞ᄒᆞ고(月釋2 : 63). 尊堂은 어버ᅀᅵ라(金三4 : 54). 오래 어버ᅀᅵᄅᆞᆯ 아니 가 뵈니 잇ᄂᆞ냐 : 有久不省親者乎(飜小9 : 8).

어·비아·ᄃᆞᆯ 명 아버지와 아들. 부자(父子) ¶어비아ᄃᆞ리 사ᄅᆞ시리잇가 : 父子其生(龍歌52章). 어비아ᄃᆞᆯ 제물 열여슷 大龍이(月釋7 : 35).

어ᄡᅵ 부 없이 ¶바늘도 실도 어ᄡᅵ 바늘도 실도 어ᄡᅵ(樂範. 處容歌).

어·ᅀᅵ 명 ①어버이 ¶鸚鵡ㅣ 이쇼ᄃᆡ 어ᅀᅵ 다 눈멀어든…穀食을 주서 어ᅀᅵᄅᆞᆯ 머기거늘(月釋2 : 12). ②어미 ¶어ᅀᅵ 도틔 ᄭᅩ릿 그틀 : 母猪尾頭(救急下79).

어·ᅀᅵ·ᄯᆞᆯ 명 모녀(母女) ¶이슥고 도ᄌᆞᆨ기 한 겨집 모라와 朱氏의 어ᅀᅵᄯᆞᆯ ᄀᆞᄅᆞ쳐 닐오ᄃᆡ ᄃᆡ희라 : 俄而賊驅諸婦至其家且指朱氏母子曰爲我看守(三綱. 烈27).

어·ᅀᅵ아·ᄃᆞᆯ 명 모자(母子) ¶우리 어ᅀᅵ아ᄃᆞ리 외롭고 입게 ᄃᆞ외야(釋譜6 : 5).

어양쓰다 동 떼쓰다 ¶젹은 거시 만흔 거슬 싸호지 못ᄒᆞ고 약ᄒᆞᆫ 거시 강ᄒᆞᆫ ᄃᆡ 어양ᄡᅳ지 못ᄒᆞᆫ다 ᄒᆞᄂᆞᆫ 거시 이 오로 올흐니라(三譯3 : 12).

:어·엿브·다 형 가엾다. 불쌍하다 ¶光明을 보ᅀᆞᆸ고 몰라 주구려 ᄒᆞ니 긔 아니 어엿브니잇가(月印上37). 아비 너교ᄃᆡ 이 아ᄃᆞ리 어엿브다(月釋17 : 20). 어엿븐 그림재 날 조찰 ᄲᅮᆫ이로다(松江. 續美人曲).

:어엿·비 부 가엾이. 사랑스럽게 ¶내 百姓 어엿비 너기샤 : 我愛我民(龍歌50章). 一切 衆生ᄋᆞᆯ 어엿비 너기샤(釋譜24 : 17). 憫然은 어엿비 너기실 씨라(訓註2). 釋迦ᄂᆞᆫ 어딜며 ᄂᆞᆷ 어엿비 너기실 씨니(月釋1 : 15). ᄀᆞ장 어엿비 너기시더니(宣賜內訓序5). 어엿비 너기샤 드르쇼셔 : 愛愍聽許(佛頂上1). 어엿비 너길 ᄌᆞ : 慈(類合下3). 어버이 어엿비 녀겨 허ᄒᆞ니 : 親憐而聽之(五倫1 : 66).

어·우·다 동 어우르다 ¶그 뫼히 도로 어우니라(釋譜24 : 7).

어·울·다 동 어우르다. 합하다 ¶둘히 어우러 精舍 밍ᄀᆞ라(釋譜6 : 26). 合은 어울 씨라(訓註12). 氣分이 서르 어우루미 : 氣分交接(楞解8 : 18). 모ᄆᆞᆫ 어우러든 能히 알오 : 身合能覺(法華6 : 26).

어·울우·다 동 어우르다. 어우르게 하다. ¶千萬 가짓 어울운 香抹香丸香(釋譜19 : 17). 百千萬月을 어울워도 그 ᄂᆞ치 端正이 또 예셔 더으시며(月釋18 : 77). 첫소리를 어울워 ᄡᅳᇙ 디면 ᄀᆞᆯ바ᄡᅳ라 : 初聲合用則並書(訓註12). 諸佛ㅅ 智行ᄋᆞᆯ 어울우신 後에ᅀᅡ : 合法佛智行(法華7 : 156). ᄆᆞᅀᆞᄆᆞᆯ 聖人 ᄠᅳ데 어울우며 : 冥心聖旨(圓覺序81). 覺心에 어울우시니 : 冥合覺心(圓覺上一之二188).

어·위·다 형 ①넓다 ¶東山에 祥瑞 나니 좁던 東山이 어위며(月釋2 : 28). 迂闊ᄋᆞᆫ 멀며 어윌 씨라(楞解8 : 44). 구름 낀 뫼ᄒᆞᆫ ᄀᆞᄅᆞᆷ 北녀긔 어위니 : 雲嶂寬江北(初杜解7 : 13). 어윌 활 : 濶(類合下62). ②너그럽다. 넉넉하다 ¶즐거워 벋 어드시며 어위여 衆 어드시리라 : 樂而得朋寬而得衆(法華5 : 47). 다시 댓그테 어윈 거르믈 나소 드듸여ᅀᅡ : 更進竿頭闊步(蒙法21). 어윌 관 : 寬(類合下3).

어·위·크·다 형 넓고 크다. 관대(寬大)하다 ¶오직 어위쿰과 慈悲와 偏頗 업수미 이 有德ᄒᆞᆫ ᄆᆞᅀᆞ미니 : 唯寬興慈及無偏頗此謂德懷(宣賜內訓2上15).

어이 명 어버이 ¶아바님도 어이어신 마ᄅᆞᄂᆞᆫ 어마님ᄀᆞᄐᆡ 괴시리 업세라(樂詞. 思母曲).

어져녹져 구 얼고자 녹고자. 얼려 녹으려. ¶正月 나릿 므른 아으 어져녹져 ᄒᆞ논ᄃᆡ(樂範. 動動).

·어·즈럽·다 형 어지럽다. 번거롭다 ¶亂ᄋᆞᆫ 어즈러ᄫᅳᆯ 씨라(釋譜13 : 22). 뮈여 어즈러ᄫᅮᆷ과 疑心괘라(月釋7 : 43). 時節이 어즈러버 어미를 일코(三綱. 孝24). 허도 아니ᄒᆞ며 어즈럽도 아니ᄒᆞ야 : 無壞無雜(蒙法70). 어즈러울 번 : 煩(類合下20. 石千25). 어즈러울 운 : 紜. 어즈러울 분 : 紛(類合下48). 이닐온 어즈럽ᄂᆞᆫ 근본이라 ᄒᆞ니라 : 是謂亂根(三略上32).

어즈버 감 아아. 아아 슬프다. ¶어즈버 太平烟月이 쑴이런가 ᄒᆞ노라(古時調. 吉再. 五百年. 靑丘). 어즈버 江山風月을 눌을 주고 갈소니(古時調. 金光煜. 靑丘). 紫陽雲谷도 어즈버 여긔로다(蘆溪. 獨樂堂). 어즈버 이 몸이 周界예 드러온 ᄃᆞᆺ(蘆溪. 嶺南歌). 어즈버 이 몸이 아마도 怪異코야(蘆溪. 蘆溪歌). 어즈버 ᄇᆡᆨ만억 창싱을 어늬 결의 무르리 : 吁嗟乎萬億蒼生問何由(孤遺. 夢天謠).

어즈러이 부 어지러이. 어지럽게 ¶이러야 교ᄐᆡ야 어즈러이 ᄒᆞ돗쎤디(松江. 續美人曲).

:언마 명 얼마 ¶深谷 深山애 언마 저프거시뇨(月印上44). 또 아디 몯게라 언마오 : 又不知幾何(牧牛訣43).

:얻·다 동 ①얻다 ¶太子를 몯 어드실쎠 : 靡有太子(龍歌84章). 녯날애 바리를 어더(月印上32). 夫人이 며느리 어드샤ᄆᆞᆯ(釋譜6 : 7). 어들 획 : 獲(類合下12). 어들 득 : 得(類合下57). ②찾다 ¶어마님 어드

라 오라(月釋23：84). 거우룻 소배 머리 어두미며：鏡裏尋頭(金三5：38). ③구(求)하다 ¶石珍이는 밤낫 겨틔 이셔 하늘 블러 울며 두루 藥 얻더니(三綱. 孝. 石珍斷指).

얼골명 ①얼굴 ¶업숩은 얼고리 ᄀ장 곱고：業崇容姿絶美(東新續三綱. 烈3：40). 반ᄃ시 반홀 얼골이니 죽이디 아니시면(明皇1：31). 그ᄃᆡ 얼골의 회ᄉᆡᆨ이 이시믄(女範2. 현녀 직빅죵쳐). ②형상(形狀) ¶ᄉᆞ나히 겨집 얼골이 이ᄂᆞ니 닐운 ᄐᆡ오：成男女形影謂之胎(胎要8). 밧글 보미 반다시 얼골을 감추며(女四解3：4).

얼굴명 ①형상(形狀. 形相. 形象). 형체(形體) ¶얼구를 ᄆᆡᆼᄀ라 모든 呪術로 빌며(釋譜9：17). 相ᄋᆞᆫ 얼구리라(月釋序1). 이 얼굴와 얼굴 아니왜며：是形非形(楞解2：83). ᄌᆡ죄 업고 얼굴 늘구믈 슬노니：才盡傷形體(初杜解16：18). 얼굴 형：形(訓蒙 上24. 石千10). 얼굴 장：狀(訓蒙 上35). 얼굴 톄：體(類合 上22). ②형색(形色). ¶色ᄋᆞᆫ 비치니 얼구를 니ᄅᆞ니라(月釋1：34). ③본질(本質). 본체(本體) ¶뉘 空ᄋᆡ 얼구를 ᄇᆞᆯ기리오：誰明空質(楞解3：20). ④본보기. 모형(模型) ¶얼굴 형：型. 얼굴 모：模(訓蒙 下16). ⑤양식(樣式). 법식(法式) ¶얼굴 식：式(訓蒙 下21). ⑥몸뚱이 ¶ᄒᆞᆫ 양의 얼굴 사다가：買一箇羊腔子(飜朴 上67). ⑦얼굴. 용모(容貌) ¶얼굴：容顏(同文解 上18). 얼굴 용：容(註千12). 얼굴 안：顏(兒學 下13).

얼·믜·다형 ①성기다. 설피다 ¶얼믠 그므를 디허도 시디 아니ᄒᆞ며(月釋13：59). 后ㅅ 오시 얼믜오 굴구믈 ᄇᆞ라고：望見后布疎麤(宣賜內訓 2上44). 얼믤 소：踈(類合 下57). ②희미하다 ¶ᄯᅩ 기틴 ᄠᅳ디 얼믜여 ᄒᆞ도다：亦髣髴遺意矣(楞解1：16).

얼우다동 얼리다 ¶얼우시고 ᄯᅩ 노기시니：旣氷又釋(龍歌20章).

얼우다동 ①시집보내다. 혼인(婚姻)하다 ¶父母ㅣ 긋 얼우려커늘：父母欲嫁強之(三綱. 烈12 李氏感燕). ②아양 부리다. 아첨하다 ¶얼울 교：嬌(訓蒙 下33). 얼울 미：媚(類合 下31).

얼·이·다동 ①시집보내다. 장가들이다 ¶아ᄃᆞᆯ올 ᄯᆞᆯ올 얼유려 터니(月印 上54). 여슷 아ᄃᆞᆯ란 ᄒᆞ마 갓 얼이고(釋譜6：13). 남진 얼유려 커늘(三綱. 孝5). 겨집 남진 얼이며：嫁女(佛頂 上3). 얼일 가：嫁(訓蒙 上33). ②어우르다 ¶니믜 알ᄑᆡ 드러 얼이노니 소니 가재다 므ᄅᆞ숩노이다(樂範. 動動).

얽ᄆᆡ·ᅃᅵ·다동 얽매이다 ¶解脫ᄋᆞᆫ 버서날 씨니 變化를 ᄆᆞᅀᆞᆷ조초 ᄒᆞ야 ᄆᆞᅀᆞ미 自得ᄒᆞ야 드트릐 얽ᄆᆡ유미 아니ᄃᆞ욀 씨라(釋譜6：29).

:엄명 어금니 ¶톱 길며 엄이 길오(月印 上60). 六牙는 여슷 어미라 엄마다 닐굽 蓮花ㅣ오(釋譜6：31). 牙는 어미라(訓註3). ㄱ는 엄쏘리니(訓註4). 여슷 엄 가지고 어미 七寶ㅅ 비치오(月釋1：28).

:엄명 움〔芽〕 ¶萌은 픐 어미니(法華3：125). 豊盛ᄒᆞᆫ 어미：豊苗(杜解7：35). 엄올 시서 내여：洗出萌芽(南明 下6). 엄 아：芽(訓蒙 下3). 엄 나다：出苗(譯解 下8). 뒷 뫼헤 엄 기는 藥을 언제 키랴 ᄒᆞᄂᆞ니(古時調. 田園의 봄이. 靑丘).

:엄쏘·리명 훈민정음의 아음(牙音). 곧 ㄱ, ㄲ, ㅋ, ㆁ 들의 소리.¶ㄱ는 엄쏘리니 君군ㄷ字ᄍᆞᆼ 처ᅀᅥᆷ 펴아나는 소리 ᄀᆞᄐᆞ니 골바쓰면 虯끃ㅸ字ᄍᆞᆼ 처ᅀᅥᆷ 펴아나는 소리 ᄀᆞᄐᆞ니라：ㄱ는 牙音이니 如君ㄷ字 初發聲ᄒᆞ니 並書ᄒᆞ면 如虯ㅸ字 初發聲ᄒᆞ니라(訓註3). ㆁ는 엄쏘리니 業업字ᄍᆞᆼ 처ᅀᅥᆷ 펴아나는 소리 ᄀᆞᄐᆞ니라(訓註4).

:업·다형 없다 ¶ᄀᆞᄅᆞ매 ᄇᆡ 업거늘：河無舟矣(龍歌20章). 업던 번게를 하ᄂᆞᆯ히 ᄇᆞᆯ기시니：有爗之電天爲之明(龍歌30章). ᄆᆞᄌᆞᆷ 머근 ᄆᆞᅀᆞᄆᆞᆫ ᄒᆞᆫ 福도 업ᄂᆞ니(月印 上48). 須達ᄋᆡ 버릇 업순 주를 보고(釋譜6：21). 無는 업슬 씨라(訓註12). 假는 빌 씨니 本來 업슨 거긔 法 이슈미 비룜 ᄀᆞᆮᄒᆞ니라(月釋7：69).

업·더디·다동 엎어지다. 엎드러지다 ¶부텻 智力으로 魔王이 업더디니(月印 上27). 降服ᄒᆞ야 업더디여 사ᄅᆞ쇼셔 비니(釋譜6：33). 顚은 업더딜 씨오(法華1：223). 업더디다：顚倒(同文解 上26).

업:데·다동 엎디다. 엎드리다 ¶摩耶ㅣ ᄯᅡ해 업데샤 ᄆᆞᅀᆞ몰 고ᄌᆞ기 너기시니(釋譜11：3). 墓ㅅ 겨틔 업데여 이셔 소리 그치디 아니ᄒᆞ야：伏墓側哭不絶(三綱. 孝28). 머리를 좃고 업더여셔 먹어：稽首俯伏而食(宣小6：78).

:업·슈·이너·기·다동 업신여기다 ¶사오나옴오로 뻐 어딘 이를 업슈이너기디 말며：無以惡陵善(宣小5：34). 놉흔 어룬을 업슈이너겨 침범ᄒᆞ면：凌犯尊屬(警民8).

:업시·ᄫᅳ·다동 업신여기다 ¶舍利弗을 업시바 새집 지실 몯게 호려터니(月印 上57). 모디로몰 븟그려 업시버 거스로미 愧오(釋譜11：43).

:업·시우·다동 업신여기다 ¶너희둘홀 업시우디 아니ᄒᆞ노니(釋譜19：30). 後에는 서르 놈 업시울 이리 나니라(月釋1：43). 傲는 놈 업시울 씨라(法華6：176). 傲는 놈 업시울 시오(宣賜內訓1：6). 업시울 홀：忽(類合 下3).

엇명 어미〔母〕 ¶思母曲 俗稱 엇노리 界面調(鄕樂. 思母曲).

엇·더부 어찌 ¶네 엇더 암홀 내야주디 아니ᄒᆞᄂᆞ다(月釋7：17). 世尊하 내 어미 五百僧齋호ᄃᆡ 化樂天에 엇더 업스니잇가 (月釋23：68).

엇더타감 '어찌하여'를 감탄적으로 나타낸 말. ¶제 우는 뎌 ᄭᅬᄭᅩᆯ이 綠陰芳草 興을 겨워 雨後淸風에 碎玉聲 조타마는 엇더타 一枕江湖夢을 ᄭᅢ올 줄이 잇스료(古時調. 金振泰. 時調類). 落日은 西山에 저서 東海로 다시 나고 가을 이운 풀은 ᄒᆡ마다 푸르거늘 엇더타 오즉 사람은 歸不歸를 ᄒᆞᄂᆞ니(古時調. 李鼎輔. 時調類).

:엇·뎨부 어찌하여. 어째서 ¶누비옷 니브샤 붓그료미 엇뎨 업스신가(月印 上44). 엇뎨 머리 어ᄃᆞ료(牧牛訣2).

엇디ᄒᆞ·다동 어찌하다 ¶조롱곳 누로기 미와 잡ᄉᆞ와니 내 엇디ᄒᆞ리잇고(樂詞. 靑山別曲). 오리도 가리도 업슨 바므란 ᄯᅩ 엇디호리라(樂詞. 靑山別曲). 그 할미 닐오ᄃᆡ 힝혀 실신ᄒᆞ시면 맛당이 엇디ᄒᆞ링잇가(太平1：13). 엇디ᄒᆞ여 이 오ᄉᆞᆯ 닙엇ᄂᆞ뇨：何爲著此履(五倫2：29).

에명 틈 ¶여가 잇거든 에 보와 못 오시리잇가(諺簡34 顯宗諺簡). 믈러나 飮食 장만ᄒᆞ고 에나거든 세답ᄒᆞ며 바ᄂᆞ질호ᄃᆡ：退而具飮食得間則浣濯紉縫(家禮2：28).

:에굳·다형 매우 굳다. ¶知慧 神通力으로 에구든 모딘 衆生ᄋᆞᆯ 降服히시ᄂᆞ다(釋譜11：4). 剛強ᄋᆞᆫ 세여 에구들 씨라(月釋21：9). 에구들 료：拗(類合 下32).

에굽다형 굽다. 에워 굽다. ¶목은 기되 에굽고：項長彎曲(馬解 上3). 바회 우희 에구븐 길 솔 아래 빗겨 잇다.(古時調. 尹善道. 夕陽이. 孤遺).

엔담명 두른 담. ¶萬里長城 엔담 안의 阿房宮을 놉히 짓고(古時調. 靑丘).

여남은관 그 밖의 다른. ¶허물며 여남은 少丈夫ㅣ야 닐너 무슴ᄒᆞ리오(古時調. 項羽ㅣ 작흔. 靑丘).

여러ᄒᆞ다동 열다 ¶西窓을 여러ᄒᆞ니 桃花ㅣ 發ᄒᆞ두다(樂詞. 滿殿春別詞).

여·름명 열매 ¶곶 됴코 여름 하ᄂᆞ니：有灼其華有蕡其實(龍歌2章). 百步앳 여름 쏘샤：射果百步(龍歌63章). 곳과 여름괘(釋譜6：30). 果는 여르미오(月釋1：12). 惡叉果는 ᄒᆞᆫ 가지예 세 여르미니：惡叉果一枝三子(楞解1：82). 다시 여름 연 남기：猶再實之木(宣賜內訓2 上53). 나못 가지예 흘러 프른 여르믈 혜옥：條流數翠實(初杜解15：4). 블근 머지 여름 미잣거늘：丹柰結實(飜小9：25). 여름 과：菓. 여름 라：蓏(訓蒙 下3). 여름 과：果(類合 上10).

무쇠 기동에 ᄭᅩᆺ 픠여 여름이 여러 ᄶᅡ 드리도록 누리소셔(古時調. 千歲를 누리소셔. 甁歌). 여름 여다 : 結子(譯解補52).

여름짓다 동 농사짓다 ¶저희마다 여름지어 가ᅀᆞᆷ여리 사던 것슬(許坱. 雇工歌).

여ᅀᅥ보다 동 엿보다 ¶雪山애셔 盜賊 여ᅀᅥ보매 兵馬ᄂᆞᆫ 업고 : 雪山斥候無兵馬(初杜解21 : 3). 象王도 ᄯᅩ 여ᅀᅥ보디 몯홀 시라(南明 下36). 사ᄅᆞᄆᆡ 아ᄅᆞᆷ뎟 유무를 여ᅀᅥ보미 아니홀디니라 : 不可窺人私書(飜小8 : 22). ※여ᅀᅥ보다>여어보다

여ᅀᆞ 명 여우 ¶엇게옌 ᄇᆞᄋᆞᆷ 여ᅀᆞ 앏뒤헨 아히 할미러니(月印 上25). 여ᅀᆞ와 狼과(法華2 : 110).

여·어보·다 동 엿보다 ¶여어볼 쳐 : 覰(類合 下20). 可히 사ᄅᆞᆷ의 ᄉᆞᄉᆞ 유무를 여어보디 아닐 거시며 : 不可窺人私書(宣小5 : 101). 여어보다 : 偸看(同文解 上28). 명븨 그 남진을 여어보니(女範2. 현녀 졔샹어쳐). ※여어보다<여ᅀᅥ보다

여·위·다 동 ①여위다 ¶술히 여위신돌 金色잇둔 가ᄉᆡ시리여(月印 上23). 술히 지도 여위도 아니ᄒᆞ니라(月釋1 : 26). ②마르다〔渴〕 ¶여윈 못 가온ᄃᆡ 몸 커그우닐 龍ᄋᆞᆯ 현맛 벌에 비늘을 ᄲᆞ라뇨(月印 上11). 므리 다 여위오(釋譜23 : 19). 渴ᄋᆞᆫ 믈 여윌 씨라(楞解9 : 71). 藪ᄂᆞᆫ 믈 여윈 모시라(法華4 : 119).

여ᅌᆞ 명 여우 ¶여ᅌᆞ 술기(三綱. 孝27). 여ᅌᆡ 챵ᄌᆞ : 狐腸(牛疫方1).

여·희·다 동 여의다. 이별하다 ¶어마님 여희신 눉므를 左右ㅣ 슬ᄊᆞᄫᅡ : 戀母悲淚左右傷止(龍歌91章). 사ᄅᆞ미 이러커늘ᅀᅡ 아ᄃᆞᆯᄋᆞᆯ 여희리잇가(月印 上52). 離別은 여흴 씨라(釋譜6 : 6). 아래 少城을 여희요니 : 昨離少城(初杜解6 : 51). 부모도 ᄇᆞ리며 집도 여희오 : 違背爺孃離家別貫(恩重24). 실샹ᄋᆞᆫ 말솜을 여희고 : 實相離言(野雲56). 여흴 리 : 離(類合 下43. 石千16). ※여희다>여의다

여ᄒᆡ다 동 여의다. 이별하다 ¶여ᄒᆡ므론 아즐가 여ᄒᆡ므론 질삼뵈 ᄇᆞ리시고(樂詞. 西京別曲). 有德ᄒᆞ신 님 여ᄒᆡᄋᆞ와지이다(樂詞. 鄭石歌). 집사ᄅᆞᆷ 더블어 여ᄒᆡ오되 : 與家人訣(宣小6 : 31).

엱·다 동 얹다 ¶尼師檀ᄋᆞᆯ 왼녁 엇게예 엱고(釋譜6 : 30). 아홉 卷을 자바 西ㅅ녁 壇 우희 엱고(月釋2 : 73).

엸·다 동 얹다 ¶尊者ㅅ 머리예 연자늘(月印 上28). 노ᄑᆞᆫ 座 ᄆᆡᇰᄀᆞᆯ오 便安히 연ᄌᆞ면(釋譜9 : 21). 金几 우희 연ᄌᆞᆸ고(月釋2 : 39). 擧ᄂᆞᆫ ᄆᆞᅀᆞ매 연저 가져실 씨라(蒙法2). 깃거 信受ᄒᆞ야 머리예 연ᄍᆞ와 奉行홀 디니라(佛頂13). 뷔를 키 우희 연ᄌᆞ며 : 加帚於箕上(宣小2 : 59). ᄀᆞᆺ 연즌 활이니 : 新上了的弓(老解 下27).

엳:갑·다 형 옅다 ¶므거운 비ᄂᆞᆫ 엳가온 여흐레 브텻고 : 重船依淺瀨(初杜解14 : 15).

:엳·ᄌᆞᆸ·다 동 여쭙다 ¶말ᄆᆡ 엳ᄌᆞᆸ고 천량 만히 시러(釋譜6 : 15). 오ᄂᆞᆯ 朝集을 因ᄒᆞ야 엳ᄌᆞᆸ져 ᄒᆞ고 表 지ᅀᅥ 엳ᄌᆞᄫᆞ니(月釋2 : 69).

열구름 명 떠 가는 구름. ¶七年之旱에 열구름에 비ㄷ발 본 듯(古時調. 於臥 보완제고. 花源). 우스름 달빗체 열구름이 날 속겨다(古時調. 窓 밧기 엇득. 青丘).

염·글·다 동 여물다 ¶손 바리 염그르시며(月釋2 : 59). 엇게와 목과 손과 발왜 두루 염그러 됴ᄒᆞ시며(月釋2 : 41).

염의다 동 여미다 ¶여러 번 염의온 가슴이 산득산득ᄒᆞ여라(古時調. 天寒코. 青丘).

엿·다 동 엿보다 ¶窓ᄋᆞ로 여ᅀᅥ 지블 보니 : 窺窓觀室(楞解5 : 72). 여을 규 : 窺. 여을 ᄉᆞ : 伺(類合 下34). ᄀᆞᆯ숩흐로 바자니며 고기 엿기 ᄒᆞᄂᆞᆫ괴야(古時調. 金光煜. 어와 뎌 白鷗야. 甁歌). 집압 논 무살미예 고기 엿ᄂᆞᆫ 白鷺ㅣ로다(古時調. 목 블근 山上雉와. 青丘). 漁父 돌아간 後 엿는 이 白鷺ㅣ로다(古時調. 江湖에 노ᄂᆞᆫ. 海謠).

엿·다 동 엮다 ¶簫ᄂᆞᆫ 효ᄀᆞᆫ 대를 엿거 부는 거시라(釋譜13 : 53). 簡ᄋᆞᆫ 글 쓰ᄂᆞᆫ 대오 策ᄋᆞᆫ 簡 엿근 거시오(楞解9 : 105). 엿글 편 : 編(類合 下37).

엿 명 여우 ¶엿의 갗 爲狐皮(訓解). 狐ᄂᆞᆫ 엿이니 그 性이 疑心 하니라(楞解2 : 2). 엿이 師子 우루믈 엇데 能히 ᄒᆞ료 : 野干何能師子之吼(牧牛訣45). 엿ᄋᆡ 힌 갓오ᄉᆞᆯ : 狐白裘(初杜解25 : 42). 狐ᄂᆞᆫ 엿이니 疑心한 거시라(金三3 : 61).
※엿>여ᅀᆞ>여ᅌᆞ>여우

예다 동 가다 ¶ᄒᆞ나 둘 셰 기러기 西南北 난호여셔 晝夜로 우러 예니(古時調. 青丘). 시벽 셔리 지신 달의 외기러기 우러 옌다(古時調. 青丘). 古人도 날 못 보고 나도 古人 못 뵈 古人 못 보아도 예든 길 앏히 잇ᄂᆡ(古時調. 李滉. 青丘).

예·셔 대 이보다 ¶이 菩薩이 누니 넙고 큰 青蓮華葉이 ᄀᆞᆮᄒᆞ샤 百千萬月을 어울워도 그 ᄂᆞ치 端正이 ᄯᅩ 예셔 더으시며(月釋18 : 77). 예셔 더 어려우니라(圓覺序70). 엇데 能히 디나료 호ᄆᆞᆫ 예셔 더으니 업슬 시라(南明 上34).

·오ᄂᆞᆫ:뉘 명 내세(來世) ¶네 오ᄂᆞᆫ뉘예 佛事를 ᄀᆞ장 ᄒᆞ리니(釋譜11 : 14).

·오ᄂᆞᆫ·ᄒᆡ 명 명년(明年). 내년(來年) ¶오ᄂᆞᆫᄒᆡ예 봄 믈로 ᄂᆞ려가 : 明年下春水(初杜解8 : 46).

오·ᄂᆞᆯ 명 오늘 ¶가샴 겨사매 오ᄂᆞᆯ 다ᄅᆞ리잇가 : 載去載留豈異今時(龍歌26章). 光明도 하시나 ᄀᆞᇫ업스실ᄊᆡ 오ᄂᆞᆯ 몯 ᄉᆞᆲ뇌(月印 上10). 오ᄂᆞᇗ 새배 내 머리를 비소라 : 今晨梳我頭(杜解22 : 1). 오ᄂᆞᆯ : 今日(同文解 上3). ᄋᆞ시의 ᄒᆞ던 일을 오ᄂᆞᆯ 와 다시 ᄒᆞᆫ가(빅화당가). 오ᄂᆞᆯ 뎌를 슌종ᄒᆞ면 : 今日順從(五倫242).

·오·ᄂᆞᇗ·날 명 오늘날 ¶오ᄂᆞᇗ날 ᄠᅳ들 몯 일워(月印 上32). 오ᄂᆞᇗ낤 ᄀᆞ장 혜면(釋譜6 : 37)

오·라·다 형 오래다 ¶聖化ㅣ 오라샤 : 聖化旣久(龍歌9章). 나라히 오라건마ᄅᆞᆫ : 維邦雖舊(龍歌84章). 오라건 먼 劫브터(釋譜13 : 59). 久는 오랄 씨오(月釋序14). 그러나 오라디 몯ᄒᆞ니이다 : 然不可久也(宣賜內訓2 上28). 뫼ᅀᆞ오미 ᄆᆞᆺ 오라 : 執侍最久(六祖5). 오랄 구 : 久(類合 下59). 오라디 아녀셔 : 不多時(警民16). 오라디 아니ᄒᆞ야 도라왓거ᄂᆞᆯ(女四解4 : 57).

오려 명 올벼 ¶ᄃᆞᆰ찜 게찜 오려 點心 날 시기소(古時調. 金光煜. 崔行首 뿍. 青丘). 오려 고개 속고 열무우 술졋ᄂᆞᆫᄃᆡ(古時調. 青丘).

:오·로 부 온전히 ¶오직 오로 體ᄒᆞ야 뮈워 ᄡᅳᆯ ᄯᆞᄅᆞ미라(月釋18 : 14). 鴻寶를 엇데 오로 祕密히 ᄒᆞ리오 : 鴻寶寧全祕(初杜解8 : 10). 괴 머리 ᄒᆞ나 오로 ᄉᆞ론 지를 ᄀᆞ리 ᄃᆞ외에 ᄒᆞ야 : 猫頭一枚全燒爲末(救簡6 : 76). 이윽고 힌 ᄩᅥᆯ이 몸애 오로 나고 : 俄而白毛遍體(東新續三綱. 烈2 : 11). 世上煩憂ᄒᆞᆫ 일을 오로다 이졋노라(古時調. 金光煜. 功名도. 青丘). 오로 : 全(同文解 下48. 漢淸8 : 55).

오롯ᄒᆞ다 형 오롯하다. 온전하다 ¶네 가지 덕이 계우 오롯ᄒᆞ고 : 全(女四解3 : 2).

오ᄅᆞ·다 동 오르다 ¶山脊에 몯 오ᄅᆞ거늘 : 于岡靡陟(龍歌109章). ᄯᅩ 命終ᄒᆞ샤 올아 忉利天에 나샤(月釋1 : 20). 우희 오ᄅᆞ거늘(三綱. 忠14). 오ᄅᆞᆯ 등 : 登(類合 下5). 오ᄅᆞ디 못ᄒᆞ거니 ᄂᆞ려가미 고이ᄒᆞᆯ가(松江. 關東別曲). 오ᄅᆞ고 ᄯᅩ 오ᄅᆞ면 못 오를 理 업건마ᄂᆞᆫ(古時調. 泰山이. 槿樂). 불시의 셩비ᄒᆞᄃᆡ 팔도 찬물 다 오ᄅᆞ고(빅화당가). ※오ᄅᆞ다>오르다

오ᄉᆞᆯ다 형 온전하다 ¶山象 이슷 깅어신 눈섭에 愛人相見ᄒᆞ샤 오ᄉᆞᆯ어신 누네(樂範. 處容歌).

오올다 형 온전하다 ¶子孫이 軍陣에 주거 다 업스니 엇데 뻐 내 모미 ᄒᆞ오아 오오라 이시리오 : 子孫陣亡盡焉用身獨完(重杜解4 : 9).

오·ᄋᆞᆯ·다 형 온전하다 ¶敬心이 몯 오ᄋᆞ더시니(月印 上46). 善心이 오ᄋᆞᆯ면 안존 고대셔 말가히 보리니(月釋8 : 1). 오ᄋᆞᆯ 젼 : 全(類合 下47). 뻐 사괴욤을 오ᄋᆞᆯ게 ᄒᆞᄂᆞ니라 : 以全交也(宣小2 : 67). 愛人 相見

ᄒᆞ샤 오ᄋᆞᆯ어신 누네(樂詞. 處容歌). 幽人의 貞正ᄒᆞᆫ몰 둘흘 오ᄋᆞᆯ에 ᄒᆞᆫ몰 붓그리노라 : 幽貞愧雙全(重杜解6 : 37).

오·히·양명 외양간 ¶馬廐는 오히야이라(月釋2 : 46). 오히양앳 ᄆᆞ리 神仙 ᄃᆞ외요ᄆᆞᆯ 아더라 : 廐馬解登仙(杜解20 : 16). 오히양의 됴ᄒᆞᆫ ᄆᆞ리 업스며 : 廐無良馬(飜小10 : 13). 오히양 구 : 廐(訓蒙 中19). 오히양의 됴ᄒᆞᆫ 몰이 업스며 : 廐無良馬(宣小6 : 112).

·온수 백 ¶온 사ᄅᆞᆷ ᄃᆞ리샤 기ᄅᆞ말 밧기시니 : 遂率百人解鞍而息(龍歌58章). 百ᄋᆞᆫ 오니라(月釋1 : 6). 온 번 사호매 이제 뉘 잇ᄂᆞ니오 : 百戰今誰在(初杜解8 : 34). 온 ᄇᆡᆨ : 百(訓蒙 下34).

·온가·지명 가지가지. 여러 가지. ¶겨지븨 온가짓 어려ᄫᅳᆫ 이리 다와다 ᄀᆞ장 ᄉᆡ틋ᄒᆞ야(釋譜9 : 7). 온가짓 보비라(月釋8 : 7). 온가짓 藥으로 : 百藥(佛頂 下9). 온가지로 지조 재오 온 공교ᄒᆞ더라 : 百能百巧(飜朴 上45).

온놈명 온 놈. 온갖 놈. ¶님아 님아 온놈이 온말을 ᄒᆞ여도 님이 짐작ᄒᆞ쇼셔(古時調. 鄭澈. 심의산. 松江).

온말명 온갖 말. ¶님아 님아 온놈이 온말을 ᄒᆞ여도 님이 짐작ᄒᆞ쇼셔(古時調. 鄭澈. 심의산. 松江).

올명 오리 ¶올하 올하 아련 비올하(樂詞. 滿殿春別詞). ※올>올히>오리

올곳다형 올곧다. 정직하다. 옳고 곧다. ¶암아도 올곳은 마음은 孔夫子ㅣ가 ᄒᆞ노라(古時調. 金壽長. 七竅는. 海謠).

올라ᄒᆞ니동 오르니. 오른즉 ¶외나모 ᄣᅧ근 ᄃᆞ리 佛頂臺 올라ᄒᆞ니(松江. 關東別曲). 叢石亭 올라ᄒᆞ니(松江. 關東別曲).

올·아동 올라〔登. 上〕 ¶樓 우희 ᄂᆞ라 올아(釋譜6 : 3). 또 命終하샤 올아 忉利天에 나샤(月釋1 : 20).

·올·타형 옳다 ¶님금 말ᄊᆞ미 긔 아니 올ᄒᆞ시니 : 維王之言不其爲然(龍歌39章). 義士ᄅᆞᆯ 올타 과ᄒᆞ샤 : 深獎義士(龍歌106章). 아바님이 나ᄅᆞᆯ 올타 ᄒᆞ시니(月印 上5).

·옮돋·니·다동 옮아 다니다. ¶두루 옮돋뇨ᄆᆞᆯ ᄠᅳᆫ 人生ᄋᆞᆯ 므던히 너굘 디로다 : 飄轉任浮生(初杜解7 : 12).

옮돋니다동 옮아 다니다. ¶옮돋녀 나조히 도라가ᄂᆞᆫ 시르미로다 : 漂轉暮歸愁(杜解9 : 35).

옷곳ᄒᆞ·다형 향기롭다 ¶香ᄋᆞᆫ 혼갓 옷곳ᄒᆞᆫ 것분 아니라 고ᄒᆞ로 맏ᄂᆞᆫ 거슬 다 니르니라(釋譜13 : 39). 香潔은 옷곳ᄒᆞ고 조ᄒᆞᆯ 씨라(月釋7 : 65). 녜롤브터 온가짓 고지 옷곳ᄒᆞ리라 : 依舊百花香(金三2 : 18). 곳 가지ᄂᆞᆫ 이슬 가져 옷곳ᄒᆞ얏도다 : 花枝帶露香(南明 上20).

·왯·다동 와 있다. 왔다 ¶하ᄂᆞᆳ 一萬 玉女ᄂᆞᆫ 孔雀拂 자바 담 우희 왯고(月釋2 : 32). 蜀道애 왯더니 도라가ᄂᆞᆫ 車蓋ᄅᆞᆯ 荊門에셔 가지놋다 : 來蜀道歸盖取荊門(杜解8 : 11).

외·다형 그르다 ¶滿國히 즐기거ᄂᆞᆯ 聖性에 외다 터시니 : 滿國酷好聖性獨闢(龍歌107章). 醫ᄅᆞᆯ 맛나고도 왼 藥ᄋᆞᆯ 머겨 아니 주긇 저긔 곧 橫死ᄒᆞ며(釋譜9 : 36). 외니 올ᄒᆞ니 이긔니(月釋1 : 42). 또 미친 어즈러운 왼 相이 이시리여 : 復有狂亂非相(楞解2 : 109). 올ᄒᆞ며 외요ᄆᆞᆯ 간대로 보아(金剛16). 올ᄒᆞ니 외니 크니 져그니 ᄒᆞ야 差別 이실 시라(金三2 : 3). 風紙 소릐에 님이신가 나가본 나도 외다마는(古時調. 간밤에 지게. 靑丘). 그 경틔 귀먹은 벙어리ᄂᆞᆫ 외다 올타 ᄒᆞ더라(古時調. 듕놈은 승년의. 靑丘). 놈으로 삼긴 듕의 벗ᄀᆞᆮ티 有信ᄒᆞ랴 내의 왼 일을 다 닐오려 ᄒᆞ노매라(古時調. 鄭澈. 松江).

·외ᄅᆞ외·다형 외롭다 ¶孤ᄂᆞᆫ 외ᄅᆞ욀 씨오(楞解5 : 29). 제 외ᄅᆞ왼 돌 ᄉᆞ랑ᄒᆞ야 : 自惟孤露(法華5 : 158).

외·오부 그릇. 잘못 ¶忠臣을 외오 주겨늘 : 擅殺忠臣(龍歌106章). 悔ᄂᆞᆫ 뉘으츨 씨니 아랫 이ᄅᆞᆯ 외오 호라 ᄒᆞᆯ 씨라(釋譜6 : 9). 외오 제 기리ᄂᆞ다 : 謬自褒揚(永嘉 下75). ᄀᆞᆺ 사ᄅᆞ미 외오 楊雄의 집과 가졸비ᄂᆞ니 : 旁人錯比楊雄宅(初杜解7 : 1).

외오부 멀리. 외따로 ¶즈믄 ᄒᆡ를 외오곰 녀신ᄃᆞᆯ 信잇둔 그츠리잇가(樂詞. 西京別曲). 늙거야 므ᄉᆞ 일로 외오 두고 그리ᄂᆞᆫ고(松江. 思美人曲). 아마도 님 외오 살라면 그ᄂᆞᆫ 그리 못 ᄒᆞ리라(古時調. 가슴에. 靑丘).

외즐김명 홀로 즐김. ¶박ᄉᆞ랑 외즐김ᄒᆞᄂᆞᆫ 뜻을 하ᄂᆞᆯ이 아르셔(古時調. 나ᄂᆞᆫ 님 혜기. 靑丘).

·요ᄉᆞ·ᅀᅵ명 요사이. 요새 ¶내 요ᄉᆞᅀᅵ예 여윈 小國에 가 藥ᄋᆞᆯ 얻다가 몯호이다(釋譜11 : 19). 向ᄋᆞᆫ 아니오란 요ᄉᆞᅀᅵ라(月釋序26). 요ᄉᆞᅀᅵ예 보니 : 比見(宣賜內訓3 : 29).

우명 위 ¶城 우희 닐흔 살 쏘샤 : 維城之上矢七十射(龍歌40章). 하ᄂᆞᆯ 우 하ᄂᆞᆯ 아래 나ᄲᅮᆫ 尊호라(釋譜6 : 17). 上ᄋᆞᆫ 우히라(月釋序17). 우흘 마초아 ᄉᆞ랑ᄒᆞ라 : 準上思之(永嘉 上31). 우희ᄂᆞᆫ ᄆᆞᅀᆞᆷ 업슨 구루미 잇고 : 上有無心雲(初杜解7 : 23). 孤舟 解纜ᄒᆞ야 亭子 우희 올나가니(松江. 關東別曲). 珊瑚樹 지게 우희 白玉函의 다마 두고 님의게 보내오려. 樓 우희 거러 두고 八荒의 다 비최여(松江. 思美人曲).

우김질명 우격다짐 ¶우김질로 통간ᄒᆞ면 絞ᄒᆞ고 : 強奸則絞(警民15). 모든 사ᄅᆞᆷ으로 ᄒᆞ여곰 우김질로 필시ᄅᆞᆯ 술위예 올리니(女範4. 녈녀 필시졀).

우니·다동 계속하여 울다. ¶네 어마니미 날 여희오 시르ᄆᆞ로 사니다가 이제 또 너를 여희오 더욱 우니ᄂᆞ니(月釋8 : 101). 내 님믈 그리ᅀᆞ와 우니다니(樂範. 鄭瓜亭). 널라와 시름한 나도 자고 니러 우니로라(樂詞. 靑山別曲).

우릐ᄒᆞ다동 천둥치다 ¶우릐ᄒᆞ다 : 雷鳴(譯解補2).

우·믈명 우물 ¶井은 우므리라(月釋21 : 33). 제 겨집도 아ᄃᆞᆯ 안고 집뒷 우므레 들며(三綱. 忠29). 아히 우므레 들어든 보고 다 어엿비 너기ᄂᆞ니(金三4 : 39). 우믈 졍 : 井(訓蒙 上5). 우믈 졍 : 井(類合 上18).

우·ᅀᅮᆷ명 웃음 ¶ᄒᆞ오사 우ᅀᅮᄆᆞᆯ 우ᅀᅡ(月印 上61). ᄆᆞᅀᆞᄆᆞᆯ ᄂᆞ즈기ᄒᆞ야 우ᅀᅮᆷ 머거(月釋21 : 139). 우ᅀᅮᆷ 쇼 : 笑(訓蒙 上29). 우ᅀᅮᆷ 우ᅀᅥ 말ᄉᆞᄆᆞᆯ 천천히 ᄒᆞ디 몯게 ᄒᆞ더라 : 未嘗笑語款洽(飜小10 : 12).

우·ᅀᅮᆷ우·ᅀᅵ명 웃음 웃기. 웃는 일. ¶그 머근 後에 우ᅀᅮᆷ우ᅀᅵ 나니라(月釋1 : 43).

우음명 웃음 ¶우음 쇼 : 笑(類合 下7). 우음이 ᄌᆞ약ᄒᆞ고(癸丑37). 말ᄒᆞ며 우음 우어셔 河北을 업시녀기고 : 談笑無河北(重杜解5 : 53).

우읍다형 우습다 ¶우읍다 ᄆᆡ양 살냐(癸丑37). 淸江에 비 듯ᄂᆞᆫ 소릐 긔 무어시 우읍관ᄃᆡ(古時調. 孝宗大王. 靑丘). 갓 스믈 선머슴 젹에 ᄒᆞ덜 일이 다 우읍다(古時調. 靑丘).

우이다동 웃기다. 웃음을 사다. ¶니 몸에 病이 업고 남 아니 우이ᄂᆞ니(古時調. 言忠信. 靑丘). 몃쵸아 밤일세만정 힝혀 낫지런들 남 우일 번ᄒᆞ여라(古時調. 碧紗窓이 어른어른커ᄂᆞᆯ. 靑丘). 아마도 너 좃녀든니다가 놈 우일가 ᄒᆞ노라(古時調. ᄆᆞ음아 너ᄂᆞᆫ. 靑丘). 희롱에 말로 우이다 : 鬪笑(漢淸6 : 60). 이리 광망히 굴면 놈의게 우일셰라(捷蒙3 : 11).

우임명 웃음거리 ¶길히 일뎡 놈의 우임을 니브리라 : 路上必定喫別人笑話(朴解 中47). 만일에 鳳凰을 맛나면 우임 될가 ᄒᆞ노라(古時調. 金振泰. 長空에. 靑丘). 몸이 죽으며 나라히 亡ᄒᆞ야 天下애 우이미 되오니 : 身死國亡爲天下笑御(重內訓2 : 107).

우읍다형 우습다 ¶長沙王 賈太傅 혜어든 우ᅀᅩᆸ고야(古時調. 鄭澈. 松江).

우·케명 벼. 메벼 ¶우케爲未舂稻(訓解. 用字). 우케ᄂᆞᆫ 하ᄂᆞᆳ ᄇᆞᄅᆞ매 니겟도다 : 秔稻熟天風(初杜解7 : 16). 半만 저즌 곳다온 우케ᄅᆞᆯ 딘놋다 : 半濕擣香秔(重杜解12 : 28).

우·희·다 동 움키다 ¶홀ᄀᆞᆯ 우희여 부텨ᄭᅴ 받ᄌᆞᄫᆞ려 ᄒᆞ니(釋譜24：8). 길헷 더운 홀ᄀᆞᆯ 우희여：掬路上熱土(救急 上11). 모래와 흙을 우희여 어즈러이 더지며(武藝圖69).

·울 명 울. 울타리 ¶울爲籬(訓解. 用字). 野老의 ᄋᆞᆶ 알ᄑᆡ ᄀᆞᄅᆞᆷ 두들기 횟도랫ᄂᆞ니：野老籬前江岸廻(初杜解7：3). 울 리：籬(類合 上24).

·울·에 명 우레. 천둥 ¶울에 번게ᄒᆞ니 사ᄅᆞ미 다 놀라더니(釋譜6：32). 울에 우르ᄃᆞ시 ᄒᆞᆫ갓 우르노소니：雷吼徒咆哮(重杜解2：70). 무덤 뒤헤 울에 ᄀᆞᄐᆞᆫ 소리 잇거늘：墓後有聲如雷(續三綱. 孝11). 울에 뢰：雷(訓蒙 上2. 類合 上4).

:울월·다 동 우러르다 ¶몸이 업스샤 五方애 뵈어시ᄂᆞᆯ 一千 比丘ㅣ 울워ᅀᆞᄫᆞ더니(月印 上40). 아ᄃᆞᆯ옷 나ᄒᆞ면 울월오(三綱. 忠25). 恭敬ᄒᆞ야 울워ᅀᆞ와：欽仰(楞解1：34). 사ᄅᆞᆷ과 하ᄂᆞᆯ쾌 恭敬ᄒᆞ야 울워ᄂᆞ니：人天敬仰(金三3：4). 울월 앙：仰(訓蒙 下27).

·움 명 움. 움집 ¶漆沮 ᄀᆞᅀᆡᆼ 움흘 後聖이 니ᄅᆞ시니：漆沮陶穴後聖以矢. 赤島 안햇 움흘 至今에 보ᅀᆞᆸᄂᆞ니：赤島陶穴今人猶視(龍歌5章).

움즉·다 동 움직이다 ¶몸과 ᄆᆞᅀᆞᆷ괘 움즉디 아니ᄒᆞ야 겨시거늘(釋譜13：12).

:웃ᄫᅳ·다 형 우습다 ¶七年을 믈리져 ᄒᆞ야 出家ᄅᆞᆯ 거스니 跋提 말이 긔 아니 웃ᄫᅳ니(月印 上64).

:웂ᄫᅳ·다 형 우습다 ¶오ᄂᆞᆳ나래 내내 웂ᄫᅳ리：當今之日曷勝其哂(龍歌16章). 跋提 말이 긔 아니 웂ᄫᅳ니(月釋7：1).

웨전즈런ᄒᆞ다 형 수선스럽다 ¶웨전즈런ᄒᆞ다：熱鬧(譯解補54). 사ᄅᆞᆷ 만하 웨전즈런ᄒᆞ다：人多熱鬧(漢淸6：16).

·위·안 명 동산. 전원(田園) ¶녯 위안햇 너는 슬프도다：慘澹故園烟(杜解3：64). 위안 소뱃 곳가지ᄅᆞᆯ 뎌르며 기로ᄆᆞᆯ 므던히 너굘디니：園裏花枝任短長(南明 上22). 위안 원：園(訓蒙 上7).

위왇·다 동 위하다. 받들다 ¶시혹 또 飮食ᄋᆞ로 이ᄀᆞ티 위와다 셤기ᇙ 사ᄅᆞᄆᆞᆫ(月釋21：61). 各各 위와다 셤겨：各各崇事(楞解10：57). 위와ᄃᆞᆯ 봉：奉(類合 下14). 公이 위와도ᄆᆞᆯ 嚴ᄒᆞᆫ 아비ᄀᆞᆮ티 ᄒᆞ며：公奉之如嚴父(宣小6：73). 제 집 가온대 두어 위왇기ᄅᆞᆯ 사라실 적ᄀᆞ티 ᄒᆞ더라：安置室中奉之如生(東新續三綱. 孝1：6).

:유무 명 소식. 편지 ¶憍陳如 유무에 三分이 슬ᄒᆞ샤(月印 上22). 門ᄋᆞᆯ 다 ᄌᆞᄆᆞ고 유무 드ᄅᆞᇙ 사ᄅᆞᆷ도 업거늘(釋譜6：2). 우리 지븨 유무 잇ᄂᆞ녀：我家裏書信有麽(飜朴 上51). 유무 보내여 경계ᄒᆞ야 ᄀᆞᆯ오ᄃᆡ：還書誡之曰(宣小5：12).

:유무·ᄒᆞ·다 동 편지하다 ¶겨집이 유무ᄒᆞ여 녀름옷 ᄒᆞ여지라 ᄒᆞᆫ대：妻柳氏書求夏服(二倫13).

읍다 동 읊다 ¶南녁 뫼ᄒᆞ로 올아가며 白華篇을 읍ᄂᆞ니：南登吟白華(重杜解8：20). 읍기ᄅᆞᆯ 다ᄒᆞ고 믄득 몯 보니라：詠訖遂不見(東三綱. 孝1).

읍프다 동 읊다 ¶읍플 영：詠(類合 下6). 아비와 그ᄅᆞᆯ 읍프되：其父詠詩云(東三綱. 孝1 婁伯捕虎).

읏듬 명 으뜸. 밑동. 근본(根本) ¶낫 계어든 밥 아니 머구미 읏드미오(釋譜9：18). 質ᄋᆞᆫ 읏드미라(月釋17：58). 오직 一家ㅅ 읏드믈 조차：但隨一家本領(圓覺 序64). 淸淨ᄒᆞ야 ᄒᆞ욤 업수ᄆᆞ로 읏드믈 사ᄆᆞ니：淸淨無爲爲本(宣賜內訓2下49). 지셩으로 읏듬을 사마：以至誠爲本(飜小10：26). 읏듬 듀：株. 읏듬 간：幹(訓蒙 下3). 읏듬 간：幹(類合 上8). 읏듬을 삼ᄂᆞ니：爲先(警民21). 이 알프란 곳ᄒᆞ여 ᄉᆞᆷ거든 조초시미 읏듬이오닝이다(新語6：21). 읏듬 官員：掌印官(譯解 上9). 오히려 女德의도 읏듬이 되ᄂᆞ니라：猶爲女德之首也(女四解4：18). 도로혀 읏듬으로셔 사오나온 일을 ᄒᆞ려 ᄒᆞᄂᆞᆫ다(女範3. 뎡녀당여홍쳐). 읏듬이라 변통을 아니ᄒᆞ랴(萬言詞).

·이 명 ①이[者]. 사람 ¶말ᄊᆞᄆᆞᆯ ᄉᆞᆯᄫᆞ리 하ᄃᆡ 天命을 疑心ᄒᆞ실ᄊᆡ：獻言雖衆天命尙疑(龍歌13章). 가리라 ᄒᆞ리 이시나：欲往者在(龍歌45章). 늘그니 病ᄒᆞ니ᄅᆞᆯ 보시고(月印 上16). 舍衛國으로 가리 잇더니(釋譜6：15). ②것 ¶셜본 잇 中에도 離別 ᄀᆞᄐᆞ니 업스니(釋譜6：6). 절로 가며 절로 오ᄂᆞᆫ 집 우흿 져비오：自去自來堂上燕(初杜解7：3).

이·긔·다 동 이기다 ¶그 히미 이긔디 몯ᄒᆞ리니(釋譜13：14). 勝은 이긜 씨라(月釋 序9). ᄃᆞ토매 이긔요ᄆᆞᆯ 求티 말며：狠毋求勝(宣賜內訓1：8). 蜀앳 수리 시름 이긔유믈 ᄒᆞ건마ᄅᆞᆫ：蜀酒禁愁得(初杜解7：7) 이긜 승：勝(訓蒙 下22). 이긜 극：克(類合 下4). 이긜 승：勝(類合 下39). 사홈을 이긔고 오면 큰 공을 셰오：戰勝而歸立大功(東新續三綱. 孝8：70). 싸호다가 이긔디 못ᄒᆞᄂᆞᆫ 이(武藝圖10).

:이·다 동 이루어지다 〔'일다'의 ㄹ탈락(脫落).〕 ¶東征에 功이 몯 이나：東征無功(龍歌41章). 믈읫 字ㅣ 모로매 어우러ᅀᅡ 소리 이ᄂᆞ니：凡字必合而成音(訓註13). 거유를 사기다가 이디 몯ᄒᆞ야도：刻鵠不成(宣賜內訓1：38). 金 ᄉᆞ라기 비록 貴ᄒᆞ나 누네 디면 ᄀᆞ료미 이ᄂᆞ니(南明 上71).

이·대 부 잘. 좋게. 평안히 ¶調御는 이대 다ᄉᆞ릴 씨오(釋譜9：3). 모ᄆᆞᆯ ᄌᆞ개 이대 가져 ᄃᆞᆫ니샤(月釋2：56). 샹녜 사ᄅᆞᄆᆞᆯ 이대 救ᄒᆞ샤미라：常善救人也(楞解5：38). 이대 參究ᄒᆞ야：宜善參究(蒙法68). 達磨大師ㅣ 이대 겨시다가 주그시거늘(南明 上52). 우리 ᄃᆞᆯ히 본 바로 염왕ᄭᅴ 이대 ᄉᆞᆯ오면：吾等所見善奏閻王(王郎傳4).

이대도록 부 이토록 ¶아ᄆᆞ리 ᄆᆡ인 새 노히다 이대도록 싀훤ᄒᆞ랴(古時調. 헛글고 싯근. 靑丘).

이ᄃᆡ도록 부 이토록 ¶쳐음에 뮈시던 거시면 이ᄃᆡ도록 셜우랴(古時調. 님이 혜오시ᄆᆡ. 靑丘).

이러셩 부 이렇게 ¶힝즈치마 멜ᄯᅵ도 제 色이로다 우리도 이러셩 구우다가 ᄒᆞᆫ 빗 될가 ᄒᆞ노라(古時調. 平壤女妓년들의. 靑丘).

·이·러ᄐᆞ·시 부 이렇듯이 ¶이러ᄐᆞ시 虛空애 ᄀᆞᄃᆞᆨᄒᆞ야(月釋10：55). 내 親ᄒᆞ니게 이러ᄐᆞ시 ᄀᆞᄅᆞ치ᄂᆞ니：我親乃爾敎之(宣賜內訓1：48).

이러ᄐᆞᆺ 부 이렇듯 ¶이제 블힝ᄒᆞ기 이러ᄐᆞᆺ ᄒᆞ니：今不幸如此(東新續三綱. 忠1：55).

이러·ᄐᆞᆺ 부 이렇듯. 이렇게 ¶如來ㅅ거긔 이러ᄐᆞᆺ ᄒᆞᆫ 이ᄅᆞᆯ 能히 묻ᄂᆞ니(月釋10：69). 이러ᄐᆞᆺ 듕대ᄒᆞᆫ 것들을 즉시 도라보내고(癸丑11).

·이·런·ᄃᆞ·로 부 이런 까닭으로. 아러하므로 ¶이런ᄃᆞ로 이 三昧ᄅᆞᆯ 得ᄒᆞ시면 能히 祕藏ᄋᆞᆯ 아ᄅᆞ시리라(法華7：140). 이런ᄃᆞ로 一切 法이 이 空 아니니 업스니라：是故一切法無不是空者(永嘉 上112). 이런ᄃᆞ로 거므며 ᄒᆡ요ᄆᆞᆯ ᄂᆞᆫ호니라：所以分黑白(初杜解7：27). 이런ᄃᆞ로 大慧 이 마ᄅᆞᆯ 드러 닐오ᄃᆡ：所以大慧擧此話云(金三2：1). 이런ᄃᆞ로 니ᄅᆞ샤ᄃᆡ 기프며 져근 ᄃᆡ 뮈워 ᄉᆞ뭇다 ᄒᆞ시니(南明 上46).

이렁굴어 부 이러구러. 이럭저럭 ¶夷齊의 놉흔 줄을 이렁굴어 알란지고(古時調. 尹善道. 還上타. 海謠).

이링공뎌링공 부 이렁저렁 〔'ㅇ'은 성조(聲調)를 부드럽게 하기 위한 접미음(接尾音).〕 ¶이링공뎌링공 ᄒᆞ야 나즈란 디내와손뎌(樂詞. 靑山別曲).

이릐 명 재롱. 아양. 응석 ¶나도 님을 미더 군 ᄠᅳ디 전혀 업서 이릐야 교ᄐᆡ야 어ᄌᆞ러이 ᄒᆞ돗ᄯᅥᆫ디(松江. 續美人曲). 뫼셔서 이릐ᄒᆞ기 각시님 갓도던들 서룸이 이러ᄒᆞ며(金春澤. 別思美人曲).

이바·디 명 잔치 ¶이바디예 머리ᄅᆞᆯ 조ᄉᆞᄫᆞ니：當宴敬禮(龍歌95章). 노ᄑᆞᆫ 이바디 ᄒᆞ야 諸侯ㅣ 禮接ᄒᆞᄂᆞ니：高宴諸侯禮(初杜解20：3). 풍류ᄒᆞ며 이바디ᄒᆞ며：聲伎游宴(飜小10：23). 이바디 연：宴(訓蒙 下10. 類合 下7). 이바디 연：讌(石千36). 음식이며 이바디에：食饗(宣小2：10).

이받·다 동 이바지하다. 바라지하다. 잔치하다 ¶아바님 이받ᄌᆞᄫᆞᇙ 제：侍宴父皇(龍歌91章). 太子ᄅᆞᆯ 請ᄒᆞ

ᄉᆞ바 이받ᄌᆞᄫᆞ려 ᄒᆞᄂᆞ닛가 大臣ᄋᆞᆯ 請ᄒᆞ야 이바도려 ᄒᆞ노닛가(釋譜6 : 16). 눈먼 어ᄉᆡ를 이받노라(月釋2 : 13). 아ᅀᆞ 이바도ᄆᆞᆯ 난븐 일 업더니(三綱. 孝24 不害捧屍). 지비 가난ᄒᆞ야 이바돌 거시 업스니 : 家貧無供給(初杜解8 : 55). ᄂᆞ미 됴ᄒᆞᆫ 음식을 주어든 의식 푸머다가 이받더니 : 人遺異味必懷而獻之(東續三綱. 孝24).

이볼·다동 이울다 ¶이본 남기 새닙 나니이다 : 時維枯樹茂焉復盛(龍歌84章). 이본 나모와 투구 세 사리 : 與彼枯木兜牟三箭(龍歌89章).

이·슥·다형 오래지 아니하다. ¶털 구무마다 피 흐르고 긔졀ᄒᆞ여 이슥게ᅀᅡ ᄭᅢ여 닐오ᄃᆡ : 毛孔中悉皆流血悶絶躄地良久乃蘇高聲唱言(恩重17).

이슷ᄒᆞ다형 비슷하다 ¶山 졉동새 난 이슷ᄒᆞ요이다(樂範. 鄭瓜亭). 위 고온 양지 난 이슷ᄒᆞ요이다 : 爲古溫貌我隱伊西爲乎伊多(謹齋集. 關東別曲).

이슥·고부 이슥고 ¶이슥고 波羅㮈王이 한 사ᄅᆞᆷ 더블오 그 뫼해 山行 가샤(釋譜11 : 26). 이슥고 부톄 드러오나시ᄂᆞᆯ(月釋10 : 8). 이슥고 어드울써 : 俄然晦昧(法華3 : 138). 이슥고 엳ᄌᆞ오샤ᄃᆡ : 旣而奏曰(宣賜內訓2下50). 이슥고 니ᄅᆞ샤ᄃᆡ 陝府ㅅ 鐵牛의 머리와(南明 上35).

이어·긔대 여기 ¶이어긔 이셔도 다 能히 골히며(釋譜19 : 17). 내 이어긔셔 하딕ᄒᆞ노이다 : 吾於是辭矣(三綱. 孝4). 이어긔 왯더니 글로 일후믈 사ᄆᆞ니라(月釋2 : 27). 佛法이ᅀᅡ 내 이어긔도 죠고마치 잇다 ᄒᆞ야시ᄂᆞᆯ(南明 上14). 옷유믈 取호미 이어긔 잇도다(金三5 : 10). ※이어긔>이어긔>여긔>여기

이·어·다동 흔들다. 흔들리다 ¶모ᄃᆞᆫ 緣이 안ᄒᆞ로 이어고 : 聚緣內搖(楞解2 : 18). ᄀᆞᄅᆞᇝ 蓮은 힌 지치 이어ᄂᆞᆫ ᄃᆞᆺᄒᆞ고 : 江蓮搖白羽(初杜解9 : 25). 블 브트며 ᄇᆞᄅᆞᆷ 이어 萬物이 뷔나 : 火蕩風搖萬物空(南明 下70). 林木을 이어더니(六祖 序21).

이에대 여기에. 이것에 ¶이 ᄯᅡ해 精舍 이르ᅀᆞᄫᆞᆯ ᄢᅦ도 이 개야미 이에셔 살며(釋譜6 : 37). 그 法이 이에 나오리로소이다(月釋2 : 49).

이·올·다동 이울다. 시들다 ¶涼州엔 힌 밀히 이오도다 : 涼州白麥枯(初杜解23 : 22). 陰崖예 이온 플을 다 살와내여ᄉᆞ라(松江. 關東別曲). 올ᄒᆞᆫ ᄇᆞᆯ히 偏히 이올오 왼녁 귀 머구라 : 右臂偏枯左耳聾(重杜解11 : 14).

이·울·다동 이울다. 시들다 ¶옷드미 漸漸 이우러(釋譜23 : 18). ᄀᆞᅀᆞᆯ히 霜露ㅣ 와 草木이 이울어든 슬픈 ᄆᆞᅀᆞ미 나ᄂᆞ니(月釋 序16). ᄒᆞᆫ번 妙力 닙ᅀᆞ오면 欲愛 ᄆᆞᆯ라 이울오(法華7 : 60). 이울 고 : 枯. 이울 호 : 槁(訓蒙 下4). 閣氏네 곳을 보소 픠는듯 이우는이(古時調. 海謠).

·이젯:뉘명 현세(現世). 이 세상. ¶내 뒷ᄂᆞᆫ 福業 이젯뉘와 디나건뉘와 ᄯᅩ 부텨 보ᅀᆞ온 功德으로 다 佛道애 廻向ᄒᆞᅀᆞᆸ노이다 : 我所有福業今世若過世及見佛功德盡廻向佛道(法華2 : 49).

이·즈·다동 이지러지다 ¶威儀 이즌 ᄃᆡ 업서 조호미 寶珠 ᄀᆞᆮᄒᆞ야(釋譜13 : 22). ᄃᆞ리 두려우며 ᄃᆞ리 이즈며 : 月圓月缺(金三2 : 6).

이쳐로부 이처럼 ¶이쳐로 ᄂᆡ 편지로 쓰어시니(閑中錄242).

이·품동 읊음 ¶셴 머리예 이푸믈 머리 브티노라 : 遠寄白頭吟(初杜解21 : 16).

일·다동 이루어지다. 되다 ¶내히 이러 바ᄅᆞ래 가ᄂᆞ니 : 流斯爲川于海必達(龍歌2章). 兄ᄀ ᄠᅳ디 일어시ᄂᆞᆯ : 兄讓旣遂(龍歌8章). 三千大千이 ᄇᆞᆰᄀᆞ며 樓殿이 일어ᄂᆞᆯ(月印 上6). 正ᄒᆞᆫ 여르믄 德 인 사ᄅᆞᄆᆞᆯ 가ᄌᆞᆯ비시니라(釋譜13 : 47). 天上애 가져다가 塔 일어 供養ᄒᆞ라(釋譜23 : 7). 成은 일 씨라(訓註13). 이리ᄒᆞ야ᅀᅡ 世界 다 이니 긔 成劫이오(月釋1 : 47). 信이 이ᄂᆞ다 홈 ᄀᆞᄐᆞ니라(牧牛訣21).

일되다형 조숙하다 ¶요놈이 일되고 바삭이가 아니니(閑中錄416).

일락배락부 흥할락 망할락. ¶엇디 ᄒᆞᆫ 時運이 일락배락 ᄒᆞ얏ᄂᆞᆫ고(松江. 星山別曲). 그르사 늘근의 所望이라 일락배락 ᄒᆞ노매(古時調. 白髮이 환양. 靑丘).

·일·록부 이로부터 ¶받 님자히 과ᄒᆞ야 즁싱도 孝道홀 쎠 일록 後에 疑心 마오 가져가라 ᄒᆞ시고(月釋2 : 13). 일록 후에 다시 서ᄅᆞ 보면 : 今後再廝見時(老解 下66).

일리다동 흔들리다 ¶風波에 일리든 그 ᄇᆡ 어드러로 가닷 말고(古時調. 鄭澈. 海謠).

일벗·다동 도둑질하다 ¶五百 前世 怨讎ㅣ 나랏쳔 일버ᅀᅡ 精舍를 디나아가니(月印 上2). 倭王이 堤上이를 가도아 무루ᄃᆡ 엇뎨 王子를 일버ᅀᅡ 보낸다(三綱. 忠30). 그윗 거슬 일버ᅀᅥ(月釋1 : 6).

일·우·다동 이루다 ¶平生ᄀ ᄠᅳᆮ 몯 일우시니 : 莫遂素志(龍歌12章). 모딘 ᄭᅬ를 일우리잇가 : 悍謀何濟(龍歌31章). 成은 일울 씨라(釋譜 序5). ᄒᆞᄂᆞᆫ 일 이쇼미 비록 거츠나 ᄇᆞ리면 큰 業이 몯 일우고(月釋8 : 31). 긄句를 도로 일우노라 : 句還成(重杜解22 : 16). 華陽洞 늘근 大臣 壯志를 못 일우니(武豪歌).

일위다동 흔들리다 ¶바다히 ᄯᅥ날 제ᄂᆞᆫ 萬國이 일위더니(松江. 關東別曲).

일의:놀·다동 응석부리다 ¶일의노ᄂᆞᆫ 아히 아니완히 누워 안홀 ᄇᆞᆯ와 ᄢᅵ여 ᄇᆞ리ᄂᆞ다 : 嬌兒惡臥踏裏裂(初杜解6 : 42).

일:훔명 이름 ¶후셰예 일훔 베퍼내여 : 揚名於後世(飜朴 上50). 篇 일훔과 사ᄅᆞᄆᆡ 姓名을 : 篇名人姓名(宣小 凡例1). ᄉᆞ스로 일훔을 거ᄉᆡ라 ᄒᆞ다 : 自號居士(東新續三綱. 孝1 : 2). 제 남진 제 계집 아니어든 일홈 뭇디 마오려(古時調. 鄭澈. 간나희. 松江). 일홈 : 名子(同文解 上12).

일·훔명 이름 ¶놀애예 일훔 미드니 : 信名於謳(龍歌16章). 부텻 일후므로 들여 ᄭᅵ도긔 호리이다(釋譜9 : 21).

입명 어귀. 문호(門戶). 출입문(出入門) ¶내 입 여러셔 기드류리라 ᄒᆞ고 : 妾詣開戶待之(三綱. 烈5). 梵天의 이ᄇᆞ로셔 나라(月釋2 : 46).

:입·다형 고달프다 ¶어버ᅀᅵ 여희ᅀᆞᆸ고 ᄂᆞᄆᆞᆯ브터 이쇼ᄃᆡ 어ᅀᅵ 아ᄃᆞ리 입게 사노이다(月印 上52). 어ᅀᅵ 아ᄃᆞ리 외롭고 입게 ᄃᆞ외야(釋譜6 : 5).

:입·다형 혼미(昏迷)하다. 아득하다. 희미하다 ¶구든 城을 모ᄅᆞ샤 갏 길히 입더시니 : 不識堅城則迷于行(龍歌19章). 四面에 블이 니러 갏 길히 이블씨 업더디여 사ᄅᆞ쇼셔 ᄒᆞ니(月印 上60).

·입버·우·다동 벙어리가 되다. ¶입버우며 귀머그며(月釋21 : 139). 귀먹고 입버워 諸根이 ᄀᆞᆮ디 몯ᄒᆞ리며 : 聾啞諸根不具(法華2 : 168). 귀먹고 눈멀오 입버우며 : 聾盲瘖瘂(法華2 : 169).

입시·울명 입술 ¶입시울와 혀와 엄과 니왜 다 됴ᄒᆞ며(釋譜19 : 7). 脣은 입시우리라(訓註5). 입시울 축축호미 맛가ᄫᆞ시며(月釋2 : 58). 입시울 슌 : 脣(訓蒙 上26. 類合 上21).

입시·울쏘·리명 입술소리[脣音] ¶ㅂᄂᆞᆫ 입시울쏘리니 彆ᄫᆞ字ᄍᆞ 처ᅀᅥᆷ 펴아나ᄂᆞᆫ 소리 ᄀᆞᄐᆞ니 ᄀᆞᆯ바쓰면 步뽕ᅙ字ᄍᆞ 처ᅀᅥᆷ 펴아나ᄂᆞᆫ 소리 ᄀᆞᄐᆞ니라 : ㅂ脣音如彆字初發聲並書如步字初發聲(訓註6).

입주·리·다동 ①읊조리다 ¶南녁 개예셔 셴 머리예 입주리노라 : 南浦白頭吟(初杜解7 : 19). ②신음(呻吟)하다 ¶病ᄒᆞ야 입주리ᄂᆞᆫ 안해 그를 지수니 : 作詩呻吟內(初杜解25 : 35).

입하ᄂᆞᆯ명 입천장 ¶입하ᄂᆞᆯ : 巧舌(蒙解補6).

잇그·다동 이끌다 ¶하ᄂᆞᆳ 神靈이 七寶 술위 잇거 오며(月釋2 : 31). 쇼를 잇겨 : 牽牛(救簡1 : 43). 잇글 견 : 牽(類合 下46). 쇼 잇그다 : 牽牛(譯解 下31). 부인의 오술 잇그되(女範2. 변녀 진중공쳐).

잇·다형 있다 ¶셔ᄫᆞᆯ 賊臣이 잇고 : 朝有賊臣(龍歌37章). 가리라 ᄒᆞ리 이시나 : 欲往者在(龍歌45章). 이

ᄀᆞᄐᆞ니 이시리잇고(釋譜6：5). 홍졍바지 舍衛國으로 가리 잇더니(釋譜6：15). 有는 이실 씨라(訓註2). 在는 이실 씨라(月釋 序10). 내의 사롬도 ᄯᅩ호 ᄀᆞᅀᅵ 잇ᄂᆞ니라：吾生亦有涯(初杜解10：3). 나모와 댓 ᄉᆞ이며 돌 우희 인ᄂᆞ니：在木竹間石上(瘟疫方7). 君子ㅣ 아홉 ᄉᆡᇰ각홈이 이시니：君子有九思(宣小3：5).

잇브·다 형 가쁘다. 피곤하다. 수고롭다 ¶地獄애 잇부미 업다 ᄒᆞ니(月印 上48). 百千方便으로 稱苦衆生ᄋᆞᆯ 度脫ᄒᆞ샤 잇부믈 마디 아니ᄒᆞ시ᄂᆞ니(月釋21：115). 曉夜애 잇부믈 니저：曉夜忘疲(永嘉 下111). 肝肺ᄅᆞᆯ 잇브게 ᄒᆞ노니：勞肝肺(初杜解3：49).

잇·비 부 가쁘게. 피곤하게. 수고롭게 ¶父母ㅣ 나ᄅᆞᆯ 잇비 나ᄒᆞ시니라：父母生我劬勞(三綱. 孝15). 聖體 잇비 마ᄅᆞ쇼셔：無煩聖體(宣賜內訓2 下48). 잇비 ᄌᆞ조 ᄒᆡᄅᆞᆯ 뭇노라：草草頻卒歲(重杜解1：45).

잉무든 형 이끼 묻은. 무딘〔鈍〕 ¶잉무든 장글란 가지고 믈 아래 가던 새 본다(樂詞. 青山別曲).

잎 명 어귀. 문호(門戶). 출입구(出入口) ¶寢室 이페 안ᄌᆞ니：止室之戶(龍歌7章). 다든 이피 열어늘 부러 뷘 길흘 ᄎᆞ자 가더니(月印 上65). ᄯᅩ 病人으로 이페 안치고：又方令病人富戶坐(救急 上27). 쟝ᄎᆞ 이페 들 제 보ᄆᆞᆯ 모로매 ᄂᆞᄌᆞ기 ᄒᆞ며：將入戶視必下(宣賜內訓1：6). 조ᄉᆞᄅᆞ윈 길 이페 旌旗ᄅᆞᆯ ᄃᆞ랏고：懸旌要路口(初杜解9：7). 져비 뫼집 이페 드러오ᄆᆞᆯ 곧 보리니：即看燕子入山扉(初杜解10：46).

잎·다 동 읊다 ¶아비 와 그를 이푸딕：其父來詠詩云(三綱. 孝32). 나비 ᄑᆞ람 기리 이푸믈：猿嘯長吟(永嘉 下106). 龍이 이퍼셔 머리ᄅᆞᆯ 도ᄅᆞ혀 보ᄂᆞ니：龍吟回其頭(初杜解22：36). 갌 가온딕 이퍼 ᄇᆞ라 라귀ᄅᆞᆯ 갓ᄀᆞ로 ᄐᆞ니라：途中吟望倒騎驢(南明 下11). 이플 음：吟(訓蒙 下32. 類合 下39).

ㅈ

자 명 성(城) ¶일즉 자 안히며 마ᅀᆞᆯ애 들어가디 아니ᄒᆞ고：未嘗入城府(宣小6：84).

:자:내 부 몸소. 스스로 ¶毘沙門ᄋᆞᆯ 자내 ᄃᆞ외니(月印 上60). 舍利弗도 자내 毗沙門王이 ᄃᆞ외니 夜叉ㅣ 두리여 믈러 ᄃᆞ로려 ᄒᆞ다가 四面에 브리 니러셜씨(釋譜6：33). 자내 如來ᄅᆞᆯ 마ᄌᆞᆸ고：自迎如來(楞解1：31).

자로 부 자주. ¶나는 자로 來往ᄒᆞ기로：我是長來往的(華解 上7).

자로자로 부 자주자주 ¶숣이야 숣이언마는 자로자로 뵈여라(古時調. 숣에 뵈난. 大東風雅). 대개 간란질고ᄅᆞᆯ 자로자로 드ᄅᆞᆯ 길히 업ᄉᆞᆷ으로(綸音72).

·자시·다 동 주무시다 ¶셤 안해 자싫 제：宿于島嶼(龍歌67章). 좀 자싫 제 風流ㅣ ᄀᆞ바ᅀᆞᆸ더니(月印 上43). ᄒᆞᄅᆞᆺ밤 자시고 門 밧긔 나샤(月釋8：82). 그 자시며 겨샤ᄆᆞᆯ：寢處(宣賜內訓1：44). 님금 자샤매：御宿(初杜解10：9). 世尊이 火龍窟에 가 자시거늘(南明 上69). 대뎐 자시는 ᄃᆡ도 노흐며(癸丑57). 기나긴 밤의 좀은 엇디 자시는고(松江. 續美人曲).

자즐니다 동 눌리다 ¶가다가 자즐녀 죽을 셴졍 나는 아니 바리고 갈ᄀᆞ가 ᄒᆞ노라(古時調. ᄉᆞ랑을. 歌曲).

자최눈 명 자취눈. 자국눈 ¶자최눈：抹雪(齊諧物名 天文類). 즌서리 섯거티고 자최눈 디엿거ᄂᆞᆯ 보앗는다(古時調. 鄭澈. 심의산 세네 바회. 松江).

자·히 명 채. 채로 ¶ᄆᆞᆯ톤 자히 건너시니이다：乘馬截流. ᄆᆞᆯ톤 자히 ᄂᆞ리시니이다：躍馬下馳(龍歌34章). 제 모미 누분 자히셔 보딕(釋譜9：30). 世尊이 龍王堀애 안존 자히 겨샤딕(月釋7：52).

자·히·다 동 재다. 자로 재다. ¶越ㅅ 羅와 蜀ㅅ 錦을 金粟 자ᄒᆞ로 자히놋다：越羅蜀錦金粟尺(杜解25：50). ᄆᆞᄅᆞ기ᄅᆞᆯ 흰 ᄀᆞ는 뵈ᄅᆞᆯ ᄡᅳ고 자히기ᄅᆞᆯ 指尺을 ᄡᅳ라：裁用白細布度用指尺(家禮1：37). 기더냐 쟈르더냐 밧을러냐 자힐러냐(古時調. 李明漢. ᄉᆞ랑이. 青丘).

잔치ᄒᆞ다 동 잔치하다 ¶친구ᄅᆞᆯ 쳥ᄒᆞ여 모다 잔치ᄒᆞ야：邀親舊會飮(東新續三綱. 孝5：5).

잠짜가다 동 잠을 빼앗아 가다. ¶잠짜간 내 니믈 너겨 깃둔 열명 길헤 자라 오리잇가(樂詞. 履霜曲).

:잢간 부 잠깐. 조금 ¶잢간 머리ᄅᆞᆯ 수기ᅀᆞᆸ거나(釋譜13：53). 잢간도 몯 보리로소니(月釋13：25). 잢간도 變易이 업거니：曾無變易(楞解4：67). 時節 므노ᄆᆞᆯ 잢간 得ᄒᆞ야：粗得延時(永嘉 下108). 잢간 닐오ᄆᆞᆫ 이러커니와：略言如是(蒙法66). 잢간도 닐오미 아니니(南明 下76).

잡:쥐·다 동 잡아 쥐다. 잡아 부리다. 제어(制御)하다 ¶비 잡쥐유믈 ᄲᆞᆯ리 호미 ᄇᆞᄅᆞᆷ ᄀᆞᄐᆞ니：操舟疾若風(初杜解16：63).

·잣 명 성(城) ¶ᄆᆞᅀᆞᆯ히어나 자시어나(釋譜9：40). 城은 자시라(月釋1：6). 돋니는 자새：於所遊城(楞解1：32). 잣 셩：城(訓蒙 中8. 石千27). 잣다온뎌 當今ㅅ景 잣다온뎌(樂詞. 新都歌). 잣 셩：城(類合 上18).

재펴다 동 펼치다 ¶煙霞日輝는 錦繡ᄅᆞᆯ 재폇는 ᄃᆞᆺ(丁克仁. 賞春曲).

쟈근쇼마 명 소변(小便) ¶쟈근쇼마 보신 後에 니마 우희 손을 언ᄭᅩ(古時調. 이제는 못 보게도 ᄒᆞ애. 青丘).

쟈르다 형 짧다 ¶혓가레 기나 쟈르나(古時調. 申欽. 青丘). 기더냐 쟈르더냐(古時調. 李明漢. ᄉᆞ랑이 엇더터니. 青丘).

쟈ᄅᆞ 명 자루〔袋〕 ¶ᄒᆞᆫ 뵈 쟈ᄅᆞ 가져다가：將一布袋(佛頂下12). 쟈ᄅᆞ 딕：袋(訓蒙 中13). 쟈ᄅᆞ 딕：袋(類合 上31).

쟈즐리다 동 눌리다 ¶가다가 쟈즐려 죽을 만졍 나는 안이 불이고 갈짜 ᄒᆞ노라(古時調. 思郞을 츤츤. 海謠).

:쟉·다 형 ①작다〔小〕 ¶킈 쟈ᄀᆞᆯ씨(釋譜24：8). 가ᄇᆡ야오며 쟈가：輕微(永嘉 上20). 機는 뮈요ᄆᆡ 쟈고미오 吉ᄋᆡ 몬져 나토미니(南明 上33). ②적다〔少〕 ¶이 므리 쟉다：這水少(飜老 上35). 쟈ᄀᆞᆫ 믈 연：涓(類合 下50).

잘 명 자루〔袋〕 ¶ᄯᅩ 브ᅀᅥᆺ 지ᄅᆞᆯ 봇가 덥게 ᄒᆞ야 잘이 녀허：或炒竈灰令熱以囊盛(救簡1：86).

쟝·망ᄒᆞ·다 동 장만하다 ¶病ᄒᆞᆫ 사ᄅᆞᄆᆡ 病을 여희오져 ᄒᆞ거든 그 사ᄅᆞᆷ 위ᄒᆞ야 닐웨 밤나ᄌᆞᆯ 八分齋戒 디녀 제 쟝망ᄒᆞᆫ 야ᅌᆞ로 쥬을 供養ᄒᆞ고(釋譜9：32). 부톄 니ᄅᆞ샤딕 녀느 거스란 마오 그릇분 쟝망ᄒᆞ라(月釋7：42).

저근몰 명 오줌. 소변(小便) ¶ᄀᆞ장 츤 주ᄅᆞᆯ 알면 저근 ᄆᆞᄅᆞᆯ 즉재 보리라：如覺大段冷小便即通(救簡3：85).

저·리·다 동 위협하다 ¶나ᄃᆞᆯ 휫ᄯᅮ루며 버믈 저리고：揮鎌劫虎(東續三綱. 孝6).

·저·ᅀᆞᆸ·다 동 저쑵다. (신이나 부처에게)절하다. ¶저ᅀᆞᆸ거나 合掌ᄒᆞᅀᆞᆸ거나(釋譜13：53). 부텨를 맛ᄌᆞ바 저ᅀᆞᆸ고(月釋1：13). 머리 ᄂᆞᄎᆞ로 바래 저ᅀᆞᆸ고：頭面禮足(法華3：98).

저여·곰 부 저마다 ¶出ᄒᆞ며 處호매 저여곰 힘ᄡᅳ디니라：出處各努力(初杜解9：17).

저즐·다 동 저지르다 ¶盜賊ㅣ 곧 能히 저즐고：賊即能爲(龜鑑 上28). 저즈럿거든 뉘 타시라 홀고(癸丑94). 내 저즐어 내 밧다：自作自受(譯解 下53).

저·지·다 동 적시다 ¶潤沾은 저질 씨라(月釋 序7). 六合애 저지시며：潤之六合(月釋 序7). ᄒᆞᆫ 구룸 ᄒᆞᆫ 비로 한 物을 저져：以一雲一雨而滋衆物(法華3：12). 비 저조ᄆᆞᆯ 바ᄃᆞ며(圓覺 上一之一23). 바ᄅᆞ 저죠딕：漬脚(救簡1：44). 甘露ᄅᆞᆯ 저쥬시미니(眞言20).

저·타[동] 저어하다. 두려워하다 ¶威名을 저ᅀᆞᄫᅡ : 威名畏服(龍歌75章). 金翅 ᄃᆞ외야 龍ᄋᆞᆯ 저킈 ᄒᆞ니(月釋7 : 24). 놀라디 아니ᄒᆞ며 두리디 아니ᄒᆞ며 저티 아니ᄒᆞ면 : 不驚不怖不畏(金剛 上77). 네 信티 아니홀가 전노라 : 恐汝不信(牧牛訣7).

저프·다[형] 두렵다 ¶智慧 불ᄀᆞ샤 저푸미 업스시며(月印 上29). 威ᄂᆞᆫ 저플 씨라(月釋 序6). 엄과 톱괘 놀카와 저퍼도 : 利牙爪可怖(法華7 : 90). 놀라 저포ᄆᆞᆯ 免티 몯ᄒᆞ니 : 未免驚怖(金三3 : 25). 一切 저포ᄆᆞᆯ 업게 호니 : 能滅一切怖畏(佛頂 上1).

저허ᄒᆞ다[동] 저어하다. 두려워하다 ¶오히려 일흘가 저허홀띠니라 : 猶恐失之(宣論2 : 38).

저·히·다[동] 위협하다. ¶부러 저히샤 살아자ᄇᆞ시니 : 故脇以生執(龍歌115章). 罪福ᄋᆞᆯ 저히ᅀᆞᆸ거든 : 怵誘以罪福(龍歌124章). 大威ᄂᆞᆫ 큰 威嚴이니 龍ᄋᆞᆯ 저히ᄂᆞ니라(釋譜13 : 11). 劫은 저히고 아ᅀᆞᆯ 씨라(楞解4 : 93). 大威ᄂᆞᆫ 龍ᄋᆞᆯ 저히고 : 大威懾龍(法華1 : 51).

저ᄒᆞ·다[동] 두려워하다 ¶公州ㅣ 江南ᄋᆞᆯ 저ᄒᆞ샤 子孫ᄋᆞᆯ ᄀᆞᄅᆞ치신돌 : 公州江南畏且訓嗣(龍歌15章). 獅子ㅣ 위두ᄒᆞ야 저호리 업슬써(月釋2 : 38).

제곰[명] 제가끔. 제각기 ¶乾坤이 제곰인가 이거시 어드메오(古時調. 尹善道. 孤遺).

제·곰[부] 제가끔. 제각기 ¶ᄒᆞᆫ 사ᄅᆞ미나 제곰 사롤 쳐소롤 얻디 몯ᄒᆞ엿거든 : 一夫不得其所(飜小8 : 3). ᄌᆞ식 품고 제곰 잇더니 : 抱兒別處(東新續三綱. 烈8 : 26 金氏投澤). 의복을 ᄒᆞᆫ듸 못 걸고 건즐 제곰 ᄒᆞᄂᆞ니(女範3. 뎡녀 초평빅영).

제여·곰[부] 제가끔. 제각기 ¶제여곰 뵈시니(月印 上24). 제여곰 前生에 닷곤 因緣으로(釋譜6 : 34). 반도 제여곰 논호며 집도 제여곰 짓더니(月釋1 : 45). 제여곰 절로 기렛도다 : 各自長(初杜解7 : 34). 두 가짓 거슬 제여곰 뽄 즙을 ᄒᆞᆫ듸 글혀 : 二物各絞汁合煎(救簡2 : 13).

:져고·맛[관] 조그마한 ¶져고맛 因緣이 아니시니(釋譜13 : 26). 佛法中에 져고맛 善根을 심고딕(月釋21 : 180).

져근·덛[명] 잠깐 ¶두위힐후미 져근더데 ᄒᆞ니라 : 反覆乃須臾(杜解6 : 37). 또 王孫 爲ᄒᆞ야 져근더들 셔슈라 : 且爲王孫立斯須(杜解8 : 2). 可히 져근덛도 몸애 떠내디 몯홀 거시니라 : 不可斯須去身(宣小1 : 15).

져근·덛[부] 잠깐 ¶져근덛 몯ᄒᆞᆫ ᄉᆞᅀᅵ예 : 未須臾間(法華2 : 129). ᄒᆞᆫ 번 져근덛 ᄒᆞ고 : 一上少時(蒙法1). 져근덛 춤 나면 즉재 됴ᄒᆞ리라 : 片時涎出立愈(救簡2 : 77). 져근덛 한가ᄒᆞ여든 : 少間(宣小2 : 62).

져근덧[부] 잠깐 ¶同家窪애 져근덧 머믈오 : 少留同家窪(重杜解1 : 12). 져근덧 춤ᄉᆞ오셔 내여보내오쇼셔(癸丑98). 져근덧 두던들 棟樑材 되리러니(古時調. 鄭澈. 어와 버힐시고. 松江). 져근덧 밤이 드러 風浪이 定ᄒᆞ거늘(松江. 關東別曲). 져근덧 가디 마오 이 술 ᄒᆞᆫ 잔 머거 보오(松江. 關東別曲). 져근덧 力盡ᄒᆞ야 픗ᄌᆞᆷ을 잠간 드니(松江. 續美人曲). 漢陽 城臺에 가셔 져근덧 머므러 웨웨쳐 불러 부듸 ᄒᆞᆫ 말만 傳ᄒᆞ야 주렴(古時調. 기러기. 青丘).

져근듯[부] 잠깐 ¶일구월심 기루던 마음 남자는 못 나스되 져근듯 풀이난구나(春香傳11). 져근듯 비러다가 마리 우희 불니고져(古時調. 禹倬. 春山에. 青丘). 져근듯 닉 말 暫間 드러다가 님 계신 듸 드려라(古時調. 달 밝고. 青丘).

져근몰[명] 오줌. 소변(小便) ¶큰몰 져근몰 보ᄂᆞᆫ 딕로 : 大小便出(救簡1 : 66). 져근몰 : 小便(譯解 上36).

져근소마[명] 소변(小便) ¶져근소마 보온 後에 ᄒᆞᆫ다리 추혀 들고(古時調. 이제ᄉᆞ. 青丘).

져기다[동] 돋우다. 발을 돋우다. ¶하놀이 놉다 ᄒᆞ고 발 져겨 셔지 말며(古時調. 朱義植. 青丘).

져·므·니[명] 젊은이 ¶녀나믄 智慧ᄅᆞ빈 사ᄅᆞ미 얼우니며 져므니 이 經 듣고(釋譜19 : 1). 늘그니며 져므니며 貴ᄒᆞ니 놀아ᄫᆞ니며(月釋21 : 46). 져므니 얼운 셤기며 : 少事長(宣賜內訓1 : 50). 卿相이 져므나 하니 : 卿相多少年(杜解25 : 29). ᄂᆞᆺ고 져므니란 : 卑幼(警民7). 어미 울고 딕ᄒᆞ여 굴오딕 져므니롤 죽이쇼셔(女範1. 부계모 졔의계모).

져·므이[명] 젊은이 ¶져믄이 얼운을 므던이 너기며 : 少陵長(宣小4 : 49).

:져비[명] 제비 ¶져비爲燕(訓解. 用字). 燕은 져비니(宣賜內訓2 下18). 가줄비건댄 져비 삿기 치돗 ᄒᆞ니 : 譬如燕巢于幕(三綱. 忠15). ᄌᆞ조 와 말ᄒᆞᄂᆞᆫ 져비ᄂᆞᆫ : 頻來語燕(初杜解7 : 1). 져비와 새와(南明 下6). 져비 연 : 鷰. 져비 을 : 鳦(訓蒙 上17). 져비 연 : 燕(類合 上12). 져비 : 玄鳥(詩解 物名22). 줄에 안즌 져비도 갓고(古時調. 갓나희들이. 海謠). 홀연이 암져비 외로이 ᄂᆞ라ᄃᆞᆫ니니(五倫3 : 24).

져·재[명] 저자. 시장(市場) ¶東海ㅅ ᄀᆞᅀᅵ 져재 ᄀᆞᆮᄒᆞ니 : 東海之濱如市之從(龍歌6章). 陌ᄋᆞᆫ 져잿 가온딧 거리라(釋譜19 : 1). 陌ᄋᆞᆫ 져잿 길히라(月釋17 : 45). 져재며 ᄆᆞᅀᆞᆯ히 드러(南明 下13). 全져재 녀러신고요(樂範. 井邑詞). 져재 시 : 市(類合 上18). 됴셩ᄉᆞ녀와 져재 거리 부로돌히(仁祖行狀7). 왕손개 이에 져재 가온대 드러가(女範1. 모의 왕손가모).

져주움ᄢᅴ[명] 저즈음께. 저번에 ¶ᄒᆞᆫ번 져주움ᄢᅴ 錫杖ᄋᆞᆯ 뫼셔 : 一昨陪錫杖(杜解9 : 15).

젹곰 [부] 조금. 잠시 ¶도라보실 니믈 젹곰 좃니노이다(樂範. 動動).

:젹·다[형] ①작다 ¶모미 크긔 ᄃᆞ외야 虛空애 ᄀᆞᄃᆞᆨᄒᆞ야 잇다가 또 젹긔 ᄃᆞ외며(釋譜6 : 34). 小ᄂᆞᆫ 져글 씨라(月釋1 : 6). ᄒᆞᆫ 모미 크락 져그락ᄒᆞ야(月釋1 : 14). 쿰과 져곰괏 아래ᄂᆞᆫ : 大小已下(楞解8 : 110). ②적다 ¶長者ㅣ 發心 너버 어느 劫에 功德이 져긇가(月印 上62). 功德이 하녀 져그녀(釋譜19 : 4). 量ᄋᆞᆫ 하며 져구믈 되ᄂᆞᆫ 거시라(月釋9 : 7). 하며 져곰과 기프며 녀톰 아로미(楞解1 : 4).

젼·ᄎᆞ[명] 까닭 ¶因ᄋᆞᆫ 그 이럴 젼ᄎᆞ로 ᄒᆞᄃᆞᆺ ᄒᆞᆫ ᄠᅳ디라(釋譜 序4). 舍利弗이 젼ᄎᆞ 업시 우ᅀᅥ늘(釋譜6 : 35). 故ᄂᆞᆫ 젼치라(訓註2). 因緣은 젼치니(月釋1 : 11). ᄢᅥ러듀 젼ᄎᆞ롤 펴니라(楞解1 : 33). 또 젼ᄎᆞ 업시 : 又方無故(救急 上65). 이런 젼ᄎᆞ로 父母ㅣ ᄉᆞ랑ᄒᆞ시논바롤 : 是故父母之所愛(宣賜內訓1 : 44). 내 싱각 애쉬온 젼ᄎᆞ로 님의 타슬 삼노라(古時調. 가더니. 青丘).

졀로[부] 절로 ¶졀로 긔별 알외게(三譯5 : 9). 歲月이 졀로 가고(草堂曲).

졂은이[명] 젊은이 ¶졂은이 : 年青的(譯解補19).

졈[부] 좀 ¶내 논 다 미여든 네 논 졈 미여 주마(古時調. 鄭澈. 오놀도 다 새거다. 警民編). 深山 窮谷 졈 낫ᄀᆞ티 밍그쇼셔(松江. 思美人曲).

졈글·다[동] 저물다 ¶나리 졈글어든 ᄂᆞ외 방이 나디 아니ᄒᆞ더니 : 日暮則不復出房閤(宣賜內訓1 : 29). 거츤 뜰헤 히 졈글고져 ᄒᆞᄂᆞᆺ다 : 荒庭日欲晡(杜解3 : 27). 내 가논딕 졈그롤셰라(樂範. 井邑詞). ᄀᆞ장 졈글어ᅀᅡ 자새 드러 오시리라 : 儘晚入城來(飜朴 上65). 오놀이 졈그러시니 : 今日晚了(老解 上42).

졈·다[형] 젊다 ¶羅雲이 져머 노ᄅᆞ술 즐겨(釋譜6 : 10). 졈고 고ᄫᆞ니로 여듧 각시롤 골히샤(月釋8 : 91). 아빈 졈고 아ᄃᆞ론 늘거 : 父少而子老(法華5 : 120). 늘그며 져모몰 묻디 말오 : 無問老少(救簡1 : 90). 져머신 제 일즉 녯 本을 보고(六祖 序7). 져믈 유 : 幼. 져믈 튱 : 沖. 져믈 슈 : 孺. 져믈 티 : 稚(訓蒙 上32). 져믈 유 : 幼(類合 上17). 져믈 쇼 : 少(石千35. 倭解 上19). 애 나도 졈닷다 : 咳年紀也小裡(朴解 下41). 나 ᄒᆞ나 졈어 잇고 님 ᄒᆞ나 날 괴시니(松江. 思美人曲). 져머서브터 : 自少(重內訓1 : 25). 졈다 : 少(同文解 上18). 간이 져머셔 심양현이 되야(女範1. 모의 도간모). 년셰는 졈거니와 언변인들 업술소냐(빅

화당가).

접낫 명 작은 낫〔鎌〕. ¶길 아릐 樵童의 졉낫시야 걸어 볼 줄 이시랴(古時調. 松伊. 솔이 솔이라. 甁歌).

졉·다 동 접어주다. 용서하다 ¶제 몸 졉ᄂᆞᆫ ᄆᆞᅀᆞᄆᆞ로 ᄂᆞᆷ ᄆᆞᆯ 져브면 : 恕己之心恕人(宣賜內訓1 : 35). 내 네흘 졉으마 : 我饒四着(朴解 上22). 졉을 셔 : 恕(倭解 上54). 졉어 싱각ᄒᆞ다 : 體諒(同文解 上31. 漢淸3 : 12). 졉어 헤아리다 : 體諒(譯解補51).

졍답·다 형 정대하다. 올바르다 ¶졍답고 고ᄃᆞ며 말솜 세욤을 반ᄃᆞ시 믿비 ᄒᆞ며 : 正直立言必信(宣小5 : 107). 다만 사ᄅᆞᆷ을 ᄡᅳ며 ᄇᆞ리ᄂᆞᆫ ᄉᆞ이예 샤특ᄒᆞ며 졍다온 일을 분별티 못ᄒᆞ면(仁祖行狀20). 집의 졍답지 못홈을 근심ᄒᆞ리오 : 正(女四解4 : 2).

졍어이 명 허수아비 ¶밋남진 그 놈 紫驄 벙거지 쁜 놈은 다 뷘 논에 졍어이로되(古時調. 밋남진. 青丘).

:졍음 명 정음(正音) ¶正音은 正ᄒᆞᆫ 소리니 우리 나랏 마로 正히 반ᄃᆞ기 올히 쓰ᄂᆞᆫ 그릴ᄊᆡ 일후믈 正音이라 ᄒᆞᄂᆞ니라(釋譜 序5). 漢字로 몬져 그를 ᄆᆡᇰᄀᆞ로 그를 곧 因ᄒᆞ야 正音으로 ᄆᆡᇰᄀᆞᆯᄊᆡ(釋譜 序5).

졍의아비 명 허수아비 ¶오죠 밧헤 졍의아비(農月 七月令).

조·리·다 동 ①줄이다. 생략(省略)하다 ¶菩薩ᄋᆞᆫ 菩提薩埵ㅣ라 혼 마ᄅᆞᆯ 조려 니ᄅᆞ니(月釋1 : 5). 조릴 싱 : 省(類合 下33). ②절약하다. ¶검박히 조려 ᄡᅳᄆᆞᆫ 몸 가졸 근본닐시 : 儉約爲立身之本故(正俗24).

조븨얍다 형 좁다 ¶동방 풍쇽이 조븨얍고 녜절이 가찰ᄒᆞ여(山城83). 조븨야온 문쟝을 됴시ᄒᆞ고(洛城1).

조ᅀᆞ로외다 형 종요롭다 ¶조ᅀᆞ로왼 길히 ᄯᅩ 놉고 깁도다 : 要路亦高深(初杜解14 : 20).

조ᅀᆞᄅᆞ외·다 형 종요롭다 ¶要ᄂᆞᆫ 조ᅀᆞᄅᆞ욀 씨라(心經8). 寰區ᄂᆞᆫ 다 收復호미 조ᅀᆞᄅᆞ외니라 : 寰區要盡收(初杜解23 : 16).

조ᅀᆞ롭·다 형 종요롭다 ¶詳ᄋᆞᆫ 조ᅀᆞᄅᆞᄫᆡᆫ 말란 子細히 다 쓸 씨라. 節ᄋᆞᆫ 조ᅀᆞ롭디 아니ᄒᆞᆫ 말란 더러 쓸 씨라(釋譜 序4). 아마도 福이 조ᅀᆞᄅᆞᄫᆡ니 아니 심거 몯ᄒᆞᆯ 꺼시라(釋譜6 : 37). 므스 거스로 조ᅀᆞᄅᆞᄫᆡᆫ 거슬 사ᄆᆞ료(月釋2 : 22之2止).

조오롬 명 졸음 ¶조오롬 면 : 眠(訓蒙 上30). 조오롬 슈 : 睡. 조오롬 면 : 眠(類合下6). 조오롬 계워ᄒᆞᆯ작시면 : 耽睡者則(痘瘡方66).

조올·다 동 졸다〔眠〕 ¶믈어뎌 지여셔 조오라 ᄭᆡ디 몯호라 : 頹倚睡未醒(重杜解1 : 50). 鴛鴦이 조오놋다 : 睡鴛鴦(重杜解10 : 17). 조오다가 낙대를 일코 춤추다가 되롱이를 일헤(古時調. 青丘). 가을밤 붉은 달에 반만 피온 蓮곳인듯 東風細風에 조오는 海棠花인듯(古時調. 海謠).

조으름 명 졸음 ¶百尺 欄干의 긴 조으름 내여 펴니(宋純. 俛仰亭歌).

조ᄋᆞᄅᆞ외다 형 종요롭다 ¶要衝ᄋᆞᆫ 조ᄋᆞᄅᆞ왼 通道ㅣ라(重杜解1 : 15).

조올다 동 졸다〔眠〕 ¶조올 면 : 眠(石千36). 딕흰 사ᄅᆞᆷ이 곤ᄒᆞ여 조ᄋᆞ다가 ᄭᆡ여 브ᄅᆞ니 : 守者困睡覺而呼(東新續三綱. 烈6 : 41). 평산부부인 신시 겨틔 이셔 조ᄋᆞᄅᆞ시더니(仁祖行狀1).

·조·타 형 깨끗하다 ¶淨은 조ᄒᆞᆯ 씨라(月釋序4). 조ᄒᆞ며 ᄌᆞ녹ᄌᆞ녹ᄒᆞ며 : 清閑(宣賜內訓1 : 14). 脫洒ᄂᆞᆫ 조ᄒᆞᆯ 시라(南明 上5). 法界ᄅᆞᆯ 조케 ᄒᆞᄂᆞᆫ 眞言이라(眞言1). 몸을 조케 ᄒᆞ야 주금만 곧디 아니니라 : 不如潔身而死(東新續三綱. 烈2 : 88).

조희 명 종이 ¶검은 믁 흰 조희는 님의 얼골 보련마는(古時調. 아희야. 歌曲). 조희 : 紙(柳氏物名 四 木).

·조·히 부 깨끗이 ¶ᄂᆞᆺᄌᆞᅀᆡ 감포ᄅᆞ며 힌 ᄃᆡ 블근 ᄃᆡ 조히 分明ᄒᆞ시며(月釋2 : 41). 三業 조히 닷곰 第三이라 : 淨脩三業第三(永嘉 上5). 삽듓 불휘 ᄒᆞᆫ 근 조히 시서 브레 몰외요니와 : 淨(救簡1 : 101). 아ᄎᆞᆷ나죄 졔뎐을 각별ᄒᆞᆫ 그르세 조히 ᄒᆞ며 : 朝夕奠具務欲潔精別置鼎俎以供(東續三綱. 烈13). 싀어미 눈이 멀거ᄂᆞᆯ 입을 조히 ᄒᆞ야 할트니(女四解4 : 15). 션비ᄂᆞᆫ 몸을 닥고 힝실을 조히 ᄒᆞ야(女範1. 모의 졔뎐직모). 清江에 조히 시슨 몸을 덜어일ᄶᅡ ᄒᆞ노라(古時調. 감아괴 ᄊᆞ호는. 海謠). 딜가마 조히 싯고 바회 아래 심물 기러(古時調. 金光煜. 青丘).

족 명 쪽〔藍〕 ¶프른 족 : 青藍(救急 下49). 흐르ᄂᆞᆫ 므른 파라호미 족 ᄀᆞᆮ도다 : 流水碧如藍(南明 下10). 족닙 : 藍葉(救簡6 : 65).

졸아이 부 친(親)하게. 친근(親近)하게 ¶둘히 샹해 ᄀᆞᆯ와 놀으ᄃᆡ 서르 졸아이 아니 ᄒᆞ야(重內訓2 : 4).

졸압·다 형 친(親)하다. 친근(親近)하다 ¶子 샹복ᄒᆞ니ᄅᆞᆯ 보시고 비록 졸아오나 반ᄃᆞ시 변식ᄒᆞ시며 : 子見衰者雖狎必變(明小3 : 15).

좃니다 동 늘 좇아 다니다. ¶도라보실 니믈 젹곰 좃니노이다(樂範. 動動). 괴시란ᄃᆡ 우러곰 좃니노이다(樂詞. 西京別曲). 金烏와 玉兎 드라 뉘 너롤 좃니관ᄃᆡ(古時調. 青丘). 다만지 清風明月은 간 곳마다 좃닌다(古時調. 鄭斗卿. 君平이. 青丘). 암아도 너 좃녀 ᄃᆞᆫ니다가 놈 우일ᄶᅡ ᄒᆞ노라(古時調. ᄆᆞ음아. 海謠).

좃·다 동 좇다〔隨〕. 따르다 ¶生곳 이시면 老死苦惱ㅣ 좃ᄂᆞ니(月釋2 : 22之1). 各各 그 才力을 좃고 : 各隨其才力也(法華3 : 57).

:좃·다 동 조아리다 ¶無色이 머리 좃다 ᄒᆞᆫ 말도 이시며(月釋1 : 37). 머리 조ᅀᅡ 부텨 보ᅀᆞᆸ고 : 見佛頂禮(楞解1 : 39).

:좃·다 동 쪼다. 깨다 ¶ᄡᅵ로 조ᅀᅡ 낸 後에 : 鑿鑿開取出後(救急 下32). 조아먹다 : 啄喫(譯解補48).

좇·다 동 ①좇다〔從〕 ¶長生인 不肖ᄒᆞᆯᄊᆡ ᄂᆞᆷ이 나아간돌 百姓ᄃᆞᆯ히 ᄂᆞᆷᄋᆞᆯ 다 조ᄎᆞ니(月印 上4). 世尊하 내 이젯 이 모미 ᄆᆞᄎᆞ매 變ᄒᆞ야 업수믈 조ᄎᆞ리이다 : 世尊我今此身終從變滅(楞解2 : 4). ②쫓다〔逐〕 ¶衆賊이 좇거늘 : 衆賊薄之(龍歌36章). 조출 튝 : 逐(訓蒙 下30).

:좌시·다 동 자시다. 잡수시다 ¶ᄒᆞᆫ 낟 ᄡᆞᆯᄋᆞᆯ 좌샤(月印 上23). 粥을 좌시고 바리ᄅᆞᆯ 더뎌시ᄂᆞᆯ(月印 上23). 王이 좌시고 病이 됴ᄒᆞ샤(釋譜11 : 21). 果實와 믈와 좌시고(月釋1 : 5).

죠고맛간 관 조그마한 ¶죠고맛간 삿기 上座ㅣ 네 마리라 호리라(樂詞. 雙花店).

죠타 형 좋다 ¶죠ᄒᆞᆫ 누른 딜ᄒᆞᆰ : 好黃土(東醫 湯液一 土部). 내사 죠해 즁 書房이(古時調. 청울치. 青丘). 죠ᄒᆞᆫ 일홈을 주리라 ᄒᆞ니라(八歲兒2). 쳔금 준마 화소쳥은 소년 노리 더욱 죠타(萬言詞). 죠흘 호 : 好(兒學下10). ※ 죠타<됴타

죠히 부 깨끗이 ¶청강의 죠히 씨슨(古時調. 가마귀 ᄊᆞ호ᄂᆞᆫ. 歌曲).

죠히 부 좋게 ¶언제 죠히 살게 ᄒᆞᆯ가 시브니잇가(癸丑105). 임의 죠히 너기ᄂᆞᆫ 배 이시니(女範2. 현녀 표쳐녀종).

죠·희 명 종이 ¶죠희爲紙(訓解. 用字). 죠희어나 기비어나 : 紙素(楞解7 : 46). 죠희 지 : 紙(訓蒙 上34. 類合 上25). 죠희 젼 : 箋(訓蒙 上35. 石千37). 그 녯 죠희예 : 其故紙(宣小5 : 118). 죠희 : 紙(同文解 上43). ※ 죠희>죠희>죠희>죠이>종이

주·검 명 ①주검. 시체(屍體) ¶주거믈 ᄀᆞᆯᄉᆞᄎᆞ로 ᄆᆡ야(月釋9 : 36上). 남지늬 주검 베여 城 미틔셔 우니거든(三綱. 烈3). ②죽음 ¶주검을 기ᄃᆞ리며 : 死(正念解2).

:주·으리·다 동 주리다〔飢〕 ¶주으려 밥 얻고져 ᄒᆞ야도(釋譜9 : 9). 주으륨과 목ᄆᆞᆯ로ᄆᆞ로 受苦ᄒᆞ며(釋譜9 : 15). 餓鬼ᄂᆞᆫ 주으린 귓거시라(月釋1 : 46). 주으린 衆生ᄋᆞᆯ 주며 : 施餓衆生(楞解6 : 107). 밥 니ᄅᆞ돈 주으린 아비 ᄀᆞᆮ고(南明 上64). 사ᄅᆞ미 간난ᄒᆞ야 주으리며 목ᄆᆞᆯ라 : 人貧困飢渴(佛頂 中8).

죽사·리 명 죽살이. 죽고 살고 하는 일. 생사(生死) ¶부텻긔 ᄉᆞᆯᄫᆞ샤ᄃᆡ 죽사릿 어러에 버서난 이ᄅᆞᆯ 알와이다(釋譜11 : 3). 죽사릿 因緣은 듣디 몯호려다(月釋

1:11). 여러 가짓 죽사리를 닛고:續諸生死(法華6:158). 노모의 죽사리 긔별이나 듯고(癸丑112).

죽:살·다통 죽고 살다. ¶그듸 이제 죽살 쌔해 가ᄂᆞ니:君今死生地(初杜解8:67).

줏구·리·다통 쭈그리다 ¶모든 사ᄅᆞᆷ이 다 줏구려 서르 마조 안자 잇거늘:衆皆夷踞相對(飜小10:6). 줏구릴 준:蹲. 줏구릴 거:踞(訓蒙下27).

:줏·다통 줍다〔拾〕 ¶夫人이 뼈를 주서(釋譜11:38). 그 穀食을 주서 어시로 머기거늘(月釋2:12). 히마다 도톨왐 주수믈:歲拾橡栗(初杜解25:26). 金바ᄂᆞᆯ 줏도다:拾金針(金三4:18). 주서 온 몰똥 가져다가:拾來的糞將來(飜老下35). 주을 습:拾. 주을 텰:掇(類合下46).

※ '줏다'의 활용 [줏고/줏디/줏게… / 주ᅀᆞ니/주ᅀᅳᆫ/주서/주숨…

쥐·ᅇᅵ·다통 (남에게) 쥐이다. ¶和沙大國은 王이 威嚴이 업서 ᄂᆞᄆᆡ 소내 쥐ᅇᅧ 이시며(月釋2:11).

죽니불명 죽의 더껑이. ¶쥭니불:粥皮(同文解上59).

:즁명 중 ¶누비즁 아닌돌:匪百衲師(龍歌21章). 부텻 法에 쥬이 四月ㅅ 열다쐣날 비르서 뎌레 드러 안꼬(釋譜1:11). 比丘는 즁이라(月釋1:18). 즁 승:僧(訓蒙中2). 즁 승:僧(類合上18).

:즁싱명 ①짐승 ¶뒤헤는 모딘 즁싱:後有猛獸(龍歌30章). 사ᄅᆞ미 무레 사니고도 즁싱마도 몯호이다(釋譜6:5). 벌에 즁싱이 ᄃᆞ외락 ᄒᆞ야(月釋1:12). 畜生ᄋᆞᆫ 사ᄅᆞᄆᆡ 지븨셔 치ᄂᆞᆫ 즁싱이라(月釋1:46). ②중생(衆生). 모든 생물. ¶衆生 救호리라 밥 비러 먹노이다(月印上44). 衆生ᄋᆞᆫ 一切 世間앳 사ᄅᆞ미며 하ᄂᆞᆯ히며 긔ᄂᆞᆫ 거시며 ᄂᆞᄂᆞᆫ 거시며 므렛 거시며 무틧 거시며 숨툰 거슬 다 衆生이라 ᄒᆞᄂᆞ니라(月釋1:11).

·즈믄수 천(千) ¶千葉은 곳동앳 니피 즈므니라(釋譜11:2). ᄃᆞ리 즈믄 ᄀᆞᄅᆞ매 비취요미 곧ᄒᆞ니라(月釋1:1). 千載上ᄋᆞᆫ 즈믄 힛 우히라(月釋1:2). 즈믄 비레 조ᄇᆞ니:千崖窄(初杜解21:19). 즈믄 ᄀᆞᄅᆞᆷ애 므리 이시면 즈믄 ᄀᆞᄅᆞᆷ앳 ᄃᆞ리오:千江有水千江月(金三2:25). 즈믄 힐 長存ᄒᆞ샬 藥이라 받ᄌᆞᆸ노이다(樂範. 動動). 즈믄 히를 외오곰 녀신돌 … 信잇돈 아즐가(樂詞. 西京別曲).

즈·슴명 ①즈음. 사이 ¶孟季ㅅ 즈ᅀᅳ메 겨실써:在孟季之間(永嘉下46). 온 이럼 즈ᅀᅳ미로다:百頃間(初杜解7:38). ②구별. 분별 ¶佛性이 男女롤 즈슴 아니ᄒᆞ며:佛性不間男女(法華4:172). ※즈슴>즈음

즈·슴츠·다통 격(隔)하다. 가로막히다 ¶하ᄂᆞᆯ히 즈슴츤 돌 眞實로 알리로다:信知天隔(永嘉下70). 楚ㅣ 乾坤애 즈슴처 머니:楚隔乾坤遠(初杜解21:23).

즈·슴ᄒᆞ·다통 사이에 두다. 격(隔)하다. 가로막히다 ¶宮殿은 프른 門이 즈슴ᄒᆞ고:宮殿青門隔(初杜解23:8).

즈음명 사이 ¶德重ᄒᆞ신 江山 즈ᅀᅳ매 萬歲를 누리쇼셔(樂詞. 新都歌). 두어 里ㅅ 즈ᅀᅳ미로다:數里間(重杜解1:12). 禮는 男女의 즈음을 귀히 너기고(女四解1:5). 남녀 즈음의 그른 일이 이시면 망ᄒᆞ고(女範3. 뎡녀 초평빅영).

즈음ᄒᆞ다통 사이에 두다. 격(隔)하다 ¶河水를 즈음ᄒᆞ야 되ᄆᆞᆯ ᄐᆞ닐 보니:隔河見胡騎(重杜解5:27). 발을 즈음ᄒᆞ여 笑語롤 듯고:隔簾聽笑語(朴解中18).

·즉자·히부 즉시. 곧 ¶즉자히 神通力으로 樓 우희 ᄂᆞ라 올아(釋譜6:2). 그 ᄢᅴ 世尊이 즉자히 化人ᄋᆞᆯ 보내샤(釋譜6:7). 栴檀香 ᄇᆞᄅᆞ면 즉자히 암ᄀᆞᄂᆞ니(月釋1:27). 더운 술로 프러 머그면 즉자히 됸ᄂᆞ니라:用熱酒調服立效(救急上37). 즉자히 손가락 버혀 머기니:卽斷左手無名指依言以進(東三綱. 孝3).

·즉재부 즉시. 곧 ¶즉재 宿命을 아ᄅᆞ샤(月釋21:7). 즉재 큰 法을 니ᄅᆞ시더니:卽說大法(法華1:90). 즉재 뎌 ᄀᆞᅀᅢ 다ᄃᆞ라:卽到彼岸(金剛102). 어딘 醫員이 즉재 金鎞로:良醫卽以金鎞(永嘉序14). 天子ㅣ 브르신대 즉재 ᄇᆡ예 오ᄅᆞ디 몯ᄒᆞ고:天子呼來不上船(初杜解15:41).

·즉·제부 즉시. 곧 ¶혀 아라 우희 ᄇᆞᄅᆞ면 즉제 됴ᄒᆞ리라:塗舌上下卽差(救簡2:90). 그 나그내 즉제 고ᄒᆞ니:那客人就告了(飜老上29). 즉제 즉:卽(石千31).

즌형 진 ¶어긔야 즌 ᄃᆡ롤 드ᄃᆡ욜셰라(樂範. 井邑詞). 즌국슈 먹기 닉디 못ᄒᆞ여라:不慣喫濕麵(老解上54).

즌서리명 된서리 ¶비 올디 눈이 올디 ᄇᆞ롬 부러 즌서리 틸디(古時調. 뒷뫼헤. 歌曲). 오뉴월 낫계즉만 살얼음 지픤 우희 즌서리 섯거티고(古時調. 鄭澈. 심의산. 松江). 즌서리 빠진 후의 산빗치 금슈로다(宋純. 俛仰亭歌).

즌·ᄒᆞᆰ명 진흙 ¶泥는 즌ᄒᆞᆰ기니(釋譜23:50). 香ᄋᆞ로 즌ᄒᆞᆰᄀᆞ티 밍ᄀᆞ론 거시라(釋譜23:50). 즌ᄒᆞᆰ 니:泥(類合上6).

즐·다형 질다 ¶부텨 가시논 짜히 즐어늘(月釋1:16). 어긔야 즌 ᄃᆡ롤 드ᄃᆡ욜셰라(樂範. 井邑詞). ᄒᆞᆰ기 즈ᄅᆞ미 ᄒᆞᆫ 時節ㅣ 아니니:泥濘非一時(重杜解1:24). 즌국슈 먹기 닉디 못ᄒᆞ여라:不慣喫濕麵(老解上54). 천방지방 지방천방 즌 듸 ᄆᆞ른 듸 ᄀᆞᆯ희지 말고(古時調. 님이 오마. 青丘).

즐·어디·다통 지레 죽다. ¶夭는 즐어딜 씨라(月釋序14).

즘·게명 큰 나무. 수목(樹木) ¶즘겟 가재 연ᄌᆞ니:寘樹之揚(龍歌7章). 뫼히며 수프리며 즘게며(釋譜9:17). 樹는 즘게라(月釋2:30). 그르메 업슨 즘겟 머리예:無影樹頭(金三2:20). 즘게 아랫 우므레 ᄃᆞᆯ 그르메 디옛거늘 보고(南明上27).

즘·게나모명 큰 나무. 수목(樹木) ¶즘게남기 가지롤 구피니(月印上23). 즘게남ᄀᆞᆯ 樹王이라 ᄒᆞᆺ ᄒᆞ야(月釋1:24).

즘싱명 짐승 ¶즘싱의 고기롤 먹디 아니ᄒᆞ신대:乃不食禽獸之肉(宣賜內訓2上21). ᄃᆞᆮᄂᆞᆫ 즘싱과 ᄂᆞᄂᆞᆫ 새 다 머리 가ᄂᆞ니:走獸飛禽皆遠去(南明下35).

:즛명 ①모양 ¶種種 다른 즈ᅀᅵ 즈믄 머리 므싀여보며(月釋10:97). 그 즈ᅀᅵ 一萬 가지라(月釋21:24). ᄂᆞᄆᆡ 브롤 즈ᅀᆞᆯ 디녀 나샷다(樂範. 動動). 노피 현 燈ㅅ블 다호라 萬人 비취실 즈ᅀᅵ샷다 아으 動動다리(樂範. 動動). 어와 아븨 즈ᅀᅵ여 處容아븨 즈ᅀᅵ여(樂範. 處容歌). 즛 모:貌. 즛 용:容(訓蒙上24). 즛 틔:態(類合下44). 즛 용:容(石千12). ②짓〔動作〕 ¶엇게즛ᄒᆞ고 가는 모양 蹁躚(漢清7:34). 션왕이 아니 겨시다고 이 즈ᅀᆞᆯ ᄒᆞ며(閑中錄482).

지국총감 배가 떠날 적에 배에서 나는 소리. 노를 젓고 닻을 감는 소리. ¶밤즁만 지국총 소릐예 애 긋ᄂᆞᆫ 듯 ᄒᆞ여라(古時調. 닷ᄯᆞ쟈. 槿樂).

지·다통 (살이) 찌다. ¶ᄉᆞᆯ히 지도 여위도 아니ᄒᆞ며(月釋1:26). ᄆᆞᆯ도 밤 여믈 몯 어드면 지디 몯ᄒᆞᄂᆞ니라:馬不得夜草不肥(飜朴上22). 피뷔 지여 핑핑ᄒᆞ니ᄂᆞᆫ:肌膚繃急(痘要上11).

지다통 (물이) 많아지다. ¶간밤 오든 비에 압 내헤 물 지거다(古時調. 兪崇. 海謠).

:지·ᅇᅵ·다통 의지(依支)하다. 기대다 ¶机는 안자 지ᅇᅵᄂᆞᆫ 거시라(釋譜11:34). 崔氏 도ᄌᆞ기 갈홀 아사 나모 지ᅇᅧ 셔이셔 닐오ᄃᆡ(三綱. 烈13).

지·즐앉·다통 지질러 앉다. 깔고 앉다. ¶시름 오매 프를 지즐안자셔 훤히 놀애 블오니:憂來藉草坐浩歌(杜解6:1).

지즐ᄐᆞ다통 지질러 타다. 눌러 타다. ¶누은 쇼 발로 박차 언치 노하 지즐ᄐᆞ고(古時調. 鄭澈. 재 너머. 松江).

지지괴다통 지저귀다 ¶弓王 大闕 터희 烏鵲이 지지괴니(松江. 關東別曲).

지·타통 짓다. 이름붙이다 ¶아바님 지ᄒᆞ신 일훔 엇더ᄒᆞ시니:厥考所名果如何焉(龍歌90章). 이 龍이 青蓮 모새 이실써 일훔 지흐니라(釋譜13:8). 號롤 지

호ᄃᆡ 常不輕이라 ᄒᆞ니(釋譜19：31). 엇뎨 法身이라 일훔 지ᄒᆞᇝ뇨(月釋 序5).

지·픠·다[동] (구름이) 뭉게뭉게 모여들다. ¶娑婆世界예 머리셔 비터니 비혼 거시 十方ᄋᆞ로셔 오니 구름 지픠ᄃᆞᆺ ᄒᆞ야 變ᄒᆞ야 보비옛 帳이 ᄃᆞ외야(釋譜19：41). 구룸 지픠ᄃᆞᆺ ᄒᆞ야(月釋8：40). 극낙국토애 구룸 지픠ᄃᆞᆺ ᄒᆞ야：雲集極樂國土(觀經29).

지픠다[동] (얼음이) 잡히다. ¶낸므리 어ᄅᆞ미 비아ᄒᆞ로 지픠엿더니：川冰方合(東新續三綱. 孝3：43). 살얼음 지핀 우희 즌서리 섯거 티고(古時調. 鄭澈. 심의산. 松江). 어름 지픠려 ᄒᆞ다：冰凍薄淩(漢淸1：29).

지픠다[동] 찌푸리다 ¶눈쌀 지픠다：皺眉(同文解 上20). 늙어 살 지픠다：有了皺紋(漢淸5：43).

직다[동] (저 따위로) 집다. ¶조쥭 니쥭 白楊箸로 지거 자내 자소(古時調. 金化ㅣ 金城 슈숫대. 靑丘).

직먹다[동] 찍어 먹다. 쪼아 먹다 ¶ᄀᆞ롬 그테 누른 버들 고졸 새 직먹ᄂᆞ니：雀啄江頭黃柳花(重杜解11：21).

직조다[동] 찍고 쪼다. ¶낫 들고 지게 진 ᄋᆞᄒᆡᄂᆞᆫ 다 직조아 가더라(古時調. 어와 뎌 소나모. 古歌).

직희다[동] 지키다 ¶의롤 직희여 님금을 붓그럽게 아니 ᄒᆞ니(三譯3：13). 직흴 슈：守(倭解 上39). 직희다：守了(同文解 上45). 우리ᄂᆞᆫ 天性을 직희여 삼긴 대로 ᄒᆞ리라(古時調. 내히 죠타. 靑丘). 분 직희다：守分(譯解補53). 나라 직희ᄂᆞᆫ 대왕이라(女範2. 변녀 졔샹괴녀). 만일 約束을 직희지 아니ᄒᆞ고(隣語7：11).

직히다[동] 지키다 ¶ᄯᅳ슬 직히며 마음을 굿게 ᄒᆞ야：守(女四解3：28).

진·짓[명] 진짜. 참. 진실 ¶진짓 氣運이 戶牖에 놀라와 뵈더라：眞氣驚戶牖(初杜解8：56). 모로매 진짓 셕우황을：須用眞雄黃(救簡6：59). 진짓 도ᄌᆞ그란 잡디 몯ᄒᆞ고：正賊捉不住(飜老上28). 四皓ㅣ 진짓 것가 留侯의 奇計로다(古時調. 申欽. 靑丘).

·질삼ᄒᆞ·다[동] 길쌈하다 ¶질삼ᄒᆞ며 고티 혀며 뵈 ᄶᅡ 옷 밍ᄀᆞᆯ며：執麻枲治絲繭織紝組紃以供衣服(三綱. 烈2 女宗). 누에치며 질삼ᄒᆞ며：蠶織(警民11). 뫼 ᄇᆞ야흐로 질삼ᄒᆞ거늘(女範1. 모의 노희경강).

짐즉[부] 짐짓 ¶夕陽이 거읜 적의 江風이 짐즉 부러 歸帆을 보니ᄂᆞᆫ ᄃᆞᆺ(蘆溪. 莎堤曲).

짐·즛[부] 짐짓 ¶짐즛 업게 ᄒᆞ시니：迺故齊之(龍歌64章). 婦ㅣ 짐즛 主將ᄉᆞ긔 닐오ᄃᆡ：婦陽謂主將曰(三綱. 烈21). 짐즛 미친양 ᄒᆞ고 그우실 아니 호ᇙ시(宣賜內訓3：68). 짐즛 서르 숫어리ᄂᆞ다：故相喧(初杜解10：6) 짐즛：故意兒(譯解補56). 내 너롤 試驗ᄒᆞ여 짐즛 무럿더니(小兒13).

집기슭[명] 처마 ¶寶塔이 놉고 커 집기슬기 서르 니ᅀᅥ(月釋23：77). 담과 집기슭 ᄉᆞᅀᅵ예：墻宇之間(楞解2：28). 집기슭 그르메ᄂᆞᆫ 微微히 뎟고：簷影微微落(初杜解3：26).

집기ᄉᆞᆰ[명] 처마 ¶집기ᄉᆞᆰ 밧긔 ᄒᆞᆫ 번 나 건기ᄂᆞᆯ 아니 ᄒᆞ야：簷楹之外一不出步(東新續三綱. 烈4：55).

·집:사·ᄅᆞᆷ[명] 집안 사람. 가족(家族) ¶도즉이 나간 후에 집사ᄅᆞᆷ이 무로ᄃᆡ 엇디 혼자 저티 아니ᄒᆞ더뇨：賊去後家人問何獨不懼(飜小9：64). 본가애 오니 집사ᄅᆞᆷ미 영장ᄒᆞ고져 홀 재애(桐華寺 王郞傳8).

집:일[명] 집 안의 일. 가사(家事) ¶귓일 호믈 집일ᄀᆞ티 ᄒᆞᆫ 후에ᅀᅡ：處官事如家事然後(飜小7：24). 입의 집이롤 니ᄅᆞ디 아니ᄒᆞ야：口不言家事(東新續三綱. 孝3：46).

집즘싱[명] 집짐승. 가축(家畜). ¶버미 무덤 겨틔 와 삿기치거늘 祭 믈론 거슬 주어 머교ᄃᆡ 집즘싱 치ᄃᆞ시 ᄒᆞ더라：有虎乳於墓傍取祭餘飼之如養家畜(續三綱. 孝10).

집피다[동] (구름이) 모여들다. ¶祥雲이 집피ᄂᆞᆫ 동 六龍이 바퇴ᄂᆞᆫ 동 바다히 ᄯᅥ날 제ᄂᆞᆫ 萬國이 일위더니(松江. 關東別曲).

집피다[동] 찌푸리다 ¶눈살 집픠다：皺眉(譯解補24).

짓[명] 집. 집의. ¶그 짓 ᄯᆞ리 ᄡᆞᆯ 가져 나오나ᄂᆞᆯ(釋譜6：14). 내 짓 眞因ᄋᆞ로 네 짓 極果롤 삼ᄂᆞ니라(月釋14：74). 내 짓 寶藏이(南明 上37).

ᄌᆞ·로[부] 자주 ¶法 드로ᄆᆞᆯ 슬히 너겨 ᄒᆞ거든 부톄 ᄌᆞ로 니ᄅᆞ샤도(釋譜6：10). ᄌᆞ로 記莂을 듣ᄌᆞ오시니：屢聞記莂(法華3：55). 슈은으로 ᄌᆞ로 스서 덥게 ᄒᆞ면：水銀數數拭之令熱卽(救簡6：86). 두어 ᄣᅢ ᄉᆞ이예 빗소기 ᄌᆞ로 움즈기면 ᄐᆡᄀᆡ 인ᄂᆞᆫ 쟈기오：數時頃覺臍腹頻動卽有胎也(胎要9). 삼시 문안을 ᄌᆞ로 드ᄂᆞᆫ 뎨ᄒᆞ더니(癸丑27). ᄌᆞ로 보ᄂᆞᆫ 곳에 브텨 두고 시시예 보와(普勸文 海印板38). ᄌᆞ치기를 ᄌᆞ로 ᄒᆞ거든：注泄頻數(臘藥26). ᄌᆞ로 도적을 만나：數遇賊(五倫1：9). 구름 빗치 조타 ᄒᆞ나 검기를 ᄌᆞ로 ᄒᆞᆫ다(古時調. 尹善道. 孤遺).

ᄌᆞ로ᄌᆞ로[부] 자주자주 ¶츅지법얼 ᄌᆞ로ᄌᆞ로 가향이 거의로다(쌍벽가). 져 님아 쑴이라 말고 ᄌᆞ로ᄌᆞ로 뵈시쇼(古時調. 쑴에 뵈ᄂᆞᆫ. 靑丘).

ᄌᆞᅀᆞ[명] 자위. 중심. 씨 ¶ᄌᆞᅀᆞ 잇ᄂᆞᆫ 果實와(月釋23：94). 다ᄉᆞᆺ 果ᄂᆞᆫ ᄌᆞᅀᆞ 잇ᄂᆞ니와 솔 잇ᄂᆞ니와(楞解8：7). 여스슨 菴羅ㅅ 솝 ᄌᆞᅀᆡ오：六菴羅內實(圓覺 上一之二180).

ᄌᆞ오롬[명] 졸음 ¶ᄌᆞ오로ᄆᆞᆯ ᄇᆞ리게 ᄒᆞ시고(月釋10：97). 샹네 ᄌᆞ오로ᄆᆞᆯ 즐기다니：常樂睡眠(楞解5：43). ᄌᆞ오롬 덜오 샹네 ᄆᆞᅀᆞᆷ 자바：除睡常攝心(法華5：191). ᄌᆞ오로미 오나ᄃᆞᆫ：睡魔來(蒙法2). ᄌᆞ오로미 ᄀᆡ운 업소ᄆᆞᆯ 니ᄅᆞ니(金三2：22). ᄌᆞ오롬 신들여 너무 자다가：魔睡強眠(救簡1：85).

ᄌᆞ올압·다[형] 친하다 ¶나라해 도라오샤도 ᄌᆞ올아ᄫᆡ 아니 ᄒᆞ샤(釋譜6：4). 親ᄋᆞᆫ ᄌᆞ올아ᄫᆞᆯ 씨오(釋譜13：15).

ᄌᆞ자지다[동] 잦아지다 ¶안개 뒤섯계 ᄌᆞ자진 날에(古時調. 靑丘). 白雪이 ᄌᆞ자진 골에 구름이 머흐레라(古時調. 李穡. 海謠). 압뫼이 어두온이 暮雲이 ᄌᆞ자졋다(古時調. 잘아가ᄂᆞᆫ. 海謠).

ᄌᆞ최[명] 자취 ¶쑴길이 ᄌᆞ최 업ᄉᆞ니 그를 슬허ᄒᆞ노라(古時調. 李明漢. 쑴에 ᄃᆞᆫ니ᄂᆞᆫ. 靑丘).

ᄌᆞᆫ·아·기[명] 젖먹이. 영아(嬰兒) ¶ᄌᆞᆫ아기 히：孩(類合 下16). 간슈홈을 ᄌᆞᆫ아기ᄀᆞᆮ티 ᄒᆞ야：保之如嬰兒(宣小6：73).

ᄌᆞᆷ겹다[형] 자고 싶다. ¶ᄌᆞᆷ겹다：困大(漢淸7：40).

·ᄌᆞᆷ·다[동] ①잠기다〔沈〕 ¶沈香ᄋᆞᆫ 므레 ᄌᆞᆷᄂᆞᆫ 香이라(月釋2：29). 受苦ㅅ 바다해 ᄌᆞ마 잇ᄂᆞ니(月釋9：22). 네 性이 ᄌᆞ마：汝性沈淪(楞解3：98). ᄌᆞ마도 ᄒᆞ리며 내야도 ᄒᆞ리며：沈之可也露之可也(法華6：155). ②잠그다〔浸〕 ¶大黃 ᄒᆞᆫ 兩ᄋᆞᆯ 수레 ᄌᆞᆷ고：大黃一兩酒浸(救急下33).

ᄍᆞᆷ[명] 사이 ¶자네 그 ᄍᆞᆷ을 ᄃᆞ저오려 싱각 됴홀 양으로 긔걸ᄒᆞ시소(新語7：19).

·차·반 명 음식. 반찬 ¶種種 차반이러니(月印 上44). 귓것 위ᄒᆞ야 차바ᄂᆞᆯ 만히 準備ᄒᆞ야 뒷더니(釋譜24:22). 이베 됴ᄒᆞᆫ 차반 먹고져 ᄒᆞ며(月釋1:32). 뮭고기며 묻고기며 貴ᄒᆞᆫ 차바ᄂᆞᆯ 사아:買魚肉珍羞(宣賜內訓1:66). 됴ᄒᆞᆫ 차반과 보비 옷과 餚饍大寶衣(眞言60).

착다 형 착하다 ¶三歲兒ᄅᆞᆯ ᄀᆞ장 착다 ᄒᆞ여 니ᄅᆞ고 일로 ᄆᆞᄎᆞ니라(小兒13).

찰ᄡᆞᆯ 명 찹쌀 ¶찰ᄡᆞᆯ:糯米(柳氏物名 三 草).

창아 명 창애 ¶납평날 창아 뭇어 잡은 ᄢᅯᆼ 몃 마린고(農月 十二月令).

·채 명 채찍 ¶채爲鞭(訓解. 用字). 長常 채 맛고 주으륨과 목ᄆᆞᄅᆞᆷ으로 受苦ᄒᆞ며(釋譜9:15). 채 마조미 좃ᄂᆞ니:楚撻從之(宣賜內訓2 上10). 麒麟ᄋᆞᆫ 王채ᄅᆞᆯ 맛더라:麒麟受玉鞭(初杜解20:16). 잘 ᄃᆞᆮᄂᆞᆫ ᄆᆞᄅᆞᆫ ᄒᆞᆫ 채라:快馬一鞭(飜朴 上26). 채 편:鞭. 채 좌:檛. 채 칙:策(訓蒙 中27).

채주다 동 채찍질하다 ¶ᄀᆞᆺ득이 저는 나귀 채주어 모지 마라(古時調. 古歌).

·채·티·다 동 채치다. 채찍을 치다. ¶ᄆᆞᄅᆞᆯ 채텨 뵈시니:策馬以示(龍歌36章). 비령지 ᄆᆞᄅᆞᆯ 채티고:조寗子鞭馬(東三綱. 忠2)

·처ᅀᅥᆷ 명 처음 ¶始ᄂᆞᆫ 처ᅀᅥ미라(月釋序2). 처ᅀᅥᄆᆡ 甚히 수이 너기더니:初甚易之(宣賜內訓1:16).
※처ᅀᅥᆷ>처엄>처음

·처ᅀᅥᆷ 부 처음 ¶赤心ᄋᆞ로 처ᅀᅥᆷ 보샤:維是赤心始相見斯(龍歌78章). 처ᅀᅥᆷ 佛法에 드러 世俗앳 ᄠᅳ디 한 젼ᄎᆞ로(釋譜6:2). 처ᅀᅥᆷ 펴아나ᄂᆞᆫ 소리라:初發聲(訓註3).

첫소리 명 첫소리. 초성(初聲) ¶乃終ㄱ소리ᄂᆞᆫ 다시 첫소리ᄅᆞᆯ ᄡᅳᄂᆞ니라:終聲復用初聲(訓註11).

·쳣 관 첫 ¶아바님 유무 보샤 쳣 盟誓 일우리라(月印 上41).

·쳣날 명 첫날 ¶쳣나래 讒訴ᄅᆞᆯ 드러 兇謀ㅣ 날로 더을씨:始日聽讒兇謀日熾(龍歌12章).

:쳔 명 천량. 돈. 재물(財物) ¶술위 우희 쳔 시러 보내시니(月印 上22). 쇼로 쳔 사마 흥졍ᄒᆞᄂᆞ니라(月釋1:24). 내 쳔을 앗기디 아니ᄒᆞ며:自財不悋(永嘉下139). 쳔 내라 가노라:錢去(飜朴 上19). 대군 겨히 쳔 업던가 명녜궁의 쳔 업던가(癸丑94). 도족ᄃᆞᆯ히 네의 쳔 이시며 쳔 업스믈 엇디 알리오:賊們怎知你有錢沒錢(老解 上24).

:쳔량 명 천량. 재물(財物) ¶舍衛國 大臣 須達이 가ᅀᆞ며러 쳔랴이 그지업고(釋譜6:13). 쳔량 만히 시러 王舍城으로 가며(釋譜6:15). 布施ᄂᆞᆫ 쳔랴ᇰᄋᆞᆯ 펴아내야 ᄂᆞᆷ 줄 씨라(月釋1:12). 쳔량이 法을 몯 미츨씨:財不及法(法華6:144). 내게 잇ᄂᆞᆫ 쳔량이 故鄕애 ᄀᆞᄃᆞᆨᄒᆞ니라:自有珍財滿故鄕(南明 上36). 반ᄃᆞ기 쳔량과 옷바ᄇᆞᆯ 만히 어드리라:必得財帛衣食(佛頂中8). 쳔량 줄 회:賄. 쳔량 줄 뢰:賂(訓蒙 下21).

쳘쳘이 부 철철이 ¶눈 아래 헤틴 景이 쳘쳘이 절노 나니 듯거니 보거니 일마다 仙間이라(松江. 星山別曲).

쳥 명 버선 ¶힌 ᄀᆞᄂᆞᆫ 시욱 쳥에:白絨氈襪上(飜朴 上26). 시욹 쳥은 됴ᄒᆞᆫ 보ᄃᆞ라온 털로 ᄆᆡᆫᄅᆞᆫ 쳥 신어쇼디:氈襪穿好絨毛襪子(老解 下47). 가족 쳥:皮襪(譯解 上45).

쳥믈 명 뇌물 ¶쳥믈 회:賄. 쳥믈 뢰:賂(類合 下35).

쵸리 명 꼬리 ¶머리ᄅᆞᆯ 흗고 쵸리ᄅᆞᆯ 티며:擺頭打尾(馬解 上108). ᄆᆞᆯ 쵸리:馬尾子(譯解 下30). 銀 ᄀᆞᄐᆞᆫ 무지게 玉 ᄀᆞᄐᆞᆫ 龍의 쵸리(松江. 關東別曲).

쵸리 명 휘추리 ¶쵸리 얼:蘖(倭解 下28).

추려ᄒᆞ·다 형 추레하다 ¶藞然:추려ᄒᆞᆫ 톄라(宣小5:107). ᄂᆞᆺ치 초상과 송진을 칠ᄒᆞ고 추려ᄒᆞᆫ 남의ᄅᆞᆯ 닙힌 후의(落泉5:11).

추리티다 동 추리다. 약(略)하다 ¶몸을 칙ᄒᆞ고 말을 구ᄒᆞ시ᄂᆞᆫ 교셰 만흐시되 그 추리틴 ᄃᆡ ᄀᆞᆯ오ᄃᆡ(仁祖行狀34). 냑(略):추리틴 말이라(仁祖行狀42).

추밀다 동 치밀다 ¶하ᄂᆞᆯ의 추미러 므ᄉᆞ 일을 ᄉᆞ로리라(松江. 關東別曲).

추스·다 동 추다. 추어 모으다. ¶지 식거든 ᄲᅧᄅᆞᆯ 추서 묻ᄌᆞ보려 ᄒᆞ노라(三綱. 忠27).

추이즈다 동 추키다 ¶엇ᄶᅵᄅᆞᆯ 추이즈며 긴 소릐 져른 소릐 ᄒᆞ며(古時調. 논밧 가라. 靑丘).

추잡다 동 추켜잡다 ¶븟잡다 호ᄆᆞᆫ 닐온 막대ᄅᆞᆯ 추자브미라(家禮2:20)

추혀다 동 추켜들다 ¶홀연 싸해 구러뎌 네 발을 공듕으로 추혀며 니러 도로 녜라온 ᄃᆞᆺᄒᆞ야:忽然倒地四足稍空起而復舊(馬解 下98).

추혀들다 동 추켜들다 ¶허리ᄅᆞᆯ ᄀᆞᄅᆞ 무러 추혀들고(古時調. 개야미. 靑丘). 兩腋을 추혀드러(松江. 關東別曲).

·춤·츠·다 동 춤추다 ¶놀애 브르며 춤츠며(月釋1:44). 제 놀애 브르고 제 춤츠며 제 닐오ᄃᆡ(楞解9:75). 져비ᄂᆞᆫ 프른 帳ㅅ 드트레셔 춤츠놋다:燕舞翠帷塵(杜解6:29). 으프며 놀애 블으며 춤츠며 발굴러:詠歌舞蹈(宣小 題辭3).

취밥 명 소사(蔬食). 채소 반찬 뿐인 음식. ¶헌 누비와 취밥은 시경ᄒᆞ야 음공을 뭇삿ᄂᆞ니:破衲蔬食必施輕而積陰(野雲50). 취바ᄇᆞᆯ 長常 비브르 먹디 몯호라:蔬食常不飽(重杜解19:46).

ᄎᆞ기 부 측은히. 섭섭히 ¶諸天이 다 ᄎᆞ기 너기니(月印上5). ᄎᆞ기 너기디 말라 ᄒᆞ더라(釋譜24:3). 善慧 드르시고 ᄎᆞ기 너겨(月釋1:9). 衰殘ᄒᆞᆫ 나ᄒᆞᆯ 구틔여 ᄎᆞ기 너기디 아니ᄒᆞ노니:衰年不敢恨(初杜解7:11). 가ᅀᆞ며닌 千ㅁㅣ 져고ᄆᆞᆯ ᄎᆞ기 너기고(金三4:9).

·ᄎᆞ·다 동 치다[除]. 치우다 ¶미조차 ᄯᅩᇰᄋᆞᆯ ᄎᆞ더니(月釋13:21). 샹녜 ᄯᅩᇰ ᄎᆞ게 ᄒᆞ더니:常令除糞(法華2:214). ᄯᅩᇰ ᄎᆞᆯ 그릇 잡고:執除糞器(圓覺 序47). 혹 ᄀᆞ쳔을 ᄎᆞ디 아녀 더러온 긔운이 사ᄅᆞᆷ의게 ᄡᅩ이거나:或溝渠不泄穢惡不修薰蒸而成者(辟新1). 우믈 ᄎᆞ다:淘井(譯解 上8. 同文解 上7).

ᄎᆞ·이·다 동 치우게 하다. ¶每常 쇠ᄯᅩᇰ ᄎᆞ이거늘:每使掃除牛下(三綱. 孝17). 서르 ᄲᅥ ᄯᅩᇰᄋᆞᆯ ᄎᆞ이고 네 갑ᄉᆞᆯ 倍히 주리라:相雇除諸糞穢倍與汝價(法華2:241). ᄆᆡ양 쇠ᄯᅩᇰ을 ᄎᆞ이거든:每使掃除牛下(飜小9:24)

ᄎᆞᆫᄎᆞᆫ 부 친친 ¶낙거뮈 나뷔 감듯 이리로 ᄎᆞᆫᄎᆞᆫ 져리로 ᄎᆞᆫᄎᆞᆫ 외오 감아 올히 풀쳐(古時調. 님으란. 靑丘).

츩뵈 명 칡베. 갈포(葛布) ¶홋 츩뵈 옷ᄉᆞᆯ 반ᄃᆞ시 表ᄒᆞ야 내더시다:袗絺綌必表而出之(宣小3:21). 굴근 실과 ᄀᆞᄂᆞᆫ 츩뵈ᄅᆞᆯ:粗絲細葛(女四解2:22)

·츩옷 명 칡베옷. 갈포(葛布)로 지은 옷. ¶츩오ᄉᆞᆯ 蘿薜에 거로니:絺衣掛蘿薜(初杜解15:10).

층ᄃᆞ리 명 사닥다리. 사다리 ¶층ᄃᆞ리 뎨:梯(類合 上18).

츼돌다 동 치우쳐 돌다. 비켜서 돌다. ¶소나희 녜ᄂᆞᆫ 길흘 계집이 츼도ᄃᆞ시(古時調. 鄭澈. 간나ᄒᆡ. 松江).

·츼우·다 동 정(定)하다 ¶평셩 샹셩 거셩 입셩 네 가짓 소릐의 터흘 츼워 노ᄒᆞᆫ 그림:平上去入定位之圖(訓蒙 凡例4).

칙칙ᄒᆞ·다 형 빽빽하다 ¶니피 칙칙ᄒᆞ니 우ᄂᆞᆫ ᄆᆡ야미 하도다:葉密鳴蟬稠(初杜解22:4). 生死ㅅ 칙칙ᄒᆞᆫ 수프를 여희디 아니ᄒᆞ야 涅槃 正ᄒᆞᆫ 길흘 열며(南明上47).

·치 명 키. 배[船]의 방향을 다루는 장치. ¶치 타:舵(訓蒙 中25). 치:柁(譯解 下21). 치 타:柁(倭解下18). 노도 일코 닷도 일코 농총도 근코 돗대도 것

고 치도 싸지고(古時調. 나모도 바히. 青丘).

치·다[동] ①치다〔養〕. 기르다 ¶畜生ᄋᆞᆫ 사ᄅᆞ미 지븨셔 치ᄂᆞᆫ 즁ᄉᆡ이라(月釋1：46). 居士ᄂᆞᆫ ᄆᆞᆯᄀᆞᆫ 節介ᄅᆞᆯ 녜브터 치고：居士淸節養素(法華7：77). 칠 육：育(訓蒙 上33). 칠 목：牧(類合 上19). 칠 튝：畜(類合 下16). 제 겨집과 ᄌᆞ식을 치니：養活他媳婦孩兒(老解 下49). 밧 갈고 즘ᄉᆡᆼ 치기로 일 삼더니(五倫4：3). ②봉양하다 ¶ᄂᆞᄆᆡ 늘근 어미ᄅᆞᆯ 치다가：養人老母(三綱. 孝5). 칠 양：養(訓蒙 下8). 칠 양：養(類合 上19). 孝子의 늘그시니 치기ᄂᆞᆫ 그 ᄆᆞᄋᆞᆷ을 즐기시게 ᄒᆞ며：孝子之養老也樂其心(宣小2：18). 어미ᄅᆞᆯ 치ᄃᆡ ᄂᆞᄆᆡ 일 ᄒᆞ고：養母傭作(東新續三綱. 孝1：4). 그 편뫼 이쇼ᄃᆡ 치디 몯ᄒᆞᄂᆞᆫ 줄을 아ᄅᆞ시고(仁祖行狀27). 힘써 그 싀엄이ᄅᆞᆯ 五十年을 치고：力養其姑五十年(女四解4：19).

치다[동] (값을) 치르다. ¶갑세 쳐온 며ᄂᆞ린가(古時調. 싀어마님. 青丘). 眞實로 네 興味 언매오 갑 못 칠가 ᄒᆞ노라(古時調. 白雲은. 青丘).

치ᄃᆞᆮ다[동] 치닫다 ¶두엄 우희 치ᄃᆞ라 안자(古時調. 두텁이. 青丘). 中門 나서 大門 나가 地方 우희 치ᄃᆞ라 안자(古時調. 님이 오마 ᄒᆞ거ᄂᆞᆯ. 青丘).

·치뷔[명] 추위 ¶모기 벌에며 더뷔 치뷔로 셜버ᄒᆞ다가 내 일후믈 드러 닛디 아니ᄒᆞ야(釋譜9：9).

치워ᄒᆞ다[동] 추워하다. ¶치워ᄒᆞᄂᆞᆫ 겨집을 덥희되(女範2. 변녀 졔위우희).

·치위[명] 추위 ¶한 치위와 구든 어르미：積寒堅氷(楞解8：82). 치위와 더위와 비：寒暑雨(宣賜內訓3：16). 나죗 치위 하도다：暮寒多(初杜解10：3). 치위 ᄐᆞ다：害冷(譯解 上5). 이는 치위 막는 셔각이니(明皇1). 어려실 제 ᄒᆞᆫ ᄇᆞ람과 ᄒᆞᆫ 치위에：寒(百行源13). ᄒᆞᆯ늘 ᄢᅵ다 ᄒᆞᆫ돌 열흘 치위 어이 ᄒᆞᆯ고(青友仁. 自悼詞).

·치·혀·다[동] 치키다. 잡아당기다 ¶ᄃᆞ리예 ᄠᅥ딜 ᄆᆞᄅᆞᆯ 넌즈시 치혀시니：橋外隕馬薄言挈之(龍歌87章).

·칩·다[형] 춥다 ¶치ᄫᅥ 므리 어렛다가 더ᄫᅳ면 노가 므리 ᄃᆞ외ᄂᆞ니라(月釋9：23). 치우니 블 어둠 ᄀᆞᆮᄒᆞ며：如寒者得火(法華6：170). 칩거든 곧 칩다 니ᄅᆞ고 덥거든 곧 덥다 니ᄅᆞᄂᆞ니라(金三2：39). 극히 치운 적을 만나 한ᄃᆡ 이쇼ᄃᆡ：時當冱寒露處於地(東新續三綱. 孝6：29). 길히 믯그럽고 오시 또 칩도다：逕滑衣又寒(重杜解1：12). 瀟湘 南畔도 치오미 이러커든 玉樓 高處야 더욱 닐러 므슴ᄒᆞ리(松江. 思美人曲). 칩다：寒冷(同文解 上5). 비곱하 허기증 몸 치워 넝증이요(萬言詞).

※ '칩다'의 활용 [칩고/칩게/칩디… / 치ᄫᅳ니/치ᄫᅳᆫ/치ᄫᅥ…]

·ᄎᆞ·다[동] 차다〔滿〕 ¶닐웨 ᄎᆞ디 몯ᄒᆞ야(月印 上56). 삿기 ᄇᆡ여 ᄃᆞᆯ ᄎᆞ거늘(釋譜11：25). 三年이 ᄎᆞ니(月釋8：91). 飮食으란 ᄇᆡ ᄎᆞᆯ만 머고ᄃᆡ：食取充腹(宣賜內訓3：60). ᄃᆞᆯ ᄎᆞᆫ 날 디나거든：滿月過了時(飜朴 上55). ᄎᆞᆯ 츙：充(類合 下56). ᄎᆞᆯ 영：盈(石千1). ᄎᆞᆯ 만：滿(石千17). ※ᄎᆞ다>차다

·ᄎᆞ·다[형] 차다〔寒〕 ¶ᄎᆞᆫ ᄇᆞᄅᆞᆷ 불어늘 모딘 龍이 怒ᄅᆞᆯ 그치니(月印 上37). ᄎᆞᆫ 믈 ᄲᅳ리여ᅀᅡ ᄭᆡ시니라(釋譜11：20). 겨스렌 덥고 녀르멘 ᄎᆞ고(月釋1：26). 寒氷ᄋᆞᆫ ᄎᆞᆫ 어르미오(月釋1：29). 하ᄂᆞᆯ히 져기 ᄎᆞ거든：天少冷(宣賜內訓3：45). ᄆᆡ햇 지븐 ᄎᆞᆫ 므리 흐르고：野屋流寒水(杜解7：30). ᄎᆞ거든 깁ᄀᆞ새 ᄇᆞ리라：冷乃棄之於道邊(救簡1：56). ᄎᆞᆯ 한：寒(訓蒙 上1. 類合 上2. 石千1). ᄎᆞᆫ 믈에 것텨：冷水裏拔着(老解 上21). ᄎᆞᆫ 술：冷酒(老解 下36). 밥과 탕을 ᄎᆞ게 말라：飯湯休着冷了(朴解 中30).

ᄎᆞ라로[부] 차라리 ¶ᄎᆞ라로 青樓 酒肆로 오며가며 놀니라(古時調. 大丈夫ㅣ 天地間. 青丘). ᄎᆞ라로 다 ᄯᅥᆯ치고 太公 兵法 외와 너여(古時調. 大丈夫ㅣ 되여 나셔. 青丘).

ᄎᆞ라리[부] 차라리 ¶ᄎᆞ라리 쾌히 죽어 이 셔름 잇ᄌᆞ ᄒᆞ고(萬言詞).

·ᄎᆞ·마[부] 차마 ¶ᄎᆞ마 보ᅀᆞᆸ디 몯ᄒᆞ야(釋譜23：36). 罪苦ㅅ 이른 ᄎᆞ마 몯 니ᄅᆞ리로다(月釋21：56). ᄎᆞ마 깃브다 니ᄅᆞ디 아니ᄒᆞ야：忍不云喜(金三3：16). ᄎᆞ마 ᄇᆞ리디 몯ᄒᆞ야터니(佛頂11). 엇디 ᄎᆞ마 ᄇᆞ리리오：何忍棄之(宣小6：58).

ᄎᆞᆫᄎᆞᆫᄒᆞ·다[형] 찬찬하다. 자상하다 ¶해 네 너므 ᄎᆞᆫᄎᆞᆫᄒᆞ다：咳你忒細祥(飜朴 上33). 네 그리도록 ᄎᆞᆫᄎᆞᆫᄒᆞᆫ 양을 혜언든：料着你那細詳時(飜朴 上64). 더옥 ᄎᆞᆫᄎᆞᆫᄒᆞ다：越細祥(老朴集. 單字解4).

·ᄎᆞᆯ[명] 근원(根源) ¶므른 數百 ᄎᆞᆯ해셔 모도 흐르놋다：水合數百源(初杜解6：49). 말ᄊᆞᄆᆡ ᄎᆞᆯᄒᆞᆯ 묻노라：問辭源(初杜解8：25).

ᄎᆞᆯ하로[부] 차라리 ¶ᄎᆞᆯ하로 모글 ᄆᆡ여 주거도：寧結項而死(東新續三綱. 烈6：8). ᄎᆞᆯ하로 酒鄕에 드러 이 世界를 니즈리라(古時調. 申欽. 느저 날. 青丘). ᄎᆞᆯ하로 귀먹고 눈 감아 듯도 보도 말니라(古時調. 검으면 희. 瓶歌).

ᄎᆞᆯ하리[부] 차라리 ¶ᄎᆞᆯ하리 大地ᄅᆞᆯ ᄆᆞᆼ긔여：寧丸大地(永嘉 上35). ᄎᆞᆯ하리 地獄애 이셔：寧在地獄(圓覺 下三之一82). ᄎᆞᆯ하리 죽을디언뎡：寧死(宣小5：12). ᄎᆞᆯᄒᆞ리 주거도 졷디 아니호리라：寧死不從(東新續三綱. 孝1：57). ᄎᆞᆯ하리 비러머거 목숨을 보존ᄒᆞᆯ찌언뎡：寧丐乞存命(警民16). ᄎᆞᆯ하리 싀여디여 落月이나 되야 이셔 님 겨신 窓 안ᄒᆡ 번드시 비최리라(松江. 續美人曲). ᄎᆞᆯ하리 내 몬져 싀여뎌 제 그리게 ᄒᆞ리라(古時調. 보거든 슬. 古歌).

ᄎᆞᆯ호다[동] ①차리다. 준비하다. 가다듬다 ¶아ᄒᆡ야 되롱 삿갓 ᄎᆞᆯ화 東澗에 비 지거다(古時調. 趙存性. 青丘). ᄃᆡ오ᄅᆞᆯ ᄎᆞᆯ호과다(兵學1：6). ②다스리다. 처리하다. ¶보내는 것 ᄎᆞᆯ화라(諺簡11 宣祖諺簡). 네 집 喪事ᄃᆞᆯᄒᆞᆫ 어도록 ᄎᆞᆯ호손다(古時調. 鄭澈. 松江). 일 ᄎᆞᆯ호다：辦事(同文解 上50).

ᄎᆞᆯ히[부] 차라리 ¶衆生이 고디듣디 아니ᄒᆞ야 惡道애 ᄠᅥ러디리니 ᄎᆞᆯ히 說法 마오(釋譜13：58). ᄎᆞᆯ히 됴씨ㅅ 귀거시 도욀뿐：寧作趙氏鬼(三綱. 忠21). ᄎᆞᆯ히 身命을 일흘ᄲᅮᆫ니언뎡：寧失身命(永嘉 上16). 내 모미ᅀᅡ ᄎᆞᆯ히 地獄애 드러 百千劫을 디낼ᄲᅮᆫ니언뎡：自身寧入地獄經百千劫(金三5：49). ᄎᆞᆯ히 그 모미 주거도：寧滅其身(宣賜內訓1：22). 이제 귀보ᄅᆞᆯ 못 버ᄉᆞ니 ᄎᆞᆯ히 주글 죄를 슈ᄒᆞᆯ디언뎡(王郞傳4).

ᄎᆞᆯ히다[동] ①차리다. 가다듬다 ¶우히 건ᄆᆞᄅᆞ죽어 겨오시다가 인ᄉᆞᄅᆞᆯ ᄎᆞᆯ히오셔(癸丑95). 禮를 ᄎᆞᆯ히디 말고：休講禮(老解 上58). 主人의 도리ᄅᆞᆯ ᄎᆞᆯ혀 권ᄒᆞᆯ 양으로 왓ᄉᆞ오니(新語3：17). ᄌᆞ식의 효와 겨집의 의ᄅᆞᆯ 다 ᄎᆞᆯ히기 어려이 되얏ᄂᆞ이다(女範2. 변녀 시시묘연). ②차리다. 마련하다 ¶쇼인네ᄂᆞᆫ ᄎᆞᆯ혀 주시ᄂᆞᆫ 양으로 가오려니와(新語3：25). 孫約正은 點心 ᄎᆞᆯ히고(古時調. 青丘). ③알아차리다 ¶말ᄉᆞᆷ을 ᄎᆞᆯ혀 듯도 아니ᄒᆞ고(癸丑27). ④다스리다. 처리하다 ¶일을 ᄎᆞᆯ히라 나지 아니터라(三譯1：8).

·ᄎᆞᆽ·다[동] 찾다 ¶길흘 ᄎᆞᄌᆞ 부텻긔로 가ᄂᆞᆫ 저긔(釋譜6：19). 소리ᄅᆞᆯ ᄎᆞᄌᆞ샤 受苦 救ᄒᆞ샤ᄆᆞ로 觀音이시고(楞解6：66). 法을 ᄎᆞ조ᄃᆡ(圓覺 上一之一31). 스스로 能히 우흐로 ᄎᆞᄌᆞ 向ᄒᆞ야 가：自能尋向上去(宣小5：86). 아희들 헌옷 ᄎᆞᄌᆞ니 겨올인가 ᄒᆞ노라(古時調. 山中에 칙曆. 瓶歌). 尋은 ᄉᆞ람을 보내여 ᄎᆞᄌᆞ란 말이라(女四解2：21). ※ᄎᆞᆽ다>찾다

칙칙·ᄒᆞ·다[형] 빽빽하다. 다붓다붓하다 ¶모맷 ᄆᆞᄃᆡ 굳고 칙칙ᄒᆞ시며(月釋2：56). 낫相이 마ᄉᆞ니 ᄀᆞᄌᆞ기 平ᄒᆞ시고 조ᄒᆞ시고 칙칙ᄒᆞ시고(法華2：13). 크며 칙칙호미 어듸셔 ᄌᆞ슴ᄎᆞ리오：堂堂密密何曾間(金三2：24). 칙칙 밀：密(類合 下28). ᄒᆡᆫ 고기ᄂᆞᆫ 칙칙ᄒᆞᆫ 그므레 困ᄒᆞ거늘(重杜解1：46). 칙칙ᄒᆞᆫ 뵈：緊密布(譯解 下5).

·카냥ᄒᆞ·다[동] 자랑하다. 잘난체 하다. ¶뉘 能히 밧ᄀᆞᆯ 向ᄒᆞ야 精進 카냥ᄒᆞ리오 : 誰能向外誇精進(南明 上37).

켜다[동] 끌다 ¶여러 모시뵈 살 나그내 켜 오라 : 引將幾個買毛施布的客人來(老解 下53).

코고으다[동] 코골다 ¶코고을 한 : 鼾(倭解 上20). 코고으다 : 打呼鼾(同文解 上19. 譯解補24).

코물[명] 콧물 ¶코물 : 鼻涕(物譜 氣血). 코물 톄 : 涕(兒學 下3).

코우솜[명] 코웃음 ¶져 쥬인 거동 보소 코우솜 비우스며(萬言詞).

·쿰[형] 큼. ¶져굼과 쿰과ᄅᆞᆯ 서르 드리샤 : 小大相容(楞解4 : 46). 뭇 깁고 쿠미 ᄃᆞ외니라 : 最爲深大(法華6 : 163). 노ᄑᆞᆫ 士ᄂᆞᆫ 六度ᄅᆞᆯ 다ᄉᆞ려 쿠믈 일우ᄂᆞ니 : 高上之士御六度而成大(永嘉 下38).

크나ᄒᆞ다[형] 커다랗다 ¶크나ᄒᆞᆫ 덤불을 시와 무ᄉᆞᆷᄒᆞ리오(古時調. 歌曲).

·큰·믈[명] ①큰물. 홍수(洪水) ¶큰믈에 다ᄃᆞ라 됴ᄒᆞᆫ 돌ᄒᆞᆯ ᄐᆞ샤 梵摩羅國에 니르르시니(月釋8 : 85). 큰믈 강 : 洚(訓蒙 下35). 큰믈 호 : 浩(類合 下20). ②큰물결. 바다 ¶큰믈 양 : 洋(類合 下38).

·큰물[명] 똥. 대변(大便) ¶큰물 져근물 : 大小便(救簡 目錄3). 큰물 : 大便(譯解 上36). 큰물 보신다 : 大見風. 큰물 보라 가ᄂᆞ이다 : 出浚. 큰물 보다 : 撒屎(譯解 上39).

·킈[명] ①키〔身長〕 ¶킈 석 자히러니(釋譜6 : 44). 킈 젹도 크도 아니ᄒᆞ고(月釋1 : 26). 킈 져근 듣글 ᄀᆞᆮ고(法華3 : 86). 킈 크고 長常 심히 주으렛도다 : 長大常苦飢(初杜解22 : 41). 킈 쟈글 좌 : 矬 俗呼矬漢 킈 쟈근 놈. 킈 쟈글 애 : 矮(訓蒙 上30). ᄒᆞᆫ 킈 큰 놈이 : 一箇長大漢(朴解 上36). 킈 크니 : 身材高(漢淸6 : 6). ②크기 ¶킈 술윗띠 ᄀᆞᆮ호ᄃᆡ : 大如車輪(阿彌8). 조ᄡᆞᆯ낫 킈 ᄀᆞᆮᄒᆞᆫ닐 ᄂᆞᆺ 알ᄑᆡ 向ᄒᆞ야 더됴니 거머ᄒᆞ야 아디 몯홀시(南明 下70).

·키[부] 크게 ¶大集ᄋᆞᆫ 키 모ᄃᆞᆯ 씨니(釋譜6 : 46). 드ᄅᆞᇙ 사ᄅᆞ미 다 시러 키 울월리니(月釋序23). 키 니ᄅᆞ바ᄃᆞᆯ 씨라(三綱. 忠22). 이런 時節에 키 아로미 갓가ᄫᆞ리라 : 是時大悟近矣(蒙法4). 키 疑心ᄒᆞ면 곧 키 아로미 이리시니 : 大疑則有大悟(蒙法14). 이 내이 키 아쳗ᄂᆞᆫ 배니 : 吾所大惡也(宣賜內訓1 : 37). 이 生애 엇뎨 키 잇비 ᄃᆞᆫ니ᄂᆞ니오 : 此生何太勞(初杜解8 : 61).

·키·다[동] 캐다 ¶釋迦 菩薩이 藥 키라 가 보ᅀᆞᄫᆞ시고(月釋1 : 52). 南湖애셔 고사리ᄅᆞᆯ 키노니 : 南湖采薇蕨(初杜解15 : 20). 오직 ᄂᆞ물 키며 믈 기르며(南明 上19). 킐 치 : 採(類合 下46). 고사리ᄅᆞᆯ 키야 먹더니 : 採薇而食之(宣小4 : 28). 지아비ᄅᆞᆯ 조차 ᄂᆞ물 키더니 : 從夫挑菜(東新續三綱. 烈1 : 84). 키다 : 挑採(同文解 下2. 譯解補42). 키다 : 採(漢淸10 : 10). 잇ᄂᆞᆫ ᄃᆡ 나도 가서 ᄒᆞᆫ 포귀 키여다가(萬言詞). 킐 치 : 採(兒學 下5).

·타나·다[동] 타고나다 ¶이내 몯 後에 五欲 타난 ᄧᅡ히라 오ᄂᆞᆳ날 後로 다시 타나디 아니호리라 ᄒᆞ시고(釋譜3 : 106). 命을 타남이 ᄲᅡᄅᆞ며 더듸욤이 이시니 프른 구롬은 힘으로 닐이욤이 어려우니라 : 賦命有疾徐靑雲難力致(宣小5 : 26).

탁[명] 턱 ¶홍독기로 탁을 괴와 柵籠에 入棺ᄒᆞ야(古時調. 削髮爲僧. 海謠).

탁견[명] 택견 ¶속곰질 쒸움질과 씨름 탁견 遊山ᄒᆞ기(古時調. 少年 十五. 靑丘).

탈ᄒᆞ·다[동] 핑계 삼다. 탓하다 ¶길 머러 ᄀᆞᆺᄇᆞ실써 몰보기 탈ᄒᆞ야 자내 지믈 어마님 맛디시고 부러 ᄢᅥ디여 여슷 里ᄅᆞᆯ 가시니(釋譜3 : p.148). 굿 病 탈ᄒᆞ고 아니 닐어늘 : 固疾不起(三綱. 忠9). 곧 病 탈ᄒᆞ샤 마더시다 : 輒辭以疾(宣賜內訓2 下13). 또 탈ᄒᆞᄃᆡ 됴뎡이 하 막으니 못 가시리이다 대상의 나가쇼셔(癸丑29).

탓[명] 탓 ¶信티 아니혼 타시니 : 由不信(法華2 : 165). 졋 먹디 몯ᄒᆞᄆᆞᆫ 더러운 거슬 ᄉᆞᆷ낀 타시니 : 不飮乳乃穢惡入口所致(胎要70). 이도 술의 타ᄉᆞ로 ᄢᅥ뎟숩더니(新語9 : 7). 어와 내 병이야 이 님의 타시로다(松江. 思美人曲). 내 ᄉᆡᆼ각애 쉬온 젼ᄎᆞ로 님의 타슬 삼노라(古時調. 가더니. 靑丘). 엄이 과히 ᄉᆞ랑ᄒᆞ야 노하 볼인 타시라(女四解2 : 25). 탓 : 所由(同文解 下49). 탓 : 因由(漢淸8 : 67). ᄃᆡᆼ슉이 어이ᄒᆞ리 이거시 뉘 타시리(思鄕曲).

터·리[명] 털 ¶터리 빼혀 주시고 손토볼 또 주시니(月印 上33). 내 바랫 ᄒᆞᆫ 터리ᄅᆞᆯ 몯 무으리니(釋譜6 : 27). 입과 터리예 다 됴ᄒᆞᆫ 香내 나시며(月釋2 : 58). 터리 ᄉᆞ롬 ᄀᆞᆮᄒᆞ니 : 如燎毛(宣賜內訓1 : 34). ᄇᆞᄅᆞ미 거스리 부니 짓과 터리왜 ᄒᆞ야디놋다 : 風逆羽毛傷(初杜解7 : 15).

·톤[동] 탄〔乘〕 ¶ᄆᆞᆯ 톤 자히 건너시니이다 : 乘馬截流. ᄆᆞᆯ 톤 자히 ᄂᆞ리시니이다 : 躍馬下馳(龍歌34章). 이 그우ᄂᆞᆫ 顚倒相ᄋᆞᆯ 톤 젼ᄎᆞ로 : 乘此輪轉顚倒相故(楞解7 : 78).

·톱[명] 손톱. 발톱 ¶ᄒᆞᆫ 터럭 ᄒᆞᆫ 토빈ᄃᆞᆯ 供養功德이 어느 ᄀᆞᇫ이시리(月印 上34). 世尊ㅅ긔 ᄉᆞᆯᄫᅡ 톱과 터리ᄅᆞᆯ 바다 ᄀᆞ초ᅀᆞᄫᆞ니(月印 上64). 톱과 엄괘 놀캅고(釋譜6 : 33). 토비 赤銅葉 ᄀᆞᄐᆞ시며(月釋2 : 57). 톱 길며 머리터럭 나며 : 甲長髮生(楞解10 : 82). 시혹 가락 토ᄇᆞ로 그려 佛像 ᄆᆡᆼᄀᆞ로매 : 或以指爪甲而畫作佛像(法華1 : 219). 엄과 톱과 갈모미 어려워(南明 下36). 엄지가락 톱 뒤흐로셔 : 大母指甲離甲(救簡1 : 42). 톱 거 : 距(訓蒙 下6). 톱 조 : 爪(類合 上14).

·틀[명] 의식(儀式) ¶三世諸佛 說法ᄒᆞ시논 트리니(釋譜13 : 61). 그 틀 ᄇᆞ리고 本ᄋᆞᆯ 照ᄒᆞ면(南明 上22).

·티·다[동] 치다〔擊〕 ¶재 ᄂᆞ려 티샤 : 下阪而擊(龍歌36章). 苑囿엣 도ᄐᆞᆯ 티샤 : 斬豕苑囿(龍歌65章). 沙門이 六師와 겻굻 ᄃᆞᆯ 王ㅅ긔 닐어늘 부플 텨 뫼호니(月印 上57). 붑 텨 사ᄅᆞᄆᆞᆯ 모도오ᄃᆡ(釋譜6 : 28). 피 흐르긔 텨늘 : 杖之流血(三綱. 孝19). 틸 격 : 擊. 틸 타 : 打(類合 下47). 그 어미 틴대 우더니 : 其母笞之泣(宣小4 : 19). 오랑캐ᄅᆞᆯ 티라 ᄒᆞᆫ대(明皇1 : 31). 올흔 주먹으로 앏흘 티고(武藝圖5).

※티다<치다

·티ᄃᆞᆮ·다[동] 치닫다 ¶늘근 괴 남기 올오ᄃᆡ ᄒᆞᆫ 적 티ᄃᆞ라(南明 上2).

·티받·다[동] 솟다〔聳〕 ¶기픈 山峽은 ᄀᆞ장 길오 티바댓도다 : 深峽轉脩聳(初杜解14 : 4).

·티·ᄠᅳ·다[동] 치뜨다 ¶어귀 굳ᄇᆞᄅᆞ고 누늘 티ᄠᅳ고 : 牙關緊急眼目上視(救簡1 : 7). 딜식ᄒᆞ고 눈을 우흐로 티ᄠᅳᄂᆞᆫ 증이 이실디라도 : 窒塞目竄(痘瘡方15).

팀치[명] 김치 ¶술와 漿水와 대그릇과 나모 그릇과 沈菜와 젓과 드려 노흐며 : 納酒漿籩豆菹醢(宣賜內訓3 : 3). 팀치 조 : 菹(倭解 上47).

팁ᄠᅳ다[동] (해, 달이) 치뜨다 ¶天中의 팁ᄠᅳ니 毫髮을 혜리로다(松江. 關東別曲).

·ᄐᆞ·다[동] 타다〔乘〕 ¶寶位 ᄐᆞ실 ᄂᆞ지르샷다 : 迺是寶位將登之祥(龍歌100章). 沸星 도ᄃᆞᇙ 제 白象ᄋᆞᆯ ᄐᆞ시니(月印 上5). 白象 ᄐᆞ고 諸天子 더블오(釋譜23 :

27). 乘은 ᄐᆞᆯ 씨라(月釋序18). 安車ᄂᆞᆫ 안자 ᄐᆞᄂᆞᆫ 술위오(宣賜內訓2上47). ※ᄐᆞ다>타다

·ᄐᆞ·다 동 타고나다. 태어나다 ¶두발 ᄐᆞᆫ 것과 네발 ᄐᆞᆫ 것과 발 한 것과 이러ᄐᆞᆺ ᄒᆞᆫ 즁ᄉᆡᆼ돌ᄒᆞᆯ(釋譜19:2). 이에 性ᄋᆞᆯ ᄐᆞᄂᆞ니라:受性於此(楞解1:89). 하ᄂᆞᆯ ᄯᅡ 靈ᄒᆞᆫ 긔운을 ᄐᆞ며:稟天地之靈(宣賜內訓 序2). ᄐᆞᆯ 품:稟(類合 上16).

·ᄐᆞᆨ 명 턱 ¶ᄐᆞᆨ爲頤(訓解. 用字). 如意ᄂᆞᆫ ᄐᆞ개 이 구스리 잇ᄂᆞ니라:如意頷有此珠(法華1:52). 驪龍ᄋᆡ ᄐᆞᆨ 아래 明月寶珠ㅣ 잇ᄂᆞ니:驪龍頷下有明月寶珠(圓覺序29). ᄐᆞ갈 글희여:解頤(宣賜內訓1:32). 눉므리 어즈러이 ᄐᆞ개 섯흘리노라:涕泗亂交頤(杜解3:2). 人讚福盛ᄒᆞ샤 미나거신 ᄐᆞᆨ애(樂範. 處容歌). ᄐᆞᆨ 이:頤. ᄐᆞᆨ 함:頷. ᄐᆞᆨ 히:頦(訓蒙上25). ᄐᆞᆨ ᄠᅥᄂᆞ니:頤戰(痘瘡方64). ※ᄐᆞᆨ>턱

ᄐᆞᆨᄐᆞᆨᄒᆞ다 형 답답하다 ¶오ᄂᆞᆯ날은 싱각 밧긔 연고로 차례도 못 디내니 가지가지 새로이 ᄐᆞᆨᄐᆞᆨᄒᆞ기 ᄀᆞ이 업ᄉᆞ니(諺簡. 仁宣王后諺簡).

ᄐᆡᆨ 명 턱 ¶믄득 눈믈이 ᄐᆡᆨ애 흐르더라:輒涕淚交頤(東新續三綱. 孝4:5 梅臣至行). 狼頭ᄂᆞᆫ ᄐᆡᆨ 아래 고기ᄅᆞᆯ 드듸ᄂᆞᆫᄃᆞᆺ ᄒᆞ도다:狼頭如跋胡(重杜解2:7). ᄭᅮᆷ의나 님을 보려 ᄐᆡᆨ 밧고 비겨시니(松江. 思美人曲).

ㅍ

·파·라ᄒᆞ·다 형 파랗다 ¶믌ᄀᆞᇫ 내완ᄂᆞᆫ 갌우미 파라ᄒᆞ도다:渚秀蘆笋綠(初杜解6:51). 흐르ᄂᆞᆫ 므른 파라호미 족 ᄀᆞᆮ도다:流水碧如藍(南明 下10). 파라ᄒᆞᆫ 虛空애 흐트면:散碧空(金三2:34).

파려ᄒᆞ다 형 고달프다. 파리하다 ¶파려ᄒᆞᆯ 븨:憊(類合下44). 슬허 파려ᄒᆞ기 녜예 넘게 ᄒᆞ고:哀毁逾禮(東新續三綱. 孝3:44). 최딜을 벗디 아니ᄒᆞ고 슬허 파려ᄒᆞ야:不脫衰絰哀戚柴毁(東新續三綱. 孝5:51).

·퍼디·다 동 퍼지다 ¶金고지 퍼디ᅀᆞᄫᆞ니(月印 上10). 부텨 업스신 後에 法 디녀 後世예 퍼디게 호미(釋譜6:12). 됴ᄒᆞᆫ 香내 두루 퍼디며(月釋2:31). 퍼뎟ᄂᆞᆫ 너추리 물ᄀᆞᆫ 모ᄉᆞᆯ 횟돌앳도다:滋蔓匝淸池(杜解15:8). 바횟 ᄀᆞᇫ앳 고지 제 퍼디다 ᄒᆞ시니(南明上3). 퍼딜 번:蕃(類合 上8). 퍼딜 파:播(類合下39).

·퍼러·히 부 퍼렇게 ¶蒼生ᄋᆞᆫ 퍼러히 살 씨니 머리 보ᄂᆞᆫ ᄠᅳ디라(金剛80). 픐 어미 ᄒᆞ마 퍼러히 나고:草芽旣靑出(初杜解22:2).

·퍼러·ᄒᆞ·다 형 퍼렇다 ¶玉殿엔 이시 퍼러ᄒᆞ도다:玉殿莓苔靑(杜解6:17). ᄒᆞ마 楚ㅅ뫼히 퍼러호ᄆᆞᆯ 보리로다:已見楚山碧(杜解8:20). 그려기 퍼런 하ᄂᆞᆯ해 벌오:雁點靑天(金三5:8). 門 밧긔 퍼런 뫼히 훤ᄒᆞᆫᄃᆡ 지엿도다:門外靑山倚寥廓(南明 上12).

펄기 명 포기 ¶ᄒᆞᄅᆞᆫ 힌 대 세 펄기 나:忽一日白竹三叢(東續三綱. 烈4). 비 오ᄂᆞᆫ 軒檻앤 곳 펄기 누엇고:雨檻臥花叢(重杜解14:3). 미나리 한 펄기를 캐여서 싯우이다(古時調. 柳希春. 歷代時調選).

·펴·아가·다 동 펴져 가다. ¶너비 펴아가미 술위ᄠᅴ 그우ᄃᆞᆺ 홀씨(釋譜13:4).

·펴아·나·다 동 피어나다[發] ¶처엄 펴아나는 소리:初發聲(訓註3).

·펴아:내·다 동 펴내다 ¶陳은 펴아낼 시라(金三4:10).

포가히다 동 포개다 ¶두 衽이 서ᄅᆞ 포가힌 圖:兩衽相疊之圖(家禮圖9).

포다기 명 포대기. 강보(襁褓) ¶포다기 강:襁(兒學上12).

표:웜 명 표범 ¶표웜 표:豹(訓蒙上18).

푸다 동 피다[發] ¶반갑다 紅蓮花ᄂᆞᆫ 날 爲ᄒᆞ여 푸엿ᄂᆞᆫ가 (古時調. 物色을 보려. 東歌選).

푸새 명 풀. 푸성귀 ¶아모리 푸새엣 거신들 먹을 줄이 이시랴(古時調. 叩馬諫 못. 青丘).

푸ᄉᆡ 명 풀. 푸성귀 ¶아모리 푸ᄉᆡ엿거신들 긔 뉘 ᄯᅡ히 낫더니(古時調. 成三問. 首陽山. 青丘).

풀낫 명 지푸라기 ¶풀낫:草介(漢淸13:17).

품·기·다 동 풍기다 ¶고해 품기며 누네 브ᅀᆞ와미ᄂᆞ니ᄂᆞᆫ:噴鼻眼花的(飜朴 上70). 오새 香 품기디 아니ᄒᆞ고:衣不熏香(宣小6:112). 닉 품기다:燻(漢淸10:51).

품자리 명 잠자리. 남녀가 동침하는 자리. ¶말 잘ᄒᆞ고 글 잘ᄒᆞ고 얼골 기ᄌᆞᄒᆞ고 품자리 잘ᄒᆞᄂᆞᆫ 져믄 書房이로다(古時調. 高臺廣室. 青丘).

퓌·다 동 피다[發] ¶수울 이시며 고지 퓌여신 저기어든:有酒有花(飜朴 上7). 그 고지 三同이 퓌거시아 有德ᄒᆞ신 님 여히ᄋᆞ와지이다(樂詞. 鄭石歌). 桃花杏花ᄂᆞᆫ 夕陽裏예 퓌여 잇고(丁克仁. 賞春曲). 녯 퓌던 柯枝에 픠염 즉도 ᄒᆞ다마ᄂᆞᆫ(古時調. 梅花 녯. 青丘). 風霜 섯거 틴 날의 ᄀᆞᆺ 퓐 黃菊花ᄅᆞᆯ 銀盤의 것거 다마(古時調. 鄭澈. 松江).

퓌·우·다 동 피우다 ¶香ᄋᆞᆯ 퓌우면 病도 덜며(釋譜9:35). 諸天의 퓌운 香ᄋᆞᆯ 조쳐 드르며(月釋17:66). 香 퓌우고 겨르ᄅᆞ이 이셔:然香閑居(楞解7:6). 큰 寶香 퓌우고:燒大寶香(法華4:120). 香 퓌우시고 하ᄂᆞᆯᄭᅴ 비ᄅᆞ샤ᄃᆡ:焚香祝天(宣賜內訓2下36). 香 퓌우고:燒香(佛頂上3). 져고매 브를 독 안해 퓌워:微火甕下燃(救簡1:70). 비록 향을 퓌워 빅 번 절을 ᄒᆞ야도:雖焚香百拜(警民34).

·프·다 동 피다[發] ¶하ᄂᆞᆳ 樹王이 고지 픈ᄃᆞᆺ ᄒᆞ니(釋譜13:25). 이운 남기 고지 프며(月釋2:31). 梅花 픈 萬里 밧긔:梅花萬里外(初杜解21:15). 慈悲ㅅ 믈와 ᄆᆞᅀᆞᆷ 고지 半夜애 프도다:悲水心花半夜開(南明上66). 고지 프며 고지 듀매:花開花落(金三2:6). 다ᄉᆞᆺ 닙피 프도다:開五葉(眞言5). ※프다>퓌다>픠다>피다

·프·서리 명 푸서리 ¶거츤 프서리예 녀름지ᅀᅥ 또 秋成호미 잇도다:荒榛農復秋(初杜解23:15). 도적을 프서리예 피ᄒᆞ더니:避倭賊于草莽間(東新續三綱. 烈6:85).

프·ᅀᅥ리 명 푸서리 ¶나리 져므러 히 디거늘 세 분이 프ᅀᅥ리예셔 자시고(月釋8:93). 프ᅀᅥ리예 ᄇᆞ리라:棄置草中(救簡6:85).

·프ᅀᅥᆼ·귀 명 푸성귀 ¶衆生ᄋᆞᆯ 프ᅀᅥᆼ귀만 너기ᄂᆞ니(釋譜6:28). 棘草ᄂᆞᆫ 가시와 프ᅀᅥᆼ귀왜라(月釋10:117). 뫼콰 내콰 프ᅀᅥᆼ귀와 사ᄅᆞᆷ과 즁ᄉᆡᆼ괘:山川草芥人畜(楞解2:34). 沙塞ᄂᆞᆫ 北녁 ᄀᆞᅀᅢ 프ᅀᅥᆼ귀 업시 몰애뿐 잇ᄂᆞᆫ ᄯᅡ히니(金三3:48).

·플 명 풀[草] ¶甘蔗ᄂᆞᆫ 프리니 시믄 두ᅀᅥ 힛자히 나ᄃᆡ 대 ᄀᆞᆮ고 기리 열 자 남ᄌᆞᆨᄒᆞ니(月釋1:6). 프리 처ᅀᅥᆷ 나ᄆᆞᆯ 닐오ᄃᆡ 苗ㅣ라(圓覺下二之一33). 플와 나모왜 것듣더니:草木摧折(三綱. 孝25).

플서리 명 푸서리 ¶치위옛 고ᄌᆞᆫ 어즈러운 플서리예 그윽ᄒᆞ고:寒花隱亂草(重杜解11:44)

플쳐내다 동 풀어 헤쳐내다. ¶내 나ᄒᆞᆯ 플쳐내여 열다ᄉᆞᆺ만 ᄒᆞ얏고져(古時調. 古歌).

플티다 동 '풀다'의 힘줌말. ¶銀河水 한 구비ᄅᆞᆯ 촌촌이 버혀내여 실ᄀᆞ티 플텨 이셔 뵈ᄀᆞ티 거러시니(松江. 關東別曲). 鴛鴦錦 버혀노코 五色線 플텨내여 금자히 견화이셔(松江. 思美人曲). 셜워 플텨 혜니 造物의 타시로다(松江. 續美人曲).

픔다 동 품다 ¶프믈 회:懷(石千15). 柚子ㅣ 아니라도 픔엄즉 ᄒᆞ다마ᄂᆞᆫ(古時調. 朴仁老. 盤中 早紅감이. 青丘). ᄒᆞᆫ갓 感懷ᄅᆞᆯ 픔엇더니:徒抱感懷(常訓4). 디하의 가도 원을 프믈가 ᄒᆞ노라(女範3. 뎡녀 위부지쳐). 뉴젹의 귤을 픔음과:懷(百行源11).

ᄑᆞᆺᄂᆞᄆᆞᆯ 명 풋나물 ¶보리밥 ᄑᆞᆺᄂᆞᄆᆞᆯ을 알마초 먹은 後에(古時調. 尹善道. 海謠).

·픗불·휘명 풀 뿌리. ¶픗불휘예셔 이푸미 편티 아니ᄒᆞ시 : 草根吟不穩(初杜解17 : 37).

픗ᄌᆞᆷ동 풋잠. 얕이 든 잠. ¶松根을 베여 누어 픗ᄌᆞᆷ을 얼픗 드니(松江. 關東別曲). 져근덧 力盡ᄒᆞ야 픗ᄌᆞᆷ을 잠간 드니(松江. 續美人曲). 羲皇 벼개 우희 픗ᄌᆞᆷ을 얼픗 ᄭᆡ니(松江. 星山別曲).

·피싸·홈명 피싸움. 혈전(血戰) ¶每日 피싸홈ᄒᆞ니 軍士ㅣ 주그니 만ᄒᆞ더니(三綱. 忠28).

·핏무적명 핏덩어리 ¶머리 우희 블븓고 누니 핏무적 ᄀᆞᆮ고(釋譜6 : 33).

·ᄑᆞ람명 휘파람 ¶나비 ᄑᆞ람 기리 이푸믈 : 猿嘯長吟(永嘉下106). ᄑᆞ람 쇼 : 嘯(訓蒙 下32. 類合 下6. 石千39). ᄉᆞ나ᄒᆡ 안해 들어 ᄑᆞ람 ᄒᆞ니 아니코 ᄀᆞᄅᆞ치디 아니ᄒᆞ며 : 男子入內不嘯不指(宣小2 : 52). ᄒᆞ믈며 무덤 우희 잔나비 ᄑᆞ람 불 제 뉘우ᄎᆞᆫ돌 엇디리(松江. 將進酒辭). 긴 ᄑᆞ람 큰 ᄒᆞᆫ 소릐에 거칠 거시 업세라(古時調. 金宗瑞. 朔風은. 靑丘). 閑愁를 못 禁ᄒᆞ야 ᄑᆞ람을 기리 불고(辛啓榮. 月先軒十六景歌).

ᄑᆞᆯ명 팔〔臂〕 ¶또 ᄑᆞᆯ와 구브를 ᄲᅮᄎᆞ며 굽힐훠 보라 : 仍摩捋臂腿屈伸之(救簡1 : 60). ᄑᆞᆯ 굉 : 肱(訓蒙 上26). ᄑᆞᆯ 비 : 臂(訓蒙 上26. 類合 上21). 擊肘 : ᄑᆞᆯ을 ᄃᆞᆼ기미니 븓들리단 말이라(宣小6 : 123). 김시 ᄒᆞᆫ ᄑᆞᆯᄒᆞ로 그 지아븨 시신을 그어 조샹 무덤 ᄒᆞᆫᄃᆡ 영장ᄒᆞ고 : 金氏以一臂曳其夫屍葬於先隴(東新續三綱. 烈4 : 39. 金氏斷臂). ᄑᆞᆯ을 디ᄅᆞ며 손가락을 버혀 : 刺臂斬指(女四解4 : 15). 신광션ᄉᆞ ᄑᆞᆯ 버히며(普勸文 海印寺板43). ※ᄑᆞᆯ<ᄇᆞᆯ

ᄑᆡ·다동 패다〔發穗〕 ¶苗ᄂᆞᆫ 아니 핀 穀食이오 稼ᄂᆞᆫ 핀 穀食이라(法華3 : 36). 몯내 핀 이사기 굳고 ᄡᅵᆯ알ᄒᆞᆫ 거시니(救急 上46). 이삭 ᄑᆡ다 : 發穗(譯解 下8). ᄑᆡᆯ 발 : 發(兒學 下13). ※ᄑᆡ다>패다

ᄑᆡ·다 동 패다〔割〕. 쪼개다 ¶혀는 제 몸 ᄑᆡᄂᆞᆫ 도최라 : 口舌者鑿身之斧(釋譜11 : 43). 院에 가 자다가 남기 업거늘 부텨 세흘 ᄑᆡ야 디ᄃᆞ니라(金三5 : 49).

·하부 많이. 크게 ¶ᄆᆞᅀᆞᆯ히 멀면 乞食ᄒᆞ디 어렵고 하 갓가ᄫᆞ면 조티 몯ᄒᆞ리니(釋譜6 : 23). 내 모미 하 커 수믈 꿈기 업서(月釋2 : 51). 태죄 드르시고 하 노ᄒᆞ샤 : 太祖大怒(三綱. 忠33 夢周殞命). 됴뎡이 하 막으니 못 가시리이다(癸丑29). 비 오다가 개야아 눈하 디신 나래(樂詞. 履霜曲). 時節이 하 殊常ᄒᆞ니 올동 말동 ᄒᆞ여라(古時調. 金尙憲. 가노라. 靑丘). 하 걱졍 마스라 우리도 져머신 제 만히 것거 보왓노라(古時調. 어이려뇨. 靑丘). 거이ᄒᆞᆫ 보비 하 만히 이시니(明皇1 : 30). 하 답답ᄒᆞ여 이리 드러 왇숩니(隣語1 : 4).

하구만ᄒᆞ다형 하고많다 ¶뎌 솟뎍다시야 空山이 하구만ᄒᆞ되 울 듸 달나 우노라(古時調. 草堂 뒤헤. 歌曲).

·하나·비명 ①할아버지 ¶洛水예 山行 가 이셔 하나빌 미드니잇가 : 洛表遊畋皇祖其恃(龍歌125章). 하나비 조 : 祖(訓蒙 上31). 하나비 할미 : 公公婆婆(飜老 下34). 하나비 할믜 무덤의 돌흘 셰여 : 祖考妣墓立石(東新續三綱. 孝1 : 64). ②할아비 ¶셴 하나비를 하ᄂᆞᆯ히 브리시니 : 皤皤老父天之命兮(龍歌19章). 하나비 옹 : 翁. 하나비 수 : 叟(訓蒙 上33).

하·나·한관 하고많은. 많고 많은. ¶하나한 외다 ᄒᆞ논 病을 : 許多弊病(蒙法58). 하나한 디플 어느제 사ᄒᆞ료 : 許多草幾時切得了(飜老 上19).

하·ᄂᆞᆯ명 하늘 ¶하ᄂᆞᇙ ᄠᅳ디시니 : 實維天心(龍歌4章). 世子ᄅᆞᆯ 하ᄂᆞᆯ히 ᄀᆞᆯᄒᆡ샤 : 維我世子維天簡兮(龍歌8章). 天은 하ᄂᆞᆯ히라(釋譜 序1). 天衆은 하ᄂᆞᆯᄉᆞ 사ᄅᆞ미라(月釋 : 19). 남진ᄋᆞᆫ 하ᄂᆞᆯ히니 背叛ᄒᆞ리잇가 : 夫天也可背乎(三綱. 烈14). 하ᄂᆞᆯᄒᆞᆯ브터 ᄂᆞ론 디 아니며 : 非從天降(楞解8 : 123). 펴런 하ᄂᆞᆯᄒᆞᆫ(圓覺 序29). 蜀ᄉᆞ 하ᄂᆞᆯᄒᆞᆫ ᄆᆡ샹 바ᄆᆡ 비오ᄂᆞ니 : 蜀天常夜雨(初杜解7 : 7). 하ᄂᆞᆯ 텬 : 天(類合 上1. 石千1).

:하·다동 ①참소(讒訴)하다. 헐뜯다 ¶左右ㅣ 하ᅀᆞᄫᅡ 아바님 怒ᄒᆞ시니 : 左右訴止父皇則憤(龍歌91章). 繼母 朱氏 어엿비 너기디 아니ᄒᆞ야 ᄌᆞ조 하니 : 繼母朱氏不慈數譖之(宣小6 : 22). ②하소하다 ¶하논 배 므슷 이리완ᄃᆡ 샹녜 區區ᄒᆞᄂᆞ니오 : 所訴何事常區區(初杜解17 : 5).

·하·다형 ①많다 ¶곶 됴코 여름 하ᄂᆞ니 : 有灼其華有蕡其實(龍歌2章). 말ᄊᆞᄆᆞᆯ 솔ᄫᆞ리 하ᄃᆡ : 獻言雖衆(龍歌13章). 祥瑞 하거늘 아바님이 無憂樹에 또 가시니(月印 上7). ᄠᅳ디 한 젼ᄎᆞ로(釋譜6 : 2). 多ᄂᆞᆫ 할씨라(訓註2). 衆은 할 씨라(月釋 序6. 金剛 上3). ②크다 ¶셤 안해 자싫 제 한비 사ᄋᆞ리로ᄃᆡ : 宿于島嶼大雨三日(龍歌67章). 한비ᄅᆞᆯ 아니 그치샤 : 不止霖雨(龍歌68章). 功德이 하녀 져그녀(釋譜19 : 4).

하도할샤형 많기도 많아라. 많기도 많구나. ¶孤臣 去國에 白髮도 하도할샤(松江. 關東別曲). 形容도 그지업고 體勢도 하도할샤(松江. 關東別曲). 듯거니 보거니 늣길 일도 하도할샤(松江. 思美人曲). 日暮脩竹의 혬 가림도 하도할샤(松江. 思美人曲). 結繩을 罷ᄒᆞᆫ 後에 世故도 하도할샤(古時調. 申欽. 느저 날셔이고. 靑丘). 노래 삼긴 사ᄅᆞᆷ 시름도 하도할샤(古時調. 申欽. 靑丘). 헐ᄯᅳ더 기운 집의 의논도 하도할샤(古時調. 鄭澈. 어와 동냥지를. 松江).

하·리명 참소(讒訴) ¶하리로 말이ᅀᆞᆸ본ᄃᆞᆯ : 沮以讒說(龍歌26章). 工巧ᄒᆞᆫ 하리 甚ᄒᆞ야 : 簧巧讒譖甚(龍歌123章). 하리 能히 사ᄅᆞᄆᆞᆯ 害ᄒᆞᄂᆞᆫ 젼ᄎᆞ로 : 讒能傷人故(楞解8 : 93). 飛燕의 하리 : 飛燕之讒(宣賜內訓序3). 처ᅀᅥᆷ ᄂᆞᄆᆡ 하리ᄅᆞᆯ 지니 : 初負謗(初杜解24 : 30).

하리다동 참소를 당하다. ¶하료ᄆᆞᆯ ᄆᆞᄎᆞ매 스스로 어드니라 : 讒毁竟自取(重杜解2 : 49).

하리다동 낫다〔癒〕. 덜하다 ¶三山十洲 不死藥을 아무만 먹은들 하릴소냐(古時調. 님 그려 깁히 든 病. 靑丘).

하마부 ①이미. 벌써 ¶ᄌᆞ셰히 살펴보면 하마 거의 알니로다(萬言詞) ②하마터면 ¶하마 국ᄉᆞᄅᆞᆯ 그릇ᄒᆞᆯ 번ᄒᆞ고(落泉4 : 10).

:하·솟그·리·다 동 참소(讒訴)하다. ¶하솟그릴 참 : 讒. 하솟그릴 ᄌᆞᆷ : 譖(訓蒙 下29).

:하숫·그·리·다동 참소(讒訴)하다. 하소하다〔訴〕 ¶님긊 겨틔 하숫그릴 사ᄅᆞ미 잇ᄂᆞ니라 : 君側有讒人(初杜解17 : 18).

하·외·욤명 하품 ¶하외욤 그르ᄒᆞ야 톡 글희여 버리고 어우디 아니ᄒᆞᆯ 고티ᄂᆞᆫ 法은 : 治失欠頰車蹉開張不合方(救急 上79).

한다리명 넓적다리〔股〕 ¶한다리 고 : 股(類合 上21).

한ᄃᆡ말명 헛소리 ¶구돌에 안자 한ᄃᆡ말 ᄒᆞᆫ다 : 坐房談虛(東韓).

·한·믈디·다동 큰물지다 ¶한믈딜 턍 : 漲(訓蒙 下35).

·한·비명 큰비. 장마 ¶한비 사ᄋᆞ리로ᄃᆡ : 大雨三日(龍歌67章). 光音天이 한비ᄅᆞᆯ ᄂᆞ리와 므리 下界예 ᄀᆞᄃᆞᆨᄒᆞ야(月釋1 : 39). 虛空애셔 金輪 우희 한비와 므리 ᄀᆞᄃᆞᆨᄒᆞ고(月釋1 : 40).

·한·쇼명 큰 소. 황소 ¶싸호ᄂᆞᆫ 한쇼ᄅᆞᆯ 두 소내 자ᄇᆞ시며 : 方鬪巨牛兩手執之(龍歌87章). 한쇼ᄅᆞᆯ 내니 몸 크고 다리 크고(月印 上59). 한쇼 : 犍牛(訓蒙 上19 牛字註). 므쇠로 한쇼를 디여다가(樂詞. 鄭石歌). 한쇼 : 牤牛(漢淸14 : 35). ※한쇼>황소

·한:숨디·타동 한숨짓다. 탄식(歎息)하다 ¶嗚呼ᄂᆞᆫ 한숨디ᄐᆞᆺᄒᆞᆫ 겨치라(月釋 序23). 어루 기리 한숨디호

리로다：可爲長嘆矣(法華2：226). ᄆᆡ샹 눉믈디며 한숨디ᄒᆞ샤：恒垂涕歎息(宣賜內訓2下13).

·한아·비 [명] ①할아버지 ¶祖ᄂᆞᆫ 한아비니…한아비ᄭᅴ 일 뎐디ᄒᆞ야(釋譜24：4). 元覺이 한아비 늙고 病ᄒᆞ더니：覺祖年老且病(三綱. 孝13). 한아비 옹：翁. 한아비 수：叟. (類合 上17). 한아비 조：祖(類合 上20). 제 한아비와 아비 다 다룬 오랑캐 난의 죽고(山城1) ②할아비 ¶世롤 嗟歎ᄒᆞ요ᄆᆞᆫ 鹿皮 니븐 한아비로다：歎世鹿皮翁(杜解3：54).

한어미 [명] 할미 ¶한어미：婆婆(譯解 上56).

한어버ᅀᅵ [명] 조부모(祖父母) ¶하ᄂᆞᆯ히 올히 아니 너겨 한어버ᅀᅵ도 뎌싱애셔 필연 니마 찡긔오 뒤돕디 아니ᄒᆞ리라(正俗10).

·한어버·이 [명] 조부모(祖父母) ¶齊衰：기슭 혼 최복이니 한어버이과 동싱 삼촌의 복이라(宣小5：43).

:할·다 [동] ①참소(讒訴)하다. 헐뜯다 ¶겨지비 하라ᄂᆞᆯ 尼樓ㅣ 나가시니(月印 上4. 月釋1：40). 하로미 ᄌᆞ모 ᄌᆞᆺ도다：謗何頻(初杜解16：6). ②하소하다 ¶우흐로 하ᄂᆞᆯᄭᅴ 할오져 ᄒᆞᄂᆞᆫ ᄃᆞᆺ도다：似欲上訴於蒼穹(初杜解17：6). 怨ᄒᆞ야 할며：怨訴(南明 下33). 관가의 할아 숑ᄉᆞᄒᆞ며：訴訟於官(正俗45). 할 소：訴(訓蒙 下29. 類合 下25).

할리다 [동] 참소를 입다. 참소 당하다. ¶ᄂᆞ미게 할려 주글 죄로 가티게 ᄒᆞ얏써ᄂᆞᆯ：爲仇家陷於死罪(二倫22 德珪死獄).

·할·미 [명] 할미. 할머니 ¶셴 할미롤 하ᄂᆞᆯ히 보내시니：皤皤老嫗天之使兮(龍歌19章). 앒뒤헨 아ᄒᆡ 할미러니(月印 上26). 여러 할미 ᄃᆞ리고 부텨를 미조ᄍᆞ바(月釋10：17). 할미 구：嫗. 할미 모：姥. 할미 오：媼(訓蒙 上33).

할아비 [명] 할아버지 ¶할아비 사오나온 병 어덧거ᄂᆞᆯ：祖父得惡疾(東新續三綱. 孝4：67 有今斷指). 제 할아비를 위ᄒᆞ야(仁祖行狀51).

할어버이 [명] 조부모(祖父母) ¶할어버이 나히 저믄 주를 어엿쎄 너겨：祖父母憐其年少(東續三綱. 烈9).

·항것 [명] 주인(主人). 상전(上典). 가장(家長) ¶두 사ᄅᆞ미 眞實로 네 항것가(月釋8：94). 젼의 아랑이(항거시란 말이라) 늘근 몸으로 ᄒᆞ여곰 편면왜란 ᄆᆞᆯ을 ᄐᆞ고 아형랑(항거시 어린 아ᄃᆞᆯ)을 안고 가니：往年阿郞貶宰時常令老身騎偏面騧抱阿荊郞(太平1：27). 죵과 항것과ᄂᆞᆫ：奴主(警民7). 항거시 용혼즉 죵조차 용타 드럿노라(癸丑117). 동과 항것과를 뉘라셔 삼기신고(古時調. 周世鵬. 武陵雜稿).

:해 [부] 많이 ¶方國이 해 모ᄃᆞ나：方國多臻(龍歌11章). 天龍도 해 모ᄃᆞ며(月印 上10). 해 드로ᄆᆞᆯ ᄇᆞ려(釋譜9：13).

햑·다 [형] 작다. 가늘다 ¶햐근 조ᄡᆞᆯ ᄀᆞᆮᄒᆞ니 절로 다 니면 즉재 됴ᄂᆞ니라：小如粟米自出盡卽差(救急 下77). 햐ᄀᆞᆫ 지지ᄡᅵ 혼 나출：山梔子一介(救簡2：101). ᄀᆞ장 햐ᄀᆞᆫ 이리라도：至微細事(飜小9：6).

허·러·디·다 [동] 헐어지다 ¶사ᄂᆞᆫ 밧 집이 허러뎌 ᄇᆞᄅᆞᆷ과 볃틀 ᄀᆞ리우디 몯ᄒᆞ거ᄂᆞᆯ：所居屋敗不蔽風日(宣小6：30). 허러딜 웨(헐 괴)：壞(類合 下62).

허·리·다 [동] 헐게 하다. 상하게 하다. ¶노폰 바회에 ᄠᅥ디거나 므리어나 브리어나 가시 남기어나 업더디여 제 모몰 허리ᄂᆞ니(釋譜11：35).

허·믈 [명] ①허물[過] ¶허므를 모ᄅᆞ더시니：竟莫知其辜(龍歌119章). 허믈 업스니 어드리 내티료(月釋2：6). 훤히 허믈 업스리라：廓無瑕玷矣(楞解4：53). 허믈 드로ᄆᆞᆯ 깃거：喜聞過(宣賜內訓1：22). 過도 허믈도 千萬 업소이다(樂範. 鄭瓜亭). ᄂᆞᆷ의 흉 보거라 말고 제 허믈을 고치고쟈(古時調. 世上 사ᄅᆞᆷ. 靑丘). 허믈：過失(同文解 上33). 허믈：過(漢淸8：31). ②흠(欠) ¶모미 瑠璃 ᄀᆞᆮᄒᆞ야 안팟기 ᄉᆞᄆᆞᆺ ᄆᆞᆰ가 허므리 업고(釋譜9：4).

허·여디·다 [동] 헤어지다. 흩어지다 ¶나못그텟 나비 허여뎌고：流離木杪猿(初杜解14：2). 거의 긔절ᄒᆞ게 되니 죵들히 다 허여디거ᄂᆞᆯ：幾絕奴僕盡散(東新續三綱. 烈4：52 沈氏剌項).

·허여·ᄒᆞ·다 [형] 허옇다 ¶서리옛 염괴 허여호ᄆᆞᆯ 甚히 듣노니：甚聞霜薤白(杜解7：40). 먼 두들게 ᄀᆞᅀᅤᆯ 몰애 허여ᄒᆞ고：遠岸秋沙白(初杜解10：32).

허·위·다 [동] 허위적거리다. 허비다 ¶소리코 ᄡᅡ 허위여 드리ᄃᆞ라 오더니(月印 上59).

허틀다 [동] 흐트러지다 ¶머리 허트러 ᄲᅮᆨ ᄀᆞᄐᆞ되 빋디 아니ᄒᆞ고：頭蓬不櫛(東新續三綱. 烈5：83). 올 저긔 비슨 머리 허틀언 디 삼 년일쇠(松江. 思美人曲). 世事ㅣ 삼ᄶᅥ울이라 허틀고 ᄆᆡ쳐셰라(古時調. 靑丘).

헌ᄉᆞ롭다 [형] 야단스럽다. 호장(豪壯)하다 ¶造化 神功이 物物마다 헌ᄉᆞ롭다(丁克仁. 賞春曲).

헌ᄉᆞᄒᆞ다 [동] 떠들썩하게 소문을 퍼뜨리고자 야단스럽게 굴다. 시끄럽게 떠들다. ¶어와 造化翁이 헌ᄉᆞ토 헌ᄉᆞᄒᆞᆯ샤(松江. 關東別曲). 山翁의 이 富貴를 ᄂᆞᆷᄃᆞ려 헌ᄉᆞ 마오 잡다가 ᄡᅢ던 줄이 謫仙이 헌ᄉᆞᄒᆞᆯ샤(松江. 星山別曲). 헌ᄉᆞᄒᆞᄂᆞᆫ 사ᄅᆞᆷ：攢唆人(譯解 上28). 白鷗야 헌ᄉᆞᄒᆞ랴 못 미들슨 桃花ㅣ로다(古時調. 淸涼山. 靑丘). 春風이 헌ᄉᆞᄒᆞ여셔 香내를 뭇쳐 냄이라(古時調. 山中의. 海謠). 造化 헌ᄉᆞ혼 쥴 이제야 더 알 비라(辛啓榮. 月先軒十六景歌).

:헐·다 [동] 헐뜯다 ¶믈읫 有情이 貪ᄒᆞ고 새옴볼라 제 모몰 기리고 ᄂᆞᄆᆞᆯ 허러(釋譜9：15). 그러나 허ᄉᆞ와도 그 罪ㅣ 오히려 輕호ᄆᆞᆫ：然毁之其罪尙輕者(法華4：78). 謗은 헐 ᄡᅵ라(金三3：8). 헐 훼：毁(訓蒙 下29. 類合 下45). 헐 방：謗(類合 下27). 부모 헐소리ᄀᆞ티(野雲73). 우희롤 허러 골오ᄃᆡ(女範2. 변녀 졔위우희).

:헐·다 [동] 헐다. 낡다 ¶부텻 ᄂᆞᄎᆞᆺ 金이 허렛거ᄂᆞᆯ 보ᅀᆞᆸ고 金 내야 ᄇᆞᄅᆞᅀᆞ오니(南明 上1). 옷 헐 람：襤. 옷 헐 루：褸(訓蒙 下20). 그 오시 다 헐어시아 有德ᄒᆞ신 님 여히ᄋᆞ와지이다(樂詞. 鄭石歌).

:헐믓·다 [동] 헐다[瘡] ¶헐믓디 아니ᄒᆞ며 이저디디 아니ᄒᆞ며：不瘡胗亦不缺壞(釋譜19：7). 헐믓디 아니ᄒᆞ며：不瘡胗(法華6：13). 헐므슬 창：瘡(訓蒙 中34).

헐ᄠᅳᆮ다 [동] 헐고 뜯고 하다. [‘헐다’+‘ᄠᅳᆮ다’의 복합어.] ¶헐ᄠᅳ더 기운 집의 의논도 하도할샤(古時調. 鄭澈. 어와 동냥저를. 松江).

헐ᄲᅳ리다 [동] 헐뜯다 ¶언ᄉᆞ도 공슌치 아니ᄒᆞ야 혹 헐ᄲᅳ림도 이시니(閑中錄102).

:헐ᄡᅳ·리·다 [동] 헐뜯다 ¶간ᄃᆡ마다 ᄂᆞᆷ 헐ᄡᅳ리고 제 몸 자랑ᄒᆞ며：到處裏破別人誇自己(飜朴 上25). 헐ᄡᅳ릴 훼：毁(訓蒙 下29). 구챠히 헐ᄡᅳ리디 아니ᄒᆞ며：不苟訾(宣小2：10).

헛글다 [동] 흐트러지다 ¶헛글 문：紊(類合 下59). 헛글고 싯근 文書 다 주어 후리치고(古時調. 靑丘).

헛도이 [부] 헛되이 ¶져 긔야 秋風落聲 헛도이 즈져 날 속일 줄이 이시랴(古時調. 柴扉에 기. 靑丘). 헛도이 前功 허비홈과 ᄀᆞᆺᄐᆞ니라(女四解4：57).

헤돋·니·다 [동] 헤매어 다니다. 쏘다니다 ¶衆生이 짓믈 ᄀᆞ룸 가온ᄃᆡ 이셔 믌겨를 조차 헤돋니니(月釋23：80). 둘짯 句ᄂᆞᆫ 東西南北에 헤돋닐 시라(南明 下45).

헤ᄠᅳ·다 [동] 허둥거리다. 허둥대며 날뛰다. ¶황황은 헤ᄠᅳᄂᆞᆫ 양이라(家禮9：34). 皇皇은 헤ᄠᅳᄂᆞᆫ 양이라(重內訓1：58).

헤ᄡᅳ·다 [동] 허둥거리다. 허둥대며 날뛰다. ¶오ᄅᆞ며 ᄂᆞ리며 헤ᄡᅳ며 바자니니(松江. 續美人曲). 뭇 지위 고ᄌᆞ 자 들고 헤ᄡᅳ다가 말려니(古時調. 鄭澈. 어화 棟樑材. 松江).

헤앗다 [동] 헤치다 ¶물 믿 紅雲을 헤앗고(意幽堂. 東溟日記).

헵ᄡᅳ다 [동] 허둥거리다 ¶百萬陣中에 헵ᄡᅳᄂᆞ니 子龍이로다(古時調. 曹仁의 八門金鎖陣을. 靑丘). 뭇 지위 庫

子 자만 듣고 헵쓰다가 말렷는다(古時調. 鄭澈. 어와 棟樑材. 海謠).

허·근[형] 작은〔小〕 ¶허근 선비를 보시고 : 引見小儒(龍歌82章). 諸小王ᄋᆞᆫ 여러 허근 王이라(釋譜13 : 13). ᄀᆞᆺ 글 ᄇᆡ혼 허근 사ᄅᆞᄆᆡ 마를 : 新學小生(三綱. 朱雲折檻). 小王ᄋᆞᆫ 허근 王이니(月釋1 : 20).

:혀·다[동] 세다〔數〕 ¶若干ᄋᆞᆫ 一定티 아니ᄒᆞᆫ 數ㅣ니 몯 니르 혈 씨라(釋譜13 : 8). 날 혀여 보ᄂᆞ니란 : 計我見者(法華2 : 161). 戶와 牖왜 볼가 可히 혀여 보리로다 : 戶牖粲可數(重杜解1 : 20).

·혀·다[동] ①끌다〔引〕. 다리다. 잡아끌다 ¶오ᄋᆞ로 滅ᄒᆞᄂᆞ다 호ᄆᆞᆯ 혀ᄂᆞᆫ다 : 引…全滅(楞解2 : 10). 닐온 혀고 發티 아니ᄒᆞ샤 제 낫게 ᄒᆞ샤미시니 : 所謂引而不發使其自進(法華4 : 93). 解脫門에 혀 드리다(牧牛訣28). 흐르ᄂᆞᆫ 므를 혀다가 漑灌호ᄆᆞᆯ 더으놋다 : 引溜加漑灌(初杜解7 : 36). 혈 인 : 引(訓蒙 上35. 類合 下49. 石千41). 혀고시라 밀오시라 鄭少年하 위내 가논 ᄃᆡ 놈 갈세라(樂詞. 翰林別曲). ②잡아당기다. 당기다 ¶또 활시우를 혀놋다 : 復控弦(杜解20 : 20). 활 혀기ᄂᆞᆫ 각별ᄒᆞᆫ 히미 잇고 : 張弓有別力(飜朴 上55).

혀·다[동] 켜다〔紡〕. 실을 뽑다. ¶실 혀리 ᄀᆞᆫ 어둠 ᄀᆞᆮᄒᆞ야 : 猶繹絲之復緒(法華1 : 16). 혈 면화 고토리 : 綿繐兒(四解 上52繐字註). 고티 현 믈 : 繰絲湯(東醫湯液一 水部). ※혀다>켜다

혀·다[동] 켜다〔點火〕 ¶혀는 블 ᄣᅵᄂᆞᆫ 블 메윤 돗귀를 비ᅀᆞᄫᅡᅀᅡ 쁘들 일우니(月印 上38). 七層燈의 블 혀고(釋譜9 : 30). 燃은 블 혈 씨라(月釋1 : 8). 미레 현 브리 ᄉᆞ라가놋다 : 蠟炬殘(杜解6 : 15). 燈籠ᄋᆞᆫ 블 혀ᄂᆞᆫ 거시오(金三4 : 7). 현 블 등 : 燈(訓蒙 中15). 三藏寺애 블 혀라 가고신ᄃᆡᆫ(樂詞. 雙花店). 房 안에 혓ᄂᆞᆫ 燭불 눌과 離別ᄒᆞ엿관ᄃᆡ(古時調. 李塏. 瓶歌). 관솔의 현 불로 日月明을 도올ᄂᆞᆫ가(蘆溪. 沙堤曲). 등촉을 발게 혀고 ᄌᆞ리의 ᄆᆡᆺ겨더니(思鄕曲).

혀·다[동] ①켜다〔鋸〕. 톱으로 썰다. ¶ᄉᆞ명이 노ᄒᆞ야 토ᄇᆡ로 혀 주기니 죽ᄃᆞ록 ᄭᅮ지즈믈 이베 그치디 아니ᄒᆞ더라 : 思明怒鋸殺之罵不絶口以至於死(重三綱. 忠15 張興). 톱으로 혀 죽이니 : 鋸解之死(五倫2 : 35) ②켜다〔彈〕. 타다 ¶사ᄉᆞ미 짒대예 올아셔 奚琴을 혀거를 드로라(樂詞. 靑山別曲).

·혀쏘·리[명] 혓소리. 설음(舌音) 〔훈민정음의 ㄷ, ㄸ, ㅌ, ㄴ 등의 소리.〕 ¶ㄷ는 혀쏘리니 : ㄷ 舌音. ㅌ는 혀쏘리니 : ㅌ 舌音. ㄴ는 혀쏘리니 : ㄴ 舌音(訓註5).

혁[명] 고삐 ¶혁 비 : 轡(類合 上31. 倭解 下17). 앏픠 시듕의 혁을 자바 ᄀᆞᆯ오ᄃᆡ : 前執侍中馬轡曰(東新續三綱. 孝1 : 62). 혁 : 接絡(老解 下27. 譯解 下20). 혁을 친히 잡혀 술위예 올리고(女範3. 뎡녀 제효밍희). ᄆᆞᆯ이 놀나거늘 혁 ᄌᆞᆸ고 굽어 보니(古時調. 靑丘).

혁·다[형] 작다. 가늘다 ¶굴그니여 혀그니여 우디 아니ᄒᆞ리 업더라(月釋10 : 12). ᄢᅬ모롭 불휘 혀그니 닐굽 나촐 : 半夏七枚小者(救簡2 : 82).

·현마[명] 얼마 ¶여윈 못 가온ᄃᆡ 몸 커 그우닐 龍ᄋᆞᆯ 현맛 벌에 비늘을 ᄲᅡ라뇨(月印 上11). 如來ㅅ긔 현맛 衆生이 머리 좃ᄉᆞᄫᅡ뇨(月釋2 : 48).

현마[부] 설마 ¶현마 七寶로 ᄭᅮ며도 됴타 호리잇가 法엣 오시ᅀᅡ 眞實ㅅ 오시니(月印 上44). 주려 주그려 ᄒᆞ고 首陽山에 드럿거니 현마 고사리를 머그려 ᄏᆡ야시랴(古時調. 靑丘). 가더니 니즈 냥ᄒᆞ여 ᄭᅮᆷ에도 아니 뵌다 현마 님이야 그 덧에 니저시랴(古時調. 靑丘). 어제 감던 머리 현마 오늘 다 셀소냐(古時調. 靑丘).

·현마[부] 아무리. 차마 ¶제 보아 아론 젼ᄎᆞ로 ᄂᆞ외야 현마 모딘 罪業을 짓디 아니ᄒᆞ리니(釋譜9 : 31). 하ᄂᆞᆯ히 현마 즐겁고도 福이 다아 衰ᄒᆞ면 受苦ᄅᆞᄫᅵ요미 地獄두고 더으니(月釋1 : 21). 나는 현마 못 ᄒᆞᆯ노라 (癸丑47). 인군이 현마 국모를 소기며(癸丑96).

현암은[관] 몇몇. 여러 ¶ᄃᆞᆯ ᄇᆞᆰ은 五禮城에 현암은 벗이 안자(古時調. 朴明賢. 海謠).

혈마[부] 설마 ¶혈마 고살리를 먹그려 ᄏᆡ랴시라(古時調. 쥬려 쥭으려. 靑丘). 혈마 님이야 그 덧에 이져시랴(古時調. 가더니 이즈 양ᄒᆞ여. 瓶歌). 實爲 그러ᄒᆞ면 혈마 어이할고(蘆溪. 陋巷詞). ᄂᆡ 안이 이져거든 님이 혈마 이젓ᄉᆞ랴(萬言詞).

혈믈[명] 썰물 ¶白雲이 니러나고 나모 긋티 흐느긴다 밀믈의 西湖ㅣ오 혈믈의 東湖 가쟈(古時調. 尹善道. 孤遺).

·혓·귿[명] 혀끝 ¶이 소리ᄂᆞᆫ 우리 나랏 소리예셔 열보니 혓그티 웃닛 머리예 다ᄂᆞ니라(訓註15).

·혜[명] ①혀〔舌〕이- 〔'혀'+서술격 조사 어간 -이-〕 ¶廣長舌은 넙고 기르신 혜라(釋譜19 : 38). 舌은 혜라(訓註4). ②혀가 〔'혀'+주격 조사 '-ㅣ'〕 ¶혜 샹녜 痛 업스며(月釋17 : 52).

:혜·다[동] ①헤아리다〔量〕. 생각하다 ¶社稷功ᄋᆞᆯ 혜샤 聖心을 일우시니 : 功念社稷聖心是成(龍歌104章). 無量ᄋᆞᆫ 몯내 혤 씨라(釋譜 序1). ᄆᆞᅀᆞ미 뷔디 몯ᄒᆞ야 내 몸 닫 혜오 ᄂᆞᄆᆡ 몸 닫 혜요ᄆᆞᆯ(月釋2 : 63). 사오나온 됴호ᄆᆞᆯ 혜디 말오 다 머고미 맛당ᄒᆞ니(救簡1 : 5). 혜건대 이만 ᄆᆡᆫ밥이 : 量這些淡飯(老解 上37). 댱사왕 가태부 혜건대 우ᅀᆞᆸ고야(古時調. 鄭澈. 松江). 無端히 혜쟈 ᄒᆞ고 西壁 돌아 즘을 든이(古時調. 니져볼이쟈. 海搖). 님이 혜오시매 나는 전혀 미덧ᄃᆞ니(古時調. 宋時烈. 靑丘). 나ᄂᆞᆫ 님 혜기를 嚴冬雪寒의 孟嘗君의 狐白裘 ᄀᆞᆺ고(古時調. 靑丘). 됴흔 재 도라오면 보ᄋᆞ올가 혜엿던니(曺友仁. 自悼詞). ②세다. 계산하다 ¶四方에 各各 三世옴 혜욘 數ㅣ라(釋譜19 : 11). 혬혜ᄂᆞᆫ 안해 겨샤ᄃᆡ(月釋9 : 13). 혤 산 : 算(訓蒙 中2). 碌碌한 貪官汚吏之輩를 혜여 무슴ᄒᆞ리오(古時調. 李鼎輔. 萬古歷代. 靑丘). 오신 손님 혜어 보소 누고 누고 와 겨신고(ᄇᆡᆨ화당가). 어와 ᄂᆡ 일이야 光陰을 혜어 보니(萬言詞).

혜어ᄒᆞ다[동] 생각하다. 헤아리다 ¶누어 ᄉᆡᆼ각ᄒᆞ고 니러 안자 혜어ᄒᆞ니(松江. 續美人曲).

:혜여ᄒᆞ·니[동] 헤아리니. 헤아린즉. 세니 ¶나도 혜여ᄒᆞ니 올ᄒᆞ시니이다 ᄒᆞ야ᄂᆞᆯ : 吾亦惟之許之是也(三綱. 烈11 令女截耳). 萬二千峰을 歷歷히 혜여ᄒᆞ니(松江. 關東別曲). 萬古人物을 거ᄉᆞ리 혜여ᄒᆞ니(松江. 星山別曲). 人生을 혜여ᄒᆞ니 ᄒᆞᆫ바탕 ᄭᅮᆷ이로다(古時調. 朱義植. 靑丘). 이제를 혜여ᄒᆞ니 어ᄂᆡ 젹만 ᄒᆞᆫ 거이고(古時調. 朱義植. 唐虞도. 靑丘).

혜음[명] 생각 ¶簞瓢陋巷에 흣튼 혜음 아니 ᄒᆞᄂᆡ(丁克仁. 賞春曲).

혬가림[명] 헤아림. 사려분별(思慮分別) ¶日暮脩竹의 혬가림도 하도 할샤(松江. 思美人曲).

호ᄂᆞᆯ[동] 하는 것을. ¶德으란 곰ᄇᆡ예 받ᄌᆞᆸ고 福으란 림ᄇᆡ예 받ᄌᆞᆸ고 德이여 福이라 호ᄂᆞᆯ 나ᅀᆞ라 오소이다(樂範. 動動).

호로래ᄇᆞ람[명] 회오리바람. 회리바람 ¶沙石 놀리ᄂᆞᆫ 호로래ᄇᆞ람 : 羊角風(譯解 上1. 華類1). 호로래ᄇᆞ람 : 旋窩風(同文解 上2). 호로래ᄇᆞ람 : 倒捲風(譯解補1).

호온자[부] 혼자 ¶허지 호온자 슈묘ᄒᆞ야셔 : 孜獨守墓所(重三綱. 孝18許孜). 덕기 호온자 아니라 : 德不孤(正俗13). 호온자 岐路애 셔셔 갈 ᄃᆡ 몰라 ᄒᆞ노라(古時調. 權好文. 江湖애 노쟈. 松巖續集).

호자[부] 혼자 ¶閒中 眞味를 알 니 업시 호재로다(丁克仁. 賞春曲). 시냇ᄀᆞ의 호자 안자(丁克仁. 賞春曲).

·혼조·초[부] 하고 싶은 대로. ¶네 盟誓를 호ᄃᆡ 世世예 난 ᄶᅡ마다 나라히며 자시며 子息이며 내 몸 니르리 布施ᄒᆞ야도 그딋 혼조초 ᄒᆞ야 ᄲᅮᆯ웃븐 ᄆᆞᅀᆞᄆᆞᆯ 아니호리라 ᄒᆞ더니(釋譜6 : 8). 흐웍ᄒᆞ며 서의호ᄆᆞᆯ 제 혼조초 ᄒᆞ야 : 濃淡任他(蒙法16).

홈자[부] 혼자 ¶우린ᄃᆞᆯ 슬진 미나리를 홈자 엇디 머그리(古時調. 鄭澈. 님금과. 松江). 구경ᄒᆞᆯ ᄶᆡ예 홈자 보ᅀᆞᆸ기ᄂᆞᆫ(隣語2 : 4).

활·살명 화살 ¶큰 일훔난 象 ᄐᆞ시고 甲 니브시고 활 살 ᄎᆞ시고 槍 자ᄇᆞ시고(月釋10：27). 활살ᄋᆞᆯ 感ᄒᆞ야 저를 害ᄒᆞ고：感弓箭以自傷(楞解8：104).

회로·리ᄇᆞᄅᆞᆷ명 회오리바람. 회풍(回風) ¶飄風은 회로리ᄇᆞᄅᆞ미라(金剛11). 회로리ᄇᆞᄅᆞ미 히를 ᄀᆞ리텨 외ᄅᆞ윈 비치 뮈놋다：廻風陷日孤光動(杜解17：9).

회호리ᄇᆞ람명 회오리바람 ¶회호리ᄇᆞ람：石尤風(語錄33).

횟:돌·다동 휘돌다. 빙 돌다. ¶輪廻ᄂᆞᆫ 횟돌 씨라(月釋序4). 旋은 횟돌 씨라(月釋18：68). 輪ᄋᆞᆫ 숤가락 그미 횟도라 술윗ᄢᅴ ᄀᆞᆮᄒᆞ실 씨라(楞解1：84). 瀠은 믈 횟도ᄂᆞᆫ ᄡᅡ히오 環은 횟돌 씨라(楞解10：7).

흑·다형 작다. 잘다. 가늘다 ¶骨髓옌 효ᄀᆞᆫ 벌에(月印上25). 簫ᄂᆞᆫ 효ᄀᆞᆫ 대롤 엿거 부ᄂᆞᆫ 거시라(釋譜13：53). 비늘 ᄊᆞᅀᅵ마다 효ᄀᆞᆫ 벌에 나아(月釋2：51). 효ᄀᆞᆫ 百姓은 플 ᄀᆞᆮᄒᆞ니(月釋2：72). 효ᄀᆞᆫ 마놀 ᄒᆞᆫ 되롤 즛두드려：小蒜一升搗(救簡1：107). 흑게 싸ᄒᆞ라：細切(瘟疫方23).

휜츨ᄒᆞ·다형 훤칠하다 ¶ᄉᆡ훤코 휜츨ᄒᆞᆫ 世界를 다시 보고 말와라(古時調. 鄭澈. ᄃᆞᆯ지치. 松江). 天地四方이 휜츨도 ᄒᆞ져이고(古時調. 金裕器. 泰山에. 青丘).

횟두로부 휘둘러 ¶부들 횟두로 뎌 죠히예 디니 雲烟이 ᄀᆞᆮ놋다：揮毫落紙如雲烟(初杜解15：41). 지롤 ᄀᆞᅀᅵ 횟두로 ᄡᅥ라 두면：以灰圍四方(救簡1：44).

흐·늘·다동 흔들다. ¶노ᄑᆞ며 ᄂᆞᄌᆞᆫ 峯頂에 막대 흐느러 샹녜 놀며：高低峯頂振錫常遊(永嘉下105). 소리 흐늘오 南山애 오ᄅᆞ다 ᄒᆞ시니라(南明上75).

흐웍ᄒᆞ·다형 흡족하다. 윤택하다. 흐벅지다 ¶功德水ᄂᆞᆫ… ᄆᆞᆯᄀᆞ며 ᄎᆞ며 ᄃᆞᆯ며 보ᄃᆞ라ᄫᆞ며 흐웍ᄒᆞ며 便安ᄒᆞ며(月釋2：42). 澤은 저즐 씨니 恩惠 흐웍호미 비이슬 ᄀᆞᆮᄒᆞᆯ 씨라(法華2：187). 은혜와 정의 흐웍ᄒᆞ게 ᄒᆞ며：恩義浹洽(警民25).

:흗·다동 흩어지다 ¶不散ᄋᆞᆫ 흗디 아니ᄒᆞᆯ 씨라(月釋10：63). 疑心ᄒᆞᄂᆞᆫ 公案이 흗디 아니ᄒᆞ며：所疑公案不散(蒙法8). 소니 흗거늘：客散(初杜解15：17). 財寶ㅣ 흗거나：錢財耗損(佛頂上5).

흥정·바·지명 장사치. 상인(商人) ¶흥졍바지ᄃᆞᆯ히 길흘 몯 녀아 天神ㅅ긔 비더니이다(月印上32). 마초아 흥졍바지 舍衛國으로 가리 잇더니(釋譜6：15).

·힘·ᄡᅳ·다동 힘쓰다 ¶너희ᄃᆞᆯ히 힘ᄡᅥ ᄉᆞ라(釋譜23：12). 生死 버술 이를 힘ᄡᅥ 求ᄒᆞ야ᅀᅡ ᄒᆞ리라(月釋10：14). 善으로 힘ᄡᅳ샤：善以爲務(永嘉下138). 힘ᄡᅳᆯ 무：務(訓蒙下31). 힘ᄡᅳᆯ 면：勉. 힘ᄡᅳᆯ 려：勵(類合下42).

·힘ᄶᅡ·장부 힘껏 ¶다 숨ᄶᅵ거나 다ᄆᆞᆺ 버혀 브텟거나 호믈 힘ᄶᅡᆼ ᄒᆞ야：幷吞與割據極力(重杜解1：35). 만일 어버의 녯 번의셔 됴히 너기ᄂᆞᆫ 바를 맛당히 힘ᄶᅡᆼ 청ᄒᆞ야 오게 ᄒᆞ며：若親之故舊所喜當極力招致(宣小5：37).

힘힘ᄒᆞ다형 심심하다. 한가하다 ¶힘힘ᄒᆞᆫ 사ᄅᆞᆷ들：閑人們(朴解上32). 므슴 힘힘ᄒᆞᆫ 말을 니ᄅᆞᄂᆞ다：說甚麼閑話(朴解中37).

ᄒᆞ건:양·ᄒᆞ·다동 자랑하다. 잘난체 하다. ¶昂昂：뒤우드러 ᄒᆞ건양ᄒᆞᄂᆞᆫ 톄라(宣小5：23). 술진 ᄆᆞᆯ ᄐᆞ고 가비야온 갓옷 닙어 ᄒᆞ건양ᄒᆞ야 ᄆᆞ올히 디나ᄃᆞᆫ니ᄂᆞ니：肥馬衣輕裘揚揚過閭里(宣小5：24). 집이 가옴 열면 아히 ᄒᆞ건양ᄒᆞ다 ᄒᆞᄂᆞ니라：家富小兒嬌(朴解中41).

ᄒᆞ나수 하나 ¶몸이 ᄒᆞ나힐ᄊᆡ 비 블옴도 ᄒᆞᆫ 가지러니(月印上49). 弟子 ᄒᆞ나ᄒᆞᆯ 주어시든 말 드러 이ᄅᆞᅀᆞ바지이다(釋譜6：22). 一은 ᄒᆞ나히라(訓註13). 세흘 모도아 ᄒᆞ나해 가게 ᄒᆞ샤：會三歸一(法華6：166). ᄒᆞ나ᄒᆞᆫ 겨지븨 德이오：一曰婦德(宣賜內訓1：14). ※ᄒᆞ나>하나

※ 'ᄒᆞ나'의 첨용 ┌ ᄒᆞ나 │ ᄒᆞ나ᄒᆞ로/ᄒᆞ나ᄒᆞᆫ/ᄒᆞ나ᄒᆞᆯ/ᄒᆞ나히라 └ ᄒᆞ나콰/ᄒᆞ나토…

ᄒᆞ나부 오직 ¶나 ᄒᆞ나 졈어 잇고 님 ᄒᆞ나 날 괴시니 이 ᄆᆞ음 이 ᄉᆞ랑 견졸 ᄃᆡ 노여 업다(松江. 思美人曲).

·ᄒᆞ놀·이·다동 희롱하다. 괴롭히다 ¶구믠터리의 셰유믈 ᄒᆞ놀이ᄂᆞᆫ ᄃᆞᆺ도다：似惱鬢毛蒼(初杜解14：13). 디나가ᄂᆞ니 디나오ᄂᆞ니 나를 ᄒᆞ놀요ᄃᆡ：過去的過來的弄我的(飜朴上41).

·ᄒᆞ다·가부 하다가. 만일(萬一). 만약(萬若) ¶ᄒᆞ다가 有情이 邪曲ᄒᆞᆫ 道理 行ᄒᆞ리 잇거든(釋譜9：5). ᄒᆞ다가 이긔면 거즛 이롤 더르쇼셔(月釋2：72). ᄒᆞ다가 眞如 本態롤 ᄉᆞᄆᆞᆺ 보면：若了見眞如本態(金剛序5). ᄒᆞ다가 믈러가디 아니커든：若不退(蒙法3). ᄒᆞ다가 술옷 몯 먹거든 너덧 번에 ᄂᆞᆫ화 머기라：如不飲酒分作四五次服(救簡1：4). 그ᄃᆡ ᄒᆞ다가 녀화국의 나든：若(桐華寺 王郞傳4).

ᄒᆞᄅᆞ명 하루 ¶ᄒᆞᄅᆞᆺ 아ᄎᆞ미 命終ᄒᆞ야 모딘 길헤 ᄢᅥ러디면(釋譜6：3). 世尊이 ᄒᆞᄅᆞ 몃 里롤 녀시ᄂᆞ니잇고(釋譜6：23). ᄒᆞᄅᆞᆺ 바미 므리 두 자히나마 노ᄑᆞ니：一夜水高二尺強(初杜解10：4). ᄒᆞᄅᆞ도 ᄆᆞᅀᆞᆷ 노하 프러디게 호미 올티 아니ᄒᆞ니(飜小8：34). ᄒᆞᄅᆞ밤 서리 김의 기러기 우러 녈 제(松江. 思美人曲). ᄒᆞᄅᆞ ᄒᆞᆫ 참식 오시고(隣語1：6). ※ᄒᆞᄅᆞ>ᄒᆞ로>하루

ᄒᆞ·마부 ①이미. 벌써 ¶西幸이 ᄒᆞ마 오라샤 角端이 말ᄒᆞ야늘：西幸旣久角端有語(龍歌42章). 欲火롤 ᄒᆞ마 ᄢᅳ샤(月印上37). 旣ᄂᆞᆫ ᄒᆞ마 ᄒᆞ논 ᄠᅳ디라(釋譜序5). ᄒᆞ마 ᄌᆞ라 글월롤 즐겨 호ᄃᆡ：既長好文(宣賜內訓1：29). 니미 나롤 ᄒᆞ마 니ᄌᆞ시니잇가(樂範. 鄭瓜亭). ᄒᆞ마 밤들거냐 子規 소리 ᄆᆞᆰ게 난다(古時調. 尹善道. 낙시줄. 孤遺). ②장차(將次) ¶罪 ᄒᆞ마 일리러니：垂將及罪戮(龍歌123章). 이 衆生이 다 ᄒᆞ마 衰老ᄒᆞ야 나히 八十이 디나 머리 셰오 ᄂᆞᄎᆞ 디드러 아니 오라 ᄒᆞ마 주그리니(月釋17：47). 齋時ㅣ ᄒᆞ마 니를 ᄶᅥ기라：齋時欲至也(金剛4). 官人들히 ᄒᆞ마 흐터딜 ᄶᅥ시니：官人們待散也(杜解 上7). ᄒᆞ마 ᄃᆞᆫ녀 오올 ᄭᅥ시니(隣語1：14).

ᄒᆞ마면부 거의. 까딱하면 ¶三角山 第一峯이 ᄒᆞ마면 뵈리로다(松江. 關東別曲).

·ᄒᆞᄆᆞᆯ·며부 하물며 ¶ᄒᆞᄆᆞᆯ며 袞職 돕ᄉᆞᄫᆞ려：況思補袞職(龍歌121章). 제 ᄲᅮᆷ도 오히려 아니 ᄒᆞ거니 ᄒᆞᄆᆞᆯ며 어비ᅀᅵᆫᄃᆞᆯ 내야 주며(釋譜9：12). ᄒᆞᄆᆞᆯ며 泉石膏肓을 고텨 므슴 ᄒᆞ료(古時調. 李滉. 이런ᄃᆞᆯ 엇다. 陶山六曲板本). ᄒᆞᄆᆞᆯ며 게어른 ᄆᆞᄋᆞᆷ이 이시면(女範1. 모의 노희경강). ※ᄒᆞᄆᆞᆯ며>ᄒᆞ믈며>하물며

ᄒᆞᄫᆞ·ᅀᅡ부 홀로. 혼자 ¶ᄒᆞᄫᆞᅀᅡ 나ᅀᅡ가샤：輕騎獨詣. ᄒᆞᄫᆞᅀᅡ 믈리조치샤：挺身陽北(龍歌35章). 나라해 忠臣이 업고 ᄒᆞᄫᆞᅀᅡ 至誠이실ᄊᆡ：國無忠臣獨我至誠(龍歌37章). ᄒᆞᄫᆞᅀᅡ 뒤헤 셔샤：于後獨立. ᄒᆞᄫᆞᅀᅡ 뒤헤 나샤：于後獨出(龍歌61章).

ᄒᆞ·야ᄇᆞ·리·다동 헐어 버리다. ¶집도 ᄒᆞ야ᄇᆞ리며(釋譜23：22). 破ᄂᆞᆫ ᄒᆞ야ᄇᆞ릴 씨라(月釋序6). 일후믈 ᄒᆞ야ᄇᆞ리며：壞名(宣賜內訓1：32). 藥欄 ᄒᆞ야ᄇᆞ료ᄆᆞᆯ：損藥欄(初杜解21：5).

ᄒᆞ오·ᅀᅡ부 홀로 ¶ᄒᆞ오ᅀᅡ 내 尊호라 ᄒᆞ시니(月印上8). 舍利弗이 ᄒᆞ오ᅀᅡ 아니 왯더니(釋譜6：29). ᄒᆞ오ᅀᅡ 안자 잇더시니(月釋1：6). ᄒᆞ오ᅀᅡ 孝道ᄒᆞ야(三綱. 孝7).

ᄒᆞ올·로부 홀로 ¶天人의 놀라 疑心호ᄆᆞᆯ ᄒᆞ올로 닐어시놀：獨言天人驚疑(法華1：167). ᄒᆞ올로 ᄠᅳ들 머구라：獨含情(初杜解23：4). 누릿 가온ᄃᆡ 나곤 몸하 ᄒᆞ올로 녈셔(樂範. 動動). ᄒᆞ올로 陰崖예 이셔셔 새지블 지엣도다：獨在陰崖結茅屋(重杜解9：8).

ᄒᆞ옷·몸명 홑몸. 단신(單身) ¶獨ᄋᆞᆫ 늘구ᄃᆡ 子息 업서 ᄒᆞ옷모민 사ᄅᆞ미라(釋譜6：13). ᄒᆞᄆᆞᆯ며 또 ᄒᆞ옷모ᄆᆞ로：況復單己(法華1：85).

ᄒᆞᆫ가·지·로부 함께 ¶두 사ᄅᆞ미 福德이 어늬ᅀᅡ 하리잇고 부텨 니ᄅᆞ샤ᄃᆡ ᄒᆞᆫ가지로 ᄀᆞ지업스며 ᄀᆞᆺ업스리라(釋譜23：4). ᄒᆞᆫ가지로 다 뮈다 호미 세 가지니(月釋2：14). ᄒᆞᆫ가지로 부모ᄭᅴ셔 나시니：同出於父母

(警民4).

ᄒᆞᆫ·골·ᄀᆞᆮ·다 형 한결같다 ¶사ᄅᆞᆷ이 모롬이 이 ᄒᆞᆫ골ᄀᆞ튼 셰샹 마새 淡薄ᄒᆞ야사：人須是一切世味淡薄(宣小5：97).

ᄒᆞᆫ디위 부 한참 ¶블ᄣᅵ더 ᄒᆞᆫ디위만 ᄒᆞ면 닉ᄂᆞ니라：燒動火一霎兒熟了(老解 上20). ᄒᆞᆫ디위 念ᄒᆞ고：念一會(朴解 上45).

ᄒᆞᆫ·ᄢᅴ 부 함께. 동시에 ¶太子ᄂᆞᆫ ᄒᆞ오사 象ᄋᆞᆯ 나ᄆᆞ티며 바ᄃᆞ시고 둘희 힘ᄋᆞᆯ ᄒᆞᆫᄢᅴ 이기시니(月印 上15). ᄒᆞᆫᄢᅴ 소리내야 솔ᄫᅳᄃᆡ(釋譜9：39). 盛히 ᄒᆞᆫᄢᅴ 니ᄅᆞ와도ᄃᆡ：熾然俱作(金剛132). 炙을 ᄒᆞᆫᄢᅴ 모도 먹디 마롤디니라：毋嘬炙(宣賜內訓1：4).

ᄒᆞᆫ:양·ᄀᆞᆮ·다 형 하나같다. 여일하다 ¶이에 內外 化ᄅᆞᆯ 조차 옷 니부미 ᄒᆞᆫ양ᄀᆞᄐᆞ니：於是內外從化被服如一(宣賜內訓2上56).

ᄒᆞᆫ적곳 부 한때만 ¶비록 못 먹어도 ᄂᆞᄆᆡ 밥을 비디 마라 ᄒᆞᆫ적곳 ᄢᅵ 시론 휘면 고텨 싯기 어려우리(古時調. 鄭澈. 비록 못. 警民編).

ᄒᆞᄅᆞ 명 하루 ¶ᄒᆞᄅᆞᆫ 조심 아니 ᄒᆞ야(釋譜11：26). ᄒᆞᄅᆞ리어나 ᄒᆞ논 마리라(月釋7：60). ᄒᆞᄅᆞᆯ 無漏業을 닷가：一日修無漏業(楞解4：72). ᄒᆞᆫ 달이 셜흔 날이여니 날 보라 올 ᄒᆞᄅᆞ리 업스랴(古時調. 어이 못 오던다. 青丘). ᄒᆞᄅᆞ리나 잇트리어나：一日二日(普勸文3).

ᄒᆞᆰ 명 흙 ¶ᄒᆞᆰ爲土(訓解. 合字). 여린 ᄒᆞᆯᄀᆞᆯ 하ᄂᆞᆯ히 구티시니：泥淖之地天爲之凝(龍歌37章). 디새며 ᄒᆞᆯᄀᆞ로 塔ᄋᆞᆯ 이르ᅀᆞᆸ거나(釋譜13：51). 모시 ᄒᆞᆯᄀᆡ ᄃᆞ외어늘(月釋2：50).

ᄒᆞᆷᄢᅴ 부 함께 ¶량시기 업거늘 집사ᄅᆞᆷ과 다 ᄒᆞᆷᄢᅴ 주그니라：粮盡闔家同死(續三綱. 忠2). ᄒᆞᆷᄢᅴ 주믈 ᄎᆞ게 ᄒᆞ고：一幷交足(飜老 下16).

ᄒᆞᆷ·ᄭᅴ 부 함께 ¶버다 너희 세희 ᄒᆞᆷᄭᅴ 다 내오：火伴你三箇一發都出了着(飜老 上24).

·ᄒᆡ:님 명 해님 ¶블근ᄭᅩᆺ 두닐굽 나ᄎᆞᆯ ᄒᆡ님 향ᄒᆞ야 ᄉᆞᆷᄭᅵ라(瘟疫方8).

·ᄒᆡ:다 형 희다 ¶ᄒᆡᆫ 므지게 ᄒᆡ예 ᄢᅦ니이다：維時白虹橫貫于日(龍歌50章). 補陁ᄂᆞᆫ 혀근 ᄒᆡᆫ 고지라(釋譜6：43). 白ᄋᆞᆫ ᄒᆡᆯ 씨라(月釋1：22). 구루미 ᄒᆡ오 뫼히 프른：雲白山青(杜解11：11). ᄒᆡᆫ 옷 니브며 ᄒᆡᆫ ᄯᅴ ᄯᅴ고(呂約9：27). ᄒᆡᆫ ᄇᆡᆨ：白. ᄒᆡᆯ 소：素(訓蒙 中29).

ᄒᆡ·ᄃᆞᆯ 명 ①해와 달. ¶그제ᅀᅡ ᄒᆡᄃᆞ리 처ᅀᅥᆷ 나니라(月釋1：42). ᄒᆡᄃᆞᆯ 노ᄑᆞᆫ와 太虛ㅅ 머루미：日月之高太虛之遠(法華6：31). ②연월(年月). 세월 ¶서르 잡드러 ᄒᆡᄃᆞ리 기도다：相將歲月長(金三3：53).

ᄒᆡ·ᅇᅧ 부 하여. 하여금. 시키어. 하게 하여. ¶使ᄂᆞᆫ ᄒᆡᅇᅧ ᄒᆞ논 마리라. 사ᄅᆞᆷ마다 ᄒᆡᅇᅧ 수비 니겨：欲使人人易習(訓註3).

·ᄒᆡᆫ 형 흰 ¶ᄒᆡᆫ 므지게 ᄒᆡ예 ᄢᅦ니이다：維時白虹橫貫于日(龍歌50章). ᄒᆡᆫ 쇠져즐 取ᄒᆞ야：取白牛乳(楞解7：15). 플로 나ᄒᆞᆫ ᄒᆡᆫ 뵈라(宣賜內訓2上48).

ᅘᅧ·다 동 켜다〔點燈〕 ¶蘇油燈을 ᅘᅧᄃᆡ 또 幡數에 맛게 ᄒᆞ고(月釋10：119). 燈 ᅘᅧ 불고물 닛ᄉᆞ오며：然燈續明(法華3：58).

ᅘᅧ·다 동 켜다〔鋸〕 ¶思明이 怒ᄒᆞ야 토ᄇᆞ로 ᅘᅧ 주기니：思明怒鋸殺之(三綱. 忠15 張興).

ᅘᅧ·다 동 끌다. 다리다〔引〕 ¶ᅘᅧ爲引(訓解. 合字). 象ᄋᆞᆯ 티ᄎᆞ며 그우리 ᅘᅧ고(月印 上14). 引導ᄂᆞᆫ ᅘᅧ아 길 알욀 씨라(釋譜9：8). 攀ᄋᆞᆫ ᅘᅧᆯ 씨라(月釋 序3). 能히 ᄲᆞᆯ리 횟도로 ᅘᅧ라(月釋10：102). 아ᄃᆞᄅᆞᆯ 달애야 ᅘᅧ려ᄒᆞ야：欲誘引其子(法華2：206).

ᅘᅧ·다 동 켜다〔紡〕 ¶經綸ᄋᆞᆫ 실 ᅘᅧᆯ 씨니(月釋17：14). 질삼ᄒᆞ며 고티 ᅘᅧ며 뵈 ᄧᆞ 옷 ᄆᆡᇰᄀᆞᆯ며(三綱. 烈2).

부록(附錄)

한글 맞춤법

부록

〈문교부 고시 제 88-1 호 : 1988. 1. 19.〉

일 러 두 기

1. 이 한글 맞춤법은 개정된 규정에 따라 표기하였다.
2. 이 한글 맞춤법은 본문 6장과 '부록'으로 되어 있다.

3. 각 장은 절로 나누고, 각 절은 다시 항으로 나누어, 각기 원칙에 따르는 예시어들을 제시하였다.
4. 문법 체계와 용어는 '학교 문법 용어'(문교부 제정)에 따랐다.
5. 의미의 혼동을 줄 우려가 있는 경우에 한하여 한자를 병기하였다.
6. '다만'과 〔붙임〕은 다음과 같은 경우에 썼다.

다만 : 규정의 본문에 해당되지 않는 예외 사항을 제시하는 경우
〔붙임〕 : 규정의 본문에 포함하여 설명하기 어려운 사항을 보충할 경우

제 1 장 총 칙

제 1 항 한글 맞춤법은 표준어를 소리대로 적되, 어법에 맞도록 함을 원칙으로 한다.

제 2 항 문장의 각 단어는 띄어 씀을 원칙으로 한다.

제 3 항 외래어는 '외래어 표기법'에 따라 적는다.

제 2 장 자 모

제 4 항 한글 자모의 수는 스물넉 자로 하고, 그 순서와 이름은 다음과 같이 정한다.

ㄱ(기역)	ㄴ(니은)	ㄷ(디귿)	ㄹ(리을)	ㅁ(미음)
ㅂ(비읍)	ㅅ(시옷)	ㅇ(이응)	ㅈ(지읒)	ㅊ(치읓)
ㅋ(키읔)	ㅌ(티읕)	ㅍ(피읖)	ㅎ(히읗)	
ㅏ(아)	ㅑ(야)	ㅓ(어)	ㅕ(여)	ㅗ(오)
ㅛ(요)	ㅜ(우)	ㅠ(유)	ㅡ(으)	ㅣ(이)

〔붙임 1〕 위의 자모로써 적을 수 없는 소리는 두 개 이상의 자모를 어울러서 적되, 그 순서와 이름은 다음과 같이 정한다.

ㄲ(쌍기역)	ㄸ(쌍디귿)	ㅃ(쌍비읍)	ㅆ(쌍시옷)	ㅉ(쌍지읒)
ㅐ(애)	ㅒ(얘)	ㅔ(에)	ㅖ(예)	ㅘ(와)

ㅙ(왜)　ㅚ(외)　ㅝ(워)　ㅞ(웨)　ㅟ(위)
ㅢ(의)

〔붙임 2〕 사전에 올릴 적의 자모 순서는 다음과 같이 정한다.

자음 ㄱ ㄲ ㄴ ㄷ ㄸ ㄹ ㅁ ㅂ ㅃ ㅅ ㅆ ㅇ ㅈ ㅉ ㅊ ㅋ ㅌ ㅍ ㅎ
모음 ㅏ ㅐ ㅑ ㅒ ㅓ ㅔ ㅕ ㅖ ㅗ ㅘ ㅙ ㅚ ㅛ ㅜ ㅝ ㅞ ㅟ ㅠ ㅡ ㅢ ㅣ

제 3 장 소리에 관한 것

제 1 절 된소리

제 5 항 한 단어 안에서 뚜렷한 까닭 없이 나는 된소리는 다음 음절의 첫소리를 된소리로 적는다.

1. 두 모음 사이에서 나는 된소리

소쩍새 어깨 오빠 으뜸 아끼다 기쁘다 깨끗하다 어떠하다 해쓱하다
가끔 거꾸로 부썩 어찌 이따금

2. 'ㄴ, ㄹ, ㅁ, ㅇ' 받침 뒤에서 나는 된소리

산뜻하다 잔뜩 살짝 훨씬 담뿍 움찔 몽땅 엉뚱하다

다만, 'ㄱ, ㅂ' 받침 뒤에서 나는 된소리는, 같은 음절이나 비슷한 음절이 겹쳐 나는 경우가 아니면 된소리로 적지 아니한다.

국수 깍두기 딱지 색시 싹둑(~싹둑) 법석 갑자기 몹시

제 2 절 구개음화

제 6 항 'ㄷ, ㅌ' 받침 뒤에 종속적 관계를 가진 '-이(-)'나 '-히-'가 올 적에는 그 'ㄷ, ㅌ'이 'ㅈ, ㅊ'으로 소리나더라도 'ㄷ, ㅌ'으로 적는다. (ㄱ을 취하고, ㄴ을 버림.)

ㄱ	ㄴ	ㄱ	ㄴ
맏이	마지	핥이다	할치다
해돋이	해도지	걷히다	거치다
굳이	구지	닫히다	다치다
같이	가치	묻히다	무치다
끝이	끄치		

제 3 절 'ㄷ' 소리 받침

제 7 항 'ㄷ' 소리로 나는 받침 중에서 'ㄷ'으로 적을 근거가 없는 것은 'ㅅ'으로 적는다.

덧저고리 돗자리 엇셈 웃어른 핫옷 무릇 사뭇 얼핏
자칫하면 뭇〔衆〕 옛 첫 헛

제 4 절 모음

제 8 항 '계, 례, 몌, 폐, 혜'의 'ㅖ'는 'ㅔ'로 소리나는 경우가 있더라도 'ㅖ'로 적는다. (ㄱ을 취하고, ㄴ을 버림.)

ㄱ	ㄴ	ㄱ	ㄴ
계수(桂樹)	게수	연몌(連袂)	연메
사례(謝禮)	사레	폐품(廢品)	페품
혜택(惠澤)	헤택	핑계	핑게
계집	게집	계시다	게시다

다만, 다음 말은 본음대로 적는다.

게송(偈頌) 게시판(揭示板) 휴게실(休憩室)

제 9 항 '의'나, 자음을 첫소리로 가지고 있는 음절의 'ㅢ'는 'ㅣ'로 소리나는 경우가 있더라도 'ㅢ'로 적는다. (ㄱ을 취하고, ㄴ을 버림.)

ㄱ	ㄴ	ㄱ	ㄴ
의의(意義)	의이	늴큼	닝큼
본의(本義)	본이	띄어쓰기	띠어쓰기
무늬〔紋〕	무니	씌어	씨어
보늬	보니	틔어	티어
오늬	오니	희망(希望)	히망
하늬바람	하니바람	희다	히다
늴리리	닐리리	유희(遊戲)	유히

제 5 절 두음 법칙

제 10 항 한자음 '녀, 뇨, 뉴, 니'가 단어 첫머리에 올 적에는 두음 법칙에 따라 '여, 요, 유, 이'로 적는다. (ㄱ을 취하고, ㄴ을 버림.)

ㄱ	ㄴ	ㄱ	ㄴ
여자(女子)	녀자	유대(紐帶)	뉴대
연세(年歲)	년세	이토(泥土)	니토
요소(尿素)	뇨소	익명(匿名)	닉명

다만, 다음과 같은 의존 명사에서는 '냐, 녀' 음을 인정한다.

냥(兩) 냥쭝(兩-) 년(年)(몇 년)

〔붙임 1〕 단어의 첫머리 이외의 경우에는 본음대로 적는다.

남녀(男女) 당뇨(糖尿) 결뉴(結紐) 은닉(隱匿)

〔붙임 2〕 접두사처럼 쓰이는 한자가 붙어서 된 말이나 합성어에서, 뒷말의 첫소리가 'ㄴ' 소리로 나더라도 두음 법칙에 따라 적는다.

신여성(新女性) 공염불(空念佛) 남존여비(男尊女卑)

〔붙임 3〕 둘 이상의 단어로 이루어진 고유 명사를 붙여 쓰는 경우에도 붙임 2에 준하여 적는다.

한국여자대학 대한요소비료회사

제 11 항 한자음 '랴, 려, 례, 료, 류, 리'가 단어의 첫머리에 올 적에는 두음 법칙에 따라 '야, 여, 예, 요, 유, 이'로 적는다. (ㄱ을 취하고, ㄴ을 버림.)

ㄱ	ㄴ	ㄱ	ㄴ
양심(良心)	량심	용궁(龍宮)	룡궁
역사(歷史)	력사	유행(流行)	류행
예의(禮儀)	례의	이발(理髮)	리발

다만, 다음과 같은 의존 명사는 본음대로 적는다.

리(里) : 몇 리냐?

리(理) : 그럴 리가 없다.

〔붙임 1〕 단어의 첫머리 이외의 경우에는 본음대로 적는다.

개량(改良)	선량(善良)	수력(水力)	협력(協力)
사례(謝禮)	혼례(婚禮)	와룡(臥龍)	쌍룡(雙龍)
하류(下流)	급류(急流)	도리(道理)	진리(眞理)

다만, 모음이나 'ㄴ' 받침 뒤에 이어지는 '렬, 률'은 '열, 율'로 적는다. (ㄱ을 취하고, ㄴ을 버림.)

ㄱ	ㄴ	ㄱ	ㄴ
나열(羅列)	나렬	진열(陳列)	진렬
치열(齒列)	치렬	선율(旋律)	선률
비열(卑劣)	비렬	비율(比率)	비률
규율(規律)	규률	실패율(失敗率)	실패률
분열(分裂)	분렬	전율(戰慄)	전률
선열(先烈)	선렬	백분율(百分率)	백분률

〔붙임 2〕 외자로 된 이름을 성에 붙여 쓸 경우에도 본음대로 적을 수 있다.

신립(申砬)　　최린(崔麟)　　채륜(蔡倫)　　하륜(河崙)

〔붙임 3〕 준말에서 본음으로 소리나는 것은 본음대로 적는다.

국련(국제연합)　　대한교련(대한교육연합회)

〔붙임 4〕 접두사처럼 쓰이는 한자가 붙어서 된 말이나 합성어에서 뒷말의 첫소리가 'ㄴ' 또는 'ㄹ' 소리로 나더라도 두음 법칙에 따라 적는다.

역이용(逆利用)　　연이율(年利率)　　열역학(熱力學)　　해외여행(海外旅行)

〔붙임 5〕 둘 이상의 단어로 이루어진 고유 명사를 붙여 쓰는 경우나 십진법에 따라 쓰는 수(數)도 붙임 4에 준하여 적는다.

서울여관　　신흥이발관　　육천육백육십육(六千六百六十六)

제 12 항 한자음 '라, 래, 로, 뢰, 루, 르'가 단어의 첫머리에 올 적에는 두음 법칙에 따라 '나, 내, 노, 뇌, 누, 느'로 적는다. (ㄱ을 취하고, ㄴ을 버림.)

ㄱ	ㄴ	ㄱ	ㄴ
낙원(樂園)	락원	뇌성(雷聲)	뢰성
내일(來日)	래일	누각(樓閣)	루각
노인(老人)	로인	능묘(陵墓)	릉묘

〔붙임 1〕 단어의 첫머리 이외의 경우에는 본음대로 적는다.

쾌락(快樂)	극락(極樂)	거래(去來)	왕래(往來)
부로(父老)	연로(年老)	지뢰(地雷)	낙뢰(落雷)
고루(高樓)	광한루(廣寒樓)	가정란(家庭欄)	동구릉(東九陵)

〔붙임 2〕 접두사처럼 쓰이는 한자가 붙어서 된 단어는 뒷말을 두음 법칙에 따라 적는다.

내내월(來來月)　　상노인(上老人)　　중노동(重勞動)　　비논리적(非論理的)

제 6 절 겹쳐 나는 소리

제 13 항 한 단어 안에서 같은 음절이나 비슷한 음절이 겹쳐 나는 부분은 같은 글자로 적는다. (ㄱ을 취하고, ㄴ을 버림.)

ㄱ	ㄴ	ㄱ	ㄴ
딱딱	딱닥	꼿꼿하다	꼿곳하다
쌕쌕	쌕색	놀놀하다	놀롤하다
씩씩	씩식	눅눅하다	눙눅하다
똑딱똑딱	똑닥똑닥	밋밋하다	민밋하다
쓱싹쓱싹	쓱삭쓱삭	싹싹하다	싹삭하다
연연불망(戀戀不忘)	연련불망	쌉쌀하다	쌉살하다
유유상종(類類相從)	유류상종	씁쓸하다	씁슬하다
누누이	누루이	짭짤하다	짭잘하다

제 4 장 형태에 관한 것

제 1 절 체언과 조사

제 14 항 체언은 조사와 구별하여 적는다.

떡이	떡을	떡에	떡도	떡만	밭이	밭을	밭에	밭도	밭만
손이	손을	손에	손도	손만	앞이	앞을	앞에	앞도	앞만
팔이	팔을	팔에	팔도	팔만	밖이	밖을	밖에	밖도	밖만
밤이	밤을	밤에	밤도	밤만	넋이	넋을	넋에	넋도	넋만
집이	집을	집에	집도	집만	흙이	흙을	흙에	흙도	흙만
옷이	옷을	옷에	옷도	옷만	삶이	삶을	삶에	삶도	삶만
콩이	콩을	콩에	콩도	콩만	여덟이	여덟을	여덟에	여덟도	여덟만
낮이	낮을	낮에	낮도	낮만	곬이	곬을	곬에	곬도	곬만
꽃이	꽃을	꽃에	꽃도	꽃만	값이	값을	값에	값도	값만

제 2 절 어간과 어미

제 15 항 용언의 어간과 어미는 구별하여 적는다.

먹다	먹고	먹어	먹으니	깎다	깎고	깎아	깎으니
신다	신고	신어	신으니	앉다	앉고	앉아	앉으니
믿다	믿고	믿어	믿으니	많다	많고	많아	많으니
울다	울고	울어	(우니)	늙다	늙고	늙어	늙으니
넘다	넘고	넘어	넘으니	젊다	젊고	젊어	젊으니
입다	입고	입어	입으니	넓다	넓고	넓어	넓으니
웃다	웃고	웃어	웃으니	훑다	훑고	훑어	훑으니
찾다	찾고	찾아	찾으니	읊다	읊고	읊어	읊으니
좇다	좇고	좇아	좇으니	옳다	옳고	옳아	옳으니
같다	같고	같아	같으니	없다	없고	없어	없으니
높다	높고	높아	높으니	있다	있고	있어	있으니
좋다	좋고	좋아	좋으니				

〔붙임 1〕 두 개의 용언이 어울려 한 개의 용언이 될 적에, 앞말의 본뜻이 유지되고 있는 것은 그 원형을 밝히어 적고, 그 본뜻에서 멀어진 것은 밝히어 적지 아니한다.

(1) 앞말의 본뜻이 유지되고 있는 것

넘어지다 늘어나다 늘어지다 돌아가다 되짚어가다
들어가다 떨어지다 벌어지다 엎어지다 접어들다
틀어지다 흩어지다

(2) 본뜻에서 멀어진 것

드러나다 사라지다 쓰러지다

〔붙임 2〕 종결형에서 사용되는 어미 '-오'는 '요'로 소리나는 경우가 있더라도 그 원형을 밝혀 '오'로 적는다. (ㄱ을 취하고, ㄴ을 버림.)

ㄱ	ㄴ
이것은 책이오.	이것은 책이요.
이리로 오시오.	이리로 오시요.
이것은 책이 아니오.	이것은 책이 아니요.

〔붙임 3〕 연결형에서 사용되는 '이요'는 '이요'로 적는다. (ㄱ을 취하고, ㄴ을 버림.)

ㄱ	ㄴ
이것은 책이요, 저것은 붓이요, 또 저것은 먹이다.	이것은 책이오, 저것은 붓이오, 또 저것은 먹이다.

제 16 항 어간의 끝 음절 모음이 'ㅏ, ㅗ'일 때에는 어미를 '-아'로 적고, 그 밖의 모음일 때에는 '-어'로 적는다.

1. '-아'로 적는 경우

나아	나아도	나아서	돌아	돌아도	돌아서
막아	막아도	막아서	보아	보아도	보아서
얇아	얇아도	얇아서			

2. '-어'로 적는 경우

개어	개어도	개어서	저어	저어도	저어서
겪어	겪어도	겪어서	주어	주어도	주어서
되어	되어도	되어서	피어	피어도	피어서
베어	베어도	베어서	희어	희어도	희어서
쉬어	쉬어도	쉬어서			

제 17 항 어미 뒤에 덧붙는 조사 '-요'는 '-요'로 적는다.

읽어	읽어요	좋지	좋지요
참으리	참으리요		

제 18 항 다음과 같은 용언들은 어미가 바뀔 경우, 그 어간이나 어미가 원칙에 벗어나면 벗어나는 대로 적는다.

1. 어간의 끝 'ㄹ'이 줄어질 적

갈다 :	가니	간	갑니다	가시다	가오
놀다 :	노니	논	놉니다	노시다	노오
불다 :	부니	분	붑니다	부시다	부오
둥글다 :	둥그니	둥근	둥급니다	둥그시다	둥그오
어질다 :	어지니	어진	어집니다	어지시다	어지오

〔붙임〕 다음과 같은 말에서도 'ㄹ'이 준 대로 적는다.

마지못하다	마지않다
(하)다마다	(하)자마자
(하)지 마라	(하)지 마(아)

2. 어간의 끝 'ㅅ'이 줄어질 적

긋다 :	그어	그으니	그었다
낫다 :	나아	나으니	나았다
잇다 :	이어	이으니	이었다
짓다 :	지어	지으니	지었다

3. 어간의 끝 'ㅎ'이 줄어질 적

그렇다 :	그러니	그럴	그러면	그러오
까맣다 :	까마니	까말	까마면	까마오
동그랗다 :	동그라니	동그랄	동그라면	동그라오
퍼렇다 :	퍼러니	퍼럴	퍼러면	퍼러오

하얗다 : 하야니 하얀 하야면 하야오

4. 어간의 끝 'ㅜ, ㅡ'가 줄어질 적

푸다 :	퍼	펐다	뜨다 :	떠	떴다
끄다 :	꺼	껐다	크다 :	커	컸다
담그다 :	담가	담갔다	고프다 :	고파	고팠다
따르다 :	따라	따랐다	바쁘다 :	바빠	바빴다

5. 어간의 끝 'ㄷ'이 'ㄹ'로 바뀔 적

걷다〔步〕 :	걸어	걸으니	걸었다
듣다〔聽〕 :	들어	들으니	들었다
묻다〔問〕 :	물어	물으니	물었다
싣다〔載〕 :	실어	실으니	실었다

6. 어간의 끝 'ㅂ'이 'ㅜ'로 바뀔 적

깁다 :	기워	기우니	기웠다
굽다〔炙〕 :	구워	구우니	구웠다
가깝다 :	가까워	가까우니	가까웠다
괴롭다 :	괴로워	괴로우니	괴로웠다
맵다 :	매워	매우니	매웠다
무겁다 :	무거워	무거우니	무거웠다
밉다 :	미워	미우니	미웠다
쉽다 :	쉬워	쉬우니	쉬웠다

다만, '돕-, 곱-'과 같은 단음절 어간에 어미 '-아'가 결합되어 '와'로 소리나는 것은 '-와'로 적는다.

돕다〔助〕 :	도와	도와서	도와도	도왔다
곱다〔麗〕 :	고와	고와서	고와도	고왔다

7. '하다'의 활용에서 어미 '-아'가 '-여'로 바뀔 적

하다 : 하여 하여서 하여도 하여라 하였다

8. 어간의 끝 음절 '르' 뒤에 오는 어미 '-어'가 '-러'로 바뀔 적

이르다〔至〕 :	이르러	이르렀다	누르다 :	누르러	누르렀다
노르다 :	노르러	노르렀다	푸르다 :	푸르러	푸르렀다

9. 어간의 끝 음절 '르'의 'ㅡ'가 줄고, 그 뒤에 오는 어미 '-아/-어'가 '-라/-러'로 바뀔 적

가르다 :	갈라	갈랐다	부르다 :	불러	불렀다
거르다 :	걸러	걸렀다	오르다 :	올라	올랐다
구르다 :	굴러	굴렀다	이르다 :	일러	일렀다
벼르다 :	별러	별렀다	지르다 :	질러	질렀다

제 3 절 접미사가 붙어서 된 말

제 19 항 어간에 '-이'나 '-음/-ㅁ'이 붙어서 명사로 된 것과 '-이'나 '-히'가 붙어서 부사로 된 것은 그 어간의 원형을 밝히어 적는다.

1. '-이'가 붙어서 명사로 된 것

길이	깊이	높이	다듬이	땀받이	달맞이
먹이	미닫이	벌이	벼훑이	살림살이	쇠붙이

2. '-음/-ㅁ'이 붙어서 명사로 된 것

걸음	묶음	믿음	얼음	엮음	울음

웃음　　졸음　　죽음　　앎　　만듦

3. '-이'가 붙어서 부사로 된 것

같이　　굳이　　길이　　높이　　많이　　실없이
좋이　　짓궂이

4. '-히'가 붙어서 부사로 된 것

밝히　　익히　　작히

다만, 어간에 '-이'나 '-음'이 붙어서 명사로 바뀐 것이라도 그 어간의 뜻과 멀어진 것은 원형을 밝히어 적지 아니한다.

굽도리　　다리〔髢〕　　목거리(목병)　　무녀리
코끼리　　거름(비료)　　고름〔膿〕　　노름(도박)

〔붙임〕 어간에 '-이'나 '-음' 이외의 모음으로 시작된 접미사가 붙어서 다른 품사로 바뀐 것은 그 어간의 원형을 밝히어 적지 아니한다.

(1) 명사로 바뀐 것

귀머거리　　까마귀　　너머　　뜨더귀　　마감　　마개
마중　　무덤　　비렁뱅이　　쓰레기　　올가미　　주검

(2) 부사로 바뀐 것

거뭇거뭇　　너무　　도로　　뜨덤뜨덤　　바투
불긋불긋　　비로소　　오긋오긋　　자주　　차마

(3) 조사로 바뀌어 뜻이 달라진 것

나마　　부터　　조차

제 20 항 명사 뒤에 '-이'가 붙어서 된 말은 그 명사의 원형을 밝히어 적는다.

1. 부사로 된 것

곳곳이　　낱낱이　　몫몫이　　샅샅이　　앞앞이　　집집이

2. 명사로 된 것

곰배팔이　　바둑이　　삼발이　　애꾸눈이　　육손이　　절뚝발이/절름발이

〔붙임〕 '-이' 이외의 모음으로 시작된 접미사가 붙어서 된 말은 그 명사의 원형을 밝히어 적지 아니한다.

꼬락서니　　끄트머리　　모가치　　바가지　　바깥　　사타구니
싸라기　　이파리　　지붕　　지푸라기　　짜개

제 21 항 명사나 혹은 용언의 어간 뒤에 자음으로 시작된 접미사가 붙어서 된 말은 그 명사나 어간의 원형을 밝히어 적는다.

1. 명사 뒤에 자음으로 시작된 접미사가 붙어서 된 것

값지다　　홑지다　　넋두리　　빛깔　　옆댕이　　잎사귀

2. 어간 뒤에 자음으로 시작된 접미사가 붙어서 된 것

낚시　　늙정이　　덮개　　뜯게질　　갉작갉작하다
갉작거리다　　뜯적거리다　　뜯적뜯적하다　　굵다랗다　　굵직하다
깊숙하다　　넓적하다　　높다랗다　　늙수그레하다　　얽죽얽죽하다

다만, 다음과 같은 말은 소리대로 적는다.

(1) 겹받침의 끝소리가 드러나지 아니하는 것

할짝거리다　　널따랗다　　널찍하다　　말끔하다　　말쑥하다
말짱하다　　실쭉하다　　실큼하다　　얄따랗다　　얄팍하다
짤따랗다　　짤막하다　　실컷

(2) 어원이 분명하지 아니하거나 본뜻에서 멀어진 것

넙치　　　　올무　　　　골막하다　　　　납작하다

제 22 항 용언의 어간에 다음과 같은 접미사들이 붙어서 이루어진 말들은 그 어간을 밝히어 적는다.

1. '-기-, -리-, -이-, -히-, -구-, -우-, -추-, -으키-, -이키-, -애-'가 붙는 것

맡기다　옮기다　웃기다　쫓기다　뚫리다　울리다
낚이다　쌓이다　핥이다　굳히다　굽히다　넓히다
앉히다　얽히다　잡히다　돋구다　솟구다　돋우다
갖추다　곧추다　맞추다　일으키다　돌이키다　없애다

다만, '-이-, -히-, -우-'가 붙어서 된 말이라도 본뜻에서 멀어진 것은 소리대로 적는다.

도리다(칼로 ~)　드리다(용돈을 ~)　고치다　바치다(세금을 ~)
부치다(편지를 ~)　거두다　미루다　이루다

2. '-치-, -뜨리-/-트리-'가 붙는 것

놓치다　덮치다　떠받치다　받치다　밭치다　부딪치다
뻗치다　엎치다　부딪뜨리다/부딪트리다　쏟뜨리다/쏟트리다
젖뜨리다/젖트리다　찢뜨리다/찢트리다　흩뜨리다/흩트리다

〔붙임〕 '-업-, -읍-, -브-'가 붙어서 된 말은 소리대로 적는다.

미덥다　우습다　미쁘다

제 23 항 '-하다'나 '-거리다'가 붙는 어근에 '-이'가 붙어서 명사가 된 것은 그 원형을 밝히어 적는다. (ㄱ을 취하고, ㄴ을 버림.)

ㄱ	ㄴ	ㄱ	ㄴ
깔쭉이	깔쭈기	살살이	살사리
꿀꿀이	꿀꾸리	쌕쌕이	쌕쌔기
눈깜짝이	눈깜짜기	오뚝이	오뚜기
더펄이	더퍼리	코납작이	코납자기
배불뚝이	배불뚜기	푸석이	푸서기
삐죽이	삐주기	홀쭉이	홀쭈기

〔붙임〕 '-하다'나 '-거리다'가 붙을 수 없는 어근에 '-이'나 또는 다른 모음으로 시작되는 접미사가 붙어서 명사가 된 것은 그 원형을 밝히어 적지 아니한다.

개구리　귀뚜라미　기러기　깍두기　꽹과리　날라리
누더기　동그라미　두드러기　딱따구리　매미　부스러기
뻐꾸기　얼루기　칼싹두기

제 24 항 '-거리다'가 붙을 수 있는 시늉말 어근에 '-이다'가 붙어서 된 용언은 그 어근을 밝히어 적는다. (ㄱ을 취하고, ㄴ을 버림.)

ㄱ	ㄴ	ㄱ	ㄴ
깜짝이다	깜짜기다	속삭이다	속사기다
꾸벅이다	꾸버기다	숙덕이다	숙더기다
끄덕이다	끄더기다	울먹이다	울머기다
뒤척이다	뒤처기다	움직이다	움지기다
들먹이다	들머기다	지껄이다	지꺼리다
망설이다	망서리다	퍼덕이다	퍼더기다
번득이다	번드기다	허덕이다	허더기다
번쩍이다	번쩌기다	헐떡이다	헐떠기다

부록

제 25 항 '-하다'가 붙는 어근에 '-히'나 '-이'가 붙어서 부사가 되거나, 부사에 '-이'가 붙어서 뜻을 더하는 경우에는, 그 어근이나 부사의 원형을 밝히어 적는다.

1. '-하다'가 붙는 어근에 '-히'나 '-이'가 붙는 경우

급히 꾸준히 도저히 딱히 어렴풋이 깨끗이

〔붙임〕 '-하다'가 붙지 않는 경우에는 소리대로 적는다.

갑자기 반드시(꼭) 슬며시

2. 부사에 '-이'가 붙어서 역시 부사가 되는 경우

곰곰이 더욱이 생긋이 오뚝이 일찍이 해죽이

제 26 항 '-하다'나 '-없다'가 붙어서 된 용언은 그 '-하다'나 '-없다'를 밝히어 적는다.

1. '-하다'가 붙어서 용언이 된 것

딱하다 숱하다 착하다 텁텁하다 푹하다

2. '-없다'가 붙어서 용언이 된 것

부질없다 상없다 시름없다 열없다 하염없다

제 4 절 합성어 및 접두사가 붙는 말

제 27 항 둘 이상의 단어가 어울리거나 접두사가 붙어서 이루어진 말은 각각 그 원형을 밝히어 적는다.

국말이 꺾꽂이 꽃잎 끝장 물난리
밑천 부엌일 싫증 옷안 웃옷
젖몸살 첫아들 칼날 팥알 헛웃음
홀아비 홑몸 흙내
값없다 겉늙다 굶주리다 낮잡다 맞먹다
받내다 벋놓다 빗나가다 빛나다 새파랗다
샛노랗다 시꺼멓다 싯누렇다 엇나가다 엎누르다
엿듣다 옻오르다 짓이기다 헛되다

〔붙임 1〕 어원은 분명하나 소리만 특이하게 변한 것은 변한 대로 적는다.

할아버지 할아범

〔붙임 2〕 어원이 분명하지 아니한 것은 원형을 밝히어 적지 아니한다.

골병 골탕 끌탕 며칠 아재비 오라비
업신여기다 부리나케

〔붙임 3〕 '이〔齒, 虱〕'가 합성어나 이에 준하는 말에서 '니' 또는 '리'로 소리날 때에는 '니'로 적는다.

간니 덧니 사랑니 송곳니 앞니 어금니
윗니 젖니 톱니 틀니 가랑니 머릿니

제 28 항 끝소리가 'ㄹ'인 말과 딴 말이 어울릴 적에 'ㄹ' 소리가 나지 아니하는 것은 아니 나는 대로 적는다.

다달이(달-달-이) 따님(딸-님) 마되(말-되)
마소(말-소) 무자위(물-자위) 바느질(바늘-질)
부나비(불-나비) 부삽(불-삽) 부손(불-손)
소나무(솔-나무) 싸전(쌀-전) 여닫이(열-닫이)
우짖다(울-짖다) 화살(활-살)

제 29 항 끝소리가 'ㄹ'인 말과 딴 말이 어울릴 적에 'ㄹ' 소리가 'ㄷ' 소리로 나는 것은 'ㄷ'으로

적는다.

반짇고리(바느질~) 사흗날(사흘~) 삼짇날(삼질~) 섣달(설~)
숟가락(술~) 이튿날(이틀~) 잗주름(잘~) 푿소(풀~)
섣부르다(설~) 잗다듬다(잘~) 잗다랗다(잘~)

제 30 항 사이시옷은 다음과 같은 경우에 받치어 적는다.

1. 순 우리말로 된 합성어로서 앞말이 모음으로 끝난 경우

(1) 뒷말의 첫소리가 된소리로 나는 것

고랫재 귓밥 나룻배 나뭇가지 냇가 댓가지
뒷갈망 맷돌 머릿기름 모깃불 못자리 바닷가
뱃길 볏가리 부싯돌 선짓국 쇳조각 아랫집
우렁잇속 잇자국 잿더미 조갯살 찻집 쳇바퀴
킷값 핏대 햇볕 혓바늘

(2) 뒷말의 첫소리 'ㄴ, ㅁ' 앞에서 'ㄴ' 소리가 덧나는 것

멧나물 아랫니 텃마당 아랫마을 뒷머리
잇몸 깻묵 냇물 빗물

(3) 뒷말의 첫소리 모음 앞에서 'ㄴㄴ' 소리가 덧나는 것

도리깻열 뒷윷 두렛일 뒷일 뒷입맛
베갯잇 욧잇 깻잎 나뭇잎 댓잎

2. 순 우리말과 한자어로 된 합성어로서 앞말이 모음으로 끝난 경우

(1) 뒷말의 첫소리가 된소리로 나는 것

귓병 머릿방 뱃병 봇둑 사잣밥
샛강 아랫방 자릿세 전셋집 찻잔
찻종 촛국 콧병 탯줄 텃세
핏기 햇수 횟가루 횟배

(2) 뒷말의 첫소리 'ㄴ, ㅁ' 앞에서 'ㄴ' 소리가 덧나는 것

곗날 제삿날 훗날 툇마루 양칫물

(3) 뒷말의 첫소리 모음 앞에서 'ㄴㄴ' 소리가 덧나는 것

가욋일 사삿일 예삿일 훗일

3. 두 음절로 된 다음 한자어

곳간(庫間) 셋방(貰房) 숫자(數字)
찻간(車間) 툇간(退間) 횟수(回數)

제 31 항 두 말이 어울릴 적에 'ㅂ' 소리나 'ㅎ' 소리가 덧나는 것은 소리대로 적는다.

1. 'ㅂ' 소리가 덧나는 것

댑싸리(대ㅂ싸리) 멥쌀(메ㅂ쌀) 볍씨(벼ㅂ씨)
입때(이ㅂ때) 입쌀(이ㅂ쌀) 접때(저ㅂ때)
좁쌀(조ㅂ쌀) 햅쌀(해ㅂ쌀)

2. 'ㅎ' 소리가 덧나는 것

머리카락(머리ㅎ가락) 살코기(살ㅎ고기) 수캐(수ㅎ개)
수컷(수ㅎ것) 수탉(수ㅎ닭) 안팎(안ㅎ밖)
암캐(암ㅎ개) 암컷(암ㅎ것) 암탉(암ㅎ닭)

제 5 절 준 말

제 32 항 단어의 끝 모음이 줄어지고 자음만 남은 것은 그 앞의 음절에 받침으로 적는다.

본 말	준 말	본 말	준 말
기러기야	기럭아	가지고, 가지지	갖고, 갖지
어제그저께	엊그저께	디디고, 디디지	딛고, 딛지
어제저녁	엊저녁		

제 33 항 체언과 조사가 어울려 줄어지는 경우에는 준 대로 적는다.

본 말	준 말	본 말	준 말
그것은	그건	너는	넌
그것이	그게	너를	널
그것으로	그걸로	무엇을	뭣을/무얼/뭘
나는	난	무엇이	뭣이/무에
나를	날		

제 34 항 모음 'ㅏ, ㅓ'로 끝난 어간에 '-아/-어, -았-/-었-'이 어울릴 적에는 준 대로 적는다.

본 말	준 말	본 말	준 말
가아	가	가았다	갔다
나아	나	나았다	났다
타아	타	타았다	탔다
서어	서	서었다	섰다
켜어	켜	켜었다	켰다
펴어	펴	펴었다	폈다

〔붙임 1〕 'ㅐ, ㅔ' 뒤에 '-어, -었-'이 어울려 줄 적에는 준 대로 적는다.

본 말	준 말	본 말	준 말
개어	개	개었다	갰다
내어	내	내었다	냈다
베어	베	베었다	벴다
세어	세	세었다	셌다

〔붙임 2〕 '하여'가 한 음절로 줄어서 '해'로 될 적에는 준 대로 적는다.

본 말	준 말	본 말	준 말
하여	해	하였다	했다
더하여	더해	더하였다	더했다
흔하여	흔해	흔하였다	흔했다

제 35 항 모음 'ㅗ, ㅜ'로 끝난 어간에 '-아/-어, -았-/-었-'이 어울려 'ㅘ/ㅝ, ㅘㅆ/ㅝㅆ'으로 될 적에는 준 대로 적는다.

본 말	준 말	본 말	준 말
꼬아	꽈	꼬았다	꽜다
보아	봐	보았다	봤다
쏘아	쏴	쏘았다	쐈다
두어	둬	두었다	뒀다
쑤어	쒀	쑤었다	쒔다
주어	줘	주었다	줬다

〔붙임 1〕 '놓아'가 '놔'로 줄 적에는 준 대로 적는다.

〔붙임 2〕 'ㅚ' 뒤에 '-어, -었-'이 어울려 'ㅙ, ㅙㅆ'으로 될 적에도 준 대로 적는다.

본 말	준 말	본 말	준 말
괴어	괘	괴었다	괬다
되어	돼	되었다	됐다
뵈어	봬	뵈었다	뵀다
쇠어	쇄	쇠었다	쇘다
쐬어	쐐	쐬었다	쐤다

제 36 항 'ㅣ' 뒤에 '-어'가 와서 'ㅕ'로 줄 적에는 준 대로 적는다.

본 말	준 말	본 말	준 말
가지어	가져	가지었다	가졌다
견디어	견뎌	견디었다	견뎠다
다니어	다녀	다니었다	다녔다
막히어	막혀	막히었다	막혔다
버티어	버텨	버티었다	버텼다
치이어	치여	치이었다	치였다

제 37 항 'ㅏ, ㅕ, ㅗ, ㅜ, ㅡ'로 끝난 어간에 '-이-'가 와서 각각 'ㅐ, ㅖ, ㅚ, ㅟ, ㅢ'로 줄 적에는 준 대로 적는다.

본 말	준 말	본 말	준 말
싸이다	쌔다	누이다	뉘다
펴이다	폐다	뜨이다	띄다
보이다	뵈다	쓰이다	씌다

제 38 항 'ㅏ, ㅗ, ㅜ, ㅡ' 뒤에 '-이어'가 어울려 줄어질 적에는 준 대로 적는다.

본 말	준 말		본 말	준 말	
싸이어	쌔어	싸여	뜨이어	띄어	
보이어	뵈어	보여	쓰이어	씌어	쓰여
쏘이어	쐬어	쏘여	트이어	틔어	트여
누이어	뉘어	누여			

제 39 항 어미 '-지' 뒤에 '않-'이 어울려 '-잖-'이 될 적과 '-하지' 뒤에 '않-'이 어울려 '-찮-'이 될 적에는 준 대로 적는다.

본 말	준 말	본 말	준 말
그렇지 않은	그렇잖은	만만하지 않다	만만찮다
적지 않은	적잖은	변변하지 않다	변변찮다

제 40 항 어간의 끝 음절 '하'의 'ㅏ'가 줄고 'ㅎ'이 다음 음절의 첫소리와 어울려 거센소리로 될 적에는 거센소리로 적는다.

본 말	준 말	본 말	준 말
간편하게	간편케	다정하다	다정타
연구하도록	연구토록	정결하다	정결타
가하다	가타	흔하다	흔타

〔붙임 1〕 'ㅎ'이 어간의 끝소리로 굳어진 것은 받침으로 적는다.

않다	않고	않지	않든지
그렇다	그렇고	그렇지	그렇든지
아무렇다	아무렇고	아무렇지	아무렇든지

어떻다	어떻고	어떻지	어떻든지
이렇다	이렇고	이렇지	이렇든지
저렇다	저렇고	저렇지	저렇든지

〔붙임 2〕 어간의 끝 음절 '하'가 아주 줄 적에는 준 대로 적는다.

본 말	준 말	본 말	준 말
거북하지	거북지	생각하다 못하여	생각다 못해
생각하건대	생각건대	깨끗하지 않다	깨끗지 않다
넉넉하지 않다	넉넉지 않다	섭섭하지 않다	섭섭지 않다
못하지 않다	못지않다	익숙하지 않다	익숙지 않다

〔붙임 3〕 다음과 같은 부사는 소리대로 적는다.

결단코 결코 기필코 무심코 아무튼 요컨대
정녕코 필연코 하마터면 하여튼 한사코

제 5 장 띄어쓰기

제 1 절 조 사

제 41 항 조사는 그 앞말에 붙여 쓴다.

꽃**이** 꽃**마저** 꽃**밖에** 꽃**에서부터** 꽃**으로만**
꽃**이나마** 꽃**이다** 꽃**입니다** 꽃**처럼** 어디**까지나**
거기**도** 멀리**는** 웃고**만**

제 2 절 의존 명사, 단위를 나타내는 명사 및 열거하는 말 등

제 42 항 의존 명사는 띄어 쓴다.

아는 **것**이 힘이다. 나도 할 **수** 있다.
먹을 **만큼** 먹어라. 아는 **이**를 만났다.
네가 뜻한 **바**를 알겠다. 그가 떠난 **지**가 오래다.

제 43 항 단위를 나타내는 명사는 띄어 쓴다.

한 **개** 차 한 **대** 금 서 **돈**
소 한 **마리** 옷 한 **벌** 열 **살**
조기 한 **손** 연필 한 **자루** 버선 한 **죽**
집 한 **채** 신 두 **켤레** 북어 한 **쾌**

다만, 순서를 나타내는 경우나 숫자와 어울리어 쓰이는 경우에는 붙여 쓸 수 있다.

두시 삼십분 오초 **제일과** **삼학년** **육층**
1446**년** 10**월** 9**일** 2**대대** 16**동** 502**호** **제** 1 **어학실습실**
80**원** 10**개** 7**미터**

제 44 항 수를 적을 적에는 '만(萬)' 단위로 띄어 쓴다.

십이억 삼천사백오십육만 칠천팔백구십팔
12억 3456만 7898

제 45 항 두 말을 이어 주거나 열거할 적에 쓰이는 말들은 띄어 쓴다.

국장 **겸** 과장 열 **내지** 스물
청군 **대** 백군 책상, 걸상 **등**이 있다.

이사장 및 이사들　　사과, 배, 귤 등등
사과, 배 등속　　부산, 광주 등지

제 46 항　단음절로 된 단어가 연이어 나타날 적에는 붙여 쓸 수 있다.

그때 그곳　　좀더 큰것　　이말 저말　　한잎 두잎

제 3 절　보조 용언

제 47 항　보조 용언은 띄어 씀을 원칙으로 하되, 경우에 따라 붙여 씀도 허용한다. (ㄱ을 원칙으로 하고, ㄴ을 허용함.)

ㄱ	ㄴ
불이 꺼져 간다.	불이 꺼져간다.
내 힘으로 막아 낸다.	내 힘으로 막아낸다.
어머니를 도와 드린다.	어머니를 도와드린다.
그릇을 깨뜨려 버렸다.	그릇을 깨뜨려버렸다.

〈용례 이하 생략〉

다만, 앞말에 조사가 붙거나 앞말이 합성 동사인 경우, 그리고 중간에 조사가 들어갈 적에는 그 뒤에 오는 보조 용언은 띄어 쓴다.

잘도 놀아만 나는구나!　　책을 읽어도 보고…….
네가 덤벼들어 보아라.　　강물에 떠내려가 버렸다.

제 4 절　고유 명사 및 전문 용어

제 48 항　성과 이름, 성과 호 등은 붙여 쓰고, 이에 덧붙는 호칭어, 관직명 등은 띄어 쓴다.

김양수(金良洙)　　서화담(徐花潭)　　채영신 씨
최치원 선생　　박동식 박사　　충무공 이순신 장군

다만, 성과 이름, 성과 호를 분명히 구분할 필요가 있을 경우에는 띄어 쓸 수 있다.

남궁억/남궁 억　　독고준/독고 준　　황보지봉(皇甫芝峰)/황보 지봉

제 49 항　성명 이외의 고유 명사는 단어별로 띄어 씀을 원칙으로 하되, 단위별로 띄어 쓸 수 있다. (ㄱ을 원칙으로 하고, ㄴ을 허용함.)

ㄱ	ㄴ
대한 중학교	대한중학교
한국 대학교 사범 대학	한국대학교 사범대학

제 50 항　전문 용어는 단어별로 띄어 씀을 원칙으로 하되, 붙여 쓸 수 있다. (ㄱ을 원칙으로 하고, ㄴ을 허용함.)

ㄱ	ㄴ
만성 골수성 백혈병	만성골수성백혈병
중거리 탄도 유도탄	중거리탄도유도탄

제 6 장　그 밖의 것

제 51 항　부사의 끝 음절이 분명히 '이'로만 나는 것은 '-이'로 적고, '히'로만 나거나 '이'나 '히'로 나는 것은 '-히'로 적는다.

1. '이'로만 나는 것

부록

가붓이	깨끗이	나붓이	느긋이	둥긋이	
따뜻이	반듯이	버젓이	산뜻이	의젓이	
가까이	고이	날카로이	대수로이	번거로이	
많이	적이	헛되이			
겹겹이	번번이	일일이	집집이	틈틈이	

2. '히'로만 나는 것

극히	급히	딱히	속히	작히	족히
특히	엄격히	정확히			

3. '이, 히'로 나는 것

솔직히	가만히	간편히	나른히	무단히	각별히
소홀히	쓸쓸히	정결히	과감히	꼼꼼히	심히
열심히	급급히	답답히	섭섭히	공평히	능히
당당히	분명히	상당히	조용히	간소히	고요히
도저히					

제 52 항 한자어에서 본음으로도 나고 속음으로도 나는 것은 각각 그 소리에 따라 적는다.

본음으로 나는 것	속음으로 나는 것
승낙(承諾)	수락(受諾), 쾌락(快諾), 허락(許諾)
만난(萬難)	곤란(困難), 논란(論難)
안녕(安寧)	의령(宜寧), 회령(會寧)
분노(忿怒)	대로(大怒), 희로애락(喜怒哀樂)
토론(討論)	의논(議論)
오륙십(五六十)	오뉴월, 유월(六月)
목재(木材)	모과(木瓜)
십일(十日)	시방정토(十方淨土), 시왕(十王), 시월(十月)
팔일(八日)	초파일(初八日)

제 53 항 다음과 같은 어미는 예사소리로 적는다. (ㄱ을 취하고, ㄴ을 버림.)

ㄱ	ㄴ	ㄱ	ㄴ
-(으)ㄹ거나	-(으)ㄹ꺼나	-(으)ㄹ지니라	-(으)ㄹ찌니라
-(으)ㄹ걸	-(으)ㄹ껄	-(으)ㄹ지라도	-(으)ㄹ찌라도
-(으)ㄹ게	-(으)ㄹ께	-(으)ㄹ지어다	-(으)ㄹ찌어다
-(으)ㄹ세	-(으)ㄹ쎄	-(으)ㄹ지언정	-(으)ㄹ찌언정
-(으)ㄹ세라	-(으)ㄹ쎄라	-(으)ㄹ진대	-(으)ㄹ찐대
-(으)ㄹ수록	-(으)ㄹ쑤록	-(으)ㄹ진저	-(으)ㄹ찐저
-(으)ㄹ시	-(으)ㄹ씨	-올시다	-올씨다
-(으)ㄹ지	-(으)ㄹ찌		

다만, 의문을 나타내는 다음 어미들은 된소리로 적는다.

-(으)ㄹ까? -(으)ㄹ꼬? -(스)ㅂ니까? -(으)리까? -(으)ㄹ쏘냐?

제 54 항 다음과 같은 접미사는 된소리로 적는다. (ㄱ을 취하고, ㄴ을 버림.)

ㄱ	ㄴ	ㄱ	ㄴ
심부름꾼	심부름군	지게꾼	지겟군
익살꾼	익살군	때깔	땟갈
일꾼	일군	빛깔	빛갈

장꾼	장군	성깔	성갈
장난꾼	장난군	귀때기	귓대기
볼때기	볼대기	이마빼기	이맛배기
판자때기	판잣대기	코빼기	콧배기
뒤꿈치	뒤굼치	객쩍다	객적다
팔꿈치	팔굼치	겸연쩍다	겸연적다

제 55 항 두 가지로 구별하여 적던 다음 말들은 한 가지로 적는다.(ㄱ을 취하고, ㄴ을 버림.)

ㄱ	ㄴ
맞추다(입을 맞춘다. 양복을 맞춘다.)	마추다
뻗치다(다리를 뻗친다. 멀리 뻗친다.)	뻐치다

제 56 항 '-더라, -던'과 '-든지'는 다음과 같이 적는다.

1. 지난 일을 나타내는 어미는 '-더라, -던'으로 적는다.(ㄱ을 취하고, ㄴ을 버림.)

ㄱ	ㄴ
지난 겨울은 몹시 춥더라.	지난 겨울은 몹시 춥드라.
깊던 물이 얕아졌다.	깊든 물이 얕아졌다.
그렇게 좋던가?	그렇게 좋든가?
그 사람 말 잘하던데!	그 사람 말 잘하든데!
얼마나 놀랐던지 몰라.	얼마나 놀랐든지 몰라.

2. 물건이나 일의 내용을 가리지 아니하는 뜻을 나타내는 조사와 어미는 '(-)든지'로 적는다.(ㄱ을 취하고, ㄴ을 버림.)

ㄱ	ㄴ
배든지 사과든지 마음대로 먹어라.	배던지 사과던지 마음대로 먹어라.
가든지 오든지 마음대로 해라.	가던지 오던지 마음대로 해라.

제 57 항 다음 말들은 각각 구별하여 적는다.

가 름 둘로 가름
갈 음 새 책상으로 갈음하였다.

거 름 풀을 썩인 거름
걸 음 빠른 걸음

거치다 영월을 거쳐 왔다.
걷히다 외상값이 잘 걷힌다.

걷잡다 걷잡을 수 없는 상태
겉잡다 겉잡아서 이틀 걸릴 일

그러므로(그러니까) 그는 부지런하다. 그러므로 잘산다.
그럼으로(써)(그렇게 하는 것으로) 그는 열심히 공부한다. 그럼으로(써) 은혜에 보답한다.

노 름 노름판이 벌어졌다.
놀음(놀이) 즐거운 놀음

느리다 진도가 너무 느리다.
늘이다 고무줄을 늘인다.
늘리다 수출량을 더 늘린다.

다리다 옷을 다린다.
달이다 약을 달인다.

다치다 부주의로 손을 다쳤다.
닫히다 문이 저절로 닫혔다.
닫치다 문을 힘껏 닫쳤다.

마치다 벌써 일을 마쳤다.
맞히다 여러 문제를 더 맞혔다.

목거리 목거리가 덧났다.
목걸이 금 목걸이, 은 목걸이

바치다 나라를 위해 목숨을 바쳤다.
받치다 우산을 받치고 간다. 책받침을 받친다.

받히다 쇠뿔에 받혔다.
밭치다 술을 체에 밭친다.

반드시 약속은 반드시 지켜라.
반듯이 고개를 반듯이 들어라.

부딪치다 차와 차가 마주 부딪쳤다.
부딪히다 마차가 화물차에 부딪혔다.

부치다 힘이 부치는 일이다.
편지를 부친다.
논밭을 부친다.
빈대떡을 부친다.
식목일에 부치는 글
회의에 부치는 안건
인쇄에 부치는 원고
삼촌 집에 숙식을 부친다.
붙이다 우표를 붙인다.
책상을 벽에 붙였다.
흥정을 붙인다.
불을 붙인다.
감시원을 붙인다.
조건을 붙인다.
취미를 붙인다.
별명을 붙인다.

시키다 일을 시킨다.
식히다 끓인 물을 식힌다.

아 름 세 아름 되는 둘레
알 음 전부터 알음이 있는 사이
앎 앎이 힘이다.

안치다 밥을 안친다.
앉히다 윗자리에 앉힌다.

어 름 경계선 어름에서 일어난 현상
얼 음 얼음이 얼었다.

이따가 이따가 오너라.
있다가 돈은 있다가도 없다.

저리다 다친 다리가 저린다.
절이다 김장 배추를 절인다.

조리다 생선을 조린다. 통조림, 병조림
졸이다 마음을 졸인다.

주리다 여러 날을 주렸다.
줄이다 비용을 줄인다.

하노라고 하노라고 한 것이 이 모양이다.
하느라고 공부하느라고 밤을 새웠다.

-느니보다(어미) 나를 찾아오느니보다 집에 있거라.
-는 이보다(의존 명사) 오는 이가 가는 이보다 많다.

-(으)리만큼(어미) 그가 나를 미워하리만큼 내가 그에게 잘못한 일이 없다.
-(으)ㄹ 이만큼(의존 명사) 찬성할 이도 반대할 이만큼이나 많을 것이다.

-(으)러(목적) 공부하러 간다.
-(으)려(의도) 서울 가려 한다.

-(으)로서(자격) 사람으로서 그럴 수는 없다.
-(으)로써(수단) 닭으로써 꿩을 대신했다.

-(으)므로(어미) 그가 나를 믿으므로 나도 그를 믿는다.
(-ㅁ, -음)으로(써)(조사) 그는 믿음으로(써) 산 보람을 느꼈다.

부 록

문 장 부 호

문장 부호의 이름과 그 사용법은 다음과 같이 정한다.

Ⅰ. 마침표〔終止符〕

1. 온점(.), 고리점(。)

가로쓰기에는 온점, 세로쓰기에는 고리점을 쓴다.

(1) 서술, 명령, 청유 등을 나타내는 문장의 끝에 쓴다.

젊은이는 나라의 기둥이다.

황금 보기를 돌같이 하라.

집으로 돌아가자.

다만, 표제어나 표어에는 쓰지 않는다.

압록강은 흐른다(표제어)

꺼진 불도 다시 보자(표어)

(2) 아라비아 숫자만으로 연월일을 표시할 적에 쓴다.

1919. 3. 1. (1919년 3월 1일)

(3) 표시 문자 다음에 쓴다.

1. 마침표　　ㄱ. 물음표　　가. 인명

(4) 준말을 나타내는 데 쓴다.

서. 1987. 3. 5. (서기)

2. 물음표(?)

의심이나 물음을 나타낸다.

(1) 직접 질문할 때에 쓴다.

이제 가면 언제 돌아오니? | 이름이 뭐지?

(2) 반어나 수사 의문(修辭疑問)을 나타낼 때에 쓴다.

제가 감히 거역할 리가 있습니까?

이게 은혜에 대한 보답이냐?

남북 통일이 되면 얼마나 좋을까?

(3) 특정한 어구 또는 그 내용에 대하여 의심이나 빈정거림, 비웃음 등을 표시할 때, 또는 적절한 말을 쓰기 어려운 경우에 소괄호 안에 쓴다.

그것 참 훌륭한(?) 태도야.

우리 집 고양이가 가출(?)을 했어요.

〔붙임 1〕 한 문장에서 몇 개의 선택적인 물음이 겹쳤을 때에는 맨 끝의 물음에만 쓰지만, 각각 독립된 물음인 경우에는 물음마다 쓴다.

너는 한국인이냐, 중국인이냐?

너는 언제 왔니? 어디서 왔니? 무엇하러?

〔붙임 2〕 의문형 어미로 끝나는 문장이라도 의문의 정도가 약할 때에는 물음표 대신 온점(또는 고리점)을 쓸 수도 있다.

이 일을 도대체 어쩐단 말이냐.

아무도 그 일에 찬성하지 않을 거야. 혹 미친 사람이면 모를까.

3. 느낌표(!)

감탄이나 놀람, 부르짖음, 명령 등 강한 느낌을 나타낸다.

(1) 느낌을 힘차게 나타내기 위해 감탄사나 감탄형 종결 어미 다음에 쓴다.

앗! | 아, 달이 밝구나!

(2) 강한 명령문 또는 청유문에 쓴다.

지금 즉시 대답해! | 부디 몸조심하도록!

(3) 감정을 넣어 다른 사람을 부르거나 대답할 적에 쓴다.

춘향아! | 예, 도련님!

(4) 물음의 말로써 놀람이나 항의의 뜻을 나타내는 경우에 쓴다.

이게 누구야! | 내가 왜 나빠!

〔붙임〕 감탄형 어미로 끝나는 문장이라도 감탄의 정도가 약할 때에는 느낌표 대신 온점(또는 고리점)을 쓸 수도 있다.

개구리가 나온 것을 보니, 봄이 오긴 왔구나.

부록

Ⅱ. 쉼표〔休止符〕

1. 반점(,), 모점(、)

가로쓰기에는 반점, 세로쓰기에는 모점을 쓴다.

문장 안에서 짧은 휴지를 나타낸다.

(1) 같은 자격의 어구가 열거될 때에 쓴다.

근면, 검소, 협동은 우리 겨레의 미덕이다.

충청도의 계룡산, 전라도의 내장산, 강원도의 설악산은 모두 국립 공원이다.

다만, 조사로 연결될 적에는 쓰지 않는다.

매화와 난초와 국화와 대나무를 사군자라고 한다.

(2) 짝을 지어 구별할 필요가 있을 때에 쓴다.

닭과 지네, 개와 고양이는 상극이다.

(3) 바로 다음의 말을 꾸미지 않을 때에 쓴다.

슬픈 사연을 간직한, 경주 불국사의 무영탑

성질 급한, 철수의 누이동생이 화를 내었다.

(4) 대등하거나 종속적인 절이 이어질 때에 절 사이에 쓴다.

콩 심으면 콩 나고, 팥 심으면 팥 난다.

흰 눈이 내리니, 경치가 더욱 아름답다.

(5) 부르는 말이나 대답하는 말 뒤에 쓴다.

얘야, 이리 오너라. | 예, 지금 가겠습니다.

(6) 제시어 다음에 쓴다.

빵, 빵이 인생의 전부이더냐?

용기, 이것이야말로 무엇과도 바꿀 수 없는 젊은이의 자산이다.

(7) 도치된 문장에 쓴다.

이리 오세요, 어머님. | 다시 보자, 한강수야.

(8) 가벼운 감탄을 나타내는 말 뒤에 쓴다.

아, 깜빡 잊었구나.

(9) 문장 첫머리의 접속이나 연결을 나타내는 말 다음에 쓴다.

첫째, 몸이 튼튼해야 된다. | 아무튼, 나는 집에 돌아가겠다.

다만, 일반적으로 쓰이는 접속어(그러나, 그러므로, 그리고, 그런데 등) 뒤에는 쓰지 않음을 원칙으로 한다.

그러나 너는 실망할 필요가 없다.

(10) 문장 중간에 끼여든 구절 앞뒤에 쓴다.

나는, 솔직히 말하면, 그 말이 별로 탐탁하지 않소.

철수는 미소를 띠고, 속으로는 화가 치밀었지만, 그들을 맞았다.

(11) 되풀이를 피하기 위하여 한 부분을 줄일 때에 쓴다.

여름에는 바다에서, 겨울에는 산에서 휴가를 즐겼다.

(12) 문맥상 끊어 읽어야 할 곳에 쓴다.

갑돌이가 울면서, 떠나는 갑순이를 배웅했다.

갑돌이가, 울면서 떠나는 갑순이를 배웅했다.

철수가, 내가 제일 좋아하는 친구이다.

남을 괴롭히는 사람들은, 만약 그들이 다른 사람에게 괴롭힘을 당해 본다면, 남을 괴롭히는 일이 얼마나 나쁜 일인지 깨달을 것이다.

(13) 숫자를 나열할 때에 쓴다.

1, 2, 3, 4

(14) 수의 폭이나 개략의 수를 나타낼 때에 쓴다.

5, 6 세기 6, 7 개

(15) 수의 자릿점을 나열할 때에 쓴다.

14,314

2. 가운뎃점(·)

열거된 여러 단위가 대등하거나 밀접한 관계임을 나타낸다.

(1) 쉼표로 열거된 어구가 다시 여러 단위로 나누어질 때에 쓴다.

철수·영이, 영수·순이가 서로 짝이 되어 윷놀이를 하였다.

공주·논산, 천안·아산·천원 등 각 지역구에서 2명씩 국회 의원을 뽑는다.

시장에 가서 사과·배·복숭아, 고추·마늘·파, 조기·명태·고등어를 샀다.

(2) 특정한 의미를 가지는 날을 나타내는 숫자에 쓴다.

3·1 운동 8·15 광복

(3) 같은 계열의 단어 사이에 쓴다.

경북 방언의 조사·연구

충북·충남 두 도를 합하여 충청도라고 한다.

동사·형용사를 합하여 용언이라고 한다.

3. 쌍점(:)

(1) 내포되는 종류를 들 적에 쓴다.

문장 부호 : 마침표, 쉼표, 따옴표, 묶음표 등

문방사우 : 붓, 먹, 벼루, 종이

(2) 소표제 뒤에 간단한 설명이 붙을 때에 쓴다.

일시 : 1984년 10월 15일 10시 | 마침표 : 문장이 끝남을 나타낸다.

(3) 저자명 다음에 저서명을 적을 때에 쓴다.

정약용 : 목민심서, 경세유표 | 주시경 : 국어 문법, 서울 박문서관, 1910.

(4) 시(時)와 분(分), 장(章)과 절(節) 따위를 구별할 때나, 둘 이상을 대비할 때에 쓴다.

오전 10 : 20(오전 10시 20분) | 요한 3 : 16(요한복음 3장 16절)

대비 65 : 60(65 대 60)

4. 빗금(/)

(1) 대응, 대립되거나 대등한 것을 함께 보이는 단어와 구, 절 사이에 쓴다.

남궁만/남궁 만 백이십오 원/125원

착한 사람/악한 사람 맞닥뜨리다/맞닥트리다

(2) 분수를 나타낼 때에 쓰기도 한다.

3/4 분기 3/20

Ⅲ. 따옴표〔引用符〕

1. 큰따옴표(" "), 겹낫표(『 』)

가로쓰기에는 큰따옴표, 세로쓰기에는 겹낫표를 쓴다.

대화, 인용, 특별 어구 따위를 나타낸다.

(1) 글 가운데서 직접 대화를 표시할 때에 쓴다.

"전기가 없었을 때는 어떻게 책을 보았을까?"

"그야 등잔불을 켜고 보았겠지."

(2) 남의 말을 인용할 경우에 쓴다.

예로부터 "민심은 천심이다."라고 하였다.

"사람은 사회적 동물이다."라고 말한 학자가 있다.

2. 작은따옴표(' '), 낫표(「 」)

가로쓰기에는 작은따옴표, 세로쓰기에는 낫표를 쓴다.

(1) 따온 말 가운데 다시 따온 말이 들어 있을 때에 쓴다.

"여러분! 침착해야 합니다. '하늘이 무너져도 솟아날 구멍이 있다.'고 합니다."

(2) 마음속으로 한 말을 적을 때에 쓴다.

'만약 내가 이런 모습으로 돌아간다면 모두들 깜짝 놀라겠지.'

〔붙임〕 문장에서 중요한 부분을 두드러지게 하기 위해 드러냄표 대신에 쓰기도 한다.

지금 필요한 것은 '지식'이 아니라 '실천'입니다.

'배부른 돼지'보다는 '배고픈 소크라테스'가 되겠다.

Ⅳ. 묶음표〔括弧符〕

1. 소괄호(( ))

(1) 원어, 연대, 주석, 설명 등을 넣을 적에 쓴다.

커피(coffee)는 기호 식품이다.

3·1 운동(1919) 당시 나는 중학생이었다.

'무정(無情)'은 춘원(6·25 때 납북)의 작품이다.

니체(독일의 철학자)는 이렇게 말했다.

(2) 특히, 기호 또는 기호적인 구실을 하는 문자, 단어, 구에 쓴다.

(1) 주어 (ㄱ) 명사 (라) 소리에 관한 것

(3) 빈 자리임을 나타낼 적에 쓴다.

우리 나라의 수도는 ( )이다.

2. 중괄호({ })

여러 단위를 동등하게 묶어서 보일 때에 쓴다.

주격 조사{이 / 가} 국가의 삼 요소{국토 / 국민 / 주권}

3. 대괄호(〔 〕)

(1) 묶음표 안의 말이 바깥 말과 음이 다를 때에 쓴다.

나이〔年歲〕 낱말〔單語〕 손발〔手足〕

(2) 묶음표 안에 또 묶음표가 있을 때에 쓴다.

명령에 있어서의 불확실〔단호(斷乎)하지 못함.〕은 복종에 있어서의 불확실〔모호(模糊)함.〕을 낳는다.

Ⅴ. 이음표〔連結符〕

1. 줄표(—)

이미 말한 내용을 다른 말로 부연하거나 보충함을 나타낸다.

(1) 문장 중간에 앞의 내용에 대해 부연하는 말이 끼여들 때에 쓴다.

그 신동은 네 살에 — 보통 아이 같으면 천자문도 모를 나이에 — 벌써 시를 지었다.

(2) 앞의 말을 정정 또는 변명하는 말이 이어질 때에 쓴다.

어머님께 말했다가 — 아니, 말씀드렸다가 — 꾸중만 들었다.

이건 내 것이니까 — 아니, 내가 처음 발견한 것이니까 — 절대로 양보할 수가 없다.

2. 붙임표(-)

(1) 사전, 논문 등에서 합성어를 나타낼 적에, 또는 접사나 어미임을 나타낼 적에 쓴다.

겨울-나그네　　불-구경　　손-발

휘-날리다　　슬기-롭다　　-(으)ㄹ걸

(2) 외래어와 고유어 또는 한자어가 결합되는 경우를 보일 때에 쓴다.

나일론-실　　다-장조　　빛-에너지　　염화-칼륨

3. 물결표(~)

(1) '내지'라는 뜻에 쓴다.

9월 15일~9월 25일

(2) 어떤 말의 앞이나 뒤에 들어갈 말 대신 쓴다.

새마을 : ~ 운동　　~ 노래　|　-가(家) : 음악~　　미술~

Ⅵ. 드러냄표〔顯在符〕

1. 드러냄표(◦, ·)

·이나 ◦을 가로쓰기에는 글자 위에, 세로쓰기에는 글자 오른쪽에 쓴다.

문장 내용 중에서 주의가 미쳐야 할 곳이나 중요한 부분을 특별히 드러내 보일 때에 쓴다.

한글의 본 이름은 훈민정음이다.

중요한 것은 왜 사느냐가 아니라 어떻게 사느냐 하는 문제이다.

〔붙임〕 가로쓰기에서는 밑줄(＿＿, ﹏﹏)을 치기도 한다.

다음 보기에서 명사가 아닌 것은?

Ⅶ. 안드러냄표〔潛在符〕

1. 숨김표(××, ○○)

알면서도 고의로 드러내지 않음을 나타낸다.

(1) 금기어나 공공연히 쓰기 어려운 비속어의 경우, 그 글자의 수효만큼 쓴다.

배운 사람 입에서 어찌 ○○○란 말이 나올 수 있느냐?

그 말을 듣는 순간 ×××란 말이 목구멍까지 치밀었다.

(2) 비밀을 유지할 사항일 경우, 그 글자의 수효만큼 쓴다.

육군 ○○ 부대 ○○○명이 작전에 참가하였다.

그 모임의 참석자는 김×× 씨, 정×× 씨 등 5명이었다.

2. 빠짐표(□)

글자의 자리를 비워 둠을 나타낸다.

(1) 옛 비문이나 서적 등에서 글자가 분명하지 않을 때에 그 글자의 수효만큼 쓴다.

大師爲法主□□賴之大□薦 (옛 비문)

(2) 글자가 들어가야 할 자리를 나타낼 때에 쓴다.

훈민정음의 초성 중에서 아음(牙音)은 □□□의 석 자다.

3. 줄임표(……)

(1) 할 말을 줄였을 때에 쓴다.

"어디 나하고 한 번……."

하고 철수가 나섰다.

(2) 말이 없음을 나타낼 때에 쓴다.

"빨리 말해!"

"……."

표 준 어 규 정

〈문교부 고시 제 88-2 호 : 1988. 1. 19.〉

일 러 두 기

1. 이 '표준어 규정'은 개정된 표준어 규정에 따라 작성된 것이다.
2. 이 규정은 '제 1 부 표준어 사정 원칙'과 '제 2 부 표준 발음법'으로 나누어지며, 표준어 사정 원칙은 3장으로, 표준 발음법은 7장으로 구성되어 있다.
3. 예시어에는 접사와 어미도 포함되어 있다.
4. 예시어를 '표준어 모음'에 실을 때에는 필요한 경우 재사정할 수 있다.
5. 문법 체계 및 용어는 '학교 문법 용어'(문교부 제정)에 따랐다.
6. 의미의 혼동을 줄 우려가 있는 경우에 한하여 한자를 병기하였다.
7. '다만'과 〔붙임〕은 다음과 같은 경우에 썼다.
   다만 : 규정의 본문에 해당하지 않은 예외 사항을 제시하는 경우
   〔붙임〕: 규정의 본문에 포함하여 설명하기 어려운 사항을 보충할 경우
8. 이 규정의 표기 및 문장 부호의 사용은 개정된 '한글 맞춤법'에 따랐다.

제 1 부 표준어 사정 원칙

제 1 장 총 칙

제 1 항 표준어는 교양 있는 사람들이 두루 쓰는 현대 서울말로 정함을 원칙으로 한다.
제 2 항 외래어는 따로 사정한다.

제 2 장 발음 변화에 따른 표준어 규정

제 1 절 자 음

제 3 항 다음 단어들은 거센소리를 가진 형태를 표준어로 삼는다. (ㄱ을 표준어로 삼고, ㄴ을 버림.)

ㄱ	ㄴ	비 고
끄나풀	끄나불	
나팔-꽃	나발-꽃	
녘	녁	동~, 들~, 새벽~, 동틀~
부엌	부억	
살-쾡이	삵-괭이	
칸	간	1. ~막이, 빈 ~, 방 한 ~ 2. '초가삼간, 윗간'의 경우에는 '간'임.
털어-먹다	떨어-먹다	재물을 다 없애다.

제 4 항 다음 단어들은 거센소리로 나지 않는 형태를 표준어로 삼는다. (ㄱ을 표준어로 삼고, ㄴ을 버림.)

ㄱ	ㄴ	비 고
가을-갈이	가을-카리	
거시기	거시키	
분침	푼침	

제 5 항 어원에서 멀어진 형태로 굳어져서 널리 쓰이는 것은, 그것을 표준어로 삼는다. (ㄱ을 표준어로 삼고, ㄴ을 버림.)

ㄱ	ㄴ	비 고
강낭-콩	강남-콩	
고삿	고샅	겉~, 속~
사글-세	삭월-세	'월세'는 표준어임.
울력-성당	위력-성당	떼를 지어서 으르고 협박하는 일

다만, 어원적으로 원형에 더 가까운 형태가 아직 쓰이고 있는 경우에는, 그것을 표준어로 삼는다. (ㄱ을 표준어로 삼고, ㄴ을 버림.)

ㄱ	ㄴ	비 고
갈비	가리	~구이, ~찜, 갈빗-대
갓모	갈모	1. 사기 만드는 물레 밑고리 2. '갈모'는 갓 위에 쓰는, 유지로 만든 우비
굴-젓	구-젓	
말-곁	말-겻	
물-수란	물-수랄	
밀-뜨리다	미-뜨리다	
적-이	저으기	적이-나, 적이나-하면
휴지	수지	

제 6 항 다음 단어들은 의미를 구별함이 없이, 한 가지 형태만을 표준어로 삼는다. (ㄱ을 표준어로 삼고, ㄴ을 버림.)

ㄱ	ㄴ	비 고
돌	돐	생일, 주기
둘-째	두-째	'제 2, 두 개째'의 뜻
셋-째	세-째	'제 3, 세 개째'의 뜻
넷-째	네-째	'제 4, 네 개째'의 뜻
빌리다	빌다	1. 빌려 주다, 빌려 오다 2. '용서를 빌다'는 '빌다'임.

다만, '둘째'는 십 단위 이상의 서수사에 쓰일 때에 '두째'로 한다.

ㄱ	ㄴ	비 고
열두-째 스물두-째		열두 개째의 뜻은 '열둘째'로 스물두 개째의 뜻은 '스물둘째'로

제 7 항 수컷을 이르는 접두사는 '수-'로 통일한다. (ㄱ을 표준어로 삼고, ㄴ을 버림.)

ㄱ	ㄴ	비 고
수-꿩	수-퀑, 숫-꿩	'장끼'도 표준어임.
수-나사	숫-나사	
수-놈	숫-놈	
수-사돈	숫-사돈	
수-소	숫-소	'황소'도 표준어임.
수-은행나무	숫-은행나무	

다만 1. 다음 단어에서는 접두사 다음에서 나는 거센소리를 인정한다. 접두사 '암-'이 결합되는 경우에도 이에 준한다. (ㄱ을 표준어로 삼고, ㄴ을 버림.)

ㄱ	ㄴ	비 고
수-캉아지	숫-강아지	
수-캐	숫-개	
수-컷	숫-것	
수-키와	숫-기와	
수-탉	숫-닭	
수-탕나귀	숫-당나귀	
수-톨쩌귀	숫-돌쩌귀	
수-퇘지	숫-돼지	
수-평아리	숫-병아리	

다만 2. 다음 단어의 접두사는 '숫-'으로 한다. (ㄱ을 표준어로 삼고, ㄴ을 버림.)

ㄱ	ㄴ	비 고
숫-양	수-양	
숫-염소	수-염소	
숫-쥐	수-쥐	

제 2 절 모 음

제 8 항 양성 모음이 음성 모음으로 바뀌어 굳어진 다음 단어는 음성 모음 형태를 표준어로 삼는다. (ㄱ을 표준어로 삼고, ㄴ을 버림.)

ㄱ	ㄴ	비 고
깡충-깡충	깡총-깡총	큰말은 '껑충껑충'임.
-둥이	-동이	←童-이. 귀-, 막-, 선-, 쌍-, 검-, 바람-, 흰-

발가-숭이	발가-송이	센말은 '빨가숭이', 큰말은 '벌거숭이, 뻘거숭이'임.
보퉁이	보통이	
봉죽	봉족	←奉足. ~꾼, ~들다
뻗정-다리	뻗장-다리	
아서, 아서라	앗아, 앗아라	하지 말라고 금지하는 말
오뚝-이	오똑-이	부사도 '오뚝-이'임.
주추	주초	←柱礎. 주춧-돌

다만, 어원 의식이 강하게 작용하는 다음 단어에서는 양성 모음 형태를 그대로 표준어로 삼는다. (ㄱ을 표준어로 삼고, ㄴ을 버림.)

ㄱ	ㄴ	비 고
부조(扶助)	부주	~금, 부좃-술
사돈(査頓)	사둔	밭~, 안~
삼촌(三寸)	삼춘	시~, 외~, 처~

제 9 항 'ㅣ' 역행 동화 현상에 의한 발음은 원칙적으로 표준 발음으로 인정하지 아니하되, 다만 다음 단어들은 그러한 동화가 적용된 형태를 표준어로 삼는다. (ㄱ을 표준어로 삼고, ㄴ을 버림.)

ㄱ	ㄴ	비 고
-내기	-나기	서울-, 시골-, 신출-, 풋-
냄비	남비	
동댕이-치다	동당이-치다	

〔**붙임 1**〕 다음 단어는 'ㅣ' 역행 동화가 일어나지 아니한 형태를 표준어로 삼는다. (ㄱ을 표준어로 삼고, ㄴ을 버림.)

ㄱ	ㄴ	비 고
아지랑이	아지랭이	

〔**붙임 2**〕 기술자에게는 '-장이', 그 외에는 '-쟁이'가 붙는 형태를 표준어로 삼는다. (ㄱ을 표준어로 삼고, ㄴ을 버림.)

ㄱ	ㄴ	비 고
미장이	미쟁이	
유기장이	유기쟁이	
멋쟁이	멋장이	
소금쟁이	소금장이	
담쟁이-덩굴	담장이-덩굴	
골목쟁이	골목장이	
발목쟁이	발목장이	

제 10 항 다음 단어는 모음이 단순화한 형태를 표준어로 삼는다. (ㄱ을 표준어로 삼고, ㄴ을 버림.)

ㄱ	ㄴ	비 고
괴팍-하다	괴퍅-하다/괴팩-하다	

-구먼	-구면	
미루-나무	미류-나무	←美柳~
미륵	미력	←彌勒. ~보살, ~불, 돌~
여느	여늬	
온-달	왼-달	만 한 달
으레	으례	
케케-묵다	켸켸-묵다	
허우대	허위대	
허우적-허우적	허위적-허위적	허우적-거리다

제 11 항 다음 단어에서는 모음의 발음 변화를 인정하여, 발음이 바뀌어 굳어진 형태를 표준어로 삼는다. (ㄱ을 표준어로 삼고, ㄴ을 버림.)

ㄱ	ㄴ	비 고
-구려	-구료	
깍쟁이	깍정이	1. 서울~, 알~, 찰~ 2. 도토리, 상수리 등의 받침은 '깍정이'임.
나무라다	나무래다	
미수	미시	미숫-가루
바라다	바래다	'바램〔所望〕'은 비표준어임.
상추	상치	~쌈
시러베-아들	실업의-아들	
주책	주착	←主着. ~망나니, ~없다
지루-하다	지리-하다	←支離
튀기	트기	
허드레	허드래	허드렛-물, 허드렛-일
호루라기	호루루기	

제 12 항 '웃-' 및 '윗'은 명사 '위'에 맞추어 '윗-'으로 통일한다. (ㄱ을 표준어로 삼고, ㄴ을 버림.)

ㄱ	ㄴ	비 고
윗-넓이	웃-넓이	
윗-눈썹	웃-눈썹	
윗-니	웃-니	
윗-당줄	웃-당줄	
윗-덧줄	웃-덧줄	
윗-도리	웃-도리	
윗-동아리	웃-동아리	준말은 '윗동'임.
윗-막이	웃-막이	
윗-머리	웃-머리	
윗-목	웃-목	
윗-몸	웃-몸	~운동
윗-바람	웃-바람	

윗-배	웃-배	
윗-벌	웃-벌	
윗-변	웃-변	수학 용어
윗-사랑	웃-사랑	
윗-세장	웃-세장	
윗-수염	웃-수염	
윗-입술	웃-입술	
윗-잇몸	웃-잇몸	
윗-자리	웃-자리	
윗-중방	웃-중방	

다만 1. 된소리나 거센소리 앞에서는 '위-'로 한다. (ㄱ을 표준어로 삼고, ㄴ을 버림.)

ㄱ	ㄴ	비 고
위-짝	웃-짝	
위-쪽	웃-쪽	
위-채	웃-채	
위-층	웃-층	
위-치마	웃-치마	
위-턱	웃-턱	~구름〔上層雲〕
위-팔	웃-팔	

다만 2. '아래, 위'의 대립이 없는 단어는 '웃-'으로 발음되는 형태를 표준어로 삼는다. (ㄱ을 표준어로 삼고, ㄴ을 버림.)

ㄱ	ㄴ	비 고
웃-국	윗-국	
웃-기	윗-기	
웃-돈	윗-돈	
웃-비	윗-비	~걷다
웃-어른	윗-어른	
웃-옷	윗-옷	

제 13 항 한자 '구(句)'가 붙어서 이루어진 단어는 '귀'로 읽는 것을 인정하지 아니하고, '구'로 통일한다. (ㄱ을 표준어로 삼고, ㄴ을 버림.)

ㄱ	ㄴ	비 고
구법(句法)	귀법	
구절(句節)	귀절	
구점(句點)	귀점	
결구(結句)	결귀	
경구(警句)	경귀	
경인구(警人句)	경인귀	
난구(難句)	난귀	
단구(短句)	단귀	

단명구(短命句)	단명귀	
대구(對句)	대귀	~법(對句法)
문구(文句)	문귀	
성구(成句)	성귀	~어(成句語)
시구(詩句)	시귀	
어구(語句)	어귀	
연구(聯句)	연귀	
인용구(引用句)	인용귀	
절구(絕句)	절귀	

다만, 다음 단어는 '귀'로 발음되는 형태를 표준어로 삼는다. (ㄱ을 표준어로 삼고, ㄴ을 버림.)

ㄱ	ㄴ	비 고
귀-글	구-글	
글-귀	글-구	

제 3 절 준 말

제 14 항 준말이 널리 쓰이고 본말이 잘 쓰이지 않는 경우에는, 준말만을 표준어로 삼는다. (ㄱ을 표준어로 삼고, ㄴ을 버림.)

ㄱ	ㄴ	비 고
귀찮다	귀치 않다	
김	기음	~매다
똬리	또아리	
무	무우	~강즙, ~말랭이, ~생채, 가랑~, 갓~, 왜~, 총각~
미다	무이다	1. 털이 빠져 살이 드러나다. 2. 찢어지다
뱀	배암	
뱀-장어	배암-장어	
빔	비음	설~, 생일~
샘	새암	~바르다, ~바리
생-쥐	새앙-쥐	
솔개	소리개	
온-갖	온-가지	
장사-치	장사-아치	

제 15 항 준말이 쓰이고 있더라도, 본말이 널리 쓰이고 있으면 본말을 표준어로 삼는다. (ㄱ을 표준어로 삼고, ㄴ을 버림.)

ㄱ	ㄴ	비 고
경황-없다	경-없다	
궁상-떨다	궁-떨다	
귀이-개	귀-개	

낌새	낌	
낙인-찍다	낙-하다/낙-치다	
내왕-꾼	냉-꾼	
돗-자리	돗	
뒤웅-박	뒝-박	
뒷물-대야	뒷-대야	
마구-잡이	막-잡이	
맵자-하다	맵자다	모양이 제격에 어울리다.
모이	모	
벽-돌	벽	
부스럼	부럼	정월 보름에 쓰는 '부럼'은 표준어임.
살얼음-판	살-판	
수두룩-하다	수둑-하다	
암-죽	암	
어음	엄	
일구다	일다	
죽-살이	죽-살	
퇴박-맞다	퇴-맞다	
한통-치다	통-치다	

다만, 다음과 같이 명사에 조사가 붙은 경우에도 이 원칙을 적용한다. (ㄱ을 표준어로 삼고, ㄴ을 버림.)

ㄱ	ㄴ	비 고
아래-로	알-로	

제 16 항 준말과 본말이 다 같이 널리 쓰이면서 준말의 효용이 뚜렷이 인정되는 것은, 두 가지를 다 표준어로 삼는다. (ㄱ은 본말이며, ㄴ은 준말임.)

ㄱ	ㄴ	비 고
거짓-부리	거짓-불	작은말은 '가짓부리, 가짓불'임.
노을	놀	저녁~
막대기	막대	
망태기	망태	
머무르다	머물다	모음 어미가 연결될 때에는 준말의 활용형을 인정하지 않음. (머무르다·서두르다·서투르다)
서두르다	서둘다	
서투르다	서툴다	
석새-삼베	석새-베	
시-누이	시-뉘/시-누	
오-누이	오-뉘/오-누	
외우다	외다	외우며, 외워 : 외며, 외어
이기죽-거리다	이죽-거리다	
찌꺼기	찌끼	'찌꺽지'는 비표준어임.

제 4 절 단수 표준어

부록

제 17 항 비슷한 발음의 몇 형태가 쓰일 경우, 그 의미에 아무런 차이가 없고, 그 중 하나가 더 널리 쓰이면, 그 한 형태만을 표준어로 삼는다. (ㄱ을 표준어로 삼고, ㄴ을 버림.)

ㄱ	ㄴ	비 고
거든-그리다	거둥-그리다	1. 거든하게 거두어 싸다. 2. 작은말은 '가든-그리다'임.
구어-박다	구워-박다	사람이 한 군데에서만 지내다.
귀-고리	귀엣-고리	
귀-띔	귀-틤	
귀-지	귀에-지	
까딱-하면	까땍-하면	
꼭두-각시	꼭둑-각시	
내색	나색	감정이 나타나는 얼굴빛
내숭-스럽다	내흉-스럽다	
냠냠-거리다	얌냠-거리다	냠냠-하다
냠냠-이	냠얌-이	
너〔四〕	네	~ 돈, ~ 말, ~ 발, ~ 푼
넉〔四〕	너/네	~ 냥, ~ 되, ~ 섬, ~ 자
다다르다	다닫다	
댑-싸리	대-싸리	
더부룩-하다	더뿌룩-하다/듬뿌룩-하다	
-던	-든	선택, 무관의 뜻을 나타내는 어미는 '-든'임. 가-든(지) 말-든(지), 보-든(가) 말-든(가)
-던가	-든가	
-던걸	-든걸	
-던고	-든고	
-던데	-든데	
-던지	-든지	
-(으)려고	-(으)ㄹ려고/-(으)ㄹ라고	
-(으)려야	-(으)ㄹ려야/-(으)ㄹ래야	
망가-뜨리다	망그-뜨리다	
멸치	며루치/메리치	
반빗-아치	반비-아치	'반빗' 노릇을 하는 사람. 찬비(饌婢) '반비'는 밥짓는 일을 맡은 계집종
보습	보십/보섭	
본새	뽄새	
봉숭아	봉숭화	'봉선화'도 표준어임.
뺨-따귀	뺌-따귀/뺨-따구니	'뺨'의 비속어임.
뻐개다〔斫〕	뻐기다	두 조각으로 가르다.
뻐기다〔誇〕	뻐개다	뽐내다

사자-탈	사지-탈	
상-판대기	쌍-판대기	
서〔三〕	세/석	~ 돈, ~ 말, ~ 발, ~ 푼
석〔三〕	세	~ 냥, ~ 되, ~ 섬, ~ 자
설령(設令)	서령	
-습니다	-읍니다	먹습니다, 갔습니다, 없습니다, 있습니다, 좋습니다 모음 뒤에는 '-ㅂ니다'임.
시름-시름	시늠-시늠	
씀벅-씀벅	썸벅-썸벅	
아궁이	아궁지	
아내	안해	
어-중간	어지-중간	
오금-팽이	오금-탱이	
오래-오래	도래-도래	돼지 부르는 소리
-올시다	-올습니다	
옹골-차다	공골-차다	
우두커니	우두머니	작은말은 '오도카니'임.
잠-투정	잠-투세/잠-주정	
재봉-틀	자봉-틀	발~, 손~
짓-무르다	짓-물다	
짚-북데기	짚-북세기	'짚북더기'도 비표준어임.
쪽	짝	편(便). 이~, 그~, 저~ 다만, '아무-짝'은 '짝'임.
천장(天障)	천정	'천정부지(天井不知)'는 '천정'임.
코-맹맹이	코-맹녕이	
흉-업다	흉-헙다	

제 5 절 복수 표준어

제 18 항 다음 단어는 ㄱ을 원칙으로 하고, ㄴ도 허용한다.

ㄱ	ㄴ	비 고
네	예	
쇠-	소-	-가죽, -고기, -기름, -머리, -뼈
괴다	고이다	물이 ~, 밑을 ~.
꾀다	꼬이다	어린애를 ~, 벌레가 ~.
쐬다	쏘이다	바람을 ~.
죄다	조이다	나사를 ~.
쬐다	쪼이다	볕을 ~.

제 19 항 어감의 차이를 나타내는 단어 또는 발음이 비슷한 단어들이 다 같이 널리 쓰이는 경우에는, 그 모두를 표준어로 삼는다. (ㄱ, ㄴ을 모두 표준어로 삼음.)

ㄱ	ㄴ	비　　고
거슴츠레-하다	게슴츠레-하다	
고까	꼬까	~신, ~옷
고린-내	코린-내	
교기(驕氣)	갸기	교만한 태도
구린-내	쿠린-내	
꺼림-하다	께름-하다	
나부랭이	너부렁이	

부록

제 3 장　어휘 선택의 변화에 따른 표준어 규정

제 1 절　고　어

제 20 항　사어(死語)가 되어 쓰이지 않게 된 단어는 고어로 처리하고, 현재 널리 사용되는 단어를 표준어로 삼는다. (ㄱ을 표준어로 삼고, ㄴ을 버림.)

ㄱ	ㄴ	비　　고
난봉	봉	
낭떠러지	낭	
설거지-하다	설겆다	
애달프다	애닯다	
오동-나무	머귀-나무	
자두	오얏	

제 2 절　한 자 어

제 21 항　고유어 계열의 단어가 널리 쓰이고 그에 대응되는 한자어 계열의 단어가 용도를 잃게 된 것은, 고유어 계열의 단어만을 표준어로 삼는다. (ㄱ을 표준어로 삼고, ㄴ을 버림.)

ㄱ	ㄴ	비　　고
가루-약	말-약	
구들-장	방-돌	
길품-삯	보행-삯	
까막-눈	맹-눈	
꼭지-미역	총각-미역	
나뭇-갓	시장-갓	
늙-다리	노닥다리	
두껍-닫이	두껍-창	
떡-암죽	병-암죽	
마른-갈이	건-갈이	
마른-빨래	건-빨래	
메-찰떡	반-찰떡	
박달-나무	배달-나무	

밥-소라	식-소라	큰 놋그릇
사래-논	사래-답	묘지기나 마름이 부쳐 먹는 땅
사래-밭	사래-전	
삯-말	삯-마	
성냥	화곽	
솟을-무늬	솟을-문	
외-지다	벽-지다	
움-파	동-파	
잎-담배	잎-초	
잔-돈	잔-전	
조-당수	조-당죽	
죽데기	피-죽	'죽더기'도 비표준어임.
지겟-다리	목-발	지게 동발의 양쪽 다리
짐-꾼	부지-군(負持-　)	
푼-돈	분전/푼전	
흰-말	백-말/부루-말	'백마'는 표준어임.
흰-죽	백-죽	

제 22 항 고유어 계열의 단어가 생명력을 잃고 그에 대응되는 한자어 계열의 단어가 널리 쓰이면, 한자어 계열의 단어를 표준어로 삼는다. (ㄱ을 표준어로 삼고, ㄴ을 버림.)

ㄱ	ㄴ	비　고
개다리-소반	개다리-밥상	
겸-상	맞-상	
고봉-밥	높은-밥	
단-벌	홑-벌	
마방-집	마바리-집	馬房-
민망-스럽다/면구-스럽다	민주-스럽다	
방-고래	구들-고래	
부항-단지	뜸-단지	
산-누에	멧-누에	
산-줄기	멧-줄기/멧-발	
수-삼	무-삼	
심-돋우개	불-돋우개	
양-파	둥근-파	
어질-병	어질-머리	
윤-달	군-달	
장력-세다	장성-세다	
제석	젯-돗	
총각-무	알-무/알타리-무	
칫-솔	잇-솔	
포수	총-댕이	

부록

제 3 절 방 언

제 23 항 방언이던 단어가 표준어보다 더 널리 쓰이게 된 것은, 그것을 표준어로 삼는다. 이 경우, 원래의 표준어는 그대로 표준어로 남겨 두는 것을 원칙으로 한다. (ㄱ을 표준어로 삼고, ㄴ도 표준어로 남겨 둠.)

ㄱ	ㄴ	비 고
멍게	우렁쉥이	
물-방개	선두리	
애-순	어린-순	

제 24 항 방언이던 단어가 널리 쓰이게 됨에 따라 표준어이던 단어가 안 쓰이게 된 것은, 방언이던 단어를 표준어로 삼는다. (ㄱ을 표준어로 삼고, ㄴ을 버림.)

ㄱ	ㄴ	비 고
귀밑-머리	귓-머리	
까-뭉개다	까-무느다	
막상	마기	
빈대-떡	빈자-떡	
생인-손	생안-손	준말은 '생-손'임.
역-겹다	역-스럽다	
코-주부	코-보	

제 4 절 단수 표준어

제 25 항 의미가 똑같은 형태가 몇 가지 있을 경우, 그 중 어느 하나가 압도적으로 널리 쓰이면, 그 단어만을 표준어로 삼는다. (ㄱ을 표준어로 삼고, ㄴ을 버림.)

ㄱ	ㄴ	비 고
-게끔	-게시리	
겸사-겸사	겸지-겸지/겸두-겸두	
고구마	참-감자	
고치다	낫우다	병을 ~.
골목-쟁이	골목-자기	
광주리	광우리	
괴통	호구	자루를 박는 부분
국-물	멀-국/말-국	
군-표	군용-어음	
길-잡이	길-앞잡이	'길라잡이'도 표준어임.
까다롭다	까닭-스럽다/까탈-스럽다	
까치-발	까치-다리	선반 따위를 받치는 물건
꼬창-모	말뚝-모	꼬챙이로 구멍을 뚫으면서 심는 모
나룻-배	나루	'나루〔津〕'는 표준어임.
납-도리	민-도리	

농-지거리	기롱-지거리	다른 의미의 '기롱지거리'는 표준어임.
다사-스럽다	다사-하다	간섭을 잘 하다.
다오	다구	이리 ~.
담배-꽁초	담배-꼬투리/담배-꽁치/담배-꽁추	
담배-설대	대-설대	
대장-일	성냥-일	
뒤져-내다	뒤어-내다	
뒤통수-치다	뒤꼭지-치다	
등-나무	등-칡	
등-때기	등-떠리	'등'의 낮은말
등잔-걸이	등경-걸이	
떡-보	떡-충이	
똑딱-단추	딸꼭-단추	
매-만지다	우미다	
먼-발치	먼-발치기	
며느리-발톱	뒷-발톱	
명주-붙이	주-사니	
목-메다	목-맺히다	
밀짚-모자	보릿짚-모자	
바가지	열-바가지/열-박	
바람-꼭지	바람-고다리	튜브의 바람을 넣는 구멍에 붙은, 쇠로 만든 꼭지
반-나절	나절-가웃	
반두	독대	그물의 한 가지
버젓-이	뉘연-히	
본-받다	법-받다	
부각	다시마-자반	
부끄러워-하다	부끄리다	
부스러기	부스럭지	
부지깽이	부지팽이	
부항-단지	부항-항아리	부스럼에서 피고름을 빨아 내기 위하여 부항을 붙이는 데 쓰는 자그마한 단지
붉으락-푸르락	푸르락-붉으락	
비켜-덩이	옆-사리미	김맬 때에 흙덩이를 옆으로 빼내는 일, 또는 그 흙덩이
빙충-이	빙충-맞이	작은말은 '뱅충이'
빠-뜨리다	빠-치다	'빠트리다'도 표준어임.
뻣뻣-하다	왜긋다	
뽐-내다	느물다	
사로-잠그다	사로-채우다	자물쇠나 빗장 따위를 반 정도만 걸어 놓다.
살-풀이	살-막이	
상투-쟁이	상투-꼬부랑이	상투 튼 이를 놀리는 말

부록

새앙-손이	생강-손이	
샛-별	새벽-별	
선-머슴	풋-머슴	
섭섭-하다	애운-하다	
속-말	속-소리	국악 용어 '속소리'는 표준어임.
손목-시계	팔목-시계/팔뚝-시계	
손-수레	손-구루마	'구루마'는 일본어임.
쇠-고랑	고랑-쇠	
수도-꼭지	수도-고동	
숙성-하다	숙-지다	
순대	골집	
술-고래	술-꾸러기/술-부대/술-보/술-푸대	
식은-땀	찬-땀	
신기-롭다	신기-스럽다	'신기하다'도 표준어임.
쌍동-밤	쪽-밤	
쏜살-같이	쏜살-로	
아주	영판	
안-걸이	안-낚시	씨름 용어
안다미-씌우다	안다미-시키다	제가 담당할 책임을 남에게 넘기다.
안쓰럽다	안-슬프다	
안절부절-못하다	안절부절-하다	
앉은뱅이-저울	앉은-저울	
알-사탕	구슬-사탕	
암-내	곁땀-내	
앞-지르다	따라-먹다	
애-벌레	어린-벌레	
얕은-꾀	물탄-꾀	
언뜻	펀뜻	
언제나	노다지	
얼룩-말	워라-말	
-에는	-엘랑	
열심-히	열심-으로	
열어-제치다	열어-젖뜨리다	
입-담	말-담	
자배기	너벅지	
전봇-대	전선-대	
주책-없다	주책-이다	'주착→주책'은 제 11 항 참조
쥐락-펴락	펴락-쥐락	
-지만	-지만서도	← -지마는
짓고-땡	지어-땡/짓고-땡이	
짧은-작	짜른-작	
찹-쌀	이-찹쌀	

청대-콩 칡-범	푸른-콩 갈-범	

부록

제 5 절　복수 표준어

제 26 항　한 가지 의미를 나타내는 형태 몇 가지가 널리 쓰이며 표준어 규정에 맞으면, 그 모두를 표준어로 삼는다.

복수 표준어	비 고
가는-허리/잔-허리	
가락-엿/가래-엿	
가뭄/가물	
가엾다/가엽다	가엾어/가여워, 가엾은/가여운
감감-무소식/감감-소식	
개수-통/설거지-통	'설겆다'는 '설거지-하다'로
개숫-물/설거지-물	
갱-엿/검은-엿	
-거리다/-대다	가물-, 출렁-
거위-배/횟-배	
것/해	내~, 네~, 뉘~
게을러-빠지다/게을러-터지다	
고깃-간/푸줏-간	'고깃-관, 푸줏-관, 다림-방'은 비표준어임.
곰곰/곰곰-이	
관계-없다/상관-없다	
교정-보다/준-보다	
구들-재/구재	
귀퉁-머리/귀퉁-배기	'귀퉁이'의 비어임.
극성-떨다/극성-부리다	
기세-부리다/기세-피우다	
기승-떨다/기승-부리다	
깃-저고리/배내-옷/배냇-저고리	
까까-중/중-대가리	'까까중이'는 비표준어임.
꼬까/때때/고까	~신, ~옷
꼬리-별/살-별	
꽃-도미/붉-돔	
나귀/당-나귀	
날-걸/세-뿔	윷판의 쨀밭 다음의 셋째 밭
내리-글씨/세로-글씨	
넝쿨/덩굴	'덩쿨'은 비표준어임.
녘/쪽	동~, 서~
눈-대중/눈-어림/눈-짐작	
느리-광이/느림-보/늘-보	
늦-모/마냥-모	←만이앙-모

다기-지다/다기-차다	
다달-이/매-달	
-다마다/-고말고	
다박-나룻/다박-수염	
닭의-장/닭-장	
댓-돌/툇-돌	
덧-창/겉-창	
독장-치다/독판-치다	
동자-기둥/쪼구미	
돼지-감자/뚱딴지	
되우/된통/되게	
두동-무니/두동-사니	윷놀이에서, 두 동이 한데 어울려 가는 말
뒷-갈망/뒷-감당	
뒷-말/뒷-소리	
들락-거리다/들랑-거리다	
들락-날락/들랑-날랑	
딴-전/딴-청	
땅-콩/호-콩	
땔-감/땔-거리	
-뜨리다/-트리다	깨-, 떨어-, 쏟-
뜬-것/뜬-귀신	
마룻-줄/용총-줄	돛대에 매어 놓은 줄. '이어줄'은 비표준어임.
마-파람/앞-바람	
만장-판/만장-중(滿場中)	
만큼/만치	
말-동무/말-벗	
매-갈이/매-조미	
매-통/목-매	
먹-새/먹음-새	'먹음-먹이'는 비표준어임.
멀찌감치/멀찌가니/멀찍이	
멱통/산-멱/산-멱통	
면-치레/외면-치레	
모-내다/모-심다	모-내기/모-심기
모쪼록/아무쪼록	
목판-되/모-되	
목화-씨/면화-씨	
무심-결/무심-중	
물-봉숭아/물-봉선화	
물-부리/빨-부리	
물-심부름/물-시중	
물추리-나무/물추리-막대	
물-타작/진-타작	
민둥-산/벌거숭이-산	

밑-층/아래-층	
바깥-벽/밭-벽	
바른/오른〔右〕	~손, ~쪽, ~편
발-모가지/발-목쟁이	'발목'의 비속어임.
버들-강아지/버들-개지	
벌레/버러지	'벌거지, 벌러지'는 비표준어임.
변덕-스럽다/변덕-맞다	
보-조개/볼-우물	
보통-내기/여간-내기/예사-내기	'행-내기'는 비표준어임.
볼-따구니/볼-퉁이/볼-때기	'볼'의 비속어임.
부침개-질/부침-질/지짐-질	'부치개-질'은 비표준어임.
불똥-앉다/등화-지다/등화-앉다	
불-사르다/사르다	
비발/비용(費用)	
뾰두라지/뾰루지	
살-쾡이/삵	삵-피
삽살-개/삽사리	
상두-꾼/상여-꾼	'상도-꾼, 향도-꾼'은 비표준어임.
상-씨름/소-걸이	
생/새앙/생강	
생-뿔/새앙-뿔/생강-뿔	'쇠뿔'의 형용
생-철/양-철	1. '서양-철'은 비표준어임. 2. '生鐵'은 '무쇠'임.
서럽다/섧다	'설다'는 비표준어임.
서방-질/화냥-질	
성글다/성기다	
-(으)세요/-(으)셔요	
송이/송이-버섯	
수수-깡/수숫-대	
술-안주/안주	
-스레하다/-스름하다	거무-, 발그-
시늉-말/흉내-말	
시새/세사(細沙)	
신/신발	
신주-보/독보(櫝褓)	
심술-꾸러기/심술-쟁이	
씁쓰레-하다/씁쓰름-하다	
아귀-세다/아귀-차다	
아래-위/위-아래	
아무튼/어떻든/어쨌든/하여튼/여하튼	
앉음-새/앉음-앉음	
알은-척/알은-체	
애-갈이/애벌-갈이	

애꾸눈-이/외눈-박이	'외대-박이, 외눈-통이'는 비표준어임.
양념-감/양념-거리	
어금버금-하다/어금지금-하다	
어기여차/어여차	
어림-잡다/어림-치다	
어이-없다/어처구니-없다	
어저께/어제	
언덕-바지/언덕-배기	
얼렁-뚱땅/엄벙-뗑	
여왕-벌/장수-벌	
여쭈다/여쭙다	
여태/입때	'여직'은 비표준어임.
여태-껏/이제-껏/입때-껏	'여지-껏'은 비표준어임.
역성-들다/역성-하다	'편역-들다'는 비표준어임.
연-달다/잇-달다	
엿-가락/엿-가래	
엿-기름/엿-길금	
엿-반대기/엿-자박	
오사리-잡놈/오색-잡놈	'오합-잡놈'은 비표준어임.
옥수수/강냉이	~떡, ~묵, ~밥, ~튀김
왕골-기직/왕골-자리	
외겹-실/외올-실/홑-실	'홑겹-실, 올-실'은 비표준어임.
외손-잡이/한손-잡이	
욕심-꾸러기/욕심-쟁이	
우레/천둥	우렛-소리/천둥-소리
우지/울-보	
을러-대다/을러-메다	
의심-스럽다/의심-쩍다	
-이에요/-이어요	
이틀-거리/당-고금	학질의 일종임.
일일-이/하나-하나	
일찌감치/일찌거니	
입찬-말/입찬-소리	
자리-옷/잠-옷	
자물-쇠/자물-통	
장가-가다/장가-들다	'서방-가다'는 비표준어임.
재롱-떨다/재롱-부리다	
제-가끔/제-각기	
좀-처럼/좀-체	'좀-체로, 좀-해선, 좀-해'는 비표준어임.
줄-꾼/줄-잡이	
중신/중매	
짚-단/짚-뭇	
쪽/편	오른~, 왼~

차차/차츰	
책-씻이/책-거리	
척/체	모르는~, 잘난~
천연덕-스럽다/천연-스럽다	
철-따구니/철-딱서니/철-딱지	'철-때기'는 비표준어임.
추어-올리다/추어-주다	'추켜-올리다'는 비표준어임.
축-가다/축-나다	
침-놓다/침-주다	
통-꼭지/통-젖	통에 붙은 손잡이
파자-쟁이/해자-쟁이	점치는 이
편지-투/편지-틀	
한턱-내다/한턱-하다	
해웃-값/해웃-돈	'해우-차'는 비표준어임.
혼자-되다/홀로-되다	
흠-가다/흠-나다/흠-지다	

제 2 부 표준 발음법

제 1 장 총 칙

제 1 항 표준 발음법은 표준어의 실제 발음을 따르되, 국어의 전통성과 합리성을 고려하여 정함을 원칙으로 한다.

제 2 장 자음과 모음

제 2 항 표준어의 자음은 다음 19 개로 한다.

ㄱ ㄲ ㄴ ㄷ ㄸ ㄹ ㅁ ㅂ ㅃ ㅅ ㅆ ㅇ ㅈ ㅉ ㅊ ㅋ ㅌ ㅍ ㅎ

제 3 항 표준어의 모음은 다음 21 개로 한다.

ㅏ ㅐ ㅑ ㅒ ㅓ ㅔ ㅕ ㅖ ㅗ ㅘ ㅙ ㅚ ㅛ ㅜ ㅝ ㅞ ㅟ ㅠ ㅡ ㅢ ㅣ

제 4 항 'ㅏ ㅐ ㅓ ㅔ ㅗ ㅚ ㅜ ㅟ ㅡ ㅣ'는 단모음(單母音)으로 발음한다.

〔붙임〕 'ㅚ, ㅟ'는 이중 모음으로 발음할 수 있다.

제 5 항 'ㅑ ㅒ ㅕ ㅖ ㅘ ㅙ ㅛ ㅝ ㅞ ㅠ ㅢ'는 이중 모음으로 발음한다.

다만 1. 용언의 활용형에 나타나는 '져, 쪄, 쳐'는 [저, 쩌, 처]로 발음한다.

가지어→가져[가저] 찌어→쪄[쩌] 다치어→다쳐[다처]

다만 2. '예, 례' 이외의 'ㅖ'는 [ㅔ]로도 발음한다.

계집[계:집/게:집] 계시다[계:시다/게:시다]
시계[시계/시게](時計) 연계[연계/연게](連繫)
메별[메별/메별](袂別) 개폐[개폐/개페](開閉)
혜택[혜:택/헤:택](惠澤) 지혜[지혜/지헤](智慧)

다만 3. 자음을 첫소리로 가지고 있는 음절의 'ㅢ'는 [ㅣ]로 발음한다.

늴리리　　늬큼　　무늬　　띄어쓰기　　씌어　　틔어　　희어　　희떱다
희망　　유희

다만 4. 단어의 첫 음절 이외의 '의'는 [ㅣ]로, 조사 '의'는 [ㅔ]로 발음함도 허용한다.
주의[주의/주이]　　협의[혀븨/혀비]　　우리의[우리의/우리에]
강의의[강:의의/강:이에]

제 3 장　소리의 길이

제 6 항 모음의 장단을 구별하여 발음하되, 단어의 첫 음절에서만 긴소리가 나타나는 것을 원칙으로 한다.

(1) 눈보라[눈:보라]　　말씨[말:씨]　　밤나무[밤:나무]　　많다[만:타]
멀리[멀:리]　　벌리다[벌:리다]

(2) 첫눈[천눈]　　참말[참말]　　쌍동밤[쌍동밤]　　수많이[수:마니]
눈멀다[눈멀다]　　떠벌리다[떠벌리다]

다만, 합성어의 경우에는 둘째 음절 이하에서도 분명한 긴소리를 인정한다.
반신반의[반:신 바:늬/반:신 바:니]　　재삼재사[재:삼 재:사]

〔붙임〕 용언의 단음절 어간에 어미 '-아/-어'가 결합되어 한 음절로 축약되는 경우에도 긴소리로 발음한다.
보아→봐[봐:]　　기어→겨[겨:]　　되어→돼[돼:]
두어→둬[둬:]　　하여→해[해:]

다만, '오아→와, 지어→져, 찌어→쪄, 치어→쳐' 등은 긴소리로 발음하지 않는다.

제 7 항 긴소리를 가진 음절이라도, 다음과 같은 경우에는 짧게 발음한다.

1. 단음절인 용언 어간에 모음으로 시작된 어미가 결합되는 경우
감다[감:따]—감으니[가므니]　　밟다[밥:따]—밟으면[발브면]
신다[신:따]—신어[시너]　　알다[알:다]—알아[아라]

다만, 다음과 같은 경우에는 예외적이다.
끌다[끌:다]—끌어[끄:러]　　떫다[떨:따]—떫은[떨:븐]
벌다[벌:다]—벌어[버:러]　　썰다[썰:다]—썰어[써:러]
없다[업:따]—없으니[업:쓰니]

2. 용언 어간에 피동, 사동의 접미사가 결합되는 경우
감다[감:따]—감기다[감기다]　　꼬다[꼬:다]—꼬이다[꼬이다]
밟다[밥:따]—밟히다[발피다]

다만, 다음과 같은 경우에는 예외적이다.
끌리다[끌:리다]　　벌리다[벌:리다]　　없애다[업:쌔다]

〔붙임〕 다음과 같은 합성에서는 본디의 길이에 관계없이 짧게 발음한다.
밀-물　　썰-물　　쏜-살-같이　　작은-아버지

제 4 장　받침의 발음

제 8 항 받침소리로는 'ㄱ, ㄴ, ㄷ, ㄹ, ㅁ, ㅂ, ㅇ'의 7개 자음만 발음한다.

제 9 항 받침 'ㄲ, ㅋ', 'ㅅ, ㅆ, ㅈ, ㅊ, ㅌ', 'ㅍ'은 어말 또는 자음 앞에서 각각 대표음 [ㄱ, ㄷ, ㅂ]으로 발음한다.

닦다[닥따] 키읔[키윽] 키읔과[키윽꽈] 옷[옫]
웃다[욷:따] 있다[읻따] 젖[젇] 빚다[빋따]
꽃[꼳] 쫓다[쫃따] 솥[솓] 뱉다[밷:따]
앞[압] 덮다[덥따]

제 10 항 겹받침 'ㄳ', 'ㄵ', 'ㄼ, ㄽ, ㄾ', 'ㅄ'은 어말 또는 자음 앞에서 각각 [ㄱ, ㄴ, ㄹ, ㅂ]으로 발음한다.

넋[넉] 넋과[넉꽈] 앉다[안따] 여덟[여덜]
넓다[널따] 외곬[외골] 핥다[할따] 값[갑]
없다[업:따]

다만, '밟-'은 자음 앞에서 [밥]으로 발음하고, '넓-'은 다음과 같은 경우에 [넙]으로 발음한다.

(1) 밟다[밥:따] 밟소[밥:쏘] 밟지[밥:찌] 밟는[밥:는→밤:는]
밟게[밥:께] 밟고[밥:꼬]

(2) 넓-죽하다[넙쭈카다] 넓-둥글다[넙뚱글다]

제 11 항 겹받침 'ㄺ, ㄻ, ㄿ'은 어말 또는 자음 앞에서 각각 [ㄱ, ㅁ, ㅂ]으로 발음한다.

닭[닥] 흙과[흑꽈] 맑다[막따] 늙지[늑찌]
삶[삼:] 젊다[점:따] 읊고[읍꼬] 읊다[읍따]

다만, 용언의 어간 말음 'ㄺ'은 'ㄱ' 앞에서 [ㄹ]로 발음한다.

맑게[말께] 묽고[물꼬] 얽거나[얼꺼나]

제 12 항 받침 'ㅎ'의 발음은 다음과 같다.

1. 'ㅎ(ㄶ, ㅀ)' 뒤에 'ㄱ, ㄷ, ㅈ'이 결합되는 경우에는, 뒤 음절 첫소리와 합쳐서 [ㅋ, ㅌ, ㅊ]으로 발음한다.

놓고[노코] 좋던[조:턴] 쌓지[싸치] 많고[만:코]
않던[안턴] 닳지[달치]

〔붙임 1〕 받침 'ㄱ(ㄺ), ㄷ, ㅂ(ㄼ), ㅈ(ㄵ)'이 뒤 음절 첫소리 'ㅎ'과 결합되는 경우에도, 역시 두 소리를 합쳐서 [ㅋ, ㅌ, ㅍ, ㅊ]으로 발음한다.

각하[가카] 먹히다[머키다] 밝히다[발키다] 맏형[마텽]
좁히다[조피다] 넓히다[널피다] 꽂히다[꼬치다] 앉히다[안치다]

〔붙임 2〕 규정에 따라 'ㄷ'으로 발음되는 'ㅅ, ㅈ, ㅊ, ㅌ'의 경우에는 이에 준한다.

옷 한 벌[오탄벌] 낮 한때[나탄때] 꽃 한 송이[꼬탄송이] 숱하다[수타다]

2. 'ㅎ(ㄶ, ㅀ)' 뒤에 'ㅅ'이 결합되는 경우에는, 'ㅅ'을 [ㅆ]으로 발음한다.

닿소[다쏘] 많소[만:쏘] 싫소[실쏘]

3. 'ㅎ' 뒤에 'ㄴ'이 결합되는 경우에는, [ㄴ]으로 발음한다.

놓는[논는] 쌓네[싼네]

〔붙임〕 'ㄶ, ㅀ' 뒤에 'ㄴ'이 결합되는 경우에는, 'ㅎ'을 발음하지 않는다.

않네[안네] 않는[안는] 뚫네[뚤네→뚤레] 뚫는[뚤는→뚤른]

* '뚫네[뚤네→뚤레], 뚫는[뚤는→뚤른]'에 대해서는 제 20 항 참조.

4. 'ㅎ(ㄶ, ㅀ)' 뒤에 모음으로 시작된 어미나 접미사가 결합되는 경우에는, 'ㅎ'을 발음하지 않는다.

낳은[나은] 놓아[노아] 쌓이다[싸이다] 많아[마:나]
않은[아는] 닳아[다라] 싫어도[시러도]

제 13 항 홑받침이나 쌍받침이 모음으로 시작된 조사나 어미, 접미사와 결합되는 경우에는, 제 음가대로 뒤 음절 첫소리로 옮겨 발음한다.

깎아[까까] 옷이[오시] 있어[이써] 낮이[나지]
꽂아[꼬자] 꽃을[꼬츨] 쫓아[쪼차] 밭에[바테]
앞으로[아프로] 덮이다[더피다]

부록

제 14 항 겹받침이 모음으로 시작된 조사나 어미, 접미사와 결합되는 경우에는, 뒤엣것만을 뒤 음절 첫소리로 옮겨 발음한다. (이 경우, 'ㅅ'은 된소리로 발음함.)

넋이[넉씨] 앉아[안자] 닭을[달글] 젊어[절머]
곬이[골씨] 핥아[할타] 읊어[을퍼] 값을[갑쓸]
없어[업:써]

제 15 항 받침 뒤에 모음 'ㅏ, ㅓ, ㅗ, ㅜ, ㅟ'들로 시작되는 실질 형태소가 연결되는 경우에는, 대표음으로 바꾸어서 뒤 음절 첫소리로 옮겨 발음한다.

밭 아래[바다래] 늪 앞[느밥] 젖어미[저더미] 맛없다[마덥다]
겉옷[거돋] 헛웃음[허두슴] 꽃 위[꼬뒤]

다만, '맛있다, 멋있다'는 [마싣따], [머싣따]로도 발음할 수 있다.

〔붙임〕 겹받침의 경우에는 그 중 하나만을 옮겨 발음한다.

넋 없다[너겁따] 닭 앞에[다가페] 값어치[가버치] 값있는[가빈는]

제 16 항 한글 자모의 이름은 그 받침소리를 연음하되, 'ㄷ, ㅈ, ㅊ, ㅋ, ㅌ, ㅍ, ㅎ'의 경우에는 특별히 다음과 같이 발음한다.

디귿이[디그시] 디귿을[디그슬] 디귿에[디그세]
지읒이[지으시] 지읒을[지으슬] 지읒에[지으세]
치읓이[치으시] 치읓을[치으슬] 치읓에[치으세]
키읔이[키으기] 키읔을[키으글] 키읔에[키으게]
티읕이[티으시] 티읕을[티으슬] 티읕에[티으세]
피읖이[피으비] 피읖을[피으블] 피읖에[피으베]
히읗이[히으시] 히읗을[히으슬] 히읗에[히으세]

제 5 장 소리의 동화

제 17 항 받침 'ㄷ, ㅌ(ㄾ)'이 조사나 접미사의 모음 'ㅣ'와 결합되는 경우에는, [ㅈ, ㅊ]으로 바꾸어서 뒤 음절 첫소리로 옮겨 발음한다.

곧이듣다[고지듣따] 굳이[구지] 미닫이[미다지]
땀받이[땀바지] 밭이[바치] 벼훑이[벼훌치]

〔붙임〕 'ㄷ' 뒤에 접미사 '히'가 결합되어 '티'를 이루는 것은 [치]로 발음한다.

굳히다[구치다] 닫히다[다치다] 묻히다[무치다]

제 18 항 받침 'ㄱ(ㄲ, ㅋ, ㄳ, ㄺ), ㄷ(ㅅ, ㅆ, ㅈ, ㅊ, ㅌ, ㅎ), ㅂ(ㅍ, ㄼ, ㄿ, ㅄ)'은 'ㄴ, ㅁ' 앞에서 [ㅇ, ㄴ, ㅁ]으로 발음한다.

먹는[멍는] 국물[궁물] 깎는[깡는] 키읔만[키응만]
몫몫이[몽목씨] 긁는[긍는] 흙만[흥만] 닫는[단는]
짓는[진:는] 옷맵시[온맵시] 있는[인는] 맞는[만는]
젖멍울[전멍울] 쫓는[쫀는] 꽃망울[꼰망울] 붙는[분는]
놓는[논는] 잡는[잠는] 밥물[밤물] 앞마당[암마당]
밟는[밤:는] 읊는[음는] 없는[엄:는] 값매다[감매다]

〔붙임〕 두 단어를 이어서 한 마디로 발음하는 경우에도 이와 같다.

책 넣는다[챙넌는다] 흙 말리다[흥말리다] 옷 맞추다[온마추다]
밥 먹는다[밤멍는다] 값 매기다[감매기다]

제 19 항 받침 'ㅁ, ㅇ' 뒤에 연결되는 'ㄹ'은 [ㄴ]으로 발음한다.

담력[담:녁] 침략[침냑] 강릉[강능] 항로[항:노]
대통령[대:통녕]

〔붙임〕 받침 'ㄱ, ㅂ' 뒤에 연결되는 'ㄹ'도 [ㄴ]으로 발음한다.

막론[막논→망논] 백리[백니→뱅니] 협력[협녁→혐녁]
십리[십니→심니]

제 20 항 'ㄴ'은 'ㄹ'의 앞이나 뒤에서 [ㄹ]로 발음한다.

(1) 난로[날:로] 신라[실라] 천리[철리] 광한루[광:할루]
대관령[대:괄령]

(2) 칼날[칼랄] 물난리[물랄리] 줄넘기[줄럼끼] 할는지[할른지]

〔붙임〕 첫소리 'ㄴ'이 'ㅀ', 'ㄾ' 뒤에 연결되는 경우에도 이에 준한다.

닳는[달른] 뚫는[뚤른] 핥네[할레]

다만, 다음과 같은 단어들은 'ㄹ'을 [ㄴ]으로 발음한다.

의견란[의:견난] 임진란[임:진난] 생산량[생산냥]
결단력[결딴녁] 공권력[공꿘녁] 동원령[동:원녕]
상견례[상견녜] 횡단로[횡단노] 이원론[이:원논]
입원료[이붠뇨] 구근류[구근뉴]

제 21 항 위에서 지적한 이외의 자음 동화는 인정하지 않는다.

감기[감:기](×[강:기]) 옷감[옫깜](×[옥깜])
있고[읻꼬](×[익꼬]) 꽃길[꼳낄](×[꼭낄])
젖먹이[전머기](×[점머기]) 문법[문뻡](×[뭄뻡])
꽃밭[꼳빧](×[꼽빧])

제 22 항 다음과 같은 용언의 어미는 [어]로 발음함을 원칙으로 하되, [여]로 발음함도 허용한다.

피어[피어/피여] 되어[되어/되여]

〔붙임〕 '이오, 아니오'도 이에 준하여 [이요, 아니요]로 발음함을 허용한다.

제 6 장 된소리되기

제 23 항 받침 'ㄱ(ㄲ, ㅋ, ㄳ, ㄺ), ㄷ(ㅅ, ㅆ, ㅈ, ㅊ, ㅌ), ㅂ(ㅍ, ㄼ, ㄿ, ㅄ)' 뒤에 연결되는 'ㄱ, ㄷ, ㅂ, ㅅ, ㅈ'은 된소리로 발음한다.

국밥[국빱] 깎다[깍따] 넋받이[넉빠지] 삯돈[삭똔]
닭장[닥짱] 칡범[칙뻠] 뻗대다[뻗때다] 옷고름[옫꼬름]
있던[읻떤] 꽂고[꼳꼬] 꽃다발[꼳따발] 낯설다[낟썰다]
밭갈이[받까리] 솥전[솓쩐] 곱돌[곱똘] 덮개[덥깨]
옆집[엽찝] 넓죽하다[넙쭈카다] 읊조리다[읍쪼리다] 값지다[갑찌다]

제 24 항 어간 받침 'ㄴ(ㄵ), ㅁ(ㄻ)' 뒤에 결합되는 어미의 첫소리 'ㄱ, ㄷ, ㅅ, ㅈ'은 된소리로 발음한다.

신고[신:꼬] 껴안다[껴안따] 앉고[안꼬] 얹다[언따]

삼고[삼:꼬]　　더듬지[더듬찌]　　닮고[담:꼬]　　젊지[점:찌]

다만, 피동, 사동의 접미사 '-기-'는 된소리로 발음하지 않는다.

안기다　　감기다　　굶기다　　옮기다

부록

제 25 항 어간 받침 'ㄼ, ㄾ' 뒤에 결합되는 어미의 첫소리 'ㄱ, ㄷ, ㅅ, ㅈ'은 된소리로 발음한다.

넓게[널께]　　핥다[할따]　　훑소[훌쏘]　　떫지[떨:찌]

제 26 항 한자어에서, 'ㄹ' 받침 뒤에 연결되는 'ㄷ, ㅅ, ㅈ'은 된소리로 발음한다.

갈등[갈뜽]　　발동[발똥]　　절도[절또]　　말살[말쌀]

불소[불쏘](弗素)　　일시[일씨]　　갈증[갈쯩]　　물질[물찔]

발전[발쩐]　　몰상식[몰쌍식]　　불세출[불쎄출]

다만, 같은 한자가 겹쳐진 단어의 경우에는 된소리로 발음하지 않는다.

허허실실[허허실실](虛虛實實)　　절절-하다[절절하다](切切-)

제 27 항 관형사형 '-[으]ㄹ' 뒤에 연결되는 'ㄱ, ㄷ, ㅂ, ㅅ, ㅈ'은 된소리로 발음한다.

할 것을[할꺼슬]　　갈 데가[갈떼가]　　할 바를[할빠를]

할 수는[할쑤는]　　할 적에[할쩌게]　　갈 곳[갈꼳]

할 도리[할또리]　　만날 사람[만날싸람]

다만, 끊어서 말할 적에는 예사소리로 발음한다.

〔붙임〕 '-(으)ㄹ'로 시작되는 어미의 경우에도 이에 준한다.

할걸[할껄]　　할밖에[할빠께]　　할세라[할쎄라]

할수록[할쑤록]　　할지라도[할찌라도]　　할지언정[할찌언정]

할진대[할찐대]

제 28 항 표기상으로는 사이시옷이 없더라도, 관형격 기능을 지니는 사이시옷이 있어야 할(휴지가 성립되는) 합성어의 경우에는, 뒤 단어의 첫소리 'ㄱ, ㄷ, ㅂ, ㅅ, ㅈ'을 된소리로 발음한다.

문-고리[문꼬리]　　눈-동자[눈똥자]　　신-바람[신빠람]

산-새[산쌔]　　손-재주[손째주]　　길-가[길까]

물-동이[물똥이]　　발-바닥[발빠닥]　　굴-속[굴:쏙]

술-잔[술짠]　　바람-결[바람껼]　　그믐-달[그믐딸]

아침-밥[아침빱]　　잠-자리[잠짜리]　　강-가[강까]

초승-달[초승딸]　　등-불[등뿔]　　창-살[창쌀]

강-줄기[강쭐기]

제 7 장 소리의 첨가

제 29 항 합성어 및 파생어에서, 앞 단어나 접두사의 끝이 자음이고 뒤 단어나 접미사의 첫 음절이 '이, 야, 여, 요, 유'인 경우에는, 'ㄴ' 소리를 첨가하여 [니, 냐, 녀, 뇨, 뉴]로 발음한다.

솜-이불[솜:니불]　　홑-이불[혼니불]　　막-일[망닐]

삯-일[상닐]　　맨-입[맨닙]　　꽃-잎[꼰닙]

내복-약[내:봉냑]　　한-여름[한녀름]　　남존-여비[남존녀비]

신-여성[신녀성]　　색-연필[생년필]　　직행-열차[지캥녈차]

늑막-염[능망념]　　콩-엿[콩녇]　　담-요[담:뇨]

눈-요기[눈뇨기]　　영업-용[영엄뇽]　　식용-유[시굥뉴]

국민-윤리[궁민뉼리]　　밤-윷[밤:뉻]

다만, 다음과 같은 말들은 'ㄴ' 소리를 첨가하여 발음하되, 표기대로 발음할 수 있다.

이죽-이죽[이중니죽/이주기죽]　　야금-야금[야금냐금/야그먀금]
검열[검:녈/거:멸]　　욜랑-욜랑[욜랑뇰랑/욜랑욜랑]
금융[금늉/그뮹]

〔붙임 1〕 'ㄹ' 받침 뒤에 첨가되는 'ㄴ' 소리는 [ㄹ]로 발음한다.

들-일[들:릴]　　솔-잎[솔립]　　설-익다[설릭따]
물-약[물략]　　불-여우[불려우]　　서울-역[서울력]
물-엿[물렷]　　휘발-유[휘발류]　　유들-유들[유들류들]

〔붙임 2〕 두 단어를 이어서 한 마디로 발음하는 경우에도 이에 준한다.

한 일[한닐]　　옷 입다[온닙따]　　서른 여섯[서른녀섣]
3연대[삼년대]　　먹은 엿[머근녇]
할 일[할릴]　　잘 입다[잘립따]　　스물 여섯[스물려섣]
1연대[일련대]　　먹을 엿[머글렫]

다만, 다음과 같은 단어에서는 'ㄴ(ㄹ)' 소리를 첨가하여 발음하지 않는다.

6·25[유기오]　　3·1절[사밀쩔]　　송별-연[송:벼련]
등용-문[등용문]

제 30 항 사이시옷이 붙은 단어는 다음과 같이 발음한다.

1. 'ㄱ, ㄷ, ㅂ, ㅅ, ㅈ'으로 시작하는 단어 앞에 사이시옷이 올 때에는 이들 자음만을 된소리로 발음하는 것을 원칙으로 하되, 사이시옷을 [ㄷ]으로 발음하는 것도 허용한다.

냇가[내:까/낻:까]　　샛길[새:낄/샏:낄]　　빨랫돌[빨래똘/빨랟똘]
콧등[코뜽/콛뜽]　　깃발[기빨/긷빨]　　대팻밥[대:패빱/대:팯빱]
햇살[해쌀/핻쌀]　　뱃속[배쏙/밷쏙]　　뱃전[배쩐/밷쩐]
고갯짓[고개찓/고갣찓]

2. 사이시옷 뒤에 'ㄴ, ㅁ'이 결합되는 경우에는 [ㄴ]으로 발음한다.

콧날[콛날→콘날]　　아랫니[아랟니→아랜니]
툇마루[퇻:마루→퇸:마루]　　뱃머리[밷머리→밴머리]

3. 사이시옷 뒤에 '이' 소리가 결합되는 경우에는 [ㄴㄴ]으로 발음한다.

베갯잇[베갣닏→베갠닏]　　깻잎[깯닙→깬닙]
나뭇잎[나묻닙→나문닙]　　도리깻열[도리깯녈→도리깬녈]
뒷윷[뒫:뉻→뒨:뉻]

부록

표 준 어　모 음

〈문화부 공고 제 36 호 : 1990. 9. 14.〉

일 러 두 기

1. 이 '표준어 모음'은 '새한글 사전'(한글 학회 간행, 1965/1986년)과 '국어 대사전'(민중 서림 간행, 1982년)에서 표제어로 제시한 단어가 일치되지 않는 고유어와 사전에서 그 고유어에 관련지어 놓은 단어를 심의한 결과이다. 따라서, 관련 단어에는 한자어도 일부 포함되어 있다. 신조어, 전문 용어, 맞춤법이 문제 되는 말은 두 사전에서 상충되더라도 심의되지 않았으나, 일상적으로 널리 쓰이는 동·식물 용어는 심의하였다. 한자어와 고유어가 결합된 말('-하다'와 결합된 말은 제외함.)이나 한자어의 변한 말은 포함되었으나, 한자어와 고유어가 결합된 말이라도 한자어의 발음이 문제되는 경우에는 이 '표준어 모음'에 포함되지 않았다.
2. '표준어 모음'의 표준어에 대한 심의 기준은 원칙적으로 '표준어 규정'(문교부 고시 제 88-2호)에 따랐다.
3. '어휘 선택' 부분은 '표제어'란, '관련 단어'란, '비고'란, '관련 규정'란을 제시하고, 표제어는 '한글 맞춤법'(문교부 고시 제 88-1호)의 한글 자모의 순서에 따라 배열하였다. 각 난(欄)의 성격은 다음과 같다.

어휘 선택

1) 표제어 : 두 사전에서 상충되는 단어, 즉 두 사전에서 서로 다른 형태를 표준어로 인정한 단어나, 한 사전에서는 표준어로 인정하고 다른 한 사전에서는 비표준어로 처리한 단어들이다. 심의 결과, 비표준어로 인정된 단어는 그 앞에 ×표를 하였다.

표 제 어	관 련 단 어	비 고	관련 규정
발짓	발질	'발짓'은 '발을 움직이는 짓'의 뜻으로, '발질'은 '발길질'의 뜻으로 인정함.	26
소낙비	소나기		26
×으시대다	으스대다	으쓱거리며 뽐내다.	17, 11

2) 관련 단어 : ㄱ) 두 사전에서 서로 다른 형태를 표준어로 인정한 경우에 표제어에 한 형태를 제시하고 다른 한 형태를 관련 단어에 싣되, 표제어와 관련 단어를 바꾸어서도 실었다. 그리고 심의 결과, 사전상의 두 형태가 모두 비표준어로 처리되고 새로운 형태가 표준어로 인정된 경우에는, 바로 아래 칸의 '관련 단어'란에 표준어로 인정된 형태를 실었다.

표 제 어	관 련 단 어	비 고	관련 규정
×겉껍더기	겉껍데기		9
겉껍데기	×겉껍더기		9
×가리마꼬창이	×가리마꼬챙이		9
	가르마꼬챙이		9
×가리마꼬챙이	×가리마꼬창이		9
	가르마꼬챙이		9

ㄴ) 비표준어로 처리된 표제어의 경우에는 그 단어의 표준어의 형태를 제시하였다. 따라서, 여기에는 한자어도 일부 포함되어 있다.

표 제 어	관 련 단 어	비 고	관련 규정
×맛대강이	맛		25
×배챗괘기	배추속대		25
×잎전	엽전(葉錢)		22, 25

ㄷ) 표제어와 같은 단어로서 이번 심의에서 비표준어로 처리된 단어를 실었다. 이 경우에도 비표준어로 처리된 단어 앞에 ×표를 하였다.

표 제 어	관 련 단 어	비 고	관련 규정
빨갱이	×빨강이	1. 공산주의자 2. '빨간빛의 물건'의 뜻으로는 '빨강이'를 인정함.	9, 17
턱받이	×턱받기	어린아이의 턱 아래에 대어 주는 헝겊	25

3) 비 고 : 표제어의 의미, 관련 단어와의 관계, 예문, 고시된 표준어 등 표제어에 관계되는 정보를 제시하였다. 따라서, '비고'란에 제시하는 정보가 표제어에 대한 것인지 관련 단어에 대한 것인지를 언급하지 않는 경우에는 표제어에 대한 것이다.

4) 관련 규정 : 심의 과정에서 적용한 '표준어 규정 제1부 표준어 사정 원칙'의 항을 제시하였다. 〈발음 부분은 생략〉

어휘 선택

표 제 어	관 련 단 어	비 고	관련 규정
×가귀뜨기	가귀대기	열다섯 끗 뽑기로 내기하는 투전 노름	17, 25
가동질		가동거리는 짓	8
가래질꾼	가래꾼		16
가려잡다	골라잡다		26
가력되다	개력하다		26
×가리마꼬창이	×가리마꼬챙이		9
	가르마꼬챙이		9
×가리마꼬챙이	×가리마꼬창이		9
	가르마꼬챙이		9
×가리워지다	가리어지다		25
×가스라기	가시랭이		25
×가스랑이	가시랭이		25
가시줄	가시철사(~鐵絲)		26
각시	새색시	'작게 만든 여자 인형'의 뜻으로도 인정함.	26
간단없다(間斷~)	끊임없다		26
간단없이(間斷~)	끊임없이		26
간밤	지난밤		26
×간장족박(~醬~)	간장쪽박(~醬~)		17
간장쪽박(~醬~)	×간장족박(~醬~)		17
×간해	지난해		25
×갈비	솔가리	불쏘시개로 쓰는 솔잎	25
갈잎나무	떡갈나무	'떡갈나무'는 갈잎나무의 일종임.	26

부록

×갑화(-火)	도깨비불		21
값나다	금나다	1. 물건값이 정해져서 팔고 사고 할 수 있게 되다. 2. '값나가다'의 준말로는 인정하지 않음.	26
×값높다	값비싸다	'값비싸다'의 뜻으로 '금높다'도 인정함.	25
×강밥	눌은밥	'강다짐으로 먹는 밥'의 뜻으로는 인정함.	25
개소리괴소리	×개소리괴소문		17
×개소리괴소문	개소리괴소리		17
×개지	강아지	'버들치'(물고기 이름)로도 인정하지 않음.	25
갯버들	땅버들	전문 용어로는 '갯버들'을 인정함.	26
×갱조개	가막조개	재첩	25
갱충맞다	갱충쩍다		26
거령맞다	거령스럽다		26
거름발	거름기(~氣)		26
×거상	큰톱		25
거푼거푼		놓인 물체의 한 부분이 바람에 불리어 떠들리었다가 가라앉았다가 하는 모양	25
×거풀	꺼풀		17
건건이	반찬(飯饌)		26
걷어쥐다	걷어잡다		26
×검은깨	주근깨	'빛깔이 검은 참깨'의 뜻으로는 인정함.	25
검정콩	검은콩		26
×겉껍더기	겉껍데기		9
겉껍데기	×겉껍더기		9
겉잠	수잠		26
×게걸스럽다	게검스럽다	1. 욕심껏 마구 먹어대는 태도가 있다. 2. "게걸들린 태도가 있다."의 뜻으로는 인정함.	25
×게꼬리	게꽁지	지식이나 재주 등이 극히 적거나 짧음.	25
게꽁지	×게꼬리	지식이나 재주 등이 극히 적거나 짧음.	25
×계오다	지다	못 이기다.	20, 25
×고두밥	지에밥	1. 찹쌀 혹은 멥쌀을 시루에 쪄서 만든 밥 2. '되게 지은 밥'의 뜻으로는 인정함.	25
고로(故-)	그러므로		26
×고물	고미	1. 반자의 한 종류 2. '우물마루를 놓는 데 귀틀 두 개 사이의 구역'의 뜻으로는 인정함.	25
×고부탕이	고비	1. 중요한 기회 2. '피륙을 필을 지을 때에 꺾여 겹쳐 넘어간 곳'의 뜻으로는 인정함.	25
고운대	곤대	토란 줄거리	16
골짝	골짜기		16
×곰살곱다	곰살갑다		17
×곰탕	곰팡이		25

×곱수머리	곱슬머리		25
공히(共-)	모두		26
과경에(過頃-)	아까		26
과목밭(果木~)	과수원(果樹園)		26
괘꽝스럽다	망령스럽다(妄靈-)		26
×괴임	굄	(고시) 괴다/고이다	18
	고임		18
×괴임새	굄새	1. 괴어 놓은 모양 2. (고시) 괴다/고이다	18
	고임새		18
×괸돌	고인돌		17
구기자나무(枸杞子~)	×괴좆나무		22, 25
×구럭	망태기	'새끼로 그물 뜨듯 눈을 드물게 떠서 만든 물건'의 뜻으로는 인정함.	25
구역나다(嘔逆~)	욕지기나다		26
군기침	헛기침		26
굿복(~服)	굿옷		26
귓속말	귀엣말		26
그물눈	그물코		26
×근두박질	곤두박질		5
글동무	글동접(~同接)		26
글동접(~同接)	글동무		26
금몸(金~)	금색신(金色身)		26
금줄(禁~)	인줄(人~)		26
기겁하다	×기급하다(氣急~)		5, 17
기꼭지(旗~)	×기대강이(旗~)		25
기미채다(幾微~, 機微~)	낌새채다		26
기수채다(幾數~)			26
기어코(期於-)	기어이(期於-)		26
기장	길이	'옷 따위의 긴 정도'의 뜻으로 인정함.	26
×기지랑물	지지랑물		17
까까중			25
×까스라기	가시랭이		25
×깐보다	깔보다	"어떤 형편이나 기회에 대하여 마음 속으로 가늠을 보다."의 뜻으로는 인정함.	25
×깔딱	딸꾹	1. 딸꾹질하는 소리 2. '액체를 조금씩 삼키는 소리' 또는 '얇은 물체가 뒤집히는 소리'의 뜻으로는 인정함.	25
×깔딱거리다	딸꾹거리다		25
×깔딱깔딱	딸꾹딸꾹		25
깡총하다	×깡충하다	다리가 길다. 큰말은 '껑충하다'임.	8
×깡충하다	깡총하다	다리가 길다. 큰말은 '껑충하다'임.	8

부록

×깨보숭이	깨소금	'들깨의 꽃송이와 찹쌀가루를 버무려 기름에 튀긴 반찬'의 뜻으로는 인정함.	25
×깨보숭이	깨고물		25
×깨이다	깨다	1. '(알을) 까다'의 피동 2. '(잠을) 깨다'의 피동의 뜻으로는 인정함.	25
×깨이다	깨다	'(알을) 까다'의 사동	25
꺽꺽푸드덕	×꺽꺽푸드득	장끼가 울며 홰치는 소리	17
×꺽꺽푸드득	꺽꺽푸드덕	장끼가 울며 홰치는 소리	17
껌벅거리다	끔벅거리다		19, 26
×꼬끼댁	꼬꼬댁		17
×꼬창이	꼬챙이		9
꼬챙이	×꼬창이		9
×꼬치	고추		17
×꼬치	고치		17
×꼭두머리	꼭대기	'시간적으로 일의 가장 처음'의 뜻으로는 인정함.	25
꼼짝달싹	×옴쭉달싹		17, 25
꼽추	곱사등이		26
꽃자루	꽃꼭지	전문 용어로는 '꽃자루'를 인정함.	26
×꽃턱	×꽃받기	꽃받침	25
×꾀장이	꾀보		26, 9
	꾀쟁이		26, 9
×꾸다	뀌다	1. 방귀를 ~. 2. '빌려 오다'의 뜻으로는 인정함.	25
끝전(~錢)	끝돈	(고시) ×잔전 → 잔돈	26
×낄룩	끼룩	(내다보거나 삼키려 할 때) 목을 길게 빼어 내미는 모양	14, 25
나방이	나방		16
×나부라기	나부랭이	(고시) 나부랭이/너부렁이	25
난목(-木)	외올베		26
×난봉장이	난봉꾼		9
	난봉쟁이		9
×날물	썰물	'나가는 물'의 뜻으로는 인정함.	25
×날빛	햇빛	'햇빛을 받아서 나는 온 세상의 빛'의 뜻으로는 인정함.	25
남자답다(男子-)	사내답다		26
×내나	일껏	'결국은'의 뜻으로는 인정함.	25
내숭	×내흉(內凶)		5, 17
내숭스레	×내흉스레(內凶-)	(고시) ×내흉스럽다 → 내숭스럽다	5, 17
냉국(冷~)	찬국		26
너울지다	놀지다		16, 26
널판때기	×널판대기		26, 17
널판자(~板子)			26
×녜	네	(고시) 네/예	17, 18

×노란묵	노랑묵	치자 물을 타서 쑨 녹말묵	17
노랑묵	×노란묵	치자 물을 타서 쑨 녹말묵	17
녹슬다(綠~)	×녹쓸다(綠~)		17
×녹쓸다(綠~)	녹슬다(綠~)		17
×누룽지	눌은밥	1. 솥바닥에 눌어붙은 눌은밥에 물을 부어 긁어 푼 것 2. '솥바닥에 눌어붙은 밥'의 뜻으로는 인정함.	25
눈꼴시다	눈꼴틀리다		26
눈쌈	눈싸움	눈겨룸	16
×느루	늘	'대번에 몰아치지 않고 길게 늘여서'의 뜻으로는 인정함.	25
늦장	늑장	'느직하게 보러 가는 장'의 뜻으로도 인정함.	26
×-(으)니까니	-(으)니까		25
다각도로(多角度-)	여러모로		26
다릿골독	×대릿골독		9, 25
다슬기	대사리	전문 용어로는 '다슬기'를 인정함.	26
다홍(-紅)	진홍(眞紅)		26
단결음에(單~)	단숨에(單~)		26
단김에	단결에		26
단연코(斷然-)	단연히(斷然-)		26
담쏙	×담쑥	손으로 탐스럽게 쥐거나 팔로 탐스럽게 안는 모양	8
×담쑥	담쏙	손으로 탐스럽게 쥐거나 팔로 탐스럽게 안는 모양	8
당달봉사(~奉事)	청맹과니(青盲~)		26
대감굿(大監~)	대감놀이(大監~)		26
대변보다(大便~)	뒤보다		26
×대접문(~紋)	대접무늬		21
×댓가지	댓개비	1. 대를 쪼개 잘게 깎은 꽂이 2. '대의 가지'의 뜻으로는 인정함.	25
댓돌(臺~)	섬돌	'집채의 낙숫고랑 안쪽에 돌려가며 놓은 돌'의 뜻으로도 인정함.	26
×더껑이	더께	1. 덖어서 몹시 찌든 물건에 앉은 때 2. '걸쭉한 액체의 거죽에 엉겨 굳은 꺼풀'의 뜻으로는 인정함.	25
더미씌우다	다미씌우다	(고시) 안다미씌우다	19
×덧구두	덧신		25
덮개	뚜껑	'이불, 처네 등의 총칭' 또는 '착한 마음을 덮어서 가리는 탐욕이나 성내는 마음'의 뜻으로도 인정함.	26
도리깻장부	도리깨채		26
도토리나무	떡갈나무	'도토리나무'는 '상수리나무'의 별칭으로, '떡갈나무'와 별개임.	26

돈지갑(～紙匣)	지갑(紙匣)		16, 26
돈표(～票)	환(換)		26
돋보기안경(～眼鏡)	돋보기		16, 26
돌개바람	구풍(颶風)	'회오리바람'의 뜻으로도 인정함.	26
돌기와	너새		26
돌림자(～字)	항렬자(行列字)		26
동강이	동강		16
동동걸음	종종걸음		26
동자부처(瞳子～)	눈부처		26
동자부처(童子～)	동자보살(童子菩薩)	사람의 두 어깨에 있다는 신(神)	26
두견새(杜鵑～)	소쩍새		26
두견이(杜鵑～)			26
×두텁단자(-團子)	두텁떡		21
둘러쓰다	뒤집어쓰다		26
둬둬	드레드레	수봉기(受蜂器)를 대고 벌비로 몰아넣을 때에 벌을 부르는 소리	26
×뒷개	설거지	윷놀이 용어로는 인정함.	25
뒷결박(～結縛)	뒷짐결박(～結縛)		26
뒷골	뒤통수		26
뒷마당	뒤뜰		26
뒷전보다	뒷전놀다		26
듣그럽다	시끄럽다		26
×들망(～網)	후릿그물		21
들쑥날쑥	들쭉날쭉		19, 26
들오리	물오리	'들오리'는 '집오리'에 대하여 야생의 오리를, '물오리'는 '청둥오리'를 말함.	26
×들치다	들추다	"물건의 한쪽 머리를 쳐들다."의 뜻으로는 인정하고, '들치이다'의 준말로는 인정하지 않음.	25
등헤엄	송장헤엄		26
×딸각발이	딸깍발이		17
땅강아지	×하늘밥도둑		25
×땅군	땅꾼	1. 포도청에 매이어 포교의 심부름으로 도둑잡는 데 거드는 사람 2. '뱀을 잡아 파는 사람'의 뜻으로는 인정하고, '몹시 인색하고 이기적인 사람'의 뜻으로는 인정하지 않음.	25
땅덩어리	땅덩이		26
×때까중	중대가리		25
×때깨중이	중대가리		25
떨기나무	×좀나무		25
×똑하다	꼭하다	정직하고 안상(安詳)하다.	25
뚱뚱이	뚱뚱보		26
뜨문뜨문	드문드문		19

×뜸질	찜질	1. 더운 날의 모래밭이나 온천, 또는 뜨거운 물 속에 몸을 묻어서 땀을 흘리어 병을 고치는 법 2. '뜸을 뜨는 일'의 뜻으로는 인정함.	25
-(이)랑		-하고, -과, -와	26
×마련통이	매련퉁이	미련퉁이	8, 17
마상	마상이		16
×마술장이(魔術-)	×요술장이(妖術-)		9
마술쟁이(魔術-)	요술쟁이(妖術-)		9, 26
마짓밥(摩旨~)	마지(摩旨)		16, 26
×마치	망치	'(망치보다 작은 것으로서) 못 박는 연장'의 뜻으로는 인정함.	25
막걸다	맞걸다	'막걸다'는 "노름판에서 가진 돈을 모두 걸고 단판하다."의 뜻으로, '맞걸다'는 "노름판에서 돈을 따려고 서로 돈을 걸다."의 뜻으로 인정함.	26
막걸리다	맞걸리다		26
×만양	늦모내기	1. 만이앙(晩移秧)	26
	마냥	2. (고시) ×만양모 → 마냥모	26
말개미	왕개미	'큰 개미'라는 뜻으로 모두 인정함. 전문 용어로는 '왕개미'임.	26
말거미	왕거미	'큰 거미'라는 뜻으로 모두 인정함. 전문 용어로는 '왕거미'임.	26
말그스름하다	맑스그레하다		26
×맛대강이	맛		25
망가지다	망그러지다		26
×매기	튀기	'수퇘지와 암소 사이에서 낳는다는 짐승'의 뜻으로는 인정함.	25
매양(每-)	번번이(番番-)		26
×매줏집(賣酒~)	술집		21
매해(每~)	매년(每年)		26
×맵쌀	멥쌀	'찐 메밀을 약간 말려 찧어 껍질을 벗긴 쌀'의 뜻으로는 인정함.	17
×먀련	매련		17
×먀옥하다	매욱하다	어리석고 둔하다.	17
×머드레콩	그루콩	1. 그루갈이로 심은 콩 2. '밭가로 둘러 심은 콩'의 뜻으로는 인정함.	25
×멍구럭	구럭	1. 새끼로 눈을 드물게 떠서 그물같이 만든 물건 2. '썩 성기게 떠서 만든 구럭'의 뜻으로는 인정함.	14, 25
멎다	멈추다		26
×메토끼	산토끼(山~)		22

부록

멧돼지	산돼지(山~)		26
멸구	며루	'멸구'는 멸구과에 속하는 곤충의 일종이고, '며루'는 모기의 유충임.	26
×명	목화(木花)	'무명'의 뜻으로는 인정함.	25
명자나무(榠樝~)	모과나무	'모과나무'는 명자나무의 별칭임.	26
모군꾼(募軍-)	모군(募軍)		16, 26
모래사장(~沙場)	모래톱		26
×모어리수에	무에리수에	거리로 다니며 점을 치라고 외치는 소리	17
×모지다	모질다	"성질, 일, 물건이나 모양이 모가 난 데가 있다."의 뜻으로는 인정함.	25
×목실(木~)	무명실		25
몰매	뭇매		26
몸서리나다	몸서리치다		26
×몽깃돌	낚싯봉	'밀물과 썰물에 뱃머리를 곧게 하기 위하여 고물에 다는 돌'의 뜻으로는 인정함.	25
무겁한량	×무겁활량		5, 17
×무겁활량	무겁한량		5, 17
무식꾼(無識-)	×무식장이(無識-)		26, 9
	무식쟁이(無識-)		26, 9
×물앵도(~櫻桃)	물앵두		5
물앵두	×물앵도(~櫻桃)		5
뭉그대다	뭉개다	1. 일을 어떻게 할 줄 모르고 짓이기다. 2. "제자리에서 몸을 그냥 비비다."의 뜻으로도 인정함.	26
×뭘하다	뭣하다	거북하다, 난처하다	17
미친놈	미치광이		26
밀삐세장	×밀삐쇠장	지게의 윗세장 아래에 가로 박은 나무	17
×밀삐쇠장	밀삐세장	지게의 윗세장 아래에 가로 박은 나무	17
×밉둥스럽다	밉살스럽다		17
바깥양반(~兩班)	사랑양반(舍廊兩班)		26
바늘방석(~方席)	바늘겨레		26
×바람꾼	바람둥이		25
바심	타작(打作)		26
박새	×깨새		25
박첨지놀음(朴僉知~)	×꼭둑각시놀음	(고시) ×꼭둑각시 → 꼭두각시	26
	꼭두각시놀음		26
×반대기	반	1. 얇게 펴서 다듬어 만든 조각 2. '무슨 가루를 반죽한 것이나 삶은 푸성귀를 편편하고 둥글넓적하게 만든 조각'의 뜻으로는 인정함.	14, 25
×반대기	소래기	굽 없는 접시와 같은 넓은 질그릇	25
×반미콩(飯米~)	밥밑콩		21
×발구	걸채	1. 소의 길마 위에 덧얹고 곡식 단을 실	

		는 제구 2. '산에서 쓰는 썰매'의 뜻으로는 인정함.	25
발뒤꾸머리	발뒤꿈치		26
발새	발살		26
발짓	발질	'발짓'은 '발을 움직이는 짓'의 뜻으로, '발질'은 '발길질'의 뜻으로 인정함.	26
배냇니	젖니		26
×배챗괘기	배추속대		25
백곰(白～)	흰곰	전문 용어로는 '흰곰'만 인정함.	26
×백하젓(白蝦～)	새우젓		25
밴덕	뱐덕		19
번연히	번히		16
벌모	허튼모	'모판 구역 밖에 볍씨가 떨어져 자라난 모'나 '일을 말막음으로 했을 때 쓰는 말'의 뜻으로도 인정함.	26
×벙태기	벙테기		17
벙테기	×벙태기		17
별간장(別～醬)	손님장(～醬)	작은 그릇에 따로 담그는 간장	26
별맛(別～)	별미(別味)		26
×별미적다(別味-)	별미쩍다(別味-)		17
별미쩍다(別味-)	×별미적다(別味-)		17
×보리풀꺾다	보리풀하다	보리 갈 땅에 거름하기 위하여 풀이나 나뭇잎을 베어 오다.	25
×보사리감투	보살감투(菩薩～)		17
×보쟁기	겨리	'보습을 낀 쟁기'의 뜻으로는 인정함.	25
복부르다(復～)	초혼하다(招魂～)		26
×복생선(～生鮮)	복		14
복어(～魚)	복		16, 26
×부레끓다	부레끓다		25
부레끓다	×부레끓다		25
×부시다	부수다	"그릇 같은 것을 깨끗이 씻다."의 뜻으로는 인정함.	25
×부얼부얼	북슬북슬	1. 짐승이 살이 찌고 털이 탐스럽게 많이 난 모양 2. '살찌고 탐스럽게 생긴 모양'의 뜻으로는 인정함.	25
부엌칼	식칼(食～)		26
×부절다말	부절따말		17
부절따말	×부절다말		17
×북두	부뚜	1. 타작 마당에서 쓰는 돗자리 2. '마소에 짐을 싣고 그 짐과 배를 얼러서 매는 줄'의 뜻으로는 인정함.	25
분결(憤-)	분김(忿-, 憤-)		26
분지르다	부러뜨리다		26

부록

불공드리다(佛供~)	공양드리다(供養~)		26
불공밥(佛供~)	퇴식밥(退食~)		26
불룩이	×불룩히		17
불친소	악대소		26
불호령(~號令)	볼호령(~號令)		26
×붙여잡다	붙잡다		14, 25
비단개구리(緋緞~)	무당개구리	전문 용어로는 '무당개구리'를 인정함.	26
×비사차기	비사치기		25
비사치기	×비사차기		25
×빚거간(~居間)	빚지시	1. 빚을 주고 쓰는 데에 중간에서 소개하는 일 2. '빚을 내고 주는 데에 중간에서 소개하는 것을 업으로 삼는 일'의 뜻으로는 인정함.	25
빨갱이	×빨강이	1. 공산주의자 2. '빨간빛의 물건'의 뜻으로는 '빨강이'를 인정함.	9, 17
×빼주	배갈		25
×사갓집(査家~)	사돈집(査頓~)		25
사거리(四~)	네거리		26
사마귀	버마재비	전문 용어로는 '사마귀'를 인정함.	26
사향노루(麝香~)	궁노루		26
삯전(~錢)	삯돈	(고시) ×잔전 → 잔돈	26
산울림(山~)	메아리		26
×산코골다	헛코골다		25
살긋하다	샐긋하다	바르게 된 물건이 한쪽으로 일그러지다.	19
×상량대(上樑~)	마룻대		21, 25
×상량도리(上樑~)	마룻대		21, 25
×상재(上-)	상좌(上佐)		5
×상청(上-)	상창(上唱)	뛰어난 창(唱)	5
살바채우다	살바지르다		26
×새소리	놀소리		25
×새치롬하다	새치름하다	시치미를 떼고 태연하거나 얌전한 기색을 꾸미다.	17
새치름하다	×새치롬하다	시치미를 떼고 태연하거나 얌전한 기색을 꾸미다.	17
색깔(色-)	빛깔		26
×샛까맣다	새까맣다		17
×샛빨갛다	새빨갛다		17
×샛파랗다	새파랗다		17
×생갈이(生~)	애벌갈이	1. 논이나 밭을 첫 번 가는 일 2. '홍두깨갈이'의 준말로는 '생갈이'를 인정함.	21
×생급스럽다	새삼스럽다	"하는 짓이나 말이 갑작스럽고 뜻밖이다."	25

부록

		또는, "끄집어내는 말이 엉뚱하고 터무니없다."의 뜻으로는 인정함.	
생김치(生~)	날김치		26
생목(~木)	당목(唐木)		26
생색나다(生色~)	낯나다		26
×생재기	생무지	1. 어떤 일에 익숙지 못한 사람 2. '종이나 피륙 따위의 성한 곳'의 뜻으로는 인정함.	25
×서분하다	서운하다	'좀 서부렁하다'의 뜻으로는 인정함.	25
석이버섯(石耳/石栮~)	석이(石耳/石栮)		16
×설라믄	설랑은		5
섬마섬마	따로따로따따로	어린아이가 따로 서도록 잡은 손을 놓으며 하는 소리	26
세로쓰기	내리쓰기	(고시) 세로글씨/내리글씨	26
세탁비누(洗濯~)	빨랫비누		26
소갈딱지	소갈머리		26
×소금적	소금쩍		17
소금쩍	×소금적		17
소낙비	소나기		26
소변보다(小便~)	소마보다		26
소용없다(所用~)	쓸데없다		26
소피보다(所避~)	소피하다(所避~)		26
×속껍더기	속껍데기		9
속껍데기	×속껍더기		9
손때	손끝	1. 손을 대어 건드리거나 만짐으로써 생긴 독한 결과 2. '오랜 세월 만져서 묻은 때'의 뜻으로도 인정함.	26
손짐작	손어림	**(고시)** 눈짐작/눈어림/눈대중	26
×솔개미	솔개	**(고시)** ×소리개 → 솔개	25
×솔갱이	솔개	**(고시)** ×소리개 → 솔개	25
×쇠꼬창이	쇠꼬챙이		9
쇠꼬챙이	×쇠꼬창이		9
×쇠버즘	쇠버짐		17
쇠버짐	×쇠버즘		17
쇠족(-足)	쇠다리		26
쇠죽솥	쇠죽가마		26
×수무(手-)	수모(手母)	신부(新婦)의 보조인	5
×수이	쉬이		20
×수이보다	쉬이보다		20
×수이여기다	쉬이여기다		20
×숭이	송이		8
시골말	사투리		26

×시초잡다(始初~)	시작하다(始作~)		25
신바람	어깻바람		26
신접살림(新接~)	신접살이(新接~)		26
신찐나무	신대		26
실로(實-)	참으로		26
심보(心-)	마음보		26
심술퉁이(心術-)	×심술통이(心術-)		8
심심파적(~破寂)	심심풀이		26
×싱겅싱겅하다	싱둥싱둥하다	"방이 서늘하고 차다."의 뜻으로는 인정함.	25
싱둥싱둥하다	×싱겅싱겅하다	"기운이 줄어질만 한 일을 겪은 뒤에도 본래의 기운이 있다."의 뜻으로는 인정함.	25
싸느랗다	×싸느렇다		17
×싸느렇다	싸느랗다		17
×싸리문	사립문	'싸리로 만든 문'의 뜻으로는 인정함.	25
쌀긋하다	샐긋하다		19
쌍망이	×쌍맹이		9
×쌍맹이	쌍망이		9
쌍소리	상소리		19
쌍심지서다	쌍심지나다		26
쌍심지오르다			26
×써내다	켜내다	"글씨를 써서 내놓다."의 뜻으로는 인정함.	25
×써다	켜다	"조숫물이 줄거나, 괸 물이 새어서 줄다."의 뜻으로는 인정함.	25
×썩정이	삭정이	1. 산 나무에 붙은 채 말라 죽은 나뭇가지 2. '썩은 물건'의 뜻으로는 인정함.	25
썰다	써리다	1. 논밭을 고르게 한다. 2. "물건을 토막토막 동강치다"의 뜻으로도 인정함.	15
쓰레장판	쓰레받기	유지 장판으로 만든 쓰레받기	26
씨돼지	종돈(種豚)		26
아래알	×아랫알	수판의 가름대 아래의 알	17
아랫녘	앞대	1. 어떤 지방에서 그 남쪽의 지방을 일컫는 말 2. '전라도, 경상도를 일컫는 말'로도 인정함.	26
×아랫동강이	종아리		25
×아랫알	아래알	수판의 가름대 아래의 알	17
아랫중방(~中枋)	하인방(下引枋)		26
아련하다	오련하다		19
×아웃	가웃	'말아웃'은 인정함.	17, 20
아유	아이고		19
아지직	오지직		19
	아지작		19
안개비	가랑비		26

안집	안채	안쪽의 집채	26
	주인집(主人~)		26
안해		바로 전해	25
알금삼삼	알금솜솜		19, 26
×알박이	알배기	알 밴 생선	9
알반대기	지단(鷄蛋, chitan)		26
×알심	고갱이	1. 초목의 줄기 가운데의 연한 심 2. '은근한 동정심' 또는 '속에 있는 힘'의 뜻으로는 인정함.	25
알약(~藥)	환약(丸藥)		26
암만해도	아무리해도		26
앙구다	곁들이다	1. 한 그릇에 두 가지 이상의 음식을 어울리게 담다. 2. "음식 따위를 식지 않게 불에 놓거나 따뜻한 데에 묻어 두다." 또는 "사람을 안동하여 보내다."의 뜻으로는 인정하고, '앙구다'(교미를 붙이다.)의 뜻으로는 인정하지 않음.	26
앞뒤갈이	두벌갈이		26
앞마당	앞뜰		26
×애기	아기		9
애끓다	애타다		26
×애비	아비		9
야	얘	1. 놀라거나 반가울 때 내는 소리 2. '예'(존대할 자리에 대답하거나 재쳐 묻는 말)의 뜻으로는 인정하지 않음.	26
야발단지	×야발장이		26, 9
	야발쟁이		26, 9
야밤중(夜~)	한밤중(-中)	'오밤중'도 인정함.	26
약수터(藥水~)	약물터(藥~)		26
약저울(藥~)	분칭(分秤)		26
×양골뻐(陽骨~)	양지머리뼈		21
양그루(兩~)	이모작(二毛作)		26
양편쪽(兩便~)	양편짝(兩便~)	(고시) ×짝 → 쪽	26
어글어글하다	서글서글하다	1. 마음이 너그럽고 성질이 부드럽다. 2. "얼굴의 각 구멍새가 널찍널찍하다."의 뜻으로도 인정함.	26
어깨동갑(~同甲)	자치동갑(~同甲)	한 살 정도 차이 나서 동갑이나 다름없음.	26
×어리장사	얼렁장사	1. 여러 사람이 밑천을 어울러서 하는 장사 2. '어리장수의 영업'의 뜻으로는 인정함.	25
×어버리크다	대담하다(大膽~)		22
어스러기		옷 따위의 솔이 어스러진 곳	25
×어스러기	어스럭송아지	큰 송아지	25
어유	어이구		19

어화둥둥	어허둥둥		19
어흥이	범		26
×언나	어린아이		25
얼간이	얼간망둥이		26
×얼러방망이	을러방망이		17
얼룩말	얼럭말		26
엄매	음매	소의 울음소리	26
×엄파	움파	(고시) ×동파 → 움파	5
엉키다	엉기다	'엉클어지다'의 뜻으로 인정함.	26
여린뼈	물렁뼈	전문 용어로는 '물렁뼈'를 인정함.	26
여종(女~)	계집종		26
염문꾼(廉問-)	염알이꾼(廉-)		26
×옘집	여염집(閭閻~)		5
오가피나무(五加皮~)	땅두릅나무	'오가피나무'와 '땅두릅나무'는 별개임.	26
오갈피나무			26
오감하다	과감하다(過感~)		26
×오그랑족박	오그랑쪽박		17
×오돌오돌	오들오들	1. 춥거나 무서워서 몸을 떠는 모양 2. '삶긴 물건이 무르지 아니하여 이리저리 따로 밀리는 모양'의 뜻으로는 인정함.	8
오들오들	×오돌오돌	1. 춥거나 무서워서 몸을 떠는 모양 2. '삶긴 물건이 무르지 아니하여 이리저리 따로 밀리는 모양'의 뜻으로는 '오돌오돌'을 인정함.	8
오라범댁(~宅)	올케		26
오목면경(~面鏡)	오목거울		26
오삭오삭	오슬오슬	'와삭와삭'(빳빳하게 마른 엷고 가벼운 물건이 서로 스치거나 부서질 때 나는 소리)의 뜻으로는 인정하지 않음.	19
×옴살	엄살	'한 몸같이 친밀한 터'의 뜻으로는 인정함.	17
옴짝달싹	×옴쭉달싹		17, 25
왕매미	말매미	'큰 매미'의 뜻으로 모두 인정함. 전문 용어로는 '말매미'임.	26
왕벌	호박벌	'큰 벌'의 뜻으로 '왕벌, 말벌' 모두 인정	26
	말벌	함. 전문 용어로는 '호박벌'임.	26
왕새우	대하(大蝦)	전문 용어로는 '대하'를 인정함.	26
왕파리	쉬파리	'큰 파리'의 뜻으로 모두 인정함. 전문 용어로는 '쉬파리'를 인정함.	26
왜난목	내공목(內供木)	옷의 안감으로 쓰는, 품질이 낮은 무명	26
왜먹(倭~)		(재래의 6모형에 대해) 네모난 먹	25
×외발제기	외알제기	1. 굽 하나를 질질 끌어서 디디어 걷는 걸음, 또는 그러한 말이나 소 2. '한 발만 가지고 차는 제기'의 뜻으로	17

		는 인정함.	
외상관례(~冠禮)	외자관례(~冠禮)		26
×외통목	외길목	'장기 둘 때에 외통장군이 되는 길목'의 뜻으로는 인정함.	25
×왼	온	'왼쪽'의 뜻으로는 인정함.	10
요뒤	요의(褥衣)		26
용숫바람	회오리바람		26
×우그렁족박	우그렁쪽박		17
×우둘우둘	우들우들	1. 춥거나 무서워서 몸을 떠는 모양 2. '삶긴 물건이 무르지 아니하여 이리저리 따로 밀리는 모양'의 뜻으로는 인정함.	8
×우멍하다	의뭉하다	"물체의 면이 쑥 들어가다."의 뜻으로는 인정함.	17
×우집다	우접다	1. 뛰어나게 되다, 선배를 이기다. 2. "남을 업신여기다."의 뜻으로는 인정함.	17
우표딱지(郵票~)	우표(郵票)		16
움막집(~幕~)	움막(~幕)		16, 26
×움파리	움막	'우묵하게 들어가서 물이 괸 곳'의 뜻으로는 인정함.	25
×웃녘	윗녘		12
×웃알	×위알	수판 가름대 위의 알	12
	윗알		12
×위알	×웃알	수판 가름대 위의 알	12
	윗알		12
윗집	×웃집	위쪽으로 이웃해 있는 집, 또는 높은 지대에 있는 집	12
으끄러지다	뭉그러지다	"굳은 물건이 눌려서 부스러지다."의 뜻으로도 인정함.	26
	으츠러지다		26
으밀아밀	×으밀으밀	남모르게 이야기하는 모양	17
×으밀으밀	으밀아밀	남모르게 이야기하는 모양	17
×으시대다	으스대다		17
×-을런고	-을런가		17
-을진댄	-을진대		26
음지쪽(陰地~)	×음지짝(陰地~)	1. (고시) ×짝 → 쪽 2. '응달쪽'도 인정함.	25
이맛전	이마		16, 26
이면치레	면치레		16, 26
×이몽가몽(-夢-夢)	비몽사몽(非夢似夢)		25
×이엉꼬창이	이엉꼬챙이		9
이엉꼬챙이	×이엉꼬창이		9
×이주걱부리다	×이기죽부리다	(고시) 이기죽거리다/이죽거리다	25
×잇살	잇몸	'잇몸의 틈'의 뜻으로는 인정함.	25
×잎전	엽전(葉錢)		22, 25

×자	재	저 아이	17
×자깝스럽다	잡상스럽다	1. 난잡하여 상되다. 2. “젊은 사람이 지나치게 늙은이의 흉내를 내어 깜찍하다.”의 뜻으로는 인정함.	25
자두나무	×오얏나무	(고시) ×오얏 → 자두	20
자욱하다	자옥하다		19
작은집	×적은집	1. 첩 또는 첩의 집 2. ‘따로 사는 아들 또는 아우의 집’의 뜻으로도 인정함.	25
×잔생이	지지리	1. 아주 몹시, 지긋지긋하리만큼 2. ‘지긋지긋하게 말을 듣지 않거나 애걸복걸하는 모양’의 뜻으로는 인정함.	25
×잔털머리	잔판머리	일의 끝판	25
×잘량하다	알량하다		17, 25
×장족박	장쪽박		17
×재리	손짭손	1. 좀스럽고 얄망궂은 손장난 2. ‘나이 어린 땅꾼’ 또는 ‘몹시 인색한 사람을 욕하는 말’의 뜻으로는 인정함.	25
재미중(齋米~)	동냥중	동냥 다니는 중	26
×저	쉬	1. 닭, 참새 따위를 쫓을 때 내는 소리 2. ‘미처 생각이 잘 나지 않을 때 내는 소리’의 뜻으로는 인정함.	25
×저지난달	지지난달	‘이삼 개월 전의 달’의 뜻으로는 인정함.	17
×저지난밤	지지난밤	‘이삼일 전의 밤, 엊그제 밤’의 뜻으로는 인정함.	17
×저지난번(~番)	지지난번(~番)	‘지난번의 전번’의 뜻으로는 인정함.	17
×저지난해	지지난해	‘이삼 년 전의 해’의 뜻으로는 인정함.	17
저편(~便)	저쪽	(고시) 편/쪽	26
전나귀		다리를 저는 나귀	
×전마춤(廛~)	×전마침(廛~)		17
	전맞춤(廛~)		17
×전마침(廛~)	×전마춤(廛~)		17
	전맞춤(廛~)		17
전전달(前前~)	지지난달		26
제비꽃	오랑캐꽃	전문 용어로는 ‘제비꽃’을 인정함.	26
×제비추리	제비초리	1. 뒤통수나 앞이마에 뾰족이 내민 머리털 2. ‘소의 안심에 붙은 고기의 한 가지’의 뜻으로는 인정함.	17
×조개볼	보조개	1. (고시) 볼우물/보조개 2. ‘조가비 형상 비슷이 가운데가 도도록하게 생긴 두 볼’의 뜻으로는 인정함.	25
조롱조롱	조랑조랑		19
×조르개	조리개	1. 사진기의 ~ 2. ‘물건을 졸라매는 데 쓰는 가는 줄’의	17

		뜻으로는 '조르개'를 인정함.	
조리개	×조르개	1. 사진기의 ~ 2. '물건을 졸라매는 데 쓰는 가는 줄'의 뜻으로는 '조르개'를 인정함.	17
종부돋움	발돋움	'물건을 차곡차곡 쌓아올리는 일'의 뜻으로도 인정함.	26
종중논(宗中~)	종답(宗畓)		26
종중밭(宗中~)	종전(宗田)		26
주꾸미	꼴뚜기	'주꾸미'는 낙지과에 속하는 연체 동물의 일종으로, '꼴뚜기'와는 별개임.	26
×주두라지	주둥아리	'말씨'의 낮은말로는 인정함.	25
×주럽	주접	1. 여러 가지 탓으로 생물체가 쇠해지는 상태 2. '피로하여 고단한 증세'의 뜻으로는 인정함.	25
주살나다	뻔질나다		26
죽젓개(粥~)	죽젓광이(粥~)	죽 쑬 때 젓는 방망이	26
죽지뼈	어깨뼈		26
중바랑	바랑		16, 26
쥐좆같다	쥐뿔같다	아주 보잘것없다.	26
×지딱총(紙~銃)	딱총(~銃)		14, 25
지렛대	지레		16, 26
×지어땡이	짓고땡	(고시) ×지어땡 → 짓고땡	25
지정다지다(地釘~)	터다지다	건축물 등의 지반을 단단하게 하려고 지정을 박아 다지다.	26
×지지콜콜이	시시콜콜히		17
×지천	지청구	1. 까닭 없이 남을 원망하는 것 2. '꾸지람'의 뜻으로는 인정함.	25
×진대	뱀	'남에게 기대어 떼를 쓰다시피하여 괴로움을 끼치는 짓'의 뜻으로는 인정함.	25
×진신발	진발	1. 진창에서 더러워진 발 2. '진창에 젖은 신'의 뜻으로는 인정함.	14, 25
진탁(眞-)	친탁(親-)		26
질근질근	질겅질겅	1. 질긴 것을 씹는 모양 2. '새끼, 노 따위를 느릿느릿 꼬는 모양'의 뜻으로도 인정함.	19
×짐대	돛대	'당(幢)을 달아 세우는 대'의 뜻으로는 인정함.	25
짓옷	깃옷		26
짤끔거리다	짜뜰름거리다	1. 한목에 주지 않고 조금씩 주다 말다 하다. 2. '연하여 짤끔하다'의 뜻으로도 인정함.	26
쪽빛	남빛(藍~)		26
찌그럭거리다	지그럭거리다		19

찔레	찔레나무		16, 26
차인꾼(差人-)	차인(差人)		16, 26
×창칼	찬칼	1. 반찬 만드는 칼 2. '여러 작은 칼의 총칭'의 뜻으로는 인정함.	17
×채변	주변	1. 일을 주선하거나 변통하는 재간 2. '남이 무엇을 줄 때 사양하는 일'의 뜻으로는 인정함.	25
채삼꾼(採蔘-)	심마니		26
채소밭(菜蔬~)	남새밭		26
×채숭아	채송화(菜松花)		5
×책술(冊~)	책실	1. 책을 매는 데 쓰는 실 2. '책의 두꺼운 정도'의 뜻으로는 인정함.	17
천덕구니(賤-)	천더기(賤-)		26
천덕꾸러기(賤-)			26
×첨대(籤~)	점대	1. 점을 치는 데 쓰는 대오리 2. '포개 놓은 틈에 끼워서 무엇을 표하는 데 쓰는 얇은 댓조각'의 뜻으로는 인정함.	17
×첩더기(妾-)	×첩데기(妾-)	첩(妾)	25
×첩데기(妾-)	×첩더기(妾-)	첩(妾)	25
×첩어미(妾-)	서모(庶母)	'첩장모(妾丈母)'의 뜻으로는 인정함.	25
×첫물	만물	1. 맨 처음 난 푸성귀 2. '옷을 새로 지어 입고 빨 때까지의 동안'의 뜻으로는 인정함.	25
초벌	애벌		26
촉촉이	×촉촉히		17
×촉촉히	촉촉이		17
촌맹이(村氓-)	촌맹(村氓)	시골에 사는 백성	16, 26
총걸다(銃~)	×총걷다(銃~)		25
×총걷다(銃~)	총걸다(銃~)		25
×추다	추리다	1. 가려내다 2. "숨은 물건을 찾아내려고 뒤지다."의 뜻으로는 인정함.	25
치리	은어(銀魚)	'치리'와 '은어'는 별개임.	26
	쏘가리	'치리'와 '쏘가리'는 별개임.	26
×콩기름	콩나물	'콩에서 짜낸 기름'의 뜻으로는 인정함.	25
쿵더쿵	×쿵덕쿵		17
×쿵덕쿵	쿵더쿵		17
크낙새	골락새	전문 용어로는 '크낙새'를 인정함.	26
×큰어미	큰계집	'윗사람이 아랫사람의 큰어머니를 부르는 말'로는 인정함.	25
×키장다리	키다리		25
탁방나다(坼榜~)	방나다(榜~)	시험에 급제한 사람의 성명이 발표되다.	16
턱받이	×턱받기	어린아이의 턱 아래에 대어 주는 헝겊	25

톱칼	거도(鋸刀)		26
판수	소경	'점치는 것을 업으로 삼는 소경'의 뜻으로도 인정함.	26
팔모(八~)	여덟모	팔각(八角)	26
×팩성(-性)	퍅성(愎性)	(고시) ×괴팩하다, 괴퍅하다 → 괴팍하다	5, 10
평화스럽다(平和-)	평화롭다(平和-)		
폐꾼(弊-)	폐객(弊客)		26
×푸나무	풋나무	1. '새나무, 갈잎나무, 풋장'의 총칭	26
		2. '풀과 나무'의 뜻으로는 인정함.	17, 25
푸시시	부스스		26
푼내기	푼거리	1. 땔나무를 작게 묶어서 몇 푼의 돈으로 매매하는 일 2. '몇 푼의 돈으로 하는 조그만 내기(노름)'의 뜻으로도 인정함.	26
푿소	×풀소		17, 25
푿소가죽	×풀소가죽		17, 25
푿소고기	×풀소고기		17, 25
×풀소	푿소		17, 25
×풀소가죽	푿소가죽		17, 25
×풀소고기	푿소고기		17, 25
풍구(風-)	풀무	1. 불을 피우는 데 바람을 일으키는 제구 2. '바람을 일으켜서 곡물로부터 쭉정이 따위를 제거하는 기구'의 뜻으로도 인정함.	26
풍석질(風席-)	부뚜질	돗자리로 바람을 일으켜 곡식에 섞인 티끌 따위를 날리는 일	26
×핀둥이쏘이다	핀잔먹다		25
×핀둥이주다	핀잔주다		25
×하마하마	하마터면	'무슨 기회가 자꾸 닥쳐오는 모양'의 뜻으로는 인정함.	25
×해망적다	해망쩍다	총명하지 못하고 아둔하다.	17
해망쩍다	×해망적다	총명하지 못하고 아둔하다.	17
해발쭉하다	×해발쭉하다		8
×해발쭉하다	해발쪽하다		8
헌식돌(獻食~)	시식돌(施食~)	잡귀에게 밥을 주며 경문을 읽는 곳	26
×험집	흠집(欠~)	(고시) 흠가다/흠나다/흠지다	5, 17
헛불놓다	헛방놓다		26
혐의스럽다(嫌疑-)	혐의쩍다(嫌疑-)		26
×형제주인어멈(兄弟主人~)	쌍동중매(雙童仲媒)		25
호랑나비	범나비	전문 용어로는 '호랑나비'를 인정함.	26
×호래비좆	홀아비좆	쟁기의 한마루에 가로 꿰어 아래 덧방을 누르는 작은 나무	9
호래자식(~子息)	호래아들		26
×호로로	호르르	1. 날짐승이 나는 소리, 종이가 타는 모양	8

부록

		2. '호루라기나 호각 따위를 부는 소리'의 뜻으로는 인정함.	
×호루루	호로로	호루라기를 부는 소리	8
호색꾼(好色-)	색골(色骨)		26
혹대패	뒤대패		26
×홀치다	홅이다	"벗어나거나 풀리지 못하게 조처하거나 동이다."의 뜻으로는 '홀치다'를 인정함.	25
×홑껍더기	홑껍데기		9
홑껍데기	×홑껍더기		9
×화라지	활대	1. 돛 위에 가로 댄 나무 2. '옆으로 길게 뻗어나간 나뭇가지를 땔나무로 이르는 말'로는 인정함.	25
×화숙(火-)	화전(火田)		25
화약 심지(火藥心-)	화승(火繩)	'도화선(導火線)'도 인정함.	26
활줌통	줌통	활의 한가운데로, 손으로 잡는 부분	26
활찐	활짝	1. 다만 '활짝'의 뜻 가운데 '밥 따위가 무르녹게 퍼진 모양'의 뜻으로는 인정하지 않음. 2. '너른 들 등이 매우 시원하게 벌어진 모양'의 뜻으로도 인정함.	26
황철나무	백양(白楊)	전문 용어로는 '황철나무'를 인정함.	26
×회춤	골목	'회첨'(처마가 ㄱ자형으로 꺾여 굽어진 곳)의 뜻으로도 인정하지 않음.	25
후레자식(~子息)	후레아들		26
훗날(後~)	뒷날		26
훗일(後~)	뒷일		26
훨찐	훨쩍	1. 다만 '훨쩍'의 뜻 가운데 '밥 따위가 무르녹도록 퍼진 모양'의 뜻으로는 인정하지 않음. 2. '들 따위가 아주 시원스럽게 벌어진 모양'의 뜻으로도 인정함.	26
흙메	토산(土山)		26
×희나리	희아리	1. 조금 상해 말라서 희끗희끗하게 얼룩이 진 고추 2. '덜 마른 장작'의 뜻으로는 인정함.	17

부록

한문 교육용 기초 한자

음	중학교용	고등학교용
가	佳 假 價 加 可 家 歌 街	暇 架
각	各 脚 角	刻 却 覺 閣
간	干 看 間	刊 姦 幹 懇 簡 肝
갈	渴	
감	感 敢 減 甘	監 鑑
갑	甲	
강	強 江 講 降	剛 康 綱 鋼
개	個 改 皆 開	介 慨 概 蓋
객	客	
갱	更	
거	去 居 巨 擧 車	拒 據 距
건	乾 建	件 健
걸		乞 傑
검		儉 劍 檢
격		擊 格 激 隔
견	堅 犬 見	牽 絹 肩 遣
결	決 潔 結	缺
겸		兼 謙
경	京 庚 慶 敬 景 競 經 耕 輕 驚	傾 卿 境 徑 硬 竟 警 鏡 頃
계	季 溪 界 癸 計 鷄	係 啓 契 戒 桂 械 系 繫 繼 階
고	古 告 固 故 考 苦 高	姑 孤 庫 枯 稿 顧 鼓
곡	曲 穀 谷	哭
곤	困 坤	
골	骨	
공	公 共 功 工 空	供 孔 恐 恭 攻 貢
과	果 科 課 過	寡 誇
곽		郭
관	官 觀 關	冠 寬 慣 管 貫 館
광	光 廣	狂 鑛
괘		掛
괴		塊 壞 怪 愧
교	交 教 校 橋	巧 矯 較 郊

음	중학교용	고등학교용
구	久 九 口 句 救 求 究 舊	丘 俱 具 區 懼 拘 構 狗 球 苟 驅 龜
국	國	局 菊
군	君 軍 郡	群
굴		屈
궁	弓	宮 窮
권	勸 卷 權	券 拳
궐		厥
궤		軌
귀	歸 貴	鬼
규		叫 糾 規
균	均	菌
극	極	克 劇
근	勤 根 近	僅 斤 謹
금	今 禁 金	琴 禽 錦
급	及 急 給	級
긍		肯
기	其 基 己 幾 技 既 期 氣 記 起	企 器 奇 寄 忌 旗 棄 機 欺 畿 祈 紀 豈 飢 騎
긴		緊
길	吉	
나		那
낙		諾
난	暖 難	
남	南 男	
납		納
낭		娘
내	乃 內	奈 耐
녀	女	
년	年	
념	念	
녕		寧
노	怒	努 奴
농	農	
뇌		惱 腦

부록

음	중학교용	고등학교용
능	能	
니		泥
다	多	茶
단	丹 但 單 短 端	團 壇 斷 旦 檀 段
달	達	
담	談	擔 淡
답	答	畓 踏
당	堂 當	唐 糖 黨
대	代 大 對 待	帶 臺 貸 隊
덕	德	
도	刀 到 圖 島 度 徒 道 都	倒 塗 導 挑 桃 渡 盜 稻 跳 逃 途 陶
독	獨 讀	毒 督 篤
돈		敦 豚
돌		突
동	冬 動 同 東 洞 童	凍 銅
두	斗 豆 頭	
둔		屯 鈍
득	得	
등	燈 登 等	騰
라		羅
락	樂 落	絡
란	卵	亂 欄 蘭
람		濫 覽
랑	浪 郞	廊
래	來	
랭	冷	
략		掠 略
량	兩 涼 良 量	梁 糧 諒
려	旅	勵 慮 麗
력	力 歷	曆
련	練 連	憐 戀 聯 蓮 鍊
렬	列 烈	劣 裂
렴		廉
렵		獵
령	令 領	嶺 零 靈
례	例 禮	隷
로	勞 老 路 露	爐
록	綠	祿 錄 鹿
론	論	
롱		弄

음	중학교용	고등학교용
뢰		賴 雷
료	料	了 僚
룡		龍
루		屢 樓 淚 漏 累
류	柳 流 留	類
륙	六 陸	
륜	倫	輪
률	律	栗 率
륭		隆
릉		陵
리	利 李 理 里	吏 履 梨 裏 離
린		隣
림	林	臨
립	立	
마	馬	磨 麻
막	莫	幕 漠
만	晩 滿 萬	慢 漫
말	末	
망	亡 忙 忘 望	妄 罔 茫
매	妹 每 買 賣	埋 媒 梅
맥	麥	脈
맹		孟 猛 盟 盲
면	免 勉 眠 面	綿
멸		滅
명	名 命 明 鳴	冥 銘
모	暮 母 毛	侮 冒 募 慕 某 模 謀 貌
목	木 目	牧 睦
몰		沒
몽		夢 蒙
묘	卯 妙	墓 廟 苗
무	務 戊 武 無 舞 茂	貿 霧
묵	墨	默
문	問 文 聞 門	
물	勿 物	
미	味 尾 未 米 美	微 眉 迷
민	民	憫 敏
밀	密	蜜
박	朴	博 拍 泊 薄 迫
반	半 反 飯	伴 叛 班 盤 般 返
발	發	拔 髮

음	중학교용	고등학교용
방	房 放 方 訪 防	倣 傍 妨 芳 邦
배	拜 杯	倍 培 排 背 輩 配
백	白 百	伯
번	番	煩 繁 飜
벌	伐	罰
범	凡	犯 範
법	法	
벽		壁 碧
변	變	辨 辯 邊
별	別	
병	丙 兵 病	屛 竝
보	保 報 步	寶 普 補 譜
복	伏 復 服 福	卜 腹 複 覆
본	本	
봉	奉 逢	封 峯 蜂 鳳
부	否 夫 婦 富 扶 浮	付 副 府 符 簿 腐
	父 部	負 賦 赴 附
북	北	
분	分	墳 奔 奮 憤 粉 紛
불	不 佛	拂
붕	朋	崩
비	備 比 悲 非 飛 鼻	卑 妃 婢 批 碑 祕
		肥 費
빈	貧	賓 頻
빙	氷	聘
사	事 仕 使 史 四 士	似 司 寫 捨 斜 斯
	寺 巳 射 師 思 死	査 沙 祀 社 蛇 詐
	私 絲 舍 謝	詞 賜 辭 邪
삭		削 朔
산	山 散 產 算	
살	殺	
삼	三	
상	上 傷 商 喪 尙 常	像 償 嘗 床 桑 狀
	想 相 賞 霜	祥 裳 詳 象
새		塞
색	色	索
생	生	
서	序 暑 書 西	庶 徐 恕 敍 緖 署
		誓 逝
석	夕 席 惜 昔 石	析 釋

음	중학교용	고등학교용
선	仙 先 善 線 船 選	宣 旋 禪
	鮮	
설	舌 設 說 雪	
섭		攝 涉
성	城 姓 性 成 星 盛	
	省 聖 聲 誠	
세	世 勢 歲 洗 稅 細	
소	小 少 所 消 笑 素	召 掃 昭 燒 疏 蔬
		蘇 訴 騷
속	俗 續 速	屬 束 粟
손	孫	損
송	松 送	訟 誦 頌
쇄		刷 鎖
쇠		衰
수	修 受 壽 守 愁 手	囚 垂 帥 搜 殊 獸
	授 收 數 樹 水 秀	睡 輸 遂 隨 需
	誰 雖 須 首	
숙	叔 宿 淑	孰 熟 肅
순	純 順	巡 循 旬 殉 瞬 脣
술	戌	術 述
숭	崇	
습	拾 習	濕 襲
승	乘 勝 承	僧 昇
시	始 市 施 是 時 示	侍 矢
	視 詩 試	
식	式 植 識 食	息 飾
신	信 新 申 神 臣 身	伸 愼 晨
	辛	
실	失 室 實	
심	心 深 甚	審 尋
십	十	
쌍		雙
씨	氏	
아	兒 我	亞 牙 芽 雅 餓
악	惡	岳
안	安 案 眼 顔	岸 雁
알		謁
암	巖 暗	
압		壓 押
앙	仰	央 殃
애	哀 愛	涯

음	중학교용	고등학교용
액		厄 額
야	也 夜 野	耶
약	弱 約 若 藥	躍
양	揚 洋 羊 讓 陽 養	壤 楊 樣
어	於 漁 語 魚	御
억	億 憶	抑
언	言	焉
엄	嚴	
업	業	
여	余 如 汝 與 餘	予 輿
역	亦 易 逆	域 役 疫 譯 驛
연	然 煙 硏	宴 延 沿 演 燃 燕 緣 軟 鉛
열	悅 熱	閱
염	炎	染 鹽
엽	葉	
영	榮 永 英 迎	影 映 泳 營 詠
예	藝	譽 銳 豫
오	五 午 吾 悟 烏 誤	傲 嗚 娛 汚
옥	屋 玉	獄
온	溫	
옹		擁 翁
와	瓦 臥	
완	完	緩
왈	曰	
왕	往 王	
외	外	畏
요	要	搖 腰 謠 遙
욕	欲 浴	慾 辱
용	勇 容 用	庸
우	于 又 友 右 宇 尤 憂 牛 遇 雨	偶 優 愚 羽 郵
운	云 運 雲	韻
웅	雄	
원	元 原 圓 園 怨 遠 願	員 援 源 院
월	月	越
위	位 偉 危 威 爲	僞 圍 委 慰 緯 胃 衛 謂 違
유	唯 幼 有 柔 油 猶 由 遊 遺 酉	乳 儒 幽 悠 惟 愈 維 裕 誘
육	肉 育	

음	중학교용	고등학교용
윤		潤 閏
은	恩 銀	隱
을	乙	
음	吟 陰 音 飮	淫
읍	泣 邑	
응	應	凝
의	依 意 矣 義 衣 議 醫	儀 宜 疑
이	二 以 已 異 移 而 耳	夷
익	益	翼
인	人 仁 印 因 寅 引 忍 認	姻
일	一 日	逸
임	壬	任 賃
입	入	
자	姉 子 字 慈 者 自	刺 姿 恣 紫 玆 資
작	作 昨	爵 酌
잔		殘
잠		暫 潛
잡		雜
장	場 壯 將 章 長	丈 墻 獎 帳 張 掌 粧 腸 臟 莊 葬 藏 裝 障
재	再 哉 在 才 材 栽 財	宰 災 裁 載
쟁	爭	
저	低 著 貯	底 抵
적	敵 的 赤 適	寂 摘 滴 積 籍 績 賊 跡
전	傳 全 典 前 展 戰 田 錢 電	專 殿 轉
절	節 絶	切 折 竊
점	店	占 漸 點
접	接	蝶
정	丁 井 停 定 庭 情 政 正 淨 精 貞 靜 頂	亭 廷 征 整 程 訂
제	帝 弟 祭 第 製 諸 除 題	制 堤 提 濟 際 齊
조	兆 助 早 朝 祖 調 造 鳥	弔 操 條 潮 照 燥 租 組

음	중학교용	고등학교용
족	族 足	
존	存 尊	
졸	卒	拙
종	宗 從 種 終 鐘	縱
좌	坐 左	佐 座
죄	罪	
주	主 住 宙 晝 朱 注 走 酒	周 奏 州 柱 株 洲 珠 舟 鑄
죽	竹	
준		俊 準 遵
중	中 衆 重	仲
즉	卽	
증	增 曾 證	憎 症 蒸 贈
지	之 只 地 志 持 指 支 枝 止 知 紙 至	智 池 誌 遲
직	直	織 職
진	盡 眞 辰 進	振 珍 鎭 陣 陳 震
질	質	姪 疾 秩
집	執 集	
징		徵 懲
차	且 借 次 此	差
착	着	捉 錯
찬		讚 贊
찰	察	
참	參	慘 慙
창	唱 昌 窓	倉 創 暢 蒼
채	採 菜	債 彩
책	冊 責	策
처	妻 處	
척	尺	戚 拓 斥
천	千 天 川 泉 淺	薦 賤 踐 遷
철	鐵	哲 徹
첨		尖 添
첩		妾
청	晴 淸 聽 請 靑	廳
체	體	替 滯 逮 遞
초	初 招 草	抄 礎 秒 肖 超
촉		促 燭 觸
촌	寸 村	
총		總 聰 銃
최	最	催

음	중학교용	고등학교용
추	推 秋 追	抽 醜
축	丑 祝	畜 築 縮 蓄 逐
춘	春	
출	出	
충	充 忠 蟲	衝
취	取 吹 就	臭 趣 醉
측		側 測
층		層
치	治 致 齒	値 恥 置
칙	則	
친	親	
칠	七	漆
침	針	侵 寢 枕 沈 浸
칭		稱
쾌	快	
타	他 打	墮 妥
탁		卓 托 濁 濯
탄		彈 歎 炭 誕
탈	脫	奪
탐	探	貪
탑		塔
탕		湯
태	太 泰	怠 態 殆
택	宅	擇 澤
토	土	吐 討
통	統 通	痛
퇴	退	
투	投	透 鬪
특	特	
파	波 破	把 播 派 罷 頗
판	判	板 版 販
팔	八	
패	敗 貝	
편	便 片 篇	偏 編 遍
평	平	評
폐	閉	幣 廢 弊 肺 蔽
포	布 抱	包 捕 浦 胞 飽
폭	暴	幅 爆
표	表	標 漂 票
품	品	

음	중학교용	고등학교용	음	중학교용	고등학교용
풍	豐 風		혹	或	惑
피	彼 皮	疲 被 避	혼	婚 混	昏 魂
필	匹 必 筆	畢	홀		忽
하	下 何 夏 河 賀	荷	홍	紅	弘 洪 鴻
학	學	鶴	화	化 和 火 畫 花 華 話 貨	禍 禾
한	寒 恨 漢 閑 限 韓	旱 汗	확		擴 確 穫
할		割	환	患 歡	丸 換 環 還
함		含 咸 陷	활	活	
합	合		황	皇 黃	況 荒
항	恒	巷 抗 港 航 項	회	回 會	悔 懷
해	亥 害 海 解	奚 該	획		劃 獲
핵		核	횡		橫
행	幸 行		효	孝 效	曉
향	向 鄕 香	享 響	후	厚 後	侯 候
허	虛 許		훈	訓	
헌		憲 獻 軒	훼		毁
험		險 驗	휘		揮 輝
혁	革		휴	休	携
현	現 賢	懸 玄 絃 縣 顯	흉	凶 胸	
혈	血	穴	흑	黑	
혐		嫌	흡		吸
협	協	脅	흥	興	
형	兄 刑 形	亨 螢 衡	희	喜 希	戱 稀
혜	惠	兮 慧			
호	乎 呼 好 戶 湖 虎 號	互 毫 浩 胡 護 豪			

〈추가자 · 제외자 대비표〉

추 가 자(44자)	제 외 자(44자)
乞 隔 牽 繫 狂 軌 糾 塗 屯 騰 獵 隷 僚	憩 戈 瓜 鷗 閨 濃 潭 桐 洛 爛 藍 朗 蠻
侮 冒 伴 覆 誓 逝 攝 垂 搜 押 躍 閱 擁	矛 沐 栢 汎 膚 弗 酸 森 盾 升 阿 硯 梧
凝 宰 殿 竊 奏 珠 鑄 震 滯 逮 遞 秒 卓	貳 刃 壹 雌 蠶 笛 蹟 滄 悽 稚 琢 兔 楓
誕 把 偏 嫌 衡	弦 灰 喉 噫 熙

부록

뜻으로 찾아보는 상용 한자(常用漢字)

＊ 해당 한자와 부수 · 획수 · 용례는 표제어 항에 있음.

표 제 어	새김/음/한자	표 제 어	새김/음/한자
가²	가 변(邊)	간(肝)	간 간(肝)
가게	가게 점(店)	간략하다	간략할 간(簡)
가깝다	가까울 근(近)	간략하다	간략할 략(略)
가난	가난할 빈(貧)	간사하다	간사할 간(奸)
가늘다	가늘 섬(纖)	간사하다	간사할 간(姦)
가늘다	가늘 세(細)	간사하다	간사할 사(邪)
가다	갈 거(去)	간절하다	간절할 간(懇)
가다	갈 왕(往)	갈다	갈 마(磨)
가다	갈 정(征)	갈다	갈 연(硏)
가두다	가둘 수(囚)	갈래	갈래 파(派)
가득하다	가득할 만(滿)	갈리다	갈릴 지(支)
가로	가로 횡(橫)	갈마들다	갈마들 체(遞)
가루	가루 분(粉)	갈매기	갈매기 구(鷗)
가르다	가를 석(析)	감독	감독할 독(督)
가르치다	가르칠 교(敎)	감추다	감출 장(藏)
가르치다	가르칠 훈(訓)	감하다	감할 쇄(殺)
가리다²	가릴 차(遮)	갑(甲)	첫째 천간 갑(甲)
가리다³	가릴 택(擇)	갑옷	갑옷 갑(甲)
가리키다	가리킬 지(指)	갑자기	갑자기 돌(突)
가물	가물 한(旱)	갑자기	갑자기 홀(忽)
가볍다	가벼울 경(輕)	갑절	갑절 배(倍)
가슴	가슴 흉(胸)	값	값 가(價)
가운데	가운데 앙(央)	값	값 치(値)
가운데	가운데 중(中)	갓	갓 관(冠)
가운데	가운데 중(仲)	강	강 강(江)
가을	가을 추(秋)	강물	강물 하(河)
가장	가장 최(最)	강철	강철 강(鋼)
가죽	가죽 피(皮)	갖추다	갖출 구(具)
가죽	가죽 혁(革)	갖추다	갖출 비(備)
가지	가지 지(枝)	갖추다	갖출 판(辦)
가지다	가질 지(持)	갖풀	갖풀 교(膠)
가지다	가질 취(取)	같다	같을 동(同)
가지런하다	가지런할 정(整)	같다	같을 등(等)
가지런하다	가지런할 제(齊)	같다	같을 약(若)
각(各)	각각 각(各)	같다	같을 여(如)

표 제 어	새김/음/한자	표 제 어	새김/음/한자
갚다	갚을 보(報)	겨레	겨레 종(宗)
갚다	갚을 상(償)	겨루다	겨룰 경(競)
개[2]	개 포(浦)	겨루다	겨룰 적(敵)
개[3]	개 견(犬)	겨루다	겨룰 항(抗)
개[3]	개 구(狗)	겨를	겨를 가(暇)
개다[1]	갤 청(晴)	겨우	겨우 근(僅)
거느리다	거느릴 솔(率)	겨울	겨울 동(冬)
거느리다	거느릴 령(領)	격하다	격할 격(激)
거느리다	거느릴 통(統)	견디다	견딜 내(耐)
거동	거동 의(儀)	견주다	견줄 비(比)
거두다	거둘 수(收)	견주다	견줄 교(較)
거두다	거둘 철(撤)	결단	결단할 결(決)
거두다	거둘 확(穫)	겸손	겸손할 겸(謙)
거룻배	거룻배 정(艇)	겸하다	겸할 겸(兼)
거리[1]	거리 가(街)	겹	겹 복(複)
거리[1]	거리 항(巷)	겹치다[2]	겹칠 복(複)
거리끼다	거리낄 애(礙)	경(庚)	일곱째 천간 경(庚)
거만	거만할 만(慢)	경계(境界)	경계 계(界)
거만	거만할 오(傲)	경계(警戒)	경계할 경(警)
거문고	거문고 금(琴)	경계(警戒)	경계할 계(戒)
거북	거북 귀(龜)	경기	경기 기(畿)
거스르다	거스를 역(逆)	경사	경사 경(慶)
거울	거울 감(鑑)	경영	경영할 영(營)
거울	거울 경(鏡)	경치	경치 경(景)
거짓	거짓 가(假)	곁	곁 방(傍)
거짓	거짓 위(僞)	곁	곁 측(側)
거칠다	거칠 황(荒)	계(癸)	열째 천간 계(癸)
건너다	건널 도(渡)	계수나무	계수나무 계(桂)
건너다	건널 섭(涉)	계절	계절 계(季)
건너지르다	건너지를 가(架)	고개[2]	고개 령(嶺)
걸다[1]	걸 괘(掛)	고기[1]	고기 육(肉)
걸음	걸음 보(步)	고기잡이	고기잡을 어(漁)
검다	검을 현(玄)	고르다[2]	고를 조(調)
검다	검을 흑(黑)	고르다[3]	고를 균(均)
검사	검사할 검(檢)	고리[1]	고리 환(環)
검소	검소할 검(儉)	고요하다	고요할 적(寂)
겉	겉 표(表)	고요하다	고요할 정(靜)
게우다	게울 구(嘔)	고을	고을 군(郡)
게으르다	게으를 태(怠)	고을	고을 읍(邑)
겨레	겨레 족(族)	고을	고을 주(州)

표 제 어	새김/음/한자	표 제 어	새김/음/한자
고을	고을 현(縣)	구르다	구를 전(轉)
고치다	고칠 개(改)	구름	구름 운(雲)
고치다	고칠 경(更)	구리[1]	구리 동(銅)
고하다	고할 고(告)	구멍	구멍 공(孔)
고향	고향 향(鄕)	구분	구분할 구(區)
곡식	곡식 곡(穀)	구슬	구슬 옥(玉)
곤궁	곤궁할 곤(困)	구슬	구슬 주(珠)
곧	곧 즉(卽)	구원하다	구원할 구(救)
곧다	곧을 정(貞)	구차하다	구차할 구(苟)
곧다	곧을 직(直)	구하다	구할 구(求)
골[1]	골 뇌(腦)	구하다	구할 제(濟)
골짜기	골짜기 곡(谷)	국화	국화 국(菊)
곱다	고울 려(麗)	군사	군사 군(軍)
곳	곳 처(處)	굳다[2]	굳을 견(堅)
곳집	곳집 고(庫)	굳다[2]	굳을 고(固)
곳집	곳집 창(倉)	굳다[2]	굳을 확(確)
공	공 구(球)	굳세다	굳셀 강(剛)
공(功)	공 훈(勳)	굳세다	굳셀 강(強)
공경	공경할 경(敬)	굴(窟)	굴 굴(窟)
공교하다	공교할 교(巧)	굴(窟)	굴 동(洞)
공로	공로 공(功)	굴(窟)	굴 혈(穴)
공손하다	공손할 공(恭)	굴대	굴대 축(軸)
공평하다	공평할 공(公)	굶주리다	굶주릴 아(餓)
과감하다	과감할 감(敢)	굽다[3]	굽을 곡(曲)
과녁	과녁 적(的)	굽히다	굽힐 굴(屈)
과목	과목 과(科)	궁궐	궁궐 궁(宮)
과자	과자 과(菓)	궁벽하다	궁벽할 벽(僻)
과정	과정 과(課)	궁하다	궁할 궁(窮)
관계	관계할 관(關)	권세	권세 권(權)
관청	관청 부(府)	권하다	권할 권(勸)
관청	관청 서(署)	귀	귀 이(耳)
관청	관청 청(廳)	귀신	귀신 귀(鬼)
광대	광대 배(俳)	귀신	귀신 신(神)
괴롭다	괴로울 고(苦)	귀하다	귀할 귀(貴)
괴롭다	괴로워할 뇌(惱)	그	그 궐(厥)
괴이하다	괴이할 괴(怪)	그	그 기(其)
구걸	구걸할 걸(乞)	그늘	그늘 음(陰)
구덩이	구덩이 갱(坑)	그렇다	그럴 연(然)
구두[1]	구두 화(靴)	그루[1]	그루 주(株)
구두점	구두 두(讀)	그릇[1]	그릇 기(器)

표 제 어	새김/음/한자	표 제 어	새김/음/한자
그리다[1]	그릴 련(戀)	기쁘다	기쁠 환(歡)
그리다[2]	그릴 모(慕)	기쁘다	기쁠 희(喜)
그림	그림 도(圖)	기약	기약할 기(期)
그림	그림 화(畫)	기억	기억할 념(念)
그림자	그림자 영(影)	기와	기와 와(瓦)
그물	그물 망(網)	기운	기운 기(氣)
그윽하다	그윽할 유(幽)	기울다	기울 경(傾)
그치다[1]	그칠 지(止)	기이하다	기이할 기(奇)
근거	근거 거(據)	길	길 도(途)
근본	근본 본(本)	길	길 도(道)
근심	근심 수(愁)	길	길 로(路)
근심	근심 우(憂)	길	길 정(程)
근원	근원 원(原)	길다	길 영(永)
근원	근원 원(源)	길다	길 장(長)
글	글 경(經)	길쌈	길쌈할 방(紡)
글	글 서(書)	길쌈	길쌈할 적(績)
글	글 장(章)	길하다	길할 길(吉)
글귀	글귀 구(句)	깁다	기울 보(補)
글월	글월 문(文)	깁다	기울 선(繕)
글자	글자 자(字)	깃[2]	깃 우(羽)
글짓기	글 지을 저(著)	깃발	깃발 기(旗)
금하다	금할 금(禁)	깊다	깊을 심(深)
급하다	급할 급(急)	까마귀	까마귀 오(烏)
긋다[2]	그을 획(劃)	깎다	깎을 삭(削)
기(己)	여섯째 천간 기(己)	깔다	깔 부(敷)
기계	기계 계(械)	깔다	깔 포(鋪)
기다리다	기다릴 대(待)	깨끗하다	깨끗할 결(潔)
기둥	기둥 주(柱)	깨끗하다	깨끗할 정(淨)
기러기	기러기 안(雁)	깨닫다	깨달을 각(覺)
기러기	기러기 홍(鴻)	깨닫다	깨달을 오(悟)
기록	기록할 지(識)	깨뜨리다	깨뜨릴 파(破)
기르다	기를 사(飼)	꺼리다	꺼릴 기(忌)
기르다	기를 양(養)	꺼풀	꺼풀 막(膜)
기르다	기를 육(育)	꺾다	꺾을 절(折)
기름	기름 유(油)	껴안다	껴안을 옹(擁)
기름	기름 지(脂)	꼬리	꼬리 미(尾)
기름지다	기름질 비(肥)	꽂다	꽂을 삽(插)
기리다	기릴 송(頌)	꽃	꽃 화(花)
기리다	기릴 찬(讚)	꽃답다	꽃다울 방(芳)
기쁘다	기쁠 열(悅)	꾀	꾀 계(計)

표 제 어	새김/음/한자	표 제 어	새김/음/한자
꾀	꾀 모(謨)	나아가다	나아갈 취(就)
꾀	꾀 책(策)	나타내다	나타낼 현(見)
꾀다[3]	꾈 유(誘)	낚시	낚시 조(釣)
꾀하다	꾀할 기(企)	난간	난간 란(欄)
꾸미다	꾸밀 식(飾)	난초	난초 란(蘭)
꾸미다	꾸밀 장(裝)	날[1]	날 일(日)
꾸짖다	꾸짖을 책(責)	날개	날개 익(翼)
꿀	꿀 밀(蜜)	날다[1]	날 비(飛)
꿈	꿈 몽(夢)	날래다	날랠 용(勇)
꿰다	꿸 관(貫)	날리다[2]	날릴 양(揚)
끊다	끊을 단(斷)	날카롭다	날카로울 예(銳)
끊다	끊을 절(切)	남기다	남길 유(遺)
끊다	끊을 절(絕)	남녘	남녘 남(南)
끌다	끌 랍(拉)	남다	남을 여(餘)
끌다	끌 인(引)	남다	남을 잔(殘)
끌어당기다	끌어당길 견(牽)	납	납 연(鉛)
끓다	끓을 탕(湯)	낫다[1]	나을 유(癒)
끝	끝 단(端)	낫다[2]	나을 우(優)
끝	끝 말(末)	낮	낮 오(午)
끼이다[1]	끼일 개(介)	낮	낮 주(晝)
나[3]	나 아(我)	낮다	낮을 비(卑)
나[3]	나 오(吾)	낮다	낮을 저(低)
나그네	나그네 려(旅)	낯	낯 면(面)
나누다	나눌 배(配)	낯	낯 안(顔)
나누다	나눌 분(分)	낱	낱 개(個)
나누다	나눌 할(割)	낱	낱 매(枚)
나다	날 생(生)	낳다[1]	낳을 만(娩)
나다	날 출(出)	내[3]	내 천(川)
나라	나라 국(國)	내걸다	내걸 게(揭)
나라	나라 방(邦)	내리다[2]	내릴 강(降)
나라	나라 한(韓)	냄새	냄새 취(臭)
나란히	나란히 병(竝)	너[1]	너 여(汝)
나루	나루 진(津)	너그럽다	너그러울 관(寬)
나무	나무 목(木)	넉	넉 사(四)
나무	나무 수(樹)	넉넉하다	넉넉할 유(裕)
나물	나물 소(蔬)	넉넉하다	넉넉할 풍(豐)
나물	나물 채(菜)	넋	넋 혼(魂)
나비[1]	나비 접(蝶)	널[1]	널 판(板)
나쁘다	나쁠 폐(弊)	널리	널리 보(普)
나아가다	나아갈 진(進)	넓다	넓을 광(廣)

부록

표 제 어	새김/음/한자	표 제 어	새김/음/한자
넓다	넓을 박(博)	눈썹	눈썹 미(眉)
넓다	넓을 홍(弘)	눕다	누울 와(臥)
넓히다	넓힐 장(張)	뉘우치다	뉘우칠 회(悔)
넓히다	넓힐 척(拓)	느끼다[2]	느낄 감(感)
넓히다	넓힐 확(擴)	느리다	느릴 완(緩)
넘다	넘을 월(越)	늘	늘 상(常)
넘어지다	넘어질 도(倒)	늘	늘 항(恒)
넘치다	넘칠 람(濫)	늘다	늘 증(增)
넘치다	넘칠 범(氾)	늘어놓다	늘어놓을 전(展)
노래	노래 가(歌)	늘어놓다	늘어놓을 진(陳)
노래	노래 요(謠)	늘이다	늘일 신(伸)
노래	노래 창(唱)	늘이다	늘일 연(延)
녹(祿)	녹 록(祿)	늙다	늙을 로(老)
녹다	녹을 용(熔)	늙은이	늙은이 옹(翁)
녹다	녹을 융(融)	능하다	능할 능(能)
논	논 답(畓)	늦다	늦을 만(晚)
논하다	논할 론(論)	늦다	늦을 지(遲)
놀다	놀 유(遊)	다니다	다닐 행(行)
놀라다	놀랄 경(驚)	다다르다	다다를 부(赴)
놀이[1]	놀이 희(戲)	다락	다락 루(樓)
놈[1]	놈 자(者)	다르다	다를 수(殊)
농사	농사 농(農)	다르다	다를 이(異)
높다	높을 고(高)	다르다	다를 타(他)
높다	높을 륭(隆)	다리[1]	다리 각(脚)
높다	높을 숭(崇)	다리[2]	다리 교(橋)
높다	높을 존(尊)	다만	다만 단(但)
놓다	놓을 방(放)	다만	다만 지(只)
누구	누구 수(誰)	다섯	다섯 오(五)
누렇다	누를 황(黃)	다스리다	다스릴 리(理)
누르다[1]	누를 압(押)	다스리다	다스릴 치(治)
누르다[1]	누를 억(抑)	다시	다시 갱(更)
누리다[1]	누릴 향(享)	다시	다시 부(復)
누에	누에 잠(蠶)	다치다	다칠 상(傷)
누이	누이 매(妹)	다투다	다툴 쟁(爭)
눈[1]	눈 목(目)	다하다	다할 극(極)
눈[1]	눈 안(眼)	다하다	다할 진(盡)
눈[5]	눈 설(雪)	다행	다행 행(幸)
눈깜짝이	눈깜짝할 순(瞬)	닥치다	닥칠 박(迫)
눈멀다	눈멀 맹(盲)	닦다	닦을 수(修)
눈물[1]	눈물 루(淚)	단(壇)	단 단(壇)

표 제 어	새김/음/한자	표 제 어	새김/음/한자
단단하다	단단할 경(硬)	덜다	덜 손(損)
단련	단련할 련(鍊)	덜다	덜 제(除)
단장	단장할 장(粧)	덥다	더울 서(暑)
단체	단체 사(社)	덥다	더울 염(炎)
단풍	단풍 풍(楓)	덮다	덮을 개(蓋)
닫다[2]	닫을 폐(閉)	덮다	덮을 폐(蔽)
달[2]	달 월(月)	도끼	도끼 근(斤)
달다[3]	달 감(甘)	도둑	도둑 도(盜)
달래다	달랠 세(說)	도둑	도둑 적(賊)
달리다[1]	달릴 분(奔)	도리어	도리어 반(反)
달리다[1]	달릴 주(走)	도망	도망할 도(逃)
달리다[1]	달릴 추(趨)	도읍	도읍 도(都)
달아나다	달아날 배(北)	도장	도장 인(印)
닭	닭 계(鷄)	도탑다	도타울 독(篤)
닮다	닮을 사(似)	도탑다	도타울 돈(敦)
닮다	닮을 초(肖)	독(毒)	독 독(毒)
담장	담장 원(院)	돈[1]	돈 전(錢)
담장	담장 장(墻)	돈[1]	돈 폐(幣)
답답하다	답답할 울(鬱)	돈대	돈대 대(臺)
당(唐)-	당나라 당(唐)	돋우다	돋울 도(挑)
닿다	닿을 촉(觸)	돌	돌 석(石)
대[3]	대 죽(竹)	돌다[2]	돌 선(旋)
대개	대개 개(槪)	돌다[2]	돌 순(巡)
대궐	대궐 궐(闕)	돌다[2]	돌 회(廻)
대그릇	대그릇 롱(籠)	돌아보다	돌아볼 고(顧)
대다[2]	댈 급(給)	돌아오다	돌아올 귀(歸)
대답	대답 답(答)	돌아오다	돌아올 환(還)
대롱	대롱 관(管)	돌아오다	돌아올 회(回)
대신	대신 대(代)	돕다	도울 부(扶)
대신	대신할 섭(攝)	돕다	도울 원(援)
대포	대포 포(砲)	돕다	도울 조(助)
대하다[2]	대할 대(對)	돕다	도울 좌(佐)
더럽다	더러울 오(汚)	돕다	도울 찬(贊)
더하다[1]	더할 가(加)	돕다	도울 협(協)
더하다[1]	더할 첨(添)	돕다	도울 호(護)
덕(德)	덕 덕(德)	동녘	동녘 동(東)
던지다	던질 투(投)	동료	동료 료(僚)
던지다	던질 포(抛)	동산	동산 원(苑)
덜다	덜 감(減)	동산	동산 원(園)
덜다	덜 생(省)	동아줄	동아줄 삭(索)

부록

표제어	새김/음/한자	표제어	새김/음/한자
돼지	돼지 돈(豚)	들다[4]	들 거(擧)
되[1]	되 승(升)	들다[4]	들 제(提)
되다[1]	될 화(化)	들보[1]	들보 량(梁)
되돌리다	되돌릴 반(返)	들이다[1]	들일 납(納)
되살다	되살아날 소(蘇)	등	등 배(背)
두[1]	두 량(兩)	등(燈)	등 등(燈)
두[1]	두 재(再)	등급	등급 급(級)
두다[1]	둘 치(置)	등나무	등나무 등(藤)
두려워하다	두려워할 구(懼)	따다[1]	딸 적(摘)
두려워하다	두려워할 외(畏)	따뜻하다	따뜻할 난(暖)
두려워하다	두려워할 포(怖)	따뜻하다	따뜻할 온(溫)
두렵다	두려울 공(恐)	따르다[1]	따를 수(隨)
두루	두루 주(周)	따르다[1]	따를 연(沿)
두루	두루 편(遍)	따르다[1]	따를 추(追)
두루미[1]	두루미 학(鶴)	따지다	따질 규(糾)
두텁다	두터울 후(厚)	딱하다	딱할 민(憫)
둑[2]	둑 제(堤)	딸리다	딸릴 례(隷)
둘	두 이(二)	딸리다	딸릴 속(屬)
둘	두 이(貳)	땀[1]	땀 한(汗)
둥글다	둥글 단(團)	땅[1]	땅 곤(坤)
둥글다	둥글 원(圓)	땅[1]	땅 지(地)
둥글다	둥글 환(丸)	땅[1]	땅 이름 구(龜)
뒤	뒤 후(後)	때[1]	때 시(時)
뒤집다	뒤집을 번(反)	때[1]	때 신(辰)
뒤집다	뒤집을 번(飜)	떠나다	떠날 리(離)
뒤집다	뒤집을 복(覆)	떠나다	떠날 서(逝)
드러나다	드러날 저(著)	떠다니다	떠다닐 표(漂)
드러나다	드러날 현(見)	떠들다[1]	떠들 소(騷)
드러내다	드러낼 로(露)	떡[1]	떡 병(餠)
드러내다	드러낼 창(彰)	떨다[1]	떨 진(振)
드러내다	드러낼 폭(暴)	떨다[1]	떨 진(震)
드러내다	드러낼 현(顯)	떨다[3]	떨 불(拂)
드리다[1]	드릴 정(呈)	떨어지다	떨어질 락(落)
드리다[1]	드릴 헌(獻)	떨어지다	떨어질 령(零)
드리우다	드리울 수(垂)	떨어지다	떨어질 타(墮)
드물다	드물 희(稀)	떨치다[1]	떨칠 분(奮)
듣다[3]	들을 문(聞)	떳떳하다	떳떳할 상(常)
듣다[3]	들을 청(聽)	떼[1]	떼 부(部)
들[1]	들 야(野)	또	또 역(亦)
들다[1]	들 입(入)	똥오줌	똥오줌 변(便)

표 제 어	새김/음/한자	표 제 어	새김/음/한자
뚜렷하다	뚜렷할 선(鮮)	막다	막을 거(拒)
뛰다[1]	뛸 도(跳)	막다	막을 방(防)
뛰다[1]	뛸 약(躍)	막다	막을 색(塞)
뛰어나다	뛰어날 걸(傑)	막다	막을 장(障)
뛰어나다	뛰어날 일(逸)	막다	막을 저(沮)
뛰어나다	뛰어날 탁(卓)	막다	막을 저(抵)
뛰어넘다	뛰어넘을 초(超)	막히다	막힐 질(窒)
뜨겁다	뜨거울 열(熱)	막히다	막힐 체(滯)
뜨다[1]	뜰 부(浮)	만(萬)	일만/많을 만(萬)
뜨다[3]	뜰 거(距)	만나다	만날 봉(逢)
뜰	뜰 정(庭)	만나다	만날 우(遇)
뜻	뜻 의(意)	만들다	만들 조(造)
뜻	뜻 지(旨)	많다	많을 다(多)
뜻	뜻 지(志)	맏-	맏 맹(孟)
뜻	뜻 취(趣)	맏-	맏 백(伯)
뜻밖에	뜻밖에 우(偶)	말[1]	말 마(馬)
띠[1]	띠 대(帶)	말[1]	말 탈 기(騎)
마귀	마귀 마(魔)	말[2]	말 두(斗)
마당	마당 장(場)	말[5]	말 사(詞)
마디	마디 절(節)	말다[3]	말 물(勿)
마땅하다	마땅 당(當)	말미암다	말미암을 유(由)
마땅하다	마땅 의(宜)	말씀	말씀 변(辯)
마룻대	마룻대 동(棟)	말씀	말씀 사(辭)
마르다[1]	마를 간(乾)	말씀	말씀 설(說)
마르다[1]	마를 건(乾)	말씀	말씀 어(語)
마르다[1]	마를 고(枯)	말씀	말씀 언(言)
마르다[1]	마를 조(燥)	말씀	말씀 화(話)
마름질	마름질할 재(裁)	말하다	말할 담(談)
마시다	마실 음(飮)	말하다	말할 신(申)
마시다	마실 흡(吸)	맑다	맑을 아(雅)
마을[2]	마을 동(洞)	맑다	맑을 청(淸)
마을[2]	마을 리(里)	맛[1]	맛 미(味)
마을[2]	마을 촌(村)	맛보다	맛볼 상(嘗)
마음	마음 심(心)	망녕되다	망녕될 망(妄)
마음대로	마음대로 자(恣)	망보다	망볼 초(哨)
마지막	마지막 종(終)	망하다	망할 망(亡)
마치다[2]	마칠 료(了)	맞다[2]	맞을 적(適)
마치다[2]	마칠 졸(卒)	맞다[2]	맞을 해(該)
마치다[2]	마칠 필(畢)	맞다[4]	맞을 영(迎)
마침내	마침내 경(竟)	맡기다	맡길 예(預)

부록

표 제 어	새김/음/한자	표 제 어	새김/음/한자
맡기다	맡길 위(委)	몇[2]	몇 기(幾)
맡기다	맡길 임(任)	모[2]	모 방(方)
맡기다	맡길 탁(託)	모두	모두 개(皆)
맡다[1]	맡을 사(司)	모두	모두 체(切)
맡다[1]	맡을 직(職)	모두	모두 총(總)
매기다	매길 부(賦)	모두	모두 함(咸)
매다[1]	맬 계(係)	모래	모래 사(砂)
매다[1]	맬 계(繫)	모래섬	모래섬 주(洲)
매달다	매달 현(懸)	모름지기	모름지기 수(須)
매양	매양 매(每)	모습	모습 태(態)
매화	매화 매(梅)	모시다	모실 시(侍)
맵다	매울 렬(烈)	모양	모양 모(貌)
맵다	매울 신(辛)	모양	모양 상(像)
맹세	맹세할 맹(盟)	모양	모양 양(樣)
맹세	맹세할 서(誓)	모양	모양 자(姿)
맺다	맺을 결(結)	모양	모양 형(形)
맺다	맺을 체(締)	모으다	모을 종(綜)
머금다	머금을 함(含)	모으다	모을 집(集)
머리[1]	머리 두(頭)	모으다	모을 집(輯)
머리[1]	머리 수(首)	모으다	모을 축(蓄)
머리털	머리털 발(髮)	모이다[1]	모일 회(會)
머무르다	머무를 류(留)	모자	모자 모(帽)
머무르다	머무를 박(泊)	모종	모종 묘(苗)
머무르다	머무를 정(停)	모질다	모질 학(虐)
머무르다	머무를 주(駐)	목구멍	목구멍 인(咽)
먹	먹 묵(墨)	목구멍	목구멍 후(喉)
먹다[2]	먹을 식(食)	목마르다	목마를 갈(渴)
먹이	먹이 사(飼)	목매다	목맬 교(絞)
먼저	먼저 선(先)	목메다	목멜 열(咽)
멀다[2]	멀 소(疏)	목메다	목메어 울 오(嗚)
멀다[2]	멀 요(遙)	목숨	목숨 명(命)
멀다[2]	멀 원(遠)	목숨	목숨 수(壽)
멀다[2]	멀 유(悠)	목욕	목욕할 욕(浴)
메[4]	메 산(山)	몰다	몰 구(驅)
메다[2]	멜 담(擔)	몰래	몰래 밀(密)
며느리	며느리 부(婦)	몸[1]	몸 신(身)
면하다	면할 면(免)	몸[1]	몸 체(體)
멸하다	멸할 멸(滅)	못[1]	못 담(潭)
명령	명령 령(令)	못[1]	못 지(池)
명예	명예 예(譽)	못[1]	못 택(澤)

표 제 어	새김/음/한자	표 제 어	새김/음/한자
못하다[2]	못할 렬(劣)	물들다	물들 염(染)
묘(卯)	넷째 지지 묘(卯)	물러나다	물러날 퇴(退)
묘하다	묘할 묘(妙)	물리치다	물리칠 각(却)
무(戊)	다섯째 천간 무(戊)	물리치다	물리칠 척(斥)
무겁다	무거울 중(重)	물방울	물방울 적(滴)
무너지다	무너질 괴(壞)	물어주다	물어줄 배(賠)
무너지다	무너질 붕(崩)	묽다	묽을 담(淡)
무덤	무덤 묘(墓)	뭍	뭍 륙(陸)
무덤	무덤 분(墳)	미(未)	여덟째 지지 미(未)
무디다	무딜 둔(鈍)	미끄럽다	미끄러울 활(滑)
무릅쓰다	무릅쓸 모(冒)	미리	미리 예(豫)
무리[1]	무리 군(群)	미워하다	미워할 오(惡)
무리[1]	무리 당(黨)	미치다[1]	미칠 광(狂)
무리[1]	무리 대(隊)	미치다[2]	미칠 급(及)
무리[1]	무리 도(徒)	미혹	미혹할 미(迷)
무리[1]	무리 류(類)	미혹	미혹할 혹(惑)
무리[1]	무리 배(輩)	민첩하다	민첩할 민(敏)
무리[1]	무리 중(衆)	믿다	믿을 신(信)
무성하다	무성할 무(茂)	밀다	밀 추(推)
묵다[1]	묵을 관(館)	밀다	밀 퇴(推)
묶다	묶을 속(束)	밀치다	밀칠 배(排)
문(門)[1]	문 문(門)	밉다	미울 증(憎)
문벌	문벌 벌(閥)	밑	밑 저(底)
문서	문서 권(券)	바[3]	바 소(所)
문서	문서 부(簿)	바깥	바깥 외(外)
문서	문서 장(狀)	바꾸다	바꿀 무(貿)
문서	문서 적(籍)	바꾸다	바꿀 역(易)
문지르다	문지를 마(摩)	바꾸다	바꿀 천(遷)
묻다[2]	묻을 매(埋)	바꾸다	바꿀 체(替)
묻다[3]	물을 문(問)	바꾸다	바꿀 환(換)
묻다[3]	물을 자(諮)	바늘	바늘 침(針)
물[1]	물 수(水)	바다	바다 창(滄)
물가	물가 애(涯)	바다	바다 해(海)
물건[1]	물건 건(件)	바둑	바둑 기(棋)
물건[1]	물건 물(物)	바라다	바랄 희(希)
물건[1]	물건 품(品)	바라보다	바라볼 망(望)
물결	물결 랑(浪)	바람[1]	바람 풍(風)
물결	물결 파(波)	바로잡다	바로잡을 교(矯)
물고기	물고기 어(魚)	바로잡다	바로잡을 정(訂)
물굽이	물굽이 만(灣)	바르다[3]	바를 단(端)

표 제 어	새김/음/한자	표 제 어	새김/음/한자
바르다[3]	바를 정(正)	배[1]	배 복(腹)
바쁘다	바쁠 망(忙)	배[2]	배 리(梨)
바위	바위 암(巖)	배[3]	배 박(舶)
바치다[1]	바칠 공(貢)	배[3]	배 선(船)
바퀴[1]	바퀴 륜(輪)	배[3]	배 주(舟)
바탕[1]	바탕 질(質)	배[3]	배 함(艦)
박다[2]	박을 탁(拓)	배[3]	배 항(航)
박달나무	박달나무 단(檀)	배반	배반할 반(叛)
반(半)	반 반(半)	배부르다	배부를 포(飽)
반걸음	반걸음 규(頃)	배우다	배울 학(學)
반대	반대로 반(反)	백(百)	일백 백(百)
반드시	반드시 필(必)	백성	백성 민(民)
반딧불	반딧불 형(螢)	뱀	뱀 사(蛇)
반열	반열 반(班)	버금	버금 부(副)
받다[2]	받을 수(受)	버금	버금 아(亞)
받들다	받들 봉(奉)	버금	버금 중(仲)
받아들이다	받아들일 용(容)	버금	버금 차(次)
받치다[2]	받칠 탁(托)	버들	버들 류(柳)
발[1]	발 족(足)	버들	버들 양(楊)
밝다[2]	밝을 랑(朗)	버리다	버릴 기(棄)
밝다[2]	밝을 명(明)	버리다	버릴 사(捨)
밝다[2]	밝을 소(昭)	버리다	버릴 폐(廢)
밝다[2]	밝을 철(哲)	버섯	버섯 균(菌)
밝다[2]	밝을 통(洞)	번개	번개 전(電)
밟다	밟을 답(踏)	번거롭다	번거로울 번(煩)
밟다	밟을 천(踐)	번성	번성할 번(繁)
밤[1]	밤 야(夜)	번역	번역할 역(譯)
밤[2]	밤 률(栗)	벌[3]	벌 봉(蜂)
밥[1]	밥 반(飯)	벌(罰)	벌할 벌(罰)
밥[1]	밥 사(食)	벌레	벌레 충(蟲)
밥[1]	밥 찬(餐)	벌이다	벌일 라(羅)
밥짓다	밥지을 취(炊)	벌이다	벌일 렬(列)
밥통	밥통 위(胃)	범	범 호(虎)
방(房)[1]	방 방(房)	범상하다	범상할 범(凡)
방(房)[1]	방 실(室)	범하다	범할 범(犯)
방패	방패 간(干)	법(法)	법 법(法)
방패	방패 순(盾)	법(法)	법 식(式)
방해	방해할 방(妨)	법(法)	법 칙(則)
밭	밭 전(田)	법(法)	법 헌(憲)
밭	밭갈 경(耕)	법도	법도 궤(軌)

표 제 어	새김/음/한자	표 제 어	새김/음/한자
법도	법도 도(度)	병풍	병풍 병(屛)
법도	법도 제(制)	볕	볕 양(陽)
법식	법식 격(格)	보내다	보낼 견(遣)
법식	법식 례(例)	보내다	보낼 송(送)
법칙	법칙 률(律)	보내다	보낼 수(輸)
벗[2]	벗 붕(朋)	보다[1]	볼 간(看)
벗[2]	벗 우(友)	보다[1]	볼 견(見)
벗다[2]	벗을 라(裸)	보다[1]	볼 관(觀)
벗다[2]	벗을 탈(脫)	보다[1]	볼 람(覽)
베	베 포(布)	보다[1]	볼 시(視)
베개	베개 침(枕)	보다[1]	볼 현(見)
베끼다	베낄 등(謄)	보람	보람 효(效)
베끼다	베낄 사(寫)	보리	보리 맥(麥)
베끼다	베낄 초(抄)	보배	보배 보(寶)
베다[2]	벨 벌(伐)	보배	보배 진(珍)
베다[2]	벨 참(斬)	보이다[2]	보일 시(示)
베다[2]	벨 할(割)	보호	보호할 호(護)
베풀다	베풀 설(設)	복(福)	복 복(福)
베풀다	베풀 시(施)	복숭아	복숭아 도(桃)
벼	벼 도(稻)	본	본 범(範)
벼	벼 화(禾)	본디	본디 소(素)
벼루[1]	벼루 연(硯)	본뜨다	본뜰 모(模)
벼리	벼리 강(綱)	본뜨다	본뜰 방(倣)
벼리	벼리 기(紀)	본보기	본보기 규(規)
벼슬	벼슬 경(卿)	봄	봄 춘(春)
벼슬	벼슬 관(官)	봉급	봉급 봉(俸)
벼슬	벼슬 사(仕)	봉우리	봉우리 봉(峰)
벼슬	벼슬 위(尉)	봉하다	봉할 봉(封)
벼슬	벼슬 작(爵)	봉황	봉황새 봉(鳳)
벼슬아치	벼슬아치 리(吏)	뵈다[3]	뵐 알(謁)
벽(壁)[1]	벽 벽(壁)	부끄럽다	부끄러울 괴(愧)
변방(邊方)	변방 새(塞)	부끄럽다	부끄러울 참(慙)
변하다	변할 변(變)	부끄럽다	부끄러울 치(恥)
별	별 성(星)	부드럽다	부드러울 유(柔)
별자리	별자리 수(宿)	부르다[1]	부를 빙(聘)
병(丙)	셋째 천간 병(丙)	부르다[1]	부를 소(召)
병(病)	병 병(病)	부르다[1]	부를 초(招)
병(病)	병 질(疾)	부르다[1]	부를 호(呼)
병(病)	병 고칠 료(療)	부르짖다	부르짖을 규(叫)
병사	병사 병(兵)	부리다[1]	부릴 사(使)

부록

표 제 어	새김/음/한자	표 제 어	새김/음/한자
부리다[1]	부릴 역(役)	비단	비단 견(絹)
부리다[1]	부릴 조(操)	비단	비단 금(錦)
부자	부자 부(富)	비뚤다	비뚤 왜(歪)
부절	부절 부(符)	비롯하다	비롯할 시(始)
부지런	부지런할 근(勤)	비롯하다	비롯할 창(創)
부처	부처 불(佛)	비석	비석 비(碑)
부추기다	부추길 사(唆)	비율	비율 률(率)
부치다[3]	부칠 기(寄)	비적	비적 비(匪)
부치다[3]	부칠 부(付)	비준	비준 준(准)
부탁	부탁할 탁(託)	비추다	비출 조(照)
북	북 고(鼓)	비치다[1]	비칠 영(映)
북	북 두드릴 고(鼓)	비치다[1]	비칠 투(透)
북녘	북녘 북(北)	비평	비평할 비(批)
북돋우다	북돋울 배(培)	빌다	빌 기(祈)
분개	분개할 개(慨)	빌다	빌 축(祝)
분명하다	분명할 저(著)	빌리다	빌릴 대(貸)
분별	분별할 변(辨)	빌리다	빌릴 차(借)
분초	분초 초(秒)	빚	빚 채(債)
분하다	분할 분(憤)	빛	빛 광(光)
불[1]	불 화(火)	빛	빛 색(色)
불다[2]	불 취(吹)	빛나다	빛날 란(爛)
불리다[4]	불릴 단(鍛)	빛나다	빛날 화(華)
불리다[4]	불릴 련(煉)	빛나다	빛날 휘(輝)
불리다[4]	불릴 련(鍊)	빠르다	빠를 속(速)
불리다[6]	불릴 식(殖)	빠지다[1]	빠질 궐(闕)
불사르다	불사를 소(燒)	빠지다[2]	빠질 닉(溺)
불쌍하다	불쌍히 여길 련(憐)	빠지다[2]	빠질 몰(沒)
붉다	붉을 단(丹)	빠지다[2]	빠질 함(陷)
붉다	붉을 적(赤)	빼앗다	빼앗을 략(掠)
붉다	붉을 주(朱)	빼앗다	빼앗을 탈(奪)
붉다	붉을 홍(紅)	빼어나다	빼어날 수(秀)
붓	붓 필(筆)	빼어나다	빼어날 영(英)
붓	붓 호(毫)	빽빽하다	빽빽할 밀(密)
붓다[2]	부을 주(注)	뼈	뼈 골(骨)
붙다[1]	붙을 부(附)	뽑다	뽑을 모(募)
붙다[1]	붙을 착(着)	뽑다	뽑을 발(拔)
비[1]	비 우(雨)	뽑다	뽑을 선(選)
비끼다	비낄 사(斜)	뽑다	뽑을 추(抽)
비다[3]	빌 공(空)	뽕나무	뽕나무 상(桑)
비다[3]	빌 허(虛)	뾰족하다	뾰족할 첨(尖)

표 제 어	새김/음/한자	표 제 어	새김/음/한자
뿌리	뿌리 근(根)	삼[2]	삼 마(麻)
뿌리다	뿌릴 파(播)	삼가다	삼갈 근(謹)
뿔[1]	뿔 각(角)	삼가다	삼갈 신(愼)
사(巳)	여섯째 지지 사(巳)	상(賞)	상 상(賞)
사귀다	사귈 교(交)	상고	상고할 고(考)
사납다	사나울 맹(猛)	상서롭다	상서로울 상(祥)
사납다	사나울 폭(暴)	상서롭다	상서로울 서(瑞)
사내	사내 남(男)	상자	상자 상(箱)
사내	사내 랑(郞)	새[4]	새 금(禽)
사내	사내 한(漢)	새[4]	새 조(鳥)
사냥	사냥 렵(獵)	새기다[1]	새길 각(刻)
사다	살 구(購)	새기다[1]	새길 간(刊)
사다	살 매(買)	새기다[1]	새길 명(銘)
사당	사당 묘(廟)	새기다[1]	새길 조(彫)
사라지다	사라질 소(消)	새다[1]	샐 루(漏)
사람	사람 인(人)	새롭다	새로울 신(新)
사랑[1]	사랑 애(愛)	새벽[2]	새벽 신(晨)
사랑[1]	사랑 자(慈)	새벽[2]	새벽 효(曉)
사례	사례할 사(謝)	샘[1]	샘 천(泉)
사로잡다	사로잡을 착(捉)	생각	생각 사(思)
사막	사막 막(漠)	생각	생각 상(想)
사사롭다	사사로울 사(私)	생각	생각할 려(慮)
사슴	사슴 록(鹿)	생각	생각할 억(憶)
사양	사양할 양(讓)	생각	생각할 유(惟)
사이	사이 간(間)	생산	생산할 산(產)
사이	사이 제(際)	서녘	서녘 서(西)
사이	사이 뜰 격(隔)	서늘하다	서늘할 량(涼)
산(山)	큰 산 악(嶽)	서다[2]	설 립(立)
살갗	살갗 부(膚)	서로	서로 상(相)
살다[1]	살 거(居)	서로	서로 호(互)
살다[1]	살 주(住)	서리[1]	서리 상(霜)
살다[1]	살 택(宅)	서양	서양 양(洋)
살다[1]	살 활(活)	서울	서울 경(京)
살지다	살질 비(肥)	석[2]	석 삼(三)
살피다[1]	살필 감(監)	석[2]	석 삼(參)
살피다[1]	살필 량(諒)	섞다	섞을 혼(混)
살피다[1]	살필 성(省)	섞이다	섞일 잡(雜)
살피다[1]	살필 심(審)	선비[1]	선비 사(士)
살피다[1]	살필 찰(察)	선비[1]	선비 유(儒)
삼[1]	삼 포(胞)	섬[3]	섬 도(島)

부록

부록

표 제 어	새김/음/한자	표 제 어	새김/음/한자
섬돌	섬돌 계(階)	솜	솜 면(綿)
섭섭하다	섭섭할 감(憾)	송사	송사할 송(訟)
성(姓)	성 성(姓)	쇠	쇠 금(金)
성(姓)	성 김(金)	쇠	쇠 철(鐵)
성(姓)	성 심(沈)	쇠하다	쇠할 쇠(衰)
성(城)	성 성(城)	쇳돌	쇳돌 광(鑛)
성내다	성낼 노(怒)	수레	수레 거/차(車)
성밖	성밖 교(郊)	수레	수레 량(輛)
성씨	성씨 씨(氏)	수레	수레 여(輿)
성인	성인 성(聖)	수증기	수증기 기(汽)
성품	성품 성(性)	수풀	수풀 림(林)
성하다	성할 성(盛)	수풀	수풀 삼(森)
세(貰)	세 놓을 세(貰)	순박하다	순박할 박(朴)
세간	세간 집(什)	순수하다	순수할 순(純)
세금	세금 세(稅)	순하다	순할 순(順)
세다[2]	셀 계(計)	술[1]	술 따를 작(酌)
세로	세로 종(縱)	술[1]	술 주(酒)
세상	세상 세(世)	술(戌)	열한째 지지 술(戌)
세우다	세울 건(建)	숨기다	숨길 비(祕)
셈	셈 산(算)	숨다	숨을 은(隱)
셈	셈 수(數)	숭상	숭상할 상(尙)
소[1]	소 우(牛)	숯	숯 탄(炭)
소금	소금 염(鹽)	쉬다[2]	쉴 게(憩)
소나무	소나무 송(松)	쉬다[2]	쉴 식(息)
소녀	소녀 낭(娘)	쉬다[2]	쉴 휴(休)
소리	소리 성(聲)	쉽다	쉬울 이(易)
소리	소리 음(音)	스스로	스스로 자(自)
소반	소반 반(盤)	스승	스승 사(師)
속	속 리(裏)	슬기	슬기 지(智)
속되다	속될 속(俗)	슬퍼하다	슬퍼할 도(悼)
속마음	속마음 충(衷)	슬프다	슬플 비(悲)
속이다	속일 기(欺)	슬프다	슬플 애(哀)
속이다	속일 사(詐)	시(詩)	시 시(詩)
손[1]	손 수(手)	시골	시골 향(鄕)
손[2]	손 객(客)	시내	시내 계(溪)
손[2]	손 빈(賓)	시어미	시어미 고(姑)
손바닥	손바닥 장(掌)	시위[2]	시위 현(弦)
손뼉	손뼉 칠 박(拍)	시험	시험할 시(試)
손위	손위 누이 자(姊)	시험	시험할 험(驗)
손자	손자 손(孫)	신[1]	신 리(履)

표 제 어	새김/음/한자	표 제 어	새김/음/한자
신(申)	아홉째 지지 신(申)	아깝다	아까울 석(惜)
신(辛)	여덟째 천간 신(辛)	아내	아내 처(妻)
신령[1]	신령 령(靈)	아니다	아닐 미(未)
신맛	신맛 산(酸)	아니다	아닐 부(否)
신선	신선 선(仙)	아니다	아닐 부/불(不)
신하	신하 신(臣)	아니다	아닐 비(非)
싣다	실을 재(載)	아득하다	아득할 망(茫)
실	실 사(絲)	아들	아들 자(子)
실마리	실마리 서(緖)	아래	아래 하(下)
싫어하다	싫어할 염(厭)	아뢰다	아뢸 주(奏)
싫어하다	싫어할 혐(嫌)	아름답다	아름다울 가(佳)
심다	심을 식(植)	아름답다	아름다울 미(美)
심다	심을 재(栽)	아무[2]	아무 모(某)
심하다	심할 극(劇)	아비	아비 부(父)
심하다	심할 심(甚)	아우	아우 제(弟)
심하다	심할 태(太)	아이[1]	아이 동(童)
심하다	심할 혹(酷)	아이[1]	아이 아(兒)
싸다[1]	쌀 포(包)	아재비	아재비 숙(叔)
싸우다	싸울 전(戰)	아첨	아첨할 아(阿)
싸우다	싸울 투(鬪)	아침	아침 단(旦)
싹[1]	싹 아(芽)	아침	아침 조(朝)
쌀	쌀 미(米)	아프다	아플 통(痛)
쌍(雙)	쌍 쌍(雙)	아홉	아홉 구(九)
쌓다	쌓을 저(貯)	악하다	악할 악(惡)
쌓다	쌓을 적(積)	안[1]	안 내(內)
쌓다	쌓을 축(築)	안개	안개 무(霧)
썩다	썩을 부(腐)	안다	안을 포(抱)
쏘다	쏠 사(射)	안방	안방 규(閨)
쓰다[2]	쓸 비(費)	앉다	앉을 좌(坐)
쓰다[2]	쓸 용(用)	알[1]	알 란(卵)
쓰이다[2]	쓰일 수(需)	알다	알 식(識)
쓸개	쓸개 담(膽)	알다	알 인(認)
쓸다[1]	쓸 소(掃)	알다	알 지(知)
씨[1]	씨 종(種)	알리다	알릴 보(報)
씨[2]	씨 위(緯)	알맹이	알맹이 핵(核)
씻다	씻을 목(沐)	앓다	앓을 환(患)
씻다	씻을 세(洗)	앓다	앓을 회(壞)
씻다	씻을 탁(濯)	암(癌)	암 암(癌)
아가씨	아가씨 양(孃)	암컷	암컷 자(雌)
아가씨	아가씨 희(姬)	앞	앞 전(前)

부록

표 제 어	새김/음/한자	표 제 어	새김/음/한자
애태우다	애태울 초(焦)	얻다[1]	얻을 획(獲)
약(藥)	약 약(藥)	얼굴	얼굴 용(容)
약속	약속 계(契)	얼다	얼 동(凍)
약속	약속 약(約)	얼음	얼음 빙(氷)
약제	약제 제(劑)	얽다[2]	얽을 구(構)
약하다	약할 약(弱)	엄니	엄니 아(牙)
양(羊)	양 양(羊)	엄숙하다	엄숙할 숙(肅)
양식	양식 량(糧)	엄숙하다	엄숙할 장(莊)
얕다	얕을 천(淺)	엄습	엄습할 습(襲)
어거(馭車)	어거할 어(御)	엄하다	엄할 엄(嚴)
어그러지다	어그러질 착(錯)	업신여기다	업신여길 멸(蔑)
어기다	어길 위(違)	업신여기다	업신여길 모(侮)
어깨	어깨 견(肩)	없다	없을 막(莫)
어둡다	어두울 명(冥)	없다	없을 망(罔)
어둡다	어두울 암(暗)	없다	없을 무(無)
어둡다	어두울 혼(昏)	엉기다[1]	엉길 응(凝)
어렵다	어려울 난(難)	엎드리다	엎드릴 복(伏)
어른	어른 장(丈)	엎어지다	엎어질 복(覆)
어리다[2]	어릴 유(幼)	에워싸다	에워쌀 위(圍)
어리다[2]	어릴 치(稚)	여덟	여덟 팔(八)
어리석다	어리석을 몽(蒙)	여러	여러 루(累)
어리석다	어리석을 우(愚)	여러	여러 루(屢)
어미	어미 모(母)	여러	여러 서(庶)
어우르다[2]	어우를 병(倂)	여러	여러 제(諸)
어제	어제 작(昨)	여름	여름 하(夏)
어조사	어조사 어(於)	여섯	여섯 륙(六)
어지럽다	어지러울 란(亂)	여승	여승 니(尼)
어지럽다	어지러울 문(紊)	여자	여자 녀(女)
어지럽다	어지러울 분(紛)	역(驛)	역 역(驛)
어질다	어질 량(良)	역사	역사 사(史)
어질다	어질 인(仁)	엮다	엮을 편(編)
어질다	어질 현(賢)	연고	연고 고(故)
어찌	어찌 하(何)	연구	연구 구(究)
억(億)	일억 억(億)	연기	연기 연(煙)
억누르다	억누를 압(壓)	연꽃	연꽃 련(蓮)
언덕	언덕 구(丘)	연잇다	연이을 련(聯)
언덕	언덕 릉(陵)	연하다	연할 담(淡)
언덕	언덕 안(岸)	연하다	연할 연(軟)
언덕	언덕 원(原)	열[4]	열 십(十)
얻다[1]	얻을 득(得)	열[4]	열 십(拾)

표 제 어	새김/음/한자	표 제 어	새김/음/한자
열다[2]	열 개(開)	옷	옷 복(服)
열매	열매 과(果)	옷	옷 의(衣)
열매	열매 실(實)	옻	옻 칠(漆)
열흘	열흘 순(旬)	완전	완전할 완(完)
엷다	엷을 박(薄)	왕비	왕비 비(妃)
염탐	염탐할 정(偵)	외다[1]	욀 송(誦)
염탐	염탐할 첩(諜)	외롭다	외로울 고(孤)
옆구리	옆구리 협(脅)	외성	외성 곽(郭)
엿[1]	엿 당(糖)	외짝	외짝 척(隻)
영화	영화 영(榮)	왼	왼 좌(左)
예[2]	예 고(古)	요긴하다	요긴할 요(要)
예[2]	예 구(舊)	요사	요사할 요(妖)
예도	예도 례(禮)	요일	요일 요(曜)
옛날	옛날 석(昔)	욕되다	욕될 욕(辱)
오(午)	일곱째 지지 오(午)	욕심	욕심 욕(慾)
오다[1]	올 래(來)	용(龍)	용 룡(龍)
오동나무	오동나무 동(桐)	용서	용서할 사(赦)
오동나무	오동나무 오(梧)	용서	용서할 서(恕)
오랑캐	오랑캐 만(蠻)	우러르다	우러를 앙(仰)
오랑캐	오랑캐 이(夷)	우리[1]	우리 권(圈)
오랑캐	오랑캐 호(胡)	우물	우물 정(井)
오래[2]	오랠 구(久)	우산	우산 산(傘)
오로지	오로지 전(專)	우편	우편 우(郵)
오르다	오를 등(登)	운(韻)	운 운(韻)
오르다	오를 등(騰)	운반	운반할 반(搬)
오르다	오를 승(昇)	울다	울 곡(哭)
오른쪽	오른쪽 우(右)	울다	울 명(鳴)
오얏	오얏 리(李)	울다	울 읍(泣)
오이	오이 과(瓜)	울리다	울릴 향(響)
오장	오장 장(臟)	움직이다	움직일 동(動)
오줌	오줌 뇨(尿)	웃다	웃을 소(笑)
오직	오직 유(唯)	웅장하다	웅장할 웅(雄)
옥(獄)	옥 옥(獄)	원고	원고 고(稿)
온당하다	온당할 타(妥)	원망	원망할 원(怨)
온전하다	온전할 전(全)	원하다	원할 원(願)
옮기다	옮길 운(運)	위[1]	위 상(上)
옮기다	옮길 이(移)	위로하다	위로할 위(慰)
옳다[2]	옳을 가(可)	위엄	위엄 위(威)
옳다[2]	옳을 시(是)	위태하다	위태할 위(危)
옳다[2]	옳을 의(義)	위태하다	위태할 태(殆)

부록

표 제 어	새김/음/한자	표 제 어	새김/음/한자
유(酉)	열째 지지 유(酉)	이미	이미 이(已)
유지	유지할 유(維)	이바지하다	이바지할 공(供)
유황	유황 류(硫)	이어지다	이어질 속(續)
윤(潤)	윤 윤(潤)	이에	이에 내(乃)
윤달	윤달 윤(閏)	이웃	이웃 린(隣)
으뜸	으뜸 원(元)	이제	이제 금(今)
으뜸	으뜸 패(霸)	이제	이제 현(現)
으르다[2]	으를 협(脅)	익다[1]	익을 숙(熟)
은(銀)	은 은(銀)	익숙하다	익숙할 관(慣)
은혜	은혜 은(恩)	익히다[2]	익힐 련(鍊)
은혜	은혜 혜(惠)	익히다[2]	익힐 습(習)
을(乙)	둘째 천간 을(乙)	익히다[2]	익힐 연(演)
읊다	읊을 영(詠)	인(寅)	셋째 지지 인(寅)
읊다	읊을 음(吟)	인도	인도할 도(導)
음란하다	음란할 음(淫)	인륜	인륜 륜(倫)
응하다	응할 응(應)	인삼	인삼 삼(蔘)
의논	의논할 의(議)	인쇄	인쇄할 쇄(刷)
의뢰	의뢰할 뢰(賴)	인연	인연 연(緣)
의식	의식 전(典)	인원	인원 원(員)
의심	의심할 의(疑)	인하다	인할 인(因)
의원	의원 의(醫)	일	일 무(務)
의지(依支)	의지할 의(依)	일	일 사(事)
이[2]	이 치(齒)	일	일 업(業)
이[6]	이 사(斯)	일곱	일곱 칠(七)
이[6]	이 차(此)	일반	일반 반(般)
이기다[1]	이길 극(克)	일어나다	일어날 기(起)
이기다[1]	이길 승(勝)	일어나다	일어날 발(發)
이끌다	이끌 계(啓)	일찍	일찍 증(曾)
이다[1]	일 대(戴)	일컫다	일컬을 칭(稱)
이롭다	이로울 리(利)	일하다	일할 로(勞)
이롭다	이로울 익(益)	읽다	읽을 독(讀)
이루다	이룰 성(成)	잃다	잃을 상(喪)
이루다	이룰 수(遂)	잃다	잃을 실(失)
이르다[1]	이를 도(到)	임(壬)	아홉째 천간 임(壬)
이르다[1]	이를 치(致)	임금	임금 군(君)
이르다[2]	이를 위(謂)	임금	임금 왕(王)
이르다[3]	이를 조(早)	임금	임금 제(帝)
이름	이름 명(名)	임금	임금 황(皇)
이름	이름 호(號)	임신	아이 밸 임(妊)
이미	이미 기(旣)	임신	아이 밸 태(胎)

표 제 어	새김/음/한자	표 제 어	새김/음/한자
임하다	임할 림(臨)	잠기다[2]	잠길 잠(潛)
입	입 구(口)	잠기다[2]	잠길 침(沈)
입다	입을 피(被)	잠깐	잠깐 경(頃)
입술	입술 순(脣)	잠깐	잠깐 잠(暫)
잇다	이을 계(繼)	잠자다	잠잘 숙(宿)
잇다	이을 락(絡)	잠잠하다	잠잠할 묵(默)
잇다	이을 련(連)	잡다[1]	잡을 구(拘)
잇다	이을 소(紹)	잡다[1]	잡을 집(執)
잇다	이을 승(承)	잡다[1]	잡을 체(逮)
잇다	이을 접(接)	잡다[1]	잡을 포(捕)
있다	있을 유(有)	장려	장려할 장(奬)
있다	있을 재(在)	장막	장막 막(幕)
있다	있을 존(存)	장막	장막 장(帳)
잊다	잊을 망(忘)	장사	장사 상(商)
잎[1]	잎 엽(葉)	장사지내다	장사지낼 장(葬)
자[2]	자 척(尺)	장수	장수 수(帥)
자(子)[2]	첫째 지지 자(子)	장수	장수 장(將)
자기[1]	자기 기(己)	장인	장인 공(工)
자다	잘 면(眠)	장정	장정 정(丁)
자다	잘 수(睡)	장하다	장할 장(壯)
자다	잘 침(寢)	재[1]	재 회(灰)
자랑[1]	자랑할 과(誇)	재목	재목 재(材)
자리[2]	자리 석(席)	재물	재물 자(資)
자리[2]	자리 위(位)	재물	재물 재(財)
자리[2]	자리 좌(座)	재물	재물 화(貨)
자석	자석 자(磁)	재상	재상 재(宰)
자세하다	자세할 상(詳)	재앙	재앙 앙(殃)
자세하다	자세할 정(精)	재앙	재앙 액(厄)
자주	자주 빈(頻)	재앙	재앙 재(災)
자주	자주 삭(數)	재앙	재앙 화(禍)
자주	자줏빛 자(紫)	재주	재주 기(技)
자취	자취 적(跡)	재주	재주 술(術)
자취	자취 적(蹟)	재주	재주 예(藝)
작다	작을 미(微)	재주	재주 재(才)
작다	작을 소(小)	재촉	재촉할 촉(促)
잔(盞)	잔 배(杯)	재촉	재촉할 최(催)
잔치	잔치 연(宴)	저[4]	저 피(彼)
잘못[1]	잘못 류(謬)	저녁	저녁 석(夕)
잘못[1]	잘못 오(誤)	저리다	저릴 마(痲)
잠그다[1]	잠글 쇄(鎖)	저물다	저물 모(暮)

부록

부록

표 제 어	새김/음/한자	표 제 어	새김/음/한자
저울대	저울대 형(衡)	조개	조개 패(貝)
저자	저자 시(市)	조금	조금 촌(寸)
적다[1]	적을 기(記)	조목	조목 조(條)
적다[1]	적을 록(錄)	조목	조목 항(項)
적다[1]	적을 서(署)	조사	조사할 사(査)
적다[1]	적을 지(誌)	조상	조상할 조(弔)
적다[2]	적을 과(寡)	조세	조세 조(租)
적다[2]	적을 소(少)	조수	조수 조(潮)
적시다	적실 침(浸)	조정	조정 정(廷)
전각	전각 전(殿)	조짐	조짐 조(兆)
전염병	전염병 역(疫)	조짐	조짐 징(徵)
전하다	전할 전(傳)	조처	조처할 조(措)
절[1]	절 사(寺)	조카	조카 질(姪)
절[1]	절 찰(刹)	족보	족보 보(譜)
절[2]	절/절할 배(拜)	졸다	졸음 수(睡)
절기	절기 후(候)	졸하다	졸할 졸(拙)
점(占)	점 복(卜)	종[3]	종 노(奴)
점(點)[3]	점 점(點)	종(鐘)	종 종(鐘)
점검	점검할 열(閱)	종이	종이 지(紙)
점점	점점 점(漸)	좇다	좇을 순(循)
점치다	점칠 점(占)	좇다	좇을 종(從)
정(丁)	넷째 천간 정(丁)	좇다	좇을 준(遵)
정(情)	정 정(情)	좋다[1]	좋을 호(好)
정벌	정벌할 토(討)	좋아하다	좋아할 요(樂)
정사	정사 정(政)	주검	주검 시(屍)
정성	정성 성(誠)	주다	줄 사(賜)
정수리	정수리 정(頂)	주다	줄 수(授)
정숙하다	정숙할 숙(淑)	주다	줄 여(與)
정자	정자 정(亭)	주다	줄 증(贈)
정하다	정할 정(定)	주리다	주릴 기(飢)
젖	젖 유(乳)	주먹	주먹 권(拳)
젖다[1]	젖을 습(濕)	주인	주인 주(主)
제목	제목 제(題)	주일	주일 주(週)
제비[2]	제비 연(燕)	주조	주조할 주(鑄)
제사	제사 사(祀)	주춧돌	주춧돌 초(礎)
제사	제사 제(祭)	죽다[1]	죽을 사(死)
제어	제어할 제(制)	죽다[1]	따라 죽을 순(殉)
제후	제후 후(侯)	죽이다	죽일 살(殺)
조[1]	조 속(粟)	준걸	준걸 준(俊)
조각	조각 편(片)	준하다	준할 준(準)

표 제 어	새김/음/한자	표 제 어	새김/음/한자
줄[1]	줄 선(線)	짐[1]	짐 질 부(負)
줄[1]	줄 현(絃)	짐[1]	짐 하(荷)
줄기	줄기 간(幹)	짐승	짐승 수(獸)
줄기	줄기 맥(脈)	짐승	짐승 축(畜)
줄이다	줄일 축(縮)	집	집 가(家)
줍다	주울 습(拾)	집	집 각(閣)
중	중 승(僧)	집	집 당(堂)
중매	중매 매(媒)	집	집 댁(宅)
중용	중용 용(庸)	집	집 사(舍)
쥐다	쥘 악(握)	집	집 우(宇)
즐기다	즐길 락(樂)	집	집 택(宅)
즐기다	즐길 오(娛)	집터	집터 대(垈)
증거	증거 증(證)	짓다[2]	지을 작(作)
증세	증세 증(症)	짓다[2]	지을 제(製)
지게[1]	지게 호(戶)	징계	징계할 징(懲)
지경	지경 경(境)	짙다[2]	짙을 농(濃)
지경	지경 계(界)	짜다[1]	짤 조(組)
지경	지경 역(域)	짜다[1]	짤 직(織)
지극하다	지극할 지(至)	짝[1]	짝 반(伴)
지나치다[2]	지나칠 과(過)	짧다	짧을 단(短)
지내다	지낼 력(歷)	쪼개다	쪼갤 석(析)
지니다	지닐 휴(携)	쪼다	쪼을 탁(琢)
지름길	지름길 경(徑)	쪽[2]	쪽 람(藍)
지붕	지붕 옥(屋)	쪽지	쪽지 표(票)
지아비	지아비 부(夫)	쫓다	쫓을 추(趨)
지치다[1]	지칠 피(疲)	쫓다	쫓을 축(逐)
지키다	지킬 보(保)	찌다[5]	찔 증(蒸)
지키다	지킬 수(守)	찌르다	찌를 자(刺)
지키다	지킬 위(衛)	찌르다	찌를 척(刺)
지키다	지킬 파(把)	찌르다	찌를 충(衝)
지탱	지탱할 지(支)	찢어지다	찢어질 렬(裂)
직분	직분 직(職)	차(茶)	차 다/차(茶)
진(辰)	다섯째 지지 진(辰)	차다[1]	찰 만(滿)
진(津)	진 액(液)	차다[2]	찰 축(蹴)
진압	진압할 진(鎭)	차다[4]	찰 랭(冷)
진찰	진찰할 진(診)	차다[4]	찰 한(寒)
진치다	진칠 둔(屯)	차례[1]	차례 번(番)
진치다	진칠 진(陣)	차례[1]	차례 서(序)
진흙	진흙 니(泥)	차례[1]	차례 제(第)
질그릇	질그릇 도(陶)	차례[1]	차례 질(秩)

부록

표 제 어	새김/음/한자	표 제 어	새김/음/한자
차이	차이 차(差)	추(醜)	추할 추(醜)
착하다	착할 선(善)	추천	추천할 추(推)
참[1]	참 진(眞)	축(丑)	둘째 지지 축(丑)
참다	참을 인(忍)	춤추다	춤출 무(舞)
참선	참선 선(禪)	충성	충성 충(忠)
참여	참여할 참(參)	취하다	취할 취(醉)
참혹하다	참혹할 참(慘)	측백	측백 백(柏)
창(槍)	창 과(戈)	층계	층계 단(段)
창(槍)	창 모(矛)	층계	층계 층(層)
창문	창문 창(窓)	치다[4]	칠 격(擊)
창성	창성할 창(昌)	치다[4]	칠 공(攻)
창자	창자 장(腸)	치다[4]	칠 타(打)
찾다	찾을 방(訪)	치다[12]	칠 목(牧)
찾다	찾을 색(索)	치마	치마 상(裳)
찾다	찾을 수(搜)	치우치다	치우칠 파(頗)
찾다	찾을 심(尋)	치우치다	치우칠 편(偏)
찾다	찾을 탐(探)	친척	친척 척(戚)
채색	채색 채(彩)	친하다[2]	친할 친(親)
채우다[1]	채울 충(充)	칠	칠할 도(塗)
책	책 권(卷)	칡	칡 갈(葛)
책	책 책(册)	침략	침략할 침(侵)
책	책 편(篇)	칼[1]	칼 검(劍)
책력	책력 력(曆)	칼[1]	칼 도(刀)
책상	책상 안(案)	칼날	칼날 인(刃)
처마	처마 헌(軒)	캐다	캘 채(採)
처음	처음 초(初)	코	코 비(鼻)
천(千)	일천 천(千)	코끼리	코끼리 상(象)
천거	천거할 천(薦)	콩[1]	콩 두(豆)
천둥	천둥 뢰(雷)	콩팥	콩팥 신(腎)
천천하다	천천할 서(徐)	쾌하다	쾌할 쾌(快)
천하다	천할 천(賤)	크다	큰 대(大)
첩(妾)[1]	첩 첩(妾)	크다	클 거(巨)
청렴	청렴할 렴(廉)	크다	클 석(碩)
청하다	청할 청(請)	크다	클 호(浩)
초하루	초하루 삭(朔)	큰물	큰물 홍(洪)
촘촘하다	촘촘할 촉(數)	타관	타관살이할 교(僑)
촛불	촛불 촉(燭)	타다[1]	탈 연(燃)
총(銃)	총 총(銃)	타다[2]	탈 승(乘)
총명	총명할 총(聰)	탄알	탄알 탄(彈)
총명	총명할 혜(慧)	탐내다	탐낼 욕(欲)

표 제 어	새김/음/한자	표 제 어	새김/음/한자
탐내다	탐낼 탐(貪)	평평하다	평평할 평(平)
탑(塔)	탑 탑(塔)	폐백	폐백 백(帛)
태어나다	태어날 탄(誕)	포악하다	포악할 포(暴)
태풍	태풍 태(颱)	폭(幅)[1]	폭 폭(幅)
터[1]	터 기(基)	폭발	폭발할 폭(爆)
터럭	터럭 모(毛)	표(標)	표 표(標)
터지다[1]	터질 균(龜)	푸르다	푸를 록(綠)
토끼	토끼 토(兎)	푸르다	푸를 벽(碧)
토하다	토할 토(吐)	푸르다	푸를 창(蒼)
통달	통달할 달(達)	푸르다	푸를 청(靑)
통하다	통할 창(暢)	품삯	품삯 임(賃)
통하다	통할 철(徹)	풀[3]	풀 초(草)
통하다	통할 통(通)	풀다	풀 석(釋)
특별하다	특별할 특(特)	풀다	풀 해(解)
튼튼하다	튼튼할 강(康)	풀이	풀이할 강(講)
튼튼하다	튼튼할 건(健)	품[1]	품 살 고(雇)
틀	틀 기(機)	품다[1]	품을 회(懷)
티끌	티끌 진(塵)	품팔이	품팔이 용(傭)
파다	팔 굴(掘)	풍년	풍년 풍(豐)
파하다	파할 파(罷)	풍류	풍류 악(樂)
판[1]	판 국(局)	풍속	풍속 속(俗)
판가름	판가름할 판(判)	피[1]	피 혈(血)
판목	판목 판(版)	피리	피리 적(笛)
팔다	팔 매(賣)	피하다	피할 피(避)
팔다	팔 판(販)	핍박하다	핍박할 박(迫)
패하다	패할 패(敗)	핏줄	핏줄 계(系)
팽팽하다	팽팽할 긴(緊)	하나[1]	하나 필(匹)
펴다	펼 서(敍)	하녀	하녀 비(婢)
펴다	펼 선(宣)	하늘	하늘 건(乾)
펴다	펼 술(述)	하늘	하늘 주(宙)
편안하다	편안할 녕(寧)	하늘	하늘 천(天)
편안하다	편안할 태(泰)	하다[2]	할 위(爲)
편지	편지 찰(札)	하례	하례할 하(賀)
편지	편지 한(翰)	하소연	하소연할 소(訴)
편하다	편할 안(安)	학교	학교 교(校)
편하다	편할 편(便)	한	한 일(一)
평(評)	평할 평(評)	한	한 일(壹)
평(坪)	평 평(坪)	한(恨)	한 한(恨)
평상	평상 상(床)	한가하다	한가할 한(閑)
평온	평온할 온(穩)	한숨[2]	한숨 쉴 탄(歎)

표 제 어	새김/음/한자	표 제 어	새김/음/한자
한하다	한할 한(限)	형편	형편 황(況)
할아버지	할아버지 조(祖)	호걸	호걸 호(豪)
함께	함께 공(共)	호반	호반 무(武)
함께	함께 구(俱)	호수	호수 호(湖)
함부로	함부로 람(濫)	혹(或)	혹 혹(或)
합하다	합할 합(合)	혹독하다	혹독할 혹(酷)
항구	항구 항(港)	혼인	혼인 인(姻)
항렬	항렬 항(行)	혼인	혼인 혼(婚)
항복	항복할 항(降)	홀로	홀로 독(獨)
해[2]	해 년(年)	홑	홑 단(單)
해[2]	해 세(歲)	화로	화로 로(爐)
해(亥)	열두째 지지 해(亥)	화목	화목할 목(睦)
해(害)	해할 해(害)	화살	화살 시(矢)
행랑	행랑 랑(廊)	화합	화합할 화(和)
향기	향기 향(香)	활	활 궁(弓)
향하다	향할 향(向)	회복(回復)	회복할 복(復)
허락	허락할 긍(肯)	획(畫)	획 획(畫)
허락	허락할 낙(諾)	효도	효도 효(孝)
허락	허락할 허(許)	효험	효험 효(效)
허리	허리 요(腰)	훌륭하다	훌륭할 위(偉)
허물[2]	허물 죄(罪)	훔치다	훔칠 절(竊)
허수아비	허수아비 괴(傀)	휘두르다	휘두를 휘(揮)
허파	허파 폐(肺)	흉하다	흉할 흉(凶)
헐다[2]	헐 훼(毁)	흐르다[1]	흐를 류(流)
험하다	험할 험(險)	흐리다[2]	흐릴 탁(濁)
헛보이다	헛보일 환(幻)	흔들다	흔들 요(搖)
헤아리다	헤아릴 량(量)	흙	흙 양(壤)
헤아리다	헤아릴 료(料)	흙	흙 토(土)
헤아리다	헤아릴 추(推)	흙덩이	흙덩이 괴(塊)
헤아리다	헤아릴 측(測)	흠	흠 결(缺)
헤아리다	헤아릴 탁(度)	흥성	흥성할 흥(興)
헤어지다	헤어질 별(別)	흩어지다	흩어질 산(散)
헤엄치다	헤엄칠 영(泳)	흩어지다	흩어질 만(漫)
혀	혀 설(舌)	희다	흰 백(白)
현판	현판 액(額)	희롱	희롱할 롱(弄)
형(兄)	형 형(兄)	힘	힘 력(力)
형벌	형벌 형(刑)	힘쓰다	힘쓸 노(努)
형상	형상 상(狀)	힘쓰다	힘쓸 려(勵)
형세	형세 세(勢)	힘쓰다	힘쓸 면(勉)
형통	형통할 형(亨)	힘줄	힘줄 근(筋)

음으로 찾아보는 상용 한자(常用漢字)

＊ 한자의 새김과 부수·획수·용례는 표제어 항에 있음.

음/한자	표 제 어
가(加)	더하다[1]
가(可)	옳다[2]
가(佳)	아름답다
가(架)	건너지르다
가(家)	집
가(假)	거짓
가(街)	거리[1]
가(暇)	겨를
가(歌)	노래
가(價)	값
각(各)	각(各)
각(却)	물리치다
각(角)	뿔[1]
각(刻)	새기다[1]
각(脚)	다리[1]
각(閣)	집
각(覺)	깨닫다
간(干)	방패
간(刊)	새기다[1]
간(奸)	간사하다
간(肝)	간(肝)
간(姦)	간사하다
간(看)	보다[1]
간(乾)	마르다[1]
간(間)	사이
간(幹)	줄기
간(懇)	간절하다
간(簡)	간략하다
갈(渴)	목마르다
갈(葛)	칡
감(甘)	달다[3]
감(敢)	과감하다
감(減)	덜다
감(感)	느끼다[2]
감(監)	살피다[1]
감(憾)	섭섭하다
감(鑑)	거울
갑(甲)	갑(甲)
갑(甲)	갑옷
강(江)	강(江)
강(剛)	굳세다
강(降)	내리다[2]
강(強)	굳세다
강(康)	튼튼하다
강(綱)	벼리
강(鋼)	강철
강(講)	풀이
개(介)	끼이다[1]
개(改)	고치다
개(皆)	모두
개(個)	낱
개(開)	열다[2]
개(蓋)	덮다
개(慨)	분개
개(概)	대개
객(客)	손[2]
갱(坑)	구덩이
갱(更)	다시
거(去)	가다
거(巨)	크다
거/차(車)	수레
거(拒)	막다
거(居)	살다[1]
거(距)	뜨다[3]
거(據)	근거
거(擧)	들다[4]
건(件)	물건[1]
건(建)	세우다
건(乾)	마르다[1]
건(乾)	하늘

음/한자	표 제 어	음/한자	표 제 어
건(健)	튼튼하다	경(慶)	경사
걸(乞)	구걸	경(鏡)	거울
걸(傑)	뛰어나다	경(競)	겨루다
검(儉)	검소	경(警)	경계
검(劍)	칼[1]	경(驚)	놀라다
검(檢)	검사	계(戒)	경계
게(揭)	내걸다	계(系)	핏줄
게(憩)	쉬다[2]	계(季)	계절
격(格)	법식	계(界)	경계
격(隔)	사이	계(界)	지경
격(激)	격하다	계(癸)	계(癸)
격(擊)	치다[4]	계(計)	꾀
견(犬)	개[3]	계(計)	세다[2]
견(見)	보다[1]	계(係)	매다[1]
견(肩)	어깨	계(契)	약속
견(堅)	굳다[2]	계(桂)	계수나무
견(牽)	끌어당기다	계(械)	기계
견(絹)	비단	계(啓)	이끌다
견(遣)	보내다	계(階)	섬돌
결(決)	결단	계(溪)	시내
결(缺)	흠	계(繫)	매다[1]
결(結)	맺다	계(繼)	잇다
결(潔)	깨끗하다	계(鷄)	닭
겸(兼)	겸하다	고(古)	예[2]
겸(謙)	겸손	고(考)	상고
경(更)	고치다	고(告)	고하다
경(庚)	경(庚)	고(固)	굳다[2]
경(京)	서울	고(姑)	시어미
경(耕)	밭	고(孤)	외롭다
경(徑)	지름길	고(苦)	괴롭다
경(竟)	마침내	고(枯)	마르다[1]
경(頃)	잠깐	고(故)	연고
경(景)	경치	고(庫)	곳집
경(硬)	단단하다	고(高)	높다
경(卿)	벼슬	고(雇)	품[1]
경(敬)	공경	고(鼓)	북
경(經)	글	고(鼓)	북
경(傾)	기울다	고(稿)	원고
경(輕)	가볍다	고(顧)	돌아보다
경(境)	지경	곡(曲)	굽다[3]

음/한자	표 제 어	음/한자	표 제 어
곡(谷)	골짜기	괘(掛)	걸다[1]
곡(哭)	울다	괴(怪)	괴이하다
곡(穀)	곡식	괴(傀)	허수아비
곤(困)	곤궁	괴(愧)	부끄럽다
곤(坤)	땅[1]	괴(塊)	흙덩이
골(骨)	뼈	괴(壞)	무너지다
공(工)	장인	교(巧)	공교하다
공(公)	공평하다	교(交)	사귀다
공(孔)	구멍	교(郊)	성밖
공(功)	공로	교(校)	학교
공(共)	함께	교(敎)	가르치다
공(攻)	치다[4]	교(絞)	목매다
공(空)	비다[3]	교(較)	견주다
공(供)	이바지하다	교(僑)	타관
공(恭)	공손하다	교(膠)	갖풀
공(恐)	두렵다	교(橋)	다리[2]
공(貢)	바치다[1]	교(矯)	바로잡다
과(戈)	창(槍)	구(九)	아홉
과(瓜)	오이	구(久)	오래[2]
과(果)	열매	구(口)	입
과(科)	과목	구(句)	글귀
과(菓)	과자	구(丘)	언덕
과(誇)	자랑[1]	구(求)	구하다
과(過)	지나치다[2]	구(究)	연구
과(寡)	적다[2]	구(具)	갖추다
과(課)	과정	구(狗)	개[3]
곽(郭)	외성	구(拘)	잡다[1]
관(官)	벼슬	구(苟)	구차하다
관(冠)	갓	구(俱)	함께
관(貫)	꿰다	구(球)	공
관(寬)	너그럽다	구(區)	구분
관(管)	대롱	구(救)	구원하다
관(慣)	익숙하다	구(嘔)	게우다
관(館)	묵다[1]	구(構)	얽다[2]
관(關)	관계	구(龜)	땅[1]
관(觀)	보다[1]	구(購)	사다
광(光)	빛	구(舊)	예[2]
광(狂)	미치다[1]	구(懼)	두려워하다
광(廣)	넓다	구(驅)	몰다
광(鑛)	쇳돌	구(鷗)	갈매기

음/한자	표 제 어	음/한자	표 제 어
국(局)	판[1]	근(根)	뿌리
국(國)	나라	근(筋)	힘줄
국(菊)	국화	근(僅)	겨우
군(君)	임금	근(勤)	부지런
군(軍)	군사	근(謹)	삼가다
군(郡)	고을	금(今)	이제
군(群)	무리[1]	금(金)	쇠
굴(屈)	굽히다	금(琴)	거문고
굴(掘)	파다	금(禽)	새[4]
굴(窟)	굴(窟)	금(禁)	금하다
궁(弓)	활	금(錦)	비단
궁(宮)	궁궐	급(及)	미치다[2]
궁(窮)	궁하다	급(急)	급하다
권(券)	문서	급(級)	등급
권(卷)	책(册)	급(給)	대다[2]
권(拳)	주먹	긍(肯)	허락
권(圈)	우리[1]	기(己)	기(己)
권(勸)	권하다	기(己)	자기[1]
권(權)	권세	기(企)	꾀하다
궐(厥)	그	기(忌)	꺼리다
궐(闕)	대궐	기(汽)	수증기
궐(闕)	빠지다[1]	기(技)	재주
궤(軌)	법도	기(其)	그
귀(鬼)	귀신	기(奇)	기이하다
귀(貴)	귀하다	기(紀)	벼리
귀(龜)	거북	기(祈)	빌다
귀(歸)	돌아오다	기(氣)	기운
규(叫)	부르짖다	기(起)	일어나다
규(糾)	따지다	기(記)	적다[1]
규(頃)	반걸음	기(寄)	부치다[3]
규(規)	본보기	기(旣)	이미
규(閨)	안방	기(飢)	주리다
균(均)	고르다[3]	기(基)	터[1]
균(菌)	버섯	기(期)	기약
균(龜)	터지다[1]	기(幾)	몇[2]
극(克)	이기다[1]	기(棋)	바둑
극(極)	다하다	기(棄)	버리다
극(劇)	심하다	기(欺)	속이다
근(斤)	도끼	기(旗)	깃발
근(近)	가깝다	기(畿)	경기

음/한자	표 제 어	음/한자	표 제 어
기(器)	그릇[1]	단(端)	끝
기(機)	틀	단(端)	바르다[3]
기(騎)	말[1]	단(團)	둥글다
긴(緊)	팽팽하다	단(壇)	단(壇)
길(吉)	길하다	단(檀)	박달나무
김(金)	성(姓)	단(鍛)	불리다[4]
낙(諾)	허락	단(斷)	끊다
난(暖)	따뜻하다	달(達)	통달
난(難)	어렵다	담(淡)	묽다
남(男)	사내	담(淡)	연하다
남(南)	남녘	담(談)	말하다
납(納)	들이다[1]	담(潭)	못[1]
낭(娘)	소녀	담(擔)	메다[2]
내(乃)	이에	담(膽)	쓸개
내(內)	안[1]	답(畓)	논
내(耐)	견디다	답(答)	대답
녀(女)	여자	답(踏)	밟다
년(年)	해[2]	당(唐)	당(唐)-
념(念)	기억	당(堂)	집
녕(寧)	편안하다	당(當)	마땅하다
노(奴)	종[3]	당(糖)	엿[1]
노(努)	힘쓰다	당(黨)	무리[1]
노(怒)	성내다	대(大)	크다
농(農)	농사	대(代)	대신
농(濃)	짙다[2]	대(垈)	집터
뇌(惱)	괴롭다	대(待)	기다리다
뇌(腦)	골[1]	대(帶)	띠[1]
뇨(尿)	오줌	대(隊)	무리[1]
능(能)	능하다	대(貸)	빌리다
니(尼)	여승	대(對)	대하다[2]
니(泥)	진흙	대(臺)	돈대
닉(溺)	빠지다[2]	대(戴)	이다[1]
다(多)	많다	댁(宅)	집
다/차(茶)	차(茶)	덕(德)	덕(德)
단(丹)	붉다	도(刀)	칼[1]
단(旦)	아침	도(到)	이르다[1]
단(但)	다만	도(挑)	돋우다
단(段)	층계	도(度)	법도
단(短)	짧다	도(倒)	넘어지다
단(單)	홑	도(逃)	도망

음/한자	표 제 어	음/한자	표 제 어
도(徒)	무리[1]	득(得)	얻다[1]
도(桃)	복숭아	등(等)	같다
도(島)	섬[3]	등(登)	오르다
도(途)	길	등(燈)	등(燈)
도(悼)	슬퍼하다	등(謄)	베끼다
도(陶)	질그릇	등(藤)	등나무
도(渡)	건너다	등(騰)	오르다
도(盜)	도둑	라(裸)	벗다[2]
도(都)	도읍	라(羅)	벌이다
도(道)	길	락(絡)	잇다
도(跳)	뛰다[1]	락(落)	떨어지다
도(塗)	칠	락(樂)	즐기다
도(圖)	그림	란(卵)	알[1]
도(稻)	벼	란(亂)	어지럽다
도(導)	인도	란(欄)	난간
독(毒)	독(毒)	란(蘭)	난초
독(督)	감독	란(爛)	빛나다
독(篤)	도탑다	람(濫)	넘치다
독(獨)	홀로	람(濫)	함부로
독(讀)	읽다	람(藍)	쪽[2]
돈(豚)	돼지	람(覽)	보다[1]
돈(敦)	도탑다	랍(拉)	끌다
돌(突)	갑자기	랑(浪)	물결
동(冬)	겨울	랑(郎)	사내
동(同)	같다	랑(朗)	밝다[2]
동(東)	동녘	랑(廊)	행랑
동(洞)	굴(窟)	래(來)	오다[1]
동(洞)	마을[2]	랭(冷)	차다[4]
동(凍)	얼다	략(略)	간략하다
동(桐)	오동나무	략(掠)	빼앗다
동(動)	움직이다	량(良)	어질다
동(棟)	마룻대	량(兩)	두[1]
동(童)	아이[1]	량(梁)	들보[1]
동(銅)	구리[1]	량(涼)	서늘하다
두(斗)	말[2]	량(量)	헤아리다
두(豆)	콩[1]	량(諒)	살피다[1]
두(頭)	머리[1]	량(輛)	수레
두(讀)	구두점	량(糧)	양식
둔(屯)	진치다	려(旅)	나그네
둔(鈍)	무디다	려(慮)	생각

음/한자	표 제 어	음/한자	표 제 어
려(勵)	힘쓰다	뢰(雷)	천둥
려(麗)	곱다	뢰(賴)	의뢰
력(力)	힘	료(了)	마치다[2]
력(歷)	지내다	료(料)	헤아리다
력(曆)	책력	료(僚)	동료
련(連)	잇다	료(療)	병(病)
련(煉)	불리다[4]	룡(龍)	용(龍)
련(蓮)	연꽃	루(淚)	눈물[1]
련(練)	익히다[2]	루(累)	여러
련(憐)	불쌍하다	루(漏)	새다[1]
련(鍊)	단련[1]	루(屢)	여러
련(鍊)	불리다[4]	루(樓)	다락
련(聯)	연잇다	류(柳)	버들
련(戀)	그리다[1]	류(留)	머무르다
렬(劣)	못하다[2]	류(流)	흐르다[1]
렬(列)	벌이다	류(硫)	유황
렬(烈)	맵다	류(謬)	잘못[1]
렬(裂)	찢어지다	류(類)	무리[1]
렴(廉)	청렴	륙(六)	여섯
렵(獵)	사냥	륙(陸)	뭍
령(令)	명령	륜(倫)	인륜
령(零)	떨어지다	륜(輪)	바퀴[1]
령(領)	거느리다	률(律)	법칙
령(嶺)	고개[2]	률(栗)	밤[2]
령(靈)	신령[1]	률(率)	비율
례(例)	법식	륭(隆)	높다
례(隸)	딸리다	릉(陵)	언덕
례(禮)	예도	리(吏)	벼슬아치
로(老)	늙다	리(里)	마을[2]
로(勞)	일하다	리(李)	오얏
로(路)	길	리(利)	이롭다
로(爐)	화로	리(理)	다스리다
로(露)	드러내다	리(梨)	배[2]
록(鹿)	사슴	리(裏)	속
록(祿)	녹	리(履)	신[1]
록(綠)	푸르다	리(離)	떠나다
록(錄)	적다[1]	린(隣)	이웃
론(論)	논하다	림(林)	수풀
롱(弄)	희롱	림(臨)	임하다
롱(籠)	대그릇	립(立)	서다[2]

부록

음/한자	표 제 어	음/한자	표 제 어
마(馬)	말[1]	맹(猛)	사납다
마(麻)	삼[2]	맹(盟)	맹세
마(痲)	저리다	면(免)	면하다
마(摩)	문지르다	면(面)	낯
마(磨)	갈다	면(勉)	힘쓰다
마(魔)	마귀	면(眠)	자다
막(莫)	없다	면(綿)	솜
막(漠)	사막	멸(滅)	멸하다
막(幕)	장막	멸(蔑)	업신여기다
막(膜)	꺼풀	명(名)	이름
만(娩)	낳다[1]	명(命)	목숨
만(晩)	늦다	명(明)	밝다[2]
만(萬)	만(萬)	명(冥)	어둡다
만(滿)	가득하다	명(銘)	새기다[1]
만(滿)	차다[1]	명(鳴)	울다
만(慢)	거만	모(毛)	터럭
만(漫)	흩어지다	모(母)	어미
만(灣)	물굽이	모(矛)	창(槍)
만(蠻)	오랑캐	모(冒)	무릅쓰다
말(末)	끝	모(某)	아무[2]
망(亡)	망하다	모(侮)	업신여기다
망(妄)	망녕되다	모(帽)	모자
망(忙)	바쁘다	모(募)	뽑다
망(忘)	잊다	모(貌)	모양
망(罔)	없다	모(慕)	그리다[2]
망(茫)	아득하다	모(模)	본뜨다
망(望)	바라보다	모(暮)	저물다
망(網)	그물	모(謀)	꾀
매(每)	매양	목(木)	나무
매(枚)	낱	목(目)	눈[1]
매(妹)	누이	목(沐)	씻다
매(埋)	묻다[2]	목(牧)	치다[12]
매(梅)	매화	목(睦)	화목
매(買)	사다	몰(沒)	빠지다[2]
매(媒)	중매	몽(夢)	꿈
매(賣)	팔다	몽(蒙)	어리석다
맥(脈)	줄기	묘(卯)	묘(卯)
맥(麥)	보리	묘(妙)	묘하다
맹(盲)	눈멀다	묘(苗)	모종
맹(孟)	맏-	묘(墓)	무덤

음/한자	표제어	음/한자	표제어
묘(廟)	사당	박(薄)	엷다
무(戊)	무(戊)	반(反)	도리어
무(武)	호반	반(反)	반대
무(茂)	무성하다	반(半)	반(半)
무(務)	일	반(伴)	짝[1]
무(貿)	바꾸다	반(返)	되돌리다
무(無)	없다	반(叛)	배반
무(舞)	춤추다	반(班)	반열
무(霧)	안개	반(般)	일반
묵(墨)	먹	반(飯)	밥[1]
묵(默)	잠잠하다	반(搬)	운반
문(文)	글월	반(盤)	소반
문(門)	문(門)[1]	발(拔)	뽑다
문(紊)	어지럽다	발(發)	일어나다
문(問)	묻다[3]	발(髮)	머리털
문(聞)	듣다[3]	방(方)	모[2]
물(勿)	말다[3]	방(邦)	나라
물(物)	물건[1]	방(防)	막다
미(未)	미(未)	방(妨)	방해
미(未)	아니다	방(芳)	꽃답다
미(米)	쌀	방(放)	놓다
미(尾)	꼬리	방(房)	방(房)[1]
미(味)	맛[1]	방(紡)	길쌈
미(眉)	눈썹	방(倣)	본뜨다
미(美)	아름답다	방(訪)	찾다
미(迷)	미혹	방(傍)	곁
미(微)	작다	배(北)	달아나다
민(民)	백성	배(杯)	잔(盞)
민(敏)	민첩하다	배(背)	등
민(憫)	딱하다	배(拜)	절[2]
밀(密)	몰래	배(倍)	갑절
밀(密)	빽빽하다	배(俳)	광대
밀(蜜)	꿀	배(配)	나누다
박(朴)	순박하다	배(排)	밀치다
박(泊)	머무르다	배(培)	북돋우다
박(拍)	손뼉	배(輩)	무리[1]
박(迫)	닥치다	배(賠)	물어주다
박(迫)	핍박하다	백(白)	희다
박(舶)	배[3]	백(百)	일백
박(博)	넓다	백(伯)	맏-

음/한자	표 제 어	음/한자	표 제 어
백(帛)	폐백	복(伏)	엎드리다
백(柏)	측백	복(服)	옷
번(反)	뒤집다	복(復)	회복
번(番)	차례[1]	복(腹)	배[1]
번(煩)	번거롭다	복(複)	겹
번(繁)	번성	복(複)	겹치다[2]
번(飜)	뒤집다	복(福)	복(福)
벌(伐)	베다[2]	복(覆)	뒤집다
벌(閥)	문벌	복(覆)	엎어지다
벌(罰)	벌(罰)	본(本)	근본
범(凡)	범상하다	봉(奉)	받들다
범(氾)	넘치다	봉(封)	봉하다
범(犯)	범하다	봉(俸)	봉급
범(範)	본	봉(峰)	봉우리
법(法)	법(法)	봉(逢)	만나다
벽(碧)	푸르다	봉(蜂)	벌[3]
벽(僻)	궁벽하다	봉(鳳)	봉황
벽(壁)	벽(壁)[1]	부/불(不)	아니다
변(便)	똥오줌	부(父)	아비
변(辨)	분별	부(夫)	지아비
변(邊)	가[2]	부(付)	부치다[3]
변(辯)	말씀	부(扶)	돕다
변(變)	변하다	부(否)	아니다
별(別)	헤어지다	부(府)	관청
병(丙)	병(丙)	부(附)	붙다[1]
병(兵)	병사	부(赴)	다다르다
병(竝)	나란히	부(負)	짐[1]
병(病)	병(病)	부(浮)	뜨다[1]
병(倂)	어우르다[2]	부(部)	떼[1]
병(屛)	병풍	부(婦)	며느리
병(餠)	떡[1]	부(副)	버금
보(步)	걸음	부(符)	부절
보(保)	지키다	부(復)	다시
보(報)	갚다	부(富)	부자
보(報)	알리다	부(腐)	썩다
보(補)	깁다	부(敷)	깔다
보(普)	널리	부(賦)	매기다
보(寶)	보배	부(膚)	살갗
보(譜)	족보	부(簿)	문서
복(卜)	점(占)	북(北)	북녘

음/한자	표 제 어	음/한자	표 제 어
분(分)	나누다	사(邪)	간사하다
분(奔)	달리다[1]	사(似)	닮다
분(粉)	가루	사(私)	사사롭다
분(紛)	어지럽다	사(社)	단체
분(墳)	무덤	사(使)	부리다[1]
분(憤)	분하다	사(事)	일
분(奮)	떨치다[1]	사(祀)	제사
불(佛)	부처	사(舍)	집
불(拂)	떨다[3]	사(砂)	모래
붕(朋)	벗[2]	사(食)	밥[1]
붕(崩)	무너지다	사(思)	생각
비(比)	견주다	사(査)	조사
비(妃)	왕비	사(唆)	부추기다
비(批)	비평	사(師)	스승
비(肥)	기름지다	사(射)	쏘다
비(肥)	살지다	사(蛇)	뱀
비(卑)	낮다	사(捨)	버리다
비(非)	아니다	사(斜)	비끼다
비(飛)	날다[1]	사(赦)	용서
비(匪)	비적	사(詞)	말[5]
비(祕)	숨기다	사(詐)	속이다
비(婢)	하녀	사(絲)	실
비(備)	갖추다	사(斯)	이[6]
비(悲)	슬프다	사(飼)	기르다
비(費)	쓰다[2]	사(飼)	먹이
비(碑)	비석	사(寫)	베끼다
비(鼻)	코	사(賜)	주다
빈(貧)	가난	사(謝)	사례
빈(賓)	손[2]	사(辭)	말씀
빈(頻)	자주	삭(削)	깎다
빙(氷)	얼음	삭(索)	동아줄
빙(聘)	부르다[1]	삭(朔)	초하루
사(巳)	사(巳)	삭(數)	자주
사(士)	선비[1]	산(山)	메[4]
사(四)	넉	산(產)	생산
사(司)	맡다[1]	산(傘)	우산
사(仕)	벼슬	산(散)	흩어지다
사(史)	역사	산(算)	셈
사(寺)	절[1]	산(酸)	신맛
사(死)	죽다[1]	살(殺)	죽이다

부록

음/한자	표 제 어	음/한자	표 제 어
삼(三)	석[2]	서(敍)	펴다
삼(參)	석[2]	서(瑞)	상서롭다
삼(森)	수풀	서(暑)	덥다
삼(蔘)	인삼	서(署)	관청
삽(揷)	꽂다	서(署)	적다[1]
상(上)	위[1]	서(誓)	맹세
상(床)	평상	서(緖)	실마리
상(尙)	숭상	석(夕)	저녁
상(狀)	형상	석(石)	돌
상(相)	서로	석(析)	가르다
상(桑)	뽕나무	석(析)	쪼개다
상(常)	늘	석(昔)	옛날
상(常)	떳떳하다	석(席)	자리[2]
상(祥)	상서롭다	석(惜)	아깝다
상(商)	장사	석(碩)	크다
상(喪)	잃다	석(釋)	풀다
상(象)	코끼리	선(仙)	신선
상(傷)	다치다	선(先)	먼저
상(想)	생각	선(宣)	펴다
상(詳)	자세하다	선(旋)	돌다[2]
상(嘗)	맛보다	선(船)	배[3]
상(像)	모양	선(善)	착하다
상(裳)	치마	선(線)	줄[1]
상(賞)	상(賞)	선(選)	뽑다
상(箱)	상자	선(鮮)	뚜렷하다
상(償)	갚다	선(禪)	참선
상(霜)	서리[1]	선(繕)	깁다
새(塞)	변방	설(舌)	혀
색(色)	빛	설(雪)	눈[5]
색(索)	찾다	설(設)	베풀다
색(塞)	막다	설(說)	말씀
생(生)	나다	섬(纖)	가늘다
생(省)	덜다	섭(涉)	건너다
서(西)	서녘	섭(攝)	대신
서(序)	차례[1]	성(成)	이루다
서(書)	글	성(姓)	성(姓)
서(恕)	용서	성(性)	성품
서(徐)	천천하다	성(星)	별
서(逝)	떠나다	성(省)	살피다[1]
서(庶)	여러	성(城)	성(城)

음/한자	표 제 어
성(盛)	성하다
성(聖)	성인
성(誠)	정성
성(聲)	소리
세(世)	세상
세(洗)	씻다
세(細)	가늘다
세(貰)	세(貰)
세(稅)	세금
세(歲)	해[2]
세(勢)	형세
세(說)	달래다
소(小)	작다
소(少)	적다[2]
소(召)	부르다[1]
소(所)	바[3]
소(昭)	밝다[2]
소(素)	본디
소(消)	사라지다
소(笑)	웃다
소(掃)	쓸다[1]
소(紹)	잇다
소(疏)	멀다[2]
소(訴)	하소연
소(蔬)	나물
소(燒)	불사르다
소(騷)	떠들다[1]
소(蘇)	되살다
속(束)	묶다
속(俗)	속되다
속(俗)	풍속
속(速)	빠르다
속(粟)	조[1]
속(屬)	딸리다
속(續)	이어지다
손(孫)	손자
손(損)	덜다
솔(率)	거느리다
송(松)	소나무
송(送)	보내다
송(訟)	송사
송(頌)	기리다
송(誦)	외다[1]
쇄(刷)	인쇄
쇄(殺)	감하다
쇄(鎖)	잠그다[1]
쇠(衰)	쇠하다
수(水)	물[1]
수(手)	손[1]
수(囚)	가두다
수(收)	거두다
수(守)	지키다
수(秀)	빼어나다
수(垂)	드리우다
수(受)	받다[2]
수(首)	머리[1]
수(帥)	장수
수(殊)	다르다
수(修)	닦다
수(宿)	별자리
수(授)	주다
수(須)	모름지기
수(愁)	근심
수(遂)	이루다
수(睡)	자다
수(睡)	졸다
수(搜)	찾다
수(壽)	목숨
수(需)	쓰이다[2]
수(誰)	누구
수(數)	셈
수(樹)	나무
수(隨)	따르다[1]
수(輸)	보내다
수(獸)	짐승
숙(叔)	아재비
숙(宿)	잠자다
숙(淑)	정숙하다
숙(肅)	엄숙하다
숙(熟)	익다[1]

음/한자	표 제 어
순(旬)	열흘
순(巡)	돌다[2]
순(盾)	방패
순(純)	순수하다
순(殉)	죽다[1]
순(脣)	입술
순(順)	순하다
순(循)	좇다
순(瞬)	눈깜짝이
술(戌)	술(戌)
술(述)	펴다
술(術)	재주
숭(崇)	높다
습(拾)	줍다
습(習)	익히다[2]
습(濕)	젖다[1]
습(襲)	엄습
승(升)	되[1]
승(昇)	오르다
승(承)	잇다
승(乘)	타다[2]
승(勝)	이기다[1]
승(僧)	중
시(市)	저자
시(示)	보이다[2]
시(矢)	화살
시(侍)	모시다
시(始)	비롯하다
시(施)	베풀다
시(是)	옳다[2]
시(屍)	주검
시(時)	때[1]
시(視)	보다[1]
시(詩)	시(詩)
시(試)	시험
식(式)	법(法)
식(食)	먹다[2]
식(息)	쉬다[2]
식(殖)	불리다[6]
식(植)	심다
식(飾)	꾸미다
식(識)	알다
신(申)	말하다
신(申)	신(申)
신(臣)	신하
신(伸)	늘이다
신(辰)	때[1]
신(辛)	맵다
신(辛)	신(辛)
신(身)	몸[1]
신(信)	믿다
신(神)	귀신
신(晨)	새벽[2]
신(腎)	콩팥
신(愼)	삼가다
신(新)	새롭다
실(失)	잃다
실(室)	방(房)[1]
실(實)	열매
심(心)	마음
심(沈)	성(姓)
심(甚)	심하다
심(深)	깊다
심(尋)	찾다
심(審)	살피다[1]
십(十)	열[4]
십(拾)	열[4]
쌍(雙)	쌍(雙)
씨(氏)	성씨
아(牙)	엄니
아(我)	나[3]
아(亞)	버금
아(芽)	싹[1]
아(兒)	아이[1]
아(阿)	아첨
아(雅)	맑다
아(餓)	굶주리다
악(惡)	악하다
악(握)	쥐다
악(樂)	풍류

음/한자	표 제 어	음/한자	표 제 어
악(嶽)	산(山)	어(於)	어조사
안(安)	편하다	어(魚)	물고기
안(岸)	언덕	어(御)	어거
안(案)	책상	어(漁)	고기잡이
안(眼)	눈[1]	어(語)	말씀
안(雁)	기러기	억(抑)	누르다[1]
안(顏)	낯	억(億)	억(億)
알(謁)	뵈다[3]	억(憶)	생각
암(暗)	어둡다	언(言)	말씀
암(癌)	암(癌)	엄(嚴)	엄하다
암(巖)	바위	업(業)	일
압(押)	누르다[1]	여(如)	같다
압(壓)	억누르다	여(汝)	너[1]
앙(央)	가운데	여(與)	주다
앙(仰)	우러르다	여(餘)	남다
앙(殃)	재앙	여(輿)	수레
애(哀)	슬프다	역(亦)	또
애(涯)	물가	역(役)	부리다[1]
애(愛)	사랑[1]	역(易)	바꾸다
애(礙)	거리끼다	역(疫)	전염병
액(厄)	재앙	역(逆)	거스르다
액(液)	진(津)	역(域)	지경
액(額)	현판	역(譯)	번역
야(夜)	밤[1]	역(驛)	역(驛)
야(野)	들[1]	연(延)	늘이다
약(若)	같다	연(沿)	따르다[1]
약(約)	약속	연(宴)	잔치
약(弱)	약하다	연(硏)	갈다
약(藥)	약(藥)	연(軟)	연하다
약(躍)	뛰다[1]	연(然)	그렇다
양(羊)	양(羊)	연(硯)	벼루[1]
양(洋)	서양	연(鉛)	납
양(揚)	날리다[2]	연(煙)	연기
양(陽)	볕	연(演)	익히다[2]
양(楊)	버들	연(緣)	인연
양(養)	기르다	연(燕)	제비[2]
양(樣)	모양	연(燃)	타다[1]
양(孃)	아가씨	열(咽)	목메다
양(壤)	흙	열(悅)	기쁘다
양(讓)	사양	열(熱)	뜨겁다

음/한자	표 제 어	음/한자	표 제 어
열(閱)	점검	와(瓦)	기와
염(炎)	덥다	와(臥)	눕다
염(染)	물들다	완(完)	완전
염(厭)	싫어하다	완(緩)	느리다
염(鹽)	소금	왕(王)	임금
엽(葉)	잎[1]	왕(往)	가다
영(永)	길다	왜(歪)	비뚤다
영(迎)	맞다[4]	외(外)	바깥
영(泳)	헤엄치다	외(畏)	두려워하다
영(映)	비치다[1]	요(妖)	요사
영(英)	빼어나다	요(要)	요긴하다
영(詠)	읊다	요(腰)	허리
영(榮)	영화	요(搖)	흔들다
영(影)	그림자	요(遙)	멀다[2]
영(營)	경영	요(樂)	좋아하다
예(預)	맡기다	요(謠)	노래
예(銳)	날카롭다	요(曜)	요일
예(豫)	미리	욕(浴)	목욕
예(藝)	재주	욕(辱)	욕되다
예(譽)	명예	욕(欲)	탐내다
오(午)	낮	욕(慾)	욕심
오(午)	오(午)	용(用)	쓰다[2]
오(五)	다섯	용(勇)	날래다
오(汚)	더럽다	용(容)	받아들이다
오(吾)	나[3]	용(容)	얼굴
오(烏)	까마귀	용(庸)	중용
오(悟)	깨닫다	용(傭)	품팔이
오(娛)	즐기다	용(熔)	녹다
오(梧)	오동나무	우(友)	벗[2]
오(惡)	미워하다	우(牛)	소[1]
오(傲)	거만	우(右)	오른쪽
오(嗚)	목메다	우(羽)	깃[2]
오(誤)	잘못[1]	우(宇)	집
옥(玉)	구슬	우(雨)	비[1]
옥(屋)	지붕	우(偶)	뜻밖에
옥(獄)	옥(獄)	우(郵)	우편
온(溫)	따뜻하다	우(遇)	만나다
온(穩)	평온	우(愚)	어리석다
옹(翁)	늙은이	우(憂)	근심
옹(擁)	껴안다	우(優)	낫다[2]

음/한자	표 제 어	음/한자	표 제 어
운(雲)	구름	유(油)	기름
운(運)	옮기다	유(幽)	그윽하다
운(韻)	운(韻)	유(柔)	부드럽다
울(鬱)	답답하다	유(悠)	멀다[2]
웅(雄)	웅장하다	유(惟)	생각
원(元)	으뜸	유(唯)	오직
원(苑)	동산	유(裕)	넉넉하다
원(怨)	원망	유(遊)	놀다
원(原)	근원	유(誘)	꾀다[3]
원(原)	언덕	유(維)	유지
원(院)	담장	유(遺)	남기다
원(員)	인원	유(儒)	선비[1]
원(援)	돕다	유(癒)	낫다[1]
원(源)	근원	육(肉)	고기[1]
원(園)	동산	육(育)	기르다
원(圓)	둥글다	윤(閏)	윤달
원(遠)	멀다[2]	윤(潤)	윤(潤)
원(願)	원하다	융(融)	녹다
월(月)	달[2]	은(恩)	은혜
월(越)	넘다	은(銀)	은(銀)
위(危)	위태하다	은(隱)	숨다
위(位)	자리[2]	을(乙)	을(乙)
위(委)	맡기다	음(吟)	읊다
위(胃)	밥통	음(音)	소리
위(威)	위엄	음(陰)	그늘
위(尉)	벼슬	음(淫)	음란하다
위(爲)	하다[2]	음(飮)	마시다
위(偉)	훌륭하다	읍(邑)	고을
위(圍)	에워싸다	읍(泣)	울다
위(僞)	거짓	응(凝)	엉기다[1]
위(違)	어기다	응(應)	응하다
위(慰)	위로하다	의(衣)	옷
위(緯)	씨[2]	의(宜)	마땅하다
위(謂)	이르다[2]	의(依)	의지
위(衛)	지키다	의(意)	뜻
유(由)	말미암다	의(義)	옳다[2]
유(幼)	어리다[2]	의(疑)	의심
유(有)	있다	의(儀)	거동
유(酉)	유(酉)	의(醫)	의원
유(乳)	젖	의(議)	의논

부록

음/한자	표 제 어	음/한자	표 제 어
이(二)	둘	자(雌)	암컷
이(已)	이미	자(資)	재물
이(耳)	귀	자(慈)	사랑[1]
이(夷)	오랑캐	자(磁)	자석
이(易)	쉽다	자(諮)	묻다[3]
이(異)	다르다	작(作)	짓다[2]
이(移)	옮기다	작(昨)	어제
이(貳)	둘	작(酌)	술[1]
익(益)	이롭다	작(爵)	벼슬
익(翼)	날개	잔(殘)	남다
인(人)	사람	잠(暫)	잠깐
인(刃)	칼날	잠(潛)	잠기다[2]
인(引)	끌다	잠(蠶)	누에
인(仁)	어질다	잡(雜)	섞이다
인(印)	도장	장(丈)	어른
인(因)	인하다	장(壯)	장하다
인(忍)	참다	장(長)	길다
인(咽)	목구멍	장(狀)	문서
인(姻)	혼인	장(章)	글
인(寅)	인(寅)	장(張)	넓히다
인(認)	알다	장(莊)	엄숙하다
일(一)	한	장(帳)	장막
일(日)	날[1]	장(將)	장수
일(逸)	뛰어나다	장(粧)	단장
일(壹)	한	장(場)	마당
임(壬)	임(壬)	장(掌)	손바닥
임(任)	맡기다	장(裝)	꾸미다
임(妊)	임신	장(葬)	장사지내다
임(賃)	품삯	장(腸)	창자
입(入)	들다[1]	장(障)	막다
자(子)	아들	장(奬)	장려
자(子)	자(子)[2]	장(墻)	담장
자(字)	글자	장(藏)	감추다
자(自)	스스로	장(臟)	오장
자(姉)	손위 누이	재(才)	재주
자(刺)	찌르다	재(再)	두[1]
자(者)	놈[1]	재(在)	있다
자(姿)	모양	재(材)	재목
자(恣)	마음대로	재(災)	재앙
자(紫)	자주	재(栽)	심다

부록

음/한자	표 제 어	음/한자	표 제 어
재(財)	재물	절(折)	꺾다
재(宰)	재상	절(絶)	끊다
재(裁)	마름질	절(節)	마디
재(載)	싣다	절(竊)	훔치다
쟁(爭)	다투다	점(占)	점치다
저(低)	낮다	점(店)	가게
저(抵)	막다	점(漸)	점점
저(沮)	막다	점(點)	점(點)[3]
저(底)	밑	접(接)	잇다
저(貯)	쌓다	접(蝶)	나비[1]
저(著)	글짓기	정(丁)	장정
저(著)	드러나다	정(丁)	정(丁)
저(著)	분명하다	정(井)	우물
적(赤)	붉다	정(正)	바르다[3]
적(的)	과녁	정(呈)	드리다[1]
적(寂)	고요하다	정(廷)	조정
적(笛)	피리	정(征)	가다
적(賊)	도둑	정(定)	정하다
적(跡)	자취	정(貞)	곧다
적(摘)	따다[1]	정(訂)	바로잡다
적(滴)	물방울	정(政)	정사
적(敵)	겨루다	정(亭)	정자
적(適)	맞다[2]	정(庭)	뜰
적(積)	쌓다	정(淨)	깨끗하다
적(績)	길쌈	정(停)	머무르다
적(蹟)	자취	정(偵)	염탐
적(籍)	문서	정(情)	정(情)
전(田)	밭	정(頂)	정수리
전(全)	온전하다	정(程)	길
전(典)	의식	정(艇)	거룻배
전(前)	앞	정(精)	자세하다
전(展)	늘어놓다	정(整)	가지런하다
전(專)	오로지	정(靜)	고요하다
전(電)	번개	제(弟)	아우
전(殿)	전각	제(制)	법도
전(傳)	전하다	제(制)	제어
전(錢)	돈[1]	제(帝)	임금
전(戰)	싸우다	제(除)	덜다
전(轉)	구르다	제(祭)	제사
절(切)	끊다	제(第)	차례[1]

음/한자	표 제 어	음/한자	표 제 어
제(堤)	둑[2]	종(鐘)	종(鐘)
제(提)	들다[4]	좌(左)	왼
제(齊)	가지런하다	좌(佐)	돕다
제(際)	사이	좌(坐)	앉다
제(製)	짓다[2]	좌(座)	자리[2]
제(劑)	약제	죄(罪)	허물[2]
제(諸)	여러	주(主)	주인
제(濟)	구하다	주(州)	고을
제(題)	제목	주(舟)	배[3]
조(弔)	조상	주(朱)	붉다
조(早)	이르다[3]	주(走)	달리다[1]
조(兆)	조짐	주(住)	살다[1]
조(助)	돕다	주(周)	두루
조(租)	조세	주(注)	붓다[2]
조(祖)	할아버지	주(宙)	하늘
조(釣)	낚시	주(柱)	기둥
조(造)	만들다	주(洲)	모래섬
조(鳥)	새[4]	주(奏)	아뢰다
조(彫)	새기다[1]	주(珠)	구슬
조(條)	조목	주(株)	그루[1]
조(措)	조처	주(酒)	술[1]
조(組)	짜다[1]	주(晝)	낮
조(朝)	아침	주(週)	주일
조(照)	비추다	주(駐)	머무르다
조(調)	고르다[2]	주(鑄)	주조
조(潮)	조수	죽(竹)	대[3]
조(操)	부리다[1]	준(俊)	준걸
조(燥)	마르다[1]	준(准)	비준
족(足)	발[1]	준(準)	준하다
족(族)	겨레	준(遵)	좇다
존(存)	있다	중(中)	가운데
존(尊)	높다	중(仲)	가운데
졸(卒)	마치다[2]	중(仲)	버금
졸(拙)	졸하다	중(重)	무겁다
종(宗)	겨레	중(衆)	무리[1]
종(終)	마지막	즉(卽)	곧
종(從)	좇다	증(症)	증세
종(綜)	모으다	증(曾)	일찍
종(種)	씨[1]	증(蒸)	찌다[5]
종(縱)	세로	증(增)	늘다

음/한자	표 제 어	음/한자	표 제 어
증(憎)	밉다	질(疾)	병(病)
증(贈)	주다	질(秩)	차례[1]
증(證)	증거	질(窒)	막히다
지(支)	갈리다	질(質)	바탕[1]
지(支)	지탱	집(什)	세간
지(止)	그치다[1]	집(執)	잡다[1]
지(只)	다만	집(集)	모으다
지(地)	땅[1]	집(輯)	모으다
지(旨)	뜻	징(徵)	조짐
지(池)	못[1]	징(懲)	징계
지(至)	지극하다	차(次)	버금
지(志)	뜻	차(此)	이[6]
지(枝)	가지	차(借)	빌리다
지(知)	알다	차(差)	차이
지(指)	가리키다	차(遮)	가리다
지(持)	가지다	착(捉)	사로잡다
지(脂)	기름	착(着)	붙다[1]
지(紙)	종이	착(錯)	어그러지다
지(智)	슬기	찬(餐)	밥[1]
지(誌)	적다[1]	찬(贊)	돕다
지(遲)	늦다	찬(讚)	기리다
지(識)	기록	찰(札)	편지
직(直)	곧다	찰(刹)	절[1]
직(職)	맡다[1]	찰(察)	살피다[1]
직(職)	직분	참(斬)	베다[2]
직(織)	짜다[1]	참(參)	참여
진(辰)	진(辰)	참(慘)	참혹하다
진(津)	나루	참(慙)	부끄럽다
진(珍)	보배	창(昌)	창성
진(振)	떨다[1]	창(倉)	곳집
진(陣)	진치다	창(唱)	노래
진(眞)	참[1]	창(窓)	창문
진(陳)	늘어놓다	창(創)	비롯하다
진(進)	나아가다	창(滄)	바다
진(診)	진찰	창(彰)	드러내다
진(盡)	다하다	창(暢)	통하다
진(塵)	티끌	창(蒼)	푸르다
진(震)	떨다[1]	채(彩)	채색
진(鎭)	진압	채(採)	캐다
질(姪)	조카	채(菜)	나물

음/한자	표 제 어	음/한자	표 제 어
채(債)	빚	체(締)	맺다
책(冊)	책(冊)	체(體)	몸[1]
책(責)	꾸짖다	초(肖)	닮다
책(策)	꾀	초(抄)	베끼다
처(妻)	아내	초(初)	처음
처(處)	곳	초(招)	부르다[1]
척(尺)	자[2]	초(秒)	분초
척(斥)	물리치다	초(哨)	망보다
척(拓)	넓히다	초(草)	풀[3]
척(刺)	찌르다	초(超)	뛰어넘다
척(隻)	외짝	초(焦)	애태우다
척(戚)	친척	초(礎)	주춧돌
천(川)	내[3]	촉(促)	재촉
천(千)	천(千)	촉(數)	촘촘하다
천(天)	하늘	촉(燭)	촛불
천(泉)	샘[1]	촉(觸)	닿다
천(淺)	얕다	촌(寸)	조금
천(遷)	바꾸다	촌(村)	마을[2]
천(踐)	밟다	총(銃)	총(銃)
천(賤)	천하다	총(總)	모두
천(薦)	천거	총(聰)	총명
철(哲)	밝다[2]	최(最)	가장
철(撤)	거두다	최(催)	재촉
철(徹)	통하다	추(抽)	뽑다
철(鐵)	쇠	추(秋)	가을
첨(尖)	뾰족하다	추(追)	따르다[1]
첨(添)	더하다[1]	추(推)	밀다
첩(妾)	첩(妾)[1]	추(推)	추천
첩(諜)	염탐	추(推)	헤아리다
청(青)	푸르다	추(趨)	달리다[1]
청(淸)	맑다	추(趨)	쫓다
청(晴)	개다[1]	추(醜)	추(醜)
청(請)	청하다	축(丑)	축(丑)
청(聽)	듣다[3]	축(祝)	빌다
청(廳)	관청	축(畜)	짐승
체(切)	모두	축(逐)	쫓다
체(替)	바꾸다	축(軸)	굴대
체(逮)	잡다[1]	축(蓄)	모으다
체(遞)	갈마들다	축(築)	쌓다
체(滯)	막히다	축(縮)	줄이다

음/한자	표 제 어	음/한자	표 제 어
축(蹴)	차다[2]	타(墮)	떨어지다
춘(春)	봄	탁(托)	받치다[2]
출(出)	나다	탁(卓)	뛰어나다
충(充)	채우다[1]	탁(拓)	박다[2]
충(忠)	충성	탁(度)	헤아리다
충(衷)	속마음	탁(託)	맡기다
충(衝)	찌르다	탁(託)	부탁
충(蟲)	벌레	탁(琢)	쪼다
취(吹)	불다[2]	탁(濁)	흐리다[2]
취(取)	가지다	탁(濯)	씻다
취(炊)	밥짓다	탄(炭)	숯
취(臭)	냄새	탄(誕)	태어나다
취(就)	나아가다	탄(彈)	탄알
취(趣)	뜻	탄(歎)	한숨[2]
취(醉)	취하다	탈(脫)	벗다[2]
측(側)	곁	탈(奪)	빼앗다
측(測)	헤아리다	탐(探)	찾다
층(層)	층계	탐(貪)	탐내다
치(治)	다스리다	탑(塔)	탑(塔)
치(値)	값	탕(湯)	끓다
치(恥)	부끄럽다	태(太)	심하다
치(致)	이르다[1]	태(怠)	게으르다
치(置)	두다[1]	태(殆)	위태하다
치(稚)	어리다[2]	태(胎)	임신
치(齒)	이[2]	태(泰)	편안하다
칙(則)	법(法)	태(態)	모습
친(親)	친하다[2]	태(颱)	태풍
칠(七)	일곱	택(宅)	살다[1]
칠(漆)	옻	택(宅)	집
침(沈)	잠기다[2]	택(擇)	가리다[3]
침(枕)	베개	택(澤)	못[1]
침(侵)	침략	토(土)	흙
침(針)	바늘	토(吐)	토하다
침(浸)	적시다	토(兎)	토끼
침(寢)	자다	토(討)	정벌
칭(稱)	일컫다	통(洞)	밝다[2]
쾌(快)	쾌하다	통(通)	통하다
타(他)	다르다	통(統)	거느리다
타(打)	치다[4]	통(痛)	아프다
타(妥)	온당하다	퇴(退)	물러나다

부록

음/한자	표 제 어	음/한자	표 제 어
퇴(推)	밀다	포(抱)	안다
투(投)	던지다	포(胞)	삼[1]
투(透)	비치다[1]	포(浦)	개[2]
투(鬪)	싸우다	포(砲)	대포
특(特)	특별하다	포(捕)	잡다[1]
파(把)	지키다	포(飽)	배부르다
파(波)	물결	포(鋪)	깔다
파(派)	갈래	포(暴)	포악하다
파(破)	깨뜨리다	폭(幅)	폭(幅)[1]
파(頗)	치우치다	폭(暴)	드러내다
파(播)	뿌리다	폭(暴)	사납다
파(罷)	파하다	폭(爆)	폭발
판(判)	판가름	표(表)	겉
판(板)	널[1]	표(票)	쪽지
판(版)	판목	표(漂)	떠다니다
판(販)	팔다	표(標)	표
판(辦)	갖추다	품(品)	물건[1]
팔(八)	여덟	풍(風)	바람[1]
패(貝)	조개	풍(楓)	단풍
패(敗)	패하다	풍(豐)	넉넉하다
패(霸)	으뜸	풍(豐)	풍년
편(片)	조각	피(皮)	가죽
편(便)	편하다	피(彼)	저[4]
편(偏)	치우치다	피(被)	입다
편(遍)	두루	피(疲)	지치다[1]
편(編)	엮다	피(避)	피하다
편(篇)	책(册)	필(匹)	하나[1]
평(平)	평평하다	필(必)	반드시
평(坪)	평(坪)	필(畢)	마치다[2]
평(評)	평(評)	필(筆)	붓
폐(肺)	허파	하(下)	아래
폐(閉)	닫다[2]	하(何)	어찌
폐(弊)	나쁘다	하(河)	강물
폐(幣)	돈[1]	하(夏)	여름
폐(廢)	버리다	하(荷)	짐[1]
폐(蔽)	덮다	하(賀)	하례
포(布)	베	학(虐)	모질다
포(包)	싸다[1]	학(學)	배우다
포(抛)	던지다	학(鶴)	두루미[1]
포(怖)	두려워하다	한(汗)	땀[1]

음/한자	표 제 어	음/한자	표 제 어
한(旱)	가물	헌(憲)	법(法)
한(恨)	한(恨)	헌(獻)	드리다[1]
한(限)	한하다	험(險)	험하다
한(寒)	차다[4]	험(驗)	시험
한(閑)	한가하다	혁(革)	가죽
한(漢)	사내	현(玄)	검다
한(翰)	편지	현(見)	나타내다
한(韓)	나라	현(見)	드러나다
할(割)	나누다	현(見)	보다[1]
할(割)	베다[2]	현(弦)	시위[2]
함(含)	머금다	현(現)	이제
함(咸)	모두	현(絃)	줄[1]
함(陷)	빠지다[2]	현(賢)	어질다
함(艦)	배[3]	현(縣)	고을
합(合)	합하다	현(懸)	매달다
항(行)	항렬	현(顯)	드러내다
항(抗)	겨루다	혈(穴)	굴(窟)
항(巷)	거리[1]	혈(血)	피[1]
항(恒)	늘	혐(嫌)	싫어하다
항(航)	배[3]	협(協)	돕다
항(降)	항복	협(脅)	옆구리
항(項)	조목	협(脅)	으르다[2]
항(港)	항구	형(兄)	형(兄)
해(亥)	해(亥)	형(刑)	형벌
해(海)	바다	형(亨)	형통
해(害)	해(害)	형(形)	모양
해(該)	맞다[2]	형(螢)	반딧불
해(解)	풀다	형(衡)	저울대
핵(核)	알맹이	혜(惠)	은혜
행(行)	다니다	혜(慧)	총명
행(幸)	다행	호(互)	서로
향(向)	향하다	호(戶)	지게[1]
향(享)	누리다[1]	호(好)	좋다[1]
향(香)	향기	호(虎)	범
향(鄕)	고향	호(呼)	부르다[1]
향(鄕)	시골	호(胡)	오랑캐
향(響)	울리다	호(浩)	크다
허(許)	허락	호(毫)	붓
허(虛)	비다[3]	호(湖)	호수
헌(軒)	처마	호(號)	이름

음/한자	표 제 어	음/한자	표 제 어
호(豪)	호걸	황(皇)	임금
호(護)	돕다	황(荒)	거칠다
호(護)	보호	황(黃)	누렇다
혹(或)	혹(或)	회(回)	돌아오다
혹(惑)	미혹	회(灰)	재[1]
혹(酷)	심하다	회(廻)	돌다[2]
혹(酷)	혹독하다	회(悔)	뉘우치다
혼(昏)	어둡다	회(會)	모이다[1]
혼(混)	섞다	회(壞)	앓다
혼(婚)	혼인	회(懷)	품다[1]
혼(魂)	넋	획(畫)	획(畫)
홀(忽)	갑자기	획(劃)	긋다[2]
홍(弘)	넓다	획(獲)	얻다[1]
홍(紅)	붉다	횡(橫)	가로
홍(洪)	큰물	효(孝)	효도
홍(鴻)	기러기	효(效)	보람
화(化)	되다[1]	효(效)	효험
화(火)	불[1]	효(曉)	새벽[2]
화(禾)	벼	후(厚)	두텁다
화(花)	꽃	후(後)	뒤
화(和)	화합	후(侯)	제후
화(貨)	재물	후(候)	절기
화(畫)	그림	후(喉)	목구멍
화(華)	빛나다	훈(訓)	가르치다
화(靴)	구두[1]	훈(勳)	공(功)
화(話)	말씀	훼(毁)	헐다[2]
화(禍)	재앙	휘(揮)	휘두르다
확(確)	굳다[2]	휘(輝)	빛나다
확(擴)	넓히다	휴(休)	쉬다[2]
확(穫)	거두다	휴(携)	지니다
환(丸)	둥글다	흉(凶)	흉하다
환(幻)	헛보이다	흉(胸)	가슴
환(患)	앓다	흑(黑)	검다
환(換)	바꾸다	흡(吸)	마시다
환(環)	고리[1]	흥(興)	흥성
환(還)	돌아오다	희(希)	바라다
환(歡)	기쁘다	희(姬)	아가씨
활(活)	살다[1]	희(喜)	기쁘다
활(滑)	미끄럽다	희(稀)	드물다
황(況)	형편	희(戲)	놀이[1]

동자이음(同字異音) 한자

* 한자의 부수·획수·용례는 표제어 항에 있음.

한 자	새김/음	용 례	표 제 어
乾	마를 간	간목수생(乾木水生)	마르다[1]
	마를 건	건어물(乾魚物)	마르다[1]
	하늘 건	건곤(乾坤)	하늘
降	내릴 강	강우(降雨)	내리다
	항복할 항	투항(投降)	항복
車	수레 거/차	자전거(自轉車) 차고(車庫)	수레
見	볼 견	견학(見學)	보다[1]
	나타낼 현	표현 대리(表見代理)	나타내다
	드러날 현	노현(露見)	드러나다
	볼 현	알현(謁見)	보다[1]
更	다시 갱	갱생(更生)	다시
	고칠 경	변경(變更)	고치다
頃	잠깐 경	경각(頃刻)	잠깐
	반걸음 규	규보(頃步)	반걸음
壞	무너질 괴	파괴(破壞)	무너지다
	앓을 회	회사(壞死)	앓다
龜	땅 이름 구	구지봉(龜旨峰)	땅[1]
	거북 귀	귀갑(龜甲)	거북
	터질 균	균열(龜裂)	터지다[1]
金	쇠 금	금속(金屬)	쇠
	성/땅 이름 김	김씨(金氏)/김천(金泉)	성(姓)
茶	차 다/차	다과(茶菓)/차례(茶禮)	차(茶)
宅	집 댁	댁내(宅內)	집
	살 택	거택(居宅)	살다[1]
	집 택	주택(住宅)	집
度	법도 도	제도(制度)	법도
	헤아릴 탁	촌탁(忖度)	헤아리다
讀	읽을 독	독서(讀書)	읽다
	구두 두	구두점(句讀點)	구두점
洞	굴 동	동굴(洞窟)	굴(窟)
	마을 동	동구(洞口)	마을
	밝을 통	통찰(洞察)	밝다[2]

한 자	새김/음	용 례	표 제 어
樂	즐길 락 풍류 악 좋아할 요	오락(娛樂) 음악(音樂) 요산요수(樂山樂水)	즐기다 풍류 좋아하다
率	비율 률 거느릴 솔	승률(勝率) 인솔(引率)	비율 거느리다
反	도리어 반 반대로 반 뒤집을 번	반문(反問) 찬반(贊反) 번순(反脣)	도리어 반대 뒤집다
北	달아날 배 북녘 북	패배(敗北) 남북(南北)	달아나다 북녘
便	똥오줌 변 편할 편	소변(小便) 편리(便利)	똥오줌 편하다
復	회복할 복 다시 부	복학(復學) 부활(復活)	회복 다시
不	아닐 부/불	부정(不正)/불만(不滿)	아니다
食	밥 사 먹을 식	소사(蔬食) 회식(會食)	밥[1] 먹다
索	동아줄 삭 찾을 색	삭도(索道) 수색(搜索)	동아줄 찾다
數	자주 삭 셈 수 촘촘할 촉	빈삭(頻數) 산수(算數) 촉고(數罟)	자주 셈 촘촘하다
殺	죽일 살 감할 쇄	살생(殺生) 상쇄(相殺)	죽이다 감하다
參	석 삼 참여할 참	삼십(參拾) 참석(參席)	석[3] 참여
狀	형상 상 문서 장	형상(形狀) 상장(賞狀)	형상 문서
塞	변방 새 막을 색	새옹지마(塞翁之馬) 폐색(閉塞)	변방 막다
省	덜 생 살필 성	생략(省略) 성찰(省察)	덜다 살피다
說	말씀 설 달랠 세	설명(說明) 유세(遊說)	말씀 달래다
宿	별자리 수 잠잘 숙	성수(星宿) 숙박(宿泊)	별자리 잠자다

한자	새김/음	용례	표제어
拾	주울 습	습득(拾得)	줍다
	열 십	십삼(拾參)	열[4]
識	알 식	지식(知識)	알다
	기록할 지	표지(標識)	기록
辰	때 신	생신(生辰)	때[1]
	다섯째 지지 진	임진왜란(壬辰倭亂)	진(辰)
沈	성 심	심청전(沈淸傳)	성(姓)
	잠길 침	침몰(沈沒)	잠기다[2]
惡	악할 악	악마(惡魔)	악하다
	미워할 오	증오(憎惡)	미워하다
易	바꿀 역	무역(貿易)	바꾸다
	쉬울 이	평이(平易)	쉽다
咽	목멜 열	오열(嗚咽)	목메다
	목구멍 인	인후(咽喉)	목구멍
刺	찌를 자	자상(刺傷)	찌르다
	찌를 척	척살(刺殺)	찌르다
切	끊을 절	절단(切斷)	끊다
	모두 체	일체(一切)	모두
拓	넓힐 척	개척(開拓)	넓히다
	박을 탁	탁본(拓本)	박다
推	밀 추	추진(推進)	밀다
	추천할 추	추선(推選)	추천
	헤아릴 추	추측(推測)	헤아리다
	밀 퇴	퇴고(推敲)	밀다
暴	포악할 포	횡포(橫暴)	포악하다
	드러낼 폭	폭로(暴露)	드러내다
	사나울 폭	폭언(暴言)	사납다
行	항렬 항	숙항(叔行)	항렬
	다닐 행	행인(行人)	다니다
畫	그림 화	화가(畫家)	그림
	획 획	획수(畫數)	획(畫)

잘못 읽기 쉬운 한자어

[ㄱ]

可矜 가긍(○) 가금(×)
苛斂 가렴(○) 가검(×)
恪別 각별(○) 격별(×)
角逐 각축(○) 각추(×)
咯血 각혈(○) 객혈(×)
看做 간주(○) 간고(×)
姦慝 간특(○) 간약(×)
間歇 간헐(○) 간흠(×)
減殺 감쇄(○) 감살(×)
降下 강하(○) 항하(×)
概括 개괄(○) 개활(×)
改悛 개전(○) 개준(×)
坑道 갱도(○) 항도(×)
更生 갱생(○) 경생(×)
車馬 거마(○) 차마(×)
揭示 게시(○) 계시(×)
更迭 경질(○) 갱질(×)
驚蟄 경칩(○) 경첩(×)
膏肓 고황(○) 고맹(×)
刮目 괄목(○) 활목(×)
乖離 괴리(○) 승리(×)
攪亂 교란(○) 각란(×)
敎唆 교사(○) 교준(×)
口腔 구강(○) 구공(×)
句讀 구두(○) 구독(×)
丘陵 구릉(○) 구능(×)
拘碍 구애(○) 구득(×)
救恤 구휼(○) 구혈(×)
詭辯 궤변(○) 위변(×)
龜鑑 귀감(○) 구감(×)
龜裂 균열(○) 구열(×)
旗幟 기치(○) 기식(×)
喫煙 끽연(○) 계연(×)

[ㄴ]

懦弱 나약(○) 유약(×)
內人 나인(○) 내인(×)
懶怠 나태(○) 뢰태(×)
拿捕 나포(○) 합포(×)
烙印 낙인(○) 각인(×)
捺染 날염(○) 나염(×)
捺印 날인(○) 나인(×)
拉致 납치(○) 입치(×)
狼藉 낭자(○) 낭적(×)
鹿茸 녹용(○) 녹이(×)
漏泄 누설(○) 누세(×)

[ㄷ]

茶菓 다과(○) 차과(×)
團欒 단란(○) 단락(×)
簞食 단사(○) 단식(×)
撞着 당착(○) 동착(×)
對峙 대치(○) 대시(×)
宅內 댁내(○) 택내(×)
陶冶 도야(○) 도치(×)
跳躍 도약(○) 조약(×)
瀆職 독직(○) 속직(×)
獨擅 독천(○) 독단(×)
冬眠 동면(○) 동민(×)
鈍濁 둔탁(○) 돈탁(×)
登攀 등반(○) 등거(×)

[ㅁ]

滿腔 만강(○) 만공(×)
蔓延 만연(○) 만정(×)
罵倒 매도(○) 마도(×)
邁進 매진(○) 만진(×)
驀進 맥진(○) 막진(×)
盟誓 맹세(○) 맹서(×)
萌芽 맹아(○) 명아(×)
明澄 명징(○) 명증(×)
木瓜 모과(○) 목과(×)
牡牛 모우(○) 목우(×)
木鐸 목탁(○) 목택(×)
夢寐 몽매(○) 몽침(×)
杳然 묘연(○) 향연(×)
巫覡 무격(○) 무현(×)
毋論 무론(○) 모론(×)
無聊 무료(○) 무류(×)
拇印 무인(○) 모인(×)
未洽 미흡(○) 미합(×)

[ㅂ]

撲滅 박멸(○) 복멸(×)
撲殺 박살(○) 복살(×)
剝奪 박탈(○) 녹탈(×)
反駁 반박(○) 반교(×)
頒布 반포(○) 분포(×)
潑剌 발랄(○) 발자(×)
拔萃 발췌(○) 발취(×)
拔擢 발탁(○) 발요(×)
幇助 방조(○) 봉조(×)
範疇 범주(○) 범수(×)
便祕 변비(○) 편비(×)
兵站 병참(○) 병첨(×)
報酬 보수(○) 보주(×)
補塡 보전(○) 보진(×)
復活 부활(○) 복활(×)
分泌 분비(○) 분필(×)
不朽 불후(○) 불구(×)
沸騰 비등(○) 불등(×)
譬喩 비유(○) 벽유(×)
憑藉 빙자(○) 빙적(×)

[ㅅ]

詐欺 사기(○) 사사(×)
使嗾 사주(○) 사족(×)
社稷 사직(○) 사목(×)
奢侈 사치(○) 사다(×)
索莫 삭막(○) 색막(×)
數數 삭삭(○) 수수(×)
撒布 살포(○) 산포(×)
三昧 삼매(○) 삼미(×)
相殺 상쇄(○) 상살(×)
省略 생략(○) 성략(×)
逝去 서거(○) 절거(×)
棲息 서식(○) 처식(×)
葉氏 섭씨(○) 엽씨(×)
星宿 성수(○) 성숙(×)
洗滌 세척(○) 세조(×)
遡及 소급(○) 삭급(×)
甦生 소생(○) 갱생(×)
贖罪 속죄(○) 독죄(×)
殺到 쇄도(○) 살도(×)
睡眠 수면(○) 수민(×)
水洗 수세(○) 수선(×)
猜忌 시기(○) 청기(×)
十方 시방(○) 십방(×)
示唆 시사(○) 시준(×)
諡號 시호(○) 익호(×)
辛辣 신랄(○) 신극(×)

[ㅇ]

齷齪 악착(○) 악족(×)

軋轢 알력(○) 알륵(×)

斡旋 알선(○) 간선(×)

謁見 알현(○) 알견(×)

隘路 애로(○) 익로(×)

愛玩 애완(○) 애원(×)

惹起 야기(○) 약기(×)

掠奪 약탈(○) 경탈(×)

濾過 여과(○) 노과(×)

軟弱 연약(○) 나약(×)

誤謬 오류(○) 오륙(×)

嗚咽 오열(○) 오인(×)

汚辱 오욕(○) 오진(×)

惡寒 오한(○) 악한(×)

訛傳 와전(○) 화전(×)

渦中 와중(○) 과중(×)

緩和 완화(○) 난화(×)

歪曲 왜곡(○) 부곡(×)

邀擊 요격(○) 격격(×)

要塞 요새(○) 요색(×)

樂水 요수(○) 낙수(×)

窯業 요업(○) 질업(×)

凹凸 요철(○) 요돌(×)

容喙 용훼(○) 용탁(×)

雨雹 우박(○) 우포(×)

雲刻 운각(○) 운핵(×)

遊說 유세(○) 유설(×)

吟味 음미(○) 금미(×)

凝結 응결(○) 의결(×)

宜寧 의령(○) 의녕(×)

義捐 의연(○) 의손(×)

移徙 이사(○) 이도(×)

弛緩 이완(○) 지환(×)

罹患 이환(○) 나환(×)

溺死 익사(○) 약사(×)

湮滅 인멸(○) 연멸(×)

一括 일괄(○) 일활(×)

一擲 일척(○) 일정(×)

剩餘 잉여(○) 승여(×)

[ㅈ]

自矜 자긍(○) 자금(×)

自刎 자문(○) 자물(×)

箴言 잠언(○) 함언(×)

暫定 잠정(○) 점정(×)

將帥 장수(○) 장사(×)

裝塡 장전(○) 장진(×)

沮止 저지(○) 조지(×)

傳播 전파(○) 전번(×)

奠幣 전폐(○) 존폐(×)

截斷 절단(○) 재단(×)

點睛 점정(○) 점청(×)

正鵠 정곡(○) 정호(×)

靜謐 정밀(○) 정일(×)

稠密 조밀(○) 주밀(×)

造詣 조예(○) 조지(×)

措處 조처(○) 차처(×)

躊躇 주저(○) 수저(×)

奏請 주청(○) 진청(×)

櫛比 즐비(○) 절비(×)

憎惡 증오(○) 증악(×)

眞摯 진지(○) 진집(×)

桎梏 질곡(○) 지고(×)

叱責 질책(○) 힐책(×)

執拗 집요(○) 집유(×)

[ㅊ]

捉來 착래(○) 촉래(×)

斬新 참신(○) 점신(×)

參差 참치(○) 참차(×)

懺悔 참회(○) 섬회(×)

暢達 창달(○) 양달(×)

漲溢 창일(○) 장일(×)

闡明 천명(○) 단명(×)

喘息 천식(○) 단식(×)

鐵槌 철퇴(○) 철추(×)

尖端 첨단(○) 열단(×)

諦念 체념(○) 제념(×)

涕泣 체읍(○) 제읍(×)

忖度 촌탁(○) 촌도(×)

寵愛 총애(○) 용애(×)

撮影 촬영(○) 찰영(×)

追悼 추도(○) 추탁(×)

醜態 추태(○) 귀태(×)

秋毫 추호(○) 추모(×)

衷心 충심(○) 애심(×)

熾烈 치열(○) 직열(×)

沈沒 침몰(○) 심몰(×)

鍼術 침술(○) 함술(×)

蟄居 칩거(○) 집거(×)

[ㅌ]

拓本 탁본(○) 척본(×)

綻露 탄로(○) 정로(×)

彈劾 탄핵(○) 탄효(×)

耽溺 탐닉(○) 탐익(×)

攄得 터득(○) 여득(×)

慟哭 통곡(○) 동곡(×)

洞察 통찰(○) 동찰(×)

堆積 퇴적(○) 추적(×)

偸安 투안(○) 유안(×)

[ㅍ]

派遣 파견(○) 파유(×)

破綻 파탄(○) 파정(×)

跛行 파행(○) 피행(×)

辦得 판득(○) 변득(×)

霸權 패권(○) 파권(×)

敗北 패배(○) 패북(×)

膨脹 팽창(○) 팽장(×)

平坦 평탄(○) 평단(×)

褒賞 포상(○) 보상(×)

暴惡 포악(○) 폭악(×)

捕捉 포착(○) 포촉(×)

輻輳 폭주(○) 복주(×)

標識 표지(○) 표식(×)

風靡 풍미(○) 풍비(×)

跛立 피립(○) 파립(×)

[ㅎ]

陜川 합천(○) 협천(×)

肛門 항문(○) 홍문(×)

降伏 항복(○) 강복(×)

降將 항장(○) 강장(×)

偕老 해로(○) 개로(×)

楷書 해서(○) 개서(×)

解弛 해이(○) 해지(×)

諧謔 해학(○) 개학(×)

享樂 향락(○) 형락(×)

絢爛 현란(○) 순란(×)

現況 현황(○) 현항(×)

嫌惡 혐오(○) 겸악(×)

荊棘 형극(○) 형자(×)

忽然 홀연(○) 총연(×)

花瓣 화판(○) 화변(×)

花卉 화훼(○) 화예(×)

廓然 확연(○) 곽연(×)

滑走 활주(○) 골주(×)

黃疸 황달(○) 황단(×)

恍惚 황홀(○) 광홀(×)

劃數 획수(○) 화수(×)

橫暴 횡포(○) 횡폭(×)

嚆矢 효시(○) 고시(×)

嗅覺 후각(○) 취각(×)

麾下 휘하(○) 마하(×)

恤兵 휼병(○) 혈병(×)

欣快 흔쾌(○) 근쾌(×)

恰似 흡사(○) 합사(×)

洽足 흡족(○) 합족(×)

詰難 힐난(○) 길난(×)

상용 한자의 속자(俗字) · 약자(略字)

음(音)	정자	속자·약자	음(音)	정자	속자·약자	음(音)	정자	속자·약자
가	假	仮	기	氣	気	매	賣	売
가	價	価	기	旣	既	맥	麥	麦
각	覺	覚	뇌	腦	脳	몰	沒	没
강	強	强	단	單	単	묵	墨	墨
개	個	佪	단	團	団	미	彌	弥
거	據	拠	단	斷	断	발	發	発
거	擧	挙	담	擔	担	배	拜	拝
걸	傑	杰	담	膽	胆	변	邊	辺
검	儉	倹	당	當	当	변	變	変
검	檢	検	당	黨	党	병	幷	并
검	劍	剣	대	帶	帯	병	竝	並
게	憩	憇	대	對	対	병	倂	併
격	擊	撃	도	圖	図	병	甁	瓶
경	徑	径	독	獨	独	병	餠	餅
경	莖	茎	독	讀	読	보	寶	寳 宝
경	經	経	등	燈	灯	불	佛	仏
경	輕	軽	락	樂	楽	불	拂	払
경	頸	頚	란	亂	乱	비	祕	秘
계	繼	継	람	覽	覧	사	絲	糸
계	鷄	鶏	랑	郞	郎	사	寫	写
고	高	髙	랑	朗	朗	사	辭	辞
곡	穀	榖 糓	래	來	来	삼	參	参
관	關	関	량	兩	両	상	狀	状
관	觀	観	려	勵	励	서	敍	叙
광	廣	広	력	歷	歴	석	釋	釈
광	鑛	鉱	련	聯	聠	선	禪	禅
괴	壞	壊	련	戀	恋	설	說	説
교	敎	教	렵	獵	猟	섬	纖	繊
구	區	区	령	靈	霊	섭	攝	摂
구	鉤	鈎	례	禮	礼	성	聲	声
구	歐	欧	로	勞	労	소	巢	巣
구	毆	殴	로	爐	炉	소	騷	騒
구	舊	旧	룡	龍	竜	속	屬	属
구	驅	駆	루	樓	楼	속	續	続
국	國	国	마	麻	麻	수	收	収
권	勸	勧	만	萬	万	수	壽	寿
권	權	権 权	만	滿	満	수	數	数
귀	龜	亀	만	蠻	蛮	수	獸	獣
귀	歸	帰	만	灣	湾	숙	肅	粛
근	謹	謹	매	每	毎	습	濕	湿

음(音)/정자/속자·약자			음(音)/정자/속자·약자			음(音)/정자/속자·약자		
승	乘	乗	장	莊	荘	촉	觸	触
승	繩	縄	장	裝	装	촉	囑	嘱
실	實	実	장	獎	奨	추	樞	枢
쌍	雙	双	장	臟	臓	충	沖	冲
아	兒	児	재	齋	斎	충	蟲	虫
아	亞	亜	쟁	爭	争	취	醉	酔
악	惡	悪	저	豬	猪	치	齒	歯
암	巖	岩	전	傳	伝	치	癡	痴
압	壓	圧	전	轉	転	칭	稱	称
애	礙	碍	전	錢	銭	탄	彈	弾
약	藥	薬	전	戰	戦	택	澤	沢
양	讓	譲	절	節	節	택	擇	択
양	釀	醸	절	竊	窃	투	鬪	閗
엄	嚴	厳	점	點	点	패	霸	覇
여	與	与	정	淨	浄	폐	廢	廃
여	餘	余	정	靜	静	풍	豐	豊
역	譯	訳	제	齊	斉	학	學	学
역	驛	駅	제	劑	剤	함	函	凾
염	鹽	塩	제	濟	済	함	陷	陥
영	榮	栄	조	條	条	함	鹹	醎
영	營	営	종	從	従	해	解	觧
예	譽	誉	주	晝	昼	허	虛	虚
예	藝	芸	주	鑄	鋳	헌	獻	献
온	溫	温	즉	卽	即	험	險	険
온	穩	穏	진	眞	真	험	驗	験
요	搖	揺	진	盡	尽	현	縣	県
요	謠	謡	진	鎭	鎮	현	顯	顕
울	鬱	欝	질	質	貭	형	螢	蛍
원	圓	円	찬	贊	賛	호	號	号
위	圍	囲	찬	讚	讃	화	畵	畫 画
위	僞	偽	참	慘	惨	확	擴	拡
위	衛	衞	참	懺	懴	환	歡	歓
은	隱	隠	천	淺	浅	황	黃	黄
응	應	応	천	賤	賎	회	回	囬
의	醫	医	천	踐	践	회	會	会
이	貳	弐	철	鐵	鉄	회	懷	懐
일	壹	壱	첩	疊	畳	회	繪	絵
잔	殘	残	청	聽	聴	효	效	効
잔	棧	桟	청	廳	庁	훈	勳	勲
잠	潛	潜	체	體	体	훈	薰	薫
잠	蠶	蚕	체	滯	滞	흑	黑	黒
잡	雜	雑	체	遞	逓	흥	興	兴
장	壯	壮	촉	燭	烛	희	戲	戱

부록

주요 성구 찾아보기

가렴주구(苛斂誅求)
가서만금(家書萬金)
가인박명(佳人薄命)
각주구검(刻舟求劍)
간뇌도지(肝腦塗地)
간담상조(肝膽相照)
간어제초(間於齊楚)
갈택이어(竭澤而漁)
감탄고토(甘呑苦吐)
거안제미(擧案齊眉)
거일반삼(擧一反三)
거재두량(車載斗量)
건곤일척(乾坤一擲)
격물치지(格物致知)
격화소양(隔靴搔癢)
견강부회(牽強附會)
견리망의(見利忘義)
견리사의(見利思義)
견마지치(犬馬之齒)
견문발검(見蚊拔劍)
견백동이(堅白同異)
견아상제(犬牙相制)
견위수명(見危授命)
견위치명(見危致命)
견토지쟁(犬兔之爭)
결자해지(結者解之)
결초보은(結草報恩)
겸인지용(兼人之勇)
경개여고(傾蓋如故)
경구비마(輕裘肥馬)
경국지색(傾國之色)
경궁지조(驚弓之鳥)
경당문노(耕當問奴)
경천동지(驚天動地)
계구우후(鷄口牛後)
계명구도(鷄鳴狗盜)
계주생면(契酒生面)
고마문령(瞽馬聞鈴)
고망착호(藁網捉虎)
고목생화(枯木生花)
고복격양(鼓腹擊壤)
고장난명(孤掌難鳴)
고진감래(苦盡甘來)
고침단명(高枕短命)
곡고화과(曲高和寡)
곡학아세(曲學阿世)
공자천주(孔子穿珠)
공중누각(空中樓閣)
공휴일궤(功虧一簣)
과유불급(過猶不及)
과전이하(瓜田李下)
관포지교(管鮑之交)
괄목상대(刮目相待)
광풍제월(光風霽月)
교각살우(矯角殺牛)
교룡득수(蛟龍得水)
교언영색(巧言令色)
교왕과직(矯枉過直)
교주고슬(膠柱鼓瑟)
교토삼굴(狡兔三窟)
교학상장(敎學相長)
구미속초(狗尾續貂)
구밀복검(口蜜腹劍)
구상유취(口尙乳臭)
구우일모(九牛一毛)
군계일학(群鷄一鶴)
군맹무상(群盲撫象)
군자삼락(君子三樂)
군자삼외(君子三畏)
궁구막추(窮寇莫追)
궁조입회(窮鳥入懷)
권토중래(捲土重來)
귀배괄모(龜背刮毛)
귀이천목(貴耳賤目)
귤화위지(橘化爲枳)
근묵자흑(近墨者黑)
금과옥조(金科玉條)
금구무결(金甌無缺)
금란지교(金蘭之交)
금상첨화(錦上添花)
금성옥진(金聲玉振)
금성철벽(金城鐵壁)
금성탕지(金城湯池)
금슬상화(琴瑟相和)
금의야행(錦衣夜行)
금의환향(錦衣還鄕)
기산지절(箕山之節)
기장지무(旣張之舞)
기호지세(騎虎之勢)
기화가거(奇貨可居)

낙양지귀(洛陽紙貴)
낙정하석(落穽下石)
난형난제(難兄難弟)
남가일몽(南柯一夢)
남기북두(南箕北斗)
남부여대(男負女戴)
남선북마(南船北馬)
낭중지추(囊中之錐)
낭중취물(囊中取物)
내청외탁(內淸外濁)
노마지지(老馬之智)
노승발검(怒蠅拔劍)
노안비슬(奴顔婢膝)
노어지류(魯魚之謬)
농가성진(弄假成眞)
누란지위(累卵之危)
능곡지변(陵谷之變)

다기망양(多岐亡羊)
다다익선(多多益善)
단기지계(斷機之戒)
단도직입(單刀直入)
단사표음(簞食瓢飮)
담호호지(談虎虎至)
당동벌이(黨同伐異)
당랑거철(螳螂拒轍)
당랑재후(螳螂在後)
대기만성(大器晩成)
대의멸친(大義滅親)
도원결의(桃園結義)
도청도설(道聽塗說)
독서삼도(讀書三到)

표 제 어	참고 사항 제목
김치	▷ 김치의 종류
꼬리	▷ '꼬리'와 '꽁지'
끄나풀	▷ '끄나풀'과 '끄나불'
끽연(喫煙)	▷ '끽연(喫煙)'과 된소리 음의 한자
나그네새	▷ 우리 나라의 주요 나그네새
나이	▷ '나이'를 뜻하는 한자말들
날아가다	▷ '날아가다'와 '날라 가다'의 뜻 구별
남편	▷ '남편'에 대한 호칭(呼稱)
납월(臘月)	▷ '납월'의 뜻
낱알	▷ '낱알'과 '낟알'의 뜻 구별
내숭스럽다	▷ '내숭스럽다'와 '내숭하다'
넘다	▷ '넘어'와 '너머'의 뜻 구별
네[3]	▷ 대답의 말인 '네'와 '예'
-노라고	▷ '-노라고'와 '-느라고'의 뜻 구별
논밭	▷ '논밭'과 관련된 고유어들
누구	▷ '누구'라는 말의 쓰임
느낌표	▷ 느낌표를 쓰지 않는 경우
-님	▷ '-님'—'아버지, 아버님', '어머니, 어머님'
다니다	▷ '다니다'가 윗말에 붙어 복합어를 이룬 말들
다음자(多音字)	▷ 한자의 다음자(多音字) 예
단위(單位)[1]	▷ 단위를 나타내는 의존 명사
대(代)	▷ 가계(家系)의 '대(代)'와 '세(世)'
대다[2]	▷ 보조 동사 '대다'
대명사(代名詞)	▷ 대명사와 관형사의 구별
-더러	▷ 조사 '-더러'의 쓰임
독서(讀書)	▷ 독서 방법의 여러 가지
돌[1]	▷ '돌'과 '돐'
돕다	▷ ㅂ 불규칙 용언의 모음 조화 표기
동사(動詞)	▷ '동사'와 '형용사'의 구별
돼지고기	▷ 돼지고기의 주요 부위(部位) 이름
되다[1]	▷ '되므로'와 '됨으로'의 뜻 구별
된소리	▷ 된소리 표기
두음 법칙(頭音法則)	▷ '두음 법칙'에 따른 표기 예
둘째	▷ 서수사(序數詞)의 고유어
뒤쪽	▷ '뒤쪽'의 '뒤'에 사이시옷을 받치어 적지 않는 까닭
등용문(登龍門)	▷ '등용문(登龍門)'의 표기
딴이	▷ 'ㅣ'(딴이)의 표기
똑[1]	▷ '똑'과 '꼭'의 뜻 구별
띠[3]	▷ '띠'와 십이지
-ㅁ[1]	▷ 명사형 어미 '-ㅁ'
마소	▷ '마소'의 나이를 이르는 말
만들다	▷ '만들다'의 명사형(名詞形)
만듦새	▷ '만듦새'와 '만듬새'
만자(卍字)	▷ 만자(萬字) 만(卍)
말씀	▷ '말씀'의 두 가지 뜻
머리[1]	▷ 머리의 부위 이름들
머물다	▷ 준말의 활용 제한

표 제 어	참고 사항 제목
명(名)	▷ 숫자와 의존 명사
명태(明太)	▷ '명태'의 여러 딴이름
모가치	▷ '모가치'의 본디 꼴
모과(∠木瓜)	▷ 목과(木瓜)
모래	▷ '모래'의 굵기에 따른 이름
목적어(目的語)	▷ 독특한 목적어
목적어(目的語)	▷ 목적어 꼴로 된 부사어
무²	▷ '무← 무우'[준말이 표준어로 된 단어]
무정 명사(無情名詞)	▷ 무정 명사의 부사격 조사
무정 명사(無情名詞)	▷ 무정 명사와 '-에서'
문체(文體)	▷ 문체의 여러 가지
물음표	▷ 물음표를 쓰지 않는 경우
미만(未滿)	▷ 미만(未滿)과 이하(以下)
미망인(未亡人)	▷ 미망인(未亡人)의 본디 뜻
미역¹	▷ 말린 미역을 세는 단위
민물고기	▷ 우리 나라의 주요 민물고기
바느질	▷ 바느질에 쓰이는 말들
바늘	▷ 바늘을 세는 단위
바람¹	▷ '바람'의 이름들
반라(半裸)	▷ '반라(半裸)'와 '반나체(半裸體)'
반짇고리	▷ '반짇고리'의 어원
받침²	▷ '받침'의 발음
방언(方言)	▷ 방언(方言)을 표준어로 삼은 단어
방위(方位)	▷ 방위(方位)의 이름
밭이랑	▷ '밭이랑'과 받침 규칙
뱃사람	▷ 뱃사람들이 이르는 바람 이름과 풍향(風向)
보조 용언(補助用言)	▷ 보조 용언의 붙여 쓰기 허용
보조 조사(補助助詞)	▷ 보조 조사의 여러 가지
복개(覆蓋)	▷ 복개(覆蓋)
복수(複數)	▷ 명사를 복수(複數)로 나타낼 때
복합어(複合語)	▷ 복합 용언의 본뜻 표기
본딧말	▷ '본딧말'과 '준말'
본뜻	▷ 본뜻에서 멀어진 말
본음(本音)	▷ 본음대로 적지 않는 단어
본적지(本籍地)	▷ '본적지(本籍地)'와 '원적지(原籍地)'
볼기	▷ '볼기'·'궁둥이'·'엉덩이'
봉숭아	▷ '봉숭아'와 '봉선화(鳳仙花)'
부모(父母)	▷ '부모'에 대한 호칭(呼稱)
부사(副詞)	▷ 부사처럼 쓰이는 명사와 대명사
부수(部首)	▷ 한자의 부수 유형
부정(不正)	▷ '不'의 독음(讀音)
북어(北魚)	▷ 북어를 세는 단위
불러일으키다	▷ 독특한 복합어
비	▷ '비'의 종류
비추다	▷ '비추다'·'비취다'·'비치다'의 뜻 구별
사돈	▷ '사돈' 사이의 호칭(呼稱)
사이시옷	▷ 사이시옷을 받치어 적는 경우

표 제 어	참고 사항 제목
사직(辭職)	▷ 사직(辭職) · 사임(辭任) · 퇴직(退職)
산경표(山經表)	▷ '산경표'에 정리된 산맥 체계
산삼(山蔘)	▷ '산삼'의 여러 가지 이름
산성 식품(酸性食品)	▷ 산성 식품(酸性食品)들
살지다	▷ '살지지 않은'과 '살찌지 않는'의 구별
삼종(三從)[2]	▷ 삼종(三從)이 넘는 일가
상생(相生)	▷ 상생(相生) · 상극(相剋)
상중(喪中)	▷ 상중(喪中)
색상(色相)[1]	▷ 우리 나라의 기본색(基本色) 이름
생연월일시(生年月日時)	▷ '생연월일시(生年月日時)'의 우리말 표기
서술격 조사(敍述格助詞)	▷ 서술격 조사의 여러 가지 활용형
선짓국	▷ '선짓국'과 복합어의 사이시옷
섣달	▷ '섣달'('설달 → 섣달'로 ㄹ 소리가 ㄷ 소리로 바뀐 말)
설움	▷ '설움'과 '서러움'의 구별
섭섭하다	▷ '섭섭하지' → '섭섭지'
성곽(城郭)	▷ 성(城)과 곽(郭)
소고기	▷ '소고기'와 '쇠고기'
소반(小盤)	▷ 소반의 여러 가지
소수(小數)	▷ '소수'의 단위 이름
속도(速度)	▷ '속도' · '속력' · '빠르기'의 뜻 구별
속음(俗音)	▷ 속음으로 읽는 한자어
송아지	▷ '송아지'와 관련된 고유어
쇠고기	▷ 쇠고기의 부위(部位) 이름
쇠뿔	▷ 쇠뿔의 생김새에 따른 이름
수[1]	▷ '수-'와 '숫-'
수(繡)	▷ '수(繡)'를 놓는 데 쓰는 푼사 한 님
수관형사(數冠形詞)	▷ 표기가 다른 수관형사
수사법(修辭法)	▷ 수사법의 여러 가지
시원찮다	▷ '시원하지 않다' → '시원찮다'
시집	▷ 시집 가족에 대한 호칭
신[1]	▷ 지난날의 신의 여러 가지
싣다	▷ '싣다'와 '태우다'
실컷	▷ '실컷'의 어원(語源)
십진법(十進法)	▷ 십진법의 단위 이름
싯누렇다	▷ 접두사 '새-, 시-'와 '샛-, 싯-'의 구별
썰다[1]	▷ 음식 재료 썰기의 여러 가지
쓰개	▷ 지난날의 방한용 쓰개들
아내	▷ 아내에 대한 호칭(呼稱)
아무튼지	▷ '아무튼지'와 '아무튼'
안팎	▷ 두 단어가 어울릴 때 'ㅎ' 소리가 덧나는 말은 소리대로 적는다
않다	▷ '않느냐'와 '않으냐'
알맞다	▷ '알맞은'과 '맞는'
알칼리성 식품	▷ 알칼리성 식품들
앎	▷ '앎'과 '알음'
애닯다	▷ '애닯다'와 '애달프다'
애자(哀子)	▷ '애자(哀子)'와 '효자(孝子)'
약어(略語)	▷ 약어(略語) · 약자(略字) · 약칭(略稱)

부록

표 제 어	참고 사항 제목
양념	▷ 양념을 집는 양
양수사(量數詞)	▷ 양수사(量數詞)와 서수사(序數詞)
어감(語感)	▷ 어감(語感)의 차이를 나타내는 단어
어구(漁具)	▷ 재래식 고기잡이 기구들
어근(語根)	▷ 한자어의 어근(語根)의 예
어기(語基)	▷ 한자어의 어기(語基)의 예
어림수	▷ 어림수를 나타내는 수관형사
어미(語尾)	▷ 어미(語尾)의 갈림
어부지리(漁夫之利)	▷ 한자 성구와 두음 법칙
어원(語源)	▷ 어원을 밝혀 적지 않는 말들
얼음	▷ 접미사가 붙어서 된 명사 '얼음'
없다	▷ '없다'가 붙어서 된 용언
엎어지다	▷ 두 용언(用言)의 결합
여기	▷ '여기'·'거기'·'저기'의 쓰임
연연하다[2]	▷ 한자음 '랴·려·례·료·류·리'
열거(列擧)	▷ 열거의 의존 명사
예스럽다	▷ '예스럽다'의 '-스럽다'
오랫동안	▷ '오랫동안'과 '오랜 동안'
오륜(五倫)	▷ 오륜(五倫)
오이	▷ '오이' 따위를 세는 단위
오조	▷ '오조'의 '오-'와 '올-'
오행(五行)	▷ 오행(五行)
온갖	▷ '온갖'은 준말이 아니다
온점	▷ 온점을 쓰지 않는 경우
완자(∠卍字)	▷ 卍자의 음(音)은 만
외과(外科)	▷ '성형 외과'와 '정형 외과'
외다[1]	▷ 본딧말과 준말을 다 같이 표준어로
외래어(外來語)	▷ 외래어 표기의 받침 적기
외톨이	▷ '외톨이'
-요	▷ '-이요'와 '-이오'의 쓰임
욕심(慾心)	▷ '慾'자와 '欲' 자의 쓰임
용언(用言)	▷ '용언(用言)'과 '체언(體言)'
우비(雨備)	▷ 지난날의 우비(雨備)들
우애(友愛)	▷ 우애(友愛)·우의(友誼)·우정(友情)
운송료(運送料)	▷ '짐삯'과 '짐값'
운율(韻律)	▷ 한자음 '렬'·'률'을 '열'·'율'로 적는 경우
웃-	▷ '웃-'과 '윗-'의 쓰임
윗니	▷ '윗니'와 '아랫니'
유유상종(類類相從)	▷ '유유상종' — 같은 음절이 겹친 말
유정 명사(有情名詞)	▷ 유정 명사의 부사격 조사
육년근(六年根)	▷ 인삼의 잎
육서(六書)	▷ 육서(六書) : 한자 구성의 여섯 가지
육십갑자(六十甲子)	▷ 육십갑자
-으러	▷ '-으러'와 '-으려'의 쓰임 자리
-으로서	▷ '-으로서'와 '-으로써'의 뜻 구별
으르다[2]	▷ '脅'자와 '脇'자의 쓰임
음력(陰曆)	▷ 음력 각 달의 딴이름

표 제 어	참고 사항 제목
음성 모음(陰聲母音)	▷ 음성 모음으로 바뀐 표준어
음운(音韻)	▷ 성모(聲母)와 운모(韻母)
음절(音節)	▷ '음절'의 공식
의존 명사(依存名詞)	▷ 의존 명사
의존 명사(依存名詞)	▷ 두음 법칙이 적용되지 않는 의존 명사
이^{2}	▷ '이'를 '니'로 적는 경우
-이다^{1}	▷ '-이다'와 '-다'의 쓰임
이빨	▷ '이빨'과 '이'
이십사시(二十四時)	▷ 이십사시(표)
이십사 절기(二十四節氣)	▷ 이십사 절기
이죽거리다	▷ '이죽거리다'와 '이기죽거리다'
인삼(人蔘)	▷ '인삼'의 여러 가지 이름
일가(一家)	▷ 일가
일찍이	▷ '일찍이'와 '일찌기'
자나깨나	▷ 자나-깨나
자두	▷ '자두'와 '오얏'
자모(字母)	▷ '자모(字母)'의 차례와 이름
자반	▷ 자반 고등어
자시다	▷ 자시다 · 잡수다 · 잡수시다 · 잡숫다
장남(長男)	▷ '장남(長男)'의 '장(長)' 자의 발음
장본인(張本人)	▷ '장본인'과 '주인공'
장인(丈人)	▷ 장인 · 장모에 대한 호칭
저^{4}	▷ 관형사+의존 명사
-적(的)	▷ '-적(的)'이 붙는 말들
전문 용어(專門用語)	▷ 전문 용어의 띄어쓰기
전셋집	▷ '전셋집'과 '전세방'
젓가락	▷ '젓가락'과 '숟가락'
정자(正字)	▷ 한자의 정자(正字) · 속자(俗字) · 약자(略字)
제례(祭禮)	▷ '제례'의 주요 절차〔기제(忌祭)〕
제수(祭羞)	▷ 제수 차리는 법을 나타낸 말
조사(助詞)	▷ 조사는 의존 형태소
조삼(造蔘)	▷ 가공 여부에 따른 인삼의 여러 이름
조용하다	▷ '조용히' — 부사의 끝 음절의 '-이, -히'
좀더	▷ '좀더' — 단음절 단어의 붙여 쓰기
죄다^{1}	▷ '죄다'와 '조이다'
주검	▷ '주검'의 표기
죽음	▷ '죽음'과 '주검'의 표기
준말	▷ 준말(줄어든 말)의 표기 예(例)
중노동(重勞動)	▷ '중노동' — 한자어의 두음 법칙 적용
중양(重陽)	▷ 중양(重陽), 중구(重九)
지월(至月)	▷ '지월(至月)'의 뜻
진도 계급(震度階級)	▷ 진도 계급(震度階級)
진열(陳列)	▷ '진열(陳列)'의 '열(列)'
집집이	▷ 명사에 '-이'가 붙어서 된 명사와 부사
차(茶)	▷ '茶'의 독음(讀音)
처가(妻家)	▷ 처가 가족에 대한 호칭과 지칭
-처럼	▷ '-처럼'과 '-같이'의 어감(語感) 차이

표 제 어	참고 사항 제목
천고마비(天高馬肥)	▷ '천고마비'의 고사(故事)
철새	▷ 우리 나라의 주요 철새
체언(體言)	▷ 체언의 구실
촌수(寸數)	▷ 촌수를 따지는 법
총각무	▷ '총각무'와 표준어 규정
치어(稚魚)	▷ 물고기 새끼의 이름들
코주부	▷ '코주부'와 '코보'
키질	▷ '키질'과 관련된 말들
태양(太陽)	▷ '태양'과 보통 명사
텃새	▷ 우리 나라의 주요 텃새
퇴박맞다	▷ '퇴박맞다'의 준말
투고란(投稿欄)	▷ '투고란'의 '란(欄)'의 표기
팔괘(八卦)	▷ 팔괘(八卦)
평생(平生)	▷ '평생'의 쓰임
표준어(標準語)	▷ 표준어
푼돈	▷ '푼돈'과 '푼전'
품사(品詞)	▷ 품사의 분류
풍력 계급(風力階級)	▷ 풍력 계급의 바람의 이름
피동사(被動詞)	▷ 피동사를 만드는 법
피륙	▷ '피륙'의 날실을 세는 단위
필순(筆順)	▷ 한자(漢字)의 필순
하다[2]	▷ '하다'는 여불규칙 용언
한글	▷ '한글'의 명칭
항렬자(行列字)	▷ 항렬자는 공통으로 쓰는 글자
해님	▷ '해님'과 '햇님'
해죽이	▷ '해죽-이' — '-이'가 붙어서 된 부사
햅쌀	▷ '햅쌀' — '해＋ㅂ＋쌀'
형용사(形容詞)	▷ 형용사에 없는 활용형
형제(兄弟)	▷ 형제 자매의 배우자의 호칭과 지칭
호열자(虎列剌)	▷ 호열자(虎列剌)
호칭(呼稱)	▷ 다른 사람에 대한 호칭
홍시(紅柿)	▷ '감'의 여러 가지 이름
홑이불	▷ '홑이불' 〔ㄴ 소리가 덧나는 말〕
효자(孝子)	▷ 축문에서 이르는 효자
흔하다	▷ '흔하다' → '흔타'
흩어지다	▷ '흩어-지다'

독서상우(讀書尙友)
동가홍상(同價紅裳)
동공이곡(同工異曲)
동량지재(棟梁之材)
동문서답(東問西答)
동병상련(同病相憐)
동선하로(冬扇夏爐)
동성상응(同聲相應)
동온하정(冬溫夏淸)
동주상구(同舟相救)
동호지필(董狐之筆)
두문불출(杜門不出)
득롱망촉(得隴望蜀)
등고자비(登高自卑)
등루거제(登樓去梯)
등하불명(燈下不明)
등화가친(燈火可親)

마부작침(磨斧作針)
마이동풍(馬耳東風)
마중지봉(麻中之蓬)
막상막하(莫上莫下)
만사휴의(萬事休矣)
만식당육(晩食當肉)
만절필동(萬折必東)
망양보뢰(亡羊補牢)
망양지탄(亡羊之歎)
망양지탄(望洋之歎)
망자재배(芒刺在背)
매처학자(梅妻鶴子)
맥수지탄(麥秀之歎)
맹모단기(孟母斷機)
맹모삼천(孟母三遷)
면종후언(面從後言)
명경지수(明鏡止水)
명모호치(明眸皓齒)
명약관화(明若觀火)
모수자천(毛遂自薦)
목불식정(目不識丁)
묘항현령(猫項懸鈴)
무면도강(無面渡江)
무산지몽(巫山之夢)
문경지교(刎頸之交)
문전성시(門前成市)
문전작라(門前雀羅)
미대난도(尾大難掉)
미생지신(尾生之信)

박옥혼금(璞玉渾金)
반근착절(盤根錯節)
반의지희(斑衣之戲)
반포보은(反哺報恩)
발본색원(拔本塞源)
방약무인(傍若無人)
방예원조(方枘圓鑿)
방휼지세(蚌鷸之勢)
방휼지쟁(蚌鷸之爭)
백가쟁명(百家爭鳴)
백구과극(白駒過隙)
백년하청(百年河淸)
백면서생(白面書生)
백아절현(伯牙絕絃)
백화제방(百花齊放)
벌성지부(伐性之斧)
벌제위명(伐齊爲名)
병입고황(病入膏肓)
병주고향(幷州故鄕)
보거상의(輔車相依)
복수불반(覆水不返)
부화뇌동(附和雷同)
분서갱유(焚書坑儒)
불비불명(不蜚不鳴)
비옥가봉(比屋可封)
비육지탄(髀肉之歎)
비익연리(比翼連理)
빈계지신(牝鷄之晨)
빈자일등(貧者一燈)

사면초가(四面楚歌)
사목지신(徙木之信)
살신성인(殺身成仁)
삼고초려(三顧草廬)
삼인성호(三人成虎)
삼천지교(三遷之敎)
상전벽해(桑田碧海)
새옹득실(塞翁得失)
새옹지마(塞翁之馬)
서리지탄(黍離之歎)
서시빈목(西施矉目)
서제막급(噬臍莫及)
선견지명(先見之明)
선우후락(先憂後樂)
선즉제인(先則制人)
송무백열(松茂柏悅)
송양지인(宋襄之仁)
수구초심(首丘初心)
수서양단(首鼠兩端)
수석침류(漱石枕流)
수어지교(水魚之交)
수적천석(水滴穿石)
수주대토(守株待兎)
순망치한(脣亡齒寒)
시례지훈(詩禮之訓)
심장적구(尋章摘句)
십시일반(十匙一飯)

아가사창(我歌查唱)
아비규환(阿鼻叫喚)
아전인수(我田引水)
악목불음(惡木不蔭)
악사천리(惡事千里)
안거낙업(安居樂業)
안거위사(安居危思)
안빈낙도(安貧樂道)
안여태산(安如泰山)
안하무인(眼下無人)
암중모색(暗中摸索)
앙급지어(殃及池魚)
앙사부육(仰事扶育)
약롱중물(藥籠中物)
약석지언(藥石之言)
약육강식(弱肉強食)
양고심장(良賈深藏)
양금신족(量衾伸足)
양금택목(良禽擇木)
양두구육(羊頭狗肉)
양상군자(梁上君子)
양수집병(兩手執餠)
양약고구(良藥苦口)
양호유환(養虎遺患)
어로불변(魚魯不辨)
어부지리(漁夫之利)
언비천리(言飛千里)
언어도단(言語道斷)
언중유골(言中有骨)
언청계용(言聽計用)
엄이도령(掩耳盜鈴)
여리박빙(如履薄氷)

여장절각(汝墻折角)
여조과목(如鳥過目)
여좌침석(如坐針席)
여진여퇴(旅進旅退)
여측이심(如廁二心)
연목구어(緣木求魚)
연미지액(燃眉之厄)
연하고질(煙霞痼疾)
염화미소(拈華微笑)
영설지재(詠雪之才)
오리무중(五里霧中)
오매구지(寤寐求之)
오비삼척(吾鼻三尺)
오비이락(烏飛梨落)
오십소백(五十笑百)
오월동주(吳越同舟)
오일경조(五日京兆)
오집지교(烏集之交)
오풍십우(五風十雨)
오합지졸(烏合之卒)
옥석구분(玉石俱焚)
옥하가옥(屋下架屋)
온고지신(溫故知新)
옹산화병(甕算畫餠)
와각지쟁(蝸角之爭)
와신상담(臥薪嘗膽)
왜자간희(矮者看戲)
요산요수(樂山樂水)
요원지화(燎原之火)
용두사미(龍頭蛇尾)
용반호거(龍盤虎踞)
용사비등(龍蛇飛騰)
용호상박(龍虎相搏)
우공이산(愚公移山)
우수마발(牛溲馬勃)
우순풍조(雨順風調)
우이독경(牛耳讀經)
우후죽순(雨後竹筍)
운니지차(雲泥之差)
웅창자화(雄唱雌和)
원교근공(遠交近攻)
원조방예(圓鑿方枘)
원화소복(遠禍召福)
월시진척(越視秦瘠)
월진승선(越津乘船)
월하노인(月下老人)

월하빙인(月下氷人)
위기일발(危機一髮)
위편삼절(韋編三絶)
유비무환(有備無患)
유시무종(有始無終)
유시유종(有始有終)
유유낙낙(唯唯諾諾)
유유자적(悠悠自適)
은감불원(殷鑑不遠)
읍참마속(泣斬馬謖)
응천순인(應天順人)
의려지망(倚閭之望)
의마지재(倚馬之才)
이민위천(以民爲天)
이식위천(以食爲天)
이심전심(以心傳心)
이포이포(以暴易暴)
인면수심(人面獸心)
인사유명(人死留名)
인자요산(仁者樂山)
인중승천(人衆勝天)
일각천금(一刻千金)
일거양득(一擧兩得)
일도양단(一刀兩斷)
일련탁생(一蓮托生)
일망타진(一網打盡)
일명경인(一鳴驚人)
일모도원(日暮途遠)
일목요연(一目瞭然)
일사천리(一瀉千里)
일수백확(一樹百穫)
일시동인(一視同仁)
일이관지(一以貫之)
일자천금(一字千金)
일장춘몽(一場春夢)
일전쌍조(一箭雙鵰)
일취월장(日就月將)
일취지몽(一炊之夢)
일패도지(一敗塗地)
일편단심(一片丹心)
일확천금(一攫千金)
임기응변(臨機應變)
임심조서(林深鳥棲)

자가당착(自家撞着)
자두연기(煮豆燃萁)
자승자박(自繩自縛)
자업자득(自業自得)
자포자기(自暴自棄)
장경오훼(長頸烏喙)
장비군령(張飛軍令)
장삼이사(張三李四)
장수선무(長袖善舞)
장주지몽(莊周之夢)
저구지교(杵臼之交)
적반하장(賊反荷杖)
적승계족(赤繩繫足)
적우침주(積羽沈舟)
적자생존(適者生存)
적재적소(適材適所)
전광석화(電光石火)
전부지공(田夫之功)
전심치지(專心致志)
전전긍긍(戰戰兢兢)
전전반측(輾轉反側)
전지전능(全知全能)
전화위복(轉禍爲福)
절장보단(絶長補短)
절차탁마(切磋琢磨)
절체절명(絶體絶命)
절치부심(切齒腐心)
점입가경(漸入佳境)
정금미옥(精金美玉)
정금양옥(精金良玉)
정문일침(頂門一鍼)
조강지처(糟糠之妻)
조령모개(朝令暮改)
조명시리(朝名市利)
조불려석(朝不慮夕)
조삼모사(朝三暮四)
조족지혈(鳥足之血)
조충소기(彫蟲小技)
존망지추(存亡之秋)
종과득과(種瓜得瓜)
종횡무진(縱橫無盡)
좌고우면(左顧右眄)
좌정관천(坐井觀天)
주객전도(主客顚倒)
주경야독(晝耕夜讀)
주주객반(主酒客飯)
죽두목설(竹頭木屑)
죽마고우(竹馬故友)

중과부적(衆寡不敵)
중구난방(衆口難防)
중구삭금(衆口鑠金)
중심성성(衆心成城)
중원축록(中原逐鹿)
지독지정(舐犢之情)
지란지교(芝蘭之交)
지록위마(指鹿爲馬)
지분혜탄(芝焚蕙歎)
지어지앙(池魚之殃)
지자요수(智者樂水)
지족불욕(知足不辱)
직정경행(直情徑行)
진퇴양난(進退兩難)
진퇴유곡(進退維谷)
진합태산(塵合泰山)
질풍경초(疾風勁草)

창랑자취(滄浪自取)
창상지변(滄桑之變)
창업수성(創業守成)
창해일속(滄海一粟)
채신지우(採薪之憂)
처성자옥(妻城子獄)
천경지위(天經地緯)
천고마비(天高馬肥)
천려일득(千慮一得)
천려일실(千慮一失)
천석고황(泉石膏肓)
천신만고(千辛萬苦)
천우신조(天佑神助)
천의무봉(天衣無縫)
천장지구(天長地久)
천장지비(天藏地祕)
천재일우(千載一遇)
천태만상(千態萬狀)
천편일률(千篇一律)
천하무쌍(天下無雙)
철두철미(徹頭徹尾)
철심석장(鐵心石腸)
철중쟁쟁(鐵中錚錚)
철환천하(轍環天下)
청경우독(晴耕雨讀)
청천벽력(靑天霹靂)
청출어람(靑出於藍)
초미지급(焦眉之急)
초재진용(楚材晉用)
촉견폐일(蜀犬吠日)
촌계관청(村鷄官廳)
촌진척퇴(寸進尺退)
촌철살인(寸鐵殺人)
총죽지교(葱竹之交)
추경정용(椎輕釘聳)
추처낭중(錐處囊中)
충목지장(衝目之杖)
취모구자(吹毛求疵)
칠보지재(七步之才)
칠실지우(漆室之憂)
칠전팔기(七顚八起)
칠전팔도(七顚八倒)
칠종칠금(七縱七擒)

쾌도난마(快刀亂麻)

타산지석(他山之石)
타초경사(打草驚蛇)
탈토지세(脫兎之勢)
태산북두(泰山北斗)
토붕와해(土崩瓦解)
토사구팽(兎死狗烹)
토사호비(兎死狐悲)
토포악발(吐哺握髮)

파기상접(破器相接)
파라척결(爬羅剔抉)
파부침선(破釜沈船)
파죽지세(破竹之勢)
팔년병화(八年兵火)
팔년풍진(八年風塵)
포류지자(蒲柳之姿)
포정해우(庖丁解牛)
포호빙하(暴虎馮河)
포호함포(咆虎陷浦)
표사유피(豹死留皮)
풍성학려(風聲鶴唳)
풍수지탄(風樹之歎)
풍운지회(風雲之會)
풍전등화(風前燈火)
피리춘추(皮裏春秋)
필부지용(匹夫之勇)

하갈동구(夏葛冬裘)
하로동선(夏爐冬扇)
하석상대(下石上臺)
하우불이(下愚不移)
학철부어(涸轍鮒魚)
한단지몽(邯鄲之夢)
한단지보(邯鄲之步)
한우충동(汗牛充棟)
한출첨배(汗出沾背)
함포고복(含哺鼓腹)
행운유수(行雲流水)
허령불매(虛靈不昧)
형설지공(螢雪之功)
혜분난비(蕙焚蘭悲)
호가호위(狐假虎威)
호사다마(好事多魔)
호사수구(狐死首丘)
호사유피(虎死留皮)
호사토읍(狐死兎泣)
호시탐탐(虎視耽耽)
호연지기(浩然之氣)
호접지몽(胡蝶之夢)
호중천지(壺中天地)
혹세무민(惑世誣民)
혼비백산(魂飛魄散)
혼연천성(渾然天成)
혼정신성(昏定晨省)
홍곡지지(鴻鵠之志)
홍로점설(紅爐點雪)
홍익인간(弘益人間)
화룡점정(畵龍點睛)
화복무문(禍福無門)
화불단행(禍不單行)
화사첨족(畵蛇添足)
화서지몽(華胥之夢)
화씨지벽(和氏之璧)
화종구생(禍從口生)
화중지병(畵中之餠)
화호유구(畵虎類狗)
환골탈태(換骨奪胎)
환득환실(患得患失)
환조방예(圜鑿方枘)
회계지치(會稽之恥)
회사후소(繪事後素)
회자정리(會者定離)
횡설수설(橫說竪說)
후생가외(後生可畏)
흔천동지(掀天動地)

부록

참고 사항 찾아보기

표 제 어	참고 사항 제목
가깝다	▷ '가깝다'와 '가까워'
가다	▷ 복합어로 쓰인 동사 '가다'의 예
가다	▷ 보조 동사 '가다'의 쓰임
가다귀	▷ 가다귀 · 검부나무 · 마들가리 · 물거리
가랑비	▷ 가랑비 · 보슬비 · 이슬비
가래톳	▷ 가래톳이 서다
가로되	▷ 가로되
가름	▷ '가름'과 '갈음'
가마니	▷ '가마니'를 세는 말
가시랭이	▷ '가시랭이 · 거스러미 · 까끄라기'의 뜻 구별
가없다	▷ '가없는 하늘', '가없은 하늘'
가지다	▷ '가지다'와 '갖다'의 활용
각루(刻鏤)	▷ '각(刻)'과 '누(鏤)'
감[2]	▷ '감〔柿〕'과 '감〔材料〕'의 성조(聲調)
값어치	▷ '값어치'의 표기
같이	▷ '같이'의 쓰임의 구별
개폐문(開閉門)	▷ '삼문(三門)'이란
갱기(更起)	▷ 한자어 '更'의 독음(讀音)
갱신(更新)	▷ '갱신(更新)'과 '경신(更新)'
격조사(格助詞)	▷ 격조사의 갈래
결혼 기념식(結婚記念式)	▷ 결혼 기념식(서양)
겸사겸사(兼事兼事)	▷ 겸사겸사(兼事兼事) · 겸지겸지(兼之兼之) · 겸두겸두
겹받침	▷ 겹받침의 발음
계곡(溪谷)	▷ '계곡'의 '계(溪 · 谿)'와 '곡(谷)'의 뜻
계시다	▷ '계시다'와 '있으시다'의 쓰임
고다	▷ '고다'의 활용
고려 인삼(高麗人蔘)	▷ 인삼으로 불리는 외국 약초
고비(考妣)	▷ 고서비동(考西妣東)
고유 명사(固有名詞)	▷ 고유 명사의 띄어쓰기
과일	▷ '과일'이나 '채소' 따위를 세는 단위
관용구(慣用句)	▷ 고유어의 관용구들
관형사(冠形詞)	▷ 관형사(冠形詞)와 접두사(接頭辭)
관형어(冠形語)	▷ 관형어의 여러 가지
괴팍하다	▷ '괴팍하다'와 '괴퍅하다'
구(句)	▷ '句'의 독음(讀音)
-구려	▷ '-구려'와 '-그려'
구름	▷ '구름'의 여러 가지
국악기(國樂器)	▷ 국악기의 재료에 따른 분류
귀찮다	▷ '귀찮다'의 본딧말
귓속말	▷ '귓속말'과 '귀엣말'
그러고	▷ '그러고'와 '그리고'
기제(忌祭)	▷ '기제'와 '차례'의 절차 차이